Fr. v. Nordheim

D1690821

Landesarbeitsgericht München
- Bücherei -
Arbeitsgericht München

3V-Nr. 51/10

Ausgesondert siehe
Beleg-Nr. 4/2024

Peter Hartmann
Kostengesetze

Beck'sche Kurz-Kommentare

Band 2

Kostengesetze

Gerichtskostengesetz, Gesetz über Gerichtskosten in Familiensachen, Kostenordnung und Kostenvorschriften des Arbeitsgerichts-, Sozialgerichts- und Landwirtschaftsverfahrensgesetzes, Rechtsanwaltsvergütungsgesetz, Entschädigung der Handelsrichter, Gerichtsvollzieherkostengesetz, Justizvergütungs- und -entschädigungsgesetz, Insolvenzrechtliche Vergütungsverordnung, Patentkostengesetz, Justizverwaltungskostenordnung, Durchführungs- und Beitreibungsvorschriften sowie weitere Kostenvorschriften und Gebührentabellen

Kurz-Kommentar von

Dr. Dr. Peter Hartmann

Richter am Amtsgericht Lübeck a. D.

40., völlig neubearbeitete Auflage

Verlag C. H. Beck München 2010

Verlag C. H. Beck im Internet:
beck.de

ISBN 978 3 406 60135 4

© 2010 Verlag C. H. Beck oHG
Wilhelmstraße 9, 80801 München
Satz und Druck: Druckerei C. H. Beck Nördlingen
(Adresse wie Verlag)

Gedruckt auf säurefreiem, alterungsbeständigem Papier
(hergestellt aus chlorfrei gebleichtem Zellstoff)

Vorwort

Auch diese Neuauflage ist Wort für Wort überprüft worden. Sie zeigt einen Stand von Mitte Januar 2010, teils von Anfang Februar 2010. Eingearbeitet sind 17 in Einl I aufgeführte Novellen mit teils umfangreichen und grundsätzlichen Änderungen.

Darunter finden sich zahlreiche Nachbesserungen zur schon in der Vorauflage kommentierten Reform des Familienverfahrens. Das bisherige Kostenrecht gilt für unzählige Fälle fort und ist mit seiner noch lange wesentlichen Bedeutung voll weiterbearbeitet.

Über 120 weitere neue ausführliche ABC-Reihen erleichtern mit tausenden aktualisierten und kontrollierten Stichwörtern einen noch rascheren präzisen Zugriff auf die ständig wachsende Masse praktischer Fragen und Probleme. Einheitlichkeit, Ableitung von dogmatischen Grundsätzen, Mitbeachtung des Regelungszwecks und Konzentration auf den Kern einer Streitfrage sind Merkmale dieses von Adolf Baumbach begründeten Kurzkommentars zum gesamten Kostenrecht auch in seiner 40. Auflage geblieben.

Lübeck, im Februar 2010   Peter Hartmann

Inhaltsübersicht

	Seite
Benutzungshinweise	XIII
Verzeichnis der abgedruckten Gesetzesvorschriften	XV
Abkürzungsverzeichnis	XIX
Einleitung	1
I. Die Entwicklung der Kostengesetze seit der Vorauflage	1
II. Gemeinsames und Besonderheiten der Kostengesetze	2
A. Grundbegriffe	2
B. Die Kosten im einzelnen	4
I. A. Gerichtskostengesetz	7
Grundzüge	7
Abschnitt 1. **Allgemeine Vorschriften.** §§ 1–5	9
Abschnitt 2. **Fälligkeit.** §§ 6–9	29
Abschnitt 3. **Vorschuss und Vorauszahlung.** §§ 10–18	37
Abschnitt 4. **Kostenansatz.** §§ 19–21	57
Abschnitt 5. **Kostenhaftung.** §§ 22–33	75
Abschnitt 6. **Gebührenvorschriften.** §§ 34–38	105
Anhang nach § 38. Mißbrauchsgebühr des BVerfG	118
Abschnitt 7. **Wertvorschriften.** §§ 39–65	119
Unterabschnitt 1. Allgemeine Wertvorschriften. §§ 39–47	119
Unterabschnitt 2. Besondere Wertvorschriften. §§ 48–60	153
Anhang nach § 48. Der Streitwert nach §§ 3 bis 9 ZPO, 182 InsO	162
I. Regelung nach der ZPO	165
II. Regelung nach § 182 InsO	225
Anhang nach § 51. Streitwertbegünstigung im Gewerblichen Rechtsschutz	233
I. Patentstreitsachen	233
II. Bürgerliche Rechtsstreitigkeiten nach dem MarkenG, GebrMG und GeschmMG	235
III. Bürgerliche Rechtsstreitigkeiten nach dem UWG	236
IV. Anfechtungs- und Nichtigkeitsklagen nach dem AktG	237
Anhang nach § 52	
I. Streitwertschlüssel für die Verwaltungsgerichtsbarkeit	249
A. Sondervorschriften	249
B. Streitwertkatalog	250
II. Streitwertschlüssel für die Finanzgerichtsbarkeit	275
III. Streitwertkatalog für die Sozialgerichtsbarkeit	280
Unterabschnitt 3. Wertfestsetzung. §§ 61–65	306
Abschnitt 8. **Erinnerung und Beschwerde.** §§ 66–69	323
Abschnitt 9. **Schluss- und Übergangsvorschriften.** §§ 70–72	355
Kostenverzeichnis (vollständige Gliederung s dort) Gebühr Nr.	360
Teil 1. **Zivilrechtliche Verfahren** usw. 1100 ff	363
Anhang nach KV 1252. Weitere Gerichtsgebühren im Verfahren vor Gericht in Patent-, Gebrauchsmuster-, Geschmacksmuster-, Marken- oder Sortenschutzsachen	383
Anhang nach KV 1510. Regelung nach dem Haager Zivilprozeßübereinkommen	397
Teil 2. **Zwangsvollstreckung** usw. 2110 ff	416
Teil 3. **Strafsachen** usw. 3110 ff	435

Inhaltsübersicht

	Gebühr Nr.	Seite
Teil 4. **Verfahren nach dem Gesetz über Ordnungswidrigkeiten**	4110 ff	455
Teil 5. **Verfahren vor den Gerichten der Verwaltungsgerichtsbarkeit**	5110 ff	459
Teil 6. **Verfahren vor den Gerichten der Finanzgerichtsbarkeit**	6110 ff	468
Teil 7. **Verfahren vor den Gerichten der Sozialgerichtsbarkeit**	7110 ff	473
Teil 8. **Verfahren vor den Gerichten der Arbeitsgerichtsbarkeit**	8100 ff	478
Teil 9. **Auslagen**	9000 ff	487

I. B. **Gesetz über Gerichtskosten in Familiensachen** ... 507
  Grundzüge ... 507
  Abschnitt 1. **Allgemeine Vorschriften.** §§ 1–8 ... 510
  Abschnitt 2. **Fälligkeit.** §§ 9–11 ... 514
  Abschnitt 3. **Vorschuss und Vorauszahlung.** §§ 12–17 ... 515
  Abschnitt 4. **Kostenansatz.** §§ 18–20 ... 517
  Abschnitt 5. **Kostenhaftung.** §§ 21–27 ... 518
  Abschnitt 6. **Gebührenvorschriften.** §§ 28–32 ... 521
  Abschnitt 7. **Wertvorschriften.** §§ 33–56 ... 523
    Unterabschnitt 1. Allgemeine Wertvorschriften. §§ 33–42 ... 523
    Unterabschnitt 2. Besondere Wertvorschriften. §§ 43–52 ... 526
    Unterabschnitt 3. Wertfestsetzung. §§ 53–56 ... 537
  Abschnitt 8. **Erinnerung und Beschwerde.** §§ 57–61 ... 539
  Abschnitt 9. **Schluss- und Übergangsvorschriften.** §§ 62, 63 ... 541

  Kostenverzeichnis (vollständige Gliederung s dort) ...... Gebühr Nr. 543
  Teil 1. **Gebühren** ... 1110 ff ... 544
  Teil 2. **Auslagen** ... 2000 ff ... 573

II. A. **Arbeitsgerichtsverfahren** ... 583

II. B. **Sozialgerichtsverfahren** ... 585

II. C. **Patentkostengesetz** ... 592

III. **Kostenordnung** ... 601
  Grundzüge ... 601
  Erster Teil. **Gerichtskosten** ... 605
  1. Abschnitt. Allgemeine Vorschriften ... 605
    1. Geltungsbereich, elektronisches Dokument. §§ 1, 1 a ... 605
    2. Kostenschuldner. §§ 2–6 ... 609
    3. Fälligkeit. § 7 ... 622
    4. Vorauszahlung und Sicherstellung. §§ 8–10 ... 623
    5. Kostenbefreiungen. §§ 11–13 ... 631
      Anhang nach § 11. Abgabenfreiheit nach dem BauGB ... 633
    6. Der Kostenanspruch. §§ 14–17 ... 635
    7. Geschäftswert. §§ 18–31 a ... 659
    8. Volle Gebühr, Rahmengebühren, Nebengeschäfte. §§ 32–35 ... 719
  2. Abschnitt. Gebühren in Angelegenheiten der freiwilligen Gerichtsbarkeit ... 722
    1. Beurkundungen und ähnliche Geschäfte. §§ 36–59 ... 723
      Anhang nach § 47. Ausschlußverfahren nach dem WpÜG ... 776
    2. Grundbuchsachen. §§ 60–78 ... 795
    3. Registersachen. §§ 79–90 ... 830
      Anhang nach § 79 a ... 833
        I. Handelsregistergebührenverordnung ... 833
        II. Gebührenverzeichnis (GVHR) ... 834

Inhaltsübersicht

Seite

Anhang nach § 90 848
   I. Gebühren bei Antrag auf gerichtliche Entscheidung bei einer Kapitalgesellschaft 848
   II. Gebühren nach dem Gesetz über Rechte an Luftfahrzeugen 852
4. Betreuungssachen und betreuungsgerichtliche Zuweisungssachen. §§ 91–97 854
5. Nachlaß- und Teilungssachen. §§ 101–117 867
6. Sonstige Angelegenheiten. §§ 118–128 a 899
   Anhang nach § 128 a. Kosten im gerichtlichen Verfahren nach dem Gesetz über die Wahrnehmung von Urheberrechten und verwandten Schutzrechten 913
7. Ergänzende Gebührenvorschriften für Anträge, Beschwerden usw. §§ 129–135 918
3. Abschnitt. Auslagen. §§ 136–139 937
   Anhang nach § 139. Kosten nach dem FEVG 944
Zweiter Teil. **Kosten der Notare.** §§ 140–157 947
   Anhang nach § 145. Notarkosten im Vermittlungsverfahren nach dem SachenRBerG 968
   Anhang nach § 147. Vorsorgeregister-Gebührensatzung 991
Dritter Teil. **Schluß- und Übergangsvorschriften.** §§ 157 a–164 1031
   Anhang nach § 162. Kosten bei der Nachprüfung von Justizverwaltungsakten (§ 30 EGGVG) 1046

IV. Kosten nach dem Gesetz über das gerichtliche Verfahren in Landwirtschaftssachen 1053
   Anhang nach § 36. Kosten in Höfesachen 1062

V. Justizvergütungs- und -entschädigungsgesetz 1075
   Abschnitt 1. **Allgemeine Vorschriften.** §§ 1–4 1077
   Anhang nach § 1 1088
      I. Vormünder- und Betreuervergütungsgesetz 1088
      II. Beistand, Betreuer, Pfleger, Vormund nach FamFG 1091
   Abschnitt 2. **Gemeinsame Vorschriften.** §§ 5–7 1124
   Abschnitt 3. **Vergütung von Sachverständigen, Dolmetschern und Übersetzern.** §§ 8–14 1136
   Abschnitt 4. **Entschädigung von ehrenamtlichen Richtern.** §§ 15–18 ... 1196
   Abschnitt 5. **Entschädigung von Zeugen und Dritten.** §§ 19–23 1201
   Abschnitt 6. **Schlussvorschriften.** §§ 24, 25 1214
   Anhang nach § 25 1216
      I. Bewilligung von Reiseentschädigungen an mittellose Personen und Vorschußzahlungen an Zeugen und Sachverständige usw 1216
      II. Bewilligung von Reiseentschädigungen an mittellose Personen und Vorschußzahlungen an Zeugen und Sachverständige usw in Verfahren vor den Gerichten für Arbeitssachen 1218

VI. Entschädigung der Handelsrichter 1221

VII. Durchführungsvorschriften zu den Kostengesetzen 1223
   A. **Kostenverfügung** 1223
      Abschnitt I. Allgemeine Bestimmungen. §§ 1–3 1224
      Abschnitt II. Kostenansatz. §§ 4–32 1225
      Abschnitt III. Aufgaben nach Absendung der Kostenrechnung oder Kostennachricht. §§ 33–39 1236
      Abschnitt IV. Kostenerlass. § 40 1240
      Abschnitt V. Kostenprüfung. §§ 41–52 1240
      Abschnitt VI. Justizverwaltungskosten. §§ 53–55 1243
      Abschnitt VII. Notarkosten. § 56 1244

Inhaltsübersicht

	Seite
B. Weitere Ländervereinbarungen zur Durchführung der Kostengesetze	1244
1. Vereinbarung zur Beschleunigung der Festsetzung und Anweisung von Vergütungen, Entschädigungen und Auslagen in Rechtssachen sowie des Kostenansatzes	1244
2. Vereinbarung über den Ausgleich von Kosten in Verfahren vor den ordentlichen Gerichten usw (Anlage 3 zur KostVfg)	1245
3. Vereinbarung über die Kosten in Einlieferungssachen	1247
4. Vereinbarung über den Ersatz von Auslagen der zu Verteidigern bestellten Referendare	1248
5. Durchführungsbestimmungen zur Prozess- und Verfahrenskostenhilfe sowie zur Stundung der Kosten des Insolvenzverfahrens (DB-PKH)	1249
6. Vereinbarung über die Festsetzung der aus der Staatskasse zu gewährenden Vergütung der Rechtsanwältinnen, Rechtsanwälte, Patentanwältinnen, Patentanwälte, Rechtsbeistände, Steuerberaterinnen und Steuerberater	1258
7. Aus dem Abkommen über die Zuständigkeit des AG Hamburg für Verteilungsverfahren nach der Schiffahrtsrechtlichen Verteilungsordnung	1264
C. Rechnungsgebühren und Rechnungsbeamte	1264
D. Erlaß von Gerichtskosten und anderen Justizverwaltungsabgaben	1266
E. Behandlung von Kleinbeträgen	1270
F. Stundung der Kosten im Insolvenzverfahren	1271
G. Unbare Zahlweise (ZahlVGJG)	1273

VIII. Justizverwaltungskosten	1275
A. Justizverwaltungskostenordnung	1275
B. Gebühren in Hinterlegungssachen	1287

IX. Beitreibung	1291
A. Justizbeitreibungsordnung	1291
B. Einforderungs- und Beitreibungsanordnung	1296

X. Rechtsanwaltsvergütungsgesetz		1303
Grundzüge		1303
Abschnitt 1. **Allgemeine Vorschriften.** §§ 1–12b		1311
Abschnitt 2. **Gebührenvorschriften.** §§ 13–15a		1439
Abschnitt 3. **Angelegenheit.** §§ 16–21		1476
Abschnitt 4. **Gegenstandswert.** §§ 22–33		1515
Abschnitt 5. **Außergerichtliche Beratung und Vertretung.** §§ 34–36		1550
Abschnitt 6. **Gerichtliche Verfahren.** §§ 37–41		1570
Abschnitt 7. **Straf- und Bußgeldsachen.** §§ 42, 43		1578
Abschnitt 8. **Beigeordneter oder bestellter Rechtsanwalt, Beratungshilfe.** §§ 44–59		1585
Abschnitt 9. **Übergangs- und Schlussvorschriften.** §§ 60, 61		1671
Vergütungsverzeichnis (vollständige Gliederung s dort)	Gebühr Nr.	
Teil 1. **Allgemeine Gebühren**	1000 ff	1679
Teil 2. **Außergerichtliche Tätigkeiten** usw	2100 ff	1723
Teil 3. **Bürgerliche Rechtsstreitigkeiten** usw	3100 ff	1750
Teil 4. **Strafsachen**	4100 ff	1898
Teil 5. **Bußgeldsachen**	5100 ff	1948

Inhaltsübersicht

	Gebühr Nr.	Seite
Teil 6. Sonstige Verfahren	6100 ff	1964
Teil 7. Auslagen	7000 ff	1981

XI. Gerichtsvollzieherkostengesetz 2015
    Grundzüge 2015
    Abschnitt 1. **Allgemeine Vorschriften.** §§ 1–9 2018
    Abschnitt 2. **Gebührenvorschriften.** §§ 10–12 2056
    Abschnitt 3. **Kostenzahlung.** §§ 13–17 2062
    Abschnitt 4. **Übergangs- und Schlussvorschriften.** §§ 18–20 2073

    Kostenverzeichnis 2077

XII. A. Einführungsgesetz zum Rechtsdienstleistungsgesetz (RDGEG) (Auszug) 2135
    B. Anfechtung von Verwaltungsakten (§ 30 a EGGVG) 2137

Schlußanhang 2141
    A. Gebührentabelle für Gerichtskosten, § 34 I 3 GKG 2141
    B. Gebührentabelle zu § 32 I 3 KostO 2142
    C. Tabelle für Rechtsanwaltsgebühren, Anlage zu § 13 I 3 RVG 2143
    D. Insolvenzrechtliche Vergütungsverordnung (InsVV) 2144
    E. Vergütung nach der Zwangsverwalterverordnung (ZwVwV) 2151
    F. Gebühren nach der Bundesrechtsanwaltsordnung (BRAO) 2153
    G. Gebühren nach der Patentanwaltsordnung (PatAnwO) 2161
    H. Gebühren nach dem Steuerberatungsgesetz (StBerG) 2168
    I. Gebühren nach der Wirtschaftsprüferordnung (WiPrO) 2171
    J. Gebühren nach der Bundesnotarordnung (BNotO) 2174

Sachverzeichnis 2179

Rechtspolitischer Ausblick
    Gesetz zur Änderung des Beratungshilferechts (Entwurf des Bundesrats, Auszug) 2191

Benutzungshinweise

Gesetzestexte zeigen, wie im „Schönfelder", sowohl die Absatz- als auch die Satzzahlen in hochgestellten römischen bzw arabischen Ziffern zwecks einer Erleichterung und Präzisierung des Zugriffs. Das gilt auch für die abgedruckten Nebengesetze.
Nebengesetze lassen sich aus dem Gesetzesnachweis S XIV erschließen. Sie sind gegenüber den Hauptgesetzen eingerückt und durch kursiv gedruckte Überschriften (zunächst Gesetz, dann Paragraph usw) von den Hauptgesetzen optisch abgehoben. Nicht (mehr) mitabgedruckte Nebengesetze finden sich fast stets in den Sammlungen von „Schönfelder" oder „Sartorius" (jeweils Haupt- oder Ergänzungsband).
Vorbemerkungen direkt hinter der jeweiligen Vorschrift zeigen in den ersten Jahren nach dem Inkrafttreten die Fundstelle im BGBl, den Zeitpunkt des Inkrafttretens sowie Hinweise auf das Übergangsrecht.
Schrifttum, das nicht in Aufsatzform veröffentlicht ist (Aufsätze sind ohnehin in die laufende Kommentierung eingearbeitet), ist möglichst überall dort, wo es einschlägig und im Rahmen dieses Kurzkommentars aktuell ist, zumindest in den Schrifttumsübersichten hinter der jeweiligen Vorschrift vermerkt. Hinweise auf zugehörige Besprechungen erleichtern die Erstinformation dazu, ob ein erst seit einiger Zeit erhältliches Werk verwendbar ist und erworben werden sollte.
Einführungen, Grundzüge, Übersichten dienen der dogmatischen Zusammenfassung des folgenden Abschnitts wie der Darstellung übergreifender Begriffe oder Konstruktionen. In der **Einleitung II** findet man Hauptprinzipien des Kostenrechts.
Gliederungsübersichten sind allen wichtigen bzw umfangreicheren Kommentierungen vorangestellt. Sie zeigen alle (höchstens zwei) Gliederungsebenen. Jede solche Ebene trägt ein oder mehrere Schlagwörter als Überschrift und möglichst auch schon als Zusammenfassung des Inhalts. Die römischen bzw arabischen Zahlen und evtl Buchstaben am Ende einer Überschrift verweisen auf den Absatz bzw Satz oder Halbsatz und evtl auch die weitere Untergliederung der hier kommentierten Gesetzesstellen.
Anmerkungen sind grundsätzlich wie folgt geordnet: Systematik – Regelungszweck – Sachlicher Geltungsbereich – Persönlicher Geltungsbereich – Einzelkommentierung zu Begriffen, die in allen Teilen der Vorschrift vorkommen – übrige Einzelkommentierungen, geordnet möglichst nach der äußeren Reihenfolge. Dabei bedeuten, wie in den Gliederungsübersichten, zB I = Absatz 1, 1 = Satz 1, Hs 1 = Halbsatz 1 usw – Verfahrensablauf – Entscheidungsform und -mitteilung – Verstoßfolgen – Rechtsbehelfe. Zahlreiche Querverweise verdeutlichen die Zusammenhänge. Möglichst kurze Hauptsätze im Aktivstil präzisieren das handelnde Rechtssubjekt. Sie erhöhen insbesondere bei Zitaten die Lesbarkeit erheblich.
ABC-Stichwortreihen fächern die oft umfangreichen Stoffmengen auf. Querverweise erleichtern hier den Einstieg. Haupt-ABCs zeigen das jeweilige Stichwort am Zeilenanfang und die Kommentierung eingerückt. Unter-ABCs sind, wo nötig, eingefügt und durch eine Gesamteinrückung nebst einem sog „Spiegelstrich" vor dem in Klammern gesetzten Unterstichwort, ähnlich wie im Sachregister, optisch hervorgehoben und von Haupt-ABC unterschiedlich angeordnet.
Zitate zeigen, zumindest aus den letzten etwa 30 Jahren, zunächst die Rechtsprechung, dann das Schrifttum. Innerhalb der Rechtsprechung herrscht der Grundsatz der Hierarchie, auf derselben Stufe derjenigen des Alphabets, jeweils zunächst in der ordentlichen Gerichtsbarkeit, dann bei den übrigen alphabetisch geordneten Gerichtsbarkeiten. Die Zitate erfolgen bei größeren hochaktuellen Streitfragen und evtl auch im übrigen möglichst vollständig. Ältere Fundstellen werden wenn möglich stets durch neuere ersetzt. Das kann durchaus dazu führen, daß zB selbst eine neue Grundsatzentscheidung vor dem Redaktionsschluß einer noch aktuelleren Bekräftigung durch dasselbe Gericht schon wieder weichen muß. Fundstellen stehen im übrigen innerhalb einer jeden Stufe usw räumlich vor den später veröffentlichten. National

Benutzungshinweise

haben BVerfGE und bis Mitte 2006 auch BGHZ stets Vorrang. Es wird diejenige Seite oder Spalte zitiert, auf der das Einschlägige tatsächlich steht, notfalls mit Zusatz „rechts oben" usw.

Dabei werden *grundsätzlich* höchstens die *drei* nach ihrem Rang oder ihrer Aktualität oder Aussagekraft bestgeeigneten Belege für jede Ansicht erwähnt, um den Charakter eines Kurzkommentars zu bewahren.

Streitfragen führen zunächst zur Darstellung der auch hier vertretenen Ansicht nebst Fundstellen, sodann zu den abweichenden oder gegenteiligen Fundstellen und schließlich in Klammern beginnend mit „aber" zu einer möglichst knappen ergänzenden Beurteilung über die Fundstellen hinaus.

Randnummern (aus Platzgründen abgekürzt Rn) erleichtern des Auffinden, auch bei Querverweisungen und in Gliederungsübersichten.

Ortsnamen bedeuten meist den Sitz des OLG. Bei anderen Gerichten steht LG, AG usw vor dem Ortsnamen.

Inhalt-, Abkürzungs- und Sachverzeichnis sollen ebenfalls den Zugriff erleichtern.

Verzeichnis der abgedruckten Vorschriften

(Römische Zahlen = Nummern der Teile des Buches)

Aktiengesetz: §§ 99 **VI**, 132 **V** in III § 90 Anh I, § 247 **I** in I § 51 Anh IV, § 260 **IV** in III § 90 Anh I
Arbeitsgerichtsgesetz: §§ 11a, 12 **VI** in II A
Asylverfahrensgesetz: § 83b in I § 52 Anh I A Rn 1
Auslandsunterhaltsgesetz: § 9 S 2 in I Üb 6 vor § 22

Baugesetzbuch: § 151 I, II in III 11 Anh
Beratungshilfegesetz: § 4 I in X 55 Rn 22; §§ 9, 13 sowie **Niedersächsische Verordnung** (in Arbeits- und Sozialsachen) vom 5. 1. 83 § 7 in X 44 Rn 1–13, Änderungen (Entwurf des Bundesrats) im Rechtspolitischen Ausblick
Berufsordnung für Rechtsanwälte: §§ 21, 22, 29 in X 3a; vgl auch „Berufsregeln" usw
Berufsvormündervergütungsgesetz: § 1 in V § 1 Rn 29
Beschleunigung des Kostenansatzes und der Festsetzung, Ländervereinbarung vom 22. 3. 58 in VII B 1
Betriebsverfassungsgesetz: § 76a in X § 17 Rn 32
Beurkundungsgesetz: § 62 I in III § 55a
Beweisaufnahme: Europarecht, Verordnung (EG) 1206/2001: Art 18 in I § 2 Rn 16
Bundeshaushaltsordnung: § 59 I in I § 38 Anh
Bundesnotarordnung: § 21 I in III § 150, §§ 111f, g sowie Anlage im Schlußanhang J
Bundesrechtsanwaltsordnung: §§ 49b, 59b II Z 7 in X 3a, §§ 193–195 nebst Anlage im Schlußanhang F
Bundesreisekostengesetz: §§ 7, 8 S 1, 2, §§ 9, 13 I in V § 6 Rn 6
Bundesverfassungsgerichtsgesetz: § 34 II, III in I § 38 Anh
Bürgerliches Gesetzbuch: § 13 in X VV 2102 Rn 4; §§ 187 I, 188 II in XI § 4 Rn 13, § 367 in XI KVGv 430 Rn 7, § 670 in X VV 6404 Rn 1

CCBE: 3.3, 3.4 in X 3a

Einforderungs- und Beitreibungsanordnung: IX B
Einführungsgesetz zum Gerichtsverfassungsgesetz: § 30 in III § 162 Anh, § 30a in XII B 1
Einführungsgesetz zum Rechtsdienstleistungsgesetz: § 4 in XII A
Einigungsvertrag, Einigungsvertragsgesetz: Die einschlägigen Teile sind, soweit noch sinnvoll und vertretbar, im Gesamtwerk an den am ehesten passenden Stellen eingearbeitet, teils in den Vorbemerkungen hinter dem jeweiligen Gesetzestext der ZPO, teils in den Anmerkungen, Grundzügen, Einführungen.
Einkommensteuergesetz: § 4 V 1 Z 5 S 2 in V § 6 Rn 4
Einlieferungssachen, Ländervereinbarung vom 4. 10. 58 über die Kosten: in VII B 3
Energiewirtschaftsgesetz: § 105 bei I § 50
Entschädigung der ehrenamtlichen Richter: V
Entschädigung der Handelsrichter: VI
Entschädigung von Zeugen und Sachverständigen: V
Erfolgshonorar: Gesetzentwurf im **Rechtspolitischen Ausblick** am Schluß dieses Buchs
Erlaß und Stundung von Gerichtskosten usw: Bundesrecht: §§ 1, 2 VO vom 20. 3. 35 in VII D; Landesrecht: AV vom 9. 6. 83 usw (Schleswig-Holstein) jeweils in VII D
Ermäßigungs-Anpassungsverordnung: §§ 1, 2 in Einl II A 7
Ersatz von Auslagen der Verteidigern bestellten Referendare, Ländervereinbarung vom 22. 3. 58 in VII B Nr 4
Erstes Gesetz über die Bereinigung von Bundesrecht usw: Art 14 Z 3 in XII B 1, Art 115 in XII B 2, Art 118 in XII B 3
Europäische Rechtsanwälte in Deutschland: § 28 EuRAG in X VV 2200

FamFG: §§ 158 VII, VIII, 168, 174, 191, 277, 292, 318 in V 1 Anh II
FamGKG I B
Familienrechtsänderungsgesetz: Art 7 §§ 1, 2 in III § 98 Anh

Abgedruckte Vorschriften

Festsetzung der aus der Staatskasse zu gewährenden Vergütung für Rechtsanwälte, Ländervereinbarung vom 22. 3. 58 in VII B 5
FGG-RG: Artt 111, 112 in I B Grdz 2 vor § 1
Finanzgerichtsordnung – Änderungsgesetz: Art 7 (Übergangsrecht) in I 5 Rn 36
Freiheitsentziehung, Gesetz über das gerichtliche Verfahren vom 29. 6. 56: §§ 14–16 in III § 139 Anh

Gebührenordnung für Ärzte: §§ 4 II–IV, 10 in V § 10 Rn 26; **Anlage Abschnitt O** in V § 10 Rn 24
Gebührentabellen: Schlußanhang A–C
Gebührenverzeichnis Handelsregister: in III Anh II nach § 79 a
Gerichtskostengesetz: I A
Gerichtsverfassungsgesetz: § 107 in VI
Gerichtsvollzieherkostengesetz: XI
Gerichtsvollzieherkostengesetz – Durchführungsbestimmungen (DB-GvKostG): XI § 1 und fortlaufend
Geschmacksmustergesetz: § 54 in I § 51 Anh II
Gesetz über die internationale Rechtshilfe in Strafsachen: § 57 a in VIII A bei § 5

Haager Zivilprozeßübereinkommen: Artt 7, 16, 18, 19 in I KV 1510 Anh; **Ausführungsgesetz:** § 10 in I KV 1510 Anh
Handelsgesetzbuch: § 324 III in III § 90 Anh I, II
Handelsregistergebührenverordnung: in III Anhang I, II nach § 79 a
Handelsrichter, Entschädigung der: VI
Hinterlegungskosten, Landesrecht (Schleswig-Holstein) § 1 II mit **Anlage,** §§ 4–6 in VIII B
Höfeverfahrensordnung: §§ 1 I, 18–24 in IV § 36 Anh

Insolvenzordnung: §§ 4 a–d in VII F; §§ 53–55 II in I § 33 Rn 2; § 63 II in VII F; § 177 in I § 33 Rn 2; § 182 in I § 48 Anh II; §§ 209, 269 in I § 33 Rn 2
Insolvenzverfahren – Durchführungsbestimmungen: VII B 5
Insolvenzrechtliche Vergütungsordnung: Schlußanhang D

Jugendgerichtsgesetz: § 92 V in I § 60 Rn 3
Justizbeitreibungsordnung: IX A
Justizvergütungs- und -entschädigungsgesetz: V
Justizverwaltungskostengesetz Schleswig-Holstein: §§ 1–7 in VIII A Einf 3
Justizverwaltungskostenordnung: VIII A

Kleinbeträge, Ausführungsverordnungen vom 23. 11. 37/9. 12. 40/17. 1. 83: VII E
Kostenausgleichsvereinbarung: VII B 2
Kostenordnung: III, XII B 3 (§ 19 IV 2 nF)
Kostenverfügung: VII A

Ländervereinbarungen zur Durchführung der Kostengesetze: VII B, C, D
Landwirtschaftsanpassungsgesetz: § 67 in IV bei § 33 LwVG
Landwirtschaftssachen, Gesetz über das gerichtliche Verfahren in: §§ 1, 60 III in IV Einl; 33–49 in IV
Luftfahrzeuge, Gesetz über Rechte an: § 102 in III § 90 Anh II

Markengesetz: § 85 II in I KV 1252 Anh Rn 5

Ordnungswidrigkeitengesetz: § 62 in X § 57

Patentanwälte, Gesetz über Beiordnung bei Prozeßkostenhilfe: §§ 1, 2 Z 1, 2 in X 45 Rn 6
Patentanwaltsordnung: § 43 b in X 4 a; §§ 146–148 nebst **Anlage** im Schlußanhang G
Patentgesetz: § 102 II in I KV 1252 Anh Rn 5; § 144 in I § 51 Anh I
Patentkostengesetz: §§ 1–14, § 2 I Anlage B in II C; dazu **Patentkostenzahlungsverordnung** §§ 1–3 hinter § 1 PatKostG
Postgesetz: §§ 33, 34 in I KV 9002 Rn 1
Prozess- und Verfahrenskostenhilfe – Durchführungsbestimmungen: VII B 5

Rechnungsgebühren, bayerische Bekanntmachung vom 9. 10. 57: VII C
Rechtsanwaltsvergütungsgesetz: X

Abgedruckte Vorschriften

Rechtsdienstleistungsgesetz: § 10 I bei XII A § 4
Referendar, Auslagenersatz, Vereinbarung: VII B 4
Registerverfahrenbeschleunigungsgesetz: § 133 VIII in III § 74 Rn 2
Reiseentschädigungen, Bewilligung an mittellose Personen in V § 25 Anh I
Reiseentschädigungen an mittellose Personen vor den Gerichten für Arbeitssachen in V § 25 Anh II

Sachenrechtsbereinigungsgesetz: §§ 19, 100–102 in III § 145 Anh I–III
Schiffahrtsrechtliche Verteilungsordnung: §§ 31 I, 32 II in I § 12 Rn 26; Zuständigkeitsvereinbarung: VII B 7
Sozialgerichtsgesetz: §§ 183–197 b in II B
Sozialgesetzbuch: (X): § 64 II 1–3 in III § 143 Rn 14
Spruchverfahrensgesetz: § 15 in III 90 Anh I
Steuerberatergebührenverordnung: §§ 10, 13, 23–39 in X § 35
Steuerberatungsgesetz: § 9 a in X 4 a; § 146 nebst Anlage im Schlußanhang H
Steuerreformgesetz: Art 22 III 2 in III § 11 Anh I (hinter § 1)
Strafprozeßordnung: § 379 a in I § 16; § 466 in I KV amtliche Vorbemerkung 3.1 Rn 2; § 471 IV in I § 33 Rn 3
Streitwertkatalog der OVG in I § 52 Anh I B
Stundung der Kosten in Insolvenzverfahren: VII F

Übergangsrecht: EGInsO Artt 103, 104 in I § 1 vor Rn 1, **GvKostRNeuOG** Art 4 in XI § 19, **KindRG** Art 15 § 2 in I § 2 Rn 16, **KindUG** Art 5 § 4 I in I KV 1800, II in X 44
Überweisungsgesetz: S „Grundbuchwesen"
Unlauterer Wettbewerb, Gesetz gegen den: § 12 IV in I § 51 Anh III

Vereinbarung über den Ausgleich von Kosten vom 4. 10. 58 in VII B 3
Verkehrsflächenbereinigungsgesetz: § 14 III 1, 2 in III 19 Rn 1; III 3 in III § 145 Anh II
Vermögenszuordnungsgesetz: § 6 III in I § 52 Anh I A Rn 5
Verschollenheitsänderungsgesetz: Art 2 § 6 in III § 128
Vertriebene und Flüchtlinge (ehelicher Güterstand), Gesetz: § 5 in III § 28 Rn 2
Vormünder- und Betreuervergütungsgesetz: §§ 1–9 in V § 1 Anh
Vorschußzahlungen an Zeugen und Sachverständige, Bestimmungen vom 12. 9. 58 in V § 1 Anh I
Vorschußzahlungen an Zeugen und Sachverständige in Verfahren vor den Arbeitsgerichten, Bestimmungen vom 1. 4. 61 in V § 1 Anh II
Vorsorgeregister-Gebührensatzung: in III Anh § 147

Wertpapiererwerbs- und Übernahmegesetz: § 39 b VI in III § 47 Anh
Wettbewerbsbeschränkungen, Gesetz gegen: § 89 a bei I § 50
Wirtschaftsprüferordnung: § 55 a in X 4 a; § 122 nebst Anlage im Schlußanhang I
Wohnungseigentumsgesetz: § 62 I in I § 49 a

Zivilprozeßordnung: §§ 3–9 in I § 48 Anh I; § 78 c II in X § 9 Rn 4; §§ 119, 122, 125, 126 in I Üb 6 vor § 22; § 126 außerdem in X Grdz 28 vor § 1; § 788 I, III, IV in I § 29 Rn 36; §§ 806 b I 2, 813 a I 1, 900 III 1 in XI KVGv 711 Rn 11
Zustellung gerichtlicher und außergerichtlicher Schriftstücke usw, Verordnung (EG) 1348/2000: Art 11 in I § 2 Rn 16
Zwangsversteigerungsgesetz: § 152 a in X § 1 Rn 52 „Zwangsverwalter"
Zwangsverwalterverordnung: Schlußanhang E

Abkürzungsverzeichnis

Abk	Abkommen
ABl	Amtsblatt
aF	alte Fassung
AFG	Arbeitsförderungsgesetz
AG	Amtsgericht, Ausführungsgesetz
AGB	Allgemeine Geschäftsbedingungen
AktG	Aktiengesetz, Aktiengesellschaft
aM	anderer Meinung
AmtlMitt	Amtliche Mitteilungen
AnfG	Anfechtungsgesetz
Anh	Anhang
Anl	Anlage
Anm	Anmerkung
AnO	Anordnung
AnwBl	Anwaltsblatt (Jahr und Seite)
ArbG	Arbeitsgericht
ArbGG	Arbeitsgerichtsgesetz
Art(t)	Artikel (mehrere Artikel)
Assenmacher/Mathias	KostO, Kommentar, 16. Aufl 2008
Aufl	Auflage
AUG	Auslandsunterhaltsgesetz
ausf	ausführlich
AV	Allgemeine Verfügung
AVAG	Anerkennungs- und Vollstreckungsausführungsgesetz
B	Bundes-
BABl	Bundesarbeitsblatt
Bad	Baden
BAföG	Bundesausbildungsförderungsgesetz
BAG	Bundesarbeitsgericht
Baldus/Deventer	Gebühren, Kostenerstattung und Streitwertfestsetzung in Arbeitssachen, 1993
BAnz	elektronischer Bundesanzeiger
Barnstedt/Steffen	LwVG, Kommentar, 7. Aufl 2005
BauGB	Baugesetzbuch
BaWü	Baden-Württemberg
BaWüVBl	Baden-Württembergisches Verwaltungsblatt (Jahr und Seite)
Bay	Bayern
BayBS	Bereinigte Sammlung des bayerischen Landesrechts (Band und Seite)
Bayerlein	Praxishandbuch Sachverständigenrecht, 4. Aufl 2008
BayObLG	Bayerisches Oberstes Landesgericht (auch Sammlung seiner Entscheidungen in Zivilsachen, Jahr und Seite)
BB	Betriebs-Berater (Jahr und Seite)
BBesG	Bundesbesoldungsgesetz
BBG	Bundesbeamtengesetz
Bbg	Bamberg
Bd	Band
BDiszplG	Bundesdisziplinargericht
BDPZ	Binz/Dörndorfer/Petzold/Zimmermann, GKG, FamGKG, JVEG, Kommentar, 2. Aufl 2009 (§ und Randnummer)
begl	beglaubigt
Bek	Bekanntmachung
Bekl	Beklagter
BerHG	Beratungshilfegesetz
Beschl	Beschluß

Abkürzungsverzeichnis

BetrVG	Betriebsverfassungsgesetz
BeurkG	Beurkundungsgesetz
Beutling	Anwaltsvergütung in Verwaltungssachen, 2004
BFH	Bundesfinanzhof (auch Entscheidungen des BFH, Band und Seite)
BGB	Bürgerliches Gesetzbuch
BGBl	Bundesgesetzblatt (Teil, Jahr und Seite; soweit nicht hervorgehoben: Teil I)
BGesundhBl	Bundesgesundheitsblatt (Band und Seite)
BGG	Behindertengleichstellungsgesetz
BGH	Bundesgerichtshof (auch Entscheidungen des BGH in Zivilsachen, Band und Seite)
BGH GrZS	Bundesgerichtshof, Großer Senat in Zivilsachen
BGHSt	Bundesgerichtshof, Entscheidungen in Strafsachen (Band und Seite)
BGH VGrS	Bundesgerichtshof, Vereinigte Große Senate
BinnSchVerfG	Gesetz über das gerichtliche Verfahren in Binnenschiffahrtssachen
BJBCMU	Bischof/Jungbauer/Bräuer/Curkovic/Mathias/Uher, RVG 3. Aufl 2009
BKGG	Bundeskindergeldgesetz
Bl	Blatt
BLAH	Baumbach/Lauterbach/Albers/Hartmann, ZPO, Kurzkommentar, 68. Aufl 2010 (§ und Randnummer)
Bln	Berlin
BMF	Bundesminister(ium) der Finanzen
BMJ	Bundesminister(ium) der Justiz
BNotO	Bundesnotarordnung
BORA	Berufsordnung für Rechtsanwälte
BPersVG	Bundespersonalvertretungsgesetz
BR	Bundesrat
BRAGO	Bundesrechtsanwaltsgebührenordnung
Brambring/Jerschke	Beck'sches Notar-Handbuch, 4. Aufl 2006
BRAO	Bundesrechtsanwaltsordnung
Bre	Bremen
BRep	Bundesrepublik Deutschland
BRRG	Beamtenrechtsrahmengesetz
Brschw	Braunschweig
BSeuchG	Bundesseuchengesetz
BSG	Bundessozialgericht
BSHG	Bundessozialhilfegesetz
BStBl	Bundessteuerblatt (Jahr, Teil und Seite)
BT	Bundestag
BVFG	Gesetz und die Angelegenheiten der Vertriebenen und Flüchtlinge (BundesvertriebenenG)
BVerfG	Bundesverfassungsgericht (auch Entscheidungen des Bundesverfassungsgerichts, Band und Seite)
BVerfGG	Gesetz über das Bundesverfassungsgericht
BVerwG	Bundesverwaltungsgericht (auch Entscheidungen des Bundesverwaltungsgerichts, Band und Seite)
BZRG	Bundeszentralregistergesetz
CCBE	Standesregeln der Rechtsanwälte der Europäischen Gemeinschaft (Anlage zur BerufsO)
CIM	Internationales Übereinkommen über den Eisenbahnfrachtverkehr
CIV	Internationales Übereinkommen über den Eisenbahn-Personen- und Gepäckverkehr
DB	Der Betrieb (Jahr und Seite)
DB-GvKostG	Durchführungsbestimmungen zum Gerichtsvollzieherkostengesetz
DB-PKHG/DB-InsO	Durchführungsbestimmungen zum PKHG und zur Stundung der Kosten im Insolvenzverfahren

Abkürzungsverzeichnis

dch	durch
DDR	Deutsche Demokratische Republik
DGVZ	Deutsche Gerichtsvollzieherzeitung (Jahr und Seite)
Diss	Dissertation
DNotZ	Deutsche Notar-Zeitschrift (Jahr und Seite)
DÖD	Der öffentliche Dienst (Jahr und Seite)
DÖV	Die öffentliche Verwaltung (Jahr und Seite)
Dortm	Dortmund
DRiG	Deutsches Richtergesetz
DRiZ	Deutsche Richterzeitung (Jahr und Seite)
Drsd	Dresden
Drummen/Perau	Gebührentabelle für Notare, 4. Aufl 2006
DS	Der Sachverständige (Jahr und Seite)
DStR	Deutsches Steuerrecht (Jahr und Seite)
DtZ	Deutsch-Deutsche Rechts-Zeitschrift (Jahr und Seite)
Düss	Düsseldorf
DV	Deutsche Verwaltung (Jahr und Seite)
DVBl	Deutsches Verwaltungsblatt (Jahr und Seite)
DVO	Durchführungsverordnung
EAGV	Vertrag über die Europäische Atomgemeinschaft
EBAO	Einforderungs- und Beitreibungsordnung
Eckert StGebV	Steuerberatergebührenverordnung (Kommentar), 4. Aufl 2003 (Randnummer)
EFG	Entscheidungen der Finanzgerichte (Jahr und Seite)
EG	Einführungsgesetz
EGMR	Europäischer Gerichtshof für die Menschenrechte
EHLM	von Eicken/Hellstab/Lappe, Die Kostenfestsetzung, 20. Aufl 2009
Einf	Einführung
Einl	Einleitung (ohne Zusatz: am Anfang des Buches)
EKMR	Europäische Menschenrechtskommission
Enders	RVG für Anfänger, 14. Aufl 2008
ENeuOG	Eisenbahnneuordnungsgesetz
EnWG	Energiewirtschaftsgesetz
ErbbauRG	Gesetz über das Erbbaurecht
Erl	Erlaß
EStG	Einkommensteuergesetz
EU	Europäische Union
EuGH	Gerichtshof der Europäischen Gemeinschaften
EuGVVO	Verordnung (EG) Nr 44/2001 des Rates usw über die gerichtliche Zuständigkeit und die Anerkennung und Vollstreckung von Entscheidungen in Zivil- und Handelssachen
EuRAG	Gesetz über die Tätigkeit europäischer Rechtsanwälte in Deutschland
EuZW	Europäische Zeitschrift für Wirtschaftsrecht (Jahr und Seite)
EV	Einigungsvertrag
eV	eingetragener Verein
EVG	Einigungsvertragsgesetz
EWIV	Europäische wirtschaftliche Interessenvereinigung
Fam (-G, -S)	Familie (-ngericht, -nsache)
FamFG	Gesetz über das Verfahren in Familiensachen und in den Angelegenheiten der freiwilligen Gerichtsbarkeit
FamGKG	Gesetz über Gerichtskosten in Familiensachen
FamRÄndG	Familienrechtsänderungsgesetz
FamRZ	Zeitschrift für das gesamte Familienrecht (Jahr und Seite)
FER	NJW-Entscheidungsdienst Familien- und Erbrecht (Jahr und Seite)
Feuerich/Weyland	Bundesrechtsanwaltsordnung (Kommentar), 6. Aufl 2003 (Randnummer)
ff	folgende
Ffm	Frankfurt am Main

Abkürzungsverzeichnis

Ffo	Frankfurt an der Oder
FG	Finanzgericht, Freiwillige Gerichtsbarkeit
FGG	Reichsgesetz über die freiwillige Gerichtsbarkeit
FGG-RG	Gesetz zur Reform des Verfahrens in Familiensachen und in den Angelegenheiten der freiwilligen Gerichtsbarkeit
FGO	Finanzgerichtsordnung
Filzek ABC	Notarkosten-ABC, 6. Aufl 2005
FinA	Finanzamt
FN	Fußnote
FPR	Familie/Partnerschaft/Recht (Jahr und Seite)
G	Gesetz, Gericht (in Zusammensetzungen), Gesellschaft
GBl	Gesetzblatt
GBO	Grundbuchordnung
Geb	Gebühr(en)
GebrMG	Gebrauchsmustergesetz
GenG	Gesetz betr die Erwerbs- und Wirtschaftsgenossenschaften
Germelmann/ Matthes/Prütting/ Müller-Gloge	Arbeitsgerichtsgesetz (Kommentar), 6. Aufl 2008
GeschmMG	Geschmacksmustergesetz
GewO	Gewerbeordnung
GFG	Graduiertenförderungsgesetz
GG	Grundgesetz für die Bundesrepublik Deutschland
GKG	Gerichtskostengesetz
GmbHG	Gesetz betreffend die Gesellschaften mit beschränkter Haftung
GmS	Gemeinsamer Senat der obersten Gerichtshöfe des Bundes
GOÄ	Gebührenordnung für Ärzte
GPatG	Gemeinschaftspatentgesetz
Gräber	FGO, Kommentar, 6. Aufl bearbeitet von v. Groll/Koch/Ruban, 2006
Grdz	Grundzüge
GRUR	Gewerblicher Rechtsschutz und Urheberrecht (Jahr und Seite)
GRUR-RR	Gewerblicher Rechtsschutz und Urheberrecht. Rechtsprechungs-Report (Jahr und Seite)
GrZS, GSZ	Großer Zivilsenat
GS	Gebauer/Schneider (Hrsg), RVG, Anwaltskommentar, bearbeitet von Gebauer, Hembach, Kögler, Mock, Schnapp, Egon Schneider, Norbert Schneider, Wahlen, Wolf, 3. Aufl 2006 (§ und Randnummer)
GSchm	Gerold/Schmidt, RVG (Kommentar), 18. Aufl 2008, bearbeitet von Madert/Müller-Rabe/Mayer/Burhoff (Name und Randnummer)
GüKG	Güterkraftverkehrsgesetz
GV	Gebührenverzeichnis der Anlage 1 zum Arbeitsgerichtsgesetz (Nr)
GVBl	Gesetz- und Verordnungsblatt
GVG	Gerichtsverfassungsgesetz
GVGA	Geschäftsanweisung für Gerichtsvollzieher
GVHR	Gebührenverzeichnis der Anlage zu § 1 der Handelsregistergebührenverordnung
GvKostG	Gerichtsvollzieherkostengesetz
GWB	Gesetz gegen Wettbewerbsbeschränkungen
HaagUnterhÜbk	Haager Unterhaltsübereinkommen
Haferland KostR	Praxis des Handels- und Kostenrechts, 4. Aufl 2003
HmbJVBl	Hamburgisches Justizverwaltungsblatt (Jahr und Seite)
Hann	Hannover
HansJVBl	Hanseatisches Justizverwaltungsblatt (Jahr und Seite)
Hbg	Hamburg
Hdb	Handbuch
Hellstab	Gegenstandswerte für notarielle Gebühren von A–Z, 1998
Henssler/Prütting	Bundesrechtsanwaltsordnung (Kommentar), 2. Aufl 2004

Abkürzungsverzeichnis

HEntmAbk	Haager Abkommen über die Entmündigung usw
Hess	Hessen
HGB	Handelsgesetzbuch
Hillach/Rohs	Handbuch des Streitwerts in Zivilsachen, 9. Aufl 1995
hM	herrschende Meinung
HöfeVfO	Verfahrensordnung für Höfesachen
Höver/Bach	Gebührentabellen usw, 35. Aufl 2009
Höver NotarKost	Praxis des Kostenrechts der Notare, 1977
HRefG	Handelsrechtsreformgesetz
HRegGebNeuOG	Handelsregistergebührenneuordnungsgesetz
HRegGebVO	Handelsregistergebührenverordnung
HRS	Hartung/Römermann/Schons, RVG (Kommentar), 2. Aufl 2008 (§ und Randnummer)
Hs	Halbsatz
Hülsmann	Gebührentabellen usw, 5. Aufl 2004
HZPrAbk	Haager Abkommen über den Zivilprozeß vom 17. 7. 1905
HZPrÜbk	Haager Übereinkommen über den Zivilprozeß vom 1. 3. 1954
idF	in der Fassung
InfAuslR	Informationen zum Ausländerrecht (Jahr und Seite)
InsO	Insolvenzordnung
InsVV	Insolvenzrechtliche Vergütungsverordnung
IntFamRVG	Internationales Familienrechtsverfahrensgesetz
IPR	Internationales Privatrecht
IStHG	Gesetz über die internationale Rechtshilfe in Strafsachen
JA	Jugendamt, auch Juristische Arbeitsblätter (Jahr und Seite)
JB	Das juristische Büro (Jahr und bis 1991 Spalte, seit 1992 Seite)
JBeitrO	Justizbeitreibungsordnung
JBl	Justizblatt
Jessnitzer/Blumberg	Bundesrechtsanwaltsordnung, 9. Aufl 2000
JGG	Jugendgerichtsgesetz
JKassO	Justizkassenordnung
JKomG	Justizkommunikationsgesetz
JMBl	Justizministerialblatt
JR	Juristische Rundschau (Jahr und Seite)
JuS	Juristische Schulung (Jahr und Seite)
Just	Die Justiz, Amtsblatt des Justizministeriums Baden-Württemberg (Jahr und Seite)
JustVA	Justizverwaltungsabkommen
JVBl	Justizverwaltungsblatt
JVEG	Justizvergütungs- und -entschädigungsgesetz
JVKostO	Justizverwaltungskostenordnung
JZ	Juristenzeitung (Jahr und Seite)
KAGG	Gesetz über Kapitalanlagegesellschaften
KapMuG	Kapitalanleger-Musterverfahrensgesetz
Karlsr	Karlsruhe
Kblz	Koblenz
Keidel	FamFG (mit FamGKG), 2009
KfB	Kammer für Baulandsachen
KfH	Kammer für Handelssachen
KG	Kammergericht, Kommanditgesellschaft
KGaA	Kommanditgesellschaft auf Aktien
Kindermann Geb	Gebührenpraxis für Anwälte, 2. Aufl 2008
KindRG	Kindschaftsrechtsreformgesetz
KindUG	Kindsunterhaltsgesetz
KLBR	Korintenberg/Lappe/Bengel/Reimann, KostO, Kommentar, 18. Aufl 2010 (§§ und Randnummer)
Komm	Kommentar
KostGErmAufhGBln	Ermäßigungssatz-Aufhebungsgesetz Berlin
KostO	Kostenordnung

Abkürzungsverzeichnis

KostREuroUG	Gesetz zur Umstellung des Kostenrechts und der Steuerberatergebührenverordnung auf Euro
KostVfg	Kostenverfügung
KR	Kostenrechtsprechung, bearbeitet von Lappe/Hellstab/Onderka, Loseblattausgabe (Gesetz, § und Nr)
Kreuzer	Notariats- und Gerichtskosten bei der Hofübergabe, 1988
krit	kritisch
KTS	Konkurs-, Treuhand- und Schiedsgerichtswesen (Jahr und Seite)
KV	Kostenverzeichnis der Anlage 1 zum Gerichtskostengesetz (Nr)
KVGv	Kostenverzeichnis der Anlage zum Gerichtsvollzieherkostengesetz (Nr)
KWG	Gesetz über das Kreditwesen
LAG	Landesarbeitsgericht; Lastenausgleichsgesetz
Lange/Wulff/Lüdtke-Handjery	Landpachtrecht, 4. Aufl 1997
Lappe GebTab	Gebührentabellen für Rechtsanwälte, 23. Aufl 2009
Lappe JKR	Justizkostenrecht, 2. Aufl 1995
Lautwein	Vergütungstips nach dem RVG, 2005
Leipold	Anwaltsvergütung in Strafsachen, 2004
LFzG	Lohnfortzahlungsgesetz
LG	Landgericht
LKV	Landes und Kommunalverwaltung (Jahr und Seite)
Lohner/Lutje	Gebührenberechnung, 3. Aufl 2005
LPachtVG	Landpachtverkehrsgesetz
LPartG	Lebenspartnerschaftsgesetz
LS	Leitsatz
LSG	Landessozialgericht
LuftfzRG	Gesetz über Rechte an Luftfahrzeugen
LuftVG	Luftverkehrsgesetz
Lutje	RVG Gebührenrechner 2, 3 (2007)
Lutje ABC	RVG von A–Z, 2004
LVerwG	Landesverwaltungsgericht
LWLH	Lange/Wulff/Lüdtke-Handjery, Landpachtrecht, 4. Aufl 1997
LwVG	Gesetz über das gerichtliche Verfahren in Landwirtschaftssachen
Madert StrafS	Anwaltsgebühren in Straf- und Bußgeldsachen, 5. Aufl 2004
Madert VerwS	Anwaltsgebühren in Verwaltungs-, Sozial- und Steuersachen, 3. Aufl 2007
Madert ZivilS	Anwaltsgebühren in Zivilsachen, 4. Aufl 2000
Madert/von Seltmann	Der Gegenstandswert in bürgerlichen Rechtsangelegenheiten, 5. Aufl 2008
Mannh	Mannheim
Mayer/Kroiß	RVG (Kommentar), 3. Aufl 2008
MDR	Monatsschrift für Deutsches Recht (Jahr und Seite)
MedR	Medizinrecht (Jahr und Seite)
Meyer	im Teil I A dieses Buchs: Gerichtskosten des streitigen Gerichtsbarkeiten und des Familienverfahrens, Kommentar, 11. Aufl 2009 (§ oder KV und Randnummer) im Teil XI dieses Buchs: GvKostG, Kommentar, 2005 (Gesetz, § oder KV/KVFam/KVGv und Randnummer)
Meyer-Ladewig/Keller/Leitherer	SGG, Kommentar, 9. Aufl 2008
MHB	Meyer/Höver/Bach, Die Vergütung und Entschädigung von Sachverständigen, Zeugen, Dritten und ehrenamtlichen Richtern nach dem JVEG, Kommentar, 24. Aufl 2007 (§ und Randnummer)
MinBl	Ministerialblatt
MittBayNot	Mitteilungen des Bayerischen Notarvereins (Jahr und Seite)
Mock	Gebührenrecht, 2. Aufl 2002
MRK	Menschenrechtskonvention

Abkürzungsverzeichnis

Mü	München
Müller	Der Sachverständige im gerichtlichen Verfahren, 3. Aufl 1988
Münst	Münster
Mus	Musielak usw, ZPO, Kommentar, bearbeitet von *Ball*, *Becker*, *Borth*, *Fischer*, *Foerste*, *Graudel*, *Huber*, *Lackmann*, *Musielak*, *Smid*, *Stadler*, *Voit*, *Weth*, *Witt*schier, *Wolst* (die Namen der Bearbeiter werden abgekürzt, zum Beispiel Mus*Ba*), 6. Aufl 2008 (§ und Randnummer)
Mutschler	Kostenrecht in öffentlich-rechtlichen Streitigkeiten, 2003
MWSt	Mehrwertsteuer
Nds	Niedersachsen
NdsRpfl	Niedersächsische Rechtspflege (Jahr und Seite)
NEhelG	Gesetz über die rechtliche Stellung der nichtehelichen Kinder
nF	neue Fassung, neue Folge
NJW	Neue Juristische Wochenschrift (Jahr und Seite)
Nov	Novelle
NRW	Nordrhein-Westfalen
NTS	Nato-Truppenstatut
Nürnb	Nürnberg
NVersZ	Neue Zeitschrift für Versicherung und Recht (Jahr und Seite)
NVwZ	Neue Zeitschrift für Verwaltungsrecht (Jahr und Seite)
NVwZ-RR	NVwZ-Rechtsprechungs-Report (Jahr und Seite)
NWVBl	Nordrhein-Westfälische Verwaltungsblätter (Jahr und Seite)
NZM	Neue Zeitschrift für Miet- und Wohnungsrecht (Jahr und Seite)
NZS	Neue Zeitschrift für Sozialrecht (Jahr und Seite)
OGB	Gemeinsamer Senat der Obersten Gerichtshöfe des Bundes
OHG	Offene Handelsgesellschaft
Oldb	Oldenburg
OLG	Oberlandesgericht (mit Ortsnamen)
OLGR	OLG-Rechtsprechung (Jahr und Seite)
OLGZ	Entscheidungen der Oberlandesgerichte in Zivilsachen (Jahr und Seite)
Otto	Gebührentabellen, 23. Aufl 2007
Otto/Klüsener/ Killmann	Die FGG-Reform: Das neue Kostenrecht, 2008
OVG	Oberverwaltungsgericht (mit Ortsnamen)
OWH	Oestreich/Winter/Hellstab, Gerichtskostengesetz-Kommentar, 4. Aufl (Loseblattsammlung) seit 1987 (Randnummer)
OWiG	Gesetz über Ordnungswidrigkeiten
Pal	Palandt, BGB, bearbeitet von *Bass*enge, *Bru*dermüller, *Diede*richsen, *Eden*hofer, *Ellen*berger, *Grü*neberg, *Hein*richs, *Sp*rau, *Th*orn, *Wei*denkaff, Kurzkommentar (die Namen der Bearbeiter werden abgekürzt, zum Beispiel Pal*Bass*), 69. Aufl 2010 (Gesetz, § und Randnummer)
PatG	Patentgericht, Patentgesetz
PatKostG	Patentkostengesetz
Patzelt	Schwarzwälder Gebührentabelle, 30. Aufl 2007
PostStruktG	Poststrukturgesetz
PostVerfG	Postverfassungsgesetz
ProdHaftG	Gesetz über die Haftung für fehlerhafte Produkte (Produkthaftungsgesetz)
Proz, proz	Prozeß-, prozessual, prozeßrechtlich
ProzBev	Prozeßbevollmächtigter
PStG	Personenstandsgesetz
R, -r	Recht, Reich, -rechtlich
RAO	Reichsabgabenordnung
RdA	Recht der Arbeit (Jahr und Seite)
RdErl	Runderlaß

Abkürzungsverzeichnis

RDG	Rechtsdienstleistungsgesetz
RDGEG	Einführungsgesetz zum Rechtsdienstleistungsgesetz
RdL	Recht der Landwirtschaft (Jahr und Seite)
Reg	Regierung, Register
RegBl	Regierungsblatt
Rehberg	Gebühren- und Kostenrecht im Arbeitsrecht, 2000
Rev	Revision
RG	Reichsgericht
RGBl	Reichsgesetzblatt, ohne Ziffer = Teil I; mit II = Teil II
RGSt	Entscheidungen des Reichsgerichts in Strafsachen (Band und Seite)
RhPf	Rheinland-Pfalz
RhSchiffG	Rheinschiffahrtsgericht
RJM	Reichsminister der Justiz; auch allgemeine Verfügung desselben
Rn	Randnummer
RoSGo	Rosenberg/Schwab/Gottwald, Zivilprozeßrecht, Erkenntnisverfahren, 16. Aufl 2004
RoW	Rohs/Wedewer usw, KostO, Kommentar (Loseblattsammlung), 3. Aufl 1984 ff
Rpfl	Rechtspfleger
RpflAnpG	Rechtspflege-Anpassungsgesetz
RpflBl	Rechtspflegerblatt (Jahr und Seite)
Rpfleger	Der Deutsche Rechtspfleger (Jahr und Seite)
RpflEntlG	Gesetz zur Entlastung der Rechtspflege
RPflG	Rechtspflegergesetz
RR	NJW-Rechtsprechungs-Report (Jahr und Seite)
RS	Riedel/Sußbauer, RVG (Kommentar), 9. Aufl bearbeitet von Fraunholz, Keller, Schmahl, Schneider, 2005
Rspr	Rechtsprechung
RVG	Rechtsanwaltsvergütungsgesetz
RVG-Letter	Monatsinformation zum anwaltlichen Vergütungsrecht, 2004
S	Satz, Seite
s	siehe
Saarbr	Saarbrücken
SachenRÄndG	Sachenrechtsänderungsgesetz
Schaefer/Göbel	Das neue Kostenrecht in Arbeitssachen, 2004
SchiedsVfG	Schiedsverfahrens-Neuregelungsgesetz
SchiffG	Schiffahrtsgericht
SchlAnh	Schlußanhang
Schlesw	Schleswig
SchlHA	Schleswig-Holsteinische Anzeigen (Jahr und Seite)
SchmB	Schmidt/Baldus, Gebühren und Kostenerstattung in Straf- und Bußgeldsachen, 4. Aufl 1993
Schmeckenbecher	Kostenübersichtstabellen, 23. Aufl 2009
Schneider	Die Ermessens- und Wertungsbefugnis der Gerichtsvollzieher, 1989
Schneider/Herget	Streitwertkommentar für den Zivilprozess, 14. Aufl 2007
Schneider/Wolf	RVG (Kommentar), 4. Aufl 2008
Schneider/Wolf/Volpert	FamGKG (Kommentar), 2009
SchrAG	Schriftgutaufbewahrungsgesetz
SchrK	Schröder-Kay, Das Kostenwesen der Gerichtsvollzieher, 12. Aufl bearbeitet von Gerlach und Winter 2006
SchwBG	Schwerbehindertengesetz
SE	Europäische Gesellschaft
SeemO	Seemannsordnung
SG	Sozialgericht
SGB	Sozialgesetzbuch (mit Angabe des jeweiligen Buches, zB: X)
SGb	Die Sozialgerichtsbarkeit (Jahr und Seite)
SGG	Sozialgerichtsgesetz
SignG	Signaturgesetz 2001

Abkürzungsverzeichnis

sog	sogenannt
SpruchG	Spruchverfahrensgesetz
StA	Standesamt, Staatsanwalt(schaft)
StB	Der Steuerberater (Jahr und Seite)
StBerG	Steuerberatergesetz
StBGebV	Steuerberatergebührenverordnung
StGB	Strafgesetzbuch
Stgt	Stuttgart
StHG	Staatshaftungsgesetz
StPO	Strafprozeßordnung
Str, str	Streit, streitig
StrEG	Gesetz über die Entschädigung für Strafverfolgungsmaßnahmen
StrRehaG	Strafrechtliches Rehabilitierungsgesetz
StrWK	BVerwG-Entwurf eines Streitwertkatalogs für die Verwaltungsgerichtsbarkeit (Neufassung 1996)
StS	Strafsenat
StVG	Straßenverkehrsgesetz
StVO	Straßenverkehrsordnung
StVollzG	Strafvollzugsgesetz
StVZO	Straßenverkehrs-Zulassungs-Ordnung
SVertO	Schiffahrtsrechtliche Verteilungsordnung
Tab	Tabelle
ThP	Thomas/Putzo, ZPO – Erläuterungen, 30. Aufl 2009
Tiedtke	Notarkosten im Grundstücksrecht, 2001
TSG	Transsexuellengesetz
Tüb	Tübingen
TÜV	Technischer Überwachungsverein
Üb	Übersicht
Übk	Übereinkommen
UKlaG	Unterlassungsklagengesetz
Ulrich	Der gerichtliche Sachverständige, 12. Aufl 2007
UmweltHG	Umwelthaftungsgesetz
UrhG	Urheberrechtsgesetz
USG	Unterhaltssicherungsgesetz
UStG	Umsatzsteuergesetz (Mehrwertsteuer)
UWG	Gesetz über den unlauteren Wettbewerb
v	vom
VAStrRefG	Gesetz zur Strukturreform des Versorgungsausgleichs
VBVG	Vormünder- und Betreuervergütungsgesetz
VereinhG	Gesetz zur Wiederherstellung der Rechtseinheit
Verf	Verfahren, Verfassung
VerfBev	Verfahrensbevollmächtigter
VersAusglG	Versorgungsausgleichsgesetz
VersR	Versicherungsrecht (Jahr und Seite)
Verw	Verwaltung
VerwAkt (VA)	Verwaltungsakt
Vfg	Verfügung
VG	Verwaltungsgericht
vgl, Vgl	vergleiche, Vergleich
VgRÄG	Vergaberechtsänderungsgesetz
VGrS	Vereinigte Große Senate
VO	Verordnung
VOBl	Verordnungsblatt
VollstrVergV	Vollstreckungsvergütungsverordnung
Vorbem	Vorbemerkung
VSchDG	EG-Verbraucherschutzdurchsetzungsgesetz
VV	Vergütungsverzeichnis der Anlage 1 zum Rechtsanwaltsvergütungsgesetz (Nr)
VVG	Gesetz über den Versicherungsvertrag

Abkürzungsverzeichnis

VwGO	Verwaltungsgerichtsordnung
VwVfG	Verwaltungsverfahrensgesetz
VwVG	Verwaltungs-Vollstreckungsgesetz
VwZG	Verwaltungszustellungsgesetz
VZOG	Vermögenszuordnungsgesetz
WährG	Währungsgesetz
WAG	Wertausgleichsgesetz
Waldner	Die Kostenordnung für Anfänger, 7. Aufl 2008
WBeschwO	Wehrbeschwerdeordnung
WDisziplO	Wehrdisziplinarordnung
WEG	Wohnungseigentumsgesetz
Wellmann/Hüttemann/Walterscheidt/Weidhaas	Der Sachverständige in der Praxis, 7. Aufl 2004
WertpMitt	Wertpapiermitteilungen (Jahr und Seite)
WG	Wechselgesetz
WGG	Wohngeldgesetz
Winterstein	Gerichtsvollzieherkostenrecht (Kommentar, Loseblattausgabe), 3. Aufl seit 1995, 15. Ergänzungslieferung 2006
Winterstein ABC	Gerichtsvollzieherkostenrecht von A–Z, 1998
Wöhrmann/Herninghausen	LwVG, Kommentar, 1954
WoM	Wohnungswirtschaft und Mietrecht (Jahr und Seite)
WPflG	Wehrpflichtgesetz
WpÜG	Wertpapiererwerbs- und Übernahmegesetz
WRP	Wettbewerb in Recht und Praxis (Jahr und Seite)
Wü	Württemberg
Z	Ziffer
ZahlVGJG	Gesetz über den Zahlungsverkehr mit Gerichten und Justizbehörden
zB	zum Beispiel
ZDG	Zivildienstgesetz
Zi	Zimmermann, JVEG (Kommentar), 2005 (§ und Randnummer)
ZIP	Zeitschrift für Wirtschaftsrecht (Jahr und Seite)
Zi/Schm	Zimmer/Schmidt, Der Streitwert im Verwaltungs- und Finanzprozeß, 1991
ZivK	Zivilkammer
ZivProz, zivproz	Zivilprozeß, zivilprozessual
ZK	Zivilkammer
ZMR	Zeitschrift für Miet- und Raumrecht (Jahr und Seite)
Zö	Zöller, bearbeitet von *Fes*korn, *Gei*mer, *Greg*er, *Her*get, *Heß*ler, *Lorenz*, *Lücke*mann, *Phi*lippi, *Stö*ber, *Voll*kommer (die Namen der Bearbeiter werden abgekürzt, zum Beispiel Zö*Gei*), ZPO, Kommentar, 28. Aufl 2010 (§ und Randnummer)
ZPO	Zivilprozessordnung
ZRP	Zeitschrift für Rechtspolitik (Jahr und Seite)
ZRHO	Rechtshilfeordnung in Zivilsachen
ZS	Zivilsenat
ZSchG	Zeugenschutzgesetz
ZSEG	Gesetz über die Entschädigung von Zeugen und Sachverständigen
ZSW	Zeitschrift für das gesamte Sachverständigenwesen (Jahr und Seite)
ZVG	Zwangsversteigerungsgesetz
Zweibr	Zweibrücken
ZwV	Zwangsvollstreckung
ZwVwV	Zwangsverwalterverordnung
ZZP	Zeitschrift für Zivilprozeß (Band und Seite)

Einleitung

I. Die Entwicklung der Kostengesetze seit der Vorauflage

Über die Entwicklung bis Anfang Februar 2009 unterrichtet die 39. Aufl. **1**
Weitere *Änderungen* ergaben sich durch **2**
- das Gesetz zur Strukturreform des Versorgungsausgleichs (VAStrRefG) vom 3. 4. 09, BGBl 700;
- das Gesetz zur Neuordnung der Entschädigung von Telekommunikationsunternehmen für die Heranziehung im Rahmen der Strafverfolgung (TK-Entschädigungs-Neuordnungsgesetz – TKEntschNeuOG) vom 29. 4. 09, BGBl 994;
- das Gesetz zur Änderung des Internationalen Familienrechtsverfahrensgesetzes vom 25. 6. 09, BGBl 1594;
- das Gesetz zur Änderung des Zugewinnausgleichs- und Vormundschaftsrechts vom 6. 7. 09, BGBl 1696;
- das Gesetz zur Änderung des Transsexuellengesetzes (Transsexuellengesetz-Änderungsgesetz – TSG-ÄndG) vom 17. 7. 09, BGBl 1978;
- das Gesetz zur Stärkung der Rechte von Verletzten und Zeugen im Strafverfahren (2. Opferrechtsreformgesetz) vom 29. 7. 09, BGBl 2280;
- das Erste Gesetz zur Änderung des Geschmacksmustergesetzes vom 29. 7. 09, BGBl 2446;
- das Gesetz zur Modernisierung von Verfahren im anwaltlichen und notariellen Berufsrecht, zur Errichtung einer Schlichtungsstelle der Rechtsanwaltschaft sowie zur Änderung sonstiger Vorschriften vom 30. 7. 09, BGBl 2449;
- das Gesetz zur Umsetzung der Aktionärsrichtlinie (ARUG) vom 30. 7. 09, BGBl 2479;
- das Gesetz zur Vereinfachung und Modernisierung des Patentrechts vom 31. 7. 09, BGBl 2521;
- das Gesetz zur Einführung des elektronischen Rechtsverkehrs und der elektronischen Akte im Grundbuchverfahren sowie zur Änderung weiterer grundbuch-, register- und kostenrechtlicher Vorschriften (ERVGBG) vom 11. 8. 09, BGBl 2713;
- das Gesetz zur Modernisierung von Verfahren im patentanwaltlichen Berufsrecht vom 14. 8. 09, BGBl 2827;
- die Allgemeine Verfügung zur Änderung der Durchführungsbestimmungen zum Gesetz über die Prozesskostenhilfe und zur Stundung der Kosten des Insolvenzverfahrens (DB-PKHG/DB-InsO), zB in Schleswig-Holstein vom 28. 7. 09, SchlHA 263;
- die zum 1. 9. 09 bundeseinheitlich beschlossene Änderung und teilweise Neufassung der Kostenverfügung, zB in Schleswig-Holstein vom 7. 8. 09, SchlHA 264;
- die Änderung der Allgemeinen Verfügung über die Gewährung von Reiseentschädigungen an mittellose Personen und Vorschusszahlungen für Reiseentschädigungen an Zeuginnen, Zeugen, Sachverständige, Dolmetscherinnen, Dolmetscher, Übersetzerinnen und Übersetzer, ehrenamtliche Richterinnen und ehrenamtliche Richter und Dritte, zB in Schleswig-Holstein vom 7. 8. 09, SchlHA 265;
- das Gesetz zur Erleichterung elektronischer Anmeldungen zum Vereinsregister und anderer vereinsrechtlicher Änderungen vom 24. 9. 09, BGBl 3145;
- das Gesetz zur Umsetzung des Rahmenbeschlusses 2006/783/JI des Rates vom 6. Oktober 2006 über die Anwendung des Grundsatzes der gegenseitigen Anerkennung auf Einziehungsentscheidungen und des Rahmenbeschlusses 2008/675/JI des Rates vom 24. Juli 2008 zur Berücksichtigung der in anderen Mitgliedstaaten der Europäischen Union ergangenen Verurteilungen in einem neuen Strafverfahren (Umsetzungsgesetz Rahmenbeschlüsse, Einziehung und Vorverurteilungen) vom 2. 10. 09, BGBl 3214.

Das Gesetz zur Reform der Sachaufklärung in der Zwangsvollstreckung vom 29. 7. 09, BGBl 2258, wird in seinen dieses Buch betreffenden umfangreichen Teilen nach

Einl I, II A Einleitung

seinem Art 6 S 2 erst am 1. 1. 2013 in Kraft treten. Es wird in der diesen Zeitpunkt erfassenden Auflage kommentiert werden.

3 Es bleibt eine Novellierung zahlreicher weiterer Kostengesetze geplant, Zypries AnwBl **03**, 383, das alles unter dem jetzigen Arbeitstitel Kostenstrukturreform. Die BRAGO ist für alle vor dem Inkrafttreten des RVG geschlossenen Anwaltsverträge anwendbar geblieben, §§ 60, 61 RVG. Das RVG soll auch in einem Gesetz zur Beschleunigung von Verfahren der Justiz (Justizbeschleunigungsgesetz) geändert werden. Der Bundesrat will die Vorauszahlungspflicht im Berufungsverfahren der ZPO und das JVEG ändern, BT-Drs 16/5335. Der Bundesrat hat am 20. 6. 07 den Entwurf eines Gesetzes zur Änderung des GG und zur Reform des Gerichtsvollzieherwesens dem Bundestag vorgelegt, dazu DGVZ **07**, 176. Der Bundesrat hat im Bundestag den Entwurf eines Gesetzes zur Übertragung von Aufgaben im Bereich der freiwilligen Gerichtsbarkeit auf Notare eingebracht, BR-Drs 109/08 v 14. 3. 08. Durch ihn soll auch die KostO vielfach geändert werden. Die Bundesregierung plant überdies eine völlige Neufassung der KostO nach Art des GKG und des FamGKG, das in ihr aufgehen könnte.

II. Gemeinsames und Besonderheiten der Kostengesetze

A. Grundbegriffe

Gliederung

1) Kosten	1
2) Kostenrecht	2
3) Kostengesetzgebung	3
4) **Unterschiedliche Rechtsnatur**	4–6
5) **Gebühren**	7–14
A. Grundsatz: Öffentliche Abgaben	7, 8
B. Pauschgebühr	9
C. Wertgebühr	10, 11
D. Rahmengebühr	12, 13
E. Festgebühr	14
6) **Auslagen**	15

1 **1) Kosten.** Kosten sind diejenigen Abgaben, die der Staat für die Inanspruchnahme der Gerichte fordert, also die sog Gerichtskosten. Kosten im Sinn der Verfahrensgesetze sind aber auch diejenigen Aufwendungen, die jemandem für die Inanspruchnahme des Anwalts, des Notars und sonst bei der Durchführung eines Verfahrens entstehen, also die sog außergerichtlichen Kosten.

Soweit es sich um ein *Prozeßverfahren* handelt, regelt das Verfahrensrecht sowohl die Frage, wer die Kosten trägt, als auch die Frage, wie die zugehörige Auseinandersetzung zwischen den Parteien erfolgt, §§ 91 ff, 103 ff ZPO, 464 ff StPO, 154 ff VwGO, 192 SGG, §§ 135 ff FGO, §§ 80 ff FamFG.

2 **2) Kostenrecht.** Unter diesem Begriff wird in diesem Buch nur die Regelung derjenigen Gebühren und Auslagen ihrer Art und Zusammensetzung nach verstanden, die man an das Gericht, an die Justizbehörde, den Anwalt, den Notar, den Gerichtsvollzieher oder den Rechtsbeistand für deren Inanspruchnahme zahlen muß (Kostenrecht im engeren Sinn).

3 **3) Kostengesetzgebung.** Sie gehört zum Verfahrensrecht im weiteren Sinn und damit zur konkurrierenden Gesetzgebung nach Art 74 Z 1 GG, LAG Stgt Rpfleger **81**, 371. Die Durchführung ist Ländersache, Art 83 GG. Es gibt eine Vielfalt von Kostenverfahren.

Kostenrecht ist *öffentliches Recht*. Es ist grundsätzlich zwingend, Roloff NZA **07**, 900. Eine Abweichung ist nur in Ausnahmefällen zulässig, zB nach §§ 13 JVEG, 4 RVG. Danach können mehrere am Verfahren Beteiligte in einem gewissen Umfang Vereinbarungen über die Kostenverteilung treffen.

4 **4) Unterschiedliche Rechtsnatur.** Die Rechtsnatur der Kostenvorschriften ist nicht einheitlich. Soweit die Kosten dem Staat zufließen, betreffen die Kostenvorschriften öffentliche Abgaben, also kein Entgelt. Das gilt zB dann, wenn man Kosten wegen der Tätigkeit des Gerichts oder des Gerichtsvollziehers an die Gerichtskasse zahlen muß. Hierher zählen auch diejenigen Notargebühren, die dem Staat zufließen, Üb vor § 140 KostO und § 142 KostO, Teil III dieses Buchs.

Demgegenüber handelt es sich bei der Inanspruchnahme eines Rechtsanwalts oder eines Notars insoweit, als dem letzteren die Gebühren selbst zufließen, und bei der Inanspruchnahme eines Rechtsbeistands um eine Vergütung. Eine solche ist auch die Zahlung an einen Sachverständigen, einen Dolmetscher oder Übersetzer sowie im Grunde die Entschädigung eines Handels- oder sonstigen ehrenamtlichen Richters oder eines Dritten usw nach § 1 I Z 3 JVEG. 5

Die Kostenpflicht ist als Verfahrensgrundsatz *mit dem GG vereinbar,* Ffm Rpfleger **77**, 265. Der Kostengesetzgeber hat ein weites Ermessen, BVerfG NJW **99**, 3550. Der Gleichheitsgrundsatz nach Art 3 GG gilt nur innerhalb von Praktikabilität und Wirtschaftlichkeit, BVerfG NJW **99**, 3550. 6

5) Gebühren. Man sollte fünf Aspekte beachten. 7

A. Grundsatz: Öffentliche Abgaben. Die Kosten setzen sich aus Gebühren und Auslagen zusammen, BGH **98**, 320, Hbg FamRZ **88**, 537. Die Gebühren sind pauschale öffentliche Abgaben aus Anlaß einer besonderen Inanspruchnahme des Staats, BAG GRUR **82**, 557. Das gilt ohne Rücksicht darauf, ob und welcher tatsächliche Verwaltungsaufwand entstanden ist.

In den *neuen Bundesländern* gelten seit 1. 7. 04 keine Besonderheiten mehr. Wegen des vorherigen Zustands vgl zB an dieser Stelle die Vorauflagen. 8

B. Pauschgebühr. Sie stellt die Gegenleistung für einen bestimmten Verfahrensabschnitt oder für einen bestimmten Akt dar. Sie entsteht grundsätzlich nur einmal, gilt also den gesamten Abschnitt oder Akt ab, ohne daß es im einzelnen Fall auf die Höhe der aufgewandten Mühe ankommt. Dieser Mühe trägt das Gesetz in anderer Weise Rechnung. Jede zu einem Abschnitt gehörende Handlung löst die einmalige Pauschgebühr aus. Beispiele einer Pauschgebühr: §§ 35 GKG, 35 KostO, 15, 16 RVG, VV amtliche Vorbemerkung 4.1 II. 9

C. Wertgebühr. Die Berechnung der Gebühr erfolgt im allgemeinen nach einem Streitwert oder Geschäftswert oder Gegenstandswert und in einer Straf- oder Bußgeldsache wegen der Gerichtskosten auf Grund der Höhe der rechtskräftig erkannten Strafe oder Geldbuße. Aus der Höhe dieses jeweiligen Werts ergibt sich nach der jeweiligen gesetzlichen Gebührentabelle die volle Gebühr oder 1,0 Gebühr. Der Wert und der Gebührenansatz ergeben erst zusammen die angemessene Gebühr des Einzelfalls, Lappe DNotZ **81**, 411. Man darf aber jedenfalls grundsätzlich nicht etwa die Höhe des Werts in eine Abhängigkeit zu derjenigen Gebühr bringen, die er auslöst, aM Lappe DNotZ **81**, 411. 10

Der Wert darf nicht so hoch ausfallen, daß kein *Justizgewährungsanspruch* nach Artt 2 I, 20 III GG mehr bestünde, BVerfG NJW **97**, 312. Das Gesetz bestimmt daher oft auch einen absoluten Höchstwert, § 40 II GKG, § 33 II FamGKG, § 18 I 2 KostO, § 22 II RVG. Im übrigen gibt es relative Mindest- oder Höchstgebühren, sei es als Bruchteile, sei es als EUR-Beträge. Es gibt ferner sog Auffanggebühren oder -werte.

Um der Mühe des Gerichts oder des Anwalts usw gerecht zu werden, teilt das Gesetz das *Verfahren* einer Instanz *kostenmäßig im Regelfall in mehrere Abschnitte* auf, zB für die Anwaltskosten in das Verfahren im allgemeinen und in einen Termin. Daher können für dieselbe Instanz mehrere Gebühren entstehen. Die Höhe der Gebühren, für die ein Streitwert oder Geschäftswert oder Gegenstandswert maßgebend ist, bestimmt sich jetzt allgemein nach dem System der Wertklassen (vgl die Gebührentabellen). Das frühere System der Wertprozente ist weitgehend entfallen. 11

D. Rahmengebühr. Die Kostengesetze verwenden neben dem eben genannten System der Wertklassen gelegentlich auch sog Rahmengebühren, zB bei der Gebühr des Wahlverteidigers in einer Strafsache, VV 4100 ff. Hier ist der Rahmen durch eine Höchst- und eine Mindestgebühr abgegrenzt (Betragsrahmen). Innerhalb des Rahmens richtet sich die Bemessung im Einzelfall nach seinen Gesamtumständen, insbesondere nach der Bedeutung der Sache, dem Umfang und der Schwierigkeit der anwaltlichen Tätigkeit, aber auch nach den finanziellen Verhältnissen des Auftraggebers, § 14 RVG. 12

Einl II A, B   Einleitung

13   Daneben kennt das RVG auch den *Gebührensatzrahmen*. Dann richtet sich zwar die Gebühr nach dem Gegenstandswert, die ihm entsprechende Gebühr entsteht aber je nach der Lage des Einzelfalls nur zu einem Bruchteil bis zur vollen Gebühr, zB VV 2100, 2300.

14   **E. Festgebühr.** Das Gesetz kennt ferner Festgebühren, also in EUR bestimmte Beträge. Sie entstehen nur indirekt wertabhängig. Beispiele: KV 1121, 1123, §§ 82, 92 KostO, VV 2500–2508, KVGv 100 ff.

15   **6) Auslagen.** Vgl zunächst Rn 6. Auslagenvorschriften dienen auch dann, wenn sie Pauschalen nennen, dem Ersatz tatsächlicher Aufwendungen. Sie befinden sich zB in KV 9000 ff, §§ 136, 137 KostO, VV 7000 ff, KVGv 700 ff, Teile I, III, X, XI dieses Buchs. Zu den Auslagen gehören auch die Reisekosten sowie die für die Entschädigung eines Zeugen oder für die Vergütung eines Sachverständigen aufgewendeten Beträge. Diese regelt das JVEG, Teil V dieses Buchs.

Die Auslagen *umgrenzt* das Gesetz *fest*. Über die dort genannten Beträge hinaus darf man keine Auslagen erheben.

B. Die Kosten im einzelnen

Gliederung

1) **Gerichtskosten**	1–8
A. Rechtsnatur	1–3
B. Kostenansatz	4, 5
C. Kostenverfügung	6
D. Kassenbehörde	7
E. Auslegung der Kostenvorschriften	8
2) **Rechtsanwaltskosten**	9–14
A. Rechtsnatur	9–12
B. Erstattungsfähigkeit	13
C. Prozeßwirtschaftlichkeit	14
3) **Gerichtsvollzieherkosten**	15, 16
4) **Notarkosten**	17
5) **Kosten registrierter Personen**	18
6) **Kosten ehrenamtlicher Richter**	19
7) **Kosten der Zeugen, Dolmetscher, Übersetzer und Sachverständigen**	20
8) **Sonstige Kosten**	21

1   **1) Gerichtskosten.** Es gelten mehrere Unterscheidungsmerkmale.

A. Rechtsnatur. Gerichtskosten sind öffentliche Abgaben für die Tätigkeit der Gerichte, also eine Justizsteuer, Kblz Rpfleger **75**, 447, LG Hbg KTS **75**, 45, LG Karlsr VersR **77**, 1121. Dazu gehören auch Haftkostenbeiträge wegen schuldhafter Nichtarbeit während der Untersuchungshaft, LG Kblz JB **97**, 205. Die Gerichtskosten sind im GKG, im FamGKG, teilweise noch im ArbGG, ferner direkt in der KostO und im LwVG, im SGG und in anderen Gesetzen geregelt, zB im BVerfGG.

2   Der *ordentliche Rechtsweg* ist sowohl dem Staat als auch dem Bürger verschlossen. Der Staat treibt die berechneten Kosten nach der JBeitrO bei, Teil IX A dieses Buchs, und nach der EBAO, Teil IX B dieses Buchs. Über eine Erinnerung gegen den Kostenansatz entscheidet das Gericht des Ansatzes, §§ 66 GKG, 57 FamGKG, 14 KostO, 46 LwVG, Teile I, III, IV dieses Buchs, vgl Kblz LB **97**, 205.

3   Über eine *Erinnerung* gegen die Art und Weise der Vollstreckung oder gegen das Verfahren des Vollziehungsbeamten entscheidet die Vollstreckungsbehörde, § 6 I Z 1 JBeitrO, Teil IX A dieses Buchs. Als weitere Rechtsbehelfe bei einer solchen Einwendung, die den beizutreibenden Anspruch selbst betrifft, stehen diejenigen des GKG, des FamGKG und der KostO, evtl auch der Klageweg zur Verfügung. Derjenige Dritte, bei dem eine Vollstreckung stattgefunden hat, hat die Rechtsbehelfe nach § 6 I Z 1 JBeitrO.

Eine solche *Zahlung*, die jemand für den Schuldner vornimmt, ist als eine Zahlung des Schuldners bewertbar.

4   **B. Kostenansatz.** Ihn nimmt der Kostenbeamte vor, § 1 KostVfg, Teil VII A dieses Buchs. Der Kostenansatz ist eine Verwaltungstätigkeit. Der Kostenbeamte unter-

II. Gemeinsames u. Besonderheiten d. Kostengesetze **Einl II B**

liegt daher insoweit der Aufsicht der vorgesetzten Dienstbehörde. Ihre Weisungen binden ihn. Eine Tätigkeit des Gerichts findet nur im Rahmen der gesetzlichen Vorschriften statt. Die Verjährung richtet sich nach den §§ 5 GKG, 7 FamGKG, 17 KostO. Für den Kostenansatz ist es unerheblich, ob das zugrunde liegende Verfahren sachlichrechtlich oder prozeßrechtlich korrekt war.

Bei einer *offensichtlichen Unrichtigkeit* können allerdings §§ 21 GKG, 20 FamGKG, 16 KostO beachtbar sein. Eine Vermutung für ein richtiges Verfahren besteht nicht. Insofern besteht ein Unterschied zu der Beurteilung eines Sitzungsprotokolls. Soweit das Protokoll einen Verfahrensmangel ergibt, muß der Kostenbeamte zunächst klären, ob das Gericht das Protokoll berichtigen will. **5**

C. Kostenverfügung. Die KostVfg, Teil VII A dieses Buchs, dient der Durchführung der Kostengesetze, soweit sie die Gerichtskosten betrifft (GKG, FamGKG, KostO). Die KostVfg ist zwar bundeseinheitlich beschlossen, dennoch aber eine Verwaltungsanweisung des jeweiligen Landes. Sie bindet den Richter nicht, auch nicht als Gewohnheitsrecht. **6**

D. Kassenbehörde. Zu den Kassenbehörden zählen: Die Gerichtskasse beim AG, auch für die diesem angegliederten Behörden; die Gerichtskasse beim LG, auch für die diesem angegliederte Staatsanwaltschaft und für die diesem angegliederte Vollzugsanstalt; die Oberjustizkasse bei dem OLG, auch für die diesem angegliederte Generalstaatsanwaltschaft. S dazu die JKassO. **7**

E. Auslegung der Kostenvorschriften. Man darf Gerichtskosten wie Notarkosten, also Gebühren und Auslagen, nur insoweit erheben, als das Gesetz sie ausdrücklich vorsieht, §§ 1 I 1 GKG, 1 S 1 FamGKG, 1 I 1, 141 KostO. Alle Handlungen, für die das Gesetz nicht eindeutig Kosten vorsieht, sind kostenfrei. Kostenvorschriften sind also vor allem insoweit eng auslegbar, als sie von einer allgemeinen Regel eine Ausnahme darstellen, Düss Rpfleger **77**, 460. **8**

Indessen darf sich auch eine derartige Auslegung *nicht an den Wortlaut klammern*, sondern muß immerhin dem Sinn und Zweck der jeweiligen Vorschrift entsprechen, Lappe MDR **77**, 279, Salander Rpfleger **77**, 123.

2) Rechtsanwaltskosten. Es gelten im wesentlichen drei Aspekte. **9**

A. Rechtsnatur. Zu den Anwaltskosten zählen diejenigen Gebühren und Auslagen, die der Anwalt von seiner Partei, seinem Auftraggeber, fordern kann. Das RVG, Teil X dieses Buchs, regelt grundsätzlich die Vergütung für jede Tätigkeit eines Anwalts, also auch diejenige für seine Tätigkeit vor einem Verwaltungs-, Sozial-, Finanzgericht.

Unberührt bleibt diejenige Vergütung, die ein Anwalt auf Grund einer besonderen *bürgerlichrechtlichen oder prozeßrechtlichen Stellung* erhält, zB: Als Vormund; als Betreuer; als Testamentsvollstrecker; als Insolvenzverwalter; als Schiedsrichter. Vgl insofern § 1 II RVG. **10**

Die Rechtsbeziehungen zwischen einem Anwalt und seinem Auftraggeber richten sich nach dem *bürgerlichen Recht*. Nach richtiger Ansicht ist das Auftragsverhältnis des Anwalts zu seinem Auftraggeber grundsätzlich ein Dienstvertrag, der eine Geschäftsbesorgung zum Gegenstand hat. Ein Werkvertrag liegt nur insoweit vor, als der Auftraggeber ein Gutachten des Anwalts bestellt, Grdz 3 vor § 1 RVG. **11**

Im *Außenverhältnis* zum Prozeßgegner und zum Gericht kommt es jedoch im Rahmen eines Rechtsstreits vor allem auf den Umfang der Prozeßvollmacht an, also im Zivilprozeß auf denjenigen der Vollmacht nach §§ 78 ff ZPO. In einer Strafsache gibt die StPO Vorschriften über die Stellung des Verteidigers oder des Bevollmächtigten oder Beistands des Privat- oder Nebenklägers, ebenso wegen der Wirkung nach außen.

Die Stellung des Anwalts ähnelt in gewissem Umfang derjenigen eines *Beamten*. Seine Rechte und Pflichten ergeben sich insofern wesentlich auch aus dem RVG. Diese geht als Sonderrecht den zivilrechtlichen Bestimmungen vor. **12**

Das RVG ordnet in erster Linie die *gebührenrechtlichen* Beziehungen zwischen dem Anwalt und seinem Auftraggeber. Sie regelt aber auch die Ansprüche des im Verfahren auf die Bewilligung einer Prozeß- oder Verfahrenskostenhilfe beigeordneten Anwalts und des Pflichtverteidigers gegen die Staatskasse, §§ 45 ff RVG. Eine weitere Anspruchsgrundlage für den Anwalt enthält § 44 RVG bei einer Beratungshilfe.

5

Einl II B

13　**B. Erstattungsfähigkeit,** dazu *Becker-Eberhard,* Grundlagen der Kostenerstattung bei der Verfolgung zivilrechtlicher Ansprüche, 1985; *Brieske,* Erstattung von Anwaltsgebühren durch Gegner und Dritte, 1987; *von Eicken,* Erstattungsfähige Kosten und Erstattungsverfahren, 5. Aufl 1990; *Rauer* (Herausgeber), Kostenerstattung und Streitwert, Festschrift für *Schmidt,* 1981; *Schneider/Herget,* Die Kostenentscheidung im Zivilurteil, 3. Aufl 1990; *Siebert,* Die Prinzipien der Kostenerstattung und der Erstattungsfähigkeit vorgerichtlicher Kosten des Rechtsstreits, 1985:

Die Erstattungsfähigkeit der Kosten richtet sich nach der jeweils in Betracht kommenden *Verfahrensordnung.*

14　**C. Prozeßwirtschaftlichkeit.** Der Grundsatz der Prozeßwirtschaftlichkeit nach BLAH Grdz 14 vor § 128 ZPO gilt auch für die Anwaltskosten. Er hat folgende Auswirkungen: Aus dem bürgerlichrechtlichen Dienst- oder Werkvertrag folgt bereits, daß der Anwalt seiner Partei gegenüber die Kosten möglichst niedrig halten muß. Aus dem Prozeßrechtsverhältnis nach BLAH Grdz 4 vor § 128 ZPO folgt diese Pflicht für jede Partei gegenüber dem Prozeßgegner. Daher muß auch der Anwalt als Prozeßbevollmächtigter einer Partei den Grundsatz der Prozeßwirtschaftlichkeit gegenüber dem Prozeßgegner beachten.

15　3) **Gerichtsvollzieherkosten.** Sie regelt das GvKostG, Teil XI dieses Buchs. Es handelt sich um diejenigen Kosten, die das Gesetz für die Tätigkeit eines Gerichtsvollziehers erhebt und grundsätzlich bundesrechtlich regelt.

Die Gerichtsvollzieherkosten werden *zugunsten der Staatskasse* erhoben. Der Gerichtsvollzieher erhält zu seinem festen Gehalt hiervon einen Teil und außerdem eine Entschädigung zum Ausgleich des Dienstaufwands nach dem Landesrecht.

16　Der Gerichtsvollzieher ist ein *Beamter.* Seine Handlung ist eine Amtshandlung. Das Gesetz spricht gleichwohl von einem Auftrag. Es kommt aber kein Dienstvertrag oder Werkvertrag zustande. Dem entsprechend haftet das jeweilige Bundesland für eine objektiv rechtswidrige Amtshandlung des Gerichtsvollziehers.

Auch das GvKostG unterscheidet zwischen *Gebühren und Auslagen.* Auch insofern entsteht eine Gebühr nur, soweit das Gesetz sie als solche vorsieht, § 1 I GvKostG.

17　4) **Notarkosten.** Über die Kosten der Notare §§ 140 ff KostO, Teil III dieses Buchs.

18　5) **Kosten registrierter Personen.** Die Gebühren und Auslagen registrierter Erlaubnisinhaber usw regelt § 4 RDGEG, Teil XII A dieses Buchs.

19　6) **Kosten ehrenamtlicher Richter.** Vgl das JVEG, Teil V dieses Buchs sowie § 107 GVG (Handelsrichter), Teil VI dieses Buchs.

20　7) **Kosten der Zeugen, Dolmetscher, Übersetzer und Sachverständigen.** Sie regelt das JVEG, Teil V dieses Buchs.

21　8) **Sonstige Kosten.** Wegen der Kosten der Zwangsvollstreckung nach der AO gilt das Gesetz vom 12. 4. 61, BGBl 429, zuletzt geändert durch Gesetz vom 20. 5. 75, BGBl 1119.

I. A. Gerichtskostengesetz (GKG)

in der Fassung Art 1 KostRMoG v 5. 5. 04, BGBl 718, zuletzt geändert durch Art 12 G v 30. 7. 09, BGBl 2479

Grundzüge

Schrifttum: *Binz/Dörndorfer/Petzold/Zimmermann*, GKG, FamGKG, JVEG, Kommentar, 2. Aufl 2009; *Bonefeld*, Gebührenabrechnung familien- und erbrechtlicher Mandate nach dem RVG und GKG, 2004; *Hansens* AnwBl **04**, 142 (Üb); *Jungbauer*, RVG und GKG für Rechtsanwalts-Fachangestellte, 4. Aufl 2009; *Lappe* NJW **09**, 478 (Rspr-Üb); *Lutz*, Gerichtskosten- und Rechtanwaltsvergütungsgesetz, 5. Aufl 2004; *Meyer*, Gerichtskosten der streitigen Gerichtsbarkeiten und des Familienverfahrens (Kommentar), 11. Aufl 2009; *Oestreich/Winter/Hellstab*, GKG, Kommentar (Loseblattwerk), Stand April 2000; *Petzold/von Seltmann*, Das neue Kostenrecht, 2004; *Schäfer/Göbel*, Das neue Kostenrecht in Arbeitssachen, 2004.

Gliederung

1) Geschichtliches	1, 2
2) Amtliche Übersicht	3, 4
3) Sachlicher Geltungsbereich	5–8
4) Persönlicher Geltungsbereich	9
5) Grundsätzliche Kostenpflicht; Gebührenhöhe	10
6) Weitere Einzelfragen	11

1) Geschichtliches. Über die Entwicklung bis Anfang Februar 2009 unterrichtet 1 die 39. Aufl.

Weitere Änderungen ergaben sich durch das Gesetz zur Reform des Verfahrens in 2 Familiensachen und in den Angelegenheiten der freiwilligen Gerichtsbarkeit (FGG-Reformgesetz – FGG-RG) vom 17. 12. 08, BGBl 2586, sowie durch das Gesetz zur Modernisierung von Verfahren im anwaltlichen und notariellen Berufsrecht, zur Errichtung einer Schlichtungsstelle der Rechtsanwaltschaft sowie zur Änderung der Verwaltungsgerichtordnung, der Finanzgerichtsordnung und kostenrechtlicher Vorschriften vom 30. 7. 09, BGBl 2449, ferner durch das Gesetz zur Umsetzung der Aktionärsrechterichtlinie (ARUG) vom 30. 7. 09, BGBl 2479.

Fassung 1. 9. 2009:

(Amtliche) Inhaltsübersicht 3

Abschnitt 1. Allgemeine Vorschriften	§§
Geltungsbereich	1
Kostenfreiheit	2
Höhe der Kosten	3
Verweisungen	4
Verjährung, Verzinsung	5
Elektronische Akte, elektronisches Dokument	5 a

Abschnitt 2. Fälligkeit	
Fälligkeit der Gebühren im Allgemeinen	6
Zwangsversteigerung und Zwangsverwaltung	7
Strafsachen, Bußgeldsachen	8
Fälligkeit der Gebühren in sonstigen Fällen, Fälligkeit der Auslagen	9

Abschnitt 3. Vorschuss und Vorauszahlung	
Grundsatz	10
Verfahren nach dem Arbeitsgerichtsgesetz	11
Verfahren nach der Zivilprozessordnung	12
Verteilungsverfahren nach der Schifffahrtsrechtlichen Verteilungsordnung	13
Ausnahmen von der Abhängigmachung	14
Zwangsversteigerungs- und Zwangsverwaltungsverfahren	15
Privatklage, Nebenklage	16
Auslagen	17
Fortdauer der Vorschusspflicht	18

GKG Grdz   I. A. Gerichtskostengesetz

Abschnitt 4. Kostenansatz   §§
Kostenansatz 19
Nachforderung 20
Nichterhebung von Kosten wegen unrichtiger Sachbehandlung 21

Abschnitt 5. Kostenhaftung
Streitverfahren, Bestätigungen und Bescheinigungen zu inländischen Titeln 22
Insolvenzverfahren 23
Öffentliche Bekanntmachung in ausländischen Insolvenzverfahren 24
Verteilungsverfahren nach der Schifffahrtsrechtlichen Verteilungsordnung 25
Zwangsversteigerungs- und Zwangsverwaltungsverfahren 26
Bußgeldsachen 27
Auslagen in weiteren Fällen 28
Weitere Fälle der Kostenhaftung 29
Erlöschen der Zahlungspflicht 30
Mehrere Kostenschuldner 31
Haftung von Streitgenossen und Beigeladenen 32
Verpflichtung zur Zahlung von Kosten in besonderen Fällen 33

Abschnitt 6. Gebührenvorschriften
Wertgebühren 34
Einmalige Erhebung der Gebühren 35
Teile des Streitgegenstands 36
Zurückverweisung 37
Verzögerung des Rechtsstreits 38

Abschnitt 7. Wertvorschriften

Unterabschnitt 1. Allgemeine Wertvorschriften
Grundsatz 39
Zeitpunkt der Wertberechnung 40
Miet-, Pacht- und ähnliche Nutzungsverhältnisse 41
Wiederkehrende Leistungen 42
Nebenforderungen 43
Stufenklage 44
Klage und Widerklage, Hilfsanspruch, wechselseitige Rechtsmittel, Aufrechnung 45
(weggefallen) 46
Rechtsmittelverfahren 47

Unterabschnitt 2. Besondere Wertvorschriften
Bürgerliche Rechtsstreitigkeiten 48
(weggefallen) 49
Wohnungseigentumssachen .... 49 a
Bestimmte Beschwerdeverfahren 50
Streitsachen und Rechtsmittelverfahren des gewerblichen Rechtsschutzes 51
Rechtsbeschwerdeverfahren nach dem Kapitalanleger-Musterverfahrensgesetz .... 51 a
Verfahren vor Gerichten der Verwaltungs-, Finanz- und Sozialgerichtsbarkeit 52
Einstweiliger Rechtsschutz und Verfahren nach § 148 Abs. 1 und 2 des Aktiengesetzes 53
Zwangsversteigerung 54
Zwangsverwaltung 55
Zwangsversteigerung von Schiffen, Schiffsbauwerken, Luftfahrzeugen und grundstücksgleichen
 Rechten 56
Zwangsliquidation einer Bahneinheit 57
Insolvenzverfahren 58
Verteilungsverfahren nach der Schifffahrtsrechtlichen Verteilungsordnung 59
Gerichtliche Verfahren nach dem Strafvollzugsgesetz, auch in Verbindung mit § 92 des Jugend-
 gerichtsgesetzes 60

Unterabschnitt 3. Wertfestsetzung
Angabe des Werts 61
Wertfestsetzung für die Zuständigkeit des Prozessgerichts oder die Zulässigkeit des Rechtsmittels ... 62
Wertfestsetzung für die Gerichtsgebühren 63
Schätzung des Werts 64
Wertfestsetzung in gerichtlichen Verfahren nach dem Strafvollzugsgesetz, auch in Verbindung mit
 § 92 des Jugendgerichtsgesetzes 65

Abschnitt 8. Erinnerung und Beschwerde
Erinnerung gegen den Kostenansatz, Beschwerde 66
Beschwerde gegen die Anordnung einer Vorauszahlung 67
Beschwerde gegen die Festsetzung des Streitwerts 68
Beschwerde gegen die Auferlegung einer Verzögerungsgebühr 69
Abhilfe bei Verletzung des Anspruchs auf rechtliches Gehör .... 69 a

Abschnitt 1. Allgemeine Vorschriften **Grdz, § 1 GKG**

Abschnitt 9. Schluss- und Übergangsvorschriften	§§
Rechnungsgebühren	70
Übergangsvorschrift	71
Übergangsvorschrift aus Anlass des Inkrafttretens dieses Gesetzes	72

Anlage 1 (zu § 3 Abs. 2)
Anlage 2 (zu § 34)
Dabei *Redaktionsfehler* des Gesetzgebers bei § 50 hier bereits verbessert.

Eine wichtige Ergänzung gibt die bundeseinheitliche *KostVfg*, die auch Vorschriften für den Kostenbeamten enthält, Teil VII A dieses Buches. **4**

3) Sachlicher Geltungsbereich. Der sachliche Geltungsbereich des GKG ist begrenzt, § 1. Es umfaßt allerdings die Kosten des gerichtlichen Verfahrens nach den in § 1 umfangreich aufgezählten Verfahrenordnungen. **5**

Das Gesetz gilt auch nach *anderen Gesetzen* oder Verordnungen ganz oder teilweise. Es genügt auch eine Verweisung auf eines der in § 1 S 1 genannten anderen Gesetze, zB auf die ZPO in § 11 II 3 RVG, Teil X dieses Buchs. § 12 ArbGG enthält nur noch sehr begrenzte besondere Vorschriften für das Verfahren vor den Arbeitsgerichten, deren Verfahren grundsätzlich voll dem GKG unterliegt, § 1 II Z 4. **6**

Demgegenüber richten sich die Kosten im Verfahren der *freiwilligen Gerichtsbarkeit*, auch wenn es sich um ein dortiges streitiges Verfahren handelt, nach dem FamGKG, Teil I B dieses Buchs, oder nach der KostO, Teil III dieses Buchs. Das gilt auch dann, wenn das FamFG auf die ZPO verweist. Wegen einer nicht zu § 1 I 1 Z 1 GKG zählenden Scheidungsfolgesache §§ 19, 131 a KostO. **7**

Wegen der Kosten des Rechtsbeschwerde- und Berufungsverfahrens vor dem BGH in einer *Patentsache* nach §§ 102 II, 110 II PatG, abgedruckt im Anh KV 1252, verweist das Gesetz ausnahmsweise ebenfalls auf das GKG, BGH GRUR **84**, 38. Für Auslagen im Verfahren vor dem BPatG ist das GKG direkt anwendbar, § 1 PatKostG, Teil II C dieses Buchs. Sondervorschriften enthalten zB wegen des berufsgerichtlichen Verfahrens die in SchlAnh F–J abgedruckten Vorschriften nebst Gebührenverzeichnissen. **8**

4) Persönlicher Geltungsbereich. Das GKG regelt ausschließlich das Verhältnis des Kostenschuldners zur Staatskasse. Die kostenrechtlichen Beziehungen der Prozeßbeteiligten untereinander, zB die Frage, inwieweit ein Anspruch auf eine Kostenerstattung besteht, ergeben sich aus den Prozeßordnungen. **9**

5) Grundsätzliche Kostenpflicht; Gebührenhöhe. Regelmäßig ist ein gerichtliches Verfahren kostenpflichtig. Der Bund und die Länder erheben für die Tätigkeit ihrer Gerichte eine Abgabe. Sie soll besonders in Zivilsachen die Kosten einigermaßen abdecken. **10**

Die *Höhe* der Gebühren richtet sich im Zivilprozeß und im Verfahren nach dem FamFG, nach der VwGO sowie nach der FGO nach dem Streitwert. Im Strafverfahren richtet sich die Höhe der Gebühren nach der zuerkannten Strafe, im Verfahren nach dem OWiG nach der Geldbuße. Vgl auch Einl II A 4.

6) Weitere Einzelfragen. Die Überschriften sind Teile des Gesetzes. Übersichten über den Meinungsstand zu Streitfragen beim GKG befinden sich bei Lappe zuletzt NJW **08**, 485. **11**

Abschnitt 1. Allgemeine Vorschriften

Übersicht

1) Systematik. Abschnitt 1 gibt eine Reihe von Vorschriften für das ganze Gebiet der Gerichtskosten. Er enthält aber keineswegs alle gemeinsamen Vorschriften. Solche finden sich vielmehr auch in den weiteren Abschnitten. **1**

1 Fassung 1. 9. 2009: Geltungsbereich. [1] Für Verfahren vor den ordentlichen Gerichten

1. nach der Zivilprozessordnung, einschließlich des Mahnverfahrens nach § 113 Abs. 2 des Gesetzes über das Verfahren in Familiensachen und in den Angelegenheiten der freiwilligen Gerichtsbarkeit und der Verfahren nach dem Ge-

setz über das Verfahren in Familiensachen und in den Angelegenheiten der freiwilligen Gerichtsbarkeit, soweit das Vollstreckungs- oder Arrestgericht zuständig ist;
2. nach der Insolvenzordnung;
3. nach der Schifffahrtsrechtlichen Verteilungsordnung;
4. nach dem Gesetz über die Zwangsversteigerung und die Zwangsverwaltung;
5. nach der Strafprozessordnung;
6. nach dem Jugendgerichtsgesetz;
7. nach dem Gesetz über Ordnungswidrigkeiten;
8. nach dem Strafvollzugsgesetz auch in Verbindung mit § 92 des Jugendgerichtsgesetzes;
9. nach dem Gesetz gegen Wettbewerbsbeschränkungen;
10. nach dem Wertpapiererwerbs- und Übernahmegesetz, soweit dort nichts anderes bestimmt ist;
11. nach dem Wertpapierhandelsgesetz;
12. nach dem Anerkennungs- und Vollstreckungsausführungsgesetz;
13. für Rechtsmittelverfahren vor dem Bundesgerichtshof nach dem Patentgesetz, dem Gebrauchsmustergesetz, dem Markengesetz, dem Geschmacksmustergesetz, dem Halbleiterschutzgesetz und dem Sortenschutzgesetz (Rechtsmittelverfahren des gewerblichen Rechtsschutzes);
14. nach dem Energiewirtschaftsgesetz;
15. nach dem Kapitalanleger-Musterverfahrensgesetz und
16. nach dem EG-Verbraucherschutzdurchsetzungsgesetz

werden Kosten (Gebühren und Auslagen) nur nach diesem Gesetz erhoben.
[2] Satz 1 Nummer 1, 6 und 12 gilt nicht in Verfahren, in denen Kosten nach dem Gesetz über Gerichtskosten in Familiensachen zu erheben sind.

[II] Dieses Gesetz ist ferner anzuwenden für Verfahren
1. vor den Gerichten der Verwaltungsgerichtsbarkeit nach der Verwaltungsgerichtsordnung;
2. vor den Gerichten der Finanzgerichtsbarkeit nach der Finanzgerichtsordnung;
3. vor den Gerichten der Sozialgerichtsbarkeit nach dem Sozialgerichtsgesetz, soweit nach diesem Gesetz das Gerichtskostengesetz anzuwenden ist;
4. vor den Gerichten für Arbeitssachen nach dem Arbeitsgerichtsgesetz und
5. vor den Staatsanwaltschaften nach der Strafprozessordnung, dem Jugendgerichtsgesetz und dem Gesetz über Ordnungswidrigkeiten.

[III] Dieses Gesetz gilt auch für Verfahren
1. nach der Verordnung (EG) Nr. 861/2007 des Europäischen Parlaments und des Rates vom 11. Juli 2007 zur Einführung eines europäischen Verfahrens für geringfügige Forderungen (ABl. EU Nr. L 199 S. 1) und
2. nach der Verordnung (EG) Nr. 1896/2006 des Europäischen Parlaments und des Rates vom 12. Dezember 2006 zur Einführung eines Europäischen Mahnverfahrens (ABl. EU Nr. L 399 S. 1).

[IV] Kosten nach diesem Gesetz werden auch erhoben für Verfahren über eine Beschwerde, die mit einem der in den Absätzen 1 bis 3 genannten Verfahren im Zusammenhang steht.

Vorbem. Zunächst S 1 Z 1 c ergänzt durch Art 5 XXIV Z 1 G v 15. 12. 04, BGBl 3396, in Kraft seit 1. 1. 05, Art 7 I G. Sodann S 1 Z 1l ergänzt durch Art 2 G v 8. 7. 06, BGBl 1426, in Kraft seit 14. 7. 06, Art 8 S 2 G. Ferner Z 1 m eingefügt, dadurch bisherige Z 1 m, n zu n, o durch Art 5b G v 15. 12. 04, BGBl 3408, in Kraft seit 21. 12. 04, Art 6 G. Anschließend S 1 Z 1p angefügt durch Art 3 XXXXIII G v 7. 7. 05, BGBl 1954, in Kraft seit 13. 7. 05, Art 5 I G. Dabei hat der Gesetzgeber vergessen, daß er den als „o" bezeichneten Zusatz wegen des schon vorhandenen o als „p" hätte bezeichnen müssen. Sodann S 1 Z 1q angefügt durch Art 4 Z 2 G v 16. 8. 05, BGBl 2437, in Kraft seit 1. 11. 05, Art 9 I 2 G, außer Kraft am 1. 11. 10, Art 9 II Hs 2 G. Ferner S 1 Z 1r angefügt dch Art 7 Z 2 G v 21. 12. 06, BGBl 3367, in Kraft seit 29. 12. 06, Art 9 G. Sodann S 2 angefügt dch Art 16 Z 2 des 2. JuMoG v 22. 12. 06, BGBl 3416, in Kraft seit 31. 12. 06,

Abschnitt 1. Allgemeine Vorschriften **§ 1 GKG**

Art 28 I des 2. JuMoG. Ferner S 1 Z 1j ergänzt dch Art 4 Z 2 G v 13. 12. 07, BGBl 2894, in Kraft seit 1. 1. 08, Art 7 G. Bisheriger Text zu I und geändert, II–IV angefügt dch Art 5 Z 1 G v 30. 10. 08, BGBl 2122, in Kraft seit 12. 12. 08, Art 8 I G. Sodann weitere Änderg dch Art 47 I Z 2 a–d FGG-RG v 17. 12. 08, BGBl 2586, in Kraft seit 1. 9. 09, Art 112 I Hs 1 FGG-RG, Übergangsrecht Art 111 FGG-RG, Grdz 2 vor § 1 FamGKG, Teil 1 B dieses Buchs, und dch Art 7 I Z 1 G v 30. 7. 09, BGBl 2449, in Kraft seit 5. 8. 09, Art 10 S 2 G. Übergangsrecht im übrigen jeweils § 71 GKG.

Bisherige Fassung I: **Geltungsbereich**

1 ¹ Für Verfahren vor den ordentlichen Gerichten
1. nach der Zivilprozessordnung;
2. in Familiensachen des § 621 Abs. 1 Nr. 1 bis 3, 6, 7 und 9 der Zivilprozessordnung, die Folgesachen einer Scheidungssache sind, in Familiensachen des § 621 Abs. 1 Nr. 9 der Zivilprozessordnung auch dann, wenn nach § 621 a Abs. 2 der Zivilprozessordnung einheitlich durch Urteil zu entscheiden ist;
3. in Lebenspartnerschaftssachen des § 661 Abs. 1 Nr. 3 a bis 3 c, 4 a, 5 und 7 der Zivilprozessordnung, die Folgesachen eines Verfahrens über die Aufhebung der Lebenspartnerschaft sind; in Lebenspartnerschaftssachen des § 661 Abs. 1 Nr. 7 der Zivilprozessordnung auch dann, wenn nach § 661 Abs. 2, § 621 a Abs. 2 der Zivilprozessordnung einheitlich durch Urteil zu entscheiden ist;
4. nach der Insolvenzordnung;
5. nach der Schifffahrtsrechtlichen Verteilungsordnung;
6. nach dem Gesetz über die Zwangsversteigerung und die Zwangsverwaltung;
7. nach der Strafprozessordnung;
8. nach dem Jugendgerichtsgesetz;
9. nach dem Gesetz über Ordnungswidrigkeiten;
10. nach dem Strafvollzugsgesetz auch in Verbindung mit § 92 des Jugendgerichtsgesetzes;
11. nach dem Gesetz gegen Wettbewerbsbeschränkungen;
12. nach dem Wertpapiererwerbs- und Übernahmegesetz, soweit dort nichts anderes bestimmt ist;
13. nach dem Wertpapierhandelsgesetz;
14. nach dem Anerkennungs- und Vollstreckungsausführungsgesetz;
15. für Rechtsmittelverfahren vor dem Bundesgerichtshof nach dem Patentgesetz, dem Gebrauchsmustergesetz, dem Markengesetz, dem Geschmacksmustergesetz, dem Halbleiterschutzgesetz und dem Sortenschutzgesetz (Rechtsmittelverfahren des gewerblichen Rechtsschutzes);
16. nach dem Energiewirtschaftsgesetz;
17. nach dem Kapitalanleger-Musterverfahrensgesetz;
18. nach dem EG-Verbraucherschutzdurchsetzungsgesetz;

werden Kosten (Gebühren und Auslagen) nur nach diesem Gesetz erhoben.

Gliederung

1) Systematik, I–IV	1
2) Regelungszweck, I–IV	2
3) Ordentliche Gerichte, I 1	3, 4
A. Geltungsbereich, I 1 Z 1–16	3
B. Begriff des ordentlichen Gerichts	4, 5
4) Rechtsmittelverfahren des gewerblichen Rechtsschutzes, I 1 Z 13	6
5) Vorrang des FamGKG, I 2	7
6) Verwaltungsgerichte, II Z 1	8
7) Finanzgerichte, II Z 2	9
8) Sozialgerichte, II Z 3	10
9) Arbeitsgerichte, II Z 4	11
10) Staatsanwaltschaft nach der StPO, dem JGG und dem OWiG, II Z 5	12
11) Sonstige Verfahrensarten, II Z 1–5	13

GKG § 1 I. A. Gerichtskostengesetz

12) **Kostenbegriff, I, II** 14
13) **Kostenerhebung „nur nach diesem Gesetz", I 1** 15, 16
  A. Ausschließlichkeit der Justizsteuer 15
  B. Grundsatz der (bedingten) Kostenfreiheit 16
14) **Weitere Einzelfragen, I, II** 17
15) **EU-Verfahren, III** 18
16) **Beschwerdekosten im Nebenverfahren, IV** 19

1   1) **Systematik, I–IV.** § 1 regelt zwei grundsätzliche Fragen. Die Vorschrift bestimmt den Geltungsbereich des GKG. Sie stellt außerdem in I 1 den grundlegenden Satz auf, daß sämtliche gerichtliche Handlungen kostenfrei sind, soweit das Gesetz einschließlich seines Kostenverzeichnisses (KV) oder ein anderes Bundesgesetz nichts anderes vorschreibt, BGH RR **06**, 1003, Karlsr Rpfleger **89**, 172, LG Kblz Rpfleger **86**, 54.

2   2) **Regelungszweck, I–IV.** Die Vorschrift soll einerseits klarstellen, daß der Staat nicht umsonst arbeitet. Sie soll andererseits die Grenzen der finanziellen Belastung des Bürgers verdeutlichen. Beides dient der Kostengerechtigkeit und der Rechtssicherheit, BLAH Einl III 43, und damit auch der Prozeßwirtschaftlichkeit, BLAH Grdz 14, 15 vor § 128 ZPO. Man muß vor allem das in Wahrheit vorliegende Prinzip der Kostenfreiheit mangels einer gesetzlichen Kostenvorschrift nach Rn 1 bei der Auslegung mitbeachten. Es führt grundsätzlich zu einer engen Auslegung, soweit es um die Kostenbelastung geht, BGH RR **06**, 1003. Das gilt auch im KV, Brdb FamRZ **99**, 1293.

3   3) **Ordentliche Gerichte, I 1.** Man muß den Geltungsbereich und den Begriff des ordentlichen Gerichts unterscheiden.

A. **Geltungsbereich, I 1 Z 1–16.** Das GKG ist nur dann anwendbar, wenn es sich um eine vor ein ordentliches Gericht gehörende Rechtssache handelt und wenn auf diese Rechtssache eine der im Gesetz genannten Verfahrensordnungen anwendbar ist, also: ZPO; InsO; SVertO; ZVG; StPO, BGH NJW **00**, 1128; JGG; OWiG; StVollzG (vgl aber für Verwaltungskosten die JVKostO, Teil VIII A dieses Buchs); GWB, WpÜG, WpHG; AVAG; EnWG; KapMuG; EG-Verbraucherschutz. Das GVG ist nicht genannt. Daher bleibt eine Beschwerde in einem Ordnungsmittelverfahren nach § 181 GVG kostenfrei. Im übrigen zählt auch ein Rechtsmittelverfahren hierher.

Es ist unerheblich, ob sich die Anwendbarkeit eine der vorgenannten Verfahrensordnungen durch früheres *Reichsrecht*, durch Bundesrecht oder durch Landesrecht gründet. Soweit ein Verfahren vor einer Verwaltungsbehörde stattfindet, gilt das GKG nicht.

Wegen des Verfahrens vor dem *BVerfG* § 34 I BVerfGG (Grundsatz der Kostenfreiheit), ferner § 34 II, III BVerfGG (Mißbrauchsgebühr), letztere abgedruckt bei § 38 GKG Anh. Wegen des Verfahrens vor einem Entschädigungsgericht § 225 BEG.

4   B. **Begriff des ordentlichen Gerichts.** Zu den ordentlichen Gerichten zählen das AG, das LG, das OLG und der BGH, § 12 GVG, nicht auch ein Patentgericht, BPatG GRUR **92**, 691. Es kommt darauf an, ob ein Verfahren nach den genannten Verfahrensordnungen vor einem dieser Gerichte stattfindet oder stattfinden soll. Es ist unerheblich, ob dieses Gericht gesetzwidrig besetzt ist, es sei denn, daß eine nichtige Amtshandlung vorliegt, eine Scheinentscheidung, die nur des Gewand, aber nicht das Wesen einer Entscheidung hat, zB ein nicht verkündetes Urteil oder eine Beweiserhebung durch einen Nichtrichter. Eine bloße Mangelhaftigkeit der Amtshandlung schadet nicht. Die Beteiligung eines Dritten reicht, auch solche in einem bloßen Nebenverfahren oder Zwischenstreit.

5   Deshalb ist es auch unerheblich, ob das ordentliche Gericht tatsächlich *zuständig* ist und ob der *ordentliche Rechtsweg* statthaft ist.

Keineswegs wird das GKG dadurch anwendbar, daß ein Gesetz das Verfahren gelegentlich unter einer *entsprechenden Anwendung der ZPO* ordnet, Mü MDR **87**, 856. Nicht hierher gehört auch zB die Vergütung des durch einen Vergleich berufenen Vorsitzenden einer Schiedskommission usw, Hamm Rpfleger **75**, 331.

6   4) **Rechtsmittelverfahren des gewerblichen Rechtsschutzes, I 1 Z 13.** Das GKG gilt auch für die Kosten im Rechtsmittelverfahren vor dem BGH in den in I 1 Z 13 genannten Sachen.

Abschnitt 1. Allgemeine Vorschriften **§ 1 GKG**

5) Vorrang des FamGKG, I 2. Bei I 1 Z 1, 6, 12 hat das FamGKG, Teil I B dieses Buchs, den Vorrang. Das gilt aber nur, soweit es auch den Fall mit einer „Kostenerhebung" regelt. Andernfalls kann § 1 anwendbar bleiben.

6) Verwaltungsgerichte, II Z 1. Wie die Vorschrift ausdrücklich bestimmt, gilt das GKG nur, soweit ein Gericht der Verwaltungsgerichtsbarkeit in einem solchen Verfahren tätig wird, auf das die VwGO anwendbar ist, also zB nicht in einem Verfahren nach dem PersVertrG und nicht in einem Verfahren nach dem VerwVerfG.

7) Finanzgerichte, II Z 2. Wie die Vorschrift ausdrücklich bestimmt, gilt das GKG nur, soweit ein Gericht der Finanzgerichtsbarkeit in einem solchen Verfahren tätig wird, auf das die FGO anwendbar ist. Dann aber gilt auch eben nur das GKG, BFH BB **89**, 619. Daher ist zB § 135 V 1, 2 FGO unanwendbar geworden, BFH BB **89**, 619. Bei mehreren Kostenschuldnern gilt also nur die gesamtschuldnerische Haftung nach (jetzt) § 32, soweit nicht das Gericht in der Kostengrundentscheidung eine andere Regelung trifft, BFH BB **89**, 619.

8) Sozialgerichte, II Z 3. Die Vorschrift macht das GKG ausdrücklich auch für die Sozialgerichtsbarkeit anwendbar, soweit das SGG auf das GKG verweist. Vgl KV 7110 ff sowie §§ 183 ff SGG, letztere erläutert im Teil II B dieses Buchs. Im Mahnverfahren gilt § 182a SGG.

9) Arbeitsgerichte, II Z 4. Wie die Vorschrift ausdrücklich bestimmt, gilt das GKG auch voll und weitgehend unabhängig vom restlichen § 12 ArbGG vor den Gerichten für Arbeitssachen, also vor dem ArbG, dem LAG oder dem BAG, § 1 ArbGG. Das gilt freilich nur, soweit auf das Verfahren das ArbGG anwendbar ist, wie Z 5 klarstellt. Dann aber gilt auch eben nur das GKG.

10) Staatsanwaltschaft nach der StPO, dem JGG und dem OWiG, II Z 5. In Betracht kommen im Verfahren nach dem OWiG anders als in den übrigen Verfahren sowohl Gebühren zB bei der Entscheidung über die Halterhaftung nach § 25a StVG als auch Auslagen zB bei der Entscheidung über die Anerkennung der entsprechenden Anwaltskosten als notwendige Auslagen, § 109a OWiG.
Die Staatsanwaltschaft ist kein „ordentliches Gericht", überhaupt *kein „Gericht"*. Trotzdem ist das GKG auf das Verfahren vor ihr anwendbar. Das stellt II Z 5 jetzt nicht nur für das OWiG klar, OVG Kblz NJW **07**, 2426, sondern auch für die übrige Tätigkeit der Staatsanwaltschaft nach der StPO und dem JGG. Das ergibt sich ja auch aus dem Sinn und Zweck des § 1.
In Betracht kommen insoweit auch *Auslagen*, KV 9015, 9016, auch im Rahmen von §§ 161, 163 StPO solche eines von der Staatsanwaltschaft herangezogenen Dritten.
Nicht hierher gehören Kosten der Staatsanwaltschaft, soweit sie nur in einem Verwaltungsverfahren tätig wird.

11) Sonstige Verfahrensarten, II Z 1–5. Das GKG ist in den vom FamGKG nach Teil I B dieses Buchs geregelten Verfahrensarten unanwendbar.
Das GKG ist *ferner unanwendbar:* Im Ehrengerichtsverfahren; im Disziplinarverfahren; im Verfahren vor einer anderen Amtsstelle, etwa vor einer Polizeibehörde.
Wenn die Parteien in einem Prozeßvergleich das Gericht bitten, den Vorsitzenden einer *Gutachterkommission* zu bestellen, und wenn der letztere eine Entschädigung erhält, liegen keine Gerichtskosten vor, Hamm Rpfleger **75**, 331.

12) Kostenbegriff, I, II. Kosten sind nach der Klammer in I 1 Gebühren und Auslagen, BGH **98**, 320, Hbg FamRZ **88**, 537. Über den Unterschied Einl II A 6 ff.

13) Kostenerhebung „nur nach diesem Gesetz", I 1. Unter dieser Einschränkung muß man die folgenden Gesichtspunkte verstehen.

A. Ausschließlichkeit der Justizsteuer. Der Staat ist in seinem Anspruch aus einer gerichtlichen Handlung auf die Zahlung von Gebühren und Auslagen des GKG angewiesen. Insofern besteht eine weitere Einschränkung durch §§ 114 ff ZPO bei der Prozeßkostenhilfe. Der Staat darf einer Partei unter keinem Vorwand für ihre bloße Akteneinsicht eine Gebühr abfordern, auch nicht nach dem Abschluß des Verfahrens.

16 **B. Grundsatz der (bedingten) Kostenfreiheit.** Alle gerichtlichen Handlungen sind gebühren- und auslagenfrei, soweit nicht ein Bundesgesetz eine Kostenpflicht vorsieht, BGH FamRZ **07**, 1008. Solche Kostenpflicht enthalten Vorschriften des GKG einschließlich des KV, Karlsr Rpfleger **89**, 172, VGH Kassel AnwBl **84**, 49, Scholz BaWüBl **82**, 6.

Eine Kostenpflicht kann auch ein *anderes Bundesgesetz* enthalten, KG MDR **84**, 593, LG Kblz Rpfleger **86**, 450. Denn natürlich gilt zB § 92 I 2 ZPO neben dem GKG. Die Vorschriften über die Prozeßkostenhilfe gehen dem GKG vor. Es besteht daher die Notwendigkeit einer engen Auslegung von kostenbringenden Vorschriften und einer weiten Auslegung von kostenermäßigenden oder -befreienden Vorschriften. Denn die ersteren sind systematisch schon gewisse Ausnahmen vom „eigentlichen" Grundsatz der Kostenfreiheit, selbst wenn die Praxis ihn fast ins Gegenteil durchlöchert hat. Es besteht also auch ein bedingtes Verbot der Analogie, Karlsr Rpfleger **89**, 172.

Ein Ersuchen *ins Ausland* ist eine Verwaltungshandlung. Daher ist insofern die Erhebung einer Verwaltungsgebühr statthaft.

17 **14) Weitere Einzelfragen, I, II.** Die Worte „werden erhoben" in I 1 bedeuten: „entstehen". Über die Einziehung JBeitrO, Teil IX A dieses Buchs. Über die Verjährung § 5.

18 **15) EU-Verfahren, III.** Auch für die Verfahren nach III Z 1, 2 gilt das GKG. Zur VO (EG) Nr 861/2007 BLAH Einf 3 vor § 1097 ZPO. Zur VO (EG) Nr 1896/2006 BLAH Einf 3 vor § 1086 ZPO.

19 **16) Beschwerdekosten im Nebenverfahren, IV.** Die Vorschrift stellt wie § 1 S 2 KostO klar, daß auch ein solches Beschwerdeverfahren dem GKG unterfällt, das ein bloßes Nebenverfahren darstellt, etwa bei § 33 III RVG, dort Rn 32, Teil X dieses Buchs, oder bei einer Rechtshilfe nach § 159 GVG oder bei einer Ungebühr nach § 181 GVG.

Kostenfreiheit

2 ^I ¹In Verfahren vor den ordentlichen Gerichten und den Gerichten der Finanz- und Sozialgerichtsbarkeit sind von der Zahlung der Kosten befreit der Bund und die Länder sowie die nach Haushaltsplänen des Bundes oder eines Landes verwalteten öffentlichen Anstalten und Kassen. ²In Verfahren der Zwangsvollstreckung wegen öffentlich-rechtlicher Geldforderungen ist maßgebend, wer ohne Berücksichtigung des § 252 der Abgabenordnung oder entsprechender Vorschriften Gläubiger der Forderung ist.

^{II} Für Verfahren vor den Gerichten für Arbeitssachen nach § 2a Abs. 1, § 103 Abs. 3, § 108 Abs. 3 und § 109 des Arbeitsgerichtsgesetzes sowie nach den §§ 122 und 126 der Insolvenzordnung werden Kosten nicht erhoben.

^{III} ¹Sonstige bundesrechtliche Vorschriften, durch die für Verfahren vor den ordentlichen Gerichten und den Gerichten der Finanz- und Sozialgerichtsbarkeit eine sachliche oder persönliche Befreiung von Kosten gewährt ist, bleiben unberührt. ²Landesrechtliche Vorschriften, die für diese Verfahren in weiteren Fällen eine sachliche oder persönliche Befreiung von Kosten gewähren, bleiben unberührt.

^{IV} ¹Vor den Gerichten der Verwaltungsgerichtsbarkeit und den Gerichten für Arbeitssachen finden bundesrechtliche oder landesrechtliche Vorschriften über persönliche Kostenfreiheit keine Anwendung. ²Vorschriften über sachliche Kostenfreiheit bleiben unberührt.

^V ¹Soweit jemandem, der von Kosten befreit ist, Kosten des Verfahrens auferlegt werden, sind Kosten nicht zu erheben; bereits erhobene Kosten sind zurückzuzahlen. ²Das Gleiche gilt, soweit ein von Kosten Befreiter Kosten des Verfahrens übernimmt.

Gliederung

1) Systematik, I–V	1–3
2) Regelungszweck, I–V	4
3) Kostenfreiheit, I	5–10
A. Bund, Länder, I 1	5

Abschnitt 1. Allgemeine Vorschriften **§ 2 GKG**

    B. Öffentliche Anstalt, Kasse, I 1 6
    C. Vollstreckung einer öffentlichrechtlichen Geldforderung, I 2 7
    D. Beispiele zur Frage einer Kostenfreiheit nach I 8–10
4) **Arbeitsrechtliche Kostenfreiheit, II** 11
5) **Bundesrechtliche Kostenfreiheit, III 1** 12, 13
    A. Unabhängigkeit von I 12
    B. Beispiele zur Frage einer vollen oder teilweisen Kostenfreiheit nach III 1 13
6) **Landesrechtliche Kostenfreiheit, III 2** 14, 15
7) **Teilweise Kostenfreiheit, IV** 16–19
    A. Allgemeines 17
    B. Europarecht 18
    C. Kirche 19
8) **Bedeutung der Kostenfreiheit, V** 20–26
    A. Grundsatz 20, 21
    B. Streitgenosse, Streithelfer 22, 23
    C. Rückzahlung 24, 25
    D. Zweitschuldnerhaftung 26
9) **Auslagenfreiheit, I–V** 27

1) Systematik, I–V. Kostenfreiheit bedeutet Befreiung von Gebühren und Auslagen, Einl II 1. Die Kostenfreiheit kann sachlich oder persönlich vorliegen. Sie kann sich nämlich auf die Art des Vorgangs oder auf eine ihm beteiligte natürliche oder juristische Person beziehen. Sie kann auf dem Bundesrecht oder auf einem Landesrecht beruhen. I–IV betrifft die Wirkungen für den Befreiten, (jetzt) V betrifft diejenigen für den Gegner, Kblz JB 77, 1779.   **1**

§ 2 bezieht sich nur auf solche Kosten, die man von vornherein nach § 1 dem *Gerichtsfiskus* schuldet, nicht aber auf diejenigen Kosten, die der Verlierer dem Sieger erstatten muß. Daher muß ein unterliegendes Bundesland die Kosten des im Verfahren auf die Bewilligung einer Prozeßkostenhilfe beigeordneten Anwalts des Gegners erstatten.   **2**

I, III erfassen die Verfahren vor den ordentlichen Gerichten und vor den Gerichten der Finanz- und Sozialgerichtsbarkeit. *II* erfaßt die dort abschließend genannten Arbeitsgerichtssachen. *IV* erfaßt die Verfahren vor den Gerichten der Verwaltungsgerichtsbarkeit und der Arbeitsgerichtsbarkeit, LAG Stgt Rpfleger **81**, 371 (die Vorschrift ist verfassungsgemäß). *V* erfaßt sämtliche in I–IV genannten Verfahren. Wegen des Verhältnisses zu § 13 JVEG dort Rn 17, Teil V dieses Buchs.   **3**
Wegen der *Kirchen* Rn 19.

2) Regelungszweck, I–V. Die Vorschrift hat ihre Ursache in der Pflicht, den Aufwand für die Errichtung und Unterhaltung der Gerichtsorganisation als Träger der Justizhoheit zu bezahlen, BGH Rpfleger **82**, 81, KG JB **96**, 42.   **4**

3) Kostenfreiheit, I. Das ist die Befreiung von der Pflicht zur Zahlung von Gebühren und Auslagen nach § 1. Sie hat in ihrem Umfang natürlich grundsätzlich auch die Befreiung von jeder Vorauszahlungspflicht zur Folge. Sie gilt mangels einer abweichenden Spezialregelung für alle Rechtszüge. Es gelten je nach dem Betroffenen unterschiedliche Regeln.   **5**

A. Bund, Länder, I 1. Befreit sind der Bund, also sämtliche Bundesministerien und deren Unterbehörden, ferner die Länder, also sämtliche Länderministerien, Landesämter, Regierungspräsidenten und deren Unterbehörden. Eine bloße Verwaltungsbefugnis genügt nicht, KG JB **96**, 42.
Die Kostenbefreiung gilt *vor sämtlichen Gerichten* des Bundes und der Länder. Es ist erforderlich, daß der Rechtsträger unmittelbar als Partei oder als ein rechtlich Beteiligter nach § 57 FGO auftritt. Eine nur wirtschaftliche Beteiligung am Prozeß eines anderen, zB des Insolvenzverwalters, reicht nicht aus.

B. Öffentliche Anstalt, Kasse, I 1. I befreit ferner die nach den Haushaltsplänen des Bundes oder eines Landes für Rechnung des Bundes oder Landes verwalteten öffentlichen Anstalten oder Kassen. Es muß sich um ein selbständiges Unternehmen mit einer eigenen Verfassung und Verwaltung und einem sog Sondervermögen handeln, das nach außen als eigene Rechtsperson handelt, auch wenn es ein Teil des Fiskus ist, Rn 7 „Bundeseisenbahnvermögen". Das Unternehmen muß unmittelbar der Erfüllung öffentlicher Aufgaben des Bundes oder eines Landes dienen sollen. Es ist notwendig, daß der Haushaltsplan des Bundes oder Landes den Rechtsträger   **6**

15

mit seinen gesamten Einnahmen und Ausgaben unmittelbar ausweist, BGH MDR 09, 595 links unten, KG JB 96, 42, AG Dietz DGVZ 01, 95. Eine nur mittelbare Beziehung reicht nicht, BGH MDR 97, 503, Hamm DGVZ 09, 18. Es *genügt nicht*, daß nur ein einzelner Einnahmeposten dort erscheint, nicht aber die Ausgaben, BGH VersR 82, 145, KG VersR 89, 816. Das gilt selbst dann, wenn es sich um einen wesentlichen Einnahmeposten handelt, BGH Rpfleger 78, 305. Es genügt auch nicht, daß man regelmäßig über die Einnahmen und Ausgaben der eigenen Verwaltung dem Bund oder Land Rechnung legt, KG JB 96, 42. Es genügt auch nicht, daß der Bund oder das Land einen einmaligen oder wiederkehrenden Zuschuß leistet oder leisten soll oder muß.

7 **C. Vollstreckung einer öffentlichrechtlichen Geldforderung, I 2.** Die dem § 2 I 2 GvKostG entsprechende Vorschrift klärt, daß bei der Vollstreckung einer öffentlichrechtlichen Geldforderung derjenige eine Kostenfreiheit hat, der ohne eine Berücksichtigung von § 252 AO usw Gläubiger ist. Danach gilt diejenige Körperschaft als Gläubigerin des vollstreckbaren Anspruchs, der die Vollstreckungsbehörde angehört, so schon AG Königswinter DGVZ 99, 47, AG Leverkusen DGVZ 98, 191, AG Neuwied DGVZ 98, 95.

8 **D. Beispiele zur Frage einer Kostenfreiheit nach I**
Akademie: Sie ist *nicht* schon wegen dieser Struktur nach I kostenfrei. S aber I 2.
Arbeitsagentur: S „Bundesagentur für Arbeit".
Auslandsunterhalt: Rn 9 „Generalbundesanwalt".
Berufsgenossenschaft: Rn 9 „Genossenschaft".
Beteiligung: Sie reicht *nicht* schon als solche aus, selbst wenn sie nur durch den Bund oder ein Land erfolgt, BGH Rpfleger 82, 81, Schlesw JB 95, 209.
Bund: Nach I Hs 1 kostenfrei sind alle Bundesbehörden, zB: Ein Bundesminister; ein Bundesgerichtspräsident. Die zugehörigen Bundesunterbehörden sind ebenfalls nach I kostenfrei, etwa (jetzt) die Bundesanstalt für vereinigungsbedingte Sonderaufgaben, Mü DGVZ 96, 119. Die Kostenhöhe ist jeweils unerheblich, LG Tüb MDR 96, 1304, aM KG JB 97, 149.
Bundesagentur für Arbeit: Sie ist *nicht* kostenfrei. Denn ihr Haushaltsplan entsteht nach § 71 a I SGB IV beim Vorstand. Daran ändert auch nichts der Umstand, daß der Haushaltsplan nach § 71 a II SGB IV eine Genehmigung der Bundesregierung braucht, Mü NZA 05, 838, so auch schon AG Staufen DGVZ 76, 63, Krauthausen DGVZ 84, 5.
Bundesanstalt für Immobilienaufgaben: Sie ist *nicht* nach I kostenfrei, BGH MDR 09, 594.
Bundesanstalt für Post und Telekommunikation: Sie ist *nicht* nach I kostenfrei.
Bundesanstalt für vereinigungsbedingte Sonderaufgaben: Sie kann nach I 2 kostenfrei sein, Mü MDR 96, 1301, Nürnb VIZ 97, 123, aM BGH MDR 97, 503, KG JB 97, 149, Mü DGVZ 98, 502.
Bundesautobahn: Ihre Verwaltung ist nach I Hs 2 kostenfrei, G vom 2. 3. 51, BGBl 157.
Bundeseisenbahnvermögen: Es ist kostenfrei, BGH MDR 98, 1120, Köln JB 97, 204, aM KG JB 96, 42. Damit ist die zwischenzeitliche Streitfrage praktisch beendet. Das gilt also zugunsten des Eisenbahn-Bundesamts, BGH MDR 98, 1120, Bbg JB 98, 653, Mü DGVZ 98, 497.
Bundesoberseeamt: Es ist nach I Hs 2 kostenfrei, Art 87 I GG, VerwAnO vom 28. 11. 50, BGBl 768.
Bundesstraße: Ihre Verwaltung ist nach I Hs 2 kostenfrei, Art 87 I GG, G zuletzt vom 1. 10. 74, BGBl 2413, 2908.
Bundesverwaltung: Eine solche nach Art 87 I GG ist kostenfrei. I Hs 2.
Bundeswasserstraße: Ihre Verwaltung ist nach I Hs 2 kostenfrei, Art 87 I GG, G vom 21. 5. 51, BGBl 352, BayObLG MittBayNot 94, 169 (Rhein-Donau-Kanal).
Deutsche Bahn AG: Sie ist *nicht* nach I kostenfrei, Düss JB 95, 150. Vgl freilich (jetzt) § 71, Düss JB 96, 488.
Deutsche Bundesbank: Sie ist *nicht* nach I kostenfrei.
Deutsche Landesrentenbank: Sie ist nach I Hs 2 kostenfrei, Art 87 I GG.
Deutsche Post AG: Sie ist *nicht* nach I Hs 1 kostenfrei. Vgl Rn 27.

Deutsche Postbank AG: Sie ist *nicht* nach I Hs 1, 2 kostenfrei. Vgl Rn 27.
Deutsche Telekom AG: Sie ist *nicht* nach I kostenfrei, Saarbr JB **96**, 657. Vgl Rn 27.
Eigenbetrieb: Er ist *nicht* nach I kostenfrei, BGH Rpfleger **82**, 81, Bre RR **99**, 1517, Köln FGPrax **07**, 291.
Einfuhr- und Vorratsstelle: Sie ist *nicht* nach I kostenfrei, BFH BB **75**, 165.
Fachhochschule: Sie ist *nicht* schon wegen dieser Struktur nach I kostenfrei. S aber I 2.
Gemeinde: Sie ist *nicht* nach I kostenfrei, BGH Rpfleger **77**, 249, Düss JB **07**, 432 (wirtschaftliches Unternehmen). **9**
S auch Rn 10 „Land" (wegen der Stadtstaaten).
Gemeindeunfallversicherungsverband: Er ist *nicht* kostenfrei, BGH MDR **78**, 1016.
Gemeindeverband: Er ist *grds nicht* schon bundesrechtlich nach I kostenfrei, BGH Rpfleger **77**, 249, Hamm Rpfleger **83**, 504 (auch wegen eines Landschaftsverbandes), § 22 VI KostVfg, Teil VII A dieses Buchs. Ausnahmen können landesrechtlich gelten, Rn 10 „Land", LG Flensb JB **75**, 58, LG Wuppert JB **79**, 403.
Generalbundesanwalt: Er ist im Verfahren nach dem AUG *nicht* nach I kostenfrei. Denn er ist nicht Partei, sondern Bevollmächtigter. Freilich erhält das Kind grds eine Prozeßkostenhilfe, die zur endgültigen Befreiung von den in § 122 I ZPO genannten Kosten führen kann, § 9 AUG, abgedruckt in Üb 8 vor § 22. Für das außergerichtliche Verfahren einschließlich der Entgegennahme und Behandlung der Gesuche durch die Justizbehörden gibt § 12 AUG eine Kostenfreiheit.
Genossenschaft: Sie ist *nicht* nach I kostenfrei, selbst wenn sie dem Staat gehört. Denn sie ist privatrechtlich organisiert, LG Bln Rpfleger, **83**, 503. Das gilt auch für eine Gemeinnützige Siedlungsgenossenschaft, ferner für eine Berufsgenossenschaft, Düss Rpfleger **81**, 456, LG Lüneb Rpfleger **82**, 200, AG Memmingen Rpfleger **83**, 127 (je wegen der Auslagenfreiheit).
Hauptzollamt: Der Sozialversicherungsträger kann wegen seiner Stellung als Gläubiger einer wirklich öffentlichrechtlichen Forderung nach I 2 eine Befreiung auch dann erreichen, wenn er seine Forderung durch die Einschaltung zB des Hauptzollamts vollstreckt. Die diesbezügliche frühere Streitfrage ist überholt, so schon AG Cottbus DGVZ **01**, 79 (zum vergleichbaren § 2 I 2 GvKostG).
S auch Rn 8 „Bundesagentur für Arbeit".
Hochschule: Eine Hochschule des Landes kann kostenfrei sein, Schlesw JB **95**, 209. Das gilt freilich nur, soweit ihr Vermögen im Landeshaushalt mitverwaltet wird, AG Dietz DGVZ **01**, 95.
Eine bloße Beteiligung reicht *nicht*, Schlesw JB **95**, 209.
Kapitalgesellschaft: Sie ist *nicht* nach I kostenfrei, selbst wenn der Bund oder ein Land sämtliche Anteile besitzt, LG Bln Rpfleger **83**, 503.
Kirche: Kostenfrei ist vor dem BGH nur ein als rechtsfähiger Verein oder in einer rechtsfähigen Form errichteter Träger von Kirchengut. Dazu gehört evtl auch der Träger der Moschee einer muslimischen Gemeinde, BGH RR **07**, 644.
Körperschaft: Rn 10 „Öffentlichrechtliche Körperschaft".
Kreis: S „Gemeindeverband".
Land: Nach I Hs 1 kostenfrei sind in den Grenzen Rn 6 alle Landesbehörden, zB: **10** Ein Landesministerium; ein Regierungspräsident; ein Landesamt. Die zugehörigen Landesunterbehörden sind ebenfalls nach I kostenfrei.
In den *Stadtstaaten* ist es unerheblich, ob man die Gemeindeangelegenheiten von den staatlichen trennt, BGH **14**, 305 (für Berlin), BGH **13**, 207 (für Hamburg). Bremen, das noch selbständige Gemeinden hat, ist nur in einer Landesangelegenheit befreit, BGH **13**, 207.
Landkreis: Rn 9 „Gemeindeverband".
Landschaftsverband: Rn 9 „Gemeindeverband".
Landesamt: S „Land".
Landesarbeitsagentur: Rn 8 „Bundesagentur für Arbeit".
Landesbank: Sie ist *nicht* nach I kostenfrei.
Lotterie: Es gelten die Regeln Rn 6, BGH MDR **09**, 595 links unten.
Öffentlichrechtliche Körperschaft: Sie ist *nicht* schon wegen dieser Struktur nach I kostenfrei. S aber I 2.

Öffentlichrechtliche Rundfunkanstalt: Sie ist *nicht* schon wegen dieser Struktur nach I kostenfrei, Köln JB **87**, 560 (Deutschlandfunk). S aber I 2.
Öffentlichrechtliche Stiftung: Sie ist *nicht* schon wegen dieser Struktur nach I kostenfrei. S aber I 2.
Post: Rn 8 „Deutsche Post AG", „Deutsche Postbank AG".
Privatrechtliche Organisation: Sie genügt selbst dann *nicht,* wenn sie im Eigentum des Bundes oder eines Landes steht, wenn ihre Einnahmen und Ausgaben im Haushaltsplan stehen und wenn sie mittelbar einem öffentlichen Zweck dient.
Prozeßkostenhilfe: Sie genügt *nicht*. Denn sie stellt keine allgemeine Kostenfreiheit her, sondern erfolgt erst auf Grund einer individuellen Einzelfallprüfung (Bedürftigkeit, Erfolgsaussicht, Fehlen von Mutwillen), § 114 ZPO. Insofern sind §§ 122 ff ZPO gegenüber § 2 GKG vorrangige Sondervorschriften.
Siedlungsgenossenschaft: Rn 9 „Genossenschaft".
Sozialversicherungsträger: Er kann nach I 2 kostenfrei sein. Im übrigen ist er *nicht* kostenfrei, § 64 III 2 SGB X, BGH JB **81**, 372. Denn er wird nicht nach dem Haushaltsplan des Bundes verwaltet, Meyer 13, aM Mü MDR **95**, 1072. Außerdem erfassen §§ 3–7 SGB X nur eine Amtshilfe, nicht auch eine Rechtshilfe, § 1 II SGB X. Außerdem behält ein übergegangener Schadensersatzanspruch seinen bürgerlichrechtlichen Charakter, Stgt MDR **89**, 365.
S aber auch Rn 13 „Sozialleistung".
Studentenwerk: Es ist *nicht* kostenfrei, LG Tüb Just **78**, 473.
Telekom: Rn 8 „Deutsche Telekom AG".
Universität: Eine Landesuniversität ist nach I Hs 2 kostenfrei, Schlesw JB **95**, 209.
Versorgungskasse: Eine kommunale Versorgungskasse usw ist *nicht* nach I kostenfrei, LG Düss Rpfleger **77**, 115.

11   **4) Arbeitsrechtliche Kostenfreiheit, II.** Eine Kostenfreiheit tritt ebenso wie im GKG immer dann ein, wenn eine gesetzliche Grundlage für einen Kostenansatz fehlt. Gebühren- und auslagenfrei sind bestimmte Fälle des BetrVG, zB: Angelegenheiten aus dem Mitbestimmungsgesetz; Entscheidungen über die Tariffähigkeit und die Tarifzuständigkeit einer Vereinigung, § 2 a I ArbGG; das Verfahren über die Ablehnung eines Schiedsrichters, § 103 III ArbGG; das Verfahren der Niederlegung eines Schiedsspruchs, § 108 III ArbGG; das Verfahren der Vollstreckbarerklärung eines Schiedsspruchs, § 109 ArbGG; das Verfahren auf eine arbeitsgerichtliche Zustimmung zur Durchführung einer Betriebsänderung im Insolvenzverfahren, §§ 122, 126 InsO.
Eine *persönliche Gebührenfreiheit* entfällt, IV 1. Eine sachliche Gebührenfreiheit bleibt nach IV 2 GKG möglich. Ob sie vorliegt, ergibt das Landesrecht, zB in Baden-Württemberg §§ 5, 6 LJustKG idF vom 25. 3. 75, GBl 261, in Niedersachsen § 1 Gesetz vom 10. 4. 73, GVBl 111, in Nordrhein-Westfalen Gesetz vom 21. 10. 69, GVBl 725, geändert durch Gesetz vom 14. 10. 75, GVBl 562.
Eine *Beschwerde* ist unzulässig.
Auch im Bereich der Kostenfreiheit ist wegen § 33 I, III RVG, Teil X dieses Buchs, eine *Wertfestsetzung statthaft* und ratsam, § 63 Rn 1. Sie ist sogar oft notwendig, etwa bei einer Wertbeschwerde des ProzBev, LAG Köln MDR **00**, 1256. Der Wert beträgt meist 4000 EUR, § 23 III 2 RVG. Übersicht über die Rechtsprechung bei Wenzel DB **77**, 723.
Unanwendbar ist II auf außergerichtliche Kosten. Diese muß jeder selbst tragen, BAG NZA **08**, 373.

12   **5) Bundesrechtliche Kostenfreiheit, III 1.** Auf Grund etwaiger besonderer europa- und bundesrechtlicher Vorschriften kann eine Kostenfreiheit eintreten.
A. Unabhängigkeit von I. Eine Kosten- oder doch Gebührenfreiheit nach III 1 tritt unabhängig davon ein, ob die Voraussetzungen von I vorliegen. Daher muß man im Anschluß an I stets auch III 1 prüfen.

13   **B. Beispiele zur Frage einer vollen oder teilweisen Kostenfreiheit nach III 1**
Asylverfahren: Nach III 1 kostenfrei ist das Verfahren nach dem AsylVerfG vom 30. 6. 93, BGBl 1062 (dort § 83 b I).
Baurecht: S „Freiwillige Gerichtsbarkeit".

Abschnitt 1. Allgemeine Vorschriften   § 2 GKG

Deutsches Rotes Kreuz: Nach III 1 gebührenfrei (nicht auslagenfrei) ist das Deutsche Rote Kreuz mit seinen Unterorganisationen, § 18 G vom 9. 12. 37, RGBl 1330. Das gilt trotz seiner heute gegenüber damals andersartigen Struktur, Hbg MDR **07**, 432, Kblz Rpfleger **90**, 271, aM Kblz JB **95**, 650, Mü MDR **98**, 184 (aber § 18 G ist nach Wortlaut und Sinn eindeutig, BLAH Einl III 39). Freilich endet die Gebührenfreiheit mit der Aufhebung des eben genannten G mit dem 30. 11. 10, Artt 7, 80 II G v 23. 11. 07, BGBl 2614.

Disziplinarverfahren: Das gerichtliche Disziplinarverfahren ist nach §§ 37 V, 78 I 1 BDG grds gebührenfrei, aber nicht auslagenfrei. Vielmehr gilt bei ihnen nach § 78 I 2 BDG das GKG. Ergänzend gelten §§ 154 I, II, V, 158 I, 181 I VwGO.

Erinnerungsverfahren: Das (Erst-)Erinnerungs- (*nicht:* das Beschwerde-)Verfahren vor dem Rpfl ist gerichtsgebührenfrei (*nicht* auch auslagenfrei), § 11 IV RPflG.

Freiwillige Gerichtsbarkeit: Eine für die freiwillige Gerichtsbarkeit gewährte Gebührenfreiheit erstreckt sich evtl *nicht* auf die streitige Gerichtsbarkeit, § 151 II BauGB, abgedruckt bei § 11 KostO Anh, Teil III dieses Buchs. Eine Ausnahme besteht bei einer etwaigen landesrechtlichen Kostenfreiheit, s dort. Wegen einer sachlichrechtlichen Kostenfreiheit § 11 KostO Rn 13, 14.

Kostenerlaß: Er gehört *nicht* zur Kostenfreiheit, sondern erfolgt im Einzelfall aus Billigkeitserwägungen, zB § 40 KostVfg, Teil VII A dieses Buchs, Erlaß Teil VII D dieses Buchs.

Rheinschiffahrtssache: Nach III 1 kostenfrei ist das Verfahren vor dem Rheinschiffahrtsgericht, Art 39 RhSchAkte, BGBl **52**, 645, BGH **62**, 177.

Sozialleistung: Nach III 1 kostenfrei ist der Träger der Jugendhilfe und der Kriegsopferfürsorge in einem Verfahren nach § 64 III 1, 2 SGB X in Verbindung mit dort II 1, BGH JB **06**, 206, Mü AnwBl **96**, 413, Schlesw JB **95**, 210 (hat den Vorrang vor einem abweichenden Landesrecht). Kostenfrei ist ferner der Sozialhilfeträger beim auf ihn übergeleiteten Anspruch, Düss FER **00**, 41, Zweibr MDR **96**, 208, aM Düss MDR **95**, 102. Nach III 1 kostenfrei ist ein Jobcenter, KG FamRZ **09**, 1854.

Darüber hinaus besteht *keine* allgemeine Kostenfreiheit der Gemeinde als Sozialhilfeträger, Düss RR **99**, 1669, Jena MDR **97**, 692.

S auch Rn 10 „Sozialversicherungsträger".

Steuerberatung: Nach III 1 kostenfrei ist ein berufsgerichtliches Verfahren usw nach § 146 StBG (hier kommt allerdings nur eine Gebührenfreiheit in Betracht).

Vermögenszuordnung: Nach III 1 kostenfrei ist das Verfahren nach dem VZOG idF vom 29. 3. 94, BGBl 709 (dort § 6 III).

6) Landesrechtliche Kostenfreiheit, III 2. Soweit nach dem Landesrecht eine **14** Kostenfreiheit besteht, gilt sie fort, wenn nicht bundesrechtliche Bestimmungen etwas Abweichendes regeln, Kblz Rpfleger **81**, 497. Eine landesrechtliche Kostenfreiheit ergreift nur das betreffende Bundesland, BGH RR **07**, 644, dann aber ohne Rücksicht auf den Wohnsitz der Beteiligten.

Sie ergreift *nicht* zB das Verfahren vor einem Bundesgericht, zB vor dem Bundesgerichtshof, BGH RR **07**, 644. Im einzelnen gelten die folgenden Regelungen.

Baden-Württemberg: §§ 5, 6 LJKostG idF vom 15. 1. 93, GBl 109, 244, zuletzt **15** geändert am 12. 12. 02, GBl 477;
Bayern: LJKostG idF v 19. 5. 05, GVBl 159;
Berlin: G idF vom 25. 6. 92, GVBl 204, (zum alten Recht) KG VersR **89**, 816 (Krankenhausbetriebe);
Brandenburg: JKostG vom 3. 6. 94, GVBl 172, zuletzt geändert am 18. 12. 01, GVBl 300;
Bremen: JKostG idF vom 4. 8. 92, GBl 257, zuletzt geändert am 4. 12. 01, GBl 407. Keine Anwendung zugunsten eines Eigenbetriebs, Bre RR **99**, 1518;
Hamburg: LJKostG idF vom 5. 3. 86, GVBl 48, zuletzt geändert am 18. 7. 01, GVBl 251;
Hessen: Preußisches G vom 25. 7. 10, PrGS 241, wegen der Feuerversicherung unbeweglicher Sachen, Ffm Rpfleger **82**, 442; JKostG vom 15. 5. 58, GVBl 60, zuletzt geändert am 18. 12. 03, GVBl 513;

Mecklenburg-Vorpommern: LJKostG vom 7. 10. 93, GVBl 843, zuletzt geändert am 22. 11. 01, GVBl 438;
Niedersachsen: § 1 G idF vom 3. 3. 92, GVBl 58;
Nordrhein-Westfalen: G vom 21. 10. 69, GVBl 725, zuletzt geändert am 9. 5. 05, GVBl 609; dazu Köln NVwZ-RR **98**, 469;
Rheinland-Pfalz: G vom 5. 10. 90, GVBl 281, zuletzt geändert am 1. 7. 97, GVBl 169;
Saarland: JKostG idF vom 5. 2. 97, ABl 258, zuletzt geändert am 31. 3. 04, ABl 1037;
Sachsen: JG vom 24. 11. 00, GVBl 482, zuletzt geändert am 26. 6. 2009, GVBl 323;
Sachsen-Anhalt: JKostG vom 23. 8. 93, GVBl 449, zuletzt geändert am 7. 12. 01, GVBl 540, vgl auch Naumb JMBl **00**, 261 (Krankenhaus);
Schleswig-Holstein: G vom 23. 12. 69, GVBl **70**, 4, zuletzt geändert am 8. 2. 94, GVBl 124, dazu Schlesw SchlHA **77**, 159 (aber auch § 11 KostO Rn 1, Teil III dieses Buchs).
Thüringen: JKostG vom 22. 10. 92, GVBl 527, zuletzt geändert am 24. 10. 01, GVBl 265.

16 7) **Teilweise Kostenfreiheit, IV.** Auch hier gelten je nach dem Betroffenen unterschiedliche Regeln. Die Vorschrift ist beim Zusammentreffen im selbständigen Beweisverfahren von Befreiten und Nichtbefreiten evtl anwendbar, KG MDR **07**, 986.

17 **A. Allgemeines.** Das Gesetz sieht gelegentlich eine *bloße Gebührenfreiheit* vor.
Im Verfahren vor einem Gericht der Verwaltungsgerichtsbarkeit oder der Arbeitsgerichtsbarkeit, das nach den Regeln der *VwGO oder des ArbGG* stattfindet, bleiben bundes- oder landesrechtliche Vorschriften unberührt, soweit sie eine sachliche Kostenfreiheit gewähren, zB § 188 S 2 VwGO in einem Verfahren wegen Sozialhilfe, also aller Fürsorgemaßnahmen, ferner wegen einer Begabtenförderung, VGH Mü JB **08**, 376, oder wegen einer Jugendhilfe vor allem nach dem JWG, Kriegsopferfürsorge, Schwerbehindertenfürsorge und Ausbildungsförderung sowie wegen eines Mutterschutzes, OVG Hbg NJW **83**, 1748. Diese Kostenfreiheit gilt auch für die öffentliche Hand, BVerwG **47**, 238.
Dagegen besteht keine sachliche Kostenfreiheit in einer *Kriegsgefangenen-Entschädigungssache* oder in einer Wohngeldsache, OVG Lüneb SchlHA **82**, 142.
Bundes- oder landesrechtliche Bestimmungen über eine *persönliche* Kostenfreiheit sind unbeachtlich, soweit sie sich auf das Gerichtsverfahren erstrecken, LAG Stgt Rpfleger **81**, 371.

18 **B. Europarecht.** Man muß mehrere Regelungen beachten.
Beweisaufnahme: Die VO (EG) 1206/2001 des Rates vom 28. 5. 01, in Kraft seit 1. 1. 04, abgedruckt auch bei BLAH Einf 3 vor § 1072 ZPO, bestimmt in

Art 18 VO (EG) 1206/01. Kosten. I Für die Erledigung des Ersuchens nach Artikel 10 darf die Erstattung von Gebühren oder Auslagen nicht verlangt werden.

II ¹ Falls jedoch das ersuchte Gericht dies verlangt, stellt das ersuchende Gericht unverzüglich die Erstattung folgender Beträge sicher:
– der Aufwendungen für Sachverständige und Dolmetscher und
– der Auslagen, die durch die Anwendung von Artikel 10 Absätze 3 und 4 entstanden sind.

² Die Pflicht der Parteien, diese Aufwendungen und Auslagen zu tragen, unterliegt dem Recht des Mitgliedstaats des ersuchenden Gerichts.

III ¹ Wird die Stellungnahme eines Sachverständigen verlangt, kann das ersuchte Gericht vor der Erledigung des Ersuchens das ersuchende Gericht um eine angemessene Kaution oder einen angemessenen Vorschuss für die Sachverständigenkosten bitten. ² In allen übrigen Fällen darf die Erledigung eines Ersuchens nicht von einer Kaution oder einem Vorschuss abhängig gemacht werden. ³ Die Kaution oder der Vorschuss wird von den Parteien hinterlegt bzw. einbezahlt, falls dies im Recht des Mitgliedstaats des ersuchenden Gerichts vorgesehen ist.

Prozeßkostenhilfe: Die Richtlinie 2003/8/EG des Rates vom 27. 1. 03, abgedruckt auch bei BLAH Einf 4 vor § 1076 ZPO, hat zum 30. 11. 04 zur Einführung der

§§ 1076–1078 ZPO geführt. Nach § 1076 ZPO sind bei einer Streitsache mit einem grenzüberschreitenden Bezug §§ 114–127a ZPO anwendbar, soweit §§ 1077, 1078 ZPO nichts Abweichendes bestimmen.

Zustellung: Die VO (EG) 1393/2007 des Rates vom 13. 11. 07, in Kraft seit 13. 11. 08, abgedruckt auch bei BLAH Einf 3 vor § 1067 ZPO, bestimmt in

Art 11 VO (EG) 1393/2007. Kosten der Zustellung. ¹ **Für die Zustellung gerichtlicher Schriftstücke aus einem anderen Mitgliedstaat darf keine Zahlung oder Erstattung von Gebühren und Auslagen für die Tätigkeit des Empfangsmitgliedstaats verlangt werden.**

II ¹**Der Verfahrensbeteiligte hat jedoch die Auslagen zu zahlen oder zu erstatten, die dadurch entstehen,
a) dass bei der Zustellung eine Amtsperson oder eine andere nach dem Recht des Empfangsmitgliedstaats zuständige Person mitwirkt;
b) dass ein besonderes Verfahren der Zustellung gewählt wird.**
²**Auslagen, die dadurch entstehen, dass bei der Zustellung eine Amtsperson oder eine andere nach dem Recht des Empfangsmitgliedstaats zuständige Person mitwirkt, müssen einer von diesem Mitgliedstaat nach den Grundsätzen der Verhältnismäßigkeit und der Nichtdiskriminierung im Voraus festgesetzten einheitlichen Festgebühr entsprechen.** ³**Die Mitgliedstaaten teilen der Kommission die jeweiligen Festgebühren mit.**

C. Kirche. Kirchen und anderen Religionsgemeinschaften des öffentlichen Rechts bestätigte § 163 II VwGO aF unter einer Verweisung auf Art 140 GG eine Kostenfreiheit. Die Vorschrift ist weggefallen, ohne daß das insoweit eine Rechtsänderung bezweckte, Kblz JB **94**, 683. Das übersieht BVerwG JB **96**, 320 (wegen des früheren Preußen) und 547. Vgl also nach wie vor Art 140 GG, 136–139 WRV und damit eine fortbestehende grundsätzliche Kostenfreiheit, OVG Lüneb NVwZ **93**, 704 (Verwaltungsverfahren), Meyer 23, aM BFH NVwZ **98**, 882. Diese Vorschriften geben vor den Verwaltungsgerichten den Kirchen evtl keine Gebührenfreiheit, BVerfG NJW **01**, 1270, BFH DB **98**, 352 (Ev. Kirche in Hessen/Nassau; Freiheit von Gerichtsgebühren keine Staatsleistung), aM Kblz JB **94**, 683 (leitet für die Kirchen in Rheinland-Pfalz aus § 1 I 1 des dortigen JustGebBefreiungsG nur eine Gebührenfreiheit und nicht auch eine Auslagenfreiheit ab). 19

8) Bedeutung der Kostenfreiheit, V. Man muß vier Aspekte beachten. 20
A. Grundsatz. Die Kostenfreiheit bedeutet: Kosten können zwar entstehen. Man kann sie aber nicht geltend machen, BGH MDR **09**, 653 rechts, Hbg MDR **93**, 183. Schon erhobene Kosten muß die Staatskasse zurückzahlen, BGH NJW **03**, 1322. Die Kostenfreiheit erfaßt jede beliebige Gebühr ohne Rücksicht auf ihren Rechtsgrund, also auch diejenige nach § 38, aM Meyer 9 (aber § 38 spricht ausdrücklich von „Gebühr"). Das gilt auch bei einer Kostenübernahme nach (jetzt) § 29 Z 2, Kblz JB **08**, 210, Mümmler JB **76**, 1158. Auch eine Haftung kraft Gesetzes nach § 29 Z 3 ändert nichts. Denn § 2 geht als eine Sondervorschrift vor. Soweit das Gericht einem Gebührenfreien durch eine Entscheidung der Kosten auferlegt oder soweit er sie übernimmt, etwa durch einen Prozeßvergleich, darf man vom Gegner keine Gebühren erheben, auch nicht auf Grund von § 22, Schlesw JB **81**, 403.

Der persönlich Befreite kann diesen Umstand aber nicht bei einer *Übernahme* von Kosten eines nicht Befreiten geltend machen, § 11 KostO Rn 1, Teil III dieses Buchs. Soweit also das Gericht den Befreiten zur Bezahlung von Kosten verurteilt hat, ist der siegende Gegner frei. Wegen der endgültigen Kostenfreiheit nach § 9 AUG Üb 8 vor § 22.

Die Kostenfreiheit erfaßt aber neben jeder Gebühr auch alle *Auslagen* nach § 1 I 1, also auch zB Sachverständigenhonorare. Das führt nach Mügler BB **92**, 798 zumindest im selbständigen Beweisverfahren zu einer verfassungsrechtlich bedenklichen Bevorzugung des Fiskus. Manche wenden wegen Art 6 MRK und des Grundsatzes eines fairen Verfahrens V 2 auch dann an, wenn ein Wahlverteidiger einen Dolmetscher bestellen mußte, weil das Gericht letzteren beizuordnen unterließ, Karlsr Rpfleger **00**, 238. 21

B. Streitgenosse, Streithelfer. Ein Streitgenosse und ein Streithelfer des Befreiten haften gemäß § 32 als Gesamtschuldner verringert um denjenigen Betrag, den ih- 22

GKG §§ 2, 3   I. A. Gerichtskostengesetz

nen der Befreite nach § 426 BGB ersetzen müßte, Bbg JB **92**, 685, Köln MDR **78**, 678, Oldb JB **93**, 482, aM AG Kblz JB **07**, 40. Evtl haftet der nicht Befreite also überhaupt nicht, Düss Rpfleger **83**, 39. Bei einer Aufhebung der Kosten nach § 98 ZPO muß demgemäß der Streitgenosse des Befreiten 25% tragen. Etwas anderes gilt insofern, als die Streitgegenstände verschieden sind.

23 Demgegenüber darf man die vollen *Vorschüsse* vom Streitgenossen erheben. Denn das Gericht kann der befreiten Partei weder Kosten auferlegen noch kann sie solche Kosten wirksam übernehmen. Im übrigen kann man nicht voraussehen, welche Entwicklung eintreten wird.

24 **C. Rückzahlung.** Die Staatskasse muß bereits erhobene Gebühren nach einer Entscheidung über die Kosten evtl unmittelbar ohne ein Kostenfestsetzungsverfahren zurückzahlen, V 1 Hs 2, Düss Rpfleger **83**, 39, LG Flensb JB **75**, 59. Das gilt auch schon vor der Rechtskraft der Kostenentscheidung. Bei einer Kostenverteilung muß sie die vom Gegner bezahlten Kosten auf dessen Kostenschuld verrechnen. Den Überschuß muß sie zurückzahlen, BGH NJW **03**, 1324 links oben, KG JB **95**, 149.

Der siegende Gegner kann verauslagte Gerichtskosten nicht vom *Kostenbefreiten* verlangen, Düss Rpfleger **83**, 39, Kblz JB **77**, 1979. Denn dieser muß niemals Gerichtskosten zahlen. Vielmehr ist der Gegner auf die Erinnerung nach (jetzt) § 66 angewiesen, BGH MDR **03**, 596, Düss Rpfleger **83**, 39, Kblz JB **77**, 1778.

25 Hatte das Gericht dem Unterliegenden eine *Prozeßkostenhilfe* unter Ratenzahlungen usw bewilligt, braucht die Staatskasse einen vom Sieger als Beweisführer gezahlten Vorschuß nicht zurückzuzahlen, § 31 Rn 16.

26 **D. Zweitschuldnerhaftung.** IV gilt entsprechend (jetzt) nach § 31 III Hs 1 zu Gunsten der Zweitschuldners, Hamm NJW **77**, 2083, Markl NJW **77**, 2081, aM Düss Rpfleger **78**, 465.

27 **9) Auslagenfreiheit, I–V.** Die Auslagenfreiheit ist eine Folge der Kostenfreiheit, Rn 1. Soweit eine Auslagenfreiheit besteht, bezieht sie sich auf sämtliche notwendige Auslagen. Eine Dokumentenpauschale läßt sich allerdings auch bei einer Kostenfreiheit im Rahmen des KV 9000 erheben. Die öffentlichrechtliche Anstalt Deutsche Bundespost ist nicht auslagenfrei, § 24 BAPostG (wegen Errichtung der Bundesanstalt), § 16 PTStifG (Art 10 PTNeuOG). Die Deutsche Post AG, die Deutsche Postbank AG und die Deutsche Telekom AG sind nicht auslagenfrei, Saarbr JB **96**, 657. Das Eisenbahnsondervermögen ist ebenfalls nicht auslagenfrei, Rn 10. Eine Befreiung nach III, IV gilt nur in dem bundesrechtlich oder landesrechtlich vorgesehenen Umfang. Eine Gebührenfreiheit bezieht sich nur auf die Gebühren, nicht auf die Auslagen, LG Flensb JB **75**, 59.

Höhe der Kosten

§ 3 I Die Gebühren richten sich nach dem Wert des Streitgegenstands (Streitwert), soweit nichts anderes bestimmt ist.

II Kosten werden nach dem Kostenverzeichnis der Anlage 1 zu diesem Gesetz erhoben.

1 **1) Kostenstreitwert, I.** Es gibt verschiedene Wertarten, Anh § 48 Einf 4. Der sog Kostenstreitwert stimmt meist, aber nicht stets mit den übrigen Wertarten überein, BGH MDR **95**, 530. Er bestimmt grundsätzlich die Höhe der sog Wertgebühr, I. Man ermittelt ihn wie folgt.

A. Streitgegenstand. Man muß den Wert des Streitgegenstands nach §§ 39 ff feststellen. Streitgegenstand ist der prozessuale Anspruch, also der vom Kläger oder Widerkläger auf Grund eines bestimmten Sachverhalts begehrte und der inneren Rechtskraft fähige Rechtsausspruch des Gerichts. Man darf diesen prozessualen Anspruch nicht mit dem sachlichrechtlichen Anspruch verwechseln, BLAH § 2 ZPO Rn 3–5. Wegen der Herabsetzung des Werts vgl § 51 nebst Anhängen. Beim unbezifferten Antrag nach § 3 ZPO schätzbare Interesse des Klägers maßgeblich. Ein Mindestvorschlag ist unverbindlich, Schlesw JB **80**, 604.

2 **B. Antrag.** Maßgebend ist der nach außen ausdrücklich oder stillschweigend wirklich gestellte Antrag bei einer vernünftigen Auslegung unter einer Berücksichti-

gung seiner Begründung, aM Meyer 10 (vgl aber BLAH § 322 ZPO Rn 10ff). Das gilt unabhängig davon, ob der Antrag des ProzBev von einer Weisung des Auftraggebers abweicht. Man muß einen offenbaren Rechenfehler berücksichtigen.

Unbeachtet bleiben: Eine eindeutige Überschreitung nach § 308 I ZPO, § 21 Rn 15 „Antragsüberschreitung", § 22 I. Das gilt wegen § 47 II 1 auch beim Rechtsmittelgericht, BGH VersR **77**, 430, VGH Mannh NJW **77**, 1255; eine Einwendung oder das Interesse des Bekl (wegen seiner Aufrechnung § 45 III); die Belange des Widersprechenden in einem vorläufigen Verfahren; die Frage, ob der Anspruch begründet ist oder anerkannt wird; eine Gegenleistung; dasjenige, das das Gericht nur als eine Vorbedingung des geltend gemachten Anspruchs bescheidet; ein Zurückbehaltungsrecht, § 48 Anh I: § 6 ZPO Rn 2; derjenige Teil des Antrags, der keine selbständige Bedeutung hat, zB der Umstand, daß bei einer Eigentumsklage das Eigentum anerkannt werden soll; der jetzt schon oder noch nicht mitgeforderte Teil einer angeblichen Gesamtforderung, § 308 I ZPO. Das gilt selbst dann, wenn ein jetzt gefordertes (Teil-)- Urteil nach einer Parteienabsprache auch für den Rest maßgeblich sein soll, § 61 S 1. Eine nach § 3 ZPO schätzbare Bedingung mindert den Wert entsprechend.

C. Anspruchsmehrheit. Man muß mehrere Ansprüche zusammenrechnen, wenn **3** der Kläger sie selbständig geltend macht. Bei einer Verbindung der Verfahren gilt der zusammengerechnete Wert. Bei einer Trennung gelten die verbleibenden Einzelwerte. Man muß früher erhobene Gebühren dann anteilig anrechnen, FG Karlsr JB **98**, 94. Bei einem Haupt- und Hilfsantrag gilt § 45 I 2. Bei einem Wahlanspruch entscheidet die höhere Leistung, wenn der Kläger wählen muß. Soweit der Bekl wählen kann, muß man nach § 3 ZPO schätzen. Dabei muß man von der geringeren Leistung ausgehen. Weitere Einzelfälle § 48 Anh I: § 3 ZPO Rn 8 ff. Die Festsetzung nach dem Wert des Streitgegenstands, dem Streitwert, gilt auch in einem nichtstreitigen Verfahren, zB im Aufgebotsverfahren.

D. Unerheblichkeit des Streitwerts. Bei mancher Gebühr entfällt ein Bezug auf **4** den Streitwert, I Hs 2. Das gilt zB: Bei einer Festgebühr, etwa nach KV 1121, 1123 usw; bei einer Gebühr, die sich nach dem KV auf der Grundlage einer Geldbuße berechnet, zB KV 4110.

2) **Kostenverzeichnis, II.** Das Kostenverzeichnis (KV) in der amtlichen Anlage 1 **5** zum GKG, abgedruckt und erläutert hinter § 72, gibt an, ob und welche Gebühr für den fraglichen Vorgang entsteht. Es gilt also abschließend, OVG Bautzen JB **99**, 260. Zum Teil muß man dazu die Tabelle nach § 34 I 3 in der amtlichen Anlage 2 zum GKG heranziehen, abgedruckt im SchlAnh A.

Verweisungen

4 I Verweist ein erstinstanzliches Gericht oder ein Rechtsmittelgericht ein Verfahren an ein erstinstanzliches Gericht desselben oder eines anderen Zweiges der Gerichtsbarkeit, ist das frühere erstinstanzliche Verfahren als Teil des Verfahrens vor dem übernehmenden Gericht zu behandeln.

II ¹Mehrkosten, die durch Anrufung eines Gerichts entstehen, zu dem der Rechtsweg nicht gegeben oder das für das Verfahren nicht zuständig ist, werden nur dann erhoben, wenn die Anrufung auf verschuldeter Unkenntnis der tatsächlichen oder rechtlichen Verhältnisse beruht. ²Die Entscheidung trifft das Gericht, an das verwiesen worden ist.

Gliederung

1) Systematik, I, II	1
2) Regelungszweck, I, II	2
3) Geltungsbereich, I, II	3–5
4) Verweisung, I	6–11
A. Innerhalb des Gerichtszweigs	6, 7
B. Aus dem Gerichtszweig heraus	8–10
C. Auslagen	11
5) Mehrkosten, II	12–17
A. Grundsatz: Nur gerichtliche Rechtsmittelkosten	12–14
B. Verfahren	15
C. Entscheidung	16
D. Rechtsmittel	17

GKG § 4
I. A. Gerichtskostengesetz

1 **1) Systematik, I, II.** § 4 behandelt eine Verweisung des gesamten Verfahrens an ein anderes Gericht. Die Vorschrift gilt in allen Gerichtszweigen. § 37 behandelt eine Zurückverweisung an ein unteres Gericht. In beiden Fällen bildet das weitere Verfahren in demselben prozessualen Rechtszug auch dieselbe Kosteninstanz. Bei einer Verweisung an das Gericht eines anderen Bundeslands braucht man die Gebühr nicht nochmals zu entrichten, obwohl jedes Bundesland seinen eigenen Haushalt hat.

Der Verweisungsbeschluß darf *keine Kostenentscheidung* enthalten. Eine in ihm etwa trotzdem enthaltene derartige Entscheidung läßt keine Gebühr entstehen. Die Verweisung bindet auch wegen der Kostenpflicht grundsätzlich schlechthin. Wegen der Ausnahmen BLAH § 281 ZPO Rn 33 ff.

2 **2) Regelungszweck, I, II.** Die Vorschrift bezweckt im Interesse der Kostengerechtigkeit und auch der Prozeßwirtschaftlichkeit nach BLAH Grdz 14 vor § 128 ZPO eine Angleichung an § 281 III ZPO, gleichzeitig aber eine notwendige Ersatzleistung dann, wenn das zunächst angerufene Gericht im Rechtsweg nicht zuständig war.

3 **3) Geltungsbereich, I, II.** § 4 erfaßt jede Verweisung des gesamten Verfahrens an ein anderes Gericht. Den Gegensatz bilden: Die bloße Teilverweisung, soweit diese eine Trennung bedeutet, Mü MDR **96**, 642, BLAH § 145 ZPO Rn 3; eine Abgabe lediglich an eine andere Abteilung oder ein anderes Kollegium desselben Gerichts. Für eine solche Abgabe gilt aber sachlich nichts anderes.

4 § 4 *erfaßt zB:* Eine Verweisung nach § 281 ZPO wegen einer sachlichen oder örtlichen Unzuständigkeit; eine Verweisung nach § 506 ZPO vom AG an das LG; eine Verweisung nach §§ 696, 700 ZPO im Mahnverfahren; eine Verweisung nach § 112 GenG; eine Verweisung vom BGH als Revisionsgericht an das BVerwG als Gericht erster Instanz, BVerwG Rpfleger **92**, 132. Die Abgabe nach den §§ 696 I, 700 III 1 ZPO ist keine Verweisung.

5 Soweit dasjenige Gericht, an das der Rechtsstreit verwiesen wurde, die Sache *zurückverweist*, weil in Wahrheit keine wirksame oder bindende Verweisung vorliege, entsteht auch durch eine solche Zurückverweisung keine Gebühr.

6 **4) Verweisung, I.** Die Form der Verweisung ist unerheblich. Man muß die folgenden Fallgruppen unterscheiden.

A. Innerhalb des Gerichtszweigs. Bei einer Verweisung innerhalb des Gerichtszweigs entstehen Kosten nur nach den für das übernehmende Gericht geltenden Vorschriften. Daher kann zB eine solche Gebühr wegfallen, die vor dem verweisenden Gericht entstanden ist. Nach den Regeln von dem übernehmenden Gericht muß man auch die Fragen der Fälligkeit, des Streitwerts oder eines Vorschusses beachten, BVerwG Rpfleger **92**, 132, Ffm JB **76**, 369. Evtl muß man auch zB § 17b GVG beachten, Hellstab Rpfleger **92**, 132.

7 Insgesamt entstehen aber infolge einer solchen Verweisung *keine höheren Kosten* als diejenigen, die bei einer getrennten Berechnung angefallen wären, § 35. Denn § 4 soll den Kostenschuldner begünstigen, nicht belasten.

8 **B. Aus dem Gerichtszweig heraus.** Bei etwa einer Verweisung eines ordentlichen Gerichts an ein Sozialgericht bestimmen ebenfalls die für das übernehmende Gericht geltenden Kostenvorschriften, ob und welche Kosten dort insgesamt entstehen, etwa nach der KostO vor einem Gericht der freiwilligen Gerichtsbarkeit.

9 *Vgl freilich* §§ 40 WEG, 12 III LwVG. Diese Vorschriften berücksichtigen einen Gebührentatbestand des Verfahrens vor dem verweisenden Gericht auch bei der Kostenberechnung vor dem übernehmenden Gericht.

10 Es findet eine *Anrechnung* der vor dem verweisenden Gericht entstandenen Kosten auf die nach dem GKG vor dem übernehmenden Gericht entstehenden Kosten statt.

11 **C. Auslagen.** Für die Auslagen gilt dasselbe wie für die Gebühren nach Rn 6–10.

12 **5) Mehrkosten, II.** Man sollte vier Gesichtspunkte beachten.

A. Grundsatz: Nur gerichtliche Rechtsmittelkosten. Die Vorschrift ähnelt § 21 I 3. Sie betrifft nur die nach dem GKG anfallenden Kosten, soweit diese in der Rechtsmittelinstanz entstanden sind, Mümmler JB **75**, 1158. Die in II vorausgesetzte Unkenntnis ist zB dann „verschuldet", Ffm MDR **98**, 1122, wenn die Partei zB die

Abschnitt 1. Allgemeine Vorschriften **§§ 4, 5 GKG**

Anschrift des Gegners vorwerfbar nicht sorgfältig genug ermittelt hat oder wenn der Vorderrichter auf seine Unzuständigkeit hingewiesen hatte, ohne daß der Beteiligte wenigstens hilfsweise einen zulässigen Verweisungsantrag gestellt hätte. Auch eine nur leichte Fahrlässigkeit ist schädlich, wie bei § 276 BGB. Das Verschulden eines gesetzlichen Vertreters oder eines ProzBev gilt als ein solches der Partei, §§ 51 II, 85 II ZPO.

Bei einem *Zweifel* darüber, ob eine Unkenntnis vorlag und ob sie verschuldet war, entstehen keine Mehrkosten. Eine gewisse Unsicherheit zB über die Zuständigkeit und die Zulässigkeit des Rechtswegs ist unschädlich, solange nicht Zweifel an diesen Fragen naheliegen. 13

Freilich muß man generell fordern, daß die Partei oder ihr gesetzlicher Vertreter oder ProzBev sich über eine solche Frage auch anhand der gängigen Literatur in zumutbarem Umfang *informiert*. Kostenschuldner ist diejenige Partei, die vorwerfbar Mehrkosten verursacht hat. 14

B. Verfahren. Zuständig ist dasjenige Gericht, an das die Verweisung erfolgt ist. Auch sein Einzelrichter ist wie sonst zuständig. Das Verfahren erfolgt auf eine Anregung der Partei oder ganz von Amts wegen. Es besteht keine Frist. Das Gericht kann über die Mehrkosten auf Grund einer freigestellten mündlichen Verhandlung entscheiden. Es muß den Betroffenen vor einer ihm nachteiligen Entscheidung anhören, Artt 2 I, 20 III GG (Rpfl), BVerfG **101**, 404, Art 103 I GG (Richter). 15

C. Entscheidung. Die Entscheidung erfolgt im Urteil oder durch einen Beschluß. Das Gericht muß ihn grundsätzlich begründen, BLAH § 329 ZPO Rn 4. Es entsteht keine Gebühr. Das Gericht teilt seinen Beschluß dem Betroffenen formlos mit. 16

D. Rechtsmittel. Gegen den Beschluß ist die Beschwerde entsprechend § 66 II statthaft. 17

Verjährung, Verzinsung

5 I ¹Ansprüche auf Zahlung von Kosten verjähren in vier Jahren nach Ablauf des Kalenderjahrs, in dem das Verfahren durch rechtskräftige Entscheidung über die Kosten, durch Vergleich oder in sonstiger Weise beendet ist. ²Für die Ansprüche auf Zahlung von Auslagen des erstinstanzlichen Musterverfahrens nach dem Kapitalanleger-Musterverfahrensgesetz beginnt die Frist frühestens mit dem rechtskräftigen Abschluss des Musterverfahrens.

II ¹Ansprüche auf Rückerstattung von Kosten verjähren in vier Jahren nach Ablauf des Kalenderjahrs, in dem die Zahlung erfolgt ist. ²Die Verjährung beginnt jedoch nicht vor dem im Absatz 1 bezeichneten Zeitpunkt. ³Durch Einlegung eines Rechtsbehelfs mit dem Ziel der Rückerstattung wird die Verjährung wie durch Klageerhebung gehemmt.

III ¹Auf die Verjährung sind die Vorschriften des Bürgerlichen Gesetzbuchs anzuwenden; die Verjährung wird nicht von Amts wegen berücksichtigt. ²Die Verjährung der Ansprüche auf Zahlung von Kosten beginnt auch durch die Aufforderung zur Zahlung oder durch eine dem Schuldner mitgeteilte Stundung erneut. ³Ist der Aufenthalt des Kostenschuldners unbekannt, genügt die Zustellung durch Aufgabe zur Post unter seiner letzten bekannten Anschrift. ⁴Bei Kostenbeträgen unter 25 Euro beginnt die Verjährung weder erneut noch wird sie gehemmt.

IV Ansprüche auf Zahlung und Rückerstattung von Kosten werden vorbehaltlich der nach Nummer 9019 des Kostenverzeichnisses für das erstinstanzliche Musterverfahren nach dem Kapitalanleger-Musterverfahrensgesetz geltenden Regelung nicht verzinst.

Vorbem. I 2 angefügt, IV idF Art 4 Z 3a, b G v 16. 8. 05, BGBl 2437, in Kraft seit 1. 11. 05, Art 9 I 2 G, außer Kraft am 1. 11. 10, Art. 9 II Hs 2 G, Übergangsrecht §§ 71, 72 GKG.

Gliederung

1) Verjährung des Zahlungsanspruchs, I 1–3
   A. Kosten, I 1 1
   B. Beendigung, I 1 2
   C. Auslagen beim KapMuG, I 2 3

GKG § 5 I. A. Gerichtskostengesetz

2) **Verjährung des Rückerstattungsanspruchs, II** 4
3) **Rechtsfolgen: Einrede, III** 5, 6
4) **Neubeginn der Verjährung, III** 7–13
   A. §§ 212, 213 BGB, III 1 7
   B. Zahlungsaufforderung, III 2 Hs 1 .... 8, 9
   C. Stundung, III 2 Hs 2 10
   D. Unbekannter Aufenthalt, III 3 11
   E. Unter 25 EUR, III 4 12
   F. Prozeßkostenhilfe 13
5) **Verzinsungsfragen, IV** 14, 15
   A. Grundsatz: Keine Verzinsung 14
   B. Ausnahme beim Kapitalanleger-Musterverfahren 15

1 **1) Verjährung des Zahlungsanspruchs, I.** Die Vorschrift erfaßt nur einen solchen Zahlungsanspruch, der sich direkt nach dem GKG errechnet. Nicht hierher gehört ein zunächst auf die Staatskasse übergegangener Anspruch etwa im Prozeßkostenhilfeverfahren, LG Wuppert JB **75**, 359, Meyer 2. Dort gelten §§ 195 ff BGB.

A. Kosten, I 1. Der Anspruch auf die Zahlung von Kosten einschließlich der Auslagen nach § 1, Karlsr MDR **88**, 799, verjährt nach I 1 in vier Jahren. Die Verjährungsfrist beginnt mit dem Ablauf des Kalenderjahres der Beendigung. Der Begriff des Verfahrens ist derselbe wie bei § 20, dort Rn 16. Eine Beendigung liegt in einer rechtskräftigen Kostenentscheidung, BGH RR **97**, 831, Karlsr MDR **88**, 799. In einer Strafsache kommt für den Beschuldigten nur dieser Fall der Beendigung in Betracht.

2 **B. Beendigung, I 1.** In einem Zivilprozeß, einem Verwaltungsverfahren oder einem Finanzprozeß liegt die Beendigung auch in einer Klagerücknahme nach § 269 III, IV ZPO oder in einer Rücknahme des Rechtsmittels, falls diese Rücknahme eine Rechtskraft eintreten läßt, § 515 III ZPO, oder in einer Kostenentscheidung nach § 91a ZPO. Dasselbe gilt in einem solchen Verfahren, in dem eine rechtskräftige Entscheidung bereits im Vorverfahren vorliegt, etwa in einem Urkundenprozeß oder Wechselprozeß oder bei einem Urteil über den Grund des Anspruchs. Freilich kann die Verjährung nur den von dieser Entscheidung betroffenen Haftungsgrund erfassen, also bei einem solchen Urteil über den Grund, das keine Kostenentscheidung enthält, nur die Antragshaftung.

Auch ein *Vergleich* reicht als Auslöser der Verjährung aus. Er muß aber das Verfahren „beenden". Daher reicht ein Teil- oder Zwischenvergleich nur, soweit er beendend wirkt. Wegen § 98 ZPO braucht der Vergleich keine Kostenregelung zu enthalten. Er darf sie aber auch nicht dem Gericht vorbehalten. Denn dann beendet der Vergleich nicht die Kostenfrage.

„*In sonstiger Weise*" bedeutet: Auf rein tatsächliche Art, etwa durch eine Aussetzung auf unbestimmte Zeit oder durch das Ruhen des Verfahrens, aM Meyer 6 (aber auch das ist oft das Ende des Verfahrens). Man muß notfalls den Parteiwillen ermitteln, Schlesw SchlHA **94**, 54. Meist endet das Verfahren mit der Weglegungsverfügung, Schlesw JB **94**, 680. Für die Auslagen läuft keine besondere Verjährungsfrist. Auch für einen dritten Auslagenschuldner gilt die Verjährungsfrist nach I. Es kommt weder auf die Entstehung noch auf die Fälligkeit an, aM BGH JB **04**, 439, noch auf die Bezifferbarkeit, Karlsr MDR **88**, 799. Ebensowenig ist der Zeitpunkt des Kostenansatzes maßgeblich. Freilich kann eine Verjährung nicht vor dem Kostenansatz beginnen.

3 **C. Auslagen beim KapMuG, I 2.** Als eine eng auslegbare Sondervorschrift läßt I 2 die Verjährung des Anspruchs auf eine Zahlung nur von Auslagen des erstinstanzlichen Musterverfahrens nach dem KapMuG, abgedruckt bei BLAH SchlAnh VIII, frühestens mit dem rechtskräftigen Abschluß des Musterverfahrens und damit mit der formellen Rechtskraft des Musterentscheids des OLG nach §§ 14, 16 KapMuG beginnen. Erst dann werden nämlich die Auslagen nach § 9 I fällig. Es geht dabei um die Auslagen nach KV 9019.

4 **2) Verjährung des Rückerstattungsanspruchs, II.** Die Vorschrift ähnelt teilweise § 17 II KostO, Teil III dieses Buchs, und § 8 GvKostG, Teil XI dieses Buchs. Für den Anspruch auf die Rückerstattung von Kosten läuft eine vierjährige Frist. Sie beginnt mit dem Ablauf desjenigen Kalenderjahres, in dem die Zahlung erfolgt ist, sei

Abschnitt 1. Allgemeine Vorschriften **§ 5 GKG**

es als Überzahlung, sei es als Vorschußzahlung, II 1. Eine Kostenentrichtung durch Gerichtskostenmarken usw wird erst mit dem Eingang des Dokuments beim Gericht zu einer „Zahlung", LG Osnabr JB **03**, 596. Dieses fällt mit dem Beendigungsjahr nach I oft nicht zusammen. Nach II 2 beginnt die Verjährungsfrist jedoch nicht vor derjenigen des Kostenanspruchs nach I.

Bei einer *Nichterhebung* der Kosten wegen einer unrichtigen Behandlung nach § 21 entsteht der Rückerstattungsanspruch wegen II 2 noch nicht mit der Überzahlung, sondern erst mit der Rechtskraft der Entscheidung nach § 21. Jeder Rechtsbehelf, also die Erinnerung, Beschwerde und weitere Beschwerde zwecks einer Rückerstattung hemmen die Verjährung wie eine Klagerhebung, II 3, §§ 253, 261 ZPO, 204 I Z 1 BGB.

3) Rechtsfolgen: Einrede, III. Die Verjährung richtet sich grundsätzlich nach 5 den §§ 194 ff BGB, Karlsr MDR **88**, 799. Das Gericht darf sie also nicht von Amts wegen berücksichtigen. Sie gibt dem Schuldner vielmehr nur ein Leistungsverweigerungsrecht, § 214 I BGB. Eine vorbehaltlose Zahlung gibt selbst bei einer Unkenntnis der Verjährung kein Rückforderungsrecht. Der Schuldner muß sich auf sein Leistungsverweigerungsrecht durch eine Erinnerung berufen, Rn 12. Soweit der Kostenschuldner gegenüber einer Einziehung die Verjährung geltend macht, erfolgt diese Einrede nach § 66, vgl § 8 JBeitrO, Teil IX A dieses Buchs. Die Einrede kann zB bei einer Arglist unbeachtbar sein, vgl aber auch LG Kleve JB **85**, 1663.

Eine *Verwirkung* mit ihren viel weitergehenden Folgen eines von Amts wegen in jeder Verfahrenslage beachtbaren Untergang des Anspruchs kann wie sonst neben einer Verjährung in Betracht kommen. Das GKG regelt die Verwirkung nicht. Es gelten daher die allgemeinen Regeln etwa bei PalH § 242 BGB Rn 87 ff.

Man muß die Verjährung gegenüber dem *Erstschuldner* und dem *Zweitschuldner* ge- 6 *trennt* beurteilen, Celle JB **08**, 324. Die Verjährung gegenüber dem Zweitschuldner ist gehemmt, solange nicht (jetzt) § 31 II anwendbar ist, LG Bln Rpfleger **82**, 313, AG Neuruppin JB **01**, 375. Im übrigen erfolgt eine Hemmung der Verjährung nach § 205 BGB. Jedoch hat eine Stundung keine Hemmungswirkung, sondern läßt die Verjährung neu beginnen. Die Einstellung der Einziehung ist eine Verwaltungssache. Sie hemmt, stundet nicht und läßt die Verjährung auch nicht erneut beginnen.

4) Neubeginn der Verjährung, III. Ein Neubeginn kommt in den folgenden 7 Fällen in Betracht.

A. §§ 212, 213 BGB, III 1. Ein Neubeginn kann durch einen der in §§ 212, 213 BGB genannten Fälle eintreten.

B. Zahlungsaufforderung, III 2 Hs 1. Der Zugang einer Zahlungsaufforderung 8 läßt die Verjährung ebenfalls neu beginnen. Es ist nicht erforderlich, daß die Zahlungsaufforderung in einer besonderen Form erfolgt. Es genügt die Kostenrechnung, Kblz Rpfleger **88**, 428. Das in ihr genannte Datum ist unerheblich. Es kommt vielmehr auf den Zugang an, Kblz Rpfleger **88**, 428, LG Lüb JB **03**, 372.

Eine *Zustellung* ist mit der Übergabe an die Post erfolgt, zB durch den Einwurf in 9 den Postbriefkasten. Es gibt keinen Anscheinsbeweis für den gar rechtzeitigen Zugang einer einfachen Brief-Aufforderung, BLAH Anh § 286 ZPO Rn 154 „Rechtsgeschäft", Kblz Rpfleger **84**, 434, aM Schneider MDR **84**, 281 (aber auch die geringe Verlustquote ändert nichts an der Erfahrung, daß ein einfacher Brief leider nicht stets den Empfänger erreicht, zumal sich die Beanstandungen mit Sicherheit weit unter der tatsächlichen Verlustzahl halten).

C. Stundung, III 2 Hs 2. Die ausdrückliche Mitteilung oder die stillschwei- 10 gende eindeutige Gewährung einer Stundung läßt die Verjährung neu beginnen, LG Lüb JB **03**, 372. Sie hat also nicht nur eine Hemmungswirkung. Wenn die Verjährungsfrist noch nicht läuft, schiebt die Stundung den Beginn hinaus.

D. Unbekannter Aufenthalt, III 3. Wenn der Aufenthalt des Schuldners unbe- 11 kannt ist, genügt eine förmliche Zustellung durch die Aufgabe zur Post, § 184 ZPO. Ein einfacher Brief genügt dann. Einzelheiten BLAH § 184 ZPO Rn 11, 12.

E. Unter 25 EUR, III 4. Bei einer Kostenschuld von weniger als 25 EUR ge- 12 genüber der Staatskasse tritt allerdings weder ein Neubeginn der Verjährung noch deren Hemmung oder eine Ablaufhemmung ein, III 4.

GKG §§ 5, 5a I. A. Gerichtskostengesetz

13 **F. Prozeßkostenhilfe.** Die Bewilligung einer Prozeßkostenhilfe hemmt bis zum Erlaß eines Aufhebungsbeschlusses.

14 **5) Verzinsungsfragen, IV.** Einem Grundsatz steht eine Ausnahme gegenüber. **A. Grundsatz: Keine Verzinsung.** Im Prinzip gilt: Weder ein Zahlungsanspruch noch ein Rückerstattungsanspruch wegen irgendwelcher Gebühren oder Auslagen können einen zugehörigen Zinsanspruch auslösen. Das stellt IV klar. Damit ist ein diesbezüglich vorübergehend aufgetretener Streit beendet.

15 **B. Ausnahme beim Kapitalanleger-Musterverfahren.** Ausnahmsweise findet eine anteilige Verzinsung nur von Auslagen nach KV 9019 nebst seiner amtlichen Anmerkung statt, s dort.

Elektronische Akte, elektronisches Dokument

5a ^{I} Die Vorschriften über die elektronische Akte und das gerichtliche elektronische Dokument für das Verfahren, in dem die Kosten anfallen, sind anzuwenden.

^{II} ^{1} Soweit für die Anträge und Erklärungen in dem Verfahren, in dem die Kosten anfallen, die Aufzeichnung als elektronisches Dokument genügt, genügt diese Form auch für Anträge und Erklärungen nach diesem Gesetz. ^{2} Die verantwortende Person soll das Dokument mit einer qualifizierten elektronischen Signatur nach dem Signaturgesetz versehen. ^{3} Ist ein übermitteltes elektronisches Dokument für das Gericht zur Bearbeitung nicht geeignet, ist dies dem Absender unter Angabe der geltenden technischen Rahmenbedingungen unverzüglich mitzuteilen.

^{III} Ein elektronisches Dokument ist eingereicht, sobald die für den Empfang bestimmte Einrichtung des Gerichts es aufgezeichnet hat.

Vorbem. Angefügt durch Art 14 I Z 6 JKomG v 22. 3. 05, BGBl 837, in Kraft seit 1. 4. 05, Art 16 I JKomG, Übergangsrecht § 71 GKG.

Gliederung

1) Systematik, I–III 1
2) Regelungszweck, I–III 2
3) Anwendbarkeit der Verfahrensregeln, I 3
4) Formwahrung durch elektronische Aufzeichnung, II 1 4
5) Elektronische Signatur, II 2 .... 5, 6
6) Mangels elektronischer Bearbeitbarkeit: Mitteilungspflicht des Gerichts, II 3 .... 7, 8
7) Einreichung erst mit Aufzeichnungsende, III 9
8) Verstoß, I–III 10

1 **1) Systematik, I–III.** Die in alle Verfahrensordnungen eingeführte Form elektronischer Bearbeitung erhält in § 5a für die in § 1 genannten Verfahren einen Teil der notwendigen kostenrechtlichen Anpassungsregeln. Weitere finden sich in §§ 9, 12, 17, 19, 28, 61, 66 und in KV 2114 und 9003. Dem § 5a entsprechen im Kern § 8 FamGKG, Teil I B dieses Buchs, § 1a KostO, Teil III dieses Buchs, § 4b JVEG, Teil V dieses Buchs, § 12b RVG, Teil X dieses Buchs. Es handelt sich um vorrangige Sondervorschriften.

2 **2) Regelungszweck, I–III.** Das Kostenrecht soll den Anforderungen der elektronischen Übermittlungs- und Verwahrungstechnik genügen. Das scheint wegen des ständigen technischen Fortschritts eine weite Auslegung zu rechtfertigen. Andererseits unterliegen Spezialregeln grundsätzlich einer engen Auslegung. Man muß beide Gedanken möglichst spannungsfrei verbinden, um zu einer brauchbaren Handhabung zu kommen.

3 **3) Anwendbarkeit der Verfahrensregeln, I.** Es sind vor allem anwendbar: §§ 130a, b, 164, 186, 253, 298, 298a, 299, 313b, 315, 319, 320, 340a, 371a, 416a, 734, 758a, 760, 793, 829 usw ZPO, das SchrAG und die entsprechenden Vorschriften derjenigen Verfahrensordnungen, in denen das GKG nach seinem § 1 anwendbar ist.

4 **4) Formwahrung durch elektronische Aufzeichnung, II 1.** Eine Aufzeichnung als ein elektronisches Dokument erfüllt jede gesetzliche Schriftform, soweit die

Abschnitt 2. Fälligkeit   **§ 5a, Übers § 6 GKG**

Verfahrensordnung überhaupt für einen Antrag oder eine Erklärung in einer kostenpflichtigen Angelegenheit eine solche Aufzeichnung erlaubt. Natürlich kann die elektronische Aufzeichnung nicht eine zusätzliche gesetzliche Anforderung ersetzen, also zB nicht die Notwendigkeit einer Beglaubigung oder Beurkundung als einen rechtsschaffenden oder -verstärkenden Vorgangs. Wohl aber kann sie die Art der „Niederschrift" solcher Vorgänge eben auch in einer elektronischen Form ermöglichen.

5) Elektronische Signatur, II 2. Anstelle einer Unterschrift „soll" die verantwortende Person das elektronische Dokument mit einer sog qualifizierten elektronischen Signatur nach dem Signaturgesetz 2001 versehen. Die mit § 130a I 2 ZPO übereinstimmende Vorschrift ist eine bloße Sollbestimmung, keine Mußvorschrift. 5

Qualifizierte elektronische Signatur ist nach § 2 Z 3a, b SignG eine elektronische Signatur im Sinn von § 2 Z 2 SignG, die auf einem zum Zeitpunkt ihrer Erzeugung gültigen qualifizierten Zertifikat beruht und mit einer sicheren Signaturerstellungseinheit erzeugt wird. Letztere liegt nach § 2 Z 10 SignG vor, wenn es sich um eine Soft- oder Hardwareeinheit zur Speicherung und Anwendung des jeweiligen Signaturschlüssels handelt usw. Signaturschlüssel ist ein in § 2 Z 4 SignG bestimmter Begriff: Einmalige elektronische Daten wie öffentliche Kryptographische Schlüssel, die zur Überprüfung einer elektronischen Signatur verwendet werden. Elektronische Signatur sind nach § 2 Z 1 SignG Daten in elektronischer Form, die anderen elektronischen Daten beigefügt oder logisch mit ihnen verknüpft sind und die zur Authentifizierung dienen. Wieder einmal eine deutsche begriffliche Überperfektion zwecks Vereinfachung des Verfahrens! 6

6) Mangels elektronischer Bearbeitbarkeit: Mitteilungspflicht des Gerichts, II 3. Soweit das Empfangsgericht ein ihm übermitteltes elektronisches Dokument nach seinem technischen Stand oder wegen irgendwelcher Mängel des Dokuments nicht bearbeiten kann, darf und muß es das dem Absender unter einer Angabe der für dieses Gericht derzeit geltenden technischen Rahmenbedingungen unverzüglich mitteilen, also ohne jede vorwerfbare Verzögerung, § 121 I 1 BGB. 7

Art und Form dieser Mitteilung richten sich nach den technischen Möglichkeiten dieses Gerichts. Inhaltlich muß die Mitteilung den Empfänger instandsetzen können, entweder den Mangel zu beseitigen und eine einwandfreie neue elektronische Übermittlung vorzunehmen oder die Eingabe nunmehr in Schriftform zu fassen. Soweit es nur um einzelne Zahlen, Wörter usw geht, mag ein telefonischer Kontakt beiderseits ausreichen. 8

7) Einreichung erst mit Aufzeichnungsende, III. Ein elektronisches Dokument gilt erst dann als eingereicht, wenn und sobald es die für den Empfang bestimmte Einrichtung des Gerichts vollständig und für das Empfangsgericht einwandfrei verständlich aufgezeichnet hat. Maßgeblich ist also weder der Augenblick der Beendigung des Absendevorgangs beim Absender noch ein etwa dort eingehender „o.k."-Vermerk oder dergleichen noch ein Beginn des Eingangs beim Empfangsgericht. Insofern bestehen noch höhere Anforderungen als beim Telefax. 9

8) Verstoß, I–III. Ein Fristverstoß kann zB zur Unzulässigkeit der Eingabe wegen Verspätung führen. Eine Einreichung beim unzuständigen Gericht heilt erst entsprechend § 129a ZPO mit der dortigen Weiterleitung und mit dem Eingang beim zuständigen Gericht. Ein Mangel im Sinn von I heilt erst mit der Nachreichung des Fehlenden oder mit einer neuen Eingabe, bei deren elektronischer Übermittlung also erst mit deren Aufzeichnungsende. 10

Abschnitt 2. Fälligkeit

Übersicht

1) Begriff. Man muß zwischen der Entstehung, also der Erfüllung eines Kostentatbestands, dem Erwachsen einer Kostenschuld, und ihrer Fälligkeit unterscheiden. Zwar wird die Kostenschuld grundsätzlich bereits mit ihrer Entstehung fällig. Indessen kommen im Gerichtskostenrecht ebenso wie zB bei § 8 I RVG, Teil X dieses Buchs, Abweichungen vor, vor allem bei einer Stundung und dann, wenn es sich um eine Strafsache handelt. 1

29

GKG Übers § 6, § 6   I. A. Gerichtskostengesetz

2   Die Fälligkeit tritt grundsätzlich mit dem *Beginn eines Verfahrens* oder eines Verfahrensabschnitts ein. In Strafsachen gelten andere Fälligkeitszeitpunkte. Die Fälligkeit hat den Kostenansatz zur Folge. Sie hat auch die Beitreibbarkeit durch die Gerichtskasse als Vollstreckungsbehörde zur Folge.

Die Gerichtskasse muß ab der Fälligkeit *unverzüglich handeln,* § 13 KostVfg, Teil VII A dieses Buchs, BGH JB **04**, 439 (daran ändert auch die Einlegung einer Verfassungsbeschwerde nichts). Sie muß grundsätzlich den Schuldner zunächst auffordern und mahnen. Sie darf die Beitreibung erst nach dem Ablauf von zwei Wochen seit der Aufforderung beginnen, § 5 JBeitrO, Teil IX A dieses Buchs. Die Beitreibung ist unabhängig davon, ob das Gericht von der Vorwegleistung abgesehen hatte oder nicht.

3   Im übrigen tritt die Fälligkeit mit der *Beendigung des Rechtszugs* oder mit der Anordnung des Ruhens des Verfahrens oder mit seinem Nichtbetreiben über sechs Monate ein.

4   **2) Vorauszahlungspflicht.** Sie besteht in allen denjenigen Verfahren, in denen das Gesetz sie vorschreibt oder das Gericht zu ihrer Anordnung ermächtigt. Die Vorauszahlungspflicht dient der Sicherung der Staatskasse, LG Hbg MDR **78**, 50. Die Vorauszahlung dient auch der Vereinfachung der Erhebung.

Im Verfahren vor den *Arbeitsgerichten* besteht keine Vorauszahlungspflicht, § 11.

5   **3) Vorschuß.** Ihn kann die Staatskasse für die Gerichtsgebühren im Zwangsversteigerungs- und Zwangsverwaltungsverfahren erheben, in Strafsachen vom Privat- oder Nebenkläger, ferner bei einer mit Auslagen verbundenen Handlung, § 17. Die Vornahme der gerichtlichen Handlung ist allerdings nur bei § 17 von der Zahlung des Vorschusses abhängig. Die Vorschußpflicht ist also nicht ohne weiteres eine Vorauszahlungspflicht.

6   Andererseits ist der Vorschuß eine *endgültige Kostenschuld* wie andere. Wenn der Schuldner sie nicht bezahlt, erfolgt ihre Beitreibung nach § 18. Der Vorschuß wird angesetzt, sobald er fällig ist, § 13 KostVfg, Teil VII A dieses Buchs.

Fälligkeit der Gebühren im Allgemeinen

6 *Fassung 1. 9. 2009:* [I] **In folgenden Verfahren wird die Verfahrensgebühr mit der Einreichung der Klage-, Antrags-, Einspruchs- oder Rechtsmittelschrift oder mit der Abgabe der entsprechenden Erklärung zu Protokoll fällig:**

1. **in bürgerlichen Rechtsstreitigkeiten,**
2. **in Insolvenzverfahren und in schifffahrtsrechtlichen Verteilungsverfahren,**
3. **in Rechtsmittelverfahren des gewerblichen Rechtsschutzes und**
4. **in Prozessverfahren vor den Gerichten der Verwaltungs-, Finanz- und Sozialgerichtsbarkeit.**

[II] **Soweit die Gebühr eine Entscheidung oder sonstige gerichtliche Handlung voraussetzt, wird sie mit dieser fällig.**

[III] **In Verfahren vor den Gerichten für Arbeitssachen bestimmt sich die Fälligkeit der Kosten nach § 9.**

Vorbem. I Z 1 idF, früher II aufgehoben, daher frühere III, IV zu II, III dch Art 47 I Z 3 FGG-RG v. 17. 12. 08, BGBl 2586, in Kraft seit 1. 9. 09, Art 112 I Hs 1 FGG-RG, Übergangsrecht Art 111 FGG-RG, Grdz 2 vor § 1 FamGKG, Teil I B dieses Buchs.

Bisherige Fassung: [I] **In folgenden Verfahren wird die Verfahrensgebühr mit der Einreichung der Klage-, Antrags-, Einspruchs- oder Rechtsmittelschrift oder mit der Abgabe der entsprechenden Erklärung zu Protokoll fällig:**

1. **in bürgerlichen Rechtsstreitigkeiten einschließlich**
    a) **der Ehesachen und der Familiensachen nach § 621 Abs. 1 Nr. 4, 5, 8 und 11 der Zivilprozessordnung und nach § 621 Abs. 1 Nr. 10 der Zivilprozessordnung mit Ausnahme der Verfahren nach § 1600 e Abs. 2 des Bürgerlichen Gesetzbuchs und**
    b) **der Lebenspartnerschaftssachen nach § 661 Abs. 1 Nr. 1 bis 3, 3 d, 4 und 6 der Zivilprozessordnung;**
2. **in Insolvenzverfahren und in schifffahrtsrechtlichen Verteilungsverfahren;**

Abschnitt 2. Fälligkeit § 6 GKG

3. in Rechtsmittelverfahren des gewerblichen Rechtsschutzes und
4. in Prozessverfahren vor den Gerichten der Verwaltungs-, Finanz- und Sozialgerichtsbarkeit.

II Absatz 1 gilt nicht in Scheidungsfolgesachen und in Folgesachen eines Verfahrens über die Aufhebung der Lebenspartnerschaft.

III Soweit die Gebühr eine Entscheidung oder sonstige gerichtliche Handlung voraussetzt, wird sie mit dieser fällig.

IV In Verfahren vor den Gerichten für Arbeitssachen bestimmt sich die Fälligkeit der Kosten nach § 9.

Gliederung

1) Geltungsbereich, I–IV 1, 2
2) Fälligkeit, I–III 3–11
   A. Einreichung oder Erklärung von Klage, Antrag, Einspruch, Rechtsmittel, I 3
   B. Jede prozeßeinleitende Parteihandlung, I 4
   C. Eingangszeitpunkt, I 5
   D. Prozeßkostenhilfe, I 6, 7
   E. Klageerweiterung usw, I 8
   F. Scheidungsfolgesachen usw, II 9
   G. Entscheidung, gerichtliche Handlung, III 10, 11
3) Verzug, I–III 12
4) Arbeitssache, IV 13–23
   A. Grundsatz: Abweichung von I, III 13–15
   B. Urteil 16
   C. Vollstreckungsbescheid, Widerspruch 17
   D. Arrest, einstweilige Verfügung 18
   E. Vergleich 19
   F. Klagerücknahme 20
   G. Ruhen 21
   H. Nichtbestreiten 22
   I. Zweitschuldnerhaftung 23

1) Geltungsbereich, I–IV. Die Vorschrift betrifft in I, II, IV die Fälligkeit nur **1** der Verfahrensgebühren im Zivilprozeß einschließlich der folgenden Sachen.
– *I Z 1:* Bürgerliche Rechtsstreitigkeiten;
– *I Z 2:* Insolvenzverfahren, in dem eine Stundung nach §§ 4a–d InsO, abgedruckt in Teil VII F dieses Buchs, Vorrang hat; ferner schiffahrtsrechtliches Verteilungsverfahren;
– *I Z 3:* Rechtsmittelverfahren des gewerblichen Rechtsschutzes nach § 1 Z 1 oder Verfahren nach dem ArbNEG vor dem für Patentstreitsachen zuständigen Kollegium des ordentlichen Gerichts, Düss RR **00**, 368, Mü JB **96**, 591;
– *I Z 4:* Prozeßverfahren vor den Gerichten der Verwaltungs-, Finanz- und Sozialgerichtsbarkeit. Dabei läßt § 184 I 2 SGG, Teil II B dieses Buchs, die dortigen Gebühren einer Streitsache erst mit deren Rechtshängigkeit „entstehen", also nicht schon mit der in § 6 I Z 4 für die Fälligkeit maßgebenden Anhängigkeit, nämlich der Einreichung. Danach würde hier die Fälligkeit der Entstehung voraussetzen. Das ist begrifflich falsch. Daher muß man sich am ehesten einen Redaktionsfehler des Gesetzgebers annehmen und in § 184 I 2 SGG scheinbar erst die Fälligkeit von der Rechtshängigkeit abhängig machen.

Das *paßt aber nicht* zu dem auch für eine sozialgerichtliche Streitsache im späteren Gesetz in § 6 I Z 4 geregelten Fälligkeitszeitpunkt der Anhängigkeit. Mag sich der Gesetzgeber für eine widerspruchsfreie Lösung entscheiden. Bis dahin dürfte jedenfalls § 6 I Z 4 als das spätere Gesetz entsprechend einer allgemeinen Regel vorgehen.

Wegen des *arbeitsgerichtlichen* Verfahrens gilt IV.
Über den Begriff der *bürgerlichen Rechtsstreitigkeit* § 48 I.
Die in §§ 6, 7 nicht geregelten Fälligkeiten richten sich nach der *Auffangvorschrift* des § 8.

Das GKG kennt noch die Pflicht zur *Vorauszahlung* nach § 12 und die Vorschuß- **2** pflicht, §§ 15 ff. Beide Pflichten muß man von der Fälligkeit unterscheiden, Stgt RR **98**, 648.

Im Verfahren vor den Gerichten für *Arbeitssachen* werden die Gebühren nur nach IV fällig.

2) Fälligkeit, I–III. Eine Fälligkeit bedeutet keineswegs stets auch eine Vorauszahlungspflicht nach § 12. Man muß für die Fälligkeit die folgenden Fälle unterscheiden.

A. Einreichung oder Erklärung von Klage, Antrag, Einspruch, Rechtsmittel, I. Die Vorschrift gilt im zivilprozessualen Erkenntnis- wie Vollstreckungsverfahren, LG Mü Rpfleger **90**, 227, und in den anderen in Z 1–4 genannten Verfahrensarten. In diesem Bereich wird die Gebühr grundsätzlich fällig, einziehbar und nicht nur gestundet, sobald die Klage-, Antrags-, Einspruchs- oder Rechtsmittelschrift eingeht, Brdb FamRZ **07**, 2000, Nürnb MDR **03**, 835, Zweibr RR **01**, 1653. Die Fälligkeit entsteht grundsätzlich ferner, sobald die entsprechende Erklärung zum Protokoll vorliegt, KG FamRZ **86**, 285, nur scheinbar aM LG Siegen JB **92**, 744. Wegen einer Ausnahme Rn 5. Nach einem Mahnverfahren treten die Entstehung und damit frühestens die Fälligkeit der Verfahrensgebühr mit dem Akteneingang beim Gericht des streitigen Verfahrens ein. Das ergibt sich aus KV 1210 S 1 Hs 1.

B. Jede prozeßeinleitende Parteihandlung, I. Es braucht sich nicht um einen förmlichen Antrag oder um einen Sachantrag zu handeln. Vielmehr reicht jede Handlung der Partei aus, die notwendig ist, um ein gerichtliches Verfahren in Gang zu setzen, Schlesw SchlHA **81**, 56. Das gilt auch bei seiner Aufnahme nach § 250 ZPO, Düss MDR **87**, 1031. In einer widerspruchsfreien Beteiligung an einem unkorrekt begonnenen Verfahrensabschnitt kann ein stillschweigender zugehöriger Antrag liegen. Es kann dann aber auch § 21 anwendbar sein. Ein nicht ersichtlich nur versehentlicher Doppelantrag kann eine doppelte Verfahrensgebühr auslösen, Düss RR **99**, 1670, Mü MDR **04**, 896.

Trotz der Zweiteilung bei der Einlegung einer *Berufung oder Revision* nach §§ 519, 520, 549, 551 ZPO tritt die Fälligkeit nach dem klaren Wortlaut von § 6 bereits mit der Einreichung der Rechtsmittelschrift ein. Es kommt also nicht darauf an, ob auch eine Rechtsmittelbegründung erfolgt und ob und wann ein förmlicher Rechtsmittelantrag eingeht.

C. Eingangszeitpunkt, I. Der Antrag gilt in demjenigen Zeitpunkt als eingereicht, in dem das Dokument elektronisch oder bei der Posteingangsstelle eines Gerichts eingeht, Düss MDR **99**, 1156, Schlesw SchlHA **96**, 305. Das ist grundsätzlich der Zeitpunkt der Anhängigkeit, BLAH § 261 ZPO Rn 1. Es kommt also grundsätzlich nicht auf den meist späteren Zeitpunkt der Zustellung der Klage usw und damit nicht auf die Rechtshängigkeit an, Düss MDR **99**, 1156. Dem Eingang steht ausdrücklich derjenige Zeitpunkt gleich, in dem der Antragsteller einen zum Protokoll des Urkundsbeamten erklärten Antrag nach seiner vollständigen Aufnahme unterschrieben übergibt. Es ist unerheblich, ob sich diese Vorgänge bei dem wirklich zuständigen Gericht ereignen oder ob das Annahmegericht die Vorgänge unverzüglich oder vorwerfbar spät an das in Wahrheit zuständige Gericht weiterleitet.

Erst recht unerheblich ist der Eingang auf der funktionell zuständigen *Geschäftsstelle*, Düss MDR **99**, 1156. Ein sonst an die Einreichung noch vor der Rechtshängigkeit eintretender Stillstand des Verfahrens ist für die ja schon eingetretene Fälligkeit unerheblich, Oldb JB **95**, 317. Vgl freilich KV 1211 Z 1, ferner § 32 IV 3 KostVfg, Teil VII A dieses Buchs.

D. Prozeßkostenhilfe, I. Die Fälligkeit tritt auch dann ein, wenn der Kläger gleichzeitig mit der Klage einen Antrag auf die Bewilligung einer Prozeßkostenhilfe einreicht, soweit er nicht zumindest stillschweigend eindeutig erklärt, daß er nicht beide Verfahren nebeneinander in Gang setzen wolle, BGH RR **00**, 879, Brdb FamRZ **07**, 2000, Kblz MDR **04**, 177, BLAH § 117 ZPO Rn 9. Nach einer derartigen Bedingung macht erst ein nach einer Ablehnung der Bewilligung gestellter Antrag auf die Durchführung des Hauptprozesses dessen Verfahrensgebühr fällig. Eine als Klageschrift bezeichnete Schrift muß man als zur Terminsbestimmung und zum weiteren Klageverfahren eingereicht ansehen, sofern der Absender sie nicht eindeutig als eine bloße Beilage oder Begründung eines Prozeßkostenhilfeantrags bezeichnet.

Falls er die Klageschrift als solche bereits unterschrieben hat, muß er sie zur Vermeidung der Annahme, er wolle sie auch schon als solche einreichen, kennzeichnen, etwa als einen bloßen *„Entwurf"*, BLAH § 117 ZPO Rn 9.

E. Klageerweiterung usw, I. Bei der Erweiterung eines Klagantrags oder bei einer auch etwa nur hilfsweisen Widerklage mit einem nicht identischen Streitgegen-

Zwangsversteigerung und Zwangsverwaltung

7 **I** ¹Die Gebühren für die Entscheidung über den Antrag auf Anordnung der Zwangsversteigerung und über den Beitritt werden mit der Entscheidung fällig. ²Die Gebühr für die Erteilung des Zuschlags wird mit dessen Verkündung und, wenn der Zuschlag von dem Beschwerdegericht erteilt wird, mit der Zustellung des Beschlusses an den Ersteher fällig. ³Im Übrigen werden die Gebühren im ersten Rechtszug im Verteilungstermin und, wenn das Verfahren vorher aufgehoben wird, mit der Aufhebung fällig.

II ¹Absatz 1 Satz 1 gilt im Verfahren der Zwangsverwaltung entsprechend. ²Die Jahresgebühr wird jeweils mit Ablauf eines Kalenderjahres, die letzte Jahresgebühr mit der Aufhebung des Verfahrens fällig.

Vorbem. II 2 idF Art 16 Z 3 des 2. JuMoG v 22. 12. 06, BGBl 3416, in Kraft seit 31. 12. 06, Art 28 I des 2. JuMoG, Übergangsrecht § 71 GKG.

1 1) **Geltungsbereich wegen Gebühren, I, II.** § 7 betrifft die Fälligkeit im Verfahren nach dem ZVG. Wegen des Vorschusses § 15. Den Begriff Zwangsverwaltung meint II nur im Fachsinn, § 55 Rn 1. §§ 54–56 regeln die Entstehung der Gebühren.

2 2) **Zwangsversteigerung, I.** Man sollte für die Fälligkeit die folgenden Situationen unterscheiden.

A. **Anordnungsgebühr, I 1.** Sie wird mit der Entscheidung über die Anordnung der Zwangsversteigerung oder über den Beitritt fällig. Maßgeblich ist die Verkündung oder die Hinausgabe zur Zustellung, Mümmler JB **75**, 1151. Es ist unerheblich, ob das Gericht den Versteigerungs- oder Beitrittsantrag zurückweist oder ob es ihm stattgibt. Es ist nicht erforderlich, daß die Entscheidung des Gerichts bereits formell rechtskräftig ist. Eine bloße Zwischenverfügung usw macht noch keine Anordnungsgebühr fällig. Bei einer Antragsrücknahme vor der Entscheidung entsteht keine Gebühr.

3 B. **Zuschlagsgebühr, I 2.** Sie wird mit der Verkündung des Zuschlags fällig, LG Lüneb Rpfleger **88**, 112. Es ist unerheblich, ob und wann der Zuschlagsbeschluß rechtskräftig wird. Soweit erst das Beschwerdegericht den Zuschlag erteilt, entsteht die Zuschlagsgebühr mit der Zustellung des Zuschlagsbeschlusses an den Ersteher, § 104 ZVG.

4 C. **Verfahrens-, Termins- und Verteilungsgebühr, I 3.** Diese Gebühren werden im Verteilungstermin fällig, § 105 ZVG, allerdings bei einer vorher erfolgten Aufhebung des Verfahrens bereits mit der Hinausgabe des Aufhebungsbeschlusses. Bei einer außergerichtlichen Verteilung nach §§ 143 ff ZVG tritt die Fälligkeit mit der Erbringung des Nachweises oder mit dem Ablauf der Zweiwochenfrist ein.

5 3) **Zwangsverwaltung, II.** Vgl zunächst Rn 1. Die Fälligkeit tritt bei der Anordnungsgebühr nach Rn 2 mit der Entscheidung ein, II 1 in Verbindung mit I 1. In allen anderen Fällen tritt die Fälligkeit nach II 2 grundsätzlich erst mit dem Aufhebungsbeschluß ein. Bei einer Dauer der Zwangsverwaltung über ein Jahr hinaus tritt die Fälligkeit jedoch jeweils mit dem Ablauf des Kalendertags ein, §§ 151, 22 ZVG.

6 4) **Auslagen, I, II.** Vgl § 9.

7 5) **Vorschuß, I, II.** Vgl § 15.

Strafsachen, Bußgeldsachen

8 ¹In Strafsachen werden die Kosten, die dem verurteilten Beschuldigten zur Last fallen, erst mit der Rechtskraft des Urteils fällig. ²Dies gilt in gerichtlichen Verfahren nach dem Gesetz über Ordnungswidrigkeiten entsprechend.

1 1) **Fälligkeit erst ab Rechtskraft einer Kostenentscheidung, S 1, 2.** Der Verurteilte haftet im Strafverfahren einschließlich des Privatklageverfahrens und des Strafvollzugs und im gerichtlichen Bußgeldverfahren für Gebühren und Auslagen erst ab der Rechtskraft einer gegen ihn gerichteten gerichtlichen Kostenentscheidung,

BGH JB **81**, 372. Das gilt auch, soweit das Gericht den Angeklagten mit einem Strafvorbehalt verwarnt oder von Strafe absieht, § 465 I 2 StPO, oder soweit es nur auf eine Maßregel der Besserung und Sicherung erkennt. Vorher tritt also auch keine Fälligkeit ein. Soweit ein Beteiligter die Entscheidung über die Kosten oder die notwendigen Auslagen nach § 464 III StPO mit einer sofortigen Beschwerde anficht, tritt nur *deren* Fälligkeit erst mit der Wirksamkeit einer Beschwerderücknahme oder mit der Rechtskraft der Beschwerdeentscheidung ein.

Die Fälligkeit des *nicht* derart angefochtenen *Rests* der Kosten richtet sich nach der Teilrechtskraft. Denn andernfalls könnte der Kostenschuldner durch die Anfechtung eines kleinen Teils der Kostenentscheidung die Fälligkeit insgesamt verzögern. Das ist nicht der Sinn von § 8.

Diejenigen Kosten, die das Gericht einem für straffrei erklärten oder *außer Verfolgung gesetzten* Angeklagten nach §§ 467, 468 StPO auferlegt hat oder die er durch seinen Wiederaufnahmeantrag veranlaßt hat, fallen nicht unter § 8, sondern unter § 9 I. Das gilt selbst dann, wenn das Gericht den Antragsteller vorher rechtskräftig verurteilt hatte. Entsprechendes gilt für den Betroffenen bei der Aufhebung eines Bußgeldbescheids, sofern das Gericht ihm diejenigen Kosten auferlegt, die durch seine schuldhafte Säumnis entstanden sind, §§ 70 I OWiG, 467 II StPO. **2**

2) Unanwendbarkeit bei anderer Verfahrensbeendigung, S 1, 2. Soweit keine Kostenentscheidung vorliegt, ist jedenfalls § 8 unanwendbar. Denn dann fallen die Kosten nicht gerade nach einem „Urteil" zur Last. **3**

Hierher gehören zB: Eine Zurückverweisung, BGH FamRZ **81**, 253; ein Verfahrensstillstand, VGH Stgt Rpfleger **81**, 72; ein Ruhen des Verfahrens, VGH Mannh NJW **81**, 1047; eine Zurücknahme der Privatklage; der Tod des Beschuldigten oder Betroffenen, Meyer 5 (hilfsweise Haftung der Staatskasse).

Fälligkeit der Gebühren in sonstigen Fällen, Fälligkeit der Auslagen

9 ^I Die Auslagen des Musterverfahrens nach dem Kapitalanleger-Musterverfahrensgesetz werden mit dem rechtskräftigen Abschluss des Musterverfahrens fällig.

^{II} Im Übrigen werden die Gebühren und die Auslagen fällig, wenn

1. eine unbedingte Entscheidung über die Kosten ergangen ist,
2. das Verfahren oder der Rechtszug durch Vergleich oder Zurücknahme beendet ist,
3. das Verfahren sechs Monate ruht oder sechs Monate nicht betrieben worden ist,
4. das Verfahren sechs Monate unterbrochen oder sechs Monate ausgesetzt war oder
5. das Verfahren durch anderweitige Erledigung beendet ist.

^{III} Die Dokumentenpauschale sowie die Auslagen für die Versendung und die elektronische Übermittlung von Akten werden sofort nach ihrer Entstehung fällig.

Vorbem. I eingefügt, dadurch bisherige I, II zu II, III durch Art 4 Z 4a, b G v 16. 8. 05, BGBl 2437, in Kraft seit 1. 11. 05, Art 9 I 2 G, außer Kraft am 1. 11. 10, Art 9 II Hs 2 G. III geändert durch Art 14 I Z 3 JKomG v 22. 3. 05, BGBl 837, in Kraft seit 1. 4. 05, Art 16 I JKomG. Übergangsrecht jeweils § 71 GKG.

Gliederung

1) Geltungsbereich, I–III	1, 2
A. Gebühren	1
B. Auslagen	2
2) Auslagen nach dem KapMuG, I	3
3) Gebühren, II	4–6
A. Persönlicher Geltungsbereich	4
B. Fälligkeit	5, 6
4) Auslagen, II	7–11
A. Unbedingte Kostenentscheidung, II Z 1	8
B. Beendigung usw des Verfahrens oder der Instanz, II Z 2–5	9
C. Beispiele zur Frage einer Anwendbarkeit von II Z 2–5	10, 11
5) Dokumentenpauschale, Aktenversendung und -übermittlung, III	12–14

GKG § 9

I. A. Gerichtskostengesetz

1 **1) Geltungsbereich, I–III.** Man sollte die folgenden Situationen unterscheiden.
   A. Gebühren. Die Vorschrift ist wegen der Gebühren und der meisten Auslagen eine Auffangbestimmung gegenüber den vorrangigen §§ 6–8, 17. I, III enthalten jeweils eine eigenständige Regelung der dort erfaßten Arten von Auslagen. II regelt die Fälligkeit von Gebühren in den von §§ 6–8 nicht erfaßten Lagen, zB in Strafsachen und in Verfahren nach dem StVollzG. Dieser Geltungsbereich ergibt sich aus den Worten „Im übrigen" in II, vgl § 1.
   Im Verfahren vor den *Arbeitsgerichten* ist § 9 unanwendbar. Ihn ersetzt § 6 IV.

2 **B. Auslagen.** § 9 regelt ferner zusammen mit § 17 die Fälligkeit von Auslagen in sämtlichen Angelegenheiten des GKG. Einzelheiten bei den einzelnen Vorschriften. Vgl auch Rn 3.

3 **2) Auslagen nach dem KapMuG, I.** Die Auslagen nach KV 9019 werden mit der Rechtskraft des Musterentscheids des OLG nach §§ 14, 16 KapMuG fällig, abgedruckt bei BLAH SchlAnh VIII.

4 **3) Gebühren, II.** Man muß das Ob und das Wann klären.
   A. Persönlicher Geltungsbereich. II erfaßt in den Verfahrensarten nach Rn 1 nur diejenigen Gebühren, die nicht dem Verurteilten zur Last fallen. Diese letzteren regelt § 8. Danach verbleiben für II diejenigen Gebühren, die folgende Personen schulden: Der Privatkläger; der Nebenkläger; der Einziehungsbeteiligte; der Anzeigende; der Verletzte, soweit sie das Anklageerzwingungsverfahren erfolglos betrieben haben; der Beschwerdeführer der nicht zugleich ein Beschuldigter ist.

5 **B. Fälligkeit.** Die Gebühren werden gegenüber den in Rn 4 genannten Personen dann fällig, wenn eine der folgenden Voraussetzungen eintritt.
   Das Gericht mag zunächst eine unbedingte *Kostenentscheidung* gegenüber dem in Rn 4 genannten Kostenschuldner erlassen haben. Es ist unerheblich, ob und wann diese Entscheidung rechtskräftig wird.
   Das Gericht mag sein Verfahren auch durch eine der in II Z 2–5 genannten Vorgänge nicht betrieben, ausgesetzt, unterbrochen oder *beendigt* haben. In keinem dieser Fälle kommt es darauf an, ob das Gericht eine Kostenentscheidung erlassen oder eine sonstige Kostenregelung getroffen hat, BGH NJW **81**, 1048, VGH Mannh NJW **02**, 1516.

6 Man darf aber *nicht* eine *Beendigung fingieren,* nur um dem Fiskus zur vorzeitigen Gebührenerhebung zu verhelfen, OVG Lüneb JB **91**, 955. Die Fälligkeit endet unter den Voraussetzungen des § 30.

7 **4) Auslagen, II.** Die nicht schon in I geregelten Auslagen werden dann mit der alleinigen Ausnahme derjenigen Auslagen fällig, die ein Verurteilter in einer Strafsache oder in einer Bußgeldsache tragen muß (für diese gilt § 8), wenn eine der folgenden Voraussetzungen vorliegt.

8 **A. Unbedingte Kostenentscheidung, II Z 1.** Die Auslagen werden mit dem Wirksamwerden einer unbedingten Kostenentscheidung fällig. Die Wirksamkeit mag durch die Verkündung, durch die förmliche Zustellung, durch eine formlose Mitteilung oder auch schon durch die Hinausgabe zur Zustellung usw eingetreten sein. Eine bloße Kostenentscheidung reicht aus. Die Form der Entscheidung ist unerheblich. Eine „Kosten"entscheidung umfaßt auch Auslagen, § 1. Diese Entscheidung muß nicht rechtskräftig oder vollstreckbar sein, Roloff NZA **07**, 909. Die Instanz braucht auch noch nicht endgültig beendet zu sein, wie zB bei KV 8100. Daher zählt auch ein Versäumnisurteil hierher, ebenso ein Vorbehalts- oder Teilurteil nebst einer Kostengrundentscheidung.
   Auch eine *Anfechtbarkeit* hindert die Fälligkeit nicht. Es ist ebenso unerheblich, ob das Gericht die Zwangsvollstreckung eingestellt hat. Eine bedingte Entscheidung macht zwar die Urteilsgebühr fällig, nicht aber die Auslagen. So kann es auch beim bloßen Mahnbescheid liegen. Bei einer Teilentscheidung über die Kosten tritt eine entsprechende Fälligkeit ein. Hierher gehören zB diejenigen Auslagen, die das Gericht einem Freigesprochenen auferlegt hat.

9 **B. Beendigung usw des Verfahrens oder der Instanz, II Z 2–5.** Mit den Ereignissen nach II Z 2–5 tritt die Fälligkeit der Auslagen ebenfalls ein, BGH NJW **81**, 1048, VGH Mannh NJW **81**, 1047. Dabei ist nur die objektive Verfahrensbeendigung maßgeblich, nicht die Kenntnis des Gericht von ihr.

§§ 9, 10 GKG

C. Beispiele zur Frage einer Anwendbarkeit von II Z 2–5 10

Antragsrücknahme: Es gilt dasselbe wie bei einer „Klagerücknahme". Der Antragsteller ist Auslagenschuldner nach § 55.

Aussetzung: *Nicht ausreichend* ist dieser Vorgang, LAG Hamm DB **87**, 2264, solange die Aussetzung noch nicht sechs Monate dauert.

Klagerücknahme: Ausreichend ist dieser Vorgang. Dabei reicht auch ein teilweiser solcher Vorgang. Es ist unerheblich, ob das Gericht eine Kostenentscheidung getroffen hat, etwa nach §§ 269 III, IV, 516 III ZPO, § 136 FGO, § 155 II VwGO.

Ruhen des Verfahrens: Ausreichend ist ein sechsmonatiges, Roloff NZA **07**, 901, zum Problem VGH Mannh NJW **81**, 1047, OVG Weimar LKV **04**, 332, Scholz BaWüBl **82**, 6.

Stillstand: Ausreichend ist ein sechsmonatiger tatsächlicher Stillstand, VGH Stgt Rpfleger **81**, 72, Roloff NZA **07**, 901. Dann ist eine Anfrage bei den Parteien nicht mehr nötig, ob sie den Prozeß in absehbarer Zeit weiterbetreiben wollen.

Unterbrechung: Ausreichend ist eine solche kraft Gesetzes, zB infolge der Eröffnung eines Insolvenzverfahrens, Natter NZA **04**, 687.

Vergleich: Ausreichend ist ein Prozeß- oder außergerichtlicher Vergleich, Roloff NZA **07**, 901. Beim Widerrufsvergleich tritt die Fälligkeit erst mit dem Ablauf der Widerrufsfrist ein.

Vorbescheid: Ausreichend ist ein solcher mit einer Urteilswirkung nach §§ 90 III FGO, 84 II VwGO.

Zurückverweisung: Ausreichend ist eine Zurückverweisung ohne eine Kostenentscheidung, BGH FamRZ **81**, 253.

5) Dokumentenpauschale, Aktenversendung und -übermittlung, III. Die 12 Vorschrift erfaßt die Pauschalen der KV 9000, 9003. Sie entspricht den §§ 7 KostO, 5 III, 7 I JVKostO, 5 II VO über Verwaltungskosten beim Deutschen Patentamt. Sie gilt nach § 6 I Z 4 bedingt auch vor den Finanz-, Sozial- und Verwaltungsgerichten, § 1 Z 2–4, nicht aber vor den Arbeitsgerichten, § 6 IV.

Eine *Aktenversendung oder -übermittlung* liegt unter den Voraussetzungen § 28 Rn 5 vor.

Auslagen nach Rn 12 werden stets sofort nach der *Entstehung* fällig. Eine Zahlungspflicht entsteht also auch dann, wenn eine Antragsrücknahme zwar nach der Anfertigung des Dokuments erfolgt, aber vor der Absendung oder Aushändigung oder zwar nach der Fertigstellung zum Aktenversand (Portierung usw), aber vor dem Hinausgehen zur Post usw. Daher ist eine Rücknahme des Antrags auf die Erteilung einer Ausfertigung, Abschrift oder Ablichtung nach deren Herstellung unbeachtlich. Wegen der Wirkung der Prozeßkostenhilfe auf die Pflicht zur Erstattung von Auslagen Üb 12, 13 vor § 12. 13

Kostenschuldner ist der in § 28 I, II jeweils Genannte. 14

Abschnitt 3. Vorschuss und Vorauszahlung

Grundsatz

10 In weiterem Umfang als die Prozessordnungen und dieses Gesetz es gestatten, darf die Tätigkeit der Gerichte von der Sicherstellung oder Zahlung der Kosten nicht abhängig gemacht werden.

Gliederung

1) Systematik, Regelungszweck	1
2) Geltungsbereich	2–4
3) Prozeßordnungen	5–7
A. Zeuge, Sachverständiger, Augenschein	5
B. Insolvenzverfahren	6
C. Strafverfahren	7
4) GKG	8–13
A. Vorschuß	8–11
B. Vorauszahlung	12, 13
5) Andere Gesetze	14
6) Rechtsmittel	15

GKG § 10   I. A. Gerichtskostengesetz

1   **1) Systematik, Regelungszweck.** Die Vorschrift ermöglicht einen alsbaldigen Kostenansatz. Sie dient der Sicherung des Staats für die Gerichtskosten. Diese Sicherung kann durch die Einforderung eines Vorschusses oder durch die Vorwegerhebung der Gebühr erfolgen. Das Gesetz kennt beide Wege. Man muß sie scharf unterscheiden. Eine Vorschußpflicht ergibt sich erst dann endgültig, wenn ein Kostenanspruch entstanden, aber noch nicht fällig ist. Eine Vorauszahlungspflicht ergibt sich erst bei der Fälligkeit, dann aber als eine Vorauszahlung einer gerichtlichen Maßnahme auch sofort. Einen Vorschuß darf das Gericht nur in den gesetzlich geregelten Fällen verlangen. Eine Vorauszahlung erhält man nur in diesen Fällen ganz oder teilweise zurück.

2   **2) Geltungsbereich.** Ein Vorschuß oder eine Vorauszahlung läßt sich nur fordern, soweit die Prozeßordnungen nach § 1 Rn 2 ff oder das GKG oder ein anderes Bundesgesetz diese Möglichkeit vorsehen. Der Staat leistet also theoretisch grundsätzlich vor. § 10 gilt nur im Geltungsbereich des GKG, § 1. Das Gericht muß nicht stets seine Tätigkeit von einem Vorschuß oder einer Vorauszahlung abhängig machen.

3   Die *entsprechende* Anwendung der Vorschrift auf andere Fälle ist schon wegen der Ausnahmenatur des § 10 unzulässig, Düss RR 00, 368. Vor allem entfällt jede Sicherung, soweit das Gericht einen Beweis von Amts wegen erheben muß, zB in einer Strafsache oder in einer Bußgeldsache. In einer anderen Sache kann allerdings auch bei einer von Amts wegen notwendigen Handlung des Gerichts ein Auslagenvorschuß nach § 17 III in Betracht kommen, etwa bei einer Zeugenladung nach §§ 273, 358 a, 616 ZPO.

4   Im Verfahren vor den *Arbeitsgerichten* kommt weder ein Vorschuß noch eine Vorauszahlung in Betracht, § 11.

5   **3) Prozeßordnungen.** Die Prozeßordnungen sehen eine Vorschußzahlung auch eines Ausländers oder Staatenlosen nur in den folgenden Fällen und selbst dann nicht bei einer Gebührenfreiheit nach § 2 vor.
     A. Zeuge, Sachverständiger, Augenschein. Ein Vorschuß ist notwendig, soweit die Ladung und Vernehmung eines Zeugen oder eines Sachverständigen oder ein Augenschein in Betracht kommt, §§ 144, 273, 358 a, 379, 402, 653 ZPO.

6   **B. Insolvenzverfahren.** Ein Vorschuß kommt im Insolvenzverfahren nach § 26 I 2 InsO in Betracht.

7   **C. Strafverfahren.** Im Strafverfahren kann das Gericht demjenigen die Leistung einer Sicherheit auferlegen, der eine gerichtliche Entscheidung über die Erhebung der öffentlichen Klage beantragt, §§ 176, 379 a, 390 StPO.

8   **4) GKG.** Das GKG enthält die folgenden einschlägigen Vorschriften.
     A. Vorschuß. Eine Vorschußzahlung ist nach dem GKG für die folgenden Fälle nötig.

9   Eine Pflicht zur Zahlung eines Vorschusses für *Gebühren* besteht nach § 15 in einer Zwangsversteigerungs- und Zwangsverwaltungssache, ferner in einer Strafsache für den Privatkläger in der ersten Instanz sowie dann, wenn er eine Berufung oder Revision einlegt oder wenn er eine Wiederaufnahme betreibt. Dann kann auch der Nebenkläger zahlungspflichtig sein, § 16 I in Verbindung mit §§ 379 a, 390 IV StPO. Vgl auch § 16 II.

10   Für *Auslagen* besteht grundsätzlich eine Vorschußpflicht, soweit der Antragsteller eine mit Auslagen verbundene Handlung fordert, § 17 I. Darüber hinaus kann das Gericht auch wegen einer von Amts wegen notwendigen Handlung nach § 17 III anordnen, daß ein Vorschuß für die Auslagen erfolgen soll. In einer Strafsache besteht eine Pflicht zur Vorschußzahlung wegen der Auslagen für eine beantragte Handlung des Gerichts nur, soweit der Privatkläger, der Widerkläger oder der Nebenkläger Berufung oder Revision eingelegt hat, § 16.

11   Im übrigen besteht weder in einer Strafsache noch in einer Bußgeldsache für eine *von Amts wegen* erforderliche Handlung eine Pflicht zur Zahlung eines Auslagenvorschusses. Bei einer Prozeßkostenhilfe zugunsten des Klägers, Widerklägers, Rechtsmittelklägers ist auch der Gegner nach § 14 Z 1 und wegen § 122 II ZPO weitgehend befreit.

Abschnitt 3. Vorschuss und Vorauszahlung   §§ 10–12 GKG

B. Vorauszahlung. Das GKG sieht eine Vorauszahlung in den folgenden Fällen vor. **12**
Der Kläger muß die *Verfahrensgebühr* grundsätzlich vorauszahlen, §§ 6 I, 12. Von diesem Grundsatz gelten nach § 12 II Ausnahmen.
Der Antragsteller des Mahnverfahrens muß die *Mahngebühr* nach § 12 III vorauszahlen.

Der Gläubiger muß für das Verfahren auf die Erteilung einer Ablichtung oder Ab- **13**
schrift eines mit der *Offenbarungsversicherung* abgegebenen Vermögensverzeichnisses oder für den Antrag auf eine Einsicht in dieses Schriftstück nach § 12 IV Gebühren vorauszahlen.

In der *sonstigen Zwangsvollstreckung* besteht eine Vorauszahlungspflicht wegen der Gebühren und der Auslagen nach § 12 V.

Im Verfahren nach der *SVertO* besteht eine Vorauszahlungspflicht wegen der Gebühren und Auslagen nach § 13.

Wer eine *Ausfertigung, Ablichtung, Abschrift* oder einen *Ausdruck* beantragt, muß die Auslagen teilweise nach § 17 III vorauszahlen.

5) Andere Gesetze. Eine Pflicht zur Zahlung eines Vorschusses oder einer Vo- **14**
rauszahlung besteht zB nach § 13 I JVEG, Teil V dieses Buchs, also dann, wenn sich die Parteien dem Gericht gegenüber mit einer bestimmten Vergütung für die Leistung eines Sachverständigen einverstanden erklärt haben. Sie besteht ferner zB nach § 4 GvKostG, Teil XI dieses Buchs.

6) Rechtsmittel. Gegen die Anordnung eines Vorschusses oder einer Vorauszah- **15**
lung ist die Beschwerde nach § 67 statthaft.

Verfahren nach dem Arbeitsgerichtsgesetz

11 In Verfahren vor den Gerichten für Arbeitssachen sind die Vorschriften dieses Abschnitts nicht anzuwenden; dies gilt für die Zwangsvollstreckung in Arbeitssachen auch dann, wenn das Amtsgericht Vollstreckungsgericht ist.

Schrifttum: *Schäfer/Göbel*, Das neue Kostenrecht in Arbeitssachen, 2004.

1) Systematik, Regelungszweck. Es handelt sich um eine gegenüber §§ 10, **1**
12 ff vorrangige und deshalb eng auslegbare Sondervorschrift.

2) Geltungsbereich. § 11 gilt in jedem beliebigen Urteils- oder Beschlußverfah- **2**
ren vor dem ArbG, LAG oder BAG sowie vor dem AG als Vollstreckungsgericht in einer Arbeitssache.

3) Kein Vorschuß. Ein Kostenvorschuß kommt unter keinen Umständen infrage. **3**
§ 11 geht sämtlichen Vorschriften des GKG und der ZPO über einen Gebührenoder Auslagenvorschuß vor. Das gilt auch für die Zwangsvollstreckung, soweit das AG nach § 764 ZPO Vollstreckungsgericht ist. Auch der Gerichtsvollzieher darf dann keinen Gebührenvorschuß erheben, wenn er aus einer Entscheidung eines Arbeitsgerichts oder aus einem dort geschlossenen Prozeßvergleich vollstrecken muß, § 4 I 4 GvKostG, Teil XI dieses Buchs. Allerdings braucht der Gerichtsvollzieher die Kosten für sich Handlung mit einem finanziellen Aufwand etwa für einen Transport nicht von sich aus vorzuschießen.

Mit dem *Wegfall der Vorschußpflicht* entfällt aber keineswegs die etwaige Notwendig- **4**
keit eines Antrags auf die Bewilligung einer Prozeßkostenhilfe. Denn die Prozeßkostenhilfe kann auch noch im weiteren Verfahren fortwirken.

Verfahren nach der Zivilprozessordnung

12 *Fassung 1. 9. 2009:* **I** ¹In bürgerlichen Rechtsstreitigkeiten soll die Klage erst nach Zahlung der Gebühr für das Verfahren im Allgemeinen zugestellt werden. ²Wird der Klageantrag erweitert, soll vor Zahlung der Gebühr für das Verfahren im Allgemeinen keine gerichtliche Handlung vorgenommen werden; dies gilt auch in der Rechtsmittelinstanz.

II Absatz 1 gilt nicht
1. für die Widerklage,
2. für europäische Verfahren für geringfügige Forderungen sowie

3. für Rechtsstreitigkeiten über Erfindungen eines Arbeitnehmers, soweit nach § 39 des Gesetzes über Arbeitnehmererfindungen die für Patentstreitsachen zuständigen Gerichte ausschließlich zuständig sind.

III ¹Der Mahnbescheid soll erst nach Zahlung der dafür vorgesehenen Gebühr erlassen werden. ²Wird der Mahnbescheid maschinell erstellt, gilt Satz 1 erst für den Erlass des Vollstreckungsbescheids. ³Im Mahnverfahren soll auf Antrag des Antragstellers nach Erhebung des Widerspruchs die Sache an das für das streitige Verfahren als zuständig bezeichnete Gericht erst abgegeben werden, wenn die Gebühr für das Verfahren im Allgemeinen gezahlt ist; dies gilt entsprechend für das Verfahren nach Erlass eines Vollstreckungsbescheids unter Vorbehalt der Ausführung der Rechte des Beklagten. ⁴Satz 3 gilt auch für die nach dem Gesetz über Gerichtskosten in Familiensachen zu zahlende Gebühr für das Verfahren im Allgemeinen.

IV ¹Absatz 3 Satz 1 gilt im Europäischen Mahnverfahren entsprechend. ²Wird ein europäisches Verfahren für geringfügige Forderungen ohne Anwendung der Vorschriften der Verordnung (EG) Nr. 861/2007 fortgeführt, soll vor Zahlung der Gebühr für das Verfahren im Allgemeinen keine gerichtliche Handlung vorgenommen werden.

V Über den Antrag auf Abnahme der eidesstattlichen Versicherung, auf Erteilung einer Ablichtung oder eines Ausdrucks des mit eidesstattlicher Versicherung abgegebenen Vermögensverzeichnisses oder den Antrag auf Gewährung der Einsicht in dieses Vermögensverzeichnis soll erst nach Zahlung der dafür vorgesehenen Gebühr entschieden werden.

VI Über Anträge auf Erteilung einer weiteren vollstreckbaren Ausfertigung (§ 733 der Zivilprozessordnung) und über Anträge auf gerichtliche Handlungen der Zwangsvollstreckung gemäß § 829 Abs. 1, §§ 835, 839, 846 bis 848, 857, 858, 886 bis 888 oder § 890 der Zivilprozessordnung soll erst nach Zahlung der Gebühr für das Verfahren und der Auslagen für die Zustellung entschieden werden.

Vorbem. Zunächst IV geändert dch Art 14 I Z 4 JKomG v 22. 3. 05, BGBl 837, in Kraft seit 1. 4. 05, Art 16 I JKomG. V geändert dch Art 11 Z 2 G v 9. 12. 04, BGBl 3220, in Kraft seit 1. 1. 05, Art 22 S 2 G. Sodann II geändert, IV eingefügt, dadch bisherige IV, V zu V, VI dch Art 5 Z 2 a–c G v 30. 10. 08, BGBl 2122, in Kraft seit 12. 12. 08, Art 8 I G. Übergangsrecht jeweils § 71 GKG. Schließlich weitere Änderg von II dch Art 47 Z 4 FGG-RG v 17. 12. 08, BGBl 2586, in Kraft seit 1. 9. 09, Art 112 I Hs 1 FGG-RG, Übergangsrecht Art 111 FGG-RG, Grdz 2 vor § 1 FamGKG, Teil I B dieses Buchs.

Bisherige Fassung II, III: II Absatz 1 gilt nicht
1. für die Widerklage,
2. für Scheidungsfolgesachen,
3. für Folgesachen eines Verfahrens über die Aufhebung der Lebenspartnerschaft,
4. für Familiensachen nach § 621 Abs. 1 Nr. 9 der Zivilprozessordnung,
5. für Lebenspartnerschaftssachen nach § 661 Abs. 1 Nr. 7 der Zivilprozessordnung,
6. für europäische Verfahren für geringfügige Forderungen sowie
7. für Rechtsstreitigkeiten über Erfindungen eines Arbeitnehmers, soweit nach § 39 des Gesetzes über Arbeitnehmererfindungen die für Patentstreitsachen zuständigen Gerichte ausschließlich zuständig sind.

III ¹Sofern im Klageverfahren Absatz 1 Satz 1 Anwendung fände, soll auch der Mahnbescheid erst nach Zahlung der dafür vorgesehenen Gebühr erlassen werden. ²Wird der Mahnbescheid maschinell erstellt, gilt Satz 1 erst für den Erlass des Vollstreckungsbescheids. ³Im Mahnverfahren soll auf Antrag des Antragstellers nach Erhebung des Widerspruchs die Sache an das für das streitige Verfahren als zuständig bezeichnete Gericht erst abgegeben werden, wenn die Gebühr für das Verfahren im Allgemeinen gezahlt ist; dies gilt entsprechend für das Verfahren nach Erlass eines Vollstreckungsbescheids unter Vorbehalt der Ausführung der Rechte des Beklagten.

Abschnitt 3. Vorschuss und Vorauszahlung § 12 GKG

Gliederung

1) **Systematik, I–VI**	1
2) **Regelungszweck, I–VI**	2
3) **Geltungsbereich, I–VI**	3
4) **Vorauszahlungspflicht bei Klage usw, I–VI**	4–17
A. Klage, I 1	4
B. Beispiele zur Frage einer Klage, I 1	5–10
C. Klagerweiterung, I 2	11
D. Mahnverfahren, III, IV	12
E. Eidesstattliche Versicherung nach bürgerlichem Recht, V	13
F. Verweisung, I, III, V	14
G. Vollstreckungsverfahren, VI	15
H. Schiffahrtsrechtliches Verteilungsverfahren, § 13	16
I. Verfahrensgebühr, I 1, IV 2	17
5) **Keine Vorauszahlungspflicht, II**	18–20
A. Widerklage, II Z 1	19
B. Europäisches Verfahren für geringfügige Forderungen, II Z 2	20
C. Arbeitnehmererfindungsstreit, II Z 3	20
6) **Vorauszahlungspflicht im nationalen Mahnverfahren, III**	21–23
A. Mahnbescheid, III 1, 2	21
B. Abgabe nach Widerspruch, III 3, 4	22, 23
7) **Rechtsmittel, I–VI**	24

1) Systematik, I–VI. Die Vorschrift regelt für fast alle Bereiche des GKG die Frage, ob man und wer in welcher Höhe eine Vorauszahlung erbringen muß, bevor das Gericht tätig werden soll oder darf, Stgt RR **98**, 648. Auf Sondergebieten enthalten §§ 15 ff vorrangige Sonderregeln. In den Fällen § 14 Z 1–3 gilt § 12 nicht.

2) Regelungszweck, I–VI. Die Vorschrift dient der Verhinderung oder Verminderung des zwar nicht rechtlichen, aber oft tatsächlichen Kostenrisikos der Staatskasse, Düss RR **00**, 368, Mü MDR **03**, 1078. Damit dient sie auch der Kostengerechtigkeit im weiteren Sinn. So, wie Haushaltsvorschriften einen Beamten trotz einer etwaigen formellen Verfügungsmacht doch zumindest im Verhältnis zum Dienstherrn binden, „soll" der Richter oder die Rpfl die Bestimmungen zur Vorauszahlungspflicht beachten.

Da der Gesetzgeber auch das Wort „muß" kennt, es aber hier wieder nicht benutzt hat, liegt dem klaren Wortlaut nach eine *bloße Sollvorschrift* vor. Bei einem klaren Wortlaut bleibt grundsätzlich kein Raum für eine inhaltsändernde Auslegung, BLAH Einl III 39. Mag der Gesetzgeber sich endlich einmal anders entscheiden, wenn er ein „muß" meint. Auch ist das überlastete Gericht kein Zahlmeister und keine Steuer- oder Gebührenbehörde im Sinn einer den Prozeß durchweg hemmenden Vorrangigkeit von Vorschuß- oder Gebühreneintreibung.

Daher kann man den Richter oder Rpfl auch *nicht* einfach *haftbar* machen, wenn sie zwecks einer Prozeßförderung auch ohne einen derartigen Nachweis von einer bloßen Sollvorschrift keinen Gebrauch machen. Sie haben ein pflichtgemäßes Ermessen. Alles das muß man bei der Auslegung mitbeachten.

3) Geltungsbereich, I–VI. Die Vorschrift gilt nur vor dem ordentlichen Gericht und nur im bürgerlichen Rechtsstreit, dort freilich auch in jeder Rechtsmittelinstanz, I. Sie gilt nicht in den nach II ausgenommenen Fällen. III–VI regeln zahlreiche Sonderfälle. Sie gilt auch im WEG-Verfahren, LG Nürnb/Fürth NJW **09**, 374. Im schiffahrtsrechtlichen Verteilungsverfahren gilt nur § 13. Im Verfahren vor den Arbeitsgerichten aller Instanzen ist § 12 unanwendbar, (jetzt) § 11, LG Mü Rpfleger **90**, 227. Hatte dort bereits eine mündliche Verhandlung stattgefunden, darf man auch nach der Verweisung ans LG die Bestimmung eines weiteren Termins nicht von der Zahlung der Verfahrensgebühr abhängig machen, Brdb RR **99**, 291.

Ein *ProzBev* ist persönlich nie vorschußpflichtig, ebensowenig wie der Bekl. Wegen des Streits über eine Arbeitnehmererfindung Rn 20. In einer Baulandsache ist (jetzt) I unanwendbar, § 221 IV BauGB. In einer Entschädigungssache läßt sich ein Vorschuß nur bei einer offenbar mutwilligen Rechtsverfolgung fordern, § 225 II 2 BEG. Eine Befreiung kann sich aus einem LJustKostG ergeben, Karlsr JB **07**, 660.

Bei einer *Nichtzahlung* legt das Gericht lediglich die Akten nach § 7 III e AktO weg, Ffm Rpfleger **93**, 26, LG Frankenth Rpfleger **84**, 288, LG Kleve RR **96**, 939.

GKG § 12   I. A. Gerichtskostengesetz

4 **4) Vorauszahlungspflicht bei Klage usw, I–VI.** Eine gerichtliche Handlung ist nach einer gesetzmäßig schriftlichen Anforderung grundsätzlich von der Zahlung einer Gebühr abhängig, Hbg NVersZ **02**, 133. Daher besteht eine Vorauszahlungspflicht. Sie besteht allerdings nur, soweit einer der folgenden Fälle vorliegt, § 10.
A. Klage, I 1. Die Vorauszahlungspflicht besteht bei einer Klage, Rn 10, 25. Die Klagart ist unerheblich. Daher gehört auch ein Scheidungsantrag hierher.
Keine Vorauszahlungspflicht besteht mit der Ausnahme einer Klagerweiterung nach C bei der Einlegung eines Rechtsmittels, Ffm NJW **85**, 751. Daran ändert nichts ein Kostenansatz nach § 13 I KostVfg, Teil VII A dieses Buchs. Ein Eilverfahren zählt ebensowenig zu I 1, § 10. Denn es beginnt nicht mit einer „Klage" nach I 1. Das gilt unabhängig von § 6 und unabhängig davon, ob das Gericht auf den Eilantrag eine mündliche Verhandlung anordnet. I gilt auch bei einer Klage usw im Vollstreckungsverfahren nach §§ 722, 731, 767, 768, 771 ZPO.
Unanwendbar ist I bei einer Klage nach § 578 oder § 579 ZPO. Denn das sind Rechtsbehelfe eigener Art. Auch eine Widerklage zählt nicht hierher, Rn 19.

5 **B. Beispiele zur Frage einer Klage, I 1**
Beklagter: Rn 7 „Kostenschuldner".
Dritter: Rn 7 „Kostenschuldner".
6 **Frist:** Eine Frist für die Zahlung besteht nicht. Freilich kann eine Verzögerung schädlich sein, Rn 17, § 167 ZPO. Die Gebühr ist mit dem Eingang der Klage fällig.
Klagefrist: Das Gericht muß trotz seines Ermessens, Rn 9 „Soll ...", eine drohende Klagausschlußfrist beachten, soweit der Kläger eine Prozeßkostenhilfe oder eine einstweilige Befreiung nach § 14 beantragt hat.
7 **Kostenschuldner:** Kostenschuldner ist zwar der Kläger. Es reicht aber auch die Zahlung eines Dritten, natürlich auch des Bekl. Er kann grds nicht durch einen Verzicht auf die Klagezustellung eine Terminsbestimmung erzwingen, Schlesw SchlHA **78**, 69. Eine Ausnahme gilt nach einer Verweisung vom ArbG an ein ordentliches Gericht.
8 **Prozeßart:** Unerheblich ist, welcher Prozeßart die Klage angehört, sofern es sich eben nur um eine Klage handelt (Ausnahme: Fälle II) und nicht wie im Arrest- und einstweiligen Verfügungsverfahren um ein unter Umständen im Beschlußweg zu erledigendes Gesuch.
Rückwirkung: Rn 10 „Zustellung".
9 **„Soll ...":** Dieses Wort bedeutet: Dem Gericht bleibt ein Ermessen, ob es erst nach einer Anforderung der Kosten und nach dem Zahlungseingang weiteres veranlaßt, BGH BB **93**, 1836, Kblz FamRZ **85**, 417. Der Kläger darf aber nicht einfach davon ausgehen, das Gericht werde ohne einen Vorschuß zustellen, BGH NJW **03**, 2831.
10 **Verjährung:** Das Gericht muß trotz seines Ermessens, Rn 9 „Soll ...", eine drohende Verjährung beachten, soweit der Kläger eine Prozeßkostenhilfe oder eine einstweilige Befreiung nach § 14 beantragt hat.
Verstoß: Er ist prozessual belanglos, Ffm FamRZ **82**, 810. Also kann auch der Gegner ihn nicht rügen.
Vorlage: S „Zuständigkeit".
Zuständigkeit: Der Kostenbeamte veranlaßt die Erhebung des Vorschusses regelmäßig selbständig, § 22 II 2 KostVfg, Teil VII A dieses Buchs. § 12 gilt auch für den Einzelrichter und den Vorsitzenden der Kammer für Handelssachen. Der Vorsitzende beraumt den Termin „nach der Zahlung" an. Der Urkundsbeamte der Geschäftsstelle muß daher die Akten sofort nach seiner Kenntnis von der Zahlung mit dem entsprechenden Vermerk dem Vorsitzenden vorlegen.
Zustellung: Der Kläger braucht Auslagen für die Zustellung nicht mehr vorauszuzahlen. Denn sie fallen nach KV 9002 amtliche Anmerkung nur noch ausnahmsweise besonders an, wenn sie nämlich je Instanz für mehr als 10 Zustellungen anfallen. Das gilt unabhängig davon, ob es sich um ein Verfahren mit einem frühen ersten Termin oder um ein schriftliches Vorverfahren handelt, Schlesw SchlHA **78**, 69, oder nur ein solches nach § 495a ZPO. Denn der Richter bestimmt „sein" Verfahren frei. Unter „Gericht" darf man in § 495a ZPO nicht auch den Kostenbeamten verstehen, BLAH § 495a ZPO Rn 56.

Abschnitt 3. Vorschuss und Vorauszahlung § 12 GKG

Der Kläger darf auch bei § 167 ZPO auf die Zahlungsaufforderung warten, BVerfG NJW **01**, 1125, BGH **161**, 140, Hbg NVersZ **02**, 133. Das gilt selbst dann, wenn er die Höhe des Vorschusses schon selbst berechnet und im Klageschriftsatz oder im Mahnantrag an der dafür vorgesehenen Stelle eingetragen hat, BGH BB **93**, 1836, aM Düss MDR **81**, 591, Meyer 10 (aber der Kläger weiß oft beim besten Willen nicht, welche Summe das Gericht als den notwendigen Vorschuß berechnen wird). Der Kläger muß freilich eine vom Gericht nicht zu kurz bemessene Zahlungsfrist auch einhalten, LG Nürnb-Fürth NJW **09**, 374 (2 Wochen im WEG-Verfahren).

Wenn das Gericht jedoch einmal antragsgemäß die Klage *zugestellt* oder einen *Termin* bestimmt hat, kann es trotz einer Möglichkeit der nachträglichen Anforderung eines Vorschusses usw nicht mehr den ersten oder gar einen späteren Termin oder eine andere Handlung von einer Zahlung abhängig machen, Mü RR **89**, 64. Es kann also auch nicht gegen den verhandlungsbereiten Kläger ein Versäumnisurteil erlassen, BGH **62**, 179, LG Bre MDR **97**, 894. Nach einer Verweisung vom ArbG an ein ordentliches Gericht behält das letztere sein Ermessen, Brdb RR **99**, 291.

C. Klagerweiterung, I 2. Die Vorauszahlungspflicht besteht grundsätzlich bei einer Klagerweiterung. Wird der Klagantrag erweitert, soll das Gericht also vor der Zahlung der etwa erforderlichen zusätzlichen Verfahrensgebühr grundsätzlich keine gerichtliche Handlung vornehmen, weder in der ersten Instanz, Hs 1, noch in der Rechtsmittelinstanz, Hs 2. Ausnahmen sind an sich nur nach (jetzt) § 14 möglich, Hamm RR **89**, 383. I 2 gilt nur zulasten des Klägers oder Rechtsmittelklägers. Wenn der Klagerweiterungsschriftsatz auch zur bisherigen Klage einen Vortrag enthält, sollte das Gericht den Parteien mitteilen, daß und warum zB eine technisch unvermeidbare Mitübermittlung der Klagerweiterung vor dem Eingang einer weiteren Zahlung keinen Verzicht auf I 2 darstellt. Der Gegner kann einen neuen Termin beantragen. Er kann auch ein Versäumnisurteil gegen den Kläger erwirken. Wenn die Erweiterung erst kurz vor oder gar im Verhandlungstermin erfolgt, entfällt praktisch eine weitere Vorauszahlungspflicht zumindest dann, wenn die Parteien sogleich verhandeln wollen, sei es in der ersten oder in einer höheren Instanz.

Wenn das Gericht auf Betreiben der einen oder der anderen Partei einmal die Klagerweiterung *zugestellt* hat, ist keine Zurückweisung der Erweiterung mehr möglich, Rn 11, BGH **62**, 178.

Die *Folgen einer unterlassenen Vorwegleistung* können nur die Klagerweiterung ergreifen, nicht etwa die ganze Klage, soweit sich eine gerichtliche Handlung überhaupt auf die Klagerweiterung begrenzen läßt. Daher darf eine versagende Entscheidung nur wegen der Klagerweiterung ergehen, während das Gericht im übrigen verhandeln lassen muß. Da „keine gerichtliche Handlung" erfolgen soll, darf der Urkundsbeamte der Geschäftsstelle nicht einmal eine Zustellung der Klagerweiterung ohne eine Rücksicht auf den noch weitergehenden Inhalt jenes Schriftsatzes anordnen. Ebenso sind keine Maßnahmen nach § 273 ZPO möglich und erfolgt keine Terminsanberaumung.

D. Mahnverfahren, III, IV. Die Vorauszahlungspflicht besteht beim Antrag auf den Erlaß eines Mahnbescheids oder Vollstreckungsbescheids und beim Antrag auf die Durchführung des streitigen Verfahrens nach der Erhebung des Widerspruchs bzw Einspruchs, Rn 22. III 1 gilt beim Europäischen Mahnverfahren nach der VO (EG) Nr 1896/2006, dazu BLAH Einf 3 vor § 1086 ZPO, über IV 1 entsprechend. Bei einer Fortführung ohne diese VO gilt nach IV 2 dasselbe wie bei I 2.

Keine Vorauszahlungspflicht besteht nach einem Einspruch gegen den Vollstreckungsbescheid. Es unterbleibt dann allerdings bis zur Zahlung eine Abgabe an das Gericht des streitigen Verfahrens. Dasselbe gilt, soweit man wie so oft einen verspäteten Widerspruch als einen Einspruch umdeuten darf und muß, BLAH § 694 ZPO Rn 12.

E. Eidesstattliche Versicherung nach bürgerlichem Recht, V. Die Vorauszahlungspflicht besteht sowohl bei der Terminsbestimmung zur Abnahme der eidesstattlichen Versicherung (nur) nach dem bürgerlichen Recht, § 889 ZPO, Rn 13, als auch beim Antrag auf die Erteilung einer Ablichtung oder eines Ausdrucks des Ver-

mögensverzeichnisses oder auf dessen Einsicht, LG Düss JB **91**, 698, aM LG Wuppert MDR **91**, 1204.
Nicht hierher gehört das Verfahren nach §§ 899ff ZPO.

14 **F. Verweisung, I, III, V.** Die Vorauszahlungspflicht besteht nach einer Verweisung von einem kostenfreien Verfahren in ein kostenpflichtiges, BGH **62**, 177, Brdb MDR **98**, 1118 (Verweisung vom ArbG an das ordentliche Gericht).

15 **G. Vollstreckungsverfahren, VI.** Die Vorauszahlungspflicht besteht zunächst nach I bei einer Klage im Zwangsvollstreckungsverfahren, Rn 4. Sie besteht ferner nach V bei §§ 733, 829 I, 835, 839, 846 bis 848, 857, 858, 886–888, 890 ZPO. Einzelheiten Rn 15.

16 **H. Schiffahrtsrechtliches Verteilungsverfahren, § 13.** Die Vorauszahlungspflicht besteht bei einem Antrag auf die Eröffnung des Schiffahrtsrechtlichen Verteilungsverfahrens.

17 **I. Verfahrensgebühr, I 1, IV 2.** Zahlen muß man die „erforderte Gebühr für das Verfahren im allgemeinen". Es besteht keine Zahlungsfrist, wohl aber eben die Obliegenheit mit der Folge, daß das Gericht mangels eines Zahlungseingangs den Prozeß nicht fördern muß. Man muß nur die „erforderte" Gebühr zahlen, auch wenn der Kostenbeamte zu wenig erfordert hat. Hat der Kläger sie gezahlt, hat er nur seine Vorauszahlungspflicht erfüllt, nicht auch seine Gebührenpflicht. Wenn das Gericht zuviel gefordert hatte, bleibt dem Kläger die Erinnerung aus § 66 I. Notfalls muß das Gericht zunächst den Wert nach § 63 festsetzen.

Hat der Kläger die Gebühr selbst berechnet und in bar oder in Kostenmarken entrichtet, muß der Urkundsbeamte der Geschäftsstelle einen etwa fehlenden Betrag *nachfordern,* andernfalls die Akten mit einem Vermerk der Richtigkeit dem Gericht vorlegen. Das gilt auch nach einer Werterhöhung. Der Richter prüft die Höhe nicht nach.

18 **5) Keine Vorauszahlungspflicht, II.** I gilt nicht in den folgenden Fallgruppen des II. Sie sind als solche eng auslegbar, Düss RR **00**, 368. I enthält andererseits eine abschließende Aufzählung der überhaupt vorauszahlungspflichtigen Vorgänge, Rn 4. Daher bleibt es schon nach I bei der Befreiung in den Eilverfahren nach Rn 4, ohne daß man dazu II beachten muß.

19 **A. Widerklage, II Z 1.** Auf sie ist I unanwendbar, II Z 1, Ffm FamRZ **82**, 810. Über sie muß das Gericht daher immer ohne eine Vorauszahlung verhandeln lassen, also auch ohne eine Rücksicht darauf, ob der Kläger einen Vorschuß für die Klage gezahlt hat, Ffm FamRZ **82**, 810.

20 **B. Europäisches Verfahren für geringfügige Forderungen, II Z 2.** Eine Vorauszahlungspflicht besteht wegen des öffentlichen Interesses an der baldigen Durchführung des Verfahrens nicht bei einem Verfahren nach der VO (EG) Nr 861/2007, dazu BLAH Einf 3 vor § 1097 ZPO.

C. Arbeitnehmererfindungsstreit, II Z 3. Dasselbe wie bei Z 1, 2 gilt für Rechtsstreitigkeiten über Arbeitnehmererfindungen, soweit nach § 39 ArbNEG das für Patentstreitsachen zuständige Gericht ausschließlich zuständig ist, Düss RR **00**, 368, Mü JB **96**, 592.

21 **6) Vorauszahlungspflicht im nationalen Mahnverfahren, III.** Die Vorschrift gilt bei jedem selbständigen Mahnantrag, auch bei dessen Wiederholung. Man muß zwei Verfahrensabschnitte unterscheiden.

A. Mahnbescheid, III 1, 2. Im Mahnverfahren soll das Gericht den Mahnbescheid grundsätzlich nach III 1 erst nach der Zahlung der Mahngebühr KV 1110 durch den Antragsteller als Gebührenschuldner nach § 22 I erlassen. „Erlassen" meint die Hinausgabe zur Zustellung, BLAH § 329 ZPO Rn 24, 25. Ausnahmen gelten nach III 2 bei einer maschinellen Erstellung, §§ 689 I 2, 690 III ZPO usw, BGH BB **93**, 1836. Eine Zustellauslagen-Vorauszahlung ist nicht mehr erforderlich, Rn 10.

„Soll" ist dasselbe wie bei I 1, Rn 2, 9, BGH BB **93**, 1836.

Keine Vorauszahlungspflicht besteht beim Vollstreckungsbescheid sowie insoweit, als der Antragsteller eine Gebührenfreiheit nach §§ 2, 14 Z 2 hat oder eine Prozeßkostenhilfe erhält, § 14 Z 1.

B. Abgabe nach Widerspruch, III 3, 4. Hat der Antragsgegner gegen den **22** Mahnbescheid Widerspruch erhoben oder hat das Mahngericht einen Vollstreckungsbescheid auf den Widerspruch des Antragsgegners nach § 703 a II 4 ZPO nur unter dem Vorbehalt der Ausführung seiner Rechte erlassen, soll das Mahngericht die Sache an das nach § 692 I Z 1 ZPO bezeichnete Gericht des streitigen Verfahrens erst nach der Zahlung der allgemeinen Verfahrensgebühr KV 1210 oder KVFam 1110 abgeben, § 12. Zur Verjährungshemmung infolge dieser Zahlung Karlsr RR **92**, 63. Diese Regelung ist verfassungsgemäß, auch wenn sich die Sache ohne eine Abgabe an das Streitgericht erledigt, LG Hbg MDR **98**, 1375.

Voraussetzung ist, daß gerade der *Antragsteller* (Gläubiger) eine *Abgabe beantragt* hat. **23** Das verlangt der Text ausdrücklich. Also besteht keine Vorauszahlungspflicht des beantragenden Antragsgegners (Schuldners), Karlsr JB **95**, 43, LG Osnabr JB **03**, 372. Dieser ist aber Gebührenschuldner, § 22 I GKG, Karlsr JB **95**, 43, LG Osnabr JB **03**, 372, § 20 FamGKG. Daher muß das Gericht dann die Gebühr evtl auch von ihm beitreiben. Es erfolgt keine Vorauszahlung, wenn das Gericht des streitigen Verfahrens nach § 696 V ZPO (weiter)verwiesen hat. Vgl im übrigen Rn 5. Der Antragsteller bleibt vorleistungspflichtig, wenn beide Parteien die Abgabe beantragen, Hamm RR **03**, 357.

7) Rechtsmittel, I–VI. Eine Nichtzulassung ermöglicht eine Beschwerde nach **24** § 67, Kblz FamRZ **85**, 417. Sie ist auch dann statthaft, wenn der Beschwerdeführer den Grund oder die Höhe der Zahlungsforderung für unberechtigt hält. Das gilt auch, wenn ein ArbG nach der Klagezustellung ans LG verweist.

Verteilungsverfahren nach der Schifffahrtsrechtlichen Verteilungsordnung

13 Über den Antrag auf Eröffnung des Verteilungsverfahrens nach der Schiffahrtsrechtlichen Verteilungsordnung soll erst nach Zahlung der dafür vorgesehenen Gebühr und der Auslagen für die öffentliche Bekanntmachung entschieden werden.

SVertO § 31. Kostentragung. ⁱ Der Antragsteller trägt folgende Kosten:
1. die Vergütung und die Auslagen des Sachwalters;
2. die von dem Sachwalter aufgewandten Kosten der Verwaltung und Verwertung von Sicherheiten.

SVertO § 32. Zahlung der vom Antragsteller zu tragenden Kosten. ⁱⁱ Das Gericht soll die Eröffnung des Verteilungsverfahrens von der Einzahlung eines angemessenen Vorschusses auf die von dem Antragsteller nach § 31 Abs. 1 zu tragenden Kosten abhängig machen.

1) Geltungsbereich. Eine Vorauszahlungspflicht besteht im Eröffnungsverfahren **1** nach der Schiffahrtsrechtlichen Verteilungsordnung. Sie besteht nur für einen stattgebenden Eröffnungsbeschluß. Sie besteht nicht nach § 13, sondern nach § 12, soweit das Verfahren nach der ZPO abläuft. Im Umfang des § 14 besteht keine Vorauszahlungspflicht. „Soll" meint dasselbe wie bei § 12 I 1, dort Rn 2.

Ausnahmen von der Abhängigmachung

14 Die §§ 12 und 13 gelten nicht,
1. soweit dem Antragsteller Prozesskostenhilfe bewilligt ist,
2. wenn dem Antragsteller Gebührenfreiheit zusteht oder
3. wenn die beabsichtigte Rechtsverfolgung nicht aussichtslos oder mutwillig erscheint und wenn glaubhaft gemacht wird, dass
    a) dem Antragsteller die alsbaldige Zahlung der Kosten mit Rücksicht auf seine Vermögenslage oder aus sonstigen Gründen Schwierigkeiten bereiten würde oder
    b) eine Verzögerung dem Antragsteller einen nicht oder nur schwer zu ersetzenden Schaden bringen würde; zur Glaubhaftmachung genügt in diesem Fall die Erklärung des zum Prozessbevollmächtigten bestellten Rechtsanwalts.

GKG § 14

I. A. Gerichtskostengesetz

Gliederung

1) Systematik, Regelungszweck, Z 1–3 1
2) Keine Vorauszahlungspflicht bei Prozeßkostenhilfe, Z 1 2
3) Keine Vorauszahlungspflicht bei Gebührenfreiheit, Z 2 3
4) Keine Vorauszahlungspflicht bei Zahlungsschwierigkeit, Z 3 a 4–9
   A. Keine Aussichtslosigkeit oder Mutwilligkeit der Rechtsverfolgung 4, 5
   B. Glaubhaftigkeit von Zahlungsschwierigkeiten 6–9
5) Keine Vorauszahlungspflicht bei Verzögerungsgefahr, Z 3 b 10–15
   A. Keine Aussichtslosigkeit oder Mutwilligkeit der Rechtsverfolgung 11
   B. Glaubhaftigkeit der Gefahr eines Verzögerungsschadens 12–15
6) Zuständigkeit, Z 1–3 16
7) Weitere Verfahren, Z 1–3 17

1   **1) Systematik, Regelungszweck, Z 1–3.** Es handelt sich um eine gegenüber §§ 12, 13 vorrangige, eng auslegbare Sondervorschrift. § 14 gilt wegen § 11 nicht vor den Arbeitsgerichten, auch nicht in der dortigen Zwangsvollstreckung. § 14 gilt auch nicht vor den in §§ 12, 13 nicht genannten Gerichten und Verfahren. Im Geltungsbereich nach Rn 2 gelten dieselben Zwecke wie bei § 12.

2   **2) Keine Vorauszahlungspflicht bei Prozeßkostenhilfe, Z 1.** Die Vorauszahlungspflicht entfällt von Amts wegen für den Antragsteller, soweit das Gericht ihm nach §§ 12, 13 eine Prozeßkostenhilfe bewilligt hat, Z 1. Das folgt schon aus § 122 I Z 1a ZPO, der die Fälligkeit der Gebühr aufhebt. Das Gesuch hat diese Wirkung noch nicht. Hat das Gericht eine Prozeßkostenhilfe zum Teil bewilligt, muß der Unterstützte insofern von Kosten freibleiben. Er muß den Unterschied zwischen der Gebühr nach dem vollen Streitwert und dem von der Prozeßkostenhilfe gedeckten Teil zahlen. Denn sonst würde ein doppelter Streitwert gelten, Düss Rpfleger **05**, 268, Mü MDR **97**, 299, Schlesw MDR **06**, 176, aM Köln JB **81**, 1013. Nach einer Aufhebung der Prozeßkostenhilfe darf das Gericht jedenfalls den weiteren Prozeßablauf nicht von einer Vorauszahlung abhängen lassen.

Der *Antragsgegner* ist von einer etwaigen Vorauszahlung befreit, soweit der Kläger, Berufungskläger oder Revisionskläger eine Prozeßkostenhilfe ohne Ratenzahlung usw erhält, § 122 II ZPO, Mü MDR **97**, 299.

3   **3) Keine Vorauszahlungspflicht bei Gebührenfreiheit, Z 2.** Die Pflicht des Antragstellers entfällt von Amts wegen auch, soweit ihm eine persönliche oder sachliche Gebührenfreiheit zusteht, Z 2. Die Gebührenfreiheit besteht als ein Teil der umfassenden Kostenfreiheit im Umfang des § 2. Eine bloße Auslagenfreiheit reicht also nicht. Eine volle Kostenfreiheit ist nicht erforderlich. Sie reicht aber natürlich erst recht aus.

Unanwendbar ist Z 2 auf den Antragsteller, soweit nur sein Gegner eine Gebührenfreiheit hat.

4   **4) Keine Vorauszahlungspflicht bei Zahlungsschwierigkeit, Z 3 a.** Die Vorschrift gilt auch im Mahnverfahren. Sie erfordert einen Antrag. Das ergibt sich aus dem Wort „Antragsteller", Meyer 2, aM Schlesw SchlHA **76**, 32. Sie gilt für jeden Kläger, auch zB für die Partei kraft Amts. Man sollte mehrere Aspekte beachten.

5   **A. Keine Aussichtslosigkeit oder Mutwilligkeit der Rechtsverfolgung.** Als erste Bedingung muß bei Z 3a, b das Folgende nicht nur glaubhaft sein, sondern als glaubhaft „erscheinen", also für das Gericht ziemlich feststehen. Das ist allerdings eine haarfeine Unterscheidung zur Glaubhaftmachung nach § 294 ZPO. Aber Z 3 Hs 1 spricht in einer erkennbaren Unterscheidung von Hs 2 eben nicht nur von einer Geltendmachung. In der Praxis verwischen sich solche Haarspaltereien bald.

„*Nicht aussichtslos oder mutwillig*" darf die Rechtsverfolgung „erscheinen", nicht aber direkt *sein*. Das ist beim ersten dieser beiden Begriffe eine Umkehrung von § 114, beim zweiten Begriff eine wörtliche Übernahme dieser Vorschrift. Zu dieser Maßgabe BLAH § 114 ZPO Rn 80–132 mit der dortigen Darstellung der Problemfälle. Was das Gesetz dem Gericht auch noch auf dem weiteren Nebenschauplatz an Abwägungskunst zumutet, ist leider unverändert ziemlich grotesk. Das ist um so bedauerlicher, als die ganze Kostenrechtsnovelle 2004 doch eine angebliche Vereinfachung als ein Hauptmotto gehabt haben sollte.

Abschnitt 3. Vorschuss und Vorauszahlung **§ 14 GKG**

In der Praxis empfiehlt sich eine ebenso vorläufige wie großzügige Handhabung, und zwar wegen des Wortes „nur" in § 1 zugunsten einer Befreiung von der Vorauszahlungspflicht als eines bloßen Teils der Gebührenpflicht. Anders würde man sich hier völlig neu in einem bei § 114 ZPO ja ohnehin schon bedenklichen Perfektionismus verlieren.

B. Glaubhaftigkeit von Zahlungsschwierigkeiten. Wenn die Voraussetzungen Rn 3–5 vorliegen, muß man außerdem auch noch glaubhaft machen können, daß man als Antragsteller bei einer alsbaldigen Zahlung der Kosten mit Rücksicht auf seine Vermögenslage oder aus sonstigen Gründen Schwierigkeiten und nicht bloß zumutbare Unbequemlichkeiten haben würde. Die Pflicht entfällt also dann, wenn der Antragsteller die erforderte Summe angesichts des Vermögens oder der Flüssigkeit seiner Mittel nicht ohne einen ernsthaften Schaden zahlen könnte, Hamm OLGZ **89**, 323, Karlsr FamRZ **01**, 1533 (Vaterschaftsanfechtung), Köln FamRZ **95**, 1589 (zu § 1408 II 2 BGB). 6

Die Erklärung, daß der Antragsteller *in Raten zahlen* könne, ist *nicht* ausreichend, aM Meyer 6 (aber Z 3a spricht nicht von Raten, sondern meint die jetzige Lage). Z 3a ist aber dann anwendbar, wenn der im Ausland befindliche Gläubiger in Deutschland klagen will, weil er sich den notwendigen Betrag in der anderen Währung nicht beschaffen oder überweisen kann, ebenso wenn sonst der Beschaffung der erforderlichen Geldmittel ernstliche Devisenschwierigkeiten entgegenstehen. 7

Keine Befreiung erfolgt dann, wenn sich der Antragsteller die Mittel zur Prozeßführung durch einen Vorschuß eines anderen beschaffen kann, zB des Ehepartners. Eine Befreiung ist ferner dann nicht möglich, wenn die Zahlung nicht nur vorübergehend, sondern dauernd Schwierigkeiten mit sich bringen würde. Denn dann mag er eine Prozeßkostenhilfe beantragen und anschließend nach Z 1 einen Antrag stellen, Hamm AnwBl **90**, 46, Karlsr FamRZ **91**, 1459, Mü FamRZ **03**, 241. 8

Es ist ein *Hinweis* an den Kläger auf Z 3a nötig, aM Schlesw SchlHA **76**, 32 (aber eine solche Hilfe ist schon wegen der Fürsorgepflicht des Gerichts nötig, BLAH Einl III 27). Der Antragsteller braucht keine natürliche Person zu sein. Er macht seine Angaben nach § 294 ZPO glaubhaft. Die Erleichterung Z 3b Hs 2 ist hier nicht möglich. Der Richter kann sich aber mit der Erklärung des Anwalts begnügen. Keine Befreiung erfolgt, soweit Z 2 vorliegt. 9

5) Keine Vorauszahlungspflicht bei Verzögerungsgefahr, Z 3 b. Die Vorschrift gilt auch im Mahnverfahren. Auch hier ist ein Antrag erforderlich. Das ergibt sich auch hier aus dem Wort „Antragsteller", Meyer 2, aM Schlesw SchlHA **76**, 32. Eine Vorauszahlungspflicht entfällt weiter beim Zusammentreffen der folgenden Voraussetzungen. 10

A. Keine Aussichtslosigkeit oder Mutwilligkeit der Rechtsverfolgung. Auch bei Z 3b müssen zunächst die Bedingungen Rn 4, 5 vorliegen. Das ergibt die Stellung von Z 3 Hs 1 vor a. 11

B. Glaubhaftigkeit der Gefahr eines Verzögerungsschadens. Nach einer Erfüllung der Bedingungen Rn 4, 5, 11 muß der Antragsteller außerdem glaubhaft machen, daß eine Verzögerung ihm einen nicht oder nur schwer ersetzbaren Schaden brächte, Drsd FamRZ **02**, 36 (zu § 1600b VI 2 BGB), Köln FamRZ **95**, 1589 (zu § 1408 II 2 BGB). „Verzögerung" ist hier nur das kurzfristige Hinausschieben der Zustellung oder Terminsbestimmung, des Mahnbescheids, der Verhandlung, der Eröffnung, nicht der Prozeßerledigung, BGH RR **95**, 253. 12

Bei einem *feststehenden Streitwert* und dann, wenn Kostenmarken bestehen, ist dieser Fall selten. Denn der Antragsteller kann ja zumindest die Gebühr ohne weiteres berechnen und durch Aufkleben der Marken entrichten. „Nicht zu ersetzender Schaden" ist ähnlich § 707 ZPO eine solche Wirkung, die man nicht beseitigen oder ausgleichen kann, BGH RR **95**, 213, Köln FamRZ **95**, 1589. Hierher gehören zB ein drohender Wegzug des Bekl ins Ausland oder sein Vermögensverfall und vor allem eine drohende Verjährung. Ein nur schwer ersetzbarer Schaden genügt jedoch bereits. Maßgeblich ist stets der Zeitpunkt der eigentlichen Vorauszahlungspflicht. 13

Hierher kann zB eine Gefährdung einer *Unterhaltsforderung* gehören, Düss FamRZ **92**, 80, Schlesw SchlHA **82**, 198. Das gilt freilich nur dann, wenn man den Gegner 14

GKG §§ 14–16 I. A. Gerichtskostengesetz

vorher vergeblich zur Schaffung einer Jugendamtsurkunde nach (damals) §§ 59 I, 60 KJHG aufgefordert hätte, Köln FER **96**, 42.

15 Es ist eine *Glaubhaftmachung* durch bestimmte Tatsachen nach § 294 ZPO notwendig, BGH RR **95**, 253. Schon deshalb ist ein Antrag oder Hinweis des Klägers auf (jetzt) Z 3b nötig, aM Schlesw SchlHA **76**, 32. Doch genügt hier nach Hs 2 „die Erklärung des zum Prozeßbevollmächtigten bestellten Rechtsanwalts", Düss FamRZ **92**, 80. Damit legt das Gesetz nur einem bestimmten Mittel der Glaubhaftmachung eine bindende Kraft bei, ein Fall einer gesetzlichen Beweisregel. Nicht etwa ist der Anwalt von der Pflicht frei, greifbare Tatsachen anzugeben, die er ja gerade glaubhaft machen soll, BGH RR **95**, 253 (auch zu § 254 BGB).

Andererseits sollte man die Anforderungen auch wegen der Stellung des ProzBev als eines Organs der Rechtspflege nach § 1 BRAO *nicht überspannen*. Keine Befreiung erfolgt, soweit Z 2 vorliegt.

16 **6) Zuständigkeit, Z 1–3.** Der Vorsitzende oder der Einzelrichter entscheidet bei einer Zustellung oder Terminsbestimmung, Hamm AnwBl **90**, 46. Der Amtsrichter entscheidet im Eröffnungsverfahren nach der SVertO. Der Rpfl oder der etwa landesrechtlich nach § 36b I Z 2 RPflG betraute Urkundsbeamte der Geschäftsstelle entscheidet vor einem Mahnbescheid. Der Rpfl entscheidet nach der Eröffnung des Verfahrens nach der SVertO. Das Gericht entscheidet bei einer Klagerweiterung.

17 **7) Weiteres Verfahren, Z 1–3.** Es richtet sich nach §§ 19, 66 und auch nach § 22 KostVfg, Teil VII A dieses Buchs. Auf eine Aktenvorlage entscheidet der Richter oder Rpfl durch einen Beschluß. Gegen ihn ist die Erinnerung nach § 11 RPflG oder die Beschwerde nach § 67 statthaft, und zwar ohne die Notwendigkeit eines Beschwerdewerts, § 67 Rn 5. Ein Stundungsrecht hat keine dieser Stellen. Die Fälligkeit der Gebühr wird durch die Entscheidung nicht berührt.

Zwangsversteigerungs- und Zwangsverwaltungsverfahren

15 [I] Im Zwangsversteigerungsverfahren ist spätestens bei der Bestimmung des Zwangsversteigerungstermins ein Vorschuss in Höhe des Doppelten einer Gebühr für die Abhaltung des Versteigerungstermins zu erheben.

[II] Im Zwangsverwaltungsverfahren hat der Antragsteller jährlich einen angemessenen Gebührenvorschuss zu zahlen.

1 **1) Zwangsversteigerung, I.** Die Vorschrift gilt wegen § 180 I ZVG auch im Teilungsversteigerungsverfahren. Der Antragsteller und der betreibende Gläubiger haften als Gesamtschuldner, § 26 Rn 2ff. Sie müssen spätestens im Zeitpunkt der Bestimmung des Versteigerungstermins einen Vorschuß in Höhe der doppelten Gebühr KV 2213, leisten, also 1,0 Gebühr. Das Gericht kann diesen Vorschuß allerdings schon nach der Anordnung des Versteigerungsverfahrens anfordern. Eine Vorschußpflicht besteht nur in der eben genannten Höhe. Der Wert richtet sich nach § 54. Der Gebührenschuldner ergibt sich aus § 26.

Daneben besteht die Pflicht zur Zahlung eines *Auslagenvorschusses* nach § 17. Wegen mehrerer Kostenschuldner § 17 Rn 6.

2 **2) Zwangsverwaltung, II.** Der Antragsteller muß einen Vorschuß in einer angemessenen Höhe leisten. Angemessen ist ein solcher Betrag, der die voraussichtlich entstehenden Gebühren und Auslagen für ein Jahr deckt. Vgl auch KV 2221, § 24 KostVfg, Teil VII A dieses Buchs. Der Wert richtet sich nach § 55. Der Gebührenschuldner ergibt sich aus § 26.

Der Antragsteller muß zum Beginn *jedes weiteren Jahres* der Zwangsverwaltung einen weiteren Vorschuß leisten, der die in diesem weiteren Jahr voraussichtlich entstehenden Gebühren und Auslagen deckt. Die Höhe des Vorschusses kann also je nach dem Ablauf des Verfahrens und den allgemeinen Kosten einer Zwangsverwaltung von Jahr zu Jahr schwanken.

Privatklage, Nebenklage

16 [I] [1]Der Privatkläger hat, wenn er Privatklage erhebt, Rechtsmittel einlegt, die Wiederaufnahme beantragt oder das Verfahren nach den §§ 440, 441 der

Abschnitt 3. Vorschuss und Vorauszahlung **§ 16 GKG**

Strafprozessordnung betreibt, für den jeweiligen Rechtszug einen Betrag in Höhe der entsprechenden in den Nummern 3311, 3321, 3331, 3340, 3410, 3431, 3441 oder 3450 des Kostenverzeichnisses bestimmten Gebühr als Vorschuss zu zahlen. ²Der Widerkläger ist zur Zahlung eines Gebührenvorschusses nicht verpflichtet.

II ¹Der Nebenkläger hat, wenn er Rechtsmittel einlegt oder die Wiederaufnahme beantragt, für den jeweiligen Rechtszug einen Betrag in Höhe der entsprechenden in den Nummern 3511, 3521 oder 3530 des Kostenverzeichnisses bestimmten Gebühr als Vorschuss zu zahlen. ²Wenn er im Verfahren nach den §§ 440, 441 der Strafprozessordnung Rechtsmittel einlegt oder die Wiederaufnahme beantragt, hat er für den jeweiligen Rechtszug einen Betrag in Höhe der entsprechenden in den Nummern 3431, 3441 oder 3450 des Kostenverzeichnisses bestimmten Gebühr als Vorschuss zu zahlen.

StPO § 379a. Gebührenvorschuß. ¹ Zur Zahlung des Gebührenvorschusses nach § 16 Abs. 1 des Gerichtskostengesetzes soll, sofern nicht dem Privatkläger die Prozeßkostenhilfe bewilligt ist oder Gebührenfreiheit zusteht, vom Gericht eine Frist bestimmt werden; hierbei soll auf die nach Absatz 3 eintretenden Folgen hingewiesen werden.

II Vor Zahlung des Vorschusses soll keine gerichtliche Handlung vorgenommen werden, es sei denn, daß glaubhaft gemacht wird, daß die Verzögerung dem Privatkläger einen nicht oder nur schwer zu ersetzenden Nachteil bringen würde.

III ¹Nach fruchtlosem Ablauf der nach Absatz 1 gestellten Frist wird die Privatklage zurückgewiesen. ²Der Beschluß kann mit sofortiger Beschwerde angefochten werden. ³Er ist von dem Gericht, das ihn erlassen hat, von Amts wegen aufzuheben, wenn sich herausstellt, daß die Zahlung innerhalb der gesetzten Frist eingegangen ist.

Gliederung

1) **Vorschußpflicht des Privatklägers, I**	1–3
A. Erste Instanz	1
B. Höhere Instanz	2
C. Wiederaufnahmeverfahren	3
2) **Vorschußpflicht des Nebenklägers, II**	4–6
A. Erste Instanz	4
B. Höhere Instanz	5
C. Wiederaufnahmeverfahren	6
3) **Vorschußpflicht im Selbständigen Einziehungsverfahren I, II**	7
4) **Vorschußhöhe, I, II**	8
5) **Vorauszahlungspflicht, I, II**	9–22
A. Notwendigkeit	9
B. Wegfall bei Prozeßkostenhilfe	10
C. Wegfall bei Gebührenfreiheit	11
D. Wegfall bei Nachteil	12, 13
E. Fristberechnung, -wahrung	14–17
F. Fristversäumung	18, 19
G. Vorschuß und gerichtliche Handlung	20–22
6) **Rechtsbehelfe, I, II**	23–26
A. Fristsetzung	23
B. Abstandnahme	24
C. Untätigkeit	25
D. Zurückweisung, Verwerfung	26

1) Vorschußpflicht des Privatklägers, I. Der Privatkläger muß einen Vorschuß unter den folgenden Voraussetzungen entrichten. Sie gelten nicht beim Widerkläger. Sie gelten auch im selbständigen Einziehungsverfahren nach §§ 440, 441 StPO. **1**

A. Erste Instanz. In dieser Instanz muß der Privatkläger den Vorschuß stets zahlen.

B. Höhere Instanz. In der höheren Instanz braucht der Privatkläger einen Vorschuß nur insoweit zu zahlen, als er Berufung oder Revision einlegt, § 390 IV StPO. Er braucht also insoweit keinen Vorschuß zu zahlen, als der Angeklagte das Rechtsmittel einlegt oder als der Privatkläger lediglich als Widerbekl ein Rechtsmittel einlegt, I 2. **2**

3   C. **Wiederaufnahmeverfahren.** Der Privatkläger muß einen Vorschuß zahlen, soweit er als solcher und nicht nur als Widerbekl eine Wiederaufnahme des Verfahrens beantragt.
4   **2) Vorschußpflicht des Nebenklägers, II.** Man muß drei Verfahrensabschnitte unterscheiden.
   A. **Erste Instanz.** Der Nebenkläger ist zur Zahlung eines Vorschusses in der ersten Instanz nicht verpflichtet. Im übrigen besteht eine Vorschußpflicht unter den folgenden Voraussetzungen.
5   B. **Höhere Instanz.** Der Nebenkläger muß einen Vorschuß zahlen, sobald er als solcher und nicht nur als Widerbekl Berufung oder Revision einlegt und soweit nicht die Staatsanwaltschaft ebenfalls Rechtsmittel einlegt.
6   C. **Wiederaufnahmeverfahren.** Der Nebenkläger muß einen Vorschuß ferner entrichten, soweit er als solcher und nicht nur als Widerbekl die Wiederaufnahme des Verfahrens beantragt, § 401 I StPO.
7   **3) Vorschußpflicht im Selbständigen Einziehungsverfahren, I, II.** In einem solchen Verfahren nach §§ 440, 441, 444 III StPO muß der betreibende Privatkläger einen Vorschuß zahlen, I. Dasselbe gilt dann, wenn er als solcher ein Rechtsmittel einlegt oder die Wiederaufnahme des Verfahrens beantragt, II. Die Vorschußpflicht besteht aber insoweit nicht, als das gerichtliche Verfahren auf Grund des Antrags der Staatsanwaltschaft beginnt. Der Nebenkläger ist in demselben Umfang vorschußpflichtig wie bei Rn 4–6.
8   **4) Vorschußhöhe, I, II.** Der Vorschuß beträgt die in I, II jeweils genannten Gebühren. Es ist unerheblich, ob am Verfahren mehrere Beschuldigte oder Privatkläger beteiligt sind. Mehrere Privatkläger haften als Gesamtschuldner, § 31. Eine erheblich überhöhte Forderung kann den Beschluß unwirksam machen.
9   **5) Vorauszahlungspflicht, I, II.** Man muß zahlreiche Aspekte beachten.
   A. **Notwendigkeit.** Eine Vorauszahlungspflicht besteht im Umfang der Vorschußpflicht. Das ergibt sich aus § 379 a I StPO. Diese Vorschrift wird durch § 390 IV StPO (Rechtsmittel des Privatklägers) ergänzt. Der Einziehungsberechtigte braucht keine Vorauszahlung zu erbringen. Denn § 379 a StPO nennt ihn nicht.
10   B. **Wegfall bei Prozeßkostenhilfe.** Eine Vorauszahlungspflicht entfällt, soweit das Gericht dem Privatkläger eine Prozeßkostenhilfe bewilligt. Das ergibt sich auch schon aus § 379 a I StPO als einer vorrangigen Spezialvorschrift.
11   C. **Wegfall bei Gebührenfreiheit.** Eine Vorauszahlungspflicht entfällt auch, soweit dem Privatkläger eine persönliche oder sachliche Gebührenfreiheit zusteht.
12   D. **Wegfall bei Nachteil.** Eine Vorauszahlungspflicht entfällt schließlich, soweit der Privatkläger nach § 294 ZPO wie bei § 14 Rn 15 glaubhaft macht, daß ihm die Verzögerung einen nicht oder nur schwer ersetzbaren Nachteil bringen würde, § 14 Z 3 b (die Vorschrift spricht von „Schaden"), wie bei § 14 Rn 12. Das kann zB dann so sein, wenn sich der Beschuldigte dem Verfahren entzieht oder wenn er die schwere Beleidigung weiter verbreitet oder einen unlauteren Wettbewerb fortsetzt.
13   Eine *Glaubhaftmachung* ist mit jedem im Strafprozeß statthaften Mittel zulässig. Das Gericht muß eine Benachteiligung infolge einer Verzögerung durch einen Beschluß feststellen. § 379 a I StPO, abgedruckt vor Rn 1.
14   E. **Fristberechnung, -wahrung.** Das Gericht muß dem Privatkläger oder dessen ProzBev nach dem Eingang der Privatklage, dem Privat- oder Nebenkläger nach dem Eingang der Rechtsmittelschrift oder eines Wiederaufnahmeantrags eine Frist zur Zahlung setzen. Es muß ihn zugleich auf die gesetzlichen Folgen einer unentschuldigten Fristversäumung hinweisen. Die Fristsetzung darf nur bei Rn 10–13 unterbleiben. Das Gericht kann die Frist entweder nach Tagen oder nach Wochen oder auch kalendermäßig bemessen. Sie muß eine angemessene Dauer haben. Sie darf nicht vor dem Ablauf der Rechtfertigungsfrist für das zugehörige Rechtsmittel ablaufen, Karlsr Just **81**, 48.
15   Das Gericht muß denjenigen Beschluß nebst seiner Begründung, durch den es die *Frist* setzt, dem Privat- oder Nebenkläger in einer Ausfertigung oder in einer beglaubigten Ablichtung oder Abschrift *zustellen*, § 35 II, 37 StPO, 170 ZPO. Die Frist be-

Abschnitt 3. Vorschuss und Vorauszahlung § 16 GKG

ginnt mit der Bekanntgabe des erforderlichen Betrags und der Einforderung. Das Gericht muß das Fristende im Beschluß klar bestimmen. Andernfalls liegt keine wirksame Frist vor. Ein Antrag auf die Bewilligung einer Prozeßkostenhilfe unterbricht die Frist nicht. Das Gericht muß aber evtl die Frist auf einen vor ihrem Ablauf eingegangenen Antrag um einen angemessenen Zeitraum verlängern.

Mit der Bewilligung einer *Prozeßkostenhilfe* entfällt eine Fristsetzung kraft Gesetzes. 16

Der *Privat- oder Nebenkläger* wahrt die Frist durch den Eingang der Zahlung. Er 17 braucht diesen Eingang nicht nachzuweisen. Das Gericht muß vielmehr von Amts wegen prüfen, ob die Zahlung rechtzeitig eingegangen ist. Es genügt die Gutschrift. Bis zur Gutschrift ist keine Zahlung erfolgt. Denn der Absender kann die Zahlung widerrufen. Nur eine volle Zahlung der vom Gericht verlangten Summe wahrt die Frist.

Unzureichend ist die bloße Zahlungsankündigung oder -zusage, etwa einer Versicherung oder eines Angehörigen, aber auch des Privat- oder Nebenklägers selbst.

F. Fristversäumung. Eine Fristversäumung zwingt das Gericht zur Zurückweisung der Privat- oder Nebenklage, zur Verwerfung des Rechtsmittels oder des Wiederaufnahmeantrags. Das Gericht darf eine Berufung des Nebenklägers nicht mehr wegen der Nichtzahlung des Vorschusses verwerfen, Ffm MDR **80**, 603, Hamm MDR **85**, 251. 18

Die *Zurückweisung oder Verwerfung* erfolgt durch einen Beschluß. Der Beschluß ist wirkungslos, soweit das Gericht dem Zahlungspflichtigen nicht die Höhe des erforderlichen Vorschusses gesetzmäßig bekanntgegeben hatte.

Das Gericht muß seinen Beschluß dann *aufheben,* wenn sich herausstellt, daß die 19 Zahlung fristgemäß und vollständig eingegangen war oder daß der Privat- oder Nebenkläger eine sachliche oder persönliche Gebührenfreiheit hatte oder soweit das Gericht nachträglich eine Prozeßkostenhilfe bewilligt hat. Solange der Beschluß wirksam ist, muß die Staatskasse den Vorschuß beitreiben.

G. Vorschuß und gerichtliche Handlung. Vor dem Eingang des Vorschusses 20 soll das Gericht keine Handlung vornehmen, es sei denn, daß der Privatkläger glaubhaft macht, daß ihm die Verzögerung einen nicht oder nur schwer ersetzbaren Nachteil brächte, Rn 12, 13, § 379a II StPO. Zu den gerichtlichen Handlungen zählt auch die Mitteilung der Privatklage an den Beschuldigten oder an die Staatsanwaltschaft.

Eine *Verletzung* dieser Sollbestimmung bleibt *ohne prozessuale Folgen.* Trotzdem 21 muß das Gericht die Einhaltung dieser Sollvorschrift als seine Amtspflicht behandeln. Man muß auch beachten, daß § 379a StPO nicht nur die Terminsbestimmung bedingt. Daraus folgt, daß das Gericht auch jede beliebige Handlung während des Verfahrens bis zum Erlaß des Urteils von einer Vorschußzahlung abhängig machen kann, soll und muß. Freilich kann eine Mitteilung an die Staatsanwaltschaft oder eine Anfrage bei ihr wegen öffentlichen Interesses zulässig und notwendig bleiben.

Auf den *Nebenkläger* ist § 379a III StPO unanwendbar. Das gilt jedenfalls insoweit, 22 als auch die Staatsanwaltschaft ein Rechtsmittel eingelegt hat. Das Verfahren wird also insoweit durch die etwaige Anforderung des Vorschusses nicht aufgehalten.

6) Rechtsbehelfe, I, II. § 68 ist unanwendbar. Denn es geht nicht um einen 23 Streitwert. Man sollte im übrigen vier Verfahrensabschnitte unterscheiden.

A. Fristsetzung. Gegen die Fristsetzung ist die Beschwerde nach § 304 StPO statthaft.

B. Abstandnahme. Gegen eine solche Entscheidung, durch die das Gericht von 24 einer Fristsetzung ausdrücklich Abstand nimmt, ist kein Rechtsbehelf statthaft.

C. Untätigkeit. Gegen eine bloße Untätigkeit des Gerichts ist allenfalls eine Dienstaufsichtsbeschwerde statthaft, soweit keinerlei Rechtsgrundlage für die bloße Untätigkeit erkennbar ist. 25

D. Zurückweisung, Verwerfung. Gegen denjenigen Beschluß des Gerichts, 26 durch den es die Privat- und Nebenklage, das Rechtsmittel oder den Wiederaufnahmeantrag wegen einer Versäumung der Frist nach § 379a III 1 StPO durch einen nach KV 3340, 3530 gebührenpflichtigen Beschluß verwirft oder zurückweist, ist die sofortige Beschwerde nach § 379a III 2 StPO statthaft.

GKG § 17

Auslagen

17 ^I ¹Wird die Vornahme einer Handlung, mit der Auslagen verbunden sind, beantragt, hat derjenige, der die Handlung beantragt hat, einen zur Deckung der Auslagen hinreichenden Vorschuss zu zahlen. ²Das Gericht soll die Vornahme der Handlung von der vorherigen Zahlung abhängig machen.

^{II} Die Herstellung und Überlassung von Dokumenten auf Antrag sowie die Versendung und die elektronische Übermittlung von Akten können von der vorherigen Zahlung eines die Auslagen deckenden Vorschusses abhängig gemacht werden.

^{III} Bei Handlungen, die von Amts wegen vorgenommen werden, kann ein Vorschuss zur Deckung der Auslagen erhoben werden.

^{IV} ¹Absatz 1 gilt nicht in Musterverfahren nach dem Kapitalanleger-Musterverfahrensgesetz, für die Anordnung einer Haft und in Strafsachen nur für den Privatkläger, den Widerkläger sowie für den Nebenkläger, der Berufung oder Revision eingelegt hat. ²Absatz 2 gilt nicht in Strafsachen und in gerichtlichen Verfahren nach dem Gesetz über Ordnungswidrigkeiten, wenn der Beschuldigte oder sein Beistand Antragsteller ist. ³Absatz 3 gilt nicht in Strafsachen, in gerichtlichen Verfahren nach dem Gesetz über Ordnungswidrigkeiten sowie in Verfahren über einen Schuldenbereinigungsplan (§ 306 der Insolvenzordnung).

Vorbem. II geändert durch Art 14 I Z 5 JKomG v 22. 3. 05, BGBl 837, in Kraft seit 1. 4. 05, Art 16 I JKomG. IV 1 ergänzt durch Art 4 Z 5 G v 16. 8. 05, BGBl 2437, in Kraft seit 1. 11. 05, Art 9 I 2 G, außer Kraft am 1. 11. 10, Art 9 II Hs 1 G. Übergangsrecht jeweils § 71 GKG.

Gliederung

1) Systematik, I–IV	1, 2
2) Regelungszweck, I–IV	3
3) Geltungsbereich, I–IV	4
4) Voraussetzungen einer Vorschußpflicht, I, IV 1	5–12
A. Antrag	6
B. Beispiele zur Frage eines Antrags, I, IV 1	7–9
C. Auslagenschuldner	10–12
5) Umfang des Vorschusses, I–III	13–15
6) Fälligkeit des Vorschusses, I–III	16
7) Verrechnung des Vorschusses, I–III	17–19
8) Wegfall der Vorschußpflicht, Ermessen, I–III	20, 21
A. Wegfall	20
B. Ermessen	21
9) Kapitalanlegerschutz, Strafsache, Bußgeldsache, Schuldenbereinigung, IV	22–28
A. Gerichtshandlung auf Antrag	22–26
B. Gerichtshandlung von Amts wegen	27
C. Schuldenbereinigungsplan	28
10) Verfahren, I–IV	29
11) Rechtsmittel, I–IV	30

1 **1) Systematik, I–IV.** I, IV 1 begründen eine selbständige gesetzliche Pflicht zur Zahlung eines hinreichenden Vorschusses zur Deckung von Auslagen nach KV 9000 ff in den in I–IV genannten Fällen, Meyer JB **02**, 240. Nur diese Fälle enthalten also eine gesetzliche Vorschußpflicht, BVerfG NJW **95**, 3177. Demgegenüber enthalten II, III sowie zB §§ 379, 402 ZPO gesetzliche Ermächtigungen des Gerichts, in den dort genannten Fällen Auslagenvorschüsse zu fordern. Diese Ermessensregeln binden als vorrangige Spezialvorschriften gegenüber dem allgemeineren § 17 den Kostenbeamten, Rn 2, Drsd JB **07**, 212. Für das Schiffahrtsrechtliche Verteilungsverfahren enthält § 13 eine vorrangige Sondervorschrift.

Stets begründet also nicht allein das Gesetz, sondern erst die auf ihm beruhende *gerichtliche Anordnung* eine Zahlungspflicht, Bbg FamRZ **01**, 1387, Stgt MDR **87**, 1036. Auch diese bezieht sich nur auf Auslagen. Sie ist eine Vorschußpflicht im weiteren Sinn. Sie läßt sich auch als eine Vorwegleistungspflicht kennzeichnen.

Schließlich enthält § 12 sowohl für Gebühren als auch für gewisse Auslagen *Sollvorschriften zur Vorauszahlung*. Diese begründen allerdings für das Gericht eine Amtspflicht zur Beachtung. Man muß diese Vorauszahlungspflicht von den Pflichten nach § 17

Abschnitt 3. Vorschuss und Vorauszahlung § **17 GKG**

trotz teilweiser Überschneidungen der Anwendungsbereiche beider Vorschriften begrifflich unterscheiden. Freilich bleibt im Einzelfall ein gewisses Ermessen, etwa dann, wenn das Gericht auch von Amts wegen vorgehen darf, zB nach §§ 144, 273 ZPO, Rn 1.

Im einzelnen gehen *jüngere und speziellere Vorschriften* dem inhaltlich älteren und nur umgestellten § 17 vor. Das gilt zB für § 379 ZPO, BLAH dort Rn 1, Bbg FamRZ **01**, 1387, Stgt MDR **87**, 1036. **2**

2) Regelungszweck, I–IV. Es gelten dieselben Erwägungen wie bei § 12, dort Rn 2. **3**

3) Geltungsbereich, I–IV. § 17 erweitert die Vorschußpflicht auf fast sämtliche Auslagen einschließlich derjenigen, die bei einer von Amts wegen erforderliche Handlung des Gerichts entstehen, III, § 22 KostVfg, Teil VII A dieses Buchs, Kblz RR **02**, 432. Allerdings beschränkt IV die Vorschußpflicht im Musterverfahren nach dem KapMuG, abgedruckt bei BLAH SchlAnh VIII, sowie bei Strafsachen und gerichtlichen Verfahren nach dem OWiG. Bei einer bloßen Akteneinsicht entsteht keine Vorschußpflicht, BVerfG NJW **95**, 3177. Wegen der Rechtsbehelfe § 66. **4**

Nicht hierher gehören die Zustellungsauslagen beim Kostenfestsetzungsbeschluß, LG Bln Rpfleger **86**, 73.

Im Verfahren vor den *Arbeitsgerichten* ist § 17 unanwendbar.

4) Voraussetzungen einer Vorschußpflicht, I, IV 1. Eine Vorschußpflicht setzt voraus, daß überhaupt Auslagen entstehen können oder ordnungsgemäß entstanden sind. Sie entsteht dann kraft Gesetzes. Sie besteht unter den folgenden Voraussetzungen. **5**

A. Antrag. Es muß ein Antrag zur Vornahme einer mit Auslagen verbundenen gerichtlichen Handlung nach Rn 27 erforderlich sein und auch vorliegen. Eine von Amts wegen erforderliche Handlung etwa nach § 144 ZPO läßt grundsätzlich keine Vorschußpflicht entstehen, BGH NJW **00**, 744 (Ausnahmen: Rn 1), Schneider MDR **00**, 751. Unter einem Antrag versteht man jede formlose und selbst die stillschweigende Bitte um die Vornahme einer Handlung, auch wenn sie in einem vorbereitenden Schriftsatz enthalten ist. **6**

Das Wort Antrag gilt also *im weitesten Sinn* und nicht etwa nur im prozeßrechtlichen Sinn. Allerdings muß der Wille des Antragstellers klar zutage treten, das Gericht möge auf Grund seiner Ansinnens eine Handlung vornehmen. Man braucht keinen bestimmten Sachverständigen zu benennen, BLAH § 404 ZPO Rn 7. Ein Antrag auf eine Ladung des Sachverständigen zB nach § 411 III ZPO ist ein neuer Antrag. „Zeuge N. N." ist noch kein ordnungsgemäßer Antrag, BLAH § 356 ZPO Rn 4. Antragsteller nach I, I kann man sein, auch ohne Antragsteller des zugrundeliegenden Verfahrens zu sein, LG Osnabr JB **80**, 249. Ein „Protest gegen die Kosten" usw ändert nichts am Vorliegen eines Antrags. Das Beweisergebnis ist natürlich hier unbeachtlich.

B. Beispiele zur Frage eines Antrags, I, IV 1 **7**
Beweisantritt: Antrag ist ein solcher Vorgang, Kblz VersR **88**, 702, Zweibr Rpfleger **89**, 81. Das gilt unabhängig von der Beweislast. Auch ein Gegenbeweisantritt zählt hierher, Rn 12.
Insolvenzverfahren: Antrag ist die Forderung nach seiner Eröffnung, LG Mainz Rpfleger **75**, 253, AG Paderb JB **92**, 469.

Wer die Eröffnung eines solchem Verfahren *betreibt,* haftet für alle Auslagen des Eröffnungsverfahrens einschließlich der Bekanntmachung des zugehörigen Eröffnungsbeschlusses, AG Paderb JB **92**, 469. Denn die Eröffnung eines Insolvenzverfahrens zieht zwangsläufig Zustellungen und öffentliche Bekanntmachungen nach sich.

Für die weitere Durchführung des *Insolvenzverfahrens* besteht eine Vorschußpflicht nur nach III. Denn insofern nimmt das Gericht seine Handlung von Amts wegen vor. Das gilt auch für die etwaige Bestimmung eines besonderen Prüfungstermins.
Klage: Antrag ist eine Klage zB nach § 253 ZPO.
Öffentliche Zustellung: Antrag ist ein solcher nach § 186 ZPO, so schon LG Kblz MDR **99**, 1024. **8**

Parteivernehmung: Antrag ist ein Beweisantritt nach §§ 445–447 ZPO.
Prozeßleitende Anordnung: Antrag ist die Forderung nach ihrer Vornahme zB nach § 273 ZPO, § 79 FGO, § 67 VwGO.

9 **Reisekosten:** Antrag ist die Forderung einer mittellosen Partei nach der Bewilligung nach KV 9008 Z 2, KVFam 2007 Z 2, Anh § 25 I, II JVEG, Teil V dieses Buchs.
Selbständiges Beweisverfahren: Antrag ist eine Forderung nach §§ 485 ff ZPO auf Verfahrenseinleitung usw.
Vorwegnahme der Beweisaufnahme: Antrag ist eine Forderung nach § 358 a ZPO.
Zwangsversteigerungsverfahren: Antrag ist zB die Forderung nach einer zusätzlichen Terminsbekanntmachung.

10 **C. Auslagenschuldner.** Für die beantragte Handlung ist jeder Antragsteller vorschußpflichtig. Dabei kommt es weder auf seine Parteistellung noch auf seine etwaige Beweislast an, Bbg FamRZ **01**, 1387, Kblz Rpfleger **88**, 384 und VersR **88**, 702 (s aber unten), Köln RR **09**, 1365, ebensowenig darauf, ob er sich an einer von einem anderen beantragten Handlung beteiligt.

11 Deshalb ist ein *Widerkläger* nicht für eine solche Beweisaufnahme vorschußpflichtig, die das Gericht schon auf Grund des Antrags des Klägers vornehmen muß. Das gilt selbst dann, wenn die Entscheidung auch der Widerklage vom Ausgang dieser Beweisaufnahme abhängt.

12 Auch ein *Gegenbeweisantritt* fällt unter § 17. Das gilt natürlich nur, soweit eine Beweisanordnung auch auf ihm beruht, Rn 1, Schlesw SchlHA **02**, 76, Stgt MDR **98**, 1036. Soweit beide Parteien denselben Beweis angetreten haben, haftet für Vorschüsse der Träger der Beweislast, BGH BB **99**, 1574, Stgt RR **02**, 143, ZöGre § 379 ZPO Rn 4, aM Schlesw SchlHA **02**, 76, Zweibr Rpfleger **89**, 81, Meyer 10 (Gesamtschuldner), RoSGo § 122 VII 2 a (aber es geht ja zunächst um den Zeugen des Beweisbelasteten. Das gilt auch dann, wenn das Gericht zunächst einen Gegenzeugen vernehmen darf).

13 **5) Umfang des Vorschusses, I–III.** Der Kostenbeamte ordnet einen Vorschuß zunächst nach seinem pflichtgemäßen Ermessen an und fordert ihn ein, Kblz RR **02**, 432. Der Vorschuß soll die gesamten durch die gerichtlichen Handlungen voraussichtlich verursachten Auslagen decken, soweit sie unter KV 9000 ff fallen. Es kommt darauf an, was das Gericht auf Grund des Antrags veranlassen muß oder kann, ohne daß man die Zweckmäßigkeit seiner Maßnahmen hier nachprüfen darf. Man darf also eine Verrechnung nicht etwa nur auf diejenigen Auslagen vornehmen, zu deren Deckung der Vorschuß gezahlt worden war. Auch Reisekosten gehören in einen Vorschuß.

14 Wenn zB eine Partei durch die Bezeichnung der zu begutachtenden Punkte einen *Sachverständigenbeweis* nach § 403 ZPO antritt und wenn das Gericht nun objektiv unzweckmäßig zugleich oder nacheinander vier Sachverständige vernimmt oder einen besonders teuren Sachverständigen beauftragt, muß der Antragsteller trotzdem den vom Gericht für alle Sachverständigen erforderten Vorschuß leisten. Etwas anderes gilt nur dann, wenn sich sein Antrag auf die Beauftragung eines von ihm bestimmt bezeichneten Sachverständigen beschränkt.

15 Das Gericht kann jederzeit einen *weiteren Vorschuß* anfordern, soweit der bereits erforderte und eingezahlte nicht genügt, und zwar von jedem Gesamtschuldner, Zweibr Rpfleger **89**, 81 ([jetzt] § 31 II bleibt beachtlich). Das gilt auch nach der Einholung eines gegenüber der vorherigen Schätzung teurer gewordenen Gutachtens, Hbg MDR **81**, 327, oder wegen einer antragsgemäßen Gutachtenergänzung, Köln RR **09**, 1365. Wenn das Gericht infolge eines Beweisantritts oder infolge eines anderen Verlangens einer gar anwaltlich vertretenen Partei im Zivilprozeß einen Dolmetscher hinzuziehen muß, muß der Antragsteller auch dessen Kosten vorschießen.

Pflichtwidrige Nichterhebung kann Folgen nach § 21 auslösen, dort Rn 38 „Vorschuß".

16 **6) Fälligkeit des Vorschusses, I–III.** Die Fälligkeit des Vorschusses tritt erst mit der Anordnung der gerichtlichen Handlung ein, nicht schon mit dem etwaigen Antrag, Stgt MDR **87**, 1036. Diese Fälligkeit gilt auch bei einer von Amts wegen erforderlichen gerichtlichen Handlung.

Abschnitt 3. Vorschuss und Vorauszahlung § 17 GKG

7) Verrechnung des Vorschusses, I–III. Das Gericht muß den Vorschuß zunächst auf die Auslagen verrechnen, Köln Rpfleger **82**, 121. Er ist eine endgültige Kostenschuld, KG AnwBl **84**, 456. Der Kostenschuldner muß ihn also auch nachzahlen, § 18. Eine Rückzahlung erfolgt nur, soweit das Gericht den Vorschuß nicht verbraucht hat, KG AnwBl **84**, 456, oder soweit in Wahrheit unter keinem gesetzlichen Gesichtspunkt eine Kostenschuld des Einzahlers bestand, Köln VersR **93**, 1552. Zur Verzinsung eines Rückzahlungsanspruchs § 17 KostO Rn 5, Teil III dieses Buchs. Die Verrechnung des Überschusses erfolgt auch auf eine andere Kostenschuld der Partei ohne eine Rücksicht auf die Instanz. Das gilt auch dann, wenn ein Anwalt für seine Partei gezahlt hat. 17

Es findet aber *keine Verrechnung* auf die Kostenschuld des Prozeßgegners statt. 18

Die *Abrechnung* muß außer in Straf- oder Bußgeldsachen nach der Erledigung der vorschußpflichtigen Handlung erfolgen. Die Staatskasse darf einen nichtverbrauchten Vorschuß nicht schon deshalb einbehalten, weil sie damit rechnet und rechnen darf, daß ihr aus diesem Verfahren künftig noch weitere Forderungen gegen den Antragsteller entstehen könnten, Meyer JB **02**, 241. 19

8) Wegfall der Vorschußpflicht, Ermessen, I–III. Man muß zwei Situationen unterscheiden. 20

A. Wegfall. Eine Vorschußpflicht entfällt mit der Bewilligung einer Prozeßkostenhilfe, soweit nicht das Gericht etwas Abweichendes bestimmt hat, § 122 I Z 1 a ZPO. Sie entfällt ferner meist für den Prozeßgegner des Unterstützten, falls er Bekl oder Rechtsmittelbekl ist, § 122 II ZPO. Für einen persönlich Gebührenfreien gilt ein Wegfall aber nur insoweit, als er auch auslagenfrei ist, § 2. Vgl auch § 22 VI KostVfg, Teil VII A dieses Buchs.

Eine Vorschußpflicht besteht ferner nicht für die im Verfahren über den *gegnerischen Antrag* auf eine Ablehnung des Sachverständigen entstehenden Auslagen, Mü Rpfleger **81**, 73. Sie besteht auch dann nicht, wenn zB ein von der Partei gestellter („sistierter") Zeuge auf eine Entschädigung verzichtet.

B. Ermessen. Bei einer Handlung von Amts wegen „kann" das Gericht einen Auslagenvorschuß fordern. Das bedeutet sein pflichtgemäßes Ermessen, § 22 II KostVfg, Teil VII A dieses Buchs. Dieses Ermessen geht aber nicht so weit, eine Abhängigkeit der Gerichtshandlung von einer Vorschußzahlung zu erlauben. Das Gericht darf daher bei einer von Amts wegen nötigen Handlung einen Auslagenvorschuß nicht zur Bedingung machen, sondern nur zur Begleitanordnung, BGH NJW **00**, 743, Kblz RR **02**, 432. 21

9) Kapitalanlegerschutz, Strafsache, Bußgeldsache, Schuldenbereinigung, IV. Man muß die folgenden Fälle unterscheiden. 22

A. Gerichtshandlung auf Antrag. Soweit das Gericht in einer solchen Sache eine Handlung nur auf Grund des Antrags eines Beteiligten vornimmt, besteht eine Vorschußpflicht nicht nach dem KapMuG, Rn 4. Sie besteht im übrigen unter den folgenden Voraussetzungen.

Der *Privatkläger* ist für die Auslagen vorschußpflichtig, soweit er als solcher die gerichtliche Handlung beantragt, nicht etwa als Widerbekl oder als Rechtsmittelbekl. Er ist auch nicht etwa für solche Beweisanregungen vorschußpflichtig, die der Beschuldigte ausspricht. Denn der Privatkläger könnte dann durch die Nichtzahlung des Vorschusses die Beweiserhebung vereiteln, aM Thomas AnwBl **79**, 130 (aber die von ihm für möglich gehaltene Art der Wahrunterstellung schon wegen der Verweigerung eines Vorschusses ist äußerst problematisch). 23

Der Privatkläger braucht auch insofern keinen Auslagenvorschuß zu zahlen, als nur der *Angeklagte* eine *Berufung* eingelegt hat oder als das Berufungsverfahren nur auf Grund eines zulässigen Wiederaufnahmeantrags des Verurteilten erneut stattfindet.

Bei einer *Widerklage* gelten dieselben Regeln wie bei der Privatklage, Rn 23. Es ist unerheblich, ob eine Widerklage allein oder neben der Privatklage vorliegt. 24

Der *Nebenkläger* ist nur insofern für die Auslagen vorschußpflichtig, als er eine Berufung oder Revision eingelegt hat. Dann gelten dieselben Regeln wie bei der Privatklage, Rn 23. Der Beschuldigte ist nicht vorschußpflichtig. 25

Der *Beschuldigte* ist in keinem Fall vorschußpflichtig. 26

GKG §§ 17, 18 I. A. Gerichtskostengesetz

27   B. **Gerichtshandlung von Amts wegen.** Soweit das Gericht eine Handlung von Amts wegen vornehmen muß, besteht in einer Sache nach Rn 22 keine Vorschußpflicht, Hbg FamRZ **86**, 196, Hamm MDR **76**, 779, KG NJW **82**, 111.

28   C. **Schuldenbereinigungsplan.** Nach dem ausdrücklichen Text von IV 3 Hs 3 gilt I nicht im Verfahren nach § 306 InsO. Das gilt unabhängig davon, ob das Gericht hier auf einen Antrag oder von Amts wegen tätig wird.

29   **10) Verfahren, I–IV.** Zur Anordnung ist zunächst der Urkundsbeamte nach Rn 13–15 zuständig. Sodann ist das Prozeßgericht befugt, auch sein Einzelrichter oder Rpfl, nicht aber ein beauftragter oder ersuchter Richter. Dieser darf eine Anordnung anregen, aber nicht zur Bedingung seiner Tätigkeit machen.

   Das Prozeßgericht *entscheidet* durch eine prozeßleitende Verfügung des Vorsitzenden bei § 273 ZPO, sonst durch einen Beschluß des Kollegiums. Eine Zahlungsfrist muß ausreichend lang sein.

30   **11) Rechtsmittel, I–IV.** Gegen eine Entscheidung des Rpfl ist die Erinnerung nach § 66 I statthaft. Gegen eine richterliche Entscheidung ist die Beschwerde nach § 67 statthaft.

Fortdauer der Vorschusspflicht

18 [1]Die Verpflichtung zur Zahlung eines Vorschusses bleibt bestehen, auch wenn die Kosten des Verfahrens einem anderen auferlegt oder von einem anderen übernommen sind. [2]§ 31 Abs. 2 gilt entsprechend.

1   **1) Systematik, Regelungszweck, S 1, 2.** Die Vorschußpflicht betrifft immer eine endgültige Kostenschuld. Aus diesem Grundsatz zieht § 18 die Folgen. Der Vorschuß soll die Staatskasse wegen bestimmter Gebühren und Auslagen sichern. Er soll ihr also insoweit eine endgültige Befriedigung verschaffen.

   Mangels Entstehung einer Vorschußpflicht kann natürlich eine solche schon begrifflich auch nicht bestehenbleiben. Daher ist § 18 unanwendbar zB im Umfang einer Gebühren- oder Auslagen- oder gar Kostenfreiheit nach § 2 usw und nach Maßgabe der §§ 120, 122 Z 1, II ZPO auch bei einer Prozeßkostenhilfe.

2   **2) Geltungsbereich, S 1, 2.** Die Vorschrift gilt grundsätzlich in allen Verfahren, auf die das GKG überhaupt anwendbar ist, § 1. Im Verfahren vor den Arbeitsgerichten ist § 18 unanwendbar, § 11.

3   **3) Nachzahlungspflicht, S 1, 2.** Die Vorschußpflicht wird durch die Vornahme der zu bezahlenden Handlung nicht berührt, LG Hbg JB **00**, 89. Der Zahlungspflichtige ist und bleibt zu einer Nachzahlung verpflichtet, auch wenn das Gericht die Beweisaufnahme schon beendet hat, Stgt Rpfleger **81**, 163, LG Hbg JB **00**, 89. Eine Nachzahlungspflicht besteht auch dann, wenn sich die Instanz ohne den Erlaß einer Kostenentscheidung erledigt hat. Der Vorschußzahler hat gegen die Staatskasse keinen Rückzahlungsanspruch. Er hat evtl gegen den Prozeßgegner einen Erstattungsanspruch zB nach §§ 91 ff, 103 ff ZPO.

4   Die Nachzahlungspflicht besteht sogar dann, wenn das Gericht die Kosten einem *anderen Beteiligten* auferlegt hat, Kblz VersR **87**, 996 (daher auch insofern kein Rückzahlungsanspruch), oder wenn ein anderer Beteiligter die Kosten übernommen hat, Kblz VersR **87**, 996, LG Osnabr JB **80**, 249. Das gilt selbst dann, wenn das Gericht ihm eine Prozeßkostenhilfe bewilligt hatte.

5   Wenn das Gericht zwar einen Vorschuß erfordert, die Handlung dann aber vor dem Eingang des Vorschusses vorgenommen hatte und wenn die Handlung *geringere Kosten* als die vorschußweise angeforderten verursacht hat, verringert sich die Nachzahlungspflicht auf den geringeren Endbetrag. Denn nur insoweit ist eine Kostenschuld entstanden. Die Staatskasse muß den dem Vorschuß zugrunde liegenden Kostenansatz dann unverzüglich von Amts wegen berichtigen.

6   **4) Verrechnung, S 1, 2.** Vgl § 17 Rn 17. In einer Strafsache setzt die Verrechnung eine rechtskräftige Entscheidung voraus. Denn es ergibt sich erst aus ihr, welche Kosten entstehen. Deshalb haftet der Privatkläger bis zur Rechtskraft der Verurteilung des Angeklagten allein.

Abschnitt 4. Kostenansatz §§ 18, 19 GKG

Eine *Niederschlagung* der Schuld eines Kostenschuldners der §§ 22–28 wegen seiner Mittellosigkeit oder im Gnadenweg läßt die Vorschußschuld des Prozeßgegners unberührt. Denn die Niederschlagung betrifft nur das Verhältnis zwischen der Staatskasse und diesem Kostenschuldner.

An sich haften der Vorschußschuldner und der Kostenschuldner der §§ 22–28 als Gesamtschuldner, § 31. § 31 II 1 bestimmt aber, daß der Vorschußschuldner gegenüber dem Entscheidungsschuldner und gegenüber dem Übernahmeschuldner nur als *Zweitschuldner* haftet. Hat eine Partei eine Prozeßkostenhilfe erhalten und in einem Vergleich Kosten übernommen, kann der Gegner als Zweitschuldner haften, solange er einen Auslagenvorschuß schuldet, LG Hbg JB 00, 89. 7

Abschnitt 4. Kostenansatz

Kostenansatz

19 I ¹Außer in Strafsachen und in gerichtlichen Verfahren nach dem Gesetz über Ordnungswidrigkeiten werden angesetzt:
1. die Kosten des ersten Rechtszugs bei dem Gericht, bei dem das Verfahren im ersten Rechtszug anhängig ist oder zuletzt anhängig war,
2. die Kosten des Rechtsmittelverfahrens bei dem Rechtsmittelgericht.

²Dies gilt auch dann, wenn die Kosten bei einem ersuchten Gericht entstanden sind.

II ¹In Strafsachen und in gerichtlichen Verfahren nach dem Gesetz über Ordnungswidrigkeiten, in denen eine gerichtliche Entscheidung durch die Staatsanwaltschaft zu vollstrecken ist, werden die Kosten bei der Staatsanwaltschaft angesetzt. ²In Jugendgerichtssachen, in denen eine Vollstreckung einzuleiten ist, werden die Kosten bei dem Amtsgericht angesetzt, dem der Jugendrichter angehört, der die Vollstreckung einzuleiten hat (§ 84 des Jugendgerichtsgesetzes); ist daneben die Staatsanwaltschaft Vollstreckungsbehörde, werden die Kosten bei dieser angesetzt. ³Im Übrigen werden die Kosten in diesen Verfahren bei dem Gericht des ersten Rechtszugs angesetzt. ⁴Die Kosten des Rechtsmittelverfahrens vor dem Bundesgerichtshof werden stets bei dem Bundesgerichtshof angesetzt.

III Hat die Staatsanwaltschaft im Falle des § 25a des Straßenverkehrsgesetzes eine abschließende Entscheidung getroffen, werden die Kosten einschließlich derer, die durch einen Antrag auf gerichtliche Entscheidung entstanden sind, bei ihr angesetzt.

IV Die Dokumentenpauschale sowie die Auslagen für die Versendung und die elektronische Übermittlung von Akten werden bei der Stelle angesetzt, bei der sie entstanden sind.

V ¹Der Kostenansatz kann im Verwaltungsweg berichtigt werden, solange nicht eine gerichtliche Entscheidung getroffen ist. ²Ergeht nach der gerichtlichen Entscheidung über den Kostenansatz eine Entscheidung, durch die der Streitwert anders festgesetzt wird, kann der Kostenansatz ebenfalls berichtigt werden.

Vorbem. IV geändert durch Art 14 I Z 6 JKomG v 22. 3. 05, BGBl 837, in Kraft seit 1. 4. 05, Art 16 I JKomG, Übergangsrecht § 71 GKG.

Schrifttum: *Hünnekes,* Kostenabwicklung in Zivil- und Familiensachen und bei Prozeßkostenhilfe, 2. Aufl 1999; *Wolfstetter,* Verfahren der Kostenrechnung, 1998; *Zeuke/Brandenburg,* Kosten des finanzgerichtlichen Prozesses, 1997.

Gliederung

1) Systematik, Regelungszweck, I–V	1
2) Geltungsbereich, I–V	2, 3
3) Berichtigung, V	4–7
A. Bis zur Gebührenentscheidung, V 1	5
B. Ab Gerichtsentscheidung, V 2	6
C. Auslegbarkeit, V 1, 2	7

GKG § 19 I. A. Gerichtskostengesetz

1 **1) Systematik, Regelungszweck, I–V.** § 19 regelt das aus Zweckmäßigkeitsgründen dem Urkundsbeamten übertragene Kostenansatzverfahren, OVG Lüneb NVwZ-RR **08**, 69. Die Vorschrift enthält im wesentlichen dieselbe Regelung wie § 5 KostVfg, Teil VII A dieses Buchs. Diese gilt neben § 19 weiter. Vgl dort auch zu den weiteren Einzelheiten. III (jetzt) V 2 enthält einen allgemeinen Rechtsgedanken, Köln DGVZ **00**, 75. Vorrangig gilt als eine Sondervorschrift § 8 AusfG zum HZivProzÜbk v 1. 3. 54, BGBl 939.

Kostenansatz ist die Kostenrechnung des Kostenbeamten. Die Einziehung erfolgt nach der JBeitrO, Teil IX A dieses Buchs. Der Kostenansatz ist ein Verwaltungsakt, Saarbr Rpfleger **01**, 461 mit einer Weisungsgebundenheit, Rn 4, BVerfG NJW **70**, 853.

2 **2) Geltungsbereich, I–V.** Die Vorschrift gilt im Gesamtbereich des § 1 GKG. Wegen der jeweiligen Zuständigkeit gilt: Die Kosten eines ersuchten Gerichts erhalten ihren Ansatz beim ersuchenden Gericht, I 2. Bei einer Verweisung erfolgt der Ansatz bis zu ihr beim verweisenden Gericht, ab der Verweisung beim neuen Gericht, Brdb MDR **98**, 1119. Bei einer Zurückverweisung geschieht der Ansatz der Rechtsmittelkosten beim Rechtsmittelgericht, der Rest nach Maßgabe der §§ 35, 37 beim unteren Gericht.

Bei einer *Strafaussetzung* zur Bewährung ist die Staatsanwaltschaft zuständig. Denn sie legt schon zur Überwachung, Mitteilung an das Bundeszentralregister usw ein Vollstreckungsheft an und „vollstreckt" in diesem Sinn. Bei einer Einstellung nach §§ 153ff StPO ist dagegen das Gericht zuständig, die das etwaige Geldbuße usw überwacht. Im Fall eines Freispruchs auf Kosten der Landeskasse ist der Kostenbeamte des Gerichts zuständig, nicht derjenige der Staatsanwaltschaft, AG Freibg Rpfleger **79**, 229.

Bei einer *Halterhaftung* nach § 25a StVG ist der Kostenbeamte der Staatsanwaltschaft zuständig, unabhängig davon, wer die Kosten trägt. Er ist auch allein zuständig, soweit das Gericht sowohl nach dem Jugend- als auch nach dem Erwachsenenstrafrecht geurteilt hat, II 2 Hs 2. Ein Ansatz der Dokumentenpauschale und von Auslagen für die Versendung und elektronische Übermittlung von Akten ist nach IV möglich. Vgl ferner § 14 KostO.

I 2 gilt, anders als § 147 aF FGO, auch im Verfahren vor dem *BFH*.

3 *Jede Instanz* erhält eine gesonderte Kostenrechnung bei der Fälligkeit unabhängig von einer Rechtskraft, BFH BStBl **76** II 462. Wegen des Erlasses vgl Teil VII D dieses Buchs. Wegen der Behandlung von Kleinbeträgen vgl Teil VII E dieses Buchs.

4 **3) Berichtigung, V.** Die Tätigkeit des Urkundsbeamten der Geschäftsstelle bei der Aufstellung der Kostenrechnung ist eine reine Verwaltungstätigkeit. Sie enthält keine Entscheidung. Sie bindet das Gericht infolgedessen nicht, OVG Lüneb NVwZ-RR **08**, 70. Der Kostenbeamte untersteht der Aufsicht seiner vorgesetzten Behörde, Rn 1. Er muß ihre Anweisungen befolgen. Eine solche Anweisung trägt aber selbst dann, wenn sie vom Aufsichtsrichter ausgehen würde, nicht den Charakter einer gerichtlichen Entscheidung. Sie stellt vielmehr auch ihrerseits nur eine Verwaltungsanordnung dar, § 43 KostVfg, Teil VII A dieses Buchs.

5 **A. Bis zur Gebührenentscheidung, V 1.** Der Vorstand der Justizbehörde und der Kostenprüfungsbeamte oder der Leiter des Rechnungsamts und der Bezirksrevisor nach § 42 KostVfg dürfen den Kostenansatz beanstanden und zur Änderung anweisen. Der Kostenbeamte darf das Gericht nicht von sich aus anrufen, § 43 KostVfg. Der Umstand, daß der Kostenschuldner die Kosten schon bezahlt haben mag, ändert an dem Anweisungsrecht nichts.

Bis zur gerichtlichen Entscheidung ist eine Berichtigung nach V 1 statthaft und evtl von Amts wegen notwendig. Es kommt eine Berichtigung zugunsten oder auch zulasten des Kostenschuldners in Betracht. Stets muß der Kostenbeamte vor einer Nachforderung §§ 20, 21 beachten. Dabei versteht die Vorschrift unter gerichtlicher Entscheidung eine solche im Erinnerungs- oder Beschwerdeverfahren. Denn erst dann muß der Richter tätig werden. Der Kostenbeamte darf und muß im Berichtigungsverfahren die Regeln zur Rücknahme eines begünstigenden Verwaltungsakts mitbeachten, Saarbr Rpfleger **01**, 461.

6 **B. Ab Gerichtsentscheidung, V 2.** Soweit das Gericht bereits entschieden hat, bindet das, OVG Lüneb NVwZ-RR **08**, 70. Es entfällt damit grundsätzlich die Zu-

lässigkeit einer Aufsichtsbeschwerde und die Möglichkeit einer Abänderung im Aufsichtsweg. Von diesem Grundsatz gilt insoweit eine Ausnahme, als das Gericht den Streitwert anschließend anders festsetzt. Denn dann ist wiederum eine Berichtigung des Kostenansatzes von Amts wegen zulässig, V 2. Die letzte, geänderte Fassung ist maßgeblich, Köln DGVZ 00, 75.

C. Auslegbarkeit, V 1, 2. Welchen Rechtsbehelf der Beschwerdeführer meint, 7 das muß man im Weg einer Auslegung ermitteln. Über das Zusammentreffen mit § 4 JVEG und die Möglichkeit des Kostenschuldners, im Weg der Erinnerung nach § 66 die dortige Festsetzung nicht gegen sich gelten zu lassen, vgl § 4 JVEG, Teil V dieses Buchs.

Nachforderung

20 *Fassung 1. 9. 2009:* I ¹Wegen eines unrichtigen Ansatzes dürfen Kosten nur nachgefordert werden, wenn der berichtigte Ansatz dem Zahlungspflichtigen vor Ablauf des nächsten Kalenderjahres nach Absendung der den Rechtszug abschließenden Kostenrechnung (Schlusskostenrechnung), in Zwangsverwaltungsverfahren der Jahresrechnung, mitgeteilt worden ist. ²Dies gilt nicht, wenn die Nachforderung auf vorsätzlich oder grob fahrlässig falschen Angaben des Kostenschuldners beruht oder wenn der ursprüngliche Kostenansatz unter einem bestimmten Vorbehalt erfolgt ist.

II Ist innerhalb der Frist des Absatzes 1 ein Rechtsbehelf in der Hauptsache oder wegen der Kosten eingelegt worden, ist die Nachforderung bis zum Ablauf des nächsten Kalenderjahres nach Beendigung dieser Verfahren möglich.

III Ist der Wert gerichtlich festgesetzt worden, genügt es, wenn der berichtigte Ansatz dem Zahlungspflichtigen drei Monate nach der letzten Wertfestsetzung mitgeteilt worden ist.

Vorbem. Fassg Art 16 Z 4 des 2. JuMoG v. 22. 12. 06, BGBl 3416, in Kraft seit 31. 12. 06, Art 28 I des 2. JuMoG, Übergangsrecht § 71 GKG. Sodann II geändert dch Art 47 I Z 5 FGG-RG v 17. 12. 08, BGBl 2586, in Kraft seit 1. 9. 09, Art 112 I Hs 1 FGG-RG, Übergangsrecht Art 111 FGG-RG, Grdz 2 vor § 1 FamFKG, Teil I B dieses Buchs.

Bisherige Fassung II: II Ist innerhalb der Frist des Absatzes 1 ein Rechtsmittel in der Hauptsache oder wegen der Kosten eingelegt worden, ist die Nachforderung bis zum Ablauf des nächsten Kalenderjahres nach Beendigung dieser Verfahren möglich.

Gliederung

1) Systematik, I–III	1
2) Regelungszweck, I–III	2
3) Geltungsbereich, I–III	3
4) Begriff der Nachforderung, I, II	4–7
A. Früherer Kostenansatz	4
B. Höherer Neuansatz	5
C. Instanzunabhängigkeit	6
D. Derselbe Kostenschuldner	7
5) Mitteilung, I, III	8
6) Unrichtiger Ansatz, I 1	9–11
7) Fristen für die Nachforderung, I 1, II, III	12–16
A. Fristbeginn	12–15
B. Fristablauf	16
8) Keine Frist, I 2	17
9) Weitere Einzelfragen, I–III	18
10) Rechtsmittel, I–III	19

1) Systematik, I–III. Es handelt sich um eine vorrangige Sondervorschrift. Sie 1 stimmt weitgehend mit § 19 FamFKG und mit § 15 KostO überein, Teile I B, III dieses Buches. (Jetzt) III entspricht einem allgemeinen Rechtsgedanken, Köln DGVZ 00, 75.

2) Regelungszweck, I–III. § 20 soll den Kostenschuldner gegen eine verspätete 2 Nachforderung von Gerichtskosten schützen, Kblz FamRZ 00, 762. I 2 schützt aber auch die Staatskasse vor einer Arglist des Kostenschuldners.

GKG § 20   I. A. Gerichtskostengesetz

3   **3) Geltungsbereich, I–III.** Das Anwendungsgebiet der Vorschrift ist beschränkt. § 20 erfaßt auch ein Verfahren vor den Arbeitsgerichten. KG Rpfleger **81**, 457 wendet (jetzt) I 1 entsprechend auf eine Herabsetzung der Entschädigung eines Sachverständigen an. Die Verjährung einer Kostenschuld richtet sich nach § 5.

I 1 ist nach I 2 unanwendbar, soweit die Partei den irrigen Ansatz durch eine *zu niedrige Wertangabe* veranlaßt hat, vgl § 242 BGB (Treu und Glauben). Denn ein Rechtsmißbrauch verdient nirgends einen Schutz, BLAH Einl III 54.

4   **4) Begriff der Nachforderung, I, II.** Eine Nachforderung liegt beim Zusammentreffen der folgenden Voraussetzungen vor.

A. Früherer Kostenansatz. Es muß eine frühere Kostenanforderung vorliegen, ein „Ansatz" nach § 66. Dieser Ansatz darf noch nicht zu einer gerichtlichen Kostenentscheidung geworden sein oder auf ihr beruhen, etwa in einem Erinnerungs- oder Beschwerdeverfahren. Er muß vorbehaltlos sein, I 2. Der Kostenschuldner muß den Ansatz für endgültig gehalten haben, Kblz FamRZ **00**, 762. Er muß zu einer solchen Annahme auch berechtigt gewesen sein, ähnlich wie beim sog Umstandsmoment einer Verwirkung, dazu PalH § 242 BGB Rn 87ff. Eine solche Berechtigung liegt vor, wenn der Kostenschuldner eine vorbehaltlose oder „endgültige" Ratenberechnung bei einer Prozeßkostenhilfe, Kblz FamRZ **00**, 762, oder bei einer Kostenrechnung erhalten hat, wenn der Kostenbeamte aber eine Gebühr wegen der Aussichtslosigkeit einer weiteren Beitreibung nicht angesetzt hatte und wenn er das dem Schuldner nicht mitgeteilt hatte, LG Würzb JB **78**, 1357.

Wenn die Kostenrechnung erst *nach dem Ablauf der Frist* des I 1 dem Kostenschuldner zugeht, ist eine Nachforderung nur noch unter den Voraussetzungen I 2 möglich. Eine Nachforderung liegt nicht vor, soweit Kosten später entstanden oder fällig geworden sind oder soweit der Kostenbeamte eine vorbehaltlose Kostenrechnung eindeutig erkennbar noch nicht erteilt hatte, I 2, so schon Celle NdsRpfl **75**, 68, Düss JB **79**, 872, LG Würzb JB **78**, 1358. Denn dann liegt jetzt eine Erst- und keine Nachforderung vor.

5   **B. Höherer Neuansatz.** Der neue Kostenansatz muß höher sein als der alte. Es kommt allerdings nur auf die Gesamtsumme an, nicht auf einzelne Posten, Meyer 4, aM Düss Rpfleger **90**, 480 (aber es kann nur das Endergebnis zählen, wie bei jeder Beschwer).

6   **C. Instanzunabhängigkeit.** Es muß sich um Kosten nicht derselben Instanz nach § 35 handeln, sondern um Kosten des gesamten Verfahrens, Meyer 8.

7   **D. Derselbe Kostenschuldner.** Der frühere Ansatz und die Nachforderung müssen sich an denselben Kostenschuldner wenden. Man muß natürlich jeden Kostenschuldner gesondert behandeln. Soweit eine Nachforderung nur gegenüber einem von mehreren Gesamtschuldnern ergeht, berührt sie den anderen Gesamtschuldner nicht, Celle JB **82**, 1861. Man muß dabei allerdings zwischen der Haftung eines Erst- und eines Zweitschuldners unterscheiden.

8   **5) Mitteilung, I, III.** Die Nachforderung erfolgt in derselben Weise wie der ursprüngliche Kostenansatz. Es genügt also eine einfache schriftliche Mitteilung.

9   **6) Unrichtiger Ansatz, I 1.** Ein Kostenansatz ist insoweit unrichtig, als sein Gesamtbetrag wegen irgendwelcher Fehler bei irgendwelchen Einzelposten zu niedrig ist. Es ist unerheblich, warum der Kostenbeamte einen Einzelposten zu niedrig angesetzt hatte, Kblz MDR **97**, 983. Ausreichend ist auch die völlige Auslassung eines Einzelpostens. Ausreichend ist ferner ein Rechtsirrtum. Es genügt auch, daß eine nachträgliche anderweitige Streitwertfestsetzung den ursprünglichen Kostenansatz objektiv unrichtig gemacht hat, vgl auch III.

10   Hat der Kostenbeamte die Einzelposten nur *falsch zusammengezählt,* ist die Nachforderung nicht durch § 20 begrenzt. Man darf aber keinen solchen Posten einstellen, der nicht in die Rechnung gehört, zB nicht die Kosten der ersten Instanz in die Rechnung der zweiten. Lassen sich bei der Schlußrechnung noch nicht alle Posten übersehen, muß der Urkundsbeamte der Geschäftsstelle in der Rechnung solche Posten offenhalten, Kblz MDR **97**, 983.

11   Ein unrichtiger Ansatz liegt *nicht* vor, soweit der Urkundsbeamte der Geschäftsstelle aus irgendeinem Grund die Kosten gar nicht oder nur von einem Dritten erfordert hat

Abschnitt 4. Kostenansatz § **20 GKG**

oder wenn etwa erstinstanzliche Kosten fälschlich in der zweitinstanzlichen Kostenrechnung als erstinstanzliche miterscheinen.

7) Fristen für die Nachforderung, I 1, II, III. Es handelt sich um gesetzliche 12
Ausschlußfristen, so schon Düss Rpfleger **90**, 480. Es sind die folgenden Prüfschritte sinnvoll.

A. Fristbeginn. Die Frist für die Nachforderung nach I 1 beginnt mit der Mitteilung der Schlußkosten- oder Jahresrechnung. Die Frist nach II beginnt mit der Beendigung des Verfahrens. Die Frist nach III beginnt mit der Mitteilung der letzten Wertfestsetzung. Ein Verfahren endet nach II dann, wenn das Gericht diejenigen Handlungen völlig abgeschlossen hat, die es nach den Verfahrensvorschriften vornehmen mußte, Rostock MDR **95**, 212 (zu § 269 III ZPO). Im Prozeß kann eine endgültige Beendigung auch durch eine Klagerücknahme zustande kommen, durch einen Vergleich, durch einen tatsächlichen Stillstand. Er muß zu einer Anordnung des Ruhens hinzutreten, Meyer 10 (Aktenweglegung), aM Nürnb JB **81**, 1230. Eine endgültige Beendigung erfolgt natürlich auch durch den Eintritt der Rechtskraft.

Auch ein *Teilurteil* beendet in seinem Umfang endgültig, soweit es eine Kostenent- 13
scheidung enthält, während es den von ihm nicht erfaßten Teil des Prozesses natürlich unberührt läßt.

Der Begriff *Verfahren* ist in § 20 derselbe wie stets im GKG. Jedes im GKG allge- 14
mein als ein selbständiges Verfahren behandelte Verfahren gilt auch nach § 20 als ein selbständiges Verfahren, soweit es zu einer Kostenentscheidung führt. Infolgedessen muß man zB das Mahnverfahren, das Eilverfahren, das Güteverfahren, das Beschwerdeverfahren, das Kostenfestsetzungsverfahren gesondert behandeln. Dasselbe gilt für die *Rückforderung* der aus der Staatskasse bezahlten Gebühren eines im Verfahren der Prozeßkostenhilfe beigeordneten Anwalts, Düss Rpfleger **95**, 421, KG Rpfleger **76**, 110. Soweit der Wegfall der Bereicherung eingetreten ist, kann man sich auf diesen Umstand nicht berufen.

Man muß notfalls durch eine *Anfrage* bei den Parteien feststellen, ob das Verfahren 15
endgültig beendet ist, soweit sich die Beendigung nicht aus den Akten ergibt. Für eine Beendigung oder Erledigung des Verfahrens ist der Kostenschuldner beweispflichtig.

B. Fristablauf. Die Frist zur Nachforderung endet bei I 1 mit dem Ablauf desje- 16
nigen Kalenderjahrs, das auf dasjenige Kalenderjahr folgt, in dem die Schlußkostenrechnung oder die Jahresrechnung das Gericht im Weg der Absendung an den Zahlungspflichtigen verlassen hatte. Die Frist endet bei II mit dem Ablauf des nächsten Kalenderjahrs nach der Beendigung des Verfahrens nach Rn 12–15. Soweit das Gericht den Streitwert festgesetzt hat, reicht es nach III aus, daß der Kostenbeamte dem Kostenschuldner den auf Grund des neuen Werts angefertigten neuen Ansatz binnen 3 Monaten nach der letzten Wertfestsetzung mitteilt. Eine Wertfestsetzung bleibt für das Verfahrensende unbeachtbar.

Die *Dreimonatsfrist* beginnt mit der Mitteilung an den Zahlungspflichtigen.

8) Keine Frist, I 2. In beiden sehr unterschiedlichen Fällen des I 2 läuft keine 17
Frist.

9) Weitere Einzelfragen, I–III. Eine Wiedereinsetzung in den vorigen Stand 18
läßt ein früheres Verfahren wieder aufleben. Sie setzt also eine neue Frist in Lauf. Die Ablehnung einer Wiedereinsetzung hat diese Wirkung nicht. Eine Wiederaufnahmeklage eröffnet ein neues Verfahren. Die Nachforderung erfolgt nach § 36 KostVfg, Teil VII A dieses Buchs.

10) Rechtsmittel, I–III. Gegen eine Nachforderung kann der Kostenschuldner 19
die Erinnerung nach § 66 einlegen, Düss RR **00**, 1382. Die Staatskasse hat neben dem Nachforderungsrecht keine Erinnerung nach § 66. Denn damit könnte sie § 20 unterlaufen.

GKG Einf § 21

Einführung vor § 21
Stundung und Nichterhebung von Gerichtskosten

Gliederung

1) Systematik, Regelungszweck 1–4
   A. Nichterhebung 2
   B. Stundung 3
   C. Unterbleiben der Kostenrechnung 4
2) Voraussetzungen 5–11
   A. Nichterhebung wegen unrichtiger Sachbehandlung 5
   B. Amtsvertagung 6
   C. Unkenntnis der Verhältnisse 7
   D. Härtefall 8
   E. Stundung 9
   F. Keine Kostenrechnung bei Prozeßkostenhilfe 10
   G. Keine Kostenrechnung bei Unvermögen 11
3) Zuständigkeit 12–14
   A. Gericht 12
   B. Verwaltungsbehörde 13
   C. Gnadenbehörde 14

1   **1) Systematik, Regelungszweck.** Das Gesetz unterscheidet zwischen dem Entstehen, der Nichterhebung von Gerichtskosten, der Stundung und dem Unterbleiben einer Kostenrechnung.

2   **A. Nichterhebung.** Die Nichterhebung führt zu einem Verlust des Kostenanspruchs des Staates, Köln DGVZ 88, 138. Das Gesetz sieht eine Nichterhebung auf mehreren Wegen vor. In Betracht kommt die Anordnung, von der weiteren Einziehung der Gerichtskosten abzusehen. In Betracht kommt ferner die gesetzliche Möglichkeit oder Notwendigkeit, Gerichtskosten niederzuschlagen oder dem Schuldner zu erlassen.

3   **B. Stundung.** Sie führt nur zu einem zeitlich begrenzten Aufschub der Fälligkeit des fortbestehenden Kostenanspruchs des Staates.

4   **C. Unterbleiben der Kostenrechnung.** Dieser Weg dient dann der Verwaltungsvereinfachung, wenn die Beitreibung von Kosten als sinnlos erscheint. Seine Wirkungen gehen tatsächlich weiter als eine bloße Stundung. Das gilt auch dann, wenn dieser Weg theoretisch nicht zu einem Verlust des Kostenanspruchs des Staats führt, sondern ihm die spätere Geltendmachung der Kostenforderung theoretisch offenhält.

5   **2) Voraussetzungen.** Hier sind im wesentlichen die folgenden sieben Prüfschritte ratsam.
    A. Nichterhebung wegen unrichtiger Sachbehandlung. Eine Nichterhebung kommt bei solchen Gebühren wie Auslagen in Betracht, die durch eine unrichtige Sachbehandlung entstanden sind. Es kommt also immer zunächst auf die in der Praxis oft übersehene Prüfung an, ob überhaupt Kosten entstanden sind, also Gebühren und/ oder Auslagen. Erst anschließend entsteht überhaupt ein Rechtsschutzbedürfnis für die ja oft unangenehme weitere Klärung, ob solche nun einmal entstandenen Kosten bei einer richtigen Sachbehandlung vermeidbar gewesen wären.
    Unter den Voraussetzungen des § 21 I 1 besteht erst im letzteren Fall eine *Pflicht* zur Nichterhebung, Köln DGVZ 88, 138. Vgl auch § 20 FamGKG, § 16 KostO, Teile I B, III dieses Buchs. Im übrigen besteht bei der Nichterhebung im Gnadenweg ein pflichtgemäßes Ermessen des zuständigen Beamten.

6   **B. Amtsvertagung.** Das Gericht darf nicht Auslagen für einen solchen Termin erheben, den es von Amts wegen verlegt oder vertagt hatte, § 21 I 2.

7   **C. Unkenntnis der Verhältnisse.** Wenn ein Antrag auf einer unverschuldeten Unkenntnis der tatsächlichen oder rechtlichen Verhältnisse beruhte, kommt die Nichterhebung der Gerichtskosten (Gebühren und Auslagen) in Betracht, falls entweder der Antragsteller seinen Antrag zurücknahm oder falls ein abweisender Bescheid erging. In beiden Fällen steht die Nichterhebung im pflichtgemäßen Amtsermessen.

8   **D. Härtefall.** Eine Nichterhebung (Niederschlagung) kommt ferner dann in Betracht, wenn die Einziehung der Gerichtskosten mit erheblichen Härten für den Zahlungspflichtigen verbunden wäre. Die einschlägigen Vorschriften sind im Teil VII D dieses Buchs abgedruckt.

E. Stundung. Auch eine Stundung kommt dann in Betracht, wenn man infolge einer alsbaldigen Einziehung von Gerichtskosten mit erheblichen Härten für den Zahlungspflichtigen rechnen müßte und wenn der Anspruch durch eine Stundung auch nicht gefährdet wird. Auch die insofern einschlägigen Bestimmungen sind im Teil VII D dieses Buchs abgedruckt. 9

F. Keine Kostenrechnung bei Prozeßkostenhilfe. Solange der Kostenschuldner oder sein Prozeßgegner infolge der Zubilligung einer Prozeßkostenhilfe nach §§ 114 ff ZPO von der Pflicht zur Bezahlung von Gerichtskosten (Gebühren und Auslagen) freikommen, darf der Kostenbeamte keine Kostenrechnung aufstellen. 10

G. Keine Kostenrechnung bei Unvermögen. Die Aufstellung der Kostenrechnung unterbleibt auch, solange der Kostenschuldner offenkundig oder sonst bekanntermaßen zur Zahlung dauernd unvermögend ist. Das ist auch dann so, wenn nicht einmal die Zahlung eines Teilbetrags in einer absehbaren Zeit möglich ist, §§ 9, 10 KostVfg, Teil VII A dieses Buchs. 11

3) Zuständigkeit. Sie ist im wesentlichen folgendermaßen geregelt. 12

A. Gericht. Unter den Voraussetzungen des § 21 ist das Gericht zur Entscheidung zuständig. Vgl auch § 20 FamGKG, § 16 KostO, Teile I B, III dieses Buchs.

B. Verwaltungsbehörde. Unter den Voraussetzungen des § 44 KostVfg, Teil VII A dieses Buchs, ist der Präsident des Gerichts oder der Leiter der Staatsanwaltschaft für seinen jeweiligen Dienstbereich neben dem erkennenden Gericht zur Entscheidung zuständig. 13

C. Gnadenbehörde. Unter den im Teil VII D dieses Buchs genannten Voraussetzungen ist die jeweilige Gnadenbehörde zur Entscheidung zuständig. 14

Nichterhebung von Kosten wegen unrichtiger Sachbehandlung

21 I ¹Kosten, die bei richtiger Behandlung der Sache nicht entstanden wären, werden nicht erhoben. ²Das Gleiche gilt für Auslagen, die durch eine von Amts wegen veranlaßte Verlegung eines Termins oder Vertagung einer Verhandlung entstanden sind. ³Für abweisende Entscheidungen sowie bei Zurücknahme eines Antrags kann von der Erhebung von Kosten abgesehen werden, wenn der Antrag auf unverschuldeter Unkenntnis der tatsächlichen oder rechtlichen Verhältnisse beruht.

II ¹Die Entscheidung trifft das Gericht. ²Solange nicht das Gericht entschieden hat, können Anordnungen nach Absatz 1 im Verwaltungsweg erlassen werden. ³Eine im Verwaltungsweg getroffene Anordnung kann nur im Verwaltungsweg geändert werden.

Schrifttum: *Schneider* MDR **01**, 914 (Üb).

Gliederung

1) **Systematik,** I, II	1
2) **Regelungszweck,** I, II	2
3) **Geltungsbereich,** I, II	3
4) **Unrichtige Sachbehandlung: Pflicht zur Nichterhebung,** I 1	4
5) **Voraussetzungen im einzelnen,** I 1	5–40
A. Kostenentstehung	5
B. Fehler des Gerichts oder der Behörde	6, 7
C. Unrichtigkeit: Offensichtlicher schwerer Fehler	8–11
D. Prozeßwirtschaftlichkeit	12
E. Keine Nachprüfung der Sachentscheidung	13
F. Beispiele zur Frage einer unrichtigen Sachbehandlung, I 1	14–40
6) **Ursächlichkeit,** I 1	41–43
7) **Terminsverlegung, Vertagung,** I 2	44, 45
8) **Abweisung, Antragsrücknahme,** I 3	46–48
A. Entweder: Abweisung	47
B. Oder: Antragsrücknahme	48
9) **Unverschuldete Unkenntnis der Verhältnisse,** I 3	49–53
10) **Verfahren,** II	54–64
A. Zuständigkeit, II 1	54

B. Verfahrensablauf, II 1 55–57
C. Verwaltungsentscheidung, II 2, 3 .... 58, 59
D. Gerichtliche Entscheidung, II 1 60–63
E. Betroffene Kosten, II 1–3 64
11) **Rechtsbehelfe, I, II** 65–67
  A. Gegen Verwaltung 65
  B. Gegen Erstgericht 66
  C. Gegen Letztgericht 67

1 **1) Systematik, I, II.** Wegen der Begriffe, der allgemeinen Voraussetzungen und der Zuständigkeit Einf vor § 21. § 21 bezieht sich grundsätzlich wegen § 1 I 1 nur auf die Gerichtskosten (Gebühren und Auslagen, BPatG GRUR **84**, 341, Düss MDR **85**, 60), LG Bonn JB **07**, 590.

Die Vorschrift bezieht sich also *nicht* auf die Kosten der Partei oder eines Beteiligten, Köln RR **87**, 1088, OVG Bln NVwZ-RR **98**, 405, OVG Kblz RR **95**, 362, aM BGH WoM **85**, 35 (zu § 16 KostO), LG Schweinf JB **80**, 573 (aber der Staat kann nicht wegen eines eigenen Fehlverhaltens auch noch die Parteien um auch nur einen Teil ihrer Erstattungsansprüche bringen). Erst recht ist § 21 unanwendbar, soweit es um Gebühren und/oder Auslagen eines Anwalts oder eines anderen ProzBev geht, oder wenn es sich um einen Auslagenerstattungsanspruch nach §§ 465, 473 StPO handelt, BGH NStZ **00**, 499, Hamm NStZ-RR **00**, 320. Auch § 59 zählt nicht hierher.

§ 21 bezieht sich auch nicht auf die Kosten des *Gerichtsvollziehers*, dazu § 7 GvKostG, Teil XI dieses Buchs. Denn diese Kosten regelt das GvKostG. Rechtssystematisch ist das Verfahren der Nichterhebung ein Kostenansatzverfahren. In ihm kann der Kostenschuldner geltend machen, daß ein Kostenansatz von vornherein unberechtigt war, Köln MDR **88**, 162, VGH Mü BayVBl **82**, 415. Das ist etwas ganz anderes als eine Amtshaftung, Meyer 1, aM Karlsr JB **99**, 204. Polizeikosten können allenfalls im Rahmen von § 1 Z 6 hierher zählen, also im Rahmen eines staatsanwaltschaftlichen Ermittlungsverfahrens, aM LG Lüneb VersR **85**, 1200.

Unberührt bleiben die Regeln des Bundes und der Länder zum *Kostenerlaß,* Teil VII D dieses Buchs.

2 **2) Regelungszweck, I, II.** Die Vorschrift dient der Kostengerechtigkeit, aber auch der Prozeßwirtschaftlichkeit, BLAH Grdz 14 vor § 128 ZPO. Denn nicht jeder kleine Fehler kann zur Kostenniederschlagung führen, ohne das ja ohnehin oft pauschale Kostengefüge empfindlich zu stören. Bei einer genaueren Prüfung würde die Zahl der Nichterhebungsanträge und -verfahren dann ins Unerträgliche steigen, wenn man jeden angeblichen oder wirklichen kleineren Fehler derart rügen könnte, BGH MDR **05**, 956, Stgt MDR **08**, 1043. Das darf natürlich nicht zum Freibrief für eine Schludrigkeit des Gerichts werden, Rn 11. Alles das muß man bei der Auslegung mitbeachten.

3 **3) Geltungsbereich, I, II.** Die Vorschrift ist im Gesamtbereich des § 1 GKG anwendbar. Sie ist nach § 98 PatG entsprechend anwendbar, BPatG GRUR **84**, 341.

4 **4) Unrichtige Sachbehandlung: Pflicht zur Nichterhebung, I 1.** Unter den nachfolgend erörterten Voraussetzungen darf das Gericht Kosten nicht erheben. Das ergibt sich aus den Gesetzesworten „werden nicht erhoben". Das Gericht hat also allenfalls bei der Prüfung der Frage ein pflichtgemäßes Ermessen, ob eine richtige oder unrichtige Sachbehandlung vorlag. Sobald es die objektive Unrichtigkeit der Sachbehandlung festgestellt hat, muß es die von dieser unrichtigen Sachbehandlung betroffenen Kosten von Amts wegen niederschlagen, Köln DGVZ **88**, 138.

Das gilt grundsätzlich *unabhängig von* einem *Verschulden,* Schneider MDR **01**, 915. Freilich liegt bei einem offensichtlichen schweren Fehler obendrein oft ein Verschulden vor. Andererseits hängt die Nichterhebung nicht etwa davon ab, daß die Ursache der unrichtigen Sachbehandlung nur im Verantwortungsbereich des Gerichts gelegen hätte. Auch ein von einer Partei mitbegangenes Fehlverhalten kann zur Unrichtigkeit der Sachbehandlung beim Gericht führen, Rn 6.

Zu den Kosten zählen auch hier die *Gebühren und Auslagen* des Gerichts, Einl II A 6, BGH **98**, 320, BPatG GRUR **84**, 341, Kblz JB **05**, 215, also auch die Kosten des vom Gericht ernannten oder bestellten Sachverständigen, KV 9005, Kblz JB **05**,

Abschnitt 4. Kostenansatz **§ 21 GKG**

215, aM Düss VersR **81**, 538 (aber „Kosten" meint in I 1 nichts anderes als § 1 I 1 für das gesamte GKG). Hierher zählen ferner die Auslagen des Zeugen, soweit das Gericht sie erstatten muß. I 2 enthält für Auslagen nicht etwa eine gegenüber I 1 spezielle abschließende, sondern eine den I 1 ergänzende Sonderregelung.

5) Voraussetzungen im einzelnen, I 1. Zur Niederschlagung von Kosten müssen die folgenden Voraussetzungen zusammentreffen. 5

A. Kostenentstehung. Man muß zunächst prüfen, ob überhaupt Gerichtskosten (Gebühren und/oder Auslagen, § 1 I 1) entstanden sind, Einf 5 vor § 21. Das ist weniger oft so, als man oft gedankenlos annimmt. Man muß das GKG einschließlich des KV und dort 9000 ff sorgfältig durchprüfen und kann sich mangels einer Kostenentstehung alle weiteren oft kniffligen Prüfungen bei § 21 sparen. Für eine Entscheidung fehlt ja das stets erforderliche Rechtsschutzbedürfnis, wenn es gar keinen Anlaß zu ihr gibt.

B. Fehler des Gerichts oder der Behörde. Es muß sich um einen Fehler eines Gerichts handeln, BFH Rpfleger **92**, 365, oder um einen Fehler der sonst mit der Sache zuvor befaßten gerichtsartigen Behörde, BFH Rpfleger **92**, 365. Auch das Gericht muß schon und noch mit der Sache befaßt sein, Düss MDR **97**, 403. Es ist unerheblich, welcher Angehörige des Gerichts den Fehler begangen hat. Es reicht aus, daß ein Gerichtswachtmeister falsch handelt, Kblz Rpfleger **81**, 37. Bei alledem ist es evtl unerheblich, ob sich eine Partei usw richtig oder auch unrichtig verhalten hat, Rn 4, BGH JB **90**, 406, aM Düss RR **97**, 1159, Nürnb JB **97**, 149. Freilich kann ein Parteiverschulden die Ursächlichkeit des Gerichtsfehlers nach Rn 41 verringern. Eine Arglist ist stets schädlich, BLAH Einl III 54, auch im Kostenrecht. 6

Es reicht auch eine unrichtige Behandlung durch einen Angehörigen der *Staatsanwaltschaft* aus. Das ergibt sich aus § 1 I 1 Z 6, Mü JB **78**, 101. Dasselbe gilt zB bei einem Fehler des Finanzamts, Schall BB **88**, 380. Freilich muß der Fehler gerade bei der Behandlung der bestimmten einzelnen Sache entstanden sein, nicht zB bei der Organisation auswärtiger Gerichtstage, Schall BB **88**, 380, aM Lappe NJW **87**, 1860 (aber Wortlaut und Sinn von I 1 sind eindeutig: „Behandlung der Sache", BLAH Einl III 39).

§ 21 ist unanwendbar, soweit lediglich ein *Sachverständiger* einen Fehler begangen hat, Hbg MDR **78**, 237, Kblz Rpfleger **81**, 37. 7

C. Unrichtigkeit: Offensichtlicher schwerer Fehler. Eine Unrichtigkeit liegt nur vor, soweit das Gericht usw gegen eine eindeutige gesetzliche Norm verstoßen hat und soweit der Verstoß auch offen zutage tritt, BPatG GRUR **06**, 263, Karlsr RR **08**, 808, Stgt MDR **08**, 1043. Denn erst dann liegt überhaupt objektiv eine Amtspflichtverletzung vor. Mit dieser Auslegung klammert man keineswegs irgendwelche objektiven Pflichtverletzungen von der Staatshaftung aus. 8

Es liegt also *keineswegs* schon stets deshalb eine Unrichtigkeit vor, weil das Gericht usw *irgendeinen Verfahrensfehler* begangen hat. Denn das Gericht ist sogar verpflichtet, seine Auffassung bis zur Entscheidung ständig selbstkritisch zu prüfen. 9

Vielmehr ist eine Differenzierung nötig: Nur ein *offensichtlicher schwerer* Verfahrensfehler kann ausreichen, BGH MDR **05**, 956, Düss JB **09**, 39 links, Kblz RR **04**, 1296. 10

Ein *leichterer Verfahrensfehler* reicht in der Regel *nicht* aus, BGH MDR **05**, 956, Karlsr RR **08**, 808, Kblz RR **04**, 1296. Schon gar nicht reicht eine abweichende Beurteilung einer Rechtsfrage, BGH RR **03**, 1294.

Die *gegenteilige Ansicht* zB von Hamm JB **80**, 104, Schneider MDR **01**, 914 zwingt zur Nichterhebung zB immer dann, wenn eine höhere Instanz wegen einer abweichenden rechtlichen Beurteilung von der Entscheidung der unteren Instanz abweicht. Das entspricht eindeutig nicht der Absicht des Gesetzes, BGH **93**, 231, Stgt OLGZ **79**, 64. Deshalb kann man auch nicht überzeugend damit argumentieren, es handle sich um einen Abwehrmechanismus der Gerichte mit dem Ziel, eigene Fehler sanktionsfrei zu halten. 11

D. Prozeßwirtschaftlichkeit. Natürlich darf die Handhabung des § 21 nicht zu derlei bloßen Mechanismen verkommen. Ebensowenig kann es aber praktikabel sein, jeden unrichtigen Buchstaben oder kleinen Gedanken, jede unerhebliche Unsauberkeit einer Begründung bereits als eine Unrichtigkeit nach § 21 zu beurteilen. Eine 12 nicht endende Kette von Nichterhebungsverfahren wäre nur zu leicht die Folge und könnte auf solche Weise die Hauptarbeit stören, Rn 2. Eine Prozeßwirtschaftlichkeit ist eben auch hier wichtig und wie stets mitbeachtlich, Kblz MDR **08**, 1306 (anschließend sehr streng!), BLAH Grdz 14 vor § 128 ZPO. Alles das gilt es zumindest mitzubedenken.

13 **E. Keine Nachprüfung der Sachentscheidung.** Man kann überhaupt grundsätzlich nicht etwa mit einem Antrag nach § 21 eine Nachprüfung der Sachentscheidung auf ihre sachliche Richtigkeit erzwingen, vgl auch § 16 KostO Rn 2ff, Teil III dieses Buchs, BGH VersR **84**, 78, Düss RR **98**, 1695, Ffm JB **95**, 210, aM Lappe RpflBl **76**, 36, Schneider JB **75**, 877 (aber das würde auf eine Verlagerung der eigentlichen Fachprüfung auf den Nebenschauplatz des Kostenrechts hinauslaufen).

14 **F. Beispiele zur Frage einer unrichtigen Sachbehandlung, I 1**
Ablehnung: Eine unrichtige Sachbehandlung kann vorliegen, soweit das Gericht einen begründeten Ablehnungsantrag jedenfalls auch durch sein Verhalten herbeigeführt hat, oder soweit es einen solchen Sachverständigen vergütet hat, den eine Partei mit Recht abgelehnt hatte, Ffm NJW **77**, 1502, Kblz Rpfleger **81**, 37.
Ablichtung, Abschrift: Eine unrichtige Sachbehandlung kann vorliegen, soweit das Gericht zu viele Ablichtungen oder Abschriften angefordert hat, BGH WoM **85**, 35 (zu § 16 KostO).
Akteneinsicht: Eine unrichtige Sachbehandlung kann bei einer Stattgabe oder Verweigerung vorliegen, BFH NJW **06**, 400.
15 **Antrag:** Eine unrichtige Sachbehandlung kann *fehlen,* soweit das Gericht in einem Anwaltsprozeß nicht auf einen solchen Antrag hingewirkt hat, der mit geringeren Kosten zu demselben Ergebnis hätte führen können, oder soweit es zB einen Beweisantrag übergangen hat, Saarbr MDR **96**, 1191, oder soweit ein Antrag auf eine Berichtigung oder Ergänzung des Urteils ein Rechtsmittelverfahren erübrigt hätte.
S auch Rn 21 „Eilantrag".
Antragsüberschreitung: Eine unrichtige Sachbehandlung kann vorliegen, soweit das Gericht entgegen zB § 308 I ZPO über einen in Wahrheit gar nicht gestellten Antrag entschieden hat.
Anwaltswegfall: Rn 35 „Unterbrechung".
Anwaltszwang: Rn 18 „Belehrung".
Anweisung: Eine unrichtige Sachbehandlung kann schon bei einer unklaren Anweisung vorliegen, LG Bln DS **04**, 189 (streng).
16 **Aufklärungspflicht:** Eine unrichtige Sachbehandlung kann vorliegen, soweit das Gericht in einer entscheidungserheblichen Weise gegen § 139 ZPO verstoßen hat, BFH BStBl II **79**, 296, Hamm AnwBl **84**, 93, Karlsr JB **99**, 204.
Eine Unrichtigkeit kann *fehlen,* soweit das Gericht einen Anwalt als den ProzBev nicht auf einen drohenden Fristablauf hingewiesen hat.
Aufrechnung: Rn 24 „Hilfsaufrechnung".
Auslagenvorschuß: Rn 38 „Vorschuß".
17 **Aussetzung:** Eine unrichtige Sachbehandlung kann vorliegen, soweit das Gericht zB gegen § 249 ZPO verstoßen hat.
S auch Rn 27 „Mitteilungspflicht".
Auswahl: Eine unrichtige Sachbehandlung *fehlt* meist, soweit es um die Auswahl des Sachverständigen durch das Gericht geht, Karlsr RR **98**, 1696, es sei denn, diese Auswahl wäre ohne jedes naheliegende Nachdenken erfolgt.
18 **Belehrung:** Eine unrichtige Sachbehandlung kann ausnahmsweise *fehlen,* soweit das Gericht eine falsche Belehrung erteilt hat, Hamm MDR **77**, 940, Schlesw JB **78**, 1225, Zweibr NStZ-RR **00**, 319, soweit zB das OLG vor der Weiterleitung einer Beschwerde an den BGH nicht auf den dortigen Anwaltszwang hingewiesen hat, BGH NJW **02**, 3410.
S auch Rn 31 „Rechtsmittelbelehrung".
Berufung: Eine unrichtige Sachbehandlung kann in folgenden Fällen vorliegen: Das Gericht hat eine Berufung offensichtlich gesetzwidrig zugelassen, Mü JB **78**, 102; das Revisionsgericht muß ein Berufungsurteil wegen eines absoluten Revisionsgrundes aufheben, BGH VersR **87**, 405 (Entscheidungsgründe fehlten bis zum Ab-

lauf der Frist des § 552 ZPO); das Berufungsgericht hätte keine Trennung vornehmen dürfen, BGH RR **97**, 832; das Berufungsgericht hat eine gar nicht eingelegte Berufung verworfen, BVerwG NJW **09**, 164.
Besetzung des Gerichts: Eine unrichtige Sachbehandlung kann vorliegen, soweit das Gericht zumindest in der letzten mündlichen Verhandlung vor der fraglichen Entscheidung falsch besetzt war. Das gilt unabhängig von einem etwaigen Verschulden.

Eine Unrichtigkeit kann *fehlen,* soweit eine neue Besetzung des Gerichts die Lage anders beurteilt als die frühere Richterbank oder als der Vorsitzende, solange nur er zuständig war, Schlesw SchlHA **89**, 111.

S aber auch Rn 29 „Prozeßkostenhilfe".
Beweisaufnahme: Eine unrichtige Sachbehandlung kann grds vorliegen, soweit eine Beweisaufnahme offensichtlich überflüssig war, Brdb FamRZ **04**, 1662, Düss JB **89**, 1272, Mü RR **03**, 1294, oder soweit sie sogar unzulässig wäre, Naumb FamRZ **03**, 386, oder soweit eine teure Beweisaufnahme ohne einen ausreichenden erstmaligen oder weiteren Vorschuß erfolgte, Saarbr JB **95**, 316, oder soweit ihre Wiederholung notwendig wurde, BGH NStZ-RR **98**, 319.

Eine unrichtige Sachbehandlung kann aber durchaus *fehlen,* soweit das Gericht eine Beweisaufnahme aus vertretbaren Gründen anordnet, ihr Ergebnis aber wegen einer Veränderung der tatsächlichen oder rechtlichen Beurteilung nicht verwertet, Düss JB **95**, 45, Mü RR **03**, 1295, Schneider MDR **01**, 918, oder soweit eine Wiederholung der Beweisaufnahme nur wegen einer fehlerhaften erstinstanzlichen Protokollierung notwendig wurde, KG JB **97**, 653.
Computer: Rn 21 „Einrichtung".
Dolmetscher: Eine unrichtige Sachbehandlung kann ferner bei einer schuldhaften 19 Nichtladung des offenkundig von vornherein nötigen Dolmetschers und bei einer deshalb nötigen Vertagungsfolge vorliegen.

Eine unrichtige Sachbehandlung kann *fehlen,* soweit das Gericht einen solchen Dolmetscher eingeschaltet hat, den es dann trotz der Ausländereigenschaft des Betroffenen doch nicht benötigte, oder soweit es keinen solchen Dolmetscher einschaltete, der dann doch nötig wurde. Denn das Gericht kann den Grad der Kenntnis der deutschen Sprache beim Ausländer und/oder die eigene Fähigkeit, sich in der fremden Sprache zu informieren oder auszudrücken, nicht stets vorher genau abschätzen. Es begeht daher jedenfalls insofern keinen offen zutage tretenden Verstoß nach Rn 8 ff, Brdb FamRZ **07**, 162, Düss RR **98**, 1695, Stgt FamRZ **01**, 238, aM LAG Hamm MDR **86**, 172 (aber die Partei muß schon wegen der notwendigen Prozeßwirtschaftlichkeit nach Rn 11 auch von sich aus zur Entbehrlichkeit eines Dolmetschers Stellung nehmen).
Eilantrag: Eine unrichtige Sachbehandlung kann vorliegen, soweit das Gericht einen 20 Eilantrag vorwerfbar verspätet aufgenommen hat, LG Ffm MDR **85**, 153.
Einrichtung: Eine fehlerhafte mechanische, elektrische oder elektronische Einrichtung kann eine unrichtige Sachbehandlung verursachen.
Entscheidungsgründe: Eine unrichtige Sachbehandlung *fehlt* dann, wenn das Urteil 21 trotz § 313 a I ZPO einen Tatbestand und Entscheidungsgründe enthält, Brdb JB **07**, 536, aM Köln FamRZ **07**, 1759.
Entscheidungsverbund: Rn 23 „Folgesache".
Erkrankung: Rn 25 „Krankheit".
Ermessen: Eine unrichtige Sachbehandlung liegt beim Ermessensfehl- oder -miß- 22 brauch vor.

Eine unrichtige Sachbehandlung kann *fehlen,* soweit das Gericht von einem Ermessen in dessen Grenzen Gebrauch oder auch keinen Gebrauch gemacht hat. Es kommt freilich auf den Grad der Nichtbeachtung mit an, etwa darauf, ob ein Ermessen offenkundig war.
Fristablauf: Rn 16 „Aufklärungspflicht". 23
Geschäftsunfähigkeit: Ihre Nichtbeachtung kann eine unrichtige Sachbehandlung sein, LG Kiel SchlHA **02**, 26.
Gesetzlicher Richter: Eine unrichtige Sachbehandlung kann bei einem Verstoß gegen das Gebot des gesetzlichen Richters nach Art 101 I 2 GG vorliegen, BGH WoM **04**, 162.

24 Grundurteil: Eine unrichtige Sachbehandlung *fehlt,* soweit das Gericht nach seinem pflichtgemäßen Ermessen nicht für das Betragsverfahren die Rechtskraft des Grundurteils abwartet, sondern nach dem Antrag des Klägers ins Betragsverfahren übergeht, aM Celle RR **03,** 788 (aber es geht nicht nur um den Bekl, sondern auch um den Kläger, der weiterkommen will), oder soweit das Gericht nicht schon zwecks einer Verfahrensbeschleunigung ein solches Grundurteil fällt, aM Celle BauR **06,** 392.

Gutachten: Eine unrichtige Sachbehandlung kann in folgenden Fällen vorliegen: Das Gericht hat ein Gutachten im Amtsverfahren ohne eine vorherige Anhörung des Betroffenen eingeholt, LG BadBad ZfS **94,** 263, LG Lpz JB **09,** 598, AG Zschopau ZfS **94,** 422; es hat ein solches Gutachten eingeholt, dessen Kosten unverhältnismäßig hoch, zB zehnmal so hoch sind wie die zu erwartende Strafe oder Geldbuße, ohne den Antragsteller vorher auf diese Kostenfolge aufmerksam zu machen, LG Freibg MDR **93,** 911; das Gericht hat ein wegen offenkundig anderer Hautfarbe usw entbehrliches Blutgruppengutachten eingeholt, Schlesw SchlHA **89,** 78 (aber Vorsicht!).

Eine Unrichtigkeit kann *fehlen,* soweit das Gericht zB ein Gutachten trotz übereinstimmender anderer Vorschläge beider Parteien eingeholt hat, Zweibr JB **97,** 372, oder wenn das Gericht den Sachverständigen gebeten hat, das Einkommen eines selbständigen (jetzt) vertraglichen Unterhaltsschuldners zu ermitteln, Kblz FamRZ **02,** 1644, oder wenn das Gericht trotz einer DNA-Analyse ein Abstammungsgutachten einholt, Stgt MDR **08,** 1043.

S auch Rn 31 „Rechtsgutachten", Rn 38 „Vorschuß".

Hilfsaufrechnung: Eine unrichtige Sachbehandlung liegt vor, soweit das Gericht über eine oder mehrere zur Hilfsaufrechnung gestellte Gegenforderung(en) des Bekl entgegen § 308 I ZPO über den Betrag der Hauptforderung hinaus ohne eine entsprechende Widerklage entscheidet.

Hinweis: Eine unrichtige Sachbehandlung kann vorliegen, soweit das Gericht einen notwendigen Hinweis unterlassen hat, Rn 16 „Aufklärungspflicht".

Insolvenz: Rn 35 „Unterbrechung".

25 Klagart: Eine unrichtige Sachbehandlung kann vorliegen, soweit das Gericht verkannt hat, daß der Kläger die falsche Klagart gewählt hatte, Zweibr FamRZ **97,** 839.

Klageinreichung: Eine unrichtige Sachbehandlung kann *fehlen,* wenn das Gericht eine Doppeleinreichung derselben Klage bearbeitet, insbesondere ohne das zu bemerken, Düss JB **99,** 485.

Klagezustellung: Eine unrichtige Sachbehandlung kann vorliegen, soweit das Gericht die Klagezustellung derart verzögert, daß der Kläger eine Erledigung der Hauptsache nicht mehr erfolgreich erklären kann, Düss RR **93,** 828.

Eine unrichtige Sachbehandlung kann *fehlen,* soweit das Gericht die Klageschrift einer gelöschten GmbH zu Händen ihrer früheren Geschäftsführer zustellen läßt, die der Kläger ersichtlich persönlich verklagen will, Kblz VersR **83,** 671.

Kostenentscheidung: Eine unrichtige Sachbehandlung auch bei der Kostenentscheidung und beim Kostenansatz kann vorliegen, BGH JB **08,** 43 rechts unten.

Sie kann *fehlen,* soweit das Beschwerdegericht eine solche Kostenentscheidung getroffen hat, die sich erübrigt hätte, wenn die Rechtsmittelrücknahme dort rechtzeitig eingegangen wäre, BFH Rpfleger **92,** 365, Schlesw SchlHA **98,** 144.

Krankheit: Eine unrichtige Sachbehandlung *fehlt,* soweit sich eine Verzögerung nur infolge der Erkrankung einer Gerichtsperson ergeben hat, Hamm NStZ-RR **00,** 320.

26 Ladung, Abladung: Vgl zunächst Rn 44, 45. Eine unrichtige Sachbehandlung kann vorliegen, soweit das Gericht eine Ladung in einen falschen Sitzungsraum oder unter einer nicht zutreffenden Anschrift veranlaßt hat oder soweit es bei einer Maßnahme in letzter Minute nicht die technisch mögliche und auch kostenmäßig vertretbare Form gewählt hat, Hamm MDR **88,** 1066 (Abladung durch bloßen „Auftrag" an einen ProzBev). Sie kann auch bei einer vorhersehbar gewesener Notwendigkeit einer Terminsänderung vorliegen.

Eine Unrichtigkeit kann *fehlen,* soweit eine Eilpost unterblieb, die nicht direkt notwendig war, Kblz Rpfleger **87,** 435.

S auch Rn 38 „Vorschuß".

27 Mediation: Eine unrichtige Sachbehandlung kann bei einer Zwangsmediation vorliegen, aM AG Eilenburg FamRZ **07,** 1670 (§ 122 ZPO).

Abschnitt 4. Kostenansatz § 21 GKG

Mitteilungspflicht: Eine unrichtige Sachbehandlung kann vorliegen, soweit das Gericht eine ihm vorgeschriebene Mitteilung unterlassen hat, falls einem Beteiligten dadurch ein Nachteil entstanden ist, Düss JB **94**, 302. Das kann zB auch dann so sein, wenn das Gericht einen Sachverständigen nicht von einer Aussetzung informiert hat.

Eine Unrichtigkeit kann *fehlen,* soweit das Gericht nur eine Mitteilungspflicht verletzt, etwa diejenige nach § 11 II 4 RPflG, aM Düss Rpfleger **94**, 75, Meyer-Stolte Rpfleger **76**, 300 (aber die Mitteilungspflicht steht nicht im Mittelpunkt des Erinnerungsverfahrens).

Nacherbfolge: Rn 35 „Unterbrechung".

Nachlaßpflegschaft: Rn 35 „Unterbrechung".

Nebenkläger: Seine Nichtzulassung kann eine unrichtige Sachbehandlung sein, Mü JB **78**, 101.

Pflichtverteidiger: Eine unrichtige Sachbehandlung kann in folgenden Fällen *fehlen:* 28 Das Gericht hat dem Angeklagten gegen seinen Willen neben dem Wahlverteidiger einen Pflichtverteidiger bestellt. Denn diese Maßnahme kann wegen der Fürsorgepflicht des Gerichts nach dem bisherigen Verfahrensverlauf nötig gewesen sein, Düss AnwBl **83**, 462; das Gericht hat die Pflichtverteidigung trotz der nachträglichen Bestellung eines Wahlverteidigers deshalb aufrechterhalten, weil es damit rechnen konnte, der letztere werde alsbald niederlegen, um selbst zum Pflichtverteidiger bestellt zu werden, Düss JB **94**, 656, LG Mainz Rpfleger **87**, 478.

Prozeßbevollmächtigter: Eine unrichtige Sachbehandlung *fehlt,* soweit das Gericht nur auf Grund eines Fehlers des ProzBev handeln mußte, Düss RR **99**, 1670.

Prozeßfähigkeit: Eine unrichtige Sachbehandlung kann vorliegen, soweit das Gericht gegen § 53 ZPO verstoßen hat, BGH NJW **88**, 51, oder soweit eine Prozeßunfähigkeit nicht beachtet hat, BGH NJW **88**, 51, Mü RR **89**, 256.

S auch Rn 35 „Unterbrechung".

Prozeßkostenhilfe: Ein unrichtige Sachbehandlung kann bei einer Bewilligung mit 29 einer unhaltbaren Begründung vorliegen, Brschw JB **79**, 870. Sie kann ferner in folgenden Fällen vorliegen: Das Gericht hat einen begründeten Antrag auf eine Prozeßkostenhilfe übersehen und kann die Bewilligung auch nicht rückwirkend nachholen; es hat durch einen unrichtigen Hinweis den Kläger zum Abstandnehmen von dem Vorbehalt oder von einer Klarstellung veranlaßt, er werde seine Klage nur im Umfang der Bewilligung einer Prozeßkostenhilfe erheben, Köln JB **05**, 546, OVG Hbg Rpfleger **86**, 68; das Gericht hat das Prozeßkostenhilfegesuch und zugleich die Klage ablehnend beschieden, OVG Hbg Rpfleger **86**, 68, FG Lpz JB **09**, 600, VGH Kassel NJW **85**, 218. Freilich kann eine Entscheidungsreife für beides gleichzeitig eintreten und dann natürlich sehr wohl beachtlich sein.

Weiteres Beispiel der möglichen Unrichtigkeit: Das Gericht hat die Rechtslage bei derselben Besetzung im Prozeßkostenhilfeverfahren anders als im Prozeß beurteilt, Schlesw SchlHA **89**, 111 (Vorsicht! Eine bessere Einsicht ehrt das Gericht und hat zwingende Folgen).

Eine Unrichtigkeit kann *fehlen,* soweit der Bekl eine Verzögerung der Entscheidung über sein Prozeßkostenhilfegesuch hingenommen hat, Köln FamRZ **99**, 998, oder wenn ein Prozeßkostenhilfegesuch und eine unbedingte Klage zusammentrafen, FG Düss JB **08**, 210, oder wenn das Gericht den Gegner vor einer Klärung der Bedürftigkeitsfrage anhörte, Düss JB **09**, 39 links.

S aber auch Rn 18 „Besetzung des Gerichts".

Rechtliche Beurteilung: Eine unrichtige Sachbehandlung kann vorliegen, soweit 30 das Gericht eine völlig unhaltbare Rechtsansicht vertritt, Mü MDR **90**, 348.

Ihre Änderung im Prozeß muß aber *keineswegs* eine unrichtige Sachbehandlung sein. Denn der Richter darf und muß selbstkritisch bleiben, Düss JB **99**, 485, Karlsr JB **99**, 204 und 425, VGH Mü NVwZ-RR **04**, 458, aM Hamm DRiZ **79**, 375, Brschw JB **77**, 1777, Köln NJW **79**, 1835.

Rechtliches Gehör: Eine unrichtige Sachbehandlung kann vorliegen, soweit das Gericht einem Beteiligten das rechtliche Gehör zu einer entscheidungserheblichen Frage versagt hat, BGH JZ **77**, 165, BFH NJW **77**, 1080, Saarbr MDR **96**, 1191.

Rechtsbeschwerde: Eine unrichtige Sachbehandlung kann vorliegen, soweit das Beschwerdegericht entgegen § 66 III 3 eine Rechtsbeschwerde zugelassen hat. Sie wäre ja trotzdem unstatthaft, (zum alten Recht) BGH NJW **03**, 70 rechts. Auch

GKG § 21 I. A. Gerichtskostengesetz

die Kosten infolge einer nicht notwendigen Entscheidung des Berufungsgerichts können unter § 21 fallen, BGH NJW **06**, 695 links.
Rechtsbeugung: Eine unrichtige Sachbehandlung kann vorliegen, soweit das Gericht fast eine Rechtsbeugung begeht, LG Ffm WoM **97**, 630.
Rechtsfrage: Rn 33 „Streitfrage".

31 **Rechtsgutachten:** Eine unrichtige Sachbehandlung kann vorliegen, soweit das Gericht ein Gutachten über inländisches Recht eingeholt hat, Karlsr FamRZ **90**, 1367 (zu § 16 KostO).
S auch Rn 24 „Gutachten".
Rechtsmittelbelehrung: Eine unrichtige Sachbehandlung kann vorliegen, soweit das Gericht durch eine falsche Rechtsmittelbelehrung die erfolglose Einlegung eines Rechtsmittels veranlaßt hat, BGH JB **80**, 460, BAG BB **87**, 552, BayObLG WoM **95**, 70 (zu § 16 KostO).
Eine unrichtige Sachbehandlung *fehlt,* soweit ein Gericht dazu nicht direkt gesetzlich verpflichtet war und sie deshalb gar nicht vorgenommen hat, BGH NJW **02**, 3420, oder soweit der Anwalt die Unrichtigkeit sogleich hätte erkennen können, Zweibr NStZ-RR **00**, 319.
S auch Rn 18 „Belehrung".
Rechtsmittelverzicht: Rn 21 „Entscheidungsgründe".
Rechtsmittelzulassung: Ihre offensichtliche Unhaltbarkeit kann eine unrichtige Sachbehandlung sein, Mü JB **78**, 102 (Berufung), BGH MDR **80**, 203 (Revision).
Rechtsprechungsänderung: Sie kann zur Nichterhebung führen, OVG Münst FamRZ **03**, 1136.

32 **Revision:** Eine unrichtige Sachbehandlung kann in folgenden Fällen vorliegen: Das Gericht hat die Revision offensichtlich gesetzwidrig zugelassen, BGH MDR **80**, 203; das Revisionsgericht muß das Berufungsurteil wegen eines absoluten Revisionsgrundes aufheben, BGH NJW **92**, 2039 (ZPO) und NStZ **01**, 135 (StPO).
Eine unrichtige Sachbehandlung *fehlt* grds bei übereinstimmenden Entscheidungen des Berufungs- und des Revisionsgerichts, Hbg MDR **04**, 474, oder dann, wenn es auf ein Gutachten nicht mehr ankommt, Karlsr RR **08**, 808. Natürlich können ausnahmsweise *beide* unrichtig gehandelt haben.
S auch Rn 35 „Urteilszustellung".
Rücknahme: Es gilt I 3, BGH MDR **05**, 956. Vgl Rn 46 ff.

33 **Sachverständiger:** Rn 24 „Gutachten", Rn 26 „Ladung, Abladung", Rn 27 „Mitteilungspflicht", Rn 31 „Rechtsgutachten", Rn 38 „Vorschuß".
Schriftsatznachlaß: Seine Verweigerung kann eine unrichtige Sachbehandlung sein. Aber Vorsicht!
Selbständiges Beweisverfahren: Rn 21 „Eilantrag".
Streitfrage: Eine unrichtige Sachbehandlung kann *fehlen,* soweit es um die Beurteilung einer streitigen Rechtsfrage geht, BGH **93**, 213, Ffm JB **75**, 1224, Köln RR **01**, 1725, oder gar um die Beurteilung einer wissenschaftlichen Streitfrage, Schlesw SchlHA **86**, 46, aM BFH NVwZ-RR **00**, 552, Düss RR **07**, 1151, Karlsr OLGZ **77**, 486 (aber dann wäre die Ausübung des richterlichen Ermessens stets dann ein offensichtlicher schwerer Fehler, wenn das nächsthöhere Gericht eine andere Rechtsansicht hat). Letzteres gilt erst recht bei einer neuen solchen Frage, Köln RR **01**, 1725.
Tatbestand: Rn 21 „Entscheidungsgründe".
Teilurteil: Eine unrichtige Sachbehandlung kann in seinem Erlaß liegen, Köln RR **92**, 908.
Telefax: Rn 21 „Einrichtung".
Terminsverlegung: Rn 26 „Ladung, Abladung", Rn 44, 45.
Testamentsvollstreckung: Rn 35 „Unterbrechung".
Tod: Rn 35 „Unterbrechung".

34 **Trennung:** Eine unrichtige Sachbehandlung kann vorliegen, soweit das Gericht eine Trennung hochgradig fehlerhaft vorgenommen hat, BGH RR **97**, 832, Mü MDR **98**, 738, Zweibr JB **07**, 322.
Eine unrichtige Sachbehandlung *fehlt,* soweit ein Beteiligter die Trennung durch neue selbständige Anträge verursacht und das abgetrennte Verfahren rügelos weiterbetrieben hat, VGH Mü NVwZ-RR **04**, 458.

Übersetzung: Eine unrichtige Sachbehandlung *fehlt,* soweit das Gericht zwecks einer Beschleunigung eine Übersetzung anordnet, obwohl die zuständige ausländische Behörde möglicherweise auf eine Übersetzung verzichten könnte, Kblz RR **04,** 1296.

Unterbrechung: Eine unrichtige Sachbehandlung kann vorliegen, soweit das Gericht gegen §§ 239 ff, 249 ZPO verstoßen hat.

Unzweckmäßigkeit: Eine unrichtige Sachbehandlung kann *fehlen,* soweit das Gericht lediglich unzweckmäßig gehandelt hat, etwa durch die unnötige Ladung eines Zeugen oder durch die unnötige Trennung eines Verfahrens vom anderen, aM OVG Münst NJW **78,** 720.

Urlaub: Eine unrichtige Sachbehandlung *fehlt,* soweit sich eine Verzögerung nur infolge des Urlaubs einer Gerichtsperson ergeben hat, Hamm NStZ-RR **00,** 320.

Ursächlichkeit: Rn 41.

Urteilszustellung: Eine unrichtige Sachbehandlung kann *fehlen,* soweit eine Partei gegen ein Urteil Revision und Nichtzulassungsbeschwerde eingelegt hatte und das Gericht das Urteil verspätet zugestellt hat, BAG **95,** 280.

Vergleich: Eine unrichtige Sachbehandlung kann in einer Entscheidung nach seinem Zustandekommen liegen, Kblz MDR **08,** 1306, Schlesw SchlHA **96,** 140. Aber Vorsicht!

Verhältnismäßigkeit: Rn 40 „Zustellung".

Verhandlungsdauer: Eine unrichtige Sachbehandlung kann dann *fehlen,* wenn das Gericht zwei Hauptverhandlungstage gebraucht hat, obwohl vielleicht rückblickend nur einer notwendig gewesen wäre, Hbg Rpfleger **83,** 175.

Verjährung: Eine unrichtige Sachbehandlung kann *fehlen,* soweit das Gericht eine überhaupt nicht näher dargelegte Einrede der Verjährung zunächst unbeachtet läßt, Schlesw JB **95,** 44.

Verkündung: Eine unrichtige Sachbehandlung kann vorliegen, soweit eine Urteilsverkündung trotz einer wenn auch nur von *einem* der ProzBev mitgeteilten Einigung erfolgt, Kblz MDR **08,** 1306 (sehr streng!), oder soweit ein Verkündungsprotokoll fehlt. Der Vermerk nach § 315 ZPO reicht nicht, Brdb MDR **99,** 564. S auch „Vergleich".

Verlust: Der Verlust zB einer Urkunde im Gerichtsbereich kann eine unrichtige Sachbehandlung sein, KG JB **08,** 43.

Verschulden: Rn 4.

Vertagung: Eine unrichtige Sachbehandlung kann in ihrer Ablehnung zB wegen eines Wechsels des ProzBev liegen, Köln NJW **79,** 1834. Aber Vorsicht!

Eine unrichtige Sachbehandlung *fehlt* dann, wenn das Gericht keine Vertagung anordnet, weil ein kranker Staatsanwalt dennoch an der Verhandlung teilnimmt, BGH NStZ **01,** 135.

S auch Rn 26 „Ladung, Abladung".

Verweisung: Eine unrichtige Sachbehandlung kann vorliegen, soweit das Gericht fehlerhaft nicht verweist.

S auch Rn 40 „Zurückverweisung".

Verzögerung: S bei den einzelnen Verzögerungsgründen.

Vorschuß: Eine unrichtige Sachbehandlung kann vorliegen, soweit das Gericht unverhältnismäßig hohe Kosten einer öffentlichen Ladung nicht als Vorschuß eingefordert hatte, (jetzt) § 17, LG Kblz MDR **99,** 10, 24.

Eine unrichtige Sachbehandlung kann *fehlen,* soweit das Gericht einen Sachverständigen oder Zeugen vernommen hat, ohne für ihn vorher einen Vorschuß anzufordern, Düss VersR **85,** 504, Kblz JB **05,** 215, AG Bln-Schöneb DGVZ **91,** 142 (zu § 11 GvKostG).

Willkür: Eine unrichtige Sachbehandlung liegt bei einer Willkür vor.

Zeuge: Eine unrichtige Sachbehandlung kann dann vorliegen, wenn das Gericht einen Zeugen im letzten Moment nur durch die „Beauftragung" eines ProzBev abgeladen hat, Hamm MDR **88,** 1066.

Eine Unrichtigkeit kann *fehlen,* soweit das Gericht einen Zeugen nur unzweckmäßig oder unnötig geladen hat, Hamm NStZ-RR **00,** 320.

S auch Rn 18 „Beweisaufnahme", Rn 26 „Ladung, Abladung", Rn 38 „Vorschuß".

GKG § 21

40 **Zurückverweisung:** Eine unrichtige Sachbehandlung kann durchaus vorliegen, soweit das untere Gericht einen offensichtlichen erheblichen Verfahrensfehler begangen hat, der zur Zurückverweisung durch das obere führt, BGH NJW 00, 3789, KG MDR 06, 48, Kblz JB 95, 210, oder soweit ein vergleichbar schwerer sachlichrechtlicher Fehler zur Zurückverweisung führt, Jena JB 99, 437, Karlsr JB 99, 425. Hierher kann ein absoluter Revisionsgrund zählen, Rn 32 „Revision", oder die Notwendigkeit wiederholter Zurückverweisungen in derselben Sache, Düss MDR 95, 212, Rostock MDR 95, 212.

Eine unrichtige Sachbehandlung kann aber dann auch *fehlen*, KG MDR 06, 48, Kblz RR 96, 1429, Mü MDR 90, 348, aM Hamm DRiZ 79, 375, KG JB 92, 654 (aber es kann sich zB um einen doch leichteren Verfahrensfehler handeln, Mü MDR 90, 348, oder um eine bisher höchstrichterlich ebenso beurteilte Frage, BGH 93, 213, Köln RR 01, 1725, Schlesw SchlHA 86, 46, aM Karlsr OLGZ 77, 486, oder um eine neue Rechtsfrage, Rn 33 „Streitfrage". Es kann ja auch die Entscheidung des oberen Gerichts falsch sein. Es kommt daher auf ihre Überzeugungskraft an). Wegen (jetzt) KV 1210, 1211 kommt die Niederschlagung einer Urteilsgebühr nicht mehr in Betracht, Karlsr FamRZ 98, 1310.

Zustellung: Eine unrichtige Sachbehandlung kann vorliegen, soweit das Gericht eine offenbar falsche Zustellung veranlaßt. Das gilt beim Tenor des Urteils, bei einer falschen Entscheidungsform, beim Tatbestand und seinem Fehlen, bei einer Verspätung, Düss RR 93, 828.

Eine unrichtige Sachbehandlung kann *fehlen*, soweit die Kosten einer öffentlichen Zustellung die Klageforderung erheblich übersteigen, LG Kblz RR 99, 1744, LG Mü JB 99, 424 (auch zu einer Ausnahme). Aber es gibt eine Grenze beim Verstoß gegen den Verhältnismäßigkeitsgrundsatz.

Zwangsvollstreckung: Eine unrichtige Sachbehandlung kann vorliegen, soweit das Gericht einen offensichtlich ungeeigneten Titel zur Vollstreckung ausreichen läßt.

Zweckmäßigkeit: Eine unrichtige Sachbehandlung *fehlt*, soweit sich nur die Unzweckmäßigkeit einer Maßnahme des Gerichts ergibt, Hamm NStZ-RR 00, 320, Karlsr RR 08, 808, LG Mü JB 99, 424.

41 **6) Ursächlichkeit, I 1.** Eine unrichtige Behandlung muß für die Kosten objektiv ursächlich gewesen sein, KG JB 97, 654, OVG Lüneb NVwZ-RR 06, 221, Schneider MDR 01, 915. Man muß eine Ursächlichkeit grundsätzlich dann bejahen, wenn die Partei gerade auf Grund des Mangels ein Rechtsmittel eingelegt hat, Mü RR 89, 256. Das gilt selbst dann, wenn die Einlegung objektiv vermeidbar war, Düss VersR 84, 1154. Ein etwa mitwirkendes Verschulden der Partei, des gesetzlichen Vertreters nach § 51 II ZPO oder des ProzBev nach § 85 II ZPO ist unerheblich, Düss JB 94, 302, OVG Hbg Rpfleger 86, 69, strenger Düss (10. ZS) MDR 97, 403, Hamm FamRZ 86, 1140 (krit Bosch), Nürnb MDR 97, 302 (aber hier geht es nur um die objektive Ursächlichkeit). Eine nicht ganz unerhebliche Mitursächlichkeit reicht aus.

Es reicht aus, daß die Kosten bei einer richtigen Sachbehandlung zwar entstanden wären, daß aber gerade *dieser* Kostenschuldner dann *nicht gehaftet hätte*, Ffm Rpfleger 79, 152.

42 Eine *Ursächlichkeit fehlt zB* in folgenden Fällen: Es geht nur um die mittelbare Folge einer unrichtigen Sachbehandlung, Düss VersR 84, 1154; das Gericht hat zwar die Ablehnung eines Antrags auf einen objektiv offenbar unhaltbaren Grund gestützt, es hätte den Antrag aber aus einem anderen zwar nicht erörterten, in Wahrheit aber objektiv zutreffenden Grund ebenso abweisen müssen. Denn dann wären die Kosten auch bei einer richtigen Behandlung entstanden, BPatG GRUR 06, 263; das Gericht hat zwar zu langsam gearbeitet, es wären aber dieselben Kosten auch bei einer schnelleren Arbeitsweise entstanden und die jetzt gewählte Maßnahme der Partei löst mindestens ebenso hohe Kosten aus, aM LG Stgt MDR 90, 933; das Gericht hat einen solchen Antrag auf die Bewilligung einer Prozeßkostenhilfe übersehen, den es hätte ablehnen müssen; das Gericht hat die Gebühr KV 1210 nicht erhoben, selbst wenn das Urteil grobe Verfahrensmängel zeigte und sich die Parteien in der Berufungsinstanz verglichen haben, KG JB 97, 654.

43 Soweit das Gericht dem Antrag hätte stattgeben müssen, kommt eine *Stundung* durch die Verwaltung infrage, Rn 158. Bei einer Zurückverweisung wegen eines Ver-

fahrensmangels werden die Kosten der Revisions- oder Berufungsinstanz nicht erhoben. Die Nichterhebung kommt aber nicht wegen solcher Kosten in Betracht, die durch die Berufungseinlegung entstanden sind. Das Revisionsgericht ist für die Niederschlagung der Kosten beider Instanzen zuständig. Es kann aber auch noch die Kosten eines früheren Revisionsverfahrens niederschlagen.

7) Terminsverlegung, Vertagung, I 2. Vgl auch Rn 26 „Ladung, Abladung". 44 Das Gericht darf solche Auslagen nicht erheben, die durch die von Amts wegen veranlaßte Verlegung eines Termins oder durch eine von Amts wegen veranlaßte Vertagung einer Verhandlung entstanden. Auslagen sind zB die Vergütung eines Sachverständigen oder Dolmetschers, die Entschädigung eines Zeugen oder ehrenamtlichen Richters, Kosten einer öffentlichen Bekanntmachung, einer Ladung, Umladung oder Abladung, Fahrt- und Übernachtungs- sowie sonstige Reisekosten.

Eine Verlegung usw erfolgt auch dann *von Amts wegen,* wenn ein Beteiligter sie aus einem gesetzlich zwingenden Grund beantragt oder anregt, etwa wegen der Nichteinhaltung einer Frist oder wegen einer Erkrankung usw. Die Verlegung oder Vertagung muß auf einem solchen Umstand beruhen, den die Partei nicht vertreten mußte. Sie muß etwa durch die Krankheit eines Richters oder eines Zeugen oder durch ein Verhalten des Gerichts entstanden, das einen Ablehnungsantrag zumindest mitbegründete.

Dann entstehen *keine* Gebühren. Der Kostenbeamte darf sie also nicht einsetzen.

Soweit eine Terminsverlegung oder eine Vertagung *nur* auf einem *Antrag* eines Be- 45 teiligten beruht, kommt I 2 nicht in Betracht. Wenn ein Verlegungs- oder Vertagungsantrag und eine Verlegung oder Vertagung von Amts wegen zusammentreffen, kommt es darauf an, ob das Gericht die Verlegung oder Vertagung auch unabhängig von dem zugleich oder vorher eingegangenen Antrag vorgenommen hätte. Nur dann kommt I 2 in Betracht.

Soweit die §§ 95 ZPO, 38 GKG anwendbar sind, ist I 2 unanwendbar.

8) Abweisung, Antragsrücknahme, I 3. Die Vorschrift erlaubt dem Gericht, 46 nach seinem pflichtgemäßen Ermessen von der Kostenerhebung abzusehen, sofern einer der folgenden Fälle Rn 47 oder Rn 48 vorliegt und außerdem die Voraussetzungen Rn 49–53 vorliegen.

A. Entweder: Abweisung. Das Gericht mag entweder eine abweisende Ent- 47 scheidung getroffen haben. Hierhin gehört jede Verwerfung oder Zurückweisung. Die Art und Form der Entscheidung, etwa durch einen Bescheid, eine Verfügung, einen Beschluß oder durch ein Urteil, und der förmliche oder sachliche Inhalt der Entscheidung sind unerheblich, BGH **98**, 319. Hier zählt zB auch ein belastender Kostenbeschluß nach einer Erledigung der Hauptsache, FG Hbg EFG **81**, 105.

B. Oder: Antragsrücknahme. Oder der Antragsteller mag ein Ersuchen belie- 48 biger Art um die Vornahme einer gerichtlichen Handlung wirksam zurückgenommen haben. Hierhin gehören alle solchen Anträge, die Gebühren oder Auslagen verursachen, zB: Den Klagantrag; ein Scheidungsantrag; ein Prozeßkostenhilfegesuch; ein Einspruch; eine Rechtsmitteleinlegung, BGH MDR **05**, 956.

9) Unverschuldete Unkenntnis der Verhältnisse, I 3. Bei Rn 48 muß der An- 49 trag außerdem auf einer vom Antragsteller nicht verschuldeten Unkenntnis der tatsächlichen oder rechtlichen Verhältnisse beruht haben. Unverschuldet ist nur dasjenige, was man bei einer zumutbaren Bemühung nicht vermeiden konnte. Die Partei darf auch bei einer Anwendbarkeit des sog Meistbegünstigungsgrundsatzes zB nach BLAH Grdz 28 vor § 511 ZPO nicht einfach davon ausgehen, das Gericht werde einem Fehler einen weiteren folgen lassen, BGH MDR **05**, 956. Dabei darf man freilich die Anforderungen vor allem an die Partei selbst auch nicht überspannen. Das Gericht muß in diesem Zusammenhang alle Umstände berücksichtigen, § 233 ZPO. Eine bloße derzeitige Unkenntnis des Aufenthalts des Gegners mag nicht entschuldigen, Kblz JB **95**, 429, eine Unkenntnis von dessen Tod eher, Kblz JB **95**, 429.

Eine *unverschuldete* Unkenntnis mag zB dann vorliegen, wenn der Antragsteller die 50 neuen Tatsachen nicht gekannt hat und seinen Antrag nur deshalb nicht zurückgenommen hat. Dann darf man freilich nur denjenigen Unterschiedsbetrag berücksichtigen, der zwischen dem an sich ansetzbaren und dem durch die Antragsrücknahme entstandenen Betrag liegt.

GKG § 21 I. A. Gerichtskostengesetz

Nicht unverschuldet ist ein Verhalten auf Grund einer ministeriellen Internet-Bekanntmachung, Düss RR **09**, 1062(!).

51 Eine vorherige *Belehrung* des Antragstellers führt grundsätzlich dazu, daß er sich insoweit anschließend nicht mehr auf eine unverschuldete Unkenntnis der Verhältnisse berufen kann. Eine Belehrung liegt auch in einer Zurückweisung des Antrags oder in seiner Verwerfung durch die Vorinstanz. Das Unterbleiben einer Belehrung durch das Finanzamt oder das Finanzgericht über etwa einschlägige Rechtsprechung führt noch nicht stets zur Schuldlosigkeit, FG Nürnb EFG **86**, 89.

52 Im übrigen ist es unerheblich, ob sich die Unkenntnis des Antragstellers auf einen *tatsächlichen oder* einen *rechtlichen Umstand* bezieht. Allerdings muß auch eine etwaige Rechtsunkenntnis unverschuldet sein. Auch in diesem Zusammenhang muß das Gericht den Bildungsgrad des Antragstellers und die sonstigen Umstände des Einzelfalls berücksichtigen.

53 Man muß das Handeln eines *Vertreters* oder des *Prozeßbevollmächtigten* im Rahmen eines Verfahrens nach der ZPO dem Vertretenen zurechnen, §§ 51 II, 85 II ZPO, BGH MDR **05**, 956, Düss MDR **99**, 1150, ebenso im Verfahren der Finanz- und Verwaltungsgerichte, Kopp/Schenke § 60 VwGO Rn 15.

54 **10) Verfahren, II.** Man muß fünf Aspekte beachten.
  A. Zuständigkeit, II 1. Zur Entscheidung ist grundsätzlich das Gericht der Instanz zuständig, Jena JB **99**, 435, KG JB **97**, 654, aM Kblz JB **92**, 113 (aber dort soll der Fehler entstanden sein). Der Einzelrichter ist wie sonst zuständig. Der verordnete Richter ist nicht zuständig. Der Rpfl entscheidet, soweit das zugrunde liegende Geschäft ihm übertragen ist, § 4 RPflG. Soweit ein Antrag nach § 21 nach dem Zugang der Kostenrechnung eingeht, stellt er eine Erinnerung nach (jetzt) § 66 mit den dort erläuterten Folgen dar, BGH NJW **02**, 3410, BVerwG NVwZ **06**, 479, KG JB **97**, 654. Das höhere Gericht ist zuständig, sobald und solange es mit der Sache befaßt ist oder war, BGH NJW **00**, 3788, Brdb FamRZ **04**, 1662, KG JB **97**, 654. Das Beschwerdegericht wird also erst dann zuständig, wenn das Erstgericht der einfachen oder sofortigen Beschwerde nicht abgeholfen hat, Hamm DRiZ **79**, 375.
  Das *Rechtsmittelgericht* darf und muß also wegen der in der Rechtsmittelinstanz entstandenen Kosten auch noch dann entscheiden, wenn es in der Hauptsache nichts mehr tun muß. Das gilt auch nach einer Zurückverweisung auch wegen der Kostengrundentscheidung. Jedes Gericht kann aber nur über die Kosten seiner eigenen Instanz entscheiden, BGH NJW **00**, 3789, Hamm JB **80**, 104, VGH Mü BayVBl **82**, 415, aM DOHH 33. Nach einer Rechtsmittelrücknahme vor dem Eingang der Sache beim Rechtsmittelgericht bleibt das erstinstanzliche Gericht zuständig.

55 **B. Verfahrensablauf, II 1.** Das Verfahren beginnt auf Grund eines Antrags oder von Amts wegen. Daher kann auch eine Anregung des Vertreters der Staatskasse genügen, KG JB **77**, 1587, aM Bln JB **79**, 1391. Ein Anwaltszwang besteht nicht. Denn man kann den Antrag zum Protokoll des Urkundsbeamten der Geschäftsstelle einlegen, § 78 III Hs 2 ZPO.

56 Solange nicht feststeht, ob der Antragsteller *überhaupt Kosten tragen muß,* ist der Antrag nur bei einem bereits jetzt vorhandenen Rechtsschutzbedürfnis zulässig, KG Rpfleger **77**, 227, Mü JB **78**, 101. Das Gericht kann zwar, muß aber nicht schon zusammen mit der Kostengrundentscheidung von Amts wegen auch bereits nach § 21 mitentscheiden. Es besteht keine Antragsfrist. Man kann den Antrag also auch nach dem Eintritt der Rechtskraft und sogar noch nach der Zahlung der Kosten einlegen.

57 Das Gericht entscheidet auf Grund einer freigestellten mündlichen *Verhandlung.* Es muß den von seiner Entscheidung Betroffenen vorher anhören, Artt 2 I, 20 III GG (Rpfl), BVerfG **101**, 404, Art 103 I GG (Richter).

58 **C. Verwaltungsentscheidung, II 2, 3.** Solange eine gerichtliche Entscheidung fehlt, kann die Entscheidung im Verwaltungsweg ergehen. Das gilt unabhängig davon, ob ein gerichtliches Verfahren nach § 21 bereits anhängig ist. Bereits eine erstinstanzliche stattgebende oder ablehnende Entscheidung des Gerichts macht eine Entscheidung im Verwaltungsweg unzulässig. Das gilt erst recht für eine zweitinstanzliche Entscheidung.

59 Soweit die Verwaltung einen Antrag nach § 21 *ablehnt,* gilt nicht § 23 EGGVG (Anrufung des OLG), sondern § 66 (Anrufung des Gerichts) als der einfachere Weg.

Über die zuständige Verwaltungsstelle §§ 9, 10, 44 KostVfg, Teil VII A dieses Buchs. Die Verwaltung darf ihre Entscheidung abändern, soweit nicht inzwischen das Gericht eine Entscheidung getroffen hat, II 3. Eine unzulässige Verwaltungsentscheidung ist wirkungslos.

D. Gerichtliche Entscheidung, II 1. Eine Entscheidung des Gerichts ergeht in der Form eines Beschlusses. Er muß grundsätzlich eine Begründung enthalten, BLAH § 329 ZPO Rn 4, §§ 113 II FGO, 122 II VwGO. Das Gericht teilt den Beschluß dem Betroffenen formlos mit. Es kann seine Entscheidung auch in ein Urteil aufnehmen. Das ändert an der Anfechtbarkeit durch eine Beschwerde nichts. **60**

Häufig wählt das Gericht die Form: „Kosten bleiben außer Ansatz". Zulässig ist auch zB die Formulierung: „Die Kosten ... werden nicht erhoben (oder: niedergeschlagen)". **61**

Soweit das Erstgericht einem Antrag *stattgegeben* hat, statt ihn aus zwingenden förmlichen Gründen abzulehnen, darf man die Kosten der zweiten Instanz nicht erheben und muß diejenigen der ersten Instanz dem Antragsteller auferlegen. Wenn das Erstgericht einen Antrag abgelehnt hat und das höhere Gericht ihm stattgibt, darf man die Kosten der zweiten Instanz nicht erheben. **62**

Eine *unzulässige* gerichtliche Entscheidung wird von demselben Gericht oder im Beschwerdeweg aufgehoben, Karlsr Rpfleger **90**, 1367. **63**

Das Gericht kann seine Entscheidung entsprechend § 66 abändern.

E. Betroffene Kosten, II 1–3. Das Gericht erhebt diejenigen Kosten (Gebühren und Auslagen, Rn 1) nicht, die bei einer richtigen Sachbehandlung nicht entstanden wären. Wenn das Gericht einen Antrag auf die Bewilligung einer Prozeßkostenhilfe nicht oder nur verspätet beschieden hat, kommt ein endgültiger Kostenerlaß nicht in Betracht. Soweit eine rückwirkende Bewilligung nicht mehr möglich ist, erfolgt die Nichterhebung vorbehaltlich der Aufhebung der Bewilligung, § 124 ZPO. Eine Nichterhebung ist nur insoweit zulässig, als Mehrkosten entstanden sind. **64**

11) Rechtsbehelfe, I, II. Es gibt drei Stadien. **65**

A. Gegen Verwaltung. Gegen die ablehnende Entscheidung der Verwaltung ist die Anrufung des Gerichts nach § 66 statthaft, Düss JB **95**, 45, Jena JB **99**, 435. Eine Anfechtung einer Verwaltungsentscheidung trotz des Vorliegens einer Gerichtsentscheidung erfolgt nach § 30a EGGVG, Teil XII B dieses Buchs. Gegen die Unterlassung einer Entscheidung nach § 21 schon zusammen mit der Kostenentscheidung nach Rn 56 ist mangels eines Rechtsschutzbedürfnisses zunächst noch keine Beschwerde zulässig. Vielmehr muß der Kostenschuldner den Kostenansatz abwarten und kann erst gegen ihn angehen, § 66.

B. Gegen Erstgericht. Gegen die Entscheidung des Erstgerichts kann der Betroffene die Erinnerung und die einfache Beschwerde einlegen, (jetzt) § 66 II, BGH MDR **05**, 956, Mü MDR **01**, 1318, Naumb FamRZ **03**, 385. Das gilt auch dann, wenn eine Partei die Erstentscheidung des LG in der Berufungsinstanz anficht, Celle JB **92**, 330. Dabei ist ein Beschwerdewert von über 200 EUR erforderlich. II 2 ist aber nicht anwendbar, wenn § 66 II 2 vorliegt, dort Rn 33, Mü MDR **01**, 1318. **66**

Eine *unzulässige* gerichtliche Entscheidung wird von demselben Gericht oder im Beschwerdeweg aufgehoben, OVG Hbg Rpfleger **86**, 68. Die Entscheidung ist im übrigen rechtskräftfähig, OVG Münst FamRZ **86**, 493.

C. Gegen Letztgericht. Gegen einen letztinstanzlichen Beschluß ist evtl der Antrag auf eine Wiederaufnahme statthaft, OVG Münst FamRZ **86**, 493, aM Schneider MDR **87**, 288 (aber zB §§ 578ff ZPO gelten uneingeschränkt). **67**

Abschnitt 5. Kostenhaftung

Übersicht

Gliederung

1) Systematik, Regelungszweck 1
2) **Begriffe** 2–5
   A. Entstehung, Fälligkeit 3
   B. Vorauszahlungspflicht 4
   C. Vorschuß 5

GKG Übers § 22

3) Prozeßkostenhilfe in Zivilsache 6–15
   A. Grundsatz: Vorrang der §§ 114 ff ZPO 6
   B. Rechtszug 7–9
   C. Wirkung 10, 11
   D. Aufhebung 12, 13
   E. Teilbewilligung 14
   F. Kostenbehandlung 15
4) Prozeßkostenhilfe in Strafsache 16
5) Prozeßkostenhilfe in Finanz-, Sozial- und Verwaltungssache 17

1 **1) Systematik, Regelungszweck.** Der Abschnitt 5 regelt das öffentlichrechtliche Verhältnis des Zahlungspflichtigen zur Gerichtskasse, zum Staat, BGH MDR **97**, 198, Köln VersR **03**, 55. Er weicht von §§ 2 ff KostO dahin ab, daß die Vorschriften über den Kostenschuldner einen eigenen Abschnitt bilden und daß die Regeln über die Fälligkeit, den Vorschuß und die Sicherstellung der Kosten ihrerseits in selbständigen vorangegangenen Abschnitten stehen. Das System zeigt die Bemühung um eine Abwägung der Interessen der Beteiligten einschließlich der Staatskasse zwecks einer Kostengerechtigkeit.

Man muß die Beziehung des Kostenschuldners zu einem *Dritten* und insbesondere die Frage der Kostenerstattung gegenüber dem Prozeßgegner von der Frage der Zahlungspflicht gegenüber der Gerichtskasse sorgfältig trennen. Die Kostenerstattung wird in anderen Gesetzen geordnet, nämlich der ZPO und der StPO.

2 **2) Begriffe.** Man muß zwischen vier Begriffen unterscheiden.
3 **A. Entstehung, Fälligkeit.** Vgl dazu Üb 1 vor § 6.
4 **B. Vorauszahlungspflicht.** Vgl dazu Üb 4 vor § 6.
5 **C. Vorschuß.** Vgl dazu Üb 5 vor § 6.
6 **3) Prozeßkostenhilfe in Zivilsache.** Es sind sechs Aspekte beachtlich.

A. Grundsatz: Vorrang der §§ 114 ff ZPO. Das Prozeßkostenhilfeverfahren ist als solches grundsätzlich gerichtsgebührenfrei, § 1 I 1 Z 1, BPatG GRUR **03**, 88. Die Vorschriften über die Prozeßkostenhilfe der ZPO gehen denen des Abschnitts 5 vor, Kblz JB **80**, 1693. Die hier wesentlichen Vorschriften lauten wie folgt:

ZPO § 119. Bewilligung. [I] [1] Die Bewilligung der Prozesskostenhilfe erfolgt für jeden Rechtszug besonders. [2] In einem höheren Rechtszug ist nicht zu prüfen, ob die Rechtsverfolgung oder Rechtsverteidigung hinreichende Aussicht auf Erfolg bietet oder mutwillig erscheint, wenn der Gegner das Rechtsmittel eingelegt hat.

[II] Die Bewilligung von Prozesskostenhilfe für die Zwangsvollstreckung in das bewegliche Vermögen umfasst alle Vollstreckungshandlungen im Bezirk des Vollstreckungsgerichts einschließlich des Verfahrens auf Abgabe der eidesstattlichen Versicherung.

ZPO § 122. Wirkung der Prozesskostenhilfe. [I] Die Bewilligung der Prozesskostenhilfe bewirkt, dass
1. die Bundes- oder Landeskasse
   a) die rückständigen und die entstehenden Gerichtskosten und Gerichtsvollzieherkosten,
   b) die auf sie übergegangenen Ansprüche der beigeordneten Rechtsanwälte gegen die Partei
nur nach den Bestimmungen, die das Gericht trifft, gegen die Partei geltend machen kann,
2. die Partei von der Verpflichtung zur Sicherheitsleistung für die Prozesskosten befreit ist,
3. die beigeordneten Rechtsanwälte Ansprüche auf Vergütung gegen die Partei nicht geltend machen können.

[II] Ist dem Kläger, dem Berufungskläger oder dem Revisionskläger Prozesskostenhilfe bewilligt und ist nicht bestimmt worden, dass Zahlungen an die Bundes- oder Landeskasse zu leisten sind, so hat dies für den Gegner die einstweilige Befreiung von den in Absatz 1 Nr. 1 Buchstabe a bezeichneten Kosten zur Folge.

Abschnitt 5. Kostenhaftung **Übers § 22 GKG**

ZPO § 125. Einziehung der Kosten. ¹ Die Gerichtskosten und die Gerichtsvollzieherkosten können von dem Gegner erst eingezogen werden, wenn er rechtskräftig in die Prozesskosten verurteilt ist.

II Die Gerichtskosten, von deren Zahlung der Gegner einstweilen befreit ist, sind von ihm einzuziehen, soweit er rechtskräftig in die Prozesskosten verurteilt oder der Rechtsstreit ohne Urteil über die Kosten beendet ist.

ZPO § 126. Beitreibung der Rechtsanwaltskosten. ¹ Die für die Partei bestellten Rechtsanwälte sind berechtigt, ihre Gebühren und Auslagen von dem in die Prozesskosten verurteilten Gegner im eigenen Namen beizutreiben.

II ¹Eine Einrede aus der Person der Partei ist nicht zulässig. ²Der Gegner kann mit Kosten aufrechnen, die nach der in demselben Rechtsstreit über die Kosten erlassenen Entscheidung von der Partei zu erstatten sind.

Ferner bestimmt

AUG § 9. Prozeßkostenhilfe. ²Durch die Bewilligung der Prozeßkostenhilfe nach diesem Gesetz wird der Antragsteller endgültig von der Zahlung der in § 122 Abs. 1 der Zivilprozeßordnung genannten Kosten befreit, sofern die Bewilligung nicht nach § 124 Nr. 1 der Zivilprozeßordnung aufgehoben wird.

Wegen der Erläuterungen vgl BLAH. Hier nur einige Bemerkungen.

B. Rechtszug. Das Gericht muß die Prozeßkostenhilfe für jede Instanz besonders bewilligen, auch im Verfahren nach dem AUG. Der Begriff der Instanz ist dabei derselbe wie bei § 35. 7

Die für das *Mahnverfahren* bewilligte Prozeßkostenhilfe erstreckt sich auch auf das nachfolgende streitige Verfahren über denselben Anspruch. Denn man muß einen entsprechenden Willen des Gerichts annehmen, und es handelt sich ja praktisch um dasselbe Verfahren.

Eine Prozeßkostenhilfe erstreckt sich *nicht auf die folgenden Fälle:* Der Rechtsstreit geht nach einer Verweisung vor einem anderen Gericht fort; der Rechtsstreit findet seine Fortsetzung nach einer Zurückverweisung; neben dem bereits laufenden Hauptprozeß beginnt ein Verfahren auf den Erlaß eines Arrests oder einer einstweiligen Verfügung, und umgekehrt; gegenüber der bereits anhängigen Klage erhebt der Bekl eine Widerklage, vgl freilich BLAH § 114 ZPO Rn 44; es erfolgt eine Anschließung; der Kläger erweitert die bisherige Klageforderung. 8

Soweit das Gericht die Prozeßkostenhilfe zulässigerweise *rückwirkend* gewährt hat, ist dieser Umstand auch für die Kostenhaftung maßgebend. Ohne eine Rückwirkung wirkt die Bewilligung der Prozeßkostenhilfe allerdings nur für die Zukunft. Freilich braucht das Gericht seinen Ausspruch nicht ausdrücklich zu formulieren. Sein Wille, die Prozeßkostenhilfe rückwirkend zu gewähren, muß nur eindeutig erkennbar sein. 9

C. Wirkung. Die Prozeßkostenhilfe bewirkt, daß die Staatskasse rückständige und entstehende Gerichtskosten (Gebühren und Auslagen) einschließlich etwaiger Kosten des Gerichtsvollziehers nur nach den gerichtlichen Bestimmungen geltend machen darf. Das gilt gegenüber der Partei. Wenn das Gericht eine Prozeßkostenhilfe dem Kläger, dem Berufungskläger oder dem Revisionskläger bewilligt hat, gilt das nach Maßgabe des § 122 II ZPO auch dem Gegner gegenüber, BVerfG NJW **99**, 3186, es sei denn, der Mittellose wäre ein sog Übernahmeschuldner, BVerfG MDR **00**, 1157, Karlsr NJW **00**, 1121, Kblz NJW **00**, 1122. Vgl aber auch § 31 II 1. Im Verfahren nach dem AUG tritt sogar grundsätzlich eine endgültige gesetzliche Befreiung ein. Vgl auch § 59 RVG, Teil X dieses Buchs. Die Prozeßkostenhilfe bewirkt ferner eine Befreiung von Sicherungspflichten für die Prozeßkosten. 10

Wenn der Unterstützte als ein *Streitgenosse* klagt, ist der Prozeßgegner nur befreit, falls sämtliche Streitgenossen eine Prozeßkostenhilfe erhalten haben. Der Prozeßgegner ist nur für die Verteidigung befreit, nicht für einen Angriff, etwa eine Widerklage, eine Anschließung usw, auch nicht für eine von ihm betriebene Zwangsvollstreckung. 11

Die Befreiung wirkt nicht, soweit *bereits* vor der Bewilligung *eine Zahlung erfolgt* ist. Daher ist die Gerichtskasse zur Rückzahlung solcher Beträge nicht verpflichtet, Düss JB **90**, 381, Schlesw SchlHA **90**, 57, Meyer 11, aM Hbg MDR **97**, 1287, LG Hbg JB **99**, 477.

12   **D. Aufhebung.** Soweit das Gericht die Prozeßkostenhilfe widerruft oder aufhebt, muß die Gerichtskasse die fraglichen Beträge einziehen, § 124 ZPO, AG Kblz FamRZ **99**, 1291. Die Einziehung vom Prozeßgegner kann für die ihm und für die dem Unterstützten erlassenen Gebühren und Auslagen erfolgen, soweit das Gericht den Prozeßgegner rechtskräftig in die Prozeßkosten verurteilt hat oder soweit der Rechtsstreit ohne ein Urteil über die Kosten beendet ist, § 125 II ZPO. Das letztere liegt vor, wenn die Parteien den Rechtsstreit seit geraumer Zeit nicht betreiben und wenn eine Fortsetzung nicht in einer baldigen sicheren Aussicht steht. Das Gericht muß die Gerichtskosten ferner dann vom Prozeßgegner einziehen, wenn er sie nach § 29 übernommen hat.

13   Gegen die Zahlungsanordnung steht dem Betroffenen die *sofortige Beschwerde* nach § 127 II 2 ZPO zu. Das gilt auch für den beigeordneten Anwalt.

14   **E. Teilbewilligung.** Soweit das Gericht die Prozeßkostenhilfe nur für einen Teil des Rechtsstreits bewilligt hat, wirkt die Befreiung für den Unterstützten und den Prozeßgegner dementsprechend beschränkt, Mü MDR **97**, 299. Man muß also zunächst die Gebühren aus dem Gesamtwert errechnen und davon diejenigen Gebühren abziehen, die sich aus dem durch die Prozeßkostenhilfe bewilligten Teilwert ergeben. Auch eine Vorwegleistungspflicht ermäßigt sich entsprechend.

15   **F. Kostenbehandlung.** Über die Behandlung der Kosten in einer Prozeßkostenhilfesache durch den Kostenbeamten vgl ferner § 9 KostVfg, Teil VII A dieses Buchs.

16   **4) Prozeßkostenhilfe in Strafsache.** In einer Strafsache kommt eine Prozeßkostenhilfe nur für denjenigen Privatkläger oder für denjenigen Nebenkläger in Betracht, der unter den Voraussetzungen des § 16 einen Vorschuß zahlen muß. Eine Prozeßkostenhilfe ist allerdings auch für die Widerkläger statthaft. Er braucht freilich keinen Vorschuß zu leisten.

Der *Beschuldigte* kann keine Prozeßkostenhilfe erhalten. Soweit eine Prozeßkostenhilfe in Betracht kommt, sind die §§ 114ff ZPO entsprechend anwendbar, § 379 StPO.

17   **5) Prozeßkostenhilfe in Finanz-, Sozial- und Verwaltungssache.** In einem Verfahren vor den Finanz-, Sozial- oder Verwaltungsgerichten gelten §§ 114ff ZPO entsprechend, § 142 FGO, § 73a SGG, § 166 VwGO.

Streitverfahren, Bestätigungen und Bescheinigungen zu inländischen Titeln

22   *Fassung 1. 9. 2009:* I [1]In bürgerlichen Rechtsstreitigkeiten sowie in Verfahren nach § 1 Abs. 1 Satz 1 Nr. 13, Abs. 2 Nr. 1 bis 3 sowie Abs. 4 schuldet die Kosten, wer das Verfahren des Rechtszugs beantragt hat. [2]Im Verfahren, das gemäß § 700 Abs. 3 der Zivilprozeßordnung dem Mahnverfahren folgt, schuldet die Kosten, wer den Vollstreckungsbescheid beantragt hat. [3]Im Verfahren, das nach Einspruch dem Europäischen Mahnverfahren folgt, schuldet die Kosten, wer den Zahlungsbefehl beantragt hat. [4]Die Gebühr für den Abschluss eines gerichtlichen Vergleichs schuldet jeder, der an dem Abschluss beteiligt ist.

II [1]In Verfahren vor den Gerichten für Arbeitssachen ist Absatz 1 nicht anzuwenden, soweit eine Kostenhaftung nach § 29 Nr. 1 oder 2 besteht. [2]Absatz 1 ist ferner nicht anzuwenden, solange bei einer Zurückverweisung des Rechtsstreits an die Vorinstanz nicht feststeht, wer für die Kosten nach § 29 Nr. 1 oder 2 haftet, und der Rechtsstreit noch nicht anhängig ist; er ist jedoch anzuwenden, wenn das Verfahren nach Zurückverweisung sechs Monate geruht hat oder sechs Monate von den Parteien nicht betrieben worden ist.

III Im Verfahren über Anträge auf Ausstellung einer Bestätigung nach § 1079 der Zivilprozessordnung oder einer Bescheinigung nach § 56 des Anerkennungs- und Vollstreckungsausführungsgesetzes schuldet die Kosten der Antragsteller.

IV [1]Im erstinstanzlichen Musterverfahren nach dem Kapitalanleger-Musterverfahrensgesetz ist Absatz 1 nicht anzuwenden. [2]Im Verfahren über die Rechtsbeschwerde nach § 15 des Kapitalanleger-Musterverfahrensgesetzes schuldet neben dem Rechtsbeschwerdeführer auch der Beigeladene, der dem Rechtsbeschwerdeverfahren auf Seiten des Rechtsbeschwerdeführers beigetreten ist, die Kosten.

Abschnitt 5. Kostenhaftung § 22 GKG

Vorbem. Zunächst I 1 ergänzt durch Art 16 Z 5 des 2. JuMoG v 22. 12. 06, BGBl 3416, in Kraft seit 31. 12. 06, Art 28 I des 2. JuMoG. Überschrift ergänzt, III angefügt durch Art 2 III Z 2a, b G v 18. 8. 05, BGBl 2477, in Kraft seit 21. 10. 05, Art 3 S 1 G. IV angefügt durch Art 4 Z 6 G v 16. 8. 05, BGBl 2437, in Kraft seit 1. 11. 05, Art 9 I 2 G, außer Kraft seit 1. 11. 10, Art 9 II Hs 2 G. Übergangsrecht jeweils §§ 71, 72 GKG. Sodann I 1 geändert, I 2, 3 eingefügt dch Art 5 Z 3 G v 30. 10. 08, BGBl 2122, in Kraft seit 12. 12. 08, Art 8 I G. Schließlich I 1 geändert dch Art 47 I Z 6 FGG-RG v 17. 12. 08, BGBl 2586, in Kraft seit 1. 9. 09, Art 112 I Hs 1 FGG-RG, Übergangsrecht Art 111 FGG-RG, Grdz 2 vor § 1 FamGKG, Teil I B dieses Buchs.

Bisherige Fassung I 1: ¹ ¹**In bürgerlichen Rechtsstreitigkeiten sowie in Verfahren nach § 1 Abs. 1 Nr. 2, 3 und 15, Abs. 2 Nr. 1 bis 3 sowie Abs. 4 schuldet die Kosten, wer das Verfahren des Rechtszugs beantragt hat.**

Gliederung

1) **Systematik, Regelungszweck, I–IV**	1
2) **Bürgerlicher Rechtsstreit, I**	2–19
A. Grundsatz: Haftung des Antragstellers	2
B. Begriff des Antragstellers	3
C. Beispiele zur Frage eines Antragstellers, I 1	4–7
D. Mehrheit von Antragstellern	8–10
E. Rechtszug	11, 12
F. Beispiele zur Frage eines Rechtszugs, I 1	13–15
G. Kostenentscheidung zulasten des Prozeßgegners	16
H. Prozeßübernahme	17
I. Nach Einspruch gegen Vollstreckungsbescheid oder Europäischen Zahlungsbefehl	18
J. Nach Prozeßvergleich	19
3) **Arbeitsgerichtsverfahren, II**	20
4) **Europäischer Vollstreckungstitel, AVAG, III**	21
5) **Kapitalanleger-Musterverfahren, IV**	22

1) Systematik, Regelungszweck, I–IV. Die Vorschrift enthält in I–III den **1** Grundsatz, daß der Antragsteller als der Veranlasser in den dort genannten Verfahren ohne eine Rücksicht auf ihren Ausgang ein Kostenschuldner ist, Stgt MDR **87**, 1036, LG Mainz JB **98**, 425. Neben ihm haftet nach § 29 derjenige gemäß § 31 I als ein Gesamtschuldner, dem das Gericht die Kosten durch eine unbedingte Entscheidung auferlegt hat oder der sie übernommen hat. Gegenüber einem Dritten entsteht eine Einigungsgebühr nur insoweit, als er sich am Verfahren beteiligt, I 4. Gegenüber dem Verurteilten und gegenüber einem Kostenübernehmer ist der Antragsteller lediglich ein sog Zweitschuldner, § 31 II, Karlsr JB **95**, 43. Diese Haftung kann zB bei einer Zahlungsunfähigkeit des Erstschuldners eintreten. Zum Begriff der bürgerlichen Rechtsstreitigkeit § 48 Rn 1. Eine Vorauszahlungs- oder Vorschußpflicht ergibt sich aus §§ 10 ff.

Im *Arbeitsgerichtsverfahren* gelten die Abweichungen nach II. Beim *Europäischen Vollstreckungstitel* und beim *AVAG* gelten Sonderregeln nach III. Im erstinstanzlichen Verfahren nach *KapMuG*, abgedruckt bei BLAH SchlAnh VIII, gibt es nach IV 1 keinen Antragschuldner, sondern muß man auf § 29 zurückgreifen. Demgegenüber erweitert sich für das zugehörige Rechtsbeschwerdeverfahren nach § 15 KapMuG die Haftung des Rechtsbeschwerdeführers (Antragstellers) um eine Haftung auch desjenigen Beigeladenen, der dem Rechtsbeschwerdeführer beigetreten ist und deshalb eine Rechtsstellung nach § 12 KapMuG hat.

2) Bürgerlicher Rechtsstreit, I. Ein einfacher Grundsatz erweist sich im einzel- **2** nen als oft problematisch.

A. Grundsatz: Haftung des Antragstellers. Es geht nur um die Staatskasse, nicht um den Gegner. Der jeweilige Antragsteller haftet der Staatskasse grundsätzlich für sämtliche Gebühren und Auslagen der Instanz, Hbg MDR **84**, 413, Köln VersR **03**, 55, aM Bre JB **76**, 349, KG Rpfleger **80**, 121 (vgl aber Üb 1 vor § 22). Das gilt unabhängig von einer Prozeßkostenhilfe für den Gegner, LG Flensb JB **07**, 39 (zustm Mayer). Der Antragsteller haftet auch für diejenigen Kosten, die eine bloße Verteidigungsmaßnahme des Bekl veranlaßt hat, KG MDR **84**, 154 (s aber auch Rn 5), oder

für diejenigen des Nachverfahrens nach einem Vorbehaltsurteil. Der Antragsteller haftet ferner für die Gebühren eines solchen Zeugen, den das Gericht lediglich auf eine Veranlassung des Prozeßgegners geladen hat.
Allerdings entlastet den Antragsteller praktisch die *Vorschußpflicht* nach § 17. Soweit der Prozeßgegner eine Prozeßkostenhilfe erhalten hat, gilt § 31 III Hs 1. Wegen der Dokumentenpauschale und Versendungsauslagen muß man § 28 beachten.

3 **B. Begriff des Antragstellers.** Antragsteller ist meist (Ausnahme Rn 7) nur die Partei selbst, nicht der gesetzliche Vertreter und auch nicht der ProzBev, Brdb JB **07**, 660, VG Brschw NVwZ-RR **03**, 912, Weis AnwBl **07**, 529. Das sollte der ProzBev schon zur Vermeidung von Umsatzsteuerproblemen bei der Antragstellung zum Ausdruck bringen, Bohnenkamp JB **07**, 570, Feuersänger MDR **05**, 1391.

C. Beispiele zur Frage eines Antragstellers, I 1

4 Abtretung: *Kein* Antragsteller ist der Abtretende wegen solcher Kosten, in die das Gricht den neuen Gläubiger verurteilt hat, zumindest nicht wegen eines angeblichen Scheinvertrags.
Anschlußberufung: Rn 6 „Klagerücknahme".
Anwalt ohne Auftrag: Antragsteller ist derjenige Antrag, der ohne einen Auftrag klagt oder ein Rechtsmittel einlegt usw, nicht etwa sein „Auftraggeber", Hbg MDR **01**, 1192 links.
Das gilt unabhängig davon, ob der Anwalt für sich *persönlich* handeln wollte, Kblz **97**, 536. Außerdem haftet die Partei aber zunächst insoweit, als sie von dem Antrag, Rechtsmittel usw eine Kenntnis hatte oder den Vorgang verhindern konnte, BGH MDR **97**, 198 (zustm Meyer JB **97**, 289), Kblz MDR **05**, 778, Köln VersR **03**, 55 oder soweit sie ihn genehmigte, Hbg MDR **01**, 1192, Kblz JB **97**, 536.
S auch Rn 7 „keine Vertretungsmacht".
Beklagter: Antragsteller ist er, soweit er zum Angriff übergeht. Dann haftet er für die durch seinen Antrag veranlaßten Kosten der Instanz. Das gilt zB: Für den eigenen Antrag auf die Durchführung des streitigen Verfahrens, § 696 I 1 ZPO, Karlsr JB **95**, 43, LG Kblz JB **96**, 205; für die Widerklage, die stets ein Angriff ist, auch soweit sie nur eine Verteidigung bezweckt, Hbg MDR **89**, 272; für einen eigenen Antrag im selbständigen Beweisverfahren, KV 1610 Rn 4, Kblz WoM **97**, 383, BLAH § 487 ZPO Rn 8, aM Mü RR **97**, 318 (aber es beginnt ein eigenes Verfahren); für die Hilfsaufrechnung des Rechtsmittelführers, KG MDR **84**, 154.
Dagegen ist die Hilfsaufrechnung des Bekl in der ersten Instanz *kein* eigener Angriff, LG Drsd JB **03**, 322 (folglich bleibt der Kläger auch insoweit der Antragsteller).
Berufung ohne Auftrag: Wenn ein Anwalt der ersten Instanz ohne einen besonderen Auftrag Berufung einlegt, haftet die von ihm vertretene Partei. Denn der Anwalt handelt im Rahmen seiner Prozeßvollmacht nach § 81 ZPO.

5 Dritter: *Kein* Antragsteller ist ein zu Unrecht in den Prozeß hineingezogener Dritter, soweit er sich nur zulässig wehrt, etwa durch einen Einspruch, LG Bln Rpfleger **83**, 369 (Anscheinsvollmacht zu seinen Gunsten).
Festsetzung: Antragsteller ist der dieses Vergütungsfestsetzungsverfahren betreibende Anwalt, Brdb JB **07**, 660.
Genehmigung: Rn 4 „Anwalt ohne Auftrag".
Hilfsaufrechnung: Rn 4 „Beklagter".

6 Klagerücknahme: *Kein* Antragsteller ist der Bekl bei einer Zustimmung zu einer Klagerücknahme. Das gilt dann, wenn dadurch eine Anschlußberufung nach § 524 ZPO hinfällig wird, § 522 I ZPO.
Mahnverfahren: Rn 4 „Beklagter".
Partei kraft Amts: Antragsteller ist auch sie. Sie haftet freilich nur mit dem verwalteten Vermögen. Partei kraft Amts sind zB der Insolvenzverwalter, der Nachlaßverwalter, der Zwangsverwalter, der Testamentsvollstrecker, BLAH Grdz 8–12 vor § 50 ZPO.
Prozeßkostenhilfe: Wer sie erfolglos beantragt hat, haftet für die Auslagen des Verfahrens nach § 118 ZPO, etwa für Zeugenentschädigung und für eine Sachverständigenvergütung.

Abschnitt 5. Kostenhaftung § 22 GKG

Prozeßstandschaft: Bei einer Prozeßstandschaft oder Prozeßgeschäftsführung haftet der Antragsteller, nicht der Berechtigte. Das gilt zB dann, wenn jemand ein fremdes Recht verfolgt, etwa der Einziehungsabtretungsnehmer.
Selbständiges Beweisverfahren: Rn 4 „Beklagter". 7
Streithilfe: *Kein* Antragsteller ist derjenige Streithelfer, der ebenso wie die unterstützte Hauptpartei ein Rechtsmittel eingelegt hat und die durch die Streithilfe verursachten Kosten tragen muß, während die unterstützte Hauptpartei die übrigen Kosten tragen soll. Denn er ist nur ein Gehilfe. Auch zählen seine Kosten nicht zu denjenigen des Rechtsstreits, also der Partei.

Daher wird derjenige Streitgehilfe, der das von der Hauptpartei eingelegte *Rechtsmittel* allein weiterführt, auch nicht dadurch zum Kostenschuldner, daß die Hauptpartei ihren Klaganspruch nunmehr an ihn abgetreten hat und daß er den Rechtsstreit daher nunmehr im eigenen Interesse weiterführt. Legt er aber allein ein Rechtsmittel ein, ist er wegen § 51 ZPO dann, wenn sich die Partei am Rechtsmittel nicht beteiligt, auch für die Kosten des Rechtsmittels Gebührenschuldner. Vgl Rn 12–14.
Keine Vertretungsmacht: Der Vertreter ohne Vertretungsmacht ist grds selbst der alleinige Antragsteller, Hbg MDR **01**, 1192, Köln **03**, 55, Meyer JB **97**, 288. Die Grundgedanken zur Anscheinsvollmacht gelten freilich auch hier, Paulus/Henckel NJW **03**, 1692. § 29 Z 2 bleibt anwendbar.

S auch Rn 4 „Anwalt ohne Auftrag".
Widerkläger: Rn 4 „Beklagter".

Soweit der Widerkläger nach der *Erledigung der Klage* den Prozeß weiter betreibt, ist er von diesem Zeitpunkt an der alleinige Antragsteller, Hbg MDR **89**, 272. Dasselbe gilt dann, wenn er die abgewiesene Widerklage in der zweiten Instanz weiter verfolgt.
Zwischenurteil: Antragsteller ist der Kläger unabhängig davon, auf wessen Prozeßhandlung ein Zwischenurteil beruht.

D. Mehrheit von Antragstellern. Mehrere Antragsteller haften als Gesamtschuldner, §§ 31 I, 32 I 1, Karlsr JB **95**, 43. Ihre Haftung setzt nicht voraus, daß ihre Anträge denselben Streitgegenstand betreffen. Wenn zB zwei Streitgenossen ihre ganz selbständigen Forderungen in derselben Klage verbinden, muß man die Streitgegenstände zusammenrechnen. Für die Gerichtsgebühren haftet jeder Streitgenosse, soweit der Betrag für beide übereinstimmt, als Gesamtschuldner mit anderen Streitgenossen. Bei einer Klage und Widerklage oder bei wechselseitigen Rechtsmitteln haften beide Parteien als Gesamtschuldner, soweit der Streitgegenstand derselbe ist. 8

Soweit der *Streitgegenstand verschieden* ist, haftet jeder Teil für die durch das Verfahren über seine selbständigen Anträge entstandenen Kosten, (jetzt) § 32 I 2, Kblz JB **98**, 547. Eine gesamtschuldnerische Haftung tritt also nur für denjenigen Teil ein, der etwa gleich ist. Ferner haften beide für denjenigen Betrag, um den die nach dem gesamten Streitgegenstand berechnete Gebühr hinter den getrennt berechneten Gebühren zurückbleibt. 9

Hat ein *Streitgenosse* eine *Gebührenfreiheit*, schuldet der Antragsteller nur die Hälfte der Gebühren, also in Höhe desjenigen Betrags, in der für ihn eine Ausgleichsmöglichkeit nach § 426 BGB entfällt, § 2 Rn 22, 23. Einen Zwischenantrag nach §§ 302 IV, 600 II, 717 II, III ZPO muß man wie eine Widerklage behandeln. 10

E. Rechtszug. Kostenschuldner ist jeder, der den Antrag für den Rechtszug wirksam gestellt hat, BFH BB **77**, 1138, BPatG GRUR **91**, 313, Karlsr JB **95**, 43. Der Widerkläger ist also auch für die Kosten der Widerklage Kostenschuldner, Mü MDR **03**, 1078 (zustm Hartung). Der Kläger haftet nicht für die Mehrkosten der Hilfsaufrechnung des Bekl, Oldb JB **06**, 147. Der Begriff des Rechtszugs ist derselbe wie bei § 35. Im Rechtsmittelverfahren ist der Rechtsmittelführer Antragsteller. Der Widerspruch gegen einen Arrest oder eine einstweilige Verfügung bringt keinen neuen Rechtszug. Natürlich muß man bei einer versehentlichen nochmaligen Einreichung derselben Klage usw nicht nochmals zahlen, Mü MDR **01**, 896. 11

Man muß die Kosten *nach den Rechtszügen* getrennt behandeln. Der prozessuale und der kostenrechtliche Rechtszugsbegriff sind evtl unterschiedlich, Karlsr JB **95**, 43. Es findet keine Verrechnung von einer Instanz auf die andere statt. 12

GKG § 22
I. A. Gerichtskostengesetz

13 **F. Beispiele zur Frage eines Rechtszugs, I 1**
Anschlußberufung: Eine unselbständige Anschlußberufung ist zwar kein Rechtsmittel. Wenn sie aber besondere Kosten verursacht, dann ist der sich Anschließende insofern Kostenschuldner, Mü JB **75**, 1231, Mümmler JB **77**, 1503.
Arrest, einstweilige Verfügung: Derselbe Rechtszug ist das Anordnungs- und das Widerspruchsverfahren nach § 924 ZPO.
Verschiedene Rechtszüge sind einerseis das Anordnungsverfahren, andererseits das Änderungs- und Aufhebungsverfahren nach § 927 ZPO; erst recht einerseits das Eilverfahren, andererseits der Hauptprozeß.
Dritter: Soweit die Parteien in einem Vergleich solche Ansprüche mitvergleichen, die nicht Gegenstand des Rechtsstreits sind, ist jeder Beteiligte Kostenschuldner, Rn 19, also auch ein beitretender Dritter.
Mahnverfahren: *Verschiedene* Rechtszüge sind das Mahnverfahren nach §§ 688 ff ZPO und das anschließende streitige Verfahren nach § 697 ZPO, KG Rpfleger **80**, 121, Karlsr JB **95**, 43, Mü MDR **84**, 948. Der Antragsteller haftet für die Kosten des streitigen Verfahrens dann, wenn er es nach § 696 I 1 ZPO verlangt hatte, KG Rpfleger **77**, 386, Mümmler JB **77**, 1505.
Nachverfahren: Derselbe Rechtszug ist das Verfahren bis zum Vorbehaltsurteil zB nach §§ 302, 599 ZPO und das zugehörige Nachverfahren nach § 600 ZPO.
14 **Offenbarungsverfahren:** Derselbe Rechtszug ist das Vollstreckungsverfahren und das Verfahren nach §§ 807 ff, 899 ff ZPO.
Verschiedene Rechtszüge sind das Erkenntnisverfahren und das Offenbarungsverfahren.
Prozeßkostenhilfe: *Verschiedene* Rechtszüge sind das Bewilligungsverfahren nach §§ 114 ff ZPO und das Hauptverfahren nach §§ 253 ff ZPO.
Schiedsrichterliches Verfahren: Derselbe Rechtszug ist das Verfahren nach §§ 1042 ff ZPO und ein Widerspruchsverfahren.
Selbständiges Beweisverfahren: *Verschiedene* Rechtszüge sind das Verfahren nach §§ 485 ff ZPO und der zugehörige Hauptprozeß, Schlesw JB **77**, 1626.
15 **Vergleich:** Rn 13 „Dritter".
Versäumnis: Derselbe Rechtszug ist das Verfahren auf Grund eines rechtzeitigen Einspruchs nach § 338 ZPO gegen ein Versäumnisurteil, Mü MDR **84**, 948.
Verschiedene Rechtszüge sind das Verfahren bis zum Versäumnisurteil und dasjenige auf Grund eines Einspruchs des Bekl in Verbindung mit einem Wiedereinsetzungsantrag nach §§ 233 ff ZPO nach der formellen Rechtskraft.
Verweisung: Derselbe Rechtszug ist das Verfahren vor und nach ihr, solange kein anschließendes Rechtsmittel ergeht.
Vorbescheid: Derselbe Rechtszug ist das Verfahren vor und nach einem Vorbescheid zB nach § 90 FGO oder nach § 84 VwGO.
Wiederaufnahme: *Verschiedene* Rechtszüüge sind das Erkenntnisverfahren und das Wiederaufnahmeverfahren nach §§ 578 ff ZPO.
Zurückverweisung: Es gilt dasselbe wie bei „Verweisung".
Zwischenstreit: Derselbe Rechtszug ist der Hauptprozeß und ein Zwischenstreit zB nach § 71 ZPO.

16 **G. Kostenentscheidung zulasten des Prozeßgegners.** Die Haftung des Antragstellers bleibt auch insoweit bestehen, als das Gericht in einer Entscheidung dem Prozeßgegner Kosten auferlegt hat. Der Antragsteller und der Prozeßgegner haften dann gesamtschuldnerisch. Soweit das Gericht dem Antragsteller in der Entscheidung keine Kosten auferlegt hat, haftet er allerdings nur als Zweitschuldner nach § 31 II 1. Vgl aber bei einer Prozeßkostenhilfe § 31 II 2. Die Haftung nach § 22 und diejenige nach § 29 hat nicht stets denselben Umfang.

17 **H. Prozeßübernahme.** Soweit ein Dritter nach §§ 75 ff, 265 f ZPO den Prozeß übernimmt, haftet der bisherige Antragsteller neben dem Übernehmer gesamtschuldnerisch für die bis zur Übernahme entstandenen Kosten.

18 **I. Nach Einspruch gegen Vollstreckungsbescheid oder Europäischen Zahlungsbefehl.** Auf Grund des Einspruchs gegen einen Vollstreckungsbescheid oder gegen einen Zahlungsbefehl nach der VO (EG) Nr 1896/2006, dazu BLAH Einf 3 vor § 1087 ZPO, erfolgt anders als nach dem Widerspruch gegen den zugrunde liegenden Mahnbescheid eine Abgabe an das Gericht des streitigen Verfahrens von Amts wegen, § 700 III 1 ZPO, BLAH dort Rn 12. In diesem Verfahren ist nach I 4 Hs 2 Schuldner der Gebühren und Auslagen derjenige, der den Vollstreckungsbescheid beantragt hat, Düss JB **02**, 90, Schneider JB **03**, 7, also nicht etwa der Einspruchsführer. Er ist für den dem Einspruch folgenden Verfahrensabschnitt bis zum Beginn des streitigen Verfahrens auch kein Entscheidungsschuldner. Das streitige Verfahren beginnt erst mit dem Eingang der Akten beim Gericht, an das das Mahngericht abgegeben hat, BLAH § 700 ZPO Rn 13.

J. Nach Prozeßvergleich. Schuldner der Gebühr KV 1900 ist jeder am Vergleich Beteiligte, I 4. Denn jeder ist infolge einer Beantragung der Protokollierung oder einer gerichtlichen Feststellung nach § 278 VI 1 ZPO Antragsteller. Alle Beteiligten haften als Gesamtschuldner nach § 31 I. Das gilt schon wegen der Anträge unabhängig vor einer etwaigen vergleichsweisen Kostenübernahme. Auch ein beigetretener Dritter wird als Beteiligter Antragsteller. 19

3) Arbeitsgerichtsverfahren, II. In einer Abweichung von I haftet der Antragsteller im arbeitsgerichtlichen Verfahren nach II 1 nicht, soweit ein Entscheidungsschuldner nach § 29 Z 1 oder ein Übernahmeschuldner nach § 29 Z 2 vorhanden ist. Solange ein solcher Schuldner nach einer Zurückverweisung des Rechtsstreits an die Vorinstanz noch nicht feststeht und der Prozeß noch anhängig ist, haftet der Antragsteller nach II 2 Hs 1 grundsätzlich ebenfalls noch nicht. Wenn das Verfahren jedoch nach einer Zurückverweisung sechs Monate geruht hat oder wenn keine Partei es seit sechs Monaten betrieben hat, haftet der Antragsteller auch nach einer Zurückverweisung als Antragschuldner, II 2 Hs 2. Das gilt auch zB bei einer Unterbrechung infolge eines Insolvenzverfahrens, Natter NZA **04**, 687. Damit entsteht auf ihn ein kostenrechtlicher Druck zum Weiterbetreiben des Prozesses. Das muß man bei der Auslegung mitbeachten. 20

4) Europäischer Vollstreckungstitel, AVAG, III. Beim Antrag auf eine deutsche Bestätigung eines von deutscher Stelle erlassenen Europäischen Vollstreckungstitels nach § 1079 ZPO oder auf eine Bescheinigung nach § 56 AVAG ist der Antragsteller nach Rn 3–7 Kostenschuldner. 21

5) Kapitalanleger-Musterverfahren, IV. Vgl Rn 1 aE. 22

Insolvenzverfahren

23 ^I ¹Die Gebühr für das Verfahren über den Antrag auf Eröffnung des Insolvenzverfahrens schuldet, wer den Antrag gestellt hat. ²Wird der Antrag abgewiesen oder zurückgenommen, gilt dies auch für die entstandenen Auslagen. ³Die Auslagen nach Nummer 9018 des Kostenverzeichnisses schuldet jedoch nur der Schuldner des Insolvenzverfahrens.

^{II} Die Kosten des Verfahrens über die Versagung oder den Widerruf der Restschuldbefreiung (§§ 296, 297, 300 und 303 der Insolvenzordnung) schuldet, wer das Verfahren beantragt hat.

^{III} Im Übrigen schuldet die Kosten der Schuldner des Insolvenzverfahrens.

Gliederung

1) Systematik, Regelungszweck, I–III	1
2) Antragsteller als Gebührenschuldner, I 1	2–4
A. Eröffnungsverfahren	2
B. Besonderer Prüfungstermin	3
C. Beschwerdeverfahren	4
3) Antragsteller als Auslagenschuldner, I 2	5–8
A. Eröffnungsverfahren	5
B. Wiederaufnahme	6
C. Besonderer Prüfungstermin	7
D. Beschwerdeverfahren	8
4) Antragsteller als Kostenschuldner bei Versagung oder Widerruf der Restschuldbefreiung, II	9
5) Schuldner als Gebührenschuldner, III Hs 1	10
6) Schuldner als Auslagenschuldner, III Hs 2	11, 12
A. Insolvenzeröffnung	11
B. Beschwerdeverfahren	12

GKG § 23 I. A. Gerichtskostengesetz

1 **1) Systematik, Regelungszweck, I–III.** Vgl zunächst Üb 1, 2 vor § 22. Man muß mehrere Fallgruppen unterscheiden. Sie beziehen sich nur auf das gesetzliche Verhältnis des Kostenschuldners zur Staatskasse. Daher ist eine abweichende gerichtliche Kostenentscheidung mit dem Vorrang der §§ 29 Z 1, 31 II möglich und evtl zB nach § 91a ZPO notwendig, AG Paderb Rpfleger **93**, 366, Uhlenbruck KTS **83**, 343.

2 **2) Antragsteller als Gebührenschuldner, I 1.** Der Antragsteller haftet in den folgenden Fällen für Gebühren. Sein gesetzlicher Vertreter, ProzBev usw haftet nicht persönlich.
  A. **Eröffnungsverfahren.** Der Antragsteller haftet für die Eröffnungsgebühr, KV 2310, 2311. Mehrere Gläubiger haften anteilig, LG Gießen BB **96**, 486. Das gilt aber nicht zulasten des Gläubigers, soweit die Eröffnung etwa wegen übereinstimmender wirksamer Erledigterklärungen unterbleibt, LG Frankenth JB **02**, 329. Er haftet auch für Kosten einer Sequestration und anderer vorläufiger Maßnahmen, LG Gera ZIP **02**, 1736, AG Köln NZI **00**, 384, Holzer DGVZ **03**, 151.

3 B. **Besonderer Prüfungstermin.** Der Antragsteller haftet ferner für die Kosten eines besonderen Prüfungstermins, KV 2340. Das ergibt sich aus § 177 I 2 InsO. Als Antragsteller muß man hier den Gläubiger ansehen, § 33.

4 C. **Beschwerdeverfahren.** Der Antragsteller haftet für die Beschwerdegebühr, KV 2360 ff, sofern das Gericht seine Beschwerde verwirft oder zurückweist. Sofern es sich um die Beschwerde gegen die Eröffnung des Insolvenzverfahrens handelt, haftet der Beschwerdeführer auch beim Erfolg der Beschwerde, KV 2360. Er haftet allerdings nur als Zweitschuldner hinter dem verurteilten Gegner.

5 **3) Antragsteller als Auslagenschuldner, I 2.** Der Antragsteller haftet in den folgenden Fällen für Auslagen, Hs 1, auch wegen eines vorläufigen Insolvenzverwalters, aM BGH Rpfleger **06**, 281 (aber I 2 ist eindeutig), bei KV 9018 freilich nur als Insolvenzschuldner, Hs 2.
  A. **Eröffnungsverfahren.** Der Antragsteller haftet bei einer Abweisung des Eröffnungsantrags oder bei seiner Rücknahme. Die Vorschrift ist zwingend, LG Memmingen MDR **87**, 767. Mehrere Antragsteller können Gesamtschuldner sein, LG Gießen JB **96**, 486. Bei einer wirksamen Erledigterklärung ist I 2 unanwendbar, Düss JB **06**, 650, Kblz JB **07**, 321, Köln MDR **06**, 472, und kann man § 91a ZPO entsprechend anwenden, Düss JB **06**, 650, LG Memmingen MDR **87**, 767.

6 B. **Wiederaufnahme.** Der Antragsteller haftet bei einer Wiederaufnahme vor der Entscheidung, auch wegen der Kosten einer auf einen Antrag erfolgten Sicherungsmaßnahme.

7 C. **Besonderer Prüfungstermin.** Der Antragsteller haftet für die Auslagen eines besonderen Prüfungstermins, § 177 I 2 InsO, KV 2340. Als Antragsteller muß man den Gläubiger ansehen, § 33, auch wenn das Gericht den Termin nicht gerade wegen seiner Forderung anberaumt hat. Gesamtgläubiger haften gemeinsam. Im übrigen haftet jeder Gläubiger nur für seine Schuld.

8 D. **Beschwerdeverfahren.** Der Antragsteller haftet für die Auslagen des Beschwerdeverfahrens, soweit das Gericht die Beschwerde verwirft oder zurückweist oder soweit der Beschwerdeführer die Beschwerde zurücknimmt. Er haftet ferner dann, wenn das Beschwerdeverfahren sich gegen den Eröffnungsbeschluß richtet. Soweit die Beschwerde Erfolg hat, kommt eine Niederschlagung auch der Auslagen in Betracht.

9 **4) Antragsteller als Kostenschuldner bei Versagung oder Widerruf der Restschuldbefreiung, II.** Derjenige, der die Versagung oder den Widerruf der Restschuldbefreiung nach §§ 296, 297, 300, 303 InsO beantragt, haftet unabhängig vom Erfolg oder Nichterfolg seines Antrags für die Gebühren und Auslagen dieses Verfahrens, § 1. Mehrere Antragsteller haften wie sonst mehrere Kostenschuldner, §§ 31 ff.

10 **5) Schuldner als Gebührenschuldner, III Hs 1.** Der Schuldner haftet für die Durchführungsgebühr, KV 2330 ff. Die Kosten sind Massekosten. Auch der Insolvenzverwalter kann über § 33 Kostenschuldner sein, beschränkt auf die Insolvenzmasse. Er kann die Erinnerung nach § 66 umlegen.

11 **6) Schuldner als Auslagenschuldner, III Hs 2.** Der Schuldner haftet für die Auslagen in den folgenden Fällen.

Abschnitt 5. Kostenhaftung   **§§ 23–26 GKG**

A. Insolvenzeröffnung. Soweit das Gericht das Insolvenzverfahren eröffnet hat, haftet der Schuldner für die Auslagen des gesamten Verfahrens.
B. Beschwerdeverfahren. Bei einem Beschwerdeverfahren haftet der Schuldner **12** in demselben Umfang wie der Antragsteller, Rn 4.

Öffentliche Bekanntmachung in ausländischen Insolvenzverfahren

24 Die Kosten des Verfahrens über den Antrag auf öffentliche Bekanntmachung ausländischer Entscheidungen in Insolvenzverfahren oder vergleichbaren Verfahren schuldet, wer das Verfahren beantragt hat.

1) Systematik. Es handelt sich um eine gegenüber §§ 22, 23 vorrangige Sondervorschrift. **1**

2) Kostenschuldner: Antragsteller. Er haftet für die Gebühren wie für die Auslagen. **2**

Verteilungsverfahren nach der Schifffahrtsrechtlichen Verteilungsordnung

25 Die Kosten des Verteilungsverfahrens nach der Schifffahrtsrechtlichen Verteilungsordnung schuldet, wer das Verfahren beantragt hat.

1) Antragsteller. Schuldner der Gebühren für die Eröffnung nach KV 2410 und **1** für die Durchführung nach KV 2420 und der Auslagen ist grundsätzlich nur der jeweilige Antragsteller, § 22 I. Bei einer Mehrheit von Antragstellern gilt § 31. Der Antragsteller trägt auch die Kosten eines Sachwalters und den insofern vom Gericht vor der Eröffnung einzufordernden Vorschuß, §§ 31, 32 SVertO. Wegen der von der Haftungssumme zu tragenden Kosten §§ 31 II, 33 SVertO.
Im *Beschwerdeverfahren* schuldet der in die Kosten verurteilte Beschwerdeführer die **2** Beschwerdegebühr nach KV 2440, 2441, aber nur hinter dem Entscheidungsschuldner nach § 29 Z 1. Der Beschwerdeführer haftet auch bei einer Verwerfung, Zurückweisung oder Rücknahme der Beschwerde für die Auslagen. Bei einem Erfolg der Beschwerde muß man die Auslagen nach § 21 niederschlagen.

2) Gläubiger. Er muß die Kosten eines besonderen Prüfungstermins nach KV **3** 2430 dann tragen, wenn er sein Recht zu diesem besonderen Termin angemeldet hat, § 18 SVertO.

3) Streitwert. § 33. **4**

Zwangsversteigerungs- und Zwangsverwaltungsverfahren

26 ¹ Die Kosten des Zwangsversteigerungs- und Zwangsverwaltungsverfahrens sowie des Verfahrens der Zwangsliquidation einer Bahneinheit schuldet vorbehaltlich des Absatzes 2, wer das Verfahren beantragt hat, soweit die Kosten nicht dem Erlös entnommen werden können.

ᴵᴵ ¹Die Kosten für die Erteilung des Zuschlags schuldet nur der Ersteher; § 29 Nr. 3 bleibt unberührt. ²Im Fall der Abtretung der Rechte aus dem Meistgebot oder der Erklärung, für einen Dritten geboten zu haben (§ 81 des Gesetzes über die Zwangsversteigerung und die Zwangsverwaltung), haften der Ersteher und der Meistbietende als Gesamtschuldner.

ᴵᴵᴵ Die Kosten des Beschwerdeverfahrens schuldet der Beschwerdeführer.

Gliederung

1) Systematik, Regelungszweck, I–III	1
2) Haftung des Antragstellers, I	2–6
A. Grundsatz: Umfassende Haftung, I 1 Hs 1	2, 3
B. Ausnahmen, I 1 Hs 2	4–6
3) Zuschlagskosten, II	7, 8
4) Beschwerdekosten, III	9

GKG § 26   I. A. Gerichtskostengesetz

1   **1) Systematik, Regelungszweck, I–III.** Vgl zunächst Üb 1, 2 vor § 22. § 26 betrifft die Gebühren KV 2210 ff und die im Verfahren entstehenden Auslagen, KV 9000 ff, vgl auch KVGv 401, 604, Teil XI dieses Buchs. Wegen der Fälligkeit der Gebühren § 7, der Auslagen § 9. Wegen des Vorschusses § 15. Die Gebühr für die Eintragung des Erstehers in das Grundbuch richtet sich nach § 60 KostO. Der Ersteher haftet für diese Gebühr allein. Er haftet neben den Gläubigern auch für diejenigen Gebühren, die durch die Eintragung einer Sicherungshypothek für eine Forderung gegen den Ersteher entstehen, § 4 KostO.

2   **2) Haftung des Antragstellers, I.** Einem klaren Grundsatz stehen erhebliche Ausnahmen gegenüber. Antragsteller sind der das Verfahren betreibende Gläubiger, auch ein beitretender, ein antragsberechtigter Erbe, eine ihm nach § 175 ZVG gleichstehende Person, ein Gemeinschafter nach § 180 ZVG und der Insolvenzverwalter nach § 172 ZVG.

A. Grundsatz: Umfassende Haftung, I Hs 1. Der Antragsteller haftet für das Anordnungsverfahren bei einer Zwangsversteigerung oder Zwangsverwaltung, auch wegen eines Beitritts, KV 2210, unabhängig von der Höhe seiner persönlichen Forderung, mit der er beigetreten ist. Er haftet ferner für die allgemeine Verfahrensgebühr KV 2211.

Er haftet für *jede selbständige* Entscheidungsgebühr. Das gilt zB bei § 133 ZVG. Das gilt natürlich dann nicht, wenn die Mehrheit der Entscheidungen auf einem Verfahrensfehler beruht, § 21. Eine einzige Entscheidung statt mehrerer möglicher löst nur eine einzige Gebühr aus. Vor einer Verbindung entstandene Gebühren bleiben bestehen.

Der Antragsteller haftet auch für die Kosten des *Versteigerungstermins*, KV 2213. Er haftet für die Kosten des Verteilungsverfahrens, KV 2215, sowie für die Jahresgebühr der Zwangsverwaltung, KV 2221, für die Gebühr wegen der Eröffnung der Zwangsliquidation einer Bahneinheit, KV 2230, und für das Verfahren, KV 2231, soweit es sich nicht um Beschwerdegebühren handelt.

3   Die Haftung des Antragstellers erstreckt sich auch auf die im Verfahren entstehenden *Auslagen,* demgemäß auch auf diejenigen Auslagen, die bei der Überwachung des Sequesters durch das Gericht entstehen.

Außer dem Antragsteller haftet der *Vollstreckungsschuldner* wegen der notwendigen Vollstreckungskosten. Das sind diejenigen Kosten, die selbst für einen objektiven Betrachter im Zeitpunkt der Antragstellung wie der weiteren Vollstreckung notwendig waren, wie bei §§ 91, 788 ZPO. Ferner haftet der gesetzlich Verpflichtete, § 29 Z 3, 4. Der Bevollmächtigte oder gesetzliche Vertreter und eine Partei kraft Amts haftet aber nicht mit dem eigenen Vermögen, anders als der vollmachtlose Vertreter, solange der Vertretene nicht rückwirkend genehmigt. Mehrere Antragsteller haften als Gesamtschuldner. Eine Kostenfreiheit bleibt bestehen. Mit einer Verfahrenseinstellung erlischt die Mithaftung des davon betroffenen Mitgläubigers für Kosten während der Einstellung.

4   **B. Ausnahmen, I Hs 2.** Die Haftung entfällt, soweit das Gericht die Kosten dem Erlös entnehmen kann. Eine Vorwegnahme ist für die Verfahrenskosten der Zwangsversteigerung möglich. Davon gilt eine Ausnahme für die Kosten der Anordnung des Verfahrens und die Kosten des Beitritts eines Gläubigers.

Wegen einer *nachträglichen Verteilungshandlung* s §§ 109 I, 155 I ZVG.

5   Eine *Vorwegnahme* ist auch bei der Gebührenfreiheit eines Beteiligten statthaft. Bei der Nichtberichtigung des Bargebots muß man die Forderung gegen den Ersteher wegen der Kosten auf die Gerichtskasse übertragen, § 118 ZVG. Der Antragsteller wird dann frei, wenn die Gerichtskasse nicht binnen 3 Monaten dem Gericht gegenüber auf die Rechte aus der Übertragung verzichtet.

6   Der *Beigetretene* haftet als Antragsteller nur für diejenigen durch eine gerichtliche Handlung entstehenden Kosten, für die er die Rechtsstellung eines Gläubigers hat. Wenn zB die Versteigerung nur auf Grund des Antrags des eigentlichen Antragstellers stattgefunden hat, während das Gericht das Verfahren für den Beigetretenen eingestellt hatte, haftet der Beigetretene nur für die Verfahrensgebühren.

7   **3) Zuschlagskosten, II.** Für die Zuschlagskosten nach KV 2214, 9000 ff haften nur der Ersteher und der gesetzliche Kostenschuldner nach § 29 Z 3, nicht der An-

Abschnitt 5. Kostenhaftung **§§ 26–28 GKG**

tragsteller. Das gilt folglich auch für die Kosten der Zustellung des Zuschlagsbeschlusses nach § 88 ZVG, LG Freibg Rpfleger **91**, 383. Mehrere Ersteher haften als Gesamtschuldner, soweit sie gemeinsam erwerben, § 31 I. Andernfalls haftet jeder Ersteher nur für seinen Teil. Bei einer Wiederversteigerung nach § 133 ZVG haftet der Ersteher nicht für die Kosten des früheren Zuschlags.

Bei einer *Abtretung der Rechte* aus dem Meistgebot oder bei der Aufdeckung eines Bietungsauftrags nach § 81 ZVG haftet der Meistbietende neben dem Ersteher als Gesamtschuldner und auch seinerseits als Erstschuldner, LG Lüneb Rpfleger **88**, 113. Das gilt auch dann, wenn der Ersteher persönlich kein aus dem Grundstück Berechtigter ist, LG Lüneb Rpfleger **88**, 113. Der Dritte haftet bei § 61 ZVG nicht.

Gegenüber der auf dem Kostenrecht begründeten persönlichen Inanspruchnahme ist eine Berufung auf eine *persönliche Gebührenfreiheit* zulässig. Man darf die Gebühr und die Zustellungsauslagen nicht dem Versteigerungserlös entnehmen, § 109 ZVG, LG Freibg Rpfleger **91**, 383. 8

4) Beschwerdekosten, III. Die Haftung für die Beschwerdegebühr nach KV 2240, 2241 und für die zugehörigen Auslagen nach KV 9000 ff trifft den Beschwerdeführer nach III. Das gilt auch wegen etwaiger Sachverständigenkosten, Kblz JB **05**, 215. Die Haftung richtet sich also nach dieser gegenüber § 22 vorrangigen Sondervorschrift. Eine Vorwegentnahme aus dem Versteigerungserlös ist nicht statthaft. Denn III verweist nicht auf I Hs 2. 9

Bußgeldsachen

27 Der Betroffene, der im gerichtlichen Verfahren nach dem Gesetz über Ordnungswidrigkeiten den Einspruch gegen einen Bußgeldbescheid zurücknimmt, schuldet die entstandenen Kosten.

Vorbem. Entspricht teilweise § 55 aF.

1) Geltungsbereich. § 27 gilt bei einer Rücknahme des Einspruchs gegen einen Bußgeldbescheid im gerichtlichen Verfahren nach dem OWiG, LG Zweibr MDR **95**, 1076. Dazu zählt das Zwischenverfahren nach § 69 OWiG ebensowenig wie das sonstige Verfahren vor der Staatsanwaltschaft, etwa nach § 25 a StVG (Halterhaftung). Die Rücknahme muß nach §§ 71 OWiG, 411 III StPO wirksam erfolgt sein. Eine Gebühr entsteht dann nicht. 1

Der Betroffene trägt die *Kosten,* also die Gebühren und die Auslagen, § 1 I 1, LG Darmst MDR **98**, 309 (Sachverständigenkosten). Sie werden mit der Rücknahme des Einspruchs fällig, (jetzt) § 9 I, LG Zweibr MDR **95**, 1076. Eine Kostenentscheidung ist unnötig. Denn die Haftung entsteht kraft Gesetzes, LG Zweibr MDR **95**, 1076.

2) Fälligkeit. Sie richtet sich nach § 8. 2

Auslagen in weiteren Fällen

28 I ¹Die Dokumentenpauschale schuldet ferner, wer die Erteilung der Ausfertigungen, Ablichtungen oder Ausdrucke beantragt hat. ²Sind Ablichtungen oder Ausdrucke angefertigt worden, weil die Partei oder der Beteiligte es unterlassen hat, die erforderliche Zahl von Mehrfertigungen beizufügen, schuldet nur die Partei oder der Beteiligte die Dokumentenpauschale.

II Die Auslagen nach Nummer 9003 des Kostenverzeichnisses schuldet nur, wer die Versendung oder die elektronische Übermittlung der Akte beantragt hat.

III Im Verfahren auf Bewilligung von Prozesskostenhilfe einschließlich des Verfahrens auf Bewilligung grenzüberschreitender Prozesskostenhilfe ist der Antragsteller Schuldner der Auslagen, wenn der Antrag zurückgenommen oder von dem Gericht abgelehnt oder wenn die Übermittlung des Antrags von der Übermittlungsstelle oder das Ersuchen um Prozesskostenhilfe von der Empfangsstelle abgelehnt wird.

Vorbem. Überschrift geändert und Neufassung von I, II durch Art 14 I Z 7 JKomG v 22. 3. 05, BGBl 837, in Kraft seit 1. 4. 05, Art 16 I JKomG. Übergangsrecht § 71 GKG.

GKG § 28 I. A. Gerichtskostengesetz

Gliederung
1) Systematik, I–III 1
2) Regelungszweck, I–III 2
3) Dokumentenpauschale, I 3–5
   A. Grundsatz, I 1 .... 3, 4
   B. Ausnahme, I 2 5
4) Auslagen für Aktenversendung oder -übermittlung, II 6–9
5) Auslagen im Prozeßkostenhilfeverfahren, III 10

1 **1) Systematik, I–III.** Vgl zunächst Üb 1, 2 vor § 22. Die Vorschrift schafft für die Dokumentenpauschale und für Auslagen aus Anlaß einer Aktenversendung oder -übermittlung einen eigenen Schuldner, VGH Mü NJW 07, 1484. Neben diesem haften bei solche Auslagen nach I grundsätzlich für die entstandenen notwendigen Kosten die Schuldner der §§ 22–26, 29. Das ergibt das Wort „ferner" in I 1. Eine solche zusätzliche Haftung besteht aber nicht bei einer Aktenversendung. Für deren Kosten haftet ja „nur" der Antragsteller, II, aM VG Brschw NVwZ-RR **03**, 912 (aber am klaren Wortlaut scheitert eine Praktikabilitätsfrage).

2 **2) Regelungszweck, I–III.** Die Vorschrift dient in I 2 der Kostendämpfung. Denn der Antragsteller hat es in der Hand, durch die eigene Anfertigung der erforderlichen Ablichtungen, Ausdrucke und Ausfertigungen bei I 2 eine Dokumentenpauschale zu verhindern. Er kann auch Telefaxe fertigen, aM VGH Mannh NJW **08**, 537 (aber das Fax hat sich völlig eingebürgert). Im übrigen bezweckt § 28 eine Kostengerechtigkeit: Wer Kosten verursacht, soll sie begleichen, VGH Mannh NJW **08**, 537.

3 **3) Dokumentenpauschale, I.** Dem Grundsatz stehen Ausnahmen gegenüber.
A. Grundsatz, I 1. Die Vorschrift erfaßt die Übersendung oder Übermittlung einer nach KV 9000 Z 1 gerade auf Grund eines Antrags und nicht etwa von Amts wegen erteilten auslagenpflichtigen Ausfertigung oder Ablichtung oder eines Ausdrucks der etwaigen elektronischen Fassung oder einer Abschrift, KV 9000 Rn 1. Schuldner dieser Auslagen ist neben den in Rn 1 Genannten immer auch derjenige, der diesen Antrag gestellt hat. Das ist nicht stets der Antragsteller des § 22, grundsätzlich auch nicht der ProzBev, KG MDR **84**, 592. Der Antragsteller nach I 1 haftet immer persönlich. Neben einem Entscheidungsschuldner haftet er nach § 31 II 1 nur als Zweitschuldner.
Antragsteller sein können *auch:* Der ProzBev; der Beistand; der Verteidiger, BVerfG NJW **95**, 3177, LG Ravensb AnwBl **95**, 153 (grds der Vertreter), AG Bln-Tiergarten AnwBl **95**, 571, aM Düss Rpfleger **02**, 225, AG Bielef AnwBl **95**, 571, AG Marsberg AnwBl **95**, 154 (nicht der Verteidiger. Aber warum kann er nicht Antragsteller sein?). Der Vertreter haftet nicht, soweit er nur im Namen des Vertretenen beantragt. Ob das so ist, hängt von den Umständen ab.
Etwas anderes gilt nur dann, wenn ein Anwalt eine solche Ablichtung usw verlangt, die er *der Partei nicht berechnen* darf, etwa eine zweite Ablichtung oder die Ausfertigung usw einer gerichtlichen Entscheidung oder eines Protokolls, BFH DB **77**, 570. Ein derartiges Verlangen liegt aber noch nicht in einer stillschweigend akzeptierten örtlichen Übung der Gerichtsverwaltung, den Anwälten einfach stets Ablichtungen zu übersenden usw, BFH DB **77**, 570, Hamm Rpfleger **75**, 37, aM Meyer 5 (aber das wäre eine Überspannung von § 683 S 1 BGB. Mag sich die Verwaltung auf ihre Pflicht zur Antragsbearbeitung beschränken). Auch eine nach § 29 Z 2 abgegebene Erklärung verpflichtet den Abgeber, etwa den ProzBev, unabhängig von einer Erstattbarkeit im Innenverhältnis.

4 Die Bewilligung einer *Prozeßkostenhilfe* kann nach § 122 I ZPO zur Folge haben, daß die Pflicht zur Erstattung der Auslagen nach § 28 gestundet ist. Das betrifft aber nur die notwendigen Auslagen als einen Teil der notwendigen Kosten nach § 91 ZPO. Ein in die Prozeßkosten rechtskräftig verurteilter *Prozeßgegner* haftet nach § 125 ZPO auch für die Auslagen, soweit sie notwendig waren, § 91 I 1 ZPO.
§ 28 betrifft *nicht* eine *Gebührenfreiheit*. Dann bleibt es also bei der Haftung nach den §§ 22, 29.

5 **B. Ausnahme, I 2.** Wenn die Partei oder der Beteiligte für ein von Amts wegen zuzustellendes Dokument nicht nach KV 9000 die erforderliche Zahl von Ablich-

Abschnitt 5. Kostenhaftung §§ 28, 29 GKG

tungen usw liefert, haftet unabhängig von einer gerichtlichen allgemeinen Kostengrundentscheidung nur die Partei oder der Beteiligte für solche Auslagen, VGH Mü BayVerwBl **79**, 380, VG Ffo JB **08**, 654 (keine Erstattbarkeit). Es haftet also weder derjenige, der das Verfahren der Instanz beantragt hat, noch der Entscheidungsschuldner dieser Instanz.

Die Haftung tritt auch dann ein, wenn die Partei bei einem durch *Telefax* usw eingereichten Schriftsatz weder sogleich auf demselben Weg die erforderlichen „Ablichtungen" mitgeliefert noch diese im Original angekündigt und fristgerecht nachgeliefert hat, VGH Kassel NJW **91**, 316. Freilich muß auch das Gericht verfahrensfehlerfrei handeln, VGH Kassel NJW **92**, 3055.

4) Auslagen für Aktenversendung oder -übermittlung, II. Schuldner der Auslagen für die Versendung oder Übermittlung von Akten nach KV 9003 ist derjenige, der diese Versendung oder Übermittlung beantragt hat, Rn 2, also zB der ProzBev, VG Meiningen JB **06**, 36, oder der Verteidiger, BVerfG NJW **97**, 1433, Kblz MDR **97**, 202 (LS), LG Kblz NJW **96**, 1223, aM LG Bayr JB **97**, 433, VG Brschw JB **03**, 210 (je: nur der Auftraggeber des beantragenden Anwalts. Vgl aber Rn 3). „Nur" dieser Antragsteller haftet, Rn 1, BVerfG NJW **95**, 3177. **6**

Eine *Aktenversendung* usw liegt nur vor, soweit die erforderlichen Maßnahmen über eine bloße Aushändigung mit oder ohne Quittung hinausgehen, etwa an einen Anwalt durch das Einlegen in sein an demselben Ort vorhandenes Anwaltsfach, AG Ahaus AnwBl **95**, 154, VG Meiningen JB **06**, 36, oder an einen in der Geschäftsstelle erscheinenden auswärtigen Anwalt. Eine solche weitergehende Maßnahme liegt also vor allem bei der Versendung per Post vor, aber auch etwa bei einer Verwendung von Telefax usw, aM Meyer 7 (aber das ist eine durch die Technik überholte Engauslegung). Die Art der Versendung oder Übermittlung und der Zwischenstationen ist unerheblich, KV 9003, AG Marsberg AnwBl **95**, 154, BReg AnwBl **95**, 138. Die Hin- und Rücksendung gelten zusammen als nur eine einzige Sendung, KV 9003 amtliche Anmerkung I. **7**

Die Versendung usw von mehr als einem losen einzelnen Dokument mit oder ohne Anlagen usw ist bereits eine „Akten"-Versendung. Denn sonst wäre überhaupt keine Grenze unterhalb der vollständigen Akten ziehbar, und selbst dann wäre zB unklar, ob die Versendung nur der Hauptakten usw genügen könnte. Vgl auch (zur Fälligkeit) § 9 Rn 1. Bei § 129a II 1 ZPO liegt aber eine von Amts wegen erforderliche und daher nicht unter II fallende Maßnahme vor. **8**

Nicht hierher gehört die in KV 9000 Z 2 besonders geregelte Überlassung elektronisch gespeicherter Dateien. **9**

5) Auslagen im Prozeßkostenhilfeverfahren, III. Der Antragsteller ist sowohl im nationalen Bereich als auch bei einer grenzüberschreitenden Prozeßkostenhilfe nach §§ 114 ff, 1076–1078 Auslagenschuldner nur, soweit er den Antrag zurücknimmt oder soweit das Gericht eine Bewilligung ablehnt oder soweit schon die Übermittlungsstelle die bloße Antragsübermittlung oder gar das Prozeßkostenhilfe-Gesuch ablehnt. **10**

Weitere Fälle der Kostenhaftung

29 Die Kosten schuldet ferner,

1. wem durch gerichtliche oder staatsanwaltschaftliche Entscheidung die Kosten des Verfahrens auferlegt sind;
2. wer sie durch eine vor Gericht abgegebene oder dem Gericht mitgeteilte Erklärung oder in einem vor Gericht abgeschlossenen oder dem Gericht mitgeteilten Vergleich übernommen hat; dies gilt auch, wenn bei einem Vergleich ohne Bestimmung über die Kosten diese als von beiden Teilen je zur Hälfte übernommen anzusehen sind;
3. wer für die Kostenschuld eines anderen kraft Gesetzes haftet und
4. der Vollstreckungsschuldner für die notwendigen Kosten der Zwangsvollstreckung.

GKG § 29   I. A. Gerichtskostengesetz

Gliederung

1) **Systematik, Regelungszweck, Z 1–4**	1, 2
2) **Entscheidungsschuldner, Z 1**	3–10
A. Entscheidung	3–5
B. Kostenauferlegung	6
C. Teilauferlegung	7, 8
D. Fehlen einer Kostenentscheidung	9, 10
3) **Übernahmeschuldner, Z 2**	11–20
A. Übernahmeerklärung	12
B. Beispiele zur Frage einer Übernahmeerklärung, Z 2	13–16
C. Vergleich	17–20
4) **Gesetzliche Haftung, Z 3**	21–35
A. Grundsatz: Haftung wie jeder andere Kostenschuldner	21–24
B. Haftung bei Zugewinngemeinschaft	25
C. Haftung bei Gütergemeinschaft	26
D. Haftung des Inhabers der elterlichen Sorge	27
E. Haftung als Vermögensübernehmer	28
F. Haftung als Erbe des Kostenschuldners, Erbschaftskäufer	29
G. Haftung als Erwerber des Handelsgeschäfts bei Fortführung der Firma	30
H. Haftung als Gesellschafter	31
I. Haftung als Nießbraucher	32
J. Haftung als Gesellschaftsschuld	33
K. Haftung als Verein	34
L. Haftung als Treugeber	35
5) **Vollstreckungsschuldner, Z 4**	36–41

1   **1) Systematik, Regelungszweck, Z 1–4.** Vgl zunächst Üb 1, 2 vor § 22. § 29 gilt für alle dem GKG unterliegenden Verfahren. In Strafsachen enthält die Vorschrift abgesehen von §§ 16–18, 27, 28, 33 die einzige Grundlage für Kostentitel. § 29 tritt zu (jetzt) §§ 22–27 hinzu, Kblz VersR **80**, 1149. Eine Haftung kann sich auch gleichzeitig aus mehreren Vorschriften ergeben. Soweit das Gericht eine Prozeßkostenhilfe bewilligt hatte, muß man aber auch § 31 III Hs 1 sowie § 125 II ZPO als vorrangig beachten.

2   Die Entscheidung, die Kostenübernahme usw bestimmen den *Umfang der Haftung*. Wegen derselben Kosten können mehrere Schuldner haften. Das geschieht nach § 31 I grundsätzlich als Gesamtschuldnerschaft. Streitgenossen haften nach § 29 schlechthin als Gesamtschuldner, also nicht beschränkt wie bei § 22. Das gilt auch für die Haftung als Entscheidungsschuldner, soweit nicht die Entscheidung eine andere Kostenverteilung vorsieht, § 32 Rn 5, MüKo/Belz § 100 ZPO Rn 60, aM Bbg JB **92**, 684. Ein späterer Kostenvergleich läßt die Haftung des Entscheidungsschuldners gegenüber der Staatskasse unberührt, § 30 Rn 2. Den Mithaftenden zieht § 8 II KostVfg heran, Teil VII A dieses Buchs. Man muß eine Erinnerung gegen die Heranziehung stets an das Gericht derjenigen Instanz zu richten, die die Heranziehung ausgesprochen hat.

3   **2) Entscheidungsschuldner, Z 1.** Er ist stets Erstschuldner, § 31 III 1. Aus einer klaren Voraussetzung ergeben sich im übrigen unterschiedliche Auswirkungen.
    A. Entscheidung. Eine gesetzlich statthafte staatsgerichtliche oder staatsanwaltliche Entscheidung nach Z 1 braucht grundsätzlich weder rechtskräftig noch vollstreckbar zu sein, Ffm JB **81**, 778, KG MDR **04**, 56, Müller DGVZ **95**, 182. Ausnahmen gelten bei § 125 ZPO und bei einer Straf- oder Bußgeldsache, Rn 5. Es reicht aus, daß eine einstweilige Entscheidung vorliegt, Ffm Rpfleger **81**, 118. Ein Arrest muß noch vollziehbar sein, Kblz RR **00**, 732.
    Ausreichend sind auch zB: Ein Vollstreckungsbescheid, § 699 III ZPO; ein Urteil mit einem Vorbehalt nach § 10 AnfG, Kblz Rpfleger **87**, 338; ein vorbehaltener Betrag im Strafverfahren, Kblz JB **06**, 323.
    Nicht ausreichend ist der bloße Mahnbescheid nach § 692 I Z 3 ZPO. Denn seine bloße Mitforderung zur Kostenzahlung ist noch keine Entscheidung, BLAH § 692 ZPO Rn 5, Schneider JB **03**, 4.
    Es ist *unerheblich*, ob es sich um ein *Urteil oder* um einen *Beschluß* oder einen Vorbescheid oder einen Strafbefehl handelt. Es reicht aus, daß die Entscheidung die Partei eindeutig als den Kostenschuldner bezeichnet. Es ist grundsätzlich unerheblich, ob die Entscheidung richtig ist. Eine Ausnahme kann bei einer groben Unrichtigkeit gelten, § 21. Ein Vergleich kann eine noch nicht durch eine Zahlung beendete Haftung nach Z 1 nicht beseitigen, Düss RR **97**, 1295.

Solange das *Rechtsmittelgericht* die Entscheidung nicht bereits *abgeändert* hat, bleibt   4
die etwaige Einlegung eines Rechtsmittels unerheblich, (jetzt) § 30, Ffm Rpfleger **81**,
118, Müller DGVZ **95**, 182. Eine Unterbrechung wegen der Insolvenz wirkt nicht
auf den Ansatz von Gerichtskosten gegen einen von der Insolvenz nicht betroffenen
Entscheidungsschuldner, Stgt MDR **91**, 1097. Wegen der Besonderheiten bei der
Unterbrechung infolge eines Insolvenzverfahrens während der höheren Hauptsache-
instanz BLAH § 240 ZPO Rn 2.

In einer *Strafsache* muß die Entscheidung rechtskräftig sein. Das folgt zwar nicht aus   5
§ 29, wohl aber daraus, daß vor der Rechtskraft keine Kostenschuld besteht, § 8, KV
amtliche Vorbemerkung 3.1. I.

Wirksamkeit, also eine gesetzmäßige Mitteilung der Entscheidung, ist stets notwendig, KG RR **00**, 1240, BLAH § 329 ZPO Rn 26. Nicht ausreichend ist die bloße
Entstehung.

B. Kostenauferlegung. Das Gericht muß einen Beteiligten vor einer ihm nach-   6
teiligen Entscheidung anhören, Hbg MDR **99**, 60, AG Grevenbroich MDR **99**, 767
(je: Parteizustellung nach § 929 II versäumt). Es muß sodann eine Kostengrundentscheidung treffen, Bbg JB **92**, 684, VGH Mannh JB **99**, 205, LG Zweibr Rpfleger
83, 369. Eine Haftung besteht nur für die auferlegten Kosten. Es mag eine Kostenentscheidung nur für einen Verfahrensabschnitt oder etwa zur Säumnis oder Verweisung oder zur bisherigen Instanz vorliegen. Auch mag das Gericht nur einen von
mehreren Beteiligten zum Kostenschuldner gemacht haben, etwa bei § 269 III, IV
ZPO oder bei § 38.

Wenn das Gericht dem Beteiligten die *gesamten Kosten* des Verfahrens auferlegt,
umfaßt diese Entscheidung nur diejenigen Kosten nicht, die nach § 91 ZPO entbehrlich waren oder über die das Gericht eine besondere Entscheidung getroffen hat, etwa
eine Verzögerungsgebühr nach § 38 oder diejenige, die das Gericht oder das Gesetz
ausdrücklich ausnehmen. Nach § 91 III ZPO gehören auch die dort genannten
Kosten eines Güteverfahrens zur Kostengrundentscheidung. Bei § 344 ZPO fallen
hierunter nicht diejenigen Gerichtskosten, die nur deshalb bestehen bleiben, weil
einer Klagerücknahme das Versäumnisurteil vorangin, Mü JB **97**, 95.

Auch die *Dokumentenpauschale* nach § 28 zählt nicht hierher, es sei denn, daß es
sich um notwendige Auslagen handelt, § 28 Rn 2.

C. Teilauferlegung. Soweit das Gericht die Kosten einem Beteiligten nur zu   7
einem Bruchteil auferlegt hat, muß man alle Gebühren und Auslagen zusammenrechnen und dem Bruchteil demgemäß verteilen. Wenn das Gericht die Kosten gegeneinander aufgehoben hat, trägt nach §§ 92 I 2 ZPO, 136 I FGO, 155 VwGO jede
Partei oder jeder Beteiligte 50% der Gerichtskosten. Das gilt auch im Verhältnis zur
Staatskasse. Bei einem teilweisen Freispruch erfolgt eine Verurteilung zu Kosten korrekterweise nur nach § 465 I 1, 2, II StPO. Maßgeblich ist aber die Kostenentscheidung des Gerichts.

Wenn das Gericht bei einer *Klage und Widerklage* oder bei wechselseitigen Rechts-   8
mitteln die Kosten fälschlich nicht nach Bruchteilen verteilt, sondern gesondert hat,
muß man nach § 22 verfahren, Meyer 10, aM Mümmler JB **78**, 1137 (Verteilung
nach Streitwerten).

D. Fehlen einer Kostenentscheidung. Hier muß man prüfen, ob die Kosten   9
zu denjenigen eines anderen Verfahrens gehören oder ob sie zum gesamten Verfahren zählen und ob dessen Kostenentscheidung sie deshalb miterfaßt und mitergrei-
fen darf, Hbg MDR **99**, 60, AG Grevenbroich MDR **99**, 60. Die letztere Frage erfordert aber nur eine begrenzte Amtsprüfung, KG RR **00**, 732. Dann besteht auch
für die Kosten mit dem Erlaß der Kostenentscheidung eine Entscheidungshaftung
nach Z 1.

Die Kosten eines *selbständigen Beweisverfahrens* zählen zu den außergerichtlichen
Kosten, Hamm JB **00**, 257, Kblz MDR **04**, 840, BLAH § 91 ZPO Rn 199, aM
BGH NJW **03**, 1323 (eingangs irrtümlich das Wort „*unzutreffend*" benutzend!), Kblz
MDR **03**, 718, Mü MDR **99**, 637.

Ferner muß man auf diese Weise zB folgende Kosten behandeln: Diejenigen eines   10
Verfahrens auf den Erlaß eines Arrests oder einer einstweiligen Verfügung, soweit dort
eine Kostenentscheidung nicht ergangen ist; diejenigen bloßen Kostenvorschüsse, die

GKG § 29
I. A. Gerichtskostengesetz

das Gericht einem Beteiligten auferlegt hat, etwa in einer einstweiligen Anordnung; diejenigen einer Einstellung der Zwangsvollstreckung nach § 707 ZPO; diejenigen aus einer anderen die Parteien betreffenden Zwischenentscheidung. Sehr oft muß man die infrage kommende Entscheidung auslegen.

11 **3) Übernahmeschuldner, Z 2.** Auch er ist Erstschuldner, § 31 III 1, evtl als Gesamtschuldner zusammen mit einem Entscheidungsschuldner. Eine Vorschußpflicht bleibt nach § 18 S 1 bestehen. Auch hier muß man aus einer klaren Voraussetzung unterschiedliche Folgen ziehen. Mehrere Übernahmeschuldner haften als Gesamtschuldner, können aber im Innenverhältnis Ausgleichsansprüche haben, AG Lpz FamRZ **09**, 243.

12 **A. Übernahmeerklärung.** Eine Kostenübernahme ist in sämtlichen Sachen statthaft, auch zB in einem Strafverfahren, LG Zweibr Rpfleger **83**, 369, Mayer JB **92**, 4, aM AG Euskirchen AnwBl **90**, 52 (aber eine solche Bereitschaft kann ungeachtet Rn 15 wesentlich zur Einstellung beitragen).

Die Regelung ist *mit dem GG vereinbar,* BVerfG **51**, 296 = BGBl **79**, 1216. Ihr Inhalt ist die dem Gericht gegenüber formlos abgegebene Erklärung, die Kosten ganz oder zu einem bestimmten Teil zu übernehmen. Die Erklärung muß dem Gericht zugehen.

13 **B. Beispiele zur Frage einer Übernahmeerklärung, Z 2**
Anfechtung: Die zivilrechtlichen Anfechtungsgründe wegen eines Willensmangels sind unanwendbar, LG Zweibr Rpfleger **83**, 369. Denn es handelt sich um eine Parteiprozeßhandlung, BGH RR **94**, 568 (Auslegbarkeit), Bbg JB **77**, 1594, Naumb FamRZ **01**, 831 (Rechtsmittelverzicht).
Annahme der Erklärung: Sie ist *nicht* erforderlich.
Bedingung: Die Übernahme läßt grds *keine* Bedingung zu, LG Zweibr Rpfleger **83**, 369 (Ausnahme: § 470 Z 2 StPO, AG Bayreuth JB **81**, 591), auch nicht diejenige eines bestimmten Verfahrensausgangs, Stgt Rpfleger **85**, 169. Deshalb fehlt eine Übernahme dann, wenn der Beschuldigte nur für den Fall einer Einstellung des Verfahrens wegen Geringfügigkeit erklärt, Kosten zu „übernehmen".
S aber auch „Befristung".
Befristung: Sie ist statthaft.
S aber auch „Bedingung".
Erklärender: Eine Erklärung oder Mitteilung kann nur durch den Übernehmer oder durch einen berechtigten Vertreter erfolgen. Die Prozeßvollmacht ermächtigt zur Übernahmeerklärung oder -mitteilung, zB § 81 lt Hs ZPO. Übernehmer kann eine Partei sein, aber auch ein Dritter, zB die Rechtsschutzversicherung.
S auch Rn 15 „Prozeßkostenhilfe".

14 **Formulierung:** Die Formulierung „Ich mache mich für die Kosten (Auslagen) stark" kann eine Übernahme nach Z 2 bedeuten, Düss JB **97**, 374. Die ähnliche Formulierung „Ich sage für die Kosten gut" kann bedeuten, daß im voraussehbaren Umfang eine Bürgschaft vorliegt, § 3 KostO Rn 4 ff, Teil III dieses Buchs, Hamm Rpfleger **75**, 37, aM Schneider JB **75**, 1034 bei der Formulierung „Ich sage mich für den Vorschuß stark".
S auch Rn 16 „Umfang".
Gesetzliche Haftung: Die Übernahme der Kosten läßt eine Kostenhaftung kraft Gesetzes unberührt, zB als Antragsschuldner, Mü Rpfleger **85**, 328, oder als Entscheidungsschuldner, BGH RR **01**, 285. Dasselbe gilt bei einer anderen Parteivereinbarung, Kblz JB **76**, 104. Die Übernahme befreit das Gericht nicht von der Pflicht, über die Kosten des Verfahrens nach Maßgabe der Gesetze zu entscheiden Rn 6. Der gesetzliche Kostenschuldner erhält aber infolge der Übernahmeerklärung des anderen einen Freistellungsanspruch gegen ihn.

15 **Mitteilung:** Sie steht einer Erklärung gleich, Z 2.
Parteivereinbarung: Sie ist *nicht* erforderlich.
S auch Rn 14 „Gesetzliche Haftung".
Prozeßkostenhilfe: Übernehmen kann auch eine durch Prozeßkostenhilfe begünstigte Partei, BVerfG NJW **00**, 3271, BGH JB **04**, 204, Kblz NJW **00**, 1122, aM LG Ffm NJW **00**, 1120 (aber eine solche Hilfe verbietet der Partei nichts).
S auch Rn 16 „Umfang".

Abschnitt 5. Kostenhaftung § 29 GKG

Rechtsschutzversicherung: Sie kann Übernehmerin sein. Es genügt eine vom Proz-Bev für sie eingereichte unmißverständliche Erklärung, etwa „Kosten zahlen wir". Eine vorbehaltlose Zahlung kann eine Übernahme bedeuten. Sie will freilich meist eine Übernahme nur abhängig vom Verfahrensausgang erklären, Stgt Rpfleger **85**, 169 (das ist aber grds unwirksam).

Umfang: Er ist natürlich eine Auslegungsfrage. Durchweg ergreift die Übernahme 16 diejenigen Kosten, auf die sie sich eindeutig erkennbar bezieht, keineswegs andere als die von der Partei geschuldeteten Kosten. Das gilt auch bei der Erklärung eines bisher Kostenfreien. Es gilt auch wegen der Kosten des gegnerischen Prozeß-kostenhilfeanwalts.

S auch Rn 14 „Formulierung".

Widerruf: Die Übernahmeerklärung ist unwiderruflich, Bbg JB **77**, 1594, LG Zweibr Rpfleger **83**, 369.

Wirksamkeitsprüfung: Wenn der angebliche Übernehmer die Richtigkeit der Mitteilung eines anderen bestreitet, dann darf der Kostenbeamte die Wirksamkeit der Übernahmeerklärung nicht nachprüfen.

Zeitpunkt: Die Übernahme kann vor oder nach der Entstehung der Gebühr oder ihrer Fälligkeit erfolgen, LG Zweibr Rpfleger **83**, 369. Sie ist auch nach der Beendigung des Verfahrens statthaft.

C. Vergleich. Übernahmeschuldner ist auch derjenige, der die Kosten durch 17 einen Prozeßvergleich übernommen hat, Hamm Rpfleger **84**, 76. Das gilt auch gegenüber demjenigen Übernehmer, der eine Prozeßkostenhilfe erhalten hat, § 31. Soweit der Vergleich keine Kostenregelung enthält, gelten §§ 98 ZPO, 160 VwGO. Etwas anderes gilt natürlich dann, wenn der Vergleich die ausdrückliche Bestimmung enthält, daß er die Kosten nicht mitregelt oder daß das Gericht zur Kostenfrage entscheiden soll. Vgl auch BLAH § 98 ZPO Rn 9, 43.

Es ist für die Kosten *unerheblich, ob* der Prozeßvergleich *sachlichrechtlich wirksam* ist. 18 Wenn die Parteien dem Gericht gemeinsam den Abschluß eines in einem anderen Rechtsstreit abgeschlossenen Prozeßvergleichs oder eines außergerichtlichen Vergleichs jeweils mit einer Kostenverteilung auch wegen der Kosten des hier interessierenden Verfahrens anzeigen oder wenn der Prozeßgegner den von der anderen Partei mitgeteilten außergerichtlichen Vergleich bestätigt, liegt im mitgeteilten Umfang eine Übernahme nach Z 2 vor, Meyer JB **03**, 242. Übernehmer kann auch dabei ein Dritter sein. Es kommt dann darauf an, ob er auch gerade der Kostenregelung beigetreten ist. Soweit das Prozeßgericht den Vergleich allerdings für unwirksam erklärt oder soweit die Unwirksamkeit offenkundig ist, entfällt die Gebühr.

Wenn der Insolvenzverwalter einen *außergerichtlichen* Vergleich nicht mitgeteilt hat, 19 sind die Kosten keine Massekosten. Wenn in einem außergerichtlichen Vergleich eine Kostenregelung fehlt, muß man ebenfalls § 98 ZPO entsprechend anwenden.

Im bloßen *Zugeständnis,* die Sache sei durch einen Vergleich *erledigt,* liegt keine Über- 20 nahme. Eine Vergleichsänderung berührt eine wirksame Kostenübernahme nicht. Ein der gerichtlichen Entscheidung nachfolgender Vergleich kann zwar die Ansprüche aus der Entscheidung aufheben, nicht aber die Entscheidung selbst. Er berührt darum die Haftung der Staatskasse gegenüber nicht, § 30 S 1. Entsprechendes gilt bei einem vorangehenden Vergleich, zB in einer Eheschließungssache.

4) Gesetzliche Haftung, Z 3. Ein einfacher Grundsatz zeigt in zahlreichen Fall- 21 gruppen Auswirkungen.

A. Grundsatz: Haftung wie jeder andere Kostenschuldner. Kostenschuldner ist auch derjenige, der kraft Gesetzes (Privatrecht oder öffentliches Recht) und nicht auf Grund eines Vertrags für die Kostenschuld eines anderen der Staatskasse gegenüber unmittelbar haftet, zB der Erbe für die vom Erblasser oder vom Testamentsvollstrecker eingegangene Verbindlichkeit, § 1967 BGB, Schlesw SchHA **84**, 167, oder der Erbschaftskäufer, §§ 2382, 2383 BGB. Das gilt aber dann nicht, wenn dem Erblasser eine Prozeßkostenhilfe zustand, Düss MDR **99**, 830, KG Rpfleger **86**, 281. Freilich können Kosten infolge der Aufnahme des Prozesses durch den Erben in seiner Person neu entstehen, Düss MDR **87**, 1031.

Kostenschuldner ist *ferner* der persönlich haftende Gesellschafter einer Offenen Handelsgesellschaft oder einer Kommanditgesellschaft, §§ 28, 128–130, 161 HGB, Stgt

MDR **85**, 946, LAG Köln AnwBl **96**, 416, Hellstab Rpfleger **93**, 375, oder der Partner einer Partnerschaft nach dem PartGG, ferner die Nachfolgegemeinde bei einer Eingemeindung. Während des Insolvenzverfahrens über das Vermögen der KG kann man einen Gesellschafter nicht persönlich für eine Kostenschuld des Komplementärs haftbar machen, BGH Rpfleger **02**, 94.

Eine nur *mittelbare Haftung* gegenüber der Staatskasse allenfalls aus einer unmittelbaren Haftung im Innenverhältnis zu einem Dritten *genügt nicht*, Meyer 23, aM BVerwG Rpfleger **93**, 374 (wegen einer Prozeßkostenvorschußpflicht, abl Hellstab).

22 Die Staatskasse kann den so Haftenden wie *jeden anderen Kostenschuldner* in Anspruch nehmen. Das gilt auch gegenüber demjenigen, der nur auf eine Duldung haftet. Die Kostenhaftung tritt auch ohne eine entsprechende gerichtliche Entscheidung ein, Schlesw SchHA **84**, 167, LAG Köln AnwBl **96**, 416.

23 Der Kostenbeamte muß die etwa notwendigen *Ermittlungen von Amts wegen* anstellen und muß die gesetzliche Kostenhaftung nachweisen. Wenn aber die Staatskasse bereits einen dinglichen Zugriff auf das Grundstück des Kostenschuldners nach Z 3 genommen hat, kann sie nicht den späteren Erwerber des Grundstücks als einen zusätzlichen persönlichen Schuldner in Anspruch nehmen.

24 Der Belangte hat grundsätzlich alle Einwendungen oder Einreden desjenigen, für den er haftet. Er kann gegen die Heranziehung nach § 66 die *Erinnerung* einlegen, vgl auch §§ 4, 8 JBeitrO, Teil IX A dieses Buchs, BGH Rpfleger **02**, 95.

25 **B. Haftung bei Zugewinngemeinschaft.** Beim gesetzlichen Güterstand der Zugewinngemeinschaft besteht eine gesetzliche gegenseitige Haftung der Eheleute für Kostenschulden des anderen grundsätzlich nicht. Allerdings haften beide Eheleute im Rahmen des § 1357 BGB. Es ist in jedem Güterstand ein Ehegatte verpflichtet, dem anderen die Kosten eines Rechtsstreits in einer persönlichen Angelegenheit vorzuschießen, § 1360a IV BGB. Aus dieser Pflicht folgt aber nicht eine unmittelbare gesetzliche Kostenhaftung nach Z 3. In der Zwangsvollstreckung muß man allerdings § 739 ZPO beachten.

26 **C. Haftung bei Gütergemeinschaft.** Im vertraglichen Güterstand der Gütergemeinschaft besteht eine Haftung des alleinverwaltenden Ehegatten für die Gerichtskosten des nicht verwaltenden Ehegatten (nicht umgekehrt), §§ 1437 II, 1438 II BGB. Wenn die Ehegatten das Gesamtgut gemeinsam verwalten, haftet jeder Ehegatte für die Gerichtskosten als Gesamtschuldner, §§ 1459 II, 1460 II BGB.

27 **D. Haftung des Inhabers der elterlichen Sorge.** Eine solche Haftung besteht nicht. Die Eltern haften dem Kind zwar für die Kosten eines lebenswichtigen Rechtsstreits. Sie haften aber nicht einem Dritten gegenüber, daher auch nicht gegenüber der Staatskasse. Eltern haften für Kosten eines Strafverfahrens gegen das Kind nur mit seinem Vermögen und nur im Rahmen ihrer Verwaltungsbefugnis.

28 **E. Haftung als Vermögensübernehmer.** Die frühere Haftung nach § 419 aF BGB ist entfallen.

29 **F. Haftung als Erbe des Kostenschuldners, Erbschaftskäufer.** Sie haften nach allgemeinen Grundsätzen, zB § 27 HGB, § 1967 BGB, Schlesw SchlHA **84**, 167, §§ 2382, 2383 BGB. Die Erben des Verurteilten haften nur, wenn die Kostenentscheidung zu seinen Lebzeiten rechtskräftig geworden war, § 465 III StPO. S auch Rn 4.

30 **G. Haftung als Erwerber des Handelsgeschäft bei Fortführung der Firma.** Er haftet nach § 25 HGB, auch als Erbe nach § 27 HGB.

31 **H. Haftung als Gesellschafter.** Der Gesellschafter einer Offenen Handelsgesellschaft, der persönlich haftende Gesellschafter und der Kommanditist einer Kommanditgesellschaft haften als Gesamtschuldner nach §§ 128, 171 HGB. Der Kommanditist haftet in Höhe der noch nicht geleisteten Einlage. Dabei ist er nur dafür beweispflichtig, daß er die Einlage voll erbracht hat. Die Staatskasse muß demgegenüber darlegen und beweisen, daß man die Einlage später ganz oder teilweise zurückgezahlt hatte, BGH DB **79**, 436, BFH BStBl II **78**, 651.

32 **I. Haftung als Nießbraucher.** Der Nießbraucher eines Vermögens haftet nach § 1086 HGB.

33 **J. Haftung als Gesellschaftsschuld.** Vgl § 735 BGB, § 28 HGB.

Abschnitt 5. Kostenhaftung § 29 GKG

K. Haftung als Verein. Wegen der Haftung eines nicht rechtsfähigen Vereins § 54 BGB. Diese Haftung setzt ein Rechtsgeschäft voraus. Eine Parteiprozeßhandlung ist als solche kein Rechtsgeschäft, BVerwG JB **99**, 599, BLAH Grdz 48 vor § 128 ZPO. Daher haftet der Vorstand nicht, soweit der Verein Kosten schuldet, BVerwG JB **99**, 599, aM VGH Mannh JB **99**, 205. 34

L. Haftung als Treugeber. Er haftet nicht für die Kosten des Treunehmers, etwa des Inkassoabtretungsnehmers. 35

5) Vollstreckungsschuldner, Z 4. Er haftet nur für die notwendigen Kosten der Zwangsvollstreckung. 36

ZPO § 788. Kosten der Zwangsvollstreckung. I [1]Die Kosten der Zwangsvollstreckung fallen, soweit sie notwendig waren (§ 91), dem Schuldner zur Last; sie sind zugleich mit dem zur Zwangsvollstreckung stehenden Anspruch beizutreiben. [2]Als Kosten der Zwangsvollstreckung gelten auch die Kosten der Ausfertigung und der Zustellung des Urteils. [3]Soweit mehrere Schuldner als Gesamtschuldner verurteilt worden sind, haften sie auch für die Kosten der Zwangsvollstreckung als Gesamtschuldner; § 100 Abs. 3 und 4 gilt entsprechend.
II ...
III Die Kosten der Zwangsvollstreckung sind dem Schuldner zu erstatten, wenn das Urteil, aus dem die Zwangsvollstreckung erfolgt ist, aufgehoben wird.
IV Die Kosten eines Verfahrens nach den §§ 765a, 811a, 811b, 813b, 829, 850k, 851a und 851b kann das Gericht ganz oder teilweise dem Gläubiger auferlegen, wenn dies aus besonderen, in dem Verhalten des Gläubigers liegenden Gründen der Billigkeit entspricht.

A. Direkthaftung. Z 4 entspricht § 3 Z 4 KostO. Die Vorschrift schafft zusätzlich zur etwaigen Haftung des Antragstellers nach § 22 eine unmittelbare Haftung des Vollstreckungsschuldners. Sein gesetzlicher Vertreter haftet nicht persönlich. Der Vollstreckungsschuldner haftet trotz einer Kostenfreiheit oder einer Prozeßkostenhilfe zugunsten des Gläubigers. Man muß die Notwendigkeit der Kosten wie bei §§ 788, 91 ZPO beurteilen, BGH BB **75**, 1218, Köln Rpfleger **86**, 240, LG Wuppert JB **97**, 549. 37

B. Nur für notwendige Kosten. Der Vollstreckungsschuldner haftet also nicht für solche Kosten, die nicht zur zweckentsprechenden Durchführung der Zwangsvollstreckung erforderlich waren, Hamm GRUR **94**, 84, AG Heilbr DGVZ **03**, 14, AG Köln DGVZ **99**, 46, aM Zweibr DGVZ **98**, 9, AG Ibbenbüren DGVZ **97**, 94, Meyer 39 (je: parteiobjektiver Maßstab. Aber das widerspricht dem klaren Wortlaut und Sinn des § 788 ZPO, wie bei § 91 ZPO, BLAH Einl III 39). 38

Nicht notwendig sind zB sinnlose wiederholte Pfändungsversuche. Der Gläubiger braucht den Schuldner nicht gesondert aufzufordern oder zu belehren oder nach einer früheren eidesstattlichen Offenbarungsversicherung zu befragen, LG Nürnb-Fürth AnwBl **82**, 122, oder ihm stets eine Frist zu gewähren, LG Ulm AnwBl **75**, 239. Die Notwendigkeit läßt sich im etwaigen Kostenfestsetzungsverfahren klären. Man muß § 788 ZPO im Interesse der Prozeßwirtschaftlichkeit eher großzügig auslegen. 39

Trotzdem muß ein *unmittelbarer Zusammenhang* zwischen den Kosten und der eigentlichen Zwangsvollstreckung vorhanden sein, um die Kosten nach § 788 ZPO anerkennen zu können, Kblz Rpfleger **77**, 67, AG Köln DGVZ **99**, 46. 40

C. Einzelfragen. Wenn der Vollstreckungstitel infolge einer Aufhebung wegfällt, muß die Staatskasse dem Vollstreckungsschuldner die Kosten erstatten, § 788 III ZPO. Etwas anderes gilt bei der bloßen Aufhebung einer zunächst zulässig und begründet gewesenen Vollstreckungsmaßnahme oder beim bloßen Verzicht des Gläubigers auf die Rechte aus dem Vollstreckungstitel. 41

Z 4 bezieht sich nicht auf die der Staatskasse durch eine *Zwangsbeitreibung* von Gerichtskosten entstehenden Kosten. Für diese gelten § 1 I 1 Z 4, § 4 JBeitrO, Teil IX A dieses Buchs.

GKG § 30   I. A. Gerichtskostengesetz

Erlöschen der Zahlungspflicht

30 [1] Die durch gerichtliche oder staatsanwaltschaftliche Entscheidung begründete Verpflichtung zur Zahlung von Kosten erlischt, soweit die Entscheidung durch eine andere gerichtliche Entscheidung aufgehoben oder abgeändert wird. [2] Soweit die Verpflichtung zur Zahlung von Kosten nur auf der aufgehobenen oder abgeänderten Entscheidung beruht hat, werden bereits gezahlte Kosten zurückerstattet.

Schrifttum: *Scheffer* Rpfleger 08, 13 (Üb).

Gliederung

1) Systematik, Regelungszweck, S 1, 2	1
2) Erlöschen der Zahlungspflicht, S 1	2–4
A. Andere gerichtliche Entscheidung	2
B. Nicht: Vergleich, Zurückverweisung	3
C. Erlöschensfolge	4
3) Zurückzahlung, S 2	5, 6
4) Vorschuß und Nachzahlung, S 1, 2	7

1   **1) Systematik, Regelungszweck, S 1, 2.** Vgl zunächst Üb 1, 2 vor § 22. Die Vorschrift bezieht sich nur auf die Entscheidungshaftung, Müller DGVZ **95**, 182. Da diese Haftung auf einer gerichtlichen oder staatsanwaltlichen Entscheidung beruht, muß sie insoweit entfallen, als die Entscheidung selbst wegfällt. Die anderen Haftungsgründe der §§ 22, 29 bleiben von der eng auslegbaren Sondervorschrift des § 30 unberührt. Es findet also keine Rückzahlung statt, soweit sich aus den letzteren Vorschriften eine Zahlungspflicht ergibt.

§ 30 ist nicht entsprechend anwendbar, wenn das *höhere Gericht* keine nach (jetzt) § 45 III der inneren Rechtskraft fähige Entscheidung getroffen hat, Saarbr AnwBl **80**, 155.

2   **2) Erlöschen der Zahlungspflicht, S 1.** Die Entscheidungshaftung für die Kosten erlischt nicht schon dadurch, daß außer dem bisherigen Kostenschuldner noch ein anderer Beteiligter zum Kostenschuldner wird, Karlsr RR **01**, 1365. Sie erlischt vielmehr nur insoweit, als das Gericht die Entscheidung gerade gegenüber diesem Entscheidungsschuldner aufhebt oder abändert. Seine Haftung zB nach § 22 führt dann nur dazu, daß er evtl bloßer Zweitschuldner nach § 31 II wird.

A. Andere gerichtliche Entscheidung. Diese Maßnahme kann nur durch eine neue gerichtliche Entscheidung geschehen. Sie kann durch ein anderes oder durch dasselbe Gericht erfolgen. Sie kann in einer anderen Instanz oder im Wiederaufnahmeverfahren geschehen. Eine Zurückverweisung reicht. Die neue Entscheidung muß wirksam entstanden sein. Sie braucht aber grundsätzlich ebensowenig formell rechtskräftig oder auch nur vorläufig vollstreckbar zu sein wie die erste Entscheidung, auf der die Haftung aus (jetzt) § 29 beruht, Schlesw JB **92**, 403. Die Rechtskraft ist nur bei § 125 ZPO nötig. Die erst nach einer Kostengrundentscheidung auf Grund eines Vergleichs erfolgte Klagerücknahme oder sonstige Änderung der Kostenentscheidung reicht als solche trotz § 269 III 1 ZPO nicht aus, BGH RR **01**, 285, Karlsr RR **01**, 1365, Schlesw JB **92**, 404. Auch eine Scheidungsvereinbarung reicht nicht, KG MDR **76**, 318. Ebensowenig reicht eine einstweilige Einstellung der Zwangsvollstreckung.

Ein solcher Beschluß, durch den das Gericht nach einer *Klagerücknahme* gemäß § 269 III 2, IV ZPO lediglich bestätigend feststellt, daß der Kläger die Kosten tragen muß, reicht ebenfalls nicht aus, aM ZöHe 4 vor § 91 ZPO (aber dann ist die ursprüngliche Kostenentscheidung nicht durch eine weitere Entscheidung weggefallen, sondern kraft Gesetzes). Anders liegt es bei einem Beschluß nach § 269 III 3, IV ZPO. Denn er ist eine echte Kostengrundentscheidung. Ausreichend sind auch ein Beschluß nach § 344 ZPO, BLAH § 269 ZPO Rn 34, oder eine Erledigung der Hauptsache in der Rechtsmittelinstanz.

3   **B. Nicht: Vergleich, Zurückverweisung.** Ein Vergleich kann die Entscheidung des Gerichts weder aufheben noch ändern. Das stellt S 1 klar, Karlsr RR **01**, 1365, Naumb JB **08**, 325, AG Kblz FamRZ **09**, 1617. Er berührt nur die Ansprüche aus

Abschnitt 5. Kostenhaftung §§ 30, 31 GKG

der Entscheidung und bleibt für den Kostenansatz außer Betracht, Düss Rpfleger **01**, 88. Daher kann die Partei eine aus dem Vergleich folgende Überzahlung nur dem Prozeßgegner gegenüber geltend machen, nicht gegenüber der Staatskasse, Karlsr RR **01**, 1365, Scheffer (vor Rn 1) 17.

C. Erlöschensfolge. Eine Zurückverweisung bewirkt ein Erlöschen nur aus § 29 **4** Z 1, nicht bei den anderen Haftungsgründen. Die Folge des Erlöschens ist: Die Staatskasse darf unbezahlte Kosten nicht mehr einziehen und muß bezahlte Kosten grundsätzlich zurückzahlen. Das Erlöschen tritt mit dem Wirksamwerden der neuen Entscheidung ein.

3) **Zurückzahlung, S 2.** Eine Zurückzahlung erfolgt, soweit die Zahlungspflicht **5** nur auf der aufgehobenen oder abgeänderten Entscheidung beruhte und soweit nur aus diesem Grund eine Zahlung erfolgte. Es ist unerheblich, ob die Gerichtskasse die Kosten zwangsweise beigetrieben hatte, Müller DGVZ **95**, 182. Überzahlte Kosten der einen Instanz darf man nicht auf die Kosten einer anderen Instanz verrechnen. Die Zurückzahlungspflicht besteht nur gegenüber demjenigen, dessen Kostenschuld erloschen ist, Stgt Rpfleger **85**, 169.

Soweit eine Kostenpflicht auch aus einem *anderen Grunde* besteht, zB nach § 22, **6** erfolgt keine Rückzahlung oder ist trotz einer irrig erfolgten Rückzahlung an den Entscheidungsschuldner eine „erneute" Inanspruchnahme als Antragsschuldner zulässig, LG Frankenth JB **93**, 98. Abgesehen davon erfolgt aber auch dann eine Rückzahlung, wenn die Kostenforderung wegfällt. Dasselbe gilt für denjenigen Betrag, den der Kostenschuldner nach einer anderen als seiner Haftung als Entscheidungsschuldner nicht hätte zahlen müssen. Er erhält dann also diese Differenz zurück. Das gilt etwa infolge einer Kostenniederschlagung nach § 21 oder soweit einem neuen Entscheidungsschuldner nach § 2 V eine Gebührenfreiheit zusteht.

Wenn das Gericht im Lauf des Verfahrens eine *Prozeßkostenhilfe* bewilligt, besteht kein Rückzahlungsanspruch. Denn die Bewilligung befreit grundsätzlich nur von rückständigen und künftigen Kosten. Etwas anderes gilt allerdings bei einer rückwirkenden Bewilligung der Prozeßkostenhilfe.

4) **Vorschuß und Nachzahlung, S 1, 2.** Die Vorschuß- und Nachzahlungs- **7** pflichten nach §§ 16–18 bleiben neben § 30 bestehen. Denn sie entstehen überhaupt nicht durch eine gerichtliche Entscheidung, sondern kraft Gesetzes.

Mehrere Kostenschuldner

31 I Mehrere Kostenschuldner haften als Gesamtschuldner.
  II ¹Soweit ein Kostenschuldner aufgrund von § 29 Nr. 1 oder 2 (Erstschuldner) haftet, soll die Haftung eines anderen Kostenschuldners nur geltend gemacht werden, wenn eine Zwangsvollstreckung in das bewegliche Vermögen des ersteren erfolglos geblieben ist oder aussichtslos erscheint. ²Zahlungen des Erstschuldners mindern seine Haftung aufgrund anderer Vorschriften dieses Gesetzes auch dann in voller Höhe, wenn sich seine Haftung nur auf einen Teilbetrag bezieht.
  III ¹Soweit einem Kostenschuldner, der aufgrund von § 29 Nr. 1 haftet (Entscheidungsschuldner), Prozesskostenhilfe bewilligt worden ist, darf die Haftung eines anderen Kostenschuldners nicht geltend gemacht werden; von diesem bereits erhobene Kosten sind zurückzuzahlen, soweit es sich nicht um eine Zahlung nach § 13 Abs. 1 und 3 des Justizvergütungs- und -entschädigungsgesetzes handelt und die Partei, der die Prozesskostenhilfe bewilligt worden ist, der besonderen Vergütung zugestimmt hat. ²Die Haftung eines anderen Kostenschuldners darf auch nicht geltend gemacht werden, soweit dem Entscheidungsschuldner ein Betrag für die Reise zum Ort einer Verhandlung, Vernehmung oder Untersuchung und für die Rückreise gewährt worden ist.

Vorbem. III 1 Hs 2 ergänzt durch Art 16 Z 6 des 2. JuMoG v. 22. 12. 06, BGBl 3416, in Kraft seit 31. 12. 06, Art 328 I des 2. JuMoG, Übergangsrecht §§ 71, 72 GKG.

GKG § 31   I. A. Gerichtskostengesetz

Gliederung

1) Systematik, Regelungszweck, I–III 1
2) Geltungsbereich, I–III 2, 3
3) **Gesamthaftung, I** 4–6
   A. Begriff 4
   B. Voraussetzungen: Schuldnermehrheit und Schuldeinheit 5, 6
4) **Erst- und Zweitschuldner, II** 7–10
   A. Grundsatz: Rangfolge von Amts wegen 7
   B. Beachtung von Amts wegen 8
   C. Verstoß 9
   D. Unanwendbarkeit 10
5) **Voraussetzungen der Hilfshaftung, II, III** 11–23
   A. Erfolglose oder aussichtslose Zwangsvollstreckung, II 12
   B. Beispiele zur Frage einer Anwendbarkeit von II 13–15
   C. Prozeßkostenhilfe, Reisekostenentschädigung, III 16–18
   D. Rückzahlungspflicht, III 19, 20
   E. Beiderseitige Prozeßkostenhilfe, III 21
   F. Teilweise Prozeßkostenhilfe, III 22
   G. Unanwendbarkeit beim Übernahmeschuldner usw, III 23

1   **1) Systematik, Regelungszweck, I–III.** Vgl zunächst Üb 1, 2 vor § 22. Die Vorschrift regelt die Haftung einer Mehrheit von Kostenschuldnern sowohl für die Gebühren als auch für die Auslagen mit Ausnahme derjenigen des § 28. Man muß im übrigen zwischen dem Erstschuldner und dem Zweitschuldner unterscheiden. § 31 setzt voraus, daß die mehreren Kostenschuldner in derselben Sache dieselben Kosten schulden.
I dient dem Interesse der Staatskasse. *II* dient dem sog Zweitschuldner. *III* dient dem Schutz des Hilfeempfängers vor dem Rückgriff des Zweitschuldners, BGH NJW **01**, 3188. Vgl ferner § 788 I 3 ZPO, abgedruckt bei § 29 Rn 36. Zum Sinn von III vgl Rn 17.

2   **2) Geltungsbereich, I–III.** Die Vorschrift gilt nicht bei Streitgenossen. Diesen Fall regelt § 32. Die Vorschrift gilt auch nicht, wenn mehrere Personen haften, jedoch jeder für einen anderen Kostenbetrag, zB der Gläubiger für die Mahngebühr, KV 1100, beide Parteien für die Verfahrensgebühr kraft eines Antrags auf die Durchführung des streitigen Verfahrens nach § 696 I 1 ZPO, auf die nur beim Antragsteller des Mahnverfahrens eine Anrechnung der Gebühr KV 1100 erfolgt, KV 1210 amtliche Anmerkung S 1 Hs 2.

3   Über die Behandlung in der *Kostenrechnung* vgl § 8 KostVfg, Teil VII A dieses Buchs, Bbg JB **76**, 644. Wegen eines Kleinbetrags vgl Teil VII E dieses Buchs, Mü RR **00**, 1744.
§ 31 ist im Verfahren vor den *Arbeits-, Finanz-, Sozial- und Verwaltungsgerichten* anwendbar, § 1 II Z 2. III ist im Bereich der KostO unanwendbar, Rn 23. II, III sind bei § 18 entsprechend anwendbar, Karlsr RR **01**, 1366.

4   **3) Gesamthaftung, I.** Man muß den Begriff und seine Voraussetzungen klären.
A. Begriff. Bei einer gesamtschuldnerischen Haftung haftet jeder Schuldner dem Gläubiger, hier also der Staatskasse, für die Bezahlung der vollen Schuld, Düss JB **09**, 372. Er kann sich der Staatskasse gegenüber allenfalls auf II berufen. Die Zahlung eines Schuldners befreit aber im Außenverhältnis sämtliche weiteren Schuldner, §§ 421 ff BGB.
Im *Verhältnis zueinander* sind die Gesamtschuldner grundsätzlich zu gleichen Teilen verpflichtet, sofern sich nichts anderes aus dem Gesetz oder etwa aus der Entscheidung des Gerichts ergibt, § 426 BGB, KG MDR **02**, 1276, VGH Stgt Rpfleger **81**, 72. Dementsprechend hat der zahlende Gesamtschuldner einen Rückgriffsanspruch gegen die übrigen Gesamtschuldner, soweit er mehr als seinen Teil gezahlt hat. Im Fall des § 15 vgl aber § 109 ZVG.

5   **B. Voraussetzungen: Schuldnermehrheit und Schuldeinheit.** Eine Gesamthaftung nach I tritt dann ein, wenn die folgenden Voraussetzungen zusammentreffen. Es müssen mehrere Schuldner vorhanden sein. Diese mehreren Schuldner müssen auch gerade dieselbe Kostenschuld zahlen sollen. Die Kostenschuld muß in derselben Instanz bestehen. Es ist dann unerheblich, aus welchem Rechtsgrund diese Kosten-

Abschnitt 5. Kostenhaftung § 31 GKG

schuld entstanden ist. Auch eine Klage und eine Widerklage rechnen hierher, nicht aber § 38. Von drei Kostenschuldnern mag der eine auf Grund seines Antrags haften, Mü JB **75**, 1230, LG Gießen JB **96**, 486, der andere auf Grund einer Kostenübernahme, der dritte auf Grund einer gerichtlichen Entscheidung, Mü JB **75**, 1230.

Eine *BGB-Außengesellschaft* darf als solche auftreten, BGH **146**, 341, Habersack BB **01**, 477, Schmidt NJW **01**, 993, evtl auch eine WEG. Dann ist nur *ein* Schuldner vorhanden. Daneben oder anstelle der Gesellschaft können mehrere oder alle Gesellschafter oder Gemeinschafter auftreten, zB aus Kostenerwägungen. Diese letzteren sind jeder ein Schuldner. Die Situation ist derjenigen in § 7 RVG ähnlich, dort Rn 7 „BGB-Gesellschaft", Teil X dieses Buchs, ebenso derjenigen in § 5 KostO, dort Rn 5, Teil III dieses Buchs.

Die Gesamthaft geht *in keinem Fall weiter als die Kostenschuld*. Wenn die mehreren **6** Kostenschuldner für eine Gebühr haften, zB nur zu einem Teil alle, besteht nur für diesen Teil eine Gesamthaft.

4) Erst- und Zweitschuldner, II. Grundsatz und Ausnahmen stehen gegenüber. **7**

A. Grundsatz: Rangfolge von Amts wegen. Nach II haften neben dem Entscheidungsschuldner und dem Übernahmeschuldner alle übrigen Kostenschuldner und damit der Antragsschuldner und der Vollstreckungsschuldner erst an zweiter Stelle als sog Zweitschuldner. Beim Vergleich ohne eine Kostenregelung liegt eine Übernahmehaftung wegen § 98 ZPO vor.

Das bedeutet keine Beeinträchtigung der Gesamthaft. Vielmehr enthält II eine *Ordnungsvorschrift.* Das ergibt sich schon aus dem Wort „soll" in II 1. Die Regelung ist verfassungsgemäß. Die Staatskasse soll zunächst versuchen, sich aus dem Vermögen des Entscheidungsschuldners oder des Übernahmeschuldners zu befriedigen. Dabei kann sie frei wählen, welchen von mehreren Erstschuldnern sie zunächst zur Zahlung auffordert.

B. Beachtung von Amts wegen. Diese Ordnungsvorschrift bedeutet allerdings **8** für die Staatskasse eine Amtspflicht, Mü JB **01**, 597, Stgt JB **01**, 597, AG Neuruppin JB **01**, 375, aM Bbg Rpfleger **91**, 36 (wegen § 8 II KostVfg habe die Staatskasse einen Ermessensspielraum. Vgl aber § 9 KostVfg, Teil VII A dieses Buchs).

C. Verstoß. Ein Verstoß gegen II gibt dem an erster Stelle belangten sonstigen **9** Schuldner die Möglichkeit der Erinnerung nach § 66 bis zur Rechtskraft des Kostenansatzes, Hbg JB **01**, 34. Über die Heranziehung des Zweitschuldners befindet der Kostenbeamte derjenigen Instanz, um deren Kosten es sich handelt. Wenn der Zweitschuldner einmal haftet, dann haftet er endgültig. Mehrere Zweitschuldner haften als Gesamtschuldner, auch wenn sie Streitgenossen sind.

D. Unanwendbarkeit. II gilt nicht im Verhältnis mehrerer Entscheidungs- und **10** Übernahmeschuldner zueinander, Düss MDR **91**, 451. Die Vorschrift gilt auch nicht beim Kostenschuldner kraft bürgerlichen Rechts nach § 29 Z 3 und beim Vollstreckungsschuldner nach § 29 Z 4 jeweils als Erstschuldnern. Sie bezieht sich nicht auf einen bezahlten Betrag, sondern nur auf den noch nicht bezahlten, Düss RR **97**, 1296, Zweibr JB **98**, 595. II gilt nur, solange mehrere Gesamtkostenschuldner vorhanden sind. Die Vorschrift gilt also nicht mehr, wenn es nur noch einen Kostenschuldner gibt. Das gilt selbst dann, wenn dieser Zustand infolge eines Gnadenakts eingetreten ist. II gilt ferner auch nicht, wenn der Anspruch der Staatskasse getilgt ist. Deshalb hat man gegen die Staatskasse auch keinen Anspruch auf die Rückzahlung eines Vorschusses, Köln MDR **93**, 807. II gilt überhaupt nicht bei einem Vorschuß nach § 18.

Bei *wechselseitigen Rechtsmitteln* besteht die Hilfshaftung nach II nur im Verhältnis derjenigen Gesamtkosten, die durch das eigene Rechtsmittel entstanden sind.

5) Voraussetzungen der Hilfshaftung, II, III. Die Hilfshaftung nach II tritt **11** dann ein, wenn eine der beiden folgenden Voraussetzungen vorliegt, die gleichwertig sind, LG Kblz JB **06**, 651, AG Paderb Rpfleger **93**, 366.

A. Erfolglose oder aussichtslose Zwangsvollstreckung, II. „Eine" und nicht **12** „die" Zwangsvollstreckung in das bewegliche Vermögen aller Erstschuldner muß entweder bereits erfolglos geblieben sein, LG Gött Rpfleger **91**, 36, LG Kblz JB **06**, 651, oder sie muß als aussichtslos erscheinen, LG Kblz JB **06**, 651, VGH Mannh NJW **02**, 1516. Ob eine Zwangsvollstreckung in das bewegliche Vermögen als aussichtslos erscheint, muß man unter einer Würdigung aller Umstände prüfen, KG MDR 03, 1320, VGH Mannh NJW 02, 1516. Eine gewisse Wahrscheinlichkeit reicht, KG MDR 03, 1320.

13 **B. Beispiele zur Frage einer Anwendbarkeit von II**
Art der Vollstreckung: Die Art der Zwangsvollstreckung in das bewegliche Vermögen ist unerheblich.
Aufenthalt unbekannt: Man darf den Zweitschuldner noch nicht dann in Anspruch nehmen, wenn der Aufenthalt des Erstschuldners nur unbekannt ist, sofern immerhin noch irgendwelche zugriffsfähigen Gegenstände des beweglichen Vermögens des Erstschuldners bestehen.
Ausländer im Inland: Wenn ein *Ausländer* im Inland kein Vermögen besitzt, ist die Eröffnung des Insolvenzverfahrens über sein Vermögen nur dann ein Anlaß, die Aussichtslosigkeit der Zwangsvollstreckung nach II anzunehmen, wenn auch eine Zwangsvollstreckung im Ausland nach der allgemeinen Erfahrung keinen baldigen Erfolg verspricht. Diese Befürchtung mag wegen irgendwelcher Devisenschwierigkeiten oder dann bestehen, wenn eine Auslandsvollstreckung voraussichtlich sehr lange dauern würde, Düss JB **94**, 111, oder wenn sie unverhältnismäßig hohe Kosten verursachen würde, BGH Rpfleger **75**, 432, Hbg MDR **87**, 947, VGH Mannh NJW **02**, 1516. Man kann die Vermittlungstätigkeit der Auslandsvertretung nicht in Anspruch zu nehmen, VGH Mannh NJW **02**, 1516. Mann braucht das aber auch nicht zu tun, Kblz Rpfleger **85**, 510. Eine Aussichtslosigkeit liegt noch nicht dann vor, wenn der ausländische Kostenschuldner eine e-mail-Zahlungsaufforderung der Landeskasse nicht beantwortet hat, Kblz MDR **05**, 1079.
Auslandswohnsitz: Ein Erstschuldner im Ausland kann evtl reichen, Düss JB **08**, 43. Beim inländischen Zweitschuldner mit einem Dauerwohnsitz im Ausland kommt es auf die Dauer einer Zwangsvollstreckung an, Düss JB **94**, 111, oder auf seine Zahlungsunwilligkeit, Kblz Rpfleger **85**, 510.

14 **Einziger Vollstreckungsversuch:** Anwendbar ist II in aller Regel schon nach diesem ersten Versuch, KG MDR **03**, 1320, Kblz MDR **00**, 976, Stgt JB **01**, 597.
Erbschaft: Anwendbar sein kann II nach zB sechs Erbauszahlungen, Brdb FamRZ **04**, 384.
Insolvenzverfahren: Anwendbar sein kann II schon bei einem Antrag auf ein Insolvenzverfahren über das Vermögen des Erstschuldners, AG Paderb Rpfleger **93**, 366, oder gar nach der Eröffnung eines solchen Verfahrens, LG Kblz JB **06**, 651, aber natürlich erst recht nach der Ablehnung dieser Eröffnung mangels Masse, Mü MDR **86**, 684.
S auch Rn 13 „Ausländer im Inland".
Kostenerlaß: *Unanwendbar* ist II nach einem solchen Vorgang gegenüber dem Erstschuldner, Jena JB **00**, 424.
Mehrere Erstschuldner: Die Voraussetzungen Rn 12 müssen auf alle zutreffen.

15 **Offenbarungsverfahren:** Unanwendbar sind bei II die §§ 807, 899 ff ZPO, KG MDR **03**, 1320, Kblz MDR **00**, 976, Oldb JB **92**, 810.
Freilich läßt sich die Aussichtslosigkeit nach II 1 nach der Abgabe einer Offenbarungsversicherung vermuten.
Pfändungsversuch: Anwendbar ist II nach einem erfolglosen solchen Vorgang.
Prozeßkostenhilfe: Anwendbar ist II meist bei einer jetzigen Prozeßkostenhilfe mit oder ohne Raten, III 1.
Unanwendbar ist II bei einer schon vor Jahren erfolgten Prozeßkostenhilfe, BGH MDR **82**, 308, LG Münst JB **91**, 1507.
Unbewegliches Vermögen: *Unanwendbar* ist II schon nach dem Wortlaut von II 1 bei einer Vollstreckung nach §§ 864 ff ZPO, Kblz Rpfleger **85**, 510.
Vermögenslosigkeit: Anwendbar ist II bei einer amtsbekannten Vermögenslosigkeit des Erstschuldners und einer deshalb erfolgten Auftragsrückgabe durch den Gerichtsvollzieher.
S auch Rn 14 „Insolvenzverfahren".
Vorschuß: *Unanwendbar* ist II bei der Verrechnung eines Vorschusses.

16 **C. Prozeßkostenhilfe, Reisekostenentschädigung, III.** Das Gericht mag dem Entscheidungsschuldner (Erstschuldner) eine Prozeßkostenhilfe mit oder ohne Raten-

zahlungen gewährt haben, III 1, Mü Rpfleger **01**, 49. Es mag auch eine Reisekostenentschädigung nach den im Anh I, II nach § 25 JVEG, Teil V dieses Buches, abgedruckten Vorschriften bewilligt haben, III 2. Insoweit darf der Kostenbeamte solche Kosten, von denen der Mittellose befreit ist, von ihm nicht anfordern und nicht auf ihn ansetzen. Dasselbe gilt dann, wenn das Gericht im selbständigen Beweisverfahren eine Prozeßkostenhilfe gewährt hatte und wenn dann im zugehörigen Hauptprozeß eine Verurteilung dieser Partei erfolgt, LG Saarbr RR **01**, 1152.

Das alles gilt freilich nur, solange nicht das Gericht die Bewilligung der Prozeßkostenhilfe nach § 124 ZPO *aufgehoben* hat, Düss MDR **89**, 365, oder solange das Gericht nicht die Rückzahlung der Entschädigung veranlaßt hat. Freilich darf und muß der Kostenbeamte unter Umständen auf einen Beschluß nach § 124 ZPO hinwirken, § 9 V KostVfg, Teil VII A dieses Buches, vgl Rpfleger **91**, 36.

Trotzdem soll die Staatskasse die Haftung eines *anderen* Kostenschuldners als des **17** Entscheidungsschuldners nicht geltend machen, Hamm NJW **77**, 2083 (zustm Markl).

Der *Sinn der Regelung* besteht in der folgenden Überlegung: Würde die Staatskasse gegen den Zweitschuldner vorgehen, könnte der Zweitschuldner gegen den mittellosen Entscheidungsschuldner Ansprüche geltend machen, § 123 ZPO, KG AnwBl **79**, 434, Kblz JB **91**, 954, Nürnb FamRZ **97**, 755 (krit Rasch 1411). Infolgedessen würde der mittellose Entscheidungsschuldner zwar nicht der Staatskasse zahlen müssen, wohl aber dem Prozeßgegner gegenüber. Das soll wegen seiner Mittellosigkeit unterbleiben. Ffm Rpfleger **89**, 40, Hbg FamRZ **88**, 536, Saarbr Rpfleger **01**, 601.

Die Regelung ist *mit dem GG vereinbar*, BVerfG **51**, 296 = BGBl **79**, 1216, Kblz **18** MDR **86**, 243. Das Wort „darf" (nicht) bedeutet genau wie das Wort „soll" (nicht) in II 1 eine Amtspflicht der Staatskasse, Rn 8.

D. Rückzahlungspflicht, III. Die Staatskasse muß (jetzt eindeutig) nach III 1 **19** Hs 2, III 2 ähnlich wie bei § 157 KostO Rn 1, Teil III dieses Buchs, einen etwa vom Zweitschuldner erhaltenen Vorschuß grundsätzlich an diesen zurückzahlen, so schon (je zum alten Recht) Düss JB **00**, 87, Kblz JB **00**, 259, AG Marbg AnwBl **88**, 248. Das geschieht aber ohne Zinsen, § 66 GKG, so schon Hamm NJW **01**, 1287, AG Bad Kreuzn RR **00**, 951.

Vom vorstehenden Grundsatz der Rückzahlungspflicht gilt nach III 1 Hs 3 nur dann eine *Ausnahme*, wenn es sich um eine vereinbarte Vergütung nach § 13 I, III JVEG handelt, Teil V dieses Buchs, und soweit die Partei der besonderen Vergütung zugestimmt hatte.

Die *Staatskasse zahlt* daher solche Kosten zurück, die ein Kostenschuldner *endgültig* **20** gezahlt hat. Damit ist eine weitere frühere Streitfrage jetzt durch III 1 Hs 2 erledigt.

E. Beiderseitige Prozeßkostenhilfe, III. Soweit das Gericht beiden Parteien **21** eine Prozeßkostenhilfe bewilligt hat, darf die Staatskasse auch nach (jetzt) III 1 Hs 1 eine Nachzahlung einer bloßen Antragsschuldnerin erst dann anordnen, wenn eine Nachzahlung der Entscheidungsschuldnerin nicht in Betracht kommt, Düss Rpfleger **88**, 164, KG Rpfleger **79**, 153.

F. Teilweise Prozeßkostenhilfe, III. Das Wort „soweit" ergibt: III kommt nur **22** für diejenige Instanz in Betracht, für die das Gericht eine Prozeßkostenhilfe bewilligt hat, BGH MDR **82**, 307. Die Regelung gilt bei einer nur teilweisen Prozeßkostenhilfe auch innerhalb derselben Instanz nur im Umfang dieser Teilbewilligung, Düss JB **00**, 425.

G. Unwendbarkeit beim Übernahmeschuldner usw, III. III ist unanwendbar, **23** soweit überhaupt keine Gerichtsentscheidung vorliegt, Kblz MDR **08**, 473, oder soweit der Mittellose auch ein Übernahmeschuldner nach § 29 Z 2 ist, BVerfG NJW **00**, 3271, BGH NJW **04**, 366, Kblz MDR **04**, 472, aM Drsd Rpfleger **02**, 214, Ffm JB **02**, 1418, Vester NJW **02**, 3225 (aber eine Haftung entfällt nicht schon wegen des Hinzutritts eines weiteren Haftungsgrundes). Denn eine Kostenübernahme ist etwas anderes als eine Kostenentscheidung. Deshalb kommt es grundsätzlich auch nicht darauf an, ob die Übernahme der sachlichrechtlichen Lage entspricht. Eine Ausnahme gilt bei einer Arglist, BLAH Einl III 54. III ist ferner unanwendbar, soweit ein Rechtsübergang nach § 59 RVG erfolgt ist, Köln FamRZ **86**, 926.

GKG § 32   I. A. Gerichtskostengesetz

Haftung von Streitgenossen und Beigeladenen

32 I ¹Streitgenossen haften als Gesamtschuldner, wenn die Kosten nicht durch gerichtliche Entscheidung unter sie verteilt sind. ²Soweit einen Streitgenossen nur Teile des Streitgegenstandes betreffen, beschränkt sich seine Haftung als Gesamtschuldner auf den Betrag, der entstanden wäre, wenn das Verfahren nur diese Teile betroffen hätte.

II Absatz 1 gilt auch für mehrere Beigeladene, denen Kosten auferlegt worden sind.

Gliederung

1) Geltungsbereich, I, II	1, 2
2) Voraussetzungen, I	3–9
A. Streitgenossenschaft	3
B. Keine abweichende Entscheidung	4–6
C. Kostenverteilung	7–9
D. Nur Teile des Streitgegenstands	10
3) Beigeladener, II	11

1   **1) Geltungsbereich, I, II.** Die Vorschrift ergänzt § 31. Sie gilt: Im Zivilprozeß; im Zwangsversteigerungsverfahren; im Zwangsverwaltungsverfahren; im Insolvenzverfahren; in allen Gerichtsbarkeiten des § 1, so schon (für die Finanzgerichte), BFH BB **89**, 619, und auch aus II. § 135 V 1 FGO (Kopfhaftung) ist also nicht mehr anwendbar, so schon (zum alten Recht) BFH BB **89**, 619. Die Vorschrift erfaßt Gebühren, Auslagen und Vorschüsse.

2   Im *Strafverfahren* gilt § 32 grundsätzlich nicht. Denn ihm gehen die amtliche Vorbemerkung 3.1 VI 1, §§ 466, 471 IV StPO mit § 33 vor. Allerdings haften mehrere vorschußpflichtige Privat- und Nebenkläger als Gesamtschuldner, sei es nach § 32 oder nach §§ 18, 31. Ebenso haften mehrere Anzeigende im Fall des § 469 StPO wohl nach § 32.

3   **2) Voraussetzungen, I.** Man sollte vier Aspekte beachten.
   A. Streitgenossenschaft. Die gesamtschuldnerische Haftung mehrerer Kostenschuldner nach §§ 421 ff BGB tritt in allen Fällen der Streitgenossenschaft nach §§ 59 ff ZPO ein, sei es auf der Kläger-, sei es auf der Beklagtenseite, sei es eine einfache oder eine notwendige. Hierher zählen auch eine streitgenössische Streithilfe nach § 69 ZPO und eine erst infolge einer Prozeßverbindung hervorgerufene Streitgenossenschaft. Bei der BGB-Außengesellschaft muß man unterscheiden. Treten nur mehrere oder alle Gesellschafter auf, können sie Streitgenossen sein. Tritt aber statt dessen oder daneben die Gesellschaft nach BGH **146**, 341 zulässigerweise als solche auf, ist sie als solche nur *ein* Schuldner. Sie kann allerdings neben den einzelnen Gesellschaftern ein weiterer Streitgenosse sein. Entsprechendes gilt bei der Wohnungseigentümergemeinschaft. Im Insolvenzverfahren genügt es, daß mehrere Personen einen übereinstimmenden Antrag stellen, KV 2310 ff.

4   **B. Keine abweichende Entscheidung.** Eine gesamtschuldnerische Haftung der Streitgenossen nach § 32 tritt nur ein, soweit nicht das Gericht eine andere Verteilung der Kosten in einer Entscheidung vorgenommen hat, § 29 Rn 2, BFH BB **89**, 619. Es reicht nicht aus, daß überhaupt irgendeine gerichtliche Kostenentscheidung vorliegt. Sie muß vielmehr eine Kostenverteilung nach Bruchteilen enthalten. Im letzteren Fall ist es unerheblich, ob die mehreren Kostenschuldner nach § 100 I ZPO für die Kostenerstattung nach Kopfteilen haften. Gegenüber der Staatskasse haften sie nach § 32 gesamtschuldnerisch.

5   Auch bei einer *gerichtlichen Kostenverteilung* bleibt eine gesamtschuldnerische Antragshaftung bestehen. Es gilt aber § 31 II. Eine gesamtschuldnerische Haftung tritt auch ohne eine gerichtliche Entscheidung immer dann ein, wenn mehrere Antragsteller nach § 22 haften. Im übrigen tritt nach § 100 IV ZPO mangels einer gerichtlichen Kostenverteilung eine Gesamtschuldnerschaft ein, Kblz RR **00**, 71, aM KG MDR **02**, 1276 (aber die Staatskasse braucht nicht das Innenverhältnis der Kostenschuldner zu kennen oder gar zu ermitteln).

6   Jeder Gesamtschuldner haftet nur *bis zum Betrag seiner Kosten,* Stgt JB **91**, 952. § 32 bestimmt nur, *wie* gehaftet wird. Demgegenüber bestimmen (jetzt) §§ 22, 29, *wer* haf-

tet, Bbg JB **92**, 684. Soweit mehrere die Kostenschuld nach § 29 übernommen haben, haften sie mangels einer abweichenden Erklärung als Gesamtschuldner.

C. Kostenverteilung. Was I 1 „Kostenverteilung" nennt, ist die Verteilung nach 7
§ 100 II, III ZPO. Infrage kommt also entweder die Mehrbelastung eines Streitgenossen, soweit er in einem erheblich größeren Umfang am Verfahren beteiligt war, oder die alleinige Belastung eines Streitgenossen mit den durch sein besonderes Angriffs- oder Verteidigungsmittel veranlaßten Kosten.

Soweit das Gericht eine derartige Kostenverteilung vorgenommen hat, gilt sie auch für das *Verhältnis zur Staatskasse*. Auch dann kann ein Streitgenosse also nicht für eine Gebühr haften, die allein gegen einen anderen entstanden ist.

Wenn daher in den oben genannten Fällen bei einer *verschiedenen Beteiligung* ver- 8
schieden hohe Kosten entstanden sind, besteht eine Gesamthaftung nach I 1 nur insoweit, als die Streitgegenstände zusammenfallen und die Kosten gegen alle entstanden sind, und in entsprechender Höhe, BVerwG Rpfleger **93**, 374 (zustm Hellstab), Düss Rpfleger **86**, 157. Wegen I 2 vgl Rn 10. Zur Berechnung bei Prozeßkostenhilfe für nur einen der Streitgenossen Bre JB **91**, 953.

Auch neben einer Entscheidungshaftung bei der Belastung eines Streitgenossen mit 9
den durch sein *besonderes Angriffs- oder Verteidigungsmittel* veranlaßten Kosten bleibt eine gesamtschuldnerische Antragshaftung als eine zweitschuldnerische Haftung bestehen, §§ 22, 29, 31. Soweit das Gericht in der Kostenentscheidung die unterschiedliche Beteiligung von Streitgenossen unberücksichtigt gelassen hat, bleibt es für die Kostenfestsetzung bei der im Urteil genannten Quote, Mü MDR **89**, 167.

D. Nur Teile des Streitgegenstands. Soweit einen Streitgenossen nur Teile des 10
Streitgegenstands betreffen, haftet er nach I 2 nur bis zu demjenigen Betrag, der dann entstanden wäre, wenn das Verfahren nur diese Teile betroffen hätte. Das gilt auch dann, wenn das Gericht eine Kostenverteilung vorgenommen hat.

3) Beigeladener, II. Die vorstehende Regelung gilt entsprechend für die Haf- 11
tung mehrerer Beigeladener, §§ 60 FGO, 65 VwGO usw.

Verpflichtung zur Zahlung von Kosten in besonderen Fällen

33 Die nach den §§ 53 bis 55, 177, 209 und 269 der Insolvenzordnung sowie den §§ 466 und 471 Abs. 4 der Strafprozessordnung begründete Verpflichtung zur Zahlung von Kosten besteht auch gegenüber der Staatskasse.

1) Systematik, Regelungszweck. Vgl zunächst Üb 1, 2 vor § 22. Nach § 33 1
besteht eine durch andere Gesetze begründete Kostenhaftung auch gegenüber der Staatskasse. Diese Bestimmungen sind in wesentlicher Beziehung Bestandteil des GKG. Die Staatskasse kann die aus den betreffenden Bestimmungen Verpflichteten daher genauso in Anspruch nehmen wie andere Kostenschuldner, also ohne einen weiteren Titel. Andererseits steht dem Betroffenen die Erinnerung aus § 66 offen. Im Verfahren vor den Arbeitsgerichten ist § 33 anwendbar.

2) Insolvenzordnung. Infrage kommen: 2

InsO § 53. Massegläubiger. Aus der Insolvenzmasse sind die Kosten des Insolvenzverfahrens und die sonstigen Masseverbindlichkeiten vorweg zu berichtigen.

InsO § 54. Kosten des Insolvenzverfahrens. Kosten des Insolvenzverfahrens sind:
1. die Gerichtskosten für das Insolvenzverfahren;
2. die Vergütungen und die Auslagen des vorläufigen Insolvenzverwalters, des Insolvenzverwalters und der Mitglieder des Gläubigerausschusses.

InsO § 55. Sonstige Masseverbindlichkeiten. [1] Masseverbindlichkeiten sind weiter die Verbindlichkeiten:
1. die durch Handlungen des Insolvenzverwalters oder in anderer Weise durch die Verwaltung, Verwertung und Verteilung der Insolvenzmasse begründet werden, ohne zu den Kosten des Insolvenzverfahrens zu gehören;
2. aus gegenseitigen Verträgen, soweit deren Erfüllung zur Insolvenzmasse verlangt wird oder für die Zeit nach der Eröffnung des Insolvenzverfahrens erfolgen muß;
3. aus einer ungerechtfertigten Bereicherung der Masse.

II ¹Verbindlichkeiten, die von einem vorläufigen Insolvenzverwalter begründet worden sind, auf den die Verfügungsbefugnis über das Vermögen des Schuldners übergegangen ist, gelten nach der Eröffnung des Verfahrens als Masseverbindlichkeiten. ²Gleiches gilt für Verbindlichkeiten aus einem Dauerschuldverhältnis, soweit der vorläufige Insolvenzverwalter für das von ihm verwaltete Vermögen die Gegenleistung in Anspruch genommen hat.

III (hier nicht abgedruckt)

InsO § 177. Nachträgliche Anmeldungen. I ¹Im Prüfungstermin sind auch die Forderungen zu prüfen, die nach dem Ablauf der Anmeldefrist angemeldet worden sind. ²Widerspricht jedoch der Insolvenzverwalter oder ein Insolvenzgläubiger dieser Prüfung oder wird eine Forderung erst nach dem Prüfungstermin angemeldet, so hat das Insolvenzgericht auf Kosten des Säumigen entweder einen besonderen Prüfungstermin zu bestimmen oder die Prüfung im schriftlichen Verfahren anzuordnen. ³Für nachträgliche Änderungen der Anmeldung gelten die Sätze 1 und 2 entsprechend.

II Hat das Gericht nachrangige Gläubiger nach § 174 Abs. 3 zur Anmeldung ihrer Forderungen aufgefordert und läuft die für diese Anmeldung gesetzte Frist später als eine Woche vor dem Prüfungstermin ab, so ist auf Kosten der Insolvenzmasse entweder ein besonderer Prüfungstermin zu bestimmen oder die Prüfung im schriftlichen Verfahren anzuordnen.

III ¹Der besondere Prüfungstermin ist öffentlich bekanntzumachen. ²Zu dem Termin sind die Insolvenzgläubiger, die eine Forderung angemeldet haben, der Verwalter und der Schuldner besonders zu laden. ³§ 74 Abs. 2 Satz 2 gilt entsprechend.

InsO § 209. Befriedigung der Massegläubiger. I Der Insolvenzverwalter hat die Masseverbindlichkeiten nach folgender Rangordnung zu berichtigen, bei gleichem Rang nach dem Verhältnis ihrer Beträge:
1. die Kosten des Insolvenzverfahrens;
2. die Masseverbindlichkeiten, die nach der Anzeige der Masseunzulänglichkeit begründet worden sind, ohne zu den Kosten des Verfahrens zu gehören;
3. die übrigen Masseverbindlichkeiten, unter diesen zuletzt der nach den §§ 100, 101 Abs. 1 Satz 3 bewilligte Unterhalt.

II Als Masseverbindlichkeiten im Sinne des Absatzes 1 Nr. 2 gelten auch die Verbindlichkeiten
1. aus einem gegenseitigen Vertrag, dessen Erfüllung der Verwalter gewählt hat, nachdem er die Masseunzulänglichkeit angezeigt hatte;
2. aus einem Dauerschuldverhältnis für die Zeit nach dem ersten Termin, zu dem der Verwalter nach der Anzeige der Masseunzulänglichkeit kündigen konnte;
3. aus einem Dauerschuldverhältnis, soweit der Verwalter nach der Anzeige der Masseunzulänglichkeit für die Insolvenzmasse die Gegenleistung in Anspruch genommen hat.

InsO § 269. Kosten der Überwachung. ¹Die Kosten der Überwachung trägt der Schuldner. ²Im Falle des § 260 Abs. 3 trägt die Übernahmegesellschaft die durch ihre Überwachung entstehenden Kosten.

3 **3) Strafprozeßordnung.** Infrage kommen:

StPO § 466 (ist bei KV amtliche Vorbemerkung 3.1. Rn 2 abgedruckt).

StPO § 471. Privatklagekosten. IV ¹Mehrere Privatkläger haften als Gesamtschuldner. ²Das gleiche gilt hinsichtlich der Haftung mehrerer Beschuldigter für die dem Privatkläger erwachsenen notwendigen Auslagen.

Zu § 466: „Dieselbe Tat" bedeutet derselbe strafrechtliche Vorgang. Sie liegt daher auch vor bei einer Begünstigter und Hehler oder bei einer aktiven und passiven Bestechung, nicht aber dann, wenn sich die Tätigkeit der mehreren in verschiedenen strafrechtlichen Richtungen äußert, wie bei gegenseitigen Beleidigungen. S auch KV amtliche Vorbemerkung 3.1. Rn 2.

Abschnitt 6. Gebührenvorschriften §§ 33–35 GKG

Zu § 471: Gilt auch für den Nebenkläger. Kosten des unterbevollmächtigten auswärtigen Anwalts sind in Höhe der Reisekosten des Hauptbevollmächtigten erstattungsfähig.

Abschnitt 6. Gebührenvorschriften

Wertgebühren

34 I ¹Wenn sich die Gebühren nach dem Streitwert richten, beträgt die Gebühr bei einem Streitwert bis 300 Euro 25 Euro. ²Die Gebühr erhöht sich bei einem

Streitwert bis ... Euro	für jeden angefangenen Betrag von weiteren ... Euro	um ... Euro
1 500	300	10
5 000	500	8
10 000	1 000	15
25 000	3 000	23
50 000	5 000	29
200 000	15 000	100
500 000	30 000	150
über 500 000	50 000	150

³Eine Gebührentabelle für Streitwerte bis 500 000 Euro ist diesem Gesetz als Anlage 2 [in diesem Buch SchlAnh A] **beigefügt**.
II Der Mindestbetrag einer Gebühr ist 10 Euro.

1) Geltungsbereich, I, II. Die Wertabhängigkeit ist verfassungsgemäß, BVerfG **1** NJW 07, 2032 (Mahnverfahren). II 2, 3 sind nach § 145 S 2 TKG auf das dortige außergerichtliche Streitbeilegungsverfahren und nach § 146 S 3 Hs 2 TKG auf das dortige Vorverfahren entsprechend anwendbar.

2) Streitwertabhängigkeit, I 1. Es gilt dasselbe wie bei § 3 Rn 1–3. **2**

3) Tabelle, I 2, 3. Die Ergänzungstabelle nach I 3 (Anlage 2) befindet sich im **3** SchlAnh A.

4) Mindestbetrag, II. Einen Mindestbetrag sieht das Gesetz nur für die Gebüh- **4** ren vor, nicht für die Auslagen. „Gebühr" ist die im Einzelfall maßgebliche. Also ist auch der Mindestbetrag der 0,25 Gebühr der Betrag von 10 EUR.

5) Keine Auf- und Abrundung mehr. Es gibt im GKG keine Auf- oder Ab- **5** rundung mehr, anders als in § 2 II 2 RVG.

Einmalige Erhebung der Gebühren

35 Die Gebühr für das Verfahren im Allgemeinen und die Gebühr für eine Entscheidung werden in jedem Rechtszug hinsichtlich eines jeden Teils des Streitgegenstands nur einmal erhoben.

Gliederung

1) Systematik	1
2) Regelungszweck	2
3) Geltungsbereich	3
4) Rechtszug	4–19
A. Begriff	4
B. Beginn, Ende	5
C. Beispiele zur Frage einer Abgrenzung der Rechtszüge	6–19
5) Einmaligkeit der Gebührenerhebung	20

1) Systematik. Die Vorschrift enthält den Grundsatz der Einmaligkeit der Regel- **1** gebühr, auf dem das Pauschalsystem beruht. Das Gesetz durchbricht diesen Grundsatz

GKG § 35   I. A. Gerichtskostengesetz

an nur noch wenigen Stellen für eine Entscheidungsgebühr. Bei demselben Streitgegenstand entsteht die Verfahrensgebühr nicht nochmals dann, wenn der Bekl die Widerklage auf eine bisher am Rechtsstreit nicht beteiligte Person ausdehnt.

2   **2) Regelungszweck.** Die Vorschrift dient der Klarstellung im Interesse der Kostengerechtigkeit. Sie soll verhindern, daß wegen Unklarheiten über den jeweiligen Streitgegenstand Gebührenverdoppelungen eintreten, die der Gesetzgeber nicht gewollt hat.

3   **3) Geltungsbereich.** Die Vorschrift ist im Bereich des GKG voll anwendbar, § 1, also auch im Verfahren vor den Arbeits-, ferner vor den Finanz-, Sozial- und Verwaltungsgerichten. Sie gilt auch im Zwangsversteigerungs- und im Zwangsverwaltungsverfahren und im Insolvenzverfahren sowie im Schiffahrtsrechtlichen Verteilungsverfahren.

4   **4) Rechtszug.** Ein scheinbar einfacher Begriff erweist sich im Einzelfall oft als kompliziert.

     A. Begriff. Der Begriff des Rechtszugs ist nicht derselbe wie derjenige der Instanz in der ZPO, Bre JB **76**, 350. Er ist auch nicht derselbe wie derjenige des Rechtszugs nach (jetzt) § 15 II 2 RVG, Teil X dieses Buchs, Zehender BB **81**, 846. Dort beginnen die drei Rechtszüge mit der Klagerhebung oder der Einlegung des Rechtsmittels und enden mit der Erledigung des gesamten dem Gericht der Instanz vorliegenden Prozeßstoffs, also nicht immer mit einem Urteil, zB nicht mit einem Zwischenurteil. Dort begründet die Zurückverweisung keine neue Instanz. Demgegenüber gilt im GKG anders wiederum als im RVG folgendes.

5   **B. Beginn, Ende.** Der Rechtszug beginnt mit der Einreichung, nicht erst mit der Zustellung der Klage, einer Rechtsmittelschrift oder eines gebührenpflichtigen Antrags, Düss FamRZ **06**, 628. Der Rechtszug endet mit dem Wirksamwerden des Schlußurteils, zB mit seiner Verkündung, Düss FamRZ **06**, 628. Er endet ferner mit dem Abschluß eines Prozeßvergleichs oder mit der Mitteilung eines außergerichtlichen Vergleichs. Maßgebend ist dabei der Eingang beim Gericht. Der Rechtszug endet ferner mit der wirksamen Rücknahme der Klage oder eines Rechtsmittels, Düss FamRZ **06**, 628, Köln NJW **95**, 2728. Er kann auch mit übereinstimmenden wirksamen Vollerledigterklärungen enden, Düss FamRZ **06**, 628. Er kann beendet sein, aber durch spätere Ereignisse gleichwohl wieder aufleben.

6   **C. Beispiele zur Frage einer Abgrenzung der Rechtszüge**
     Anfechtungsklage: Die Anfechtungsklage im Aufgebotsverfahren stellt einen *neuen* Rechtszug dar.
     Antragswiederholung: Rn 7 „Erneuter Antrag".
     Arrest, einstweilige Verfügung: Der Hauptprozeß ist ein *neuer* Rechtszug, Karlsr Just **77**, 98.
     Beschwerdeverfahren: Es eröffnet einen *neuen* Rechtszug.
     Drittschuldner: Derselbe Rechtszug liegt bei einer Pfändung und Überweisung mehrerer Forderungen gegenüber verschiedenen Drittschuldnern vor, LG Zweibr Rpfleger **77**, 76.
     Einspruch: Rn 16 „Versäumnisurteil".
     Erledigung der Hauptsache: Im Verfahren gegenüber mehreren Streitgenossen stellen solche Vorgänge, die zur Erledigung im Verhältnis zum einen Streitgenossen führen, und solche, die zur Erledigung im Verhältnis zum anderen Streitgenossen führen, Vorgänge desselben Rechtszugs dar.

7   **Erneuter Antrag:** Nach der Zurücknahme einer Klage oder Widerklage oder eines Rechtsmittels und nach der Verwerfung eines Rechtsmittels kann eine erneute Klage oder Widerklage oder ein rechtzeitig erneutes Rechtsmittel deshalb einen Vorgang desselben Rechtszugs darstellen, weil er nur wiederauflebt, ähnlich wie nach einem Ruhen des Verfahrens, aM Lappe 4 (zum alten Recht). Nach einem solchen Beschluß, der Berufungskläger der Berufung verlustig erklärt, oder nach dem Hinfälligwerden einer Anschlußberufung stellt eine neue Berufung einen Vorgang desselben Rechtszugs dar, § 15 RVG Rn 22ff, Teil X dieses Buchs, Pantle NJW **88**, 2775. Auch eine Ermäßigung mit einer anschließenden erneuten Erhöhung kann zum Rechtszug gehören, Bbg JB **76**, 866.

Abschnitt 6. Gebührenvorschriften § 35 GKG

Nach der Abweisung einer Klage als unzulässig eröffnet eine neue Klage einen *neuen* Rechtszug.
Gehörsverletzung: Das Abhilfeverfahren nach § 321a ZPO gehört zum Rechtszug.
Grund des Anspruchs: Das Verfahren über den Grund des Anspruchs und das Betragsverfahren stellen Vorgänge desselben Rechtszugs dar, aM Meyer 5. Das gilt auch nach dem Erlaß eines Zwischenurteils nach § 304 ZPO. Das gilt selbst dann, wenn inzwischen ein Rechtsmittel schwebte, Bre JB **76**, 484. Wenn der Rechtsmittelführer wegen einiger Zweifel an der Zulässigkeit des bereits eingelegten Rechtsmittels vorsorglich ein gleichartiges Rechtsmittel nochmals einlegt, liegt für beide Rechtsmittel derselbe Rechtszug vor. 8

Wenn der Rechtsmittelführer *gleichzeitig* gegen dieselbe Entscheidung eine *Berufung und eine sofortige Beschwerde* oder eine Sprungrevision und eine Berufung einlegt, eröffnet er *verschiedene* Rechtszüge. Sie liegen auch dann vor, wenn sich eine Berufung gegen ein Grundurteil und eine weitere Berufung gegen das spätere Betragsurteil richten. Etwas anderes gilt erst nach einer Verbindung der beiden Berufungsverfahren.
Klagänderung: Das Verfahren nach der Zulassung einer Klagänderung zählt zu demselben Rechtszug wie das Verfahren vor der Klagänderung. Das gilt auch dann, wenn sich die Klage nunmehr statt auf den ursprünglichen Anspruch selbst auf einen inzwischen abgeschlossenen außergerichtlichen Vergleich stützt. 9
Klagerücknahme: Rn 7 „Erneuter Antrag".
Nachverfahren: Das Verfahren bis zum Erlaß eines Vorbehaltsurteils und das Nachverfahren nach §§ 302, 599 ZPO stellen denselben Rechtszug dar. 10

Wenn aber zunächst gegen das Vorbehaltsurteil und später gegen das in derselben Sache ergangene Nachurteil Rechtsmittel eingehen, liegen *verschiedene* Rechtszüge vor. Dann muß man also die Verfahrensgebühr für jedes der beiden Rechtsmittel gesondert ansetzen.
Prozeßtrennung: Eine Prozeßtrennung nach § 145 läßt für beide nun getrennten Verfahren denselben Rechtszug bestehen. Nach der Trennung können natürlich getrennte Gebühren entstehen. Früher entstandene muß man im Verhältnis der Werte anrechnen, FG Hbg EFG **76**, 354. 11
Prozeßverbindung: Bei der Verbindung mehrerer Prozesse nach § 147 ZPO liegt derselbe Rechtszug vor. Eine vor einer Verbindung entstandene Gebühr bleibt bestehen, Düss JB **09**, 542. 12
Prozeßvergleich: Das Verfahren vor dem Prozeßgericht bis zum Abschluß des Prozeßvergleichs und das Verfahren vor demselben Gericht im Streit über die Wirksamkeit des Prozeßvergleichs stellen denselben Rechtszug dar, BGH MDR **77**, 308, Kblz JB **78**, 702.

Beim Auslegungsstreit entsteht aber ein *neuer* Rechtszug, BGH MDR **77**, 308.
Rechtsmittel: Soweit beide Parteien oder mehrere Streitgenossen gegen dasselbe Urteil Rechtsmittel einlegen, liegt derselbe Rechtszug vor. Das gilt auch bei getrennten Rechtsmittelschriften. 13

Soweit eine Partei *mehrere* in derselben Sache ergangene *Urteile* durch getrennte Rechtsmittel anficht, liegen *verschiedene* Rechtszüge vor. Das gilt auch bei einem Vorbehalts- und Nachurteil, Rn 10. Soweit eine Partei in einer früher zurückgewiesenen Sache ein neues Rechtsmittel einlegt, liegt ebenfalls ein *neuer* Rechtszug vor.

S auch Rn 6 „Beschwerdeverfahren", Rn 7 „Erneuter Antrag".
Selbständiges Beweisverfahren: Der Hauptprozeß ist bei seiner zeitlichen Nachfolge ein *neuer* Rechtszug, KG MDR **76**, 846.
Streitgenossen: Auch ein unterschiedlicher Verlauf ändert nichts an demselben Rechtszug.
Streitwerterhöhung: Sie ändert nichts am Rechtszug, soweit das Gericht sie zuläßt.
Stufenklage: Alle Stufen gehören zum Rechtszug.
Teilurteil: Mehrere Berufungen gegen solche Teilurteile, die einzelne gesamtschuldnerisch belangte Streitgenossen betreffen, stellen denselben Rechtszug dar. 14
Unterbrechung: Ein Ruhen oder die Fortsetzung gehören zum Rechtszug. 15
Urteilsvervollständigung: Eine Vervollständigung desjenigen in abgekürzter Form ergangenen Versäumnis- oder Anerkenntnisurteils nach § 313b ZPO, das im Aus-

land zur Anerkennung und Vollstreckung kommen soll, durch die Hinzufügung von Tatbestand und Entscheidungsgründen ergeht in demselben Rechtszug. Vgl § 19 I 2 Z 6 RVG, Teil X dieses Buchs.

16 **Vergleich:** Rn 12 „Prozeßvergleich".
Versäumnisurteil: Der Einspruch gehört zum Rechtszug.
Verweisung: Das Verfahren vor und nach einer Verweisung an eine andere Kammer oder Abteilung oder an ein anderes Gericht sowie das Verfahren vor und nach der Zurückverweisung an dasselbe Gericht nach § 37 stellen denselben Rechtszug dar, Ffm JB **77**, 1114, Köln NJW **95**, 2728.
S auch Rn 18 „Zurückverweisung".

17 **Wiederaufnahme:** Das Wiederaufnahmeverfahren eröffnet einen *neuen* Rechtszug, und zwar nochmals denselben wie denjenigen, dessen Entscheidung der Kläger anficht, BFH BB **85**, 985.

18 **Zulässigkeitsrüge:** Das Verfahren über eine Zulässigkeitsrüge und das Verfahren zur Hauptsache stellen denselben Rechtszug dar. Das gilt auch dann, wenn inzwischen schon ein Urteil vorliegt.
Zurückverweisung: Nach einer Zurückverweisung eröffnet ein *neues* Rechtsmittel einen neuen Rechtszug.

19 **Zuständigkeitsbestimmung:** Das Verfahren vor einer Zuständigkeitsbestimmung nach § 36 I ZPO, das Verfahren der Zuständigkeitsbestimmung und das anschließende Verfahren vor dem als zuständig bestimmten Gericht stellen denselben Rechtszug dar.
Zwischenurteil: Die Fortsetzung des Verfahrens gehört zum Rechtszug.

20 **5) Einmaligkeit der Gebührenerhebung.** Jede Regelgebühr entsteht in demselben Rechtszug nach Rn 4 wegen eines jeden Teils des Streitgegenstands nur einmal. Soweit sich aber der Streitgegenstand verändert, ist § 36 anwendbar.

Teile des Streitgegenstands

36 ^I **Für Handlungen, die einen Teil des Streitgegenstands betreffen, sind die Gebühren nur nach dem Wert dieses Teils zu berechnen.**

^{II} Sind von einzelnen Wertteilen in demselben Rechtszug für gleiche Handlungen Gebühren zu berechnen, darf nicht mehr erhoben werden, als wenn die Gebühr von dem Gesamtbetrag der Wertteile zu berechnen wäre.

^{III} Sind für Teile des Gegenstands verschiedene Gebührensätze anzuwenden, sind die Gebühren für die Teile gesondert zu berechnen; die aus dem Gesamtbetrag der Wertteile nach dem höchsten Gebührensatz berechnete Gebühr darf jedoch nicht überschritten werden.

Gliederung

1) Systematik, Regelungszweck, I–III	1
2) Geltungsbereich, I–III	2, 3
3) Einzelne Wertteile, II	4–7
A. Grundsatz: Obergrenze Gesamtwert	4–6
B. Einzelfragen	7
4) Verschiedene Gebührensätze, III	8–10

1 **1) Systematik, Regelungszweck, I–III.** Die dem § 15 III RVG ähnliche Vorschrift betrifft nach ihrem klaren Wortlaut in Verbindung mit § 1 I 1 nur „Gebühren", nicht „Auslagen", aM Mü MDR **89**, 166 (entsprechend anwendbar). § 36 gilt nicht, soweit vorrangige Spezialregeln einen Vorgang beim „gesamten" Verfahren fordern oder voraussetzen, zB bei KV 1211 usw. Für eine solche gerichtliche Handlung, die eine Gebühr auslösen kann, entsteht die Gebühr zwecks einer Kostengerechtigkeit nur nach demjenigen abspaltbaren Wert des Streitgegenstands, den diese Handlung selbst betrifft, Kblz JB **99**, 188, Oldb JB **92**, 190.
Beispiel: Die Klage betrifft 1000 EUR. Eine Berufung erfolgt nur wegen 700 EUR. Die zweitinstanzliche Verfahrensgebühr errechnet sich aus 700 EUR.

2 **2) Geltungsbereich, I–III.** Die Vorschrift gilt im Gesamtbereich des § 1 GKG, Hbg MDR **97**, 890. Wegen derjenigen Handlung, die nur eine Nebenforderung be-

trifft, gilt § 43. Wenn das Gericht auf Grund eines Rechtsmittels gegen ein Teilurteil nicht nur dieses aufgehoben hat, sondern wenn es auch den Restanspruchs abgewiesen hat, ist der Streitwert trotzdem nur ein Betrag in Höhe des Teilurteils.
Die Vorschrift ist also auch vor den *Arbeits-, Finanz-, Sozial- und Verwaltungsgerichten* anwendbar.   3

3) Einzelne Wertteile, II. Innerhalb einer Obergrenze ergeben sich recht unterschiedliche Situationen.   4

A. Grundsatz: Obergrenze Gesamtwert. In jedem Rechtszug nach § 36 und für jeden Wertteil darf die Verfahrensgebühr nur einmal entstehen. Es ist nun aber denkbar, daß mehrere gleiche gebührenerzeugende Handlungen innerhalb derselben Instanz verschiedene Wertteile betreffen.
Beispiel: Die Klage lautet über 800 EUR. Der Kläger erweitert die Klageforderung auf 1000 EUR. Teilvergleiche ergehen zunächst über 200 EUR, dann über weitere 300 EUR.

Für solche Fälle bestimmt II, daß die *Gesamtgebühr* für gleichartige gebührenerzeugende Handlungen nicht höher sein darf als nach dem ganzen betroffenen Streitwert. Das gilt auch für ein Ergänzungsurteil nach § 321 ZPO. Es gilt natürlich auch für Ermäßigungen.   5

In dem genannten Beispiel müßte man also die Ermäßigung der Verfahrensgebühren zwar nach den einzelnen Handlungen berechnen. Ihr Gesamtbetrag dürfte aber nicht höher sein, als wäre die Verfahrensgebühr nach einem Streitwert von 500 EUR einmalig entstanden. Anders ausgedrückt: Nur der *Unterschiedsbetrag* zwischen der erstmalig berechneten und der nach dem ganzen später betroffenen Streitwert zu berechnenden Gebühr ist maßgeblich. Das gilt auch nach einem Mahnverfahren, Düss JB **80**, 106, Hbg MDR **01**, 294, LG Kref MDR **78**, 854, oder nach einem selbständigen Beweisverfahren, Kblz RR **00**, 1239.   6

B. Einzelfragen. Wenn eine Handlung nur einen Streitgenossen berührt, entsteht die Gebühr nur gegen diesen. Wenn die Handlung mehrere Streitgenossen berührt, entsteht die Gebühr nur einmal, soweit sich der Streitgegenstand deckt. Das gilt, wenn etwa wegen jedes Streitgenossen ein Teilurteil vorliegt und wenn jeder Streitgenosse gegen das ihn betreffende Teilurteil ein Rechtsmittel einlegt, wenn also bereits mit der ersten Berufung der ganze Streitgegenstand in die zweite Instanz kommt, § 35 Rn 5 ff. Wenn die Streitgegenstände verschieden sind, entsteht die Gebühr gegen jeden Streitgenossen besonders, ihre Gesamthöhe ist aber durch II begrenzt. Bei einer Verbindung nach § 147 ZPO ist II anwendbar, Meyer JB **99**, 240, ebenso bei einer Trennung nach § 145 ZPO, Mü JB **99**, 484.   7

Keine verschiedenen Teile des Streitgegenstands sind Nebenforderungen nach § 43, § 3 ZPO.

4) Verschiedene Gebührensätze, III. Wenn für Teile des Gegenstands bei derselben Gebührenart verschiedene Gebührensätze maßgeblich sind, muß man die Gebühr für die Teile gesondert berechnen. Das gilt etwa bei § 15 III RVG. Es kommt jedoch höchstens diejenige Gebühr zum Ansatz, die nach dem Gesamtwert dieser Teile nach dem höchsten Gebührensatz entsteht.   8

Beispiel: Die Berufung lautet über 20 000 EUR. Der Berufungskläger nimmt sie in Höhe von 15 000 EUR zurück. Berechnung nach III: KV 1222 (= 2,0 Gebühr) nach 15 000 EUR = 121 EUR + KV 1220 (= 4,0 Gebühr) nach 5000 EUR = 484 EUR, also insgesamt = 605 EUR. Die nach III Hs 2 zulässige Höchstgebühr wäre eine 4,0 Gebühr von 20 000 EUR = 1060 EUR. Dieser Betrag wird nicht überschritten. Das Endergebnis lautet also: 605 EUR.   9

Schlesw SchlHA **88**, 65 wendet III entsprechend bei einem *Teilanerkenntnis* und streitigen Schlußurteil an. Bei § 38 ist III unanwendbar.   10

Zurückverweisung

37 Wird eine Sache zur anderweitigen Verhandlung an das Gericht des unteren Rechtszugs zurückverwiesen, bildet das weitere Verfahren mit dem früheren Verfahren vor diesem Gericht im Sinne des § 35 einen Rechtszug.

1   1) Geltungsbereich. Die Vorschrift gilt im Gesamtbereich des § 1. Das gilt auch beim Eilverfahren. § 37 gilt auch bei einer Zurückverweisung durch das BVerfG, Hbg MDR **04**, 474. § 37 erfaßt den Fall, daß ein höheres Gericht die Sache an das niedere Gericht zurückverweist. Es ist unerheblich, aus welchem Grund diese Zurückverweisung geschieht. Insofern besteht ein Unterschied zur Verweisung nach § 4. § 36 bleibt anwendbar.

Bei einer ersten oder erneuten Zurückverweisung muß man gebührenrechtlich unterstellen, daß der untere Rechtszug *nicht abgeschlossen* war. Das gilt nicht nur bei einem Zwischenurteil oder bei einem Vorbehaltsurteil, sondern auch in anderen Fällen. Der tatsächlich beendete untere Rechtszug lebt gebührenrechtlich wieder auf.

2   2) Fälle. Eine Zurückverweisung liegt zB in folgenden Fällen vor: §§ 538, 539, 563, 572 ZPO, §§ 130, 144 VwGO. Wenn das Revisionsgericht an das Gericht der ersten Instanz zurückverweist („Gericht des unteren Rechtszugs"), gilt das auch für die Gebühr dieses Rechtszugs. § 37 ist auch bei einer Zurückverweisung durch das BVerfG anwendbar, Rn 1. Eine Klagerücknahme, ein Anerkenntnis- oder ein Verzichtsurteil oder ein Vergleich können nach KV 1211 gebührenermäßigend wirken, aM Nürnb MDR **03**, 416 (inkonsequent).

Wenn aber gegen das neue Urteil ein *Rechtsmittel* eingeht, entstehen auch neue Gebühren. Denn dann findet keine Zusammenfassung der Rechtsmittelverfahren statt. Neue Gebühren entstehen auch dann, wenn der BGH eine durch eine Sprungrevision an ihn gelangte Sache an das OLG zurückverweist. Denn das OLG ist nicht das Gericht „des" unteren Rechtszugs.

3   3) Folgen der Nämlichkeit des Rechtszugs. Da die Einheit des Rechtszugs nach § 35 durch die Zurückverweisung erhalten bleibt, bleiben die früher entstandenen Gebühren unberührt.

Neue Regelgebühren können nur entstehen, soweit sich der *Streitgegenstand* etwa durch eine Klagerhöhung *erhöht* oder soweit ein anderer Teil von einem Akt betroffen wird.

Verzögerung des Rechtsstreits

38   [1]Wird außer im Fall des § 335 der Zivilprozeßordnung durch Verschulden des Klägers, des Beklagten oder eines Vertreters die Vertagung einer mündlichen Verhandlung oder die Anberaumung eines neuen Termins zur mündlichen Verhandlung nötig oder ist die Erledigung des Rechtsstreits wegen nachträglichen Vorbringens von Angriffs- oder Verteidigungsmitteln, Beweismitteln oder Beweiseinreden, die früher vorgebracht werden konnten, verzögert worden, kann das Gericht dem Kläger oder dem Beklagten von Amts wegen eine besondere Gebühr mit einem Gebührensatz von 1,0 auferlegen. [2]Die Gebühr kann bis auf einen Gebührensatz von 0,3 ermäßigt werden. [3]Dem Kläger, dem Beklagten oder dem Vertreter stehen gleich der Nebenintervenient, der Beigeladene, der Vertreter des Bundesinteresses beim Bundesverwaltungsgericht und der Vertreter des öffentlichen Interesses sowie ihre Vertreter.

Vorbem. S 1, 2 geändert durch Art 16 Z 7 a, b des 2. JuMoG v. 22. 12. 06, BGBl 3416, in Kraft seit 31. 12. 06, Art 28 I des 2. JuMoG. Übergangsrecht §§ 71, 72 GKG.

Schrifttum: (zum alten Recht) *Schmidt* MDR **01**, 308.

Gliederung

1) Systematik, S 1–3	1
2) Regelungszweck, S 1–3	2
3) Geltungsbereich, S 1–3	3, 4
4) Anwendungsfälle, S 1	5–7
A. Vertagung	5, 6
B. Neuer Termin	7
5) Verschulden der Partei oder ihres Vertreters, S 1	8–14
A. Grundsatz: Ausreichen von Fahrlässigkeit	8–10
B. Beispiele zur Frage eines Verschuldens, S 1	11–14
6) Nachträglichkeit des Vorbringens, S 1	15–19
A. Angriffs- und Verteidigungsmittel usw	16
B. Beispiele zur Frage eines Angriffs- oder Verteidigungsmittels	17

C. Verzögerung 18
D. Möglichkeit früheren Vortrags 19
7) **Verfahren, S 1** 20–25
    A. Zuständigkeit 20
    B. Weiteres Verfahren 21
    C. Entscheidung 22, 23
    D. Kosten 24
    E. Weitere Einzelfragen 25
8) **Höhe der Gebühr, S 1, 2** 26
9) Streitwert, S 1, 2 27
10) Fälligkeit, Gebührenschuldner, S 1–3 28
11) Beschwerde, S 1–3 29

1) Systematik, S 1–3. § 38 ist ein Gegenstück zu § 21, Schneider JB **76**, 18. Die **1**
Vorschrift sieht einen nur in Grenzen strafähnlichen Kostennachteil vor, so schon
Düss MDR **95**, 1172, strenger Hamm FamRZ **03**, 1192 („echter Strafcharakter").
Ihn kann das Gericht dann verhängen, wenn eine Partei ihre gesetzliche Prozeßförderungspflicht nach BLAH Grdz 12 vor § 128 ZPO oder nach § 282 ZPO schuldhaft
verletzt hat und wenn es dadurch zu einer Verzögerung des Verfahrens gekommen ist,
Mü RR **01**, 72, und zwar ohne ein Mitverschulden des Gerichts, Rn 17.
Voraussetzung der Anwendung des § 38 ist ein *Verstoß* der Partei als solcher. Er
kann auch dann vorliegen, wenn das Gericht die Partei zur Aufklärung des Sachverhalts nach § 141 ZPO anhören wollte. Ein derartiger Verstoß ist aber unerheblich,
wenn er im Zusammenhang mit einer förmlichen Parteivernehmung nach §§ 445 ff
ZPO erfolgt ist. § 38 ist mit dem GG vereinbar. Die Verzögerungsgebühr ist von
einer Kostenverteilung unabhängig, Völker MDR **01**, 1327. Deshalb ist eine Maßnahme nach § 38 wirkungsvoller als eine Maßnahme nach § 95 ZPO oder nach
§ 192 SGG. Vor dem BVerfG gilt § 34 BVerfGG.

2) Regelungszweck, S 1–3. Die Vorschrift dient der Prozeßwirtschaftlichkeit, **2**
BLAH Grdz 14 vor § 128 ZPO. Sie ist eine Folge der Prozeßförderungspflicht der
Parteien, BLAH Grdz 12 vor § 128 ZPO. Ihr Sinn ist also eine Ahndung begangener
prozessualer Verstöße und damit eine Abschreckung davor, Völker MDR **01**, 1325.
Das muß man bei der Auslegung mitbeachten. Die Praxis beachtet die Vorschrift wenig. Das gilt auch für den Familienrichter, Völker FamRZ **01**, 1332. Im übrigen
bleibt ein Rest Problematik. Wer prozessuale Obliegenheiten vorwerfbar vernachlässigt, mag wegen der Parteiherrschaft nach BLAH Grdz 18 vor § 128 ZPO die
Nachteile bis zum Prozeßverlust tragen. Der Richter braucht eine solche Nachlässigkeit nicht unbedingt auch noch zusätzlich zu ahnden, Schneider JB **76**, 5.

3) Geltungsbereich, S 1–3. Das Gericht kann § 38 in jedem Verfahren nach der **3**
ZPO anwenden, Düss MDR **95**, 1172, Hamm FamRZ **03**, 1192, Mü FamRZ **79**,
300, sofern in ihm eine notwendige oder freigestellte mündliche Verhandlung stattfinden kann oder muß. Das gilt auch bei einer Prozeßkostenhilfe oder bei einer
sonstigen Gebührenfreiheit, Völker MDR **01**, 1328. Die Bestimmung ist daher auch
anwendbar: Im Verfahren auf den Erlaß eines Arrests oder einer einstweiligen Verfügung nach §§ 916 ff, 935 ff ZPO; im Beschwerdeverfahren nach §§ 567 ff ZPO; im
Verfahren zur Vollstreckbarerklärung eines Schiedsspruchs nach §§ 1060, 1061 ZPO.
Im Verfahren vor den *Arbeitsgerichten* ist § 38 anwendbar, § 1 II Z 4. Dasselbe gilt **4**
für das Verfahren vor den Finanzgerichten, vor den Verwaltungsgerichten, § 1 II Z 2,
und vor den Sozialgerichten, (jetzt) § 1 II Z 3, BFH DB **82**, 1444.

4) Anwendungsfälle, S 1. Man muß zwei Fallgruppen unterscheiden. **5**
A. Vertagung. Das Gericht muß eine anberaumte mündliche Verhandlung vertagen, zB nach §§ 227, 251a, 335, 337 ZPO. Diese Entscheidung setzt nicht voraus,
daß eine mündliche Verhandlung bereits begonnen hatte. Sie braucht auch nicht etwa
nur bis zum etwaigen Vertagungsantrag begonnen zu haben. Es ist auch nicht erforderlich, daß das Gericht die Sache schon aufgerufen hatte, aM Meyer 5 (aber das
würde eine wichtige Fallgruppe ausschließen). Daher ist es auch nicht nötig, daß eine
Partei schon am Gerichtsort wartete.
Es genügt vielmehr, daß ein *Verhandlungstermin* anstand, daß das Gericht ihn aber
auf Grund eines Antrags einer Partei oder von Amts wegen verlegen mußte, Völker
MDR **01**, 1329. Deshalb reicht es auch aus, daß die eine Partei oder die andere oder

GKG § 38 I. A. Gerichtskostengesetz

beide im Zeitpunkt der Vertagung säumig sind, aM Meyer 5 (aber § 251 a III hat keinen Vorrang). Es reicht ferner aus, daß eine einseitige Verhandlung stattfindet. Das Gesetz hat allerdings § 335 ZPO ausdrücklich ausgenommen. Eine nicht gerade gesetzlich als „mündlich" bezeichnete Verhandlung gehört nicht hierher. Daher reichen weder eine ja gerade noch nicht „mündliche" Verhandlung nach § 278 oder ein bloßer Beweistermin, wohl aber ein solcher nach § 370, Völker MDR **01**, 1328. Vor dem beauftragten oder ersuchten Richter findet keine mündliche Verhandlung statt. Stattdessen gelten dort §§ 380, 409.

6   Wenn die erschienene *Partei* eine *Vertagung* deshalb beantragt, weil die Voraussetzungen einer Versäumnisentscheidung nicht vorliegen, darf das Gericht eine Verzögerungsgebühr keineswegs verhängen. Das gilt auch dann, wenn man ein Verschulden bejahen muß.

7   **B. Neuer Termin.** Statt einer Vertagung nach Rn 5, 6 reicht es auch aus, daß das Gericht nach seinem pflichtgemäßen Ermessen einen neuen Termin zu einer mündlichen Verhandlung anberaumen muß, Kblz VersR **84**, 1175, Mü RR **01**, 71. Diese Maßnahme setzt nicht voraus, daß bereits früher eine mündliche Verhandlung stattgefunden hat. Hierher gehört auch eine Terminsanberaumung nach einem Einspruch gegen ein verschuldetes Versäumnisurteil. Die Terminsanberaumung mag auch dann nötig werden, wenn die Parteien mit einer Entscheidung ohne eine mündliche Verhandlung nach § 128 II 1 ZPO einverstanden sind, Rn 13 „Vertagung". Eine bloße Nachfrist nach § 283 reicht nicht aus, Rn 17.

8   **5) Verschulden der Partei oder ihres Vertreters, S 1.** Ein einfacher Grundsatz führt in der Praxis manchmal zu Problemen.

   A. Grundsatz: Ausreichen von Fahrlässigkeit. Die Partei oder ihr Vertreter müssen eine Vertagung oder einen neuen Termin mindestens fahrlässig verschuldet haben, Hamm Rpfleger **89**, 303, Kblz VersR **84**, 1175, Roloff NZA **07**, 901. Ein schuldhaftes Verhalten liegt dann vor, wenn man die im Prozeß notwendige Sorgfalt verletzt hat, BLAH Einl III 68. Es fehlt, solange sich die Partei prozeßordnungsmäßig verhält, Hamm FamRZ **03**, 1192. Es kommt auch eine Verzögerungsgebühr gegen beide Parteien oder ProzBev infrage, Düss VersR **77**, 726.
   Ein *grobes* und überdies offen zutage tretendes Verschulden braucht *nicht* vorzuliegen, Kblz JB **75**, 1358, Beckmann MDR **04**, 430, aM Hamm OLGZ **89**, 364, LAG Halle AnwBl **01**, 444 (§ 38 meine eine Leichtfertigkeit, Gewissenlosigkeit, Gleichgültigkeit. Aber „Verschulden" nach S 1 meint nach dem allgemeinen juristischen Sprachgebrauch auch leichte Fahrlässigkeit, wie zB § 276 I 1 BGB. Auch der Kostengesetzgeber kennt nämlich „grobes" Verschulden zumindest aus anderen Gesetzen, etwa aus § 296 II ZPO. Das Gesetz engt daher eben *nicht* die Voraussetzungen auf ein grobes Verschulden ein). Noch weniger braucht eine Verschleppungsabsicht vorzuliegen. Anderseits reicht kein solches Verhalten aus, das der Partei prozessual freisteht, Düss MDR **95**, 1172.
   Man darf die Anforderungen an die Partei und ihren ProzBev auch wegen der zurückhaltenden Auslegung des § 21 (Gerichtsfehler) *nicht* überspannen. Eine Vergleichsbemühung ist nicht vorwerfbar, solange sie nicht ersichtlich sinnlos geworden ist.

9   Als eine Partei gilt auch der *Streithelfer,* soweit sein Handeln maßgeblich ist. Als einen Parteivertreter muß man auch den gesetzlichen Vertreter und den ProzBev ansehen, aber auch alle diejenigen anderen Personen ansehen, deren Verschulden als ein Verschulden der Partei gilt, §§ 51 II, 85 II ZPO, Hamm OLGZ **89**, 363, Kblz VersR **84**, 1175, also etwa einen Terminsvertreter. Dann reicht es aus, daß der Vertreter schuldhaft handelte.
   Das Gericht kann auch offen lassen, ob der Vertreter oder die Partei persönlich Schuld hatte, sofern nur feststeht, daß *einer von beiden schuldhaft* handelte.

10   Das Verschulden muß eine Vertagung oder die Anberaumung eines neuen Termins „*veranlaßt*" haben. Es muß also für diese gerichtlichen Maßnahmen ursächlich geworden sein, Hamm Rpfleger **89**, 303.

11   **B. Beispiele zur Frage eines Verschuldens, S 1**
   Ablehnung: Ein Verschulden kann vorliegen, soweit die Partei einen offensichtlich unbegründeten Ablehnungsantrag stellt, Düss MDR **84**, 857.

Augenschein: Ein Verschulden kann darin liegen, daß die Partei einen Augenschein des Gerichts oder des Sachverständigen vereitelt, LG Flensb JB **96**, 44.

Auskunft: Ein Verschulden kann *fehlen*, soweit die Partei auf eine gerichtliche Nachfrage hin nur eine ungenügende Auskunft gibt, Bbg FamRZ **79**, 299, Mü FamRZ **79**, 300.

Außergerichtliche Erledigung: Ein Verschulden *fehlt* meist, soweit sich die Parteien außergerichtlich geeinigt haben.

Flucht in die Säumnis: Rn 12 „Säumnis".

Frist: Ein Verschulden *fehlt*, soweit das Gericht eine notwendige Frist nicht oder zu kurz gesetzt hatte, VGH Kassel NVwZ **97**, 669.

Krankheit: Ein Verschulden *fehlt*, soweit eine Verzögerung nur auf einer Erkrankung beruht.

Nichterscheinen: Ein Verschulden kann beim Ausbleiben einer Partei trotz einer richterlichen Anordnung ihres Erscheinens vorliegen.

Rechtsschutzversicherung: Rn 13 „Vorschuß". 12

Säumnis: Ein Verschulden kann auch beim oder nach einem Einspruch gegen ein Versäumnisurteil vorliegen, Beckmann MDR **04**, 430. Es kann ferner vorliegen, soweit eine Partei gegen eine echte prozessuale Pflicht und nicht nur gegen eine Obliegenheit verstößt, LAG Halle MDR **01**, 444, oder soweit der ProzeßBev nach einer unklaren Antragsankündigung zu zwei Terminen weder selbst erscheint noch einen informierten Unterbevollmächtigten entsendet, Kblz VersR **84**, 1175, oder wenn eine Partei nicht zum mit dem Sachverständigen vereinbarten Termin erscheint, LG Flensb JB **96**, 44.

Ein Verschulden *fehlt* bei § 355 ZPO. Es kann fehlen, soweit der Bekl ein Versäumnisurteil nach § 333 gegen sich ergehen läßt, um nicht mit einem Vortrag wegen Verspätung ausgeschlossen zu werden, Hamm RR **95**, 1406, LAG Hamm RR **01**, 383, BLAH § 342 ZPO Rn 2, 3, strenger Celle RR **07**, 1726, LAG Halle MDR **01**, 444 (aber ein nutzt ein Recht aus), oder wenn der erschienene ProzBev gegen den säumigen Gegner keinen zur Entscheidungsreife führenden Sachantrag stellt und dazu auch nicht verpflichtet ist, Hamm OLG **89**, 363.

Schriftsatz: Ein Verschulden kann vorliegen, soweit die Partei ihr Vorbringen ungenügend schriftsätzlich vorbereitet, §§ 253 III, 275, 276, 277, 282 ZPO.

Es kann *fehlen*, soweit ein rechtzeitiger Schriftsatz wegen seines Umfangs zur Vertagung zwingt.

Überlastung: Ein Verschulden kann vorliegen, soweit die Partei oder ihr ProzBev eine Überlastung vermeiden konnte.

Überrumplung: Ein Verschulden liegt vor, soweit eine Partei zB durch eine Zurückhaltung des Vortrags bis zum letzten Moment den Gegner überrumpeln will.

Verspätung: Ein Verschulden kann vorliegen, soweit der Bekl seinen Anwalt verspätet 13 beauftragt, Kblz NJW **75**, 395. Das gilt insbesondere dann, wenn das Gericht dem Bekl eine Frist zur Klagerwiderung nach §§ 275–277 ZPO oder eine Frist nach §§ 139, 141, 273, 697 ZPO gesetzt hatte, selbst wenn der Fristablauf vor dem Tag der Terminsbestimmung lag, Büttner NJW **75**, 1349, aM Mü NJW **75**, 495.

Dabei muß man freilich ausgehen vom Zeitpunkt nicht der Zustellung des Mahnbescheids, sondern einer einigermaßen vollständigen *Klagebegründung*. 10 Tage sind bei einem nicht ganz einfachen Sachverhalt zu kurz, um ein Verschulden annehmen zu können, Köln JB **78**, 282 (Fallfrage). Weitere Fälle von Verschulden: Eine Partei nimmt zu einem Gutachten erst nach dem Ablauf einer angemessenen Frist und ohne einen Antrag auf eine Fristverlängerung Stellung, Mü RR **01**, 72; eine Partei teilt einen Schriftsatz verspätet mit, § 132 ZPO, Kblz NJW **75**, 395, Köln JB **75**, 797.

S auch Rn 12 „Säumnis".

Vertagung: Ein Einverständnis des Gegners mit einer Vertagung schließt ein Verschulden nicht aus. Denn die Parteien können keine wirksame Vereinbarung zwecks einer Vertagung treffen, § 227 I 3 ZPO, Völker MDR **01**, 1329.

Freilich ein Verschulden *fehlt* meist bei einem solchen Einverständnis wegen schwebender Vergleichsverhandlungen.

Vorschuß: Ein Verschulden kann vorliegen, soweit die Partei einen vom Gericht nach § 379, evtl in Verbindung mit § 402 ZPO, erforderten Vorschuß nicht zahlt

GKG § 38   I. A. Gerichtskostengesetz

oder verspätet zahlt, Düss VersR **77**, 726 (das gilt selbst dann, wenn der Gegner ebenso säumig ist und/oder wenn man eine Rechtsschutzversicherung aufgefordert hat).

14 **Wahrheitspflicht:** Ein Verschulden kann vorliegen, soweit die Partei ihre Wahrhaftigkeitspflicht nach § 138 I, II ZPO verletzt.
Widerklage: Ein Verschulden *fehlt*, soweit der Bekl eine Widerklage erhebt, Düss MDR **95**, 1172.
Zurückhaltung: Es entscheiden die Umstände, zB Rn 12 „Überrumplung".

15 **6) Nachträglichkeit des Vorbringens, S 1.** Unabhängig davon, ob ein Verschulden nach Rn 5–14 eine Vertagung oder die Anberaumung eines neuen Termins veranlaßt hat, kann eine Verzögerungsgebühr auch dann notwendig sein, wenn eine Partei durch ein nachträgliches Vorbringen von Angriffs- oder Verteidigungsmitteln usw eine Verzögerung des Verfahrens herbeigeführt hat. In diesem Zusammenhang gelten die folgenden Voraussetzungen.

16 **A. Angriffs- und Verteidigungsmittel usw.** Die Partei muß ihre Angriffs- oder Verteidigungsmittel, Beweismittel oder -Einreden nachträglich vorgebracht haben, §§ 282, 286 ZPO. Sie müssen zB schon in einem früheren Termin möglich gewesen sein. Wenn das Gericht für einen früheren Vortrag der Partei hätte sorgen müssen, hat die Partei insofern nicht nachträglich vorgetragen, BGH NJW **75**, 1745.

Angriffs- und Verteidigungsmittel ist alles, was dem Prozeßangriff und seiner Abwehr dient, soweit es um einen solchen Vortrag geht, der für sich allein rechtsbegründend oder -vernichtend ist, BGH NJW **80**, 1794.

17 **B. Beispiele zur Frage eines Angriffs- oder Verteidigungsmittels, S 1**
Anschlußberufungsantrag: *Kein* Angriffs- oder Verteidigungsmittel, sondern der Angriff usw selbst ist der Antrag des Anschlußberufungsklägers nach § 524 ZPO.
Aufgliederung, Aufstellung: *Kein* selbständiges Angriffs- oder Verteidigungsmittel ist zB ein Posten in einer solchen Zusammenstellung nach § 253 II Z 2 ZPO, BGH MDR **97**, 288.
S auch „Sachantrag".
Aufrechnung: Verteidigungsmittel ist eine Aufrechnung, BGH **91**, 303, oder eine Hilfsaufrechnung zB nach § 45 Rn 40 ff.
Vgl aber auch § 533 II ZPO.
Beanstandung: Verteidigungsmittel ist eine Beanstandung beliebiger Art, zB eines Gutachtens, Hbg MDR **82**, 60, KG MDR **07**, 49 links oben, Kblz OLGR **02**, 275.
Behauptung: Angriffs- wie Verteidigungsmittel ist eine Behauptung.
Berufungsantrag: *Kein* Angriffsmittel, sondern der Antrag selbst ist wie der Klagantrag der Berufungsantrag nach § 520 III 1 Z 1 ZPO. Das gilt auch dann, wenn er eine notwendige Aufgliederung des Klagantrags nachholt, BGH NJW **97**, 870.
Berufungsgrund: Angriffsmittel ist ein Berufungsgrund nach § 513 ZPO.
Beschränkte Erbenhaftung: Verteidigungsmittel ist zB bei § 780 ZPO ihre Geltendmachung, Düss FamRZ **04**, 1222, Hamm MDR **06**, 695.
Beschwerdegrund: Angriffsmittel ist ein Beschwerdegrund zB nach §§ 567 ff ZPO.
Bestreiten: Verteidigungsmittel ist ein Bestreiten, BGH JZ **77**, 102, Kblz RR **07**, 1623, Köln ZIP **85**, 436, auch dasjenige mit Nichtwissen nach BLAH § 138 ZPO Rn 45.
Beweisantrag: Angriffs- wie Verteidigungsmittel ist ein Beweisantrag beliebiger Art. Das gilt selbst beim „Zeugen N. N.", BLAH § 356 ZPO Rn 4.
Beweiseinrede: Verteidigungsmittel ist eine Beweiseinrede beliebiger Art, zB nach § 282 ZPO, BGH NJW **84**, 1964.
Beweismittel: Angriffs- wie Verteidigungsmittel ist ein Beweismittel beliebiger Art, BGH NJW **84**, 1964.
Einrede: Verteidigungsmittel ist eine Einrede beliebiger Art, Hamm MDR **06**, 695, sei sie rechtshemmend oder -vernichtend usw.
S auch „Einwendung".
Einwendung: Verteidigungsmittel ist eine Einwendung beliebiger Art, sei sei rechtshemmend oder -vernichtend usw.
S auch „Einrede".

Abschnitt 6. Gebührenvorschriften **§ 38 GKG**

Ergänzung: Angriffs- oder Verteidigungsmittel ist eine Ergänzung des Tatsachenvortrags ohne eine Klagänderung usw, Schneider MDR **82**, 627 (zu § 531 ZPO).
Fälligkeit: *Kein* Angriffs- oder Verteidigungsmittel ist die Erörterung einer sachlichrechtlichen Fälligkeit, BGH VersR **07**, 500.
Gutachten: S zunächst „Beweismittel". Angriffs- oder Verteidigungsmittel ist auch ein Gutachten und dessen Beanstandung, KG MDR **07**, 49 links oben.
Hilfsaufrechnung: S „Aufrechnung".
Klagänderung: *Kein* Angriffsmittel, sondern ein (geänderter) Angriff selbst ist eine Klagänderung nach §§ 263, 264 ZPO, BGH NJW **95**, 1224, Ffm RR **88**, 1536, Karlsr NJW **79**, 879. Das gilt unabhängig von ihrer Zulässigkeit und Schlüssigkeit nach BLAH § 253 ZPO Rn 32. Freilich kann das Gericht bei ihrer Verspätung ihre Sachdienlichkeit verneinen.
S auch „Klagerweiterung".
Klagantrag: *Kein* Angriffsmittel ist der Angriff selbst, also der Klagantrag nach § 253 II Z 2 ZPO, BGH FamRZ **96**, 1071.
Klagebegründung: Angriffsmittel ist die Klagebegründung, BGH NJW **95**, 1224, Knöringer NJW **77**, 2336, Schenkel NJW **04**, 790, unabhängig von ihrer Schlüssigkeit nach BLAH § 253 ZPO Rn 32. Das gilt auch bei einer Klagerweiterung, s dort, BGH NJW **86**, 2257, Karlsr NJW **79**, 879.
Klagerücknahme: *Kein* Angriffs- oder Verteidigungsmittel, sondern das prozessuale Gegenstück eines Angriffs selbst ist eine teilweise oder gänzliche Klagerücknahme oder -beschränkung.
Klagerweiterung: *Kein* Angriffsmittel, sondern ein neuer Angriff ist eine Klagerweiterung nach §§ 263, 264, 533 ZPO als eine Art der Klagänderung, s dort, BGH NJW **01**, 1201, Mü RR **95**, 740, Butzer NJW **93**, 2649.
S auch „Klagebegründung".
Parteiwechsel: *Kein* Angriffs- oder Verteidigungsmittel ist ein bloßer Parteiwechsel nach BLAH § 263 ZPO Rn 5 ohne eine Änderung des Sachantrags, Deubner NJW **77**, 291.
Patentanspruch: Angriffsmittel ist eine Neufassung des Patentanspruchs.
Prozeßvoraussetzung: Angriffs- oder Verteidigungsmittel ist eine Prozeßvoraussetzung nach BLAH Grdz 12 vor § 253 ZPO.
Rechtsausführung: Angriffs- wie Verteidigungsmittel kann auch eine Rechtsansicht oder -ausführung sein, BLAH § 282 ZPO Rn 15, aM Deubner NJW **77**, 921 (aber auch sie kann eine Bedeutung für das weitere Prozeßgeschehen haben).
Kein derartiges Mittel ist eine in der ersten Instanz gar nicht erwähnte von Amts wegen prüfbare Anspruchsgrundlage, BGH RR **03**, 1322.
Rechtsbehelf: *Kein* Angriffs- oder Verteidigungsmittel ist ein Rechtsbehelf als Solcher nach BLAH Grdz 1 vor § 511 ZPO, Schenkel MDR **05**, 727.
Replik: Selbständiges Angriffsmittel nach BLAH § 146 ZPO Rn 4 ist eine Stellungnahme des Klägers zur Klagerwiderung (sog Replik) zB nach §§ 275 IV, 276 III, 277 IV ZPO.
Revisionsgrund: Angriffsmittel ist ein Revisionsgrund nach §§ 546 ff ZPO.
Rüge: Verteidigungsmittel ist eine Rüge unabhängig von ihrer Zulässigkeit und Begründetheit.
S auch „Zulässigkeitsrüge".
Sachantrag: *Kein* Angriffs- oder Verteidigungsmittel ist der Sachantrag nach BLAH § 297 ZPO Rn 4 selbst, BGH NJW **97**, 870. Das gilt einschließlich der nach § 253 II Z 2 ZPO erforderlichen etwaigen Aufgliederung, BGH MDR **97**, 288.
Sachlichrechtliche Erklärung: Angriffs- wie Verteidigungsmittel kann eine solche Erklärung sein.
S auch „Aufrechnung".
Schweigepflicht: Angriffs- oder Verteidigungsmitttel ist die Entbindung von einer Schweigepflicht zB bei BLAH § 383 ZPO Rn 11, VerfGH Mü AS **37**, 176.
Tatsache: *Kein* Angriffs- oder Verteidigungsmittel ist eine einzelne Tatsache.
S aber auch „Aufrechnung", „Einwendung" usw.
Verjährung: Verteidigungsmittel ist ihre Einrede, BGH NJW **09**, 685, Celle RR **06**, 1531, Karlsr NJW **08**, 928.

GKG § 38   I. A. Gerichtskostengesetz

Widerklagantrag: *Kein* Verteidigungsmittel ist der Gegenangriff selbst, also der Widerklagantrag nach Anh § 253 Rn 5 in Verbindung mit § 253 II Z 2 ZPO, BGH NJW **95**, 1224, Köln MDR **04**, 962, aM LG Bln MDR **83**, 63 (es komme darauf an, ob zwar die Klage, nicht aber die Widerklage entscheidungsreif sei. Aber man muß begrifflich scharf unterscheiden und darf die Entscheidungsreife nach BLAH § 300 ZPO Rn 6 erst anschließend klären). Zur „Flucht in die Widerklage" nach BLAH Üb 2 vor § 330 ZPO krit Gounalakis MDR **97**, 216.
Zeuge N. N.: S „Beweisantrag".
Zulässigkeitsrüge: Selbständiges Verteidigungsmittel nach BLAH § 146 ZPO Rn 4 ist eine Zulässigkeitsrüge nach §§ 280, 282 III ZPO.
Zurückbehaltungsrecht: Verteidigungsmittel ist die Geltendmachung eines Zurückbehaltungsrechts, Düss VersR **05**, 1737.
Zutritt: Angriffs- oder Verteidigungsmittel ist seine Gestattung oder Versagung zB bei einer Ortsbesichtigung, Mü NJW **84**, 807.

18   **C. Verzögerung.** Gerade das nachträgliche Vorbringen muß eine Verzögerung der Erledigung des Prozesses verursacht haben, §§ 296, 530, 531 ZPO, Hamm Rpfleger **89**, 303, Mü RR **01**, 71, Schmidt MDR **01**, 311, aM LAG Halle AnwBl **01**, 444 (aber § 38 GKG steht *neben* den genannten ZPO-Vorschriften). Dazu ist meist notwendig und genügt in der Regel, daß das Vorbringen einen neuen Termin erforderlich macht, LG Kblz AnwBl **78**, 103. Die Dauer der Verzögerung ist nicht maßgeblich, solange sie einen ganz unerheblich kurzen Zeitraum von einigen wenigen Tagen überschreitet, Hamm NJW **78**, 2026, Köln JB **75**, 796, Schneider JB **76**, 9. Doch bedeutet eine Vertagung nicht stets eine Verzögerung, Mü NJW **75**, 937, zB nicht bei einer außergerichtlichen Einigung vor einem weiteren Termin, Völker MDR **01**, 1329, oder bei einer Erledigung der Hauptsache.

Das Gericht muß vor einer Ahndung auch in diesem Zusammenhang alle zulässigen Möglichkeiten der *Verhinderung* einer Verzögerung ausschöpfen, zB nach §§ 273, 283 ZPO, Düss RR **95**, 638, Mü RR **01**, 72, Zweibr JB **78**, 269. Die Notwendigkeit, einen Verkündungstermin anzusetzen, kann zur Annahme einer Verzögerung ausreichen, aM Meyer 7 (aber auch dann tritt ein Zeitverlust ein). Es ist nicht erforderlich, daß der Prozeß ohne die Verspätung entscheidungsreif gewesen wäre, Mü RR **01**, 72, aM Hamm OLGZ **89**, 363. Ein unzureichender Parteivortrag kann eine Verzögerung herbeiführen.

Eine Verzögerungsgebühr ist grundsätzlich unabhängig davon zulässig, ob das Gericht das *verspätete Vorbringen* nach den §§ 296, 530 ZPO *zurückweist*, aM ZöHe § 95 ZPO Rn 5 (nur wenn das Gericht nicht zurückweist, aber zurückweisen könnte). Die Verzögerungsgebühr kann also zB dann in Betracht kommen, wenn das verspätete Vorbringen zulässig ist, falls trotzdem ausnahmsweise eine Verzögerung eintritt.

19   **D. Möglichkeit früheren Vortrags.** Das Vorbringen muß früher möglich gewesen sein. Die Partei muß also entweder das verspätete Vorbringen oder das Unterlassen einer rechtzeitigen Ermittlung verschuldet haben. Sie muß sich also entweder zum Zweck der Verzögerung oder der Verschleppung des Prozesses oder aus einer Nachlässigkeit so verhalten haben.

20   **7) Verfahren, S 1.** Es sind fünf Prüfschritte ratsam.
A. Zuständigkeit. Zur Entscheidung über eine Verzögerungsgebühr ist „das Gericht", also das Prozeßgericht zuständig. Es ist also auch der Einzelrichter nach §§ 398, 398a, 526, 527 ZPO zuständig, nicht aber der beauftragte oder der ersuchte Richter. Der Urkundsbeamte ist allenfalls insoweit zuständig, als das Landesrecht ihm das Verfahren übertragen hat, etwa nach §§ 688ff ZPO, BLAH Grdz 4 vor § 688 ZPO. Der letztere muß die Entscheidung dem Prozeßgericht überlassen.

21   **B. Weiteres Verfahren.** Das Prozeßgericht hat ein pflichtgemäßes Ermessen, Düss AnwBl **75**, 235. Es sollte eine Verzögerungsgebühr immer dann auferlegen, wenn sie angebracht und zweckdienlich ist. Ein solches Verfahren ist kein Ablehnungsgrund, BFH JB **77**, 936. Das Gericht kann gegen jede Partei nach § 38 vorgehen. Es muß die betroffene Partei vor einer Entscheidung anhören, Art 103 I GG, Hamm MDR **78**, 150, sowie evtl nach § 139 II, III ZPO. Das Gericht muß zur Verschuldensfrage unter Umständen von Amts wegen Ermittlungen anstellen.

C. Entscheidung. Die Entscheidung ergeht von Amts wegen bei einer freigestellten mündlichen Verhandlung durch einen Beschluß, Celle MDR **01**, 350 (auch zu einer Ausnahme), Roloff NZA **07**, 901. Das Gericht muß seinen Beschluß begründen, BLAH § 329 ZPO Rn 4. Es kann die Entscheidung in jeder Lage des Verfahrens treffen, spätestens aber im Zeitpunkt der Verkündung des Schlußurteils, LAG Düss MDR **96**, 1196. Soweit das Gericht die Gebühr in den Urteilstenor aufnimmt, hat dieser Tenor einen Beschlußcharakter, Roloff NZA **07**, 901, und ist als ein solcher anfechtbar, Celle MDR **01**, 350, Meyer 27, aM Schmidt MDR **01**, 308 (aber es gilt der allgemein anerkannte Grundsatz der sog Meistbegünstigung, BLAH Grdz 28 vor § 511 ZPO). Das Gericht muß seinen Beschluß von Amts wegen zustellen. Denn er ist ein Vollstreckungstitel, § 329 III ZPO. 22

Er kann auch gegenüber einer solchen Partei ergehen, die eine *Prozeßkostenhilfe* beansprucht. Denn § 122 I Z 1 ZPO befreit die so begünstigte Partei nicht von der Zahlung einer solchen Summe, die man nicht zu den Kosten des Rechtsstreits rechnen kann. Ebensowenig ist der Gegner derjenigen Partei befreit, der das Gericht eine Prozeßkostenhilfe bewilligt hat, und zwar aus denselben Erwägungen.

Die Festsetzung einer Verzögerungsgebühr erfolgt evtl *gegenüber beiden Parteien.* Selbst wenn aber der Vertreter der Partei schuldhaft handelte, setzt das Gericht die Verzögerungsgebühr doch stets nur gegenüber seiner Partei fest. Die Partei kann den Vertreter dann unter Umständen im Innenverhältnis insoweit haftbar machen. 23

D. Kosten. Das Verhängungsverfahren und der Beschluß lösen neben der eigentlichen Verzögerungsgebühr nicht etwa zusätzlich noch eine Verfahrensgebühr aus. Ein Antragsteller und damit ein Antragschuldner liegen nicht vor. Denn das Gericht muß von Amts wegen befinden, auch wenn ein Beteiligter eine solche Gebühr angeregt hat. 24

E. Weitere Einzelfragen. Das Gericht kann im Lauf des Verfahrens auch mehrere Verzögerungsgebühren gegenüber derselben Partei, gegenüber mehreren Streitgenossen oder gegenüber mehreren Parteien verhängen. § 35 gilt für die Verzögerungsgebühr nicht. Das Gericht kann einen wirksam gewordenen Anordnungsbeschluß nur im Beschwerdeverfahren abändern. 25

8) Höhe der Gebühr, S 1, 2. Grundsätzlich muß das Gericht als Verzögerungsgebühr 1,0 Gebühr auferlegen, so schon LG Kblz AnwBl **78**, 103, Meyer 20, aM Schneider JB **76**, 5, 17 (aber [jetzt] S 1 spricht klar nur von einem Gebührensatz von 1,0). Das Gericht kann die Gebühr aber nach seinem pflichtgemäßen Ermessen ausnahmsweise nach S 1, 2 unter Berücksichtigung der Umstände bis auf 0,3 Gebühr ermäßigen. Dabei kann es einen Gebührenbruchteil oder einen EUR-Betrag aussprechen. Dabei kommt es auf den Grad der Verzögerung, deren Nachteile und den Verschuldensgrad an. Auch ein höheres Gericht verhängt grundsätzlich nach demselben Maßstab wie das Erstgericht, also nicht etwa eine automatisch erhöhte Gebühr. Vgl im übrigen KV 1901. 26

9) Streitwert, S 1, 2. Streitwert ist derjenige des Prozesses oder des sonstigen Verfahrens im Zeitpunkt der Verhängung der Verzögerungsgebühr, soweit sich die Verzögerung auf das gesamte Verfahren auswirkt. Wenn sie nur einen Teil des Verfahrens betrifft und wenn das Gericht ein Teilurteil für unangebracht hält, ist der ganze Prozeß verzögert und daher sein Gesamtwert maßgebend. Bei Streitgenossen muß man den für die Höhe der Verzögerungsgebühr ja maßgeblichen Streitwert für jeden gesondert ermitteln. 27

Nicht maßgeblich ist der Zeitpunkt des Verzögerungsverhaltens, aM Meyer 23 (aber das führt zu einer weiteren Differenzierung. Sie ist nicht prozeßwirtschaftlich und überspannt die Handhabung. Es handelt sich ja auch nur um einen in Grenzen strafähnlichen Kostennachteil, Rn 1).

10) Fälligkeit, Gebührenschuldner, S 1–3. Gebührenschuldner ist nur diejenige Partei oder derjenige Beteiligte, der oder dem gegenüber das Gericht die Gebühr verhängt hat, Völker MDR **01**, 1330, Meyer 21, aM Schneider JB **76**, 8. Der gesetzliche Vertreter oder der ProzBev sind aber trotz §§ 51 II, 85 II ZPO nicht persönlich Gebührenschuldner, ebensowenig die in S 3 genannten weiteren Amtspersonen. Für sie wird vielmehr der Fiskus Gebührenschuldner im Außenverhältnis. Auch § 29 Z 1 ist unanwendbar. Anwendbar bleibt aber § 29 Z 2. Die Fälligkeit der Verzögerungs- 28

GKG § 38, Anh § 38 I. A. Gerichtskostengesetz

gebühr tritt in demjenigen Zeitpunkt ein, in dem der Anordnungsbeschluß wirksam wird, §§ 6 III, 9 II. Im Arbeitsgerichtsverfahren hat § 11 den Vorrang. Da die Verzögerungsgebühr eine Sondergebühr ist, befreit eine etwaige persönliche Gebührenfreiheit der Partei nicht von dieser Verzögerungsgebühr. Eine etwa bewilligte Prozeßkostenhilfe befreit ebenfalls nicht.

29 **11) Beschwerde, S 1–3.** Vgl § 69.

Anhang nach § 38. Mißbrauchsgebühr des BVerfG

BVerfGG § 34. ... Auferlegung einer Gebühr. ... II Das Bundesverfassungsgericht kann eine Gebühr bis zu 2600 Euro auferlegen, wenn die Einlegung der Verfassungsbeschwerde oder der Beschwerde nach Artikel 41 Abs. 2 des Grundgesetzes einen Mißbrauch darstellt oder wenn ein Antrag auf Erlaß einer einstweiligen Anordnung (§ 32) mißbräuchlich gestellt ist.

III Für die Einziehung der Gebühr gilt § 59 Abs. 1 der Bundeshaushaltsordnung entsprechend.

BHO § 59. Veränderung von Ansprüchen. I ¹Das zuständige Bundesministerium darf Ansprüche nur

1. stunden, wenn die sofortige Einziehung mit erheblichen Härten für den Anspruchsgegner verbunden wäre und der Anspruch durch die Stundung nicht gefährdet wird. Die Stundung soll gegen angemessene Verzinsung und in der Regel nur gegen Sicherheitsleistung gewährt werden,
2. niederschlagen, wenn feststeht, daß die Einziehung keinen Erfolg haben wird, oder wenn die Kosten der Einziehung außer Verhältnis zur Höhe des Anspruchs stehen,
3. erlassen, wenn die Einziehung nach Lage des einzelnen Falles für den Anspruchsgegner eine besondere Härte bedeuten würde. Das gleiche gilt für die Erstattung oder Anrechnung von geleisteten Beträgen und für die Freigabe von Sicherheiten.

²Das zuständige Bundesministerium kann seine Befugnisse übertragen.

1 **1) Systematik.** Als eine Ausnahme von der in § 34 I BVerfGG geregelten grundsätzlichen Gerichtskostenfreiheit des Verfahrens vor dem BVerfG bringt II eine ein wenig an § 95 ZPO und an § 38 GKG erinnernde Gebühr als Folge eines unkorrekten Verhaltens der Partei oder des Antragstellers. Sie ist keine Strafe, aber doch eine deutliche Mißbilligung in der Form eines unter Umständen erheblichen finanziellen Nachteils.

2 **2) Regelungszweck.** Wegen der grundsätzlichen Kostenfreiheit des Verfahrens besteht natürlich eine trotz aller vorhandenen Hochachtung vor dem Gericht doch eventuell verführerische Gefahr einer allzu rasch verlangter Entscheidung. Die Überlastung des BVerfG zwingt zur Bemühung um die Eindämmung einer solchen Entwicklung. Daher muß eine finanziell spürbare Barriere vorhanden sein. Ihre Begrenzung auf einen echten Mißbrauch ist schon eine Beschränkung auf das unbedingt Notwendige. Die Auslegung sollte daher mit dem Mißbrauchsbegriff auch nicht allzu vorsichtig umgehen.

3 **3) Mißbrauch.** Er ist sowohl bei der eigentlichen Verfassungsbeschwerde als auch bei der Forderung nach einer zugehörigen einstweiligen Anordnung die Voraussetzung der Gebühr.

Mißbrauch liegt unter anderem dann vor, wenn das Verlangen offensichtlich unzulässig oder offensichtlich unbegründet ist und wenn jeder Einsichtige es als völlig aussichtslos ansehen muß, BVerfGG NJW **04**, 2959. Ein Mißbrauch kann beim Beschwerdeführer persönlich vorliegen, bei seinem gesetzlichen Vertreter oder bei seinem Bevollmächtigten. Ein Anwalt muß sich zur Vermeidung eines Mißbrauchsvorwurfs mit der verfassungsrechtlichen Materie auseinandersetzen, BVerfGG NJW **04**, 2959.

Er muß die *Rechtsprechung des BVerfG* zu den aufgeworfenen Fragen prüfen, die Erfolgsaussichten eingehend abwägen und sich auch entsprechend verhalten, BVerfG

Abschnitt 7. Wertvorschriften **Anh § 38, §§ 39, 40 GKG**

NJW **04**, 2959. Er darf sich zB keineswegs auf Beschimpfungen der Instanzgerichte oder gar des BVerfG beschränken, BVerfG NJW **04**, 2959. Er darf erst recht nicht dergleichen auch noch in einem nur kurzen Zeitabstand in mehreren Verfahren wiederholen, BVerfG NJW **04**, 2959.

4) Mißbrauchsgebühr. Das BVerfG ist zu ihrer Verhängung berechtigt, aber **4** nicht verpflichtet, solange es nach seinem Ermessen ein solche Maßnahme für entbehrlich hält. Es darf weit unter 2600 EUR bleiben. Eine Stundung, Niederschlagung oder ein Erlaß finden nur durch das zuständige Bundesministerium oder dessen Unterbehörde unter den Voraussetzungen des § 34 III BVerfGG in Verbindung mit § 59 I BHO statt, oben abgedruckt.

Abschnitt 7. Wertvorschriften

Unterabschnitt 1. Allgemeine Wertvorschriften

Grundsatz

39 I In demselben Verfahren und in demselben Rechtszug werden die Werte mehrerer Streitgegenstände zusammengerechnet, soweit nichts anderes bestimmt ist.

II Der Streitwert beträgt höchstens 30 Millionen Euro, soweit kein niedrigerer Höchstwert bestimmt ist.

Vorbem. II geändert durch Art 16 Z 8 des 2. JuMoG v 22. 12. 06, BGBl 3416, in Kraft seit 31. 12. 06, Art 28 I des 2. JuMoG, Übergangsrecht §§ 71, 72 GKG.

1) Systematik, I, II. Es handelt sich bei I um eine bisher nur für den Zivilprozeß **1** in § 5 Hs 1 ZPO angeführte Vorschrift.

2) Regelungszweck, I, II. Die Vorschrift bezweckt in I für alle Gerichtsbarkeiten **2** eine Klarstellung. Sie ist demgemäß weit auslegbar. II bezweckt wie zahlreiche weitere Einzelregelungen eine Kostendämpfung aus sozialen Erwägungen.

3) Grundsatz: Zusammenrechnung, I Hs 1. Es gelten ähnliche Erwägungen **3** wie bei § 5 ZPO, § 48 Anh I: § 5 ZPO. Natürlich setzt I voraus, daß der Kläger die Streitgegenstände überhaupt nebeneinander geltend macht, Drsd JB **07**, 725. *Nicht* ausreichend ist also ein bloßes Nacheinander, Ffm RR **09**, 1079 links oben.

4) Vorrang anderer Zustimmungen, I Hs 2. Die Vorschrift stellt ihn klar. **4** Keine Zusammenrechnung erfolgt zB bei einer bloßen Nebenforderung. Das folgt aus § 4 ZPO, Anh I: § 48 VGH, Mannh NVwZ-RR **09**, 456 (dort steht § 5 ZPO −?).

5) Grundsatz: Absoluter Höchstwert, II Hs 1. Die Vorschrift ist verfassungs- **5** mäßig, BVerfG NJW **07**, 2098. Der absolute Höchstwert gilt allgemein.

6) Vorrang anderer Bestimmungen, II Hs 2. Er kann sich nach dem (jetzt) **6** klaren Wortlaut allenfalls nach unten und keineswegs nach oben ergeben.

Zeitpunkt der Wertberechnung

40 Für die Wertberechnung ist der Zeitpunkt der den jeweiligen Streitgegenstand betreffenden Antragstellung maßgebend, die den Rechtszug einleitet.

1) Systematik, Regelungszweck. Die gegenüber § 4 ZPO vorrangige Vor- **1** schrift knüpft zwecks einer Prozeßwirtschaftlichkeit nach BLAH Grdz 14 vor § 128 ZPO an den einen Rechtszug einleitenden Antrag an, soweit nicht Spezialregeln gelten, etwa bei § 42 I. Der Zweck der Regelung ist also eine Vereinfachung der Wertermittlung und -festsetzung, Drsd JB **03**, 472, Kblz JB **03**, 474, FG Karlsr JB **01**, 480. Das muß man bei der Auslegung mitbeachten.

2) Geltungsbereich. § 41 gilt für sämtliche vom GKG erfaßten Verfahren und **2** Instanzen, im arbeitsgerichtlichen Verfahren mit der Einschränkung des § 69 II ArbGG. Die Vorschrift gilt also auch zB für einen Antrag auf den Erlaß eines Arrests oder

119

einer einstweiligen Verfügung oder einer einstweiligen Anordnung oder für die Zwangsvollstreckung. Die Vorschrift ist auch bei einem nichtvermögensrechtlichen Streit anwendbar. Sie ist gegenüber § 4 ZPO vorrangig.

§ 40 ist auch anwendbar, soweit sich der *Streitgegenstand* selbst *ändert,* etwa infolge einer Klagerweiterung. Das stellt der Wortlaut klar. Für den zusätzlich eingeführten Streitgegenstand kommt es also auf den zugehörigen ersten Antrag an.

Unanwendbar ist § 40 im Insolvenzverfahren, § 58 I 1 hat als eine Spezialvorschrift den Vorrang.

3 **3) Maßgeblichkeit des den Rechtszug einleitenden Antrags.** Für die Wertberechnung ist grundsätzlich der Zeitpunkt des den jeweiligen Streitgegenstand betreffenden und diesen Rechtszug einleitenden Antrags entscheidend, also die Anhängigkeit, Düss RR **00**, 1594, Nürnb MDR **09**, 511, Zweibr FamRZ **02**, 255, nicht erst die Rechtshängigkeit, KG RR **00**, 215, aM Drsd JB **04**, 378. Erst recht nicht kommt es auf eine Verhandlung an. Zu den Begriffen BLAH § 261 ZPO Rn 1.

Es kommt also *nicht* auf eine *Werterhöhung* an, BGH RR **98**, 1452, Kblz JB **03**, 474, aM Zweibr FamRZ **02**, 255 (aber der Wortlaut und der Sinn des § 40 sind eindeutig, BLAH Einl III 39). Es bleibt bei einer Verbindung bei den früheren Werten, Mü JB **99**, 484. Es kommt auch nicht auf eine Wertminderung während der Instanz an, Mü FamRZ **97**, 34, Oldb RR **99**, 942. Die Zwangsvollstreckung leitet für das GKG einen besonderen Rechtszug ein. Wegen einer Ausnahme § 48 Anh I: § 3 ZPO Rn 76 „Mahnverfahren".

4 **4) Beispiele zur Frage einer Einleitung des Rechtszugs**
Arrestantrag: Er leitet den Rechtszug ein.
Eilantrag: Er leitet den Rechtszug ein.
Klage: Sie leitet natürlich den Rechtszug ein.
Klagerücknahme: *Nicht* instanzeinleitend wirkt eine teilweise Klagerücknahme, KG RR **00**, 215.
Klagerweiterung: Sie leitet (nur) für den sie betreffenden Teil den Rechtszug ein, Düss RR **00**, 1594.
5 **Mahnbescheidsantrag:** Er leitet nebst einem Abgabeantrag für den Fall eines etwaigen Widerspruchs den Rechtszug ein, Hbg MDR **01**, 294.
Prozeßkostenhilfe: Der Antrag auf ihre Bewilligung leitet den Rechtszug des Hauptprozesses dann *nicht* ein, wenn die zugehörige Klage nur bedingt ist. Vgl freilich § 42 IV 2.
Rechtsmittelschrift: Sie leitet den zugehörigen Rechtsmittelzug ein, Bbg JB **77**, 856, Hamm MDR **97**, 506, Oldb RR **99**, 942.
Schiedsrichterliches Verfahren: Der Antrag an das Staatsgericht leitet dessen zugehörigen Rechtszug vor ihm ein.
Selbständiges Beweisverfahren: Der Antrag nach § 486 ZPO leitet den Rechtszug ein, Karlsr JB **97**, 531, Köln VersR **93**, 125, Schlesw JB **99**, 595.
Nicht instanzeinleitend wirkt ein solcher Wert, der sich erst am Ende des Verfahrens ergibt, Meyer 6, aM Düss JB **97**, 532, Köln RR **00**, 802, Naumb RR **00**, 286 (je gegen den klaren Wortlaut und Sinn, Rn 1).
6 **Verfahrensende:** Rn 5 „Selbständiges Beweisverfahren".
Verhandlungsschluß: *Nicht* instanzeinleitend wirkt ein erst nach dem Verhandlungsschluß nach §§ 136 IV, 296 a ZPO eingereichter Antrag, soweit er nicht zur Wiedereröffnung nach § 156 ZPO führt, Düss MDR **00**, 1458.
Verteilungsverfahren: Der Antrag auf dieses Verfahren leitet den zugehörigen Rechtszug ein.
Vollstreckung: Der Antrag auf ihre Vornahme leitet den zugehörigen Rechtszug ein.
Widerklage: Sie leitet (nur) für den sie betreffenden Anspruch den Rechtszug ein.

Miet-, Pacht- und ähnliche Nutzungsverhältnisse

41 [1] [1]Ist das Bestehen oder die Dauer eines Miet-, Pacht- oder ähnlichen Nutzungsverhältnisses streitig, ist der Betrag des auf die streitige Zeit entfallenden Entgelts und, wenn das einjährige Entgelt geringer ist, dieser Betrag

Abschnitt 7. Wertvorschriften § 41 GKG

für die Wertberechnung maßgebend. ²Das Entgelt nach Satz 1 umfasst neben dem Nettogrundentgelt Nebenkosten dann, wenn diese als Pauschale vereinbart sind und nicht gesondert abgerechnet werden.

II ¹ Wird wegen Beendigung eines Miet-, Pacht- oder ähnlichen Nutzungsverhältnisses die Räumung eines Grundstücks, Gebäudes oder Gebäudeteils verlangt, ist ohne Rücksicht darauf, ob über das Bestehen des Nutzungsverhältnisses Streit besteht, das für die Dauer eines Jahres zu zahlende Entgelt maßgebend, wenn sich nicht nach Absatz 1 ein geringerer Streitwert ergibt. ²Wird die Räumung oder Herausgabe auch aus einem anderen Rechtsgrund verlangt, ist der Wert der Nutzung eines Jahres maßgebend.

III Werden der Anspruch auf Räumung von Wohnraum und der Anspruch nach den §§ 574 bis 574 b des Bürgerlichen Gesetzbuchs auf Fortsetzung des Mietverhältnisses über diesen Wohnraum in demselben Prozess verhandelt, werden die Werte nicht zusammengerechnet.

IV Bei Ansprüchen nach den §§ 574 bis 574 b des Bürgerlichen Gesetzbuchs ist auch für die Rechtsmittelinstanz der für den ersten Rechtszug maßgebende Wert zugrunde zu legen, sofern nicht die Beschwer geringer ist.

V ¹ Bei Ansprüchen auf Erhöhung der Miete für Wohnraum ist der Jahresbetrag der zusätzlich geforderten Miete, bei Ansprüchen des Mieters auf Durchführung von Instandsetzungsmaßnahmen der Jahresbetrag einer angemessenen Mietminderung und bei Ansprüchen des Vermieters auf Duldung einer Durchführung von Modernisierungs- oder Erhaltungsmaßnahmen der Jahresbetrag einer möglichen Mieterhöhung, in Ermangelung dessen einer sonst möglichen Mietminderung durch den Mieter maßgebend. ²Endet das Mietverhältnis vor Ablauf eines Jahres, ist ein entsprechend niedrigerer Betrag maßgebend.

Gliederung

1) Systematik, I–V	1
2) Regelungszweck, I–V	2
3) Streit über Bestehen oder Dauer, I	3–23
A. Anwendungsbereich	3–6
B. Beispiele zur Frage einer Anwendbarkeit von I	7–19
C. Wertgrundsatz: Höchstens Einjahresmiete	20
D. Nebenkosten, I 2	21, 22
E. Einzelfragen zum Wert	23
4) Räumung wegen Beendigung des Rechtsverhältnisses, II 1	24
A. Anwendungsbereich	24
B. Streitwert, II 1	25
5) Räumung aus anderen Gründen, II 2	26–30
A. Anwendungsbereich	27–29
B. Streitwert, II 2	30
6) Klage auf Räumung und Zahlung, II 1, 2	31
7) Räumung und Fortsetzungsanspruch, III, IV	32–34
8) Erhöhung der Wohnungsmiete, V 1 Hs 1, V 2	35, 36
9) Mangel der Mietsache, V 1 Hs 2, V 2	37
10) Modernisierung oder Erhaltung, V 1 Hs 3, V 2	38

1) Systematik, I–V. § 41 gilt als eine Spezialvorschrift gegenüber § 8 ZPO nur 1 für die Wertfestsetzung zur Gebührenberechnung, BGH NZM **07**, 935. Für die Festsetzung zur Bestimmung der sachlichen Zuständigkeit und für die Rechtsmittelbeschwer gilt § 8 ZPO, § 48 Anh I, BGH NZM **06**, 378, Düss FGPrax **00**, 189. § 40 ist auch hier anwendbar. Es entscheidet dann also evtl die Miete usw im Zeitpunkt des Urteils. Ein Feststellungsantrag hat keinen höheren Wert als ein für dieselbe Zeitspanne erhobener Leistungsanspruch.

Bei einem *gemischten Vertrag* und insbesondere bei einem Hauswartsvertrag ist für die Anwendbarkeit von § 41 maßgeblich, welcher Teil des Vertrags der wesentliche ist. Es kommt also darauf an, ob der Anteil des Dienstvertrags oder der Anteil des Mietvertrags an dem gesamten Vertragsverhältnis überwiegt.

2) Regelungszweck, I–V. Die Vorschrift dient vorwiegend sozialen Erwägungen, 2 Düss FGPrax **00**, 189, Karlsr JB **97**, 478. Daher ist sie grundsätzlich weit auslegbar, Ffm AnwBl **84**, 203 (auch zu den Grenzen), Köln FamRZ **01**, 239, aM Düss MDR **01**, 354, Hbg WoM **95**, 595.

GKG § 41   I. A. Gerichtskostengesetz

3   3) **Streit über Bestehen oder Dauer, I.** Ein Grundsatz hat zahlreiche Auswirkungen.

A. Anwendungsbereich. I erfaßt den Streit über das Bestehen oder die Dauer eines Miet-, Pacht- oder ähnlichen Nutzungsverhältnisses wegen einer beweglichen oder unbeweglichen Sache. Dahin würde begrifflich auch der Streit um eine Räumung wegen der Beendigung eines solchen Verhältnisses gehören. Indessen schafft II für den Räumungsstreit vorrangige Sonderregeln.

4   Zum Mietverhältnis nach §§ 535 ff BGB gehört auch das *Untermietverhältnis*, Celle NZM **00**, 190. Zum Pachtverhältnis nach §§ 581 ff BGB, gehört auch das Unterpachtverhältnis.

5   I setzt *nicht voraus*, daß ein dort genanntes Nutzungsverhältnis *wirksam* besteht. Eine Feststellungsklage genügt, LG Bln JB **01**, 96, Mümmler JB **76**, 419. Es reicht aus, daß ein Streit über seinen Bestand oder über seine Dauer besteht, Hbg WoM **95**, 197. Um die Natur des Streits erkennen zu können, muß man auch die Einlassung des Bekl beachten. Wendet dieser ein, es liege ein Miet-, Pacht- oder ähnliches Nutzungsverhältnis vor, dann ist es unerheblich, ob der Kläger seine Klage auf sein Eigentum oder auf eine andere Anspruchsgrundlage stützt, KG JB **78**, 892.

6   Etwas anderes gilt allerdings, wenn der Bekl gegenüber einer Herausgabeklage nicht Miete usw einwendet, sondern *etwas anderes*. Dann gilt § 20. Denn II 2 trifft dann nicht mehr zu. Die Prozeßparteien brauchen nicht mit den Vertragsparteien identisch zu sein, LG Köln ZMR **96**, 269.

7   **B. Beispiele zur Frage einer Anwendbarkeit von I**

Ausbau: I ist *unanwendbar*, soweit es um eine Klage auf die Gestattung geht, einen Mietraum auszubauen.
   S auch Rn 17 „Umgestaltung".
Automatenaufstellvertrag: I ist *unanwendbar*, soweit es um einen Automatenaufstellvertrag der üblichen Art geht. Dann gilt § 3 ZPO, Kblz VersR **80**, 1123.

8   **Besitz:** Rn 11 „Gebrauchsüberlassung", Rn 17 „Umgestaltung".
Bürgschaft: I ist anwendbar, soweit es um die Klage des Vermieters gegen den Bürgen des Mieters geht.

9   **Dauerwohnrecht:** I ist in folgenden Fällen anwendbar: Es geht um ein mietähnliches Dauerwohnrecht, etwa nach §§ 1093 ff BGB; es geht um ein Dauerwohnrecht nach § 31 WEG, jedenfalls wenn der Kläger gleichzeitig die Feststellung des Nichtbestehens und die Löschung verlangt; der Kläger verlangt Löschung, der Bekl behauptet den Fortbestand.
   I ist *unanwendbar* beim Vermächtnis auf eine unentgeltliche Überlassung von Wohnraum, LG Bayreuth JB **81**, 756, Meyer 6, aM KG JB **78**, 892.
   S auch Rn 14 „Nießbrauch", Rn 19 „Wohnungseigentum".
Dritter: I ist *unanwendbar*, soweit es sich um die Klage auf eine Feststellung der Wirksamkeit eines mit einem Dritten abgeschlossenen Pachtvertrags handelt. Dann gilt § 3 ZPO, Kblz ZMR **78**, 64.

10   **Eigenheimvertrag:** Rn 19 „Wohnungseigentum".
Einzelanspruch: Bei ihm ist § 41 *unanwendbar*, BGH NJW **06**, 3061.

11   **Gebrauchsüberlassung:** I ist anwendbar, soweit es um die Klage des Mieters auf die Gebrauchsüberlassung geht, LG Halle WoM **94**, 532, aM Celle MDR **89**, 272 (dann sei II anwendbar. Aber II ist als eine Sonderregel eng auslegbar).
   I ist *unanwendbar*, soweit das Miet- oder Pachtverhältnis unstreitig ist oder soweit es um eine unentgeltliche Überlassung geht. Dann gilt § 6 ZPO.
Geldzahlung: I ist *unanwendbar*, soweit es um einen Anspruch auf die Zahlung von Geld oder auf eine sonstige Leistung geht, etwa um die Räumungs- und Herausgabeklage des Verkäufers von Wohnungseigentum gegen den Käufer. Dann gilt § 6 ZPO, Rn 19 „Wohnungseigentum".

12   **Inhalt des Vertrags:** Rn 18 „Vertragsinhalt".
Jagdpachtvertrag: I ist anwendbar, soweit es um das Bestehen oder die Dauer eines Jagdpachtvertrages geht, LG Saarbr JB **91**, 582.

13   **Kaufvertrag:** I ist anwendbar auf eine Räumungsklage nach dem Rücktritt usw vom Kaufvertrag über einen Raum, Schlesw SchlHA **99**, 136.

Abschnitt 7. Wertvorschriften **§ 41 GKG**

Kündigung: I ist in folgenden Fällen anwendbar: Es geht um die Feststellung, ein Mietvertrag sei mit einem bestimmten Tag infolge einer fristlosen Kündigung erloschen, BGH NZM **06**, 138; es geht um die Feststellung, eine Kündigung sei wirksam erfolgt; es geht um die außergerichtlichen Kündigungskosten, AG Lübeck WoM **07**, 126.

Künftige Miet- und Pachtzahlung: I ist *unanwendbar,* soweit die Vertragsdauer feststeht und die Parteien „nur" über künftige Miet- oder Pachtzahlungen streiten. Denn dann gilt § 9 ZPO, § 48 Anh I: § 3 ZPO Rn 80 „Mietverhältnis".

Leasing: Es gelten dieselben Grundsätze wie bei der Miete, § 48 Anh I: § 3 ZPO Rn 75 „Leasing", Ffm MDR **78**, 145.

Löschung: Rn 9 „Dauerwohnrecht".

Miete: I ist *unanwendbar* bei der Klage auf ihre Zahlung, Rn 18 „Vertragsinhalt". Hierher gehört auch der Streit um einen Sachmangel, Düss MDR **01**, 354, aM LG Bln JB **03**, 253, oder um eine Besitzstörung. Es gilt § 9 ZPO.

Mitmieter: I ist anwendbar auf die Feststellung der Mitmietergemeinschaft, LG Bln JB **01**, 96.

Nichteheliche Lebensgemeinschaft: Man kann § 41 entsprechend anwenden, Jena MDR **98**, 63.

Nichtigkeit: I ist anwendbar, soweit eine Klage auf die Feststellung der Nichtigkeit eines Mietvertrags vorliegt.

Nießbrauch: I kann anwendbar sein, soweit es um einen dinglichen Nießbrauch geht, Köln MDR **81**, 767.

S auch Rn 9 „Dauerwohnrecht".

Nutzungsentschädigung: I ist anwendbar, soweit es um den Bestand des Nutzungsverhältnisses geht. Sie läßt sich bei einer Räumung mit 6 Monatsmieten berechnen, LG Nürnb-Fürth WM **05**, 664.

I ist *unanwendbar,* soweit es um eine künftige Leistung bei einem vertragslosen Zustand geht, Ffm MDR **80**, 761.

Öffentliches Recht: I ist anwendbar, soweit es um ein öffentlichrechtliches auf eine Gebrauchsüberlassung gerichtetes Leistungsverhältnis geht, etwa nach § 1 BLG.

Pacht: I ist *unanwendbar* bei der Klage auf ihre Zahlung, Rn 18 „Vertragsinhalt". Es gilt § 9 ZPO.

Person des Berechtigten: I ist anwendbar, soweit es um einen Streit darüber geht, wer aus einem Rechtsverhältnis der Berechtigte ist.

Räumungsfrist: I ist anwendbar, soweit es um die Bewilligung oder die Dauer einer Räumungsfrist nach § 721 III ZPO geht.

Rückgabe der Mietsache: *II* ist anwendbar.

Rückgabe weiterer Teile: Sie kann zusätzlich bewertbar sein, Düss WoM **89**, 543.

Schadensersatz: I ist bei einer unerlaubten Vermietung *unanwendbar,* Mümmler JB **78**, 1293 (§ 48, § 3 ZPO).

Staffelmiete: Es zählt der höchste Jahresbetrag, BGH NZM **07**, 935.

Umgestaltung: I ist anwendbar, soweit es um eine Klage auf eine Umgestaltung und eine anschließende Besitzeinräumung geht, LG Mannh MDR **76**, 1025.

S auch Rn 7 „Ausbau".

Unentgeltliche Überlassung: Rn 11 „Gebrauchsüberlassung".

Vertragsabschluß: I ist in folgenden Fällen *unanwendbar:* Es geht um die Klage auf den Abschluß eines Mietvertrags mit einer bestimmten Person, Kblz JB **79**, 1132; es geht um den Abschluß des Hauptvertrags auf Grund eines Vorvertrags.

Vertragsinhalt: I ist *unanwendbar,* soweit es sich um eine Feststellungsklage über den Inhalt des Mietvertrags handelt, nicht um seine Dauer. Dann gelten §§ 3 ff, 9 ZPO, BGH RR **05**, 938, Kblz ZMR **78**, 64.

Vorvertrag: S „Vertragsabschluß".

Wertsicherungsklausel: I ist *unanwendbar* bei der Änderung einer Wertsicherungsklausel, Meyer 7.

Wohnrecht: Rn 9 „Dauerwohnrecht".

Wohnungseigentum: I ist *anwendbar,* soweit es um ein Dauerwohnrecht nach § 31 WEG geht, Rn 9, jedenfalls wenn der Kläger gleichzeitig die Feststellung des Nichtbestehens und die Löschung verlangt.

GKG § 41   I. A. Gerichtskostengesetz

I ist *unanwendbar*, soweit es um eine Räumungs- und Herausgabeklage nach dem Verkauf von Wohnungseigentum geht. Dann ist § 6 ZPO anwendbar. Das gilt selbst dann, wenn mit dem Wohnungseigentum ein Nutzungsverhältnis verbunden war, aM Köln JB **78**, 1054 (Rücktritt von einem Bewerbervertrag). I ist auch dann unanwendbar, wenn es um eine Störung durch Baumbewuchs geht, Düss ZMR **00**, 783.

20 **C. Wertgrundsatz: Höchstens Einjahresmiete.** Wegen des Werts für die Anwaltsgebühren § 25 I Z 1 RVG, Teil X dieses Buchs. Wegen der Gerichtsgebühren gilt: Maßgebend ist in I die auf die streitige Zeit fallende Miete. Wenn die einjährige Miete geringer ist, ist sie maßgebend. Bei einer mehrjährigen schwankenden Miete ist der höchste Jahresbetrag maßgebend, BGH NZM **06**, 183. „Entgelt" nach *I 1* ist nicht stets nur das „Nettogrundentgelt", also nicht nur der eigentliche Miet- und Pachtzins in Geld oder Naturalien. Man muß die Miethöhe notfalls schätzen, LG Bayreuth JB **77**, 1424 (erzielbarer Betrag). Zur Miete gehört die Mehrwertsteuer, Düss JB **06,** 428, KG NZM **00**, 659, LG Paderb MDR **03**, 56.

21 **D. Nebenkosten, I 2.** Man muß auch evtl Nebenkosten hinzurechnen, also auch vertragliche Gegenleistungen anderer Art. Das ergibt sich (jetzt) aus I 2, Mü NZM **99**, 304, LG Rostock RR **02**, 1523, AG Hbg-Bergedorf RR **02**, 948. Die frühere Ansicht, nur die Nettomiete gelte, ist daher überholt. Dasselbe gilt von der früheren Meinung, maßgeblich sei nur die Bruttomiete.

Freilich gilt das alles nur, soweit die beiden folgenden *Voraussetzungen* zusammentreffen. Das stellt das Wort „und" in I 2 klar.

– *Pauschalvereinbarung*. Die Parteien müssen die Nebenkosten gerade als eine Pauschale vereinbart haben. Es muß also ein Festbetrag oder ein fester Prozentsatz der Miete usw ein Vertragsbestandteil sein, BGH NZM **07**, 935, Düss JB **06,** 428, LG Kblz ZMR **87**, 24 (teils zum alten Recht).

– *Keine gesonderte Abrechnung*. Die Partner dürfen nicht vereinbart haben, daß gerade der *Vermieter* über die mögliche Art von Nebenkosten gesondert abrechnen müsse, (zum alten Recht) Hbg MDR **04**, 502.

22 *Nicht hinzurechnen* darf man daher solche Leistungen nebensächlicher Art und sonstige Leistungen, die man im Verkehr *nicht* als ein Entgelt oder als eine Gegenleistung für die Gebrauchsüberlassung ansieht oder über die der *Mieter* selbst einzeln und nicht pauschalmäßig abrechnen, Düss JB **06**, 428, LG Gött WoM **03**, 643, LG Köln WoM **96**, 50, aM Düss WoM **02**, 501. Hierher zählt zB (je zum alten Recht) das Entgelt für Heizung und Warmwasser, Düss JB **92**, 114, LG Lpz WoM **96**, 234.

23 **E. Einzelfragen zum Wert.** Die Regeln Rn 20–22 gelten auch bei einer behauptenden oder verneinenden Feststellungsklage. Es erfolgt also bei ihr hier ausnahmsweise meist kein Abschlag, Meyer 16, aM LG Bln JB **01**, 96. Bei einem Streit nur um einen Teil der Räume gilt ein entsprechend geringerer Wert. Bei einem Mietvertrag auf eine unbestimmte Zeit muß man die Zeit nach dem nächsten zulässigen Kündigungstermin zuzüglich der Kündigungsfrist berechnen, LG Würzb JB **77**, 706. Wenn eine Partei bei einem Streit um das Fortbestehen eines Wohnrechts die Bewilligung seiner Löschung geltend macht, ist die einjährige Miete maßgeblich. Wenn die Parteien über die Gewährung einer Räumungsfrist streiten, ist ebenfalls der einjährige Zins maßgebend.

Die Miethöhe bestimmt sich nach dem *Vertrag*, soweit man nicht die gesetzliche Miete zugrunde legen muß, LG Köln ZMR **96**, 269. Notfalls muß man von dem angemessenen Betrag ausgehen. Soweit die Miete gestaffelt ist, muß man davon ausgehen, daß die neueste restliche Vertragsdauer im Streit ist. Dann muß man den höchsten Betrag zugrunde legen, BGH NZM **05**, 945. Eine Gegenleistung bleibt außer Betracht. Rückstand und Räumungswert nach II gehören zusammengezählt. Auch ein Beseitigungsanspruch kann einen zusätzlichen Wert haben, Hbg RR **01**, 576, aM BGH RR **95**, 781 (aber es gelten die allgemeinen Regeln des § 5 ZPO).

24 **4) Räumung wegen Beendigung des Rechtsverhältnisses, II 1.** Die Vorschrift erfaßt den Streit um die Frage, ob der Bekl wegen der angeblichen Beendigung eines Miet-, Pacht- oder ähnlichen Nutzungsverhältnisses das Grundstück, Gebäude oder den Gebäudeteil räumen muß, BGH MDR **95**, 530, Mü NZM **01**, 749, LG Köln WoM **93**, 555.

Abschnitt 7. Wertvorschriften § 41 GKG

A. Anwendungsbereich. II 1 gilt auch nach einer Vertragsanfechtung, Bbg JB **81**, 1047, oder nach einer Zwangsversteigerung, LG Bln Rpfleger **90**, 35, evtl zB eines Nießbrauchs, Köln WoM **85**, 125, oder bei einem Heimvertrag, Stgt NZM **05**, 966.
Maßgebend ist der *in der Klage genannte Räumungsgrund*. Es ist unerheblich, auf wieviele Kündigungen der Kläger diesen Räumungsanspruch stützt, Mü NZM **01**, 749, AG Hbg WoM **93**, 479. Auch die Zahl der Räumungsgründe ist unerheblich, Mü NZM **01**, 749. Es ist auch unerheblich, ob zugleich über das Bestehen des Nutzungsverhältnisses insgesamt oder in einzelnen Teilen ein Streit besteht, BGH MDR **95**, 530, LG Erfurt WoM **96**, 234, LG Köln WoM **93**, 555, ob das Nutzungsverhältnis also in Wahrheit bereits nicht mehr besteht. Ein vergleichsweises Erlöschen reicht, sogar eine angebliche Nichtigkeit oder das angebliche Fehlschlagen eines Bewerbervertrags, Köln JB **78**, 1054.

B. Streitwert, II 1. Streitwert ist das auf die streitige Zeit entfallende Entgelt, 25 Stgt NZM **09**, 320, und höchstens der Jahresbetrag, BGH NJW **08**, 1889 links oben, KG MDR **06**, 957, LG Kref WoM **05**, 263, aM Stgt RR **97**, 1303 (§ 9). Das gilt aus sozialen Gründen, Ffm AnwBl **84**, 203, KG NZM **00**, 659, LG Düss FGPrax **00**, 189. Zum Jahresbetrag zählt die Mehrwertsteuer, Düss JB **06**, 428, KG NZM **07**, 518, LG Paderb MDR **03**, 56. Maßgeblich ist der Zeitraum seit der Rechtshängigkeit, nicht erst seit der Rechtsmitteleinlegung, Bbg JB **91**, 1126 (seit Klag- „Einreichung"). Wenn die streitige Zeit weniger als ein Jahr ausmacht, ist der geringere Streitwert maßgebend, BGH RR **97**, 648, LG Hbg NZM **00**, 759, LG Kref WoM **05**, 263. Bei einer streitigen Länge kommt es auf die längere Zeit an, auch dann begrenzt durch ein Jahr. Dabei sind die Behauptungen beim Prozeßbeginn maßgebend, § 40. Unmaßgeblich ist natürlich die Prozeßdauer.

5) Räumung aus anderem Rechtsgrund, II 2. Die Vorschrift erfaßt als eine 26 ebenfalls gegenüber I vorrangige Sonderregelung den Fall, daß der Kläger „auch" und nicht nur aus einem anderen Rechtsgrund als demjenigen der Beendigung eines Miet-, Pacht- oder ähnlichen Nutzungsverhältnisses die Räumung oder Herausgabe verlangt, Hbg WoM **95**, 197, LG Kassel Rpfleger **87**, 425 (Zuschlag). Das gilt sogar dann, wenn der Kläger zB nur § 985 BGB nennt, wenn sein Tatsachenvortrag aber auch einen Anspruch nach § 546 BGB rechtfertigt, Karlsr MDR **04**, 906. Soweit das eine Objekt vermietet, das andere vertragslos genutzt wird, muß man zusammenrechnen, Bbg JB **88**, 516. Beim Räumungsanspruch des zurückgetretenen Verkäufers gilt § 6, Nürnb JB **04**, 377.

A. Anwendungsbereich. Hierher gehört zB: Eine auf Eigentum gestützte Klage, 27 Bbg JB **92**, 625, LG Augsb DGVZ **05**, 95, LG Mosbach MDR **85**, 594; eine auf Besitz gestützte Klage; eine Klage auf die Herausgabe einer ungerechtfertigten Bereicherung. II 2 ist auch dann anwendbar, wenn die eben genannten Gründe des Herausgabeverlangens zu denjenigen nach I hinzutreten.

Ferner ist II 2 zB in folgenden Fällen anwendbar: Der Kläger verlangt nur eine vo- 28 rübergehende Räumung, um etwa eine Renovierung durchführen zu können; er verlangt die Räumung nur auf Grund des Eigentums, der Bekl wendet jedoch das Bestehen eines Nutzungsverhältnisses ein. Denn dann muß das Gericht auch zur Frage der Beendigung des Nutzungsverhältnisses entscheiden, falls es bestanden hat, Rn 3 ff, Bbg JB **92**, 625, Düss Rpfleger **08**, 160, KG JB **78**, 892.

II ist beim Streit zwischen *Verkäufer und Käufer* eines Hauses oder einer Eigen- 29 tumswohnung auf deren Räumung *unanwendbar*, Ffm AnwBl **84**, 203, Karlsr JB **97**, 478. Die Vorschrift ist auch auf die Klage des Mieters auf eine Gebrauchsüberlassung unanwendbar, Rn 7 ff. Man kann bei der Räumung auf Grund eines Zuschlagsbeschlusses den Verkehrswert zugrundelegen, statt II 2 anzuwenden, LG Kleve DGVZ **87**, 90. II ist schließlich unanwendbar und stattdessen § 6 ZPO anwendbar, soweit die Herausgabe *nur* aus einem anderen Rechtsgrund als Miete, Pacht usw infrage kommt und solange sich auch der Bekl nicht auf Miete, Pacht usw beruft, Bbg JB **92**, 625, LG Augsb DGVZ **05**, 95, LG Kassel Rpfleger **87**, 425.

B. Streitwert, II 2. In allen diesen Fällen ist als Wert stets der einjährige Nut- 30 zungsbetrag maßgebend, Bbg JB **92**, 625, Kblz WoM **06**, 581. Er ist meistens ebenso hoch wie der einjährige Mietzins. Er kann aber einen anderen Betrag ausmachen.

Eine Beseitigung kann gesondert bewertbar sein, Hbg WoM **00**, 365. Eine im Räumungsvergleich vereinbarte Zahlung für zurückgelassene Mietersachen erhöht den Wert, LG Meiningen JB **07**, 593, Meyer JB **09**, 16. Es kann ein Einigungsmehrwert hinzutreten, Karlsr NZM **09**, 296.

31 **6) Klage auf Räumung und Zahlung, II 1, 2.** Soweit der Kläger neben der Räumung den Mietzins oder Nutzungswert einklagt, muß man den Wert des Räumungsanspruchs nach II und den Wert des Zahlungsanspruchs nach § 12 zusammenrechnen.

32 **7) Räumung und Fortsetzungsanspruch, III, IV.** III bestimmt, daß bei der Verbindung einer Klage auf die Räumung von Wohnraum und der Geltendmachung der Sozialklausel nach den §§ 574–574b BGB als Streitwert für die Kosten stets nur der Jahreszins ansetzbar ist, soweit das Gericht über beide Ansprüche in demselben Prozeß verhandelt, § 19 Rn 5, 6. Das gilt allerdings nicht stets auch für ein Rechtsmittel, LG Bln ZMR **85**, 387.

Es ist *unerheblich, in welcher prozessualen Form* die Parteien eine Räumung und die Sozialklausel geltend machen. Nach III muß man auch den Fall bewerten, daß der Vermieter nicht im Besitz der Wohnung ist und daß der Mieter die Überlassung und die Verlängerung der Mietzeit fordert.

33 Der Jahreszins richtet sich nach der derzeitigen *Höhe der Miete.* Wenn der Mieter der Räumung widerspricht und die Verlängerung des Mietverhältnisses gegen eine Mieterhöhung anbietet, etwa im Weg einer Feststellungswiderklage, muß man den erhöhten Wert ansetzen. Dasselbe gilt dann, wenn das Gericht den Räumungsanspruch abgewiesen und dahin entschieden hat, daß das Mietverhältnis gegen die Zahlung einer entsprechend erhöhten Miete fortzusetzen sei, II.

34 Wenn das Gericht den Mieter zur Räumung verurteilt hat, wenn das *Rechtsmittelgericht* jedoch den Räumungsanspruch abweist und dahin entscheidet, daß das Mietverhältnis gegen die Zahlung einer erhöhten Miete fortzusetzen sei, bleibt es bei dem Streitwert der ersten Instanz. Dasselbe gilt dann, wenn der Vermieter in der Rechtsmittelinstanz nur eine erhöhte Miete fordert.

35 **8) Erhöhung der Wohnungsmiete, V 1 Hs 1, V 2.** Bei einer Klage auf die Zustimmung des Wohnungsmieters zur Erhöhung der Miete nach §§ 558ff BGB ist zunächst I anwendbar. Jedoch benennt V 1 Hs 1 als eine beim Wohnraum gegenüber § 9 ZPO vorrangige Spezialvorschrift den Wert grundsätzlich mit dem Jahresbetrag der zusätzlich geforderten Miete. Man kann darin sogar etwas kühn einen allgemeinen Rechtsgedanken sehen, KG JB **06**, 258. V 2 läßt nur bei einer kürzeren restlichen Vertragsdauer einen entsprechend niedrigeren Betrag maßgebend sein.

Den *Unterschiedsbetrag* zwischen dem bisherigen und dem geforderten höheren Mietzins berechnet man ausgehend von derjenigen Miete, die im Zeitpunkt der Klagerhebung galt, LG Köln JB **99**, 305. Ihr muß man nach § 40 denjenigen Betrag gegenüberstellen, den der Vermieter bei der Klagerhebung oder später im Weg einer Klagerhöhung fordert und den der Mieter bis zu diesem jeweiligen Zeitpunkt nicht bezahlen will, Rn 19, aM LG Bre WoM **82**, 131 (eine freiwillige teilweise Zahlung vor der Rechtshängigkeit könne den Streitwert mindern. Aber V stellt nur auf die zusätzliche Forderung ab). Was zur Miete gehört, bestimmt sich wie bei Rn 76ff. Das alles gilt auch für den Rechtsmittelwert, LG Hann MDR **94**, 1148.

36 Durch V ist der langjährige *Streit* zur Wertbemessung beim Wohnraum *überholt.* Vgl im übrigen § 48 Anh I: § 3 ZPO Rn 76ff „Mietverhältnis".

V gilt aber *nur beim Wohnraum.* Das stellt schon der Wortlaut von V 1 klar. Beim Geschäftsraum gilt § 9 ZPO, § 48 Anh I: § 3 ZPO Rn 79, Hbg MDR **90**, 1024, Schlesw SchlHA **92**, 180, Mümmler JB **84**, 332. V gilt auch nicht bei der Erhöhung von Erbbauzins, Mümmler JB **80**, 971, und nicht bei einer Pacht.

37 **9) Mängel der Mietsache, V 1 Hs 2, V 2.** Der Anspruch des Mieters auf die Durchführung von Instandsetzungsmaßnahmen, also auf eine Mangelbeseitigung, bemißt sich (jetzt) nach V 1 Hs 2 grundsätzlich ebenso wie der Mieterhöhungsanspruch der Rn 35, 36 nach dem Jahresbetrag einer angemessenen Mietminderung, so schon (je zum alten Recht) Schlesw SchlHA **91**, 501, LG Köln WoM **01**, 345, LG Tüb WoM **97**, 42, aM Düss MDR **01**, 354. Bei einer bloßen Feststellungsklage gelten zusätzlich Anh I § 48: § 3 ZPO Rn 53, 54, Woitkewitsch ZMR **05**, 705.

Das alles gilt auch bei einem zugehörigen *selbständigen Beweisverfahren.* Man muß eine Klage auf die künftige Vollmiete gegenüber einer Minderung nach dem in Rn 2 dargestellten sozialen Regelungszweck des gesamten § 41 ebenfalls mit dem Jahresbetrag der Differenz bewerten. Nur bei einer kürzeren restlichen Vertragsdauer läßt V 2 auch hier einen entsprechend niedrigeren Betrag maßgebend sein. § 287 ZPO erlaubt notfalls eine Schätzung.

Unanwendbar ist V 1 Hs 2 bei einem Einzelanspruch wegen eines Konkurrenzverbots bei einer Geschäftsraummiete, BGH NJW 06, 3061.

10) Modernisierung oder Erhaltung, V 1 Hs 3, V 2. Der Anspruch des Vermieters auf die Bildung einer Durchführung von Modernisierungs- oder Erhaltungsmaßnahmen bemißt sich (jetzt) nach V 1 Hs 3 grundsätzlich ebenso wie der Mieterhöhungsanspruch Rn 35, 36 und der Mangelbeseitigungsanspruch Rn 37 nach dem Jahresbetrag einer möglichen Mieterhöhung und in Ermangelung dessen nach einer sonst möglichen Mietminderung, so schon (je zum alten Recht) LG Hbg DWW **93**, 264, LG Köln WoM **01**, 345. Das alles gilt auch bei einem zugehörigen selbständigen Beweisverfahren. Auch hier bleibt bei einer kürzeren restlichen Vertragsdauer nach V 2 ein entsprechend niedrigerer Betrag maßgebend. Auch hier erlaubt § 287 ZPO notfalls eine Schätzung. 38

Wiederkehrende Leistungen

42 *Fassung 1. 9. 2009:* ^I ¹**Wird wegen der Tötung eines Menschen oder wegen der Verletzung des Körpers oder der Gesundheit eines Menschen Schadensersatz durch Entrichtung einer Geldrente verlangt, ist der fünffache Betrag des einjährigen Bezugs maßgebend, wenn nicht der Gesamtbetrag der geforderten Leistungen geringer ist. ²Dies gilt nicht bei Ansprüchen aus einem Vertrag, der auf Leistung einer solchen Rente gerichtet ist.**

^{II} ¹**Bei Ansprüchen auf wiederkehrende Leistungen aus einem öffentlich-rechtlichen Dienst- oder Amtsverhältnis, einer Dienstpflicht oder einer Tätigkeit, die anstelle einer gesetzlichen Dienstpflicht geleistet werden kann, bei Ansprüchen von Arbeitnehmern auf wiederkehrende Leistungen sowie in Verfahren vor Gerichten der Sozialgerichtsbarkeit, in denen Ansprüche auf wiederkehrende Leistungen dem Grunde oder der Höhe nach geltend gemacht oder abgewehrt werden, ist der dreifache Jahresbetrag der wiederkehrenden Leistungen maßgebend, wenn nicht der Gesamtbetrag der geforderten Leistungen geringer ist. ²Ist im Verfahren vor den Gerichten der Verwaltungs- und Sozialgerichtsbarkeit die Höhe des Jahresbetrags nicht nach dem Antrag des Klägers bestimmt oder nach diesem Antrag mit vertretbarem Aufwand bestimmbar, ist der Streitwert nach § 52 Abs. 1 und 2 zu bestimmen.**

^{III} ¹**Für die Wertberechnung bei Rechtsstreitigkeiten vor den Gerichten für Arbeitssachen über das Bestehen, das Nichtbestehen oder die Kündigung eines Arbeitsverhältnisses ist höchstens der Betrag des für die Dauer eines Vierteljahres zu leistenden Arbeitsentgelts maßgebend; eine Abfindung wird nicht hinzugerechnet. ²Bei Rechtsstreitigkeiten über Eingruppierungen ist der Wert des dreijährigen Unterschiedsbetrags zur begehrten Vergütung maßgebend, sofern nicht der Gesamtbetrag der geforderten Leistungen geringer ist.**

^{IV} ¹**Die bei Einreichung der Klage fälligen Beträge werden dem Streitwert hinzugerechnet; dies gilt nicht in Rechtsstreitigkeiten vor den Gerichten für Arbeitssachen. ²Der Einreichung der Klage steht die Einreichung eines Antrags auf Bewilligung der Prozesskostenhilfe gleich, wenn die Klage alsbald nach Mitteilung der Entscheidung über den Antrag oder über eine alsbald eingelegte Beschwerde eingereicht wird.**

Vorbem. I 2 idF Art 3 IV G v 21. 12. 07, BGBl 3189, in Kraft seit 1. 1. 08, Art 4 Hs 1 G, Übergangsrecht § 71 GKG. Sodann I aufgehoben, daher frühere II–V zu I–IV, neuer IV 3 aufgehoben dch Art 47 I Z 7 a–c FGG-RG v 17. 12. 08, BGBl 2586, in Kraft seit 1. 9. 09, Art 112 I Hs 1 FGG-RG, Übergangsrecht Art 111 FGG-RG, Grdz 2 vor § 1 FamGKG, Teil 1 B dieses Buches.

Bisherige Fassung: ^I ¹**Bei Ansprüchen auf Erfüllung einer gesetzlichen Unterhaltspflicht ist der für die ersten zwölf Monate nach Einreichung der Klage oder des**

GKG § 42

I. A. Gerichtskostengesetz

Antrags geforderte Betrag maßgeblich, höchstens jedoch der Gesamtbetrag der geforderten Leistung. ²Bei Unterhaltsansprüchen nach den §§ 1612a bis 1612c des Bürgerlichen Gesetzbuchs ist dem Wert nach Satz 1 der Monatsbetrag des zum Zeitpunkt der Einreichung der Klage oder des Antrags geltenden Mindestunterhalts nach der zu diesem Zeitpunkt maßgebenden Altersstufe zugrunde zu legen.

II ¹Wird wegen der Tötung eines Menschen oder wegen der Verletzung des Körpers oder der Gesundheit eines Menschen Schadensersatz durch Entrichtung einer Geldrente verlangt, ist der fünffache Betrag des einjährigen Bezugs maßgebend, wenn nicht der Gesamtbetrag der geforderten Leistungen geringer ist. ²Dies gilt nicht bei Ansprüchen aus einem Vertrag, der auf Leistung einer solchen Rente gerichtet ist.

III ¹Bei Ansprüchen auf wiederkehrende Leistungen aus einem öffentlich-rechtlichen Dienst- oder Amtsverhältnis, einer Dienstpflicht oder einer Tätigkeit, die anstelle einer gesetzlichen Dienstpflicht geleistet werden kann, bei Ansprüchen von Arbeitnehmern auf wiederkehrende Leistungen sowie in Verfahren vor Gerichten der Sozialgerichtsbarkeit, in denen Ansprüche auf wiederkehrende Leistungen dem Grunde oder der Höhe nach geltend gemacht oder abgewehrt werden, ist der dreifache Jahresbetrag der wiederkehrenden Leistungen maßgebend, wenn nicht der Gesamtbetrag der geforderten Leistungen geringer ist. ²Ist im Verfahren vor den Gerichten der Verwaltungs- und Sozialgerichtsbarkeit die Höhe des Jahresbetrags nicht nach dem Antrag des Klägers bestimmt oder nach diesem Antrag mit vertretbarem Aufwand bestimmbar, ist der Streitwert nach § 52 Abs. 1 und 2 zu bestimmen.

IV ¹Für die Wertberechnung bei Rechtsstreitigkeiten vor den Gerichten für Arbeitssachen über das Bestehen, das Nichtbestehen oder die Kündigung eines Arbeitsverhältnisses ist höchstens der Betrag des für die Dauer eines Vierteljahres zu leistenden Arbeitsentgelts maßgebend; eine Abfindung wird nicht hinzugerechnet. ²Bei Rechtsstreitigkeiten über Eingruppierungen ist der Wert des dreijährigen Unterschiedsbetrags zur begehrten Vergütung maßgebend, sofern nicht der Gesamtbetrag der geforderten Leistungen geringer ist.

V ¹Die bei Einreichung der Klage fälligen Beträge werden dem Streitwert hinzugerechnet; dies gilt nicht in Rechtsstreitigkeiten vor den Gerichten für Arbeitssachen. ²Der Einreichung der Klage steht die Einreichung eines Antrags auf Bewilligung der Prozesskostenhilfe gleich, wenn die Klage alsbald nach Mitteilung der Entscheidung über den Antrag oder über eine alsbald eingelegte Beschwerde eingereicht wird. ³Die Sätze 1 und 2 sind im vereinfachten Verfahren zur Festsetzung von Unterhalt Minderjähriger entsprechend anzuwenden.

Gliederung

1) Systematik, I–IV 1
2) Regelungszweck, I–IV 2
3) Geltungsbereich, I–IV 3
4) Rentenanspruch usw, I 4–23
   A. Anwendungsbereich 4
   B. Beispiele zur Frage einer Anwendbarkeit, I 5–22
   C. Berechnung im einzelnen 23
5) **Anspruch auf wiederkehrende Leistung, II** 24–28
   A. Anwendungsbereich, II 1 24
   B. Beispiele zur Frage einer Anwendbarkeit, II 1 25–27
   C. Bewertung, II 1, 2 28
6) **Einzelfragen, I, II** 29–31
   A. Abänderungsklage 29
   B. Nachforderungsklage 30
   C. Umwandlung 31
7) **Arbeitsrechtlicher Streit, III** 32–57
   A. Wertfestsetzung, III 1, 2 .... 33, 34
   B. Bestand des Arbeitsverhältnisses, Kündigung, III 1 35–38
   C. Eingruppierung, III 2 39
   D. Beispiele zur Frage einer Anwendbarkeit, III 1, 2 40–57
8) **Rückstand, IV** 58–62
   A. Grundsatz: Hinzurechnung 58
   B. Zeitpunkt: Einreichung 59
   C. Beispiele zur Frage einer Anwendbarkeit, IV 60, 61

Abschnitt 7. Wertvorschriften **§ 42 GKG**

1) Systematik, I–IV. Diese Spezialvorschrift hat den Vorrang gegenüber § 9 ZPO, der für die Zuständigkeit und die Rechtsmittelbeschlüsse gilt. § 42 gibt in I–III Regeln für die Bewertung nur der dort genannten Ansprüche, Köln JB **92**, 698. Das gilt für den Zeitraum ab dem Beginn des Monats der Klageinreichung, also nicht erst ab der Klagezustellung und damit nicht erst ab der Rechtshängigkeit, Ffm FamRZ **89**, 297, Schlesw SchlHA **88**, 145. III ist als eine Ausnahme eng auslegbar, Meyer JB **04**, 286. IV erfaßt in einer Abweichung von dem nachrangigen § 40 mit einer zusätzlichen Bewertungsvorschrift den Zeitraum vor der Einreichung der Klage, (jetzt) IV 1, Schlesw SchlHA **88**, 145, oder vor der Einreichung eines Prozeßkostenhilfegesuchs, IV 2. Bei einem Arrest, einer einstweiligen Anordnung oder Verfügung hat § 53 den Vorrang. Im zugehörigen Hauptprozeß gilt der volle Wert nach § 42 und nicht nur der das Eilverfahren übersteigende Betrag, Karlsr RR **99**, 583. Im Berufungsverfahren gilt § 47 II zumindest entsprechend, BGH FamRZ **03**, 1274. § 62 S 1 geht nicht vor.

2) Regelungszweck, I–IV. Die Vorschrift dient sozialen Zwecken, also einer Wertbegrenzung, Brdb MDR **03**, 335, LAG Köln NZA-RR **09**, 504, OVG Münst FamRZ **02**, 35, OVG Saarlouis JB **00**, 421. Die Vorschrift soll eine zu geringe Bewertung der von ihr erfaßten Vorgänge verhindern. Das muß man bei der Auslegung mitbeachten.

3) Geltungsbereich, I–IV. § 42 gilt auch bei der Anerkennung eines ausländischen Urteils, Drsd FamRZ **06**, 564, und auch im arbeitsgerichtlichen Verfahren, IV, ferner im finanz-, verwaltungs- und sozialgerichtlichen Verfahren, § 1 Z 2–5. Freilich gehört eine Sozialhilfe zu (jetzt) § 52 III, OVG Bre JB **02**, 80.

4) Rentenanspruch usw, I. Ein Grundsatz zeigt vielfältige Auswirkungen.
A. Anwendungsbereich. I 1 erwähnt allgemein den Schadensersatz wegen der Tötung eines Menschen oder der Verletzung seines Körpers oder seiner Gesundheit. I 2 grenzt aber einen Vertragsanspruch aus. Dann gelten §§ 3, 9 ZPO.

B. Beispiele zur Frage einer Anwendbarkeit, I
Anspruchsübergang: Rn 21 „Übergang kraft Gesetzes oder Vertrags".
Anwalt: Rn 21 „Ausdehnende Auslegung".
Aufopferungsschaden: I ist anwendbar, soweit es um einen Anspruch auf Grund eines Aufopferungsschadens geht, etwa wegen eines Impfschadens.
Ausdehnende Auslegung: I ist als eine Ausnahmevorschrift grds *nicht* ausdehnend auslegbar, BGH NJW **91**, 1045, Köln VersR **89**, 378. Daher gilt I zB nicht: Für einen Schadensersatzanspruch gegen einen solchen Anwalt, der einen Rentenverlust verschuldet hat, BGH VersR **79**, 86 (dann ist § 9 ZPO maßgeblich); für einen Versorgungsanspruch eines Hinterbliebenen eines Organmitglieds einer Gesellschaft.
S aber auch Rn 26 „Entsprechende Anwendung".
Auszubildender: Rn 26 „Entsprechende Anwendung".
Beförderungsvertrag: Rn 39 „Vertragsverletzung".
Behandlungsvertrag: Rn 39 „Vertragsverletzung".
Berufsunfähigkeit: Rn 26 „Entsprechende Anwendung".
Deckungsanspruch: Wegen I 2 ist I 1 *unanwendbar*, soweit es um den Deckungsanspruch des Versicherungsnehmers gegenüber seiner Haftpflichtversicherung geht. Dann sind §§ 3, 9 ZPO maßgeblich, BGH NJW **82**, 1399, Ffm VersR **81**, 445, Köln VersR **89**, 378, aM Schlesw VersR **76**, 333 (Begrenzung nur dann, wenn sie ausschließlich einem Rückgriffsanspruch vorbeugen soll).
Direktklage: Der Wert bleibt bei einer Direktklage des Sozialversicherers unverändert, Rn 76 ff.
Dritter: I ist anwendbar, soweit es um den Anspruch eines Dritten wegen des Wegfalls der Dienste nach § 845 BGB geht.
Entschädigungsrecht: I ist anwendbar, soweit es um einen Anspruch auf wiederkehrende Leistungen nach § 225 III BEG geht, wenn die Dauer der Rente ungewiß ist.
Entsprechende Anwendung: I ist ausnahmsweise entsprechend anwendbar, soweit es um einen solchen Anspruch geht, auf den §§ 843 ff BGB anwendbar sind. Das

gilt etwa auf Grund der Versäumung einer dem Dienstherrn obliegenden Schutzvorrichtung nach § 618 III BGB oder auf Grund der Verletzung der Pflichten des Unternehmers gegenüber dem Handlungsgehilfen oder Auszubildenden nach §§ 62 III, 76 I HGB.
S aber auch Rn 22 „Ausdehnende Auslegung".
Erhöhung der Rente: Rn 32 „Körperverletzung, Tötung".
12 **Garantievertrag:** Rn 33 „Rentenvertrag".
13 **Gefährdungshaftung:** I ist anwendbar, soweit es um einen Anspruch aus einer Gefährdungshaftung geht, etwa nach §§ 10 ff StVG oder nach §§ 21 ff Luft-VG.
Gesellschaft: Rn 21 „Ausdehnende Auslegung", Rn 43.
14 **Haftpflichtversicherung:** Rn 23 „Deckungsanspruch".
Handlungsgehilfe: Rn 26 „Entsprechende Anwendung".
15 **Impfschaden:** Rn 21 „Aufopferungsschaden".
16 **Kapitalabfindung:** I ist anwendbar, soweit an die Stelle eines Rentenanspruchs eine Kapitalabfindung tritt, Düss VersR **77**, 868.
Wenn allerdings der Rentenanspruch nach I *höher* ist als der sich nach II sonst ergebende Anspruch, gilt der höhere Betrag.
17 **Körperverletzung, Tötung:** I ist anwendbar, soweit es um einen Rentenanspruch auf Grund einer Körperverletzung oder Tötung nach §§ 843, 844, 845 BGB oder nach § 225 III BEG oder nach anderen Gesetzen geht, einschließlich des Anspruchs auf eine Erhöhung der Unterhaltsrente wegen einer Vermehrung der Bedürfnisse des Gläubigers, KG JB **75**, 508.
S auch Rn 24 „Dritter".
18 **Rentenvertrag:** I 1 ist wegen des ausdrücklichen Ausschlusses in I 2 *unanwendbar,* soweit es um einen solchen Vertrag geht, der gerade auf die Leistung einer Rente gerichtet ist (von einer Vertragsverletzung nach Rn 22 zu unterscheiden), also zB um: Einen Garantievertrag; einen Versicherungsvertrag; einen Rentenvertrag. Das letztere gilt auch beim zugehörigen Anwaltsverschulden, Rn 6 „Ausdehnende Anwendung".
S auch Rn 8 „Deckungsanspruch".
19 **Schmerzensgeld:** I ist anwendbar, soweit es um ein verrentetes Schmerzensgeld geht.
20 **Schutzvorrichtung:** Rn 11 „Entsprechende Anwendung".
21 **Übergang kraft Gesetzes oder Vertrags:** Der Wert bleibt unverändert, zB bei § 116 SGB X, § 87 a BBG, § 81 a BVerfGG.
Ungewolltes Kind: Wegen des Ersatzes von Unterhalt für ein ungewolltes Kind § 48 Anh I: § 9 ZPO Rn 2.
22 **Vergleich:** Rn 23.
Verkehrsrechtsverstoß: Rn 13 „Gefährdungshaftung".
Versicherungsvertrag: Rn 8 „Deckungsanspruch", Rn 18 „Rentenvertrag".
Vertragsverletzung: II ist anwendbar, soweit es um einen Rentenanspruch auf Grund einer Vertragsverletzung geht, etwa aus einem Beförderungsvertrag, BGH VersR **79**, 86, oder aus einem Behandlungsvertrag, oder aus einem Ausbildungs- oder Dienstvertrag, Rn 11 „Entsprechende Anwendung".
S auch Rn 16 „Kapitalabfindung", Rn 18 „Rentenvertrag".

23 **C. Berechnung im einzelnen.** *I 1* läßt den fünfjährigen Betrag des Rentenanspruchs maßgeblich sein. Es ist der fünffache Bezug der höchsten Jahresrente maßgeblich, also nicht die kapitalisierte Entschädigung, BGH VersR **76**, 988. Eine Anrechnung eines vorprozessual erhaltenen Teilbetrags ist beachtlich, soweit der Rest unter den Fünfjahresbetrag sinkt, Kblz VersR **87**, 289. Bei einer Forderung für mindestens 2 Jahre setzt Ffm AnwBl **82**, 436 fälschlich nur die restlichen 3 Jahre des 5-Jahres-Zeitraums an. Wegen einer Feststellungsklage § 48 Anh I: § 3 ZPO „Feststellungsklage". Eine Abfindung ist maßgebend, wenn sie einen Fünfjahresbetrag übersteigt. Hinzutretende Vergleichsleistungen erhöhen seinen Wert, Düss JB **92**, 51, Schlesw JB **91**, 584.
I 2 macht I 1 unanwendbar, soweit es um einen Anspruch aus einem oder auf Grund eines Vertrags geht, der auf die Leistung einer Rente nach I 1 gerichtet ist. In diesem Fall gilt § 9 ZPO.

5) Anspruch auf wiederkehrende Leistung, II. Man sollte zwei Aspekte unterscheiden. 24

A. Anwendungsbereich, II 1. Es muß sich um einen solchen Anspruch handeln, der eine dauernd gleichartige wiederkehrende Leistung in einer abhängigen Stellung betrifft und nicht vor den Arbeitsgerichten abläuft, Köln JB **95**, 255 (dann [jetzt] III), AG Kblz JB **06**, 250. Hierher gehören alle wiederkehrenden Leistungen aus den in II genannten Rechtsverhältnissen. Dabei ist eine weite Auslegung notwendig, § 52 Anh I Rn 10 „Beamtenrechtliche Angelegenheit", BGH JB **05**, 543 (Hauptgeschäftsführer einer Handwerkskammer), Hamm AnwBl **76**, 166 (angestellter Arzt), Meyer 23, am BVerwG NVwZ-RR **00**, 188.

B. Beispiele zur Frage einer Anwendbarkeit, II 1 25

Arbeitsverhältnis: Wegen der Bewertung einer Klage zum Bestehen oder Nichtbestehen eines Arbeitsverhältnisses einschließlich der Eingruppierungsstreitigkeit vgl III. Die Vorschrift gilt allerdings nur in arbeitsgerichtlichen Verfahren, Köln RR **95**, 318.
Aufwandsentschädigung: Anwendbar ist II 1 auf sie.
Beihilfe: *Unanwendbar* ist II 1 auf sie.
Betriebsvereinbarung: Anwendbar ist II 1 auch auf den Anspruch aus einer solchen Absprache, LAG Hamm NZA-RR **06**, 596.
Freiberufler: *Unanwendbar* ist II 1 auf den Anspruch eines Freiberuflers.
S auch „Handelsvertreter".
Gehalt: Anwendbar ist II 1 beim Gehalt, evtl auch eines Gesellschafters, Kblz JB **76**, 647.
Gewinnbeteiligung: *Unanwendbar* ist II 1 auf eine solche Leistung.
Handelsgesellschaft: Rn 26 „Juristische Person".
Handelsvertreter: *Unanwendbar* ist II 1 auf den Anspruch eines Handelsvertreters, Nürnb NZA-RR **01**, 53.
Hinterbliebenenanspruch: Anwendbar ist II 1 bei einem solchen Anspruch.
Juristische Person: Anwendbar ist II 1 auf den Anspruch eines Organmitglieds 26 einer juristischen Person oder eines Vorstandsmitglieds einer Handelsgesellschaft. Denn es handelt sich auch dann um eine wirtschaftlich abhängige Tätigkeit, der regelmäßig wiederkehrende Leistungen in Gestalt von Gehalts- und Versorgungsansprüchen gegenüberstehen, BGH NJW **81**, 2466, Bbg JB **75**, 65, aM BGH BB **80**, 1271 (wegen eines Insolvenz-Sicherungsanspruchs), Kblz Rpfleger **80**, 68, Schlesw SchlHA **80**, 151.
Lohn: Anwendbar ist II 1 beim Lohn.
Naturalleistung: Anwendbar ist II 1 bei einer Naturalleistung. 27
Organmitglied: Rn 26 „Juristische Person".
Pension: Anwendbar ist II 1 bei einer Pension.
Rente: Anwendbar ist II 1 auf einen Rentenanspruch gegen ein berufsständisches Versorgungswerk, OVG Münst JB **97**, 197, OVG Saarlouis AnwBl **99**, 182, evtl auch auf den Rentenanspruch eines Gesellschafters, Kblz JB **76**, 647.
Selbständiger: *Unanwendbar* ist II 1 auf den Anspruch eines Selbständigen.
S auch Rn 25 „Handelsvertreter".
Sozialhilfe: *Unanwendbar* ist II 1 auf sie, OVG Bre JB **02**, 80.
Sozialversicherung: Anwendbar ist II 1 auf einen Schadensersatzanspruch auf Grund der schuldhaften Nichtabführung von Beiträgen zur Sozialversicherung gegen den Arbeitgeber.
Urlaubsgeld: *Unanwendbar* ist II 1 evtl auf eine solche Leistung. Maßgeblich ist dabei, ob ein wirklicher Anspruch vorliegt.
Vorstand: Rn 26 „Juristische Person".
Weihnachtsgeld: *Unanwendbar* ist II 1 auf einen solchen Anspruch.

C. Bewertung II 1, 2. Bei einer Klage der in II 1 genannten Art ist der dreifache 28 Jahresbetrag dann maßgebend, OVG Münst AnwBl **83**, 281, wenn nicht der Gesamtbetrag geringer ist, LAG Köln NZA-RR **04**, 434. Im letzteren Fall gilt der geringere Betrag. Wenn die Partner einen Arbeitsvertrag auf unbestimmte Zeit mit dem Kündigungsrecht eines Vertragspartners abgeschlossen hatten, muß man mindestens vom Zeitraum bis zum nächstmöglichen Vertragsende ausgehen, Köln RR **95**, 318, LAG Stgt AnwBl **88**, 181.

GKG § 42 I. A. Gerichtskostengesetz

Unter Umständen muß man einen *längeren Zeitraum* zugrunde legen. Das gilt etwa bei einem Arbeitsvertrag zwischen Ehegatten. Es ist unerheblich, ob der Vertrag eine Kündigungsmöglichkeit aus wichtigem Grund vorsieht. Bei *II 2* ist § 52 I anwendbar.

29 **6) Einzelfragen, I, II.** Man muß drei Fallgruppen unterscheiden.
A. Abänderungsklage. Die Abänderungsklage nach §§ 323–323 b ZPO hat zum Streitwert den Unterschied zwischen dem bisherigen und den neu begehrten Jahresbetrag, Brdb JB **96**, 598. Nach einer Berufungsrücknahme kann eine unselbständige Anschlußberufung nach § 323 ZPO maßgeblich sein, Karlsr FamRZ **99**, 1289.

30 **B. Nachforderungsklage.** Die Nachforderungsklage nach § 324 ZPO läßt sich nach I bewerten.

31 **C. Umwandlung.** Die Umwandlung einer gesetzlichen Rente in eine vertragliche ändert nichts an der Anwendbarkeit des § 42.

32 **7) Arbeitsrechtlicher Streit, III.** Vor dem ordentlichen Gericht gilt II, (zum alten Recht) BGH NJW **86**, 1178, BAG MDR **03**, 532, Köln RR **94**, 318. Nach einer Verweisung an das ordentliche Gericht gilt meist § 3 ZPO, Mümmler JB **79**, 173.

33 **A. Wertfestsetzung, III 1, 2,** dazu *Hecker* AnwBl **84**, 116 (ausf); *Meier*, Streitwerte im Arbeitsrecht, 3. Aufl 2009: Das ArbG setzt den Streitwert im Urteil fest, § 61 I ArbGG. Das geschieht im Tenor oder in den Entscheidungsgründen, LAG Kiel AnwBl **88**, 294, Wenzel DB **81**, 166. Diese Festsetzung hat eine Bedeutung für die Rechtsmittelfähigkeit, BAG AnwBl **84**, 146, LAG Hbg AnwBl **89**, 167, LAG Hamm MDR **84**, 259. § 61 I ArbGG ist eine Zusatzvorschrift zu (jetzt) § 63, LAG Hamm MDR **84**, 259, Wenzel DB **81**, 163, aM Strobel DB **81**, 2382 (aber § 1 ist die allgemeine Grundlage für Gerichtskosten). Ein Wertfestsetzungsantrag ist während der Instanz jederzeit zulässig, LAG Hamm DB **82**, 1470.
Dasselbe gilt in der *Berufungsinstanz* für § 69 II ArbGG, Wenzel DB **81**, 165.
Die Wertfestsetzung ist als eine Entscheidung auch nach § 25 ArbGG kostenrechtlich beachtlich.
Sie ist auch *bindend,* soweit nicht (jetzt) § 63 Abänderungen usw zuläßt, Wenzel DB **81**, 165, aM Strobel DB **81**, 2382 (aber die Bindungswirkung ist ein Hauptzweck der Festsetzung). (Jetzt) § 63 ist also für die weitere Behandlung der im Urteil erfolgten Wertfestsetzung voll anwendbar, (jetzt) § 1 Z 5 GKG, LAG Hamm MDR **84**, 259, LAG Mainz DB **92**, 2512, Wenzel DB **81**, 166, aM LAG Hbg AnwBl **89**, 167, LAG Kiel AnwBl **88**, 294, LAG Mü AnwBl **84**, 147 (aber der Wortlaut und der Sinn von § 68 III GKG sind eindeutig, BLAH Einl III 39).

34 Das *Berufungsgericht* kann für seinen Rechtszug einen eigenen Kostenstreitwert festsetzen, LAG Mü AnwBl **85**, 96.

35 **B. Bestand des Arbeitsverhältnisses, Kündigung, III 1.** Der Rechtsstreit mag um das Bestehen oder Nichtbestehen des Arbeitsverhältnisses oder um seine Kündigung gehen. Soweit er sich auf solche Fragen beschränkt, gilt der Wert unabhängig von der bisherigen Dauer des Arbeitsverhältnisses, LAG Mü MDR **86**, 698, LAG Stgt AnwBl **93**, 41, aM LAG Bln MDR **01**, 838, LAG Mainz MDR **09**, 454 und NZA-RR **09**, 219 (Dauer im Kündigungszeitpunkt). Der Wert gilt höchstens je Kündigung. Er gilt so bei verschiedenen Rechtssubjekten, selbst bei einem zeitlichen Zusammenhang, LAG Mainz NZA-RR **09**, 220. Ein Vertrag mit dem Hauptgeschäftsführer einer Handwerkskammer zählt zu II, nicht zu III, BGH JB **05**, 543.
Der Wert beträgt den *Vierteljahresbetrag* des Arbeitsentgelts, LAG Erfurt MDR **01**, 538, LAG Hbg BB **95**, 318, LAG Saarbr AnwBl **81**, 789, aM LAG Hamm DB **81**, 986. Das gilt zB bei einer Kündigungsschutzklage, LAG Bln DB **00**, 484, LAG Hbg AnwBl **91**, 165, LAG Hann AnwBl **94**, 152.

36 Der Wert des Vierteljahresbetrags ist bereits der *Höchstbetrag.* Innerhalb dieser Grenze muß das Gericht den wahren Streitwert schätzen, LAG Mainz NZA-RR **05**, 131. Das geschieht nach § 3 ZPO, (jetzt) § 48 GKG Anh I, BAG BB **85**, 1472, LAG Ffm MDR **99**, 427 und 945, LAG Hamm MDR **02**, 1015, aM LAG Mü AnwBl **86**, 706, Popp DB **90**, 482 (aber es ist stets eine Einzelfallabwägung nötig). Natürlich kann zB ein noch nicht fälliges Gehalt hinzutreten, LAG Mainz MDR **09**, 454.

37 Dabei ist wegen (jetzt) § 1 Z 5, §§ 41, 42 II 2 der *streitige Zeitraum seit dem streitigen Ereignis* maßgebend, LAG Köln MDR **99**, 1449. Deshalb kommt ein Streitwert mit

Abschnitt 7. Wertvorschriften § 42 GKG

einem geringeren Betrag als dem Vierteljahresbetrag des Arbeitsentgelts dann infrage, wenn sich das Interesse des Klägers auf einen kürzeren Zeitraum beschränkt, LAG Bln AnwBl **81**, 154, LAG Düss AnwBl **82**, 316, LAG Köln AnwBl **82**, 393, aM LAG Ffm BB **82**, 53, LAG Hann AnwBl **82**, 315 (Obergrenze nur dann wesentlich unterschreiten, wenn ungewöhnliche Umstände vorliegen. Aber eine Obergrenze ist bereits ein Randfall). Eine Abfindung ist nicht hinzurechenbar, III 1 Hs 2. Das übersehen LAG Köln NZA-RR **08**, 382, Fischer NZA **04**, 1187.
Stets muß das Gericht eine Wertfestsetzung unterhalb des Vierteljahresbetrags des Entgelts *begründen*.   38

C. Eingruppierung, III 2. In einem Rechtsstreit über sie ist der Unterschiedsbetrag zwischen der gewährten und der begehrten Vergütung für die Dauer von 3 Jahren maßgeblich, sofern nicht der Gesamtbetrag der geforderten Leistung geringer ist, (jetzt) III 2, BAG DB **96**, 2552, LAG Hamm AnwBl **97**, 292, LAG Köln NZA-RR **05**, 488 (auch bei einer bloßen Feststellung). Das gilt auch dann, wenn mehr als 3 Jahre umstritten sind, LAG Bln MDR **88**, 346, LAG Hamm MDR **87**, 169, aM LAG Hamm AuR **79**, 92, LAG Stgt AnwBl **85**, 101 (sie kürzen beim Eingruppierungsstreit dann um 20%).   39

D. Beispiele zur Frage einer Anwendbarkeit, III 1, 2   40
Abfindung: Wegen einer Abfindung LAG Düss MDR **01**, 598 (3 Monatsgehälter) und einer solchen nach einem Sozialplan LAG Ffm BB **77**, 1549, LAG Hbg AnwBl **84**, 315. Wegen einer Hinzurechnung Rn 37.
S auch Rn 41 „Arbeitsentgelt", Rn 55 „Vergleich".
Abmahnung: Ihr Wert kann ein Drittel des Werts eines fiktiven Kündigungsprozesses ausmachen, LAG Kiel BB **95**, 1596. Der Wert des Anspruchs auf die Entfernung einer Abmahnung aus der Personalakte läßt sich mit einem bis zwei Monatseinkommen ansetzen, BAG NZA **07**, 831, LAG Hamm NZA-RR **07**, 440. Man kann ihn aber bei einer Häufung von Abmahnungen auch ganz erheblich höher ansetzen, LAG Ffm MDR **00**, 1278, aM LAG Kiel MDR **07**, 987. Mehrere Abmahnungen bilden nach Einzelbewertungen einen Gesamtwert, LAG Bln MDR **03**, 1021 (noch zu [jetzt] § 23 RVG).
Änderungskündigung: Zur Situation bei § 2 KSchG BAG JB **00**, 309 (grds 3-Monats-Differenz; auch zum Vergleich usw), LAG Ffm MDR **99**, 945, LAG Stgt NZA-RR **10**, 47, aM LAG Halle AnwBl **01**, 634, LAG Nürnb JB **06**, 146 (je: [jetzt] IV 1), LAG Bln MDR **99**, 170 (2 Monatsbeträge), LAG Bre AnwBl **99**, 485, LAG Mainz DB **91**, 764, LAG Köln MDR **99**, 1448, aM LAG Köln AnwBl **01**, 636 (je: [jetzt] IV 2 direkt oder entsprechend), Meyer JB **04**, 286 (III), LAG Mainz NZA-RR **07**, 604 (Unterschied von vorbehaltloser und vorbehaltlicher Annahme).
Annahmeverzug: Ihre Feststellung läßt sich mit einem Monatslohn bewerten, LAG Hbg MDR **03**, 178.
Arbeitnehmererfindung: Bei der Klage auf eine angemessene Vergütung für eine Arbeitnehmererfindung muß man den sozialen Zweck des § 38 ArbNEG mitbeachten, Düss GRUR **84**, 653.
Arbeitsbescheinigung: S „Arbeitspapiere".   41
Arbeitsentgelt: Hierzu zählen zB bei einem Chefarzt alle vertraglich erlaubten Nebentätigkeiten, LAG Hamm AnwBl **76**, 167. Ein 13. Gehalt ist anteilig hinzunehmbar, LAG Ffm MDR **00**, 165. Man darf eine Abfindung allerdings nicht hinzurechnen, LG Saarbr AnwBl **77**, 253, ebensowenig ein anteiliges Weihnachts- oder Urlaubsgeld, LAG Ffm MDR **00**, 165, LAG Köln DB **82**, 1226, überhaupt nicht eine Gratifikation, LAG Köln BB **95**, 317. Freilich gilt dann, wenn ein sonstiger Leistungsanspruch hinzutritt, nur der höhere Betrag, LAG Saarbr AnwBl **77**, 252, aM LAG Köln JB **96**, 195, LAG Nürnb JB **92**, 738 (Kündigungsschutzklage und Weiterbeschäftigungsanspruch gesondert bewerten). Beim Streit um Tarifrecht ist ein 3-Monatsbetrag angemessen. LAG Kiel JB **09**, 536 links oben.
Man muß den Antrag auf eine Lohnzahlung, die in die Zeit *vor* oder *nach* der Kündigung fällt, besonders berücksichtigen, LAG Bln AnwBl **85**, 98, aM LAG Bre AnwBl **83**, 38 (für die ersten 3 Monate der Kündigungsfrist), Schumann BB **83**, 505. Je Lohnabrechnung können 300 EUR angemessen sein, LAG Mainz JB **08**, 253.
Arbeitslosigkeit: Rn 50 „Psychische Lage".

GKG § 42

I. A. Gerichtskostengesetz

Arbeitspapiere: Für die Ausfüllung und Herausgabe sind je Papier (jetzt ca) 250 EUR ansetzbar, LAG Drsd MDR **01**, 960, LAG Köln MDR **00**, 670, AG Köln DB **00**, 432.
S auch Rn 57 „Zeugnis".
Arbeitsvertrag: Rn 55 „Vertragsart".
Arbeitszeit: Der Streit über ihre Herabsetzung läßt sich mit zwei Monatsgehältern bewerten, LAG Bln JB **01**, 252, höchstens mit dreien, LAG Ffm MDR **02**, 891, großzügiger LAG Stgt JB **08**, 250 (höchstens immerhin 20 000 EUR). Den Streit um ihre Verlängerung muß man nach § 3 ZPO ähnlich wie im Änderungsschutzverfahren bewerten, LAG Bln MDR **04**, 967.

42 **Aufhebungsvertrag:** Der 3-Monats-Betrag gilt auch für einen die Kündigung des Arbeitgebers vermeidenden Aufhebungsvertrag, BAG DB **00**, 2436.
Auflösungsantrag: Der 3-Monats-Betrag gilt auch dann, wenn eine Partei einen Auflösungsantrag nach § 7 KSchG stellt, LAG Saarbr JB **75**, 800, aM LAG Bln DB **00**, 484 (zusätzlich ein Monatsbetrag), LAG Hamm DB **89**, 2032 (66,6% des Werts des Feststellungsantrags der Kündigungsschutzklage). Der Auflösungsantrag nach § 9 KSchG hat keinen besonderen Wert, LAG Chemnitz JB **06**, 33, LAG Nürnb NZA-RR **06**, 44.
Aufrechnung: Rn 50 „Rückstand".
Aushilfsentschädigung: Rn 57 „Zustimmungsersetzung".
Außerordentliche Kündigung: Bei derjenigen eines Betriebsratsmitglieds gilt der 3-Monats-Betrag, Rn 43 „Betriebsratsmitglied".
S auch Rn 54 „Unwirksamkeit der Kündigung".
Auszubildender: (Jetzt) IV gilt auch im Ausbildungsverhältnis entsprechend, BAG BB **84**, 1943, LAG Ffm AnwBl **85**, 100, ArbG Siegen AnwBl **84**, 156.
Bedingung: Sie ist natürlich mitbeachtbar, LAG Köln JB **08**, 424.

43 **Beschäftigungsanspruch:** Er läßt sich mit einem 2-Monats-Betrag bewerten, LAG Düss AnwBl **87**, 554, LAG Hamm MDR **87**, 85, aM LAG Hbg MDR **03**, 178, LAG Kiel JB **07**, 257 links unten (je: ein Monatslohn), LAG Mainz AnwBl **83**, 36 (Hälfte des Werts des Kündigungsschutzantrags).
S auch Rn 56 „Weiterbeschäftigung".
Beschäftigungsverbot: Ein nachvertragliches läßt sich mit einem Jahreseinkommen und im Eilverfahren weniger bewerten, LG Köln NZA-RR **05**, 547.
Betriebskredit: LAG Bre AnwBl **85**, 100.
Betriebsratsmitglied: Bei seiner außerordentlichen Kündigung gilt der 3-Monats-Betrag, LAG Bre DB **85**, 396, LAG Mainz NZA-RR **04**, 373.
Betriebsrente: Bei ihrer Klärung in einem Vergleich ergibt sich keine Werterhöhung, LAG Köln NZA-RR **09**, 504.
Betriebsübergang: Zur Vordienstzeit LAG Mainz NZA-RR **08**, 206.
Bruttolohn: Rn 54 „Unbezifferter Bruttolohn".
Darlehen: Rn 43 „Betriebskredit".
Drittschuldner: Zum Wert der Klage des Pfändungsgläubigers gegen den Drittschuldner LAG Hamm AnwBl **83**, 38, LAG Kiel JB **01**, 196.

44 **Eingruppierung:** Rn 39.
Einstellungsanspruch: Der Wert beträgt höchstens ein 3-Monats-Entgelt, LAG Bln MDR **06**, 1319.
Entlassungsentschädigung: Soweit der Arbeitnehmer neben einer Kündigungsschutzklage eine Entlassungsentschädigung verlangt, muß man die Streitwerte zusammenrechnen, LAG Hamm MDR **82**, 259.
Ersetzung der Zustimmung: Rn 75 „Zustimmungsersetzung".

45 **Feststellung** des Fortbestands: S „Fortbestand", Rn 51 „Schleppnetzantrag", Rn 52 „Soziale Ungerechtigkeit".
Firmenwagen: Bei seiner Rückgabepflicht in einem Vergleich ergibt sich kein Mehrwert, LAG Köln NZA-RR **09**, 504.
Folgekündigung: Sie mag gering bewertbar sein, LAG Ffm JB **05**, 312 (Monatslohn).
Fortbestand: Bei einer Klage auf die Feststellung des Fortbestands eines Arbeitsverhältnisses auf unbestimmte Dauer ist der 3-Monats-Betrag grds angemessen, LAG Mü AnwBl **81**, 456. Bei einer Fortbestands-Mitteilung für die Versicherung sind (jetzt ca) 250 EUR angemessen, LAG Köln AnwBl **01**, 634. Neben einem Antrag

auf eine Feststellung, daß ein Arbeitsverhältnis durch eine bestimmte Kündigung nicht aufgelöst ist, ist ein allgemeiner Fortbestehensantrag nicht werterhöhend, LAG Nürnb MDR **04**, 718. Beim Vergleich ergibt sich kein Mehrwert, LAG Köln NZA-RR **09**, 504.

Freistellung: Bei einer Weiterzahlung des Lohns ist dieser maßgeblich, und zwar für den Freistellungszeitraum, LAG Halle AnwBl **01**, 632, aM LAG Bln MDR **02**, 59, LAG Hbg NZA-RR **04**, 657, LAG Hamm JB **08**, 147 (je: 1 Monatslohn auch bei längerer Freistellung), LAG Mainz JB **09**, 139 (10% des Bruttolohns im Freistellungszeitraum). Eine vergleichsweise Freistellung ohne einen vorherigen Streit zur Beschäftigung während der Kündigungsfrist ergibt wegen der letzteren Frage keine Werterhöhung, LAG Köln NZA-RR **09**, 504, LAG Nürnb MDR **04**, 779.

Gehalt: Rn 41 „Arbeitsentgelt".
Gratifikation: Rn 41 „Arbeitsentgelt".
Herausgabe: Rn 41 „Arbeitspapiere".
Hilfsantrag: § 45 IV ist auf den sog unechten Hilfsantrag unanwendbar, LAG Hamm BB **88**, 1754.
Konkurrenzschutz: Rn 56 „Wettbewerbsverbot".
Kündigungsmehrheit: Rn 49 „Mehrheit von Kündigungen".
Kündigungsschutz: S zunächst Rn 52 „Soziale Ungerechtigkeit". Man kann bei einer Betriebszugehörigkeit bis zu sechs Monaten ein einziges Monatsentgelt ansetzen, LAG Bln MDR **01** 838, bei einer Betriebszugehörigkeit bis zu 12 Monaten zwei Monatsgelte und bei einer solchen von über 12 Monaten drei Monatsgelte, LAG Köln AnwBl **02**, 185. Bei seinem Fehlen gilt der 3-Monats-Betrag, LAG Hamm AnwBl **82**, 312. Man muß einen zweiten Kündigungsschutzprozeß, der sich gegen den Betriebserwerber richtet, mit 3 weiteren Monatsgehältern gesondert bewerten, aM LAG Mainz NZA-RR **05**, 386. Bei einer Beschränkung auf die Frage einer vorfristigen Kündigung ist nur dieser Zeitraum maßgebend, LAG Mainz MDR **07**, 1164.

Bei einer im Erstprozeß nachgeschobenen *weiteren Feststellung* mag keine Werterhöhung stattfinden, ArbG Dortm JB **03**, 255; bei einer dann nachgeschobenen ordentlichen Kündigung wegen betrieblicher Gründe kann man den Zweitprozeß geringer bewerten, LAG Bre BB **97**, 479, LAG Hamm DB **86**, 1184, LAG Köln MDR **89**, 673. Der Leistungs- und der Kündigungsschutzanspruch sind grds nur bei ihrer Selbständigkeit voneinander zusammenrechenbar, LAG Bre AnwBl **01**, 633, aM LAG Mainz MDR **07**, 1046 (höherer Betrag). Soweit ein Kündigungsschutz nach § 23 I 2 KSchG fehlt, kann ein Monatslohn ausreichen, LAG Kiel NZA-RR **06**, 157.

S auch Rn 54 „Umwandlung".

Kündigungstermin: Der Gesamtbetrag der geforderten Leistungen errechnet sich für den Streitwert bei einem vor dem Ablauf von drei Jahren kündbaren Vertrag nach dem nächstzulässigen Kündigungstermin, LAG Stgt AnwBl **88**, 181, aM LAG Köln MDR **97**, 755 (auch dann 3-Jahres-Betrag).
Künftiger Lohn: Es gilt (jetzt) III 1. Zum Problem LAG Hamm JB **02**, 312, Heimann JB **03**, 7, Vossen DB **86**, 326 (je: ausf zum alten Recht).
Leitungsfunktion: Bei der Klage auf eine Feststellung der Unwirksamkeit ihrer Entziehung können 2,5 Monatsgehälter als Wert angemessen sein, LAG Hamm DB **86**, 1932.
Lohn: Rn 41 „Arbeitsentgelt".
Mehrheit von Kündigungen: Bei 2 Kündigungen kann man die zweite mit 2 Monatsbeträgen bewerten, LAG Bln BB **87**, 479. Beim Zusammentreffen einer fristlosen und einer fristgerechten Kündigung kommt keine Werterhöhung in Betracht, LAG Bln MDR **03**, 1203, LAG Köln JB **91**, 64, LAG Stgt JB **91**, 212. Dasselbe gilt beim Hinzutreten einer Feststellung, LAG Köln NZA-RR **08**, 381. Wenn der Kläger mehrere zu unterschiedlichen Terminen in einem noch nahen Zusammenhang erklärte Kündigungen in demselben Verfahren angreift, bleibt es beim 3-Monats-Betrag, LAG Hamm MDR **94**, 627, LAG Mainz MDR **07**, 1105, LAG Nürnb JB **08**, 252, aM LAG Bln MDR **06**, 358 (Zusammentreffen der Einzelwerte abzüglich Überschneidungen), LAG Mainz NZA-RR **06**, 657 rechts. Ohne einen solchen nahen Zusammenhang rechnet man für die erste Kündigung mit drei Monatsgehäl-

GKG § 42   I. A. Gerichtskostengesetz

tern, für jede weitere mit weiteren ihre Dauer betreffenden, LAG Mainz NZA-RR **09**, 39. Man kann auch für die spätere Beendigung die Zeitdifferenz zwischen den Beendigungstatbeständen ansetzen, LAG Köln NZA-RR **08**, 381 (etwas kompliziert).

Nebentätigkeit: Bei ihrer Zulassung in einem Vergleich ergibt sich kein Mehrwert, LAG Köln NZA-RR **09**, 504.

Personalakte: Rn 40 „Abmahnung".

Prozeßvergleich: Rn 55 „Vergleich".

50 **Psychische Lage:** Man darf und muß sie mitbeachten, etwa bei drohender Arbeitslosigkeit, Fischer NZA **04**, 1187.

Rechtswegbestimmung: Man kann 30% der Hauptsache ansetzen, LAG Hamm JB **07**, 425.

Revision: Rn 41 „Arbeitsentgelt".

Rückstand: Man darf einen solchen aus der Zeit vor der Klagerhebung nicht hinzurechnen, (jetzt) IV 1 Hs 2, BAG BB **03**, 532 (zustm Brinkmann JB **03**, 306), LAG Köln NZA-RR **04**, 434. Das gilt unabhängig davon, wann die Rechtshängigkeit eingetreten ist, LAG Hamm AnwBl **81**, 504. Es gilt auch unabhängig von einer die Rückstände umfassenden Aufrechnung, LAG Hamm BB **82**, 1860. Man darf auch nicht die Rückstände während des Prozesses hinzurechnen, LAG Bre MDR **88**, 609.

51 **Schadensersatz:** Rn 56 „Wiederkehrende Leistung".

Schleppnetzantrag: Soweit der Kläger beantragt festzustellen, daß das Arbeitsverhältnis „ungekündigt fortbestehe" (sog Schleppnetzantrag), gilt der 3-Monats-Betrag, LAG Köln MDR **99**, 101.

52 **Sonderprämie:** Rn 56 „Wiederkehrende Leistung".

Soziale Ungerechtigkeit: Der Wert einer Klage auf eine Feststellung nach § 4 KSchG sowie auf die Feststellung der Verpflichtung zur Weiterzahlung des Vertragslohns ist jeweils zunächst gesondert ansetzbar, LAG Stgt BB **86**, 262, aM LAG Bre MDR **89**, 765, LAG Mainz NZA-RR **06**, 657 links oben. Der Gesamtwert beträgt grds etwa 80% des 3-Monats-Lohns, LAG Hamm DB **83**, 1246. S auch Rn 44 „Entlassungsentschädigung".

Sozialplan: Rn 40 „Abfindung".

53 **Teilzeitarbeit:** Die Regeln zur Änderungsschutzklage gelten entsprechend, LAG Köln MDR **05**, 1438. Die Klage auf eine Herabsetzung der Arbeitszeit läßt sich mit zwei Monatseinkommen bewerten, LAG Bln MDR **01**, 636, LAG Düss MDR **02**, 177. Man muß die Regeln zur Änderungsschutzklage oder -kündigung nach Rn 57 mitbeachten, LAG Köln NZA **05**, 1135. Bei einer Leistungs- und Befriedigungsverfügung unterbleibt im Eilverfahren ein Abschlag, LAG Nürnb NZA **04**, 103.

Titulierungsinteresse: Ein nicht nur bekräftigendes ist beachtbar, LAG Hamm NZA-RR **07**, 439 links.

Trennung: Zum Wert nach einer Trennung in mehrere Verfahren LAG Hamm MDR **83**, 874.

Trennungsentschädigung: Rn 55 „Vergleich".

54 **Umwandlung:** Bei der Umwandlung einer fristlosen in eine ordentliche, vier Monate später wirksame Kündigung kann man die Kündigungsschutzklage mit 2 Monatsbeträgen bewerten, LAG Hamm MDR **86**, 787.

Unbezifferter Bruttolohn: Der Antrag auf die Zahlung eines nicht bezifferten Bruttolohns „gemäß BAT II (bestehend aus Grundvergütung, Ortszuschlag, Zulage)" für vier kalendermäßig bestimmten Monate liegt unter dem 4-Monats-Betrag, LAG Hamm DB **81**, 2548.

Unechter Hilfsantrag: Rn 46 „Hilfsantrag".

Unterstützungskasse: (Jetzt) IV gilt auch beim Streit zwischen dem Arbeitnehmer und einer solchen Kasse, LAG Stgt DB **81**, 945.

Unwirksamkeit der Kündigung: Wenn der Kläger nur die Feststellung der Unwirksamkeit einer Kündigung als einer außerordentlichen begehrt, ist nur der Zeitraum von ihrem angeblichen Wirksamwerden bis zum Ablauf der ordentlichen Kündigungsfrist maßgeblich, die infolge einer Umdeutung begonnen haben kann, BAG DB **80**, 312.

Urlaubsgeld: Rn 41 „Arbeitsentgelt".

Abschnitt 7. Wertvorschriften   § 42 GKG

Vergleich: Soweit die Parteien in ihn die bisher noch nicht rechtshängigen, aber streitigen Gehaltsbezüge einbezogen haben, ändern eine höhere Abfindung oder eine Trennungsentschädigung den Wert nicht, aM LAG Hamm AnwBl **84**, 157. Es kommt aber natürlich darauf an, ob die Parteien auch weitere Abwicklungspflichten regeln, etwa die Erstellung der Arbeitspapiere oder eines Zeugnisses, LAG Köln MDR **02**, 1441.

Vergütungsdifferenz: Beim Streit um solche Differenzen aus vier Jahren ist (jetzt) III 2 entsprechend anwendbar (Differenz aus drei Jahren), LAG Hamm BB **86**, 2132, LAG Mainz NZA **08**, 660 links und rechts.

Versetzung mit Lohnänderung: Sie läßt sich mit der dreifachen Jahresdifferenz bewerten, Enders JB **03**, 461.

Versetzung ohne Lohnänderung: Sie kann (jetzt ca) 250 EUR wert sein, LAG Mü AnwBl **88**, 486. Sie kann aber auch den 3-Monats-Betrag erreichen, wenn die Folgen weitreichend sind, LAG Bre AnwBl **89**, 168.

Vertragsart: Der 3-Monats-Betrag kommt auch dann in Betracht, wenn der Streit darum geht, ob überhaupt gerade ein Arbeitsvertrag vorliegt.

Verweisung: Bei solcher an das ordentliche Gericht gilt § 3 ZPO, LAG Bln MDR **01**, 636, LAG Düss JB **02**, 144.

Weihnachtsgeld: Rn 41 „Arbeitsentgelt".

Weisung: Beim Streit um eine Weisung des Arbeitgebers kommt ein Monatslohn als Wert in Betracht, LAG Drsd DB **99**, 1508.

Weiterbeschäftigung: Der Anspruch auf sie hat einen eigenen Wert. Dieser kann auf einen Monatslohn lauten, LAG Kiel JB **09**, 586 rechts, LAG Köln NZA-RR **08**, 381, LAG Mainz NZA-RR **05**, 327, oder auf einen 2-Monats-Betrag, LAG Köln NZA-RR **06**, 434 links, oder auf einen 3-Monats-Betrag, LAG Köln MDR **02**, 1441, bis auf mehr als den 3-Monats-Betrag hinaus, LAG Nürnb JB **00**, 82. Hat der Kläger seinen Antrag auf eine Weiterbeschäftigung nur für den Fall des Scheiterns des Gütegesprächs angekündigt, findet keine Werterhöhung statt, LAG Bln JB **01**, 253.

S auch Rn 43 „Beschäftigungsanspruch".

Wettbewerbsverbot: Wegen eines nachvertraglichen derartigen Verbots LAG Hamm AnwBl **84**, 156.

Wiedereinstellung: Sie ist mit einem weiteren Monatslohn gesondert bewertbar, ArbG Regensb JB **01**, 310. Zum Problem Heimann JB **01**, 287.

Wiederkehrende Leistung: In einem Rechtsstreit über sie ist grds der 3-Jahres-Betrag maßgeblich, III 1. Das gilt auch bei einer jährlich wiederkehrenden Sonderprämie, LAG Bre AnwBl **84**, 165, oder bei einer einmaligen Auszahlung einer Schadenersatzsumme für viele Jahre im voraus, LAG Hamm BB **90**, 2196.

Zeugnis: Zum Wert des Zeugnisses oder Zwischenzeugnisses § 48 Anh I: § 3 ZPO Rn 142 „Zeugnis".

Zwischenzeugnis: S „Zeugnis".

Zustimmungsersetzung: Man muß den Wert eines Beschlußverfahrens nach §§ 99 IV, 103 II BetrVG in einer Anlehnung an (jetzt) III 1 schätzen, LAG Hamm MDR **89**, 571, LAG Köln DB **99**, 1072 (3 Monate abzüglich 20%), aM LAG Kiel NZA-RR **07**, 541 (2 Monate), LAG Köln JB **98**, 420, LAG Mainz BB **01**, 528 (je: [jetzt] § 23 III RVG). Er beträgt daher zB 1,5 Monatsentgelte, wenn es um eine dreimonatige Aushilfsentschädigung geht, LAG Hamm DB **87**, 1847.

8) Rückstand, IV. Man muß ihn zusätzlich bewerten.

A. Grundsatz: Hinzurechnung. Die Vorschrift stellt klar, daß es nur auf die sachlichrechtliche Fälligkeit bei der Einreichung der Klage und evtl schon des Prozeßkostenhilfegesuchs ankommt, Rn 60. Der Rückstand kann den nach I–III errechneten Wert übersteigen, Ffm JB **05**, 97 (zu § 767 ZPO).

B. Zeitpunkt: Einreichung. Entscheidender Zeitpunkt ist die Einreichung, Brdb JB **01**, 418, Hbg FamRZ **03**, 1198, Naumb FamRZ **07**, 2086, also die Anhängigkeit, BLAH § 261 ZPO Rn 1, Karlsr RR **99**, 582, Saarbr FamRZ **09**, 1172, nicht erst die Rechtshängigkeit. Das gilt auch bei einer Abänderungsklage nach § 323 ZPO, Köln FamRZ **01**, 1386 und bei einer Vollstreckungsabwehrklage nach § 767 ZPO, Köln FamRZ **01**, 1386.

GKG §§ 42, 43 I. A. Gerichtskostengesetz

In der Praxis entscheidet also der erste Eingangsstempel des Gerichts, also seiner Posteinlaufstelle, nicht etwa der zuständigen Geschäftsstelle. Falls er fehlt oder falsch ist, kommt es auf den sonst nachweisbaren Tag des Eingangs bei der Posteinlaufstelle oder den sonstigen ersten Eingang beim Gericht an. Da der Schuldner den laufenden Betrag meist im voraus zahlen muß, zählt der Einreichungsmonat voll zum Rückstand, (zum alten Recht) Brdb FamRZ **07**, 2000, von König JB **01**, 235, Meyer JB **01**, 580.

60 **C. Beispiele zur Frage einer Anwendbarkeit IV,** dazu *Mayer/Mayer* JB **93**, 454 (Üb): Man muß stets auf alle Umstände abstellen, Saarbr FamRZ **09**, 1172.

Arbeitssache: OVG Münst AnwBl **83**, 281 schränkt (jetzt) III erheblich ein und läßt Rückstände während eines erforderlichen Antrags- oder Widerspruchsverfahrens unberücksichtigt. Das überzeugt gerade bei einem ja meist notwendigen derartigen Verfahren keineswegs.

Arrest, einstweilige Verfügung: Anwendbar ist IV auch in einem solchen Eilverfahren. Man muß die dort bis zum Übergang in das Hauptsacheverfahren entstandenen Beträge als Rückstände beurteilen.

Auslandsurteil: Anwendbar sein kann IV auch bei einem ausländischen Urteil. Bei seiner Anerkennung nach § 328 ZPO usw ist dessen Tenor maßgebend, Drsd FamRZ **06**, 564. Man darf einen Rückstand aus der Zeit nach dem Erlaß des Titels nicht hinzurechnen, BGH FamRZ **09**, 222.

Feststellung: Anwendbar ist (jetzt) IV auch neben einer verneinenden Feststellungsklage nach § 256 ZPO, Hamm JB **88**, 778, Köln FamRZ **01**, 1386, aM Karlsr FamRZ **97**, 39 (aber IV gilt allgemein).

Klageerhöhung: *Unanwendbar* ist IV bei einer Klageerhöhung nach §§ 263, 264 ZPO. Denn durch sie entsteht kein Rückstand, Brdb MDR **03**, 335, Nürnb JB **08**, 33, Saarbr JB **90**, 57, aM Karlsr FamRZ **86**, 195, Köln FamRZ **04**, 1226, Schneider MDR **91**, 198 (Rückwirkung sogar beim Vergleich. Aber eine Klageerhöhung ist ein prozessualer Vorgang, wenn auch natürlich wegen einer weiteren sachlichrechtlichen Forderung).

61 **Parteiwechsel:** *Unanwendbar* ist IV bei einem Parteiwechsel. Man muß ihn ja wie eine Klagänderung beurteilen, BLAH § 263 ZPO Rn 5 ff. S daher Rn 61 „Klagänderung", im übrigen Karlsr RR **99**, 582.

Prozeßkostenhilfe: Anwendbar ist IV auch im Verfahren nach §§ 114 ff ZPO. Ein Prozeßkostenhilfeantrag nach § 117 ZPO kann einer Klageinreichung gleichstehen, Bbg FamRZ **01**, 779, Brdb MDR **07**, 1262 (Ausnahme: Bedingte Klage). Das gilt freilich nur dann, wenn die Klage alsbald nach der Mitteilung über den Prozeßkostenhilfeantrag oder über eine alsbald eingelegte sofortige Beschwerde eingehen, IV 2, 3. „Alsbald" ist dasselbe wie zB bei § 696 III ZPO, BLAH dort Rn 14, oder wie „demnächst" nach § 167 ZPO, BLAH dort Rn 15 ff. Es darf also keine schuldhafte Verzögerung eingetreten sein. Vgl §§ 286, 287 BGB (Verzug).

Stufenklage: Anwendbar ist IV auch bei einer Stufenklage nach § 254 ZPO. Dann wird auch der zunächst noch nicht bezifferbare Zahlungsanspruch bereits mit der Klageinreichung anhängig, BGH RR **95**, 513, Brdb FamRZ **07**, 55, Saarbr FamRZ **09**, 1172.

Vergleich: Rn 61 „Klageerhöhung".

Verzicht: Anwendbar ist IV auch bei einem Anspruchsverzicht. Man kann ihn mit 12 Monatsbeträgen ansetzen, Düss JB **90**, 52, aber auch mit einem höheren Wert, Drsd FamRZ **99**, 1290, Naumb FamRZ **01**, 433 (18 Monatsbeträge).

Zwischen Instanzen: *Unanwendbar* ist IV auf denjenigen Betrag, der zwischen dem Abschluß der Erstinstanz und der Einlegung der Berufung aufgelaufen ist, § 48 Anh I: § 4 ZPO Rn 8.

Nebenforderungen

43 [I] Sind außer dem Hauptanspruch auch Früchte, Nutzungen, Zinsen oder Kosten als Nebenforderungen betroffen, wird der Wert der Nebenforderungen nicht berücksichtigt.

Abschnitt 7. Wertvorschriften **§ 43 GKG**

II Sind Früchte, Nutzungen, Zinsen oder Kosten als Nebenforderungen ohne den Hauptanspruch betroffen, ist der Wert der Nebenforderungen maßgebend, soweit er den Wert des Hauptanspruchs nicht übersteigt.

III Sind die Kosten des Rechtsstreits ohne den Hauptanspruch betroffen, ist der Betrag der Kosten maßgebend, soweit er den Wert des Hauptanspruchs nicht übersteigt.

Gliederung

1) Systematik, Regelungszweck, I–III	1
2) Geltungsbereich, I–III	2
3) Nebenforderung neben Hauptanspruch, I	3
4) Nebenforderung ohne Hauptanspruch, II	4–6
A. Lediglich Nebenforderungen	4
B. Hauptanspruch noch vorhanden	5
C. Streitwert	6
5) Kosten, III	7–12
A. Voraussetzungen	7–10
B. Streitwert	11, 12

1) Systematik, Regelungszweck, I–III. § 43 behandelt vorrangig einen Unterfall des § 36, dort Rn 1. — 1

2) Geltungsbereich, I–III. Die Vorschrift gilt im Gesamtbereich des GKG, § 1, also gilt auch im Verfahren vor den Arbeits-, Finanz-, Sozial- und Verwaltungsgerichten. — 2

3) Nebenforderung neben Hauptanspruch, I. Eine Nebenforderung neben einer Hauptforderung bleibt unberücksichtigt, I, §§ 4 I Hs 2 ZPO, 18 II 2 KostO, Teil III dieses Buchs. Das gilt auch in der Zwangsvollstreckung. Denn der frühere II ist weggefallen. Erst sobald die Nebenforderung selbst zur Hauptforderung wird, dient sie als Grundlage der Gebührenberechnung. Wenn das Gericht wegen der Nebenforderung eine Handlung vornimmt, obwohl dieselbe Handlung den Hauptanspruch betroffen hat, wenn auch nur zum kleinsten Teil, dann entsteht keine weitere Gebühr. — 3

Nebenforderung ist eine solche Forderung, die vom Hauptanspruch rechtlich abhängig ist. Das gilt auch bei einer Vollstreckungsabwehrklage nach § 767 ZPO, Kblz JB **99**, 197. Hauptbeispiele sind Zinsen. Daneben erfaßt I nur die drei dort ausdrücklich genannten Arten von Nebenforderungen, also Früchte, Nutzungen und Kosten. Andere Nebenforderungen muß man folglich dem Streitwert hinzurechnen.

Kosten meint nicht die in III gesondert geregelten als Hauptanspruch geltend gemachten Prozeßkosten, Rn 7.

Früchte sind nach § 99 I BGB die Erzeugnisse einer Sache und deren sonstige bestimmungsgemäße Ausbeute, nach § 99 II BGB die bestimmungsgemäßen Erträge eines Rechts und nach § 99 III BGB auch die Erträge einer Sache oder eines Rechts infolge eines Rechtsverhältnisses.

Nutzungen sind nach § 100 BGB die Früchte einer Sache oder eines Rechts und die Gebrauchsvorteile.

Zinsen sind das Entgelt für die Kapitalüberlassung, BGH NJW **98**, 2060. Hauptfall sind Verzugszinsen nach § 288 BGB. Sie bleiben neben einer Hauptforderung selbst dann unberücksichtigt, wenn der Kläger sie im Klagantrag kapitalisiert hat, BGH RR **00**, 1025, Bbg JB **78**, 1549, Köln JB **80**, 578. Zinsen bleiben insoweit bei I unberücksichtigt, als noch ein zugehöriger Teil der Hauptforderung anhängig ist, BGH NJW **94**, 1869, Ffm JB **78**, 590, Schlesw SchlHA **76**, 14. Eine zur Nebenforderung Zinsen zählende Mehrwertsteuer ist ebenfalls eine Nebenforderung, BGH NJW **77**, 583.

Keine Zinsen sind solche eines abstrakten Schuldanerkenntnisses nach § 781 BGB, Kblz JB **99**, 197, oder vergleichsweise übernommene Zinsen, Düss JB **84**, 1865, oder solche Hinterlegungszinsen, die das Gericht in einem Bescheid gesondert festgesetzt hat, BGH MDR **95**, 196, Köln JB **80**, 281, FG Düss EFG **77**, 513.

Ein *Schaden* ist keine Nebenforderung. Man muß ihm vielmehr der Hauptforderung zurechnen, § 48 Anh I: § 4 ZPO Rn 19 (zum Begriff der Nebenforderung dort Rn 9).

GKG § 43 I. A. Gerichtskostengesetz

4 **4) Nebenforderung ohne Hauptanspruch, II.** Die Vorschrift ist nur dann anwendbar, wenn die folgenden Voraussetzungen zusammentreffen.
A. Lediglich Nebenforderung. Die Handlung darf keinen Teil des Hauptanspruchs berühren. Sie darf lediglich Früchte, Zinsen, Nutzungen, Kosten betreffen. Wenn sie doch irgendeinen Teil des Hauptanspruchs berührt, bemessen sich die Gebühren ausschließlich nach dem betroffenen Teil des Hauptanspruchs. „Kosten" bedeutet hier nicht etwa die Kosten des Prozesses, von denen III handelt, sondern die Kosten nach § 4 ZPO.

5 **B. Hauptanspruch noch vorhanden.** Die Nebenforderung muß noch eine solche sein. Es muß also noch ein Hauptanspruch bestehen, Wielgoss JB **99**, 127. Nach seinem Wegfall wird die Nebenforderung selbst zum Hauptanspruch. Man muß die Kosten dann nach ihrem Wert berechnen. Näheres über die Nebenforderungen § 48 Anh I: § 4 ZPO.

6 **C. Streitwert.** Wenn die Voraussetzungen Rn 3, 4 vorliegen, berechnet sich der Streitwert zwar nach der von der Handlung betroffenen Nebenforderung. Jedoch ermäßigen sich die Kosten unter Umständen auf die nach dem vollen Hauptanspruch zu berechnende entsprechende Gebühr, so wie sich dessen Streitwert zur Zeit darstellt.
Beispiel: Das Gericht erläßt über 100 EUR Zinsen ein Urteil, während der Hauptanspruch 800 EUR beträgt. Die Verfahrensgebühr wird nach dem Streitwert von 100 EUR berechnet.
Wenn eine gleiche Gebühr *bereits vom Hauptanspruch* entstanden ist, muß man zwar nach § 36 jede Gebühr besonders ansetzen, aber den Gesamtbetrag auf die vom Hauptanspruch berechnete Gebühr ermäßigen.

7 **5) Kosten, III.** Aus sorgfältig zu klärenden Voraussetzungen folgt eine einfache Berechnung.
A. Voraussetzungen. Im Gegensatz zu den „Kosten" in I, II behandelt III die wirklichen Prozeßkosten dieses Verfahrens, Rn 5. „Rechtsstreit" bedeutet freilich nicht einen Prozeß schlechthin, sondern jedes in KV Teil 1 geregelte Verfahren.

8 Voraussetzung ist, daß eine gebührenpflichtige Handlung vorliegt, daß sie *ausschließlich die Kosten betrifft* und daß die Kosten Hauptforderung geworden sind. Indessen ist auch der Begriff des Hauptanspruchs, wie sich aus der Gegenüberstellung des Hauptanspruchs und der Kosten ergibt, in III nicht derselbe wie in I, II: Er umfaßt in III eben alles, was nicht Kosten gerade dieses Prozesses sind, also was § 99 ZPO „Hauptsache" im Gegensatz zum Kostenpunkt nennt. III erfaßt auch nicht erstattbare Anwaltskosten, Enders JB **04**, 59. Ein Anspruch des Versicherungsnehmers gegen seinen Haftpflichtversicherer auf eine Freihaltung von Kosten, die ihm ein Gericht auferlegt hat, gehört nicht nach III, sondern nach I, II, BGH MDR **76**, 649.

9 Solange darum *auch nur ein Teil der Zinsen* oder der Kosten nach I, II *streitig* ist, ist III nicht anwendbar, § 48 Anh I: § 3 ZPO Rn 142 „Zinsen", § 4 ZPO Rn 12, 13, Oldb MDR **89**, 1006. Das gilt, mag der eigentliche Hauptanspruch noch ganz oder teilweise mit oder ohne Nebenforderungen anhängig sein, KG JB **77**, 1427, Mü JB **76**, 801, Schneider JB **79**, 1594, oder mag er längst erledigt sein. Auch eine Widerklage hindert die Anwendung von III bis zu ihrer Erledigung.

10 III ist aber anwendbar, wenn Gegenstand des *Rechtsmittelverfahrens* ausschließlich diejenigen Kosten sind, die das Gericht in einem Schlußurteil oder Ergänzungsurteil dem Unterliegenden auferlegt hat.

11 **B. Streitwert.** Bei III muß man als den Streitwert die Summe der gerichtlichen und außergerichtlichen Kosten aller Beteiligten einschließlich etwaiger Mehrwertsteuer ansetzen, soweit sie bis zur Erledigung der Hauptsache aufgelaufen sind. Denn um sie geht der Streit. Was infolge des Streits an Kosten weiter entsteht, ist wiederum eine Nebenforderung dieses Anspruchs.

12 § 36 ist bei III *nicht anwendbar.* Denn die Kosten sind kein Teil des Streitgegenstands. Auch der Wert nach III ist ebenso wie derjenige nach II durch denjenigen der Hauptsache begrenzt, Rn 5, 6. Wenn sich die Klage erledigt, nicht aber die Widerklage, wird die Widerklage zum Hauptanspruch. Dasselbe gilt dann, wenn nach der Rücknahme der Berufung der einen Partei die Berufung der anderen anhängig bleibt, Hamm RR **96**, 1279. Daher ist er dann nicht III unanwendbar.

Abschnitt 7. Wertvorschriften								§ 44 GKG

Stufenklage

44 Wird mit der Klage auf Rechnungslegung oder auf Vorlegung eines Vermögensverzeichnisses oder auf Abgabe einer eidesstattlichen Versicherung die Klage auf Herausgabe desjenigen verbunden, was der Beklagte aus dem zugrunde liegenden Rechtsverhältnis schuldet, ist für die Wertberechnung nur einer der verbundenen Ansprüche, und zwar der höhere, maßgebend.

Schrifttum: *Assmann,* Die Stufenklage, 1990, § 7.

Gliederung

1) Systematik	1
2) Regelungszweck	2
3) Geltungsbereich	3
4) Wertberechnung	4–12
A. Rechnungslegung, Vermögensverzeichnis	5
B. Eidesstattliche Versicherung	6
C. Leistungsanspruch	7
D. Wertänderung	8, 9
E. Teilabweisung	10
F. Leistungs- und Stufenklage	11
G. Stufen- und Widerklage	12

1) Systematik, dazu *Schneider* Rpfleger **77**, 92 (Üb): § 45 enthält eine gegenüber § 5 ZPO vorrangige Sondervorschrift für die Stufenklage, vor allem für diejenige nach § 254 ZPO.   1

2) Regelungszweck. Man kann das Geschuldete erst nach der Erledigung der vorbereitenden Ansprüche ermitteln, also nach der Rechnungslegung und evtl der Offenbarungsversicherung. Der Kläger hat aber nur an der Herausgabe ein wirkliches Interesse, Bbg FamRZ **97**, 40, Hamm AnwBl **81**, 69, Karlsr FamRZ **90**, 74. Daher läßt § 44 abweichend von § 5 ZPO nur den höchsten der Ansprüche maßgebend sein, Kblz AnwBl **89**, 397.   2

3) Geltungsbereich. Die Vorschrift gilt für die Kosten. Für die sachliche Zuständigkeit und für die Zulässigkeit eines Rechtsmittels gilt § 44 nicht, § 62 S 1 Hs 2. Insofern muß man vielmehr die Ansprüche zusammenrechnen, ebenso beim Zusammentreffen einer Leistungsklage und einer Stufenklage, BGH RR **03**, 68, Ffm MDR **95**, 207, Mü MDR **89**, 646. S auch § 48 Anh I: § 3 ZPO. § 45 ist im Verfahren vor den Arbeitsgerichten anwendbar, ebenso im Verfahren vor den Finanz-, Sozial- und Verwaltungsgerichten, § 1. Bei § 255 ZPO ist § 44 unanwendbar.   3

4) Wertberechnung. Vgl § 48 GKG Anh I: § 3 ZPO Rn 108 ff „Stufenklage". Maßgeblich ist das Interesse des Klägers. Es ist nur der höchste Anspruch maßgebend, Brdb FamRZ **07**, 71, KG MDR **08**, 46, Köln FamRZ **05**, 1848, aM Drsd MDR **97**, 691 (nach einer Rücknahme der späteren Stufen nur der Auskunftsanspruch. Aber es kommt auf den einleitenden Vorgang an, § 40). Daher muß man sämtliche verbundenen Ansprüche sogleich bei der Klagerhebung nach § 3 ZPO schätzen, Brdb FamRZ **07**, 71, Celle FamRZ **09**, 452, KG (12. ZS) MDR **08**, 46, aM BGH NJW **02**, 3477 (nur der Wert der Auskunft bei einer Zurückverweisung im übrigen), KG (16. ZS) MDR **97**, 598, Meyer 6 (je: Instanzende), Schlesw MDR **95**, 643 (nur Rechnungslegungsanspruch, wenn der Kläger den Leistungsanspruch auch nicht nachträglich beziffert hat. Vgl aber wiederum § 40).   4

A. Rechnungslegung, Vermögensverzeichnis. Der Wert eines Rechnungslegungsanspruch ergibt sich aus zahlreichen Vorschriften des BGB und zB auch aus § 340 HGB. Er richtet sich nach dem Interesse des Klägers daran, sich die Begründung des Zahlungsanspruchs zu erleichtern, Bbg JB **79**, 251, KG AnwBl **84**, 612, Köln VersR **76**, 1154. Dieses Interesse mag so hoch wie der Leistungsanspruch sein, wenn nämlich der Kläger ohne die Rechnungslegung keinerlei Anhaltspunkte hätte, Ffm MDR **87**, 509. Höher als der Wert des Leistungsanspruchs kann auch der Wert des Rechnungslegungsanspruchs in keinem Fall sein, Kblz AnwBl **89**, 397. Durchweg ist der Wert des Rechnungslegungsanspruchs niedriger als derjenige des Leistungs-   5 anspruchs. Man kann zB 25% des mutmaßlichen Zahlungsanspruchs ansetzen, Köln VersR **76**, 1154.

Der Wert richtet sich im übrigen nach dem Zeitpunkt der *verfahrenseinleitenden Antragstellung,* (jetzt) § 40, Kblz AnwBl **89**, 397. Soweit eine Berufung nur die eidesstattliche Versicherung des Bekl betrifft, können zB 50% des Auskunftsanspruchs maßgebend sein, Köln Rpfleger **77**, 116. Auch der Antrag auf die Ermittlung des Werts eines zum Nachlaß gehörenden Grundstücks ist nach dem Grundsatz bewertbar, daß der höchste der verbundenen Ansprüche maßgebend ist, Hamm AnwBl **81**, 69.

Vorlegung eines Vermögensverzeichnisses kann der Kläger zB nach §§ 260 I, 1377, 2027, 2028, 2127, 2314, 2362 BGB fordern. Eine eidesstattliche Versicherung dazu kann zB nach §§ 259, 260, 2028, 2057 BGB notwendig sein.

6   B. **Eidesstattliche Versicherung.** Das Interesse des Klägers daran, daß der Bekl die eidesstattliche Versicherung ablege, bestimmt sich gemäß § 3 ZPO nach demjenigen Mehrbetrag, den sich der Kläger aus dieser Versicherung verspricht, Bbg FamRZ **97**, 40. Meist reichen etwa 50% des Rechnungslegungsanspruchs, Köln Rpfleger **77**, 116. Man muß den Beschwerdewert nach dem Aufwand von Zeit und Kosten berechnen, BGH RR **94**, 898.

7   C. **Leistungsanspruch.** Man muß seinen Wert nach dem Wert des Leistenden bemessen, KG AnwBl **84**, 612. Das ist schon wegen § 40 auch dann notwendig, wenn der Prozeß nicht mehr in die Leistungsstufe kommt, Bbg FamRZ **98**, 312.

8   D. **Wertänderung.** Es ergibt sich meist, daß für die Verfahrensgebühr der Leistungsanspruch allein maßgebend ist. Für spätere Gebühren kann der Leistungsanspruch niedriger sein. Höher ist er auch dann praktisch nie. Denn wenn der Kläger auf Grund der gelegten Rechnung einen höher bezifferten Antrag auf die Leistung stellt, muß man auch für das übrige Verfahren den Streitwert nach § 40 erhöhen.

Etwas anderes gilt nur dann, wenn sich der Leistungsanspruch nach einer Rechnungslegung infolge einer *Teilleistung* des Schuldners ermäßigt.

9   Wenn der Kläger nur auf die Erteilung einer *Auskunft* und die Leistung der *eidesstattlichen Versicherung* klagt, ist für die Wertfestsetzung die Vorstellung des Klägers darüber maßgebend, was er durch dieses Verfahren erlangen könnte, Bbg JB **85**, 595, Mümmler JB **80**, 983. Evtl muß man einen dann nachgeschobenen Zahlungsanspruch niedriger bewerten, Düss FamRZ **87**, 1282, Ffm FamRZ **87**, 85, KG MDR **93**, 696.

10   E. **Teilabweisung.** Wenn das Gericht bereits den Auskunftsanspruch als unbegründet abweisen mußte, ist die Vorstellung des Klägers davon maßgeblich, was er durch die Auskunft und die Leistung der eidesstattlichen Versicherung vom Bekl erhalten könnte. Anders ausgedrückt: Wenn der Kläger die Anträge aller Stufen gestellt hatte und wenn das Gericht bereits den ersten Antrag abgewiesen hat, ist der Wert aller Stufen maßgeblich, BGH MDR **92**, 1091, Düss FamRZ **92**, 1095, Ffm JB **99**, 303, aM Stgt FamRZ **90**, 652 (aber die Antragstellung war einerseits zum Teil unnötig, andererseits zulässig).

11   F. **Leistungs- und Stufenklage.** Man muß die Werte zusammenrechnen, Rn 3.

12   G. **Stufen- und Widerklage.** Man muß die Werte zusammenrechnen, Karlsr AnwBl **84**, 203.

Klage und Widerklage, Hilfsanspruch, wechselseitige Rechtsmittel, Aufrechnung

45 I [1]In einer Klage und in einer Widerklage geltend gemachte Ansprüche, die nicht in getrennten Prozessen verhandelt werden, werden zusammengerechnet. [2]Ein hilfsweise geltend gemachter Anspruch wird mit dem Hauptanspruch zusammengerechnet, soweit eine Entscheidung über ihn ergeht. [3]Betreffen die Ansprüche im Fall des Satzes 1 oder 2 denselben Gegenstand, ist nur der Wert des höheren Anspruchs maßgebend.

II Für wechselseitig eingelegte Rechtsmittel, die nicht in getrennten Prozessen verhandelt werden, ist Absatz 1 Satz 1 und 3 entsprechend anzuwenden.

Abschnitt 7. Wertvorschriften **§ 45 GKG**

III Macht der Beklagte hilfsweise die Aufrechnung mit einer bestrittenen Gegenforderung geltend, erhöht sich der Streitwert um den Wert der Gegenforderung, soweit eine der Rechtskraft fähige Entscheidung über sie ergeht.
IV Bei einer Erledigung des Rechtsstreits durch Vergleich sind die Absätze 1 bis 3 entsprechend anzuwenden.

Schrifttum: *Schulte,* Die Kostenentscheidung bei der Aufrechnung durch den Beklagten im Zivilprozeß, 1990.

Gliederung

1) **Systematik, I–IV**	1
2) **Regelungszweck, I–IV**	2
3) **Geltungsbereich, I–IV**	3
4) **Widerklage, I 1, 3**	4–7
A. Begriff	4
B. Nicht getrennte Prozesse	5–7
5) **Nämlichkeit des Streitgegenstands, I 1, 3**	8–25
A. Grundsatz: Prüfung mehrerer Voraussetzungen	8, 9
B. Keine Bestandsfähigkeit beider Ansprüche nebeneinander	10
C. Dasselbe Interesse	11, 12
D. Beispiele zur Frage einer Nämlichkeit des Streitgegenstands	13–25
6) **Wertberechnung I 1, 3**	26–29
A. Verschiedene Streitgegenstände, I 1	26
B. Nämlichkeit des Streitgegenstands, I 3	27
C. Hilfswiderklage	28
D. Weitere Einzelfragen	29
7) **Hilfsanspruch, I 2**	30–33
A. Grundsatz: Abhängigkeit von Entscheidung	30–32
B. Einzelfragen	33
8) **Wechselseitige Rechtsmittel, II**	34–39
A. Grundsatz: Prüfung, ob verschiedene Streitgegenstände	34, 35
B. Verhandlung in demselben Rechtsmittelverfahren	36
C. Einzelfragen	37–39
9) **Hilfsaufrechnung, III**	40–49
A. Grundsatz: Möglichkeit einer Wertaddition	40, 41
B. Wirkliche Aufrechnung	42
C. Beispiele zur Frage einer wirklichen Aufrechnung, III	43
D. Bloße Hilfsaufrechnung	44
E. Streitigkeit und Entscheidungsbedürftigkeit der Hilfsaufrechnung	45
F. Rechtskraftfähige Entscheidung	46
G. Beispiele zur Frage einer ausreichenden Entscheidung, III	47
H. Rechtsmittelinstanz	48, 49
10) **Vergleich, IV**	50

1) Systematik, I–IV. Die Vorschrift enthält vorrangige Spezialregelungen für eine Gruppe von rechtsähnlichen Situationen. Die Verschachtelung von Verweisungen innerhalb I–IV ist nach wie vor gründlich mißglückt. Man muß scharf aufpassen. Tragende Begriffe fehlen im Gesetzestext. § 46 hat vor § 45 den Vorrang, § 46 Rn 1. Auf die Hilfswiderklage ist für den Wert I 2, III entsprechend anwendbar, § 48 Anh I: § 3 ZPO Rn 71 „Hilfswiderklage". 1

2) Regelungszweck, I–IV. Der Zweck ist eine Kostengerechtigkeit. Ob dieses Ziel wegen der mißratenen Gesetzesfassung, erreichbar ist, läßt sich bezweifeln. Immerhin darf und muß man den Gesetzeszweck bei der Auslegung mitbeachten. 2

3) Geltungsbereich, I–IV. Die Vorschrift gilt im Gesamtbereich des § 1 GKG. Sie gilt für vermögens- wie für nichtvermögensrechtliche Sachen. Die Vorschrift ist auch vor den Arbeits-, Finanz-, Sozial- und Verwaltungsgerichten anwendbar. § 46 gilt nicht für die sachliche Zuständigkeit. Für sie darf man den Wert nicht zusammenrechnen, § 5 ZPO. Eine Bewertung für die sachliche Zuständigkeit oder für die Zulässigkeit eines Rechtsmittels hat nach § 62 S 1 Hs 2 keinen Vorrang vor § 45. 3

4) Widerklage, I 1, 3. Man muß Voraussetzungen und Folgen unterscheiden. 4
A. Begriff. I setzt voraus, daß eine echte Widerklage vorliegt. Widerklage ist die vom Bekl und Widerkläger im Lauf des Prozesses gegen den Kläger und Widerbekl und evtl zusätzlich gegen einen Dritten erhobene Klage, BGH **147**, 222, Hamm FamRZ **87**, 711. Eine rechtsvernichtende Einrede verursacht demgegenüber keine

143

Sonderkosten. Die Widerklage muß wenigstens durch die Einreichung der Erhebungsschrift beim Gericht vorliegen. Eine förmliche Zustellung an den Widerbekl nach §§ 167, 253, 261 II ZPO ist also nicht erforderlich. Es ist unerheblich, ob die Widerklage zulässig ist. Wegen der unzulässigen Haupt- oder Hilfswiderklage allein gegen einen Dritten § 48 Anh I: § 3 ZPO Rn 138 „Widerklage". Eine *Hilfswiderklage* (Eventualwiderklage) ist zulässig, BGH **132**, 398, Köln VersR **98**, 98, BLAH Anh § 253 ZPO Rn 11. Sie verursacht ebenfalls Gebühren, zumal ihr Anspruch mit ihrer Erhebung zunächst rechtshängig wird, Stgt Rpfleger **80**, 488, Hamm JB **78**, 64 (die Fälligkeit richtet sich nach § 6). Das gilt auch dann, wenn man die Hilfswiderklage für unzulässig hält, falls und soweit sich das Verfahren auf sie erstreckt. Es entsteht insofern also zumindest die Verfahrensgebühr.

Ein *Zwischenantrag* nach §§ 302 IV, 600 II, 717 ZPO steht der Widerklage sachlich und folglich auch kostenrechtlich gleich. Soweit eine Widerklage bei einem gleichbleibendem Streitgegenstand auch gegen eine bisher am Rechtsstreit nicht beteiligte dritte Person vorliegt, entstehen keine Gebühren.

5 **B. Nicht getrennte Prozesse.** I ist grundsätzlich nur anwendbar, soweit das Gericht über die Klage und die Widerklage in demselben Prozeß verhandeln läßt, BGH MDR **03**, 716. Es darf also insbesondere keine gerichtliche Anordnung der Verhandlung in getrennten Prozessen nach § 145 I, II ZPO bestehen. Vom Zeitpunkt der Trennung ab und natürlich erst recht in von Anfang an gesonderten Prozessen erfolgt eine gesonderte Kostenberechnung. Man muß eine vor der Trennung erfolgte Zahlung anrechnen. Ausnahmsweise ordnet § 41 III an, daß entgegen § 45 I keine Zusammenrechnung zwischen dem Wohnraum-Räumungswert und demjenigen des gegnerischen Anspruchs auf eine Fortsetzung des Mietverhältnisses stattfindet.

6 Eine Anordnung des Gerichts nach § 146 ZPO auf eine *Beschränkung der Verhandlung* zunächst auf eines oder auf einige von mehreren Angriffs- oder Verteidigungsmitteln gehört nicht hierher. Dasselbe gilt folglich beim Teilurteil über die Klage oder Widerklage nach § 301 ZPO. Bei einer Prozeßverbindung nach § 147 ZPO wandelt das Gericht evtl eine Klage in eine Widerklage um, nämlich dann, wenn die Parteien in den vorher getrennten Prozessen gegenseitige Ansprüche betrieben hatten.

7 Die Verbindung kann aber *nur für die Zukunft* wirken. Sie berührt also die bereits entstandenen Gebühren nicht.

8 **5) Nämlichkeit des Streitgegenstands, I 1, 3.** Ein Grundsatz hat vielfältige Auswirkungen.

A. Grundsatz: Prüfung mehrerer Voraussetzungen. Soweit das Gericht über die Klage und die Widerklage in demselben Prozeß verhandeln läßt, kommt es für die Höhe der Gebühren darauf an, ob die Klage und die Widerklage denselben Streitgegenstand betrifft. Dabei gilt eine wirtschaftliche Betrachtung, BGH RR **05**, 506, Saarbr RR **09**, 864. Nur dann darf und muß man die Gebühren nach dem Wert des höheren Anspruchs dieses Gegenstands berechnen, Stgt FamRZ **06**, 1055. Das ergibt sich aus dem Zusammenwirken von I 1 und 3. Soweit die Klage und die Widerklage demgegenüber verschiedene Streitgegenstände betreffen, muß man für die Kosten die Gegenstände zusammenrechnen. Auch das folgt aus dem Zusammenspiel von I 1 und 3.

9 Eine Nämlichkeit des Streitgegenstands der Klage und Widerklage liegt nur dann vor, wenn die *folgenden Voraussetzungen zusammentreffen*.

10 **B. Keine Bestandsfähigkeit beider Ansprüche nebeneinander.** Der Anspruch des Klägers und derjenige des Widerklägers dürfen nicht nebeneinander bestehen können. Anders ausgedrückt: Das Gericht darf zwar die Klage wie die Widerklage abweisen. Aber es darf nicht beiden Anträgen gleichzeitig stattgeben können. Die Anträge der Klage und der Widerklage müssen *sich also gegenseitig ausschließen,* BGH RR **05**, 506, Düss NJW **09**, 1515, Saarbr RR **09**, 864, aM Karlsr FamRZ **98**, 574 (aber dann würde man wirtschaftlich und wertmäßig evtl krass unterschiedliche Ergebnisse erhalten. Das kann nicht richtig sein).

11 **C. Dasselbe Interesse.** Die Klage und die Widerklage müssen dasselbe Interesse betreffen, Brdbg JB **01**, 95, Köln MDR **94**, 316, Saarbr RR **09**, 864. Dabei muß man auch eine wirtschaftliche Betrachtung vornehmen, LAG Stgt JB **92**, 626.

Es *entscheidet* also weder eine Verschiedenheit der Anträge noch eine Verschieden- 12
heit der Klagegründe.

D. Beispiele zur Frage einer Nämlichkeit des Streitgegenstands 13

Abänderung – Rückgabe: Derselbe Gegenstand: Der Kläger begehrt durch eine Abänderungsklage den Wegfall seiner (jetzt) vertraglichen Unterhaltspflicht und für den Erfolgsfall eine Rückzahlung, der Widerkläger verlangt die Rückgabe eines beigetriebenen Betrags nach § 717 ZPO, Karlsr FamRZ **99**, 609 links.

Aktien A – Aktien B: Derselbe Gegenstand: Es geht um mehrere Kläger oder Widerkläger mit einem verschiedenen Aktienbesitz, Stgt NZG **01**, 522.

Auflassung – Zahlung: *Verschiedene* Gegenstände: Der Kläger fordert eine Auflas- 14
sung, der Widerkläger verlangt den Restkaufpreis, Karlsr MDR **88**, 1067.

Drittwiderspruch – Vollstreckung: *Verschiedene* Gegenstände: Der Kläger verlangt nach § 771 ZPO die Beendigung der Zwangsvollstreckung, der Widerkläger fordert die Herausgabe an den Gerichtsvollzieher, LG Saarbr JB **91**, 310.

Eilverfahren – Hauptprozeß: *Verschiedene* Gegenstände: Der Kläger geht im Eilver- 15
fahren vor, der Widerkläger fordert im Hauptprozeß die Freigabe einer zur Abwendung des Arrests hinterlegten Summe.

Gesellschaftsauflösung – Ausschluß: *Verschiedene* Gegenstände: Der Kläger verlangt die Auslösung einer Gesellschaft, der Widerkläger verlangt den Ausschluß eines Gesellschafters. Denn selbst wenn bei einem Erfolg dieses Widerklägers ein Rechtsschutzbedürfnis für diesen Kläger nicht mehr vorläge, schließen sich doch die Anträge der Klage und der Widerklage nicht gegenseitig aus, Mü FamRZ **07**, 750.

Hinterleger – Dritter: Derselbe Gegenstand: Der Kläger fordert die Auszahlung des 16
Hinterlegten an den Hinterleger, der Widerkläger fordert sie an einen Dritten.

Hypothek – Löschungsvormerkung: Derselbe Gegenstand: Der Kläger fordert die Eintragung einer Hypothek zur Sicherung einer Forderung, der Widerkläger beantragt die Löschung der zugehörigen Vormerkung.

Kfz-Brief: Derselbe Gegenstand: Der Kläger fordert die Herausgabe eines Kfz, der 17
Widerkläger verlangt die Herausgabe des zugehörigen Kraftfahrzeugbriefs, aM Hamm Rpfleger **90**, 40.

Kfz-Brief – Zahlung: Derselbe Gegenstand: Der Kläger fordert die Herausgabe des Kraftfahrzeugbriefs, der Widerkläger fordert den restlichen Kaufpreis.

Kündigung – Weiterbeschäftigung: *Verschiedene* Gegenstände: Der Kläger geht auf 18
Grund einer Kündigung vor, der Widerkläger fordert eine Weiterbeschäftigung, LAG Nürnb JB **00**, 82.

Lieferung – Schadensersatz: *Verschiedene* Gegenstände: Der Kläger fordert die Lieferung einer Kaufsache, der Widerkläger verlangt einen Schadensersatz, BGH RR **00**, 285.

Löschung – Zahlung: Derselbe Gegenstand: Der Kläger verlangt die Löschung 19
einer Hypothek, der Widerkläger fordert die Zahlung der zugrundeliegenden Forderung.

Mehr – Weniger: *Verschiedene* Gegenstände: Der Kläger verlangt ein Mehr zB an Rente, der Widerkläger ein Weniger als bisher, Hamm JB **80**, 737; Naumb JB **04**, 379.

Miete – Feststellung der Nichtmiete: Derselbe Gegenstand: Der Kläger verlangt 20
die Miete, der Widerkläger fordert eine Feststellung des Nichtbestehens eines Mietverhältnisses, BGH NZM **06**, 139, Brschw MDR **75**, 848.

Mietfeststellung – Räumung: Derselbe Gegenstand: Der Kläger verlangt die Feststellung eines Mietverhältnisses, der Widerkläger fordert die Räumung.

Nichteigentum – Herausgabe: Derselbe Gegenstand: Der Kläger fordert die Fest- 21
stellung, daß der Bekl nicht der Kfz-Eigentümer sei, der Widerkläger verlangt das Kfz heraus.

Restbetrag – Rückzahlung: *Verschiedene* Gegenstände: Der Kläger verlangt einen Restbetrag, der Widerkläger fordert die Rückzahlung seiner Anzahlung, Bbg JB **79**, 252.

Teilanspruch 1 – Teilanspruch 2: *Verschiedene* Gegenstände: Der Kläger fordert 22
einen Teilanspruch 1, der Widerkläger beschäftigt sich mit einem anderen Teilan-

spruch 2 aus demselben Rechtsverhältnis, Karlsr NJW **76**, 247, Nürnb AnwBl **83**, 89, Schlesw AnwBl **84**, 205.

Teilforderung – Kein Mehranspruch: *Verschiedene* Gegenstände: Der Kläger macht einen Teilanspruch geltend, der Widerkläger begehrt die Feststellung, daß kein höherer als der eingeklagte Anspruch bestehe, LG Hbg WoM **93**, 477 (zustm Ihlefeld).

23 **Versicherung – Darlehen:** *Verschiedene* Gegenstände: Der Kläger fordert eine Kaskoversicherungsleistung, der Widerkläger verlangt die Rückzahlung eines anläßlich des Schadensfalls gewährten Darlehens, BGH RR **05**, 506.

Vertragsleistung – Nichtvertrag: *Derselbe* Gegenstand: Der Kläger fordert eine Vertragsleistung, der Widerkläger verlangt die Feststellung des Nichtbestehens des Vertrags, BGH RR **92**, 1404, Brschw MRD **75**, 848, Kblz VersR **96**, 521.

24 **Zahlung – Herausgabe:** *Derselbe* Gegenstand: Der Kläger verlangt eine Zahlung, der Widerkläger verlangt die Herausgabe des Schuldscheins oder der Bürgschaftsurkunde für die Klageforderung, Stgt MDR **80**, 678.

Zahlung – Quittung: *Derselbe* Gegenstand: Der Kläger verlangt die Zahlung einer Restforderung, der Widerkläger fordert eine Gesamtquittung.

25 **Zeiträume nebeneinander:** *Verschiedene* Gegenstände: Der Kläger bezieht sich auf einen Zeitraum A, der Widerkläger auf einen anderen Zeitraum B, Düss MDR **03**, 236, LG Hbg WoM **93**, 477 (zustm Ihlefeld).

26 **6) Wertberechnung, I 1, 3.** Man muß vier Situationen unterscheiden.

A. Verschiedene Streitgegenstände, I 1. Dann muß man die Werte der Streitgegenstände der Klage und der Widerklage zusammenrechnen, Köln MDR **01**, 941, Naumb JB **04**, 379.

27 **B. Nämlichkeit des Streitgegenstands, I 3.** Dann berechnet man die Gebühren grundsätzlich nach dem höheren der beiden Werte der Klage und der Widerklage, Hbg JB **01**, 27, Stgt NZG **01**, 522, Düss NJW **09**, 1515 (wegen einer Ausnahme).

28 **C. Hilfswiderklage.** Bei einer Hilfswiderklage erfolgt eine Zusammenrechnung nur dann, falls derjenige Eventualfall eintritt, für den der Widerkläger sie erhoben hatte, BGH RR **99**, 1736, Köln JB **75**, 506 (Einbeziehung in einen Vergleich), LG Freibg Rpfleger **82**, 357. Sonst würde die Rechtshängigkeit rückwirkend wegfallen.

29 **D. Weitere Einzelfragen.** Durch die Widerklage kann evtl eine Erhöhung der Verfahrensgebühr eintreten. Dann muß der Widerkläger nur den Unterschiedsbetrag gegenüber der vom Kläger vorweggeleisteten Gebühr zahlen. Er haftet aber für die gesamte Gebühr gesamtschuldnerisch. Der Widerkläger ist zu einer Vorauszahlung nach § 12 nicht verpflichtet. Er ist Kostenschuldner nach § 22 I. Kläger und Widerkläger haften bei einer Nämlichkeit des Streitgegenstands als Gesamtschuldner nach § 31.

30 **7) Hilfsanspruch, I 2.** Man muß den Hilfsanspruch und die in III geregelte Hilfsaufrechnung unterscheiden. Ein Grundsatz hat vielerlei Auswirkungen.

A. Grundsatz: Abhängigkeit von Entscheidung. Zur Entstehungsgeschichte Ffm MDR **79**, 411, Schneider NJW **75**, 2106. Man muß den Hilfsanspruch mit dem Hauptanspruch zusammenrechnen, soweit das Gericht über den Hilfsanspruch durch eine Stattgabe oder durch seine Abweisung als unbegründet und nicht als unzulässig entscheidet, BGH NJW **01**, 3616, LAG Bln NZA-RR **04**, 374, LAG Nürnb MDR **05**, 120 (je: auch zum Vergleich). Auch eine Zurückverweisung kann eine solche Entscheidung bedeuten.

31 Eine solche *Entscheidung fehlt* dann, wenn der Kläger den Hilfsanspruch nur im Rahmen einer Klagänderung erhoben hat und wenn das Gericht die Klagänderung nicht zuläßt, Düss Rpfleger **82**, 161, Nürnb MDR **80**, 238, Schlesw SchlHA **02**, 26, oder wenn der Kläger seine Klage zum Hauptanspruch zurücknimmt, bevor es zu einer Entscheidung nach I 2 gekommen ist, Köln JB **97**, 435, oder wenn sich die Hauptsache durch eine Erfüllung zum Hilfsanspruch erledigt hat. Sonst ist ein höherer Wert des Hilfsanspruchs unerheblich, ein gleich hoher oder niedrigerer ohnehin, Düss Rpfleger **82**, 161.

32 Es findet also schon nach dem Wortlaut des I 2 eine Zusammenrechnung *unabhängig* von der Höhe des *Hilfsanspruchs* statt. Das gilt freilich nur, soweit eine Entscheidung über den Hilfsanspruch ergeht.

Abschnitt 7. Wertvorschriften § 45 GKG

Keine Zusammenrechnung erfolgt, soweit das Gericht die Zulässigkeit des Hauptantrags offen läßt und bei seiner Verneinung über den Hilfsantrag entscheidet, BGH RR **99**, 1157.

B. Einzelfragen. Auf die Hilfswiderklage ist (jetzt) I 2, III entsprechend anwendbar, Schneider MDR **88**, 464, aM Meyer 19. I 2 ist wegen auf den sog unechten Hilfsantrag vor dem Arbeitsgericht unanwendbar. I 2 ist auch nur auf Gerichtskosten anwendbar, nicht auf Anwaltsgebühren allein, LAG Köln AnwBl **02**, 185. 33

8) Wechselseitige Rechtsmittel, II. Aus einem Grundsatz ergeben sich auch hier zahlreiche Folgen. 34

A. Grundsatz: Prüfung, ob verschiedene Streitgegenstände. Wechselseitige Rechtsmittel liegen dann vor, wenn beide Parteien gegen dasselbe Urteil oder gegen mehrere Urteile der Vorinstanz selbständig oder durch eine Anschließung ein Rechtsmittel einlegen, BFH **120**, 160, auch eine Beschwerde. Die Rücknahme einer selbständigen Berufung vor der Einlegung einer Anschlußberufung ist unschädlich.

Auch bei wechselseitigen Rechtsmitteln gilt der Grundsatz von I 1, 3. Es kommt darauf an, ob die Rechtsmittel *verschiedene Streitgegenstände* betreffen, BGH RR **03**, 712. Dann muß man die Werte zusammenrechnen, II in Verbindung mit I 1, OVG Hbg NVwZ-RR **07**, 566. Andernfalls entscheidet der höhere Wert, II in Verbindung mit I 3, BGH RR **03**, 712. Eine Verschiedenheit der Streitgegenstände liegt jedenfalls immer dann vor, wenn die Berufung und die Anschließung sich auf verschiedene Teile derselben Forderung beziehen. Eine Zusammenrechnung ist auch dann erforderlich, wenn eine unselbständige Anschlußrevision durch die Nichtannahme der Revision ihre Wirkung verliert, BGH (GSZ) **72**, 340, Schneider MDR **77**, 917. 35

B. Verhandlung in demselben Rechtsmittelverfahren. Nach II kommt es weiterhin darauf an, ob das Gericht über die wechselseitigen Rechtsmittel „nicht in getrennten Prozessen" verhandeln läßt, sondern in demselben Rechtsmittelverfahren. Eine Trennung führt zu mehreren selbständigen Rechtsmittelverfahren mit gesonderten Gebührenberechnungen. 36

C. Einzelfragen. Eine Berechnung nur nach dem höheren Wert ist auch bei wechselseitigen Rechtsmitteln dann erforderlich, wenn sich die Ansprüche gegenseitig ausschließen, Celle MDR **07**, 1286. Auch dann ist die Behandlung des Rechtsmittels in demselben Verfahren eine weitere Voraussetzung der Ermäßigung. Eine Anschließung stellt allerdings grundsätzlich kein neues Verfahren dar, es sei denn, das Gericht hätte das Anschlußrechtsmittel vorweg als unzulässig verworfen, Hamm JB **77**, 1716. 37

Durch Rechtsmittel gegen *verschiedene Urteile,* etwa gegen mehrere Teilurteile, entstehen verschiedene Rechtsmittelverfahren. Dasselbe gilt bei wiederholten Rechtsmitteln gegen dasselbe Urteil durch dieselbe Partei. Sie lassen sich nur durch eine Prozeßverbindung vereinigen. II führt aber in Verbindung mit I 1, 3 dann zur Ermäßigung, wenn das Gericht den einen Gesamtschuldner verurteilt hat, die Klage gegen den anderen Gesamtschuldner aber abgewiesen hat und wenn der verurteilte Gesamtschuldner und der Kläger Rechtsmittel einlegen, letzterer im Umfang der Klagabweisung.

Streitwert ist der Wert des Klaganspruchs. Wenn das Gericht den Kalganspruch teils zugesprochen, teils abgewiesen hat, muß man wegen der Verschiedenheit stets zusammenrechnen. Wenn ein Rechtsmittel eine Nebenforderung betrifft, darf man diese niemals neben der gleichfalls in die Rechtsmittelinstanz gelangten Hauptforderung berücksichtigen, §§ 43 I, 48 I, § 4 ZPO. Geht es nur noch um die Nebenforderung, kann sie maßgeblich in, Köln RR **89**, 1215. 38

Wenn eine Partei wegen der Klage *und* der Widerklage Rechtsmittel einlegt, handelt es sich um ein einseitiges Rechtsmittel. Dann muß man die Gebühren in der zweiten Instanz ebenso wie in der ersten berechnen. Man muß dann also prüfen, ob eine Nämlichkeit des Streitgegenstands vorliegt oder ob die Streitgegenstände verschieden sind. 39

9) Hilfsaufrechnung, III. Man muß die Hilfsaufrechnung und den in I 2 geregelten Hilfsanspruch unterscheiden. Zur Systematik Kanzlsperger MDR **95**, 883; Madert, Der Streitwert bei der Eventualaufrechnung usw, Festschrift für Schmidt (1981) 67; Schneider MDR **84**, 196. 40

GKG § 45   I. A. Gerichtskostengesetz

A. Grundsatz: Möglichkeit einer Wertaddition. I 2 hat eine endgültige Abkehr von der früheren einhelligen Rechtsprechung vorgenommen, wonach keine Streitwertaddition zulässig war. Deshalb sind die zum früheren Recht ergangenen Entscheidungen überholt, BGH (GSZ) **59**, 17. Vielmehr knüpft III an BGH **48**, 212 und die diesem folgende Rechtsprechung und Lehre an.

41 I 2 ist *auf* die *Hilfsaufrechnung unanwendbar,* Zweibr Rpfleger **85**, 328, aM Ffm JB **80**, 1544 (aber dann gilt III).

Wegen der *Hilfswiderklage* Rn 28, 50. Eine Erhöhung des Streitwerts um den Wert der Aufrechnungsforderung erfolgt nur dann, wenn die folgenden Voraussetzungen zusammentreffen, Schlesw SchlHA **81**, 189. Dabei kommt es nur im Verhältnis zum Hilfsaufrechnenden zur etwaigen Werterhöhung, aM KG MDR **09**, 586 (aber nur *seine* Parteiprozeßhandlung nach BLAH Grdz 47 vor § 128 ZPO gibt Veranlassung).

42 B. Wirkliche Aufrechnung. Es muß sich um eine echte Aufrechnung nach §§ 387ff BGB handeln, BGH NZM **04**, 423, also um einen Anspruch mit einem von der Klageforderung unabhängigen Wert, BGH NJW **94**, 1538, Düss MDR **99**, 957, KG JB **00**, 419. Die Aufrechnung mag vor dem Prozeß oder während des Prozesses erfolgt sein.

43 C. Beispiele zur Frage einer wirklichen Aufrechnung, III

Bürgschaft: *Keine* Aufrechnung besteht bei einer Aufrechnung des Bürgen mit einer Gegenforderung nur des Hauptschuldners.

Einrede, Einwendung: *Keine* Aufrechnung besteht bei einer bloßen Einrede oder Einwendung des Bekl, BGH FamRZ **09**, 1664 links oben, Düss MDR **99**, 957.
S auch „Mängelrüge", „Nichterfüllung", „Schlechterfüllung".

Kontokorrent: *Keine* Aufrechnung besteht bei einer solchen mit nur einer einzelnen Gegenforderung gegen eine Saldoklage aus einem Kontokorrent, BGH RR **97**, 1157.

Mängelrüge: Eine Aufrechnung besteht im Ergebnis bei einem Vorgehen des Bekl nach (jetzt) § 634 Z 2 BGB (Mangelbeseitigung usw), Düss AnwBl **84**, 614, aM Mün MDR **87**, 670 (aber auch eine Mängelrüge kann auf dasselbe hinauslaufen).
Keine Aufrechnung besteht evtl bei einer bloßen solchen Rüge des Bekl, Bbg JB **87**, 1383, Hamm RR **06**, 457, Köln VersR **93**, 460.
S auch „Einrede, Einwendung", „Schadensersatzanspruch".

Minderung: *Keine* Aufrechnung besteht bei einer Minderung durch den Bekl, Düss AnwBl **84**, 614.

Nichterfüllung: *Keine* Aufrechnung besteht bei der Einrede der Nichterfüllung eines Vertrags, BGH FamRZ **09**, 1664 links oben, Düss MDR **01**, 113.
S auch „Einrede, Einwendung".

Pfandrecht: *Keine* Aufrechnung besteht bei der Geltendmachung eines Pfandrechts durch den Bekl, soweit er wegen dieses Rechts keine Widerklage nach BLAH Anh § 253 ZPO erhoben hat.

Prozeßvoraussetzung: *Keine* (Hilfs-)Aufrechnung besteht dann, wenn sich der Bekl in erster Linie nur mit der Rüge des Fehlens einer Prozeßvoraussetzung nach BLAH Grdz 12ff vor § 253 ZPO verteidigt, Karlsr MDR **98**, 1249 (internationale Unzuständigkeit).

Schadensersatzanspruch: *Keine* Aufrechnung besteht bei einem Schadensersatzspruch des Bekl im Zusammenhang mit einer Mängelrüge, KG RR **00**, 757.
S auch „Mängelrüge".

Schlechterfüllung: *Keine* Aufrechnung besteht bei der Einrede der Schlechterfüllung eines Vertrags, BGH FamRZ **09**, 1664 links oben, Düss MDR **01**, 113.
S auch „Einrede, Einwendung".

Überzahlung: *Keine* Aufrechnung besteht bei der Geltendmachung einer Überzahlung, KG JB **00**, 419.

Verzug: Eine Aufrechnung kann wegen eines Verzugs bestehen, Hamm JB **05**, 541.

Vollstreckungsabwehrklage: Eine (Hilfs-)Aufrechnung kann *neben* anderen Einwendungen in einer solchen Klage nach § 767 ZPO erfolgen, Düss MDR **99**, 1092, LG Marb JB **02**, 533.

Zurückbehaltungsrecht: *Keine* Aufrechnung besteht bei der Ausübung eines solchen Rechts, BGH MDR **96**, 960.

Abschnitt 7. Wertvorschriften § 45 GKG

D. Bloße Hilfsaufrechnung. Der Bekl darf die zur Aufrechnung gestellte Forderung lediglich hilfsweise geltend gemacht haben, BGH NZM **04**, 423. Er muß also in erster Linie die Hauptforderung bestritten haben, Drsd MDR **99**, 119, Köln FamRZ **92**, 1461, LG Bayreuth JB **92**, 761, sei es auch nur wegen einer Einwendung, LG Erfurt JB **97**, 584. Wenn er dann mit einer unstreitigen Gegenforderung aufrechnet, bleibt das eine bloße Hilfsaufrechnung. Man muß seine Erklärungen wie sonst auslegen, Köln JB **96**, 645. Eine Hauptaufrechnung macht III vom Zeitpunkt ihrer Erklärung an unanwendbar, Drsd MDR **99**, 120, Karlsr MDR **95**, 643, Köln FamRZ **92**, 1461, aM Ffm RR **86**, 1064, Hamm JB **02**, 316 (schon vorher), Schneider MDR **89**, 302 (aber erst die Aufrechnungserklärung gibt einen Anlaß zur Beschäftigung mit der Aufrechnungsforderung).

44

III ist also auch dann *unanwendbar,* wenn auf eine zunächst nur hilfsweise Anrechnung nun eine Hauptaufrechnung folgt, BGH RR **99**, 1736, Hamm JB **02**, 316, Karlsr RR **99**, 223. Das gilt auch dann, wenn der Bekl bei einer Unzulässigkeit seiner Hauptaufrechnung diese Aufrechnungsforderung durch eine Hilfswiderklage nach Rn 28 geltend macht, BGH RR **99**, 1736.

Etwas anderes gilt dann, wenn zur Haupt- eine *Hilfsaufrechnung mit einer anderen Forderung* tritt. Dann erfolgt in der geltend gemachten Reihenfolge eine Zusammenrechnung, BGH MDR **92**, 307, Karlsr MDR **89**, 921, LG Erfurt JB **97**, 535. Dabei bleibt freilich die erste, unbedingte Aufrechnung unberücksichtigt, falls mehrere hilfsweise gestaffelte Gegenforderungen folgen, BGH **73**, 249, Köln VersR **92**, 1027, Zweibr Rpfleger **85**, 328.

E. Streitigkeit und Entscheidungsbedürftigkeit der Hilfsaufrechnung. Die zur Hilfsaufrechnung gestellte Forderung muß entweder von vornherein streitig gewesen oder doch im Lauf des Rechtsstreits streitig geworden sein, BGH NZM **04**, 423, Hamm MDR **00**, 296, sei es wegen einer angeblichen Unzulässigkeit, sei es wegen einer angeblichen Unbegründetheit der Hilfsaufrechnung. § 15 stellt auf jeden dieser Fälle ab.

45

Es kommt also auch *nicht* darauf an, ob der *Kläger* die Hilfsaufrechnung für *unzulässig* oder für *unbegründet* hält. Denn III berücksichtigt die Mehrarbeit des Gerichts infolge der Hilfsaufrechnung, Saarbr AnwBl **80**, 155, Zweibr Rpfleger **85**, 328. Eine solche Mehrarbeit kann auch schon durch die von Amts wegen erforderliche vorrangige Prüfung der Zulässigkeit der Hilfsaufrechnung entstehen.

Es muß auch ein *Entscheidungsbedürfnis* über die Hilfsaufrechnung bestehen. Daran fehlt es, solange das Gericht den Hauptanspruch nicht abgewiesen hat, BGH RR **99**, 1157.

F. Rechtskraftfähige Entscheidung. Über die streitige Hilfsaufrechnung muß eine der inneren und nicht nur einer formellen Rechtskraft fähige Entscheidung ergangen sein, BGH NJW **09**, 232 (krit Hansens AnwBl **09**, 205), Ffm Rpfleger **85**, 510, Köln VersR **96**, 125. Maßgeblich ist das Urteil, Karlsr MDR **95**, 643, auch das Urkunden- oder Scheckvorbehaltsurteil usw, nicht der überdies noch etwa höhere Vergleich, Ffm MDR **80**, 64, Köln JB **79**, 566, LAG Bln JB **01**, 253, aM Mü JB **98**, 260 (aber er ist keine „Entscheidung"). Maßgeblich ist auch nicht die Aufrechnungserklärung, BGH RR **97**, 1157, Düss RR **98**, 643, Schlesw SchlHA **83**, 198. Schon gar nicht maßgeblich ist eine Durchsetzbarkeit des Hilfsaufrechnungsanspruchs, aM Ffm MDR **81**, 57 (aber es kommt eben nur auf die innere Rechtskraft der Entscheidung an). Es kommt auf den erstinstanzlichen Wert nur auf die Entscheidung dieser ersten Instanz an, BGH Rpfleger **87**, 38, Ffm MDR **01**, 776, LG Kassel RR **92**, 831, aM Mü MDR **90**, 934, Schlesw SchlHA **83**, 61 (aber der Wert richtet sich nur nach der jeweiligen Entscheidung). Es darf zB nicht in Wahrheit nur um das Entstehen der Klageforderung gehen, BGH RR **00**, 285, KG VersR **81**, 860, Köln MDR **79**, 413.

46

G. Beispiele zur Frage einer ausreichenden Entscheidung, III

47

Aufrechnungserklärung: *Nicht* ausreichend ist die bloße Aufrechnungserklärung, BGH RR **97**, 1157, Düss RR **98**, 643, Schlesw SchlHA **83**, 198.
Beschwer: Wegen ihrer Feststellung BAG DB **76**, 444.
Keine Erörterung: *Nicht* ausreichend ist eine Klagabweisung ohne erkennbare Erörterung der Hilfsaufrechnung.

GKG § 45   I. A. Gerichtskostengesetz

Höhe: Nach § 322 II ZPO ist eine Entscheidung, daß die Gegenforderung nicht bestehe, nur bis zur Höhe desjenigen Betrags der inneren Rechtskraft fähig, für den die Aufrechnung erfolgt, Celle AnwBl **84**, 311, Düss MDR **96**, 1299, BLAH § 322 ZPO Rn 21.

Insolvenz: Man kann die zur Hilfsaufrechnung gestellte Forderung auch dann bis zur vollen Höhe der ursprünglichen Klageforderung zulassen, wenn der Kläger im Prozeß im Insolvenzverfahren zu einer Feststellungsklage übergegangen ist und wenn das Prozeßgericht den Wert dieses Feststellungsantrags mit 10% der Ursprungsforderung festgesetzt hat, Schlesw SchlHA **81**, 189.

Instanz: Ausreichend ist die Entscheidung gerade dieser ersten Instanz, BGH Rpfleger **87**, 38, Ffm MDR **01**, 776, LG Kassel RR **92**, 831, aM Mü MDR **90**, 934, Schlesw SchlHA **83**, 61 (aber der Wert richtet sich nur nach der jeweiligen Entscheidung).

Klagerücknahme: *Nicht* ausreichend ist eine Klagerücknahme nach § 269 ZPO im Anschluß an eine Hilfsaufrechnung.

Mehrheit von Aufrechnungen: Bei einer Mehrheit von Aufrechnungsforderungen kommt es ebenfalls nur auf diejenigen an, über die das Gericht mit einer inneren Rechtskraft entscheidet, BGH NJW **92**, 912, Düss Rpfleger **94**, 129. Dabei ist diejenige Reihenfolge maßgeblich, die der Bekl angibt, auch hier natürlich nur bis zur Höhe der Klageforderung, BGH NJW **98**, 995, Ffm JB **80**, 1544, von König JB **01**, 235.

Substantiierung: Ausreichend ist es, daß das Gericht die Hilfsaufrechnung als nicht genügend substantiiert erklärt hat, BGH NJW **94**, 1538, Kblz JB **02**, 197.

Unentschiedenheit: *Nicht* ausreichend ist es, daß das Gericht in einem Vorbehaltsurteil nach § 302 ZPO die Entscheidung über die Hilfsaufrechnung offengelassen hat.

Unzulässigkeit: *Nicht* ausreichend ist grds eine Bezeichnung der Hilfsaufrechnung als unzulässig, BGH NJW **01**, 3616, Drsd JB **03**, 475, Düss WoM **97**, 428, aM Düss JB **82**, 265, Köln JB **82**, 245.

Urteil: Ausreichend ist natürlich das Urteil, Karlsr MDR **95**, 643.

Vergleich: *Nicht* ausreichend ist ein Vergleich, noch dazu etwa ein solcher über den bisherigen Streitgegenstand hinausgehender, Ffm MDR **80**, 64, Köln JB **79**, 566, LAG Bln JB **01**, 253, aM Mü JB **98**, 260.

Versäumnisurteil: Ausreichend ist ein Versäumnisurteil zB nach §§ 331 ff ZPO, aM KG JB **98**, 652 (aber auch dieses ist der inneren Rechtskraft fähig, BLAH § 322 ZPO Rn 1).

Verspätung: Ausreichend ist die Zurückweisung des Vortrags als verspätet, zB nach § 296 ZPO, Ffm MDR **84**, 239.

Vollstreckbarkeit: *Nicht* ausreichend ist eine Durchsetz- oder Vollstreckbarkeit des Hilfsaufrechnungsanspruchs, aM Ffm MDR **81**, 57 (aber es kommt eben nur auf die innere Rechtskraft der Entscheidung an, Rn 46).

Vorbehaltsurteil: Ausreichend ist auch ein solches Urteil zB nach §§ 302, 599 ZPO. S aber auch „Unentschiedenheit".

48 **H. Rechtsmittelinstanz.** In ihr kommt es darauf an, ob das Vordergericht oder das Rechtsmittelgericht über die Hilfsaufrechnung entschieden hatte, BGH Rpfleger **87**, 38, Brdb JB **06**, 596, Ffm RR **01**, 1653, aM Jena MDR **02**, 480, Stgt RR **05**, 507, Lappe Rpfleger **95**, 401 (aber aus der Frage, wer entschieden hat, leitet sich der Wert ab).

49 Eine *Verwerfung des Rechtsmittels* reicht nicht aus, KG MDR **90**, 259, aM ZöHe § 3 ZPO Rn 16 „Aufrechnung" (aber das ist keine Fachentscheidung). Wird infolge einer Rechtsmittelrücknahme die erstinstanzliche Entscheidung über die Hilfsaufrechnung rechtskräftig, erhöht sich der Kostenstreitwert der Rechtsmittelinstanz nicht, Brdb JB **06**, 596, Köln JB **95**, 485. Nimmt der Bekl sein Rechtsmittel vor der Entscheidung zurück, ergeht keine solche über seine Hilfsaufrechnung, Köln JB **95**, 144.

50 **10) Vergleich, IV.** Bei einer Erledigung des Rechtsstreits durch einen Vergleich gelten I 1, 3 entsprechend, LAG Bln NZA-RR **04**, 374, VGH Mü NVwZ-RR **04**, 620, ArbG Nürnb MDR **04**, 907. Vgl auch § 48 Anh I: § 3 ZPO Rn 127, 128 „Vergleich". Es kommt zB darauf an, ob die Parteien eines Hilfsanspruch mitgeregelt haben, KG MDR **04**, 56.

Abschnitt 7. Wertvorschriften **§§ 46, 47 GKG**

Familiensachen und Lebenspartnerschaftssachen

46 *Fassung 1. 9. 2009:* (aufgehoben)

Bisherige Fassung: I ¹Die Scheidungssache und die Folgesachen gelten als ein Verfahren, dessen Gebühren nach dem zusammengerechneten Wert der Gegenstände zu berechnen sind. ²Eine Scheidungsfolgesache nach § 623 Abs. 2, 3, 5, § 621 Abs. 1 Nr. 1, 2 oder 3 der Zivilprozessordnung ist auch dann als ein Gegenstand zu bewerten, wenn sie mehrere Kinder betrifft. ³§ 48 Abs. 4 ist nicht anzuwenden.

II Absatz 1 Satz 1 gilt entsprechend, wenn nach § 621a Abs. 2 der Zivilprozessordnung einheitlich durch Urteil zu entscheiden ist.

III Für die Lebenspartnerschaftssache nach § 661 Abs. 1 Nr. 1 der Zivilprozessordnung und deren Folgesachen (§ 661 Abs. 2, § 623 Abs. 1 und 5 der Zivilprozessordnung) gelten Absatz 1 Satz 1 und 3 und Absatz 2 entsprechend.

IV Die Bestellung eines Verfahrenspflegers und deren Aufhebung nach § 50 des Gesetzes über die Angelegenheiten der freiwilligen Gerichtsbarkeit sind Teil der Folgesache.

Rechtsmittelverfahren

47 I ¹Im Rechtsmittelverfahren bestimmt sich der Streitwert nach den Anträgen des Rechtsmittelführers. ²Endet das Verfahren, ohne dass solche Anträge eingereicht werden, oder werden, wenn eine Frist für die Rechtsmittelbegründung vorgeschrieben ist, innerhalb dieser Frist Rechtsmittelanträge nicht eingereicht, ist die Beschwer maßgebend.

II ¹Der Streitwert ist durch den Wert des Streitgegenstands des ersten Rechtszugs begrenzt. ²Das gilt nicht, soweit der Streitgegenstand erweitert wird.

III Im Verfahren über den Antrag auf Zulassung des Rechtsmittels und im Verfahren über die Beschwerde gegen die Nichtzulassung des Rechtsmittels ist Streitwert der für das Rechtsmittelverfahren maßgebende Wert.

Gliederung

1) Systematik, Regelungszweck, I–III	1
2) Geltungsbereich, I–III	2
3) Maßgeblichkeit des Antrags, I 1	3, 4
A. Frist, Auslegung	3
B. Beschränkung, Rücknahme	4
4) Beschwer, I 2	5–7
A. Kein rechtzeitiger Antrag	5
B. Überhaupt kein Antrag	6
C. Berechnung der Beschwer	7
5) Begrenzung des Streitwerts, II	8, 9
A. Grundsatz: Erstinstanzlicher Wert als Obergrenze, II 1	8
B. Ausnahme: Erweiterung des Streitgegenstands, II 2	9
6) Rechtsmittelzulassung, III	10

1) Systematik, Regelungszweck, I–III. Die Vorschrift ergänzt §§ 48, 52 usw **1** und knüpft zwecks einer Prozeßwirtschaftlichkeit nach BLAH Grdz 14 vor § 128 ZPO an die Anträge an, hilfsweise an die Beschwer. § 62 S 1 Hs 2 kann zu einer Abweichung des Rechtsmittel-Zulässigkeitswerts vom Rechtsmittel-Kostenwert führen.

2) Geltungsbereich, I–III. Die Vorschrift gilt in allen Rechtsmittelverfahren (Be- **2** rufung, einfache und sofortige Beschwerde, Revision, Sprungrevision, Rechtsbeschwerde, Erinnerung, Gegenvorstellung usw). Sie gilt auch im WEG-Streitverfahren, (zum alten Recht) LG Köln WoM **89**, 661, und im Verfahren des ArbGG, der FGO, des SGG oder VwGO, § 1 Z 2–5.

3) Maßgeblichkeit des Antrags, I 1. Im Rechtsmittelverfahren ist für den Streit- **3** wert grundsätzlich der gestellte Antrag des Rechtsmittelführers maßgeblich, BVerwG

GKG § 47 I. A. Gerichtskostengesetz

JB **95**, 255, Stgt FPR **08**, 121, VGH Mannh NVwZ-RR **07**, 213, aM Mü JB **92**, 252 (bei einer Absicht, I 2 zu umgehen). Das entspricht der Erkenntnis, daß sich das Interesse des Rechtsmittelführers von demjenigen der übrigen Prozeßbeteiligten unterscheiden kann, BVerwG Rpfleger **89**, 129. Bei einem unveränderten Streitgegenstand bleibt es freilich grundsätzlich beim erstinstanzlichen Streitwert, BVerwG Rpfleger **89**, 129, Hamm JB **77**, 705, aM Düss MDR **75**, 1027. Der Wert der angefochtenen Entscheidung ist grundsätzlich unbeachtlich. Es ist kostenrechtlich ebenso unerheblich, ob der Antrag prozeßrechtlich zulässig und begründet ist, BFH BStBl II **75**, 304.

A. Frist, Auslegung. Der Rechtsmittelführer braucht einen Antrag erst am Ende der Rechtsmittelbegründungsfrist zu stellen, §§ 520 III Z 1, 551 III Z 1 ZPO, 120 II 2 FGO, 139 II 2 VwGO. Bis zum Ablauf der Begründungsfrist bleibt der Streitwert also evtl ungeklärt. Das Gericht kann Kosten der Rechtsmittelinstanz nach § 6 allerdings schon dann einfordern, wenn die Rechtsmittelschrift usw eingeht.

Man muß für den Streitwert einen unklaren Antrag nach dessen Begründung *auslegen*, BFH BStBl II **77**, 306. Ein eindeutiger Antrag ist aber für den Kostenstreitwert auch dann bindend, wenn seine Begründung eine in Wahrheit geringere Beschwer ergibt, Schneider MDR **75**, 1028, aM Düss MDR **75**, 1027, Hamm JB **77**, 705 (aber die Vorschrift stellt eben auf den Antrag ab). Anders ist es bei der Ermittlung der Zulässigkeit des Rechtsmittels, BGH BB **76**, 815.

4   **B. Beschränkung, Rücknahme.** Soweit der Rechtsmittelführer das Rechtsmittel ohne eine Antragsstellung einlegt und es dann auf einen geringfügigen Betrag beschränkt oder zurücknimmt, liegt nicht stets ein Rechtsmißbrauch vor, jedenfalls nicht, soweit das Gesetz eine derart lange Überlegungsfrist gestattet, Bbg JB **78**, 891, Hamm MDR **79**, 591, Schlesw SchlHA **88**, 192. Freilich kann ein offensichtlicher krasser Fall einen Rechtsmißbrauch bedeuten und dann den reduzierten Antrag deshalb unerheblich machen, weil es dem Rechtsmittelführer in Wahrheit nicht um eine Sachentscheidung des Rechtsmittelgerichts geht, BGH (GSZ) **70**, 369 und RR **98**, 335, Düss JB **01**, 642, Schlesw JB **04**, 141. Das Gericht darf und muß evtl im Rahmen des § 63 zB durch Fragen klären.

5   **4) Beschwer, I 2.** Die Beschwer ist für den Kostenstreitwert maßgebend, wenn eine der folgenden Situationen vorliegt, Schulte MDR **00**, 807. Mangels einer Beschwer gilt der Mindestwert nach § 34 S 1.

A. Kein rechtzeitiger Antrag. Das Gesetz muß für die Rechtsmittelbegründung eine Frist vorgeschrieben haben und der Rechtsmittelführer muß innerhalb dieser Frist keine Rechtsmittelanträge eingereicht haben, Bbg JB **76**, 483, LG Köln WoM **89**, 661. Einreichung ist der Eingang beim Gericht, Bbg JB **76**, 483. Ein späterer Antrag mit einem geringeren Wert bleibt außer Betracht, BGH **70**, 365.

6   **B. Überhaupt kein Antrag.** Das Rechtsmittelverfahren mag auch geendet haben, ohne daß der Rechtsmittelführer überhaupt einen Rechtsmittelantrag nach Rn 5 eingereicht hat, LG Köln WoM **89**, 661. Das ist zB dann so, wenn sich die Sache innerhalb der Rechtsmittelfrist durch eine Rechtsmittelrücknahme erledigt hat, Köln MDR **84**, 766, Zweibr MDR **08**, 1244, oder durch einen Vergleich oder durch die Anordnung des Ruhens des Verfahrens, Ffm JB **91**, 107.

7   **C. Berechnung der Beschwer.** Die Beschwer ergibt sich aus dem Vergleich der Anträge des Rechtsmittelführers im vorigen Rechtszug und aus dem dort erzielten Ergebnis, Jena MDR **02**, 480, Stgt MDR **01**, 113, Zweibr MDR **08**, 1244. Es mag zB nur noch um eine Zug-um-Zug-Gegenleistung gehen. Bei einer Rechtsmittelbeschränkung wegen der Erledigung der Hauptsache vor der Einlegung des Rechtsmittels ist dieselbe Berechnung notwendig. Denn der Rechtsmittelführer beabsichtigt dann im Umfang der Rechtsmittelbeschränkung keine Urteilsänderung mehr. I 2 stellt nur klar, daß sich der Kostenstreitwert beim Fehlen oder bei Verspätung einer Rechtsmittelbeschränkung nach dem ganzen Umfang des Unterliegens in der Vorinstanz richtet, Bbg FamRZ **97**, 38 oben.

Bei einer *Mehrheit* von Streitgenossen und einer Abweisung durch mehrere Teilurteile gilt für jedes Rechtsmittel trotz der Gesamtschuldnerhaftung der volle Wert als Beschwer. Es kommt nicht darauf an, wie der Rechtsmittelführer sein Rechtsmittel

Abschnitt 7. Wertvorschriften **§ 47, Übers § 48 GKG**

bezeichnet hat, sondern darauf, als welches Rechtsmittel das Gericht die Eingabe behandelt hat, Hamm JB **92**, 891.

5) Begrenzung des Streitwerts, II. Einem Grundsatz stehen Ausnahmen gegenüber. **8**

A. Grundsatz: Erstinstanzlicher Wert als Obergrenze, II 1. Im Rechtsmittelverfahren ist der Kostenstreitwert grundsätzlich durch den Wert des Streitgegenstands des 1. Rechtszugs begrenzt, BGH FamRZ **03**, 1274 links Mitte, BVerwG JB **93**, 738 (auch zu einer Ausnahme bei II 1), Mü NJW **06**, 383. Maßgeblich ist zunächst die erstinstanzliche Wertfestsetzung nach § 63 I 1, 2 oder II. Das Rechtsmittelgericht darf und muß sie evtl nach § 63 III ändern. Es ist nicht etwa die sachlichrechtliche Beschwer auch für den Kostenstreitwert maßgeblich.

Dieser Grundsatz gilt auch dann, wenn zB der *Wert* des unveränderten Streitgegenstandes *steigt,* aM BGH RR **98**, 1452 (aber der Wortlaut von II 1 ist eindeutig anders), oder wenn das Interesse des Beigeladenen nach der VwGO von dem Interesse des Klägers abweicht oder wenn es um ein Rechtsmittel des Klägers geht, aM BVerwG Rpfleger **89**, 171 (aber der Wortlaut von II 1 ist eben eindeutig, BLAH Einl III 39).

B. Ausnahme: Erweiterung des Streitgegenstands, II 2. Die Vorschrift läßt **9** sich verfassungsgemäß auslegen, Mü NJW **06**, 383. Die Begrenzung durch den Wert der Vorinstanz gilt ausnahmsweise nicht, soweit der Streitgegenstand im Rechtsmittelverfahren eine Erweiterung erfährt, Mü NJW **06**, 383. Dann ist der Streitwert des Rechtsmittelverfahrens ebenso hoch wie der Wert des Streitgegenstands nach seiner Erweiterung, BGH RR **98**, 572 (auch zu den Grenzen). Das kann durch eine Klageerweiterung unabhängig von ihrer etwaigen Unzulässigkeit geschehen, BFH AnwBl **79**, 113, Celle FamRZ **09**, 74. Es kann auch dadurch erfolgen, daß zB das Berufungsgericht nach einem erstinstanzlichen bloßen Auskunftsurteil die Stufenklage jetzt ganz abweist, BGH RR **92**, 1021. Wenn dagegen innerhalb desselben Rechtszugs eine Werterhöhung stattfindet, bleibt diese unbeachtet, § 40. II 2 gilt entsprechend auch dann, wenn es nur noch um eine Folgesache geht, Rn 2.

6) Rechtsmittelzulassung, III. Im Verfahren über die Zulassung oder Nichtzu- **10** lassung eines Rechtsmittels und in dem Beschwerdeverfahrens gegen die Nichtzulassung ist Streitwert jeweils der für das Rechtsmittelverfahren maßgebende Wert. Es gelten also wiederum I, II, folglich in erster Linie die Anträge auf eine Zulassung bzw auf eine Aufhebung der Nichtzulassung, sonst (I 2) die Beschwer, Madert NJW **98**, 581, Otto JB **97**, 286.

Unterabschnitt 2. Besondere Wertvorschriften

Übersicht

Gliederung

1) Systematik	1
2) Regelungszweck	2
3) Geltungsbereich	3
4) Gebührenfreiheit	4–6
A. Grundsatz: Gebührenpflicht nur bei gesetzlicher Regelung	4
B. Beispiele zur Frage einer Gebührenfreiheit	5, 6
5) Weitere Einzelfragen	7, 8

1) Systematik. Man kann die Gebühren ihrer Art nach einteilen in Verfahrensgebühren, die ein Verfahren besteuern, also den ganzen Prozeß oder einen in sich abgeschlossenen Teil des Prozesses, und Aktgebühren, die aus der Vornahme einer einzelnen Prozeßhandlung entstehen. Das GKG kennt beide Arten. **1**

2) Regelungszweck. Die Gebührenregelung des GKG beruht aus Vereinfachungsgründen auf dem Pauschalsystem. Es wird also nicht eine Gebühr durch eine Reihe gleichartiger Handlungen fällig, sondern alle diese Handlungen gilt dieselbe ohne Rücksicht auf die Arbeitslast erhobene Gebühr ab. Die übrigen Prozeßhandlungen bleiben unbesteuert. **2**

GKG Übers § 48, § 48   I. A. Gerichtskostengesetz

3 **3) Geltungsbereich.** §§ 48 ff regeln die Wertberechnung in den nach der ZPO, der VwGO, dem SGG und der FGO behandelten Angelegenheiten. Für die Höhe der Gebühren und für die Bemessung der Auslagen gilt das KV. Aus dem Rahmen des Abschnitts fällt die Verzögerungsgebühr des § 38.

4 **4) Gebührenfreiheit.** Ein Grundsatz hat vielfältige Auswirkungen.
A. Grundsatz: Gebührenpflicht nur bei gesetzlicher Regelung. Soweit das GKG keine Gebühr vorsieht, ist der Akt gebührenfrei oder gilt ihn eine anfallende Verfahrensgebühr auch mit ab.

5 **B. Beispiele zur Frage einer Gebührenfreiheit**
Ablehnung: Die Entscheidung über die Ablehnung einer Gerichtsperson ist gebührenfrei.
Berichtigung: Rn 6 „Urteilsberichtigung".
Erinnerung: Das Verfahren nach § 766 ist gebührenfrei.
Feiertag: Rn 6 „Zustellung".
Kostenfestsetzungsverfahren: Es ist gebührenfrei.
Nachtzeit: Rn 6 „Zustellung".
Notfristzeugnis: Seine Erteilung ist gebührenfrei.
Ordnungsmittel: Die Entscheidung über die Verhängung eines Ordnungsmittels gegenüber einem Zeugen oder Sachverständigen ist gebührenfrei.
Prozeßkostenhilfeverfahren: Die Bewilligung der Prozeßkostenhilfe ist gebührenfrei.
Prozeß- und Sachleitung: Sie ist gebührenfrei.
Rechtskraftzeugnis: Seine Erteilung ist gebührenfrei.
Sicherheitsleistung: Die Entscheidung über die Rückgabe einer Sicherheitsleistung ist gebührenfrei.
Sonntag: Rn 6 „Zustellung".

6 **Urteilsberichtigung:** Sie ist gebührenfrei.
Verweisung: Die Entscheidung über eine Verweisung an ein anderes Gericht ist gebührenfrei.
Etwas anderes gilt für die im bisherigen Verfahren entstandenen Kosten, § 281 III ZPO.
Verzögerungsgebühr: Die Entscheidung über die Verhängung einer Verzögerungsgebühr nach § 38 ist gebührenfrei.
Nur *sie selbst* muß man natürlich bezahlen.
Vollstreckbare Ausfertigung: Die Erteilung einer weiteren vollstreckbaren Ausfertigung ist gebührenfrei.
Vollstreckungserinnerung: Rn 5 „Erinnerung".
Vollstreckungsersuchen: Ein solches Ersuchen an eine Behörde ist gebührenfrei.
Vollstreckungsklausel: Die Erteilung der Klausel ist gebührenfrei.
Zustellung: Das Verfahren über die Bewilligung einer Zustellung an einem Sonn- oder Feiertag oder zur Nachtzeit ist gebührenfrei.

7 **5) Weitere Einzelfragen.** Das Entstehen der Gebühr ergibt sich stets aus der Handlung einer Partei oder eines Beteiligten oder des Gerichts. Eine Vorschußpflicht besteht für Gebühren nicht. Etwas anderes gilt für Auslagen. Es besteht aber regelmäßig eine Vorwegleistungspflicht, Üb 5 vor § 22.

8 Jede Gebühr entsteht in derselben Instanz *nur einmal*. Der Begriff der Instanz ist nicht derselbe wie im Zivilprozeß, § 35. Neben der Verfahrensgebühr entsteht im Zivilprozeß nur ausnahmsweise eine andere Gebühr. Die Mahngebühr ist im Grunde eine ermäßigte Verfahrensgebühr.

Bürgerliche Rechtsstreitigkeiten

48 *Fassung 1. 9. 2009:* **I** [1]In bürgerlichen Rechtsstreitigkeiten richten sich die Gebühren nach den für die Zuständigkeit des Prozeßgerichts oder die Zulässigkeit des Rechtsmittels geltenden Vorschriften über den Wert des Streitgegenstands, soweit nichts anderes bestimmt ist. [2]In Rechtsstreitigkeiten aufgrund des Unterlassungsklagengesetzes darf der Streitwert 250 000 Euro nicht übersteigen.

Abschnitt 7. Wertvorschriften **§ 48 GKG**

II ¹In nichtvermögensrechtlichen Streitigkeiten ist der Streitwert unter Berücksichtigung aller Umstände des Einzelfalls, insbesondere des Umfangs und der Bedeutung der Sache und der Vermögens- und Einkommensverhältnisse der Parteien, nach Ermessen zu bestimmen. ²Der Wert darf nicht über eine Million Euro angenommen werden.

III Ist mit einem nichtvermögensrechtlichen Anspruch ein aus ihm hergeleiteter vermögensrechtlicher Anspruch verbunden, ist nur ein Anspruch, und zwar der höhere, maßgebend.

Vorbem. Zunächst I 1 geändert durch Art 16 Z 9 des 2. JuMoG v 22. 12. 06, BGBl 3416, in Kraft seit 31. 12. 06, Art 28 I des 2. JuMoG, Übergangsrecht §§ 71, 72 GKG. I 1 sodann geändert dch Art 5 Z 4 G v 30. 10. 08, BGBl 2122, in Kraft seit 12. 12. 08, Art 8 I G. Schließlich Überschrift und I 1 geändert, früherer III aufgehoben, daher früherer IV zu III dch Art 47 I Z 9 a–d FGG-RG v 17. 12. 08, BGBl 2586, in Kraft seit 1. 9. 09, Art 112 I Hs 1 FGG-RG, Übergangsrecht Art 111 FGG-RG. Grdz 2 vor § 1 FamGKG, Teil I B dieses Buchs.

Bisherige Fassung: **Bürgerliche Rechtsstreitigkeiten, Familien- und Lebenspartnerschaftssachen**

48 I ¹In bürgerlichen Rechtsstreitigkeiten und in den in § 1 Abs. 1 Nr. 2 und 3 genannten Familien- und Lebenspartnerschaftssachen richten sich die Gebühren nach den für die Zuständigkeit des Prozessgerichts oder die Zulässigkeit des Rechtsmittels geltenden Vorschriften über den Wert des Streitgegenstands, soweit nichts anderes bestimmt ist. ²In Rechtsstreitigkeiten aufgrund des Unterlassungsklagegesetzes darf der Streitwert 250 000 Euro nicht übersteigen.

II ¹In nichtvermögensrechtlichen Streitigkeiten ist der Streitwert unter Berücksichtigung aller Umstände des Einzelfalls, insbesondere des Umfangs und der Bedeutung der Sache und der Vermögens- und Einkommensverhältnisse der Parteien, nach Ermessen zu bestimmen. ²Der Wert darf nicht über eine Million Euro angenommen werden.

III ¹Handelt es sich bei der nichtvermögensrechtlichen Streitigkeit um eine Ehesache oder eine Lebenspartnerschaftssache nach § 661 Abs. 1 Nr. 1 bis 3 der Zivilprozessordnung, ist für die Einkommensverhältnisse das in drei Monaten erzielte Nettoeinkommen der Eheleute oder der Lebenspartner einzusetzen. ²Der Streitwert darf in den in Satz 1 genannten Fällen nicht unter 2000 Euro angenommen werden. ³In Kindschaftssachen beträgt der Wert 2000 Euro, in einer Scheidungsfolgesache nach § 623 Abs. 2, 3, 5, § 621 Abs. 1 Nr. 1, 2 oder 3 der Zivilprozessordnung 900 Euro.

IV Ist mit einem nichtvermögensrechtlichen Anspruch ein aus ihm hergeleiteter vermögensrechtlicher Anspruch verbunden, ist nur ein Anspruch, und zwar der höhere, maßgebend.

Gliederung

1) Systematik, I–III	1
2) Regelungszweck, I–III	2
3) Geltungsbereich, I–III	3
4) Nichtvermögensrechtliche Streitigkeit, II	4–13
A. Grundsatz: Maßgeblichkeit der Rechtsnatur	4
B. Abgrenzung zum vermögensrechtlichen Anspruch	5
C. Beispiele zur Frage eines vermögens- oder nichtvermögensrechtlichen Anspruchs, I, II	6–13
5) Wertberechnung, II	14–19
A. Gesamtabwägung II 1	14
B. Kein Ausgangswert	15–17
C. Höchstwert, II 2	18
D. Kein Regelwert	19
6) Einzelfaktoren, II 1	20–35
A. Grundsatz: Beachtlichkeit aller Umstände	20–22
B. Umfang der Sache	23
C. Beispiele zur Frage eines Umfangs der Sache, II 1	24, 25
D. Bedeutung der Sache	26, 27
E. Vermögens- und Einkommensverhältnisse	28

F. Beispiele zur Frage der Vermögensverhältnisse, II 1 29–31
G. Beispiele zur Frage der Einkommensverhältnisse, II 2 32–35
7) **Verbindung verschiedenartiger Ansprüche, III** 36–38

1   1) **Systematik, I–III.** §§ 48 ff enthalten im Anschluß an die allgemeinen Wertvorschriften §§ 39–47 besondere Wertregelungen und damit weitere Grundsätze der Berechnung des Kostenstreitwerts. I verweist auf alle diejenigen Wertvorschriften auch und gerade außerhalb des GKG, die für die Zuständigkeit des Prozeßgerichts oder für die Zulässigkeit eines Rechtsmittels maßgeblich sind. Die wesentlichen Vorschriften dieser Art sind im Anh I, II § 48 zusammengestellt und kommentiert. Hinzu treten zB §§ 511 ff ZPO, BLAH dort.
§§ 3–9 ZPO, 182 InsO dienen zunächst der Ermittlung der *sachlichen Zuständigkeit*. Sie sind daher nach I 1 mit seiner mittelbaren Verweisung nur anwendbar, soweit nicht §§ 48 ff Sondervorschriften enthalten.
II 1 stimmt fast wörtlich, II 2 im Kern mit § 43 I 1, 2 FamGKG überein, Teil I B dieses Buchs.

2   2) **Regelungszweck, I–III.** Die Vorschrift bezweckt zusammen mit den in Anh I, II § 48 usw aufgeführten Bestimmungen eine Klärung, durch welches Nadelöhr der Justiz sich fast ein jedes Gerichtsverfahren zwängen muß. Denn vom Wert hängen zahlreiche Kostenberechnungen entscheidend ab. Die Vielfalt der Lebenssachverhalte bringt oft ganz erhebliche Probleme beim Bemühen um einen „richtigen" Wert mit sich. Die Kostengerechtigkeit erfordert eine feine, oft feinste Aufsplitterung. Das Gebot der Prozeßwirtschaftlichkeit fordert eine halbwegs übersehbar bleibende Einfachheit auf diesem Nebenschauplatz des Prozeßrechts, das schon kompliziert genug ist. Das muß man trotz der oft wirtschaftlich erheblichen Auswirkungen bei der Auslegung mitbeachten. Man sollte sich vor einem Streitwertkult mit einem zu ausgeprägten Eigenleben bewahren.

3   3) **Geltungsbereich, I–III.** Die Vorschrift gilt zwingend in bürgerlichrechtlichen Rechtsstreitigkeiten, I. Vor den Arbeitsgerichten gilt § 48 nur, soweit nicht § 42 IV als eine Spezialvorschrift den Vorrang hat. Vor den Gerichten der Finanz-, Sozial- und Verwaltungsgerichtsbarkeit gilt § 52.
Bürgerliche Rechtsstreitigkeiten sind alle vor ein ordentliches Gericht gehörenden Rechtssachen, auf die die ZPO anwendbar ist. Weder die Zulässigkeit des Rechtswegs ist erheblich noch die Ordnungsmäßigkeit des Vorgangs, der die Gebühr zum Entstehen bringt. Es kommt nur auf die äußere Form an.
Familiensachen und Sachen nach § 107 FamFG unterliegen den Wertvorschriften §§ 33 ff FamGKG, Teil I B dieses Buchs.

4   4) **Nichtvermögensrechtliche Streitigkeit, II**
Schrifttum: *Baum,* Vermögensrechtliche und nichtvermögensrechtliche Streitigkeiten im Zivilprozeß, Diss Bonn 2000; *Gerhardt,* Nichtvermögensrechtliche Streitigkeiten – eine Besonderheit im Zivilprozeß?, Festschrift für *Schumann* (2001) 133; *Haberzettl,* Streitwert und Kosten in Ehe- und Familiensachen, 2. Aufl 1985; *Günther Rohs,* Streitwert in Ehe- und Folgesachen, Festschrift für *Schmidt* (1981) 183.

A. Grundsatz: Maßgeblichkeit der Rechtsnatur. Wegen II, III und damit mittelbar auch für die sachliche Zuständigkeit, ferner wegen § 708 Z 11 ZPO geht es oft auf die Abgrenzung zwischen einem vermögens- und einem nichtvermögensrechtlichen Anspruch an, aM Gerhardt 146 (eine solche Abgrenzung sei weder erforderlich noch gerechtfertigt. Die Praxis denkt vielfach anders). Mehrere Ansprüche führen grundsätzlich zur Zusammenrechnung, § 48 Anh I: § 5 ZPO. Eine Ausnahme gilt bei § 46 I 2. Bei einer Klage und Widerklage gilt § 45.
Für die Frage, ob die eine oder andere Art von Anspruch vorliegt, kommt es allein auf die *Natur desjenigen Rechts* an, für das der Kläger einen Schutz verlangt, Fricke VersR **97**, 406. Es ist also nur der Vortrag des Klägers maßgeblich, BGH JZ **82**, 512. Es ist folglich unerheblich, was der Bekl mit seinem Einwand bezweckt. Es können natürlich auch verschiedenartige Ansprüche nebeneinander vorliegen und daher gesondert bewertbar sein, zB der Anspruch auf die Unterlassung einer Ehrenkränkung und der Anspruch auf deren Widerruf, LAG Mainz NZA-RR **07**, 542.

B. Abgrenzung zum vermögensrechtlichen Anspruch. Vermögensrechtlich 5
ist jeder Anspruch, der entweder auf einer vermögensrechtlichen Beziehung beruht
oder im wesentlichen wirtschaftlichen Interessen dienen soll, BGH **89**, 200, LAG
Mainz NZA-RR **07**, 542. Hierher gehört natürlich vor allem derjenige Anspruch,
der auf Geld oder Geldeswert geht, BGH **83**, 109, LAG Bre AnwBl **84**, 165, LAG
Mü AnwBl **87**, 287, ohne eine Rücksicht auf den Ursprung und den Zweck. Deshalb
ist ein Unterhaltsanspruch oder ein Unterlassungsanspruch des gewerblichen
Rechtsschutzes immer vermögensrechtlich. Der Anspruch kann sich zwar auch auf
ein nichtvermögensrechtliches Verhältnis gründen. Er ist aber gleichwohl dann vermögensrechtlich,
wenn er eine vermögenswerte Leistung zum Gegenstand hat. Der
Kostenstreit in einer nichtvermögensrechtlichen Sache ist insoweit vermögensrechtlich,
als er zur Hauptsache geworden ist.

Maßgeblicher Zeitpunkt ist der Eingang des verfahrenseinleitenden Antrags. Freilich
ist grundsätzlich § 63 mitbeachtlich. Es kommt aber nicht mehr nur auf den Schluß
der letzten mündlichen Verhandlung an, Meyer 34, aM Bbg JB **76**, 54. Jede Instanz
rechnet gesondert.

C. Beispiele zur Frage eines vermögens- oder nichtvermögensrechtlichen 6
Anspruchs, I, II
Ablehnung: Es kommt auf den Charakter des zugehörigen Hauptverfahrens an,
Meyer 11, aM Kblz JB **91**, 1509, Köln Rpfleger **87**, 166.
Abmahnung: Vermögensrechtlich ist eine mit einer Kündigungsdrohung verbundene
Abmahnung, BAG MDR **82**, 694.
S auch Rn 11 „Personalakte".
Änderung des Streitgegenstands: Eine solche Änderung kann die Rechtsnatur ändern,
zB dann, wenn in einer bisher nichtvermögensrechtlichen Sache wegen übereinstimmender
voller wirksamer Erledigterklärungen beider Parteien die Kosten
zur Hauptsache werden, Rn 10 „Kostenstreit".
Arbeitsrecht: Vermögensrechtlich ist ein Freistellungsanspruch, LAG Mainz JB **08**, 478.
Vermögensrechtlich ist ein Anspruch auf eine andere Berechnung der Arbeitszeit,
LAG Stgt JB **09**, 533.
Nichtvermögensrechtlich sind: Ein Anspruch nach § 99 IV BetrVG, LAG Hann
AnwBl **84**, 166; meist ein Beschlußverfahren zwischen dem Arbeitgeber und dem
Betriebsrat, LAG Hbg NZA **93**, 43 (Mitbestimmung), LAG Mü AnwBl **87**, 287;
ein Streit über die Verkürzung der Arbeitszeit, LAG Mü JB **04**, 85; ein Anspruch
auf eine Teilzeitarbeit, LAG Mainz MDR **06**, 57.
S auch „Abmahnung", Rn 8 „Ehre", Rn 11 „Personalakte".
Auskunft: Vermögensrechtlich ist der Auskunftsanspruch nach §§ 1361 IV 4, 1605
BGB, BGH NJW **82**, 1651.
S auch Rn 12 „Unterhalt".
Ausschließung: Rn 10 „Körperschaft".
Berufsehre: Rn 8 „Ehre". 7
Berufsrecht: *Nichtvermögensrechtlich* ist ein nur körperloses Berufs- oder Familienrecht.
Betriebsrat: Rn 6 „Arbeitsrecht".
Bild: *Nichtvermögensrechtlich* ist grds eine vorbeugende Unterlassungsklage wegen der
Verletzung des Rechts am eigenen Bild, BGH NJW **96**, 1000 (Ausnahme: Wahrung
wirtschaftlicher Belange).
Es gilt auch § 43 FamGKG, Teil I B dieses Buchs.
Ehre: Vermögensrechtlich ist ein Anspruch zB auf einen Widerruf dann, wenn er allein 8
oder auch aus wirtschaftlichen Gründen erfolgt, BGH NJW **85**, 979. Vermögensrechtlich
kann ein Rechtsstreit nach dem Inhalt des Klaganspruchs auch dann
sein, wenn es dem Kläger nur um die Verteidigung seiner Ehre geht, BGH GRUR
81, 297.
Nichtvermögensrechtlich ist allerdings grundsätzlich der Ehrenanspruch, also der soziale
Geltungsanspruch, BGH NJW **85**, 979, auch des Arbeitnehmers, LAG Hamm
AnwBl **84**, 156, etwa den Angriff auf die Ehre abwehrende und auf § 823 II BGB,
§§ 185, 186 StGB gestützte Unterlassungsansprüche, BGH NJW **85**, 979. Das gilt
selbst dann, wenn es um die Berufsehre des Verletzten geht, BGH VersR **91**, 202
und 792, Schlesw JB **02**, 316, oder um Vermögensinteressen des Gegners, BGH

GKG § 48   I. A. Gerichtskostengesetz

VersR **83**, 832, oder wenn ein Vermögensschaden vorliegt, falls der Kläger den Vermögensschaden nicht mit geltend macht, es sei denn, sein Rechtsschutzbegehren solle wesentlich auch wirtschaftlichen Belangen dienen, BGH NJW **85**, 979, Mü JB **77**, 852.
S auch Rn 10 „Körperschaft".

Erledigung der Hauptsache: Ein *nichtvermögensrechtlicher* Anspruch wird nicht schon dadurch zu einem vermögensrechtlichen, daß der Kläger einseitig die Erledigung der Hauptsache erklärt, BGH NJW **82**, 767.
S aber auch Rn 10 „Kostenstreit".

9 **Feststellungsklage:** Es ist unerheblich, ob es sich um eine Feststellungs- oder um eine Leistungsklage handelt.
Firma: Rn 11 „Name".
Gegendarstellung: *Nichtvermögensrechtlich* ist der Anspruch auf die Veröffentlichung einer Gegendarstellung.
Gemeinschaft: Rn 10 „Hausbesichtigung".
Genossenschaft: Rn 10 „Körperschaft".
Geschäftsbezeichnung: Rn 11 „Name".
Gewerblicher Rechtsschutz: Vermögensrechtlich ist jeder Unterlassungsanspruch des gewerblichen Rechtsschutzes, KG RR **91**, 41.
Grab: *Nichtvermögensrechtlich* sind: Der Anspruch auf die Beisetzung in einem bestimmten Grab; eine Umbettung.
Grundrecht: *Nichtvermögensrechtlich* ist eine Verfassungsbeschwerde wegen seiner Verletzung.

10 **Hausbesichtigung:** Vermögensrechtlich ist der Anspruch auf eine Hausbesichtigung nach §§ 745, 2038 BGB, BGH NJW **82**, 1765.
Hundehaltung: Rn 11 „Miete".
Körperschaft: Vermögensrechtlich ist der Anspruch auf die Ausschließung aus einer Körperschaft, soweit es nicht um die Ehre und die allgemeine Achtung geht, sondern um wirtschaftliche Interessen, BGH NJW **09**, 3162, Ffm JB **03**, 644, Köln MDR **84**, 153.
Nichtvermögensrechtlich ist der Streit um den Ausschluß aus einer Genossenschaft wegen eines ehrenrührigen Verhaltens.
S auch Rn 8 „Ehre".
Kostenstreit: Vermögensrechtlich ist der Kostenstreit in einer nichtvermögensrechtlichen Sache insoweit, als er zur Hauptsache geworden ist, zB nach übereinstimmenden wirksamen vollen Erledigterklärungen beider Parteien.
Kreditgefährdung: Vermögensrechtlich ist der Unterlassungsanspruch nach § 824 BGB, LG Bayreuth JB **75**, 1356.
Kündigung: Rn 6 „Abmahnung".
Leistungsklage: Rn 9 „Feststellungsklage".

11 **Mahnung:** Rn 6 „Abmahnung".
Marke: Rn 11 „Name".
Miete: Vermögensrechtlich ist ein mietrechtlicher Unterlassungsanspruch, etwa wegen einer Hundehaltung, LG Mannh ZMR **92**, 546.
Mitbestimmung: Rn 6 „Arbeitsrecht".
Name: Bei einer Klage aus einem Namensrecht muß man unterscheiden. Soweit es sich um die wirtschaftliche Verwertung des Namens handelt, etwa in einer Firma, einer Marke, einer sonstigen geschäftlichen Bezeichnung, ist der Name vermögensrechtlich.
In den übrigen Fällen hat er *keinen* Vermögenswert.
Persönlichkeitsrecht: *Nichtvermögensrechtlich* sind: Das Persönlichkeitsrecht; ein Beseitigungsanspruch zum Schutz des Persönlichkeitsrechts, BGH VersR **82**, 296.
S auch Rn 12 „Telefonbelästigung".
Personalakte: Vermögensrechtlich ist der Anspruch auf die Entfernung einer Abmahnung aus der Personalakte, LAG Hamm MDR **84**, 877.
Nichtvermögensrechtlich ist der Anspruch auf eine Einsicht in die Personalakte, Köln VersR **80**, 490.
Politische Partei: *Nichtvermögensrechtlich* ist ein Streit über die Auflösung des Landesverbandes einer politischen Partei.

Presserecht: Rn 7 „Bild", Rn 8 „Ehre", Rn 9 „Gegendarstellung".
Privatklage: Auch ihre Miterledigung im Zivilprozeß ändert nichts am *nichtvermögensrechtlichen* Charakter des Hauptverfahrens, Köln JB **94**, 743.
Schmerzensgeld: Vermögensrechtlich ist ein Anspruch auf Schmerzensgeld auch dann, wenn die Ehre verletzt wurde, Köln VersR **94**, 875. 12
Stiftung: Vermögensrechtlich ist der Streit um die personelle Besetzung eines Stiftungskuratoriums, Hamm OLGZ **94**, 100.
Tagebuch: *Nichtvermögensrechtlich* ist der Anspruch auf die Herausgabe eines Tagebuchs.
Telefonbelästigung: *Nichtvermögensrechtlich* ist ein Anspruch auf die Unterlassung solcher Telefonanrufe, die nur eine Störung und Belästigung des persönlichen Bereichs darstellen, BGH NJW **85**, 809.
S auch Rn 11 „Persönlichkeitsrecht".
Tierhaltung: Rn 11 „Miete".
Unerlaubte Handlung: Rn 10 „Kreditgefährdung".
Unterhalt: Vermögensrechtlich ist jeder vertragliche Unterhaltsanspruch.
S auch Rn 6 „Auskunft".
Unterlassung: Rn 7 „Bild", Rn 8 „Ehre", Rn 10 „Kreditgefährdung", Rn 11 „Miete", Rn 12 „Telefonbelästigung", „Urheberrecht".
Urheberrecht: Vermögensrechtlich ist ein urheberrechtlicher Unterlassungsanspruch, soweit es sich neben den ideellen Belangen auch um die wirtschaftliche Auswertung des Werks handelt.
Verein: Es entscheidet seine Rechtsnatur, Köln MDR **84**, 153. Vermögensrechtlich ist der Streit um einen Mitgliedsbeitrag.
Nichtvermögensrechtlich ist die Frage der Zugehörigkeit zu einem Idealverein, Köln MDR **84**, 153, wohl auch ein Streit über eine Vorstandswahl, Düss AnwBl **97**, 680, LG Saarbr JB **95**, 26.
S auch Rn 10 „Körperschaft", Rn 11 „Politische Partei".
Veröffentlichung: Rn 9 „Gegendarstellung".
Wettbewerbsrecht: Rn 9 „Gewerblicher Rechtsschutz". 13
Widerruf: Rn 8 „Ehre".
Zeugnis: Vermögensrechtlich ist der Anspruch auf die Erteilung eines Zeugnisses nach § 73 HGB.
Zeugnisverweigerungsrecht: Maßgeblich ist der Charakter des Hauptprozesses.
Zwischenstreit: § 48 Anh I: § 3 ZPO Rn 147.

5) Wertberechnung, II. Man muß den Streitwert in einer nichtvermögensrechtlichen Sache nach II 1 wie folgt bestimmen. 14
A. Gesamtabwägung, II 1. Man muß alle Umstände berücksichtigen, Bbg JB **76**, 217, 799, Düss JB **95**, 252, Hamm Rpfleger **89**, 104. Wer das nachvollziehbar tut, handelt jedenfalls nicht willkürlich, selbst wenn er erheblich vom Üblichen abweicht, BLAH § 281 ZPO Rn 40, aM (zum alten Recht) BVerfG NJW **09**, 1198.
B. Kein Ausgangswert. Einen generell bezifferten Ausgangswert nennt das Gesetz nicht. Es kennt vielmehr nur Einsatz-, Mindest-, Höchst- und Festwerte zwecks einer Vereinfachung. 15
Nicht hierher zählen zB: Eine andere Sache oder eine andere unter das FamGKG fallende Sache. 16
Bei den letzteren Sachen gelten vielmehr §§ 1 ff FamGKG, Teil I B dieses Buchs. 17
C. Höchstwert, II 2. Die Vorschrift bestimmt einen Höchstwert für sämtliche nichtvermögensrechtlichen Sachen von 1 000 000 EUR. 18
D. Kein Regelwert. Vgl Rn 15, 16. 19

6) Einzelfaktoren, II 1. Es sind die folgenden Prüfschritte ratsam. 20
A. Grundsatz: Beachtlichkeit aller Umstände. Die Vorschrift nennt die dort genannten Einzelfaktoren zwar nur beispielsweise. Sie bestimmt aber, daß man diese Einzelfaktoren „insbesondere" berücksichtigen soll. Das bedeutet keineswegs, daß man nur sie zu erörtern braucht. Die Vorschrift ist offen gefaßt. Sie erlaubt und gebietet vielmehr nach einem pflichtgemäßen Ermessen die Berücksichtigung aller Umstände, soweit sie nur einen sachgemäßen Bezug zur Gebührenerhebung haben, BVerfG **80**, 107, Düss JB **95**, 252, Mü JB **92**, 350.

GKG § 48 I. A. Gerichtskostengesetz

21 Man sollte *jede Quotierung vermeiden,* Meyer 14, aM Ffm JB **78**, 1851 (33,3%), Zweibr JB **79**, 1333 (25%). Eine unterdurchschnittliche Schwierigkeit kann einen Abschlag bis zu 40% rechtfertigen, AG Lüdenscheid FamRZ **07**, 750. Ein Höchstwert erfordert nicht das Zusammentreffen von Höchstwerten bei allen Einzelfaktoren. Der Mindestwert von II 2 bleibt auch beim Zusammentreffen von Mindestwerten bei allen Einzelfaktoren bestehen.

22 Zum Ermessen gehört mindestens ein *kurzer Hinweis* darauf, daß weitere denkbare Faktoren im konkreten Einzelfall keinerlei Bedeutung erlangt haben.

23 **B. Umfang der Sache.** Man sollte ihn nur dann besonders beachten, wenn er aus dem üblichen Rahmen fällt, Düss AnwBl **86**, 250, Kblz JB **99**, 475, AG Westerstede FamRZ **08**, 1207. Berücksichtigen muß man den Umfang der Sache für das Gericht, Bbg JB **77**, 1590, Celle JB **76**, 797, Düss AnwBl **86**, 250. Dabei darf man natürlich nur auf eine ordnungsgemäße Arbeitsweise des Gerichts abstellen, Schneider JB **75**, 1558. Maßgeblich ist nur die jeweilige Instanz.

24 **C. Beispiele zur Frage eines Umfangs der Sache, II 1**
Antragsrücknahme: Rn 25 „Verfahrensstand".
Auslandsrecht: Beachtbar ist ein Auslandsbezug, BayObLG RR **99**, 1375, Karlsr FamRZ **07**, 751 rechts unten, Zweibr JB **94**, 899.
Beiakte: Beachtbar ist der Umfang einer zu prüfenden Beiakte.
Beweisaufnahme: Beachtbar sind ihre Häufigkeit und ihr Umfang, Schneider JB **75**, 1558.
Parteivortrag: Beachtbar sind die Kürze oder die Länge des Parteivortrags.
Prozeßdauer: Beachtbar ist sie, soweit man sie auf das Verhalten der Parteien oder ihrer ProzBev zurückführen muß, Hamm JB **76**, 800.

25 **Rechtsfrage:** Beachtbar ist ihre Schwierigkeit, Kblz JB **75**, 1092, Nürnb JB **75**, 1620.
Sachverhaltsklärung: Beachtbar ist ihre Schwierigkeit, Nürnb JB **75**, 1620.
Streitigkeit: Beachtbar ist der Grad der Streitigkeit oder Unstreitigkeit, Düss AnwBl **86**, 250, Karlsr AnwBl **81**, 405, aM Mü JB **92**, 349 (aber das ist ein erfahrungsgemäß sehr erheblicher Faktor).
Tatsachenumfang: Beachtbar ist der tatsächliche Umfang der Sache.
Verfahrensstandschaft: Beachtbar ist die Frage, wieweit das Verfahren bis zur Beendigung vorangekommen war, Bbg JB **77**, 1590, Hbg JB **94**, 492 (alsbaldige Antragsrücknahme), Schlesw SchlHA **85**, 180. Man muß dabei vom Leitbild der ZPO vom Ablauf einer streitigen Verhandlung und nicht nur von Leerformeln ausgehen, Bbg JB **76**, 220, 486.
Vorprozessuale Betreuung: *Nicht* beachtbar ist hier das Ausmaß der vorgerichtlichen Arbeit des Anwalts, Bbg JB **76**, 217, Köln JB **76**, 1538, Zweibr JB **79**, 1864, aM AG Langenfeld AnwBl **89**, 398 (aber es geht im GKG gerade um die Gerichtskosten).

26 **D. Bedeutung der Sache.** Man muß ferner die Bedeutung der Sache berücksichtigen. Auch hier kommt es sowohl auf eine tatsächliche Bedeutung als auch auf eine rechtliche an.

27 *Beachtlich sind zB:* Die Bedeutung der Sache als ein Musterprozeß; die Stellung einer Partei im öffentlichen Leben; das Ansehen, der Name, die Auswirkung wirtschaftlicher Art auf ein Unternehmen oder auf Angehörige, Schlesw JB **02**, 316, LAG Rostock MDR **01**, 337 (Betriebsrat), aM ZöHe § 3 ZPO Rn 16 „Ehesache" (aber darauf kommt es oft ganz wesentlich an); die Anwendung ausländischen Rechts, Hamm FamRZ **96**, 501.
Unbeachtlich ist zB hier ein öffentliches Interesse, Köln JB **80**, 577; ein Rechtsmißbrauch. Denn der Wert ist kein Mittel der Ahndung.

28 **E. Vermögens- und Einkommensverhältnisse.** Dieser Faktor ist verfassungsgemäß und zwingend, BVerfG FamRZ **09**, 491. Er ist auch im übrigen unbedenklich. Er ist zwar wichtig, Düss FamRZ **94**, 249 (hohes Privatvermögen). Aber er ist eben doch nur ein Einzelfaktor, Bbg JB **76**, 1233, Kblz FamRZ **93**, 827, Oldb FamRZ **09**, 1174. Es kommt auf die Verhältnisse beider Parteien an, nicht aber auf eine Zusammenrechnung. Maßgeblicher Zeitpunkt ist § 40 (zum alten Recht), Kblz JB **03**, 474, Nürnb MDR **09**, 511.

Abschnitt 7. Wertvorschriften § 48 GKG

Jeder *Schematismus* ist *unzulässig*, Rn 29 „Erträgnisse", Bbg JB **80**, 409, Hamm Rpfleger **89**, 104, Mü JB **79**, 1541.

F. Beispiele zur Frage der Vermögensverhältnisse, II 1 29
Belastungen: S „Erträgnisse".
Betriebsbewertung: *Wenig* beachtbar ist eine Bewertung durch den Betriebsinhaber.
Erträgnisse: Beachtbar sind natürlich die Erträgnisse. Man darf jedoch kein noch so praxisbequemes Schema bilden, Rn 28, etwa derart, daß das Vermögen 5% oder 10% des Streitwerts darstelle. Denn das paßt nicht zur Beachtlichkeit aller Einzelumstände, Rn 22, aM Ffm FamRZ **94**, 250, Köln FamRZ **97**, 37, Schlesw FamRZ **97**, 36 (aber man darf nicht einzelne Faktoren noch gar pauschalieren).
Ein Vermögen ist *nicht* schon belanglos, weil es keine Erträge abwirft oder weil es *belastet* ist, Schmidt JB **75**, 505, aM Düss JB **75**, 505 (wegen eines Nießbrauchs).
Grundvermögen: Hamm FamRZ **06**, 353, Mü AnwBl **85**, 203 (maßgebend ist der 30 Verkehrswert, nicht der Einheitswert. Beim selbst bewohnten Haus kann mangels eines Verkehrswerts die Mietersparnis maßgebend sein, Drsd MDR **03**, 535. Ein Einfamilienhaus oder eine Eigentumswohnung ist nicht stets ein außergewöhnliches Vermögen, Köln FamRZ **87**, 183, AG Groß Gerau JB **92**, 113. Zu einem Nießbrauch AG Altena FamRZ **00**, 1518.
Haus: S „Grundvermögen". Man kann beim Einfamilienhaus drei Kaltmieten ansetzen, Köln FamRZ **08**, 2051.
Haushalt: *Nicht* beachtbar sind die üblichen Haushaltssachen.
Kurzlebiges Wirtschaftsgut: Es ist *nicht* beachtbar, Ffm JB **77**, 703.
Lebensstandard: Beachtbar ist der Lebenszuschnitt der Eheleute im Zeitpunkt des 31 Urteils, Bbg JB **77**, 1424, Düss FamRZ **94**, 249, Kblz JB **79**, 1675, aM Ffm FamRZ **94**, 250, Hamm MDR **84**, 766, Oswald NJW **76**, 2254 (aber es kommt auf die Gesamtlage an).
Nießbrauch: Rn 29 „Erträgnisse", Rn 30 „Grundvermögen".
Pkw: *Nicht* beachtbar ist ein solcher der Mittelklasse, Mümmler JB **76**, 4.
Sparguthaben: Beachtbar ist ein hohes, *nicht* beachtbar ein kleines, Bbg JB **76**, 1231, Düss JB **75**, 504, Köln JB **75**, 503.
Steuerbescheid: *Wenig* beachtbar ist ein Steuerbescheid usw, Ffm JB **77**, 703, auch nicht bei § 6 VermStG, Meyer 18, aM Brschw JB **80**, 239, Dresd JB **03**, 474, Kblz JB **03**, 474 (60 000 EUR je Ehegatte).
Wohnungseigentum: Rn 29 „Grundvermögen".

G. Beispiele zur Frage der Einkommensverhältnisse, II 1 32
Arbeitslosengeld II: Es ist beachtbar, Köln FamRZ **09**, 638, Schlesw (1. FamS) JB **08**, 594, aM Hamm JB **09**, 33, Naumb FamRZ **09**, 639, Schlesw (13. FamS) JB **09**, 193.
Belastungen: Beachtbar sind zB beim Haus ungewöhnliche Ausgaben, Mü JB **80**, 894, Schlesw JB **76**, 1091.
Betriebsentnahme: Beachtbar ist eine solche Entnahme selbst dann, wenn der Betrieb mit einem Verlust arbeitet.
Einkommensarten: Beachtbar sind alle. 33
Kindergeld: Es ist beachtbar, Karlsr FamRZ **08**, 2051, Zweibr FamRZ **08**, 2052.
Kinderzahl: Sie ist beachtbar.
Laufende Ausgaben: Beachtbar ist ihre Höhe.
Prozeßkostenhilfe: *Nicht* beachtbar ist ihre Leistung, Schlesw FamRZ **06**, 52, Stgt 34 FamRZ **00**, 1518, AG Westerstede FamRZ **08**, 1207, aM Mü FamRZ **03**, 683 (aber sie erfolgt nach einer nur vorläufigen Beurteilung).
Schulden: Sie sind beachtbar, aM Karlsr FamRZ **92**, 707 (aber sie gehören nun einmal zur Gesamtlage).
Schwankendes Einkommen: Beachtbar ist grds der Jahresbetrag, ausnahmsweise aber nur ein Dreimonatsbetrag.
SGB: Beachtbar ist ein Einkommen nach dem SGB II, Düss FamRZ **09**, 453, aM KG FamRZ **09**, 1854, Köln FamRZ **09**, 1703.
Steuerbescheid: Nur *bedingt* beachtbar ist er wegen der Abzugsmöglichkeiten, 35 Mümmler JB **78**, 12.

GKG § 48, Anh § 48 (Einf) I. A. Gerichtskostengesetz

Tabelle: *Nicht* wesentlich beachtbar ist eine Tabelle als ein zu grober Anhaltspunkt, Rn 28 (kein Schematismus), Düss AnwBl **75**, 139.
Tatsächliches Einkommen: Beachtbar ist nur dieses, Rn 41.
Unterhaltsgeld: Es ist beachtbar, Karlsr FER **99**, 306.
Unterhaltspflicht: Sie ist beachtbar, KG NJW **76**, 900 (in der Regel je Kind vom 3-Monats-Einkommen ca 300 EUR absetzen); Mü FamRZ **09**, 1703 (je Kind ca 250 EUR, auch bei verschiedenen Eltern).
Wohnkostenzuschuß: Beachtbar ist ein solches Einkommen, Düss FamRZ **09**, 453.

36 **7) Verbindung verschiedenartiger Ansprüche, III.** Das Gesetz meint nicht alle Fälle der Anspruchshäufung, sondern nur die Verbindung eines nichtvermögensrechtlichen Anspruchs mit einem aus ihm hergeleiteten vermögensrechtlichen, Hamm VersR **08**, 1236.
III ist daher *zB anwendbar* bei einer Unterlassung ehrenrühriger Behauptungen und bei einem Schmerzensgeld, Köln VersR **94**, 875.

37 Wenn der Kläger *mehrere* nichtvermögensrechtliche Ansprüche geltend macht, muß man die Ansprüche zusammenrechnen, § 5 ZPO. Vgl Rn 4.

38 Welcher von den in III genannten Ansprüchen der höhere und damit für den Streitwert allein maßgeblich ist, das muß man durch einen *Vergleich* und notfalls durch die *Schätzung* beider Ansprüche ermitteln. Dabei muß man den Wert des nichtvermögensrechtlichen Anspruchs nach § 3 ZPO schätzen.

Anhang nach § 48
Der Streitwert nach §§ 3 bis 9 ZPO, 182 InsO

Einführung
(§§ ohne Zusatz sind solche der ZPO)

Gliederung

1) **Systematik**	1
2) **Regelungszweck**	2
3) **Geltungsbereich**	3
4) **Wertarten**	4–6
A. Zuständigkeitswert	4
B. Kostenwert	5
C. Beschwerdewert	6
5) **Festsetzungsarten: Auf Antrag oder von Amts wegen**	7
6) **Höhere Instanz**	8
7) **Verfahren**	9
8) **Rechtsbehelfe**	10–15
A. Zuständigkeitswert	10
B. Kostenwert	11–14
C. Rechtsmittelwert	15
9) **Arbeitsgerichtsverfahren**	16
10) **Finanzgerichtsverfahren**	17
11) **Baulandsache**	18

1 **1) Systematik.** Der Streitwert hat eine vielfache Bedeutung, Schumann NJW **82**, 1257. Er ist ein Abgrenzungsmerkmal für die sachliche Zuständigkeit, Rn 4, für die Höhe von Kosten, Rn 5, und für die Zulässigkeit eines Rechtsmittels, Rn 6.

2 **2) Regelungszweck.** In allen Fällen Rn 4–6 dienen §§ 3–9 der Rechtssicherheit wie der nicht nur kostenmäßigen Gerechtigkeit. Man muß sie daher an sich durchweg streng auslegen. Indessen zwingen die unendlichen Varianten im Einzelfall oft auch zu einer gewissen Beweglichkeit bei der Auslegung.

3 **3) Geltungsbereich.** §§ 3 ff gelten grundsätzlich in allen Verfahrensarten nach der ZPO. Vgl ferner Rn 16 ff.

4 **4) Wertarten.** Man muß mehrere Wertarten unterscheiden, Mü MDR **98**, 1243.
A. Zuständigkeitswert. Die Wertfestsetzung erfolgt dann nach §§ 3–9, wenn der Wert eine Bedeutung für die sachliche Zuständigkeit oder für die Zulässigkeit eines Rechtsmittels hat, BVerfG NJW **96**, 1531, oder für die vorläufige Vollstreckbarkeit.

B. Kostenwert. § 48 I 1 GKG verweist in bürgerlichen Rechtsstreitigkeiten auf 5
alle diejenigen Wertvorschriften auch und gerade außerhalb des GKG, die für die
Zuständigkeit der Prozeßgerichte oder für die Zulässigkeit eines Rechtsmittels maßgeblich sind. Die wesentlichen Vorschriften dieser Art sind in diesem Anh I, II zusammengestellt und kommentiert. Hinzu treten zB § 511 ff.

Die *Wertfestsetzung* erfolgt dann nach § 63 GKG, wenn der Wert eine Grundlage für
die Berechnung der Gerichtsgebühren und der Anwaltsgebühren bilden soll. §§ 13,
22 ff RVG nennen den Wert Gegenstandswert. Trotz einer Festsetzung nach § 63
GKG können die Parteien den Wert zB in einem Prozeßvergleich abweichend vereinbaren. Eine solche Regelung ist dann allerdings nur für die Berechnung und Verrechnung der außergerichtlichen Gebühren beachtlich. Sie ist dagegen für die entsprechende Behandlung der Gerichtskosten unbeachtlich, Hamm AnwBl **75**, 96.

Wenn das Gericht den Wert nach §§ 3–9 festgesetzt hat, ist diese Festsetzung auch
für die *Gebührenberechnung* maßgeblich, (jetzt) § 62 GKG, KG VersR **80**, 873, Mü
MDR **88**, 973. Das gilt mit Ausnahme vor allem eines Miet- oder Pachtanspruchs,
eines Unterhaltsanspruchs, einer Stufenklage, einer Widerklage, eines Arrests und
einer einstweiligen Verfügung. §§ 41–53 GKG. Das Gericht darf einen Wert nicht so
hoch ansetzen, daß kein Justizgewährungsanspruch nach Artt 2 I, 20 III GG mehr bestünde, BVerfG NJW **97**, 312 (unzumutbares Kostenrisiko genügt).

C. Beschwerdewert. Er stimmt nicht notwendigerweise mit dem Kosten- oder 6
Zuständigkeitswert überein, BGH NZM **99**, 561. Maßgebend sind die Regeln § 511
II, BVerfG NJW **96**, 1531, BGH MDR **04**, 406 (also § 3).

5) Festsetzungsarten: Auf Antrag oder von Amts wegen. Die Voraussetzun- 7
gen einer Wertfestsetzung sind davon abhängig, ob die Wertfestsetzung für die Zuständigkeit oder für die Kostenberechnung erfolgen soll.

Eine Festsetzung für die sachliche *Zuständigkeit* erfolgt regelmäßig nur dann, wenn
die Parteien über die Zuständigkeit oder über die Zulässigkeit des Rechtsmittels streiten. Das Gericht darf dann bereits zu Beginn des Rechtsstreits oder in dessen Verlauf
durch einen Beschluß entscheiden. Es muß seine Entscheidung aber erst im Urteil
treffen. Das Gericht darf und muß den Zuständigkeitswert aber auch von Amts wegen festsetzen. Das gilt zB dann, wenn seine sachliche Zuständigkeit nach dem Tatsachenvortrag des Klägers fehlt und daher eine Verweisung in Betracht kommt.

Demgegenüber erfolgt eine Festsetzung für die *Kosten* in folgenden Fällen, stets
durch einen Beschluß:
– *Antrag.* Eine Partei, ihr ProzBev oder die Staatskasse mag einen Antrag stellen. Das
  Gericht muß ihn dann zurückweisen, wenn das auch hier erforderliche Rechtsschutzbedürfnis fehlt, BFH BB **75**, 545, wenn zB der Wert unzweideutig feststeht,
  wie bei einer Forderung auf die Zahlung einer bestimmten Geldsumme.
– *Von Amts wegen.* Das Gericht darf und muß nach § 63 I 1 GKG vorläufig oder sogar
  § 63 II 1 GKG endgültig auch eine Wertfestsetzung von Amts wegen vornehmen,
  etwa um Zweifel des Kostenbeamten zu beheben.

6) Höhere Instanz. Sowohl bei einer Wertfestsetzung für die Zuständigkeit oder 8
für die Zulässigkeit eines Rechtsmittels als auch bei einer Wertfestsetzung für die
Kosten setzt das höhere Gericht den Wert grundsätzlich nach seinem eigenen pflichtgemäßen Ermessen fest, LAG Mü AnwBl **85**, 96, Wenzel DB **81**, 162 (für das arbeitsgerichtliche Verfahren). Wenn das für die sachliche Zuständigkeit geschehen ist,
muß das untere Gericht den Wert bei einer etwa zeitlich nachfolgenden gleichartigen
Entscheidung mindestens so hoch festsetzen, daß die Zuständigkeitsgrenze oder die
Grenze des Beschwerdewerts erreicht werden.

Das höhere Gericht kann den Kostenwert *für die untere Instanz* bindend festsetzen.
Wenn eine solche Festsetzung nicht vorliegt, ist das untere Gericht insoweit frei.
Wenn das untere Gericht seine sachliche Zuständigkeit mit Recht oder zu Unrecht
bejaht, bindet das das Beschwerdegericht. Der Wert liegt dann nicht unterhalb jener
Grenze, Köln JB **75**, 1355.

7) Verfahren. Das Gericht muß die Parteien grundsätzlich anhören. Es muß sei- 9
nen Wertfestsetzungsbeschluß grundsätzlich begründen, Ffm GRUR **89**, 934, KG
Rpfleger **75**, 109, BLAH § 329 Rn 4. Die Begründung läßt sich im Abhilfe- oder
Nichtabhilfebeschluß nachholen, Ffm GRUR **89**, 934. Die Begründung kann sich

GKG Anh § 48 (Einf)   I. A. Gerichtskostengesetz

aus dem engen Zusammenhang mit einem Verweisungsbeschluß ergeben, Mü MDR **88**, 973. Eine krasse Abweichung vom Üblichen braucht eine sorgfältige Begründung. BVerfG NJW **09**, 1198 sieht dann sogar einen Mutwillen drohen. Vgl aber BLAH Einl III 47.

Das Gericht teilt den Beschluß allen Beteiligten grundsätzlich von Amts wegen *formlos mit,* § 329 II 1, also allen denjenigen, deren Gebührenschuld oder Gebührenanspruch die Entscheidung berührt, KG Rpfleger **75**, 109. Bei § 107 II stellt das Gericht seinen Beschluß allerdings *förmlich zu,* § 329 II 2.

Das Gericht darf und muß seine Wertfestsetzung von Amts wegen *ändern,* sobald die Rechtslage die Änderung verlangt. Das gilt auch dann, wenn die Sache inzwischen beim Rechtsmittelgericht anhängig ist. Eine solche Änderung ist allerdings nur innerhalb von sechs Monaten seit der Rechtskraft der Entscheidung in der Hauptsache oder seit einer anderweitigen Erledigung des Verfahrens zulässig, § 63 II GKG.

Gebühren: Das Verfahren ist gerichtsgebührenfrei. Der Anwalt erhält ebenfalls keine Gebühr, § 19 I 2 Z 13 RVG.

10   **8) Rechtsbehelfe.** Es kommt auch hier auf die Wertart an.

A. Zuständigkeitswert. Wenn das Gericht den Wert nur für die sachliche Zuständigkeit festgesetzt hat, ist gegen einen etwaigen bloßen Wertfestsetzungsbeschluß kein Rechtsmittel statthaft. Denn die Wertfestsetzung für die sachliche Zuständigkeit stellt nur eine vorläufige Entscheidung dar, Karlsr JB **07**, 363, Stgt JB **07**, 145, Pabst/Rössel MDR **04**, 731, aM Bre RR **93**, 191 (aber dann wäre zB § 506 sinnlos). Ein *Verweisungsbeschluß* ist unanfechtbar, § 281. Im übrigen ist nur diejenige Entscheidung anfechtbar, durch die das Gericht über seine Zuständigkeit entschieden hat, Stgt JB **07**, 145. Das gilt unabhängig davon, ob das in einem Urteil oder in einem Beschluß geschehen ist.

Auch *§ 495a* ändert nichts an der grundsätzlichen Unanfechtbarkeit, aM LG Mü MDR **01**, 713 (da kein Zuständigkeitswert vorliege. Aber auch bei der Abgrenzung des Kleinverfahrens geht es um eine funktionelle Zuständigkeitsfrage mit einer nur vorläufigen Festsetzung).

11   **B. Kostenwert.** Wenn das Gericht den Kostenstreitwert festgesetzt hat, ist die Beschwerde nach § 68 GKG unter folgenden Voraussetzungen statthaft: Die Staatskasse hält den Streitwert für zu niedrig, der Anwalt hält den Streitwert für zu niedrig, § 32 II RVG; eine Partei hält den Streitwert für zu hoch.

In anderen Fällen fehlt die *Beschwer,* Hbg MDR **77**, 407, falls die vom Gegner zu erstattenden Anwaltsgebühren hinter denjenigen zurückbleiben, die man nach der eigenen Honorarvereinbarung zahlen muß. Denn nur die gesetzliche Vergütung ist erstattungsfähig, Hbg MDR **77**, 407, aM Pabst/Rössel MDR **04**, 733.

Die *andere Partei* ist im Beschwerdeverfahren kein Gegner, selbst wenn sie widerspricht, VGH Kassel AnwBl **84**, 49. Denn es handelt sich nicht um einen Parteienstreit, sondern um eine Festsetzung zum Zweck der Berechnung der Gerichts- und Anwaltskosten.

12   Die *Beschwerdesumme* muß 200 EUR übersteigen, § 68 I 1 GKG. Dieser Betrag errechnet sich nach den Unterschiedsbetrag derjenigen Gebühren, derentwegen man eine Festsetzung des Kostenstreitwerts beantragt hat.

13   Eine *weitere Beschwerde* ist unter den Voraussetzungen des § 68 I 4 GKG zulässig. Im Beschwerdeverfahren ergeht eine Kostenentscheidung nur dann, wenn das Beschwerdegericht die Beschwerde *zurückweist,* § 97 I. Wenn die Beschwerde nämlich Erfolg hat, fehlt ein Gegner. Daher ist dann § 91 nicht anwendbar.

14   Im *Beschwerdeverfahren* nach § 68 GKG entsteht keine Gerichtsgebühr, § 68 III 1 GKG. Vgl im übrigen KV 1811. Man kann das Beschwerdeverfahren auch noch dann fortsetzen, wenn das Urteil in der Sache selbst bereits rechtskräftig ist. Wenn sich dann ein Wert ergibt, der zur Folge hat, daß die Kostenentscheidung unrichtig geworden ist, gilt das bei BLAH § 319 Rn 5 Ausgeführte.

15   **C. Rechtsmittelwert.** Wenn das Berufungsgericht den Wert zB zur Vorbereitung eines Verwerfungsbeschlusses festgesetzt hat, um darauf hinzuweisen, daß die Berufungssumme des § 511 II Z 1 nicht vorliege, ist keine Beschwerde statthaft.

16   **9) Arbeitsgerichtsverfahren,** dazu *Baldus/Deventer,* Gebühren, Kostenerstattung und Streitwertfestsetzung in Arbeitssachen, 1993; *Hecker* AnwBl **84**, 116 (ausf): In

Abschnitt 7. Wertvorschriften **(Einf, § 3 ZPO) Anh I § 48 GKG**

diesem Verfahren erfolgt die Wertfestsetzung im Urteil, § 61 I ArbGG, und zwar entweder im Tenor oder in den Entscheidungsgründen, Wenzel DB **81**, 166. Dieser Urteilsstreitwert ist für das Rechtsmittelverfahren der Hauptsache grundsätzlich unanfechtbar und bindend, BAG AnwBl **84**, 146, LAG Hamm DB **84**, 1685. Unabhängig davon kann das ArbG den Kostenstreitwert aber gesondert festsetzen. Das gilt, soweit Bedenken gegen die Richtigkeit des Urteilsstreitwerts bestehen, LAG Hamm MDR **84**, 259, LAG Mainz DB **92**, 2512, aM LAG Mü AnwBl **84**, 147 (aber auch die „Muttervorschrift" § 63 III 1 GKG enthält eine Änderungsmöglichkeit, s unten).

Der Gebührenstreitwert richtet sich nicht nach dem zuletzt gestellten Antrag, sondern nach dem *höchsten Wert der Instanz*, der eine Gebühr ausgelöst hat, Wenzel DB **81**, 166. Das mit der Hauptsache befaßte Rechtsmittelgericht kann die Streitwertfestsetzung von Amts wegen oder auf Grund eines Antrags ändern, (jetzt) § 63 III 1 GKG, Wenzel DB **81**, 166. Es kann für das Rechtsmittelverfahren einen eigenen Kostenstreitwert festsetzen, LAG Mü AnwBl **85**, 96.

Gegen die mit dem Urteil verbundene Wertfestsetzung findet unabhängig von einem etwaigen Rechtsmittel in der Hauptsache die *Beschwerde* statt, (jetzt) § 68 GKG, Wenzel DB **81**, 166, aM LAG Kiel AnwBl **88**, 294. Gegen die Streitwertfestsetzung durch das LAG ist die Gegenvorstellung zulässig, § 63 GKG Rn 22. Das LAG kann den Urteilsstreitwert durch einen Beschluß berichtigen. Wenn das Urteil keine Wertfestsetzung enthält, sind §§ 319, 321 anwendbar.

10) Finanzgerichtsverfahren, dazu *Zanker/Brandenburg*, Kosten des finanzgerichtlichen Prozesses, 1997: In diesem Verfahren ist gegen die Wertfestsetzung des Gerichts (jetzt) Beschwerde nach § 68 statthaft. 17

11) Baulandsache. In diesem Verfahren entscheidet über eine Streitwertbeschwerde der Zivilsenat des OLG in der Besetzung mit drei Berufsrichtern. 18

I. Regelung nach der ZPO

Wertfestsetzung nach freiem Ermessen

ZPO § 3. Der Wert wird von dem Gericht nach freiem Ermessen festgesetzt; es kann eine beantragte Beweisaufnahme sowie von Amts wegen die Einnahme des Augenscheins und die Begutachtung durch Sachverständige anordnen.

Vorbem. Fassung der Bek v 5. 12. 05, BGBl 3202.

Schrifttum: *Anders/Gehle/Kunze*, Streitwert-Lexikon, 4. Aufl 2002; *Dörndorfer*, Der Streitwert für Anfänger, 5. Aufl 2009; *Finke*, Streitwerttabelle, 5. Aufl 2005; *Hillach/Rohs*, Handbuch des Streitwerts in Zivilsachen, 9. Aufl 1995; *Madert/von Seltmann*, Der Gegenstandswert in bürgerlichen Rechtsangelegenheiten, 5. Aufl 2008 (Bespr *Stark* NJW **09**, 1578); *Oestreich/Winter/Hellstab*, Streitwerthandbuch, 2. Aufl 1998; *Roth*, Billigkeitsargumente im Streitwertrecht, Festschrift für *Kollhosser* (2004) 559; *Schmidtchen/Kirstein*, Abkopplung der Prozeßkosten vom Streitwert? usw, Festschrift für *Lüke* (1997) 741 (rechtspolitisch); *Schneider* AnwBl **07**, 773 (Streitfragen-Üb); *Schneider/Herget*, Streitwertkommentar für den Zivilprozess, 14. Aufl 2007.

Gliederung

1) Systematik	1
2) Regelungszweck	2
3) Geltungsbereich	3
4) Ermessen	4–7
A. Verkehrswert	4, 5
B. Umfang der Prüfung	6, 7
5) Beispiele zum Streitwert	8–147

1) Systematik. Vgl zunächst Einf vor §§ 3–9. Das Gericht setzt den Wert in den 1 Grenzen Einf 4 vor §§ 3–9 nach seinem pflichtgemäßen Ermessen fest, BGH FamRZ **03**, 1268. Das gilt freilich nur, soweit §§ 4–9 ZPO, 40ff GKG unanwendbar sind oder soweit der Streitgegenstand, der Beschwerdegegenstand, die Beschwer oder die Verurteilung nicht schon in einer bestimmten Geldsumme bestehen. Eine etwaige Uneinbringlichkeit ist nur bei § 182 InsO beachtlich, Anh II. Einen Zwischenzins darf man nicht abziehen.

GKG Anh I § 48 (§ 3 ZPO)   I. A. Gerichtskostengesetz

2   **2) Regelungszweck.** Der Streitwert ist das Nadelöhr der Justiz. Man muß jeden Anspruch zu einer Geldsumme machen, soweit nicht für das Gericht wie für die Anwälte Festbeträge als Gebühren bestehen und auch die Zuständigkeit nicht vom Wert abhängt, ebensowenig eine Anfechtungsmöglichkeit. Diese letzteren Fälle sind aber Ausnahmen.

Enormer Spielraum steht dem Gericht bei der mithin meist erforderlichen Bewertung zur Verfügung, soweit es nicht von vornherein um einen klar bezifferten Geldzahlungsanspruch geht – und das ist nur ein Teil der denkbaren Anliegen des Klägers oder Widerklägers. Trotz aller mit deutscher Überperfektion betriebenen äußersten Bemühung vor allem erlesener Kostenrechtsspezialisten um eine immer feiner aufgegliederte Einzelfallgerechtigkeit bleibt oft ein Unbehagen. Das gilt umso mehr, als es ja über die Wertfestsetzung um die evtl extremen Prozeßkosten geht. Solange das Gesetz zwar hier und dort Wertobergrenzen festlegt, den Parteien aber sogar in Verfahren ohne eine Parteiherrschaft mit den Anwälten wertunabhängige Vergütungsvereinbarungen erlaubt, hätte auch so mancher sozialpolitische Dämpfungsversuch nur eine begrenzte Wirkung.

Kostengerechtigkeit ist das Hauptziel einer richtigen Bewertung. Es mag auch zu einer als sehr hoch empfundenen Bewertung zwingen. Gerichte wie Anwälte müssen nicht selten auch für solche beim Gericht natürlich nur an den Staat fließenden Beträge arbeiten, die weit unter vergleichbaren Stundenlöhnen anderer Berufsgruppen liegen. Das darf und muß auch gelegentlich über eine hohe Bewertung zu hohen Kosten führen. Freilich bleiben in der Praxis schon mangels einer durchgängig möglichen höchstrichterlichen Kostenrechtsprechung erstaunliche, verständliche aber nicht begeisterungsfähige Unterschiede in der Bewertung bestehen. Man sollte sie wenigstens dadurch erträglicher machen, daß man sich bemüßigt fühlt, eine Bewertung stets einigermaßen nachvollziehbar zu begründen.

Das bedeutet eine in der Praxis so manches Mal ebenfalls erstaunlich vernachlässigte, umso dringender notwendige *Selbstkontrolle* zum Schutz vor einer verborgenen Willkür, BLAH Einl III 21. Willkür droht gerade auf diesem Gebiet. Denn sie wird manchen gar nicht mehr bewußt. Das gilt trotz der enormen wirtschaftlichen Auswirkung so manchen Wertansatzes. Es bleibt der Appell an Verantwortungsbewußtsein und Behutsamkeit. Sie dürfen nicht zu einer Überbetonung der Anforderungen auf diesem nur scheinbaren Nebenschauplatz des Prozesses führen, aber auch nicht zu einer verborgenen Gleichgültigkeit. Beides zu vermeiden erfordert ein erhebliches Feingefühl.

3   **3) Geltungsbereich.** Vgl Einf 3 vor § 3.

4   **4) Ermessen.** § 3 gibt eine Freiheit, begrenzt sie aber auch.

A. Verkehrswert. Der Ausdruck „freies Ermessen" in § 3 befreit das Gericht nicht von der Pflicht, den vollen Wert zu ermitteln und festzusetzen. Das Gericht hat nur insofern eine Freiheit, als es evtl darum geht, ob es überhaupt eine Wertfestsetzung vornehmen will. Wenn es sich zu einer Wertfestsetzung entschließt oder dazu verpflichtet ist, muß es ein pflichtgemäßes Ermessen ausüben, LAG Stgt JB 1990, 1333, Pabst/Rössel MDR **04**, 731. Von der Notwendigkeit, den vollen Streitwert festzusetzen, gelten Ausnahmen bei §§ 12 UWG, 144 PatG, §§ 85 II 3, 142 MarkenG, §§ 247, 249 I, 256 VII, 275 IV AktG, § 51 GKG Anh.

Maßgebend sind zunächst etwaige *gesetzliche Sonderregeln,* Schumann NJW **82**, 1263, jedoch grundsätzlich auf der Grundlage des *Antrags des Klägers,* BVerfG NJW **97**, 312, Brdb JB **96**, 589, LSG Schlesw JB **08**, 425. An diesem Grundsatz ändert auch die in Rn 6 erörterte Entscheidung BVerfG RR **00**, 946 eigentlich nichts, aM Roth (vor Rn 1) 564. Das gilt unabhängig von dessen Zulässigkeit und Begründetheit, Düss AnwBl **82**, 435. Soweit Sonderregeln fehlen, ist das Interesse, der *objektive Verkehrswert* maßgeblich, BGH MDR **01**, 292, BayObLG AnwBl **83**, 30. Unerheblich ist daher ein bloßer Liebhaberwert oder der Wert nur für den Kläger.

Es kommt also nicht nur auf diejenige wirtschaftliche Bedeutung an, die gerade der Kläger seinen Anträgen beimißt, Kblz JB **07**, 34, LAG Köln MDR **99**, 1336, LSG Schlesw JB **08**, 425, aM Bbg JB **77**, 851 (aber dann bliebe jede vernünftige Korrektur unerzwingbar). Freilich sind die Wertangaben des Klägers ein wichtiger *Anhaltspunkt*

Abschnitt 7. Wertvorschriften　　　(§ 3 ZPO) Anh I § 48 GKG

für den wahren Streitwert, Ffm AnwBl **83**, 89, Köln MDR **85**, 153. Generalpräventive Erwägungen sind unerheblich, Ffm GRUR-RR **05**, 71. Die Durchsetzbarkeit etwa einer bezifferten Forderung ist unerheblich, LAG Hamm MDR **91**, 1204. Maßgeblicher Zeitpunkt ist die Klageinreichung, (jetzt) § 40 GKG, Brschw JB **98**, 259, LAG Stgt JB **91**, 1537. Nach dem Verhandlungsschluß sind wegen § 296a grundsätzlich solche Umstände unerheblich, die das Gericht erst jetzt erfährt, aM Saarbr JB **98**, 363 (aber der Verhandlungsschluß bildet die Urteilsgrundlage).

Die *Belange des Bekl* sind grundsätzlich *unerheblich*, BLAH § 2 Rn 5, KG ZMR **93**, 346. Das Gericht muß die Ausführungen des Bekl aber mitberücksichtigen, um die Eigenart und die wirtschaftliche Bedeutung der Klage richtig zu erkennen.

Wenn der Kläger dazu übergegangen ist, nach § 264 Z 3 das *Interesse* zu fordern, entscheidet das Interesse. Wenn der Anspruch für jede Partei einen anderen Wert hat, entscheidet grundsätzlich der Verkehrswert für den Kläger, Schmidt AnwBl **76**, 123. Die Klagebegründung dient als ein Auslegungsmittel. Das Gericht darf und muß offenbare Schreibfehler oder Rechenfehler der Klageschrift berichtigen. Sie verändern den Streitwert nicht.

In der *höheren Instanz* entscheidet das wahre Interesse, wie es sich aus dem Antrag des Rechtsmittelführers ergibt, (jetzt) § 47 I GKG, LG Mannh ZMR **76**, 90.

B. Umfang der Prüfung. Das „freie Ermessen" darf nicht zur Beseitigung des Justizgewährungsanspruchs durch eine Festsetzung weit über dem wirtschaftlichen Wert führen, BVerfG RR **00**, 946. Es darf nicht zum Ermessensfehlgebrauch führen, BGH RR **01**, 569. Es darf erst recht nicht zu einer Willkür des Gerichts verführen, BAG DB **88**, 187, LAG Stgt JB **91**, 1537. Freilich ist eine nachvollziehbare sorgfältige Abwägung selbst dann jedenfalls keine Willkür, wenn sie erheblich vom Üblichen abweicht, BLAH § 281 ZPO Rn 40, aM (zum alten Recht) BVerfG NJW **00**, 1198. Im übrigen fehlen oft die notwendigen Unterlagen. Dann muß die Schätzung oft ziemlich willkürlich sein. Das Gericht braucht keinen Beweis zu erheben, Mü Rpfleger **92**, 409. Das ergibt sich aus dem Wort „kann" im Gesetzestext.

Das Gericht darf und muß das *Verhalten der Parteien* berücksichtigen, zB eine Glaubhaftmachung nach § 294 oder ihr Fehlen, BGH FER **00**, 27. Auch spricht die Hinzuziehung eines Privatgutachters für einen höheren Wert. Die vor einer Benachteiligung stets notwendige Anhörung der Parteien nach Artt 2 I, 20 III GG (Rpfl) BVerfG **101**, 404, Art 103 I GG (Richter) ist unter Umständen zusätzlich nach § 139 erforderlich.

Die Parteien sollen den *Wert bei jedem solchen Antrag angeben,* der nicht auf die Zahlung einer bestimmten Geldsumme hinausläuft oder dessen Wert sich nicht aus früheren Anträgen ergibt, § 61 S 1 GKG, 253 III. Wenn das Gericht Beweise erhebt, geschieht das auch zum Nutzen der Staatskasse. Man kann hilfsweise (jetzt) § 52 II GKG entsprechend anwenden, Brschw JB **77**, 403. Ein erstinstanzliches Ermessen ist auch für das Beschwerdegericht maßgeblich, solange es keine neuen Tatsachen beurteilen muß, BAG DB **88**, 188.

Wenn das Gericht lediglich den *Kostenstreitwert* festsetzt, entstehen für die Partei Kosten nur nach § 64 GKG. Wenn das Gericht den Wert für die sachliche *Zuständigkeit* festsetzt, entstehen allenfalls Auslagen, jedenfalls keine Gerichtsgebühren.

5) Beispiele zum Streitwert. Die Rechtsprechung ist unübersehbar umfangreich. Die Tendenzen schwanken. Man kann daher Entscheidungen nur zurückhaltend als Anhaltspunkte benutzen. Wenn nichts anderes gesagt ist, sollte man den Wert nach § 3 an Hand der Fingerzeige *schätzen.*
Nicht näher bezeichnete Vorschriften sind solche der ZPO.

Abänderungsklage: Maßgeblich sind §§ 9 ZPO, 42 GKG, Nürnb FamRZ **09**, 1620, und zwar auf der Basis der Differenz zwischen dem abzuändernden Vollstreckungstitel und dem jetzt geforderten Betrag, Hbg FamRZ **82**, 322. Man muß evtl die Werte der Klage und der Widerklage addieren, soweit verschiedene Streitgegenstände vorliegen. Bei einem Vertragsunterhalt gilt § 9 ZPO.
Abberufung: Rn 62 „Gesellschaft".
Abfindungsvergleich: Maßgeblich ist der Vergleichsgegenstand, Düss JB **92**, 51, Schlesw JB **80**, 411, LAG Mainz AnwBl **81**, 35, aM Ffm Rpfleger **80**, 239 (in erster Linie die Abfindung. Aber erst der ganze Vergleich zeigt den vollen Wert),

GKG Anh I § 48 (§ 3 ZPO) I. A. Gerichtskostengesetz

Stgt JB **09**, 596. Es kommt nur auf den Inhalt an, nicht zB auf nur sprachlich einbezogene und in Wahrheit bereits vorher geklärte Punkte, Schlesw SchlHA **80**, 23. S auch Rn 127 „Vergleich".

10 **Ablehnung des Richters,** dazu *Schneider* MDR **01**, 132 (Üb): Grundsätzlich ist der Wert der Hauptsache maßgeblich, Düss MDR **08**, 1060 links, es sei denn, daß die Befangenheit nur wegen eines einzelnen Anspruchs besteht, BayObLG WoM **97**, 70 (WEG), Brdb RR **00**, 1092, Ffm JB **06**, 370, aM BFH BStBl **76** II 691, Kblz Rpfleger **88**, 508 (je abgelehnten Richter 10% des Werts der Hauptsache), Ffm MDR **07**, 1399 (im Beschwerdeverfahren 25% der Hauptsache), LAG Köln Anw-Bl **96**, 644, VGH Kassel JB **93**, 108 (10–33,3% der Hauptsache. Aber solche natürlich „menschenfreundlichen" Vereinfachungen passen nicht zum Gewicht des bisherigen Richters in seiner Entscheidungsfunktion). Manche halten eine Bewertung nach (jetzt) § 48 II GKG für richtig, da es sich um eine nichtvermögensrechtliche Sache handle, Nürnb MDR **83**, 846. Andere wenden (jetzt) § 48 II GKG auch in einer vermögensrechtlichen Sache an, Köln Rpfleger **87**, 166.

Im *Insolvenzverfahren* muß man die voraussichtliche Insolvenzquote beachten, BayObLG NJW **89**, 44.

S auch Rn 11 „Ablehnung des Schiedsrichters", Rn 141 „Wohnungseigentum".

11 **Ablehnung des Sachverständigen:** Der Wert liegt meist unter dem Wert der Hauptsache, Drsd JB **98**, 318 (bei § 485: 10%), Düss MDR **04**, 1083, Ffm MDR **80**, 145 (je: 33,3%). Es entscheidet das Interesse daran, daß dieser Sachverständige nicht mitwirke, Bre JB **76**, 1357. Daraus ergibt sich, daß man als Wert im allgemeinen das Interesse an der Wichtigkeit des Beweispunkts ansetzen muß, *Schneider* ABC „Ablehnung" Nr 3, aM Kblz RR **98**, 1222, Mü JB **80**, 1055 (Wert der Hauptsache. Aber der Sachverständige entscheidet jedenfalls offiziell nicht den Prozeß). Man kann aber auch (jetzt) § 48 II GKG anwenden, da es sich auch hier um eine nichtvermögensrechtliche Sache handelt, Köln MDR **76**, 322.

Ablehnung des Schiedsrichters: Maßgeblich ist grds der Wert der Hauptsache, Düss RR **94**, 1086, Hamm JMBlNRW **78**, 87, aM Ffm RR **94**, 957, VGH Kassel JB **93**, 108, VGH Mannh NVwZ-RR **94**, 303. Vgl aber die Argumente Rn 10).

S auch Rn 10 „Ablehnung des Richters", Rn 96 „Schiedsrichterliches Verfahren: a) Beschlußverfahren".

12 **Abnahme der Kaufsache:** Maßgeblich ist das Interesse des Klägers an der Abnahme, solange der Verkäufer nicht auch den dann maßgebenden Kaufpreis verlangt, AG Osnabr JB **01**, 144. § 6 ist unanwendbar. Man darf den Anspruch auf die Kaufpreisforderung und denjenigen auf die Abnahme der Kaufsache nicht zusammenrechnen, § 5 Rn 7 „Kaufpreis". Bei einer Bierabnahme ist die Umsatzminderung der Brauerei maßgeblich, Bbg MDR **77**, 935, Brschw JB **79**, 436.

Abrechnung: Maßgeblich ist das wirtschaftliche und evtl auch das ideelle Interesse an ihrer Erteilung.

S auch Rn 108 „Stufenklage: a) Rechnungslegung", Rn 144 „Zwangsvollstreckung: a) Erwirken von Handlungen und Unterlassungen".

Absonderungsrecht: Maßgeblich ist § 6, dort Rn 10.

Abstammung: Nach § 48 III 3 GKG muß man 2000 EUR ansetzen.

Abstandszahlung: Es ist ihr Betrag und nicht das Erfüllungsinteresse maßgebend, LG Münst AnwBl **78**, 147.

Abstraktes Schuldanerkenntnis: Rn 14 „Anerkenntnis".

Abtretung: Maßgeblich ist zunächst § 6, also die abzutretende Forderung, BGH RR **97**, 1562, im Zweifel das Interesse des Klägers (Wertangabe der Klageschrift), Karlsr JB **06**, 201. Bei der Abtretung eines wiederkehrenden Rechts gilt jedoch § 9. Bei einer Klage auf die Abtretung einer Nachlaßforderung gegen einen Miterben muß man seinen Erbanteil abziehen, BGH MDR **75**, 741, *Schneider* JB **77**, 433.

Abwehranspruch: Rn 33 „Eigentum".

13 **Allgemeine Geschäftsbedingungen:** Maßgeblich ist das Interesse des Klägers an der Durchsetzung seines Unterlassungsanspruchs, *Bunte* DB **80**, 486. Man muß es wie beim Widerrufsanspruch nach § 3 schätzen. Evtl ist das Interesse der Allgemeinheit an der Ausschaltung der umstrittenen Klausel maßgeblich.

Abschnitt 7. Wertvorschriften (§ 3 ZPO) Anh I § 48 GKG

Der *Höchstwert* beträgt 250 000 EUR, (jetzt) § 48 I 2 GKG, Celle NJW **95**, 890. Je angegriffene Klausel kann man (jetzt ca) 1500–2500 EUR festsetzen, soweit nicht eine Klausel eine grundlegende Bedeutung für einen ganzen Wirtschaftszweig hat, BGH WoM **06**, 635, Mü WoM **97**, 631, Naumb WoM **95**, 547. Im Verbandsprozeß ist nämlich das Interesse an der Beseitigung einer gesetzwidrigen AGB-Klausel maßgeblich, BGH RR **91**, 179.
S auch Rn 118 „Unterlassung: a) Allgemeine Geschäftsbedingungen".
Altenteil: Das Wohnrecht läßt sich nach § 3 schätzen. Bei einer dinglichen Sicherung ist der Betrag der zu sichernden Forderung maßgeblich, § 6. Soweit kein gesetzlicher Unterhalt vorliegt, gilt gebührenrechtlich § 9. Sonst gilt § 42 I GKG.
Anerkenntnis: Es führt grds nicht zu einer Verringerung des Streitwerts, Düss **14**
FamRZ **87**, 1281, Nürnb MDR **05**, 120. Ein Teilanerkenntnis kann den Wert einer Beweisaufnahme mindern, soweit es erhebliche Tatsachen betrifft, Ffm AnwBl **81**, 155, Nürnb MDR **05**, 120, Schneider MDR **85**, 356. Solche Zinsen, die man mit der Hauptforderung zusammengerechnet hat, bleiben nur beim deklaratorischen Anerkenntnis unberücksichtigt.
Anfechtung: Rn 62 „Gesellschaft", § 6 Rn 16.
Anmeldung zum Handelsregister: Der Wert einer Mitwirkung läßt sich nach § 3 schätzen. Dabei kommt es auf das Interesse des Klägers an der Klarstellung der Beteiligung oder an einer Änderung an, Karlsr JB **07**, 364, ferner auf die Frage, ob eine Tatsache streitig ist. Dabei ist die Höhe der Einlage oder des Gesellschaftsanteils ein bloßer Anhaltspunkt, BGH BB **79**, 647. Oft sind 10%–25% des Klägeranteils angemessen, Bbg JB **84**, 756. Der Wert kann aber auch höher liegen, BGH BB **79**, 674.
Annahmeverzug: Maßgebend ist die Einsparung des Aufwands des Angebots der eigenen Leistung, LG Essen MDR **99**, 1226, ZöHe 16 „Annahmeverzug", aM Ffm JB **91**, 410 ([jetzt ca] 50 EUR. Aber das ist zu unbeweglich). Beim Antrag Zug um Zug wirkt der zusätzliche Feststellungsantrag auf einen Annahmeverzug nicht werterhöhend, Düss MDR **09**, 57, KG JB **08**, 596.
Anschlußrechtsmittel: Die Streitwerte des Rechtsmittels und des unselbständigen Anschlußrechtsmittels können bei einer Ablehnung des ersteren zusammenrechenbar sein, sofern das letztere überhaupt einen eigenen Streitwert hat, soweit es also zB nicht bloß um Zinsen geht, BGH MDR **85**, 52. Dasselbe gilt beim „Hilfsanschlußrechtsmittel", BGH VersR **89**, 647.
Anspruchsmehrheit: *Frank,* Anspruchsmehrheiten im Streitwertrecht, 1986 (Üb).
Anwaltsbeiordnung: Bei §§ 78b, 116 ist das Interesse nach § 3 schätzbar, ZöHe 16 „Anwaltsbeiordnung", aM Bre JB **77**, 91, Zweibr JB **77**, 1001 (geplante Hauptsache. Aber das kann zu hoch sein).
Anwaltsvergleich: Rn 132 „Vollstreckbarerklärung".
Arbeitsverhältnis: Vgl Anh Rn 93 „Rechtswegverweisung", ferner § 42 Rn 32 ff. **15**
Arrest: Man muß den Kostenstreitwert nach (jetzt) § 53 I 1 GKG nach § 3 schätzen, Brschw RR **96**, 256, Düss WettbR **96**, 44, Kblz MDR **94**, 738. Man muß von dem Wert des zu sichernden Anspruchs ausgehen. Da das Arrestverfahren aber nur eine vorläufige Klärung bringen kann, ist der Wert grds geringer als derjenige des Hauptspruchs. Er beträgt je nach der Sachlage zB ein Drittel oder die Hälfte des Werts des Hauptanspruchs, Brdb JB **01**, 94, Oldb RR **96**, 946, LG Ffm JB **95**, 487. Das darf aber nicht schematisch erfolgen, Düss WettbR **96**, 44. Ein noch geringerer Bruchteil wäre meist nicht gerechtfertigt, aM Köln GRUR **88**, 154, Nürnb JB **97**, 196. Zum Notbedarfsanspruch ist meist ein 6-Monats-Betrag angemessen, KG MDR **88**, 154, Nürnb JB **97**, 196. Der Wert im vorläufigen Verfahren kann aber den Wert des Hauptanspruchs fast erreichen.
Der Wert des Eilverfahrens darf aber grds *keineswegs über* demjenigen der Hauptsache liegen, Köln FamRZ **01**, 432.
– **(Aufhebung):** S „– (Einstellung)", Rn 17 „– (Veränderung der Umstände)", **16**
„– (Vollziehung)", „– (Widerspruch)".
– **(Ausverkauf):** Fast der Hauptsachewert kann bei einer Unterlassung eines Ausverkaufs oder einer zugehörigen Werbung gelten.
– **(Besitz):** Das Sicherungsinteresse des Antragstellers gilt auch im Besitzstreit, Düss AnwBl **86**, 37.

169

GKG Anh I § 48 (§ 3 ZPO) I. A. Gerichtskostengesetz

- **(Einstellung):** Das Interesse des Antragstellers entscheidet evtl auch dann, wenn es um die Einstellung der Zwangsvollstreckung zB auf Grund eines solchen Urteils geht, das einen Arrestbeschluß aufgehoben hat.
- **(Einstweilige Verfügung):** Rn 35 ff.
- **(Forderungspfändung):** Rn 17 „ – (Vollziehung)".
- **(Formalität):** Ein geringerer Wert als der nach Rn 11 meist übliche kann dann gelten, wenn es nur noch um eine formelle Beseitigung des Arrests geht, KG JB 02, 479.
- **(Kostenpauschquantum):** Rn 17 „– (Unterhalt)".
- **(Kostenwiderspruch):** Rn 18 „– (Widerspruch)".
- **(Leistungsverfügung):** Rn 11 gilt auch bei einer sog Leistungsverfügung nach Grdz 6 ff vor § 916, Mü FamRZ **97**, 691.
- **(Markensache):** Bei ihr kommt es auf die Gefährlichkeit der unbefugten Benutzung an, Kblz GRUR **96**, 139. Im Widerspruchs-Beschwerdeverfahren setzt BPatG GRUR **99**, 65 für (jetzt) § 33 RVG grds (jetzt ca) 10 000 EUR an.

17
- **(Nichtvermögensrecht):** In einem solchen Streit nach Grdz 11 vor § 1 muß man (jetzt) von § 48 II 1 GKG ausgehen, LG Saarbr JB **95**, 26.
- **(Persönlicher Arrest):** Bei einem solchen Arrest nach § 918 sind dieselben Regeln wie beim dinglichen Arrest nach § 916 anwendbar, Kblz JB **92**, 191.
- **(Seeschiff):** Bei ihm können 75% der Arrestforderung nach § 916 ansetzbar sein, Hbg MDR **91**, 1196.
- **(Unterhalt):** In einer gesetzlichen Unterhaltssache läßt sich der Wert nach § 51 FamFG berechnen, bei einer vertraglichen nach § 42 I GKG. Das gilt grds auch für einen Arrest, Brschw RR **96**, 256 links, Düss FamRZ **85**, 1155, aM Schneider MDR **89**, 389 ([jetzt] § 53 II 1 GKG entsprechend. Aber § 42 I GKG spricht auch vom „Antrag" und ist deshalb spezieller). Dieser Wert gilt auch für eine einstweilige Verfügung nach § 1615 o BGB. Das Kostenpauschquantum läßt sich berücksichtigen. Das Gericht darf auch hier keinen höheren Wert als denjenigen der Hauptsache annehmen, Düss FamRZ **85**, 1156.

18
- **(Veränderung der Umstände):** Bei § 927 ist Obergrenze derjenige Wert, den der aufzuhebende Titel bei der Klagerhebung nach §§ 253, 261 auch für den Kläger hat.
- **(Vereitelung):** Das Sicherungsinteresse des Antragstellers gilt auch dann, wenn der Antragsgegner sonst die Vollstreckung ganz vereiteln könnte, Köln ZMR **95**, 258, LG Darmst JB **76**, 1090.
- **(Vollstreckbarkeit):** Fast der Hauptsachewert kann dann gelten, wenn nur ein Arrest eine Vollstreckungsmöglichkeit schafft und genügend Pfändbares erbringt, LG Darmst JB **76**, 1090. Unbeachtbar ist das Problem, einen Vollstreckungsgegenstand zu finden, LG Darmst JB **76**, 1090.
  S auch „– (Vereitelung)".
- **(Vollziehung):** Das Interesse des Schuldners entscheidet dann, wenn es um den Vollzug nach §§ 928 ff geht, KG Rpfleger **91**, 126, Karlsr Rpfleger **99**, 509 (je Obergrenze: Wert der Anordnung), Köln Rpfleger **93**, 508, oder wenn es um die Aufhebung des Vollzugs nach § 934 geht. Eine Forderungspfändung nach § 930 ist unbeachtbar.
- **(Widerspruch):** Im Widerspruchs- und Aufhebungsverfahren muß das Gericht denselben Wert wie im Antragsverfahren ansetzen. Denn auch in diesem Verfahrensabschnitt ist das Interesse des Antragstellers maßgeblich, weil der Widerspruch kein Rechtsmittel ist. Nur bei einem auf die Kostenfrage beschränkten Widerspruch nach BLAH § 924 Rn 5 ist das bloße Kosteninteresse maßgeblich, Hbg JB **98**, 150, Karlsr MDR **07**, 1455, Meyer JB **03**, 525.
  S auch Rn 16 „– (Markensache)".

19 **Aufhebung:** Rn 60 „– Gemeinschaft", Rn 98 „Schiedsrichterliches Verfahren: d) Aufhebungsantrag".

20 **Auflassung:** § 6 Rn 2. Entgegennahme Rn 12 „Abnahme der Kaufsache", aM Bbg JB **94**, 361, Ffm RR **96**, 636 (§ 3).
  S auch Rn 41 „Erbrechtlicher Anspruch".
  Auflassungsvormerkung: § 6 Rn 14, 15.
  Auflösung: S bei den Gegenständen der Auflösung.

Abschnitt 7. Wertvorschriften (§ 3 ZPO) Anh I § 48 GKG

Aufopferung: Die Entschädigung wegen eines Impfschadens läßt sich nach § 42 II 21
GKG bewerten.

Aufrechnung, dazu *Kanzlsperger* MDR **95**, 883; *Schulte,* Die Kostenentscheidung 22
bei der Aufrechnung durch den Beklagten im Zivilprozeß, 1990; *Sonnenberg/Steder*
Rpfleger **95**, 60 (je: ausf):
    A. Kostenstreitwert. Für den Kostenstreitwert muß man die folgende Unterscheidung vornehmen.
    a) Hauptaufrechnung. Hier sind die folgenden Unterscheidungen notwendig.
    – *Unstreitigkeit der Gegenforderung.* Bei einer unbedingten Hauptaufrechnung oder dann, wenn der Bekl eine unstreitige Gegenforderung im Weg einer Haupt- oder Hilfsaufrechnung geltend macht, ist die Klageforderung maßgeblich, Hbg JB **09**, 645, aM Pfennig NJW **76**, 1074 (aber es geht sogleich um den Bestand der Klageforderung).
    Macht der Bekl *in 2. Instanz* nur die Hauptaufrechnung geltend und wird er verurteilt, ohne daß das Gericht die Zahlung von der Erfüllung einer Nachbesserung abhängig macht, beschwert den Wert der ursprünglichen Zug-um-Zug-Leistung den Bekl nicht, BGH DB **92**, 89.
    – *Streitigkeit der Gegenforderung.* Auch soweit der Bekl mit einer oder mehreren streitigen Gegenforderungen aufrechnet, ist nur die Klageforderung maßgeblich, aM Hamm AnwBl **86**, 204 (aber auch dann geht es sogleich um den Bestand der Klageforderung).
    b) Hilfsaufrechnung mit streitiger Gegenforderung. Vgl dazu § 45 III GKG. 23
    B. Zuständigkeitswert. Maßgeblich ist nur die Klageforderung, KG MDR **99**, 439.

Auseinandersetzung: Rn 60 „Gemeinschaft".

Ausgleichsanspruch: Rn 41 „Erbrechtlicher Anspruch", Rn 67 „Handelsvertreter".

Auskunft, dazu *Schulte* MDR **00**, 805 (Üb): Der Wert hängt von dem Interesse an 24
der Auskunftserteilung ab, § 3, BGH FamRZ **93**, 46, Schlesw JB **02**, 81, LAG
Mainz NZA-RR **08**, 324. Er beträgt in der Regel einen Bruchteil desjenigen Anspruchs, dessen Geltendmachung die Auskunft erleichtern soll, BGH RR **07**, 1301, Bbg FamRZ **97**, 40, Ffm FamRZ **97**, 38, aM Rostock JB **09**, 105 (Hauptsache). Der Wert beträgt zB dann nur einen geringen Bruchteil, etwa 10% des zu schätzenden Leistungsanspruchs dann, wenn die fraglichen Verhältnisse fast bekannt sind, etwa wenn es um den Lohn des Gegners geht, Schlesw SchlHA **78**, 22, oder 10–20%, Schlesw JB **02**, 81, oder 10–25%, BGH FamRZ **06**, 619, oder 20%, Hamm FamRZ **07**, 163, Zweibr FamRZ **07**, 1113. Er kann auch 25% betragen, Ffm MDR **05**, 164, KG FamRZ **96**, 500, Kblz JB **05**, 39.
    Es ist auch ein *höheres Interesse möglich*, BGH FamRZ **93**, 1189, Düss FamRZ **88**, 1188, Kblz JB **05**, 39. Das gilt vor allem dann, wenn der Kläger einen Zahlungsanspruch ohne die Auskunft voraussichtlich nicht weiter verfolgen kann. Dann kann der Wert der Auskunft fast den Wert des Zahlungsanspruchs erreichen, Ffm MDR **87**, 509. Ein minimaler Höchstwert etwa von 600 EUR (Folge: § 495a ZPO) gar bei einem ganzen Nachlaß ist nun wirklich nicht allgemein haltbar, aM BGH RR **08**, 889 (aber das Interesse kann sehr viel höher sein). Das Interesse des Bekl, die Auskunft zu erschweren, ist in erster Instanz unerheblich, BGH Rpfleger **78**, 53. Das übersieht LG Kiel FamRZ **96**, 47.
    Andererseits darf das Gericht nicht außer Acht lassen, ob eine *Ungewißheit* über bestimmte Geschäfte beseitigt wird, selbst wenn das nicht in der gehörigen Form geschieht.

  – **(Aktienrecht):** § 132 V 5, 6 AktG, KG GRUR **92**, 611.
  – **(Aufwand):** S „– (Rechtsmittel des Beklagten)".
  – **(Auskunft, aber keine Zahlung):** Die Regeln „– (Kostennachteil)" gelten auch dann, wenn das Erstgericht sowohl den Auskunftsanspruch als auch den zugehörigen Zahlungsanspruch abgewiesen hatte, wenn dann das Berufungsgericht den Bekl zur Auskunft verurteilt und den Zahlungsanspruch schließlich ebenfalls abweist.
  – **(Beschwerde):** Der Beschwerdewert kann beim Kläger als Beschwerdeführer anders sein als beim Bekl als Beschwerdeführer, LG Bochum VersR **00**, 1431). S auch „– (Rechtsmittel)".

GKG Anh I § 48 (§ 3 ZPO) I. A. Gerichtskostengesetz

- **(Eidesstattliche Versicherung):** Rn 33.
- **(Erfüllungskosten):** Sie sind *nicht* maßgeblich, Rostock JB **09**, 105.
- **(Erhoffter Betrag):** S „– (Schätzung)".
- **(Feststellung):** S „– (Schadensersatz)".
- **(Geheimhaltung):** S „– (Rechtsmittel des Beklagten)".
- **(Gesellschaft):** Rn 62.
- **(Kosten):** Für die Gerichts- und Anwaltskosten entscheidet bei einer Stufenklage nach § 254 der höchste Wert, § 44 GKG, Rn 108 ff („Stufenklage").
- **(Kostennachteil):** *Nicht* maßgeblich ist grds das Interesse des Bekl an der Vermeidung einer ihm nachteiligen Kostengrundentscheidung nach Üb 35 vor § 91, BVerfG NJW **97**, 2229, BGH FamRZ **98**, 364 (Erbe) und 365 (Betreuer), Mü FamRZ **99**, 453 (anders nur bei einer Unbrauchbarkeit des Titels), aM KG RR **88**, 1214, Saarbr JB **85**, 1238 (aber es geht um die Abwehr des Auskunftsverlangens).
- **(Markenrecht):** § 140 MarkenG, KG GRUR **92**, 611.
- **(Mietrecht):** Rn 77 „Mietverhältnis: Klage auf Auskunft".
- **(Rechnungslegung):** Eine Zusammenfassung mit dem Wert der Rechnungslegung ist zulässig.
- **(Rechtsmittel des Beklagten):** In diesem Fall ist das Interesse des Bekl daran maßgeblich, die Auskunft nicht leisten zu müssen, BGH FamRZ **09**, 595 links und NJW **09**, 2218, Brdb NJW **09**, 51 rechts unten, Jena FPR **08**, 641, aM Gehrlein NJW **07**, 2833. Maßgeblich ist dabei derjenige Aufwand an Zeit und Kosten, den die Erfüllung gerade und nur des titulierten Anspruchs erfordert, BGH FamRZ **09**, 496 links und 596 links, Brdb NZM **09**, 52, Düss WoM **08**, 160. Höchstens kommen dabei nach § 22 S 1 JVEG 17 EUR je Stunde infrage, Rostock FamRZ **07**, 1762. Eine Bedeutung hat auch das etwaige schutzwürdige Geheimhaltungsinteresse des Verurteilten, BGH FPR **09**, 184, LG Bochum VersR **00**, 1431, aM BGH NJW **05**, 3349, Stgt MDR **01**, 113 (auch dann das Interesse des Klägers. Aber er wehrt jetzt nur ab). Maßgeblich ist der Zeitpunkt der Einlegung des Rechtsmittels, BGH FamRZ **09**, 496 links.
S auch „– (Beschwerde)", „– (Kostennachteil)".
- **(Rechtsmittel des Klägers):** In diesem Fall bleibt das Interesse des Klägers maßgeblich, BGH FamRZ **99**, 1497. Das gilt auch beim Anspruch auf eine Auskunft Zug um Zug, BGH NJW **93**, 3206.
S auch „– (Beschwerde)".
- **(Schadensersatz):** Man muß die Feststellung einer Schadensersatzpflicht neben der Auskunftserteilung besonders bewerten.
- **(Schätzung):** Man muß natürlich stets schätzen, von welchem Betrag man ausgehen soll. Dabei kann die Angabe des erhofften Betrags nur einen Anhaltspunkt bieten.
- **(Stufenklage):** Rn 108 ff.
- **(Wertveränderung):** S „– (Zeitpunkt)".
- **(Zeitpunkt):** Maßgeblich ist der Zeitpunkt der Einreichung der Klage nach §§ 253, 261, Ffm MDR **87**, 508. Bei einer Wertsteigerung während des Verfahrens kommt ihr Zeitpunkt infrage (Auslegung nach BLAH Grdz 52 vor § 128), Karlsr FamRZ **04**, 1048. Der Wert ermäßigt sich also dann nicht, wenn sich auf Grund einer Auskunft ergibt, daß der Leistungsanspruch weniger oder gar nichts wert ist, Düss AnwBl **92**, 286, Mü MDR **06**, 1134, aM Ffm MDR **87**, 508 (vgl aber § 40 GKG).
- **(Zug um Zug):** Auch beim Auskunftsanspruch Zug um Zug ist das Interesse des Klägers maßgeblich, BGH NJW **93**, 3206.
- **(Zugewinnausgleich):** Bei § 1379 I 1 BGB ist er der Ausgangspunkt, Zweibr JB **00**, 251.
- **(Zurückbehaltungsrecht):** Rn 142.
- **(Zwangsgeld):** Es ist *nicht* maßgeblich, Rostock JB **09**, 105.

25 **Auslandswährung:** Maßgeblich ist der Umrechnungsbetrag in EUR, Ffm NJW **91**, 643, Ritten NJW **99**, 1215, und zwar grds im Zeitpunkt der Klagerhebung oder der Rechtsmitteleinlegung, Ffm NJW **91**, 643 (beim Währungsverfall evtl im Zeitpunkt der letzten Verhandlung). Beim Kostenstreitwert muß man § 40 GKG beachten.
S auch Rn 59 „Geldforderung".

Abschnitt 7. Wertvorschriften (§ 3 ZPO) Anh I § 48 GKG

Ausscheiden und Ausschließung: Maßgeblich ist § 3 sowohl beim wirtschaftlichen Verein als auch bei der Gesellschaft, auch der stillen atypischen. Man muß den Wert der Kapitalanteile der Kläger mitberücksichtigen, Ffm JB **85**, 1083. Beim Idealverein ist § 48 II 1 GKG maßgeblich.
S auch Rn 62 „Gesellschaft".

Aussetzungsantrag: Maßgeblich ist das Interesse der Parteien an der Aussetzung, nicht der Wert des Hauptverfahrens, Bbg JB **78**, 1243, Hbg MDR **02**, 479 (je: grds 20%). Manche setzen den Wert keineswegs höher als etwa 33,3% des Werts des Hauptverfahrens an, ThP § 3 Rn 24 „Aussetzung". Indessen kann gerade an einer Aussetzung zB zur „Vorklärung" im Strafverfahren ein derartiges Interesse bestehen, daß 33,3% keineswegs ausreichen.

Im *Abgabenprozeß* sind 5% des streitigen Betrags maßgeblich.

Im *Beschwerdeverfahren* sind grds 20% des Hauptsachewerts ansetzbar, aM Ffm RR **94**, 957 (33,3%).

Aussonderung: Maßgeblich ist § 6.

Bank: Im Eilverfahren wegen eines Kontos kann das regelmäßige Entgelt der Bank **26** maßgeblich sein, LG Lübeck NJW **01**, 83.

Baubeschränkung: Maßgeblich ist § 7.

Bauhandwerkersicherungshypothek: Es kommt auf das Interesse an der Eintragung an, LG Ffm AnwBl **83**, 556, meist also nur auf die zu sichernde Forderung, Nürnb MDR **03**, 1382. Bei der Eintragung einer Vormerkung ist 25–33,3% des Hypothekenrechts ansetzbar, Bbg JB **75**, 649, Bre JB **82**, 1052, Ffm JB **77**, 719, aM Saarbr JB **87**, 1218 (50%). Bei der Klage auf die Bewilligung der Bauhandwerkerhypothek ist der Wert der zu sichernden Forderung maßgeblich, Ffm JB **77**, 1136.

S auch Rn 35–39 „Einstweilige Verfügung" sowie § 5 Rn 4, § 6 Rn 15.

Baulandsache: Bei einer vorzeitigen Besitzeinweisung nach § 116 BauGB muß man das Interesse an der Aufhebung grds mit 20% des Grundstückswerts ansetzen, BGH **61**, 252, Köln Rpfleger **76**, 140, Mü NVwZ-RR **04**, 712. In einem Verfahren nach § 224 BauGB beträgt der Wert ca 15% des Grundstückswerts. Bei einer unbezifferten Leistungsklage liegt der angemessene Entschädigungsbetrag im Rahmen der etwa genannten Mindest- und Höchstbeträge.

Wenn es um die Anfechtung der Einleitung eines *Umlegungsverfahrens* geht, beträgt der Wert ebenso wie bei einer Zuweisung von Ersatzland statt einer Geldentschädigung und umgekehrt 20% des Werts der einziehbaren Fläche und etwaiger Aufbauten. Dasselbe gilt bei einer Anfechtung des Umlegungsplans nach § 66 BauGB.

Wenn es um eine *Grenzregulierung* geht, ist der Wert der abzugebenden Teilfläche maßgeblich. Bei einer Aufhebung des Umlegungsplans zur Schaffung einer besseren Zufahrt muß man 10% der einbezogenen Fläche als Streitwert ansetzen.

S auch Rn 40 „Enteignung".

Bauverpflichtung: Sie läßt sich nach § 3 bewerten (geringerer Bruchteil der Baukosten).

Bedingter Anspruch: Man muß ihn nach § 3 schätzen, BGH MDR **82**, 36. Dabei **27** kommt es auf den Grad der Wahrscheinlichkeit des Bedingungseintritts an.

Befreiung: Maßgeblich ist der vom Kläger genannte Geldbetrag der Verbindlichkeit, BGH MDR **95**, 196, Düss AnwBl **94**, 47 (Nichtigkeit), Rostock JB **09**, 197. Wenn es um die Befreiung von der persönlichen Haftung für eine Hypothek geht, ist der Betrag der Schuld maßgeblich. Man darf die persönliche und die dingliche Haftung nicht zusammenzählen. Wenn es um die Befreiung von der Bürgschaftsverpflichtung geht, ist ebenfalls der Betrag der Schuld maßgeblich. Wenn es um die Befreiung von der gesetzlichen Unterhaltspflicht geht, muß man wegen § 113 I 2 FamFG den § 3 anwenden, nicht § 9, auch nicht etwa (jetzt) §§ 33 ff FamGKG, (zum alten Recht) BGH RR **95**, 197, Oldb FamRZ **91**, 966. Bei einer unbezifferten Schuld lassen sich 20% vom Idealbetrag abziehen, BGH RR **90**, 845, KG JZ **98**, 800.

Wenn es um die Befreiung eines Gesamtschuldners im *Innenverhältnis* geht, ist der Wert des übernommenen Anteils maßgeblich, Düss FamRZ **94**, 57 (Unterhaltsvergleich), Hbg JB **80**, 279, Rostock JB **09**, 197. Zinsen desjenigen Anspruchs,

GKG Anh I § 48 (§ 3 ZPO) I. A. Gerichtskostengesetz

von dem der Kläger die Befreiung verlangt, können Nebenforderungen sein, § 4, aM Görmer NJW **99**, 1310 (aber § 4 gilt uneingeschränkt). Anders verhält es sich mit den Kosten des Vorprozesses, BGH MDR **76**, 649, Bre JB **03**, 83. Bei einem arbeitsrechtlichen Freistellungsvergleich kann man 25% der Vergütung für den Freistellungszeitraum ansetzen, LAG Kiel JB **07**, 257 rechts unten, aber auch den vollen Betrag.
Befristeter Anspruch: Man muß den Wert nach § 3 schätzen, Köln FamRZ **89**, 417, und zwar im Zeitpunkt der Geltendmachung des Anspruchs, § 4. Dabei muß man die Fälligkeit oder den Zeitpunkt des Wegfalls des Anspruchs berücksichtigen.
Beleidigung: Rn 32 „Ehre".
28 **Bereicherung:** Bei einer Sache ist § 6 maßgeblich, sonst grds der Betrag der Forderung, § 3.
Berichtigung der Entscheidung: Im Verfahren nach § 319 ist grds § 3 anwendbar. Es ist also das Interesse des Antragstellers maßgeblich. Es kann von 20% der Hauptsache, Saarbr JB **89**, 522 (vorübergehende Unterlassung der Vollstreckung), bis zu 100% reichen, Ffm JB **80**, 1893 (endgültige Beseitigung der Vollstreckbarkeit).
Berichtigung des Grundbuches: Maßgebend ist wegen § 113 I 2 FamFG das Interesse des Klägers, § 3, Saarbr AnwBl **78**, 106. Man kann den Wert der Klage auf eine Zustimmung zur Berichtigung nach dem Berichtigungsinteresse schätzen, LG Drsd JB **00**, 83. Er kann den Verkehrwert erreichen, § 6, BezG Potsd VersR **93**, 1382. Das gilt auch im Eilverfahren, Köln ZMR **95**, 258. Er kann aber auch erheblich darunter bleiben, etwa bei einer Unstreitigkeit der Verhältnisse, Zweibr JB **87**, 265, LG Bayreuth JB **79**, 1884, oder bei valutierenden dinglichen Lasten, Bbg JB **77**, 1278, LG Köln NJW **77**, 255, aM BGH ZIP **82**, 221, KG MDR **01**, 56 (aber § 3 geht über die Besitzfrage des § 6 hinaus, und auch § 3 kennt Wertminderungsumstände).
Berufung: Maßgeblich ist grds das Interesse an der Änderung des Urteils, meist also der Antrag des Berufungsklägers. Freilich kommt es nicht allein auf § 511 IV an, AG Köln WoM **02**, 670. Wegen des Ausspruchs auf den Verlust der Berufung Rn 129 „Verlustigkeitsbeschluß". Der Wert der versehentlich eingelegten Berufung kann den gesetzlichen Tabellen-Mindestwert betragen, Ffm MDR **84**, 237. Der Wert der mangels einer Beschwer unzulässigen Berufung beträgt mindestens (jetzt) 600,01 EUR, Ffm MDR **84**, 502.
Mangels einer Beschwer gilt die Mindestgebühr, Düss MDR **09**, 1188. Denn es liegt nun einmal eine Berufung vor. Erst ihr Wert führt zur Gebühr. Erfolgt die Berufung nur wegen einer Gegenleistung, ist diese maßgeblich. Eine Zug-um-Zug-Leistung erhöht den Wert nicht. Bei wechselseitigen Berufungen gilt § 45 II GKG. Mindestens ist das Interesse des Bekl an der Vermeidung einer ihm nachteiligen Kostenentscheidung maßgeblich, BGH NJW **94**, 1740.
S auch Rn 14 „Anschlußrechtsmittel".
29 **Beschwerde:** Rn 104 „Sofortige Beschwerde".
Beseitigung: § 7 Rn 2.
Besichtigung: Rn 83.
Besitzstreit: Der Wert richtet sich im Prozeß nach § 6, dort Rn 2. Bei der einstweiligen Verfügung usw richtet sich der Wert nach (jetzt) § 53 GKG, Düss AnwBl **86**, 37. Bei einer Besitzstörung ist für die Gebühren § 3 maßgeblich, Düss MDR **91**, 353 (Kosten der Beseitigung der Störung), Köln JMBl NRW **76**, 71 (hoch bei Aggressivität), LG Bielef FamRZ **92**, 1095 (1-Jahres-Wert bei Wiedereinräumung). § 41 I 1 GKG bildet den Höchstwert. Für die Zuständigkeit sind §§ 8, 9 maßgeblich, KG NZM **06**, 720.
Bestimmung der Zuständigkeit: Rn 143 „Zuständigkeit".
Betagter Anspruch: Maßgeblich ist § 3. Man darf einen Zwischenzins nicht abziehen, Voormann MDR **87**, 722, aM LAG Köln MDR **87**, 169 (zustm Hirte. Aber auch für einen Zwischenzins gilt § 4).
Betriebskostenabrechnung: Bei ihrer Überprüfung gilt der geforderte Nachzahlungsbetrag, AG Düss JB **09**, 256.
Beweisaufnahme: Der Wert richtet sich nach dem Gegenstand des Beweises, Hamm JB **81**, 1860. Falls sich eine Beweisaufnahme nur auf einen Teil der Klageforderung erstreckt, ist also nur dieser Teil maßgeblich, Düss JB **83**, 1042.

Beweissicherung: Rn 102 „Selbständiges Beweisverfahren".
Bezugsverpflichtung: Der Wert orientiert sich nicht am Umsatz, sondern am Gewinn. Man muß ihn nach § 3 schätzen, Bbg JB **85**, 441.
Buchauszug, -einsicht: Rn 24 „Auskunft".
Bürgschaft: Maßgeblich ist der Betrag der gesicherten oder zu sichernden Forderung ohne Rücksicht auf eine etwaige Betagung oder Bedingung, § 6 Rn 9. Das Interesse des Mieters an der Freigabe der Bankbürgschaft entspricht der Bürgschaftssumme, BGH WoM **06**, 215. Bei der Klage gegen den Hauptschuldner und den Bürgen erfolgt keine Zusammenrechnung nach 5. Bei der Klage gegen den Bürgen ist für die Zinsen und Kosten § 4 I anwendbar. Bei der Klage des Bürgen gegen den Hauptschuldner zählen die vom Bürgen gezahlten Zinsen und Kosten als ein Teil der Hauptforderung.
   S auch Rn 69 „Herausgabe: b) Herausgabe einer Urkunde".
CD-Raubkopie: Es entscheidet das Interesse des Gestörten, AG Mü GRUR-RR **08**, 263.
Darlehen: Maßgeblich ist grds die streitige Darlehenssumme abzüglich eines etwaigen Ablösungsbetrags. Im Rechtsmittelverfahren ist der aberkannte Betrag maßgebend, BGH WertpMitt **85**, 279.
Dauervertrag: Man berechnet den Wert nach § 3 und nicht nach § 9. Denn ein Dauervertrag läuft regelmäßig kürzer als ein Vertrag der in § 9 genannten Art, Bre Rpfleger **89**, 427 (Stromlieferung: 5-Jahresdurchschnittskosten – sehr hoch! –). Der Umsatz ist bei einem langfristigen Liefervertrag nur ein Anhaltspunkt. Daneben ist der Gewinn maßgeblich, Bbg MDR **77**, 935.
   Ein *Automatenaufstellvertrag* der üblichen Art läßt sich nicht nach § 41 GKG bewerten, sondern nach § 3, Kblz VersR **80**, 1123. Beim Miet- und Pachtvertrag usw ist § 41 GKG anwendbar. Beim Arbeitsvertrag muß man zunächst § 42 IV GKG beachten. Im übrigen gilt § 42 III GKG.
Dauerwohnrecht: Der Wert der Inhaberschaft richtet sich nach § 9, aM Brschw NZM **08**, 423 (§ 24 II KostO), AG Ffm AnwBl **84**, 449 (§§ 3, 6. Aber § 9 ist eine vorrangige Spezialvorschrift). Im übrigen gilt § 41 GKG. Der Wert seiner Löschung läßt sich nach § 3 berechnen. Maßgeblich ist dabei die Wertminderung des Grundstücks durch das Wohnrecht.
Deckungsprozeß: Rn 130 „Versicherung: a) Deckungsprozeß".
Deklaratorisches Schuldanerkenntnis: Rn 14 „Anerkenntnis".
Dienstbarkeit: Der Wert läßt sich nach § 7 berechnen.
Dienstvertrag: Maßgeblich ist § 3, soweit es um die Anstellung, die Beendigung usw geht, BGH RR **86**, 676. Jedoch gelten für die Zuständigkeit § 9 und für die Kosten § 42 III GKG, soweit das Entgelt umstritten ist. Die letztere Vorschrift kann auch als ein Ausgangswert bei der Feststellung des Bestehens des Vertrags von Bedeutung sein, BGH RR **86**, 676. (Jetzt) § 42 IV GKG, gilt nur für das arbeitsgerichtliche Verfahren, BGH RR **86**, 676.
Dingliche Sicherung: Es ist § 6 anwendbar.
Domain: Ihre Freigabe kann 25 000 EUR wert sein, Köln GRUR-RR **06**, 67.
Drittschuldnerprozeß: Soweit der Gläubiger den Drittschuldner auf eine Zahlung verklagt, ist wie stets der Wert *dieser* Klageforderung maßgeblich, also die dem Drittschuldner abverlangte Summe, Mü JB **85**, 1522, LAG Düss MDR **92**, 59, Schneider MDR **90**, 21, aM LAG Stgt JB **02**, 196 (36facher Monats-Pfändungsbetrag. Aber es geht schlicht um den Gesamtwert der eingeklagten Forderung). Wertprivilegien der eingeklagten Forderung können beachtlich sein, Köln JZ **91**, 987.
Drittwiderspruchsklage: Rn 139 „Widerspruchsklage: a) Widerspruchsklage des Dritten, § 771".
Duldung der Begutachtung: Maßgeblich ist das Interesse des Gläubigers, wie stets, also gerade nicht dasjenige des Schuldners. Das übersieht BGH NZM **99**, 65.
Duldung der Zwangsvollstreckung: Die Duldung hat neben einem Anspruch auf eine Verurteilung zu einer Leistung keinen besonderen Wert, § 5. Maßgeblich ist also die vollstreckbare Forderung nebst Zinsen und Kosten, BGH RR **99**, 1080. Beim selbständigen Anspruch auf eine Duldung muß man ihn dem vollen Wert

GKG Anh I § 48 (§ 3 ZPO) I. A. Gerichtskostengesetz

der Forderung oder der Haftungsmasse gleichsetzen, je nachdem, ob die Forderung oder die Haftungsmasse kleiner ist, KG AnwBl **79**, 229.

S auch Rn 144 „Zwangsvollstreckung".

Durchsuchung: Bei §§ 758, 758a muß man einen Bruchteil der vollstreckbaren Forderung oder des Werts des pfändbaren Gegenstands ansetzen, Köln MDR **88**, 329 (50%).

32 **Ehesache:** Es gilt § 43 FamGKG, Teil I B dieses Buchs.

Ehre: Man muß den Wert (jetzt) nach § 48 II–IV GKG berechnen, BAG BB **98**, 1487, Karlsr VersR **09**, 949, LG Oldb JB **95**, 369, aM BGH WoM **06**, 396 (§ 3). Beim Zusammentreffen vermögensrechtlicher und ideeler Wirkungen entscheidet die weitergehende, Karlsr VersR **09**, 949, LAG Mainz, MDR **07**, 1045.

S auch Rn 129 „Veröffentlichungsbefugnis".

33 **Eidesstattliche Auskunft oder Versicherung:** Wegen der Festgebühren nach KV 2110ff ist keine Wertfestsetzung für die Gerichtskosten notwendig. Für die Anwaltsvergütung gilt § 25 I Z 4 RVG (höchstens 1500 EUR). Im Fall des § 883 II gilt § 6, LG Köln JB **77**, 404.

Der *Beschwerdewert* bei einer eidesstattlichen Auskunft richtet sich nach dem Aufwand an Zeit und Kosten, BGH NJW **00**, 2113. Soweit im erfolglosen Beschwerdeverfahren keine Änderung des Streitgegenstands erfolgt, gilt nur die Festgebühr des (jetzt) KV 1811, aM BGH NZM **99**, 65 (aber die Vorschrift gilt uneingeschränkt).

S auch Rn 24 „Auskunft".

Eigentum: Bei einer Störung nach § 1004 BGB ist § 3 maßgeblich, BGH **124**, 315, Düss MDR **91**, 353 (Kosten der Beseitigung der Störung), Kblz JB **95**, 27 (Wert des Verbots für den Kläger). Nachteile für den Bekl sind unbeachtlich, Köln JB **90**, 246 (Notweg). Bei einer Beseitigung von Sondermüll sind die Entsorgungskosten maßgebend, Düss MDR **91**, 353. Im übrigen gilt § 6, dort Rn 2, auch wegen eines Eigentumsvorbehalts. Der Beschwerdewert kann den Streitwert übersteigen, BGH **124**, 315. Beim Miteigentum muß man den Klägeranteil abziehen, Karlsr Just **80**, 148.

S auch Rn 141 „Wohnungseigentum".

Einheitswert: Auch beim Einheitswert zum Stichtag 1. 1. 1964 sind als Streitwert 40% des streitigen Unterschiedsbetrags ansetzbar.

Einrede der Nichterfüllung: Rn 58 „Gegenseitiger Vertrag".

Einsichtnahme: Maßgebend sind der Zeitaufwand und die Kosten, BGH BB **01**, 752.

S auch Rn 62 „Gesellschaft".

34 **Einstweilige Anordnung:** Man muß den Wert bei den in § 53 III GKG genannten Verfahren nach dieser Vorschrift berechnen. Im übrigen gilt § 41 FamGKG, Teil I B dieses Buchs. Man darf den Hauptsachewert nicht überschreiten, Köln FamRZ **01**, 432.

35–39 **Einstweilige Einstellung:** Rn 145 „Zwangsvollstreckung: b) Einstellung, Beschränkung, Aufhebung".

Einstweilige Verfügung: Man muß den Wert für die Gebührenberechnung nach § 53 I GKG nach dem Interesse des Antragstellers an der begehrten Sicherstellung zur Zeit des erstinstanzlichen Antrags schätzen, Düss NZM **06**, 159, Kblz WoM **08**, 37 (33,3%), LG Bonn NZM **08**, 664.

S auch Rn 16 „Arrest", Rn 63 „Gewerblicher Rechtsschutz", Rn 104 „Stadtplanausschnitt".

40 **Eintragungsbewilligung:** Man muß von demjenigen Anspruch ausgehen, auf dem die Eintragung beruhen soll. Daher gilt zB beim Eigentum § 6, bei einer Grunddienstbarkeit § 7, bei einer Reallast § 9. Das gilt auch beim Berichtigungsanspruch. Bei einer nur formalen Klärung kann nach § 3 ein geringerer Wert infrage kommen, Zweibr JB **87**, 267. Es kann auch der zu zahlende Kaufpreisrest maßgeblich sein, Bbg JB **96**, 85.

Einwilligung: S „Eintragungsbewilligung", Rn 71 „Hinterlegung".

Elterliche Sorge: Maßgeblich ist § 45 I Z 1 FamGKG, Teil I B dieses Buchs.

E-Mail: Es entscheidet das Interesse des Gestörten, KG MDR **07**, 923, Karlsr GRUR-RR **08**, 262, Schlesw GRUR-RR **09**, 160.

S auch Rn 121.

Abschnitt 7. Wertvorschriften (§ 3 ZPO) Anh I § 48 GKG

Energie: Bei einer Entfernung des Zählers gilt der Jahresstrompreis, AG Neuruppin WoM **05**, 596, aM Kblz WoM **08**, 37 (evtl Kosten anderer Versorgungsarten), Schlesw NZM **09**, 680 (Interesse des Versorgers), LG Duisb NZM **07**, 896, LG Potsd NZM **09**, 159 (je: Fallfrage). Streitwertanpassung § 105 EnWG, abgedruckt bei § 50 GKG.

Enteignung: Maßgeblich ist der Sachwert, der objektive Verkehrswert. Ihn muß man nach § 6 berechnen. Das gilt auch bei einer Teilfläche und bei einer Rückenteignung, Mü JB **79**, 896. Danach bemißt sich sowohl der Wert des Antrags auf die Einleitung des Enteignungsverfahrens als auch der Wert eines Antrags auf den Erlaß einer gerichtlichen Entscheidung gegen die Enteignung. Zinsen auf den Entschädigungsbetrag sind unbeachtlich. Beim Streit nur um die Höhe der Entschädigung ist der Unterschied zwischen dem festgesetzten und dem begehrten Betrag maßgeblich, § 3. Eine etwaige Wertminderung des Restgrundstücks ist unerheblich.

S auch Rn 26 „Baulandsache".

Erbbaurecht: Sein Wert läßt sich nach § 3 feststellen, Mü WoM **95**, 193. Der Wert 41 setzt sich zusammen aus dem nach § 9 kapitalisierten Erbbauzins und dem Gebäudewert, Nürnb JB **92**, 52. Wenn es um eine Erhöhung des Erbbauzinses geht, gilt § 9, Ffm JB **77**, 1132, Mü JB **77**, 1002. Der Wert beträgt also das 3,5fache des Erhöhungsbetrags, § 9 Rn 8, 10. Beim Heimfallrecht ist nicht § 41 II GKG anwendbar, sondern es ist der Verkehrswert ohne Belastungen maßgeblich, Nürnb JB **92**, 52 (Kaufpreis als Anhaltspunkt). Auf die Feststellung der Wirksamkeit des Erbbaurechtsvertrags ist § 3 anwendbar, Düss JB **95**, 485.

Erbrechtlicher Anspruch, dazu *Schneider* Rpfleger **82**, 268 (zu Miterbenklagen): Es ist grds § 3 maßgeblich. Dabei muß man die wirtschaftliche Betrachtung vornehmen, BGH MDR **75**, 741.

- **(Ausgleichspflicht):** Bei einer Klage auf ihre Feststellung ist das Interesse des Klägers an ihr maßgeblich.
- **(Auskunft):** Rn 43 „– (Nachlaßverzeichnis)".
- **(Dritter):** Bei einem Streit um die Auflassung des Grundstücks an einen Dritten ist der ganze Wert maßgeblich, soweit der beklagte Erbe bei der Auflassung mitwirken soll. Dasselbe gilt dann, wenn es um die Herausgabe des ganzen Nachlasses an einen Dritten zwecks Versteigerung geht.
- **(Erbauseinandersetzung):** Bei der Klage auf eine Zustimmung zu ihr ist das Interesse des Antragstellers an seinem Auseinandersetzungsplan maßgeblich, aM *Schmidt* NJW **75**, 1417 (voller Nachlaßwert. Aber die Zustimmung ist erst der Beginn des eigentlichen Ziels). Wenn es um die Klage auf die Feststellung der Unzulässigkeit einer Auseinandersetzungsversteigerung geht, ist das Interesse des Klägers am Fortbestand der Erbengemeinschaft maßgeblich, Hamm JB **75**, 1616. Wenn bei einer Erbauseinandersetzung über mehrere Grundstücke nur die Verteilung einiger dieser Grundstücke streitig ist, ist nur der Wert der streitigen Grundstücke maßgeblich. Der Wert eines Prozeßvergleichs auf Grund einer Auseinandersetzungsklage richtet sich nach dem wirtschaftlichen Interesse des betreibenden Miterben, Kblz JB **91**, 103.
- **(Erbschein):** Im Einziehungsverfahren ist der Wert des beanspruchten Erbteils maßgeblich, BGH JZ **77**, 137.
- **(Erbunwürdigkeit):** Bei einer solchen Klage ist nur derjenige Vorteil maßgeblich, den der Kläger erstrebt, aM Kblz MDR **97**, 693 (aber es geht nur um sein wirtschaftliches Ziel).
- **(Haftungsbeschränkung):** Sie ist erst bei einer Zwangsvollstreckung erheblich und daher im Erkenntnisverfahren noch unbeachtbar.
- **(Miterbschaft):** Das Interesse des Miterben, also sein Anteil, seine Besserstellung, ist dann maßgeblich, wenn es sich um die Klage auf die Feststellung seines Erbrechts handelt, Bbg JB **75**, 1367, oder wenn es um eine Feststellung der gesetzlichen Erbfolge geht. Freilich muß man unstreitige Pflichtteilsansprüche abziehen. Bei einer Klage des Miterben gegen einen Nachlaß*schuldner* auf eine Leistung an alle Erben nach § 2039 BGB ist der Wert der ganzen eingeklagten Leistung und nicht nur das anteilige Interesse des klagenden Miterben maßgeblich. Wenn aber ein Miterbe von einem anderen Miterben eine Hinter-

GKG Anh I § 48 (§ 3 ZPO) I. A. Gerichtskostengesetz

legung oder Herausgabe zugunsten des Nachlasses verlangt, muß man die eingeklagte Forderung um denjenigen Betrag kürzen, der auf den beklagten Miterben entfällt, Karlsr Rpfleger **92**, 254. Bei einer Forderung auf eine Übertragung auf den klagenden Miterben ist dessen Anteil maßgebend, Hbg JB **94**, 364. Dasselbe gilt bei der Klage eines Miterben gegen den anderen auf eine Unterlassung der Eigentumsumschrift nur auf den letzteren, Köln JB **75**, 939. Wenn ein Miterbe die Berichtigung des Grundbuchs dahin verlangt, daß anstelle des beklagten Miterben alle Erben in Erbengemeinschaft eingetragen werden sollen, entscheidet der Grundstückswert abzüglich desjenigen Anteils, der dem Erbteil des bereits eingetragenen Erben entspricht, BayObLG JB **93**, 228, Köln JB **75**, 939. Dasselbe gilt bei der Klage auf die Zustimmung zu einer Löschung, Ffm JB **81**, 775, oder bei der Klage eines Miterben gegen einen anderen Miterben auf eine Mitwirkung bei der Auflassung eines Nachlaßgrundstücks. Denn dem beklagten Miterben verbleibt sein Anteil, Stgt NJW **75**, 394.

Wenn ein Miterbe zugleich ein Nachlaß*gläubiger* ist und wenn er eine gegen den Nachlaß gerichtete Forderung anderen Miterben gegenüber geltend macht, muß man berücksichtigen, daß diese Forderung den Kläger als Miterben in Höhe seines Anteils belastet. Deshalb muß man denjenigen Teil der Forderung, der seinem Anteil entspricht, als außer Streit befindlich ansehen und daher von der Gesamtforderung abziehen. Wenn ein Miterbe eine Klage dahingehend erhebt, daß eine Forderung gegen den Nachlaß nicht bestehe, darf man den Wert lediglich nach dem Interesse des Klägers an der Befreiung von der Verbindlichkeit berechnen. Dasselbe gilt bei einer behaupteten Feststellungsklage dahin, daß ein von der Erbengemeinschaft mit einem Dritten abgeschlossener Vertrag wirksam bestehe. Bei der Klage auf eine Feststellung, der Bekl sei kein Erbe, gilt der volle Erbschaftswert, BGH FamRZ **07**, 464 rechts.

- **(Nacherbschaft):** S „– (Vorerbschaft)".
- **(Nachlaßverzeichnis):** Wenn es sich um die Klage auf die Vorlegung eines Nachlaßverzeichnisses und um eine Auskunft über den Verbleib von Erbschaftsgegenständen handelt, kommt es auf das Interesse des Klägers an, Schwierigkeiten bei der Ermittlung des Erbschaftsbestands zu überwinden. Der Wert der Gegenstände hat also nur eine mittelbare Bedeutung.
- **(Nichtigkeit des Testaments):** Das Interesse an dieser Feststellung ist maßgeblich.
- **(Pflichtteil):** S „– (Miterbschaft)".
- **(Vorerbschaft):** Bei der Klage des Vorerben auf eine Zustimmung ist § 3 anwendbar. Der Vorerbe hat auch dann wertmäßig eine schwächere Stellung als der Nacherbe, wenn der Nacherbfall erst mit dem Tod des Vorerben eintritt, BGH FamRZ **89**, 959.

S auch Rn 60 „Gemeinschaft", Rn 114 „Testamentsvollstreckung".

44 **Erfüllung:** Rn 58 „Gegenseitiger Vertrag".
45 **Erledigterklärung:** Hier muß man sehr unterschiedliche Situationen beachten.
a) Volle Erledigung streitig; Beklagter säumig. Wenn der Kläger beantragt, die gesamte Hauptsache für erledigt zu erklären, und der Bekl beantragt, die Klage abzuweisen, oder wenn der Bekl säumig ist, muß das Gericht eine Entscheidung in der Hauptsache treffen. Sie bleibt also der Streitgegenstand, BLAH § 91a Rn 170. Daher muß man als den Wert den Betrag der Klageforderung ansetzen, LG Duisb MDR **04**, 419, VG Kassel NVwZ-RR **07**, 428 (unrichtig zitierend), Deckenbrock/Dötsch JB **03**, 290. Alle nachfolgend genannten Abweichungen übersehen diesen einfachen Kern des Streits.
Anderer Meinung sind, untereinander ebenfalls uneinig, BGH WoM **08**, 35, KG JB **06**, 201, Nürnb JB **06**, 478 (je: maßgeblich sei der Betrag der bisherigen Kosten, begrenzt auf das Hauptsacheinteresse), BFH DB **89**, 28, Bbg JB **78**, 1393, Hamm RR **95**, 960 (für den Beschwerdewert), KG MDR **99**, 380, Köln VersR **94**, 954 (50% der Hauptsache), Mü RR **95**, 1086, Rostock MDR **93**, 1019 (nur „aus Gründen der Rechtssicherheit", obwohl die besseren Argumente für … einen unveränderten Streitwert" sprächen!), KG JB **03**, 644, Naumb FamRZ **02**, 680, Stgt MDR **89**, 266 (je: maßgeblich sei nur die Summe derjenigen Kosten, die bis zum Zeitpunkt der Erledigterklärung des Klägers entstanden seien, ebenso Köln

Abschnitt 7. Wertvorschriften (§ 3 ZPO) Anh I § 48 GKG

AnwBl 82, 199 bei einer Erledigterklärung alsbald nach der Zustellung des Mahnbescheids vor der Abgabe der Akten an das Streitgericht). Der Kostenstreitwert und der Beschwerdewert sind evtl auch dann *unterschiedlich hoch,* Schneider MDR 77, 967. Bei § 926 II setzt Ffm GRUR 87, 652 nur das Kosteninteresse an.
S auch Rn 85 „Nichtvermögensrechtlicher Anspruch".
b) Vor Rechtshängigkeit. Stellt das Gericht eine „Erledigterklärung" vor oder 46 zugleich mit der Klage zu, liegt in Wahrheit keine Erledigung der Hauptsache vor. Denn vor dem Eintritt der Rechtshängigkeit ist grundsätzlich kein Prozeßrechtsverhältnis entstanden, BLAH § 91a Rn 68.
c) Beiderseitige wirksame Vollerledigterklärungen. Bei beiderseitigen Er- 47 ledigterklärungen wegen der gesamten Hauptsache kommt es zunächst auf deren Wirksamkeit an, BLAH § 91a Rn 68–95, LG Köln VersR 86, 1246, aM Abramenko Rpfleger 05, 16. Sodann und nicht schon bei einer nur tatsächlichen Erledigung ist als Wert grundsätzlich der Betrag der bisher entstandenen Kosten maßgeblich, BGH NJW 08, 999, Brdb JB 96, 193, Hbg MDR 97, 890.
Das gilt auch dann, wenn die Parteien die Hauptsache durch einen *Vergleich* erledigen oder wenn die Parteien über eine den beiderseitigen Erledigterklärungen zugrunde liegende Zahlung irrten. Noch unklare außergerichtliche Kosten bleiben außer Ansatz, KG MDR 88, 236. Der Wert der Hauptsache bildet die Obergrenze, LG Gött WoM 89, 410.
d) Beiderseitige wirksame Teilerledigterklärungen. Bei beiderseitigen wirk- 48 samen Teilerledigterklärungen ist als Wert nunmehr der Betrag der restlichen Hauptforderung nebst den Kosten des erledigten Teils maßgeblich, (jetzt) § 43 III GKG, BGH RR 95, 1090, Stgt JB 09, 250, Zweibr ZMR 01, 227, aM Nürnb RR 87, 1279, LG Wuppert AnwBl 78, 108 (restliche Hauptforderung nebst Zinsen, § 4); Köln VersR 74, 605 (restliche Hauptforderung nebst Zinsen und Kosten), BGH RR 91, 510, KG JB 98, 538, Karlsr MDR 96, 1298 (je: restliche Hauptforderung. Alle diese Varianten übergehen den einfachen Kern des Reststreits, Rn 45).
Beim *Kostenvergleich* nebst übereinstimmenden Resterledigterklärungen kann man zum Vergleichswert diejenigen Kosten hinzurechnen, die die Resterledigung betreffen.
e) Einseitige wirksame Teilerledigterklärung. Bei einer wirksamen einsei- 49 tigen Teilerledigterklärung ist der Wert der gesamten Hauptsache maßgeblich, Bbg JB 92, 762, Stgt JB 75, 1500, LG Duisb MDR 04, 963, aM BGH VerR 93, 626 (grds zur Beschwer, auch zu einer Ausnahme bei einer Widerklage), Hbg JB 90, 911, Mü MDR 98, 62, Nürnb JB 00, 478 (je: restliche Hauptforderung und Kosten des für erledigt erklärten Teils), Köln FamRZ 91, 1207, Liebherr AnwBl 00, 73 (nur noch die bisherigen Kosten. Alle diese Varianten übersehen, daß das Gericht unverändert über die gesamte Hauptsache entscheiden muß, Rn 45). Zinsen bleiben unbeachtet, Celle MDR 88, 414.
f) Sonstige Fragen. Im Mahnverfahren muß man den Übergang von der An- 50 hängigkeit zur Rechtshängigkeit nach § 696 III beurteilen, aM Mü MDR 98, 62 (aber § 696 III ist natürlich auch bei einem solchen Ausgang des Streitverfahrens mitbeachtlich).

Ermessensantrag: § 3 Rn 3. S auch Rn 99 „Schmerzensgeld". 51
Errichtung eines Vermögensverzeichnisses: Rn 136 „Vornahme einer Handlung".
Ersatzvornahme: Rn 144 „Zwangsvollstreckung: a) Erwirkung einer Handlung oder Unterlassung".
Erwerbsrecht: Maßgeblich ist § 14 III 1 VerkFlG, abgedruckt bei § 19 KostO Rn 1, Teil III dieses Buchs.
Erwerbsverbot: Rn 35 ff „Einstweilige Verfügung" sowie § 6.
Erwirkung einer Handlung: Rn 136 „Vornahme einer Handlung", Rn 144 „Zwangsvollstreckung: a) Erwirkung einer Handlung oder Unterlassung".
Erzwingung: Rn 87 „Ordnungs- und Zwangsmittel".
Eventualantrag: Rn 71 „Hilfsantrag".
Eventualwiderklage: Rn 71 „Hilfswiderklage".
Fälligkeit: Maßgebend ist grds der Wert der geltend gemachten Leistung, Hbg 52 MDR 82, 335, Schmidt AnwBl 80, 257, aM Schlesw SchlHA 83, 142, LG Bielef

GKG Anh I § 48 (§ 3 ZPO)   I. A. Gerichtskostengesetz

AnwBl **80**, 256 (Interesse des Bekl an der Hinauszögerung der Fälligkeit. Aber es geht im Ergebnis um die Pflicht zur gesamten Leistung). **Familiensache:** Rn 32 „Ehesache", Rn 117 „Unterhalt", Rn 131 „Versorgungsausgleich". **Fernwärme:** Rn 137 „Wärmelieferungsvertrag".

53 **Feststellungsklage:** Man muß vier Situationen unterscheiden.

– **(Behauptende Feststellungsklage):** Bei ihr gilt im allgemeinen ein etwas geringerer Wert als derjenige des Leistungsanspruchs ohne Zinsen, LAG Stgt NZA-RR **09**, 670. Man sollte grds etwa 20% abziehen, § 9 Rn 8, BGH MDR **08**, 829 rechts, Jena JB **08**, 534, Karlsr VersR **07**, 416. Ausnahmsweise können 50% des Werts des Leistungsanspruchs genügen, BGH RR **01**, 316, oder sogar nur 40%, Ffm AnwBl **82**, 436, oder doch über 20%, LAG Mainz NZA-RR **08**, 159, oder ein wesentlich geringerer Betrag, BGH RR **01**, 316, Celle VersR **08**, 1516 (je: 20%), etwa bei der Feststellung eines Schuldnerverzugs, Ffm JB **91**, 410, oder bei einer erst nach Jahrzehnten fälligen Versicherungsleistung, Ffm VersR **02**, 913.

Wenn sicher ist, daß der Bekl auf Grund eines Feststellungsurteils zahlen wird, kann der Wert der Feststellungsklage den *Wert einer Leistungsklage* erreichen, Schneider MDR **85**, 268, aM BGH RR **99**, 362 (aber auch hier entscheidet eine wirtschaftliche Betrachtungsweise). Dasselbe gilt bei einer Feststellung der Miterbenhaft. Bei der Feststellung von Eigentum gilt § 3, nicht § 6. § 8 hat Vorrang, BGH NZM **09**, 51 links. Bei einer Zwischenfeststellungsklage nach § 256 II muß nur etwa zusätzlichen Wert das Risiko einer Gegenforderung abziehen, LG Mü JB **09**, 430.

Der Wert der Feststellungsklage ist aber *unter keinen Umständen höher als* der Wert der *Leistungsklage,* BGH NZM **04**, 423. Bei einer zeitlich begrenzten Feststellungsklage auf einen Fortbestand des Arbeitsverhältnisses gilt höchstens die Bruttovergütung für diesen Zeitraum, begrenzt (jetzt) durch § 42 IV 1 GKG, LAG MDR **99**, 427. Ideelle Belange des Klägers bleiben unberücksichtigt. Wenn es um die Feststellung eines ziffernmäßig unbestimmten Anspruchs geht, erfolgt eine Schätzung nach dem wahren Interesse des Klägers, Köln JB **09**, 257. Der Wert hat dann die Höhe des Anspruchs als Obergrenze.

Es kommt auch darauf an, wie hoch das Risiko eines *künftigen Schadens* und einer tatsächlichen Inanspruchnahme des Bekl durch den Kläger ist, BGH RR **91**, 509. Wenn der Eintritt eines Schadens unwahrscheinlich ist, gilt evtl nur ein „Erinnerungswert", BGH AnwBl **92**, 451, Düss JB **75**, 232. Maßgeblich ist stets der Verhandlungsschluß, Bbg JB **80**, 1865, Ffm MDR **89**, 743. Bei der Klage auf eine Feststellung des Fortbestehens einer Kfz-Versicherung kann der Wert die dreieinhalbfache Jahresprämie erreichen, BGH NVersZ **01**, 92. Bei einer Unfallversicherung kommen 10%, aber auch 20% des Leistungsbetrags infrage, LG Drsd VersR **08**, 1256.

S auch Rn 126 „Vaterschaftsanerkenntnis".

54 – **(Verneinende Feststellungsklage):** Es gilt grds der volle Wert der vom Gegner aus dem Rechtsverhältnis abgeleiteten und nicht der etwa eingeklagten Forderung. Denn die Klage soll die Möglichkeit jeder Leistungsklage des Gegners ausschließen, BGH FamRZ **07**, 464 rechts, Brdb FamRZ **04**, 963, KG GRUR-RR **09**, 160. Es gilt also nicht etwa derselbe Wert wie bei einer behauptenden Feststellungsklage, etwa aus der Erwägung, daß sich das Interesse des Klägers einer verneinenden Feststellungsklage nicht mit dem Interesse des Gegners an einer Leistungsklage decke. Denn das Interesse des Klägers besteht darin, daß er überhaupt nicht zu leisten braucht, Bbg JB **90**, 1659, Brdb JB **03**, 85 (soweit der Bekl nicht nur endgültig einen bloßen Teil fordert), Hamm AnwBl **03**, 597, aM LAG Mü JB **07**, 256. Deshalb liegt ein negatives Spiegelbild der Leistungsklage vor, KG GRUR-RR **09**, 160.

Deshalb ist es auch *unrichtig,* bei einer verneinenden Feststellungsklage betreffend die Fälligkeit auf *alle Umstände* abzustellen, insbesondere auf die Zeit bis zur Fälligkeit, aM Kblz MDR **96**, 103.

Das gilt auch bei einer verneinenden Feststellungswiderklage, Rn 138 „Widerklage", und bei wiederkehrenden Leistungen, Mü RR **88**, 190, und bei einem Unterlassungsanspruch, aM Mü DB **86**, 1920 (aber hier gelten dieselben Regeln

wie in den vorangegangenen Fällen). Unerheblich sind eine Gegenleistung oder eine Zug-um-Zug-Leistung, Hamm AnwBl **03**, 597, oder ein Zweifel an der Zahlungsfähigkeit des Klägers. Wenn die Höhe auf einer Schätzung beruht, ist eine zahlenmäßige Angabe des Bekl nicht unbedingt maßgebend. Bei einer offensichtlich aus der Luft gegriffenen Forderung mag der Wert ihres Bestreitens niedriger als ihr Nennbetrag sein, Drsd JB **04**, 141.
S auch § 9 Rn 8.
– **(Häufung einer Feststellungs- und einer Leistungsklage):** Dann muß man prüfen, ob die Feststellung eine selbständige Bedeutung hat, § 5, BGH RR **92**, 698, Bbg VersR **09**, 702, Karlsr JB **07**, 648 links und rechts. Der Wert einer Zwischenklage nach § 280 ist für die Kosten nicht durch den Wert des ursprünglichen Streitgegenstands begrenzt. Etwas anderes gilt für den Beschwerdewert. 55
– **(Insolvenzfeststellungsklage):** Der Wert richtet sich nach der voraussichtlichen Insolvenzdividende, aM LG Mühlhausen JB **04**, 597 (evtl bis 100%). Das gilt ohne Rücksicht auf sonstige Sicherungsrechte, § 48 GKG Anh II (§ 182 InsO) Rn 4, Rn 72 „Insolvenzverfahren", Rn 136 „Vorrecht". 56
Firma: Rn 85 „Name". 57
Fischereirecht: Als Anhaltspunkte dienen: Der im gewöhnlichen Geschäftsverkehr erzielbare Kaufpreis; bei einer Feststellung der Jahresertrag; eine Wertminderung des an den Fischgrund angrenzenden Grundstücks und ein 20facher Jahresbetrag, der sich bei einer solchen Verpachtung erzielen läßt, die ja nur auf eine vorübergehende Zeit erfolgen würde.
Folgesache: Rn 32 „Ehesache".
Forderung: Maßgeblich ist grds der Nennbetrag. Bei der Klage auf die Erfüllung ist der Wert der Sachforderung entscheidend. Wenn ihre Fälligkeit streitig ist, gilt grds ihr voller Betrag, Rn 52 „Fälligkeit". Wenn der Schuldner eine verneinende Feststellungsklage dahin erhoben hat, die Forderung sei noch nicht fällig, gilt sein Interesse an dieser Feststellung als der Wert.
S auch Rn 59 „Geldforderung", Rn 99 „Schmerzensgeld".
Franchise: Maßgeblich ist das Interesse des Franchisenehmers an der Fortführung des Franchisevertrags, Stgt JB **07**, 144.
Freigabe eines Bankguthabens: Maßgeblich ist der volle Betrag und nicht nur das Interesse an der sofortigen Verfügungsmöglichkeit.
Freistellung: Rn 27 „Befreiung".
Gebrauchsmuster: Rn 121 „Unterlassung: e) Gewerblicher Rechtsschutz". 58
Gegendarstellung: Maßgeblich ist § 48 II, III GKG.
Gegenleistung: § 6 Rn 6.
Gegenseitiger Vertrag: Bei einem Anspruch auf die Erfüllung des Vertrags gilt der Wert der verlangten Leistung ohne einen Abzug der Gegenleistung, Kblz MDR **94**, 738, LG Kiel WoM **95**, 320. Das gilt auch bei einer Leistung Zug um Zug, § 6 Rn 7. Eine Gegenleistung ist überhaupt nicht beachtlich. Andernfalls würde ja bei einer Gleichwertigkeit der Leistung und der Gegenleistung ein Wert völlig fehlen, OVG Bre AnwBl **84**, 50. Beim Streit um die Art der Erfüllung gilt das Interesse des Klägers, § 3, BGH MDR **82**, 36. Beim Streit um die Einrede der Nichterfüllung kann die volle Forderung maßgeblich sein, BGH MDR **95**, 1162.
Bei einem Anspruch auf eine *Nichtigerklärung* ist das Interesse des Klägers am Nichtbestehen maßgeblich, Brschw JB **83**, 434, Ffm AnwBl **82**, 247, aM Celle AnwBl **84**, 448, Schmidt AnwBl **85**, 29 (voller Ursprungswert). Aber das Klägerinteresse begrenzt stets einen Streitwert). Das gilt selbst dann, wenn ein Anspruch auf die Nichtigerklärung eine selbständige Bedeutung hat, BLAH § 2 Rn 3–5. Dabei muß man die Vorteile und Nachteile miteinander abwägen. Man darf nicht etwa die weiteren Folgen der Aufrechterhaltung berücksichtigen.
Gehalt: Maßgeblich § 42 II–IV GKG. Bei der Forderung des Vertretungsorgans einer Handelsgesellschaft ist § 9 anwendbar, dort Rn 3, 4. 59
Geldforderung: Maßgeblich ist der Betrag der Klageforderung, also in EUR, Art 8 I VO (EG) 974/98, Ritten NJW **99**, 1215. Das gilt auch dann, wenn es um die Freigabe eines Guthabens geht. In einem solchen Fall kommt es also nicht auf das Interesse an der Freigabe an. Bei einem unbezifferten Antrag gilt unter Umständen der zugesprochene Betrag als maßgeblich.

GKG Anh I § 48 (§ 3 ZPO) I. A. Gerichtskostengesetz

Wenn die *Fälligkeit streitig* ist, ist der volle Betrag der Forderung maßgeblich, Rn 52. Hat der Schuldner eine verneinende Feststellungsklage dahin erhoben, die Forderung sei noch nicht fällig, ist das Interesse an dieser Feststellung maßgeblich. S auch Rn 25 „Auslandswährung", Rn 57 „Forderung", Rn 99 „Schmerzensgeld".

60 **Gemeinschaft:** Bei der Klage auf ihre Aufhebung ist das Interesse des Klägers maßgeblich, § 3. Wenn es um ihre Teilung geht, ist grds der volle Wert des zu Verteilenden maßgeblich, Brdb JB **98**, 421, aM Düss JB **06**, 644, Ffm JB **79**, 1195, ZöHe § 3 Rn 16 „Gemeinschaft" (nur der Anteil des Klägers), ThP § 3 Rn 73 „Gemeinschaft" (der Anteil des Klägers bleibe außer Betracht. Aber alle diese Varianten übersehen den vollen wirtschaftlichen Umfang des Streits). Etwas anderes gilt nur bei einem Streit um die Art der Teilung, aM Schlesw SchlHA **79**, 57, oder um ihren Zeitpunkt. Unter Umständen gilt aber der Wert desjenigen einzelnen Gegenstands, um den es zB bei einer Scheidungsvereinbarung ausschließlich geht, Stgt JB **76**, 371.

Bei einer Klage auf die Vornahme eines *vorzeitigen Zugewinnausgleichs* sind grds 25% des zu erwartenden Ausgleichs maßgeblich. Kurz vor der Scheidung darf man einen geringeren Wert ansetzen, Schlesw SchlHA **79**, 180. Bei einer Verbindung mit einer Klage auf die Zahlung des Ausgleiches muß man addieren, § 5. Bei einer Klage mit dem Ziel der Aufhebung einer fortgesetzten Gütergemeinschaft ist die Hälfte des Anteils des Klägers maßgeblich.

Vgl auch Rn 41 „Erbrechtlicher Anspruch", Rn 141 „Wohnungseigentum".

Genehmigung: Maßgeblich ist der Wert des zu genehmigenden Vorgangs.

Genossenschaft: Wenn es um die Feststellung der Unwirksamkeit einer Ausschließung geht und soweit der Anspruch vermögensrechtlich ist, gelten nicht der Mietwert der Genossenschaftswohnung oder das Vorstandsgehalt, sondern der Wert des Anteils mit allen Vorteilen der Mitgliedschaft. Bei einer Anfechtungsklage ist § 247 I AktG entsprechend anwendbar, Naumb JB **99**, 310.

61 **Gesamtschuldner:** § 5 Rn 5.

Geschäftsanteil: Rn 62 „Gesellschaft".

Geschäftsbedingungen: Rn 13 „Allgemeine Geschäftsbedingungen".

62 **Gesellschaft:** Es zeigen sich zahlreiche Aspekte.

– **(Abberufung):** Bei der Abberufung eines Organmitglieds einer Kapitalgesellschaft ist das Interessse der Gesellschaft an seiner Fernhaltung oder sein Gegeninteresse maßgeblich, BGH RR **95**, 1502. Bei einer Abberufung des Geschäftsführers kann sein Anstellungsvertrag bestehengeblieben sein. Daher ist dann nur § 3 anwendbar, nicht § 9 Rn 3, BGH MDR **09**, 815.

– **(Anfechtung):** Bei der Anfechtung eines Beschlusses der Hauptversammlung einer AG muß man den Wert auf Grund des gesamten Verhältnisses und des Interesses der Gesellschaft an einer Aufrechterhaltung des Beschlusses festsetzen, § 247 I AktG, BGH RR **99**, 910. Diese Lösung ist auch bei einer GmbH entsprechend maßgeblich, BGH RR **99**, 1485, LG Bayreuth JB **85**, 768, nicht aber bei einer zweigliedrigen KG, BGH RR **02**, 823. Dabei muß man die Möglichkeiten nach §§ 114 ff mitbeachten, Ffm OLGZ **90**, 352.

S auch „– (Entlastung)".

– **(Anpassung):** Das Gericht darf den Kostenstreitwert der wirtschaftlichen Lage einer Partei anpassen, § 247 II AktG, BGH MDR **93**, 184, Ffm JB **76**, 347. Das gilt auch in der Berufungsinstanz, Ffm BB **85**, 1360. Es gilt freilich nicht bei einer rechtsmißbräuchliehen Aktionärsklage, BGH NJW **92**, 569. Dasselbe gilt auch bei einer Nichtigkeitsklage nach §§ 249, 256 VII, 275 IV AktG.

– **(Auflösung):** Bei der Auflösung einer OHG ist das Interesse des Klägers maßgeblich, Köln BB **82**, 1384. Dasselbe gilt bei einer GmbH, Köln DB **88**, 281, Schneider MDR **89**, 303.

– **(Auskunft):** Wegen ihrer Erzwingung nach § 132 AktG Stgt DB **92**, 1179.

– **(Ausscheiden):** Beim Ausscheiden eines Gesellschafters muß man den Anteilswert des Klägers mitbeachten, BVerfG NJW **97**, 312 (Grenze: unzumutbares Kostenrisiko). Das gilt auch beim Ziel der Eintragung des Ausscheidens, BGH Rpfleger **79**, 194 (der Wert beträgt dann etwa 25% des Klägeranteils).

S auch Rn 25.

Abschnitt 7. Wertvorschriften (§ 3 ZPO) Anh I § 48 GKG

- **(Ausschließung):** Bei der Ausschließung eines Gesellschafters muß man den Anteilswert des Klägers mitbeachten. S auch Rn 25.
- **(Einsichtnahme):** S „– (Geschäftsunterlagen)".
- **(Einzahlung):** Bei der Einzahlung eines Anteils an die Gesellschaft muß man den Anteilswert des Klägers mitbeachten, BGH NJW **01**, 2638.
- **(Entlastung):** Bei einer Anfechtungsklage gegen die Entlastung eines Aufsichtsratsvorsitzenden muß man die Interessen des Klägers und die wirtschaftlichen Auswirkungen beachten, Stgt BB **95**, 2442.
- **(Fortbestehen):** Bei einer Feststellung des Fortbestehens usw des Gesellschaftsvertrags muß man alle Faktoren ohne das Interesse der übrigen Gesellschafter beachten, Köln ZIP **82**, 1006.
- **(Geringe Beteiligung):** Der Kläger kann sich nicht auf eine nur geringe Beteiligung an der Gesellschaft berufen.
- **(Geschäftsunterlagen):** Man sollte eine Einsichtnahme in solche Dokumente nach dem geschäftlichen oder privaten Interesse an ihr bewerten, Ffm DB **91**, 272.
- **(Leistung an Gesellschaft):** Bei der Klage eines Gesellschafters gegen einen Mitgesellschafter auf eine Leistung an die Gesellschaft ist ihr voller Betrag ohne einen Abzug des Anteils des Klägers maßgeblich, aM ZöHe § 3 Rn 16 „Gesellschaft" (aber das wirtschaftliche Ziel liegt in der Stärkung der Gesellschaft).
- **(Mehrheit von Beschlüssen):** Man muß mehrere Beschlüsse stets gesondert bewerten, Ffm WertpMitt **84**, 655, Schneider MDR **85**, 355.
- **(Nichtigkeit):** S „– (Anpassung)".
- **(Prokura):** Bei der Eintragung einer Gesamtprokura muß man den Anteilswert des Klägers mitbeachten.
- **(Rechtsmißbrauch):** BLAH Einl III 54.
  S auch „– (Anpassung)".
- **(Verkaufswert):** Es kommt stets auf ihn und nicht auf den Nennwert an.
- **(Wirtschaftliche Lage):** S „– (Anpassung)".

Getrenntleben: Rn 32 „Ehesache".
Gewaltschutz: Maßgeblich ist § 49 FamGKG, Teil I B dieses Buchs.
Gewerblicher Rechtsschutz, dazu *Kur,* Streitwert und Kosten im Verfahren wegen unlauteren Wettbewerbs usw, 1980; *Ulrich* GRUR **89**, 401 (ausf): Vgl zunächst § 51 GKG. In seinem Rahmen gilt:
- **(Art der Verletzung):** Mitbeachtbar ist die Art der Verletzungshandlung, Stgt RR **87**, 429.
- **(Dritter):** *Unbeachtbar* ist das Verhalten eines Dritten, LG Mosbach BB **83**, 2073.
- **(Einfache Sache):** Ein Eilverfahren ist nicht schon deshalb eine einfache Sache, Hamm GRUR **91**, 259. *Nicht* mehr einfach ist eine solche Sache, die drei Instanzen durchläuft, BGH RR **90**, 1323, oder wenn der Antragsgegner verschiedene Einwendungen erhoben und umfangreiche Unterlagen vorgelegt hat, Kblz GRUR **90**, 58.
- **(Einstweilige Verfügung):** Bei ihr erledigt ein gerichtliches Verbot oft den ganzen Streit. Dann nähert sich der Wert demjenigen der Hauptsache, Rn 36. Das bedenkt Oldb MDR **51**, 955 (grds 50%) nicht genug. Das gilt auch bei einer solchen Markenverletzung, bei der die Rufschädigung infolge einer schlechten Qualität und eine Verwässerungsgefahr besonders wesentlich sein können. Ein Eilverfahren ist nicht schon deshalb eine einfache Sache, Hamm GRUR **91**, 259.
- **(e-mail):** Bei der Untersagung einer e-mail-Werbung können 350 EUR ansetzbar sein, KG JB **02**, 371.
- **(Gefährlichkeit):** Mitbeachtbar ist die Gefährlichkeit der Verletzungshandlung, Stgt RR **87**, 429.
- **(Geschädigter):** Mitbeachtlich sind die Bedeutung und der Umsatz des Geschädigten, Karlsr JB **75**, 108.
- **(Kartellrecht):** Rn 73 „Kartellsache".

GKG Anh I § 48 (§ 3 ZPO) I. A. Gerichtskostengesetz

- **(Markenrecht):** Bei einer Markenverletzung kann sich der Wert eines Eilverfahrens demjenigen der Hauptsache nähern, Rn 64 „– (Einstweilige Verfügung)".
- **(Produktionsfähigkeit):** Beachtbar ist der Umstand, daß sich die Produktionsfähigkeit nicht voll ausnutzen läßt, Ffm JB **76**, 368 und 1249.
- **(Prozeßarbeit):** Mitbeachtbar ist der Umfang der Arbeit des Gerichts und der ProzBev nach § 81, Brdb MDR **97**, 1070.
- **(Prozeßführungsbefugnis):** *Unbeachtbar* kann ein Streit über diese Befugnis sein, Kblz GRUR **91**, 66.
- **(Rechtsmittel):** Im Rechtsmittelverfahren ist nur *sein* Ziel maßgeblich, BGH GRUR **05**, 972.
- **(Regelstreitwert):** Ein solcher Wert läßt sich *kaum* ermitteln, Brdb MDR **97**, 1070, aM Oldb MDR **91**, 955, Schlesw JB **08**, 652 (aber es kommt auf die meist äußerst unterschiedlichen Gesamtumstände an).
- **(Schätzung):** Das Gericht muß die Schädigung schätzen, zB nach § 287. S auch „– (Regelstreitwert)".
- **(Umfang der Verletzung):** Mitbeachtbar ist der Umfang der Verletzungshandlung, Stgt RR **87**, 429.
- **(Umsatz):** Das Gericht muß eine Umsatzschmälerung des Klägers beachten, Düss WettbR **96**, 44, Karlsr MDR **80**, 59, ebenso eine Umsatzsteigerung, Nürnb WRP **82**, 551.
  Man darf aber die Umsatzentwicklung *nicht* als die alleinige Berechnungsgrundlage verwerten, BGH NJW **82**, 2775, Ffm GRUR **92**, 459.
- **(Unterlassung):** Rn 121 „Unterlassung: e) Gewerblicher Rechtsschutz".
- **(Verbandsklage):** Wegen einer Verbandsklage zB nach § 8 III UWG vgl Rn 118 „Unterlassung: a) Allgemeine Geschäftsbedingungen".
- **(Veröffentlichung):** Das Interesse an der Veröffentlichung einer Entscheidung geht oft im Interesse am Unterlassungsanspruch voll auf. Es läßt sich daher grds nicht besonders bewerten. Es kann aber auch insbesondere bei einer schädigenden Äußerung erheblich über den Unterlassungsanspruch hinausgehen.
- **(Verschulden):** Mitbeachtbar sein kann der Verschuldensgrad, Ffm JB **83**, 1249.

66 **Grundbuch:** Rn 28 „Berichtigung des Grundbuchs", Rn 40 „Eintragungsbewilligung".
Grund des Anspruchs: Bei einer Entscheidung nach § 304 ist der gesamte Anspruch des Klägers maßgeblich. Das gilt selbst dann, wenn das Gericht später im Betragsverfahren eine geringere Forderung als die begehrte zuerkannt hat, BGH VersR **76**, 988.
Grunddienstbarkeit: Man muß den Wert nach § 7 berechnen.
Grundpfandrecht: § 6 Rn 10–15.
Grundschuld: § 6 Rn 12.
Grundstück: Rn 20 „Auflassung", Rn 33 „Eigentum".
67 **Haftpflichtversicherung:** Rn 130 „Versicherung".
Handelsregister: Rn 14 „Anmeldung zum Handelsregister".
Handelsvertreter: Vgl Mü AnwBl **77**, 468, Schneider BB **76**, 1298. Es gilt bei einem unbezifferten Antrag diejenige Summe, die nach dem Tatsachenvortrag des Klägers schlüssig wäre. Der Auskunftsanspruch läßt sich mit 20% der erhofften Zahlung bewerten. Man muß einen zusätzlichen Ausgleichsanspruch nach § 89b HGB hinzurechnen, LG Bayreuth JB **77**, 1747. Seine Klage auf die Feststellung der Unwirksamkeit einer ihm gegenüber erklärten Kündigung bestimmt sich nach § 3, nicht nach (jetzt) § 42 III GKG, Mü DB **85**, 645, aM Bbg JB **91**, 1693 (aber diese Vorschrift paßt schon deshalb nicht, weil sie ein öffentlichrechtliches Verhältnis regelt).
Handlung: Rn 144 „Zwangsvollstreckung: a) Erwirkung einer Handlung oder Unterlassung".
Hauptversammlung: Bei der Anfechtungsklage muß man § 247 AktG beachten, § 51 Anh IV.
Haushaltssache: Es gilt § 48 FamGKG, Teil I B dieses Buchs.
Heimfall: Rn 41 „Erbbaurecht".

Abschnitt 7. Wertvorschriften　　　　(§ 3 ZPO) Anh I § 48 GKG

Herausgabe: S zunächst § 6. Man muß zwei Fallgruppen unterscheiden.　　**68**
a) Herausgabe einer Sache. Es gilt grds der Wert der Sache, § 6, zB der Vorbehaltsware, selbst wenn nur noch ein Restbetrag der Kaufpreisforderung aussteht, Ffm AnwBl **84**, 94. Wenn der Wert jedoch infolge einer Rücknahme oder Wegnahme nachhaltig gesunken ist, muß man diesen Umstand wertmindernd berücksichtigen, BGH NJW **91**, 3222. Das gilt zB dann, wenn gelieferte Einbauten beschädigt wurden. Bei einem Generalschlüssel ist der Wert der ganzen Anlage maßgebend, LAG Kiel JB **07**, 258 links oben.

Im übrigen ist nicht der Kaufpreis maßgeblich, sondern der *wahre Verkehrswert* beim Klageingang, § 4 I Hs 1. Beim zusätzlichen Antrag, dem Bekl eine Herausgabefrist zu setzen und ihn nach dem ergebnislosen Fristablauf zum Schadensersatz zu verurteilen, gilt der höhere Wert der beiden Anträge, LG Köln MDR **84**, 501, aM Schneider MDR **84**, 853 (aber der höhere Wert gilt in allen vergleichbaren Lagen). Zum Wert bei § 510b Schneider MDR **87**, 60, aM LG Karlsr MDR **87**, 60.

S auch Rn 92 „Räumung".

b) Herausgabe einer Urkunde. Wenn es sich um ein Wertpapier handelt, ist　**69** der Wert des verbrieften Rechts maßgeblich, zB der Kurswert zur Zeit der die Instanz einleitenden Antragstellung, § 15 GKG, BGH NJW **89**, 2755, Düss AnwBl **94**, 47 (Herausgabe eines fälligen, noch nicht bezahlten Wechsels), ZöHe § 6 Rn 7, aM BGH NJW **88**, 2804 (der Wert der Beschwer beschränke sich auf das Interesse an der Herausgabe. Aber das ist doch durchweg der Wert zB der Wechselsumme).

Andernfalls, etwa bei der Herausgabe eines Grundschuld- oder Hypothekenbriefs oder eines Urteils, muß man denjenigen Wert schätzen, der dem Interesse des Klägers an dem Besitz der Urkunde entspricht, BGH RR **02**, 573, Köln VersR **92**, 256, LAG Mainz NZA-RR **08**, 324, aM Ffm JB **03**, 537 (Nennwert. Der kann aber viel höher sein als das Interesse). Das gilt zB beim Interesse am Unterbleiben einer rechtsmißbräuchlichen Benutzung, BGH FamRZ **92**, 170. Dabei kann der Betrag einer Sicherheitsleistung nach § 273 III BGB ausreichen, Bre Rpfleger **85**, 78. Wenn es um eine Unveräußerlichkeit geht, gilt § 48 II GKG.

Wenn beide Parteien den *Hypothekenbrief* jeweils als angeblicher Gläubiger herausverlangen, ist der Wert der Hypothek maßgeblich. Bei einem Sparkassenbuch mit einer Sicherungskarte ist das eingetragene Guthaben maßgeblich. Beim Schuldschein nach § 371 BGB können 20–30% der Forderung reichen, Köln MDR **97**, 204.

Man darf den Wert einer Klage auf die Herausgabe einer *Bürgschaftsurkunde* bei einer gleichzeitigen Zahlungsklage nicht berücksichtigen. Er entspricht jedenfalls dann, wenn der Kläger die Inanspruchnahme des Bürgen durch den Bekl verhindern will, dem Wert der durch die Bürgschaft gesicherten Forderung und nicht nur dem Kostenaufwand der Erlangung oder des Fortbestands der Bürgschaft, BGH RR **94**, 758, LG Bln JB **02**, 478, LG Hbg JB **02**, 82, aM Hamm JB **81**, 434, Stgt JB **80**, 896, LG Köln AnwBl **82**, 437 (mangels besonderer Umstände Bruchteil des Werts der Forderung, etwa 20–30%. Aber es gibt wirtschaftlich um die ganze Hauptforderung). Im übrigen darf das Gericht nach § 3 frei schätzen, BGH RR **94**, 758.

Beim *Kraftfahrzeugbrief* gilt weder der Gebührenbetrag für eine Neuanschaffung　**70** noch der Wert des Wagens. Denn der Wert des Fahrzeugs wird nicht geringer. Die letzteren Gesichtspunkte können aber eine mitentscheidende Bedeutung haben, Düss MDR **99**, 891 (evtl 33,3%), Saarbr JB **90**, 1661, LG Augsb JB **01**, 143 (50% des Fahrzeugwerts).

Wenn es um die *Vorlegung* einer *Urkunde* geht, ist das Interesse des Klägers an der Vorlegung maßgeblich. Dieses Interesse kann erheblich sein, wenn erst eine Vorlegung weitere Maßnahmen ermöglicht, etwa eine Schadensberechnung, Rn 147 „Zwischenstreit".

Der Anspruch auf die Herausgabe des Versicherungsnachweisheftes usw läßt sich mit (jetzt ca) 250 EUR bewerten, LAG Hamm DB **85**, 1897, LAG Köln BB **98**, 543. Die Herausgabe einer Versicherungspolice mag 33,3% der Versicherungssumme wert sein, LAG Stgt VersR **02**, 913. Auf 250 EUR lassen sich jeweils die Ansprüche auf die Erteilung einer Arbeitsbescheinigung nach § 133 AFG und auf

GKG Anh I § 48 (§ 3 ZPO) I. A. Gerichtskostengesetz

die Erteilung einer Verdienstbescheinigung zwecks eines Insolvenzausfallgelds ansetzen, LAG Hamm DB **85**, 1897.
Im übrigen darf das Gericht nach § 3 frei schätzen, BGH NJW **04**, 2904 (Vollstreckungstitel bei § 767). Maßgeblich sind zB der Zeit- und Kostenaufwand und ein Geheimhaltungsinteresse, Rn 24 „Auskunft".

71 **Hilfsantrag:** § 5 Rn 6, wegen der Gebühren aber § 45 I 2 GKG. Danach muß man den Hilfsanspruch mit dem Hauptanspruch zusammenrechnen, soweit das Gericht über den Hilfsanspruch entscheidet, Köln JB **96**, 476, LAG Bln NZA-RR **04**, 492, ArbG Nürnb MDR **04**, 907 (je: auch zum Vergleich). Eine Entscheidung über den Hilfsanspruch fehlt dann, wenn der Kläger den Hilfsanspruch nur im Rahmen einer Klageänderung geltend machte und wenn das Gericht diese Klageänderung nicht zugelassen hat, Nürnb MDR **80**, 238. Sonst ist ein höherer Wert unerheblich. Ein gleich hoher oder ein niedrigerer Wert sind ohnehin unerheblich. Es findet also nach dem Wortlaut des § 45 I 2 GKG eine *Zusammenrechnung* unabhängig von der Höhe des Hilfsanspruchs statt. Das gilt freilich nur, soweit eine Entscheidung über den Hilfsanspruch ergeht.
Hilfsaufrechnung: § 45 GKG Rn 40 ff.
Hilfswiderklage: § 45 I 2, III GKG ist entsprechend anwendbar, Kblz MDR **97**, 404. Beim Vergleich darf man nur dann zusammenrechnen, wenn die Parteien die Forderung der Hilfswiderklage einbezogen hatten, Düss MDR **06**, 297, Köln JMBlNRW **75**, 143.
Hinterlegung: Beim Streit um ihre Vornahme muß das Gericht den Wert nach § 3 schätzen. Bei einer Klage nach § 13 II Z 2 HO ist der Wert der Sache maßgeblich. Wenn es um die Einwilligung zur Herausgabe des Hinterlegten geht, ist § 6 anwendbar, KG JB **78**, 427. Die Zinsen zählen nicht zu den Nebenforderungen nach § 4, KG JB **80**, 281. Bei mehreren Berechtigten muß man den Mitberechtigungsanteil abziehen, KG AnwBl **78**, 107. Bei mehreren Bekl können die Werte unterschiedlich hoch sein.
Hypothek: Rn 69 „Herausgabe: b) Herausgabe einer Urkunde", § 6 Rn 12, 13.

72 **Immission:** Maßgeblich ist diejenige Wertminderung, die man wegen der voraussichtlichen Dauer der Störung befürchten muß, Kblz JB **95**, 27, aM Schneider ABC (maßgeblich sei eine unbestimmte Dauer der Störung. Aber auch eine zeitliche Begrenzung des Klägerinteresses setzt eine Wertgrenze). Bei einer Mehrheit von Klägern findet keine Werterhöhung statt. Denn das Grundstück bleibt dasselbe.
Insolvenzverfahren: § 48 GKG Anh II.
Jagdrecht: Man muß § 3 anwenden. Bei einer Klage über das Bestehen oder die Beendigung der Jagdpacht ist für die Zuständigkeit und die Beschwer § 8 ZPO und für die Gebühren (jetzt) § 41 GKG anwendbar, LG Saarbr JB **91**, 582.

73 **Kapitalabfindung:** Rn 9 „Abfindungsvergleich".
KapMuG: Es können 50% der Hauptsache maßgebend sein, Mü RR **08**, 132.
Kartellsache: Maßgebend ist das Interesse an der Änderung der Entscheidung der Kartellbehörde. Wegen einer Streitwertanpassung § 89 a GWB, abgedruckt bei § 50 GKG. Wegen einer Beschwerde § 50 GKG.
Kaution: Rn 103 „Sicherheitsleistung".
Kindschaftssache: Es gelten §§ 45, 46 FamGKG, Teil I B dieses Buchs.
Klage und Widerklage: Rn 138 „Widerklage".
Klageänderung, Klageerweiterung: Grds ist nur der höchste Wert maßgeblich, § 36 III GKG, § 15 II 1 RVG. Man muß evtl die Werte für die Verfahrensabschnitte vor und nach ihrer Vornahme gesondert bewerten, Bbg JB **77**, 960.
Klagenhäufung: § 5.
Klagerücknahme: Beim Antrag nach § 269 III 2 oder 3, IV ist § 3 anwendbar, aM ThP § 3 Rn 94 „Klagerücknahme" (nur die bis zur Klagerücknahme entstandenen Kosten. Aber bis zur Rücknahme ging es um die volle Forderung). Beim Streit um die Wirksamkeit der Klagerücknahme oder beim Vergleich mit einer Klagerücknahmepflicht ist der Wert der Hauptsache maßgeblich. Kosten bleiben selbst bei einer von § 269 III, IV abweichenden Vereinbarung unbeachtbar.
S auch Rn 76 „Mahnverfahren".

74 **Kosten:** § 4 I ZPO, § 43 I–III GKG.
Kostenfestsetzung: Maßgeblich ist der noch verlangte oder bestrittene Betrag.

Abschnitt 7. Wertvorschriften　　　　(§ 3 ZPO) Anh I § 48 GKG

Kostengefährdung, § 110: Rn 90 „Prozeßvoraussetzungen".
Kraftloserklärung: Rn 19 „Aufgebot".
Kreditschädigung: Maßgeblich ist § 3, LG Bayreuth JB 75, 1356.
Lagerkosten: § 4 Rn 17.　　　　　　　　　　　　　　　　　　　　　75
Leasing: Es gelten meist dieselben Grundsätze wie bei der Miete, Celle MDR 93, 1020, Ffm MDR 78, 145 (bei einem Streit um den Bestand gelten evtl §§ 41 GKG, 6 ZPO).
S auch Rn 130 „Versicherung: a) Deckungsprozeß".
Lebenspartnerschaft: Rn 32 „Ehesache".
Lebensversicherung: Rn 130 „Versicherung: c) Todesfallrisiko".
Leibrente: § 9 Rn 3.
Leistung: Der Antrag ist auch beim Verstoß des Gerichts gegen § 308 I maßgeblich. Bei einer künftigen Leistung gilt § 3.
Löschung: Man muß die folgenden Fälle unterscheiden.
　a) Löschung einer Auflassungsvormerkung. § 6 Rn 15.
　b) Löschung einer Grundschuld oder Hypothek. § 6 Rn 12, 13.
　c) Löschung einer Marke oder eines Gebrauchsmusters. Maßgeblich ist das Interesse des Klägers an der Löschung. Bei einer Volksklage (Popularklage) zB nach § 55 II Z 1 MarkenG ist das Interesse der Allgemeinheit an der Beseitigung des Wettbewerbs maßgeblich. Dasselbe gilt bei der Löschung eines Patents, BPatG GRUR 78, 535.
Lohn: Rn 59 „Gehalt".
Mahnverfahren: Nach einer teilweisen Rücknahme des Antrags auf ein streitiges　76
Verfahren kann trotz (jetzt) § 40 GKG der ermäßigte Anspruch maßgeblich sein, Hbg MDR 01, 295 (zustm *Schütt*), Rostock MDR 02, 666.
Markensache: Maßgeblich sind bei der Löschung der Markenwert und die Gefährlichkeit der Verletzung, BGH GRUR 06, 704 (grds 50 000 EUR), Ffm GRUR-RR 05, 239. Ein Antrag auf § 142 MarkenG kann mißbräuchlich sein, Ffm GRUR-RR 05, 296. Eine Löschung und eine Verletzung sind aber zweierlei, Nürnb JB 07, 364.
S auch Rn 16 „Arrest", Rn 121.
Mehrheit von Ansprüchen: Rn 14 „Anspruchsmehrheit".
Mietverhältnis, dazu *Gies* NZM 03, 886 (Üb): Maßgeblich sind für die Zuständigkeit § 8, beim Wohnraum § 29 a. Für den Kostenstreitwert gilt jedoch § 41 GKG. Zum Anwaltsgebühren-Gegenstandswert Wiesner AnwBl 85, 237. Die Regelung gilt auch für die Untermiete.
　a) Klage auf den Abschluß eines Mietvertrags. Es gilt § 3, LG Dortm WoM 91, 358 (Jahresmiete).
　b) Klage auf Auskunft über die Miete. Der Wert einer Klage, nach § 29　77
NMVO eine Auskunft über die Ermittlung und Zusammensetzung der zulässigen Miete zu geben und durch eine Wirtschaftlichkeitsberechnung sowie durch die Vorlage der zugehörigen Unterlagen zu belegen, läßt sich mit (jetzt ca) 500 EUR festsetzen, AG Köln WoM 81, 283. Der Wert einer Einsicht außerhalb des Orts der Wohnung läßt sich nach den Aufwendungen usw des Vermieters schätzen, LG Kiel WoM 88, 223.
　c) Klage wegen des Bestehens oder der Dauer des Vertrags. S zunächst　78
§ 8, LG Bln WoM 92, 462, und wegen der Räumung § 41 II GKG. Hierher gehört auch die bloße Feststellung.
Zur *Miete* nach (jetzt) § 41 GKG zählen nicht nur der eigentliche Mietzins (einschließlich Mehrwertsteuer, LG Duisb JB 89, 1306), aM Rostock MDR 94, 628, LG Dortm NZM 01, 986, LG Stgt MDR 83, 763 (aber man muß stets das wirtschaftliche Gesamtinteresse des Klägers beachten). Vielmehr zählen hierher auch ein Optionsrecht auf eine Vertragsverlängerung, Hbg WoM 94, 553, oder vertragliche Gegenleistungen anderer Art, zB die Übernahme öffentlicher Abgaben, LG Saarbr JB 97, 197, etwa der Grundsteuer, Hamm Rpfleger 76, 435, und sonstige Leistungen, Feuerversicherungsprämien, Instandsetzungskosten, Baukostenzuschüsse, Drsd ZMR 97, 527. Auch eine künftige Nutzungsentschädigung zählt hierher, Düss NZM 06, 583.
Einzelheiten: § 41 Rn 21, 22.

GKG Anh I § 48 (§ 3 ZPO)   I. A. Gerichtskostengesetz

Der Mietzins bestimmt sich nach dem *Vertrag*, soweit man nicht die gesetzliche Miete zugrundelegen muß. Nach (jetzt) § 41 I GKG ist auch der Anspruch des Mieters auf eine Gebrauchsüberlassung bewertbar, aM Celle MDR **89**, 272 ([jetzt] § 41 II GKG. Aber das ist eine eng auslegbare Sondervorschrift). Bei einer Nutzungsentschädigung bis zur Räumung kann man nach § 3 den Jahresbetrag ansetzen, KG MDR **07**, 645.

79 **d) Klage auf eine Zustimmung zur Mieterhöhung** nach §§ 558 ff BGB. Zumindest als Kostenwert ist beim Wohnraum (jetzt) grds der Jahresbetrag der zusätzlich geforderten Miete maßgebend, § 41 V Hs 1 GKG, dort Rn 35, 36 so schon (je zum alten Recht) BVerfG NJW **93**, 3130, LG Görlitz WoM **03**, 39, LG Saarbr WoM **98**, 234. Damit ist eine jahrelange Streitfrage überholt.

Die Zahlung eines *Teils* des Erhöhungsbetrags bereits vor der Rechtshängigkeit oder gar nach ihrem Eintritt hat auf die Streitwerthöhe grds keinen Einfluß. Denn diese richtet sich nur nach dem Klagevorbringen und einer etwaigen Klagerhöhung, LG Wuppert WoM **93**, 478, aM LG Bre WoM **82**, 131 (aber [jetzt] § 40 GKG ist eindeutig, BLAH Einl III 39).

Die Vorschrift gilt aber *nur bei Wohnräumen*, § 41 GKG Rn 36. Beim Gewerberaum gilt statt § 41 V GKG die Vorschrift des § 9 ZPO, Hbg WoM **95**, 595, Köln MDR **95**, 545, Mü SchiedsVZ **07**, 330.

80 **e) Feststellungsklage wegen künftiger Miete.** Hier gilt bei einer unbestimmten Mietdauer § 3, aM Stgt WoM **97**, 278 (§ 9). § 8 ZPO und § 41 GKG sind unanwendbar. Denn es ist weder das Bestehen noch die Dauer streitig. § 41 GKG regelt ohnehin nur unbestimmte Verhältnisse. Demgegenüber macht der Kläger bei einem Anspruch auf die Feststellung der Verpflichtung des Bekl zu einer erhöhten Mietzahlung einen bestimmten Anspruch geltend. Es entscheidet das Interesse des Klägers an der Feststellung und an dem mutmaßlichen Eintritt der Erhöhung. Es liegt nahe, auf den Beschwerdewert § 41 V GKG entsprechend anzuwenden, LG Köln JB **99**, 305, aM LG Bln WoM **89**, 440, LG Hbg WoM **89**, 430 (3fache Jahresmiete, evtl abzüglich 20%).

Dasselbe gilt bei der Feststellung des *Vertragsinhalts*, sofern die Wirksamkeit des Vertrags unstreitig ist, Kblz ZMR **78**, 64. Manche wollen auch bei einem langen Mietvertrag nur den vollen Jahresbetrag anwenden, da (jetzt) § 41 I GKG die Obergrenze bilde und da man den Streitwert für einen einzelnen vertraglichen Anspruch auch über § 3 nicht höher festsetzen könne als für den Bestand des ganzen Vertrags, LG Bln ZMR **75**, 218 (Vermieterreparatur).

Demgegenüber gilt § 9, wenn die *künftige* Miete oder Pacht auf Grund eines *auf bestimmte Zeit* abgeschlossenen Vertrags streitig ist, LG Hbg WoM **96**, 287 (Minderung), aM Ffm Rpfleger **80**, 299, Hamm Rpfleger **76**, 435, Karlsr MDR **77**, 407 (§ 3. Aber § 9 ist spezieller).

81 **f) Klage auf Duldung einer Modernisierung oder Erhaltung.** Hier gilt (jetzt) grds der Jahresbetrag der möglichen Mieterhöhung usw, § 41 V 1 Hs 3 GKG, dort Rn 38. Dadurch ist eine langjährige Streitfrage überholt.

82 **g) Mangel der Mietsache.** Beim Anspruch auf seine Beseitigung gilt (jetzt) grds der Jahresbetrag einer angenommenen Mietminderung usw, § 41 V 1 Hs 3 GKG, dort Rn 37, aM BGH WoM **07**, 207 (§ 9). Bei einer bloßen Feststellungsklage gelten zusätzlich Rn 53, 54, Woitkewitsch ZMR **05**, 842. Nur bei einer kürzeren Vertragsdauer läßt § 41 V 2 GKG einen entsprechend niedrigeren Betrag zu.

83 **h) Sonstige Fälle.** Es ergibt sich eine Fülle von Situationen.
– **(Antenne):** Beim Streit um die Anbringung oder Entfernung einer Antenne nehmen LG Bre WoM **00**, 364, LG Hbg WoM **91**, 359 als Wert (jetzt ca) 500 EUR an und setzt LG Kiel WoM **96**, 632 die Beseitigungskosten an. LG Ffm WoM **02**, 378, LG Wuppert WoM **97**, 324 setzen ca 1000 EUR an. Köln NZM **05**, 224 setzt den Antennenwert + Wiederherstellungskosten an. Die Beschwer ergibt sich aus dem Wertverlust des Hauses, BGH NJW **06**, 2639.
– **(Balkonplane):** Beim Streit um ihre Entfernung setzt LG Hbg WoM **89**, 10 etwa (jetzt) 250 EUR an.
– **(Besichtigung):** Bei einer Besichtigung durch Mietinteressenten gilt § 3, oft 1 Monatsmiete.

Abschnitt 7. Wertvorschriften   (§ 3 ZPO) Anh I § 48 GKG

- **(Besitzstörung):** Bei einer solchen durch den Vermieter ist die evtl nur teilweise Jahresmiete der Ausgangswert, Brdb MDR **07**, 1225 (beim Eilverfahren weniger), Rostock JB **06**, 645.
S auch „– (Lärm)".
- **(Gas):** Beim Streit um die Gasversorgung kann man 50% des Jahresentgelts ansetzen, AG Kerpen MDR **90**, 929.
- **(Geschäftsraummiete):** Beim Streit um ein Konkurrenzangebot kann man den Gewinnausfall von 42 Monaten ansetzen, BGH NJW **06**, 3061.
- **(Haustier):** Beim Streit um eine Haustierhaltung kommt es auf die gedachte Zusatzabnutzung an, LG Hbg WoM **86**, 232. Man muß die Mieterinteressen mitberücksichtigen, LG Bln NZM **01**, 41 ([jetzt ca] 300 EUR), LG Hbg WoM **89**, 10, LG Mü NZM **02**, 820 (410 EUR), LG Hann WoM **89**, 567, LG Mannh ZMR **92**, 546 ([jetzt ca] 600 EUR), LG Brschw WoM **96**, 291 ([jetzt ca] 1000 EUR), LG Mü NZM **02**, 734 ([jetzt ca] 1500 EUR). AG Rüsselsheim ZMR **87**, 344 schlägt dann monatlich (jetzt ca) 12,50–17,50 EUR auf. LG Würzb WoM **88**, 157 bewertet den Antrag auf die Entfernung eines Zwergschnauzers nebst einer Unterlassung der Hundehaltung mit (jetzt ca) 500 EUR je Instanz. LG Hbg ZMR **92**, 506 setzt beim Streit um eine Hauskatze (jetzt ca) 750 EUR an, LG Hbg MDR **93**, 90 setzt dann (jetzt ca) 500 EUR) an, LG Bln NZM **01**, 41 setzt bei 2 Katzen (jetzt ca) 400 EUR an. LG Wiesb WoM **94**, 486, AG Kenzingen WoM **86**, 248 bewerten die Unterlassung der Hundehaltung außergerichtlich meist mit bis zu (jetzt ca) 1000 EUR, LG Mü WoM **92**, 495 nimmt selbst beim angeblichen Musterprozeß dazu nur (jetzt ca) 1000 EUR an.
- **(Heizung):** Beim Streit um eine ordnungsgemäße Beheizung kann man den Jahresbetrag einer möglichen Mietminderung ansetzen, LG Hbg JB **94**, 116.
- **(Hund):** S „– (Haustier)".
- **(Katze):** S „– (Haustier)".
- **(Kaution):** S „– (Mietsicherheit)".
- **(Lärm):** Bei einer Klage eines Mieters gegen den anderen wegen Lärms kann als Wert der Jahresbetrag einer berechtigten Mietminderung in Betracht kommen, Ffm RR **08**, 534.
- **(Mietsicherheit):** Es gelten dieselben Regeln wie bei den „– (Nebenkosten)", AG Neumünst WoM **96**, 632, AG Pinneb WoM **99**, 337 (jetzt etwa 300 EUR).
- **(Müllcontainer):** Beim Streit darüber, ob man keinen Müllcontainer schon am Vorabend der Leerung auf die Straße abstellen darf, setzt LG Köln WoM **90**, 394 den Jahresbetrag einer möglichen Mietminderung an.
- **(Nebenkosten):** Bei einer Rechnungslegung wegen Nebenkosten kann man 25%–33,3% des etwaigen Zahlungsanspruchs ansetzen, LG Bonn JB **92**, 117 (25%), LG Ffm NZM **00**, 759, AG Witten NZM **03**, 851, aM LG Freibg WoM **91**, 504, LG Köln WoM **97**, 447 (10%–20%).
- **(Nutzungsentschädigung):** Maßgebend ist der Jahresbetrag, LG Landau WoM **09**, 416.
- **(Schneeräumen):** Die Pflicht dazu läßt sich mit 900 EUR bewerten, LG Münst WoM **07**, 69.
- **(Strom):** Beim Streit um die Stromversorgung kann man 50% des Jahresentgelts ansetzen, AG Kerpen MDR **90**, 929.
- **(Treppenhaus):** Beim Streit um seinen Mißbrauch setzt LG Mannh WoM **99**, 224 statt nach § 3 verfehlt nach § 9 an.
- **(Unfallauslagenwagnis):** Man kann etwa 3000 EUR ansetzen, LG Trier WoM **07**, 626.
- **(Untervermietung):** Beim Streit um eine Zustimmung zu ihr kann man den Jahresbetrag des angebotenen Mietzuschlags ansetzen, KG NZM **06**, 519, LG Bad Kreuzn WoM **89**, 433, aM Celle NZM **00**, 190, KG JB **06**, 258 (je: Jahresbetrag der Untermiete), LG Kiel WoM **95**, 320 (Einjahresbetrag der Entlastung durch Untervermietung), LG Hbg WoM **92**, 264 (3jährige Differenz). Beim Streit um eine Untermiete ist der Zins-Zuschlag für einen höheren Aufwand ansetzbar, BGH RR **97**, 648.
- **(Verzug):** S „– (Zahlungsverzug)".

GKG Anh I § 48 (§ 3 ZPO)   I. A. Gerichtskostengesetz

- **(Wasser):** Beim Streit um die Wasserversorgung kann man 50% des Jahresentgelts ansetzen, AG Kerpen MDR **90**, 929.
- **(WiStG):** Beim Streit, ob ein Verstoß gegen § 5 WiStG vorliegt, gilt die dreijährige Differenz, LG Hbg WoM **87**, 61.
- **(Zähler):** Beim Zutritt zu einem Zähler kommt ein 6-Monats-Betrag der Vorauszahlungen als Wert infrage, Brschw NZM **06**, 840.
- **(Zahlung erhöhter Miete):** Wegen der Zustimmung Rn 79. Bei der Klage auf die Zahlung einer wirksam erhöhten Miete ist der Jahresbetrag der Erhöhung maßgeblich, LG Hbg WoM **89**, 435.
- **(Zahlungsverzug):** Bei einem ständigen Zahlungsverzug sind für eine Klage nach § 259 20% der Jahresmiete ansetzbar, AG Kerpen WoM **91**, 439.

Milchreferenzmenge: § 3 ist anwendbar, BGH NVwZ-RR **04**, 232.

84 **Minderung:** Maßgeblich ist derjenige Betrag, um den der Kläger den Preis herabsetzen lassen will. (Jetzt) § 45 III GKG ist unanwendbar, Köln MDR **79**, 413.

Miteigentum: Rn 33 „Eigentum", Rn 139 „Widerspruchsklage: c) Teilungsversteigerung, § 180 ZVG".

Miterbe: Rn 41 „Erbrechtlicher Anspruch".

Musterprozeß: Es gilt grds kein höherer Wert als im „normalen" Prozeß, LG Mü WoM **92**, 495.

85 **Nachbarrecht:** Der Wert einer Klage auf die Bescitigung eines 16 m langen Jägerzauns beträgt (jetzt ca) 600 EUR, AG Königstein NZM **01**, 112. Nachbarlärm durch viele Tiere läßt sich mit (jetzt ca) 1500 EUR bewerten, LG Bonn JB **01**, 594.

Nacherbe: Rn 41 „Erbrechtlicher Anspruch".

Nachforderung: Bei der Klage nach § 324 ist wegen der Sicherstellung § 6 anwendbar, dort Rn 9.

Nachlaßverzeichnis: Rn 41 „Erbrechtlicher Anspruch".

Nachverfahren: Maßgeblich ist derjenige Betrag, dessentwegen das Gericht dem Bekl die Ausführung seiner Rechte vorbehalten hat, Mü MDR **87**, 766. Es kommt also auf eine Ermäßigung im Vorverfahren an, zB durch ein Teilanerkenntnis, Schneider MDR **88**, 270.

Name: Der Streit ist in der Regel nichtvermögensrechtlich, § 48 II, III GKG. Vgl aber auch BLAH Üb 15 vor § 1. Der geschäftliche Name ist vermögensrechtlich. Das gilt insbesondere für die Firma. Maßgeblich ist nur das Klägerinteresse, Stgt WettbR **96**, 197.

Nebenforderung: Der Wert läßt sich nach § 4 und für die Kosten nach § 43 GKG berechnen.

Nebenintervention: Rn 106 „Streithilfe".

Nichterfüllung: Rn 58 „Gegenseitiger Vertrag".

Nichtigkeit: Rn 27 „Befreiung".

Nichtigkeitsklage: Es gilt der Wert derjenigen Verurteilung, deren Aufhebung der Kläger begehrt, BGH AnwBl **78**, 260, Seetzen NJW **84**, 348, ohne Zinsen und Kosten.

Nichtvermögensrechtlicher Anspruch: Maßgeblich ist (jetzt) § 48 II, III GKG, Mü MDR **89**, 360, § 48 GKG Rn 3ff. Die Anwendung von § 52 I 2 GKG ist gekünstelt. Ein nichtvermögensrechtlicher Anspruch wird nicht dadurch zu einem vermögensrechtlichen, daß der Kläger einseitig die Hauptsache für erledigt erklärt, BGH NJW **82**, 767.

86 **Nießbrauch:** Bei der Einräumung gilt § 3, BGH RR **88**, 396 (Streitfrage). Bei der Erfüllung, Aufhebung und Löschung gilt § 6. Maßgeblich ist der Wert nach dem Reinertrag abzüglich der Unkosten für die voraussichtliche Dauer des Nießbrauchs. Der Wert einer Vormerkung ist niedriger. Evtl ist § 24 III KostO entsprechend anwendbar, Bbg JB **75**, 649. Für den Kostenstreitwert kann (jetzt) § 41 II GKG („ähnliches Nutzungsverhältnis") gelten, Köln WoM **85**, 125, aM Schlesw SchlHA **86**, 46 (§ 3).

Notanwalt, §§ 78b, c: Maßgeblich ist meist der Wert der Hauptsache, Bre JB **77**, 91, Zweibr JB **77**, 1001, aM Mü MDR **02**, 724 (krit Schneider): 33,3% (aber meist geht es ja um die volle Durchsetzbarkeit).

Notweg: § 7 Rn 1.

Nutzung: Sofern der Kläger sie als eine Nebenforderung macht, gilt § 4. Bei einer als Hauptsache geltend gemachten wiederkehrenden Nutzung gilt § 9 und für die Kosten § 41 GKG, § 8 Rn 4.

Nutzungsverhältnis: § 41 I GKG gilt auch für ein der Miete oder Pacht ähnliches Nutzungsverhältnis. S daher Rn 76 „Mietverhältnis".

Offenbarung: Rn 33 „Eidesstattliche Versicherung". 87

Öffentliche Zustellung: Rn 143 „Zustellung".

Ordnungs- und Zwangsmittel: Bei der Verhängung gegen eine Partei nach § 141, gegen einen Zeugen nach § 380, gegen einen Sachverständigen nach §§ 409, 411 oder im Weg der Anordnung nach §§ 177, 178 GVG ist der verhängte Betrag ausschlaggebend. Bei einer Festsetzung nach §§ 888, 890 ist nicht der Schwere der Maßnahme maßgeblich, auch nicht der Wert der Hauptsache, aM ThP § 3 Rn 115 „Ordnungsmittel", „Zwangsvollstreckung". Vielmehr gilt das Interesse an der Abwehr eines weiteren Verstoßes, Mü OLGZ **84**, 66, Nürnb MDR **84**, 762.

Dieses Interesse läßt sich oft mit 30–50% der Hauptsache bewerten, Hbg WRP **82**, 592, Karlsr WRP **92**, 198, Mü MDR **83**, 1029. Das Interesse kann sich aber bei einer Fortsetzung der Verletzungen oder bei einer sehr groben Verletzung dem Wert der Hauptsache nähern. Auch bei der Androhung eines Zwangsmittels oder Ordnungsmittels ist das Interesse an der Durchsetzung des vollstreckbaren Anspruchs maßgeblich. Bei einem Verfahren auf den Erlaß eines Arrests oder einer einstweiligen Verfügung, sind von dem Wert der zugehörigen Hauptsache in der Regel 25–33,3% maßgeblich. Im Beschwerdeverfahren liegt die untere Wertgrenze bei dem angefochtenen Betrag, Brschw JB **77**, 1148, Düss MDR **77**, 676. Man kann 20% des zulässigen Höchstbetrags zugrundelegen.

Pachtverhältnis: Es gilt auch für die Unterpacht § 8 und für den Kostenstreit- 88
wert § 41 GKG. Bei einem Streit nur über die Höhe der Pacht ist § 3 und nicht § 9 anwendbar, Ffm JB **75**, 372, Karlsr AnwBl **83**, 174, aM Brschw AnwBl **82**, 487.

S auch Rn 72 „Jagdrecht".

Patent: Vgl zunächst § 51 GKG. Im Beschwerdeverfahren vor dem Patentgericht und im Nichtigkeitsverfahren ist das Interesse der Allgemeinheit an der Patentvernichtung maßgeblich. Dieses Interesse entspricht meist dem allgemeinen Wert des Patents im Zeitpunkt der Klagerhebung oder im Zeitpunkt der Berufungseinlegung zuzüglich der etwa aufgelaufenen Schadensersatzansprüche, BPatG JB **96**, 197. Zur Problematik Struif GRUR **85**, 248.

Bei einem Streit um eine *Unterlassung*, eine Auskunft, eine Schadensersatzpflicht sind die Art und der Umfang der Verletzung maßgeblich, aber auch der Umsatz des Geschädigten, Karlsr BB **75**, 109. Im Berufungs- und im Rechtsbeschwerdeverfahren muß man den Wert nach § 3 schätzen. Gebührenrechtlich besteht die Möglichkeit, im Patentverfahren bei einer Gefährdung der wirtschaftlichen Lage einer Partei den Wert niedriger anzusetzen, §§ 102 II, 121 I, 144 PatG. Zur zeitlichen Grenze des Antrags BPatG GRUR **82**, 363. Vgl Anh III A.

Persönlichkeitsrecht: (Jetzt) § 48 II, III GKG, BAG BB **98**, 1487. 89
S auch Rn 99 „Schmerzensgeld".

Pfändung: Bei der Pfändung einer Forderung oder eines sonstigen Rechts muß man für die Gerichtsgebühren, die Festgebühren KV 1811, 2110 beachten. Für die Anwaltsgebühren ist der Betrag der vollstreckbaren Forderung maßgeblich. Wenn der Wert des gepfändeten Rechts niedriger ist, gilt dieser geringere Wert, § 6 Rn 11 ff. Bei einem künftig fällig werdenden Arbeitseinkommen nach § 850 d III gilt nur der Wert der vollstreckbaren Forderung, aM Köln MDR **87**, 61, LG Detm Rpfleger **92**, 538, AG Freyung MDR **85**, 858 (evtl nur der Wert des Pfandgegenstands. Aber wirtschaftlich ist die Forderung der Kern). Wegen des Werts eines Unterhaltsanspruchs § 6 Rn 16. Im Beschwerdeverfahren muß man 25 II 1 RVG (Interesse des Beschwerdeführers) beachten.

Pfandrecht: Es ist § 6 anwendbar.

Pflichtteilsanspruch: Rn 41 „Erbrechtlicher Anspruch", Rn 53 „Feststellungsklage", Rn 59 „Geldforderung".

Preisbindung: Rn 63 ff „Gewerblicher Rechtsschutz".

Prozeßhindernde Einrede: S „Prozeßvoraussetzungen". 90

GKG Anh I § 48 (§ 3 ZPO) I. A. Gerichtskostengesetz

Prozeßkostenhilfe: Man darf den Wert nicht zwecks einer weiteren Verringerung der Anwaltsvergütung als nach § 49 RVG herabsetzen, BVerfG NJW **07**, 2033. Maßgeblich ist bei einer nur bei einer erfolglosen sofortigen Beschwerde nach § 127 in Betracht kommenden Kostenentscheidung nach BLAH § 127 Rn 20 die Festgebühr KV 2110. Man darf also für die Gerichtskosten keinen Wert ermitteln. Bei einer nur teilweisen Verwerfung oder Zurückweisung der sofortigen Beschwerde kann das Gericht nach KV 2110 die Festgebühr von 15 EUR ermäßigen oder die Nichterhebung der Festgebühr anordnen. Auch insoweit läßt sich also kein Wert ermitteln. Für die Anwaltskosten in der Beschwerdeinstanz VV 3335 Rn 18.
Prozeßkostensicherheit: S „Prozeßvoraussetzungen".
Prozeßtrennung, -verbindung: Rn 114 „Trennung", Rn 126 „Verbindung".
Prozeßvoraussetzungen: Maßgeblich ist stets der Wert der Hauptsache, BGH VersR **91**, 122, Zweibr NJW **95**, 538.
S auch Rn 93 „Rechtswegverweisung".

91 **Rangfolge:** Man muß den Wert nach § 3 schätzen.
Ratenzahlung: Der Wert einer Vereinbarung läßt sich nach § 3 schätzen. Dabei muß man die in den einheitlich vereinbarten Gesamtbetrag des Kredits einbezogenen Nebenforderungen auch in den Streitwert aufnehmen, Mü JB **76**, 237, aM Bbg JB **76**, 343.

92 **Räumung:** Es gilt § 8 ZPO, BGH WoM **08**, 417 links, und für die Kosten § 41 II GKG.

93 **Räumungsfrist:** Im Verfahren nach §§ 721, 794a muß man den Wert nach § 3 nach dem Interesse an der Bewilligung, Verlängerung oder Abkürzung der Frist schätzen. Er beträgt also die Miete oder Nutzungsentschädigung für die begehrte Frist, jedoch höchstens für 1 Jahr, errechnet nach §§ 721 V 2 oder 794a III. Wegen eines Verfahrens nach § 765a Rn 134 „Vollstreckungsschutz".
Reallast: Maßgeblich ist § 9. Bei der Forderung nach der Rente und deren Absicherung durch eine Reallast erfolgt keine Zusammenrechnung.
Rechnungslegung: Maßgeblich ist das Interesse des Klägers an der Erleichterung der Begründung des Zahlungsanspruchs. In der Regel ist nur ein geringer Bruchteil des mutmaßlichen Zahlungsanspruchs ansetzbar, Köln VersR **76**, 1154 (25%), AG Konst WoM **92**, 494 (33,3%).
Das Gericht muß auch den etwaigen Umstand berücksichtigen, daß der Bekl die Unklarheit über die Höhe des Hauptanspruchs vielleicht schon *weitgehend beseitigt* hat. Der Wert kann denjenigen der Hauptsache fast erreichen, wenn der Kläger für die Geltendmachung des Hauptanspruchs auf die Rechnungslegung angewiesen ist, LG Landau ZMR **90**, 21.
Durch einen Streit *über den Grund* erhöht sich der Wert *nicht*. Bei einem Rechtsmittel gilt das Interesse des Beschwerdeführers an der Nichteinlegung, begrenzt durch das Interesse des Gegners, Köln JB **93**, 165. Dasselbe gilt bei einem Streit wegen der Erteilung eines Buchauszugs nach § 87c HGB. Kostenrechtlich gilt bei der Stufenklage § 44 GKG. Bei den Kosten der Rechnungslegung muß man auch auf notwendige Fremdkosten abstellen, BGH NJW **01**, 1284.
S auch Rn 108 „Stufenklage".
Rechtshängigkeit: Bei einem Streit über die Rechtshängigkeit ist der volle Wert des Anspruchs maßgebend.
Rechtsmittel: Maßgeblich ist § 47 GKG, und zwar der tatsächliche Antrag, nicht seine Zulässigkeit usw, Karlsr NJW **75**, 1933. Beim Anschlußrechtsmittel ist § 45 II GKG beachtlich. Beim Verfahren auf eine Zulassung des Rechtsmittels ist dessen Wert maßgebend, VGH Mannh JB **98**, 94.
Rechtswegverweisung: Im Beschwerdeverfahren ist das Interesse des Beschwerdeführers maßgeblich, Karlsr MDR **94**, 415, Köln VersR **94**, 499, aM BGH NJW **98**, 909, BayObLG WoM **99**, 232 (je: 20–33,3% des Klaganspruchs), LAG Köln MDR **93**, 915 (voller Klageanspruch. Aber das Klägerinteresse prägt und begrenzt stets den Wert).

94 **Registeranmeldung:** Rn 14 „Anmeldung zum Handelsregister".
Rente: Man muß den Wert nach § 9 berechnen, den Kostenwert nach § 42 II GKG, vgl auch Rn 21 „Aufopferung".

Abschnitt 7. Wertvorschriften (§ 3 ZPO) Anh I § 48 GKG

Restitutionsklage: Rn 85 „Nichtigkeitsklage".
Revision: Rn 14 „Anschlußrechtsmittel", Rn 93 „Rechtsmittel".
Richterablehnung: Rn 10 „Ablehnung des Richters".
Rückauflassung: § 6 Rn 3 „Rückgewähr".
Rückerstattung: Bei einer Rückerstattung nach § 717 ist der Wert nicht höher als derjenige des vorangegangenen Rechtsstreits. Die Zinsen und Kosten werden nicht hinzugerechnet.
S auch Rn 125 „Urteilsänderung".
Rücknahme der Berufung: Maßgeblich sind die bis dahin entstandenen Kosten, aM Rostock MDR **07**, 1398 (Hauptsachewert).
Rücknahme einer Sache: Maßgeblich ist § 3.
Rückstand: Rn 117 „Unterhalt".
Rücktritt: Bei (jetzt) § 437 Z 2 Hs 1 BGB gilt § 3, Düss JB **86**, 433 (Vermögensbeeinträchtigung). Bei der Durchführung des Rücktritts gilt der Wert der Forderung oder der Sache, aM Hamm MDR **99**, 1225 (evtl 25% des Kaufpreises. Aber es geht um das Ganze). Bei der Klage auf die Rücknahme der Sache ist § 3 anwendbar. Beim Rücktritt einer 98jährigen kann es auf die statistische Lebenserwartung beim Vertragsabschluß ankommen, Kblz RR **00**, 163.
S auch Rn 27 „Befreiung" sowie bei den einzelnen Rücktrittsgründen.
Sachenrechtsbereinigungsgesetz: Bei § 108 I des G ist der Wert des bebauten Grundstücks maßgeblich, BGH MDR **99**, 1022, es sei denn, das Gebäude ist kein wesentlicher Grundstücksbestandteil, BGH MDR **01**, 292.
Sachlichrechtlicher Anspruch: Schneider NJW **08**, 3317 (Üb.).
Sachverständigenablehnung: Rn 11 „Ablehnung des Sachverständigen".
Schadensersatz: Bei einer bezifferten Summe ist sie maßgeblich, § 3. Bei einer unbezifferten Summe kann eine Schätzung nach §§ 3, 287 in Betracht kommen, Rn 99 „Schmerzensgeld". Bei einer Wiederherstellung des früheren Zustands in natura kommen §§ 3, 6 als Ausgangspunkte in Betracht. Bei einer Verbindung mit anderen Ansprüchen muß man wie stets nach § 5 zusammenrechnen, aM LG Karlsr MDR **87**, 60 (aber die Vorschrift gilt uneingeschränkt).
S auch Rn 53 „Feststellungsklage".
Schätzung: Wenn der Kläger den fraglichen Betrag in das Ermessen des Gerichts gestellt hat, bleibt im allgemeinen eine etwaige eigene Schätzung des Klägers außer Betracht. Sein tatsächliches Vorbringen ist aber beachtlich. Mangels jeglicher Anhaltspunkte wendet Brschw NdsRpfl **77**, 126 (jetzt) § 48 III 3 GKG entsprechend an (2000 EUR).
S auch Rn 99 „Schmerzensgeld".
Scheck: Rn 59 „Geldforderung", Rn 69 „Herausgabe: b) Herausgabe einer Urkunde".
Scheidung: Rn 32 „Ehesache".
Scheidungsfolgen: Rn 32 „Ehesache".
Schiedsrichterablehnung: Rn 11 „Ablehnung des Schiedsrichters".
Schiedsrichterliches Verfahren: Soweit in dem Verfahren vor dem Schiedsgericht nach der Schiedsvereinbarung nach §§ 1029, 1042 überhaupt wertabhängige Gebühren entstehen, sind die allgemeinen Wertregeln zumindest entsprechend anwendbar. Bei der Feststellung der Zulässigkeit des Verfahrens kann man grds 33,3% der Hauptforderung ansetzen, Kröll SchiedsVZ **09**, 166. Soweit das Staatsgericht tätig wird, muß man die folgenden Fälle unterscheiden.
a) **Beschlußverfahren.** Im Verfahren zB nach §§ 1034 II, 1035 III–V, 1037 III, 1038 I, 1041 II, III, 1050 ist das Interesse des Antragstellers an der Maßnahme maßgeblich, das gilt auch beim Streit um das Erlöschen der Schiedsvereinbarung. Die Ernennung und die Ablehnung eines Schiedsrichters betreffen den ganzen Anspruch, Mü MDR **06**, 1308, aM Ffm SchiedsVZ **06**, 330 (20%), Mü SchiedsVZ **07**, 280 (33,3%). Da es sich um einen vorbereitenden Akt handelt, ermäßigt schon KV 1620–1629, VV 3327, 3331 die Gebühr.
S auch Rn 11 „Ablehnung des Schiedsrichters".
b) **Vollstreckbarerklärung.** Im Verfahren nach §§ 1060, 1061 ist der volle Wert des Schiedsspruchs maßgeblich. Denn erst die Vollstreckbarerklärung stellt den Vollstreckungstitel als rechtswirksam fest. Das gilt grds auch dann, wenn nur ein Teil des Titels vollstreckbar ist.

GKG Anh I § 48 (§ 3 ZPO) I. A. Gerichtskostengesetz

Die Partei kann aber ihren Antrag auf einen *Teil des Schiedsspruchs* beschränken. Das kann auch stillschweigend geschehen, Düss Rpfleger **75**, 257. Dann ist als Wert nur dieser Teilbetrag ansetzbar, Düss Rpfleger **75**, 257, aM Ffm JB **75**, 229, LG Bonn NJW **76**, 1981 (stets nur derjenige Teil des Vergleichs, der dem Antragsteller günstig sei. Aber maßgeblich ist das, was gerade der Antragsteller begehrt). Dasselbe gilt bei zwei Ansprüchen, von denen einer abgewiesen wurde und darum nicht vollstreckbar ist. Bei § 1062 gilt § 3, Ffm SchiedsVZ **04**, 168 (33,3% bei der Bestellung des Vorsitzenden).

98 c) **Aufhebungsantrag.** Im Verfahren nach §§ 1059, 1062 ff ist der Wert der Abweisung maßgeblich. Man darf einen schon durch das Schiedsgericht abgewiesenen Betrag nicht hinzurechnen. Die Kosten und Zinsen darf man nicht mitrechnen. Bei § 1062 I Z 2 ist die Hauptforderung maßgebend, bei § 1062 I Z 4 etwa 33,3% davon, Mü SchiedsVZ **07**, 330.

Schiffahrtsrechtliche Verteilungsordnung: Es ist § 59 GKG anwendbar.

Schlußurteil: Es kommt auf seinen Umfang an. Die Zinsen können jetzt selbständig bewertbar sein, § 4 I 2.

99 **Schmerzensgeld:** Maßgeblich ist stets zunächst die etwasige präzise Bezifferung des Klägers, KG VersR **08**, 1235 links (zustm Jaeger). Erst mangels einer solchen Bezifferung gilt: Maßgeblich ist diejenige Summe, die sich auf Grund des Tatsachenvortrags des Klägers bei dessen objektiver Würdigung als angemessen ergibt, BayObLG AnwBl **89**, 164, Mü MDR **87**, 851, Steinle VersR **92**, 425, aM Zweibr JB **98**, 260 (nicht stets), LG Karlsr AnwBl **81**, 445 (erkennbare Vorstellung des Klägers vom Streitwert. Aber die subjektive Wertvorstellung des Klägers ist bei § 3 nur mitbeachtlich). Eine vom Kläger genannte Mindestsumme ist im allgemeinen nicht schon als eine solche subjektive Meinung maßgeblich, Ffm VersR **79**, 265, aM BayObLG AnwBl **89**, 164, Mü NJW **86**, 3089, Zweibr JB **98**, 260 (aber es kommt eben nicht nur auf ihn an).

100 In der Regel ist der Wert aber auch bei der eben erforderlichen objektiven Würdigung nicht geringer als derjenige Betrag, den der Kläger *mindestens begehrt,* Hamm AnwBl **84**, 202, Mü VersR **95**, 1117, LG Hbg JB **92**, 699. Das gilt auch für eine Beschwer, BGH RR **04**, 103. Wenn der Kläger einen höheren Betrag als denjenigen nennt, den das Gericht an sich für angemessen hält, sollte es diesen Umstand in der Regel mitberücksichtigen, Mü MDR **87**, 851, Zweibr JZ **78**, 109.

Ein *bloßer Wertvorschlag* beim unbezifferten Antrag läßt eine Abweichung von 20% bei der Wertfestsetzung zu, Ffm MDR **82**, 674. Die im Urteil zugesprochene Summe ist nur dann für die Wertfestsetzung maßgeblich, wenn die nach dem Tatsachenvortrag des Klägers bei seiner objektiven Bewertung maßgeblichen Bemessungsumstände auch der Entscheidung zugrunde lagen. Das ist dann nicht so, wenn zB die Klagebehauptungen ganz oder zum Teil unbewiesen geblieben sind. Dann muß man als den Wert wiederum denjenigen Betrag ansetzen, der nach dem Tatsachenvortrag des Klägers angemessen gewesen wäre, wenn er seine Behauptungen voll bewiesen hätte, Ffm MDR **76**, 432, Kblz JB **77**, 718. Natürlich bleibt § 92 anwendbar.

Dasselbe gilt bei einer *teilweisen Klagerücknahme.* Wegen einer Wertänderung in der Berufungsinstanz Zweibr JZ **78**, 244.

101 **Schuldanerkenntnis:** Rn 14 „Anerkenntnis".
Schuldbefreiung: Rn 27 „Befreiung".
Schuldschein: Rn 69 „Herausgabe: b) Herausgabe einer Urkunde".

102 **Selbständiges Beweisverfahren,** dazu *Wirges* JB **97**, 565 (ausf): Bei jedem derartigen Verfahren während des Prozesses gilt dessen Streitwert, Bbg MDR **03**, 836, LG Köln JB **08**, 253, OVG Münst NVwZ-RR **07**, 826, aM Rostock RR **93**, 1086. Das gilt auch bei einer Werterhöhung im Rechtsmittelverfahren, Kblz JB **00**, 484. Soweit eine Schätzung erst durch den Sachverständigen möglich ist, gilt sie grds für den endgültigen Wert, BGH NJW **04**, 3489, Düss RR **03**, 1530 (je: evtl im Einzelfall geringer), Kblz VersR **03**, 131, aM Celle Rpfleger **97**, 452, Kblz MDR **05**, 312 (aber das war das wahre Interesse des Antragstellers).

Abgesehen von diesem Sonderfall gilt aber *grds:* Bei jedem isolierten selbständigen Beweisverfahren ist der Wert des zu sichernden Anspruchs bei der Verfahrenseinleitung maßgeblich, evtl also auch derjenige der noch nicht oder auch schon an-

Abschnitt 7. Wertvorschriften (§ 3 ZPO) Anh I § 48 GKG

hängigen Hauptsache oder des im Streit befindlichen Teils der Hauptsache, BGH NJW **04**, 3489, Düss JB **07**, 426, Stgt JB **08**, 595, aM Brdb JB **07**, 315, Kblz JB **05**, 312, Rostock JB **08**, 369 rechts (je: Beseitigungskosten), Düss ZMR **01**, 21, Schlesw MDR **04**, 230 (je: 50%), Stgt JB **96**, 373 (Interesse an der Maßnahme, also evtl nur ein Bruchteil des Werts des Hauptanspruchs. Aber keine dieser Varianten berücksichtigt genug den wahren wirtschaftlichen Anlaß des Beweisverfahrens). Das gilt grds auch im verwaltungsgerichtlichen Verfahren, OVG Münst NVwZ-RR **07**, 826 (auch zu Ausnahmen), aM VGH Mannh NVwZ-RR **98**, 526 (33,3%), VGH Mü NVwZ-RR **01**, 278 (50%) und NJW **08**, 2664 (selbständige Berechnung). Bei einer grds zulässigen Mehrheit von Antragsgegnern nach BLAH Üb 3 vor § 485 ist die etwa genau angegebene jeweilige Beteiligung maßgeblich. Sonst gilt gegen jeden der volle Wert, Nürnb MDR **99**, 1522, Rostock JB **08**, 369 links; aM Celle RR **09**, 1678. Evtl kommt die halbe Differenz der Parteibewertungen infrage, Celle FamRZ **08**, 1197.

Wenn ein *Teil* des Anspruchs unstreitig ist, scheidet er für die Wertberechnung aus. Wenn mehrere Rechtsstreitigkeiten vorliegen oder wenn der Wert denjenigen der Hauptsache übersteigt, findet eine Aufteilung im Verhältnis des Streitwerts statt, Düss RR **98**, 358, aM Ffm AnwBl **79**, 431 (die Kosten seien in derjenigen Höhe erstattbar, in der sie bei einer Zugrundelegung des Streitwerts der Hauptsache angefallen wären. Aber hier geht es um den Wert. Aus ihm mag sich dann die Erstattung mitergeben). Der Wert kann bei einfachen Streitgenossen unterschiedlich hoch sein, KG RR **00**, 1622. Wegen der Zuständigkeit bei der Festsetzung Hamm NJW **76**, 116. Ein Gegenantrag ist unerheblich, LG Osnabr JB **98**, 548 (bei Unselbständigkeit).

Sicherheitsleistung: Bei einer Einrede der mangelnden Sicherheitsleistung entspricht **103** der Wert demjenigen der Klage, BGH VersR **91**, 122, BLAH § 718 Rn 3, aM Karlsr MDR **86**, 594 (Wert der Sicherheitsleistung). Bei einer drohenden Uneinbringlichkeit kann ebenfalls der Hauptsachewert maßgeblich sein. Bei § 713 ist ebenfalls der Wert der Hauptsache maßgeblich. Bei § 716 ist ein Bruchteil der Hauptsache (Ausfallgefahr) maßgeblich. Bei § 718 ist das Interesse des Antragstellers maßgeblich.

Bei einer *Beschwerde* gegen die Unterlassung oder Aufhebung der Anordnung einer Sicherheitsleistung nach § 769 muß man grds 10% des Werts der Hauptsache ansetzen, Mü Rpfleger **81**, 371.

Das Interesse an der *Art* der Sicherheitsleistung läßt sich mit 5% ihrer Höhe bewerten, Hbg MDR **90**, 252, LG Bln Rpfleger **90**, 137. Bei der Klage auf die Rückzahlung einer Kaution muß man die Zinsen einrechnen, AG Michelstadt WoM **87**, 353.

S auch Rn 32 „Ehesache".

Sicherstellung: Es ist § 6 anwendbar. **104**
Sicherungshypothek: § 6 Rn 12, 13.
Sicherungsübereignung: § 6 Rn 9.
Sofortige Beschwerde. Eine Bewertung ist nur erforderlich, soweit keine Festgebühr erfolgt also nach KV 1122, 1220, 1221 usw. Maßgeblich ist das Interesse des Beschwerdeführers an einer Änderung der angefochtenen Entscheidung. Die Wertfestsetzung gehört zur Prüfung der Zulässigkeit der Beschwerde. Eine etwaige Gegenleistung bleibt unberücksichtigt, auch wenn der Schuldner sie von vornherein angeboten hatte.

Wenn eine *Zug um Zug* nötige Gegenleistung der alleinige Gegenstand der Beschwerde ist, ist der Wert dieser Gegenleistung maßgeblich. Ihn begrenzt nach oben der Wert des Klaganspruchs. Bei einer Zinsforderung mit einem ungewissen Erfüllungszeitpunkt erfolgt eine Schätzung nach § 3, BGH BB **81**, 1491.

S auch Rn 10 „Ablehnung des Richters", Rn 73 „Kartellsache", Rn 87 „Ordnungs- und Zwangsmittel", Rn 103 „Sicherheitsleistung".

Sommersache: Man kann 20% der Hauptsache ansetzen.
Sorgerecht: Es gilt § 45 I Z 1 FamGKG, Teil I B dieses Buchs.
Stadtplanausschnitt: Es können 10 000 EUR angemessen sein, sogar im Eilverfahren, KG GRUR **05**, 88.
Stationierungsschaden: Nach einem Vergleich vor der Erhebung der Klage muß man der Berechnung der Anwaltsgebühr den zuerkannten Ersatzbetrag zugrunde

legen. Dieser Betrag ist auch dann maßgeblich, wenn es um ein Schmerzensgeld und einen merkantilen Minderwert geht.

Stiftung: Der vermögensrechtliche Streit um die personelle Besetzung eines Stiftungskuratoriums läßt sich nach § 3 bewerten, Hamm OLGZ **94**, 100.

S auch Rn 93 „Rechtswegverweisung".

105 Streitgenossenschaft: Es findet keine Addition statt, soweit es wirtschaftlich um nur *einen* Gegenstand geht, Karlsr MDR **91**, 353. Das ist auch dann so, wenn es um eine Verbindung persönlicher und dinglicher Klagen geht oder um mehrere Ansprüche oder um eine zusätzliche Forderung gegen einen der Streitgenossen. Im übrigen muß man nach § 5 zusammenrechnen.

106 Streithilfe: Maßgeblich ist derjenige Teil des Anspruchs der Hauptpartei, auf den sich das Interesse des Streithelfers erstreckt, Mü JB **07**, 426, Nürnb MDR **06**, 1318, Schlesw MDR **09**, 56, also die Auswirkung des Urteils auf ihn, Hbg AnwBl **85**, 263, Köln VersR **93**, 48, evtl 20% Abzug vom Hauptanspruch, niemals aber ein höherer Wert als derjenige des Hauptanspruchs, Kblz Rpfleger **77**, 175, Stgt AnwBl **79**, 431.

Wenn der Streithelfer *dieselben Anträge* wie die Hauptpartei stellt, ist der Wert der Hauptsache maßgeblich, Bre JB **03**, 83, Düss JB **06**, 201, KG MDR **04**, 1445, aM Hbg MDR **77**, 1026, Kblz JB **83**, 59, Köln MDR **04**, 1026 (auch in dieser Situation sei nur das Interesse des Streithelfers maßgeblich, jedenfalls in der ersten Instanz, Kblz JB **83**, 59. Aber der Streithelfer will formell dasselbe Ziel erreichen wie die Hauptpartei).

Bei einem Streit nur um die *Zulassung* des Streithelfers ist sein Interesse am Beitritt maßgeblich. Der Wert kann unter dem Wert des Hauptprozesses liegen. In einem Gebrauchsmuster-Löschungsverfahren kann das wirtschaftliche Interesse der Allgemeinheit maßgeblich sein, BPatG GRUR **85**, 524.

107 Streitwertbeschwerde: Maßgeblich ist der Unterschiedsbetrag zwischen dem festgesetzten und dem angestrebten Wert. Die Auslagenpauschale ist unbeachtbar, LG Stade AnwBl **82**, 438.

108 Stufenklage, dazu *Siegel*, Die Kostenfrage der Stufenklage, 2009: Vgl zunächst Rn 24 „Auskunft", Rn 87 „Offenbarung", Rn 93 „Rechnungslegung", Rn 117 „Unterhalt", § 5 Rn 8 „Stufenklage", Schneider Rpfleger **77**, 92. Maßgeblich ist das Interesse des Klägers, Nürnb FamRZ **04**, 962, Schlesw JB **02**, 81, Stgt FPR **09**, 194. Es ist nur der höchste Anspruch maßgebend, (jetzt) § 44 GKG, Celle FamRZ **09**, 1855, Düss FamRZ **09**, 1170, Rostock JB **08**, 89, aM Drsd MDR **97**, 691 (nach der Rücknahme der späteren Stufen nur der Auskunftsanspruch. Vgl aber § 40 GKG). Daher muß das Gericht jeden der verbundenen Ansprüche sogleich bei der Klagerhebung nach § 3 schätzen, § 44 GKG Rn 4, Brdb FamRZ **07**, 71, Celle MDR **03**, 55, KG MDR **08**, 46, aM BGH NJW **02**, 3477 (nur der Wert der Auskunft bei einer Zurückverweisung im übrigen), KG (16. ZS) MDR **97**, 598, Schlesw MDR **95**, 643 (nur der Rechnungslegungsanspruch, wenn der Kläger seinen Herausgabeanspruch auch nicht nachträglich beziffere. Vgl aber je § 40 GKG), Stgt FPR **09**, 194 (geringer bei Erledigung vor Bezifferung).

a) Rechnungslegung. Vgl zunächst Rn 24 „Auskunft". Ihr Wert richtet sich nach dem Interesse des Klägers daran, sich die Begründung des Zahlungsanspruchs zu erleichtern, KG AnwBl **84**, 612, Köln VersR **76**, 1154. Dieses Interesse kann so groß wie der Herausgabeanspruch sein. Das gilt dann, wenn der Kläger ohne eine Rechnungslegung keinerlei Anhaltspunkte hätte, Ffm MDR **87**, 509. Im allgemeinen darf und muß man aber das Interesse an der Rechnungslegung niedriger ansetzen, zB auf 25% des mutmaßlichen Zahlungsanspruchs, Köln VersR **76**, 1154. Maßgeblich ist der Zeitpunkt der Klagerhebung, (jetzt) § 40 GKG, Kblz AnwBl **89**, 397. Soweit eine Berufung nur die eidesstattliche Versicherung zur Offenbarung betrifft, kann zB 50% des Auskunftsanspruchs maßgeblich sein, Köln Rpfleger **77**, 116.

Auch den Antrag auf die Ermittlung des Werts eines zum *Nachlaß* gehörenden Grundstücks muß das Gericht nach dem Grundsatz behandeln, daß der höchste der verbundenen Ansprüche maßgeblich ist, Hamm AnwBl **81**, 69.

109   b) Eidesstattliche Versicherung. Das Interesse an ihrer Abnahme bestimmt sich nach demjenigen Mehrbetrag, den sich der Kläger von diesem Verfahren verspricht, Bbg FamRZ **97**, 40. Man muß den Beschwerdewert nach dem Aufwand von Zeit und Kosten berechnen, BGH RR **94**, 898.

c) Leistungsanspruch. Sein Wert ist auch dann maßgeblich, wenn es nicht 110 mehr zu dieser Stufe kommt, Brdb FPR **09**, 326, KG MDR **08**, 46, Karlsr FamRZ **08**, 1205 (Klägererwartung). Man muß ihn ebenso hoch wie den Wert desjenigen ansetzen, das der Bekl herausgeben soll, KG AnwBl **84**, 612. Maßgeblich ist wegen (jetzt) § 40 GKG für den Kostenstreitwert der Instanzbeginn, Hamm FamRZ **98**, 1308, KG (1. ZS) JB **94**, 108, Köln FamRZ **98**, 1601, aM KG (16. ZS) MDR **97**, 598 (Instanzende. Aber § 40 GKG gilt uneingeschränkt). Bei der noch unbezifferten Leistungsstufe ist die Erwartung des Klägers maßgeblich, Stgt FamRZ **08**, 529, 533 und 534.

Geringer ist der Wert evtl dann, wenn der Kläger die Leistung erst später in einem gesonderten Verfahren fordern will, Köln JB **09**, 314.

d) Wertänderung. Es ergibt sich meist, daß für die Verfahrensgebühr der Wert 111 des Leistungsanspruchs allein maßgeblich ist. Für spätere Gebühren kann der Leistungsanspruch niedriger sein. Höher ist er auch dann praktisch nicht. Denn wenn der Kläger auf Grund der erhaltenen Rechnungslegung einen höher bezifferten Antrag auf eine Leistung stellt, muß man den Streitwert auch für das übrige Verfahren nach (jetzt) § 40 GKG erhöhen, KG MDR **93**, 696.

Etwas anderes gilt nur dann, wenn sich der Leistungsanspruch nach der Rechnungslegung infolge einer *Teilleistung* ermäßigt. Wenn die Klage nur auf eine Auskunftserteilung und auf die Leistung der eidesstattlichen Versicherung abzielt, ist für die Wertfestsetzung die Vorstellung des Klägers davon maßgebend, was er durch dieses Verfahren erlangen könnte. Unter Umständen kann dann der nachgeschobene Leistungsanspruch niedriger sein, Düss FamRZ **87**, 1281, Ffm FamRZ **87**, 85, KG MDR **93**, 696.

e) Teilabweisung. Wenn das Gericht bereits den Auskunftsanspruch als unbegründet abweisen mußte, ist die Vorstellung des Klägers davon maßgeblich, was er 112 durch die Auskunft und die Leistung der eidesstattlichen Versicherung des Bekl erhalten könnte. Anders ausgedrückt: Wenn der Kläger die Anträge aller Stufen gestellt hatte und wenn das Gericht bereits den ersten Antrag abgewiesen hat, ist der Wert aller Stufen maßgeblich, BGH NJW **02**, 71, Düss FamRZ **92**, 1095, Ffm JB **99**, 303, aM Stgt FamRZ **90**, 652 (aber die Antragstellung war einerseits zum Teil unnötig, andererseits zulässig).

f) Leistungs- und Stufenklage. Man muß die Werte zusammenrechnen, Ffm 113 MDR **95**, 207, Mü MDR **89**, 646, LG Bayreuth JB **77**, 1734.

g) Stufen- und Widerklage. Man muß die Werte zusammenrechnen, Karlsr AnwBl **84**, 203.

Teilklage: Maßgeblich ist der geforderte Teilanspruch. Bei einer Widerklage wegen 114 des Rests muß man zusammenrechnen, Bbg JB **79**, 252 (unterschiedliche Streitgegenstände). Bei einer Abweisung der Gesamtklage durch das Rechtsmittelgericht gilt der Gesamtwert.

Teilstreitwert: Maßgeblich ist § 36 GKG.

Teilungsklage: Rn 60 „Gemeinschaft".

Teilungsversteigerung: Das Interesse an der Aufrechterhaltung der Miteigentumsgemeinschaft läßt sich mit 10% des halben Grundstückswerts bemessen, LG Bielef FamRZ **06**, 1048.

S auch Rn 139 „Widerspruchsklage: c) Teilungsversteigerung".

Teilzahlung: Man darf die während des Prozesses gezahlten Teilbeträge wegen § 366 I BGB nur mangels einer vorrangigen Bestimmung des Schuldners in der Reihenfolge des § 366 II BGB verrechnen. Im Antrag „... abzüglich 3 EUR" liegt meist eine Bestimmung nach § 366 I BGB. Das übersieht ZöHe § 3 Rn 16 „Teilzahlung". Im übrigen muß man trotz allmählicher Teilzahlungen grds addieren, Kblz WoM **06**, 45.

Telefaxwerbung: Rn 121.

Telekommunikationsgesetz: §§ 3–9 sind auf das außergerichtliche Streitbeilegungsverfahren nach § 145 S 3 TKG und auf das Vorverfahren nach § 146 S 3 Hs 2 TKG entsprechend anwendbar.

Testament: Rn 41 „Erbrechtlicher Anspruch".

GKG Anh I § 48 (§ 3 ZPO)   I. A. Gerichtskostengesetz

Testamentsvollstrecker: Maßgeblich ist § 3. Bei der Klage des Testamentsvollstreckers auf seine Einsetzung wenden manche § 9 als die Ausgangsvorschrift an. Beim Streit um das Bestehen und die Reichweite seiner Befugnisse setzt BGH FamRZ **04**, 865 nur 0,5% des Vermögens an. Der Streit um die Beendigung des Amts hat einen geringeren Wert als das Erbteil des Klägers.
Titulierungsinteresse: § 17 GKG Rn 8.
Trennung: Vom Zeitpunkt der Trennung in mehrere Prozesse an ist eine Aufspaltung in die Einzelwerte notwendig, FG Bln EFG **83**, 198, aM FG Hbg EFG **83**, 254 (aber eine Trennung gilt eben auch kostenrechtlich). Vorher entstandene Gebühren bleiben bestehen.

115 **Überbau:** § 7 Rn 2, § 9 Rn 4.
Übereignung: Maßgeblich ist wie bei einer Herausgabe § 6, dort Rn 1, 2.
Übergabe einer Sache: Maßgeblich ist wie bei einer Herausgabe § 6.
Überweisung einer Forderung: Maßgeblich ist § 6, also ist der Wert des Pfandrechts die Obergrenze.
Umlegungsverfahren: Der Streit um die Einbeziehung eines Grundstücks in das Umlegungsverfahren ist kein Eigentumsstreit. Daher ist § 6 grds unanwendbar, Karlsr AnwBl **84**, 202. Man muß vielmehr als Wert grds 20% des Werts des eingeworfenen Grund und Bodens annehmen, Karlsr RR **06**, 1250. Beim Pächter gilt der Wert des Nutzungsrechts, Karlsr JB **06**, 539 links unten. Dabei muß man die etwa vorhandenen Aufbauten, Anpflanzungen und sonstigen Einrichtungen einbeziehen.
Derselbe Grundsatz gilt dann, wenn ein Umlegungsplan nach § 66 BauGB *angefochten* wird oder wenn es sich um einen Streit um die Zustellung eines Auszugs aus der Bestandskarte und dem Bestandsverzeichnis handelt, BGH Rpfleger **78**, 95. Steht ein Flächenverlust im Vordergrund, mag ausnahmsweise der Verkehrswert gelten, Bbg JB **98**, 582.
Umweltschutz: Das UmweltHG enthält keine Streitwertregelung. Maßgeblich ist das Interesse des Klägers und nicht das Interesse des Bekl. Je nach der Begründung der Klage ist entweder § 3 anwendbar, wenn nämlich der Kläger eine Störung des Eigentums oder des Besitzes behauptet, oder § 48 II GKG, wenn er eine Beeinträchtigung des Persönlichkeitsrechts behauptet.
Unbezifferter Antrag: Rn 7, 99.
S auch Rn 99 „Schmerzensgeld".
Unerlaubte Handlung: Ihre Feststellung zusätzlich zur Zahlungsklage erhöht deren Wert um höchstens 5%, Drsd MDR **08**, 50.

116 **Unfall:** Man muß verschiedenartige Ansprüche zusammenzählen, § 9 Rn 3. Wenn der Kläger einen Anspruch mit der Einschränkung stellt, er verlange die Leistung nur, „soweit die Ansprüche nicht auf den Sozialversicherungsträger übergegangen sind", muß man die übergegangenen Ansprüche abziehen.

117 **Unlauterer Wettbewerb:** Rn 63 „Gewerblicher Rechtsschutz".
Unterhalt: Es gilt § 51 FamGKG, Teil I B dieses Buchs.

118 **Unterlassung,** dazu *Büttner*, Streit über den Streitgegenstand der Unterlassungsklage, Festschrift für *Doepner* (2008) 107: Hier muß man sieben Fallgruppen unterscheiden.
a) **Allgemeine Geschäftsbedingungen.** Bei einer Klage nach dem UKlaG darf man als Wert höchstens 250000 EUR ansetzen, § 48 I 2 GKG. Maßgeblich ist im übrigen das Interesse des Klägers, Bunte DB **80**, 486. Kann man erwarten, daß der Bekl sich einem schon zugunsten eines anderen Verletzten ergangenen Titel fügen wird, kann der Wert des nachfolgenden Parallelstreits geringer sein, Ffm WRP **83**, 523, Kblz WRP **85**, 45. Je angegriffene Klausel kann man (jetzt ca) 1500–2500 EUR ansetzen, Bunte DB **80**, 485.

119 b) **Belästigung, Beleidigung.** Man muß von (jetzt) § 48 II, III GKG ausgehen, LG Oldb JB **95**, 369. Maßgeblich ist das Klägerinteresse am Verbot, LAG Kiel NZA-RR **04**, 208. Das Ausmaß der Rufbeeinträchtigung kann den Streitwert natürlich erheblich beeinflussen, Ffm AnwBl **83**, 89. Trennungsbedingte Belästigungen lassen sich meist mit höchstens 5000 EUR bewerten, Köln RR **02**, 1724. Man muß unter Umständen die wirtschaftliche Auswirkung mitberücksichtigen, Mü JB **77**, 852. Man muß die Streitwerte eines Widerrufs- und eines Unterlassungsanspruchs zusammenrechnen, Düss AnwBl **80**, 358.

198

Abschnitt 7. Wertvorschriften   (§ 3 ZPO) Anh I § 48 GKG

- c) **Besitz- und Eigentumsstörung.** Die Schuldform ist evtl mitbeachtlich, 120 Köln VersR **76**, 740.
- d) **Dienstbarkeit.** Im Fall der Abwehrklage gegen eine Dienstbarkeit § 7 Rn 3.
- e) **Gewerblicher Rechtsschutz,** dazu *Ulrich* GRUR **84**, 177: Vgl zunächst 121 (jetzt) § 51 GKG, dazu Zweibr GRUR-RR **01**, 285. Maßgeblich ist die Beeinträchtigung des Rechts des Klägers, Brdb MDR **10**, 39, Düss ZMR **93**, 377, KG JB **06**, 645, also seine voraussichtliche Umsatzschmälerung, Karlsr MDR **80**, 59, Saarbr AnwBl **78**, 467, Stgt WettbR **97**, 207, aM BezG Drsd DB **91**, 2283 (evtl das höhere Interesse des Bekl. Aber es kommt beim Wert stets auf dasjenige des Klägers an), LG Mosbach BB **83**, 2073, LAG Nürnb BB **99**, 1929 (je: maßgeblich sei der drohende Schaden. Aber der Umsatz hat einen wirtschaftlichen Eigenwert).

- – (**Einstweilige Verfügung**): Wenn es um die Unterlassung einer Kritik an einem wirtschaftlichen Unternehmen usw durch eine einstweilige Verfügung geht, ist die Höhe der Gefahr eines Schadens bis zum Erlaß des Hauptsacheurteils maßgebend, Mü JB **09**, 484.
- – (**e-mail-Werbung**): Es kommen im Eilverfahren 10 000 EUR infrage, Kblz JB **06**, 645, oder etwa 7700 EUR, KG JB **03**, 142, aber evtl auch nur 6000 EUR, Zweibr AnwBl **05**, 796, oder gar nur 2500 EUR, LG Bln JB **03**, 143. Im Internet können 2000 EUR ausreichen, Naumb JB **08**, 140. Auch das Ausmaß der Störung ist beachtbar, Schlesw GRUR-RR **09**, 160. S auch Rn 40.
- – (**Feststellungswirkung**): Man muß beachten, daß jedes Unterlassungsurteil auch eine der inneren Rechtskraft nach § 322 fähigen Feststellungswirkung enthält, Einf 15 vor §§ 322–327.
- – (**Immission**): Bei der Unterlassung einer Einwirkung (Immission) muß man die Wertminderung des gestörten Grundstücks beachten. § 7 kann zwar einen Anhalt geben, ist aber nicht direkt anwendbar.
- – (**Immobilienwerbung**): Bei ihr können 10% des Kaufpreises maßgebend sein, KG GRUR **89**, 629.
- – (**Internet**): S „– (e-mail-Werbung)".
- – (**Markenrecht**): Man muß die Verwirrung des Verkehrs und die Verwässerung einer Marke infolge des Verhaltens des Bekl nach § 3 mitbeachten.
- – (**Mehrheit von Abmahnungen**): Zu einer Wertherabsetzung bei einer Häufung von Abmahnungen Düss GRUR **84**, 218.
- – (**Mehrheit von Klägern**): Wenn entweder mehrere natürliche oder juristische Personen oder eine wirtschaftliche Interessenvereinigung klagen, ist die Summe der Interessen aller Kläger maßgebend, also die Summe derjenigen Beträge, die durch eine Abwerbung jährlich hätten verlorengehen können, Karlsr MDR **80**, 59. Evtl muß man dann einen höheren Wert ansetzen, wenn die Kläger auch Belange von Nichtmitgliedern wahrnehmen. S auch „– (Verbandsklage)".
- – (**Nachahmungsgefahr**): Sie ist stets mitbeachtbar, Düss JB **75**, 229.
- – (**Rechtsberatung**): Bei der Klage eines Anwalts auf eine Unterlassung der Ankündigung einer unerlaubten Rechtsberatung kann sein Interesse maßgeblich sein, LG Ffm AnwBl **82**, 83.
- – (**Rechtsmittel**): Maßgeblich ist das Ziel des Rechtsmittelführers an der Aufhebung des Verbots für den Zeitraum seit der Rechtsmittelentscheidung. Außerdem muß man das Interesse des Rechtsmittelführers an der Beseitigung der Feststellungswirkung des Unterlassungsurteils berücksichtigen, also das Interesse daran, daß das Gericht über die Unterlassung nicht anders entscheidet, und zwar auch nicht als eine Vorfrage.
- – (**Regelwert**): Es gibt *keinen* solchen Wert, etwa von 5000 EUR, AG Bln-Charlottenb GRUR-RR **06**, 72, oder gar von (jetzt) etwa 50 000 EuR, KG WettbR **98**, 139.
- – (**Sportler**): S „– (Vermarktung)".
- – (**Telefaxwerbung**): Bei ihr kann man etwa 4000 EUR ansetzen, AG Siegburg MDR **02**, 849, oder auch 2500–10 000 EUR, Schmittmann JB **03**, 401 (Üb).
- – (**Verbandsklage**): Bei einer solchen Klage nach Grdz 30 vor § 253 gilt das Interesse der Allgemeinheit als der Wert, also nicht nur das Interesse der gesamten

GKG Anh I § 48 (§ 3 ZPO)   I. A. Gerichtskostengesetz

Mitglieder oder der jeweils betroffenen Mitglieder, Hamm AnwBl **87**, 45, Oldb RR **96**, 946, aM Marotzke ZZP **98**, 199 (aber das Allgemeininteresse gibt überhaupt erst den Anlaß zur Zulassung der Verbandsklage). Es entscheidet dann also auch die allgemeine Bedeutung der beanstandeten Handlung.
- **(Verletzungsumfang):** Er ist beachtbar, Düss JB **75**, 229.
- **(Vermarktung):** Es kann die Beeinträchtigung einer Möglichkeit der Vermarktung beachtbar sein, zB bei einem Spitzensportler, Stgt WettbR **97**, 91.
- **(Wertherabsetzung):** Bei einer wirtschaftlich schwachen Partei oder bei einer nach Art und Umfang einfach gelagerten Sache kann das Gericht Wert für die Gebührenrechnung *niedriger* festsetzen, §§ 85 II, 142 MarkenG, § 54 GeschmMG, § 12 IV UWG, § 51 Anh II, III, vgl aber Düss DB **77**, 1598 (es kann nämlich unter Umständen ein Rechtsmißbrauch vorliegen), KG AnwBl **78**, 142 (man muß ein gewisses Verhältnis zu dem an sich angemessenen Wert herstellen).

122   **f) Mietvertrag.** Eine Unterlassungsklage auf Grund eines Mietvertrags läßt sich nicht nach § 41 GKG bewerten, sondern nach § 3, LG Hann WoM **85**, 128, aM LG Mannh WoM **99**, 224 (evtl § 9). Wegen Tierhaltung Rn 83 „Mietverhältnis: h) Sonstige Fälle".

123   **g) Zwangsvollstreckung.** Bei einer Klage auf eine Unterlassung der Zwangsvollstreckung aus einem angeblich erschlichenen Urteil bleiben die nach diesem Urteil zahlbaren Zinsen und Kosten außer Betracht, Karlsr MDR **91**, 353, Mü BB **88**, 1843, LG Hbg RR **90**, 624, aM Hbg MDR **88**, 1060 (aber Unterlassung ist kein Schadensersatz). Maßgeblich sein können 33,3% des Hauptsachewerts, Celle JB **09**, 442.

Unzulässigkeit: Rn 134 „Vollstreckungsklausel".

124   **Urheberrecht:** Das Ziel einer wirkungsvollen Abschreckung kann den Streitwert mitbestimmen, Hbg GRUR-RR **04**, 342.

S auch Rn 104 „Stadtplanausschnitt".

Urheberrechtsschiedstelle: Nach § 13 III VO v 20. 12. 85, BGBl 2543, gilt die ZPO.

Urkunde: Beim Streit um ihre Feststellung gilt § 3, ebenso beim Streit um ihre Vorlegung zur Einsichtnahme, BGH RR **97**, 648, Köln MDR **83**, 321 (25% des Hauptsachewerts).

S auch Rn 69 „Herausgabe: b) Herausgabe einer Urkunde", Rn 147 „Zwischenstreit".

125   **Urteilsänderung:** Wenn es um einen Anspruch nach § 717 geht, findet keine Erhöhung des Werts statt, falls der Antragsteller diesen Anspruch in demselben Verfahren geltend macht, ohne daß er einen weitergehenden Schaden ersetzt verlangt. Das gilt auch bei einem einfachen Antrag nach § 717 II, LAG Bln DB **88**, 612. Man darf auch weder Zinsen noch Kosten hinzurechnen. Das gilt unabhängig davon, in welcher Klageform der Kläger den Schadensersatz verlangt, Stgt AnwBl **76**, 133, BLAH § 717 Rn 14. Entsprechendes gilt bei §§ 302 IV, 600 II.

Urteilsberichtigung: Rn 28 „Berichtigung der Entscheidung".

Urteilsergänzung: Bei §§ 321, 716, 721 I 3 ist das Interesse des Antragstellers maßgeblich.

126   **Valuta:** Bei einer Klage auf eine Zahlung in einer ausländischen Währung ist der Kurswert im Zeitpunkt der Klagerhebung oder im Zeitpunkt der Einlegung des Rechtsmittels maßgeblich, § 4.

Vaterschaftsanerkenntnis: Es gilt § 47 FamGKG, Teil I B dieses Buchs.

Veräußerungsverbot: § 6 Rn 3 „Veräußerungsverbot".

Verbandsklage: Rn 13 „Allgemeine Geschäftsbedingungen".

Verbindung: § 5 Rn 2.

Verbundverfahren: Rn 32 „Ehesache".

Verein: Bei der Zugehörigkeit zum Verein entscheidet für die Zuständigkeit stets § 3 und für die Gebühren seine Natur, § 12 Rn 12. Bei einer vermögensrechtlichen Sache ist auch dann § 3 maßgebend. Nichtvermögensrechtlich nach (jetzt) § 48 II, III GKG ist der Streit beim Idealverein, Düss AnwBl **97**, 680, Köln MDR **84**, 153 ([jetzt ca] 500 EUR), oder der Streit über die Auflösung des Landesvorstands einer

Abschnitt 7. Wertvorschriften (§ 3 ZPO) Anh I § 48 GKG

politischen Partei. Beim Zusammentreffen beider Anspruchsarten muß man grds nach § 5 zusammenrechnen (Ausnahme: § 48 IV GKG). Das wirtschaftliche Interesse kann auch beim Idealverein mitbeachtlich sein, Ffm JB **03**, 644. § 247 I AktG gilt nicht entsprechend, BGH MDR **93**, 183.
S auch Rn 25 „Ausscheiden und Ausschließung".
Vereinfachtes Verfahren: Es gilt § 51 FamGKG, Teil I B dieses Buchs.
Verfügungsbeschränkung: § 6 Rn 3 „Verfügungsbeschränkung".
Vergabeverfahren: Es gelten § 50 GKG, hilfsweise § 3, Brdb JB **05**, 38, Jena JB **02**, 434 (meist: Auftragswert).
Vergleich: Maßgeblich ist der Wert sämtlicher streitigen Ansprüche, die die Parteien in den Vergleich einbezogen haben, *über die* sie sich also einigen. Maßgebend ist also *nicht* derjenige Betrag oder Wert, *auf den* sich die Parteien einigen, Düss RR **08**, 1697, Karlsr WoM **08**, 617, Nürnb FamRZ **02**, 685 (auch im Prozeßkostenhilfeverfahren), am AG Lüdenscheid JB **08**, 90, LAG Köln NZA-RR **09**, 504.
- **(Abfindung):** Rn 9.
- **(Anderes Verfahren):** Es ist für den Wert unbeachtbar, ob die Parteien den Vergleich in einem anderen Verfahren geschlossen haben, Hamm Rpfleger **83**, 504.
- **(Arrest, einstweilige Verfügung):** Bei der Einbeziehung eines Eilverfahrens nach §§ 916 ff, 935 ff muß man zusammenrechnen, Schneider MDR **82**, 272.
- **(Aufrechnung):** Rn 22.
- **(Deklaratorischer Vergleich):** Man muß einen rein rechtsbestätigenden Vergleich wertmäßig weitgehend unberücksichtigt lassen, LAG Stgt DB **84**, 784.
- **(Durchsetzbarkeit):** Wenn ein zur Aufrechnung gestellter Anspruch auch nur evtl nicht durchsetzbar ist, zB wegen einer Verjährung, bleibt das beim Streitwert unbeachtbar, aM Karlsr MDR **81**, 57 (aber es gehört zum Wesen des Vergleichs, gerade eine Ungewißheit zu beseitigen, § 779 I BGB).
- **(Konstitutiver Vergleich):** Man muß beachten, ob zumindest vorsorglich eine Rechtsbegründung oder doch ein besonderer Vollstreckungstitel nach § 794 I Z 1 entstehen sollte.
- **(Kosten):** Sie bleiben unbeachtet, Düss JB **84**, 1865, Schneider MDR **84**, 265.
- **(Kostenvergleich):** Beim Vergleich nur über die Kosten des Rechsstreits ist der Betrag aller insoweit entstandenen Kosten maßgeblich.
- **(Ratenzahlung):** Rn 91.
- **(Rechtsmittelrücknahme):** Die Übernahme der Verpflichtung zur Rücknahme eines in einem anderen Verfahren gegen einen Dritten eingelegten Rechtsmittels braucht den Vergleichswert nicht zu erhöhen, LAG Hamm MDR **80**, 613.
- **(Stationierungsschaden):** Rn 104.
- **(Teilverzicht):** Wenn eine Partei im Vergleich auf einen Teil des bisher nicht eingeklagten Anspruchs verzichtet, weil dessen Durchsetzbarkeit zweifelhaft ist, erhöht sich der Vergleichswert nur um einen angemessenen Teilbetrag, LG Bayreuth JB **81**, 606, LAG Hbg JB **86**, 752, LAG Hamm MDR **80**, 613 (abl Schmidt AnwBl **84**, 363).
- **(Titulierung):** S „– (Unsicherheit)".
- **(Totalschaden):** Die Regeln Rn 127 gelten auch beim Totalschaden.
- **(Umzugshilfe):** Sie kann den Wert eines Räumungsvergleichs erhöhen, AG Köln NZM **03**, 106, aM Düss WoM **09**, 643 (nicht bei Unstreitigkeit).
- **(Unsicherheit):** Man muß den Begriff Unsicherheit bei § 779 BGB weit auslegen, Zweibr MDR **78**, 496 (Interesse an der Titulierung), Markl Festschrift für Schmidt (1981) 87, Schmidt MDR **75**, 27, aM Schneider Rpfleger **86**, 83 (aber es ist stets eine umfassende wirtschaftliche Betrachtung notwendig).
- **(Unterhaltsverzicht):** Beim wechselseitigen derartigen Verzicht sind oft (jetzt) 1200–1800 EUR angemessen, Düss JB **84**, 1542.
- **(Verjährung):** S „– (Durchsetzbarkeit)".
- **(Wirksamkeit):** Beim Streit um die Wirksamkeit des Vergleichs nach Anh § 307 Rn 37 ist der Wert des ursprünglichen Klagantrags maßgeblich, Düss MDR **00**, 1099, Ffm RR **04**, 1296, aM BGH FamRZ **07**, 630, Bbg JB **98**, 541 (je: das Interesse). Vgl auch Schneider Rpfleger **86**, 81.

GKG Anh I § 48 (§ 3 ZPO)   I. A. Gerichtskostengesetz

– **(Wirtschaftliche Betrachtung):** Sie ist stets notwendig.
– **(Zinsen):** Sie bleiben unbeachtet, Düss JB 84, 1865, Schneider MDR 84, 265.
– **(Zuständigkeit):** Es ist für den Vergleichswert unbeachtbar, ob für die Prüfung einer Gegenforderung ein anderes Gericht zuständig gewesen wäre, etwa das FamG, KG Rpfleger 83, 505.

Verhandlungsschluß: Nach seinem Eintritt erhöht sich der Wert nur, soweit ein nachgereichter Antrag zur Wiedereröffnung nach § 156 führt, Düss MDR 00, 1458.

129 **Verlustigkeitsbeschluß:** Bei § 516 III auch in Verbindung mit § 346 sind diejenigen gerichtlichen und außergerichtlichen Kosten maßgeblich, die bis zum Antrag auf den Erlaß der Verlustigkeitserklärung und der Kostenentscheidung entstanden sind, Kblz JB 96, 307, Schlesw SchlHA 76, 142, aM Rostock MDR 07, 1398 (Hauptsachewert), ZöHe § 3 Rn 16 „Berufungszurücknahme" (§ 3, oberhalb des Kosteninteresses).

Veröffentlichungsbefugnis: Man muß ihren Wert neben demjenigen einer Unterlassungs- oder Schadensersatzklage besonders berechnen, Hbg MDR 77, 142.

130 **Versicherung:** Hier muß man vier Fallgruppen unterscheiden.
    a) Deckungsprozeß. §§ 3 und 9 sind anwendbar, BGH VersR 09, 562, Hamm AnwBl 84, 95. Das gilt wegen (jetzt) § 42 II 2 GKG auch für den Kostenstreitwert, BGH NJW 82, 1399, aM Hamm JB 91, 1536 (Wert des behaupteten Haftpflichtanspruchs, begrenzt durch die Versicherungssumme und einen üblichen Abschlag beim bloßen Feststellungsantrag), Schlesw VersR 76, 333 (die Begrenzung gelte nur dann, wenn man ausschließlich dem Rückgriffsanspruch vorbeuge).
    Man muß eine *Selbstbeteiligung* abziehen, aM BGH VersR 06, 717 (aber sie mindert das Interesse). Bei der Deckungsklage eines Autoleasingnehmers aus einer Fahrzeugversicherung muß man auf die Verhältnisse des Leasinggebers abstellen, BGH RR 91, 1150.
    b) Krankenhaustagegeld. Bei dieser Versicherung ist § 3 anwendbar, Köln JB 77, 1131 (das Gericht geht von einer Fünfjahresprämie aus). Bei einer ungewissen Dauer kann man 6 Monate zugrundelegen, Karlsr VersR 07, 416.
    c) Todesfallrisiko. Bei einer Versicherung auf dieses Risiko ist § 3 anwendbar, Hamm NVersZ 01, 357, Saarbr JB 93, 738 (Lebensversicherung). Man kann § 6 mit heranziehen, Brschw JB 75, 1099. Es kann das Interesse an der Befreiung von Prämien maßgeblich sein. Zu Einzelfragen BGH RR 92, 608. Bei der Feststellung des Fortbestands einer Lebensversicherung können 50% des Werts einer Leistungsklage ausreichend sein, BGH RR 05, 260. Der Rückkaufwert nach einer Sicherungsabtretung ist bei einer wirtschaftlichen Einheit unbeachtbar, BGH FamRZ 06, 946 links unten.
    d) Versicherungsagentur. Sie hat keinen über die Substanz hinausgehenden Wert, Stgt VersR 96, 753.
    S auch Rn 53 „Feststellungsklage: a) Behauptende Feststellungsklage".

131 **Versorgungsausgleich:** Maßgeblich ist § 50 FamGKG, Teil I B dieses Buchs.

Vertagung: Maßgeblich ist evtl die Hauptsache, § 3, Düss JB 94, 158, meist aber weniger, etwa 33,3%, Düss AnwBl 90, 324.

Verteilungsverfahren: Maßgeblich ist die Verteilungsmasse ohne einen Abzug der Kosten und ohne eine Hinzurechnung von Zinsen. Wenn ein Überschuß für den Schuldner verbleibt, ist nach § 6 der verteilte und für die Kosten verwendete Betrag maßgeblich. Beim Widerspruch gegen den Teilungsplan ist das Interesse des Klägers daran maßgeblich, daß man seine Forderung vorrangig berücksichtigen werde, Bbg JB 91, 1691.

Vertragsabschluß: Maßgeblich ist § 3, LAG Stgt JB 92, 627 (Interesse am Abschluß). § 41 GKG ist nicht anwendbar.

Vertragsentwurf: Wegen des Gegenstandswerts gelten beim Anwalt § 23 III RVG, VV 2300 ff in Verbindung mit zB § 39 II KostO, Teil III dieses Buchs. Beim Notar gilt § 145 KostO.

Vertragserfüllung: Rn 58 „Gegenseitiger Vertrag".

Vertragsstrafe: Vgl *Bürglen*, Streitwertgrenze zur Landesgerichtsinstanz als Bemessungskriterium für ein angemessenes Vertragsstrafeversprechen?, in: Festschrift für *Erdmann* (2002).

Vertretbare Handlung: Maßgebend ist das Klägerinteresse, BayObLG JB 01, 142.

Abschnitt 7. Wertvorschriften (§ 3 ZPO) Anh I § 48 GKG

Verwahrung: § 6 Rn 3 „Verwahrung".
Verweisung: Rn 143 „Zuständigkeit".
Verzugszinsen: Neben der Hauptforderung muß man Zinsen nach § 4 ZPO, § 43 GKG beurteilen, auch bei einer Kapitalisierung, Schneider MDR **84**, 265. Es kann auch das bloße Fälligkeitsinteresse maßgebend sein. Wenn der Kläger Verzugszinsen selbstständig geltend macht, ist § 3 und nicht etwa § 9 anwendbar, Düss JB **93**, 166.
Vollmacht: Rn 138 „Widerruf".
Vollstreckbarerklärung: Maßgeblich ist § 3, also zB beim Anwaltsvergleich dessen 132 Wert, Düss FamRZ **00**, 1520. Kosten sind nur bei einer Bezifferung im ausländischen Titel beachtlich, Zweibr JB **86**, 1404. Zinsen sind grds unbeachtlich, Ffm JB **94**, 117.

S auch Rn 97 „Schiedsrichterliches Verfahren: b) Vollstreckbarerklärung", Rn 144 „Zwangsvollstreckung".
Vollstreckungsabwehrklage: Maßgeblich ist der Umfang der Ausschließung der 133 Zwangsvollstreckung, BGH WoM **08**, 296 rechts, Düss JB **99**, 326, Kblz FamRZ **01**, 845. Das gilt auch bei einem Vermögensverfall, BGH RR **88**, 444, oder im Fall des § 768, Köln MDR **80**, 852. Dasselbe gilt auch dann, wenn die Zwangsvollstreckung auf Grund einer notariellen Urkunde stattfindet, Ffm JB **08**, 316.

Soweit es nach einer unstreitigen *Teilerfüllung* geht, schätzt Kblz VersR **88**, 1304 den Wert der Teilerfüllung nur nach § 3, ähnlich Bbg JB **84**, 1398, Hamm Rpfleger **91**, 1237 (voller Wert). Falls der Kläger allerdings nur die Unzulässigkeitserklärung eines Teils des Vollstreckungstitels erreichen will, ist nur jener Teil maßgeblich, BGH FamRZ **06**, 620, Düss JB **99**, 326, Ffm JB **08**, 316. Wenn das Gericht auf Grund des streitigen Vollstreckungstitels Kosten festgesetzt hat, sind diese nach § 4 eine Nebenforderung. Man darf sie daher dem Wert nicht hinzurechnen, KG JB **09**, 486, Karlsr MDR **91**, 353. Entsprechendes gilt für Zinsen, KG JB **09**, 486, Karlsr MDR **91**, 353, soweit sie nicht zur Hauptforderung werden, § 4 Rn 11, Stgt JB **07**, 33. Bei § 767 kann der nötige Zeitaufwand der verlangten Handlung maßgebend sein, Köln JB **07**, 488.

Wenn der Kläger gleichzeitig beantragt, bereits durchgeführte Zwangsvollstreckungsmaßnahmen *rückgängig* zu machen, erhöht sich der Wert durch diesen Zusatzantrag nicht. Falls nur die Fälligkeit streitig ist, gilt nur der Wert der einstweiligen Ausschließung, Schlesw SchlHA **83**, 142. In der Beschwerdeinstanz gegenüber einer Maßnahme nach § 769 darf man nur einen nach § 3 bemessenen Bruchteil des Werts der Hauptsache ansetzen, KG Rpfleger **82**, 308.

S auch Rn 24 „Auskunft", Rn 144 „Zwangsvollstreckung".
Vollstreckungsklausel: Bei einer Klage auf die Erteilung der Klausel nach § 731 ist 134 der Wert desjenigen Anspruchs ohne Zinsen und Kosten maßgeblich, den der Gläubiger beitreiben will. Bei § 768 ist der Umfang der Ausschließung der Zwangsvollstreckung maßgeblich, Köln MDR **80**, 852. Dasselbe gilt bei § 732, LG Aachen JB **85**, 264. Bei § 733 gilt der Wert des zu vollstreckenden Anspruchs, LG Mü JB **99**, 326.

S auch Rn 144 „Zwangsvollstreckung".
Vollstreckungsschaden: Rn 94 „Rückerstattung".
Vollstreckungsschutz: Während des Rechtsstreits zur Hauptsache gilt kein besonderer Wert. Im Verfahren nach § 765a entsteht nach KV 2111 für die Gerichtskosten eine Festgebühr. Es gibt also keinen Wert festzustellen, LG Mü WoM **96**, 235 (Schutzdauer), LG Münst WoM **95**, 663. Für die Anwaltsgebühren muß man, soweit überhaupt erforderlich, nach § 3 und nach § 25 II RVG schätzen, meist mit einem Bruchteil der Hauptsache, Bbg JB **83**, 200, Kblz NZM **05**, 360 (Nutzungsausfall), LG Münst WoM **95**, 663. Im Verfahren nach § 813b ist der Unterschiedsbetrag zwischen dem gewöhnlichen Verkaufswert und dem geschätzten Versteigerungserlös maßgeblich, § 3.
Vorbereitender Anspruch: Rn 68 ff „Herausgabe", Rn 93 „Rechnungslegung", 135 Rn 108 „Stufenklage".
Vorfrage: Sie ist für den Wert unerheblich, BGH VersR **09**, 562.
Vorkaufsrecht: Wenn es um den Antrag auf die Herausgabe eines solchen Gegenstands geht, der einem Vorkaufsrecht unterliegt, ist § 6 anwendbar. Bei einer Klage

GKG Anh I § 48 (§ 3 ZPO)   I. A. Gerichtskostengesetz

auf die Feststellung des Bestehens oder Nichtbestehens des Vorkaufsrechts oder auf die Feststellung, ob man das Vorkaufsrecht rechtzeitig ausgeübt hat, ist § 3 anwendbar. Daher ist das Interesse an der Feststellung maßgeblich, AG Lahnstein JB **78**, 1563. Bei einer Aufhebung oder Löschung ist § 3 anwendbar.
Vorläufige Vollstreckbarkeit: Bei § 718 besteht der Wert im Interesse des Antragstellers an der Entscheidung. Man kann es mit 10% der Hauptsache bewerten.
Vorlegung einer Urkunde: Rn 69 „Herausgabe", b) Herausgabe einer Urkunde", Rn 147 „Zwischenstreit".
Vormerkung: § 6 Rn 14, 15.

136 **Vornahme einer Handlung:** Bei der Klage ist § 3 anwendbar. Daher gilt das volle Interesse des Klägers ohne die erforderlichen Kosten, begrenzt durch den etwa erwarteten Hauptanspruch, BGH RR **96**, 460, zB beim Vermögensverzeichnis.
S auch Rn 144 „Zwangsvollstreckung: a) Erwirkung einer Handlung oder Unterlassung".
Vorrang: § 6 Rn 12.
Vorrecht: Bei einem Vorrecht im Insolvenzverfahren richtet sich der Wert nach § 182 InsO, § 48 GKG Anh II. Bei einer Vollstreckungsklage ist der Wert der niedrigeren Forderung ohne Zinsen und Kosten maßgeblich.
Vorschußzahlung: Man darf die unter einem Vorbehalt erfolgte Vorschußzahlung nicht von der Klageforderung abziehen.
S auch Rn 114 „Teilzahlung".
Vorzugsklage: Maßgeblich ist der Wert der geringeren vollstreckbaren Forderung ohne Zinsen und Kosten.

137 **Wahlschuld:** Man muß zwei Fallgruppen unterscheiden.
a) Wahlrecht des Klägers. Maßgeblich ist die höhere Leistung, soweit der Kläger nicht die niedrigere Leistung wählt. Beim Streit nur um die Person des Wahlberechtigten ist § 3 maßgeblich, also der etwaige Unterschiedsbetrag.
b) Wahlrecht des Beklagten. Hier ist die niedrigere Leistung maßgeblich.
Währung: Rn 25 „Auslandswährung".
Wärmelieferungsvertrag: Das Interesse des Klägers läßt sich nach § 3 schätzen, nicht nach § 8, BGH RR **89**, 381.
Wechsel: Rn 59 „Geldforderung". Für die Nebenforderungen gilt § 4 II.
S auch Rn 69 „Herausgabe: b) Herausgabe einer Urkunde".
Wegnahme: Rn 31 „Duldung der Zwangsvollstreckung".
Weiterbelieferung: Maßgeblich ist das nach § 3 schätzbare wirtschaftliche Interesse des Klägers. Es hängt vom drohenden Gewinnausfall im Klagezeitraum ab.
Weitere vollstreckbare Ausfertigung: Rn 134 „Vollstreckungsklausel".
Werkvertrag: Die Abnahme läßt sich mit einem Bruchteil des Lohns bewerten, der Lohn nach seiner Höhe, die Herstellung nach ihrem wirtschaftlichen Wert, die Mängelbeseitigung nach ihren Kosten, Düss RR **96**, 1469. Man kann ein Teilunterliegen des Unternehmers bei einer Verurteilung Zug-um-Zug grds mit 1,5 der Mangelbeseitigungskosten bewerten, Köln MDR **08**, 621.
Wertangabe: Sie ist ein Anzeichen für den wahren Wert, Bbg JB **89**, 1306, KG WRP **89**, 725, Köln MDR **85**, 153 (Widerlegbarkeit).
Wertpapier: Rn 69 „Herausgabe: b) Herausgabe einer Urkunde".
Wertpapiererwerb: Maßgebend ist der Kurswert beim Vertragsabschluß. Wegen einer Beschwerde nach § 48 WpÜG gegen § 50 I 1 GKG. Wegen § 39 b VI WpÜG vgl § 47 KostO Anh, Teil III dieses Buchs.
Wettbewerbsrecht: Rn 63 „Gewerblicher Rechtsschutz".

138 **Widerklage:** Man muß § 5 anwenden. Die unzulässige Widerklage allein gegen einen Dritten ist auch bei einer nur hilfsweisen Erhebung unabhängig von (jetzt) § 45 I 2 GKG selbständig bewertbar, Mü MDR **84**, 499. Bei einer Widerklage nach § 256 gegen einen Restbetrag gilt die Differenz zum früheren Teil, Düss JB **09**, 484. Für die Kostenstreitwert gilt im übrigen (jetzt) § 45 GKG, Bbg FamRZ **95**, 493, Köln MDR **01**, 941.
S auch Rn 71 „Hilfswiderklage".
Widerruf: Maßgeblich ist § 3, LG Oldb JB **95**, 369. Soweit es um einen nichtvermögensrechtlichen Anspruch geht, gilt (jetzt) § 48 II, III GKG, LG Oldb JB **95**, 369.
Widerspruch: Es gilt § 3, dabei evtl nur 10% des Grundstückswerts.

Abschnitt 7. Wertvorschriften　　　　　(§ 3 ZPO) Anh I § 48 GKG

Widerspruchsklage: Man muß drei Fallgruppen unterscheiden. 139
a) Widerspruchsklage des Dritten, § 771. Maßgeblich ist die Höhe derjenigen Forderung, für die eine Pfändung erfolgte, und zwar ohne Zinsen und Kosten. Der Wert beträgt jedoch höchstens den Wert des Pfändungsgegenstands, § 6, BGH WertpMitt **83**, 246, Düss Rpfleger **78**, 426, Mü Rpfleger **77**, 336. Das gilt für jeden Gläubiger besonders. Ausnahmsweise ist § 3 anwendbar, LG Ffm Rpfleger **75**, 322, aM Karlsr FamRZ **04**, 1220 (stets § 3). Wert-Privilegien der eingeklagten Forderung sind beachtlich, Köln JB **91**, 987.
b) Widerspruchsklage des Nacherben, § 773. Bei einer solchen Widerspruchsklage ist der Gesamtwert der Leistung maßgeblich, Rn 41 „Erbrechtlicher Anspruch".
c) Teilungsversteigerung, § 180 ZVG. Maßgeblich ist § 3, BGH FamRZ **91**, 547, Bbg JB **91**, 1694, Saarbr JB **89**, 1598. Ein Einstellungsverfahren ist selbständig bewertbar, Schneider MDR **88**, 361.
Wiederaufnahme: § 4 Rn 25. Maßgeblich ist § 3, nach oben begrenzt durch den 140 Wert des aufzunehmenden Verfahrens, ohne Zinsen und Kosten.
S auch Rn 85 „Nichtigkeitsklage".
Wiederkehrende Leistung: Vgl bei den einzelnen Leistungsarten.
Willenserklärung: Beim Streit um ihre Abgabe muß man das Interesse des Klägers nach § 3 schätzen, Düss JB **95**, 254, KG WoM **92**, 323, Kblz RR **02**, 379. Man muß dabei berücksichtigen, ob durch die Willenserklärung ein vermögensrechtlicher, nichtvermögensrechtlicher oder kombinierter Erfolg eintritt. Eine solche Willenserklärung, die nach einer Beurkundung der Auflassung weiter der Vollziehung dient, kann 10–25% des Grundstückswerts wert sein, Mü AnwBl **88**, 645.
Wohnrecht: Auf das mietähnliche Dauerwohnrecht ist § 41 GKG anwendbar, dort Rn 9 „Dauerwohnrecht", aM Köln JB **06**, 477. Im übrigen gilt: Der Wert läßt sich nach §§ 3, 9 bestimmen, Ffm NZM **02**, 1046, LG Bayreuth JB **79**, 895, LG Heidelb AnwBl **84**, 373. Bei einer Beschwerde ist § 3 anwendbar, BGH RR **94**, 909, Köln JB **06**, 477.
Wohnungseigentum: § 49a GKG. 141
Wohnungszuweisung: Rn 32 „Ehesache".
Zählerentfernung: Maßgeblich ist der in den nächsten 6 Monaten drohende Schaden des Versorgers, Oldb MDR **90**, 1407.
Zeugnis: Wenn es um die Ausstellung eines Zeugnisses geht, ist § 3 anwendbar, 142 LAG Köln MDR **04**, 1067. Beim endgültigen qualifizierten Zeugnis kann man grds einen Monatslohn ansetzen, LAG Drsd MDR **01**, 282, LAG Kiel AnwBl **87**, 497, LAG Köln NZA-RR **08**, 92, krit LAG Stgt NZA **06**, 537 (Fallabwägung). Man kann auch einen Festbetrag ansetzen, LAG Ffm NZA-RR **03**, 660 (250–500 EUR), LAG Nürnb MDR **04**, 1387 (300 EUR). Beim Zwischenzeugnis kann man einen halben Monatslohn ansetzen, LAG Drsd MDR **01**, 823, LAG Hamm BB **89**, 634, LAG Mainz NZA-RR **05**, 327, aber auch einen vollen, LAG Kiel AnwBl **87**, 497, LAG Stgt JB **09**, 537, LAG Stgt JB **09**, 537, ArbG Hbg JB **05**, 428, evtl auch nur (jetzt ca) 250 EUR, LAG Erfurt MDR **01**, 538. Bei einer Zeugnisänderung kommt es auf die erhoffte Verbesserung an, LAG Stgt NZA **06**, 537. Beim Beendigungsvergleich erhöht sich der Wert durch die Pflicht zu einem qualifiziertem Zeugnis nicht, LAG Köln NZA-RR **08**, 382.
Zeugnisverweigerungsrecht: Maßgeblich ist entweder § 3 ZPO im nichtvermögensrechtlich begründeten Verweigerungsfall 48 II GKG. Man muß den Wert der Hauptsache im Zwischenstreit nach § 387 mitberücksichtigen, auch die Bedeutung der etwaigen Aussage, soweit sie erkennbar ist, Rn 147.
Zinsen: Es sind §§ 3, 4 anwendbar, Naumb JB **07**, 489. Für den Kostenstreitwert gilt § 43 GKG. Soweit Zinsen zur Hauptforderung werden, gilt § 3, nicht § 9, auch in der Beschwerdeinstanz, BGH BB **81**, 1491.
Zugewinnausgleich: Beim vorzeitigen entscheidet das Interesse an ihm, Stgt FamRZ **09**, 1621.
Zug-um-Zug-Leistung: Rn 14 „Annahmeverzug", Rn 24 „Auskunft", Rn 103 „Sicherheitsleistung", § 6 Rn 7.
Zurückbehaltungsrecht: § 6 Rn 6, 8.

GKG Anh I § 48 (§ 3 ZPO)   I. A. Gerichtskostengesetz

Zurückverweisung: Wegen der Einheitlichkeit der Instanz ist der alte Wert maßgeblich.

143 **Zuständigkeit:** Bei einer abgesonderten Verhandlung über die Zuständigkeit ist der Wert der Hauptsache maßgeblich, BayObLG RR **02**, 882 (WEG). Im Verfahren nach §§ 36, 37 können 25% des Hauptsachewerts angemessen sein, BayObLG **02**, 152, Stgt Just **93**, 143 (untere Tabellengrenze). In der Berufungsinstanz sind bei einem Hilfsantrag auf eine Verweisung 33,3% des Werts der Hauptsache ansetzbar.

Zustellung: Die Zulassung einer öffentlichen Zustellung läßt sich nach § 3 bewerten.

Zustimmung: Rn 28 „Berichtigung des Grundbuches", Rn 140 „Willenserklärung".

Zutritt: Maßgeblich ist § 3, Zweibr JB **98**, 474.

Zwangsversteigerung: Rn 139 „Widerspruchsklage: c) Teilungsversteigerung", Rn 145 „Zwangsvollstreckung: b) Einstellung, Beschränkung, Aufhebung".

144 **Zwangsvollstreckung:** Vgl zunächst die Festgebühren KV 2110 ff im dortigen Geltungsbereich. Man muß im übrigen sechs Fallgruppen unterscheiden.

a) Erwirkung einer Handlung oder Unterlassung. Maßgeblich ist der Wert einer Durchführung der Zwangsvollstreckung für den Gläubiger, BayObLG NZM **02**, 491, Rostock JB **09**, 162, LG Bln WoM **91**, 584. Das gilt auch in der Beschwerdeinstanz, BayObLG **88**, 444. Man muß diesen Wert in der Regel ebenso hoch wie den Wert der Hauptsache ansetzen, Köln JB **92**, 251, Rostock JB **09**, 162, LG Bln AnwBl **94**, 425, aM Nürnb AnwBl **79**, 390 (Fallfrage, mitbeachtlich sei die Art des Verstoßes. Aber wirtschaftlich geht es um die Hauptsache).

Die Höhe eines *Zwangsmittels oder Ordnungsmittels* ist grds unerheblich, Brschw JB **77**, 1148, LG Bln AnwBl **94**, 425, LAG Stgt AnwBl **86**, 106. Man muß den Betrag eines Zwangs- oder Ordnungsmittels aber im Beschwerdeverfahren bei §§ 888, 890 beachten, Düss MDR **77**, 676, aM Mü MDR **83**, 1029, LAG Bre AnwBl **88**, 174, LAG Stgt AnwBl **86**, 106 (aber auch dieses Zwangs- oder Ordnungsmittel hat stets seinen Wert).

Der Wert ist allerdings unter Umständen höher, nämlich dann, wenn zusätzlich ein Streit darüber besteht, ob der Schuldner das zugrundeliegende Verhalten *wiederholen* darf, Düss MDR **77**, 676. Bei einer Klage auf die Beschaffung einer Genehmigung des Betreuungsgerichts zum Abschluß eines Kaufvertrags über ein Grundstück ist der Wert des Grundstücks maßgeblich.

145 **b) Einstellung, Beschränkung, Aufhebung.** In diesen Fällen, zB nach §§ 707, 719, 769, 771 III, 785, 786 gilt der Rest der Schuld auf Grund des Vollstreckungstitels, § 6, LG Kblz JB **91**, 109, ohne Zinsen und Kosten. Wenn es um einen bloßen Aufschub geht, ist ein nach § 3 bemessener Bruchteil der Restforderung maßgeblich, etwa 20% der Hauptsache, BGH NJW **91**, 2282, KG Rpfleger **82**, 308, Kblz JB **91**, 109. Bei einer Zwangsversteigerung ist der Grundstückswert maßgeblich, jedoch durch die Forderungshöhe begrenzt, Stgt Just **86**, 413. Wenn die Zwangsvollstreckung nur wegen der Kosten möglich ist, sind nur die Kosten maßgeblich.

c) Vollstreckungsabwehrklage: Rn 133.

d) Vollstreckungsklage, § 722. Maßgebend ist der Wert desjenigen Anspruchs, aus dem die Vollstreckung erfolgen soll.

146 **e) Unzulässigkeit.** Rn 133. Bei einer Klage auf die Unzulässigkeit der Zwangsvollstreckung ist die Höhe des gesamten Zahlungsanspruchs maßgeblich. Falls der Kläger die Zwangsvollstreckung nur wegen eines Teils der Ansprüche für unzulässig hält, ist nur der umstrittene Teil maßgeblich.

f) Zinsen, Kosten. Man muß sie auch in der Zwangsvollstreckung wie sonst behandeln, § 4 ZPO, (jetzt) § 43 GKG, Ffm JB **94**, 117, Karlsr MDR **91**, 353, Mü BB **88**, 1843, aM Köln DGVZ **86**, 151 (wegen – jetzt – KV 1821, 2110, § 25 I Z 1 RVG müsse man die Zinsen im Beschwerdeverfahren hinzurechnen. Aber § 4 gilt uneingeschränkt). Man muß die Prozeßkosten hinzurechnen. Die Kosten der Zwangsvollstreckung darf man nicht hinzurechnen.

S auch Rn 31 „Duldung der Zwangsvollstreckung", Rn 89 „Pfändung", Rn 123 „Unterlassung", g) „Zwangsvollsteckung", Rn 132 „Vollstreckbarerklärung", Rn 133 „Vollstreckungsabwehrklage", Rn 134 „Vollstreckungsschutz".

Zwischenfeststellungsklage: Rn 53 ff „Feststellungsklage".

Abschnitt 7. Wertvorschriften (§§ 3, 4 ZPO) Anh I § 48 GKG

Zwischenstreit: Man muß den Wert nach dem Wert der Aussage des Zeugen für die 147 Hauptsache schätzen, § 3, Köln MDR **83**, 321 (25% des Hauptsachewerts). Er gilt also nicht etwa unabhängig von dem Wert der Hauptsache § 48 II GKG. Denn die vermögensrechtliche Beziehung ist oft auch für den Zwischenstreit die Grundlage. Wenn es um den ausschlaggebenden evtl sogar einzigen Zeugen geht, kann der Wert des Zwischenstreits den Wert der Hauptsache erreichen. Vgl auch Schneider JB **78**, 26.
S auch Rn 90 „Prozeßvoraussetzungen", Rn 124 „Urkunde", Rn 143 „Zuständigkeit".

Wertberechnung; Nebenforderungen

ZPO § 4. ^I Für die Wertberechnung ist der Zeitpunkt der Einreichung der Klage, in der Rechtsmittelinstanz der Zeitpunkt der Einlegung des Rechtsmittels, bei der Verurteilung der Zeitpunkt des Schlusses der mündlichen Verhandlung, auf die das Urteil ergeht, entscheidend; Früchte, Nutzungen, Zinsen und Kosten bleiben unberücksichtigt, wenn sie als Nebenforderungen geltend gemacht werden.

^{II} Bei Ansprüchen aus Wechseln im Sinne des Wechselgesetzes sind Zinsen, Kosten und Provision, die außer der Wechselsumme gefordert werden, als Nebenforderungen anzusehen.

Vorbem. Fassung der Bek v 5. 12. 05, BGBl 3202.

Gliederung

1) Systematik, Regelungszweck, I, II	1
2) Geltungsbereich, I, II	2
3) Zeitpunkt für die Wertberechnung, I	3–9
A. Klageinreichung	3
B. Berufung	4
C. Revision	5
D. Sonstiges Rechtsmittel	6
E. Verurteilung	7
F. Sonstige Fälle	8
G. Weitere Einzelfragen	9
4) Nebenforderung, I	10–26
A. Grundsatz: Keine Berücksichtigung	10
B. Ausnahmen beim Hauptanspruch	11
C. Andere Unkosten	12
D. Beispiele zur Frage einer Hinzurechnung nach I	13–26
5) Wechselanspruch, II	27
6) Scheckanspruch, II	28

1) Systematik, Regelungszweck, I, II. Bei der Kostenberechnung muß man 1 außer § 4 auch §§ 40, 43, 47 GKG, §§ 23 ff RVG beachten. Nach § 40 GKG ist zwecks einer Vereinfachung und Vereinheitlichung der Wert zur Zeit der die Instanz diesbezüglich einleitenden Antragstellung maßgebend. Er kann also im Verlauf des Verfahrens infolge einer Erweiterung des Streitgegenstands steigen, etwa bei einer Klagerweiterung nach § 264 Z 2, nicht aber zB infolge eines bloßen Ansteigens des Börsenkurses. Eine Wertverminderung im Verlauf der Instanz bleibt unbeachtet, Düss AnwBl **81**, 444. Vgl aber auch § 47 II GKG. Die Fälligkeit der Gebühr richtet sich nach § 6 GKG.
Wegen des *Regelungszwecks* Einf 2 vor § 3.

2) Geltungsbereich, I, II. Einf 2 vor § 3. 2

3) Zeitpunkt für die Wertberechnung, I. Man muß sieben Fallgruppen unter- 3 scheiden.

A. Klageinreichung. Zunächst kommt der Zeitpunkt der Einreichung der Klage oder Antragsschrift in Betracht, also der Zeitpunkt ihres Eingangs beim Gericht, nicht etwa der Zeitpunkt der Klagerhebung, also nicht etwa der Zeitpunkt der Zustellung an den Bekl, §§ 253, 261. Es ist unerheblich, ob die Klage bei ihrer Einreichung mangelhaft oder ordnungsgemäß war. Eine Änderung der Umstände ohne eine Änderung des Streitgegenstands ist für die Zuständigkeit ab Rechtshängigkeit unbeachtlich, § 261 III Z 2, unklar Köln JB **96**, 31.

GKG Anh I § 48 (§ 4 ZPO) I. A. Gerichtskostengesetz

Nach einem *Mahnverfahren* ist der Zeitpunkt des Akteneingangs beim Gericht des streitigen Verfahrens maßgeblich, BLAH § 696 Rn 12. Das gilt auch bei einer Erledigung oder Teilerledigung, § 91a, LG Bayreuth JB **87**, 1692, aM Bbg JB **92**, 762. Evtl findet freilich eine Rückwirkung nach § 167 statt.

4 **B. Berufung.** Ferner kommt der Zeitpunkt der Einlegung der Berufung in Betracht, § 518, BGH NJW **89**, 2755, BAG NZA **04**, 1239. Der Eingang der Berufungsbegründung ist dann maßgeblich, wenn erst sie den Sachantrag enthält, BLAH § 519 Rn 17. Wegen der Gebührenberechnung gilt § 40 GKG. Der Zeitpunkt der Einlegung der Berufung hat aber nur dann eine Bedeutung, wenn sich der Wert zwischen der Einreichung der Klage und der Einlegung des Rechtsmittels verändert hat. Wegen einer Zinsberechnung Köln RR **93**, 1215.
Der Beschwerdewert kann den Wert der *ersten Instanz* übersteigen. Man muß beide Werte im Zeitpunkt der Einlegung miteinander vergleichen. Wenn der Berufungskläger die Berufung freiwillig unter die Rechtsmittelgrenze ermäßigt, wird sein Rechtsmittel unzulässig, BAG NZA **07**, 56, BayObLG ZMR **03**, 49, Düss FamRZ **82**, 498. Etwas anderes gilt dann, wenn die Ermäßigung unfreiwillig erfolgte, etwa ausdrücklich zur Abwendung der Zwangsvollstreckung, Hamm NJW **75**, 1843, oder wenn der Berufungsbekl seinen Abweisungsantrag aufrechterhält und nur hilfsweise die Hauptsache für erledigt erklärt oder wenn eine Wiedererweiterung des Rechtsmittels erfolgt, BayObLG ZMR **03**, 49.

5 **C. Revision.** Maßgeblich ist der Zeitpunkt der Einlegung der Revision, BGH VersR **82**, 591.

6 **D. Sonstiges Rechtsmittel.** Maßgeblich ist der Zeitpunkt seiner Einlegung, BayObLG ZMR **03**, 49 (WEG).

7 **E. Verurteilung.** Maßgeblich ist der Schluß der letzten mündlichen Verhandlung, §§ 136 IV, 296a. Wenn keine mündliche Verhandlung stattgefunden hat, ist derjenige Zeitpunkt maßgeblich, der dem Schluß einer mündlichen Verhandlung nach § 128 II 2 gleichsteht. Bei § 495a kommt es auf den vom Gericht gesetzten Schlußzeitpunkt der Änderungsmöglichkeit an, soweit keine Verhandlung stattfand.

8 **F. Sonstige Fälle.** Maßgeblich ist der Zeitpunkt des Eingangs des Antrags.

9 **G. Weitere Einzelfragen.** Nach Rn 3–8 muß man bei einer Unterhaltsklage die bei der Klageinreichung fälligen Beträge usw dem Streitwert hinzurechnen, § 42 V GKG. Die nach der Klageinreichung fällig gewordenen Beträge bleiben außer Betracht, Oldb FamRZ **79**, 64. Wenn der Kläger zunächst eine Feststellungsklage eingereicht hatte und nun wegen der inzwischen fällig gewordenen Beträge zur Leistungsklage übergegangen ist, muß man die Werte zusammenrechnen, § 9 Rn 8ff.
Eine *Verbindung* nach § 147 oder eine Trennung der Prozesse nach § 145 hat auf die sachliche Zuständigkeit des Gerichts keinen Einfluß. Eine solche Maßnahme wirkt wegen des Kostenstreitwerts nur für die Zukunft. Eine Minderung des Verkehrswerts der Streitsache während des Verfahrens in derselben Instanz ist unerheblich.
Eine *Erweiterung* der Klage oder eine Widerklage nach § 264 Z 2, BLAH Anh § 253, können eine Verweisung vom AG an das LG notwendig machen, § 506. § 4 gilt nicht, wenn die Sondervorschrift des § 8 anwendbar ist. Bei einem Verstoß gegen § 308 I bleibt der Antrag maßgeblich.

10 **4) Nebenforderung, I.** Man muß drei Fallgruppen unterscheiden.
A. Grundsatz: Keine Berücksichtigung. Eine Forderung bleibt bei der Wertberechnung dann unberücksichtigt, wenn der Kläger sie als eine bloße Nebenforderung geltend macht. Eine Nebenforderung ist ein solcher Anspruch, den dieselbe Partei gegen denselben Gegner neben dem Hauptanspruch erhebt und der sachlichrechtlich vom Hauptanspruch abhängt, KG RR **08**, 880, Oldb JB **07**, 315, LG Bln JB **05**, 427. Die Höhe der Nebenforderung ist für ihre Einordnung unerheblich. Wenn der Kläger die fragliche Forderung jedoch als eine weitere Hauptforderung geltend macht oder wenn das vorerwähnte Abhängigkeitsverhältnis fehlt, muß man die bisherige Nebenforderung der bisherigen Hauptforderung hinzurechnen, Mü RR **94**, 1484, Oldb JB **07**, 315.

11 **B. Ausnahmen beim Hauptanspruch.** Man muß eine bisherige Nebenforderung hinzurechnen, soweit sie zum alleinigen oder weiteren Hauptanspruch wird,

Abschnitt 7. Wertvorschriften **(§ 4 ZPO) Anh I § 48 GKG**

etwa wegen eines Schuldanerkenntnisses nach § 307, Kblz MDR **99**, 197, oder nach der Erledigung des bisherigen Hauptanspruchs, § 91 a, Schlesw Rpfleger **82**, 301. Ob eine Zahlung usw auf den Hauptanspruch erfolgt ist, richtet sich nach dem sachlichen Recht, §§ 366, 367 BGB, aM AG Hagen JB **92**, 192 (abl Mümmler. Denn es handelt sich bei der Erfüllung stets um eine Frage des sachlichen Rechts).

Erledigt sich nur ein *Teilbetrag* des Hauptanspruchs, werden auch die zu diesem Teilbetrag gehörenden Zinsen neben dem in derselben Instanz weiterhin geltend gemachten Rest des Hauptanspruchs zu einem weiteren Hauptanspruch, BGH NJW **94**, 1870, Ffm JB **78**, 591.

C. Andere Unkosten. Nur die in § 4 aufgeführten Nebenforderungen bleiben 12 unberücksichtigt. Man muß alle anderen Nebenforderungen hinzurechnen.

D. Beispiele zur Frage einer Hinzurechnung nach I 13

Aktienrecht: Hinzurechnen muß man das Bezugsrecht auf junge Aktien neben dem Anspruch auf die Herausgabe der Aktien.

Anfechtungsgesetz: Hinzurechnen muß man Kosten oder Zinsen in einem Anfechtungsprozeß außerhalb eines Insolvenzverfahrens. Denn sie erhöhen die Forderung.

Anschlußrechtsmittel: *Grundsätzlich nicht* hinzurechnen darf man solche Zinsen, die man mit einer Anschlußberufung fordert, Schlesw SchlHA **76**, 14. Wegen einer Anschlußrevision BGH MDR **85**, 52.

Anwaltskosten: *Nicht* hinzurechnen darf man vorprozessuale nicht anrechenbare Anwaltskosten, Mü JB **07**, 146, aM LG Aachen JB **07**, 146.

Davon gilt nach beiderseitigen vollen wirksamen Erledigungserklärungen eine *Ausnahme*, § 3 Rn 47, BGH NJW **08**, 999. Dasselbe gilt bei vorprozessualen Kosten wegen einer solchen Hauptforderung, die kein Gegenstand des Prozesses geworden ist, BGH FamRZ **09**, 867.

Aufwendung: Eine solche Aufwendung, die man im Prozeß auf die Hauptsache macht, muß man hinzurechnen. Denn es liegen keine Kosten nach I Hs 2 vor. Das gilt zB: Für Frachtspesen; für Futterkosten; für ein Lagergeld; für Mangelfeststellungskosten, Oldb JB **07**, 315.

S auch Rn 20 „Rechtsgeschäft".

Ausländisches Urteil: Rn 24 „Vollstreckungsklage, § 722".

Außergerichtliche Kosten: Es gelten die Regeln Rn 18 „Kosten". Das gilt selbst dann, wenn diese Unkosten sich auf solche Teile des Hauptanspruchs beziehen, die nicht mehr im Streit stehen.

Befreiung: *Nicht* hinzurechnen darf man Zinsen desjenigen Anspruchs, von dem der Kläger eine Befreiung begehrt. Hinzurechnen muß man aber Kosten des Vorprozesses, § 3 Rn 27.

Beschwerdesumme: Sie läßt sich nicht dadurch erhöhen oder erreichen, daß man die Zinsen hinzurechnet.

Bezifferung: Rn 17 „Kapitalisierung".

Darlehen: Rn 20 „Rechtsgeschäft". 14

Dingliche Klage: Die Regeln Rn 18 „Kosten" gelten für die Kosten der Befriedigung aus einem Grundstück bei einer dinglichen Klage.

Dritter: Hinzurechnen muß man solche Kosten oder Zinsen eines Dritten, die man mit einem Rückgriff geltend macht.

Enteignung: *Nicht* hinzurechnen darf man eine Enteignungsentschädigung nach § 17 IV LandbeschG oder nach dem BauGB, Zweibr Rpfleger **87**, 156.

Erschleichung: Bei einer Klage auf die Unterlassung der Zwangsvollstreckung aus einem erschlichenen Urteil und aus dem zugehörigen Kostenfestsetzungsbeschluß gelten die Regeln Rn 18 „Kosten" für die festgesetzten Beträge.

Frachtspesen: Rn 13 „Aufwendung". 15

Früchte: *Nicht* hinzurechnen darf man Früchte, § 99 BGB, soweit der Kläger sie als eine Nebenforderung geltend macht, I Hs 2.

Früherer Prozeß: Rn 26 „Zwangsvollstreckung".

Futterkosten: Rn 13 „Aufwendung".

Hinterlegung: Hinzurechnen muß man bei einer Klage auf die Einwilligung in eine 16 Auszahlung des hinterlegten Betrages die bis zur Einlegung des Rechtsmittels aufgelaufenen Zinsen. Denn es liegt ein einheitliches Verfahren vor. Es handelt sich

GKG Anh I § 48 (§ 4 ZPO)   I. A. Gerichtskostengesetz

also nicht um eine bloße Nebenforderung gegenüber dem Bekl. Vielmehr muß der Staat den Betrag verzinsen, Köln JB **80**, 281.
S auch Rn 20 „Rechtsgeschäft".
Inkassokosten: Es gelten die Regeln Rn 18 „Kosten", Saarbr JB **77**, 1277. Das gilt selbst dann, wenn diese Unkosten sich auf nicht mehr im Streit befindlichen Teile des Hauptanspruchs beziehen.

17 **Kapitalisierung:** Hinzurechnen muß man kapitalisierte bezifferte Zinsen erst nach der Erledigung aller anderen Hauptansprüche, BGH RR **95**, 707, Ffm FamRZ Rpfleger **89**, 523. Bis dahin bleiben sie auch bei einer Bezifferung als Nebenansprüche *außer Betracht*, BGH RR **88**, 1199, Köln VersR **01**, 736, Zimmermann JuS **91**, 585, aM Hamm AnwBl **84**, 504 (abl Chemnitz). Hinzurechnen muß man Zinsen allerdings ausnahmsweise insoweit, als man sie kontokorrentmäßig oder vertraglich zum Kapital zuschlagen darf, Bbg JB **76**, 344, Düss JB **84**, 1865 (Vergleich), Mü JB **76**, 238.
Klagerücknahme: „Kapitalisierung".

18 **Kosten:** Hierher zählen alle im Prozeß und grds auch vor dem Prozeß entstandenen Unkosten zur Durchsetzung des Anspruchs, BLAH § 91 Rn 15, 70ff, KG RR **08**, 880, Mü BB **88**, 1843, LG Bln JB **05**, 427, aM BGH NJW **07**, 3289 (vorprozessuale Kosten). Sie bleiben nur neben der Hauptforderung *unberücksichtigt*, I Hs 2. Sie werden erst nach der Erledigung aller Hauptansprüche zum neuen Hauptanspruch, BGH RR **95**, 707, Köln GRUR **85**, 458. Die Kosten einer nur teilweise erledigten Hauptsache werden nicht zum Hauptanspruch. Dasselbe gilt dann, wenn gegen ein Teilurteil die Berufung und gegen die Kostenentscheidung des Schlußurteils ebenfalls die Berufung erfolgt, BLAH § 99 Rn 29. Man darf auch dann die Kosten auf Grund des Schlußurteils nicht dem Wert der Beschwer aus dem Teilurteil hinzufügen.

Wenn der Kläger ein Rechtsmittel gegenüber *mehreren* Bekl eingelegt hat, einem der Bekl gegenüber aber nur deshalb, weil er den Rechtsstreit in der Hauptsache ihm gegenüber nicht für erledigt erklärt hat, muß man den Wert einheitlich festsetzen. Das Gericht muß das insoweit bestehende Kosteninteresse des Klägers mitberücksichtigen.

S auch bei den einzelnen Hauptanspruchs- und Kostenarten in diesem ABC.

19 **Kredit:** Rn 20 „Rechtsgeschäft".
Lagergeld: Rn 13 „Aufwendung".
Mahnung: Für die Kosten einer Mahnung gelten die Regeln Rn 18 „Kosten".
Mehrwertsteuer: Rn 22 „Umsatzsteuer".
Nutzungen: *Nicht* hinzurechnen darf man Nutzungen nach § 100 BGB, soweit der Kläger sie als Nebenforderungen geltend macht, I Hs 2.

20 **Protokoll:** Für die Kosten eines Protokolls gelten die Regeln Rn 18 „Kosten".
Rechtsgeschäft: Die Regeln Rn 18 „Kosten" gelten auch für solche Unkosten, die bei der Vornahme des der Klage zugrunde liegenden Rechtsgeschäfts entstanden sind, etwa für die Kosten einer Kreditgebühr, Bbg JB **76**, 344, einer Versendung, einer Hinterlegung.
S auch Rn 13 „Aufwendung".
Rechtsmißbrauch: Rn 14 „Erschleichung".
Rückgriff: Rn 14 „Dritter".
Rückstand: Hinzurechnen muß man evtl einen rückständigen Betrag neben einer wiederkehrenden Leistung, Rn 8, Mü RR **94**, 1484.

21 **Schaden:** Man muß ihn hinzurechnen. Denn es liegen keine Kosten nach I Hs 2 vor, Brdb JB **01**, 95.
Schiedsrichterliches Verfahren: *Nicht* hinzurechnen darf man im Schiedsspruch zuerkannten Zinsen und Kosten bei einer Klage auf die Aufhebung des Schiedsspruchs, Mü SchiedsVZ **09**, 69.
Selbsthilfeverkauf: Für seine Kosten gelten die Regeln Rn 18 „Kosten".
Steuerrecht: *Nicht* hinzurechnen darf man einen Steuersäumniszuschlag, BGH Rpfleger **79**, 111.

22 **Teilerledigung:** Rn 11.
Umsatzsteuer: Wenn Zinsen Nebenforderungen sind, ist auch die auf die Zinsen etwa entfallende Umsatzsteuer (Mehrwertsteuer) eine bloße Nebenforderung. Vgl freilich auch KG OLGZ **80**, 246.

Abschnitt 7. Wertvorschriften (§ 4 ZPO) Anh I § 48 GKG

Unfallfinanzierung: Es gelten die Regeln Rn 18 „Kosten".
Unkostenpauschale: Man muß sie hinzurechnen, BGH RR **08**, 898.
Versendung: Rn 20 „Rechtsgeschäft". 23
Verzugsschaden: Rn 21 „Schaden", Rn 26 „Zinsen".
Verzugszinsen: Rn 26 „Zinsen".
Vollstreckungsabwehrklage: § 4 gilt auch bei einer Vollstreckungsabwehrklage 24
nach § 767.
  Die *Kosten* des Vorprozesses darf man als eine Nebenforderung *nicht* hinzurechnen.
Vollstreckungsklage, § 722: Hinzurechnen muß man solche Kosten, die in dem ausländischen Urteil ziffernmäßig allein oder neben der Hauptforderung erscheinen. Denn dann liegt keine Nebenforderung vor.
  Nicht hinzurechnen darf man die Zinsen, Rn 26 „Zinsen", und die Verfahrenskosten.
Vollstreckungsschaden: § 4 gilt auch dann, wenn der Kläger einen Vollstreckungsschaden infolge einer Änderung des Urteils geltend macht, BLAH § 717 Rn 14.
Vorbereitungskosten: Sie wirken *nicht* werterhöhend, BGH FamRZ **07**, 1319 links unten.
Vorprozeß: Rn 26 „Zwangsvollstreckung".
Vorrecht: § 3 Anh Rn 136 „Vorrecht".
Wandlung: Rn 20 „Rechtsgeschäft". 25
Widerspruchsklage: § 3 Anh Rn 139 „Widerspruchsklage".
Wiederaufnahme: § 4 gilt auch bei einer Wiederaufnahmeklage.
Zinsen: Hinzurechnen muß man Zinsen aus einem nicht miteingeklagten Kapital. 26
Das gilt auch beim Teilungsplan, BGH RR **98**, 1284, oder dann, wenn sie zum Hauptanspruch werden, Rn 11, etwa als alleiniger Rechtsmittelgegenstand dieser Partei, Brdb MDR **01**, 588.
  Nicht hinzurechnen darf man Zinsen, soweit der Kläger sie als eine bloße Nebenforderung geltend macht, Rn 10, Kblz MDR **99**, 197, Zweibr JB **99**, 590, LG Köln WoM **95**, 719 (aM bei Kautionszinsen). Hierher gehören vertragliche und gesetzliche Zinsen, BGH NJW **90**, 2754, Köln VersR **01**, 736, Mü BB **88**, 1843. Das gilt auch für solche Zinsen, die ein ausländisches Gericht in seinem Urteil zuerkannt hat, wenn es jetzt um eine Klage mit dem Ziel einer Vollstreckbarerklärung jenes Urteils geht, Ffm JB **94**, 117. Die Zinsen gehören auch dann hierher, wenn der Kläger sie ausgerechnet hat und als Kapitalbetrag zusätzlich zur eigentlichen und in Wahrheit alleinigen Hauptforderung geltend macht, Rn 17, oder wenn es um einen Bereicherungsanspruch geht, BGH RR **00**, 1015 (Ausnahme: Rn 11), oder wenn der Kläger nunmehr einen Bürgen oder eine Versicherung für die Zinsen in Anspruch nimmt, Nürnb VersR **78**, 854.
  Solche Schäden, die der Kläger in der Form von Zinsen geltend macht, etwa Verzugszinsen, darf man als Zinsen dann *nicht* hinzurechnen, wenn der Kläger sie neben dem Hauptanspruch geltend macht oder wenn sie vom Hauptanspruch abhängig sind. Denn dann liegt keine Hauptforderung vor, sondern eine Nebenforderung, Bbg JB **78**, 1549. Wegen Vorfälligkeitszinsen BGH NJW **98**, 2060.
  S auch bei den einzelnen Hauptanspruchsarten in diesem ABC, zB Rn 17 „Kapitalisierung".
Zusammenfassung: Rn 17 „Kapitalisierung".
Zuwachs: Seine Kosten muß man hinzurechnen. Denn es liegen keine Kosten im Sinn von I Hs 2 vor.
Zwangsvollstreckung: Hinzurechnen muß man Kosten eines früheren Prozesses bei einer Maßnahme der Zwangsvollstreckung.
  S auch Rn 14 „Erschleichung", Rn 24 „Vollstreckungsabwehrklage", „Vollstreckungsklage", „Vollstreckungsschaden".

5) Wechselanspruch, II. Bei ihm sind die Zinsen, die Kosten und die Provisionen Nebenforderungen. Das gilt sowohl im Wechselprozeß nach § 602 als auch im ordentlichen Verfahren. Etwas anderes gilt bei einer Klage aus dem Grundgeschäft. Zum Begriff des Wechselanspruchs vgl bei § 602. 27

6) Scheckanspruch, II. II gilt im Scheckprozeß des § 605a entsprechend. 28

GKG Anh I § 48 (§ 5 ZPO)   I. A. Gerichtskostengesetz

Mehrere Ansprüche
ZPO § 5. **Mehrere in einer Klage geltend gemachte Ansprüche werden zusammengerechnet; dies gilt nicht für den Gegenstand der Klage und der Widerklage.**

Vorbem. Fassung der Bek v 5. 12. 05, BGBl 3202.

Gliederung

1) Systematik, Regelungszweck	1
2) Geltungsbereich	2
3) Mehrere Ansprüche	3–11
A. Grundsatz: Zusammenrechnung	3
B. Beispiele zur Frage einer Zusammenrechnung	4–10
C. Nebenforderung	11
4) Klage und Widerklage	12

1   **1) Systematik, Regelungszweck.** Der erste Halbsatz der Vorschrift ist auch für die Gebührenberechnung anwendbar. Kostenrechtlich gelten aber im übrigen vorrangige Sonderregeln, zB §§ 45 I 3, 48 II–IV GKG. Wegen des Beschwerdewerts bei einer Klage und einer Widerklage BLAH bei § 511. Die Zusammenrechnung für den Kostenstreitwert erfolgt im Interesse der Kostengerechtigkeit zwecks einer Vermeidung zu hoher Kosten. Das gilt freilich nur dann, wenn die Klage und die Widerklage nicht denselben Streitgegenstand betreffen, Rn 3, §§ 45 I 1, 3 GKG, § 23 RVG.

2   **2) Geltungsbereich.** Die Vorschrift ist in allen Verfahren nach der ZPO anwendbar. Im Verfahren vor dem Arbeitsgericht ist die Wertfestsetzung sachlichrechtlich zugleich eine Festsetzung des Beschwerdewerts der höheren Instanz, BGH VersR 81, 157, BAG NZA 04, 1239. In einer Baulandsache kann § 5 entsprechend anwendbar sein, BGH NJW 89, 1039. Für die Anwaltsgebühren erfolgt evtl abweichend von § 5 keine Zusammenrechnung.

3   **3) Mehrere Ansprüche.** Schon Hs 1 enthält einen Grundsatz und eine Ausnahme.

A. Grundsatz: Zusammenrechnung. Man muß mehrere in derselben Klage geltend gemachte Ansprüche zusammenrechnen, BGH NZM 04, 423, LAG Hbg JB 02, 480. Das betrifft sowohl die Klägerhäufung (subjektive Klagenhäufung) nach §§ 59 ff, BGH VersR 91, 330, als auch die Anspruchshäufung (objektive Klagenhäufung) nach § 260, BGH VersR 81, 157, BAG NZA 04, 1239, Ffm JB 06, 538, natürlich erst recht deren Zusammentreffen, Mü MDR 93, 286. Die Anspruchsbegründung ist unerheblich, Rn 7 „Mehrheit von Anspruchsbegründungen". Der Grundsatz der Zusammenrechnung gilt auch dann, wenn eine Verbindung erfolgt, BLAH § 147 ZPO Rn 12, VGH Mannh JB 98, 83 (nicht schon bei einer bloß tatsächlich gleichzeitigen Verhandlung rechtlich getrennt bleibender Prozesse).

Die Ansprüche müssen aber einen selbständigen Wert und daher *verschiedene Streitgegenstände* haben, Rn 1, BGH VersR 91, 330, Köln MDR 01, 941, VGH Mü NVwZ-RR 04, 159. Die Verbindung läßt die vor ihrer Vornahme entstandenen Werte und Kosten unberührt, Köln VersR 92, 518, Mü AnwBl 81, 155.

4   **B. Beispiele zur Frage einer Zusammenrechnung**
Abnahme: Rn 7 „Kaufpreis".
Anfechtungsgesetz: *Nicht* zusammenrechnen darf man einen Anspruch des Anfechtungsgläubigers auf die Zahlung eines Wertersatzes und auf die Duldung der Zwangsvollstreckung über den Rechtsnachfolger.
Annahmeverzug: *Nicht* zusammenrechnen darf man den Leistungsantrag und den Antrag auf die Feststellung des Annahmeverzugs des Bekl mit der Rücknahme von Gegenständen, LG Mönchengladb ZMR 85, 164.
Anschlußberufung: Zusammenrechnen muß man bei einer Verschiedenheit der Streitgegenstände, LG Bln JB 85, 259.
Anzahlung: Zusammenrechnen muß man bei einer Klage auf eine Anzahlung und einer Widerklage auf eine volle Erfüllung, Celle NdsRpfl 85, 1.
Arrest, einstweilige Anordnung oder Verfügung: Zusammenrechnen muß man auch in diesem Eilverfahren.

Abschnitt 7. Wertvorschriften (§ 5 ZPO) Anh I § 48 GKG

Aufrechnung: Zusammenrechnen muß man wegen § 322 II dann, wenn die Klage zwar begründet ist, wenn das Gericht aber feststellt, daß eine Gegenforderung nicht besteht, oder wenn die Parteien die letztere Feststellung in einem Vergleich treffen.
S auch § 3 Anh Rn 15 ff „Aufrechnung".
Auskunftsklage: Rn 8 „Stufenklage".
Bauhandwerkersicherungshypothek: Sie zählt neben dem Werklohnanspruch *nicht* gesondert, Nürnb MDR **03**, 1382, ZöHe § 3 Rn 16, aM Düss MDR **09**, 322.
Bürge: *Nicht* zusammenrechnen darf man die Ansprüche gegenüber dem Hauptschuldner und dem Bürgen. Denn es liegt wirtschaftlich eine Nämlichkeit vor.
Duldung: *Nicht* zusammenrechnen darf man den Anspruch auf die Leistung gegenüber dem einen Schuldner und den Anspruch auf die Duldung der Zwangsvollstreckung demselben gegenüber, KG AnwBl **79**, 229 (wirtschaftliche Nämlichkeit), oder gegenüber dem anderen Schuldner. Denn derselbe Anspruch geht hier in zwei verschiedene Richtungen. Das gilt zB bei einem Anspruch des Anfechtungsgläubigers nach dem AnfG auf die Zahlung eines Wertersatzes und auf die Duldung der Zwangsvollstreckung über den Rechtsnachfolger.
Ehescheidung: Zusammenrechnen muß man den Anspruch auf die Gestattung des Getrenntlebens und denjenigen auf die Übertragung des elterlichen Sorgerechts, § 33 I FamGKG, Teil I B dieses Buchs.
Eigentumsvorbehalt: Rn 7 „Kaufpreis".
Einstweilige Verfügung: Rn 3 „Arrest, einstweilige Anordnung oder Verfügung".
Entschädigung: Rn 9 „Vornahme einer Handlung".
Feststellung: *Nicht* zusammenrechnen darf man einen Leistungs- und einen Feststellungsantrag nach § 850 f II, Stgt RR **09**, 708.
S auch Rn 8 „Teilbetrag".
Gesamtgläubiger: *Nicht* zusammenrechnen darf man wegen des Anspruchs mehrerer Gesamtgläubiger auf dieselbe Leistung, Schneider Festschrift für Madert (2006) 212, zB auf eine Unterlassung, BGH BB **87**, 641, oder bei einem Anspruch eines Gesamtgläubigers und einem Anspruch des Gesamtschuldners, wenn jeweils das Ganze im Streit ist, LAG Hamm BB **82**, 374. Wenn man gegen einen Streitgenossen ein Rechtsmittel eingelegt hat, muß das Gericht allerdings die Werte zusammenrechnen, soweit die Ansprüche gegenüber diesem Streitgenossen identisch sind.
Gesamtschuldner: *Nicht* zusammenrechnen darf man den Anspruch eines Gesamtgläubigers und den Anspruch eines Gesamtschuldners dann, wenn jeweils das Ganze im Streit ist, LAG Hamm BB **82**, 374. Wenn man gegen einen Streitgenossen ein Rechtsmittel einlegt, muß man den Wert zusammenrechnen, soweit die Ansprüche gegenüber diesem Streitgenossen identisch sind.
Nicht zusammenrechnen darf man ferner beim Anspruch auf eine *unteilbare* Leistung gegenüber mehreren Schuldnern.
S auch Rn 10 „Wertersatz".
Getrenntleben: Rn 4 „Ehescheidung".
Herausgabe: Rn 7 „Kaufpreis", Rn 10 „Wertersatz".
Hilfsantrag: Zusammenrechnen muß man den Haupt- und den Hilfsantrag dann, wenn das Gericht über beide entschieden hat, (jetzt) § 45 I 2 GKG, Bbg JB **94**, 112, oder wenn der Hilfsantrag vom Hauptantrag unabhängig ist und wenn das Gericht den Hauptantrag abweist, ferner dann, wenn das Gericht den Bekl auf Grund des Hilfsantrags verurteilt oder wenn es die Klage auf Grund des Hilfsantrags des Bekl abgewiesen hat.
Nicht zusammenrechnen darf man den Haupt- und den Hilfsantrag im übrigen kostenrechtlich, § 45 I 2 GKG, wie für die Zuständigkeit. Maßgeblich ist in den letzteren Fällen nur der höhere Wert.
Hilfswiderklage: § 3 Rn 71 „Hilfswiderklage".
Kaufpreis: *Nicht* zusammenrechnen darf man: Die Kaufpreisforderung und, den Anspruch auf die Abnahme der Kaufsache; den Anspruch auf die Herausgabe einer solchen Ware, die man unter einem Eigentumsvorbehalt geliefert hat, und den Anspruch auf die Zahlung des Restkaufpreises.
S auch Rn 4 „Annahmeverzug".

GKG Anh I § 48 (§ 5 ZPO) I. A. Gerichtskostengesetz

Klagänderung: *Nicht* zusammenrechnen darf man den vor der Klagänderung geltend gemachten Anspruch und den jetzigen. Denn der Kläger erhebt die Ansprüche unter diesen Umständen nicht nebeneinander.
Klagerweiterung: Rn 8 „Streitgenossen".
Mahnverfahren: Zusammenrechnen muß man auch im Mahnverfahren.
Mehrheit von Ansprüchen: Zusammenrechnen muß man mehrere in derselben Klage geltend gemachte Ansprüche, Rn 2, BGH VersR **81**, 157, Kblz GRUR **84**, 909. Das gilt auch bei § 8 IV UWG gegenüber mehreren selbständigen Konzernmitgliedern, Hbg GRUR-RR **06**, 392.
Nicht zusammenrechnen darf man unabhängige Ansprüche in einer Klage und einer Widerklage, Köln JB **90**, 241.
Mehrheit von Anspruchsbegründungen: *Nicht* zusammenrechnen darf man, wenn für denselben Anspruch nur mehrere rechtliche Begründungen vorliegen oder infragekommen, Rn 2.
Mehrheit von Klägern: Zusammenrechnen muß man mehrere in derselben Klage geltend gemachte Ansprüche, Rn 2. Das gilt auch im Fall der Klägerhäufung, BGH VersR **91**, 360.
Nichtvermögensrechtlicher Anspruch: Man muß ihn mit einem vermögensrechtlichen Anspruch zusammenrechnen.
Das darf man jedoch *nicht* tun, soweit der Kläger aus dem nichtvermögensrechtlichen einen vermögensrechtlichen Anspruch herleitet, § 48 IV GKG (dann nur der höhere).
Patentverfahren: Eine Zusammenrechnung ist jedenfalls im Nichtigkeitsverfahren erster Instanz *unstatthaft,* BPatG GRUR **92**, 690.
Quittung: Rn 10 „Zwangsvollstreckung".

8 **Sicherungsanspruch:** *Nicht* zusammenrechnen darf man einen Sicherungsanspruch etwa aus einer Pfandklage und eine persönliche Forderung, Ffm JB **77**, 1136, Schlesw SchlHA **86**, 184.
Sorgerecht: Rn 4 „Ehescheidung".
Streitgenossen: *Nicht* zusammenrechnen darf man Ansprüche gegen mehrere notwendige Streitgenossen auf dieselbe Leistung. Das gilt auch bei einer nachträglichen Klagerweiterung, Kblz AnwBl **85**, 203. Im übrigen kann man wie sonst zusammenrechnen, OVG Münst JB **02**, 532. Bei Rechtsmitteln ist unerheblich, ob alle sie einlegen und wie das geschieht, BGH NJW **01**, 231 (freilich bleibt das bloße Kosteninteresse unbeachtlich).
S auch Rn 5 „Gesamtschuldner".
Streithelfer: Bei einer Einheit des Streitgegenstands und der Urteilswirkung erfolgt *keine* Zusammenrechnung, BGH NJW **01**, 2639.
Stufenklage: Zusammenrechnen muß man den Anspruch der ersten beiden Stufen und die schließliche Leistungsforderung, vgl freilich auch (jetzt) § 44 GKG, Brdb MDR **02**, 537, Schneider Rpfleger **77**, 92.
Nicht zusammenrechnen darf man dann, wenn der Kläger von dem zunächst erhobenen Auskunftsanspruch zum *Schadensersatzanspruch* übergeht.
Teilbetrag: Zusammenrechnen darf man beim Zusammentreffen einer teilweisen Erledigung oder Klagerücknahme und einer anschließenden Einführung eines neuen Gegenstands, KG MDR **08**, 173.
Nicht zusammenrechnen darf man die Feststellung des gesamten Rechtsverhältnisses und einen Anspruch auf die Leistung eines Teilbetrags, BGH NZM **04**, 423. Bei der Anfechtung eines Teilurteils gilt in der Rechtsmittelinstanz der Wert des gesamten Rechtsverhältnisses.
Unteilbare Leistung: Rn 5 „Gesamtschuldner".
Unterhalt: Bei einer Verbindung der Klagen auf eine rückwirkende Herabsetzung und auf eine Rückzahlung darf man *nicht* zusammenrechnen, Hbg JB **94**, 493.
Unterlassung: Zusammenrechnen muß man, soweit keine Gesamtschuldner vorliegen, Rn 5, Kblz WRP **85**, 45.

9 **Vaterschaft:** Zusammenrechnen muß man den Anspruch aus einer Vaterschaftsanfechtungsklage gegenüber dem einen wie dem anderen Geschwister.
Verbindung: Rn 3.
Vergleich: Rn 4 „Aufrechnung".

Abschnitt 7. Wertvorschriften (§§ 5, 6 ZPO) Anh I § 48 GKG

Vollstreckungsabwehrklage: *Nicht* zusammenrechnen darf man den Anspruch aus einer Vollstreckungsabwehrklage und den Anspruch auf die Rückgewähr der Leistung.
S auch Rn 10 „Zwangsvollstreckung".
Vornahme einer Handlung: *Nicht* zusammenrechnen darf man den Vornahmeanspruch und den Anspruch auf eine Entschädigung nach § 510b.
Wahlantrag: *Nicht* zusammenrechnen darf man Wahlanträge, § 3 Rn 137 „Wahlschuld". **10**
Wertersatz: *Nicht* zusammenrechnen darf man: Den Anspruch auf die Herausgabe einer Sache und den Anspruch auf die Zahlung einer Geldsumme als eines Wertersatzes bei einer Unmöglichkeit der Herausgabe; den Anspruch des Anfechtungsgläubigers nach dem AnfG auf die Zahlung eines Wertersatzes und auf die Duldung der Zwangsvollstreckung über den Rechtsnachfolger.
Zwangsvollstreckung: *Nicht* zusammenrechnen darf man den Anspruch auf die Feststellung der Unzulässigkeit der Zwangsvollstreckung und den Anspruch auf die Aushändigung einer löschungsfähigen Quittung oder einer Löschungsbewilligung, aM Düss MDR 00, 543 (aber es liegt eben doch eine wirtschaftliche Einheit vor).
S auch Rn 4 „Duldung", Rn 9 „Vollstreckungsabwehrklage".

C. Nebenforderung. Eine solche bleibt unberücksichtigt, § 4. Eine nachträgliche **11** Prozeßverbindung nach § 147 oder eine Prozeßtrennung nach § 145 sind für die Gebühren bedeutungslos. Man muß sie allerdings bei der Beurteilung der weiteren sachlichen Zuständigkeit beachten. Wenn für den einen der Ansprüche eine ausschließliche Zuständigkeit besteht, für den anderen aber eine gewöhnliche Zuständigkeit, darf man die Ansprüche zur Beurteilung der Zuständigkeit nicht zusammenrechnen.
Man kann zB eine vor das AG gehörende *Vollstreckungsabwehrklage* nach § 767 nicht mit einer anderen Klage zusammenrechnen, um das LG zuständig zu machen. Wegen des Kostenstreitwerts § 43 GKG. Wenn das AG nach § 23 Z 2 GVG ohne eine Rücksicht auf den Streitwert zuständig ist, darf man einen derartigen Anspruch nicht mit einem anderen zusammen beim LG erheben, § 506.
Eine Zusammenrechnung erfolgt also auch dann *nur für den Kostenstreitwert*. Für den Beschwerdewert gilt bei allen Rechtsmitteln § 5 entsprechend.

4) Klage und Widerklage. Man darf sie zur Beurteilung der Zuständigkeit nicht **12** zusammenrechnen, LAG Mainz NZA-RR **05**, 275, Schneider MDR **88**, 271. Es gilt also nur der höhere Wert. Für den Kostenstreitwert vgl Rn 1. Wegen des Beschwerdewerts BLAH bei § 511. Zeitlich getrennte Ansprüche der Widerklage können einzeln und zusammengerechnet eine Verweisung nach § 506 erforderlich machen. Wegen eines Ersatzanspruchs auf Grund einer Änderung des Urteils § 3 Rn 125 „Urteilsänderung".

Besitz; Sicherstellung; Pfandrecht

ZPO § 6. ¹Der Wert wird bestimmt: durch den Wert einer Sache, wenn es auf deren Besitz, und durch den Betrag einer Forderung, wenn es auf deren Sicherstellung oder ein Pfandrecht ankommt. ²Hat der Gegenstand des Pfandrechts einen geringeren Wert, so ist dieser maßgebend.

Vorbem. Fassung der Bek v 5. 12. 05, BGBl 3202.

Gliederung

1) Besitzstreit, Eigentumsstreit, S 1, 2	1–8
A. Grundsatz: Sachwert	1
B. Beispiele zur Frage einer Anwendbarkeit	2, 3
C. Verkehrswert	4
D. Lasten	5
E. Gegenleistung	6, 7
F. Einzelfragen zum Sachwert	8
2) Sicherstellung einer Forderung, S 1, 2	9
3) Pfandrecht, S 1, 2	10–15
A. Geltungsbereich	10

GKG Anh I § 48 (§ 6 ZPO)   I. A. Gerichtskostengesetz

   B. Wertgrundsatz: Forderung; evtl nur Pfandrecht 11
   C. Einzelfragen zum Forderungswert 12–15
   4) Sinngemäße Anwendung, S 1, 2 16

1 **1) Besitzstreit, Eigentumsstreit, S 1, 2.** Die Vorschrift gilt für alle drei Wertarten nach Einf 1–5 vor §§ 3–9, aM Ffm JB **81**, 759, Schneider MDR **84**, 266 (beim Kostenwert nur entsprechend. Aber für solche Einschränkung gibt das Gesetz nichts her).
A. Grundsatz: Sachwert. Soweit es auf den Besitz einer Sache oder auf ihr Eigentum ankommt, ist der Wert der Sache maßgeblich.

2 **B. Beispiele zur Frage einer Anwendbarkeit**
Abnahme: § 6 ist *unanwendbar* auf eine Klage des Verkäufers auf die Abnahme der Kaufsache.
Abwehrklage: § 6 ist *unanwendbar* auf eine Abwehrklage (negatorische Klage).
Anfechtung: Rn 16.
Arrest, Einstweilige Anordnung oder Verfügung: § 6 ist *unanwendbar* auf den Antrag auf eine nur vorläufige Regelung im Weg eines Arrests oder eines einstweiligen Anordnung oder Verfügung. Vielmehr gilt dann (jetzt) der vorrangige § 53 GKG, Köln VersR **76**, 740.
Auflassung: § 6 ist anwendbar auf eine Klage auf die Erteilung einer Auflassung, Rn 4 ff, BGH RR **01**, 518, Karlsr JB **06**, 145, Köln MDR **05**, 298, aM BGH (7. ZS) NJW **02**, 684 (§ 3), Celle RR **98**, 142 (nur, wenn auch Herausgabe), Ffm RR **96**, 636, Stgt MDR **09**, 1353 (je: § 3. Aber in allen diesen Varianten hat die Spezialregelung des § 6 Vorrang). Beim ideellen Grundstücksteil gilt dessen Wert, KG MDR **08**, 1417, Schlesw Rpfleger **80**, 239. Beim Zusammentreffen einer Auflassung und einer Löschung bereits eingetragener Lasten ist der Grundstückswert der Höchstwert, Köln JB **88**, 1388. Bei einer bloßen Zustimmung zum Auflassungsvollzug gilt § 3, Karlsr JB **06**, 145.
   S auch „Eigentumsfeststellung", Rn 3 „Rückgewähr", Rn 14, 15 wegen einer Vormerkung.
Baulandsache: § 6 ist *unanwendbar* auf die Klage auf eine vorzeitige Besitzeinweisung in einer Baulandsache nach dem BauGB. Vielmehr gilt dann § 20 GKG entsprechend und es entscheidet das Interesse des Klägers, meist etwa 33,3% des Werts der Fläche. Vgl aber auch § 52 GKG.
Befreiung: § 3 Rn 27 „Befreiung".
Berichtigung des Grundbuchs: § 3 Rn 28 „Berichtigung des Grundbuchs".
Besitzeinweisung: S „Baulandsache".
Besitzklage: § 6 ist anwendbar auf eine Besitzklage jeder Art, auch einer Besitzstörung.
Beweisurkunde: § 6 ist *unanwendbar* auf eine Klage auf die Herausgabe einer Beweisurkunde oder einer anderen Urkunde, die keine Wertträger sind, § 3 Rn 69 „Herausgabe einer Urkunde".
Ehewohnung: Es gilt § 48 FamGKG, Teil I B dieses Buchs.
Eigentumsfeststellung: § 6 ist anwendbar auf eine Klage auf die Feststellung des Eigentums.
   S auch „Auflassung".
Eigentumsübertragung: Rn 3 „Zugewinnausgleich".
Eigentumsvorbehalt: § 6 ist anwendbar auf eine Klage auf die Herausgabe einer solchen Sache, die der Kläger unter einem Eigentumsvorbehalt geliefert hat. Das gilt auch bei der Feststellung der Wirksamkeit des Eigentumsvorbehalts.
Enteignung: § 3 Rn 40.
Erbbaurecht: § 6 ist anwendbar auf eine Klage mit dem Ziel der Bestellung eines Erbbaurechts, Saarbr AnwBl **78**, 107, und auf die Herausgabe nach dem Erbbaurechtsende, Hbg AnwBl **96**, 411.
Freistellung: S „Befreiung".
Herausgabe: § 6 ist anwendbar, BGH RR **01**, 518, Nürnb JB **04**, 377 (Rücktritt des Verkäufers), LAG Mainz JB **09**, 140. Für die Bewertung kommt es auf den wirtschaftlichen Zweck der Herausgabe evtl mit an, Mü JB **84**, 1401. Bei einer Miete und Pacht gelten § 8 sowie § 41 GKG.

Abschnitt 7. Wertvorschriften (§ 6 ZPO) Anh I § 48 GKG

S auch „Beweisurkunde", „Eigentumsvorbehalt", „Hinterlegung", Rn 3 „Rückgewähr", „Wertpapier".
Hinterlegung: § 6 ist anwendbar auf eine Klage auf die Erteilung einer Einwilligung zur Herausgabe einer hinterlegten Sache, KG AnwBl **78**, 107.
S auch § 3 Rn 68 „Herausgabe: a) Herausgabe einer Sache".
Miete: Rn 2 „Besitzklage", Rn 3 „Räumungsklage", „Rückgewähr". **3**
Räumungsklage: Es gilt § 8, BGH NZM **05**, 677 und für die Kosten § 41 II GKG.
Rückgewähr: § 6 ist anwendbar auf eine Klage auf die Rückgewähr einer Sache wegen einer Nichterfüllung, Karlsr Rpfleger **80**, 308 (WEG), Schlesw Rpfleger **80**, 293 (beim ideellen Anteil gilt dieser), LG Bayreuth JB **77**, 1116. § 6 ist ferner anwendbar bei einem Anspruch auf eine Rückgewähr wegen der Nichtigkeit eines Vertrags, ferner bei (jetzt) § 437 Z 2 BGB, aM Schlesw JB **98**, 421 (§ 3. Aber § 6 gilt als eine Spezialvorschrift auch hier vorrangig). § 6 ist anwendbar auf einen Anspruch auf die Rückgewähr einer Mietsicherheit, LG Essen MDR **04**, 206.
Scheidung: S „Zugewinnausgleich".
Teilungsversteigerung: § 6 ist *unanwendbar* auf eine Widerspruchsklage bei § 180 ZVG, § 3 Rn 139 „Widerspruchsklage: c) Teilungsversteigerung".
Testamentvollstrecker: Rn 2 „Besitzklage".
Übergabe: § 6 ist anwendbar auf eine Klage des Käufers auf die Übergabe der Kaufsache.
S auch Rn 2 „Abnahme", „Eigentumsvorbehalt", Rn 3 „Zugewinnausgleich".
Umlegungsstreit: § 6 ist *unanwendbar* auf eine Klage dazu, ob ein Grundstück in ein Umlegungsverfahren kommen soll.
Urkunde: Rn 2 „Beweisurkunde", Rn 3 „Wertpapier".
Veräußerungsverbot: § 6 ist anwendbar auf ein gesetzliches oder vertragliches Veräußerungsverbot. Maßgeblich ist nur der Verkehrswert, also nicht das wirtschaftliche Ziel.
Verbotene Eigenmacht: Rn 2 „Besitzklage".
Verfügungsbeschränkung: Ähnlich wie beim Veräußerungsverbot muß man vom Verkehrswert ausgehen und die Gefährdung beachten.
Verwahrung: Die vorzeitige Rückgabe läßt sich nach § 3 (Zeitinteresse) behandeln, die endgültige nach § 6.
Vorbereitende Klage: § 6 ist *unanwendbar* auf eine nur vorbereitende Klage, § 3 Rn 135.
S auch Rn 2 „Arrest, Einstweilige Verfügung".
Vorkaufsrecht: § 3 Rn 40.
Vorläufige Regelung: Rn 2 „Arrest, Einstweilige Anordnung oder Verfügung".
Wertpapier: Es entscheidet sein Kurswert, § 3 Rn 69 „Herausgabe: b) Herausgabe einer Urkunde".
Widerspruchsklage: S „Teilungsversteigerung".
Zugewinnausgleich: § 6 ist in Verbindung mit § 113 I 2 FamFG anwendbar auf eine Klage des Käufers auf die Übergabe der Sache nebst einer Eigentumsübertragung unter einer Anrechnung auf den Zugewinnausgleich, Ffm MDR **90**, 58.
Zug-um-Zug: Rn 7.
Zwangsversteigerung: S „Teilungsversteigerung".

C. Verkehrswert. Maßgebend ist der Wert der Sache, also der objektive Verkehrswert, § 3 Rn 3, BGH RR **01**, 518, Köln MDR **05**, 299, AG Königstein RR **03**, 949. Das gilt bei einem Grundstück und bei der Klage auf die Feststellung des Eigentums. Maßgebend ist also nicht der Einheitswert. Bei der Auflassung eines Erbbaurechtsgrundstücks gilt nur der Bodenwert, Bbg JB **92**, 629. Bei einem noch zu vermessenden Teil muß man nach § 3 schätzen. Der Verkehrswert gilt auch dann, wenn es um ein Mietwohngrundstück geht. Dasselbe gilt beim geleasten Gegenstand, LAG Mainz JB **09**, 140 (Firmen-Pkw). Also entscheidet hier nicht der Ertragswert. Beim Geschäftsraum kann man auf den 17fachen Jahresmietwert abstellen, LG Mü WoM **95**, 197.
Der *Kaufpreis* ist *nicht* maßgeblich, aM Köln MDR **05**, 299. Er erbringt aber meist einen Anscheinsbeweis für die Höhe des Verkehrswerts, BLAH Anh § 286 Rn 15.
Bei einem Edelmetall ist der Ankaufskurs maßgeblich, BGH RR **91**, 1210. Stets **4**

GKG Anh I § 48 (§ 6 ZPO) I. A. Gerichtskostengesetz

kommt es auf den Zeitpunkt der Entscheidungsreife nach BLAH § 300 Rn 6 oder des Schlusses der letzten Verhandlung an, §§ 136 IV, 296 a, BGH RR **91**, 1210. Daher muß man zB bei der Rückauflassung eines inzwischen bebauten Grundstücks die Bebauung mitbewerten.

5 **D. Lasten.** Lasten, zB valutierende Grundpfandrechte, mindern den Wert auf das wirtschaftliche Interesse des Klägers an der Herausgabe usw herab, Bbg JB **77**, 1278, aM BGH RR **01**, 518 (nur bei einer Beeinträchtigung der wirtschaftlichen Benutzung, daher nicht beim Nießbrauch. Aber gerade auch bei ihm ist infolge der stets notwendigen wirtschaftlichen Betrachtungsweise wohl fast stets eine Beeinträchtigung des Verkehrswerts sehr wohl vorhanden. Ein belastetes Grundstück kostet weniger). Das Gesetz nennt zwar keinen Mindestbetrag, Schlesw Rpfleger **80**, 239. Eine völlige Wertlosigkeit liegt aber keineswegs vor, soweit man um eine Sache streitet, LG Köln NJW **77**, 256. Selbst bei einem zur Zeit nicht einlösbaren Wechsel kann ein gewisses Interesse an der Herausgabe durchaus bestehen, Ffm MDR **81**, 590, Köln MDR **75**, 60, LG Köln NJW **77**, 255, aM Düss JB **94**, 496, Mü MDR **81**, 501 (aber die Verhältnisse können sich bessern. Das darf und muß man schon jetzt mitbeachten).

6 **E. Gegenleistung.** Eine Gegenleistung bleibt grundsätzlich außer Betracht, BGH FamRZ **05**, 265, Hamm MDR **02**, 1458, Stgt JB **02**, 424, aM ZöHe 16 „Auflassung" (aber § 6 erwähnt die Gegenleistung gerade nicht mit).

Das gilt zB für das Angebot der geschuldeten Gegenleistung (etwas anderes gilt natürlich dann, wenn man einen aufgerechneten Betrag abziehen muß) oder für den Einwand, der Schuldner brauche nur Zug um Zug zu erfüllen, oder für ein behauptetes Zurückbehaltungsrecht, BGH FamRZ **05**, 265, Bbg JB **78**, 428, Müller MDR **03**, 250. Beim auf die Gegenleistung beschränkten Rechtsmittel ist allerdings nur die Gegenleistung maßgeblich, Rn 8.

Wenn der Kläger auf eine Auflassung oder auf eine Herausgabe klagt und wenn nur ein *Zurückbehaltungsrecht* des Bekl streitig ist, ist das Zurückbehaltungsrecht für die Wertberechnung unerheblich, BGH JB **96**, 636, Mü MDR **81**, 501, aM KG RR **03**, 787 (aber § 6 hat als eine sehr wohl anwendbare Spezialvorschrift den Vorrang). Das gilt unabhängig davon, ob der das Zurückbehaltungsrecht begründende Anspruch gegenüber dem Kläganspruch höher oder geringer ist, Celle MDR **77**, 672, Waldner NJW **80**, 217.

7 Wenn der Kläger vom Bekl eine Zahlung *Zug um Zug* gegen die Lieferung des verkauften Kraftfahrzeugs fordert, ist der Preis des Fahrzeugs maßgeblich. Das gilt auch dann, wenn die Parteien nur über den Wert eines in Zahlung gegebenen Altwagens streiten. Bei einer Verurteilung nur Zug um Zug gegen eine Mängelbeseitigung liegt der Beschwerdewert für den Kläger bei den Beseitigungskosten, Düss MDR **99**, 628. Bei einer Verurteilung Zug um Zug gegen eine Zahlung von (nur) X EUR (statt X + Y EUR) kann Y EUR der richtige Wert sein. Denn nur Y ist im Streit.

8 **F. Einzelfragen zum Sachwert.** Wenn es um eine in das Mietgrundstück eingebaute und dann getrennte Mietersache geht, ist ihr Wert maßgeblich. Wenn der Kläger die Duldung der Entfernung oder nur die Herausgabe der eingebauten Sache verlangt, muß man den Wert der Wegnahme oder Herausgabe vermindert um Wert ansetzen, BGH NJW **91**, 3222. Wenn der Bekl nur nach § 721 eine kurzfristige Räumungsfrist beantragt, muß man den Wert nach § 3 in Verbindung mit § 41 II GKG schätzen.

Wenn der Kläger nur einen *Teil* der Sache beansprucht, ist der Wert dieses Teils maßgeblich. Das gilt auch bei einem Hinterlegungsgläubiger, KG AnwBl **78**, 107, Schlesw JB **76**, 239. Wenn der Kläger gegen diejenigen Gesamthandeigentümer vorgeht, die eine Herausgabe verweigern, während die übrigen Gesamthandeigentümer die Herausgabe bewilligen, ist der Verkaufswert der Rechtsfolge maßgeblich, also der Wert des gesamten Grundstücks.

Wenn in der *höheren Instanz* nur noch streitig ist, ob der Bekl auf Grund seines Zurückbehaltungsrechts nur Zug um Zug leisten muß, ist der Wert des Zurückbehaltungsrechts maßgeblich, BGH BB **91**, 937, KG JB **03**, 593, Saarbr AnwBl **79**, 154. Diesen Wert begrenzt der volle Wert des Auskunftsanspruchs, BGH BB **91**, 937.

Vgl auch § 3 Rn 26 „Baulandsache", Rn 41 „Erbrechtlicher Anspruch", Rn 68 ff „Herausgabe".

Abschnitt 7. Wertvorschriften　　　　　(§ 6 ZPO) Anh I § 48 GKG

2) Sicherstellung einer Forderung, S 1, 2. Wenn man um eine beliebige be- **9** stehende oder erst noch zu bestellende Sicherheit streitet, etwa um eine Bürgschaft, entscheidet der Betrag der gesicherten oder zu sichernden Forderung ohne eine Rücksicht auf eine etwaige Betagung oder Bedingung, Ffm AnwBl **80**, 460, Stgt MDR **80**, 678, oder Gegenforderung, Hamm JB **81**, 434. Wegen des Streits um ein Pfandrecht Rn 11. Bei der Eintragung eines Widerspruchs ist immer § 3 anwendbar. Wenn es um die Herausgabe einer zur Sicherung übereigneten Sache geht, ist der Wert der Forderung maßgeblich, falls dieser Wert unter demjenigen der Sache selbst liegt. Denn man muß das Sicherungseigentum eher wie ein Pfandrecht behandeln, LG Stgt MDR **77**, 676. Wenn der Kläger dagegen eine unter einem Eigentumsvorbehalt verkaufte Sache zurückverlangt, ist der volle Sachwert maßgeblich.

3) Pfandrecht, S 1, 2. Man muß unterschiedliche Gesichtspunkte beachten.　　**10**
A. Geltungsbereich. § 6 betrifft das Fahrnispfandrecht und das Grundstückspfandrecht. Das Gesetz verwendet also den Ausdruck „Pfandrecht" nicht in dem beschränkten Sinn des BGB. Die Art der Klage ist unerheblich. Es ist auch unerheblich, ob das Pfandrecht vertraglich oder gesetzlich entstand.
Beispiele: Die Widerspruchsklage nach § 771, § 3 Rn 139; eine Klage auf die Löschung einer Hypothek; ein Absonderungsanspruch im Insolvenzverfahren; höchstens die Erinnerung gegen eine Pfändung und Überweisung. Der Wert beträgt dann höchstens die gepfändete Forderung; ein Streit über die Art und Weise der Verwertung eines Pfandrechts.

B. Wertgrundsatz: Forderung; evtl nur Pfandrecht. Die Wertberechnung er- **11** folgt nach dem Betrag der Forderung. Wenn der Gegenstand des Pfandrechts aber einen geringeren Wert als den Betrag der Forderung hat, ist dieser geringere Wert maßgeblich, Ffm MDR **03**, 356. Diese Regelung gilt für ein bestehendes Pfandrecht. Wenn man das Pfandrecht erst noch bestellen muß, gilt sie auch für dieses Pfandrecht, falls man für die Sicherung der Forderung einen bestimmten Gegenstand bezeichnet hat. Man muß die Forderung nach § 4 berechnen.
Gegenstand des Pfandrechts ist die *Pfandsache*. Man darf ein Vorpfandrecht nicht berücksichtigen. Denn jede Pfändung ergreift den ganzen Gegenstand. Andernfalls müßte man bei einer Erschöpfung des Werts durch vorangegangene Vorpfandrechte das nachfolgende Vorpfandrecht mit 0 EUR bewerten, aM StJR 27 (legt nur den Überschuß zugrunde). Dasselbe gilt bei einer Widerspruchsklage, BGH WertpMitt **83**, 246 (Drittwiderspruch). Wenn es sich um eine Zwangsüberweisung nach § 825 handelt, ist der Wert der Pfandsache maßgeblich, falls dieser geringer ist.

C. Einzelfragen zum Forderungswert. In einem Rangstreit erfolgt die Berech- **12** nung nach der kleineren Forderung. Man kann beim Anspruch auf die Einräumung des Vorrangs § 23 III 1 KostO entsprechend anwenden, Ffm AnwBl **82**, 111. Bei der Eintragung auch zulasten eines anderen Grundstücks ist § 6 anwendbar. Bei einer Klage auf die Herausgabe der Pfandsache ist deren höherer Wert unerheblich. Wenn ein Dritter die Pfandsache herausverlangt und wenn der Besitzer die Sache wegen eines Pfandrechts zurückhält, gilt § 6. Denn der Dritte kann die Sache ja auslösen.
Bei der *Löschung einer Grundschuld* oder Hypothek ist grundsätzlich ihr Nennbetrag maßgeblich, Düss MDR **99**, 506, Kblz JB **02**, 310 (Einzelfallfrage), Saarbr MDR **01**, 897, aM Nürnb MDR **09**, 218 (20% des Nominalwerts), Drsd MDR **08**, 1005, Hbg MDR **75**, 847, Kblz JB **09**, 430 (je: Restbetrag der Hypothek), Köln BB **95**, 952 (§ 6, soweit die zu sichernde Forderung noch besteht, im übrigen aber Interesse des Klägers an der Löschung, § 3. Aber in allen diesen Varianten geht es wirtschaftlich um das Interesse des Erwerbers usw muß ja vom Grundbuch ausgehen). Freilich darf die Festsetzung nicht weit über den wirtschaftlichen Wert liegen, BVerfG RR **00**, 946, KG MDR **03**, 1383, Saarbr MDR **01**, 897.
Bei der Löschung einer *Höchstbetragshypothek* ist derjenige Höchstbetrag der Forde- **13** rung maßgeblich, der sich aus dem Grundbuch ergibt. Denn das Grundstück haftet evtl bis zu dieser Höhe. Wenn es um die Abtretung einer Hypothek geht, ist ihr Nennwert und nicht ihre Valutierung maßgeblich.
Bei einer *einstweiligen Verfügung* mit dem Ziel der Eintragung einer *Vormerkung* zur **14** Sicherung einer Forderung nach BLAH § 940 Rn 34 „Grundbuch" muß man von dieser Forderung ausgehen und das Interesse des Antragstellers an der Sicherung nach

GKG Anh I § 48 (§§ 6, 7 ZPO) I. A. Gerichtskostengesetz

§ 3 schätzen. Man muß also einen Bruchteil feststellen, Bre AnwBl **76**, 441 (90%), LG Frankenth AnwBl **83**, 556 (33,3%), LG Lpz JB **95**, 26 (25–33,3%). Dasselbe gilt bei einer Auflassungsvormerkung, Bbg JB **76**, 1094.

15 Wenn es um die *Löschung einer Auflassungsvormerkung* geht, ist die Höhe derjenigen Nachteile maßgeblich, die durch die Löschung wirtschaftlich entstehen. Man kann von 25% des Verkehrswerts ausgehen, aber nach einer Zwangsversteigerung nur 5% des Verkehrswerts als Wert annehmen. Andere Lösungen: Bbg JB **90**, 1511 (Interesse an der Beseitigung der Vormerkung), Ffm AnwBl **83**, 174, Köln MDR **83**, 495 (je: 10%), Mü JB **78**, 1564 (25%), BGH NJW **02**, 3180 (33,3%), Nürnb NJW **77**, 857, Saarbr AnwBl **79**, 114, Schneider MDR **83**, 639 (kein allgemeiner Prozentsatz). Bbg JB **75**, 649 nimmt bei der Eintragung der Vormerkung wegen einer Bauhandwerkerhypothek 25–33,3% des Hypothekenwerts an. Bbg JB **75**, 940 geht bei einer Löschung einer solchen Vormerkung von demselben Wert aus. Ffm JB **75**, 514 geht bei der Löschung einer Vormerkung von 25% des Hypothekenwerts aus.

16 **4) Sinngemäße Anwendung, S 1, 2.** § 6 ist bei einer Anfechtung außerhalb und innerhalb eines Insolvenzverfahrens entsprechend anwendbar, BGH JB **08**, 369. Man muß dann von dem Wert des Zurückzugewährenden abzüglich der Belastungen ausgehen, soweit nicht diejenige Forderung geringer ist, derentwegen die Anfechtung erfolgt ist, BGH KTS **82**, 449. Entsprechend und nicht nach § 42 GKG ist der Wert auch bei einem Unterhaltsanspruch ansetzbar. Zinsen und Kosten gehören als ein Teil des Hauptanspruchs zur Forderung, BGH KTS **82**, 449. Eine Nebenforderung bleibt außer Ansatz, § 4 I.

Wenn die Anfechtung ein Grundstück der *Zwangsvollstreckung* unterwerfen soll, gilt der Grundstückswert abzüglich der Lasten als maßgeblich. In diesem Zusammenhang kommt es darauf an, inwieweit der Kläger mit einer Befriedigung rechnen kann (Versteigerungswert). Köln VersR **82**, 50 hält § 6 für den Kostenstreitwert überhaupt nur für entsprechend anwendbar und fordert eine einschränkende Auslegung.

S auch § 3 Rn 3 „Duldung der Zwangsvollstreckung", Rn 41 „Erbrechtlicher Anspruch".

Grunddienstbarkeit

ZPO § 7. Der Wert einer Grunddienstbarkeit wird durch den Wert, den sie für das herrschende Grundstück hat, und wenn der Betrag, um den sich der Wert des dienenden Grundstücks durch die Dienstbarkeit mindert, größer ist, durch diesen Betrag bestimmt.

Vorbem. Fassung der Bek v 5. 12. 05, BGBl 3202.

1 **1) Systematik, Regelungszweck.** § 7 bezieht sich auf Grunddienstbarkeiten im Sinn des § 1018 BGB, nicht auf persönliche Dienstbarkeiten oder auf Reallasten. Denn bei den letzteren handelt es sich nicht um Beziehungen zwischen Grundstücken. Diesem Unterschied trägt das Gesetz im Interesse der Kostengerechtigkeit Rechnung.

2 **2) Geltungsbereich.** § 7 ist auf Nachbarrechtsbeschränkungen nach §§ 906 ff BGB entsprechend anwendbar, wenn diese Beschränkungen ähnlich wie eine Dienstbarkeit wirken. Sonst gilt § 3, zB bei einem Licht- oder Fensterrecht oder bei einem Notwegrecht, BGH MDR **04**, 296, Jena MDR **99**, 196, Schneider ZMR **76**, 193, aM Köln JB **91**, 1386 (§ 9, 3,5fach), ZöHe § 3 Rn 15 „Notweg" (§§ 3, 7, 9).

Bei der Beseitigung eines *Überbaus* muß man den Wert nach dem Interesse des Klägers schätzen, BGH NZM **07**, 300. § 7 ist dann nicht entsprechend anwendbar, BGH RR **86**, 737, aM LG Bayreuth JB **85**, 441 (die durch den Überbau bewirkte Wertminderung).

3 § 7 gilt ferner bei einem Streit über das Bestehen oder über den Umfang einer *Dienstbarkeit* oder bei einem Streit um die Einräumung oder die Beseitigung einer Dienstbarkeit. Bei einem Abwehranspruch ist die Vorschrift nur dann anwendbar, wenn die Störung gerade in der Ausübung einer Dienstbarkeit besteht oder sich gegen eine Dienstbarkeit richtet, ZöHe § 7, aM BGH RR **86**, 737. Andernfalls ist § 3 anwendbar. In einem bloßen Streit über eine Wiederholungsgefahr ist § 3 anwendbar.

4 **3) Wertberechnung.** Man muß den Wert für das herrschende Grundstück und die Wertminderung beim dienenden Grundstück miteinander vergleichen und beide

Abschnitt 7. Wertvorschriften **(§§ 7, 8 ZPO) Anh I § 48 GKG**

Werte nach § 3 einschätzen, BGH MDR **04**, 296, Jena JB **99**, 196. Der höhere Wert entscheidet. Man muß die Kosten der Beseitigung der als unerlaubt bekämpften Anlage berücksichtigen. In der Revisionsinstanz ist nur das Interesse des Revisionsklägers maßgebend. In diesem Abschnitt findet kein Wertvergleich nach § 7 statt.

Pacht- oder Mietverhältnis

ZPO § 8. Ist das Bestehen oder die Dauer eines Pacht- oder Mietverhältnisses streitig, so ist der Betrag der auf die gesamte streitige Zeit entfallenden Pacht oder Miete und, wenn der 25fache Betrag des einjährigen Entgelts geringer ist, dieser Betrag für die Wertberechnung entscheidend.

Vorbem. Fassung der Bek v 5. 12. 05, BGBl 3202.

Gliederung

1) Systematik, Regelungszweck 1
2) Geltungsbereich 2–4
   A. Streit um Miet- oder Pachtverhältnis 2
   B. Beispiele zur Frage einer Anwendbarkeit 3, 4
3) Wertberechnung 5–9
   A. Gesamte streitige Zeit 5
   B. Beginn und Ende 6, 7
   C. Beispiele zur Frage einer Wertberechnung 8
   D. 25facher Jahresbetrag 9

1) Systematik, Regelungszweck. § 8 ist eine Sondervorschrift gegenüber § 6. **1**
§ 4 hat aber gegenüber § 8 den Vorrang. § 8 gilt nur für die Feststellung der sachlichen Zuständigkeit, BGH NZM **06**, 378, Düss FGPrax **00**, 189, KG NZM **06**, 720. Das gilt, soweit nicht § 23 Z 2a GVG oder § 7 eingreifen. § 8 gilt auch für den Rechtsmittelwert, BVerfG NZM **06**, 578, BGH NZM **07**, 355, Schneider NZM **07**, 512. Für die Kosten gilt bei einer mehr als einjährigen Dauer des Miet- oder Pachtverhältnisses (jetzt) § 41 I GKG, BGH NZM **06**, 378, LG Saarbr JB **91**, 582. Das übersieht LG Zweibr JB **78**, 255. Bei einer Räumung ist § 8 maßgeblich, BGH NZM **05**, 677, auch für den etwaigen Rechtsmittelwert, BGH WoM **07**, 639. Dagegen gilt (jetzt) § 41 II GKG für die Kosten, BGH MDR **95**, 530.

Wegen des *Regelungszwecks* Einf 2 vor § 3.

2) Geltungsbereich. Vgl zunächst Einf 2 vor § 3. **2**
A. Streit um Miet- oder Pachtverhältnis. § 8 betrifft nur einen Streit über das Bestehen oder über die Dauer eines Miet- oder Pachtverhältnisses über eine bewegliche oder unbewegliche Sache. Die Vorschrift betrifft also nicht einen Streit wegen eines Anspruchs auf die Zahlung von Geld oder auf sonstige Leistungen. Das Miet- oder Pachtverhältnis muß die Grundlage des Anspruchs bilden. Nach seinem Ende gilt § 3, BGH WoM **04**, 352.

B. Beispiele zur Frage einer Anwendbarkeit **3**
Benutzung: Es gilt dasselbe wie bei Rn 4 „Überlassung".
Besorgnis der Nichterfüllung: *Unanwendbar* ist § 8 dann, wenn es nur um die Besorgnis einer künftigen Nichterfüllung nach § 259 geht, Bbg JB **85**, 589, Ffm JB **80**, 929.
Bewirtschaftungsart: *Unanwendbar* ist § 8 bei einem solchen Streit.
Dritter: *Unanwendbar* ist § 8 bei der Klage eines Dritten auf die Feststellung der Nichtigkeit eines Miet- oder Pachtvertrags.
Eigentum: *Unanwendbar* ist § 8 bei einer auf Eigentum gestützten Klage, § 6 Rn 2.
Erlöschen: *Unanwendbar* ist § 8 dann, wenn der Vertrag unstreitig erloschen ist oder binnen eines bestimmten Zeitraums erlöschen wird. Dann betrifft nämlich die Feststellung der Nichtigkeit nur die Abwehr der Schadensfolgen. Deshalb gilt dann § 3.
Garagenplatz: Anwendbar ist § 8 dann, wenn nach dem Tatsachenvortrag des Klägers streitig ist, ob ein formell getrennt gemieteter Garagenplatz doch dem Kündigungsschutz der zugehörigen Wohnungsmiete mitunterliegt, BGH NZM **04**, 460.
Herausgabe: Es gilt dasselbe wie bei Rn 4 „Überlassung".
   S auch Rn 4 „Rentengut".

GKG Anh I § 48 (§ 8 ZPO) I. A. Gerichtskostengesetz

4 **Kündigung:** Anwendbar ist § 8 bei einer Feststellung, daß ein Mietverhältnis seit einem bestimmten Tag infolge einer fristlosen Kündigung nicht mehr bestehe, BGH MDR **95**, 530 (für die Gebühren gilt auch hier § 41 GKG).
Mietähnlichkeit: Anwendbar ist § 8 bei einem mietrechtsähnlichen Verhältnis, BGH NZM **99**, 189 (wendet hilfsweise § 6 an), aM BGH MDR **05**, 204 (im Zweifel Nutzung = Miete), BayObLG JB **95**, 27.
Mieterhöhung: *Unanwendbar* ist § 8 beim Streit um eine Zustimmung zur Mieterhöhung, § 41 V GKG.
Nichtigkeit: S Rn 3 „Dritter", „Erlöschen".
Räumung: Vgl zunächst Rn 1. In dessen Grenzen gilt dasselbe wie bei „Überlassung".
Unanwendbar ist § 8 aber dann, wenn es nach einem unstreitigen Ende des bisherigen Rechtsverhältnisses nur noch um die Räumung geht, Karlsr WoM **94**, 339.
Rentengut: *Unanwendbar* ist § 8 bei einer Klage auf die Herausgabe eines Rentenguts. Dann gilt § 6.
Reparatur: *Unanwendbar* ist § 8 bei einer bloßen Reparatur.
Teilzeitwohnrecht: S „Mietähnlichkeit".
Überlassung: Anwendbar ist § 8 dann, wenn nach dem Tatsachenvortrag des Klägers irgendwie streitig ist, ob überhaupt (noch) ein Miet- oder ein Pachtverhältnis besteht, BVerfG NZM **06**, 578, BGH NZM **07**, 355.
Untermiete, -pacht: Anwendbar ist § 8 auch bei einem solchen Rechtsverhältnis.
Vertragsabschluß: *Unanwendbar* ist § 8 beim Streit um einen Vertragsabschluß.
Zahlung: *Unanwendbar* ist § 8 beim Streit um die Zahlung von Miete oder Pacht, BGH NZM **02**, 736.

5 **3) Wertberechnung.** Hier muß man zwei Situationen unterscheiden.
A. Gesamte streitige Zeit. Grundsätzlich ist die in der gesamten streitigen Zeit anfallende Miete oder Pacht maßgeblich, BGH NZM **09**, 51 links. Bei verschieden hohen Jahresbeträgen ist der höchste maßgeblich, BGH NZM **05**, 945. Miete oder Pacht ist der nach § 535 II BGB oder nach § 581 I 2 BGB geschuldete Betrag, nicht nur der eigentliche vereinbarte Miet- oder Pachtzins, BGH MietR **96**, 55, sondern auch eine vertragliche Gegenleistung anderer Art.

6 **B. Beginn und Ende.** Der *Beginn* des maßgebenden Zeitraums liegt im allgemeinen im Zeitpunkt der Klagerhebung, nicht früher, BGH NZM **05**, 436. Wenn der Kläger die Feststellung begehrt, daß eine fristlose Kündigung wirksam sei, liegt der Beginn im Zeitpunkt der behaupteten Beendigung des Mietverhältnisses. Es kommt nicht auf den Zeitpunkt der Einlegung eines Rechtsmittels an. Denn § 4 gilt gegenüber der Sondervorschrift des § 8 nicht, Rn 1.

7 Das *Ende* des maßgeblichen Zeitraums liegt bei einer bestimmten Mietdauer im Zeitpunkt des Ablaufs der für den Mieter am günstigsten berechneten Mietzeit, BGH NZM **07**, 355. Bei einer unbestimmten Mietdauer handelt es sich regelmäßig um den nächsten zulässigen Kündigungstag, BGH NZM **05**, 436, LG Bln WoM RR **92**, 462, LG Bre WoM **92**, 202, aM LG Hbg WoM **92**, 145 (3-Jahres-Wert), Schneider NZM **07**, 512 (§ 9. Aber mit einer Kündigung muß man immer rechnen). Soweit der Mieter einen Mieterschutz beansprucht, dauert die „streitige Zeit" bis zu demjenigen Zeitpunkt, den der Mieter als den für ihn günstigsten in Anspruch nimmt, BGH NZM **05**, 436. Soweit kein Mieterschutz besteht, ergibt sich der Wert aus dem Unterschied der beiderseitigen Berechnung bis zu diesem Tag. Das gilt auch dann, wenn der Gegner den Widerruf der Kündigung einredeweise geltend macht. Wenn sich das Mietverhältnis nur durch eine Klage auf heben läßt, muß man die Dauer schätzen.

8 **C. Beispiele zur Frage einer Wertberechnung**
Abgabe: Zum Zins zählt die Übernahme einer öffentlichen Abgabe oder Last.
Baukostenzuschuß: Er kann zum Zins zählen.
Baumentfernung: *Nicht* zum Zins zählt eine solche Nebenleistung zB anläßlich einer Räumung, BGH MDR **94**, 100.
Betriebskosten: *Nicht* zum Zins zählt ihre Bezahlung nach § 556 BGB.

Abschnitt 7. Wertvorschriften **(§§ 8, 9 ZPO) Anh I § 48 GKG**

Feststellung: Man darf nicht schon deshalb stets einen Wertabzug vornehmen, weil eine bloße Feststellungsklage vorliegt. Denn § 8 bezieht sich ja in erster Linie auf eine solche Feststellung.
Heizkosten: *Nicht* zum Zins zählt ihre Bezahlung.
Instandhaltung: Ihre Kosten können zum Zins zählen.
Investition: S „Zusatzzahlung", BGH RR 00, 1739.
Miete, Pacht: Der Anspruch auf ihre Leistung ist natürlich der Hauptanspruch.
Naturalleistung: Sie läßt sich nach § 3 schätzen.
Nebenleistung: Sie bleibt unberücksichtigt.
Räumung: Der Anspruch auf eine Räumung ist ein Hauptanspruch.
Unbedeutende Leistung: *Nicht* zum Zins zählt eine solche unbedeutende Leistung, die man nicht als einen Teil des Entgelts der eigentlichen Gebrauchsüberlassung ansieht.
Versicherungsprämie: Sie kann zum Zins zählen, zB eine Feuerversicherungsprämie.
D. 25facher Jahresbetrag. Wenn der 25fache Betrag der einjährigen Miete oder 9
Pacht geringer als die gesamte Streitsumme ist, entscheidet der 25fache Betrag.

Wiederkehrende Nutzungen oder Leistungen

ZPO § 9. [1]**Der Wert des Rechts auf wiederkehrende Nutzungen oder Leistungen wird nach dem dreieinhalbfachen Wert des einjährigen Bezuges berechnet.** [2]**Bei bestimmter Dauer des Bezugsrechts ist der Gesamtbetrag der künftigen Bezüge maßgebend, wenn er der geringere ist.**

Vorbem. Fassung der Bek v 5. 12. 05, BGBl 3202.

Gliederung

1) Systematik, Regelungszweck, S 1, 2	1–3
2) Geltungsbereich, S 1, 2	4
3) Voraussetzungen, S 1, 2	5–7
A. Recht auf wiederkehrende Nutzungen oder Leistungen	5, 6
B. Keine Dauernutzung	7
4) Wertberechnung, S 1, 2	8–10
A. 3,5facher Betrag, S 1	8
B. Geringerer Höchstbetrag bei bestimmter Dauer, S 2	9
C. Schwankende Beträge usw, S 1, 2	10

1) Systematik, Regelungszweck, S 1, 2. Die Vorschrift ist mit dem GG ver- 1
einbar, Ffm JB **94**, 738, aM Lappe NJW **93**, 2785 (aber eine verfassungskonforme Auslegung kann alle Probleme lösen). Das Gericht sollte bei einer Streitwertfestsetzung erkennen und zum Ausdruck bringen, daß wegen der Kostengerechtigkeit § 9 grundsätzlich nur für die Zuständigkeit und die Zulässigkeit eines Rechtsmittels gilt, BGH NZM **07**, 356, (jetzt) § 42 GKG demgegenüber nur für die Gebühren, BGH RR **86**, 676, Hbg FamRZ **82**, 322, KG NZM **06**, 720, aM Köln MDR **96**, 1194 (aber § 42 GKG hat grundsätzlich nur im Kostenrecht den Vorrang). § 9 gilt für die Gebühren daher nur, soweit § 42 GKG eine Lücke aufweist.
§ 9 gilt insbesondere *nicht* für die Gebühren in den folgenden Fällen.
 – *Unterhalt.* Es geht um einen gesetzlichen Unterhaltsanspruch. Dann § 51 Fam- 2
GKG, Teil I B dieses Buchs. Wenn streitig ist, ob eine vertragliche Verpflichtung vorliegt, die über eine gesetzliche Verpflichtung hinausgeht, gilt § 9 nur für denjenigen Betrag, der die gesetzliche Verpflichtung übersteigt, Karlsr JB **06**, 146. Im übrigen ist dann ausnahmsweise (jetzt) § 51 FamGKG anwendbar, Hbg FamRZ **82**, 322. Auch beim bloßen Verweigern eines Vollstreckungstitels bleibt der volle Streitwert eines Verweigerns jeder Zahlung maßgeblich, Karlsr FamRZ **84**, 585.
Der Anspruch der Eltern auf den Ersatz ihrer Unterhaltsaufwendungen für ein wegen fehlgeschlagener Sterilisation *entgegen der Familienplanung* geborenes gesundes Kind ist auch für die Kosten entsprechend § 9 bewertbar, (jetzt) § 51 FamGKG ist insoweit unanwendbar, BGH NJW **81**, 1318.
 – *Rente.* Es geht um einen gesetzlichen Rentenzahlungsanspruch wegen einer Kör- 3
perverletzung oder wegen einer Haftpflichtverletzung sowie um einen wiederkehren-

GKG Anh I § 48 (§ 9 ZPO) I. A. Gerichtskostengesetz

den Anspruch aus einem Beamtenverhältnis oder aus einem Arbeitsverhältnis oder um den Anspruch eines Dritten wegen des Wegfalls eines Dienstes nach § 845 BGB. Dann ist höchstens der 5jährige oder 3jährige Bezug maßgeblich. Denn dann ist ausnahmsweise § 42 II, III GKG anwendbar; es geht um den Anspruch des Organmitglieds einer Gesellschaft aus seinem Anstellungsvertrag, BGH RR **90**, 1124, Bbg JB **75**, 65, aM Kblz Rpfleger **80**, 68, Schlesw SchlHA **80**, 151 (aber § 9 paßt deutlich besser).

– *Weitere Fälle:* Es handelt sich um einen Rentenzahlungsanspruch auf Grund einer Aufopferung; es geht um einen Anspruch eines Handelsvertreters, Schneider BB **76**, 1300; es geht um eine Überbaurente. Bei einer Schadensersatzforderung wegen Nichtbeförderung eines Beamten kann § 9 entsprechend anwendbar sein, BGH MDR **08**, 829 rechts.

4 2) **Geltungsbereich, S 1, 2.** Einf 3 vor § 3 und oben Rn 1–3.

5 3) **Voraussetzungen, S 1, 2.** Es müssen die folgenden Voraussetzungen zusammentreffen.

A. **Recht auf wiederkehrende Nutzungen oder Leistungen.** Vgl § 100 BGB. § 9 erfaßt nach seinem Sinn und Zweck auch ein solches Recht, das seiner Natur nach auf Dauer besteht, Bre Rpfleger **89**, 427. Das gilt auch bei einer verneinenden Feststellungsklage nach § 256, KG MDR **10**, 47, aM Ffm MDR **09**, 353. Das Stammrecht muß betroffen sein, Düss JB **93**, 166, Janiszewski JB **03**, 455. Daher scheiden Verzugszinsen für eine nicht eingeklagte Forderung hier aus, Düss JB **93**, 166.

Auch die in Rn 1–3 genannten Ansprüche gehören hierher, ferner zB: Eine Vertragsrente, BGH FamRZ **95**, 730, BAG NJW **09**, 172, Düss FamRZ **04**, 1226; eine Überbaurente; eine Notwegrente; eine Betriebsrente, BAG NJW **09**, 172; eine Reallast; ein Altenteils- oder Leibgedingevertrag; laufende Versicherungsleistungen, BGH VersR **09**, 562, Celle VersR **08**, 1516, Köln MDR **08**, 25, aM Hamm NVersZ **00**, 168, Köln VersR **97**, 601 (aber auch auf sie paßt § 9 am ehesten); ein Winterdienst des Wohnungsmieters, BGH WoM **08**, 681. Über Pacht BGH MDR **09**, 277. Über Miete im übrigen Anh § 3 § 3 Rn 79 „Mietverhältnis: d) Klage auf Zustimmung zur Mieterhöhung" und Rn 82 „Mangel der Mietsache". § 9 ist also beim Streit um die Erhöhung einer Miete für Wohnraum unanwendbar, bei demjenigen für einen Gewerberaum aber anwendbar, BGH WoM **07**, 328 (krit Flatow 438), Brdb JB **96**, 193, LG Wiesb WoM **00**, 617 (Mischmiete), aM BGH WoM **07**, 32, KG WoM **08**, 154 (je: § 9 auch bei Wohnraum), Schneider MDR **91**, 501, ZöHe 4 (§ 16 V GKG entsprechend. Aber die Vorschrift ist eindeutig nur für eine Wohnmiete da).

Unanwendbar ist § 9 beim Stromlieferungsvertrag, § 3 Rn 30 „Dauervertrag".

6 Das Recht muß *wiederkehrend* sein. Es muß sich also in einem gleichen oder nahezu gleichen Zwischenraum aus demselben Rechtsgrund wiederholen, Stgt JB **07**, 144. Der Zwischenraum braucht nicht ein Jahr zu umfassen. Wenn das Recht bedingt ist, muß man es im Weg einer Schätzung nach § 3 bewerten. Bei einer Feststellungsklage muß man die Regeln Rn 8–10 beachten. Dasselbe gilt bei einer Anfechtungsklage wegen einer wiederkehrenden Leistung oder bei einem Anspruch gegenüber einem Dritten auf eine Befreiung von einer gesetzlichen Unterhaltspflicht. Es gilt auch bei einem Anspruch nach § 826 BGB, weil sich der Bekl durch die Erschleichung eines Scheidungsurteils der gesetzlichen Unterhaltspflicht entzogen habe.

Demgegenüber muß man eine Unterhaltssumme auf Grund eines Vergleichs auch bei einer Scheidung wegen der Schuld des Berechtigten als auf Grund des bisherigen familienrechtlichen Verhältnisses vereinbart ansehen. Deshalb gilt dann ausnahmsweise § 42 I GKG.

7 B. **Keine Dauernutzung.** Die Nutzung darf nicht dauernd sein, wie der Nießbrauch oder ein Wohnrecht. Das letztere läßt sich unter einer Beachtung des § 24 KostO nach § 3 schätzen.

8 4) **Wertberechnung, S 1, 2.** Man muß drei Fallgruppen unterscheiden.

A. **3,5facher Betrag, S 1.** Diese Berechnung ist dann anwendbar, wenn die Dauer des Bezugsrechts unbestimmt ist. Das gilt zunächst dann, wenn zwar das Stammrecht 3,5 Jahre dauern kann, Janiszewski JB **03**, 455, und wenn zwar gewiß ist, daß das Recht wegfallen wird, wenn zB bei einer Rente ihr späterer Wegfallzeitpunkt feststeht, Hamm AnwBl **87**, 47, wenn aber ungewiß ist, wann der Wegfall eintreten

Ab. 7. Wertvorschr. **(§ 9 ZPO, § 182 InsO) Anh I, II § 48 GKG**

wird. Ob der Wegfall ungewiß ist, das bestimmt sich nach dem Zeitpunkt der Einreichung der Klage oder der Einlegung des Rechtsmittels, § 4. Man darf diejenigen Beträge nicht hinzurechnen, die seit der Einreichung der Klage oder seit dem Erlaß des Urteils aufgelaufen sind, BGH NVersZ **99**, 239. Wohl aber muß man die *vor* diesen Zeitpunkten *rückständig* gewordenen Beträge hinzurechnen. § 4 Rn 8. In diesem Zusammenhang ist dann der Zeitpunkt der Einlegung einer Berufung unerheblich. Man muß das Feststellungsinteresse bei einer behauptenden Feststellungsklage wegen einer Rente im allgemeinen mit einem Abschlag bewerten, Hamm AnwBl **77**, 111.

Der 3,5fache Betrag ist ferner dann maßgeblich, wenn ein *Wegfall und die Dauer zweifelhaft* sind, aM Ffm JB **76**, 1097, Köln VersR **89**, 378, Nürnb JB **92**, 50 (§ 3. Aber § 9 ist spezieller und paßt auch hier). Bei einer behauptenden Feststellungsklage können 20% abziehbar sein, BGH NVersZ **00**, 425, Kblz VersR **05**, 1751. Es kann auch zB bei einer Gebäudeversicherung die 3,5fache Jahresprämie ansetzbar sein, BGH VersR **08**, 988. Wenn es dabei aber auch um einen evtl schon bestehenden Anspruch geht, kommt auch zumindest insoweit eine Werterhöhung in Betracht, BGH NVersZ **02**, 22, Kblz VersR **05**, 1751. Bei einer verneinenden Feststellungsklage muß man den Wert voll ansetzen. Denn diese Klage schließt die Möglichkeit einer Leistungsklage aus, BGH RR **05**, 938.

B. Geringerer Höchstbetrag bei bestimmter Dauer, S 2. Wenn bei einer bestimmten Dauer des Bezugsrechts ein geringerer Höchstbetrag als der 3,5fache Jahresbetrag feststeht, ist dieser geringere Betrag in allen Fällen maßgebend, Hamm FamRZ **08**, 1208. Das gilt etwa dann, wenn ein Rentenanspruch nur noch zwei Jahre andauern wird. Etwas anderes gilt dann, wenn der frühere Wegfall nur wahrscheinlich ist. Wenn es um unregelmäßige Bezüge geht, etwa um eine Baulast usw, muß man die Berechnung nach dem jährlichen Durchschnitt vornehmen. 9

C. Schwankende Beträge usw, S 1, 2. Bei schwankenden Beträgen erfolgt eine Berechnung nach den 3,5 höchsten Jahressätzen, LG Essen MDR **76**, 676. Denn sonst würde man den höheren Anspruch niedriger bewerten. Voraussetzung für diese Berechnung ist aber, daß überhaupt so viele Beträge streitig sind. Andernfalls darf man nur die Zahl der streitigen Höchstjahresbeträge ansetzen, und zwar im Höchstfall insgesamt 3,5 Jahresbeträge. 10

Das gilt auch bei einem Streit um die Erhöhung des *Erbbauzinses,* Ffm JB **77**, 1132, Mü JB **77**, 1003.

II. Regelung nach § 182 InsO

***InsO § 182. Streitwert.* Der Wert des Streitgegenstands einer Klage auf Feststellung einer Forderung, deren Bestand vom Insolvenzverwalter oder von einem Insolvenzgläubiger bestritten worden ist, bestimmt sich nach dem Betrag, der bei der Verteilung der Insolvenzmasse für die Forderung zu erwarten ist.**

Gliederung

1) Systematik, Regelungszweck	1
2) Geltungsbereich	2
3) Beispiele zur Frage einer Anwendbarkeit von § 182 InsO	3
4) Wertgrundsatz: Dividende	4
5) Teilungsmasse	5
6) Schuldenmasse	6
7) Einzelfragen	7–10

1) Systematik, Regelungszweck. § 182 InsO gilt nur für eine eigentliche Insolvenzforderung. Das ergibt sich eindeutig aus der Stellung der Vorschrift im System der InsO. Die Vorschrift dient einer Anpassung an die tatsächlichen Verhältnisse im Interesse der Kostengerechtigkeit. 1

2) Geltungsbereich. Die Vorschrift gilt im Gesamtbereich der InsO. 2

3) Beispiele zur Frage einer Anwendbarkeit von § 182 InsO 3
Absonderung: Es gilt dasselbe wie bei einer „Aussonderung".

GKG Anh II § 48 (§ 182 InsO) I. A. Gerichtskostengesetz

Aussonderung: *Unanwendbar* ist § 182 InsO bei einem Anspruch auf eine Aussonderung. Beim zugehörigen Rechtsmittel entscheidet das wirtschaftliche Interesse an seinem Erfolg.

Bestreiten: Anwendbar ist § 182 InsO bei einer solchen Insolvenzforderung, die man wegen ihres Bestreitens durch den Insolvenzverwalter oder durch einen Gläubiger im Prozeß feststellen muß, Ffm KTS **80**, 66.

Nach Instanzende: Anwendbar ist § 182 InsO dann, wenn das Gericht erst nach der Beendigung des Rechtszugs ein Insolvenzverfahren eröffnet, Hamm NJW **75**, 743, Köln AnwBl **75**, 63, Mümmler JB **76**, 278.

Klage gegen Schuldner: *Unanwendbar* ist § 182 InsO bei einer Klage gegen den Schuldner selbst nach § 184 InsO. Dann entscheidet nämlich der Betrag der Forderung oder der Wert der Feststellung, Ffm KTS **80**, 66, jedoch abzüglich der voraussichtlichen Insolvenzdividende.

Masseanspruch: *Unanwendbar* ist § 182 InsO bei einem solchen Anspruch, BGH RR **88**, 689, aM LAG Bre Rpfleger **88**, 378 (− jetzt − § 182 InsO entsprechend).

Postsperre: *Unanwendbar* ist § 182 InsO bei der Beschwerde gegen eine Postsperre. Dann gilt vielmehr § 3 ZPO, nicht etwa gelten (jetzt) §§ 58 GKG, 28 RVG, Köln ZIP **00**, 1901.

Prozeßaufnahme: Anwendbar ist § 182 InsO bei der Aufnahme eines zur Zeit der Eröffnung des Insolvenzverfahrens anhängig gewesenen Rechtsstreits, Drsd JB **07**, 531.

Richtigkeit einer Forderung: Anwendbar ist § 182 InsO in einem Verwaltungsstreitverfahren um die Richtigkeit einer im Insolvenzverfahren angemeldeten Forderung, OVG Münst BB **82**, 2074.

Vorrecht: Anwendbar ist § 182 InsO bei der Feststellung eines etwaigen Vorrechts nach §§ 174, 179 InsO.

4 **4) Wertgrundsatz: Dividende.** Das Gericht setzt den Streitwert nach seinem „freien" und in Wahrheit pflichtgemäßen weiten Ermessen entsprechend dem Verhältnis der Teilungsmasse zur Schuldenmasse fest, also nach der voraussichtlichen Insolvenzdividende.

5 **5) Teilungsmasse.** Teilungsmasse ist dasjenige, was nach einer Befriedigung der Absonderungsberechtigten und der Massegläubiger übrig bleibt.

6 **6) Schuldenmasse.** Schuldenmasse ist dasjenige, was die Gläubiger an Forderungen mit oder ohne den Anspruch auf ein Vorrecht zum Insolvenzverfahren angemeldet haben. Dabei muß man eine bestrittene Forderung mit einer der Wahrscheinlichkeit entsprechenden Quote ansetzen. Wenn nur ein Vorrecht und nicht die zugrunde liegende Forderung streitig ist, ist Streitwert der Unterschiedsbetrag zwischen der Dividende der bevorrechtigten und der nichtbevorrechtigten Forderung.

7 **7) Einzelfragen.** § 182 InsO erklärt nicht die Insolvenzdividende schlechthin für maßgebend, sondern die nach einem „freien" Ermessen festsetzbare, also die nach einem in Wahrheit pflichtgemäßen Ermessen schätzbare, Rn 4. Daher ist es unerheblich, ob die Dividende bei der Beendigung des Insolvenzverfahrens niedriger ist als ursprünglich angenommen. Das Gericht muß alle Erkenntnismöglichkeiten ausschöpfen und evtl die Insolvenzakten auswerten oder eine Auskunft des Insolvenzverwalters einholen, BGH BB **99**, 2374. Maßgebend ist der Zeitpunkt der Klagerhebung, Ffm KTS **80**, 66, oder der Aufnahme des Verfahrens gegenüber dem Insolvenzverwalter, BGH KTS **80**, 247, LAG Bre Rpfleger **88**, 378, OVG Greifsw NVwZ-RR **04**, 799.

8 Der Vollstreckungstitel stellt zumindest dann einen Vermögenswert dar, wenn der Schuldner *später Vermögen* neu erwirbt. Deshalb muß man selbst bei einer voraussichtlichen Insolvenzquote von 0 für die Feststellung einer Forderung zur Tabelle einen gewissen Wert ansetzen. Dann empfiehlt es sich, den Wert auf 10% der Forderung zu bemessen, Ffm KTS **86**, 709, LAG Ffm BB **90**, 928, Meyer JB **07**, 518, aM BGH MDR **93**, 287, LAG Hamm MDR **01**, 114, LAG Köln AnwBl **95**, 380 (niedrigste Gebührenstufe. Aber man muß stets eine wirtschaftliche Gesamtbetrachtung vornehmen). Im Rechtsbeschwerdeverfahren können 20% der Hauptsache maßgeblich sein, BGH RR **07**, 630 links oben.

Ab. 7. Wertvorschr. **Anh II § 48 (§ 182 InsO), §§ 49, 49a GKG**

Falls im Zeitpunkt der Beendigung der Instanz eine *höhere Dividende* als ursprünglich angenommen feststeht, ist das wegen § 40 GKG unbeachtlich. 9
Bei einer *Restschuldbefreiung* ist das wirtschaftliche Interesse maßgeblich, BGH 10
JB **03**, 253. Es kann 25% des Nennwert betragen, BGH NJW **09**, 920.

Versorgungsausgleich

49 *Fassung 1. 9. 2009:* (aufgehoben)

Bisherige Fassung: **Im Verfahren über den Versorgungsausgleich beträgt der Wert, wenn dem Versorgungsausgleich**
1. **ausschließlich Anrechte**
   a) **aus einem öffentlich-rechtlichen Dienstverhältnis oder aus einem Arbeitsverhältnis mit Anspruch auf Versorgung nach beamtenrechtlichen Grundsätzen,**
   b) **der gesetzlichen Rentenversicherung und**
   c) **der Alterssicherung der Landwirte**
   unterliegen, 1000 Euro;
2. **ausschließlich sonstige Anrechte unterliegen, 1000 Euro;**
3. **Anrechte im Sinne von Nummern 1 und 2 unterliegen, 2000 Euro.**

Wohnungseigentumssachen

49a [I] [1]Der Streitwert ist auf 50 Prozent des Interesses der Parteien und aller Beigeladenen an der Entscheidung festzusetzen. [2]Er darf das Interesse des Klägers und der auf seiner Seite Beitretenen an der Entscheidung nicht unterschreiten und das Fünffache des Wertes ihres Interesses nicht überschreiten. [3]Der Wert darf in keinem Fall den Verkehrswert des Wohnungseigentums des Klägers und der auf seiner Seite Beigetretenen übersteigen.

[II] [1]Richtet sich eine Klage gegen einzelne Wohnungseigentümer, darf der Streitwert das Fünffache des Wertes ihres Interesses sowie des Interesses der auf ihrer Seite Beigetretenen nicht übersteigen. [2]Absatz 1 Satz 3 gilt entsprechend.

Vorbem. Eingefügt dch Art 3 II Z 1, 2 G v 26. 3. 07, BGBl 370, in Kraft seit 1. 7. 07, Art 4 S 2 G, Übergangsrecht:

WEG § 62. Übergangsvorschrift. [I] Für die am 1. Juli 2007 bei Gericht anhängigen Verfahren in Wohnungseigentums- oder in Zwangsversteigerungssachen ... sind die durch die Artikel 1 und 2 des Gesetzes vom 26. März 2007 (BGBl. I S. 370) geänderten Vorschriften des III. Teils dieses Gesetzes sowie die des Gesetzes über die Zwangsversteigerung und die Zwangsverwaltung in ihrer bis dahin geltenden Fassung weiter anzuwenden.

Gliederung

1) Systematik, I, II	1
2) Regelungszweck, I, II	2
3) Geltungsbereich, I, II	3
4) Ausgangswert: Halbes Interesse, I 1	4
5) Mindest-, Höchstwert, I 2	5
6) Absoluter Höchstwert, I 3	6
7) Klage nur gegen einzelne Wohnungseigentümer, II	7
8) Beispiele zur Frage des Streitwerts, I, II	8–13

1) Systematik, I, II. Die Vorschrift bestätigt den schon lange vor ihrem Inkrafttreten gegoltenen Grundsatz einer Interessenabwägung. Sie setzt indessen Mindest- und Höchstwerte fest, freilich nicht durch absolute EUR-Beträge, sondern wiederum nur durch eine Begrenzung des jeweiligen Interesses oder durch den Verkehrswert. Insofern hat § 49a GKG als eine Spezialvorschrift den Vorrang vor §§ 3 ff ZPO. 1

2) Regelungszweck, I, II. Die in Rn 1 genannten Begrenzungen stellen eigentlich fast Selbstverständlichkeiten klar. Daher bleibt es bei einem im Kern ziemlich weiten pflichtgemäßen Ermessen auf einer bewährten Basis. Das dient sowohl der 2

GKG § 49a I. A. Gerichtskostengesetz

Gerechtigkeit als auch der Prozeßwirtschaftlichkeit. Man darf und muß die Vorschrift unter einer Mitbeachtung der lange herangereiften Erkenntnisse zum bisherigen Recht elastisch handhaben.

3 **3) Geltungsbereich, I, II.** Es muß entsprechend der amtlichen Überschrift um eine Wohnungseigentumssache gehen, also um ein Verfahren nach dem WEG vor dem ordentlichen Gericht im Verfahren nach der ZPO.

4 **4) Ausgangswert: Halbes Interesse, I 1.** Maßgeblich ist das Interesse gerade an der Sachentscheidung. Man muß die Interessen der beiden Parteien und aller nach § 48 I WEG Beigeladenen addieren LG Mü WoM **08**, 244. Wer zwar beizuladen war, aber nicht beigeladen worden ist, dessen Interesse zählt hier nicht mit, unabhängig davon, warum die Beiladung unterblieb. Eine wirksame Beiladung reicht aus, ein entsprechender Beitritt nach § 48 II 2 WEG ist bei I 1 noch nicht erforderlich. Er wird erst bei I 2 beachtbar.

5 **5) Mindest-, Höchstwert, I 2.** Der nach I 1 ermittelte Wert findet seine Untergrenze im Interesse des Klägers und des ihm Beigetretenen nach § 48 II 2 WEG, beide addiert, LG Mü WoM **08**, 244. Das Fünffache dieses Mindestwerts bildet den Höchstwert, Köln NJW **07**, 1759. Er geht vom Anteil aus Verwalterhonorar während der Restlaufzeit seines Vertrags aus, Mü WoM **09**, 607. Er geht über diesen Anteil aber auch evtl hinaus, LG Mü NZM **09**, 626.

6 **6) Absoluter Höchstwert, I 3.** Sowohl bei I 1 als auch bei I 2 bildet der nach I 3 zu berechnende Wert die absolute Obergrenze. Er stellt freilich auf den Verkehrswert und daher auf eine Größe ab, die ihrerseits wieder eine erhebliche Beurteilungsbreite aufweisen kann. Insofern bleibt es eben trotz aller Begrenzungsbemühungen des Gesetzes bei einem zwar pflichtgemäßen, aber doch weiten Ermessen des Gerichts nach Rn 2.

7 **7) Klage nur gegen einzelne Wohnungseigentümer, II.** Hier bringt II 1, 2 zwei Höchstgrenzen in einer Anlehnung oder direkten Bezugnahme auf I. II hat den Vorrang vor I.

8 **8) Beispiele zur Frage des Streitwerts, I, II.** Es kommt auf eine Interessenabwägung an, BayObLG WoM **05**, 278, Karlsr RR **00**, 89, Köln NZM **03**, 855. Das gilt auch im Beschwerdeverfahren, BayObLG WoM **05**, 604, Köln NZM **00**, 686, und im Rechtsbeschwerdeverfahren, BayObLG NZM **01**, 144.
Abberufung: Bei einer Abberufung des Verwalters kann sein restliches Vertragshonorar maßgeblich sein, BayObLG JB **01**, 644, LG Köln NZM **09**, 364, aM LG Mü NZM **09**, 626 (davon nur 50%).
Abmahnung: Eine der Entziehung vorausgegangene Abmahnung läßt sich mit 33,3% des Werts der Entziehung ansetzen, LG Bre WoM **99**, 599. Den zugehörigen Beschwerdewert kann man zumindest mit über (jetzt ca) 750 EUR bewerten, Düss NZM **00**, 879.
Anfechtung: Der Gegenstand des angefochtenen Beschlusses kann trotz eines Vergleichs maßgeblich sein, LG Stgt WoM **97**, 128. Das Anfechtungsmotiv ist unerheblich, BayObLG WoM **03**, 533.
S auch „Entlastung", „Versammlung".
Anfechtungsurteil: Es ist unerheblich, BayObLG WoM **03**, 533.
Antenne: Beim Streit um die Entfernung einer Parabolantenne setzt LG Bre WoM **97**, 70 sogar (jetzt ca) 2500 EUR an (vgl aber Anh I § 48 [§ 3 ZPO] Rn 83).
Auskunft: Beim Auskunftsanspruch können 25% des dahinterstehenden Anspruchs maßgebend sein, LG Erfurt NZM **00**, 519.

9 **Baum:** Beim Streit um störende Bäume können (jetzt ca) 750 EUR angemessen sein, Düss FGPrax **00**, 197.
S auch Rn 11 „Optik".
Bestellung: Beim Streit um die Bestellung des Verwalters oder eines Hausmeisters kommt als Wert dessen Vergütung infrage, BayObLG RR **04**, 524, LG Köln NZM **09**, 364 (je: sogar für die volle Vertragsdauer).
Dachsanierung: BayObLG WoM **96**, 247.
Einstweilige Maßnahme: Bei ihr kommen (jetzt ca) 1250 EUR in Betracht, BayObLG NZM **99**, 1059.

228

Abschnitt 7. Wertvorschriften § 49a GKG

Entlastung: Bei einer Anfechtung der Entlastung des Verwalters können 10% des Jahresumsatzes der Gemeinschaft maßgeblich sein, Köln NZM **03**, 125.

Entziehung: Bei einer Entziehung des Wohnungseigentums nach §§ 18, 19 WEG ist das Interesse des Klägers am Eigentumswechsel maßgeblich, in der Regel also der objektive Verkehrswert, BGH NJW **06**, 3428, BayObLG WoM **99**, 95, LG Köln WoM **98**, 120, aM LG Hbg WoM **91**, 55 (Höhe des streitigen Wohngelds. Aber es geht wirtschaftlich um das ganze Wohneigentum).
S auch „Abmahnung".

Gemeinschaftseigentum: Beim Streit um seine Nutzung sind die Interessen der Beteiligten maßgeblich, BayObLG NZM **01**, 150, Düss ZMR **01**, 21, Schlesw WoM **96**, 305.

Gerichtsverfahren: In ihm gilt als Wert das Interesse aller Beteiligten, (jetzt) § 49a WEG, BayObLG WoM **02**, 692 (Rechtsmittel). Das gilt für jede Art von WEG-Verfahren, BayObLG WoM **02**, 575.

Hausmeister: Beim Streit um seine Bestellung kommt seine Vergütung in Betracht, BayObLG RR **04**, 524 (sogar für die volle Vertragsdauer).

Herausgabe: Bei der Klage auf die Herausgabe einer gekauften Wohnung ist § 6 ZPO anwendbar, also nicht (jetzt) § 41 II 2 GKG, Ffm AnwBl **84**, 203.

Interesse: Das Gericht setzt einen Wert nach dem Interesse aller Beteiligten fest, (zum alten Recht) BayObLG WoM **02**, 692 (Rechtsmittel), (zum neuen Recht) Köln FGPrax **07**, 213. Das gilt für jede Art von WEG-Verfahren, BayObLG WoM **02**, 575.

Jahresabrechnung: Zum Streitwert bei der Anfechtung eines Eigentümerbeschlusses über eine Jahresabrechnung BayObLG NZM **01**, 246, Hamm FGPrax **00**, 185, Zweibr ZMR **99**, 663.

Kauf: Beim Scheitern eines Kaufs einer Eigentumswohnung kann § 41 II GKG entsprechend anwendbar sein, unabhängig von § 985 BGB, Köln ZMR **95**, 550.
S auch „Veräußerung".

Kostenhöhe: Beim Streit um zwei kostenunterschiedliche Möglichkeiten gilt die Differenz, BayObLG WoM **98**, 313, Hamm FGPrax **99**, 49.

Notverwaltung: Es kommt das Jahreshonorar in Betracht, Stgt ZMR **03**, 783.

Optik: Wegen der Störung eines optischen Gesamteindrucks Düss WoM **00**, 568 (Ermessen).
S auch Rn 9 „Baum".

Parabolantenne: S „Antenne".

Prostitution: Bei der Klage auf ihre Unterlassung durch einen Mieter und bei einer Forderung an den Vermieter, deshalb vom Mieter dessen Räumung zu verlangen, können (jetzt ca) 15 000 EUR angemessen sein, LG Augsb WoM **95**, 73.

Protokoll: Bei der Berichtigung des Versammlungsprotokolls ist statt der Kosten das Interesse maßgeblich, BayObLG WoM **96**, 728.

Rechtsweg: Wegen einer Verweisung Anh I § 48 (§ 3 ZPO) Rn 93 „Rechtswegverweisung".

Reparatur: Wegen einer Dachsanierung BayObLG WoM **96**, 247.

Umbau: Wegen einer baulichen Veränderung allgemein BayObLG JB **00**, 624, Köln NZM **03**, 855.

Veräußerung: Beim Streit um eine Zustimmung zur Veräußerung sind meist 10%–20% des Kaufpreises angemessen, BayObLG **90**, 27, KG NZM **08**, 48.
S auch „Kauf".

Verfahrensfehler: Bei einer nur auf Verfahrensfehler bei der Anberaumung der Versammlung der Wohnungseigentümer gestützten Anfechtung ihres Beschlusses kann man den Wert auf die Kosten einer neuen Versammlung begrenzen, LG Köln RR **89**, 81.

Vermietung: Beim Streit um eine Zustimmung des Miteigentümers zu einer Vermietung kann man (jetzt) § 41 GKG entsprechend anwenden, Ffm NZM **04**, 159, aM Köln JB **92**, 698 (§ 9 ZPO).

Versammlung: Bei einer nur auf Verfahrensfehler gestützten Anfechtung eines Beschlusses der Wohnungseigentümer in ihrer Versammlung kann man den Wert auf die Kosten einer neuen Versammlung begrenzen, LG Köln RR **89**, 81.

Verwalter: S bei seinen einzelnen Tätigkeitsarten.

GKG §§ 49a, 50   I. A. Gerichtskostengesetz

12 **Verwalterabberufung:** Bei ihr kann sein restliches Vertragshonorar maßgebend sein, BayObLG JB **01**, 644, Zweibr JB **10**, 36. Zweibr JB **10**, 36. Man mag auch die Faktoren Wohngeld, Anzahl der Wohnungen und Dauer der Verwaltung mitbeachten, Köln NZM **07**, 216, AG Bergisch Gladbach NZM **08**, 454 (komplizierter; krit Elzer 433).
Verwalterbestellung: Es kommt seine Vergütung in Betracht, BayObLG RR **04**, 524 (sogar für die volle Vertragsdauer). Man muß eine von ihm abgeschlossene Streitwertvereinbarung beachten, § 27 II Z 4, III Z 6 WEG, Sauren NZM **07**, 859 (nennt fälschlich II Z 3).
Verwalterentlastung: Bei ihrer Anfechtung können 10% des Jahresumsatzes der Gemeinschaft maßgeblich sein, Köln NZM **03**, 125. Der Wert des angefochtenen Beschlusses kann trotz eines Vergleichs maßgeblich sein, LG Stgt WoM **97**, 128.
Verwalterzutritt: Beim Streit um ihn nennt BayObLG WoM **98**, 54 nur (jetzt ca) 500 EUR.
Wirtschaftsplan: Zum Streitwert bei der Anfechtung eines Eigentümerbeschlusses über einen Wirtschaftsplan BayObLG NZM **01**, 246, Hamm FGPrax **00**, 185, Zweibr ZMR **99**, 663.
Wohngeld: Beim Streit darüber, ob ein Eigentümerbeschluß die Fälligkeit von Wohngeld herbeiführt, können (jetzt ca) 2500 EUR angemessen sein, KG WoM **90**, 238.

13 **Zuständigkeit:** Anh I § 48 (§ 3 ZPO) Rn 143 „Zuständigkeit".
Zustimmung: Soweit es um die Zustimmung zu einer Veräußerung geht, kann man (jetzt) § 41 GKG entsprechend anwenden, Ffm NZM **04**, 159, aM Köln JB **92**, 648 (§ 9 ZPO).
Zutritt: Beim Streit um einen Zutritt des Verwalters nennt BayObLG WoM **98**, 54 nur (jetzt) ca 500 EUR.

Bestimmte Beschwerdeverfahren

50 [I] [1]In folgenden Verfahren bestimmt sich der Wert nach § 3 der Zivilprozessordnung:
1. über Beschwerden gegen Verfügungen der Kartellbehörden und über Rechtsbeschwerden (§§ 63 und 74 des Gesetzes gegen Wettbewerbsbeschränkungen),
2. über Beschwerden gegen Entscheidungen der Regulierungsbehörde und über Rechtsbeschwerden (§§ 75 und 86 des Energiewirtschaftsgesetzes),
3. über Beschwerden gegen Verfügungen der Bundesanstalt für Finanzdienstleistungsaufsicht (§ 48 des Wertpapiererwerbs- und Übernahmegesetzes und § 37 u Abs. 1 des Wertpapierhandelsgesetzes) und
4. über Beschwerden gegen Entscheidungen der zuständigen Behörde und über Rechtsbeschwerden (§§ 13 und 24 des EG-Verbraucherschutzdurchsetzungsgesetzes).

[2]Im Verfahren über Beschwerden eines Beigeladenen (§ 54 Abs. 2 Nr. 3 des Gesetzes gegen Wettbewerbsbeschränkungen, § 79 Abs. 1 Nr. 3 des Energiewirtschaftsgesetzes und § 16 Nr. 3 des EG-Verbraucherschutzdurchführungsgesetzes) ist der Streitwert unter Berücksichtigung der sich für den Beigeladenen ergebenden Bedeutung der Sache nach Ermessen zu bestimmen.

[II] Im Verfahren über die Beschwerde gegen die Entscheidung der Vergabekammer (§ 116 des Gesetzes gegen Wettbewerbsbeschränkungen) einschließlich des Verfahrens über den Antrag nach § 115 Abs. 2 Satz 2 und 3, § 118 Abs. 1 Satz 3 und nach § 121 des Gesetzes gegen Wettbewerbsbeschränkungen beträgt der Streitwert 5 Prozent der Bruttoauftragssumme.

GWB § 89a. Streitwertanpassung. [I] [1]Macht in einer Rechtsstreitigkeit, in der ein Anspruch nach § 33 oder § 34a geltend gemacht wird, eine Partei glaubhaft, dass die Belastung mit den Prozesskosten nach dem vollen Streitwert ihre wirtschaftliche Lage erheblich gefährden würde, so kann das Gericht auf ihren Antrag anordnen, dass die Verpflichtung dieser Partei zur Zahlung von Gerichtskosten sich nach einem ihrer Wirtschaftslage angepassten Teil des Streitwerts bemisst. [2]Das Gericht kann die Anordnung davon abhängig machen, dass die Partei glaubhaft macht, dass die von ihr zu tragenden Kosten des Rechtsstreits weder unmittelbar noch mittelbar von einem Dritten übernommen werden.

Abschnitt 7. Wertvorschriften § 50 GKG

³Die Anordnung hat zur Folge, dass die begünstigte Partei die Gebühren ihres Rechtsanwalts ebenfalls nur nach diesem Teil des Streitwerts zu entrichten hat. ⁴Soweit ihr Kosten des Rechtsstreits auferlegt werden oder soweit sie diese übernimmt, hat sie die von dem Gegner entrichteten Gerichtsgebühren und die Gebühren seines Rechtsanwalts nur nach dem Teil des Streitwerts zu erstatten. ⁵Soweit die außergerichtlichen Kosten dem Gegner auferlegt oder von ihm übernommen werden, kann der Rechtsanwalt der begünstigten Partei seine Gebühren von dem Gegner nach dem für diesen geltenden Streitwert beitreiben.

II ¹Der Antrag nach Absatz 1 kann vor der Geschäftsstelle des Gerichts zur Niederschrift erklärt werden. ²Er ist vor der Verhandlung zur Hauptsache anzubringen. ³Danach ist er nur zulässig, wenn der angenommene oder festgesetzte Streitwert später durch das Gericht heraufgesetzt wird. ⁴Vor der Entscheidung über den Antrag ist der Gegner zu hören.

EnWG § 105. Streitwertanpassung. ¹ ¹Macht in einer Rechtsstreitigkeit, in der ein Anspruch nach dem § 32 geltend gemacht wird, eine Partei glaubhaft, dass die Belastung mit den Prozesskosten nach dem vollen Streitwert ihre wirtschaftliche Lage erheblich gefährden würde, so kann das Gericht auf ihren Antrag anordnen, dass die Verpflichtung dieser Partei zur Zahlung von Gerichtskosten sich nach einem ihrer Wirtschaftslage angepassten Teil des Streitwerts bemisst. ²Das Gericht kann die Anordnung davon abhängig machen, dass die Partei glaubhaft macht, dass die von ihr zu tragenden Kosten des Rechtsstreits weder unmittelbar noch mittelbar von einem Dritten übernommen werden. ³Die Anordnung hat zur Folge, dass die begünstigte Partei die Gebühren ihres Rechtsanwalts ebenfalls nur nach diesem Teil des Streitwerts zu entrichten hat. ⁴Soweit ihr Kosten des Rechtsstreits auferlegt werden oder soweit sie diese übernimmt, hat sie die von dem Gegner entrichteten Gerichtsgebühren und die Gebühren seines Rechtsanwalts nur nach dem Teil des Streitwerts zu erstatten. ⁵Soweit die außergerichtlichen Kosten dem Gegner auferlegt oder von ihm übernommen werden, kann der Rechtsanwalt der begünstigten Partei seine Gebühren von dem Gegner nach dem für diesen geltenden Streitwert beitreiben.

II ¹Der Antrag nach Absatz 1 kann vor der Geschäftsstelle des Gerichts zur Niederschrift erklärt werden. ²Er ist vor der Verhandlung zur Hauptsache anzubringen. ³Danach ist er nur zulässig, wenn der angenommene oder festgesetzte Streitwert später durch das Gericht heraufgesetzt wird. ⁴Vor der Entscheidung über den Antrag ist der Gegner zu hören.

Vorbem. Zunächst Überschrift und I 1 ergänzt durch Art 5 b Z 4 a, b G v 15. 12. 04, BGBl 3408, in Kraft seit 21. 12. 04, Art 6 G. Sodann I 2 neugefaßt durch Art 2 I G v 7. 7. 05, BGBl 1954, in Kraft seit 1. 7. 05, Art 4 G (Rückwirkung? Das G ist erst am 7. 7. 05 ausgefertigt und erst am 12. 7. 05 verkündet worden!). Dabei mehrere Redaktionsfehler des Gesetzgebers (infolge seines Übersehens des Wertpapierhandelsgesetzes) hier bereits beseitigt. § 89 a GWB eingefügt durch Art 1 Z 54 G v 7. 7. 05, BGBl 1954, in Kraft wie oben dargestellt. § 105 EnWG idF Art 1 G v 7. 7. 05, BGBl 1970, in Kraft seit 13. 7. 05, Art 5 I G. Überschrift und I 1 Z 2, 3, I 2 geändert, Z 4 angefügt durch Art 7 Z 3 a, b VSchDG v 21. 12. 06, BGBl 3367, in Kraft seit 29. 12. 06, Art 9 VSchDG, I 1 Z 3 sodann erneut geändert durch Art 16 Z 10 a, b des 2. JuMoG v 22. 12. 06, BGBl 3416, in Kraft seit 31. 12. 06, Art 28 I des 2. JuMoG. Übergangsrecht jeweils §§ 71, 72 GKG.

1) Systematik, Regelungszweck, I, II. Die Vorschrift enthält eine vorrangige Sonderregelung in ihrem sachlichen Geltungsbereich. Sie läßt außerhalb dieses Bereichs die allgemein gesetzlichen oder von Rechtsprechung und Lehre entwickelten Regeln unberührt, zB § 48 Anh I: 3 ZPO Rn 19 „Kartellsache". § 50 bezweckt eine angemessene weder zu niedrige noch zu hohe Bewertung. Die Vorschrift enthält anders als 12 IV UWG keine allgemeine Herabsetzung des Streitwerts zugunsten des wirtschaftlich Unterlegenen, BayObLG JB 2005, 307. Das alles muß man bei der Auslegung mitbeachten.

2) Beschwerde nach §§ 63, 74 GWB, I 1 Z 1. Der Wert bestimmt sich nach § 3 ZPO, § 48 Anh I: § 3 ZPO Rn 19 „Kartellsache". Man kann auch bei § 128 IV 3 GWB 5% ansetzen, Brdb JB 05, 38.

231

GKG §§ 50, 51 I. A. Gerichtskostengesetz

3 3) **Beschwerde, Rechtsbeschwerde nach §§ 75, 86 EnWG, I 1 Z 2.** Der Wert bestimmt sich nach § 3 ZPO, § 48 Anh I: § 3 ZPO Rn 40 „Energiewirtschaft".

4 4) **Beschwerde nach § 48 WpÜG oder § 37u I WertpHG, I 1 Z 3.** Der Wert bestimmt sich nach § 3 ZPO, § 48 Anh I: § 3 ZPO Rn 138 „Wertpapiererwerb".

5 5) **Beschwerde, Rechtsbeschwerde nach §§ 13, 24 VSchDG, I 1 Z 4.** Der Wert bestimmt sich nach § 3 ZPO, § 48 Anh I.

6 6) **Beschwerde nach § 54 II Z 3 GWB, I 2.** Hier ist das Interesse des Beigeladenen maßgebend. Man muß es nach einem pflichtgemäßen Ermessen ansetzen. Sein etwaiger Antrag ist nicht allein maßgebend. Das Gesetz nennt keinen Höchstwert. Eine Wertanpassung erfolgt nach dem oben abgedruckten § 89a GWB.

7 7) **Beschwerde nach § 116 GWB, II.** Der Wert beträgt 5% der Bruttoauftrags- oder Bruttoangebotssumme, (zum alten Recht) BayObLG JB **03**, 307, (zum neuen Recht) Brdb JB **09**, 259. Auftragssumme ist der Wert des sachlichrechtlichen Auftrags, Naumb JB **04**, 86. Man kann hilfsweise 5% der Angebotssumme ansetzen, BayObLG JB **02**, 362, Rostock Jb **06**, 369. Auch der Wert einer Erfüllungsbürgschaft mag notfalls mitbeachtbar sein, Jena JB **02**, 435. Sie können auch über (jetzt) § 23 I 2 RVG für den Gegenstandswert maßgebend sein, BayObLG JB **03**, 307, Naumb JB **04**, 86. Die Vorschrift gilt auch im Nachprüfungsverfahren vor der Vergabekammer, Brdb JB **09**, 645, Jena JB **02**, 434, Naumb JB **05**, 419 (selbst wenn es dort nicht so sehr um den Zuschlag geht, sondern um die Aufhebung der Ausschreibung).

Streitsachen und Rechtsmittelverfahren des gewerblichen Rechtsschutzes

51 I In Verfahren nach dem Patentgesetz, dem Gebrauchsmustergesetz, dem Markengesetz, dem Geschmacksmustergesetz, dem Halbleiterschutzgesetz und dem Sortenschutzgesetz ist der Wert nach billigem Ermessen zu bestimmen.

II Die Vorschriften über die Anordnung der Streitwertbegünstigung (§ 144 des Patentgesetzes, § 26 des Gebrauchsmustergesetzes, § 142 des Markengesetzes, § 54 des Geschmacksmustergesetzes) sind anzuwenden.

1 1) **Systematik, I, II.** Die Vorschrift hat in ihrem Geltungsbereich nach Rn 3 als Sonderbestimmung den Vorrang. Der Sache nach wiederholt sie freilich in I nur den bisher in § 3 ZPO, § 48 Anh I, in Verbindung mit § 48 I 1 genannten Ermessensgrundsatz. II läßt überdies die dort genannten Vorschriften zur Wertbegünstigung bestehen.

2 2) **Regelungszweck, I, II.** Er ist in I die Beibehaltung des bisherigen breiten Entscheidungsspielraums, in II die Beibehaltung der Ermäßigungsmöglichkeiten, die erst einen effektiven Rechtsschutz für denjenigen Bürger ermöglichen, den man sonst zu sehr vom Kostenrisiko abschrecken würde. Das alles muß man bei der Auslegung mitbeachten.

3 3) **Geltungsbereich, I, II.** Die Vorschrift ist in sämtlichen Verfahren nach einem der dort genannten Spezialgesetze anwendbar, mag es sich dabei um einen Zivilprozeß oder eine andere Verfahrensart handeln. Sie gilt in allen zugehörigen Verfahrensarten und Instanzen.

4 4) **Billiges Ermessen, I.** Wie so oft in allen möglichen Gesetzen hat das Gericht ein Ermessen. Bald spricht das Gesetz auch von einem „freien" Ermessen, zB in § 3 ZPO, § 48 Anh I, dann wieder von einem bloßen „Ermessen", etwa in § 48 II 1, oder eben auch von einem „billigen" Ermessen, wie in I. Der Sache nach meint I im Kern immer fast dasselbe, nämlich eine Freiheit zur Entscheidung zwischen mindestens zwei Bewertungsmöglichkeiten, nicht etwa eine Freiheit davon, überhaupt eine Bewertung vorzunehmen, und im übrigen stets eine Pflicht zur gewissenhaften Abwägung aller Fallumstände, also ein „pflichtgemäßes" Ermessen, wie zB in § 3 ZPO Rn 2 dargestellt, § 48 Anh I. Der Zusatz „billiges" Ermessen soll nur bedeuten, daß der Spielraum innerhalb der pflichtgemäßen Abwägung nicht zu eng sein darf.

Maßgeblich ist das *wirtschaftliche Interesse des Klägers*, Zweibr JB **01**, 418. Es hängt ab auch von seiner Größe und Wirtschaftskraft und der Gefährlichkeit der Verletzung,

Abschnitt 7. Wertvorschriften § 51, Anh I § 51 (§ 144 PatG) GKG

Zweibr JB 01, 418 (hoher Wert trotz geringer Störung). Im Rechtsmittelzug ist nur das Rechtsmittel maßgeblich, BGH GRUR 05, 972.
Zu den *Einzelgebieten* vgl die entsprechenden Stichwörter in § 51 Anh I, II.

5) Wertbegünstigung, II. Aus den in Rn 4 genannten Gründen muß man die in II 5 aufgezählten Vorschriften zur Wertbegünstigung anwenden. Dem Gericht steht es nicht frei, sie überhaupt zu beachten („sind anzuwenden"). Zu den Einzelheiten § 51 Anh.

Anhang nach § 51
Streitwertbegünstigung im Gewerblichen Rechtsschutz

(Patentstreitsachen, Streitsachen nach Marken- und Gebrauchsmustergesetz, Gesetz gegen den unlauteren Wettbewerb, Aktiengesetz).

I. Patentstreitsachen

PatG § 144. Streitwertbegünstigung. ^I ¹Macht in einer Patentstreitsache eine Partei glaubhaft, daß die Belastung mit den Prozeßkosten nach dem vollen Streitwert ihre wirtschaftliche Lage erheblich gefährden würde, so kann das Gericht auf ihren Antrag anordnen, daß die Verpflichtung dieser Partei zur Zahlung von Gerichtskosten sich nach einem ihrer Wirtschaftslage angepaßten Teil des Streitwerts bemißt. ²Die Anordnung hat zur Folge, daß die begünstigte Partei die Gebühren ihres Rechtsanwalts ebenfalls nur nach diesem Teil des Streitwerts zu entrichten hat. ³Soweit ihr Kosten des Rechtsstreits auferlegt werden oder soweit sie diese übernimmt, hat sie die von dem Gegner entrichteten Gerichtsgebühren und die Gebühren seines Rechtsanwalts nur nach dem Teil des Streitwerts zu erstatten. ⁴Soweit die außergerichtlichen Kosten dem Gegner auferlegt oder von ihm übernommen werden, kann der Rechtsanwalt der begünstigten Partei seine Gebühren von dem Gegner nach dem für diesen geltenden Streitwert beitreiben.

^{II} ¹Der Antrag nach Absatz 1 kann vor der Geschäftsstelle des Gerichts zur Niederschrift erklärt werden. ²Er ist vor der Verhandlung zur Hauptsache anzubringen. ³Danach ist er nur zulässig, wenn der angenommene oder festgesetzte Streitwert später durch das Gericht heraufgesetzt wird. ⁴Vor der Entscheidung über den Antrag ist der Gegner zu hören.

Gliederung

1) Systematik, I, II 1
2) Regelungszweck, I, II 2
3) Geltungsbereich, I, II 3
4) Voraussetzungen, I 4–9
   A. Patentstreitsache 4
   B. Gefährdung der wirtschaftlichen Lage 5, 6
   C. Keine Prüfung der Prozeßaussichten 7
   D. Aber auch keine Mutwilligkeit 8
   E. Keine Gegenseitigkeitsprüfung 9
5) Verfahren, I, II 10–14
   A. Antrag 10
   B. Zeitgrenze 11
   C. Anhörung 12
   D. Entscheidung 13
   E. Rechtsmittel 14
6) Haftungsfolgen, I 15–17
   A. Der Staatskasse gegenüber 15
   B. Dem Prozeßbevollmächtigten gegenüber 16
   C. Dem Prozeßgegner gegenüber 17
7) Weitere Einzelheiten, I, II 18

1) Systematik, I, II. § 144 PatG durchbricht den Grundsatz der vollen Kostenhaftung gegenüber dem Gegner und der Staatskasse, BGH GRUR 82, 672.

2) Regelungszweck, I, II. Ein mittelloser Erfinder oder kleiner Patentverwerter soll finanziell imstande sein, einen Prozeß mit einem Großunternehmen überhaupt durchführen zu können, BVerfG NJW 97, 312 (Justizgewährungsanspruch allge-

GKG Anh I § 51 (§ 144 PatG) I. A. Gerichtskostengesetz

mein). Meist handelt es sich ja um einen hohen Wert und um die Notwendigkeit eines Rechtsstreits durch alle Instanzen. Eine Prozeßkostenhilfe wäre kein vollwertiger Ersatz der Vergünstigung des § 144 PatG. Denn die letztere Vorschrift wirkt endgültig und auch gegenüber dem siegenden Gegner. § 144 PatG bleibt also auch neben den §§ 114 ff ZPO anwendbar. Das ist für die Erstattungspflicht nach Rn 17 wichtig.

3 **3) Geltungsbereich, I, II.** § 144 PatG gilt entsprechend auch im Berufungsverfahren vor dem BGH und im Nichtigkeitsverfahren vor dem BPatG, BGH GRUR 82, 672. Im Rechtsbeschwerdeverfahren vor dem BGH gilt § 144 PatG entsprechend, §§ 102 II, 121 I PatG.

4 **4) Voraussetzungen, I.** Es müssen die folgenden Bedingungen zusammentreffen.
A. Patentstreitsache. Es muß eine Patentstreitsache vorliegen. Das ist eine solche Klage, durch die man einen Anspruch aus einem im PatG geregelten Rechtsverhältnis geltend macht, § 143 I PatG. Es ist eine weite Auslegung notwendig. Hierher gehören alle Ansprüche aus dem Erfinderrecht und dem Patentrecht und alle mit solchen Ansprüchen zusammenhängenden Ansprüche. Es reicht auch aus, daß eine Patentverletzung im Ausland erfolgt ist. Im Nichtigkeitsverfahren setzt BGH GRUR 09, 1100 einfach die volle Klagesumme ein.

5 **B. Gefährdung der wirtschaftlichen Lage.** Die Partei muß nach § 294 ZPO glaubhaft machen, daß die Kostenlast nach dem vollen Streitwert ihre wirtschaftliche Lage erheblich gefährden würde. Es ist unerheblich, ob die Partei die Kosten zunächst aufbringen könnte. Es kommt vielmehr darauf an, wie ihre wirtschaftliche Lage beim Unterliegen sein würde. Die wirtschaftlichen Schwierigkeiten mögen auch erst nach der Antragstellung entstanden sein, Struif GRUR 85, 252. Dabei muß man für jede Instanz besonders entscheiden. Eine Partei kann sehr wohl imstande sein, die Kosten der ersten Instanz ohne Schwierigkeiten zu bestreiten, während sie außerstande sein mag, die Kosten der weiteren Instanzen zu tragen.

6 Es ist eine *erhebliche Gefährdung* notwendig. Eine nur fühlbare Belastung reicht nicht aus. Auch eine juristische Person kann die Vergünstigung erhalten, ohne daß die Voraussetzungen des § 116 Z 2 ZPO vorzuliegen brauchen.

7 **C. Keine Prüfung der Prozeßaussichten.** Das Gericht darf die Aussichten des Prozesses nicht etwa wie bei der Prozeßkostenhilfe prüfen. Trotzdem darf man die Rechtslage im Prozeß natürlich nicht gänzlich unberücksichtigt lassen. Denn das würde bedeuten, die Vergünstigung des § 144 PatG auch dann zu geben, wenn die Prozeßchancen minimal sind. Das wiederum ließe sich nicht mit dem Umstand vereinbaren, daß der Steuerzahler jedenfalls indirekt durch einen Verzicht des Fiskus auf dem wahren Streitwert entsprechende Einnahmen hier die finanzielle Hauptlast tragen soll.

8 **D. Aber auch keine Mutwilligkeit.** Wenn der Prozeß für den Antragsteller also offensichtlich gänzlich aussichtslos oder gar mutwillig ist, muß man schon nach Treu und Glauben, die auch im Prozeß gelten, BLAH Einl III 54, die Vergünstigung des § 144 PatG ablehnen.

9 **E. Keine Gegenseitigkeitsprüfung.** Einen Ausländer darf man unabhängig davon begünstigen, ob die Gegenseitigkeit verbürgt ist, BGH 73, 315.

10 **5) Verfahren, I, II.** Man muß seine zwei Abschnitte unterscheiden.
A. Antrag. Antragsberechtigt ist jede Partei, also auch der Bekl. Der Antrag unterliegt keinem Anwaltszwang. Man kann ihn zum Protokoll des Urkundsbeamten der Geschäftsstelle stellen, § 4 InsO in Verbindung mit § 78 III Hs 2 ZPO.

11 **B. Zeitgrenze.** Der Antrag ist grundsätzlich nur vor der Verhandlung zur Hauptsache zulässig, BLAH § 39 ZPO Rn 6, II 2, Struif GRUR 85, 252. Später ist er nur zulässig, wenn das Gericht später den zunächst angenommenen oder festgesetzten Streitwert heraufsetzt, II 3, Struif GRUR 85, 252, oder wenn das Gericht den Streitwert erst später erstmals festsetzt. Der Urkundsbeamte der Geschäftsstelle nimmt vorher keinen Streitwert an.

Es kommt darauf an, ob die Partei *erst nach der Verhandlung* zur Hauptsache *erfahren* hat, daß sie mehr Kosten zahlen muß, als sie vor der Antragstellung annehmen mußte, BPatG GRUR 82, 363. Infrage kommt auch eine erst nach der Verhandlung eingetretene ganz entscheidende Verschlechterung der wirtschaftlichen Lage, nicht aber zB die Sperrung eines weiteren Kredits, Düss GRUR 85, 219.

Abschnitt 7. Wertvorschriften **Anh I, II (MarkenG usw) § 51 GKG**

C. Anhörung. Soweit der Antragsteller die Vergünstigung vor der Verhandlung 12
zur Hauptsache beantragt hat, muß das Gericht immer den Prozeßgegner anhören,
Art 103 I GG. Wenn eine Partei zunächst die Heraufsetzung beantragt und anschließend zur Hauptsache verhandelt, muß sie sich auch an ihrem Antrag festhalten lassen.

D. Entscheidung. Das Gericht entscheidet nach § 63 GKG durch einen Be- 13
schluß. Es muß seinen Beschluß grundsätzlich begründen, BLAH § 329 ZPO Rn 4.
Die Herabsetzung des Streitwerts setzt voraus, daß das Gericht den ordentlichen
Streitwert vorher oder gleichzeitig festgesetzt hat. Das ist schon deshalb erforderlich,
weil der ordentliche Streitwert für den Gegner maßgebend bleibt. Das Gericht darf
den Streitwert für die finanziell stärkere Partei nicht höher bemessen, als das nach allgemeinen Grundsätzen geschehen müßte.

Soweit die Voraussetzungen nach Rn 3–9 vorliegen, *muß* das Gericht den Streitwert *niedriger festsetzen*. Das Wort „kann" in I 1 eröffnet insofern keinen Ermessensspielraum, sondern es stellt nur die Zuständigkeit klar.

E. Rechtsmittel. Gegen die Entscheidung ist die Beschwerde wie sonst statthaft. 14

6) Haftungsfolgen, I. Eine Herabsetzung des Streitwerts nach I hat für den Be- 15
günstigten die folgenden Haftungswirkungen.

A. Der Staatskasse gegenüber. Der Begünstigte haftet der Staatskasse für die
Gerichtskosten nur nach dem geringeren Streitwert, unabhängig davon, aus welchem
Rechtsgrund er haftet.

B. Dem Prozeßbevollmächtigten gegenüber. Der Begünstigte haftet dem 16
eigenen ProzBev gegenüber ebenfalls nur nach dem geringeren Streitwert, unabhängig davon, aus welchem Rechtsgrund.

C. Dem Prozeßgegner gegenüber. Der Begünstigte ist dem Prozeßgegner ge- 17
genüber zu einer Erstattung von Kosten ebenfalls nur nach dem geringeren Streitwert
verpflichtet, unabhängig davon, aus welchem Rechtsgrund.

7) Weitere Einzelheiten, I, II. Die Anordnung wirkt auch für eine spätere In- 18
stanz. Sie wirkt nur für den Begünstigten. Daher tritt bei seinem Unterliegen eine
Zweithaftung des Prozeßgegners nur für entsprechende Kosten und eine Ersthaftung
nur insoweit ein, als er einen Antrag gestellt hatte. Die Staatskasse haftet dem im Verfahren der Prozeßkostenhilfe beigeordneten Anwalt nach dem nicht herabgesetzten
Streitwert. Der Prozeßgegner muß seinem eigenen Anwalt und dem gegnerischen
Anwalt die Gebühren nach dem höheren Streitwert ersetzen. Für die Auslagen hat
§ 144 PatG keine Bedeutung.

II. Bürgerliche Rechtsstreitigkeiten nach dem MarkenG, GebrMG und GeschmMG

1) Systematik, Regelungszweck. Vgl zunächst § 51 II GKG, § 142 MarkenG, 1
auch in Verbindung mit § 8 II 3 MarkenG, abgedruckt KV 1252 Anh I Rn 4, § 54
GebrMG, auf den § 11 II Halbleiterschutzgesetz verweist, sind mit § 144 PatG inhaltlich
gleich.

GeschmMG § 54. *Streitwertbegünstigung.* [1] Macht in bürgerlichen Rechtsstreitigkeiten, in denen durch Klage ein Anspruch aus einem der in diesem Gesetz geregelten Rechtsverhältnisse geltend gemacht wird, eine Partei glaubhaft, dass die Belastung mit den Prozesskosten nach dem vollen Streitwert
ihre wirtschaftliche Lage erheblich gefährden würde, so kann das Gericht auf
ihren Antrag anordnen, dass die Verpflichtung dieser Partei zur Zahlung von
Gerichtskosten sich nach einem ihrer Wirtschaftslage angepassten Teil des
Streitwerts bemisst.

[II] [1] Die Anordnung nach Absatz 1 hat zur Folge, dass die begünstigte Partei
die Gebühren ihres Rechtsanwalts ebenfalls nur nach diesem Teil des Streitwerts zu entrichten hat. [2] Soweit ihr Kosten des Rechtsstreits auferlegt werden
oder soweit sie diese übernimmt, hat sie die von dem Gegner entrichteten
Gerichtsgebühren und die Gebühren seines Rechtsanwalts nur nach dem Teil
des Streitwerts zu erstatten. [3] Soweit die außergerichtlichen Kosten dem Gegner auferlegt oder von ihm übernommen werden, kann der Rechtsanwalt der

GKG Anh II, III § 51 (UWG)   I. A. Gerichtskostengesetz

begünstigten Partei seine Gebühren von dem Gegner nach dem für diesen geltenden Streitwert beitreiben.

III ¹Der Antrag nach Absatz 1 kann vor der Geschäftsstelle des Gerichts zur Niederschrift erklärt werden. ²Er ist vor der Verhandlung zur Hauptsache zu stellen. ³Danach ist er nur zulässig, wenn der angenommene oder festgesetzte Streitwert später durch das Gericht heraufgesetzt wird. ⁴Vor der Entscheidung über den Antrag ist der Gegner zu hören.

Vorbem. Fassg Art 1 des Geschmacksmusterreformgesetzes vom 12. 3. 04, BGBl 390, in Kraft seit 1. 6. 04, Art 6 I G.

III. Bürgerliche Rechtsstreitigkeiten nach dem UWG

UWG § 12. Streitwertminderung. IV ¹Bei der Bemessung des Streitwerts für Ansprüche nach § 8 Abs. 1 ist es wertmindernd zu berücksichtigen, wenn die Sache nach Art und Umfang einfach gelagert ist oder wenn die Belastung einer der Parteien mit den Prozeßkosten nach dem vollen Streitwert angesichts ihrer Vermögens- und Einkommensverhältnisse nicht tragbar erscheint.

1   1) **Systematik, Regelungszweck, VI 1 Hs 1, 2.** (Jetzt) § 12 IV UWG ist ebenso wie §§ 23a, b aF verfassungsgemäß, BVerfG NJW **97**, 312 (Grenze: unzumutbares Kostenrisiko), BGH BB **94**, 678 (Einzelfallabwägung), BGH BB **98**, 1443 (Verband). Die Vorschrift ist auch auf eine verneinende Feststellungsklage anwendbar, KG GRUR **88**, 148. Die Regelung gilt nur für den Kostenstreitwert, Ffm GRUR **89**, 133, KG GRUR **87**, 452, Kblz GRUR **88**, 474. Eine Glaubhaftmachung ist in der Regel durch eine eidesstattliche Versicherung möglich und ausreichend, § 294 ZPO. Im übrigen vgl die Anm zu § 144 PatG.

2   Es darf *kein Schematismus* stattfinden. Vielmehr muß das Gericht zwischen der wirtschaftlichen Lage der Partei und der Kostenhöhe abwägen, BGH BB **98**, 1443, Kblz GRUR **89**, 764, Schlesw SchlHA **87**, 60, aM KG GRUR **87**, 453 (regelmäßig Herabsetzung auf 50%. Aber man muß stets eine Gesamtabwägung vornehmen). Zur Problematik Ulrich GRUR **89**, 401.

3   2) **Einfache Sachlage, IV 1 Hs 1.** Der Art nach einfach ist zB ein rechtlich für den sachkundigen Anwalt eindeutiger, routinemäßig bearbeitbarer Verstoß, Köln GRUR **88**, 776 und RR **88**, 304. Dem Umfang nach einfach ist zB eine solche Sache, die der Anwalt mit knapp fünf Seiten Schriftsatz abschließend darstellen kann, Köln RR **88**, 304, oder eine bloße Zeitungsanzeige, Köln MDR **94**, 267. Ein Streit über die Prozeßführungsbefugnis kann unbeachtlich sein, Kblz GRUR **91**, 66.

4   *Nicht mehr einfach* ist eine solche Sache, die drei Instanzen beansprucht, BGH RR **90**, 1323, oder wenn der Antragsgegner verschiedene Einwendungen erhoben und umfangreiche Unterlagen vorgelegt hat, Kblz GRUR **90**, 58.

5   3) **Untragbare Belastung, IV 1 Hs 2.** Man kann (jetzt) § 12 IV UWG als eine Schutzmaßnahme *gegen einen Rechtsmißbrauch* durch Verbandsklagen ansehen, Kblz GRUR **88**, 474. Ein Wettbewerbschutzverband kann nicht schon deshalb eine Streitwertherabsetzung fordern, weil er auch im öffentlichen Interesse arbeitet, BGH DB **89**, 41. Es kommt im übrigen nicht auf seine Gesamtlage an, sondern auf die Kostenlast des Einzelfalls, BGH RR **90**, 1323, aM Kblz GRUR **90**, 764, Köln RR **91**, 168 (aber es reicht im Prozeß stets um einen Einzelfall). Die Partei muß der Kostenlast aber grundsätzlich bis in die Revisionsinstanz finanziell gewachsen sein können, BGH BB **98**, 1443. Sie muß einen gewissen Streitwert „durchhalten" können, Ffm GRUR **89**, 133 ([jetzt ca] 7500 EUR).

6   4) **Einfluß eines Widerspruchs, IV 1 Hs 2.** Der Antragsgegner kann sich auf (jetzt) § 12 IV UWG nach dem Erlaß einer einstweiligen Verfügung durch einen Beschluß auch dann berufen, wenn er keinen Widerspruch einlegt, Hbg GRUR **85**, 148. Im übrigen ist ein derartiges Verfahren nicht schon als solches eine einfache Sache, Hamm GRUR **94**, 259. Nach einem Widerspruch muß man beim Instanzabschluß grundsätzlich prüfen, ob es bei der Wertherabsetzung bleiben darf, Kblz GRUR **90**, 58. Das Gericht muß die Belastung nach den Kosten des bestimmten Einzelverfahrens und nicht nach der gesamten Prozeßtätigkeit zB des klagenden Wettbewerbsvereins

Abschnitt 7. Wertvorschriften **Anh III, IV § 51 (AktG), § 51a GKG**

beurteilen, Stgt RR **86**, 1164, aM Köln GRUR **88**, 716 (aber es geht eben im Prozeß um einen Einzelfall).

5) Rechtsmißbrauch, IV 1 Hs 1, 2. Eine Berufung auf (jetzt) § 12 IV UWG 7 kann unter Umständen einen Rechtsmißbrauch darstellen, Düss DB **77**, 1598, Ffm GRUR **89**, 133, Hbg GRUR **85**, 148. Man muß ein gewisses Verhältnis zu dem an sich angenommenen Wert fordern, KG AnwBl **78**, 142, Schlesw SchlHA **87**, 60.

6) Einzelfragen, IV 1 Hs 1, 2. Eine Vergünstigung für eine auf das Markenge- 8 setz stützbare Klage setzt voraus, daß der Kläger sich auch auf das *UWG* stützen kann, Ffm GRUR **89**, 932, Stgt RR **88**, 304. Neben (jetzt) § 12 IV UWG kommt § 23 b UWG kaum noch in Betracht, Kblz GRUR **96**, 139, Köln GRUR **88**, 716. Es reicht überhaupt, das jedenfalls auch eine der (jetzt) in § 12 IV UWG genannten Vorschriften verletzt ist, Köln GRUR **88**, 775.

IV. Anfechtungs- und Nichtigkeitsklagen nach dem AktG

AktG § 247. Streitwert. [I] [1]Den Streitwert bestimmt das Prozeßgericht unter Berücksichtigung aller Umstände des einzelnen Falles, insbesondere der Bedeutung der Sache für die Parteien, nach billigem Ermessen. [2]Er darf jedoch ein Zehntel des Grundkapitals oder, wenn dieses Zehntel mehr als 500 000 Euro beträgt, 500 000 Euro nur insoweit übersteigen, als die Bedeutung der Sache für den Kläger höher zu bewerten ist.

1) Systematik, Regelungszweck, S 1, 2. I geht davon aus, daß es nicht gerecht- 1 fertigt ist, den Streitwert nur nach dem wirtschaftlichen Interesse des Klägers an der Beseitigung des beanstandeten Beschlusses zu bemessen, weil man im Hinblick auf die erweiterte Rechtskraftwirkung des § 248 AktG auch die Bedeutung der Sache für die Gesellschaft und die anderen Aktionäre berücksichtigen muß, BGH MDR **82**, 209.

Bei der Beurteilung der Frage, ob eine Belastung mit Kosten die wirtschaftliche 2 Lage der Partei erheblich gefährdet, muß man ein erfolgreiches *Prozeßkostenhilfeverfahren* berücksichtigen, Ffm OLGZ **90**, 352.

2) Geltungsbereich, S 1, 2. II und III entsprechen dem § 144 I, II PatG fast 3 wörtlich. Die Entscheidung nach II ist noch in der *Berufungsinstanz* zulässig, Ffm BB **85**, 1360. Jede Instanz setzt aber für sich fest, BGH DB **92**, 2492. § 247 gilt für eine Anfechtungsklage nach § 246 AktG und ferner sinngemäß für die Nichtigkeitsklage nach § 249 I AktG, für eine Klage auf die Feststellung der Nichtigkeit des festgestellten Jahresabschlusses nach § 256 VII AktG, für eine Klage auf die Nichtigerklärung der Gesellschaft nach § 275 IV AktG.

Beispiele für II: BGH DB **92**, 82 (Unanwendbarkeit bei Rechtsmißbrauch), Ffm BB **85**, 1360. Vgl auch § 48 GKG Anh I: § 3 ZPO Rn 62 „Gesellschaft".

Auf einen *Verein* sind die vorstehenden Regeln *unanwendbar,* BGH MDR **93**, 183. 4

Rechtsbeschwerdeverfahren nach dem Kapitalanleger-Musterverfahrensgesetz

51 a [I] [1]Im Rechtsbeschwerdeverfahren nach dem Kapitalanleger-Musterverfahrensgesetz ist bei der Bestimmung des Streitwerts von der Summe der in sämtlichen nach § 7 des Kapitalanleger-Musterverfahrensgesetzes ausgesetzten Prozessverfahren geltend gemachten Ansprüche auszugehen, soweit diese Gegenstand des Musterverfahrens sind.

[II] Der Musterkläger und die auf seiner Seite Beigeladenen schulden Gerichtsgebühren jeweils nur nach dem Wert, der sich aus den von ihnen im Prozessverfahren geltend gemachten Ansprüchen, die Gegenstand des Musterverfahrens sind, ergibt.

[III] Der Musterbeklagte und die auf seiner Seite Beigeladenen schulden Gerichtsgebühren jeweils nur nach dem Wert, der sich aus den gegen sie im Prozessverfahren geltend gemachten Ansprüchen, die Gegenstand des Musterverfahrens sind, ergibt.

Vorbem. Eingefügt durch Art 4 Z 7 G v 16. 8. 05, BGBl 2437, in Kraft seit 1. 11. 05, Art 9 I 2 G, außer Kraft am 1. 11. 10, Art 9 II Hs 2 G, Übergangsrecht § 71 GKG.

GKG §§ 51a, 52 I. A. Gerichtskostengesetz

1 **1) Systematik, I–III.** Es handelt sich um eine vorrangige eng auslegbare Spezialvorschrift sowohl für den Streitwert und damit über § 23 RVG für den anwaltlichen Gegenstandswert als auch für die Frage, wieweit Kostenschuldner haften.

2 **2) Regelungszweck, I–III.** Einerseits muß das Musterverfahren schon wegen seiner über den Einzelfall weit hinausreichenden Bedeutung einen den wahren Verhältnissen angepaßten Wert haben. Andererseits würde es natürlich kein Besonnener mehr wagen, den Musterfeststellungsantrag nach § 1 KapMuG etwa gegenüber einer Großbank mit einer Rechtsbeschwerde zu verfolgen, wenn er infolge der damit verbundenen Werterhöhung beim Unterliegen im Hauptprozeß selbst nach dem Erhalt einer Prozeßkostenhilfe in die Insolvenz geraten dürfte. Deshalb begrenzt II, III dieses Risiko auf eine halbwegs erträgliche Höhe. In diesem Sinn sollte man die Vorschrift insgesamt handhaben.

3 **3) Geltungsbereich, I–III.** Die Vorschrift erfaßt innerhalb des Musterverfahrens nach §§ 1 ff KapMuG, abgedruckt bei BLAH SchlAnh VIII, nur das Rechtsbeschwerdeverfahren nach § 15 KapMuG vor dem BGH gegen einen Musterentscheid des OLG nach § 14 KapMuG. Das ergibt sich schon aus der amtlichen Überschrift des § 51a und aus den Eingangswörtern „Im Rechtsbeschwerdeverfahren" in I. II, III beziehen sich sachlich auf I und nur auf dessen Bereich, auch wenn sie bei isolierter Betrachtung die Begrenzung auf das Rechtsbeschwerdeverfahren scheinbar nicht übernehmen. Im übrigen braucht man keine Wertregelung, soweit gar keine Gebühren entstehen. Nach KV amtliche Vorbemerkung 1.2.1 entstehen im erstinstanzlichen Musterverfahren schon deshalb keine gesonderten Gebühren, weil es als ein Teil des erstinstanzlichen Hauptprozesses gilt.

4 **4) Streitwert: Summe der ausgesetzten Prozeßverfahren, I.** (Nur) im Rechtsbeschwerdeverfahren nach Rn 3 ist Streitwert die Summe der in sämtlichen nach § 7 KapMuG ausgesetzten Prozeßverfahren zum Streitgegenstand gewordenen Ansprüche. Nach § 7 I KapMuG setzt das Prozeßgericht nach der Bekanntmachung des Musterverfahrens durch das OLG gemäß § 6 KapMuG von Amts wegen alle bereits anhängigen oder bis zum Erlaß des Musterentscheids nach § 14 KapMuG anhängig werdenden Verfahren aus, deren Entscheidung von der im Musterverfahren erforderlichen Feststellung oder von der dort zu klärenden Rechtsfrage abhängt. Damit kann ein *hoher* Streitwert entstehen. Es gibt keine absolute Obergrenze. Den erforderlichen auch sozial wichtigen Ausgleich schaffen II, III.

5 **5) Grenzen bei Kostenschuldnerschaft, II, III.** Während der Streitwert des I wegen § 32 RVG, Teil X dieses Buchs, auch für die Anwaltsgebühren maßgeblich sein kann, zieht II für den Musterkläger und die nach §§ 8, 12 KapMuG auf seiner Seite Beigeladenen eine Grenze der Kostenhaftung. Dementsprechend behandelt III die Prozeßgegner. Das bedeutet jeweils keine Streitwertabsenkung, sondern „nur" eine Begrenzung der Kostenschuldnerschaft mittels Rückzugs im Rechtsbeschwerdeverfahren auf denjenigen Teil des nach I vorhandenen Gesamtwerts, der sich aus den gerade in diesem einzelnen ausgesetzten Prozeßverfahren errechnet.

Verfahren vor Gerichten der Verwaltungs-, Finanz- und Sozialgerichtsbarkeit

52 I In Verfahren vor den Gerichten der Verwaltungs-, Finanz- und Sozialgerichtsbarkeit ist, soweit nichts anderes bestimmt ist, der Streitwert nach der sich aus dem Antrag des Klägers für ihn ergebenden Bedeutung der Sache nach Ermessen zu bestimmen.

II Bietet der Sach- und Streitstand für die Bestimmung des Streitwerts keine genügenden Anhaltspunkte, ist ein Streitwert von 5000 Euro anzunehmen.

III Betrifft der Antrag des Klägers eine bezifferte Geldleistung oder einen hierauf gerichteten Verwaltungsakt, ist deren Höhe maßgebend.

IV In Verfahren vor den Gerichten der Finanzgerichtsbarkeit darf der Streitwert nicht unter 1000 Euro, in Verfahren vor den Gerichten der Sozialgerichtsbarkeit und bei Rechtsstreitigkeiten nach dem Krankenhausfinanzierungsgesetz nicht über 2 500 000 Euro und in Verfahren vor den Gerichten der Verwaltungsgerichtsbarkeit über Ansprüche nach dem Vermögensgesetz nicht über 500 000 Euro angenommen werden.

Abschnitt 7. Wertvorschriften **§ 52 GKG**

V ¹Im Verfahren, das die Begründung, die Umwandlung, das Bestehen, das Nichtbestehen oder die Beendigung eines besoldeten öffentlich-rechtlichen Dienst- oder Amtsverhältnisses betrifft, ist Streitwert
1. der 13fache Betrag des Endgrundgehalts zuzüglich ruhegehaltfähiger Zulagen, wenn Gegenstand des Verfahrens ein Dienst- oder Amtsverhältnis auf Lebenszeit ist;
2. in sonstigen Fällen die Hälfte des sich nach Nummer 1 ergebenden Betrags, die Hälfte des 13fachen Anwärtergrundbetrags zuzüglich eines Anwärtersonderzuschlags oder die Hälfte des vertraglich für die Dauer eines Jahres vereinbarten Gehalts.

²Betrifft das Verfahren die Verleihung eines anderen Amts oder den Zeitpunkt einer Versetzung in den Ruhestand, ist Streitwert die Hälfte des sich nach Satz 1 ergebenden Betrags.

VI Ist mit einem in Verfahren nach Absatz 5 verfolgten Klagebegehren ein aus ihm hergeleiteter vermögensrechtlicher Anspruch verbunden, ist nur ein Klagebegehren, und zwar das wertmäßig höhere, maßgebend.

VII Dem Kläger steht gleich, wer sonst das Verfahren des ersten Rechtszugs beantragt hat.

Schrifttum: *Zimmer/Schmidt*, Der Streitwert im Verwaltungs- und Finanzprozeß, 1991.

Gliederung

1) **Systematik, I–VII**	1–3
A. Streitwert	1, 2
B. Gegenstandswert	3
2) **Wertgrundregeln, I–VII**	4–7
A. Sachbedeutung	4
B. Weitere Wertvorschriften	5
C. Ergänzende Bestimmungen	6
D. Sonstige Vorschriften	7
3) **Bedeutung der Sache für den Kläger, I**	8–19
A. Antrag als Grundlage	8
B. Beispiele zur Frage einer Bedeutung des Antrags, I	9
C. Antrag in Rechtsmittelinstanz	10
D. Bedeutung der Sache	11
E. Wirtschaftliche Auswirkung	12
F. Langzeitwirkung	13
G. Rechtliche Auswirkung	14
H. Beispiele zur Frage der Auswirkungen bei den Klagarten	15
I. Maßgeblicher Zeitpunkt	16
J. Ermessen	17
K. Ermessensobergrenze	18
L. Ziel: Einheitliche Rechtsprechung	19
4) **Auffangwert, II**	20–23
A. Hilfswert	21
B. Starre Größe	22
C. Beispiele zur Frage einer Anwendbarkeit des Auffangwerts, II	23
5) **Bezifferte Geldleistung, III**	24, 25
A. Grundsatz: Leistungshöhe	24
B. Beispiele zur Frage einer bezifferten Geldleistung, III	25
6) **Mindestwert, Höchstwert, IV**	26–29
A. Finanzgerichtsbarkeit: Mindestwert 1000 EUR, IV Hs 1	26
B. Sozialgerichtsbarkeit: Höchstwert 2 500 000 EUR, IV Hs 2	27
C. Krankenhausfinanzierungsgesetz: Höchstwert 2 500 000 EUR, IV Hs 3	28
D. Vermögensgesetz: Höchstwert 500 000 EUR, IV Hs 4	29
7) **Statusstreitigkeit im öffentlichen Dienst, V, VI**	30–33
A. Regelfall, V 1	30
B. Sonderfälle, V 2	31
C. Verbindung verschiedenartiger Ansprüche, VI	32
D. Sonstige Verfahren, V, VI	33
8) **Festsetzung des Werts, I–VII**	34, 35

1) Systematik, I–VII. Soweit nicht Sondervorschriften nach Anh I A eingreifen, **1** gelten die folgenden Regeln. Im zugehörigen Eilverfahren gilt § 53.

A. Streitwert. Die Wertberechnung nach § 52 betrifft nur die Grundlage für die Erhebung der Gerichtsgebühren nach § 3 I und damit auch der Anwaltsgebühren

GKG § 52 I. A. Gerichtskostengesetz

nach § 23 RVG in allen Verfahren vor den Gerichten der Verwaltungsgerichtsbarkeit. Soweit es sich um die Zuständigkeit und die Zulässigkeit eines Rechtsmittels handelt, zB nach § 131 VwGO, gelten dagegen die zB nach § 173 VwGO oder § 155 FGO sinngemäß anwendbaren §§ 3 ff ZPO, § 48 Anh I, BFH BStBl **77** II 614, OVG Münst NVwZ-RR **96**, 548.

Im Verfahren vor den Gerichten der *Sozialgerichtsbarkeit* ist § 52 nur dann anwendbar, wenn in dem Rechtszug weder der Kläger noch der Bekl zu den in § 183 SGG genannten Personen gehört, § 1 II Z 3 in Verbindung mit § 197 a I 1 SGG, Teil II B dieses Buchs, auch wegen der in § 183 SGG genannten Personen (in erster Linie Versicherte, Leistungsempfänger und Behinderte oder deren Sonderrechtsnachfolger). Zum Wert bei einer vertragsärztlichen Tätigkeit Wenner/Bernard NZS **03**, 568 (Üb). V ist in der Sozialgerichtsbarkeit nicht anwendbar. Für wiederkehrende Leistungen gilt § 42 III.

2 *Außerhalb* dieses Bereichs gilt § 52 an sich nicht. Jedoch ist die Vorschrift in den in VV amtliche Vorbem 6.2 III bezeichneten Sachen entsprechend anwendbar, Teil X dieses Buchs, Brdb MDR **09**, 634 (sogar im Zivilprozeß –?–). Sie ist ferner in ehrenund berufsgerichtlichen Verfahren evtl entsprechend anwendbar, zB nach § 194 BRAO, SchlAnh F, und nach § 111g BNotO, SchlAnh J, auch im Rahmen von §§ 62 I Z 2–4, 66 I, 78 Z 2–4 DRiG. Das gilt, soweit nicht Sondervorschriften wie § 202 II BRAO bestehen. Dasselbe gilt in Verfahren wegen des Verlusts von Dienstbezügen vor einem Disziplinargericht, VGH Mü NVwZ-RR **89**, 54. Man darf den Grundgedanken des II auch in der Zivilgerichtsbarkeit heranziehen, wenn für eine Schätzung nach § 3 ZPO genügende Anhaltspunkte fehlen, Brschw NdsRpfl **77**, 126 oder wenn im Rahmen von (jetzt) § 48 II 1 keine besonderen Bemessungsumstände vorliegen, BAG NZA **98**, 670, aM Mü MDR **89**, 360.

3 **B. Gegenstandswert.** Sofern in bestimmten Streitigkeiten vor den Verwaltungsgerichten keine Gerichtskosten entstehen, also zB nach § 2 II, entfällt die Festsetzung eines Streitwerts für die Gerichtsgebühren, VG Mü NVwZ-RR **03**, 907. Der nach § 33 RVG festsetzbare und für die Anwaltsgebühren maßgebliche Gegenstandswert bemißt sich in diesen Fällen nach § 23 I 1 RVG nach den für die Gerichtsgebühren geltenden Wertvorschriften, OVG Hbg NVwZ-RR **07**, 639. Denn diese Wertvorschriften sind nur bei einer sachlicher Gebührenfreiheit nicht anwendbar, BVerwG BayVBl **89**, 285, FG Bre EFG **94**, 317, VG Drsd VIZ **96**, 352, aM BVerwG JB **95**, 537, VGH Mannh NVwZ-RR **95**, 424, OVG Münst ZBR **87**, 255. Anwendbar sind also auch insoweit §§ 52 ff.

Die Festsetzung eines Gegenstandswertes nach *§ 18 RVG* kommt auch in Betracht, soweit die Parteien in einem auch außergerichtlichen Vergleich einen bisher nicht rechtshängigen Anspruch mitvergleichen haben, OVG Bln AS **22**, 32.

4 **2) Wertgrundregeln, I–VII.** Bei der Wertberechnung unterscheidet man nicht zwischen vermögensrechtlichen und anderen Streitigkeiten. Denn diese Unterscheidung führte in der Praxis der Verwaltungsgerichte zu erheblichen Schwierigkeiten.

A. Sachbedeutung. Soweit die folgenden Vorschriften nichts Abweichendes bestimmen, muß man den Streitwert (Gegenstandswert) vielmehr in allen Sachen nach der sich aus dem Antrag des Klägers bei einer objektiven Beurteilung und nicht nach der subjektiven Vorstellung des Klägers in Wahrheit für ihn ergebenden Bedeutung der Sache bestimmen, I, VGH Mannh NVwZ-RR **09**, 1021, OVG Münst NVwZ-RR **05**, 582 (zum alten Recht). Das ist eine sog Generalklausel, VGH Kassel NVwZ-RR **05**, 366. Wenn der Antrag eine bezifferte Geldleistung oder einen hierauf gerichteten Verwaltungsakt erstrebt, ist die Höhe dieser Leistung maßgebend, III. Das gilt zB bei der Anfechtung eines Abgabenbescheids und bei einer Klage auf die Bewilligung einer bestimmten Zahlung.

5 **B. Weitere Wertvorschriften.** Die Grundregel gilt nach I nur „soweit nichts anderes bestimmt ist". Daher sind ferner §§ 4ff anwendbar. Sie gehen § 52 I, III vor, soweit sie Sonderbestimmungen enthalten. Neben oder statt § 52 sind demgemäß die folgenden Vorschriften anwendbar.

§ 36 (Teile des Streitgegenstandes): Unmittelbar anwendbar, OVG Lüneb NJW **77**, 917, VGH Mannh VBlBW **81**, 322;

§ 40 (Zeitpunkt der Wertberechnung): Unmittelbar anwendbar, dazu § 40 Rn 1 ff;

Abschnitt 7. Wertvorschriften **§ 52 GKG**

§ 41 (Miet-, Pacht- und ähnliche Nutzungsverhältnisse): I, II, V sind entsprechend anwendbar beim Streit über einen öffentlichrechtlichen Nutzungsvertrag, BVerwG NVwZ-RR **94**, 420, ebenso in Streitigkeiten über einen Wohnraum, zB nach dem Obdachlosenrecht, weil die sozialen Gründe für eine Begrenzung des Streitwerts auch hier gelten, ZiSchm 39;

§ 42 (Wiederkehrende Leistungen): III, V sind nur für Zahlungsklagen anwendbar, ferner entsprechend für die mit Unterhaltsklagen vergleichbaren Streitigkeiten, zB nach BAföG und BSHG, VGH Mü NVwZ **91**, 1198, ZiSchm 25. III gilt entsprechend für wiederkehrende Leistungen aus einem öffentlichrechtlichen Rechtsverhältnis, BVerwG NVwZ **88**, 1019, OVG Münst JB **95**, 590, aM BVerwG NVwZ-RR **89**, 280. Vgl dazu § 52 Anh I B Rn 16, 19 und 36;

§ 43 (Nebenforderungen): Unmittelbar anwendbar; im Fall des § 161 II VwGO oder § 138 FGO gilt § 43 III;

§ 44 (Stufenklage): Unmittelbar anwendbar, soweit entsprechende Streitigkeiten in der Verwaltungs- und Finanzgerichtsbarkeit vorkommen, BLAH § 254 ZPO Rn 23;

§ 45 (Klage und Widerklage, wechselseitige Rechtsmittel, Aufrechnung, Hilfsanspruch): Unmittelbar anwendbar, OVG Münst JB **94**, 360;

§ 47 (Wertberechnung im Rechtsmittelverfahren) anwendbar, Madert NJW **98**, 581, Otto JB **97**, 286;

§ 53 (einstweilige Maßnahmen): Anwendbar sind I ergänzend zu § 52 im gerichtlichen Verfahren über eine Arrestmaßnahme der Verwaltung, § 53 Rn 11 ff, und III unmittelbar, StrWK I Nr 7, § 53 Rn 23 ff.

C. Ergänzende Bestimmungen. Sofern §§ 41 ff nichts anderes besagen, darf **6** und muß man ferner die einschlägigen Bestimmungen der ZPO beachten, falls sie nach § 173 VwGO oder § 155 FGO sinngemäß anwendbar sind und auch im Zivilverfahren für die Gebührenberechnung gelten. Das trifft zB zu auf *§ 4 I Hs 1 ZPO* (Zeitpunkt der Wertberechnung, ergänzt durch §§ 40, 47), OVG Münst RiA **89**, 80, und auf *§ 5 Hs 1 ZPO* (mehrere Ansprüche), § 48 Anh I, BVerwG NJW **82**, 1257, OVG Bln MDR **96**, 1079, OVG Münst NVwZ-RR **96**, 548, Anh I B Rn 3, 4, Anh II Rn 10.

Nicht entsprechend anwendbar ist *§ 6 ZPO*. Man kann dieser Vorschrift freilich einen gewissen Maßstab für den Gebührenwert entnehmen. Dasselbe gilt für *§ 9 ZPO*. Die darin festgesetzte Obergrenze ist für die Bewertung länger dauernder Leistungen neben (jetzt) IV beachtbar, VGH Kassel NVwZ-RR **97**, 118, VGH Mü NVwZ-RR **98**, 788, OVG Münst NVwZ-RR **00**, 732.

D. Sonstige Vorschriften. Unmittelbar anwendbar sind *§ 35* (einmalige Erhe- **7** bung der Gebühren), *§ 61* (Angabe des Wertes), *§ 62* (Maßgeblichkeit des Zulässigkeitswerts, §§ 131, 146 III VwGO, § 128 III FGO), *§ 64* (Festsetzung des Gebührenwerts). Dagegen kommt eine Schätzung des Streitwerts durch Sachverständige im Sinn von § 64 S 1 wegen § 52 II nicht in Betracht.

Wegen der *gesetzlichen Sondervorschriften* für einzelne Rechtsgebiete vgl Anh I A.

3) Bedeutung der Sache für den Kläger, I. Jedes Verfahren hat grundsätzlich **8** für § 52 nur *einen* Wert, OVG Bln MDR **96**, 1079. Es gibt zahlreiche Aspekte.

A. Antrag als Grundlage. Maßgeblich ist allein die sich aus dem Antrag des Klägers bei objektiver Beurteilung und nicht nach seiner subjektiven Vorstellung in Wahrheit für ihn ergebende Bedeutung der Sache, Rn 4, LSG Schlesw JB **08**, 425, VGH Mannh NVwZ-RR **09**, 1021. Zur Verfassungsmäßigkeit BVerfG NVwZ **99**, 1104. Dabei kommt es nur auf die objektive Bedeutung für den Kläger oder sonstigen Antragsteller nach VII an. Daher darf man die Auswirkungen der Entscheidung für den Bekl oder einen Beigeladenen nicht berücksichtigen, BVerwG AnwBl **77**, 507, FG Karlsr EFG **96**, 1059, VGH Mü BayVBl **78**, 60, OVG Münst NVwZ **00**, 335, mögen sie auch noch so schwerwiegend sein. Maßgeblich ist im Zweifel der Antrag, wie ihn das Gericht verstanden hat, VGH Mü NVwZ **91**, 1198. Solche Umstände, die über den konkreten Antrag hinausgehen, bleiben außer Betracht, BFH BStBl **76** II 685. Niemals darf ein fiktives und nur in der Vorstellung des Gerichts bestehendes Begehren maßgeblich werden, OVG Hbg NVwZ-RR **98**, 341. Notfalls gilt II und § 61.

GKG § 52   I. A. Gerichtskostengesetz

9 **B. Beispiele zur Frage einer Bedeutung des Antrags, I**
Auslegung: S „Fehlen eines Antrags".
Beigeladener: Rn 8.
Ausnahmsweise kommt dann nach § 36 eine besondere Wertfestsetzung infrage, wenn die Parteien allein über die Erforderlichkeit der Beiladung streiten, BFH/NV **98**, 348, oder wenn sich die Beiladung nur auf einen Teil des Streitgegenstands bezieht. Das muß man nach wirtschaftlichen Gesichtspunkten entscheiden, OVG Lüneb NVwZ-RR **01**, 278, VGH Mü BayVBl **85**, 414. Maßgeblich bleibt aber auch dann die Bedeutung dieses Teils der Sache für den Kläger, aM BFH/NV **98**, 398, VGH Mü BayVBl **85**, 414.
Beklagter: Rn 8.
Erfolg: Maßgeblich ist der unmittelbar erstrebte Erfolg, Rn 12.
Fehlen eines Antrags: Maßgeblich ist das Klagebegehren so, wie es sich bei einer vernünftigen Auslegung aus dem Klägervortrag ergibt, §§ 88 VwGO, 96 I 2 FGO.
Kosten: *Unmaßgeblich* ist der Versuch einer Kostenverringerung, OVG Lüneb JB **08**, 426.
Liebhaberwert: *Unmaßgeblich* ist ein bloßer Liebhaberwert, VGH Mannh NJW **77**, 827.
Mehrheit von Gegenständen: Maßgeblich ist das Gesamtinteresse, VGH Mü AnwBl **80**, 220.
Musterprozeß: *Unmaßgeblich* sind Umstände über den konkreten Antrag hinaus wie zB beim sog Musterprozeß, BFH BStBl II **76**, 685, VGH Mü BayVBl **82**, 443.
Nachbarschutz: *Unmaßgeblich* sind die Auswirkungen auf den Nachbarn als Bekl. Rn 8.
Prozeßkostenhilfe: Maßgeblich bleibt ihre Möglichkeit, BVerfG NVwZ-RR **94**, 107, aM OVG Koblenz NVwZ-RR **94**, 384.
Schwierigkeit: *Unmaßgeblich* ist die Schwierigkeit des Falls, BVerwG DVBl **77**, 653.
Umfang: *Unmaßgeblich* ist der Sachumfang, BVerwG AnwBl **77**, 507.
Vorzeitige Beendigung: *Unmaßgeblich* ist dieser Vorgang für den Wert schon nach § 40, VGH Mannh NJW **77**, 827, VGH Mü BayVBl **75**, 403.
Wirtschaftliche Verhältnisse: *Unmaßgeblich* sind grds die wirtschaftlichen Verhältnisse der Beteiligten, BVerwG DVBl **77**, 653.
   S aber auch „Beigeladener".
Zulässigkeit: *Unmaßgeblich* ist die Zulässigkeit des Antrags, BFH BStBl II **75**, 234.

10 **C. Antrag in Rechtsmittelinstanz.** Das alles gilt auch in der Rechtsmittelinstanz. Nach § 47 II 1 bestimmt sich der Wert durch die Anträge des Rechtsmittelführers, also zB des Bekl oder des Beigeladenen, hilfsweise durch die Beschwer, Madert NJW **98**, 581, jeweils begrenzt durch den Wert der ersten Instanz, § 47 II 1. Aber auch hier ist für seine Bemessung die Bedeutung für den Kläger maßgeblich. Daher ist der Wert bei unverändertem Streitgegenstand auch für Rechtsmittel des Bekl oder des Beigeladenen mit dem Wert der ersten Instanz identisch, BVerwG NVwZ-RR **89**, 280, VGH Mannh JB **90**, 1207, OVG Münst NVwZ **00**, 335, aM VGH Kassel NVwZ-RR **90**, 223, Zimmer NVwZ **91**, 549. Geht es in beiden Instanzen zB um die Genehmigung desselben Großvorhabens, kann aber der Gebührenwert bei der Berufung eines Beigeladenen schwerlich etwa nach II auf 5000 EUR sinken.
   Die *Obergrenze* (jetzt) nach § 47 II 1 gilt auch für Verfahren nach § 80 VII VwGO, aM VGH Mannh NVwZ-RR **98**, 787. Sie bestimmt sich nicht nach dem in der ersten Instanz festgesetzten Streitwert, sondern nach dem objektiv angemessenen. Das Rechtsmittelgericht muß ihn evtl neu festsetzen, Zimmer NVwZ **95**, 142. Eine Sondervorschrift für die Verfahren auf eine Zulassung des Rechtsmittels nach §§ 124 a, 146 IV–VI VwGO und über eine Nichtzulassungsbeschwerde nach § 133 VwGO ist § 47 III, dort Rn 10.

11 **D. Bedeutung der Sache.** Die Vorschrift ist mit dem GG vereinbar, BVerfG NVwZ **99**, 1104. Ihre Bedeutung für den Kläger oder sonstigen Antragsteller nach VII entspricht seinem Interesse an der erstrebten Entscheidung. Maßgeblich ist nicht die subjektive Bedeutung, die der Kläger der Sache beimißt (Affektionsinteresse), sondern derjenige Wert, den die Sache bei einer objektiven Beurteilung für den Kläger hat, Rn 4, LSG Bre NZS **04**, 560, OVG Magdeb NVwZ-RR **09**, 623, VGH

Abschnitt 7. Wertvorschriften　　　　　　　　　　　　　　　　§ 52 GKG

Mannh NJW 77, 827. In dieser Weise bewertbar sind demnach die rechtliche Tragweite der Entscheidung und die Auswirkungen, die ein Erfolg des Begehrens für die wirtschaftliche oder sonstige Lage des Klägers hat. Dabei kommt es auch auf die Bedeutung des in seiner Person betroffenen Rechts an, Redeker DVBl 75, 925. Außer Betracht bleiben die Auswirkungen der Entscheidung auf andere Beteiligte oder andere Verfahren, Rn 8.

E. Wirtschaftliche Auswirkung. Meist bestimmen allein die wirtschaftlichen 12 Auswirkungen des Siegs den Streit, BVerwG NVwZ-RR **03**, 904, LSG Bre NZS **04**, 560, OVG Greifsw NVwZ-RR **04**, 226 (Jubiläumsalter), nämlich der Vermögenswert, den der Kläger behält, zB der Sachwert des Gebäudes, dessen Abbruch die Behörde verlangt hatte, oder der Wert der Aufwendungen bei der Anfechtung eines Leistungsgebots, etwa auf eine Auskunft, OVG Greifsw NVwZ-RR **01**, 279, oder bei der Befestigung des Straßenrands entlang einer Zufahrt, VGH Mü NVwZ-RR **04**, 912 (2000 EUR) oder auf die Beseitigung einer baulichen Anlage, OVG Münst NVwZ-RR **05**, 582 (Werbetafeln), oder bei einer Dienstleistungserlaubnis, Schwan/ Jüngel JB **06**, 459.

Es kann auch auf denjenigen *Vermögenswert* ankommen, den der Kläger als Sieger hinzugewinnen will, etwa auf den Wert der erstrebten Erlaubnis, VGH Mannh NVwZ-RR **90**, 386, OVG Münst NVwZ-RR **09**, 408 rechts (Jahresgewinn beim Arzneimittel). Zusätzlich oder allein ergibt sich der Streitwert aus sonstigen Auswirkungen der begehrten Entscheidung, etwa auf die Stellung des Klägers in der Gesellschaft oder Familie zB bei einer Klage auf eine Einbürgerung, Namensänderung usw oder auf andere ideelle Interessen zB bei der Klage einer Gemeinde gegen eine Planung und bei einer Verbandsklage, BVerwG NVwZ-RR **96**, 237. Man muß die Bedeutung solcher Auswirkungen in Geld schätzen.

F. Langzeitwirkung. Erstrecken sich die Auswirkungen auf eine längere Zeit, zB 13 beim Streit um eine Berufszulassung oder um die Ausübung eines Gewerbes, muß man diesen Umstand gebührend berücksichtigen. Das gilt etwa bei einer Klage auf die Erteilung der ärztlichen Approbation, BSG AnwBl **82**, 30. Dabei ist eine Pauschalierung zulässig und notwendig, Rn 19. Der Jahreswert wird aber bei Dauerverhältnissen der Bedeutung der Sache meist nicht gerecht. Bei wiederkehrenden Leistungen aus einem öffentlichrechtlichen Rechtsverhältnis muß man entsprechend § 42 III vom Dreijahresbetrag ausgehen, Rn 24, Anh I Üb 3.

Wenn eine Leistung für eine *bestimmte Zeit* streitig ist, zB für einen Veranlagungs- oder Bewilligungszeitraum, muß man diesen zugrunde legen. Dabei muß man beachten, daß sich die Rechtskraft beim Streit um die gänzliche oder teilweise Versagung einer Hilfe auf die Zeit bis zur Entscheidung erstrecken kann, zB beim Wohngeld, BVerwG **44**, 266, nicht dagegen bei einer Leistung nach dem BAföG, BVerwG FamRZ **81**, 824. Doch greift dann meist eine Begrenzung des Streitwerts ein, zB nach § 41 I, Anh I Üb 3.

G. Rechtliche Auswirkung. Das Interesse des Klägers oder sonstigen Antragstel- 14 lers nach III bestimmt sich stets durch die rechtliche Tragweite der erstrebten Entscheidung. Daher muß man den Streitwert für die einzelnen Klagarten evtl verschieden hoch bemessen müssen.

H. Beispiele zur Frage der Auswirkungen bei den Klagarten, I 15
Anfechtung: Bei einer Anfechtungsklage ist das Interesse am Wegfall des Verwaltungsakts maßgeblich. Bei der Klage gegen einen Zahlungsgrundbescheid muß man den vermutlichen Gesamtbetrag meist um 20% kürzen, BVerwG NVwZ **88**, 1019. Richtet sich eine Anfechtungsklage prozessual ausnahmsweise zulässig gegen die Ablehnung einer Vergünstigung etwa einer Baugenehmigung, muß man vom Interesse an der Vergünstigung ausgehen und so gefundenen Wert angemessen kürzen.

Bescheidung: Bei einer Klage auf eine bloße Bescheidung ist der Wert häufig geringer, je nachdem, inwieweit sie den Kläger seinem Endziel näher bringt, FG Bre EFG **93**, 253, OVG Hbg ZBR **80**, 289, FG Karlsr EFG **94**, 268. Beispiel: Wert der Klage auf die Erteilung der Baugenehmigung 20 000 EUR, Wert der Bescheidungsklage 15 000 EUR (75%), wenn die Behörde die Bebaubarkeit schlechthin verneint hatte, aber nur 10 000 EUR (50%), wenn der Kläger nur eine neue Ermessensaus-

GKG § 52
I. A. Gerichtskostengesetz

übung erstrebt. Entsprechendes gilt für eine Klage auf anderes Tätigwerden, OVG Münst NVwZ-RR **99**, 700. Anders liegt es, wenn zB nur die genaue Errechnung einer Geldleistung offen bleibt. Dann braucht man keine Kürzung vorzunehmen. Eine Verpflichtung nur dem Grunde nach läßt sich meist niedriger bewerten als die geltend gemachte Forderung, wenn die Festsetzung im Ermessen der Behörde steht oder wenn auch die Höhe der Forderung streitig ist.
Der Streitwert der *sonstigen Leistungsklage* ergibt sich aus dem Wert der Leistung für den Kläger. Hier kann man auf die von den Zivilgerichten entwickelten Grundsätze § 48 Anh I zurückgreifen. Beim Streit um ein Vorkaufsrecht kann man vom Grundstückswert 5% abziehen, OVG Bautzen NVwZ-RR **95**, 237.

Feststellung: Die behauptende Feststellungsklage läßt sich meist geringer als eine entsprechende Leistungsklage bewerten, es sei denn, der Erfolg kommt einem Grundurteil gleich, etwa bei einem Zahlungsanspruch gegen den Staat, VGH Mü BayVBl **86**, 60. Die verneinende prozessual nur ausnahmsweise zulässige Feststellungsklage läßt sich mit dem vollen Wert des bestrittenen Rechts ansetzen, wenn sie eine künftige Leistung ausschließt, VGH Mü NVwZ-RR **01**, 277.

Fortsetzungsklage: Der Wert der Fortsetzungsfeststellungsklage, nach §§ 113 I 4 VwGO, 100 I 4 FGO usw ist meist geringer und nie höher als der Wert der Hauptklage, BFH/NV **96**, 927 (50%), BVerwG AnwBl **89**, 235, VGH Kassel NVwZ-RR **92**, 218, aM StrWK I 5, Anh I Rn 5, ZiSchm 46. Ähnliches gilt im Abänderungsverfahren nach § 80 VII VwGO, OVG Lüneb NVwZ-RR **99**, 813.

Verpflichtung: Der Streitwert der Verpflichtungsklage entspricht dem Interesse des Klägers am begehrten Verwaltungsakt.

16 **I. Maßgeblicher Zeitpunkt.** Er ergibt sich aus § 4 ZPO in Verbindung mit § 173 VwGO, § 155 FGO sowie aus §§ 40, 47, Rn 5, 6. Ermäßigt der Kläger seinen Antrag, werden mehrere Ansprüche getrennt oder ergeht ein Teilurteil, ist für die später anfallenden Gebühren ein zweiter und meist geringerer Wert ansetzbar, VGH Mü BayVBl **84**, 221, Kopp/Schenke § 189 VwGO Rn 9.

17 **J. Ermessen.** Das Gericht darf und muß den Streitwert nach seinem pflichtgemäßen Ermessen bestimmen. Das geschieht nach den Anhaltspunkten aus dem bisherigen Sach- und Streitstand, II. Einen Pauschalstreitwert sieht § 6 VIII VZOG vor, Anh I A Rn 4. Mit dem Ermessen erhält das Gericht ebenso wie nach § 3 ZPO, § 48 Anh I, Spielraum für die Beurteilung der Bedeutung der Sache und für ihre Bewertung eingeräumt. Das Gericht darf den Wert schätzen und dabei auch den Umsatzverlust mitbeachten, VGH Mannh NVwZ-RR **08**, 430. Es darf sich sowohl einer Schematisierung als auch einer Pauschalierung bedienen, BFH FamRZ **06**, 702. Das Gericht sollte stets die Beteiligten anhören. Es ist nicht an Wertfestsetzungen des BVerfG in anderen Fällen gebunden, BVerfG NVwZ **99**, 1104. Eine Beweiserhebung zur Ermittlung der dafür maßgeblichen Merkmale ist (jetzt) freilich nach II ausgeschlossen, Rn 20, VGH Mü BayVBl **78**, 221.
Eine Berücksichtigung der *wirtschaftlichen* oder sozialen Lage des Klägers, um zu einem für ihn „tragbaren" Streitwert zu kommen (sog Sozialrabatt), ist *nicht* zulässig, ZiSchm 7, 34 (eingehend), aM VGH Mannh NVwZ-RR **90**, 385, OVG Münst GewArch **76**, 381 (aber § 52 verweist gerade nicht auf alle Umstände, sondern knüpft nur an die Bedeutung der Sache für den Kläger an, Rn 8, die man objektiv bestimmen muß, Rn 11. Diese Gleichstellung mit entsprechenden Verfahren vor den Zivilgerichten und bei den BauGB ist im Hinblick auf Art 19 IV GG unbedenklich, Fromm DÖV **82**, 206).

18 **K. Ermessensobergrenze.** Jedoch darf man nach dem Rechtsstaatsprinzip den Streitwert nicht so unangemessen hoch festsetzen, daß es dem Bürger praktisch unmöglich würde, das Gericht anzurufen, BVerfG NJW **97**, 311. Sonst besteht für die Bemessung keine obere Grenze. Insbesondere ist (jetzt) § 48 III 2 nicht entsprechend anwendbar. Jedoch darf man bei einem Anspruch aus dem Vermögensgesetz den Streitwert nach IV lt Hs nicht höher als mit 500 000 EUR ansetzen.

19 **L. Ziel: Einheitliche Rechtsprechung.** Um das Kostenrisiko für die Beteiligten überschaubar zu machen, ist eine möglichst einheitliche Praxis der Gerichte dringend erforderlich. An ihr hat es lange Zeit gefehlt, Bräutigam NVwZ **89**, 1022, Zimmer NVwZ **88**, 706. Abhilfe für einzelne Materien sollte notfalls der Gesetzgeber schaf-

Abschnitt 7. Wertvorschriften § 52 GKG

fen, wie es bereits für das Beamtenrecht in V, VI sowie für das Asylverfahren geschehen ist, Anh I A Rn 1. Da gegen Streitwertbeschlüsse der OVG (VGH) und FG nach § 68 I 4 in Verbindung mit § 66 III 2 keine Beschwerde statthaft ist, ist es wünschenswert und hilfreich, daß BVerwG und BFH Bewertungsrichtlinien zu I entwickeln. Ihnen sollten die Instanzgerichte grundsätzlich folgen, Anh I B Üb 2. Solche Richtlinien enthält der *Streitwertkatalog* für die Verwaltungsgerichtsbarkeit, abgedruckt und erläutert als Anh I B. Im Interesse der Rechtssicherheit und der Gleichbehandlung ist eine weitgehende Schematisierung und bei einer Leistung auch eine Pauschalierung für gleichartige Streitigkeiten zulässig und notwendig, aM BVerfG NJW **92**, 1674. Das gilt zB für beamtenrechtliche Ansprüche, Berufszulassungen, Bau- und Gewerbegenehmigungen usw. Zum sog Teilstatus OVG Weimar JB **08**, 33.

4) Auffangwert, II. Nur wenn der bisherige Sach- und Streitstand keine genügenden Anhaltspunkte für die Bemessung bietet, ist ein Streitwert von (jetzt) 5000 EUR maßgeblich, LSG Schlesw JB **08**, 653,VGH Mannh NVwZ-RR **99**, 813, VGH Mü NVwZ-RR **04**, 912. Das gilt je Kläger, VGH Mannh NVwZ-RR **06**, 653. Danach ist eine Beweiserhebung zur Ermittlung der nach I maßgebenden Merkmale nicht zulässig, OVG Greifsw NJW **08**, 2936 rechts. Jedoch muß das Gericht den Beteiligten hier wie auch sonst ausreichend eine Gelegenheit geben, sich zum Streitwert zu äußern, Art 103 I GG. Sie sind nach § 61 verpflichtet, Angaben zu machen. II dient also keineswegs der bequemen Umgehung von I, III ff. II begünstigt freilich auch nicht den Kläger, der sich entgegen § 61 vorwerfbar nicht ausreichend äußert, BFH BB **78**, 292. 20

A. Hilfswert. Aus II ergibt sich nicht etwa ein solcher Ausgangswert, an den sich die Festsetzung nach I anlehnen müßte, und erst recht kein Regelwert, BVerfG AnwBl **75**, 438, BVerwG NJW **89**, 3233. Bei dem Betrag von 5000 EUR handelt es sich vielmehr um einen Auffangwert (fiktiven Streitwert) oder um einen hilfsweisen Ausnahmewert, LSG Bre NZS **04**, 560, VGH Mannh NVwZ-RR **04**, 619, Noll NJW **76**, 221. Er tritt immer und nur dann ein, soweit und solange eine individuelle Bemessung noch nicht möglich ist, weil hinreichende Anhaltspunkte fehlen, VGH Mannh BWVPr **76**, 202. 21

B. Starre Größe. Der gesetzliche Auffangwert ist als solcher eine starre Größe. Falls die Bedeutung des Antrags erkennbar in ihrem Wert über oder unter 5000 EUR liegt, muß man den Streitwert nicht nach II, sondern nach der in I enthaltenen Grundregel entsprechend höher oder niedriger festsetzen, BFH/NV **96**, 576, BVerwG NVwZ-RR **96**, 237, OVG Hbg NVwZ-RR **09**, 405 rechts ($^1/_4$), aM VGH Mü NVwZ-RR **91**, 391, OVG Schlesw NordÖR **00**, 372, Geiger BayVBl **97**, 108 (aber II ist eben nur ein Hilfswert). Im Hinblick auf den durch I eingeräumten Beurteilungsspielraum ist eine von 5000 EUR ausgehende prozentuale Niedriger- oder Höherbewertung unbedenklich, um ein bloßes „Greifen" des Wertes auszuschließen, aM VGH Mannh NVwZ-RR **99**, 813, VGH Mü NVwZ-RR **91**, 391, Geiger BayVBl **97**, 108. Gibt es einen über 5000 EUR liegenden konkreten Mindestwert, ist dieser maßgeblich. 22

C. Beispiele zur Frage einer Anwendbarkeit des Auffangswerts, II 23
Abschiebung: Anwendbar ist der Auffangwert bei der Abschiebung eines Ausländers alsbald nach seiner erstmaligen Einreise.
Akteneinsicht: Anwendbar ist der Auffangwert bei der Klage auf eine Akteneinsicht wegen der Unsicherheit ihrer Auswirkung.
Anspruchshäufung: Anwendbar kann sein der Auffangwert auch dann. Man muß ihn dann entsprechend vervielfachen, BFH BStBl II **82**, 705, FG Karlsr EFG **86**, 146, Lappe NJW **83**, 1469.
Aufenthaltsrecht: Anwendbar ist der Auffangwert bei einer Nebenbestimmung einer Wohnsitzauflage OVG Lüneb JB **09**, 540.
Befangenheit: Anwendbar ist der Auffangwert bei der Ablehnung eines Richters, VGH Kassel NVwZ-RR **93**, 109.
Beurteilung: Anwendbar ist der Auffangwert bei der Klage auf die Änderung einer Beurteilung oder überhaupt auf ihre Vornahme, OVG Münst NVwZ-RR **09**, 407.
Keine Bezifferung: *Unanwendbar* ist der Auffangwert beim bloßen Fehlen der Bezifferung einer Herabsetzung. Denn dann kann man den Wert auf die Hälfte der bisherigen Festsetzung beziffern.

GKG § 52 I. A. Gerichtskostengesetz

Buchführung: Anwendbar ist der Auffangwert beim Streit um eine Erleichterung der Buchführung, FG Hbg EFG **79**, 514.
Eintragung: Anwendbar ist der Auffangwert beim Streit um die Eintragung einer bestimmten Person als des Leiters der Beratungsstelle eines Lohnsteuerhilfevereins, BFH BStBl II **81**, 105.
Fahrerlaubnis: Anwendbar ist der Auffangwert beim Streit um eine Fahrerlaubnis, VGH Mü NVwZ-RR **91**, 391.
Fahrtenbuch: Anwendbar ist der Auffangwert beim Streit um eine Auflage im Fahrtenbuch, VGH Mü NZV **92**, 128.
Gaststättenerlaubnis: Anwendbar ist der Auffangwert beim Streit um eine solche Erlaubnis, VGH Kassel NVwZ-RR **93**, 672.
Gewerbeanmeldung: Anwendbar ist der Auffangwert beim Streit um eine solche Anmeldung, VGH Mannh NVwZ-RR **95**, 62.
Hochschulzulassung: Anwendbar ist der Auffangwert bei der Klage auf eine solche Zulassung wegen der Unsicherheit der Auswirkung, OVG Bautzen NVwZ-RR **06**, 219 (2500 EUR).
Investition: Anwendbar ist der Auffangwert beim Streit um einen Investitionsbescheid, OVG Magdeb VIZ **93**, 217.
Konzession: S „Gaststättenerlaubnis".
Kostenfreiheit: *Unanwendbar* ist der Auffangwert im gerichtskostenfreien Verfahren. Dann gilt für den Anwalt § 23 III RVG, Teil X dieses Buchs, VG Hann NVwZ-RR **09**, 224.
Namensänderung: Anwendbar ist der Auffangwert bei der Klage auf eine Namensänderung.
Personalvertretung: Anwendbar ist der Auffangwert grds in einer solchen Sache.
Prüfung: Anwendbar ist der Auffangwert bei einer Prüfungssache wegen der Unsicherheit der Auswirkung, OVG Bautzen NVwZ-RR **06**, 219 (2500 EUR), VGH Mü NVwZ **91**, 579.
Rechtsberatung: Anwendbar ist der Auffangwert bei einer Beschwerde gegen die Zurückweisung eines Funktionärs eines Verbands bei einer vorsorglichen Klage gegen eine Steuerschätzung, FG Kassel EFG **78**, 344.
Richterablehnung: S „Befangenheit".
Rundfunkgebühr: Anwendbar ist der Auffangwert beim Streit um eine solche Gebühr, OVG Hbg NVwZ-RR **04**, 620.
Rundfunkrat: Anwendbar ist der Auffangwert beim Streit um einen Sitz in diesem Organ.
Keine Schätzbarkeit: Anwendbar ist der Auffangwert dann, wenn man nicht wenigstens schätzen kann, was und wieviel der Kläger begehrt, FG Karlsr EFG **86**, 146.
Unbestimmter Gegenstand: Anwendbar ist der Auffangwert auch dann, wenn das Klägervorbringen keinen bestimmten Streitgegenstand erkennen läßt, BFH BStBl II **78**, 135.
Wählerverzeichnis: Anwendbar ist der Auffangwert beim Streit um die Eintragung in ein solches Verzeichnis, VGH Mannh NVwZ-RR **90**, 386.
Waffenbesitzkarte: Anwendbar ist der Auffangwert beim Streit um eine solche Urkunde, OVG Lüneb JB **09**, 195.
Wechsel des Dienstherrn: Anwendbar ist der Auffangwert in einem solchen Fall, OVG Münst NVwZ-RR **09**, 824.
Zeugnis: S „Beurteilung".

24 **5) Bezifferte Geldleistung, III.** Ein einfacher Grundsatz hat viele Auswirkungen.

A. Grundsatz: Leistungshöhe. Betrifft der Antrag des Klägers oder des sonstigen Antragstellers nach VII eine bezifferte Geldleistung oder einen hierauf gerichteten Verwaltungsakt, ist die Höhe dieser Geldleistung maßgeblich, die es auf die Bedeutung der Sache ankommt, VGH Kassel MDR **96**, 321. Eine Ermäßigung aus sozialen Gründen ist nicht zulässig und wegen der Möglichkeit einer Prozeßkostenhilfe auch nicht erforderlich, Rn 14 und Anh I Üb 3. Einen „symbolischen" Streitwert wegen der Klärung einer abstrakten Rechtsfrage kennt das Gesetz nicht, BFH/NV **94**, 255.

B. Beispiele zur Frage einer bezifferten Geldleistung, III 25
Anfechtung: Anwendbar ist III bei der Klage auf die Anfechtung eines Leistungsbescheids oder eines Rücknahmebescheids, OVG Magdeb NVwZ-RR **02**, 77.
Bedeutung der Sache: Anwendbar ist III. Die Bedeutung entspricht oft der streitigen Leistung, OVG Bre AnwBl **93**, 41 (Darlehen).
Bedingung: Anwendbar ist III auch bei einer mit der geforderten Zahlung verbundenen Bedingung, OVG Bre AnwBl **84**, 50.
Befreiung: Anwendbar ist III bei der Klage auf einen Befreiungsbescheid zB über eine Steuer oder Abgabe jeweils über einen bestimmten Betrag.
Bloße Bestimmbarkeit: *Unanwendbar* ist III in einem solchen Fall. Dann gilt vielmehr (jetzt) I, BVerwG NVwZ **88**, 1019, aM OVG Münst VerwRspr **31**, 762.
Bewilligung: Anwendbar ist III bei der Klage auf eine Verpflichtung zur Erteilung einer Bewilligung in Höhe eines bestimmten Betrags.
Darlehen: Anwendbar ist III dann, wenn die Geldleistung direkt in das Vermögen des Empfängers übergeht, mag sie auch als Darlehen erfolgen, VGH Kassel MDR **96**, 321, OVG Lüneb JB **08**, 149.
Depotpflicht: *Unanwendbar* ist III bei einer solchen Leistung. Dann gilt vielmehr (jetzt) I, OVG Lüneb JB **08**, 149.
Feststellung: Anwendbar ist III auf eine verneinende Feststellungsklage dann, wenn sie eine künftige Leistung ausschließt, VGH Mü NVwZ-RR **01**, 277.
Folgebescheid: *Unanwendbar* ist III beim Fehlen einer Auswirkung auf einen Folgebescheid. Dann gilt vielmehr (jetzt) II, FG Hbg EFG **99**, 1157.
Gegenpflicht: Anwendbar ist III auch bei einer mit der geforderten Zahlung verbundenen Gegenpflicht zB auf eine Rückzahlung, OVG Bre AnwBl **84**, 50.
Grundbescheid: *Unanwendbar* ist III bei einem solchen Vorgang. Dann gilt vielmehr (jetzt) I, BVerwG NVwZ-RR **00**, 188, OVG Lüneb NVwZ-RR **95**, 62, VG Regensb NVwZ-RR **99**, 407.
Nur Mittelbarkeit: *Unanwendbar* ist III dann, wenn sich ein Verwaltungsakt nur mittelbar auf eine Geldleistung auswirkt. Dann gilt (jetzt) I, VGH Mü BayVBl **01**, 222, Anh II § 52 „Einheitsbewertung" und „Einheitliche Gewinnfeststellung".
Nebenverfahren: *Unanwendbar* ist III in einem solchen Verfahren. Vielmehr gilt dann § 43.
Pauschale: *Unanwendbar* ist III dann, wenn es für einen Streit einen Pauschalwert gibt, zB nach § 6 III VZOG, Anh I § 52 Rn 4.
Rückzahlung: S „Gegenpflicht".
Sicherheitsleistung: *Unanwendbar* ist III bei einer solchen Leistung. Dann gilt vielmehr (jetzt) I, OVG Lüneb JB **08**, 149.
Sozialhilfe: Anwendbar ist III auch bei einer Sozialhilfe, OVG Bre JB **02**, 80.
Studiengebühr: *Unanwendbar* ist III bei einer Studiengebühr für die gesamte weitere Studiendauer, VGH Mannh NVwZ-RR **09**, 622 (3,5-Jahreswert).
Stundung: *Unanwendbar* ist III bei einem Stundungsbegehren, OVG Münst NVwZ-RR **00**, 732 (dreifacher Jahresbetrag).
Teilbetrag: Maßgebend ist nur der streitig gebliebene Teilbetrag, OVG Bautzen JB **09**, 538.
Vorverfahren: Anwendbar ist III zB für den Wert der anwaltlichen Tätigkeit im Verwaltungsvorverfahren, VG Cottbus LKV **98**, 321.
Wiederkehrende Leistung: *Unanwendbar* ist III bei der Klage auf eine wiederkehrende Leistung. Dann ist vielmehr zunächst § 42 anwendbar.
Soweit diese Vorschrift *nicht paßt*, muß man denjenigen Zeitraum zugrunde legen, für den die Geldleistung erfolgen soll, etwa den konkreten Veranlagungs- oder Bewilligungszeitraum nach der anwendbaren Vorschrift, VGH Mü BayVBl **78**, 471.
Zahlung: Anwendbar ist III bei einer Zahlungsklage.

6) Mindestwert, Höchstwert, IV. Die Vorschrift nennt absolute Mindest- oder 26
Höchstwerte nur in den folgenden vier Fallgruppen.
A. Finanzgerichtsbarkeit: Mindestwert 1000 EUR, IV Hs 1. Es kommt vor dem FG oder dem BFH nach unten nicht auf die Einzelverhältnisse an, sondern auf die Rechtmäßigkeit des Steuerbescheids. Man muß stets mindestens 1000 EUR ansetzen.

GKG § 52 I. A. Gerichtskostengesetz

27   **B. Sozialgerichtsbarkeit: Höchstwert 2 500 000 EUR, IV Hs 2.** Nach oben ist der Streitwert stets mit 2 500 000 EUR begrenzt.

28   **C. Krankenhausfinanzierungsgesetz: Höchstwert 2 500 000 EUR, IV Hs 3.** Der Streit mag in der Sozial- oder Verwaltungsgerichtsbarkeit ablaufen. Soweit er nach dem G idF vom 10. 4. 91, BGBl 886, zuletzt geändert am 27. 4. 01, BGBl 886, erfolgt, beträgt der Höchstwert zum Schutz der Sozialversicherungsträger 2 500 000 EUR.

29   **D. Vermögensgesetz: Höchstwert 500 000 EUR, IV Hs 4.** Zu den finanziellen Erblasten der Wiedervereinigung gehört die Regelung der Eigentums- und sonstigen Ansprüche im Zusammenhang mit enteignenden und enteignungsgleichen Maßnahmen in der früheren DDR. Diese Ansprüche regelt das VermG. Wegen des Rechtsweges nach diesem Gesetz BLAH § 13 GVG Rn 67. Soweit danach die Verwaltungsgerichte entscheiden, richtet sich der Streitwert nach I, II.

Danach ist für Ansprüche auf eine *Rückübertragung* meist der aktuelle Verkehrswert maßgeblich, BVerwG NJW **95**, 609, Anh I B. Indessen gilt ein absoluter Höchstwert von 500 000 EUR. Durch eine Trennung von Verfahren nach § 93 VwGO tritt auch bei IV eine Erhöhung des Streitwerts ein, BVerwG NVwZ-RR **98**, 685. In zivilrechtlichen Streitigkeiten über Vermögen in der früheren DDR gilt IV nicht. Man kann IV Hs 4 entsprechend auf Streitigkeiten nach dem InvestitionsvorrangG vom 4. 8. 97, BGBl 1996, zuletzt geändert am 19. 6. 01, BGBl 1149, anwenden, BVerwG Buchholz 360 § 13 Nr 102.

30   **7) Statusstreitigkeit im öffentlichen Dienst, V, VI.** V schreibt als eine gegenüber I–IV vorrangige Sondervorschrift beim Statusstreit der Beamten, Richter, Berufssoldaten und Soldaten auf Zeit eine von den Besonderheiten des Einzelfalles nach Rn 9 ff unabhängige pauschale Bewertung vor. Sie führt in einer Anlehnung an § 42 IV zu einem für die Betroffenen tragbaren Streitwert. In anderen als Statusstreitigkeiten bleibt es bei der Anwendung der §§ 42 III, V, 52 I–III.

A. Regelfall, V 1. Die Grundregel für die Bewertung von Statusstreitigkeiten gilt für bestehende oder angestrebte besoldete öffentlichrechtliche Dienst- oder Amtsverhältnisse, nicht also für Streitigkeiten von Ehrenbeamten. Es muß sich um die Begründung oder Umwandlung eines solchen Verhältnisses handeln, um sein Bestehen oder Nichtbestehen oder um seine Beendigung oder um die Versetzung in den Ruhestand und nicht nur dessen Zeitpunkt, BVerfG NVwZ-RR **09**, 823. Die Altersteilzeit zählt nicht hierher, OVG Weimar JB **08**, 34.

V 1 Z 1: Ist Gegenstand des Verfahrens ein Dienst- oder Amtsverhältnis auf Lebenszeit, ist Streitwert stets der 13fache Betrag des vom Ausgang des Verfahrens abhängigen monatlichen Endgrundgehalts oder des monatlichen Festgehalts nach Maßgabe der §§ 20 ff oder 37, 38 BBesG nebst Anlagen zuzüglich etwaiger ruhegehaltfähiger Zulagen.

V 1 Z 2: In sonstigen Fällen von Statusstreitigkeiten der genannten Arten zB beim Beamten auf Probe (auch wenn sich der Beamte gegen die Verlängerung der Probezeit wehrt, OVG Greifsw NVwZ-RR **02**, 901) oder beim Beamten auf Widerruf, beim Soldaten auf Zeit und beim Anwärter auf die Beamtenlaufbahn ist Streitwert die Hälfte jenes Betrags oder des entsprechenden Betrags der Anwärtervergütung oder des zB nach § 8a III BundesbahnG und § 12 V PoststrukturG für ein Jahr vereinbarten Gehalts.

Bei Streitigkeiten wegen eines *Teilstatus* bemißt man den Streitwert gemäß I nach dem zweifachen Jahresbetrag der Differenz, BVerwG NVwZ-RR **00**, 188, OVG Hbg DÖV **03**, 509, OVG Weimar DÖD **99**, 288.

31   **B. Sonderfälle, V 2.** Betrifft das Verfahren die Verleihung eines anderen Amts etwa durch eine Beförderung, VGH Kassel NVwZ-RR **06**, 656, OVG Lüneb NVwZ-RR **07**, 828, oder einen Laufbahnwechsel (nicht aber bloßer Wechsel der Amtsbezeichnung, OVG Greifsw NVwZ-RR **03**, 577), oder nur den Zeitpunkt der Versetzung in den Ruhestand, BVerwG NVwZ-RR **09**, 823, ist Streitwert die Hälfte des sich nach Rn 25 ergebenden Betrags, also bei einem Dienst- oder Amtsverhältnis auf Lebenszeit die Hälfte, BVerwG JB **95**, 371 (zum alten Recht), und bei anderen Bediensteten ein Viertel des nach V 1 Z 1 maßgebenden Betrages.

Abschnitt 7. Wertvorschriften **§ 52, Anh I A § 52 GKG**

Zu den Streitigkeiten über die Verleihung eines *anderen Amts* zählt auch die Klage auf Schadensersatz wegen einer unterbliebenen oder verspäteten Beförderung, BVerwG NVwZ-RR **03**, 246, und die sog Konkurrentenklage, durch die ein Bediensteter seine eigene Ernennung dadurch erreichen oder ermöglichen will, daß er die Ernennung eines anderen Bewerbers verhindert. Auch dann muß man den Wert auf die Hälfte der mit dem erstrebten Amt verbundenen Bezüge festsetzen, OVG Ffo NVwZ-RR **03**, 606, OVG Lüneb NVwZ-RR **07**, 638, VGH Kassel NVwZ-RR **06**, 656, aM VGH Mü NVwZ-RR **00**, 332, Meyer 28 (je: Auffangwert. Aber es geht auch bei der Konkurrentenklage zumindest nichtvermögensrechtlich direkt um das erstrebte Amt). Eine weitere Halbierung ist bei einem Streit um die Aufnahme in den Kreis der Beförderungsbewerber gerechtfertigt, OVG Greifsw NVwZ-RR **02**, 156.

C. Verbindung verschiedenartiger Ansprüche, VI. Ist mit einem Statusverfahren nach Rn 24–26 etwa auf die Feststellung des Bestehens eines Dienstverhältnisses ein aus ihm hergeleiteter vermögensrechtlicher Anspruch etwa auf die Zahlung der vorenthaltenen Bezüge verbunden, darf man die Werte nicht zusammenzurechnen, Zimmer NVwZ **95**, 139. Vielmehr ist nur der jeweils wertmäßig höhere Anspruch maßgeblich. **32**

D. Sonstige Verfahren, V, VI. Wegen aller Streitigkeiten, die nicht unter V fallen, bleibt es bei den allgemeinen Regeln, nämlich §§ 42 III, V, 52 I–III. Das gilt etwa für Streitigkeiten um Versetzungen, Abordnungen, Umsetzungen, eine Beurlaubung, eine dienstliche Beurteilung, die Genehmigung einer Nebenbeschäftigung und für Klagen auf höhere Bezüge, Anh I B Rn 19 „Beamtenrecht". **33**

8) Festsetzung des Werts, I–VII. Für sie gelten §§ 62, 63, für die Arbeits- und Finanzgerichtsbarkeit mit der Sondervorschrift des § 63 II 2. §§ 3 ff ZPO sind mitbeachtlich, OVG Münst JB **04**, 31 rechts unten (§ 9 ZPO bei der Rücknahme einer Stundung). Wegen der Zuständigkeit s § 87a VwGO und § 79a FGO. Der Streitwertbeschluß muß in nachvollziehbarer Weise die Erwägungen des Gerichts erkennen lassen, BVerfG NVwZ-RR **94**, 106, VGH Mannh Just **90**, 107. Den Wert müssen die Beteiligten nach § 61 angeben. Die Festsetzung des Gegenstandswerts für die Anwaltsvergütung richtet sich nach § 33 RVG Rn 7 ff. **34**

Auch für die *Anfechtung* der Festsetzung gelten § 66 GKG, § 33 RVG. Sie gehen den allgemeinen Beschwerdevorschriften vor, OVG Greifsw NVwZ-RR **00**, 732, VGH Mannh Just **97**, 486, VGH Mü NVwZ-RR **03**, 604, aM OVG Hbg HbgJVBl **94**, 18. *Unanfechtbar* ist eine Wertfestsetzung, soweit ein Sondergesetz die Anfechtbarkeit von Beschlüssen allgemein ausschließt, zB § 80 AsylVfG, VGH Kassel NVwZ **96**, Beil 3 S 21, VGH Mü BayVBl **94**, 411, VG Freiburg NVwZ **94** Beil 3 S 19. Eine Beschwerde an ein Oberstes Bundesgericht ist in allen Fällen unstatthaft, (jetzt) § 66 III 3 GKG, § 33 IV 2 RVG, BFH/NV **97**, 258. Zur Gegenvorstellung gegen unanfechtbare Festsetzungen OVG Münst NVwZ-RR **99**, 479. **35**

Anhang nach § 52

I. Streitwertschlüssel für die Verwaltungsgerichtsbarkeit

A. Sondervorschriften

1) Asylverfahrensgesetz   **1**

Asylverfahrensgesetz § 83 b. Gerichtskosten, Gegenstandswert. Gerichtskosten (Gebühren und Auslagen) werden in Streitigkeiten nach diesem Gesetz nicht erhoben.

Schrifttum: *Lappe* NJW **94**, 1192; *Marx*, AsylVfG (Kommentar), 6. Aufl 2005; *Zimmer* NVwZ **95**, 139.

Für die *Anwaltsgebühren* richtet sich der ja nur noch dort erforderliche Gegenstandswert nach § 30 RVG, Teil X dieses Buchs.

2) Beamtenrecht. Vgl §§ 42 III, 52 V, VI.   **2**

3) Nichtzulassungsbeschwerde und Antrag auf Zulassung eines Rechtsmittels. Vgl § 47 III.   **3**

GKG Anh I A, I B § 52 I. A. Gerichtskostengesetz

4 **4) Vermögensgesetz.** Vgl § 53 IV.

5 **5) Vermögenszuordnungsgesetz**

VZOG § 6 III. [1]Gerichtskosten werden in Verfahren nach diesem Gesetz nicht erhoben. [2]Der Gegenstandswert beträgt unabhängig von der Zahl und dem Wert der jeweils betroffenen Vermögensgegenstände 5000 Euro.

Bem. Das Gesetz regelt die Feststellung der Zuordnung von ehemals volkseigenem Vermögen in der früheren DDR, und zwar unter anderem die Zuständigkeit (§ 1), den Begriff des Vermögens im Sinne des Gesetzes (§ 1a) und den Rechtsweg (§ 6), Messerschmidt NJW **94**, 2519. Danach ist für Streitigkeiten nach dem VZOG der Verwaltungsrechtsweg statthaft, I; die Kostenregelung enthält III. Der Gegenstandswert ist nicht nach den Besonderheiten des Einzelfalles festsetzbar, sondern pauschal auf (jetzt wohl) 5000 Euro (bisher 10 000 DM) für jedes Begehren unabhängig von Zahl und Wert der jeweils betroffenen Vermögensgegenstände. Das gilt auch dann, soweit der Antrag eine bezifferte Geldleistung betrifft, § 52 Rn 20.

Bei einer *Anspruchshäufung* mehrerer Kläger muß man die Werte zusammenrechnen. In Verfahren des einstweiligen Rechtsschutzes gilt § 53 III. Für den Gegenstandswert ist insoweit § 60 RVG maßgeblich.

B. Streitwertkatalog

Übersicht

1 **1) Entwicklung.** Auf Grund einer von den Präsidenten der Oberverwaltungsgerichte (Verwaltungsgerichtshöfe) ausgegangenen Anregung war 1988/89 im BVerwG der „BVerwG-Entwurf eines Streitwertkatalogs für die Verwaltungsgerichtsbarkeit" erarbeitet worden, NVwZ **89**, 1042, um dadurch zu der als notwendig erkannten Vereinheitlichung der Streitwertpraxis beizutragen, Sendler NVwZ **89**, 1041. In der Folgezeit hatte eine aus Richtern der Verwaltungsgerichtsbarkeit bestehende Arbeitsgruppe diesen Entwurf auf der Grundlage eigener Erfahrungen und auf Grund von Anregungen aus der Praxis überarbeitet.

Als Ergebnis dieser Arbeit erschien 1991 der „*Streitwertkatalog* für die Verwaltungsgerichtsbarkeit" (StrWK) mit einer Einführung von Schinkel, NVwZ **91**, 1156. Mit dem Inkrafttreten des KostRÄndG 1994 und der Änderung des AsylVfG waren viele der im StrWK vorgeschlagenen Werte überholt und andere Empfehlungen anpassungsbedürftig geworden. Darüber hinaus hatten sich das BVerwG und manches Instanzgericht nicht allen Empfehlungen für einzelne Sachgebiete angeschlossen, Zimmer NVwZ **95**, 138.

Auf Grund dieser Entwicklung war eine Überarbeitung des StrWK notwendig. Sie hatte zu seiner *Neufassung vom Januar 1996* geführt, NVwZ **96**, 563. Die Neufassung trug manchen Bedenken gegen die früheren Vorschläge Rechnung, Geiger BayVBl **97**, 106. Sie beließ es aber leider bei dem – § 52 I schwerlich gerecht werdenden – Einjahresgrundsatz, Rn 3.

Zahlreiche *weitere Gesetzesnovellen* machten dann eine nochmalige *Überarbeitung* notwendig. Im Einvernehmen mit den Präsidenten des BVerwG und mit dem Einverständnis der Mitglieder der aus Richtern der Verwaltungsgerichtsbarkeit zusammengesetzten Arbeitsgruppe unter dem Vorsitz des Präsidenten des VG Trier ist dann eine *Neufassung 7/2004* im November 2004 veröffentlicht worden, NVwZ **04**, 1327. Sie ist nachstehend abgedruckt und erörtert.

Weitere Kataloge, zB der Bausenate des OVG Lüneb, NdsVBl **02**, 192, sind hier aus Platzersparnisgründen nicht abdruckbar.

2 **2) Bedeutung.** Der StrWK enthält Empfehlungen (Richtwerte) für die Praxis, Rn 3, 4. Er enthält nicht aber normative Festsetzungen, BVerfG NVwZ-RR **94**, 107, VGH Mü NVwZ-RR **04**, 158. Soweit sie der Ausübung des Ermessens im Sinn von § 52 I 1 dienen und dabei von der Möglichkeit der Schematisierung und Pauschalierung Gebrauch machen, sollten die Gerichte diesen Empfehlungen grundsätzlich folgen, um die Vereinheitlichung der Streitwertbemessung zu erreichen. Sie ist aus Gründen der Praktikabilität und der Rechtssicherheit im Interesse sowohl der Rechtsuchenden als auch der Gerichte notwendig. Von diesem Gedanken läßt sich

Abschnitt 7. Wertvorschriften **Anh I B § 52 GKG**

die Praxis zunehmend leiten, OVG Lüneb NVwZ-RR 09, 405 links und 406, indem sie Bedenken zurückstellt und manche bisherige Übung aufgibt, VGH Mannh NVwZ 91, 597, Zimmer NVwZ 95, 138.
Es kann bei § 52 I wie bei allen Ermessensentscheidungen *nicht* darum gehen, einen *absolut „richtigen"* Streitwert zu ermitteln BVerwG JB 92, 488, OVG Hbg NVwZ-RR 93, 53, OVG Münst DVBl 94, 651, aM BVerwG NVwZ-RR 98, 142, OVG Greifsw NVwZ-RR 98, 269, VGH Mü NVwZ-RR 96, 543 (aber Gerechtigkeit läßt sich durch immer unübersehbarer werdende Bemühung im Einzelfall fühlbar steigern).

3) Grenzen. Der Befolgung der im StrWK enthaltenen Empfehlungen entstehen 3 dadurch Schranken, daß die Bemessung des Streitwerts sich ausschließlich an der Bedeutung der Sache orientieren darf, § 52 Rn 9 ff, OVG Münst JB 04, 31 links oben und rechts oben, soweit nicht § 52 I 2 oder § 52 II anwendbar ist. Hieraus ergeben sich gewichtige Bedenken gegen den im StrWK befolgten Grundsatz, den Streit um das Bestehen eines auf Lebenszeit oder eines auf längere unbestimmte Zeit angelegten Verhältnisses mit dem Jahresbetrag des Nutzens zu bewerten, zB im Gewerbe- und Berufsrecht.
Diese Bewertung wird der Bedeutung der Sache *schwerlich gerecht* und steht nicht im Einklang mit der allgemeinen Übung anderer oberster Bundesgerichte in vergleichbaren Fällen, etwa der Zulassung als Anwalt oder als Kassenarzt, BSG AnwBl 82, 308. Es leuchtet auch nicht ein, daß andererseits im Fall des Abgabenrechts der fünffache Jahresbetrag maßgeblich sein soll. Ob und inwieweit soziale oder politische Gesichtspunkte eine Herabsetzung des Streitwerts rechtfertigen, darf nicht das Gericht beurteilen, sondern allein der Gesetzgeber entscheiden, wie er es vielfach so getan hat, VGH Mannh NVwZ-RR 91, 670.
Nicht voll überzeugen können die Richtwerte auch insoweit, als sie für Sachver- 4 halte, die unter § 52 II fallen, in einzelnen Fällen eine Bewertung mit dem *halben Auffangwert* vorschlagen, zB im Friedhofsrecht, Geiger BayVBl 97, 108. Rationell faßbare Anhaltspunkte für diese Abweichungen vom Auffangwert lassen sich hier schwer finden, VGH Mannh NVwZ-RR 99, 813. Trotzdem sollten die Gerichte solche Bedenken im Interesse der Rechtssicherheit zurückstellen und den Richtwerten auch hier folgen. Maßgebend sein sollte schon wegen § 40 stets der Zeitpunkt der Antragseinreichung, (zum alten Recht) Schlesw SchlHA 98, 230.

Streitwertkatalog[*]

(Fassung 7/2004)

Vorbem. 1. [1] Seit der Bekanntgabe des Streitwertkataloges für die Verwaltungsgerichts- 1 barkeit i. d. F. vom Januar 1996 haben sich einige für die Streitwertrechtsprechung bedeutsame Änderungen ergeben, wobei der Anhebung des Auffangwertes von 4000 auf 5000 Euro durch § 52 II GKG i. F. d. des Kostenrechtsmodernisierungsgesetzes die größte Bedeutung zukommt. [2] Da der Katalog somit nicht mehr der aktuellen Rechtslage entspricht, haben die Präsidenten des BVerwG und der Oberverwaltungsgerichte bzw. der Verwaltungsgerichtshöfe die Streitwertkommission reaktiviert und mit der Überarbeitung des Streitwertkataloges beauftragt.

2. [1] Im Hinblick darauf, dass der Gesetzgeber den Auffangwert angehoben hat, hält die 2 Streitwertkommission ebenfalls eine Anhebung der mit dem Katalog vorgeschlagenen Werte für angemessen. [2] Dabei hat sie sich an dem Ausmaß der gesetzlichen Erhöhung orientiert, gleichzeitig aber darauf geachtet, möglichst einfach zu handhabende Werte vorzuschlagen. [3] Wie schon bei der Erstellung des Streitwertkataloges 1996 orientiert sich die Kommission im Übrigen an der Rechtsprechung des *BVerwG* und an den Ergebnissen einer Umfrage zur Streitwertpraxis bei den Oberverwaltungsgerichten bzw. den Verwaltungsgerichtshöfen.
[II] Da Nr. 5502 des Kostenverzeichnisses zu § 3 GKG nunmehr für die sonstigen Beschwerden eine Festgebühr vorsieht, hat die Kommission davon abgesehen, Streitwerte für Zwischenverfahren vorzuschlagen.

3. [1] Mit dem Katalog werden – soweit nicht auf gesetzliche Bestimmungen hingewiesen 3 wird – auf der Grundlage der bisherigen Rechtsprechung Empfehlungen ausgesprochen,

---

[*] Alle Bemerkungen und ergänzend aufgenommene Stichwörter und Hinweise sind durch Kursivdruck kenntlich gemacht.

GKG Anh I B § 52 I. A. Gerichtskostengesetz

denen das Gericht bei der Festsetzung des Streitwertes bzw. des Wertes der anwaltlichen Tätigkeit (§ 33 RVG) *aus eigenem Ermessen* folgt oder nicht folgt. ²Entsprechend dem Grundgedanken des Kataloges, zur Vereinheitlichung und Vorhersehbarkeit der Streitwertfestsetzung beizutragen, hält die Kommission Richtwerte in der Regel für sinnvoller als Rahmenwerte.

4 Die Streitwerte im Einzelnen:
1. Allgemeines
5   1.1 Klage-/Antragshäufung
　　1.1.1 Werden mehrere Anträge mit selbstständiger Bedeutung gestellt, so werden die Werte in der Regel addiert (vgl. aber § 39 GKG).
　　1.1.2 Für Hilfsanträge gilt § 45 I GKG.
　　1.1.3 Klagen mehrere Kl. gemeinschaftlich, sind die Werte der einzelnen Klagen zu addieren, es sei denn die Kl. begehren oder bekämpfen eine Maßnahme als Rechtsgemeinschaft.

> *Zu 1.1:* Sinngemäß ist § 5 ZPO anwendbar, § 48 Anh I, wenn die Anträge selbständige Bedeutung haben, mithin nicht auf denselben Gegenstand gerichtet sind oder keine wirtschaftliche Einheit darstellen, § 52 Rn 6. Das gilt zB bei einer Klage auf eine Anfechtung und Folgenbeseitigung, zB Erstattung, weil damit ein Doppeltitel erstrebt wird, VGH Mannh AnwBl **80**, 220, VGH Mü BayVBl **79**, 700, aM VGH Mü BayVBl **98**, 444, OVG Saarlouis NVwZ-RR **91**, 392 (keine Zusammenrechnung).
> Die Werte sind nicht zusammenrechenbar, wenn ein Kläger dasselbe Begehren mit mehreren Anträgen verfolgt, zB eine Nachbarklage sich gegen eine Baugenehmigung und einen Bauvorbescheid richtet, VGH Mannh JB **95**, 539, oder wenn mehrere Kläger das in Rechtsgemeinschaft tun, zB sich als Miteigentümer oder Gesamtschuldner gegen ein Gebot oder Verbot wenden, OVG Bre Nord-ÖR **00**, 27, OVG Lüneb NVwZ-RR **94**, 703, VGH Mü BayVBl **02**, 57 auch bei einer gemeinsamen Klage gegen formelle getrennte Verwaltungsakte, VGH Mü BayVBl **86**, 221. Es gilt auch, wenn Anträge wirtschaftlich identisch sind, etwa in einer Vereinssache.
> Dagegen findet eine Zusammenrechnung statt, wenn sonst mehrere Kläger denselben Verwaltungsakt anfechten oder erstreben, wenn zB Eigentümer verschiedener Grundstücke gemeinschaftlich eine Nachbarklage erheben, VGH Kassel MDR **94**, 735, VGH Mü BayVBl **81**, 29, aM (§ 80 VwGO) VGH Mannh FamRZ **94**, 41, oder wenn sie eine Wahl anfechten, aM VGH Mü NVwZ-RR **97**, 755, oder wenn sieb einen Normenkontrollantrag stellen, OVG Weimar DVBl **00**, 650, oder wenn sie mehrere Familienangehörige eigene Aufenthaltsansprüche verfolgen, OVG Bautzen AuAS **00**, 90. Eine nur tatsächlich gemeinsame Verhandlung führt nicht zur Zusammenrechnung der Streitwerte, VGH Mannh NVwZ-RR **96**, 543. Wegen eines Haupt- und Hilfsantrags sowie wegen einer Klage und einer Widerklage s § 46.

6   1.2 Verbandsklagen: Maßgeblich sind die Auswirkungen der begehrten Entscheidung auf die vertretenen Interessen, mindestens 15 000 Euro.

> *Zu 1.2:* Zur Bewertung von Verbandsklagen StrWK Nr 16.3 und BVerwG NVwZ-RR **96**, 237, OVG Lüneb NVwZ-RR **09**, 406.

7   1.3 Feststellungsklagen und Fortsetzungsfeststellungsklagen sind in der Regel ebenso zu bewerten wie eine auf das vergleichbare Ziel gerichtete Anfechtungs- bzw Verpflichtungsklage.

8   1.4 Wird lediglich Bescheidung beantragt, so kann der Streitwert einen Bruchteil, mindestens jedoch ½ des Wertes der entsprechenden Verpflichtungsklage betragen.

> *Zu 1.3, 1.4:* Die Gleichstellung der Feststellungs- und Fortsetzungsfeststellungsklagen mit Anfechtungs- und Verpflichtungsklagen überzeugt nicht, § 52 Rn 12. Sie kommen in ihrer Bedeutung nicht stets solchen Klagen gleich. Insbesondere Fortsetzungsfeststellungsklagen haben häufig eine geringere Bedeutung, zB wenn sich die Anfechtung der Entlassung eines Beamten erledigt hat und wenn der Kläger mit der nachträglichen Feststellungsklage allein seine Rehabilitation betreibt. Wegen der Bescheidungsklage § 52 Rn 12. Zur Bewertung des Streits um die Wirksamkeit eines Vergleichs OVG Weimar NVwZ-RR **95**, 551 (Z 1.3 entsprechend).

9   1.5 ¹In Verfahren des vorläufigen Rechtsschutzes beträgt der Streitwert in der Regel ½, in den Fällen des § 80 II 1 Nr. 1 VwGO und bei sonstigen auf bezifferte Geldleistungen gerichteten Verwaltungsakten ¼ des für das Hauptsacheverfahren anzunehmenden Streitwertes. ²In Verfahren des vorläufigen Rechtsschutzes, die die Entscheidung in der Sache ganz oder zum Teil vorwegnehmen, kann der Streitwert

Abschnitt 7. Wertvorschriften **Anh I B § 52 GKG**

bis zur Höhe des für das Hauptsacheverfahren anzunehmenden Streitwerts angehoben werden.

Zu 1.5: Vgl § 53 Rn 23ff. Wenn der Antragsteller nach dem Abschluß des Widerspruchverfahrens einen vorläufigen Rechtsschutz für das Klageverfahren begehrt, läßt sich 25% des Werts der Hauptsache ansetzen, OVG Hbg NordÖR 02, 483. Zum Streitwert des Abänderungsverfahrens OVG Lüneb NVwZ-RR 99, 813.
S 2 gilt nicht im Verfahren der Zulassungsbeschwerde, VGH Mannh NVwZ 98, 866, und nicht bei einem Vergleich, OVG Bautzen NVwZ-RR 06, 851.

1.6 Vollstreckung 10

1.6.1 [1] In selbstständigen Vollstreckungsverfahren entspricht der Streitwert der Höhe des festgesetzten Zwangsgeldes oder der geschätzten Kosten der Ersatzvornahme; im Übrigen beträgt er $1/4$ des Streitwertes der Hauptsache. [2] Bei der Androhung von Zwangsmitteln ist die Hälfte des sich nach Satz 1 ergebenden Betrages festzusetzen.

1.6.2 [1] Wird in dem angefochtenen Bescheid neben einer Grundverfügung zugleich ein Zwangsgeld oder die Ersatzvornahme angedroht, so bleibt dies für die Streitwertfestsetzung grundsätzlich außer Betracht. [2] Soweit die Höhe des angedrohten Zwangsgeldes bzw. des für die Ersatzvornahme zu entrichtenden Vorschusses höher ist als der für die Grundverfügung selbst zu bemessende Streitwert, ist dieser höhere Wert festzusetzen. 11

Zu 1.6: Die Vorschrift gilt für die Verwaltungsvollstreckung, BFH NVwZ-RR 05, 294 (Zwangsgeldandrohung), VGH Kassel NVwZ-RR 00, 330, VGH Mü BayVBl 02, 118 (Ersatzvornahme), aM VGH Mannh NVwZ-RR 06, 219, OVG Schlesw NordÖR 00, 372 (je: Zwangsgeldandrohung). Vgl § 52 Anh II Rn 18. Zur Zusammenrechnung mit dem Wert der Hauptsache OVG Bln NVwZ-RR 01, 276, VGH Kassel NVwZ-RR 00, 330 (Streitfrage).
Für die Vollstreckung einer Gerichtsentscheidung nach § 172 VwGO gilt Z 1.6.1 nicht. Vielmehr ist dann der Wert der Hauptsache maßgeblich, § 48 Anh I Rn 144–146, OVG Mannh NVwZ-RR 01, 72.

Sachgebiet	Streitwert	
2. Abfallentsorgung		12
2.1 Klage des Errichters/Betreibers	[1] Es gelten grundsätzlich die nachstehend aufgeführten Werte. [2] Soweit diese die Bedeutung der Genehmigung, des Vorbescheides oder der Anfechtung einer belastenden Maßnahme für den Kl. nicht angemessen erfassen, gilt stattdessen das geschätzte wirtschaftliche Interesse bzw. der Jahresnutzungswert.	
2.1.1 auf Zulassung einer Anlage oder Anlagenänderung	2,5% der Investitionssumme	
2.1.2 gegen belastende Nebenbestimmung	Betrag der Mehrkosten	
2.1.3 gegen Untersagung des Betriebs	1% der Investitionssumme	
2.1.4 gegen sonstige Ordnungsverfügung	Betrag der Aufwendungen	
2.1.5 gegen Mitbenutzungsanordnung	Anteil der Betriebskosten (einschl. Abschreibung) für Dauer der Mitbenutzung	
2.2 Klage eines drittbetroffenen Privaten		
2.2.1 wegen Eigentumsbeeinträchtigung	Betrag der Wertminderung des Grundstücks, höchstens 50% des geschätzten Verkehrswertes	
2.2.2 wegen sonstiger Beeinträchtigungen (gegebenenfalls zusätzlich zum Betrag der Eigentumsbeeinträchtigung)	15 000 Euro	
2.2.3 gegen Vorbereitungsarbeiten	7500 Euro	

253

GKG Anh I B § 52 I. A. Gerichtskostengesetz

Sachgebiet	Streitwert
2.3 Klage einer drittbetroffenen Gemeinde	60 000 Euro
2.4 Klage des Abfallbesitzers	
2.4.1 Beseitigungsanordnung	20 Euro je cbm Abfall
2.4.2 Untersagungsverfügung	20 000 Euro

Bem. *Bei der Anfechtung einer abfallrechtlichen Mitbenutzungsanordnung nach Nr. 2.1.5 kann man pro 1000 t Abfall einen Streitwert von (jetzt ca) 4000 EUR ansetzen, VGH Kassel JB 92, 188. Nach Nr. 2.2.1 kommt es zB bei einer enteignenden Vorwirkung des Planes auf den Verkehrswert an, BVerwG NVwZ-RR 89, 459, Zimmer NVwZ 95, 140. Zu Nr. 2.2.2 OVG Bautzen NVwZ-RR 02, 78, VGH Mü JB 08, 371, zur Verbandsklage BVerwG NVwZ-RR 96, 237.*

Abbruchgenehmigung
Bem. *Meist sind 2/3 des Werts des Bauwerks ansetzbar, Meyer 10.*

Sachgebiet	Streitwert
3. Abgabenrecht	
3.1 Abgabe	Betrag der streitigen Abgabe; bei wiederkehrenden Leistungen: 3^{1}/$_2$-facher Jahresbetrag, sofern nicht die voraussichtliche Belastungsdauer geringer ist
3.2 Stundung	6% des Hauptsachewertes je Jahr (§ 238 AO)
3.3 Normenkontrollverfahren	mindestens Auffangwert

Bem. *Zu „Abgabe" BVerwG NVwZ-RR 89, 279. Bei einer Grundlagenfeststellung kann man 66,6% des (jetzt) Dreieinhalbjahresbetrags ansetzen, OVG Kblz NVwZ-RR 95, 62. Bei einem Beitragsgrundbescheid ist ein Abschlag nötig, § 52 Rn 20. Sind Vorauszahlungen angerechnet, ergibt sich der Wert aus dem veranlagten Betrag, wenn der Kläger die Forderung dem Grunde nach bestreitet, OVG Lüneb NVwZ-RR 95, 622, VGH Mü BayVBl 92, 60. Bei einer Teilanfechtung der Höhe bestimmt sich der Streitwert nach dem streitigen Betrag, zB nach dem nach der Meinung des Klägers durch eine Anrechnung getilgten. Zum Streitwert in Verfahren des vorläufigen Rechtsschutzes § 53 Rn 33, 36, OVG Hbg NVwZ-RR 93, 53 (25%), VGH Mü NVwZ-RR 98, 205, OVG Münst NVwZ-RR 92, 386.*

Einzelfälle: Die Klage auf eine Erteilung der für die Grunderwerbsteuerbefreiung nötigen Bescheinigung läßt sich meist mit 75% der abzuwehrenden Steuerbelastung bewerten, OVG Münst KStZ 75, 77, aM OVG Lüneb AnwBl 88, 67 (100%). Der Streitwert einer Klage auf die Bescheinigung für eine Grundsteuervergünstigung nach §§ 82, 83 2. WoBauG entspricht der damit erzielten Grundsteuerersparnis für die Dauer von 10 Jahren, OVG Hbg ZMR 80, 249. Man muß die Auswirkungen auf die Grunderwerbsteuer und etwaige Grundbuchkosten hinzurechnen. OVG Hbg ZMR 80, 249. Bei Steuern auf wiederkehrende Entgelte kann man entsprechend § 9 ZPO den dreieinhalbfachen Jahresbetrag ansetzen, VGH Kassel NVwZ-RR 97, 118, auch bei Studiengebühren, VGH Mannh NVwZ-RR 09, 622, ebenso bei einer Stundung, Nr 3.2, VGH Mü NVwZ-RR 98, 788. Vgl hierzu und im übrigen Anh II.

Abgrabung
Bem. *Maßgeblich ist der Erlös, OVG Münst NVwZ-RR 99, 479.*

Ablehnung eines Richters
Bem. *S oben Rn 9.*

Abwahl
Bem. *Maßgeblich ist das Interesse des Abgewählten, § 42 III entsprechend, Meyer 10.*

Abwasser
Bem. *Maßgeblich ist die Höhe der Kosten.*

Ackerflächen
Bem. *Maßgeblich ist die Höhe einer Stillegungsprämie, VGH Kassel AgrarR 94, 55.*

Abschnitt 7. Wertvorschriften **Anh I B § 52 GKG**

Altlast
Bem. *Maßgeblich ist die Höhe der Sanierungskosten, evtl der Auffangwert, OVG Bln NVwZ-RR **04**, 277.*

Anerkennungsbescheid
Bem. *Maßgeblich ist der ersparte Steuerbetrag, OVG Hbg ZMR **80**, 249.*

Artenschutz
Bem. *Man kann einen Teil des Verkehrswerts ansetzen, Meyer 10.*

Sachgebiet	Streitwert	
4. Arzneimittelrecht	s. Lebensmittelrecht	

Bem. *Beim Zulassungsstreit kann man den erwarteten Jahresgewinn ansetzen, BVerwG NVwZ **91**, 1180, OVG Münst NVwZ-RR **05**, 582.*

Arztrecht
Bem. *S Rn 22 „Gesundheitsverwaltungsrecht".*

Sachgebiet	Streitwert	
5. Asylrecht	s. § 30 RVG	14
Bem. Vgl Anh I A Rn 1.		

Sachgebiet	Streitwert	
6. Atomrecht		15
6.1 Klage des Errichters/Betreibers		
6.1.1 auf Genehmigung oder Teilgenehmigung oder Planfeststellung einer Anlage, §§ 7, 9, 9b AtG	2,5% der Investitionssumme	
6.1.2 auf Aufbewahrungsgenehmigung, § 6 AtG	1% der für die Aufbewahrung(-sanlage) getätigten Investitionssumme	
6.1.3 gegen belastende Nebenbestimmung	Betrag der Mehrkosten	
6.1.4 auf Vorbescheid nach § 7a AtG	1% der Investitionssumme für die beantragten Maßnahmen	
6.1.5 auf Standortvorbescheid	1% der Gesamtinvestitionssumme	
6.1.6 gegen Einstellung des Betriebes	wirtschaftlicher Verlust infolge Betriebseinstellung	
6.2 Klage eines drittbetroffenen Privaten	wie Abfallentsorgung Nr 2.2	
6.3 Klage einer drittbetroffenen Gemeinde	60 000 Euro	

Bem. *Maßgeblich ist das Interesse des Antragstellers. Eine Ermäßigung im Interesse eines beigeladenen Drittbetroffenen ist nur nach § 21 zulässig, § 52 Rn 8, aM OVG Kblz NVwZ-RR **94**, 384. Für die Anfechtungsklage des Betriebsrates kann man (jetzt ca) 30 000 EUR ansetzen, BVerwG NVwZ-RR **94**, 384. Zustm zu Nr 6.2 BVerwG NVwZ **95**, 1009. Bei Klagen mehrerer gegen dieselbe Anlage muß man die Werte zusammenrechnen, Rn 4. Wie 6.1.6 schon BVerwG NVwZ **93**, 177.*

Aufenthaltserlaubnis
Bem. *Bei Nebenleistungen gilt der volle Auffangwert, OVG Bautzen JB **08**, 535. Im einstweiligen Verfahren kann man den halben Auffangwert ansetzen, OVG Saarlouis JB **00**, 420.*

Sachgebiet	Streitwert	
7. Ausbildungsförderung		16
7.1 Klage auf bezifferte Leistung	geforderter Betrag	
7.2 Klage auf Erhöhung der Förderung	Differenzbetrag im Bewilligungszeitraum	

255

GKG Anh I B § 52 I. A. Gerichtskostengesetz

Sachgebiet	Streitwert
7.3 Klage auf Verpflichtung zur Leistung in gesetzlicher Höhe	gesetzlicher Bedarfssatz für den streitigen Bewilligungszeitraum
7.4 Klage auf Änderung der Leistungsform	$1/2$ des bewilligten Förderbetrages
7.5 Klage auf Vorabentscheidung	gesetzlicher Bedarfssatz im ersten Bewilligungszeitraum

Bem. Für die Festsetzung des Gegenstandswerts ist bei einer Klage auf eine Förderung durch einen Zuschuß und ein Grunddarlehen der streitige Gesamtbetrag für die Dauer des Bewilligungszeitraums maßgeblich, jedoch entsprechend § 42 I nie mehr als der Jahresbetrag. Dasselbe gilt bei einer Klage auf eine Förderung allein durch ein Darlehen, in beiden Fällen ohne eine Hinzurechnung der Rückstände, VGH Mannh NJW 77, 317, Scholz VBlBW 81, 4. Bei einer Klage auf einen Zuschuß statt eines Zusatzdarlehns kann man die Hälfte des begehrten jährlichen Zuschußbetrages ansetzen. Bei einer Klage auf die Umwandlung eines verzinslichen Darlehns sind 75% des Gesamtbetrages ansetzbar, VGH Mü BayVBl 02, 317, OVG Münst NVwZ-RR 01, 412. Beim Streit um eine Rückzahlung ist der volle Betrag ansetzbar, dagegen weniger beim Streit um die Modalitäten. Beim Streit um eine Auskunftspflicht nach § 47 IV BAföG, gilt meist (jetzt) § 52 II, OVG Münst NVwZ-RR 01, 413. Das Begehren nach einer Stundung von Rückzahlungsraten läßt sich mit 25% des zu stundenden Betrags bewerten, OVG Münst FamRZ 01, 1628.

Der Streitwert einer Klage gegen eine öffentlichrechtliche Auskunftspflicht bemißt sich nach dem Wert des Interesses, die verlangte Auskunft nicht zu erteilen, (jetzt) § 52 I 1, § 48 Anh I Rn 24, OVG Bre NVwZ-RR 05, 71, OVG Greifsw NVwZ-RR 00, 279, VG Ffm NVwZ-RR 03, 608.

Ausfuhrgenehmigung

Bem. Maßgeblich ist 33,3% des erhofften Jahresgewinns, VGH Kassel MDR 94, 217.

Auskunft

Bem. Maßgeblich ist das wirtschaftliche Interesse, also Zeitaufwand zur Klärung für den Kläger, OVG Greifswald NVwZ-RR 01, 279.

Sachgebiet	Streitwert
17 **8. Ausländerrecht**	
8.1 Aufenthaltstitel	Auffangwert pro Person; keine Erhöhung durch eventuell beigefügte Abschiebungsandrohung
8.2 Ausweisung	Auffangwert pro Person; keine Erhöhung durch eventuell beigefügte Abschiebungsandrohung
8.3 Abschiebung; isolierte Abschiebungsandrohung	$1/2$ Auffangwert pro Person
8.4 Pass/Passersatz	Auffangwert pro Person

Bem. Zu Nr. 8.1: Bei (isoliertem) Streit um das Aufenthaltsrecht BVerwG NVwZ-RR 97, 752 bei Klagen von Familienangehörigen Zusammenrechnung, BVerwG NVwZ-RR 97, 739, OVG Bautzen AuAS 00, 90, VGH Mü BayVBl 01, 670. Bei einer Klage wegen Aufenthaltserlaubnis und Aufhebung der Ausweisung gilt der zweifache Auffangwert.
Zu Nr. 8.2: BVerwG NVwZ-RR 91, 669, aM VGH Kassel NVwZ-RR 93, 56. Zum Streitwert der Klage auf Befristung der Wirkung einer Ausweisung BVerwG NVwZ-RR 91, 669.
Zu Nr. 8.3: BVerwG NVwZ 00, 938, VGH Mü BayVBl 01, 91, aM (voller Auffangwert) VGH Mannh NVwZ-RR 08, 143. Zum Auffangwert OVG Saarlouis JB 00, 420. Wegen der Einbürgerung Rn 37 „Staatsangehörigkeitsrecht".

Sachgebiet	Streitwert
18 **9. Bau- und Bodenrecht**	[1] Es gelten grundsätzlich die nachstehend aufgeführten Werte. [2] Soweit diese die Bedeutung der Genehmigung, des Vorbescheides oder der

Abschnitt 7. Wertvorschriften **Anh I B § 52 GKG**

Sachgebiet	Streitwert
	Anfechtung einer belastenden Maßnahme für den Kl. nicht angemessen erfassen, gilt stattdessen das geschätzte wirtschaftliche Interesse bzw. der Jahresnutzungswert.
9.1 Klage auf Erteilung einer Baugenehmigung für:	
9.1.1 Einfamilienhaus	20 000 Euro
9.1.2 Doppelhaus	25 000 Euro je Wohnung
9.1.3 Mehrfamilienhaus	10 000 Euro je Wohnung
9.1.4 Einzelhandelsbetrieb	150 Euro/qm Verkaufsfläche
9.1.5 Spielhalle	600 Euro/qm Nutzfläche (ohne Nebenräume)
9.1.6 Großflächige Werbetafel	5000 Euro
9.1.7 Imbissstand	6000 Euro
9.1.8 Windkraftanlagen	10% der geschätzten Herstellungskosten
9.1.9 sonstige Anlagen regelmäßig	je nach Einzelfall: Bruchteil der geschätzten Rohbaukosten oder Bodenwertsteigerung
9.2 Erteilung eines Bauvorbescheids, einer Teilungsgenehmigung	mindestens ½ des Ansatzes für die Baugenehmigung
9.3 Abrissgenehmigung	wirtschaftliches Interesse am dahinterstehenden Vorhaben
9.4 Bauverbot, Stillegung, Nutzungsverbot, Räumungsgebot	Höhe des Schadens oder der Aufwendungen (geschätzt)
9.5 Beseitigungsanordnung	Zeitwert der zu beseitigenden Substanz plus Abrisskosten
9.6 Vorkaufsrecht	
9.6.1 Anfechtung des Käufers	25% des Kaufpreises
9.6.2 Anfechtung des Verkäufers	Preisdifferenz
9.7 Klage eines Drittbetroffenen:	
9.7.1 Nachbar	7500 Euro, mindestens Betrag einer Grundstückswertminderung
9.7.2 Nachbargemeinde	30 000 Euro
9.8 Normenkontrolle gegen Bebauungsplan	
9.8.1 Privatperson	7500 Euro bis 60 000 Euro
9.8.2 Nachbargemeinde	60 000 Euro
9.9 Genehmigung eines Flächennutzungsplanes	mindestens 10 000 Euro

Bem. *Gerade auf diesem Gebiet sollte man dem StrWK nach Möglichkeit folgen, um die Voraussehbarkeit der Wertfestsetzung zu fördern, BVerwG NVwZ-RR **93**, 108, OVG Hbg NVwZ-RR **93**, 108 (Nachbarklage), VGH Mü JB **94**, 361, aM OVG Lüneb NVwZ-RR **93**, 167 (eigene Tabellen), OVG Münst NWVBl **97**, 110.*
*Zu Nr **9.1** (Baugenehmigung) Zimmer NVwZ **95**, 141. Bewertung des Streits um eine Baugenehmigung mindestens mit dem Jahresnutzwert, BVerwG DÖV **97**, 258, wenn nur geringe Baukosten anfallen, zB je Abstellplatz 250,– EUR. Beim Streit um die Bebaubarkeit im Zweifel Wert der Baugenehmigung, **9.1.1**, BVerwG NVwZ **01**, 1055, VGH Mü NVwZ-RR **04**, 158 (Anbau), OVG Münst JB **04**, 31, links oben und rechts oben (Baulast). Ansatz von (jetzt) 150 EUR/qm nach Nr **9.1.4**, BVerwG NVwZ **97**, 389; OVG Bln NVwZ-RR **97**, 574, OVG Münst NVwZ-RR **97**, 753. Ansatz eines Pauschsatzes von (jetzt) 600 EUR/qm nach Nr **9.1.5**: BVerwG JB **94**, 360, OVG Greifsw NVwZ-RR **96**, 547, VGH Mü NVwZ-RR **94**, 62. Erhöhung, wenn die Baugenehmigung eine Anlage nachträglich legalisieren soll, OVG Bre NordÖR **99**, 23. Ebenso beim Streit um die Baugenehmigung für ein betreutes Wohnen, OVG Lüneb NVwZ-RR **02**, 156. Keine Abweichung beim Streit um eine Verlängerung, VGH Mannh NVwZ-RR **00**, 331, oder um ein Fort-*

GKG Anh I B § 52

I. A. Gerichtskostengesetz

bestehen, OVG Magdeb NVwZ-RR **08**, 431. Werbetafel: Wie Nr 9.1.6, wenn nicht besondere Umstände vorliegen, VGH Mannh NVwZ-RR **02**, 470, aM OVG Münst NVwZ-RR **05**, 864 (250 EUR je qm). Baugenehmigung für eine Windkraftanlage 9.1.8, 10% der Herstellungskosten, OVG Münst JB **01**, 479.
Zu Nr 9.2 (Bauvorbescheid) BVerwG NVwZ-RR **01**, 802, OVG Bln NVwZ-RR **97**, 574, VGH Mannh NVwZ-RR **09**, 455, VGH Mü NVwZ-RR **01**, 615, wenn im Prozeß die Bebaubarkeit geklärt werden soll, BVerwG NVwZ **01**, 1055, OVG Münst JB **04**, 30, Hellstab JB **95**, 539, aM VGH Mannh JB **99**, 197, VGH Mü BayVBl **02**, 156 einerseits und **02**, 158 andererseits. Zur Teilungserlaubnis, Nr. 9.2, abw vom StrWK OVG Münst **KR** Nr 556.
Zu Nr 9.4 (Baunutzungsverbot) OVG Greifsw JB **04**, 543.
Zu Nr 9.5 (Klage gegen eine Beseitigungsanordnung): VGH Mü BayVBl **95**, 542, OVG Münst NVwZ-RR **90**, 110 (Nutzungsverbot), OVG Saarlouis NVwZ-RR **97**, 391 (Hellstab JB **97**, 198). Im Eilverfahren bei Vorwegnahme der Hauptsache keine Halbierung, wie sonst, OVG Lüneb NVwZ-RR **08**, 143.
Zu Nr 9.6 (Vorkaufsrecht): OVG Lüneb NVwZ-RR **02**, 156, aM OVG Bautzen NVwZ-RR **95**, 237, VGH Mü BayVBl **99**, 669, OVG Münst NVwZ-RR **95**, 622. Zur Bewertung einer entwicklungsrechtlichen Auflassungsgenehmigung OVG Bln AS **22**, 28. Nr 9.6 schließt die Anwendbarkeit von Nr 1 nicht aus, OVG Schlesw NVwZ-RR **05**, 864.
Zu Nr 9.7 (Nachbarklage): BVerwG NVwZ **99**, 879 (Minderung des Grundstückswerts), VGH Mannh NVwZ-RR **02**, 469, OVG Saarlouis NVwZ-RR **02**, 898 (Beseitigung einer Rohrleitung); zu Nr 9.7.1 OVG Bautzen JB **04**, 598 (Abweichung vom Katalog möglich), OVG Saarlouis NVwZ-RR **07**, 564 (gegen Betonwand), OVG Schlesw JB **04**, 543 (gegen Windkraftanlage: 15 000 EUR); zu Nr 9.7.2 VGH Mü BayVBl **01**, 373. Klagt der Bauherr gegen eine vom Nachbarn erwirkte Aufhebung der Baugenehmigung, muß man den Wert entsprechend (jetzt) § 47 II 1 durch das Nachbarinteresse an der Aufhebung begrenzen, VGH Mü NVwZ-RR **03**, 77.
Zu Nr. 9.8 (Normenkontrolle): BVerwG JB **95**, 538, OVG Hbg HJVBl **99**, 118, VGH Kassel NVwZ **95**, 1017. Bei einer Verbandsklage muß man den Mindestwert nach Rn 4 beachten.
Wert einer Klage gegen die Anordnung zur Mängelbeseitigung mit einer Androhung der Ersatzvornahme: vorläufig von der Behörde veranschlagte Kosten: OVG Bln MDR **97**, 1168. Streitwert bei der Abwehr eines Wohnnutzungsgebots: pauschalierend (jetzt ca) 4000,– EUR, OVG Münst NVwZ-RR **98**, 79.
Streit um eine Bodenverkehrsgenehmigung: 50% des Grundstückswerts, OVG Bautzen NVwZ-RR **98**, 460.

Sachgebiet	Streitwert
10. Beamtenrecht	
10.1 (Großer) Gesamtstatus: Begründung, Umwandlung, Bestehen, Nichtbestehen, Beendigung eines Beamtenverhältnisses ...	§ 52 1/2 Nr. 1 GKG (13-facher bzw 6,5-facher Betrag des Endgrundgehaltes/Anwärtergrundbetrages)
10.2 (Kleiner) Gesamtstatus: Verleihung eines anderen Amtes, Zeitpunkt der Versetzung in den Ruhestand, Schadensersatz wegen verspäteter Beförderung, Zahlung einer Amtszulage, Verlängerung der Probezeit ...	§ 52 1/2 GKG: Hälfte von 10.1
10.3 Neubescheidung eines Beförderungsbegehrens	Hälfte des sich aus § 52 V 2 GKG ergebenden Betrages ($1/4$ von 10.1)
10.4 Teilstatus (Streit um höhere Versorgung, Besoldung oder Zulagen sowie Anrechnungs- und Ruhensbeträge, Berücksichtigung von Vordienstzeiten bei Versorgung, Zeiten für BDA, Anerkennung eines Dienstunfalls, Unfallausgleich, Unfallruhegehalt ...)	2-facher Jahresbetrag der Differenz zwischen innegehabtem und erstrebtem Teilstatus
10.5 Dienstliche Beurteilung	Auffangwert
10.6 Genehmigung einer Nebentätigkeit	Gesamtbetrag der Einkünfte aus der Nebentätigkeit, höchstens Jahresbetrag
10.7 Gewährung von Trennungsgeld	Gesamtbetrag des Trennungsgeldes, höchstens Jahresbetrag

Abschnitt 7. Wertvorschriften **Anh I B § 52 GKG**

Bem. Die Rechtsvereinheitlichung auf diesem Gebiet ist im wesentlichen (jetzt) durch § 52 V, VI erfolgt. Für die davon nicht erfaßten Fälle sollte man weiterhin auf den StrWK zurückgreifen. Bei einer Aufhebung von Sonderurlaub mögen 28000 EUR (!) angemessen sein, OVG Magdeb NVwZ-RR **08**, 739.
Zu **Nr 10.1:** BVerwG NVwZ-RR **00**, 188. Bei der Anfechtung einer Entlassung aus dem Probedienst kann man den Jahresbetrag des niedrigsten Endgrundgehalts ansetzen.
Bei einer Konkurrentenklage kann man den Auffangwert ansetzen, VGH Mü NVwZ-RR **00**, 332.
Zu **Nr 10.2:** Ein Streit um eine Laufbahnprüfung für den höheren Dienst läßt sich mit (jetzt) 10 000 EUR bewerten, BVerwG NVwZ-RR **98**, 75.
Zu **Nr 10.4:** Man kann bei einem Erholungsurlaub eine Pauschale je Urlaubstag zugrunde legen, OVG Kblz, NVwZ-RR **01**, 279.
Zu **Nr 10.7:** Ebenso OVG Kblz NVwZ-RR **01**, 279 (Jahresbetrag). Beim Antrag auf ein Trennungsgeld für mehr als ein Jahr kann man § 52 III anwenden. Einen nicht bezifferten Anspruch aus einem Teilstatus kann man mit dem zweijährigen Betrag bewerten, BVerwG NWVBl **00**, 176.
Zur Bewertung einer Konkurrentenklage § 52 Rn 24.
Zum Besoldungsdienstalter VGH Mannh JB **91**, 1688 (wie Ruhegehalt).

Beigeladener
Bem. Maßgeblich ist der Anteil des Streitwerts für den Kläger, OVG Lüneb NVwZ-RR **01**, 278.

Sachgebiet	Streitwert
11. Bergrecht	
11.1 Klage des Unternehmers	[1] Es gelten grundsätzlich die nachstehend aufgeführten Werte. [2] Soweit diese die Bedeutung der Genehmigung, des Vorbescheides oder der Anfechtung einer belastenden Maßnahme für den Kl. nicht angemessen erfassen, gilt statt dessen das geschätzte wirtschaftliche Interesse bzw. der Jahresnutzungswert.
11.1.1 auf Planfeststellung eines Rahmenbetriebsplans	2,5% der Investitionssumme
11.1.2 auf Zulassung eines Rahmenbetriebsplans	1% der Investitionssumme
11.1.3 auf Zulassung eines Sonder- oder Hauptbetriebsplans	2,5% der Investitionssumme
11.1.4 gegen belastende Nebenbestimmungen	Betrag der Mehrkosten
11.2 Klage eines drittbetroffenen Privaten	wie Abfallentsorgung Nr 2.2
11.3 Klage einer drittbetroffenen Gemeinde	60 000 Euro

Zu **Nr 11:** Maßgeblich ist auch die Bedeutung der Sache für den Kläger, BVerwG JB **97**, 88.
Zu **Nr 11.1.2:** Vgl BVerwG NVwZ-RR **96**, 611.
Zu **Nr 11.2:** OVG Bautzen NVwZ-RR **02**, 78.
Zu **Nr 11.3:** Die Vorschrift ist für die Klage einer Gemeinde anwendbar. Wenn es um die Verlängerung einer Betriebsplanungszulassung geht, kann man (jetzt) 25 000 EUR ansetzen, BVerwG NVwZ-RR **96**, 611 (zustm zu Nr 11.1.2).

Berufserlaubnis
Bem. Maßgeblich ist das erwartbare Netto-Jahreseinkommen, VGH Mannh AnwBl **88**, 677.

Beweissicherung
Rn 35 „Selbständiges Beweisverfahren".

Darlehen
Bem. Maßgeblich ist sein Betrag abzüglich Tilgungen, OVG Bre JB **91**, 580.

GKG Anh I B § 52   I. A. Gerichtskostengesetz

Sachgebiet	Streitwert
12. Denkmalschutzrecht	
12.1 Feststellung der Denkmaleigenschaft, denkmalschutzrechtliche Anordnungen, Bescheinigungen	wie wirtschaftlicher Wert, sonst Auffangwert
12.2 Vorkaufsrecht	S. Nr. 9.6

Dritter

Bem. *Bei einer Klage zum Tätigwerden gegenüber einem Dritten bleibt das Interesse des Klägers maßgeblich, OVG Münst NVwZ-RR* **99***, 790.*

Einwegverpackung

Bem. *Der Wert richtet sich nach der wirtschaftlichen Bedeutung. Er kann je nach der Größe und Bedeutung des Unternehmens zwischen 100 000 und 10 Millionen EUR schwanken, BVerwG NVwZ-RR* **03***, 904.*

Emissionsstörung

Bem. *Maßgeblich ist die Höhe der voraussichtlichen Kosten des Klägers, VGH Kassel NVwZ-RR* **98***, 786.*

Enteignung

Bem. *Maßgeblich ist der Sachwert nach § 6 ZPO (Verkehrswesen des Grundstücks), BVerwG NVwZ-RR* **89***, 459. Denn es kommt auf den Gegenwert der Entschädigung nicht an, BVerwG JB* **92***, 331, VGH Mannh NVwZ* **91** *597, VGH Mü BayVBl* **87***, 380. Das gilt auch beim Streit über die Rückübertragung, krit Lappe NJW* **86***, 2553. Beim Streit um eine vorläufige Besitzeinweisung kann man 20% des Sachwerts ansetzen, VGH Mannh Just* **86***, 60. Verlangt der Kläger als Entschädigung ein Ersatzland statt Geld, kommt es auf sein Interesse an, VGH Mü BayVBl* **85***, 444.*

Vgl auch § 48 Anh I: § 3 ZPO Rn 26, 40.

Entwicklungsrechtliche Genehmigung

Bem. *Maßgeblich sind 10% des Kaufpreises, OVG Bln MDR* **96***, 1079.*

Erhaltungssatzung

Bem. *Maßgeblich ist der drohende Wertverlust, Meyer 14.*

Erholungsurlaub

Bem. *Man kann 50 EUR pro Tag ansetzen, OVG Kblz NVwZ-RR* **01***, 279.*

Erledigung der Hauptsache

Bem. *S § 43 III.*

Ersatzvornahme

Bem. *Maßgeblich sind ihre Kosten, OVG Bln NVwZ-RR* **01***, 276.*

Feststellungsklage

Bem. *Wie im bürgerlichen Rechtsstreit gilt bei der verneinenden Feststellungsklage der volle Wert. Bei der bejahenden gilt der Auffangwert, VGH Mü NVwZ-RR* **01***, 277.*

Flughafenausbau

Bem. *Maßgeblich ist der Wertverlust, VGH Mannh NVwZ-RR* **90***, 385.*

Sachgebiet	Streitwert
13. Flurbereinigung/Bodenordnung	
13.1 Anordnung des Verfahrens	Auffangwert
13.2 Entscheidungen im Verfahren	
13.2.1 Wertermittlung	Auswirkungen der Differenz zwischen festgestellter und gewünschter Wertverhältniszahl

Abschnitt 7. Wertvorschriften Anh I B § 52 GKG

Sachgebiet	Streitwert
13.2.2 Abfindung	Auffangwert, es sei denn abweichendes wirtschaftliches Interesse kann festgestellt werden
13.2.3 sonstige Entscheidungen	Auffangwert, es sei denn abweichendes wirtschaftliches Interesse kann festgestellt werden

Sachgebiet	Streitwert
14. Freie Berufe (Recht der freien Berufe)	
14.1 Berufsberechtigung, Eintragung, Löschung	Jahresbetrag des erzielten oder erwarteten Gewinns, mindestens 15 000 Euro
14.2 Mitgliedschaft in einem berufsständischen Versorgungswerk, Befreiung	dreifacher Jahresbetrag des Beitrages
14.3 Rentenanspruch	dreifacher Jahresbetrag der Rente

Bem. Die Begrenzung des Streitwerts bei der Klage, die eine Berufsberechtigung betrifft, auf den Jahresbetrag wird die Bedeutung der Sache nicht gerecht, Üb 3. Sofern es um eine unbefristete Berechtigung geht, muß man vielmehr die erwartete Erhöhung des Gewinns für die Dauer von 3 Jahren zugrunde legen, Üb 3. Vgl auch Rn 22 „Gesundheitsverwaltungsrecht". Bei einer Klage auf ein Fortbestehen der Mitgliedschaft kann man § 52 II anwenden. Für den Streit um die Befreiung von der Beitragspflicht zu einem berufsständischen Versorgungswerk ist entsprechend § 42 III der dreifache Jahresbetrag ansetzbar, OVG Münst NVwZ-RR **98**, 527.
Zu Nr **14.3**: Ebenso OVG Hbg NordÖR **02**, 434, OVG Saarlouis NVwZ-RR **98**, 789.

Sachgebiet	Streitwert
15. Friedhofsrecht	
15.1 Grabnutzungsrechte	Auffangwert
15.2 Umbettung	Auffangwert
15.3 Grabmalgestaltung	½ Auffangwert
15.4 Gewerbliche Betätigung auf Friedhöfen	Betrag des erzielten oder erwarteten Jahresgewinns, mindestens 15 000 Euro

Sachgebiet	Streitwert
16. Gesundheitsverwaltungsrecht	
16.1 Approbation	Jahresbetrag des erzielten oder erwarteten Verdienstes, mindestens 30 000 Euro
16.2 Facharzt-, Zusatzbezeichnung	15 000 Euro
16.3 Erlaubnis nach § 10 BÄO	20 000 Euro
16.4 Notdienst	Auffangwert
16.5 Beteiligung am Rettungsdienst	15 000 Euro pro Fahrzeug

Bem. Der in 16.1 zugrunde gelegte Jahresbetrag wird der Bedeutung der Sache nicht hinreichend gerecht, Üb 3. Vielmehr muß man die erzielten oder erwarteten Brutto-Einnahmen abzüglich der Praxisunkosten für die Dauer von mindestens 3 Jahren zugrundelegen, BSG AnwBl **82**, 308 (Kassenarzt), aM OVG Münst NJW **99**, 2762 (Pauschalierung), OVG Münst NVwZ-RR **09**, 408 links (50 000 EUR). Entsprechendes gilt für die Entziehung. Es gibt dort also keine Pauschalierung. Entsprechend läßt sich der Streit um eine Zusatzbezeichnung bewerten.
Die Klage auf eine Befreiung vom ärztlichen Notdienst läßt sich meist nach § 52 II mit 4000 EUR bewerten. Bei der Klage auf die Zulassung eines Arzneimittels bemißt sich der Streitwert nach dem erwarteten Gewinn. Dabei kann man meist drei Jahresbeträge zugrunde legen, Üb 3, aM BVerwG NVwZ **91**, 1180 (Jahresbetrag).

GKG Anh I B § 52   I. A. Gerichtskostengesetz

Sachgebiet	Streitwert
23 **17. Gewerberecht**	s. Wirtschaftsverwaltungsrecht, Nr. 54

Grundstücksverkehrsgenehmigung
Bem. Man kann 20% des Grundstückswerts ansetzen, OVG Bautzen NVwZ-RR **98**, 460.

Heilkunde
Bem. Die Untersagung ihrer Ausübung läßt sich mit mindestens 25 000 EUR bewerten, OVG Münst JB **98**, 474.

Sachgebiet	Streitwert
24 **18. Hochschulrecht, Recht der Führung akademischer Grade**	
18.1 Anerkennung der Hochschulreife, Zulassung zum Studium, Immatrikulation, Exmatrikulation	Auffangwert
18.2 Zulassung zu einzelnen Lehrveranstaltungen	½ Auffangwert
18.3 Zwischenprüfung	Auffangwert
18.4 Diplomprüfung, Graduierung, Nachgraduierung	15 000 Euro
18.5 Leistungsnachweis	½ Auffangwert
18.6 Promotion, Entziehung des Doktorgrades	15 000 Euro
18.7 Nostrifikation	15 000 Euro
18.8 Habilitation	20 000 Euro
18.9 Lehrauftrag	Auffangwert
18.10 Ausstattung eines Instituts/Lehrstuhls	10% des Wertes der streitigen Mehrausstattung, mindestens 7500 Euro
18.11 Hochschulwahlen	Auffangwert

Bem. Die Klage auf Verbesserung der Note fällt nicht hierunter.
Zu Nr 18.1: Man kann den Auffangwert und im Eilverfahren denselben Wert ansetzen, OVG Bre JB **87**, 735, oder 3750 EUR, OVG Hbg JB **06**, 201 oder auch nur davon 25%, OVG Münst JB **97**, 88, evtl mehr, Hellstab JB **97**, 89.
Zu Nr 18.4: Gilt auch für die Erste und Zweite Juristische Staatsprüfung, BVerwG JB **95**, 371. Bei einer Vorprüfung kann man den halben Auffangwert ansetzen, bei einer Zwischenprüfung oder Wiederholungsprüfung den Auffangwert.
Zu Nr 18.5: Bei der Anfechtung eines Bescheids über das Nichtbestehen einer Leistungskontrolle kann man (jetzt) 5000 EUR ansetzen, BVerwG NVwZ-RR **93**, 304.
Zu Nr 18.7: „Nostrifikation" ist die Anerkennung ausländischer Prüfungen.
Zu Nr 18.9: Beim Privatdozenten kann man 5000 EUR ansetzen.
Zu Nr 18.10: OVG Hbg NVwZ-RR **99**, 349. Krit zu den Abstufungen VGH Mannh NVwZ **91**, 597. Vgl dazu Üb 4.
S auch Rn 33 „Prüfungsrecht". Die Aufhebung eines Studiengangs läßt sich sogar im Eilverfahren mit 50 000 EUR bewerten, VG Schlesw AnwBl **03**, 597.

Sachgebiet	Streitwert
25 **19. Immissionsschutzrecht**	
19.1 Klage des Errichters/Betreibers	[1] Es gelten grundsätzlich die nachstehend aufgeführten Werte. [2] Soweit diese die Bedeutung der Genehmigung, des Vorbescheides oder der Anfechtung einer belastenden Maßnahme für den Kl. nicht angemessen erfassen, gilt stattdessen das geschätzte wirtschaftliche Interesse bzw. der Jahresnutzungswert

Abschnitt 7. Wertvorschriften   **Anh I B § 52 GKG**

Sachgebiet	Streitwert
19.1.1 auf Genehmigung oder Teilgenehmigung oder Planfeststellung einer Anlage	2,5% der Investitionssumme, mindestens Auffangwert
19.1.2 gegen belastende Nebenbestimmung	Betrag der Mehrkosten
19.1.3 auf Vorbescheid (soweit nicht 19.1.4 einschlägig)	1% der Investitionssumme für die beantragten Maßnahmen, mindestens Auffangwert
19.1.4 auf Standortvorbescheid	1% der Gesamtinvestitionssumme, mindestens Auffangwert
19.1.5 gegen Stillegung, Betriebsuntersagung	1% der Investitionssumme, soweit nicht feststellbar: entgangener Gewinn, mindestens Auffangwert
19.1.6 gegen sonstige Anordnungen im Einzelfall	Betrag der Aufwendungen
19.2 Klage eines drittbetroffenen Privaten	s. Abfallentsorgung Nr 2.2
19.3 Klage einer drittbetroffenen Gemeinde	s. Abfallentsorgung Nr 2.3

*Bem. Zu Nr 19: BVerwG NVwZ-RR **93**, 445.*
*Zu Nr **19.1.1** OVG Lüneb NVwZ-RR **09**, 405 links (differenzierend).*
*Zu Nr **19.1.2** VGH Kassel NVwZ-RR **98**, 786.*
*Zu Nr **19.2**: Zur Bewertung „sonstiger Beeinträchtigungen" eines Privaten (jetzt) mit 15 000 EUR („Abfallentsorgung" Nr 2.2), VGH Kassel NVwZ **95**, 300, VGH Mannh NVwZ-RR **98**, 418. Man muß den Wert bei vorübergehender Beeinträchtigung geringer ansetzen, OVG Lüneb NVwZ-RR **95**, 62 (Straßenfest), VGH Mü BayVBl **93**, 285. Zur Verbandsklage BVerwG NVwZ-RR **96**, 237.*

Insolvenzsicherung
*Bem. Bei einer Beitragskürzung BVerwG NVwZ **88**, 1919.*

Investitionsvorrang
*Bem. Der Streitwertkatalog gilt entsprechend, BVerwG VIZ **99**, 214.*

Sachgebiet	Streitwert
20. Jagdrecht	
20.1 Bestand und Abgrenzung von Jagdbezirken	10 000 Euro
20.2 Verpachtung von Jagdbezirken	Jahresjagdpacht
20.3 Erteilung/Entzug des Jagdscheins	8000 Euro
20.4 Jägerprüfung	Auffangwert

*Zu Nr **20.2**: Die Empfehlung läßt sich nach (jetzt) § 52 II auch dann anwenden, wenn es um eine neue Auswahlentscheidung geht, aM VGH Kassel NJW **93**, 475.*

Jubiläumsdienstalter
Bem. Bei Anrechnungsproblemen kann man $^1/_2$ der Zuwendung ansetzen.

Kiesabbau
*Bem. Maßgeblich ist der erreichbare Gewinn, VGH Mannh JB **90**, 911.*

Sachgebiet	Streitwert
21. Kinder- und Jugendhilferecht	
21.1 Laufende Leistungen	Wert der streitigen Leistung, höchstens Jahresbetrag
21.2 Einmalige Leistungen, Kostenerstattung, Aufwendungsersatz, Kostenersatz	Wert der streitigen Leistung

26

GKG Anh I B § 52   I. A. Gerichtskostengesetz

Sachgebiet	Streitwert
21.3 Überleitung von Ansprüchen	höchstens Jahresbetrag
21.4 Heranziehung zur Kostentragung	höchstens Jahresbetrag
21.5 Erteilung der Erlaubnis, § 45 SGB VIII	Jahresgewinn aus dem Betrieb, mindestens 15 000 Euro
21.6 Pflegeerlaubnis	Auffangwert

Zu Nr 21.1: Die Empfehlung gilt auch für einen Anspruch nach dem UVG, OVG Münst FEVS **02**, 68.
Zu Nr 21.4: Man kann den Streitwert für die Heranziehung der Eltern nach (jetzt) § 42 I, V ansetzen, BVerwG FamRZ **02**, 391.
Zu Nr 21.6: Für die Erteilung der Erlaubnis nach § 45 KJHG den Jahresgewinn zugrundezulegen, entspricht nicht der Bedeutung der Sache, Üb 3. Beim Streit, ob die Behörde die Kündigung eines nach § 18 I BErzG geschützten Elternteils für zulässig erklären durfte, gilt der Auffangwert.

Kleingarten
Bem. Maßgeblich ist bei einer Wohnraumnutzung die halbe Jahresmiete für eine gleichgroße Wohnung, OVG Bre JB **86**, 1542.

Sachgebiet	Streitwert
22. Kommunalrecht	
22.1 Kommunalwahl	
22.1.1 Anfechtung durch Bürger	Auffangwert
22.1.2 Anfechtung durch Partei, Wählergemeinschaft	mindestens 15 000 Euro
22.1.3 Anfechtung durch Wahlbewerber	mindestens 7500 Euro
22.2 Sitzungs- und Ordnungsmaßnahmen	Auffangwert
22.3 Benutzung/Schließung einer Gemeindeeinrichtung	wirtschaftliches Interesse, sonst Auffangwert
22.4 Anschluss- und Benutzungszwang	ersparte Anschlußkosten + Betrag der zu erwartenden Abgaben
22.5 Kommunalaufsicht	15 000 Euro
22.6 Bürgerbegehren	Auffangwert
22.7 Kommunalverfassungsstreit	10 000 Euro

Bem. Ebenso wie Nr 22.1.1 VGH Mü NVwZ-RR **97**, 755 (s aber oben Rn 4); aM zu Nr 19.1.2, 3 VGH Mannh NVwZ-RR **07**, 638 (Auffangwert), ebenso zu Nr 22.1.3 VGH Mü NVwZ-RR **97**, 755; zustm zu Nr 22.1.3 VGH Mannh NVwZ-RR **02**, 899. Wie Nr 22.4 OVG Lüneb NVwZ-RR **02**, 469.

Sachgebiet	Streitwert
23. Krankenhausrecht	
23.1 Aufnahme in den Krankenhausbedarfsplan	Jahresbetrag der Investitionspauschale je Planbett
23.2 Planbettenstreit	500 Euro pro Bett
23.3 Festsetzung von Pflegesätzen	streitiger Anteil des Pflegesatzes × Bettenzahl × Belegungsgrad

Bem. Zum Streit um die Auflösung eines Versorgungsvertrags OVG Bln NVwZ-RR **95**, 361.

Kriegsdienstverweigerung
Bem. Maßgeblich ist der Auffangwert.

Sachgebiet	Streitwert
24. Land- und Forstwirtschaft	
24.1 Festsetzung einer Referenzmenge	streitige Referenzmenge × 0,10 Euro/kg
24.2 Zuteilung der zahlenmäßigen Obergrenze prämienberechtigter Tiere	75% der Prämie/Tier und Jahr

Abschnitt 7. Wertvorschriften   **Anh I B § 52 GKG**

Bem. *Zu Nr 24.1: VGH Mannh NVwZ-RR **02**, 900.*
*Zu Nr. 24.2: OVG Saarlouis NVwZ-RR **07**, 563.*

Sachgebiet	Streitwert
25. Lebensmittel-/Arzneimittelrecht	
25.1 Einfuhr-, Verkaufsverbot, Vernichtungsauflage	Verkaufswert der betroffenen Waren
25.2 Sonstige Maßnahmen	Jahresbetrag der erwarteten wirtschaftlichen Auswirkung, sonst Auffangwert

Bem. *Wegen des Ansatzes des Jahresbetrages Üb 3.*
*Zu Nr **25.2**: Man muß Auswirkungen außerhalb des Zuständigkeitsbereichs der Behörde berücksichtigen, a**M** OVG Münst NVwZ-RR **00**, 120.*

Sachgebiet	Streitwert
26. Erlaubnis für Luftfahrtpersonal	
26.1 Privatflugzeugführer	7500 Euro
26.2 Berufsflugzeugführer	15 000 Euro
26.3 Verkehrsflugzeugführer	20 000 Euro
26.4 sonstige Erlaubnisse für Luftfahrtpersonal	7500 Euro

Medizinische Einrichtung
Bem. *Beim Streit um ihre Zulassung kann man den erhofften Erfolg und mindestens 500 000 EUR ansetzen, BSG JB **03**, 86.*

Modernisierung
Bem. *Man kann 20% der streitigen Maßnahme ansetzen, VGH Kassel JB **91**, 105.*

Sachgebiet	Streitwert
27. Mutterschutzrecht	
27.1 Streit um Zustimmung zur Kündigung	Auffangwert
27.2 Zulässigkeitserklärung gemäß § 18 BErzGG	Auffangwert

Nachbarrecht
Bei einer Beeinträchtigung durch Grundstücksnutzungen in der Nachbarschaft sind 15 000 EUR ansetzbar. OVG Schlesw AnwBl **05**, 724.

Sachgebiet	Streitwert
28. Namensrecht	
28.1 Änderung des Familiennamens oder Vornamens	Auffangwert
28.2 Namensfeststellung	Auffangwert

Bem. *Vgl BVerwG DVBl **94**, 651, OVG Münst DVBl **94**, 651. Bei jedem Kind gilt ein eigener Auffangswert, VG Darmst NJW **98**, 2992.*

Sachgebiet	Streitwert
29. Naturschutz	
29.1 Klage auf Erteilung einer Fällgenehmigung	Auffangwert
29.2 Normenkontrolle gegen Schutzgebietsausweisung	wie Bebauungsplan (Nr. 9.8)

GKG Anh I B § 52   I. A. Gerichtskostengesetz

Bem. Rn 25 „Immissionsschutzrecht". Für Verbandsklagen ist der Mindestbetrag nach Rn 4 beachtbar. Zur Bemessung im Einzelfall BVerwG NVwZ-RR **96**, 237 (Berücksichtigung ideeller Interessen).

Nichtzulassungsbeschwerde
Bem. S oben Rn 10.

Normenkontrolle
Bem. Der Wert bestimmt sich nach der bei der Gültigkeit der Norm eintretenden Belastung, OVG Magdeb LKV **01**, 41.
S auch Rn 31 „Planfeststellungsrecht".

Parteienfinanzierung
Bem. Maßgeblich ist die Bedeutung der Sache für den Kläger, OVG Münst NVwZ-RR **00**, 333.

Sachgebiet	Streitwert
30. Passivrecht	
30.1 Personalausweis, Reisepass	Auffangwert

Bem. Es gibt keine degressive Staffelung bei Eheleuten.

Sachgebiet	Streitwert
31. Personalvertretungsrecht	Auffangwert

Bem. Als Gegenstandswert nach § 52 läßt sich beim Streit über die Mitbestimmung wegen des objektiven Charakters des Verfahrens meist der Auffangwert ansetzen, OVG Hbg HJVBl **99**, 123, VGH Kassel JB **94**, 242, VGH Mannh NVwZ-RR **95**, 424, VGH Mü BayVBl **00**, 478, aM für die Anfechtung der Wahl einer größeren Personalvertretung VGH Kassel NVwZ-RR **94**, 477 (bis zu 15 000 EUR). In anderen Sachen gelten (jetzt) § 52 I–III, zB beim Streit über eine Kostenerstattung, BVerwG JB **95**, 537.

Sachgebiet	Streitwert
32. Personenbeförderungsrecht	vgl. Verkehrswirtschaftsrecht

Sachgebiet	Streitwert
33. Pflegegeld	Wert der streitigen Leistung, höchstens Jahresbetrag

Bem. Man kann (jetzt) § 42 I, V entsprechend anwenden, VGH Mü BayVBl **92**, 414, Rn 36 „Sozialhilfe".

Sachgebiet	Streitwert
34. Planfeststellungsrecht	
34.1 Klage des Errichters/Betreibers	[1] Es gelten grundsätzlich die nachstehend aufgeführten Werte. [2] Soweit diese die Bedeutung der Genehmigung, des Vorbescheides oder der Anfechtung einer belastenden Maßnahme für den Kl. nicht angemessen erfassen, gilt statt dessen das geschätzte wirtschaftliche Interesse bzw der Jahresnutzungswert.
34.1.1 auf Planfeststellung einer Anlage oder Änderung des Planfeststellungsbeschlusses	2,5% der Investitionssumme
34.1.2 gegen belastende Nebenbestimmung	Betrag der Mehrkosten

Abschnitt 7. Wertvorschriften   **Anh I B § 52 GKG**

Sachgebiet	Streitwert
34.2 Klage eines drittbetroffenen Privaten	wie Abfallentsorgung Nr 2.2
34.3 Klage einer drittbetroffenen Gemeinde	wie Abfallentsorgung Nr 2.3

*Bem. Zu Nr 34: BVerwG NVwZ-RR **93**, 331.*
*Zu Nr 34.2: BVerfG NVwZ **99**, 1104 (bei einer Anfechtung 30–50% des fraglichen Flächenwerts), BVerwG NVwZ **98**, 504, 850, OVG Hbg NVwZ-RR **99**, 700 (10 000 EUR, bei einer Gefährdung + 5000 EUR je Kläger). Bei einer enteignenden Vorwirkung ist für die Klage meist 33,3–50% des betroffenen Eigentümers der Verkehrswert maßgeblich, BVerfG NVwZ **99**, 1104, BVerwG NVwZ **96**, 1016, VGH Mannh NVwZ-RR **04**, 309. Ausnahmsweise gilt der volle Wert, BVerwG NVwZ **91**, 567, VGH Mannh NVwZ-RR **91**, 670, OVG Saarlouis NVwZ-RR **93**, 166. Entsprechendes gilt bei einem Normenkontrollantrag, der der Abwehr der Enteignung dient, BVerwG JB **92**, 331. In anderen Fällen gilt der Auffangwert, OVG Schlesw NVwZ-RR **00**, 332.*
*Zu Nr 34.3: BVerwG JB **97**, 255, VGH Mü NVwZ-RR **01**, 229.*
*Vgl im übrigen Rn 12, auch zur Verbandsklage, BVerwG NVwZ-RR **96**, 237.*

Sachgebiet	Streitwert	
35. Polizei- und Ordnungsrecht		32
35.1 Polizei- und ordnungsrechtliche Verfügung, polizeiliche Sicherstellung	wirtschaftliches Interesse, sonst Auffangwert	
35.2 Anordnung gegen Tierhalter	Auffangwert; sofern die Anordnung einer Gewerbeuntersagung gleichkommt, wie Nr 54.2.1	
35.3 Obdachloseneinweisung	Auffangwert	
35.4 Streit um erkennungsdienstliche Maßnahmen und kriminalpolizeiliche Unterlagen	Auffangwert	
35.5 Normenkontrolle	wirtschaftliches Interesse, sonst Auffangwert	

Bem. Die Klage gegen eine Ordnungsverfügung läßt sich mit den zur Erfüllung nötigen Aufwendungen bewerten.

Prozeßkostenhilfe
Bem. Rn 11.

Prozeßvergleich
*Bem. Maßgeblich ist der zunächst streitig gewesene Betrag, OVG Münst NVwZ-RR **00**, 332. Anders kann es beim bloßen Teilvergleich sein.*

Sachgebiet	Streitwert	
36. Prüfungsrecht		33
36.1 Das Studium abschließende Staatsprüfung; ärztliche oder pharmazeutische Prüfung, soweit nicht 36.2	7500 Euro	
36.2 Den Vorbereitungsdienst abschließende Staatsprüfung, abschließende ärztliche oder pharmazeutische Prüfung	15 000 Euro	
36.3 Sonstige berufseröffnende Prüfungen	15 000 Euro	
36.4 Sonstige Prüfungen	Auffangwert	

*Bem. Zur Bewertung abschließender Prüfungen mit (jetzt) 15 000 EUR BVerwG NVwZ-RR **98**, 75 (Laufbahnprüfung), VGH Mannh Just **97**, 412, aM VGH Mü NVwZ **91**, 597 (Auffangwert). Vgl aber Üb 4). Bei dem Streit um das endgültige Nichtbestehen der studienbegleitenden Leistungskontrollen läßt sich der Wert auf 5000 EUR festsetzen, BVerwG NVwZ-RR **93**, 304. Beim bloßen Notenstreit gilt der Auffangwert, OVG Hbg NVwZ-RR **08**, 851.*

GKG Anh I B § 52   I. A. Gerichtskostengesetz

Räumungsanordnung
Bem. *Maßgeblich ist meist der Auffangwert, VGH Mü BayVBl 88, 476.*

Sachgebiet	Streitwert
34 **37. Rundfunkrecht**	
37.1 Hörfunkkonzession	200 000 Euro
37.2 Fernsehkonzession	350 000 Euro
37.3 Kanalbelegung	wie Hörfunk-/Fernsehkonzession
37.4 Einräumung von Sendezeit	15 000 Euro

Bem. *Für eine nichtkommerzielle Fernsehkonzession setzt OVG Greifsw NVwZ-RR **00**, 732 nur den Auffangwert an. Bei der Befreiung von der Gebührenpflicht kann man den Jahresbetrag ansetzen, OVG Hbg JB **00**, 534.*

Rundfunkgebühren
Bem. *Maßgeblich ist die Höhe der Gebühren in dem Zeitraum, um dessen Gebührenbefreiung es geht, OVG Lüneburg NVwZ-RR **07**, 252.*

Sachverständiger
Bem. *Im Zulassungsstreit kann man eine mögliche Jahresvergütung ansetzen, VGH Mü BayVBl **82**, 668, Schlesw JB **92**, 330. Wegen einer öffentlicher Bestallung usw sind 5000 EUR vertretbar.*

Sachgebiet	Streitwert
38. Schulrecht	
38.1 Errichtung, Zusammenlegung, Schließung einer Schule (Klage der Eltern bzw. Schüler)	Auffangwert
38.2 Genehmigung zum Betrieb einer Ersatzschule	30 000 Euro
38.3 Schulpflicht, Einweisung in eine Sonderschule, Entlassung aus der Schule	Auffangwert
38.4 Aufnahme in eine bestimmte Schule oder Schulform	Auffangwert
38.5 Versetzung, Zeugnis	Auffangwert
38.6 Reifeprüfung	Auffangwert

Bem. *Allgemein: OVG Schlesw NVwZ-RR **92**, 280.*
*Zu Nr **38.2**: Zur Genehmigung einer privaten Schule als Bekenntnisschule BVerwG JB **92**, 488. Wegen der Abstufungen im Rahmen von § 52 II vgl Üb 4.*
*Zu Nr **38.5**: Für geringere Schulstrafen ist ein Streitwert von 1000 EUR meist angemessen, aM OVG Schlesw NVwZ-RR **92**, 280 (Auffangwert). Beim Streit um die Ermäßigung der Unterrichtsverpflichtung gilt der Auffangwert.*

Sachgebiet	Streitwert
35 **39. Schwerbehindertenrecht**	
39.1 Zustimmung des Integrationsamtes	Auffangwert

Bem. *Die jetzige Fassung hat dem früheren Streit (zu [jetzt] § 42 IV) beendet. Das gilt, zumal sie vor allem auf sozialen Erwägungen beruht, Rn 3, Zimmer NVwZ **95**, 142.*

Selbständiges Beweisverfahren
Bem. *Vgl § 48 Anh I (§ 3 ZPO) Rn 102. Ansetzbar ist im Verfahren vor den Verwaltungsgerichten meist die Hälfte des Wertes der Hauptsache, VGH Mannh NVwZ-RR **98**, 526, VGH Mü NVwZ-RR **01**, 278, Kopp/Schenke § 189 Rn 11, aM OVG Lüneb NVwZ-RR **05**, 863 (Wert des Hauptanspruchs).*

Abschnitt 7. Wertvorschriften **Anh I B § 52 GKG**

Sachgebiet	Streitwert	
40. Soldatenrecht		
40.1 Berufssoldaten	wie Beamte auf Lebenszeit	
40.2 Soldaten auf Zeit	wie Beamte auf Probe	
Bem. Vgl § 13 IV, dort Rn 22 ff.		

Sachgebiet	Streitwert	
41. Sozialhilfe/Kriegsopferfürsorge	s. Streitwertkatalog i. d. F. vom Jan. 1996 (NVwZ 1996, 562 = DVBl 1996, 605)	36
41.1 Laufende Leistungen	Wert der streitigen Leistung, höchstens Jahresbetrag	
41.2 Einmalige Leistung	streitiger Betrag	
41.3 Überleitung von Ansprüchen	Auffangwert	
41.4 Auskunft nach (früher:) § 116 BSHG	½ Auffangwert	
41.5 Streitigkeiten um Aufwendungsersatz (früher: § 11 Abs. 2 Satz 1 Halbs. 1, § 29 S. 2 BSHG)	streitiger Betrag	
41.6 Streitigkeiten um Kostenersatz (früher: §§ 92 ff. BSHG)	streitiger Betrag	

*Bem. Der Gegenstandswert laufender Hilfe ist entsprechend (jetzt) § 42 I durch den Jahresbetrag begrenzt, VGH Kassel JB **94**, 362, VGH Mü BayVBl **94**, 93, OVG Münst FEVS **02**, 68, aM OVG Bre NordÖR **01**, 183, Rotter ZfSH/SGB **83**, 211 (aber der Schutzzweck des § 42 I gebietet dessen entsprechende Anwendung auf die Sozialhilfe, ebenso auf Ansprüche nach dem UVG, OVG Münst FamRZ **94**, 34). Einen Rückstand darf man allerdings nicht entsprechend (jetzt) § 42 V hinzurechnen, VGH Kassel JB **94**, 362, aM VGH Mü NVwZ-RR **93**, 334 und 414. Bei einer Rücknahme der Bewilligung oder bei einem Widerspruch kommt die bisherige Billigungssumme zum Ansatz, OVG Bre JB **02**, 80, OVG Münst JB **01**, 419.*

*Zu Nr **41.3**: Bei der Anfechtung einer Überleitung nach (jetzt) § 90 SGB XII kann man auch die Höhe der übergeleiteten Forderung mit den wiederkehrenden Leistungen höchstens dem Jahresbetrag zugrunde legen, BVerwG NVwZ-RR **98**, 142. Viele setzen den Wert mit der Hälfte des übergeleiteten Beträge an und bewerten laufende Ansprüche mit der Hälfte des Jahreswerts, LSG Stgt JB **08**, 535. Für den Übergang eines Unterhaltsanspruchs gilt (jetzt) das SGB XII (Zivilrechtsweg). Der Streit um einen Rahmenvertrag nach (jetzt) dem SBG XII läßt sich mit einem Bruchteil des Jahreswerts der Leistungen bewerten, OVG Lüneb NdsRpfl **00**, 112.*

*Zu Nr **41.4**: Das Auskunftsverlangen nach (jetzt) § 90 SGB XII läßt sich nach dem Interesse an der Nichterteilung bewerten, VGH Mannh JB **93**, 108. Dieses Interesse läßt sich mit dem halben Auffangwert pauschal bewerten. Die Anfechtung eines Rücknahmebescheides läßt sich mit der Summe der Leistungen bewerten, OVG Münst JB **01**, 419. Beim Streit um eine Eingliederungshilfe zur Einschulung in eine geeignete Sonderschule gilt der Auffangwert, OVG Greifsw NordÖR **03**, 220.*

S auch Rn 30 „Pflegegeld".

Sachgebiet	Streitwert	
42. Staatsangehörigkeitsrecht		37
42.1 Einbürgerung	doppelter Auffangwert pro Person	
42.2 Feststellung der Staatsangehörigkeit	doppelter Auffangwert pro Person	

*Bem. Zu Nr **42.1**: BVerwG NVwZ-RR **94**, 182, aM VGH Mannh NVwZ-RR **99**, 813 (einfacher Auffangwert. Aber es handelt sich um außerordentlich weitreichende Auswirkungen). Bei der Beteiligung mehrerer Personen kann man § 5 ZPO entsprechend anwenden. Bei einem Streit über den Verzicht auf die deutsche Staatsangehörigkeit sollte man wegen der ebenfalls weitreichenden Wirkung den doppelten Auffangwert einsetzen.*

Stiftung

*Bem. Maßgeblich ist der notfalls schätzbare Jahresertrag, OVG Münst NWVBl **94**, 393.*

GKG Anh I B § 52   I. A. Gerichtskostengesetz

Sachgebiet	Streitwert

43. Straßen- und Wegerecht (ohne Planfeststellung), Straßenreinigung

43.1 Sondernutzung	zu erwartender Gewinn bis zur Grenze des Jahresbetrages, mindestens 500 Euro
43.2 Sondernutzungsgebühr	s. Abgabenrecht
43.3 Widmung, Einziehung	wirtschaftliches Interesse, mindestens 7500 Euro
43.4 Anfechtung einer Umstufung zur Vermeidung der Straßenbaulast	3,5-facher Jahreswert
43.5 Straßenreinigungspflicht	wirtschaftliches Interesse

Bem. Zur Abgrenzung zu Nutzungsverträgen BVerwG VBlBW **94**, 96. Wegen einer Herabstufung BVerwG JB **98**, 263. Wegen einer Widmung VGH Mü JB **98**, 94. Zur Bewertung des Streits über einen Gebührengrundbescheid nach (jetzt) § 52 I BVerwG NVwZ-RR **89**, 279, VG Regensb **99**, 407. Der Auffangwert kann statt Nr 43.1 bei der Sondernutzung durch eine politische Partei maßgeblich sein, VGH Mü BayVBl **01**, 603. Es lassen sich dann aber auch je Tag 1000 EUR ansetzen, OVG Greifsw JB **03**, 144. Man kann 10% des vom Konkurrenten erbrachten Jahresumsatzes ansetzen, OVG Schlesw AnwBl **92**, 281. Beim Nachbarstreit kann man (jetzt) § 52 II anwenden, VGH Mü NVwZ-RR **04**, 308. Beim Verkauf einer öffentlichen Straße auf einem Privatgrundstück kommt es auf den Wert dieser Teilfläche an, VGH Mü JB **05**, 543.
Zu Nr 43.3: OVG Münst JB **02**, 532.
Zu Nr 43.4: VGH Mannh NVwZ-RR **07**, 827 (Abstufung einer Kreisstraße).

Sachgebiet	Streitwert

44. Subventionsrecht

44.1 Vergabe einer Subvention	
44.1.1 Leistungsklage	streitiger Betrag
44.1.2 Konkurrentenklage	50% des Subventionsbetrages
44.2 Bescheinigung als Voraussetzung für eine Subvention	75% der zu erwartenden Subvention
44.3 Zinsloses oder zinsermäßigtes Darlehen	Zinsersparnis, im Zweifel pauschaliert: zinsloses Darlehen 25%, zinsermäßigtes Darlehen 10% des Darlehensbetrages

Bem. Vgl OVG Greifsw NVwZ-RR **02**, 155, OVG Magdeb DÖV **01**, 177 (Rückforderung). Die in einem Rückforderungsbescheid angesetzten Zinsen bleiben entsprechend § 43 außer Betracht, OVG Greifsw NordÖR **02**, 902.

Untätigkeitsklage
Bem. Maßgeblich der Verzögerungsschaden für den Kläger, Meyer 29.

Unterrichtsverpflichtung
Bem. Maßgeblich ist der Auffangwert.

Sachgebiet	Streitwert

45. Vereins- und Versammlungsrecht

45.1 Vereinsverbot	
45.1.1 durch oberste Landesbehörde	15 000 Euro
45.1.2 durch oberste Bundesbehörde	30 000 Euro
45.2 Anfechtung eines Verbots durch einzelne Mitglieder	Auffangwert je Kl.
45.3 Auskunftsverlangen	Auffangwert
45.4 Versammlungsverbot, Auflage	Auffangwert

Bem. Konnte der Verein nicht bundesweit tätig sein, rechtfertigt sich eine angemessene Überschreitung des Richtwerts von 25 000 EUR, BVerwG MDR **92**, 734. Der Auffangwert gilt auch beim Streit um eine Auflage, OVG Hbg NordÖR **01**, 183. Bei einer Mehrheit von Klägern erfolgt keine Zusammenrechnung.

Abschnitt 7. Wertvorschriften **Anh I B § 52 GKG**

Zu Nr 45.1: Bei der Nachbarklage gegen ein fünftägiges Straßenfest kann man (jetzt) 500 EUR ansetzen.

Vergleich
Zur Festsetzung des Gegenstandswerts OVG Bln NVwZ-RR **97**, 754, OVG Münst NVwZ-RR **00**, 332, OVG Weimar NVwZ-RR **95**, 551.

Sachgebiet	Streitwert	
46. Verkehrsrecht		38
46.1 Fahrerlaubnis Klasse A	Auffangwert	
46.2 Fahrerlaubnis Klasse A 1	$^1/_2$ Auffangwert	
46.3 Fahrerlaubnis Klasse B	Auffangwert	
46.4 Fahrerlaubnis Klasse C	$1^1/_2$ Auffangwert	
46.5 Fahrerlaubnis Klasse C 1	Auffangwert	
46.6 Fahrerlaubnis Klasse D	$1^1/_2$ Auffangwert	
46.7 Fahrerlaubnis Klasse D 1	Auffangwert	
46.8 Fahrerlaubnis Klasse E	$^1/_2$ Auffangwert	
46.9 Fahrerlaubnis Klasse M	$^1/_2$ Auffangwert	
46.10 Fahrerlaubnis Klasse L	$^1/_2$ Auffangwert	
46.11 Fahrerlaubnis Klasse T	$^1/_2$ Auffangwert	
46.12 Fahrerlaubnis zur Fahrgastbeförderung	2-facher Auffangwert	
46.13 Fahrtenbuchauflage	400 Euro je Monat	
46.14 Verkehrsregelnde Anordnung	Auffangwert	
46.15 Sicherstellung, Stillegung eines Kraftfahrzeugs	$^1/_2$ Auffangwert	
46.16 Teilnahme am Aufbauseminar	$^1/_2$ Auffangwert	

*Bem. Üb Zimmer NVwZ **95**, 142.*
Zu Nr 46.1–5: OVG Bautzen LKV **94**, 224, VGH Mannh DÖV **02**, 788 (Umschreibung), VGH Mü BayVBl **02**, 779 (Androhung der Entziehung). Bei einer Klage wegen einer Entziehung der Fahrerlaubnis für mehrere Klassen bestimmt sich der Streitwert nach der Addition der eigenständigen Klassen Nr 46.1ff, (jetzt) VGH Mannh JB **08**, 203. Die gleichzeitige Entziehung der Erlaubnis zur Fahrgastbeförderung wirkt sich streitwerterhöhend aus, OVG Lüneb JB **05**, 597.
Zu Nr 46.6: BVerwG NJW **89**, 1624, OVG Lüneb NVwZ-RR **94**, 183, VGH Mü BayVBl **02**, 349 (mit „Mengenrabatt"), aM VGH Mü NVwZ-RR **92**, 164 (Auffangwert).
Zu Nr 46.14: Der Auffangwert überzeugt, OVG Lüneb NVwZ **93**, 704. Bei der Entziehung der Fahrerlaubnis ist mehr berufliche Nutzung zur mitbeachtbar, aM OVG Hbg JB **05**, 475 (aber dann ist sie viel mehr wert).
Zu Nr 46.15: VGH Mannh NVwZ-RR **05**, 144. Die Sicherstellung eines Radarwarngeräts läßt sich mit 500 EUR bewerten, OVG Greifsw NordÖR **02**, 464.

Sachgebiet	Streitwert
47. Verkehrswirtschaftsrecht	
47.1 Güterfernverkehrsgenehmigung, Gemeinschaftslizenz für EG Ausland, grenzüberschreitender Verkehr	30 000 Euro
47.2 Bezirksverkehrsgenehmigung	20 000 Euro
47.3 Nahverkehrsgenehmigung	15 000 Euro
47.4 Taxigenehmigung	15 000 Euro
47.5 Mietwagengenehmigung	10 000 Euro
47.6 Linienverkehr mit Omnibussen	20 000 Euro je Linie
47.7 Gelegenheitsverkehr mit Omnibussen	20 000 Euro

Zu Nr 47.1: Man kann bei gefährlichen Gütern auch den erwarteten Jahresgewinn mitbeachten, OVG Bln NVwZ-RR **91**, 672.
Zu Nr 47.4: Im Eilverfahren kann man (jetzt) 5000 EUR je Fahrzeug ansetzen, OVG Münst JB **98**, 542.
Zu Nr 47.5: Im Eilverfahren kann man (jetzt) 2500 EUR je Fahrzeug ansetzen, OVG Münst JB **98**, 542.

GKG Anh I B § 52   I. A. Gerichtskostengesetz

Sachgebiet	Streitwert
48. Vermögensrecht	
48.1 Rückübertragung	
48.1.1 Grundstück	aktueller Verkehrswert; klagen einzelne Mitglieder einer Erbengemeinschaft auf Leistung an die Erbengemeinschaft, so ist das wirtschaftliche Interesse nach dem Erbanteil zu bemessen.
48.1.2 Unternehmen	aktueller Verkehrswert
48.1.3 sonstige Vermögensgegenstände	wirtschaftlicher Wert
48.2 Besitzeinweisung	30% des aktuellen Verkehrswerts
48.3 Investitionsvorrangbescheid	30% des aktuellen Verkehrswerts
48.4 Einräumung eines Vorkaufsrechts	50% des aktuellen Verkehrswerts

Bem. Man muß die Obergrenze von 500 000 EUR nach § 52 IV lt Hs beachten.
Zu Nr 48.1.1: BVerwG NJW 95, 609.
Zur Bewertung von Sachen nach dem VZOG.

Versorgungstarif
Bem. Beim Genehmigungsstreit kann man 70% des voraussichtlichen Jahresertrags ansetzen, OVG Bautzen NVwZ-RR 98, 459.

Sachgebiet	Streitwert
49. Vertriebenen- und Flüchtlingsrecht	
49.1 Erteilung oder Entziehung eines Vertriebenenausweises	Auffangwert
49.2 Erteilung oder Rücknahme eines Aufnahmebescheides/einer Bescheinigung nach § 15 BVFG	Auffangwert

Bem. Wie hier OVG Kblz NVwZ-RR 92, 387, VGH Mü NVwZ-RR 96, 543.

Vollstreckungsrecht
Bem. S oben Rn 8.

Vorbescheid
Bem. Es kommt auf das Ausmaß seiner Wirkung an. Sie kann 30–50% des Verkehrswerts einer Fläche erreichen, BVerwG JB 99, 195, VGH Mü NVwZ-RR 99, 413.

Vorkaufsrecht
Bem. Man kann 10–25% des Kaufpreises ansetzen, OVG Lüneb JB 02, 424.

Vorverfahren
Bem. Es gilt der Wert des zugehörigen Prozesses, VGH Mü NVwZ-RR 93, 334.

Sachgebiet	Streitwert
50. Waffenrecht	
50.1 Waffenschein	7500 Euro
50.2 Waffenbesitzkarte	Auffangwert zuzüglich 750 Euro je weitere Waffe
50.3 Munitionserwerbsberechtigung	1500 Euro
50.4 Waffenhandelserlaubnis	s. Gewerbeerlaubnis Nr. 54.2.1

Zu Nr 50.1: BVerwG NVwZ 00, 442, VGH Mannh NVwZ-RR 92, 448.
Zu Nr 50.2: aM BVerwG GewArch 92, 314, VGH Mannh Just 99, 125 (Auffangwert), OVG Lüneb JB 99, 530 (wie 50.1). Zum Problem Zimmer NVwZ 95, 142.

Abschnitt 7. Wertvorschriften   **Anh I B § 52 GKG**

Sachgebiet	Streitwert
51. Wasserrecht (ohne Planfeststellung)	
51.1 Erlaubnis, Bewilligung	wirtschaftlicher Wert
51.2 Anlagen an oder in Gewässern	
51.2.1 gewerbliche Nutzung	Jahresgewinn
51.2.2 nichtgewerbliche Nutzung	Auffangwert
51.2.3 Steganlagen incl. ein Bootsliegeplatz	Auffangwert zzgl. 750 Euro für jeden weiteren Liegeplatz

Sachgebiet	Streitwert
52. Wehr- und Zivildienst	
52.1 Anerkennung als Kriegsdienstverweigerer	Auffangwert
52.2 Musterung, Tauglichkeit	Auffangwert
52.3 Wehrdienstausnahme, Zurückstellung	Auffangwert, evtl. wirtschaftliches Interesse
52.4 Einberufung	Auffangwert
52.5 Wehrübung	Auffangwert

Bem. Bei einer Wehrübung gilt der Auffangwert, BVerwG JB 94, 118.

Sachgebiet	Streitwert
53. Weinrecht	
53.1 Veränderung der Rebfläche	1,50 Euro/qm Rebfläche
53.2 Genehmigung zur Vermarktung oder Verarbeitung von nicht verkehrsfähigem Wein	2 Euro/Liter

Sachgebiet	Streitwert
54. Wirtschaftsverwaltungsrecht	
54.1 Gewerbeerlaubnis, Gaststättenkonzession	Jahresbetrag des erzielten oder erwarteten Gewinns, mindestens 15 000 Euro
54.2 Gewerbeuntersagung	
54.2.1 ausgeübtes Gewerbe	Jahresbetrag des erzielten oder erwarteten Gewinns, mindestens 15 000 Euro
54.2.2 erweiterte Gewerbeuntersagung	Erhöhung um 5000 Euro
54.3 Handwerksrecht	
54.3.1 Eintragung/Löschung in der Handwerksrolle	Jahresbetrag des erzielten oder erwarteten Gewinns, mindestens 15 000 Euro
54.3.2 Meisterprüfung	15 000 Euro
54.3.3 Gesellenprüfung	7500 Euro
54.4 Sperrzeitregelung	Jahresbetrag des erzielten oder erwarteten zusätzlichen Gewinns, mindestens 7500 Euro
54.5 Zulassung zu einem Markt	erwarteter Gewinn, mindestens 300 Euro pro Tag

Bem. Die Anknüpfung an den Jahresbetrag wird der nach § 52 I maßgeblichen Bedeutung der Sache nicht gerecht, Üb 3. Wenn keine Anhaltspunkte für eine andere Bewertung im Einzelfall bestehen, sollte der Dreijahresbetrag zugrundeliegen, BSG JB 96, 148 (Hinweis auf § 25 KostO), notfalls der dreifache Auffangwert, VGH Kassel NVwZ-RR 93, 672. Zur Konkurrentenklage OVG Kblz NVwZ-RR 94, 203. Zur Begrenzung auf den Jahresbetrag und zum Mindestbetrag OVG Münst

GKG Anh I B § 52   I. A. Gerichtskostengesetz

NVwZ-RR **97**, 196. *Für die Zulassung zu einem eintägigen Markt sind 500 EUR angemessen, VGH Mannh GewArch* **94**, 112. *Unselbständige eine Untersagung begleitende Verfügungen bleiben außer Betracht, Zimmer NVwZ* **95**, 141.
    Zu Nr 54.1: Beim Spielautomaten kann man 2000 EUR je Gerät ansetzen, BVerwG GewArch **92**, 63. *Bei einer bloßen Gewerbeanmeldung kann man 4000 EUR ansetzen, VGH Mannh NVwZ-RR* **95**, 62, *aber auch 6000 EUR, BVerwG NVwZ-RR* **92**, 516 *(Spielhalle), oder den Dreijahresbetrag, mindestens 15 000 EUR, OVG Münst NVwZ-RR* **05**, 215.
    Zu Nr 54.2: Für die Klage einer Handwerkskammer auf eine Untersagung des Gewerbes gilt nicht Nr 54.2, sondern (jetzt) § 52 II, VGH Mannh NVwZ-RR **97**, 575, *aM BVerwG GewArch* **93**, 331. *Ebenso ist für die Klage gegen das Gebot, ein Gewerbe anzuzeigen, der Auffangwert ansetzbar, VGH Mannh GewArch* **94**, 417. *Bei Widerruf oder Ablehnung einer Erlaubnis kommt ein halber Jahresgewinn in Betracht, mindestens 7500 EUR, OVG Münst NVwZ-RR* **05**, 215 *(bei einer Untersagung ein voller Jahresgewinn, mindestens 8000 EUR). Eine Festsetzung von Zwang läßt sich mit mindestens 3750 EUR bewerten, OVG Münst NVwZ-RR* **05**, 215. *Eine Halbierung kommt beim Eilverfahren mit einer gleichzeitigen Hauptsacheentscheidung in Frage, OVG Lüneb NVwZ-RR* **07**, 828 *links oben.*
    Zu Nr 54.3: BVerwG NVwZ-RR **92**, 516 *(6000 EUR). Man kann diese Bewertung auch für die Anerkennung eines Sachverständigen benutzen, OVG Schlesw AnwBl* **92**, 303.
    Zu Nr 54.3.2: VGH Mannh NJW **97**, 145. *In Verfahren wegen der Erteilung einer Ausnahmebewilligung für die Eintragung in die Handwerksrolle und für eine Klage der Handwerkskammer kann man 6000 EUR ansetzen, NVwZ-RR* **92**, 516.
    Der Streit um die Anerkennung als Sachverständiger läßt sich nach den Grundsätzen der Berufszulassung bewerten, OVG Schlesw AnwBl **92**, 280. *Zur Konkurrentenklage OVG Kblz NVwZ-RR* **94**, 303, *zur Nachbarklage OVG Kblz JB* **00**, 81.

Sachgebiet	Streitwert
55. Wohngeldrecht	
55.1 Miet- oder Lastenzuschuß	streitiger Zuschuss, höchstens Jahresbetrag

Sachgebiet	Streitwert
56. Wohnraumrecht	
56.1 Anerkennung als steuerbegünstigte Wohnung	Gesamtbetrag der Steuerersparnis
56.2 Bewilligung öffentlicher Mittel	Zuschussbetrag zuzüglich 10% der Darlehenssumme
56.3 Erteilung einer Wohnberechtigungsbescheinigung	Auffangwert
56.4 Fehlbelegungsabgabe	streitiger Betrag, höchstens 3,5-facher Jahresbetrag
56.5 Freistellung von der Wohnungsbindung	Auffangwert je Wohnung
56.6 Zweckentfremdung	
56.6.1 Erlaubnis mit Ausgleichszahlung	Jahresbetrag der Ausgleichszahlung, bei laufender Zahlung: Jahresbetrag
56.6.2 Erlaubnis ohne Ausgleichszahlung	Auffangwert
56.6.3 Aufforderung, Wohnräume wieder Wohnzwecken zuzuführen	Falls eine wirtschaftlich günstigere Nutzung stattfindet: Jahresbetrag des Interesses, sonst Auffangwert je Wohnung
56.7 Wohnungsaufsichtliche Anordnung	veranschlagte Kosten der geforderten Maßnahme

Bem. Zu Nr 56.4: aM OVG Hbg RR **93**, 335.
Zu Nr 56.6.3: OVG Münst NWVBl **97**, 435.

Zulassung der Berufung nach § 124a IV–VI VwGO:
    Bem. Maßgeblich ist der Wert des Hauptsacheverfahrens, § 48 Rn 10.

Abschnitt 7. Wertvorschriften **Anh I B, II § 52 GKG**

Zwischenstreit
Bem. *Maßgeblich ist ein Bruchteil des Werts der Hauptsache, VGH Mü NVwZ-RR* **02**, *156 (meist 20%).*

II. Streitwertschlüssel für die Finanzgerichtsbarkeit

1) Bedeutung der Sache. Wenn man nicht den bezifferten Geldbetrag nach 1
§ 52 III ansetzen muß, ist die Bedeutung der Sache für den Kläger (Antragsteller) maßgeblich, (jetzt) § 52 I, VII, BFH NVwZ **95**, 416. Sie errechnet sich durch das finanzielle Interesse an der erstrebten Änderung für den streitigen Veranlagungszeitraum. Bemessungsgrundlage ist der unmittelbar streitige Steuerbetrag. Ist der Betrag für ein Jahr streitig, bleiben Auswirkungen auf die Besteuerung der folgenden Jahre meist außer Betracht.
Geht es um eine *einheitliche Rechtsmittelentscheidung* für mehrere Veranlagungszeiträume, ist der zusammengerechnete Betrag maßgeblich. Bleibt die aus formellen Gründen beantragte Aufhebung eines Bescheids als solche ohne steuerliche Auswirkung, kann man 10% der festgesetzten Steuer als den Wert annehmen, FG Nürnb EFG **94**, 980. Läßt sich der Betrag der verlangten Herabsetzung nicht ermitteln, kann man als den Wert die Hälfte der festgesetzten Steuer ansetzen, BFH/NV **95**, 1008.

2) Beispiele zu Frage des Streitwerts 2
Schrifttum: *Gräber* Vor § 135 FGO Rn 35 ff; *Hübschmann/Hepp/Spitaler* § 139 FGO Rn 68–130; *Madert,* AnwGeb in Verw-, Sozial- und Steuersachen, IV A 85; *Tipke/Kruse* Tz 81 ff, insbes „ABC der Streitwerte" Tz 103; *Zenke/Brandenburg,* Kosten des finanzgerichtlichen Prozesses mit Streitwert-ABC, 1997; *Ziemer/Haarmann/Lohse/Beermann,* Rechtsschutz in Steuersachen, Tz 10379 ff.
Ergänzend ist Anh I B anwendbar.

Ablehnung von Richtern und Sachverständigen: Anh I B Rn 9. Man kann pauschal 10% des Werts der Hauptsache für die Ablehnung eines Richters und bei einer Ablehnung mehrerer Richter einen entsprechend größeren Bruchteil zugrunde legen, BFH/NV **96**, 431.
Abrechnungsbescheid: Maßgeblich ist die Steuerforderung.
Arrest: Der Wert entspricht der Hälfte der Hinterlegungssumme, BFH BStBl **82** II 691, Schall StB **96**, 26.
Artfeststellung: Rn 5 „Einheitsbewertung".
Aufrechnung: § 46 Rn 36 ff. Ist Gegenstand des Streits der Bestand der Aufrechnungsforderung, bemißt sich der Streitwert nach deren vollem Wert, BFH NVwZ **92**, 208. Die Anfechtung einer Aufrechnung des FA mit Steuerforderungen läßt sich mit 10% dieser Forderungen bewerten, wenn es nur um die Zulässigkeit der Aufrechnung geht, FG Bln EFG **76**, 583.
Auskunftsbegehren: Man kann 10% der Hauptsache ansetzen. Sofern das finanzielle Interesse nicht erkennbar ist, sind für jedes Begehren (jetzt) nach § 52 II 5000 EUR ansetzbar, BFH BStBl **82** II 705, aM FG Karlsr EFG **95**, 227 (Betrag der nötigen Aufwendungen).
Außenprüfung: Ansetzbar sind 50% der mutmaßlichen Mehrsteuer, notfalls nach § 52 II 5000 EUR.
Aussetzung der Vollziehung, § 69 FGO: In der Regel sind 10% des fraglichen 3
Betrags maßgeblich, BFH BStBl **01** II 498, FG Lpz JB **02**, 640, FG Köln EFG **02**, 223, aM FG Gotha EFG **01**, 106.
Beigeladener: § 52 Rn 8.
Beitreibung: Maßgeblich ist die beizutreibende Summe, BFH BB **78**, 347.
Berufszulassung: Rn 16 „Steuerberater", Anh I Rn 21.
Bescheidungsklage: § 52 Rn 12, FG Bre EFG **93**, 253, FG Karlsr EFG **95**, 401.
Besteuerungszeitraum: Für den Streit um die Verschiebung einer unstreitigen Steuerschuld in einen späteren Zeitraum bemißt sich der Streitwert nach dem Zinsvorteil entsprechend § 238 AO, BFH/NV **92**, 127.
Betriebsprüfung: Für den Streit über die Anordnung kann man meist 50% der zu erwartenden Mehrsteuer ansetzen, notfalls 5000 EUR, (jetzt) § 52 II, BFH BStBl

GKG Anh II § 52   I. A. Gerichtskostengesetz

85 II 257. Die Klage auf eine Wiederholung ist mit 50% der endgültig erstrebten Steuerherabsetzung bewertbar.

Betriebsvermögen: Rn 5 „Einheitsbewertung".

Bevollmächtigter: Für die Beschwerde gegen die Anordnung, einen Bevollmächtigten zu bestellen, sind 10% des Streitwerts der Hauptsache angemessen, BFH BB **78**, 347. Bei seiner Zurückweisung kann man 10% des Hauptsachewerts ansetzen, BFH NVwZ **83**, 376.

Branntwein: Maßgeblich ist der halbe Wert der sichergestellten Sachen, BFH BB **78**, 488.

Buchführungspflicht, dazu FG Hbg EFG **79**, 514: Da mittelbare Auswirkungen außer Betracht bleiben, ist meist ein Wert von 5000 EUR angemessen, (jetzt) § 52 II, BFH BStBl **84** II 39, aM Lappe NJW **85**, 1880 (aber der Auffangwert gilt allgemein).

Duldungsbescheid: Maßgebend ist der Wert der zugrunde liegenden Steuerforderung, evtl der abweichende Wert der betroffenen Gegenstände, BFH/NV **92**, 690, FG Kassel EFG **89**, 652.

Eidesstattliche Versicherung: Man kann 50% des Steuerrückstands ansetzen, BFH BB **77**, 1034.

4 **Eigenheimzulage:** BFH/NV **03**, 66, FG Saarbr JB **02**, 533 (gesamter Förderzeitraum).

Einfamilienhaus: Rn 5 „Einheitsbewertung".

Einfuhrumsatzsteuer: Maßgeblich ist ihr Betrag ohne einen Vorsteuerabzug, BFH **113**, 407.

Einheitliche Feststellung von Einkünften, dazu *Schall* StB **96**, 28 (Üb): Maßgeblich ist das durch die Auswirkungen auf die Steuerpflicht nach § 182 AO bestimmte Interesse des in diesem Verfahren unmittelbar Betroffenen, FG Karlsr EFG **94**, 981, FG Saarbr EFG **88**, 258. Man kann es pauschal mit einem Prozentsatz des streitigen Gewinnanteils bewerten, BFH BStBl **78** II 409. Folgewirkungen für andere Personen bleiben außer Betracht, BFH BStBl **78** II 409. Meist läßt sich der Streit um die Verteilung des Gewinns mit 25% des streitigen Teils bewerten, BFH/NV **03**, 338, FG Karlsr EFG **00**, 237. Das gilt auch beim Streit um einen Verlustanteil und bei einer Verpflichtungsklage gegen einen negativen Feststellungsbescheid, BFH BStBl **75** II 827.

Nach den Auswirkungen auf die beteiligten *Mitunternehmer* können im Einzelfall auch höhere Prozentsätze maßgeblich sein, BFH BStBl **82** II 542, FG Hann EFG **01**, 712, zB 50% beim Ausgleich positiver Einkünfte durch die angestrebten höheren Verlustbeträge, BFH BStBl **88** II 289, oder bei einer Besteuerung nach entsprechend hohen Sätzen, BFH/NV **94**, 817, FG Saarlouis EFG **88**, 258.

Begehrt *nur ein* Gesellschafter oder Erbe die ersatzlose Aufhebung des Feststellungsbescheids, ist der ihm zugerechnete Gewinnanteil die Bemessungsgrundlage, BFH BStBl **79** II 608, FG Düss EFG **88**, 137 (zustm Lappe NJW **89**, 3257). Höher ansetzbar ist der Wert, wenn der festgestellte oder erstrebte Gewinnanteil der einzelnen Beteiligten höher ([jetzt ca] 7500 EUR) ist, BFH/NV **93**, 118, aM FG Nürnb EFG **85**, 413: [jetzt ca] 15 000 EUR). Nur etwa 10% kommen in Betracht, wenn die Aufteilung zwischen Ehegatten streitig ist, BFH BStBl **62** III 404. Nur etwa 1% ist angemessen, wenn Auswirkungen auf die Einkommensteuer fehlen, aM FG Karlsr EFG **00**, 237 (aber dann gibt es kaum einen wirtschaftlichen Wert).

Wenn man die steuerliche *Auswirkung* im Einzelfall genau und ohne Schwierigkeit ermitteln kann, kann man sie natürlich zugrundelegen, FG Düss EFG **76**, 298, FG Karlsr EFG **94**, 98. Zum Wert der Klage einer Bauherrengemeinschaft FG Karlsr EFG **85**, 413, FG Saarlouis EFG **88**, 654.

5 **Einheitsbewertung:** Man kann die für den Streitwert maßgeblichen steuerlichen Auswirkungen pauschal bemessen, BFH/NV **97**, 375, FG Kassel EFG **02**, 867. Für die Bewertung sind meist 3% des Unterschieds zwischen dem festgestellten und dem begehrten Einheitswert ansetzbar, BFH BStBl **82** II 512, FG Neust/W EFG **88**, 44. Das läßt sich bei einer kürzeren als der dreijährigen Wirkungsdauer anteilig ermäßigen, BFH BStBl **82** II 512. Beim Streit über die Aufteilung kommen 1,5% in Betracht, BFH BStBl **84** II 721, in einer Erbschaftssteuersache 10%, FG Kassel EFG **02**, 867, in einem Streit um das Betriebsvermögen 10%, BFH **75**, 304.

Abschnitt 7. Wertvorschriften **Anh II § 52 GKG**

Ist die Artfeststellung „*Betriebsgrundstück*" streitig, kann man 20% ansetzen, BFH BStBl **76** II 774. Beim Streit um die Artfeststellung „Einfamilienhaus" kommen 6% des ganzen Einheitswerts in Frage, BFH BStBl **84** II 421, FG Düss EFG **86**, 90. Der Streitwert bei Artfortschreibung läßt sich nach § 52 I schätzen, FG Düss EFG **77**, 288, und notfalls nach § 52 II festsetzen. Wegen einer Wertfortschreibung BFH/NV **95**, 724. Bei der Klage auf eine ersatzlose Aufhebung beträgt der Wert 25% des festgestellten Gesamtgewinns, BFH BStBl **76** II 22.

Einkommensteuer: Maßgeblich ist der Unterschied zwischen dem festgesetzten **6** und dem erstrebten Steuerbetrag für ein Jahr ohne Zuschläge und Abgaben, die vom Einkommen oder der Einkommensteuer abhängen, BFH **79** II 441. Zum Streitwert bei einer erstrebten Festsetzung auf 0 FG Karlsr EFG **95**, 853. Auch Folgesteuern wie zB die Kirchensteuer bleiben außer Betracht, BFH BStBl **75** II 145, es sei denn, die Kirchensteuer ist ebenfalls Gegenstand des Streits, FG Saarlouis EFG **84**, 253. Ebenso bleiben etwa einbehaltene Steuerabzugsbeträge außer Betracht, BFH BStBl **78** II 58. Dasselbe gilt bei einer gleichzeitigen Anfechtung der einheitlichen Gewinnfeststellung, BFH BB **78**, 347. Zum Wert eines Streits um die Feststellung eines höheren Teilwerts nach § 55 V EStG BFH BStBl **84** II 33, aM FG Düss EFG **79**, 515. Zum Streit um eine gesonderte Gewinn- oder Verlustfeststellung FG Düss EFG **96**, 158.

Zum Streit um *Vorauszahlungen* FG Kassel EFG **83**, 369, FG Nürnb EFG **88**, 136 (meist Jahressoll, bei einer Festsetzung für mehrere Veranlagungszeiträume Addition, FG Hbg EFG **88**, 536), aM beim Fehlen von Auswirkungen auf die Veranlagung FG Münst EFG **89**, 370, FG Nürnb EFG **88**, 654 (10%). Zur Anfechtung der Zusammenveranlagung FG Nürnb EFG **90**, 78. Zum Streit über die Höhe des Grundfreibetrags BFH BStBl **92** II 256. Zum Streit über einen Folgebescheid bei einer gleichzeitigen Anhängigkeit des Grundlagenbescheidsverfahren FG Düss EFG **94**, 268. Zum Streit um eine Verlustfeststellung FG Karlsr EFG **94**, 765. Zum Streit um einen Abrechnungsbescheid FG Bre EFG **95**, 293. Zum Streit über die Zurechnung von Einkünften FG Saarlouis EFG **98**, 690.
Einstweilige Anordnung, § 114 FGO: § 53 Rn 27, FG Hbg EFG **97**, 495.
Erbschaftsteuer: Bei Streitigkeiten über den Wert des Grundbesitzer ist der Streitwert danach bestimmbar, inwieweit die beantragte Wertminderung sich auf die Höhe der Erbschaftsteuer auswirkt, FG Düss EFG **02**, 1630, aM FG Karlsr EFG **02**, 924, FG Kassel EFG **02**, 867.
Ergänzungsabgabe: Maßgeblich ist ihr umstrittener Betrag.
Erhöhung: Maßgeblich ist ihr umstrittener Betrag.
Erlaß, § 227 AO: Maßgeblich ist der Betrag, um dessen Erlaß der Streit geht, BFH BStBl **91** II 258. Bei einer bloßen Bescheidungsklage kommt die Hälfte in Betracht, FG Karlsr EFG **95**, 401. Es gibt keine Zusammenrechnung, wenn der Kläger neben einer Herabsetzung der Steuer hilfsweise ihren Erlaß begehrt, es sei denn, das Gericht entscheidet über den Erlaß, § 45 IV.
Erledigung der Hauptsache: Es gilt § 43 III.
Erstattung: Maßgeblich ist ihr umstrittener Betrag.
Fälligkeit: Der Streit allein um die Fälligkeit einer nach Grund und Höhe unstreiti- **7** gen Forderung läßt sich mit 10% dieser Forderung bewerten. Bei einem Streit um eine Vorverlegung der Fälligkeit nach § 221 AO ist der Jahresbetrag des Zinsnachteils maßgeblich, FG Saarlouis EFG **75**, 24.
Familienkasse: Maßgeblich ist höchstens der Jahresbetrag, Meyer JB **99**, 182.
Forderungspfändung: Rn 3 „Beitreibung".
Gewerbesteuer: Der Wert entspricht dem Unterschied zwischen dem festgesetzten **8** und dem erstrebten Steuermeßbetrag, vervielfältigt mit dem jeweiligen Hebesatz, BFH/NV **94**, 55 (zur Heraufsetzungsklage einer Kommune).
Grundbescheid: § 52 Rn 320.
Grunderwerbsteuer: Maßgeblich ist ihr umstrittener Betrag.
Grundsteuer: Ansetzbar ist das Vierfache der auf den streitigen Meßbetrag entfallenden Jahresgrundsteuer, auch in den Fällen der Grundsteuervergünstigung.
Haftung: Streitwert ist die im Bescheid festgestellte Haftungsschuld, BFH/NV **95**, **9** 720. Das gilt, wenn das Finanzamt mehrere Gesamtschuldner mit getrennten Bescheiden in Anspruch nimmt, bei einer Streitgenossenschaft nicht nur dann, wenn

GKG Anh II § 52   I. A. Gerichtskostengesetz

das Leistungsgebot sich auf den jeweiligen Anteil beschränkt, Anh I B Rn 4, BFH/NV **95**, 720, sondern auch sonst, FG Münst EFG **78**, 475.
Hauptfeststellung: Rn 5 „Einheitsbewertung".
Hilfeleistung: Maßgeblich ist bei ihrer Untersagung meist das letzte Jahreseinkommen, BFH NJW **79**, 1176.
Insolvenz: Vgl § 182 InsO, § 48 Anh II.
Kindergeld: Maßgeblich ist sein Jahresbetrag, wenn die geforderten Leistungen nicht geringer sind, BFH/NV **02**, 68, FG Düss EFG **03**, 191, FG Karlsr EFG **01**, 236, aM FG Hbg EFG **97**, 906 (Dreijahresbetrag). Man muß einen vor der Klagerhebung entstandenen Rückstand bei einer Leistungsklage hinzurechnen, BFH/NV **02**, 68, FG Düss EFG **03**, 191, FG Karlsr EFG **00**, 893. Maßgeblich ist nur das Kindergeld des betroffenen Kindes, nicht dasjenige weiterer Anspruchsberechtigter, BFH NJW **06**, 256.
10 **Kirchensteuer:** Rn 6 „Einkommensteuer".
Klagenhäufung: Man muß die Werte nach § 5 ZPO zusammenrechnen, § 48 Anh I. Das gilt zB bei einer Verbindung mehrerer Klagen sowohl eines Steuerpflichtigen, BFH NV **00**, 852, FG Mü EFG **99**, 1156, als auch mehrerer Steuerpflichtiger, wenn die Begehren jeweils eine selbständige Bedeutung haben, BFH BStBl **84** II 206, FG Bre EFG **97**, 496, FG Düss EFG **99**, 583 (krit Lappe NJW **00**, 1151).
Mehrere Klagen gegen einen einheitlichen Einspruchsbescheid über verschiedene Veranlagungszeiträume sind bis zur Verbindung selbständige Angelegenheiten mit eigenen Streitwerten. Vgl auch Anh I.
Körperschaftsteuer: Rn 6 „Einkommensteuer". Zum Streitwert bei einer gesonderten Feststellung nach § 47 KStG FG Düss EFG **94**, 714, FG Hbg EFG **89**, 34, FG Lpz EFG **01**, 1464. Wegen einer Klage gegen den Ansatz verdeckter Gewinnausschüttungen FG Saarlouis EFG **94**, 124.
Kraftfahrzeugsteuer: Bei einer unbefristeten Festsetzung ist der auf den regelmäßigen Entrichtungszeitraum (1 Jahr) entfallende Betrag maßgeblich, bei befristeter Festsetzung der ganze Betrag.
11 **Leistungsklage:** Anh I.
Lohnsteuer: Beim Streit um einen Freibetrag entspricht der Wert dem sich daraus ergebenden Steuerbetrag für höchstens 1 Jahr. Beim Jahresausgleich ist der umstrittene Betrag für das jeweilige Jahr maßgeblich. Nicht erheblich sind die Auswirkungen auf die Zukunft. Bei einer Klage auf die Durchführung des Ausgleichs ist der beantragte Erstattungsbetrag ansetzbar, BFH BStBl **75** II 145.
Lohnsteuerhilfeverein: Der Streit um die Eintragung einer bestimmten Person als Leiter einer Beratungsstelle läßt sich nach (jetzt) § 52 II mit 5000 EUR bewerten, BFH BStBl **81** II 105 (zum Revisionswert, krit Lappe NJW **82**, 1739). Wenn es um den Bestand des Vereins geht, ist bei einer Klage der Mitglieder die Summe aller jährlichen Mitgliedsbeiträge maßgeblich, BFH BStBl **82** II 360. Sonst ist § 52 I 2 anwendbar, FG Hbg EFG **99**, 350.
12 **Nachprüfungsvorbehalt,** § 164 AO: Meist sind nach (jetzt) § 52 II 5000 EUR ansetzbar, BFH BStBl **80** II 417.
Nichtigkeitsklage: Der Wert errechnet sich wie bei einer Anfechtungsklage auf eine ersatzlose Aufhebung, BFH/NV **00**, 727.
Nichtzulassungsbeschwerde, § 115 III FGO: Streitwert ist wie im Verwaltungsstreitverfahren der Wert der angestrebten Revision, BFH/NV **96**, 244. Er ist also evtl niedriger als der Klagestreitwert, BFH/NV **94**, 572.
13 **Prozeßkostenhilfe:** Anh I B Rn 11, BFH BStBl **87** II 201.
14 **Rechtsbehelfsentscheidung:** Wird nur sie angefochten, entspricht der Wert demjenigen der Sache selbst, BFH/NV **88**, 457. Etwas anderes gilt dann, wenn die Betroffenen nicht identisch sind, FG Münst EFG **98**, 1290.
Säumniszuschlag: Er hat als Nebenforderung nach § 22 GKG keinen gesonderten Wert.
Schätzung: Maßgebend ist der Unterschied zwischen einer Festsetzung und einer Schätzbarkeit, BFH BStBl **79** II 565.
15 **Schlußbesprechung,** § 201 AO: Der Streit um die Verpflichtung zu ihrer Abhaltung läßt sich mit 10% der steuerlichen Auswirkungen ansetzen, BFH BStBl **80** II 751.
Selbständiges Beweisverfahren: Auch I B Rn 35.

Abschnitt 7. Wertvorschriften **Anh II § 52 GKG**

Steuerberater (Steuerbevollmächtigter): Die Zulassung ist mit dem Mehrbetrag der 16
Einkünfte für 5 Jahre bewertbar, BezG Magdeb EFG **92**, 296, aM BFH/NV **92**,
406, ZiSchm 418 ff. Der Streit um die Anerkennung einer Steuerberatungsgesellschaft ist höher bewertbar, meist mit (jetzt ca) 25 000 EUR, BFH/NV **96**, 350,
Lappe NJW **91**, 1214, aM FG Münst EFG **90**, 445 (bei einer Klage gegen die Anerkennung, [jetzt] 5000 EUR nach § 52 II). Ansetzbar sind nach (jetzt) § 52 II
5000 EUR zB pauschal bei einer Klage auf die Zulassung zum Seminar gemäß
§ 157 StBerG, BFH BStBl **78** II 599, oder zur Prüfung, BFH/NV **85**, 109, aM FG
Bln EFG **00**, 399. Beim Streit um ihr Bestehen gilt mindestens der Richtwert nach
Anh I Rn 33, BFH BStBl **83** II 422 (krit Lappe NJW **84**, 1214), aM FG Bln
EFG **00**, 399, FG Kassel EFG **01**, 1075 (25 000 EUR). Bei einer Untersagung der
Hilfeleistung in einer Steuersache oder beim Widerruf der Bestellung als Steuerberater kann man (jetzt ca) 25 000 EUR ansetzen, BFH/NV **03**, 647.
Steuerbescheid: Maßgeblich ist der Unterschied zwischen der festgesetzten und der
erstrebten Steuer, BFH JB **99**, 373.
Steuererklärung: Der Streit um die Verpflichtung zur Abgabe ist mit der Hälfte des
mutmaßlichen Steuerbetrags bewertbar, wenn es auch um die Steuerpflicht geht,
FG Karlsr EFG **83**, 146, sonst nach (jetzt) § 52 II, FG Bln EFG **88**, 504.
Steuergeheimnis: Für die Klage wegen seiner Verletzung gilt der Auffangwert nach
(jetzt) § 52 II, wenn keine weiteren Anhaltspunkte bestehen, FG Saarlouis EFG
99, 189 (Gewerbeuntersagung).
Stundung: Regelmäßig sind 10% desjenigen Steuerbetrags maßgeblich, dessen Stundung streitig ist, Mümmler JB **78**, 1294.
Umsatzsteuer: § 53 III. Zum Streitwert für eine Klage wegen des Besteuerungszeit- 17
raums BFH/NV **95**, 428.
Unbezifferte Forderung: Maßgeblich ist die Bedeutung der Sache für den Kläger
und im Zweifel der Auffangwert.
Untätigkeitsklage: Bei der Klage auf ein Tätigwerden sind meist 10% des Steuerbetrags ansetzbar. Bei der Klage auf eine bestimmte Sachentscheidung ist deren voller
Wert maßgeblich.
Vergnügungssteuer: Man kann ähnlich wie bei § 9 ZPO vom 3,5fachen Jahresbetrag ausgehen, aber eine kürzere Belastungsdauer mitbeachten, OVG Münst NVwZ-
RR **08**, 740.
Verjährung: Maßgeblich ist der etwa verjährte Betrag. 18
Vermögenssteuer: Maßgeblich ist der streitige Dreijahresbetrag, BFH BStBl **83** II
528.
Vermögensverzeichnis § 284 AO: S „Vollstreckung".
Vollstreckung: Maßgeblich ist die Höhe der Forderung. Beim Streit um eine Pfändung gilt jedoch höchstens der Wert des gepfändeten Rechts, BFH BB **78**, 347,
bei einem Dauerbezug entsprechend (jetzt) § 42 III, BFH BStBl **89** II 625 (abl
Lappe NJW **90**, 2365), FG Karlsr EFG **00**, 654. Beim Streit um die Anordnung
der Zwangsverwaltung sind die wirtschaftlichen Auswirkungen maßgeblich, FG
Saarlouis EFG **99**, 189. Beim Streit um die Zwangsversteigerung ist der Anteil des
Finanzamts am Erlös maßgeblich, FG Karlsr EFG **96**, 197.
  Das Verfahren über die Vorlage eines *Vermögensverzeichnisses* usw nach § 284 AO
läßt sich meist mit 50% dieses Betrages ansetzen, BFH/NV **94**, 118. Ein Vollstreckungsaufschub nach § 258 AO und eine Anordnung der einstweiligen Einstellung lassen sich mit 10% der Vollstreckungsforderung bewerten, BFH BStBl **78** II
159, FG Karlsr EFG **90**, 655. Zum Zwangsgeld FG Kassel EFG **93**, 811.
Vollziehung: Rn 3 „Aussetzung der Vollziehung".
Vorläufigkeitserklärung: Rn 3 „Aussetzung der Vollziehung", FG Nürnb EFG **93**,
604, aM BFH/NV **95**, 633, FG Hann EFG **93**, 676 (Auffangwert).
Zinsen: Sie bleiben als Nebenforderungen außer Betracht, § 43. Das gilt auch für 19
die nach § 3 II GrStEigWoG festgesetzten Zinsen, FG Karlsr EFG **92**, 418, aM
BFH/NV **96**, 165, FG Saarlouis EFG **93**, 252.
Zolltarifauskunft: Der Wert beträgt je Auskunftsbegehren meist nach (jetzt) § 52
III 5000 EUR, BFH/NV **92**, 542. Das gilt auch bei einer Aufhebungsklage.
Zurückweisung eines Prozeßbevollmächtigten: 10% des Wertes der Hauptsache,
BFH NVwZ **83**, 376.

GKG Anh III A § 52 I. A. Gerichtskostengesetz

III. Streitwertkatalog für die Sozialgerichtsbarkeit

Streitwertkatalog 2007

[Stand: 1. April 2007]

Überarbeitung des von der Konferenz der Präsidentinnen und Präsidenten der Landessozialgerichte am 16. Mai 2006 auf Vorschlag des Landessozialgerichts Rheinland-Pfalz beschlossenen Streitwertkatalogs 2006, JB **07**, 175 und 459.

A. Vorbemerkungen

1. Der **Streitwert** (Wert des Streitgegenstandes; § 3 des Gerichtskostengesetzes – GKG –) ist auch in den Verfahren vor den Gerichten der Sozialgerichtsbarkeit maßgebend für die Höhe der gerichtlichen Kosten (Gebühren und Auslagen). Kosten werden nur in den Verfahren erhoben, in denen § 197a des Sozialgerichtsgesetzes (SGG) anzuwenden ist (§ 1 Abs. 1 Nr. 4 des GKG).

2. Für die Festsetzung der **Höhe des Streitwerts** gilt grundsätzlich:

a) Der Streitwert ist nach der sich aus dem Antrag des Klägers für ihn ergebenden Bedeutung der Sache nach Ermessen zu bestimmen (§ 52 Abs. 1 GKG).

b) Bietet der Sach- und Streitstand für die Bestimmung des Streitwerts keine genügenden Anhaltspunkte, ist ein Streitwert von 5000 Euro anzunehmen (§ 52 Abs. 2 GKG: Regelstreitwert [BSG, 20. 10. 2004 – B 6 KA 15/04 R –; 1. 2. 2005 – B 6 KA 70/04 B –]; auch: Auffangwert [*BSG, 28. 2. 2006 – B 2 U 31/05 R –; 9. 5. 2006 – B 2 U 34/05 R –;* LSG Schleswig-Holstein, 14. 3. 2006 – L 4 KA 3/04 –; Hartmann, Kostengesetze, 36. Aufl., § 52 Rdnr. 17]).

c) Betrifft der Antrag des Klägers eine bezifferte Geldleistung oder einen hierauf gerichteten Verwaltungsakt, ist deren Höhe maßgebend (§ 52 Abs. 3 GKG).

d) In Verfahren des einstweiligen Rechtsschutzes nach § 86b SGG bestimmt sich der Streitwert nach § 52 Abs. 1 und 2 GKG (§ 53 Abs. 3 Nr. 4 GKG).

e) Werden Ansprüche auf wiederkehrende Leistungen dem Grunde oder der Höhe nach geltend gemacht oder abgewehrt, ist der dreifache Jahresbetrag der wiederkehrenden Leistungen maßgebend, wenn nicht der Gesamtbetrag der geforderten Leistungen geringer ist (§ 42 Abs. 1 GKG).
Ist die Höhe des Jahresbetrags nicht nach dem Antrag des Klägers bestimmt oder nach diesem Antrag mit vertretbarem Aufwand bestimmbar, ist der Streitwert nach § 52 Abs. 1 und 2 GKG zu bestimmen (§ 42 Abs. 3 Satz 2 GKG).

f) Sind außer dem Hauptanspruch noch Nebenforderungen (z.B. Zinsen, Kosten) betroffen, wird der Wert der Nebenforderungen nicht berücksichtigt (§ 43 Abs. 1 GKG).
Sind Nebenforderungen ohne den Hauptanspruch betroffen, ist der Wert der Nebenforderungen maßgebend, soweit er den Wert des Hauptanspruchs nicht übersteigt (§ 43 Abs. 2 GKG).
Sind die Kosten des Rechtsstreits ohne den Hauptanspruch betroffen, ist der Betrag der Kosten maßgebend, soweit er den Wert des Hauptanspruchs nicht übersteigt (§ 43 Abs. 3 GKG).

g) Für die Wertberechnung ist der Zeitpunkt der den jeweiligen Streitgegenstand betreffenden Antragstellung maßgebend, die den Rechtszug einleitet (§ 40 GKG). *Nach teilweiser Erledigung des Rechtsstreits ist für die danach anfallenden Gebühren ein geringerer Streitwert anzusetzen (Hartmann, Kostengesetze, 36. Aufl., § 52 Rdnr. 13; LSG Rheinland-Pfalz, 13. 3. 2007 – L 5 B 373/06 KNK –).*

3. Der Streitwert ist sogleich mit der Einreichung der Klage-, Antrags- oder Rechtsmittelschrift oder mit der Abgabe der entsprechenden Erklärung zu Protokoll **vorläufig festzusetzen** (§ 63 Abs. 1 Satz 1 GKG).
Spätestens nach Abschluss des Verfahrens ist der Streitwert **endgültig festzusetzen** (§ 63 Abs. 2 GKG).
Diese Festsetzungen sind auch für die Gebühren des Rechtsanwalts maßgebend (§ 32 Abs. 1, § 3 Abs. 1 Satz 2 des Rechtsanwaltsvergütungsgesetzes – RVG –).

4. Der Streitwertkatalog soll dazu beitragen, die Maßstäbe der Festsetzung des Streitwerts zu **vereinheitlichen** und die Entscheidungen der Gerichte **vorhersehbar** zu machen.

Abschnitt 7. Wertvorschriften **Anh III A, III B § 52 GKG**

Der Streitwertkatalog ist eine **Empfehlung** auf der Grundlage der Rechtsprechung der Gerichte der Sozialgerichtsbarkeit unter Berücksichtigung der einschlägigen Rechtsliteratur. Die Empfehlungen sind Vorschläge ohne verbindliche Wirkung für die Gerichte der Sozialgerichtsbarkeit.
5. Der Streitwertkatalog wird in regelmäßigen Zeitabständen aktualisiert und fortgeschrieben werden. Zuständig hierfür ist das Landessozialgericht Rheinland-Pfalz.

B. Allgemeines; Verfahrensrecht

1. Grundsätzliches

1.1 [1] *Für die Anwendung des § 197a SGG ist auf die Stellung eines Beteiligten im jeweiligen Rechtszug abzustellen.* [2] *Ein Kostenprivilegierter hat auch dann keine Gerichtskosten zu tragen, wenn er in seiner ursprünglichen Rolle als Beigeladener in einem Prozess zwischen Nichtprivilegierten Rechtsmittel einlegt.* [3] *Diese Kostenprivilegierung erstreckt sich dann auch auf einen nicht privilegierten Rechtsmittelführer (BSG, 13. 4. 2006 – B 12 KR 21/05 B –; 29. 5. 2006 – B 2 U 391/05 B –); vgl. auch B.5.5.*
1.2 [1] *Versicherter gem. § 183 Satz 1 SGG ist – unabhängig vom Ausgang des Verfahrens – jeder Beteiligte, über dessen Status als Versicherter gestritten wird.* [2] *Auch wenn der Beteiligte die vom Versicherungsträger behauptete Versicherteneigenschaft bestreitet, gilt der insoweit allgemeine Rechtsgedanke des § 183 Satz 3 SGG (BSG, 5. 10. 2006 – B 10 LW 5/05 R –).*
1.3 *Die Kostenprivilegierung des § 183 Satz 1 SGG entfällt bei einem Beteiligtenwechsel vor dem Beginn des Rechtszuges; vgl. auch § 183 Satz 2 SGG (BSG, 3. 8. 2006 – B 3 KR 24/05 R –).*
1.4 Für die Festsetzung des Streitwerts ist die sich aus dem Antrag des Klägers für ihn ergebende Bedeutung der Sache maßgebend, dh in der Regel das wirtschaftliche Interesse an der erstrebten Entscheidung (§ 52 Abs. 1 GKG; BSG, 5. 10. 1999 – B 6 Ka 24/98 R –).
1.5 Der mittelbare wirtschaftliche Wert eines endgültigen oder vorläufigen Prozesserfolgs ist bei der Streitwertfestsetzung nicht zu berücksichtigen (BSG, 9. 5. 2000 – B 6 Ka 72/97 R –).
1.6 Bei Musterverfahren sind die wirtschaftlichen Folgewirkungen für andere Klageansprüche nicht zu berücksichtigen (BSG, 25. 9. 1997 – 6 RKa 65/91 –).
1.7 Die Höhe des Streitwerts unterliegt nicht der Dispositionsfreiheit der Beteiligten (arg. § 61, § 63 Abs. 1 Satz 1, Abs. 2 Satz 1 GKG).

2. Feststellungsklage

2.1 [1] *Der Streitwert ist grundsätzlich niedriger als der Streitwert der Leistungsklage (Bay. LSG, 15. 7. 2005 – L3 B 154/05 KA –).* [2] *Bei einer Feststellungsklage, die mit einer Leistungsklage gleichwertig ist, bemisst sich der Streitwert nach dem Betrag, den der Kläger letztlich erstrebt.* [3] *Ein Abzug ist nicht vorzunehmen (BSG, 5. 10. 1999 – B 6 Ka 24/98 R –).*

3. Bescheidungsklage

3.1 Der Wert des Streitgegenstandes beträgt drei Viertel bis zur Hälfte des Streitwerts der „Hauptsache" (Hälfte: SG Stuttgart, 30. 12. 1999 – S 10 KA 6840/99 W-A –; drei Viertel: LSG Niedersachsen-Bremen, 31. 1. 2000 – L 5 B 197/98 KA –, LSG Schleswig-Holstein, 22. 9. 2003 – L 6 SF 22/03 SG –).

4. Untätigkeitsklage

4.1 Der Wert des Streitgegenstandes beträgt 10 bis 25 v.H. des Streitwerts der „Hauptsache" (LSG Rheinland-Pfalz, 11. 8. 1994 – L 3 Sb 19/94 –).

5. Klage-/Antragshäufung

5.1 Richtet sich eine Klage gegen mehrere Beklagte, so ist der Streitwert auf ein Mehrfaches des wirtschaftlichen Wertes für den Kläger (§ 39 Abs. 1 GKG; BSG, 8. 4. 2005 – B 6 Ka 60/04 B –), hilfsweise auf ein Mehrfaches des Regelstreitwertes festzusetzen.

GKG Anh III B § 52   I. A. Gerichtskostengesetz

5.2 Ein hilfsweise geltend gemachter Anspruch wird mit dem Hauptanspruch zusammengerechnet, soweit über ihn entschieden wird (§ 45 Abs. 1 S. 2 GKG).
5.3 *Bei subjektiver Klagehäufung kommt es nicht auf die Anzahl der Prozessrechtsverhältnisse, sondern darauf an, ob mehrere unterschiedliche Streitgegenstände vorliegen (BSG, 14. 9. 2006 – B 6 KA 24/06 B –; 19. 9. 2006 – B 6 KA 30/06 B –).*
5.4 [1]*Ist bei teilbarem Streitgegenstand nur ein Teil kostenprivilegiert, so ist bei der Kostenentscheidung nach den Streitgegenständen zu differenzieren.* [2]*Dies gilt sowohl bei einer objektiven Klagehäufung als auch bei einer Eventualklagehäufung (BSG, 27. 7. 2006 – B 3 KR 6/06 B-; 26. 9. 2006 – B 1 KR 1/06 R –).*
5.5 [1]*Ist bei unteilbarem Streitgegenstand ein kostenrechtlich Privilegierter Hauptbeteiligter, gilt für die jeweilige Instanz einheitlich die Regelung für Kostenprivilegierte.* [2]*Dies gilt auch bei subjektiver Klagehäufung mit einem nicht Kostenprivilegierten (BSG, 29. 5. 2006 – B 2 U 391/05 B –; 26. 7. 2006 – B 3 KR 6/06 B; 26. 9. 2006 – B 1 KR 1/06 R –).*

6. Beigeladene

6.1 [1]Für Beigeladene ist grundsätzlich der Antrag des Klägers maßgebend. [2]Eine gesonderte Streitwertfestsetzung ist zulässig (BSG, 19. 2. 1996 – 6 RKa 40/93 –).
[3]Der Streitwert darf jedoch nicht höher als der für die Hauptbeteiligten festgesetzt werden (BSG, 25. 11. 1992 – 1 RR 1/91 –).

7. Einstweilige Anordnung

7.1 [1]*Bei Regelungsanordnungen nach § 86b Abs. 2 SGG:* Der Streitwert beträgt ein Viertel bis zur Hälfte des Streitwerts der Hauptsache je nach deren wirtschaftlicher Bedeutung. [2]Bei Vorwegnahme der Hauptsache ist in der Regel der volle Streitwert festzusetzen.
7.2 *Bei Verfahren nach § 86a Abs. 2 Nr. 1 SGG: ein Viertel des Hauptsachestreitwertes (LSG Baden-Württemberg, 14. 2. 2007 – L 5 KR 2854/06 W-A –).*

8. Gegenvorstellung

8.1 Gegen unanfechtbare Beschlüsse ist die Gegenvorstellung statthaft. Die Einlegung muss innerhalb eines Monats erfolgen (BSG, 8. 9. 1997 – 3 RK 27/95 –).

9. Rechtswegbeschwerde

9.1 [1]Im Verfahren über eine Rechtswegbeschwerde ist eine Entscheidung über den Streitwert zu treffen (BSG, 9. 2. 2006 – B 3 SF 1/05 R –). [2]*Der Streitwert beträgt* $^1/_5$ *des Begehrens in der Hauptsache (LSG Baden-Württemberg, 30. 8. 2005 – L 9 SF 863/05 B –).*

10. Nichtzulassungsbeschwerde

10.1 *Der Streitwert bemisst sich gemäß § 47 Absatz 3 GKG nach dem Streitwert des Rechtsmittelverfahrens (BSG, 12. 9. 2006 – B 6 KA 70/05 B –).*

11. Beschwerde gegen Festsetzung des Streitwerts

11.1 [1]Das Gericht ist an keine Anträge gebunden. [2]Es gilt auch nicht das Verschlechterungsverbot *(BSG, 5. 10. 2006 – B 10 LW 5/05 R –; vgl auch B.1.7).*
11.2 *Auf eine unzulässige Streitwertbeschwerde darf das Rechtsmittelgericht den Streitwert nicht von Amts wegen ändern (LSG Rheinland-Pfalz, 20. 7. 2006 – L 5 ER 130/06 KA –).*
11.3 *Der Rechtsanwalt kann aus eigenem Recht eine Streitwertbeschwerde erheben (§ 32 Abs. 2 RVG; LSG Nordrhein-Westfalen, 24. 2. 2006 – L 10 B 21/05 KA –); dies gilt nicht bei einer vorläufigen Festsetzung des Streitwerts (LSG Rheinland-Pfalz, 21. 12. 2006 – L 5 B 350/06 KA –).*
11.4 *Das Verfahren ist gebührenfrei (§ 68 Abs. 3 Satz 1 GKG).*
11.5 *Außergerichtliche Kosten sind nicht zu erstatten (§ 68 Abs. 3 Satz 2 GKG).*

12. Abänderung des Streitwerts durch das Rechtsmittelgericht

12.1 [1]*Für den Wert des Streitgegenstands des ersten Rechtszuges ist gemäß § 47 Absatz 2 GKG nicht der in erster Instanz festgesetzte, sondern der objektiv angemessene Streitwert maßgeblich.* [2]*Die Abänderung der erstinstanzlichen Streitwertfestsetzung steht gemäß § 63 Absatz 3 Satz 1 GKG im Ermessen des Rechtsmittelgerichts (BSG, 19. 9. 2006 – B 6 KA 30/06 B –).*

Abschnitt 7. Wertvorschriften **Anh III B, III C § 52 GKG**

12.2 Eine unterbliebene Streitwertfestsetzung kann vom Rechtsmittelgericht jedenfalls bei betragsmäßig von vornherein feststehendem und offensichtlich gleich gebliebenem Streitwert in erweiternder Auslegung des § 63 Absatz 3 Satz 1 GKG nachgeholt werden (BSG, 5. 10. 2006 – B 10 LW 5/05 R –).

13. Einseitige Erledigungserklärung durch den Kläger

13.1 Der Kläger hat nicht zwingend die Kosten gemäß § 197a SGG i.V.m. § 155 Abs. 2 VwGO zu tragen, sondern das Gericht entscheidet nach billigem Ermessen (§ 161 Abs. 2 VwGO; LSG Nordrhein-Westfalen, 7. 3. 2005 – L 10 KA 36/03 –).

14. Verjährung

14.1 [1]Es gilt keine Verjährung *für den Antrag auf Festsetzung des Streitwertes (BSG, 15. 2. 2001 – 6 RKa 20/83 –).* [2]*Nach § 63 Absätze 1 und 2 GKG ist der Streitwert von Amts wegen festzusetzen.*

15. Zurückweisung des Bevollmächtigten im Widerspruchsverfahren (§ 13 Abs. 5 SGB X); Klage des Bevollmächtigten

15.1 Höhe des Gebührenanspruchs des Bevollmächtigten für die begehrte Vertretung (LSG Baden-Württemberg, 3. 1. 2007 – L 13 AL 4889/05 W-B –).

C. Streitwertkatalog

Sachgebiet	Streitwert
I. Arbeitsförderungsrecht	
1. Arbeitsgenehmigung (Arbeitserlaubnis, Arbeitsberechtigung) (§ 284 Abs. 1, Abs. 2 SGB III)	
1.1 Erteilung (§ 284 SGB III)	Wirtschaftliches Interesse des Unternehmers (HessLSG, 31. 8. 1998 – L 6 AL 1106/97 ER –).
1.2 Gebühr für die Erteilung (§ 287 Abs. 1, Abs. 2 SGB III, § 3 ASAV)	Höhe der Gebühr (BSG, 13. 12. 2000 – B 7 AL 58/99 R –).
2. Arbeitnehmerüberlassung	
2.1 Erteilung der Erlaubnis (§ 2 AÜG)	Unmittelbares wirtschaftliches Interesse.
2.2 Rücknahme, Widerruf der Erlaubnis (§ 4, § 5 AÜG)	Unmittelbarer wirtschaftlicher „Schaden" (LSG Niedersachsen-Bremen, 6. 5. 2003 – L 8 AL 336/02 ER –) *bzw. bei normalem Geschäftsbetrieb erzielbarer Unternehmensgewinn (Bay. LSG, 13. 12. 2006 – L 9 B 823/06 AL ER –), hilfsweise Regelstreitwert (LSG Niedersachsen-Bremen, 21. 1. 2003 – L 8 B 158/03 AL –).*
2.3 Auflage (§ 2 AÜG)	*Regelstreitwert bei Klage des Arbeitnehmers und fehlenden Anhaltspunkten für das wirtschaftliche Interesse (SG Koblenz, 5. 9. 2006 – S 9 ER 102/06 AL –).*
3. Zulassung als förderungsfähige Bildungsmaßnahme (§ 61, § 77 SGB III)	Hälfte des Streitwerts für die Genehmigung einer Ersatzschule: 15 000 € (Nr. 38.2 Streitwertkatalog Verwaltungsgerichtsbarkeit; LSG Baden-Württemberg, 4. 4. 2005 – L 13 AL 219/05 W-A –).

GKG Anh III C § 52 I. A. Gerichtskostengesetz

Sachgebiet	Streitwert
4. Eingliederungszuschüsse (§§ 217 ff SGB III)	Keine Streitwertfestsetzung, da gerichtskostenfrei nach § 183 SGG (BSG, 22. 9. 2004 – B 11 AL 33/03 R –).
5. Erstattungspflicht des Arbeitgebers (§ 147a SGB III)	
5.1 Grundlagenbescheid	Regelstreitwert (BSG, 22. 3. 2001 – B 11 AL 91/00 R; 4. 9. 2001 – B 7 AL 6/01 R –).
5.2 Abrechnungsbescheid	Höhe der Erstattungsforderung (BSG, 3. 3. 1998 – 11 RAr 103/96 –).
6. Kurzarbeitergeld, Klagen des Arbeitnehmers oder der Betriebsvertretung (§§ 169 ff SGB III)	Keine Streitwertfestsetzung, da gerichtskostenfrei nach § 183 SGG (Meyer-Ladewig/Keller/Leitherer, SGG, 8. Aufl., § 183 Rdnr. 6).
7. Vermittlungsgutschein (§ 421g SGB III)	
7.1 Ausstellung des Vermittlungsgutscheins	Wert des Gutscheins.
7.2 Ablehnung der Auszahlung *der Vermittlungsvergütung*	*Der Vermittler ist kein Leistungsempfänger im Sinne des §183 SGG (BSG, 6. 4. 2006 – B 7a AL 56/05 R –);* 1000 € als Teilbetrag der ersten oder zweiten Rate (LSG Sachsen, 16. 2. 2005 – L 3 B 64/04 AL –; 20. 7. 2005 – L 3 AL 132/04 –).
8. Winterbau – Umlage (§§ 354 ff SGB III)	
8.1 Grundlagenbescheid	Regelstreitwert.
8.2 Festsetzung der Umlagenhöhe	Dreifacher Jahresbetrag der Umlage (BSG, 20. 6. 1995 – 10 RAr 7/94 –).
9. *Anzeigepflichtige Entlassungen (§§ 17 ff KSchG); Klage eines Arbeitnehmers gegen den Bescheid der Bundesagentur*	*Der Arbeitnehmer ist kein Versicherter im Sinne des § 183 SGG; Regelstreitwert (LSG Baden-Württemberg, 8. 1. 2007 – L 9 AL 3242/06 AK-A –).*
10. *Insolvenzgeld; Übertragung des Anspruchs auf Arbeitsentgelt auf einen Dritten (§ 188 Abs. 1 SGB III)*	*Dritter ist Leistungsempfänger im Sinne des § 183 SGG; kein Fall der Rechtsnachfolge nach § 183 S. 2 SGG (BSG, 5. 12. 2006 – B 11a AL 19/05 R –).*
II. Aufsichtsrecht	
1. Genehmigung zur Errichtung oder Erweiterung einer Krankenkasse (§§ 147 ff, §§ 157 ff SGB V, §§ 87 ff SGB IV)	Bedeutung der Sache: bei bis zu 1000 betroffenen Pflichtmitgliedern 20-facher, bei bis zu 5000 Pflichtmitgliedern 30-facher Regelstreitwert (BSG, 12. 12. 1996 – 1 RR 5/90 –).
2. Genehmigung zur Ermäßigung der Beiträge einer Krankenkasse (§ 220 Abs. 3 SGB V)	Dreifacher Regelstreitwert (LSG Baden-Württemberg, 9. 2. 2005 – L 1 A 5378/04 W-B –); bei Erwartung eines konkreten Mitgliederzuwachses wie II.1. (LSG Schleswig-Holstein, 4. 3. 2004 – L 1 B 23/04 KR ER –).

Abschnitt 7. Wertvorschriften   **Anh III C § 52 GKG**

Sachgebiet	Streitwert
3. Genehmigung der Verlegung des Sitzes einer Krankenkasse (§ 195 SGB V iVm Satzung)	Regelstreitwert (LSG Berlin-Brandenburg, 9. 9. 2005 – L 24 B 1038/05 KR ER –).

III. Beitragsrecht

1. Gesamtsozialversicherungsbeitrag (§ 28 d, § 28 e SGB IV)	Höhe der Forderung *(BSG, 1. 6. 2006 – B 12 KR 34/05 B –).*
2. Säumniszuschlag (§ 24 SGB IV)	
2.1 Von der Hauptforderung getrennte Erhebung	Höhe der Forderung.
2.2 Erhebung zusammen mit der Hauptforderung	a) als Nebenforderung nicht zu berücksichtigen nach § 43 Abs. 1 GKG analog („Zinsen") (LSG Rheinland-Pfalz, 3. 11. 2005 – L 5 B 192/05 KR –). b) streitwerterhöhend zu berücksichtigen bei Haftungsbescheid gegenüber Gesellschafter einer VorGmbH (§ 11 Abs. 2 GmbHG) (LSG Rheinland-Pfalz, 2. 12. 2005 – L 2 B 129/05 R –).
3. Künstlersozialversicherung (KSVG)	
3.1 Erfassungsbescheid gegenüber einem Unternehmer nach § 23 ff KSVG	*Betrag der zu erwartenden Künstlersozialabgabe in den ersten drei Jahren (BSG, 30. 5. 2006 – B 3 KR 7/06 R –).*
3.2 Beitragsbescheid gegen einen Unternehmer	*Höhe der festgesetzten Künstlersozialabgabe. Keine Erhöhung nach § 42 Abs. 3 Satz 1 GKG (wiederkehrende Leistungen), da jahresbezogene einmalige Leistung (BSG, 7. 12. 2006 – B 3 KR 2/06 R –).*

IV. Krankenversicherung

1. Klage des Herstellers gegen das Hilfsmittelverzeichnis (§ 128, § 33 SGB V)	
1.1 Änderung einer Produktgruppe	5 v. H. des durchschnittlichen Jahresumsatzes in einem Zeitraum von zwei Jahren (LSG Baden-Württemberg, 17. 10. 2005 – L 5 KR 2351/05 W-A –).
1.2 Streichung einer Produktuntergruppe	Gewinn in einem Zeitraum von fünf Jahren (LSG Baden-Württemberg, 15. 6. 2005 – L 11 KR 1158/05 W-A –), hilfsweise mehrfacher Regelstreitwert.
2. Krankentransportleistungen (§ 133 SGB V)	
2.1 Abschluss einer Vergütungsvereinbarung	Dreifacher Betrag der zu erwartenden Einnahmen (LSG Berlin-Brandenburg, 27. 11. 2003 – L 4 B 75/03 KR ER –), hilfsweise dreifacher Regelstreitwert.

GKG Anh III C § 52   I. A. Gerichtskostengesetz

Sachgebiet	Streitwert
3. Erstattung von Arbeitgeberaufwendungen bei Entgeltfortzahlung (§ 1 des Aufwendungsausgleichsgesetzes – AAG –; bis 31. 12. 2005: § 10 LFZG)	Keine Streitwertfestsetzung, da gerichtskostenfrei nach § 183 SGG (BSG, 20. 12. 2005 – B 1 KR 5/05 B –).
4. Mitgliederwerbung	Regelstreitwert (LSG Rheinland-Pfalz, 3. 5. 2005 – L 1 ER 11/05 KR –, 14. 6. 06 – L 5 ER 57/06 KR –; LSG Saarland, 21. 6. 2006 – L 2 B 5/06 KR –).
5. Sonderkündigungsrecht der Mitglieder (§ 175 Abs. 4 Satz 5 SGB V), (unzulässiges) Feststellungsbegehren zwischen Krankenkassen	Wirtschaftliche Bedeutung der Sache: wie bei II.1.
6. Feststellung der Versicherungspflicht durch die Einzugsstelle (Krankenkasse; § 28 h SGB IV) (§ 25 Abs. 1 Satz 1 SGB III, § 5 Abs. 1 Nr. 1 SGB V, § 1 Satz 1 Nr. 1 SGB VI, § 20 Abs. 1 Satz 2 Nr. 1 SGB XI)	
6.1 Klage des Arbeitnehmers	Keine Streitwertfestsetzung, da gerichtskostenfrei nach § 183 SGG.
6.2 Klage des Arbeitgebers	Höhe der Beiträge.
7. Zulassungsstreitigkeiten	
7.1 Krankenhäuser und Rehabilitationseinrichtungen (§§ 108 ff SGB V)	Überschuss aus den Gesamteinnahmen und den Betriebsausgaben innerhalb von drei Jahren; Vergleichsberechnung anhand bestehender Einrichtungen gleicher Art und Größe möglich (BSG, 10. 11. 2005 – B 3 KR 36/05 B –); bei fehlendem Zahlenmaterial pauschaler Streitwert von 2 500 000 € (BSG, 11. 11. 2003 – B 3 KR 8/03 B –).
7.2 Nichtärztliche Leistungserbringer (§ 124, § 126 SGB V)	Überschuss aus den Gesamteinnahmen und den Betriebsausgaben innerhalb von drei Jahren; Vergleichsberechnung anhand bestehender Praxen gleicher Art und Größe möglich (BSG 10. 11. 2005 – B 3 KR 36/05 B –).
7.3 *Widerruf der Zulassung zur Abgabe von Hilfsmitteln (§ 126 Abs. 4 SGB V)*	*Fünf Prozent der Bruttoauftragssumme entsprechend § 50 Abs. 2 GKG; bei weit in die Zukunft hineinragenden Genehmigungen für drei Jahre (LSG Baden-Württemberg, 10. 10. 2006 – L 5 KR 897/06 W-A –).*
8. Vergütung von Krankenhausbehandlungen (§ 109 Abs. 4 Satz 3 SGB V iVm dem Krankenhausbehandlungsvertrag nach § 112 Abs. 2 Nr. 1 SGB V)	Höhe der Vergütung.
9. *Feststellung der Eignung für die Leitung eines ambulanten Krankenpflegedienstes (§ 132 a Abs. 2 SGB V)*	*Zu schätzender Betrag der künftigen verminderten Einkünfte für drei Jahre (BSG, 7. 12. 2006 – B 3 KR 5/06 R –).*
10. *Arzneimittelabrechnung im Datenträgeraustauschverfahren (§ 300 SGB V)*	*Voraussichtliche Kosten der Umstellung des Abrechnungsverfahrens (LSG Nordrhein-Westfalen, 6. 10. 2005 – L 16 KR 232/04 –).*

Abschnitt 7. Wertvorschriften **Anh III C § 52 GKG**

Sachgebiet	Streitwert
V. Pflegeversicherung	
1. Zulassung zur Pflege durch Versorgungsvertrag (§ 72 SGB XI)	Wie bei Nr. IV.7.2.
2. Kündigung des Versorgungsvertrages (§ 74 SGB XI)	Erzielbare Einnahmen für drei Jahre (Hess. LSG, 26. 9. 2005 – L 14 P 1300/00 –; LSG Berlin-Brandenburg, 31. 8. 2006 – L 24 B 31/06 P ER –).
3. Pflegesatzvereinbarung; Auskunftsklage zur Vorbereitung einer Zahlungsklage (§§ 82 ff SGB XI)	Grad der Abhängigkeit der Durchsetzbarkeit der Ansprüche von der Auskunft, idR ein Fünftel des Zahlungsanspruches (LSG Schleswig-Holstein, 14. 10. 2005 – L 3 P 4/05 –).
4. *Private Pflegeversicherung*	
4.1 Übergang von Ansprüchen im Wege der Gesamtrechtsnachfolge	*Jedenfalls bei Ehegatten findet die Kostenprivilegierung des § 183 Satz 1 SGG entsprechende Anwendung (BSG, 28. 9. 2006 – B 3 P 3/05 R –).*
VI. Rentenversicherung	
1. Betriebsprüfung, Feststellung der Versicherungspflicht (§ 28 p SGB IV)	
1.1 Klage des Arbeitnehmers	Keine Streitwertfestsetzung, da gerichtskostenfrei nach § 183 SGG.
1.2 Klage des Arbeitgebers	Höhe der Beiträge.
2. Anfrageverfahren (§ 7 a SGB IV)	
2.1 Klage des Arbeitnehmers	Keine Streitwertfestsetzung, da gerichtskostenfrei nach § 183 SGG.
2.2 Klage des Arbeitgebers	*Dreifacher Regelstreitwert angesichts der Bedeutung des zukunftsgerichteten Verfahrens (Bay. LSG, 29. 11. 2006 – L 5 B 572/06 KR –).*
3. Klage eines Geldinstituts gegen Rücküberweisung von Rentenleistungen (§ 118 Abs. 3 Satz 2 SGB VI)	Höhe des Betrags.
VII. Sozialhilfe	
1. Abschluss von Vereinbarungen mit Einrichtungen (§§ 75 ff SGB XII)	*Gewinn bzw. Mindereinnahmen im angestrebten Vereinbarungszeitraum (LSG Baden-Württemberg, 13. 7. 2006 – L 7 SO 1902/06 ER-B –).*
2. Erteilung einer Auskunft über die Einkommens- und Vermögensverhältnisse (§ 117 SGB XII)	Hälfte des Regelstreitwerts.
VIII. Unfallversicherung	
1. Anfechtung der Wahl der Vertreterversammlung (§ 46, § 57 SGB IV)	Regelstreitwert (LSG Baden-Württemberg, 6. 8. 2004 – L 7 U 3170/04 W-A –); vgl. auch IX. 14.

GKG Anh III C § 52 I. A. Gerichtskostengesetz

Sachgebiet	Streitwert
2. Beitragsforderung (§ 150, § 168 SGB VII); *Gefahrtarif, Gefahrklassen (§§ 157ff SGB VII)*	
2.1 Veranlagungsbescheid	*Das Zweifache des Differenzbetrages zwischen dem geforderten und dem bei einem Erfolg der Klage zu erwartenden Jahresbeitrag, mindestens der dreifache Regelstreitwert (BSG, 3. 5. 2006 – B 2 U 415/ 06 B –; a. A.: LSG Baden-Württemberg, 25. 9. 2006 – L 10 U 1403/06 W-A [L 10 U 2726/05] –: Tatsächliche bzw. zu erwartende Beitragslast für die ersten drei Umlagejahre, sofern der Gefahrtarif keine kürzere Laufzeit hat; bei Nichtfeststellbarkeit der erstrebten Beitragsersparnis die Hälfte der Beitragslast für die ersten drei Beitragsjahre).*
2.2 Beitragsbescheid	Höhe der Forderung.
3. Mitgliedschaft bei Berufsgenossenschaft (§§ 121 ff, § 136 SGB VII); Zuständigkeitsstreit	*Dreifacher Jahresbeitrag des Unfallversicherungsträgers, gegen dessen Zuständigkeit sich der Kläger wendet, mindestens der vierfache Regelstreitwert (BSG, 28. 2. 2006 – B 2 U 31/05 R –; 9. 5. 2006 – B 2 U 34/05 R –).*
4. Versicherungspflicht als Unternehmer (§ 2 SGB VII)	Keine Streitwertfestsetzung, da gerichtskostenfrei nach § 183 SGG, wenn zugleich Versicherter (LSG Sachsen, 2. 5. 2005 – L 2 B 236/04 U/LW/ER –; 22. 11. 2005 – L 2 B 206/05 U –; Bay. LSG, 29. 6. 2005 – L 1/3 U 291/04 –; a. A.: Meyer-Ladewig/Keller/Leitherer, SGG, 8. Aufl., § 183 Rdnr. 5).
IX. Vertragsarztrecht	
1. Genehmigung zur Erbringung und Abrechnung von Leistungen außerhalb der Zulassung (§ 72 Abs. 2, § 82 Abs. 1 S. 1 SGB V iVm den Verträgen)	– beim Vorhandensein von Umsatzzahlen oder Umsatzerwartungen: Honorareinnahmen abzüglich der Praxiskosten für zwei Jahre (LSG Sachsen, 10. 5. 2004 – L 1 B 2/03 KA-ER –) – ansonsten: Regelstreitwert (BSG, 26. 2. 1996 – 6 RKa 20/95 –).
2. Anstellung eines Arztes in der Vertragsarztpraxis (§ 95 Abs. 9, § 115, § 98 Abs. 2 Nr. 13 iVm Zulassungsverordnung)	– bei einem Dauerassistenten: 80 v. H. der zu erwartenden Umsatzsteigerung für zwei Jahre abzüglich der Praxiskosten und des Gehalts (BSG, 7. 1. 1998 – 6 RKa 84/95 –) – bei einem Vorbereitungsassistenten: Regelstreitwert; im Sonderfall einer nachträglichen Genehmigung: die Mehreinnahmen (LSG Niedersachsen-Bremen, 26. 9. 2005 – L 3 B 16/05 KA –).

Abschnitt 7. Wertvorschriften   **Anh III C § 52 GKG**

Sachgebiet	Streitwert
3. Belegarzt (§ 121 SGB V, Vertrag nach § 82 Abs. 1 SGB V)	Honorareinnahmen abzüglich der Betriebskosten für drei Jahre (Wenner/Bernard, NZS 2006, 1, 4).
4. Budgetierungsmaßnahmen (§ 87 Abs. 1 S. 1 SGB V, einheitlicher Bewertungsmaßstab)	
4.1 Budgeterweiterung	Differenz der Fallpunktzahl im streitigen Zeitraum, hilfsweise für zwei Jahre; dabei ist der Punktwert des letzten vor Klageerhebung abgerechneten Quartals zugrunde zu legen (LSG Sachsen, 23. 10. 2002 – L 1 B 66/02 KA –; LSG Baden-Württemberg, 22. 9. 1998 – L 5 KA 2660/98 W-B –).
4.2 Budgetüberschreitung	Höhe der Honorarkürzung.
4.3 Budgetfreistellung	Regelstreitwert.
4.4 Fallzahlzuwachsbegrenzung (§ 85 Abs. 4 SGB V, Honorarverteilungsmaßstab)	Höhe der Honorarkürzung.
5. Disziplinarmaßnahmen (§ 81 Abs. 5 SGB V iVm Disziplinarordnung)	
5.1 Verwarnung, Verweis, Geldbuße	Regelstreitwert zuzüglich des Betrages der Geldbuße (BSG, 1. 2. 2005 – B 6 KA 70/04 B –).
5.2 Anordnung des Ruhens der Zulassung	Mutmaßlicher Umsatz im Ruhenszeitraum abzüglich der Praxiskosten, Zuschlag von 25 v. H. wegen der Folgewirkungen (u. a. „Abwandern" von Patienten) (Bay. LSG, 23. 6. 1993 – L 12 B 163/92 Ka –).
6. Ermächtigung (§ 98 Abs. 2 Nr. 11 SGB V iVm Zulassungsverordnung)	
6.1 persönliche Ermächtigung von Krankenhausärzten zur Teilnahme an der vertragsärztlichen Versorgung (§ 116 SGB V)	– erzielbare Einnahmen abzüglich der Praxiskosten und Abgaben an das Krankenhaus im streitigen Zeitraum (BSG, 6. 9. 1993 – 6 RKa 25/91 –) – bei Streit über Inhalt bzw. Umfang der erteilten Ermächtigung: Regelstreitwert.
6.2 Ermächtigung ärztlich geleiteter Einrichtungen (§§ 117 bis 120 SGB V)	Bruttoeinnahmen im streitigen Zeitraum abzüglich der Einnahmen aus erteilten oder zu Unrecht nicht erteilten Ermächtigungen, bei fehlenden Anhaltspunkten: pauschaler Abzug von 50 v. H. (BSG, 21. 12. 1995 – 6 RKa 7/92 –), a. A.: LSG Berlin, 15. 12. 1998 – L 7 KA S 53/98 – dreifacher Jahresbetrag des Einkommens abzüglich der Praxisunkosten.
6.3 Konkurrentenklage gegen Ermächtigung	Im Einzelfall zu schätzender Anteil der Umsatzeinbuße der von der Ermächtigung betroffenen Leistungen abzüglich der Praxiskosten (BSG, 24. 2. 1997 – 6 BKa 54/95 –).
6.4. *Ermächtigung zur Teilnahme an der vertragspsychotherapeutischen Versorgung*	*Geschätzter Jahresgewinn für den streitigen – im Regelfall zweijährigen – Zeitraum*

GKG Anh III C § 52   I. A. Gerichtskostengesetz

Sachgebiet	Streitwert
	(BSG, 19. 7. 2006 – B 6 KA 33/05 B –).
7. Gemeinschaftspraxis (§ 98 Abs. 2 Nr. 13 SGB V iVm Zulassungsverordnung)	
7.1 Genehmigung	Schätzung anhand der Einkommensverhältnisse und der Schwierigkeit der Angelegenheit (BSG, 6. 1. 1984 – 6 RKa 7/81 –).
7.2 Anordnung der Auflösung	Regelstreitwert (LSG Hessen, 6. 1. 2003 – L 7 KA 1116/02 ER –).
7.3 Vergütungsanspruch	Keine Berechnung von Einzelstreitwerten, da Gesellschaft bürgerlichen Rechts (BSG, 20. 10. 2004 – B 6 KA 15/04 R –).
7.4 Genehmigung der Verlegung des Vertragsarztsitzes durch den Praxispartner; Klage des verbleibenden Praxispartners	Dreifacher Regelstreitwert (entspr. Nr. IX.16.4.: BSG, 14. 3. 2002 – B 6 KA 60/00 B –).
8. Gesamtvergütung, Klage der KÄV/KZÄV gegen die Krankenkasse (§ 85 Abs. 1, 2 SGB V)	Höhe des Zahlungsanspruchs.
9. Verlangen der Herausgabe von Krankenunterlagen eines Arztes zur Prüfung eines Schadensregresses	Bei geringem in Betracht kommenden Schadensregressbetrag: Hälfte des Regelstreitwertes (LSG Baden-Württemberg, 25. 6. 1997 – L 5 Ka 855/97 W-A –).
10. Honorarstreitigkeiten (§ 85 Abs. 4 ff SGB V)	
10.1 Honoraransprüche oder Honorarberichtigungen	Höhe des geltend gemachten Honorars oder der vorgenommenen Honorarberichtigung (BSG, 6. 11. 1996 – 6 RKa 19/95 –; LSG Nordrhein-Westfalen, 18. 4. 2006 – L 10 B 1/06 KA –; 5. 7. 2006 – L 10 B 8/06 KA –) bei Zugrundelegung eines durchschnittlichen oder geschätzten Punktwertes (Wenner/Bernard, NZS 2001, 57, 61).
10.2 Einheitlicher Bewertungsmaßstab (EBM) (§ 87 Abs. 1 S. 1 SGB V)	Bei Abwertung von Leistungspositionen: Höhe der Honorareinbuße (BSG, 15. 11. 1996 – 6 RKa 49/95; 6. 2. 1997 – 6 RKa 48/95 –); wenn nicht konkretisierbar: Regelstreitwert (BSG, 10. 5. 2004 – B 6 KA 129/03 B –).
10.3 Abrechenbarkeit einer Gebührennummer (§ 87 Abs. 1 S. 1 SGB iVm EBM)	Wert der Leistung für ein Jahr (vgl. Nr. IX. 10.4.2).
10.4 Honorarverteilungsmaßstäbe (HVM) (§ 85 Abs. 4 SGB V)	
10.4.1 Zuordnung zum Honorarfonds der Fachärzte	Höhe der Nachvergütung der streitigen Quartale (LSG Sachsen, 27. 1. 2005 – L 1 KA 6/04 –).
10.4.2 Zuordnung zu anderer Arztgruppe (EBM)	Nachvergütungsbetrag eines Quartals mal vier (ein Jahr; BSG, 20. 10. 2004 – B 6 KA 15/04 R –).

Abschnitt 7. Wertvorschriften **Anh III C § 52 GKG**

Sachgebiet	Streitwert
10.5 Praxiskosten	Kein Abzug vom Streitwert (Wenner/ Bernard, NZS 2001, 57, 61).
10.6 Fallpunktzahlmenge (§ 85 Abs. 4 ff SGB V)	Differenz der abgerechneten und der maximal zustehenden Punkte (BSG, 5. 5. 2000 – B 6 KA 71/97 –; 9. 5. 2000 – B 6 KA 72/97 R –).
10.7 Zusätzliches Honorar bei „fachfremder" Behandlung (Überweisungsverbot; zulassungsrelevante Entscheidung) (§ 73 SGB V)	Erzielbare Einnahmen für drei Jahre unter Abzug der Praxiskosten; bei einem Überweisungsverbot unter Abzug der erzielbaren Einnahmen aus dem „Verkauf" an andere Vertragsärzte (BSG, 3. 3. 1997 – 6 RKa 21/95 –).
10.8 (unzulässige) vorbeugende Unterlassungsklage gegen Honorarbescheid	Regelstreitwert (LSG Niedersachsen-Bremen, 7. 10. 2005 – L 3 KA 139/05 ER –).
10.9 Verhinderung einer Honorarverteilung durch Schiedsspruch (Weitergeltung der früheren günstigeren Honorarverteilung; § 89 SGB V)	50 000 € (LSG Niedersachsen-Bremen, 22. 12. 2004 – L 3 KA 368/04 ER –).
11. Notdienst (§ 75 Abs. 1 S. 2 SGB V iVm Satzungsregelung der KÄV/KZÄV, § 81 SGB V)	
11.1 Abberufung als Vorsitzender der Notdienstkommission	Regelstreitwert (LSG Sachsen, 15. 7. 2002 – L 1 B 12/02 KA –).
11.2 Befreiung vom Notdienst	Regelstreitwert (LSG Schleswig-Holstein, 25. 2. 2005 – L 4 B 32/04 KA ER –; LSG Hessen, 25. 2. 2005 – L 6/7 B 99/04 KA –; LSG Niedersachsen-Bremen, 25. 8. 2005 – L 3 KA 74/05 ER –).
11.3 Eingliederung von Fachärzten in den allgemeinen Notdienst 11.4 Klage auf Teilnahme am Notdienst	Regelstreitwert (SG Dresden, 10. 2. 2005 – S 11 KA 260/04 –). zusätzliche Honorarsumme im Quartal für zwei Jahre (LSG Niedersachsen-Bremen, 11. 8. 2005 – L 3 KA 78/05 ER –).
11.5 Vertretung für den Notfalldienst	Kosten der Vertretung (LSG Rheinland-Pfalz, 29. 8. 1977 – L 6 Ka 5/76 –).
12. Praxisübernahme	
12.1 Praxiskauf	Kaufpreis (LSG Berlin, 23. 9. 1997 – L 7 Ka – SE 27/97 –).
12.2 Antrag auf zusätzliche Zulassung bei angestrebtem Praxiskauf	Siehe Erstzulassung (vgl. Nr. IX. 16.4), da Zulassungsstreit (LSG Baden-Württemberg, 27. 8. 1999 – L 5 KA 1576/99 W-B –).
13. Schiedsverfahren (§ 89 SGB V)	Regelstreitwert (LSG Niedersachsen, 20. 9. 2001 – L 3 B 252/01 KA –).
14. Wahlanfechtung (§ 80, § 81 Abs. 1 Nr. 2 SGB V iVm Wahlordnung)	Regelstreitwert; *mehrfacher Regelstreitwert (§ 39 Abs. 1 GKG), wenn die Besetzung mehrerer Positionen angefochten wird, für jeweils gesonderte Wahlhandlungen vorgesehen sind. Die Zahl der die Wahlanfechtungen betreibenden Kläger ist*

GKG Anh III C § 52   I. A. Gerichtskostengesetz

Sachgebiet	Streitwert
	ohne Bedeutung (BSG, – 14. 9. 2006 – B 6 KA 24/06 B –; 19. 9. 2006 – B 6 KA 30/06 B –).
15. Wirtschaftlichkeitsprüfung (§ 106 SGB V)	
15.1 Beratung (§ 106 Abs. 1 a SGB V)	Ein Viertel des Regelstreitwertes (Bay. LSG, 7. 9. 1998 – L 12 B 350/97 KA –).
15.2 Bescheidungsantrag bei Honorarkürzung oder Regress	Höhe des Kürzungs- oder des Regressbetrages ohne Abschlag (BSG, 23. 2. 2005 – B 6 KA 72/03 R –); dies gilt auch bei einer Klage der Krankenkasse gegen die Ablehnung eines Regresses; keine Herabsetzung, wenn auch Versicherte anderer Kassen betroffen sind, mit Ausnahme einer Einzelfallprüfung (LSG Rheinland-Pfalz, 24. 8. 2006 – L 5 KA 201/06 KA –).
15.3 Honorarkürzung oder Regress	Höhe des Kürzungs- oder des Regressbetrages (BSG, 15. 6. 1998 – 6 RKa 40/96 –); wenn nur eingeschränkte Anfechtung in nicht quantifizierbarem Umfang: Hälfte der Differenz zwischen dem zuerkannten und dem abgerechneten Honorar (LSG Niedersachsen-Bremen, 19. 8. 2003 – L 3 B 38/03 KA –).

16. Zulassungsverfahren von Ärzten, Zahnärzten und Psychotherapeuten (§ 95 SGB V iVm der Zulassungsverordnung nach § 98 SGB V)

16.1 Eintragung in das Arztregister als Vorstufe der Zulassung (§§ 95 a, 95 c SGB V)	– bei faktischer Vorwegnahme der Zulassung: Höhe der Einnahmen wie bei Nr. IX. 16.4 – im übrigen: Höhe der Einnahmen in dem streitigen Zeitraum der Weiterbildung (BSG, 21. 3. 1997 – 6 RKa 29/95 –).
16.2 Einstweilige Anordnung	Höhe der Einnahmen (wie bei Nr. IX.16.4) während der voraussichtlichen Verfahrensdauer von einem Jahr ohne Abschlag (Wenner/Bernard, NZS 2001, 57, 59; 2003, 568, 571; 2006, 1, 3 f.).
16.3 Entziehung der Zulassung	Wie bei Nr. IX.16.4, wobei auf die konkret erzielten Umsätze zurückgegriffen werden kann (BSG, 7. 4. 2000 – B 6 KA 61/99 B –).
16.4 Erstzulassung	– Höhe der bundesdurchschnittlichen Umsätze der Arztgruppe (in den neuen Bundesländern: Durchschnitt dieser Länder) abzüglich des durchschnittlichen Praxiskostenanteils in einem Zeitraum von drei Jahren (BSG, 1. 9. 2005 – B 6 KA 41/04 R –; 12. 10. 2005 – B 6 KA 47/04 B –)

Sachgebiet	Streitwert
	– bei fehlenden Daten bzgl Umsätzen und Praxiskostenanteilen: Rückgriff auf durchschnittliche Werte aller Arztgruppen (BSG, 12. 10. 2005 – B 6 KA 47/04 B –) – bei fehlenden Daten bzgl Praxiskostenanteilen: Rückgriff auf einen „pauschal gegriffenen Kostensatz" von 50 v. H. (BSG, 12. 10. 2005 – B 6 Ka 47/04 B –) – Unterschreiten des „Berechnungszeitraums" von drei Jahren möglich, wenn kürzere Tätigkeit zu erwarten ist (BSG, 28. 1. 2000 – B 6 KA 22/99 R –) – *in einem atypischen Fall, in welchem die durchschnittlichen Umsätze der Arztgruppe dem wirtschaftlichen Interesse des Arztes nicht annähernd entsprechen, ist für jedes Quartal des Dreijahreszeitraums der Regelstreitwert ohne Abzug von Praxiskosten anzusetzen (BSG, 12. 9. 2006 – B 6 KA 70/05 B –).*
16.5 Erteilung einer weiteren Zulassung	Mehreinnahmen innerhalb eines Zeitraumes von drei Jahren (BSG, 11. 11. 2005 – B 6 KA 12/05 B –).
16.6 Konkurrentenklage gegen Zulassung	– Zulassung: dreifacher Regelstreitwert (a. A.: (Mehr-)Einnahmen einer durchschnittlichen Praxis innerhalb von drei Jahren, SG Dresden, 8. 3. 2001 – S 1 KA 202/00 KO –). – Praxisübernahme: Durchschnittsumsatz in der Arztgruppe ohne Abzug von Praxiskosten (Wenner/ Bernard, NZS 2001, 57, 60).
16.7 Nebenbestimmungen zu einer Zulassung (Bedingung)	Wie bei Nr. IX.16.4.
16.8 Verlegung des Arztsitzes	Dreifacher Regelstreitwert (Wenner/ Bernard, NZS 2001, 57, 60).
16.9 Weiterführung von Behandlungen nach Versagung der Zulassung zur vertragspsychotherapeutischen Versorgung	Zu erwartendes Honorar (BSG, 8. 4. 2005 – B 6 KA 52/04 B –).
16.10 Zweigpraxis	Dreifacher Regelstreitwert (Wenner/ Bernard, NZS 2003, 568, 572).
16.11 Erteilung einer Nebentätigkeitsgenehmigung als Konsiliararzt	Voraussichtliche Honorareinnahmen für drei Jahre abzüglich der Betriebskosten (LSG Nordrhein-Westfalen, 24. 2. 2006 – L 10 B 21/05 KA –).

GKG § 53
I. A. Gerichtskostengesetz

Einstweiliger Rechtsschutz und Verfahren nach § 148 Abs. 1 und 2 des Aktiengesetzes

53 *Fassung 2. 9. 2009:* [1] In folgenden Verfahren bestimmt sich der Wert nach § 3 der Zivilprozessordnung:
1. über einen Antrag auf Anordnung, Abänderung oder Aufhebung eines Arrests oder einer einstweiligen Verfügung,
2. über den Antrag auf Zulassung der Vollziehung einer vorläufigen oder sichernden Maßnahme des Schiedsgerichts,
3. auf Aufhebung oder Abänderung einer Entscheidung auf Zulassung der Vollziehung (§ 1041 der Zivilprozessordnung) und
4. nach § 148 Abs. 1 und 2 des Aktiengesetzes; er darf jedoch ein Zehntel des Grundkapitals oder Stammkapitals des übertragenden oder formwechselnden Rechtsträgers oder, falls der übertragende oder formwechselnde Rechtsträger ein Grundkapital oder Stammkapital nicht hat, ein Zehntel des Vermögens dieses Rechtsträgers, höchstens jedoch 500 000 Euro, nur insoweit übersteigen, als die Bedeutung der Sache für die Parteien höher zu bewerten ist.

[II] In folgenden Verfahren bestimmt sich der Wert nach § 52 Abs. 1 und 2:
1. über einen Antrag auf Erlass, Abänderung oder Aufhebung einer einstweiligen Anordnung nach § 123 der Verwaltungsgerichtsordnung oder § 114 der Finanzgerichtsordnung,
2. nach § 47 Abs. 6, § 80 Abs. 5 bis 8, § 80a Abs. 3 oder § 80b Abs. 2 und 3 der Verwaltungsgerichtsordnung,
3. nach § 69 Abs. 3, 5 der Finanzgerichtsordnung,
4. nach § 86b des Sozialgerichtsgesetzes und
5. nach § 50 Abs. 3 bis 5 des Wertpapiererwerbs- und Übernahmegesetzes.

Vorbem. Zunächst früherer II aufgehoben, daher früherer III zu II dch Art 47 I Z 11a, b FGG-RG v 17. 12. 08, BGBl 2586, in Kraft seit 1. 9. 09, Art 112 I Hs 1 FGG-RG, Übergangsrecht Art 111 FGG-RG, Grdz 2 vor § 1 FamGKG, Teil I B dieses Buchs. Sodann Überschrift neugefaßt, I Z 3 geändert, Z 4 neugefaßt dch Art 12 Z 2a, b ARUG v 30. 7. 09, BGBl 2479, in Kraft seit 2. 9. 09, Art 16 S 2 G, Übergangsrecht § 71 GKG.

Bisherige Fassung II: [II] [1] Ist in einem Verfahren nach § 620 Satz 1 Nr. 4 und 6, § 644, jeweils auch in Verbindung mit § 661 Abs. 2, oder § 641d der Zivilprozessordnung die Unterhaltspflicht zu regeln, wird der Wert nach dem sechsmonatigen Bezug berechnet. [2] Im Verfahren nach § 620 Nr. 7 und 9 der Zivilprozessordnung, auch in Verbindung mit § 661 Abs. 2 der Zivilprozessordnung, beträgt der Wert, soweit die Benutzung der Wohnung zu regeln ist, 2000 Euro; soweit die Benutzung des Hausrats zu regeln ist, beträgt der Wert 1200 Euro.

Gliederung

1) Systematik, Regelungszweck, I, II 1
2) Arrest, einstweilige Verfügung, Eilmaßnahme des Schiedsgerichts, I 1 Z 1–3 2–10
   A. Grundsatz: Teil des Hauptsachewerts 2
   B. Evtl fast Hauptsachewert 3
   C. Höchstens Hauptsachewert 4
   D. Beispiele zur Frage des Streitwerts, I 1 Z 1–3 5–10
3) **Verfahren nach § 148 I, II AktG, I 1 Z 4, I 2** 11–13
   A. Geltungsbereich 11
   B. Regelwert 12
   C. Höchstwert 13
4) **Einstweilige Anordnung usw, II** 14–30
   A. Grundsatz: Interesse des Antragstellers, II Z 1–3 .... 15, 16
   B. § 123 VwGO, II Z 1 Hs 1 .... 17, 18
   C. § 114 FGO, II Z 1 Hs 2 .... 19, 20
   D. § 47 VIII VwGO, II Z 2 Hs 1 .... 21, 22
   E. § 80 V–VIII VwGO, II Z 2 Hs 2 23–26
   F. §§ 80a III, 80b II VwGO, II Z 2 Hs 3 27
   G. § 69 III, V FGO, II Z 3 28
   H. § 86b SGG, II Z 4 29
   I. § 50 III–V WpÜG, II Z 4 30

Abschnitt 7. Wertvorschriften § 53 GKG

1) Systematik, Regelungszweck, I, II. Die Vorschrift faßt zur Klarstellung eine 1
Reihe höchst unterschiedlicher Fallgruppen mit vorrangigen Sonderregeln zusammen.
Der nur vorläufige Charakter der Maßnahmen bedingt eine Wertbemessung
meist unterhalb des jeweiligen Hauptsachewerts.

2) Arrest, einstweilige Verfügung, Eilmaßnahme des Schiedsgerichts, I 1 2
Z 1–3. Ein Grundsatz zeigt zahlreiche Auswirkungen.

A. Grundsatz: Teil des Hauptsachewerts. Man muß den Wert bei §§ 916 ff,
935 ff ZPO und auch bei § 1041 II oder III ZPO nach einem pflichtgemäßen Ermessen
unter einer Abwägung der Umstände nach dem Interesse des Antragstellers an der
Sicherstellung nach § 3 ZPO schätzen, Düss NZM **06**, 159, Ffm GRUR **05**, 1064,
LG Bonn NZM **08**, 664. Das Interesse des Antragsgegners bleibt unbeachtet, LG
Bonn NZM **08**, 664. Maßgeblich ist nach § 40 der Zeitpunkt des Antragseingangs.
Das alles gilt auch beim Besitzstreit, Düss AnwBl. **86**, 37, Köln VersR **76**, 740.

Da es sich aber um eine nur vorläufige Maßnahme handelt, erreicht der Wert in der
Regel *nicht* denjenigen der *Hauptsache*, sondern bleibt im allgemeinen erheblich *unter* jenem,
etwa bei 33,3–50% des Werts der Hauptsache, Brdb JB **01**, 94, Kblz WoM **08**,
37, Oldb RR **96**, 946, evtl auch bei 75%, Kblz JB **06**, 537. Das darf aber nicht
schematisch erfolgen, Düss WettbR **96**, 44.

Ein *noch geringerer Bruchteil* wäre meist *nicht gerechtfertigt*, Meyer 4, aM Köln GRUR
88, 726 (12–15%; abl Ahrens). Man darf den etwaigen gesetzlichen Mindestwert der
Hauptsache kaum unterschreiten. Beim Notbedarfsanspruch ist meist ein 6-Monats-
Betrag angemessen, KG MDR **88**, 154, Nürnb JB **97**, 196.

B. Evtl fast Hauptsachewert. Der Wert des vorläufigen Verfahrens kann sich 3
allerdings auch dem Wert der Hauptsache nähern, Bbg JB **75**, 793, Rostock GRUR-
RR **09**, 39 (selbst bei Antragsrücknahme). Das gilt etwa dann, wenn das Gericht im
vorläufigen Verfahren praktisch schon endgültig über die Sache entscheiden muß,
BVerfG NVwZ-RR **94**, 105, Brdb JB **01**, 94 (Ausnahme: Unterhalt), Kblz JB **09**,
429, VGH Mannh NJW **09**, 1692 rechts unten. Dasselbe gilt überhaupt bei der sog
Leistungsverfügung, BLAH Grdz 6 ff vor § 916 ZPO, Mü FamRZ **97**, 691, oder
wenn der Antragsgegner andernfalls die Vollstreckung ganz vereiteln könnte, Köln
ZMR **95**, 258, LG Darmst JB **76**, 1090.

C. Höchstens Hauptsachewert. Man darf den Wert der Hauptsache in keinem 4
Fall überschreiten, Hamm JB **79**, 875, Köln FamRZ **01**, 432. In einem nichtvermögensrechtlichen
Streit muß man von § 48 II 1 ausgehen, LG Saarbr JB **95**, 26. Man muß
mehrere Ansprüche wie sonst zusammenrechnen. Ein Antrag auf einen dinglichen und
persönlichen Arrest nach §§ 916, 918 ZPO hat nur *einen* Wert, anders als beim Zusammentreffen
von Arrest- und Verfügungsantrag.

D. Beispiele zur Frage des Streitwerts, I 1 Z 1–3 5
Arbeitsrecht: I gilt auch vor den Arbeitsgerichten, § 1 II Z 4, zB wegen eines Anspruchs
nach § 102 V 2 BetrVG.
Aufhebungsverfahren: Die Bewertungsregeln gelten auch im Aufhebungsverfahren
nach §§ 927, 936 ZPO. Dabei bilden das Anordnungs- und das Aufhebungsverfahren
je ein gesondertes Verfahren, KV amtliche Vorbemerkung 1.4.1.
S auch Rn 10 „Vollzug".
Ausverkauf: Rn 3 gilt auch dann, wenn es um die Unterlassung eines Ausverkaufs
oder einer solchen Werbung geht.
Bankdepot: Wenn der Gläubiger die einstweilige Verfügung nur in einen bestimmten
Gegenstand vollziehen kann, zB in ein Bankdepot eines Ausländers im Inland,
ist der Wert nicht höher als derjenige dieses Gegenstands.
Bauhandwerker: Bei einer einstweiligen Verfügung mit dem Ziel der Eintragung
einer Vormerkung wegen einer Bauhandwerkerhypothek kann man ca 33,3–50%
der Handwerkerforderung ansetzen, Düss JB **75**, 649, Ffm JB **77**, 719, aM Bre
AnwBl **76**, 441, LG Saarbr AnwBl **81**, 70 (90% der Hauptforderung).
Beseitigung: Bei der formellen Beseitigung des Arrests ist ein geringerer Wert als
beim Vollzug ansetzbar, KG JB **02**, 479.
Betriebsverfassung: S „Arbeitsrecht".
Einzelgegenstand: Rn 7 „Bankdepot". 6

GKG § 53   I. A. Gerichtskostengesetz

Finanzgerichtssache: Im Verfahren nach §§ 324 ff AO muß man meist den Hauptsachewert halbieren.
Gewaltschutz: Man kann 500 EUR ansetzen, Saarbr RR **08**, 746.
Gewerblicher Rechtsschutz: Rn 3 gilt auch auf diesem Gebiet, Ffm JB **81**, 605.
7 **Hauptsache:** Rn 10 „Vergleich".
Hilfsantrag: Es gilt § 45.
Kostenpauschquantum: Man muß es mitbeachten, aM Meyer 8.
Man darf auch hier aber keinen höheren Wert als denjenigen der *Hauptsache* ansetzen, Düss FamRZ **85**, 1156.
Kostenwiderspruch: Rn 10 „Widerspruchsverfahren".
Löschungsbewilligung: Maßgebend ist auch hier grds nur das Interesse des Antragstellers, Köln MDR **77**, 495.
8 **Markensache:** Es kommt auf die Gefährlichkeit einer unbefugten Benutzung an, Kblz GRUR **96**, 139. Im Widerspruchs-Beschwerdeverfahren setzt BPatG GRUR **99**, 65 (jetzt) für § 33 RVG grds (jetzt ca) 10 000 EUR an.
Nebenforderung: Sie bleibt *unbeachtet,* § 4 ZPO.
Nießbrauch: Bei ihm muß man die voraussichtliche Lebensdauer des Berechtigten schätzen und dann etwa 25% des sich so ergebenden Werts ansetzen.
Persönlicher Arrest: Auch bei ihm nach § 918 ZPO kann man die Wertregeln des dinglichen Arrests nach §§ 916, 917 ZPO anwenden, Kblz JB **92**, 191.
Pfändbarkeit: Rn 3 gilt dann, wenn nur ein Arrest genug Pfändbares erbringt, LG Darmst JB **76**, 1090.
Pfändung: *Unbeachtbar* ist eine Forderungspfändung nach § 930 ZPO.
9 **Rechtsverlust:** Es gilt dasselbe wie bei Rn 10 „Zwangsversteigerung".
Schiedsrichterliches Verfahren: Die Bewertungsregeln gelten auch im Verfahren nach § 1041 II oder III ZPO. Man darf also nicht das Interesse des Gegners mitbeachten, zumal man sein Bestreiten ja auch sonst nicht wertet. Vielmehr bleibt allein das Interesse des Antragstellers maßgeblich.
Seeschiff: Man kann 75% der Arrestforderung ansetzen, Hbg MDR **91**, 1196.
Unterhalt: In einer vertraglichen Unterhaltssache kann man den Wert nach (jetzt) § 42 I ansetzen, auch für einen Arrest, Brschw RR **96**, 256 links, Düss FamRZ **85**, 1155, aM Schneider MDR **89**, 389 (jetzt II 1 entsprechend. Aber § 42 I spricht auch von einem „Antrag" und ist deshalb spezieller). Dieser Wert gilt auch für eine einstweilige Verfügung.
In einer *gesetzlichen* Unterhaltssache gilt das FamGKG, Teil I B dieses Buchs.
Verbotene Eigenmacht: Rn 3 gilt auch bei §§ 858 ff BGB.
10 **Vergleich:** Soweit es zu einem Vergleich auch über die Hauptsache kommt, muß man zusammenrechnen.
Vollzug: Die Bewertungsregeln gelten auch im Vollzugsverfahren nach §§ 929 ff, 936 ZPO, KG Rpfleger **91**, 126, Karlsr Rpfleger **99**, 509 (je: Obergrenze/Wert der Anordnung), Köln Rpfleger **93**, 508. Das gilt auch bei einer Aufhebung des Vollzugs nach §§ 934, 936 ZPO, aM Meyer 3 (Addition).
Unbeachtbar ist das Problem, einen Vollzugsgegenstand zu finden, LG Darmst JB **76**, 1090.
S auch Rn 5 „Beseitigung".
Widerspruchsverfahren: Die Bewertungsregeln gelten auch im Widerspruchsverfahren nach §§ 924, 926, 936 ZPO. Nur bei einem auf die Kostenfrage beschränkten Widerspruch nach BLAH § 924 ZPO Rn 9 ist das bloße Kosteninteresse maßgeblich, Ffm JB **90**, 1210 und 1331, Hbg JB **98**, 150, Meyer JB **03**, 525.
Wohnungsrecht: Es gilt dasselbe wie bei Rn 3 „Nießbrauch".
Zwangsversteigerung: Bei ihrem Drohen kann die Eintragung einer Vormerkung zur Sicherung für eine Hypothekenbestellung annähernd dem Hypothekenbetrag angleichen, Bbg JB **78**, 1552.

11 **3) Verfahren nach § 148 I, II AktG, I 1 Z 4, 5, I 2.** Im Geltungsbereich gelten ein Regel- und ein oberer Begrenzungswert.

A. Geltungsbereich. Es gibt mehrere voneinander unabhängige Bereiche.
Nach *§ 148 I, II AktG* kann ein Aktionär, dessen Anteil 1% des Grundkapitals oder 100 000 EUR erreicht, die Zulassung beantragen, die aus § 147 I 1 AktG ge-

nannten Ersatzansprüche der Gesellschaft in eigenem Namen geltend zumachen. Dieses sog Klagezulassungsverfahren löst einen Wert nach § 53 I 1 Z 4 aus.

B. Regelwert. In dem Beschlußverfahren nach Rn 11 beträgt der Regelwert den nach § 3 ZPO berechneten Betrag, § 48 Anh I: § 3 ZPO Rn 1 ff. Das Gericht entscheidet also nach seinem pflichtgemäßen Ermessen auf der Basis des Interesses des Klägers. 12

C. Höchstwert. Man muß den nach Rn 12 ermittelten Regelwert nach oben korrigieren, soweit die Voraussetzungen I 2 vorliegen. Sie sehen sowohl beim Vorhandensein eines Grund- oder Stammkapitals als auch bei seinem Fehlen beim übertragenden oder formwechselnden Rechtsträger einen an sich absoluten Höchstwert von 500 000 EUR vor. Ihn darf man nur ganz ausnahmsweise nochmals überschreiten, wenn und soweit man die Bedeutung der Sache für beide Parteien und daher abweichend von § 3 ZPO nicht nur für den Kläger höher bewerten muß. Diese Ausnahmevorschrift ist eng auslegbar. Eine nur unerheblich höhere Bedeutung sollte nicht zur Überschreitung von 500 000 EUR führen. 13

4) Einstweilige Anordnung usw, II. Die Regelung ähnelt §§ 935 ff ZPO. Ein Grundsatz gilt in vier Fallgruppen. 14

A. Grundsatz: Interesse des Antragstellers, II Z 1–3, dazu *Finkelnburg/Jank* Rn 400–402, 834–836, *Schoch*, Vorläufiger Rechtsschutz und Risikoverteilung im Verwaltungsrecht, 1988; *Tipke/Kruse* Tz 93 und 103: 15
Die Verweisung auf § 52 I, II bedeutet, daß auch in den in II genannten Fällen die Bedeutung der Sache maßgeblich ist, OVG Bln-Brdb NVwZ-RR **06**, 652, OVG Bre AnwBl **87**, 337, also das *Interesse des Antragstellers* an dem Erlaß einer einstweiligen Anordnung oder am Aufschub der Vollziehung usw, VGH Kassel NVwZ-RR **05**, 366, VG Hbg GewArch **83**, 261. Bei mehreren Antragstellern, die jeweils eigene Rechte verfolgen, muß man die Werte entsprechend § 5 ZPO zusammenrechnen, VGH Mannh NJW **77**, 1790.

Man darf den Wert der *Hauptsache* nur dann ansetzen, wenn die Bedeutung des vorläufigen Verfahrens dem Hauptverfahren gleichkommt, etwa weil die Eilanordnung bereits vollendete Tatsachen schafft. Das gilt zB: Bei einer einstweiligen Anordnung auf die Einräumung einer Sendezeit; bei der unbefristeten Zuweisung eines Studienplatzes; bei einer Aussetzung der Vollziehung eines Versammlungsverbots; in einer Asyl-Sache, Rn 29, 30, OVG Bre AnwBl **87**, 337, OVG Kblz NVwZ **83**, 172, VG Kblz AnwBl **86**, 108. In der Regel hat aber eine Maßnahme nach II eine geringere Bedeutung, VGH Mü BayVBl **78**, 60. Man muß also einen Bruchteil des Werts der Hauptsache annehmen, OVG Hbg AnwBl **87**, 286, VGH Kassel NVwZ-RR **05**, 366, VGH Mannh NVwZ-RR **05**, 366. Der Auffangwert des § 52 II ist ebenfalls unter seinen Voraussetzungen nach § 53 II anwendbar. Man darf diesen Festwert nicht nochmals nur wegen der Einstweiligkeit der Regelung herabsetzen, Meyer 23. Zum Streitwert bei einer Beförderungssache OVG Lüneb NVwZ-RR **09**, 454 (ausf zur Streitfrage, bitte nachlesen). 16

B. § 123 VwGO, II Z 1 Hs 1. Die Bewertung mit nicht weniger als etwa 33,3% des Werts der Hauptsache nach Rn 19 ist in der Regel angemessen, OVG Lüneb NVwZ-RR **07**, 638. Oft ist aber auch 50% des Werts der Hauptsache angemessen. Das gilt zum Bei einer zeitlich begrenzten Zuweisung eines Studienplatzes, OVG Hbg JB **06**, 201, VGH Mannh BWVPr **76**, 278, oder in einer Angelegenheit nach dem BAföG, es sei denn, der Eilantrag bezöge sich auf einen kürzeren Zeitraum als der Antrag in der Hauptsache. 17

Wenn die Bedeutung des vorläufigen Verfahrens demjenigen der Hauptsache nahekommt, kann im vorläufigen Verfahren 75% des Werts der *Hauptsache* angemessen sein, etwa bei einer unbefristeten Zuteilung eines Studienplatzes. Daher können zB 2000 EUR angemessen sein. 18
Ein Bruchteil ist auch dann ansetzbar, wenn sich der Wert der Hauptsache nach dem *Auffangwert des § 52 II* bestimmt, OVG Lüneb NVwZ-RR **07**, 829, VGH Mannh NVwZ-RR **04**, 619 (Ruhestand wegen Dienstunfähigkeit: 50% des Auffangwerts). Ausnahmsweise darf und muß man den vollen Wert ansetzen, Rn 15.

C. § 114 FGO, II Z 1 Hs 2. Vgl zunächst Rn 17, 18. Eine Pauschalierung mit 10% des Werts der Hauptsache wird der Regelung des II nicht gerecht. Wenn der 19

GKG § 53
I. A. Gerichtskostengesetz

Antragsteller nämlich die erstrebte Leistung beziffert hat, muß man die daraus erkennbare Bedeutung der einstweiligen Anordnung für ihn berücksichtigen. Wenn eine einstweilige Anordnung ziemlich endgültige Ergebnisse bezweckt, mag der Streitwert denjenigen der Hauptsache erreichen. Wenn die einstweilige Anordnung hinter der Entscheidung in der Hauptsache zurückbleiben würde und wenn keine besonderen Umstände vorliegen, ist in der Regel etwa 33,3% des Werts der Hauptsache angemessen, BFH JB **80**, 520, aM FG Stgt EFG **82**, 205 (50% des Werts der Hauptsache). Eine Sicherungsmaßnahme bleibt unbeachtet.

20 Wenn sich die einstweilige Anordnung gegen eine *Vollstreckungsmaßnahme* richtet, sind 10% der Forderung ansetzbar, BFH KTS **83**, 151. Das gilt auch dann, wenn sich die einstweilige Anordnung auf ein Verbot der Vollziehung während des Klageverfahrens richtet, FG Hbg EFG **78**, 94 (5% des Werts der Forderung), aM BFH NJW **77**, 1216.

21 D. § 47 VIII VwGO, II Z 2 Hs 1. Die Bedeutung der Sache ergibt sich aus dem „schweren Nachteil", den man ja aber abwehren will. Sie ergibt sich auch durch die ebenfalls ausreichenden „anderen wichtigen Gründe", ferner durch das „dringende Gebot" der einstweiligen Anordnung.

22 Diese Gesichtspunkte können vermögensrechtlich oder nichtvermögensrechtlich sein. Das Interesse des Antragstellers ist nicht allein maßgeblich. Man muß auch das *öffentliche Interesse* beachten.

23 E. § 80 V–VIII VwGO, II Z 2 Hs 2. Die Bedeutung der Sache ergibt sich aus den Auswirkungen der erstrebten Maßnahme. Man muß unter Umständen die zur Abwehr sonstiger Nachteile erforderlichen Kosten zugrunde legen. Wenn eine Aussetzung vollendete Tatsachen schafft, etwa beim Verbot einer Demonstration, oder wenn die Bedeutung der Aussetzung sonst derjenigen der Hauptsache gleichkommt, ist der Wert der Hauptsache maßgebend, VGH Mannh NVwZ-RR **08**, 656. Das gilt etwa bei der Abschiebung eines solchen Ausländers, der sich in Deutschland eine Existenz geschaffen hat, Rn 15, 16, VGH Gött JB **05**, 597 (Wiederherstellung aufschiebender Wirkung einer Klage gegen sofort vollziehbaren Widerruf einer Aufenthaltserlaubnis: 5000 EUR), VGH Mannh BWVPr **76**, 277.

24 Meist ist die *Bedeutung des Aufschubs* geringer, VGH Mü BayVBl **76**, 276. Dann muß man einen Bruchteil des Werts der Hauptsache ansetzen, Noll 128 ff (auch bei [jetzt] § 52 II). Oft können 50% des Werts der Hauptsache richtig sein, VGH Mü JB **94**, 241 (Rückforderung von Sozialhilfe). Bei einer Annäherung des Werts des vorläufigen Verfahrens an denjenigen der Hauptsache kann man 75% des Werts der Hauptsache ansetzen, OVG Kblz NJW **77**, 1356.
Andernfalls sind für die aufschiebende Wirkung der Klage etwa 33,3% des Werts der Hauptsache angemessen und für die aufschiebende Wirkung des Widerspruchs grundsätzlich ebenfalls etwa 33,3% des Werts der Hauptsache, OVG Hbg HmbJVBl **89**, 45 (etwa 17% nur dann, wenn der Antrag zeitlich auf den Abschluß des Widerspruchsverfahrens beschränkt ist), Melullis MDR **90**, 17.

25 In einer *Abgabensache* kann man unter Umständen nur 10% des streitigen Betrags als Wert annehmen, OVG Hbg HmbJVBl **89**, 46, OVG Münst MDR **84**, 344, aM OVG Lüneb III B 118/76, VGH Mü BayVBl **90**, 189 und 221 (etwa 33,3% des streitigen Betrags), VGH Mannh AnwBl **83**, 281, VGH Mü BayVBl **82**, 443 (25%).

26 Für das kostenrechtlich selbständige Verfahren nach *§ 80 VII VwGO* ist nach seiner Bedeutung ein neuer Wert angemessen. Zum Wert mehrerer Klagen gegen denselben Verwaltungsakt VGH Mü DVBl **82**, 211.

27 F. §§ 80 a III, 80 b II VwGO, II Z 2 Hs 3. Maßgeblich ist das Interesse des nach § 80 a I VwGO vorgehenden Dritten an der Aufhebung usw des einen anderen begünstigenden Verwaltungsakts, begrenzt durch die nach § 80 a III VwGO ja allenfalls erreichbare Aufhebung oder Änderung. Eine Sicherungsmaßnahme bleibt auch hier unbeachtet.

28 G. § 69 III, V FGO, II Z 3. Regelmäßig muß man 10% desjenigen Betrags ansetzen, für den der Antragsteller eine Aussetzung beantragt. Dasselbe gilt im Streit um die Vollziehbarkeit des Widerrufs der Aussetzung, BFH DStR **76**, 351. Wenn der Streit nur darum geht, ob bei einer Aussetzung eine Sicherheitsleistung erforderlich wird, beträgt der Wert 10% der geforderten Sicherheit, FG Münst EFG **76**, 24. Wenn

Abschnitt 7. Wertvorschriften §§ 53, 54 GKG

neben der Aussetzung auch die Sicherheit streitig ist, bleibt es bei 10% der betroffenen Forderung, FG Hann EFG 77, 383 (15% der betroffenen Forderung), VGH Mü BayVBl **90**, 189 und 221.
Bei einem Antrag auf eine zinslose *Aussetzung* kann man 6% als Jahreszinsen (§ 238 AO) hinzurechnen, FG Mü EFG **78**, 560.
H. § 86 b SGG, II Z 4. Es gelten dieselben Regeln wie Rn 14–16. 29
I. § 50 III–V WpÜG, II Z 4. Es gelten dieselben Wertmaßstäbe wie bei Rn 15– 30
28.

Zwangsversteigerung

54 [I] [1] Bei der Zwangsversteigerung von Grundstücken sind die Gebühren für das Verfahren im Allgemeinen und für die Abhaltung des Versteigerungstermins nach dem gemäß § 74 a Abs. 5 des Gesetzes über die Zwangsversteigerung und die Zwangsverwaltung festgesetzten Wert zu berechnen. [2] Ist ein solcher Wert nicht festgesetzt, ist der Einheitswert maßgebend. [3] Weicht der Gegenstand des Verfahrens vom Gegenstand der Einheitsbewertung wesentlich ab oder hat sich der Wert infolge bestimmter Umstände, die nach dem Feststellungszeitpunkt des Einheitswerts eingetreten sind, wesentlich verändert oder ist ein Einheitswert noch nicht festgestellt, ist der nach den Grundsätzen der Einheitsbewertung geschätzte Wert maßgebend. [4] Wird der Einheitswert nicht nachgewiesen, ist das Finanzamt um Auskunft über die Höhe des Einheitswerts zu ersuchen; § 30 der Abgabenordnung steht der Auskunft nicht entgegen.

[II] [1] Die Gebühr für die Erteilung des Zuschlags bestimmt sich nach dem Gebot ohne Zinsen, für das der Zuschlag erteilt ist, einschließlich des Werts der nach den Versteigerungsbedingungen bestehen bleibenden Rechte zuzüglich des Betrags, in dessen Höhe der Ersteher nach § 114a des Gesetzes über die Zwangsversteigerung und die Zwangsverwaltung als aus dem Grundstück befriedigt gilt. [2] Im Fall der Zwangsversteigerung zur Aufhebung einer Gemeinschaft vermindert sich der Wert nach Satz 1 um den Anteil des Erstehers an dem Gegenstand des Verfahrens; bei Gesamthandeigentum ist jeder Mitberechtigte wie ein Eigentümer nach dem Verhältnis seines Anteils anzusehen.

[III] [1] Die Gebühr für das Verteilungsverfahren bestimmt sich nach dem Gebot ohne Zinsen, für das der Zuschlag erteilt ist, einschließlich des Werts der nach den Versteigerungsbedingungen bestehen bleibenden Rechte. [2] Der Erlös aus einer gesonderten Versteigerung oder sonstigen Verwertung (§ 65 des Gesetzes über die Zwangsversteigerung und die Zwangsverwaltung) wird hinzugerechnet.

[IV] Sind mehrere Gegenstände betroffen, ist der Gesamtwert maßgebend.

[V] [1] Bei Zuschlägen an verschiedene Ersteher wird die Gebühr für die Erteilung des Zuschlags von jedem Ersteher nach dem Wert der auf ihn entfallenden Gegenstände erhoben. [2] Eine Bietergemeinschaft gilt als ein Ersteher.

Gliederung

1) Systematik, Regelungszweck, I–V	1
2) Verfahrensgebühr, I	2–4
A. Grundsatz: Maßgeblichkeit des § 74a V ZVG, I 1, 2	2
B. Abweichung vom Einheitswert, I 3	3
C. Auskunft des Finanzamts, I 4	4
3) Zuschlagsgebühr, II	5–7
4) Verteilungsgebühr, III	8
5) Mehrheit von Gegenständen, IV	9
6) Verschiedene Ersteher, V	10

1) Systematik, Regelungszweck, I–V. Für die Entscheidung über den Antrag 1 auf die Anordnung einer Zwangsversteigerung entsteht nach KV 2210 eine Festgebühr. § 54 regelt die Wertermittlung für die Gebühren im anschließenden Verfahren sowie für die Abhaltung des Versteigerungstermins, KV 2211–2216, und zwar zwecks Prozeßwirtschaftlichkeit in Anlehnung an das ZVG.

2) Verfahrensgebühr, I. Man muß drei Aspekte beachten.
A. Grundsatz: Maßgeblichkeit des § 74a V ZVG, I 1, 2. Man muß die Ge- 2 bühr für das Verfahren grundsätzlich von demjenigen Wert berechnen, den das Voll-

streckungsgericht nach § 74a V ZVG festsetzt, I 1, LG Paderb Rpfleger **89**, 168, evtl nach einer Anhörung von Sachverständigen.

Die Festsetzung des Werts derjenigen *beweglichen Gegenstände,* auf die sich die Zwangsversteigerung erstreckt, erfolgt auf Grund einer pflichtgemäßen Schätzung unter einer Berücksichtigung aller Umstände. Die rechtskräftige Wertfestsetzung des Vollstreckungsgerichts bindet für die Gebührenberechnung.

Gegen den Wertfestsetzungsbeschluß der Vollstreckungsgerichts ist die sofortige Beschwerde statthaft. § 74a V 3 ZVG, § 11 I RPflG. Soweit das Vollstreckungsgericht keinen Wert festgesetzt hat, ist der Einheitswert maßgebend, I 2. Der Kostenschuldner muß ihn nachweisen. Für eine Eintragung im Grundbuch gilt ausschließlich die KostO, Zweibr Rpfleger **88**, 409. Teil III dieses Buchs.

3 **B. Abweichung vom Einheitswert, I 3.** Wenn sich eine wesentliche Abweichung des Gegenstands des Verfahrens vom Einheitswert ergibt, zB dadurch, daß dem Zwangsversteigerungs- oder Zwangsverwaltungsverfahren auch Maschinen und Betriebsanlagen unterliegen, oder wenn infolge einer unverhältnismäßigen Höherbelastung oder einer wesentlichen Veränderung des Werts nach der letzten Einheitsbewertung irgendwelche auch gerade für sie maßgebenden Veränderungen eintreten, muß das Gericht den Wert nach den Grundsätzen der Einheitsbewertung nach dem BewG ermitteln, wie bei § 19 III KostO, Teil III dieses Buchs, I 3 Hs 1. Dasselbe gilt, soweit der Einheitswert noch nicht festgestellt worden ist, I 3 Hs 2.

4 **C. Auskunft des Finanzamts, I 4.** Soweit der Antragsteller den Einheitswert dem Gericht nicht nachweist und auch nicht glaubhaft macht (das könnte genügen), muß das Gericht das Finanzamt um eine Auskunft über die Höhe des Einheitswerts ersuchen, I 4 Hs 1, so auch BGH NJW **08**, 1958. Das kann auch gleich nach der Verfahrensanordnung geschehen, BGH NZM **09**, 744. Das Finanzamt kann sich trotz § 30 AO nicht auf seine Schweigepflicht berufen, I 4 Hs 2, so auch BGH NJW **08**, 1958. Es darf aber auch nur dasjenige mitteilen, was zur Kostenberechnung nötig ist, LG Stgt NZM **09**, 365 (notfalls Auskunftsklage der Wohnungseigentümer gegen den Schuldner). Der mitgeteilte Wert ist in der Regel maßgeblich, aber nicht stets zwingend. Denn man muß bei einer Abweichung nach I 3 letztlich eine „Schätzung" vornehmen.

5 **3) Zuschlagsgebühr, II.** Die Zuschlagsgebühr nach KV 2214 bestimmt sich nicht mehr nach dem festgesetzten Wert oder nach den sonstigen Grundsätzen des I, sondern nach demjenigen Gebot ohne Zinsen, für das das Gericht den Zuschlag erteilt hat, einschließlich des Werts der nach den Versteigerungsbedingungen oder nach den vertraglichen Bedingungen bestehenbleibenden Rechte, II 1 Hs 1, §§ 52, 74a I 1 ZVG, LG Kref Rpfleger **76**, 332 (abl Stöber), aM Mümmler JB **77**, 1503 (aber das ist die allgemein anerkannte und übliche Berechnung). Es kommt also nicht auf ein zwar höheres, aber zurückgewiesenes Gebot an. Auch eine nach § 60 ZVG bewilligte Zahlungsfrist ist unbeachtbar. Nur ein bestehenbleibendes Recht ist beachtlich, keine bestehenbleibende Belastung. Die Eintragungsgebühr des Ersteigerers richtet sich auch wertmäßig nach der KostO, LG Bayreuth JB **76**, 85.

Das gilt auch dann, wenn der Ersteher für diese Rechte schon vor der Erteilung des Zuschlags ganz oder teilweise *persönlich haftet,* etwa aus einer Gesamthypothek. Hinzurechnen muß man denjenigen Betrag, in dessen Höhe der Ersteher nach § 114a ZVG als befriedigt gilt, also soweit den Anspruch des aus dem Grundbuch berechtigten Erstehers sein Meistgebot nicht deckt, aber ein Gebot zum Betrag der 70%-Grenze decken würde, II 1 Hs 2. Durch diese Regelung ist der Streit zur Anwendung von II 1 bei § 85a ZVG erledigt, LG Mönchengladb Rpfleger **03**, 148.

6 Sie ist wegen § 26 II 2, dort Rn 7, 8, auch dann anwendbar, wenn der aus dem Grundstück Berechtigte seine Rechte aus dem Meistgebot an einen Dritten *abtritt.* Das gilt selbst dann, wenn dieser letztere nicht aus dem Grundstück berechtigt ist, LG Lüneb Rpfleger **88**, 113.

7 Bei einer *Teilungsversteigerung* nach § 180 ZVG vermindert sich der nach I 1 errechnete Wert um den Anteil des Erstehers am Gegenstand des Verfahrens, II 2 Hs 1. Bei einem Gesamthandeigentum muß man jedem JfIG Mitberechtigten wie einen Miteigentümer ansehen, II 2 Hs 2.

8 **4) Verteilungsgebühr, III.** Die Verteilungsgebühr nach KV 2215, 2216 berechnet sich zunächst ebenso wie bei II nach demjenigen Gebot ohne Zinsen, das zum

Abschnitt 7. Wertvorschriften §§ 54–56 GKG

Zuschlag geführt hat, einschließlich derjenigen Rechte, die nach den Versteigerungsbedingungen bestehen bleiben, III 1, ebenso des Erlöses aus einer Sonderverwertung nach § 65 ZVG, III 2. Ein nach § 91 II ZVG vereinbartes bestehenbleibendes Recht gehört nicht hierher, LG Kref Rpfleger **78**, 392.

Nicht einrechnen darf man aber insofern anders als bei II 1 denjenigen Betrag, in dessen Höhe ein *Ersteher* nach § 114a ZVG *als* aus dem Grundstück *befriedigt gilt*. Es gibt also keine Absetzung des sog Ersteheranteils. Denn die Verteilung umfaßt auch dann den genannten Erlös, wenn ein Miteigentümer Ersteher ist.

5) Mehrheit von Gegenständen, IV. Bei § 18 ZVG ist der Gesamtwert für alle 9 Gebühren maßgeblich, soweit der abgegoltene Verfahrensteil sich auf die mehreren Gegenstände bezieht. Nach einer Verfahrenstrennung gelten die Einzelwerte. Es erfolgt eine Anrechnung. Eine Mehrheit von Gegenständen liegt dann vor, wenn jeder Gegenstand ein gesondertes Verfahren begründen könnte.

6) Verschiedene Ersteher, V. Man muß die Zuschlagsgebühr von jedem Er- 10 steher nach dem Wert des von ihm nach seinem Einzelgebot Ersteigerten besonders berechnen, V 1, und nach § 26 II 1 gesondert erheben. Wenn das Gericht das Verfahren teils durchgeführt, teils eingestellt hat, erfolgt eine getrennte Berechnung der einzelnen Gebühren. Bei einem Zuschlag an eine Personenmehrheit zur gesamten Hand oder an eine sonstige Bietergemeinschaft erfolgt eine einheitliche Berechnung, V 2.

Zwangsverwaltung

55 Die Gebühr für die Durchführung des Zwangsverwaltungsverfahrens bestimmt sich nach dem Gesamtwert der Einkünfte.

1) Geltungsbereich. Die Vorschrift erfaßt das Verfahren nach §§ 146 ff, 172, 173 1 ZVG und eine Zwangsverwaltung nach § 77 II ZVG. Nicht hierher gehören: Eine Sicherung nach § 25 ZVG; die gerichtliche Verwaltung nach § 94 ZVG; eine Anordnung nach § 165 ZVG oder nach § 171c ZVG; eine Sequestration nach § 938 ZPO. Die Person des Zwangsverwalters ist unerheblich. Das Verfahren beginnt mit der Beschlagnahme oder mit dem Eintragungsersuchen beim Grundbuchamt. Es endet mit der Wirksamkeit der Aufhebung oder mit der Antragsrücknahme. Maßgebend ist der Gesamtbetrag der Jahreseinkünfte nach § 7 II. Dieser Bezugszeitraum ergibt sich daraus, daß auch KV 2221 von jedem angefangenen Jahr ausgeht. Das Jahr beginnt mit dem Tag der Beschlagnahme. Es endet mit dem Vortag der Wiederkehr der Beschlagnahme evtl vor dem Jahresablauf, nicht aber schon mit dem Zuschlag der Zwangsversteigerung.

„Jahreseinkünfte" sind die tatsächlich erzielten Bruttoerträgnisse (Nutzungen) einschließlich Zinsen, nicht bloß die Überschüsse nach § 155 II ZVG. Man darf eine Vergütung des Zwangsverwalters oder anderer Aufsichtspersonen ebensowenig abziehen wie öffentliche oder private Lasten oder Mittel nach § 149 III 1 ZVG.

Bei *mehreren* Grundstücken muß man die Einkünfte innerhalb desselben Verfahrens zusammenzählen, § 54 IV entsprechend.

Zwangsversteigerung von Schiffen, Schiffsbauwerken, Luftfahrzeugen und grundstücksgleichen Rechten

56 Die §§ 54 und 55 gelten entsprechend für die Zwangsversteigerung von Schiffen, Schiffsbauwerken und Luftfahrzeugen sowie für die Zwangsversteigerung und die Zwangsverwaltung von Rechten, die den Vorschriften der Zwangsvollstreckung in das unbewegliche Vermögen unterliegen, einschließlich der unbeweglichen Kuxe.

1) Geltungsbereich. § 56 unterstellt den §§ 54, 55 die Zwangsversteigerung eines 1 Binnen- oder Seeschiffs oder Schiffsbauwerks nach §§ 162 ff ZVG, auch eines Bruchteilseigentums daran, ferner die Zwangsversteigerung eines Luftfahrzeugs nach § 110 LuftfG, §§ 171 a ff ZVG, die Zwangsversteigerung und Zwangsverwaltung eines grundstücksähnlichen Rechts nach § 77 KostO Rn 1, Teil III dieses Buchs, einschließlich Erbbaurecht und Stockwerkseigentum, unbeweglicher Kux, Bergwerksberechtigung

GKG §§ 56–58   I. A. Gerichtskostengesetz

oder Hochseekabel, die Zwangsversteigerung nach §§ 172 ff ZVG und die Zwangsversteigerung von Wohnungseigentum nach dem WEG. Bei einem Schiff, einem Schwimmdock oder einem Luftfahrzeug ist eine Zwangsverwaltung unzulässig, § 870 a I ZPO, § 99 LuftfG. Bei einer Schiffspart nach §§ 489 ff HGB gilt § 858 ZPO.

2 **2) Streitwert.** Es gelten §§ 54, 55. Mangels einer Wertfestsetzung nach § 74 a ZVG gilt § 61, beim Binnenschiff gilt § 15 G RGBl **33**, 289, 365, **34**, 251, 1082.

Zwangsliquidation einer Bahneinheit

57 Bei der Zwangsliquidation einer Bahneinheit bestimmt sich die Gebühr für das Verfahren nach dem Gesamtwert der Bestandteile der Bahneinheit.

1 **1) Geltungsbereich.** Die Zwangsliquidation einer Bahneinheit tritt bei einer Einstellung des Betriebs oder beim Erlöschen der Betriebsgenehmigung ein. Sie dient der abgesonderten Befriedigung der Bahngläubiger.
   Unanwendbar ist § 57 auf die freiwillige Liquidation und auf eine Zwangsversteigerung oder Zwangsverwaltung. Dann gelten §§ 54, 55.

2 **2) Streitwert.** Man muß sind zwei Situationen unterscheiden.
   A. Eröffnungsantrag. Für die Entscheidung über den Antrag auf die Eröffnung der Zwangsliquidation entsteht eine Festgebühr von 50 EUR, KV 2230.

3 **B. Verfahren.** Der Wert für die Gebühren nach KV 2231, 2232, 2241, 2243 richtet sich nach dem Gesamtwert der Bestandteile der Bahneinheit, also ihres beweglichen und unbeweglichen Vermögens. Es kommt nicht auf den Einheitswert an, sondern auf den Verkehrswert. Maßgebend ist nach § 40 zunächst der Wert bei der Eröffnung der Zwangsliquidation, aber evtl der am Verfahrensende höhere Wert. Man darf Lasten nicht abziehen.

Insolvenzverfahren

58 [I] [1] Die Gebühren für den Antrag auf Eröffnung des Insolvenzverfahrens und für die Durchführung des Insolvenzverfahrens werden nach dem Wert der Insolvenzmasse zur Zeit der Beendigung des Verfahrens erhoben. [2] Gegenstände, die zur abgesonderten Befriedigung dienen, werden nur in Höhe des für diese nicht erforderlichen Betrags angesetzt.

[II] Ist der Antrag auf Eröffnung des Insolvenzverfahrens von einem Gläubiger gestellt, wird die Gebühr für das Verfahren über den Antrag nach dem Betrag seiner Forderung, wenn jedoch der Wert der Insolvenzmasse geringer ist, nach diesem Wert erhoben.

[III] [1] Bei der Beschwerde des Schuldners oder des ausländischen Insolvenzverwalters gegen die Eröffnung des Insolvenzverfahrens oder gegen die Abweisung des Eröffnungsantrags mangels Masse gilt Absatz 1. [2] Bei der Beschwerde eines sonstigen Antragstellers gegen die Abweisung des Eröffnungsantrags gilt Absatz 2.

Gliederung

1) Systematik, Regelungszweck, I–III	1
2) Regelberechnung, I	2–5
A. Insolvenzmasse, I 1	2
B. Absonderungsrechte, I 2	3
C. Schätzung, I 1	4
D. Berechnungszeitpunkt, I 1	5
3) Insolvenzantrag des Gläubigers, II	6–8
A. Forderungsbetrag	6, 7
B. Insolvenzmasse	8
4) Beschwerde, III	9–13
A. Gegen Eröffnungsbeschluß, III 1 Hs 1	10, 11
B. Schuldnerbeschwerde gegen Abweisung mangels Masse, III 1 Hs 2	12
C. Beschwerde eines anderen Antragstellers gegen Abweisung mangels Masse, III 2	13

1 **1) Systematik, Regelungszweck, I–III.** Jedes Insolvenzverfahren erfordert eine gesonderte Bewertung. Das gilt auch dann, wenn das Gericht Verfahren über mehrere Schuldner durch denselben Beschluß eröffnet. Die Vorschrift stellt zwecks Kosten-

Abschnitt 7. Wertvorschriften **§ 58 GKG**

gerechtigkeit den Grundsatz auf, daß sich die Durchführungsgebühr nach der Insolvenzmasse oder der geringeren Schuldenmasse berechnet und daß sich die Eröffnungsgebühr ebenso berechnet, jedoch mit der Einschränkung nach II.

2) Regelberechnung, I. Man sollte vier Gesichtspunkte beachten. 2
A. Insolvenzmasse, I 1. Regelmäßig entscheidet für die Eröffnungsgebühr wie für die Durchführungsgebühr der Wert der Insolvenzmasse zur Zeit der Beendigung des Verfahrens, Rn 5. Diese umfaßt die gesamte Insolvenzmasse, LG Kassel Rpfleger **99**, 288. Sie ist das dem Schuldner zur Zeit der Verfahrenseröffnung gehörende und von ihm während des Verfahrens erlangte Vermögen nach § 35 InsO einschließlich der Früchte, Nutzungen und Zinsen. Es kommt nicht darauf an, ob ein Vermögensstück einer Zwangsvollstreckung unterliegt. § 43 ist unanwendbar, soweit es wie hier nicht um Forderungen des Gläubigers geht (etwas anderes gilt bei Rn 6).
Nicht zur Insolvenzmasse zählen diejenigen Gegenstände, die einem Aussonderungsrecht unterliegen.
B. Absonderungsrechte, I 2. Abziehen muß man diejenigen Gegenstände, die 3 einer abgesonderten Befriedigung nach §§ 49–52 InsO unterliegen, zB einem Pfandrecht, LG Kassel Rpfleger **99**, 288, und zwar in Höhe des dazu nötigen Betrags.
Massekosten und Masseschulden oder vom Insolvenzverwalter freigegebene Gegenstände darf man nicht absetzen.
C. Schätzung, I 1. Man muß die zur Insolvenzmasse gehörenden oder sie vermindernden Gegenstände und Rechte nach ihrem objektiven Wert pflichtgemäß 4 schätzen, Meyer-Stolte Rpfleger **86**, 110. Die Einschränkungen der §§ 4–9 ZPO gelten nicht. Grundsätzlich bildet das Inventar des Insolvenzverwalters die Grundlage der Schätzung. Bei einer Fortführung des Geschäfts durch den Insolvenzverwalter muß man der Insolvenzmasse nur den Reinerlös zuschlagen, nicht den Produktionserlös.
D. Berechnungszeitpunkt, I 1. Für die Berechnung der Insolvenzmasse und der 5 Schuldenmasse entscheidet der Zeitpunkt der Beendigung des Insolvenzverfahrens, etwa der Wert einer Verwertung, also der Erlös. Man muß wegen der früheren Fälligkeit der Gebühr nach § 6 eine vorläufige Berechnung vornehmen und diese später unter Umständen richtigstellen.
3) Insolvenzantrag des Gläubigers, II. Wenn ein Gläubiger die Eröffnung des 6 Insolvenzverfahrens beantragt, berechnet sich die Eröffnungsgebühr (nicht die Durchführungsgebühr) nach den folgenden Regeln.
A. Forderungsbetrag. Grundsätzlich berechnet sich die Eröffnungsgebühr nach dem Betrag der Forderung dieses Gläubigers, jedoch wegen § 43 ohne eine Berücksichtigung der Nebenforderungen. Das gilt auch bei einer Zurücknahme des Antrags oder der Abweisung mangels Masse. Dabei ist der wirkliche Nennbetrag der Hauptforderung maßgeblich, auch wenn der Gläubiger einen geringeren Betrag angegeben hat. Unerheblich ist, ob und wie weit ein Beteiligter die angemeldete Forderung bestritten hat.
Wenn der Gläubiger zunächst nur einen *Teil* seiner Forderung nennt, bestimmt 7 sich die Antragsgebühr nur nach diesem. Meldet er später weitere Teile oder den Rest an, wird der sich daraus ergebende Gesamtbetrag zur „Forderung" nach II, LG Freibg Rpfleger **92**, 312.
B. Insolvenzmasse. Wenn die Insolvenzmasse geringer als der wirkliche Nennbe- 8 trag der Forderung des Gläubigers ist, entscheidet der Betrag der Insolvenzmasse, Meyer 2, aM LG Kref Rpfleger **83**, 332 (abl Meyer-Stolte). Das gilt auch bei einer Zurücknahme des Antrags oder der Abweisung mangels Masse. Maßgebend ist dann die Mindestgebühr (jetzt) KV 2311, Meyer-Stolte Rpfleger **83**, 332 und 375, aM LG Kref Rpfleger **83**, 332, LG Mainz Rpfleger **86**, 110 (maßgeblich sei auch dann die Forderung), Meyer 6 § 34. Aber KV 2311 nennt als eine vorrangige Spezialvorschrift eine eigene Mindestgebühr.
4) Beschwerde, III. Die Vorschrift erfaßt nur die dort abschließend genannten Fäl- 9 le. Das muß man bei der Auslegung beachten. Die Vorschrift gilt auch bei einer Wiederaufnahme des Verfahrens. Sie gilt aber zB nicht bei der Beschwerde gegen eine Postsperre. Dann gilt § 3 ZPO, Köln ZIP **00**, 1901 (zum alten Recht), aM Meyer 10.

303

GKG §§ 58, 59 I. A. Gerichtskostengesetz

III gilt für jede Beschwerde gesondert, abweichend von § 35. Das gilt auch, wenn sie sich gegen dieselbe Entscheidung richten. Man sollte die folgenden Situationen unterscheiden. *Unanwendbar* ist III auf einen anderen Rechtsbehelf.

10 **A. Gegen Eröffnungsbeschluß, III 1 Hs 1.** Bei einer sofortigen Beschwerde des Schuldners gegen die Eröffnung des Insolvenzverfahrens nach § 34 II InsO muß man wiederum wie folgt unterscheiden.

Soweit das Gericht das Verfahren auf Grund des Antrags des *Schuldners* eröffnet hat, beträgt der Streitwert für eine sofortige Beschwerde gegen den Eröffnungsbeschluß soviel wie der Wert der Insolvenzmasse, § 35 InsO.

11 Soweit das Gericht das Verfahren auf Grund des Antrags eines *Gläubigers* eröffnet hat, ist für die sofortige Beschwerde gegen den Eröffnungsbeschluß die Forderung dieses Gläubigers ohne Nebenforderungen maßgebend. Wenn jedoch der Betrag der Insolvenzmasse geringer als die Forderung des Gläubigers ist, ist der Betrag der Insolvenzmasse maßgeblich, §§ 43, 58 II.

12 **B. Schuldnerbeschwerde gegen Abweisung mangels Masse, III 1 Hs 2.** Soweit es um die sofortige Beschwerde des Schuldners gegen die Abweisung des Eröffnungsantrags mangels Masse geht, § 26 InsO, gilt ebenfalls § 58 I, dort Rn 2–5.

13 **C. Beschwerde eines anderen Antragstellers gegen Abweisung mangels Masse, III 2.** In diesem Fall gilt § 58 II, dort Rn 6–8.

Verteilungsverfahren nach der Schifffahrtsrechtlichen Verteilungsordnung

59 [1]Die Gebühren für den Antrag auf Eröffnung des Verteilungsverfahrens nach der Schifffahrtsrechtlichen Verteilungsordnung und für die Durchführung des Verteilungsverfahrens richten sich nach dem Betrag der festgesetzten Haftungssumme. [2]Ist diese höher als der Gesamtbetrag der Ansprüche, für deren Gläubiger das Recht auf Teilnahme an dem Verteilungsverfahren festgestellt wird, richten sich die Gebühren nach dem Gesamtbetrag der Ansprüche.

1 **1) Systematik, Regelungszweck, S 1, 2.** Man darf das Schiffahrtsrechtliche Verteilungsverfahren nach der SVertO nicht mit dem Dispacheverfahren nach §§ 728 HGB, 123 KostO verwechseln. Das Schiffahrtsrechtliche Verteilungsverfahren bezweckt einen geordneten Rechtsgang bei der Einzahlung und Verteilung derjenigen Haftungssumme, durch die ein Reeder seine Haftung nach §§ 486 ff HGB beschränken kann. Das Verfahren ist unter anderem dem Verfahren der §§ 872–882 ZPO nachgebildet. Diese Vorschriften sind daher hilfsweise anwendbar, § 3 SVertO.

2 *Sachlich zuständig* ist das AG. Die Gerichtsstände ergeben sich aus § 2 SVertO. Funktionell zuständig ist grundsätzlich der Rpfl, § 3 Z 2 RPflG, jedoch im Eröffnungsverfahren und in einigen weiteren Fällen der Richter, § 19a RPflG. Wegen der Kosten des Sachwalters §§ 31–33 SVertO.

3 **2) Streitwert, S 1, 2.** Als Streitwert gilt die vom Gericht nach § 487a HGB, § 5 SVertO festgesetzte und evtl nach § 30 II SVertO erhöhte Haftungssumme, jedoch höchstens die Summe der am Verteilungsverfahren teilnehmenden Ansprüche, die das Gericht im Prüfungsverfahren feststellt, §§ 13 ff SVertO. Die festgesetzte Haftungssumme ist auch dann maßgeblich, wenn man ihre Einzahlung durch eine Sicherheitsleistung ersetzen kann und wenn die Sicherheitsleistung die Haftungssumme nicht voll deckt, § 5 III SVertO.

4 **3) Gebührenhöhe, S 1, 2.** Es gelten KV 2410–2441.

5 **4) Fälligkeit, Vorschuß, Kostenschuldner usw, S 1, 2.** Die Fälligkeit richtet sich nach § 6 I Z 2. Ein Vorschuß für die Gerichtskosten richtet sich nach § 13. Ein Vorschuß für die Sachwalterkosten usw richtet sich nach § 32 II SVertO. Der Kostenansatz erfolgt nach § 13 KostVfg, Teil VII A dieses Buchs.

Kostenschuldner ist der Antragsteller, § 25. Als solcher gilt auch derjenige, der eine Erweiterung des Verfahrens nach § 30 SVertO beantragt, § 30 V SVertO.

Abschnitt 7. Wertvorschriften **§ 60 GKG**

Gerichtliche Verfahren nach dem Strafvollzugsgesetz, auch in Verbindung mit § 92 des Jugendgerichtsgesetzes

60 Für die Bestimmung des Werts in gerichtlichen Verfahren nach dem Strafvollzugsgesetz, auch in Verbindung mit § 92 des Jugendgerichtsgesetzes, ist § 52 Abs. 1 bis 3 entsprechend anzuwenden; im Verfahren über den Antrag auf Aussetzung des Vollzugs einer Maßnahme der Vollzugsbehörde oder auf Erlass einer einstweiligen Anordnung gilt § 52 Abs. 1 und 2 entsprechend.

Vorbem. Fassg Art 4 Z 3 G v 13. 12. 07, BGBl 2894, in Kraft seit 1. 1. 08, Art 7 G, Übergangsrecht § 71 GKG.

1) Systematik. Das StVollzG regelt von der Planung über die Durchführung bis 1 zur Beendigung alle Stadien und alle Einzelfragen des Vollzugs einer Freiheitsstrafe oder einer freiheitsentziehenden Maßregel der Besserung und Sicherung. Gegen eine Maßnahme zur Regelung einer einzelnen Angelegenheit im Strafvollzug kann der Verurteilte eine gerichtliche Entscheidung beantragen. Er kann auch den Erlaß einer abgelehnten oder unterlassenen Maßnahme beantragen, §§ 109–115 StVollzG.

Für diese Entscheidungen ist diejenige Strafvollstreckungskammer des LG örtlich 2 *zuständig,* in deren Bezirk die Vollzugsbehörde ihren Sitz hat. Die Entscheidung erfolgt ohne eine mündliche Verhandlung durch einen Beschluß.

Gegen den Beschluß ist die *Rechtsbeschwerde* zulässig, soweit es notwendig ist, zur 3 Rechtsfortbildung oder zur Sicherung einer einheitlichen Rechtsprechung eine Nachprüfung zu ermöglichen, §§ 116–121 StVollzG. Für Rechtsbehelfe im Vollzug des Jugendarrests, der Jugendstrafe und der Unterbringung in einem psychiatrischen Krankenhaus oder einer Erziehungsanstalt gilt § 92 JGG. Sein V lautet:

JGG § 92. V Für die Kosten des Verfahrens gilt § 121 des Strafvollzugsgesetzes mit der Maßgabe, dass entsprechend § 74 davon abgesehen werden kann, dem Jugendlichen Kosten und Auslagen aufzuerlegen.

2) Regelungszweck. Das Gericht muß in der das Verfahren abschließenden Ent- 4 scheidung eine Kostenentscheidung treffen, § 121 StVollzG, zum Teil in Verbindung mit § 92 JGG, §§ 464–473 StPO. Eine Prozeßkostenhilfe ist in entsprechender Anwendung der §§ 114 ff ZPO möglich, § 120 II StVollzG.

3) Geltungsbereich. Die Vorschrift meint ein gerichtliches Verfahren nach den 5 §§ 109–121 StVollzG, also einschließlich des Verfahrens über die Rechtsbeschwerde, Rn 3. § 60 regelt den Streitwert. Wegen einer Prozeßkostenhilfe Rn 4.

4) Verfahren. Eine Wertfestsetzung erfolgt von Amts wegen, § 65 S 1. Eine Än- 6 derung ist von Amts wegen statthaft, § 63 III 1. Das gilt jedoch nur innerhalb von 6 Monaten seit dem Eintritt der Rechtskraft der Entscheidung im Verfahren nach den §§ 109 ff StVollzG oder nach der Erledigung eines solchen Verfahrens, § 63 III 2.

Eine *Beschwerde* ist nur unter den Voraussetzungen des § 68 statthaft. Das Be- 7 schwerdeverfahren ist gebührenfrei, § 68 III 1. Es findet keine Kostenerstattung statt, § 68 III 2.

Vgl im übrigen § 10 JVKostO, Teil VIII A dieses Buchs.

5) Streitwert. Aus der Verweisung auf § 52 I–III ergibt sich: Grundsätzlich ist 8 für den Streitwert diejenige Bedeutung maßgeblich, die die Sache für den Gefangenen nach dem Antrag des Gefangenen oder der Vollzugsbehörde nach § 111 I StVollzG hat oder die sie im Verfahren vor dem OLG oder dem BGH nach dem Antrag zur Aufsichtsbehörde hat, der Landesjustizverwaltung, §§ 111 II, 151 StVollzG.

Bei einer *bezifferten* Geldleistung oder deren Abwehr oder einer hierauf gerichteten Verwaltung ist deren Höhe maßgeblich. Aus der Verweisung auf § 114 II StVollzG ergibt sich: Bei einer Aussetzung des Vollzugs oder einer einstweiligen Anordnung bestimmt sich der Wert nach § 52 I, II.

Soweit keine anderen genügenden Anhaltspunkte vorliegen, muß man *von 5000 EUR ausgehen,* § 52 II. Das Gericht darf und muß diesen Auffangwert evtl berichtigen, § 63. Stets übt das Gericht bei der Festsetzung des Streitwerts ein pflichtgemäßes Ermessen aus, § 52 I.

305

GKG §§ 60, 61 I. A. Gerichtskostengesetz

9 **6) Gebührenhöhe.** KV 3810–3821 regeln die Höhe der Gebühren des Gerichts. VV 3100 ff, 4200 ff, Teil X dieses Buchs, regeln die Höhe der Gebühren des Anwalts.

Unterabschnitt 3. Wertfestsetzung

Angabe des Werts

61 [1] Bei jedem Antrag ist der Streitwert, sofern dieser nicht in einer bestimmten Geldsumme besteht, kein fester Wert bestimmt ist oder sich nicht aus früheren Anträgen ergibt, und nach Aufforderung auch der Wert eines Teils des Streitgegenstands schriftlich oder zu Protokoll der Geschäftsstelle anzugeben. [2] Die Angabe kann jederzeit berichtigt werden.

Vorbem. S 1 geändert durch Art 14 I Z 8 JKomG v 22. 3. 05, BGBl 837, in Kraft seit 1. 4. 05, Art 16 I JKomG, Übergangsrecht § 71 GKG.

Gliederung

1) Systematik S 1, 2	1
2) Regelungszweck, S 1, 2	2
3) Geltungsbereich, S 1, 2	3
4) Notwendigkeit einer Wertangabe, S 1, 2	4
5) Entbehrlichkeit einer Wertangabe, S 1, 2	5–8
A. Bestimmte Summe	5
B. Bestimmter Wert	6
C. Ergänzungsantrag	7
D. Festwert, Festgebühr	8
6) Verfahren, S 1, 2	9, 10
7) Verstoß, S 1, 2	11
8) Berichtigung, S 1, 2	12

1 **1) Systematik, S 1, 2.** § 61 erweitert § 253 III ZPO auf alle Anträge in einem selbständigen Verfahren, das § 1 nennt und das eine Gebührenpflicht herbeiführen kann.

2 **2) Regelungszweck, S 1, 2.** Die Vorschrift dient der Prozeßförderung und Prozeßwirtschaftlichkeit, BLAH Grdz 12, 14 vor § 128 ZPO.

3 **3) Geltungsbereich, S 1, 2.** Die Vorschrift gilt im Gesamtbereich des GKG, § 1. Sie gilt also auch im Verfahren vor den Arbeits-, Finanz-, Sozial- und Verwaltungsgerichten.

4 **4) Notwendigkeit einer Wertangabe, S 1, 2.** Eine Wertangabe ist bei jedem Antrag notwendig, der ein gebührenpflichtiges Verfahren einleitet, also zB: Bei einer Klage ähnlich wie bei § 253 III Hs 1 ZPO; bei einer Klagerweiterung; bei einer Widerklage; bei einem Rechtsmittel oder der zugehörigen Anschlußerklärung; beim Antrag auf ein selbständiges Beweisverfahren; bei der Ablehnung eines Richters oder Sachverständigen; bei einem Antrag auf den Erlaß eines Arrests oder einer einstweiligen Verfügung; bei einem Antrag auf die Durchführung einer Vollstreckungsmaßnahme durch das Gericht; beim Antrag auf die Abnahme einer eidesstattlichen Versicherung; bei einem Antrag auf eine in das Ermessen des Gerichts gestellte Handlung, Mü JB **76**, 1359.

Die Angabe des Werts eines *größenmäßigen Teils* eines Antrags ist nur dann erforderlich, wenn das Gericht den Antragsteller dazu auffordert, etwa bei § 37.

5 **5) Entbehrlichkeit einer Wertangabe, S 1, 2.** Eine Wertangabe ist dann entbehrlich, wenn einer der folgenden Fälle vorliegt.

A. Bestimmte Summe. Die Wertangabe ist dann nicht erforderlich, wenn der Antrag auf eine bestimmte Summe lautet. Das ist auch dann so, wenn es um eine Feststellungsklage nach § 256 ZPO usw oder um eine Vollstreckungsabwehrklage nach § 767 ZPO usw geht.

Es ist aber dann *nicht* so, wenn der Antrag auf eine bezifferte Summe in einer ausländischen Währung lautet. Denn es kommt darauf an, welchen Kurswert die auswärtige Währung im Entscheidungszeitpunkt haben wird. Das kann man beim Beginn des Verfahrens höchstens abschätzen. Daher muß man doch immer dann den Wert angeben, wenn eine Schätzung nötig wird oder wenn es um eine nichtvermögensrechtliche Forderung geht.

306

Abschnitt 7. Wertvorschriften §§ 61, 62 GKG

B. Bestimmter Wert. Die Wertangabe ist natürlich auch insoweit entbehrlich, als 6
schon und noch ein bestimmter Wert vorliegt, den das Gericht auf einen Antrag oder
von Amts wegen in gerade diesem Verfahren festgesetzt hatte.
C. Ergänzungsantrag. Eine Wertangabe ist schließlich entbehrlich, soweit der 7
Wert des jetzigen Antrags aus demjenigen eines früher gestellten Antrags deshalb hervorgeht, weil der Antragsteller ihn damals angegeben hatte.
D. Festwert, Festgebühr. Eine Wertangabe ist natürlich dann entbehrlich, wenn 8
das Gesetz selbst einen Festwert oder eine Festgebühr vorschreibt.

6) Verfahren, S 1, 2. Nur der Antragsteller muß einen Wert angeben. Der An- 9
tragsgegner braucht sich nicht von sich aus zu äußern. Er muß aber vor einer Wertfestsetzung eine Gelegenheit zur Äußerung erhalten, Art 103 I GG. Der Antrag ist
schriftlich, zum Protokoll des Urkundsbeamten der Geschäftsstelle oder durch ein
elektronisches Dokument zulässig. Daraus folgt, daß er auch in einem Verfahren mit
einem grundsätzlichen Anwaltszwang nicht diesem Anwaltszwang unterliegt, § 78 III
Hs 2 ZPO.
Die *Wertangabe* soll dem Gericht nur einen Anhalt für die Wertfestsetzung bieten. 10
Das Gericht kann die Wertangabe nicht erzwingen. Ein ProzBev muß allerdings eine
Anfrage des Gerichts nach dem Streitwert beantworten. Er darf und muß dazu eine
Rückfrage bei der Partei halten, statt den Streitwert einfach von sich aus zu schätzen.
Er sollte aber wegen § 167 ZPO den Wert möglichst bereits im Zeitpunkt der Einreichung des Antrags angeben. Er mag notgedrungen nur einen vorläufigen Wert angeben können, Naumb MDR **99**, 1093. Er darf evtl seine eigene Bewertung derjenigen des Auftraggebers hinzufügen. Er muß eine Anfrage des Gerichts zumindest
unverzüglich beantworten.
Der Antragsteller kann seine Wertangabe jederzeit *berichtigen,* S 2. Weder eine anfängliche Wertangabe des Antragstellers noch eine berichtigende solche Angabe bindet das Gericht. Selbst übereinstimmende Wertangaben aller Beteiligten binden weder den Urkundsbeamten der Geschäftsstelle noch den Richter.

7) Verstoß, S 1, 2. Soweit eine nach § 61 erforderliche Wertangabe trotz einer 11
Aufforderung des Gerichts und trotz einer ausreichenden Frist zur Nachreichung der
Angaben ohne eine Mitteilung ausreichender Entschuldigungsgründe unterbleibt
oder ersichtlich unvollständig oder gar falsch erfolgt, läuft der Antragsteller Gefahr,
daß das Gericht den Wert bei der dann von Amts wegen notwendigen Bewertung zu
hoch schätzt, Schlesw JB **99**, 595. Das gilt vor allem bei einer Abschätzung nach
§ 64. Dann kann auch ein Kostennachteil entstehen, etwa infolge der Einschaltung
eines dann unvermeidbaren Sachverständigen, § 64 S 2. Es kann auch eine Verzögerungsgebühr nach § 38 nötig werden. Freilich sind gegen eine derartige Wertfestsetzung die Rechtsmittel des § 68 zulässig. Dennoch bleibt es ratsam, die Wertangabe
sorgfältig vorzunehmen und am besten auch nachvollziehbar zu begründen, BGH
RR **97**, 884, Köln JB **79**, 1474.

8) Berichtigung, S 1, 2. Eine Berichtigung erst nach einer förmlichen Festset- 12
zung des Streitwerts läßt sich als ein Antrag auf eine Änderung nach § 63 III oder als
eine Beschwerde nach § 68 I umdeuten, Kblz WRP **81**, 333.

Wertfestsetzung für die Zuständigkeit des Prozeßgerichts oder die Zulässigkeit des Rechtsmittels

62 ¹Ist der Streitwert für die Entscheidung über die Zuständigkeit des Prozeßgerichts oder die Zulässigkeit des Rechtsmittels festgesetzt, ist die Festsetzung auch für die Berechnung der Gebühren maßgebend, soweit die Wertvorschriften dieses Gesetzes nicht von den Wertvorschriften des Verfahrensrechts abweichen. ²Satz 1 gilt nicht in Verfahren vor den Gerichten für Arbeitssachen.

Gliederung

1) Systematik, S 1, 2	1
2) Regelungszweck, S 1, 2	2
3) Geltungsbereich, S 1, 2	3
4) Grundsatz: Möglichkeit abweichender Festsetzungen, S 1	4–9
A. Wirkliche Entscheidung	5, 6

GKG § 62   I. A. Gerichtskostengesetz

B. Ursächlichkeit für Zuständigkeit usw 7
C. Keine unterschiedlichen Zeitpunkte 8
D. Wirkung 9

1   **1) Systematik, S 1, 2.** Über die beiden verschiedenen Arten der Wertfestsetzung und ihre Bedeutung § 48 Anh I: Einf 1. In der Regel setzt das Gericht den Streitwert für die Entscheidung über die Zuständigkeit oder über die Zulässigkeit des Rechtsmittels in den Entscheidungsgründen des Urteils oder auch zB in der Begründung eines ein Rechtsmittel verwerfenden Beschlusses fest. Das Gericht kann die Festsetzung des Zuständigkeitswerts oder des Rechtsmittelwerts aber zwecks Rechtssicherheit und Prozeßwirtschaftlichkeit durch eine Vermeidung widersprüchlicher Entscheidungen auch in einem besonderen Beschluß vornehmen, BVerfG NJW **93**, 3130.
    Er erfordert zwar eine erkennbare nähere Prüfung, KG JB **80**, 1220. Diese kann aber sogar stillschweigend erfolgen, Köln JB **75**, 1354. Die Entscheidung ist grundsätzlich *nicht* selbständig *anfechtbar,* § 48 Anh: Einf 10, § 68 Rn 1, Stgt RR **05**, 942, insbesondere nicht zum Zweck der Erörterung der Rechtsmittelgrenze. Vielmehr ist ein solcher Beschluß grundsätzlich nur zusammen mit der Hauptscheidung anfechtbar, Kblz MDR **04**, 709.
    Eine Anfechtung ist aber zum Zweck der *Aufhebung einer unzulässigen Beschwerdeentscheidung* zulässig. Anfechtbar sind auch ein solcher Beschluß, der auf die Gebühren des Anwalts Auswirkungen hat, § 32 RVG Rn 19, Teil X dieses Buchs, Bre AnwBl **88**, 71, und ein solcher abändernder Beschluß, der nicht zum Zweck der Bestimmung der Zuständigkeit erfolgt, sondern zur Festsetzung des Kostenstreitwerts.

2   **2) Regelungszweck, S 1, 2.** Es soll durchweg sicher sein, daß die Gerichtsgebühren demselben Wert wie demjenigen der Hauptsache folgen. Das erlaubt eine weite Auslegung.

3   **3) Geltungsbereich, S 1, 2.** Die Vorschrift gilt im Gesamtbereich des GKG, mit Ausnahme der Gebührenermäßigung nach §§ 48–54 und des Verfahrens vor den Arbeitsgerichten, S 2, LAG Hamm AnwBl **80**, 74. Man muß also wie bisher zwischen dem Urteilsstreitwert nach § 61 I ArbGG und dem nach § 63 erfolgenden Gebührenstreitwert unterscheiden, Natter NZA **04**, 688.

4   **4) Grundsatz: Möglichkeit abweichender Festsetzungen, S 1.** Das Gericht darf den Kostenstreitwert abweichend von einem bereits festgesetzten Verfahrensstreitwert festsetzen, Mü MDR **88**, 973. Freilich muß es die Zuständigkeitsgrenze beachten, Mü MDR **88**, 973, Schneider MDR **92**, 218. Nur soweit eine besondere Festsetzung des Kostenstreitwerts vorliegt, ergibt sich: Eine Wertfestsetzung zur Zuständigkeit usw ist für die Gebührenberechnung unter den folgenden Voraussetzungen maßgebend.

5   **A. Wirkliche Entscheidung.** Es muß eine wirkliche Entscheidung zum Kostenstreitwert und nicht in Wahrheit nur zur Zulässigkeit vorliegen, KG VersR **80**, 873, Karlsr FamRZ **03**, 1848, Köln OLGR **02**, 154. Das ist dann so, wenn das Gericht entweder den Streitwert ziffernmäßig bestimmt oder die Zulässigkeit der Berufung oder Revision wegen der Erreichung des Streitwerts ausdrücklich bejaht hat.
    Es genügt nicht, daß das Gericht *aus anderen Gründen* oder ohne jede Begründung das Rechtsmittel für zulässig erklärt. In beiden Fällen besteht die Bindung nur insofern, als das Gericht die das Rechtsmittel begründende Mindestgrenze festgestellt hat, nicht im übrigen, § 48 Anh: Einf 1. Wenn das Gericht also die Zuständigkeit des LG oder die Zulässigkeit eines Rechtsmittels bejaht hat, muß es die Grenze überschreiten. Hat das Gericht die Zulässigkeit des Rechtsmittels verneint, darf es die Grenze nicht überschreiten. Wohl aber steht der anderweitigen Festsetzung innerhalb dieser Grenzen nichts im Weg.

6   Wenn das Gericht also im Urteil den Streitwert auf einen bestimmten Betrag festgesetzt hat, ist nur die *Zuständigkeitsbegrenzung* maßgebend, nicht der Betrag.

7   **B. Ursächlichkeit für Zuständigkeit usw.** Auf der Entscheidung über den Streitwert muß der Anspruch des Gerichts über die Zuständigkeit oder die Zulässigkeit des Rechtsmittels beruhen. Das gilt auch bei der Festsetzung einer notwendigen Beschwerdesumme.

Abschnitt 7. Wertvorschriften §§ 62, 63 GKG

C. Keine unterschiedlichen Zeitpunkte. Die Wertberechnung für die Kosten 8
muß nach denselben Grundsätzen geschehen wie diejenige nach § 62.
Es dürfen also für die Wertfestsetzung keine unterschiedlichen Zeitpunkte maßgeblich sein, wie sie
nach den §§ 41 ff möglich wären. Eine *Ausnahme* von der Regel des § 62 gilt ferner bei §§ 41 ff (Miet-, Unterhalts-,
Rentenanspruch, Stufenklage, Widerklage, Arrest, einstweilige Verfügung).

D. Wirkung. Eine Entscheidung nach § 62 wirkt nur für den ihr zugrunde gelegten 9
Streitgegenstand, also zB nicht auf eine Klagerweiterung oder -ermäßigung. Sie
wirkt nur für dieses Verfahren. Sie wirkt nur für diejenige Instanz, für die sie ergeht,
Schneider MDR **92**, 218. Eine Wertfestsetzung mit einer Wirkung für die nachgeordneten Instanzen ist anders als bei § 63 nicht statthaft. Trotzdem muß das untere
Gericht die erörterten Grenzen einhalten. Denn andernfalls würde es den ihn bindenden Ausspruch über die Zulässigkeit oder Unzulässigkeit des Rechtsmittels angreifen. Dementsprechend darf dasjenige AG, an das das LG die Sache verwiesen hat,
nicht über die Höchstsumme seiner Zuständigkeit hinaus festsetzen.

Wertfestsetzung für die Gerichtsgebühren

63 I ¹Sind Gebühren, die sich nach dem Streitwert richten, mit der Einreichung der Klage-, Antrags-, Einspruchs- oder Rechtsmittelschrift oder mit
der Abgabe der entsprechenden Erklärung zu Protokoll fällig, setzt das Gericht
sogleich den Wert ohne Anhörung der Parteien durch Beschluss vorläufig fest,
wenn Gegenstand des Verfahrens nicht eine bestimmte Geldsumme in Euro ist
oder gesetzlich kein fester Wert bestimmt ist. ²Einwendungen gegen die Höhe
des festgesetzten Werts können nur im Verfahren über die Beschwerde gegen
den Beschluss, durch den die Tätigkeit des Gerichts aufgrund dieses Gesetzes
von der vorherigen Zahlung von Kosten abhängig gemacht wird, geltend gemacht werden. ³Die Sätze 1 und 2 gelten nicht in Verfahren vor den Gerichten
der Finanzgerichtsbarkeit. ⁴Die Gebühren sind in diesen Verfahren vorläufig nach
dem in § 52 Abs. 4 bestimmten Mindestwert zu bemessen.

II ¹Soweit eine Entscheidung nach § 62 Satz 1 nicht ergeht oder nicht bindet,
setzt das Prozessgericht den Wert für die zu erhebenden Gebühren durch Beschluss fest, sobald eine Entscheidung über den gesamten Streitgegenstand ergeht
oder sich das Verfahren anderweitig erledigt. ²In Verfahren vor den Gerichten für
Arbeitssachen oder der Finanzgerichtsbarkeit gilt dies nur dann, wenn ein Beteiligter oder die Staatskasse die Festsetzung beantragt oder das Gericht sie für angemessen hält.

III ¹Die Festsetzung kann von dem Gericht, das sie getroffen hat, und, wenn
das Verfahren wegen der Hauptsache oder wegen der Entscheidung über den
Streitwert, den Kostenansatz oder die Kostenfestsetzung in der Rechtsmittelinstanz schwebt, von dem Rechtsmittelgericht von Amts wegen geändert werden. ²Die Änderung ist nur innerhalb von sechs Monaten zulässig, nachdem die
Entscheidung in der Hauptsache Rechtskraft erlangt oder das Verfahren sich
anderweitig erledigt hat.

Vorbem. I 4 berichtigt dch Art 11 Z 3 G v 9. 12. 04, BGBl 3220, in Kraft seit 1. 1. 05,
Art 22 S 2 G, Übergangsrecht §§ 71, 72 GKG.

Gliederung

1) Systematik, Regelungszweck, I–III	1–4
A. Wertarten	1
B. Verhältnis zum formlosen Kostenansatz	2
C. Keine Richterpflicht bei bestimmtem Betrag	3, 4
2) Geltungsbereich, I–III	5
3) Vorläufige Wertfestsetzung, I–III	6–15
A. Zweck: Erleichterung der Kostenberechnung usw	6
B. Voraussetzung: Sogleich Fälligkeit	7
C. Weitere Voraussetzung: Wertabhängigkeit	8
D. Weitere Voraussetzungen: Keine bestimmte Euro-Forderung, keine gesetzliche Wertbestimmung	9
E. Zeitpunkt: Klageingang usw	10
F. Keine Anhörung	11, 12

309

GKG § 63   I. A. Gerichtskostengesetz

G. Beschluß 13
H. Kein Rechtsmittel 14
I. Änderung der vorläufigen Wertfestsetzung 15
4) **Endgültige Wertfestsetzung, II** 16–19
   A. Keine Bindung nach § 62 16
   B. Entscheidung über gesamten Streitgegenstand 17
   C. Anderweitige Erledigung 18
   D. Antrag 19
5) **Verfahren, II** 20–37
   A. Festsetzung von Amts wegen 20
   B. Form 21
   C. Zuständigkeit 22, 23
   D. Anhörungspflicht 24
   E. Rechtsschutzbedürfnis 25
   F. Beschluß 26
   G. Kein Zwang zur Erwähnung einer vorläufigen Festsetzung 27
   H. Notwendigkeit einer Begründung 28
   I. Entbehrlichkeit einer Begründung 29, 30
   J. Kosten 31
   K. Mitteilung 32
   L. Wirkung 33, 34
   M. Instanzfragen 35–37
6) **Änderung der endgültigen Wertfestsetzung, III** 38–41
   A. Zulässigkeit, Notwendigkeit 38
   B. Kein Antragszwang 39
   C. Auswirkung auf die Kostenentscheidung 40, 41
7) **Voraussetzungen im einzelnen, III** 42–56
   A. Änderung durch das Gericht der Instanz, III 1 Hs 1 43
   B. Noch keine Festsetzung durch das höhere Gericht 44
   C. Änderung der Verhältnisse 45, 46
   D. Änderung durch das Rechtsmittelgericht, III 1 Hs 2 47–51
   E. Zeitliche Grenzen, III 2 52
   F. Fristbeginn mit Rechtskraft, II 2 Hs 1 53
   G. Fristbeginn mit Erledigung, II 2 Hs 2 .... 54, 55
   H. Verstoß, III 1, 2 56
8) **Beschwerde, I–III** 57

1   **1) Systematik, Regelungszweck, I–III.** Man sollte zwei Aspekte beachten.
A. Wertarten. Es gibt mehrere Wertarten: Den Zuständigkeitswert; den Beschwerdewert; den Kostenwert. Über ihr Verhältnis zueinander § 48 Anh: Einf 1–4. Wegen der Festsetzung des Zuständigkeits- auch des Beschwerdewerts vgl den insoweit vorrangigen § 62, Schneider JB **94**, 823. Für die Festsetzung des Kostenstreitwerts muß man § 63 beachten.
Die Vorschrift dient der Rechtssicherheit, Nürnb RR **99**, 654. Sie dient aber auch der Prozeßwirtschaftlichkeit, BLAH Einl I 43, Grdz 14 vor § 128 ZPO. Sie zwingt oft zu einer *vorläufigen* Festsetzung nach I und meist zu einer *endgültigen* nach II. Beide müssen grundsätzlich von Amts wegen erfolgen. Die erstere ist nur sehr begrenzt anfechtbar, I 2 in Verbindung mit § 67. Die letztere ist eher anfechtbar, § 68. Beide Festsetzungsarten dienen der leichteren Bearbeitung der Kostenfragen beim Gericht wie bei den übrigen Prozeßbeteiligten. Das muß man bei der Auslegung stets mitbeachten.

2   **B. Verhältnis zum formlosen Kostenansatz.** Zu einer formlosen vorläufigen Annahme oder Schätzung des Kostenstreitwerts ist bei einer bestimmten Geldforderung in EUR stets der Urkundsbeamte der Geschäftsstelle als das zum Kostenansatz, zur Kostenberechnung berufene Organ zuständig. Er ist im Rahmen des eigenen pflichtgemäßen Ermessens berechtigt und verpflichtet, einen Kostenstreitwert anzunehmen, nach ihm die Kosten zu berechnen und den Kostenschuldner festzustellen, §§ 4 I, 5 I KostVfg, Teil VII A dieses Buchs. Dabei binden den Urkundsbeamten das Gesetz und die Verwaltungsanordnungen, insbesondere die KostVfg. Angaben der Parteien binden ihn nicht, auch nicht übereinstimmende Angaben.

3   **C. Keine Richterpflicht bei bestimmtem Betrag.** Der Urkundsbeamte kann zwar bei einer Forderung auf eine bestimmte Geldsumme in EUR die Akten dem Richter mit der Bitte um eine Festsetzung des Kostenstreitwerts von Amts wegen vorlegen. Er kann den Richter aber auf diesem Weg jedenfalls nicht zu einer vorläu-

Abschnitt 7. Wertvorschriften § 63 GKG

figen Festsetzung nach I 1 zwingen. Wenn der Richter die Akten mit der Bemerkung zurückgibt, der Kostenbeamte möge den Kostenstreitwert in seiner eigenen Zuständigkeit ansetzen, muß der Kostenbeamte die Kosten in der eigenen Zuständigkeit ansetzen.

Er kann den Richter zu einer vorläufigen Festsetzung des Kostenstreitwerts von 4 Amts wegen auch *nicht* dadurch zwingen, daß der Urkundsbeamte einen *Antrag* einer Partei, eines Beteiligten oder der Staatskasse anregt. Denn für eine vorläufige Wertfestsetzung besteht bei einer bestimmten Geldsumme kein Rechtsschutzbedürfnis. Es besteht ebensowenig dann, wenn das Gesetz selbst einen bestimmten Wert festlegt, sei es auch nur als der Regelwert, solange kein Anlaß zur Abweichung von ihm besteht. Das folgt im Umkehrschluß aus I 1 letzter Hs.

2) Geltungsbereich, I–III. § 63 gilt im Gesamtbereich des § 1 GKG mit Aus- 5 nahme von I 1, 2. Sie gelten nicht vor den Finanzgerichten, I 3. Dort gilt vielmehr I 4 in Verbindung mit § 52 IV (Mindestwert von 1000 EUR). Im Verfahren vor den Arbeitsgerichten ist die von Amts wegen in den Tenor oder in die Entscheidungsgründe des Urteils gehörende Wertfestsetzung nach § 61 I ArbGG unabhängig von diesem für das Rechtsmittelverfahren der Hauptsache grundsätzlich unanfechtbaren und bindenden Urteilsstreitwert doch jedenfalls für den Kostenstreitwert nicht bindend, soweit Bedenken gegen die Richtigkeit des Urteilsstreitwerts bestehen, § 48 GKG Anh: Einf 16.

§ 63 ist *auch im übrigen* voll anwendbar, auch im Mahnverfahren, aM LAG Augsb JB **99**, 532 (aber die Vorschrift gilt im Gesamtbereich des § 1). Freilich erfolgt dort eine endgültige Wertfestsetzung nur unter der Voraussetzungen II 2. Ein Wertfestsetzungsanhang ist während der Instanz jederzeit zulässig, LAG Hamm DB **82**, 1470. Vgl ferner § 48 Anh: Einf 16.

3) Vorläufige Wertfestsetzung, I. Es empfehlen sich die folgenden Prüfschritte. 6
A. Zweck: Erleichterung der Kostenberechnung usw. Soweit § 6 eine Anfangsfälligkeit begründet, kann der Kostenbeamte ihre Höhe nur dann ohne weiteres ermitteln, wenn das KV eine Festgebühr nennt. Andernfalls braucht er zunächst einen Wertansatz. Soweit es sich um eine Klageforderung auf eine bestimmte Geldsumme in EUR oder um einen gesetzlich bestimmten (Regel-)Wert handelt, kann er aus ihr den Wert mühelos ableiten. Soweit eine andere Klageforderung vorliegt, müßte der Kostenbeamte die ja oft genug selbst für den Fachjuristen außerordentlich komplizierten Regeln zur Streitwertermittlung beherrschen. Damit wäre er zeitlich stark belastet und fachlich oft überfordert.

Auch der Richter kann solche Probleme haben. I mutet ihre Bewältigung dem Richter gleichwohl mit Recht eher zu als dem Kostenbeamten. Von Anfang an soll ein vorläufig festgesetzter Wert allen Beteiligten eine *brauchbare Berechnungsgrundlage* geben. Das Gesetz nimmt die damit verbundene Verlagerung der Arbeit auf den Richter in Kauf.

B. Voraussetzung: Sogleich Fälligkeit. Erste Voraussetzung einer vorläufigen 7 Festsetzung ist eine Fälligkeit sogleich beim Verfahrensbeginn, § 6 I Z 1–4, also nicht mehr eine Vorauszahlungspflicht. Ohne eine solche Fälligkeit gibt es keinen Anlaß zu einer vorläufigen Festsetzung, wohl aber evtl einen solchen zur endgültigen nach II. Das gilt zB beim Eilverfahren. Daran ändert auch ein verständliches wirtschaftliches Interesse an einer Risikoverringerung grundsätzlich nichts.

C. Weitere Voraussetzung: Wertabhängigkeit. Weitere Voraussetzung einer 8 vorläufigen Festsetzung ist, daß die in Betracht kommende Gebühr nach dem KV überhaupt von einem Kostenstreitwert abhängt. Das ist nicht so, soweit das KV eine Festgebühr nennt oder soweit das GKG selbst einen (Regel-)Wert angibt oder gar keine Gebühr fordert, Karlsr MDR **09**, 587. Soweit beide Gebührenarten zusammentreffen, ist eine vorläufige Festsetzung des gesamten Kostenstreitwerts erforderlich, um dem Kostenbeamten die nach dem Regelungszweck gemäß Rn 6 erstrebte Erleichterung zu verschaffen.

D. Weitere Voraussetzungen: Keine bestimmte Euro-Forderung, keine ge- 9 **setzliche Wertbestimmung.** Weitere Voraussetzung einer vorläufigen Festsetzung ist, daß Gegenstand des Verfahrens, also Streitgegenstand nach BLAH § 2 ZPO Rn 4 ff, zumindest auch eine nicht bestimmte Geldsumme in EUR ist und daß auch kein ge-

GKG § 63 I. A. Gerichtskostengesetz

setzlich bestimmter (Regel-)Wert vorliegt, OVG Magdeb NJW **09**, 3115. Dem Regelungszweck nach Rn 6 entsprechend muß man den Kreis der vorläufig festsetzbaren Streitgegenstände weit ziehen. Hierher gehört daher auch das Zusammentreffen einer bestimmten Euro-Forderung und einer anderen Forderung, zB eine Zahlungs- und eine Räumungsklage. Dann muß das Gericht also *insgesamt* vorläufig festsetzen. Eine in fremder Währung bezifferte Summe kommt ebenso in Betracht wie etwa eine Forderung „über einen Diskontsatz hinaus" oder eine an einen Lebenskostenindex anknüpfende Forderung. Natürlich gehören hierher auch zB: Eine Forderung auf einen in das Ermessen des Gerichts gestellten Euro-Betrag, etwa auf ein derartiges Schmerzensgeld, Kblz RR **00**, 71, oder eine Forderung auf eine Herausgabe, auf eine Räumung, auf die Abgabe einer Willenserklärung, auf die Vornahme oder Unterlassung einer Handlung, auf eine Mitwirkung usw.

10   E. **Zeitpunkt: Klageingang usw.** Beim Zusammentreffen der Voraussetzungen Rn 6–9 setzt das Gericht den Wert von Amts wegen vorläufig fest, sobald der das Verfahren dieser Instanz einleitende Schriftsatz beim Gericht vorliegt. Das ist der Zeitpunkt der Instanzanhängigkeit, BLAH § 261 ZPO Rn 1, grundsätzlich also in erster Instanz nicht erst derjenige der Rechtshängigkeit. Natürlich legt die Posteingangsstelle den Eingang zunächst der Geschäftsstelle vor. Sobald diese aber die Sache erstmalig dem Richter vorlegt, ist dieser zur etwa notwendigen vorläufigen Wertfestsetzung von Amts wegen unverzüglich verpflichtet.

Das alles gilt evtl nochmals, sobald ein der vorläufigen Festsetzung bedürftiger *Gegenantrag* eingeht, also etwa eine Widerklage, oder soweit zu einer bereits im Wert vorläufig festgesetzten Klageforderung eine in EUR bezifferte oder nicht so bezifferte Gegenforderung usw hinzutritt. Soweit der Kläger oder Antragsteller dergleichen im Verhandlungstermin einreicht oder zum Protokoll erklärt, entsteht eine Pflicht zur vorläufigen Festsetzung sogleich.

Ein *Antrag* auf eine vorläufige Festsetzung ist bei einer Pflicht zur Festsetzung von Amts wegen eine Anregung, sonst aber ein vollgültiger entscheidungsbedürftiger Antrag.

11   F. **Keine Anhörung.** Nach dem klaren Wortlaut von I 1 erfolgt eine vorläufige Wertfestsetzung im Gegensatz zur endgültigen nach Rn 4 *ohne* eine Anhörung der Parteien. Das ist kein Verstoß gegen Artt 2 I, 20 III GG (Rpfl), BVerfG **101**, 404, Art 103 I GG (Richter). Denn es handelt sich nur um die vorläufige Festsetzung. Sie hat auf die endgültige Kostenpflicht nur einen indirekten Einfluß. Das Gesetz kennt ohnehin an so mancher Stelle Entscheidungen ohne eine vorherige Anhörung des Betroffenen, etwa beim Arrest oder bei der einstweiligen Verfügung, ohne daß dergleichen gleich einen Verfassungsverstoß bedeutet.

12   Die Anhörung ist *nicht einmal stets erlaubt*. Soweit sich die Notwendigkeit einer vorläufigen Festsetzung erst im Verhandlungstermin ergibt, ist natürlich eine Anhörung schon wegen ihrer praktischen Unvermeidbarkeit erforderlich. Der Richter darf sie aber nicht etwa durch eine Fristsetzung vornehmen und damit Zeit verlieren, es sei denn, er müßte wegen einer Unklarheit nach § 61 rückfragen.

13   G. **Beschluß.** Die vorläufige Wertfestsetzung erfolgt durch einen Beschluß des Gerichts, nicht nur des Vorsitzenden. Das Gericht muß ihn den Parteien unverzüglich mitteilen, zB dem Bekl zusammen mit der Zustellung der Klageschrift, oder es muß ihn verkünden. Das Gericht muß seinen Beschluß wegen der wenn auch nur indirekten Anfechtbarkeit nach I 2 in Verbindung mit § 67, Rn 14, wenigstens stichwortartig begründen, BLAH § 329 ZPO Rn 4, BVerfG **58**, 357, Jena FamRZ **01**, 780. Die Nichtbehandlung eines wesentlichen Tatsachenvortrags läßt schon hier auf seine Nichtbeachtung schließen, BVerfG **86**, 146. Eine formlose Übersendung genügt. Denn es kommt kein befristetes Rechtsmittel in Betracht, Rn 14.

14   H. **Kein Rechtsmittel.** Gegen die vorläufige Wertfestsetzung nach I 1 kann man Einwendungen zur Höhe nach dem klaren Wortlaut von I 2 nur im Verfahren nach (jetzt) § 67 geltend machen, Hamm FamRZ **05**, 1767. KG RR **04**, 864, VGH Mannh NVwZ-RR **06**, 855. Eine Beschwerde darüber hinaus ist also unzulässig, Brdb FamRZ **08**, 1208, Düss MDR **08**, 1120, OVG Bautzen NVwZ-RR **09**, 744, aM Schneider MDR **00**, 381 (aber der Wortlaut läßt eine solche Auslegung nicht zu und ergibt auch keine Beschränkung auf das Verhältnis zwischen dem Gericht [Staatskasse] und der Partei, für die ja der Anwalt regelmäßig auch handelt). Das entspricht dem Regelungszweck, Rn 6. Anfechtbar ist erst die endgültige Wertfestsetzung nach II. Das ergibt sich aus § 68 I 1.

I. Änderung der vorläufigen Wertfestsetzung. Eine Änderung der ja ohnehin nur vorläufigen Wertfestsetzung kommt dann in Betracht, wenn sich der Gesamt-Kostenstreitwert infolge einer Änderung des Gesamt-Streitgegenstands ändert, Rn 10. Im übrigen kann natürlich auch die endgültige Wertfestsetzung nach II zu einer anderen Bewertung führen. Das ist aber keine Änderung der vorläufigen Wertfestsetzung, sondern eine Vornahme der endgültigen.

Eine *förmliche Erwähnung* der vorläufigen Festsetzung bei der endgültigen ist freilich zur Vermeidung von Mißverständnissen ratsam, etwa dahin, daß die endgültige Festsetzung in „Übereinstimmung" oder „Änderung" der vorläufigen erfolge. Es ist aber keine förmliche Aufhebung oder Abänderung der vorläufigen Festsetzung nötig, wenn die endgültige ergeht. Eine Formulierung, die vorläufige Festsetzung werde bei der endgültigen „aufrechterhalten", mag zulässig sein. Zwingend ist sie nicht. Mit der endgültigen Festsetzung verliert die vorläufige kraft Gesetzes ihre Wirkung, wenn natürlich auch nicht in dem Sinn rückwirkend, daß die auf Grund der vorläufigen Festsetzung erfolgten Maßnahmen stets gesetzeswidrig gewesen wären und eine Amtshaftung auslösen könnten. Letzteres ist vielmehr eine Fallfrage.

4) Endgültige Wertfestsetzung, II, dazu *Bader* NZA-RR **05**, 346 (Üb in Hessen): Eine endgültige Wertfestsetzung nach II 1 erfolgt nur für die Gerichtsgebühren, Rostock JB **09**, 540. Das stellt der Wortlaut des Gesetzes klar. Sie erfolgt also nicht für die Zuständigkeit oder für die diesbezügliche Rechtsmittelfähigkeit. Sie ist nur dann notwendig, wenn eine Wertabhängigkeit wie bei Rn 8 vorliegt. Denn I 1 gilt insofern natürlich auch für II. Eine endgültige Wertfestsetzung ist also nur dann zulässig und notwendig, wenn die folgenden Voraussetzungen vorliegen.

A. Keine Bindung nach § 62. Es darf keine Entscheidung nach § 62 S 1 vorliegen oder nach § 62 S 2 binden. Ob eine solche Bindungswirkung vorliegt, ergibt sich aus § 62 Rn 4 ff.

B. Entscheidung über gesamten Streitgegenstand. Es reicht aus, daß eine solche Entscheidung vorliegt oder gleichzeitig erfolgen darf und muß, die den gesamten evtl restlichen Streitgegenstand erfaßt, BayObLG BB **00**, 1155, Brdb JB **97**, 394 (Stufenklage). Die Art und Form der Entscheidung ist unerheblich. Die Entscheidung mag auch nur eine bereits kraft Gesetzes eingetretene Rechtsfolge bestätigen, etwa der Kostenanspruch nach einer wirksamen Klagerücknahme, § 269 III 2, IV ZPO.

Ausreichend ist zB ein Vorbehaltsurteil. Denn es beendet den Streit zunächst. *Unzulässig* ist eine solche wie immer geartete Entscheidung, die den evtl restlichen Streitgegenstand noch nicht vollständig erfaßt, OVG Magdeb NJW **09**, 3115. Das gilt zB im Grund- oder Teilurteil oder bei einseitigen Teilerledigung, Mü JB **96**, 368, oder bei einer Aussetzung oder Unterbrechung, BGH NJW **00**, 1199.

C. Anderweitige Erledigung. Es reicht auch aus, daß sich das gesamte evtl restliche Verfahren auf eine andere Weise als durch eine Entscheidung nach Rn 17 erledigt hat. Hierher gehören zB: Nach einem selbständigen Beweisverfahren die Beendigung des Hauptprozesses, Naumb MDR **99**, 1093; eine Erledigung nach § 118 I 3 ZPO, Nürnb MDR **03**, 835; ein widerrufsfreier Prozeßvergleich, LAG Nürnb JB **09**, 196; beiderseitige wirksame Erledigterklärungen; ein nicht mehr unter einem Widerrufsvorbehalt stehender Prozeßvergleich; aus praktischen Gründen auch eine Aussetzung und das Ruhen des Verfahrens, denn irgendwann muß man es dort kostenrechtlich mitbeenden; eine wirksame vollständige Klagerücknahme, Rostock MDR **95**, 212, auch wenn der Bekl keinen Antrag nach § 269 III, IV ZPO stellt.

D. Antrag. Ein Antrag ist nur im Verfahren vor den *Arbeits- oder Finanzgerichten* und auch dort nur insoweit erforderlich, als das Gericht eine Festsetzung nicht für angemessen erachtet, Rn 20. Da man nicht stets wissen kann, ob das Gericht im Rahmen seines pflichtgemäßen Ermessens eine solche Festsetzung von Amts wegen vornehmen wird, empfiehlt sich ein Antrag vor den Arbeits- oder Finanzgerichten jedenfalls, solange unklar ist, ob eine Festsetzung von Amts wegen erfolgen wird. Ein

GKG § 63 I. A. Gerichtskostengesetz

Antrag vor den Arbeits- oder Finanzgerichten zwingt zur unverzüglichen Vornahme einer Festsetzung in der vom Gericht als richtig ermittelten Höhe, also nicht etwa auch in einer Bindung an den Vorschlag des Antragstellers zur Höhe. In allen *anderen* Gerichtsbarkeiten gilt: Obwohl das Antragserfordernis fehlt, kann ein Antrag zumindest als eine Anregung zur Überprüfung dienen, ob die Voraussetzungen einer endgültigen Wertfestsetzung vorliegen. Den Antrag darf jede Partei stellen. Zum Antrag ist auch jeder am Verfahren beteiligte Anwalt berechtigt, § 32 II RVG, Teil X dieses Buchs. Eine Erinnerung nach § 66 läßt sich evtl als ein Antrag nach § 63 auslegen, Bbg JB **76**, 185, Ffm JB **79**, 601. Eine Antragsfrist besteht nach § 32 II 1 RVG nicht.

Den Antrag darf ferner die *Staatskasse* stellen. Das stellt für das arbeits- und das finanzgerichtliche Verfahren II 2 zusätzlich klar. Sie wird durch den zuständigen Bezirksrevisor tätig. Der Urkundsbeamte der Geschäftsstelle kann eine Festsetzung nur anregen. Er hat aber kein eigenes Antragsrecht, Rn 4. Er ist auch nicht ohne weiteres der Vertreter der Staatskasse. Er hat daher auch keinen Rechtsbehelf gegen die Ablehnung oder gegen die angeblich unrichtige Festsetzung.

Schließlich darf den Antrag *jeder weitere* am Verfahren Beteiligte stellen. Das stellt für das arbeits- und finanzgerichtliche Verfahren II 2 zusätzlich klar.

20 5) **Verfahren, II.** Es empfehlen sich die folgenden Prüfschritte.

A. **Festsetzung von Amts wegen.** Soweit und sobald die Voraussetzungen Rn 16–18 vorliegen, muß das Gericht den endgültigen Wert von Amts wegen im arbeits- oder finanzgerichtlichen Verfahren insoweit festsetzen, als es die Festsetzung pflichtgemäß für angemessen hält, Rn 19. Das mag zB bei tatsächlichen oder rechtlichen Schwierigkeiten erforderlich sein, Natter NZA **04**, 688. So mag es etwa beim Auseinanderfallen des Urteils- und des Gebührenstreitwerts oft liegen, Natter NZA **04**, 688, oder beim Wechsel des Streitwerts im Lauf des Verfahrens. In allen anderen Verfahrensarten ist es dazu stets berechtigt und verpflichtet, OVG Münst NVwZ-RR **99**, 402. Es besteht also in den letzten Verfahrensarten ab einer pflichtgemäßen Erkenntnis der Angemessenheit einer Wertfestsetzung zwar ein Ermessen zum Wie (hoch), aber nicht ein Ermessen zum Ob. Die unverzügliche endgültige Festsetzung ist eine Amtspflicht.

Die *Sommersachenregelung* des § 227 III ZPO ist unanwendbar. Vorstellungen oder Wünsche der Parteien binden das Gericht im Rahmen der Festsetzung von Amts wegen nicht, Brdb MDR **97**, 106. Eine Festsetzung von Amts wegen ist auch nicht etwa davon abhängig, daß der Richter dem Urkundsbeamten der Geschäftsstelle eine richtige Festsetzung des Kostenstreitwerts nicht zumuten könnte oder nicht zutrauen möchte oder daß der Urkundsbeamte bereits einen offenbar unrichtigen Wert angenommen hätte. Maßgebender Bewertungszeitpunkt ist der Schluß der mündlichen Verhandlung oder der ihm gleichstehende Zeitpunkt, Bbg JB **80**, 1865.

Teile des Streitgegenstands oder ein einzelner Prozeßabschnitt lassen ebenfalls eine endgültige Wertfestsetzung unter der Voraussetzung der endgültigen diesbezüglichen Entscheidung in dieser Instanz zu.

21 B. **Form.** Ein etwaiger nach II 2 notwendiger, in den übrigen Fällen wegen Rn 20 freiwilliger, aber nicht erforderlicher Antrag auf die endgültige Festsetzung des Kostenstreitwerts ist schriftlich oder elektronisch nach § 5a ZPO oder zum Protokoll des Urkundsbeamten der Geschäftsstelle zulässig. Er unterliegt also keinem Anwaltszwang, § 78 III Hs 2 ZPO.

22 C. **Zuständigkeit.** Zunächst ist der Urkundsbeamte der Geschäftsstelle zur Annahme eines Werts zuständig, Rn 2–4. Er nimmt aber keine förmliche vorläufige oder gar eine endgültige Wertfestsetzung vor. Zur letzteren ist nur der Richter oder Rpfl zuständig.

Zur förmlichen Festsetzung des Kostenstreitwerts ist das *Prozeßgericht* zuständig, und zwar dasjenige der jeweiligen Instanz, für die die Festsetzung erfolgen soll, BGH Rpfleger **87**, 38, Hamm JB **80**, 238, KG VersR **81**, 151. Für die höhere Instanz ist also das Rechtsmittelgericht zuständig. Der Vorsitzende der Kammer für Handelssachen ist zu einer Wertfestsetzung ohne die Mitwirkung der Handelsrichter befugt, § 349 II Z 11 ZPO. Es ist unerheblich, ob die Instanz bereits beendet ist. Der Einzelrichter entscheidet, soweit er die Sache beendet oder soweit seine Entscheidung zweckmäßig ist, etwa

Abschnitt 7. Wertvorschriften § 63 GKG

vor oder bei einem Prozeßvergleich, aM OVG Bautzen NVwZ-RR 09, 744 (nicht nach einem Vergleich vor dem Kollegium). Auch das *Arrest- oder das Vollstreckungsgericht* kann zuständig sein. Beim selbständigen Beweisverfahren ist dasjenige Gericht zuständig, das das Verfahren durchgeführt hat, und nicht dasjenige der späteren bloßen Auswertung, Hamm NJW **76**, 116. Nach einer Verweisung setzt das jetzige Gericht auch für das verweisende fest, freilich nur innerhalb derselben Instanz, Köln DGVZ **86**, 151, LAG Erfurt MDR **01**, 538, oder durch eine Änderung im Beschwerdeverfahren, Rn 36. In der Zwangsvollstreckung ist das Vollstreckungsgericht zuständig. Auch ein Schiedsgericht kann nach der Schiedsvereinbarung zuständig sein.

Soweit der *Rechtspfleger* das Geschäft bearbeitet, nimmt er die endgültige Festsetzung 23 des Kostenstreitwerts in seiner eigenen Zuständigkeit vor, § 4 I RPflG, § 31 KostO Rn 11, Teil III dieses Buchs.

D. Anhörungspflicht. Das Gericht nimmt die endgültige Wertfestsetzung anders 24 als die vorläufige des I 1 nach Rn 11 erst *nach* einer Anhörung der Beteiligten vor, Artt 2 I, 20 III GG (Rpfl), BVerfG **101**, 404, Art 103 I GG (Richter), LAG Ffm JB **99**, 306. Beteiligt ist auch der Streithelfer, Mü RR **98**, 420. Erörterungsbedürftig ist jeder entscheidungsbedürftige Umstand, KG NJW **75**, 743 (evtl aber zB keine vertraulichen Zahlen). Das Gericht kann über den Kostenstreitwert mündlich verhandeln. Es ist zur mündlichen Verhandlung aber nicht verpflichtet. Das gilt auch dann, wenn ein Antragsteller eine mündliche Verhandlung beantragt hat. In einer Verhandlung besteht kein Anwaltszwang.

E. Rechtsschutzbedürfnis. Im Zeitpunkt der Entscheidung muß das Rechts- 25 schutzbedürfnis als eine Zulässigkeitsvoraussetzung einer jeden gerichtlichen Entscheidung vorliegen, BFH BStBl **88** II 289. Ein Rechtsschutzbedürfnis für eine Wertfestsetzung kann auch insoweit bestehen, als der Kostenbeamte schon nach Rn 2–4 einen Kostenansatz vorgenommen hat, BFH BB **78**, 1507. Es kann vor allem theoretisch auch insoweit bestehen, als man den Kostenstreitwert ohne irgendwelche Schwierigkeit errechnen kann, zB bei einer bezifferten Zahlungsklage.

Denn die endgültige Wertfestsetzung nach II ist nach dessen Wortlaut im Gegensatz zu der vorläufigen nach I 1 auch von Amts wegen notwendig, wenn es um eine bestimmte Geldsumme in EUR oder um einen gesetzlich bestimmten (Regel-)-Wert geht, um den endgültigen Kostenansatz usw zu erleichtern. Deshalb ist eine Beschränkung auf einen nicht bezifferten Teilanspruch formell unzulässig. Sie ist zumindest wenig hilfreich. Natürlich kann der Wert für den einen Verfahrensabschnitt anders als für den anderen lauten, etwa bei einer Beweisaufnahme.

Indessen führt eine strenge Anwendung dieses Wortlauts zu einer enormen zusätzlichen Entscheidungs-, Schreib- und oft auch Mitteilungsarbeit, die in keinem vernünftigen Verhältnis zu dem Ziel einer Erleichterung zugunsten des Kostenbeamten steht. Was soll zB bei einer Klage auf eine Zahlung von 500 EUR eine entsprechende Wertfestsetzung? Daher sollte man in einer solchen Lage getrost eine endgültige Festsetzung von einem Antrag oder irgendeiner tatsächlichen oder rechtlichen Unsicherheit abhängig machen. Auch das ist eine in Wahrheit „teleologische Reduktion". Es kommt nämlich auf den vernünftigen Sinn an.

Ein Rechtsbedürfnis kann zumindest dann *fehlen,* wenn mit Sicherheit keine Gerichtskosten anfallen, LG Mü AnwBl **88**, 72, und wenn auch nicht eine Abhängigkeit von Anwaltskosten von einer gerichtlichen Festsetzung nach § 63 besteht.

F. Beschluß. Das Gericht setzt den endgültigen Kostenstreitwert durch einen 26 Beschluß fest. Ein Beschluß liegt auch dann vor, wenn das Gericht eine Festsetzung ablehnt, LG Köln JB **87**, 1886, oder wenn es diese Festsetzung zulässigerweise in die Urteilsformel oder in die Entscheidungsgründe des Urteils aufgenommen hat, Brdb FamRZ **04**, 962, OVG Saarbr JB **97**, 199, Wenzel DB **81**, 164. Ein Beschluß liegt aber nur insoweit vor, als man einen eindeutigen Willen des Prozeßgerichts erkennen kann, gerade den Kostenstreitwert endgültig festzusetzen, Köln RR **88**, 279, Mü MDR **98**, 1241.

G. Kein Zwang zur Erwähnung einer vorläufigen Festsetzung. Es besteht 27 kein Zwang dazu, in der endgültigen Festsetzung eine etwa erfolgte vorläufige zu erwähnen. In der Praxis ist die Bezugnahme zwecks einer Begründung üblich, soweit

GKG § 63   I. A. Gerichtskostengesetz

es bei den bisherigen Erwägungen bleibt. Das ist natürlich zulässig und meist auch ausreichend, soweit das Gericht die vorläufige Festsetzung mit einer zwar vielleicht nur sehr kurzen, aber immerhin nachprüfbaren Begründung versehen hatte. Andernfalls gilt Rn 28. Vgl im übrigen Rn 15.

28 **H. Notwendigkeit einer Begründung.** Vgl zunächst Rn 13, 27. Das Gericht muß den endgültigen Festsetzungsbeschluß grundsätzlich mit einer wenigstens stichwortartigen Begründung versehen, BLAH § 329 ZPO Rn 4, Drsd JB **98**, 317, Jena FamRZ **01**, 781. Denn sonst würden die Grundlagen der Nachprüfbarkeit durch die Partei wie durch das Gericht fehlen, BVerfG **58**, 357, Köln RR **91**, 1280, Nürnb MDR **01**, 893. Die Nichtbehandlung eines wesentlichen Tatsachenvortrags läßt auch hier auf seine Nichtbeachtung schließen, BVerfG **86**, 146.

Es ist dringend ratsam, zur Vermeidung von Mißverständnissen und wegen der unterschiedlichen Anfechtungsmöglichkeiten im Beschluß ganz klar zum Ausdruck zu bringen, daß es sich um die *endgültige* Festsetzung nach II 1 handelt, Bbg JB **91**, 1690, Ffm GRUR **89**, 934, Köln FamRZ **91**, 1212, aM LG Köln MDR **91**, 935 (aber die Rechtssicherheit erfordert stets eine völlige Klarheit). Eine Bezugnahme auf die etwaige Begründung einer früheren vorläufigen Festsetzung nach Rn 13 kann reichen, ebenso die Bezugnahme auf einen nachvollziehbar begründeten Wertvorschlag eines Beteiligten.

Das Gericht muß eine zunächst fehlende Begründung spätestens dann *nachholen,* wenn es einer Beschwerde gegen seinen Beschluß nicht abhilft, Hamm MDR **04**, 412, Mü MDR **04**, 291, Nürnb MDR **04**, 169. Andernfalls droht eine Zurückverweisung nach § 572 III ZPO, Jena FamRZ **01**, 781 (FGG), Köln VersR **97**, 601, Nürnb MDR **01**, 893.

29 **I. Entbehrlichkeit einer Begründung.** Soweit allerdings der Beschluß in keinerlei Rechte eines Beteiligten eingreift, darf eine Begründung ausnahmsweise fehlen, BVerfG NJW **57**, 298. Das gilt zB dann, wenn das Gericht in seinem wenn auch von Amts wegen notwendigen endgültigen Festsetzungsbeschluß den etwa zusätzlich erfolgten übereinstimmenden Anträgen aller Beteiligten voll entsprochen hat. Dann wäre eine Beschwerde mangels einer Beschwer unzulässig, Bbg JB **75**, 1463. Bei einer bezifferten Forderung mag aus den Erwägungen Rn 25 ein einziger Satz als Begründung reichen.

Eine Begründung ist auch dann entbehrlich, wenn alle Beteiligten die Erwägungen des Gerichts *schon einwandfrei kennen,* etwa aus einer mündlichen Verhandlung, oder wenn sich alle Erwägungen des Gerichts ohne weiteres aus den Akten ergeben, Bbg JB **85**, 1849, Ffm JB **82**, 888. Es empfiehlt sich aber, dann zusätzlich zu der stets erforderlichen Beschlußformel im Verhandlungsprotokoll einen Vermerk darüber aufzunehmen, daß das Gericht die Fragen des Kostenstreitwerts erörtert hatte.

30 Eine Begründung ist schließlich dann entbehrlich, wenn alle Parteien einen *Rechtsmittelverzicht* wirksam erklärt haben, Mü JB **00**, 141 (evtl nicht schon bei übereinstimmenden Wertäußerungen der Parteien). Sie ist ferner dann entbehrlich, wenn sich schließlich der richtige Kostenstreitwert aus dem Streitstoff selbst einwandfrei ergibt, Bbg JB **78**, 1360. Das gilt etwa dann, wenn das Gericht auf Grund eines bereits bezifferten Antrags eine Wertfestsetzung vorgenommen hatte. Es ist dann eine Entscheidung noch gar deren Begründung, wenn irgendwo im Urteilskopf steht: „Wert × EUR".

31 **J. Kosten.** Die Entscheidung ist gebührenfrei, § 1.
32 **K. Mitteilung.** Das Gericht muß seinen Beschluß förmlich zustellen. Denn seine Entscheidung unterliegt nach § 68 I 3 einem befristeten Rechtsmittel. Es genügt also keine formlose Mitteilung von Amts wegen. Eine förmliche Zustellung ist außerdem bei einer anderweitigen Festsetzung wegen einer Streitwertänderung nach § 107 ZPO wegen der dann anlaufenden Erinnerungsfrist notwendig, §§ 329 II 2 ZPO, 56 VwGO, 53 FGO.

33 **L. Wirkung.** Der endgültige Wertfestsetzungsbeschluß wirkt in den Instanzgrenzen Rn 35–37 für und gegen alle Beteiligten, Natter NZA **04**, 688. Das gilt über § 32 I, II RVG, Teil X dieses Buchs, auch für den Anwalt. Es gilt auch für den Kostenansatz bindend, auch für die Kostenerstattung und für die Kostenfestsetzung nach

§§ 103ff ZPO. Außergerichtliche Kosten sind hier anders als bei (jetzt) § 68 III 2 erstattbar, Meyer 28, aM Ffm NJW **75**, 742, Schlesw SchlHA **75**, 67.

Eine *rechtskräftige* Entscheidung über die Anwaltsgebühren im Prozeß zwischen 34
dem Anwalt und der Partei steht eine Abänderbarkeit des Kostenstreitwertbeschlusses nicht entgegen. Eine endgültige falsche Festsetzung des Kostenstreitwerts kann eine Amtshaftung auslösen, Matzen AnwBl **76**, 333.

M. Instanzfragen. Jede Instanz setzt für sich endgültig fest, BGH Rpfleger **87**, 35
38, BFH BStBl **77** II 42, KG VersR **81**, 151. Daher läßt ein Wertfestsetzungsbeschluß den anderen Instanzen freie Hand, auch den nachgeordneten, KG VersR **81**, 860. Solange das untere Gericht keine endgültige Festsetzung des Kostenstreitwerts vorgenommen hat, darf das Rechtsmittelgericht diesen Wert nicht für die untere Instanz festsetzen, Köln DGVZ **86**, 151. Wohl aber darf und muß das höhere Gericht für seine Entscheidung auch nur vorläufig einen Wert dann annehmen, wenn das untere Gericht noch keine Festsetzung vorgenommen hat, Celle OLGR **02**, 188.

Das gilt auch dann, wenn es für die *Zulässigkeit des Rechtsmittels* auf den endgültigen Wert ankommt. Es ist ein alltäglicher Vorgang, daß verschiedene Gerichte einen verschiedenen Kostenstreitwert annehmen. Das höhere Gericht kann zwar anregen, das untere möge den Wert festsetzen. Das höhere Gericht kann aber eine Festsetzung durch das untere nicht erzwingen und die eigene Entscheidung nicht von der Befolgung einer solchen Anregung abhängig machen.

Allerdings darf das Rechtsmittelgericht die endgültige Festsetzung des Erstgerichts 36
ändern, (jetzt) III 1, BFH BStBl **77** II 42, Nürnb JB **75**, 1352. Wegen der Voraussetzungen hierfür Rn 38 ff.

In keinem Fall darf das untere Gericht den Kostenstreitwert endgültig mit einer *bin-* 37
denden Wirkung *für die höhere Instanz* festsetzen. Von diesem Grundsatz gilt nur im Verfahren vor den Arbeitsgerichten eine Ausnahme. Soweit das AG den Rechtsstreit an das LG verwiesen hat, muß das LG den Kostenstreitwert auch für einen im Verfahren vor dem AG etwa bereits erledigten Anspruch endgültig festsetzen.

6) Änderung der endgültigen Wertfestsetzung, III. Aus sorgfältig zu klären- 38
den Voraussetzungen folgt eine Reihe von Auswirkungen.

A. Zulässigkeit, Notwendigkeit. Eine Änderung der endgültigen Festsetzung des Kostenstreitwerts ist dann, wenn die Rechtslage es verlangt, nicht nur zulässig, sondern auch notwendig. Das Wort „kann" in (jetzt) III 1 stellt kein Ermessen zur Verfügung, sondern regelt nur die Zuständigkeit, Kblz AnwBl **88**, 295, Köln VersR **92**, 1028, VGH Mannh DÖV **90**, 938, aM BVerwG JB **91**, 1245 (abl Mümmler), Ulrich GRUR **84**, 182 (aber eine Festsetzung ist oft genug eindeutig notwendig. Das liegt im Wort „kann").

B. Kein Antragszwang. Die Änderung ist von Amts wegen oder auf Grund der 39
Anregung eines Beteiligten zulässig und erforderlich, VGH Mannh JB **92**, 110. Ein förmlicher Antrag ist nicht erforderlich. Übereinstimmende Anregungen aller Beteiligten können ausreichen, Kblz JB **99**, 188, VGH Mü JB **99**, 197, aM Köln JB **79**, 1554. Wenn das Gericht einer Anregung zur Änderung des Kostenstreitwerts nicht gefolgt ist, muß man eine solche Anregung als eine Beschwerde gegen die Wertfestsetzung ansehen, falls der Anregende beschwert ist, Bbg JB **80**, 1865, aM Zweibr JB **79**, 405. Die Notwendigkeit einer Änderung kann sich aus einem Irrtum des Gerichts oder infolge eines neuen Umstands ergeben, zB infolge eines Gutachtens im selbständigen Beweisverfahren, Köln VersR **97**, 1030, oder auf Grund einer Änderung der höchstrichterlichen Rechtsprechung, Meyer 36, aM Hamm MDR **79**, 591, LG Kiel VersR **75**, 1037.

Von einer Änderung der Wertfestsetzung muß man die bloße *Berichtigung* einer als offenbar unrichtig erkannten Wertfestsetzung nach § 319 ZPO unterscheiden, Celle JB **76**, 1338.

C. Auswirkung auf die Kostenentscheidung. Eine Änderung der endgültigen 40
Festsetzung des Kostenstreitwerts ist auch dann zulässig und evtl notwendig, wenn durch diese Maßnahme die bisherige Kostenentscheidung unrichtig wird, OVG Münst NVwZ-RR **07**, 213. Denn eine Berichtigung der Kostenentscheidung ist dann zulässig, wenn die Berichtigung in der Sache sie bedingt. Das gilt auch dann, wenn das Gericht über die Kosten praktisch unbrauchbar entschieden hat. Strengge-

GKG § 63
I. A. Gerichtskostengesetz

nommen ist diese Lösung dogmatisch falsch. Sie stellt aber den einzigen Ausweg dar, wenn kein Rechtsbehelf möglich ist. Man darf auch nicht als Ausweg § 319 ZPO zu weit ausdehnen, Köln FamRZ **07**, 164, aM Meyer 38.

41 Das gilt auch dann, wenn die Kostenentscheidung nach § 99 I ZPO *unanfechtbar* ist, Düss MDR **01**, 1074, Köln FamRZ **07**, 164, BLAH § 319 ZPO Rn 5, aM BGH FamRZ **08**, 1925, OVG Greifswald MDR **95**, 425, Köln JB **77**, 1134 (je: eine Änderung sei unzulässig), Düss RR **92**, 1407, Köln JB **93**, 741, VGH Kassel AnwBl **88**, 180 (je: eine Änderung sei ohne Rücksicht auf die Abänderbarkeit der Kostenentscheidung zulässig. Aber beide Varianten erkennen nicht ausreichend den logischen Vorrang der Wertfestsetzung vor einer wertabhängigen Kostengrundentscheidung.).

42 **7) Voraussetzungen im einzelnen, III.** Eine Änderung der endgültigen Festsetzung des Kostenstreitwerts ist dann zulässig, wenn eine der beiden Voraussetzungen Rn 33–36 oder Rn 37–41 vorliegt und wenn man außerdem die zeitlichen Grenzen des III 2 eingehalten hat, Rn 52–55.

43 **A. Änderung durch das Gericht der Instanz, III 1 Hs 1.** Das den Kostenstreitwert endgültig festsetzende Gericht, kann seinen Beschluß nur für seine Instanz unter den folgenden Voraussetzungen ändern. Soweit der Einzelrichter oder der Rpfl den Wert festgesetzt hatte, ist auch er zur Änderung zuständig. Die jetzige funktionelle Umbesetzung ist unschädlich. Nach einer Verweisung ändert das jetzt zuständige Gericht.

44 **B. Noch keine Festsetzung durch das höhere Gericht.** Zur Zuständigkeit gilt ferner: Die Sache muß entweder noch in derselben Instanz schweben oder darf zwar bereits in der höheren Instanz anhängig sein. Im letzteren Fall darf aber das Rechtsmittelgericht noch nicht eine endgültige Festsetzung des Kostenstreitwerts auch für die untere Instanz vorgenommen haben. Es darf also deren Entscheidung noch nicht bereits abgeändert haben, Ffm MDR **82**, 589. Vgl aber Rn 37–41. Soweit das Rechtsmittelgericht den Wert für die untere Instanz festgesetzt hat, darf das untere Gericht ihn nicht mehr anders festsetzen, Ffm MDR **82**, 589. Eine Entscheidung nach § 62 macht eine nachträgliche Änderung nach § 63 III insoweit unzulässig, als es dadurch die Zuständigkeit oder die Zulässigkeit eines Rechtsmittels berührt.

45 **C. Änderung der Verhältnisse.** Eine Änderung der endgültigen Festsetzung des Kostenstreitwerts ist im allgemeinen nur dann erforderlich, wenn sich zB die Verhältnisse geändert haben, Bbg JB **77**, 1423, oder wenn das Gericht bei seiner ersten Festsetzung eine bereits vorhandene Rechtsprechung nicht berücksichtigt hatte.

46 Eine Änderung der endgültigen Festsetzung ist zB in folgenden Fällen *nicht erforderlich:* Die einschlägige Rechtsprechung hat sich nach dem Erlaß des ersten Festsetzungsbeschlusses geändert, LG Kiel VersR **75**, 1037; das Gericht kommt in seiner jetzigen Besetzung bei einem zulässigen Ermessen zu einer wesentlichen anderen Bewertung des Kostenstreitwerts, Köln VersR **79**, 945.

47 **D. Änderung durch das Rechtsmittelgericht, III 1 Hs 2.** Das Rechtsmittelgericht kann den vom Erstgericht festgesetzten Kostenstreitwert *erstmalig* nur dann endgültig ändern, soweit und solange das Verfahren wegen der Hauptsache erstmalig oder erneut in der Rechtsmittelinstanz schwebt, BGH VersR **89**, 817, Brdb JB **98**, 648, Kblz JB **04**, 32, aM LG Aachen MDR **90**, 63 (aber mit der Instanz zur Hauptsache ergibt sich auch die Instanz zur Wertfestsetzung). Ausreichend ist die Rechtsmittelinstanz wegen eines Hauptsacheteils, VGH Kassel AnwBl **88**, 180, oder wegen der Entscheidung über den Streitwert, den Kostenansatz oder die Kostenfestsetzung.

Nicht ausreichend ist ein Rechtsmittelverfahren nur über andere Fragen wie zB über die Befangenheit eines Sachverständigen oder über die Vergütungsfestsetzung eines beigeordneten oder bestellten Anwalts.

Die Festsetzung kann in der Rechtsmittelinstanz *erstmalig oder erneut* erfolgen, Kblz JB **04**, 32, OVG Saarlouis JB **94**, 240. Im Rechtsmittelgericht ist auch der Entscheidende Richter nach § 526 und der Vorbereitende Einzelrichter nach (jetzt) § 527 ZPO zuständig, Ffm JB **91**, 1387. Eine Rechtsmittelrücknahme macht eine Änderung nach III 1 Hs 2 ab der Mitteilung einer Entscheidung nach § 516 III 2 ZPO unzulässig.

48 Nur bei einer *wiederholten* Änderung ist das Rechtsmittelgericht zeitlich frei, BGH VersR **89**, 817.

Abschnitt 7. Wertvorschriften § 63 GKG

Es reicht aus, daß das Verfahren wegen der Kostenfestsetzung für die Rechtsmittelinstanz nach § 99 II ZPO dort schwebt, Brdb JB **98**, 648.

Eine Änderung durch das Rechtsmittelgericht ist *nicht* zulässig, soweit das Rechts- 49 mittel unzulässig ist, Mü JB **83**, 890, aM VGH Mannh MDR **92**, 300, OVG Münst DÖV **78**, 816 (aber eine Instanz darf für den Kostenpunkt nicht weiter gehen als in der Hauptsache). Das Beschwerdegericht darf eine von ihm bereits auf Grund einer Beschwerde bestätigte erstinstanzliche Festsetzung nicht mehr ändern, BGH MDR **86**, 654, Hamm MDR **90**, 63.

Eine Änderung durch das Rechtsmittelgericht ist ferner dann unzulässig, wenn das 50 Rechtsmittelgericht über einen Antrag auf die Bewilligung einer *Prozeßkostenhilfe* oder über eine Beschwerde gegen die Versagung einer Prozeßkostenhilfe entscheiden muß, aM KG JB **78**, 1700, Köln JB **81**, 1011.

Soweit das Rechtsmittelgericht den Kostenstreitwert vom Erstgericht endgültig *ab-* 51 *weichend festsetzt,* ohne entsprechend eindeutig den Beschluß des Erstgerichts zu ändern, sollte das Rechtsmittelgericht seine Entscheidung unter allen Umständen begründen. Sofern eine solche Begründung nicht vorliegt, ist das Erstgericht nicht zu einer Überprüfung verpflichtet.

E. **Zeitliche Grenzen, III 2.** Von der endgültigen Festsetzung des Kostenstreit- 52 werts hängt die Höhe der Gerichtskosten und der Anwaltsgebühren ab. Deshalb darf der endgültige Kostenstreitwert nur innerhalb gewisser zeitlicher Grenzen abänderbar sein. Andernfalls würde die Rechtssicherheit leiden, Nürnb RR **99**, 654. Deshalb begrenzt III 2 die Änderungsmöglichkeit zeitlich. Wegen einer Gegenvorstellung vgl bei § 68.

Diese zeitlichen Grenzen gelten aber nur für eine *echte Abänderung* einer schon vorher erfolgten Festsetzung des endgültigen Kostenstreitwerts, Ffm MDR **87**, 244. Sie gelten also nicht für eine erste Festsetzung des endgültigen Kostenstreitwerts, BGH MDR **79**, 577, Düss Rpfleger **90**, 272, Kblz AnwBl **89**, 678.

Die *Sechsmonatsfrist* errechnet sich nach §§ 186 ff BGB, §§ 221 ff ZPO, Nürnb AnwBl **81**, 499, VGH Mannh JB **96**, 645. Gegen die Versäumung der Frist nach (jetzt) III 2 ist keine Wiedereinsetzung zulässig, Nürnb RR **99**, 654, VGH Mannh JB **96**, 645.

F. **Fristbeginn mit Rechtskraft, III 2 Hs 1.** Die Sechsmonatsfrist beginnt mit 53 dem Eintritt der Rechtskraft der Entscheidung in der Hauptsache, BFH JB **01**, 593, Nürnb AnwBl **81**, 499, VGH Mannh JB **96**, 645. Das gilt auch beim Eilverfahren nach §§ 916ff, 935 ff ZPO und nach unrichtigen Angaben der Parteien, Nürnb RR **99**, 613. Eine Erledigung nur einer Instanz genügt nicht, Mü JB **91**, 951, aM BGH **70**, 368.

G. **Fristbeginn mit Erledigung, III 2 Hs 2.** Die Frist beginnt *auch dann,* wenn 54 sich das gesamte Verfahren anders als durch den Eintritt der Rechtskraft in der Hauptsache erledigt hat, Mü JB **91**, 951. Das ist zB in folgender Situation so: das selbständige Beweisverfahren ist beendet, Kblz MDR **85**, 826, Nürnb MDR **02**, 538, LG Detm MDR **00**, 910 (krit Schneider MDR **00**, 1232), aM KG MDR **02**, 1453 (bei einem folgenden Hauptverfahren erst mit dessen Abschluß. Aber auch im Hauptverfahren liegt der Schluß der Beweisnahme regelmäßig vor dem Verfahrensende), es sei denn, es liegt noch keine Kostengrundentscheidung vor, Düss MDR **97**, 692; die Parteien haben sich außergerichtlich geeinigt, BGH **70**, 365; sie haben einen Prozeßvergleich geschlossen, Kblz AnwBl **95**, 67; das Gericht hat auf Grund eines nach der Wirksamkeit einer Klagerücknahme eingegangenen Kostenantrags nach § 269 III, IV ZPO anschließend den Wert endgültig festgesetzt, Rostock MDR **95**, 212; nach einer wirksamen Rücknahme der Klage oder eines Rechtsmittels ist ein Beschluß nach § 269 III 1, 2, IV oder nach § 516 III 2 ergangen; das Verfahren ist unterbrochen worden und es besteht keine Aussicht auf seine erneute Aufnahme; der Bekl ist aus dem Rechtsstreit ausgeschieden; im finanzgerichtlichen Verfahren ist ein Gerichtsbescheid des BFH ergangen, und kein Beteiligter kann noch einen Antrag auf eine mündliche Verhandlung stellen, BFH JB **01**, 593; die Erledigung ist gegenüber allen Gesamtschuldnern wegen aller Ansprüche eingetreten.

Wenn beide Parteien die Hauptsache nach § 91a ZPO wirksam voll für *erledigt* 55 erklärt haben, gilt III 2 Hs 2. Die Sechsmonatsfrist beginnt dann mit der Wirksamkeit

GKG §§ 63, 64 I. A. Gerichtskostengesetz

der Erledigterklärungen, also meist mit dem Eingang der letzten, Brdb FamRZ 07, 2000, VGH Mannh NVwZ-RR **07**, 826, VGH Mannh NVwZ-RR **07**, 826, OVG Münst NVwZ-RR **06**, 650. Man braucht also den Eintritt der Rechtskraft des Beschlusses nach § 91 a ZPO nicht abzuwarten. Es ist unerheblich, ob nach einer Scheidungssache noch eine abgetrennte Folgesache anhängig ist, Mü JB **91**, 951, Schlesw SchlHA **81**, 119. Eine Zurückverweisung genügt nicht, ebensowenig ein Parteiwechsel oder das Ruhen des Verfahrens.

56 **H. Verstoß, III 1, 2.** Eine pflichtwidrige Unterlassung einer notwendigen Änderung der Wertfestsetzung kann eine Amtshaftung auf Schadensersatz begründen, OVG Münst NJW **75**, 1183.

57 **8) Beschwerde, I–III.** Vgl (jetzt) § 68.

Schätzung des Werts

64 [1]Wird eine Abschätzung durch Sachverständige erforderlich, ist in dem Beschluss, durch den der Wert festgesetzt wird (§ 63), über die Kosten der Abschätzung zu entscheiden. [2]Diese Kosten können ganz oder teilweise der Partei auferlegt werden, welche die Abschätzung durch Unterlassen der ihr obliegenden Wertangabe, durch unrichtige Angabe des Werts, durch unbegründetes Bestreiten des angegebenen Werts oder durch eine unbegründete Beschwerde veranlasst hat.

Gliederung

1) Systematik, S 1, 2	1
2) Regelungszweck, S 1, 2	2
3) Geltungsbereich, S 1, 2	3
4) Abschätzung, S 1, 2	4–9
A. Erforderlichkeit	4
B. Zuständigkeit	5
C. Weiteres Verfahren	6
D. Entscheidung	7–9
5) Kosten der Abschätzung, S 1, 2	10–17
A. Grundsatz: Kostenlast des Staats	10
B. Ausnahmen: Parteiverschulden	11
C. Verschuldensbegriff	12
D. Verschulden des Antragstellers	13, 14
E. Verschulden des Antragsgegners	15
F. Verschulden des Beschwerdeführers	16
G. Verfahren, Entscheidung	17
6) Rechtsmittel, S 1, 2	18, 19

1 **1) Systematik, S 1, 2.** Die Vorschrift bezieht sich nur auf § 63 GKG in Verbindung mit § 3 ZPO, nicht auf eine Wertfestsetzung nach § 62. Das ergibt sich bereits aus dem Gesetzeswortlaut. Die Kosten einer im Rahmen des § 62 stattfindenden Abschätzung fallen unter die Prozeßkosten.

2 **2) Regelungszweck, S 1, 2.** Die Vorschrift dient der Prozeßwirtschaftlichkeit nach BLAH Grdz 14 vor § 128 ZPO auch im Kostenbereich. Sie schafft eine begrenzte Kostengrundentscheidung nach BLAH Üb 25 vor § 91 ZPO zwecks einer baldigen Klärung von Nebenfragen. Das sollte man bei der Auslegung mitbeachten.

3 **3) Geltungsbereich, S 1, 2.** Die Vorschrift ist im Bereich des GKG voll anwendbar, dort § 1 Rn 2 ff.

4 **4) Abschätzung, S 1, 2.** Nach dem eindeutigen Wortlaut ist § 64 nur insoweit anwendbar, als es um eine Abschätzung gerade durch einen Sachverständigen geht. § 1 I 1 erlaubt „nur" in den dort genannten Lagen eine Kostenpflicht. Daher darf man § 64 nicht schon deshalb auch auf einen Augenschein und andere Methoden anwenden, weil das sinnvoll wäre, aM Meyer 3. Man sollte vier Aspekte berücksichtigen.

A. Erforderlichkeit. Eine Abschätzung des Streitwerts durch einen Sachverständigen ist nur selten erforderlich. Sie kann zB in einem schwierigen Fall des Gewerblichen Rechtsschutzes notwendig sein. Das gilt etwa dann, wenn das Gericht den

Abschnitt 7. Wertvorschriften **§ 64 GKG**

Wert des Patents, die Beeinträchtigung des Wettbewerbers und andere Nachteile nicht selbst wertmäßig beurteilen kann. Sie kommt ferner dann in Betracht, wenn das Gericht erkennt, daß die Parteien einen zu niedrigen Wert angeben. Sie ist aber vor allem auch dann erforderlich, wenn der Antragsteller die nach § 61 erforderliche Wertangabe trotz einer Aufforderung zur Nachholung innerhalb einer angemessenen Frist unterlassen hat.

Soweit eine Abschätzung durch einen *Sachverständigen* objektiv erforderlich wird, ist das Gericht zu einer Beschlußfassung nach S 1 nicht nur berechtigt, sondern auch verpflichtet. Das ergibt sich aus den Worten „so ist" in S 1. Insofern besteht also kein Ermessen des Gerichts. Das Gericht ist von einem Antrag unabhängig. Es kann trotz übereinstimmender „Anträge" aller Beteiligten von einer Anordnung absehen. Es sollte das aber nachprüfbar begründen, schon wegen der Anfechtbarkeit, Rn 18, 19.

Soweit das Gericht gleichwohl eine Entscheidung nach S 1 *vergessen* hat, ist auf Grund des Antrags eines Beteiligten ein Ergänzungsverfahren in einer entsprechenden Anwendung des § 321 ZPO oder von Amts wegen unter den Voraussetzungen des § 319 I ZPO auch eine entsprechende Berichtigung oder Ergänzung zulässig und notwendig.

B. Zuständigkeit. Zur Anordnung einer Abschätzung durch einen Sachverständigen sind nur der Richter und evtl der das Verfahren als Gericht leitende Rpfl befugt, nicht der Urkundsbeamte der Geschäftsstelle. Denn der letztere darf keinen förmlichen Wertfestsetzungsbeschluß erlassen. Eine Anhörung des Antragstellers vor einem solchen Beschluß ist jedenfalls dann notwendig, wenn das Gericht damit rechnen muß, daß eine Kostenentscheidung nach S 2 zulasten des Antragstellers in Betracht kommt. 5

Die *Anhörung* liegt aber durchweg bereits darin, daß das Gericht dem Antragsteller anheimgibt, innerhalb einer angemessenen Frist die unterlassene Wertangabe nachzuholen. Das Gericht braucht dann nicht ausdrücklich darauf hinzuweisen, daß es nach einem ergebnislosen Fristablauf nach § 64 verfahren will. Das gilt insbesondere dann, wenn der Antragsteller einen Anwalt hat.

C. Weiteres Verfahren. Das Gericht braucht vor der Entscheidung der Abschätzung nach § 64 keine mündliche Verhandlung abzuhalten. 6

D. Entscheidung. Eine Entscheidung ist wegen der grundsätzlichen Kostenlast des Staats nach Rn 10 nur bei S 2 notwendig. Dann aber muß sie auch gegenüber einem an sich Kostenfreien ergehen, ähnlich wie bei § 38, Rn 11. Die Entscheidung erfolgt durch einen Beweisbeschluß nach § 358 ZPO. Das Gericht kann ihn mit dem Wertfestsetzungsbeschluß verbinden. Es kann aber auch in einem Ergänzungsbeschluß entscheiden, sogar noch nach einem Verfahren nach § 66. Der Beschluß braucht grundsätzlich eine Begründung, BLAH § 329 ZPO Rn 4. Das Gericht teilt den Beschluß den Beteiligten formlos mit. 7

Das Gericht kann die nach § 64 S 1 entstehenden *Auslagen* selbst dann teilweise oder ganz dem Staat auferlegen, wenn eine Partei nach S 2 schuldhaft handelte. Es hat ein Ermessen. Es muß dieses Ermessen aber pflichtgemäß und nachprüfbar handhaben. Es muß dabei abwägen, welche Umstände für eine Kostenentscheidung zulasten der Partei sprechen und welche für eine solche zulasten des Staats. 8

Die Entscheidung ist nur insofern eine solche nach § 64, als das Gericht darüber befindet, *wem* es die Sachverständigenkosten auferlegt. Das gilt auch bei einer Verteilung dieser Kosten auf den Staat und die Partei. Die Frage, welche Gebühren und Auslagen der Sachverständige überhaupt erstattet fordern kann, richtet sich auch dann nach § 4 JVEG, Teil V dieses Buchs, wenn das Gericht sie mit einem Beschluß nach § 64 GKG verbunden hat. Dasselbe gilt zur Anfechtbarkeit. 9

5) Kosten der Abschätzung, S 1, 2. Das sind die Gebühren und Auslagen des Sachverständigen nach KV 9005 in Verbindung mit dem JVEG, Teil V dieses Buchs. Zur Kostenlast hat ein einfacher Grundsatz zahlreiche Ausnahmen. 10

A. Grundsatz: Kostenlast des Staats. Grundsätzlich trägt der Staat die Kosten der Abschätzung, § 1.

B. Ausnahmen: Parteiverschulden. Ausnahmsweise darf und muß das Gericht nach seinem pflichtgemäßen Ermessen nach Rn 8 die Kosten der Abschätzung ganz oder teilweise derjenigen Partei als Erstschuldnerin (Entscheidungsschuldnerin) nach 11

321

GKG § 64 I. A. Gerichtskostengesetz

§ 31 II 1 auferlegen, die die Abschätzung vorwerfbar veranlaßt hat. Die Verteilung kann auf Gesamtschuldner lauten. Sie kann nach Bruchteilen geschehen. Die Grundgedanken des § 92 ZPO sind mitverwendbar. Bei § 32 II 1 RVG, Teil X dieses Buchs, mag auch der Anwalt Kosten tragen müssen, Rn 17. Die Notwendigkeit eines Verschuldens dieser Partei ergibt sich zwar nicht unmittelbar aus dem Wortlaut von S 2, wohl aber aus dem Sinn dieser eng auslegbaren Ausnahmevorschrift, aM VGH Mannh RR **91**, 670, Meyer 9. Als Partei gilt auch der Streithelfer, soweit seine Erklärung statt derjenigen der Partei oder neben dieser gilt. Als Partei gilt auch derjenige Anwalt, der die Wertfestsetzung aus eigenem Recht beantragt, Rn 11, § 32 II 1 RVG, Teil X dieses Buchs. Überhaupt bezieht sich § 64 auf Auslagen, nicht auf Gebühren.

12   C. **Verschuldensbegriff.** Ein Verschulden kann dann vorliegen, wenn die Partei vorwerfbar handelte, also soweit sie ohne eine rechtzeitige Mitteilung ausreichender Hinderungsgründe eine ihr nach § 61 vorgeschriebene Wertangabe unterlassen hat. Ein Verschulden des gesetzlichen Vertreters oder des ProzBev gilt wie stets als ein solches der Partei, §§ 51 II, 85 II ZPO. Freilich kann zB der Anwalt für eine persönliche vorwerfbare Veranlassung bei einer nach § 32 II im eigenen Interesse betriebenen Wertfestsetzung auch selbst haften. Ein Verschulden setzt voraus, daß das Gericht die Partei eindeutig zur Angabe nach § 23 aufgefordert und ihr auch eine angemessene Frist zur Antwort gelassen hat. Zur Wertangabe ist stets nur der Antragsteller verpflichtet, § 61 Rn 1.

13   D. **Verschulden des Antragstellers.** Ein Verschulden kann auch darin liegen, daß der Antragsteller eine objektiv unrichtigen Wert *angegeben* hat. Hier kann allerdings auch den Antragsgegner eine entsprechendes Verschulden treffen, soweit er sich sei es auf eine Anforderung des Gerichts, sei es von sich aus geäußert und einen unrichtigen Wert angeregt hat. Freilich muß aus den Umständen erkennbar werden, daß derjenige, der sich zum Wert geäußert hat, diesen bei der ihm zuzumutenden Sorgfalt hätte genauer und richtiger angeben können und müssen. Dabei muß man auf die Kenntnisse derjenigen Partei abstellen, die objektiv unrichtige Angaben macht.

14   An die Sorgfaltspflicht des *Antragstellers* muß man wegen § 61 einen *schärferen Maßstab* anlegen als an diejenige des Prozeßgegners. Soweit der letztere sich ohne eine Aufforderung des Gerichts von sich aus geäußert hat, ist das ihm zumutbare Sorgfaltsmaß keineswegs stets geringer als dann, wenn er sich auf Grund einer Aufforderung oder Anheimgabe des Gerichts geäußert hat. Es kommt auch in diesem Zusammenhang ganz auf die Umstände und das wirtschaftliche Interesse der Beteiligten an.

15   E. **Verschulden des Antragsgegners.** Ein Verschulden kann auch darin liegen, daß der Prozeßgegner das Antragstellers dessen Wertangaben bestreitet, obwohl sie objektiv richtig waren. Auch in diesem Zusammenhang kommt es darauf an, ob man dem Prozeßgegner eine größere Sorgfalt bei der Stellungnahme zur gegnerischen Wertangabe zumuten konnte.

16   F. **Verschulden des Beschwerdeführers.** Ein Verschulden kann schließlich in einer objektiv unbegründeten Beschwerde gegen die Festsetzung des Kostenstreitwerts liegen.

17   G. **Verfahren, Entscheidung.** Es gelten dieselben Regeln wie bei S 1, Rn 5, 6.

18   6) **Rechtsmittel, S 1, 2.** Gegen den Beschluß des Gerichts ist grundsätzlich die Beschwerde nach § 68 statthaft. Sie ist immer nur zusammen mit der Wertfestsetzung nach § 63 II zulässig, § 99 I ZPO entsprechend. Gegen eine isolierte Entscheidung nach § 64 ist das Rechtsmittel des § 66 statthaft. Der Beschwerdeführer kann die Höhe der dem Sachverständigen zu erstattenden Gebühren und Auslagen nicht mit der Beschwerde gegen den nach § 26 ergangenen Beschluß bemängeln, sondern nur im Rahmen eines Beschwerdeverfahrens nach § 4 JVEG, Teil V dieses Buchs.

19   Eine Beschwerde ist *ohne* die Beschränkung des § 99 I ZPO statthaft, soweit der Beschwerdeführer einen ihn von Kosten nach § 64 entlastenden Beschluß beantragt hatte und soweit das Gericht einen solchen Beschluß überhaupt nicht erlassen hat. Denn mit der Beschwerde bemängelt der Beschwerdeführer dann das Fehlen einer Kostenentscheidung.

Abschnitt 8. Erinnerung und Beschwerde §§ 65, 66 GKG

Wertfestsetzung in gerichtlichen Verfahren nach dem Strafvollzugsgesetz, auch in Verbindung mit § 92 des Jugendgerichtsgesetzes

65 [1]In gerichtlichen Verfahren nach dem Strafvollzugsgesetz, auch in Verbindung mit § 92 des Jugendgerichtsgesetzes, ist der Wert von Amts wegen festzusetzen. [2]§ 63 Abs. 3 gilt entsprechend.

Vorbem. Fassg Art 4 Z 4 G v 13. 12. 07, BGBl 2894, in Kraft seit 1. 1. 08, Art 7 G, Übergangsrecht § 71 GKG.

1) Geltungsbereich. Die Vorschrift erfaßt auch Teile des Verfahrens. Dieses ist im wesentlichen in § 60, 63 III geregelt.

Abschnitt 8. Erinnerung und Beschwerde

Erinnerung gegen den Kostenansatz, Beschwerde

66 *Fassung 1. 9. 2009:* I [1]Über Erinnerungen des Kostenschuldners und der Staatskasse gegen den Kostenansatz entscheidet das Gericht, bei dem die Kosten angesetzt sind. [2]Sind die Kosten bei der Staatsanwaltschaft angesetzt, ist das Gericht des ersten Rechtszugs zuständig. [3]War das Verfahren im ersten Rechtszug bei mehreren Gerichten anhängig, ist das Gericht, bei dem es zuletzt anhängig war, auch insoweit zuständig, als Kosten bei den anderen Gerichten angesetzt worden sind. [4]Soweit sich die Erinnerung gegen den Ansatz der Auslagen des erstinstanzlichen Musterverfahrens nach dem Kapitalanleger-Musterverfahrensgesetz richtet, entscheidet hierüber das für die Durchführung des Musterverfahrens zuständige Oberlandesgericht.

II [1]Gegen die Entscheidung über die Erinnerung findet die Beschwerde statt, wenn der Wert des Beschwerdegegenstands 200 Euro übersteigt. [2]Die Beschwerde ist auch zulässig, wenn sie das Gericht, das die angefochtene Entscheidung erlassen hat, wegen der grundsätzlichen Bedeutung der zur Entscheidung stehenden Frage in dem Beschluss zulässt.

III [1]Soweit das Gericht die Beschwerde für zulässig und begründet hält, hat es ihr abzuhelfen; im Übrigen ist die Beschwerde unverzüglich dem Beschwerdegericht vorzulegen. [2]Beschwerdegericht ist das nächsthöhere Gericht. [3]Eine Beschwerde an einen obersten Gerichtshof des Bundes findet nicht statt. [4]Das Beschwerdegericht ist an die Zulassung der Beschwerde gebunden; die Nichtzulassung ist unanfechtbar.

IV [1]Die weitere Beschwerde ist nur zulässig, wenn das Landgericht als Beschwerdegericht entschieden und sie wegen der grundsätzlichen Bedeutung der zur Entscheidung stehenden Frage in dem Beschluss zugelassen hat. [2]Sie kann nur darauf gestützt werden, dass die Entscheidung auf einer Verletzung des Rechts beruht; die §§ 546 und 547 der Zivilprozessordnung gelten entsprechend. [3]Über die weitere Beschwerde entscheidet das Oberlandesgericht. [4]Absatz 3 Satz 1 und 4 gilt entsprechend.

V [1]Anträge und Erklärungen können ohne Mitwirkung eines Bevollmächtigten schriftlich eingereicht oder zu Protokoll der Geschäftsstelle abgegeben werden; § 129a der Zivilprozessordnung gilt entsprechend. [2]Für die Bevollmächtigung gelten die Regelungen der für das zugrunde liegende Verfahren geltenden Verfahrensordnung entsprechend. [3]Die Erinnerung ist bei dem Gericht einzulegen, das für die Entscheidung über die Erinnerung zuständig ist. [4]Die Erinnerung kann auch bei der Staatsanwaltschaft eingelegt werden, wenn die Kosten bei dieser angesetzt worden sind. [5]Die Beschwerde ist bei dem Gericht einzulegen, dessen Entscheidung angefochten wird.

VI [1]Das Gericht entscheidet über die Erinnerung durch eines seiner Mitglieder als Einzelrichter; dies gilt auch für die Beschwerde, wenn die angefochtene Entscheidung von einem Einzelrichter oder einem Rechtspfleger erlassen wurde. [2]Der Einzelrichter überträgt das Verfahren der Kammer oder dem Senat, wenn die Sache besondere Schwierigkeiten tatsächlicher oder rechtlicher Art aufweist oder die Rechtssache grundsätzliche Bedeutung hat. [3]Das Gericht entscheidet jedoch immer ohne Mitwirkung ehrenamtlicher Richter. [4]Auf eine erfolgte oder unterlassene Übertragung kann ein Rechtsmittel nicht gestützt werden.

GKG § 66 I. A. Gerichtskostengesetz

VII ¹Erinnerung und Beschwerde haben keine aufschiebende Wirkung. ²Das Gericht oder das Beschwerdegericht kann auf Antrag oder von Amts wegen die aufschiebende Wirkung ganz oder teilweise anordnen; ist nicht der Einzelrichter zur Entscheidung berufen, entscheidet der Vorsitzende des Gerichts.

VIII ¹Die Verfahren sind gebührenfrei. ²Kosten werden nicht erstattet.

Vorbem. Zunächst V 1, 2 geändert durch Art 14 I Z 9 JKomG v 22. 3. 05, BGBl 837, in Kraft seit 1. 4. 05, Art 16 I JKomG. Sodann I 4 angefügt durch Art 4 Z 8 G v 16. 8. 05, BGBl 2437, in Kraft seit 1. 11. 05, Art 9 I 2 G, außer Kraft am 1. 11. 10, Art 9 II Hs 2 G. Schließlich V 2 eingefügt, dadurch bisherige V 2–4 zu V 3–5 dch Art 18 I Z 1 G v 12. 12. 07, BGBl 2840, in Kraft seit 1. 7. 08, Art 20 S 3 G. Übergangsrecht jeweils § 71 GKG. Sodann III 2 geändert dch Art 47 I Z 12 FGG-RG v 17. 12. 08, BGBl 2586, in Kraft seit 1. 9. 09, Art 112 I Hs 1 FGG-RG, Übergangsrecht Art 111 FGG-RG, Grdz 2 vor § 1 FamGKG, Teil I B dieses Buchs. Schließlich V 1 idF Art 7 I Z 2 G v 30. 7. 09, BGBl 2449, in Kraft seit 5. 8. 09, Art 10 S 2 G, Übergangsrecht § 71 GKG, und ferner III 2 geändert dch Art 8 Z 6 a desselben Gesetzes, Übergangsrecht insofern Art 111 FGG-RG, Grdz 2 vor § 1 FamGKG, Teil I B dieses Buchs.

Bisherige Fassung III 2 bis 4. 8. 09: ²Beschwerdegericht ist das nächsthöhere Gericht, in bürgerlichen Rechtsstreitigkeiten der in § 119 Abs. 1 Nr. 1, Abs. 2 und 3 des Gerichtsverfassungsgesetzes bezeichneten Art jedoch das Oberlandesgericht.

Gliederung

1) Systematik, I–VIII	1
2) Regelungszweck, I–VIII	2
3) (Erst-)Erinnerungsberechtigte, I 1	3–10
A. Kostenschuldner	3
B. Beispiele zur Frage einer Erinnerungsberechtigung	4–10
4) Gegenstand der (Erst-)Erinnerung: Kostenansatz, I 1	11–13
5) Abgrenzung zur Vollstreckungserinnerung, I 1	14
6) Form- und Fristfreiheit; kein Wert, keine Zulassung, I 1, III 1	15, 16
7) Inhalt der (Erst-)Erinnerung im einzelnen, I 1	17–23
A. Kostenansatz	18
B. Wertfestsetzung	19
C. Auslagen	20
D. Kostengrundentscheidung	21
E. Zahlungspflicht	22
F. Beispiele zur Frage einer Zahlungspflicht	23
8) Verfahren bei (Erst-)Erinnerung, I, V, VI, VIII	24–30
A. Zuständigkeit, I, VI, VIII	24
B. Beispiele zur Frage einer Zuständigkeit	25, 26
C. Einlegung, V 3, 4	27
D. Verhandlung, VI	28
E. Entscheidung über die (Erst-)Erinnerung, VI	29
F. Abänderung von Amts wegen, VI	30
9) Statthaftigkeit der Beschwerde, II–IV	31–36
A. Zulässigkeit, II 1	31
B. Entweder: Beschwerdewert, II 1	32
C. Oder: Zulassung, II 2, III 4	33
D. Keine Beschwerde an Obersten Gerichtshof des Bundes, III 3	34
E. Weitere Beschwerde, IV	35
F. Keine neue Beschwerde, II–IV	36
10) Gegen Rechtspfleger mangels Beschwerdewert: Befristete Zweiterinnerung, II 1, § 11 II 1 RPflG	37
11) Einlegung der (Erst-)Erinnerung oder Beschwerde, V	38–40
A. Form: Schriftlich, zu Protokoll, elektronisch usw, V 1, 2	38
B. Zuständigkeit: Gericht oder Staatsanwaltschaft, V 1, 3, 5	39
C. Keine Frist	40
12) Entscheidung über die Beschwerde, III, VI, VII	41–46
A. Abhilferecht und -pflicht durch Erstgericht, III 1	41
B. Zuständigkeit des Beschwerdegerichts, III 2	42
C. Grundsatz: Keine aufschiebende Wirkung, VII 1	43
D. Ausnahme: Anordnung aufschiebender Wirkung, VII 2	44
E. Weiteres Verfahren, III 1, VI	45
F. Entscheidung, VI	46
13) Keine Notwendigkeit eines Bevollmächtigten, V 1 Hs 1	47
14) Kosten, VIII	48, 49

Abschnitt 8. Erinnerung und Beschwerde § 66 GKG

1) Systematik, I–VIII. Die Gerichtskosten sind eine öffentlichrechtliche Abgabe, 1
eine Justizsteuer, Einl II B 16. Daraus folgt: Der Rechtsweg ist nicht zulässig, BGH
NJW **84**, 871. Der vom Gesetz gegebene Rechtsbehelf weicht von §§ 33 III ff RVG
ab. Er ist auch etwas anderes als eine gegen den Anspruch oder die Haftung gerichtete Einwendung nach §§ 1 Z 4, 8 JBeitrO, Teil IX A dieses Buchs. Er ist aber etwas
ähnlich wie bei § 56 RVG, Teil X dieses Buchs.

§ *66 regelt* zunächst nur die von einer befristeten Zweiterinnerung zu unterscheidende Erst-Erinnerung, BFH Rpfleger **92**, 365. Das ist eine gegen den Kostenansatz
erhobene Vorstellung, die zu einer Nachprüfung des Ansatzes durch das Gericht
führt, BGH NJW **84**, 871. Da es sich um eine im Rahmen des Gerichtsaufbaus erhobene Abgabe handelt, liegt insofern mittelbar doch ein beschränkter „Rechtsweg"
vor. Eine Dienstaufsichtsbeschwerde bleibt statthaft.

§ 66 hat den *Vorrang* vor §§ 23 ff EGGVG und auch vor der bloßen Auffangbestimmung (jetzt) des § 30 a EGGVG, Teil XII B dieses Buchs, Köln JB **99**, 261. Freilich schließt die Erinnerung unter den Voraussetzungen II ff die Möglichkeit
einer Beschwerde und evtl sogar anschließend einer weiteren Beschwerde an – ein
luxuriöses Gesamtscenario auf einem solchen Nebenschauplatz, der finanziell so verhängnisvolle Wirkungen haben kann.

Unanwendbar ist § 66 auf den Ansatz von Gerichtsvollzieherkosten, aM Meyer 1
(aber § 5 GvKostG, Teil XI dieses Buchs, schafft eine eigene Regelung). Soweit man
nur die Art und Weise der Zwangsvollstreckung beanstandet, gilt nur § 766 ZPO
auch dann, wenn es um Gerichtskosten geht.

2) Regelungszweck, I–VIII. Das Rechtsbehelfssystem des § 66 ist alles andere 2
als einfach. Darin kommt die Bemühung um Gerechtigkeit selbst evtl auf Kosten der
Zweckmäßigkeit zu einem typisch deutschen Ausdruck. Indessen paßt sich § 66 ähnlichen Regelungen im Kostenrecht weitgehend an. So betrachtet entsteht eine gewisse Rechtssicherheit infolge einer gewissen Einheitlichkeit der Anfechtungsmöglichkeiten. II 2, IV bezwecken eine Einheitlichkeit der Rechtsprechung. Auch das sollte
man bei der Auslegung mitbeachten.

3) (Erst-)Erinnerungsberechtigte, I 1. Zur Einlegung der (Erst-)Erinnerung 3
nach I sind die folgenden Beteiligten berechtigt.
A. Kostenschuldner. Der Kostenschuldner kann die (Erst-)Erinnerung einlegen,
BGH NJW **03**, 1324 links oben (auch beim Rückzahlungsanspruch), BFH Rpfleger
92, 365, LG Wuppert JB **92**, 480. Wer Kostenschuldner ist, ergibt sich aus §§ 22 ff,
31 II.

B. Beispiele zur Frage einer Erinnerungsberechtigung 4
Amtsverteidiger: Erinnerungsberechtigt ist der gerichtlich bestellte Verteidiger, soweit ihm aus der Staatskasse zustehende und festgesetzte Vergütung zu gering
ist, § 56 RVG. Ein an ihn gezahlter Betrag kommt in die Kostenrechnung, KV
9007. Deshalb hat auch insofern der Kostenschuldner die Möglichkeit der (Erst-)
Erinnerung.
Aufforderung: Erinnerungsberechtigt ist ein Kostenschuldner auch schon vor dem
Erhalt der Kostenrechnung, Mü MDR **90**, 62, aM Düss Rpfleger **85**, 255 (aber das
Gesetz nennt eine solche Voraussetzung nicht mit).
Beigeordneter Anwalt: Erinnerungsberechtigt ist der im Verfahren der Prozeß- 5
kostenhilfe beigeordnete Anwalt darf ebenfalls die (Erst-)Erinnerung einlegen, § 56
RVG. Freilich handelt es sich dann nur um solche Parteikosten, die nur äußerlich in
den Kostenansatz kamen.
Benennung: Erinnerungsberechtigt ist derjenige, den die Kostenrechnung als Kostenschuldner benennt, §§ 4 I, 7, 8, 27 I Z 4 und II, III KostVfg, Teil VII A dieses
Buchs, Düss Rpfleger **85**, 255, Schlesw SchlHA **81**, 71, aM Mü MDR **90**, 62, VG
Wiesb DRiZ **94**, 346 (aber seine Benennung ist eigentlich selbstverständlich).
Nicht erinnerungsberechtigt ist derjenige, den die Kostenrechnung nicht als Kostenschuldner benennt. Das gilt unabhängig davon, ob ein Kostenschuldner ihn auf
eine Kostenerstattung in Anspruch nimmt, BGH Rpfleger **78**, 45, Mü JB **79**, 122.
Ersteigerer: *Nicht* erinnerungsberechtigt ist der Ersteigerer. Denn er haftet nicht für 6
Kosten. Das gilt zumindest, solange das Gericht ihn nicht (zu Unrecht) in Anspruch
nimmt. Letzteres liegt noch nicht in der Aufforderung zu einer Wertangabe.

325

7 **Nichtschuldner:** Erinnerungsberechtigt ist auch der zu Unrecht als Kostenschuldner Belangte, VGH Mannh JB **99**, 205. Freilich muß dazu die Kostenrechnung überhaupt wirksam geworden sein. Sie muß also wenigstens einem Beteiligten zugegangen sein, Mü Rpfleger **82**, 239.
Rechtsnachfolger: Erinnerungsberechtigt ist auch der Rechtsnachfolger eines Kostenschuldners.
8 **Staatskasse:** Erinnerungsberechtigt ist auch der Vertreter der Staatskasse. Der Bezirksrevisor oder der Leiter des Rechnungsamts vertritt sie. Die Staatskasse kann auch eine Verjährung des Anspruchs des im Verfahren der Prozeßkostenhilfe beigeordneten Anwalts geltend machen. Sie soll allerdings nur bei einer grundsätzlichen Streitfrage eine (Erst-)Erinnerung einlegen, soweit es als angemessen erscheint, eine gerichtliche Entscheidung herbeizuführen. In anderen Fällen soll die Staatskasse zur Berichtigung im Verwaltungsverfahren nach § 45 KostVfg anweisen, Teil VII A dieses Buchs.

Die Staatskasse kann sowohl dann die (Erst-)Erinnerung einlegen, wenn ihr der Kostenansatz als *zu niedrig* erscheint, als auch dann, wenn er ihr als *zu hoch* erscheint, KG Rpfleger **77**, 227, LG Gießen DGVZ **89**, 184 (auch zu § 766 II ZPO). Im letzteren Fall ist die Erinnerung keineswegs eine solche zugunsten des Schuldners, sondern zugunsten der eigenen, nämlich sonst mit einer Rückforderung bedrohten Kasse, LG Gießen DGVZ **89**, 184. Eine Erinnerung vor der Bekanntgabe des Kostensatzes ist unwirksam, aM KG RR **03**, 1724 (aber man kann nicht etwas angreifen, was einem selbst gegenüber noch gar nicht existiert).

Eine *Abänderung* im Aufsichtsweg hat ganz andere Voraussetzungen und Folgen als eine gerichtliche Entscheidung.
9 **Streitgenosse:** *Nicht* erinnerungsberechtigt ist derjenige bemittelte Streitgenosse, für dessen Hauptpartei das Gericht eine Prozeßkostenhilfe bewilligt hatte. Das gilt auch wegen der Kosten eines dort beigeordneten Anwalts. Der bemittelte Streitgenosse mag höchstens sachlichrechtlich haften.
10 **Versicherer:** Erinnerungsberechtigt ist evtl auch derjenige Versicherer, der für den Kostenschuldner unmittelbar an die Staatskasse gezahlt hat, Düss VersR **83**, 251, aM Meyer 11. Er hat aber keinen eigenen sachlichrechtlichen Rückzahlungsanspruch nur wegen einer Herabsetzung des Streitwerts.
Vertreter: Erinnerungsberechtigt kann auch derjenige sein, der sich zulässig vertreten läßt, BFH Rpfleger **92**, 365. Je nach der Verfahrensart mag dazu freilich eine schriftliche Vollmacht nötig sein, zB nach § 64 III 1 FGO, BFH Rpfleger **92**, 365.

11 **4) Gegenstand der (Erst-)Erinnerung: Kostenansatz, I 1.** Die (Erst-)Erinnerung richtet sich zulässig nur gegen die Inanspruchnahme durch einen Kostenansatz, Rn 18. Dieser besteht in der Aufstellung der Kostenrechnung, § 4 I KostVfg, zugunsten der Staatskasse. Eine „Erinnerung" gegen die Kostenfestsetzung läßt sich in eine Erinnerung nach I 1 umdeuten, Düss JB **06**, 143. Ein „Widerspruch" läßt sich als Erinnerung umdeuten, BGH WoM, **08**, 623. Die Kostenrechnung muß außer der Bezeichnung der Sache folgende Einzelheiten enthalten: Sie muß den Kostenansatz im einzelnen darstellen; sie muß einen etwa gezahlten Kostenvorschuß nennen, Stgt Rpfleger **81**, 163; sie muß die angewendete Vorschrift bezeichnen; soweit es um eine Wertgebühr geht, muß sie den zugrunde gelegten Wert nennen; sie muß den Gesamtbetrag der Kosten nennen; sie muß den Namen und die Anschrift des Kostenschuldners angeben, § 27 I, II, III KostVfg. Es reicht, daß man als Zweitschuldner zahlen soll oder daß man eine Kostenfreiheit beansprucht oder die Art, Höhe oder Fälligkeit der Kosten bestreitet, Rn 18.
12 Der Kostenansatz ist eine *Einheit*. Deshalb begründet die Unrichtigkeit eines einzelnen Postens nicht die Erinnerung, soweit das Gesamtergebnis richtig ist. Freilich gilt das nur in rechnerischer Hinsicht. Die (Erst-)Erinnerung kann aber auch zum Ziel haben, statt einer Rückerstattung lediglich eine Berichtigung des Kostenansatzes vorzunehmen, KG Rpfleger **83**, 326, Kblz JB **93**, 425, oder die Nichterhebung von Gerichtskosten zu erreichen, § 21 Rn 54. Wegen § 17 II dort Rn 5. Ein Kostenansatz kann unabhängig davon vorliegen, ob auch schon eine Zahlungsaufforderung vorliegt.

Abschnitt 8. Erinnerung und Beschwerde § 66 GKG

Auslagen umfassen auch die Vergütung oder Entschädigung der Zeugen und Sach- 13
verständigen, Dolmetscher und Übersetzer nach dem JVEG, KV 9005, BGH NJW
84, 871. Man kann § 66 bei einer Schlechterfüllung durch den Pflichtverteidiger
ebenfalls anwenden, Düss JB 96, 43, Lammel MDR 77, 630.

5) Abgrenzung zur Vollstreckungserinnerung, I 1. Gegen die Art und Weise 14
der Kostenerhebung, vor allem gegen die Art der Beitreibung, ist nicht die (Erst-)Erinnerung nach § 66 statthaft, sondern die Vollstreckungserinnerung nach § 6 I Z 1
JBeitrO, Teil IX A dieses Buchs, in Verbindung mit § 766 ZPO. Diese Vollstreckungserinnerung richtet sich an das Vollstreckungsgericht.

Gegen seine Entscheidung ist die *sofortige Beschwerde* nach § 793 ZPO statthaft.
Als *Vollstreckungsgericht* ist dasjenige nach den §§ 764, 828 II ZPO zuständig. Es
entscheidet durch den Richter, § 20 Z 17a RPflG. In diesem Verfahren entstehen
Kosten nach § 788 ZPO. Vgl im übrigen §§ 151 I 2 FGO, 167 I 2 VwGO.

6) Form- und Fristfreiheit; kein Wert, keine Zulassung, I 1, III 1. Die 15
(Erst-)Erinnerung ist nicht an eine Form und nicht an einen Bevollmächtigten und
auch nicht an eine Frist gebunden, III 1. Sie wird durch eine Bezahlung der Kosten
nicht unzulässig, solange keine Verjährung eingetreten ist. Eine Verwirkung ist wie
sonst beim Zusammentreffen des Zeitmoments und des sog Umstandsmoments
möglich, Ffm JB 78, 100. Man braucht keine Wertgrenze wie bei der Beschwerde
nach II 1 und auch keine Zulassung wie dort nach II 2 zu beachten.

Die (Erst-)Erinnerung *erledigt sich* für die erinnernde Partei, soweit der Kostenbe- 16
amte der (Erst-)Erinnerung stattgibt, § 35 II KostVfg. Eine Zahlungspflicht besteht
trotz der (Erst-)Erinnerung weiter, solange die Staatskasse nicht auf Grund des Antrags des Erinnerungsführers die Einziehung eingestellt hat.

7) Inhalt der (Erst-)Erinnerung im einzelnen, I 1. Die (Erst-)Erinnerung 17
rügt eine Verletzung des Kostenrechts irgendwelcher Art bei der Aufstellung der
Kosten, BGH NJW 92, 1458. Sie rügt eine Beschwer des Erinnerungsführers, Düss
Rpfleger 85, 255. Solche Beschwer fehlt bei einem nur in Einzelposten unrichtigen,
aber im Ergebnis richtigen Kostenansatz, Rn 12, oder bei einer zu hohen Belastung
nur des Gegners, Karlsr JB 01, 315. Sie kann sich insbesondere auf die folgenden Situationen erstrecken.

A. Kostenansatz. Die (Erst-)Erinnerung ist nur wegen einer Verletzung des 18
Kostenrechts statthaft, BGH JB 08, 43 rechts oben. Sie kann sich gegen den wirksam
gewordenen Kostenansatz richten, BGH NJW 92, 1458, Drsd RR 01, 862, VGH
Mannh NJW 02, 1516. Sie ist nicht schon vor der Aufstellung des Kostenansatzes zulässig, Karlsr Just 80, 419, aM KG Rpfleger 77, 227 (aber er gibt nirgendwo einen
wirksamen Rechtsbehelf gegen eine noch gar nicht entstandene Maßnahme). Zum
Kostenansatz gehören auch die Berücksichtigung der KostVfg, Teil VII A dieses Buchs,
BGH NJW 92, 1458, Ffm JB 01, 37, KG MDR 02, 1276, aM LG Paderb JB 79, 565,
Meyer 14.

Zum Kostenansatz gehört auch die *Fälligkeit* der Kosten. Soweit der Kostenansatz
auf einer irrigen Annahme des Streitwerts beruht, kann sich die (Erst-)Erinnerung
auch auf diesen Fehler stützen. Die (Erst-)Erinnerung der Landeskasse kann zu einer
Nachforderung nach (jetzt) § 20 führen, Düss Rpfleger 95, 421.

B. Wertfestsetzung. Soweit das Gericht den Streitwert nach (jetzt) § 63 festge- 19
setzt hat, muß man zunächst diesen Festsetzungsbeschluß mit der Beschwerde angreifen, Oldb JB 92, 169. Eine „(Erst-)Erinnerung" ist dann evtl als eine Beschwerde
auslegbar, Oldb JB 92, 169. Erst anschließend an das Beschwerdeverfahren wird die
(Erst-)Erinnerung statthaft. Man darf und muß grundsätzlich das Erinnerungsverfahren bis zur Beendigung des Beschwerdeverfahrens des § 63 aussetzen. Dann kann
eine Umdeutung auch nach § 67 infragekommen.

C. Auslagen. Die (Erst-)Erinnerung kann sich auch gegen die Entstehung und 20
Höhe von Auslagen richten, BGH NJW 00, 1128, Drsd RR 01, 862, Düss JB 78,
1847, aM Düss RR 98, 1694. Dann darf man aber grundsätzlich (Ausnahme: § 21)
nicht auch diejenige Anordnung, die die Auslagen verursacht hat, mit der (Erst-)
Erinnerung nach (jetzt) § 66 bemängeln, Düss AnwBl 83, 462, VG Wiesb DRiZ 94,
346. Denn die (Erst-)Erinnerung ist grundsätzlich nicht auch oder nur gegen die
Kostengrundentscheidung statthaft, BGH NJW 92, 1458.

GKG § 66   I. A. Gerichtskostengesetz

Die (Erst-)Erinnerung ist auch zur Nachprüfung der Berechtigung einer Auslagenforderung einer am Ermittlungsverfahren beteiligten *anderen Behörde* statthaft. Denn der Kostenbeamte würde durch ein solches Verfahren evtl Art 19 IV GG verletzen, BVerfG NJW **70**, 853. Zulässig ist auch eine (Erst-)Erinnerung zur Prüfung der Frage, ob eine richtige Verrechnung eines Vorschusses vorliegt, und zur Klärung, ob Zeugen- oder Sachverständigengelder usw überzahlt worden sind, Drsd RR **01**, 862, Kblz VersR **88**, 297, Schlesw FamRZ **09**, 1706. Vgl auch § 4 JVEG, Teil V dieses Buchs.

21   **D. Kostengrundentscheidung.** Unzulässig ist eine solche Einwendung aus dem Mandatsverhältnis, die eine ausgeurteilte Kostentragungspflicht betrifft, BGH RR **98**, 503, Schlesw SchlHA **95**, 301, oder eine Einwendung gegen die Kostengrundentscheidung, BGH JB **08**, 43 rechts oben.

22   **E. Zahlungspflicht.** Die (Erst-)Erinnerung kann sich auch gegen eine Frage der Zahlungspflicht richten. Sie kann sich ferner gegen die Reihenfolge der Inanspruchnahme mehrerer Kostenschuldner richten.

23   **F. Beispiele zur Frage einer Zahlungspflicht**
Aufrechnung: Statthaft ist die (Erst-)Erinnerung zur Klärung der Wirksamkeit einer Aufrechnung mit einer Gegenforderung, soweit die letztere anerkannt oder gerichtlich festgestellt worden ist, § 8 I JBeitrO, Teil IX A dieses Buchs.
Dritter: Statthaft ist die (Erst-)Erinnerung zur Klärung der Frage der Zahlungspflicht desjenigen Dritten, der kein Kostenschuldner ist, BGH FamRZ **06**, 190, Kblz JB **93**, 425.
Duldung der Vollstreckung: Statthaft ist die (Erst-)Erinnerung zur Klärung einer Verpflichtung zur Duldung einer Vollstreckung.
Erbenhaftung: *Unstatthaft* ist hier eine aufschiebende Einwendung einer nur beschränkten Haftung nach §§ 781–784, 786 ZPO. Man darf sie nur durch eine Klage nach § 785 ZPO geltend machen, § 8 II JBeitrO, Teil IX A dieses Buchs, Mü JB **94**, 112.
Erfüllung: Statthaft ist die (Erst-)Erinnerung zur Klärung der Frage, ob der Erinnerungsführer eine Erfüllung seiner Zahlungspflicht nachgewiesen und nicht nur nach § 294 ZPO glaubhaft gemacht hat, § 8 I JBeitrO, Teil IX A dieses Buchs.
Gesetzverstoß: Wegen eines offensichtlichen solchen Vorgangs s „Nichterhebung", § 21.
Klagauftrag: *Unstatthaft* ist die (Erst-)Erinnerung zur Klärung der Frage, ob man dem eigenen ProzBev überhaupt einen Klagauftrag erteilt hatte, Kblz VersR **85**, 672.
Kostengrundentscheidung: *Unstatthaft* ist hier ein Einwand gegen die dem Kostenansatz zugrundeliegende Kostengrundentscheidung nach BLAH Grdz 35 vor § 91 ZPO, Kblz JB **93**, 425. Sie ist ja die Grundlage des Verfahrens nach § 66. Sie bindet den Kostenbeamten wie auch das Rechtsmittelgericht, Ffm AnwBl **88**, 179.
   S aber auch „Nichterhebung", „Unhaltbarkeit".
Nachforderung: Statthaft ist die (Erst-)Erinnerung zur Klärung der Frage einer Nachforderung nach § 20.
Nichterhebung: Statthaft ist die (Erst-)Erinnerung der Klärung der Frage einer Nichterhebung der Kosten nach § 21.
Partei kraft Amts: Statthaft ist die (Erst-)Erinnerung zur Klärung der Zahlungspflicht einer Partei kraft Amts persönlich.
Prozeßkostenhilfe: *Unstatthaft* ist die (Erst-)Erinnerung wegen einer Bewilligung der Prozeßkostenhilfe oder wegen der Aufhebung der Bewilligung ist nicht statthaft. Das gilt, obwohl die Vorschriften der ZPO zum Verfahren der Prozeßkostenhilfe ein Teil des Kostenrechts sind.
Terminsanberaumung: *Unstatthaft* ist die (Erst-)Erinnerung zwecks Bekämpfung der Anberaumung eines auswärtigen Termins.
Unhaltbarkeit: Wegen einer offensichtlich völligen Unhaltbarkeit der Entscheidung s „Nichterhebung", § 21.
Verjährung: Statthaft ist die (Erst-)Erinnerung zur Klärung der Verjährung, § 5.
Vorschuß: Vgl § 67, Stgt Just **84**, 366.

Abschnitt 8. Erinnerung und Beschwerde § 66 GKG

8) Verfahren bei (Erst-)Erinnerung, I, V, VI, VIII. Es ist im wesentlichen die 24
folgende Prüfungsreihenfolge ratsam.
A. Zuständigkeit, I, VI, VIII. Zur Entscheidung über die (Erst-)Erinnerung ist
dasjenige Gericht zuständig, dessen Kostenbeamter der Geschäftsstelle den Kostenansatz aufgestellt hat, I 1, Düss NStZ-RR **99**, 128, Karlsr Rpfleger **91**, 338. Das letztere Gericht ergibt sich aus § 19.

B. Beispiele zur Frage einer Zuständigkeit 25
Beauftragter Richter: Er ist wegen § 19 I 2 *unzuständig*.
Bezirksrevisor: Wenn er die (Erst-)Erinnerung einer Partei für begründet erklärt, prüft das Gericht nur noch, ob ene Nichterhebung nach § 21 notwendig ist, LG Bln MDR **80**, 678.
Durchgriffserinnerung: Sie ist *unstatthaft*, Mü Rpfleger **78**, 111.
Einzelrichter – Kollegium: Innerhalb eines Kollegialgerichts ist, nach VI 1 Hs 1 grundsätzlich funktionell der Einzelrichter zuständig. Er darf und muß nach VI 2 das Verfahren der Kammer oder dem Senat dann übertragen, wenn die Sache besondere Schwierigkeiten tatsächlicher oder rechtlicher Art aufweist oder wenn die Rechtssache eine grundsätzliche Bedeutung hat. Nach dem klaren Wortlaut ist diese Übertragung beim Vorliegen ihrer nach einem pflichtgemäßen Ermessen klärbaren Voraussetzungen nicht mehr in ein weiteres Ermessen des Einzelrichters gestellt. Sie ist dann vielmehr seine Amtspflicht. Denn er „kann" nicht etwa übertragen, sondern „überträgt" einfach.
Die Voraussetzungen der Übertragung stimmen mit denjenigen einer Vorlage nach *§ 348 III 1 Z 1, 2 ZPO* überein, BLAH dort Rn 34–41. Freilich geht die Rechtsfolge einer Übertragung nach § 66 GKG erheblich weiter als die Rechtsfolge der bloßen Vorlage nach § 348 ZPO. Das Kollegium entscheidet also ohne eine eigene Prüfungsbefugnis der Wirksamkeit der Übertragung. Es entscheidet ohne eine Mitwirkung seiner etwaigen ehrenamtlichen Richter, VI 3. Die Übertragung ist ebenso unanfechtbar wie ihre Unterlassung, VI 4.
Ersuchter Richter: Er ist wegen § 19 I 2 *unzuständig*.
KapMuG: Soweit es um Auslagen nach *KV 9019* im erstinstanzlichen *Musterverfahren* nach dem KapMuG geht, abgedruckt bei BLAH SchlAnh VIII, ist nach *I 4* das für den Musterbescheid nach § 14 KapMuG zuständige OLG auch für die Erinnerung zuständig.
Mehrere Gerichte: Soweit das Verfahren in erster Instanz bei mehreren Gerichten anhängig war, gilt die Sonderregelung des *I 3* mit der Zuständigkeit des Gerichts der letzten Anhängigkeit. Dasselbe gilt entsprechend in der Rechtsmittelinstanz.
Rechtsmittelverfahren: Im Rechtsmittelverfahren ist das Rechtsmittelgericht zu- 26
ständig. Es ist unerheblich, ob dieser Kostenbeamte zuständig war, aM BayObLG Rpfleger **93**, 485.
Rechtspfleger: Er entscheidet über die (Erst-)Erinnerung, soweit das Gesetz das zugrunde liegende Geschäft ihm übertragen hat, § 4 RPflG, KG JB **87**, 406, LG Mainz Rpfleger **84**, 80, Niederée DRpflZ **84**, 45, aM LG Bln JB **77**, 533, LG Kblz Rpfleger **84**, 435 (vgl aber auch § 14 KostO Rn 17, Teil III dieses Buchs).
Staatsanwalt: Soweit ein Beamter der Staatsanwaltschaft Kosten angesetzt hat, ist ungeachtet der Zuständigkeiten zur Einlegung der (Erst-)Erinnerung nach Rn 38 zur Entscheidung und daher für das weitere Verfahren bis zu dieser aus praktischen Erwägungen das Erstgericht zuständig, *I 2*, BGH NJW **00**, 1128, Düss AnwBl **85**, 153.
Trennung: Bei ihr ist jedes zuletzt befaßte Gericht zuständig.
Verbindung: Ergänzend gilt § 4 I.
Verweisung: Ergänzend gilt § 4 I.
Zurückverweisung: Bei einer Zurückverweisung wird dasjenige Gericht, an das sie erfolgte, wegen aller Kosten dieser Instanz vor und nach der Zurückverweisung zuständig.
Zweiterinnerung: Zur befristeten Zweiterinnerung Rn 37.

C. Einlegung, V 3, 4. Vgl Rn 38, 39. 27

28   D. **Verhandlung, VI.** Das Gericht kann auf Grund einer freigestellten mündlichen Verhandlung entscheiden. Sie kommt aber praktisch kaum vor.

29   E. **Entscheidung über die (Erst-)Erinnerung, VI.** Der Kostenbeamte darf und muß evtl der Erinnerung ganz oder teilweise abhelfen. Er darf den Kostenansatz bis zu einer gerichtlichen Entscheidung auch zum Nachteil des Kostenschuldners ändern, § 19 V 1, solange kein Fristablauf nach § 20 und keine Verjährung vorliegen. Mangels einer Abhilfe legt er die Akten nach §§ 35, 45 KostVfg, Teil VII A dieses Buchs, dem Bezirksrevisor vor. Dieser hilft entweder durch eine Anweisung an den Kostenbeamten ab oder leitet die Akten dem Gericht zur Entscheidung über die Erinnerung im Rahmen von Rn 24–26 zu.

Die Entscheidung des Gerichts ergeht durch einen Beschluß. Er braucht grundsätzlich eine Begründung, BLAH § 329 ZPO Rn 4, §§ 113 II FGO, 122 II VwGO. Er ergeht gebührenfrei, VIII 1, § 11 IV RPflG, aber nicht auslagenfrei, Ffm JB **78**, 1848.

Das Gericht *teilt* den Beschluß dem (Erst-)Erinnerungsführer *formlos mit*. Ein (Erst-)-Erinnerungsgegner fehlt. Bei einer Änderung zulasten der Staatskasse macht das Gericht dem zur Vertretung der Staatskasse zuständigen Beamten eine formlose Mitteilung, § 45 II KostVfg, Teil VII A dieses Buchs. Eine förmliche Zustellung ist nicht erforderlich, § 329 II 1 ZPO, §§ 53 I FGO, 56 I VwGO.

Es findet *keine Kostenerstattung* statt, VIII 2.

30   F. **Abänderung von Amts wegen, VI.** Eine Abänderung des Beschlusses des Gerichts nach Rn 29 von Amts wegen ist unstatthaft. Allerdings ist eine bloße Berichtigung offenbarer Schreib- oder Rechenfehler usw entsprechend § 319 ZPO zulässig.

31   **9) Statthaftigkeit der Beschwerde, II–IV,** dazu schon *Felskorn* NJW **03**, 857 (Üb): Man sollte in der folgenden Reihenfolge der Prüfung vorgehen.

A. **Zulässigkeit, II 1.** Gegen den Beschluß des Gerichts über die (Erst-)Erinnerung ist als eine eigenständige vorrangige Regelung eine einfache Beschwerde nur des Kostenschuldners oder der Staatskasse bei deren Beschwer zulässig, II 1, BGH NJW **84**, 871, Kblz JB **07**, 212, LAG Düss MDR **07**, 370 (nicht schon wegen eines falschen Kostenschuldners –?–). Das gilt freilich nur, soweit der in Rn 32 erörterte Beschwerdewert vorliegt. Das gilt auch, soweit der Rpfl über die (Erst-)Erinnerung nach I entschieden hat, Rn 26, gilt § 11 I RPflG. Dann verläuft das Verfahren wegen dieses § 11 I RPflG ebenso wie bei einer Beschwerde gegen eine richterliche Erinnerung, also nach V–VIII.

Die Beschwerde ist auch dann statthaft, wenn sonstige Beschwerden durch ein *Spezialgesetz* ausscheiden, zB bei den Verwaltungsgerichten in Wehrpflicht- und Lastenausgleichsachen, aM Mü BayVBl **94**, 411 (aber II hat als eine nach § 1 umfassende und überdies neuere Regelung Vorrang). Eine Anschlußbeschwerde ist statthaft, *Kirchner* NJW **76**, 592.

Nicht beschwerdeberechtigt ist der bloße Vertreter des Kostenschuldners, Kblz JB **08**, 263.

32   B. **Entweder: Beschwerdewert, II 1.** Die Beschwerde setzt voraus, daß entweder der Wert des Beschwerdegegenstands 200 EUR übersteigt, II 1. Es muß also der Beschluß im (Erst-)Erinnerungsverfahren, nicht etwa der ursprüngliche Ansatz, den Beschwerdeführer um mehr als 200 EUR beschweren. Das alles gilt auch bei einer greifbaren Gesetzwidrigkeit usw, Schlesw SchlHA **88**, 39. Es ist ratsam, die Beschwer in der Beschwerdeschrift nachvollziehbar zu begründen. Das Fehlen solcher Begründung macht die Beschwerde aber nicht unzulässig. Vielmehr errechnet dann das Beschwerdegericht den wahren Wert der Beschwer von Amts wegen selbst. Man kann den Beschwerdewert nicht durch eine nachträgliche Antragserhöhung im Beschwerdeverfahren erreichen. Erinnerungskosten gehören nicht zum Beschwerdewert. Bei einer teilweisen Abhilfe nach Rn 29 bleibt die Restbeschwer maßgeblich, *Schneider* JB **75**, 1424.

33   C. **Oder: Zulassung, II 2, III 4.** Soweit der Beschwerdewert *fehlt* und eine befristete Zweiterinnerung nach Rn 37 ausscheidet, kann die Beschwerde auch durch eine Zulassung nach II 2 durch das Erstgericht möglich werden. Die Zulassung hängt von grundsätzlicher Bedeutung der zur Entscheidung stehenden Kostenfrage ab, also

Abschnitt 8. Erinnerung und Beschwerde § 66 GKG

nicht von einer derartigen Bedeutung nur der sonstigen Fragen. Damit gelten etwa dieselben Bedingungen wie zB bei der Zulassungsrevision nach § 543 II Z 1 ZPO. Das ist eine zweifelhafte Komplikation auf diesem Nebenschauplatz des Verfahrens, der freilich finanzielle enorme Auswirkungen haben kann. Das Gericht entscheidet praktisch nach seinem pflichtgemäßen Ermessen, ob der sog unbestimmte Rechtsbegriff einer grundsätzlichen Bedeutung der entscheidungserheblichen Kostenfrage erfüllt ist.

Eine Zulassung darf aber nur im *erstinstanzlichen* Beschluß erfolgen, nicht mehr erst nachträglich. Das ergibt sich aus den Worten „in dem Beschluss" in II 2, LG Kblz FamRZ **05**, 1583. Die wirksame Zulassung bindet nach III 4 Hs 1 das Beschwerdegericht. Eine Zulassung wie Nichtzulassung sind für die Beteiligten nach III 4 Hs 2 unanfechtbar. Es gibt also wenigstens keine Nichtzulassungsbeschwerde.

D. Keine Beschwerde an Obersten Gerichtshof des Bundes, III 3. Eine Be- 34 schwerde an einen Obersten Gerichtshof des Bundes ist unstatthaft, III 3. Das gilt für die Erstentscheidung eines OLG, BGH DGVZ **08**, 187, oder eines LAG, BAG DB **97**, 884, oder eines OVG. Vgl aber §§ 190, 192 VwGO.

E. Weitere Beschwerde, IV. Sie findet nur unter den Voraussetzungen IV 1–4 35 statt, also nach einer Entscheidung des LG als Beschwerdegericht, IV 1 Hs 1, BGH RR **09**, 424, Schütt MDR **05**, 1150, aM Hbg MDR **05**, 1195 (aber das widerspricht III 3). Als eine weitere Voraussetzung muß eine Zulassung durch das LG wegen einer grundsätzlichen Bedeutung der zur Entscheidung ausstehenden Frage erfolgt sein, IV 1 Hs 2. Sie ist außerdem nur bei einer Rechtsverletzung nach IV 2 in Verbindung mit §§ 546, 547 ZPO statthaft, aber eben nicht als eine solche Rechtsbeschwerde, BGH RR **09**, 424. Wegen ihres weiteren Verfahrens vgl IV 3, 4 (Zuständigkeit des OLG usw).

Eine *Gegenvorstellung* ist grundsätzlich denkbar, Düss MDR **77**, 235, Hamm JB **76**, 1120, Schmidt JB **75**, 1311, aM Celle JB **83**, 406.

F. Keine neue Beschwerde, II–IV. Eine neue (Erst-)Erinnerung oder Beschwer- 36 de ist wegen der zugesprochenen oder aberkannten Posten der Kostenrechnung nach dem Abschluß des Beschwerdeverfahrens nicht mehr statthaft, KG JB **07**, 255, Mü MDR **83**, 585.

10) Gegen Rechtspfleger mangels Beschwerdewert: Befristete Zweiterin- 37 **nerung, II 1, § 11 II 1 RPflG.** Soweit der Rpfl über die (Erst-)Erinnerung nach Rn 26 entschieden hat und soweit eine Beschwerdemöglichkeit wegen des Nichterreichens des Beschwerdewerts nach Rn 32 oder aus anderen Gründen entfällt, II 1, muß man wie in den vergleichbaren Fällen § 11 RPflG beachten. Vergleichbar sind das JVEG, Teil V dieses Buchs, und § 16 RVG, Teil X dieses Buchs. Nach § 11 RPflG findet dann aus den bei § 11 RVG Rn 88, Teil X dieses Buchs, erläuterten verfassungsrechtlichen Gründen eine befristete Erinnerung in dem dort Rn 106–126 erläuterten besonderen Verfahren statt. Über sie entscheidet mangels einer Abhilfe durch den Rpfl sein Richter abschließend. Sie ist also in Wahrheit auch hier eine Zweiterinnerung.

11) Einlegung der (Erst-)Erinnerung oder Beschwerde, V. Man muß drei 38 Aspekte beachten.

A. Form: Schriftlich, zu Protokoll, elektronisch usw, V 1, 2. Die Erinnerung wie die Beschwerde sowie jeder weitere Antrag und jede weitere Erklärung beliebiger Art sind schriftlich, zum Protokoll der Geschäftsstelle oder elektronisch möglich, § 5a, § 129a ZPO. Es besteht also kein besonderer Formzwang und kein Bevollmächtigten – oder gar Anwaltszwang, V 1, § 78 III Hs 2 ZPO, OVG Bautzen NVwZ **09**, 1573, VGH Mannh NJW **06**, 251. Das gilt auch vor dem Rechtsmittelgericht, OVG Bautzen NVwZ **09**, 1573, VGH Mannh NJW **06**, 251, aM OVG Magdeb NVwZ **09**, 854. Der Erinnerungs- oder Beschwerdeführer kann sich bei der Einlegung vertreten lassen, BGH Rpfleger **92**, 365, Stgt JB **75**, 1102. Eine Fehlbezeichnung ist unschädlich und auslegbar. Die Bevollmächtigung beurteilt man nach der zugehörigen Verfahrensordnung, zB §§ 79, 80 ZPO, V 2.

Eine *Begründung* ist kein Zwang, aber fast selbstverständlich. Das Gericht darf eine Begründungsfrist setzen. Es darf nicht vor deren Ablauf vor dem Eingang der Begründung entscheiden.

39 B. **Zuständigkeit: Gericht oder Staatsanwaltschaft, V 1, 3, 5.** Zur Entgegennahme zuständig ist der Urkundsbeamte der Geschäftsstelle bei demjenigen Gericht, das für die Entscheidung über die (Erst-)Erinnerung zuständig ist, Rn 24–26. Das gilt für die Einlegung der (Erst-)Erinnerung als auch für die Einlegung der Beschwerde. Man muß die letztere also stets beim ja zur Abhilfeprüfung nach Rn 41 zuständigen „judex a quo" einlegen, V 4. § 129a ZPO gilt entsprechend, V 1 Hs 2. Örtlich ist jedes AG zur Entgegennahme und unverzüglichen Weiterleitung an das richtige Gericht zuständig. Mit einer Zustimmung des Erklärenden kann man ihm die Übermittlung des Protokolls überlassen.

Man kann die (Erst-)Erinnerung (nicht die Beschwerde) auch bei derjenigen *Staatsanwaltschaft* einlegen, die die Kosten angesetzt hat, V 3.

40 C. **Keine Frist.** (Erst-)Erinnerung wie Beschwerde sind fristlos möglich, BGH NJW **03**, 1324 links oben (zum alten Recht), VGH Mannh NJW **08**, 537. § 66 besagt das nicht direkt, nennt aber eben auch keine Frist.

41 **12) Entscheidung über die Beschwerde, III, VI, VII.** Es empfiehlt sich die folgende Prüfungsreihenfolge.

A. **Abhilferecht und -pflicht durch Erstgericht, III 1.** Dasjenige Gericht, das über die (Erst-)Erinnerung nach Rn 24–26 entschieden hat, kann nicht nur der Beschwerde abhelfen, sondern „hat" abzuhelfen, soweit es die Beschwerde für zulässig und begründet hält. Es muß daher zunächst in seiner eigenen Zuständigkeit prüfen, ob diese Voraussetzungen vorliegen. Es muß daher eine Nichtabhilfe begründen. Bloße Leerfloskeln wie „aus den zutreffenden Gründen der angefochtenen Entscheidung, an denen das Beschwerdevorbringen nichts ändert" usw können unzureichend sein und zur Zurückverweisung durch das Beschwerdegericht führen. Die Staatsanwaltschaft kann bei V 3 abhelfen. Der Gegner muß vor einer ihm nachteiligen Entscheidung das rechtliche Gehör erhalten, Art 103 I GG BVerfG **34**, 346.

42 B. **Zuständigkeit des Beschwerdegerichts, III 2.** Über die Beschwerde entscheidet mangels einer Abhilfe durch den Vorderrichter das allgemein im Rechtszug nach der Gerichtsorganisation nächsthöhere Gericht, Düss MDR **07**, 606, Köln MDR **09**, 1408, Deichfuß MDR **06**, 1265 (je: nach einer Entscheidung des LG als Berufungsgericht das OLG). Das gilt auch nach einer bloßen Teilabhilfe wegen des Rests ohne eine besondere Zulassung unabhängig davon, ob er einen Wert von 200 EUR übersteigt. Es gilt ferner auch nach einem Kostenansatz beim Rechtsmittelgericht sowie bei einer Sprungrevision. Es soll grundsätzlich unterbleiben, daß über eine Kostenbeschwerde gegen eine Entscheidung des AG das OLG ohne eine Zwischentätigkeit des LG (als Berufungsgericht) entscheiden müßte.

43 C. **Grundsatz: Keine aufschiebende Wirkung, VII 1.** (Erst-)Erinnerung und Beschwerde haben grundsätzlich keine aufschiebende Wirkung. Das ergibt sich aus VII 1. Diese Regelung ist als Grundsatz weit auslegbar. Daher ist von ihr nicht schon wegen einer „normalen" wirtschaftlichen Benachteiligung des Beschwerdeführers eine verweichende Abweichung zulässig.

44 D. **Ausnahme: Anordnung aufschiebender Wirkung, VII 2.** Ausnahmsweise ist die Anordnung der aufschiebenden Wirkung der Beschwerde (also nicht der Ersterinnerung) zulässig, soweit die Beschwerde überhaupt statthaft ist, BGH NJW **92**, 1458. Sie kann auf einen Antrag oder von Amts wegen erfolgen. Diese letztere Möglichkeit bedeutet ein pflichtgemäßes Ermessen, Mü MDR **85**, 333. Seine Ausübung gehört auch beim Fehlen eines Antrags zu den Amtspflichten. Deshalb sollte das Gericht die Unterlassung einer Anordnung in den Akten wenigstens stichwortartig begründen, falls es keinen Antrag bescheiden muß.

Aufschiebungsgründe können zB sein: Eine Wahrscheinlichkeit des Erfolgs, OVG Bautzen NVwZ-RR **09**, 702; eine unbillige Härte einer Fortsetzung der Vollstreckung, OVG Bautzen NVwZ-RR **09**, 702.

Zuständig sind der Einzelrichter und nach einer Übertragung auf das Kollegium der Vorsitzende des Erstgerichts oder des Beschwerdegerichts, VII 2. Das Kollegium ist also nicht zuständig. Die Anordnung einer aufschiebenden Wirkung ist ganz oder teilweise möglich. Eine Aufschiebung in vollem Umfange erfordert noch triftigere Gründe als eine nur teilweise. Der Beschluß ist unanfechtbar, Mü MDR **85**, 333.

Abschnitt 8. Erinnerung und Beschwerde §§ 66, 67 GKG

E. **Weiteres Verfahren, III 1, VI.** Das Beschwerdegericht wird grundsätzlich 45
nach VI 1 durch den Einzelrichter tätig, BVerwG NVwZ **06**, 479, VGH Mannh
NVwZ-RR **06**, 649, aM OVG Lüneb NVwZ-RR **07**, 817. Es wird nur nach dessen
Übertragung wegen VI 2 durch das Kollegium tätig. Es amtiert aber nach VI 3 stets
ohne einen ehrenamtlichen Beisitzer. Man kann die Beschwerde auf neue Tatsachen
stützen. Eine Antragserweiterung ist statthaft. Man kann aber nicht erst mit ihrer Hilfe
den Beschwerdewert erzielen, Rn 32. Das Beschwerdegericht entscheidet auf Grund
einer freigestellten mündlichen Verhandlung. Es muß wegen Art 103 I GG den Beschwerdegegner vor einer ihm nachteiligen Entscheidung anhören, BVerfG **34**, 346.
Ein Gehörsverstoß macht allerdings eine sonst unstatthafte Beschwerde nicht statthaft,
BFH BStBl **77** II 628. Das Beschwerdegericht entscheidet bei § 11 II RPflG in seiner
vollen Besetzung.

Im übrigen gelten auch ohne eine ausdrückliche Verweisung sinnvollerweise die in
der jeweiligen Verfahrensordnung einschlägigen Beschwerdevorschriften, also §§ 567 ff
ZPO, 146 ff VwGO, 78 ff ArbGG. Das Gericht darf wie bei § 308 I ZPO nicht über
die Anträge des Beschwerdeführers hinausgehen. In diesen Grenzen klärt es den
Sachverhalt von Amts wegen.

F. **Entscheidung, VI.** Das Beschwerdegericht entscheidet durch einen Beschluß. 46
Es weist die Beschwerde zurück oder hebt den angefochtenen Beschluß auf und entscheidet zur Kostenfrage selbst oder weist den Kostenbeamten zur Änderung seines
Kostenansatzes an. Der Beschluß braucht grundsätzlich eine Begründung, BLAH
§ 329 ZPO Rn 4, § 122 II VwGO. Das Gericht teilt den Beschluß dem Beschwerdeführer formlos mit, §§ 329 I 2 ZPO, 35 II StPO, 56 VwGO. Wegen der Kosten
Rn 47, 48.

13) Keine Notwendigkeit eines Bevollmächtigten, V 1 Hs 1. Im Verfahren 47
über die (Erst-)Erinnerung und über die Beschwerde ist die Mitwirkung eines Bevollmächtigten nicht zwingend. Das gilt sowohl im Nichtabhilfeverfahren als auch im
Verfahren vor dem Beschwerdegericht. Es besteht also weder ein Anwaltszwang noch
ein Zwang zur Einschaltung eines sonstigen Bevollmächtigten, soweit nicht das letztere zB wegen Zweifeln an der Geschäftsfähigkeit notwendig ist. Das alles ergibt sich
aus V 1 Hs 1 in Verbindung mit dem zumindest entsprechend anwendbaren § 78 III
Hs 2 ZPO. Es gilt nicht nur für die Einlegung der (Erst-)Erinnerung oder Beschwerde, sondern für das gesamte Verfahren, also auch für eine Rücknahmeerklärung.

14) Kosten, VIII. Die Vorschrift dient der Vermeidung solcher Kostenverfahren, 48
die sich aus anderen Kostenverfahren ergeben, BGH NJW **03**, 70. Das gilt freilich
nur, wenn eine Sachentscheidung möglich ist, BGH NJW **03**, 70, Kblz RR **00**,
1239. Das Verfahren über die (Erst-)Erinnerung und über die Beschwerde ist gebührenfrei, (jetzt) VIII 1, BGH NJW **84**, 871. Das Verfahren über eine befristete Zweiterinnerung ist ebenfalls gebührenfrei, § 11 IV RPflG. Eine Auslagenfreiheit entsteht
allerdings jeweils nicht, Kblz RR **00**, 1239.

Eine *Kostenerstattung* findet *nicht* statt, VIII 2. Diese Vorschrift soll neuen Streit verhindern helfen, BGH NJW **93**, 2542. Sie ist mit dem GG vereinbar, Mü MDR **77**,
502. Etwa entstehende Auslagen trägt der Zahlungspflichtige. Dahin gehören vor
allem die durch amtliche Ermittlung verursachten Kosten. Alle Ermittlungen geschehen hier von Amts wegen.

Dasselbe gilt bei einer nach II 3 Hs 2 eindeutig unzulässigen *weiteren Beschwerde* gegen eine Entscheidung des LG als Beschwerdegericht über Kosten.

Es ergeht keine Entscheidung über eine *Kostenrückzahlung.* Eine solche Rückzah- 49
lung müssen der Kostenbeamte oder die Aufsichtsbehörde veranlassen, Kblz JB **77**,
1430. Der Kassenleiter verfügt sie, § 91 JKassO. Sie ist also auch reine Verwaltungstätigkeit.

Beschwerde gegen die Anordnung einer Vorauszahlung

67 [I] [1] Gegen den Beschluss, durch den die Tätigkeit des Gerichts nur aufgrund dieses Gesetzes von der vorherigen Zahlung von Kosten abhängig gemacht wird, und wegen der Höhe des in diesem Fall im Voraus zu zahlenden Betrags findet stets die Beschwerde statt. [2] § 66 Abs. 3 Satz 1 bis 3, Abs. 4, 5 Satz 1 und 5,

333

GKG § 67 I. A. Gerichtskostengesetz

Abs. 6 und 8 ist entsprechend anzuwenden. ³Soweit sich die Partei in dem Hauptsacheverfahren vor dem Gericht, dessen Entscheidung angefochten werden soll, durch einen Prozessbevollmächtigten vertreten lassen muss, gilt dies auch im Beschwerdeverfahren.

II Im Fall des § 17 Abs. 2 ist § 66 entsprechend anzuwenden.

Vorbem. I 2 zunächst geändert durch Art 16 Z 11 des 2. JuMoG v 22. 12. 06, BGBl 3416, in Kraft seit 31. 12. 06, Art 28 I des 2. JuMoG, Übergangsrecht §§ 71, 72 GKG. Sodann I 2 berichtigt dch Art 7 I Z 3 G v 30. 7. 09, BGBl 2449, in Kraft seit 5. 8. 09, Art 10 S 2 G, Übergangsrecht § 71 GKG.

1 **1) Systematik, Regelungszweck, I, II.** Die Vorschrift ergänzt § 10. Sie hat keine verfassungsrechtliche Notwendigkeit. Sie ist aber verfassungsgemäß, BVerfG RR **00**, 1738 (zum alten Recht). Sie eröffnet im Interesse der Rechtsstaatlichkeit nach Art 20 I GG eine Beschwerdemöglichkeit und damit ein selbständiges Zwischenverfahren, BVerfG RR **00**, 1738. §§ 567ff ZPO sind ergänzend anwendbar, soweit nicht das GKG eine Regelung enthält, Fölsch JB **02**, 626. Der Betroffene soll durch einen Vorschuß, den er für übersetzt hält, nicht rechtlos werden, KG RR **04**, 864.

2 **2) Geltungsbereich, I, II.** § 67 gilt nur, soweit das Prozeßgericht seine richterliche oder rechtspflegerische Tätigkeit von der Zahlung eines Kostenvorschusses oder einer Vorauszahlung gerade nur „auf Grund dieses Gesetzes" abhängig macht, also zB nach den §§ 12, 17.

Soweit das Gericht seine Tätigkeit von derartigen Zahlungen auf Grund *anderer Vorschriften* abhängig macht, zB nach den §§ 379, 402 ZPO, 379a StPO, ist eine Anfechtung allenfalls nach jenen Verfahrensordnungen zulässig, Drsd JB **07**, 212.

3 **3) Voraussetzungen, I 1.** Eine Beschwerde ist statthaft, soweit eine der folgenden beiden Voraussetzungen erfüllt ist.

A. Abhängigkeit überhaupt. Die Beschwerde kann sich gegen die Anordnung überhaupt richten. Das Prozeßgericht muß seine Tätigkeit nämlich von der Zahlung eines Vorschusses auf eine noch nicht fällige Gebühr oder wegen der Vorauszahlung einer bereits fälligen Gebühr abhängig gemacht haben, zB nach den §§ 12, 17. Das muß durch einen Beschluß geschehen sein, Köln FER **96**, 42 (Untätigkeit reicht also nicht). Die Beschwerde richtet sich dann meist gegen eine Verfügung des Richters, Brdb RR **99**, 291. Nach einer Entscheidung des beauftragten oder ersuchten Richters muß man zunächst die Entscheidung des Prozeßgerichts nach §§ 576 I ZPO, 133 FGO oder 151 VwGO herbeiführt haben.

Unanwendbar ist I 1, soweit das Prozeßgericht eine Vorschuß- oder Vorauszahlungsanordnung abgelehnt hat. Daher ist der Bezirksrevisor nicht beschwerdeberechtigt.

4 **B. Höhe des Vorschusses.** Die Beschwerde kann sich auch auf die Höhe des verlangten Vorschusses beschränken. Der Urkundsbeamte der Geschäftsstelle setzt die Höhe fest, sobald der Richter die Vorschußpflicht dem Grunde nach angeordnet und nicht schon selbst die Höhe bestimmt hat.

Dagegen ist gegen einen *Kostenansatz* zunächst nur die befristete Erinnerung nach § 573 I 1 ZPO an das Gericht des Urkundsbeamten und erst gegen die Entscheidung des Gerichts die einfache Beschwerde nach § 66 zulässig. Das ist eine Spezialregelung gegenüber § 572 II ZPO. Unzureichend ist eine Wertfestsetzung etwa nach § 32 II RVG.

5 **4) Kein Beschwerdewert, I 1.** Da es sich um die Zulässigkeit der Gewährung des Rechtsschutzes für die Hauptsache handelt, ist die Zulässigkeit der Beschwerde nicht von der Einhaltung eines Beschwerdewerts abhängig. Das ergibt sich aus dem Wort „stets" in I 1. Vgl im übrigen bei § 66. Wegen des Fehlens eines Beschwerdewerts ist keine Zulassung erforderlich.

6 **5) Keine Beschwerdefrist, I 2.** Es gibt keine Beschwerdefrist, ebensowenig wie nach dem von I 2 in Bezug genommenen § 66 1–3, IV, V 1, 4, VI, VIII. Eine Verwirkung ist beim Zusammentreffen des sog Zeitmoments und des sog Umstandsmoments möglich.

7 **6) Weiteres Verfahren, I 2, 3, II.** Vgl zunächst die in I 2 genannten Teile des § 66. Ein Anwaltszwang gilt trotz § 66 V 1 Hs 1 dennoch bei einem solchen des

Hauptverfahren auch im Beschwerdeverfahren, I 3. Mangels einer Verweisung auch auf § 66 VII braucht der Kostenschuldner nicht vor der Rechtskraft der Entscheidung des Beschwerdegerichts zu zahlen. Daher darf das Prozeßgericht auch nicht vorher prozessuale diesbezügliche Nachteile verhängen.

II verweist auf § 66 für den Vorschuß für die Herstellung und Überlassung von Dokumenten und eine Aktenversendung nach § 17 II. **8**

Beschwerde gegen die Festsetzung des Streitwerts

68 I ¹Gegen den Beschluss, durch den der Wert für die Gerichtsgebühren festgesetzt worden ist (§ 63 Abs. 2), findet die Beschwerde statt, wenn der Wert des Beschwerdegegenstands 200 Euro übersteigt. ²Die Beschwerde findet auch statt, wenn sie das Gericht, das die angefochtene Entscheidung erlassen hat, wegen der grundsätzlichen Bedeutung der zur Entscheidung stehenden Frage in dem Beschluss zulässt. ³Die Beschwerde ist nur zulässig, wenn sie innerhalb der in § 63 Abs. 3 Satz 2 bestimmten Frist eingelegt wird; ist der Streitwert später als einen Monat vor Ablauf dieser Frist festgesetzt worden, kann sie noch innerhalb eines Monats nach Zustellung oder formloser Mitteilung des Festsetzungsbeschlusses eingelegt werden. ⁴Im Fall der formlosen Mitteilung gilt der Beschluss mit dem dritten Tage nach Aufgabe zur Post als bekannt gemacht. ⁵§ 66 Abs. 3, 4, 5 Satz 1, 2 und 5 sowie Abs. 6 ist entsprechend anzuwenden. ⁶Die weitere Beschwerde ist innerhalb eines Monats nach Zustellung der Entscheidung des Beschwerdegerichts einzulegen.

II ¹War der Beschwerdeführer ohne sein Verschulden verhindert, die Frist einzuhalten, ist ihm auf Antrag von dem Gericht, das über die Beschwerde zu entscheiden hat, Wiedereinsetzung in den vorigen Stand zu gewähren, wenn er die Beschwerde binnen zwei Wochen nach Beseitigung des Hindernisses einlegt und die Tatsachen, welche die Wiedereinsetzung begründen, glaubhaft macht. ²Nach Ablauf eines Jahres, von dem Ende der versäumten Frist an gerechnet, kann die Wiedereinsetzung nicht mehr beantragt werden. ³Gegen die Ablehnung der Wiedereinsetzung findet die Beschwerde statt. ⁴Sie ist nur zulässig, wenn sie innerhalb von zwei Wochen eingelegt wird. ⁵Die Frist beginnt mit der Zustellung der Entscheidung. ⁶§ 66 Abs. 3 Satz 1 bis 3, Abs. 5 Satz 1, 2 und 5 sowie Abs. 6 ist entsprechend anzuwenden.

III ¹Die Verfahren sind gebührenfrei. ²Kosten werden nicht erstattet.

Vorbem. I 3 eingefügt dch Art 11 Z 4 G v 9. 12. 04, BGBl 3220, in Kraft seit 1. 1. 05, Art 22 S 2 G. I 5, II 6 geändert dch Art 18 I Z 2 a, b G v 12. 12. 07, BGBl 2840, in Kraft seit 1. 7. 08, Art 20 S 3 G. Übergangsrecht jeweils § 71 GKG.

Gliederung

1) Systematik, I–III	1
2) Regelungszweck, I–III	2
3) Voraussetzungen, I 1, 2	3–10
A. Beschwerdefähiger Wertfestsetzungsbeschluß	4
B. Beschwer	5
C. Beispiele zur Frage einer Beschwerde, I 1, 2	6–9
D. Beschwerdewert oder Zulassungsbeschwerde	10
4) Beschwerdeverfahren, I 3–6	11–21
A. Zuständigkeit	11
B. Form	12
C. Frist	13, 14
D. Anhörung	15
E. Einzelrichter	16
F. Abhilfe	17
G. Weiteres Verfahren	18
H. Abänderung	19
I. Weitere Beschwerde	20
J. Entscheidung	21
5) Gegenvorstellung, I–III	22–28
A. Grundsatz: Statthaftigkeit	23
B. Zulässigkeit einer Beschwerde	24
C. Rechtsschutzbedürfnis	25
D. Weitere Einzelfragen	26–28

GKG § 68 I. A. Gerichtskostengesetz

1 **1) Systematik, I–III.** Es handelt sich um eine gegenüber § 66 vorrangige, selbständig neben §§ 67, 69 stehende Spezialregelung. Ergänzend gilt § 32 II RVG, Teil X dieses Buchs. § 68 ist bei einer Wertfestsetzung nach § 62 unanwendbar. Das zeigt schon der Wortlaut von I 1. Deshalb ist dort kein selbständiges Rechtsmittel statthaft, § 62 Rn 1, Stgt RR **05**, 992. In einer Wehrpflichtsache versagt § 34 III 2 WehrpflG eine Beschwerde.

2 **2) Regelungszweck, I–III.** Es gelten ungeachtet des Spezialcharakters nach Rn 1 dieselben Erwägungen wie bei § 66 Rn 2. I 3 dient dem Vertrauensschutz, Karlsr RR **04**, 499.

3 **3) Voraussetzungen, I 1, 2.** Die befristete Beschwerde ist statthaft, auch wenn eine allgemeine Beschwerde sondergesetzlich grundsätzlich unstatthaft wäre, § 66 Rn 32. Das Beschwerderecht des § 68 weicht von demjenigen der §§ 567 ff ZPO ab, Kblz JB **02**, 310, Rummel MDR **02**, 623. Die Beschwerde nach § 68 ist daher nur teilweise mit der sofortigen Beschwerde nach §§ 567 ff ZPO vergleichbar, Kblz JB **02**, 310. Die Beschwerde ist zulässig, soweit die folgenden Voraussetzungen zusammentreffen.

4 **A. Beschwerdefähiger Wertfestsetzungsbeschluß.** Es muß ein beschwerdefähiger endgültiger Wertfestsetzungsbeschluß vorliegen, Hamm FamRZ **05**, 1767 (sonst allenfalls § 67), Karlsr FamRZ **07**, 1670, VGH Mannh NVwZ-RR **06**, 855. Er muß gerade zumindest auch zum Kostenstreitwert nach § 63 II und nicht nur zum Zuständigkeits- oder Rechtsmittelwert nach § 62 vorliegen, Anh § 48 GKG: Einf 10, Teil I A dieses Buchs. Die Wertfestsetzung kann in dem Tenor oder in den Entscheidungsgründen eines Urteils stecken, § 63 Rn 26. Sie kann auch in der Vornahme oder Ablehnung einer Änderung liegen, § 63 Rn 39. Eine Ablehnung der ersten endgültigen Wertfestsetzung reicht nicht für I 1. Denn diese Vorschrift verlangt klar eine Festsetzung. Es mag dann eine sofortige Beschwerde nach § 567 I Z 2 ZPO zulässig sein. Eine „vorläufige" Wertfestsetzung nach (jetzt) § 63 I 1 genügt nicht, Bre MDR **06**, 419, Düss MDR **08**, 1120, Meyer JB **00**, 396, aM Schneider MDR **00**, 380. Noch weniger reicht eine formlose Angabe „Wert × EUR", § 63 Rn 30. Man muß in dem endgültigen Festsetzungsbeschluß oder in dem Nichtabhilfebeschluß des Erstgerichts erkennen können, um was es sich handelt, es sei denn, daß sich der Gegenstand der Entscheidung eindeutig auch ohne eine nähere Darlegung ergibt.

Man muß ferner erkennen können, *auf welcher Grundlage* das Gericht den Kostenstreitwert endgültig festgesetzt hat. Denn andernfalls würde man dem Beschwerdeführer die Beschwerdebegründung und den Beschwerdegegner die Entscheidung unnötig erschweren.

Gegen eine Entscheidung des Vorsitzenden im Verfahren nach *§ 80 VII 1 VwGO* ist die Beschwerde statthaft. Sie kommt grundsätzlich auch nach einer Wertfestsetzung des Rechtsmittelgerichts in Betracht. Gegen eine Entscheidung des OLG oder des OVG ist aber ausnahmsweise keine Beschwerde statthaft, I 5 in Verbindung mit § 66 III 3. Das ArbG muß eindeutig auch den Kostenwert festgesetzt haben, LAG Düss MDR **00**, 708.

Eine Anfechtung des Wertfestsetzungsbeschlusses ist auch *nicht zusammen mit* der Anfechtung einer *Verwerfung* der Berufung nach § 522 I 1 ZPO oder einer Zurückweisung nach § 522 II 1 ZPO statthaft. Das Revisionsgericht kann aber von Amts wegen einen anderen Kostenstreitwert festsetzen.

5 **B. Beschwer.** Wie bei jedem Rechtsmittel ist auch für eine Beschwerde gegen die endgültige Festsetzung des Kostenstreitwerts eine Beschwer erforderlich, Karlsr MDR **09**, 587.

Beschwer ist der Unterschied zwischen bisher Beantragtem und bisher Erreichtem, BGH NJW **02**, 212, BLAH Grdz 14 vor § 511 ZPO. Beschwerdegegenstand ist demgegenüber derjenige Teil der Beschwer, dessen Beseitigung man jetzt noch begehrt.

Es kann sich ein Anwalt aus *eigenem* Recht nach § 32 II RVG, Teil X dieses Buchs, nur über zu niedrige endgültige Wertfestsetzung beschweren, BGH RR **86**, 737, BayObLG WoM **92**, 334, Köln RR **99**, 1303. Das gilt auch wegen einer Tätigkeit vor einer Verweisung. Der Anwalt kann aber auch nur im Namen des Auftraggebers handeln und insoweit auch eine zu hohe Wertfestsetzung rügen. Tut er das letztere,

336

Abschnitt 8. Erinnerung und Beschwerde **§ 68 GKG**

sollte man seine Beschwerde demgemäß im Zweifel auch als solche nur seiner Partei auslegen, und umgekehrt. Die Partei kann sich grundsätzlich nur über eine zu hohe Wertfestsetzung beschweren, BGH RR **86**, 737, Brdb MDR **05**, 47, Kblz JB **02**, 310. Das gilt auch beim Zweitschuldner nach §§ 29, 31 GKG, Teil I A dieses Buchs, Ffm JB **75**, 367.

C. Beispiele zur Frage einer Beschwer, I 1, 2   6

Aktienrechtsstreit: Beschwert ist die Partei evtl auch dann, wenn der Gegner eine Streitwertbegünstigung nach § 247 I AktG, abgedruckt § 51 Anh IV, erhalten hat.

Auftraggeber gegen Anwalt: Die Partei desjenigen Anwalts, der eine Beschwerde einlegt, kann ein ihm entgegengesetztes Ziel verfolgen wollen. Deshalb muß das Gericht ihr vor einer Heraufsetzung des Werts das rechtliche Gehör geben, Kblz JB **02**, 310. Das kann freilich an sich wegen § 172 ZPO nur über den ProzBev gehen, etwa dahin, er möge mitteilen, ob, wann und wie er seinem Auftraggeber seinen Antrag mitgeteilt habe und wie dieser reagiert habe. Der Anwalt darf nicht ohne Wissen des Auftraggebers nur auf „Anweisung" des Rechtsschutzversicherers eine Beschwerde einlegen, LAG Düss MDR **95**, 1075. Ein Gegner ist aber weder hier noch bei anderen Antragstellern vorhanden. Das gilt auch dann, wenn das Gericht die Partei oder einen anderen am Streitwert Interessierten anhört, VGH Kassel AnwBl **84**, 49.

Außergerichtliche Kosten: *Nicht* beschwert ist derjenige, der nur solche Kosten ohne eine Mitteilung nach § 29 Z 2 übernommen hat.

Gebrauchsmusterstreit: Beschwert ist die Partei evtl auch dann, wenn der Gegner   7
eine Streitwertbegünstigung nach § 54 GebrMG erhalten hat.

Geschmacksmusterstreit: Beschwert ist die Partei evtl auch dann, wenn der Gegner eine Streitwertbegünstigung nach § 54 GeschmMG, abgedruckt § 51 Anh II, erhalten hat.

Halbleiterschutzstreit: Beschwert ist die Partei evtl auch dann, wenn der Gegner eine Streitwertbegünstigung nach § 11 II HalbleiterschutzG in Verbindung mit § 54 GebrMG erhalten hat.

Honorarvereinbarung: Beschwert ist die Partei evtl auch dann, wenn sie mit dem Anwalt ein über das Gesetz hinausgehendes höheres Honorar nach § 3a RVG vereinbart hat. Solche Vereinbarung hindert den Anwalt übrigens nicht, eine Erhöhung des endgültig festgesetzten Kostenstreitwerts zu fordern, BFH NJW **76**, 208. Wäre eine Beschwer bei einer Honorarvereinbarung unnötig, dann könnte die Partei das erhöhte Honorar auf denjenigen Gegner abwälzen, der sich bereits auf einen endgültig festgesetzten Kostenstreitwert eingerichtet hat und nicht mit einer Streitwerterhöhung nur deshalb rechnen muß, weil sein Gegner einen teureren Anwalt beschäftigt hat, VGH Mü NVwZ-RR **97**, 195, aM Celle JB **92**, 762, VGH Mü AnwBl **82**, 445, OVG Saarlouis NJW **08**, 312. Unter Umständen muß eine Umdeutung erfolgen, Bbg JB **76**, 1677. Die Partei kann durch eine zu geringe Wertfestsetzung beschwert sein und dann ausnahmsweise eine höhere fordern, OVG Bautzen NVwZ-RR **06**, 654.

Kosteninteresse: Maßgebend für eine Beschwer ist das Kosteninteresse des Beschwerdeführers, Karlsr JB **05**, 543, zB der (Partei an einer Klärung als Widerklägerin oder Zweitschuldnerin, Ffm WRP **75**, 164.

Markenstreit: Beschwert ist die Partei evtl auch dann, wenn der Gegner eine Streitwertbegünstigung nach § 142 MarkenG auch in Verbindung mit § 8 II 3 MarkenG, abgedruckt KV 1252 Anh I Rn 4, erhalten hat.

Patentstreit: Beschwert ist die Partei evtl auch dann, wenn der Gegner eine Streit-   8
wertermäßigung nach § 144 PatG erhalten hat.

Rechtsmittelzulässigkeit: Keine Beschwer liegt dann vor, wenn man in Wahrheit nur die Zulässigkeit des Hauptsache-Rechtsmittels herbeiführen will, LG Bayreuth JB **79**, 405.

Selbständiges Beweisverfahren: Nach einem solchen Verfahren nach §§ 485 ff ZPO kann eine Beschwer schon wegen eines etwaigen sachlichrechtlichen Ersatzanspruchs vorliegen, LG Münst MDR **89**, 554, aM LG Brschw JB **85**, 1213 (aber ein Ersatzanspruch steht hinter jedem solchen Verfahren).

GKG § 68   I. A. Gerichtskostengesetz

Selbstvertretung: Der sich selbst vertretende Anwalt kann in beiden Funktionen unterschiedlich beschwert sein.
Staatskasse: Beschwert ist evtl auch sie, Düss MDR **00**, 789. Das gilt sowohl bei einer zu niedrigen endgültigen Festsetzung als auch bei einer zu hohen, Bbg AnwBl **84**, 95. Das gilt im letzteren Fall aber nur insoweit, als sie deshalb dem im Verfahren der Prozeßkostenhilfe beigeordneten Anwalt mehr vergüten muß, Brdb JB **01**, 94, KG AnwBl **84**, 612, VGH Mannh JB **92**, 420.

9 **Wertherabsetzung:** Beschwert ist evtl auch der erstinstanzliche Sieger bei einer solchen Herabsetzung, Schmidt Rpfleger **75**, 265, aM OVG Münst Rpfleger **75**, 148.
Wettbewerbsstreit: Beschwert ist die Partei evtl auch dann, wenn der Gegner eine Streitwertminderung nach § 12 IV 1 UWG, abgedruckt § 51 Anh III, erhalten hat.
Widerklage: Rn 7 „Kosteninteresse".
Zustimmung zur Festsetzung: Beschwert ist die Partei evtl auch trotz einer Zustimmung zur ProzBev im erstinstanzlichen Festsetzungsverfahren nach einem Wegfall ihrer früheren Beschwer, Celle JB **05**, 429.

Nicht beschwert ist derjenige, der einer Festsetzung des Kostenstreitwerts zugestimmt hat, Bbg JB **75**, 1463, Hbg MDR **77**, 407, Hamm FamRZ **97**, 691, aM Mü JB **01**, 141 (aber in solcher Zustimmung liegt der Verzicht auf eine Anfechtung).
Zweitschuldner: Rn 7 „Kosteninteresse".

10 **D. Beschwerdewert oder Zulassungsbeschwerde.** Entweder muß der Beschwerdewert für jede Beschwerde im Zeitpunkt ihrer Einlegung 200 EUR übersteigen, I 1. Das gilt auch im verwaltungsgerichtlichen Verfahren, OVG Hbg Hbg-JVBl **94**, 19, VGH Kassel MDR **94**, 737, VGH Mannh JB **94**, 34. Der Beschwerdewert ergibt sich aus dem wahren üblichen Gebührenunterschied dieser Instanz, und zwar bei einer Partei auf Grund der Gerichtskosten und der insgesamt von dem Beschwerdeführer dem eigenen Anwalt zu zahlenden und dem Gegner für dessen Anwalt zu erstattenden Gebühren, Karlsr JB **05**, 543, VGH Mannh MDR **76**, 609, einschließlich der Umsatzsteuer. Bei der Staatskasse kommt es auch auf die einem bestellten oder beigeordneten Anwalt zustehende Vergütung an, bei der Staatskasse unter einer Mitbeachtung von Kosten eines etwa beigeordneten Anwalts, jeweils einschließlich der Mehrwertsteuer. Infolge einer teilweise Abhilfe kann auch der restliche Beschwerdewert unter 200 EUR fallen und damit zur Unzulässigkeit führen, Hamm JB **82**, 582. Eine Antragserweiterung kann auch den Beschwerdewert erhöhen, sofern sie nicht nur zwecks Erzielung der Zulässigkeit der Beschwerde erfolgt (Rechtsmißbrauch).
Unzureichend ist eine bloße *Abweichung* des geltend gemachten Werts vom festgesetzten, Karlsr JB **05**, 543.
Oder es muß nach I 2 eine *Zulassung* wegen einer grundsätzlichen Bedeutung erfolgen. Dazu gelten dieselben Regeln wie bei § 66 II 2.

11 **4) Beschwerdeverfahren, I 3–6.** Das Verfahren weicht von demjenigen der §§ 567 ff ZPO ab, so schon Kblz JB **02**, 310, Rummel MDR **02**, 623. Es empfiehlt sich die folgende Prüfreihe.

A. Zuständigkeit. Gegen eine Wertfestsetzung durch den Rpfl ist zunächst nur der Rechtsbehelf nach § 11 RPflG möglich. Soweit der Urkundsbeamte der Geschäftsstelle einen Kostenstreitwert angesetzt und noch nicht beschwert hatte, muß man zunächst die Entscheidung seines Gerichts nach § 66 I 1 herbeiführen, Pabst/Rössel MDR **04**, 731. Erst gegen die endgültige Wertfestsetzung durch den Richter ist die Beschwerde nach § 68 statthaft, Pabst/Rössel MDR **04**, 731. In einer Familiensache ist der Familien-Senat des OLG zuständig, § 59 FamGKG Teil I B dieses Buchs. Vgl Rn 16.

12 **B. Form.** Die Einlegung der Beschwerde kann schriftlich oder nach § 5a elektronisch oder zum Protokoll des Urkundsbeamten der Geschäftsstelle erfolgen, I 5 in Verbindung mit § 66 V 1 Hs 1, 2. Es genügt die rechtzeitige Einlegung bei jedem AG, § 129a ZPO, I 5 in Verbindung mit § 66 V 1 Hs 2. Es besteht daher auch kein Anwaltszwang, § 78 III Hs 2 ZPO zumindest entsprechend, und zwar auch vor dem OVG nicht, OVG Bautzen JB **98**, 94, VGH Mü NVwZ-RR **04**, 158, OVG Saar-

louis NVwZ-RR 07, 564. Er besteht auch dann nicht, wenn sich der Anwalt nach § 32 II RVG beschwert.

C. Frist. Die Beschwerde ist nach I 3 grundsätzlich dann unzulässig, wenn sie spä- 13 ter als nach der in § 63 III 2 genannten Sechsmonatsfrist seit der Rechtskraft oder anderweitigen Erledigung des Verfahrens eingeht, § 63 Rn 52 ff, Kblz MDR **05**, 826, Rummel MDR **02**, 623. Bei Gesamtschuldnern kommt es auf die Rechtskraft oder Erledigung wegen aller Ansprüche an. Ein Vergleich löst die Frist aus, Karlsr RR **04**, 499. Wenn also auch die ändernde Entscheidung ergehen kann, kann man eine Änderung doch nicht mehr mit einer späteren Beschwerde veranlassen. § 569 ZPO ist unanwendbar, Hbg FamRZ **03**, 1198. Es gibt gegen einen Fristverstoß keine Wiedereinsetzung, Karlsr RR **04**, 499.

Wenn das Gericht den Streitwert später als einen Monat vor dem Ablauf der in § 63 III 2 genannten Frist festsetzt oder ändert, läuft die Beschwerdefrist ausnahmsweise noch einen Monat nach der Zustellung oder formlosen Mitteilung des Festsetzungsbeschlusses, I 3 Hs 2, Düss JB **90**, 914.

Eine *weitere* Beschwerde ist an eine Monatsfrist seit der Zustellung der Entschei- 14 dung des Beschwerdegerichts gebunden, I 6.

D. Anhörung. Das Gericht muß einem Beteiligten das rechtliche Gehör vor einer 15 ihm nachteiligen Entscheidung geben, LG Mosbach MDR **85**, 593, Schneider MDR **85**, 358. Wenn der angefochtene Festsetzungsbeschluß keine Begründung enthält, wenn es sich außerdem um eine schwierige Sache handelt und wenn obendrein etwa noch weitere erhebliche Verfahrensfehler vorliegen, ist eine Zurückverweisung zulässig, Bbg JB **78**, 1360.

E. Einzelrichter. Wenn das AG an das LG verwiesen hatte, entscheidet das OLG. 16 Das gilt auch wegen eines vor der Verweisung vom AG gefaßten Beschlusses nach § 63 und nicht nach § 62. Das weitere Verfahren verläuft nach I 5 in Verbindung mit § 66 III–V 1, 2, 5, VI. Der Einzelrichter des § 568 I 1 ZPO ist also nach § 66 VI 1 Hs 2 grundsätzlich als gesetzlicher Richter nach Art 101 I 2 GG funktionell auch hier zuständig, wenn in erster Instanz der Einzelrichter entschieden hatte, (je zum alten Recht) Ffm GRUR **05**, 164, Hbg FamRZ **03**, 1198, OVG Lüneb NVwZ-RR **09**, 744 (nicht bei einer Streitwertentscheidung des Vorsitzenden oder des Berichterstatters nach § 87 a I Z 4, III VwGO). In anderen Fällen ist das Kollegium zuständig, OVG Magdeb NJW **09**, 3115. Bei einer besonderen Schwierigkeit tatsächlicher oder rechtlicher Art oder bei einer grundsätzlichen Bedeutung der Rechtssache darf und muß der Einzelrichter des Beschwerdegerichts das Verfahren nach I 5 in Verbindung mit § 66 VI 2 dem Kollegium vorlegen.

F. Abhilfe. Das festsetzende Gericht kann der Beschwerde ganz oder teilweise ab- 17 helfen, I 5 in Verbindung mit § 66 III 1 Hs 1, Natter NZA **04**, 689. Es muß das auch evtl tun. Eine pflichtwidrige Nichtabhilfe ist ein Verfahrensfehler. Er kann zur Zurückverweisung führen. Dabei fingiert I 4 bei einer formlosen Mitteilung den Zugang des Beschlusses in verfassungsrechtlich hier wie in allen ähnlichen Gesetzesfällen problematischer Weise mit 3 Tagen seit der Absendung. Bei einer teilweisen Nichtabhilfe erfolgt die notwendige Vorlage eben wegen des Rests. Nur er bestimmt jetzt den Beschwerdewert, Ffm Rpfleger **88**, 30, Kblz JB **86**, 363, aM GSchm § 32 Rn 201. Das Beschwerdegericht ist nicht an die Streitwertfestsetzung des Prozeßgerichts gebunden, LAG Nürnb JB **09**, 196. Es kann über den Antrag des Beschwerdeführers hinausgehen, § 308 II ZPO.

G. Weiteres Verfahren. Eine Beschwerde an einen Obersten Gerichtshof des 18 Bundes ist unstatthaft, I 5 in Verbindung mit § 66 III 4, (zum alten Recht) BGH MDR **04**, 355, BAG MDR **03**, 956 (zustm Brinkmann JB **03**, 422). Daher ist eine Entscheidung eines FG oder eines LAG unanfechtbar, Natter NZA **04**, 689. Das alles gilt selbst nach einem schweren Verfahrensverstoß etwa gegen Art 103 I GG. Dann bleibt natürlich eine Verfassungsbeschwerde denkbar.

Eine Streitwertbeschwerde ist auch noch dann zulässig, wenn die Entscheidung in der Hauptsache bereits *rechtskräftig* geworden ist. Durch eine Beschwerdeentscheidung kann auch wegen einer erheblichen Veränderung des Streitwerts die Kostenentscheidung der Hauptsache unrichtig werden.

Gegen die Versäumung der Frist nach I 3–5 ist unter den §§ 233 ff ZPO ähnelnden Voraussetzungen II eine *Wiedereinsetzung* zulässig. Dazu muß feststehen, daß trotz aller zumutbaren Sorgfalt die Versäumung der Beschwerdefrist nicht vorwerfbar war, OVG Münst NJW **08**, 1339.

19   **H. Abänderung.** Das höhere Gericht kann auch von Amts wegen die Entscheidung des Vordergerichts abändern, Oldb RR **96**, 946, Zweibr Rpfleger **80**, 201, VGH Mü MDR **99**, 197. Soweit die Beschwerde innerhalb der Frist des I 3, 4 einging, ist die Abänderung von Amts wegen auch nach dem Fristablauf zulässig, BVerwG NVwZ **88**, 1019. Eine Abänderung von Amts wegen ist auch zum Nachteil des Beschwerdeführers zulässig. Es besteht also kein Verschlechterungsverbot, Brdb FamRZ **07**, 2000, Düss MDR **09**, 1188, LAG Nürnb JB **09**, 196. Es gibt keine Rechtsbeschwerde, BAG BB **03**, 422.

20   **I. Weitere Beschwerde.** Eine weitere Beschwerde ist in einer Abweichung von § 574 ZPO unter den Voraussetzungen I 5 in Verbindung mit § 66 IV statthaft, also nur dann, wenn das LG als Beschwerdegericht entschieden hat und wenn es die weitere Beschwerde wegen der grundsätzlichen Bedeutung der zur Entscheidung stehenden Frage bereits in seinem Beschluß zugelassen hat. Die weitere Beschwerde ist innerhalb der Monatsfrist des I 6 zulässig. Zur Entscheidung ist das OLG zuständig.

21   **J. Entscheidung.** Das Beschwerdegericht überprüft den vorinstanzlichen Festsetzungsbeschluß im vollen Umfang seiner Anfechtung. Es übt bei der Wertfestsetzung sein volles pflichtgemäßes Ermessen aus, Bbg JB **78**, 1061. Es begründet seine Entscheidung nachprüfbar. Das Gericht stellt seine Beschwerdeentscheidung dem Beschwerdeführer und dem Prozeßgegner schon wegen der Fristgebundenheit einer etwaigen weiteren Beschwerde nach Rn 20 und wegen der nach § 107 II ZPO etwa anlaufenden Frist förmlich zu, § 329 III ZPO.

Im Beschwerdeverfahren entstehen keine Gebühren, soweit die Beschwerde zulässig ist, III 1, sonst aber sehr wohl, Kblz RR **00**, 1239. Es können *Auslagen* entstehen. Es findet grundsätzlich keine Kostenerstattung statt, III 1. Das soll einen neuen Streit verhindern helfen, BGH NJW **93**, 2542, Kblz MDR **04**, 709 (Ausnahme: Unstatthaftigkeit der Beschwerde). Es gibt keine Kostenentscheidung zulasten des Prozeßgegners des Beschwerdeführers, LG Ffm Rpfleger **85**, 208, auch nicht wegen Gerichtsauslagen, III 1. Denn er ist kein Gegner, BFH NJW **76**, 1864, OVG Bautzen LKV **94**, 64, VGH Mü MDR **99**, 197.

Wegen einer etwaigen *Berichtigung der Kostengrundentscheidung* gilt dasselbe wie bei § 63 Rn 40, 41.

22   **5) Gegenvorstellung, I–III**

Schrifttum: *Bauer,* Die Gegenvorstellung im Zivilprozeß, 1990; *Bauer* NJW **91**, 1711; *Ratte,* Wiederholung der Beschwerde und Gegendarstellung, 1975.

23   **A. Grundsatz: Statthaftigkeit.** Die Gegenvorstellung ist eine Ausprägung des Art 17 GG, Karlsr MDR **93**, 289. Sie richtet sich an das bisherige Gericht und erbittet lediglich dessen nochmalige Überprüfung, BGH RR **86**, 737. Sie ist grundsätzlich in jeder Lage des Verfahrens statthaft, BSG MDR **92**, 386. Sie kann sogar vor einer Verfassungsbeschwerde notwendig sein, Rn 28. Das alles gilt trotz des aus allgemeinen prozessualen Grundsätzen folgenden Verbots unter Umgehung der gesetzlich zur Verfügung stehenden Rechtsbehelfs, BGH RR **86**, 737, BSG MDR **92**, 386, BLAH Üb 3 vor § 567 ZPO. Eine Gegenvorstellung ist jedoch nur zulässig, wenn die folgenden Voraussetzungen zusammentreffen.

24   **B. Zulässigkeit einer Beschwerde.** Eine Beschwerde nach I–III muß insofern zulässig sein, als die angegriffene Entscheidung ihrer Art nach beschwerdefähig sein muß, BGH RR **86**, 737. Denn die Gegenvorstellung unterscheidet sich von der Beschwerde unter anderem durch das Fehlen einer Anrufung des übergeordneten Gerichts. Sie kann überdies als eine Anregung zur Änderung von Amts wegen gelten, § 63 III. Die Gegenvorstellung kommt auch dann in Betracht, wenn ein Beschwerdegericht fehlt oder wenn eine Beschwerdesumme nicht erreicht ist, BVerfG NJW **02**, 3387, BGH RR **86**, 737. Die Beschwerdefrist darf nicht abgelaufen sein, BGH JB **86**, 1027, Köln JB **86**, 1221, Nürnb RR **99**, 654.

Abschnitt 8. Erinnerung und Beschwerde §§ 68, 69 GKG

C. **Rechtsschutzbedürfnis.** Es muß ein Rechtsschutzbedürfnis vorliegen, Bre JB 25
78, 602. Man darf ein Rechtsschutzbedürfnis wegen der stets erforderlichen Beschwerdemöglichkeit nur ausnahmsweise bejahen.

D. **Weitere Einzelfragen.** Eine Gegenvorstellung gegen den Festsetzungsbeschluß 26
des Rechtsmittelgerichts wegen des vorinstanzlichen Werts ist in der Regel unzulässig, (je zum alten Recht) BGH RR **86**, 737, Hamm MDR **90**, 63, Ffm MDR **82**, 589.

Das gilt zumindest dann, wenn der Beschwerdeführer sie *später als 6 Monate seit der* 27
Erledigung der Hauptsache einlegt. Von diesem Grundsatz mag dann eine Ausnahme gelten, wenn das Gericht gegen das Gebot des rechtlichen Gehörs des Beschwerdegegners verstoßen hat, Artt 2 I, 20 III GG (Rpfl), BVerfG **101**, 404, Art 103 I GG (Richter), Hamm JB **76**, 1121, oder wenn es sich um eine Änderung oder Klarstellung nach § 319 ZPO handelt oder wenn die Voraussetzungen II vorliegen.

Man muß die *Frist* (jetzt) *des I 3, 4 einhalten,* BGH RR **86**, 373. (Jetzt) § 63 III 2 28
Hs 2 ist entsprechend anwendbar, Kblz MDR **90**, 63, OVG Münst NVwZ-RR **99**, 479. Innerhalb der Frist kommt gegen eine Entscheidung des BGH eine Gegenvorstellung in Betracht, BVerfG NJW **02**, 3387. Diese muß man vor einer Verfassungsbeschwerde auch selbst dann einlegen, wenn ihr Erfolg zweifelhaft sein kann, BVerfG NJW **02**, 3387.

Im Verfahren auf eine Gegenvorstellung entstehen *keine Gerichtsgebühren,* § 1, KG FamRZ **75**, 104.

Beschwerde gegen die Auferlegung einer Verzögerungsgebühr

69 [1] Gegen den Beschluss nach § 38 findet die Beschwerde statt, wenn der Wert des Beschwerdegegenstands 200 Euro übersteigt oder das Gericht, das die angefochtene Entscheidung erlassen hat, die Beschwerde wegen der grundsätzlichen Bedeutung der zur Entscheidung stehenden Frage *in dem Beschluss* zugelassen hat. [2] § 66 Abs. 3, 4, 5 Satz 1, 2 und 5, Abs. 6 und 8 ist entsprechend anzuwenden.

Vorbem. In S 1 hat der Gesetzgeber die Wörter „in dem Beschluss" infolge eines offensichtlichen redaktionellen Versehens hinter dem Wort „Bedeutung" statt wie hier oben hinter dem Wort „Frage" eingerückt. S 2 geändert dch Art 18 I Z 3 G v 12. 12. 07, BGBl 2840, in Kraft seit 1. 7. 08, Art 20 S 3 G, Übergangsrecht § 71 GKG.

1) **Systematik, S 1, 2.** Es handelt sich um eine gegenüber §§ 66–68 vorrangige 1
Spezialvorschrift zur Ergänzung des § 38.

2) **Regelungszweck, S 1, 2.** Auch bei einem Beschwerdewert von höchstens 2
200 EUR kann eine Beschwerde statthaft werden, um eine Grundsatzfrage klären zu können. Das muß man bei der Auslegung mitbeachten.

3) **Geltungsbereich, S 1, 2.** Dieses Rechtsmittel ist auch dann möglich, wenn 3
das Gericht die Gebühr in den Urteilstenor aufgenommen hatte, (jetzt) § 38 Rn 22, Celle MDR **01**, 350. Beschwerdeberechtigt ist nur die beschwerte Partei selbst, nicht ihr schuldhafter oder schuldloser Vertreter mit dem „Antragsteller", § 38 Rn 24. Erst recht nicht beschwerdeberechtigt ist der Prozeßgegner. Auch die Staatskasse hat kein Beschwerderecht. Nur ein Anordnungsbeschluß ist anfechtbar, nicht ein Aufhebungsbeschluß und erst recht nicht eine Unterlassung oder Untätigkeit des Gerichts. Wenn das Gericht freilich einen Anordnungsbeschluß von Amts wegen unzulässig aufgehoben hatte, obwohl keine Beschwerde vorlag, kann die Staatskasse die Erinnerung nach § 66 einlegen. Die Vorschrift gilt in allen von § 1 erfaßten Verfahrensarten.

4) **Zulässigkeit, S 1.** Die Beschwerde ist gegen die Verzögerungsgebühr sowohl 4
dem Grunde nach als auch gegen ihre Höhe statthaft. Es muß zumindest eine der folgenden Voraussetzungen vorliegen.
A. Entweder: Beschwerderecht über 200 EUR, Hs 1. Entweder muß der Wert des Beschwerdegegenstands und damit die Höhe der beanstandeten teilweisen oder gänzlichen Verzögerungsgebühr 200 EUR übersteigen. Dazu gilt dasselbe wie bei § 66 II 1.

341

5   B. Oder: Zulassung wegen grundsätzlicher Bedeutung, Hs 2. Oder das Gericht muß die Beschwerde wegen einer grundsätzlichen Bedeutung der zur Entscheidung stehenden Frage zugelassen haben. Dazu gilt dasselbe wie bei § 66 II 2.

6   5) Verfahren, S 2. Es gelten dieselben Regeln wie bei § 66 III–V 1, 2, 5, VI, VIII. Das pflichtgemäße Ermessen des erstinstanzlichen Gerichts ist natürlich überprüfbar.

Abhilfe bei Verletzung des Anspruchs auf rechtliches Gehör

69a [I] Auf die Rüge eines durch die Entscheidung beschwerten Beteiligten ist das Verfahren fortzuführen, wenn

1. ein Rechtsmittel oder ein anderer Rechtsbehelf gegen die Entscheidung nicht gegeben ist und
2. das Gericht den Anspruch dieses Beteiligten auf rechtliches Gehör in entscheidungserheblicher Weise verletzt hat.

[II] [1] Die Rüge ist innerhalb von zwei Wochen nach Kenntnis von der Verletzung des rechtlichen Gehörs zu erheben; der Zeitpunkt der Kenntniserlangung ist glaubhaft zu machen. [2] Nach Ablauf eines Jahres seit Bekanntmachung der angegriffenen Entscheidung kann die Rüge nicht mehr erhoben werden. [3] Formlos mitgeteilte Entscheidungen gelten mit dem dritten Tage nach Aufgabe zur Post als bekannt gemacht. [4] Die Rüge ist bei dem Gericht zu erheben, dessen Entscheidung angegriffen wird; § 66 Abs. 5 Satz 1 und 2 gilt entsprechend. [5] Die Rüge muss die angegriffene Entscheidung bezeichnen und das Vorliegen der in Absatz 1 Nr. 2 genannten Voraussetzungen darlegen.

[III] Den übrigen Beteiligten ist, soweit erforderlich, Gelegenheit zur Stellungnahme zu geben.

[IV] [1] Das Gericht hat von Amts wegen zu prüfen, ob die Rüge an sich statthaft und ob sie in der gesetzlichen Form und Frist erhoben ist. [2] Mangelt es an einem dieser Erfordernisse, so ist die Rüge als unzulässig zu verwerfen. [3] Ist die Rüge unbegründet, weist das Gericht sie zurück. [4] Die Entscheidung ergeht durch unanfechtbaren Beschluss. [5] Der Beschluss soll kurz begründet werden.

[V] Ist die Rüge begründet, so hilft ihr das Gericht ab, indem es das Verfahren fortführt, soweit dies aufgrund der Rüge geboten ist.

[VI] Kosten werden nicht erstattet.

Vorbem. Eingefügt dch Art 11 Z 5 G v 9. 12. 04, BGBl 3220, in Kraft seit 1. 1. 05, Art 22 S 2 G. II 4 Hs 2 ergänzt dch Art 18 I Z 4 G v 12. 12. 07, BGBl 2840, in Kraft seit 1. 7. 08, Art 20 S 3 G, Übergangsrecht jeweils § 71 GKG.

Schrifttum (je zum alten Recht): *Hinz* WoM 02, 6 (Üb); *Kettinger*, Die Verfahrensgrundrechtsrüge usw., 2007; *Polep/Rensen*, Die Gehörsrüge (§ 321a ZPO), 2004; *Schmidt* MDR 05, 915 (Üb); *Schnabl*, Die Anhörungsrüge nach § 321a ZPO, 2007; *Schneider* AnwBl 02, 620; *Schneider*, Die Gehörsrüge – eine legislative Missgeburt, Festschrift für *Madert* (2006) 187; *Treber* NJW 05, 97 (Üb); *Vollkommer*, Erste praktische Erfahrungen mit der neuen Gehörsrüge gemäß § 321a ZPO, Festschrift für *Musielak* (2004) 619; *Vollkommer*, Streit- und Zweifelsfragen bei der schrittweisen Einführung der Gehörsrüge in dem deutschen Zivilprozess, Festschrift für *Georgiades* (2006) 589; *Zuck* AnwBl 08, 168 (krit Üb).

Gliederung

1) Systematik, I–VI	1
2) Regelungszweck, I–VI	2, 3
3) Geltungsbereich, I–VI	4
4) Ausschluß von §§ 319–321, 329 ZPO usw, I–VI	5–9
A. Keine Berichtigung nach §§ 319, 329 ZPO usw	6
B. Keine Tatbestandsberichtigung nach § 320 ZPO	7, 8
C. Keine Ergänzung der Entscheidung nach §§ 321, 329 ZPO usw	9
5) Unbeachtlichkeit von § 156 ZPO, I–VI	10
6) Unzulässigkeit eines Rechtsmittels oder anderen Rechtsbehelfs, I Z 1	11–14
A. Maßgeblichkeit nur der Entscheidung nach dem GKG	12
B. Unzulässigkeit jedes anderen Rechtsbehelfs	13, 14

Abschnitt 8. Erinnerung und Beschwerde § 69a GKG

7) **Entscheidungserhebliche Verletzung des Anspruchs auf rechtliches Gehör, I Z 2** 15–20
   A. Gehörsverletzung gerade des Beschwerten 16
   B. Gehörsbegriff 17, 18
   C. Entscheidungserheblichkeit des Gehörsverstoßes 19
   D. Nicht nur bei Endentscheidung, I Z 1, 2 20
8) **Notwendigkeit einer Rüge, I, II** 21
9) **Rügefrist, II 1–3** 22–25
   A. Fristbeginn mit Kenntnis der Verletzung, II 1 Hs 1 23
   B. Glaubhaftmachung, II 1 Hs 2 24
   C. Jahres-Ausschlußfrist, II 2, 3 25
10) **Zuständigkeit, Rügeform, II 3 Hs 2, II 4** 26, 27
   A. Schriftform oder elektronisch 26
   B. Auch zum Protokoll 27
11) **Rügeinhalt, II 5** 28–39
   A. Bezeichnung der angegriffenen Entscheidung, II 5 Hs 1 28
   B. Darlegung der Gehörsverletzung, II 5 Hs 2 .... 29, 30
   C. Darlegung der Entscheidungserheblichkeit der Gehörsverletzung, II 5 Hs 2 31–34
   D. Voraussichtlichkeit, II 5 Hs 1, 2 35
   E. Beispiele zur Frage einer Gehörsverletzung, II 5 Hs 1, 2 36–39
12) **Stellungnahme des Gegners, III** 40–42
   A. Erforderlichkeit 40
   B. Stellungnahmefrist 41
   C. Gegenäußerung des Rügeführers 42
13) **Verwerfung, Zurückweisung, IV** 43–52
   A. Amtsprüfung der Statthaftigkeit und Zulässigkeit, IV 1 .... 43, 44
   B. Freigestellte mündliche Verhandlung, IV 1 45
   C. Bei Unstatthaftigkeit oder Unzulässigkeit: Verwerfungsbeschluß, IV 2, 4, 5 46
   D. Begründung der Verwerfung 47, 48
   E. Verwerfungskosten 49
   F. Bei Unbegründetheit: Zurückweisungsbeschluß, IV 3–5 50
   G. Begründung der Zurückverweisung 51
   H. Zurückverweisungskosten 52
14) **Abhilfe: Verfahrensfortführung, V** 53–56
   A. Entbehrlichkeit einer Fortführungsentscheidung, V 1 54
   B. Zurückversetzung des Verfahrens, V 2, 4 55
   C. Neue Entscheidung, V 3 56
15) **Einstellung der Zwangsvollstreckung usw, § 707 ZPO** 57, 58
16) **Keine Kostenerstattung, VI** 59
17) **Verstoß, I–VI** 60
18) **Rechtsbehelfe, Verfassungsbeschwerde, I–VI** 61–67
   A. Nicht bei greifbarer Gesetzwidrigkeit 62
   B. Keine Gegenvorstellung 63
   C. „Ergänzende" Rechtsbeschwerde 64
   D. Meistbegünstigung 65
   E. Verfassungsbeschwerde 66
   F. Gegen Abhilfe 67

1) Systematik, I–VI. Die Vorschrift ist eine notwendige Ergänzung zu §§ 66 ff. **1** Denn sie regelt eine dort nicht eindeutig oder gar nicht erfaßte Situation. § 69a gilt deshalb neben §§ 66–69 nur hilfsweise, eben nur, soweit diese letzteren Bestimmungen nicht ausreichen. Nur bei deren Unanwendbarkeit entsteht ein Rechtsschutzbedürfnis zum Verfahren nach § 69a, Celle MDR **03**, 593 (zu § 321a ZPO).

2) Regelungszweck, I–VI. Die Vorschrift bezweckt die Heilung eines Verstoßes gegen Art 103 I GG und nur dieses Verstoßes, so jetzt auch BVerfG NJW **09**, 3710/3711 (zu § 321a ZPO, kunstvoll aussparend zitierend), weitergehend BVerfG NZA **08**, 1201 (zu § 78a ArbGG). Sie dient aber auch der Entlastung des BVerfG, Oldb NJW **03**, 149. Gravenhorst MDR **03**, 888 schlägt stattdessen für den Zivilprozeß eine „kleine Verfassungsbeschwerde" mit §§ 577a–e ZPO vor (so sein Entwurf). Das BVerfG soll sich nicht mit einem solchen Verstoß gegen Art 103 I GG befassen müssen, den das Verfahrensgericht aus einer Gleichgültigkeit oder Gedankenlosigkeit oder sogar ohne jede Vorwerfbarkeit begangen hatte und den es bei einer nochmaligen Prüfung voraussichtlich selbst beheben kann, BVerfG NJW **07**, 2241 und 2243. Das rechtfertigt zB im Zivilprozeß die Durchbrechung der Bindung an die eigene Entscheidung und sogar der inneren Rechtskraft. Es erübrigt auch ein ohnehin meist erst unter anderen Umständen mögliches Abänderungsverfahren nach § 323 ZPO oder eine jetzt unzulässige weitere Beschwerde, KG MDR **02**, 1086 (zu § 321a ZPO). **2**

343

GKG § 69a   I. A. Gerichtskostengesetz

3   *Gerechtigkeit* ist also das Hauptziel. Daneben dient § 69 a aber eben auch der Prozeßwirtschaftlichkeit, BLAH Grdz 14 vor § 128 ZPO. Das gilt zwar nicht zugunsten des Verfahrensgerichts, wohl aber zugunsten des überlasteten BVerfG. Deshalb muß man die Vorschrift im Zweifel zulasten des Verfahrensgerichts auslegen. Man muß ihre Voraussetzungen also großzügig bejahen. Freilich sollte eine solche Auslegung nun auch keineswegs dazu führen, einer unterlegenen Partei einen billigen Vorwand zu geben, statt eines Rechtsmittelrisikos bequem einen Gehörsverstoß zu behaupten und damit einfach eine Wiedereröffnung der Verhandlung zu erreichen, um dann dasjenige ergänzend vortragen und beweisen zu können, was sie längst hätte tun können und müssen. Auch diese Gefahr muß man bei der Auslegung mitbeachten. *Rechtssicherheit* ist ein weiteres Ziel. Denn eine rechtzeitige Rüge nach § 69 a hemmt den Eintritt der formellen Rechtskraft und damit auch der inneren.

4   **3) Geltungsbereich, I–VI.** Die Vorschrift ist dem § 321 a ZPO nachgebildet, Diese Vorschrift ist in allen Verfahren nach § 69 a uneingeschränkt anwendbar, auch im Wiedereinsetzungsverfahren nach einer Gewährung nach § 238 ZPO, BGH FamRZ **09**, 685, sowie im Urkunden-, Scheck- und Wechselprozeß der §§ 592 ff ZPO (Vor- wie Nachverfahren) und im Eilverfahren auf Arrest nach §§ 920 ff ZPO oder einstweilige Verfügung, §§ 935 ff ZPO. Das gilt auch zB: Beim Kostenansatz; bei einer Erinnerung und bei einer Beschwerde; bei der Wertfestsetzung; beim Vorschuß; beim Zurückbehaltungsrecht; bei einer unrichtigen Sachbehandlung; bei der Bestimmung des Zahlungspflichtigen.
In *anderen* Gerichtsverfahren gelten entsprechende Vorschriften, §§ 72 a, 78 a ArbGG, BVerfG NZA **08**, 1201, BAG MDR **07**, 47, Schrader NZA-RR **06**, 57, § 83 a EnWG, § 61 FamGKG, § 133 a FGO, BFH NVwZ-RR **09**, 703, FG Kassel NZA-RR **06**, 80, § 81 III GBO, § 71 a GWB, § 55 IV JGG, § 4 a JVEG, § 157 a KostO, § 12 a RVG, § 178 a SGG, § 299 III SchiffsRegO, §§ 33 a, 356 a StPO, § 152 a VwGO, § 121 a WDisziplO, § 89 a MarkenG.

5   **4) Ausschluß von §§ 319–321, 329 ZPO usw, I–VI.** Vor einer Prüfung der Voraussetzungen nach I muß man als Gericht wie Partei oder ProzBev klären, ob das Rechtsschutzbedürfnis für ein Verfahren nach § 69 a schon deshalb fehlt, weil einer der Wege einer Berichtigung oder Ergänzung des Urteils nach §§ 319–321 ZPO usw infrage kommt, Rn 1.

6   **A. Keine Berichtigung nach §§ 319, 329 ZPO usw.** Das Gericht muß zunächst schon von Amts wegen prüfen, ob eine Berichtigung wegen einer offenbaren Unrichtigkeit im Hinblick auf die hier natürlich allein interessierende Frage einer entscheidungserheblichen Gehörsverletzung möglich und daher notwendig ist. Das kann zB dann so sein, wenn das Gericht das rechtliche Gehör zumindest nach seiner wahren Ansicht gewährt und nur vergessen hatte, das Ergebnis dieser Gewährung in der Entscheidung zum Ausdruck zu bringen. Denn dann kann schon infolge einer Berichtigung im einfacheren und schnelleren Verfahren nach §§ 319, 329 ZPO usw eine Rüge nach § 69 a usw unnötig werden und eine verständige Partei bereits deshalb von ihr absehen. Die Berichtigung mag im Tenor, Tatbestand oder den Entscheidungsgründen oder Protokollgründen notwendig sein.

7   **B. Keine Tatbestandsberichtigung nach § 320 ZPO usw.** Sodann muß man bei einem Urteil prüfen, ob wenigstens eine Berichtigung des etwaigen Tatbestands nach § 320 ZPO usw wiederum im Hinblick auf eine entscheidungserhebliche Gehörsverletzung infrage kommt. Das kann nicht nur die Partei prüfen, die ja einen nach § 320 I, III ZPO notwendigen Antrag stellen müßte. Vielmehr darf und muß auch das Gericht eine solche Prüfung im Zivilprozeß zwecks Anregung eines etwaigen Parteiantrags vornehmen. Zwar bezieht sich die Erörterungs- und Hinweispflicht des § 139 ZPO auf den Verfahrensabschnitt „mündliche Verhandlung". Diese ist ja spätestens mit der Maßnahme nach §§ 136 IV, 296 a S 1 ZPO jedenfalls zunächst beendet gewesen. Indessen zielt § 69 a V ja gerade auf die „Fortführung des Verfahrens" ab, also jedenfalls beim Tatbestand mit einer möglichen oder notwendigen mündlichen Verhandlung auf den Wiedereintritt in sie. Im übrigen gilt die Fürsorgepflicht des Gerichts in allen Verfahrensabschnitten.

8   Mit § 320 ZPO usw *erzielt man* freilich vordergründig nur eine Verbesserung des Tatbestands, nicht der Entscheidungsgründe, dort V. Sie mag aber auch und gerade in

Abschnitt 8. Erinnerung und Beschwerde § 69a GKG

der Frage der Gewährung oder Verletzung des rechtlichen Gehörs Auswirkungen bis hin zur Anfechtbarkeit des Urteils und damit zum Entfallen des Verfahrens nach § 69a mit sich bringen, wenn auch sicher nur selten. Im übrigen kann ja ein Verfahren nach § 320 ZPO ein solches nach § 321 ZPO zur Folge haben, das ebenfalls einen Vorrang vor demjenigen nach § 69a hätte.

C. Keine Ergänzung der Entscheidung nach §§ 321, 329 ZPO usw. Schließlich 9 muß man klären, ob eine Ergänzung der Entscheidung nach §§ 321, 329 ZPO usw infrage kommt. Auch diese Prüfung obliegt nicht nur der Partei, sondern trotz des Erfordernisses ihres Antrags auch dem Gericht wegen seiner in Rn 7 dargelegten hier ebenso bestehenden Fürsorgepflicht. Auch bei § 321 ZPO kommt es hier natürlich nur auf eine etwaige entscheidungserhebliche Gehörsverletzung an. Immerhin kann sie gerade auch bei §§ 321, 329 ZPO usw ein Anlaß zur Ergänzung der Entscheidung sein und damit ein Verfahren nach § 69a erübrigen.

5) Unbeachtlichkeit von § 156 ZPO, I–VI. Dagegen ist im Zivilprozeß § 156 10 ZPO bei § 69a zunächst unbeachtlich. Denn die Geltungsbereiche überschneiden sich zunächst nicht. § 156 ZPO setzt zwar voraus, daß das Gericht die mündliche Verhandlung bereits nach §§ 136 IV, 296a S 1 ZPO geschlossen hatte. Die Vorschrift gilt aber nur bis zur Verkündung oder sonstigen gesetzmäßigen Mitteilung der Entscheidung. Demgegenüber hat § 69a gerade eine bereits wirksam erlassene Entscheidung zur Voraussetzung. Ob im Verfahren nach § 69a dann nach dem Schluß der dortigen Verhandlung, aber vor der Entscheidung über die Rüge eine Wiedereröffnung dieser letzteren Verhandlung nach § 156 ZPO notwendig wird, ist eine andere Frage. Diese läßt sich an diesem Anfang der Prüfschritte des § 69a noch nicht beantworten. Natürlich kann ein Verstoß gegen § 156 ZPO die Rüge nach § 69a eröffnen.

6) Unzulässigkeit eines Rechtsmittels oder anderen Rechtsbehelfs, I Z 1. 11 Ein Abhilfeverfahren nach § 69a setzt das Zusammentreffen mehrerer Bedingungen voraus. Es sind mehrere Prüfschritte erforderlich.

A. Maßgeblichkeit nur der Entscheidung nach dem GKG. Es kommt bei I 12 Z 1 nur auf eine solche Entscheidung an, die das Gericht gegenüber einem gerade nach dem GKG Beteiligten getroffen hat.

B. Unzulässigkeit jedes anderen Rechtsbehelfs. Es darf gegen die Entscheidung 13 auch kein Rechtsmittel und überhaupt kein Rechtsbehelf irgendeiner Art statthaft sein. Damit erweitert I Z 1 den Kreis der zunächst durchzuprüfenden Rechtsbehelfe im weitestmöglichen Sinn und engt dadurch zugleich die Möglichkeit einer Anhörungsrüge ungeachtet ihrer nach Rn 3 eher weiten Auslegbarkeit doch wieder ein.

Daher darf man auch nicht *nicht* gleich wieder mit dem schon nach altem Recht 14 genügend problematisch gewesenen „*außerordentlichen Rechtsmittel*" wegen „greifbarer Gesetzwidrigkeit" die Einschränkung des I 1 unterlaufen oder überhöhen, je nach Betrachtungsweise und Wunschrichtung. Auch eine Gegenvorstellung muß nicht vorangehen. Denn § 69a tritt ja gerade an deren Stelle. Freilich kann eine hilfsweise Gehörsrüge in Betracht kommen, Rn 21.

7) Entscheidungserhebliche Verletzung des Anspruchs auf rechtliches Ge- 15 **hör, I Z 2.** Nach der Abklärung, ob eine der Situationen Rn 5–9 vorliegt, und nach der Feststellung, daß ein Rechtsmittel oder ein anderer Rechtsbehelf unstatthaft ist, Rn 11–14, hängt die Statthaftigkeit des Abhilfeverfahrens nach § 69a davon ab, daß außerdem auch das Gericht des bisherigen Rechtszugs den Anspruch des Rügeführers auf das rechtliche Gehör in einer entscheidungserheblichen Weise verletzt hat. Hier muß man also zwei Unterfragen prüfen.

A. Gehörsverletzung gerade des Beschwerten. Gerade das angegangene Ge- 16 richt muß gerade das rechtliche Gehör gerade demjenigen Beteiligten versagt haben, den die Entscheidung beschwerte und der jetzt als Rügeführer auftritt, BGH NJW **08,** 2127, BSG NZA-RR **05,** 603. Also reicht keine andere Art von Verfahrensverstoß, BGH NJW **08,** 2127, Celle MDR **08,** 1180, Kblz FamRZ **08,** 1967, (je an § 321a ZPO), weitergehend BVerfG NZA **08,** 1201 (zu § 78a ArbGG). Der Verstoß mag zB im Zivilprozeß vor dem Schluß einer etwaigen mündlichen Verhandlung nach §§ 136 IV, 296a ZPO oder im Wiedereintrittsverfahren nach § 156 ZPO entstanden sein, im schriftlichen Verfahren bis zum Schluß der Frist zum Vor-

345

trag nach § 128 II ZPO. Er mag in nur einem oder in mehreren Punkten vorliegen. Er mag sich auf eine Tatsache oder eine Rechtsfrage beziehen, zB § 139 II 1 ZPO. Er mag auch nur den Kostenpunkt betreffen, Celle FamRZ **03**, 1578 (zur ZPO). Er mag nur diesen Rügeführer oder neben ihm auch andere beschweren. Auch die Staatskasse kann eine Beteiligte sein.

Besteht ein Verstoß nur gegenüber einem *anderen Beteiligten,* entfällt für den Rügeführer die Möglichkeit nach I Z 2. Denn diese Vorschrift spricht vom Anspruch auf Gehör gerade „diesen" Beteiligten. I Z 2 soll natürlich nicht auch dem durch einen Gehörsverstoß gar nicht Betroffenen eine Rügemöglichkeit eröffnen. Deshalb ist auch bei einfachen Streitgenossen nach §§ 59–61 ZPO nur der persönlich Beschwerte rügeberechtigt. Bei notwendigen Streitgenossen nach § 62 ZPO kommt es auf die Fallumstände an. Auch dann muß aber der Rügeführer zumindest mit durch eine Gehörsverletzung beschwert sein.

17 **B. Gehörsbegriff.** Rechtliches Gehör muß man wie bei BLAH Einl III 16, Grdz 41 vor § 128 ZPO beurteilen. Es erfordert also bei aller manchmal gefährlich schillernden Unschärfe des Begriffs und seiner oft allzu zweckorientierten Auslegung doch im Kern die ausreichende Möglichkeit einer Äußerung zu einer tatsächlichen oder rechtlichen Frage innerhalb einer nach den Gesamtumständen angemessenen nicht allzu großzügig ansetzbaren Frist. Eine allzu weite Auslegung ist gefährlich, großzügiger Köln FamRZ **05**, 2075.

18 *Gesetz und Gesamtumstände* sind stets dabei mitbeachtlich, letztere zumindest hilfsweise und evtl sogar vorrangig. Im übrigen sei auf die Erörterungen möglicher Gehörsverletzungen bei den einzelnen Vorschriften der ZPO, des GVG usw verwiesen. Eine Bereitschaft zur Selbstkritik ist eine gebieterische Forderung an das Gericht gerade im Verfahren nach § 69a. Das gilt besonders bei der Beurteilung, ob man das Gehör verletzt hatte. Eine Ängstlichkeit ist freilich keineswegs ratsam. Zwar sollte das Gericht nach den Anregungen Rn 3 vorgehen. Das Gericht sollte aber eben auch nicht eine Beibehaltung der Entscheidung scheuen, wenn es sich einigermaßen bestätigt fühlt. Mag dann eben eine Verfassungsbeschwerde folgen müssen.

19 **C. Entscheidungserheblichkeit des Gehörverstoßes.** Gerade der Verstoß gegen das Gebot rechtlichen Gehörs muß für den Rügeführer in der Entscheidung nachteilige Auswirkungen gehabt haben. Er muß dadurch also beschwert sein. Diese Ursächlichkeit muß zweifelsfrei feststehen. Sonst scheitert die Rüge, Zuck NJW **08**, 2081 (zur Nichtzulassungsbeschwerde bei § 321a ZPO). Eine Mitursächlichkeit genügt. Es ist nicht eine Auswirkung in der Hauptsache erforderlich. Begriff der Ursächlichkeit BLAH § 287 ZPO Rn 6–8.

Umfangserheblichkeit des Verstoßes ist *nicht* erforderlich. Denn Entscheidungserheblichkeit ist etwas anderes als ein erhebliches Ausmaß. Daher reicht theoretisch ein Nachteil von sehr geringer Summe. Freilich dürfte das Rechtsschutzbedürfnis bei winzigen Auswirkungen fehlen: minima non curat praetor. Vor diesem Gedanken sollte der Richter auch bei § 69a nicht furchtsam zurückweichen. In einem allzu kraß geringfügig „entscheidungserheblichen" Fall dürfte in einer Rüge nach § 69a sogar ein Rechtsmißbrauch liegen, BLAH Einl III 54. Freilich sollte sich das Gericht hüten, diesen Gedanken zum faulen Abschmettern einer Abhilfebitte zu mißbrauchen.

20 **D. Nicht nur bei Endentscheidung, I Z 1, 2.** Eine Anhörungsrüge kommt anders als bei § 321a I 2 ZPO nicht nur beim Verstoß einer Endentscheidung infrage. Sie ist vielmehr bei jeder Entscheidung des Richters, Rpfl oder Urkundsbeamten welcher Form auch immer statthaft. Hierzu zählt also auch eine Zwischen- oder Teilentscheidung.

Unerheblich ist für die Abgrenzung die jeweilige Bezeichnung der Entscheidung. Maßgeblich ist vielmehr der durch eine Auslegung nach den Grundsätzen BLAH Grdz 52 vor § 128 ZPO ermittelte Inhalt der Entscheidung.

Unanwendbar ist § 69a bei einem bloßen Verwaltungsakt.

21 **8) Notwendigkeit einer Rüge, I, II.** Das Gericht muß ein Verfahren nach § 69a zwar evtl von Amts wegen anregen, Rn 7. Das Verfahren beginnt aber nur auf Grund einer Rüge, also eines hier besonders benannten Antrags, I. Er ist eine Parteiprozeßhandlung des nach dem GKG Beteiligten, BLAH Grdz 47 vor § 128 ZPO.

Er hat die in BLAH Grdz 51 ff vor § 128 ZPO erläuterten Folgen für die Auslegung, einen Widerruf usw. Die unrichtige Bezeichnung ist unschädlich, soweit die Zweckrichtung einer Bitte um Abhilfe gerade wegen einer Gehörsverletzung eindeutig erkennbar ist. Die Gehörsrüge kann auch neben einem Rechtsbehelf oder Rechtsmittel hilfsweise erfolgen.

9) Rügefrist, II 1–3. Man muß die Rügeschrift innerhalb von zwei Wochen einreichen, II 1. Die Rechtzeitigkeit ist eine Voraussetzung der Zulässigkeit der Rüge. Das ergibt sich aus IV 1, 2. Die Zweiwochenfrist ist abweichend von § 321a II 1 ZPO keine Notfrist. Eine gerichtliche Fristkürzung oder -verlängerung ist mangels einer entsprechenden gesetzlichen Regelung nicht zulässig. Eine dem § 224 I 1 ZPO entsprechende Regelung fehlt im GKG, einem selbständigen Gesetz. Man kann § 224 I 1 ZPO innerhalb der Zeitgrenze des II 2 auch nicht einfach sinngemäß als Grundregel anwenden. Denn Fristen sind als ein formelles Recht grundsätzlich streng auslegbar. Wegen der Einreichung beim unzuständigen Gericht Rn 26.

22

A. Fristbeginn mit Kenntnis der Verletzung, II 1 Hs 1. Die Rügefrist beginnt mit der Kenntnis des Rügeführers oder seines ihm gleichgestellten gesetzlichen Vertreters oder ProzBev von der Verletzung des rechtlichen Gehörs. Die Rügefrist kann für jeden Betroffenen je nach dem Zeitpunkt gerade seiner Kenntnis unterschiedlich anlaufen. Zum Nachweis des Zustellungszeitpunkts gelten die sonst üblichen Regeln, zB im Zivilprozeß BLAH § 418 ZPO Rn 5 „Post", „Zustellungsurkunde".

23

Kenntnis ist mehr als bloßes Kennenmüssen, – sollen oder – können. Ähnlich wie zB bei § 814 BGB kommt es auf ein positives direktes Wissen an, BAG MDR **07**, 47, Renzen MDR **07**, 697, aM BGH FamRZ **06**, 1029 (je zu § 321a ZPO). Nach dem klaren Wortlaut von II 1 Hs 1 ist eine Kenntnis aber nur von der Verletzung notwendig, nicht auch von deren Entscheidungserheblichkeit. In der Praxis sollte man deshalb an die Kenntnis keine überscharfen Anforderungen stellen.

Unerheblich ist der Zustellungszeitpunkt der Entscheidung, aM Oldb MDR **09**, 764 (zu § 321a ZPO. Aber Wortlaut und Sinn sind eindeutig, BLAH Einl IV 39). Natürlich bleibt ein Rechtsmißbrauch nach BLAH Einl III 54 unstatthaft. Nichtlesen ist aber noch nicht stets Rechtsmißbrauch.

B. Glaubhaftmachung, II 1 Hs 2. Der Rügeführer muß den Zeitpunkt seiner Kenntnis von der Gehörsverletzung nicht nur darlegen, sondern auch glaubhaft machen. Das geschieht wie stets nach § 294 ZPO, also mit allen Beweismitteln, auch und vor allem mit einer eidesstattlichen Versicherung. Die falsche wäre ja sogar nach § 156 StGB strafbar. Man kann die Glaubhaftmachung im Zivilprozeß nur innerhalb einer vom Gericht etwa nach § 139 ZPO setzbaren angemessenen Frist nachholen. *Nicht erforderlich* ist ein über eine überwiegende Wahrscheinlichkeit hinausgehender Beweisantritt oder gar ein Beweis bis zur vollen Überzeugung des Gerichts. Freilich kann ein Anscheinsbeweis für oder gegen den Rügeführer nach den Regeln BLAH Anh § 286 ZPO Rn 15 ff vorliegen. Er kann zu einer Verschärfung wie Verringerung der Anforderungen an die Glaubhaftmachung führen.

24

C. Jahres-Ausschlußfrist, II 2, 3. Nach dem Ablauf eines Jahres seit der Bekanntgabe der angegriffenen Entscheidung an den Beteiligten, seinen gesetzlichen Vertreter oder seinen ProzBev ist die Rüge nach II 2 unzulässig. Dabei gilt eine nur formlos mitgeteilte Entscheidung nach der verfassungsrechtlich hier wie bei ähnlichen Regelungen problematischen Unterstellung mit dem dritten Tag nach der etwaigen Aufgabe zur Post nach II 2 als bekanntgegeben. Es handelt sich bei der Jahresfrist um eine Ausschlußfrist, BLAH Üb 11 vor § 214 ZPO. Sie läßt ebensowenig wie zB bei § 234 III ZPO eine Wiedereinsetzung zu. Die Aufgabe zur Post ergibt sich aus den Gerichtsakten (Abvermerk der Postausgangsstelle). Fehlt ein Abgangsvermerk oder ist er widersprüchlich oder unklar, läuft die Frist allenfalls seit dem einwandfreien Datum der sonstigen Bekanntgabe. II 3 gilt nicht bei einem anderen Übermittlungsweg als der Aufgabe zur Post.

25

10) Zuständigkeit, Rügeform, II 3 Hs 2, II 4. Zuständig ist nach II 4 Hs 1 dasjenige Gericht, dessen Entscheidung der Rügeführer angreift, nicht etwa das nächsthöhere Gericht.

26

347

GKG § 69a

Die Einreichung bei einem *unzuständigen* Gericht wahrt die Rügefrist des II 1–3 wegen der Verweisung in II 4 Hs 2 auf § 66 V 1 nur unter den Voraussetzungen des § 129 a ZPO (rechtzeitige Weiterleitung an das zuständige Gericht).
Als *Rügeform* schreibt II 4 mangels einer elektronischen Einreichung einen herkömmlichen Schriftsatz vor. Eine nur telefonische Einlegung ist also unzulässig und wirkungslos. Erst recht ist eine nur stillschweigende Rüge unzureichend, mag sie auch sonst denkbar sein wie etwa im finanzgerichtlichen Verfahren, BGH BB 01, 2459. Im übrigen muß man bei einer genaueren Prüfung wie folgt unterscheiden.
A. Schriftform oder elektronisch. Die Rüge kann nach II 4 Hs 1 mangels einer elektronischen Übermittlung schriftlich erfolgen. Die Einreichung durch ein Telefax ist wie sonst statthaft. Sie unterliegt den auch zur Unterschrift dort entwickelten Regeln, BLAH § 129 ZPO Rn 44 „Telefax".

27 **B. Auch zum Protokoll.** Es kommt auch die Einreichung durch eine Erklärung zum Protokoll der Geschäftsstelle eines jeden AG infrage, zB § 129 a ZPO. Das folgt aus der Verweisung des II 4 Hs 2 auf § 66 V 1 Hs 2. Daher gibt es auch zB anders als evtl im Zivilprozeß keinen Anwaltszwang wie bei §§ 78 III Hs 2, 129 a ZPO. Wegen der Bevollmächtigung gilt die jeweilige Verfahrensordnung, II 4 Hs 2 in Verbindung mit § 66 V 2, dort Rn 38. Freilich liegt auch dann eine rechtzeitige Einreichung im Sinn von II 1–4 wegen § 129 a II 2 ZPO erst mit dem Eingang auf der Posteinlaufstelle desjenigen Gerichts vor, das erstinstanzlich entschieden hatte.

28 **11) Rügeinhalt, II 5.** Unabhängig von der Rügeform nach Rn 26, 27 muß die Rügeschrift stets zur Wirksamkeit den folgenden Mindestinhalt haben. Er läßt sich bis zum Ablauf der Rügefrist nachholen, auch auf eine evtl zB nach § 139 ZPO notwendige Anheimgabe durch das Gericht.
A. Bezeichnung der angegriffenen Entscheidung, II 5 Hs 1. Der Rügeführer muß die angegriffene Entscheidung bezeichnen. In der Regel genügen das vollständige Aktenzeichen und das Gericht. Natürlich sollte man auch das Datum und bei mehreren an demselben Tag ergangenen Entscheidungen etwa über verschiedene Verfahrensteile diejenige Entscheidung im einzelnen bezeichnen, um deren Unrichtigkeit es geht. Unvollständige oder fehlerhafte Angaben muß das Gericht wie bei allen Parteiprozeßhandlungen nach den Regeln BLAH Grdz 51 ff vor § 128 ZPO durch eine Auslegung wenn möglich klären, auch durch eine Rückfrage, evtl nebst einer Fristsetzung. Verbleibende Unklarheiten können zur Unzulässigkeit der Rüge führen.

29 **B. Darlegung der Gehörsverletzung, II 5 Hs 2.** Der Rügeführer muß zusätzlich zu den Angaben Rn 28 auch darlegen, daß das Gericht seinen Anspruch auf das rechtliche Gehör überhaupt jetzt neu und eigenständig verletzt habe, BVerfG NJW 08, 2635, BGH NJW 08, 923 rechts, BayObLG FamRZ 05, 917 (je zu § 321 a ZPO), VGH Kassel NVwZ-RR 08, 70, Lindner AnwBl 08, 362, aM Olzen JR 06, 351, Zuck NJW 08, 168 (je zu § 321 a ZPO). Diese Darlegung ist derjenigen nach § 520 III 2 Z 2 ZPO (Berufungsbegründung) vergleichbar, ebenso derjenigen nach § 551 III Z 2 ZPO (Revisionsbegründung) und derjenigen nach § 575 III Z 3 ZPO (Rechtsbeschwerdebegründung).

30 *Darlegen* ist weniger als glaubhaft machen oder Beweis antreten, aber mehr als eine bloße floskelhafte Wiederholung des Gesetzestextes oder als eine Beschränkung auf eine vage Rechtsansicht. Darlegen bedeutet: Bestimmte Umstände tatsächlich und/oder rechtlicher Art benennen, aus denen man zumindest eine nicht ganz hergesuchte Möglichkeit einer Gehörsverletzung vernünftigerweise ableiten kann, je mehr, nicht muß, BVerfG RR 93, 983. Eine ganz entfernte Möglichkeit wie „es läßt sich nicht völlig ausschließen, daß" reicht nicht aus. Eine hochgradige Gewißheit wie „es läßt sich zwingend nur folgern, daß" ist nicht notwendig. Ein Mittel nach § 294 ZPO oder ein Beweisantritt ersetzt nicht die logisch vorher notwendige Darlegung, wozu das Mittel und der Beweisantritt dienen sollen. Eine Wiederholung zB der Begründung einer Nichtzulassungsbeschwerde nach § 544 II 1 ZPO kann genügen, aM BGH NJW 09, 1609 (aber es kann ziemlich entbehrlich sein, eine bereits stehende Auseinandersetzung nur neuzuformulieren).

Eine *Flut von Zitaten* und Fundstellen ist erst in Verbindung mit dem konkreten Fall interessant. Man sollte weder zu hohe noch zu geringe Anforderungen an die Darlegung stellen. Was vernünftigerweise eigentlich ganz plausibel klingt, sollte ausreichen. Ohne eine gewisse Auseinandersetzung mit der Rechtsprechung und Lehre zum oft gefährlich schillernden Begriff der Verletzung des rechtlichen Gehörs dürfte eine Darlegung aber leider oft nicht ausreichen. Im Verfahren ohne einen Anwaltszwang darf das Gericht weniger harte Anforderungen stellen. Auch dort ist aber eine Phrasendrescherei kein Weg, sich eine Abhilfe nach § 69a zu verschaffen. Ein kluges Gericht wägt in einer Bereitschaft zur Selbstkritik ruhig ab.

C. Darlegung der Entscheidungserheblichkeit der Gehörsverletzung, II 5 Hs 2. Der Rügeführer muß zusätzlich zu den Angaben Rn 28–30 schließlich auch darlegen, daß und inwieweit die von ihm behauptete Verletzung des rechtlichen Gehörs gerade ihm gegenüber nachteilig entscheidungserheblich war, und zwar gerade in der jetzt gerügten Entscheidung, BGH NJW 08, 378. Das ist der oft schwierigste Teil der Rügebegründung. Mängel können zur Unzulässigkeit der Rüge führen. Deshalb ist gerade auch hier jede Sorgfalt notwendig.   31

Entscheidungserheblichkeit ist ein vom Gesetz nicht näher umschriebener Begriff. Er erfordert eine doppelte Prüfung, am besten in der folgenden Reihenfolge.   32

Ursächlichkeit ist das erste notwendige Erfordernis. Der Begriff der Ursächlichkeit ist in seiner schillernden Vieldeutigkeit in BLAH § 287 ZPO Rn 6 erläutert. Dort ergibt sich auch der Hauptunterschied zwischen einer haftungsbegründenden und einer haftungsausfüllenden Ursächlichkeit. Dieser für die Anwendbarkeit des strengeren § 286 ZPO oder des milderen § 287 ZPO wesentliche Unterschied spielt auch hier eine Rolle, wo es nicht um die Haftung des Staats geht, sondern um eine Fortführung des erstinstanzlich scheinbar schon beendeten Prozesses. Je nach der Art der Ursächlichkeit ist das Gericht also in seiner Entscheidung über die Fortführung der Instanz freier oder gebundener.   33

Erheblichkeit ist nach einer Bejahung der Ursächlichkeit ein weiteres Merkmal, von dessen Vorliegen eine Abhilfe abhängt. Erheblichkeit ist ein weiterer schillernder Begriff. Die Floskel, alles nicht mehr ganz Unerhebliche sei eben erheblich, wirkt nur auf den ersten Blick als Wortklauberei. In Wahrheit hilft sie oft ganz gut, die richtige Abgrenzung zu finden. Jedenfalls deutet sie die vernünftige Auslegungsrichtung an. Man sollte wie ja überhaupt nach Rn 2 eine Erheblichkeit eher bejahen als verneinen. Andererseits darf nicht jede winzige Ungenauigkeit oder Unterlassung zur Bejahung einer Entscheidungserheblichkeit führen. Auch hier gilt es also behutsam und vernünftig abzuwägen.   34

D. Voraussichtlichkeit, II 5 Hs 1, 2. Bei allen Prüfschritten Rn 28ff ist letzthin eine nachträgliche Prognose erforderlich: Wie hätte das Gericht ohne seinen Gehörsverstoß mit einiger Sicherheit entscheiden müssen? Das ist fast dieselbe schwierige Fragestellung wie zB dann, wenn es um ein angebliches Anwaltsverschulden und seine Auswirkungen auf den Prozeß geht. Auch hier kommt es wie dort nicht darauf an, wie dieses Gericht entschieden hätte, sondern wie es hätte entscheiden müssen, BLAH Anh § 286 ZPO Rn 179, BGH NJW **05**, 3072, Düss VersR **88**, 522, Hamm RR **95**, 526. Auch hier ist eine weder zu strenge noch zu großzügige Handhabung notwendig.   35

E. Beispiele zur Frage einer Gehörsverletzung, II 5 Hs 1, 2. Bei allen Einzelvorschriften befinden sich Hinweise auf mögliche Verstöße gegen Art 103 I GG in den Kommentierungen. Deshalb hier nur einige häufigere Beispiele. Man muß bei § 69a beachten, daß nicht nur ein Verstoß gerade der Endentscheidung beachtlich ist.   36

von Amts wegen: Eine Gehörsverletzung kann vorliegen, soweit das Gericht einen von Amts wegen beachtbaren Umstand außer Acht läßt. Das gilt, obwohl das Gericht nur auf Bedenken aufmerksam macht. Denn es muß ja nur Gelegenheit zur Stellungnahme geben.

Erst recht gilt das bei einer notwendigen Amtsermittlung, BLAH Grdz 38 vor § 128 ZPO.

Befangenheit: Eine Gehörsverletzung liegt vor, soweit der Richter unter einem Verstoß zB gegen § 47 ZPO verfrüht entscheidet. Denn vor der Erledigung des Ablehnungsgesuchs darf er in dieser Sache überhaupt nicht entscheiden, solange noch ein Aufschub erlaubt ist.

Eine Gehörsverletzung *fehlt*, soweit das Ablehnungsgesuch unbeachtlich, weil rechtsmißbräuchlich ist, oder soweit eine Ablehnungsentscheidung unanfechtbar ist, BGH NJW **07**, 3789 (abl Fölsch, beide zu § 321a ZPO).

GKG § 69a I. A. Gerichtskostengesetz

Besetzungsfehler: Eine Gehörsverletzung liegt vor, soweit das Gericht in einer gesetzwidrigen Besetzung entscheidet. Denn darin liegt ein Entzug des gesetzlichen Richters, Art 102 I 2 GG, der allein entscheiden darf und folglich auch selbst (mit)anhören muß.

Beweisantrag: Eine Gehörsverletzung liegt vor, soweit das Gericht einen ordnungsgemäßen Beweisantrag übergeht. Denn gerade in der Beweiserhebung liegt oft die entscheidende Chance des Beweisführers, sich mit seinen Tatsachenbehauptungen Gehör zu verschaffen. Die nun notwendige Erheblichkeitsprüfung erfolgt nach Rn 31–35.

37 **Formverstoß:** Eine Gehörsverletzung liegt vor, soweit das Gericht eine zum rechtlichen Gehör erforderliche Form mißachtet, soweit es etwa eine Frist ohne förmliche Zustellung einer ordnungsgemäß unterschriebenen Fristverfügung bewilligt, sodaß weder ihr Anlauf noch ihr Ablauf feststellbar ist.

Eine Gehörsverletzung *fehlt*, soweit das Gericht die Entscheidung lediglich irrig falsch bezeichnet hat, Rn 6.

Fristverstoß: Eine Gehörsverletzung liegt vor, soweit das Gericht vor dem Ablauf der gesetzlichen oder von ihm selbst gesetzten richterlichen Frist diejenige Entscheidung trifft, vor der es die Frist gerade abwarten mußte. Das gilt unabhängig von einem Verschulden des Gerichts. Ein Fristverstoß liegt auch vor, soweit die Entscheidung zwar äußerlich nach dem Fristablauf erfolgt, aber ohne eine Berücksichtigung einer noch im Gang von der Posteinlaufstelle zum Richter befindlichen Stellungnahme, die der Absender etwa unter einer erlaubten Ausnutzung der Frist bis zur letzten Minute eingereicht hatte.

Zu kurze Fristen stehen an sich ausreichenden, aber nicht abgelaufenen gleich.
S auch Rn 39 „Zustellung".

Gerichtsstand: Eine Gehörsverletzung *fehlt* durchweg, soweit das Gericht lediglich örtlich unzuständig ist. Denn es entscheidet dann im übrigen in seiner dort richtigen Besetzung usw.

Nachfrist: S „Fristverstoß".

Neuer Sachvortrag: Er ist unstatthaft, BGH FamRZ **07**, 1463.

Örtliche Unzuständigkeit: Es gilt dasselbe wie bei Rn 38 „Sachliche Unzuständigkeit".

38 **Präklusion:** Sie kann eine Gehörsverletzung darstellen, Köln FamRZ **05**, 2075. Aber Vorsicht!.

Prozeßkostenhilfe: Eine Gehörsverletzung kann vorliegen, soweit das Gericht eine Prozeßkostenhilfe fälschlich versagt oder verspätet über sie entscheidet. Denn von ihrer ordnungsgemäßen Gewährung kann wesentlich mitabhängen, welchen zumindest vorschußpflichtigen Beweisantrag die bedürftige Partei stellt und wozu sie es zur streitigen und damit Beweiskostenrisiken auslösenden Verhandlung kommen läßt, um nur einige der Auswirkungen zu skizzieren.

Prozeßvoraussetzung: Rn 36 „von Amts wegen".

Rechtliche Beurteilung: Eine Gehörsverletzung kann vorliegen, soweit das Gericht seiner Entscheidung eine Rechtsansicht zugrundelegt, die es zB unter einem Verstoß gegen § 139 ZPO nicht rechtzeitig vor dem Verhandlungsschluß nach §§ 136 IV, 296 a ZPO oder vor dem nach § 128 II 2 ZPO gleichstehenden Zeitpunkt dem dann Benachteiligten zur etwaigen Stellungnahme als eine freilich nur vorläufige Bewertung mitgeteilt hat.

Eine Gehörsverletzung *fehlt* bei einer im übrigen bloßen Falschbeurteilung, BFH NVwZ-RR **09**, 703 (zu § 133 a FGO).

Rechtsweg: Eine Gehörsverletzung liegt vor, soweit das Gericht im Rechtsweg unzuständig ist. Denn darin liegt ein Verstoß auch gegen das Gebot des gesetzlichen Richters, Art 102 I 2 GG.
S aber auch „Sachliche Unzuständigkeit".

Sachliche Unzuständigkeit: Eine Gehörsverletzung *fehlt*, soweit das Gericht lediglich sachlich unzuständig ist. Denn auf diesen Verstoß könnte man zB im Zivilprozeß nicht einmal eine Berufung stützen, § 513 II ZPO.
S aber auch „Rechtsweg".

Säumnis: Eine Gehörsverletzung liegt meist vor, soweit das Gericht objektiv unrichtig eine Säumnis der Partei annimmt und darauf eine Entscheidung auch nur mitstützt. Dabei kommt es nicht darauf an, ob das Gericht eine Entschuldigung hätte annehmen dürfen und müssen. Freilich darf man zB nicht jede Verspätung bis nach dem Urteilserlaß stets schon wegen eines Verkehrsstaus als eine nachträgliche Entschuldigung bewerten, BLAH § 337 ZPO Rn 37 „Verkehrsprobleme".

Terminierung: Eine Gehörsverletzung *kann vorliegen*, soweit das Gericht den Verhandlungstermin mit einer gesetzwidrig kurzen Einlassungs- oder Ladungsfrist anberaumt, insbesondere bei einer Auslandszustellung. 39

Eine Gehörsverletzung *fehlt*, soweit das Gericht eine wenn auch scheinbar kurze gesetzliche Frist einhält. Angesichts heutiger Übermittlungsgeschwindigkeiten per Telefax, Elektronik usw sind manche früher reichlich knappen gesetzlichen Fristen durchaus nicht mehr zu kurz.

Terminsänderung: S „Vertagung".

Überraschungsurteil: Eine Gehörsverletzung liegt vor, soweit das Gericht in seiner Entscheidung eine solche Bewertung vornimmt, mit der der Benachteiligte nicht zu rechnen braucht, mag diese Bewertung sich nun auf eine Tatsache oder auf eine rechtliche Beurteilung beziehen, § 139 ZPO.

Unrichtigkeit: Sie kann eine Gehörsverletzung darstellen, Köln FamRZ 05, 2075. Aber Vorsicht!.

Unzuständigkeit: Rn 37 „Örtliche Unzuständigkeit", Rn 38 „Rechtsweg", „Sachliche Unzuständigkeit".

Verhandlungsleitung: Eine Gehörsverletzung kann vorliegen, soweit der Vorsitzende gegen eine wesentliche Vorschrift seiner Verhandlungsleitung verstößt, soweit er etwa einen Beteiligten nicht ausreichend zu Wort kommen läßt oder die Verhandlung verfrüht schließt. Freilich ist zB im Zivilprozeß § 156 ZPO nach dem Urteilserlaß unbeachtlich, Rn 10. Gerade ein Verstoß gegen diese Vorschrift kann aber die Rüge einer Gehörsverletzung eröffnen.

Verspäteter Vortrag: Eine Gehörsverletzung kann vorliegen, soweit das Gericht einen Vortrag objektiv zu Unrecht als verspätet zurückweist und darauf seine Entscheidung stützt.

Vertagung: Eine Gehörsverletzung liegt vor, soweit das Gericht eine objektiv notwendige Vertagung ablehnt oder nicht wenigstens mit dem Betroffenen erörtert. Denn er mag zu ihr einen bisher nicht notwendig zur Sprache gekommenen Grund haben.

Zurückweisung wegen Verspätung: S „Verspäteter Vortrag".

Zustellung: Eine Gehörsverletzung kann vorliegen, soweit das Gericht infolge einer objektiv unrichtigen Bewertung eine Zustellung nicht für notwendig hält oder eine nur versuchte als gesetzmäßig korrekt ausgeführt ansieht und folglich zu seiner Entscheidung kommt, statt zB eine Zustellung richtig nachholen zu lassen. Freilich kann zB im Zivilprozeß § 189 ZPO geheilt haben.

S auch Rn 37 „Fristverstoß".

12) Stellungnahme des Gegners, III. Das Gericht muß dem Gegner des Rügeführers eine Gelegenheit zur Stellungnahme geben, freilich nur, „soweit erforderlich". Es soll also einen weiteren Verstoß gegen Art 103 I GG verhindern. 40

A. Erforderlichkeit. Die Anhörung des Rügegegners darf unterbleiben, soweit das Gericht eine Verwerfung als unzulässig oder eine Zurückweisung als unbegründet nach IV plant. Denn dann erleidet der Gegner des Rügeführers durch die Entscheidung nach § 69a keinen Rechtsnachteil, Müller NJW **02**, 2744 (zu § 321a ZPO). Die Lage ist insofern nicht anders als in zahllosen vergleichbaren prozessualen Fällen. Natürlich kann es trotzdem ratsam oder doch sinnvoll sein, dem Gegner eine Gelegenheit zur Äußerung zu geben, schon damit das Gericht prüfen kann, ob der Gegner die geplante Beurteilung des Rügeführers teilt oder ob er sogar noch zusätzliche tatsächliche Umstände oder rechtliche Argumente für eine Verwerfung bzw Zurückweisung der Rüge benennen kann, durch die man den Rügeführer noch eher überzeugen könnte. Jedenfalls ist eine Anhörung auch vor einer geplanten Verwerfung oder Zurückweisung keineswegs unzulässig, auch nicht zwecks einer Prozeßwirtschaftlichkeit, BLAH Grdz 14 vor § 128 ZPO. Freilich verbietet sich auch im Abhilfeverfahren etwas derartiges Unnötiges etwa bei einem eindeutigen Fristverstoß.

GKG § 69a   I. A. Gerichtskostengesetz

Unzulässig ist es, einfach Ergänzungen des früheren Vortrags unter dem Vorwand nachzuschieben, der Gegner oder man selbst habe kein ausreichendes Gehör gehabt.

41 **B. Stellungnahmefrist.** Wenn das Gericht sich entschließt, dem Gegner eine Gelegenheit zur Stellungnahme zu geben, muß es ihm dazu auch eine ausreichende Frist gewähren. Ihre Länge richtet sich nach den Gesamtumständen. Die moderne Technik mag eine nur elektronische oder telefonische Rückfrage ausreichen lassen oder etwa bei einer Fristsetzung per Telefax eine kürzere Frist als bei einer schriftlichen Fristsetzung zulassen. Überfallartige Schnellfristen muß das Gericht ebenso vermeiden wie allzu großzügige Fristen in diesem ja ohnehin die jeweilige Instanz verlängernden Verfahrensabschnitt, durch den ein Rügeführer vielleicht nur Zeit bis zur Leistungsfälligkeit gewinnen will. In einem nicht zu komplizierten Fall mögen 2–3 Wochen genügen. Freilich kann man die oft schwierigen Fragen einer Gehörsverletzung auch nicht zwischen Tür und Angel sorgfältig überprüfen. Immerhin hatte ja auch der Rügeführer evtl nur zwei Wochen zur Rüge Zeit, II 1. Es heißt also auch hier behutsam abwägen. Eine Woche mehr ist besser als eine zu wenig.

42 **C. Gegenäußerung des Rügeführers.** III sieht sie nicht ausdrücklich vor oder ermöglicht sie auch nur anders als zB §§ 275 IV, 276 III ZPO. Das ändert nichts dran, daß eine nach III eingeholte Stellungnahme das Gericht zur Vermeidung eines weiteren Verstoßes gegen Art 103 I GG dazu zwingen kann, auch den Rügeführer unter einer Übersendung der gegnerischen Äußerung noch kurz anzuhören, insbesondere vor einer Verwerfung oder Zurückweisung der Rüge.

43 **13) Verwerfung, Zurückweisung, IV.** Das weitere Verfahren hängt davon ab, ob das Gericht die Rüge als erfolglos oder erfolgreich erachtet. Das gilt auch bei einer nur teilweisen derartigen Beurteilung. Soweit die Rüge neben einem Rechtsbehelf oder Rechtsmittel hilfsweise vorliegt, ist sie beim Erfolg der ersteren gegenstandslos geworden.

A. Amtsprüfung der Statthaftigkeit und Zulässigkeit, IV 1. Stets muß das Gericht zunächst und vorrangig prüfen, ob die Rüge an sich statthaft ist und ob der Rügeführer sie bejahendenfalls außerdem sowohl in der gesetzlichen Form als auch innerhalb der gesetzlichen Frist erhoben hat. Die Prüfung erfolgt am besten in der vorstehenden Reihenfolge. Sie hat jedenfalls den Vorrang vor der Begründetheitsprüfung. Zwar dürfte das Gericht die Rüge als unstatthaft bzw unzulässig, hilfsweise als unbegründet erachten. Es dürfte aber die ersteren beiden Prüfschritte nicht wegen einer Unbegründetheit offen lassen, BLAH Grdz 17 vor § 253 ZPO. IV 1 ähnelt § 589 I 1 ZPO weitgehend schon im Wortlaut. Zuständig ist die Besetzung des angegriffenen Gerichts, BGH FamRZ **05**, 1831 (zu § 321 a ZPO).

44 *Von Amts wegen* muß das Gericht diese Prüfung nach dem klaren Wortlaut und Sinn des IV 1 vornehmen. Eine Amtsprüfung nach BLAH Grdz 39 vor § 128 ZPO ist etwas anderes und weniger als eine Amtsermittlung, BLAH Grdz 38 vor § 128 ZPO. Das Gericht nimmt daher keine amtliche Untersuchung vor. Es macht vielmehr nur von Amts wegen auf gewisse Bedenken aufmerksam und fordert dazu auf, sie durch Nachweise zur Gewißheit zu machen oder zu entkräften. Das geschieht im einzelnen nach III, Rn 40–42.

45 **B. Freigestellte mündliche Verhandlung, IV 1.** Soweit es um die Prüfung der Statthaftigkeit und Zulässigkeit der Rüge geht, ist das Gericht zur Anordnung einer mündlichen Verhandlung berechtigt, aber nicht verpflichtet. Das ergibt sich daraus, daß seine Entscheidung nach IV 2, 4 durch einen Beschluß ergeht. Denn zB im Zivilprozeß kann eine solche Entscheidung, die kein Urteil ist, nach § 128 IV ZPO ohne mündliche Verhandlung ergehen, soweit das Gesetz nichts anderes bestimmt. § 69a IV enthält keine derartige andere Bestimmung. Es gelten also die allgemeinen Regeln zur freigestellten mündlichen Verhandlung. *Auch bei einer Unbegründetheit* ist eine mündliche Verhandlung zulässig. Denn das Wort „Entscheidung" in IV 4 bezieht sich auf IV 2 und 3.

46 **C. Bei Unstatthaftigkeit oder Unzulässigkeit: Verwerfungsbeschluß, IV 2, 4, 5.** Soweit die Rüge entweder schon an sich überhaupt unstatthaft oder doch jedenfalls mangels rechter Form und Frist im Einzelfall unzulässig ist, muß das Gericht sie durch einen Beschluß verwerfen, Düss WoM **04**, 161 (zu § 321 a ZPO), VGH

Abschnitt 8. Erinnerung und Beschwerde § 69a GKG

Kassel NVwZ-RR **08**, 70. IV 2 spricht systematisch teilweise unscharf von einer Verwerfung als „unzulässig" statt als „unstatthaft oder unzulässig", meint aber dasselbe. IV 2 ähnelt § 589 I 2 ZPO schon in Wortlaut weitgehend. Der Beschluß ist nach IV 4 unanfechtbar.
D. Begründung der Verwerfung. Begründen *soll* das Gericht seinen Beschluß 47 „kurz" nach IV 5, einer wiederum etwas systemwidrigen unklaren Anordnung. An sich braucht ein unanfechtbarer Beschluß keine Begründung, BLAH § 329 ZPO Rn 6. Indessen erfordert nicht nur eine Anstandspflicht (nobile officium) eine gewisse wenigstens „kurze" Begründung. Deshalb bringt die formell bloße Sollvorschrift doch wie so oft eine praktisch weitgehende Notwendigkeit einer Begründung. Es fordert eben auch der Gesetzestext eine vollwertige Begründung. Zwar ist die Verwerfung nach IV 4 unanfechtbar. Indessen mag nunmehr erst recht eine Gehörsverletzung in Wahrheit jedenfalls vor dem etwa trotz aller Entlastungsversuche des Gesetzgebers doch noch anrufbaren BVerfG zutage treten. Schon deshalb muß das Gericht in Wahrheit ohne ein Ermessen zum Ob seine Gründe der Verwerfung nachprüfbar offenbaren, Sangmeister NJW **07**, 2364 (zu § 321a ZPO). Unanfechtbarkeit nach IV 4 meint ja wie stets in einer vergleichbaren Lage keine Unzulässigkeit einer Verfassungsbeschwerde zum BVerfG.

Kurz und klar sollen und dürfen die Gründe sein. Sie sollten bei einem Fristverstoß 48 eindeutig erkennen lassen, welche der unterschiedlichen Fristen des II 3 der Rügeführer nicht eingehalten hatte.

E. Verwerfungskosten. Kostenrechtlich gilt: Es entsteht nur bei einer vollen Ver- 49 werfung oder Zurückweisung der Rüge eine Gerichtsgebühr nach KV 1700 usw als eine Verfahrensfestgebühr von 50 EUR. Bei einer auch nur teilweisen Statthaftigkeit, Zulässigkeit und Begründetheit entsteht diese Gebühr weder im Umfang dieses Teilerfolgs noch wegen des erfolglosen Rügerests, § 1 GKG. Auslagen entstehen beim Gericht schon wegen VV 9002 amtliche Anmerkung in aller Regel ebenfalls nicht. Daher besteht insoweit keineswegs stets ein Anlaß zu einer Grundentscheidung über Gerichtskosten. Anwaltsgebühren entstehen nicht für denjenigen, der schon vor dem Abhilfeverfahren tätig war. Denn dann gehört seine Tätigkeit zum Rechtszug, § 19 I 2 Z 5 RVG, auch wenn das Abhilfeverfahren dort nicht als „insbesondere zugehörig" gilt. Soweit der Anwalt nur im Verfahren nach § 69a tätig ist, entsteht unabhängig von seinem Ergebnis nach VV 3330 eine Vergütung.

§ 96 ZPO ist im Zivilprozeß unanwendbar. Denn die Rüge ist kein Angriffs- oder Verteidigungsmittel, BLAH § 96 ZPO Rn 4, sondern die Fortsetzung des Angriffs selbst. Auch § 97 ZPO ist nicht einmal entsprechend anwendbar. Denn es liegt kein Rechtsmittel vor, sondern aus den obigen Gründen allenfalls ein Rechtsbehelf ohne eine Anfallwirkung, BLAH § 97 ZPO Rn 15.

F. Bei Unbegründetheit: Zurückweisungsbeschluß, IV 3–5. Soweit die Rüge 50 zwar nach Rn 43–50 statthaft und zulässig ist, sich aber als unbegründet erweist, muß das Gericht über sie ebenfalls durch einen Beschluß entscheiden. Es verwirft sie dann freilich nicht, sondern „weist sie zurück", am klarsten mit dem freilich nicht notwendigen Zusatz „als unbegründet".

G. Begründung der Zurückverweisung. Kurz begründen soll das Gericht die- 51 sen Beschluß wie bei einer Verwerfung, Rn 47, 48. Soweit das Gericht schon eine Gehörsverletzung verneint, braucht es natürlich nicht zum nachrangigen Grund der Entscheidungsunerheblichkeit Stellung zu nehmen. Es darf und sollte das aber hilfsweise zur zusätzlichen Stützung seiner Beurteilung tun. Es muß natürlich zur Ursächlichkeitsfrage verneinend Ausführungen machen, soweit es eine Gehörsverletzung einräumt oder zulässigerweise mangels einer Ursächlichkeit offen lassen will.

H. Zurückweisungskosten. Kostenrechtlich gilt Rn 49 auch hier. §§ 96, 97 52 ZPO sind auch hier unanwendbar.

14) Abhilfe: Verfahrensfortführung, V. Soweit das Gericht die Rüge für statt- 53 haft, zulässig und begründet erachtet, muß es ihr abhelfen, das ist das Verfahren fortführen, V 1. Das gilt nach Hs 2 freilich nur, soweit die Fortführung auf Grund der Rüge nicht bloß zweckmäßig, sondern geradezu notwendig ist. Eine solche Beschränkung ist eigentlich selbstverständlich. Denn schon mit ihr war und ist das Ziel des ganzen Abhilfeverfahrens erreicht. Noch nicht erreicht hat der Rügeführer schon

353

GKG § 69a I. A. Gerichtskostengesetz

jetzt eine Änderung der bisherigen Entscheidung. Sie kann sich erst am Ende des nun fortzuführenden Verfahrens nochmals unverändert ergeben. Sie ist aber noch keineswegs sicher. Insoweit ähnelt V 2 der Situation nach einem ordnungsgemäßen Einspruch gegen ein Versäumnisurteil oder gegen einen Vollstreckungsbescheid, §§ 342, 700 I ZPO. § 590 ZPO ist unanwendbar.

54 **A. Entbehrlichkeit einer Fortführungsentscheidung, V 1.** Will das Gericht das Verfahren fortführen, faßt es grundsätzlich weder einen Aufhebungsbeschluß noch einen besonderen Fortführungsbeschluß. Der erstere wäre verfrüht. Denn es kann sich ja erst durch das Fortführungsverfahren ergeben, was aus der bisherigen Entscheidung wird. Der letztere wäre ebenso überflüssig wie zB bei §§ 342, 700 I ZPO. Er wäre freilich unschädlich. Er kann insoweit ratsam sein, als sonst unklar bliebe, in welchem Umfang das erstinstanzliche Verfahren seinen Fortgang nehmen soll. Eine Begründung ist nur ganz ausnahmsweise zur zusätzlichen Klarstellung ratsam.

55 **B. Zurückversetzung des Verfahrens, V 2, 4.** Die zu § 342 ZPO entwickelten Regeln sind hier mitverwendbar. Das gilt insbesondere zur Behandlung von Verspätungsfragen, früheren Anerkenntnissen usw. Die Zurückversetzung erfolgt nur in den Stand „vor dem Schluß der mündlichen Verhandlung" nach §§ 136 IV, 296 a ZPO oder im schriftlichen Verfahren in den Zeitpunkt, bis zu dem man nach § 128 II 2 ZPO Schriftsätze einreichen darf. Beides erfolgt außerdem nur in den Grenzen Rn 53. Eine zeitlich noch weitere Zurückversetzung ist nicht zulässig.

56 **C. Neue Entscheidung, V 3.** § 343 ZPO gilt entsprechend. Soweit also die nach der neuen Verhandlung notwendige Entscheidung mit der bisherigen übereinstimmt, muß das Gericht die bisherige in seiner neuen Entscheidung ausdrücklich aufrechterhalten. Andernfalls muß das Gericht in seiner neuen Entscheidung die bisherige aufheben oder teilweise ändern und zur Sache neu erkennen, AG Magdeb ZMR 03, 45. Die Aufrechterhaltung wie Aufhebung oder Änderung gehören in den Tenor der neuen Entscheidung oder der jetzt erforderlichen andersartigen neuen Entscheidung.

57 **15) Einstellung der Zwangsvollstreckung usw, § 707 ZPO.** Das Gericht kann auf einen Antrag anordnen, daß die Zwangsvollstreckung gegen eine Sicherheitsleistung einstweilen eingestellt werde oder nur gegen eine Sicherheitsleistung stattfinde und daß die Vollstreckungsmaßregeln gegen eine Sicherheitsleistung aufzuheben seien, § 707 I 1 ZPO. Dagegen kommt eine Einstellung der Zwangsvollstreckung ohne jede Sicherheitsleistung selbst dann nicht in Betracht, wenn glaubhaft ist, daß der Schuldner zur Sicherheitsleistung nicht in der Lage ist und daß die Vollstreckung ihm einen nicht ersetzbaren Nachteil bringen würde. Denn diese letztere Möglichkeit ergibt sich nur aus dem hier nicht ebenfalls für anwendbar erklärten § 707 I 2 ZPO.

58 *Sicherheitsleistung* muß das Gericht bei § 707 I 1 ZPO und folglich nach §§ 108 ff ZPO beurteilen. Infrage kommt also wohl in erster Linie eine schriftliche, unwiderrufliche, unbedingte und unbefristete Bürgschaft eines im Inland zum Geschäftsbetrieb befugten Kreditinstituts, § 108 I 2 Hs 1 ZPO.
Das *Verfahren* erfordert keine mündliche Verhandlung, § 707 II 1 ZPO. Eine Anfechtung der Entscheidung ist unstatthaft, § 707 II 2 ZPO. Das gilt unabhängig davon, ob die Entscheidung in der neuen Hauptsacheentscheidung ergeht oder durch einen gesonderten Beschluß, von dem § 707 II 2 ZPO unvollständig spricht. Wenn das Gericht sie in der neuen Hauptsacheentscheidung mittrifft, ist deren übriger Inhalt natürlich wie sonst anfechtbar. Dazu kann eine Beschwer sonst zB nach BLAH Grdz 14 vor § 511 ZPO notwendig sein, aM Saarbr RR 09, 1152 (aber § 69 a usw befreit nicht von solcher Grundbedingung).

59 **16) Keine Kostenerstattung, VI.** Die Vorschrift ordnet das wie allgemein im Kostenrecht an.

60 **17) Verstoß, I–VI.** Soweit das Gericht gegen § 69 a verstößt, mag daran ein erneuter Verstoß auch gegen Art 103 I GG liegen. Indessen würde dessen Beachtlichkeit schon in diesen Verfahrensabschnitt womöglich zu neuen Wiederholungen des Abhilfeverfahrens führen. Das ist mit dem Grundsatz der durch § 69 a ohnehin schon strapazierten Prozeßwirtschaftlichkeit nicht vereinbar. Deshalb macht ja auch IV 4 zumindest einen Verwerfungs- oder Zurückweisungsbeschluß unanfechtbar. Vielmehr ist dann, wenn sich der Verstoß vor der Entscheidung des Abhilfeverfahrens nicht

354

mehr beheben läßt, gegen eine Verwerfung oder Zurückweisung nur die Verfassungsbeschwerde denkbar, Rn 64. Gegen eine Abhilfe kommt nur der im fortgeführten Verfahren mögliche sonstige Rechtsbehelf infrage.

18) Rechtsbehelfe, Verfassungsbeschwerde, I–VI. Eine Verwerfung oder Zurückweisung ist nach IV 4 unanfechtbar. Dasselbe gilt zumindest zunächst für eine Abhilfe. Erst die nach der Verfahrensfortführung ergehende Entscheidung zur Sache mag wie sonst anfechtbar sein. 61

A. Nicht bei greifbarer Gesetzwidrigkeit. Eine nach früherer Ansicht möglich gewesene außerordentliche Beschwerde wegen greifbarer Gesetzwidrigkeit war in Wahrheit schon nach dem alten Recht grundsätzlich wegen Verstoßes gegen das Gebot der Rechtsmittelklarheit unstatthaft, BVerfG NJW **03**, 1924, BGH FamRZ **06**, 696, BFH (1. Sen) NJW **04**, 2853, BVerwG NVwZ **05**, 232, Karlsr MDR **04**, 593, Rensen MDR **05**, 185, aM BFH (4. Sen) NJW **04**, 2854, Schuschke NZM **03**, 466 (WEG). Sie ist außerdem zumindest im Zivilprozeß wegen § 574 ZPO unstatthaft, BGH FamRZ **06**, 696, BFH BB **03**, 514, KG FGPrax **05**, 66, Althammer/Löhnig NJW **04**, 1569, aM BFH NJW **05**, 3374. 62

Sie läßt sich auch wegen BVerfG NJW **03**, 1924 nicht mehr in eine fristgebundene bisher vielfach als zulässig erachtete Gegenvorstellung umdeuten, wie es bisher zB BFH NJW **03**, 919, Köln NZM **03**, 247, Naumb RR **03**, 313 taten.

B. Keine Gegenvorstellung. Eine Gegenvorstellung ist nicht in einer auch nur entsprechenden Anwendung von § 69a statthaft, BGH NJW **07**, 3789 (abl Fölsch, beide zu § 321a ZPO), VGH Kassel NJW **09**, 2761, OVG Lüneb NJW **05**, 2171, großzügiger BFH NJW **06**, 861, Kblz FamRZ **08**, 1967, Rostock MDR **09**, 49, strenger Köln RR **05**, 1228. Die Erfolglosigkeit einer Nichtzulassungsbeschwerde mag aber eine Anhörungsrüge notwendig machen, BVerfG NJW **07**, 3419 (zu § 321a ZPO). 63

C. „Ergänzende" Rechtsbeschwerde. Demgegenüber bejaht BGH NJW **04**, 2529 eine „ergänzende" Rechtsbeschwerde nach einer willkürlichen Nichtzulassung (!?), strenger denn auch BGH **161**, 347 (zustm Rimmelspacher LMK **05**, 94). Der Beschwerdeführer kann eine Rechtsbeschwerde freilich nicht zur Ergänzung der Begründung einlegen, BGH FamRZ **06**, 408 links Mitte. 64

D. Meistbegünstigung. Allenfalls ist im Zivilprozeß der sog Meistbegünstigungsgrundsatz nach BLAH Grdz 28 vor § 511 ZPO anwendbar, BGH **161**, 348 (falscher Gerichtshinweis), Althammer/Löhnig NJW **04**, 1569, BLAH Grdz 28 vor § 511 ZPO. 65

E. Verfassungsbeschwerde. Grundsätzlich soweit das Gericht eine umfassende Anhörungsrüge nach IV 4 unanfechtbar verworfen oder zurückgewiesen hat, kommt vernünftigerweise nur erst jetzt nach § 90 II 1 BVerfGG und jetzt auch sehr wohl eine Verfassungsbeschwerde in Betracht, BVerfG NZA **08**, 1201 (zu § 78a ArbGG), VerfGH Mü NJW **06**, 283 und 1053, HessStGH NJW **08**, 2217 und 2219, Zuck NVwZ-RR **05**, 742 (zu § 321a ZPO). § 69a soll sie ja nur auf ein möglichst geringes Maß beschränken und sie nicht etwa völlig ausschließen, Rn 2, 3. Das letztere wäre einem einfachen Bundesgesetz ja auch gar nicht möglich. Ausnahmsweise darf man vor der Erschöpfung des Rechtswegs das Verfassungsgericht anrufen, VerfGH Bln FamRZ **08**, 168 (zu § 321a ZPO). Ein Rechtsmittelverzicht reicht aber dazu nicht, aM Schnabl AnwBl **08**, 190 (aber genau diese Belastungsursache beim BVerfG soll ja gerade möglichst unterbleiben). Ebensowenig reicht dazu die Rücknahme der Anhörungsrüge, VerfGH Bln NJW **08**, 3421 (zu § 321a ZPO). 66

F. Abhilfe. Eine Abhilfe läßt sich mit demjenigen Rechtsbehelf bekämpfen, der gegen die Entscheidung im nun fortgeführten Verfahren infrage kommt. 67

Abschnitt 9. Schluss- und Übergangsvorschriften

Rechnungsgebühren

70 Fassung 1. 9. 2009: [1] ¹Soweit in den Ländern für Rechnungsarbeiten Bedienstete besonders bestellt werden (Rechnungsbeamte), sind als Auslagen Rechnungsgebühren zu erheben, die nach dem für die Arbeit erforderlichen Zeitaufwand bemessen werden. ²Sie betragen für jede Stunde 10 Euro. ³Die letz-

GKG § 70   I. A. Gerichtskostengesetz

te bereits begonnene Stunde wird voll gerechnet, wenn sie zu mehr als 30 Minuten für die Erbringung der Arbeit erforderlich war; anderenfalls sind 5 Euro zu erheben.

II [1]Die Rechnungsgebühren setzt das Gericht, das den Rechnungsbeamten beauftragt hat, von Amts wegen fest. [2]Gegen die Festsetzung findet die Beschwerde statt, wenn der Wert des Beschwerdegegenstands 200 Euro übersteigt oder das Gericht, das die angefochtene Entscheidung erlassen hat, die Beschwerde wegen der grundsätzlichen Bedeutung der zur Entscheidung stehenden Frage in dem Beschluss zugelassen hat. [3]§ 66 Abs. 3 bis 8 gilt entsprechend. [4]Beschwerdeberechtigt sind die Staatskasse und derjenige, der für die Rechnungsgebühren als Kostenschuldner in Anspruch genommen wird. [5]§ 69a gilt entsprechend.

Vorbem. II 5 angefügt dch Art 11 Z 6 G v 9. 12. 04, BGBl 3220, in Kraft seit 1. 1. 05, Art 22 S 2 G, Übergangsrecht § 71 GKG. Sodann I 1 sprachlich geändert dch Art 47 I Z 13 FGG-RG v 17. 12. 08, BGBl 2586, in Kraft seit 1. 9. 09, Art 112 I Hs 1 FGG-RG, Übergangsrecht Art 111 FGG-RG, Grdz 2 vor § 1 FamGKG, Teil I B dieses Buchs.

Bisherige Fassung I 1: **I** [1]Soweit in den Ländern für Rechnungsarbeiten Beamte oder Angestellte besonders bestellt werden (Rechnungsbeamte), sind als Auslagen Rechnungsgebühren zu erheben, die nach dem für die Arbeit erforderlichen Zeitaufwand bemessen werden.

1   1) **Systematik, Regelungszweck, I, II.** Die Bestellung eines Rechnungsbeamten ist eine Landesaufgabe, ebenso die Festsetzung des Gebührenanteils eines nebenamtlichen Rechnungsbeamten. Rechnungsgebühren sind Auslagen, I 1.

Die Hinzuziehung eines Rechnungsbeamten muß zwecks einer Kostendämpfung nur durch eine *besondere Bestellung* durch den Richter oder Rpfl erfolgt sein, etwa dann, wenn der Urkundsbeamte der Geschäftsstelle das Rechenwerk nicht bewältigen kann. Solche Situationen sind zB in folgenden Verfahren möglich: Im Insolvenzverfahren; im Zwangsversteigerungsverfahren; im Zwangsverwaltungsverfahren; bei einer großen Vermögensverwaltung.

Soweit der *Rechtspfleger* mit einer derartigen Sache befaßt ist, § 3 Z 2 e–g RPflG, ist die Hinzuziehung eines Rechnungsbeamten nur ganz ausnahmsweise erforderlich.

2   2) **Gebühren, Einziehung, I, II 1.** Die Berechnung erfolgt nach dem Zeitaufwand eines durchschnittlich befähigten Rechnungsbeamten und nicht nach dem Gesamtaufwand der Staatskasse. Es kommt nicht darauf an, ob und wieviel der Rechnungsbeamte aus der Staatskasse erhält, Mümmler JB 75, 1302. Jede angefangene Stunde kostet 10 EUR, wenn über 30 Minuten erforderlich sind. Sonst kostet sie nur 5 EUR. Unterbrechungen rechnen nicht mit. Der Gegenstandswert ist unerheblich. Der Rechnungsbeamte vermerkt die benötigte Zeit. Das Gericht prüft und setzt von Amts wegen gebührenfrei fest. Der Kostenbeamte muß die Festsetzung in die Kostenrechnung übernehmen.

3   3) **Beschwerde, II 2–4.** § 66 III–VIII ist entsprechend anwendbar. Es ist ein Beschwerdewert von über 200 EUR oder eine Zulassung erforderlich. Beschwerdewert ist der Unterschied zwischen dem festgesetzten und dem erstrebten Betrag.

Man kann die Beschwerde *zum Protokoll* des Urkundsbeamten der Geschäftsstelle des Gerichts oder der Staatsanwaltschaft oder schriftlich oder nach § 5a elektronisch einlegen, II 3 in Verbindung mit § 66 V 1. Es besteht daher kein Anwaltszwang, auch wenn § 66 V 1 nicht direkt auf § 78 III Hs 2 ZPO verweist. Beschwerdeberechtigt sind die Staatskasse und der als Kostenschuldner in Anspruch Genommene. Der Zweitschuldner hat ein Beschwerderecht erst insoweit, als die Staatskasse auch ihn herangezogen hat. Der Rechnungsbeamte hat kein persönliches Beschwerderecht.

4   Man kann mit der Beschwerde sowohl die Frage nachprüfen lassen, ob das Gericht ihn überhaupt heranziehen durfte, als auch die Höhe der Gebühren überprüfen lassen. Eine weitere Beschwerde gegen eine Festsetzung durch das LG ist nach dessen Zulassung denkbar. Bei einer unrichtigen Sachbehandlung ist § 21 anwendbar.

Das Beschwerdeverfahren ist *gebührenfrei*. Es findet keine Kostenerstattung statt. Beides folgt aus II 3 in Verbindung mit § 66 VIII 1, 2.

5   4) **Anhörungsrüge, II 5.** Die Vorschrift verweist auf § 69a.

Abschnitt 9. Schluss- und Übergangsvorschriften **§ 71 GKG**

Übergangsvorschrift

71 I ¹In Rechtsstreitigkeiten, die vor dem Inkrafttreten einer Gesetzesänderung anhängig geworden sind, werden die Kosten nach bisherigem Recht erhoben. ²Dies gilt nicht im Verfahren über ein Rechtsmittel, das nach dem Inkrafttreten einer Gesetzesänderung eingelegt worden ist. ³Die Sätze 1 und 2 gelten auch, wenn Vorschriften geändert werden, auf die dieses Gesetz verweist.

II In Strafsachen, in gerichtlichen Verfahren nach dem Gesetz über Ordnungswidrigkeiten und nach dem Strafvollzugsgesetz, auch in Verbindung mit § 92 des Jugendgerichtsgesetzes, werden die Kosten nach dem bisherigen Recht erhoben, wenn die über die Kosten ergehende Entscheidung vor dem Inkrafttreten einer Gesetzesänderung rechtskräftig geworden ist.

III In Insolvenzverfahren, Verteilungsverfahren nach der Schifffahrtsrechtlichen Verteilungsordnung und Verfahren der Zwangsversteigerung und Zwangsverwaltung gilt das bisherige Recht für Kosten, die vor dem Inkrafttreten einer Gesetzesänderung fällig geworden sind.

Vorbem. II ergänzt dch Art 4 Z 5 G v 12. 12. 07, BGBl 2894, in Kraft seit 1. 1. 08, Art 7 G, Übergangsrecht § 71 GKG.

Gliederung

1) Systematik, Regelungszweck, I–III	1
2) Erste Instanz, I 1	2–5
A. Begriff	2
B. Anhängigkeit, Gesetzesänderung	3, 4
C. Streitwert	5
3) Verfahren über ein Rechtsmittel, I 2	6, 7
4) Verweisungsvorschrift, I 3	8
5) Strafsache, Bußgeldsache, Strafvollzugssache, II	9
6) Insolvenzverfahren usw, III	10

1) Systematik, Regelungszweck, I–III. § 71 sieht grundsätzlich von einer Rückwirkung ab, BVerwG JB **95**, 45, Bbg JB **78**, 1646, Düss JB **96**, 488. Das ist rechtsstaatlich notwendig, Kblz Rpfleger **75**, 447. § 71 knüpft an § 30a EGGVG an, Teil XII B dieses Buchs an. Die Vorschrift gibt unterschiedliche Anknüpfungspunkte für die einzelnen Gebührenarten. Vgl im übrigen §§ 63 FamGKG, 161 KostO, 24 JVEG, 60 RVG.

§ 72 hat in seinem Geltungsbereich als eine Spezialvorschrift den Vorrang. § 62 WEG, abgedruckt bei § 49a, hat ebenfalls als eine weitere Spezialvorschrift den Vorrang. Dasselbe gilt für Art 111 FGG-RG, Grdz 2 vor § 1 FamGKG, Teil I B dieses Buchs.

2) Erste Instanz, I 1. Man muß drei Aspekte beachten. 2

A. Begriff. Zu den erstinstanzlichen Rechtsstreitigkeiten zählen alle selbständigen Verfahren nach der ZPO, LG Bln (wegen §§ 926 II, 927), nach der VwGO, der FGO, dem ArbGG, dem SGG, dagegen nicht dagegen Verfahren nach der StPO, dem StVollzG, dem OWiG, II, der InsO, der SVertO, dem ZVG, III (zB wegen der Rechnungsgebühren, [jetzt] § 70, Mümmler JB **76**, 761, aM AG Nürnb JB **76**, 761). Wegen der Unanwendbarkeit bei § 6 III V ZOG BVerwG JB **95**, 45.

B. Anhängigkeit, Gesetzesänderung. Der Zeitpunkt der Anhängigkeit der Sa- 3 che ist für das anwendbare Recht maßgeblich, BezG Erfurt FamRZ **92**, 1209. Wenn die Anhängigkeit vor dem Inkrafttreten einer Gesetzesänderung lag, gilt unabhängig von der Art der Kostenhaftung das alte Recht, Düss JB **96**, 488, Mü MDR **95**, 1072. Andernfalls gilt das neue Recht. Anhängigkeit bedeutet nicht notwendig Rechtshängigkeit. Vielmehr reicht bereits das Schweben eines beliebigen prozessualen Verfahrens aus, BLAH § 261 ZPO Rn 1.

Wenn also ein *Mahnverfahren* vor dem Inkrafttreten einer Gesetzesänderung anhän- 4 gig war und nach dem Inkrafttreten aber in ein streitiges Urteilsverfahren übergeleitet wurde, entstehen Gebühren und Auslagen nach dem alten Recht, Kblz MDR **96**, 969, aM LG Bayreuth JB **95**, 148, LG Frankenth MDR **95**, 1175, Mü MDR **95**, 10072 (aber Mahn- und streitiges Verfahren bilden einen einheitlichen Zivilprozeß). Dasselbe gilt natürlich für die Kosten einer vor dem Inkrafttreten einer Gesetzesände-

357

GKG §§ 71, 72 I. A. Gerichtskostengesetz

rung eingegangenen Klage und für eine erst später erhobene Widerklage einschließlich späterer Klagerweiterungen oder Widerklagerweiterungen. Für eine Kosten- oder Gebührenfreiheit kommt es ebenfalls auf die Anhängigkeit und daher nicht auf eine spätere Rechtsänderung an, Düss JB **96**, 488.

5   C. Streitwert. Der Zeitpunkt der Anhängigkeit nach Rn 3, 4 ist auch für die Frage maßgeblich, nach welchem Recht das Gericht den Streitwert festsetzen muß, BVerwG VIZ **98**, 674, Ffo JB **94**, 25 (zum EV), VGH Mannh NJW **02**, 1893 (zum KostREuroUG).

6   3) Verfahren über ein Rechtsmittel, I 2. In diesen Verfahren entscheidet für die Kosten der Zeitpunkt der Einlegung des Rechtsmittels, Düss VersR **78**, 570, Mü MDR **80**, 253, also der Eingang beim Rechtsmittelgericht, zB §§ 519 I, 549 I 1, und im Fall der sofortigen Beschwerde grundsätzlich der Eingang bei demjenigen Gericht, dessen Entscheidung angefochten wird, zB § 569 I 1 Hs 1 ZPO. Der Zeitpunkt des Eingangs eines späteren Anschlußrechtsmittels ist unerheblich, Düss VersR **78**, 570, Wege SchlHA **76**, 53.

7   Das *Kostenfestsetzungsverfahren* und der Kostenansatz richten sich als ein Anhang zum Verfahren des Rechtszugs in einer vor dem Inkrafttreten einer Gesetzesänderung anhängig gewordenen Sache nach dem alten Recht, VGH Mü NVwZ-RR **06**, 150. Dagegen gilt für die Zulässigkeit eines *Rechtsmittels* die Regelung nach I 2.
    Bei einer *Zurückverweisung* nach dem Inkrafttreten einer Gesetzesänderung ist für das weitere Verfahren das neue Recht anwendbar, Hbg MDR **76**, 764, Mü MDR **80**, 253. Falls das Gericht in einem Grundverfahren eine Entscheidung über das Rechtsmittel vor dem Inkrafttreten einer Gesetzesänderung getroffen hat, gilt für ein nach diesem Inkrafttreten anhängig gewordenes Betragsverfahren das neue Recht.

8   4) Verweisungsvorschrift, I 3. Die Zeitpunkte I 1, 2 gelten auch dann, wenn sich auch oder nur eine solche Vorschrift geändert hat, auf die das GKG lediglich verweist, zB §§ 3–9 ZPO.

9   5) Strafsache, Bußgeldsache, Strafvollzugssache, II. Es kommt darauf an, ob die Kostenentscheidung vor oder nach dem Inkrafttreten einer Gesetzesänderung rechtskräftig geworden ist.

10 6) Insolvenzverfahren usw, III. Die gegenüber I vorrangige Sondervorschrift stellt klar, daß in den dort genannten Verfahren nach der InsO, der SVertO und dem ZVG die Fälligkeit vor oder nach dem Inkrafttreten einer Gesetzesänderung über die Anwendbarkeit des alten oder neuen Rechts zu Gebühren, Auslagen und zum Streitwert maßgeblich ist. Denn III geht als eine Sonderregel dem I vor und erfaßt die Kosten der in III genannten Verfahren ohne jede Ausnahme. Das alles gilt auch dann, wenn es sich im einzelnen um eine echte Rechtsstreitigkeit handelt, etwa um eine Klage nach § 179 InsO. Die Fälligkeit richtet sich nach den etwaige Sondervorschriften der einschlägigen Verfahrensordnungen, sonst nach §§ 6 ff.

Übergangsvorschrift aus Anlass des Inkrafttretens dieses Gesetzes

72 Das Gerichtskostengesetz in der Fassung der Bekanntmachung vom 15. Dezember 1975 (BGBl. I S. 3047), zuletzt geändert durch Artikel 2 Abs. 5 des Gesetzes vom 12. März 2004 (BGBl. I S. 390), und Verweisungen hierauf sind weiter anzuwenden

1. in Rechtsstreitigkeiten, die vor dem 1. Juli 2004 anhängig geworden sind; dies gilt nicht im Verfahren über ein Rechtsmittel, das nach dem 1. Juli 2004 eingelegt worden ist;
2. in Strafsachen, in gerichtlichen Verfahren nach dem Gesetz über Ordnungswidrigkeiten und nach dem Strafvollzugsgesetz, wenn die über die Kosten ergehende Entscheidung vor dem 1. Juli 2004 rechtskräftig geworden ist;
3. in Insolvenzverfahren, Verteilungsverfahren nach der Schifffahrtsrechtlichen Verteilungsordnung und Verfahren der Zwangsversteigerung und Zwangsverwaltung für Kosten, die vor dem 1. Juli 2004 fällig geworden sind.

1   1) Systematik, Z 1–3. Es handelt sich um eine gegenüber § 71 vorrangige Spezialvorschrift.

2) Regelungszweck, Z 1–3. Wie in den anderen Kostengesetzen, soll im Gegensatz zum Grundsatz des Verfahrensrechts der Geltung des neuen Rechts auch für Altfälle, BLAH Einl III 78, das bisherige Kostenrecht im Umfang von Z 1–3 zwecks Rechtssicherheit bestehenbleiben. Das ändert freilich nichts daran, daß auch im Kostenrecht das Prinzip besteht, das neue Recht ab seinem Inkrafttreten möglichst voll anzuwenden, wie es ja auch § 71 miterkennbar macht. Das muß man bei der Auslegung mitbeachten.

3) Geltungsbereich, Z 1–3. Die Aufzählung ist in sich abgeschlossen. Man darf sie nicht durch zu eine allzu großzügige Handhabung ausweiten.

4) Anhängigkeit, Z 1. Es gilt dasselbe wie bei § 71 Rn 3, 4, OVG Weimar NVwZ **05**, 235. Z 1 Hs 2 gilt nur für ein Rechtsmittel in der Hauptsache, BGH FamRZ **06**, 1107, Kblz JB **09**, 267, OVG Münst NVwZ **09**, 123. Es gilt dann aber auch beim Wert, Brdb FamRZ **07**, 71.

5) Strafsache, Bußgeldsache, Strafvollzugssache, Z 2. Es gilt dasselbe wie bei § 71 Rn 9. Es kommt auf die Rechtskraft und nicht schon auf den Erlaß einer Kostengrundentscheidung an, aM AG Westerburg JB **05**, 41.

6) Insolvenzverfahren usw, Z 3. Es gilt dasselbe wie bei § 71 Rn 10.

Anlage 1
(zu § 3 Abs. 2)

Kostenverzeichnis (KV)

Fassung 1./2. 9. 2009:

(Amtliche) Gliederung

	KV
Teil 1. Zivilrechtliche Verfahren vor den ordentlichen Gerichten	1100–1901
Hauptabschnitt 1. Mahnverfahren	1100
Hauptabschnitt 2. Prozessverfahren	1210–1256
Abschnitt 1. Erster Rechtszug	1210, 1211
Abschnitt 2. Berufung und bestimmte Beschwerden	1220–1223
Abschnitt 3. Revision, Rechtsbeschwerden nach § 74 GWB, § 86 EnWG und § 24 VSchDG	1230–1232
Abschnitt 4. Zulassung der Sprungrevision, Beschwerde gegen die Nichtzulassung der Revision sowie der Rechtsbeschwerden nach § 74 GWB, § 86 EnWG und § 24 VSchDG	1240–1243
Abschnitt 5. Rechtsmittelverfahren des gewerblichen Rechtsschutzes vor dem Bundesgerichtshof	1250–1256
Unterabschnitt 1. Berufungsverfahren	1250–1252
Unterabschnitt 2. Beschwerdeverfahren und Rechtsbeschwerdeverfahren	1253–1256
Hauptabschnitt 3. (weggefallen)	
Hauptabschnitt 4. Arrest und einstweilige Verfügung	1410–1431
Abschnitt 1. Erster Rechtszug	1410–1412
Abschnitt 2. Berufung	1420–1423
Abschnitt 3. Beschwerde	1430, 1431
Hauptabschnitt 5. Vorbereitung der grenzüberschreitenden Zwangsvollstreckung	1510–1520
Abschnitt 1. Erster Rechtszug	1510–1514
Abschnitt 2. Rechtsmittelverfahren	1523
Hauptabschnitt 6. Sonstige Verfahren	1610–1643
Abschnitt 1. Selbständiges Beweisverfahren	1610
Abschnitt 2. Schiedsrichterliches Verfahren	1620–1629
Unterabschnitt 1. Erster Rechtszug	1620–1627
Unterabschnitt 2. Rechtsbeschwerde	1628, 1629
Abschnitt 3. Besondere Verfahren nach dem Gesetz gegen Wettbewerbsbeschränkungen, dem Wertpapiererwerbs- und Übernahmegesetz und dem Wertpapierhandelsgesetz	1630–1632
Abschnitt 4. Besondere Verfahren nach dem Aktiengesetz und dem Umwandlungsgesetz	1640–1643
Unterabschnitt 1. Erster Rechtszug	1640, 1641
Unterabschnitt 2. Beschwerde	1642, 1643
Hauptabschnitt 7. Rüge wegen Verletzung des Anspruchs auf rechtliches Gehör	1700
Hauptabschnitt 8. Sonstige Beschwerden und Rechtsbeschwerden	1810–1827
Abschnitt 1. Sonstige Beschwerden	1810–1812
Abschnitt 2. Sonstige Rechtsbeschwerden	1820–1827
Hauptabschnitt 9. Besondere Gebühren	1900, 1901
Teil 2. Zwangsvollstreckung nach der Zivilprozessordnung, Insolvenzverfahren und ähnliche Verfahren	2110–2500
Hauptabschnitt 1. Zwangsvollstreckung nach der Zivilprozessordnung	2110–2124
Abschnitt 1. Erster Rechtszug	2110–2119
Abschnitt 2. Beschwerden	2120–2124
Unterabschnitt 1. Beschwerde	2120, 2121
Unterabschnitt 2. Rechtsbeschwerde	2122–2124
Hauptabschnitt 2. Verfahren nach dem Gesetz über die Zwangsversteigerung und die Zwangsverwaltung; Zwangsliquidation einer Bahneinheit	2210–2243
Abschnitt 1. Zwangsversteigerung	2210–2216
Abschnitt 2. Zwangsverwaltung	2220, 2221
Abschnitt 3. Zwangsliquidation einer Bahneinheit	2230–2232
Abschnitt 4. Beschwerden	2240–2243
Unterabschnitt 1. Beschwerde	2240, 2241
Unterabschnitt 2. Rechtsbeschwerde	2242, 2243

Gliederung vor 1100 KV

	KV
Hauptabschnitt 3. Insolvenzverfahren	2310–2364
Abschnitt 1. Eröffnungsverfahren	2310, 2311
Abschnitt 2. Durchführung des Insolvenzverfahrens auf Antrag des Schuldners	2320–2322
Abschnitt 3. Durchführung des Insolvenzverfahrens auf Antrag eines Gläubigers	2330–2332
Abschnitt 4. Besonderer Prüfungstermin und schriftliches Prüfungsverfahren (§ 177 InsO)	2340
Abschnitt 5. Restschuldbefreiung	2350
Abschnitt 6. Beschwerden	2360–2364
Unterabschnitt 1. Beschwerde	2360, 2361
Unterabschnitt 2. Rechtsbeschwerde	2362–2364
Hauptabschnitt 4. Schifffahrtsrechtliches Verteilungsverfahren	2410–2441
Abschnitt 1. Eröffnungsverfahren	2410
Abschnitt 2. Verteilungsverfahren	2420
Abschnitt 3. Besonderer Prüfungstermin	2430
Abschnitt 4. Beschwerde und Rechtsbeschwerde	2440, 2441
Hauptabschnitt 5. Rüge wegen Verletzung des Anspruchs auf rechtliches Gehör	2500
Teil 3. Strafsachen und gerichtliche Verfahren nach dem Strafvollzugsgesetz, auch in Verbindung mit § 92 des Jugendgerichtsgesetzes	3110–3900
Hauptabschnitt 1. Offizialverfahren	3110–3341
Abschnitt 1. Erster Rechtszug	3110–3119
Abschnitt 2. Berufung	3120, 3121
Abschnitt 3. Revision	3130, 3131
Abschnitt 4. Wiederaufnahmeverfahren	3140, 3141
Hauptabschnitt 2. Klageerzwingungsverfahren, unwahre Anzeige und Zurücknahme des Strafantrags	3200
Hauptabschnitt 3. Privatklage	3310–3341
Abschnitt 1. Erster Rechtszug	3310, 3311
Abschnitt 2. Berufung	3320, 3321
Abschnitt 3. Revision	3330, 3331
Abschnitt 4. Wiederaufnahmeverfahren	3340, 3341
Hauptabschnitt 4. Einziehung und verwandte Maßnahmen	3410–3451
Abschnitt 1. Antrag des Privatklägers nach § 440 StPO	3410
Abschnitt 2. Beschwerde	3420
Abschnitt 3. Berufung	3430, 3431
Abschnitt 4. Revision	3440, 3441
Abschnitt 5. Wiederaufnahmeverfahren	3450, 3451
Hauptabschnitt 5. Nebenklage	3510–3531
Abschnitt 1. Berufung	3510, 3511
Abschnitt 2. Revision	3520, 3521
Abschnitt 3. Wiederaufnahmeverfahren	3530, 3531
Hauptabschnitt 6. Sonstige Beschwerden	3600–3602
Hauptabschnitt 7. Entschädigungsverfahren	3700
Hauptabschnitt 8. Gerichtliche Verfahren nach dem Strafvollzugsgesetz, auch in Verbindung mit § 92 des Jugendgerichtsgesetzes	3810–3821
Abschnitt 1. Antrag auf gerichtliche Entscheidung	3810–3812
Abschnitt 2. Rechtsbeschwerde	3820, 3821
Abschnitt 3. Vorläufiger Rechtsschutz	3830
Hauptabschnitt 9. Rüge wegen Verletzung des Anspruchs auf rechtliches Gehör	3900
Teil 4. Verfahren nach dem Gesetz über Ordnungswidrigkeiten	4110–4500
Hauptabschnitt 1. Bußgeldverfahren	4110–4131
Abschnitt 1. Erster Rechtszug	4110–4112
Abschnitt 2. Rechtsbeschwerde	4120, 4121
Abschnitt 3. Wiederaufnahmeverfahren	4130, 4131
Hauptabschnitt 2. Einziehung und verwandte Maßnahmen	4210–4231
Abschnitt 1. Beschwerde	4210
Abschnitt 2. Rechtsbeschwerde	4220, 4221
Abschnitt 3. Wiederaufnahmeverfahren	4230, 4231
Hauptabschnitt 3. Besondere Gebühren	4300–4304
Hauptabschnitt 4. Sonstige Beschwerden	4400, 4401
Hauptabschnitt 5. Rüge wegen Verletzung des Anspruchs auf rechtliches Gehör	4500
Teil 5. Verfahren vor den Gerichten der Verwaltungsgerichtsbarkeit	5110–5601
Hauptabschnitt 1. Prozessverfahren	5110–5132
Abschnitt 1. Erster Rechtszug	5110–5115
Unterabschnitt 1. Verwaltungsgericht	5110, 5111
Unterabschnitt 2. Oberverwaltungsgericht (Verwaltungsgerichtshof)	5112, 5113
Unterabschnitt 3. Bundesverwaltungsgericht	5114, 5115

KV vor 1100 Gliederung   Kostenverzeichnis

KV

Abschnitt 2. Zulassung und Durchführung der Berufung	5120–5124
Abschnitt 3. Revision	5130–5132
Hauptabschnitt 2. Vorläufiger Rechtsschutz	5210–5241
Abschnitt 1. Verwaltungsgericht sowie Oberverwaltungsgericht (Verwaltungsgerichtshof) und Bundesverwaltungsgericht als Rechtsmittelgerichte in der Hauptsache	5210, 5211
Abschnitt 2. Oberverwaltungsgericht (Verwaltungsgerichtshof)	5220, 5221
Abschnitt 3. Bundesverwaltungsgericht	5230, 5231
Abschnitt 4. Beschwerde	5240, 5241
Hauptabschnitt 3. Besondere Verfahren	5300, 5301
Hauptabschnitt 4. Rüge wegen Verletzung des Anspruchs auf rechtliches Gehör	5400
Hauptabschnitt 5. Sonstige Beschwerden	5500–5502
Hauptabschnitt 6. Besondere Gebühren	5600, 5601
Teil 6. Verfahren vor den Gerichten der Finanzgerichtsbarkeit	6110–6600
Hauptabschnitt 1. Prozessverfahren	6110–6122
Abschnitt 1. Erster Rechtszug	6110, 6111
Abschnitt 2. Revision	6120–6122
Hauptabschnitt 2. Vorläufiger Rechtsschutz	6210–6221
Abschnitt 1. Erster Rechtszug	6210, 6211
Abschnitt 2. Beschwerde	6220, 6221
Hauptabschnitt 3. Besondere Verfahren	6300, 6301
Hauptabschnitt 4. Rüge wegen Verletzung des Anspruchs auf rechtliches Gehör	6400
Hauptabschnitt 5. Sonstige Beschwerden	6500–6502
Hauptabschnitt 6. Besondere Gebühr	6600
Teil 7. Verfahren vor den Gerichten der Sozialgerichtsbarkeit	7110–7601
Hauptabschnitt 1. Prozessverfahren	7110–7132
Abschnitt 1. Erster Rechtszug	7110, 7111
Abschnitt 2. Berufung	7120–7122
Abschnitt 3. Revision	7130–7132
Hauptabschnitt 2. Vorläufiger Rechtsschutz	7210–7221
Abschnitt 1. Erster Rechtszug	7210, 7211
Abschnitt 2. Beschwerde	7220, 7221
Hauptabschnitt 3. Beweissicherungsverfahren	7300
Hauptabschnitt 4. Rüge wegen Verletzung des Anspruchs auf rechtliches Gehör	7400
Hauptabschnitt 5. Sonstige Beschwerden	7500–7504
Hauptabschnitt 6. Besondere Gebühren	7600, 7601
Teil 8. Verfahren vor den Gerichten der Arbeitsgerichtsbarkeit	8100–8700
Hauptabschnitt 1. Mahnverfahren	8100
Hauptabschnitt 2. Urteilsverfahren	8210–8232
Abschnitt 1. Erster Rechtszug	8210, 8211
Abschnitt 2. Berufung	8220–8223
Abschnitt 3. Revision	8230–8232
Hauptabschnitt 3. Arrest und einstweilige Verfügung	8310–8331
Abschnitt 1. Erster Rechtszug	8310, 8311
Abschnitt 2. Berufung	8320–8323
Abschnitt 3. Beschwerde	8330, 8331
Hauptabschnitt 4. Besondere Verfahren	8400, 8401
Hauptabschnitt 5. Rüge wegen Verletzung des Anspruchs auf rechtliches Gehör	8500
Hauptabschnitt 6. Sonstige Beschwerden und Rechtsbeschwerden	8610–8621
Abschnitt 1. Sonstige Beschwerden	8610–8614
Abschnitt 2. Sonstige Rechtsbeschwerden	8620–8624
Hauptabschnitt 7. Besondere Gebühr	8700
Teil 9. Auslagen	9000–9018

Bisherige Fassung KV 1110–1643:

KV

Teil 1. Zivilrechtliche Verfahren vor den ordentlichen Gerichten	1110–1901
Hauptabschnitt 1. Vereinfachte Verfahren	1110
Abschnitt 1. Mahnverfahren	1110
Abschnitt 2. Vereinfachte Verfahren über den Unterhalt Minderjähriger	1120–1123
Unterabschnitt 1. Erster Rechtszug	1120, 1121
Unterabschnitt 2. Beschwerde	1122, 1123
Hauptabschnitt 2. Prozessverfahren	1210–1256
Abschnitt 1. Erster Rechtszug	1210, 1211

Kostenverzeichnis **Gliederung vor 1100, 1100 KV**

	KV
Abschnitt 2. Berufung und bestimmte Beschwerden	1220–1223
Abschnitt 3. Revision, Rechtsbeschwerden nach § 74 GWB, § 86 EnWG und § 24 VSchDG	1230–1232
Abschnitt 4. Zulassung der Sprungrevision, Beschwerde gegen die Nichtzulassung der Revision sowie der Rechtsbeschwerden nach § 74 GWB, § 86 EnWG und § 24 VSchDG	1240–1243
Abschnitt 5. Rechtsmittelverfahren des gewerblichen Rechtsschutzes vor dem Bundesgerichtshof	1250–1256
Unterabschnitt 1. Berufungsverfahren	1250–1252
Unterabschnitt 2. Beschwerdeverfahren und Rechtsbeschwerdeverfahren	1253–1256
Hauptabschnitt 3. Ehesachen, bestimmte Lebenspartnerschaftssachen und Folgesachen	**1310–1332**
Abschnitt 1. Erster Rechtszug	1310, 1311
Abschnitt 2. Berufung, Beschwerde in Folgesachen	1320–1323
Abschnitt 3. Revision, Rechtsbeschwerde in Folgesachen	1330–1332
Hauptabschnitt 4. Einstweiliger Rechtsschutz	**1410–1425**
Abschnitt 1. Arrest und einstweilige Verfügung	1410–1418
Unterabschnitt 1. Erster Rechtszug	1410–1412
Unterabschnitt 2. Berufung	1413–1416
Unterabschnitt 3. Beschwerde	1417, 1418
Abschnitt 2. Einstweilige Anordnung	1420–1425
Unterabschnitt 1. Ester Rechtszug	1420–1424
Unterabschnitt 2. Beschwerde	1425
Hauptabschnitt 5. Vorbereitung der grenzüberschreitenden Zwangsvollstreckung	**1510–1520**
Abschnitt 1. Erster Rechtszug	1510–1514
Abschnitt 2. Rechtsmittelverfahren	1523
Hauptabschnitt 6. Sonstige Verfahren	**1610–1643**
Abschnitt 1. Selbständiges Beweisverfahren	1610
Abschnitt 2. Schiedsrichterliches Verfahren	1620–1629
Unterabschnitt 1. Erster Rechtszug	1620–1627
Unterabschnitt 2. Rechtsbeschwerde	1628, 1629
Abschnitt 3. Aufgebotsverfahren	1630
Abschnitt 4. Besondere Verfahren nach dem Gesetz gegen Wettbewerbsbeschränkungen, dem Aktiengesetz, dem Umwandlungsgesetz, dem Wertpapiererwerbs- und Übernahmegesetz und dem Wertpapierhandelsgesetz	1640–1643

Teil 1. Zivilrechtliche Verfahren vor den ordentlichen Gerichten

(Amtliche) Vorbemerkung 1:

Die Vorschriften dieses Teils gelten nicht für die in Teil 2 geregelten Verfahren.

Fassung 1. 9. 2009:

Hauptabschnitt 1. Mahnverfahren

Nr.	Gebührentatbestand	Gebühr oder Satz der Gebühr nach § 34 GKG
1100	*Fassung 1. 9. 2009:* **Verfahren über den Antrag auf Erlass eines Mahnbescheids oder eines Europäischen Zahlungsbefehls**	0,5 – mindestens 23,00 EUR

Vorbem. Zunächst Mindestgebühr geändert durch Art 5 II Z 1 KostRMoG vom 5. 5. 04, BGBl 718, in Kraft seit 1. 7. 06, Art 8 S 2 KostRMoG. Sodann Änderung durch Art 5 Z 5 a G v. 30. 10. 08, BGBl 2122, in Kraft seit 12. 12. 08, Art 7 I G. Übergangsrecht jeweils §§ 71, 72 GKG. Schließlich Überschriften geändert, Umnumerierung durch Art 47 I Z 14 b aa–dd FGG-RG v. 17. 12. 08, BGBl 2586, in Kraft seit 1. 9. 09, Art 112 I Hs 1 FGG-RG, Übergangsrecht Art 111 FGG-RG, Grdz 2 vor § 1 FamGKG, Teil I B dieses Buchs.

Bisherige Fassung: **1110**

KV 1100–1121

1 **1) Geltungsbereich.** KV 1100 setzt 0,5 Gebühr für das nationale wie für das Europäische Mahnverfahren fest, ordnet aber stets eine evtl gegenüber dem Streitwert erhebliche Mindestgebühr an. Die 0,5 Gebühr oder die Mindestgebühr entsteht also auch dann, wenn das Mahnverfahren ohne eine gerichtliche Entscheidung endet, zB wegen einer Antragsrücknahme, Fischer MDR **97**, 707, Schneider JB **03**, 4. *Grundgedanke* war die Überlegung, das Mahnverfahren möglichst zu fördern. Dieses Verfahren sollte nicht zu teuer werden. Die Mindestgebühr schränkt diese soziale Überlegung gerade für den minderbemittelten Antragsteller beim kleinen Alltagsfall erheblich ein. Freilich muß evtl der unterliegende Gegner als ein Entscheidungsschuldner die Mahngebühr erstatten.

2 Man muß bei einem anschließenden *streitigen* Verfahren auf die dortige 3,0 Gebühr die Gebühr des KV 1100 im Rahmen von KV 1210 amtliche Anmerkung S 1 Hs 2 anrechnen. Wegen der Anrechnung von KV 1121 vgl KV 1210 amtliche Anmerkung S 2. Dann entsteht also bei einer Anrechnung von KV 1100 nur im ganzen eine 2,5 Gebühr oder mindestens eine um 23 EUR geminderte Gebühr KV 1210. Freilich erreicht das Gesetz diese Absicht nur dann, wenn das streitige Verfahren auch stattfindet, Rn 5. Die Zurücknahme des Antrags auf ein streitiges Verfahren nach § 696 IV ZPO ist für KV 1100 unerheblich.

Im Verfahren vor den *Arbeitsgerichten* gelten KV 8100 sowie KV 8210 amtliche Anmerkung II. Im Verfahren vor dem Sozialgericht schreibt § 184 I 3 SGG, Teil II B dieses Buchs, eine Anrechnung vor.

3 **2) Verfahrensgebühr.** Die Mahngebühr ist eine Verfahrensgebühr. Sie entsteht, sobald ein Antrag auf den Erlaß eines Mahnbescheids bei dem richtigen oder falschen Gericht eingeht, Wolff NJW **03**, 553, aM Fischer MDR **94**, 124 (aber § 6 I Z 1 ist eindeutig). Sie entsteht auch bei einem unzulässigen Mahnverfahren. Sie bleibt unabhängig vom weiteren Verlauf des Mahnverfahrens bestehen. Sie gilt auch den Vollstreckungsbescheid ab, ebenso einen Kostenbeschluß nach § 91a ZPO im Mahnverfahren. Sie wird nicht zurückgezahlt und allenfalls nach Rn 2 angerechnet. Sie entsteht für jedes Mahnverfahren unabhängig von der Zahl der Antragsteller und/oder Antragsgegner nur einmal. Das ergibt schon den Wortlaut von KV 1100.

4 **3) Weitere Einzelfragen.** Streitwert ist der Wert des im Mahnverfahren verfolgten Anspruchs unabhängig vom Umfang eines Widerspruchs und von einer etwaigen Klagerweiterung im anschließenden streitigen Verfahren. Schuldner ist der Antragsteller, § 22, vgl auch § 29. Mehrere Antragsteller sind Gesamtschuldner der Kosten. Es ist unbedenklich, dem Mahnschuldner bei einer persönlichen Gebührenfreiheit des Antragstellers oder bei der Bewilligung einer Prozeßkostenhilfe zu Gunsten des Antragstellers die Kostenzahlung aufzugeben. Es ist zulässig, die Kosten erst nach dem Erlaß des Vollstreckungsbescheids einzuziehen.

Fassung 1. 9. 2009: **Abschnitt 2** (aufgehoben)

Bisherige Fassung: **Abschnitt 2. Vereinfachte Verfahren über den Unterhalt minderjähriger**

Unterabschnitt 1. Erster Rechtszug

Nr.	Gebührentatbestand	Gebühr oder Satz der Gebühr nach § 34 GKG
1120	Entscheidung über einen Antrag auf Festsetzung von Unterhalt nach § 645 Abs. 1 ZPO mit Ausnahme einer Festsetzung nach § 650 Satz 2 ZPO	0,5
1121	Entscheidung über einen Antrag auf Abänderung eines Vollstreckungstitels nach § 655 Abs. 1 ZPO	15,00 EUR

Kostenverzeichnis 1122–1210 KV

Unterabschnitt 2. Beschwerde

Nr.	Gebührentatbestand	Gebühr oder Satz der Gebühr nach § 34 GKG
1122	Verfahren über die Beschwerde nach § 652 ZPO gegen die Festsetzung von Unterhalt im vereinfachten Verfahren	1,0
1123	Verfahren über die Beschwerde nach § 655 Abs. 5 ZPO gegen den Beschluss, durch den ein Vollstreckungstitel im vereinfachten Verfahren abgeändert wird	30,00 EUR

Hauptabschnitt 2. Prozessverfahren

Abschnitt 1. Erster Rechtszug

(Amtliche) Vorbemerkung 1.2.1:
Die Gebühren dieses Abschnitts entstehen nicht im Musterverfahren nach dem KapMuG; das erstinstanzliche Musterverfahren gilt als Teil des ersten Rechtszugs des Prozessverfahrens.

Vorbem. Eingefügt durch Art 4 Z 9 a G v 16. 8. 05, BGBl 2437, in Kraft seit 1. 11. 05, Art 9 I 2 G, außer Kraft am 1. 11. 10, Art 9 II Hs 2 G, Übergangsrecht § 71 GKG.

Nr.	Gebührentatbestand	Gebühr oder Satz der Gebühr nach § 34 GKG
1210	Verfahren im Allgemeinen	3,0
	Fassung 1. 9. 2009:	
	[1] Soweit wegen desselben Streitgegenstands ein Mahnverfahren vorausgegangen ist, entsteht die Gebühr mit dem Eingang der Akten bei dem Gericht, an das der Rechtsstreit nach Erhebung des Widerspruchs oder Einlegung des Einspruchs abgegeben wird; in diesem Fall wird eine Gebühr 1100 nach dem Wert des Streitgegenstands angerechnet, der in das Prozessverfahren übergegangen ist. [2] Satz 1 gilt entsprechend, wenn wegen desselben Streitgegenstands ein Europäisches Mahnverfahren vorausgegangen ist.	

Vorbem. Zunächst amtliche Anmerkung idF Art 5 Z 5 b G v 30. 10. 08, BGBl 2122, in Kraft seit 12. 12. 08, Art 8 I G. Sodann amtliche Anmerkung I 1 geändert, II aufgehoben durch Art 47 I Z 14 c aa, bb FGG-RG v. 17. 12. 08, BGBl 2586, in Kraft seit 1. 9. 09, Art 112 I Hs 1 FGG-RG, Übergangsrecht Art 111 FGG-RG, Grdz 2 vor § 1 Fam-GKG, Teil I B dieses Buchs.

Nr.	Gebührentatbestand	Gebühr oder Satz der Gebühr nach § 34 GKG
	Bisherige Fassung amtl Anm:	
	[1] Soweit wegen desselben Streitgegenstands ein Mahnverfahren vorausgegangen ist, entsteht die Gebühr mit dem Eingang der Akten bei dem Gericht, an das der Rechtsstreit nach Erhebung des Widerspruchs oder Einlegung des Einspruchs abgegeben wird; in diesem Fall wird eine Gebühr 1110 nach dem Wert des Streitgegenstands angerechnet, der in das Prozessverfahren übergegangen ist. [2] Satz 1 gilt entsprechend, wenn wegen desselben Streitgegenstands ein Europäisches Mahnverfahren vorausgegangen ist.	

KV 1210　　　　　　　　　　　　　　　　　　　　　Kostenverzeichnis

Nr.	Gebührentatbestand	Gebühr oder Satz der Gebühr nach § 34 GKG
	¹¹ Bei einer Klage nach § 656 ZPO wird die Gebühr 1121 angerechnet.	

Gliederung

```
1) Systematik .................................................................. 1
2) Regelungszweck ........................................................... 2
3) Geltungsbereich .......................................................... 3, 4
4) Verfahrensgebühr nach Mahnverfahren, amtliche Anmerkung ........ 5–9
   A. Widerspruch ............................................................ 5
   B. Nichtbetreiben ......................................................... 6
   C. Mehrere Widersprüche ................................................ 7
   D. Einspruch .............................................................. 8
   E. Nachverfahren, Anrechnung .......................................... 9
5) Verfahrensgebühr bei Klage usw: Pauschale ........................ 10–12
6) Entstehung, Fälligkeit .................................................. 13–18
   A. Klage .................................................................. 13
   B. Klagerweiterung ..................................................... 14
   C. Widerklage ........................................................... 15
   D. Rechtsmittelschrift .................................................. 16
   E. Antrag auf streitiges Verfahren; Einspruch ........................ 17
   F. Weitere Einzelfragen ................................................ 18
7) Kostenschuldner usw. .................................................. 19–22
8) Streitwert ............................................................... 23–27
   A. Nach Mahnverfahren ................................................ 23, 24
   B. Bei Klage usw. ....................................................... 25
   C. Keine nachträgliche Verminderung ................................ 26
   D. Wertänderung ....................................................... 27
```

1 **1) Systematik.** Im „Prozeßverfahren", einer unglücklichen Wortbildung (ausreichen würde „Prozeß" oder etwa „Klageverfahren"), entsteht regelmäßig die Gebühr für das gesamte Verfahren im allgemeinen, KV 1210. Es entsteht in keiner Instanz eine Urteilsgebühr, Rn 11. Hinzu kann evtl die Vergleichsgebühr KV 1900 treten. Sie entsteht zwar im Prozeß, aber nicht durch den Prozeß. Denn sie entsteht nur insoweit, als der Wert des Vergleichs den Wert des Streitgegenstands überschreitet. Jede dieser Gebühren ist von der anderen unabhängig und kann von einem eigenen Streitwert entstehen.

Ein *Musterverfahren* nach dem KapMuG, abgedruckt bei BLAH SchlAnh VIII, gilt nach der amtlichen Vorbemerkung 1.2.1 Hs 2 als Teil des erstinstanzlichen Prozeßverfahrens, in das es sich ja nach § 1 KapMuG nur hineinschiebt. Folglich entstehen nach der amtlichen Vorbemerkung 1.2.1 Hs 1 für das Musterverfahren neben den Gebühren für das Ausgangs-Prozeßverfahren nach KV 1210 ff keine zusätzlichen derartigen Gebühren.

2 **2) Regelungszweck.** Die Vorschrift soll die Anrufung des Gerichts durch eine hohe Pauschalgebühr verteuern und dadurch die Prozeßflut eindämmen, Stgt MDR 01, 1134. Sie soll außerdem im Interesse der Prozeßwirtschaftlichkeit nach BLAH Grdz IV § 128 ZPO die Abrechnung erstinstanzlicher Prozesse vereinfachen, LG Hbg MDR 98, 1375. Beides muß man bei der Auslegung mitbeachten.

3 **3) Geltungsbereich.** Mit dem Begriff „Prozeßverfahren" meint der gesamte Hauptabschnitt 2 den eigentlichen Prozeß, also das durch eine Klage oder durch den Übergang vom Mahnverfahren in das streitige Verfahren eingeleitete und durch ein Endurteil endende Verfahren, auch durch ein Versäumnisurteil, Rn 11. Dahin gehören auch: Der Urkundenprozeß; der Scheckprozeß; der Wechselprozeß; eine im Prozeßweg erledigte Schiedssache (Aufhebungsklage).

4 *Nicht hierher gehören:* Das Arrestverfahren, KV 1410 ff; eine Vollstreckbarerklärung im schiedsrichterlichen Verfahren, KV 1620 ff.

5 **4) Verfahrensgebühr nach Mahnverfahren, amtliche Anmerkung.** Ein Prozeßverfahren oder streitiges Verfahren findet nach einem vorausgegangenen Mahnverfahren in den folgenden Fällen statt.

Kostenverzeichnis **1210 KV**

A. Widerspruch. Ein Prozeßverfahren beginnt prozessual dann, wenn nach einem Widerspruch gegen einen Mahnbescheid eine der Parteien einen Antrag auf die Durchführung eines streitigen Verfahrens stellt, § 696 I 1 ZPO, Bbg (7. ZS) JB **98**, 653, LG Fulda RR **99**, 221, LG Kblz JB **99**, 260, aM Bbg (4. ZS) RR **01**, 574 (erst bei einer Abgabe an das Streitgericht). Es ist unerheblich, welche der Parteien den Antrag stellt, Düss RR **97**, 704, Mü MDR **97**, 891, LG Fulda RR **99**, 221.

Soweit eine Partei den Antrag bereits zusammen mit dem Mahnantrag vorsorglich gestellt hat, sei es mit einem oder ohne einen vorsorglichen Verweisungsantrag, beginnt das Prozeßverfahren *kostenrechtlich* mit dem Eingang der vollständigen *Akten* beim Gericht des streitigen Verfahrens, amtliche Anmerkung Hs 1, (je zum alten Recht) Hamm JB **02**, 89, KG JB **02**, 86, Rostock MDR **02**, 666. Dadurch ist der frühere Streit beendet. Das gilt auch nach einem Einspruch gegen einen Vollstreckungsbescheid. Der Akteneingang beim unzuständigen Gericht reicht aus. Die Zahlung der Gebühr KV 1210 nach einer Anfrage des Gerichts, ob man ein streitiges Verfahren beantrage, reicht daher nicht mehr aus.

Das alles gilt nur für die Frage der *Entstehung* der Gebühr KV 1210 und für die *daraus* abgeleitete Frage der *Anrechenbarkeit* der Mahngebühr KV 1100. Es kommt dabei auf den etwaigen Posteingangsstempel und nur bei dessen Fehlen auf den Eingangsstempel der Geschäftsstelle der Abteilung oder Kammer an.

B. Nichtbetreiben. Ein Nichtbetreiben des Verfahrens nach dem Widerspruch, 6 aber vor dem Antrag auf ein streitiges Verfahren genügt zwar an sich nicht, LG Würzb JB **98**, 147. Nach einem solchen Antrag bleibt aber KV 1210 trotz eines etwaigen Nichtbetreibens anwendbar, LG Bbg JB **98**, 147, Meyer JB **00**, 285, aM LG Bautzen MDR **01**, 1379, AG Hbg RR **99**, 1298 (Vorlage beim BVerfG. Aber der Antrag löste nun einmal eine weitere Gebühr aus, selbst wenn sich der Antragsteller anschließend zu ihm gegenläufig verhielt), Zimmermann JB **97**, 230.

C. Mehrere Widersprüche. Wenn gegen *mehrere* Mahnbescheide Widersprüche 7 vorliegen und das Gericht die Verfahren gleichzeitig verbindet, tritt keine Rückwirkung der Widersprüche auf den Zeitpunkt vor der Verbindung ein. Deshalb bleiben die Einzelstreitwerte maßgeblich, Hamm Rpfleger **83**, 177, Oldb JB **03**, 322. Wenn ein Prozeßverfahren gegen mehrere Widersprechende bei verschiedenen Gerichten anhängig wird, entsteht die Gebühr KV 1210 für jedes Prozeßverfahren nach dem jeweiligen Streitwert, Hamm Rpfleger **83**, 177.

D. Einspruch. Ein Prozeßverfahren beginnt ferner mit einem Einspruch gegen 8 einen Vollstreckungsbescheid, Rn 22.

E. Nachverfahren, Anrechnung. Ein Prozeßverfahren entsteht schließlich dann, 9 wenn das Gericht einen Urkunden-, Wechsel- oder Scheckmahnbescheid erlassen hatte und wenn der Antragsgegner nun nur den Antrag stellt, das Nachverfahren einzuleiten. Das Prozeßverfahren beginnt dann mit der Ladung des Gegners zum Nachverfahren.

Die Gebühr KV 1100 wird *angerechnet,* KV 1210 amtliche Anmerkung Hs 2.

5) Verfahrensgebühr bei Klage usw: Pauschale. Die Verfahrensgebühr besteu- 10 ert das „Verfahren im allgemeinen". Sie entsteht durch jede einzelne durch das Gericht oder dem Gericht gegenüber im Lauf des Prozesses erfolgte Prozeßhandlung neu, Schlesw JB **96**, 204. Sie entsteht auch durch irgendeine nach der Aufhebung der Bewilligung einer Prozeßkostenhilfe erfolgte Prozeßhandlung. Sie entsteht aber insgesamt nur einmal, Rn 11, 15.

Sie entsteht im übrigen nicht, wenn der Kläger die Klage nach der Aufhebung der Bewilligung der Prozeßkostenhilfe sofort *zurücknimmt* oder nach einer Versagung der Prozeßkostenhilfe eine bedingte Klage nicht weiterbetreibt, Kblz FamRZ **98**, 312 (KV 1211). Denn diese Klagerücknahme ist keine solche Prozeßhandlung, die sich gerade auf den Fortgang des Verfahrens richtet.

Eine *Urteilsgebühr* entsteht *nicht* mehr, auch nicht als ein trennbarer Bestandteil der 11 Pauschale, Düss MDR **97**, 301. Die Verfahrensgebühr gilt sämtliche Prozeßhandlungen ab, für die das Gesetz keine besonderen Gebühren vorsieht, § 35. Sie gilt insbesondere mit ab: Ein nichtstreitiges Urteil, also ein Versäumnisurteil gegenüber der säumigen Partei, §§ 330, 331 II Hs 1 ZPO, KV 1211 Rn 2 (also keine Ermäßigung), Düss MDR **97**, 301, Hbg MDR **98**, 623, KG JB **99**, 152; ein Anerkenntnisurteil; ein

KV 1210   Kostenverzeichnis

Verzichtsurteil, Stgt JB **99**, 423 (vgl freilich die Ermäßigung KV 1211 Z 2); einen Vergleich (die Vergleichsgebühr nach KV 1900 betrifft nur den nicht im Prozeß befangenen Teil. Vgl freilich die Ermäßigung KV 1211 Z 3). Wegen der EuGVVO vgl KV 1510.

12   Die Verfahrensgebühr gilt auch ein sog *unechtes Versäumnisurteil* gegenüber dem Kläger ab, § 331 II Hs 2 ZPO.

13   **6) Entstehung, Fälligkeit.** Die Verfahrensgebühr entsteht und wird fällig, soweit eine der folgenden Voraussetzungen vorliegt.

A. Klage. Die Verfahrensgebühr entsteht mit der Einreichung der unbedingten Klageschrift beim Gericht, (jetzt) § 6 I, Mü MDR **96**, 1075, Schlesw AnwBl **97**, 288. Es kommt also nicht darauf an, ob der Klägervertreter anschließend darum bittet, die Sache vorerst liegen zu lassen, Kblz MDR **95**, 1269, oder ob das Gericht die Klageschrift dem Gegner zustellen läßt, ob der Kläger also die Klage auch erhebt, § 253 I ZPO, KG JB **98**, 429, Mü MDR **96**, 1075, Schlesw AnwBl **97**, 288 („Erledigung" vor Rechtshängigkeit). Nach einem Widerspruch wird die weitere Gebühr mit der Anhängigkeit beim Gericht des streitigen Verfahrens fällig, (jetzt) amtliche Anmerkung Hs 1, LG Memmingen JB **97**, 434. Wegen der Fälligkeit der anzurechnenden Mahngebühr § 6 I.

Prozeßkostenhilfe kann eine zulässige Bedingung der Klagerhebung sein. Dann tritt eine Fälligkeit erst mit der Bewilligung oder dann ein, wenn der Kläger aus welchem Grund auch immer erklärt, er wünsche jetzt die Klage unabhängig vom Prozeßkostenhilfeverfahren einzureichen, oder wenn er nun den Vorschuß mit einer Rücknahme des Prozeßkostenhilfegesuchs oder ohne sie zahlt, Meyer 27, aM Mü MDR **97**, 890. Die Anforderung einer Kostenrechnung oder einer Wertfestsetzung hat dieselbe Folge.

14   **B. Klageerweiterung.** Die Verfahrensgebühr entsteht ferner, soweit der Kläger die Klage durch einen mündlichen Vortrag oder durch die Einreichung eines Schriftsatzes erweitert, § 256 II ZPO. Die zur Erhebung der erweiterten Klage notwendige Zustellung ist ebenso wie diejenige der ersten Klage entbehrlich, § 6.

15   **C. Widerklage.** Die Verfahrensgebühr entsteht nicht zweimal, sondern nur einmal dann, wenn der Bekl eine Widerklage einreicht. Das gilt selbst dann, wenn das Gericht die Klage und eine Widerklage zunächst getrennt behandelt hat und in beiden Verfahren das persönliche Erscheinen der Parteien angeordnet hat, sofern es hier im weiteren Verfahrensverlauf zur gemeinsamen Verhandlung kommt, KG Rpfleger **78**, 270. Man muß auch einen im Prozeß geltend gemachten Ersatzanspruch nach §§ 302 IV, 600 II, 717 II ZPO als eine Widerklage nach KV 1210 ansehen, obwohl ein solcher Ersatzanspruch prozessual keine Widerklage zu sein braucht.

Auch eine *Hilfswiderklage* läßt die Verfahrensgebühr entstehen, § 45 Rn 3. Jedoch kann die Verfahrensgebühr später rückwirkend entfallen, sofern das Gericht über die Hilfswiderklage nicht zu entscheiden braucht.

16   **D. Rechtsmittelschrift.** Eine Verfahrensgebühr entsteht ferner mit der Einreichung einer Berufungsschrift, Revisionsschrift oder Anschließungsschrift nach KV 1220, 1230. Auch dann reicht die bloße Einreichung aus.

17   **E. Antrag auf streitiges Verfahren; Einspruch.** Die Verfahrensgebühr entsteht schließlich dann, wenn im Anschluß an ein Mahnverfahren eine der Parteien nach Rn 5 den Antrag auf die Durchführung des streitigen Verfahrens stellt oder wenn der Bekl gegen einen Vollstreckungsbescheid Einspruch einlegt und die Akten daraufhin beim Gericht des streitigen Verfahrens eingehen, amtliche Anmerkung Hs 1, oder wenn das ArbG einen Termin anberaumt. Hatte der Kläger seinen Antrag auf die Durchführung des streitigen Verfahrens wie meist bereits mit dem Mahnantrag verbunden, tritt die Fälligkeit ebenfalls erst im vorgenannten Zeitpunkt ein. Eine nachträgliche Rücknahme des Antrags auf die Durchführung des streitigen Verfahrens läßt die Gebühr KV 1210 unverändert bestehenbleiben.

18   **F. Weitere Einzelfragen.** Es ist kostenrechtlich belanglos, ob der Kläger seine Klage usw prozessual zulässig oder ordnungsmäßig erhoben hat, BFH BB **85**, 985. Soweit eine Verfahrensgebühr entstanden ist, bleibt das spätere Schicksal der Klage usw unerheblich, Mü JB **78**, 1853, LG Hbg KTS **75**, 45.

Kostenverzeichnis **1210 KV**

Ausnahmsweise ermäßigt sich der Gebührenanspruch, sofern eine *Klagerücknahme usw* oder eine Rechtsmittelrücknahme usw vorliegen, KV 1211, 1222 usw.

7) Kostenschuldner usw. Nach § 22 haftet derjenige für die Kosten, der das Verfahren der Instanz beantragt hat. Mit dem streitigen Verfahren beginnt gegenüber dem Mahnverfahren eine neue kostenrechtliche Instanz, (jetzt) § 22 Rn 13, Düss JB **92**, 102, Hbg MDR **84**, 413, Köln Rpfleger **83**, 460. 19

Hat nun der Antrag*steller* des Mahnverfahrens das streitige Verfahren beantragt, haftet er und muß vorwegleisten, (jetzt) § 12 III 3, Düss RR **97**, 704. Das gilt unabhängig davon, ob er den Antrag vor oder nach dem Erlaß des Mahnbescheids gestellt hatte, LG Kblz JB **99**, 260. 20

Hat der Antrags*gegner* des Mahnverfahrens das streitige Verfahren beantragt, ist er auch Kostenschuldner, Düss RR **97**, 704, Hbg MDR **83**, 413, LG Osnabr JB **03**, 371, aM Bre JB **76**, 349, KG Rpfleger **80**, 121 (aber Antrag bleibt Antrag). 21

Bei einem Einspruch gegen einen *Vollstreckungsbescheid* ist kein Antrag auf die Durchführung des streitigen Verfahrens notwendig, § 700 III ZPO, Düss JB **92**, 102, Köln Rpfleger **83**, 460, Schneider JB **03**, 4. Daher beginnt das Prozeßverfahren kostenmäßig dann bereits mit dem Eingang der Akten bei demjenigen Gericht des streitigen Verfahrens, das das Mahngericht im Mahnbescheid nach § 692 I Z 1 ZPO bezeichnet hatte, amtliche Anmerkung Hs 1. Antragschuldner ist dann nur derjenige, der den Vollstreckungsbescheid beantragt hat, § 22 Rn 18. 22

8) Streitwert. Man muß zwei Situationen unterscheiden. 23
A. Nach Mahnverfahren. Streitwert ist für das streitige Verfahren derjenige Wert, der in diese Instanz gelangt, Ffm RR **92**, 1342, Hbg MDR **01**, 294, Mü AnwBl **01**, 127. Wenn das Gericht also einen Mahnbescheid über 1000 EUR erlassen hat und wenn nun eine Partei ein streitiges Verfahren wegen des Gesamtbetrags beantragt, ist dieser Betrag von 1000 EUR maßgebend, selbst wenn es später zB zu einer Teilerledigung usw kommt, LG Hagen MDR **97**, 790, aM Mü AnwBl **01**, 127 (aber § 40 gilt auch hier).

Wenn eine Partei ein streitiges Verfahren aber nur wegen eines *Teilbetrags* beantragt hat, beträgt der Streitwert für dieses streitige Verfahren nur diesen Teilbetrag, Ffm RR **92**, 1342, Mü MDR **99**, 508, Stgt MDR **99**, 634, aM (je zum alten Recht) Bbg JB **98**, 653, Hbg MDR **98**, 1121. Man muß dann auf die nach KV 1210 nach diesem bloßen Teilbetrag errechnete 3,0 Gebühr die nach KV 1100 nach demselben Teilbetrag entstehende Gebühr anrechnen. Das ergibt sich aus der amtlichen Anmerkung Hs 2. Es gilt auch dann, wenn der Antragsteller im Mahnverfahren seine höhere Forderung nur versehentlich gestellt hatte, Düss RR **98**, 1077. Stets bleibt aber die Mindestgebühr von 23 EUR nach KV 1100 (Vorrang vor § 34 II) auch bei der Berechnung des nach KV 1210 amtliche Anmerkung Hs 2 anrechenbaren Betrags bestehen.

Wenn das Gericht nach der Abgabe oder nach einer Verweisung einen *Termin* anberaumt, ist für den Streitwert derjenige Betrag maßgebend, der in das streitige Verfahren gekommen ist. Sofern der Schuldner inzwischen Abzahlungen geleistet hat, ist derjenige Betrag maßgeblich, den der Gläubiger noch am Tag des Akteneingangs bei demjenigen Gericht verlangt hat, an das das Mahngericht die Sache abgegeben oder verwiesen hat. Denn nur in dieser Höhe ist die Sache in Wahrheit in das streitige Verfahren gelangt, § 697 I 4 ZPO. 24

B. Bei Klage usw. Der Streitwert berechnet sich nach demjenigen der Klage. Bei einer Klageerweiterung erhöht sich die Gebühr entsprechend, § 40 Rn 3. Denn sie entsteht als eine Verfahrensgebühr nach dem neuen Streitwert. Man muß also den alten und den neuen Streitwert vergleichen. Das gilt auch insofern, als das Gericht einen Antrag auf eine Prozeßkostenhilfe für die Klageerweiterung abgelehnt hat, sofern es die Prozeßkostenhilfe für den ursprünglichen Kläganspruch bewilligt hatte. Denn man würde andernfalls den Kläger durch die Ablehnung des Antrags im Umfang der Klägerweiterung mittelbar mit Kosten belasten. Bei einer Verbindung nach § 147 ZPO muß man bis zur Grenze (jetzt) des § 36 II addieren, § 5 ZPO, Meyer JB **99**, 240. 25

C. Keine nachträgliche Verminderung. Die Verfahrensgebühr kann sich nicht nachträglich vermindern. Daraus folgt: Bei einer Erledigung eines Teils des Anspruchs und der anschließenden Wiedererhöhung des Kläganspruchs durch einen neuen Anspruch muß man diesen neuen dem Streitwert hinzurechnen, sofern keine Klagerücknahme vorliegt, Mü MDR **97**, 688. 26

KV 1210, 1211   Kostenverzeichnis

Beispiel: Die Klageforderung beträgt 5000 EUR. Nach einer Verhandlung zur Sache erledigt sich die Hauptsache in Höhe von 2000 EUR. Anschließend erweitert der Kläger die Klageforderung um 2000 EUR auf Grund eines anderen Sachverhalts. Der Streitwert beträgt jetzt 7000 EUR.

27   **D. Wertänderung.** Eine Wertänderung ist beachtlich, § 40. Das gilt zB bei einer Prozeßverbindung. In der höheren Instanz berechnet sich der Streitwert nach den Anträgen des Rechtsmittelklägers, § 47 I 1, andernfalls nach S 2, stets begrenzt gemäß § 47 II. Die Verfahrensgebühr erhöht sich nicht, wenn ein Vergleich den Streitgegenstand überschreitet. Denn der überschießende Teil gehört ja nicht zum streitigen Verfahren, KV 1900 Rn 6 ff. Eine Prozeßverbindung läßt die bereits entstandenen Verfahrensgebühren unberührt.

Nr.	Gebührentatbestand	Gebühr oder Satz der Gebühr nach § 34 GKG

1211	Beendigung des gesamten Verfahrens durch
	1. Zurücknahme der Klage
	   a) vor dem Schluss der mündlichen Verhandlung,
	   b) in den Fällen des § 128 Abs. 2 ZPO vor dem Zeitpunkt, der dem Schluss der mündlichen Verhandlung entspricht,
	   c) im Verfahren nach § 495a ZPO, in dem eine mündliche Verhandlung nicht stattfindet, vor Ablauf des Tages, an dem eine Ladung zum Termin zur Verkündung des Urteils zugestellt oder das schriftliche Urteil der Geschäftsstelle übermittelt wird,
	   d) im Fall des § 331 Abs. 3 ZPO vor Ablauf des Tages, an dem das Urteil der Geschäftsstelle übermittelt wird, oder
	   e) im europäischen Verfahren für geringfügige Forderungen, in dem eine mündliche Verhandlung nicht stattfindet, vor Ablauf des Tages, an dem das schriftliche Urteil der Geschäftsstelle übermittelt wird,
	wenn keine Entscheidung nach § 269 Abs. 3 Satz 3 ZPO über die Kosten ergeht oder die Entscheidung einer zuvor mitgeteilten Einigung der Parteien über die Kostentragung oder der Kostenübernahmeerklärung einer Partei folgt,
	Fassung Z 2 vom 1. 9. 2009:
	2. Anerkenntnisurteil, Verzichtsurteil oder Urteil, das nach § 313a Abs. 2 ZPO keinen Tatbestand und keine Entscheidungsgründe enthält oder nur deshalb Tatbestand und die Entscheidungsgründe enthält, weil zu erwarten ist, dass das Urteil im Ausland geltend gemacht wird (§ 313a Abs. 4 Nr. 5 ZPO),
	3. gerichtlichen Vergleich oder
	4. Erledigungserklärungen nach § 91a ZPO, wenn keine Entscheidung über die Kosten ergeht oder die Entscheidung einer zuvor mitgeteilten Einigung der Parteien über die Kostentragung oder der Kostenübernahmeerklärung einer Partei folgt,
	es sei denn, dass bereits ein anderes als eines der in Nummer 2 genannten Urteile oder ein Musterentscheid nach dem KapMuG vorausgegangen ist:
	Die Gebühr 1210 ermäßigt sich auf ....
		1,0

Kostenverzeichnis **1211 KV**

Nr.	Gebührentatbestand	Gebühr oder Satz der Gebühr nach § 34 GKG
	¹Die Zurücknahme des Antrags auf Durchführung des streitigen Verfahrens, des Widerspruchs gegen den Mahnbescheid oder des Einspruchs gegen den Vollstreckungsbescheid stehen der Zurücknahme der Klage gleich. ²Die Vervollständigung eines ohne Tatbestand und Entscheidungsgründe hergestellten Urteils (§ 313 a Abs. 5 ZPO) steht der Ermäßigung nicht entgegen. ³Die Gebühr ermäßigt sich auch, wenn mehrere Ermäßigungstatbestände erfüllt sind.	

Vorbem. S 1 erweitert durch Art 4 Z 9 b G v 16. 8. 05, BGBl 2437, in Kraft seit 1. 11. 05, Art 9 I 2 G, außer Kraft am 1. 11. 10, Art 9 II Hs 2 G. Sodann Z 1 d geändert, Z 1 e eingefügt dch Art 5 Z 5 c aa, bb G vom 30. 10. 08, BGBl 2122, in Kraft seit 12. 12. 08, Art 8 I G, Übergangsrecht jeweils § 71 GKG. Schließlich Z 2 Hs 2 angefügt dch Art 47 I Z 14 d FGG-RG v 17. 12. 08, BGBl 2586, in Kraft seit 1. 9. 09, Art 112 I Hs 1 FGG-RG, Übergangsrecht Art 111 FGG-RG, Grdz 2 vor § 1 FamGKG, Teil I B dieses Buchs.

Nr.	Gebührentatbestand	Gebühr oder Satz der Gebühr nach § 34 GKG
	Bisherige Fassung Z 2: 2. Anerkenntnisurteil, Verzichtsurteil oder Urteil, das nach § 313 a Abs. 2 ZPO keinen Tatbestand und keine Entscheidungsgründe enthält;	

Gliederung

1) Systematik, Z 1–4	1
2) Regelungszweck, Z 1–4	2
3) Notwendigkeit einer Gesamtbeendigung, Z 1–4	3
4) Klagerücknahme, Z 1	4–8
A. Begriff, Z 1 a–e	4
B. Beispiele zur Frage einer Klagerücknahme, Z 1 a–e	5
C. Zurücknahme vor Verhandlungsschluß, Z 1 a	6
D. Zurücknahme vor dem in § 128 II ZPO genannten Zeitpunkt, Z 1 b	7
E. Zurücknahme vor dem jeweils maßgebenden Zeitpunkt im Kleinverfahren nach § 495 a ZPO, Z 1 c	8
F. Zurücknahme beim Versäumnisverfahren im schriftlichen Vorverfahren, § 331 III ZPO, Z 1 d	9
G. Zurücknahme im europäischen Verfahren Z 1 e	10
5) Anerkenntnis- oder Verzichtsurteil oder Urteil nach § 313 a II ZPO usw, Z 2	11–15
A. Begriffe, Z 2	11
B. Teilanerkenntnis	12
C. „Verwahrung gegen die Kosten"	13
D. „Stuhlurteil"	14
E. Unanwendbarkeit	15
6) Gerichtlicher Vergleich, Z 3	16
7) Erledigterklärungen, Z 4	17
8) Zusammentreffen mehrerer Ermäßigungstatbestände, amtliche Anmerkung S 3	18

1) Systematik, Z 1–4. Die Verfahrensgebühren und die verwandten Gebühren **1** entstehen jeweils mit dem Eingang des Antrags, § 6 I. KV 1211 ist eine Ausnahme vom Grundsatz des KV 1210, Kblz MDR **05**, 119, Nürnb MDR **97**, 400, Oldb RR **99**, 942. Die Vorschrift schafft durch eine erhebliche Ermäßigung der Gebühr KV 1210 Vergünstigungen, solange das gesamte Verfahren vor demjenigen Zeitpunkt endet, den KV 1211 nach seinem Gesamttext jeweils bestimmt. Die Vorschrift nennt jetzt eine wesentlich einfacher ermittelbare Reihe von Voraussetzungen einer Ermäßigung. Von einem Gebührenwegfall spricht KV 1211 nicht.

2 2) **Regelungszweck, Z 1–4.** Die Regelung dient der Kostengerechtigkeit, Roloff NZA **07**, 902. Sie stellt auf einfach faßbare Voraussetzungen einer Gebührenermäßigung ab. Sie dient insofern der Prozeßwirtschaftlichkeit, BLAH Grdz 14 vor § 128 ZPO, Roloff NZA **07**, 902. Das muß man bei der Auslegung mitbeachten, Kblz MDR **05**, 119. Andererseits verbietet der Ausnahmecharakter nach Rn 1 eine zu weite Auslegung, Mü MDR **03**, 116 (zum alten Recht, zustm Schneider JB **03**, 321), Kblz MDR **05**, 119, Oldb RR **99**, 942, aM Schneider MDR **99**, 463 (aber man darf eine Ausnahmevorschrift fast nie weit auslegen).
  Indessen hat der Kostengesetzgeber einen weiten Gestaltungsrahmen. Es gilt der *Gleichheitsgrundsatz* des Art 3 GG nur in den *Grenzen* der Praktikabilität und Wirtschaftlichkeit, BVerfG NJW **99**, 3550 (zu § 91 a ZPO).
  Das *Versäumnisurteil* gegen den Kläger nach § 330 ZPO oder gegen den Bekl nach § 331 II Hs 1 ZPO führt *nicht* zu einer Ermäßigung, KV 1210 Rn 12, LG Bonn JB **01**, 595, Roloff NZA **07**, 904, aM Nürnb MDR **97**, 400, LG Karlsr RR **04**, 72, Schneider NJW **06**, 887. Das ist verfassungsgemäß, BVerfG NJW **99**, 3550.

3 3) **Notwendigkeit einer Gesamtbeendigung, Z 1–4.** Eine Ermäßigung nach KV 1211 tritt nur dann ein, wenn das Prozeßverfahren wegen sämtlicher Anträge und wegen aller Beteiligten insgesamt endet, OVG Münst NJW **08**, 457 (zum entsprechenden KV 5124), sei es auch nur durch eine Aktenweglegung mangels eines Vorschusses, LG Bbg JB **98**, 147, LG Hbg RR **99**, 581. Eine nur teilweise Klagerücknahme usw läßt die Gebühr KV 1210 bestehen, Bbg JB **98**, 653, Hbg MDR **98**, 1121, KG RR **09**, 1080 links, aM KG MDR **02**, 722, Schneider MDR **99**, 463 (vgl aber Rn 2). Auch ein Zwischenurteil ist keine Gesamtbeendigung, Düss MDR **99**, 764, Karlsr MDR **07**, 1104, Kblz MDR **05**, 119, aM Mü JB **03**, 320 (aber man darf den Ausnahmecharakter des KV 1211 nicht zu sehr aufweichen). Das gilt unabhängig von seiner Rechtmäßigkeit und seinem Inhalt, Kblz MDR **05**, 119.
  Ein *Teilurteil* führt selbst nach einer anschließenden Zurückverweisung nebst einer vollen Klagerücknahme nicht zur Ermäßigung, Nürnb MDR **03**, 416. Eine Fortsetzung nach § 321 a ZPO schadet nicht, Schneider NJW **02**, 1094. Die bloße Mitteilung, der Gegner habe gezahlt, ist keine Klagerücknahme. Das alles gilt grundsätzlich bei jedem der in KV 1211 genannten Fälle. Vgl aber auch Rn 16.

4 4) **Klagerücknahme, Z 1.** Es sind mehrere Gesichtspunkte beachtlich.
  A. Begriff, Z 1 a–e. Das GKG versteht unter einer Klagerücknahme nicht unbedingt dasselbe wie die ZPO. Z 1 umfaßt auch den Fall, daß der Kläger das Gericht vor dem Eintritt der Rechtshängigkeit nach §§ 261 I, 253 I ZPO bittet, von weiteren Maßnahmen abzusehen, Mü MDR **96**, 1076, oder daß er die „Klage" und in Wahrheit: das Rechtsschutzgesuch zurücknimmt, Hamm MDR **97**, 206, KG RR **00**, 415, Mü JB **97**, 603, daß er also die Sache vor einer „Klagerhebung" als „erledigt" bezeichnet, wenn keine echte Klagegrundentscheidung nach § 269 III 3 Hs 1 ZPO usw ergeht, Z 1 Hs 2. Es darf aber auch keine Kostengrundentscheidung nach dem leidigen § 269 III 3 Hs 2 ZPO ergangen sein, KG RR **09**, 1412, Karlsr JB **07**, 41, Deckenbrock/Dötsch MDR **04**, 1218.
  Es genügt also ein solches Verhalten der betreibenden Partei, das den Prozeß *tatsächlich erledigt* und aus dem Gericht eine weitere Arbeit erspart, Düss MDR **99**, 1465, Mü RR **97**, 639, LG Bayreuth JB **75**, 795. Die Klagerücknahme muß wirksam und vollständig erfolgen, Kblz AnwBl **03**, 187.

5 **B. Beispiele zur Frage einer Klagerücknahme, Z 1 a–e**
  Anerkenntnisurteil: Klagerücknahme ist evtl auch diejenige nach dem Erlaß eines solchen (Teil-)Urteils nach § 307, Hbg MDR **01**, 1261. Denn die Klagerücknahme ist bis zum Schluß der letzten mündlichen Verhandlung nach §§ 136 IV, 296 a ZPO zulässig, Z 1 a, Düss RR **00**, 363.
  Arrestgesuch: Klagerücknahme ist evtl auch die Rücknahme eines Arrestgesuchs nach § 920 ZPO, KV 1410 Rn 6.
  Außergerichtlicher Vergleich: Als Klagerücknahme gilt auch die Rücknahmeerklärung auf Grund eines außergerichtlichen Vergleichs nach § 779 BGB, LG Karlsr RR **96**, 1407. Das gilt natürlich nur, soweit diese Rücknahme *vor* dem Schluß der Verhandlung nach §§ 136 IV, 296 a ZPO erfolgt, Ffm MDR **99**, 1286, Mü MDR **00**, 787.

Keine derartige „Klagerücknahme" sind außergerichtliche vergleichsweise Erledigterklärungen, aM Brdb MDR **99**, 189, Mü AnwBl **98**, 287, Nürnb RR **98**, 720 (je: zu weite Auslegung des Begriffs „vor Gericht").
Erledigung: S „Außergerichtlicher Vergleich", „Prozeßvergleich".
Klagerweiterung: Klagerücknahme ist auch die Rücknahme einer in der ersten Instanz erweiterten Klage nunmehr insgesamt, KG JB **97**, 93, aM Mü MDR **97**, 688 (aber das rechtliche wie wirtschaftliche Ergebnis ist dasselbe wie bei der Rücknahme einer unveränderten Klage). Es gilt erst recht für die Rücknahme einer erst in der zweiten Instanz anhängig gewordenen Klagerweiterung, aM Nürnb MDR **03**, 416.
Kostenentscheidung: Soweit das Gericht nach einer wirksamen Klagerücknahme auf Grund eines Antrags des Bekl nach § 269 III 2, IV ZPO feststellt, daß der Kläger die Kosten tragen muß, ist dieser Ausspruch gebührenfrei. Bei einer echten Kostengrundentscheidung nach § 269 III 3, IV ZPO entsteht eine Ermäßigung dagegen nach KV 1211 Z 1 Hs 2 nur dann, wenn das Gericht in seiner Entscheidung einer zuvor von den Parteien mitgeteilten Einigung über die Kostentragung oder einer Kostenübernahmeerklärung einer Partei folgt.
Mahnverfahren: Klagerücknahme ist im Ergebnis auch die Rücknahme des Antrags des Klägers oder des Bekl nach § 696 I 1, IV ZPO, amtliche Anmerkung S 1, LG Osnabr JB **03**, 372. Klagerücknahme ist ferner die Rücknahme des Widerspruchs gegen den Mahnbescheid nach § 697 IV ZPO oder des Einspruchs gegen den Vollstreckungsbescheid nach §§ 700 I, 346 ZPO, S 2, aM LG Nürnb-Fürth JB **97**, 144, Meyer 36 (aber alle diese Fälle gleichen zumindest im wirtschaftlichen Ergebnis dem Vorgang der Rücknahme eines jeden Antrags, wenn auch evtl mit unterschiedlichen Zielrichtungen). Das gilt freilich nur dann, wenn nicht inzwischen ein anderes Urteil als ein solches nach Z 2 vorausgegangen ist, S 1 am Ende (bezieht sich auch auf Z 1 c).
Parteiwechsel: Klagerücknahme ist evtl auch eine solche nach einem Parteiwechsel, KG JB **97**, 93.
Prozeßvergleich: Klagerücknahme ist ein solcher Vergleich nach BLAH Anh § 307 ZPO an sich nur nach Z 3 und daher allenfalls ausnahmsweise dann, wenn er im Verfahren auf eine Prozeßkostenhilfe nach § 118 I 3 Hs 2 ZPO ergeht und den beabsichtigten Prozeß erledigt.
Restitutionsklage: Klagerücknahme ist auch die Rücknahme einer vor dem Berufungsgericht erhobenen Restitutionsklage nach § 580 ZPO.
Verhandlungsschluß: Klagerücknahme ist auch eine solche bis zum Schluß der letzten mündlichen Verhandlung nach §§ 136 IV, 296a ZPO, Z 1a, Düss RR **00**, 363.
Keine Ermäßigung tritt aber bei einer Klagerücknahme erst nach diesem Schluß ein. Das gilt selbst dann, wenn das Gericht in der Verhandlung eine Überlegungsfrist eingeräumt hatte, Mü MDR **00**, 787.
Widerklage: Klagerücknahme ist auch die Rücknahme einer Widerklage, aM Schlesw MDR **97**, 176 (aber das bleibt zu stark am Wortlaut und beachtet nicht den Sinn der Vorschrift, Rn 2: Man muß die Widerklage kostenrechtlich wie eine Klage behandeln, ja sogar auch prozessual, BLAH Anh § 253 ZPO Rn 1). Das gilt auch bei der Rücknahme einer erst in der zweiten Instanz erhobenen Widerklage, KV 1221.
Zulässigkeitsbedenken: Klagerücknahme ist evtl auch eine solche erst nach Bedenken des Gerichts gegen die Zulässigkeit der Klage, Hbg MDR **01**, 1261. Denn die Klagerücknahme ist bis zum Schluß der letzten mündlichen Verhandlung nach § 136 IV, 296a ZPO zulässig, Z 1a, Düss RR **00**, 363.

C. Zurücknahme vor Verhandlungsschluß, Z 1a. Die Klagerücknahme kann dann zur Ermäßigung führen, wenn sie vor dem Schluß der letzten mündlichen Verhandlung wirksam wird, Düss MDR **99**, 1465. Man muß die Wirksamkeit nach § 269 ZPO beurteilen, BLAH dort Rn 5ff. Sie ist daher ab dem Beginn der mündlichen Verhandlung des Bekl zur Hauptsache nach BLAH § 269 ZPO Rn 14ff nur bei einer Einwilligung des Bekl wirksam. Der Verhandlungsschluß nach § 296a ZPO richtet sich nach der entsprechenden Maßnahme des Vorsitzenden, § 136 IV ZPO.

KV 1211   Kostenverzeichnis

Das gilt evtl nach einer vorangegangenen Wiedereröffnung nach § 156 ZPO, VG Schlesw NVwZ-RR **09**, 312 (zu KV 5111). Das gilt auch bei einer Stufenklage, Wielgoss JB **00**, 632. Freilich darf kein anderes Urteil als ein solches nach Z 2 voraufgegangen sein, S 1 am Ende (bezieht sich auch auf Z 1 a). Ein klagabweisendes Versäumnisurteil nach § 330 ZPO zählt nicht hierher, AG Siegburg JB **00**, 424. Eine Rücknahme nach dem bisherigem Verhandlungsschluß ist dann ausreichend, wenn sich nach der Aktenlage die Notwendigkeit einer nochmaligen Verhandlung ergibt, Mü MDR **97**, 402. Z 1 a tritt gegenüber Z 1 b zurück, Karlsr MDR **06**, 236.

7   **D. Zurücknahme vor dem in § 128 II ZPO genannten Zeitpunkt, Z 1 b.** Die Vorschrift gilt auch, soweit der Richter bei § 495 a ZPO ein schriftliches Verfahren wählt, Karlsr MDR **06**, 236. Die Klagerücknahme kann auch dann zur Ermäßigung führen, wenn sie vor demjenigen Zeitpunkt wirksam wird, der im Verfahren nach § 128 II ZPO dem Schluß der mündlichen Verhandlung entspricht. Freilich darf kein anderes Urteil als ein solches nach Z 2 voraufgegangen sein, S 1 am Ende (bezieht sich auch auf Z 1 b). Z 1 b hat den Vorrang vor Z 1 a, Karlsr MDR **06**, 236.

8   **E. Zurücknahme vor dem jeweils maßgebenden Zeitpunkt im Kleinverfahren nach § 495 a ZPO, Z 1 c.** Die Klagerücknahme kann auch dann zur Ermäßigung führen, wenn sie im Verfahren nach § 495 a ZPO ohne eine tatsächliche mündliche Verhandlung wirksam wird, entweder bevor derjenige Tag endet, an dem die wirksame Zustellung einer Ladung oder genauer eine Nachricht vom Termin zur Verkündung gerade des Urteils und nicht nur einer anderen Entscheidung erfolgt, oder bevor derjenige Tag abläuft, an dem das schriftliche Urteil auf der Geschäftsstelle der zuständigen Abteilung eingegangen ist.

Soweit das Gericht Gründe nach § 313 a I 2 Hs 2 ZPO nur in das *Protokoll* aufgenommen hat, entscheidet trotzdem der Eingang nicht des Protokolls, sondern des eigentlichen Urteils auch ohne einen Tatbestand und Entscheidungsgründe. Denn dann besteht das Urteil nach § 313 a I 2 Hs 2 ZPO eben gerade nicht auch aus Gründen und ist gleichwohl ein schriftliches nach Z 1 c. Es ist dringend ratsam, den Eingangstag auf der Geschäftsstelle zu vermerken. Die Angabe der Uhrzeit ist entbehrlich. Im Zweifel ist noch kein dortiger Eingang erfolgt gewesen. Freilich darf kein anderes Urteil als ein solches nach Z 2 voraufgegangen sein, S 1 am Ende (bezieht sich auch auf Z 1 c). Die Vervollständigung des Urteils nach § 313 a IV (gemeint nur: IV Z 5, V) führt ebenfalls zur Ermäßigung, Rn 9. Ermäßigung nicht entgegen.

9   **F. Zurücknahme beim Versäumnisurteil im schriftlichen Vorverfahren, § 331 III ZPO, Z 1 d.** Die Klagerücknahme kann auch dann zur Ermäßigung führen, wenn sie nach einem Versäumnisurteil gegen den Bekl im schriftlichen Vorverfahren nach § 331 III ZPO vor dem Ende desjenigen Tages wirksam wird, an dem dieses Versäumnisurteil auf der Geschäftsstelle eingegangen ist, dazu Rn 7. Freilich darf kein anderes Urteil als ein solches nach Z 2 voraufgegangen sein, S 1 am Ende (bezieht sich [jetzt] auch auf Z 1 d), Mü MDR **96**, 968, LG Bonn JB **01**, 595. Ein abweisendes Versäumnisurteil nach § 330 ZPO reicht nicht zur Ermäßigung, LG Kblz RR **04**, 72.

10   **G. Zurücknahme im europäischen Verfahren, Z 1 e.** Hier geht es um ein Verfahren nach §§ 1097 ff ZPO.

11   **5) Anerkenntnis- oder Verzichtsurteil oder Urteil nach § 313 a II ZPO usw, Z 2.** Es gibt mehrere Aspekte.

A. Begriffe, Z 2. Eine Ermäßigung kann dann eintreten, wenn das gesamte Prozeßverfahren zumindest schließlich durch ein Anerkenntnisurteil nach § 307 ZPO oder durch ein Verzichtsurteil nach § 306 ZPO, Ffm RR **01**, 717, Hbg MDR **05**, 1195, Zweibr NJW **06**, 2564. Das gilt auch, wenn eines dieser Urteile im Verfahren nach §§ 128 II oder 495 a ZPO ergeht. Das gilt dann unabhängig davon, ob auch die Voraussetzungen Z 1 b, c vorliegen. Freilich darf kein anderes Urteil als ein solches nach Z 2 und auch kein Musterbescheid des OLG nach § 14 KapMuG, abgedruckt bei BLAH SchlAnh VIII, vorausgegangen sein, S 1 am Ende (bezieht sich auch auf [jetzt] Z 2), Mü RR **07**, 288. Die Nichterwähnung des Versäumnisurteils ist kein bloßes redaktionelles Versehen des Gesetzgebers, KV 1210 Rn 11, Düss MDR **97**, 301, Mü RR **07**, 288 (je: also volle Pauschale).

12   **B. Teilanerkenntnis.** Ein bloßes solches Anerkenntnis reicht grundsätzlich nicht, auch nicht in Verbindung mit einer Rest-Erledigterklärung, Ffm RR **01**, 717, aM

Rostock JB **07**, 323 links oben, LG Kblz FamRZ **02**, 1136 (aber KV 1211 verlangt ausdrücklich die Beendigung des „gesamten" Verfahrens). Es reicht aber ausnahmsweise in Verbindung mit einer restlichen Klagerücknahme, Rn 5, Hbg MDR **01**, 1261 (zum alten Recht).

C. „**Verwahrung gegen Kosten**". Bei dem einem Anerkenntnisurteil zugrunde 13 liegenden Anerkenntnis ist es unerheblich, ob der Bekl es „unter Verwahrung gegen die Kosten" abgibt, soweit nur feststeht, daß es sich überhaupt um ein wirksames, also unter anderem: in Wahrheit unbedingtes Anerkenntnis handelt, wie meist. Der Bekl will dann nämlich nur anregen, die Kosten dem Gegner aufzuerlegen. Das ergibt sich, wenn man ihn vorsorglich insofern befragt. Über die Kosten muß das Gericht auch bei § 93 ZPO ohnehin nach § 308 II ZPO von Amts wegen befinden. Es genügt daher zur Gebührenermäßigung, daß überhaupt ein Anerkenntnisurteil vorliegt, Hamm JB **07**, 151, Köln FamRZ **03**, 1766, Naumb JB **04**, 324, Nürnb MDR **03**, 295, aM Hbg MDR **05**, 1195, Karlsr JB **01**, 374, LG Magdeb JB **04**, 325. Maßgeblich ist nicht, was der Bekl hätte erklären *können*, sondern was er erklärt *hat*, Mü AnwBl **96**, 414 (zum alten Recht).

D. „**Stuhlurteil**". Beim Urteil nach § 313a II ZPO tritt ebenfalls die Ermäßigung 14 ein. Das Gericht muß sein Urteil als sog Stuhlurteil in demjenigen Termin verkündet haben, in dem es die mündliche Verhandlung geschlossen hatte, wenn auch evtl erst nach einer Pause „am Schluß der Sitzung". Die Verkündung darf also nicht erst in einem besonderen bloßen Verkündungstermin erfolgt sein. Außerdem muß zumindest diejenige Partei sogleich auf ein Rechtsmittel gegen das Urteil verzichtet haben, für die das Urteil anfechtbar war, Mü RR **03**, 1656. Eine gleichzeitige oder spätere Vervollständigung des § 313a IV (gemeint nur: IV Z 5, V) ZPO führt ebenfalls zur Ermäßigung, *Z 2 Hs 2*.

E. **Unanwendbarkeit**. Nicht hierher gehört ein nur freiwillig begründetes Urteil, 15 Meyer MDR **08**, 1011. Denn Z 2 stellt auf das Fehlen und nicht auf ein bloßes Fehlendürfen ab. Nicht hierher gehört ferner ein nach § 313a I ZPO ergangenes Urteil, Roloff NZA **07**, 905. Denn es ist unzweifelhaft unanfechtbar. Das gilt auch bei § 495a ZPO, soweit nicht das AG die Berufung nach § 511 II Z 2 ZPO im Urteil zugelassen hat. Nicht hierher gehört auch ein bloßer Beschluß nach § 91a ZPO nebst einem Rechtsmittelverzicht, aM Mü RR **03**, 1656 (aber die amtliche Anmerkung S 3 zeigt zumindest bei einer Klagerücknahme die Eigenständigkeit eines solchen Vorgangs, wie er auch bei § 91a ZPO vorliegt). Bei § 91a ZPO kommt vielmehr Z 4 als eine abschließende Spezialregelung infrage.

6) Gerichtlicher Vergleich, Z 3. Eine Ermäßigung kann dann eintreten, wenn 16 das gesamte (auch restliche) Prozeßverfahren durch den Abschluß eines Vergleichs vor Gericht endet, Düss JB **01**, 313 und zwar einschließlich der Kostenregelung im Vergleich, Karlsr JB **01**, 315, Mü MDR **98**, 739, BAG NZA **08**, 784 (zur amtlichen Vorbemerkung 8), OVG Münst NJW **08**, 457 (zum entsprechenden KV 5124 Z 3). Zum Prozeßvergleich BLAH Anh nach § 307 ZPO. Auch ein Vergleich in einem der von § 278 VI ZPO geregelten Fälle gehört hierher. Freilich darf kein anderes Urteil als ein solches nach Z 2 vorausgegangen sein, S 1 am Ende (bezieht sich auch auf Z 2), Hbg JB **01**, 317 rechts, Karlsr FamRZ **04**, 1663 (Teilurteil über Auskunftsanspruch bei Stufenklage), LG Stgt JB **05**, 656, aM AG Neuwied JB **03**, 430 (aber auch ein Versäumnisurteil gegen den Kläger ist ein Urteil, Rn 2).

Nicht ausreichend ist ein bloßer Teilvergleich, Hbg JB **01**, 317, Schlesw MDR **03**, 176, Roloff NZA **07**, 908. Denn KV 1211 verlangt die Beendigung des „gesamten" Verfahrens. Ebensowenig reicht die bloße Mitteilung eines ohne jede Mitwirkung des Gerichts rein außergerichtlich geschlossenen Vergleichs, Düss MDR **00**, 415, Mü RR **99**, 1232. Auch eine gerichtliche bloße Anregung außerhalb der Lage nach § 278 VI ZPO reicht dann nicht.

7) Erledigterklärungen, Z 4. Die Vorschrift ist verfassungsmäßig, (zum alten 17 Recht) BVerfG NJW **99**, 3549. Nicht jede Verringerung der Mühe des Gerichts ergibt schon eine Gebührenvergünstigung. Z 4 läßt die Verfahrensgebühr zwar evtl dann verringern, soweit beide Parteien den Rechtsstreit in der Hauptsache wirksam für erledigt erklären. Das gilt nach dem klaren Wortlaut von Z 4 aber grundsätzlich nur dann, wenn das Gericht gerade *nicht* deshalb nur noch über die Kosten entscheiden muß, (je zum

KV 1211, Vorbem 1.2.2 Kostenverzeichnis

alten Recht) Karlsr JB **01**, 315, Köln RR **98**, 1293, Mü MDR **99**, 957. An dem klaren Wortlaut des Gesetzes scheitert eine andere Auslegung, BLAH Einl III 39. Danach kommt es nicht darauf an, ob das Gericht bei dieser Entscheidung viel oder wenig Mühe hatte, LG Kleve JB **01**, 261. Das gilt, zumal die Parteien wegen § 308 II ZPO auch beim bloßen Kostenbeschluß nach § 91 a ZPO des Gericht nicht von der Eigenverantwortung entbinden können. Das übersieht LG Trier WoM **96**, 780.

Nach demselben Wortlaut kann freilich jetzt eine doch noch erfolgte Kostenentscheidung *ausnahmsweise* dann *unschädlich* sein, wenn die Parteien *vorher* eine Kosteneinigung mitgeteilt hatten oder wenn eine Partei *vorher* eine Kostenübernahme erklärt hat. Dadurch sind die früheren Streitfragen erledigt.

Sofern nur eine *einseitige Erledigterklärung* vorliegt, ist Z 4 unanwendbar. Dann bleibt die Gebühr KV 1210 voll bestehen. Denn Z 4 ist nicht ausdehnend auslegbar. Das KV behandelt ja Ermäßigungen nur als Ausnahmen von der jeweils vorangestellten Gebührenpflicht.

18   8) **Zusammentreffen mehrerer Ermäßigungstatbestände, amtliche Anmerkung S 3.** Die Vorschrift stellt zusätzlich zur Wortstellung der Fälle S 1 klar, daß „die" *eine* Ermäßigung und nicht etwa eine weitere Ermäßigung auch dann eintritt, wenn zwei oder noch mehrere Ermäßigungstatbestände gleichzeitig oder nacheinander zusammentreffen, Hbg MDR **01**, 1261, LG Wuppert JB **97**, 536. Es genügt andererseits natürlich, daß schließlich oder bei genauer Beurteilung doch nur ein einziger Ermäßigungstatbestand übriggeblieben ist. Wenn freilich inzwischen schon eine Fälligkeit eintrat und eine Zahlung erfolgt ist, gelten die für alle derartigen Lagen vorgesehenen Regeln wie sonst. Soweit zunächst zB nur eine teilweise Erledigung eintritt, dann aber wegen des Rests eine Klagerücknahme usw folgen, ist eine Ermäßigung statthaft, LG Wuppert JB **97**, 536. Nach einer vorangegangenen Verbindung ermäßigt sich jede der schon entstandenen Gebühren, Hbg MDR **99**, 830, Mü AnwBl **99**, 414.

Abschnitt 2. Berufung und bestimmte Beschwerden

(Amtliche) Vorbemerkung 1.2.2:

Fassung 1. 9. 2009: **Dieser Abschnitt ist auf folgende Beschwerdeverfahren anzuwenden:**

1. **Beschwerden nach den §§ 63 und 116 GWB;**
2. **Beschwerden nach § 48 WpÜG;**
3. **Beschwerdeverfahren nach § 37 u Abs. 1 WpHG;**
4. **Beschwerden nach § 75 EnWG;**
5. **Beschwerden nach § 13 VSchDG.**

Vorbem. Amtliche Vorbemerkung 1.2.2 Z 3 geändert, Z 4 angefügt durch Art 5 b Z 5 b G v 15. 12. 04, BGBl 3408, in Kraft seit 21. 12. 04, Art 7 I 6, Z 5 angefügt durch Art 3 XXXXIII Z 4 b G v 7. 7. 05, BGBl 1954, in Kraft seit 13. 7. 05, Art 5 I G. Dabei offensichtlicher Redaktionsfehler des Gesetzgebers: Statt „Z 4" richtig „Z 5" (Z 4 war schon vorhanden). Sodann Z 6 angefügt durch Art 7 Z 4 b VSchDG v 21. 12. 06, BGBl 3367, in Kraft seit 29. 12. 06, Art 9 VSchDG. Schließlich frühere Z 1 aufgehoben, daher bisherige Z 2–6 zu Z 1–5 ab Art 47 I Z 14 e aa, bb FGG-RG, BGBl 2586, in Kraft seit 1. 9. 09, Art 112 I Hs 1 FGG-RG, Übergangsrecht Art 111 FGG-RG, Grdz 2 vor § 1 FamGKG, Teil I B dieses Buchs.

Bisherige Fassung: **Dieser Abschnitt ist auf folgende Beschwerdeverfahren anzuwenden:**

1. **Beschwerden nach § 621 a Abs. 2 Satz 2 ZPO i. V. m. § 629 a Abs. 2 Satz 1 ZPO und § 621 e Abs. 1 ZPO; dies gilt in Verfahren nach § 661 Abs. 1 Nr. 7 i. V. m. Abs. 2 ZPO entsprechend;**
2. **Beschwerden nach den §§ 63 und 116 GWB;**
3. **Beschwerden nach § 48 WpÜG;**
4. **Beschwerdeverfahren nach § 37 u Abs. 1 WpHG;**
5. **Beschwerden nach § 75 EnWG;**
6. **Beschwerden nach § 13 VSchDG.**

Nr.	Gebührentatbestand	Gebühr oder Satz der Gebühr nach § 34 GKG
1220	**Verfahren im Allgemeinen**	**4,0**

1) Geltungsbereich. KV 1220 ff sind auch in einer Baulandsache anwendbar, §§ 169, 170 BauGB. Die Vorschrift gilt auch bei einer Berufung nur zur Fristwahrung, Düss RR **97**, 1159. Sie gilt auch für eine Anschlußberufung. Freilich entsteht sie dann nicht bei demselben Anspruch. Sie gilt auch für einen erstinstanzlichen Arrestantrag beim Berufungsgericht als dem Gericht der Hauptsache nach § 943 ZPO sowie für eine in der Berufungsinstanz erhobene Zwischenfeststellungsklage nach § 256 II ZPO und für die Berufung gegen ein Vorbehaltsurteil nach §§ 302, 599 ZPO. Bei einer Wiederaufnahmeklage nach §§ 578 ff ZPO, mag es sich um eine Nichtigkeits- oder Restitutionsklage handeln, entsteht die Gebühr je nach der Instanz, vor der eine Verhandlung stattfindet. Bei einer Verweisung im Wiederaufnahmeverfahren greift § 4 ein. Auch eine Berufungseinlegung durch die Partei selbst trotz eines Anwaltszwangs löst die Gebühr aus, BFH BB **85**, 985, Zweibr JB **07**, 372, LG Kblz FamRZ **07**, 231.
Im übrigen gelten die Ausführungen zu KV 1210 hier entsprechend. [1]

2) Streitwert. Der Streitwert im Rechtsmittelverfahren richtet sich nach § 47. [2]

Nr.	Gebührentatbestand	Gebühr oder Satz der Gebühr nach § 34 GKG
1221	**Beendigung des gesamten Verfahrens durch Zurücknahme des Rechtsmittels, der Klage oder des Antrags, bevor die Schrift zur Begründung des Rechtsmittels bei Gericht eingegangen ist:** Die Gebühr 1220 ermäßigt sich auf .... Erledigungserklärungen nach § 91a ZPO stehen der Zurücknahme gleich, wenn keine Entscheidung über die Kosten ergeht oder die Entscheidung einer zuvor mitgeteilten Einigung der Parteien über die Kostentragung oder der Kostenübernahmeerklärung einer Partei folgt.	**1,0**

Gliederung

1) Rücknahme vor Begründung 1
   A. Form 2, 3
   B. Nicht nach Terminsanberaumung 4
   C. Einzelfragen 5
2) Umfang der Anfechtung 6, 7
3) Unanwendbarkeit bei Teilrücknahme 8
4) Anschlußberufung 9
5) Erledigterklärungen, amtliche Anmerkung 10

1) Rücknahme vor Begründung. KV 1221–1223 enthalten drei unterschiedlich hohe Ermäßigungsmöglichkeiten. Davon nennt KV 1221 die weitestgehende. Sie setzt die geringstmögliche Gerichtstätigkeit voraus, nämlich, daß man die Berufung, die Beschwerde, die Klage oder den Antrag vor dem Eingang der Schrift zur Begründung des Rechtsmittels zurücknimmt und daß das Berufungsverfahren usw dadurch insgesamt endet. Das gilt auch im Berufungsverfahren auf Grund einer Nichtigkeitsklage nach dem PatG. [1]

A. Form. Man muß die Rücknahme gegenüber dem Gericht erklären. Der Begriff ist weit gemeint. Es genügt die Erklärung des Willens, die Sache nicht weiter zu verfolgen. Eine solche Erklärung kann in einem Hinweis auf einen beiliegenden außergerichtlichen Vergleich oder in einer Erledigterklärung nebst einer Folge nach KV 1221 amtliche Anmerkung liegen. Denn auch dann kann man als gesetzgeberischen Grund der Ersparung der Mühe des Gerichts ansehen. Daher muß man die Rücknahme eines Rechtsmittels infolge eines Vergleichs oder innerhalb eines Vergleichs so wie dort beurteilen. Das gilt auch nach einer „gerichtlichen Mediation", Drsd MDR [2]

09, 1074 (die gibt es freilich rechtlich korrekterweise gar nicht, BLAH § 278 ZPO Rn 2).

3 Für die Kostenberechnung genügt die *einseitige* Anzeige des Rücknehmenden. Es ist unerheblich, ob er die Rücknahme vor oder nach dem Ablauf der Begründungsfrist erklärt hat. Maßgeblich ist der Eingang „bei Gericht", also auf dessen Posteingangsstelle und nicht erst auf der Geschäftsstelle der Kammer oder des Senats.

4 **B. Nicht nach Terminsanberaumung.** Dagegen tritt *keine* Gebührenermäßigung nach KV 1221 ein, soweit die Zurücknahme der Berufung, Beschwerde, Klage oder des Antrags erst nach der Anordnung eines solchen Termins erfolgt, den das Gericht wieder aufhebt. Wegen der Zurücknahme einer erst in der zweiten Instanz erweiterten Klage oder Widerklage KV 1211. Eine Ermäßigung tritt ferner dann nicht ein, wenn die Berufungsrücknahme wirksam nach einer Verwerfung gemäß § 522 I 1 ZPO oder nach einer Beschlußzurückweisung nach § 522 II 1 ZPO erfolgt, KG Rpfleger **91**, 435, oder wenn man überhaupt keine solche Erklärung abgibt, die sich als eine Rücknahme nach Rn 2 auslegen läßt.

5 **C. Einzelfragen.** Bei einer Rücknahme *einer* zweiten unwirksamen Berufung entsteht keine Gebühr. Die Entscheidung des Gerichts, nach einer Rücknahme des Rechtsmittels dem Rechtsmittelführer nach § 516 III ZPO die Kosten aufzuerlegen, ist gebührenfrei. Wegen der Rücknahme von Berufung und Anschlußberufung Rn 9.

6 **2) Umfang der Anfechtung.** Wenn der Rechtsmittelführer das Rechtsmittel zunächst ohne eine Umgrenzung der Anfechtung eingelegt hat, würde evtl erst der Berufungsantrag ergeben, inwieweit er eine Anfechtung vornimmt. In der Regel ist der Berufungsantrag erst in der Rechtsmittelbegründungsschrift vollständig vorhanden. Sie darf aber für KV 1221 noch gar nicht eingegangen sein. Daher muß man bei einer nicht klar auf Teile der Rechtsmitteleinlegung beschränkten Rücknahme von einer vollen Rücknahme ausgehen.

7 Wenn der Rechtsmittelführer in der Rechtsmittelfrist *keinen* Antrag stellt, liegt eine Rücknahme im Zweifel voll vor.

8 **3) Unanwendbarkeit bei Teilrücknahme.** Unanwendbar ist KV 1221 bei einer nur teilweisen Rücknahme. Insoweit gilt dasselbe wie im ersten Rechtszug bei KV 1211 Rn 3.

9 **4) Anschlußberufung.** Auf sie ist KV 1221 voll anwendbar. Die Gegenmeinung hätte zur Folge, die Anschließung in einer sachlich nicht beabsichtigten Weise zu benachteiligen. KV 1221 ist aber erst dann anwendbar, wenn auch die Berufungsrücknahme und nicht nur die Rücknahme der Anschlußbefreiung erfolgt, Mü RR **05**, 1016.

10 **5) Erledigterklärungen, amtliche Anmerkung.** Wegen der erforderlichen Einigung der Parteien über die Kostentragung nach übereinstimmenden vollständigen wirksamen Erledigterklärungen BLAH § 98 ZPO Rn 21 ff.

Nr.	Gebührentatbestand	Gebühr oder Satz der Gebühr nach § 34 GKG

1222	Beendigung des gesamten Verfahrens, wenn nicht Nummer 1221 anzuwenden ist, durch
	1. Zurücknahme des Rechtsmittels, der Klage oder des Antrags
	  a) vor dem Schluss der mündlichen Verhandlung,
	  b) in den Fällen des § 128 Abs. 2 ZPO vor dem Zeitpunkt, der dem Schluss der mündlichen Verhandlung entspricht,
	2. Anerkenntnisurteil, Verzichtsurteil oder Urteil, das nach § 313a Abs. 2 ZPO keinen Tatbestand und keine Entscheidungsgründe enthält,
	3. gerichtlichen Vergleich oder	

Nr.	Gebührentatbestand	Gebühr oder Satz der Gebühr nach § 34 GKG
	4. **Erledigungserklärungen nach § 91 a ZPO**, wenn keine Entscheidung über die Kosten ergeht oder die Entscheidung einer zuvor mitgeteilten Einigung der Parteien über die Kostentragung oder der Kostenübernahmeerklärung einer Partei folgt, es sei denn, dass bereits ein anderes als eines der in Nummer 2 genannten Urteile oder ein Beschluss in der Hauptsache vorausgegangen ist: Die Gebühr 1220 ermäßigt sich auf .... Die Gebühr ermäßigt sich auch, wenn mehrere Ermäßigungstatbestände erfüllt sind.	2,0

1) Geltungsbereich, Z 1–4. Die Vorschrift gilt hilfsweise, soweit KV 1221 nicht 1 anwendbar ist. Sie gilt neben KV 1223. Sie stimmt in Z 1a, b mit KV 1211 Z 1a, b wörtlich überein. Vgl daher dort Rn 5, 6. Z 2–4 stimmen mit KV 1211 Z 2–4 praktisch wörtlich überein. Vgl daher dort Rn 9–11.

2) Rücknahme, Z 1. Eindeutig, vollständig und rechtzeitig muß die Rücknahme 2 erfolgt sein, also vor dem Ende der Verhandlung, Düss JB **08**, 601. Dabei gelten die üblichen Auslegungsregeln für Parteiprozeßhandlungen, BLAH Grdz 52 vor § 128 ZPO. Eine Teilrücknahme reicht nicht. Eine Zurückverweisung kann unschädlich sein, § 37.

3) Nach jeder Berufungsentscheidung, Z 1. Unerheblich ist bei *Z 1*, ob die 3 Berufungsentscheidung ein Sach- oder Prozeßurteil wäre, LG Bayreuth JB **77**, 79, und ob es sich um ein streitiges Urteil handeln würde, Bbg JB **77**, 243. Hierher gehört auch eine irrig in einer Beschlußform ergangene Entscheidung. Unerheblich sind auch gerichtliche Maßnahmen vor der Rücknahme, zB eine Terminsbestimmung, Hbg MDR **98**, 927, Mü MDR **03**, 717, oder eine Vorbereitung der Entscheidung vor den in Z 1a, b genannten Zeitpunkten. Ein Hinweis nach § 522 II 2 ZPO ist noch kein „Beschluß in der Hauptsache", sondern erst deren Vorbereitung, Kblz 1 U 894/06 v 19. 12. 06.

4) Unanwendbarkeit, Z 1–4. Unanwendbar ist KV 1222 nach einem echten 4 Versäumnisurteil oder nach einem Verwerfungsbeschluß nach § 522, Brdb MDR **09**, 1363.

Nr.	Gebührentatbestand	Gebühr oder Satz der Gebühr nach § 34 GKG
1223	Beendigung des gesamten Verfahrens durch ein Urteil, das wegen eines Verzichts der Parteien nach § 313a Abs. 1 Satz 2 ZPO keine schriftliche Begründung enthält, wenn nicht bereits ein anderes als eines der in Nummer 1222 Nr. 2 genannten Urteile oder ein Beschluss in der Hauptsache vorausgegangen ist: Die Gebühr 1220 ermäßigt sich auf .... Die Gebühr ermäßigt sich auch, wenn daneben Ermäßigungstatbestände nach Nummer 1222 erfüllt sind.	3,0

1) Geltungsbereich. Die Vorschrift gilt hilfsweise, soweit KV 1221 nicht anwend- 1 bar ist. Sie gilt neben KV 1222. Sie ähnelt KV 1211 Z 2 lt Hs ein wenig, behandelt aber den dort gerade nicht genannten Fall des § 313a I 2 ZPO. Die geringe Ermäßigung auf immerhin noch 3,0 Gebühr erfolgt nur, wenn noch nicht schon ein anderes Urteil als ein solches nach KV 1222 Z 2 oder ein Beschluß in der Hauptsache vorausgegangen ist. Das ähnelt KV 1211 S 1 Hs 2. Vgl daher dort. Die Vorschrift gilt auch bei einem Teilurteil und nach einer Zurückverweisung nach § 538.

Abschnitt 3. Revision, Rechtsbeschwerden nach § 74 GWB, § 86 EnWG und § 24 VSchDG

Vorbem. Überschrift geändert zunächst durch Art 3 XXXXIII Z 4 c G v 7. 7. 05, BGBl 1954, in Kraft seit 13. 7. 05, Art 5 I G, und sodann durch Art 7 Z 4 c VSchDG v 21. 12. 06, BGBl 3367, in Kraft seit 29. 12. 06, Art 9 VSchDG. Übergangsrecht jeweils § 71 GKG.

Nr.	Gebührentatbestand	Gebühr oder Satz der Gebühr nach § 34 GKG
1230	Verfahren im Allgemeinen	5,0

1   1) **Geltungsbereich.** Die Vorschrift gilt im Revisionsverfahren nach §§ 542, 543, 545 ff ZPO und in den Rechtsbeschwerdeverfahren nach § 74 GWB, § 86 EnWG, § 24 VSchDG. Für die Zulassung der Sprungrevision nach § 566 ZPO und bei der Nichtzulassungsbeschwerde nach § 544 ZPO gelten KV 1230, 1240–1243, BGH FamRZ 07, 136. KV 1230 stimmt mit KV 1210 (erste Instanz), 1220 (Berufung) wörtlich überein. Vgl daher dort.

2   2) **Fälligkeit.** Vgl § 6 Rn 3–8.

Nr.	Gebührentatbestand	Gebühr oder Satz der Gebühr nach § 34 GKG
1231	Beendigung des gesamten Verfahrens durch Zurücknahme des Rechtsmittels, der Klage oder des Antrags, bevor die Schrift zur Begründung des Rechtsmittels bei Gericht eingegangen ist: Die Gebühr 1230 ermäßigt sich auf .... Erledigungserklärungen nach § 91 a ZPO stehen der Zurücknahme gleich, wenn keine Entscheidung über die Kosten ergeht oder die Entscheidung einer zuvor mitgeteilten Einigung der Parteien über die Kostentragung oder der Kostenübernahmeerklärung einer Partei folgt.	1,0

1   1) **Geltungsbereich.** KV 1231 entspricht der im Berufungsverfahren geltenden Regelung des KV 1221. Vgl daher dort.

Nr.	Gebührentatbestand	Gebühr oder Satz der Gebühr nach § 34 GKG
1232	Beendigung des gesamten Verfahrens, wenn nicht Nummer 1231 anzuwenden ist, durch 1. Zurücknahme des Rechtsmittels, der Klage oder des Antrags a) vor dem Schluss der mündlichen Verhandlung, b) in den Fällen des § 128 Abs. 2 ZPO vor dem Zeitpunkt, der dem Schluss der mündlichen Verhandlung entspricht, 2. Anerkenntnis- oder Verzichtsurteil, 3. gerichtlichen Vergleich oder 4. Erledigungserklärungen nach § 91a ZPO, wenn keine Entscheidung über die Kosten ergeht oder die Entscheidung einer zuvor mitgeteilten Einigung der Parteien über die Kostentragung oder der Kostenübernahmeerklärung einer Partei folgt,	

Kostenverzeichnis 1232–1243 KV

Nr.	Gebührentatbestand	Gebühr oder Satz der Gebühr nach § 34 GKG
	es sei denn, dass bereits ein anderes als eines der in Nummer 2 genannten Urteile oder ein Beschluss in der Hauptsache vorausgegangen ist: Die Gebühr 1230 ermäßigt sich auf .... Die Gebühr ermäßigt sich auch, wenn mehrere Ermäßigungstatbestände erfüllt sind.	3,0

1) Geltungsbereich. KV 1232 entspricht der im Berufungsverfahren geltenden Regelung des KV 1222. Vgl daher dort.   **1**

Abschnitt 4. Zulassung der Sprungrevision, Beschwerde gegen die Nichtzulassung der Revision sowie der Rechtsbeschwerden nach § 74 GWB, § 86 EnWG und § 24 VSchDG

Vorbem. Überschrift idF Art 1 KostRMoG. Sodann weitere Änderg der Überschrift zunächst durch Art 3 XXXXIII Z 4 d G v 7. 7. 05, BGBl 1954, in Kraft seit 13. 7. 05, Art 5 I G, und sodann durch Art 7 Z 4 d VSchDG v 21. 12. 06, BGBl 3367, in Kraft seit 29. 12. 06, Art 9 VSchDG. Übergangsrecht jeweils §§ 71 bzw 72 GKG.

Nr.	Gebührentatbestand	Gebühr oder Satz der Gebühr nach § 34 GKG
1240	Verfahren über die Zulassung der Sprungrevision: Soweit der Antrag abgelehnt wird	1,5

1) Geltungsbereich. Die Vorschrift enthält trotz der Abhängigkeit vom Verfahrensausgang doch nach dem klaren Wortlaut von KV 1240 nur eine Verfahrensgebühr, keine Entscheidungsgebühr. Das gilt freilich nur dann, wenn das Revisionsgericht einen Antrag auf die Zulassung einer Sprungsrevision nach § 566 VI ZPO durch einen Beschluß ablehnt. Für das Verfahren über die Nichtzulassungsbeschwerde gelten KV 1242, 1243. Bei Zulassung gelten KV 1230–1232.
Teilablehnung macht KV 1230, 1231 anwendbar und wirkt sich beim Streitwert nach §§ 48, 51, 63 aus.   **1**

Nr.	Gebührentatbestand	Gebühr oder Satz der Gebühr nach § 34 GKG
1241	Verfahren über die Zulassung der Sprungrevision: Soweit der Antrag zurückgenommen oder das Verfahren durch anderweitige Erledigung beendet wird .... Die Gebühr entsteht nicht, soweit die Sprungrevision zugelassen wird.	1,0
1242	Verfahren über die Beschwerde gegen die Nichtzulassung des Rechtsmittels: Soweit die Beschwerde verworfen oder zurückgewiesen wird	2,0
1243	Verfahren über die Beschwerde gegen die Nichtzulassung des Rechtsmittels: Soweit die Beschwerde zurückgenommen oder das Verfahren durch anderweitige Erledigung beendet wird .. Die Gebühr entsteht nicht, soweit der Beschwerde stattgegeben wird	1,0

Zu KV 1241–1243:

1) Geltungsbereich. Die Vorschriften erfassen als eng auslegbare Sonderregeln nicht nur die Nichtzulassung der Revision, sondern auch diejenige der Rechtsbeschwerde, § 574. ZPO, § 74 GWB. Bei der Rechtsbeschwerde der ZPO fehlt eine   **1**

381

KV 1243–1252

Nichtzulassungsbeschwerde. KV 1242 gilt bei einer Verwerfung oder Zurückweisung, nicht aber bei einer Zurücknahme der Beschwerde. KV 1243 gilt bei einer Zurücknahme oder bei einer anderweitigen Erledigung der Nichtzulassungsbeschwerde, auch bei der Rücknahme nur gegenüber einem von mehreren Gegnern, BGH FamRZ **07**, 136. Zum Rücknahmebegriff gilt ähnliches wie bei KV 1211, dort Rn 4 ff. Es handelt sich trotz der Abhängigkeit vom Verfahrensausgang doch nach dem klaren Wortlaut von KV 1242, 1243 jeweils um Verfahrensgebühren, keine Entscheidungsgebühren. Das gilt freilich nur für den dort jeweils genannten Fall.
Teilverwerfung usw wirkt sich beim Streitwert nach §§ 48, 51, 63 aus.
Unanwendbar sind KV 1242, 1243 bei § 544 VII ZPO, BGH FamRZ **07**, 1008 (Gerichtskostenfreiheit).

2   **2) Fälligkeit, Kostenschuldner.** Wegen des Charakters von Verfahrensgebühren treten die Fälligkeiten theoretisch mit einer Beschwerdeeinigung ein, § 6 I. Indessen kann man ja die Gebührenhöhe erst je nach dem Verfahrensausgang bestimmen. Daher tritt die Fälligkeit erst nach dem vorrangigen § 6 III mit der Entscheidung (Verwerfung oder Zurückweisung und praktisch auch Wirksamkeit der Rücknahme entsprechend § 6 III) ein.
Kostenschuldner: §§ 22, 29.

Abschnitt 5. Rechtsmittelverfahren des gewerblichen Rechtsschutzes vor dem Bundesgerichtshof

Unterabschnitt 1. Berufungsverfahren

Nr.	Gebührentatbestand	Gebühr oder Satz der Gebühr nach § 34 GKG
1250	Verfahren im Allgemeinen	6,0

1   **1) Geltungsbereich.** Es geht um das von § 1 S 1 Z 1 n miterfaßte Berufungsverfahren vor dem BGH nach §§ 110–121 PatG und nach § 20 GebrMG in Verbindung mit §§ 110–121 PatG. Die erhebliche Erhöhung der Gebühr beruht auf dem Wegfall der früheren Urteilsgebühren. Es handelt sich jetzt um eine Verfahrensgebühr ähnlich derjenigen nach KV 1220. Vgl daher auch dort.

Nr.	Gebührentatbestand	Gebühr oder Satz der Gebühr nach § 34 GKG
1251	Beendigung des gesamten Verfahrens durch Zurücknahme der Berufung oder der Klage, bevor die Schrift zur Begründung der Berufung bei Gericht eingegangen ist: Die Gebühr 1250 ermäßigt sich auf .... Erledigungserklärungen nach § 91 a ZPO i. V. m. § 121 Abs. 2 Satz 2 PatG, § 20 GebrMG stehen der Zurücknahme gleich, wenn keine Entscheidung über die Kosten ergeht oder die Entscheidung einer zuvor mitgeteilten Einigung der Parteien über die Kostentragung oder der Kostenübernahmeerklärung einer Partei folgt.	1,0

1   **1) Geltungsbereich.** Die Vorschrift hat den Vorrang vor KV 1252. Sie stimmt mit KV 1221, 1231 praktisch wörtlich überein. Vgl daher dort.

Nr.	Gebührentatbestand	Gebühr oder Satz der Gebühr nach § 34 GKG
1252	Beendigung des gesamten Verfahrens, wenn nicht Nummer 1251 anzuwenden ist, durch 1. Zurücknahme der Berufung oder der Klage vor dem Schluss der mündlichen Verhandlung,	

Kostenverzeichnis 1252, Anh 1252 KV

Nr.	Gebührentatbestand	Gebühr oder Satz der Gebühr nach § 34 GKG
	2. Anerkenntnis- oder Verzichtsurteil, 3. gerichtlichen Vergleich oder 4. Erledigungserklärungen nach § 91 a ZPO i. V. m. § 121 Abs. 2 Satz 2 PatG, § 20 GebrMG, wenn keine Entscheidung über die Kosten ergeht oder die Entscheidung einer zuvor mitgeteilten Einigung der Parteien über die Kostentragung oder der Kostenübernahmeerklärung einer Partei folgt, es sei denn, dass bereits ein anderes als eines der in Nummer 2 genannten Urteile vorausgegangen ist: Die Gebühr 1250 ermäßigt sich auf .... Die Gebühr ermäßigt sich auch, wenn mehrere Ermäßigungstatbestände erfüllt sind.	3,0

1) Geltungsbereich. Die Vorschrift gilt nach ihrem klaren Wortlaut nur hilfsweise hinter KV 1251. Sie stimmt mit KV 1222, 1232 praktisch wörtlich überein. Vgl daher dort.   1

Anhang nach KV 1252

Weitere Gerichtsgebühren im Verfahren vor Gericht in Patent-, Gebrauchsmuster-, Geschmacksmuster-, Marken- oder Sortenschutzsachen

Einführung

Gliederung

1) Systematik, Regelungszweck 1
2) Geltungsbereich 2–4
3) Rechtsmittel 5–10
   A. Markensache 6
   B. Patentsache: § 110 PatG 7
   C. Gebrauchsmustersache: § 110 PatG 8
   D. Patentsache: § 122 PatG 9
   E. Gebrauchsmustersache: § 122 PatG 10

1) Systematik, Regelungszweck. Nach § 65 I 1 PatG wird das Patentgericht als ein selbständiges und unabhängiges Bundesgericht tätig. Es ist für die Entscheidung über eine Beschwerde gegen einen Beschluß der Prüfungsstelle oder der Patentabteilung des Patentamts sowie über eine Klage auf die Erklärung der Nichtigkeit eines Patents und im Zwangslizenzverfahren nach §§ 81, 85 PatG zuständig.   1

Das *Patentkostengesetz* (PatKostG), Teil II C dieses Buchs, gilt nach seinem § 1 I nur „soweit gesetzlich nichts anderes bestimmt ist". Es hat die nachfolgenden Vorschriften nicht aufgehoben.

2) Geltungsbereich. Wenn ein Beteiligter in einer Patent-, Gebrauchsmuster-, Geschmacksmuster-, Marken-, oder Sortenschutzsache eine Beschwerde einlegt oder wenn es um eine Nichtigkeitsklage geht oder um eine Klage auf die Zurücknahme eines Patents oder um die Erteilung einer Zwangslizenz oder um einen Antrag auf den Erlaß einer einstweiligen Verfügung in einer Patent- oder Gebrauchsmustersache oder um eine Einlegung der Berufung in einer Patent- oder Gebrauchsmustersache oder um die Einlegung der Beschwerde gegen die Entscheidung über den Antrag auf den Erlaß einer einstweiligen Verfügung beim Patentgericht, muß der Antragsteller stets gleichzeitig eine Gebühr entrichten, und zwar nach dem unten abgedruckten GV des dort genannten Gesetzes vom 18. 8. 76, BGBl 2188, zuletzt geändert durch Art 20 G vom 25. 10. 94, BGBl 3082, oder nach § 66 V MarkenG oder nach § 34 II Hs 1 SortenSchG.   2

KV Anh 1252, 1253   Kostenverzeichnis

3   Wenn der Antragsteller die Gebühr *nicht rechtzeitig zahlt,* gilt die Beschwerde oder Berufung als nicht eingelegt, §§ 73 III, 110 I PatG, 18 II GebrMG, 10 a I Geschm- MG, 66 V 2 MarkenG, 34 II Hs 2 SortenSchG. Die Klage gilt als nicht erhoben. Der Antrag auf den Erlaß einer einstweiligen Verfügung gilt als nicht gestellt.

4   Für die *Auslagen* gilt im Verfahren vor dem Patentgericht grundsätzlich das GKG entsprechend, § 82 I 3 MarkenG, § 98 PatG, BGH GRUR **84**, 38, also KV 1100 ff. Ein Auslagenvorschuß läßt sich gemäß § 17 GKG beurteilen. In Markensachen gilt vorrangig § 71 MarkenG.

5   **3) Rechtsmittel.** Gegen einen Beschluß des Beschwerdesenats des Patentgerichts findet unter den Voraussetzungen der §§ 83 MarkenG, 100 PatG, 35 SortenSchG die Rechtsbeschwerde statt. Gegen ein Urteil des Nichtigkeitssenats des Patentgerichts findet die Berufung statt, § 110 PatG. Gegen ein Urteil über den Erlaß einer einstweiligen Verfügung wegen der Erteilung einer Zwangslizenz findet die Beschwerde statt, § 122 PatG. Sämtliche vorgenannten Rechtsmittel gehen an den BGH. Vgl ferner §§ 18 V, 20 GebrMG, 10 a II GeschmMG, 36 SortenSchG.

> *MarkenG § 85. Rechtsbeschwerde.* **II In dem Rechtsbeschwerdeverfahren vor dem Bundesgerichtshof gelten die Bestimmungen des § 142 über die Streitwertbegünstigung entsprechend.**
>
> *PatG § 102. Rechtsbeschwerde.* **II In dem Rechtsbeschwerdeverfahren vor dem Bundesgerichtshof gelten die Bestimmungen des § 144 über die Streitwertfestsetzung entsprechend.**

6   **A. Markensache.** Die Rechtsbeschwerde richtet sich an den BGH, § 102 I PatG. Deshalb entsteht keine Beschwerdegebühr nach dem Tarif bei der Einlegung wie zB im Fall einer Berufungseinlegung im Nichtigkeitsstreit, § 110 I PatG.

Das Gericht kann auf Grund des Antrags einer *bedürftigen Partei* anordnen, daß sie Gerichtskosten nur nach einem ihrer Wirtschaftslage angepaßten Teil des Streitwerts zahlen muß, § 144 PatG, § 51 GKG Anh I. Wegen der Auslagen KV 9000 ff. Ein Auslagenvorschuß richtet sich nach § 17 GKG. Das Kostenfestsetzungsverfahren richtet sich nach der ZPO, § 80 V PatG.

Dieselbe Regelung gilt auch für die *Rechtsbeschwerde* in einer Gebrauchsmuster- oder Markensache, §§ 18 V GebrMG, 10 a II GeschmMG, 85 I, 90 IV, 142 MarkenG, 35, 36 SortenSchG.

7   **B. Patentsache:** § 110 PatG. Der Nichtigkeitssenat des Patentgerichts muß über eine Klage auf die Erklärung der Nichtigkeit oder Zurücknahme eines Patents oder einer Erteilung einer Zwangslizenz entscheiden, §§ 81 I, 84 I PatG. Es greift evtl § 144 PatG ein.

Die *Fälligkeit* der Gebühr richtet sich nach § 6 GKG. Auslagen entstehen nach KV 9000 ff. Ein Auslagenvorschuß richtet sich nach § 17 GKG. Das gilt insbesondere dann, wenn es um ein Sachverständigengutachten geht.

8   **C. Gebrauchsmustersache:** § 110 PatG. § 110 PatG ist auch in einer Gebrauchsmustersache entsprechend anwendbar, § 20 GebrMG in Verbindung mit § 110 PatG.

9   **D. Patentsache:** § 122 PatG. Aus der Bezugnahme auf § 110 II 1 PatG (oben abgedruckt) folgt, daß für die Auslagen die Vorschriften des GKG maßgebend sind.

10   **E. Gebrauchsmustersache:** § 122 PatG. § 122 PatG ist auch in einer Gebrauchsmustersache entsprechend anwendbar, § 20 GebrMG in Verbindung mit § 122 PatG.

Unterabschnitt 2. Beschwerdeverfahren und Rechtsbeschwerdeverfahren

Nr.	Gebührentatbestand	Gebühr oder Satz der Gebühr nach § 34 GKG
1253	Verfahren über die Beschwerde nach § 122 PatG oder § 20 GebrMG i. V. m. § 122 PatG gegen ein Urteil über den Erlass einer einstweiligen Verfügung in Zwangslizenzsachen	2,0

Vorbem. Neu.

Kostenverzeichnis **1253–1256, Vorbem 1.3, 1310, 1311 KV**

1) Geltungsbereich. Die Vorschrift stimmt praktisch wörtlich mit KV 1221, 1251 überein. Vgl daher dort.

Nr.	Gebührentatbestand	Gebühr oder Satz der Gebühr nach § 34 GKG
1254	Beendigung des gesamten Verfahrens durch Zurücknahme der Beschwerde, bevor die Schrift zur Begründung der Beschwerde bei Gericht eingegangen ist: Die Gebühr 1253 ermäßigt sich auf .... Erledigungserklärungen nach § 91a ZPO i.V.m. § 121 Abs. 2 Satz 2 PatG, § 20 GebrMG stehen der Zurücknahme gleich, wenn keine Entscheidung über die Kosten ergeht oder die Entscheidung einer zuvor mitgeteilten Einigung der Parteien über die Kostentragung oder der Kostenübernahmeerklärung einer Partei folgt.	1,0
1255	Verfahren über die Rechtsbeschwerde	750,00 EUR

Vorbem. Fassg Art 3 Z 1 G v 21. 6. 06, BGBl 1318, in Kraft seit 1. 7. 06, Art 8 G, Übergangsrecht § 71 GKG.

Nr.	Gebührentatbestand	Gebühr oder Satz der Gebühr nach § 34 GKG
1256	Beendigung des gesamten Verfahrens durch Zurücknahme der Rechtsbeschwerde, bevor die Schrift zur Begründung der Rechtsbeschwerde bei Gericht eingegangen ist: Die Gebühr 1255 ermäßigt sich auf .... Erledigungserklärungen in entsprechender Anwendung des § 91a ZPO stehen der Zurücknahme gleich, wenn keine Entscheidung über die Kosten ergeht oder die Entscheidung einer zuvor mitgeteilten Einigung der Parteien über die Kostentragung oder der Kostenübernahmeerklärung einer Partei folgt.	100 EUR

Vorbem. Fassg Art 3 Z 1 G v 21. 6. 06, BGBl 1318, in Kraft seit 1. 7. 06, Art 8 G, Übergangsrecht § 71 GKG.

1) Geltungsbereich. Die Vorschrift stimmt fast wörtlich mit KV 1221, 1231, 1242 überein. Vgl daher dort.

Fassung 1. 9. 2009: **Hauptabschnitt 3** (weggefallen)

Bisherige Fassung: **Hauptabschnitt 3.**
Ehesachen, bestimmte Lebenspartnerschaftssachen und Folgesachen

(Amtliche) Vorbemerkung 1.3:
Dieser Hauptabschnitt gilt für Ehesachen, Lebenspartnerschaftssachen nach § 661 Abs. 1 Nr. 1 bis 3 ZPO und für Folgesachen einer Scheidungssache oder eines Verfahrens über die Aufhebung der Lebenspartnerschaft.

Abschnitt 1. Erster Rechtszug

Nr.	Gebührentatbestand	Gebühr oder Satz der Gebühr nach § 34 GKG
1310	Verfahren im Allgemeinen	2,0
1311	Beendigung des gesamten Verfahrens oder einer Folgesache durch	

KV 1311, Vorbem 1.3.2, 1320, 1321   Kostenverzeichnis

Nr.	Gebührentatbestand	Gebühr oder Satz der Gebühr nach § 34 GKG
	1. Zurücknahme des Antrags oder der Klage a) vor dem Schluss der mündlichen Verhandlung, b) in den Fällen des § 128 Abs. 2 ZPO vor dem Zeitpunkt, der dem Schluss der mündlichen Verhandlung entspricht, c) im Falle des § 331 Abs. 3 ZPO vor Ablauf des Tages, an dem das Urteil der Geschäftsstelle übermittelt wird, wenn keine Entscheidung nach § 269 Abs. 3 Satz 3 ZPO über die Kosten ergeht oder die Entscheidung einer zuvor mitgeteilten Einigung der Parteien über die Kostentragung oder der Kostenübernahmeerklärung einer Partei folgt, 2. Anerkenntnisurteil, Verzichtsurteil oder Urteil, das nach § 313a Abs. 2 ZPO keinen Tatbestand und keine Entscheidungsgründe enthält, 3. gerichtlichen Vergleich oder 4. Erledigungserklärungen nach § 91a ZPO, wenn keine Entscheidung über die Kosten ergeht oder die Entscheidung einer zuvor mitgeteilten Einigung der Parteien über die Kostentragung oder der Kostenübernahmeerklärung einer Partei folgt, es sei denn, dass bereits ein anderes als eines der in Nummer 2 genannten Urteile vorausgegangen ist: Die Gebühr 1310 ermäßigt sich auf	0,5
	I [1] Wird in einem Verbund von Scheidungs- und Folgesachen nicht das gesamte Verfahren beendet, sondern mehrere beendete Folgesachen § 46 Abs. 1 GKG anzuwenden und die Gebühr nur insoweit zu ermäßigen. [2] Dies gilt entsprechend für Folgesachen einer Lebenspartnerschaftssache. II Die Gebühr ermäßigt sich auch, wenn mehrere Ermäßigungstatbestände erfüllt sind. III Soweit über Folgesachen durch Beschluss entschieden wird, sind die für Urteile geltenden Vorschriften entsprechend anzuwenden.	

Abschnitt 2. Berufung, Beschwerde in Folgesachen

(Amtliche) *Vorbemerkung: 1.3.2:*
Dieser Abschnitt gilt für Beschwerden in Folgesachen nach § 629a Abs. 2, auch i. V. m. § 661 Abs. 2 ZPO.

Nr.	Gebührentatbestand	Gebühr oder Satz der Gebühr nach § 34 GKG
1320	Verfahren im Allgemeinen	3,0
1321	Beendigung des gesamten Verfahrens durch Zurücknahme des Rechtsmittels, des Antrags oder der Klage, bevor die Schrift zur Begründung des Rechtsmittels bei Gericht eingegangen ist: Die Gebühr 1320 ermäßigt sich auf	0,5
	Erledigungserklärungen nach § 91a ZPO stehen der Zurücknahme gleich, wenn keine Entscheidung über	

Nr.	Gebührentatbestand	Gebühr oder Satz der Gebühr nach § 34 GKG
	die Kosten ergeht oder die Entscheidung einer zuvor mitgeteilten Einigung der Parteien über die Kostentragung oder der Kostenübernahmeerklärung einer Partei folgt.	

1322	Beendigung des gesamten Verfahrens oder einer Folgesache, wenn nicht Nummer 1321 erfüllt ist, durch
	1. Zurücknahme des Rechtsmittels, des Antrags oder der Klage
	   a) vor dem Schluss der mündlichen Verhandlung,
	   b) in den Fällen des § 128 Abs. 2 ZPO vor dem Zeitpunkt, der dem Schluss der mündlichen Verhandlung entspricht,
	2. Anerkenntnisurteil, Verzichtsurteil oder Urteil, das nach § 313a Abs. 2 ZPO keinen Tatbestand und keine Entscheidungsgründe enthält,
	3. gerichtlichen Vergleich oder
	4. Erledigungserklärungen nach § 91a ZPO, wenn keine Entscheidung über die Kosten ergeht oder die Entscheidung einer zuvor mitgeteilten Einigung der Parteien über die Kostentragung oder der Kostenübernahmeerklärung einer Partei folgt,
	es sei denn, dass bereits ein anderes als eines der in Nummer 2 genannten Urteile vorausgegangen ist:
	Die Gebühr 1320 ermäßigt sich auf ....
		1,0

	I [1] Wird in einem Verbund von Scheidungs- und Folgesachen nicht das gesamte Verfahren beendet, ist auf mehrere beendete Folgesachen § 46 Abs. 1 GKG anzuwenden und die Gebühr nur insoweit zu ermäßigen. [2] Dies gilt entsprechend für Folgesachen einer Lebenspartnerschaftssache. II Die Gebühr ermäßigt sich auch, wenn mehrere Ermäßigungstatbestände erfüllt sind. III Soweit über Folgesachen durch Beschluss entschieden wird, sind die für Urteile geltenden Vorschriften entsprechend anzuwenden.	
1323	Beendigung des gesamten Verfahrens durch ein Urteil, das wegen eines Verzichts der Parteien nach § 313a Abs. 1 Satz 2 ZPO keine schriftliche Begründung enthält, wenn nicht bereits ein anderes als eines der in Nummer 1322 Nr. 2 genannten Urteile mit schriftlicher Begründung oder ein Versäumnisurteil vorausgegangen ist: Die Gebühr 1320 ermäßigt sich auf	2,0
	I Die Gebühr ermäßigt sich auch, wenn daneben Ermäßigungstatbestände nach Nummer 1322 erfüllt sind. II Soweit über Folgesachen durch Beschluss entschieden wird, sind die für Urteile geltenden Vorschriften entsprechend anzuwenden.	

Abschnitt 3. Revision, Rechtsbeschwerde in Folgesachen

(Amtliche) Vorbemerkung 1.3.3:

Dieser Abschnitt gilt für Rechtsbeschwerden in Folgesachen nach § 629a Abs. 2, auch i. V. m. § 661 Abs. 2 ZPO.

KV 1330–1332, Vorbem 1.4

Nr.	Gebührentatbestand	Gebühr oder Satz der Gebühr nach § 34 GKG
1330	Verfahren im Allgemeinen	4,0
1331	Beendigung des gesamten Verfahrens durch Zurücknahme des Rechtsmittels, des Antrags oder der Klage, bevor die Schrift zur Begründung des Rechtsmittels bei Gericht eingegangen ist: Die Gebühr 1330 ermäßigt sich auf .... Erledigungserklärungen nach § 91a ZPO stehen der Zurücknahme gleich, wenn keine Entscheidung über die Kosten ergeht oder die Entscheidung einer zuvor mitgeteilten Einigung der Parteien über die Kostentragung oder der Erklärung einer Partei, die Kosten tragen zu wollen, folgt.	1,0

1332	Beendigung des gesamten Verfahrens oder einer Folgesache, wenn nicht Nummer 1331 erfüllt ist, durch
	1. Zurücknahme des Rechtsmittels, des Antrags oder der Klage
	   a) vor dem Schluss der mündlichen Verhandlung,
	   b) in den Fällen des § 128 Abs. 2 ZPO vor dem Zeitpunkt, der dem Schluss der mündlichen Verhandlung entspricht,
	2. Anerkenntnis- oder Verzichtsurteil,
	3. gerichtlichen Vergleich oder
	4. Erledigungserklärungen nach § 91a ZPO, wenn keine Entscheidung über die Kosten ergeht oder die Entscheidung einer zuvor mitgeteilten Einigung der Parteien über die Kostentragung oder der Kostenübernahmeerklärung einer Partei folgt,
	es sei denn, dass bereits ein anderes als eines der in Nummer 2 genannten Urteile vorausgegangen ist:
	Die Gebühr 1330 ermäßigt sich auf ....
	I ¹Wird in einem Verbund von Scheidungs- und Folgesachen nicht das gesamte Verfahren beendet, ist auf mehrere beendete Folgesachen § 46 Abs. 1 GKG anzuwenden und die Gebühr nur insoweit zu ermäßigen. ²Dies gilt entsprechend für Folgesachen einer Lebenspartnerschaftssache.
	II Die Gebühr ermäßigt sich auch, wenn mehrere Ermäßigungstatbestände erfüllt sind.
	III Soweit über Folgesachen durch Beschluss entschieden wird, sind die für Urteile geltenden Vorschriften entsprechend anzuwenden.
		2,0

Fassung 1. 9. 2009: **Hauptabschnitt 4. Arrest und einstweilige Verfügung**

(Amtliche) Vorbemerkung 1.4:

¹Im Verfahren über den Antrag auf Anordnung eines Arrests oder einer einstweiligen Verfügung und im Verfahren über den Antrag auf Aufhebung oder Abänderung (§ 926 Abs. 2, §§ 927, 936 ZPO) werden die Gebühren jeweils gesondert erhoben. ²Im Fall des § 942 ZPO gilt das Verfahren vor dem Amtsgericht und dem Gericht der Hauptsache als ein Rechtsstreit.

Abschnitt 1. Erster Rechtszug

Vorbem. Umbenennungen und Umnumerierung durch Art 47 I Z 14g FGG-RG v 17. 12. 08, BGBl 2586, in Kraft seit 1. 9. 09, Art 112 I Hs 1 FGG-RG, Übergangsrecht Art 111 FGG-RG, Grdz 2 vor § 1 FamGKG, Teil I B dieses Buchs).

Nr.	Gebührentatbestand	Gebühr oder Satz der Gebühr nach § 34 GKG
1410	Verfahren im Allgemeinen	1,5

Bisherige Fassung: **Hauptabschnitt 4. Einstweiliger Rechtsschutz**

(Amtliche) Vorbemerkung 1.4.1:

[1] Im Verfahren über den Antrag auf Anordnung eines Arrests oder einer einstweiligen Verfügung und im Verfahren über den Antrag auf Aufhebung oder Abänderung (§ 926 Abs. 2, §§ 927, 936 ZPO) werden die Gebühren jeweils gesondert erhoben. [2] Im Fall des § 942 ZPO gilt das Verfahren vor dem Amtsgericht und dem Gericht der Hauptsache als ein Rechtsstreit.

Unterabschnitt 1. Erster Rechtszug

Gliederung

1) Systematik, Regelungszweck 1
2) Geltungsbereich 2–5
3) Gebührenhöhe 6–8
4) Streitwert 9
5) Fälligkeit, Kostenschuldner 10

1) Systematik, Regelungszweck. Der Arrest und die einstweilige Verfügung 1 sind zwei selbständige Verfahren, LG Bln MDR **89**, 366. Sie sind keine Akte der Zwangsvollstreckung, obwohl die ZPO sie im Buch 8 regelt. KV 1410 ff regeln die Gebühren für das vorläufige Verfahren zum Teil abweichend vom ordentlichen Prozeß. Das vorläufige Verfahren ist ein selbständiger Vorgang. Daher findet auch keine gesonderte Abrechnung statt. Die im Hauptprozeß entstehenden Gebühren sind unabhängig von denjenigen im vorläufigen Verfahren und umgekehrt. Es können also beim Eil- und Hauptverfahren jeweils die zugehörigen Gebühren entstehen. Es gilt ebenso, wenn man einen Arrest- oder Verfügungsantrag mit einer Klage verbindet oder wenn das Gericht etwa in demselben Urteil Entscheidungen über den Verfügungsantrag und über den Antrag in der Hauptsache getroffen hat.

2) Geltungsbereich. KV 1410 ff gelten grundsätzlich für alle in der amtlichen 2 Vorbemerkung 1.4.1 genannten Verfahrensarten.

Wegen einer *nachträglichen Begründung* nach der EuGVVO vgl KV 1510. Im Ver- 3 fahren vor den Arbeitsgerichten gelten KV 8310 ff. Wegen einer einstweiligen Anordnung nach der VwGO vgl KV 5210 ff. Wegen einer einstweiligen Anordnung nach der FGO vgl KV 6210 ff. Wegen einer einstweiligen Anordnung nach dem SGG vgl KV 7210 ff.

KV 1410 regelt ferner folgende Fälle: Eine *Aufhebung* des Arrests wegen einer Ver- 4 säumung der Klagefrist, *§ 926 II ZPO*, amtliche Vorbemerkung 1.4.1 S 1 Hs 2 Fall 1, Mü MDR **99**, 59; eine Aufhebung des Arrests wegen veränderter Umstände, *§ 927 ZPO*, amtliche Vorbemerkung 1.4.1 S 1 Hs 2 Fall 2; die Anwendbarkeit der genannten Vorschriften auf eine einstweilige Verfügung, *§ 936 ZPO*, amtliche Vorbemerkung 1.4.1 S 1 Hs 2 Fall 3. Jedes dieser gebührenrechtlich gegenüber dem Anordnungsverfahren selbständigen Verfahren läßt die Gebühr KV 1410 entstehen, (jetzt) amtliche Vorbemerkung 1.4.1 S 1 Hs 2, LG Bln MDR **89**, 366.

Auf *andere Fälle* ist KV 1410 schon wegen § 1 nicht anwendbar. Das gilt zB für eine 5 sog Schutzschrift, BLAH Grdz 7 vor § 128 ZPO. Auf eine etwaige mündliche Verhandlung kommt es aber bei KV 1410 nicht an. Die Aufhebung nach § 942 III ZPO durch das AG bei der Unterlassung einer Ladung zum Rechtfertigungsverfahren fällt

KV Vorbem 1.4.1, 1411

unter die amtliche Vorbemerkung 1.4.1 S 2. Die anderen Fälle sind völlig neue Verfahren. Infolgedessen entstehen dort Gebühren nach KV 1410 ff unabhängig von den für das Anordnungsverfahren erhobenen Gebühren. Die Gebühren sind in diesen neuen Verfahren dieselben wie im Anordnungsverfahren. Die Entscheidung erfolgt immer durch ein Urteil.

6 **3) Gebührenhöhe.** Für das Verfahren über den Antrag auf den Erlaß eines Arrests oder einer einstweiligen Verfügung entsteht jeweils 1,5 Gebühr, sofern es nicht zu einem Fall nach KV 1411 kommt, und in einem solchen letzteren Fall eine 3,0 Gebühr. Wegen § 36 vgl unten Rn 9. In das Anordnungsverfahren gehört nicht nur die Anordnung durch einen Beschluß, auch diejenige nach § 942 ZPO durch das AG, amtliche Vorbemerkung 1.4.1 S 2, vgl § 35. In das Anordnungsverfahren gehört vielmehr auch das Ersuchen um eine Eintragung an das Grundbuchamt oder an die Registerbehörde nach § 941 ZPO. Hierher gehört ferner grundsätzlich auch das gesamte Widerspruchs- oder Aufhebungsverfahren und das Rechtfertigungsverfahren, Mü MDR **99**, 59, einschließlich der darin ergehenden Entscheidungen beliebiger Art. Als eine Ausnahme gilt der sog Kostenwiderspruch, KV 1411 amtliche Anmerkung (Fall des Anerkenntnisurteils).

7 Ein Antrag auf den Erlaß eines Arrests und ein solcher auf den Erlaß einer einstweiligen Verfügung leiten zwei getrennte Verfahren ein, amtliche Vorbemerkung 1.4.1 S 1 Hs 1. Die Arrestgebühr KV 1410 gilt grundsätzlich das *gesamte Arrestverfahren* mit Ausnahme der Fälle KV 1411 ab, auch einen Nebenantrag wie zB ein Ersuchen um die Eintragung einer Vormerkung oder einer Arresthypothek nach § 931 ZPO, auch den übrigen Arrestvollzug, soweit nicht KV 2110 anwendbar ist. Andererseits entsteht die 1,5 Gebühr auch dann, wenn sich die Parteien vergleichen. Nun kann der Wert des Vergleichs denjenigen des Streitgegenstands übersteigen. Das kommt etwa dann vor, wenn die Parteien im Arrestverfahren die Hauptsache mitvergleichen. Dann ist KV 1900 anwendbar.

8 Die Klagerhebung nach § *926 I ZPO* läßt Gebühren nach KV 1210 ff entstehen. Eine Verbindung der Hauptsache und der Arrestsache berührt die Höhe der Gebühren nicht. Eine erstinstanzliche Antragsrücknahme beseitigt im Verfahren ohne eine mündliche Verhandlung die Gebühr KV 1310 nicht. Denn KV 1411 erfaßt nur den Fall einer mündlichen Verhandlung.

Die *Beschwerdegebühr* nach KV 1416 kann neben den erstinstanzlichen Gebühren entstehen.

9 **4) Streitwert.** Der Streitwert errechnet sich nach § 53. § 36 bleibt anwendbar. Das übersieht Hbg MDR **95**, 102 (beim Kostenwiderspruch, § 48 Anh I: § 3 ZPO Rn 17). Wegen einer Erledigung der Hauptsache des Eilverfahrens § 48 Anh I: § 3 ZPO Rn 45 ff, Hbg MDR **06**, 1376, KG MDR **97**, 889. Im Aufhebungsverfahren gilt der Wert des Anordnungsverfahrens, soweit der Antragsgegner nicht nur eine teilweise Aufhebung betreibt. Man muß wie stets eine Wertänderung beachten, Mü MDR **96**, 424. (Jetzt) § 40 ist anwendbar, aM Köln JB **98**, 374 (aber die Vorschrift gilt allgemein und uneingeschränkt).

10 **5) Fälligkeit, Kostenschuldner.** Die Fälligkeit der Verfahrensgebühr tritt mit der Einreichung des Antrags ein, (jetzt) § 6 I, Mü MDR **98**, 63, Zweibr RR **01**, 1653, LG Bln MDR **89**, 366. Eine Vorwegleistungspflicht besteht in der 1. Instanz nicht. Denn § 12 I 1 setzt eine Klage voraus.

Kostenschuldner sind: Grundsätzlich der Antragsteller, § 22; ausnahmsweise der Antragsgegner, soweit das Gericht ihm im Beschluß oder Urteil Kosten auferlegt, § 29 Z 1.

Nr.	Gebührentatbestand	Gebühr oder Satz der Gebühr nach § 34 GKG
1411	Beendigung des gesamten Verfahrens durch 1. Zurücknahme des Antrags vor dem Schluss der mündlichen Verhandlung,	

Nr.	Gebührentatbestand	Gebühr oder Satz der Gebühr nach § 34 GKG
	2. Anerkenntnisurteil, Verzichtsurteil oder Urteil, das nach § 313a Abs. 2 ZPO keinen Tatbestand und keine Entscheidungsgründe enthält, 3. gerichtlichen Vergleich oder 4. Erledigungserklärungen nach § 91a ZPO, wenn keine Entscheidung über die Kosten ergeht oder die Entscheidung einer zuvor mitgeteilten Einigung der Parteien über die Kostentragung oder der Kostenübernahmeerklärung einer Partei folgt, es sei denn, dass bereits ein Beschluss nach § 922 Abs. 1, auch i. V. m. § 936 ZPO, oder ein anderes als eines der in Nummer 2 genannten Urteile vorausgegangen ist: Die Gebühr 1410 ermäßigt sich auf .... ¹Die Vervollständigung eines ohne Tatbestand und Entscheidungsgründe hergestellten Urteils (§ 313a Abs. 5 ZPO) steht der Ermäßigung nicht entgegen. ²Die Gebühr ermäßigt sich auch, wenn mehrere Ermäßigungstatbestände erfüllt sind.	1,0
1412	Es wird durch Urteil entschieden oder es ergeht ein Beschluss nach § 91a oder § 269 Abs. 3 Satz 3 ZPO, wenn nicht Nummer 1411 erfüllt ist: Die Gebühr 1410 erhöht sich nach dem Wert des Streitgegenstands, auf den sich die Entscheidung bezieht, auf	3,0

Zu KV 1411, 1412:

1) **Gebührenermäßigung, KV 1411.** Es tritt gegenüber KV 1410 eine Ermäßigung der Gebühr ein. Sie beläuft sich auf 66,6% der Verfahrensgebühr KV 1410. Es tritt damit eine Ermäßigung nicht in demselben Grad wie bei KV 1211 ein, aber doch in einem spürbaren Umfang. Vgl im übrigen wie bei KV 1211. Eine Widerspruchsrücknahme steht einer Antragsrücknahme nach KV 1411 Z 1 gleich, Hbg MDR 05, 418 (zum alten Recht).

2) **Gebührenerhöhung, KV 1412.** Gegenüber KV 1410 kommt es zu einer Verdoppelung, gegenüber KV 1411 sogar zu einer Verdreifachung der Gebühr, soweit einer der folgenden Fälle eintritt.

A. **Urteil.** Eine Erhöhung gegenüber KV 1410 und erst recht gegenüber KV 1411 kommt dann infrage, wenn das Erstgericht durch ein Urteil statt durch einen Beschluß entscheidet, §§ 922 I 1 Hs 1, 936 ZPO. Es kommt kostenrechtlich nicht darauf an, ob eine mündliche Verhandlung stattgefunden hat und welche Entscheidungsform zulässig oder notwendig war, sondern nur darauf, in welcher Form das Gericht entschieden *hat*, Roloff NZA 07, 910. Nur bei den in KV 1411 Z 2 und amtliche Anmerkung S 1 genannten Urteilen bleibt es bei der dortigen Ermäßigung. Dabei kann ungeachtet der Bezeichnung die jeweils in Wahrheit andere Entscheidungsart vorliegen. Allein diese letztere ist dann maßgeblich, auch vor etwaiger Berichtigung nach §§ 319, 329 ZPO.

B. **Beschluß nach § 91a ZPO oder nach § 269 III 3 ZPO.** Für eine Erhöhung reicht auch statt der Bedingung Rn 2 aus, daß das Gericht über die Kosten nach beiderseitigen wirksamen Vollerledigterklärungen nach § 91a I ZPO durch einen Beschluß entscheidet, Hbg MDR 97, 890, oder daß es nach § 269 III 3, IV ZPO eine echte Kostengrundentscheidung fällt. Auch hier kommt es wie beim Urteil auf diejenige Entscheidungsart an, die das Gericht in Wahrheit gewählt *hat*.

3) **Streitwert bei KV 1412.** KV 1412 berechnet man „nach dem Wert des Streitgegenstands, auf den sich die Entscheidung bezieht". Auch im Eilverfahren mit einer

KV 1412, 1420, 1421 Kostenverzeichnis

mündlichen Verhandlung oder mit einem Urteil statt eines Beschlusses als der Entscheidungsform ist Streitgegenstand nicht der sachlichrechtliche Anspruch eines Hauptprozesses, sondern die Zulässigkeit einer einstweiligen Regelung oder Sicherung des sachlichrechtlichen Hauptanspruchs, Ffm FamRZ **89**, 297, Hamm MDR **87**, 589, Menne FamRZ **04**, 8. Deshalb ist der Streitwert im Eilverfahren in aller Regel niedriger als im etwaigen Hauptprozeß, § 48 Anh I: § 3 ZPO Rn 16 „Arrest", § 53 Rn 2. KV 1412 verweist also nicht etwa auf den Hauptsachewert, sondern auf diesen geringeren Eilsachenwert, aM Meyer 106. Beim Teilurteil gilt nur dessen Wert, KG JB **09**, 149.

5 Das gilt selbst dann, wenn sich das Gericht in der mündlichen Verhandlung auch mit der *Hauptsache* befaßt. Natürlich können die Klage und ein Eilantrag zusammentreffen. Dann liegen mehrere Verfahren mit jeweils gesonderten Werten und Gebühren vor. Solange aber die Verhandlung im Eilverfahren stattfindet, bleibt es auch dann beim dortigen Wert, wenn das Gericht die Hauptsache mitbedenkt, wie so oft. Ob der Eilwert denjenigen der Hauptsache fast oder ganz erreichen kann, ist eine andere Frage, auch dazu § 48 Anh I: § 3 ZPO Rn 16, § 53 Rn 3.

Beim bloßen *Kostenwiderspruch* bleibt es beim Wert in der Höhe nur des Kosteninteresses, § 48 Anh I: § 3 ZPO Rn 17, § 53 Rn 9, Hbg MDR **06**, 1376.

Abschnitt 2. Berufung

Vorbem. Umbenennung dch Art 47 I Z 14h FGG-RG v. 17. 12. 08, BGBl 2586, in Kraft seit 1. 9. 09, Art 112 I Hs 1 FGG-RG, Übergangsrecht Art 111 FGG-RG, Grdz 2 vor § 1 FamGKG, Teil I B dieses Buchs.

Bisherige Fassungen: Zur Vermeidung allzu komplizierter Darstellung des hier im einzelnen Geänderten bitte die 38. Aufl 2008 benutzen.

Nr.	Gebührentatbestand	Gebühr oder Satz der Gebühr nach § 34 GKG
1420	**Verfahren im Allgemeinen**	4,0

Vorbem. Umnummerierung dch Art 47 I Z 14i FGG-RG v 17. 12. 08, BGBl 2586, in Kraft seit 1. 9. 09, Art 112 I Hs 1 FGG-RG, Übergangsrecht Art 111 FGG-RG, Grdz 2 vor § 1 FamGKG, Teil I B dieses Buchs.

1 1) *Systematik.* In der Berufungsinstanz ist unerheblich, ob es sich um ein Anordnungsverfahren, Widerspruchsverfahren, Abänderungsverfahren oder Aufhebungsverfahren handelt. Entstehen kann nur die Verfahrensgebühr KV 1420 mit ihren etwaigen Ermäßigungen KV 1421–1423, nicht eine Entscheidungsgebühr.
2 Die Gebühr KV 1420 entsteht auch, wenn das *Berufungsgericht in 1. Instanz* tätig wird, weil es als Gericht der Hauptsache zuständig ist. Denn auch dann wird es tätig, weil es als Berufungsgericht mit der Sache befaßt ist.
3 *Kostenschuldner* ist der Rechtsmittelkläger, § 22. Die Fälligkeit tritt mit der Einreichung der Berufungsschrift ein, § 6 I.
4 In der *Beschwerdeinstanz* ist nicht KV 1420–1423 anwendbar, sondern KV 1430 ff.

Nr.	Gebührentatbestand	Gebühr oder Satz der Gebühr nach § 34 GKG
1421	**Beendigung des gesamten Verfahrens durch Zurücknahme der Berufung, des Antrags oder des Widerspruchs, bevor die Schrift zur Begründung der Berufung bei Gericht eingegangen ist: Die Gebühr 1420 ermäßigt sich auf** .... Erledigungserklärungen nach § 91a ZPO stehen der Zurücknahme gleich, wenn keine Entscheidung über die Kosten ergeht oder die Entscheidung einer zuvor mitgeteilten Einigung der Parteien über die Kostentragung oder der Kostenübernahmeerklärung einer Partei folgt.	1,0

Kostenverzeichnis 1421–1423 KV

Vorbem. Umnumerierung und Änderg dch Art 47 I Z 14j FGG-RG v 17. 12. 08, BGBl 2586, in Kraft seit 1. 9. 09, Art 112 I Hs 1 FGG-RG, Übergangsrecht Art 111 FGG-RG, Grdz 2 vor § 1 FamGKG, Teil I B dieses Buchs.

1) Geltungsbereich. Die Vorschrift stimmt nahezu wörtlich mit KV 1221, 1251, 1321 überein. Vgl daher dort. **1**

Nr.	Gebührentatbestand	Gebühr oder Satz der Gebühr nach § 34 GKG

1422	Beendigung des gesamten Verfahrens, wenn nicht Nummer 1421 erfüllt ist, durch
	1. Zurücknahme der Berufung oder des Antrags
	   a) vor dem Schluss der mündlichen Verhandlung,
	   b) in den Fällen des § 128 Abs. 2 ZPO vor dem Zeitpunkt, der dem Schluss der mündlichen Verhandlung entspricht,
	2. Anerkenntnis- oder Verzichtsurteil,
	3. gerichtlichen Vergleich oder
	4. Erledigungserklärungen nach § 91a ZPO, wenn keine Entscheidung über die Kosten ergeht oder die Entscheidung einer zuvor mitgeteilten Einigung der Parteien über die Kostentragung oder der Kostenübernahmeerklärung einer Partei folgt,
	es sei denn, dass bereits ein anderes als eines der in Nummer 2 genannten Urteile vorausgegangen ist:
	Die Gebühr 1420 ermäßigt sich auf ....
	Die Gebühr ermäßigt sich auch, wenn mehrere Ermäßigungstatbestände erfüllt sind.
		2,0

Vorbem. Umnumerierung und Änderg dch Art 47 I Z 14k FGG-RG v 17. 12. 08, BGBl 2586, in Kraft seit 1. 9. 09, Art 112 I Hs 1 FGG-RG, Übergangsrecht Art 111 FGG-RG, Grdz 2 vor § 1 FamGKG, Teil I B dieses Buchs.

1) Geltungsbereich. Die Vorschrift stimmt nahezu wörtlich mit KV 1222, 1252, 1322 überein. Vgl daher dort. **1**

Nr.	Gebührentatbestand	Gebühr oder Satz der Gebühr nach § 34 GKG
1423	Beendigung des gesamten Verfahrens durch ein Urteil, das wegen eines Verzichts der Parteien nach § 313a Abs. 1 Satz 2 ZPO keine schriftliche Begründung enthält, wenn nicht bereits ein anderes als eines der in Nummer 1422 Nr. 2 genannten Urteile mit schriftlicher Begründung oder ein Versäumnisurteil vorausgegangen ist: Die Gebühr 1420 ermäßigt sich auf .... Die Gebühr ermäßigt sich auch, wenn daneben Ermäßigungstatbestände nach Nummer 1422 erfüllt sind.	3,0

Vorbem. Umnumerierung und Änderg dch Art 47 I Z 14l FGG-RG v 17. 12. 08, BGBl 2586, in Kraft seit 1. 9. 09, Art 112 I Hs 1 FGG-RG, Übergangsrecht Art 111 FGG-RG, Grdz 2 vor § 1 FamGKG, Teil I B dieses Buchs.

1) Geltungsbereich. Die Vorschrift stimmt nahezu wörtlich mit KV 1223, 1323 überein. Vgl daher dort. **1**

Abschnitt 3. Beschwerde

Vorbem. Umbenennung dch Art 47 I Z 14 m FGG-RG v 17. 12. 08, BGBl 2586, in Kraft seit 1. 9. 09, Art 112 I Hs 1 FGG-RG, Übergangsrecht Art 111 FGG-RG, Grdz 2 vor § 1 FamGKG, Teil I B dieses Buchs.

Nr.	Gebührentatbestand	Gebühr oder Satz der Gebühr nach § 34 GKG
1430	Verfahren über die Beschwerde gegen die Zurückweisung eines Antrags auf Anordnung eines Arrests oder einer einstweiligen Verfügung	1,5
1431	Beendigung des gesamten Verfahrens durch Zurücknahme der Beschwerde: Die Gebühr 1430 ermäßigt sich auf	1,0

Zu KV 1430, 1431:

Vorbem. Umnumerierung und Änderg dch Art 47 I Z 14 n, o FGG-RG v 17. 12. 08, BGBl 2586, in Kraft seit 1. 9. 09, Art 112 I Hs 1 FGG-RG, Übergangsrecht Art 111 FGG-RG, Grdz 2 vor § 1 FamGKG, Teil I B dieses Buchs.

1 **1) Geltungsbereich.** Soweit das Gericht den Antrag auf den Erlaß eines Arrests oder einer einstweiligen Verfügung durch einen Beschluß und nicht etwa durch ein Urteil zurückweist, mag die Beschlußform fehlerhaft oder richtig sein, ist die sofortige Beschwerde nach § 567 I Z 2 ZPO zulässig.

A. Zurückweisung. Sie liegt auch in der Anordnung einer vorherigen Sicherheitsleistung.

Im *Beschwerdeverfahren* entsteht die Gebühr KV 1430. Das gilt unabhängig vom Erfolg der sofortigen Beschwerde. Die Falschbezeichnung einer in Wahrheit vorliegenden Beschwerde ist unerheblich. Es kann bei einer unrichtigen Sachbehandlung freilich § 21 anwendbar sein. Mehrere Beschwerden gegen dieselbe Entscheidung lösen dann nur *eine* Verfahrensgebühr aus, wenn das Beschwerdegericht sie in demselben Beschwerdeverfahren behandelt. Soweit sich dagegen mehrere Beschwerden gegen mehrere Entscheidungen richten, entstehen die Gebühren KV 1430, 1431 auch mehrmals. Nach einer Zurückverweisung entstehen für das weitere erstinstanzliche Verfahren die Gebühren KV 1410–1412 nicht nochmals, §§ 35, 37. Die Gebühr KV 1430 entsteht bei einer sofortigen Beschwerde gegen einen zweiten Zurückweisungsbeschluß erneut.

2 **B. Stattgabe; Zurücknahme.** Soweit das Gericht einem solchen Antrag durch einen Beschluß stattgibt, mag die Beschlußform zulässig oder unzulässig gewesen sein, ist nur der Widerspruch statthaft.

Die *Verhandlung über den Widerspruch* vor dem unteren Gericht findet dort auch dann statt, wenn erst das obere Gericht den Arrest oder die einstweilige Verfügung erlassen hatte, BLAH § 924 ZPO Rn 11. Dann lebt die Arrestinstanz wieder auf und entsteht bei einem Urteil eine weitere Gebühr. Gebührenschuldner ist dann also der Arrestkläger.

Die *Zurücknahme* der sofortigen Beschwerde löst bei einer Beendigung des gesamten Beschwerdeverfahrens die Ermäßigung nach KV 1431 aus. Bei einer nur teilweisen Rücknahme oder Verfahrensbeendigung bleibt es bei KV 1430.

3 **C. Anderer Rechtsbehelf.** Unanwendbar sind KV 1430, 1431 wegen § 1 S 1 („nur") auf andere Rechtsbehelfe, etwa auf eine Erinnerung, einen Widerspruch, einen Einspruch, eine Berufung, Anschlußberufung, Revision, Anschlußrevision, Sprungrevision, eine Gegenvorstellung oder auf eine Dienstaufsichtsbeschwerde. Auch eine weitere Beschwerde oder Rechtsbeschwerde zählen nicht hierher. Unabhängig von der Frage ihrer Statthaftigkeit erfassen KV 1430, 1431 doch ersichtlich nur die Erstbeschwerde „gegen die Zurückweisung" usw, und das GKG hat an anderen Stellen vielfach Sonderregelungen für die Rechtsbeschwerde, zB in KV 1255, 1628, 1629 usw, nicht aber im Eilverfahren des Unterabschnitts 3. Deshalb liegt dann auch kein neues Beschwerdeverfahren vor, aM Meyer 112.

2) **Verfahrensgebühr.** Es gilt dasselbe wie bei KV 1810 Rn 6–9. Die Verfahrensgebühr gilt das gesamte Beschwerdeverfahren und damit auch zB eine dortige Beweisaufnahme und die Beschwerdeentscheidung gleich welcher Form ab. Natürlich kann daneben eine Vergleichsgebühr nach KV 1900 entstehen. Die Beschwerdegebühr entsteht neben sonstigen Gebühren des Eil- oder gar des Hauptverfahrens. Die Verfahrensgebühr ist vom Erfolg der Beschwerde unabhängig.

3) **Streitwert.** Der Beschwerdewert bemißt sich nach dem Interesse des Beschwerdeführers und nach seinem Antrag. Er ist also durchweg ebenso hoch wie der Wert der angefochtenen Entscheidung oder, falls eine Teilung möglich ist, der Wert des angefochtenen Teils, § 6 ZPO (Wert der Vollstreckungsforderung). Bei einer Aussetzung muß man den Streitwert nach dem Interesse der Parteien an der Aussetzung bemessen.

Soweit ein *Dritter* beschwerdeberechtigt ist, zB nach § 387 ZPO, muß man als den Streitwert das Interesse des Dritten am Erfolg der Beschwerde ansehen.

Im Beschwerdeverfahren gegen eine Versagung der *Prozeßkostenhilfe* ist derjenige Betrag maßgeblich, den der Beschwerdeführer nun zur Rechtsverfolgung aufwenden muß. VV 3334 amtliche Anmerkung I ist eine Sonderbestimmung und hier nicht anwendbar.

Eine sofortige Beschwerde gegen eine *Zwischenentscheidung* läßt sich nach dem Interesse des Beschwerdeführers bewerten.

4) **Fälligkeit, Kostenschuldner usw.** Die Gebühr läßt sich mit dem Eingang der Beschwerdeschrift fällig, § 6 I Z 1, 3.

Kostenschuldner sind die in §§ 22, 29 Genannten.

Fassung 1. 9. 2009: **Abschnitt 2.** (aufgehoben)

Bisherige Fassung: **Abschnitt 2. Einstweilige Anordnung**

(Amtliche) Vorbemerkung 1.4.2:

Die Vorschriften dieses Abschnitts gelten für einstweilige Anordnungen in Lebenspartnerschaftssachen (§ 661 Abs. 2 ZPO) entsprechend.

Unterabschnitt 1. Erster Rechtszug

(Amtliche) Vorbemerkung 1.4.2.1:

Mehrere Entscheidungen der unter einer Nummer genannten Art innerhalb eines Rechtszugs gelten als eine Entscheidung.

Nr.	Gebührentatbestand	Gebühr oder Satz der Gebühr nach § 34 GKG
1420	Entscheidung über einen Antrag nach § 127 a ZPO ...	0,5
1421	Entscheidung über einen Antrag nach § 620 Nr. 4, 6 bis 10 ZPO	0,5
1422	Entscheidung über einen Antrag nach § 621 f ZPO	0,5
1423	Entscheidung über einen Antrag nach § 641 d ZPO ...	0,5
1424	Entscheidung über einen Antrag nach § 644 ZPO	0,5

Unterabschnitt 2. Beschwerde

Nr.	Gebührentatbestand	Gebühr oder Satz der Gebühr nach § 34 GKG
1425	Verfahren über Beschwerden nach § 620 c Satz 1 und § 641 d Abs. 3 ZPO	1,0

KV Vorbem 1.5, 1510 Kostenverzeichnis

Hauptabschnitt 5. Vorbereitung der grenzüberschreitenden Zwangsvollstreckung

(Amtliche) Vorbemerkung 1.5:
Die Vollstreckbarerklärung eines ausländischen Schiedsspruchs oder deren Aufhebung bestimmt sich nach Nummer 1620.

Vorbem. des Verfassers. Überschrift idF Art 2 III Z 3 b G v 18. 8. 05, BGBl 2477, in Kraft seit 21. 10. 05, Art 3 S 1 G, Übergangsrecht § 71 GKG

Schrifttum: *Feige,* Die Kosten des deutschen und französischen Vollstreckbarerklärungsverfahrens, 1988.

1 **1) Geltungsbereich.** KV 1510 erfaßt jetzt grundsätzlich alle ausländischen Vollstreckungstitel. Die Vorschrift erfaßt nur die erstinstanzliche pauschale Verfahrensgebühr. Die Bescheinigungsgebühr KV 1511 tritt evtl hinzu. Man muß die Rechtsmittelinstanz nach KV 1520 berechnen.

2 *Unanwendbar* sind KV 1510–1512, soweit nach einem Staatsvertrag gerade für die Vollstreckbarerklärung eine *Gebührenfreiheit* besteht, KV 1510 amtliche Anmerkung. Eine bloße Auslagenfreiheit etwa für eine Zustellung oder auch eine Kosten- oder Gebührenfreiheit für Zustellungen oder andere Vorgänge außerhalb der eigentlichen Vollstreckbarerklärung ändert aber an der Anwendbarkeit von KV 1510–1512 nichts.

3 **2) Einzelfragen.** Bei einer Teilrücknahme gilt § 36. Streitwert ist der volle Wert des vom Antrag betroffenen Teils des Schiedsspruchs. Denn die Bedeutung der Vollstreckbarerklärung geht über die Ermöglichung der Zwangsvollstreckung deshalb hinaus, weil sie die Unanfechtbarkeit des Schiedsspruchs bis auf Restitutionsgründe feststellt, § 1059 ZPO. Bei einem Schiedsspruch mit vereinbartem Wortlaut nach § 1053 II ZPO gilt dasselbe. Man darf also nicht von einem vollstreckungsfähigen Teil sprechen.

Abschnitt 1. Erster Rechtszug

Nr.	Gebührentatbestand	Gebühr oder Satz der Gebühr nach § 34 GKG
1510	**Verfahren über Anträge auf** 1. Vollstreckbarerklärung ausländischer Titel, 2. Feststellung, ob die ausländische Entscheidung anzuerkennen ist, 3. Erteilung der Vollstreckungsklausel zu ausländischen Titeln und 4. Aufhebung oder Abänderung von Entscheidungen in den in den Nummern 1 bis 3 genannten Verfahren **oder über die Klage auf Erlass einer Vollstreckungsurteils**	200,00 EUR

Vorbem. Fassg Art 16 Z 12a des 2. JuMoG v 22. 12. 06, BGBl 3416, in Kraft seit 31. 12. 06, Art 28 I des 2. JuMoG, Übergangsrecht § 71 GKG.

1 **1) Geltungsbereich.** KV 1510 regelt jeweils die Gebühren für jedes Verfahren über Anträge auf eine Vollstreckbarerklärung oder auf die Feststellung, ob man die ausländische Entscheidung anerkennen kann, oder auf die Erteilung der Vollstreckungsklausel sowie im Verfahren der Aufhebung oder Abänderung der Vollstreckbarerklärung oder der Feststellung oder der Vollstreckungsklausel, schließlich für eine Klage auf den Erlaß eines Vollstreckungstitels. Das gilt bei sämtlichen ausländischen Schuldtiteln. Es gilt also nicht nur bei einem Urteil, sondern auch bei einem Beschluß, einem Schiedsspruch, einem Anwalts- oder Notarvergleich, einer vollstreckbaren Urkunde. Ein solcher Titel braucht auch nicht von einem Gericht herzurühren.

KV 1510 gilt aber nur für ein auf einem Staatsvertrag beruhendes *vereinfachtes Verfahren*, nicht auch für die Vollstreckungsklage. Für diese sind KV 1210 ff unmittelbar anwendbar. Wegen der in Betracht kommenden Staatsverträge VV amtliche Vorbemerkung 3.2.1 I Z 3, Teil X dieses Buch. 2

KV 1510 gilt nicht, soweit ein Staatsvertrag bestimmt, daß das Gericht einen Titel *kostenfrei* für vollstreckbar erklären muß, amtliche Anmerkung, § 2 III 1, amtliche Vorbemerkung 1.5 Rn 2. Das gilt zB auf Grund des HZPrÜbk, KV 1510 Anh. 3

2) Gebührenhöhe. Es gelten erstinstanzlich KV 1510–1512 und im Rechtsmittelverfahren KV 1520.

3) Fälligkeit, Kostenschuldner usw. Die Fälligkeit ergibt sich aus § 9 II, III. Der *Kostenschuldner* ergibt sich aus §§ 22, 29. 4

Anhang nach KV 1510. Regelung nach dem Haager Zivilprozeßübereinkommen

vom 1. 3. 54, BGBl 58 II 577, und dem deutschen AusfG vom 18. 12. 58, BGBl 939

HZPrÜbk Art 7. [I] Für Zustellungen dürfen Gebühren oder Auslagen irgendwelcher Art nicht erhoben werden.

[II] Der ersuchte Staat ist jedoch vorbehaltlich anderweitiger Vereinbarung berechtigt, von dem ersuchenden Staat die Erstattung der Auslagen zu verlangen, die in den Fällen des Artikels 3 dadurch entstanden sind, daß bei der Zustellung ein Gerichtsbeamter mitgewirkt hat oder daß bei ihr eine besondere Form angewandt worden ist.

Bemerkung. S § 3 AusfG. Zusatzvereinbarungen zu II bestehen mit Belgien, Dänemark, Luxemburg, den Niederlanden, Österreich, Schweden und der Schweiz. 1

HZPrÜbk Art 16. [I] Für die Erledigung von Ersuchen dürfen Gebühren oder Auslagen irgendwelcher Art nicht erhoben werden.

[II] Der ersuchte Staat ist jedoch vorbehaltlich anderweitiger Vereinbarung berechtigt, von dem ersuchenden Staat die Erstattung der an Zeugen oder Sachverständige gezahlten Entschädigungen sowie der Auslagen zu verlangen, die dadurch entstanden sind, daß wegen Nichterscheinens von Zeugen die Mitwirkung eines Gerichtsbeamten erforderlich war oder daß nach Artikel 14 Absatz 2 verfahren worden ist.

Bemerkung. Art 14 II betrifft das Verlangen des ersuchenden Staates, nach einer besonderen Form zu verfahren. 1

Zu Art 7 und 16:

HZPrÜbk Art 18. [I] War der Kläger oder Intervenient von der Sicherheitsleistung, der Hinterlegung oder der Vorschußpflicht auf Grund des Artikels 17 Abs. 1 und 2 oder der im Staate der Klageerhebung geltenden Rechtsvorschriften befreit, so wird eine Entscheidung über die Kosten des Prozesses, die in einem Vertragstaat gegen ihn ergangen ist, gemäß einem auf diplomatischem Wege zu stellenden Antrag in jedem anderen Vertragsstaat durch die zuständige Behörde kostenfrei für vollstreckbar erklärt.

[II] Das gleiche gilt für gerichtliche Entscheidungen, durch die der Betrag der Kosten des Prozesses später festgesetzt wird.

[III] ......

Bemerkung. Eine entsprechende Bestimmung enthält Art 9 Z 3 des Europäischen Niederlassungsabkommens vom 13. 12. 55, dem die BRep durch G vom 30. 9. 59, BGBl II 997, zugestimmt hat. 1

HZPrÜbk Art 19. [IV] [1]Die für die Entscheidung über den Antrag auf Vollstreckbarerklärung zuständige Behörde hat, sofern die Partei dies gleichzeitig

KV Anh 1510, 1511, 1512 Kostenverzeichnis

beantragt, den Betrag der in Absatz 2 Nr. 3 erwähnten Kosten der Bescheinigung, der Übersetzung und der Beglaubigung bei der Vollstreckbarerklärung zu berücksichtigen. ²Diese Kosten gelten als Kosten des Prozesses.

AusfG § 10. ¹.....

II Für die Übermittlung eines Antrags auf Bewilligung des Armenrechts durch den diplomatischen oder konsularischen Vertreter der Bundesrepublik Deutschland werden Gebühren und Auslagen nicht erhoben.

Nr.	Gebührentatbestand	Gebühr oder Satz der Gebühr nach § 34 GKG
1511	Beendigung des gesamten Verfahrens durch Zurücknahme der Klage oder des Antrags vor dem Schluss der mündlichen Verhandlung oder, wenn eine mündliche Verhandlung nicht stattfindet, vor Ablauf des Tages, an dem die Entscheidung der Geschäftsstelle übermittelt wird: Die Gebühr 1510 ermäßigt sich auf .... Erledigungserklärungen nach § 91 a ZPO stehen der Zurücknahme gleich, wenn keine Entscheidung über die Kosten ergeht oder die Entscheidung einer zuvor mitgeteilten Einigung der Parteien über die Kostentragung oder der Kostenübernahmeerklärung einer Partei folgt.	75,00 EUR

Vorbem. Angefügt dch Art 16 Z 12 b des 2. JuMoG v 22. 12. 06, BGBl 3416, in Kraft seit 31. 12. 06, Art 28 I des 2. JuMoG, Übergangsrecht § 71 GKG.

1　1) **Systematik, Regelungszweck.** In der zunehmenden Reihe vergleichbarer Ermäßigungsvorschriften nach Art von KV 1211, 1221 usw ergänzt KV 1511 die Grundregel KV 1510 entsprechend. Auch hier gibt das Gesetz einen kostenrechtlichen Anreiz zu einem solchen Verhalten, das die Arbeit des Gerichts verringert und das Verfahren rascher beendet. Das dient wie zB bei KV 1211 der Prozeßwirtschaftlichkeit. Es darf aber wegen des formellen Ausnahmecharakters wie dort auch nicht eine zu weite Auslegung erlauben, KV 1211 Rn 2.

2　2) **Notwendigkeit einer Gesamtbeendigung.** Es gelten dieselben Erwägungen wie bei KV 1211 Rn 3.

3　3) **Antrags- oder Klagerücknahme.** Es gelten dieselben Erwägungen wie bei KV 1211 Rn 4.

4　4) **Zurücknahme vor Verhandlungsschluß.** Es gelten dieselben Erwägungen wie bei KV 1211 Rn 5.

5　5) **Zurücknahme Entscheidungsübermittlung.** Es gelten dieselben Erwägungen wie bei KV 1211 Rn 7.

6　6) **Erledigterklärung, amtliche Anmerkung.** Es gelten dieselben Erwägungen wie bei KV 1211 Z 4, dort Rn 11.

Nr.	Gebührentatbestand	Gebühr oder Satz der Gebühr nach § 34 GKG
1512	Verfahren über Anträge auf Ausstellung einer Bescheinigung nach § 56 AVAG	10,00 EUR

Vorbem. Zunächst Änderg dch Art 2 VIII G v 26. 1. 05, BGBl 162. Anschließend weitere Änderg durch Art 2 III Z 3 c G v 18. 8. 05, BGBl 2477, in Kraft seit 21. 10. 05, Art 3 S 1 G. Schließlich Umnumerierung dch Art 16 Z 12 c des 2. JuMoG v 22. 12. 06, BGBl 3416, in Kraft seit 31. 12. 06, Art 28 I des 2. JuMoG. Übergangsrecht jeweils § 71 GKG.

1　1) **Geltungsbereich.** Nach § 56 AVAG liegt zumindest bei einer Bescheinigung aus dem Bereich der VO EG Nr 44/2001 vom 22. 12. 00, ABl EG **01** L 12 S 1, über die gerichtliche Zuständigkeit und die Anerkennung usw die Zuständigkeit für die Erteilung bei demjenigen Gericht usw, das die vollstreckbare Ausfertigung des Titels

Kostenverzeichnis 1512–1520 KV

erteilen muß (erste, evtl höhere Instanz während einer dortigen Anhängigkeit). Diese Tätigkeit berechnet sich nach KV 1512.
Das Rechtsmittelverfahren unterfällt KV 1523 Z 1.

Nr.	Gebührentatbestand	Gebühr oder Satz der Gebühr nach § 34 GKG
1513	Verfahren über Anträge auf Ausstellung einer Bestätigung nach § 1079 ZPO	15,00 EUR

Vorbem. Eingefügt zunächst als KV 1512 durch Art 2 III Z 3 d G v 18. 8. 05, BGBl 2477, in Kraft seit 21. 10. 05, Art 3 S 1 G. Sodann Umnumerierung dch Art 16 Z 12 c des 2. JuMoG v 22. 12. 06, BGBl 3416, in Kraft seit 31. 12. 06, Art 28 I des 2. JuMoG. Übergangsrecht jeweils § 71 GKG.

1) Geltungsbereich. Es geht um die Ausstellung einer Bestätigung nach den in § 1079 ZPO genannten Artt 6 II, III, 9 I, 24 I, 25 I VO (EG) Nr 805/2004 zur Einführung eines Europäischen Vollstreckungstitels für die unbestrittene Forderungen, ABl (EU) L 143 S 15, durch diejenige Stelle (Gericht, Behörde oder Notar), die für die Erteilung einer vollstreckbaren Ausfertigung des Titels zuständig sind. Ausreichend ist auch eine Teilbestätigung nach Art 8 VO. 1

Miterfaßt ist ein Verfahren erster Instanz nach Art 10 VO über die Berichtigung oder dem Widerruf der Bestätigung als Europäischer Vollstreckungstitel.

Rechtsmittel unterliegen KV 1523, Verweigerungs-, Aussetzungs- oder Beschränkungsverfahren nach § 1084 ZPO unterliegen KV 2118.

2) Fälligkeit; Kostenschuldner. Die Fälligkeit richtet sich nach § 6 I. 2
Der *Kostenschuldner* ergibt sich aus §§ 22, 29.

Nr.	Gebührentatbestand	Gebühr oder Satz der Gebühr nach § 34 GKG
1514	Verfahren nach § 3 Abs. 2 des Gesetzes zur Ausführung des Vertrages zwischen der Bundesrepublik Deutschland und der Republik Österreich vom 6. Juni 1959 über die gegenseitige Anerkennung und Vollstreckung von gerichtlichen Entscheidungen, Vergleichen und öffentlichen Urkunden in Zivil- und Handelssachen in der im Bundesgesetzblatt Teil III, Gliederungsnummer 319-12, veröffentlichten bereinigten Fassung, das zuletzt durch Artikel 23 des Gesetzes vom 27. Juli 2001 (BGBl. I S. 1887) geändert worden ist	50,00 EUR

Vorbem. Numerierung zunächst durch Art 2 III Z 3 e G v 18. 8. 05, BGBl 2477, in Kraft seit 21. 10. 05, Art 3 S 1 G. Sodann Umnumerierung durch Art 16 Z 12 c des 2. JuMoG v 22. 12. 06, BGBl 3416, in Kraft seit 31. 12. 06, Art 28 I des 2. JuMoG. Übergangsrecht jeweils § 71 GKG.

1) Geltungsbereich. Der deutsch-österreichische Vertrag ist zum Ende Februar 2002 weitgehend außer Kraft getreten, Artt 66 II, 69, 70 EuGVVO v 22. 12. 00, ABl EG L 12, 1 v 16. 1. 01. Ihn ersetzt insoweit die vorgenannte EuGVVO mit Wirkung seit 1. 3. 02, Art 76 EuGVO, Übergangsrecht Art 70 EuGVO. Vgl daher seit 1. 3. 02 Art 32 ff EuGVVO. 1

2) Fälligkeit; Kostenschuldner. Die Fälligkeit richtet sich nach § 6 I. 2
Der *Kostenschuldner* ergibt sich aus §§ 22, 29.

Abschnitt 2. Rechtsmittelverfahren

Nr.	Gebührentatbestand	Gebühr oder Satz der Gebühr nach § 34 GKG
1520	Verfahren über Rechtsmittel in den in den Nummern 1510, 1514 genannten Verfahren	300,00 EUR

KV 1520–1523 — Kostenverzeichnis

Vorbem. Änderg durch Art 2 III Z 3 f G v 18. 8. 05, BGBl 2477, in Kraft seit 21. 10. 05, Art 3 S 1 G. Weitere Änderg dch Art 16 Z 12 d des 2. JuMoG v 22. 12. 06, BGBl 3416, in Kraft seit 31. 12. 06, Art 28 I des 2. JuMoG. Übergangsrecht jeweils § 71 GKG.

Nr.	Gebührentatbestand	Gebühr oder Satz der Gebühr nach § 34 GKG
1521	Beendigung des gesamten Verfahrens durch Zurücknahme des Rechtsmittels, der Klage oder des Antrags, bevor die Schrift zur Begründung des Rechtsmittels bei Gericht eingegangen ist: Die Gebühr 1520 ermäßigt sich auf	75,00 EUR
1522	Beendigung des gesamten Verfahrens durch Zurücknahme des Rechtsmittels, der Klage oder des Antrags vor dem Schluss der mündlichen Verhandlung oder, wenn eine mündliche Verhandlung nicht stattfindet, vor Ablauf des Tages, an dem die Entscheidung der Geschäftsstelle übermittelt wird, wenn nicht Nummer 1521 erfüllt ist: Die Gebühr 1520 ermächtigt sich auf .... Erledigungserklärungen nach § 91 a ZPO stehen der Zurücknahme gleich, wenn keine Entscheidung über die Kosten ergeht oder die Entscheidung einer zuvor mitgeteilten Einigung der Parteien über die Kostentragung oder der Kostenübernahmeerklärung einer Partei folgt.	150,00 EUR

Vorbem. Angefügt dch Art 16 Z 12 e des 2. JuMoG v 22. 12. 06, BGBl 3416, in Kraft seit 31. 12. 06, Art 28 I des 2. JuMoG, Übergangsrecht § 71 GKG.

Zu KV 1521, 1522:

1 **1) Systematik, Regelungszweck.** Die Vorschriften entsprechen KV 1221, 1222, die ja ihrerseits der erstinstanzlichen Grundregel folgen, auch im Zweck eines kostenrechtlichen Anreizes, KV 1211 Rn 2.

2 **2) Notwendigkeit einer Gesamtbeendigung.** Es gelten dieselben Erwägungen wie bei KV 1211 Rn 3.

3 **3) Zurücknahme.** Es gelten dieselben Erwägungen wie bei KV 1211 Rn 4, KV 1221 Rn. 1–5.

4 **4) Vor Eingang einer Rechtsmittelbegründung.** Es gelten dieselben Erwägungen wie bei KV 1221 Rn 2 ff.

5 **5) Vor Verhandlungsschluß usw.** Es gelten dieselben Erwägungen wie bei KV 1211 Rn 5, 7.

6 **6) Erledigterklärung, amtliche Anmerkung.** Es gelten dieselben Erwägungen wie bei KV 1211 Z 4, dort Rn 11.

Nr.	Gebührentatbestand	Gebühr oder Satz der Gebühr nach § 34 GKG
1523	Verfahren über Rechtsmittel in 1. den in den Nummern 1512 und 1513 genannten Verfahren, 2. Verfahren nach § 790 ZPO und 3. Verfahren über die Berichtigung oder den Widerruf einer Bestätigung nach § 1079 ZPO: Das Rechtsmittel wird verworfen oder zurückgewiesen s	50,00 EUR

Vorbem. Zunächst Fassg Art 2 III Z 3 g G v 18. 8. 05, BGBl 2477, in Kraft seit 21. 10. 05, Art 3 S 1 G. Sodann Umnumerierung und Änderg dch Art 16 Z 12 f des 2. JuMoG

Kostenverzeichnis **1523, 1610 KV**

v 22. 12. 06, BGBl 3416, in Kraft seit 31. 12. 06, Art 28 I des 2. JuMoG. Übergangsrecht jeweils § 71 GKG.

1) Geltungsbereich, Z 1–3. Die Festgebühr entsteht nur, soweit das Gericht ein Rechtsmittel als unzulässig verwirft oder als unbegründet zurückweist. Auch dann muß einer der Fälle Z 1–3 vorliegen. Jeder dieser Fälle kann eine Festgebühr auslösen. 1

A. Bescheinigung nach § 56 AVAG, Z 1. Es geht um die Verwerfung oder Zurückweisung des Rechtsmittels gegen die Ausstellung oder Versagung einer Bescheinigung nach KV 1512. 2

B. Bestätigung nach § 1079 ZPO, Z 1. Es geht um die Verwerfung oder Zurückweisung des Rechtsmittels gegen die Ausstellung oder Versagung einer Bestätigung nach KV 1513. 3

C. Bezifferung des Regelunterhalts, Z 2. Es geht um die Verwerfung oder Zurückweisung des Rechtsmittels gegen die Bezifferung oder deren Versagung beim dynamisierten Regelunterhaltstitel nach § 790 ZPO, § 1612a BGB. 4

D. Berichtigung oder Widerruf nach § 1079 ZPO, Z 3. Es geht um die Verwerfung oder Zurückweisung eines Rechtsmittels gegen die Vornahme oder Verweigerung einer Berichtigung oder eines Widerrufs der Bestätigung nach Z 3, § 1079 ZPO. 5

2) Fälligkeit; Kostenschuldner. Die Fälligkeit richtet sich nach § 6 I. Der *Kostenschuldner* ergibt sich aus §§ 22, 29. 6

Hauptabschnitt 6. Sonstige Verfahren

Abschnitt 1. Selbständiges Beweisverfahren

Nr.	Gebührentatbestand	Gebühr oder Satz der Gebühr nach § 34 GKG
1610	Verfahren im Allgemeinen	1,0

1) Systematik. Die Vorschrift erfaßt ein Verfahren nach §§ 485 ff ZPO. Das selbständige Beweisverfahren kann im Rahmen eines Zivilprozesses oder außerhalb von ihm erfolgen. Es kann beim Prozeßgericht nach § 486 I ZPO ablaufen, ferner beim künftigen Prozeßgericht nach § 486 II ZPO oder in einem dringenden Fall beim AG des Aufenthalts oder der Belegenheit nach § 486 II, III ZPO. Wenn es in einer höheren Instanz stattfindet, erhöht sich die Gebühr nicht. 1

2) Geltungsbereich. KV 1610 gilt grundsätzlich für jedes selbständige Beweisverfahren. Die Beweisaufnahme nach dem Binnenschiffahrts- und Flößereirechts fällt ebenso wie eine seerechtliche Verklarung unter § 50 II KostO. 2
Das Verfahren kann das *Ziel* haben, ein Beweismittel zu sichern. Dann stellt das ganze Verfahren auf dieses Beweismittel ab. Kein anderes Beweismittel kann dann in diesem Verfahren an seine Stelle treten. Das Verfahren kann auch zB das Ziel haben, den Zustand einer Sache festzustellen. Dann kann der Antragsteller Beweismittel jeder Art und nicht nur gleichartige im Verfahren nachschieben. Eine Antragsrücknahme bewirkt keinen Erlaß der Gebühr mehr.

3) Pauschalgebühr. Die Gebühr gilt die gesamte Tätigkeit des Gerichts im selbständigen Beweisverfahren ab, auch die Bestellung eines Vertreters nach § 494 ZPO. Es gibt *keine Anrechnung* von KV 1610 auf die allgemeine Verfahrensgebühr des etwa zugehörigen Hauptprozesses. 3

4) Neuer Antrag usw. Jeder neue Antrag begründet eine neue Gebühr. Das gilt selbst dann, wenn das Gericht über mehrere Anträge gemeinsam entscheidet. Demgegenüber leitet ein Antrag auf eine Ergänzung oder auf eine Berichtigung kein neues Verfahren ein. Ob nur ein solcher Antrag vorliegt, kann zweifelhaft sein. Ein neues Verfahren liegt jedenfalls dann vor, wenn das Gericht über eine *neue Tatsache* einen Beweis erheben soll. Das gilt also auch dann, wenn nun der Antragsgegner seinerseits die Vernehmung eines Zeugen beantragt, BLAH § 487 Rn 6, aM Mü 4

401

RR 97, 318 (vgl aber § 22 Rn 5). Es würde aber zu weit gehen, schon in der Nachschiebung eines gleichartigen Beweismittels durch den bisherigen Antragsteller zu demselben Punkt ein neues Verfahren zu sehen. Dergleichen läßt sich auch nicht aus § 487 Z 3 ZPO folgern.

5 5) **Streitwert.** Vgl § 48 GKG Anh I: § 3 ZPO Rn 102 „Selbständiges Beweisverfahren".

6 6) **Fälligkeit, Kostenschuldner usw.** Die Gebühr entsteht mit der Einreichung des Antrags.
Kostenschuldner ist der Antragsteller, § 22. Das gilt insbesondere für die Auslagen, soweit er sie verursacht hat, Mü JB **75**, 1230.
Ein *Auslagenvorschuß* läßt sich nach § 17 beurteilen. Eine im Hauptprozeß ergehende Kostenentscheidung bewirkt auch eine nach § 31 II vorrangige Haftung aus § 29 (vgl aber § 96 ZPO).

7 7) **Kostenerstattung.** Für die Frage der Erstattungsfähigkeit im Hauptprozeß muß man die Kosten eines zugehörigen selbständigen Beweisverfahrens als *außergerichtliche* Kosten einstufen, Hamm JB **00**, 257, Mü MDR **99**, 893, Nürnb JB **96**, 33, aM BGH NJW **03**, 1323 (eingangs irrtümlich das Wort „*unzutreffend*" benutzend!), Kblz MDR **03**, 718, Mü MDR **99**, 637 (es handle sich stets um Gerichtskosten. Davon spricht aber § 493 ZPO nicht mit. Entgegen BGH ist die Selbständigkeit des Verfahrens nach §§ 485ff ZPO gerade stärker geworden als früher. Auch sprachlich bleibt der BGH irreführend: „Wortsinn" = Wortlaut oder Sinn oder beides? KV 1610 fordert keineswegs die Behandlung als einen Teil der Gerichtskosten eines ohnehin nur evtl folgenden Hauptprozesses. Über dessen Gerichtskosten befindet erst *dessen* Kostenentscheidung).

Abschnitt 2. Schiedsrichterliches Verfahren

Unterabschnitt 1. Erster Rechtszug

Nr.	Gebührentatbestand	Gebühr oder Satz der Gebühr nach § 34 GKG
1620	Verfahren über die Aufhebung oder die Vollstreckbarerklärung eines Schiedsspruchs oder über die Aufhebung der Vollstreckbarerklärung	2,0
	Die Gebühr ist auch im Verfahren über die Vollstreckbarerklärung eines ausländischen Schiedsspruchs oder deren Aufhebung zu erheben.	
1621	Verfahren über den Antrag auf Feststellung der Zulässigkeit oder Unzulässigkeit des schiedsrichterlichen Verfahrens	2,0
1622	Verfahren bei Rüge der Unzuständigkeit des Schiedsgerichts	2,0
1623	Verfahren bei der Bestellung eines Schiedsrichters oder Ersatzschiedsrichters	0,5
1624	Verfahren über die Ablehnung eines Schiedsrichters oder über die Beendigung des Schiedsrichteramts	0,5
1625	Verfahren zur Unterstützung bei der Beweisaufnahme oder zur Vornahme sonstiger richterlicher Handlungen	0,5
1626	Verfahren über die Zulassung der Vollziehung einer vorläufigen oder sichernden Maßnahme oder über die Aufhebung oder Änderung einer Entscheidung über die Zulassung der Vollziehung	2,0

Kostenverzeichnis   **1626, 1627 KV**

Nr.	Gebührentatbestand	Gebühr oder Satz der Gebühr nach § 34 GKG
	Im Verfahren über die Zulassung der Vollziehung und in dem Verfahren über die Aufhebung oder Änderung einer Entscheidung über die Zulassung der Vollziehung werden die Gebühren jeweils gesondert erhoben.	
1627	Beendigung des gesamten Verfahrens durch Zurücknahme des Antrags: Die Gebühren 1620 bis 1622 und 1626 ermäßigen sich auf	1,0

Zu KV 1620–1627:

Gliederung

1) Systematik 1
2) Regelungszweck 2
3) Geltungsbereich 3–14
   A. Aufhebung, Vollstreckbarerklärung usw., KV 1620 3–5
   B. Zulässigkeit des schiedsrichterlichen Verfahrens, KV 1621 6
   C. Rüge der Unzuständigkeit, KV 1622 7
   D. Bestellung eines Schiedsrichters usw., KV 1623 8
   E. Ablehnung, Beendigung des Amts, KV 1624 .... 9, 10
   F. Unterstützung bei Beweisaufnahme, sonstige staatsrichterliche Handlung, KV 1625 11
   G. Zulassung, Aufhebung, Änderung bei vorläufiger Maßnahme, KV 1626 .... 12, 13
   H. Antragsrücknahme, KV 1627 14
4) Einzelfragen 15
5) Streitwert 16
6) Fälligkeit; Kostenschuldner 17

1) Systematik. KV 1620–1627 erfassen das Verfahren nach dem Buch 10 der **1** ZPO, soweit eine Tätigkeit des Staatsgerichts erfolgt. Wegen der sonstigen Kosten des schiedsrichterlichen Verfahrens gelten § 1057 ZPO und bei den Anwaltskosten VV 3327, Teil X dieses Buchs. Staatsgerichtskosten entstehen wegen § 1 I 1 „nur" in den von KV 1620–1627, 9000 ff abschließend genannten Fällen sowie bei der Vollstreckbarerklärung eines ausländischen Schiedsspruchs nach KV 1510 und im Aufhebungsprozeß nach KV 1210.

2) Regelungszweck. Der Zweck von KV 1620–1627 ist eine angemessene und **2** der besonderen Mühe der Einarbeitung in ein nicht staatsgerichtliches Verfahren mit oft vielen Besonderheiten entsprechende Vergütung des Staats für seine unentbehrlichen Hilfen. Das muß man bei der Auslegung mitbeachten.

3) Geltungsbereich. Das Gesetz nennt abschließend die folgenden Fallgruppen, **3** Rn 1.

A. Aufhebung, Vollstreckbarerklärung usw., KV 1620. Die Vorschrift erfaßt zunächst das Verfahren vor dem Staatsgericht nach § 1059 ZPO auf die Aufhebung eines Schiedsspruchs. Das gilt unabhängig davon, welcher der dort aufgeführten Aufhebungsgründe dem Aufhebungsantrag nach § 1059 I ZPO zugrundeliegt und ob infolge der Aufhebung die Schiedsvereinbarung nach § 1059 V ZPO wiederauflebt oder ob eine Zurückverweisung an das Schiedsgericht nach § 1059 IV ZPO erfolgt. Auch die Zurückweisung des Aufhebungsantrags ist ein Fall des KV 1620. Denn die Gebühr entsteht bereits im Verfahren über den Aufhebungsantrag.

Die Vorschrift erfaßt ferner das Verfahren auf die *Vollstreckbarerklärung* eines **4** Schiedsspruchs, sei es eines inländischen nach § 1060 ZPO, sei es eines ausländischen nach KV 1620 amtliche Anmerkung, § 1061 ZPO. Auch hier kommt es nicht auf das Verfahrensergebnis an. Schon das Verfahren läßt vielmehr die Gebühr entstehen.

Schließlich ist die Vorschrift anwendbar auf das Verfahren zwecks einer *Aufhebung der Vollstreckbarerklärung* eines ausländischen Schiedsspruchs, § 1061 III ZPO. Auch hier entsteht die Gebühr schon für das Verfahren nach § 1062 I Z 4 Hs 2 ZPO unabhängig von dessen Ergebnis.

5   Jede der vorgenannten *Verfahrensarten* löst die Gebühr KV 1620 aus. Sie kann auch bei einer Wiederholung derselben Verfahrensart wiederholt entstehen.

6   **B. Zulässigkeit des schiedsrichterlichen Verfahrens, KV 1621.** Die Vorschrift erfaßt das Verfahren über den Antrag auf eine Feststellung der Zulässigkeit oder Unzulässigkeit des schiedsrichterlichen Verfahrens, §§ 1032 II, 1062 I Z 2 Hs 1, II ZPO. Das gilt unabhängig davon, ob während der Anhängigkeit eines solchen Verfahrens ein schiedsrichterliches Verfahren beginnt oder fortläuft oder ob ein Schiedsspruch ergeht, § 1032 III ZPO. Es gilt auch unabhängig vom Ergebnis des Feststellungsverfahrens. Denn es handelt sich auch bei KV 1621 um eine Verfahrensgebühr. Auch sie kann bei der Wiederholung eines Feststellungsverfahrens wiederholt entstehen.

7   **C. Rüge der Unzuständigkeit, KV 1622.** Die Vorschrift erfaßt das Verfahren bei einer Rüge der Unzuständigkeit des Schiedsgerichts, also nicht des Staatsgerichts, §§ 1040 III 2, 1062 I Z 2 Hs 2 ZPO. Das gilt unabhängig davon, ob während der Anhängigkeit eines solchen Rügezwischenstreits das Schiedsgericht das schiedsrichterliche Verfahren im übrigen fortsetzt und einen Schiedsspruch erläßt, § 1040 III 3 ZPO. Es gilt ferner wegen der Eigenschaft einer Verfahrensgebühr unabhängig vom Ergebnis des Rügeverfahrens. Eine Wiederholung dieses Verfahrens kann zur wiederholten Entstehung von KV 1622 führen.

8   **D. Bestellung eines Schiedsrichters usw, KV 1623.** Die Vorschrift erfaßt das Verfahren bei der Bestellung eines Schiedsrichters nach §§ 1034, 1035, 1062 I Z 1 Hs 1 ZPO oder eines Ersatzschiedsrichters nach § 1039 I 2 ZPO usw in Verbindung mit § 1062 I Z 1 Hs 1 ZPO. Erfolgt die Bestellung in demselben Verfahren wegen mehrerer oder aller Schiedsrichter oder Ersatzschiedsrichter, entsteht die Verfahrensgebühr KV 1622 wegen einer jeden solchen Persönlichkeit gesondert („... eines"). Es kann ja auch von Person zu Person sehr unterschiedliche Probleme und eine sehr unterschiedliche Arbeitsintensität geben. Man würde sie nicht gebührenmäßig angemessen berücksichtigen, wenn es keinen Unterschied machen würde, ob es um einen oder um fünf Schiedsrichter usw geht. Mehrere selbständige Bestellungsverfahren lassen mehrere Gebühren entstehen, wiederum nach den vorgenannten Grundsätzen. Das Verfahrensergebnis ist unerheblich. Eine Ablehnung und eine Amtsbeendigung unterfallen KV 1624.

9   **E. Ablehnung, Beendigung des Amts, KV 1624.** Die Vorschrift erfaßt das Verfahren über die Ablehnung eines Schiedsrichters, soweit eben das Staatsgericht entscheiden muß, nämlich das OLG, §§ 1037 III 1, 1062 I Z 1, V ZPO. Soweit mehrere Ablehnungsanträge gegen denselben Schiedsrichter in dieses Stadium kommen, entsteht die Gebühr nur einmal. Soweit allerdings das OLG schon entschieden hatte und nun wegen eines weiteren Ablehnungsantrags gegen denselben oder einen anderen Schiedsrichter entscheiden muß, entsteht die Gebühr mehrmals. Dasselbe gilt dann, wenn das OLG von vornherein in demselben Verfahren über Anträge gegen mehrere Schiedsrichter entscheiden muß.

10 Soweit das Staatsgericht nach §§ 1038, 1062 I Z 1, V ZPO über die *Beendigung* des Schiedsrichteramts entscheiden muß, gelten die bei einer Ablehnung maßgeblichen vorstehenden Regeln ebenso.

11 **F. Unterstützung bei Beweisaufnahme, sonstige staatsrichterliche Handlung, KV 1625.** Die Vorschrift erfaßt zum einen das Verfahren vor dem AG zwecks einer Unterstützung der schiedsrichterlichen Beweisaufnahme. Sie erfaßt zum anderen jede sonstige staatsrichterliche Handlung des AG, soweit das Schiedsgericht oder mit seiner Zustimmung eine Partei es beantragen und soweit das Schiedsgericht nicht zu der Handlung befugt ist, zB bei einer Beeidigung, §§ 1050, 1062 IV ZPO. Für jedes Verfahren vor dem AG von seinem Beginn bis zu seinem Ende einschließlich einer Antragserweiterung entsteht die Gebühr neu. Es ist unerheblich, ob die staatsrichterliche Handlung, wenn der Antragsteller sie nicht wie vorstehend nach § 1050 ZPO beantragt hätte, gebührenfrei wäre und wo sie stattfindet.

12 **G. Zulassung, Aufhebung, Änderung bei vorläufiger Maßnahme, KV 1626.** Die Vorschrift erfaßt die Tätigkeit des OLG beim einstweiligen Rechtsschutz, §§ 1041 II, III, 1062 I Z 3, II, V ZPO. Dabei stellt die amtliche Anmerkung klar, daß die Ge-

bühr zunächst im Verfahren über die Zulassung der Vollziehung entsteht und daß sie sodann sowohl im Verfahren über die Änderung als auch im Verfahren über die Aufhebung der Entscheidung über die Zulassung jeweils neu entstehen kann, insgesamt also je vorläufiger schiedsrichterlicher Maßnahme dreimal oder bei mehreren Änderungen sogar noch öfter. Soweit das OLG mehrere schiedsrichterliche vorläufige oder ruhende Maßnahmen beurteilen muß, gilt das vorstehende Gebührensystem jeweils gesondert.

Nicht zulässig wäre es, aus dem Fehlen eines der amtlichen Anmerkung entsprechenden Satzes in KV 1620–1625 den *Umkehrschluß* zu ziehen, in den letzteren Fällen könne die Gebühr nicht mehrmals entstehen. Denn KV 1626 amtliche Anmerkung erfaßt nur den dort genannten Sonderfall, daß wegen *derselben* schiedsrichterlichen Eilmaßnahme zwei oder mehr staatsgerichtliche Entscheidungen erforderlich werden. KV 1626 erfaßt § 1033 ZPO nicht mit, Rn 1. 13

Als eine *Verfahrensgebühr* ist auch KV 1626 vom jeweiligen staatsrichterlichen Ergebnis unabhängig.

H. Antragsrücknahme, KV 1627. Die Vorschrift gilt in allen Fällen KV 1620– 14 1622 und 1626, aber nicht auch bei KV 1623–1625. Das ergibt der klare Wortlaut. Die Ermäßigung gilt bei jeder einzelnen der infrage kommenden Gebühren. Sie kann also bei jeder Gebühr ebenso mehrfach eintreten, wie diese Gebühr zunächst entstehen konnte. Antragsrücknahme meist dasselbe wie Klagerücknahme in KV 1211 Z 1.

4) Einzelfragen. Stets gilt die jeweilige Gebühr das ganze durch gerade diesen 15 Antrag veranlaßte Verfahren einschließlich einer Beweisaufnahme ab. Eine Anrechnung auf andere Gebühren findet nicht statt.

5) Streitwert. Der Streitwert ergibt sich aus § 48. Es ist also bei KV 1620, 1622, 16 1623 der volle Wert maßgeblich, Meyer 138, aM BayObLG JB **92**, 700 (aber es gelten die allgemeinen Regeln). Bei KV 1625 muß man alle Umstände abwägen. Dabei hat bei KV 1625 die unterstützte Maßnahme besondere Bedeutung.

6) Fälligkeit; Kostenschuldner. Die Fälligkeit tritt mit dem Eingang des Antrags 17 ein, § 6. Eine Antragsrücknahme bewirkt keinen Gebührenerlaß mehr.
Kostenschuldner ist lediglich der Antragsteller, § 22. Antragsteller ist jedoch nicht etwa das Schiedsgericht, auch nicht bei KV 1625 Hs 2. Antragsteller sind vielmehr die Partei oder die Parteien gesamtschuldnerisch. Das gilt auch bei einem offenbar unzulässigen Ersuchen. Denn die Ermächtigung der Schiedsrichter bezieht sich auf das gesamte Verfahren.

Unterabschnitt 2. Rechtsbeschwerde

Nr.	Gebührentatbestand	Gebühr oder Satz der Gebühr nach § 34 GKG
1628	Verfahren über die Rechtsbeschwerde in den in den Nummern 1620 bis 1622 und 1626 genannten Verfahren	3,0
1629	Beendigung des gesamten Verfahrens durch Zurücknahme der Rechtsbeschwerde oder des Antrags: Die Gebühr 1628 ermäßigt sich auf	1,0

Zu KV 1628–1629:

1) Geltungsbereich. Schon nach dem Wortlaut handelt es sich um echte Verfah- 1 rensgebühren, BGH RR **04**, 287. KV 1628 entsteht in den Grenzen von KV 1629 unabhängig vom Verfahrensausgang und deshalb zB auch bei einer Zurückweisung als unzulässig.

2) Streitwert. Es gilt dasselbe wie bei KV 1620–1627 Rn 16. 2

3) Fälligkeit, Kostenschuldner usw. Es gilt dasselbe wie bei KV 1620–1627 3 Rn 17.

KV 1630–1641 Kostenverzeichnis

Fassung 1. 9. 2009: (Bisheriger) **Abschnitt 3.** (aufgehoben)

Bisherige Fassung: **Abschnitt 3. Aufgebotsverfahren**

Nr.	Gebührentatbestand	Gebühr oder Satz der Gebühr nach § 34 GKG
1630	Verfahren im Allgemeinen	0,5

Fassung 1./2. 9. 2009: **Abschnitt 3.** *(bisher 4)* **Besondere Verfahren nach dem Gesetz gegen Wettbewerbsbeschränkungen, dem Wertpapiererwerbs- und Übernahmegesetz und dem Wertpapierhandelsgesetz**

Vorbem. Zunächst Umnumerierung dch Art 47 I Z 14 r FGG-RG v 17. 12. 08, BGBl 2586, in Kraft seit 1. 9. 09, Art 112 I Hs 1 FGG-RG, Übergangsrecht Art 111 FGG-RG, Grdz 2 vor § 1 FamGKG, Teil I B dieses Buchs. Sodann Abschnitte 3.4 neugefaßt dch Art 12 Z 3 b ARUG v 30. 7. 09, BGBl 2479, in Kraft seit 2. 9. 09, Art 16 S 2 ARUG, Übergangsrecht § 71 GKG.

Nr.	Gebührentatbestand	Gebühr oder Satz der Gebühr nach § 34 GKG
1630	Verfahren über einen Antrag nach § 115 Abs. 2 Satz 2 und 3, § 118 Abs. 1 Satz 3 oder nach § 121 GWB	3,0
1631	Beendigung des gesamten Verfahrens durch Zurücknahme des Antrags: Die Gebühr 1630 ermäßigt sich auf	1,0
1632	Verfahren über den Antrag nach § 50 Abs. 3 bis 5 WpÜG, auch i. V. m. § 37 u Abs. 2 WpHG	0,5
	Mehrere Verfahren gelten innerhalb eines Rechtszugs als ein Verfahren.	

Abschnitt 4. Besondere Verfahren nach dem Aktiengesetz und dem Umwandlungsgesetz

Unterabschnitt 1. Erster Rechtszug

Nr.	Gebührentatbestand	Gebühr oder Satz der Gebühr nach § 34 GKG
1640	Verfahren nach § 148 Abs. 1 und 2, den §§ 246 a, 319 Abs. 6 AktG, auch i. V. m. § 327 e Abs. 2 AktG oder § 16 Abs. 3 UmwG	1,0
1641	Beendigung des gesamten Verfahrens ohne Entscheidung: Die Gebühr 1640 ermäßigt sich auf	0,5

[I] Die Gebühr ermäßigt sich auch im Fall der Zurücknahme des Antrags vor Ablauf des Tages, an dem die Entscheidung der Geschäftsstelle übermittelt wird.

[II] Eine Entscheidung über die Kosten steht der Ermäßigung nicht entgegen, wenn die Entscheidung einer zuvor mitgeteilten Einigung der Parteien über die Kostentragung oder der Kostenübernahmeerklärung einer Partei folgt.

Kostenverzeichnis 1642–1810 KV

Unterabschnitt 2. Beschwerde

Nr.	Gebührentatbestand	Gebühr oder Satz der Gebühr nach § 34 GKG
1642	Verfahren über die Beschwerde in den in Nummer 1640 genannten Verfahren	1,0
1643	Beendigung des Verfahrens ohne Entscheidung: Die Gebühr 1642 ermäßigt sich auf	0,5
	I Die Gebühr ermäßigt sich auch im Fall der Zurücknahme des Beschwerde vor Ablauf des Tages, an dem die Entscheidung der Geschäftsstelle übermittelt wird. II Eine Entscheidung über die Kosten steht der Ermäßigung nicht entgegen, wenn die Entscheidung einer zuvor mitgeteilten Einigung der Parteien über die Kostentragung oder der Kostenübernahmeerklärung einer Partei folgt.	

Hauptabschnitt 7.
Rüge wegen Verletzung des Anspruchs auf rechtliches Gehör

Nr.	Gebührentatbestand	Gebühr oder Satz der Gebühr nach § 34 GKG
1700	Verfahren über die Rüge wegen Verletzung des Anspruchs auf rechtliches Gehör (§ 321a ZPO, auch i. V. m. § 122a PatG oder § 89a MarkenG; § 71a GWB): Die Rüge wird in vollem Umfang verworfen oder zurückgewiesen	50,00 EUR

Vorbem. Zunächst Änderung dch Art 11 Z 7b G v 9. 12. 04, BGBl 3220, in Kraft seit 1. 1. 05, Art 22 S 2 G. Sodann weitere Änderung dch Art 3 Z 2 G v 21. 6. 06, BGBl 1318, in Kraft seit 1. 7. 06, Art 8 G. Übergangsrecht jeweils § 71 GKG.

1) Geltungsbereich. Die Vorschrift erfaßt das in § 321a ZPO, auch in Verbindung mit § 122a PatG oder mit § 89a Markengesetz, und in § 71a GWB geregelte durch eine förmliche Rüge ausgelöste Verfahren auf eine Fortführung des bereits durch eine Endentscheidung beendeten Zivilprozesses oder Patent- oder Markenoder Kartellrechtsverfahrens zugunsten derjenigen Partei, die sich durch einen Verstoß des Gerichts gegen Art 103 I GG beeinträchtigt sieht, aber kein Rechtsmittel oder einen anderen Rechtsbehelf gegen die Entscheidung einlegen kann. 1

Nur bei einer *gänzlichen Erfolglosigkeit* entsteht die Festgebühr, aber nicht bei einem nicht ganz unerheblichen Teilsieg. Eine solche Lage kann zB dann vorliegen, wenn nicht alle Gehörsverletzungen entscheidungserheblich waren.

2) Unanwendbarkeit. Unanwendbar ist KV 1700, soweit eine Partei eine Rüge 2 schon vor der Entscheidung erhoben hatte, etwa in einem nachgereichten oder nachgelassenen Schriftsatz mit oder ohne eine Wiedereröffnung der mündlichen Verhandlung nach § 156 ZPO oder bei einer Rücknahme der Anhörungsrüge, § 1 I G, anders als zB bei KV 1431.

Hauptabschnitt 8.
Sonstige Beschwerden und Rechtsbeschwerden

Abschnitt 1. Sonstige Beschwerden

Nr.	Gebührentatbestand	Gebühr oder Satz der Gebühr nach § 34 GKG
1810	Verfahren über Beschwerden nach § 71 Abs. 2, § 91a Abs. 2, § 99 Abs. 2 und § 269 Abs. 5 ZPO	75,00 EUR

KV 1810 Kostenverzeichnis

Gliederung

1) **Geltungsbereich**	1
2) **Einzelfälle**	2–5
A. Zulässigkeit einer Streithilfe, § 71 II ZPO	2
B. Erledigung der Hauptsache, § 91 a II ZPO	3
C. Anerkenntnis, § 99 II ZPO	4
D. Klagerücknahme, § 269 V ZPO	5
3) **Verfahrensgebühr**	6–9
A. Instanz	7
B. Mehrere Beschwerden	8
C. Gebührenhöhe	9
4) **Fälligkeit, Kostenschuldner usw**	10

1   **1) Geltungsbereich.** KV 1810 gilt nur für die dort abschließend genannten Fälle und für diejenigen Fälle, in denen die ZPO eine entsprechende Anwendung von KV 1810 anordnet. Die Vorschrift ist auf andere Rechtsbehelfe unanwendbar, etwa auf eine Erinnerung, einen Widerspruch, einen Einspruch, eine Berufung, Anschlußberufung, eine Revision, Anschlußrevision, auf eine Gegenvorstellung oder Dienstaufsichtsbeschwerde. Sie entsteht zusätzlich zu den Gebühren für das Hauptverfahren gleich welcher Instanz. Sie entsteht je Beschwerdeverfahren unabhängig von dessen Statthaftigkeit oder Zulässigkeit. Eine irrige Bezeichnung des Rechtsbehelfs schadet nicht. Eine unrichtige Einordnung oder sonstige Sachbehandlung macht § 21 anwendbar. Demgegenüber ist KV 1811 eine hilfsweise geltende Auffangvorschrift.

2   **2) Einzelfälle.** KV 1810 behandelt nach Maßgabe von Rn 1 abschließend die folgenden Einzelfälle.

    A. Zulässigkeit einer Streithilfe, § 71 II ZPO. Das Gericht entscheidet korrekterweise durch ein Zwischenurteil. Das ändert nichts an der Zulässigkeit der sofortigen Beschwerde und an der Entstehung der Beschwerdegebühr, soweit das Gericht die Zulässigkeit der Streithilfe fälschlich im Endurteil ausgesprochen hat. Dann kann § 21 anwendbar werden. Sowie der Unterlegene zu Unrecht Berufung einlegt und das Gericht sie als solche behandelt, ist KV 1810 nicht anwendbar.

    Beschwerdegegner ist diejenige Partei, die die Zurückweisung der Streithilfe beantragt, oder der Streithelfer, BLAH § 71 ZPO Rn 1.

3   **B. Erledigung der Hauptsache, § 91 a II ZPO.** Vgl zunächst KV 1211 Z 4, 1222 Z 4 usw. Eine Kostenentscheidung ergeht dann, wenn beide Parteien die Hauptsache übereinstimmend wirksam ohne eine Kosteneinigung oder Kostenübernahmeerklärung für erledigt erklärt haben, durch einen Beschluß. Gegen ihn ist unter den Voraussetzungen des § 567 II ZPO die sofortige Beschwerde zulässig. In diesem Verfahren entsteht die Gebühr KV 1810. Eine Ermäßigung bei einer Zurücknahme oder einer teilweisen Erledigung usw entsteht bei KV 1810 nicht.

4   **C. Anerkenntnis, § 99 II ZPO.** Soweit das Gericht nach der Erledigung der Hauptsache auf Grund eines Anerkenntnisses eine Kostenentscheidung getroffen hat, ist die sofortige Beschwerde zulässig. In diesem Verfahren entsteht die Gebühr KV 1810.

5   **D. Klagerücknahme, § 269 V ZPO.** Soweit das Gericht nach einer wirksamen Klagerücknahme auf Grund des Antrags des Bekl durch einen Beschluß nach § 269 IV formell „entscheidet", in Wahrheit aber nur nach § 269 III 2 ZPO feststellt, daß der Kläger kraft Gesetzes die Kosten tragen muß, oder soweit es über die Kosten nach § 269 III 3 ZPO im Rahmen seines dortigen Ermessens nach § 269 IV wirklich entscheidet, ist gegen diesen Beschluß jeweils die sofortige Beschwerde unter den Voraussetzungen des § 269 V 1, 2 ZPO zulässig, also zB nicht, wenn gegen die Entscheidung über den Festsetzungsantrag nach § 104 ZPO ein Rechtsmittel nicht zulässig ist, § 269 V 2 ZPO. In diesen Beschwerdeverfahren entsteht jeweils die Gebühr KV 1810.

    Nicht hierher gehört eine nach §§ 516 III, 565 ZPO unzulässige Beschwerde nach einer Zurücknahme der Berufung oder Revision. Eine entsprechende Anwendung von KV 1810 kommt wegen Rn 1, 2 kaum in Betracht, aM Meyer 157. Vielmehr gilt dann KV 1811.

6   **3) Verfahrensgebühr.** Die Beschwerdegebühr gilt als eine Verfahrensgebühr das gesamte Verfahren über die sofortige Beschwerde ab. Dazu gehört auch eine etwaige

Kostenverzeichnis **1810, 1811 KV**

mündliche Verhandlung und eine Beweisaufnahme. Eine gesonderte Entscheidungsgebühr entsteht nicht. Es ist unerheblich, ob die Beschwerde einen Erfolg hat. Demgegenüber entsteht die Vergleichsgebühr des KV 1900, soweit deren Voraussetzungen vorliegen.

A. Instanz. Die Instanz beginnt mit der Einlegung der sofortigen Beschwerde, auch wenn der Beschwerdeführer sich an das unzuständige Gericht wendet. Die Instanz endet mit der Abhilfe durch das Erstgericht oder mit der Zurücknahme der Beschwerde oder mit einem Vergleich oder mit der abschließenden Entscheidung des Beschwerdegerichts. Eine Rechtsbeschwerde nach § 574 ZPO eröffnet stets eine neue Instanz, KV 1820, 1821. 7

B. Mehrere Beschwerden. Mehrere sofortige Beschwerden *gegen dieselbe Entscheidung* begründen nur *ein* Verfahren, wenn die frühere Instanz noch nicht erledigt war. Wenn dieselbe Partei dieselbe Entscheidung mit mehreren sofortigen Beschwerden angreift, liegt nur *ein* Verfahren vor, soweit die Beschwerden denselben Punkt betreffen, so daß die eine von ihnen als nur vorsorglich eingelegt ansehbar ist. 8

Etwas anderes gilt, wenn eine Partei eine erledigte sofortige Beschwerde *wiederholt* oder wenn das Erstgericht über mehrere selbständige Aufträge entschieden hat und wenn der Beschwerdeführer nun gegen diese Entscheidungen eine sofortige Beschwerde einlegt, selbst wenn die Beschwerdeentscheidung auch in einem Beschluß ergeht.

Mehrere sofortige Beschwerden gegen verschiedene Entscheidungen leiten verschiedene Verfahren ein. Das gilt auch bei deren Verbindung. Eine Erweiterung der sofortigen Beschwerde begründet kein neues Verfahren.

C. Gebührenhöhe. Die Gebühr ist immer eine Festgebühr von 75 EUR auch bei einer Rücknahme der sofortigen Beschwerde. Die Gebühr ist unabhängig davon, ob und welche Gebühr in der Vorinstanz entstanden war, zB bei einer Zurückweisung der sofortigen Beschwerde gegen die Versagung einer Prozeßkostenhilfe. 9

4) Fälligkeit, Kostenschuldner usw. Die Beschwerdegebühr wird mit der Einlegung der sofortigen Beschwerde fällig, also ihrem Eingang beim Gericht, § 6 I. Eine Rücknahme der sofortigen Beschwerde führt keine Ermäßigung herbei, auch nicht bei § 91a ZPO. Die Gebühr entsteht ohne jede Rücksicht auf den Ausgang des Beschwerdeverfahrens. 10

Kostenschuldner ist der Antragsteller nach § 22 oder der im Beschwerdeverfahren Unterlegene, §§ 29, 31 II.

Nr.	Gebührentatbestand	Gebühr oder Satz der Gebühr nach § 34 GKG
1811	**Beendigung des Verfahrens ohne Entscheidung:** Die Gebühr 1810 ermäßigt sich auf .... ¹ Die Gebühr ermäßigt sich auch im Fall der Zurücknahme der Beschwerde vor Ablauf des Tages, an dem die Entscheidung der Geschäftsstelle übermittelt wird. ᴵᴵ Eine Entscheidung über die Kosten steht der Ermäßigung nicht entgegen, wenn die Entscheidung einer zuvor mitgeteilten Einigung der Parteien über die Kostentragung oder der Kostenübernahmeerklärung einer Partei folgt.	50,00 EUR

Vorbem. Angefügt dch Art 16 Z 12g des 2. JuMoG v 22. 12. 06, BGBl 3416, in Kraft seit 31. 12. 06, Art 28 I des 2. JuMoG, Übergangsrecht § 71 GKG.

1) Systematik, Regelungszweck. Die Vorschrift ähnelt der mit KV 1211, 1221 begonnenen Reihe von Ermäßigungsregeln teilweise. Sie erfaßt den Geltungsbereich insofern weiter als bei einigen jener sonst vergleichbaren Vorschriften, als es nur darauf ankommt, daß das Gericht entweder gar keine Entscheidung mehr fällt oder daß eine Beschwerderücknahme vor dem Tag der Übermittlung einer Entscheidung in die Geschäftsstelle nun beim Beschwerdegericht eingeht. 1

KV 1811, 1812 — Kostenverzeichnis

Zweck ist auch hier ein Kostenanreiz zur Verringerung der Arbeit des Gerichts und zur Beschleunigung des Verfahrens wie bei KV 1211 Rn 2.

2 **2) Notwendigkeit einer Beendigung.** Zwar fehlt in einer Abweichung von KV 1211, 1221 usw das Wort „gesamtes" (Verfahren). Ersichtlich meint aber auch KV 1811 eine Beendigung des ganzen Beschwerdeverfahrens. Daher gelten im Ergebnis dieselben Erwägungen wie bei KV 1211 Rn 3.

3 **3) Beschwerderücknahme, amtliche Anmerkung I.** In einer erheblichen Ausweitung des sonst bei Vergleichsvorschriften geltenden Zeitraums einer Rücknahme ermäßigt die amtliche Anmerkung die Gebühr selbst dann, wenn schon die Beschwerdeentscheidung auf der Geschäftsstelle des Beschwerdegerichts vorliegt, falls die Beschwerderücknahme wenigstens noch an demselben Tag beim Beschwerdegericht eingeht. Damit soll die leidige Unklarheit über die Uhrzeit der beiden Eingänge unerheblich bleiben. Man muß nun beachten: Die Beschwerderücknahme muß nur auf der Eingangsgeschäftsstelle des Beschwerdegerichts vorliegen, nicht auf der Geschäftsstelle der zuständigen Beschwerdekammer usw.

4 Maßgeblich ist der *Posteingangsstempel* einerseits und der Tagesstempel, den der Urkundsbeamte der Beschwerdekammer usw tunlichst sogleich beim Einlauf der Beschwerdeentscheidung auf sie setzen sollte. Er läßt sich wahrheitsgemäß nachholen. Im Zweifel gilt schon wegen § 1 I 1 mit seinem Wort „nur" die für den Kostenschuldner günstigere Lösung, also die Ermäßigung nach KV 1811.

5 **4) Unschädlichkeit einer Kostenentscheidung, amtliche Anmerkung II.** Die Vorschrift entspricht KV 1221 amtliche Anmerkung. Wegen der erforderlichen Einigung der Parteien über die Kostentragung nach übereinstimmenden vollständigen wirksamen Erledigterklärungen BLAH § 98 ZPO Rn 21 ff.

Nr.	Gebührentatbestand	Gebühr oder Satz der Gebühr nach § 34 GKG
1812	**Verfahren über nicht besonders aufgeführte Beschwerden, die nicht nach anderen Vorschriften gebührenfrei sind:** **Die Beschwerde wird verworfen oder zurückgewiesen** Wird die Beschwerde nur teilweise verworfen oder zurückgewiesen, kann das Gericht die Gebühr nach billigem Ermessen auf die Hälfte ermäßigen oder bestimmen, dass eine Gebühr nicht zu erheben ist.	50,00 EUR

Vorbem. Umnummerierung dch Art 16 Z 12h des 2. JuMoG v 22. 12. 06, BGBl 3416, in Kraft seit 31. 12. 06, Art 28 I des 2. JuMoG, Übergangsrecht §§ 71, 72 GKG.

Gliederung

1) Systematik, Regelungszweck: Hilfsnatur	1
2) Geltungsbereich	2, 3
3) Auslegung der Kostenentscheidung	4–7
A. Bewilligung der Kostenfreiheit	5
B. Bloße Feststellung	6
C. Irrtum über Gebührenfreiheit	7
4) Festgebühr	8
5) Fälligkeit, Kostenschuldner usw	9

1 **1) Systematik, Regelungszweck: Hilfsnatur.** Vgl zunächst KV 1810. KV 1811 ist eine hilfsweise Auffangbestimmung. Man muß sie entsprechend weit auslegen. Rechtsbeschwerden unterstehen freilich KV 1820, 1821. In allen nicht gesetzlich besonders geordneten Fällen entsteht eine Gebühr für das Beschwerdeverfahren überhaupt nur, soweit das Gericht die Beschwerde als unzulässig verwirft oder als unbegründet zurückweist. Hierher zählt auch die Zurückweisung der Beschwerde gegen eine gebührenfreie Entscheidung über einen Antrag mit dem Ziel der Ablehnung eines Richters.

2 **2) Geltungsbereich.** Die Hilfsnatur von KV 1812 nach Rn 1 kommt auch dadurch zum Ausdruck, daß die Vorschrift ausdrücklich ihre Anwendbarkeit auf diejenigen der

Kostenverzeichnis **1812, 1820 KV**

nicht besonders aufgeführten Beschwerden beschränkt, die nicht nach anderen Vorschriften bereits gebührenfrei (nicht notwendig auch auslagenfrei) sind, zB §§ 66 VIII 1, 67 I 2, 68 III 1, ferner im Kostenfestsetzungsverfahren § 104 III ZPO. Es ist unerheblich, in welcher Instanz das Hauptverfahren schwebt. Wegen der Gleichstellung von Verwerfung und Zurückweisung ist es auch unerheblich, ob die Beschwerde unstatthaft, unzulässig oder unbegründet ist. Bei mehreren Beschwerden gilt KV 1810 Rn 8 entsprechend. KV 1812 gilt zB bei § 127 II 2 ZPO, LG Kblz FamRZ **09**, 76.
Bei einer *Zurückverweisung* oder einer teilweisen Zurückverweisung entsteht keine Beschwerdegebühr. Denn es hat kein ausscheidbarer Teil bereits endgültig einen Erfolg gehabt.

Ein solches Beschwerdeverfahren, in dem das Gericht etwa wegen der Zurücknahme der Beschwerde oder wegen einer sonstigen Erledigung *gar keine Entscheidung* trifft, ist gebührenfrei. Dasselbe gilt für ein solches Beschwerdeverfahren, in dem das Gericht der Beschwerde stattgibt oder die Beschwerde für erledigt erklärt, sofern es im letzteren Fall keine Kostenentscheidung trifft. Bei einem Teilerfolg gilt die amtliche Anmerkung. Das Gericht kann also nach seinem „billigen" und in Wahrheit wie stets pflichtgemäßen weiten Ermessen die Beschwerdegebühr auf die Hälfte ermäßigen oder bestimmen, daß überhaupt keine Beschwerdegebühr entsteht. 3

Unanwendbar ist KV 1812 auf andere Rechtsbehelfe, etwa auf eine Erinnerung. Sie kann zwar zur Beschwerde werden. Dazu müssen aber die Voraussetzungen zB der §§ 11 II 4, 5 RPflG, §§ 573 II, 576 ZPO vorliegen. Das Beschwerdeverfahren beginnt dann mit dem Eingang der Beschwerdeschrift beim Beschwerdegericht. Unanwendbar ist KV 1811 ferner zB auf einen Widerspruch, einen Einspruch, eine Berufung, eine Revision, eine Gegendarstellung oder eine Dienstaufsichtsbeschwerde.

3) Auslegung der Kostenentscheidung. Der Ausspruch des Gerichts „Die Entscheidung ist gebührenfrei" ist auslegungsbedürftig. Was das Gericht gemeint hat, muß es erläutern. Die Vermutung spricht gegen eine Kostenniederschlagung. Es ergeben sich im einzelnen die folgenden Auslegungsmöglichkeiten. 4

A. Bewilligung der Kostenfreiheit. Das Gericht mag bewußt eine Gebührenfreiheit bewilligt haben. Dann hat es regelmäßig auch eine Auslagenfreiheit wegen der in KV amtliche Vorbemerkung 9 I, II genannten Auslagen nach § 21 GKG bewilligt. Eine Entscheidung über die Erstattungspflicht außergerichtlicher Kosten erfolgt demgegenüber grundsätzlich im Endurteil zur Sache. 5

B. Bloße Feststellung. Das Gericht mag auch die nach dem Gesetz in Wahrheit bereits eingetretene Gebührenfreiheit überflüssigerweise nochmals besonders festgestellt haben. 6

C. Irrtum über Gebührenfreiheit. Das Gericht mag auch irrig angenommen haben, es bestehe nach dem Gesetz eine Gebührenfreiheit, und es mag deswegen eine entsprechende Feststellung getroffen haben. Dann fehlt in Wahrheit eine Kostenentscheidung. Das Gericht muß sie nachholen, BLAH § 329 ZPO Rn 19. Den Kostenbeamten bindet das GKG nur eine derartige zunächst in Wahrheit fehlende Kostenentscheidung, LG Bln Rpfleger **90**, 137. 7

4) Festgebühr. Es entsteht grundsätzlich für jedes Beschwerdeverfahren eine Festgebühr. Sie deckt das gesamte Beschwerdeverfahren ab, einschließlich der Beweisaufnahme, Verhandlung, Zwischenentscheidungen usw. Freilich kann bei einem Vergleich zusätzlich die Vergleichsgebühr KV 1900 entstehen. Deshalb spielt ein Streitwert weder der ersten Instanz noch der Beschwerdeinstanz eine Rolle. Auch bei Herabsetzung nach der amtlichen Anmerkung gilt dasselbe. 8

5) Fälligkeit, Kostenschuldner usw. Die Fälligkeit richtet sich nach § 9. Der *Kostenschuldner* ergibt sich aus §§ 22, 29. 9

Abschnitt 2. Sonstige Rechtsbeschwerden

Nr.	Gebührentatbestand	Gebühr oder Satz der Gebühr nach § 34 GKG
1820	*Fassung 1. 9. 2009:* **Verfahren über Rechtsbeschwerden gegen den Beschluß, durch den die Berufung als un-**	

KV 1820–1826　　　　　　　　　　　　　　　　　　　Kostenverzeichnis

Nr.	Gebührentatbestand	Gebühr oder Satz der Gebühr nach § 34 GKG
	zulässig verworfen wurde (§ 522 Abs. 1 Satz 2 und 3 ZPO)	2,0
1821	Verfahren über Rechtsbeschwerden nach § 15 KapMuG	5,0

Zu KV 1820, 1821:

Vorbem. KV 1820 geändert dch Art 47 I Z 14 u FGG-RG v 17. 12. 08, BGBl 2586, in Kraft seit 1. 9. 09, Art 112 I Hs 1 FGG-RG, Übergangsrecht Art 111 FGG-RG, Grdz 2 vor § 1 FamGKG, Teil I B dieses Buchs. KV 1821 eingefügt durch Art 4 Z 9 c G v 16. 8. 05, BGBl 2437, in Kraft seit 1. 11. 05, Art 9 I 2 G, außer Kraft am 1. 11. 10, Art 9 II Hs 2 G, Übergangsrecht § 71 GKG.

Nr.	Gebührentatbestand	Gebühr oder Satz der Gebühr nach § 34 GKG
1820	*Bisherige Fassung:* **Verfahren über Rechtsbeschwerden gegen den Beschluß, durch den** 1. die Berufung als unzulässig verworfen wurde (§ 522 Abs. 1 Satz 2 und 3 ZPO) 2. in Familiensachen eine Beschwerde nach § 621 e Abs. 3 Satz 2, § 522 Abs. 1 Satz 2 und 3 ZPO, auch i. V. m. § 629 a Abs. 2 Satz 1 und § 661 Abs. 2 ZPO, als unzulässig verworfen wurde	2,0

Nr.	Gebührentatbestand	Gebühr oder Satz der Gebühr nach § 34 GKG
1822	Beendigung des gesamten Verfahrens durch Zurücknahme der Rechtsbeschwerde, bevor die Schrift zur Begründung der Rechtsbeschwerde bei Gericht eingegangen ist: Die Gebühren 1820 und 1821 ermäßigen sich auf ...... Erledigungserklärungen nach § 91a ZPO stehen der Zurücknahme gleich, wenn keine Entscheidung über die Kosten ergeht oder die Entscheidung einer zuvor mitgeteilten Einigung der Parteien über die Kostentragung oder der Kostenübernahmeerklärung einer Partei folgt.	1,0
1823	Verfahren über Rechtsbeschwerden in den Fällen des § 71 Abs. 1, § 91a Abs. 1, § 99 Abs. 2, § 269 Abs. 4 oder § 516 Abs. 3 ZPO	150,00 EUR
1824	Beendigung des gesamten Verfahrens durch Zurücknahme der Rechtsbeschwerde, des Antrags oder der Klage, bevor die Schrift zur Begründung der Rechtsbeschwerde bei Gericht eingegangen ist: Die Gebühr 1823 ermäßigt sich auf	50,00 EUR
1825	Beendigung des gesamten Verfahrens durch Zurücknahme der Rechtsbeschwerde, des Antrags oder der Klage vor Ablauf des Tages, an dem die Entscheidung der Geschäftsstelle übermittelt wird, wenn nicht Nummer 1824 erfüllt ist: Die Gebühr 1823 ermäßigt sich auf	75,00 EUR
1826	Verfahren über nicht besonders aufgeführte Rechtsbeschwerden, die nicht nach anderen Vorschriften gebührenfrei sind:	

Kostenverzeichnis **1826–1900 KV**

Nr.	Gebührentatbestand	Gebühr oder Satz der Gebühr nach § 34 GKG
	Die Rechtsbeschwerde wird verworfen oder zurückgewiesen .... Wird die Rechtsbeschwerde nur teilweise verworfen oder zurückgewiesen, kann das Gericht die Gebühr nach billigem Ermessen auf die Hälfte ermäßigen oder bestimmen, dass eine Gebühr nicht zu erheben ist.	100,00 EUR

Zu KV 1822–1826:

Vorbem. Zunächst Fassg KV 1822, 1823 und (jetzt) 1826 Art 4 Z 9 d, e G v 16. 8. 05, BGBl 2437, in Kraft seit 1. 11. 05, Art 9 I 2 G, außer Kraft am 1. 11. 10, Art 9 II Hs 2 G. Sodann Umnummerierung von KV 1824 aF in KV 1826 und Einfügung von KV 1824, 1825 nF durch Art 16 Z 12i, j des 2. JuMoG v 22. 12. 06, BGBl 3416, in Kraft seit 31. 12. 06, Art 28 I des 2. JuMoG. Übergangsrecht jeweils § 71 GKG.

1) Systematik, Regelungszweck. Die Vorschriften stimmen weitgehend mit KV 1521, 1522, 1810–1812 überein. Vgl daher dort.   1

Nr.	Gebührentatbestand	Gebühr oder Satz der Gebühr nach § 34 GKG
1827	Beendigung des gesamten Verfahrens durch Zurücknahme der Rechtsbeschwerde, des Antrags oder der Klage vor Ablauf des Tages, an dem die Entscheidung der Geschäftsstelle übermittelt wird: Die Gebühr 1826 ermäßigt sich auf	50,00 EUR

Vorbem. Angefügt dch Art 16 Z 12 k des 2. JuMoG v. 22. 12. 06, BGBl 3416, in Kraft seit 31. 12. 06, Art 28 I des 2. JuMoG, Übergangsrecht § 71 GKG.

1) Systematik, Regelungszweck. Die Vorschrift entspricht KV 1825. Vgl daher 1 dort.

Hauptabschnitt 9. Besondere Gebühren

Nr.	Gebührentatbestand	Gebühr oder Satz der Gebühr nach § 34 GKG
1900	*Fassung 1. 9. 2009:* **Abschluss eines gerichtlichen Vergleichs: Soweit der Wert des Vergleichsgegenstands den Wert des Verfahrensgegenstands übersteigt** .... **Die Gebühr entsteht nicht im Verfahren über die Prozesskostenhilfe.**	0,25

Vorbem. Teilweise Streichung dch Art 47 I Z 14 v FGG-RG v 17. 12. 08, BGBl 2586, in Kraft seit 1. 9. 09, Art 112 I Hs 1 FGG-RG, Übergangsrecht Art 111 FGG-RG, Grdz 2 vor § 1 FamGKG, Teil I B dieses Buchs.

Nr.	Gebührentatbestand	Gebühr oder Satz der Gebühr nach § 34 GKG
1900	*Bisherige Fassung:* **Abschluss eines gerichtlichen Vergleichs außer einem Vergleich über Ansprüche, die in Verfahren über einstweilige Anordnungen in Familien- oder Lebenspartnerschaftssachen geltend gemacht werden können:**	

KV 1900 Kostenverzeichnis

Nr.	Gebührentatbestand	Gebühr oder Satz der Gebühr nach § 34 GKG
	Soweit der Wert des Vergleichsgegenstands den Wert des Verfahrensgegenstands übersteigt .... Die Gebühr entsteht nicht im Verfahren über die Prozesskostenhilfe.	0,25

Gliederung

1) **Systematik, Regelungszweck**	1
2) **Geltungsbereich**	2
3) **Voraussetzungen**	3–15
A. Gerichtsverfahren	3
B. Gerichtlicher Vergleich	4, 5
C. Überschreitung des Streitwerts	6–9
D. Maßgeblichkeit aller einbezogenen Ansprüche	10, 11
E. Einzelfragen	12
F. Unanwendbarkeit	13
4) **Gebührenhöhe**	14, 15

1   1) **Systematik, Regelungszweck.** Die Vorschrift stimmt wörtlich mit KVFam 1500 überein, Teil I B dieses Buchs. KV 1900 setzt 0,25 Gebühr nur für denjenigen Teil eines vor Gericht geschlossenen Prozeßvergleichs fest, dessen Wert den bisherigen Streitgegenstand übersteigt, Rn 6, 7. Die Gebühr ist eine Handlungs- oder Aktgebühr. Sie ist keine Verfahrensgebühr, auch nicht ein Ersatz für sie, aM (zum alten Recht) ZöHe § 98 ZPO Rn 7 (aber der Wortlaut stellt eindeutig auf das Ergebnis ab, BLAH Einl III 39). Sie ist auch keine Urteilsgebühr.

2   2) **Geltungsbereich.** KV 1900 gilt für jeden Prozeßvergleich vor dem ordentlichen Gericht. Sie gilt jedoch nicht bei § 118 ZPO, Rn 3. Im Verfahren vor den Arbeitsgerichten besteht bei §§ 2a I, 103 III, 108 III, 109 ArbGG eine Gebührenfreiheit, § 2 II Hs 1.

3   3) **Voraussetzungen.** Es müssen die folgenden Voraussetzungen zusammentreffen.
A. Gerichtsverfahren. Die Parteien müssen in einem gerichtlichen Verfahren einen gerichtlichen Vergleich nach Rn 4 geschlossen haben. Es ist unerheblich, um welche Verfahrensart es sich dabei im einzelnen handelt. Ausreichend ist also auch ein vorläufiges Verfahren, etwa ein Arrestverfahren, ein Güteverfahren, ein Beschwerdeverfahren, ein selbständiges Beweisverfahren oder ein Vollstreckungsverfahren.
    Ein im *Prozeßkostenhilfeverfahren* nach § 118 ZPO geschlossener Vergleich ist gerichtsgebührenfrei, amtliche Anmerkung. Das gilt selbst dann, wenn die Parteien ihn vor der Einlegung eines Rechtsmittels im Prozeßkostenhilfeverfahren höherer Instanz geschlossen haben und wenn sie weitere Ansprüche in den Vergleich hineingezogen haben. Das ergibt sich aus der kostenrechtlichen Begünstigung des Prozeßkostenhilfeverfahrens.

4   **B. Gerichtlicher Vergleich.** Die Parteien müssen in diesem Gerichtsverfahren auch gerade einen gerichtlichen Vergleich vor dem Richter oder Rpfl abgeschlossen haben. Er erfordert im Gegensatz zur Einigung nach VV 1000, Teil X dieses Buchs, ein gegenseitiges Nachgeben der Parteien. Es ist nicht erforderlich, daß die Voraussetzungen des § 794 I Z 1 ZPO vorliegen. Es kann also no ausreichen, daß die Beteiligten die Einigung trotz eines Anwaltszwangs ohne die Mitwirkung von Anwälten schließen, wenn diese Einigung vor dem Gericht stattfindet. Auch ein Vergleich nach § 278 VI ZPO ist ausreichend, LAG Hamm NZA-RR 07, 438. Nicht hierher zählt ein Vergleich im FamFG-Verfahren.

5   Ein gerichtlicher Vergleich liegt auch dann *nicht* vor, wenn die Parteien einen Vergleichsvorschlag des Gerichts nur außerhalb von § 278 VI ZPO lediglich *außergerichtlich* annehmen oder wenn es sich um einen Anwaltsvergleich nach §§ 796a–c ZPO handelt, bei dem das Gericht ja nur für die Vollstreckbarerklärung zuständig ist, nicht für sein Zustandekommen oder für seinen Inhalt. Es liegt auch kein gerichtlicher Vergleich vor, falls die Einigung vor einer Gütestelle stattfindet.

C. **Überschreitung des Streitwerts.** Den gerichtlichen Vergleich gilt die allgemeine Verfahrensgebühr der Instanz ab, soweit er lediglich den bisherigen Verfahrenswert betrifft. Eine Erklärung im Vergleich, zB eine Auflassung, löst auch nicht noch andere Gebühren aus, etwa diejenigen nach der KostO, Teil III dieses Buchs. Eine Vergleichsgebühr entsteht also nur, soweit jeweils nach § 48 der Wert des Vergleichs denjenigen des bisherigen Streit- oder Verfahrensgegenstands *übersteigt*, Rn 1, BGH JB **79**, 1796. Dabei ist „Vergleichsgegenstand" der vom Vergleich betroffene Gegenstand, nicht etwa der danach geschuldete, LAG Hamm NZA-RR **07**, 438. Um also zu ermitteln, ob und inwieweit KV 1900 anwendbar ist, muß man den Wert des bisherigen Verfahrens und denjenigen des gerichtlichen Vergleichs miteinander vergleichen und die Werte notfalls festsetzen.

Soweit der Verfahrenswert selbst bei *unterschiedlichen* Verfahrensgegenständen gleich hoch bleibt, entsteht keine Gebühr. Das gilt zB dann, wenn der Kläger einen vertraglichen Unterhalt für ein Jahr einklagt, wenn sich die Parteien aber für einen unbeschränkten Zeitraum vergleichen. Denn der Streitwert bleibt dann unverändert. Verschieden sind die Streitwerte dagegen fast immer dann, wenn die Parteien die Hauptsache im Arrest- oder Verfügungsverfahren vergleichen. Die beiden Verfahren dienen ja verschiedenen Zwecken.

Man muß die Bedeutung einer Generalklausel „*zur Abfindung aller Ansprüche*" und ähnlicher Formulierungen im Einzelfall ermitteln. Eine solche Klausel kann den Verfahrensgegenstand betreffen, aber auch alle Ansprüche einer oder beider Parteien.

D. **Maßgeblichkeit aller einbezogenen Ansprüche.** Maßgeblich für den Vergleichswert sind alle irgendwie streitigen in den gerichtlichen Vergleich *einbezogenen* Ansprüche. Bei einer Einbeziehung eines bisher unstreitigen Rechtsverhältnisses muß man zwar von § 779 BGB ausgehen. Man muß den dortigen Begriff „Unsicherheit" aber weit auslegen, Zweibr MDR **78**, 496 (Interesse an der Titulierung), LAG Hamm NZA-RR **07**, 439 links, Markl Festschrift für Schmidt (1981) 87, Schmidt MDR **75**, 27.

Man muß also zB unterscheiden, ob der Vergleich das Rechtsverhältnis *nur aufklärend* (deklaratorisch) behandelt, so daß dieser Punkt unberücksichtigt bleibt, oder ob die Parteien einen *besonderen Vollstreckungstitel* auch für diesen Punkt schaffen wollten, oder ob in Wahrheit nur eine unstreitige Erklärung beurkundet werden sollte, um zB die Kosten einer Auflassung zu ersparen, Schmidt MDR **75**, 26.

E. **Einzelfragen.** Der Beitritt eines Dritten zum gerichtlichen Vergleich erhöht den Vergleichsgegenstand nicht. Denn er betrifft keinen neuen Verfahrensgegenstand.

Beispiel für die Anwendbarkeit von KV 1900: Der Kläger hat einen Teilbetrag von 1000 EUR eingeklagt. Die Parteien haben den gesamten Anspruch dahin verglichen, daß der Bekl 8000 EUR zahlt.

Die Parteien haben den gerichtlichen Vergleich erst dann wirksam abgeschlossen, wenn eine etwaige *Widerrufsfrist abgelaufen* ist.

F. **Unanwendbarkeit.** Wenn die Parteien mehrere Verfahren miteinander führen und sich in einem von ihnen miteinander vergleichen, ist im anderen Verfahren KV 1900 unanwendbar. Das gilt unabhängig davon, ob die Verfahren in derselben Instanz oder in verschiedenen Instanzen anhängig sind. Es entsteht keine Gebühr. Das muß auch dann gelten, wenn die betroffenen Verfahren verschiedene Gebühren auslösen. Es gilt aber nicht dann, wenn eines der betroffenen Verfahren gar nicht mehr anhängig ist oder wenn die Verfahrensgebühr infolge einer wirksamen Antragsrücknahme völlig weggefallen ist. Vgl auch Rn 16, 17.

4) Gebührenhöhe. Die Gebühr berechnet sich nach dem Unterschied der Werte nach Rn 6–12. Für die Einzelwerte gelten die §§ 48ff GKG, 3 ZPO. Wenn sich die Gebühr trotz unterschiedlicher Werte nicht nach der Tabelle zu § 34 I 2 erhöht, entsteht wegen Rn 7 trotzdem die Gebühr VV 1900, Mü 11 W 2504/08 v 10. 12. 08, aM 39. Aufl. Wenn der Kläger eine Rentenrate eingeklagt hat und wenn der Prozeßvergleich den gesamten Rentenanspruch ergreift, berechnet man die Vergleichsgebühr nach § 42 II aus demjenigen Zeitraum, um den 5 Jahre die Zeit übersteigen, für die der Kläger die Klage erhoben hat. Die Gebühr berechnet sich auch in der höheren Instanz ohne eine Erhöhung. Sie beträgt also immer nach Rn 13 0,25 Gebühr.

15 Die *Verfahrensgebühr* erhöht sich durch einen gerichtlichen Vergleich nicht. Die Vergleichsgebühr wird nicht etwa im Ergebnis auf die Verfahrensgebühr angerechnet, Meyer/Markl 6, aM ZöHe § 98 Rn 7 (aber die Verfahrensgebühr ist, wenn überhaupt, vor dem Entstehen der Vergleichsgebühr entstanden). Natürlich gilt das erst für eine Verfahrensgebühr für ein anderes Verfahren, Rn 13–15.

Nr.	Gebührentatbestand	Gebühr oder Satz der Gebühr nach § 34 GKG
1901	Auferlegung einer Gebühr nach § 38 GKG wegen Verzögerung des Rechtsstreits	wie vom Gericht bestimmt

1 1) **Geltungsbereich.** Vgl die Anm zu § 38. Neben der vom Gericht der Höhe nach bestimmten Verzögerungsgebühr entsteht also nicht etwa zusätzlich noch eine Verfahrensgebühr, § 38 Rn 24.

Teil 2. Zwangsvollstreckung nach der Zivilprozessordnung, Insolvenzverfahren und ähnliche Verfahren

Hauptabschnitt 1. Zwangsvollstreckung nach der Zivilprozessordnung

Abschnitt 1. Erster Rechtszug

Nr.	Gebührentatbestand	Gebühr oder Satz der Gebühr nach § 34 GKG
2110	**Verfahren über den Antrag auf Erteilung einer weiteren vollstreckbaren Ausfertigung (§ 733 ZPO)** .... [1] Die Gebühr wird für jede weitere vollstreckbare Ausfertigung gesondert erhoben. [2] Sind wegen desselben Anspruchs in einem Mahnverfahren gegen mehrere Personen gesonderte Vollstreckungsbescheide erlassen worden und werden hiervon gleichzeitig mehrere weitere vollstreckbare Ausfertigungen beantragt, wird die Gebühr nur einmal erhoben.	**15,00 EUR**

Vorbem. Eingefügt durch Art 16 Z 121 des 2. JuMoG v 22. 12. 06, BGBl 3416, in Kraft seit 31. 12. 06, Art 28 I des 2. JuMoG, Übergangsrecht § 71 GKG.

1 1) **Systematik, Regelungszweck.** Die Vorschrift erfaßt das Verfahren über den Antrag auf eine weitere vollstreckbare Ausfertigung nach § 733 ZPO. Das hat seinen Grund in der amtlichen Anmerkung mit ihrer teilweisen Neuregelung bei mehreren weiteren vollstreckbaren Ausfertigungen.
Zweck ist eine dem tatsächlichen Aufwand entsprechende Regelung der Gebühren in diesen letzteren Fällen. Im Zweifel darf man schon wegen des Worts „nur" in § 1 I 1 die Gebühr KV 2110 nur einmal erheben, amtliche Anmerkung S 2. Die Vorschrift läßt sich aber verhältnismäßig leicht in ihrem Geltungsbereich abgrenzen, Rn 4.

2 2) **Grundsatz: Gebühr je weitere Ausfertigung, amtliche Anmerkung S 1.** Beim nicht maschinellen Mahnverfahren fällt für jede antragsgemäß erteilte weitere vollstreckbare Ausfertigung die Festgebühr an. Das gilt unabhängig davon, ob der Antragsteller die mehreren weiteren Ausfertigungen gleichzeitig oder nacheinander beantragt, ob es einen oder mehrere Antragsteller oder -gegner gibt usw.

3 3) **Ausnahme: Nur einmal Gebühr, amtliche Anmerkung S 2.** Nur teilweise ähnlich wie nach KV 2111 amtliche Anmerkung fällt nur eine einzige Festgebühr an, soweit die folgenden Voraussetzungen zusammentreffen.

Kostenverzeichnis **2110, 2111 KV**

A. Derselbe Anspruch, dasselbe Mahnverfahren, mehrere Antragsgegner. Es muß sich um denselben Anspruch nach § 688 I ZPO handeln. Er muß sich gegen mehrere Antragsgegner richten. Der Antragsteller muß ihn in demselben Mahnverfahren geltend gemacht haben.
B. Vorliegen gesonderter Mahnbescheide. Das Mahngericht muß gegen jeden 4 Antragsgegner einen gesonderten Mahnbescheid erlassen haben. Das geschieht praktisch nur im maschinellen Mahnverfahren. Dabei muß das Mahngericht die Antragsgegner als Gesamtschuldner behandelt haben.
C. Gleichzeitigkeit der Anträge. Es muß eine gleichzeitige Antragstellung auf 5 mehrere weitere vollstreckbare Ausfertigungen erfolgt sein. Gleichzeitigkeit liegt auch noch bei einem nur ganz unerheblichen Nacheinander vor, etwa am nächsten Arbeitstag. Das gilt vor allem bei einer praktisch gleichzeitigen Absendung und bei einem nur unterschiedlich langen Weg zum Gericht.

Nr.	Gebührentatbestand	Gebühr oder Satz der Gebühr nach § 34 GKG
2111	**Verfahren über Anträge auf gerichtliche Handlungen der Zwangsvollstreckung gemäß § 829 Abs. 1, §§ 835, 839, 846 bis 848, 857, 858, 886 bis 888 oder § 890 ZPO** .... *Fassung 1. 9. 2009:* ¹ Richtet sich ein Verfahren gegen mehrere Schuldner, wird die Gebühr für jeden Schuldner gesondert erhoben. ² Mehrere Verfahren innerhalb eines Rechtszugs gelten als ein Verfahren, sofern sie denselben Anspruch und denselben Gegenstand betreffen.	15,00 EUR

Vorbem. Umnumerierung und Änderg dch Art 16 Z 12 m des 2. JuMoG v 22. 12. 06, BGBl 3416, in Kraft seit 31. 12. 06, Art 28 I des 2. JuMoG, Übergangsrecht § 71 GKG. Sodann amtliche Anmerkung S 1 eingefügt, daher bisheriger Text S 1 zu S 2 dch Art 47 I Z 14 w FGG-RG v 17. 12. 08, BGBl 2586, in Kraft seit 1. 9. 09, Art 112 I Hs 1 FGG-RG, Übergangsrecht Art 111 FGG-RG, Grdz 2 vor § 1 FamGKG, Teil I B dieses Buchs.

Nr.	Gebührentatbestand	Gebühr oder Satz der Gebühr nach § 34 GKG
	Bisherige Fassung amtl Anm: **Mehrere Verfahren innerhalb eines Rechtszugs gelten als ein Verfahren, sofern sie denselben Anspruch und denselben Gegenstand betreffen.**	

1) Geltungsbereich. Zu KV 2111 gehören die folgenden abschließend aufgezählten Fallgruppen, auch im Rahmen des Arrestvollzugs. 1
A. Forderungspfändung. Hierher zählt ein Verfahren nach § 829 I ZPO. 2
B. Forderungsüberweisung. Hierher zählt ein Verfahren nach den §§ 835, 839 3 ZPO.
C. Pfändung von Anspruch auf Herausgabe. Hierher zählt ein Verfahren 4 nach den §§ 846–848 ZPO.
D. Pfändung eines anderen Vermögensrechts. Hierher zählt ein Verfahren 5 nach § 857 ZPO.
E. Zwangsvollstreckung in eine Schiffspart. Hierher zählt ein Verfahren nach 6 § 858 ZPO.
F. Überweisung des Herausgabeanspruchs; vertretbare, unvertretbare 7 Handlung; Unterlassung. Hierher zählen die Verfahren nach §§ 886–888, 890.
G. Unanwendbarkeit. Nicht unter KV 2111 gehören zB: Eine Durchsuchungs- 8 anordnung nach § 758 a ZPO; eine Erinnerung nach § 766 ZPO, BGH 69, 148; ein Ersuchen um die Mitwirkung einer anderen Behörde; eine Zwangsvollstreckung im Ausland, § 791 ZPO; die Ermächtigung zur Umschreibung nach § 822 ZPO; eine

KV 2111–2113 Kostenverzeichnis

Ermächtigung zur Wiederinkurssetzung nach § 823 ZPO; die Anordnung einer besonderen Verwertung nach § 825 ZPO; die Anordnung einer anderweitigen Verwertung nach § 844 ZPO; die Berichtigung eines Pfändungsbeschlusses nach § 850 IV ZPO; die Ernennung eines Sequesters oder eines zuständigen Gerichtsvollziehers nach § 854 ZPO; ein Pfändungsantrag, soweit das Gericht schon den gleichzeitigen Arrestantrag abweist; die Anordnung der Versteigerung und Hinterlegung nach § 930 ZPO; die Aufhebung des Vollzugs nach § 934 ZPO; die Ernennung eines Sequesters nach § 938 ZPO.

9 **2) Fälligkeit usw.** Die Gebühr entsteht mit dem Antrag, § 6 I. Die Festgebühr entsteht auch dann nur einmal, wenn der Gläubiger auf Grund derselben Forderung einen Antrag auf eine Pfändung und Überweisung mehrerer Forderungen des Schuldners gegenüber verschiedenen Drittschuldnern stellt, LG Zweibr Rpfleger **77**, 76. Denn das sind keine Verfahren „gegen mehrere Schuldner" nach der amtlichen Anmerkung S 1. Dagegen gilt dieser S 1 dann, wenn der Gläubiger im Verfahren gegen mehrere Gesamtschuldner deren Ansprüche auf die jeweilige Lohnsteuererstattung pfändet, (zum alten Recht) AG Hagen Rpfleger **86**, 111.
Jeder *neue Antrag* leitet ein neues Verfahren ein. Wenn mehrere verbundene oder in verschiedenen Verfahren gestellte Anträge gegen denselben Schuldner denselben Anspruch und denselben Gegenstand innerhalb desselben Rechtszugs betreffen, entsteht die Festgebühr nach der amtlichen Anmerkung ebenfalls nur einmal, etwa bei einer Pfändung und Überweisung derselben Forderung.

10 **3) Kostenschuldner.** Kostenschuldner ist der Antragsteller, § 22, möglicherweise auch der Vollstreckungsschuldner, § 29 Z 4.

11 **4) Beschwerdeverfahren.** Vgl KV 2121.

Nr.	Gebührentatbestand	Gebühr oder Satz der Gebühr nach § 34 GKG
2112	Verfahren über den Antrag auf Vollstreckungsschutz nach § 765a ZPO	15,00 EUR

Vorbem. Umnumerierg dch Art 16 Z 12 m des 2. JuMoG v 22. 12. 06, BGBl 3416, in Kraft seit 31. 12. 06, Art 28 I des 2. JuMoG. Übergangsrecht § 71 GKG.

1 **1) Geltungsbereich.** Die Vorschrift ist auch dann anwendbar, wenn neben dem Verfahren nach § 765a ZPO ein Verfahren nach § 30a ZVG mit einer besonderen Gebühr anhängig ist, Düss VersR **77**, 726. Ein Erinnerungsverfahren fällt nicht unter KV 2112. Wegen des Beschwerdeverfahrens KV 2121.

2 **2) Fälligkeit, Kostenschuldner usw.** Es gilt dasselbe wie bei KV 2111 Rn 9, 10.

3 **3) Beschwerdeverfahren.** Vgl KV 2121.

Nr.	Gebührentatbestand	Gebühr oder Satz der Gebühr nach § 34 GKG
2113	Verfahren über den Antrag auf Aussetzung der Verwertung nach § 813b ZPO	15,00 EUR

Vorbem. Es gilt dasselbe wie bei KV 2112 Vorbem.

1 **1) Geltungsbereich.** Zu KV 2113 gehört das Verfahren nach § 813b ZPO, also die zeitweise Aussetzung der Verwertung gepfändeter Sachen durch das Vollstreckungsgericht. Man darf es nicht verwechseln mit der Befugnis des Gerichtsvollziehers, nach § 806a ZPO bei einer Unpfändbarkeit oder nach § 813a ZPO nach der Pfändung Raten zuzubilligen usw, dazu GVKostG, Teil XI dieses Buches.

2 **2) Pauschalgebühr.** Gebührenpflichtig ist das Verfahren als Ganzes unabhängig von seinem Verlauf und Ausgang. Daher entsteht zB auch dann nur eine Gebühr, wenn mehrere Anordnungen ergehen, § 813b IV ZPO. Falls freilich ein Verfahren nach § 813b ZPO abgeschlossen ist und nun später ein neues beginnt, sei es auch auf

Kostenverzeichnis **2113–2116 KV**

einen Antrag desselben Gläubigers, entsteht die Gebühr als Pauschale für das neue Verfahren erneut.

3) Fälligkeit, Kostenschuldner. Die Festgebühr wird mit der Antragstellung fäl- 3
lig, (jetzt) § 6 I, LG Heilbr Rpfleger **91**, 328, LG Mü Rpfleger **90**, 227.
Kostenschuldner ist der Antragsteller, § 22, auch der Vollstreckungsschuldner, § 29
Z 4, auch der in die Kosten Verurteilte, § 29 Z 1.

4) Beschwerdeverfahren. Vgl KV 2121. 4

Nr.	Gebührentatbestand	Gebühr oder Satz der Gebühr nach § 34 GKG
2114	**Verfahren über den Antrag auf Abnahme der eidesstattlichen Versicherung nach § 889 ZPO**	30,00 EUR

Vorbem. Umnumerierung durch Art 16 Z 12m des 2. JuMoG v 22. 12. 06, BGBl 3416, in Kraft seit 31. 12. 06, Art 28 I des 2. JuMoG, Übergangsrecht § 71 GKG.

1) Geltungsbereich. Es handelt sich um eine Verfahrensgebühr für denjenigen 1
Teil des Verfahrens auf die Abnahme der eidesstattlichen Versicherung nur nach dem bürgerlichen Recht vor dem Rpfl nach § 889 ZPO, Düss FamRZ **97**, 1496, LG Bochum Rpfleger **99**, 404. Es geht hier also nicht um die Offenbarungsversicherung vor dem Gerichtsvollzieher nach §§ 899 ff ZPO. KV 2114 erfaßt die gesamte gerichtliche Tätigkeit unabhängig von deren Dauer oder Schwierigkeit. Man muß freilich stets KV 2115, 2116 mitbeachten. Für jeden Antrag kann in zugehörigen gerichtlichen Verfahren eine neue Gebühr entstehen. Eine Antragsrücknahme läßt diese Verfahrensgebühr bestehenbleiben, AG Augsb DGVZ **07**, 95.

Nr.	Gebührentatbestand	Gebühr oder Satz der Gebühr nach § 34 GKG
2115	**Verfahren über den Antrag eines Drittgläubigers auf Erteilung einer Ablichtung oder eines Ausdrucks des mit eidesstattlicher Versicherung abgegebenen Vermögensverzeichnisses**	15,00 EUR
	Die Gebühr entfällt, wenn für ein Verfahren über den Antrag auf Gewährung der Einsicht in dasselbe Vermögensverzeichnis die Gebühr 2116 bereits entstanden ist.	
2116	**Verfahren über den Antrag eines Drittgläubigers auf Gewährung der Einsicht in das mit eidesstattlicher Versicherung abgegebene Vermögensverzeichnis**	15,00 EUR
	Die Gebühr entfällt, wenn für ein Verfahren über einen früheren Antrag auf Gewährung der Einsicht in dasselbe Vermögensverzeichnis die Gebühr bereits entstanden ist.	

Zu KV 2115, 2116:

Vorbem. Zunächst ehemalige KV 2114 geändert dch Art 14 I Z 10a JKomG v 22. 3. 05, BGBl 837, in Kraft seit 1. 4. 05, Art 16 I JKomG. Sodann Umnumerierung durch Art 16 Z 12m, o des 2. JuMoG v 22. 12. 06, BGBl 3416, in Kraft seit 31. 12. 06, Art 28 I des 2. JuMoG. Übergangsrecht jeweils § 71 GKG.

1) Systematik. Die Vorschriften regeln einen kleinen Teil der Auswirkungen des 1
nach dem GVKostG geregelten Verfahrens vor dem Gerichtsvollzieher nach §§ 899 ff ZPO. KV 2115 erfaßt eine Abschrift, eine Ablichtung oder einen Ausdruck der elektronischen Fassung, KV 2116 eine Einsicht wegen des vom Schuldner erstellten und vom Gerichtsvollzieher beim zuständigen Vollstreckungsgericht hinterlegten Vermögensverzeichnisses. Die jeweilige Festgebühr entsteht auch dann, wenn das Gericht einen Antrag zurückweist oder wenn es nicht mehr zur Ablichtung usw oder Einsicht kommt.

KV 2116–2118 Kostenverzeichnis

2 **2) Verfahrensgebühr.** Es handelt sich jeweils um eine Verfahrensgebühr, keine Entscheidungsgebühr. Sie entsteht nur für einen Drittgläubiger, also nicht für den Gläubiger oder Schuldner. Bei diesen ist die Einsicht durch KVGv 270 mitabgegolten, Teil XI dieses Buchs. Ein Antrag des Drittgläubigers ist bei beiden Vorschriften die erste Voraussetzung. Ein Drittgläubiger ist auch derjenige Gläubiger, dem gegenüber der Schuldner eine Offenbarungsversicherung nach § 903 ZPO nicht abzugeben brauchte und der daher auf ein Vermögensverzeichnis gegenüber einem anderen Gläubiger aus einem früheren Anlaß angewiesen ist. Bei einer Abschrift oder Ablichtung usw können an sich *Auslagen* entstehen, KV 9000 ff. Indessen gilt das bei KV 2115, 2116 nach KV 9000 amtliche Anmerkung III im Ergebnis nicht. KV 2115, 2116 entstehen nebeneinander.

3 **3) Fälligkeit; Kostenschuldner.** Die Gebühr wird mit dem Antrag fällig, § 6 I Z 1.
Kostenschuldner ist der Antragsteller, § 22.

Nr.	Gebührentatbestand	Gebühr oder Satz der Gebühr nach § 34 GKG
2117	Verteilungsverfahren	0,5

Vorbem. Umnumerierung durch Art 16 Z 12 m des 2. JuMoG v 22. 12. 06, BGBl 3416, in Kraft seit 31. 12. 06, Art 28 I des 2. JuMoG, Übergangsrecht § 71 GKG.

1 **1) Geltungsbereich.** Die Gebühr gilt grundsätzlich das gesamte Verfahren nach den §§ 872 ff ZPO ab. Darunter fällt also auch ein „anderweitiges" Verfahren nach § 880 ZPO. Denn es stellt nur eine Fortsetzung dar. Es kommt nicht auf die Zahl der Verteilungspläne an.
Dagegen fällt eine Klage nach den §§ *878 ff* ZPO unter KV 1210 ff. Das Schiffahrtsrechtliche Verteilungsverfahren fällt unter KV 2410 ff.

2 **2) Streitwert.** Als Streitwert gilt die Verteilungsmasse ohne einen Abzug der Kosten, aber ohne eine Hinzurechnung der Zinsen, §§ 48 I, 43 I in Verbindung mit §§ 5, 6 ZPO. Bleibt ein Überschuß zugunsten des Schuldners, ist Streitwert entsprechend § 6 ZPO der verteilte und für die Kosten verwendete Betrag. Soweit wiederkehrende Bezüge hinterlegt werden, etwa Gehaltsbezüge, erhöht sich durch die späteren Hinterlegungen zwar der Streitwert. Das Verfahren bleibt aber einheitlich.

3 **3) Fälligkeit.** Das Verteilungsverfahren beginnt nicht auf Grund eines Antrags, sondern beim Vorliegen seiner Voraussetzungen von Amts wegen. Deshalb wird die Gebühr gemäß § 6 III grundsätzlich bereits mit der Einleitung fällig, also mit der Aufforderung des Gerichts an die Gläubiger, eine Berechnung ihrer Ansprüche einzureichen, § 873 ZPO.

4 **4) Gebührenhöhe.** Die Höhe der Gebühr ergibt sich allerdings erst infolge der Abhaltung des Verteilungstermins endgültig. Das Gericht entnimmt die Kosten der Masse, § 874 II ZPO.

5 **5) Kostenschuldner.** Das ist nur der Vollstreckungsschuldner. Denn ein Antragsteller fehlt oder ist jedenfalls nicht erforderlich.

Nr.	Gebührentatbestand	Gebühr oder Satz der Gebühr nach § 34 GKG
2118	Verfahren über die Vollstreckbarerklärung eines Anwaltsvergleichs nach § 796 a ZPO	50,00 EUR

Vorbem. Es gilt dasselbe wie bei KV 2117.

1 **1) Geltungsbereich.** KV 2117 erfaßt das gesamte gerichtliche Verfahren nach §§ 796 a, b ZPO erster Instanz. Das gilt sowohl bei der Stattgabe wie auch im Fall der Ablehnung.
Demgegenüber richtet sich die Vergütung des Notars für seine Tätigkeit im Verfahren des §§ 796 a–c ZPO nach § 148 a I 1 KostO, Teil III dieses Buchs.

Kostenverzeichnis 2118–2122 KV

2) **Fälligkeit; Kostenschuldner.** Die Fälligkeit richtet sich nach § 6 I. 2
Der *Kostenschuldner* ergibt sich aus §§ 22, 29.

Nr.	Gebührentatbestand	Gebühr oder Satz der Gebühr nach § 34 GKG
2119	**Verfahren über Anträge auf Verweigerung, Aussetzung oder Beschränkung der Zwangsvollstreckung nach § 1084 ZPO auch i. V. m. § 1096 oder § 1109 ZPO**	25,00 EUR

Vorbem. Zunächst Fassg Art 2 III Z 3 h G v 18. 8. 05, BGBl 2477, in Kraft seit 21. 10. 05, Art 3 S 1 G. Sodann Umnumerierg dch Art 16 Z 12 m des 2. JuMoG v 22. 12. 06, BGBl 3416, in Kraft seit 31. 12. 06, Art 28 I des 2. JuMoG. Schließlich Ergänzung dch Art 5 Z 5 d G v 30. 10. 08, BGBl 2122, in Kraft seit 12. 12. 08, Art 8 I G. Übergangsrecht jeweils § 71 GKG.

1) **Geltungsbereich.** Die Festgebühr entsteht für das Verfahren nach § 1084 1
ZPO, auch in Verbindung mit § 1096 oder § 1109 ZPO. Diese Vorschrift erfaßt in ihrem I 1 Anträge auf die Verweigerung, Aussetzung oder Beschränkung der Zwangsvollstreckung aus einem Europäischen Vollstreckungstitel über eine unbestrittene Forderung nach Artt 21, 23 VO (EG) Nr 805/2004 v 21. 4. 04, ABl (EU) Nr L 143 S 15, abgedruckt bei BLAH Einf 3 vor § 1079 ZPO. Die Berichtigung oder der Widerruf einer Bestätigung als Europäischen Vollstreckungstitels unterfällt KV 1512, das zugehörige Rechtsmittelverfahren unterfällt KV 1521 Z 3.

2) **Fälligkeit; Kostenschuldner.** Die Fälligkeit richtet sich nach § 6 I. 2
Kostenschuldner ist in dem reinen Antragsverfahren des § 1084 ZPO der Antragsteller nach § 22, ferner der Entscheidungsschuldner nach § 29.

Abschnitt 2. Beschwerden
Unterabschnitt 1. Beschwerde

Nr.	Gebührentatbestand	Gebühr oder Satz der Gebühr nach § 34 GKG
2120	**Verfahren über die Beschwerde im Verteilungsverfahren:** Soweit die Beschwerde verworfen oder zurückgewiesen wird	1,0
2121	**Verfahren über nicht besonders aufgeführte Beschwerden, die nicht nach anderen Vorschriften gebührenfrei sind:** Die Beschwerde wird verworfen oder zurückgewiesen	25,00 EUR
	Wird die Beschwerde nur teilweise verworfen oder zurückgewiesen, kann das Gericht die Gebühr nach billigem Ermessen auf die Hälfte ermäßigen oder bestimmen, dass eine Gebühr nicht zu erheben ist.	

Zu KV 2120, 2121:

1) **Geltungsbereich.** KV 2120 entspricht im Kern KV 1810. KV 2121 entspricht 1
KV 1811. Vgl daher jeweils dort.

Unterabschnitt 2. Rechtsbeschwerde

Nr.	Gebührentatbestand	Gebühr oder Satz der Gebühr nach § 34 GKG
2122	**Verfahren über die Rechtsbeschwerde im Verteilungsverfahren:** Soweit die Beschwerde verworfen oder zurückgewiesen wird	2,0

KV 2123, 2124, Übers, Vorbem 2.2

Nr.	Gebührentatbestand	Gebühr oder Satz der Gebühr nach § 34 GKG
2123	**Verfahren über die Rechtsbeschwerde im Verteilungsverfahren:** Soweit die Beschwerde zurückgenommen oder das Verfahren durch anderweitige Erledigung beendet wird .... Die Gebühr entsteht nicht, soweit der Beschwerde stattgegeben wird.	1,0
2124	**Verfahren über nicht besonders aufgeführte Rechtsbeschwerden, die nicht nach anderen Vorschriften gebührenfrei sind:** Die Rechtsbeschwerde wird verworfen oder zurückgewiesen .... Wird die Rechtsbeschwerde nur teilweise verworfen oder zurückgewiesen, kann das Gericht die Gebühr nach billigem Ermessen auf die Hälfte ermäßigen oder bestimmen, dass eine Gebühr nicht zu erheben ist.	50,00 EUR

Zu KV 2122–2124:

1 1) **Geltungsbereich.** KV 2122 entspricht im Kern KV 1820. KV 2123 entspricht teilweise KV 1821. KV 2124 entspricht KV 1823. Vgl daher jeweils dort.

Hauptabschnitt 2. Verfahren nach dem Gesetz über die Zwangsversteigerung und die Zwangsverwaltung; Zwangsliquidation einer Bahneinheit

Übersicht

1 1) **Systematik.** Die Liegenschaftszwangsvollstreckung gehört zur streitigen Gerichtsbarkeit. Nur die Gebühr für die Eintragung einer Zwangshypothek regelt weiterhin § 63 KostO, Teil III dieses Buchs.

2 2) **Geltungsbereich.** Zu KV 2210 ff gehören die folgenden Fallgruppen.
A. **Zwangsversteigerung.** Hierher gehört die Zwangsversteigerung eines Grundstücks; eines grundstücksgleichen Rechts, einschließlich der unbeweglichen Kuxe; eines Schiffs; eines Schiffsbauwerks; eines Luftfahrzeugs, § 110 LuftfG. Hierher gehört auch eine Zwangsversteigerung auf Grund des Antrags des Insolvenzverwalters. Ferner gehört hierher eine echte Zwangsversteigerung zur Aufhebung einer Gemeinschaft.
Demgegenüber zählt eine freiwillige Versteigerung zur Aufhebung einer Gemeinschaft zur freiwilligen Gerichtsbarkeit. Sie löst daher Gebühren nach § 53 KostO aus.

3 B. **Zwangsverwaltung.** Hierher gehört ferner das Zwangsverwaltungsverfahren.

4 C. **Zwangsliquidation.** Hierher gehört schließlich das Verfahren zur Zwangsliquidation einer Bahneinheit.

5 3) **Fälligkeit, Kostenschuldner usw.** Die Fälligkeit richtet sich nach § 7. Ein Vorschuß ist nach § 15 erforderlich.
Kostenschuldner sind der Antragsteller, soweit man die Kosten nicht dem Erlös entnehmen kann, und im Beschwerdeverfahren der Beschwerdeführer, § 26.

(Amtliche) Vorbemerkung 2.2:

[1] Die Gebühren 2210, 2220 und 2230 werden für jeden Antragsteller gesondert erhoben. [2] Wird der Antrag von mehreren Gesamtgläubigern, Gesamthandsgläubigern oder im Fall der Zwangsversteigerung zum Zweck der Aufhebung der Gemeinschaft von mehreren Miteigentümern gemeinsam gestellt, gelten die-

se als ein Antragsteller. ³Betrifft ein Antrag mehrere Gegenstände, wird die Gebühr nur einmal erhoben, soweit durch einen einheitlichen Beschluss entschieden wird. ⁴Für ein Verfahren nach § 765 a ZPO wird keine, für das Beschwerdeverfahren die Gebühr 2240 erhoben; richtet sich die Beschwerde auch gegen eine Entscheidung nach § 30 a ZVG, gilt Satz 2 entsprechend.

Abschnitt 1. Zwangsversteigerung

Nr.	Gebührentatbestand	Gebühr oder Satz der Gebühr nach § 34 GKG
2210	Entscheidung über den Antrag auf Anordnung der Zwangsversteigerung oder über den Beitritt zum Verfahren	50,00 EUR

1) Geltungsbereich. Die Festgebühr ist eine Entscheidungs- und keine Verfahrensgebühr. Diese Entscheidungsgebühr entsteht in den folgenden Fällen. **A. Antrag.** Die Gebühr entsteht für die Entscheidung über den Antrag auf die Durchführung einer Zwangsversteigerung. Der Inhalt der Entscheidung ist unerheblich. Hierher gehört auch der Antrag auf eine Zwangsversteigerung in besonderen Fällen. Dazu zählen zB: Der Antrag des Insolvenzverwalters oder eines Erben zur Aufhebung einer Gemeinschaft nach den §§ 172ff ZVG, Drischler JB **81**, 1776; der Antrag eines Landlieferungsverbandes; ein Antrag im Verwaltungszwangsverfahren oder nach der AO oder der JBeitrO, Teil IX A dieses Buchs.
Bei einer Wiederversteigerung nach den §§ 132ff ZVG entsteht eine neue Gebühr.
Nicht hierher zählt eine *Sequestration* nach § 938 ZPO.

B. Beitritt. Die Gebühr entsteht ferner für die Entscheidung über den Beitritt zu 2 einem Zwangsversteigerungsverfahren, § 27 ZVG.

2) Einzelfragen. Vgl die amtlichen Vorbemerkungen 2.2 S 1–3. Der dortige S 4 3 betrifft jeden Einzelantrag. Ein Ersuchen um die Eintragung eines Zwangsversteigerungsvermerks gehört noch hierher.

3) Fälligkeit, Kostenschuldner usw. Die Fälligkeit tritt nach § 7 I 1 GKG mit 4 dem Erlaß der Entscheidung ein.
Wegen des *Kostenschuldners* Üb 5 vor KV 2210. Bei einer Prozeßkostenhilfe für den Schuldner ist eine Mitteilung der Zweitschuldnerrechnung an die Kasse zwecks einer Anmeldung zum geringsten Gebot erforderlich, § 45 ZVG. Eine Vorschußpflicht besteht nach § 15.

Nr.	Gebührentatbestand	Gebühr oder Satz der Gebühr nach § 34 GKG
2211	Verfahren im Allgemeinen	0,5

1) Geltungsbereich. KV 2211 gilt die gesamte Tätigkeit des Gerichts für den 1 Zeitabschnitt nach der Anordnung des Verfahrens zum Zweck seiner weiteren Durchführung bis zum Beginn des Versteigerungstermins ab, ohne daß eine besondere Handlung des Gerichts erforderlich wäre. Sie ermäßigt sich nach KV 2212. Die Gebühr gilt zB ab: Alle Ermittlungen; eine Belehrung; ein Einstellungsverfahren; die Bestimmung des Versteigerungstermins; die Bestimmung des Verkehrswerts; die Abschlußverfügung im Anschluß an die Rücknahme des Versteigerungsantrags.
Ein Ersuchen um die Eintragung des *Zwangsversteigerungsvermerks* gehört aber noch 2 zu KV 2210, dort Rn 3.

2) Streitwert. Vgl § 54. 3

3) Fälligkeit, Kostenschuldner usw. Die Fälligkeit richtet sich nach § 7 I 3 4 GKG.
Wegen des *Kostenschuldners* Üb 5 vor KV 2210.

KV 2212–2214

Nr.	Gebührentatbestand	Gebühr oder Satz der Gebühr nach § 34 GKG
2212	**Beendigung des Verfahrens vor Ablauf des Tages, an dem die Verfügung mit der Bestimmung des ersten Versteigerungstermins unterschrieben ist:** Die Gebühr 2211 ermäßigt sich auf	0,25

1 1) **Geltungsbereich.** Maßgeblich ist grundsätzlich nicht derjenige Tag, *an* dem das Gericht unterschrieben hat, sondern derjenige, *unter* dem es unterschrieben hat. Denn nur der letztere ist aktenkundig feststellbar. Eine Ausnahme mag bei einer nachweisbar falschen Datierung gelten.
2 2) **Streitwert.** Vgl § 54.
3 3) **Fälligkeit, Kostenschuldner usw.** Es gilt dasselbe wie bei KV 2111 Rn 4.

Nr.	Gebührentatbestand	Gebühr oder Satz der Gebühr nach § 34 GKG
2213	**Abhaltung mindestens eines Versteigerungstermins mit Aufforderung zur Abgabe von Geboten** .... Die Gebühr entfällt, wenn der Zuschlag aufgrund der §§ 74a, 85a ZVG, § 13 oder § 13a des Gesetzes über Vollstreckungsschutz für die Binnenschifffahrt versagt bleibt.	0,5

1 1) **Geltungsbereich.** Es handelt sich um eine Terminsgebühr für jeden neuen Versteigerungstermin, der keine bloße Fortsetzung des bisherigen darstellt. Das ergibt sich schon aus dem Wort „mindestens", aM LG Cottbus JB **07**, 323. Das Gericht muß in jedem dieser Termine auch gerade zur Abgabe von Geboten aufgefordert haben. Ein etwaiger bloßer Erörterungstermin nach § 62 Hs 2 ZVG zählt noch zu KV 2211. Ein Vergleich kann die Gebühr KV 1900 auslösen.
2 2) **Zuschlagsversagung, amtliche Anmerkung.** Nur die dort abschließend genannten Fälle führen zum Wegfall von KV 2213.
3 3) **Streitwert.** Vgl § 54.
4 4) **Fälligkeit, Kostenschuldner usw.** Es gilt dasselbe wie bei KV 2111 Rn 4.
Der *Ersteher* und nicht etwa der Erlös muß auch die Gebühren und Auslagen tragen, LG Freib Rpfleger **91**, 382.

Nr.	Gebührentatbestand	Gebühr oder Satz der Gebühr nach § 34 GKG
2214	**Erteilung des Zuschlags** .... Die Gebühr entfällt, wenn der Zuschlagsbeschluss aufgehoben wird.	0,5

1 1) **Geltungsbereich.** Die 0,5 Gebühr gilt die Erteilung des Zuschlags ab, § 81 ZVG. Die besondere Versteigerung beweglicher Sachen nach § 65 ZVG fällt unter KV 2213. Denn auch in diesem Versteigerungstermin fordert das Gericht zu einem Gebot auf. Bei einer Aufhebung des Zuschlagsbeschlusses entfällt die Erteilungsgebühr nach der amtlichen Anmerkung. Dasselbe gilt bei einer Versagung des Zuschlags. In beiden Fällen muß die Staatskasse eine schon gezahlte Gebühr zurückerstatten.
2 2) **Streitwert.** Vgl § 54.
3 3) **Fälligkeit, Kostenschuldner usw.** Die Fälligkeit richtet sich nach § 7 I 2, 3 GKG.
Wegen des *Kostenschuldners* Üb 5 vor KV 2210.

Kostenverzeichnis 2215–2221 KV

Nr.	Gebührentatbestand	Gebühr oder Satz der Gebühr nach § 34 GKG
2215	Verteilungsverfahren	0,5
2216	Es findet keine oder nur eine beschränkte Verteilung des Versteigerungserlöses durch das Gericht statt (§§ 143, 144 ZVG): Die Gebühr 2215 ermäßigt sich auf	0,25

Zu KV 2215, 2216:

1) **Geltungsbereich, KV 2215.** Die Verteilungsgebühr gilt das gesamte Verteilungsverfahren nach §§ 105 ff ZVG ab, auch mehrere Verteilungstermine und nachträgliche Verteilungen sowie die Auszahlung, Überweisung oder Hinterlegung, ferner ein Verteilungsverfahren im Wiederversteigerungsverfahren. Auch die Verteilungsgebühr beträgt grundsätzlich 0,5 Gebühr. 1

2) **Ermäßigung, KV 2216.** Die Verteilungsgebühr ermäßigt sich jedoch dann auf eine 0,25 Gebühr, wenn entweder die Beteiligten nachweisen, daß sie sich über den gesamten Erlös geeinigt haben, § 143 ZVG, oder wenn der Nachweis erfolgt, daß die Berechtigten ihre Befriedigung erhalten haben, § 144 ZVG. In beiden Fällen muß der ganze Versteigerungserlös betroffen sein. Andernfalls bleibt es bei der Gebühr KV 2215, also auch wegen des nachgewiesenen Teils. 2

3) **Streitwert.** Streitwert ist das Gebot ohne Zinsen, einschließlich des Werts der bestehenbleibenden Rechte. Vgl im übrigen § 54 Rn 8. 3

Abschnitt 2. Zwangsverwaltung

Nr.	Gebührentatbestand	Gebühr oder Satz der Gebühr nach § 34 GKG
2220	Entscheidung über den Antrag auf Anordnung der Zwangsverwaltung oder über den Beitritt zum Verfahren	50,00 EUR

1) **Geltungsbereich.** Vgl zunächst KV 2210 Rn 1. Es handelt sich um eine Entscheidungsgebühr unabhängig vom Ergebnis der Prüfung. Es muß ein Antrag nach §§ 146 ff, 172 ff ZVG vorliegen. Die Vorschrift gilt auch für die Entscheidung über eine Zwangsverwaltung auf Grund einer einstweiligen Verfügung. Sie kann auch neben den Gebühren für ein Zwangsversteigerungsverfahren nach KV 2210 ff entstehen. Das Ersuchen um die Eintragung eines *Vermerks über die Zwangsverwaltung* im Grundbuch gehört noch hierher. 1

2) **Unanwendbarkeit.** Unanwendbar ist KV 2220 auf eine Sequestration nach § 938 ZPO und auf Verwaltungsanordnungen im Rahmen eines Zwangsversteigerungsverfahrens zB nach §§ 25, 94, 165, 171 c ZVG. Unanwendbar ist KV 2220 ferner bei einer Anordnung der Fortsetzung eines ergebnislos verlaufenen Zwangsversteigerungsverfahrens als Zwangsverwaltungsverfahren nach § 77 II ZVG. Dann gilt KV 2211. Erst das folgende Zwangsverwaltungsverfahren fällt unter KV 2221. 2

Nr.	Gebührentatbestand	Gebühr oder Satz der Gebühr nach § 34 GKG
2221	Jahresgebühr für jedes Kalenderjahr bei Durchführung des Verfahrens .... Die Gebühr wird auch für das jeweilige Kalenderjahr erhoben, in das der Tag der Beschlagnahme fällt und in dem das Verfahren aufgehoben wird.	0,5 – mindestens 100,00 EUR, im ersten und letzten

425

KV 2221–2232

Nr.	Gebührentatbestand	Gebühr oder Satz der Gebühr nach § 34 GKG
		Kalenderjahr jeweils mindestens 50,00 EUR

Vorbem. Fassg Art 16 Z 12p des 2. JuMoG v 22. 12. 06, BGBl 3416, in Kraft seit 31. 12. 06, Art 28 I des 2. JuMoG, Übergangsrecht § 71 GKG.

1 **1) Geltungsbereich.** Die Jahresgebühr entsteht zunächst mit der Beschlagnahme, §§ 22, 146, 151 ZVG, amtliche Anmerkung Hs 1 und zwar zu dem danach frühesten Zeitpunkt. Sie entsteht jährlich neu in Höhe von grundsätzlich 0,5 Gebühr. Im ersten und letzten Kalenderjahr beträgt die Mindestgebühr jeweils 50 EUR, sonst 100 EUR. Sie entsteht zuletzt im Kalenderjahr der Aufhebung, amtliche Anmerkung Hs 2.

2 **2) Pauschale.** Die Jahresgebühr gilt die gesamte Tätigkeit des Gerichts für jedes angefangene Jahr ab der Beschlagnahme ab, zB: Die Aufstellung des Teilungsplans; die Beaufsichtigung des Verwalters; Ermittlungen jeder Art. Eine Einweisung des Zwangsverwalters nach § 150 II ZVG ist unerheblich. Die Kosten lassen sich nach § 155 ZVG dem Erlös auch dann entnehmen, wenn ein Beteiligter persönlich kostenfrei ist. Das Verfahren endet mit der Wirksamkeit des Zwangsverwaltungs-Aufhebungsbeschlusses. Das gilt auch bei einem Zuschlag im gleichzeitigen Zwangsversteigerungsverfahren. Es gilt auch dann, wenn die Rechnungslegung erst nachfolgt. Das Verfahren endet auch mit dem Eingang einer Antragsrücknahme, falls es überhaupt vor diesem Zeitpunkt begonnen hatte.

3 **3) Streitwert.** Der Streitwert richtet sich nach § 55.

4 **4) Fälligkeit, Kostenschuldner usw.** Die Fälligkeit richtet sich nach § 7 II 2. Ein Vorschuß ist nach §§ 15 II, 17 erforderlich, vgl § 24 KostVfg, Teil VII A dieses Buchs.
Der *Kostenschuldner* ergibt sich aus § 26 I.

Abschnitt 3. Zwangsliquidation einer Bahneinheit

Nr.	Gebührentatbestand	Gebühr oder Satz der Gebühr nach § 34 GKG
2230	Entscheidung über den Antrag auf Eröffnung der Zwangsliquidation	50,00 EUR

1 **1) Geltungsbereich.** Es handelt sich um eine Entscheidungsgebühr unabhängig davon, ob das Gericht dem Antrag stattgibt oder ob es ihn als unzulässig oder unbegründet zurückweist. Stets muß zunächst ein Eröffnungsantrag vorliegen. *Unanwendbar* ist KV 2230 auf eine Zwangsversteigerung, eine Zwangsverwaltung oder eine freiwillige Liquidation.

2 **2) Festgebühr.** Sie gilt die Gerichtstätigkeit bis zur Entscheidung ab, sofern nicht ohnehin eine Gebührenfreiheit nach § 2 besteht. Sie entsteht nicht beim Verfahrensende ohne eine Entscheidung.

3 **3) Fälligkeit, Kostenschuldner usw.** Die Fälligkeit richtet sich nach § 9 I.
Der *Kostenschuldner* ergibt sich aus §§ 22, 29.

Nr.	Gebührentatbestand	Gebühr oder Satz der Gebühr nach § 34 GKG
2231	Verfahren im Allgemeinen	0,5
2232	Verfahren wird eingestellt: Die Gebühr 2231 ermäßigt sich auf	0,25

Kostenverzeichnis 2232–2241 KV

Zu KV 2231, 2232:

1) Geltungsbereich. Vgl § 57 Rn 1–3. KV 2231 erfaßt das gesamte Verfahren ab 1
seiner Eröffnung bis zur Einstellung oder sonstigen Beendigung. KV 2232 gilt nur bei
einer Einstellung.

2) Streitwert. Vgl § 57. 2

3) Fälligkeit, Kostenschuldner usw. Die Fälligkeit richtet sich nach § 9. 3
Der *Kostenschuldner* ergibt sich aus §§ 22, 29.

Abschnitt 4. Beschwerden

Unterabschnitt 1. Beschwerde

Nr.	Gebührentatbestand	Gebühr oder Satz der Gebühr nach § 34 GKG
2240	**Verfahren über Beschwerden, wenn für die angefochtene Entscheidung eine Festgebühr bestimmt ist:** **Die Beschwerde wird verworfen oder zurückgewiesen**	100,00 EUR
	Wird die Beschwerde nur teilweise verworfen oder zurückgewiesen, kann das Gericht die Gebühr nach billigem Ermessen auf die Hälfte ermäßigen oder bestimmen, dass eine Gebühr nicht zu erheben ist.	
2241	**Verfahren über nicht besonders aufgeführte Beschwerden, die nicht nach anderen Vorschriften gebührenfrei sind:** **Soweit die Beschwerde verworfen oder zurückgewiesen wird**	1,0

Zu KV 2240, 2241:

1) Systematik, Regelungszweck. KV 2240, 2241 dienen ähnlichen Zwecken 1
wie § 131 KostO. Im Zwangsversteigerungsverfahren besteht eine Beschwerdemöglichkeit nur mit der Beschränkung des § 95 ZVG. Sie entsteht außerdem nach
§ 74a V ZVG. Im Zwangsverwaltungsverfahren ist die Beschwerde unbeschränkt zulässig.

2) Grundsatz: Gebührenfreiheit; Ausnahmen. Das Beschwerdeverfahren ist 2
grundsätzlich gebührenfrei. Von diesem Grundsatz gelten eng auslegbare Ausnahmen
bei einer Verwerfung oder Zurückweisung der Beschwerde, KV 2240, 2241. Bei
einer nur teilweisen Verwerfung oder Zurückverweisung und des dann entstehenden
gerichtlichen Ermessens gilt KV 2240 amtliche Anmerkung. Bei einer gänzlichen
oder teilweisen Zurücknahme der Beschwerde entsteht wie zB bei KV 1700, 1812
keine Gebühr. Auslagen entstehen stets nach KV 9000ff, unabhängig vom Ausgang
des Beschwerdeverfahrens.
Mehrere Beschwerden gegen verschiedene Entscheidungen haben mehrere Gebühren
zur Folge, amtliche Vorbemerkung vor 2.2 S 1.
Soweit der Beschwerdeführer das Rechtsmittel sowohl auf § *30a ZVG* als auch auf 3
§ *765a ZPO* stützt, gilt die amtliche Vorbemerkung 2.2 S 4.
Eine *Erinnerung* nach § 766 ZPO ist stets gebührenfrei. Bei einer Beschwerde gegen die Entscheidung über die Erinnerung sind KV 2240, 2241 anwendbar. Für eine 4
Rechtsbeschwerde gelten KV 2242, 2243.

3) Streitwert. Der Streitwert bestimmt sich bei KV 2241 nach § 54 (Verkehrs- 5
wert, evtl Einheitswert usw). Eine Richterablehnung hat keinen selbständigen Wert,
Düss JB **08**, 376, Mü Rpfleger **85**, 377.

4) Fälligkeit, Kostenschuldner usw. Die Fälligkeit richtet sich nach § 6 I. 6
Der *Kostenschuldner* ergibt sich aus § 29 I.

KV 2242–2311 Kostenverzeichnis

Unterabschnitt 2. Rechtsbeschwerde

Nr.	Gebührentatbestand	Gebühr oder Satz der Gebühr nach § 34 GKG
2242	Verfahren über Rechtsbeschwerden, wenn für die angefochtene Entscheidung eine Festgebühr bestimmt ist: Die Rechtsbeschwerde wird verworfen oder zurückgewiesen .... Wird die Rechtsbeschwerde nur teilweise verworfen oder zurückgewiesen, kann das Gericht die Gebühr nach billigem Ermessen auf die Hälfte ermäßigen oder bestimmen, dass eine Gebühr nicht zu erheben ist.	200,00 EUR
2243	Verfahren über nicht besonders aufgeführte Rechtsbeschwerden, die nicht nach anderen Vorschriften gebührenfrei sind: Soweit die Rechtsbeschwerde verworfen oder zurückgewiesen wird	2,0

Zu KV 2242, 2243:

Vorbem. Neu.

1 1) Geltungsbereich. Die Vorschriften stimmen weitgehend mit KV 1418, 1419 überein. Vgl daher dort.

Hauptabschnitt 3. Insolvenzverfahren

(Amtliche) Vorbemerkung 2.3:
Der Antrag des ausländischen Insolvenzverwalters steht dem Antrag des Schuldners gleich.

Abschnitt 1. Eröffnungsverfahren

Nr.	Gebührentatbestand	Gebühr oder Satz der Gebühr nach § 34 GKG
2310	Verfahren über den Antrag des Schuldners auf Eröffnung des Insolvenzverfahrens .... Die Gebühr entsteht auch, wenn das Verfahren nach § 306 InsO ruht.	0,5
2311	Verfahren über den Antrag eines Gläubigers auf Eröffnung des Insolvenzverfahrens	0,5 – mindestens 150,00 EUR

Zu KV 2310, 2311:

Gliederung

1) Systematik 1–3
2) Streitwert 4
3) Fälligkeit 5
4) Gebührenschuldner 6–9
   A. Eröffnungsantrag des Gläubigers 7, 8
   B. Eröffnungsantrag des Schuldners 9
5) Auslagenschuldner 10–12
   A. Ablehnung, Rücknahme 11
   B. Eröffnung 12
6) Mehrheit selbständiger Anträge 13
7) Mehrheit zusammenhängender Anträge ... 14

Kostenverzeichnis **2311 KV**

1) Systematik. KV 2310, 2311 gelten das gesamte Verfahren über den Eröffnungs- 1
antrag ab, Delhaes KTS **87**, 599 (Üb). Das Verfahren beginnt mit dem Eingang des Antrags.
Es endet mit der Eröffnung des Insolvenzverfahrens, mit der Abweisung des Antrags,
mit der Nichtzulassung oder mit der Rücknahme des Antrags. Abgegolten sind
vor allem alle Ermittlungen, Anordnungen nach §§ 20 ff InsO und die Aufhebung vorläufiger
Maßnahmen. Maßnahmen bei oder ab der Eröffnung des Insolvenzverfahrens
fallen unter KV 2320 ff. Das Beschwerdeverfahren fällt unter KV 360.

Der Antrag eines *Sozialversicherungsträgers* auf die Eröffnung des Insolvenzverfahrens 2
ist anders als im Verfahren mit dem Ziel der Abgabe einer eidesstattlichen Offenbarungsversicherung
kein Rechtshilfeantrag. Daher ist dieser Antrag nicht gebührenfrei.
Dasselbe Ergebnis hat der Antrag eines ausländischen Insolvenzverwalters, amtliche
Vorbemerkung 2.3.

Der Eröffnungsantrag des *Bundesaufsichtsamts* nach § 46 b S 3 KWG ist gebühren- 3
frei, LG Stgt Rpfleger **80**, 181.

Kosten des *vorläufigen* Insolvenzverwalters sind bei einer Ablehnung der Eröffnung
des Insolvenzverfahrens keine Auslagen. Die Staatskasse muß sie tragen, LG Ffm
Rpfleger **86**, 496.

2) Streitwert. Der Streitwert errechnet sich nach § 58. 4

3) Fälligkeit. Die Fälligkeit tritt mit dem Eingang des Eröffnungsantrags beim Ge- 5
richt ein, § 7, Zimmer Rpfleger **09**, 16. Das Gericht darf im Eröffnungsverfahren seine
Tätigkeit aber nicht von der Zahlung abhängig machen.

4) Gebührenschuldner. Gebührenschuldner ist der Antragsteller § 23 I 1. Im üb- 6
rigen muß man für die Gebühren die folgende Unterscheidung treffen.

A. Eröffnungsantrag des Gläubigers. Sofern das Gericht den Antrag *abweist* 7
oder sofern der Gläubiger den Antrag *zurücknimmt*, ist nur der Gläubiger Gebührenschuldner,
§ 23 I 1.

Bei einer *Eröffnung* des Verfahrens ist der Gläubiger neben dem Schuldner Gebüh- 8
renschuldner, § 23 I 1. Die Gebühr gehört zu den Kosten des Insolvenzverfahrens,
§ 54 Z 1 InsO. Soweit der Gläubiger die Gebühr bezahlt hat, gehört sein Erstattungsanspruch
zu den Kosten des Insolvenzverfahrens.

B. Eröffnungsantrag des Schuldners. Hier findet keine Anrechnung statt. Es 9
gilt KV 2310. Der Antrag eines ausländischen Insolvenzverwalters steht einem Schuldnerantrag
gleich, amtliche Vorbemerkung 2.3.

5) Auslagenschuldner. Schuldner der Auslagen, zB §§ 8, 21, 23, 25 I InsO, sind 10
die folgenden Personen.

A. Ablehnung, Rücknahme. Bei einer Ablehnung oder Rücknahme des Eröff- 11
nungsantrags ist der Antragsteller auch Auslagenschuldner, § 23 I 2. Wegen der Auslagen
nach KV 9017 vgl § 23 I 3.

B. Eröffnung. Bei einer Eröffnung des Insolvenzverfahrens ist der Schuldner Aus- 12
lagenschuldner, § 23 III. Die Schuld gehört dann zu den Kosten des Insolvenzverfahrens,
§ 54 Z 1 InsO.

Ein nach § 26 I InsO vorgeschossener Betrag haftet für Gebühren und Auslagen.

6) Mehrheit selbständiger Anträge. Mehrere Anträge begründen jeweils dann 13
Gebühren, wenn sie selbständig erfolgen. Selbständige Anträge liegen dann vor, wenn
der Gläubiger und der Schuldner jeweils einen Eröffnungsantrag stellen. Das gilt schon
deshalb, weil dann die Wertberechnung verschieden ist. § 58. Mehrere Anträge liegen
grundsätzlich dann vor, wenn mehrere Gläubiger einen Eröffnungsantrag stellen, LG
Gießen JB **96**, 486.

Die Unterscheidung, ob Anträge *gemeinsam oder getrennt* sind, ist wegen des Fehlens
eines inneren Zusammenhangs und wegen der Unanwendbarkeit des § 5 ZPO
grundsätzlich unbrauchbar.

7) Mehrheit zusammenhängender Anträge. Etwas anderes gilt ausnahmsweise 14
dann, wenn zwischen den Eröffnungsanträgen wirklich ein innerer Zusammenhang
besteht, also zum Beispiel ein Gesamtgläubiger solche Anträge stellen. Dann entsteht nur
eine Gebühr. Dementsprechend entsteht auch dann nur eine Gebühr, wenn zB mehrere
gesetzliche Vertreter zusammen oder getrennt die Eröffnung beantragen, etwa die
Vorstandsmitglieder einer Aktiengesellschaft. Einzelheiten Uhlenbruck KTS **87**, 565.

KV Vorb 2.3.2, 2320–2332   Kostenverzeichnis

Abschnitt 2. Durchführung des Insolvenzverfahrens auf Antrag des Schuldners

(Amtliche) Vorbemerkung 2.3.2:
Die Gebühren dieses Abschnitts entstehen auch, wenn das Verfahren gleichzeitig auf Antrag eines Gläubigers eröffnet wurde.

Nr.	Gebührentatbestand	Gebühr oder Satz der Gebühr nach § 34 GKG
2320	Durchführung des Insolvenzverfahrens .... Die Gebühr entfällt, wenn der Eröffnungsbeschluss auf Beschwerde aufgehoben wird.	2,5
2321	Einstellung des Verfahrens vor dem Ende des Prüfungstermins nach den §§ 207, 211, 212, 213 InsO: Die Gebühr 2320 ermäßigt sich auf	0,5
2322	Einstellung des Verfahrens nach dem Ende des Prüfungstermins nach den §§ 207, 211, 212, 213 InsO: Die Gebühr 2320 ermäßigt sich auf	1,5

Abschnitt 3. Durchführung des Insolvenzverfahrens auf Antrag eines Gläubigers

(Amtliche) Vorbemerkung 2.3.3:
Dieser Abschnitt ist nicht anzuwenden, wenn das Verfahren gleichzeitig auf Antrag des Schuldners eröffnet wurde.

Nr.	Gebührentatbestand	Gebühr oder Satz der Gebühr nach § 34 GKG
2330	Durchführung des Insolvenzverfahrens .... Die Gebühr entfällt, wenn der Eröffnungsbeschluss auf Beschwerde aufgehoben wird.	3,0
2331	Einstellung des Verfahrens vor dem Ende des Prüfungstermins nach den §§ 207, 211, 212, 213 InsO: Die Gebühr 2330 ermäßigt sich auf	1,0
2332	Einstellung des Verfahrens nach dem Ende des Prüfungstermins nach den §§ 207, 211, 212, 213 InsO: Die Gebühr 2330 ermäßigt sich auf	2,0

Zu KV 2330–2332:

1   **1) Systematik.** Sobald das Gericht das Insolvenzverfahren eröffnet hat, wird seine gesamte weitere Tätigkeit bis zur Beendigung des Verfahrens durch die unterschiedlich hohen Verfahrensgebühren KV 2320 (zumindest auch Antrag des Schuldners) oder KV 2330 (zumindest auch Antrag nur von Gläubigerseite) abgegolten. Neben ihnen können besondere Gebühren nur nach den KV 2340, 2360, 2363 entstehen. Eine nachträgliche Berücksichtigung nach § 192 InsO kann die Gebühr nur insoweit beeinflussen, als sie den Wert der Insolvenzmasse erhöht. Über den Zeitpunkt des Kostenansatzes § 14 Z 1 KostVfg, Teil VII A dieses Buchs.

2   **2) Gebührenhöhe.** Einem Grundsatz stehen zwei Ausnahmegruppen gegenüber.
    A. Grundsatz, KV 2320, 2330. Die Gebühr beträgt grundsätzlich 2,5 Gebühr, soweit zumindest auch der Schuldner den Eröffnungsantrag gestellt hatte. Sie beträgt aber grundsätzlich 3,0 Gebühr, soweit ein Eröffnungsantrag nur des Gläubigers vorgelegen hatte.

3   **B. Ermäßigung nach KV 2321, 2331.** Eine Ermäßigung auf 0,5 Gebühr (Antrag zumindest auch des Schuldners) oder auf 1,0 Gebühr (Antrag nur mit Gläubigerseite) tritt ein, soweit das Gericht das Verfahren vor dem Ende des Prüfungstermins nach §§ 207, 211, 212, 213 InsO einstellt, Rn 1, Zimmer Rpfleger 09, 16.

Kostenverzeichnis 2332–2350 KV

C. Ermäßigung nach KV 2322, 2332. Eine geringere Ermäßigung tritt ein, soweit das Gericht das Insolvenzverfahren später als nach Rn 3 einstellt. In diesem Fall ist es unerheblich, welchen Stand das Verfahren im Zeitpunkt der Einstellung hatte. 4

3) Streitwert. Der Streitwert errechnet sich nach § 58. 5

4) Fälligkeit, Kostenschuldner. Der Eröffnungsbeschluß ist nur eine zeitliche Voraussetzung der Durchführung, nicht eine kostenrechtliche. Der Eröffnungsbeschluß gehört außerdem einem anderen Verfahren an. Der Umstand, daß die Höhe der Durchführungsgebühr erst bei einer Beendigung des Insolvenzverfahrens feststeht, hat mit ihrer Fälligkeit nichts zu tun und begründet nur einen Aufschub der Erhebung. 6

Deshalb ist für die Fälligkeit erst der *Beginn der Durchführung* entscheidend, Zimmer Rpfleger **09**, 16, auch wenn ein Eröffnungsbeschluß zu Unrecht fehlt. Wenn eine nachträgliche Ermäßigung eintritt, muß man das zuviel Gezahlte zurückzahlen, ein im Kostenrecht sehr häufiger Fall. 7

Gebührenschuldner ist der Schuldner, § 23 III, nicht der inländische Insolvenzverwalter, wohl aber der ausländische, amtliche Vorbemerkung 2.3. Ein Vorschuß richtet sich nach § 26 I 2 InsO. 8

Abschnitt 4. Besonderer Prüfungstermin und schriftliches Prüfungsverfahren (§ 177 InsO)

Nr.	Gebührentatbestand	Gebühr oder Satz der Gebühr nach § 34 GKG
2340	Prüfung von Forderungen je Gläubiger	15,00 EUR

1) Geltungsbereich. Die Gebühr (jetzt) KV 2340 ist eine Aktgebühr, Uhlenbruck KTS **75**, 17. Sie entsteht erst dann, wenn der besondere Prüfungstermin auch tatsächlich stattfindet oder wenn das Insolvenzgericht die besondere Prüfung im schriftlichen Verfahren tatsächlich anordnet. Die Gebühr entsteht auch dann, wenn diese besondere Prüfung auch jeweils zur Klärung anderer Forderungen führt. Wenn das Gericht also im Termin auch andere Forderungen ohne einen Widerspruch eines Beteiligten mitprüft oder noch andere Geschäfte vornimmt, berührt das die Gebühr KV 2340 nicht. Aus einer solchen Mitprüfung entsteht auch keine Neugebühr für einen anderen Gläubiger. 1

Es handelt sich um eine *Festgebühr*. Sie deckt auch die Kosten der öffentlichen Bekanntmachung ab, KV 9004 amtliche Anmerkung.

2) Kostenschuldner. Gebührenschuldner ist derjenige Gläubiger, der den besonderen Prüfungstermin beantragt hat. Bei mehreren Schuldnern muß man die Gebühr für jeden gesondert berechnen. Die Gläubiger der ohne einen Widerspruch mitgeprüften Forderungen haften nicht mit. 2

Abschnitt 5. Restschuldbefreiung

Nr.	Gebührentatbestand	Gebühr oder Satz der Gebühr nach § 34 GKG
2350	Entscheidung über den Antrag auf Versagung oder Widerruf der Restschuldbefreiung (§§ 296, 297, 300, 303 InsO)	30,00 EUR

1) Geltungsbereich. Aus dem gesamten Verfahren der Restschuldbefreiung nach §§ 286 ff InsO sind nach § 1 nur die in KV 2350 abschließend genannten Entscheidungen nach §§ 296, 297, 300, 303 InsO besonders gebührenpflichtig. Dabei kommt es nicht darauf an, wer den jeweiligen Antrag stellt und ob der Antrag Erfolg hat oder nicht. 1

2) Streitwert. Seine Ermittlung entfällt. Denn KV 2350 nennt eine Festgebühr. 2

3) Fälligkeit, Kostenschuldner. Gebührenschuldner ist derjenige Insolvenzgläubiger, der die Versagung oder den Widerruf der Restschuldbefreiung beantragt, § 23 II. 3

431

KV 2360–2362   Kostenverzeichnis

Abschnitt 6. Beschwerden
Unterabschnitt 1. Beschwerde

Nr.	Gebührentatbestand	Gebühr oder Satz der Gebühr nach § 34 GKG
2360	Verfahren über die Beschwerde gegen die Entscheidung über den Antrag auf Eröffnung des Insolvenzverfahrens	1,0

1   **1) Geltungsbereich.** Zum Beschwerdeverfahren nach KV 2360 gehört dasjenige gegen einen Eröffnungsbeschluß, § 34 II InsO, wie gegen einen zurückweisenden Beschluß, § 34 I InsO. Das Beschwerdeverfahren beginnt mit dem Eingang des Rechtsmittels. Es endet mit dessen abschließender Bearbeitung. Es kommt nicht darauf an, ob die Beschwerde statthaft, zulässig und begründet ist. Eine Rücknahme der Beschwerde ist unerheblich. Eine Aufhebung des Eröffnungsbeschlusses läßt KV 2310, 2311 bestehen, soweit nicht § 21 anwendbar wird.

2   **2) Streitwert.** Vgl § 58 I, III. Nur in diesen Grenzen gilt das wirtschaftliche Interesse des Antragstellers, BGH JB 03, 253.

3   **3) Fälligkeit, Kostenschuldner usw.** Die Fälligkeit tritt mit dem Eingang der Beschwerde ein, § 6 I.

Man muß den *Gebührenschuldner* in einer entsprechenden Anwendung des § 23 I ermitteln, nicht nach § 22. Beim Erfolg der Beschwerde haftet ferner der in die Kosten verurteilte Gegner, §§ 29 Z 1, 31 II.

Nr.	Gebührentatbestand	Gebühr oder Satz der Gebühr nach § 34 GKG
2361	Verfahren über nicht besonders aufgeführte Beschwerden, die nicht nach anderen Vorschriften gebührenfrei sind: Die Beschwerde wird verworfen oder zurückgewiesen Wird die Beschwerde nur teilweise verworfen oder zurückgewiesen, kann das Gericht die Gebühr nach billigem Ermessen auf die Hälfte ermäßigen oder bestimmen, dass eine Gebühr nicht zu erheben ist.	50,00 EUR

1   **1) Geltungsbereich.** Es handelt sich um eine Auffangbestimmung. Für ein nicht unter KV 2360 fallendes Beschwerdeverfahren entsteht die Festgebühr nur, soweit das Beschwerdegericht die Beschwerde zurückweist oder verwirft. Bei jedem anderen Ergebnis entsteht keine Gebühr. Sie entsteht also auch wie zB bei KV 1700, 1812 dann nicht, wenn der Beschwerdeführer die Beschwerde zurücknimmt.

2   **2) Fälligkeit, Kostenschuldner usw.** Die Fälligkeit tritt mit der Entscheidung ein, § 6 I.

Gebührenschuldner ist der Beschwerdeführer, § 29 Z 1. Ist der Insolvenzverwalter Beschwerdeführer, haftet die Masse. Ist der Schuldner des Insolvenzverfahrens der Beschwerdeführer, zahlt er aus seinem freien Vermögen. Die Auslagen sind beim Erfolg der Beschwerde Kosten des Insolvenzverfahrens und Massekosten, § 54 InsO.

Unterabschnitt 2. Rechtsbeschwerde

Nr.	Gebührentatbestand	Gebühr oder Satz der Gebühr nach § 34 GKG
2362	Verfahren über die Rechtsbeschwerde gegen die Beschwerdeentscheidung im Verfahren über den Antrag auf Eröffnung des Insolvenzverfahrens	2,0

Kostenverzeichnis 2363–2420 KV

Nr.	Gebührentatbestand	Gebühr oder Satz der Gebühr nach § 34 GKG
2363	Beendigung des gesamten Verfahrens durch Zurücknahme der Rechtsbeschwerde oder des Antrags: Die Gebühr 2362 ermäßigt sich auf	1,0
2364	Verfahren über nicht besonders aufgeführte Rechtsbeschwerden, die nicht nach anderen Vorschriften gebührenfrei sind: Soweit die Rechtsbeschwerde verworfen oder zurückgewiesen wird .... Wird die Rechtsbeschwerde nur teilweise verworfen oder zurückgewiesen, kann das Gericht die Gebühr nach billigem Ermessen auf die Hälfte ermäßigen oder bestimmen, dass eine Gebühr nicht zu erheben ist.	100,00 EUR

Zu KV 2362–2364:

1) **Geltungsbereich.** Die Vorschriften stimmen weitgehend mit KV 1823–1826   1
weitgehend überein. Vgl daher dort.

Hauptabschnitt 4. Schifffahrtsrechtliches Verteilungsverfahren

Abschnitt 1. Eröffnungsverfahren

Nr.	Gebührentatbestand	Gebühr oder Satz der Gebühr nach § 34 GKG
2410	Verfahren über den Antrag auf Eröffnung des Verteilungsverfahrens	1,0

1) **Geltungsbereich.** Vgl KV 2310, 2311 Rn 1–3 entsprechend. Das Verfahren   1
beginnt mit dem Antragseingang nach § 4 SVertO beim Gericht. Es endet mit dem Beschluß nach § 7 SVertO. Die Gebühr KV 2410 deckt alle Maßnahmen im Eröffnungsverfahren ab. Es ist unerheblich, ob der Antrag statthaft, zulässig und begründet ist. Eine Antragsrücknahme ist ebenfalls unerheblich. Die bei oder ab der Eröffnung getroffenen weiteren Maßnahmen fallen unter KV 2420, zB solche nach §§ 9 ff SVertO. Es gibt keine Ermäßigungsvorschrift.

2) **Streitwert.** Der Streitwert errechnet sich nach § 59.   2

3) **Fälligkeit, Kostenschuldner usw.** Vgl § 59 Rn 3.   3

Abschnitt 2. Verteilungsverfahren

Nr.	Gebührentatbestand	Gebühr oder Satz der Gebühr nach § 34 GKG
2420	Durchführung des Verteilungsverfahrens	2,0

1) **Geltungsbereich.** Auch die zu KV 2410 hinzutretende Durchführungsgebühr   1
ist eine Verfahrensgebühr. Sie gilt die gesamte an den Eröffnungsbeschluß anschließende Tätigkeit des Gerichts zB nach §§ 9 ff SVertO bis zur Beendigung des Verfahrens durch eine Aufhebung oder Einstellung ab. Besondere Gebühren entstehen daneben nur nach KV 2430, 2440, 2441. Auch eine Nachtragsverteilung nach § 26 VI SVertO ist mitabgegolten.

2) **Streitwert.** Der Streitwert errechnet sich nach § 59.   2

3) **Fälligkeit, Kostenschuldner usw.** Die Fälligkeit tritt mit der Verfahrenseröffnung ein, § 7 III.   3
Der *Kostenschuldner* ergibt sich nach § 25.

KV 2430–2500

Abschnitt 3. Besonderer Prüfungstermin

Nr.	Gebührentatbestand	Gebühr oder Satz der Gebühr nach § 34 GKG
2430	Prüfung von Forderungen in einem besonderen Prüfungstermin (§ 11 SVertO) je Gläubiger	15,00 EUR

1 **1) Geltungsbereich.** Das Prüfungsverfahren ist demjenigen der InsO nachgebildet. § 18 SVertO verweist wegen nachträglicher Anmeldungen unter anderem auf § 177 InsO, abgedruckt in § 33 Rn 2. Die besondere Prüfungsgebühr ist eine Aktgebühr. Vgl wegen der Einzelheiten KV 2340 Rn 1.

2 **2) Fälligkeit, Kostenschuldner usw.** Die Fälligkeit tritt mit der Anberaumung des Prüfungstermins ein, § 7 III. Man braucht keinen Auslagenvorschuß zu zahlen. Denn das Gericht muß den Prüfungstermin von Amts wegen anberaumen, § 17.

Kostenschuldner ist derjenige Gläubiger, der seine Forderung zu einem besonderen Prüfungstermin anmeldet, §§ 18 SVertO, 177 I, II InsO. Bei einer Mehrheit von Gläubigern gilt KV 2430 Rn 1 entsprechend.

Abschnitt 4. Beschwerde und Rechtsbeschwerde

Nr.	Gebührentatbestand	Gebühr oder Satz der Gebühr nach § 34 GKG
2440	Verfahren über Beschwerden, die nicht nach anderen Vorschriften gebührenfrei sind: Soweit die Beschwerde verworfen oder zurückgewiesen wird	50,00 EUR
	Wird die Beschwerde nur teilweise verworfen oder zurückgewiesen, kann das Gericht die Gebühr nach billigem Ermessen auf die Hälfte ermäßigen oder bestimmen, dass eine Gebühr nicht zu erheben ist.	
2441	Verfahren über Rechtsbeschwerden: Soweit die Rechtsbeschwerde verworfen oder zurückgewiesen wird	100,00 EUR
	Wird die Rechtsbeschwerde nur teilweise verworfen oder zurückgewiesen, kann das Gericht die Gebühr nach billigem Ermessen auf die Hälfte ermäßigen oder bestimmen, dass eine Gebühr nicht zu erheben ist.	

Zu KV 2440, 2441:

1 **1) Geltungsbereich.** Die Vorschriften stimmen wesentlich mit KV 1812 überein. Vgl daher dort.

Hauptabschnitt 5. Rüge wegen Verletzung des Anspruchs auf rechtliches Gehör

Nr.	Gebührentatbestand	Gebühr oder Satz der Gebühr nach § 34 GKG
2500	Verfahren über die Rüge wegen Verletzung des Anspruchs auf rechtliches Gehör (§ 321 a ZPO, § 4 InsO, § 3 Abs. 1 Satz 1 SVertO): Die Rüge wird in vollem Umfang verworfen oder zurückgewiesen	50,00 EUR

1 **1) Geltungsbereich.** Die Vorschrift stimmt weitgehend mit KV 1700 überein. Vgl daher dort.

Teil 3. Strafsachen und gerichtliche Verfahren nach dem Strafvollzugsgesetz, auch in Verbindung mit § 92 des Jugendgerichtsgesetzes

Übersicht

Vorbem. Überschrift ergänzt dch Art 4 Z 6b G v 13. 12. 07, BGBl 2894, in Kraft seit 1. 1. 08, Art 7 G, Übergangsrecht § 71 GKG.

Schrifttum: *Oestreich/Winter/Hellstab,* Gerichtskosten in Strafsachen und gerichtlichen OWiG-Verfahren, 1999.

1) Geltungsbereich. Strafsache im Sinn des GKG ist nur ein solches Verfahren nach der StPO oder dem JGG vor einem ordentlichen Gericht, das sich auf die Verhängung einer öffentlichen Strafe richtet, § 1 I Z 5, einschließlich des Verfahrens nach §§ 440 ff StPO.

Demgemäß ist das *GKG nicht anwendbar:* Auf ein Ehrengerichtsverfahren; auf ein Dienststrafverfahren; auf ein Verfahren der Finanzbehörde; auf ein solches Verfahren vor einem ordentlichen Gericht, das nur eine Ordnungsmaßnahme oder eine Zwangsmaßnahme oder eine Maßnahme wegen einer Ungebühr betrifft.

2) Gebührenpflicht. Die Gebührenpflicht in Strafsachen knüpft grundsätzlich nicht wie diejenige im bürgerlichen Rechtsstreit an eine bestimmte gerichtliche Handlung an, sondern an die Tatsache, daß das Gericht rechtskräftig auf eine Strafe erkannt hat, amtliche Vorbemerkung 3.1 I. Die Gebührenhöhe richtet sich nach der Höhe der Strafe, KV 3110 ff, oder nach einem festen Satz, also nicht nach einem Streitwert nach § 3 I.

Voraussetzung der Entstehung einer Gebühr ist grundsätzlich eine rechtskräftige gerichtliche *Entscheidung* über die Kosten des Verfahrens. Ohne eine solche Kostenentscheidung besteht allenfalls eine Zahlungspflicht in einer Privatklagesache, in der Rechtsmittelinstanz oder für das Wiederaufnahmeverfahren. Das gilt auch für den Nebenkläger, wegen der Auslagen auch für den Widerkläger.

Die Gebühren sind Festgebühren oder nach der Strafe *pauschaliert.* Die Fälligkeit der Kosten tritt mit der Rechtskraft einer verurteilenden Entscheidung ein, § 8 I. Soweit das Gesetz keine Gebühr vorsieht, besteht eine Gebührenfreiheit, § 1 I 1. In einer Strafvollzugssache gilt das GKG ebenfalls, § 1 I Z 8, KV 3810–3821. Vgl im übrigen § 10 JVKostO, Teil VIII A dieses Buchs.

Das staatsanwaltschaftliche *Ermittlungsverfahren* läßt Kosten im Rahmen der StPO entstehen, § 1 I Z 5. *Auslieferungsverfahren* ist gebührenfrei.

Auslagen muß man gemäß KV 9000 ff berechnen, soweit sie entstanden sind.

3) Privatklagesache. In einem solchen Verfahren entstehen Gebühren nach verschiedenen Grundsätzen, KV 3310 ff. Der Privatkläger und der Nebenkläger sind nach § 16 vorschußpflichtig.

4) Bußgeldverfahren. Wegen dieses Verfahrens vgl KV 4110 ff.

(Amtliche) Vorbemerkung 3:

[I] § 473 Abs. 4 StPO und § 74 JGG bleiben unberührt.

[II] [1] Im Verfahren nach Wiederaufnahme werden die gleichen Gebühren wie für das wiederaufgenommene Verfahren erhoben. [2] Wird jedoch nach Anordnung der Wiederaufnahme des Verfahrens das frühere Urteil aufgehoben, gilt für die Gebührenerhebung jeder Rechtszug des neuen Verfahrens mit dem jeweiligen Rechtszug des früheren Verfahrens zusammen als ein Rechtszug. [3] Gebühren werden auch für Rechtszüge erhoben, die nur im früheren Verfahren stattgefunden haben. [4] Dies gilt auch für das Wiederaufnahmeverfahren, das sich gegen einen Strafbefehl richtet (§ 373a StPO).

KV Vorbem 3.1

Hauptabschnitt 1. Offizialverfahren

(Amtliche) Vorbemerkung 3.1:

^I In Strafsachen bemessen sich die Gerichtsgebühren für alle Rechtszüge nach der rechtskräftig erkannten Strafe.

^{II} Ist neben einer Freiheitsstrafe auf Geldstrafe erkannt, ist die Zahl der Tagessätze der Dauer der Freiheitsstrafe hinzuzurechnen; dabei entsprechen 30 Tagessätze einem Monat Freiheitsstrafe.

^{III} Ist auf Verwarnung mit Strafvorbehalt erkannt, bestimmt sich die Gebühr nach der vorbehaltenen Geldstrafe.

^{IV} Eine Gebühr wird für alle Rechtszüge bei rechtskräftiger Anordnung einer Maßregel der Besserung und Sicherung und bei rechtskräftiger Festsetzung einer Geldbuße gesondert erhoben.

^V [1] Wird aufgrund des § 55 Abs. 1 StGB in einem Verfahren eine Gesamtstrafe gebildet, bemisst sich die Gebühr für dieses Verfahren nach dem Maß der Strafe, um das die Gesamtstrafe die früher erkannte Strafe übersteigt. [2] Dies gilt entsprechend, wenn ein Urteil, in dem auf Jugendstrafe erkannt ist, nach § 31 Abs. 2 JGG in ein neues Urteil einbezogen wird. [3] In den Fällen des § 460 StPO und des § 66 JGG verbleibt es bei den Gebühren für die früheren Verfahren.

^{VI} [1] Betrifft eine Strafsache mehrere Angeschuldigte, ist die Gebühr von jedem gesondert nach Maßgabe der gegen ihn erkannten Strafe, angeordneten Maßregel der Besserung und Sicherung oder festgesetzten Geldbuße zu erheben. [2] Wird in einer Strafsache gegen einen oder mehrere Angeschuldigte auch eine Geldbuße gegen eine juristische Person oder eine Personenvereinigung festgesetzt, ist eine Gebühr auch von der juristischen Person oder der Personenvereinigung nach Maßgabe der gegen sie festgesetzten Geldbuße zu erheben.

^{VII} [1] Wird bei Verurteilung wegen selbstständiger Taten ein Rechtsmittel auf einzelne Taten beschränkt, bemisst sich die Gebühr für das Rechtsmittelverfahren nach der Strafe für diejenige Tat, die Gegenstand des Rechtsmittelverfahrens ist. [2] Bei Gesamtstrafen ist die Summe der angefochtenen Einzelstrafen maßgebend. [3] Ist die Gesamtstrafe, auch unter Einbeziehung der früher erkannten Strafe, geringer, ist diese maßgebend. [4] Wird ein Rechtsmittel auf die Anordnung einer Maßregel der Besserung und Sicherung oder die Festsetzung einer Geldbuße beschränkt, werden die Gebühren für das Rechtsmittelverfahren nur wegen der Anordnung der Maßregel oder der Festsetzung der Geldbuße erhoben. [5] Die Sätze 1 bis 4 gelten im Fall der Wiederaufnahme entsprechend.

^{VIII} Das Verfahren über die vorbehaltene Sicherungsverwahrung und das Verfahren über die nachträgliche Anordnung der Sicherungsverwahrung gelten als besondere Verfahren.

Gliederung

1) Geltungsbereich, I–VIII 1
2) Maßgeblichkeit der Strafe, I 2–14
   A. Begriff des Rechtszugs
   B. Verweisung; mehrere Urteile 3
   C. Verurteilung 4
   D. Freispruch 5
   E. Zurückverweisung 6
   F. Weitere Einzelfragen 7, 8
   G. Rechtskräftig erkannte Strafe 9
   H. Strafbegriff 10, 11
   I. Formelle Rechtskraft 12
   J. Jugendstrafe 13
   K. Erziehungsmaßregel usw 14
3) Geldstrafe neben Freiheitsstrafe, II 15, 16
   A. Beide Strafen als Hauptstrafen 15
   B. Ersatzweise Freiheitsstrafe 16
4) Verwarnung mit Strafvorbehalt, III 17
5) Besserungs- und Sicherungsmaßregeln, Geldbuße, IV 18
6) Gesamtstrafe, V 1 19
7) Einbeziehung einer Jugendstrafe, V 2 20

Kostenverzeichnis   **Vorbem 3.1 KV**

8) Nachträgliche Gesamtstrafe, Ergänzung rechtskräftiger Entscheidungen,
   V 3 21
9) Mehrheit von Angeschuldigten, VI 22–25
   A. Gebühr 22
   B. Auslagen 23–25
10) **Rechtsmittelbeschränkung, VII** 26–28
    A. Bei Bestrafung, VII 1–3 26
    B. Bei Maßregel der Besserung und Sicherung, VII 4 27
    C. Bei Wiederaufnahme, VII 5 28
11) **Vorbehaltene und nachträgliche Sicherungsverwahrung VIII** 29

1) Geltungsbereich, I–VIII. Die Vorschrift bezieht sich auf jede beliebige Strafsache nach Üb 1 vor § 40. Zum Strafverfahren gehört auch das staatsanwaltliche Ermittlungsverfahren. Wegen einer juristischen Person gilt VI 2.   1

2) Maßgeblichkeit der Strafe, I. Voraussetzung ist eine gerichtliche Kostengrundentscheidung, § 29 Z 1. Sie bindet für die gesamte Kostenberechnung. I bestimmt, daß sich die Gerichtsgebühren für alle Rechtszüge an demselben Bemessungsmaßstab orientieren, nämlich an der schließlich rechtskräftig erkannten Strafe. Das bedeutet: Die letzte Instanz ist maßgeblich.   2

A. Begriff des Rechtszugs. Die Gebühr deckt die gesamte gerichtliche Tätigkeit dieser Instanz ab, soweit das Gesetz nicht eine besondere Gebühr vorsieht. Rechtszug nach I ist das Verfahren vom ersten Tätigwerden der zur Entscheidung berufenen Stelle der ersten oder der höheren Instanz bis zum Erlaß des Urteils, bis zur Verwerfung des Rechtsmittels oder bis zur Zurücknahme des Rechtsmittels. Auch eine anschließende zugehörige Amtshandlung kann noch zum Rechtszug zählen. Jede Gebühr entsteht für jeden Rechtszug nur einmal. Eine Wiedereinsetzung in den vorigen Stand oder ein Einspruch gegen einen Strafbefehl begründen keinen neuen Rechtszug. Wegen einer Wiederaufnahme des Verfahrens gelten KV 3140, 3141, 3340, 3341 usw. Eine Verbindung schafft einen Rechtszug. Eine Trennung begründet mehrere Rechtszüge.

B. Verweisung; mehrere Urteile. Eine Verweisung an ein anderes Gericht bringt keinen neuen Rechtszug. Wenn in demselben Rechtszug mehrere auf eine Strafe lautende rechtskräftige Urteile ergehen, entsteht die Gebühr mit jedem Urteil neu. Man muß sie nach seinem Inhalt berechnen. Die Gebühren dürfen den Betrag der Strafe nicht übersteigen.   3

C. Verurteilung. Sofern eine rechtskräftige Verurteilung erfolgt, entstehen die Gerichtsgebühren für diese Instanz und für sämtliche Vorinstanzen nach dem Betrag der rechtskräftig erkannten Strafe. Das gilt unabhängig davon, mit welchem Ergebnis die Vorinstanzen endeten.   4

D. Freispruch. Wenn das Gericht den Angeklagten im letzten Rechtszug rechtskräftig freigesprochen hat, entsteht für keine Instanz irgendeine Gerichtsgebühr. Auch dann ist es also unerheblich, wie die Vorinstanzen endeten.   5

E. Zurückverweisung. Soweit das Gericht das Verfahren zurückverweist, kommt es auf das nach der Zurückverweisung verhängte endgültige Urteil an. Soweit dieses Urteil bei der bereits vor der Zurückverweisung erkannten Strafe bleibt, muß der Angeklagte auch die Rechtsmittelkosten tragen. Soweit dieses neue Urteil von demjenigen vor der Zurückverweisung unterschiedlich ist, entscheidet diejenige Strafe, die das Gericht nach der Zurückverweisung in der nunmehr letzten Instanz verhängt hat. Freilich hat eine etwaige Kostengrundentscheidung anläßlich der Zurückverweisung auch hier wie überhaupt nach Rn 2 eine Bindungswirkung und daher den Vorrang.   6

Ein *erneutes Rechtsmittel* nach einer Zurückverweisung begründet ebenfalls keinen neuen Rechtszug, anders als im Zivilprozeß. Das gilt auch und gerade bei der Zurückverweisung an ein anderes Gericht. Bei einem nach der Zurückverweisung erneuten Rechtsmittel entsteht gebührenmäßig kein neuer Rechtsmittelzug.

F. Weitere Einzelfragen. Stets kann man die Gebühr eines Rechtszugs nur nach derjenigen Strafe bemessen, über die das Gericht in diesem Rechtszug entschieden hat. Das gilt freilich nur in den Grenzen des in Rn 4 genannten vorrangigen Grundsatzes.   7

KV Vorbem 3.1 Kostenverzeichnis

8   Soweit sich das Rechtsmittel nur gegen eine der in V genannten Verurteilungen richtet, ist nur die jeweilige Festgebühr nach KV 3420ff maßgebend. Wie stets, bleibt schon wegen des Worts „nur" in § 1 I 1 ein Vorgang kostenfrei, soweit das GKG ihn nicht ausdrücklich gebühren- und/oder auslagenpflichtig macht.

9   **G. Rechtskräftig erkannte Strafe.** Maßgeblich ist die rechtskräftig erkannte Strafe, KV 3110ff. Allerdings stehen folgende Maßnahmen einer Verurteilung gleich: Die Anordnung einer Maßnahme der Besserung und Sicherung, IV Hs 1; eine Verwarnung mit einem Strafvorbehalt, III; eine Straffreierklärung, das Absehen von einer Strafe, zB §§ 84 IV, 89 III, 129 V StGB, 465 I StPO.

Einer Bestrafung stehen zB folgende Entscheidungen nicht gleich: Das Absehen von der Erhebung der öffentlichen Klage durch die Staatsanwaltschaft, § 153a I StPO; die Einstellung des Verfahrens nach § 153a II StPO; eine Einstellung des Verfahrens aus einem anderen Grund; ein Freispruch.

10 **H. Strafbegriff.** „Strafe" ist im Sinn des GKG nur die Hauptstrafe. Eine Ersatzfreiheitsstrafe und eine Nebenstrafe bleiben unberücksichtigt. Strafe ist die Gesamtstrafe, nicht die Summe der Einzelfreiheitsstrafen. Bei mehreren Geldstrafen als Hauptstrafen muß man natürlich zusammenzählen.

11 Neben einer Strafe bleiben vor allem *folgende Maßnahmen unbeachtet:* Der Verlust der Amtsfähigkeit usw, § 45 StGB; eine Veröffentlichungsbefugnis; ein Gnadenerweis; eine Amnestie; die Anrechnung der Untersuchungshaft.

12 **I. Formelle Rechtskraft.** Das Gericht muß die Strafe oder Maßnahme rechtskräftig verhängt haben. Demnach entsteht die Gerichtsgebühr erst mit der formellen Rechtskraft der Entscheidung, mag es sich um ein Urteil oder um einen Strafbefehl handeln. Sie gilt dann aber das gesamte vorangegangene Verfahren ab. Sie ist also keine Aktgebühr, sondern eine Verfahrensgebühr.

13 **J. Jugendstrafe.** Auch bei einer Verurteilung zu einer Jugendstrafe nach § 17 JGG vor dem Jugendgericht oder vor dem Erwachsenengericht entstehen Gerichtskosten erst mit der rechtskräftigen Verurteilung. Eine Strafaussetzung ändert an der Gebühr nichts, wohl aber eine Aussetzung der Entscheidung über die Verhängung einer Jugendstrafe. Dann kommt es darauf an, ob das Gericht die Jugendstrafe doch noch rechtskräftig verhängt. Im Verfahren gegen einen Jugendlichen kann das Gericht aber von der Auferlegung von Kosten oder Auslagen absehen, § 74 JGG. Dasselbe gilt im Verfahren gegen einen Heranwachsenden (18, aber noch nicht 21 Jahre alt), soweit eine Jugendstrafe in Betracht kommt, §§ 105ff JGG, soweit das Gericht also das allgemeine Strafrecht nicht anwendet.

14 **K. Erziehungsmaßregel usw.** Die Verhängung einer Erziehungsmaßregel oder eines Zuchtmittels nach §§ 9–16 JGG ist keine Strafe. Dann entstehen also keine Gebühren, wohl aber Auslagen, falls das Gericht nicht auch davon absieht, die Auslagen dem Angeklagten aufzuerlegen, § 74 JGG.

15 **3) Geldstrafe neben Freiheitsstrafe, II.** Man muß die folgenden Situationen unterscheiden.

A. Beide Strafen als Hauptstrafen. Soweit das Gericht sowohl eine Geldstrafe als auch daneben eine Freiheitsstrafe als Hauptstrafen verhängt, muß man die Zahl der Tagessätze der Dauer der Freiheitsstrafe hinzurechnen und die einheitliche Gebühr aus der um die Tagessätze erhöhten Freiheitsstrafe berechnen. Dabei gelten 30 Tagessätze als 1 Monat Freiheitsstrafe.

16 **B. Ersatzweise Freiheitsstrafe.** Soweit das Gericht in erster Linie eine Geldstrafe und nur ersatzweise eine Freiheitsstrafe verhängt, kommt es nur auf die Geldstrafe an.

17 **4) Verwarnung mit Strafvorbehalt, III.** Bei §§ 59ff StGB richtet sich die Gerichtsgebühr nach der vorbehaltenen Geldstrafe, also nach der Zahl der Tagessätze.

18 **5) Besserungs- und Sicherungsmaßregel, Geldbuße, IV.** Für eine solche rechtskräftig verhängte Maßregel entsteht stets für jeden Rechtszug eine Gebühr. Das gilt unabhängig davon, ob das Gericht diese Maßregel selbständig oder neben einem Freispruch oder neben einer Strafe anordnet. Im letzteren Fall muß man sowohl für die Strafe als auch für die Maßregel eine Gebühr berechnen. Mehrere gleichzeitige Maßregeln lösen die Festgebühr KV 3116 nach ihrem klaren Wortlaut nur einmal aus.

6) Gesamtstrafe, V 1. Bei einer Gesamtstrafe durch eine Erhöhung der höchsten 19
Einzelstrafe nach §§ 55 I, 54 I StGB und dann, wenn das Gericht in mehreren Verfahren auf eine Strafe erkennt (Zusatzstrafe), bleibt die für das erste Verfahren berechnete Gebühr unberührt. Dagegen richtet sich die Gebühr in den späteren Verfahren nach der Zusatzstrafe, nicht nach der Einzelstrafe. Das gilt auch dann, wenn die Gebühr für die frühere Strafe und diejenige für die neue Gesamtstrafe in derselben Gebührenstufe liegen. Wenn sich ein Rechtsmittel nur gegen eine Einzelstrafe richtet, ist sie auch für die zugehörige Gebühr allein maßgebend.

7) Einbeziehung einer Jugendstrafe, V 2. Wenn das Gericht unter einer Einbeziehung 20
des Urteils nach § 31 JGG nur einheitlich auf Maßnahmen oder auf eine Jugendstrafe erkennt, nachdem es vorher nur auf eine Erziehungsmaßnahme oder auf ein Zuchtmittel erkannt hatte, entsteht jetzt die Gebühr. Hatte das Gericht schon auf eine Jugendstrafe erkannt, ist die Zusatzstrafe maßgeblich.

8) Nachträgliche Gesamtstrafe, Ergänzung rechtskräftiger Entscheidungen, V 3. 21
Wenn das Gericht eine Gesamtstrafe nachträglich aus mehreren rechtskräftigen Strafen durch einen besonderen Beschluß nach § 460 StPO bildet, ist dieser gebührenfrei. Entsprechendes gilt bei § 66 JGG. Die früheren Gebühren bleiben unberührt.

9) Mehrheit von Angeschuldigten, VI. Man sollte zwei Kostenarten unter- 22
scheiden.

A. Gebühr, I. Für jeden von mehreren in demselben Verfahren Verurteilten muß man die Gebühr unabhängig von der Art der etwaigen Beteiligung nach der gerade nur gegen ihn verhängten Strafe oder Geldbuße oder der gegen ihn erkannten Maßregel der Besserung und Sicherung getrennt berechnen, VI 1. Wenn das Gericht alle Angeklagten in die Kosten verurteilt hat, schulden doch nur die zu einer Strafe Verurteilten Kosten. Das alles gilt auch im Privatklageverfahren und im Nebenklageverfahren. Bei einer selbständig festgesetzten Geldbuße gegen eine juristische Person oder eine Personenvereinigung nach § 444 III StPO muß man die Gebühr nach Maßgabe der Geldbuße erheben, VI 2. Das gilt auch schon in der ersten Instanz.

B. Auslagen, VI. Für sie gilt 23

StPO § 466. Kostenlast Mitverurteilter. [1] **Mitangeklagte, gegen die in bezug auf dieselbe Tat auf Strafe erkannt oder eine Maßregel der Besserung und Sicherung angeordnet wird, haften für die Auslagen als Gesamtschuldner.** [2] **Dies gilt nicht für die durch die Tätigkeit eines bestellten Verteidigers oder eines Dolmetschers und die durch die Vollstreckung, die einstweilige Unterbringung oder die Untersuchungshaft entstandenen Kosten sowie für Auslagen, die durch Untersuchungshandlungen, die ausschließlich gegen einen Mitangeklagten gerichtet waren, entstanden sind.**

Diese Haftung tritt *kraft Gesetzes* ein. Das gilt auch dann, wenn das Urteil sie nicht ausspricht. „In bezug auf dieselbe Tat" verlangt nur eine Tätigkeit der mehreren in Richtung auf die Tat. Daher kann ein unbewußtes und ungewolltes Zusammenwirken in diesem Zusammenhang genügen. Aus diesem Grund besteht eine Gesamthaftung zB beim Diebstahl oder bei der Hehlerei.

Eine Verurteilung in *getrennten Entscheidungen* genügt.

Solche Auslagen, die eindeutig nur wegen anderer Personen wegen selbständiger 24
Straftaten entstanden sind, scheiden hier aus. Wenn mehreren Verurteilten bei einer Amnestie die Kosten erlassen werden, wirkt diese Maßnahme auch für die anderen Verurteilten insoweit, als sie bei einer Inanspruchnahme als Gesamtschuldner gegen den Amnestierten einen Rückgriff nehmen könnten. Das gilt zB wegen der vom Staat verauslagten Verteidigergebühren für den Amnestierten.

Von der Gesamthaftung nimmt § 466 S 2 StPO ausdrücklich diejenigen Auslagen 25
aus, die durch die Tätigkeit eines *Verteidigers* oder *Dolmetschers* oder durch die Vollstreckung, durch die einstweilige Unterbringung oder durch die Untersuchungshaft entstanden sind. Ebenso sind diejenigen Auslagen ausgenommen, die durch eine vorwerfbare Säumnis eines einzelnen Mitbeschuldigten oder durch eine solche Beweiserhebung oder sonstige Untersuchungshandlung entstanden sind, die ausschließlich gegen einen Mitangeklagten gerichtet war. Schließlich ergibt sich keine Gesamthaftung für Auslagen vor einer Verbindung und nach einer Trennung.

| 26 | 10) **Rechtsmittelbeschränkung, VII.** Die Vorschrift übernimmt eine Reihe von Rechtsprechungsregeln. Sie spiegelt im Kostenrecht zwecks Kostengerechtigkeit den Grundsatz, daß die Beschränkung eines Rechtsbehelfs auf Teile der Verurteilung auch eine Beschränkung der Überprüfung des Urteils zur Folge hat. Das gilt unabhängig von der Statthaftigkeit, Zulässigkeit und Begründetheit einer solchen Beschränkung.
A. Bei Bestrafung, VII 1–3. Vgl zunächst Rn 7. Wenn also zB in der ersten Instanz ein Urteil oder ein Strafbefehl wegen zweier Straftaten ergangen ist, derentwegen das Gericht eine Gesamtstrafe festgesetzt hat, und wenn der Angeklagte ein Rechtsmittel nur wegen der einen Straftat eingelegt hat, ist in der höheren Instanz die Einzelstrafe wegen dieser einen Straftat maßgebend. Nur sie oder eine etwa erkannte geringere Strafe kann den Wertmesser dieses Rechtszugs bilden. |

Soweit das Rechtsmittel nur eine *Nebenfolge* betrifft, die allein keine Gebühr verursacht, können auch durch das Urteil der höheren Instanz keine solchen Gebühren entstehen.

VII 2 verhindert, daß für ein beschränktes Rechtsmittel höhere Gebühren als für ein unbeschränktes anfallen.

27   **B. Bei Maßregel der Besserung und Sicherung, VII 4.** Die Vorschrift übernimmt den Grundgedanken von I, Rn 1, 2, soweit der Verurteilte sich nur gegen eine Maßregel der Sicherung und Besserung wendet.

28   **C. Bei Wiederaufnahme, VII 5.** Die Vorschrift stellt klar, daß die Grundsätze Rn 26, 27 auch dann gelten, wenn es um eine Wiederaufnahme geht. Damit ist die insofern teilweise abweichende Lehre und Rechtsprechung überholt.

29   **11) Vorbehaltene und nachträgliche Sicherungsverwahrung, VIII.** Die Verfahren zur vorbehaltenen oder zur nachträglichen Sicherungsverwahrung nach § 275 a StPO gelten jeweils als besondere Verfahren. Jedes dieser Verfahren löst also gesondert Gebühren aus.

Abschnitt 1. Erster Rechtszug

Nr.	Gebührentatbestand	Gebühr oder Satz der jeweiligen Gebühr 3110 bis 3117, soweit nichts anderes vermerkt ist
	Verfahren mit Urteil, wenn kein Strafbefehl vorausgegangen ist, bei	
3110	– Verurteilung zu Freiheitsstrafe bis zu 6 Monaten oder zu Geldstrafe bis zu 180 Tagessätzen	120,00 EUR
3111	– Verurteilung zu Freiheitsstrafe bis zu 1 Jahr oder zu Geldstrafe von mehr als 180 Tagessätzen	240,00 EUR
3112	– Verurteilung zu Freiheitsstrafe bis zu 2 Jahren	360,00 EUR
3113	– Verurteilung zu Freiheitsstrafe bis zu 4 Jahren	480,00 EUR
3114	– Verurteilung zu Freiheitsstrafe bis zu 10 Jahren	600,00 EUR
3115	– Verurteilung zu Freiheitsstrafe von mehr als 10 Jahren oder zu einer lebenslangen Freiheitsstrafe	900,00 EUR
3116	– Anordnung einer oder mehrerer Maßregeln der Besserung und Sicherung	60,00 EUR
3117	– Festsetzung einer Geldbuße	10% des Betrags der Geldbuße – mindestens 40,00 EUR – höchstens 15 000,00 EUR

Kostenverzeichnis **3117, 3118 KV**

Zu KV 3110–3117:

1) Geltungsbereich. Über die das Strafverfahren beherrschenden Grundsätze für 1
die Gebührenerhebung Teil 3 Üb. KV 3110 ff gelten die gesamte erste Instanz ab, soweit das Gericht keinen Strafbefehl erlassen hat. Wegen des letzteren gelten KV 3120,
3121. Zur ersten Instanz gehört die gerichtliche Tätigkeit im Vorverfahren und ab
dem Eingang einer Anklage nach § 199 oder § 212 StPO bis zur instanzbeendenden
Entscheidung und sogar noch nach dem Eintritt der Rechtskraft des Urteils, soweit
das Gesetz sie der Staatsanwaltschaft oder dem Gericht erster Instanz zuweist, § 462
StPO, sowie die Tätigkeit nach einer Zurückverweisung.

Eine *Trennung mehrerer Anklagen* in mehrere Aburteilungen vor demselben Gericht 2
oder in eine Aburteilung und in eine Verweisung begründet mehrere Instanzen. Eine
Verbindung nach § 237 StPO vereinigt zu derselben Instanz. Vorher angefallene Gebühren bleiben bestehen.

2) Gebührenhöhe. Man muß die beiden Strafarten unterscheiden. 3

A. Freiheitsstrafe. Eine Untersuchungshaft ist unerheblich.

B. Geldstrafe. Die Gebühr darf den Strafbetrag übersteigen. Man muß mehrere 4
Geldstrafen in demselben Urteil zusammenrechnen. Dieselbe Geldstrafe liegt auch
insoweit vor, als das Gericht auf eine Freiheitsstrafe nur ersatzweise erkannt hat, amtliche Vorbemerkung 3.1 Rn 16.

Über das *Zusammentreffen* einer Freiheitsstrafe und einer Geldstrafe amtliche Vorbemerkung 3.1 Rn 15.

C. Straffreierklärung, Absehen von Strafe. Trotz einer Straffreierklärung kann 5
das Gericht den Angeklagten in die Kosten verurteilen, § 468 StPO. Man muß auch
ein Absehen von einer Strafe im kostenrechtlichen Sinn als eine Verurteilung bewerten, § 465 I 2 StPO. Dieser Fall bleibt allerdings gebührenfrei. Es entsteht nur die
Pflicht zum Ersatz von Auslagen. Wegen eines Jugendlichen amtliche Vorbemerkung
3.1 Rn 13, 14.

D. Besserungs- und Sicherungsmaßregel. Eine solche Maßnahme läßt eine 6
Gebühr von 60 EUR entstehen. Hierher gehört auch eine Anordnung der Sicherungsverwahrung auf Grund eines Vorbehalts der Anordnung im Urteil nach § 275 a
StPO. Hierher gehört ferner die Entziehung der Fahrerlaubnis. Ihr steht die Verhängung einer Sperre vor der Neuerteilung einer Fahrerlaubnis gleich. Mehrere verschiedene oder gar gleichartige gleichzeitige Maßregeln lassen doch nur *eine* Gebühr
(jetzt) KV 3116 entstehen, Kblz JB **03**, 430, aM Meyer 65 (vgl aber amtliche Vorbemerkung 3.1 Rn 18). Wenn das Gericht die Sperre auf Grund eines Strafbefehls verhängt hat, gilt nur KV 3118. Soweit das Gericht die Sperre auf Grund der Verurteilung wegen eines weiteren Verkehrsverstoßes verlängert, entsteht nochmals eine
Gebühr von 60 EUR.

Eine *Ermäßigung* ist *nicht* zulässig. Eine bloß feststellende Bekräftigung einer kraft
Gesetzes bereits eingetretenen Rechtsfolge läßt keine Gebühr entstehen, LG Kblz
RR **99**, 352.

E. Geldbuße. Soweit sie nicht im Verfahren nach dem OWiG entsteht, für das 7
Teil 4 gilt, sondern im Strafverfahren, gilt KV 3117, etwa dann, wenn der Strafrichter
die Tat doch nicht als Straftat erachtet, sondern als bloße Ordnungswidrigkeit. Hier
gibt es eine Mindest- und eine Höchstgebühr. Eine Bewährungsauflage oder eine Auflage nach § 153 a II Z 3 StPO usw ist keine Geldbuße im Sinn von KV 3117.

Nr.	Gebührentatbestand	Gebühr oder Satz der jeweiligen Gebühr 3110 bis 3117, soweit nichts anderes vermerkt ist
3118	Strafbefehl .... ¹ **Die Gebühr wird auch neben der Gebühr 3119 erhoben.** ² Ist der Einspruch beschränkt (§ 410 Abs. 2 StPO), bemisst sich die Gebühr nach der im Urteil erkannten Strafe.	0,5

KV 3118–3120   Kostenverzeichnis

1 **1) Geltungsbereich.** KV 3118 bezieht sich auf den Strafbefehl. Es ist nach den allgemeinen Grundsätzen des Kostenrechts unerheblich, ob das Gericht einen solchen Strafbefehl auch innerhalb seiner sachlichen Zuständigkeit erlassen hat.

2 **2) Entscheidung durch Strafbefehl.** Es handelt sich um eine Entscheidungsgebühr. Die Gebühr entsteht erst dann, wenn der Strafbefehl oder das ihm auf Einspruch folgende Urteil rechtskräftig geworden sind, § 8 S 1, amtliche Vorbemerkung 3.1 I. Ein Einspruch muß also entweder fehlen, oder das Gericht muß ihn verworfen oder der Beschuldigte muß ihn zurückgenommen haben oder er muß erfolglos gewesen sein. Eine Wiedereinsetzung in den vorigen Stand wegen der Versäumung der Einspruchsfrist ist nur als solche gebührenfrei. Die Rücknahme oder die Verwerfung des Einspruchs sind insofern gebührenfrei, als diese Folgen vor dem Beginn der Hauptverhandlung eintreten.

3 **3) Gebührenhöhe.** Die Gebühr beträgt 0,5. Die Gebühr darf die Geldstrafe übersteigen, amtliche Vorbemerkung 3.1 Rn 4. Bei einem nach § 410 II StPO beschränkten Einspruch ist nur die im Urteil verhängte Strafe maßgeblich, amtliche Anmerkung S 2.

Nr.	Gebührentatbestand	Gebühr oder Satz der jeweiligen Gebühr 3110 bis 3117, soweit nichts anderes vermerkt ist
3119	**Hauptverhandlung mit Urteil, wenn ein Strafbefehl vorausgegangen ist** .... Vorbemerkung 3.1 Abs. 7 gilt entsprechend.	0,5

1 **1) Hauptverhandlung mit Urteil.** Die Gebühr erhöht sich auf 1,0 Gebühr, also um eine weitere 0,5 Gebühr, sobald das Gericht eine Hauptverhandlung über den Einspruch anberaumt und den Angeklagten in ihr verurteilt hat, sei es auch nur in der Form einer Verwerfung des Einspruchs wegen seiner Unzulässigkeit (etwa nach einem Form- oder Fristfehler) oder wegen eines unentschuldigten Ausbleibens des Angeklagten, § 412 StPO.

2 **2) Freispruch, Einstellung usw.** Soweit das Gericht dagegen auf Grund der Hauptverhandlung den Angeklagten freispricht oder das Verfahren einstellt oder von einer Strafe absieht, bleibt das gesamte voraufgegangene Verfahren gebührenfrei, KV 3118 Rn 2.

3 **3) Neue Strafverfolgung.** Soweit gegen den Angeklagten nach dem Eintritt der Rechtskraft der in der mündlichen Verhandlung ergangenen Entscheidung wegen desselben Sachverhalts eine neue Strafverfolgung aus einem anderen rechtlichen Gesichtspunkt beginnt, entsteht eine neue selbständige Gebühr. Auf sie erfolgt keine Anrechnung. Eine Anrechnung findet jedoch evtl in Höhe der im Strafbefehl genannten Strafe nach § 8 statt.

4 **4) Teileinspruch.** Soweit der Angeklagte nur wegen einer von mehreren Straftaten einen Einspruch erhebt und das Gericht über diesen Einspruch durch ein Urteil entscheidet, gilt nach der amtlichen Anmerkung die amtliche Vorbemerkung 3.1 VII entsprechend.

Abschnitt 2. Berufung

Nr.	Gebührentatbestand	Gebühr oder Satz der jeweiligen Gebühr 3110 bis 3117, soweit nichts anderes vermerkt ist
3120	Berufungsverfahren mit Urteil	1,5

Kostenverzeichnis **3120, 3121 KV**

1) Geltungsbereich. Die Berufungsinstanz beginnt mit dem Eingang der Berufungsschrift nach § 314 I StPO, KV 1210 Rn 16. Sie beginnt also nicht erst mit dem ersten Tätigwerden des zur Entscheidung berufenen Rechtsmittelgerichts. Bei einer Einreichung beim unzuständigen Gericht ist der Eingang beim zuständigen maßgeblich. Es ist unerheblich, ob die Berufung statthaft, zulässig und begründet ist. Das Berufungsverfahren dauert bis zum Wirksamwerden des Urteils oder bis zur wirksamen Erledigung durch einen Beschluß zB auf eine Verwerfung des Rechtsmittels oder bis zur Rücknahme des Rechtsmittels. Eine Erhöhung der Gebühr tritt nicht ein. Eine Beschränkung der Berufung ist unerheblich.

Soweit nach einer *Zurückverweisung* erneut ein Rechtsmittel eingeht, entsteht dadurch gegenüber der früheren gleichen Instanz keine neue Rechtsmittelinstanz. Das gilt selbst dann, wenn dasselbe Rechtsmittelgericht entscheidet, selbst wenn also zB der Angeklagte ein OLG statt des BGH als Revisionsgericht anruft.

2) Gebührenhöhe. Die 1,5 Gebühr entsteht, wenn die folgenden Voraussetzungen zusammentreffen.
A. Hauptverhandlung. In der Rechtsmittelinstanz muß eine Hauptverhandlung stattgefunden haben.
B. Verurteilung. Es muß eine rechtskräftige Verurteilung ergangen sein, amtliche Vorbemerkung 3.1 Rn 9. Es ist unerheblich, ob das Gericht das Rechtsmittel aus förmlichen Gründen verwirft oder wegen einer wenigstens teilweisen sachlichen Grundlosigkeit erkennt. Eine Einziehung, eine Unbrauchbarmachung usw sind nach KV 3430 ff behandelbar. Wegen einer Maßregel der Besserung und Sicherung vgl KV 3116. Soweit das Gericht auf eine *Straffreiheit* erkennt, entsteht keine Gebühr.

3) Teilweiser Erfolg. Soweit das Rechtsmittel einen teilweisen Erfolg hat, muß das Gericht nach der amtlichen Vorbemerkung 3.1 Rn 4 ff verfahren, falls es nicht § 473 StPO, § 74 JGG anwendet, vgl die amtliche Vorbemerkung 3 I. Bei einem teilweisen Erfolg darf und muß das Gericht also die Gebühr entsprechend und evtl bis zur Mindestgebühr des § 34 II ermäßigen, § 473 IV StPO. Der Verurteilte hat darauf einen Anspruch.

Ein teilweiser Erfolg liegt bereits dann vor, wenn das Gericht die Strafe *mildert* oder wenn der Angeklagte nur wegen des Strafmaßes Berufung eingelegt hatte. Denn das Ergebnis des gesamten Strafverfahrens ist auch in diesem Fall nur ein Teilerfolg.

Es findet *keine Verteilung nach Bruchteilen* statt. Soweit das Gericht den Angeklagten wegen einer von mehreren angeblichen Straftaten freispricht, ist § 473 I StPO unanwendbar. In diesem Fall gilt § 465 StPO. Das Gericht darf dem Angeklagten also keine Kosten auferlegen, soweit es ihn freigesprochen hat.

Den Ersatz der *Auslagen* regeln §§ 465 II, 473 IV StPO.

Nr.	Gebührentatbestand	Gebühr oder Satz der jeweiligen Gebühr 3110 bis 3117, soweit nichts anderes vermerkt ist
3121	**Erledigung des Berufungsverfahrens ohne Urteil** .... Die Gebühr entfällt bei Zurücknahme der Berufung vor Ablauf der Begründungsfrist.	0,5

1) Geltungsbereich. Eine Ermäßigung auf 0,5 Gebühr tritt ein, sofern eine der folgenden Voraussetzungen vorliegt.
A. Zurücknahme vor Beginn der Hauptverhandlung. Der Beschwerdeführer muß das Rechtsmittel nach dem Ablauf der Begründungsfrist und noch vor dem Beginn der Hauptverhandlung zurückgenommen haben. Es ist dann unerheblich, ob das Verfahren wegen eines anderen Rechtsmittels etwa der Staatsanwaltschaft seinen Fortgang nimmt, § 473 StPO. Das gilt auch dann, wenn die Staatsanwaltschaft das Rechtsmittel zugunsten des Angeklagten eingelegt hat und das Gericht daraufhin die Strafe mildert.

KV 3121–3131 Kostenverzeichnis

Die *Hauptverhandlung beginnt* mit dem Aufruf der Sache, §§ 243 I, 324 I StPO. Eine Rücknahme *vor Ablauf der Begründungsfrist* läßt KV 3121 ganz entfallen, amtliche Anmerkung.

2 **B. Verwerfung des Rechtsmittels.** Das Gericht muß die Berufung durch einen Beschluß nach § 322 a StPO nicht angenommen oder als unzulässig verworfen haben, §§ 313 II 2, 319 I, 322 I 1 StPO. Soweit der Angeklagte demgegenüber eine Entscheidung des Rechtsmittelgerichts nach § 319 II StPO verlangt, entstehen durch dieses Verfahren keine weiteren Kosten.

3 **C. Zurücknahme nach Beginn der Hauptverhandlung.** Der Rechtsmittelführer muß die Berufung nach dem Beginn der Hauptverhandlung zurückgenommen haben. Es ist unerheblich, ob er die Zurücknahme innerhalb oder außerhalb der Hauptverhandlung erklärt hat. Es reicht aus, daß er die Zurücknahme nach einer Vertagung erklärt hat.

4 **2) Gebührenhöhe.** Nach KV 3121 entsteht grundsätzlich 0,5 Gebühr, mindestens jedoch die Gebühr des § 34 II. Die Obergrenze aller Gebühren liegt nicht bei dem Betrag der Strafe.

Abschnitt 3. Revision

Nr.	Gebührentatbestand	Gebühr oder Satz der jeweiligen Gebühr 3110 bis 3117, soweit nichts anderes vermerkt ist
3130	Revisionsverfahren mit Urteil oder Beschluss nach § 349 Abs. 2 oder 4 StPO	2,0

1 **1) Geltungsbereich.** Vgl zunächst die Anm zu KV 3120, 3121. Dem Revisionsurteil steht ein Beschluß des Revisionsgerichts nach § 349 II oder IV StPO über eine offensichtlich unbegründete oder einstimmig für begründet erklärte Revision gleich. Ein Beschluß nach § 349 I StPO auf eine Verwerfung als unzulässig steht einem Revisionsurteil nicht gleich. Dann ist KV 3131 anwendbar.

Nr.	Gebührentatbestand	Gebühr oder Satz der jeweiligen Gebühr 3110 bis 3117, soweit nichts anderes vermerkt ist
3131	Erledigung des Revisionsverfahrens ohne Urteil und ohne Beschluss nach § 349 Abs. 2 oder 4 StPO .... Die Gebühr entfällt bei Zurücknahme der Revision vor Ablauf der Begründungsfrist.	1,0

1 **1) Geltungsbereich.** Die Gebühr fällt für die Revisionsinstanz fort, soweit der Rechtsmittelführer die Revision vor dem Ablauf seiner Begründungsfrist zurückgenommen hat. Das gilt also vor dem Ablauf eines Monats nach dem Ablauf einer Woche seit der Urteilsverkündung oder bei einer Abwesenheit des Angeklagten seit der Urteilszustellung, §§ 345 I, 341 StPO, oder dann, wenn das Gericht das Urteil zu diesem Zeitpunkt noch nicht zugestellt hatte, vor dem Ablauf eines Monats seit der Zustellung, § 345 I 2 StPO. Bei einer Rechtzeitigkeit der Rücknahme ist eine vorherige Einarbeitung des Gerichts unschädlich.

2 Die *Zurücknahme* eines noch unbestimmten Rechtsmittels ist keine Revisionsrücknahme.

3 **2) Auslagen.** Trotz der Gebührenfreiheit wegen rechtzeitiger Rücknahme können Auslagen zB wegen eines Verteidigers entstehen, KV 9007, Zweibr Rpfleger **91**, 125.

Kostenverzeichnis 3140–3200 KV

Abschnitt 4. Wiederaufnahmeverfahren

Nr.	Gebührentatbestand	Gebühr oder Satz der jeweiligen Gebühr 3110 bis 3117, soweit nichts anderes vermerkt ist
3140	Verfahren über den Antrag auf Wiederaufnahme des Verfahrens: Der Antrag wird verworfen oder abgelehnt	0,5

1) Geltungsbereich. KV 3140 behandelt nur das Verfahren vom Antrag bis zur 1 Entscheidung nach §§ 367, 368, 370 I StPO. Das anschließende erneute Hauptverfahren löst demgegenüber nach der amtlichen Vorbemerkung 3 II Gebühren aus. KV 3140 gilt also nur, soweit das Gericht den Wiederaufnahmeantrag verwirft oder zurückweist. Soweit der Antragsteller den Wiederaufnahmeantrag vor einer solchen Entscheidung des Gerichts zurückgenommen hat, entsteht keine Gebühr. Soweit die Wiederaufnahme nur teilweise einen sachlichen Erfolg hat, gilt die amtliche Vorbemerkung 3.1 Rn 4 ff entsprechend.

2) Gebührenhöhe. 0,5 Gebühr entsteht stets dann, wenn bereits der Wiederauf- 2 nahmeantrag ergebnislos bleibt, also dann, wenn das Gericht ihn nach §§ 363, 366 II, 368 StPO, als unzulässig verwirft oder nach § 370 StPO als unbegründet zurückweist oder ihn nach § 371 StPO ablehnt. Das alles gilt auch bei einem Antrag auf eine Wiederaufnahme des Verfahrens nach dem Erlaß eines Strafbefehls. Die Mindestgebühr des § 34 II bleibt stets bestehen.

Nr.	Gebührentatbestand	Gebühr oder Satz der jeweiligen Gebühr 3110 bis 3117, soweit nichts anderes vermerkt ist
3141	Verfahren über die Beschwerde gegen einen Beschluss, durch den ein Antrag auf Wiederaufnahme des Verfahrens hinsichtlich einer Freiheitsstrafe, einer Geldstrafe, einer Maßregel der Besserung und Sicherung oder einer Geldbuße verworfen oder abgelehnt wurde: Die Beschwerde wird verworfen oder zurückgewiesen	1,0

1) Geltungsbereich. Die Vorschrift erfaßt das dem Antragsverfahren nach dessen 1 Verwerfung oder Ablehnung folgende Beschwerdeverfahren. Sie erfaßt nicht auch eine Beschwerde der Staatsanwaltschaft. Vgl im übrigen beim vergleichbaren KV 1811.

2) Gebührenhöhe. § 473 IV StPO hat Vorrang. Stets bleibt die Mindestgebühr 2 des § 34 II bestehen.

Hauptabschnitt 2. Klageerzwingungsverfahren, unwahre Anzeige und Zurücknahme des Strafantrags

Nr.	Gebührentatbestand	Gebühr oder Satz der jeweiligen Gebühr 3110 bis 3117, soweit nichts anderes vermerkt ist
3200	Dem Antragsteller, dem Anzeigenden, dem Angeklagten oder Nebenbeteiligten sind die Kosten auferlegt worden (§§ 177, 469, 470 StPO)	60,00 EUR

445

KV 3200 Kostenverzeichnis

Nr.	Gebührentatbestand	Gebühr oder Satz der jeweiligen Gebühr 3110 bis 3117, soweit nichts anderes vermerkt ist
	Das Gericht kann die Gebühr bis auf 10,00 EUR herabsetzen oder beschließen, dass von der Erhebung einer Gebühr abgesehen wird.	

Vorbem. Stilistische Änderung dch Art 11 Z 7 k G v 9. 12. 04, BGBl 3220, in Kraft seit 1. 1. 05, Art 22 S 2 G.

Gliederung

1) **Erfolgloser Antrag** ... 1–6
   A. Verwerfung als unzulässig; Zurücknahme ... 2
   B. Verwerfung aus sachlichen Gründen ... 3
   C. Keine Sicherheitsleistung ... 4
   D. Freispruch im Wiederaufnahmeverfahren ... 5
   E. Mehrere Anträge ... 6
2) **Grundlose Strafanzeige** ... 7
3) **Antragsrücknahme** ... 8–12
   A. Eröffnung des Hauptverfahrens ... 9
   B. Notwendiger Strafantrag ... 10
   C. Antragsrücknahme ... 11
   D. Fälligkeit ... 12
4) **Gebührenhöhe** ... 13
5) **Kostenschuldner** ... 14

1   1) **Erfolgloser Antrag.** Soweit die Staatsanwaltschaft die Erhebung der Anklage ablehnt, kann der Verletzte eine gerichtliche Entscheidung beantragen, § 172 II StPO. Soweit dieser Antrag erfolglos bleibt, muß man kostenrechtlich die folgenden Situationen unterscheiden.

2   A. **Verwerfung als unzulässig; Zurücknahme.** Soweit das Gericht den Antrag wegen eines Mangels bei den förmlichen Voraussetzungen verwirft oder soweit der Antragsteller den Antrag vor der Entscheidung des Gerichts zurücknimmt, entstehen keine Gebühren, Bre MDR **84**, 164, Kblz NJW **77**, 1462.

3   B. **Verwerfung aus sachlichen Gründen.** Soweit das Gericht den Antrag aus sachlichen Gründen verwirft, entsteht die Entscheidungsgebühr KV 3200. Der Antragsteller trägt dann nämlich die Kosten nach §§ 174, 177 StPO. Er trägt auch die notwendigen Auslagen des Beschuldigten im Verfahren vor dem OLG.

4   C. **Keine Sicherheitsleistung.** Soweit der Antragsteller eine ihm vom Gericht nach § 176 I StPO auferlegte Sicherheitsleistung nicht fristgemäß leistet, entsteht ebenfalls die Gebühr KV 3200. Das Gericht erklärt nämlich dann den Antrag nach § 176 II StPO als zurückgenommen und erlegt dem Antragsteller die Kosten auf, § 177 StPO.

5   D. **Freispruch im Wiederaufnahmeverfahren.** KV 3200 ist auch dann anwendbar, wenn das Gericht den Angeklagten im Wiederaufnahmeverfahren freispricht.
     Die *Fälligkeit* tritt bei Rn 2–4 mit der Entscheidung ein, § 6 III. Denn es liegt keine rechtskräftige Bestrafung usw nach § 8 S 1 vor.

6   E. **Mehrere Anträge.** Wenn mehrere Anträge vorliegen, muß man eine Trennung vornehmen, soweit die einzelnen Verletzten getrennte Straftaten behaupten. Soweit mehrere Anträge wegen derselben Straftat gegen mehrere Personen vorliegen, entsteht nur eine Gebühr. Mehrere Entscheidungen begründen mehrere Gebühren. Ein Auslagenersatz kommt nur insoweit in Betracht, als die Auslagen nach der Antragstellung entstanden sind. Mehrere Antragsteller haften gesamtschuldnerisch, §§ 471 IV StPO, 33, 37 GKG.

7   2) **Grundlose Strafanzeige.** Die Gebühr KV 3200 entsteht, soweit das Gericht entsprechend § 469 StPO demjenigen die Kosten auferlegt, der durch eine vorsätzlich

446

Kostenverzeichnis **3200, Vorbem 3.3, 3310, 3311 KV**

oder leichtfertig erstattete unwahre Anzeige ein auch nur außergerichtliches Verfahren veranlaßt hat. Die Voraussetzungen einer solchen Entscheidung sind also nicht so streng wie die Voraussetzungen der Bestrafung wegen einer falschen Verdächtigung nach § 164 StGB. Es ist also keine Anzeige wider besseres Wissen erforderlich.
Die *Fälligkeit* tritt mit dem Wirksamwerden des Beschlusses ein. Bei einer Beteiligung mehrerer gilt Rn 6 entsprechend.

3) Antragsrücknahme. Soweit das Gericht das Verfahren einstellt, bleibt der Angeklagte grundsätzlich gebührenfrei. Nach § 470 StPO muß aber das Gericht dem Antragsteller die Kosten und die Auslagen des Beschuldigten und eines Nebenbeteiligten nach §§ 431 I 1, 442, 444 I 1 StPO auferlegen, soweit das Gericht bei einem nur auf Grund eines Strafantrags verfolgbaren Delikt die Einstellung wegen der Rücknahme des Strafantrags aussprechen muß. Freilich können auch der Angeklagte oder ein Nebenbeteiligter Übernahmeerklärungen abgeben. Dann muß das Gericht die Kosten diesen Personen auferlegen, § 470 II StPO. 8

Stets läßt KV 3200 eine Gebühr gegenüber dem Antragsteller entstehen, soweit die *folgenden Voraussetzungen zusammentreffen.*

A. Eröffnung des Hauptverfahrens. Das Gericht muß das Hauptverfahren eröffnet oder einen Strafbefehl erlassen haben. Bei § 212 StPO steht der Aufruf zur Sache dem Eröffnungsbeschluß gleich. Wenn der Verletzte den Strafantrag schon vorher zurückgenommen hatte, darf das Gericht nach § 470 StPO nur die Auslagen auferlegen. 9

B. Notwendiger Strafantrag. Das Verfahren muß durch den Strafantrag bedingt gewesen sein. Deshalb entstehen keine Gebühren, soweit das Verfahren auch ohne einen Strafantrag von Amts wegen notwendig war. 10

C. Antragsrücknahme. Das Gericht muß das Verfahren gerade nur wegen der Antragsrücknahme insgesamt eingestellt haben. Es ist unerheblich, ob die Einstellung durch einen Beschluß oder im Urteil erfolgt ist und ob das Gericht dem Antragsteller die Kosten auferlegt hat. 11

D. Fälligkeit. Bei Rn 9–11 entsteht die Gebühr mit dem Wirksamwerden der Entscheidung, § 6 III. Sie entsteht nur einmal unabhängig von der Zahl der angeblichen Straftaten. Das gilt selbst dann, wenn mehrere Antragsteller ihre Strafanträge zurücknehmen oder wenn die Rücknahme mehrere Beschuldigte betrifft. Mehrere Antragsteller haften als Gesamtschuldner, § 58. 12

4) Gebührenhöhe. Statt der grundsätzlichen Festgebühr von 60 EUR kann das Gericht nach der amtlichen Anmerkung die Gebühr nach seinem pflichtgemäßen Ermessen von Amts wegen beliebig bis auf die Mindestgebühr des § 34 II von 10 EUR herabsetzen oder sogar von einer Gebühr ganz absehen, ähnlich wie bei KV 2121, 2123 jeweils amtliche Anmerkung. Vgl daher dort. § 21 bleibt ohnehin bestehen. 13

5) Kostenschuldner. Er ergibt sich aus § 29 Z 1, sobald eine Entscheidung ergeht. Vorher ist § 22 anwendbar. Es ist auch eine Kostenübernahme mit der Folge einer Kostenhaftung nach § 29 Z 2 möglich. Mehrere Kostenschuldner haften als Gesamtschuldner nach § 31 I. 14

Hauptabschnitt 3. Privatklage

(Amtliche) Vorbemerkung 3.3:
Für das Verfahren auf Widerklage werden die Gebühren gesondert erhoben.

Abschnitt 1. Erster Rechtszug

Nr.	Gebührentatbestand	Gebühr oder Satz der jeweiligen Gebühr 3110 bis 3117, soweit nichts anderes vermerkt ist
3310	Hauptverhandlung mit Urteil	120,00 EUR
3111	Erledigung des Verfahrens ohne Urteil	60,00 EUR

KV 3311–3340

Zu KV 3310, 3311:
1) Geltungsbereich. Die Gebühr KV 3310 entsteht unabhängig von der Frage, ob das Urteil auf eine Bestrafung oder eine andere mißbilligende Rechtsfolge lautet. Auch eine Einstellung durch ein Urteil nach § 389 StPO gehört hierher. Beim Teilfreispruch und bei einer Teilverurteilung gilt nur KV 3310. Bei KV 3311 ist unerheblich, ob eine Erledigung ohne ein Urteil infolge einer Klagerücknahme, Einstellung, Zurückweisung usw erfolgt.
Der auf Grund einer *Widerklage* bestrafte Privatkläger muß nach der amtlichen Vorbemerkung 3.3 nach KV 3310 ff zahlen, und zwar als Entscheidungsschuldner nach § 29 Z 1. Man darf die Strafen des Privatklägers und des Widerklägers nicht zusammenrechnen. Bei einem Freispruch tritt eine Haftung nach § 22 ein.

Abschnitt 2. Berufung

Nr.	Gebührentatbestand	Gebühr oder Satz der jeweiligen Gebühr 3110 bis 3117, soweit nichts anderes vermerkt ist
3320	Berufungsverfahren mit Urteil	240,00 EUR
3321	Erledigung der Berufung ohne Urteil .... Die Gebühr entfällt bei Zurücknahme der Berufung vor Ablauf der Begründungsfrist.	120,00 EUR

Zu KV 3310–3321:
1 **1) Geltungsbereich.** Es gilt dasselbe wie bei KV 3310, 3311 Rn 1. KV 3321 ist zB bei §§ 319, 322, 329 StPO anwendbar. Auslagen können trotz des Falls der amtlichen Anmerkung entstanden sein.

Abschnitt 3. Revision

Nr.	Gebührentatbestand	Gebühr oder Satz der jeweiligen Gebühr 3110 bis 3117, soweit nichts anderes vermerkt ist
3330	Revisionsverfahren mit Urteil oder Beschluss nach § 349 Abs. 2 oder 4 StPO	360,00 EUR
3331	Erledigung der Revision ohne Urteil und ohne Beschluss nach § 349 Abs. 2 oder 4 StPO .... Die Gebühr entfällt bei Rücknahme der Revision vor Ablauf der Begründungsfrist.	240,00 EUR

Zu KV 3330, 3331:
1 **1) Geltungsbereich.** Es gilt dasselbe wie bei KV 3320, 3321.

Abschnitt 4. Wiederaufnahmeverfahren

Nr.	Gebührentatbestand	Gebühr oder Satz der jeweiligen Gebühr 3110 bis 3117, soweit nichts anderes vermerkt ist
3340	Verfahren über den Antrag auf Wiederaufnahme des Verfahrens: Der Antrag wird verworfen oder abgelehnt	60,00 EUR

Kostenverzeichnis **3341, Vorbem 3.4, 3410, 3420 KV**

Nr.	Gebührentatbestand	Gebühr oder Satz der jeweiligen Gebühr 3110 bis 3117, soweit nichts anderes vermerkt ist
3341	Verfahren über die Beschwerde gegen einen Beschluss, durch den ein Antrag auf Wiederaufnahme des Verfahrens verworfen oder abgelehnt wurde: Die Beschwerde wird verworfen oder zurückgewiesen	120,00 EUR

Zu KV 3340, 3341:

1) **Geltungsbereich.** KV 3340, 3341 behandeln die Wiederaufnahme auf Grund des Antrags eines jeden Beteiligten. Man muß die folgenden Situationen unterscheiden.   1

2) **Verwerfung oder Ablehnung.** Soweit das Gericht den Antrag auf eine Wiederaufnahme des Verfahrens als unzulässig verwirft oder als unbegründet ablehnt, entsteht die Festgebühr KV 3340.   2

3) **Beschwerde gegen Verwerfung oder Ablehnung.** In diesem Verfahren gilt KV 3341.   3

4) **Wiederaufnahme.** Soweit keine Verwerfung oder Ablehnung erfolgt, muß man die amtliche Vorbemerkung 3 II beachten.   4

Hauptabschnitt 4.
Einziehung und verwandte Maßnahmen

(Amtliche) Vorbemerkung 3.4:

I [1] Die Vorschriften dieses Hauptabschnitts gelten für die Verfahren über die Einziehung, dieser gleichstehende Rechtsfolgen (§ 442 StPO) und die Abführung des Mehrerlöses. [2] Im Strafverfahren werden die Gebühren gesondert erhoben.

II [1] Betreffen die in Absatz 1 genannten Maßnahmen mehrere Angeschuldigte wegen derselben Tat, wird nur eine Gebühr erhoben. [2] § 31 GKG bleibt unberührt.

Abschnitt 1. Antrag des Privatklägers nach § 440 StPO

Nr.	Gebührentatbestand	Gebühr oder Satz der jeweiligen Gebühr 3110 bis 3117, soweit nichts anderes vermerkt ist
3410	Verfahren über den Antrag des Privatklägers: Der Antrag wird verworfen oder zurückgewiesen	30,00 EUR

1) **Geltungsbereich.** Es ist unerheblich, ob das Gericht den Antrag durch ein Urteil oder durch einen Beschluß verwirft oder zurückweist. Eine Antragsrücknahme löst keine Gebühr KV 3410 aus.   1

Abschnitt 2. Beschwerde

Nr.	Gebührentatbestand	Gebühr oder Satz der jeweiligen Gebühr 3110 bis 3117, soweit nichts anderes vermerkt ist
3420	Verfahren über die Beschwerde nach § 441 Abs. 2 StPO: Die Beschwerde wird verworfen oder zurückgewiesen	30,00 EUR

KV 3420–3451 Kostenverzeichnis

1 1) **Geltungsbereich.** Eine Gebühr KV 3420 entsteht unabhängig davon, ob das zugehörige erstinstanzliche Verfahren gebührenpflichtig oder gebührenfrei war. Es ist stets ein förmlicher Beschluß nach § 441 II StPO nötig.

Abschnitt 3. Berufung

Nr.	Gebührentatbestand	Gebühr oder Satz der jeweiligen Gebühr 3110 bis 3117, soweit nichts anderes vermerkt ist
3430	Verwerfung der Berufung durch Urteil	60,00 EUR
3431	Erledigung der Berufung ohne Urteil .... Die Gebühr entfällt bei Zurücknahme der Berufung vor Ablauf der Begründungsfrist.	30,00 EUR

Abschnitt 4. Revision

Nr.	Gebührentatbestand	Gebühr oder Satz der jeweiligen Gebühr 3110 bis 3117, soweit nichts anderes vermerkt ist
3440	Verwerfung der Revision durch Urteil oder Beschluss nach § 349 Abs. 2 oder 4 StPO	60,00 EUR
3441	Erledigung der Revision ohne Urteil und ohne Beschluss nach § 349 Abs. 2 oder 4 StPO .... Die Gebühr entfällt bei Zurücknahme der Revision vor Ablauf der Begründungsfrist.	30,00 EUR

Abschnitt 5. Wiederaufnahmeverfahren

Nr.	Gebührentatbestand	Gebühr oder Satz der jeweiligen Gebühr 3110 bis 3117, soweit nichts anderes vermerkt ist
3450	Verfahren über den Antrag auf Wiederaufnahme des Verfahrens: Der Antrag wird verworfen oder zurückgewiesen	30,00 EUR
3451	Verfahren über die Beschwerde gegen einen Beschluss, durch den ein Antrag auf Wiederaufnahme des Verfahrens verworfen oder abgelehnt wurde: Die Beschwerde wird verworfen oder zurückgewiesen	60,00 EUR

Zu KV 3430–3451:

1 1) **Geltungsbereich.** Die Vorschriften sind auch bei einem Rechtsmittel oder beim Wiederaufnahmeantrag eines Einziehungsbeteiligten anwendbar. KV 3430 ff und 3120 ff können nebeneinander entstehen. Bei mehreren Beteiligten entsteht je Tat eine gesonderte Gebührenpflicht.

Hauptabschnitt 5. Nebenklage

(Amtliche) Vorbemerkung 3.5:
Gebühren nach diesem Hauptabschnitt werden nur erhoben, wenn dem Nebenkläger die Kosten auferlegt worden sind.

Abschnitt 1. Berufung

Nr.	Gebührentatbestand	Gebühr oder Satz der jeweiligen Gebühr 3110 bis 3117, soweit nichts anderes vermerkt ist
3510	Die Berufung des Nebenklägers wird durch Urteil verworfen; aufgrund der Berufung des Nebenklägers wird der Angeklagte freigesprochen oder für straffrei erklärt	80,00 EUR
3511	Erledigung der Berufung des Nebenklägers ohne Urteil .... Die Gebühr entfällt bei Zurücknahme der Berufung vor Ablauf der Begründungsfrist.	40,00 EUR

Abschnitt 2. Revision

Nr.	Gebührentatbestand	Gebühr oder Satz der jeweiligen Gebühr 3110 bis 3117, soweit nichts anderes vermerkt ist
3520	Die Revision des Nebenklägers wird durch Urteil oder Beschluss nach § 349 Abs. 2 StPO verworfen; aufgrund der Revision des Nebenklägers wird der Angeklagte freigesprochen oder für straffrei erklärt ...	120,00 EUR
3521	Erledigung der Revision des Nebenklägers ohne Urteil und ohne Beschluss nach § 349 Abs. 2 StPO .... Die Gebühr entfällt bei Zurücknahme der Revision vor Ablauf der Begründungsfrist.	60,00 EUR

Abschnitt 3. Wiederaufnahmeverfahren

Nr.	Gebührentatbestand	Gebühr oder Satz der jeweiligen Gebühr 3110 bis 3117, soweit nichts anderes vermerkt ist
3530	Verfahren über den Antrag des Nebenklägers auf Wiederaufnahme des Verfahrens: Der Antrag wird verworfen oder abgelehnt	40,00 EUR
3531	Verfahren über die Beschwerde gegen einen Beschluss, durch den ein Antrag des Nebenklägers auf Wiederaufnahme des Verfahrens verworfen oder abgelehnt wurde: Die Beschwerde wird verworfen oder zurückgewiesen	80,00 EUR

Hauptabschnitt 6. Sonstige Beschwerden

(Amtliche) Vorbemerkung 3.6:
Die Gebühren im Kostenfestsetzungsverfahren bestimmen sich nach den für das Kostenfestsetzungsverfahren in Teil 1 Hauptabschnitt 8 geregelten Gebühren.

Nr.	Gebührentatbestand	Gebühr oder Satz der jeweiligen Gebühr 3110 bis 3117, soweit nichts anderes vermerkt ist
3600	Verfahren über die Beschwerde gegen einen Beschluss nach § 411 Abs. 1 Satz 3 StPO: Die Beschwerde wird verworfen oder zurückgewiesen	0,25

Vorbem: Fassg Art 2 III Z 3 i G v 18. 8. 05, BGBl 2477, in Kraft seit 21. 10 05, Art 3 S 1 G, Übergangsrecht § 71 GKG.

Nr.	Gebührentatbestand	Gebühr oder Satz der jeweiligen Gebühr 3110 bis 3117, soweit nichts anderes vermerkt ist
3601	Verfahren über die Beschwerde gegen eine Entscheidung, durch die im Strafverfahren einschließlich des selbstständigen Verfahrens nach den §§ 440, 441, 444 Abs. 3 StPO eine Geldbuße gegen eine juristische Person oder eine Personenvereinigung festgesetzt worden ist: Die Beschwerde wird verworfen oder zurückgewiesen .... Eine Gebühr wird nur erhoben, wenn eine Geldbuße rechtskräftig festgesetzt ist.	0,5
3602	Verfahren über nicht besonders aufgeführte Beschwerden, die nicht nach anderen Vorschriften gebührenfrei sind: Die Beschwerde wird verworfen oder zurückgewiesen .... [1] Von dem Beschuldigten wird eine Gebühr nur erhoben, wenn gegen ihn rechtskräftig auf eine Strafe, auf Verwarnung mit Strafvorbehalt erkannt, eine Maßregel der Besserung und Sicherung angeordnet oder eine Geldbuße festgesetzt worden ist. [2] Von einer juristischen Person oder einer Personenvereinigung wird eine Gebühr nur erhoben, wenn gegen sie eine Geldbuße festgesetzt worden ist.	50,00 EUR

Zu KV 3600–3602:

Vorbem. KV 3600 eingefügt, dadurch bisherige KV 3600, 3601 zu KV 3601, 3602 durch Art 12 f des 1. JuMoG v 24. 8. 04, BGBl 2198, in Kraft seit 1. 9. 04, Art 14 S 1 des 1. JuMoG, Übergangsrecht § 71 GKG.

Kostenverzeichnis **3602, 3700 KV**

1) Geltungsbereich. *KV 3601* ist nur auf die sog Verbandsgeldbuße nach § 30 **1**
OWiG dann anwendbar, wenn die Anknüpfungstat eine Straftat ist. Das gilt auch
bei einer selbständigen Festsetzung nach § 30 IV 1 OWiG. Soweit eine bloße Ordnungswidrigkeit die Anknüpfungstat ist, gilt im zugehörigen Bußgeldverfahren nach
§ 46 I OWiG in Verbindung mit § 444 III StPO oder nach § 88 OWiG nur KV
4400.
KV 3602 gilt als eine Auffangvorschrift für alle im KV nicht besonders aufgeführte
Beschwerden nach der StPO, die auch nicht nach anderen Vorschriften gebührenfrei
sind.
Soweit der Beschwerdeführer seine Beschwerde *zurücknimmt*, entsteht keine Gebühr. Dasselbe gilt dann, wenn sich die Beschwerde ohne eine gerichtliche Entscheidung erledigt oder soweit das Gericht der Beschwerde stattgibt.
Soweit das Gericht die Beschwerde als unzulässig verwirft oder als unbegründet *zurückweist*, ist der Beschwerdeführer gebührenpflichtig.
Eine *Dienstaufsichtsbeschwerde* gehört nicht hierher.
Die Gebühr darf die *Strafe übersteigen.* Wegen der Auslagen vgl die amtliche Vorbemerkung 9.

2) Fälligkeit, Kostenschuldner usw. Während andere Beschwerdeführer die Ge- **2**
bühr sofort mit deren Fälligkeit schulden, ist die Fälligkeit einer vom Beschuldigten
zu zahlenden Beschwerdegebühr durch eine rechtskräftige Verurteilung zu einer Strafe
oder zu einer Verwarnung mit einem Strafvorbehalt oder durch eine rechtskräftige
Anordnung einer Maßregel der Besserung und Sicherung aufschiebend bedingt, § 8
S 1.
Das *Fehlen einer Kostenentscheidung* im Beschwerdebeschluß ist unschädlich. Das Ge- **3**
richt holt seine Kostenentscheidung dann durch die Auferlegung der Kosten des Verfahrens nach. Wenn der Beschluß eine Kostenentscheidung enthält, muß man die
Einziehung der Gebühr mit Rücksicht auf die oben genannte Bedingung bis zum
Eintritt der Rechtskraft der Beschwerdeentscheidung aussetzen.
Es reicht aus, daß das Gericht den Beschuldigten wegen irgendwelcher Straftat in **4**
demselben Verfahren verurteilt hat. Ein *Zusammenhang* mit der Beschwerde kann völlig fehlen.

Hauptabschnitt 7. Entschädigungsverfahren

Nr.	Gebührentatbestand	Gebühr oder Satz der Gebühr nach § 34 GKG
3700	**Urteil, durch das dem Antrag des Verletzten oder seines Erben wegen eines aus der Straftat erwachsenen vermögensrechtlichen Anspruchs stattgegeben wird (§ 406 StPO)** .... **Die Gebühr wird für jeden Rechtszug nach dem Wert des zuerkannten Anspruchs erhoben.**	1,0

Vorbem. Kopfzeile berichtigt dch Art 11 Z 7 c G v 9. 12. 04, BGBl 3220, in Kraft seit
1. 1. 05, Art 22 S 2 G, Übergangsrecht § 71 GKG.

1) Geltungsbereich. §§ 403 ff StPO geben dem Verletzten oder seinem Erben **1**
das Recht, im Strafverfahren auch einen vermögensrechtlichen Schadensersatzanspruch zu erheben, der zur Zuständigkeit der ordentlichen Gerichte gehört und den
er noch nicht anderweitig geltend gemacht hat. KV 3700 bezieht sich nur auf diesen
vermögensrechtlichen Anspruch. Das zeigt die Verweisung auf § 406 StPO.

2) Gebührenhöhe. Für jeden Rechtszug entsteht eine 1,0 Gebühr nach dem **2**
Wert des zuerkannten Anspruchs, amtliche Anmerkung. Es kommt also nicht auf
den Antrag an, sondern auf das Urteil. Bei einer teilweisen Zuerkennung entsteht
die Gebühr also nach dem anerkannten Teil. Soweit der Antragsteller den Antrag
zurücknimmt, entsteht keine Gebühr KV 3700. Dasselbe gilt, soweit sich die Par-

KV 3700–3821

teien gerichtlich oder außergerichtlich vergleichen oder soweit das Gericht von der Zubilligung eines Schadensersatzes absieht oder ihn nur dem Grunde nach zuspricht. Das ergibt sich aus der amtlichen Anmerkung. Maßgebend ist die letzte Instanz. Endet sie zB durch einen Vergleich, entsteht für keine Instanz eine Gebühr KV 3700.

3   **3) Streitwert.** Der Streitwert richtet sich nach den §§ 3 ff ZPO, 48 GKG.

4   **4) Fälligkeit, Kostenschuldner usw.** Die Fälligkeit tritt mit der Rechtskraft des Urteils ein, § 8 S 1. *Kostenschuldner* ist allein der verurteilte Angeklagte. § 22 ist unanwendbar. Soweit das Gericht aber von einem Schadensersatz absieht, dem Verletzten einen Teil des Anspruchs nicht zuerkennt oder soweit der Verletzte den Antrag zurücknimmt, entscheidet das Gericht nach seinem pflichtgemäßen Ermessen darüber, wer die insoweit entstandenen gerichtlichen und insoweit den Beteiligten entstandenen notwendigen Auslagen trägt. Das Gericht kann die gerichtlichen Auslagen der Staatskasse auferlegen, soweit eine Belastung der Beteiligten unbillig wäre, § 472 a II StPO.

Hauptabschnitt 8. Gerichtliche Verfahren nach dem Strafvollzugsgesetz, auch in Verbindung mit § 92 des Jugendgerichtsgesetzes

Vorbem. Überschrift ergänzt dch Art 4 Z 6 c G v 13. 12. 07, BGBl 2894, in Kraft seit 1. 1. 08, Art 7 G, Übergangsrecht § 71 GKG.

Abschnitt 1. Antrag auf gerichtliche Entscheidung

Nr.	Gebührentatbestand	Gebühr oder Satz der Gebühr nach § 34 GKG
	Verfahren über den Antrag auf gerichtliche Entscheidung:	
3810	Der Antrag wird zurückgewiesen	1,0
3811	Der Antrag wird zurückgenommen	0,5

Vorbem. Vor KV 3810 Änderung dch Art 4 Z 6d G v 13. 12. 07, BGBl 2894, in Kraft seit 1. 1. 08, Art 7 G, Übergangsrecht § 71 GKG.

1   **1) Geltungsbereich.** Eine Gebühr entsteht weder bei der Ablehnung eines Antrags auf den Erlaß einer einstweiligen Anordnung noch bei einer Verwerfung der dagegen gerichteten Beschwerde, Celle Rpfleger **82**, 314.

Abschnitt 2. Rechtsbeschwerde

Nr.	Gebührentatbestand	Gebühr oder Satz der Gebühr nach § 34 GKG
	Verfahren über die Rechtsbeschwerde:	
3820	Die Rechtsbeschwerde wird verworfen	2,0
3821	Die Rechtsbeschwerde wird zurückgenommen	1,0

1   **1) Geltungsbereich.** Der Antrag auf eine gerichtliche Entscheidung richtet sich nach § 109 StVollzG. Wegen vorläufigen Rechtsschutzes, § 114 II StVollzG, KV 3812 Rn 1. Die Rechtsbeschwerde richtet sich nach § 116 StVollzG.

2   **2) Streitwert.** Der Wert richtet sich nach § 60. Seine Festsetzung erfolgt nach § 65.

Kostenverzeichnis **3830, 3900, Vorbem 4, 4.1 KV**

Abschnitt 3. Vorläufiger Rechtsschutz

Nr.	Gebührentatbestand	Gebühr oder Satz der Gebühr nach § 34 GKG
3830	Verfahren über den Antrag auf Aussetzung des Vollzugs einer Maßnahme der Vollzugsbehörde oder auf Erlass einer einstweiligen Anordnung: Der Antrag wird zurückgewiesen	0,5

Vorbem. Eingefügt durch Art 4 Z 6f G v 13. 12. 07, BGBl 2894, in Kraft seit 1. 1. 08, Art 7 G, Übergangsrecht § 71 GKG.

1) Geltungsbereich. Die Vorschrift erfaßt die Zurückweisung eines Antrags auf 1 die Aussetzung der Vollziehung oder auf eine einstweilige Anordnung im Vollzug. Sie ist an die Stelle des früheren KV 3812 getreten.

Hauptabschnitt 9.
Rüge wegen Verletzung des Anspruchs auf rechtliches Gehör

Nr.	Gebührentatbestand	Gebühr oder Satz der Gebühr nach § 34 GKG
3900	Verfahren über die Rüge wegen Verletzung des Anspruchs auf rechtliches Gehör (§§ 33 a, 311 a Abs. 1 Satz 1, § 356 a StPO, auch i. V. m. § 55 Abs. 4, § 92 JGG und § 120 StVollzG): Die Rüge wird in vollem Umfang verworfen oder zurückgewiesen	50,00 EUR

Vorbem. Angefügt durch Art 11 Z 7d G v 9. 12. 04, BGBl 3220, in Kraft seit 1. 1. 05, Art 22 S 2 G. Ergänzt dch Art 4 Z 6g G v 13. 12. 07, BGBl 2894, in Kraft seit 1. 1. 08, Art 7 G. Übergangsrecht jeweils § 71 GKG.

1) Geltungsbereich. Die Vorschrift gilt bei den dort genannten Verfahrensord- 1 nungen bei einer Verwerfung als unstatthaft oder unzulässig oder bei einer Zurückweisung als unbegründet. Eine nur teilweise derartige Beurteilung der Anhörungsrüge reicht nach dem klaren Wortlaut nicht. Zur Anhörungsrüge vgl § 69 a.

Teil 4. Verfahren nach dem Gesetz über Ordnungswidrigkeiten

(Amtliche) Vorbemerkung 4:

[I] § 473 Abs. 4 StPO, auch i. V. m. § 46 Abs. 1 OWiG, bleibt unberührt.

[II] [1]Im Verfahren nach Wiederaufnahme werden die gleichen Gebühren wie für das wiederaufgenommene Verfahren erhoben. [2]Wird jedoch nach Anordnung der Wiederaufnahme des Verfahrens die frühere Entscheidung aufgehoben, gilt für die Gebührenerhebung jeder Rechtszug des neuen Verfahrens mit dem jeweiligen Rechtszug des früheren Verfahrens zusammen als ein Rechtszug. [3]Gebühren werden auch für Rechtszüge erhoben, die nur im früheren Verfahren stattgefunden haben.

Hauptabschnitt 1. Bußgeldverfahren

(Amtliche) Vorbemerkung 4.1:

[I] [1]In Bußgeldsachen bemessen sich die Gerichtsgebühren für alle Rechtszüge nach der rechtskräftig festgesetzten Geldbuße. [2]Mehrere Geldbußen, die in demselben Verfahren gegen denselben Betroffenen festgesetzt werden, sind bei der Bemessung der Gebühr zusammenzurechnen.

KV Vorbem 4.1, 4110–4131   Kostenverzeichnis

II ¹Betrifft eine Bußgeldsache mehrere Betroffene, ist die Gebühr von jedem gesondert nach Maßgabe der gegen ihn festsetzten Geldbuße zu erheben. ²Wird in einer Bußgeldsache gegen einen oder mehrere Betroffene eine Geldbuße auch gegen eine juristische Person oder eine Personenvereinigung festgesetzt, ist eine Gebühr auch von der juristischen Person oder Personenvereinigung nach Maßgabe der gegen sie festgesetzten Geldbuße zu erheben.

III ¹Wird bei Festsetzung mehrerer Geldbußen ein Rechtsmittel auf die Festsetzung einer Geldbuße beschränkt, bemisst sich die Gebühr für das Rechtsmittelverfahren nach dieser Geldbuße. ²Satz 1 gilt im Fall der Wiederaufnahme entsprechend.

Abschnitt 1. Erster Rechtszug

Nr.	Gebührentatbestand	Gebühr oder Satz der Gebühr 4110, soweit nichts anderes vermerkt ist
4110	Hauptverhandlung mit Urteil oder Beschluss ohne Hauptverhandlung (§ 72 OWiG)	10% des Betrags der Geldbuße – mindestens 40,00 EUR – höchstens 15 000,00 EUR
4111	Verwerfung des Einspruchs als unzulässig nach Beginn der Hauptverhandlung	0,5
4112	Zurücknahme des Einspruchs nach Beginn der Hauptverhandlung	0,5

Abschnitt 2. Rechtsbeschwerde

Nr.	Gebührentatbestand	Gebühr oder Satz der Gebühr 4110, soweit nichts anderes vermerkt ist
4120	Verfahren mit Urteil oder Beschluss nach § 79 Abs. 5 OWiG	2,0
4121	Verfahren ohne Urteil oder Beschluss nach § 79 Abs. 5 OWiG .... Die Gebühr entfällt bei Rücknahme der Rechtsbeschwerde vor Ablauf der Begründungsfrist.	1,0

Abschnitt 3. Wiederaufnahmeverfahren

Nr.	Gebührentatbestand	Gebühr oder Satz der Gebühr 4110, soweit nichts anderes vermerkt ist
4130	Verfahren über den Antrags auf Wiederaufnahme des Verfahrens: Der Antrag wird verworfen oder abgelehnt	0,5
4131	Verfahren über die Beschwerde gegen einen Beschluss, durch den ein Antrag auf Wiederaufnahme des Verfahrens verworfen oder abgelehnt wurde: Die Beschwerde wird verworfen oder zurückgewiesen	1,0

Hauptabschnitt 2. Einziehung und verwandte Maßnahmen

(Amtliche) Vorbemerkung 4.2:

I ¹Die Vorschriften dieses Hauptabschnitts gelten für die Verfahren über die Einziehung, dieser gleichstehende Rechtsfolgen (§ 442 StPO i. V. m. § 46 Abs. 1 OWiG) und die Abführung des Mehrerlöses. ²Im gerichtlichen Verfahren werden die Gebühren gesondert erhoben.

II ¹Betreffen die in Absatz 1 genannten Maßnahmen mehrere Betroffene wegen derselben Handlung, wird nur eine Gebühr erhoben. ²§ 31 GKG bleibt unberührt.

Abschnitt 1. Beschwerde

Nr.	Gebührentatbestand	Gebühr oder Satz der Gebühr 4110, soweit nichts anderes vermerkt ist
4210	Verfahren über die Beschwerde nach § 441 Abs. 2 StPO i. V. m. § 46 Abs. 1 OWiG: Die Beschwerde wird verworfen oder zurückgewiesen	30,00 EUR

Abschnitt 2. Rechtsbeschwerde

Nr.	Gebührentatbestand	Gebühr oder Satz der Gebühr 4110, soweit nichts anderes vermerkt ist
4220	Verfahren mit Urteil oder Beschluss nach § 79 Abs. 5 OWiG: Die Rechtsbeschwerde wird verworfen	60,00 EUR
4221	Verfahren ohne Urteil oder Beschluss nach § 79 Abs. 5 OWiG	30,00 EUR
	Die Gebühr entfällt bei Rücknahme der Rechtsbeschwerde vor Ablauf der Begründungsfrist.	

Abschnitt 3. Wiederaufnahmeverfahren

Nr.	Gebührentatbestand	Gebühr oder Satz der Gebühr 4110, soweit nichts anderes vermerkt ist
4230	Verfahren über den Antrag auf Wiederaufnahme des Verfahrens: Der Antrag wird verworfen oder abgelehnt	30,00 EUR
4231	Verfahren über die Beschwerde gegen einen Beschluss, durch den ein Antrag auf Wiederaufnahme des Verfahrens verworfen oder abgelehnt wurde: Die Beschwerde wird verworfen oder zurückgewiesen	60,00 EUR

KV 4300–4304, Vorbem 4.4, 4400 Kostenverzeichnis

Hauptabschnitt 3. Besondere Gebühren

Nr.	Gebührentatbestand	Gebühr oder Satz der Gebühr 4110, soweit nichts anderes vermerkt ist
4300	Dem Anzeigenden sind im Fall einer unwahren Anzeige die Kosten auferlegt worden (§ 469 StPO i. V. m. § 46 Abs. 1 OWiG) .... Das Gericht kann die Gebühr bis auf 10,00 EUR herabsetzen oder beschließen, dass von der Erhebung einer Gebühr abgesehen wird.	30,00 EUR
4301	Abschließende Entscheidung des Gerichts im Fall des § 25a Abs. 1 StVG	30,00 EUR
4302	Entscheidung der Staatsanwaltschaft im Fall des § 25a Abs. 1 StVG	15,00 EUR
4303	Verfahren über den Antrag auf gerichtliche Entscheidung gegen eine Anordnung, Verfügung oder sonstige Maßnahme der Verwaltungsbehörde oder der Staatsanwaltschaft oder Verfahren über Einwendungen nach § 103 OWiG: Der Antrag wird verworfen .... Wird der Antrag nur teilweise verworfen, kann das Gericht die Gebühr nach billigem Ermessen auf die Hälfte ermäßigen oder bestimmen, dass eine Gebühr nicht zu erheben ist.	25,00 EUR
4304	Verfahren über die Erinnerung gegen den Kostenfestsetzungsbeschluss des Urkundsbeamten der Staatsanwaltschaft (§ 108a Abs. 3 Satz 2 OWiG): Die Erinnerung wird zurückgewiesen .... Wird der Erinnerung nur teilweise verworfen, kann das Gericht die Gebühr nach billigem Ermessen auf die Hälfte ermäßigen oder bestimmen, dass eine Gebühr nicht zu erheben ist.	25,00 EUR

Hauptabschnitt 4. Sonstige Beschwerden

(Amtliche) Vorbemerkung 4.4:
Die Gebühren im Kostenfestsetzungsverfahren bestimmen sich nach den für das Kostenfestsetzungsverfahren in Teil 1 Hauptabschnitt 8 geregelten Gebühren.

Nr.	Gebührentatbestand	Gebühr oder Satz der Gebühr 4110, soweit nichts anderes vermerkt ist
4400	Verfahren über die Beschwerde gegen eine Entscheidung, durch die im gerichtlichen Verfahren nach dem OWiG einschließlich des selbstständigen Verfahrens nach den §§ 88 und 46 Abs. 1 OWiG i. V. m. den §§ 440, 441, 444 Abs. 3 StPO eine Geldbuße gegen eine juristische Person oder eine Personenvereinigung festgesetzt worden ist: Die Beschwerde wird verworfen oder zurückgewiesen Eine Gebühr wird nur erhoben, wenn eine Geldbuße rechtskräftig festgesetzt ist.	0,5

Kostenverzeichnis 4401, 4500, Vorbem 5.1, 5110, 5111 KV

Nr.	Gebührentatbestand	Gebühr oder Satz der Gebühr 4110, soweit nichts anderes vermerkt ist
4401	Verfahren über nicht besonders aufgeführte Beschwerden, die nicht nach anderen Vorschriften gebührenfrei sind: Die Beschwerde wird verworfen oder zurückgewiesen Von dem Betroffenen wird eine Gebühr nur erhoben, wenn gegen ihn eine Geldbuße rechtskräftig festgesetzt ist.	30,00 EUR

Hauptabschnitt 5. Rüge wegen Verletzung des Anspruchs auf rechtliches Gehör

Nr.	Gebührentatbestand	Gebühr oder Satz der Gebühr 4110, soweit nichts anderes vermerkt ist
4500	Verfahren über die Rüge wegen Verletzung des Anspruchs auf rechtliches Gehör (§§ 33a, 311a Abs. 1 Satz 1, § 356a StPO i. V. m. § 46 Abs. 1 und § 79 Abs. 3 OWiG): Die Rüge wird in vollem Umfang verworfen oder zurückgewiesen	50,00 EUR

Vorbem. Angefügt dch Art 11 Z 7 e G v 9. 12. 04, BGBl 3220, in Kraft seit 1. 1. 05, Art 22 S 2 G, Übergangsrecht § 71 GKG.

Teil 5. Verfahren vor den Gerichten der Verwaltungsgerichtsbarkeit

Hauptabschnitt 1. Prozessverfahren

(Amtliche) Vorbemerkung 5.1:
Wird das Verfahren durch Antrag eingeleitet, gelten die Vorschriften über die Klage entsprechend.

1) Geltungsbereich. Hierher gehört vor allem das Normenkontrollverfahren nach § 47 VwGO. 1

Abschnitt 1. Erster Rechtszug

Unterabschnitt 1. Verwaltungsgericht

Nr.	Gebührentatbestand	Gebühr oder Satz der Gebühr nach § 34 GKG
5110	Verfahren im Allgemeinen	3,0

5111	Beendigung des gesamten Verfahrens durch
	1. Zurücknahme der Klage
	   a) vor dem Schluss der mündlichen Verhandlung,
	   b) wenn eine solche nicht stattfindet, vor Ablauf des Tages, an dem das Urteil oder der Gerichtsbescheid der Geschäftsstelle übermittelt wird, oder
	   c) im Fall des § 93a Abs. 2 VwGO vor Ablauf der Erklärungsfrist nach § 93a Abs. 2 Satz 1 VwGO
	2. Anerkenntnis- oder Verzichtsurteil,	

KV 5111–5113   Kostenverzeichnis

Nr.	Gebührentatbestand	Gebühr oder Satz der Gebühr nach § 34 GKG
	3. gerichtlichen Vergleich oder 4. Erledigungserklärungen nach § 161 Abs. 2 VwGO, wenn keine Entscheidung über die Kosten ergeht oder die Entscheidung einer zuvor mitgeteilten Einigung der Beteiligten über die Kostentragung oder der Kostenübernahmeerklärung eines Beteiligten folgt, wenn nicht bereits ein anderes als eines der in Nummer 2 genannten Urteile oder ein Gerichtsbescheid vorausgegangen ist: Die Gebühr 5110 ermäßigt sich auf .... Die Gebühr ermäßigt sich auch, wenn mehrere Ermäßigungstatbestände erfüllt sind.	1,0

Zu KV 5110, 5111:

1   **1) Systematik.** Die gesamte Regelung ist derjenigen vor den ordentlichen Gerichten sehr ähnlich. Vgl daher stets zunächst KV 1210 ff. Auch nach KV 5111 muß das gesamte Verfahren betroffen sein, VGH Mannh NVwZ-RR **09**, 453. Die Gebühren fallen dann an, wenn ein Hauptsacheverfahren in Gang gekommen ist, Brehm/Zimmerling NVwZ **04**, 1207, Stuttmann DVBl **04**, 681. Prozeßverfahren ist dasjenige nach §§ 81 ff VwGO, soweit es sich um ein selbständiges Verfahren handelt. Eine Sonderregelung wegen des Verfahrens nach §§ 80 V, 80a III VwGO ist in KV 5210 ff vorhanden. Eine Sonderregelung wegen des selbständigen Beweisverfahrens enthält KV 5300. Eine Sonderregelung wegen eines Prozeßvergleichs enthält KV 5600. Wegen einer Verzögerungsgebühr gilt KV 5601. Das Beschwerdeverfahren ist in KV 5240–5242, 5500–5502 geregelt.

2   **2) Geltungsbereich.** Für ein nichtstreitiges Verfahren etwa nach § 24 VwGO entsteht keine Verfahrensgebühr nach KV 5110. Das Vollstreckungsverfahren nach §§ 167 ff VwGO ist grundsätzlich gerade kein Prozeßverfahren mehr. Eine Gebühr entsteht im Fall KV 5301. Bei einer Vollstreckungsabwehrklage gilt allerdings wiederum KV 5110 ff.

3   **3) Zurücknahme.** Auf eine Anordnung nach § 87 VwGO kommt es nicht mehr an. Die Klage gilt auch dann nach § 92 II 1 VwGO grundsätzlich als zurückgenommen, wenn der Kläger das Verfahren trotz einer Gerichtsaufforderung länger als drei Monate nicht betreibt. Maßgeblich ist evtl der Tag, *unter* dem das Gericht gehandelt hat. Das gilt auch dann, wenn es das Datum irrig unrichtig eingesetzt hatte. Bei einer nachweisbaren Falschdatierung gilt der wahre Handlungstag. Die Erledigung der Hauptsache ist nach KV 5111 Z 4 evtl ein Ermäßigungsgrund.

4   **4) Streitwert.** Der Streitwert ergibt sich aus § 52, dort Anh I.

5   **5) Fälligkeit, Kostenschuldner usw.** Die Fälligkeit tritt bei KV 5110 nach § 6 I Z 4 mit der Anhängigkeit, die Ermäßigung nach KV 5111 mit der Verfahrensbeendigung ein, § 9 I. Wegen der Auslagen § 9 II.
Man muß den *Kostenschuldner* nach §§ 22, 29 ermitteln. Es besteht keine Vorauszahlungspflicht, § 10.

Unterabschnitt 2. Oberverwaltungsgericht (Verwaltungsgerichtshof)

Nr.	Gebührentatbestand	Gebühr oder Satz der Gebühr nach § 34 GKG
5112	Verfahren im Allgemeinen	4,0
5113	Beendigung des gesamten Verfahrens durch 1. Zurücknahme der Klage a) vor dem Schluss der mündlichen Verhandlung,	

Kostenverzeichnis   5113–5115 KV

Nr.	Gebührentatbestand	Gebühr oder Satz der Gebühr nach § 34 GKG
	b) wenn eine solche nicht stattfindet, vor Ablauf des Tages, an dem das Urteil, der Gerichtsbescheid oder der Beschluss in der Hauptsache der Geschäftsstelle übermittelt wird, c) im Fall des § 93a Abs. 2 VwGO vor Ablauf der Erklärungsfrist nach § 93a Abs. 2 Satz 1 VwGO, 2. Anerkenntnis- oder Verzichtsurteil, 3. gerichtlichen Vergleich oder 4. Erledigungserklärungen nach § 161 Abs. 2 VwGO, wenn keine Entscheidung über die Kosten ergeht oder die Entscheidung einer zuvor mitgeteilten Einigung der Beteiligten über die Kostentragung oder der Kostenübernahmeerklärung eines Beteiligten folgt, es sei denn, dass bereits ein anderes als eines der in Nummer 2 genannten Urteile, ein Gerichtsbescheid oder Beschluss in der Hauptsache vorausgegangen ist: Die Gebühr 5112 ermäßigt sich auf	2,0
	Die Gebühr ermäßigt sich auch, wenn mehrere Ermäßigungstatbestände erfüllt sind.	

Zu KV 5112, 5113:

1) **Geltungsbereich.** Das OVG ist erstinstanzlich nach §§ 47, 48 VwGO zuständig. Der Geltungsbereich und der Aufbau von KV 5112, 5113 entsprechen ganz den Regelungen KV 5110, 5111. Vgl daher dort. KV 5112, 5113 gelten nur für erstinstanzliche Prozeßverfahren. Bei einer Berufung gelten KV 5120–5123, bei einer Revision KV 5130–5132, beim einstweiligen Rechtsschutz KV 5210 ff.   1

Unterabschnitt 3. Bundesverwaltungsgericht

Nr.	Gebührentatbestand	Gebühr oder Satz der Gebühr nach § 34 GKG
5114	Verfahren im Allgemeinen	2,0

5115	Beendigung des gesamten Verfahrens durch
	 1. Zurücknahme der Klage
	    a) vor dem Schluss der mündlichen Verhandlung,
	    b) wenn eine solche nicht stattfindet, vor Ablauf des Tages, an dem das Urteil oder der Gerichtsbescheid der Geschäftsstelle übermittelt wird,
	    c) im Fall des § 93a Abs. 2 VwGO vor Ablauf der Erklärungsfrist nach § 93a Abs. 2 Satz 1 VwGO,
	 2. Anerkenntnis- oder Verzichtsurteil,
	 3. gerichtlichen Vergleich oder
	 4. Erledigungserklärungen nach § 161 Abs. 2 VwGO, wenn keine Entscheidung über die Kosten ergeht oder die Entscheidung einer zuvor mitgeteilten Einigung der Beteiligten über die Kostentragung oder der Kostenübernahmeerklärung eines Beteiligten folgt,
	 es sei denn, dass bereits ein anderes als eines der in Nummer 2 genannten Urteile, ein Gerichtsbescheid oder ein Beschluss in der Hauptsache vorausgegangen ist:
	 Die Gebühr 5114 ermäßigt sich auf ....
		
		3,0

KV 5115–5124

Nr.	Gebührentatbestand	Gebühr oder Satz der Gebühr nach § 34 GKG
	Die Gebühr ermäßigt sich auch, wenn mehrere Ermäßigungstatbestände erfüllt sind.	

Zu KV 5114, 5115:

1 1) **Geltungsbereich.** Das BVerwG ist erstinstanzlich insbesondere nach § 50 VwGO zuständig. Es gelten dieselben Erwägungen wie bei KV 5112, 5113 Rn 1.

Abschnitt 2. Zulassung und Durchführung der Berufung

Nr.	Gebührentatbestand	Gebühr oder Satz der Gebühr nach § 34 GKG
5120	Verfahren über die Zulassung der Berufung: Soweit der Antrag abgelehnt wird	1,0
5121	Verfahren über die Zulassung der Berufung: Soweit der Antrag zurückgenommen oder das Verfahren durch anderweitige Erledigung beendet wird ..	0,5
	Die Gebühr entsteht nicht, soweit die Berufung zugelassen wird.	
5122	Verfahren im Allgemeinen	4,0

Zu KV 5120–5122:

1 1) **Geltungsbereich.** Vgl zunächst KV 1220, 5110, 5111 Rn 1, 2. Soweit das Zulassungsverfahren nicht als ein Rechtsmittelverfahren abläuft, zB wegen einer Antragsrücknahme, entsteht keine Gebühr, Hornung Rpfleger 97, 517, Otto JB 97, 286.

2 2) **Fälligkeit; Kostenschuldner.** Die Fälligkeit tritt mit der Beendigung des Verfahrens ein, § 9 I.

Man muß den *Kostenschuldner* nach den §§ 22, 29 ermitteln. Der Streitwert wird nach den § 52 berechnet, § 52 Anh I. Die Sonderregelung nach KV 5210 tritt auch dann ein, wenn der Antragsteller seinen Antrag erstmals bei dem Berufungsgericht stellt.

Nr.	Gebührentatbestand	Gebühr oder Satz der Gebühr nach § 34 GKG
5123	Beendigung des gesamten Verfahrens durch Zurücknahme der Berufung oder der Klage, bevor die Schrift zur Begründung der Berufung bei Gericht eingegangen ist: Die Gebühr 5122 ermäßigt sich auf	1,0
	Erledigungserklärungen nach § 161 Abs. 2 VwGO stehen der Zurücknahme gleich, wenn keine Entscheidung über die Kosten ergeht oder die Entscheidung einer zuvor mitgeteilten Einigung der Beteiligten über die Kostentragung oder der Kostenübernahmeerklärung eines Beteiligten folgt.	
5124	Beendigung des gesamten Verfahrens, wenn nicht Nummer 5123 erfüllt ist, durch 1. Zurücknahme der Berufung oder der Klage a) vor dem Schluss der mündlichen Verhandlung, b) wenn eine solche nicht stattfindet, vor Ablauf des Tages, an dem das Urteil oder der Beschluss in der Hauptsache der Geschäftsstelle übermittelt wird, oder c) im Fall des § 93a Abs. 2 VwGO vor Ablauf der Erklärungsfrist nach § 93a Abs. 2 Satz 1 VwGO,	

Kostenverzeichnis 5124–5132 KV

Nr.	Gebührentatbestand	Gebühr oder Satz der Gebühr nach § 34 GKG
	2. Anerkenntnis- oder Verzichtsurteil, 3. gerichtlichen Vergleich oder 4. Erledigungserklärungen nach § 161 Abs. 2 VwGO, wenn keine Entscheidung über die Kosten ergeht oder die Entscheidung einer zuvor mitgeteilten Einigung der Beteiligten über die Kostentragung oder der Kostenübernahmeerklärung eines Beteiligten folgt, es sei denn, dass bereits ein anderes als eines der in Nummer 2 genannten Urteile oder ein Beschluss in der Hauptsache vorausgegangen ist: Die Gebühr 5122 ermäßigt sich auf .... Die Gebühr ermäßigt sich auch, wenn mehrere Ermäßigungstatbestände erfüllt sind.	2,0

Zu KV 5123, 5124:

1) **Geltungsbereich.** Die Vorschriften stimmen weitgehend mit KV 1321, 1322 überein. Vgl daher dort.

Abschnitt 3. Revision

Nr.	Gebührentatbestand	Gebühr oder Satz der Gebühr nach § 34 GKG
5130	Verfahren im Allgemeinen	5,0
5131	Beendigung des gesamten Verfahrens durch Zurücknahme der Revision oder der Klage, bevor die Schrift zur Begründung der Revision bei Gericht eingegangen ist: Die Gebühr 5130 ermäßigt sich auf .... Erledigungserklärungen nach § 161 Abs. 2 VwGO stehen der Zurücknahme gleich, wenn keine Entscheidung über die Kosten ergeht oder die Entscheidung einer zuvor mitgeteilten Einigung der Beteiligten über die Kostentragung oder der Kostenübernahmeerklärung eines Beteiligten folgt.	1,0

5132	Beendigung des gesamten Verfahrens, wenn nicht Nummer 5131 erfüllt ist, durch
	 1. Zurücknahme der Revision oder der Klage
	   a) vor dem Schluss der mündlichen Verhandlung,
	   b) wenn eine solche nicht stattfindet, vor Ablauf des Tages, an dem das Urteil oder der Beschluss in der Hauptsache der Geschäftsstelle übermittelt wird, oder
	   c) im Fall des § 93a Abs. 2 VwGO vor Ablauf der Erklärungsfrist nach § 93a Abs. 2 Satz 1 VwGO,
	 2. Anerkenntnis- oder Verzichtsurteil,
	 3. gerichtlichen Vergleich oder
	 4. Erledigungserklärungen nach § 161 Abs. 2 VwGO, wenn keine Entscheidung über die Kosten ergeht oder die Entscheidung einer zuvor mitgeteilten Einigung der Beteiligten über die Kostentragung oder der Kostenübernahmeerklärung eines Beteiligten folgt,	

Nr.	Gebührentatbestand	Gebühr oder Satz der Gebühr nach § 34 GKG
	es sei denn, dass bereits ein anderes als eines der in Nummer 2 genannten Urteile oder ein Beschluss in der Hauptsache vorausgegangen ist: Die Gebühr 5130 ermäßigt sich auf .... Die Gebühr ermäßigt sich auch, wenn mehrere Ermäßigungstatbestände erfüllt sind.	3,0

Zu KV 5130–5132:

1 **1) Geltungsbereich.** Die Vorschrift stimmen weitgehend mit KV 1230–1232 überein. Vgl daher dort. Es ist bei KV 5131 unerheblich, ob die Revisionsbegründung bereits gleichzeitig mit der Revisionsschrift oder später beim Revisionsgericht eingeht. Es kommt nur darauf an, ob die Revision oder die Klage vor dem Eingang der Revisionsbegründung zurückgenommen wird, Bieler DStR **75**, 626 (zu [jetzt] KV 6121).

Hauptabschnitt 2. Vorläufiger Rechtsschutz

(Amtliche) Vorbemerkung 5.2:

^I Die Vorschriften dieses Hauptabschnitts gelten für einstweilige Anordnungen und für Verfahren nach § 80 Abs. 5, § 80a Abs. 3 und § 80b Abs. 2 und 3 VwGO.

^{II} ¹Im Verfahren über den Antrag auf Erlass und im Verfahren über den Antrag auf Aufhebung einer einstweiligen Anordnung werden die Gebühren jeweils gesondert erhoben. ²Mehrere Verfahren nach § 80 Abs. 5 und 7, § 80a Abs. 3 und § 80b Abs. 2 und 3 VwGO gelten innerhalb eines Rechtszugs als ein Verfahren.

Abschnitt 1. Verwaltungsgericht sowie Oberverwaltungsgericht (Verwaltungsgerichtshof) und Bundesverwaltungsgericht als Rechtsmittelgerichte in der Hauptsache

Nr.	Gebührentatbestand	Gebühr oder Satz der Gebühr nach § 34 GKG
5210	Verfahren im Allgemeinen	1,5

1 **1) Geltungsbereich.** Die Vorschrift gilt wie der ganze Hauptabschnitt 2 bei allen Arten von einstweiligen Anordnungen, also zB bei §§ 47 VIII, 80 III und V, 123 VwGO und zu Verfahren nach §§ 80 V, 80a III VwGO. Das Verfahren vor dem Vorsitzenden und das Verfahren vor Gericht gelten als dasselbe Verfahren.

Die Vorschrift gilt nur für die in der Überschrift des Abschnitts 1 genannten Instanzen. Abschnitte 2–4 enthalten für die in den amtlichen zugehörigen Vorbemerkungen genannten Zuständigkeiten formell eigene Regeln, ein reichlich kompliziert geratenes Nebeneinander.

2 Die amtliche Vorbemerkung 5.2 II 2 ist auch dann anwendbar, wenn der Kläger *mehrere Anträge* nacheinander stellt, wenn er zB zunächst die aufschiebende Wirkung des Widerspruchs und später die aufschiebende Wirkung der Klage begehrt hat, so schon Waldner MDR **82**, 81, aM VG Ansbach MDR **82**, 80. Die Art der Entscheidungen der etwaigen mehreren Verfahren ist unerheblich, BFH BStBl **82**, II 137 (zu KV 1332 aF). Allerdings muß der Abschluß in derselben Instanz erfolgt sein. Im Fall eines Änderungsantrags nach § 80 V oder § 80a III VwGO gegen einen erstinstanzlichen Beschluß, den der Antragsteller in der Berufungsinstanz beim Gericht der Hauptsache stellt, entsteht die Gebühr KV 5210 noch einmal.

Nicht erfaßt, § 1 S 1, ist ein Verfahren nach § 80b II VwGO, OVG Bautzen JB **99**, 260.

3 **2) Streitwert.** Der Streitwert richtet sich nach § 53 III.

Kostenverzeichnis 5210, 5211, Vorbem 5.2.2, 5220, 5221 KV

3) **Fälligkeit, Kostenschuldner usw.** Die Fälligkeit tritt mit der Beendigung des 4
Verfahrens ein, § 9 I.
Den *Kostenschuldner* ergeben §§ 22, 29.

Nr.	Gebührentatbestand	Gebühr oder Satz der Gebühr nach § 34 GKG

5211	Beendigung des gesamten Verfahrens durch
	1. Zurücknahme des Antrags
	    a) vor dem Schluss der mündlichen Verhandlung oder,
	    b) wenn eine solche nicht stattfindet, vor Ablauf des Tages, an dem der Beschluss der Geschäftsstelle übermittelt wird,
	2. gerichtlichen Vergleich oder
	3. Erledigungserklärungen nach § 161 Abs. 2 VwGO, wenn keine Entscheidung über die Kosten ergeht oder die Entscheidung einer zuvor mitgeteilten Einigung der Beteiligten über die Kostentragung oder der Kostenübernahmeerklärung eines Beteiligten folgt,
	es sei denn, dass bereits ein Beschluss über den Antrag vorausgegangen ist:
	Die Gebühr 5210 ermäßigt sich auf ....
	Die Gebühr ermäßigt sich auch, wenn mehrere Ermäßigungstatbestände erfüllt sind.
		0,5

Abschnitt 2. Oberverwaltungsgericht (Verwaltungsgerichtshof)

(Amtliche) Vorbemerkung 5.2.2:

Die Vorschriften dieses Abschnitts gelten, wenn das Oberverwaltungsgericht (Verwaltungsgerichtshof) auch in der Hauptsache erstinstanzlich zuständig ist.

Nr.	Gebührentatbestand	Gebühr oder Satz der Gebühr nach § 34 GKG
5220	Verfahren im Allgemeinen	2,0

5221	Beendigung des gesamten Verfahrens durch
	1. Zurücknahme des Antrags
	    a) vor dem Schluss der mündlichen Verhandlung oder,
	    b) wenn eine solche nicht stattfindet, vor Ablauf des Tages, an dem der Beschluss der Geschäftsstelle übermittelt wird,
	2. gerichtlichen Vergleich oder
	3. Erledigungserklärungen nach § 161 Abs. 2 VwGO, wenn keine Entscheidung über die Kosten ergeht oder die Entscheidung einer zuvor mitgeteilten Einigung der Beteiligten über die Kostentragung oder der Kostenübernahmeerklärung eines Beteiligten folgt,
	es sei denn, dass bereits ein Beschluss über den Antrag vorausgegangen ist:
	Die Gebühr 5220 ermäßigt sich auf ....
		0,75

KV 5221, Vorbem 5.2.3, 5.2.4, 5230–5241 Kostenverzeichnis

Nr.	Gebührentatbestand	Gebühr oder Satz der Gebühr nach § 34 GKG
	Die Gebühr ermäßigt sich auch, wenn mehrere Ermäßigungstatbestände erfüllt sind.	

Abschnitt 3. Bundesverwaltungsgericht

(Amtliche) Vorbemerkung 5.2.3:

Die Vorschriften dieses Abschnitts gelten, wenn das Bundesverwaltungsgericht auch in der Hauptsache erstinstanzlich zuständig ist.

Nr.	Gebührentatbestand	Gebühr oder Satz der Gebühr nach § 34 GKG
5230	Verfahren im Allgemeinen	2,5

5231	Beendigung des gesamten Verfahrens durch:
	1. Zurücknahme des Antrags
	  a) vor dem Schluss der mündlichen Verhandlung oder,
	  b) wenn eine solche nicht stattfindet, vor Ablauf des Tages, an dem der Beschluss der Geschäftsstelle übermittelt wird,
	2. gerichtlichen Vergleich oder
	3. Erledigungserklärungen nach § 161 Abs. 2 VwGO, wenn keine Entscheidung über die Kosten ergeht oder die Entscheidung einer zuvor mitgeteilten Einigung der Beteiligten über die Kostentragung oder der Kostenübernahmeerklärung eines Beteiligten folgt,
	es sei denn, dass bereits ein Beschluss über den Antrag vorausgegangen ist:
	Die Gebühr 5230 ermäßigt sich auf ....
	Die Gebühr ermäßigt sich auch, wenn mehrere Ermäßigungstatbestände erfüllt sind.
		
		1,0

Vorbem. Z 1 b ergänzt dch Art 11 Z 7 f G v 9. 12. 04, BGBl 3220, in Kraft seit 1. 1. 05, Art 22 S 2 G, Übergangsrecht § 71 GKG.

Abschnitt 4. Beschwerde

(Amtliche) Vorbemerkung 5.2.4:

Die Vorschriften dieses Abschnitts gelten für Beschwerden gegen Beschlüsse des Verwaltungsgerichts über einstweilige Anordnungen (§ 123 VwGO) und über die Aussetzung der Vollziehung (§§ 80, 80 a VwGO).

Nr.	Gebührentatbestand	Gebühr oder Satz der Gebühr nach § 34 GKG
5240	Verfahren über die Beschwerde	2,0
5241	Beendigung des gesamten Verfahrens durch Zurücknahme der Beschwerde: Die Gebühr 5240 ermäßigt sich auf	 1,0

Zu KV 5240, 5241:

1 1) **Geltungsbereich.** Die Vorschrift stimmen teilweise mit KV 1240, 1430 überein. Vgl daher dort.

Kostenverzeichnis 5300–5502 KV

Hauptabschnitt 3. Besondere Verfahren

Nr.	Gebührentatbestand	Gebühr oder Satz der Gebühr nach § 34 GKG
5300	Selbstständiges Beweisverfahren	1,0

1) **Geltungsbereich.** Vgl KV 1610. Die Fälligkeit tritt bei der Anhängigkeit einer Hauptsache dann ein, wenn dort eine Kostenentscheidung ergeht oder wenn sich die Hauptsache anderweitig erledigt. Andernfalls tritt die Fälligkeit mit der Beendigung des selbständigen Beweisverfahrens ein, § 9 I.

Nr.	Gebührentatbestand	Gebühr oder Satz der Gebühr nach § 34 GKG
5301	Verfahren über Anträge auf gerichtliche Handlungen der Zwangsvollstreckung nach den §§ 169, 170 oder § 172 VwGO	15,00 EUR

1) **Geltungsbereich.** Die Vorschrift stimmt inhaltlich im Kern ganz mit KV 2110 überein. Vgl daher dort.

Hauptabschnitt 4. Rüge wegen Verletzung des Anspruchs auf rechtliches Gehör

Nr.	Gebührentatbestand	Gebühr oder Satz der Gebühr nach § 34 GKG
5400	Verfahren über die Rüge wegen Verletzung des Anspruchs auf rechtliches Gehör (§ 152a VwGO): Die Rüge wird in vollem Umfang verworfen oder zurückgewiesen	50,00 EUR

Vorbem. Geändert dch Art 11 Z 7 g G v 9. 12. 04, BGBl 3220, in Kraft seit 1. 1. 05, Art 22 S 2 G, Übergangsrecht § 71 GKG.

1) **Geltungsbereich.** Die Vorschrift stimmt ganz mit KV 1700 überein. Vgl daher dort.

Hauptabschnitt 5. Sonstige Beschwerden

Nr.	Gebührentatbestand	Gebühr oder Satz der Gebühr nach § 34 GKG
5500	Verfahren über die Beschwerde gegen die Nichtzulassung der Revision: Soweit die Beschwerde verworfen oder zurückgewiesen wird	2,0
5501	Verfahren über die Beschwerde gegen die Nichtzulassung der Revision: Soweit die Beschwerde zurückgenommen oder das Verfahren durch anderweitige Erledigung beendet wird Die Gebühr entsteht nicht, soweit die Revision zugelassen wird.	1,0
5502	Verfahren über nicht besonders aufgeführte Beschwerden, die nicht nach anderen Vorschriften gebührenfrei sind: Die Beschwerde wird verworfen oder zurückgewiesen	50,00 EUR

KV 5502–6110   Kostenverzeichnis

Nr.	Gebührentatbestand	Gebühr oder Satz der Gebühr nach § 34 GKG
	Wird die Beschwerde nur teilweise verworfen oder zurückgewiesen, kann das Gericht die Gebühr nach billigem Ermessen auf die Hälfte ermäßigen oder bestimmen, dass eine Gebühr nicht zu erheben ist.	

Zu KV 5500–5502:

1   **1) Geltungsbereich.** KV 5500 stimmt wesentlich mit KV 1241 überein. KV 5501 stimmt wesentlich mit KV 1242 überein. KV 5502 stimmt wesentlich mit KV 1811 überein. Vgl daher jeweils dort.

Hauptabschnitt 6. Besondere Gebühren

Nr.	Gebührentatbestand	Gebühr oder Satz der Gebühr nach § 34 GKG
5600	Abschluss eines gerichtlichen Vergleichs: Soweit der Wert des Vergleichsgegenstands den Wert des Streitgegenstands übersteigt .... Die Gebühr entsteht nicht im Verfahren über die Prozesskostenhilfe.	0,25

1   **1) Geltungsbereich.** Die Vorschrift stimmt weitgehend mit KV 1900 überein. Vgl daher dort.

Nr.	Gebührentatbestand	Gebühr oder Satz der Gebühr nach § 34 GKG
5601	Auferlegung einer Gebühr nach § 38 GKG wegen Verzögerung des Rechtsstreits	Wie vom Gericht bestimmt

1   **1) Geltungsbereich.** Die Vorschrift stimmt wörtlich mit KV 1700 überein. Vgl daher dort.

Teil 6. Verfahren vor den Gerichten der Finanzgerichtsbarkeit

Hauptabschnitt 1. Prozessverfahren

Abschnitt 1. Erster Rechtszug

Nr.	Gebührentatbestand	Gebühr oder Satz der Gebühr nach § 34 GKG
6110	Verfahren im Allgemeinen, soweit es sich nicht nach § 45 Abs. 3 FGO erledigt	4,0

1   **1) Geltungsbereich.** Teil 6 ähnelt ebenfalls dem Teil 1 weitgehend. Vgl daher KV 1210 ff. Prozeßverfahren ist das Verfahren nach §§ 63 ff FGO, soweit es sich um ein selbständiges Verfahren handelt. KV 6210, 6211 enthalten Sonderregelungen wegen der Verfahren nach §§ 69 III, V FGO. KV 6300 enthält eine Sonderregelung für das selbständige Beweisverfahren. KV 6600 regelt die Höhe einer Verzögerungsgebühr nach § 38. KV 6220, 6221, 6500–6502 enthalten die Regelung des Beschwerdeverfahrens. Das Vollstreckungsverfahren nach §§ 150 ff FGO ist kein Prozeßverfahren mehr. Wegen § 152 FGO gilt KV 6301.

Kostenverzeichnis **6110–6122 KV**

2) **Streitwert.** Der Streitwert richtet sich nach § 58, vgl dort Anh II. 2
3) **Fälligkeit, Kostenschuldner usw.** Die Fälligkeit tritt nach § 6 I Z 4 ein. Wegen der Auslagen gilt § 9. 3
Der *Kostenschuldner* ergibt sich nach §§ 22, 29. Es besteht keine Vorauszahlungspflicht, § 10.

Nr.	Gebührentatbestand	Gebühr oder Satz der Gebühr nach § 34 GKG

6111	**Beendigung des gesamten Verfahrens durch**
	1. Zurücknahme der Klage
	  a) vor dem Schluss der mündlichen Verhandlung oder,
	  b) wenn eine solche nicht stattfindet, vor Ablauf des Tages, an dem das Urteil oder der Gerichtsbescheid der Geschäftsstelle übermittelt wird, oder
	2. Beschluss in den Fällen des § 138 FGO,
	es sei denn, dass bereits ein Urteil oder ein Gerichtsbescheid vorausgegangen ist:
	Die Gebühr 6110 ermäßigt sich auf ....
	Die Gebühr ermäßigt sich auch, wenn mehrere Ermäßigungstatbestände erfüllt sind.
		2,0

1) **Geltungsbereich.** Die Vorschrift stimmt im Kern mit KV 1211 überein. Vgl daher dort. 1

Abschnitt 2. Revision

Nr.	Gebührentatbestand	Gebühr oder Satz der Gebühr nach § 34 GKG
6120	**Verfahren im Allgemeinen**	5,0

1) **Geltungsbereich.** Die Vorschrift stimmt weitgehend mit KV 1230 überein. Vgl daher dort. 1

Nr.	Gebührentatbestand	Gebühr oder Satz der Gebühr nach § 34 GKG
6121	**Beendigung des gesamten Verfahrens durch Zurücknahme der Revision oder der Klage, bevor die Schrift zur Begründung der Revision bei Gericht eingegangen ist:** Die Gebühr 6120 ermäßigt sich auf .... Erledigungen in den Fällen des § 138 FGO stehen der Zurücknahme gleich.	1,0

1) **Geltungsbereich.** Die Vorschrift stimmt weitgehend mit KV 1231 überein. Vgl daher dort. 1

Nr.	Gebührentatbestand	Gebühr oder Satz der Gebühr nach § 34 GKG
6122	**Beendigung des gesamten Verfahrens, wenn nicht Nummer 6121 erfüllt ist, durch** **1. Zurücknahme der Revision oder der Klage** a) vor dem Schluss der mündlichen Verhandlung oder,	

KV 6122, Vorbem 6.2, 6210, 6211 Kostenverzeichnis

Nr.	Gebührentatbestand	Gebühr oder Satz der Gebühr nach § 34 GKG
	b) wenn eine solche nicht stattfindet, vor Ablauf des Tages, an dem das Urteil, der Gerichtsbescheid oder der Beschluss in der Hauptsache der Geschäftsstelle übermittelt wird, oder 2. Beschluss in den Fällen des § 138 FGO, es sei denn, dass bereits ein Urteil, ein Gerichtsbescheid oder ein Beschluss in der Hauptsache vorausgegangen ist: Die Gebühr 6120 ermäßigt sich auf .... Die Gebühr ermäßigt sich auch, wenn mehrere Ermäßigungstatbestände erfüllt sind.	3,0

1 1) **Geltungsbereich.** Die Vorschrift stimmt weitgehend mit KV 1232 überein. Vgl daher dort.

Hauptabschnitt 2. Vorläufiger Rechtsschutz

(Amtliche) Vorbemerkung 6.2:

[I] Die Vorschriften dieses Hauptabschnitts gelten für einstweilige Anordnungen und für Verfahren nach § 69 Abs. 3 und 5 FGO.

[II] [1]Im Verfahren über den Antrag auf Erlass und im Verfahren über den Antrag auf Aufhebung einer einstweiligen Anordnung werden die Gebühren jeweils gesondert erhoben. [2]Mehrere Verfahren nach § 69 Abs. 3 und 5 FGO gelten innerhalb eines Rechtszugs als ein Verfahren.

Abschnitt 1. Erster Rechtszug

Nr.	Gebührentatbestand	Gebühr oder Satz der Gebühr nach § 34 GKG
6210	Verfahren im Allgemeinen	2,0

1 1) **Geltungsbereich.** Die Vorschrift stimmt im Kern mit KV 1410 überein. Vgl daher bedingt dort. Mehrere Verfahren im Sinn (jetzt) der amtlichen Vorbemerkung 6.2 II 2 liegen auch dann vor, wenn der Antragsteller den ersten Antrag zurückgenommen hat und wenn das Gericht auch auf Grund des zweiten Antrags keine Sachentscheidung getroffen hat, BFH/NV **96**, 845, FG Münst EFG **91**, 502, aM FG Karlsr EFG **99**, 343, FG Saarbr EFG **85**, 577.

Wenn das Gericht in einem Aussetzungsverfahren nach § 69 FGO dem *vollmachtlosen Vertreter* des Steuerpflichtigen die Kosten auferlegt und in einem weiteren Aussetzungsverfahren desselben Rechtszugs dem Steuerpflichtigen, entfällt die Wirkung des ersten Kostenausspruchs, FG Mü EFG **81**, 204.

2 2) **Streitwert.** Der Streitwert ergibt sich aus § 53 III.

3 3) **Fälligkeit, Kostenschuldner usw.** Die Fälligkeit tritt nach § 6 I ein. Der *Kostenschuldner* ergibt sich aus §§ 22, 29.

Nr.	Gebührentatbestand	Gebühr oder Satz der Gebühr nach § 34 GKG
6211	Beendigung des gesamten Verfahrens durch 1. Zurücknahme des Antrags a) vor dem Schluss der mündlichen Verhandlung oder,	

Nr.	Gebührentatbestand	Gebühr oder Satz der Gebühr nach § 34 GKG
	b) wenn eine solche nicht stattfindet, vor Ablauf des Tages, an dem der Beschluss (§ 114 Abs. 4 FGO) der Geschäftsstelle übermittelt wird, oder 2. Beschluss in den Fällen des § 138 FGO, es sei denn, dass bereits ein Beschluss nach § 114 Abs. 4 FGO vorausgegangen ist: Die Gebühr 6210 ermäßigt sich auf .... Die Gebühr ermäßigt sich auch, wenn mehrere Ermäßigungstatbestände erfüllt sind.	0,75

1) **Geltungsbereich.** Die Vorschrift stimmt weitgehend mit KV 1421 überein. Vgl daher dort.   1

Abschnitt 2. Beschwerde

(Amtliche) Vorbemerkung 6.2.2:
Die Vorschriften dieses Abschnitts gelten für Beschwerden gegen Beschlüsse über einstweilige Anordnungen (§ 114 FGO) und über die Aussetzung der Vollziehung (§ 69 Abs. 3 und 5 FGO).

Nr.	Gebührentatbestand	Gebühr oder Satz der Gebühr nach § 34 GKG
6220	Verfahren über die Beschwerde	2,0
6221	Beendigung des gesamten Verfahrens durch Zurücknahme der Beschwerde: Die Gebühr 6220 ermäßigt sich auf	1,0

Zu KV 6220, 6221:

1) **Geltungsbereich.** KV 6220 stimmt weitgehend mit KV 1423 überein. KV 6221   1
stimmt weitgehend mit KV 1430 überein. Vgl daher jeweils dort.

Hauptabschnitt 3. Besondere Verfahren

Nr.	Gebührentatbestand	Gebühr oder Satz der Gebühr nach § 34 GKG
6300	Selbstständiges Beweisverfahren	1,0

1) **Geltungsbereich.** Die Vorschrift stimmt wörtlich mit KV 1610 überein. Vgl   1
daher dort.
2) **Fälligkeit, Kostenschuldner usw.** Soweit eine Hauptsache anhängig ist, tritt   2
die Fälligkeit mit deren Kostenentscheidung oder anderweitiger Erledigung ein. Andernfalls tritt die Fälligkeit nach § 6 I.
Der *Kostenschuldner* ergibt sich aus §§ 22, 29.

Nr.	Gebührentatbestand	Gebühr oder Satz der Gebühr nach § 34 GKG
6301	Verfahren über Anträge auf gerichtliche Handlungen der Zwangsvollstreckung gemäß § 152 FGO	15,00 EUR

KV 6400–6600

Hauptabschnitt 4. Rüge wegen Verletzung des Anspruchs auf rechtliches Gehör

Nr.	Gebührentatbestand	Gebühr oder Satz der Gebühr nach § 34 GKG
6400	Verfahren über die Rüge wegen Verletzung des Anspruchs auf rechtliches Gehör (§ 133a FGO): Die Rüge wird in vollem Umfang verworfen oder zurückgewiesen	50,00 EUR

Vorbem. Neu. Geändert dch Art 11 Z 7h G v 9. 12. 04, BGBl 3220, in Kraft seit 1. 1. 05, Art 22 S 2 G, Übergangsrecht § 71 GKG.

1 **1) Geltungsbereich.** Die Vorschrift stimmt fast wörtlich mit KV 1700 überein. Vgl daher dort.

Hauptabschnitt 5. Sonstige Beschwerden

Nr.	Gebührentatbestand	Gebühr oder Satz der Gebühr nach § 34 GKG
6500	Verfahren über die Beschwerde gegen die Nichtzulassung der Revision: Soweit die Beschwerde verworfen oder zurückgewiesen wird	2,0
6501	Verfahren über die Beschwerde gegen die Nichtzulassung der Revision: Soweit die Beschwerde zurückgenommen oder das Verfahren durch anderweitige Erledigung beendet wird .... Die Gebühr entsteht nicht, soweit die Revision zugelassen wird.	1,0
6502	Verfahren über nicht besonders aufgeführte Beschwerden, die nicht nach anderen Vorschriften gebührenfrei sind: Die Beschwerde wird verworfen oder zurückgewiesen Wird die Beschwerde nur teilweise verworfen oder zurückgewiesen, kann das Gericht die Gebühr nach billigem Ermessen auf die Hälfte ermäßigen oder bestimmen, dass eine Gebühr nicht zu erheben ist.	50,00 EUR

Zu KV 6500–6502:

1 **1) Geltungsbereich.** KV 6500 stimmt wörtlich mit KV 1241 überein. KV 6501 stimmt wörtlich mit KV 1242 überein. KV 6502 stimmt wörtlich mit KV 1811 überein. Vgl daher jeweils dort.

Hauptabschnitt 6. Besondere Gebühr

Nr.	Gebührentatbestand	Gebühr oder Satz der Gebühr nach § 34 GKG
6600	Auferlegung einer Gebühr nach § 38 GKG wegen Verzögerung des Rechtsstreits	Wie vom Gericht bestimmt

1 **1) Geltungsbereich.** Die Vorschrift stimmt wörtlich mit KV 1901 überein. Vgl daher dort.

Kostenverzeichnis   7110–7121 KV

Teil 7. Verfahren vor den Gerichten der Sozialgerichtsbarkeit

Vorbem. Wegen §§ 183 ff SGG s. Teil II B dieses Buchs.

Hauptabschnitt 1. Prozessverfahren

Abschnitt 1. Erster Rechtszug

Nr.	Gebührentatbestand	Gebühr oder Satz der Gebühr nach § 34 GKG
7110	Verfahren im Allgemeinen	3,0

1) **Geltungsbereich.** Die Vorschrift stimmt weitgehend mit KV 1210 überein. 1
Vgl daher dort.

Nr.	Gebührentatbestand	Gebühr oder Satz der Gebühr nach § 34 GKG

7111	Beendigung des gesamten Verfahrens durch
	1. Zurücknahme der Klage
	   a) vor dem Schluss der mündlichen Verhandlung oder,
	   b) wenn eine solche nicht stattfindet, vor Ablauf des Tages, an dem das Urteil oder der Gerichtsbescheid der Geschäftsstelle übermittelt wird,
	2. Anerkenntnisurteil,
	3. gerichtlichen Vergleich oder angenommenes Anerkenntnis oder
	4. Erledigungserklärungen nach § 197 a Abs. 1 Satz 1 SGG i. V. m. § 161 Abs. 2 VwGO, wenn keine Entscheidung über die Kosten ergeht oder die Entscheidung einer zuvor mitgeteilten Einigung der Beteiligten über die Kostentragung oder der Kostenübernahmeerklärung eines Beteiligten folgt,
	es sei denn, dass bereits ein Urteil oder ein Gerichtsbescheid vorausgegangen ist:
	Die Gebühr 7110 ermäßigt sich auf ....
	Die Gebühr ermäßigt sich auch, wenn mehrere Ermäßigungstatbestände erfüllt sind.
		1,0

1) **Geltungsbereich.** Die Vorschrift stimmt weitgehend mit KV 1211 überein Vgl 1
daher dort.

Abschnitt 2. Berufung

Nr.	Gebührentatbestand	Gebühr oder Satz der Gebühr nach § 34 GKG
7120	Verfahren im Allgemeinen	4,0

1) **Geltungsbereich.** Die Vorschrift stimmt weitgehend mit KV 1220 überein. 1
Vgl daher dort.

Nr.	Gebührentatbestand	Gebühr oder Satz der Gebühr nach § 34 GKG
7121	Beendigung des gesamten Verfahrens durch Zurücknahme der Berufung oder der Klage, bevor die Schrift	

KV 7121–7131

Nr.	Gebührentatbestand	Gebühr oder Satz der Gebühr nach § 34 GKG
	zur Begründung der Berufung bei Gericht eingegangen ist und vor Ablauf des Tages, an dem die Verfügung mit der Bestimmung des Termins zur mündlichen Verhandlung der Geschäftsstelle übermittelt wird und vor Ablauf des Tages, an dem die den Beteiligten gesetzte Frist zur Äußerung abgelaufen ist (§ 153 Abs. 4 Satz 2 SGG): Die Gebühr 7120 ermäßigt sich auf .... Erledigungserklärungen nach § 197a Abs. 1 Satz 1 SGG i. V. m. § 161 Abs. 2 VwGO stehen der Zurücknahme gleich, wenn keine Entscheidung über die Kosten ergeht oder die Entscheidung einer zuvor mitgeteilten Einigung der Beteiligten über die Kostentragung oder der Kostenübernahmeerklärung eines Beteiligten folgt.	1,0

7122	Beendigung des gesamten Verfahrens, wenn nicht Nummer 7121 erfüllt ist, durch
	1. Zurücknahme der Berufung oder der Klage
	   a) vor dem Schluss der mündlichen Verhandlung oder,
	   b) wenn eine solche nicht stattfindet, vor Ablauf des Tages, an dem das Urteil oder der Beschluss in der Hauptsache der Geschäftsstelle übermittelt wird,
	2. Anerkenntnisurteil,
	3. gerichtlichen Vergleich oder angenommenes Anerkenntnis oder
	4. Erledigungserklärungen nach § 197a Abs. 1 Satz 1 SGG i. V. m. § 161 Abs. 2 VwGO, wenn keine Entscheidung über die Kosten ergeht oder die Entscheidung einer zuvor mitgeteilten Einigung der Beteiligten über die Kostentragung oder der Kostenübernahmeerklärung eines Beteiligten folgt,
	es sei denn, dass bereits ein Urteil oder ein Beschluss in der Hauptsache vorausgegangen ist: Die Gebühr 7120 ermäßigt sich auf ....
	Die Gebühr ermäßigt sich auch, wenn mehrere Ermäßigungstatbestände erfüllt sind.
		2,0

Zu KV 7121, 7122:

1 1) **Geltungsbereich.** Die Vorschriften stimmen in etwa mit KV 1221, 1222 überein. Vgl. daher dort.

Abschnitt 3. Revision

Nr.	Gebührentatbestand	Gebühr oder Satz der Gebühr nach § 34 GKG
7130	Verfahren im Allgemeinen	5,0
7131	Beendigung des gesamten Verfahrens durch Zurücknahme der Revision oder der Klage, bevor die Schrift zur Begründung der Revision bei Gericht eingegangen ist: Die Gebühr 7130 ermäßigt sich auf	1,0

Nr.	Gebührentatbestand	Gebühr oder Satz der Gebühr nach § 34 GKG
	Erledigungserklärungen nach § 197a Abs. 1 Satz 1 SGG i. V. m. § 161 Abs. 2 VwGO stehen der Zurücknahme gleich, wenn keine Entscheidung über die Kosten ergeht oder die Entscheidung einer zuvor mitgeteilten Einigung der Beteiligten über die Kostentragung oder der Kostenübernahmeerklärung eines Beteiligten folgt.	
7132	Beendigung des gesamten Verfahrens, wenn nicht Nummer 7131 erfüllt ist, durch 1. Zurücknahme der Revision oder der Klage, a) vor dem Schluss der mündlichen Verhandlung oder, b) wenn eine solche nicht stattfindet, vor Ablauf des Tages, an dem das Urteil oder der Beschluss in der Hauptsache der Geschäftsstelle übermittelt wird, 2. Anerkenntnisurteil, 3. gerichtlichen Vergleich oder angenommenes Anerkenntnis oder 4. Erledigungserklärungen nach § 197a Abs. 1 Satz 1 SGG i. V. m. § 161 Abs. 2 VwGO, wenn keine Entscheidung über die Kosten ergeht oder die Entscheidung einer zuvor mitgeteilten Einigung der Beteiligten über die Kostentragung oder der Kostenübernahmeerklärung eines Beteiligten folgt, wenn nicht bereits ein Urteil oder ein Beschluss in der Hauptsache vorausgegangen ist: Die Gebühr 7130 ermäßigt sich auf .... Die Gebühr ermäßigt sich auch, wenn mehrere Ermäßigungstatbestände erfüllt sind.	3,0

1) **Geltungsbereich.** Die Vorschriften stimmen weitgehend mit KV 1231, 1232 überein. Vgl daher dort. **1**

Hauptabschnitt 2. Vorläufiger Rechtsschutz

(Amtliche) Vorbemerkung 7.2:

I Die Vorschriften dieses Hauptabschnitts gelten für einstweilige Anordnungen und für Verfahren nach § 86b Abs. 1 SGG.

II ¹Im Verfahren über den Antrag auf Erlass und im Verfahren über den Antrag auf Aufhebung einer einstweiligen Anordnung werden die Gebühren jeweils gesondert erhoben. ²Mehrere Verfahren nach § 86b Abs. 1 SGG gelten innerhalb eines Rechtszugs als ein Verfahren.

Abschnitt 1. Erster Rechtszug

Nr.	Gebührentatbestand	Gebühr oder Satz der Gebühr nach § 34 GKG
7210	Verfahren im Allgemeinen	1,5

1) **Geltungsbereich.** Die Vorschrift stimmt wesentlich mit KV 1410 überein. Vgl daher dort. **1**

Nr.	Gebührentatbestand	Gebühr oder Satz der Gebühr nach § 34 GKG

7211	Beendigung des gesamten Verfahrens durch
	1. Zurücknahme des Antrags
	   a) vor dem Schluss der mündlichen Verhandlung oder,
	   b) wenn eine solche nicht stattfindet, vor Ablauf des Tages, an dem der Beschluss (§ 86 b Abs. 4 SGG) der Geschäftsstelle übermittelt wird,
	2. gerichtlichen Vergleich oder angenommenes Anerkenntnis oder
	3. Erledigungserklärungen nach § 197 a Abs. 1 Satz 1 SGG i. V. m. § 161 Abs. 2 VwGO, wenn keine Entscheidung über die Kosten ergeht oder die Entscheidung einer zuvor mitgeteilten Einigung der Beteiligten über die Kostentragung oder der Kostenübernahmeerklärung eines Beteiligten folgt,
	es sei denn, dass bereits ein Beschluss (§ 86 b Abs. 4 SGG) vorausgegangen ist:
	Die Gebühr 7210 ermäßigt sich auf ....
	Die Gebühr ermäßigt sich auch, wenn mehrere Ermäßigungstatbestände erfüllt sind.
		0,5

1 1) **Geltungsbereich.** Die Vorschrift stimmt wesentlich mit KV 1421 überein. Vgl daher dort.

Abschnitt 2. Beschwerde

(Amtliche) Vorbemerkung 7.2.2:

Die Vorschriften dieses Abschnitts gelten für Beschwerden gegen Beschlüsse des Sozialgerichts nach § 86 b SGG.

Nr.	Gebührentatbestand	Gebühr oder Satz der Gebühr nach § 34 GKG
7220	Verfahren über die Beschwerde	2,0
7221	Beendigung des gesamten Verfahrens durch Zurücknahme der Beschwerde: Die Gebühr 7220 ermäßigt sich auf	1,0

Zu KV 7220, 7221:

1 1) **Geltungsbereich.** KV 7220 stimmt wesentlich mit KV 1423 überein. KV 7221 stimmt wesentlich mit KV 1430 überein. Vgl daher jeweils dort.

Hauptabschnitt 3. Beweissicherungsverfahren

Nr.	Gebührentatbestand	Gebühr oder Satz der Gebühr nach § 34 GKG
7300	Verfahren im Allgemeinen	1,0

1 1) **Geltungsbereich.** Die Vorschrift stimmt fast wörtlich mit KV 1610 überein. Vgl daher dort.

Kostenverzeichnis 7400–7504 KV

Hauptabschnitt 4. Rüge wegen Verletzung des Anspruchs auf rechtliches Gehör

Nr.	Gebührentatbestand	Gebühr oder Satz der Gebühr nach § 34 GKG
7400	Verfahren über die Rüge wegen Verletzung des Anspruchs auf rechtliches Gehör (§ 178a SGG): Die Rüge wird in vollem Umfang verworfen oder zurückgewiesen	50,00 EUR

Vorbem. Geändert dch Art 11 Z 7i G v 9. 12. 04, BGBl 3220, in Kraft seit 1. 1. 05, Art 22 S 2 G, Übergangsrecht § 71 GKG.

1) Geltungsbereich. Die Vorschrift stimmt fast wörtlich mit KV 1700 überein. Vgl daher dort. **1**

Hauptabschnitt 5. Sonstige Beschwerden

Nr.	Gebührentatbestand	Gebühr oder Satz der Gebühr nach § 34 GKG
7500	Verfahren über die Beschwerde gegen die Nichtzulassung der Berufung: Soweit die Beschwerde verworfen oder zurückgewiesen wird	1,5
7501	Verfahren über die Beschwerde gegen die Nichtzulassung der Berufung: Soweit die Beschwerde zurückgenommen oder das Verfahren durch anderweitige Erledigung beendet wird .... Die Gebühr entsteht nicht, soweit die Berufung zugelassen wird.	0,75
7502	Verfahren über die Beschwerde gegen die Nichtzulassung der Revision: Soweit die Beschwerde verworfen oder zurückgewiesen wird	2,0
7503	Verfahren über die Beschwerde gegen die Nichtzulassung der Revision: Soweit die Beschwerde zurückgenommen oder das Verfahren durch anderweitige Erledigung beendet wird .... Die Gebühr entsteht nicht, soweit die Revision zugelassen wird.	1,0
7504	Verfahren über nicht besonders aufgeführte Beschwerden, die nicht nach anderen Vorschriften gebührenfrei sind: Die Beschwerde wird verworfen oder zurückgewiesen Wird die Beschwerde nur teilweise verworfen oder zurückgewiesen, kann das Gericht die Gebühr nach billigem Ermessen auf die Hälfte ermäßigen oder bestimmen, dass eine Gebühr nicht zu erheben ist.	50,00 EUR

KV 7600, 7601, Vorbem 8, 8100

Hauptabschnitt 6. Besondere Gebühren

Nr.	Gebührentatbestand	Gebühr oder Satz der Gebühr nach § 34 GKG
7600	Abschluss eines gerichtlichen Vergleichs: Soweit der Wert des Vergleichsgegenstands den Wert des Streitgegenstands übersteigt .... Die Gebühr entsteht nicht im Verfahren über die Prozesskostenhilfe.	0,25

1   **1) Geltungsbereich.** Die Vorschrift stimmt weitgehend mit KV 1900 überein. Vgl daher dort.

Nr.	Gebührentatbestand	Gebühr oder Satz der Gebühr nach § 34 GKG
7601	Auferlegung einer Gebühr nach § 38 GKG wegen Verzögerung des Rechtsstreits	wie vom Gericht bestimmt

Teil 8. Verfahren vor den Gerichten der Arbeitsgerichtsbarkeit

(Amtliche) Vorbemerkung 8:

[1] Bei Beendigung des Verfahrens durch einen gerichtlichen Vergleich entfällt die in dem betreffenden Rechtszug angefallene Gebühr; im ersten Rechtszug entfällt auch die Gebühr für das Verfahren über den Antrag auf Erlass eines Vollstreckungsbescheids oder eines Europäischen Zahlungsbefehls. [2] Dies gilt nicht, wenn der Vergleich nur einen Teil des Streitgegenstands betrifft (Teilvergleich).

Vorbem. S 1 ergänzt dch Art 5 Z 5 e G v 30. 10. 08, BGBl 2122, in Kraft seit 12. 12. 08, Art 8 I G, Übergangsrecht § 71 GKG.

Hauptabschnitt 1. Mahnverfahren

Nr.	Gebührentatbestand	Gebühr oder Satz der Gebühr nach § 34 GKG
8100	Verfahren über den Antrag auf Erlass eines Vollstreckungsbescheids oder eines Europäischen Zahlungsbefehls .... [1] Die Gebühr entfällt bei Zurücknahme des Antrags auf Erlass des Vollstreckungsbescheids. [2] Sie entfällt auch nach Übergang in das streitige Verfahren, wenn dieses ohne streitige Verhandlung endet; dies gilt nicht, wenn ein Versäumnisurteil ergeht. [3] Bei Erledigungserklärungen nach § 91 a ZPO entfällt die Gebühr, wenn keine Entscheidung über die Kosten ergeht oder die Kostenentscheidung einer zuvor mitgeteilten Einigung der Parteien über die Kostentragung oder der Kostenübernahmeerklärung einer Partei folgt.	0,4 – mindestens 18,00 EUR

Vorbem. Zunächst Mindestgebühr geändert durch Art 5 II Z 2 KostRMoG vom 5. 5. 04, BGBl 718, in Kraft seit 1. 7. 06, Art 8 S 2 KostRMoG. Sodann Ergänzung dch Art 5 Z 5 f G v 30. 10. 08, BGBl 2122, in Kraft seit 12. 12. 08, Art 8 I G. Übergangsrecht jeweils §§ 71, 72 GKG.

1   **1) Geltungsbereich.** Das Mahnverfahren nach § 46 a ArbGG ähnelt stark §§ 688 ff ZPO. Es entsteht jetzt eine Verfahrensgebühr wie bei KV 1110. Sie knüpft nicht

schon an den Antrag auf einen Mahnbescheid an, sondern erst an denjenigen auf den zugehörigen Vollstreckungsbescheid, Natter NZA **04**, 690, oder an einen Europäischen Zahlungsbefehl nach §§ 1087 ff ZPO. Sie hat wie dort durch eine Mindestgebühr eine Grenze. Nach § 11 GKG besteht keine Vorauszahlungspflicht. Die amtliche Vorbemerkung 8 gilt für alle Rechtszüge, Natter NZA **04**, 690.

2) Gebührenwegfall. Durch einen gerichtlichen Vergleich über den gesamten Streitgegenstand oder mehr entfällt die Mahngebühr, amtliche Vorbemerkung 8 S 1 Hs 2. Das gilt auch in beiden Fällen des § 278 VI ZPO. Denn in beiden Fällen wirkt erst die gerichtliche Feststellung prozessual. Ein Teilvergleich bewirkt keineswegs eine entsprechende Gebührenverringerung, amtliche Vorbemerkung 8 S 2. Auch ein außergerichtlicher Vergleich zählt nicht hierher, selbst wenn die Parteien ihn dem Gericht mitgeteilt haben, Natter NZA **04**, 690, Roloff NZA **07**, 908. Bei §§ 2 a I, 103 III, 108 III, 109 ArbGG besteht eine Kostenfreiheit, § 2 II. Eine Beendigung des streitigen Verfahrens ohne streitige Verhandlung läßt die Gebühr KV 8100 grundsätzlich entfallen, amtliche Anmerkung S 1, S 2 Hs 1. Von diesem Grundsatz enthält die amtliche Anmerkung in S 2 Hs 2 eine Ausnahme. Das alles gilt ähnlich wie bei KV 1211 Z 4. Vgl daher auch dort.

Hauptabschnitt 2. Urteilsverfahren

Abschnitt 1. Erster Rechtszug

Nr.	Gebührentatbestand	Gebühr oder Satz der Gebühr nach § 34 GKG
8210	**Verfahren im Allgemeinen** .... I ¹Soweit wegen desselben Anspruchs ein Mahnverfahren vorausgegangen ist, entsteht die Gebühr nach Erhebung des Widerspruchs, wenn ein Antrag auf Durchführung der mündlichen Verhandlung gestellt wird, oder mit der Einlegung des Einspruchs; in diesem Fall wird eine Gebühr 8100 nach dem Wert des Streitgegenstands angerechnet, der in das Prozessverfahren übergegangen ist, sofern im Mahnverfahren der Antrag auf Erlass des Vollstreckungsbescheids gestellt wurde. ²Satz 1 gilt entsprechend, wenn wegen desselben Streitgegenstands ein Europäisches Mahnverfahren vorausgegangen ist. II ¹Die Gebühr entfällt bei Beendigung des gesamten Verfahrens ohne streitige Verhandlung, wenn kein Versäumnisurteil ergeht. ² Bei Erledigungserklärungen nach § 91 a ZPO entfällt die Gebühr, wenn keine Entscheidung über die Kosten ergeht oder die Kostenentscheidung einer zuvor mitgeteilten Einigung der Parteien über die Kostentragung oder der Kostenübernahmeerklärung einer Partei folgt.	2,0

Vorbem. Zunächst amtliche Anmerkung I Hs 1 geändert dch Art 16 Z 12 q des 2. JuMoG v 22. 12. 06, BGBl 3416, in Kraft seit 31. 12. 06, Art 28 I des 2. JuMoG. Sodann amtliche Anmerkung I 2 angefügt dch Art 5 Z 5 g G v 30. 10. 08, BGBl 2122, in Kraft seit 12. 12. 08, Art 8 I G. Übergangsrecht jeweils § 71 GKG.

1) Geltungsbereich. Die Vorschrift erfaßt als ein Teil des Hauptabschnitts 2 nur das Urteilsverfahren, wie seine Überschrift klärt. Das Beschlußverfahren des Hauptprozesses bleibt daher wegen des Worts „nur" in § 1 I 1 gebührenfrei. Dasselbe gilt für das Urteilsverfahren in den Fällen nach §§ 2 a I, 103 III, 108 III, 109 ArbGG. Das ergibt sich aus § 2 II.

2) Fälligkeit, amtliche Anmerkung I Hs 1. Sie tritt nach § 6 IV am Instanzende usw ein. Nach einem Mahnverfahren entsteht die Gebühr zwar schon nach der amtlichen Anmerkung I Hs 1 je nach der dort genannten Lage. Ihre Entstehung macht aber nicht stets auch schon fällig. Vielmehr bleibt es bei § 6 IV.

KV 8210–8220

3 **3) Anrechnung von KV 8100, amtliche Anmerkung I Hs 2.** Sie erfolgt nach demjenigen Streitwert, der in das streitige Verfahren übergegangen ist, und auch nur dann, wenn der Antragsteller im deutschen oder Europäischen Mahnverfahren nach §§ 688 ff oder 1087 ff ZPO den Antrag auf Vollstreckungsbescheid gestellt hatte. Das entspricht dem Prozeß vor einem ordentlichen Gericht, KV 1210 amtliche Anmerkung S 1 Hs 2. Vgl daher dort.

4 **4) Gebührenwegfall, amtliche Anmerkung II.** Er erfolgt nach deren II 1 ähnlich KV 8100 amtliche Anmerkung S 1 in einer vorrangigen spezielleren Abweichung von § 36 mit der Beendigung des „gesamten" Urteilsverfahrens ohne eine streitige Verhandlung, wenn auch kein Versäumnisurteil ergeht. Praktisch wichtig ist der Fall einer Klagerücknahme, Natter NZA **04**, 690. Vgl aber auch KV 8211 Z 1. Bei einem Kostenbeschluß nach § 91 a ZPO entfällt die Verfahrensgebühr erst unter den in der amtlichen Anmerkung II 2 genannten, KV 1211 Z 4 ähnlichen Voraussetzungen. Vgl daher dort. Auch ein gerichtlicher Gesamtvergleich läßt die Gebühr entfallen, amtliche Vorbemerkung 8 S 1 Hs 1.

Unanwendbar ist II 1 bei einer bloßen Teilbeendigung, zB bei einer nur teilweisen Klagerücknahme, Bader NZA **05**, 971.

Nr.	Gebührentatbestand	Gebühr oder Satz der Gebühr nach § 34 GKG
8211	Beendigung des gesamten Verfahrens nach streitiger Verhandlung durch 1. Zurücknahme der Klage vor dem Schluss der mündlichen Verhandlung, wenn keine Entscheidung nach § 269 Abs. 3 Satz 3 ZPO über die Kosten ergeht oder die Entscheidung einer zuvor mitgeteilten Einigung der Parteien über die Kostentragung oder der Kostenübernahmeerklärung einer Partei folgt, 2. Anerkenntnisurteil, Verzichtsurteil oder Urteil, das nach § 313a Abs. 2 ZPO keinen Tatbestand und keine Entscheidungsgründe enthält, oder 3. Erledigungserklärungen nach § 91a ZPO, wenn keine Entscheidung über die Kosten ergeht oder die Entscheidung einer zuvor mitgeteilten Einigung der Parteien über die Kostentragung oder der Kostenübernahmeerklärung einer Partei folgt, es sei denn, dass bereits ein anderes als eines der in Nummer 2 genannten Urteile vorausgegangen ist: Die Gebühr 8210 ermäßigt sich auf .... ¹ Die Zurücknahme des Antrags auf Durchführung des streitigen Verfahrens, des Widerspruchs gegen den Mahnbescheid oder des Einspruchs gegen den Vollstreckungsbescheid stehen der Zurücknahme der Klage gleich. ² Die Gebühr ermäßigt sich auch, wenn mehrere Ermäßigungstatbestände erfüllt sind oder Ermäßigungstatbestände mit einem Teilvergleich zusammentreffen.	0,4

1 **1) Geltungsbereich, Z 1–3.** Die Vorschrift stimmt mit den für das arbeitsgerichtliche Verfahren ebenso verwertbaren Teilen von KV 1211 praktisch wörtlich überein. Vgl daher dort. Dem gerichtlichen Gesamtvergleich nach KV 1211 Z 3 entspricht die amtliche Vorbemerkung 8 S 1 Hs 1. Vgl daher im Ergebnis ebenfalls bei KV 1211. Zum Gebührenwegfall vgl die amtliche Vorbemerkung 8 S 1 Hs 1. Zur Kostenfreiheit vgl § 2 II.

Abschnitt 2. Berufung

Nr.	Gebührentatbestand	Gebühr oder Satz der Gebühr nach § 34 GKG
8220	Verfahren im Allgemeinen	3,2

Kostenverzeichnis 8220–8223 KV

1) **Geltungsbereich.** Die Vorschrift stimmt wörtlich mit KV 1220 überein. Vgl daher dort. Zum Gebührenwegfall vgl die amtliche Vorbemerkung 8 S 1 Hs 1, Natter NZA 04, 690. Zur Kostenfreiheit vgl § 2 II.

Nr.	Gebührentatbestand	Gebühr oder Satz der Gebühr nach § 34 GKG
8221	Beendigung des gesamten Verfahrens durch Zurücknahme der Berufung oder der Klage, bevor die Schrift zur Begründung der Berufung bei Gericht eingegangen ist: Die Gebühr 8220 ermäßigt sich auf .... Erledigungserklärungen nach § 91a ZPO stehen der Zurücknahme gleich, wenn keine Entscheidung über die Kosten ergeht oder die Entscheidung einer zuvor mitgeteilten Einigung der Parteien über die Kostentragung oder der Kostenübernahmeerklärung einer Partei folgt.	0,8

1) **Geltungsbereich.** Die Vorschrift stimmt weitgehend mit KV 1221 überein. Vgl daher dort. Zum Gebührenwegfall vgl die amtliche Vorbemerkung 8 S 1 Hs 1. Zur Kostenfreiheit vgl § 2 II.

Nr.	Gebührentatbestand	Gebühr oder Satz der Gebühr nach § 34 GKG
8222	Beendigung des gesamten Verfahrens, wenn nicht Nummer 8221 erfüllt ist, durch 1. Zurücknahme der Berufung oder der Klage vor dem Schluss der mündlichen Verhandlung, 2. Anerkenntnisurteil, Verzichtsurteil oder Urteil, das nach § 313a Abs. 2 ZPO keinen Tatbestand und keine Entscheidungsgründe enthält, oder 3. Erledigungserklärungen nach § 91a ZPO, wenn keine Entscheidung über die Kosten ergeht oder die Entscheidung einer zuvor mitgeteilten Einigung der Parteien über die Kostentragung oder der Kostenübernahmeerklärung einer Partei folgt, es sei denn, dass bereits ein anderes als eines der in Nummer 2 genannten Urteile vorausgegangen ist: Die Gebühr 8220 ermäßigt sich auf .... Die Gebühr ermäßigt sich auch, wenn mehrere Ermäßigungstatbestände erfüllt sind oder Ermäßigungstatbestände mit einem Teilvergleich zusammentreffen.	1,6

1) **Geltungsbereich, Z 1–3.** Die Vorschrift stimmt weitgehend mit KV 1222, 8211 überein. Vgl daher dort. Zum Gebührenwegfall vgl die amtliche Vorbemerkung 8 S 1 Hs 1. Zur Kostenfreiheit vgl § 2 II.

Nr.	Gebührentatbestand	Gebühr oder Satz der Gebühr nach § 34 GKG
8223	Beendigung des gesamten Verfahrens durch ein Urteil, das wegen eines Verzichts der Parteien nach § 313a Abs. 1 Satz 2 ZPO keine schriftliche Begründung enthält, wenn nicht bereits ein anderes als eines der in Nummer 8222 Nr. 2 genannten Urteile oder ein Beschluss in der Hauptsache vorausgegangen ist: Die Gebühr 8220 ermäßigt sich auf .... Die Gebühr ermäßigt sich auch, wenn daneben Ermäßigungstatbestände nach Nummer 8222 erfüllt sind oder Ermäßigungstatbestände mit einem Teilvergleich zusammentreffen.	2,4

KV 8223–8232

1 1) **Geltungsbereich.** Die Vorschrift stimmt weitgehend mit KV 1223 überein. Vgl daher dort. Den Fall § 313a II ZPO regelt KV 8222. Demgegenüber erfaßt KV 8223 den Fall § 313a I 2 ZPO, also die Lage, daß ein Rechtsmittel unzweifelhaft unzulässig ist, Natter NZA **04**, 690. Dazu gehört das Urteil eines LAG wegen der Statthaftigkeit einer Nichtzulassungsbeschwerde grundsätzlich nicht, Natter NZA **04**, 690. Eine Ausnahme kann zB nach § 72 IV ArbGG im Eilverfahren gelten, Natter NZA **04**, 690 (empfiehlt Klärung des Verzichtsgrunds im Protokoll). Zur Kostenfreiheit § 2 II.

Abschnitt 3. Revision

Nr.	Gebührentatbestand	Gebühr oder Satz der Gebühr nach § 34 GKG
8230	Verfahren im Allgemeinen	4,0

1 1) **Geltungsbereich.** Die Vorschrift stimmt weitgehend mit KV 1230 überein. Vgl daher dort. Zum Gebührenwegfall vgl die amtliche Vorbemerkung 8 S 1 Hs 1. Zur Kostenfreiheit vgl § 2 II.

Nr.	Gebührentatbestand	Gebühr oder Satz der Gebühr nach § 34 GKG
8231	Beendigung des gesamten Verfahrens durch Zurücknahme der Revision oder der Klage, bevor die Schrift zur Begründung der Revision bei Gericht eingegangen ist: Die Gebühr 8230 ermäßigt sich auf .... Erledigungserklärungen nach § 91a ZPO stehen der Zurücknahme gleich, wenn keine Entscheidung über die Kosten ergeht oder die Entscheidung einer zuvor mitgeteilten Einigung der Parteien über die Kostentragung oder der Kostenübernahmeerklärung einer Partei folgt.	0,8

1 1) **Geltungsbereich.** Die Vorschrift stimmt weitgehend mit KV 1231, überein. Vgl daher dort. Wegen des Gebührenwegfalls vgl die amtliche Vorbemerkung 8 S 1 Hs 1. Zur Kostenfreiheit vgl § 2 II.

Nr.	Gebührentatbestand	Gebühr oder Satz der Gebühr nach § 34 GKG
8232	Beendigung des gesamten Verfahrens, wenn nicht Nummer 8231 erfüllt ist, durch 1. Zurücknahme der Revision oder der Klage vor dem Schluss der mündlichen Verhandlung, 2. Anerkenntnis- oder Verzichtsurteil oder 3. Erledigungserklärungen nach § 91a ZPO, wenn keine Entscheidung über die Kosten ergeht oder die Entscheidung einer zuvor mitgeteilten Einigung der Parteien über die Kostentragung oder der Kostenübernahmeerklärung einer Partei folgt, es sei denn, dass bereits ein anderes als eines der in Nummer 2 genannten Urteile vorausgegangen ist: Die Gebühr 8230 ermäßigt sich auf .... Die Gebühr ermäßigt sich auch, wenn mehrere Ermäßigungstatbestände erfüllt sind oder Ermäßigungstatbestände mit einem Teilvergleich zusammentreffen.	2,4

1 1) **Geltungsbereich, Z 1–3.** Die Vorschrift stimmt weitgehend mit KV 1232 überein. Vgl daher dort. Zur Kostenfreiheit vgl § 2 II.

Hauptabschnitt 3. Arrest und einstweilige Verfügung

(Amtliche) Vorbemerkung 8.3:
[1] Im Verfahren über den Antrag auf Anordnung eines Arrests oder einer einstweiligen Verfügung und im Verfahren über den Antrag auf Aufhebung oder Abänderung (§ 926 Abs. 2, §§ 927, 936 ZPO) werden die Gebühren jeweils gesondert erhoben. [2] Im Fall des § 942 ZPO gilt dieses Verfahren und das Verfahren vor dem Gericht der Hauptsache als ein Rechtsstreit.

Abschnitt 1. Erster Rechtszug

Nr.	Gebührentatbestand	Gebühr oder Satz der Gebühr nach § 34 GKG
8310	Verfahren im Allgemeinen	0,4
8311	Es wird durch Urteil entschieden oder es ergeht ein Beschluss nach § 91a oder § 269 Abs. 3 Satz 3 ZPO, es sei denn, der Beschluss folgt einer zuvor mitgeteilten Einigung der Parteien über die Kostentragung oder der Kostenübernahmeerklärung einer Partei: Die Gebühr 8310 erhöht sich auf .... [1] Die Gebühr wird nicht erhöht, wenn durch Anerkenntnisurteil, Verzichtsurteil oder Urteil, das nach § 313a Abs. 2 ZPO keinen Tatbestand und keine Entscheidungsgründe enthält, entschieden wird. [2] Dies gilt auch, wenn eine solche Entscheidung mit einem Teilvergleich zusammentrifft.	2,0

Abschnitt 2. Berufung

Nr.	Gebührentatbestand	Gebühr oder Satz der Gebühr nach § 34 GKG
8320	Verfahren im Allgemeinen	3,2
8321	Beendigung des gesamten Verfahrens durch Zurücknahme der Berufung, des Antrags oder des Widerspruchs, bevor die Schrift zur Begründung der Berufung bei Gericht eingegangen ist: Die Gebühr 8320 ermäßigt sich auf .... Erledigungserklärungen nach § 91a ZPO stehen der Zurücknahme gleich, wenn keine Entscheidung über die Kosten ergeht oder die Entscheidung einer zuvor mitgeteilten Einigung der Parteien über die Kostentragung oder der Kostenübernahmeerklärung einer Partei folgt.	0,8
8322	Beendigung des gesamten Verfahrens, wenn nicht Nummer 8321 erfüllt ist, durch 1. Zurücknahme der Berufung oder des Antrags vor dem Schluss der mündlichen Verhandlung, 2. Anerkenntnisurteil, Verzichtsurteil oder Urteil, das nach § 313a Abs. 2 ZPO keinen Tatbestand und keine Entscheidungsgründe enthält, oder 3. Erledigungserklärungen nach § 91a ZPO, wenn keine Entscheidung über die Kosten ergeht oder die Entscheidung einer zuvor mitgeteilten Einigung der Parteien über die Kostentragung oder der Kostenübernahmeerklärung einer Partei folgt,	

KV 8322–8401

Nr.	Gebührentatbestand	Gebühr oder Satz der Gebühr nach § 34 GKG
	es sei denn, dass bereits ein anderes als eines der in Nummer 2 genannten Urteile vorausgegangen ist: Die Gebühr 8320 ermäßigt sich auf .... Die Gebühr ermäßigt sich auch, wenn mehrere Ermäßigungstatbestände erfüllt sind oder Ermäßigungstatbestände mit einem Teilvergleich zusammentreffen.	1,6
8323	Beendigung des gesamten Verfahrens durch ein Urteil, das wegen eines Verzichts der Parteien nach § 313a Abs. 1 Satz 2 ZPO keine schriftliche Begründung enthält, wenn nicht bereits ein anderes als eines der in Nummer 8322 Nr. 2 genannten Urteile oder ein Beschluss in der Hauptsache vorausgegangen ist: Die Gebühr 8320 ermäßigt sich auf .... Die Gebühr ermäßigt sich auch, wenn daneben Ermäßigungstatbestände nach Nummer 8322 erfüllt sind oder solche Ermäßigungstatbestände mit einem Teilvergleich zusammentreffen.	2,4

Abschnitt 3. Beschwerde

Nr.	Gebührentatbestand	Gebühr oder Satz der Gebühr nach § 34 GKG
8330	Verfahren über Beschwerden gegen die Zurückweisung eines Antrags auf Anordnung eines Arrests oder einer einstweiligen Verfügung	1,2
8331	Beendigung des gesamten Verfahrens durch Zurücknahme der Beschwerde: Die Gebühr 8330 ermäßigt sich auf	0,8

Hauptabschnitt 4. Besondere Verfahren

Vorbem. Fassg Art 2 III Z 3 j G v. 18. 8. 05. BGBl 2477, in Kraft seit 21. 10. 05. Art 3 S 1 G, Übergangsrecht § 71 GKG.

Nr.	Gebührentatbestand	Gebühr oder Satz der Gebühr nach § 34 GKG
8400	Selbständiges Beweisverfahren	0,6

Vorbem. Fassg Art 2 III Z 3 k G v 18. 8. 05, BGBl 2477, in Kraft seit 21. 10. 05, Art 3 S 1 G, Übergangsrecht § 71 GKG.

1 **1) Geltungsbereich.** Die Vorschrift stimmt fast wörtlich (zusammenfassend) mit KV 1610 überein. Vgl daher dort.

Nr.	Gebührentatbestand	Gebühr oder Satz der Gebühr nach § 34 GKG
8401	Verfahren über Anträge auf Ausstellung einer Bestätigung nach § 1079 ZPO	12,00 EUR

Vorbem. Angefügt dch Art 2 III Z 3 l G v. 18. 8. 05, BGBl 2477, in Kraft seit 21. 10. 05, Art 3 S 1 G, Übergangsrecht § 71 GKG.

Hauptabschnitt 5. Rüge wegen Verletzung des Anspruchs auf rechtliches Gehör

Nr.	Gebührentatbestand	Gebühr oder Satz der Gebühr nach § 34 GKG
8500	Verfahren über die Rüge wegen Verletzung des Anspruchs auf rechtliches Gehör (§ 78 a des Arbeitsgerichtsgesetzes): Die Rüge wird in vollem Umfang verworfen oder zurückgewiesen	40,00 EUR

Vorbem. Geändert dch Art 11 Z 7j G v 9. 12. 04, BGBl 3220, in Kraft seit 1. 1. 05, Art 22 S 2 G, Übergangsrecht § 71 GKG.

1) Geltungsbereich. Die Vorschrift stimmt weitgehend mit KV 1700, überein. Vgl daher dort. 1

Hauptabschnitt 6. Sonstige Beschwerden und Rechtsbeschwerden

Abschnitt 1. Sonstige Beschwerden

Nr.	Gebührentatbestand	Gebühr oder Satz der Gebühr nach § 34 GKG
8610	Verfahren über Beschwerden nach § 71 Abs. 2, § 91 a Abs. 2, § 99 Abs. 2, § 269 Abs. 5 ZPO	60,00 EUR
8611	Beendigung des Verfahrens ohne Entscheidung: Die Gebühr 8610 ermäßigt sich auf	40,00 EUR
	I Die Gebühr ermäßigt sich auch im Fall der Zurücknahme der Beschwerde vor Ablauf des Tages, an dem die Entscheidung der Geschäftsstelle übermittelt wird.	
	II Eine Entscheidung über die Kosten steht der Ermäßigung nicht entgegen, wenn die Entscheidung einer zuvor mitgeteilten Einigung der Parteien über die Kostentragung oder der Kostenübernahmeerklärung einer Partei folgt.	
8612	Verfahren über die Beschwerde gegen die Nichtzulassung der Revision: Soweit die Beschwerde verworfen oder zurückgewiesen wird	1,6
8613	Verfahren über die Beschwerde gegen die Nichtzulassung der Revision: Soweit die Beschwerde zurückgenommen oder das Verfahren durch anderweitige Erledigung beendet wird	0,8
	Die Gebühr entsteht nicht, soweit die Revision zugelassen wird.	
8614	Verfahren über nicht besonders aufgeführte Beschwerden, die nicht nach anderen Vorschriften gebührenfrei sind: Die Beschwerde wird verworfen oder zurückgewiesen	40,00 EUR
	Wird die Beschwerde nur teilweise verworfen oder zurückgewiesen, kann das Gericht die Gebühr nach billigem Ermessen auf die Hälfte ermäßigen oder bestimmen, dass eine Gebühr nicht zu erheben ist.	

KV 8614–8700

Zu KV 8611–8614:
Vorbem. KV 8611 eingefügt, daher bisherige KV 8611–8613 zu KV 8612–8614 dch Art 16 Z 12 r, s des 2. JuMoG v 22. 12. 06, BGBl 3416, in Kraft seit 31. 12. 06, Art 28 I des 2. JuMoG, Übergangsrecht § 71 GKG.

Abschnitt 2. Sonstige Rechtsbeschwerden

Nr.	Gebührentatbestand	Gebühr oder Satz der Gebühr nach § 34 GKG
8620	Verfahren über Rechtsbeschwerden in den Fällen des § 71 Abs. 1, § 91a Abs. 1, § 99 Abs. 2, § 269 Abs. 4 oder § 516 Abs. 3 ZPO	120,00 EUR
8621	Beendigung des gesamten Verfahrens durch Zurücknahme der Rechtsbeschwerde, des Antrags oder der Klage, bevor die Schrift zur Begründung der Rechtsbeschwerde bei Gericht eingegangen ist: Die Gebühr 8620 ermäßigt sich auf	40,00 EUR
8622	Beendigung des gesamten Verfahrens durch Zurücknahme der Rechtsbeschwerde, des Antrags oder der Klage vor Ablauf des Tages, an dem die Entscheidung der Geschäftsstelle übermittelt wird, wenn nicht Nummer 8621 erfüllt ist: Die Gebühr 8620 ermäßigt sich auf	60,00 EUR
8623	Verfahren über nicht besonders aufgeführte Rechtsbeschwerden, die nicht nach anderen Vorschriften gebührenfrei sind: Die Rechtsbeschwerde wird verworfen oder zurückgewiesen .... Wird die Rechtsbeschwerde nur teilweise verworfen oder zurückgewiesen, kann das Gericht die Gebühr nach billigem Ermessen auf die Hälfte ermäßigen oder bestimmen, dass eine Gebühr nicht zu erheben ist.	80,00 EUR
8624	Beendigung des gesamten Verfahrens durch Zurücknahme der Rechtsbeschwerde, des Antrags oder der Klage vor Ablauf des Tages, an dem die Entscheidung der Geschäftsstelle übermittelt wird: Die Gebühr 8623 ermäßigt sich auf	40,00 EUR

Zu KV 8621–8624:
Vorbem. KV 8621, 8622 eingefügt, daher bisheriger KV 8621 zu 8623, KV 8624 eingefügt dch Art 16 Z 12 t, u, v des 2. JuMoG v 22. 12. 06, BGBl 3416 in Kraft seit 31. 12. 06, Art 28 I des 2. JuMoG, Übergangsrecht § 71 GKG.

1 1) **Geltungsbereich, KV 8624.** BAG NZA-RR 08, 540 hält die Beschränkung auf die Gebühr 8623 für ein offensichtliches Redaktionsversehen des Gesetzgebers und wendet KV 8624 daher auch bei einer sonstigen Zurücknahme einer Rechtsbeschwerde an.

Hauptabschnitt 7. Besondere Gebühr

Nr.	Gebührentatbestand	Gebühr oder Satz der Gebühr nach § 34 GKG
8700	Auferlegung einer Gebühr nach § 38 GKG wegen Verzögerung des Rechtsstreits	wie vom Gericht bestimmt

1 1) **Geltungsbereich.** Die Vorschrift stimmt praktisch wörtlich mit KV 1901 überein. Vgl daher dort.

Teil 9. Auslagen

Übersicht

1) Systematik. Auslagen schuldet man nur nach KV 9000 ff. Soweit diese Vorschriften keinen Auslagenersatz vorsehen, entsteht auch keine Ersatzpflicht, § 1 I 1. Das gilt insbesondere wegen der Verwendung von Papier, Verpackung usw. Ein Anspruch läßt sich auch nicht darauf stützen, daß aus der vom Staat bezahlten Auslage eine Bereicherung des Begünstigten entstanden sei. Denn die Gebühren gelten grundsätzlich die Auslagen schon mit ab.

2) Geltungsbereich. KV 9000 ff gelten für sämtliche Verfahren, auf die das GKG anwendbar ist, zB in einer Markensache vor dem Patentgericht, § 82 I 3 MarkenG, und vor dem BGH, § 85 II 1 MarkenG, sowie im Verfahren vor dem BPatG, Grdz 8 vor § 1.

KV 9000 ff gelten nicht für solche Auslagen, die ein *Dritter* veranlaßt hat, etwa durch seinen Antrag auf die Erteilung einer Abschrift oder Ablichtung. Solche Auslagen setzt die Justizverwaltung nach den Verwaltungsvorschriften fest, zB nach der JVKostO, Teil VIII dieses Buchs.

3) Verauslagung. Die Barauslagen müssen wirklich entstanden sein. Sie sind ohne einen Mindestsatz und ohne eine Aufrundung ersetzbar. Postentgelte entstehen grundsätzlich nicht. Die Verfahrenspauschgebühr gilt sie ab. Vgl aber KV 9001, 9002 und die amtliche Vorbemerkung 9 I, II. Das gilt auch für Ladungen und Zustellungen sowie für Aktenversendungen.

Es entsteht *kein* Anspruch der Staatskasse auf den Ersatz ihrer *Fernsprechgebühren*.

4) Auslagenfreiheit. Man muß die Auslagenfreiheit von der Gebührenfreiheit unterscheiden. Eine Kostenfreiheit schließt eine Auslagenfreiheit ein, § 2. Der Auslagenschuldner ergibt sich aus § 27. Ein Auslagenvorschuß richtet sich nach § 17.

5) Prozeßkostenhilfe. Eine Prozeßkostenhilfe befreit grundsätzlich von allen baren Auslagen, § 122 I ZPO. Wenn das Gericht die Prozeßkostenhilfe nur für einen Teil bewilligt hat und wenn die Auslagen für den gesamten Anspruch entstanden sind, muß man eine angemessene Verteilung vornehmen.

6) Nichterhebung. Eine Nichterhebung der Auslagen ist evtl nach § 21 I 2 erforderlich.

(Amtliche) Vorbemerkung 9:

I Auslagen, die durch eine für begründet befundene Beschwerde entstanden sind, werden nicht erhoben, soweit das Beschwerdeverfahren gebührenfrei ist; dies gilt jedoch nicht, soweit das Beschwerdegericht die Kosten dem Gegner des Beschwerdeführers auferlegt hat.

II Sind Auslagen durch verschiedene Rechtssachen veranlaßt, werden sie auf die mehreren Rechtssachen angemessen verteilt.

1) Geltungsbereich, I, II. Nach der amtlichen Vorbemerkung 9 I entsteht eine Erstattungspflicht bei einer die Vorinstanz aufhebenden, stattgebenden oder zurückverweisenden Beschwerdeentscheidung nur in den folgenden Fällen.

A. Gebührenpflicht. Die Auslagen entstehen, soweit das Gericht eine Gebühr erhebt. Gebührenfrei ist eine erfolgreiche Beschwerde zB, soweit erst eine Verwerfung oder Zurückweisung gebührenpflichtig wäre. Trotzdem kann eine Auslagenpflicht entstehen, soweit schon der Vorderinstanz sie hätte entstehen lassen müssen.

B. Kostenauflegung. Auslagen entstehen auch insoweit, als das Gericht die Kosten dem Gegner des Beschwerdeführers auferlegt. Diese Entscheidung kommt aber zB nicht bei einer Streitwertbeschwerde in Betracht, § 63 Rn 49 ff. Auslagenschuldner ist dann dieser Gegner, § 29 Z 4.

2) Weitere Einzelfragen, I. Wegen einer Nichterhebung vgl § 21. Die Auslagen einer erfolglosen Beschwerde trägt der Beschwerdeführer. Bei einem Teilerfolg ist die amtliche Vorbemerkung § 9 I entsprechend anwendbar, soweit sich Auslagen aussondern lassen, Ffm JB 1971, 1849. Eine Zurückweisung genügt auch dann, wenn der

KV Vorbem 9, 9000 — Kostenverzeichnis

Vorderrichter anschließend erneut ebenso wie vor dem Rechtsmittel entscheidet. Eine Rücknahme oder sonstige Erledigung vor einer Beschwerdeentscheidung genügt nicht.

4 **3) Verteilung, II.** Verschiedene Rechtssachen liegen bei mehreren selbständigen Verfahren vor. Dabei kann es sich um Vorgänge handeln, die man teilweise nach anderen Gesetzen als dem GKG bzw dem JVEG abrechnen muß, etwa nach der KostO, Teil III dieses Buchs. Eine Verschiedenheit liegt nicht schon dann stets vor, wenn das Gericht nur mehrere Beweispersonen hört. Bei einer Anhörung in verschiedenen Sachen muß man die Auslagen entsprechend verteilen.

Nr.	Auslagentatbestand	Höhe
9000	Pauschale für die Herstellung und Überlassung von Dokumenten:	
	1. Ausfertigungen, Ablichtungen und Ausdrucke, die auf Antrag angefertigt, per Telefax übermittelt oder angefertigt worden sind, weil die Partei oder ein Beteiligter es unterlassen hat, die erforderliche Zahl von Mehrfertigungen beizufügen, oder wenn per Telefax übermittelte Mehrfertigungen von der Empfangseinrichtung des Gerichts ausgedruckt werden:	
	für die ersten 50 Seiten je Seite	0,50 EUR
	für jede weitere Seite	0,15 EUR
	2. Überlassung von elektronisch gespeicherten Dateien anstelle der in Nummer 1 genannten Ausfertigungen, Ablichtungen und Ausdrucke:	
	je Datei	2,50 EUR
	[I] [1]Die Höhe der Dokumentenpauschale nach Nummer 1 ist in jedem Rechtszug und für jeden Kostenschuldner nach § 28 Abs. 1 GKG gesondert zu berechnen; Gesamtschuldner gelten als ein Schuldner. [2]Die Dokumentenpauschale ist auch im erstinstanzlichen Musterverfahren nach dem KapMuG gesondert zu berechnen.	
	[II] [1] Frei von der Dokumentenpauschale sind für jede Partei, jeden Beteiligten, jeden Beschuldigten und deren bevollmächtigte Vertreter jeweils	
	1. eine vollständige Ausfertigung oder Ablichtung oder ein vollständiger Ausdruck jeder gerichtlichen Entscheidung und jedes vor Gericht abgeschlossenen Vergleichs,	
	2. eine Ausfertigung ohne Tatbestand und Entscheidungsgründe und	
	3. eine Ablichtung oder ein Ausdruck jeder Niederschrift über eine Sitzung.	
	[2] § 191a Abs. 1 Satz 2 GVG bleibt unberührt.	
	[III] Für die erste Ablichtung oder den ersten Ausdruck eines mit eidesstattlicher Versicherung abgegebenen Vermögensverzeichnisses und der Niederschrift über die Abgabe der eidesstattlichen Versicherung wird von demjenigen Kostenschuldner eine Dokumentenpauschale nicht erhoben, von dem die Gebühr 2115 oder 2116 zu erheben ist.	

Vorbem. Zunächst Z 1, 2 geändert dch Art 14 I Z 10 b aa JKomG v 22. 3. 05, BGBl 837, in Kraft seit 1. 4. 05, Art 16 I JKomG. Sodann Z 1 ergänzt dch Art 16 Z 12 w aa des 2. JuMoG v 22. 12. 06, BGBl 3416, in Kraft seit 31. 12. 06, Art 28 I des 2. JuMoG. Amtliche Anmerkung III geändert zunächst dch Art 14 I Z 10 b bb JKomG, sodann I 2 angefügt dch Art 4 Z 9 f G v 16. 8. 05, BGBl 2437, in Kraft seit 1. 11. 05, Art 9 I 2 G, außer

Kostenverzeichnis **9000 KV**

Kraft am 1. 11. 10, Art 9 II Hs 2 G und schließlich geändert dch Art 16 Z 12 w bb des vorgenannten 2. JuMoG. Übergangsrecht jeweils §§ 71, 72 GKG.

Gliederung

1) **Systematik, Z 1, 2, amtliche Anmerkung I–III** 1
2) **Begriff der Ausfertigung, amtliche Anmerkung II Z 1, 2** 2
3) **Höhe der Dokumentenpauschale, Z 1, 2, amtliche Anmerkung I** 3
4) **Zahlungspflicht, Z 1, 2** 4–9
   A. Anfertigung oder Übermittlung auf Antrag einer Partei usw, Z 1 Hs 1 4
   B. Anfertigung oder Übermittlung als Amtspflicht, Z 1 Hs 1 5
   C. Fehlen von Mehrfertigungen, Z 1 Hs 2 6
   D. Beifügungspflicht, Z 1 Hs 2 7
   E. Keine Beifügungspflicht, Z 1 Hs 2 8
   F. Elektronisch gespeicherte Dateien, Z 2 9
5) **Auslagenfreiheit, amtliche Anmerkung II** 10–16
   A. Vollständige Fassung einer Entscheidung oder eines Vergleichs, amtliche Anmerkung II Z 1 .... 10, 11
   B. Ausfertigung ohne Tatbestand und Entscheidungsgründe, amtliche Anmerkung II 1 Z 2 12
   C. Protokollablichtung, amtliche Anmerkung II Z 3 .... 13, 14
   D. Vertretung durch einen Bevollmächtigten, amtliche Anmerkung II 1 Z 1–3 15
   E. Blindenschrift usw, amtliche Anmerkung II 2 16
6) **Eidesstattliche Versicherung, amtliche Anmerkung III** 17

1) Systematik, Z 1, 2, amtliche Anmerkung I–III. Eine Pflicht zur Erstattung **1** von Auslagen für eine Ausfertigung oder Ablichtung oder für einen Ausdruck der elektronischen Fassung besteht nur dann, wenn einer der Fälle Rn 3 ff vorliegt, Bund JB **08**, 625 (Üb). Ablichtung ist auch ein Computerausdruck.

Infolge der Streichung des Begriffs „*Abschrift*" ist wegen des Worts „nur" in § 1 I 1 eine wirkliche Ausfertigung trotz des gegenüber einer bloßen Ablichtung ungleich höheren Zeitaufwands formell auslagenfrei. Es wäre eine systemwidrige Umgehung des Gesetzes, die Abschrift einer Ablichtung einfach gleichzustellen. Der Gesetzgeber hat eben nicht „Abschrift *oder* Ablichtung" geschrieben. Freilich hat er das ersichtlich nur in der richtigen Annahme getan, daß heute niemand mehr abschreibt statt zu fotokopieren. Mag sich die Praxis in den wenigen Restfällen mit einer formell systemwidrigen Entsprechung behelfen.

2) Begriff der Ausfertigung, amtliche Anmerkung II Z 1, 2. Dieser Begriff **2** ist im GKG nicht derselbe wie in der ZPO. Nach der ZPO liegt eine Ausfertigung nur vor, soweit die Urschrift bei den Akten bleibt. Nach dem GKG liegt eine Ausfertigung vor, soweit es sich um ein beglaubigtes oder unbeglaubigtes Dokument urkundlichen Charakters handelt, das der Richter oder der Urkundsbeamte unterzeichnet hat und das zur Hinausgabe bestimmt ist und keine Urschrift darstellt. Eine Urschrift braucht dann nicht bei den Akten zurückzubleiben.

Hierher gehören also auch: Eine Ladung; ein Rechtskraftzeugnis; eine Auskunft aus dem Schuldnerverzeichnis. KV 9000 hat den Vorrang vor dem Landesrecht, zB vor Z 2.2 der Anlage zu § 1 II des LJVerwKG Schleswig-Holstein, Teil VIII B dieses Buchs.

3) Höhe der Dokumentenpauschale, Z 1, 2, amtliche Anmerkung I. Für **3** jede gerade vom Gericht erstellte und weder von der Partei noch von einem Zeugen oder Sachverständigen und dann nach KV 9005 mitzuvergütende angefangene Seite entstehen nach der amtlichen Anmerkung *I* 1 für jeden Rechtszug für die ersten 50 Seiten je 0,50 EUR und für jede weitere Seite 0,15 EUR, (zum alten Recht) Hamm Rpfleger **91**, 269, LG Mü JB **97**, 483. Das gilt unabhängig von deren Format, von dem Zeitaufwand oder von der Herstellungsart und von den tatsächlichen vermeidbar hohen oder unvermeidbaren Kosten, Mü MDR **89**, 367, LG Mü JB **97**, 483, aM Köln Rpfleger **87**, 433, LG Mü Rpfleger **89**, 383. Es gilt ferner unabhängig davon, in welcher Form und in welcher Sprache man die Ausfertigung oder Ablichtung oder den Ausdruck der elektronischen Fassung verfaßt hat, und unabhängig vom Marktpreis, LG Mü JB **97**, 484. Für die Seitenzahl ist die Ablichtung usw und nicht die Zahl der dort abgebildeten Vorlagen maßgeblich. Der Inhalt ist unmaßgeblich.

I 2 stellt systematisch überflüssigerweise für das erstinstanzliche Verfahren nach dem KapMuG, abgedruckt bei BLAH SchlAnh VIII, die Geltung von I 1 verdeutlichend

KV 9000

klar. Das bedeutet aber nicht etwa eine Unanwendbarkeit von I 1 im Rechtsbeschwerdeverfahren nach § 15 KapMuG. Denn es heißt in I 2 nicht etwa, die gesonderte Berechnung der Dokumentenpauschale erfolge *nur* im erstinstanzlichen Verfahren, sondern sie erfolge *„auch"* dort.

Die Berechnung ist *für jeden Kostenschuldner* nach § 28 *gesondert* erforderlich, amtliche Anmerkung I Hs 1. Gesamtschuldner nach §§ 421 ff BGB gelten als nur ein Schuldner, amtliche Anmerkung I Hs 2. Vgl § 136 III KostO, Teil III dieses Buchs. Eine Änderung oder Ergänzung eines Formulars oder eines dem Gericht zur Verfügung gestellten Entwurfs läßt gleichwohl die Dokumentenpauschale entstehen, wie bei KVGv 700, Teil XI dieses Buchs. Wegen der Kostenerstattung VV 7000, Teil X dieses Buchs.

4 **4) Zahlungspflicht, Z 1, 2.** Eine Pflicht zur Erstattung einer Pauschale besteht nur, wenn einer der folgenden Fälle vorliegt.

A. Anfertigung oder Übermittlung auf Antrag einer Partei usw, Z 1 Hs 1. Das Gericht muß zunächst eine Ablichtung usw gerade nur auf Grund eines Antrags erteilt, anfertigt oder per Telefax übermittelt haben. Der Antrag darf sich aber nur auf die Ausfertigung oder Ablichtung usw beziehen, nicht auf die Entscheidung. Ein allgemeiner Antrag genügt.

Gerade eine *Partei* oder ein Beteiligter muß den Antrag gestellt haben. Das ergibt sich aus Hs 2 mit. Beteiligt ist natürlich auch ein Beschuldigter, Angeklagter, Verurteilter, Betroffener, ein Streitgenosse, ein Beigeladener und Beigetretener oder ein Streitgehilfe. Nicht beteiligt ist ein Dritter, etwa die Presse oder ein Wissenschaftler. Dann gilt § 4 JVKostO, Teil VIII dieses Buchs, BPatG GRUR 92, 434, Düss JB 78, 548. Ein ProzBev stellt einen Antrag meist erkennbar nur auf Kosten des Auftraggebers, OVG Bautzen JB 09, 543.

5 **B. Anfertigung oder Übermittlung als Amtspflicht, Z 1 Hs 1.** Soweit das Gericht die Ausfertigung oder Ablichtung usw auch ohne einen Antrag hätte erteilen müssen, etwa bei einer Entscheidung, entsteht die Dokumentenpauschale nur nach Z 1. Das gilt bei allen von Amts wegen bekanntzugebenden Dokumenten, zB bei der Mitteilung des Pfändungs- und Überweisungsbeschlusses an den Gläubiger. Ein zugehöriger unnötiger „Antrag" oder eine entsprechende Anregung schaffen insoweit keine Auslagenpflicht. Eine Auskunft aus dem Schuldnerverzeichnis ist pauschalenfrei. Dasselbe gilt für ein Notfristzeugnis, für ein Rechtskraftzeugnis oder für eine Beglaubigung.

6 **C. Fehlen von Mehrfertigungen, Z 1 Hs 2.** Eine Zahlungspflicht besteht ferner, soweit eine Partei oder ein Beteiligter es unterlassen hat, einem von Amts wegen zuzustellenden Dokument die erforderliche Zahl von Mehrfertigungen beizufügen, oder wenn die Empfangseinrichtung des Gerichts die per Telefax übermittelten Mehrfertigungen ausgedruckt hat.

7 **D. Beifügungspflicht, Z 1 Hs 2.** Eine Beifügungspflicht *besteht* zB nach §§ 103 II, 133 I, 169 II, 253 V, 340 a, 520 IV, 550 I, 551 IV ZPO, 381 StPO, also für die Kostenrechnung, vorbereitende Dokumente, Klage-, Einspruchs- und Rechtsmittelschriften, Berufungs-, Revisionsbegründung, Privatklage. Es ist unerheblich, ob eine förmliche Zustellung erforderlich ist oder ob eine formlose Mitteilung genügt. Hierher gehört auch der Fall, daß eine Partei die vorgeschriebene Ablichtungen usw nicht einreicht und daß das Gericht diese Ablichtungen usw für eine gesetzlich notwendige Mitteilung anfertigen muß, etwa zum Zweck eines rechtlichen Gehörs nach Art 103 I GG.

8 **E. Keine Beifügungspflicht, Z 1 Hs 2.** Sofern dagegen die Partei eine Erklärung zum Protokoll des Urkundsbeamten der Geschäftsstelle abgibt, entstehen zwar dem Staat infolge der Anfertigung von Ablichtungen usw Kosten. Die Partei hat aber keine Obliegenheiten verletzt, und zwar auch nicht bei einer Erklärung nach § 129 a ZPO. Dann können allenfalls Dokumentenauslagen zB nach KV 9001 wegen der Notwendigkeit einer Übersendung nach § 129 a II ZPO entstehen. Bei § 105 II ZPO (Festsetzungsgesuch durch die Einreichung der Kostenberechnung vor der Verkündung) ist die Anfertigung der Ablichtungen usw auf Staatskosten ausdrücklich vorgeschrieben.

Alleiniger *Auslagenschuldner* ist derjenige, der die Einreichung versäumt hat, § 28 I 2. Soweit die KostO anwendbar ist, gilt (jetzt) Z 1 nicht, LG Kref Rpfleger **82**, 488.

Kostenverzeichnis 9000 KV

F. Elektronisch gespeicherte Dateien, Z 2. Soweit es um die Überlassung von 9
elektronisch gespeicherten Dateien anstelle von Ausfertigungen oder Ablichtungen
geht, gilt vorrangig Z 2. Maßgeblich ist die Zahl der hergestellten Dateien. Ein sog
Ordner kann also mehrere Dateien enthalten.

5) Auslagenfreiheit, amtliche Anmerkung II. Frei von Auslagen sind für jede 10
Partei, jeden Beteiligten und jeden Beschuldigten und jeden ihrer bevollmächtigten
Vertreter jeweils Ausfertigungen und Ablichtungen oder Ausdrucke der elektronischen Fassung, soweit einer der folgenden, nebeneinander möglichen Fälle vorliegt.

A. Vollständige Fassung einer Entscheidung oder eines Vergleichs, amtliche Anmerkung II 1 Z 1. Frei von einer Zahlungspflicht ist eine erste vollständige Ausfertigung, Abschrift oder Ablichtung oder ein erster Ausdruck jeder gerichtlichen Entscheidung und jedes vor dem Gericht abgeschlossenen Prozeßvergleichs einschließlich desjenigen nach § 278 VI 1 Hs 1, 2 ZPO, sofern das Gericht sie der Partei, einem Beteiligten oder dem Beschuldigten erteilt. Eine bloße Vervollständigung, Ergänzung oder Berichtigung gehört zum Erstexemplar.

Entscheidung ist nur ein Urteil oder ein Beschluß mit einer unmittelbaren Rechts- 11
folge mit oder ohne eine Prozeßbeendigung. Hierher zählen zB: Ein Beweisbeschluß;
ein Vollstreckungsbescheid; ein Arrestbefehl; eine einstweilige Anordnung oder Verfügung; ein Pfändungs- und Überweisungsbeschluß; ein Vorbescheid; ein Gerichtsbescheid.

Nicht hierher zählen zB: Ein nur außergerichtlicher Vergleich (§ 278 VI 1 Hs 1
ZPO gehört aber sehr wohl zu Z 1); eine prozeßleitende Verfügung, etwa ein Hinweis; eine Aufforderung; eine Anfrage, OVG Münst Rpfleger **81**, 125; ein Erörterungsbeschluß, und zwar auch dann nicht, wenn eine solche prozeßleitende Verfügung eine Frist in Lauf setzt. Denn auch dann soll die Verfügung ja erst eine etwa
nachfolgende Entscheidung vorbereiten.

B. Ausfertigung ohne Tatbestand und Entscheidungsgründe, amtliche 12
Anmerkung II 1 Z 2. Frei von einer Zahlungspflicht ist ferner die Erteilung einer
Ausfertigung ohne einen Tatbestand und ohne Entscheidungsgründe. Das gilt unabhängig davon, ob ein Tatbestand oder Entscheidungsgründe überhaupt zu einer vollständigen Ausfertigung oder Ablichtung usw gehören würden, §§ 313 a, 540 ZPO,
und ob das Gericht schon eine vollständige Ausfertigung oder Ablichtung usw erteilt
hat.

C. Protokollablichtung, amtliche Anmerkung II 1 Z 3. Frei von der Zah- 13
lungspflicht ist ferner die Erteilung einer Ablichtung usw jeder Niederschrift über
„eine", genauer: jede Sitzung auch zB des verordneten Richters, § 362 II ZPO. Auslagenfrei ist gegenüber der nicht durch einen Bevollmächtigten vertretenen Partei nur
eine einzige Ablichtung usw eines jeden Protokolls. Wegen der durch einen Bevollmächtigten vertretenen Partei Rn 15. Eine Protokollanlage gehört zur Niederschrift
usw, sofern das Gericht die Anlage im eigentlichen Protokoll auch als Anlage bezeichnet hat, § 160 V ZPO. Das gilt zB bei einem solchen Antrag, den die Partei
nach § 297 I 2 ZPO verlesen hat. Man kann auch die Ablichtung usw eines schriftlichen Gutachtens wegen Art 103 I GG hierher rechnen, LG Münst Rpfleger **92**,
225, aM Meyer 26 (aber man darf dabei nicht schon wegen § 411 I 1 ZPO zu formstreng sein). Auch ein Protokollentwurf kann hierzu zählen.

Bei einer Abschrift oder Ablichtung eines *Vermögensverzeichnisses* nach § 807 ZPO 14
gilt Rn 17.

Die Auslagenfreiheit ist lediglich eine Kostenregelung. Man kann ihr *keineswegs*
eine Pflicht des Gerichts entnehmen, *von Amts wegen* eine *Protokollablichtung* usw *zu
übermitteln,* noch gar unverzüglich. Daran ändert auch nicht ein verbreiteter Brauch
solcher Art etwas. Schon gar nicht kann eine Partei aus der Nichtübersendung einen
prozessualen Anspruch etwa nach § 156 ZPO ableiten, solange nicht besondere Umstände hinzutreten.

D. Vertretung durch einen Bevollmächtigten, amtliche Anmerkung II 1 15
Z 1–3. Frei von der Zahlungspflicht ist die Erteilung einer weiteren vollständigen
Ausfertigung oder Ablichtung usw bei der Vertretung durch einen Bevollmächtigten
unabhängig von deren Notwendigkeit. Das gilt für alle Fälle Rn 10–19. Diese weitere Ausfertigung oder Ablichtung usw muß vollständig sein. Eine weitere abgekürzte

KV 9000–9002 Kostenverzeichnis

reicht nicht aus. Es muß ferner ein Bevollmächtigter im Zeitpunkt des Antrags oder der Erteilung vorhanden sein. Jeder Bevollmächtigte erhält eine weitere vollständige Ausfertigung oder Ablichtung usw auslagenfrei. Eine Sozietät ist nur *ein* Bevollmächtigter. Der bloße Verkehrsanwalt ist kein Bevollmächtigter im vorstehenden Sinn. Eine aus mehreren Personen bestehende Partei kann je Person eine solche Auslagenfreiheit beanspruchen, selbst bei einer Vertretung durch denselben Bevollmächtigten.

16 E. **Blindenschrift usw, amtliche Anmerkung II 2.** Frei von der Erstattungspflicht sind die Auslagen(kosten) der Anfertigung oder der Bereitstellung in einer für den Blinden oder Sehbehinderten wahrnehmbaren Form eines für ihn bestimmten Dokuments vor Gericht. Das ergibt sich aus § 191a I 2 GVG.

17 6) **Eidesstattliche Versicherung, amtliche Anmerkung III.** Die Vorschrift steht selbständig neben dem GvKostG, AG Linz JB **99**, 551, AG Neust/Rbbge DGVZ **00**, 127, aM AG Achim JB **00**, 42, AG Kblz JB **00**, 665, AG Speyer RR **00**, 1095 (aber KVGv 260 regelt nur eine Gebühr). Als einen Ausgleich für die Gebühren KV 2115, 2116 gibt die amtliche Anmerkung III demjenigen Kostenschuldner, der eine dieser Gebühren zahlen muß, eine Auslagenfreiheit für die erste Ablichtung usw des mit der eidesstattlichen Versicherung abgegebenen Vermögensverzeichnisses einschließlich des Abgabeprotokolls. Wer gebührenfrei, aber nicht auslagenfrei ist, muß die Dokumentenpauschale zahlen, Rn 9–14. Vgl freilich dann Rn 19–21.

Nr.	Auslagentatbestand	Höhe
9001	Auslagen für Telegramme	in voller Höhe

1 1) **Geltungsbereich.** Nur noch Telegramme lassen eine Zahlungspflicht entstehen. Das gilt freilich stets unabhängig von der in KV 9002 amtliche Anmerkung nur für den dortigen Geltungsbereich zu prüfenden Lage. Denn KV 9001 enthält keine solche amtliche Anmerkung.

Telefax- und sonstige Telekommunikationskosten und insbesondere Telefon- oder Internetkosten zählen *nicht* zu KV 9001. Das besagt die eindeutige Beschränkung auf Telegramme im Gesetzestext.

Die Zahlungspflicht entsteht daher auch dann jedenfalls nicht nach KV 9001, wenn ein Beteiligter das *falsche Gericht* angerufen hat und wenn dieses den Vorgang zB per Telefax an das richtige Gericht weiterleitet usw. Sie entsteht ferner dann nicht, wenn bei § 129a II 1 ZPO die erforderliche Unverzüglichkeit der Weiterleitung an das richtige Gericht eine Übersendung per Telefax notwendig macht. Es ist unerheblich, ob infolge einer solchen Übermittlung anderweitige Kosten erspart bleiben.

2 *Nicht* hierher zählen erst recht die Kosten einer Telefonüberwachung, Karlsr Rpfleger **89**, 172, aM Ffm Rpfleger **85**, 170.

3 2) **Höhe der Auslagen.** Die Kosten der Erledigung per Telegramm sind in voller Höhe zahlungspflichtige Auslagen. Maßgeblich sind die jeweiligen Allgemeinen Geschäftsbedingungen und Preislisten der Deutschen Post AG.

Nr.	Auslagentatbestand	Höhe
9002	Pauschale für Zustellungen mit Zustellungsurkunde, Einschreiben gegen Rückschein oder durch Justizbedienstete nach § 168 Abs. 1 ZPO je Zustellung .... ¹Neben Gebühren, die sich nach dem Streitwert richten, mit Ausnahme der Gebühr 3700, wird die Zustellungspauschale nur erhoben, soweit in einem Rechtszug mehr als 10 Zustellungen anfallen. ²Im erstinstanzlichen Musterverfahren nach dem KapMuG wird die Zustellungspauschle für sämtliche Zustellungen erhoben.	3,50 EUR

Vorbem. S 2 angefügt dch Art 4 Z 9 g G v 16. 8. 05, BGBl 2437, in Kraft seit 1. 11. 05, Art 9 I 2 G, außer Kraft am 1. 11. 10, Art 9 II Hs 2 G. Sodann Neufassg der genann-

Kostenverzeichnis **9002 KV**

ten Vorschrift dch Art 16 Z 12 x des 2. JuMoG v 22. 12. 06, BGBl 3416, in Kraft seit 1. 1. 08, Art 28 II Hs 2 des 2. JuMoG. Übergangsrecht jeweils § 71 GKG.

Gliederung

1) **Systematik**	1
2) **Geltungsbereich**	2, 3
3) **Unanwendbarkeit**	4
4) **Erforderlichkeit der Zustellung**	5, 6
A. Grundsatz: Notwendigkeit	5
B. Ausnahme: Auch ohne Notwendigkeit	6
5) **Niederschlagung**	7, 8
6) **Höhe der Pauschale**	9
7) **Erhebungsgrenzen, amtliche Anmerkung S 1**	10–13
A. Neben Wertgebühr	10
B. Kein Fall von KV 3700	11
C. Je Rechtszug nicht mehr als 10 Zustellungen	12
D. Folge: Nichterhebung	13
8) **Keine Erhebungsgrenzen, amtliche Anmerkung S 2**	14

1) Systematik. Kosten für eine Zustellung mittels einer Zustellungsurkunde oder **1** für eine Zustellung nach § 168 I ZPO sind auslagenpflichtig.
Im übrigen muß man Vorschriften des PostG beachten.

PostG § 33. Verpflichtung zur förmlichen Zustellung. I [1]Ein Lizenznehmer, der Briefzustelldienstleistungen erbringt, ist verpflichtet, Schriftstücke unabhängig von ihrem Gewicht nach den Vorschriften der Prozeßordnungen und der Gesetze, die die Verwaltungszustellung regeln, förmlich zuzustellen. [2]Im Umfang dieser Verpflichtung ist der Lizenznehmer mit Hoheitsbefugnissen ausgestattet (beliehener Unternehmer).

II [1]Die Regulierungsbehörde hat den verpflichteten Lizenznehmer auf dessen Antrag von der Verpflichtung nach Absatz 1 zu befreien, soweit der Lizenznehmer nicht marktbeherrschend ist. [2]Die Befreiung ist ausgeschlossen, wenn zu besorgen ist, daß hierdurch die förmliche Zustellung nach Absatz 1 nicht mehr flächendeckend gewährleistet wäre. [3]Die Befreiung kann widerrufen werden, wenn der Lizenznehmer marktbeherrschend wird oder die Voraussetzung des Satzes 2 vorliegt. [4]Der Antrag auf Befreiung kann mit dem Antrag auf Erteilung der Lizenz verbunden werden.

PostG § 34. Entgelt für die förmliche Zustellung. [1]Der verpflichtete Lizenznehmer hat Anspruch auf ein Entgelt. [2]Durch dieses werden alle von dem Lizenznehmer erbrachten Leistungen einschließlich der hoheitlichen Beurkundung und Rücksendung der Beurkundungsunterlagen an die auftraggebende Stelle abgegolten. [3]Das Entgelt hat den Maßstäben des § 20 Abs. 1 und 2 zu entsprechen. [4]Es bedarf der Genehmigung durch die Regulierungsbehörde. [5]Das Bundesministerium der Justiz und das Bundesministerium des Innern sind unverzüglich über beabsichtigte Entgeltgenehmigungen zu informieren.

Die „Beleihung" in § 33 I 2 PostG ist durch § 168 I 2 Hs 1 ZPO in der Fassung Art 1 ZustRG vom 25. 6. 02, BGBl 1206, überholt, soweit es um den Charakter der Postzustellungsurkunde (bisher nur: der Deutschen Post AG!) geht.

2) Geltungsbereich. KV 9002 gilt auch im Kostenfestsetzungsverfahren, AG **2** Itzehoe SchlHA **96**, 260, AG Kiel JB **96**, 261, AG Rendsb JB **96**, 318, aM LG Kiel SchlHA **96**, 259, AG Kiel SchlHA **96**, 261, Meyer 40 (aber die Kostenfestsetzung gehört zur Instanz). Solche Kosten sind also nur dann ersatzpflichtig, wenn sie für eine nach dem Gesetz oder nach dem pflichtgemäßen gerichtlichen Ermessen notwendige förmliche Zustellung der vorstehenden Art entstehen, Rn 5.

Das gilt zB: Bei der Zustellung eines Urteils von Amts wegen nach §§ 310 III, 317 1 ZPO in Verbindung mit § 168 I 1 ZPO; bei einer förmlichen Zustellung eines Beschlusses, etwa nach § 329 II 2, I, III ZPO; bei einer von einem Gericht ordnungsgemäß angeordneten förmlichen Ladung eines Zeugen oder Sachverständigen mittels einer Zustellungsurkunde, LAG Bre Rpfleger **88**, 165, zB nach §§ 377 I, 402 ZPO; bei der Zustellung eines Kostenfestsetzungsbeschlusses, § 104 I ZPO; bei einer Zustellung durch einen Justizbediensteten nach § 168 I ZPO, vgl auch § 5 VwZG; bei einer Zustellung durch einen Einwurf- oder Übergabe-Einschreibebrief *mit* Rückschein nach

493

KV 9002 Kostenverzeichnis

§§ 175, 192 ZPO, AG Nürnb Rpfleger **97**, 542 (zum entsprechenden § 137 I Z 2 KostO).

3 Das gilt auch, soweit eine *Wiederholung der Zustellung* notwendig wird, zB wegen einer unrichtigen Anschrift. Auch diese Kosten treffen aber den Verlierer und geben ihm evtl einen sachlichrechtlichen Ersatzanspruch. Sie treffen stets den Verursacher. Denn §§ 91 ff ZPO regeln die prozessuale Kostenpflicht abschließend, BLAH Üb 27 vor § 91 ZPO. Das übersieht LAG Bre Rpfleger **88**, 165. In einem Verfahren nach §§ 1067–1071 ZPO richtet sich die Erstattung zunächst nach Art 11 VO (EG) Nr 1348/2000, abgedruckt bei BLAH Einf 1 vor § 1067 ZPO, und sodann nach KV 9002.

4 **3) Unanwendbarkeit.** KV 9002 gilt nicht, sofern das Gericht den Weg der Zustellung durch die *Aufgabe zur Post* nach § 184 ZPO wählt. Dasselbe gilt, sofern das Gericht die Sendung durch einen Einwurf- oder Übergabe-Einschreibebrief *ohne* Rückschein zusendet. Diese Ausnahmen gelten in allen Verfahrensarten, zB nach § 4 ZVG. Denn in allen diesen Fällen ist die Zustellung bereits mit der Übergabe des zuzustellenden Schriftstücks bewirkt, während bei einem Zustellungsauftrag die Übergabe durch den Zustellungsbediensteten entscheidet, § 193 ZPO. KV 9002 gilt schließlich nicht bei einer formlosen Mitteilung, unabhängig davon, ob sie gesetzlich ausreichte.

5 **4) Erforderlichkeit der Zustellung.** Einem Grundsatz steht eine nicht unerhebliche Ausnahme gegenüber.

A. Grundsatz: Notwendigkeit. Soweit das Gericht eine nach dem Gesetz oder nach einem pflichtgemäßen gerichtlichen Ermessen nicht erforderliche förmliche Zustellung gewählt hat, entstehen grundsätzlich keine Auslagen nach KV 9002. Vielmehr muß das Gericht evtl die Auslagen nach § 21 niederschlagen. Das gilt etwa bei einer vorwerfbar unwirksam formfehlerhaft durchgeführten und deshalb wiederholungsbedürftigen Zustellung. Vgl freilich Rn 7, 8. Ob die Zustellung objektiv erforderlich war, läßt sich nicht nach dem abstrakten Gesetzestext beurteilen, sondern nur nach den Umständen des konkreten Einzelfalls und nach dem pflichtgemäßen gerichtlichen Ermessen.

Wegen der verbreiteten Nachlässigkeit gegenüber gerichtlichen Vorladungen usw ist im Interesse des dringend notwendigen zügigen Verfahrensablaufs und einer Vermeidung überflüssiger weiterer Termine grundsätzlich eine *förmliche Zustellung* mit einer Zustellungsurkunde oder zumindest mittels Einschreibens gegen Rückschein bei jeder Ladung objektiv notwendig. Das gilt insbesondere beim Zeugen, auch beim Polizisten als Zeugen.

Nur so kann das Gericht nämlich oft genügend *zuverlässig klären*, ob die Ladung den Prozeßbeteiligten überhaupt und wann etwa erreicht hat. Nur bei einer Zustellung mit Zustellungsurkunde läßt sich darüber hinaus zuverlässig klären, ob das Gericht eine Ladungsfrist eingehalten hat usw. Nur so lassen sich auch zB die Voraussetzungen einer Verhängung von Ordnungsmitteln oder einer zwangsweisen Vorführung nach § 380 ZPO usw zuverlässig und ohne eine vermeidbare Mehrarbeit spätestens im Termin klären. Deshalb muß der Kostenbeamte grundsätzlich davon ausgehen, daß eine vom Gericht angeordnete förmliche Zustellung objektiv erforderlich war.

6 **B. Ausnahme: Auch ohne Notwendigkeit.** Ausnahmsweise entstehen Auslagen auch für alle nicht unter Rn 5 fallenden Zustellungen im Verfahren nach dem KapMuG, abgedruckt bei BLAH SchlAnh VIII. Das ergibt sich aus dem eindeutigen Wortlaut der amtlichen Anmerkung S 2: Bei „sämtlichen" Zustellungen werden Auslagen erhoben. Das ändert freilich nichts an der Geltung des § 21 auch in diesem Verfahren, etwa bei ganz offenkundig sinnlosen Zustellungsversuchen. Man sollte dergleichen aber nur zurückhaltend annehmen.

7 **5) Niederschlagung.** Soweit statt einer an sich ausreichenden Zustellung mittels Einschreibens gegen Rückschein eine solche mit Zustellungsurkunde erfolgte, liegt meist schon wegen der etwaigen Unklarheit über den genauen Zustellungszeitpunkt beim bloßen Rückschein keine unrichtige Sachbehandlung vor. Vgl im übrigen Rn 6.

8 Im Zweifel muß er eine dienstliche *Auskunft des Richters* einholen. Er ist zu ihrer Abgabe verpflichtet, soweit sich die objektive Notwendigkeit nicht bereits eindeutig aus dem bisherigen Akteninhalt ergibt.

Nichterhebung nach Z 10–13 ist nicht mit einer Niederschlagung nach Rn 7, 8 zu verwechseln.

6) Höhe der Pauschale. Man muß zunächst prüfen, ob eine Nichterhebung 9 nach Rn 10–13 alle weiteren Fragen erübrigt. Wenn nicht, ergeben sich anstelle der tatsächlichen Aufwendungen (jetzt) je Zustellung pauschal 3,50 EUR. Man muß im ersteren Fall nur diese Pauschale je Zustellung zahlen, nicht das außerdem erforderliche Porto. Man darf das in § 34 PostG, abgedruckt in Rn 1, geregelte Entgelt nicht mit der Auslagenregelung des KV 9002 verwechseln.

7) Erhebungsgrenzen, amtliche Anmerkung S 1. Die Pauschale fällt nach der 10 amtlichen Anmerkung S 1 evtl dann *nicht* an, wenn die folgenden Voraussetzungen zusammentreffen.

A. Neben Wertgebühr. Die Pauschale muß neben einer vom Streitwert abhängigen Gebühr entstanden sein, zB neben der allgemeinen Verfahrensgebühr KV 1210. Neben einer Festgebühr etwa nach KV 1810–1821 gibt es keine Auslagenbegrenzung.

B. Kein Fall von KV 3700. Es darf sich nicht um die Urteilsgebühr im sog 11 Adhäsionsverfahren nach § 406 StPO handeln.

C. Je Rechtszug nicht mehr als 10 Zustellungen. Es dürfen je Instanz nicht 12 mehr als 10 Zustellungen angefallen sein.

D. Folge: Nichterhebung. Beim Zusammentreffen der Bedingungen Rn 10–12 13 darf das Gericht keine Pauschale nach KV 9002 erheben.

8) Keine Erhebungsgrenzen, amtliche Anmerkung S 2. Es gilt das in Rn 6 14 Ausgeführte.

Nr.	Auslagentatbestand	Höhe
9003	**Pauschale für** **1. die Versendung von Akten auf Antrag je Sendung** **2. die elektronische Übermittlung einer elektronisch geführten Akte auf Antrag** .... ^I Die Hin- und Rücksendung der Akten durch Gerichte oder Staatsanwaltschaften gelten zusammen als eine Sendung. ^{II} Die Auslagen werden von demjenigen Kostenschuldner nicht erhoben, von dem die Gebühr 2116 zu erheben ist.	12,00 EUR 5,00 EUR

Vorbem. Zunächst geändert dch Art 14 I Z 10 c JKomG v 22. 3. 05, BGBl 837, in Kraft seit 1. 4. 05, Art 16 I JKomG. Sodann amtliche Anmerkung I ergänzt, amtliche Anmerkung II geändert dch Art 16 Z 12 y aa, bb des 2. JuMoG v 22. 12. 06, BGBl 3416, in Kraft seit 31. 12. 06, Art 28 I des 2. JuMoG. Übergangsrecht jeweils §§ 71, 72 GKG.

1) Systematik, Z 1, 2, dazu *Enders* JB **97**, 393, *Notthoff* AnwBl **95**, 538 (ausf): 1 Die Vorschrift ist zwingendes Bundesrecht, AG Lpz JB **05**, 547. KV 9003 ist mit dem GG vereinbar, BVerfG NJW **96**, 2222 (zur aF). „Akten" bedeutet: Mehr als einzelne lose Dokumente oder Anlagen mit ohne Kopien. Auch Aktenteile können unter dieser Voraussetzung die Gebühr KV 9003 auslösen. Das gilt auch für Beiakten.

2) Geltungsbereich: Versendung, elektronische Übermittlung je auf An- 2 **trag, Z 1, 2.** Die Vorschrift gilt auch vor der Staatsanwaltschaft, OVG Kblz NJW **07**, 2427, vor den Arbeitsgerichten, LAG Kiel NJW **07**, 2510, und vor den Sozialgerichten, LSG Schlesw AnwBl **97**, 48, SG Stralsund JB **98**, 370, aM SG Ffm NZS **98**, 256 (aber KV 9003 gilt im Gesamtbereich des GKG). Es ist unerheblich, ob die Versendung oder Übermittlung der Akten zB an einen gerichtlich bestellten Verteidiger erfolgt, LG Frankenth NJW **95**, 2801, aM LG Tüb AnwBl **95**, 569 (aber es kommt auf die Übermittlungsart und nicht auf den Übermittlungsempfänger an).

Es ist *ferner unerheblich,* ob die Versendung oder Übermittlung innerhalb oder außerhalb des Gerichtsbezirks erfolgt, LG Frankenth MDR **96**, 104. Es ist unerheblich, ob die Sendung oder Übermittlung aus einem oder mehreren Dokumenten besteht und auf welchem Weg und in welcher Art sie erfolgt. Eine wiederholte Versendung oder Übermittlung läßt KV 9003 mehrmals entstehen, LG Frankenth NJW **95**, 2801.

495

KV 9003, 9004 — Kostenverzeichnis

Keine Versendung ist eine bloße Aushändigung bei der Einlegung in das oder bei der Abholung auch aus dem Gerichtsfach, LG Detm NJW **95**, 2801, AG Düss JB **97**, 433 (auch wenn Staatsanwalt und LG nicht an demselben Ort residieren), LAG Kiel NJW **07**, 2510, aM Köln MDR **09**, 955, LG Frankenth NJW **95**, 2801 (je: beim anwaltlichen Gerichtsfach eines örtlich entfernten Gerichts).

Kostenpflichtig ist nach KV 9003 nur die Versendung oder Übermittlung *auf Antrag*, nicht diejenige von Amts wegen, Jena JB **08**, 602, etwa nach § 129a II 1 ZPO, oder diejenige im Weg einer Amtshilfe. Im letzteren Fall kann KV 9001, 9002 anwendbar sein. Man muß beantragte Einzelkopien statt Akten nach KV 9000 berechnen. Das wird daher meist teurer. Das kostenfreie Einsichtsrecht an der Gerichtsstelle bleibt auch sonst unberührt, Kblz MDR **97**, 202, AG Kblz AnwBl **95**, 380.

3 **3) Fälligkeit, Kostenschuldner, Z 1, 2.** Die Fälligkeit tritt mit der Entstehung der Auslagen ein, LG Kblz NJW **96**, 1223.

Der Antragsteller selbst ist *Kostenschuldner*, (jetzt) § 28 Rn 6, LG Bayreuth JB **97**, 433, VG Brschw NVwZ-RR **03**, 912. Das muß nicht stets die Partei sein, sondern kann auch der ProzBev sein, LG Mainz JB **07**, 597, VG Meiningen JB **06**, 36, Bohnenkamp JB **07**, 569, auch der Pflichtverteidiger, Düss JB **02**, 308, Kblz MDR **97**, 202, AG Mainz NStZ-RR **99**, 128. Es kommt darauf an, in wessen Namen der Antrag erfolgt. Nicht maßgeblich ist, in wessen Interesse sie erfolgt, aM Düss JB **06**, 90, LG Mainz JB **07**, 597. Im Zweifel liegt ein Antrag nur im Namen des Auftraggebers mit der Folge von nur dessen Haftung vor, LG Memmingen JB **08**, 375 (Akteneinsicht), VG Brschw JB **03**, 210, Weis AnwBl **07**, 529.

4 **4) Hin- und Rücksendung, amtliche Anmerkung I.** Die Hin- und Rücksendung (nur) durch ein Gericht oder eine Staatsanwaltschaft gelten infolge dieser klarstellenden Vorschrift als nur *eine* Sendung oder Übermittlung, AG Lpz **05**, 547. Das gilt jedenfalls, solange es sich auch nur teilweise um dieselben Akten handelt. Daher löst zB eine Rücksendung durch mehrere Pakete statt des früheren einzigen Hinpakets doch nur eine Summe nach KV 9003 aus, Büttner NJW **05**, 3109, aM Henke AnwBl **05**, 494 (aber Pauschale bleibt Pauschale). Folglich muß das Gericht keinen Freiumschlag für die Rücksendung beifügen, Kblz (2. ZS) JB **06**, 207 rechts, aM Kblz NJW **06**, 1072 rechts (aber keine Erstattung des vom Antragsteller bezahlten Rückportos).

Ob *Anwalts*auslagen entstehen, richtet sich überhaupt nicht nach KV 9003, Jena JB **07**, 598, sondern nach VV 7000ff, hier also nach VV 7001, 7002 Teil X dieses Buchs, (je zum alten Recht) Hamm NJW **06**, 1077, LG Kblz JB **06**, 89, AG Rockenhausen JB **05**, 207. Das ergibt sich aus den (jetzigen) Wörtern „durch Gerichte oder Staatsanwaltschaften" in der amtlichen Anmerkung I, aM Naumb JB **08**, 374.

Nr.	Auslagentatbestand	Höhe
9004	Auslagen für öffentliche Bekanntmachungen	
	1. bei Veröffentlichung in einem elektronischen Informations- und Kommunikationssystem, wenn ein Entgelt nicht zu zahlen ist oder das Entgelt nicht für den Einzelfall oder ein einzelnes Verfahren berechnet wird:	
	je Veröffentlichung pauschal	1,00 EUR
	2. in sonstigen Fällen	in voller Höhe
	Auslagen für die Bekanntmachung eines besonderen Prüfungstermins (§ 177 InsO, § 11 SVertO) werden nicht erhoben.	

1 **1) Geltungsbereich, Z 1, 2.** Zahlungspflichtig sind die durch eine öffentliche Bekanntmachung entstehenden Kosten mit Ausnahme nur der Bekanntmachungskosten im Umfang der amtlichen Anmerkung, Rn 2. Zur öffentlichen Bekanntmachung gehört auch die öffentliche Zustellung etwa nach §§ 185ff ZPO. Soweit das Gericht einen Auftrag zur öffentlichen Bekanntmachung zurücknimmt, sind die bereits entstandenen Kosten erstattungspflichtig.

Kostenverzeichnis **9004, 9005 KV**

Außer Betracht bleiben neben den Portokosten des Gerichts für den Antrag diejenigen für die Übersendung der Belege. Bei einer Beweisaufnahme nach §§ 1072–1075 ZPO richtet sich die Bezahlung zunächst nach Art 10 II, IV, 18 VO (EG) Nr 1206/2001, abgedruckt bei BLAH Einf 1 vor § 1072 ZPO, und sodann nach KV 9004.

A. Elektronisches System, Z 1. Es kommt darauf an, ob der Staat für die Veröffentlichung zB im Internet auch auf Grund einer Vereinbarung mit einem gebietsmäßigen Anbieter entweder gar nichts oder jedenfalls kein Entgelt für den Einzelfall oder ein einzelnes Verfahren zahlen muß, sondern nur eine wie immer berechnete Pauschale. Dann muß man je Veröffentlichung und System nur 1,00 EUR zahlen. 2

B. Sonstige Fälle, Z 2. Bei ihnen entsteht je Veröffentlichung gleich welcher Art zB im elektronischen Bundesanzeiger oder in einer Tageszeitung usw etwa im Rahmen einer öffentlichen Zustellung oder Fahndung oder Bekanntmachung einer Zwangsversteigerung oder Auslobung die Pflicht zur Zahlung ihrer vollen Kosten, auch bei der nicht unter Rn 2 fallenden elektronischen Veröffentlichung. 3

2) Sonderfälle. Im Fall des § 177 InsO gilt nur KV 2340, freilich bei einer Verbindung mit einem Schlußtermin nur wegen des besonderen Prüfungstermins. Im Fall des § 11 SVertO gilt nur KV 2430. 4

Nr.	Auslagentatbestand	Höhe
9005	Nach dem JVEG zu zahlende Beträge .... **I** Nicht erhoben werden Beträge, die an ehrenamtliche Richter (§ 1 Abs. 1 Satz 1 Nr. 2 JVEG) gezahlt werden. **II** ¹Die Beträge werden auch erhoben, wenn aus Gründen der Gegenseitigkeit, der Verwaltungsvereinfachung oder aus vergleichbaren Gründen keine Zahlungen zu leisten sind. ²Ist aufgrund des § 1 Abs. 2 Satz 2 JVEG keine Vergütung zu zahlen, ist der Betrag zu erheben, der ohne diese Vorschrift zu zahlen wäre. **III** Auslagen für Übersetzer, die zur Erfüllung der Rechte blinder oder sehbehinderter Personen herangezogen werden (§ 191a Abs. 1 GVG), werden nicht, Auslagen für Gebärdensprachdolmetscher (§ 186 Abs. 1 GVG) werden nur nach Maßgabe des Absatzes 4 erhoben. **IV** Ist für einen Beschuldigten oder Betroffenen, der der deutschen Sprache nicht mächtig, hör- oder sprachbehindert ist, im Strafverfahren oder im gerichtlichen Verfahren nach dem OWiG ein Dolmetscher oder Übersetzer herangezogen worden, um Erklärungen oder Schriftstücke zu übertragen, auf deren Verständnis der Beschuldigte oder Betroffene zu seiner Verteidigung angewiesen oder soweit dies zur Ausübung seiner strafprozessualen Rechte erforderlich war, werden von diesem die dadurch entstandenen Auslagen nur erhoben, wenn das Gericht ihm diese nach § 464c StPO oder die Kosten nach § 467 Abs. 2 Satz 1 StPO, auch i. V. m. § 467a Abs. 1 Satz 2 StPO, auferlegt hat; dies gilt auch jeweils i. V. m. § 46 Abs. 1 OWiG. **V** Im Verfahren vor den Gerichten für Arbeitssachen werden Kosten für vom Gericht herangezogene Dolmetscher und Übersetzer nicht erhoben, wenn ein Ausländer Partei und die Gegenseitigkeit verbürgt ist oder ein Staatenloser Partei ist.	in voller Höhe

Gliederung

1) Geltungsbereich 1, 2
2) Keine Erhebung von Richterbeträgen, amtliche Anmerkung I 3
3) Erhebung trotz Verwaltungsabrede usw, amtliche Anmerkung II 1 4

KV 9005 Kostenverzeichnis

    4) Erhebung auch für Behördenleistung, amtliche Anmerkung II 2 5
    5) Übersetzer für Blinden usw, amtliche Anmerkung III 6
    6) Ausländer, Hörbehinderter usw, amtliche Anmerkung IV 7
    7) Heranziehung, amtliche Anmerkung II–IV 8
    8) Besonderheiten in Arbeitssache, amtliche Anmerkung V 9

1   **1) Geltungsbereich.** Die Vorschrift verstößt zumindest wegen eines Gebärdendolmetschers für einen (jetzt) Hör- oder Sprachbehinderten nicht gegen Art 3 GG, LG Hbg JB **99**, 599 (zum alten Recht). Erstattungspflichtig sind die Gebühren und solche Auslagen, die das Gericht an einen Zeugen zahlen muß, BPatG GRUR **91**, 312, auch an einen vorläufigen Insolvenzverwalter, Düss JB **09**, 266. Hierher gehören auch Zahlungen an einen Sachverständigen, Dolmetscher oder Gebärdendolmetscher oder Übersetzer (Ausnahme: Übersetzer beim Hör- oder Sprachbehinderten, amtliche Anmerkung III).
    Grundlage der Zahlungspflicht ist jeweils das JVEG, Teil V dieses Buchs. Für die Erstattungspflicht kommt es also nicht darauf an, welche Beträge das Gericht tatsächlich gezahlt hat, sondern auf diejenigen Beträge, die es zahlen muß oder mußte, also auf die „zu zahlenden" Beträge, nicht auf „gezahlte", Düss AnwBl **89**, 237, Schlesw MDR **85**, 80. Soweit das Gericht eine Überzahlung vorgenommen hat, kann der Auslagenschuldner freilich auch nach § 66 die Erinnerung einlegen. Wegen des Verhältnisses zu § 13 JVEG dort Rn 17, Teil V dieses Buchs.
2   Bei einer *schriftlichen Bekundung* nach § 377 III ZPO darf das Gericht dem Zeugen nur seine Auslagen erstatten, § 401 ZPO. Soweit das Gericht im Verfahren auf die Bewilligung einer Prozeßkostenhilfe eine Beweisaufnahme vorgenommen hat und den Antrag anschließend zurückweist, muß der Antragsteller die entstandenen Auslagen erstatten. Die Kosten einer nach der StPO zulässig erfolgten Telefonüberwachung werden nach (jetzt) § 23 JVEG erstattet, Teil V dieses Buchs, Kblz Rpfleger **00**, 565, LG Kblz NStZ **01**, 221, LG Nürnb-Fürth JB **92**, 685. Das gilt freilich nicht für ein bloßes Hilfsmittel der Telefonüberwachung, Celle NStZ **01**, 221 (Computermiete).
    Bei einer Tätigkeit nach §§ 1072–1075 ZPO richtet sich die Erstattung zunächst nach Art 18 VO (EG) Nr 1206/2001, abgedruckt bei BLAH Einf 1 vor § 1072 ZPO, auch sodann nach KV 9005.
    Verzinsung der Auslagen nach KV 9005 entsteht im erstinstanzlichen Musterverfahren nach dem KapMuG, abgedruckt bei BLAH SchlAnh VIII, nach KV 9018 und dessen amtlicher Anmerkung I–III, s dort.

3   **2) Keine Erhebung von Richterbeträgen, amtliche Anmerkung I.** Solche Beträge, die die Staatskasse an ehrenamtliche Richter nach § 1 I 1 Z 2 JVEG gezahlt hat, werden nicht nach KV 9005 miterhoben.

4   **3) Erhebung trotz Verwaltungsabreden usw, amtliche Anmerkung II 1.** Der Kostenbeamte muß notfalls die Zeit- und sonstigen Angaben vom Sachverständigen erfragen. Diese Auslagen entstehen auch dann, wenn aus Gründen der Gegenseitigkeit, Verwaltungsvereinfachung usw tatsächlich die Gerichtskasse an die andere Kasse oder den Beamten nicht zu zahlen braucht, amtliche Anmerkung II 2. Denn der Schuldner hat von solchen Abrechnungsvereinfachungen keinen Vorteil.

5   **4) Erhebung auch für Behördenleistung, amtliche Anmerkung II 2.** Sofern ein Sachverständiger usw nach § 1 II 2 JVEG deshalb keine Vergütung beanspruchen kann, weil er als ein Angehöriger einer Behörde oder sonstigen öffentlichen Stelle das Gutachten in einer Erfüllung seiner Dienstaufgaben erstattet, vertreten oder erläutert hat, entsteht nach KV 9005 amtliche Anmerkung II 2 eine Erstattungspflicht evtl trotzdem nach dem Einzelfall, allerdings keineswegs stets, Stgt Rpfleger **87**, 388.

6   **5) Übersetzer für Blinden usw, amtliche Anmerkung III.** Die amtliche Anmerkung III erfaßt mit unterschiedlichen Anweisungen auch einen hör- oder sprachbehinderten Inländer oder Ausländer.

7   **6) Ausländer, Hörbehinderter usw, amtliche Anmerkung IV.** Art 6 III e MRK verbietet die Auferlegung von Dolmetscherkosten, soweit der Betroffene deutsch nicht spricht oder nicht versteht. Dem trägt die amtliche Anmerkung IV scheinbar nur eingeschränkt Rechnung, indem sie die Erstattungspflicht bei §§ 464 c, 467 II 1, 467 a I 2 (Auslagenauferlegung wegen Verschuldens) evtl je in Verbindung mit § 46 I OWiG bestehenläßt. Indessen soll natürlich Art 6 III e MRK ein solches

Verschulden nicht belohnen, EGMR NJW **79**, 1091, Mü NJW **82**, 2740 (auch nicht als Pflichtverteidigungskosten), aM Oldb Rpfleger **81**, 125, LG Mainz Rpfleger **84**, 35 (aber sie übersehen dieses Problem). Da Art 6 III c MRK jeden Betroffenen begünstigt, ist die amtliche Anmerkung IV unabhängig von der Frage der formellen Vorrangigkeit der MRK auch im Bußgeldverfahren direkt anwendbar. Der frühere Streit um seine entsprechende Anwendbarkeit ist damit überholt.

7) Heranziehung, amtliche Anmerkung II–IV. Das alles gilt freilich nur, sofern das Gericht den Dolmetscher gerade amtlich herangezogen hat, Düss AnwBl **86**, 107, Ffm NJW **81**, 533, LG Hbg JB **99**, 599 (§ 286 GVG). Der Begriff „herangezogen" ist derselbe wie bei § 1 JVEG, Teil V dieses Buchs. 8

8) Besonderheiten in Arbeitssache, amtliche Anmerkung V. Die Vorschrift enthält eine gegenüber KV 9005 Haupttext und amtliche Anmerkung I–IV vorrangige Sonderregelung. Sie ist als solche wie stets eng auslegbar. Wegen der Besonderheiten vor den Arbeitsgerichten § 12 V a ArbGG, Teil II A dieses Buchs. 9

Nr.	Auslagentatbestand	Höhe
9006	**Bei Geschäften außerhalb der Gerichtsstelle**	
	1. die den Gerichtspersonen aufgrund gesetzlicher Vorschriften gewährte Vergütung (Reisekosten, Auslagenersatz) und die Auslagen für die Bereitstellung von Räumen	in voller Höhe
	2. für den Einsatz von Dienstkraftfahrzeugen für jeden gefahrenen Kilometer	0,30 EUR

1) Sachlicher Geltungsbereich, Z 1, 2. Ein Auslagenersatz kommt nur wegen einer Tätigkeit des Gerichts in einem der in § 1 genannten Verfahren gerade außerhalb der Gerichtsstelle in Betracht. Gerichtsstelle ist derjenige Raum, in dem das Gericht seine Tätigkeit bestimmungsgemäß regelmäßig vornimmt. Das ist auch am Ort des Gerichtstags der Fall, zB § 160 KostO, Teil III dieses Buchs, FG Neustadt/W EFG **86**, 626. Allerdings muß der Gerichtstag planmäßig bestehen. Unter KV 9006 fällt vor allem ein einzelner sog Ortstermin. Infrage kommt jede Art von Amtshandlung. 1

Ein einzelner oder mehrere auswärtige *Termine* in einzelnen Sachen schaffen noch keinen Gerichtstag, FG Neust/W EFG **86**, 626 (abl Lappe NJW **87**, 1860, zustm Schall BB **88**, 380).

Nicht hierher gehört eine Tätigkeit in der Gerichts- oder Justizverwaltung. Bei dem Zusammentreffen beider Tätigkeitsarten muß man KV 9006 auf denjenigen Teil anwenden, der sich nach § 1 beurteilen läßt.

2) Persönlicher Geltungsbereich, Z 1, 2. Die hierher gehörigen Personen sind zum einen die Gerichtspersonen im engeren Sinn, also Richter, auch Handelsrichter, Referendare, Beamte der Staatsanwaltschaft, Urkundsbeamte, Gerichtswachtmeister, Fahrer, soweit alle diese Personen überhaupt auf Grund gesetzlicher Vorschriften eine Vergütung erhalten haben. Die Höhe der Vergütung bemißt sich nach dem BRKG, dazu AuslRKVO, in der jeweils festgesetzten Höhe. Hierher gehören aber auch die Gerichtspersonen im weiteren Sinn, also nichtbeamtete Beisitzer wie Schöffen, Beisitzer der Arbeitsgerichte, Mitschöffen usw. 2

Nicht hierher gehören ProzBev, sonstige gesetzliche oder rechtsgeschäftliche Vertreter, Parteien, Beweispersonen wie Zeugen, Sachverständige, sachverständige Zeugen, außergerichtliche Mediatoren, Drsd RR **07**, 81.

3) Auslagenbegriff, Z 1. An Auslagen kommen jedoch nur Reisekostenvergütungen und der Auslagenersatz nach dem JVEG gerade wegen der auswärtigen Amtshandlung in Betracht, Teil V dieses Buchs. Eine Entschädigung wegen der Zeitversäumnis gehört nicht hierher. 3

Soweit das Gericht in derselben Sitzung mehrere Angelegenheiten erledigt, gilt die amtliche Vorbemerkung 9 II.

KV 9006–9008 Kostenverzeichnis

Nicht hierher gehören Fahrtkosten zur Vertretung eines erkrankten, beurlaubten oder sonstwie ausgefallenen Amtskollegen oder Fahrtkosten des Vertreters der Amts- oder Staatsanwaltschaft.

4 **4) Höhe der Auslagen, Z 1, 2.** Die „Kosten für die Bereitstellung von Räumen" umfassen die Miete, Heizung, Beleuchtung, Reinigung, Ausstattung gerade zu dieser auswärtigen Tätigkeit usw. Alle Auslagen lassen sich jedoch nur mit dem wirklich gezahlten und zahlbaren Betrag fordern. Dazu zählen freilich auch Kosten für einen Dienstwagen (je gefahrenen km 0,30 EUR), selbst wenn man sie dem Benutzer weder anlasten noch erstatten darf.

Nr.	Auslagentatbestand	Höhe
9007	**An Rechtsanwälte zu zahlende Beträge mit Ausnahme der nach § 59 RVG auf die Staatskasse übergegangenen Ansprüche**	in voller Höhe

1 **1) Geltungsbereich.** Hierher gehören auch die Kosten des für ein Verfahren nach § 1 gerichtlich beigeordneten oder bestellten Anwalts nach (jetzt) §§ 44 ff RVG, Teil X dieses Buchs, Zweibr Rpfleger **91**, 125.

Das gilt freilich nur, soweit nicht *Art 6 I MRK* entgegensteht, KV 9005 Rn 7, BGH Rpfleger **79**, 413, Düss Rpfleger **85**, 329, LG Osnabr JB **91**, 718. Auch die Kosten des gegen den Willen des Angeklagten zusätzlich zum Wahlverteidiger rechtmäßig bestellten Pflichtverteidigers zählen ohne einen Verstoß gegen Art 6 III e MRK hierher, Düss AnwBl **83**, 462, Hamm NStZ-RR **00**, 160. Vgl freilich § 10 I KostVfg, Teil VII A dieses Buchs, Hamm NStZ **00**, 160, Köln JB **91**, 856.

2 Zu den nach KV 9007 zu erstattenden Beträgen gehören allerdings *nicht* die Kosten der Ablichtung des *Hauptverhandlungsprotokolls,* Mü Rpfleger **82**, 486.

3 *Nicht hierher* gehören ferner nach KV 9007 die im *Prozeßkostenhilfeverfahren* vom Staat an den beigeordneten Anwalt gezahlten Gebühren. Denn (jetzt) § 59 RVG regelt den Ersatz dieser Kosten abschließend, Zweibr Rpfleger **84**, 118. Vgl dazu die JBeitrO, Teil IX A dieses Buchs. Nicht hierher gehören Ablichtungskosten zum Hauptverhandlungsprotokoll beim Pflichtverteidiger, Mü Rpfleger **82**, 486. Nicht hierher gehören auch die Kosten des vorläufigen Insolvenzverwalters als solchen, Celle MDR **00**, 1031.

4 **2) Höhe der Auslagen.** Die Zahlung erfolgt in voller Höhe der gesetzmäßig berechneten Kosten.

Nr.	Auslagentatbestand	Höhe
9008	**Auslagen für** **1. die Beförderung von Personen**	in voller Höhe
	2. Zahlungen an mittellose Personen für die Reise zum Ort einer Verhandlung, Vernehmung oder Untersuchung und für die Rückreise	bis zur Höhe der nach dem JVEG an Zeugen zu zahlenden Beträge

1 **1) Personenbeförderung, Z 1.** Der Auslagenschuldner muß nach Z 1 diejenigen Auslagen erstatten, die zur Beförderung von Personen entstanden sind.

2 *Hierher zählt zB:* Die Vorführung einer Partei, des Beschuldigten, eines Zeugen, des Schuldners im Insolvenzverfahren; die Überführung des Verhafteten in die Haftanstalt, des Beschuldigten in eine Anstalt und die Beförderung zum Zweck der Vollstreckung einer Strafe, Kblz JB **91**, 420, soweit nicht § 10 JVKostO vorrangig gilt,

s unten; Gefangenentransportkosten, soweit der Transport zur Vernehmung als Zeuge in einem gerichtlichen oder staatsanwaltschaftlichen Verfahren oder zu einem gerichtlichen Termin in einer solchen Sache erfolgt, die nicht im Zusammenhang mit demjenigen Verfahren steht, in dem das Gericht eine Freiheitsstrafe verhängt oder die Untersuchungshaft angeordnet hat, Hamm NStZ-RR **00**, 320. Reisekosten der Partei können ebenfalls hierher zählen, soweit das Gericht sie veranlaßt hat, Brdb RR **04**, 63, BLAH § 122 ZPO Rn 15.

Die Justizvollzugsanstalt braucht die *Höhe* der Gefangenentransportkosten evtl nach dem Landesrecht nur insoweit mitzuteilen, als sie zu dem nach Nr 7 GTV an sie zu richtenden Transportersuchen hierum ersucht.

Nicht hierher zählen zB: Kosten der Beförderung zum Zweck der Vollstreckung **3** einer Strafe, soweit § 10 JVKostO, Teil VIII A dieses Buchs, deren Nichterhebung vorsieht. Die Vorschrift ist nur in ihrem Geltungsbereich gegenüber § 464a I 1 StPO, (jetzt) §§ 1, 3 II GKG vorrangig. Das übersieht Kblz JB **91**, 420.

2) Unterstützung mittelloser Partei, Z 2. Der Kostenschuldner muß ferner **4** nach Z 2 die Kosten der Unterstützung einer mittellosen Partei insoweit als Auslagen ersetzen, als das Gericht das persönliche Erscheinen dieser Partei angeordnet hat oder sie vernehmen will. Hierher gehört auch die Zahlung an einen mittellosen Beschuldigten für die Hin- und Rückreise, auch zur Blutentnahme oder zur Vornahme einer erbbiologischen Untersuchung. Die Unterstützung kann auch zugunsten eines Streitverkündeten oder eines Schuldners im Verfahren nach §§ 899 ff ZPO oder eines Beschuldigten oder einer Begleitperson notwendig geworden sein.

3) Einzelheiten, Z 1, 2. Zu den Reisekosten gehören die notwendigen Mehr- **5** aufwendungen für Verpflegung und Übernachtung. Die Zahlung erfolgt infolge eines Vorschusses oder nachträglich. Wegen der Reiseentschädigung an mittellose Personen § 25 JVEG Anh I, II, Teil V dieses Buchs. Eine Einstufung als Auslagen erfolgt allerdings bei diesen Personen nur bis zur Höhe der nach dem JVEG möglichen Beträge. Der Kostenbeamte muß also evtl insofern eine rechnerische Kürzung ungeachtet der tatsächlich gezahlten Beträge vornehmen. Zu „Reisekosten" zählen auch Übernachtungskosten, nicht aber ein Verdienstausfall oder ein Zeitaufwand.

Eine geleistete Zahlung bleibt mit dieser Einschränkung ein *Teil der Gerichtskosten,* **6** nicht etwa der außergerichtlichen Kosten. Das gilt selbst dann, wenn die Landeskasse den Gegner nach § 22 I 1 in Anspruch genommen hat und wenn er sie nun von demjenigen erstattet fordert, dem das Gericht die Prozeßkostenhilfe bewilligt hatte, Zweibr Rpfleger **84**, 118.

Nr.	Auslagentatbestand	Höhe
9009	**An Dritte zu zahlende Beträge für**	
	1. die Beförderung von Tieren und Sachen mit Ausnahme der für Postdienstleistungen zu zahlenden Entgelte, die Verwahrung von Tieren und Sachen sowie die Fütterung von Tieren	in voller Höhe
	2. die Beförderung und die Verwahrung von Leichen	in voller Höhe
	3. die Durchsuchung oder Untersuchung von Räumen und Sachen einschließlich der die Durchsuchung oder Untersuchung vorbereitenden Maßnahmen	in voller Höhe
	4. Die Bewachung von Schiffen und Luftfahrzeugen ..	in voller Höhe

1) Geltungsbereich, Z 1–4. Eine Zahlungspflicht besteht wegen der folgenden **1** Auslagen.

A. Beförderung von Tieren und Sachen usw, Z 1. Hierher gehört die Beförderung von Überführungsstücken, Beweisgegenständen, zB die Überführung eines

KV 9009–9011 Kostenverzeichnis

zum Zweck des Beweises erforderlichen Kraftfahrzeugs. Hierher gehört auch die Beförderung eines der Einziehung unterworfenen Gegenstands. Denn Z 1 schränkt nicht auf einen bestimmten Beförderungszweck ein. Hierher gehört ferner der Transport von Akten außer denjenigen zu der Sache selbst. Hierher gehört nach dem Gesetzestext auch die Verwahrung eines Tieres oder einer Sache etwa wegen deren Beschlagnahme zB bei einer Behörde oder bei einem Dritten sowie die Fütterung eines Tieres einschließlich Pflege, Bewachung, tierärztlicher Betreuung und Versicherung. Soweit ein Eigentümer auf die Rückgabe verzichtet, so daß keine Entscheidung mehr insofern erfolgt, kommt es für die Höhe nach § 19 auf die Rechtskraft der Hauptsacheentscheidung an, Kblz JB **95**, 541, Meyer JB **97**, 619. Daher machen zB spätere Verwaltungskosten nicht zahlungsfähig, Kblz NStZ-RR **98**, 128.

2 Die bei einer solchen Beförderung entstehenden *Postentgelte* sind allerdings nicht erstattbar. Dagegen sind die Entgelte eines privaten Paketdienstes oder der Deutschen Bahn AG, der Lufthansa usw erstattungsfähig.

Nicht unter Z 1 fallen Kosten einer Sequestration zB nach § 938 ZPO. Denn sie ist mehr als eine bloße Verwahrung. Sie gehören zu den Kosten nach § 788 ZPO.

3 **B. Beförderung und Verwahrung von Leichen, Z 2.** Die Vorschrift stellt klar, daß auch die vorstehenden Vorgänge zu einer Zahlungspflicht in voller Höhe führen.

4 **C. Durchsuchung oder Untersuchung von Räumen und Sachen usw, Z 3.** Wie der Text klarstellt, gehört auch eine Vorbereitung dazu, etwa das Öffnen von Räumen zB durch die Inanspruchnahme eines Schlüsseldienstes und von Behältern, der Ausbau und das Zerlegen von Sachen. Ebenso gehört hierher das Wiedereinräumen nach der Durchsuchung usw, LG Flensb JB **97**, 147. Denn es sieht ja meist dann dort schlimm genug aus.

5 **D. Bewachung eines Schiffes oder Luftfahrzeugs, Z 4.** Diese Bewachung zB nach § 931 IV ZPO macht insoweit zahlungspflichtig, als die zugehörigen Kosten nicht bereits nach KV 9013, 9014 entstehen.

Nr.	Auslagentatbestand	Höhe
9010	Kosten einer Zwangshaft, auch aufgrund eines Haftbefehls nach § 901 ZPO	in Höhe des Haftkostenbeitrags nach § 50 Abs. 2 und 3 StVollzG

1 **1) Geltungsbereich.** Hierher gehört zB eine Zwangshaft nach §§ 888, 889 II, 901, 918, 933 ZPO, § 70 II StPO.

Nr.	Auslagentatbestand	Höhe
9011	Kosten einer Haft außer Zwangshaft, Kosten einer einstweiligen Unterbringung (§ 126a StPO), einer Unterbringung zur Beobachtung (§ 81 StPO, § 73 JGG) und einer einstweiligen Unterbringung in einem Heim der Jugendhilfe (§ 71 Abs. 2, § 72 Abs. 4 JGG)	in Höhe des Haftkostenbeitrags nach § 50 Abs. 2 und 3 StVollzG
	Diese Kosten werden nur angesetzt, wenn sie nach § 50 Abs. 1 StVollzG zu erheben wären.	

1 **1) Geltungsbereich.** Hierher gehören zB: Die Untersuchungshaft; ferner die Haft nach §§ 380, 390 ZPO; die Haft nach § 890 ZPO; Kosten auf Grund eines Unterbringungsbefehls, Ffm Rpfleger **96**, 370, und überhaupt einer einstweiligen Un-

Kostenverzeichnis **9011–9013 KV**

terbringung nach § 126a StPO oder nach § 71 II JGG, einer Unterbringung nach § 81 StPO, § 73 JGG; Haftkostenbeiträge wegen einer vorwerfbaren Nichtarbeit, BVerfG NStZ-RR **99**, 255, LG Itzehoe SchlHA **00**, 179, LG Kblz JB **97**, 205. Vgl aber § 12 S 2 KostVfg, Teil VII A dieses Buchs, und § 10 I JVKostO, Teil VIII A dieses Buchs, Karlsr JB **78**, 1854, LG Itzehoe SchlHA **00**, 179. Da die in KV 9011 Genannten und Gemeinten nicht zu den in § 10 I JVKostO Genannten zählen, herrscht praktisch wegen § 1 I 1 GKG eine Auslagenfreiheit.
Nicht hierher gehören Kosten infolge der Selbstverletzung usw eines Untersuchungshäftlings, BGH **109**, 359.

Nr.	Auslagentatbestand	Höhe
9012	**Nach dem Auslandskostengesetz zu zahlende Beträge**	**in voller Höhe**

1) Geltungsbereich. Die Vorschrift erfaßt die Kosten einer Amtshandlung einer **1** deutschen Auslandsvertretung. Sie bestimmen sich nach dem Auslandskostengesetz v 21. 2. 78, BGBl 301, zuletzt geändert durch Art 4 XV KostRMoG, sowie nach der AuslandskostenVO v 20. 12. 01, BGBl 4161. Hierher gehören zB Kosten für die Tätigkeit eines Vertrauensanwalts nach § 3 III KonsularG v 11. 9. 74, BGBl 2317, zuletzt geändert durch Art 12 EheschlRG v 4. 5. 98, BGBl 833.

2) Höhe der Auslagen. Die Zahlungspflicht besteht in voller Höhe der Ausla- **2** gen. Das gilt bei KV 9012 anders als bei KV 9013, 9015, 9016 unabhängig von den für KV 9000 bis 9011 bzw bis 9013 geltenden Höchstsätzen.

Nr.	Auslagentatbestand	Höhe
9013	**Beträge, die inländischen Behörden, öffentlichen Einrichtungen oder Bediensteten als Ersatz für Auslagen der in den Nummern 9000 bis 9011 bezeichneten Art zustehen**	**begrenzt durch die Höchstsätze für die Auslagen 9000 bis 9011**
	Die Beträge werden auch erhoben, wenn aus Gründen der Gegenseitigkeit, der Verwaltungsvereinfachung oder aus vergleichbaren Gründen keine Zahlungen zu leisten sind.	

1) Geltungsbereich. Zu KV 9013 gehören die folgenden Fälle. **1**
A. Heil- oder Pflegekosten. Wegen der Unterbringung nach der StPO oder nach dem JGG vgl KV 9011.
B. Verpflichtung gegenüber Fachbehörde. Eine Zahlung des Gerichts an eine **2** Fachbehörde für ihr Gutachten oder für ihre Auskunft ist erstattungsfähig, KV 9005, 9015, § 12 I 2 Z 1 JVEG, Teil V dieses Buchs. Hierzu gehören auch die Kosten für eine behördliche Untersuchung, die dem Verurteilten zur Last fallen, §§ 42 III LebMittelG, 58 VII WeinG, 27 III Milch- und FettG. Freilich kann die Behörde nach dieser Vorschrift Proben ohne ein Entgelt entnehmen. Vgl auch § 5 IV b KostVfg, Teil VII A dieses Buchs.
C. Leistung an Gerichtsvollzieher. Auch eine solche Leistung auf Grund eines **3** Gerichtsauftrags etwa bei einer Zwangsversteigerung macht zahlungspflichtig. Denn auch der angestellte und nicht beamtete Gerichtsvollzieher etwa in den neuen Bundesländern ist kein „öffentlicher Bediensteter".
D. Auslagen der Polizei. Solche Auslagen machen zahlungspflichtig, soweit die **4** Polizei das Ersuchen des Gerichts oder der Staatsanwaltschaft ausgeführt hat. Infrage kommt ferner die Tätigkeit der Polizei als Ermittlungspersonen nach § 163 StPO, § 5 IV a KostVfg, Teil VII A dieses Buchs.

503

KV 9013–9017   Kostenverzeichnis

5   Eine Zahlung an den *Insolvenzverwalter* gehört nicht hierher. Eine solche Vergütung fällt vielmehr unter die Massekosten. Bei einer Zahlung an eine andere Behörde findet keine Nachprüfung durch das Gericht statt, auch nicht nach § 66.

6   In allen Fällen entstehen die Auslagen aber nur insoweit, als sie *dem Berechtigten* nach KV 9000–9011 *zustehen*. Wegen der Gegenseitigkeit usw KV 9005 Rn 4.

Nr.	Auslagentatbestand	Höhe
9014	**Beträge, die ausländischen Behörden, Einrichtungen oder Personen im Ausland zustehen, sowie Kosten des Rechtshilfeverkehrs mit dem Ausland** .... Die Beträge werden auch erhoben, wenn aus Gründen der Gegenseitigkeit, der Verwaltungsvereinfachung oder aus vergleichbaren Gründen keine Zahlungen zu leisten sind.	in voller Höhe

1   **1) Geltungsbereich.** Über diese Auslagen §§ 98 ff ZRHO. Hierher gehören auch die Auslagen einer Auslieferung. Anders als im Fall KV 9013 findet keine Begrenzung auf die Auslagen nach KV 9000–9011 oder auf deren Höchstsätze statt. Vielmehr muß man die vollen den ausländischen Stellen zustehenden Beträge erheben.

Nr.	Auslagentatbestand	Höhe
9015	**Auslagen der in den Nummern 9000 bis 9014 bezeichneten Art, soweit sie durch die Vorbereitung der öffentlichen Klage entstanden sind**	begrenzt durch die Höchstsätze für die Auslagen 9000 bis 9013
9016	**Auslagen der in den Nummern 9000 bis 9014 bezeichneten Art, soweit sie durch das dem gerichtlichen Verfahren vorausgegangene Bußgeldverfahren entstanden sind** .... Absatz 3 der Anmerkung zu Nummer 9005 ist nicht anzuwenden.	begrenzt durch die Höchstsätze für die Auslagen 9000 bis 9013
9017	*Fassung 1. 9. 2009: (aufgehoben)*	

Nr.	Auslagentatbestand	Höhe
9017	*Bisherige Fassung:* **Nach § 50 Abs. 5 FGG an den Verfahrenspfleger zu zahlende Beträge**	in voller Höhe

Nr.	Auslagentatbestand	Höhe
9017	*Fassung 1. 9. 2009:* **An den vorläufigen Insolvenzverwalter, den Insolvenzverwalter, die Mitglieder des Gläubigerausschusses**	

Kostenverzeichnis 9017, 9018 KV

Nr.	Auslagentatbestand	Höhe
	oder die Treuhänder auf der Grundlage der Insolvenzrechtlichen Vergütungsverordnung aufgrund einer Stundung nach § 4a InsO zu zahlende Beträge....	in voller Höhe

Vorbem. Umnumerierung dch Art 47 I Z 14y FGG-RG v 17. 12. 08, BGBl 2586, in Kraft seit 1. 9. 09, Art 112 I Hs 1 FGG-RG, Übergangsrecht Art 111 FGG-RG, Grdz 2 vor § 1 FamGKG, Teil I B dieses Buchs.

1) Geltungsbereich. Es geht um Zahlungen nach § 4a InsO, also um Zahlungen auf Grund der Beiordnung im Stundungsverfahren im Zusammenhang mit einer Restschuldbefreiung. 1

In voller Höhe machen solche Auslagen zahlungspflichtig. „Beträge" sind weit gemeint. 2

Nr.	Auslagentatbestand	Höhe
9018	*Fassung 1. 9. 2009:* **Im ersten Rechtszug des Prozessverfahrens:** Auslagen des erstinstanzlichen Musterverfahrens nach dem KapMuG zuzüglich Zinsen .... [1] Die im erstinstanzlichen Musterverfahren entstehenden Auslagen nach Nummer 9005 werden vom Tag nach der Auszahlung bis zum rechtskräftigen Abschluss des Musterverfahrens mit 5 Prozentpunkten über dem Basiszinssatz nach § 247 BGB verzinst. [II] Auslagen und Zinsen werden nur erhoben, wenn der Kläger nicht innerhalb von zwei Wochen ab Zustellung des Aussetzungsbeschlusses nach § 7 KapMuG seine Klage in der Hauptsache zurücknimmt. [III] [1] Der Anteil bestimmt sich nach dem Verhältnis der Höhe des von dem Kläger geltend gemachten Anspruchs, soweit dieser Gegenstand des Musterverfahrens ist, zu der Gesamthöhe der vom Musterkläger und den Beigeladenen des Musterverfahrens in den Prozessverfahren geltend gemachten Ansprüche, soweit diese Gegenstand des Musterverfahrens sind. [2] Der Anspruch des Musterklägers oder eines Beigeladenen ist hierbei nicht zu berücksichtigen, wenn er innerhalb von zwei Wochen ab Zustellung des Aussetzungsbeschlusses nach § 7 KapMuG seine Klage in der Hauptsache zurücknimmt.	anteilig

Vorbem. Angefügt dch Art 4 Z 9 h G v 16. 8. 05, BGBl 2437, in Kraft seit 1. 11. 05, Art 9 I 2 G, außer Kraft am 1. 11. 10, Art 9 II 2 G, Übergangsrecht § 71 GKG. Sodann Umnumerierung dch Art 47 I Z 14 y FGG-RG v 17. 12. 08, BGBl 2586, in Kraft seit 1. 9. 09, Art 112 I Hs 1 FGG-RG, Übergangsrecht Art 111 FGG-RG, Grdz 2 vor § 1 FamGKG, Teil I B dieses Buchs.

1) Systematik. Die Vorschrift erfaßt als eine vorrangige eng auslegbare Spezialregelung die Auslagen nur des ersten Rechtszugs eines Kapitalanleger-Musterverfahrens nach §§ 1 ff KapMuG, abgedruckt bei BLAH SchlAnh VIII. Sie behandelt diese Auslagen als solche des ersten Rechtszugs auch desjenigen Prozesses, in dem eine Partei nach § 1 KapMuG den erforderlichen Musterfeststellungsantrag gestellt hat. Denn in jene erste Instanz schiebt sich ja das ganze Musterverfahren vom Antrag über den Musterentscheid des OLG nach § 14 KapMuG bis zur etwaigen Entscheidung des BGH im dort zugehörigen Rechtsbeschwerdeverfahren nach § 15 KapMuG hinein, bis sich der zunächst wegen des Musterverfahrens nach § 7 KapMuG ausgesetzte Hauptprozeß nach der Rechtskraft der Zwischenentscheidung (des Musterentscheids) fortsetzen läßt. 1

KV 9018 Kostenverzeichnis

2 2) **Regelungszweck.** Es soll eine den Besonderheiten des ja evtl sehr weitreichenden Musterverfahrens angemessene Regelung dadurch erfolgen, daß die erstinstanzlichen Auslagen nur „anteilig" entstehen. Man muß also die Gesamtauslagen nach der amtlichen Anmerkung III auf alle an diesem Musterverfahren nach § 8 KapMuG Beteiligten aufteilen, also auf den Musterkläger, den Musterbekl und auf alle Beigeladenen, nämlich auf die Kläger und Bekl anderer nach § 7 KapMuG ausgesetzter Verfahren, § 8 III 1, 2, § 12 KapMuG. Nur mit dem jeweiligen Auslagenanteil haftet ein Beteiligter.

3 3) **Geltungsbereich.** Die Vorschrift gilt nur in der ersten Instanz vom Musterfeststellungsantrag bis zum Musterentscheid des OLG nach § 14 KapMuG. Im Rechtsbeschwerdeverfahren vor dem BGH gelten für den Wert und die Gebühren § 51a und für die Auslagen KV 9000–9017.

4 4) **Verzinsung, amtliche Anmerkung I.** In einer vorrangigen Abweichung von § 5 regelt die Vorschrift eine Verzinslichkeit ab dem Eingang des ersten Musterfeststellungsantrags nach § 1 KapMuG bis zur Rechtskraft des Musterentscheids nach § 14 KapMuG oder bis zur Wirksamkeit eines Vergleichs nach §§ 14 III, 16 II KapMuG.

5 5) **Einfluß einer Klagerücknahme, amtliche Anmerkung II.** Auslagen und Zinsen entstehen nur dann, wenn der Kläger nicht binnen 2 Wochen seit der Zustellung des Aussetzungsbeschlusses nach § 7 KapMuG seine Klage in der Hauptsache nach § 269 ZPO wirksam zurückgenommen hat. Eine einseitige Erledigterklärung nach § 91a ZPO steht der Klagerücknahme ebensowenig gleich wie übereinstimmende wirksame Erledigterklärungen beider Parteien des Hauptprozesses. Eine Rücknahme des Musterfeststellungsantrags nach § 1 KapMuG steht einer Rücknahme der Hauptsacheklage ebenfalls nicht gleich. Denn der eindeutige Wortlaut der amtlichen Anmerkung II stellt weder auf das eine noch auf das andere Ereignis solcher Art außerhalb einer Klagerücknahme ab. Sie muß natürlich wirksam und uneingeschränkt voll erfolgt sein, um bei einer Rechtzeitigkeit die Auslagen und Zinsen unerhoben zu lassen.

6 6) **Anteilsbestimmung, amtliche Anmerkung III.** Nicht die Zahl der am Musterverfahren Beteiligten entscheidet, sondern nach der amtlichen Anmerkung III 1 die Höhe des Kloganspruchs im Prozeß des Klägers einerseits, die Gesamthöhe der Klagansprüche und Beigeladenenansprüche, die mit zum Gegenstand des Musterverfahrens geworden sind, andererseits. Auch hier darf man ähnlich wie bei der Verzinsung einen Anspruch des Musterklägers oder eines Beigeladenen nicht miteinrechnen, wenn dieser Musterkläger binnen 2 Wochen seit der Zustellung des Aussetzungsbeschlusses seine Klage zur Hauptsache wirksam zurücknimmt, amtliche Anmerkung III 2. Dazu gilt im einzelnen dasselbe wie bei Rn 5.

I. B. Gesetz über Gerichtskosten in Familiensachen (FamGKG)

idF Art 2 FGG-RG v 17. 12. 08, BGBl 2586, zuletzt geändert dch Art 8 Z 2 G v 30. 7. 09, BGBl 2449

Grundzüge

Schrifttum: *Binz/Dörndorfer/Petzold/Zimmermann*, GKG · FamGKG · JVEG, 2. Aufl 2009; *Dörndofer*, Rechtsanwalts- und Gerichtskosten in Familiensachen, 2009; *Keidel*, FamFG (mit FamGKG), 2009; *von König/Bischof*, Kosten in Familiensachen, 2009; *Meyer*, Gerichtskosten der streitigen Gerichtsbarkeiten und des Familienverfahrens, 11. Aufl 2009; *Meyer* JB **09**, 458 (Üb); *Prütting/Helms*, FamFG mit FamGKG, 2009; *Schneider*, Gebühren in Familiensachen, 2009; *Schneider/Wolf/Volpert*, FamGKG, 2009.

Gliederung

1) Geschichtliches	1
2) Übergangsrecht	2
3) Amtliche Übersicht	3, 4
4) Sachlicher Geltungsbereich	5, 6
5) Persönlicher Geltungsbereich	7
6) Grundsätzliche Kostenpflicht; Gebührenhöhe	8
7) Weitere Einzelfragen	9

1) Geschichtliches. Das Gesetz zur Reform des Verfahrens in Familiensachen **1** und in den Angelegenheiten der freiwilligen Gerichtsbarkeit (FGG-Reformgesetz – FGG-RG), in Kraft seit 1. 9. 09, Art 112 I Hs 1 FGG-RG, enthält als Art 2 das Gesetz über Gerichtskosten in Familiensachen (FamGKG) mit einem gleichzeitigen Inkrafttreten. Dieses FamGKG ist durch Art 4 G v 6. 7. 09, BGBl 1696, geändert worden. Das bisherige GKG ist zwar durch Art 47 I Z 1–14 u FGG-RG umfangreich und teils einschneidend verändert worden, im übrigen aber anders als das gleichzeitig außer Kraft getretene FGG in Kraft geblieben, ebenso wie eine Reihe entsprechend angepaßter weiterer Kostengesetze, unter ihnen die KostO, das RVG und das GvKostG. An die Stelle des FGG ist durch Art 1 FGG-RG ein neues Gesetz über das Verfahren in Familiensachen und in den Angelegenheiten der freiwilligen Gerichtsbarkeit (FamFG) getreten. Dieses ist zum Zeitpunkt seines Inkrafttretens am 1. 9. 09 bereits mehrfach geändert worden, ua durch Art 8 Z 2 G v 30. 7. 09, BGBl 2449.

Verweisungen kennzeichnen genau entgegen einem der erklärten Hauptziele des Gesetzgebers in Wahrheit eher verstärkt zumindest das FamFG, und zwar auf diejenigen Teile der ZPO, die nicht wie ihr Buch 6 und 9 aufgehoben worden sind. Auch kostenrechtlich finden sich zumindest inhaltlich in den meisten Fällen in Wahrheit solche fast oder praktisch wörtlichen Verweisungen, daß man besser beim FamGKG hätte, das bisherige GKG nicht umnumeriert im FamGKG mehr oder minder nachzubilden, Meyer JB **09**, 457, von relativ wenigen wirklichen Neuregelungen abgesehen. Wahrhaft keine Meisterleistung des Gesetzgebers.

2) Übergangsrecht, dazu *Hartmann* NJW 09, 2655 (Prüfschema): Kostenrechtlich **2** gilt § 63 FamGKG. Art 111 FGG-RG bringt verfahrensrechtlich die folgende Vorschrift, die vom jahrzehntelangen Verfahrensrecht der Geltung des neuen Rechts ab Inkrafttreten einer Novelle, BGH RR **08**, 222 (auch zu einer begrenzten Ausnahme), bei I in das genaue Gegenteil umschlägt und das bisherige Recht noch auf viele Jahre hinaus weiterbestehen läßt, Meyer JB **09**, 456.

FGG-RG Art 111. *Übergangsvorschrift.* [1] [1]Auf Verfahren, die bis zum Inkrafttreten des Gesetzes zur Reform des Verfahrens in Familiensachen und in den Angelegenheiten der freiwilligen Gerichtsbarkeit eingeleitet worden sind oder deren Einleitung bis zum Inkrafttreten des Gesetzes zur Reform des Verfahrens in Familiensachen und in den Angelegenheiten der freiwilligen Gerichtsbarkeit beantragt wurde, sind weiter die vor Inkrafttreten des Gesetzes zur Reform des Verfahrens in Familiensachen und in den Angelegenheiten der freiwilligen Gerichtsbarkeit geltenden Vorschriften anzuwenden. ² Auf Abänderungs-, Verlängerungs- und Aufhebungsverfahren finden die vor Inkrafttreten des Gesetzes zur Reform des Verfahrens in Familiensachen und in den Angelegenheiten der freiwilligen Gerichtsbarkeit geltenden Vorschriften Anwendung, wenn die Abänderung-, Verlängerungs- und Aufhebungsverfahren bis zum Inkrafttreten des Gesetzes zur Reform des Verfahrens in Familiensachen und in den Angelegenheiten der freiwilligen Gerichtsbarkeit eingeleitet worden sind oder deren Einleitung bis zum Inkrafttreten des Gesetzes zur Reform des Verfahrens in Familiensachen und in den Angelegenheiten der freiwilligen Gerichtsbarkeit beantragt wurde.

II Jedes gerichtliche Verfahren, das mit einer Endentscheidung abgeschlossen wird, ist ein selbständiges Verfahren im Sinne des Absatzes 1 Satz 1.

III Abweichend von Absatz 1 Satz 1 sind auf Verfahren in Familiensachen, die am 1. September 2009 ausgesetzt sind oder nach dem 1. September 2009 ausgesetzt werden oder deren Ruhen am 1. September angeordnet ist oder nach dem 1. September 2009 angeordnet wird, die nach Inkrafttreten des Gesetzes zur Reform des Verfahrens in Familiensachen und in den Angelegenheiten der freiwilligen Gerichtsbarkeit geltenden Vorschriften anzuwenden.

IV ¹ Abweichend von Absatz 1 Satz 1 sind auf Verfahren über den Versorgungsausgleich, die am 1. September 2009 vom Verbund abgetrennt sind oder nach dem 1. September 2009 abgetrennt werden, die nach Inkrafttreten des Gesetzes zur Reform des Verfahrens in Familiensachen und in den Angelegenheiten der freiwilligen Gerichtsbarkeit geltenden Vorschriften anzuwenden. ² Alle vom Verbund abgetrennten Folgesachen werden im Fall des Satzes 1 als selbständige Familiensachen fortgeführt.

V Abweichend von Absatz 1 Satz 1 sind auf Verfahren über den Versorgungsausgleich, in denen am 31. August 2010 im ersten Rechtszug noch keine Endentscheidung erlassen wurde, sowie auf die mit solchen Verfahren im Verbund stehenden Scheidungs- und Folgesachen ab dem 1. September 2010 die nach Inkrafttreten des Gesetzes zur Reform des Verfahrens in Familiensachen und in den Angelegenheiten der freiwilligen Gerichtsbarkeit geltenden Vorschriften anzuwenden.

Vorrang hat Art 111 Fam-RG vor § 63 FamGKG. Denn Art 111 ist spezieller auf den 1. 9. 09 ausgerichtet. Demgegenüber erfaßt § 63 erst spätere etwaige Gesetzesänderungen. Es gilt dasselbe wie zwischen dem vorrangigen § 72 GKG und dem nachrangigen § 71 GKG usw.

3) Begriffe, dazu BMJ FamRZ 09, Heft 17 S II:

„Verfahren" nach Art 111 I FGG-RG ist auch ein Rechtsmittelverfahren, Düss FamRZ 09, 2024, Köln FG Prax 09, 286, Schlesw FGPrax 09, 290 links und rechts, Maurer FamRZ 09, 465.

„Einleitung" nach Art 111 I FGG-RG ist die zeitlich erste gerichtliche Maßnahme oder deren Notwendigkeit, Hamm FGPrax 09, 285; gleich welcher Form zur Förderung des Verfahrens von Amts wegen nach dem FamFG, Köln FGPrax 09, 240. Das gilt auf Grund einer Anregung nach § 24 FamFG oder ohne sie. Diese Maßnahme muß aber beim objektiv zuständigen Gericht erfolgt sein. Nicht ausreichend ist daher zB eine bloß formelle Weiterleitung an ein zuständiges Gericht. Als Gericht handelt auch der Rpfl, der Urkundsbeamte oder ein zur Förderung tätiger sonstiger Angehöriger dieses Gerichts. Art 111 II FGG-RG ändert nichts an Art 111 I 1 FGG-RG, Köln FGPrax 09, 241.

„Beantragung" nach Art 111 I FGG-RG ist der Ersteingang auf der Posteingangsstelle des objektiv zuständigen Gerichts oder gar gleich auf dessen Rechtsantragstelle oder Geschäftsstelle, selbst wenn die letztere in diesem zuständigen Gericht funktionell nicht für diesen Antrag arbeiten soll. Nicht ausreichend ist eine Beantragung beim unzuständigen Gericht vor deren Eingang beim zuständigen, § 25 III 2 FamFG. Die Form richtet sich nach § 25 I, II FamFG und den dort genannten ZPO-Vorschriften.

„Endentscheidung" nach Art 111 II, V FGG-RG ist jede solche nach § 58 I FamFG, Köln FGPrax 09, 288.

„Aussetzung" nach Art 111 III FGG-RG ist jede solche nach §§ 21, 136, 221 FamFG.

I. B. Gerichtskosten in Familiensachen — Grundz FamGKG

(Amtliche) Inhaltsübersicht

Abschnitt 1. Allgemeine Vorschriften   §§
Geltungsbereich 1
Kostenfreiheit 2
Höhe der Kosten 3
Umgangspflegschaft 4
Lebenspartnerschaftssachen 5
Verweisung, Abgabe, Fortführung einer Folgesache als selbständige Familiensache ... 6
Verjährung, Verzinsung 7
Elektronische Akte, elektronisches Dokument 8

Abschnitt 2. Fälligkeit
Fälligkeit der Gebühren in Ehesachen und selbständigen Familienstreitsachen 9
Fälligkeit bei Vormundschaften und Dauerpflegschaften 10
Fälligkeit der Gebühren in sonstigen Fällen, Fälligkeit der Auslagen 11

Abschnitt 3. Vorschuss und Vorauszahlung
Grundsatz 12
Verfahren nach dem Internationalen Familienrechtsverfahrensgesetz 13
Abhängigmachung 14
Ausnahmen von der Abhängigmachung 15
Auslagen 16
Fortdauer der Vorschusspflicht 17

Abschnitt 4. Kostenansatz
Kostenansatz 18
Nachforderung 19
Nichterhebung von Kosten wegen unrichtiger Sachbehandlung 20

Abschnitt 5. Kostenhaftung
Kostenschuldner in Antragsverfahren, Vergleich 21
Kosten bei Vormundschaft und Dauerpflegschaft 22
Bestimmte sonstige Auslagen 23
Weitere Fälle der Kostenhaftung 24
Erlöschen der Zahlungspflicht 25
Mehrere Kostenschuldner 26
Haftung von Streitgenossen 27

Abschnitt 6. Gebührenvorschriften
Wertgebühren 28
Einmalige Erhebung der Gebühren 29
Teile des Verfahrensgegenstands 30
Zurückverweisung, Abänderung oder Aufhebung einer Entscheidung 31
Verzögerung des Verfahrens 32

Abschnitt 7. Wertvorschriften
Unterabschnitt 1. Allgemeine Wertvorschriften
Grundsatz 33
Zeitpunkt der Wertberechnung 34
Geldforderung 35
Genehmigung einer Erklärung oder deren Ersetzung 36
Früchte, Nutzungen, Zinsen und Kosten 37
Stufenklageantrag 38
Klage- und Widerklageantrag, Hilfsanspruch, wechselseitige Rechtsmittel, Aufrechnung . 39
Rechtsmittelverfahren 40
Einstweilige Anordnung 41
Auffangwert 42

Unterabschnitt 2. Besondere Wertvorschriften
Ehesachen 43
Verbund 44
Bestimmte Kindschaftssachen 45
Übrige Kindschaftssachen 46
Abstammungssachen 47
Ehewohnungs- und Haushaltssachen 48
Gewaltschutzsachen 49
Versorgungsausgleichssachen 50
Unterhaltssachen 51
Güterrechtssachen 52

FamGKG Grundz, § 1   I. B. Gerichtskosten in Familiensachen

Unterabschnitt 3. Wertfestsetzung §§
Angabe des Werts 53
Wertfestsetzung für die Zulässigkeit der Beschwerde 54
Wertfestsetzung für die Gerichtsgebühren 55
Schätzung des Werts 56

Abschnitt 8. Erinnerung und Beschwerde
Erinnerung gegen den Kostenansatz, Beschwerde 57
Beschwerde gegen die Anordnung einer Vorauszahlung 58
Beschwerde gegen die Festsetzung des Verfahrenswerts 59
Beschwerde gegen die Auferlegung einer Verzögerungsgebühr 60
Abhilfe bei Verletzung des Anspruchs auf rechtliches Gehör 61

Abschnitt 9. Schluss- und Übergangsvorschriften
Rechnungsgebühren 62
Übergangsvorschrift 63

Anlage 1 (zu § 3 Absatz 2)
Anlage 2 (zu § 28 Absatz 1)

4   Eine wichtige Ergänzung gibt auch beim FamGKG wie beim GKG die bundeseinheitliche *KostVfg*, die auch Vorschriften für den Kostenbeamten enthält. Sie ist im Teil VII A dieses Buchs abgedruckt.

5   **4) Sachlicher Geltungsbereich.** Er ist begrenzt, § 1. Er umfaßt nur die dort genannten Sachen und Angelegenheiten. In diesem Bereich hat das FamGKG freilich für die ab seinem Inkrafttreten beantragten oder eingeleiteten Fälle als das speziellere Gesetz den Vorrang vor dem im übrigen geltenden und in Altfällen ohnehin voll fortgeltenden GKG.

6   Vgl *im übrigen* Grdz 5, 6 vor § 1 GKG, Teil I A dieses Buchs.

7   **5) Persönlicher Geltungsbereich.** Es gilt dasselbe wie zum GKG. Vgl daher Grdz vor § 1 GKG.

8   **6) Grundsätzliche Kostenpflicht, Gebührenhöhe.** Es gilt dasselbe wie zum GKG. Vgl daher Grdz vor § 1 GKG.

9   **7) Weitere Einzelfragen.** Es gilt dasselbe wie zum GKG. Vgl daher Grdz vor § 1 GKG.

Abschnitt 1. Allgemeine Vorschriften

Geltungsbereich

1 [1] In Familiensachen einschließlich der Vollstreckung durch das Familiengericht und für Verfahren vor dem Oberlandesgericht nach § 107 des Gesetzes über das Verfahren in Familiensachen und in den Angelegenheiten der freiwilligen Gerichtsbarkeit werden Kosten (Gebühren und Auslagen) nur nach diesem Gesetz erhoben, soweit nichts anderes bestimmt ist. [2] Dies gilt auch für Verfahren über eine Beschwerde, die mit einem Verfahren nach Satz 1 in Zusammenhang steht. [3] Für das Mahnverfahren werden Kosten nach dem Gerichtskostengesetz erhoben.

FamFG § 111. **Familiensachen.** Familiensachen sind
1. Ehesachen,
2. Kindschaftssachen,
3. Abstammungssachen,
4. Adoptionssachen,
5. Wohnungszuweisungs- und Hausratssachen,
6. Gewaltschutzsachen,
7. Versorgungsausgleichssachen,

8. Unterhaltssachen,
9. Güterrechtssachen,
10. sonstige Familiensachen,
11. Lebenspartnerschaftssachen.

FamFG § 112. Familienstreitsachen. Familienstreitsachen sind folgende Familiensachen:
1. Unterhaltssachen nach § 231 Abs. 1 und Lebenspartnerschaftssachen nach § 269 Abs. 1 Nr. 7 und 8,
2. Güterrechtssachen nach § 261 Abs. 1 und Lebenspartnerschaftssachen nach § 269 Abs. 1 Nr. 9 sowie
3. sonstige Familiensachen nach § 266 Abs. 1 und Lebenspartnerschaftssachen nach § 269 Abs. 2.

1) Systematik, S 1–3. S 1 stimmt bis auf den Geltungsbereich fast wörtlich mit **1**
§ 1 I 1 GKG überein. S 2 zeigt dieselbe weitgehende Übereinstimmung mit § 1 I 2 GKG. S 3 verweist schlicht und vollständig auf das GKG, zB auf dessen § 12 III und auf KV 1100. Vgl daher jeweils dort. S 1 Hs 2 „soweit nichts anderes bestimmt ist" weicht von dem klaren Grundsatz des § 1 I 1 GKG nur scheinbar ab. Es gab und gibt noch andere Grundlagen der Kostenpflicht als das FamGKG, vgl zum GKG dort § 1 Rn 16.

2) Familiensache, S 1–3. Das FamGKG gilt nicht etwa für alle FamFG-Sachen, **2**
sondern nur für seine Familiensachen nach § 111 Z 1–11 FamFG einschließlich der Familienstreitsachen nach § 112 Z 1–3 FamFG, also zB *nicht* für Aufgebotssachen, Betreuungssachen, Unterbringungssachen, Nachlaß- und Teilungssachen, Registersachen, Unternehmensrechtliche Verfahren, weitere Angelegenheiten der freiwilligen Gerichtsbarkeit, Freiheitsentziehungsverfahren. In diesen Fällen gelten wie bisher das GKG, Teil I A dieses Buchs, oder die KostO, Teil III dieses Buchs.

Kostenfreiheit

2 I Der Bund und die Länder sowie die nach Haushaltsplänen des Bundes oder eines Landes verwalteten öffentlichen Anstalten und Kassen sind von der Zahlung der Kosten befreit.

II Sonstige bundesrechtliche oder landesrechtliche Vorschriften, durch die eine sachliche oder persönliche Befreiung von Kosten gewährt ist, bleiben unberührt.

III ¹ Soweit jemandem, der von Kosten befreit ist, Kosten des Verfahrens auferlegt werden, sind Kosten nicht zu erheben; bereits erhobene Kosten sind zurückzuzahlen. ² Das Gleiche gilt, soweit ein von Kosten Befreiter Kosten des Verfahrens übernimmt.

1) Systematik, I–III. I stimmt mit § 2 I 1 GKG inhaltlich ganz überein. II **1**
stimmt mit § 2 III 1 GKG inhaltlich ganz überein. III 1, 2 stimmen mit § 2 V 1, 2 GKG wörtlich überein. Vgl daher jeweils dort.

Höhe der Kosten

3 I Die Gebühren richten sich nach dem Wert des Verfahrensgegenstands (Verfahrenswert), soweit nichts anderes bestimmt ist.

II Kosten werden nach dem Kostenverzeichnis der Anlage 1 zu diesem Gesetz erhoben.

1) Systematik, I, II. I stimmt praktisch wörtlich, II wörtlich mit § 3 GKG über- **1**
ein. Vgl daher dort.

2) Kostenverzeichnis (KVFam), II. In diesem Buch heißt das amtliche Kosten- **2**
verzeichnis KVFam, um es vom KV des GKG und vom KVGv (GvKostG) zu unter-

FamGKG §§ 3–5   I. B. Gerichtskosten in Familiensachen

scheiden. Die Abkürzung KVFam ist also nichtamtlich. Das KVFam befindet sich hinter § 63.

Umgangspflegschaft

4 Die besonderen Vorschriften für die Dauerpflegschaft sind auf die Umgangspflegschaft nicht anzuwenden.

1 **1) Geltungsbereich.** Die Vorschrift hat wegen des Worts „nur" in § 1 S 1 eine nur bekräftigende Bedeutung. Sie gilt sowohl für den Wert als auch für eine Gebühr und macht daher zB KVFam 1311, 1312 unanwendbar.

Lebenspartnerschaftssachen

5 In Lebenspartnerschaftssachen nach § 269 des Gesetzes über das Verfahren in Familiensachen und in den Angelegenheiten der freiwilligen Gerichtsbarkeit sind für

1. **Verfahren nach Absatz 1 Nr. 1** dieser Vorschrift die Vorschriften für das Verfahren auf Scheidung der Ehe,
2. **Verfahren nach Absatz 1 Nr. 2** dieser Vorschrift die Vorschriften für das Verfahren auf Feststellung des Bestehens oder Nichtbestehens einer Ehe zwischen den Beteiligten,
3. **Verfahren nach Absatz 1 Nr. 3 bis 12** dieser Vorschrift die Vorschriften für Familiensachen nach § 111 Nr. 2, 4, 5 und 7 bis 9 des Gesetzes über das Verfahren in Familiensachen und in den Angelegenheiten der freiwilligen Gerichtsbarkeit und
4. **Verfahren nach den Absätzen 2 und 3** dieser Vorschrift die Vorschriften für sonstige Familiensachen nach § 111 Nr. 10 des Gesetzes über das Verfahren in Familiensachen und in den Angelegenheiten der freiwilligen Gerichtsbarkeit

entsprechend anzuwenden.

Vorbem. Z 3 geändert dch Art 8 Z 2a G v 30. 7. 09, BGBl 2449, in Kraft seit 5. 8. 09, Art 10 S 2 G, Übergangsrecht Art 111 FGG-RG, Grdz 2 vor § 1 FamGKG.

1 **1) Geltungsbereich, Z 1–4.** Es ergibt sich ein wieder einmal bei genauer Prüfung erschreckend schwer durchschaubares Bild von Verweisungen auf ineinander verschachtelte Vorschriften des FamGKG, des LPartG, des FamFG und des BGB. Man muß geduldig und außerordentlich genau in diesen umfangreichen Gesetzen hin- und herblättern, um keinen Irrtum zu begehen. Das alles verwirrt umso mehr, als der Gesetzgeber ja genau diese Verweisungstechnik im FGG-RG geflissentlich mit enormen Mühen vermeiden wollte. Wahrhaft kein Glanzstück der Gesetzgebung. Quantität macht noch lange keine Qualität. Andere rechtlich hochstehende Länder kommen mit einem winzigen Gesetzesbruchteil aus! Im einzelnen:

    A. Aufhebung, Z 1. Es geht um eine Aufhebung der Lebenspartnerschaft, § 269 I Z 1 FamFG.

2   **B. Feststellung des Bestehens oder Nichtbestehens, Z 2.** Es geht um die Feststellung solcher Art, § 269 I Z 2 FamFG.

3   **C. Sorge, Umgang, Kindesherausgabe, Z 3.** Es geht um die elterliche Sorge, das Umgangsrecht oder die Herausgabe eines gemeinsamen Kindes, § 269 I Z 3 FamFG.

4   **D. Wohnungszuweisung, Z 3.** Es geht um eine solche Sache, § 269 I Z 4 FamFG, §§ 14, 18 LPartG.

5   **E. Haushalt, Z 3.** Es geht um eine solche Sache, § 269 I Z 5 FamFG, § 13 oder § 19 LPartG.

6   **F. Versorgungsausgleich, Z 3.** Es geht um diese Aufgabe, § 269 I Z 7 FamFG.

7   **G. Unterhalt für Minderjährigen, Z 3.** Es geht um die gesetzliche Unterhaltspflicht für ein gemeinsames minderjähriges Kind, § 269 I Z 7 FamFG.

8   **H. Unterhalt für Partner, Z 3.** Es geht um die durch die Lebenspartnerschaft begründete gesetzliche Unterhaltspflicht, § 269 Z 8 FamFG.

I. B. Gerichtskosten in Familiensachen §§ 5–7 FamGKG

I. Güterrecht, Z 2. Es geht um das partnerschaftliche Güterrecht, auch bei der 9
Beteiligung eines Dritten, § 269 I Z 9 FamFG.
J. Güterstand, Z 3. Es geht um eine Entscheidung nach § 6 LPartG in Verbin- 10
dung mit §§ 1365 II, 1369 II, 1382, 1383 BGB; § 269 I Z 10 FamFG.
K. Partnerschaftsvertrag, Z 3. Es geht um eine Entscheidung nach § 7 LPartG 11
in Verbindung mit §§ 1426, 1430, 1452 BGB; § 269 I Z 11 FamFG.
L. Versprechen, Z 4. Es geht um die Folgen eines Versprechens auf eine Lebens- 12
partnerschaft nach § 1 III 2 LPartG in Verbindung mit (nur) §§ 1298–1301 BGB;
§ 269 II Z 1 FamFG.
M. Anspruch aus Partnerschaft, Z 4. Es geht um einen Anspruch aus einer 13
Lebenspartnerschaft, § 269 II Z 2 FamFG.
N. Trennung, Aufhebung, Z 4. Es geht um einen Anspruch im Zusammen- 14
hang mit der Trennung oder Aufhebung einer Lebenspartnerschaft, § 269 II Z 3
FamFG.
O. Lebensbedarf bei Getrenntleben, Z 4. Es geht schließlich um einen An- 15
spruch auf eine Deckung des Lebensbedarfs beim Getrenntleben der Partner, § 269
III FamFG in Verbindung mit § 1357 II 1 BGB.

2) Verweisungen, Z 1–4. In einem jeden der Fälle Rn 1–15 gelten die dort je- 16
weils angedeuteten zahlreichen vergleichbaren Vorschriften des FamGKG in seinen
verschiedenen Teilen der §§ und des KVFam. Deren Aufzählung würde hier nur zu
ermüdenden Wiederholungen führen.

**Verweisung, Abgabe, Fortführung einer Folgesache als selbständige
Familiensache**

6 ^{I} ^{1}Verweist ein erstinstanzliches Gericht oder ein Rechtsmittelgericht ein Verfahren an ein erstinstanzliches Gericht desselben oder eines anderen Zweiges
der Gerichtsbarkeit, ist das frühere erstinstanzliche Verfahren als Teil des Verfahrens vor dem übernehmenden Gericht zu behandeln. ^{2}Das Gleiche gilt, wenn
die Sache an ein anderes Gericht abgegeben wird.
^{II} Wird eine Folgesache als selbständige Familiensache fortgeführt, ist das frühere Verfahren als Teil der selbständigen Familiensache zu behandeln.
^{III} ^{1}Mehrkosten, die durch Anrufung eines Gerichts entstehen, zu dem der
Rechtsweg nicht gegeben oder das für das Verfahren nicht zuständig ist, werden
nur dann erhoben, wenn die Anrufung auf verschuldeter Unkenntnis der tatsächlichen oder rechtlichen Verhältnisse beruht. ^{2}Die Entscheidung trifft das
Gericht, an das verwiesen worden ist.

1) Geltungsbereich, I–III. I 1 stimmt wörtlich mit § 4 I GKG überein. III 1, 2 1
stimmt wörtlich mit § 4 II 1, 2 GKG überein. Vgl daher jeweils dort.
I 2 übernimmt die Regelung I 1 für den Fall einer bloßen Abgabe, etwa vor dem 2
Eintritt der Rechtshängigkeit, ferner nach § 4 FamFG aus einem wichtigen Grund.
Auch insoweit vgl daher bei § 4 GKG.
II erfaßt den Fall § 137 V 2 FamFG. Danach kann das FamG eine abgetrennte 3
Folgesache nach § 137 III als eine selbständige (Familien-)Sache fortführen. Unter
§ 137 III FamFG fallen solche Kindschaftssachen, die die Übertragung oder Entziehung der elterlichen Sorge, des Umgangsrechts oder die Herausgabe eines gemeinsamen Kinds oder das Umgangsrecht eines Ehegatten mit einem Kind des anderen
betreffen. Dann gilt das frühere Verfahren entsprechend dem Grundgedanken des I als
ein Teil der fortgeführten selbständigen Familiensache.

Verjährung, Verzinsung

7 ^{I} ^{1}Ansprüche auf Zahlung von Kosten verjähren in vier Jahren nach Ablauf
des Kalenderjahres, in dem das Verfahren durch rechtskräftige Entscheidung
über die Kosten, durch Vergleich oder in sonstiger Weise beendet ist. ^{2}Bei Vormundschaften und Dauerpflegschaften beginnt die Verjährung mit der Fälligkeit
der Kosten.

FamGKG §§ 7–9 I. B. Gerichtskosten in Familiensachen

II ¹Ansprüche auf Rückerstattung von Kosten verjähren in vier Jahren nach Ablauf des Kalenderjahres, in dem die Zahlung erfolgt ist. ²Die Verjährung beginnt jedoch nicht vor dem im Absatz 1 bezeichneten Zeitpunkt. ³Durch Einlegung eines Rechtsbehelfs mit dem Ziel der Rückerstattung wird die Verjährung wie durch Klageerhebung gehemmt.

III ¹Auf die Verjährung sind die Vorschriften des Bürgerlichen Gesetzbuchs anzuwenden; die Verjährung wird nicht von Amts wegen berücksichtigt. ²Die Verjährung der Ansprüche auf Zahlung von Kosten beginnt auch durch die Aufforderung zur Zahlung oder durch eine dem Schuldner mitgeteilte Stundung erneut. ³Ist der Aufenthalt des Kostenschuldners unbekannt, genügt die Zustellung durch Aufgabe zur Post unter seiner letzten bekannten Anschrift. ⁴Bei Kostenbeträgen unter 25 Euro beginnt die Verjährung weder erneut noch wird sie gehemmt.

IV Ansprüche auf Zahlung und Rückerstattung von Kosten werden nicht verzinst.

1 1) **Systematik, Regelungszweck, I–IV.** Die Vorschrift stimmt in I 1, II–IV wörtlich mit § 5 GKG überein. Vgl daher insofern dort.

2 2) **Vormundschaft, Dauerpflegschaft, I 2.** Hier beginnt die Verjährung mit der Fälligkeit nach § 10.

Elektronische Akte, elektronisches Dokument

8 I Die Vorschriften über die elektronische Akte und das gerichtliche elektronische Dokument für das Verfahren, in dem die Kosten anfallen, sind anzuwenden.

II ¹Soweit für Anträge und Erklärungen in dem Verfahren, in dem die Kosten anfallen, die Aufzeichnung als elektronisches Dokument genügt, genügt diese Form auch für Anträge und Erklärungen nach diesem Gesetz. ²Die verantwortende Person soll das Dokument mit einer qualifizierten elektronischen Signatur nach dem Signaturgesetz versehen. ³Ist ein übermitteltes elektronisches Dokument für das Gericht zur Bearbeitung nicht geeignet, ist dies dem Absender unter Angabe der geltenden technischen Rahmenbedingungen unverzüglich mitzuteilen.

III Ein elektronisches Dokument ist eingereicht, sobald die für den Empfang bestimmte Einrichtung des Gerichts es aufgezeichnet hat.

1 1) **Systematik, I–III.** Die Vorschrift stimmt wörtlich mit § 5a GKG überein. Vgl daher dort.

Abschnitt 2. Fälligkeit

Übersicht

1) **Begriff usw.** Es gelten dieselben Erwägungen wie beim GKG. Vgl daher Üb 1–3 vor § 6 GKG.

Fälligkeit der Gebühren in Ehesachen und selbständigen Familienstreitsachen

9 I In Ehesachen und in selbständigen Familienstreitsachen wird die Verfahrensgebühr mit der Einreichung der Antragsschrift, des Klageantrags, der Einspruchs- oder Rechtsmittelschrift oder mit der Abgabe der entsprechenden Erklärung zu Protokoll fällig.

II Soweit die Gebühr eine Entscheidung oder sonstige gerichtliche Handlung voraussetzt, wird sie mit dieser fällig.

1 1) **Systematik, Regelungszweck, I, II.** Die Vorschrift stimmt in I mit § 6 I Z 1a GKG teilweise überein, in II wörtlich mit § 6 (jetzt) II GKG. Vgl daher insofern dort.

I. B. Gerichtskosten in Familiensachen §§ 9–13 FamGKG

2) Geltungsbereich Ehesache, selbständige Familienstreitsache, I. Es muß 2
gerade um eine der vorgenannten Sachen gehen, §§ 111 Z 1, 121 Z 1–3 oder § 112
Z 1–3 FamFG.
Unanwendbar ist I also in den vorstehend nicht mitgenannten Sachen. Dazu gehören 3
scheinbar auch Scheidungssachen und Folgesachen. Denn sie haben in dem Unterabschnitt 2 der §§ 133 ff FamFG eine gegenüber dem Unterabschnitt 1 der §§ 121 ff FamFG „Ehesachen" selbständige gleichrangige Regelung. Sie gehören auch nicht zur Aufzählung der „Familienstreitsachen" in § 112 FamFG. Das paßt aber nicht zu dem Umstand, daß die Wertgebühren KVFam 1110–1140 nach der amtlichen Überschrift dieses Hauptabschnitts 1 in Ehesachen „einschließlich aller Folgesachen" entstehen. In Wahrheit meint I 1 mit „Ehesachen" also auch die zugehörigen Folgesachen.

Fälligkeit bei Vormundschaften und Dauerpflegschaften

10 Bei Vormundschaften und bei Dauerpflegschaften werden die Gebühren nach den Nummern 1311 und 1312 des Kostenverzeichnisses erstmals bei Anordnung und später jeweils zu Beginn eines Kalenderjahres, Auslagen sofort nach ihrer Entstehung fällig.

1) Systematik, Regelungszweck. Die Regelung entspricht derjenigen des § 92 1
I 6, II 2 KostO, Teil III dieses Buchs. Vgl daher dort.

2) Geltungsbereich: Vormundschaft, Dauerpflegschaft. § 10 gilt nur bei den 2
Gebühren KVFam 1311, 1312, vgl dort.

Fälligkeit der Gebühren in sonstigen Fällen, Fälligkeit der Auslagen

11 ¹ Im Übrigen werden die Gebühren und die Auslagen fällig, wenn
1. eine unbedingte Entscheidung über die Kosten ergangen ist,
2. das Verfahren oder der Rechtszug durch Vergleich oder Zurücknahme beendet ist,
3. das Verfahren sechs Monate ruht oder sechs Monate nicht betrieben worden ist,
4. das Verfahren sechs Monate unterbrochen oder sechs Monate ausgesetzt war oder
5. das Verfahren durch anderweitige Erledigung beendet ist.

II Die Dokumentenpauschale sowie die Auslagen für die Versendung und die elektronische Übermittlung von Akten werden sofort nach ihrer Entstehung fällig.

1) Systematik, I, II. Die Vorschrift stimmt wörtlich mit § 9 II, III GKG überein. 1
Vgl daher dort.

Abschnitt 3. Vorschuss und Vorauszahlung

Grundsatz

12 In weiterem Umfang als das Gesetz über das Verfahren in Familiensachen und in den Angelegenheiten der freiwilligen Gerichtsbarkeit, die Zivilprozessordnung und dieses Gesetz es gestatten, darf die Tätigkeit des Familiengerichts von der Sicherstellung oder Zahlung der Kosten nicht abhängig gemacht werden.

1) Systematik. Die Vorschrift stimmt mit § 10 GKG inhaltlich ganz überein. Vgl 1
daher dort.

Verfahren nach dem Internationalen Familienrechtsverfahrensgesetz

13 In Verfahren nach dem Internationalen Familienrechtsverfahrensgesetz sind die Vorschriften dieses Abschnitts nicht anzuwenden.

FamGKG §§ 13–16   I. B. Gerichtskosten in Familiensachen

1   **1) Systematik.** Die Vorschrift ist eigentlich wegen des Worts „nur" in § 1 S 1 zumindest teilweise überflüssig. Sie stellt klar, daß im Verfahren nach dem IntFamRVG weder ein Vorschuß noch eine Vorauszahlung infragekommt.

2   **2) Regelungszweck.** Nach § 53 IntFamRVG entstehen keine Gerichtskosten, soweit deren Erhebung nach dem Europäischen Sorgerechtsübereinkommen oder dem Haager Kindesentführungsübereinkommen ausgeschlossen ist; § 8 KostO ist unanwendbar. Wo keine Kosten, natürlich auch kein Vorschuß und keine Vorauszahlung.

3   **3) Geltungsbereich.** Es geht um jedes Verfahren nach dem IntFamRVG.

Abhängigmachung

14   I [1] In Ehesachen und selbständigen Familienstreitsachen soll die Antragsschrift oder der Klageantrag erst nach Zahlung der Gebühr für das Verfahren im Allgemeinen zugestellt werden. [2] Wird der Antrag erweitert, soll vor Zahlung der Gebühr für das Verfahren im Allgemeinen keine gerichtliche Handlung vorgenommen werden; dies gilt auch in der Rechtsmittelinstanz.

II   Absatz 1 gilt nicht für den Widerklageantrag.

III   Im Übrigen soll in Verfahren, in denen der Antragsteller die Kosten schuldet (§ 21), vor Zahlung der Gebühr für das Verfahren im Allgemeinen keine gerichtliche Handlung vorgenommen werden.

1   **1) Geltungsbereich, I–III.** I 1 stimmt fast wörtlich, I 2 wörtlich, II wörtlich mit § 12 I 1, 2, II Z 1 GKG überein. III nimmt den Grundgedanken des § 12 I 1 GKG für alle diejenigen Sachen nach dem FamFG auf, die nicht Ehesachen oder selbständige Familienstreitsachen nach §§ 98, 112, 121 FamFG sind, aber auch keine Antragsverfahren nach § 21 I darstellen oder einen Vergleichsschuldner nach § 21 II auslösen. Vgl daher bei § 12 GKG in seinen eben genannten Teilen.

Ausnahmen von der Abhängigmachung

15   § 14 gilt nicht,

1. soweit dem Antragsteller Verfahrens- oder Prozesskostenhilfe bewilligt ist,
2. wenn dem Antragsteller Gebührenfreiheit zusteht oder
3. wenn die beabsichtigte Rechtsverfolgung nicht aussichtslos oder mutwillig erscheint und wenn glaubhaft gemacht wird, dass
   a) dem Antragsteller die alsbaldige Zahlung der Kosten mit Rücksicht auf seine Vermögenslage oder aus sonstigen Gründen Schwierigkeiten bereiten würde oder
   b) eine Verzögerung der Antragsteller einen nicht oder nur schwer zu ersetzenden Schaden bringen würde; zur Glaubhaftmachung genügt in diesem Fall die Erklärung des zum Bevollmächtigten bestellten Rechtsanwalts.

1   **1) Systematik, Z 1–3.** Die Vorschrift stimmt fast wörtlich mit § 14 Z 1–3 GKG überein. Vgl daher dort.

Auslagen

16   I [1] Wird die Vornahme einer Handlung, mit der Auslagen verbunden sind, beantragt, hat derjenige, der die Handlung beantragt hat, einen zur Deckung der Auslagen hinreichenden Vorschuss zu zahlen. [2] Das Gericht soll die Vornahme einer Handlung, die nur auf Antrag vorzunehmen ist, von der vorherigen Zahlung abhängig machen.

II   Die Herstellung und Überlassung von Dokumenten auf Antrag sowie die Versendung und die elektronische Übermittlung von Akten können von der vorherigen Zahlung eines die Auslagen deckenden Vorschusses abhängig gemacht werden.

III   Bei Handlungen, die von Amts wegen vorgenommen werden, kann ein Vorschuss zur Deckung der Auslagen erhoben werden.

IV   Absatz 1 gilt nicht für die Anordnung einer Haft.

I. B. Gerichtskosten in Familiensachen §§ 16–19 FamGKG

1) Systematik, I–IV. Die Vorschrift stimmt in I 1 wörtlich, in I 2 fast wörtlich, in 1
II, III wörtlich und in IV inhaltlich mit § 17 I–IV GKG überein. Vgl daher jeweils
dort.

Fortdauer der Vorschusspflicht

17 ¹Die Verpflichtung zur Zahlung eines Vorschusses bleibt bestehen, auch
wenn die Kosten des Verfahrens einem anderen auferlegt oder von einem
anderen übernommen sind. ²§ 26 Abs. 2 gilt entsprechend.

1) Systematik, S 1, 2. Die Vorschrift stimmt in S 1 wörtlich, in S 2 praktisch 1
wörtlich mit § 18 S 1, 2 GKG überein. Vgl daher dort.

Abschnitt 4. Kostenansatz

Kostenansatz

18 ᴵ ¹Es werden angesetzt
1. die Kosten des ersten Rechtszugs bei dem Gericht, bei dem das Verfahren im
ersten Rechtszug anhängig ist oder zuletzt anhängig war,
2. die Kosten des Rechtsmittelverfahrens bei dem Rechtsmittelgericht.
²Dies gilt auch dann, wenn die Kosten bei einem ersuchten Gericht entstanden
sind.
ᴵᴵ Die Dokumentenpauschale sowie die Auslagen für die Versendung und die
elektronische Übermittlung von Akten werden bei der Stelle angesetzt, bei der
sie entstanden sind.
ᴵᴵᴵ ¹Der Kostenansatz kann im Verwaltungsweg berichtigt werden, solange
nicht eine gerichtliche Entscheidung getroffen ist. ²Ergeht nach der gerichtlichen Entscheidung über den Kostenansatz eine Entscheidung, durch die der
Verfahrenswert anders festgesetzt wird, kann der Kostenansatz ebenfalls berichtigt werden.

1) Systematik, I–III. Die Vorschrift stimmt mit § 19 GKG nach der folgenden 1
Tabelle überein. Vgl daher jeweils bei § 19 GKG.

§ 18 FamGKG		§ 19 GKG
I 1	etwa	I 1
Z 1	=	Z 1
2	etwa	2
2	=	2
II	=	IV
III 1	=	V 1
2	etwa	2

Nachforderung

19 ᴵ ¹Wegen eines unrichtigen Ansatzes dürfen Kosten nur nachgefordert
werden, wenn der berichtigte Ansatz dem Zahlungspflichtigen vor Ablauf
des nächsten Kalenderjahres nach Absendung der den Rechtszug abschließenden Kostenrechnung (Schlusskostenrechnung), bei Vormundschaften und Dauererpflegschaften der Jahresrechnung, mitgeteilt worden ist. ²Dies gilt nicht, wenn
die Nachforderung auf vorsätzlich oder grob fahrlässig falschen Angaben des
Kostenschuldners beruht oder wenn der ursprüngliche Kostenansatz unter einem bestimmten Vorbehalt erfolgt ist.
ᴵᴵ Ist innerhalb der Frist des Absatzes 1 ein Rechtsbehelf in der Hauptsache oder
wegen der Kosten eingelegt oder dem Zahlungspflichtigen mitgeteilt worden,
dass ein Wertermittlungsverfahren eingeleitet ist, ist die Nachforderung bis zum
Ablauf des nächsten Kalenderjahres nach Beendigung dieser Verfahren möglich.

FamGKG §§ 19–21   I. B. Gerichtskosten in Familiensachen

III Ist der Wert gerichtlich festgesetzt worden, genügt es, wenn der berichtigte Ansatz dem Zahlungspflichtigen drei Monate nach der letzten Wertfestsetzung mitgeteilt worden ist.

1   1) **Systematik, Regelungszweck, I–III.** Die Vorschrift stimmt in I 1 fast wörtlich, in I 2 ganz, in II weitgehend und in III wörtlich mit § 20 I–III GKG überein. Vgl daher zunächst dort.

2   2) **Wertermittlungsverfahren, II.** Die Wertermittlung ist wegen des Amtsbetriebs nach § 26 FamFG jederzeit möglich. Für die Zulässigkeit einer Nachforderung genügt dann eine entsprechende Mitteilung. Sie ist aber auch notwendig, und zwar natürlich vor dem in II genannten Zeitpunkt.

Einführung vor § 20
Stundung und Nichterhebung von Gerichtskosten

1   Es gilt dasselbe wie beim GKG. Vgl daher Einf vor § 21 GKG.

Nichterhebung von Kosten wegen unrichtiger Sachbehandlung

20   I [1] Kosten, die bei richtiger Behandlung der Sache nicht entstanden wären, werden nicht erhoben. [2] Das Gleiche gilt für Auslagen, die durch eine von Amts wegen veranlasste Verlegung eines Termins oder Vertagung einer Verhandlung entstanden sind. [3] Für abweisende Entscheidungen sowie bei Zurücknahme eines Antrags kann von der Erhebung von Kosten abgesehen werden, wenn der Antrag auf unverschuldeter Unkenntnis der tatsächlichen oder rechtlichen Verhältnisse beruht.

II [1] Die Entscheidung trifft das Gericht. [2] Solange nicht das Gericht entschieden hat, können Anordnungen nach Absatz 1 im Verwaltungsweg erlassen werden. [3] Eine im Verwaltungsweg getroffene Anordnung kann nur im Verwaltungsweg geändert werden.

1   1) **Systematik, I, II.** Die Vorschrift stimmt wörtlich mit § 21 I, II GKG überein. Vgl daher dort.

Abschnitt 5. Kostenhaftung

Übersicht

1   1) **Systematik, Regelungszweck, Begriffe.** Es gilt grundsätzlich dasselbe wie in Üb 1, 2 vor §§ GKG. Vgl daher dort.

2   2) **Verfahrenskostenhilfe.** Es gilt grundsätzlich dasselbe wie zur Prozeßkostenhilfe in Üb 6 vor § 22 GKG. Vgl daher dort.

Kostenschuldner in Antragsverfahren, Vergleich

21   I [1] In Verfahren, die nur durch Antrag eingeleitet werden, schuldet die Kosten, wer das Verfahren des Rechtszugs beantragt hat. [2] Dies gilt nicht
1. für den ersten Rechtszug in Gewaltschutzsachen,
2. im Verfahren auf Erlass einer gerichtlichen Anordnung auf Rückgabe des Kindes oder über das Recht zum persönlichen Umgang nach dem Internationalen Familienrechtsverfahrensgesetz,
3. für einen Minderjährigen in Verfahren, die seine Person betreffen, und
4. für einen Verfahrensbeistand.
[3] Im Verfahren, das gemäß § 700 Abs. 3 der Zivilprozessordnung dem Mahnverfahren folgt, schuldet die Kosten, wer den Vollstreckungsbescheid beantragt hat.

II Die Gebühr für den Abschluss eines gerichtlichen Vergleichs schuldet jeder, der an dem Abschluss beteiligt ist.

518

I. B. Gerichtskosten in Familiensachen §§ 21–24 FamGKG

1) Geltungsbereich, I, II. I 1, 3 stimmt fast wörtlich, II wörtlich mit § 22 I 1, 2   **1**
GKG überein. Vgl daher dort.

2) Keine Antragshaftung, I 2. In einem der in I 2 Z 1–4 genannten Verfahren   **2**
entsteht selbst dann keine Antragshaftung, wenn und soweit ein verfahrenseinleitender Antrag nach § 23 FamFG erforderlich ist. Das gilt erst recht, soweit das FamG ein solches Verfahren auch von Amts wegen einleiten darf und soweit ein Beteiligter dann nach § 24 I FamFG eine solche Einleitung anregt.

Unberührt bleibt in allen diesen Fällen eine Kostenhaftung nach §§ 22–27 Fam-   **3**
GKG, vor allem eine Haftung des Entscheidungsschuldners nach § 24 Z 1 oder des Übernahmeschuldners nach § 24 Z 2.

Kosten bei Vormundschaft und Dauerpflegschaft

22 ¹Die Kosten bei einer Vormundschaft oder Dauerpflegschaft schuldet der von der Maßnahme betroffene Minderjährige. ²Dies gilt nicht für Kosten, die das Gericht einem anderen auferlegt hat.

1) Geltungsbereich, S 1, 2. S 1 entspricht in seinem Grundgedanken § 2 (jetzt)   **1**
I Z 2 KostO, also der Kostenhaftung des dortigen Interessenschuldners, dem beim FamGKG ein Betroffenheitsschuldner entspricht. Vgl daher bei § 2 KostO Rn 25 ff, Teil III dieses Buchs.

2) Keine Haftung nach S 1 bei Kostenentscheidung gegen Dritten, S 2.   **2**
Dann gilt dem Dritten gegenüber nur statt einer Antragshaftung die Haftung des Entscheidungsschuldners nach § 24 Z 1. Vgl daher insofern dort.

Bestimmte sonstige Auslagen

23 ¹ ¹Die Dokumentenpauschale schuldet ferner, wer die Erteilung der Ausfertigungen, Ablichtungen oder Ausdrucke beantragt hat. ²Sind Ablichtungen oder Ausdrucke angefertigt worden, weil der Beteiligte es unterlassen hat, die erforderliche Zahl von Mehrfertigungen beizufügen, schuldet nur der Beteiligte die Dokumentenpauschale.

II Die Auslagen nach Nummer 2003 des Kostenverzeichnisses schuldet nur, wer die Versendung oder die elektronische Übermittlung der Akte beantragt hat.

III Im Verfahren auf Bewilligung von Verfahrens- oder Prozesskostenhilfe einschließlich des Verfahrens auf Bewilligung grenzüberschreitender Verfahrens- oder Prozesskostenhilfe ist der Antragsteller Schuldner der Auslagen, wenn der Antrag zurückgenommen oder von dem Gericht abgelehnt worden oder die Übermittlung des Antrags von der Übermittlungsstelle oder das Ersuchen um Verfahrens- oder Prozesskostenhilfe von der Empfangsstelle abgelehnt wird.

1) Systematik, I–III. Die Vorschrift stimmt fast wörtlich mit § 28 I–III GKG   **1**
überein. Vgl daher dort.

Weitere Fälle der Kostenhaftung

24 Die Kosten schuldet ferner,
1. wem durch gerichtliche Entscheidung die Kosten des Verfahrens auferlegt sind;
2. wer sie durch eine vor Gericht abgegebene oder dem Gericht mitgeteilte Erklärung oder in einem vor Gericht abgeschlossenen oder dem Gericht mitgeteilten Vergleich übernommen hat; dies gilt auch, wenn bei einem Vergleich ohne Bestimmung über die Kosten diese als von beiden Teilen je zur Hälfte übernommen anzusehen sind;
3. wer für die Kostenschuld eines anderen kraft Gesetzes haftet und
4. der Verpflichtete für die Kosten der Vollstreckung; dies gilt nicht für einen Minderjährigen in Verfahren, die seine Person betreffen.

519

FamGKG §§ 24–27   I. B. Gerichtskosten in Familiensachen

1 **1) Systematik, Regelungszweck, Z 1–4.** Die Vorschrift stimmt in Z 1 fast wörtlich, in Z 2, 3 ganz und in Z 4 weitgehend mit § 29 Z 1–4 GKG überein. Vgl daher insofern dort.

2 **2) Keine Haftung des Minderjährigen für Vollstreckungskosten, Z 4 Hs 2.** Er ist nur dann von einer Haftung frei, wenn und soweit das Verfahren gerade seine Person und nicht einen Dritten betrifft. Diese Regelung ist als eine Ausnahme eng auslegbar.

Erlöschen der Zahlungspflicht

25 ¹Die durch gerichtliche Entscheidung begründete Verpflichtung zur Zahlung von Kosten erlischt, soweit die Entscheidung durch eine andere gerichtliche Entscheidung aufgehoben oder abgeändert wird. ²Soweit die Verpflichtung zur Zahlung von Kosten nur auf der aufgehobenen oder abgeänderten Entscheidung beruht hat, werden bereits gezahlte Kosten zurückerstattet.

1 **1) Systematik, S 1, 2.** Die Vorschrift stimmt mit § 30 GKG praktisch wörtlich überein. Vgl daher dort.

Mehrere Kostenschuldner

26 ᴵ Mehrere Kostenschuldner haften als Gesamtschuldner.

ᴵᴵ ¹Soweit ein Kostenschuldner aufgrund von § 24 Nr. 1 oder Nr. 2 (Erstschuldner) haftet, soll die Haftung eines anderen Kostenschuldners nur geltend gemacht werden, wenn eine Zwangsvollstreckung in das bewegliche Vermögen des ersteren erfolglos geblieben ist oder aussichtslos erscheint. ²Zahlungen des Erstschuldners mindern seine Haftung aufgrund anderer Vorschriften dieses Gesetzes auch dann in voller Höhe, wenn sich seine Haftung nur auf einen Teilbetrag bezieht.

ᴵᴵᴵ ¹Soweit einem Kostenschuldner, der aufgrund von § 24 Nr. 1 haftet (Entscheidungsschuldner), Verfahrens- oder Prozesskostenkostenhilfe bewilligt worden ist, darf die Haftung eines anderen Kostenschuldners nicht geltend gemacht werden; von diesem bereits erhobene Kosten sind zurückzuzahlen, soweit es sich nicht um eine Zahlung nach § 13 Abs. 1 und 3 des Justizvergütungs- und -entschädigungsgesetzes handelt und die Partei, der die Verfahrens- oder Prozesskostenhilfe bewilligt worden ist, der besonderen Vergütung zugestimmt hat. ²Die Haftung eines anderen Kostenschuldners darf auch nicht geltend gemacht werden, soweit dem Entscheidungsschuldner ein Betrag für die Reise zum Ort einer Verhandlung, Anhörung oder Untersuchung und für die Rückreise gewährt worden ist.

1 **1) Systematik, I–III.** Die Vorschrift stimmt mit § 31 GKG fast wörtlich überein. Vgl daher dort.

Haftung von Streitgenossen

27 ¹Streitgenossen haften als Gesamtschuldner, wenn die Kosten nicht durch gerichtliche Entscheidung unter sie verteilt sind. ²Soweit einen Streitgenossen nur Teile des Streitgegenstandes betreffen, beschränkt sich seine Haftung als Gesamtschuldner auf den Betrag, der entstanden wäre, wenn das Verfahren nur diese Teile betroffen hätte.

1 **1) Systematik, S 1, 2.** Die Vorschrift stimmt wörtlich mit § 32 I 1, 2 GKG überein. Vgl daher dort.

I. B. Gerichtskosten in Familiensachen §§ 28–30 FamGKG

Abschnitt 6. Gebührenvorschriften

Wertgebühren

28 I ¹Wenn sich die Gebühren nach dem Verfahrenswert richten, beträgt die Gebühr bei einem Verfahrenswert bis 300 Euro 25 Euro. ²Die Gebühr erhöht sich bei einem

Verfahrenswert bis ... Euro	für jeden angefangenen Betrag von weiteren ... Euro	um ... Euro
1 500	300	10
5 000	500	8
10 000	1 000	15
25 000	3 000	23
50 000	5 000	29
200 000	15 000	100
500 000	30 000	150
über 500 000	50 000	150

³Eine Gebührentabelle für Verfahrenswerte bis 500 000 Euro ist diesem Gesetz als Anlage 2 beigefügt.

II Der Mindestbetrag einer Gebühr ist 10 Euro.

1) **Systematik, I, II.** Die Vorschrift stimmt mit § 34 GKG fast wörtlich überein. 1
Nur das dortige Wort Streitwert heißt hier Verfahrenswert. Vgl. daher bei § 34 GKG.

2) **Gebührentabelle, I 3.** Sie befindet sich im SchlAnh A II. 2

Einmalige Erhebung der Gebühren

29 Die Gebühr für das Verfahren im Allgemeinen und die Gebühr für eine Entscheidung werden in jedem Rechtszug hinsichtlich eines jeden Teils des Verfahrensgegenstands nur einmal erhoben.

1) **Systematik.** Die Vorschrift stimmt mit § 35 GKG fast wörtlich überein. Nur 1
das dortige Wort Streitgegenstand heißt hier Verfahrensgegenstand. Vgl daher bei § 35 GKG.

2) **Rechtszug.** Es gilt grundsätzlich dasselbe wie bei § 35 GKG. Freilich gibt es 2
beim FamG kein Urteil mehr. Der Klagerhebung entspricht der verfahrenseinleitende Antrag.

Teile des Verfahrensgegenstands

30 I Für Handlungen, die einen Teil des Verfahrensgegenstands betreffen, sind die Gebühren nur nach dem Wert dieses Teils zu berechnen.

II Sind von einzelnen Wertteilen in demselben Rechtszug für gleiche Handlungen Gebühren zu berechnen, darf nicht mehr erhoben werden, als wenn die Gebühr von dem Gesamtbetrag der Wertteile zu berechnen wäre.

III Sind für Teile des Gegenstands verschiedene Gebührensätze anzuwenden, sind die Gebühren für die Teile gesondert zu berechnen; die aus dem Gesamtbetrag der Wertteile nach dem höchsten Gebührensatz berechnete Gebühr darf jedoch nicht überschritten werden.

1) **Systematik, I–III.** Die Vorschrift stimmt mit § 36 GKG fast wörtlich überein. 1
Nur das dortige Wort Streitgegenstand heißt hier Verfahrensgegenstand. Vgl daher bei § 36 GKG.

FamGKG §§ 31, 32 I. B. Gerichtskosten in Familiensachen

Zurückverweisung, Abänderung oder Aufhebung einer Entscheidung

31 ᴵ Wird eine Sache an ein Gericht eines unteren Rechtszugs zurückverwiesen, bildet das weitere Verfahren mit dem früheren Verfahren vor diesem Gericht einen Rechtszug im Sinne des § 29.

ᴵᴵ ¹Das Verfahren über eine Abänderung oder Aufhebung einer Entscheidung gilt als besonderes Verfahren, soweit im Kostenverzeichnis nichts anderes bestimmt ist. ²Dies gilt nicht für das Verfahren zur Überprüfung der Entscheidung nach § 166 Abs. 2 und 3 des Gesetzes über das Verfahren in Familiensachen und in den Angelegenheiten der freiwilligen Gerichtsbarkeit.

1   1) **Geltungsbereich, I, II.** I stimmt praktisch wörtlich mit § 37 GKG überein. Vgl daher dort II neu.

2   2) **Abänderung, Aufhebung, II 1.** Ein solches Verfahren kann nach dem KVFam als ein Teil des zugrundeliegenden Verfahrens gelten. Soweit dort keine solche Anweisung besteht, gilt das Abänderungs- oder Aufhebungsverfahren als ein besonderes, also neues Verfahren. Im Zweifel muß man wegen des Grundsatzes § 1 S 1 („nur") eine „andere Bestimmung" im KVFam annehmen, obwohl der Wortlaut von II 1 Hs 2 eine andere Auslegung nahelegen würde, wenn man ihn isoliert betrachtet.

3   3) **Abänderung, Überprüfung, II 2.** Nach § 166 II, III FamFG muß das FamG eine länger dauernde kinderschutzrechtliche Maßnahme in angemessener Zeit überprüfen und nach dem Absehen von einer Maßnahme nach §§ 1666–1667 BGB eine solche Überprüfung sogar in der Regel schon nach jeweils drei Monaten vornehmen. In diesen Fällen bleibt es kostenrechtlich abweichend von II 1 bei einem einheitlichen und nicht zusätzlich einem besonderen Verfahren.

Verzögerung des Verfahrens

32 ¹Wird in einer selbständigen Familienstreitsache außer im Fall des § 335 der Zivilprozessordnung durch Verschulden eines Beteiligten oder seines Vertreters die Vertagung einer mündlichen Verhandlung oder die Anberaumung eines neuen Termins zur mündlichen Verhandlung nötig oder ist die Erledigung des Verfahrens durch nachträgliches Vorbringen von Angriffs- oder Verteidigungsmitteln, Beweismitteln oder Beweiseinreden, die früher vorgebracht werden konnten, verzögert worden, kann das Gericht dem Beteiligten von Amts wegen eine besondere Gebühr mit einem Gebührensatz von 1,0 auferlegen. ²Die Gebühr kann bis auf einen Gebührensatz von 0,3 ermäßigt werden. ³Dem Antragsteller, dem Antragsgegner oder dem Vertreter stehen die Nebenintervenient und sein Vertreter gleich.

1   1) **Systematik, Regelungszweck, S 1–3.** Die Vorschrift stimmt mit § 38 S 1, 2 GKG fast wörtlich überein. Allerdings ist der Geltungsbereich hier enger, Rn 2. Vgl im übrigen bei § 38 GKG.

2   2) **Geltungsbereich; Selbständige Familienstreitsache, S 1–3.** Die Vorschrift gilt nur in einer Sache nach § 112 Z 1–3 FamFG, also in einer der dort abschließend aufgezählten Sachen und nicht auch in einer der in § 111 FamFG aufgezählten Familiensachen. Diese Einengung mag wenig überzeugen. Sie bindet aber wegen der klaren Unterschiede der Begriffe Familiensache einerseits, Familienstreitsache andererseits.

3   A. **Unterhaltssache usw, § 112 Z 1 FamFG.** Es mag um eine Unterhaltssache nach § 231 I FamFG gehen, also um eine durch Verwandtschaft begründete gesetzliche Unterhaltspflicht (dort Z 1) oder um die durch die Ehe begründete gesetzliche Unterhaltspflicht (dort Z 2) oder um einen Anspruch nach § 1615 I BGB oder nach § 1615m BGB (Z 3), oder es mag um eine Lebenspartnerschaftssache nach § 269 I Z 7, 8 FamFG gehen, also um die gesetzliche Unterhaltspflicht für ein gemeinschaftliches minderjähriges Kind der Lebenspartner oder um die durch die Lebenspartnerschaft begründete gesetzliche Unterhaltspflicht.

4   B. **Güterrechtssache usw, § 112 Z 2 FamFG.** Es mag auch um eine Güterrechtssache nach § 261 I FamFG gehen, also um ein solches Verfahren, das einen An-

I. B. Gerichtskosten in Familiensachen §§ 32–35 FamGKG

spruch aus dem ehelichen Güterrecht betrifft, auch wenn ein Dritter an dem Verfahren beteiligt ist, oder es mag um eine Lebenspartnerschaftssache nach § 269 I Z 9 FamFG gehen, also um einen Anspruch aus dem lebenspartnerschaftlichen Güterrecht, auch wenn ein Dritter an dem Verfahren beteiligt ist.

C. Sonstige Familiensache, § 112 Z 3 FamFG. Es mag schließlich um eine 5 sonstige Familiensache nach § 266 I FamFG gehen, also um die dort unter Z 1–5 genannten Ansprüche, sofern sie unter den in § 112 FamFG zur Bedingung gemachten Oberbegriff einer Familienstreitsache fallen, Rn 2, oder es mag schließlich um eine Lebenspartnerschaftssache nach § 269 II FamFG gehen, also um ein solches Verfahren, das einen der dort unter Z 1–3 genannten Ansprüche zum Gegenstand hat, nicht aber einen der in § 269 III FamFG genannten Ansprüche.

Anhang nach § 32. Mißbrauchsgebühr des BVerfG

Es gilt dasselbe wie beim GKG. Vgl daher Anh § 38 GKG. 1

Abschnitt 7. Wertvorschriften

Unterabschnitt 1. Allgemeine Wertvorschriften

Grundsatz

33 ¹ ¹In demselben Verfahren und in demselben Rechtszug werden die Werte mehrerer Verfahrensgegenstände zusammengerechnet, soweit nichts anderes bestimmt ist. ²Ist mit einem nichtvermögensrechtlichen Anspruch ein aus ihm hergeleiteter vermögensrechtlicher Anspruch verbunden, ist nur ein Anspruch, und zwar der höhere, maßgebend.

II Der Verfahrenswert beträgt höchstens 30 Millionen Euro, soweit kein niedrigerer Höchstwert bestimmt ist.

Schrifttum: *Schneider* AnwBl **09**, 777 (Üb).

1) Geltungsbereich, I, II. I 1 stimmt praktisch wörtlich mit § 39 I GKG überein. I 2 stimmt wörtlich mit § 48 IV GKG überein. II stimmt praktisch wörtlich mit § 39 II GKG überein. Vgl daher jeweils dort. 1

Unanwendbar ist I 2 bei § 44 II 3, dort Rn 5. 2

Zeitpunkt der Wertberechnung

34 ¹Für die Wertberechnung ist der Zeitpunkt der den jeweiligen Verfahrensgegenstand betreffenden ersten Antragstellung in dem jeweiligen Rechtszug entscheidend. ²In Verfahren, die von Amts wegen eingeleitet werden, ist der Zeitpunkt der Fälligkeit der Gebühr maßgebend.

1) Systematik, S 1, 2. S 1 stimmt mit § 40 GKG inhaltlich ganz überein. Es 1 heißt nur statt Streitgegenstand hier Verfahrensgegenstand, und statt „den Rechtszug einleitend" hier „erste Antragstellung in dem jeweiligen Rechtszug". Vgl daher bei § 40 GKG. S 2 ist eine Folge des teilweisen Amtsbetriebs nach § 26 FamFG. Die dann maßgebliche Fälligkeit ergibt sich aus §§ 9–11.

Geldforderung

35 Ist Gegenstand des Verfahrens eine bezifferte Geldforderung, bemisst sich der Verfahrenswert nach deren Höhe, soweit nichts anderes bestimmt ist.

1) Geltungsbereich. Es handelt sich um eine formell neue, der Sache nach nicht 1 nur selbstverständliche, sondern in ihrer Umkehrung in § 53 S 1 vorhandene Klarstellung. § 53 stimmt mit § 61 GKG fast wörtlich überein. Vgl daher auch dort.

523

FamGKG §§ 36–39 I. B. Gerichtskosten in Familiensachen

Genehmigung einer Erklärung oder deren Ersetzung

36 I ¹Wenn in einer vermögensrechtlichen Angelegenheit Gegenstand des Verfahrens die Genehmigung einer Erklärung oder deren Ersetzung ist, bemisst sich der Verfahrenswert nach dem Wert des zugrunde liegenden Geschäfts. ² § 18 Abs. 3, die §§ 19 bis 25, 39 Abs. 2, § 40 Abs. 2 und § 46 Abs. 4 der Kostenordnung gelten entsprechend.

II Mehrere Erklärungen, die denselben Gegenstand betreffen, insbesondere der Kauf und die Auflassung oder die Schulderklärung und die zur Hypothekenbestellung erforderlichen Erklärungen, sind als ein Verfahrensgegenstand zu bewerten.

III Der Wert beträgt in jedem Fall höchstens eine Million Euro.

1   1) Geltungsbereich, I, II. I 1 stimmt mit § 95 I 1 Z 1 KostO, Teil III dieses Buchs, inhaltlich überein. Vgl daher dort. Die Verweisungen in I 2 führen zu den dort genannten weiteren Vorschriften der KostO. Vgl daher jeweils dort. II stimmt weit mit § 44 I 1 KostO überein. Vgl daher dort. III ist bedingt mit § 48 II 2 GKG, mit § 18 I 2 KostO oder mit § 39 IV KostO vergleichbar.

Früchte, Nutzungen, Zinsen und Kosten

37 I Sind außer dem Hauptgegenstand des Verfahrens auch Früchte, Nutzungen, Zinsen oder Kosten betroffen, wird deren Wert nicht berücksichtigt.

II Soweit Früchte, Nutzungen, Zinsen oder Kosten ohne den Hauptgegenstand betroffen sind, ist deren Wert maßgebend, soweit er den Wert des Hauptgegenstands nicht übersteigt.

III Sind die Kosten des Verfahrens ohne den Hauptgegenstand betroffen, ist der Betrag der Kosten maßgebend, soweit er den Wert des Hauptgegenstands nicht übersteigt.

1   1) Systematik, I–III. Die Vorschrift stimmt mit § 43 GKG sprachlich weitgehend und inhaltlich ganz überein. Vgl daher bei § 43 GKG.

Stufenklageantrag

38 Wird mit dem Klageantrag auf Rechnungslegung oder auf Vorlegung eines Vermögensverzeichnisses oder auf Abgabe einer eidesstattlichen Versicherung der Klageantrag auf Herausgabe desjenigen verbunden, was der Antragsgegner aus dem zugrunde liegenden Rechtsverhältnis schuldet, ist für die Wertberechnung nur einer der verbundenen Ansprüche, und zwar der höhere, maßgebend.

1   1) Systematik. Die Vorschrift stimmt mit § 44 GKG sprachlich weitgehend und inhaltlich ganz überein. Vgl daher bei § 44 GKG.

Klage- und Widerklageantrag, Hilfsanspruch, wechselseitige Rechtsmittel, Aufrechnung

39 I ¹Mit einem Klage- und einem Widerklageantrag geltend gemachte Ansprüche, die nicht in getrennten Verfahren verhandelt werden, werden zusammengerechnet. ²Ein hilfsweise geltend gemachter Anspruch wird mit dem Hauptanspruch zusammengerechnet, soweit eine Entscheidung über ihn ergeht. ³Betreffen die Ansprüche im Fall des Satzes 1 oder des Satzes 2 denselben Gegenstand, ist nur der Wert des höheren Anspruchs maßgebend.

II Für wechselseitig eingelegte Rechtsmittel, die nicht in getrennten Verfahren verhandelt werden, ist Absatz 1 Satz 1 und 3 entsprechend anzuwenden.

III Macht ein Beteiligter hilfsweise die Aufrechnung mit einer bestrittenen Gegenforderung geltend, erhöht sich der Wert um den Wert der Gegenforderung, soweit eine der Rechtskraft fähige Entscheidung über sie ergeht.

I. B. Gerichtskosten in Familiensachen §§ 39–41 FamGKG

IV Bei einer Erledigung des Verfahrens durch Vergleich sind die Absätze 1 bis 3 entsprechend anzuwenden.

1) Systematik, I–IV. Die Vorschrift stimmt mit § 45 GKG sprachlich weitgehend und inhaltlich fast ganz überein. Vgl daher bei § 45 GKG. 1

2) Hilfsaufrechnung, II. Weitergehend als bei § 45 III GKG kann jeder Beteiligte im Sinn von § 7 FamFG eine Hilfsaufrechnung mit der Kostenfolge III geltend machen. Beteiligter kann auch derjenige sein, dessen Recht das Verfahren unmittelbar betrifft, § 7 II Z 1 FamFG, oder den das Gericht von Amts wegen oder auf einen Antrag beteiligen muß, § 7 II Z 2 FamFG, oder den das Gericht § 7 III FamFG hinzuzieht. 2

Nicht beteiligt ist nach § 7 V FamFG derjenige, der nur eine Auskunft erteilen muß oder den das Gericht nur anhört. 3

Rechtsmittelverfahren

40 ^I ¹Im Rechtsmittelverfahren bestimmt sich der Verfahrenswert nach den Anträgen des Rechtsmittelführers. ²Endet das Verfahren, ohne dass solche Anträge eingereicht werden, oder werden bei einer Rechtsbeschwerde innerhalb der Frist für die Begründung Anträge nicht eingereicht, ist die Beschwer maßgebend.

^{II} ¹Der Wert ist durch den Wert des Verfahrensgegenstands des ersten Rechtszugs begrenzt. ²Dies gilt nicht, soweit der Gegenstand erweitert wird.

^{III} Im Verfahren über den Antrag auf Zulassung der Sprungrechtsbeschwerde ist Verfahrenswert der für das Rechtsmittelverfahren maßgebende Wert.

1) Systematik, I–III. Die Vorschrift stimmt mit § 47 GKG sprachlich und inhaltlich weitgehend überein. Vgl daher bei § 47 GKG. 1

2) Rechtsbeschwerde, I 2 Hs 2. Auch diese Regelung entspricht dem GKG, dort I 2 Hs 2. Rechtsbeschwerde ist diejenige der §§ 70 ff FamFG, obwohl § 117 FamFG sie nicht gesondert nennt. 2

3) Sprungrechtsbeschwerde, III. Vgl zunächst Rn 2. III erfaßt das Verfahren nach § 75 FamFG. 3

Einstweilige Anordnung

41 ¹Im Verfahren der einstweiligen Anordnung ist der Wert in der Regel unter Berücksichtigung der geringeren Bedeutung gegenüber der Hauptsache zu ermäßigen. ²Dabei ist von der Hälfte des für die Hauptsache bestimmten Werts auszugehen.

1) Geltungsbereich, S 1, 2. Die Vorschrift erinnert ziemlich schwach an § 53 II 1 GKG. Sie hat einen wesentlich weiteren Geltungsbereich. Sie erfaßt jede einstweilige Anordnung des Gerichts gleich welchen Rechtszugs in jedem der im FamFG geregelten Verfahren. 1

2) Werthöhe, S 1, 2. S 1 enthält trotz seiner Befehlsform doch wegen der Worte „in der Regel" nur einen starken Ausgangsmaßstab. Selbst dieser ist freilich bei einer genauen Prüfung ziemlich vage. Denn „Ermäßigung" ist ein ziemlich unscharfer Begriff, selbst wenn ihn S 2 nach unten auf einen bloßen Ausgangswert von 50% des Hauptsachewerts begrenzt. 2

Für Eilverfahren gibt es zumindest den *Grundgedanken* des S 1 längst in der Rspr und Lehre zum Arrest und zur Einstweiligen Verfügung. Vgl dazu zB § 48 GKG Anh I (§ 3 ZPO) Rn 16 „Arrest", Rn 35–39 „Einstweilige Verfügung". Danach kann das Interesse an der Eilmaßnahme ihren Wert demjenigen einer Hauptsache praktisch angleichen, etwa bei der sog Leistungsverfügung. Es kann aber auch zu einer Ermäßigung auf unter 50% kommen. Auch diese ist nach S 2 keineswegs von vornherein unzulässig. 3

Es kommt also im Rahmen des pflichtgemäßen weiten *Ermessens* auf eine ruhige Abwägung der Umstände an. Es ist immer ratsam, wenn nicht notwendig, diese Ab- 4

525

wägung in einer Begründung der Wertfestsetzung nachvollziehbar erkennen zu lassen.

Auffangwert

42 ⁱ Soweit in einer vermögensrechtlichen Angelegenheit der Verfahrenswert sich aus den Vorschriften dieses Gesetzes nicht ergibt und auch sonst nicht feststeht, ist er nach billigem Ermessen zu bestimmen.

ⁱⁱ Soweit in einer nichtvermögensrechtlichen Angelegenheit der Verfahrenswert sich aus den Vorschriften dieses Gesetzes nicht ergibt, ist er unter Berücksichtigung aller Umstände des Einzelfalls, insbesondere des Umfangs und der Bedeutung der Sache und der Vermögens- und Einkommensverhältnisse der Beteiligten, nach billigem Ermessen zu bestimmen, jedoch nicht über 500 000 Euro.

ⁱⁱⁱ Bestehen in den Fällen der Absätze 1 und 2 keine genügenden Anhaltspunkte, ist von einem Wert von 3000 Euro auszugehen.

1 1) **Geltungsbereich, I–III.** I stimmt fast wörtlich mit § 30 I Hs 1 KostO, Teil III dieses Buchs, überein. II stimmt inhaltlich bis auf den Höchstwert ganz mit § 48 II 1, 2 GKG überein. III ähnelt stark § 30 II 1 KostO. Vgl daher jeweils dort.

Unterabschnitt 2. Besondere Wertvorschriften

Ehesachen

43 ⁱ ¹In Ehesachen ist der Verfahrenswert unter Berücksichtigung aller Umstände des Einzelfalls, insbesondere des Umfangs und der Bedeutung der Sache und der Vermögens- und Einkommensverhältnisse der Ehegatten, nach Ermessen zu bestimmen. ²Der Wert darf nicht unter 2000 Euro und nicht über eine Million Euro angenommen werden.

ⁱⁱ Für die Einkommensverhältnisse ist das in drei Monaten erzielte Nettoeinkommen der Ehegatten einzusetzen.

Schrifttum: *Rieck/Lange* NJW 09, 3334 (Üb).

Gliederung

1) Geltungsbereich, I, II 1	1
2) Ehesache, I, II	2
3) Wertberechnung, I, II	3–8
A. Gesamtabwägung, I 1	3
B. Kein Ausgangswert, I 1	4, 5
C. Mindestwert, I 2	6
D. Höchstwert, I 2	7
E. Kein Regelwert, I 1	8
4) Einzelfaktoren, I 1, II	9–32
A. Grundsatz: Beachtlichkeit aller Umstände	9, 10
B. Umfang der Sache	11
C. Beispiele zur Frage eines Umfangs der Sache, I 1	12
D. Bedeutung der Sache	13, 14
E. Vermögens- und Einkommensverhältnisse	15
F. Beispiele zur Frage der Vermögensverhältnisse, I 1	16–20
G. Beispiele zur Frage der Einkommensverhältnisse, I 1	21, 22
H. Einsatzwert, II	23, 24
I. Abzüge vom Bruttoeinkommen	25
J. Beispiele zur Frage einer Abziehbarkeit nach II	26, 27
K. Nettoeinkommen	28
L. Beispiele zur Frage eines Nettoeinkommens nach II	29–32

1 1) **Geltungsbereich, I, II.** I 1 stimmt fast wörtlich mit § 48 II 1 GKG überein, I 2 teilweise mit § 48 II 2 GKG. Vgl daher jeweils dort, Teil I B dieses Buchs.

2 2) **Ehesache, I, II.** Es muß sich um eine Ehesache handeln. Dazu gehören nach § 121 FamFG: Verfahren auf die Scheidung der Ehe (Scheidungssachen), Z 1; auf Aufhebung der Ehe, Z 2; auf Feststellung des Bestehens oder Nichtbestehens einer Ehe zwischen den Beteiligten, Z 3.

I. B. Gerichtskosten in Familiensachen § 43 **FamGKG**

3) Wertberechnung, I, II. Man muß den Verfahrenswert in einer Ehesache ge- 3
mäß I 1 wie folgt bestimmen. Maßgebend ist der Zeitpunkt des Antragseingangs,
(zum alten Recht) Brschw JB **98**, 259.
A. **Gesamtabwägung, I 1.** Man muß alle Umstände des Einzelfalls berücksichtigen, Bbg JB **76**, 217, 799, Düss JB **95**, 252, Hamm Rpfleger **89**, 104. Wer das nachvollziehbar tut, handelt jedenfalls nicht willkürlich, selbst wenn er erheblich vom Üblichen abweicht, BLAH § 281 ZPO Rn 40, aM (zum alten Recht, reichlich glatt) BVerfG AnwBl **09**, 874.
B. **Kein Ausgangswert, I 1.** Einen generell bezifferten Ausgangswert nennt das 4
Gesetz nicht. Es kennt vielmehr nur Einsatz-, Mindest-, Höchst- und Festwerte
zwecks Vereinfachung.

Nicht hierher zählen zB: Eine andere Familiensache oder eine andere als die eben er- 5
wähnten Ehesachen, Düss JB **93**, 555, auch nicht ein isoliertes Sorgerechtsverfahren.
C. **Mindestwert, I 2.** Einen Mindestwert nennt I 2 für eine Ehesache. Er beträgt 6
2000 EUR. Das gilt auch dann, wenn das dreifache Monatsnettoeinkommen der Beteiligten niedriger ist, Schlesw FamRZ **06**, 52. Dieser Wert ist trotz einer Verfahrenskostenhilfe zugunsten beider Beteiligten oder eines geringe gerichtlichen Umfangs des Streits nach oben nicht zwingend, Drsd JB **97**, 480, Düss AnwBl **92**, 280, Zweibr RR **04**, 355, aM Hamm AnwBl **84**, 505 (krit Schmidt) (aber es ist stets eine Gesamtabwägung zulässig und notwendig).
D. **Höchstwert, I 2.** Die Vorschrift bestimmt einen Höchstwert für Ehesachen 7
von 1 000 000 EUR.
E. **Kein Regelwert, I 1.** Vgl Rn 4, 5. 8

4) Einzelfaktoren, I 1, II. Es sind die folgenden Prüfschritte ratsam. 9
A. **Grundsatz: Beachtlichkeit aller Umstände.** Die Vorschrift nennt die dort 10
genannten Einzelfaktoren zwar nur beispielsweise. Sie bestimmt aber, daß man diese
Einzelfaktoren „insbesondere" berücksichtigen soll. Das bedeutet keineswegs, daß
man nur sie zu erörtern braucht. Die Vorschrift ist offen gefaßt. Sie erlaubt und fordert vielmehr nach dem pflichtgemäßen Ermessen die Berücksichtigung aller Umstände, soweit sie nur einen sachgemäßen Bezug zur Gebührenerhebung haben,
BVerfG **80**, 107, Düss JB **95**, 252, Mü JB **92**, 350.

Man sollte *jede Quotierung vermeiden,* aM Ffm JB **78**, 1851 (33,3%), Zweibr JB **79**,
1333 (25%). Eine einverständliche Scheidung erlaubt keinen generellen Wertabschlag,
Drsd FamRZ **03**, 1678, Mü JB **92**, 350, aM Kblz JB **99**, 475 (30% Abschlag). Ein
Höchstwert erfordert nicht das Zusammentreffen von Höchstwerten bei allen Einzelfaktoren. Der Mindestwert von I 2 bleibt auch beim Zusammentreffen von Mindestwerten bei allen Einzelfaktoren bestehen.

Zum Ermessen gehört mindestens ein *kurzer Hinweis* darauf, daß weitere denkbare
Faktoren keinerlei Bedeutung erlangt haben.
B. **Umfang der Sache.** Man sollte ihn nur dann besonders beachten, wenn er aus 11
dem üblichen Rahmen fällt, Düss AnwBl **86**, 250, Kblz JB **99**, 475, AG Westerstede
FamRZ **08**, 1207. Berücksichtigen muß man den Umfang der Sache für das Gericht,
Bbg JB **77**, 1590, Celle JB **76**, 797, Düss AnwBl **86**, 250. Dabei darf man natürlich
nur auf die ordnungsgemäße Arbeitsweise des Gerichts abstellen, Schneider JB **75**,
1558. Maßgeblich ist nur die jeweilige Instanz.
C. **Beispiele zur Frage eines Umfangs der Sache, I 1** 12
Hier gelten dieselben Regeln wie bei § 48 GKG Rn 24, 25, Teil I A dieses Buchs.
Zur Vermeidung bloßer Wiederholungen vgl daher bitte dort. Fundstellen speziell
zum FamGKG tragen im ABC zu § 48 GKG den Zusatz „(FamGKG)".
D. **Bedeutung der Sache.** Man muß ferner die Bedeutung der Sache berück- 13
sichtigen. Auch hier kommt es sowohl auf eine tatsächliche Bedeutung als auch auf
eine rechtliche an.

Beachtlich sind zB: Die Bedeutung der Sache als Musterprozeß; die Stellung eines 14
Beteiligten im öffentlichen Leben; das Ansehen der Name, die Auswirkung wirtschaftlicher Art auf Angehörige, Schlesw JB **02**, 316, LAG Rostock MDR **01**, 337
(Betriebsrat), aM ZöH § 3 ZPO Rn 16 „Ehesache" (aber darauf kommt es oft ganz
wesentlich an); die Anwendung ausländischen Rechts, Hamm FamRZ **96**, 501.

FamGKG § 43 I. B. Gerichtskosten in Familiensachen

Unbeachtlich ist zB hier die Art und der Umfang der Folgesachen, Zweibr JB **79**, 1864, aM Düss JB **91**, 1238 (aber „Sache" meist in II 1 doch ganz wesentlich die Hauptsache). Unbeachtlich ist auch ein öffentliches Interesse, Köln JB **80**, 577; ein Rechtsmißbrauch. Denn der Wert ist kein Mittel der Ahndung.

15 **E. Vermögens- und Einkommensverhältnisse.** Dieser Faktor ist bei einer Ehesache verfassungsgemäß, BVerfG BGBl **89**, 1301 = BVerfG **80**, 106. Er ist zwingend, BVerfG FamRZ **09**, 491. Er ist auch im übrigen unbedenklich. Er ist zwar wichtig, Düss FamRZ **94**, 249 (hohes Privatvermögen). Aber er ist eben doch nur ein Einzelfaktor, Bbg JB **76**, 1233, Kblz FamRZ **93**, 827, Oldb FamRZ **09**, 1174. Es kommt auf die Verhältnisse beider Eheleute an, nicht aber auf eine Zusammenrechnung.

16–20 **F. Beispiele zur Frage der Vermögensverhältnisse, I 1**
Hier gelten dieselben Regeln wie bei § 48 GKG Rn 29–31, Teil I A dieses Buchs. Zur Vermeidung bloßer Wiederholungen vgl daher bitte dort. Fundstellen speziell zum FamGKG tragen im ABC zu § 48 GKG den Zusatz „(FamGKG)".

21, 22 **G. Beispiele zur Frage der Einkommensverhältnisse, I 1**
Hier gelten dieselben Regeln wie bei § 48 GKG Rn 32–35, Teil I A dieses Buchs. Zur Vermeidung bloßer Wiederholungen vgl daher bitte dort. Fundstellen speziell zum FamGKG tragen im ABC zu § 48 GKG den Zusatz „(FamGKG)".

23 **H. Einsatzwert, II.** Man muß den festen gesetzlichen Einsatzwert des in 3 Monaten erzielten Nettoeinkommens beider Beteiligten benutzen, Nürnb JB **06**, 358. Dabei muß man den Mindestwert von 2000 EUR nach I 2 beachten. Das gilt freilich nur für den Einzelfaktor „Einkommensverhältnisse", also nicht für die auch hier natürlich mitbeachtlichen weiteren „Umstände" nach I 1, Hamm FamRZ **01**, 431, Köln FER **98**, 18, Schlesw FamRZ **00**, 1517. Das gilt auch bei einer zugehörigen (nicht isolierten) Verfahrenskostenhilfe, § 48 GKG Anh I: 3 ZPO Rn 32, Oldb FPR **09**, 251, oder bei einer einverständlichen Scheidung, Drsd FamRZ **03**, 465, Hamm FamRZ **01**, 238, Jena FamRZ **99**, 603. Freilich ist auch hier kein Schematismus zulässig, Hamm Rpfleger **89**, 104. Eine Folgesache ist hier zunächst unbeachtlich, Brdb JB **96**, 475, ebenso eine Anhörung, Düss FamRZ **00**, 1518 und 1519. Eine *Trennung* von Tisch und Bett nach italienischem Recht ist grundsätzlich nicht geringer als eine Scheidung bewertbar, Karlsr FamRZ **99**, 605. Überhaupt ändert die Anwendung ausländischen Rechts den Wert nicht, solange sie keinen besonderen Aufwand erfordert, Stgt FamRZ **99**, 604.

24 Es kommt auf diejenigen *3 Monate* an, die hintereinander *vor der Einreichung* des Scheidungs- oder Aufhebungsantrags liegen, I in Verbindung mit § 4 ZPO, Brschw JB **98**, 259, Drsd JB **03**, 474, Oldb FPR **09**, 251, aM Kblz FamRZ **93**, 827 (vor der letzten mündlichen Verhandlung. Aber man sollte die gerade während des Verfahrens vielleicht zu neuem Streit führenden Verhältnisse nicht zugrundelegen).
Hat sich das Einkommen bis zur Antragseinreichung *verringert,* kann es auf das Dreifache des Einkommens im letzteren Zeitpunkt ankommen, Karlsr FamRZ **88**, 1193. Eine *Steigerung* während des Verfahrens ist nicht mehr beachtlich. Eine Verminderung im Verfahren ist ebensowenig beachtlich, Drsd JB **03**, 472, Karlsr JB **03**, 142.

25 **I. Abzüge vom Bruttoeinkommen.** Beachtbar sind alle gesetzlich vorgeschriebenen Beträge beliebiger Art.

26 **J. Beispiele zur Frage einer Abziehbarkeit nach II**
Bausparen: Abziehbar ist eine Direktüberweisung des Arbeitgebers an eine Bausparkasse des Arbeitnehmers.
Darlehen: Abziehbar sind die zugehörige Tilgungsraten, Hamm FamRZ **06**, 718, Karlsr FamRZ **02**, 1135, Kblz JB **99**, 475.
Fingiertes Arbeitsverhältnis: *Nicht* abziehbar sind „Leistungen" aus ihm zwecks Herabsetzung des Vermögens, Bbg JB **77**, 1117.
Freibetrag: Abziehbar ist ein Freibetrag, LG Bayreuth JB **76**, 796.
Kredit: S „Darlehen".

27 **Sozialabgabe:** Abziehbar ist eine Sozialabgabe, Bbg JB **76**, 217, Drsd FamRZ **98**, 674.
Steuern: Abziehbar sind sämtliche Steuern, Nürnb JB **77**, 377.
Unterhaltspflicht: Abziehbar ist eine solche Pflicht gegenüber einem jeden Kind, Drsd FamRZ **06**, 1053, Nürnb FamRZ **97**, 56, Schlesw FamRZ **00**, 1517.

I. B. Gerichtskosten in Familiensachen §§ 43, 44 FamGKG

Man muß aber *auf den Einzelfall abstellen,* Düss FamRZ **86**, 706, Saarbr RR **86**, 308 (es läßt nur ungewöhnliche Verbindlichkeiten zum Abzug zu). Nur mit diesem Vorbehalt daher monatlich je Kind vertretbar.
150 EUR: Düss FamRZ **86**, 706, LG Bayreuth JB **78**, 1547;
250 EUR: Drsd FamRZ **06**, 1053, Düss FamRZ **01**, 432, Karlsr FamRZ **99**, 606;
300 EUR: Hamm FamRZ **06**, 718, Kblz JB **99**, 475;
450 EUR: LG Darmst JB **76**, 1093.
Versicherungsbeitrag: Abziehbar ist eine Zahlung dieser Art an eine Privatversicherung, Bbg JB **78**, 1056.
Werbungskosten: Abziehbar sind auch erhöhte Werbungskosten.
Zwangsbeitrag: Abziehbar ist eine solche Leistung.

K. Nettoeinommen. Das ist dasjenige, was nach dem Abzug nach Rn 25, 26 vom Bruttoeinkommen verbleibt und was der Arbeitgeber demgemäß dem Empfänger oder nach dessen Weisung oder auf Grund einer etwaigen Lohnpfändung einem Dritten auszahlt, Bbg JB **76**, 217, KG FamRZ **76**, 164, Kblz JB **77**, 257.

L. Beispiele zur Frage eines Nettoeinkommens nach II
Abfindung: Anwendbar ist II auf eine Abfindung.
Ausbildungshilfe: Anwendbar ist II auf eine Ausbildungshilfe, Mümmler JB **78**, 11.
Blindenhilfe: Anwendbar sein kann II sogar auf eine Blindenhilfe, Saarbr JB **91**, 983 (Vorsicht!).
Dreizehntes Gehalt: Anwendbar ist II auf ein 13. Gehalt, KG NJW **76**, 900.
Gratifikation: Anwendbar ist II auf eine Gratifikation.
  S auch „Dreizehntes Gehalt".
Hartz IV: Anwendbar sein kann II auch auf eine solche Zuwendung, (teils zum alten Recht) Bre FamRZ **04**, 961, Drsd FamRZ **92**, 1640, Hamm FamRZ **06**, 632, aM Celle FamRZ **03**, 1677, Drsd (10. ZS) FamRZ **04**, 1225, Oldb FPR **09**, 251.
Hausfrau, Hausmann: *Unanwendbar* ist II auf den nur so Tätigen.
Kapitalzinsen: Anwendbar ist II auf Kapitalzinsen.
Kindergeld: Anwendbar ist II auf ein Kindergeld, Hamm FamRZ **06**, 718, Karlsr FamRZ **06**, 1055, aM Düss FamRZ **06**, 807.
Krankengeld: Anwendbar ist II auf ein Krankengeld.
Landwirt: Bbg JB **77**, 241.
Miete: Anwendbar ist II auf eine Mieteinnahme.
Mietersparnis: Anwendbar sein kann II auf eine Mietersparnis, Drsd JB **03**, 141.
Sachbezug: Anwendbar ist II auf einen Sachbezug.
Sozialhilfe: Anwendbar sein kann II auf eine Sozialhilfe, aM BVerfG NJW **06**, 1690, Drsd FamRZ **04**, 1225, Karlsr FamRZ **02**, 1135 (aber es geht um jede Art von Wertzufluß).
Urlaubsgeld: Anwendbar ist II auf ein Urlaubsgeld.
Verfahrenskostenhilfe: *Nicht* beachtbar ist eine solche ratenlose Hilfe, Drsd JB **03**, 142, Karlsr FamRZ **99**, 606, Zweibr JB **04**, 138, aM Brinkmann JB **04**, 5.
Weihnachtsgeld: Anwendbar ist II auf ein Weihnachtsgeld.
Wohngeld: Anwendbar ist II auf ein Wohngeld, Hamm FamRZ **06**, 718.

Verbund

44 [I] Die Scheidungssache und die Folgesachen gelten als ein Verfahren.
[II] [1] Sind in § 137 Abs. 3 des Gesetzes über das Verfahren in Familiensachen und in den Angelegenheiten der freiwilligen Gerichtsbarkeit genannte Kindschaftssachen Folgesachen, erhöht sich der Verfahrenswert nach § 43 für jede Kindschaftssache um 20 Prozent, höchstens um jeweils 3000 Euro; eine Kindschaftssache ist auch dann als ein Gegenstand zu bewerten, wenn sie mehrere Kinder betrifft. [2] Die Werte der übrigen Folgesachen werden hinzugerechnet.
[3] § 33 Abs. 1 Satz 2 ist nicht anzuwenden.
[III] Ist der Betrag, um den sich der Verfahrenswert der Ehesache erhöht (Absatz 2), nach den besonderen Umständen des Einzelfalls unbillig, kann das Gericht einen höheren oder einen niedrigeren Betrag berücksichtigen.

FamGKG §§ 44, 45   I. B. Gerichtskosten in Familiensachen

1 **1) Verfahrenseinheit, I.** Kostenmäßig entstehen dann nur einmal Beträge, wenn eine Scheidungssache und ihre Folgesachen zusammentreffen. Der Begriff der Scheidungssache steht in § 121 Z 1 FamFG, derjenige der Folgesachen in § 137 II, III und (nach Abtrennung) V FamFG. Dabei behandelt § 44 II 1 die Folgesachen nach § 137 III FamFG anders als die übrigen. Das ändert aber nichts an der kostenrechtlichen Verfahrenseinheit nach I.

2 **2) Folgesache, I 1.** Es geht also nach § 137 I, II FamFG um einen Versorgungsausgleich, dort I Z 1; um einen Unterhalt gegenüber einem gemeinsamen Kind oder gegenüber dem Ehegatten (Ausnahme: vereinfachtes Unterhaltsverfahren nach §§ 249 ff FamFG), dort I Z 2; um eine Wohnungszuweisung oder um die Haushaltsgegenstände, dort I Z 3; um das Güterrecht, dort I Z 4; um die elterliche Sorge, den Umgang oder eine Herausgabe, dort III.

3 **3) Werterhöhung, II 1.** Bei einer Kindschaftssache der eben zuletzt genannten Art nach § 137 III FamFG als Folgesache erhöht § 44 II 1 den Verfahrenswert nach § 43 je Kindschaftssache um 20% auf höchstens jeweils 3000 EUR, behandelt aber eine Kindschaftssache auch dann als nur *einen* Gegenstand, wenn sie mehrere Kinder betrifft.

4 **4) Hinzurechnung, II 2.** Die Vorschrift betrifft nur eine solche Folgesache, die nicht unter § 137 III FamFG fällt, vgl Rn 2. Hier erfolgt je Folgesache eine Wertaddition.

5 **5) Zusammentreffen, II 3.** Diese Vorschrift gilt für alle Fälle Rn 2–4. Sie macht § 33 I 2 unanwendbar. Wenn also ein nichtvermögensrechtlicher Anspruch mit einem gerade aus ihm abgeleiteten vermögensrechtlichen verbunden ist, gilt anders als dort nicht nur der höhere, sondern bleibt es bei einer nach Rn 5 stattfindenden Wertaddition.

6 **6) Höherer oder niedrigerer Wert, III.** Es handelt sich um dieselbe Regelung wie bei §§ 45 III, 47 II, 48 III, 49 II, 50 IV. Der nach § 44 II erhöhte Verfahrenswert der Ehesache muß nach den besonderen Umständen unbillig sein. Das läßt sich im Rahmen dieses sog unbestimmten Rechtsbegriffs nur in recht engen Grenzen ohne ein formelles Ermessen klären. Erst beim Vorliegen einer solchen Unbilligkeit setzt dann mit dem Wort „kann" ein eigentliches pflichtgemäßes Ermessen zum Ob und Wieviel einer Ermäßigung oder Erhöhung theoretisch bis weit hinauf oder hinunter ein. Natürlich braucht eine größere Entfernung vom Regelwert ein umso drastischeres Abweichen vom Regelfall. Hier ist ein Fingerspitzengefühl des Gerichts erforderlich.

Bestimmte Kindschaftssachen

45 ^I In einer Kindschaftssache, die
1. die Übertragung oder Entziehung der elterlichen Sorge oder eines Teils der elterlichen Sorge,
2. das Umgangsrecht einschließlich der Umgangspflegschaft oder
3. die Kindesherausgabe
betrifft, beträgt der Verfahrenswert 3000 Euro.
^{II} **Eine Kindschaftssache nach Absatz 1 ist auch dann als ein Gegenstand zu bewerten, wenn sie mehrere Kinder betrifft.**
^{III} **Ist der nach Absatz 1 bestimmte Wert nach den besonderen Umständen des Einzelfalls unbillig, kann das Gericht einen höheren oder einen niedrigeren Wert festsetzen.**

1 **1) Systematik, I–III.** Man sollte §§ 45, 46 zusammen sehen. § 45 erfaßt entsprechend seiner amtlichen Überschrift von den in § 151 Z 1–8 FamFG genannten Kindschaftssachen nur bestimmte, § 46 den Rest. § 45 hat also als die speziellere Regelung den Vorrang.

2 **2) Regelungszweck, I–III.** Die gegenüber dem alten Recht differenziertere Regelung der Kindschaftssachen bezweckt natürlich eine gerechtere Kostenbelastung bei

I. B. Gerichtskosten in Familiensachen   §§ 45, 46 FamGKG

den nach ihren Schwierigkeitsgraden und Auswirkungen ja auch sehr unterschiedlich beurteilbaren einzelnen Arten der Kindschaftssachen.

3) Elterliche Sorge, I Z 1. Es geht nur um die Übertragung oder Entziehung der 3 elterlichen Sorge oder eines Teils von ihr, nicht um etwa vorhandene weitere Aspekte der in § 151 Z 1 FamFG ja nur insgesamt umschriebenen elterlichen Sorge, Rn 1.

4) Umgangsrecht und -pflegschaft, I Z 2. Es geht hier um alle zugehörigen 4 Fragen des in § 151 Z 2 FamFG ebenso allgemein benannten Umgangsrechts.

5) Kindesherausgabe, I Z 3. Es geht hier um alle zugehörigen Fragen der in 5 § 151 Z 3 FamFG ebenso allgemein benannten Kindesherausgabe.

6) Regelwert: 3000 EUR, I Z 1–3. Der scheinbare Festwert ist in Wahrheit nur 6 der Regel- oder Ausgangswert. Das ergibt sich aus III, Rn 8, auch wenn die letztere Vorschrift nur unter besonderen Umständen anwendbar ist.

7) Mehrheit von Kindern, II. Nur in einer jeden der bestimmten Kindschaftssa- 7 chen nach I Z 1–3 bleibt der Regelwert wie ein etwa nach III festsetzbarer abweichender Wert von der Zahl der in diesem Verfahren betroffenen Kinder unabhängig.

8) Höherer oder niedrigerer Wert, III. Es handelt sich um dieselbe Regelung 8 wie bei § 44 III, 47 II, 49 II, 50 IV, 51 III 2 (eingeschränkt). Vgl daher bei § 44 III.

Übrige Kindschaftssachen

46 ^I **Wenn Gegenstand einer Kindschaftssache eine vermögensrechtliche Angelegenheit ist, gelten § 18 Abs. 3, die §§ 19 bis 25, 39 Abs. 2 und § 46 Abs. 4 der Kostenordnung entsprechend.**

^{II} **¹Bei Pflegschaften für einzelne Rechtshandlungen bestimmt sich der Verfahrenswert nach dem Wert der Rechtshandlung. ²Bezieht sich die Pflegschaft auf eine gegenwärtige oder künftige Mitberechtigung, ermäßigt sich der Wert auf den Bruchteil, der dem Anteil der Mitberechtigung entspricht. ³Bei Gesamthandsverhältnissen ist der Anteil entsprechend der Beteiligung an dem Gesamthandvermögen zu bemessen.**

^{III} **Der Wert beträgt in jedem Fall höchstens eine Million Euro.**

1) Systematik Regelungszweck, I–III. Vgl § 45 Rn 1. § 46 ist also gegenüber 1 § 45 nachrangig.

2) Vermögensrechtliche Kindschaftssache, I. Sie kann auch dann vorliegen, 2 wenn sich die vermögensrechtlichen Fragen aus einem nichtvermögensrechtlichen Anlaß ergeben. Die Verweisungen in I auf die KostO, Teil III dieses Buchs, ergeben im einzelnen folgendes.
  A. Verbindlichkeit, § 18 III KostO. Man darf sie bei der Wertermittlung nicht abziehen.
  B. Sache, § 19 KostO. Ihr Wert richtet sich nach dem umfangreichen § 19 3 KostO mit seiner alle Aufmerksamkeit erfordernden komplizierten und nicht immer praktisch leicht durchführbaren Differenzierung.
  C. Kauf, Vorkaufs- und Wiederkaufsrecht, § 20 KostO. Der Kaufpreis ist 4 danach nicht stets maßgebend.
  D. Erbbaurecht, Wohnungseigentum, Wohnungserbbaurecht, § 21 KostO. 5 Auch hier gibt es komplizierte Auswirkungen.
  E. Grunddienstbarkeit, § 22 KostO. Es können zwei verschiedene Werte ab- 6 wägbar sein.
  F. Pfandrecht usw, Rangänderung, § 23 KostO. Auch hier muß man eine 7 umfangreiche und nicht einfach übersehbare Regelung beachten.
  G. Wiederkehrende Nutzung oder Leistung, § 24 KostO. Es heißt hier das 8 umfangreiche Rechenwerk des Gesetzes genau nachzuvollziehen.
  H. Miet- oder Pachtvertrag, Dienstvertrag, § 25 KostO. Es handelt sich je 9 nach der Vertragsart um unterschiedliche jeweils relativ einfache Berechnungen.
  I. Austauschvertrag, § 39 II KostO. Der neue § 30 IV KostO (Angelegenheit 10 eines Minderjährigen) ist überraschenderweise (Redaktionsfehler des Gesetzgebers?)

531

FamGKG §§ 46–48   I. B. Gerichtskosten in Familiensachen

nicht mit in Bezug genommen worden. Ein Gesellschaftsvertrag nach dem (umbenannten) § 39 (jetzt) V KostO ist kein Austauschvertrag.

11   **J. Verfügung von Todes wegen, § 46 IV KostO.** Man darf und muß die dort genannten Abzüge vornehmen. Man darf aber nicht ein Vermächtnis, ein Pflichtteilsrecht oder eine Auflage abziehen.

12   **3) Einzelpflegschaft, II.** Es handelt sich um eine Pflegschaft für einzelne Rechtshandlungen, *II 1*. Vgl die Einzelheiten des klaren Gesetzeswortlauts nach *II 2, 3*.

13   **4) Höchstwert 1 000 000 EUR.** Diese Obergrenze gilt in allen Fällen nach I, II, natürlich je Verfahren.

Abstammungssachen

47 ^I In Abstammungssachen nach § 169 Nr. 1 und 4 des Gesetzes über das Verfahren in Familiensachen und in Angelegenheiten der freiwilligen Gerichtsbarkeit beträgt der Verfahrenswert 2000 Euro, in den übrigen Abstammungssachen 1000 Euro.

^{II} Ist der nach Absatz 1 bestimmte Wert nach den besonderen Umständen des Einzelfalls unbillig, kann das Gericht einen höheren oder einen niedrigeren Wert festsetzen.

1   **1) Geltungsbereich, I, II.** Die Vorschrift ist an die Stelle des früheren § 48 III 3 Hs 1 GKG getreten. Sie hat aber deren Inhalt in I übernommen. Freilich geht es nicht mehr um eine Kindschaftssache nach § 48 III 3 Hs 1 GKG aF, sondern entsprechend der amtlichen Überschrift von § 47 um eine Abstammungssache nach §§ 169 Z 1, 4 FamFG, also um die Feststellung des Bestehens oder Nichtbestehens eines Eltern-Kind-Verhältnisses oder um die Anfechtung der Vaterschaft.

2   **2) Regelwert, I.** Er beträgt unverändert 2000 EUR. Freilich ist das nicht mehr ein endgültiger Festwert. Das ergibt sich aus II. Wenn der Kläger die Vaterschaft mehrerer Kinder anficht usw, liegen mehrere Ansprüche vor. Man muß sie zusammenrechnen, Brdb FamRZ **04**, 1656. Das gilt auch dann, wenn es sich um Zwillinge handelt, § 7 RVG, Teil X dieses Buchs, AG Saarbr FamRZ **93**, 827.

3   **3) Höherer oder niedrigerer Wert, II.** Es handelt sich um dieselbe Regelung wie bei §§ 44 III, 45 III, 49 II, 50 IV, 51 III 2 (eingeschränkt). Vgl daher bei § 44 III.

Ehewohnungs- und Haushaltssachen

48 ^I In Ehewohnungssachen nach § 200 Absatz 1 Nummer 1 des Gesetzes über das Verfahren in Familiensachen und in den Angelegenheiten der freiwilligen Gerichtsbarkeit beträgt der Verfahrenswert 3000 Euro, in Ehewohnungssachen nach § 200 Absatz 1 Nummer 2 des Gesetzes über das Verfahren in Familiensachen und in den Angelegenheiten der freiwilligen Gerichtsbarkeit 4000 Euro.

^{II} In Haushaltssachen nach § 200 Absatz 2 Nummer 1 des Gesetzes über das Verfahren in Familiensachen und in den Angelegenheiten der freiwilligen Gerichtsbarkeit beträgt der Wert 2000 Euro, in Haushaltssachen nach § 200 Absatz 2 Nummer 2 des Gesetzes über das Verfahren in Familiensachen und in den Angelegenheiten der freiwilligen Gerichtsbarkeit 3000 Euro.

^{III} Ist der nach den Absätzen 1 und 2 bestimmte Wert nach den besonderen Umständen des Einzelfalls unbillig, kann das Gericht einen höheren oder einen niedrigeren Wert festsetzen.

Vorbem. Fassg Art 4 Z 2 G v 6. 7. 09, BGBl 1696, in Kraft seit 1. 9. 09, Art 13 G, Übergangsrecht Art 111 FGG-RG, Grdz 2 vor § 1.

1   **1) Geltungsbereich, I–III.** Die Vorschrift ist an die Stelle des nur noch in einem bis zum 31. 8. 09 beantragten oder eingeleiteten Verfahren geltenden § 100 KostO, getreten. Sie übernimmt jene Regelung im Kern, jedoch mit anderem Umfang und mit anderen Worten.

2) Regelwert, I, II. Der Ausgangswert ergibt sich in unterschiedlichen Höhen je 2
nach der Verfahrensart nach §§ 200 ff FamFG wie folgt.
    A. Ehewohnungssache, I. Es geht um eine Ehewohnungssache nach § 200 I
Z 1, 2 FamFG.
    Der *Ausgangswert* beträgt bei § 200 I Z 1: 3000 EUR, bei § 200 I Z 2: 4000 EUR.
    B. Haushaltssache, II. Es geht ferner um ein Verfahren nach § 200 II Z 1, 2 3
FamFG.
    Der *Ausgangswert* beträgt bei § 200 II Z 1: 2000 EUR, bei § 200 II Z 2:
3000 EUR.
    3) Höherer oder niedrigerer Wert, III. Es handelt sich um dieselbe Regelung 4
wie bei §§ 44 III, 45 III, 47 II, 49 II, 50 IV, 51 III 2 (eingeschränkt). Vgl daher bei
§ 44 III.

Gewaltschutzsachen

49 [I] **In Gewaltschutzsachen nach § 1 des Gewaltschutzgesetzes beträgt der Verfahrenswert 2000 Euro, in Gewaltschutzsachen nach § 2 des Gewaltschutzgesetzes 3000 Euro.**

[II] **Ist der nach Absatz 1 bestimmte Wert nach den besonderen Umständen des Einzelfalls unbillig, kann das Gericht einen höheren oder einen niedrigeren Wert festsetzen.**

1) Geltungsbereich, I, II. Die Vorschrift ist an die Stelle des nur noch in einem 1
bis zum 30. 6. 09 beantragten oder eingeleiteten Verfahren anwendbar gewesenen
§ 100a KostO getreten. Sie übernimmt jene Regelung im Kern, jedoch mit anderen
Worten.
    2) Regelwert, I. In einem Verfahren nach § 1 GewSchG liegt der Ausgangswert 2
bei 2000 EUR. Hierher gehören diejenigen in § 1 I 1 GewSchG als vorsätzliche
Körperverletzung, Gesundheitsverletzung oder Freiheitsverletzung umschriebenen
und in § 1 I 2 GewSchG beispielshaft („insbesondere") in Z 1–5 und in II 1 zusätzlich benannten Verstöße. Ferner gehören die in § 2 I GewSchG genannten Fälle von
Verstößen gegen die Grenzen einer gemeinsamen Wohnungsbenutzung.
    3) Höherer oder niedrigerer Wert, II. Es handelt sich um dieselbe Regelung 3
wie bei §§ 44 III, 45 III, 47 II, 48 III, 50 IV. Vgl daher bei § 44 III.

Versorgungsausgleichssachen

50 [I] [1]**In Versorgungsausgleichssachen beträgt der Verfahrenswert für jedes Anrecht 10 Prozent, bei Ausgleichsansprüchen nach der Scheidung für jedes Anrecht 20 Prozent des in drei Monaten erzielten Nettoeinkommens der Ehegatten.** [2]**Der Wert nach Satz 1 beträgt insgesamt mindestens 1000 Euro.**

[II] **Im Verfahren über einen Auskunftsanspruch oder über die Abtretung von Versorgungsansprüchen beträgt der Verfahrenswert 500 Euro.**

[III] **Ist der nach den Absätzen 1 und 2 bestimmte Wert nach den besonderen Umständen des Einzelfalls unbillig, kann das Gericht einen höheren oder einen niedrigeren Wert festsetzen.**

Vorbem. Fassg Art 13 VAStrRefG v 3. 4. 09, BGBl 700, in Kraft seit 1. 9. 09, Art 23
S 1 VAStrRefG, Übergangsrecht Art 111 FGG-RG, Grdz 2 vor § 1 FamGKG.

1) Systematik, I–III. Die Vorschrift enthält eine Fülle von Wertregeln für die 1
Gebühren im Verfahren über den Versorgungsausgleich nach §§ 217ff FamFG. § 50
regelt die Wertfragen wegen des Worts „nur" in § 1 I 1 abschließend.
    2) Regelungszweck, I–III. Die unterschiedlich hohen Ausgangswerte sollen 2
trotz ihrer im Ergebnis nicht sehr großen Abweichungen voneinander doch die zwar
wechselnd hohe, aber doch erhebliche Verantwortung des Gerichts wegen der oft beträchtlichen wirtschaftlichen Auswirkungen für die Beteiligten verdeutlichen. Das gilt
es insbesondere bei IV mitzubeachten.

FamGKG §§ 50, 51 I. B. Gerichtskosten in Familiensachen

3 **3) Geltungsbereich, I–III.** Die Vorschrift enthält eine gegenüber dem früheren Recht stark vereinfachte Regelung. Es gibt nur noch drei Fallgruppen.
4 **A. Versorgungsausgleichssache, I 1 Hs 1.** Hierher zählen die Situationen der §§ 6–19 VersAusglG ohne weitere Unterscheidung.
5 **B. Ausgleichsanspruch nach Scheidung, I 1 Hs 2.** Hierher zählen die Situationen der §§ 20–26 VersAusglG ohne weitere Unterscheidung.
6 **C. Auskunftsanspruch über Abtretung, II.** Hierher zählt die Situation des § 4 in Verbindung mit § 21 VersAusglG.
7 **4) Verfahrenswert, I–III.** Es gibt fünf Arten der Wertberechnung.
8 **A. 10%-Wert, I 1 Hs 1.** Dieser Wert gilt bei Rn 4. Er ist aber nur der Ausgangswert. Er kann sich nach Rn 10, 11 ändern. Maßgebend ist das nach § 43 II zu ermittelnde 3-Monats-Nettoeinkommen. Den Zeitpunkt der Wertberechnung ergibt § 34.
9 **B. 20%-Wert, I 1 Hs 2.** Dieser Wert gilt bei Rn 5. Auch er ist nur der Ausgangswert. Auch er kann sich nach Rn 10, 11 ändern. Maßgebend ist auch bei ihm das nach § 43 II zu ermittelnde 3-Monats-Nettoeinkommen. Den Zeitpunkt der Wertberechnung ergibt wiederum § 34.
10 **C. Mindestwert, I 2.** In beiden Fällen Rn 8, 9 beträgt der Mindestwert 1000 EUR.
11 **D. Festbetrag, II.** Bei Rn 6 gilt der Festwert von 500 EUR.
12 **E. Höherer oder niedrigerer Wert, III.** Es handelt sich um dieselbe Regelung wie bei §§ 44 III, 45 III, 47 II, 48 III, 49 II, 51 III 2 (eingeschränkt). Vgl daher bei § 44 III.

Unterhaltssachen

51 [I] [1]In Unterhaltssachen, die Familienstreitsachen sind und wiederkehrende Leistungen betreffen, ist der für die ersten zwölf Monate nach Einreichung des Klageantrags oder des Antrags geforderte Betrag maßgeblich, höchstens jedoch der Gesamtbetrag der geforderten Leistung. [2]Bei Unterhaltsansprüchen nach den §§ 1612a bis 1612c des Bürgerlichen Gesetzbuchs ist dem Wert nach Satz 1 der Monatsbetrag des zum Zeitpunkt der Einreichung des Klageantrags oder des Antrags geltenden Mindestunterhalts nach der zu diesem Zeitpunkt maßgebenden Altersstufe zugrunde zu legen.

[II] [1]Die bei Einreichung des Klageantrags fälligen Beträge werden dem Wert hinzugerechnet. [2]Der Einreichung des Klageantrags steht die Einreichung eines Antrags auf Bewilligung der Prozesskostenhilfe gleich, wenn der Klageantrag alsbald nach Mitteilung der Entscheidung über den Antrag oder über eine alsbald eingelegte Beschwerde eingereicht wird. [3]Die Sätze 1 und 2 sind im vereinfachten Verfahren zur Festsetzung von Unterhalt Minderjähriger entsprechend anzuwenden.

[III] [1]In Unterhaltssachen, die nicht Familienstreitsachen sind, beträgt der Wert 300 Euro. [2]Ist der Wert nach den besonderen Umständen des Einzelfalls unbillig, kann das Gericht einen höheren Wert festsetzen.

Schrifttum: *Enders* JB 09, 400 (Üb).

Gliederung

1) Systematik, Regelungszweck, I–III	1
2) Unterhalt bei Familienstreitsachen, I, II	2, 3
3) Gesetzliche Unterhaltspflicht, I	4–18
A. Begriff	4–6
B. Vergleich	7, 8
C. Verzicht	9, 10
D. Ungewolltes Kind	11
E. Weniger als ein Jahr, I 1 Hs 2	12
F. Sonstige Bedeutung des Antrags	13
G. Vaterschaftsfeststellung	14
H. Mindestunterhalt, I 2	15
I. Vollstreckungsabwehrklage	16

I. B. Gerichtskosten in Familiensachen § 51 FamGKG

J. Trennungs- und Nachscheidungsunterhalt 17
K. Umstellungsfragen 18
4) **Rückstand, II** 19
5) **Keine Familienstreitsache, III** 20–22
   A. Anwendungsbereich, III 1 20
   B. Regelwert, III 1 21
   C. Höherer Wert, III 2 22

1) Systematik, Regelungszweck, I–III. Es gelten trotz der Umgestaltung des 1 § 42 GKG durch das FGG-RG doch die Erwägungen § 42 GKG Rn 1, 2 auch bei § 51 FamGKG entsprechend.

2) Unterhalt bei Familienstreitsache, I, II. Man muß zunächst zwischen 2 einer Unterhaltssache als Familien*streit*sache nach § 112 Z 1 FamFG in Verbindung mit § 231 I FamFG und den übrigen Unterhaltssachen unterscheiden. Zur ersteren Gruppe gehören Verfahren über die durch Verwandtschaft oder durch Ehe begründete gesetzliche Unterhaltspflicht, § 231 I Z 1, 2 FamFG, sowie Ansprüche nach § 1615l oder m BGB, § 231 I Z 3 FamFG, also der Anspruch von Mutter und Vater aus Anlaß der Geburt und wegen der Beerdigungskosten für die Mutter. Zu den *übrigen Unterhaltssachen* gehören zB Verfahren nach § 231 II FamFG, also 3 nach § 3 II 3 BKGG.

3) Gesetzliche Unterhaltspflicht, I. Man muß zahlreiche Aspekte berück- 4 sichtigen.

A. Begriff. I erfaßt nur eine gesetzliche Unterhaltspflicht nach Rn 2, auch den Trennungsunterhalt, Düss JB **92**, 51, Karlsr RR **99**, 582, Köln JB **93**, 164 (je: Feststellungsklage), und eine Unterhaltsrückforderung, Hbg MDR **98**, 126, sowie eine zugehörige Vollstreckungsabwehrklage nach § 95 FamFG in Verbindung mit § 767 ZPO, Rn 16, Karlsr FamRZ **04**, 1227 links oben. Hierher gehört auch eine Klage unter der Beteiligung eines Dritten wegen der Erfüllung einer gesetzlichen Unterhaltspflicht, nicht aber wegen einer Befreiung von ihr, BGH JB **75**, 325. Eine freiwillige Unterhaltsübernahme zählt grundsätzlich nicht hierher, Bbg JB **93**, 110. Das gilt selbst dann, wenn der Schuldner eine gesetzlich etwa künftig geschuldete Leistung schon jetzt durch einen verbindlichen Vertrag für später zugesagt hat, Bbg FamRZ **97**, 38 Mitte. Wenn der Vertrag allerdings nur eine bereits bestehende gesetzliche Unterhaltspflicht näher regelt, ist I jedenfalls insoweit anwendbar, als die Vertragspflicht nicht über die gesetzliche Pflicht hinausgeht, aM Hbg JB **76**, 1234 (aber dann kommt es im Ergebnis doch nur auf die von I erfaßte gesetzliche Pflicht an). Wegen der Überschußforderung gilt dann § 113 I 2 FamFG in Verbindung mit § 9 ZPO.

I erfaßt eine Familienstreitsache und bei ihr eine „*wiederkehrende Leistung*" nach § 9 5 ZPO, § 48 GKG Anh I. § 9 ZPO ist aber nur für die Bestimmung der sachlichen Zuständigkeit und im übrigen für den Kostenstreitwert insoweit anwendbar, als der Unterhaltsanspruch kein gesetzlicher ist. § 42 hat gebührenrechtlich in seinem Geltungsumfang gegenüber § 9 ZPO den Vorrang, Hamm FamRZ **88**, 402. Die Vorschrift ist freilich nur für die Gebühren auf Grund eines gesetzlichen Unterhaltsanspruchs maßgeblich, Hbg FamRZ **82**, 322. Sie gilt zB nicht für einen Schadensersatzanspruch gegen einen Anwalt in Form einer Rente, Düss FamRZ **04**, 1226 (dann gilt § 9 ZPO, § 48 GKG Anh I). Das sollte man bei einer Wertfestsetzung erkennen und zum Ausdruck bringen, Schmidt MDR **81**, 986.

Soweit der Kläger neben einem gesetzlichen Unterhaltsanspruch *auch* einen ver- 6 traglich vereinbarten Unterhaltsanspruch geltend macht, ist sein Klagantrag maßgebend, Mü AnwBl **80**, 293, aM Zweibr MDR **78**, 496 (aber dann geht das Klagebegehren über eine gesetzliche Forderung eindeutig hinaus).

I gilt innerhalb des Kreises der gesetzlichen Unterhaltsansprüche für einen solchen Anspruch jeder Art auf Grund einer Verwandtschaft oder auf Grund der Ehe.

B. Vergleich. Ein Kapitalabfindungsvertrag außerhalb des Unterhaltsprozesses kann 7 nicht unter I fallen. Denn es fehlt an dem Merkmal einer wiederkehrenden Leistung. Wenn die Beteiligten im Unterhaltsverfahren statt einer Unterhaltsrente vergleichsweise einen einmaligen Abfindungsvertrag vereinbaren, ist allerdings I anwendbar. Denn nur der Anspruch auf die Zahlung des gesetzlichen Unterhalts ist im Streit, nicht die

FamGKG § 51 I. B. Gerichtskosten in Familiensachen

Vergleichssumme, Düss JB **92**, 51, Hbg FamRZ **87**, 184, Mümmler JB **78**, 787, aM Ffm Rpfleger **80**, 239, Schmidt AnwBl **77**, 444 (Kapitalabfindung maßgeblich). Eine bedingte Verpflichtung zur Bezahlung einer Lebensversicherung erfordert eine gesonderte Bewertung nach § 113 I 2 FamFG in Verbindung mit § 3 ZPO.

8   Wenn der Vergleich die gesetzliche Unterhalspflicht *dahingestellt* läßt, muß man als Wert den zugesagten Betrag ansetzen. Ein bloßes Titulierungsinteresse läßt sich mit 25% des Werts nach I ansetzen, Bbg JB **93**) 110, Kblz AnwBl **84**, 205, aM Mü FamRZ **90**, 778, Nürnb JB **94**, 737 (je: 5%), Bbg JB **92**, 628 (10%), Düss FamRZ **87**, 1281 (15%), Brschw JB **96**, 367 (bis 100%). Das gilt zB wegen der Einbeziehung eines unstreitigen Teilbetrags in einen Vergleich, Brschw RR **96**, 256 rechts.

9   **C. Verzicht.** Bei einem Verzicht muß man alle Umstände berücksichtigen, Bbg JB **98**, 1982, Drsd MDR **99**, 1201. Beachten muß man insbesondere die Fragen, ob der Gläubiger infolge eines Verschuldens des Schuldners mit einem Unterhalt rechnen konnte oder ob sich ihre Unterhaltspflicht infolge der zu erwartenden Bedürftigkeit des Gläubigers erhöhen könnte. Auch dann entscheidet der sich ergebende Jahresbetrag, Nürnb JB **75**, 1351. Man muß zu ihm nach V 1 Hs 1 die Rückstände hinzurechnen, berechnet nach den höchsten wiederkehrenden Leistungen. Man kann zB grundsätzlich (jetzt ca) 1200 EUR ansetzen, Düss JB **92**, 52.

10 Ein Verzicht auf das Recht der Erhebung einer *Abänderungsklage* nach § 238 FamFG verändert den Wert nicht.

11 **D. Ungewolltes Kind.** Wegen des Ersatzes von Unterhalt für ein ungewolltes Kind § 48 GKG Anh I: § 9 ZPO Rn 2.

12 **E. Weniger als ein Jahr, I 1 Hs 2.** Maßgebend ist der Gesamtbetrag des vom Antragsteller genannten Unterhaltsanspruchs, Bbg JB **79**, 1680, Brdb JB **01**, 94, Mü AnwBl **80**, 293. Nur wenn dieser Betrag endgültig geringer ist als der Wert des seit dem Antragseingang einjährigen Unterhaltsbezugs, gilt die geringere Summe, I 1 Hs 2, nicht etwa ein nach § 113 I 2 FamFG in Verbindung mit § 9 ZPO berechneter Durchschnitt. Das ist nicht schon deshalb so, weil die Ehe letztlich doch binnen eines Jahres rechtskräftig geschieden wurde, Hamm FamRZ **96**, 502, Köln JB **93**, 164, aM Bbg FamRZ **96**, 502, Hbg FamRZ **02**, 1136 (aber [jetzt] § 39 zwingt zu anderer Berechnung). Maßgeblich ist der Betrag beim Eingang des Antrags, Brdb JB **01**, 418, Hbg FamRZ **03**, 1198, Mü FamRZ **98**, 573 rechts. Nicht geltend gemachte Monate zählen nicht mit, Hbg FamRZ **03**, 1198.

13 **F. Sonstige Bedeutung des Antrags.** Der Antrag ist auch dann maßgeblich, wenn ein Tabellenbetrag abweicht, Jena FamRZ **01**, 1630 (vgl aber Rn 15), oder wenn der Antragsgegner schon freiwillig eine evtl niedrigere Unterhaltsrente gezahlt hatte, Ffm AnwBl **82**, 198, Karlsr FamRZ **91**, 468. Eine Begrenzung kann im Antrag der Gewährung auf die Dauer der Instanz liegen. Über die Berechnung bei schwankenden Beträgen § 48 GKG Anh I: § 9 ZPO Rn 3, LG Essen MDR **76**, 676. Der Antrag ist wie sonst auslegbar, Mü FamRZ **98**, 573 links (nur Spitzenbetrag). Nach I 1 steht der sonstige verfahrenseinleitende Antrag gleich, Nürnb FamRZ **02**, 684. Ein Beteiligtenwechsel ist unbeachtlich. Beim „angemessenen" Forderungsantrag ist der nach der Begründung erwartete Betrag gemeint.

14 **G. Vaterschaftsfeststellung.** Ein Antrag auf die Feststellung der Vaterschaft ist nichtvermögensrechtlich. Der Wert läßt sich gesondert berechnen, Köln FamRZ **01**, 779.

15 **H. Mindestunterhalt, I 2.** Bei einem Antrag auf die Zahlung des Mindestunterhalts nach §§ 1612a oder b BGB muß man den nach I 1 maßgebenden Wert nach I 2 wie folgt berechnen, Klüsener JB **98**, 625. Man muß zunächst denjenigen Monatsbetrag des Mindestunterhalts ermitteln, der im Zeitpunkt der Einreichung des Antrags gilt, und zwar nach dem jeweiligen Vomhundertsatz des Mindestbetrags und nach dem jeweiligen Altersstufe. Sodann muß man den so ermittelten Monatsbetrag mit 12 multiplizieren. Anschließend muß man den so gefundenen Jahresbetrag nach I 1 Hs 2 weiterprüfen. Das gilt auch dann, wenn zunächst nur der Spitzenbetrag streitig war, Celle FamRZ **03**, 466, Mü FamRZ **01**, 239.

Maßgebend ist der *jetzige Zahlbetrag*, AG Groß Gerau FamRZ **01**, 432. Anteiliges Kindergeld muß man vom Tabellenunterhalt abziehen, Hamm FamRZ **94**, 641,

I. B. Gerichtskosten in Familiensachen §§ 51–53 FamGKG

Karlsr JB **01**, 254, Mü FamRZ **05**, 1766. Denn es kommt nur auf den letztlich geschuldeten Unterhalt an, Brdb FamRZ **04**, 962, Köln FamRZ **02**, 684, AG Hainichen FamRZ **02**, 256. Das jetzige Recht ist nicht rückwirkend auf die Zeit (jetzt) vor dem 1. 7. 2009 anwendbar, (zum alten Recht) Naumb FamRZ **00**, 171.

I. Vollstreckungsabwehrklage. I gilt auch für den Streitwert der Vollstreckungsabwehrklage nach § 95 FamFG in Verbindung mit § 767 ZPO gegenüber einem solchen Vollstreckungstitel, der einen Unterhaltsanspruch enthält, Rn 3. Einen rückständigen Unterhaltsbetrag muß man nach (jetzt) II 1 einrechnen, Ffm JB **05**, 97. 16

J. Trennungs- und Nachscheidungsunterhalt. Beide Ansprüche sind nicht identisch, BGH FamRZ **85**, 581. Daher muß man sie nach § 113 I 2 FamFG in Verbindung mit § 5 ZPO addieren, Hamm FamRZ **88**, 402 (krit Schriftleitung). 17

K. Umstellungsfragen. Wenn das Gericht einen rechtskräftigen Unterhaltstitel über eine Geldrente auf die Zahlung des Mindestunterhalts umstellt, muß man als Wert den Jahresbetrag des Unterschieds zwischen der bisherigen Geldrente und dem beantragten Betrag des Mindestunterhalts ansetzen. 18

4) Rückstand, II. Man muß ihn zusätzlich bewerten. Es entstehen dieselben Fragen wie bei § 42 IV GKG. Vgl daher dort Rn 58 ff, Teil I A dieses Buchs. 19

5) Keine Familienstreitsache, III. Es gibt drei Aspekte. 20

A. Anwendungsbereich, III 1. Vgl zunächst Rn 2, 3. Es geht hier also um die restlichen Unterhaltsansprüche gleich welcher Art. Rn 4–18 nennen einige schon mit. Die dortigen Erwägungen sind hier mitbeachtbar.

B. Regelwert, III 1. Er beträgt vereinfachend 300 EUR. 21

C. Höherer Wert, III 2. Es handelt sich um eine ähnliche Regelung wie bei §§ 44 III, 45 III, 47 II, 49 II, 50 IV. Anders als dort ist zwar hier nur eine höhere Bewertung statthaft, keine niedrigere. Die Voraussetzungen einer höheren Bewertung sind aber dieselben wie bei den eben genannten Vorschriften. Vgl daher bei § 44 III. 22

Güterrechtssachen

52 [1]Wird in einer Güterrechtssache, die Familienstreitsache ist, auch über einen Antrag nach § 1382 Abs. 5 oder nach 1383 Abs. 3 des Bürgerlichen Gesetzbuchs entschieden, handelt es sich um ein Verfahren. [2]Die Werte werden zusammengerechnet.

1) Geltungsbereich, S 1, 2. Die Vorschrift erfaßt die beiden folgenden Fälle. Es muß eine Familienstreitsache sein, § 112 FamFG, und eine Güterrechtssache, §§ 261 ff FamFG. 1

A. Stundung einer Ausgleichsforderung, S 1 Fall 1. Im Rahmen des Zugewinnausgleichs nach § 1378 BGB kann das FamG nach § 1382 I 1 BGB auf einen Antrag eine unstreitige Ausgleichsforderung unter den dort genannten Voraussetzungen stunden. Soweit dazu ein Rechtsstreit anhängig ist, kann der Schuldner diesen Stundungsantrag nur in diesem Verfahren stellen, § 1382 V BGB.

B. Übertragung von Vermögensgegenständen, S 1 Fall 2. Das FamG kann anordnen, daß der Schuldner im Rahmen des Zugewinnausgleichs bestimmte Vermögensgegenstände dem Gläubiger nach § 1383 I BGB unter den dortigen Voraussetzungen unter einer Anrechnung auf die Ausgleichsforderung überträgt. Soweit auch dazu ein Verfahren anhängig ist, kann der Gläubiger diesen erforderlichen Antrag nur in diesem Verfahren stellen, § 1383 III in Verbindung mit § 1382 V BGB. 2

2) Verfahrenswert, S 1, 2. Es entsteht bei Rn 1, 2 dasselbe Verfahren. Man muß die Werte addieren. 3

Unterabschnitt 3. Wertfestsetzung

Angabe des Werts

53 [1]Bei jedem Antrag ist der Verfahrenswert, wenn dieser nicht in einer bestimmten Geldsumme besteht, kein fester Wert bestimmt ist oder sich nicht aus früheren Anträgen ergibt, und nach Aufforderung auch der Wert eines

FamGKG §§ 53–56 I. B. Gerichtskosten in Familiensachen

Teils des Verfahrensgegenstands schriftlich oder zu Protokoll der Geschäftsstelle anzugeben. ²Die Angabe kann jederzeit berichtigt werden.

1 1) **Systematik, S 1, 2.** Die Vorschrift stimmt mit § 61 GKG fast wörtlich überein. Nur das dortige Wort Streitwert heißt hier Verfahrenswert, das dortige Wort Streitgegenstand heißt hier Verfahrensgegenstand. Vgl daher bei § 61 GKG. Bei einer Geldforderung gilt § 35.

Wertfestsetzung für die Zulässigkeit der Beschwerde

54 Ist der Wert für die Zulässigkeit der Beschwerde festgesetzt, ist die Festsetzung auch für die Berechnung der Gebühren maßgebend, soweit die Wertvorschriften dieses Gesetzes nicht von den Wertvorschriften des Verfahrensrechts abweichen.

1 1) **Systematik.** Die Vorschrift stimmt mit § 62 S 1 GKG insoweit fast wörtlich überein, als es auch dort um die Zulässigkeit eines Rechtsmittels geht. Vgl daher bei § 62 GKG.

Wertfestsetzung für die Gerichtsgebühren

55 I ¹Sind Gebühren, die sich nach dem Verfahrenswert richten, mit der Einreichung des Klageantrags, des Antrags, der Einspruchs- oder der Rechtsmittelschrift oder mit der Abgabe der entsprechenden Erklärung zu Protokoll fällig, setzt das Gericht sogleich den Wert ohne Anhörung der Beteiligten durch Beschluss vorläufig fest, wenn Gegenstand des Verfahrens nicht eine bestimmte Geldsumme in Euro ist oder für den Regelfall kein fester Wert bestimmt ist. ²Einwendungen gegen die Höhe des festgesetzten Werts können nur im Verfahren über die Beschwerde gegen den Beschluss, durch den die Tätigkeit des Gerichts aufgrund dieses Gesetzes von der vorherigen Zahlung von Kosten abhängig gemacht wird, geltend gemacht werden.

II Soweit eine Entscheidung nach § 54 nicht ergeht oder nicht bindet, setzt das Gericht den Wert für die zu erhebenden Gebühren durch Beschluss fest, sobald eine Entscheidung über den gesamten Verfahrensgegenstand ergeht oder sich das Verfahren anderweitig erledigt.

III ¹Die Festsetzung kann von dem Gericht, das sie getroffen hat, und, wenn das Verfahren wegen der Hauptsache oder wegen der Entscheidung über den Verfahrenswert, den Kostenansatz oder die Kostenfestsetzung in der Rechtsmittelinstanz schwebt, von dem Rechtsmittelgericht von Amts wegen geändert werden. ²Die Änderung ist nur innerhalb von sechs Monaten zulässig, nachdem die Entscheidung in der Hauptsache Rechtskraft erlangt hat oder das Verfahren sich anderweitig erledigt hat.

1 1) **Systematik, I–III.** Es stimmen fast wörtlich oder ganz überein: I 1, 2 mit § 63 I 1, 2 GKG; II mit § 63 II 1 GKG; III 1, 2 mit § 63 III 1, 2 GKG. Vgl daher jeweils bei § 63 GKG.

Schätzung des Werts

56 ¹Wird eine Abschätzung durch Sachverständige erforderlich, ist in dem Beschluss, durch den der Verfahrenswert festgesetzt wird (§ 55), über die Kosten der Abschätzung zu entscheiden. ²Diese Kosten können ganz oder teilweise dem Beteiligten auferlegt werden, welcher die Abschätzung durch Unterlassen der ihm obliegenden Wertangabe, durch unrichtige Angabe des Werts, durch unbegründetes Bestreiten des angegebenen Werts oder durch eine unbegründete Beschwerde veranlasst hat.

1 1) **Systematik, S 1, 2.** Die Vorschrift stimmt mit § 64 GKG fast wörtlich überein. Vgl daher dort.

I. B. Gerichtskosten in Familiensachen § 57 FamGKG

Abschnitt 8. Erinnerung und Beschwerde

Erinnerung gegen den Kostenansatz, Beschwerde

57 ^I ¹Über Erinnerungen des Kostenschuldners und der Staatskasse gegen den Kostenansatz entscheidet das Gericht, bei dem die Kosten angesetzt sind. ²War das Verfahren im ersten Rechtszug bei mehreren Gerichten anhängig, ist das Gericht, bei dem es zuletzt anhängig war, auch insoweit zuständig, als Kosten bei den anderen Gerichten angesetzt worden sind.

^{II} ¹Gegen die Entscheidung des Familiengerichts über die Erinnerung findet die Beschwerde statt, wenn der Wert des Beschwerdegegenstands 200 Euro übersteigt. ²Die Beschwerde ist auch zulässig, wenn sie das Familiengericht, das die angefochtene Entscheidung erlassen hat, wegen der grundsätzlichen Bedeutung der zur Entscheidung stehenden Frage in dem Beschluss zulässt.

^{III} ¹Soweit das Familiengericht die Beschwerde für zulässig und begründet hält, hat es ihr abzuhelfen; im Übrigen ist die Beschwerde unverzüglich dem Oberlandesgericht vorzulegen. ²Das Oberlandesgericht ist an die Zulassung der Beschwerde gebunden; die Nichtzulassung ist unanfechtbar.

^{IV} ¹Anträge und Erklärungen können ohne Mitwirkung eines Rechtsanwalts schriftlich eingereicht oder zu Protokoll der Geschäftsstelle abgegeben werden; § 129a der Zivilprozessordnung gilt entsprechend. ²Für die Bevollmächtigung gelten die Regelungen des Gesetzes über das Verfahren in Familiensachen und in den Angelegenheiten der freiwilligen Gerichtsbarkeit entsprechend. ³Die Erinnerung ist bei dem Gericht einzulegen, das für die Entscheidung über die Erinnerung zuständig ist. ⁴Die Beschwerde ist bei dem Familiengericht einzulegen.

^V ¹Das Gericht entscheidet über die Erinnerung und die Beschwerde durch eines seiner Mitglieder als Einzelrichter. ²Der Einzelrichter überträgt das Verfahren dem Senat, wenn die Sache besondere Schwierigkeiten tatsächlicher oder rechtlicher Art aufweist oder die Rechtssache grundsätzliche Bedeutung hat.

^{VI} ¹Erinnerung und Beschwerde haben keine aufschiebende Wirkung. ²Das Gericht oder das Beschwerdegericht kann auf Antrag oder von Amts wegen die aufschiebende Wirkung ganz oder teilweise anordnen; ist nicht der Einzelrichter zur Entscheidung berufen, entscheidet der Vorsitzende des Gerichts.

^{VII} Entscheidungen des Oberlandesgerichts sind unanfechtbar.

^{VIII} ¹Die Verfahren sind gebührenfrei. ²Kosten werden nicht erstattet.

Vorbem. IV 1 geändert dch Art 8 Z 2b G v 30. 7. 09, BGBl 2449, in Kraft seit 5. 8. 09, Art 10 S 2 G, Übergangsrecht Art 111 FGG-RG, Grdz 2 vor § 1 FamGKG.

1) Systematik, I–VIII. Die Vorschrift stimmt mit § 66 GKG nach der folgenden 1
Tabelle überein. Vgl daher jeweils bei § 66 GKG.

§ 57 FamGKG		§ 66 GKG	
I 1	=	I 1	
2	=	3	
II 1	etwa	II 1	
2	=	2	
III 1	etwa	III 1	
2	etwa	4	
IV 1	=	V 1	
2	=	2	
3	etwa	3	
V 1	etwa	VI 1	Hs 1
2	etwa	2	
VI 1	=	VII 1	
2	etwa	2	
VII	etwa	III 3	
VIII 1, 2	=	VIII 1, 2	

FamGKG §§ 58–61 I. B. Gerichtskosten in Familiensachen

Beschwerde gegen die Anordnung einer Vorauszahlung

58 I ¹Gegen den Beschluss, durch den die Tätigkeit des Familiengerichts nur aufgrund dieses Gesetzes von der vorherigen Zahlung von Kosten abhängig gemacht wird, und wegen der Höhe des in diesem Fall im Voraus zu zahlenden Betrags findet stets die Beschwerde statt. ²§ 57 Abs. 3, 4 Satz 1 und 4, Abs. 5, 7 und 8 ist entsprechend anzuwenden. ³Soweit sich der Beteiligte in dem Hauptsacheverfahren vor dem Familiengericht durch einen Bevollmächtigten vertreten lassen muss, gilt dies auch im Beschwerdeverfahren.
II Im Fall des § 16 Abs. 2 ist § 57 entsprechend anzuwenden.

1   1) **Systematik, I, II.** Die Vorschrift stimmt mit § 67 GKG sprachlich fast und inhaltlich völlig überein. Vgl daher dort.

Beschwerde gegen die Festsetzung des Verfahrenswerts

59 I ¹Gegen den Beschluss des Familiengerichts, durch den der Verfahrenswert für die Gerichtsgebühren festgesetzt worden ist (§ 55 Abs. 2), findet die Beschwerde statt, wenn der Wert des Beschwerdegegenstands 200 Euro übersteigt. ²Die Beschwerde findet auch statt, wenn sie das Familiengericht wegen der grundsätzlichen Bedeutung der zur Entscheidung stehenden Frage in dem Beschluss zulässt. ³Die Beschwerde ist nur zulässig, wenn sie innerhalb der in § 55 Abs. 3 Satz 2 bestimmten Frist eingelegt wird; ist der Verfahrenswert später als einen Monat vor Ablauf dieser Frist festgesetzt worden, kann sie noch innerhalb eines Monats nach Zustellung oder formloser Mitteilung des Festsetzungsbeschlusses eingelegt werden. ⁴Im Fall der formlosen Mitteilung gilt der Beschluss mit dem dritten Tag nach Aufgabe zur Post als bekannt gemacht. ⁵§ 57 Abs. 3, 4 Satz 1, 2 und 4, Abs. 5 und 7 ist entsprechend anzuwenden.

II ¹War der Beschwerdeführer ohne sein Verschulden verhindert, die Frist einzuhalten, ist ihm auf Antrag vom Oberlandesgericht Wiedereinsetzung in den vorigen Stand zu gewähren, wenn er die Beschwerde binnen zwei Wochen nach der Beseitigung des Hindernisses einlegt und die Tatsachen, welche die Wiedereinsetzung begründen, glaubhaft macht. ²Nach Ablauf eines Jahres, von dem Ende der versäumten Frist an gerechnet, kann die Wiedereinsetzung nicht mehr beantragt werden.

III ¹Die Verfahren sind gebührenfrei. ²Kosten werden nicht erstattet.

1   1) **Systematik, I–III.** Die Vorschrift stimmt mit § 68 I 1–5, II 1, 2, III 1, 2 fast wörtlich überein. Vgl daher dort.

Beschwerde gegen die Auferlegung einer Verzögerungsgebühr

60 ¹Gegen den Beschluss des Familiengerichts nach § 32 findet die Beschwerde statt, wenn der Wert des Beschwerdegegenstands 200 Euro übersteigt oder das Familiengericht die Beschwerde wegen der grundsätzlichen Bedeutung der zur Entscheidung stehenden Frage *in dem Beschluss* zugelassen hat. ²§ 57 Abs. 3, 4 Satz 1, 2 und 4, Abs. 5, 7 und 8 ist entsprechend anzuwenden.

Vorbem. Es gilt wegen der Stellung der kursiv gesetzten Wörter dasselbe wie in § 69 GKG Vorbem.

1   1) **Systematik, S 1, 2.** Die Vorschrift stimmt mit § 69 GKG fast wörtlich überein. Vgl daher dort.

Abhilfe bei Verletzung des Anspruchs auf rechtliches Gehör

61 I Auf die Rüge eines durch die Entscheidung beschwerten Beteiligten ist das Verfahren fortzuführen, wenn
1. ein Rechtsmittel oder ein anderer Rechtsbehelf gegen die Entscheidung nicht gegeben ist und

I. B. Gerichtskosten in Familiensachen §§ 61, 62 FamGKG

2. das Gericht den Anspruch dieses Beteiligten auf rechtliches Gehör in entscheidungserheblicher Weise verletzt hat.

II ¹Die Rüge ist innerhalb von zwei Wochen nach Kenntnis von der Verletzung des rechtlichen Gehörs zu erheben; der Zeitpunkt der Kenntniserlangung ist glaubhaft zu machen. ²Nach Ablauf eines Jahres seit Bekanntmachung der angegriffenen Entscheidung kann die Rüge nicht mehr erhoben werden. ³Formlos mitgeteilte Entscheidungen gelten mit dem dritten Tage nach Aufgabe zur Post als bekannt gemacht. ⁴Die Rüge ist bei dem Gericht zu erheben, dessen Entscheidung angegriffen wird; § 57 Abs. 4 Satz 1 und 2 gelten entsprechend. ⁵Die Rüge muss die angegriffene Entscheidung bezeichnen und das Vorliegen der in Absatz 1 Nr. 2 genannten Voraussetzungen darlegen.

III Den übrigen Beteiligten ist, soweit erforderlich, Gelegenheit zur Stellungnahme zu geben.

IV ¹Das Gericht hat von Amts wegen zu prüfen, ob die Rüge an sich statthaft und ob sie in der gesetzlichen Form und Frist erhoben ist. ²Mangelt es an einem dieser Erfordernisse, so ist die Rüge als unzulässig zu verwerfen. ³Ist die Rüge unbegründet, weist das Gericht sie zurück. ⁴Die Entscheidung ergeht durch unanfechtbaren Beschluss. ⁵Der Beschluss soll kurz begründet werden.

V Ist die Rüge begründet, so hilft ihr das Gericht ab, indem es das Verfahren fortführt, soweit dies aufgrund der Rüge geboten ist.

VI Kosten werden nicht erstattet.

1) Systematik, I–VI. Die Vorschrift stimmt praktisch völlig mit § 69a GKG 1 überein. Vgl daher dort.

Abschnitt 9. Schluss- und Übergangsvorschriften

Rechnungsgebühren

62 I ¹In Vormundschafts- und Pflegschaftssachen werden für die Prüfung eingereichter Rechnungen, die durch einen dafür besonders bestellten Bediensteten (Rechnungsbeamten) vorgenommen wird, als Auslagen Rechnungsgebühren erhoben, die nach dem für die Arbeit erforderlichen Zeitaufwand bemessen werden. ²Sie betragen für jede Stunde 10 Euro. ³Die letzte, bereits begonnene Stunde wird voll gerechnet, wenn sie zu mehr als 30 Minuten für die Erbringung der Arbeit erforderlich war; anderenfalls sind 5 Euro zu erheben. ⁴Die Rechnungsgebühren werden nur neben der Gebühr nach Nummer 1311 des Kostenverzeichnisses und nur dann erhoben, wenn die nachgewiesenen Bruttoeinnahmen mehr als 1000 Euro für das Jahr betragen. ⁵Einnahmen aus dem Verkauf von Vermögensstücken rechnen nicht mit.

II ¹Die Rechnungsgebühren setzt das Gericht, das den Rechnungsbeamten beauftragt hat, von Amts wegen fest. ²Gegen die Festsetzung durch das Familiengericht findet die Beschwerde statt, wenn der Wert des Beschwerdegegenstands 200 Euro übersteigt oder das Gericht, das die angefochtene Entscheidung erlassen hat, die Beschwerde wegen der grundsätzlichen Bedeutung der zur Entscheidung stehenden Frage in dem Beschluss zugelassen hat. ³§ 57 Abs. 3 bis 8 gilt entsprechend. ⁴Beschwerdeberechtigt sind die Staatskasse und derjenige, der für die Rechnungsgebühren als Kostenschuldner in Anspruch genommen wird. ⁵§ 61 gilt entsprechend.

1) Systematik Regelungszweck, I, II. die Vorschrift stimmt bis auf die unten 1 näher genannten Abweichungen fast wörtlich mit § 70 GKG überein. Vgl daher zunächst dort.

2) Geltungsbereich: Vormundschafts- und Pflegschaftssache, I 1. Rech- 2 nungsgebühren als jetzt gegenüber § 70 GKG klargestellte Auslagen entstehen nur in einer solchen Kindschaftssache beim FamG, die eine Vormundschaft oder Pflegschaft nach § 151 Z 4, 5 FamFG betrifft.

3) Zulässigkeitsgrenzen, I 4, 5. Rechnungsgebühren entstehen nur zusätzlich 3 zur Jahresgebühr KVFam 1311 und daher nur unter deren Voraussetzungen, I 4 Hs 1.

541

FamGKG §§ 62, 63   I. B. Gerichtskosten in Familiensachen

Außerdem müssen die nachgewiesenen Bruttoeinnahmen jährlich 1000 EUR übersteigen, I 4 Hs 2. Dabei rechnen Einnahmen aus dem Verkauf von Vermögensstücken nicht mit, I 5. Alle drei Bedingungen müssen zusammentreffen, und zwar je Jahr.

Übergangsvorschrift

63 $^{I\ 1}$In Verfahren, die vor dem Inkrafttreten einer Gesetzesänderung anhängig geworden sind, werden die Kosten nach bisherigem Recht erhoben. ^{2}Dies gilt nicht im Verfahren über ein Rechtsmittel, das nach dem Inkrafttreten einer Gesetzesänderung eingelegt worden ist. ^{3}Die Sätze 1 und 2 gelten auch, wenn Vorschriften geändert werden, auf die dieses Gesetz verweist.

^{II} Bei Vormundschaften und bei Dauerpflegschaften gilt für Kosten, die vor dem Inkrafttreten einer Gesetzesänderung fällig geworden sind, das bisherige Recht.

1   **1) Systematik, I, II.** Die Vorschrift hat gegenüber Art 111 FGG-RG den Nachrang, Grdz 2 vor § 1 FamGKG. Sie stimmt in I 1–3 wörtlich mit § 71 I 1–3 GKG überein, in II fast wörtlich mit § 71 III GKG. Vgl daher jeweils dort.

Anlage 1
(zu § 3 Abs. 2)

Kostenverzeichnis

(Amtliche) Gliederung	KVFam
Teil 1. Gebühren	1110–1930
Hauptabschnitt 1. Hauptsacheverfahren in Ehesachen einschließlich aller Folgesachen	1110–1140
Abschnitt 1. Erster Rechtszug	1110, 1111
Abschnitt 2. Beschwerde gegen die Endentscheidung	1120–1122
Abschnitt 3. Rechtsbeschwerde gegen die Endentscheidung	1130–1132
Abschnitt 4. Zulassung der Sprungrechtsbeschwerde gegen die Endentscheidung	1140
Hauptabschnitt 2. Hauptsacheverfahren in selbständigen Familienstreitsachen	1210–1229
Abschnitt 1. Vereinfachtes Verfahren über den Unterhalt Minderjähriger	1210–1216
Unterabschnitt 1. Erster Rechtszug	1210
Unterabschnitt 2. Beschwerde gegen die Endentscheidung	1211, 1212
Unterabschnitt 3. Rechtsbeschwerde gegen die Endentscheidung	1213–1215
Unterabschnitt 4. Zulassung der Sprungrechtsbeschwerde gegen die Endentscheidung	1216
Abschnitt 2. Verfahren im Übrigen	1220–1229
Unterabschnitt 1. Erster Rechtszug	1220, 1221
Unterabschnitt 2. Beschwerde gegen die Endentscheidung	1222–1224
Unterabschnitt 3. Rechtsbeschwerde gegen die Endentscheidung	1225–1227
Unterabschnitt 4. Zulassung der Sprungrechtsbeschwerde gegen die Endentscheidung	1228, 1229
Hauptabschnitt 3. Hauptsacheverfahren in selbständigen Familiensachen der freiwilligen Gerichtsbarkeit	1310–1328
Abschnitt 1. Kindschaftssachen	1310–1319
Unterabschnitt 1. Verfahren vor dem Familiengericht	1310–1313
Unterabschnitt 2. Beschwerde gegen die Endentscheidung	1314, 1315
Unterabschnitt 3. Rechtsbeschwerde gegen die Endentscheidung	1316–1318
Unterabschnitt 4. Zulassung der Sprungrechtsbeschwerde gegen die Endentscheidung	1319
Abschnitt 2. Übrige Familiensachen der freiwilligen Gerichtsbarkeit	1320–1328
Unterabschnitt 1. Erster Rechtszug	1320, 1321
Unterabschnitt 2. Beschwerde gegen die Endentscheidung	1322–1324
Unterabschnitt 3. Rechtsbeschwerde gegen die Endentscheidung	1325–1327
Unterabschnitt 4. Zulassung der Sprungrechtsbeschwerde gegen die Endentscheidung	1328
Hauptabschnitt 4. Einstweiliger Rechtsschutz	1410–1424
Abschnitt 1. Einstweilige Anordnung in Kindschaftssachen	1410–1412
Unterabschnitt 1. Erster Rechtszug	1410
Unterabschnitt 2. Beschwerde gegen die Endentscheidung	1411, 1412
Abschnitt 2. Einstweilige Anordnung in den übrigen Familiensachen und Arrest	1420–1424
Unterabschnitt 1. Erster Rechtszug	1420, 1421
Unterabschnitt 2. Beschwerde gegen die Endentscheidung	1422–1424
Hauptabschnitt 5. Besondere Gebühren	1500–1502
Hauptabschnitt 6. Vollstreckung	1600–1603
Hauptabschnitt 7. Verfahren mit Auslandsbezug	1710–1723
Abschnitt 1. Erster Rechtszug	1710–1715
Abschnitt 2. Beschwerde und Rechtsbeschwerde gegen die Endentscheidung	1720–1723
Hauptabschnitt 8. Rüge wegen Verletzung des Anspruchs auf rechtliches Gehör	1800
Hauptabschnitt 9. Rechtsmittel im Übrigen	1910–1930
Abschnitt 1. Sonstige Beschwerden	1910–1912
Abschnitt 2. Sonstige Rechtsbeschwerden	1920–1924
Abschnitt 3. Zulassung der Sprungrechtsbeschwerde in sonstigen Fällen	1930
Teil 2. Auslagen	2000–2014

Teil 1. Gebühren

Hauptabschnitt 1. Hauptsacheverfahren in Ehesachen einschließlich aller Folgesachen

Abschnitt 1. Erster Rechtszug

Nr.	Gebührentatbestand	Gebühr oder Satz der Gebühr nach § 28 FamGKG
1110	Verfahren im Allgemeinen	2,0

1111	Beendigung des Verfahrens hinsichtlich der Ehesache oder einer Folgesache durch
	1. Zurücknahme des Antrags
	   a) vor dem Schluss der mündlichen Verhandlung,
	   b) in den Fällen des § 128 Abs. 2 ZPO vor dem Zeitpunkt, der dem Schluss der mündlichen Verhandlung entspricht,
	   c) im Falle des § 331 Abs. 3 ZPO vor Ablauf des Tages, an dem die Endentscheidung der Geschäftsstelle übermittelt wird,
	2. Anerkenntnis- oder Verzichtsentscheidung oder Endentscheidung, die nach § 38 Abs. 4 Nr. 2 und 3 FamFG keine Begründung enthält oder nur deshalb eine Begründung enthält, weil zu erwarten ist, dass der Beschluss im Ausland geltend gemacht wird (§ 38 Abs. 5 Nr. 4 FamFG), mit Ausnahme der Endentscheidung in einer Scheidungssache,
	3. gerichtlichen Vergleich oder
	4. Erledigung in der Hauptsache, wenn keine Entscheidung über die Kosten ergeht oder die Entscheidung einer zuvor mitgeteilten Einigung über die Kostentragung oder einer Kostenübernahmeerklärung folgt,
	es sei denn, dass bereits eine andere Endentscheidung als eine der in Nummer 2 genannten Entscheidungen vorausgegangen ist:
	Die Gebühr 1110 ermäßigt sich auf ....
		0,5

¹ Wird im Verbund nicht das gesamte Verfahren beendet, ist auf die beendete Ehesache oder eine oder mehrere beendete Folgesachen § 44 FamGKG anzuwenden und die Gebühr nur insoweit zu ermäßigen.

ᴵᴵ Die Vervollständigung einer ohne Begründung hergestellten Endentscheidung (§ 38 Abs. 6 FamFG) steht der Ermäßigung nicht entgegen.

ᴵᴵᴵ Die Gebühr ermäßigt sich auch, wenn mehrere Ermäßigungstatbestände erfüllt sind.

Kostenverzeichnis **Vorbem 1.1.2, 1120–1122 KVFam**

Abschnitt 2. Beschwerde gegen die Endentscheidung

(Amtliche) Vorbemerkung 1.1.2:
Dieser Abschnitt ist auch anzuwenden, wenn sich die Beschwerde auf eine Folgesache beschränkt.

Nr.	Gebührentatbestand	Gebühr oder Satz der Gebühr nach § 28 FamGKG
1120	Verfahren im Allgemeinen	3,0
1121	Beendigung des gesamten Verfahrens durch Zurücknahme der Beschwerde oder des Antrags, bevor die Schrift zur Begründung der Beschwerde bei Gericht eingegangen ist: Die Gebühr 1120 ermäßigt sich auf .... Die Erledigung in der Hauptsache steht der Zurücknahme gleich, wenn keine Entscheidung über die Kosten ergeht oder die Entscheidung einer zuvor mitgeteilten Einigung über die Kostentragung oder einer Kostenübernahmeerklärung folgt.	0,5

1122	Beendigung des Verfahrens hinsichtlich der Ehesache oder einer Folgesache, wenn nicht Nummer 1121 erfüllt ist, durch
	1. Zurücknahme der Beschwerde oder des Antrags
	  a) vor dem Schluss der mündlichen Verhandlung oder,
	  b) falls eine mündliche Verhandlung nicht stattfindet, vor Ablauf des Tages, an dem die Endentscheidung der Geschäftsstelle übermittelt wird,
	2. Anerkenntnis- oder Verzichtsentscheidung,
	3. gerichtlichen Vergleich oder
	4. Erledigung in der Hauptsache, wenn keine Entscheidung über die Kosten ergeht oder die Entscheidung einer zuvor mitgeteilten Einigung über die Kostentragung oder einer Kostenübernahmeerklärung folgt,
	es sei denn, dass bereits eine andere als eine der in Nummer 2 genannten Endentscheidungen vorausgegangen ist:
	Die Gebühr 1120 ermäßigt sich auf ....
	^I Wird im Verbund nicht das gesamte Verfahren beendet, ist auf die beendete Ehesache und auf eine oder mehrere beendete Folgesachen § 44 FamGKG anzuwenden und die Gebühr nur insoweit zu ermäßigen.
	^{II} Die Gebühr ermäßigt sich auch, wenn mehrere Ermäßigungstatbestände erfüllt sind.
		1,0

1) Geltungsbereich, Z 1–4. KVFam 1122 entspricht wesentlich der Regelung 1 KV 1211, Teil I A dieses Buches. Vgl daher dort.

Abschnitt 3. Rechtsbeschwerde gegen die Endentscheidung

(Amtliche) Vorbemerkung 1.1.3:
Dieser Abschnitt ist auch anzuwenden, wenn sich die Rechtsbeschwerde auf eine Folgesache beschränkt.

Nr.	Gebührentatbestand	Gebühr oder Satz der Gebühr nach § 28 FamGKG
1130	Verfahren im Allgemeinen	4,0
1131	Beendigung des gesamten Verfahrens durch Zurücknahme der Rechtsbeschwerde oder des Antrags, bevor die Schrift zur Begründung der Rechtsbeschwerde bei Gericht eingegangen ist: Die Gebühr 1130 ermäßigt sich auf .... Die Erledigung in der Hauptsache steht der Zurücknahme gleich, wenn keine Entscheidung über die Kosten ergeht oder die Entscheidung einer zuvor mitgeteilten Einigung über die Kostentragung oder einer Kostenübernahmeerklärung folgt.	1,0

1   1) **Geltungsbereich.** KVFam 1131 entspricht der im Beschwerdeverfahren geltenden Regelung KVFam 1121. Vgl daher dort.

Nr.	Gebührentatbestand	Gebühr oder Satz der Gebühr nach § 28 FamGKG
1132	Beendigung des Verfahrens hinsichtlich der Ehesache oder einer Folgesache durch Zurücknahme der Rechtsbeschwerde oder des Antrags vor Ablauf des Tages, an dem die Endentscheidung der Geschäftsstelle übermittelt wird, wenn nicht Nummer 1131 erfüllt ist: Die Gebühr 1130 ermäßigt sich auf .... Wird im Verbund nicht das gesamte Verfahren beendet, ist auf die beendete Ehesache und auf eine oder mehrere beendete Folgesachen § 44 FamGKG anzuwenden und die Gebühr nur insoweit zu ermäßigen.	2,0

1   1) **Geltungsbereich.** KVFam 1132 entspricht der im Beschwerdeverfahren geltenden Regelung KVFam 1122 Z 1 b. Die amtliche Anmerkung entspricht KVFam 1122 amtliche Anmerkung I. Vgl daher jeweils dort.

Abschnitt 4. Zulassung der Sprungrechtsbeschwerde gegen die Endentscheidung

Nr.	Gebührentatbestand	Gebühr oder Satz der Gebühr nach § 28 FamGKG
1140	Verfahren über die Zulassung der Sprungrechtsbeschwerde: Soweit der Antrag abgelehnt wird	1,0

Hauptabschnitt 2. Hauptsacheverfahren in selbständigen Familienstreitsachen

Abschnitt 1. Vereinfachtes Verfahren über den Unterhalt Minderjähriger

Unterabschnitt 1. Erster Rechtszug

Nr.	Gebührentatbestand	Gebühr oder Satz der Gebühr nach § 28 FamGKG
1210	Entscheidung über einen Antrag auf Festsetzung von Unterhalt nach § 249 Abs. 1 FamFG mit Ausnahme einer Festsetzung nach § 254 Satz 2 FamFG	0,5

1) Geltungsbereich. Die Vorschrift erfaßt alle im Verfahren über den Antrag nach § 249 I FamFG ergehenden Entscheidungen gleich welcher Art mit Ausnahme derjenigen nach § 254 S 2 FamFG, also soweit sich der Antragsgegner nach § 252 II 1, 2 FamFG zur Zahlung von Unterhalt verpflichtet hat. Es handelt sich nicht um eine Verfahrens-, sondern um eine Entscheidungsgebühr, (zum alten Recht) Brdb FamRZ 00, 1159. Sie entsteht also erst bei einer Sachentscheidung über den Antrag. Das etwa nach § 255 I FamFG beantragte streitige Verfahren zählt nicht hierher, sondern nach KV 1210 ff.   1

2) Streitwert. Der Streitwert ist nach § 51 ermittelbar. § 34 S 1 ist anwendbar, aM (zum alten Recht) Brdb FamRZ 00, 1159 (aber § 34 gilt allgemein).   2

3) Fälligkeit, Kostenschuldner usw. Die Fälligkeit tritt mit der Entscheidung ein, § 9 II.   3
Den *Kostenschuldner* muß man nach §§ 21, 24 Z 1 ermitteln.

Unterabschnitt 2. Beschwerde gegen die Endentscheidung

Nr.	Gebührentatbestand	Gebühr oder Satz der Gebühr nach § 28 FamGKG
1211	Verfahren über die Beschwerde nach § 256 FamFG gegen die Festsetzung von Unterhalt im vereinfachten Verfahren	1,0

1) Geltungsbereich. Die Vorschrift erfaßt das Beschwerdeverfahren nach § 256 FamFG gegen einen Festsetzungsbeschluß nach §§ 253 I oder 254 S 2 FamFG. Es handelt sich nicht um eine Entscheidungs-, sondern um eine Verfahrensgebühr. Sie entsteht unabhängig vom Verfahrensergebnis.   1

2) Verfahrenswert. Man muß die Differenz zwischen dem erstinstanzlich Entschiedenen und dem vom Beschwerdeführer als richtig angesehenen Betrag nach § 51 ermitteln.   2

3) Fälligkeit, Kostenschuldner usw. Die Fälligkeit tritt mit der Einreichung der Beschwerdeschrift ein, § 9 I.   3
Der *Kostenschuldner* ergibt sich aus §§ 21, 24.

Nr.	Gebührentatbestand	Gebühr oder Satz der Gebühr nach § 28 FamGKG
1212	Beendigung des gesamten Verfahrens ohne Endentscheidung:	0,1
	Die Gebühr 1211 ermäßigt sich auf	0,5

KVFam 1212–1216 Kostenverzeichnis

Nr.	Gebührentatbestand	Gebühr oder Satz der Gebühr nach § 28 FamGKG
	ᴵ Wenn die Entscheidung nicht durch Vorlesen der Entscheidungsformel bekannt gegeben worden ist, ermäßigt sich die Gebühr auch im Fall der Zurücknahme der Beschwerde vor Ablauf des Tages, an dem die Endentscheidung der Geschäftsstelle übermittelt wird. ᴵᴵ Eine Entscheidung über die Kosten steht der Ermäßigung nicht entgegen, wenn die Entscheidung einer zuvor mitgeteilten Einigung über die Kostentragung oder einer Kostenübernahmeerklärung folgt.	

1 1) **Geltungsbereich.** Die Vorschrift stimmt im Haupttext praktisch ganz mit KV 1811 Haupttext, in der amtlichen Anmerkung I fast ganz mit KV amtliche Anmerkung I und in der amtlichen Anmerkung II wörtlich mit KV 1811 amtliche Anmerkung II überein. Vgl daher jeweils dort.

Unterabschnitt 3. Rechtsbeschwerde gegen die Endentscheidung

Nr.	Gebührentatbestand	Gebühr oder Satz der Gebühr nach § 28 FamGKG
1213	Verfahren im Allgemeinen	1,5
1214	Beendigung des gesamten Verfahrens durch Zurücknahme der Rechtsbeschwerde oder des Antrags, bevor die Schrift zur Begründung der Rechtsbeschwerde bei Gericht eingegangen ist: Die Gebühr 1213 ermäßigt sich auf	0,5
1215	Beendigung des gesamten Verfahrens durch Zurücknahme der Rechtsbeschwerde oder des Antrags vor Ablauf des Tages, an dem die Endentscheidung der Geschäftsstelle übermittelt wird, wenn nicht Nummer 1214 erfüllt ist: Die Gebühr 1213 ermäßigt sich auf	1,0

Zu KVFam 1213–1215:
1) **Geltungsbereich.** KVFam 1213 entspricht KVFam 1130. KVFam 1214 entspricht KVFam 1131. KVFam 1215 entspricht KVFam 1132. Vgl daher jeweils dort.

Unterabschnitt 4. Zulassung der Sprungrechtsbeschwerde gegen die Endentscheidung

Nr.	Gebührentatbestand	Gebühr oder Satz der Gebühr nach § 28 FamGKG
1216	Verfahren über die Zulassung der Sprungrechtsbeschwerde: Soweit der Antrag abgelehnt wird	0,5

1 1) **Geltungsbereich.** Die Vorschrift enthält trotz der Abhängigkeit vom Verfahrensausgang doch nach dem klaren Wortlaut von KVFam 1216 nur eine Verfahrensgebühr, keine Entscheidungsgebühr. Das gilt freilich nur für den Fall, daß das Rechtsbeschwerdegericht einen Antrag auf die Zulassung einer Sprungrechtsbeschwerde

Kostenverzeichnis **1216–1220 KVFam**

nach § 75 II FamFG in Verbindung mit § 566 VI ZPO durch einen Beschluß ablehnt. *Teilablehnung* macht KVFam 1213–1215 anwendbar und wirkt sich beim Verfahrenswert nach §§ 33, 55 aus.

Abschnitt 2. Verfahren im Übrigen

Übersicht

1) **Geltungsbereich.** Abschnitt 2 steht im Hauptabschnitt 2 „Hauptsacheverfahren in selbständigen Familienstreitsachen". Familien*streit*sachen sind nur die in § 112 Z 1–3 FamFG genannten Sachen. Dessen Z 1 nennt ua Unterhaltssachen (gerade) nach § 231 I FamFG. Diese Vorschrift erfaßt auch den Unterhalt eines Volljährigen. Demgegenüber grenzt Hauptabschnitt 2 Abschnitt 1 auf das vereinfachte Verfahren über den Unterhalt Minderjähriger ein. Abschnitt 2 erfaßt also unter anderem alle weiteren Unterhaltssachen und alle nicht unter § 112 Z 1–3 FamFG fallenden weiteren Familien*streit*sachen. Die Familiensachen der freiwilligen Gerichtsbarkeit fallen unter den Hauptabschnitt 3 mit KVFam 1320 ff.   1

Unterabschnitt 1. Erster Rechtszug

Nr.	Gebührentatbestand	Gebühr oder Satz der Gebühr nach § 28 FamGKG
1220	**Verfahren im Allgemeinen** .... Soweit wegen desselben Verfahrensgegenstands ein Mahnverfahren vorausgegangen ist, entsteht die Gebühr mit dem Eingang der Akten beim Familiengericht, an das der Rechtsstreit nach Erhebung des Widerspruchs oder Einlegung des Einspruchs abgegeben wird; in diesem Fall wird eine Gebühr 1100 des Kostenverzeichnisses zum GKG nach dem Wert des Verfahrensgegenstands angerechnet, der in das Streitverfahren übergegangen ist.	3,0

Vorbem. Die Vorschrift stimmt inhaltlich ganz mit KV 1210 und dessen amtlicher Anmerkung S 1 überein. Vgl daher dort.

Gliederung

1) **Systematik**	1
2) **Regelungszweck**	2
3) **Geltungsbereich**	3
4) **Verfahrensgebühr nach Mahnverfahren, amtliche Anmerkung**	4–9
A. Widerspruch	5
B. Nichtbetreiben	6
C. Mehrere Widersprüche	7
D. Einspruch	8
E. Nachverfahren, Anrechnung	9
5) **Verfahrensgebühr: Pauschale**	10–12
6) **Entstehung, Fälligkeit**	13–19
A. Einleitender Antrag, Klagantrag	13
B. Antragserweiterung	14
C. Gegenantrag	15
D. Verfahren von Amts wegen	17
E. Rechtsmittelschrift	17
F. Antrag auf streitiges Verfahren; Einspruch	18
G. Weitere Einzelfragen	19
7) **Kostenschuldner usw.**	20–22
8) **Verfahrenswert**	23–27
A. Nach Mahnverfahren	23, 24
B. Bei Antrag, Klage usw.	25
C. Keine nachträgliche Verminderung	26
D. Wertänderung	27

KVFam 1220 Kostenverzeichnis

1 **1) Systematik.** Im Geltungsbereich Üb 1 vor KVFam 1220 entsteht regelmäßig die Gebühr für das gesamte Verfahren im allgemeinen. Es entsteht in keiner Instanz eine Entscheidungsgebühr, Rn 11. Hinzu kann evtl die Vergleichsgebühr KVFam 1500 treten. Sie entsteht zwar im Verfahren, aber nicht durch das Verfahren. Denn sie entsteht nur insoweit, als der Wert des Vergleichs den Wert des Verfahrensgegenstands überschreitet. Jede dieser Gebühren ist von der anderen unabhängig und kann von einem eigenen Verfahrenswert entstehen.

2 **2) Regelungszweck.** Die Vorschrift soll die Anrufung des Gerichts durch eine hohe Pauschalgebühr verteuern und dadurch die Verfahrensflut eindämmen, Stgt MDR **01**, 1134. Sie soll außerdem im Interesse der Verfahrenswirtschaftlichkeit nach BLAH Grdz 14 vor § 128 ZPO die Abrechnung erstinstanzlicher Verfahren vereinfachen, LG Hbg MDR **98**, 1375. Beides muß man bei der Auslegung mitbeachten.

3 **3) Geltungsbereich.** Vgl Üb 1 vor KVFam 1210.

4 **4) Verfahrensgebühr nach Mahnverfahren, amtliche Anmerkung.** Ein streitiges Verfahren findet nach einem vorausgegangenen Mahnverfahren in den folgenden Fällen statt.

5 A. **Widerspruch.** Ein Hauptsacheverfahren beginnt *prozessual*, wenn nach einem Widerspruch gegen einen Mahnbescheid einer der Beteiligten einen Antrag auf die Durchführung eines streitigen Verfahrens stellt, § 696 I 1 ZPO, Bbg (7. ZS) JB **98**, 653, LG Fulda RR **99**, 221, LG Kblz JB **99**, 260, aM Bbg (4. ZS) RR **01**, 574 (erst bei einer Abgabe an das Streitgericht). Es ist unerheblich, welcher der Beteiligten den Antrag stellt, Düss RR **97**, 704, Mü MDR **97**, 891, LG Fulda RR **99**, 221.

Soweit ein Beteiligter den Antrag bereits zusammen mit dem Mahnantrag vorsorglich gestellt hat, sei es mit oder ohne einen vorsorglichen Verweisungsantrag, beginnt das Hauptsacheverfahren *kostenrechtlich* mit dem Eingang der vollständigen *Akten* beim FamG des streitigen Verfahrens, amtliche Anmerkung Hs 1, (je zum alten Recht) Hamm JB **02**, 89, KG JB **02**, 86, Rostock MDR **02**, 666. Dadurch ist der frühere Streit beendet. Das gilt auch nach einem Einspruch gegen einen Vollstreckungsbescheid. Der Akteneingang beim unzuständigen Gericht reicht aus. Die Zahlung der Gebühr KVFam 1220 nach einer Anfrage des Gerichts, ob man ein streitiges Verfahren beantrage, reicht daher nicht mehr aus.

Das alles gilt nur für die Frage der *Entstehung* der Gebühr KVFam 1220 und für die daraus abgeleitete Frage der *Anrechenbarkeit* der Mahngebühr (jetzt) KV 1100. Es kommt dabei auf den etwaigen Posteingangsstempel und nur bei dessen Fehlen auf den Eingangsstempel der Geschäftsstelle der Abteilung oder Kammer an.

6 B. **Nichtbetreiben.** Ein Nichtbetreiben des Verfahrens nach dem Widerspruch, aber vor dem Antrag auf ein streitiges Verfahren genügt zwar an sich nicht, LG Würzb JB **98**, 147. Nach einem solchen Antrag bleibt aber KVFam 1220 trotz eines etwaigen Nichtbetreibens anwendbar, LG Bbg JB **98**, 147, Meyer JB **00**, 285, aM LG Bautzen MDR **01**, 1379, AG Hbg RR **99**, 1298 (Vorlage beim BVerfG. Aber der Antrag löste nun einmal eine weitere Gebühr aus, selbst wenn sich der Antragsteller anschließend zu ihm gegenläufig verhielt), Zimmermann JB **97**, 230.

7 C. **Mehrere Widersprüche.** Wenn gegen mehrere Mahnbescheide Widersprüche vorliegen und das FamG die Verfahren gleichzeitig verbindet, tritt keine Rückwirkung der Widersprüche auf den Zeitpunkt vor der Verbindung ein. Deshalb bleiben die Einzelverfahrenswerte maßgeblich, Hamm Rpfleger **83**, 177, Oldb JB **03**, 322. Wenn ein Verfahren gegen mehrere Widersprechende bei verschiedenen Gerichten anhängig wird, entsteht die Gebühr KVFam 1220 für jedes Verfahren nach dem jeweiligen Verfahrenswert, Hamm Rpfleger **83**, 177.

8 D. **Einspruch.** Ein Hauptsacheverfahren beginnt ferner mit einem Einspruch gegen einen Vollstreckungsbescheid, Rn 22.

9 E. **Nachverfahren, Anrechnung.** Ein Hauptsacheverfahren entsteht schließlich dann, wenn das Gericht einen Urkunden-, Wechsel- oder Scheckmahnbescheid erlassen hatte und der Antragsgegner nun nur den Antrag stellt, das Nachverfahren einzuleiten. Das Hauptsacheverfahren beginnt in diesem Fall mit der Ladung des Gegners zum Nachverfahren.

Die Gebühr KV 1100 wird *angerechnet*, KVFam 1220 amtliche Anmerkung Hs 2.

5) Verfahrensgebühr: Pauschale. Die Verfahrensgebühr besteuert das „Verfahren im allgemeinen". Sie entsteht durch jede einzelne durch das Gericht oder dem Gericht gegenüber im Lauf des Verfahrens erfolgte Verfahrenshandlung neu, Schlesw JB **96**, 204. Sie entsteht auch durch irgendeine nach der Aufhebung der Bewilligung einer Verfahrenskostenhilfe erfolgte Verfahrenshandlung. Sie entsteht aber insgesamt nur einmal, Rn 11, 15. **10**

Sie entsteht im übrigen dann nicht, wenn der Antragsteller den Antrag nach der Aufhebung der Bewilligung der Verfahrenskostenhilfe sofort *zurücknimmt* oder nach einer Versagung der Verfahrenskostenhilfe einen bedingten Antrag nicht weiterbetreibt, Kblz FamRZ **98**, 312 (jetzt KVFam 1221). Denn diese Rücknahme ist keine solche Verfahrenshandlung, die sich gerade auf den Fortgang des Verfahrens richtet.

Eine *Entscheidungsgebühr* entsteht *nicht* mehr, auch nicht als trennbarer Bestandteil der Pauschale, Düss MDR **97**, 301. Die Verfahrensgebühr gilt sämtliche Gerichtshandlungen ab, für die das Gesetz keine besonderen Gebühren vorsieht, § 29. Sie gilt insbesondere einen Vergleich ab (die Vergleichsgebühr nach KVFam 1500 betrifft nur den nicht im Verfahren befangenen Teil. Vgl freilich die Ermäßigung KVFam 1221 Z 3). **11**

Wegen der *EuGVVO* vgl KVFam 1710 Z 3. **12**

6) Entstehung, Fälligkeit. Die Verfahrensgebühr entsteht und wird fällig, soweit eine der folgenden Voraussetzungen vorliegt. **13**

A. Einleitender Antrag, Klagantrag. Die Verfahrensgebühr entsteht mit der Einreichung des unbedingten verfahrenseinleitenden Antrags oder Klagantrags beim Gericht, (jetzt) § 9 I, Mü MDR **96**, 1075, Schlesw AnwBl **97**, 288. Es kommt also nicht darauf an, ob der Antragstellervertreter anschließend darum bittet, die Sache vorerst liegen zu lassen, Kblz MDR **95**, 1269, oder ob das Gericht den Antrag dem Gegner zustellen läßt, (zum alten Recht) KG JB **98**, 429, Mü MDR **96**, 1075, Schlesw AnwBl **97**, 288 („Erledigung" vor Rechtshängigkeit). Nach einem Widerspruch wird die weitere Gebühr mit der Anhängigkeit beim Gericht des streitigen Verfahrens fällig, (jetzt) amtliche Anmerkung Hs 1, LG Memmingen JB **97**, 434.

Verfahrenskostenhilfe kann eine zulässige Bedingung des Antrags sein. Dann tritt eine Fälligkeit erst mit der Bewilligung oder dann ein, wenn der Antragsteller aus welchem Grund auch immer erklärt, er wünsche jetzt den Antrag unabhängig vom Verfahrenskostenhilfeverfahren einzureichen, oder wenn er nun den Vorschuß mit oder ohne eine Rücknahme des Verfahrenskostenhilfegesuchs zahlt, aM Mü MDR **97**, 890. Die Anforderung einer Kostenrechnung oder einer Wertfestsetzung hat dieselbe Folge.

B. Antragserweiterung. Die Verfahrensgebühr entsteht ferner, soweit der Antragsteller den Antrag durch einen mündlichen Vortrag oder durch die Einreichung eines Schriftsatzes erweitert. Die zur Erhebung notwendige Zustellung ist ebenso wie diejenige des ersten Antrags entbehrlich, § 9. **14**

C. Gegenantrag. Die Verfahrensgebühr entsteht nicht zweimal, sondern nur einmal dann, wenn der Antragsgegner einen Gegenantrag einreicht. Das gilt selbst dann, wenn das Gericht den Antrag und einen Gegenantrag zunächst getrennt behandelt hat und in beiden Verfahren das persönliche Erscheinen der Beteiligten angeordnet hat, sofern es hier im weiteren Verfahrensverlauf zur gemeinsamen Verhandlung kommt, KG Rpfleger **78**, 270. Man muß auch einen im Verfahren geltend gemachten Ersatzanspruch nach §§ 95, 113 I 2 FamFG in Verbindung mit §§ 302 IV, 600 II, 717 II ZPO als einen Gegenantrag nach KVFam 1220 ansehen, obwohl ein solcher Ersatzanspruch prozessual kein Gegenantrag zu sein braucht. **15**

Auch ein *Hilfsgegenantrag* läßt die Verfahrensgebühr entstehen. Jedoch kann die Verfahrensgebühr später rückwirkend entfallen, sofern das Gericht über den Hilfsgegenantrag nicht zu entscheiden braucht.

D. Verfahren von Amts wegen. Natürlich entsteht die Verfahrensgebühr auch bei einer Verfahrenseinleitung von Amts wegen. **16**

E. Rechtsmittelschrift. Eine Verfahrensgebühr entsteht ferner mit der Einreichung einer Rechtsmittelschrift oder Anschließungsschrift nach KVFam 1222, 1225. Auch dann reicht die bloße Einreichung aus. **17**

18 F. Antrag auf streitiges Verfahren; Einspruch. Die Verfahrensgebühr entsteht schließlich dann, wenn im Anschluß an ein Mahnverfahren einer der Beteiligten nach Rn 5 den Antrag auf die Durchführung des streitigen Verfahrens stellt oder wenn der Antragsgegner gegen einen Vollstreckungsbescheid Einspruch einlegt und die Akten daraufhin beim Gericht des streitigen Verfahrens eingehen, amtliche Anmerkung Hs 1. Hatte der Antragsteller seinen Antrag auf die Durchführung des streitigen Verfahrens wie meist bereits mit dem Mahnantrag verbunden, tritt die Fälligkeit ebenfalls erst im vorgenannten Zeitpunkt ein. Eine nachträgliche Rücknahme des Antrags auf die Durchführung des streitigen Verfahrens läßt die Gebühr KVFam 1220 unverändert bestehenbleiben.

19 G. Weitere Einzelfragen. Es ist kostenrechtlich belanglos, ob der Antragsteller seinen Antrag prozessual zulässig oder ordnungsmäßig erhoben hat, BFH BB **85**, 985. Soweit eine Verfahrensgebühr entstanden ist, bleibt das spätere Schicksal des Verfahrens usw unerheblich, Mü JB **78**, 1853, LG Hbg KTS **75**, 45.

Ausnahmsweise ermäßigt sich der Gebührenanspruch, sofern eine *Antragsrücknahme usw* oder eine Rechtsmittelrücknahme usw vorliegen, KVFam 1221 usw.

20 7) Kostenschuldner usw. Nach § 21 haftet derjenige für die Kosten, der das Verfahren der Instanz beantragt hat. Mit dem streitigen Verfahren beginnt gegenüber dem Mahnverfahren eine neue kostenrechtliche Instanz, Düss JB **92**, 102, Hbg MDR **84**, 413, Köln Rpfleger **83**, 460.

21 Hat der Antrags*gegner* des Mahnverfahrens das streitige Verfahren beantragt, ist er auch der Kostenschuldner, Düss RR **97**, 704, Hbg MDR **83**, 413, LG Osnabr JB **03**, 371, aM Bre JB **76**, 349, KG Rpfleger **80**, 121 (aber Antrag bleibt Antrag).

22 Bei einem Einspruch gegen einen *Vollstreckungsbescheid* ist kein Antrag auf die Durchführung des streitigen Verfahrens notwendig, § 700 III ZPO, Düss JB **92**, 102, Köln Rpfleger **83**, 460, Schneider JB **03**, 4. Daher beginnt das Hauptsacheverfahren kostenmäßig dann bereits mit dem Eingang der Akten bei demjenigen FamG, das das Mahngericht im Mahnbescheid nach § 692 I Z 1 ZPO bezeichnet hatte, amtliche Anmerkung Hs 1. Antragschuldner ist dann nur derjenige, der den Vollstreckungsbescheid beantragt hat.

23 8) Verfahrenswert. Man muß zwei Situationen unterscheiden.
A. Nach Mahnverfahren. Verfahrenswert ist für die Streitinstanz derjenige Wert, der in diese Instanz gelangt, Ffm RR **92**, 1342, Hbg MDR **01**, 294, Mü AnwBl **01**, 127. Wenn das Gericht also einen Mahnbescheid über 1000 EUR erlassen hat und wenn nun ein Beteiligter ein streitiges Verfahren wegen des Gesamtbetrags beantragt, ist dieser Betrag von 1000 EUR maßgebend, selbst wenn es später zB zu einer Teilerledigung usw kommt, LG Hagen MDR **97**, 790, aM Mü AnwBl **01**, 127 (aber § 34 gilt auch hier).

Wenn ein Beteiligter ein streitiges Verfahren aber nur wegen eines *Teilbetrags* beantragt hat, beträgt der Verfahrenswert für dieses streitige Verfahren nur dieses Teilbetrags, Ffm RR **92**, 1342, Mü MDR **99**, 508, Stgt MDR **99**, 634, aM (je zum alten Recht) Bbg JB **98**, 653, Hbg MDR **98**, 1121. Man muß dann auf die nach KVFam 1220 nach diesem bloßen Teilbetrag errechnete 3,0 Gebühr die nach KVFam 1100 nach demselben Teilbetrag entstehende Gebühr anrechnen. Das ergibt sich aus der amtlichen Anmerkung Hs 2. Es gilt auch dann, wenn der Antragsteller im Mahnverfahren seine höhere Forderung nur versehentlich gestellt hatte, Düss RR **98**, 1077. Stets bleibt aber die Mindestgebühr von 23 EUR nach KV 1100 (Vorrang vor § 38 II) auch bei der Berechnung des nach KVFam 1220 amtliche Anmerkung Hs 2 anrechenbaren Betrags bestehen.

24 Wenn das Gericht nach der Abgabe oder nach einer Verweisung einen *Termin* anberaumt, ist für den Verfahrenswert derjenige Betrag maßgebend, der in das streitige Verfahren gekommen ist. Sofern der Schuldner inzwischen Abzahlungen geleistet hat, ist derjenige Betrag maßgeblich, den der Gläubiger noch am Tag des Akteneingangs bei demjenigen FamG verlangt hat, an das das Mahngericht die Sache abgegeben oder verwiesen hat. Denn nur in dieser Höhe ist die Sache in Wahrheit in das streitige Verfahren gelangt, § 697 I 4 ZPO.

25 B. Bei Antrag, Klage usw. Der Verfahrenswert berechnet sich nach demjenigen des Antrags. Bei seiner Erweiterung erhöht sich die Gebühr entsprechend. Denn sie entsteht als eine Verfahrensgebühr nach dem neuen Verfahrenswert. Man muß also den alten und den neuen Verfahrenswert vergleichen. Das gilt auch insofern, als das FamG einen Antrag auf die Gewährung einer Verfahrenskostenhilfe für die Erweiterung abgelehnt hat, sofern es die Verfahrenskostenhilfe für den ursprünglichen Anspruch bewilligt hatte. Denn man würde andernfalls den Antragsteller durch die Ablehnung des Antrags im Umfang der Erweiterung mittelbar mit Kosten belasten. Bei einer Verbindung muß man bis zur Grenze (jetzt) des § 30 II addieren, § 113 I 2 FamFG in Verbindung mit § 5 ZPO, Meyer JB **99**, 240.

C. Keine nachträgliche Verminderung. Die Verfahrensgebühr kann sich nicht nachträglich vermindern. Daraus folgt: Bei der Erledigung eines Teils des Anspruchs und der anschließenden Wiedererhöhung des Anspruchs durch einen neuen Anspruch muß man diesen neuen dem Verfahrenswert hinzurechnen, sofern keine Rücknahme vorliegt, Mü MDR **97**, 688. 26

Beispiel: Die Forderung beträgt 5000 EUR. Nach einer Verhandlung zur Sache erledigt sich die Hauptsache in Höhe von 2000 EUR. Anschließend erweitert der Antragsteller die Forderung um 2000 EUR auf Grund eines anderen Sachverhalts. Der Wert beträgt jetzt 7000 EUR.

D. Wertänderung. Eine Wertänderung ist beachtlich, § 34. Das gilt zB bei einer Verfahrensverbindung. In der höheren Instanz berechnet sich der Wert nach den Anträgen des Rechtsmittelführers, § 40 I 1, andernfalls nach S 2, stets begrenzt gemäß § 40 II. Die Verfahrensgebühr erhöht sich dann nicht, wenn ein Vergleich den Verfahrensgegenstand überschreitet. Denn der überschießende Teil gehört ja nicht zum streitigen Verfahren, KVFam 1500. Eine Verfahrensverbindung läßt die bereits entstandenen Verfahrensgebühren unberührt. 27

Nr.	Gebührentatbestand	Gebühr oder Satz der Gebühr nach § 28 FamGKG

1221	**Beendigung des gesamten Verfahrens durch**
	1. **Zurücknahme des Antrags**
	   a) **vor dem Schluss der mündlichen Verhandlung,**
	   b) **in den Fällen des § 128 Abs. 2 ZPO vor dem Zeitpunkt, der dem Schluss der mündlichen Verhandlung entspricht,**
	   c) **im Fall des § 331 Abs. 3 ZPO vor Ablauf des Tages, an dem die Endentscheidung der Geschäftsstelle übermittelt wird,**
	   wenn keine Entscheidung nach § 269 Abs. 3 Satz 3 ZPO über die Kosten ergeht oder die Entscheidung einer zuvor mitgeteilten Einigung über die Kostentragung oder einer Kostenübernahmeerklärung folgt,
	2. **Anerkenntnis- oder Verzichtsentscheidung oder Endentscheidung, die nach § 38 Abs. 4 Nr. 2 oder 3 FamFG keine Begründung enthält oder nur deshalb eine Begründung enthält, weil zu erwarten ist, dass der Beschluss im Ausland geltend gemacht wird (§ 38 Abs. 5 Nr. 4 FamFG),**
	3. **gerichtlichen Vergleich oder**
	4. **Erledigung in der Hauptsache, wenn keine Entscheidung über die Kosten ergeht oder die Entscheidung einer zuvor mitgeteilten Einigung über die Kostentragung oder einer Kostenübernahmeerklärung folgt,**
	es sei denn, dass bereits eine andere Endentscheidung als eine der in Nummer 2 genannten Entscheidungen vorausgegangen ist:
	Die Gebühr 1220 ermäßigt sich auf ....
		1,0

KVFam 1221–1224

Nr.	Gebührentatbestand	Gebühr oder Satz der Gebühr nach § 28 FamGKG
	^I Die Zurücknahme des Antrags auf Durchführung des streitigen Verfahrens (§ 696 Abs. 1 ZPO), des Widerspruchs gegen den Mahnbescheid oder des Einspruchs gegen den Vollstreckungsbescheid stehen der Zurücknahme des Antrags (Nummer 1) gleich. ^{II} Die Vervollständigung einer ohne Begründung hergestellten Endentscheidung (§ 38 Abs. 6 FamFG) steht der Ermäßigung nicht entgegen. ^{III} Die Gebühr ermäßigt sich auch, wenn mehrere Ermäßigungstatbestände erfüllt sind.	

1 1) **Geltungsbereich.** Die Vorschrift stimmt mit KV 1211 weitgehend überein. Vgl daher dort.

Unterabschnitt 2. Beschwerde gegen die Endentscheidung

Nr.	Gebührentatbestand	Gebühr oder Satz der Gebühr nach § 28 FamGKG
1222	Verfahren im Allgemeinen	4,0

1 1) **Geltungsbereich.** Die dem KV 1220 vergleichbare Vorschrift gilt im Bereich Üb 1 vor KVFam 1220.
2 2) **Verfahrenswert.** Es gilt § 40.

Nr.	Gebührentatbestand	Gebühr oder Satz der Gebühr nach § 28 FamGKG
1223	Beendigung des gesamten Verfahrens durch Zurücknahme der Beschwerde oder des Antrags, bevor die Schrift zur Begründung der Beschwerde bei Gericht eingegangen ist: Die Gebühr 1222 ermäßigt sich auf .... Die Erledigung in der Hauptsache steht der Zurücknahme gleich, wenn keine Entscheidung über die Kosten ergeht oder die Entscheidung einer zuvor mitgeteilten Einigung über die Kostentragung oder einer Kostenübernahmeerklärung folgt.	1,0

1 1) **Geltungsbereich.** Die Vorschrift stimmt fast wörtlich mit KV 1221 überein. Vgl daher dort.

Nr.	Gebührentatbestand	Gebühr oder Satz der Gebühr nach § 28 FamGKG

1224	Beendigung des gesamten Verfahrens, wenn nicht Nummer 1223 erfüllt ist, durch
	1. Zurücknahme der Beschwerde oder des Antrags
	   a) vor dem Schluss der mündlichen Verhandlung oder,
	   b) falls eine mündliche Verhandlung nicht stattfindet, vor Ablauf des Tages, an dem die Endentscheidung der Geschäftsstelle übermittelt wird,	

Kostenverzeichnis 1224–1227 KVFam

Nr.	Gebührentatbestand	Gebühr oder Satz der Gebühr nach § 28 FamGKG
	2. Anerkenntnis- oder Verzichtsentscheidung, 3. gerichtlichen Vergleich oder 4. Erledigung in der Hauptsache, wenn keine Entscheidung über die Kosten ergeht oder die Entscheidung einer zuvor mitgeteilten Einigung über die Kostentragung oder einer Kostenübernahmeerklärung folgt, es sei denn, dass bereits eine andere Endentscheidung als eine der in Nummer 2 genannten Entscheidungen vorausgegangen ist: Die Gebühr 1222 ermäßigt sich auf .... Die Gebühr ermäßigt sich auch, wenn mehrere Ermäßigungstatbestände erfüllt sind.	2,0

1) **Geltungsbereich.** Die Vorschrift stimmt weitgehend mit KV 1222 überein. Vgl daher dort.

Unterabschnitt 3. Rechtsbeschwerde gegen die Endentscheidung

Nr.	Gebührentatbestand	Gebühr oder Satz der Gebühr nach § 28 FamGKG
1225	Verfahren im Allgemeinen	5,0

1) **Geltungsbereich.** Die dem KV 1820 bedingt ähnelnde Vorschrift gilt im Bereich Üb 1 vor KVFam 1220.

2) **Verfahrenswert.** Es gilt § 40.

Nr.	Gebührentatbestand	Gebühr oder Satz der Gebühr nach § 28 FamGKG
1226	Beendigung des gesamten Verfahrens durch Zurücknahme der Rechtsbeschwerde oder des Antrags, bevor die Schrift zur Begründung der Rechtsbeschwerde bei Gericht eingegangen ist: Die Gebühr 1225 ermäßigt sich auf .... Die Erledigung in der Hauptsache steht der Zurücknahme gleich, wenn keine Entscheidung über die Kosten ergeht oder die Entscheidung einer zuvor mitgeteilten Einigung über die Kostentragung oder einer Kostenübernahmeerklärung folgt.	1,0
1227	Beendigung des gesamten Verfahrens durch Zurücknahme der Rechtsbeschwerde oder des Antrags vor Ablauf des Tages, an dem die Endentscheidung der Geschäftsstelle übermittelt wird, wenn nicht Nummer 1226 erfüllt ist: Die Gebühr 1225 ermäßigt sich auf	3,0

Zu KVFam 1226, 1227:

1) **Geltungsbereich.** KVFam 1226 stimmt im Haupttext und in der amtlichen Anmerkung fast wörtlich mit KV 1221 und der dortigen amtlichen Anmerkung überein. Vgl daher dort. KVFam 1227 bezieht sich nur auf KVFam 1225.

2 2) Übermittlung, KVFam 1227. Maßgeblich ist der Eingang der vom Gericht vollständig gefertigten und unterschriebenen Entscheidung in der zuständigen Geschäftsstelle gleich auf welchem Weg. Eine Rückforderung des Gerichts ist von diesem Zeitpunkt an allenfalls wegen einer von Amts wegen geplanten Berichtigung gleich welcher Art für die Entstehung der Entscheidung erheblich. Es kommt nicht auf die Uhrzeit an, wohl aber auf das Datum. Mangels eines stets ratsamen Datumsvermerks der Geschäftsstelle muß man gebührenmäßig wegen des Worts „nur" in § 1 S 1 im Zweifel zugunsten des Kostenschuldners eine Verfahrensbeendigung nach KVFam 1227 unterstellen, sodaß die Gebührenermäßigung eintritt.

Unterabschnitt 4. Zulassung der Sprungrechtsbeschwerde gegen die Endentscheidung

Nr.	Gebührentatbestand	Gebühr oder Satz der Gebühr nach § 28 FamGKG
1228	Verfahren über die Zulassung der Sprungrechtsbeschwerde: Soweit der Antrag abgelehnt wird	1,5
1229	Verfahren über die Zulassung der Sprungrechtsbeschwerde: Soweit der Antrag zurückgenommen oder das Verfahren durch anderweitige Erledigung beendet wird ..	1,0
	Die Gebühr entsteht nicht, soweit die Sprungrechtsbeschwerde zugelassen wird.	

Zu KVFam 1228, 1229:

1 1) Geltungsbereich. Es stimmen wörtlich überein: KVFam 1228 mit KV 1240; KVFam 1229 einschließlich der amtlichen Anmerkung mit KV 1241 einschließlich der dortigen amtlichen Anmerkung. Vgl daher jeweils dort. Es gibt lediglich jetzt keine dem KV 1242, 1243 entsprechenden Regelungen. Denn das FamFG kennt kein Nichtzulassungsbeschwerdeverfahren.

Hauptabschnitt 3. Hauptsacheverfahren in selbständigen Familiensachen der freiwilligen Gerichtsbarkeit

Abschnitt 1. Kindschaftssachen

Übersicht

1 1) Geltungsbereich. Abschnitt 1 steht im Hauptabschnitt 3 „Hauptsacheverfahren in selbständigen Familiensachen der freiwilligen Gerichtsbarkeit". Familiensachen dieser Art sind nur die in § 111 Z 1–11 FamFG genannten Sachen. Dazu gehören also nicht die in § 112 Z 1–3 FamFG genannten und gebührenmäßig in KVFam 1220 ff geregelten Familien*streit*sachen. Unter den Familiensachen behandelt Abschnitt 1 jedoch nur die in § 111 Z 2 genannten Kindschaftssachen. Die übrigen Familiensachen der freiwilligen Gerichtsbarkeit fallen gebührenmäßig unter den Abschnitt 2 mit KVFam 1320 ff.

(Amtliche) Vorbemerkung 1.3.1:
I Keine Gebühren werden erhoben für
1. die Pflegschaft für eine Leibesfrucht,
2. ein Verfahren, das die freiheitsentziehende Unterbringung eines Minderjährigen betrifft, und
3. ein Verfahren, das Aufgaben nach dem Jugendgerichtsgesetz betrifft.

II Von dem Minderjährigen werden Gebühren nach diesem Abschnitt nur erhoben, wenn sein Vermögen nach Abzug der Verbindlichkeiten mehr als

25 000 Euro beträgt; der in § 90 Abs. 2 Nr. 8 des Zwölften Buches Sozialgesetzbuch genannte Vermögenswert wird nicht mitgerechnet.

Unterabschnitt 1. Verfahren vor dem Familiengericht

Nr.	Gebührentatbestand	Gebühr oder Satz der Gebühr nach § 28 FamGKG
1310	Verfahrensgebühr .... I Die Gebühr entsteht nicht für Verfahren, die in den Rahmen einer Vormundschaft oder Pflegschaft fallen. II Für die Umgangspflegschaft werden neben der Gebühr für das Verfahren, in dem diese angeordnet wird, keine besonderen Gebühren erhoben.	0,5

1) Geltungsbereich. Die Vorschrift entspricht KVFam 1220. Vgl daher dort. Die 1
amtliche Anmerkung I, II grenzt die Gebührenpflicht indessen ein. Sie hat den Vorrang.

Nr.	Gebührentatbestand	Gebühr oder Satz der Gebühr nach § 28 FamGKG
1311	Jahresgebühr für jedes Kalenderjahr bei einer Vormundschaft oder Dauerpflegschaft, wenn nicht Nummer 1312 anzuwenden ist .... I ¹Für die Gebühr wird das Vermögen des von der Maßnahme betroffenen Minderjährigen nur berücksichtigt, soweit es nach Abzug der Verbindlichkeiten mehr als 25 000 Euro beträgt; der in § 90 Abs. 2 Nr. 8 des Zwölften Buches Sozialgesetzbuch genannte Vermögenswert wird nicht mitgerechnet. ²Ist Gegenstand der Maßnahme ein Teil des Vermögens, ist höchstens dieser Teil des Vermögens zu berücksichtigen. II Für das bei Anordnung der Maßnahme oder bei der ersten Tätigkeit des Familiengerichts nach Eintritt der Vormundschaft laufende und das folgende Kalenderjahr wird nur eine Jahresgebühr erhoben. III Erstreckt sich eine Maßnahme auf mehrere Minderjährige, wird die Gebühr für jeden Minderjährigen besonders erhoben. IV Geht eine Pflegschaft in eine Vormundschaft über, handelt es sich um ein einheitliches Verfahren.	5,00 EUR je angefangene 5000,00 EUR des zu berücksichtigenden Vermögens – mindestens 50,00 EUR
1312	Jahresgebühr für jedes Kalenderjahr bei einer Dauerpflegschaft, die nicht unmittelbar das Vermögen oder Teile des Vermögens zum Gegenstand hat	200,00 EUR – höchstens eine Gebühr 1311

Zu KVFam 1311, 1312:

1) Geltungsbereich. Die Vorschriften stimmen inhaltlich weitgehend mit § 92 1
KostO, Teil III dieses Buchs, überein. Dabei entspricht KVFam 1312 § 92 I 4 KostO.
Vgl daher jeweils dort.

KVFam 1313-1315　　　　　　　　　　　　　　　　　　　Kostenverzeichnis

Nr.	Gebührentatbestand	Gebühr oder Satz der Gebühr nach § 28 FamGKG
1313	**Verfahrensgebühr bei einer Pflegschaft für einzelne Rechtshandlungen** .... I ¹Bei einer Pflegschaft für mehrere Minderjährige wird die Gebühr nur einmal aus dem zusammengerechneten Wert erhoben. ²Minderjährige, von denen nach Vorbemerkung 1.3.1 Abs. 2 keine Gebühr zu erheben ist, sind nicht zu berücksichtigen. ³Höchstgebühr ist die Summe der für alle zu berücksichtigenden Minderjährigen jeweils maßgebenden Gebühr 1311. II Als Höchstgebühr ist die Gebühr 1311 in der Höhe zugrunde zu legen, in der sie bei einer Vormundschaft entstehen würde. III Die Gebühr wird nicht erhoben, wenn für den Minderjährigen eine Vormundschaft oder eine Dauerpflegschaft, die sich auf denselben Gegenstand bezieht, besteht.	0,5 – höchstens eine Gebühr 1311

1　1) **Geltungsbereich.** Die Vorschrift stimmt inhaltlich weitgehend mit § 93 KostO, Teil III dieses Buchs, überein. Dabei entspricht KVFam 1313 amtliche Anmerkung I 1 § 93 S 3 KostO, KVFam 1313 amtliche Anmerkung III § 93 S 6 KostO. Vgl daher jeweils dort.

Unterabschnitt 2. Beschwerde gegen die Endentscheidung

Nr.	Gebührentatbestand	Gebühr oder Satz der Gebühr nach § 28 FamGKG
1314	Verfahren im Allgemeinen	1,0

1　1) **Geltungsbereich.** Die dem KV 1220 und dem KVFam 1222 vergleichbare Vorschrift gilt im Bereich Üb 1 vor KVFam vor der amtlichen Vorbemerkung 1.3.1.

2　2) **Verfahrenswert.** Es gilt § 40.

Nr.	Gebührentatbestand	Gebühr oder Satz der Gebühr nach § 28 FamGKG
1315	**Beendigung des gesamten Verfahrens ohne Endentscheidung:** Die Gebühr 1314 ermäßigt sich auf .... I Wenn die Entscheidung nicht durch Vorlesen der Entscheidungsformel bekannt gegeben worden ist, ermäßigt sich die Gebühr auch im Fall der Zurücknahme der Beschwerde vor Ablauf des Tages, an dem die Endentscheidung der Geschäftsstelle übermittelt wird. II Eine Entscheidung über die Kosten steht der Ermäßigung nicht entgegen, wenn die Entscheidung einer zuvor mitgeteilten Einigung über die Kostentragung oder einer Kostenübernahmeerklärung folgt.	0,5

1　1) **Geltungsbereich.** Die Vorschrift entspricht wörtlich KVFam 1212. Vgl daher dort.

Unterabschnitt 3. Rechtsbeschwerde gegen die Endentscheidung

Nr.	Gebührentatbestand	Gebühr oder Satz der Gebühr nach § 28 FamGKG
1316	Verfahren im Allgemeinen	1,5
1317	Beendigung des gesamten Verfahrens durch Zurücknahme der Rechtsbeschwerde oder des Antrags, bevor die Schrift zur Begründung der Beschwerde bei Gericht eingegangen ist: Die Gebühr 1316 ermäßigt sich auf	0,5
1318	Beendigung des gesamten Verfahrens durch Zurücknahme der Rechtsbeschwerde oder des Antrags vor Ablauf des Tages, an dem die Endentscheidung der Geschäftsstelle übermittelt wird, wenn nicht Nummer 1317 erfüllt ist: Die Gebühr 1316 ermäßigt sich auf	1,0

Zu KVFam 1316–1318:

1) **Geltungsbereich.** Es entsprechen: KVFam 1316 dem KVFam 1130; KVFam 1317 dem KVFam 1131; KVFam 1318 dem KVFam 1132 Haupttext. Vgl daher jeweils dort.

Unterabschnitt 4. Zulassung der Sprungrechtsbeschwerde gegen die Endentscheidung

Nr.	Gebührentatbestand	Gebühr oder Satz der Gebühr nach § 28 FamGKG
1319	Verfahren über die Zulassung der Sprungrechtsbeschwerde: Soweit der Antrag abgelehnt wird	0,5

1) **Geltungsbereich.** Die Vorschrift entspricht KVFam 1228. Vgl daher dort.

Abschnitt 2. Übrige Familiensachen der freiwilligen Gerichtsbarkeit

(Amtliche) Vorbemerkung 1.3.2:

I Dieser Abschnitt gilt für
1. Abstammungssachen,
2. Adoptionssachen, die einen Volljährigen betreffen,
3. Ehewohnungs- und Haushaltssachen,
4. Gewaltschutzsachen,
5. Versorgungsausgleichssachen sowie
6. Unterhaltssachen, Güterrechtssachen und sonstige Familiensachen (§ 111 Nr. 10 FamFG), die nicht Familienstreitsachen sind.

II In Adoptionssachen werden für Verfahren auf Ersetzung der Einwilligung zur Annahme als Kind neben den Gebühren für das Verfahren über die Annahme als Kind keine Gebühren erhoben.

Vorbem. I Z 3 geändert durch Art 4 Z 3 G v 6. 7. 09, BGBl 1696, in Kraft seit 1. 9. 09, Art 13 G, Übergangsrecht Art 111 FGG-RG, Grdz 2 vor § 1 FamGKG.

KVFam 1320–1323 Kostenverzeichnis

Unterabschnitt 1. Erster Rechtszug

Nr.	Gebührentatbestand	Gebühr oder Satz der Gebühr nach § 28 FamGKG
1320	Verfahren im Allgemeinen	2,0

1 **1) Geltungsbereich.** Ihn bezeichnet die amtliche Vorbemerkung 1.3.2 I abschließend: Abstammung, §§ 169 ff FamFG; Adoption eines Volljährigen, §§ 186 ff FamFG; Ehewohnungs- und Haushaltssachen, §§ 200 ff FamFG; Gewaltschutz, §§ 210 ff FamFG; Versorgungsausgleich, §§ 217 ff FamFG; Unterhalt, Güterrecht usw. KVFam 1320 entspricht im übrigen KVFam 1220. Vgl daher dort.
2) Ermäßigung. Vgl KVFam 1321.

Nr.	Gebührentatbestand	Gebühr oder Satz der Gebühr nach § 28 FamGKG
1321	Beendigung des gesamten Verfahrens 1. ohne Endentscheidung, 2. durch Zurücknahme des Antrags vor Ablauf des Tages, an dem die Endentscheidung der Geschäftsstelle übermittelt wird, wenn die Entscheidung nicht bereits durch Vorlesen der Entscheidungsformel bekannt gegeben worden ist, oder 3. wenn die Endentscheidung keine Begründung enthält oder nur deshalb eine Begründung enthält, weil zu erwarten ist, dass der Beschluss im Ausland geltend gemacht wird (§ 38 Abs. 5 Nr. 4 FamFG): Die Gebühr 1320 ermäßigt sich auf .... ^I Die Vervollständigung einer ohne Begründung hergestellten Endentscheidung (§ 38 Abs. 6 FamFG) steht der Ermäßigung nicht entgegen. ^{II} Die Gebühr ermäßigt sich auch, wenn mehrere Ermäßigungstatbestände erfüllt sind.	0,5

1 **1) Geltungsbereich.** Vgl zunächst die amtliche Vorbemerkung 1.3.2. Die Vorschrift stimmt in Z 1 mit KVFam 1212 bis auf die Gebührenhöhe überein. Vgl daher dort. Z 2 entspricht bis auf die Gebührenhöhe einer Kombination von KVFam 1214 (zu KVFam 1321 Hs 1) und KVFam 1212 amtliche Anmerkung I (zu KVFam 1321 Hs 2). Z 3 entspricht weitgehend KVFam 1221 Z 2. Die amtliche Anmerkung I, II entspricht wörtlich KVFam 1221 amtliche Anmerkung II, III. Vgl jeweils dort.

Unterabschnitt 2. Beschwerde gegen die Endentscheidung

Nr.	Gebührentatbestand	Gebühr oder Satz der Gebühr nach § 28 FamGKG
1322	Verfahren im Allgemeinen	3,0
1323	Beendigung des gesamten Verfahrens durch Zurücknahme der Beschwerde oder des Antrags, bevor die Schrift zur Begründung der Beschwerde bei Gericht eingegangen ist: Die Gebühr 1322 ermäßigt sich auf	0,5

Nr.	Gebührentatbestand	Gebühr oder Satz der Gebühr nach § 28 FamGKG
1324	Beendigung des gesamten Verfahrens ohne Endentscheidung, wenn nicht Nummer 1323 erfüllt ist: Die Gebühr 1322 ermäßigt sich auf .... ^I Wenn die Entscheidung nicht durch Vorlesen der Entscheidungsformel bekannt gegeben worden ist, ermäßigt sich die Gebühr auch im Fall der Zurücknahme der Beschwerde vor Ablauf des Tages, an dem die Endentscheidung der Geschäftsstelle übermittelt wird. ^{II} Eine Entscheidung über die Kosten steht der Ermäßigung nicht entgegen, wenn die Entscheidung einer zuvor mitgeteilten Einigung über die Kostentragung oder einer Kostenübernahmeerklärung folgt.	1,0

Zu KVFam 1322–1324:

1) Geltungsbereich. Es entsprechen: KVFam 1322 dem KVFam 1222; KVFam 1323 dem KVFam 1223; KVFam 1324 dem KVFam 1224. Vgl daher jeweils dort.

Unterabschnitt 3. Rechtsbeschwerde gegen die Endentscheidung

Nr.	Gebührentatbestand	Gebühr oder Satz der Gebühr nach § 28 FamGKG
1325	Verfahren im Allgemeinen	4,0
1326	Beendigung des gesamten Verfahrens durch Zurücknahme der Rechtsbeschwerde oder des Antrags, bevor die Schrift zur Begründung der Beschwerde bei Gericht eingegangen ist: Die Gebühr 1325 ermäßigt sich auf	1,0
1327	Beendigung des gesamten Verfahrens durch Zurücknahme der Rechtsbeschwerde oder des Antrags vor Ablauf des Tages, an dem die Endentscheidung der Geschäftsstelle übermittelt wird, wenn nicht Nummer 1326 erfüllt ist: Die Gebühr 1325 ermäßigt sich auf	2,0

Zu KVFam 1325–1327:

1) Geltungsbereich. Es entsprechen: KVFam 1325 dem KVFam 1225; KVFam 1326 dem KVFam 1226; KVFam 1327 dem KVFam 1227. Vgl daher jeweils dort.

Unterabschnitt 4. Zulassung der Sprungrechtsbeschwerde gegen die Endentscheidung

Nr.	Gebührentatbestand	Gebühr oder Satz der Gebühr nach § 28 FamGKG
1328	Verfahren über die Zulassung der Sprungrechtsbeschwerde: Soweit der Antrag abgelehnt wird	1,0

1) Geltungsbereich. Die Vorschrift entspricht KVFam 1228. Vgl daher dort.

KVFam Vorbem 1.4, 1410–1412, Vorbem 1.4.2   Kostenverz.

Hauptabschnitt 4. Einstweiliger Rechtsschutz

(Amtliche) Vorbemerkung 1.4:
¹Im Verfahren über den Erlass einer einstweiligen Anordnung und über deren Aufhebung oder Änderung werden die Gebühren nur einmal erhoben. ²Dies gilt entsprechend im Arrestverfahren.

Abschnitt 1. Einstweilige Anordnung in Kindschaftssachen

Unterabschnitt 1. Erster Rechtszug

Nr.	Gebührentatbestand	Gebühr oder Satz der Gebühr nach § 28 FamGKG
1410	Verfahren im Allgemeinen .... Die Gebühr entsteht nicht für Verfahren, die in den Rahmen einer Vormundschaft oder Pflegschaft fallen.	0,3

1   1) **Geltungsbereich.** Die Vorschrift stimmt inhaltlich bis auf die Gebührenhöhe mit KVFam 1310 einschließlich seiner amtlichen Anmerkung I überein. Vgl daher dort. Die auf den ersten Blick teilweise Übereinstimmung auch mit KV 1410 trügt. Das Verfahren der einstweiligen Anordnung des FamG nach dem FamFG paßt nur bedingt zum Verfahren der einstweiligen Verfügung des Prozeßgerichts nach der ZPO.

Unterabschnitt 2. Beschwerde gegen die Endentscheidung

Nr.	Gebührentatbestand	Gebühr oder Satz der Gebühr nach § 28 FamGKG
1411	Verfahren im Allgemeinen	0,5
1412	Beendigung des gesamten Verfahrens ohne Endentscheidung: Die Gebühr 1411 ermäßigt sich auf .... ᴵ Wenn die Entscheidung nicht durch Vorlesen der Entscheidungsformel bekannt gegeben worden ist, ermäßigt sich die Gebühr auch im Fall der Zurücknahme der Beschwerde vor Ablauf des Tages, an dem die Endentscheidung der Geschäftsstelle übermittelt wird. ᴵᴵ Eine Entscheidung über die Kosten steht der Ermäßigung nicht entgegen, wenn die Entscheidung einer zuvor mitgeteilten Einigung über die Kostentragung oder einer Kostenübernahmeerklärung folgt.	0,3

Zu KVFam 1411, 1412:

1   1) **Geltungsbereich.** Die Vorschriften entsprechen bis auf die jeweiligen Gebührenhöhen wörtlich KVFam 1314, 1315. Vgl daher jeweils dort.

Abschnitt 2. Einstweilige Anordnung in den übrigen Familiensachen und Arrest

(Amtliche) Vorbemerkung 1.4.2:
Dieser Abschnitt gilt für Familienstreitsachen und die in Vorbemerkung 1.3.2 genannten Verfahren.

Kostenverzeichnis 1420–1424 KVFam

Unterabschnitt 1. Erster Rechtszug

Nr.	Gebührentatbestand	Gebühr oder Satz der Gebühr nach § 28 FamGKG
1420	Verfahren im Allgemeinen	1,5

1) **Geltungsbereich.** Vgl zunächst die amtliche Vorbemerkung 1.4.2. KVFam 1
1420 entspricht bis auf die erhebliche Abweichung der Gebührenhöhe ganz KVFam
1410. Vgl daher dort.

Nr.	Gebührentatbestand	Gebühr oder Satz der Gebühr nach § 28 FamGKG
1421	Beendigung des gesamten Verfahrens ohne Endentscheidung: Die Gebühr 1420 ermäßigt sich auf .... ^I Wenn die Entscheidung nicht durch Vorlesen der Entscheidungsformel bekannt gegeben worden ist, ermäßigt sich die Gebühr auch im Fall der Zurücknahme des Antrags vor Ablauf des Tages, an dem die Endentscheidung der Geschäftsstelle übermittelt wird. ^{II} Eine Entscheidung über die Kosten steht der Ermäßigung nicht entgegen, wenn die Entscheidung einer zuvor mitgeteilten Einigung über die Kostentragung oder einer Kostenübernahmeerklärung folgt.	0,5

1) **Geltungsbereich.** Vgl zunächst die amtliche Vorbemerkung 1.4.2. KVFam 1
1421 entspricht im Haupttext und in der amtlichen Anmerkung I, II wörtlich
KVFam 1212 und seiner amtlichen Anmerkung I, II. Vgl daher dort.

Unterabschnitt 2. Beschwerde gegen die Endentscheidung

Nr.	Gebührentatbestand	Gebühr oder Satz der Gebühr nach § 28 FamGKG
1422	Verfahren im Allgemeinen	2,0
1423	Beendigung des gesamten Verfahrens durch Zurücknahme der Beschwerde oder des Antrags, bevor die Schrift zur Begründung der Beschwerde bei Gericht eingegangen ist: Die Gebühr 1422 ermäßigt sich auf	0,5

Zu KVFam 1422, 1423:

1) **Geltungsbereich.** KVFam 1422 entspricht bis auf die Gebührenhöhe wörtlich 1
KVFam 1120. KVFam 1423 entspricht praktisch wörtlich KVFam 1121 ohne dessen
amtliche Anmerkung. Vgl daher jeweils dort.

Nr.	Gebührentatbestand	Gebühr oder Satz der Gebühr nach § 28 FamGKG
1424	Beendigung des gesamten Verfahrens ohne Endentscheidung, wenn nicht Nummer 1423 erfüllt ist: Die Gebühr 1422 ermäßigt sich auf	1,0

KVFam 1424, 1500

Nr.	Gebührentatbestand	Gebühr oder Satz der Gebühr nach § 28 FamGKG
	I Wenn die Entscheidung nicht durch Vorlesen der Entscheidungsformel bekannt gegeben worden ist, ermäßigt sich die Gebühr auch im Fall der Zurücknahme der Beschwerde vor Ablauf des Tages, an dem die Endentscheidung der Geschäftsstelle übermittelt wird. II Eine Entscheidung über die Kosten steht der Ermäßigung nicht entgegen, wenn die Entscheidung einer zuvor mitgeteilten Einigung über die Kostentragung oder einer Kostenübernahmeerklärung folgt.	

1   1) **Geltungsbereich.** Die Vorschrift entspricht weitgehend KVFam 1121 ohne dessen amtliche Anmerkung. Vgl daher dort.

Hauptabschnitt 5. Besondere Gebühren

Nr.	Gebührentatbestand	Gebühr oder Satz der Gebühr nach § 28 FamGKG
1500	Abschluss eines gerichtlichen Vergleichs: Soweit der Wert des Vergleichsgegenstands den Wert des Verfahrensgegenstands übersteigt .... Die Gebühr entsteht nicht im Verfahren über die Prozess- oder Verfahrenskostenhilfe.	0,25

Gliederung

1) Systematik, Regelungszweck 1
2) Geltungsbereich 2
3) Voraussetzungen 3–12
   A. Gerichtsverfahren 3
   B. Gerichtlicher Vergleich 4, 5
   C. Überschreitung des Verfahrenswerts 6–9
   D. Maßgeblichkeit aller einbezogenen Ansprüche 10, 11
   E. Einzelfragen 12
4) Gebührenhöhe 13, 14

1   1) **Systematik, Regelungszweck.** Die Vorschrift stimmt fast wörtlich mit KV 1900 überein, Teil I A dieses Buchs. KVFam 1500 setzt 0,25 Gebühr nur für denjenigen Teil eines vor Gericht geschlossenen Verfahrensvergleichs fest, dessen Wert den bisherigen Verfahrensgegenstand übersteigt, Rn 6, 7. Die Gebühr ist eine Handlungs- oder Aktgebühr. Sie ist keine Verfahrensgebühr, auch nicht ein Ersatz für sie. Denn der Wortlaut stellt eindeutig auf das Ergebnis ab, BLAH Einl III 39. Sie ist auch keine Entscheidungsgebühr.

2   2) **Geltungsbereich.** KVFam 1500 gilt für jeden Vergleich vor dem FamG. Die Vorschrift gilt jedoch nicht bei §§ 76 ff FamFG, § 118 ZPO, Rn 3.

3   3) **Voraussetzungen.** Es müssen die folgenden Voraussetzungen zusammentreffen.
A. Gerichtsverfahren. Die Beteiligten müssen in einem gerichtlichen Verfahren einen gerichtlichen Vergleich nach Rn 4 geschlossen haben. Es ist unerheblich, um welche Verfahrensart es sich dabei im einzelnen handelt. Ausreichend ist also auch ein vorläufiges Verfahren, etwa ein Eilverfahren, ein Güteverfahren, ein Beschwerdeverfahren, ein selbständiges Beweisverfahren oder ein Vollstreckungsverfahren.
Ein im *Prozeß- oder Verfahrenskostenhilfeverfahren* nach §§ 76 ff FamFG, § 118 ZPO geschlossener Vergleich ist gerichtsgebührenfrei, amtliche Anmerkung. Das gilt selbst dann, wenn die Beteiligten ihn vor der Einlegung eines Rechtsmittels im Prozeß-

oder Verfahrenskostenhilfeverfahren höherer Instanz geschlossen haben und wenn sie weitere Ansprüche in den Vergleich hineingezogen haben. Das ergibt sich aus der kostenrechtlichen Begünstigung des Prozeß- oder Verfahrenskostenhilfeverfahrens.
B. Gerichtlicher Vergleich. Die Beteiligten müssen in diesem Gerichtsverfahren 4 auch gerade einen gerichtlichen Vergleich vor dem Richter oder Rpfl abgeschlossen haben. Er erfordert im Gegensatz zur Einigung nach VV 1000, Teil X dieses Buchs, ein gegenseitiges Nachgeben der Beteiligten. Es ist nicht erforderlich, daß die Voraussetzungen des § 794 I Z 1 ZPO erfüllt sind. Es kann also ausreichen, daß die Beteiligten die Einigung trotz eines Anwaltszwangs ohne die Mitwirkung von Anwälten schließen, etwa anläßlich einer Scheidung, Mümmler JB **78**, 161, wenn diese Einigung vor dem Gericht stattfindet. Auch ein Vergleich nach § 113 I 2 FamFG in Verbindung mit § 278 VI ZPO ist ausreichend.

Ein gerichtlicher Vergleich liegt auch dann *nicht* vor, wenn die Beteiligten einen 5 Vergleichsvorschlag des Gerichts nur außerhalb von § 278 VI ZPO lediglich *außergerichtlich* annehmen oder wenn es sich um einen Anwaltsvergleich nach §§ 796 a–c ZPO handelt, bei dem das Gericht nur für die Vollstreckbarerklärung zuständig ist, nicht für sein Zustandekommen oder für seinen Inhalt. Es liegt auch kein gerichtlicher Vergleich vor, wenn die Einigung vor einer Gütestelle stattfindet.

C. Überschreitung des Verfahrenswerts. Den gerichtlichen Vergleich gilt all- 6 gemeine Verfahrensgebühr der Instanz ab, soweit er lediglich den bisherigen Verfahrenswert betrifft. Eine Erklärung im Vergleich, zB eine Auflassung, löst auch nicht noch andere Gebühren aus, etwa diejenigen nach der KostO, Teil III dieses Buchs.

Eine Vergleichsgebühr entsteht also nur, soweit jeweils der Wert des Vergleichs 7 denjenigen des bisherigen Verfahrensgegenstands *übersteigt*, Rn 1, BGH JB **79**, 1796. Dabei ist „Vergleichsgegenstand" der vom Vergleich betroffene Gegenstand, nicht etwa der danach geschuldete. Um also zu ermitteln, ob und inwieweit KVFam 1500 anwendbar ist, muß man den Wert des bisherigen Verfahrens und denjenigen des gerichtlichen Vergleichs miteinander vergleichen und die Werte notfalls festsetzen.

Soweit der Verfahrenswert selbst bei *unterschiedlichen* Verfahrensgegenständen gleich 8 hoch bleibt, entsteht keine Gebühr. Das gilt zB dann, wenn der Antragsteller einen gesetzlichen Unterhalt für ein Jahr fordert, wenn sich die Beteiligten aber für einen unbeschränkten Zeitraum vergleichen. Denn der Verfahrenswert bleibt dann unverändert. Verschieden sind die Verfahrenswerte dagegen fast immer dann, wenn die Beteiligten die Hauptsache im Eilverfahren vergleichen. Die beiden Verfahren dienen ja verschiedenen Zwecken.

Man muß die Bedeutung einer Generalklausel „*zur Abfindung aller Ansprüche*" und 9 ähnlicher Formulierungen im Einzelfall ermitteln. Eine solche Klausel kann den Verfahrensgegenstand betreffen, aber auch alle Ansprüche neben der beiderseitigen.

D. Maßgeblichkeit aller einbezogenen Ansprüche. Maßgeblich für den Ver- 10 gleichswert sind alle irgendwie streitigen in den gerichtlichen Vergleich einbezogenen *Ansprüche*. Bei der Einbeziehung eines bisher unstreitigen Rechtsverhältnisses muß man zwar von § 779 BGB ausgehen. Man muß den dortigen Begriff „Unsicherheit" aber weit auslegen, Zweibr MDR **78**, 496 (Interesse an der Titulierung), Markl Festschrift für Schmidt (1981) 87, Schmidt MDR **75**, 27.

Man muß also zB unterscheiden, ob der Vergleich das Rechtsverhältnis nur *aufklä-* 11 *rend* (deklaratorisch) behandelt, so daß dieser Punkt unberücksichtigt bleibt, oder ob die Beteiligten einen *besonderen Vollstreckungstitel* auch für diesen Punkt schaffen wollten, oder ob in Wahrheit nur eine unstreitige Erklärung beurkundet werden sollte, um zB die Kosten einer Auflassung zu ersparen, Schmidt MDR **75**, 26.

E. Einzelfragen. Der Beitritt eines Dritten zum gerichtlichen Vergleich erhöht 12 den Vergleichsgegenstand nicht. Denn er betrifft keinen neuen Verfahrensgegenstand.

Beispiel für die Anwendbarkeit von KVFam 1500: Der Antragsteller hat einen Teilbetrag von 1000 EUR eingefordert. Die Beteiligten haben den gesamten Anspruch dahin verglichen, daß der Antragsgegner 8000 EUR zahlt. Die Vergleichsgebühr ist daher erst dann wirksam abgeschlossen, wenn eine etwaige *Widerrufsfrist abgelaufen* ist.

4) Gebührenhöhe. Die Gebühr berechnet sich nach dem Unterschied der Ver- 13 fahrenswerte, Rn 6–12. Für die Einzelwerte gelten §§ 33 ff FamGKG, § 113 I 2

KVFam 1500–1502, Vorbem 1.6 Kostenverzeichnis

FamFG in Verbindung mit 3 ZPO. Wenn sich die Gebühr trotz unterschiedlicher Verfahrenswerte nicht erhöht, darf man auch nichts erheben. Wenn der Antragsteller eine Rentenrate eingefordert hat und wenn der gerichtliche Vergleich den gesamten Rentenanspruch ergreift, berechnet man die Vergleichsgebühr aus demjenigen Zeitraum, um den 5 Jahre diejenige Zeit übersteigen, für die der Antragsteller den Anspruch hat. Die Gebühr berechnet sich auch in der höheren Instanz ohne eine Erhöhung. Sie beträgt also immer eine 0,25 Gebühr.

14 Die *Verfahrensgebühr* erhöht sich durch einen gerichtlichen Vergleich nicht. Die Vergleichsgebühr wird nicht etwa im Ergebnis auf die Verfahrensgebühr angerechnet. Denn die Verfahrensgebühr ist, wenn überhaupt, vor dem Entstehen der Vergleichsgebühr entstanden. Natürlich gilt das erst für eine Verfahrensgebühr für ein anderes Verfahren, Rn 13–15.

Nr.	Gebührentatbestand	Gebühr oder Satz der Gebühr nach § 28 FamGKG
1501	**Auferlegung einer Gebühr nach § 32 FamGKG wegen Verzögerung des Verfahrens**	**wie vom Gericht bestimmt**

1 **1) Geltungsbereich.** Die Vorschrift stimmt mit KV 1901 praktisch wörtlich überein. Vgl daher dort.

Nr.	Gebührentatbestand	Gebühr oder Satz der Gebühr nach § 28 FamGKG
1502	**Anordnung von Zwangsmaßnahmen durch Beschluss nach § 35 FamFG: je Anordnung**	**15,00 EUR**

1 **1) Geltungsbereich.** Die Vorschrift steht im Hauptabschnitt 5 „Besondere Gebühren" und nicht im Hauptabschnitt 6 „Vollstreckung". Daher erfaßt sie mit ihrer Verweisung auf § 35 FamFG nur dessen I–III, V, nicht dessen spezielleren IV, den KVFam 1602 vorrangig regelt.
Zwangsmaßnahme ist in KVFam 1502 also nur ein Vorgang außerhalb einer Vollstreckung. Er umfaßt in diesen Grenzen sowohl ein Zwangsgeld als auch eine Zwangshaft.

2 **2) Mehrheit von Anordnungen.** Jede Anordnung löst die Festgebühr aus. Das gilt hier auch dann, wenn mehrere Anordnungen dieselbe Verpflichtung betreffen. Denn es fehlt hier abweichend von KVFam 1602 amtliche Anmerkung S 1 eine Begrenzung.

Hauptabschnitt 6. Vollstreckung

(Amtliche) Vorbemerkung 1.6:

[1] **Die Vorschriften dieses Hauptabschnitts gelten für die Vollstreckung nach Buch 1 Abschnitt 8 des FamFG, soweit das Familiengericht zuständig ist.** [2] **Für Handlungen durch das Vollstreckungs- oder Arrestgericht werden Gebühren nach dem GKG erhoben.**

1 **1) Geltungsbereich.** Buch 1 Abschnitt 8 FamFG umfaßt §§ 86–96 FamFG. § 86 I Z 1–3 FamFG eröffnet eine Vollstreckung aus einem gerichtlichen Beschluß, einem gerichtlich gebilligten Vergleich und weiteren Vollstreckungstiteln nach § 784 ZPO, soweit die Beteiligten über den Verfahrensgegenstand verfügen können. §§ 88 ff Fam-

Vorbem 1.6, 1600–1603 KVFam

FG regeln die Vollstreckung über eine Herausgabe einer Person und über den Umgang. § 95 FamFG macht die ZPO auf eine Vollstreckung wegen der dort I Z 1–5 genannten Lagen entsprechend anwendbar. § 96 FamFG behandelt die Vollstreckung nach dem GewSchG und in einer Wohnungszuweisungssache.

Nr.	Gebührentatbestand	Gebühr oder Satz der Gebühr nach § 28 FamGKG
1600	**Verfahren über den Antrag auf Erteilung einer weiteren vollstreckbaren Ausfertigung (§ 733 ZPO)** .... ¹ Die Gebühr wird für jede weitere vollstreckbare Ausfertigung gesondert erhoben. ² Sind wegen desselben Anspruchs in einem Mahnverfahren gegen mehrere Personen gesonderte Vollstreckungsbescheide erlassen worden und werden hiervon gleichzeitig mehrere weitere vollstreckbare Ausfertigungen beantragt, wird die Gebühr nur einmal erhoben.	15,00 EUR

1) Geltungsbereich. Die Vorschrift stimmt im Haupttext und in der amtlichen 1
Anmerkung wörtlich mit KV 2110 überein. Vgl daher dort.

Nr.	Gebührentatbestand	Gebühr oder Satz der Gebühr nach § 28 FamGKG
1601	**Anordnung der Vornahme einer vertretbaren Handlung durch einen Dritten**	15,00 EUR
1602	**Anordnung von Zwangs- oder Ordnungsmitteln: je Anordnung** .... ¹ Mehrere Anordnungen gelten als eine Anordnung, wenn sie dieselbe Verpflichtung betreffen. ² Dies gilt nicht, wenn Gegenstand der Verpflichtung die wiederholte Vornahme einer Handlung oder eine Unterlassung ist.	15,00 EUR

1) Geltungsbereich. Die Vorschrift ähnelt ein wenig KV 2111. Sie hat aber einen 1
anderen Geltungsbereich.
A. Zwangsmittel. Nach § 35 FamFG kann das Gericht zur Durchsetzung einer Anordnung auf die Vornahme oder Unterlassung einer Handlung grundsätzlich ein Zwangsgeld oder Zwangshaft festsetzen.
B. Ordnungsmittel. Nach § 89 I FamFG soll das Gericht bei einem Verstoß ge- 2
gen einen Vollstreckungstitel zur Herausgabe einer Person oder zur Umgangsregelung ein Ordnungsgeld oder eine Ordnungshaft anordnen.

Nr.	Gebührentatbestand	Gebühr oder Satz der Gebühr nach § 28 FamGKG
1603	**Verfahren zur Abnahme einer eidesstattlichen Versicherung (§ 94 FamFG)** .... Die Gebühr entsteht mit der Anordnung des Gerichts, dass der Verpflichtete eine eidesstattliche Versicherung abzugeben hat, oder mit dem Eingang des Antrags des Berechtigten.	30,00 EUR

1) Geltungsbereich. Die Vorschrift ähnelt KV 2114. Sie hat aber einen anderen 1
Geltungsbereich, nämlich den Fall, daß das FamG anordnet, über den Verbleib einer

KVFam 1603–1712   Kostenverzeichnis

herauszugebenden Person dem Verpflichteten eine eidesstattliche Versicherung abzunehmen, § 94 S 1 FamFG. Das Verfahren richtet sich gemäß § 94 S 2 FamFG nach §§ 883 II–IV, 900 I, 901, 902, 904–910, 913 ZPO.

Hauptabschnitt 7. Verfahren mit Auslandsbezug

Abschnitt 1. Erster Rechtszug

Nr.	Gebührentatbestand	Gebühr oder Satz der Gebühr nach § 28 FamGKG
1710	**Verfahren über Anträge auf** 1. **Erlass einer gerichtlichen Anordnung auf Rückgabe des Kindes oder über das Recht zum persönlichen Umgang nach dem IntFamRVG,** 2. **Vollstreckbarerklärung ausländischer Titel,** 3. **Feststellung, ob die ausländische Entscheidung anzuerkennen ist, einschließlich der Anordnungen nach § 33 IntFamRVG zur Wiederherstellung des Sorgeverhältnisses,** 4. **Erteilung der Vollstreckungsklausel zu ausländischen Titeln und** 5. **Aufhebung oder Abänderung von Entscheidungen in den in den Nummern 2 bis 4 genannten Verfahren**	200,00 EUR

1   1) **Geltungsbereich.** KVFam 1710 Z 1 neu. Z 2 entspricht wörtlich KV 1510 Z 1. Z 3 entspricht in Hs 1 wörtlich KV 1510 Z 2; in Hs 2 Bezug auf einen nicht vorhandenen „§ 33 IntFamRVG" (es gibt nur einen *Art* 33 IntFamRVG mit anderem Inhalt). Z 4 entspricht wörtlich KV 1510 Z 3. Z 3 entspricht inhaltlich KV 1510 Z 4. Vgl daher insofern jeweils dort.

2   2) **Ermäßigung.** Vgl KVFam 1715.

Nr.	Gebührentatbestand	Gebühr oder Satz der Gebühr nach § 28 FamGKG
1711	**Verfahren über den Antrag auf Ausstellung einer Bescheinigung nach § 56 AVAG oder § 48 IntFamRVG** ..	10,00 EUR

1   1) **Geltungsbereich.** Die Vorschrift stimmt mit KV 1512 überein. Sie nennt zusätzlich den inhaltlich entsprechenden § 48 IntFamRVG mit seinen Bescheinigungen nach Art 39 VO (EG) Nr 2201/2003 oder nach Artt 41, 42 derselben VO (EuEheVO) vom 27. 11. 03/23. 12. 03, ABl EG L 338 S 1, genannt „Brüssel II a". Vgl daher bei KV 1512.

Nr.	Gebührentatbestand	Gebühr oder Satz der Gebühr nach § 28 FamGKG
1712	**Verfahren über den Antrag auf Ausstellung einer Bestätigung nach § 1079 ZPO**	15,00 EUR

1   1) **Geltungsbereich.** Die Vorschrift stimmt praktisch wörtlich mit KV 1513 überein. Vgl daher dort.

2   2) **Fälligkeit; Kostenschuldner.** Die Fälligkeit richtet sich nach § 9 I. Der *Kostenschuldner* ergibt sich aus §§ 21, 24.

Kostenverzeichnis 1713–1715 KVFam

Nr.	Gebührentatbestand	Gebühr oder Satz der Gebühr nach § 28 FamGKG
1713	**Verfahren nach § 3 Abs. 2 des Gesetzes zur Ausführung des Vertrags zwischen der Bundesrepublik Deutschland und der Republik Österreich vom 6. Juni 1959 über die gegenseitige Anerkennung und Vollstreckung von gerichtlichen Entscheidungen, Vergleichen und öffentlichen Urkunden in Zivil- und Handelssachen in der im Bundesgesetzblatt Teil III, Gliederungsnummer 319-12, veröffentlichten bereinigten Fassung, das zuletzt durch Artikel 23 des Gesetzes vom 27. Juli 2001 (BGBl. I S. 1887) geändert worden ist**	50,00 EUR

1) **Geltungsbereich.** Die Vorschrift stimmt wörtlich mit KV 1514 überein. Vgl 1
daher dort.

2) **Fälligkeit; Kostenschuldner.** Die Fälligkeit richtet sich nach § 9 I. 2
Der *Kostenschuldner* ergibt sich aus §§ 21, 24.

Nr.	Gebührentatbestand	Gebühr oder Satz der Gebühr nach § 28 FamGKG
1714	**Verfahren über den Antrag nach § 107 Abs. 5, 6 und 8, § 108 Abs. 2 FamFG:** Der Antrag wird zurückgewiesen	200,00 EUR

1) **Geltungsbereich.** Die Vorschrift ähnelt teilweise KV 1510 Z 1. Der in KVFam 1
1714 genannte § 107 V, VI, VIII FamFG stimmt weitgehend mit § 107 IV, V, VII
FamFG überein. Der in KVFam 1714 weiter genannte § 108 II FamFG besagt: Ein
Beteiligter mit einem rechtlichen Interesse an der Anerkennung oder Nichtanerkennung einer ausländischen Eheentscheidung kann dazu eine Entscheidung beantragen
(Besonderheiten bei einer Adoptionsentscheidung).

2) **Ermäßigung.** Vgl KVFam 1715. 2

3) **Fälligkeit; Kostenschuldner.** Die Fälligkeit richtet sich nach § 9 I.
Der *Kostenschuldner* ergibt sich aus §§ 21, 24.

Nr.	Gebührentatbestand	Gebühr oder Satz der Gebühr nach § 28 FamGKG
1715	**Beendigung des gesamten Verfahrens durch Zurücknahme des Antrags vor Ablauf des Tages, an dem die Endentscheidung der Geschäftsstelle übermittelt wird, wenn die Entscheidung nicht bereits durch Vorlesen der Entscheidungsformel bekannt gegeben worden ist:** Die Gebühr 1710 oder 1714 ermäßigt sich auf	75,00 EUR

1) **Geltungsbereich.** Die Vorschrift gilt nur in den Fällen KVFam 1710, 1714. 1
Vgl daher dort. Die Vorschrift stimmt im übrigen praktisch wörtlich mit KVFam
1321 Z 2 überein. Vgl daher auch dort.

KVFam 1720–1723 Kostenverzeichnis

Abschnitt 2. Beschwerde und Rechtsbeschwerde gegen die Endentscheidung

Nr.	Gebührentatbestand	Gebühr oder Satz der Gebühr nach § 28 FamGKG
1720	Verfahren über die Beschwerde oder Rechtsbeschwerde in den in den Nummern 1710, 1713 und 1714 genannten Verfahren	300,00 EUR
1721	Beendigung des gesamten Verfahrens durch Zurücknahme der Beschwerde, der Rechtsbeschwerde oder des Antrags, bevor die Schrift zur Begründung der Beschwerde bei Gericht eingegangen ist: Die Gebühr 1720 ermäßigt sich auf	75,00 EUR
1722	Beendigung des gesamten Verfahrens ohne Endentscheidung, wenn nicht Nummer 1721 erfüllt ist: Die Gebühr 1720 ermäßigt sich auf	150,00 EUR
	^I Wenn die Entscheidung nicht durch Vorlesen der Entscheidungsformel bekannt gegeben worden ist, ermäßigt sich die Gebühr auch im Fall der Zurücknahme der Beschwerde oder der Rechtsbeschwerde vor Ablauf des Tages, an dem die Endentscheidung der Geschäftsstelle übermittelt wird. ^{II} Eine Entscheidung über die Kosten steht der Ermäßigung nicht entgegen, wenn die Entscheidung einer zuvor mitgeteilten Einigung über die Kostentragung oder einer Kostenübernahmeerklärung folgt.	

Zu KVFam 1720–1722:

1 1) **Geltungsbereich.** Es entsprechen: KVFam 1720 den KVFam 1222, 1225; KVFam 1721 dem KVFam 1213; KVFam 1722 dem KVFam 1212. Vgl daher jeweils dort.

Nr.	Gebührentatbestand	Gebühr oder Satz der Gebühr nach § 28 FamGKG
1723	Verfahren über die Beschwerde in 1. den in den Nummern 1711 und 1712 genannten Verfahren, 2. Verfahren nach § 245 FamFG oder 3. Verfahren über die Berichtigung oder den Widerruf einer Bestätigung nach § 1079 ZPO: Die Beschwerde wird verworfen oder zurückgewiesen	50,00 EUR

1 1) **Geltungsbereich, Z 1–3.** Die mit KV 1523 inhaltlich etwa vergleichbare Vorschrift läßt die Festgebühr wie dort nur entstehen, soweit das FamG eine Beschwerde als unzulässig verwirft oder als unbegründet zurückweist. Auch dann muß einer der in Z 1–3 genannten Fälle vorliegen. Jeder dieser Fälle kann eine Festgebühr auslösen.

2 **A. Bescheinigung nach § 56 AVAG oder § 48 IntFamRVG, Z 1.** Vgl zum jeweiligen Geltungsbereich KVFam 1711 Rn 1, 1712 Rn 2.

3 **B. Bezifferung dynamisierter Unterhaltstitel zur Zwangsvollstreckung im Ausland nach § 245 FamFG, Z 2.** Es geht um ein Beschwerdeverfahren wegen eines gesetzlichen Unterhalts nach § 1612a BGB als Prozentsatz des Mindestunterhalts. Nach § 245 III FamFG sind im Beschwerdeverfahren die Vorschriften über die

Kostenverzeichnis   1723–1911 KVFam

Anfechtung der Entscheidung über die Erteilung einer Vollstreckungsklausel entsprechend anwendbar.

C. **Bestätigung nach § 1079 ZPO, Z 3.** Vgl zum Geltungsbereich KVFam 4
1712 Rn 1. Hier geht es freilich nur um eine Beschwerde im Verfahren über eine Berichtigung oder über den Widerruf einer solchen Bestätigung.

Hauptabschnitt 8. Rüge wegen Verletzung des Anspruchs auf rechtliches Gehör

Nr.	Gebührentatbestand	Gebühr oder Satz der Gebühr nach § 28 FamGKG
1800	Verfahren über die Rüge wegen Verletzung des Anspruchs auf rechtliches Gehör (§ 44 FamFG): Die Rüge wird in vollem Umfang verworfen oder zurückgewiesen	50,00 EUR

1) **Geltungsbereich.** Die Vorschrift stimmt praktisch wörtlich mit KV 1700 überein. Vgl daher dort. 1

Hauptabschnitt 9. Rechtsmittel im Übrigen

Abschnitt 1. Sonstige Beschwerden

Nr.	Gebührentatbestand	Gebühr oder Satz der Gebühr nach § 28 FamGKG
1910	Verfahren über die Beschwerde in den Fällen von § 71 Abs. 2, § 91a Abs. 2, § 99 Abs. 2 und § 269 Abs. 5 ZPO	75,00 EUR

1) **Geltungsbereich.** Die Vorschrift stimmt wörtlich mit KV 1810 überein. Vgl 1 daher dort.

Nr.	Gebührentatbestand	Gebühr oder Satz der Gebühr nach § 28 FamGKG
1911	Beendigung des gesamten Verfahrens ohne Endentscheidung: Die Gebühr 1910 ermäßigt sich auf .... ^I Wenn die Entscheidung nicht durch Vorlesen der Entscheidungsformel bekannt gegeben worden ist, ermäßigt sich die Gebühr auch im Fall der Zurücknahme der Beschwerde vor Ablauf des Tages, an dem die Endentscheidung der Geschäftsstelle übermittelt wird. ^{II} Eine Entscheidung über die Kosten steht der Ermäßigung nicht entgegen, wenn die Entscheidung einer zuvor mitgeteilten Einigung über die Kostentragung oder einer Kostenübernahmeerklärung folgt.	50,00 EUR

1) **Geltungsbereich.** Die Vorschrift entspricht einschließlich ihrer amtlichen An- 1
merkung der Regelung KVFam 1212. Vgl daher dort.

KVFam 1912–1924 Kostenverzeichnis

Nr.	Gebührentatbestand	Gebühr oder Satz der Gebühr nach § 28 FamGKG
1912	Verfahren über eine nicht besonders aufgeführte Beschwerde, die nicht nach anderen Vorschriften gebührenfrei ist: Die Beschwerde wird verworfen oder zurückgewiesen	50,00 EUR
	Wird die Beschwerde nur teilweise verworfen oder zurückgewiesen, kann das Gericht die Gebühr nach billigem Ermessen auf die Hälfte ermäßigen oder bestimmen, dass eine Gebühr nicht zu erheben ist.	

1 1) **Geltungsbereich.** Die Vorschrift stimmt einschließlich ihrer amtlichen Anmerkung wörtlich mit KV 1812 nebst der dortigen amtlichen Anmerkung überein. Vgl daher dort.

Abschnitt 2. Sonstige Rechtsbeschwerden

Nr.	Gebührentatbestand	Gebühr oder Satz der Gebühr nach § 28 FamGKG
1920	Verfahren über die Rechtsbeschwerde in den Fällen von § 71 Abs. 1, § 91a Abs. 1, § 99 Abs. 2 und § 269 Abs. 4 ZPO	150,00 EUR
1921	Beendigung des gesamten Verfahrens durch Zurücknahme der Rechtsbeschwerde, bevor die Schrift zur Begründung der Rechtsbeschwerde bei Gericht eingegangen ist: Die Gebühr 1920 ermäßigt sich auf	50,00 EUR
1922	Beendigung des gesamten Verfahrens durch Zurücknahme der Rechtsbeschwerde oder des Antrags vor Ablauf des Tages, an dem die Endentscheidung der Geschäftsstelle übermittelt wird, wenn nicht Nummer 1921 erfüllt ist: Die Gebühr 1920 ermäßigt sich auf	75,00 EUR
1923	Verfahren über eine nicht besonders aufgeführte Rechtsbeschwerde, die nicht nach anderen Vorschriften gebührenfrei ist: Die Rechtsbeschwerde wird verworfen oder zurückgewiesen	100,00 EUR
	Wird die Rechtsbeschwerde nur teilweise verworfen oder zurückgewiesen, kann das Gericht die Gebühr nach billigem Ermessen auf die Hälfte ermäßigen oder bestimmen, dass eine Gebühr nicht zu erheben ist.	
1924	Beendigung des gesamten Verfahrens durch Zurücknahme der Rechtsbeschwerde oder des Antrags vor Ablauf des Tages, an dem die Endentscheidung der Geschäftsstelle übermittelt wird: Die Gebühr 1923 ermäßigt sich auf	50,00 EUR

Zu KVFam 1920–1924:

1 1) **Geltungsbereich.** Es gibt die folgenden Übereinstimmungen: KVFam 1920 wörtlich mit KV 1823; KVFam 1921 praktisch wörtlich mit KV 1824; KVFam 1922 praktisch wörtlich mit KV 1825; KVFam 1923 praktisch wörtlich mit KV 1826; KVFam 1924 praktisch wörtlich mit KV 1827. Vgl daher jeweils dort.

Abschnitt 3. Zulassung der Sprungrechtsbeschwerde in sonstigen Fällen

Nr.	Gebührentatbestand	Gebühr oder Satz der Gebühr nach § 28 FamGKG
1930	Verfahren über die Zulassung der Sprungrechtsbeschwerde in den nicht besonders aufgeführten Fällen: Wenn der Antrag abgelehnt wird	50,00 EUR

1) Geltungsbereich. Die Vorschrift entspricht bis auf die Gebührenhöhe ganz KVFam 1228. Vgl daher dort. 1

Teil 2. Auslagen

Übersicht

1) Systematik. Auslagen schuldet man nur nach KVFam 2000 ff. Soweit diese 1 Vorschriften keinen Auslagenersatz vorsehen, entsteht auch keine Ersatzpflicht, § 1 S 1. Das gilt insbesondere wegen der Verwendung von Papier, Verpackung usw. Ein Anspruch läßt sich auch nicht darauf stützen, daß aus der vom Staat bezahlten Auslage eine Bereicherung des Begünstigten entstanden sei. Denn die Gebühren gelten grundsätzlich die Auslagen schon mit ab.

2) Geltungsbereich. KVFam 2000 ff gelten für sämtliche Verfahren, auf die das 2 FamGKG anwendbar ist.

KVFam 2000 ff gelten *nicht* für solche Auslagen, die ein *Dritter* veranlaßt hat, etwa 3 durch seinen Antrag auf die Erteilung einer Abschrift oder Ablichtung. Solche Auslagen setzt die Justizverwaltung nach den Verwaltungsvorschriften fest, zB nach der JVKostO, Teil VIII dieses Buchs.

3) Verauslagung. Die Barauslagen müssen wirklich entstanden sein. Sie sind ohne 4 einen Mindestsatz und ohne eine Aufrundung ersetzbar. Postentgelte entstehen grundsätzlich nicht. Die Verfahrenspauschalgebühr gilt sie ab. Vgl aber KVFam 2001, 2002 und die amtliche Vorbemerkung 2 I–IV. Das gilt auch für Ladungen und Zustellungen sowie für Aktenversendungen.

Es entsteht *kein* Anspruch der Staatskasse auf den Ersatz ihrer *Fernsprechgebühren*.

4) Auslagenfreiheit. Man muß die Auslagenfreiheit von der Gebührenfreiheit 5 unterscheiden. Eine Kostenfreiheit schließt eine Auslagenfreiheit ein, § 2. Der Auslagenschuldner ergibt sich aus § 23. Ein Auslagenvorschuß richtet sich nach § 16.

5) Verfahrenskostenhilfe. Eine Verfahrenskostenhilfe befreit grundsätzlich von 6 allen baren Auslagen, § 79 FamFG in Verbindung mit § 122 I ZPO. Wenn das Gericht die Verfahrenskostenhilfe nur für einen Teil bewilligt hat und wenn die Auslagen für den gesamten Anspruch entstanden sind, muß man eine angemessene Verteilung vornehmen.

6) Nichterhebung. Eine Nichterhebung der Auslagen ist evtl nach § 20 I 2 erfor- 7 derlich.

(Amtliche) Vorbemerkung 2:

I Auslagen, die durch eine für begründet befundene Beschwerde entstanden sind, werden nicht erhoben, soweit das Beschwerdeverfahren gebührenfrei ist; dies gilt jedoch nicht, soweit das Beschwerdegericht die Kosten dem Gegner des Beschwerdeführers auferlegt hat.

II Sind Auslagen durch verschiedene Rechtssachen veranlasst, werden sie auf die mehreren Rechtssachen angemessen verteilt.

III ¹In Kindschaftssachen werden von dem Minderjährigen Auslagen nur unter den in Vorbemerkung 1.3.1 Abs. 2 genannten Voraussetzungen erho-

KVFam Vorbem 2, 2000

ben. ²In den in Vorbemerkung 1.3.1 Abs. 1 genannten Verfahren werden keine Auslagen erhoben. ³Die Sätze 1 und 2 gelten nicht für die Auslagen 2013.

IV Bei Handlungen durch das Vollstreckungs- oder Arrestgericht werden Auslagen nach dem GKG erhoben.

1   1) **Geltungsbereich, I–IV.** Nach der amtlichen Vorbemerkung 2 I entsteht eine Erstattungspflicht bei einer die Vorinstanz aufhebenden stattgebenden oder zurückverweisenden Beschwerdeentscheidung nur in den folgenden Fällen. **A. Gebührenpflicht.** Die Auslagen entstehen, soweit das Gericht eine Gebühr erhebt. Gebührenfrei ist eine erfolgreiche Beschwerde zB, soweit erst eine Verwerfung oder Zurückweisung gebührenpflichtig wäre. Trotzdem kann eine Auslagenpflicht entstehen, soweit schon der Erstrichter sie hätte entstehen lassen müssen.

2   **B. Kostenauferlegung.** Auslagen entstehen auch insoweit, als das Gericht die Kosten dem Gegner des Beschwerdeführers auferlegt. Diese Entscheidung kommt aber zB nicht bei einer Verfahrenswertbeschwerde in Betracht. Auslagenschuldner ist dann dieser Gegner, § 24 Z 1.

3   2) **Weitere Einzelfragen, I.** Wegen einer Nichterhebung vgl § 20. Die Auslagen einer erfolglosen Beschwerde trägt der Beschwerdeführer. Bei einem Teilerfolg ist die amtliche Vorbemerkung § 2 I entsprechend anwendbar, soweit sich Auslagen aussondert lassen, (zum alten Recht) Ffm JB **78,** 1849. Eine Zurückverweisung genügt auch dann, wenn der Erstrichter anschließend erneut ebenso wie vor dem Rechtsmittel entscheidet. Eine Rücknahme oder sonstige Erledigung vor einer Beschwerdeentscheidung genügt nicht.

4   3) **Verteilung, II.** Verschiedene Rechtssachen liegen bei mehreren selbständigen Verfahren vor. Dabei kann es sich um solche Vorgänge handeln, die man teilweise nach anderen Gesetzen als dem FamGKG, dem GKG oder dem JVEG abrechnen muß, etwa nach der KostO, Teil III dieses Buchs. Eine Verschiedenheit liegt nicht schon dann stets vor, wenn das Gericht nur mehrere Beweispersonen hört. Bei einer Anhörung in verschiedenen Sachen muß man die Auslagen entsprechend verteilen.

5   4) **Kindschaftssache, III.** Es handelt sich bei III 1, 2 um eine eng auslegbare Spezialregelung. In III 3 erfolgt eine Rückkehr zum Grundsatz. Diese Vorschrift ist daher weit auslegbar, freilich nur in den Grenzen von § 1.

6   5) **Vollstreckungs- oder Arrestgericht, IV.** Es handelt sich um eine generelle Verweisung auf KV 9000 ff.

Nr.	Auslagentatbestand	Höhe
2000	**Pauschale für die Herstellung und Überlassung von Dokumenten:**	
	1. Ausfertigungen, Ablichtungen und Ausdrucke, die auf Antrag angefertigt, per Telefax übermittelt oder angefertigt worden sind, weil ein Beteiligter es unterlassen hat, die erforderliche Zahl von Mehrfertigungen beizufügen, oder wenn per Telefax übermittelte Mehrfertigungen von der Empfangseinrichtung des Gerichts ausgedruckt werden:	
	für die ersten 50 Seiten je Seite	0,50 EUR
	für jede weitere Seite	0,15 EUR
	2. Überlassung von elektronisch gespeicherten Dateien anstelle der in Nummer 1 genannten Ausfertigungen, Ablichtungen und Ausdrucke:	
	je Datei	2,50 EUR
	ᴵ Die Höhe der Dokumentenpauschale nach Nummer 1 ist in jedem Rechtszug, bei Vormundschaften und Dauerpflegschaften in jedem Kalenderjahr und für jeden Kostenschuldner nach § 23 Abs. 1 FamGKG gesondert zu berechnen; Gesamtschuldner gelten als ein Schuldner.	

Kostenverzeichnis **2000 KVFam**

Nr.	Auslagentatbestand	Höhe
II	¹Frei von der Dokumentenpauschale sind für jeden Beteiligten und seinen bevollmächtigten Vertreter jeweils 1. eine vollständige Ausfertigung oder Ablichtung oder ein vollständiger Ausdruck jeder gerichtlichen Entscheidung und jedes vor Gericht abgeschlossenen Vergleichs, 2. eine Ausfertigung ohne Begründung und 3. eine Ablichtung oder ein Ausdruck jeder Niederschrift über eine Sitzung. ² § 191a Abs. 1 Satz 2 GVG bleibt unberührt.	

Vorbem. Der Haupttext stimmt wörtlich mit KV 9000 überein. Dasselbe gilt von der amtlichen Anmerkung I mit KV 9000 amtliche Anmerkung I 1, von den zugehörigen II 1 Z 1, 3 und von II 2. Fast identisch sind die amtlichen Anmerkungen II 1 Z 2.

Gliederung

1) Systematik, Z 1, 2, amtliche Anmerkung I, II 1
2) Begriff der Ausfertigung, amtliche Anmerkung II Z 1, 2 2
3) Höhe der Dokumentenpauschale, Z 1, 2, amtliche Anmerkung I 3
4) Zahlungspflicht, Z 1, 2 4–9
   A. Anfertigung oder Übermittlung auf Antrag eines Beteiligten usw, Z 1 Hs 1 4
   B. Anfertigung oder Übermittlung als Amtspflicht, Z 1 Hs 1 5
   C. Fehlen von Mehrfertigungen, Z 1 Hs 2 6
   D. Beifügungspflicht, Z 1 Hs 2 7
   E. Keine Beifügungspflicht, Z 1 Hs 2 8
   F. Elektronisch gespeicherte Dateien, Z 2 9
5) Auslagenfreiheit, amtliche Anmerkung II 10–16
   A. Vollständige Fassung einer Entscheidung oder eines Vergleichs, amtliche Anmerkung II 1 Z 1 .... 10, 11
   B. Ausfertigung ohne Begründung, amtliche Anmerkung II 1 Z 2 12
   C. Protokollablichtung, amtliche Anmerkung II 1 Z 3 .... 13, 14
   D. Vertretung durch einen Bevollmächtigten, amtliche Anmerkung II 1 Z 1–3 15
   E. Blindenschrift usw, amtliche Anmerkung II 2 16

1) Systematik, Z 1, 2, amtliche Anmerkung I, II. Eine Pflicht zur Erstattung **1** von Auslagen für eine Ausfertigung oder Ablichtung oder für einen Ausdruck der elektronischen Fassung besteht nur dann, wenn einer der Fälle Rn 3ff vorliegt. Ablichtung ist auch ein Computerausdruck.

Infolge der Streichung des Begriffs „*Abschrift*" ist wegen des Worts „nur" in § 1 S 1 formell eine wirkliche Abschrift trotz des gegenüber einer bloßen Ablichtung ungleich höheren Zeitaufwands formell auslagenfrei. Es wäre eine systemwidrige Umgehung des Gesetzes, die Abschrift einer Ablichtung einfach gleichzustellen. Der Gesetzgeber hat eben nicht „Abschrift *oder* Ablichtung" geschrieben. Freilich hat er das ersichtlich nur in der richtigen Annahme getan, daß heute niemand mehr abschreibt statt zu fotokopieren. Mag sich die Praxis in den wenigen Restfällen mit einer systemwidrigen Entsprechung behelfen.

2) Begriff der Ausfertigung, amtliche Anmerkung II Z 1, 2. Dieser Begriff **2** ist im FamGKG nicht derselbe wie in der ZPO. Nach der ZPO liegt eine Ausfertigung nur vor, soweit die Urschrift bei den Akten bleibt. Nach dem FamGKG liegt eine Ausfertigung vor, soweit es sich um ein beglaubigtes oder unbeglaubigtes Dokument urkundlichen Charakters handelt, das der Richter oder Rpfl oder der Urkundsbeamte unterzeichnet hat und das zur Hinausgabe bestimmt ist und keine Urschrift darstellt. Eine Urschrift braucht dann nicht bei den Akten zurückzubleiben.

Hierher gehören also auch: Eine Ladung; ein Rechtskraftzeugnis; eine Auskunft aus einem Verzeichnis. KVFam 2000 hat den Vorrang vor dem Landesrecht, zB vor Z 2.2 der Anlage zu § 1 II des LJVerwKG Schleswig-Holstein, Teil VIII B dieses Buchs.

3) Höhe der Dokumentenpauschale, Z 1, 2, amtliche Anmerkung I. Für **3** jede gerade vom Gericht erstellte und weder vom Beteiligten noch von einem Zeugen oder Sachverständigen und dann nach KVFam 2005 mitzuvergütende ange-

575

KVFam 2000 — Kostenverzeichnis

fangene Seite entstehen nach der amtlichen Anmerkung *I* für jeden Rechtszug für die ersten 50 Seiten je 0,50 EUR und für jede weitere Seite 0,15 EUR, (zum alten Recht) Hamm Rpfleger **91**, 269, LG Mü JB **97**, 483. Das gilt unabhängig von deren Format, dem Zeitaufwand oder Herstellungsart und von den tatsächlichen vermeidbar hohen oder unvermeidbaren Kosten, Mü MDR **89**, 367, LG Mü JB **97**, 483, aM Köln Rpfleger **87**, 433, LG Mü Rpfleger **89**, 383. Es gilt ferner unabhängig davon, in welcher Form und in welcher Sprache man die Ausfertigung oder Ablichtung oder den Ausdruck der elektronischen Fassung verfaßt hat, und unabhängig vom Marktpreis, LG Mü JB **97**, 484. Für die Seitenzahl ist die Ablichtung usw und nicht die Zahl der dort abgebildeten Vorlagen maßgeblich. Der Inhalt ist unmaßgeblich.

Die Berechnung ist *für jeden Kostenschuldner* nach § 23 I *gesondert* erforderlich, amtliche Anmerkung I Hs 1. Gesamtschuldner nach §§ 421 ff BGB gelten als nur ein Schuldner, amtliche Anmerkung I Hs 2. Vgl § 136 III KostO, Teil III dieses Buchs. Eine Änderung oder Ergänzung eines Formulars oder eines dem Gericht zur Verfügung gestellten Entwurfs läßt gleichwohl die Dokumentenpauschale entstehen, wie bei KVGv 700, Teil XI dieses Buchs. Wegen der Kostenerstattung VV 7000, Teil X dieses Buchs.

4 4) **Zahlungspflicht, Z 1, 2.** Eine Pflicht zur Erstattung einer Pauschale besteht nur, wenn einer der folgenden Fälle vorliegt.

A. Anfertigung oder Übermittlung auf Antrag eines Beteiligten usw, Z 1 Hs 1. Das Gericht muß zunächst eine Ablichtung usw gerade nur auf Grund eines Antrags erteilt, angefertigt oder per Telefax übermittelt haben. Der Antrag darf sich aber nur auf die Ausfertigung oder Ablichtung usw beziehen, nicht auf die Entscheidung. Ein allgemeiner Antrag genügt.

Gerade ein *Beteiligter* muß den Antrag gestellt haben. Das ergibt sich aus Hs 2 mit. Beteiligt ist natürlich auch ein Verurteilter, Betroffener, ein Streitgenosse oder Streitgehilfe. Nicht beteiligt ist ein Dritter, etwa die Presse oder ein Wissenschaftler. Dann gilt § 4 JVKostO, Teil VIII dieses Buchs, BPatG GRUR **92**, 434, Düss JB **78**, 548.

5 **B. Anfertigung oder Übermittlung als Amtspflicht, Z 1 Hs 1.** Soweit das Gericht die Ausfertigung oder Ablichtung usw auch ohne einen Antrag hätte erteilen müssen, etwa bei einer Entscheidung, entsteht die Dokumentenpauschale nur nach Z 1. Das gilt bei allen von Amts wegen bekanntzugebenden Dokumenten. Ein zugehöriger unnötiger „Antrag" oder eine entsprechende Anregung schaffen insoweit keine Auslagenpflicht. Pauschalenfrei ist ein Notfristzeugnis, ein Rechtskraftzeugnis oder eine Beglaubigung.

6 **C. Fehlen von Mehrfertigungen, Z 1 Hs 2.** Eine Zahlungspflicht besteht ferner, soweit ein Beteiligter es unterlassen hat, einem von Amts wegen zuzustellenden Dokument die erforderliche Zahl von Mehrfertigungen beizufügen, oder wenn dieser Beteiligte seinerseits die Mehrfertigungen per Telefax übermittelt hat (nicht zu verwechseln mit der gleichartigen Übermittlung durch das Gericht), und soweit das Gericht deshalb eine Ablichtung anfertigt.

7 **D. Beifügungspflicht, Z 1 Hs 2.** Eine Beifügungspflicht besteht zB nach vielen Vorschriften der evtl entsprechend anwendbaren ZPO, also für die Kostenrechnung, vorbereitende Dokumente, Antrags-, Einspruchs- und Rechtsmittelschriften, für eine Rechtsmittelbegründung. Es ist unerheblich, ob eine förmliche Zustellung erforderlich ist oder ob eine formlose Mitteilung genügt. Hierher gehört auch der Fall, daß ein Beteiligter die vorgeschriebenen Ablichtungen usw nicht einreicht und daß das Gericht diese Ablichtungen usw für eine gesetzlich notwendige Mitteilung anfertigen muß, etwa zum Zweck eines rechtlichen Gehörs nach Art 103 I GG.

8 **E. Keine Beifügungspflicht, Z 1 Hs 2.** Sofern dagegen der Beteiligte eine Erklärung zum Protokoll des Urkundsbeamten der Geschäftsstelle abgibt, entstehen zwar dem Staat infolge der Anfertigung von Ablichtungen usw Kosten. Der Beteiligte hat aber keine Obliegenheiten verletzt, und zwar auch nicht bei einer Erklärung nach § 113 I 2 FamFG in Verbindung mit § 129 a ZPO. Dann können allenfalls Dokumentenauslagen zB nach KVFam 2001 wegen der Notwendigkeit einer Übersendung nach § 129 a II ZPO entstehen. Der evtl entsprechend anwendbare § 105 II ZPO (Festsetzungsgesuch durch die Einreichung der Kostenberechnung vor der Ver-

kündung) schreibt die Anfertigung der Ablichtungen usw auf Staatskosten ausdrücklich vor. Alleiniger *Auslagenschuldner* ist derjenige, der die Einreichung versäumt hat, § 23 I 2. Soweit die KostO anwendbar ist, gilt (jetzt) Z 1 nicht, LG Kref Rpfleger 82, 488.

F. Elektronisch gespeicherte Dateien, Z 2. Soweit es um die Überlassung von 9 elektronisch gespeicherten Dateien anstelle von Ausfertigungen oder Ablichtungen geht, gilt vorrangig Z 2. Maßgeblich ist die Zahl der hergestellten Dateien. Ein sog Ordner kann also mehrere Dateien enthalten.

5) Auslagenfreiheit, amtliche Anmerkung II. Frei von Auslagen sind für jeden 10 Beteiligten und jeden bevollmächtigten Vertreter jeweils Ausfertigungen und Ablichtungen oder Ausdrucke der elektronischen Fassung, soweit einer der folgenden, nebeneinander möglichen Fälle vorliegt.

A. Vollständige Fassung einer Entscheidung oder eines Vergleichs, amtliche Anmerkung II 1 Z 1. Frei von einer Zahlungspflicht ist eine erste vollständige Ausfertigung, Abschrift oder Ablichtung oder ein erster Ausdruck jeder gerichtlichen Entscheidung und jedes vor dem Gericht abgeschlossenen Vergleichs einschließlich desjenigen nach § 36 III FamFG in Verbindung mit § 278 VI 1 Hs 1, 2 ZPO, sofern das Gericht sie einem Beteiligten erteilt. Eine bloße Vervollständigung, Ergänzung oder Berichtigung gehört zum Erstexemplar.

Entscheidung ist nur ein Beschluß mit einer unmittelbaren Rechtsfolge mit oder 11 ohne eine Verfahrensbeendigung. Hierher zählen zB: Ein Beweisbeschluß; eine einstweilige Anordnung.

Nicht hierher zählen zB: Ein nur außergerichtlicher Vergleich (§ 278 VI 1 Hs 1 ZPO gehört aber sehr wohl zu Z 1, Rn 10); eine verfahrensleitende Verfügung, etwa ein Hinweis, eine Aufforderung, eine Anfrage, OVG Münst Rpfleger 81, 125, ein Erörterungsbeschluß, und zwar auch dann nicht, wenn eine solche verfahrensleitende Verfügung eine Frist in Lauf setzt. Denn auch dann soll die Verfügung ja erst eine etwa nachfolgende Entscheidung vorbereiten.

B. Ausfertigung oder Begründung, amtliche Anmerkung II 1 Z 2. Frei 12 von einer Zahlungspflicht ist ferner die Erteilung einer Ausfertigung ohne eine Begründung. Das gilt unabhängig davon, ob eine Begründung überhaupt zu einer vollständigen Ausfertigung oder Ablichtung usw gehören würden, §§ 38 IV, 69 III, 74 IV FamFG, und ob das Gericht schon eine vollständige Ausfertigung oder Ablichtung usw erteilt hat.

C. Protokollablichtung, amtliche Anmerkung II 1 Z 3. Frei von der Zah- 13 lungspflicht ist ferner die Erteilung einer Ablichtung usw jeder Niederschrift über „eine", genauer: jede Sitzung auch zB des verordneten Richters. Auslagenfrei ist gegenüber dem nicht durch einen Bevollmächtigten vertretenen Beteiligten nur eine einzige Ablichtung usw eines jeden Protokolls. Wegen des durch einen Bevollmächtigten vertretenen Beteiligten Rn 15. Eine Protokollanlage gehört zur Niederschrift usw, sofern das Gericht die Anlage im eigentlichen Protokoll als Anlage bezeichnet hat. Das gilt zB bei einem Antrag, den der Beteiligte selber verlesen hat. Man kann auch die Ablichtung usw eines schriftlichen Gutachtens wegen Art 103 I GG hierher rechnen, LG Münst Rpfleger 92, 225. Denn man darf dabei nicht zu formstreng sein. Auch ein Protokollentwurf kann hierzu zählen.

Die Auslagenfreiheit ist lediglich eine Kostenregelung. Man kann ihr *keineswegs* 14 eine Pflicht des Gerichts entnehmen, *von Amts wegen* eine *Protokollablichtung* usw zu übermitteln, noch gar unverzüglich. Daran ändert auch nicht ein verbreiteter Brauch solcher Art etwas. Schon gar nicht kann ein Beteiligter aus der Nichtübersendung einen prozessualen Anspruch ableiten, solange nicht besondere Umstände hinzutreten.

D. Vertretung durch einen Bevollmächtigten, amtliche Anmerkung II 1 15 **Z 1–3.** Frei von der Zahlungspflicht ist die Erteilung einer weiteren vollständigen Ausfertigung oder Ablichtung usw bei der Vertretung durch einen Bevollmächtigten unabhängig von deren Notwendigkeit. Das gilt für alle Fälle Rn 10–19. Diese weitere Ausfertigung oder Ablichtung usw muß vollständig sein. Eine weitere abgekürzte reicht nicht aus. Es muß ferner ein Bevollmächtigter im Zeitpunkt des Antrags oder der Erteilung vorhanden sein. Jeder Bevollmächtigte erhält eine weitere vollständige

577

KVFam 2000–2004

Ausfertigung oder Ablichtung usw auslagenfrei. Eine Sozietät ist nur *ein* Bevollmächtigter. Der bloße Verkehrsanwalt ist kein Bevollmächtigter im vorstehenden Sinn. Ein aus mehreren Personen bestehender Beteiligter kann je Person eine solche Auslagenfreiheit beanspruchen, selbst bei einer Vertretung durch denselben Bevollmächtigten.

16 **E. Blindenschrift usw, amtliche Anmerkung II 2.** Frei von der Erstattungspflicht sind die Auslagen(kosten) der Anfertigung oder Bereitstellung einer für den Blinden oder Sehbehinderten wahrnehmbaren Form eines für ihn bestimmten Dokuments vor Gericht. Das ergibt sich aus § 191 a I 2 GVG.

Nr.	Auslagentatbestand	Höhe
2001	Auslagen für Telegramme	in voller Höhe

1 1) **Geltungsbereich.** Es gilt dasselbe wie im wortgleichen KV 9001. Vgl daher dort.

Nr.	Auslagentatbestand	Höhe
2002	Pauschale für Zustellungen mit Zustellungsurkunde, Einschreiben gegen Rückschein oder durch Justizbedienstete nach § 168 Abs. 1 ZPO je Zustellung	3,50 EUR
	Neben Gebühren, die sich nach dem Verfahrenswert richten, wird die Zustellungspauschale nur erhoben, soweit in einem Rechtszug mehr als 10 Zustellungen anfallen.	

1 1) **Geltungsbereich.** Die Vorschrift stimmt im Haupttext wörtlich mit KV 9002 und in der amtlichen Anmerkung fast wörtlich mit KV 9002 amtliche Anmerkung S 1 überein. Vgl daher jeweils dort.

Nr.	Auslagentatbestand	Höhe
2003	Pauschale für	
	1. die Versendung von Akten auf Antrag je Sendung ...	12,00 EUR
	2. die elektronische Übermittlung einer elektronisch geführten Akte auf Antrag	5,00 EUR
	Die Hin- und Rücksendung der Akten durch Gerichte gelten zusammen als eine Sendung.	

1 1) **Geltungsbereich.** Die Vorschrift stimmt im Haupttext wörtlich mit KV 9003 und in der amtlichen Anmerkung fast wörtlich mit KV 9003 amtliche Anmerkung I überein. Vgl daher insofern jeweils dort. Nur fehlt eine Regelung entsprechend KV 9003 amtliche Anmerkung II.

Nr.	Auslagentatbestand	Höhe
2004	Auslagen für öffentliche Bekanntmachungen	
	1. bei Veröffentlichung in einem elektronischen Informations- und Kommunikationssystem, wenn ein Entgelt nicht zu zahlen ist oder das Entgelt nicht für den Einzelfall oder ein einzelnes Verfahren berechnet wird:	
	je Veröffentlichung pauschal	1,00 EUR
	2. in sonstigen Fällen	in voller Höhe

1 1) **Geltungsbereich, Z 1, 2.** Die Vorschrift stimmt wörtlich mit dem Haupttext von KV 9004 überein. Vgl daher dort.

Kostenverzeichnis   **2005–2008 KVFam**

Nr.	Auslagentatbestand	Höhe
2005	**Nach dem JVEG zu zahlende Beträge** .... I ¹Die Beträge werden auch erhoben, wenn aus Gründen der Gegenseitigkeit, der Verwaltungsvereinfachung oder aus vergleichbaren Gründen keine Zahlungen zu leisten sind. ²Ist aufgrund des § 1 Abs. 2 Satz 2 JVEG keine Vergütung zu zahlen, ist der Betrag zu erheben, der ohne diese Vorschrift zu zahlen wäre. II Auslagen für Übersetzer, die zur Erfüllung der Rechte blinder oder sehbehinderter Personen herangezogen werden (§ 191a Abs. 1 GVG) und für Gebärdensprachdolmetscher (§ 186 Abs. 1 GVG) werden nicht erhoben.	in voller Höhe

1) Geltungsbereich. Die Vorschrift stimmt im Haupttext mit KV 9005 wörtlich   1
überein. Amtliche Anmerkung I stimmt wörtlich mit KV 9005 amtliche Anmerkung II überein. Amtliche Anmerkung II stimmt wörtlich mit KV 9005 amtliche Anmerkung III überein. Vgl daher jeweils dort.

Nr.	Auslagentatbestand	Höhe
2006	**Bei Geschäften außerhalb der Gerichtsstelle** 1. die den Gerichtspersonen aufgrund gesetzlicher Vorschriften gewährte Vergütung (Reisekosten, Auslagenersatz) und die Auslagen für die Bereitstellung von Räumen	in voller Höhe
	2. für den Einsatz von Dienstkraftfahrzeugen für jeden gefahrenen Kilometer	0,30 EUR

1) Geltungsbereich, Z 1, 2. Die Vorschrift stimmt wörtlich mit KV 9006 überein. Vgl daher dort.   1

Nr.	Auslagentatbestand	Höhe
2007	**Auslagen für** 1. die Beförderung von Personen	in voller Höhe
	2. Zahlungen an mittellose Personen für die Reise zum Ort einer Verhandlung oder Anhörung und für die Rückreise	bis zur Höhe der nach dem JVEG an Zeugen zu zahlenden Beträge

1) Geltungsbereich, Z 1, 2. Z 1 stimmt wörtlich, Z 2 fast wörtlich mit den entsprechenden Teilen von KV 9008 überein. Es fehlt hier nur die im KV 9008 genannte Vernehmung oder Untersuchung. Vgl daher jeweils dort.   1

Nr.	Auslagentatbestand	Höhe
2008	**Kosten einer Zwangshaft, auch aufgrund eines Haftbefehls in entsprechender Anwendung des § 901 ZPO**	in Höhe des Haftkostenbeitrags nach § 50 Abs. 2 und 3 StVollzG

579

FVFam 2008–2014   Kostenverzeichnis

1 **1) Geltungsbereich.** Die Vorschrift stimmt mit KV 9010 praktisch wörtlich überein. § 901 ZPO ist hier freilich nur entsprechend anwendbar. Vgl daher bei KV 9010.

Nr.	Auslagentatbestand	Höhe
2009	Kosten einer Ordnungshaft .... Diese Kosten werden nur angesetzt, wenn sie nach § 50 Abs. 1 StVollzG zu erheben wären.	in Höhe des Haftkostenbeitrags nach § 50 Abs. 2 und 3 StVollzG

1 **1) Geltungsbereich.** Die Vorschrift stimmt im Haupttext inhaltlich ganz und in der amtlichen Anmerkung wörtlich mit KV 9011 überein. Vgl daher dort.

Nr.	Auslagentatbestand	Höhe
2010	Nach dem Auslandskostengesetz zu zahlende Beträge	in voller Höhe

1 **1) Geltungsbereich.** Die Vorschrift stimmt wörtlich mit KV 9012 überein. Vgl daher dort.

Nr.	Auslagentatbestand	Höhe
2011	Beträge, die inländischen Behörden, öffentlichen Einrichtungen oder Bediensteten als Ersatz für Auslagen der in den Nummern 2000 bis 2009 bezeichneten Art zustehen .... Die Beträge werden auch erhoben, wenn aus Gründen der Gegenseitigkeit, der Verwaltungsvereinfachung oder aus vergleichbaren Gründen keine Zahlungen zu leisten sind.	begrenzt durch die Höchstsätze für die Auslagen 2000 bis 2009

1 **1) Geltungsbereich.** Die Vorschrift stimmt im Haupttext und in der amtlichen Anmerkung wörtlich mit KV 9013 überein. Vgl daher dort.

Nr.	Auslagentatbestand	Höhe
2012	Beträge, die ausländischen Behörden, Einrichtungen oder Personen im Ausland zustehen, sowie Kosten des Rechtshilfeverkehrs mit dem Ausland .... Die Beträge werden auch erhoben, wenn aus Gründen der Gegenseitigkeit, der Verwaltungsvereinfachung oder aus vergleichbaren Gründen keine Zahlungen zu leisten sind.	in voller Höhe

1 **1) Geltungsbereich.** Die Vorschrift stimmt im Haupttext und in der amtlichen Anmerkung wörtlich mit KV 9014 überein. Vgl daher dort.

Nr.	Auslagentatbestand	Höhe
2013	An den Verfahrensbeistand zu zahlende Beträge .... Die Beträge werden von dem Minderjährigen nur nach Maßgabe des § 1836 c BGB erhoben.	in voller Höhe
2014	An den Umgangspfleger zu zahlende Beträge	in voller Höhe

Kostenverzeichnis   **2014 KVFam**

Zu KVFam 2013, 2014:
1) Geltungsbereich. Beide Vorschriften lehnen sich an KV 9017 an.   1
A. Verfahrensbeistand, KVFam 2013. Das ist derjenige nach § 158 FamFG (Kindschaftssache), § 174 FamFG (Abstammungssache), § 191 FamFG (Adoptionssache). *Unanwendbar* ist KVFam 2013 auf einen Verfahrens*pfleger* zB nach §§ 276, 277 FamFG (Betreuungssache, dort zum Aufwendungsersatz) oder nach §§ 317, 318 FamFG (Unterbringungssache, dort zum Aufwendungsersatz).
B. Umgangspfleger, KVFam 2014. Das ist derjenige nach § 1684 III 6 BGB.   2
2) Auslagenhöhe. Es sind alle zu zahlenden Beträge in voller Höhe ersetzbar.   3
„Beträge" ist weit gemeint.

Anlage 2
(zu § 28 Abs. 1)

Verfahrenswert bis ... EUR	Gebühr ... EUR	Verfahrenswert bis ... EUR	Gebühr ... EUR
300	25	40 000	398
600	35	45 000	427
900	45	50 000	456
1200	55	65 000	556
1500	65	80 000	656
2000	73	95 000	756
2500	81	110 000	856
3000	89	125 000	956
3500	97	140 000	1056
4000	105	155 000	1156
4500	113	170 000	1256
5000	121	185 000	1356
6000	136	200 000	1456
7000	151	230 000	1606
8000	166	260 000	1756
9000	181	290 000	1906
10 000	196	320 000	2056
13 000	219	350 000	2206
16 000	242	380 000	2356
19 000	265	410 000	2506
22 000	288	440 000	2656
25 000	311	470 000	2806
30 000	340	500 000	2956
35 000	369		

II. A. Arbeitsgerichtsverfahren

Grundzüge

Schrifttum: *Bader/Creutzfeld/Friedrich,* ArbGG (Kommentar), 4. Aufl, 2006; *Baldus/ Deventer,* Gebühren, Kostenerstattung und Streitwertfestsetzung in Arbeitssachen, 1993; *Germelmann/Matthes/Prütting/Müller-Glöge,* Arbeitsgerichtsgesetz (Komm), 5. Aufl 2004; *Keil,* Gerichtskosten und Prozeßkostenhilfe, in: Festschrift zum 200jährigen Bestehen des *Deutschen Arbeitsgerichtsverbandes,* 1993; *Opolony,* Der Arbeitsgerichtsprozess, 2005; *Rehberg,* Gebühren- und Kostenrecht im Arbeitsrecht, 2000; *Schäfer/Göbel,* Das neue Kostenrecht in Arbeitssachen, 2004.

Gliederung

1) Systematik	1
2) Geltungsbereich für Gerichtskosten	2
3) Erstattungsfähigkeit von Anwaltskosten	3–15
A. Grundsatz: Gleichrang mit ordentlichem Gericht	3, 4
B. Erster Rechtszug	5–7
C. Berufungs-, Beschwerdeverfahren	8
D. Revisionsverfahren	9–12
E. Zwangsvollstreckung	13
F. Vergleich	14
G. Kostenfestsetzung	15

1) Systematik. Das ArbGG zeigt vielfach Annäherungen an die ZPO. Die gebührenrechtlichen Bestimmungen enthält grundsätzlich das GKG, Teil I A dieses Buchs. Nur einzelne Bestimmungen finden sich in § 12 ArbGG. **1**

2) Geltungsbereich für Gerichtskosten. Grundsätzlich gilt auch im Arbeitsgerichtsverfahren § 1 II Z 4 GKG, jedoch mit Abweichungen. Sie sind vor allem für die erste Instanz beträchtlich. § 2 II GKG schafft für die dort genannten Verfahren eine völlige Kostenfreiheit. § 6 III GKG nennt Besonderheiten der Fälligkeit. § 11 GKG nennt Besonderheiten beim Vorschuß oder bei einer Vorauszahlung. § 22 II 1 GKG enthält Besonderheiten der Kostenhaftung. KV Teil 8 enthält wie die übrigen Teile des KV Bestimmungen, die teilweise nur für die erste Instanz gelten, teilweise nur für die höheren Instanzen, teilweise für alle Instanzen. Das ArbGG enthält kein eigenes Gebührenverzeichnis und keine eigene Gebührentabelle. **2**

3) Erstattungsfähigkeit von Anwaltskosten. Ein Grundsatz hat unterschiedliche Auswirkungen je Instanz oder Verfahrensart. **3**

A. Grundsatz: Gleichrang mit ordentlichem Gericht. Ein Anwalt braucht vor einem Arbeitsgericht keine Zulassung, § 11 I 1 ArbGG. Vor dem BAG oder vor einem LAG müssen sich die Parteien insoweit durch einen Anwalt vertreten lassen, als sie nicht ein Vertreter einer Gewerkschaft, einer Arbeitgebervereinigung oder des Zusammenschlusses solcher Verbände vertritt, § 11 II 1, 2 ArbGG.

Der Anwalt erhält *dieselben* Gebühren *wie vor den ordentlichen Gerichten,* also diejenigen des RVG. Das folgt schon aus § 1 RVG, Teil X dieses Buchs. Es ergibt sich im übrigen aber auch aus § 11 a III ArbGG. Das RVG gilt im Urteilsverfahren wie im Beschlußverfahren, LAG Bln DB **76**, 1388, ebenso vor dem Schiedsgericht, § 104 ArbGG, vgl § 36 RVG. Eine Kostenentscheidung ergeht allerdings im Beschlußverfahren nicht. **4**

B. Erster Rechtszug. Die Kosten des ProzBev des ersten Rechtszuges sind als solche grundsätzlich nicht erstattungsfähig. Das gilt auch im Verfahren auf den Erlaß einer einstweiligen Verfügung. Es gilt auch für die Kosten des Vertreters des Streithelfers, LAG Stgt BB **89**, 850. Im Verfahren vor dem ArbG sind auch die Kosten einer Vollstreckungsabwehrklage nicht erstattungsfähig, LAG Bln AnwBl **81**, 504. § 12a I 1 ArbGG ist mit dem GG vereinbar, BVerfG **31**, 306. **5**

Ausnahmsweise besteht eine *Erstattungsfähigkeit* nach § 12a I 3, II 2 ArbGG. Im übrigen sind die Kosten des Anwalts in Höhe ersparter eigener Reisekosten der Partei erstattungsfähig, LAG Mainz MDR **76**, 258 (selbst wenn ein Gesellschafter der Partei **6** ständig am Gerichtsort ansässig ist). Bei einer besonderen Sachkunde des Anwalts besteht eine Erstattungsfähigkeit in Höhe seiner Reisekosten, ArbG Bochum MDR **77**, 963. Im übrigen sind die Porto- und Telefonauslagen erstattungsfähig.

7   Die Erstattungsfähigkeit *entfällt,* soweit ein Termin infolge einer wirksamen Klagerücknahme nicht mehr stattgefunden hat.

8   **C. Berufungs-, Beschwerdeverfahren.** In diesen Instanzen muß man prüfen, ob und inwieweit die Hinzuziehung eines Anwalts wegen der Schwierigkeit der Sach- oder Rechtslage nötig war, BAG MDR **75**, 609, aM LAG Düss AnwBl **84**, 162 (erstattungsfähig seien auch dann die Reisekosten bis zur Höhe der Kosten einer gedachten Informationsreise der Partei zu einem am Sitz des Rechtsmittelgerichts ansässigen Anwalt. Aber die Notwendigkeit von Kosten ist fast stets eine wesentliche Voraussetzung der Erstattbarkeit.). Wegen § 12a I ArbGG LAG Hamm BB **81**, 306. Das gilt auch für die Kosten eines Verkehrsanwalts, LAG Düss AnwBl **81**, 504.

9   **D. Revisionsverfahren.** Für die Erstattungsfähigkeit der Kosten eines auswärtigen Anwalts vor dem BAG ist § 91 II 1, 2 ZPO unanwendbar. Zur zweckentsprechenden Rechtsverfolgung oder Rechtsverteidigung nach § 91 I ZPO sind Reisekosten eines außerhalb Kassels ansässigen Anwalts nicht schlechthin notwendig.

10   *Erstattungsfähig* sind vielmehr nur die Kosten des im ersten Rechtszug am Wohnsitz der Partei ansässigen damals beauftragten und für den zweiten Rechtszug beibehaltenen Anwalts oder auch die Kosten für den am Sitz des LAG beauftragten Anwalts, soweit er die Partei nun auch im dritten Rechtszug vertritt, also nur insoweit, als die Partei den örtlich richtigen Anwalt der ersten oder zweiten Instanz beibehalten hat.

11   Soweit sie einen *anderen Anwalt* für die Revisionsinstanz wählt, sind nur diejenigen Reisekosten erstattungsfähig, die bei einer Beachtung der vorstehenden Grundsätze zur Wahrnehmung der Sache vor dem Revisionsgericht entstanden wären.

12   Das muß auch für die Erstattungsfähigkeit der *Reisekosten* des vor dem LAG vertretenen Anwalts.

13   **E. Zwangsvollstreckung.** Die Kosten im Zwangsvollstreckungsverfahren sind erstattungsfähig.

14   **F. Vergleich.** Solche Anwaltskosten, die eine Partei in einem Vergleich übernommen hat, sind in einer entsprechenden Anwendung des § 12a I 1 ArbGG nicht erstattungsfähig, soweit nicht erstattungsfähige Reisekosten erspart wurden.

15   **G. Kostenfestsetzung.** Soweit die Anwaltskosten nicht erstattungsfähig sind, erfolgt auch keine Kostenfestsetzung.

Beiordnung eines Rechtsanwalts, Prozeßkostenhilfe

11a I [1]Einer Partei, die außerstande ist, ohne Beeinträchtigung des für sie und ihre Familie notwendigen Unterhalts die Kosten des Prozesses zu bestreiten, und die nicht durch ein Mitglied oder einen Angestellten einer Gewerkschaft oder einer Vereinigung von Arbeitgebern vertreten werden kann, hat der Vorsitzende des Arbeitsgerichts auf ihren Antrag einen Rechtsanwalt beizuordnen, wenn die Gegenpartei durch einen Rechtsanwalt vertreten ist. [2]Die Partei ist auf ihr Antragsrecht hinzuweisen.

II Die Beiordnung kann unterbleiben, wenn sie aus besonderen Gründen nicht erforderlich ist, oder wenn die Rechtsverfolgung offensichtlich mutwillig ist.

II a Die Absätze 1 und 2 gelten auch für die grenzüberschreitende Prozesskostenhilfe innerhalb der Europäischen Union nach der Richtlinie 2003/8/EG des Rates vom 27. Januar 2003 zur Verbesserung des Zugangs zum Recht bei Streitsachen mit grenzüberschreitendem Bezug durch Festlegung gemeinsamer Mindestvorschriften für die Prozesskostenhilfe in derartigen Streitsachen (ABl. EG Nr. 26 S. 41, ABl. EU Nr. L 32 S. 15).

III Die Vorschriften der Zivilprozessordnung über die Prozesskostenhilfe und über die grenzüberschreitende Prozesskostenhilfe innerhalb der Europäischen Union nach der Richtlinie 2003/8/EG gelten in Verfahren vor den Gerichten in Arbeitssachen entsprechend.

IV Das Bundesministerium für Arbeit und Soziales wird ermächtigt, zur Vereinfachung und Vereinheitlichung des Verfahrens durch Rechtsverordnung mit

II. B. Sozialgerichtsverf. §§ 11a, 12 ArbGG, Grundz, § 183 SGG

Zustimmung des Bundesrates Formulare für die Erklärung der Partei über ihre persönlichen und wirtschaftlichen Verhältnisse (§ 117 Abs. 2 der Zivilprozeßordnung) einzuführen. **Vorbem.** IV geändert dch Art 5 Z 1 JKomG v 22. 3. 05, BGBl 837, in Kraft seit 1. 4. 05, Art 16 I JKomG.

1) Wegen I, III vgl BLAH § 114 ZPO Rn 23. Die Beschränkung auf die erste 1 Instanz ist verfassungsgemäß, BVerfG NJW 07, 2911.

2) Formulare, IV. S VO v 24. 11. 80, BGBl 2163. Es besteht ein Benutzungs- 2 zwang, III in Verbindung mit § 117 IV ZPO.

Kosten

12 ¹Die Justizverwaltungskostenordnung und die Justizbeitreibungsordnung gelten entsprechend, soweit sie nicht unmittelbar Anwendung finden. ²Bei Einziehung der Gerichts- und Verwaltungskosten leisten die Vollstreckungsbehörden der Justizverwaltung oder die sonst nach Landesrecht zuständigen Stellen den Gerichten für Arbeitssachen Amtshilfe, soweit sie diese Aufgaben nicht als eigene wahrnehmen. ³Vollstreckungsbehörde ist für die Ansprüche, die beim Bundesarbeitsgericht entstehen, die Justizbeitreibungsstelle des Bundesarbeitsgerichts.

1) Einziehung usw, S 1–3. Für die Einziehung sind die Vorschriften der JV- 1 KostO, Teil VIII A dieses Buchs, teilweise direkt und sonst jedenfalls entsprechend anwendbar, S 1. Bei der Einziehung der Gerichtskosten und Verwaltungskosten müssen die Vollstreckungsbehörden der Justizverwaltung oder die sonstigen nach dem Landesrecht zuständigen Stellen eine Amtshilfe leisten, soweit sie diese Aufgaben nicht als eigene wahrnehmen, S 2. Vollstreckungsbehörde ist für die beim BAG entstehenden Ansprüche die dortige Justizbeitreibungsstelle, S 3.

B. Sozialgerichtsverfahren

Grundzüge

Schrifttum: *Binder pp,* SGG, Handkommentar, 2003; *Meyer-Ladewig/Keller/Leitherer,* SGG, Kommentar, 9. Aufl 2008; *Niesel,* Der Sozialgerichtsprozess, 4. Aufl 2005.

1) Systematik. Durch das 6. SGGÄndG v 17. 8. 01, BGBl 2144, zuletzt geändert 1 durch Art 1 Z 31–33 G v 26. 3. 08, BGBl 444, ist eine Regelung der Kostenfragen erfolgt, die durch eine Einbeziehung des GKG vor allem in einem neuen Teil 7 seines KV mitgekennzeichnet ist. §§ 183 ff sind, besonders in § 197 a, nicht sonderlich gut geglückt. Man sollte das ganze Geflecht nicht auf dem finanziellen Rücken eines Beteiligten auslegen.

Kostenfreiheit

183 ¹Das Verfahren vor den Gerichten der Sozialgerichtsbarkeit ist für Versicherte, Leistungsempfänger einschließlich Hinterbliebenenleistungsempfänger, behinderte Menschen oder deren Sonderrechtsnachfolger nach § 56 des Ersten Buches Sozialgesetzbuch kostenfrei, soweit sie in dieser jeweiligen Eigenschaft als Kläger oder Beklagte beteiligt sind. ²Nimmt ein sonstiger Rechtsnachfolger das Verfahren auf, bleibt das Verfahren in dem Rechtszug kostenfrei. ³Den in Satz 1 und 2 genannten Personen steht gleich, wer im Falle des Obsiegens zu diesen Personen gehören würde. ⁴§ 93 Satz 3, § 109 Abs. 1 Satz 2, § 120 Abs. 2 Satz 1 und § 192 bleiben unberührt.

Vorbem. S 1 geändert durch Art 1 Z 31 G v 26. 3. 08, BGBl 444, in Kraft seit 1. 4. 08, Art 5 G.

1) Geltungsbereich, S 1–4. Die noch vorhandene Kostenfreiheit des § 183 ist 1 wegen § 184 kaum noch ein Grundsatz. Daher darf man § 183 weder eng noch weit

SGG §§ 183, 184 II. B. Sozialgerichtsverfahren

auslegen. Zu den Kosten zählen die Gebühren und Auslagen, wie auch bei § 1 S 1 GKG. KV 9003 (Aktenversendung) ist aus den vorstehenden Gründen nicht einmal entsprechend anwendbar, BVerfG NJW **96**, 2222, SG Düss AnwBl **97**, 683, SG Ffm AnwBl **99**, 183, aM LSG Schlesw NZS **96**, 640.

2 Eine Kostenfreiheit besteht nur „*vor den Gerichten*". Sie besteht auch nur für den in § 183 genannten Personenkreis. Sie gilt aber auch für seinen Rechtsnachfolger, LSG Essen NZS **03**, 554. Sie gilt auch dann, wenn ein Selbständiger einen Beitragsbescheid wegen des Fehlens einer Versicherungspflicht mit Erfolg angreift, LSG Hbg JB **05**, 547. Sie gilt nicht für einen Dritten, LSG Chemnitz JB **05**, 548 (privater Arbeitsvermittler), LSG Essen NZS **03**, 554. § 183 regelt also nicht, ob und welche Kosten vor den Sozialbehörden entstehen und ob ein Beteiligter seine Kosten vom Gegner oder von einem Dritten erstattet verlangen kann. Vgl insofern §§ 193ff. *§ 104 I 2 ZPO* ist anwendbar, SG Bre AnwBl **79**, 30.

Körperschaften usw

184 [I] [1]Kläger und Beklagte, die nicht zu den in § 183 genannten Personen gehören, haben für jede Streitsache eine Gebühr zu entrichten. [2]Die Gebühr entsteht, sobald die Streitsache rechtshängig geworden ist; sie ist für jeden Rechtszug zu zahlen. [3]Soweit wegen derselben Streitsache ein Mahnverfahren (§ 182a) vorausgegangen ist, wird die Gebühr für das Verfahren über den Antrag auf Erlass eines Mahnbescheids nach dem Gerichtskostengesetz angerechnet.

[II] Die Höhe der Gebühr wird für das Verfahren
vor den Sozialgerichten auf   150 Euro,
vor den Landessozialgerichten auf   225 Euro,
vor dem Bundessozialgericht auf   300 Euro
festgesetzt.

[III] § 2 des Gerichtskostengesetzes gilt entsprechend.

Gliederung

1) Gebührenpflicht, I, III 1–5
   A. Unerheblichkeit der Organisationsform 1
   B. Streitsache 2
   C. Beteiligung 3
   D. Rechtshängigkeit 4
   E. Keine Gebührenfreiheit, III 5
2) Rechtszug, I 6
3) Gebührenhöhe, I, II 7, 8
   A. Anrechenbarkeit nach Mahnverfahren, I 3 7
   B. Weitere Gebührenhöhe, II 8

1 **1) Gebührenpflicht, I, III.** Wer nicht zum Personenkreis des § 183 zählt, ist nur insoweit gebührenpflichtig, als die folgenden Voraussetzungen zusammentreffen.
   A. Unerheblichkeit der Organisationsform. Die Organisationsform ist unerheblich. Es kommt nur darauf an, daß der Kläger oder Bekl nicht zu den in § 183 genannten Personen zählt.

2 **B. Streitsache.** Es muß eine Streitsache vorliegen, also ein Verfahren oder ein Rechtsstreit. Es ist unerheblich, wieviele Ansprüche die Partei in ihm verfolgt und wieviele Personen an ihm beteiligt sind. Ausreichend ist auch ein selbständiges Beschlußverfahren oder ein Beschwerdeverfahren.
   Ein bloßes *Zwischenverfahren oder Nachverfahren* reicht nicht aus. In einer Nichtzulassungsbeschwerde nach § 160a kommt eine Gebührenpflicht nur dann in Betracht, wenn die Beschwerde erfolglos bleibt.

3 **C. Beteiligung.** Es muß eine Beteiligung an der Streitsache vorliegen. Das setzt I 1 als selbstverständlich voraus. Der Beteiligte muß also als Kläger, Bekl oder Beigeladener tätig sein. Es ist unerheblich, in wessen Auftrag oder für wessen Rechnung er tätig wird.

4 **D. Rechtshängigkeit.** Die Rechtshängigkeit muß scheinbar eingetreten sein, § 94. Es muß also eine Klage im Sinn von §§ 253, 261 ZPO vorliegen. Das Gericht

II. B. Sozialgerichtsverfahren §§ 184–188 SGG

muß die Klage dem Bekl zugestellt haben. Dann ist es unerheblich, ob das Gericht den Rechtsstreit anschließend an ein anderes Gericht verwiesen oder die Klage mangels Zuständigkeit des Gerichts abgewiesen hat.
Der *bloße Klageingang* beim Gericht oder gar bei einer Behörde reicht danach scheinbar nicht aus. Denn er begründet noch keine Rechtshängigkeit, sondern erst eine bloße Anhängigkeit. Indessen tritt die logisch erst nach der Entstehung denkbare Fälligkeit nach § 6 I Z 4 GKG, Teil I A dieses Buchs, schon im Anhängigkeitszeitpunkt ein. Mag der Gesetzgeber diesen bei § 6 GKG Rn 1 dargelegten Widerspruch klären. Bis dahin geht § 6 I Z 4 GKG als das spätere Gesetz vor.
Die Unabhängigkeit der Gebührenpflicht von Sieg oder Unterliegen ist *verfassungsgemäß*, BVerfG **76**, 139.
E. Keine Gebührenfreiheit, III. Es darf weder eine persönliche noch eine sachliche Gebührenfreiheit nach § 2 GKG bestehen, Teil I A dieses Buchs, auf den III verweist. Eine Ausführungsbehörde des Bundes oder eines Landes ist gebührenfrei. Denn sie ist keine Körperschaft oder Anstalt nach I. 5

2) Rechtszug, I. Jeder Rechtszug fordert eine neue Gebühr, I 2 Hs 2. Im alle beiderseitiger Rechtsmittel liegt nur ein einziger Rechtsmittelzug vor. 6
Eine *Zurückverweisung* begründet keinen neuen Rechtszug.

3) Gebührenhöhe, I, II. Man muß die Anrechenbarkeit nach I 3 und die sonstige Gebührenhöhe nach II unterscheiden. 7
A. Anrechenbarkeit nach Mahnverfahren, I 3. Soweit wegen derselben Streitsache und folglich bei demselben Streitgegenstand nach BLAH § 2 ZPO Rn 3 ff ein Mahnverfahren nach § 182 a vorausgegangen ist, findet für den Mahnantrag eine Anrechnung nach KV 1100 statt, Teil I A dieses Buchs.
B. Gebührenhöhe, II. Die Gebühren sind jetzt direkt in II geregelt. 8

Fälligkeit

185 Die Gebühr wird fällig, sobald die Streitsache durch Zurücknahme des Rechtsbehelfs, durch Vergleich, Anerkenntnis, Beschluß oder durch Urteil erledigt ist.

1) Fälligkeit. Man muß die Fälligkeit von der Entstehung der Gebühr unterscheiden, § 184 I. Die Fälligkeit tritt bereits mit der Erledigung des jeweiligen Rechtszugs und nicht erst mit der Beendigung des gesamten Verfahrens ein. Die Erledigung tritt auch in folgenden Fällen ein: Ein Vorbescheid ist rechtskräftig geworden; nach dem Tod eines Beteiligten nimmt niemand das Verfahren auf; das Verfahren ruht länger als 6 Monate. 1
Dieser Fall liegt dann *nicht* vor, wenn eine Partei das Verfahren vor der Festsetzung der Gebühren durch das Gericht weiterbetreibt.

Ermäßigung

186 ¹Wird eine Sache nicht durch Urteil erledigt, so ermäßigt sich die Gebühr auf die Hälfte. ²Die Gebühr entfällt, wenn die Erledigung auf einer Rechtsänderung beruht.

1) Geltungsbereich. Der Vorbescheid steht zwar dem Urteil gleich, § 105 II 2. Er ist aber kein Urteil. Daher läßt eine Erledigung des Rechtsstreits durch einen Vorbescheid nur die ermäßigte Gebühr des § 186 entstehen. Man kann hierher auch einen Beschluß über die Zurückweisung einer Beschwerde gegen die Nichtzulassung einer Berufung rechnen, LSG Stgt JB **96**, 656. 1

Gebührenteilung

187 Sind an einer Streitsache mehrere nach § 184 Abs. 1 Gebührenpflichtige beteiligt, so haben sie die Gebühr zu gleichen Teilen zu entrichten.

Wiederaufnahme

188 Wird ein durch rechtskräftiges Urteil abgeschlossenes Verfahren wieder aufgenommen, so ist das neue Verfahren eine besondere Streitsache.

Gebührenschuld

189 I ¹Die Gebühren für die Streitsachen werden in einem Verzeichnis zusammengestellt. ²Die Mitteilung eines Auszuges aus diesem Verzeichnis an die nach § 184 Abs. 1 Gebührenpflichtigen gilt als Feststellung der Gebührenschuld und als Aufforderung, den Gebührenbetrag binnen eines Monats an die in der Mitteilung angegebene Stelle zu zahlen.

II ¹Die Feststellung erfolgt durch den Urkundsbeamten der Geschäftsstelle. ²Gegen diese Feststellung kann binnen eines Monats nach Mitteilung das Gericht angerufen werden, das endgültig entscheidet.

Niederschlagung

190 ¹Die Präsidenten und die aufsichtführenden Richter der Gerichte der Sozialgerichtsbarkeit sind befugt, eine Gebühr, die durch unrichtige Behandlung der Sache ohne Schuld der gebührenpflichtigen Beteiligten entstanden ist, niederzuschlagen. ²Sie können von der Einziehung absehen, wenn sie mit Kosten oder Verwaltungsaufwand verknüpft ist, die in keinem Verhältnis zu der Einnahme stehen.

Auslagen, Zeitverlust

191 Ist das persönliche Erscheinen eines Beteiligten angeordnet worden, so werden ihm auf Antrag bare Auslagen und Zeitverlust wie einem Zeugen vergütet; sie können vergütet werden, wenn er ohne Anordnung erscheint und das Gericht das Erscheinen für geboten hält.

1 **1) Systematik.** Soweit § 191 anwendbar ist, entsteht kein Erstattungsanspruch nach § 193.

2 **2) Antrag.** Für den Antrag besteht keine Frist. § 118 ist ebensowenig anwendbar wie die §§ 401 ZPO, 2 I 1 JVEG, Teil V dieses Buchs. Ein Antrag nach § 191 tritt an die Stelle eines Antrags (jetzt) nach dem JVEG, SG Bln AnwBl **84**, 573.

Kostenverteilung

192 I ¹Das Gericht kann im Urteil oder, wenn das Verfahren anders beendet wird, durch Beschluss einem Beteiligten ganz oder teilweise die Kosten auferlegen, die dadurch verursacht werden, dass
1. durch Verschulden des Beteiligten die Vertagung einer mündlichen Verhandlung oder die Anberaumung eines neuen Termins zur mündlichen Verhandlung nötig geworden ist oder
2. der Beteiligte den Rechtsstreit fortführt, obwohl ihm vom Vorsitzenden die Missbräuchlichkeit der Rechtsverfolgung oder -verteidigung dargelegt worden und er auf die Möglichkeit der Kostenauferlegung bei Fortführung des Rechtsstreites hingewiesen worden ist.

²Dem Beteiligten steht gleich sein Vertreter oder Bevollmächtigter. ³Als verursachter Kostenbetrag gilt dabei mindestens der Betrag nach § 184 Abs. 2 für die jeweilige Instanz.

II ¹Betrifft das Verfahren die Anfechtung eines Bescheides der Kassenärztlichen Vereinigung oder Kassenzahnärztlichen Vereinigung auf Zahlung der nach § 28 Abs. 4 des Fünften Buches Sozialgesetzbuch zu zahlenden Zuzahlung hat das Gericht dem Kläger einen Kostenbetrag mindestens in Höhe des Betrages nach § 184 Abs. 2 für die jeweilige Instanz aufzuerlegen, wenn
1. die Einlegung der Klage missbräuchlich war,
2. die Kassenärztliche Vereinigung oder Kassenzahnärztliche Vereinigung spätestens in dem Bescheid den Kläger darauf hingewiesen hat, dass den Kläger die Pflicht zur Zahlung eines Kostenbetrages treffen kann.

²Die Gebührenpflicht der Kassenärztlichen Vereinigung oder Kassenzahnärztlichen Vereinigung nach § 184 entfällt in diesem Fall.

II. B. Sozialgerichtsverfahren §§ 192, 193 SGG

III ¹Die Entscheidung nach Absatz 1 und Absatz 2 wird in ihrem Bestand nicht durch die Rücknahme der Klage berührt. ²Sie kann nur durch eine zu begründende Kostenentscheidung im Rechtsmittelverfahren aufgehoben werden.

IV ¹Das Gericht kann der Behörde ganz oder teilweise die Kosten auferlegen, die dadurch verursacht werden, dass die Behörde erkennbare und notwendige Ermittlungen im Verwaltungsverfahren unterlassen hat, die im gerichtlichen Verfahren nachgeholt wurden. ²Die Entscheidung ergeht durch gesonderten Beschluss.

Vorbem. Zunächst I a eingefügt, II 1 angepaßt durch Art 4 Z 1, 2 VÄndG v 22. 12. 06, BGBl 3439, in Kraft seit 1. 1. 07, Art 8 I VÄndG. Dabei in I a 1 hinter dem Wort „Zuzahlung" offensichtlicher Kommafehler im BGBl. Sodann I 1 Z 2 geändert, I a zu II, II zu III, IV angefügt durch Art 1 Z 32 a–d G v 26. 3. 08, BGBl 444, in Kraft seit 1. 4. 08, Art 5 G.

1) **Verschuldete Vertagung, I 1 Z 1,** ist eine der nebeneinander möglichen 1 Voraussetzungen einer Kostenverteilung, **Mißbrauch, I 1 Z 2,** die weitere. Mutwille ist ein Fall von Mißbrauch, wie bei § 114 ZPO. Zu ihm LSG Schlesw SchlHA 79, 82 (Kostenschätzung) und NZG 04, 327 (nur politisches Ziel), LSG Schlesw JB 08, 433 (Sturheit). Erst nach einem vergeblichen Hinweis auf § 192 wird Mißbrauch freilich schädlich.

2) **Vertreter oder Bevollmächtigte, I 2,** stehen dem Beteiligten gleich, wie bei 2 §§ 51 II, 85 II ZPO.

3) **Mindestbetrag, I 3, II,** ist derjenige nach § 184 II in der jeweiligen Instanz 3 vorgesehene.

4) **Klagrücknahme, III 1,** ändert nichts an den Voraussetzungen und Fragen 4 nach I.

5) **Aufhebung im Rechtsmittelverfahren, III 2,** ist die einzige Möglichkeit der 5 Änderung der Entscheid nach I.

6) **Kosten zulasten der Behörde, IV.** IV 1 schafft ein Ermessen des Gerichts zur 6 gänzlichen oder teilweisen Kostengrundentscheidung zulasten der Behörde unter den dort genannten Voraussetzungen.
  A. **Unterlassung von Ermittlungen.** Die Behörde muß Ermittlungen pflichtwidrig unterlassen haben. Es muß also eine Untätigkeit im fraglichen Punkt vorliegen, nicht nur eine Schlechterfüllung. Die Grenze verläuft freilich haarfein. Im Zweifel wohl keine Kosten zulasten der Behörde.
  B. **Erkennbarkeit und Notwendigkeit.** Die Ermittlungen Rn 6 müssen er- 7 kennbar und notwendig gewesen sein, nicht nur eventuell nützlich oder ratsam usw. Die Notwendigkeit muß sich rückblickend einwandfrei ergeben haben.
  C. **Nachholung im Gerichtsverfahren.** Die unterlassenen Ermittlungen müssen 8 vom Gericht oder von einem Verfahrensbeteiligten im Gerichtsverfahren nachgeholt worden sein. Eine bloße Mithilfe kann dann ausreichen, wenn sie nicht ganz unbedeutend war.
  D. **Ursächlichkeit für Kosten.** Die Unterlassung muß für die Kosten ursächlich 9 gewesen sein. Eine Mitursächlichkeit genügt, wenn sie nicht ganz unbedeutend ist.
  E. **Entscheidung.** Sie erfolgt nach IV 2 durch einen gesonderten Beschluß. Zur 10 Verteilung kann man die bei § 92 ZPO entwickelten Gesichtspunkte mitbeachten, BLAH dort Rn 27 ff.

Kostenerstattung

193 I ¹Das Gericht hat im Urteil zu entscheiden, ob und in welchem Umfang die Beteiligten einander Kosten zu erstatten haben. ²Ist ein Mahnverfahren vorausgegangen (§ 182a), entscheidet das Gericht auch, welcher Beteiligte die Gerichtskosten zu tragen hat. ³Das Gericht entscheidet auf Antrag durch Beschluß, wenn das Verfahren anders beendet wird.

II Kosten sind die zur zweckentsprechenden Rechtsverfolgung oder Rechtsverteidigung notwendigen Aufwendungen der Beteiligten.

ᴵᴵᴵ **Die gesetzliche Vergütung eines Rechtsanwalts oder Rechtsbeistands ist stets erstattungsfähig.**
ᴵⱽ **Nicht erstattungsfähig sind die Aufwendungen der in § 184 Abs. 1 genannten Gebührenpflichtigen.**

1   **1) Geltungsbereich, I–IV.** Bei I ist kein Antrag erforderlich, Wilde/Homann NJW **81**, 1070. Das Gericht entscheidet nach seinem pflichtgemäßen Ermessen, LSG Darmst NZS **03**, 558 (spricht von einem „billigen" Ermessen), LSG Mainz NZG **04**, 668. Es beachtet alle Umstände, LSG Schlesw NZS **04**, 280. Dabei sind die Erfolgsaussicht und die Klageveranlassung wesentlich, LSG Darmst NZS **03**, 558. Der Grundgedanke des § 91 ZPO ist zwar anwendbar, Wilde/Homann NJW **81**, 1070. Es ist aber durchaus zulässig, dem Sieger die Kosten aufzuerlegen, Wilde/Homann NJW **81**, 1070, auch außerhalb der nach § 192 behandelbaren Kosten. Ein formeller Sieg mag nichts an einer ungünstigen Gesamtschau ändern, SG Mannh JB **03**, 209 (krit Deumeland). Bei einer Untätigkeitsklage mag der Bekl die Kosten tragen müssen, wenn ihm der Beweis der rechtzeitigen Zustellung des Widerspruchsbescheids nicht gelingt, LSG Bln-Brdb AnwBl **06**, 504. Nach einer Erledigung der Hauptsache infolge einer Rechtsänderung kann das Gericht zB die Erfolgsaussichten bis zur Rechtsänderung mitbeachten, BSG MDR **92**, 387, LSG Mainz NZS **04**, 668.
2   Wenn in seinem Urteil ein Ausspruch über die Pflicht zur Kostenerstattung fehlt, muß das Gericht auf Grund eines Antrags eines Beteiligten diese Entscheidung durch einen Beschluß *nachholen*, § 140. Auch die notwendigen Kosten des Vorverfahrens sind erstattungsfähig, BSG NJW **02**, 1972 (Rechtsbeistand), SG Würzb RV **06**, 198 (zustm Deumeland 199: Rechtslehrer), Wilde/Homann NJW **81**, 1070. Dasselbe gilt von der Pauschgebühr nach § 184 I, LSG Mü VersR **03**, 235.
    Das gilt aber nicht, soweit sich an das Vorverfahren *kein sozialgerichtliches Verfahren anschließt*, LSG Schlesw SchlHA **80**, 216, SG Bln MDR **81**, 260.
3   Eine Entscheidung nach I kann auch dann ergehen, wenn der Rechtsstreit nach einer Verweisung von einem Gericht für Arbeitssachen an ein Gericht der Sozialgerichtsbarkeit vor der Anberaumung einer mündlichen Verhandlung durch eine *Klagerücknahme* endete, LSG Schlesw SchlHA **80**, 220. Nach der Rücknahme der Revision darf das Revisionsgericht dem Revisionskläger die Kosten einer unselbständigen Anschlußrevision dann nicht auferlegen, wenn diese unzulässig war, BSG MDR **97**, 687.
4   **2) Kosten, II.** Kosten, die ein Beteiligter nach § 109 endgültig tragen muß, sind nach II nicht erstattungsfähig, Wilde/Homann NJW **81**, 1070.
5   **3) Grenzen der Kostenerstattung, IV.** IV 1 ist auf jeden nach § 184 I Gebührenpflichtigen anwendbar. Ein privates Versicherungsunternehmen ist keine Behörde, LSG Celle VersR **02**, 865 (zum Recht von 2002–2003). Trotzdem kann auch ein solches Unternehmen keine Kostenerstattung fordern, BSG JB **03**, 91 (zum Recht von 2002–2003, gilt jetzt erst recht).

Kostenteilung

194 ¹Sind mehrere Beteiligte kostenpflichtig, so gilt § 100 der Zivilprozeßordnung entsprechend. ²Die Kosten können ihnen als Gesamtschuldnern auferlegt werden, wenn das Streitverhältnis ihnen gegenüber nur einheitlich entschieden werden kann.

Vergleich

195 Wird der Rechtsstreit durch gerichtlichen Vergleich erledigt und haben die Beteiligten keine Bestimmung über die Kosten getroffen, so trägt jeder Beteiligte seine Kosten.

1   **1) Geltungsbereich.** Die Beteiligten können die Kosten in einem Vergleich bewußt ungeregelt lassen und eine Entscheidung des Gerichts nach § 193 beantragen, Wilde/Homann NJW **81**, 1071. § 195 ist auf den außergerichtlichen Vergleich entsprechend anwendbar, soweit eine Kostenvereinbarung fehlt und soweit nicht das Ge-

richt nach seinem billigen Ermessen eine Entscheidung treffen soll, Wilde/Homann NJW **81**, 1071.

196 *(weggefallen)*

Kostenfestsetzung

197 [I] [1] Auf Antrag der Beteiligten oder ihrer Bevollmächtigten setzt der Urkundsbeamte des Gerichts des ersten Rechtszugs den Betrag der zu erstattenden Kosten fest. [2] § 104 Abs. 1 Satz 2 und Abs. 2 der Zivilprozeßordnung findet entsprechende Anwendung.

[II] Gegen die Entscheidung des Urkundsbeamten der Geschäftsstelle kann binnen eines Monats nach Bekanntgabe das Gericht angerufen werden, das endgültig entscheidet.

1) Festsetzung, I. Soweit eine Kostengrundentscheidung vorliegt oder soweit die Beteiligten in einem Vergleich eine Kostenregelung getroffen haben, setzt der Urkundsbeamte der Geschäftsstelle auf Grund eines Antrags den Betrag der erstattungsfähigen Kosten fest. Der Antrag ist nicht fristgebunden. Es ist aber eine Verwirkung möglich, Wilde/Homann NJW **81**, 1073. Weitere Einzelheiten Wilde/Homann NJW **81**, 1073. 1

2) Verzinsung, I. Die Anwaltsgebühren sind auf Grund eines Antrags vom Tag des Eingangs des Festsetzungsgesuchs an nach § 104 I 2, II ZPO in Verbindung mit § 247 BGB verzinslich. 2

3) Gerichtsentscheidung, II. Sie ist unanfechtbar, „endgültig", LSG Saarbr JB **09**, 260. 3

Keine persönliche Kostenfreiheit

197a [I] [1] Gehört in einem Rechtszug weder der Kläger noch der Beklagte zu den in § 183 genannten Personen, werden Kosten nach den Vorschriften des Gerichtskostengesetzes erhoben; die §§ 184 bis 195 finden keine Anwendung; die §§ 154 bis 162 der Verwaltungsgerichtsordnung sind entsprechend anzuwenden. [2] Wird die Klage zurückgenommen, findet § 161 Abs. 2 der Verwaltungsgerichtsordnung keine Anwendung.

[II] [1] Dem Beigeladenen werden die Kosten außer in den Fällen des § 154 Abs. 3 der Verwaltungsgerichtsordnung auch auferlegt, soweit er verurteilt wird (§ 75 Abs. 5). [2] Ist eine der in § 183 genannten Personen beigeladen, können dieser Kosten nur unter den Voraussetzungen von § 192 auferlegt werden. [3] Aufwendungen des Beigeladenen werden unter den Voraussetzungen des § 191 vergütet; sie gehören nicht zu den Gerichtskosten.

[III] Die Absätze 1 und 2 gelten auch für Träger der Sozialhilfe, soweit sie an Erstattungsstreitigkeiten mit anderen Trägern beteiligt sind.

1) Geltungsbereich, I. Es handelt sich um eine Auffangvorschrift für den Fall, daß weder § 183 anwendbar ist noch daß man jedenfalls *eine* der Parteien nach § 183 behandeln müßte, noch daß § 184 anwendbar wäre. Insofern ist I 1 Hs 3 mit seinem Ausschluß auch des § 184 grob mißverständlich. Es mag sich zB um Streitigkeiten von Sozialleistungsträgern untereinander oder mit Arbeitgebern handeln, auch um Vertragsarztverfahren, Engelhard NZS **04**, 299, Timme NZS **04**, 292 (je: Üb). I 1 Hs 3 ist eng auslegbar, LSG Bln-Brdb JB **08**, 199. Die ganze Regelung ist in ihrer komplizierten Verweisungstechnik schwer verständlich. Man sollte sie nicht auf dem finanziellen Rücken eines Beteiligten auslegen. 1

Ansprüche beim BSG

197b [1] Für Ansprüche, die beim Bundessozialgericht entstehen, gelten die Justizverwaltungskostenordnung und die Justizbeitreibungsordnung

SGG § 197b, PatKostG Grundz, § 1 II. C. Patentkostengesetz

entsprechend, soweit sie nicht unmittelbar Anwendung finden. ²Vollstreckungsbehörde ist die Justizbeitreibungsstelle des Bundessozialgerichts.

Vorbem. Angefügt durch Art 1 Z 33 G v 26. 3. 08, BGBl 444, in Kraft seit 1. 4. 08, Art 5 G.

1) Geltung der JVKostO und JBeitrO, S 1. Vgl dazu Teile VIII A, IX dieses Buchs.

C. Patentkostengesetz

Grundzüge

1 **1) Systematik.** Das PatKostG v 13. 12. 01, BGBl 3656, zuletzt geändert durch Art 4 G v 31. 7. 09, BGBl 2521, enthält in seinem Geltungsbereich nach Rn 3 eine grundsätzlich in sich abgeschlossene, ausdrücklich nur hilfsweise, nach ihrer Form und ihrem Inhalt dem GKG und seinem KV angenäherte Regelung der Kosten des Deutschen Patent- und Markenamts und des BPatG. Dabei findet mehrfach eine Generalverweisung auf das vorrangig bleibende GKG statt, zB in § 1 I 2, § 2 II 2. Die Erläuterungen zum GKG sind auch im übrigen wegen der Ähnlichkeit der jeweils eigenständigen Regelungen mitverwertbar.

2 **2) Regelungszweck.** Das PatKostG bezweckt eine abgewogene Berechnung unter der Beachtung von Gerechtigkeit, Zweckmäßigkeit und Rechtssicherheit. Das gilt auch für den im Rahmen dieses Buchs interessierenden Hauptabschnitt B des Gebührenverzeichnisses (GVPat). Ob diese Abwägung gelungen ist, muß sich in der Praxis zeigen. Es empfielt sich eine Auslegung wie bei § 1 I 1 GKG dahin, dass man in § 1 I 1 PatKostG das Wort „nur" hinzuliest: Gebührenpflicht nur, soweit das Gesetz sie eindeutig anordnet. Das ergibt die Notwendigkeit einer Auslegung zugunsten des Kostenschuldners und im Zweifel jedenfalls eine Gebührenfreiheit, BPatG GRUR 03, 88.

3 **3) Geltungsbereich.** Er ist in § 1 PatKostG klar umschrieben: Vor dem Patent- und Markenamt (Verwaltungsgebühren) und vor dem BPatG. Man darf ihn aus den Gründen Rn 2 nicht ausdehnend auslegen.

Geltungsbereich, Verordnungermächtigungen

1 ᴵ ¹Die Gebühren des Deutschen Patent- und Markenamts und des Bundespatentgerichts werden, soweit gesetzlich nichts anderes bestimmt ist, nach diesem Gesetz erhoben. ²Für Auslagen in Verfahren vor dem Bundespatentgericht ist das Gerichtskostengesetz anzuwenden.

ᴵᴵ ¹Das Bundesministerium der Justiz wird ermächtigt, durch Rechtsverordnung, die nicht der Zustimmung des Bundesrates bedarf, zu bestimmen,
1. dass in Verfahren vor dem Deutschen Patent- und Markenamt neben den nach diesem Gesetz erhobenen Gebühren auch Auslagen sowie Verwaltungskosten (Gebühren und Auslagen für Bescheinigungen, Beglaubigungen, Akteneinsicht und Auskünfte und sonstige Amtshandlungen) erhoben werden und
2. welche Zahlungswege für die an das Deutsche Patent- und Markenamt und das Bundespatentgericht zu zahlenden Kosten (Gebühren und Auslagen) gelten und Bestimmungen über den Zahlungstag zu treffen.

PatKostZV § 1. Zahlungswege. ¹ Kosten des Deutschen Patent- und Markenamts und des Bundespatentgerichts können gezahlt werden
1. durch Bareinzahlung bei den Geldstellen des Deutschen Patent- und Markenamts;
2. durch Überweisung auf ein Konto der zuständigen Bundeskasse für das Deutsche Patent- und Markenamt;
3. durch Bareinzahlung bei einem inländischen oder ausländischen Geldinstitut auf ein Konto der zuständigen Bundeskasse für das Deutsche Patent- und Markenamt;

4. durch Erteilung einer Lastschrifteinzugsermächtigung von einem Inlandskonto.

II Das Deutsche Patent- und Markenamt macht im Blatt für Patent-, Muster- und Zeichenwesen bekannt, unter welchen Bedingungen Sammelzahlungen auf ein Konto bei der zuständigen Bundeskasse für das Deutsche Patent- und Markenamt zulässig und welche Angaben bei der Zahlung erforderlich sind.

1) Unbare Zahlweise. Vgl dazu das ZahlVGJG, Teil VII G dieses Buchs.

PatKostZV § 2. Zahlungstag. Als Zahlungstag gilt
1. bei Bareinzahlung der Tag der Einzahlung;
2. bei Überweisungen der Tag, an dem der Betrag dem Konto der zuständigen Bundeskasse für das Deutsche Patent- und Markenamt gutgeschrieben wird;
3. bei Bareinzahlung auf das Konto der zuständigen Bundeskasse für das Deutsche Patent- und Markenamt der Tag der Einzahlung;
4. bei Erteilung einer Lastschrifteinzugsermächtigung der Tag des Eingangs beim Deutschen Patent- und Markenamt oder beim Bundespatentgericht, bei zukünftig fällig werdenden Gebühren der Tag der Fälligkeit der Gebühr, sofern die Einziehung zugunsten der zuständigen Bundeskasse für das Deutsche Patent- und Markenamt erfolgt.

PatKostZV § 3. Übergangsregelung. [1] Abbuchungsaufträge, die nach § 1 Nr. 4 der Patentkostenzahlungsverordnung vom 20. Dezember 2001 (BGBl. I S. 3853) für künftig fällig werdende Gebühren erteilt worden sind, werden am 1. Januar 2004 gegenstandslos. [2] Für Einziehungsaufträge, die nach § 1 Nr. 5 der in Satz 1 genannten Verordnung für künftig fällig werdende Gebühren erteilt worden sind, gilt § 2 Nr. 4 entsprechend.

Vorbem. Fassg v 15. 10. 03, BGBl 2083.

Höhe der Gebühren

2 I Gebühren werden nach dem Gebührenverzeichnis der Anlage zu diesem Gesetz erhoben.

II [1] Für Klagen und einstweilige Verfügungen vor dem Bundespatentgericht richten sich die Gebühren nach dem Streitwert. [2] Die Höhe der Gebühr bestimmt sich nach § 34 des Gerichtskostengesetzes. [3] Der Mindestbetrag einer Gebühr beträgt 121 Euro. [4] Für die Festsetzung des Streitwerts gelten die Vorschriften des Gerichtskostengesetzes entsprechend. [5] Die Regelungen über die Streitwertherabsetzung (§ 144 des Patentgesetzes und § 26 des Gebrauchsmustergesetzes) sind entsprechend anzuwenden.

Fälligkeit der Gebühren

3 I [1] Die Gebühren werden mit der Einreichung einer Anmeldung, eines Antrags oder durch die Vornahme einer sonstigen Handlung oder mit der Abgabe der entsprechenden Erklärung zu Protokoll fällig, soweit gesetzlich nichts anderes bestimmt ist. [2] Eine sonstige Handlung im Sinn dieses Gesetzes ist insbesondere
1. die Einlegung von Rechtsbehelfen und Rechtsmitteln;
2. der Antrag auf gerichtliche Entscheidung nach § 61 Abs. 2 des Patentgesetzes;
3. die Erklärung eines Beitritts zum Einspruchsverfahren;
4. die Einreichung einer Klage;
5. die Änderung einer Anmeldung oder eines Antrags, wenn sich dadurch eine höhere Gebühr für das Verfahren oder die Entscheidung ergibt.

[3] Die Gebühr für die erfolglose Rüge wegen Verletzung des Anspruchs auf rechtliches Gehör wird mit der Bekanntgabe der Entscheidung fällig. [4] Ein hilfsweise gestellter Antrag wird zur Bemessung der Gebührenhöhe dem Hauptantrag hinzugerechnet, soweit eine Entscheidung über ihn ergeht; soweit Haupt- und

PatKostG §§ 3–5 II. C. Patentkostengesetz

Hilfsantrag denselben Gegenstand betreffen, wird die Höhe der Gebühr nur nach dem Antrag bemessen, der zur höheren Gebühr führt. ⁵Legt der Erinnerungsführer gemäß § 64 Abs. 6 Satz 2 des Markengesetzes Beschwerde ein, hat er eine Beschwerdegebühr nicht zu entrichten.

II ¹Die Jahresgebühren für Patente, Schutzzertifikate und Patentanmeldungen und die Verlängerungsgebühren für Marken sowie die Aufrechterhaltungsgebühren für Gebrauchsmuster und Geschmacksmuster sind jeweils für die folgende Schutzfrist am letzten Tag des Monats fällig, der durch seine Benennung dem Monat entspricht, in den der Anmeldetag fällt. ²Wird ein Gebrauchsmuster erst nach Beendigung der ersten oder einer folgenden Schutzfrist eingetragen, so ist die Aufrechterhaltungsgebühr am letzten Tage des Monats fällig, in dem die Eintragung im Register bekannt gemacht ist.

Vorbem. Zunächst I geändert dch Art 6 Z 1 G v 21. 6. 06, BGBl 1318, in Kraft seit 1. 7. 06, Art 8 G. Sodann I 2 Z 4 geändert, I 2, Z 5 angefügt, I 4, 5 dch Art 4 Z 1 a, b G v 31. 7. 09, BGBl 2521, in Kraft seit 1. 10. 09, Art 9 G, Übergangsrecht §§ 13, 15 PatKostG.

1 1) **Geltungsbereich, I, II.** Die Gebühren werden mit *einem* Rechtsbehelf fällig, also mit einem jeden, BPatG GRUR 06, 170, ferner nach I 3 bei einer erfolglosen Gehörsrüge mit der Bekanntgabe der Entscheidung.

Kostenschuldner

4 I Zur Zahlung der Kosten ist verpflichtet,
1. wer die Amtshandlung veranlasst oder zu wessen Gunsten sie vorgenommen wird;
2. wem durch Entscheidung des Deutschen Patent- und Markenamts oder des Bundespatentgerichts die Kosten auferlegt sind;
3. wer die Kosten durch eine gegenüber dem Deutschen Patent- und Markenamt oder dem Bundespatentgericht abgegebene oder dem Deutschen Patent- und Markenamt oder dem Bundespatentgericht mitgeteilte Erklärung übernommen hat;
4. wer für die Kostenschuld eines anderen kraft Gesetzes haftet.

II Mehrere Kostenschuldner haften als Gesamtschuldner.

III ¹Soweit ein Kostenschuldner auf Grund von Absatz 1 Nr. 2 und 3 haftet, soll die Haftung eines anderen Kostenschuldners nur geltend gemacht werden, wenn eine Zwangsvollstreckung in das bewegliche Vermögen des ersteren erfolglos geblieben ist oder aussichtslos erscheint. ²Soweit einem Kostenschuldner, der auf Grund von Absatz 1 Nr. 2 haftet, Verfahrenskostenhilfe bewilligt ist, soll die Haftung eines anderen Kostenschuldners nicht geltend gemacht werden. ³Bereits gezahlte Beträge sind zu erstatten.

Vorauszahlung, Vorschuss

5 I ¹In Verfahren vor dem Deutschen Patent- und Markenamt soll die Bearbeitung erst nach Zahlung der Gebühr für das Verfahren und des Vorschusses für die Bekanntmachungskosten erfolgen; das gilt auch, wenn Anträge geändert werden. ²Satz 1 gilt nicht für die Anträge auf Weiterleitung einer Anmeldung an das Harmonisierungsamt für den Binnenmarkt (Marken, Muster und Modelle) nach § 125a des Markengesetzes, § 62 des Geschmacksmustergesetzes und die Anträge auf Weiterleitung internationaler Anmeldungen an das Internationale Büro der Weltorganisation für geistiges Eigentum nach § 68 des Geschmacksmustergesetzes. ³In Verfahren vor dem Bundespatentgericht soll die Klage erst nach Zahlung der Gebühr für das Verfahren zugestellt werden; im Fall eines Beitritts zum Einspruch im Beschwerdeverfahren oder eines Beitritts zum Einspruch im Fall der gerichtlichen Entscheidung nach § 61 Abs. 2 des Patentgesetzes soll vor Zahlung der Gebühr keine gerichtliche Handlung vorgenommen werden.

II Die Jahresgebühren für Patente, Schutzzertifikate und Patentanmeldungen, die Verlängerungsgebühren für Marken und die Aufrechterhaltungsgebühren für Gebrauchsmuster und Geschmacksmuster dürfen frühestens ein Jahr vor Eintritt der Fälligkeit vorausgezahlt werden, soweit nichts anderes bestimmt ist.

Vorbem. Zunächst I 1 geändert, I 3 Hs 2 angefügt durch Art 6 Z 2a, b G v 21. 6. 06, BGBl 1318, in Kraft seit 1. 7. 06, Art 8 G. Sodann I 2 neugefaßt dch Art 2 Z 1 G v 29. 7. 09, BGBl 2446, in Kraft seit dem in Art 3 G genannten noch offenen Tag. Schließlich I 1 idF Art 4 Z 3 G v 31. 7. 09, BGBl 2521, in Kraft seit 1. 10. 09, Art 9 G. Übergangsrecht jeweils § 13 PatKostG.

Zahlungsfristen, Folgen der Nichtzahlung

6 I ¹Ist für die Stellung eines Antrages oder die Vornahme einer sonstigen Handlung durch Gesetz eine Frist bestimmt, so ist innerhalb dieser Frist auch die Gebühr zu zahlen. ²Alle übrigen Gebühren sind innerhalb von drei Monaten ab Fälligkeit (§ 3 Abs. 1) zu zahlen, soweit gesetzlich nichts anderes bestimmt ist.

II Wird eine Gebühr nach Absatz 1 nicht, nicht vollständig oder nicht rechtzeitig gezahlt, so gilt die Anmeldung oder der Antrag als zurückgenommen, oder die Handlung als nicht vorgenommen, soweit gesetzlich nichts anderes bestimmt ist.

III Absatz 2 ist auf Weiterleitungsgebühren (Nummern 335 100, 344 100 bis 345 100) nicht anwendbar.

IV Zahlt der Erinnerungsführer die Gebühr für das Erinnerungsverfahren nicht, nicht rechtzeitig oder nicht vollständig, so gilt auch die von ihm nach § 64 Abs. 6 Satz 2 des Markengesetzs eingelegte Beschwerde als zurückgenommen.

Vorbem. Statt bisher 344 300 jetzt 345 100 dch Art 2 Z 2 G v 29. 7. 09, BGBl 2446, in Kraft seit dem in Art 3 G genannten noch offenen Tag. IV angefügt dch Art 4 Z 4 G v 31. 7. 09, BGBl 2521, in Kraft seit 1. 10. 09, Art 9 G. Übergangsrecht jeweils § 13 PatKostG.

1) Geltungsbereich, I–III. „Sonstige Handlung" ist auch der Einspruch gegen 1 ein Patent nach § 59 I PatG, BGH GRUR **05**, 184 (keine Wiedereinsetzung gegen Verspätung der Einzahlung der Gebühr).

2) Rücknahmeunterstellung, II. Es gilt schon nach dem klaren Wortlaut, aber 2 auch nach dem Sinn von II die Fiktion der Rücknahme des Einspruchs und nicht etwa nur eine Fiktion der bloßen Nichtvornahme des Antrags oder der Anmeldung, BGH GRUR **05**, 184, BPatG GRUR **06**, 170.

Zahlungsfristen für Jahres-, Aufrechterhaltungs- und Schutzrechtsverlängerungsgebühren, Verspätungszuschlag

7 I ¹Die Jahresgebühren für Patente, Schutzzertifikate und Patentanmeldungen, die Verlängerungsgebühren für Marken und Aufrechterhaltungsgebühren für Gebrauchsmuster und Geschmacksmuster sind bis zum Ablauf des zweiten Monats nach Fälligkeit zu zahlen. ²Wird die Gebühr nicht innerhalb der Frist des Satzes 1 gezahlt, so kann die Gebühr mit dem Verspätungszuschlag noch bis zum Ablauf des sechsten Monats nach Fälligkeit gezahlt werden.

II Für Geschmacksmuster ist bei Aufschiebung der Bildbekanntmachung die Erstreckungsgebühr innerhalb der Aufschiebungsfrist (§ 21 Abs. 1 Satz 1 des Geschmacksmustergesetzes) zu zahlen.

III ¹Wird die Klassifizierung einer eingetragenen Marke bei der Verlängerung auf Grund einer Änderung der Klasseneinteilung geändert, und führt dies zu einer Erhöhung der zu zahlenden Klassengebühren, so können die zusätzlichen Klassengebühren auch nach Ablauf der Frist des Absatzes 1 nachgezahlt werden, wenn die Verlängerungsgebühr fristgemäß gezahlt wurde. ²Die Nachzahlungsfrist endet nach Ablauf des 18. Monats nach Fälligkeit der Verlängerungsgebühr. ³Ein Verspätungszuschlag ist nicht zu zahlen.

1) Jahresgebühren, I–III. Es erfolgt keine Rückzahlung, BGH GRUR **08**, 550. 1

PatKostG §§ 8–11 II. C. Patentkostengesetz

Kostenansatz

8 ᴵ Die Kosten werden angesetzt:
1. beim Deutschen Patent- und Markenamt
   a) bei Einreichung einer Anmeldung,
   b) bei Einreichung eines Antrags,
   c) im Fall eines Beitritts zum Einspruchsverfahren,
   d) bei Einreichung eines Antrags auf gerichtliche Entscheidung nach § 61 Abs. 2 des Patentgesetzes sowie
   e) bei Einlegung eines Rechtsbehelfs oder Rechtsmittels,
2. beim Bundespatentgericht
   a) bei Einreichung einer Klage,
   b) bei Einreichung eines Antrags auf Erlass einer einstweiligen Verfügung,
   c) im Fall eines Beitritts zum Einspruch im Beschwerdeverfahren oder im Verfahren nach § 61 Abs. 2 des Patentgesetzes sowie
   d) bei einer erfolglosen Rüge wegen Verletzung des Anspruchs auf rechtliches Gehör,

auch wenn sie bei einem ersuchten Gericht oder einer ersuchten Behörde entstanden sind.

ᴵᴵ Die Stelle, die die Kosten angesetzt hat, trifft auch die Entscheidungen nach den §§ 9 und 10.

Vorbem. I idF Art 6 Z 3 G v 21. 6. 06, BGBl 1318, in Kraft seit 1. 7. 06, Art 8 G. Übergangsrecht §§ 13, 15 PatKostG.

Unrichtige Sachbehandlung

9 Kosten, die bei richtiger Behandlung der Sache nicht entstanden wären, werden nicht erhoben.

1   1) **Unrichtige Sachbehandlung.** Es gelten dieselben Regeln wie bei § 21 GKG, 1 Teil I dieses Buchs, BPatG GRUR 06, 263.

Rückzahlung von Kosten, Wegfall der Gebühr

10 ᴵ ¹Vorausgezahlte Gebühren, die nicht mehr fällig werden können, und nicht verbrauchte Auslagenvorschüsse werden erstattet. ²Die Rückerstattung von Teilbeträgen der Jahresgebühr Nummer 312 205 bis 312 207 des Gebührenverzeichnisses ist ausgeschlossen.

ᴵᴵ Gilt eine Anmeldung oder ein Antrag als zurückgenommen (§ 6 Abs. 2) oder auf Grund anderer gesetzlicher Bestimmungen als zurückgenommen oder erlischt ein Schutzrecht, weil die Gebühr nicht oder nicht vollständig gezahlt wurde, so entfällt die Gebühr, wenn die beantragte Amtshandlung nicht vorgenommen wurde.

Vorbem. II geändert dch Art 6 Z 4 G v 21. 6. 06, BGBl 1318, in Kraft seit 1. 7. 06, Art 8 G. Übergangsrecht §§ 13, 15 PatKostG.

Erinnerung, Beschwerde

11 ᴵ ¹Über Erinnerungen des Kostenschuldners gegen den Kostenansatz oder gegen Maßnahmen nach § 5 Abs. 1 entscheidet die Stelle, die die Kosten angesetzt hat. ²Sie kann ihre Entscheidung von Amts wegen ändern. ³Die Erinnerung ist schriftlich oder zu Protokoll der Geschäftsstelle bei der Stelle einzulegen, die die Kosten angesetzt hat.

ᴵᴵ ¹Gegen die Entscheidung des Deutschen Patent- und Markenamts über die Erinnerung kann der Kostenschuldner Beschwerde einlegen. ²Die Beschwerde ist nicht an eine Frist gebunden und ist schriftlich oder zu Protokoll der Geschäftsstelle beim Deutschen Patent- und Markenamt einzulegen. ³Erachtet das

II. C. Patentkostengesetz §§ 11–14 PatKostG

Deutsche Patent- und Markenamt die Beschwerde für begründet, so hat es ihr abzuhelfen. ⁴Wird der Beschwerde nicht abgeholfen, so ist sie dem Bundespatentgericht vorzulegen.

III Eine Beschwerde gegen die Entscheidungen des Bundespatentgerichts über den Kostenansatz findet nicht statt.

Vorbem. II 1 Hs 2 gestrichen durch Art 6 Z 5 G v 21. 6. 06, BGBl 1318, in Kraft seit 1. 7. 06, Art 8 G, Übergangsrecht §§ 13, 15 PatKostG.

Verjährung, Verzinsung

12 Für die Verjährung und Verzinsung der Kostenforderungen und der Ansprüche auf Erstattung von Kosten gilt § 5 des Gerichtskostengesetzes entsprechend.

Anwendung der bisherigen Gebührensätze

13 I Auch nach dem Inkrafttreten eines geänderten Gebührensatzes sind die vor diesem Zeitpunkt geltenden Gebührensätze weiter anzuwenden,
1. wenn die Fälligkeit der Gebühr vor dem Inkrafttreten des geänderten Gebührensatzes liegt oder
2. wenn für die Zahlung einer Gebühr durch Gesetz eine Zahlungsfrist festgelegt ist und das für den Beginn der Frist maßgebliche Ereignis vor dem Inkrafttreten des geänderten Gebührensatzes liegt oder
3. wenn die Zahlung einer nach dem Inkrafttreten des geänderten Gebührensatzes fälligen Gebühr auf Grund bestehender Vorauszahlungsregelungen vor Inkrafttreten des geänderten Gebührensatzes erfolgt ist.

II Bei Prüfungsanträgen nach § 44 des Patentgesetzes und Rechercheanträgen nach § 43 des Patentgesetzes, § 11 des Erstreckungsgesetzes und § 7 des Gebrauchsmustergesetzes sind die bisherigen Gebührensätze nur weiter anzuwenden, wenn der Antrag und die Gebührenzahlung vor Inkrafttreten eines geänderten Gebührensatzes eingegangen sind.

III ¹Wird eine innerhalb von drei Monaten nach dem Inkrafttreten eines geänderten Gebührensatzes fällig werdende Gebühr nach den bisherigen Gebührensätzen rechtzeitig gezahlt, so kann der Unterschiedsbetrag bis zum Ablauf einer vom Deutschen Patent- und Markenamt oder Bundespatentgericht zu setzenden Frist nachgezahlt werden. ²Wird der Unterschiedsbetrag innerhalb der gesetzten Frist nachgezahlt, so gilt die Gebühr als rechtzeitig gezahlt. ³Ein Verspätungszuschlag wird in diesen Fällen nicht erhoben.

IV Verfahrenshandlungen, die eine Anmeldung oder einen Antrag ändern, wirken sich nicht auf die Höhe der Gebühr aus, wenn die Gebühr zur Zeit des verfahrenseinleitenden Antrages nicht nach dessen Umfang bemessen wurde.

Vorbem. IV angefügt dch Art 4 Z 5 G v 31. 7. 09, BGBl 2521, in Kraft seit 1. 10. 09, Art 9 G.

Übergangsvorschrift aus Anlass des Inkrafttretens dieses Gesetzes

14 I ¹Die bisherigen Gebührensätze der Anlage zu § 1 (Gebührenverzeichnis) des Patentgebührengesetzes vom 18. August 1976 in der durch Artikel 10 des Gesetzes vom 22. Dezember 1999 (BGBl. I S. 2534) geänderten Fassung, sind auch nach dem 1. Januar 2002 weiter anzuwenden,
1. wenn die Fälligkeit der Gebühr vor dem 1. Januar 2002 liegt oder
2. wenn für die Zahlung einer Gebühr durch Gesetz eine Zahlungsfrist festgelegt ist und das für den Beginn der Frist maßgebliche Ereignis vor dem 1. Januar 2002 liegt oder
3. wenn die Zahlung einer nach dem 1. Januar 2002 fälligen Gebühr auf Grund bestehender Vorauszahlungsregelungen vor dem 1. Januar 2002 erfolgt ist.

²Ist in den Fällen des Satzes 1 Nr. 1 nach den bisher geltenden Vorschriften für den Beginn der Zahlungsfrist die Zustellung einer Gebührenbenachrichtigung

PatKostG §§ 14, 15 II. C. Patentkostengesetz

erforderlich und ist diese vor dem 1. Januar 2002 nicht erfolgt, so kann die Gebühr noch bis zum 31. März 2002 gezahlt werden.

II In den Fällen, in denen am 1. Januar 2002 nach den bisher geltenden Vorschriften lediglich die Jahres-, Aufrechterhaltungs- und Schutzrechtsverlängerungsgebühren, aber noch nicht die Verspätungszuschläge fällig sind, richtet sich die Höhe und die Fälligkeit des Verspätungszuschlages nach § 7 Abs. 1 mit der Maßgabe, dass die Gebühren mit dem Verspätungszuschlag noch bis zum 30. Juni 2002 gezahlt werden können.

III Die bisher geltenden Gebührensätze sind für Geschmacksmuster und typographische Schriftzeichen, die vor dem 1. Januar 2002 angemeldet worden sind, nur dann weiter anzuwenden, wenn zwar die jeweilige Schutzdauer oder Frist nach § 8b Abs. 2 Satz 1 des Geschmacksmustergesetzes vor dem 1. Januar 2002 abgelaufen ist, jedoch noch nicht die Frist zur Zahlung der Verlängerungs- oder Erstreckungsgebühr mit Verspätungszuschlag, mit der Maßgabe, dass die Gebühren mit dem Verspätungszuschlag noch bis zum 30. Juni 2002 gezahlt werden können.

IV Bei Prüfungsanträgen nach § 44 des Patentgesetzes und Rechercheanträgen nach § 43 des Patentgesetzes, § 11 des Erstreckungsgesetzes und § 7 des Gebrauchsmustergesetzes sind die bisherigen Gebührensätze nur weiter anzuwenden, wenn der Antrag und die Gebührenzahlung vor dem 1. Januar 2002 eingegangen sind.

V ¹ Wird eine innerhalb von drei Monaten nach dem 1. Januar 2002 fällig werdende Gebühr nach den bisherigen Gebührensätzen rechtzeitig gezahlt, so kann der Unterschiedsbetrag bis zum Ablauf einer vom Deutschen Patent- und Markenamt oder Bundespatentgericht zu setzenden Frist nachgezahlt werden. ²Wird der Unterschiedsbetrag innerhalb der gesetzten Frist nachgezahlt, so gilt die Gebühr als rechtzeitig gezahlt. ³Ein Verspätungszuschlag wird in diesen Fällen nicht erhoben.

Übergangsvorschriften aus Anlass des Inkrafttretens des Geschmacksmusterreformgesetzes

15 I ¹ In den Fällen, in denen am 31. Mai 2004 die Erstreckungsgebühren für Geschmacksmuster oder typografische Schriftzeichen, aber noch nicht der Verspätungszuschlag fällig sind, wird die Frist zur Zahlung der Erstreckungsgebühr bis zum Ende der Aufschiebungsfrist nach § 21 Abs. 1 Satz 1 des Geschmacksmustergesetzes verlängert. ²Ein Verspätungszuschlag ist nicht zu zahlen.

II In den Fällen, in denen am 31. Mai 2004 die Erstreckungsgebühren für Geschmacksmuster oder typografische Schriftzeichen nur noch mit dem Verspätungszuschlag innerhalb der Aufschiebungsfrist des § 8b des Geschmacksmustergesetzes in der bis zum Ablauf des 31. Mai 2004 geltenden Fassung gezahlt werden können, wird die Frist zur Zahlung bis zum Ende der Aufschiebungsfrist nach § 21 Abs. 1 Satz 1 des Geschmacksmustergesetzes verlängert.

Anlage PatKostG

Anlage zu § 2 Abs. 1 (Gebührenverzeichnis)

A. Gebühren des Deutschen Patent- und Markenamts
(hier nicht mitabgedruckt)

Nr.	Gebührentatbestand	Gebührenbetrag/ Gebührensatz nach § 2 Abs. 2 i. V. m. § 2 Abs. 1
	B. Gebühren des Bundespatentgerichts	
	(Amtliche) Vormerkung	
	¹ Die Gebühren Nummer 400 000 bis 401 300 werden für jeden Antragsteller gesondert erhoben.	
	² Die Gebühr Nummer 400 000 ist zusätzlich zur Gebühr für das Einspruchsverfahren vor dem Deutschen Patent- und Markenamt (Nummer 313 600) zu zahlen.	
400 000	Antrag auf gerichtliche Entscheidung nach § 61 Abs. 2 PatG	300 EUR
	I. Beschwerdeverfahren	
	Beschwerdeverfahren	
401 100	1. gemäß § 73 Abs. 1 PatG gegen die Entscheidung der Patentabteilung über den Einspruch,	
	2. gemäß § 18 Abs. 1 GebrMG gegen die Entscheidung der Gebrauchsmusterabteilung über den Löschungsantrag,	
	3. gemäß § 66 MarkenG in Löschungsverfahren,	
	4. gemäß § 4 Abs. 4 Satz 3 HalblSchG i. V. m. § 18 Abs. 2 GebrMG gegen die Entscheidung der Topografieabteilung,	
	5. gemäß § 34 Abs. 1 SortSchG gegen die Entscheidung des Widerspruchsausschusses in den Fällen des § 18 Abs. 2 Nr. 1, 2, 5 und 6 SortSchG	500 EUR
401 200	gegen einen Kostenfestsetzungsbeschluss	50 EUR
401 300	in anderen Fällen	200 EUR
	Beschwerden in Verfahrenskostenhilfesachen, Beschwerden nach § 11 Abs. 2 PatKostG und nach § 11 Abs. 2 DPMAVwKostV sind gebührenfrei.	
	II. Klageverfahren	
	1. Klageverfahren gemäß § 81 PatG, § 85a in Verbindung mit § 81 PatG und § 20 GebrMG in Verbindung mit § 81 PatG	
402 100	Verfahren im Allgemeinen	4,5
402 110	Beendigung des gesamten Verfahrens durch a) Zurücknahme der Klage – Vor dem Schluss der mündlichen Verhandlung, – im Falle des § 83 Abs. 2 Satz 2 PatG i. V. m. § 81 PatG, in dem eine mündliche Verhandlung nicht stattfindet, vor Ablauf des Tages, an dem die Ladung zum Termin zur Verkündung des Urteils zugestellt oder das schriftliche Urteil der Geschäftsstelle übergeben wird,	

PatKostG Anlage II. C. Patentkostengesetz

Nr.	Gebührentatbestand	Gebührenbetrag/ Gebührensatz nach § 2 Abs. 2 i. V. m. § 2 Abs. 1
	– im Falle des § 82 Abs. 2 PatG i. V. m. § 81 PatG vor Ablauf des Tages, an dem das Urteil der Geschäftsstelle übergeben wird, b) Anerkenntnis- und Verzichtsurteil, c) Abschluss eines Vergleichs vor Gericht, wenn nicht bereits ein Urteil vorausgegangen ist: Die Gebühr 402100 ermäßigt sich auf .... ¹Erledigungserklärungen stehen der Zurücknahme nicht gleich. ²Die Ermäßigung tritt auch ein, wenn mehrere Ermäßigungstatbestände erfüllt sind.	1,5

2. Sonstige Klageverfahren

402 200	Verfahren im Allgemeinen	4,5
402 210	Beendigung des gesamten Verfahrens durch a) Zurücknahme der Klage vor dem Schluss der mündlichen Verhandlung, b) Anerkenntnis- und Verzichtsurteil, c) Abschluss eines Vergleichs vor Gericht, wenn nicht bereits ein sonstiges Urteil vorausgegangen ist: Die Gebühr 402 200 ermäßigt sich auf .... ¹Erledigungserklärungen stehen der Zurücknahme nicht gleich. ²Die Ermäßigung tritt auch ein, wenn mehrere Ermäßigungstatbestände erfüllt sind.	1,5

3. Erlass einer einstweiligen Verfügung wegen Erteilung einer Zwangslizenz (§ 85 PatG, § 85a in Verbindung mit § 85 PatG und § 20 GebrMG in Verbindung mit § 85 PatG)

402 300	Verfahren über den Antrag	1,5
402 310	In dem Verfahren findet eine mündliche Verhandlung statt: Die Gebühr 402 300 erhöht sich auf	4,5
402 320	Beendigung des gesamten Verfahrens durch a) Zurücknahme der Klage vor dem Schluss der mündlichen Verhandlung, b) Anerkenntnis- und Verzichtsurteil, c) Abschluss eines Vergleichs vor Gericht, wenn nicht bereits ein Urteil vorausgegangen ist: Die Gebühr 402 310 ermäßigt sich auf: .... ¹Erledigungserklärungen stehen der Zurücknahme nicht gleich. ²Die Ermäßigung tritt auch ein, wenn mehrere Ermäßigungstatbestände erfüllt sind.	1,5

III. Rüge wegen Verletzung des Anspruchs auf rechtliches Gehör

403 100	Verfahren über die Rüge wegen Verletzung des Anspruchs auf rechtliches Gehör nach § 321a ZPO i. V. m. § 99 Abs. 1 PatG, § 82 Abs. 1 MarkenG Die Rüge wird in vollem Umfang verworfen oder zurückgewiesen	50 EUR

III. Gesetz über die Kosten in Angelegenheiten der freiwilligen Gerichtsbarkeit

(Kostenordnung)

idF G v 26. 7. 57, BGBl 960, zuletzt geändert durch Art 47 FGG-RG v 17. 12. 08, BGBl 2586

Grundzüge

Schrifttum: *Assenmacher/Mathias*, KostO, Alphabetischer Kommentar, 16. Aufl 2008; *Bassenge/Herbst/Roth*, FGG/RPflG, 11. Aufl 2007; *Bengel/Tiedtke* DNotZ **09**, 492 (Rspr-Üb 2008); *Dörndorfer*, Die Kostenordnung für Anfänger, 4. Aufl 1995; *Filzek*, KostO, 4. Aufl 2008; *Haferland/Schmidt/Tiedtke*, Praxis des Kostenrechts usw, 4. Aufl 2003; *Kageler/Schmidt-Reißig*, Das Kostenrecht (Leitfaden für das Notariat), 2. Aufl 2005; *Korintenberg/Lappe/Bengel/Reimann*, KostO, 18. Aufl 2010; *Lappe* NJW **09**, 478 (Rspr-Üb); *Mathias* JB **04**, 463 (Üb); *Retzer* ua, Streifzug durch die KostO, 3. Aufl 1989; *Rohs/Wedewer/Rohs*, KostO, 3. Aufl seit 1984 (Loseblattsammlung; Bespr *Reimann* FamRZ **08**, 123); *Schwarz* FGPrax **06**, 239 (Rspr-Üb); *Waldner*, Die Kostenordnung für Anfänger, 7. Aufl 2008.

1) Geschichtliches und Rechtspolitik. Über die Entwicklung bis Anfang Februar 2009 unterrichtet die 39. Aufl. **1**

Weitere Änderungen ergaben sich durch Art 16 VAStrG v 3. 4. 09, BGBl 700, dch **2** Art 7 II G v 30. 7. 09, BGBl 2449, dch Art 4 VIII ERVGBG v 11. 8. 09, BGBl 2713, und dch Art 4 G v 24. 9. 09, BGBl 3145.

Rechtspolitisch ist eine völlige Neuordnung des Notarkostenrechts in der Planung, BJM MDR **09**, Heft 5 S R 7, Schmidt JB **09**, 286.

2) Geltungsbereich. Die KostO gilt im Bereich der freiwilligen Gerichtsbarkeit, **3** soweit nicht eng auslegbare Sonderregeln wie das FamGKG den Vorrang haben, Teil I B dieses Buchs. Sie gilt nicht in Justizverwaltungssachen. Für sie gilt vielmehr die JVKostO, Teil VIII A dieses Buchs. Auch im Bereich der KostO gelten die KostVfg, Teil VII A dieses Buchs, und die JBeitrO, Teil IX A dieses Buchs.

Wegen der Gebühren für Handlungen deutscher *Auslandsvertretungen* gilt das Gesetz **4** vom 8. 3. 36, RGBl 137, nebst VO vom 19. 6. 36, RGBl 519, nebst Ausführungsbestimmungen vom 10. 3. 36, RMinBl 58, sowie wegen der Konsuln § 26 KonsG vom 11. 9. 74, BGBl 2317.

Die KostO gilt auch im Verfahren vor einem Gericht nach dem *LwVG*, Teil IV dieses Buchs. Sie gilt auch im außerprozessualen Bereich des WEG (der prozessuale unterfällt jetzt der ZPO und daher dem GKG, Teil I A dieses Buchs). Sie gilt ferner in zahlreichen anderen Fällen.

3) Einzelfragen. Eine Kostenentscheidung ergeht nur in besonderen Fällen, zB **5** § 3 Rn 1–3. Die Kostenpflicht ergibt sich im übrigen unmittelbar aus dem Gesetz, §§ 2 ff. Eine etwaige Kostenfestsetzung regelt sich gemäß § 85 FamFG nach §§ 103 ff ZPO. Sie gehört dann also zur Zuständigkeit des Rpfl, § 21 Z 1 RPflG.

4) Amtliche Übersicht. Der Gesetzgeber hat der KostO die folgende Übersicht **6** der Gliederung und der amtlichen Überschriften der einzelnen Vorschriften vorangestellt:

Erster Teil. Gerichtskosten

Erster Abschnitt. Allgemeine Vorschriften

		§§
1. Geltungsbereich, elektronisches Dokument		
Geltungsbereich	....	1
Elektronisches Dokument	....	1 a

# **KostO Grundz** III. Kostenordnung

2. Kostenschuldner §§
Allgemeiner Grundsatz ... 2
Weitere Kostenschuldner ... 3
Gebührenschuldner in besonderen Fällen ... 4
Mehrere Kostenschuldner ... 5
Haftung der Erben ... 6

3. Fälligkeit
Fälligkeit ... 7

4. Vorauszahlung und Sicherstellung
Vorschüsse ... 8
Zurückzahlung von Vorschüssen ... 9
Zurückbehaltungsrecht ... 10

5. Kostenbefreiungen
Allgemeine Vorschriften ... 11
Einschränkungen ... 12
Gebührenfreiheit für einzelne Gesamtschuldner ... 13

6. Der Kostenanspruch
Kostenansatz, Erinnerung, Beschwerde ... 14
Nachforderung ... 15
Nichterhebung von Kosten wegen unrichtiger Sachbehandlung ... 16
Verjährung, Verzinsung ... 17

7. Geschäftswert
Grundsatz ... 18
Sachen ... 19
Kauf, Vorkaufs- und Wiederkaufsrecht ... 20
Erbbaurecht, Wohnungseigentum, Wohnungserbbaurecht ... 21
Grunddienstbarkeiten ... 22
Pfandrechte und sonstige Sicherheiten, Rangänderungen ... 23
Wiederkehrende Nutzungen oder Leistungen ... 24
Miet- und Pachtrechte, Dienstverträge ... 25
(§§ 26, 26 a, 27 weggefallen)
Anmeldungen zum Güterrechtsregister, Eintragungen in das Güterrechtsregister, Eintragungen auf Grund von Eheverträgen ... 28
Sonstige Anmeldungen zu einem Register, Eintragungen in das Vereinsregister, Beurkundung von sonstigen Beschlüssen ... 29
Angelegenheiten ohne bestimmten Geschäftswert, nichtvermögensrechtliche Angelegenheiten ... 30
Festsetzung des Geschäftswerts ... 31
Auskunftspflicht des Notars ... 31 a

8. Volle Gebühr, Rahmengebühren, Nebengeschäfte
Volle Gebühr ... 32
Mindestbetrag einer Gebühr ... 33
Rahmengebühren ... 34
Nebengeschäfte ... 35

Zweiter Abschnitt. Gebühren in Angelegenheiten der freiwilligen Gerichtsbarkeit

1. Beurkundungen und ähnliche Geschäfte
Einseitige Erklärungen und Verträge ... 36
Vertragsangebot ... 37
Besondere Fälle ... 38
Geschäftswert ... 39
Geschäftswert bei zustimmenden Erklärungen ... 40
Geschäftswert bei Vollmachten ... 41
Geschäftswert bei Anmeldungen zum Handelsregister ... 41 a
Geschäftswert bei Anmeldungen zum Partnerschaftsregister ... 41 b
Beschlüsse von Organen bestimmter Gesellschaften ... 41 c
Verwendung von Musterprotokollen ... 41 d
Ergänzung und Änderung beurkundeter Erklärungen ... 42
Anerkennung einer schriftlich abgegebenen Erklärung ... 43
Mehrere Erklärungen in einer Urkunde ... 44
Beglaubigung von Unterschriften ... 45
Verfügungen von Todes wegen ... 46
Beschlüsse von Gesellschaftsorganen ... 47
Verlosung, Auslosung und Vernichtung von Wertpapieren, Wahlversammlungen ... 48
Eide, eidesstattliche Versicherungen, Vernehmung von Zeugen und Sachverständigen, Augenscheinseinnahmen ... 49

III. Kostenordnung   **Grundz KostO**

	§§
Bescheinigungen, Abmarkungen, Verklarungen, Proteste, Schätzungen	50
Wechsel- und Scheckproteste	51
Vermögensverzeichnisse, Siegelungen	52
Freiwillige Versteigerung von Grundstücken	53
Versteigerung von beweglichen Sachen und Rechten	54
Beglaubigung von Ablichtungen und Ausdrucken	55
Gebührenfreiheit in Kindschafts- und Unterhaltssachen	55 a
Sicherstellung der Zeit	56
Erfolglose Verhandlung	57
Geschäfte außerhalb der Gerichtsstelle, an Sonn- und Feiertagen und zur Nachtzeit	58
Erklärungen in fremder Sprache	59

2. Grundbuchsachen

Eintragung des Eigentümers	60
Eigentumswechsel bei Gemeinschaften zur gesamten Hand	61
Eintragung von Belastungen	62
Eintragung mehrerer Rechte, Belastung mehrerer Grundstücke	63
Eintragung von Veränderungen und Löschungsvormerkungen	64
Eintragung von Verfügungsbeschränkungen	65
Eintragung von Vormerkungen und Widersprüchen	66
Sonstige Eintragungen	67
Löschungen und Entlassung aus der Mithaft	68
Gebührenfreie Eintragungen und Löschungen, Zwischenverfügungen	69
Löschung gegenstandsloser Rechte und Klarstellung der Rangverhältnisse	70
Erteilung von Hypotheken-, Grundschuld- oder Rentenschuldbriefen	71
Vermerke auf dem Brief	72
Ablichtungen und Ausdrucke	73
Grundbucheinsicht	74
Eintragungsanträge	75
Wohnungs- und Teileigentum	76
Grundstücksgleiche Rechte	77
Bahneinheiten	78

3. Registersachen

Gebühren für Eintragungen in das Handels-, Partnerschafts- oder Genossenschaftsregister	79
Verordnungsermächtigung	79 a
Eintragungen in das Vereinsregister	80
Eintragungen in das Güterrechtsregister	81
(§§ 82, 83 aufgehoben)	
Eintragungen in das Schiffsregister, Schiffsurkunden	84
Eintragungen in das Schiffsbauregister	85
Anmeldungen und Anträge	86
Gebührenfreie Geschäfte des Registergerichts	87
Löschungsverfahren, Auflösungsverfahren	88
Ablichtungen und Ausdrucke	89
Registereinsicht	90

4. Betreuungssachen und betreuungsgerichtliche Zuweisungssachen

Gebührenfreie Tätigkeiten	91
Dauerbetreuung und Dauerpflegschaft	92
Betreuung und Pflegschaft für einzelne Rechtshandlungen	93
Verfahrenspflegschaft	93 a
(aufgehoben)	94
(aufgehoben)	95
Nichterhebung von Auslagen in besonderen Fällen	96
Verfügungen des Betreuungsgerichts	97
(aufgehoben)	97 a–100 a

5. Nachlaß- und Teilungssachen

Verwahrung von Verfügungen von Todes wegen	101
Eröffnung einer Verfügung von Todes wegen	102
Gemeinsame Vorschriften zu den §§ 101, 102	103
Sicherung des Nachlasses	104
Ermittlung des Erben	105
Nachlaßpflegschaften, Gesamtgutsverwaltung	106
Stundung des Pflichtteilsanspruchs	106 a
Erbschein	107
Erbscheine für bestimmte Zwecke	107 a
Einziehung des Erbscheins	108
Andere Zeugnisse	109
Feststellung des Erbrechts des Fiskus	110

KostO Grundz III. Kostenordnung

	§§
Beschränkte Zeugnisse, Bescheinigungen	111
Erklärungen gegenüber dem Nachlaßgericht	112
Testamentsvollstrecker	113
Nachlaßinventar, Fristbestimmungen	114
Gebührenfreie Erledigung in den Fällen der §§ 112 bis 114	115
Gerichtliche Vermittlung der Auseinandersetzung	116
(§ 117 weggefallen)	

6. Sonstige Angelegenheiten

Genehmigung und Beaufsichtigung von Stiftungen	118
Festsetzung von Zwangs- und Ordnungsmitteln	119
Ernennung von Sachverständigen, Bestellung eines Verwahrers, Verkauf oder Hinterlegung von Pfändern	120
Ernennung und Abberufung von Vorstandsmitgliedern usw.	121
Bestellung eines Vertreters des Grundstücks- oder Schiffseigentümers, Zustellung von Willenserklärungen, Kraftloserklärung von Vollmachten	122
Dispache	123
Eidesstattliche Versicherung	124
Verteilungsverfahren bei Enteignungen und dgl.	125
Kapitalkreditbeschaffung für landwirtschaftliche Pächter	126
Personenstandsangelegenheiten	127
Todeserklärung und Feststellung der Todeszeit	128
Änderung der Vornamen und Feststellung der Geschlechtszugehörigkeit in besonderen Fällen	128 a
Unterbringungssachen	128 b
Freiheitsentziehungssachen	128 c
Aufgebotsverfahren	128 d
Anordnungen über die Verwendung von Verkehrsdaten	128 e

7. Ergänzende Gebührenvorschriften für Anträge, Beschwerden usw.

Gesuche, Anträge	129
Zurückweisung und Zurücknahme von Anträgen	130
Beschwerden, Anrufung des Gerichts gegen Entscheidungen anderer Behörden oder Dienststellen	131
Bestimmte Beschwerden	131 a
Beschwerden in Verfahrenskostenhilfesachen	131 b
Beschwerden in bestimmten Registersachen	131 c
Rüge wegen Verletzung des Anspruchs auf rechtliches Gehör	131 d
Beglaubigte Ablichtungen und Ausdrucke	132
Vollstreckbare Ausfertigungen	133
Vollstreckung	134
Rechtskraftzeugnisse, Kostenfestsetzung	135

Dritter Abschnitt. Auslagen

Dokumentenpauschale	136
Sonstige Auslagen	137
(§ 138 weggefallen)	
Rechnungsgebühren	139

Zweiter Teil. Kosten der Notare

Verbot der Gebührenvereinbarung	140
Anwendung des Ersten Teils	141
Entscheidung durch das Amtsgericht in Baden-Württemberg	142
Nichtanwendung des Ersten Teils	143
Gebührenermäßigung	144
Besondere Gebührenermäßigung	144 a
Entwürfe	145
Vollzug des Geschäfts	146
Sonstige Geschäfte, Nebentätigkeit, gebührenfreie Geschäfte	147
Auseinandersetzungen	148
Vollstreckbarerklärungen und Bescheinigungen in besonderen Fällen	148 a
Erhebung, Verwahrung und Ablieferung von Geld, Wertpapieren und Kostbarkeiten	149
Bescheinigung	150
Zuziehung eines zweiten Notars	151
Umsatzsteuer	151 a
Weitere Auslagen des Notars, dem die Gebühren selbst zufließen	152
Reisekosten	153
Einforderung der Kosten	154
Verzinsung des Kostenanspruchs	154 a
Beitreibung der Kosten und Zinsen	155

1. Teil. Gerichtskosten   Grundz, § 1 KostO

§§
Einwendungen gegen die Kostenberechnung 156
Zurückzahlung, Schadensersatz 157

Dritter Teil. Schluß- und Übergangsvorschriften

Abhilfe bei Verletzung des Anspruchs auf rechtliches Gehör .... 157 a
Landesrechtliche Vorschriften 158
Andere Behörden und Dienststellen 159
Gerichtstage, Sprechtage 160
Übergangsvorschrift 161
Aufhebung des Ermäßigungssatzes 162
Übergangsvorschrift zum Kostenrechtsmodernisierungsgesetz 163
Zusätzliche Übergangsvorschriften aus Anlass des Inkrafttretens des Handelsregistergebühren-
Neuordnungsgesetzes 164

Anlage (zu § 32)

Erster Teil. Gerichtskosten

Erster Abschnitt. Allgemeine Vorschriften

1. Geltungsbereich, elektronisches Dokument

Geltungsbereich

1 *Fassung 1. 9. 2009:* ¹ ¹In den Angelegenheiten der freiwilligen Gerichtsbarkeit werden, soweit bundesrechtlich nichts anderes bestimmt ist, Kosten (Gebühren und Auslagen) nur nach diesem Gesetz erhoben. ²Dies gilt auch für Verfahren über eine Beschwerde, die mit diesen Angelegenheiten im Zusammenhang steht.

II Dieses Gesetz gilt nicht in Verfahren, in denen Kosten nach dem Gesetz über Gerichtskosten in Familiensachen zu erheben sind.

Vorbem. Überschrift eingefügt dch Art 14 II Z 2 JKomG v 22. 3. 05, BGBl 837, in Kraft seit 1. 4. 05, Art 16 I JKomG. S 2 angefügt dch Art 17 Z 1 des 2. JuMoG v 22. 12. 06, BGBl 3416, in Kraft seit 31. 12. 06, Art 28 I des 2. JuMoG, Übergangsrecht § 161 KostO. Sodann II angefügt dch Art 47 II Z 1 a, b FGG-RG v. 17. 12. 08, BGBl 2586, in Kraft seit 1. 9. 09, Art 112 I Hs 1 FGG-RG, Übergangsrecht Art 111 FGG-RG, Grdz 2 vor § 1 FamGKG, Teil I B dieses Buchs.

Gliederung

1) Systematik, I, II	1
2) Regelungszweck, I, II	2
3) Geltungsbereich, I, II	3–8
A. Angelegenheiten der freiwilligen Gerichtsbarkeit, I 1	3
B. Justizverwaltungssachen, I 1	4
C. Bundes- und landesrechtlicher Vorbehalt, I 1	5, 6
D. Beschwerdesache, I 2	7
E. Unanwendbarkeit bei FamGKG-Sache, II	8
4) Kostenbegriff, I, II	9
5) Notar: Kostenpflicht, I, II	10

1) Systematik, I, II. Wie das Wort „nur" in I 1 zeigt, enthält die KostO nach ihrem Grundgedanken für eine gerichtliche Tätigkeit in ihrem Geltungsbereich eine möglichst abschließende Regelung, „soweit bundesrechtlich nichts anderes bestimmt ist". Es besteht also eine Kostenfreiheit, soweit nicht das Gesetz eindeutig eine Kostenpflicht ausspricht, BVerfG NJW **96**, 3146 (Analogieverbot), BayObLG FamRZ **04**, 1603 (zu § 131), Bre Rpfleger **89**, 172. Diese Kostenfreiheit besteht bei Gebühren wie Auslagen, Rn 8. In diesem letzten Zusatz weicht I 1 von den im übrigen vergleichbaren § 1 I GKG, § 1 I 1 GvKostG ab, Teile I A, XI dieses Buchs. Diese Abweichung ändert aber nichts am Bestreben einer möglichst umfassenden Regelung schon in dem kostenrechtlichen Hauptgesetz zu einem nun allerdings riesigen Sach- **1**

605

KostO § 1   III. Kostenordnung

gebiet. Die Regelung der KostO ist zwingend, Zweibr RR **00**, 1595. Das gilt auch für die Staatskasse, Art 20 III GG. Wegen des *Notars* Rn 10. Wegen bundes- oder landesrechtlichen Vorbehalte Rn 7. Ein Justizverwaltungsgeschäft unterfällt der JVKostO, Teil VIII A dieses Buchs.

2   **2) Regelungszweck, I, II.** Das vorgenannte Bestreben führt bei einer gerichtlichen Tätigkeit zur Notwendigkeit einer für den jeweiligen Kostenschuldner günstigen Auslegung. Soweit die KostO entweder sogar ausdrücklich zB nach § 128b eine Kostenfreiheit bestimmt oder jedenfalls nicht ausdrücklich Kosten vorsieht, darf man keine Gerichtskosten erheben (vgl aber § 158 II), BayObLG BB **82**, 946, Bre Rpfleger **89**, 172, Hamm Rpfleger **77**, 423. Es besteht also auch ein Analogieverbot, Rn 1.

Das bedeutet freilich nicht, daß man beim geringsten Zweifel stets zugunsten des Kostenschuldners entscheiden müßte. Gerade in der „freiwilligen" und in Wahrheit allerdings oft genug kostenstreitigen Gerichtsbarkeit soll der Bürger sein Recht nicht stets schon wegen irgendwelcher Unklarheiten des Gesetzes auf Kosten der Staatskasse erhalten. Sie kann im übrigen ja durchaus auch selbst eine Kostenschuldnerin sein, soweit sie nicht ausdrücklich Kostenfreiheit erhalten hat. Es ist also eine solche Handhabung notwendig, die in einer Abwägung vorgeht und bei einem echten Zweifel dem Wort „nur" in I 1 den Ausschlag gibt.

3   **3) Geltungsbereich, I, II.** Man muß drei Fallgruppen unterscheiden.

A. Angelegenheiten der freiwilligen Gerichtsbarkeit, I 1. Die KostO insgesamt und nicht nur ihr erster Abschnitt bezieht sich auf die Angelegenheiten der freiwilligen Gerichtsbarkeit.

„Angelegenheit" meint dabei das bestimmte einzelne Verfahren nach dem FamFG, soweit seine Kosten nicht unter das FamGKG fallen, II, Teil I B dieses Buchs. Das gilt einschließlich aller Neben- und Folgeverfahren derselben Art, auch zB der Eintragung nach §§ 866ff ZPO.

„Freiwillige Gerichtsbarkeit" gehört zur konkurrierenden Gesetzgebung des Bundes, Art 74 Z 1 GG. Sie ist ein nicht gesetzlich bestimmter Begriff. Das Gesetz meint aber eindeutig alle diejenigen Geschäfte, die sich nach einer gesetzlichen Regelung entweder durch ihre amtliche Bezeichnung oder durch die Zuordnung zu einem Organ oder zu einer Verfahrensart gerade vor Gericht im Rahmen des FamFG abspielen. Auf die wahre Natur des Geschäfts kommt es nicht an. Das alles gilt auch bei der Anerkennung einer ausländischen Entscheidung, BGH **58**, 113. Es gilt auch für Neben- und Folgesachen.

4   Umgekehrt kann zB eine *Zwangsvollstreckung* in das unbewegliche Vermögen etwa bei § 866 ZPO in den Formen der freiwilligen Gerichtsbarkeit durch das Grundbuchamt erfolgen. Insoweit ist sie eine Angelegenheit der freiwilligen Gerichtsbarkeit.

Es ist unerheblich, welches Geschäft nach der Ansicht des *Kostenbeamten* oder des über den Kostenansatz entscheidenden Gerichts notwendig gewesen wäre, BayObLG **79**, 181.

4   **B. Justizverwaltungssachen, I 1.** Die Erledigung eines ausländischen Rechtshilfeersuchens, die Amtsbekräftigung (Legalisation) einer öffentlichen Urkunde gehört zu den Aufgaben der Justizverwaltung außerhalb der besonderen gerichtlichen Regelung der freiwilligen Gerichtsbarkeit. Insofern gilt die JVKostO, Teil VIII A dieses Buchs, BayObLG **04**, 315. Wegen einer Hinterlegungssache vgl Teil VIII B dieses Buchs. Die Beitreibung der Gerichtskosten usw richtet sich nach der JBeitrO, Teil IX A dieses Buchs.

Andere Geschäfte der Justizverwaltung regelt bis auf einige wenige Ausnahmen noch das Landesrecht, zB die verwaltungsmäßige Erteilung der Ablichtung oder Abschrift aus einer Akte usw.

5   **C. Bundes- und landesrechtlicher Vorbehalt, I 1.** Die KostO kodifiziert für ihren Geltungsbereich das Kostenrecht. Das gilt bis auf die in I 1 vorgesehenen bundesrechtlichen und die in § 158 vorgesehenen landesrechtlichen Vorbehalte zu jeweiligen Akten der freiwilligen Gerichtsbarkeit. Sie richten sich jeweils wegen Artt 31, 72 I, 74 Z 1 GG nach der KostO, soweit zu den Gebühren keine anderen Vorschriften bestehen.

1. Teil. Gerichtskosten §§ 1, 1a KostO

Die Tätigkeit des *Rechtsanwalts* oder des *Gerichtsvollziehers* erhält auch in einer Angelegenheit der freiwilligen Gerichtsbarkeit nur nach dem RVG oder nach dem GvKostG eine Vergütung, dort jeweils § 1, Teile X, XI dieses Buchs.

Wenn sich in einer Sache der freiwilligen Gerichtsbarkeit nur eine bestimmte *einzelne Handlung* nach der ZPO richtet, weil das FamFG auf sie verweist, zB in § 113 I 2 FamFG, ist die KostO hilfsweise anwendbar, soweit nicht das FamGKG gilt. Das zeigt das Wort „Kosten" in I 1. 6

Über die Anwendung der KostO im Verfahren nach dem Gesetz über die Wahrnehmung von *Urheberrechten* usw vgl § 128 a Anh, nach dem LwAnpG (zum alten Recht) BGH MDR **94**, 102. Im Verfahren nach dem *PsychKG* entstehen nach § 40 PsychKG keine Kosten, also auch keine erstattungspflichtigen Auslagen, aM LG Essen Rpfleger **84**, 119 (abl Schulte). *§ 15 SpruchG,* abgedruckt § 90 Anh I, enthält eine „andere Bestimmung". Die Vorschrift geht den §§ 1, 2 KostO vor, LG Frankenth JB **91**, 1663 (zum alten Recht).

Bei einer *Verweisung* aus dem Bereich des GKG in denjenigen der KostO gilt wegen der Gebühren die letztere und wegen der Auslagen das Recht der Entstehung. Bei der umgekehrten Verweisung gilt dasselbe.

D. Beschwerdesache, I 2. Die Vorschrift stellt wie § 1 IV GKG klar, daß auch ein solches Beschwerdeverfahren der KostO unterfällt, das ein bloßes Nebenverfahren darstellt, etwa bei einer Rechtshilfe nach § 159 GVG oder bei einer Ungebühr nach § 181 GVG. 7

E. Unanwendbarkeit bei FamGKG-Sache, II. Die Vorschrift stellt den Vorrang des FamGKG klar, Teil I B dieses Buchs. Seinen Geltungsbereich klärt § 1 FamGKG: Familiensachen, § 111 Z 1–11 FamFG, sowie Vollstreckung, § 120 FamFG, ferner OLG-Verfahren nach § 107 FamFG, einschließlich damit zusammenhängend; Beschwerden, ausschließlich Mahnverfahren. 8

Man muß aber trotzdem bestimmte Vorgänge in Familiensachen vor dem Familiengericht deswegen nach der *KostO* beurteilen, weil das Gesetz sie dem Verfahren des FamFG und in diesem Bereich auch nicht dem FamGKG zugeordnet hat, (zum alten Recht) Karlsr Rpfleger **81**, 324.

4) Kostenbegriff, I, II. Kosten sind auch im Rahmen der KostO nach dem klaren Wortlaut von I 1 Gebühren und Auslagen, Einl II A 2, Celle Rpfleger **79**, 118, also zB auch Sachverständigenkosten, Ffm FGPrax **09**, 140. 9

5) Notar: Kostenpflicht, I, II. Die Tätigkeit des Notars ist in einer Abweichung vom Grundsatz bei einer gerichtlichen Tätigkeit nach Rn 2 nicht nur ausnahmsweise, sondern infolge eines zweiten gleichberechtigten Prinzips grundsätzlich kostenpflichtig, § 147 I. 10

Elektronisches Dokument

1a I ¹Soweit für Anträge und Erklärungen in der Angelegenheit, in der die Kosten anfallen, die Aufzeichnung als elektronisches Dokument genügt, genügt diese Form auch für Anträge und Erklärungen nach diesem Gesetz. ²Die verantwortliche Person soll das Dokument mit einer qualifizierten elektronischen Signatur nach dem Signaturgesetz versehen. ³Ist ein übermitteltes elektronisches Dokument für das Gericht zur Bearbeitung nicht geeignet, ist dies dem Absender unter Angabe der geltenden technischen Rahmenbedingungen unverzüglich mitzuteilen.

II Ein elektronisches Dokument ist eingereicht, sobald die für den Empfang bestimmte Einrichtung des Gerichts es aufgezeichnet hat.

Vorbem. Angefügt dch Art 14 II Z 3 JKomG v 22. 3. 05, BGBl 837, in Kraft seit 1. 4. 05, Art 16 I JKomG, Übergangsrecht § 161 KostO.

Gliederung

1) Systematik, I, II	1
2) Regelungszweck, I, II	2
3) Formwahrung durch elektronische Aufzeichnung, I 1	3
4) Elektronische Signatur, I 2	4, 5

607

KostO § 1a III. Kostenordnung

5) Mangels elektronischer Bearbeitbarkeit:
   Mitteilungspflicht des Gerichts, I 3 .... 6, 7
6) Einreichung erst mit Aufzeichnungsende, II 8
7) Verstoß, I, II 9

1 **1) Systematik, I, II.** Die elektronische Bearbeitung hat in § 1 a für die in § 1 genannten Verfahren einen Teil der notwendigen kostenrechtlichen Anpassungsregeln. Weitere finden sich in §§ 10, 14, 51, 55, 73, 77, 89, 107 a, 126, 132, 136, 152, 154. Dem § 1 a entsprechen im Kern § 5 a GKG, § 8 FamGKG, Teile I A, B dieses Buchs, § 4 b JVEG, Teil V dieses Buchs, § 12 b RVG, Teil X dieses Buchs. Es handelt sich um vorrangige Sondervorschriften.

2 **2) Regelungszweck, I, II.** Das Kostenrecht soll den Anforderungen der elektronischen Übermittlungs- und Speicherungstechnik genügen. Das scheint wegen des ständigen technischen Fortschritts eine weite Auslegung zu rechtfertigen. Andererseits unterliegen Spezialregeln grundsätzlich einer engen Auslegung. Man muß beide Gedanken möglichst spannungsfrei verbinden, um zu einer brauchbaren Handhabung zu kommen.

3 **3) Formwahrung durch elektronische Aufzeichnung, I 1.** Eine Aufzeichnung als elektronisches Dokument erfüllt jede gesetzliche Schriftform, soweit die Verfahrensordnung überhaupt für einen Antrag oder eine Erklärung in einer kostenpflichtigen Angelegenheit eine solche Aufzeichnung erlaubt. Natürlich kann die elektronische Aufzeichnung nicht eine zusätzliche gesetzliche Anforderung ersetzten, also zB nicht die Notwendigkeit einer Beglaubigung oder Beurkundung als eines rechtsschaffenden oder -verstärkenden Vorgangs. Wohl aber kann sie die Art der „Niederschrift" solcher Vorgänge eben auch in einer elektronischen Form ermöglichen.

4 **4) Elektronische Signatur, I 2.** Anstelle einer Unterschrift „soll" die verantwortende Person das elektronische Dokument mit einer sog qualifizierten elektronischen Signatur nach dem Signaturgesetz 2001 versehen. Die mit § 130 a I ZPO übereinstimmende Vorschrift ist eine bloße Sollbestimmung, keine Mußvorschrift.

5 *Qualifizierte elektronische Signatur* ist nach 2 Z 3 a, b SignG eine solche elektronische Signatur nach § 2 Z 2 SignG, die auf einem zum Zeitpunkt ihrer Erzeugung gültigen qualifizierten Zertifikat beruht und mit einer sicheren Signaturerstellungseinheit erzeugt wird. Letztere liegt nach § 2 Z 10 SignG dann vor, wenn es sich um eine Soft- oder Hardwareeinheit zur Speicherung und Anwendung des jeweiligen Signaturschlüssels handelt usw. Signaturschlüssel ist ein in § 2 Z 4 SignG bestimmter Begriff: Einmalige elektronische Daten wie öffentliche Kryptographische Schlüssel, die zur Überprüfung einer elektronischen Signatur verwendet werden. Elektronische Signatur sind nach § 2 Z 1 SignG solche Daten in elektronischer Form, die anderen elektronischen Daten beigefügt oder logisch mit ihnen verknüpft sind und die zur Authentifizierung dienen. Wieder einmal eine deutsche begriffliche Überperfektion zwecks Vereinfachung des Verfahrens!

6 **5) Mangels elektronischer Bearbeitbarkeit: Mitteilungspflicht des Gerichts, I 3.** Soweit das Empfangsgericht ein ihm übermitteltes elektronische Dokument nach seinem technischen Stand oder wegen irgendwelcher Mängel des Dokuments nicht bearbeiten kann, darf und muß es das dem Absender unter einer Angabe der für dieses Gericht derzeit geltenden technischen Rahmenbedingungen unverzüglich mitteilen, also ohne eine vorwerfbare Verzögerung, § 121 I 1 BGB.

7 *Art und Form* dieser Mitteilung richten sich nach den technischen Möglichkeiten dieses Gerichts. Inhaltlich muß die Mitteilung den Empfänger instandsetzen können, entweder den Mangel zu beseitigen und eine einwandfreie neue elektronische Übermittlung vorzunehmen oder die Eingabe nunmehr in Schriftform zu fassen. Soweit es nur um einzelne Zahlen, Wörter usw geht, mag ein telefonischer Kontakt beiderseits ausreichen.

8 **6) Einreichung erst mit Aufzeichnungsende, II.** Ein elektronisches Dokument gilt erst dann als eingereicht, wenn und sobald die für den Empfang bestimmte Einrichtung des Gerichts vollständig und für das Empfangsgericht einwandfrei verständlich aufgezeichnet hat. Maßgeblich ist also weder der Augenblick der Beendigung des Absendevorgangs beim Absender noch ein etwa dort eingehender „o. k."-

1. Teil. Gerichtskosten §§ 1a, 2 KostO

Vermerk oder dergleichen noch ein Beginn des Eingangs beim Empfangsgericht. Insofern bestehen noch höhere Anforderungen als beim Telefax.

7) Verstoß, I, II. Ein Fristverstoß kann zB zur Unzulässigkeit der Eingabe wegen Verspätung führen. Eine Einreichung beim unzuständigen Gericht heilt erst entsprechend § 129 a ZPO, § 25 III 2 FamFG nach der dortigen Weiterleitung mit dem Eingang beim zuständigen Gericht. Ein Mangel nach I heilt erst mit der Nachreichung des Fehlenden oder einer neuen Eingabe, bei deren elektronischer Übermittlung also erst mit deren Aufzeichnungsende. 9

2. Kostenschuldner

Allgemeiner Grundsatz

2 *Fassung 1. 9. 2009:* **Zur Zahlung der Kosten ist verpflichtet**
1. **bei Geschäften, die nur auf Antrag vorzunehmen sind mit Ausnahme der Verfahren zur Festsetzung eines Zwangs- oder Ordnungsgeldes, jeder, der die Tätigkeit des Gerichts veranlaßt, bei der Beurkundung von Rechtsgeschäften insbesondere jeder Teil, dessen Erklärung beurkundet ist;**
1 a. **im Verfahren auf Bewilligung von Verfahrenskostenhilfe der Antragsteller, wenn der Antrag zurückgenommen oder abgelehnt wird;**
2. **bei einer Betreuung, einer Dauerpflegschaft oder einer Pflegschaft nach § 364 des Gesetzes über das Verfahren in Familiensachen und in den Angelegenheiten der freiwilligen Gerichtsbarkeit der von der Maßnahme Betroffene; dies gilt nicht für Kosten, die das Gericht einem Anderen auferlegt hat;**
3. **in Unterbringungssachen der Betroffene, wenn die Unterbringung angeordnet wird;**
4. **in Handels-, Genossenschafts-, Partnerschafts- und Vereinsregistersachen bei solchen Geschäften, die von Amts wegen vorgenommen werden, die Gesellschaft oder der Kaufmann, die Genossenschaft, die Partnerschaft oder der Verein;**
5. **bei sonstigen Geschäften, die von Amts wegen vorgenommen werden, derjenige, dessen Interesse wahrgenommen wird; dies gilt nicht für Kosten, die das Gericht einem Anderen auferlegt hat.**

Vorbem. Z 1 a geändert, Z 2–5 angefügt, daher frühere Z 2 entfallen dch Art 47 II Z 2 a, b FGG-RG v 17. 12. 08, BGBl 2586, in Kraft seit 1. 9. 09, Art 112 I Hs 1 FGG-RG, Übergangsrecht Art 111 FGG-RG, Grdz 2 vor § 1 FamGKG, Teil I B dieses Buchs.

Bisherige Fassung Z 1 a, 2:
1 a. **im Verfahren auf Bewilligung von Prozesskostenhilfe der Antragsteller, wenn der Antrag zurückgenommen oder abgelehnt wird;**
2. **bei Geschäften, die von Amts wegen vorgenommen werden, derjenige, dessen Interesse wahrgenommen wird.**

Gliederung

1) **Systematik, Z 1–5** 1–8
   A. Antrags- und Einreichungsschuldner 2
   B. Entscheidungsschuldner; Betroffener 3
   C. Übernahmeschuldner 4
   D. Sachlichrechtlicher Schuldner 5
   E. Verpflichteter 6
   F. Interessenschuldner 7
   G. Sonderregeln 8
2) **Regelungszweck, Z 1–5** 9
3) **Veranlassungsschuldner, Z 1, 1 a** 10–18
   A. Grundsatz: Auslösung durch Antrag, Z 1 10
   B. Ausnahme: Zwangs- oder Ordnungsgeld, erfolgreicher Verfahrenskostenhilfeantrag, Z 1, 1 a 11
   C. Beispiele zur Frage des Vorliegens eines Veranlassungsschuldners, Z 1, 1 a 12–18
4) **Einreichungsschuldner, Z 1** 19–23
   A. Grundsatz: Maßgeblichkeit des Eintragungsantrags 19
   B. Beispiele zur Frage eines Einreichungsschuldners, Z 1 20–23

KostO § 2 III. Kostenordnung

	5) **Betroffenheitsschuldner**, Z 2, 3	24
	6) **Interessenschuldner**, Z 4, 5	25–30
	A. Grundsatz: Interessenwahrnehmung	25
	B. Beispiele zur Frage eines Interessenschuldners, Z 4, 5	26–30

1 **1) Systematik, Z 1–5.** Die KostO kennt ähnlich wie das FamGKG die folgenden Arten von öffentlichrechtlichen Kostenschuldnern. Die Staatskasse kann sie alle in Anspruch nehmen, damit bei ihr möglichst kein Ausfall entsteht. Sie muß handeln, Art 20 III GG. Die Beitreibung erfolgt nach der JBeitrO, Teil IX A dieses Buchs. Maßgebend ist die Funktion in der jeweiligen Instanz, Mü Rpfleger **01**, 516. Die Vorschrift gilt nach § 141 auch beim Notar.
Kosten meint in § 2 wie in § 1 I 1 grundsätzlich alle Gebühren und Auslagen.

2 **A. Antrags- und Einreichungsschuldner.** In Betracht kommt zunächst der Antragsteller nach Z 1 als ein sog Veranlassungs- oder Einreichungsschuldner, BayObLG **04**, 60, Karlsr FGPrax **06**, 179. Sonderregeln können vorgehen, zB § 8 Rn 2ff. Einzelheiten Rn 9ff.

3 **B. Entscheidungsschuldner; Betroffener.** In Betracht kommt ferner derjenige, dem das Gericht die Kosten auferlegt hat, § 3 Z 1. Ihm steht der von einer Maßnahme nach Z 2, 3 Betroffene gleich.

4 **C. Übernahmeschuldner.** In Betracht kommt ferner derjenige, der die Kosten durch eine vor dem Gericht abgegebene oder dem Gericht mitgeteilte Erklärung übernommen hat, § 3 Z 2.

5 **D. Sachlichrechtlicher Schuldner.** In Betracht kommt ferner derjenige, der nach den Vorschriften des Bürgerlichen Rechts für die Kostenschuld eines anderen kraft Gesetzes haftet, § 3 Z 3.

6 **E. Verpflichteter.** In Betracht kommt ferner der Verpflichtete, soweit es um die Kosten der Vollstreckung geht, § 3 Z 4.

7 **F. Interessenschuldner.** Schließlich kommt als Kostenschuldner bei einem Geschäft von Amts wegen derjenige in Betracht, dessen Interesse das Gericht wahrnimmt, Z 2.

8 **G. Sonderregeln.** Sie finden sich in verschiedenen Vorschriften, zB in den §§ 59 II, 70 II 2, 78 II 2, 112 II 2, ferner in § 102 I 1 SachenRBerG, Anh § 145 KostO.

9 **2) Regelungszweck, Z 1–5.** § 2 stellt wie § 3 im Interesse der Kostengerechtigkeit darauf ab, wem eine gerichtliche Tätigkeit zugutekommt. Dementsprechend darf man die Anknüpfungsmerkmale „Veranlassung", „Betroffenheit", „Verpflichtung" und „Interesse" trotz des Grundsatzes dem Kostenschuldner freundlicher Auslegung nun auch nicht allzu eng handhaben. § 1 Rn 2.

10 **3) Veranlassungsschuldner, Z 1, 1 a.** Eine Haftung nach dieser Vorschrift tritt dann ein, wenn eine der folgenden Voraussetzungen vorliegt.
A. Grundsatz: Auslösung durch Antrag, Z 1. Es muß zunächst ein solches Geschäft vorliegen, das das Gericht eindeutig nur auf Grund eines Verfahrens- oder Sachantrags und nicht auch nur möglicherweise auch von Amts wegen vornimmt, BayObLG **04**, 60, Kblz Rpfleger **88**, 106, Zweibr FamRZ **07**, 848. Es reicht als Geschäft jede solche Tätigkeit des Gerichts, die einen Gebührentatbestand ausfüllt. Derselbe Antrag kann mehrere Geschäfte betreffen, etwa bei §§ 62 I, 71 I, und umgekehrt. Es muß nicht stets auch eine Entscheidung ergehen, LG Kblz FamRZ **00**, 969. Geschäft, Angelegenheit und Verfahren sind verschiedene Begriffe für verschiedene Vorgänge.
Veranlassungsschuldner ist jeder, der diese Tätigkeit des Gerichts auslöst, BayObLG **04**, 60, Karlsr FGPrax **05**, 179, Naumb FamRZ **08**, 2297 (abl Zimmermann). Das gilt sowohl für die Gebühren als auch für die Auslagen, BayObLG **40**, 60, auch bei § 131 V. Es besteht keine Hinweispflicht des Notars gegenüber dem oder den Veranlassungsschuldner(n), Düss WoM **93**, 556. Für die Frage, wer als Veranlasser gilt, kommt es auf die Umstände an, BayObLG DNotZ **89**, 708, KG DNotZ **84**, 446, Schlesw DNotZ **94**, 721. Mehrere Veranlasser haften im Zweifel als Gesamtschuldner, Ffm JB **01**, 488. Das gilt zumindest bei demselben Geschäft.

B. Ausnahme: Zwangs- oder Ordnungsgeld, erfolgreicher Verfahrenskos- 11
tenhilfeantrag, Z 1, 1 a. Trotz des Grundsatzes Rn 10 entfällt eine Haftung als Veranlassungsschuldner, soweit es sich um ein Verfahren zur Festsetzung eines Zwangs- oder Ordnungsgeldes handelt, etwa nach §§ 388 ff FamFG. Dann kommt aber eine Haftung nach § 3 Z 1 infrage. Ferner entfällt eine Haftung des Antragstellers im Verfahrenskostenhilfeverfahren, soweit der Antrag einen Erfolg hat. Das ergibt sich im Umkehrschluß aus Z 1 a.

C. Beispiele zur Frage eines Veranlassungsschuldners, Z 1, 1 a 12
Aktiengesellschaft: S „Anmeldung", Rn 18 „Vorstandsmitglied".
Von Amts wegen: Soweit ein „Antrag" in Wahrheit nur eine Anregung zu einer solchen Handlung ist, die das Gericht von Amts wegen vornehmen muß, ist *nicht* Z 1 anwendbar, sondern (jetzt) Z 2–5, Kblz FamRZ **01**, 297. Das gilt auch, soweit ein Gerichtsverfahren sowohl auf einen Antrag als auch von Amts wegen in Betracht kommt, zB bei §§ 1632 IV, 1682 BGB oder bei einem amtlichen Eintragungsersuchen. Eine Ausnahme gilt, soweit die ersuchende Stelle als Vertreterin des Antragstellers handelt, KG Rpfleger **96**, 479.
Anderkonto: *Kein* Veranlassungsschuldner ist derjenige, der nur auf ein Anderkonto einzahlt, ohne mit dem Notar einen Verwahrungsvertrag abzuschließen, BayObLG **88**, 147.
Anmeldung: Veranlassungsschuldner ist derjenige, der eine Anmeldung vornehmen darf, Hamm Rpfleger **75**, 376, und der eine Anmeldung zu einem Register freiwillig oder kraft einer gesetzlichen Verpflichtung zB nach § 14 HGB im eigenen Namen vornimmt oder vornehmen läßt. Das gilt auch zB bei einem Personengesellschafter. Vgl freilich § 135 HGB.
Prokura, Sitzverlegung, Zweigniederlassung usw sind typische Anmeldungen der Gesellschaft und machen diese zur Veranlassungsschuldnerin, §§ 13 ff, 53 HGB.
S auch „Von Amts wegen", Rn 17 „Vertreter", Rn 18 „Vertreter".
Anscheinsvollmacht: Rn 17 „Vertretener".
Antrag: S „Von Amts wegen".
Auflassungsvormerkung: Rn 14 „Grundbuch".
Auslegung: Rn 14 „Grundbuch".
Besprechungstermin: *Kein* Veranlassungsschuldner ist derjenige, der nur einen Be- 13 sprechungstermin erwirkt, KG JB **76**, 959.
Beurkundung: Veranlassungsschuldner ist der formelle Ansucher, also zunächst jeder Erklärende, BayObLG FGPrax **98**, 30, Mü FGPrax **06**, 179. Das gilt natürlich nur im Umfang *seiner* Erklärung, §§ 18 I, 39 I 1, 40, 41, 61 II 1, 93 S 2 Hs 2, §§ 107, 1365 I 2 BGB, LG Flensb JB **85**, 1223. Es gilt also auch zB nur beim Angebot oder nur bei der Annahme. Veranlasser kann sogar derjenige sein, dessen Erklärung nicht beurkundet wird und für den auch keine Erklärungen beurkundet werden, BayObLG FGPrax **98**, 30, Mü FGPrax **06**, 179, Schlesw DNotZ **94**, 721, aM RoW 12.
Dritter: Ein nicht am Verfahren formell Beteiligter kann *nicht* Veranlassungsschuldner sein, KLBR 40, aM KG DNotZ **84**, 446.
Duldungsvollmacht: Rn 17 „Vertretener".
Erbe: Er haftet nach §§ 1922 ff BGB, § 27 HGB wie sonst. Beim Erbschein ist der Erbe Veranlassungsschuldner, beim gemeinschaftlichen Erbschein jeder Antragsteller, Stgt JB **78**, 407, bei § 792 ZPO der antragstellende Gläubiger.
Europäische Gesellschaft: §§ 21, 40, 46 SEEG v 21. 12. 04, BGBl 3705.
Europäische wirtschaftliche Interessenvereinigung: Jeder Beteiligte ist Veranlassungsschuldner, § 3 II EWIV-AG.
Fehlen einer Beurkundung: S „Beurkundung", Rn 17 „Vertretener", Rn 18 „Vertreter".
Geschäftsunfähigkeit: Veranlassungsschuldner kann auch ein Geschäftsunfähiger sein, BayObLG **91**, 114, KG DNotZ **77**, 500, aM BayObLG **91**, 113, Stgt Just **90**, 24 (aber Veranlassung ist eine reine objektive Verursachung).
Gesellschaft: Rn 12 „Anmeldung", Rn 18 „Vorstandsmitglied".
Grundbuch: Vor allem in einer Grundbuchsache nach §§ 60 ff ist es oft zweifelhaft, 14 wer nach § 13 GBO als Antragsteller mit einer oder in Wahrheit ohne die Antragsbefugnis und damit jeweils als Veranlassungsschuldner auftritt.

611

KostO § 2   III. Kostenordnung

- **(Atypische Beurkundung):** S „– (Überreichung)".
- **(Auflassungsvormerkung):** Veranlassungsschuldner kann auch der Verkäufer sein. Denn die Vormerkung liegt auch in seinem wahren Interesse, BayObLG JB 93, 224.
- **(Auslegung):** Veranlassungsschuldner kann man auf Grund einer Auslegung des Antrags des Notars sein. Denn eine sachgemäße Auslegung nach §§ 133, 157 BGB, BLAH Grdz 46, 52 vor § 128 ZPO ist stets statthaft, Köln OLGR **99**, 125. Läßt sie erkennen, daß ein Eintrag nur für einzelne Antragsberechtigte erfolgt, sind nur sie Veranlassungsschuldner, KG Rpfleger **91**, 305, Schlesw DNotZ **88**, 787, Zweibr Rpfleger **89**, 17, aM KBLR 60.
- **(Eintragungsantrag):** *Kein* Veranlassungsschuldner ist derjenige, der nur in der Urkunde einen Eintragungsantrag gestellt hat. Er ist allenfalls Einreichungsschuldner nach Rn 19, KG Rpfleger **91**, 305.
- **(Fiktion):** S „– (Unterstellte Erklärung)".
- **(Form):** Veranlassungsschuldner ist man auch bei einem formfreien Antrag.
- **(Grundpfandrecht):** Rn 15.
- **(Überreichung):** Veranlassungsschuldner ist derjenige, der die notarielle Urkunde mit seinem Antrag dem Grundbuchamt überreicht und damit dessen Tätigkeit auslöst, Düss VersR **79**, 871, es sei denn, der Notar hätte atypisch beurkundet, BayObLG DB **93**, 1508.
- **(Unterstellte Erklärung):** *Kein* Veranlassungsschuldner ist schon derjenige, dessen Willenserklärung usw nach § 894 ZPO als abgegeben gilt, BayObLG Rpfleger **05**, 489.
- **(Vertreter):** § 15 GBO vermutet eine Vertretungsbefugnis des Notars grds gegenüber allen Antragsberechtigten, BayObLG Rpfleger **87**, 14, Bre Rpfleger **87**, 494, Köln Rpfleger **86**, 412, und wegen aller aus der Beurkundung folgenden Geschäfte. Veranlassungsschuldner kann (wohl meist) der Vertretene sein. Die Vertretungsbefugnis ist dann weder vom Auftrag noch vom Einverständnis des Antragsberechtigten abhängig, BayObLG Rpfleger **84**, 97, Düss Rpfleger **86**, 368, Zweibr Rpfleger **84**, 265. Die Vertretungsvermutung ist aber natürlich trotz des hier ja ohnehin nicht direkt geltenden § 292 ZPO widerlegbar, BayObLG Rpfleger **84**, 97, Bre Rpfleger **87**, 494, Düss Rpfleger **86**, 368. Eine bloße Gebührenfreiheit widerlegt aber nicht, Köln Rpfleger **86**, 411, Meyer-Stolte Rpfleger **80**, 475, KBLR 61, aM Düss Rpfleger **77**, 266.
- **(Vertretungsvermutung):** S „– (Vertreter)".
- **(Vollmachtgeber):** Veranlassungsschuldner kann der Vollmachtgeber auch ohne seine Angabe im Antrag sein, BayObLG DNotZ **89**, 707, aM Lappe Rpfleger **84**, 368 (aber es ist eine sachgemäße Auslegung statthaft, s „– [Auslegung]").
- **(Zustimmung):** Veranlassungsschuldner kann man auch bei der Zustimmung zu einem Antrag sein. Es kommt auf die Auslegung an.

Gründer, Gründungsprüfer: Es gelten bei § 36 I AktG grds dieselben Regeln wie beim Vorstandsmitglied, Rn 18, BGH NJW **92**, 1824 (Gründer) und NJW **97**, 1507 (Vorgesellschaft). Indessen macht eine persönliche Erklärung auch zum Veranlassungsschuldner.

15 **Grundpfandrecht:** Unter Umständen ist auch ein Grundpfandrechtsgläubiger Veranlassungsschuldner, BayObLG Rpfleger **87**, 14, Düss Rpfleger **86**, 368, LG Landau Rpfleger **82**, 338, aM LG Bayreuth Rpfleger **80**, 475 (abl Meyer-Stolte).

Handelsregister: Rn 12 „Anmeldung".

Handlungsfähigkeit: Sie ist im Gegensatz zu einer Geschäftsfähigkeit nach Rn 13 Voraussetzung für eine Veranlassungshaftung, etwa bei §§ 1896 ff, 2229 BGB, §§ 60, 275 FamFG.

Hinterlegung: *Kein* Veranlassungsschuldner ist derjenige, der nur einen vom Schuldner nach § 149 hinterlegten Betrag abrufen darf und abruft, KG MDR **85**, 154.

Insolvenzverwalter: Rn 16 „Partei kraft Amts".

Juristische Person: Rn 12 „Anmeldung", Rn 17 „Vertretener", 18 „Vertreter".

Kommanditist: Rn 18 „Vorstandsmitglied" entsprechend. Eine Haftungsbeschränkung etwa nach § 171 HGB ist unbeachtlich. Eine solche kann aber bei der atypischen Massen-KG notwendig sein.

1. Teil. Gerichtskosten § 2 KostO

Kostenvorbehalt: Veranlassungsschuldner kann man trotz eines Kostenvorbehalts sein. Dieser Vorbehalt ist also nicht stets beachtlich, LG Bad Kreuzn DNotZ **77**, 507.
S aber auch Rn 12 „Anderkonto", Rn 13 „Besprechungstermin".
Liquidator: Rn 16 „Partei kraft Amts".
Makler: Wenn er auch ohne einen Auftrag dem Notar die Beurkundungsunterlagen 16 übersendet, kann er nach Z 1 haften, LG Kleve JB **01**, 432.
S aber auch Rn 18 „Vertreter".
Notar, Rechtsanwalt: S zunächst Rn 18 „Vertreter". Der Notar oder Anwalt handelt im Zweifel im Namen des Auftraggebers, Weis AnwBl **07**, 569, zB bei der Einlegung eines Rechtsmittels, Ffm BB **78**, 1340, oder der mehreren Auftraggeber, BayObLG Rpfleger **85**, 356.
Partei kraft Amts: Veranlassungsschuldner ist auch eine Partei kraft Amts. Sie haftet aber nur mit dem verwalteten Vermögen. Beim Testamentsvollstrecker haften die Erben nach §§ 1967, 2213 BGB.
Partnerschaft: Rn 12 „Anmeldung".
Prokura: Veranlassungsschuldner ist bei der Anmeldung zB nach § 53 I HGB die Firma oder Gesellschaft.
S auch Rn 12 „Anmeldung".
Rechtsanwalt: S „Notar, Rechtsanwalt".
Rechtsfähigkeit: Sie ist für eine Veranlassungshaftung erforderlich.
Register: Rn 12 „Anmeldung".
Sequester: Rn 18 „Vertreter".
Testamentsvollstrecker: Rn 16 „Partei kraft Amts".
Überreichung: Rn 14 „Grundbuch".
Verfahrenskostenhilfe: *Keine* Haftung des Antragstellers tritt ein, soweit der Antrag 17 einen Erfolg hat. Das ergibt sich aus Z 1 a.
Verfahrenspfleger: Er kann Verlanlassungsschuldner sein, Naumb FamRZ **08**, 2297 (abl Zimmermann).
Verfahrensstandschaft: Der Träger ist Veranlassungsschuldner.
Vermögensgesetz: Veranlassungsschuldner ist auch derjenige, „für" den das Amt zur Regelung offener Vermögensfragen das Eintragungsersuchen stellt, LG Bln Rpfleger **96**, 174.
Vertretener: Der Vertretene ist grds Veranlassungsschuldner. Das sollte zB der Anwalt oder Notar als Vertreter schon zur Vermeidung von Umsatzsteuerproblemen von vornherein zum Ausdruck bringen, Feuersänger MDR **05**, 1391, Weis AnwBl **07**, 569.
Er ist aber ausnahmsweise *kein* Veranlassungsschuldner, soweit keine Anscheins- oder Duldungsvollmacht vorliegt, BayObLG DB **93**, 1508, es sei denn, er hätte das Auftreten des Vertreters ohne Vertretungsmacht veranlaßt, Düss MDR **89**, 830, oder er hätte es genehmigt, § 177 BGB. Der Vertreter haftet mangels einer Vollmacht also persönlich als Veranlasser, Rn 18, es sei denn, der Notar hätte es unterlassen, den Umfang der Vertretungsmacht aufzuklären, BayObLG FGPrax **98**, 30.
Vertreter: Veranlassungsschuldner ist grds der Vertretene, Rn 17. 18
Veranlassungsschuldner ist aber ausnahmsweise als Vertreter derjenige Antragsteller, dem die *Vertretungsmacht fehlt*, Düss MDR **87**, 684 (zu § 149), Hamm FamRZ **98**, 37, Köln JB **94**, 168. Das kann selbst bei einer nachträglichen Genehmigung gelten. Das Fehlen einer Vertragsvollmacht ist insoweit unschädlich, als eine Veranlassungsvollmacht vorlag, Düss MDR **89**, 830, Köln JB **76**, 1681.
S auch Rn 14 „Grundbuch", Rn 16 „Notar, Rechtsanwalt" Rn 18 „Vorstandsmitglied".
Verwahrungsvertrag: Rn 12 „Anderkonto".
Vollmacht: Rn 16 „Notar, Rechtsanwalt", Rn 17 „Vertretener", Rn 18 „Vertreter".
Vorgesellschaft: Rn 14 „Gründer, Gründungsprüfer".
Vormerkung: Rn 14 „Grundbuch".
Vorschuß: Die Haftung eines Veranlassungsschuldners besteht unabhängig davon, ob der Notar von einem späteren Übernahmeschuldner einen Vorschuß hätte anfordern dürfen oder gar müssen, Hamm JB **05**, 42.
Vorstandsmitglied: Das Vorstandsmitglied einer Handelsgesellschaft haftet grds *weder* für die Kosten einer Beurkundung oder Beglaubigung *noch* für diejenigen einer

613

Eintragung, Hamm Rpfleger **75**, 376, KG RR **98**, 211. Eine Ausnahme kann bei § 50 GmbHG gelten, Ffm JB **83**, 419. Das Vorstandsmitglied handelt auch grds im Namen der jeweiligen Vorform der Gesellschaft oder des Vereins, also nicht persönlich, BGH NJW **97**, 1507.

Eine Haftung kann *ausnahmsweise* eintreten, soweit man sie mit dem Notar vereinbart hat.

Wegfall einer Gerichtsentscheidung: Er berührt nicht die Haftung des Veranlassungsschuldners, BayObLG ZMR **94**, 529.

Willenserklärung: Rn 14 „Grundbuch".

Wohnungseigentum: Veranlassungsschuldner sind der oder die Wohnungseigentümer, soweit der Verwalter mit ihrer Zustimmung zur Veräußerung handelt. Veranlasser ist derjenige Käufer, der vor erforderlichen Zustimmungen den Notar um umfassenden Vollzug bittet, LG Münst JB **05**, 488.

Zulässigkeit: Veranlassungsschuldner ist man unabhängig von der Zulässigkeit des Antrags.

19 **4) Einreichungsschuldner, Z 1.** Ein einfacher Grundsatz hat zahlreiche Auswirkungen.

A. Grundsatz: Maßgeblichkeit des Eintragungsantrags. Nach Z 1 ist bei der Beurkundung eines Rechtsgeschäfts auch derjenige Kostenschuldner, dessen Erklärung der Notar beurkundet, Düss DNotZ **86**, 764. Antragsteller ist also derjenige, der in der eingereichten Urkunde die Eintragung beantragt. Wer einreicht, haftet allein, soweit sein Wille erkennbar ist, die Eintragung allein zu beantragen, und soweit man nicht erkennen kann, daß der Einreicher nur als ein Bevollmächtigter handelt, Mü FamRZ **06**, 1861. Eine „Bitte" um die Erledigung eines Eintragungsantrags eines anderen reicht nicht aus.

20 **B. Beispiele zur Frage des Vorliegens eines Einreichungsschuldners, Z 1**

Antragstellung: Einreichungsschuldner sind im Zweifel alle diejenigen Antragsberechtigten, für die der Notar einen Antrag einreicht, zB nach § 15 GBO, Rn 14 „Grundbuch", LG Bayreuth JB **78**, 903. Das sind im Zweifel alle Antragsberechtigten. Freilich muß man auch dann die Umstände ermitteln und auslegen, Düss Rpfleger **77**, 267.

S auch Rn 21 „Beschwerde", „Gebührenfreiheit", „Mehr als beantragt", Rn 22 „Sachliches Antragsrecht".

Auftrag: Einreichungsschuldner ist zumindest wegen der Notarkosten jeder, der diesem Notar den Auftrag zumindest auch zur Einreichung erteilt hat, Düss DNotZ **75**, 375. In einer Beteiligung an einer Beurkundungsverhandlung oder Beglaubigungsverhandlung vor einem Notar liegt in der Regel ein zumindest stillschweigender Auftrag, KG JB **76**, 959.

Er liegt aber *nicht* schon im bloßen Zuhören bei der Verlesung, LG Wuppert JB **78**, 731.

Behörde: Soweit eine Behörde die Eintragung beantragt, ist Einreichungsschuldner und außerdem grds auch Interessenschuldner nach Rn 25 derjenige, in dessen Interesse die Eintragung geschieht, KG Rpfleger **96**, 480. Ob auch der aus dem einzutragenden Recht Berechtigte haftet, soweit er den Antrag einreicht, ist nach § 133 BGB eine Auslegungsfrage. Man muß eine derartige Haftung *meist verneinen*.

21 **Beschwerde:** Die Regeln Rn 20 „Antragstellung" gelten auch bei einer Beschwerde des Notars. Antragsteller und damit Einreichungsschuldner ist zumindest der Beschwerdeführer.

Beteiligung an Verhandlung: Rn 20 „Auftrag".

Erbrecht: Einreichungsschuldner ist auch hier der Antragsteller, Rn 20 „Antragstellung", also der oder die Erben. Soweit nur einer oder mehrere aus einer größeren Gesamtzahl von Miterben den Antrag zB auf die Erteilung des Erbscheins stellen, sind nur dieser oder diese Miterben Einreichungsschuldner, Stgt JB **78**, 407.

Gebührenfreiheit: Wenn der Notar nur im Namen des gebührenbefreiten Vertragspartners einen Antrag einreicht, ist der andere Vertragspartner kein Antragsteller und damit *kein* Einreichungsschuldner.

Hypothekenlöschung: Rn 22 „Zustimmung".

1. Teil. Gerichtskosten § 2 KostO

Mehr als beantragt: Soweit die Tätigkeit einer Behörde über den Antrag hinausgeht, kommt jedenfalls *keine* Haftung nach Z 1, sondern allenfalls eine solche nach Z 2 in Betracht.

Mehrheit von Unterzeichnern: Soweit mehrere Personen die einzureichende Urkunde unterzeichnen, jedoch nur einer von ihnen die Urkunde einreicht, kommt es für die Einreichungshaftung darauf an, ob auch einer der übrigen Unterzeichner den Antrag auf die Eintragung stellt und ihn nicht nur bewilligt oder in die Eintragung einwilligt, Zweibr FGPrax **02**, 273.
Miterben: Rn 21 „Erbrecht".

Sachliches Antragsrecht: Es ist für die Einreichungshaftung unerheblich, ob der 22 Antragsteller auch sachlichrechtlich zum Antrag berechtigt ist, sofern die Behörde dem Antrag stattgibt.
 S auch Rn 20 „Antragstellung".
Unterschrift: Rn 21 „Mehrheit von Unterzeichnern".
Verfahrenskostenhilfe: Rn 17.
Verlesung: Rn 20 „Auftrag".
Zuhören: Rn 20 „Auftrag". 23
Zustimmung: Bei einer Zustimmung zB des Ehegatten etwa zu einem Vertrag reicht eine etwaige Einreichungshaftung nur so weit, wie auch für die bloße Zustimmung Kosten entstanden wären, KG Rpfleger **87**, 266.
 Die bloße Zustimmung des Eigentümers zur Hypothekenlöschung ist *kein* Antrag.

5) Betroffenheitsschuldner, Z 2, 3. In den dort abschließend aufgezählten 24 FamFG-Verfahrensarten ist der Betroffene Kostenschuldner. Betroffen ist derjenige, um dessen Person die Betreuung usw geht. Nicht jeder Beteiligte ist betroffen, aber jeder Betroffene ist natürlich auch Beteiligter.

6) Interessenschuldner, Z 4, 5. Auch hier hat ein einfacher Grundsatz zahlrei- 25 che Auswirkungen.
 A. Grundsatz: Interessenwahrnehmung. Es muß um ein wenigstens auch von Amts wegen erforderliches Geschäft gehen, Kblz FamRZ **01**, 297. Dann ist auch derjenige formell Beteiligte ein Kostenschuldner, dessen Interesse wahrgenommen wird, Kblz FamRZ **01**, 297, Zweibr FamRZ **07**, 848. Das ist nur derjenige, dem man die gerichtliche Maßnahme zurechnen kann, BayObLG MDR **98**, 1372, aM KG Rpfleger **96**, 247 (auch der nur sachlichrechtlich Beteiligte). Wer eine solche Handlung nur anregt, haftet insoweit evtl ebenfalls, Kblz FamRZ **01**, 297, Zweibr RR **01**, 1584, LG Kblz FamRZ **00**, 969. Irgendeine Tätigkeit reicht aus, eine bestimmte Maßnahme oder Entscheidung ist nicht erforderlich, Zweibr RR **01**, 1584. Bei Z 4 reicht die Eigenschaft der gesetzlichen Vertretung. Soweit die Tätigkeit im öffentlichen Interesse erfolgt, fehlt ein kostenrechtlicher Interessenschuldner.

 B. Beispiele zur Frage eines Interessenschuldners, Z 4, 5 26
Betreuung: Der Betreute ist (jetzt) Betroffenheitsschuldner, Rn 24.
Eltern: Interessenschuldner ist jeder Elternteil.
 Interessenschuldner ist aber *nicht* stets jeder Pflegeelternteil, Kblz FamRZ **02**, 1577 links.
 S aber auch Rn 27 „Kindesherausgabe".
Erbrecht: Interessenschuldner kann derjenige sein, zu dessen Gunsten das Nachlaßgericht in einer Nachlaßsache tätig wird. Dann haften die Erben, nicht der Nachlaßgläubiger. Soweit das Nachlaßgericht zB einen Erbschein einzieht, haftet der richtige Erbe als Interessenschuldner für die Kosten, aM KG Rpfleger **96**, 247 (aber es geht der Sache nach doch um das Interesse des richtigen Erben). Der Nacherbe wird schon bei seiner Eintragung zusammen mit derjenigen des Vorerben nach § 51 GBO Interessenschuldner.
Grundbuch: Interessenschuldner kann derjenige sein, zu dessen Gunsten auf Grund 27 eines Ersuchens des Prozeßgerichts eine Eintragung im Grundbuch stattfindet, etwa nach § 941 ZPO.
Handelsregister: Rn 24.
Kindesherausgabe: Interessenschuldner sein können die Mutter, Kblz FamRZ **01**, 297, aber auch die Pflegeeltern dann, wenn sie im Verfahren der Eltern vor dem

KostO §§ 2, 3 III. Kostenordnung

Gericht eine Verbleibensanordnung beantragt haben, BayObLG Rpfleger **97**, 322, aM Köln FamRZ **01**, 1472 (aber wie soll eigentlich ein Interesse deutlicher zum Ausdruck kommen?).
S aber auch Rn 26 „Eltern".
Kommanditgesellschaft: Rn 24.
Löschung: Ein Kommanditist kann als Betroffenheitsschuldner haften, soweit die Löschung seiner Kommanditgesellschaft erfolgt, § 31 II 2 HGB, KG Rpfleger **77**, 150.
28 **Nachlaßsache:** Rn 26 „Erbrecht".
Öffentliches Interesse: Bei einem Verfahren im öffentlichen allgemeinen Interesse ist Z 4, 5 *unanwendbar*.
Personenstand: Interessenschuldner kann derjenige sein, zu dessen Gunsten ein Verfahren zur Feststellung des Personenstands nach § 31 PStG stattfindet.
Pflegeeltern: Rn 26 „Eltern".
Pflegschaft: Rn 26 „Betreuung".
29 **Sorgerecht:** S zunächst „Umgangsrecht". Bei einem Verfahren auf die Abänderung oder Entziehung eines Sorgerechts ist der bisherige und etwa weitere Sorgerechtsträger *nicht* Interessenschuldner, Celle Rpfleger **96**, 345, Hamm FGPrax **95**, 250 (zustm Kuntze), Köln FamRZ **01**, 112, aM BayObLG FGPrax **95**, 166 (aber es geht um das Interesse des Sorgebedürftigen, nicht des Sorgepflichtigen). Er ist auch nicht Auslagenschuldner, Ffm Rpfleger **88**, 106, aM Hamm FamRZ **96**, 1558 (Gesamtschuldner), AG Offenbach FamRZ **02**, 1123 (Anteilshaftung). Aber beide Varianten übersehen den wahren Interessenträger.
Umgangsrecht: Interessenschuldner kann derjenige sein, auf dessen Antrag oder Anregung oder zu dessen Gunsten das FamG über den Umfang seines Umgangsrechts irgendwie tätig wird, Kblz MDR **03**, 155, Zweibr FamRZ **01**, 1584, LG Kblz FamRZ **00**, 970, aM BayObLG JB **95**, 599, Karlsr FamRZ **02**, 1576 (aber jeder Betroffene hat zugleich ein Interesse). Wegen einer isolierten Sorgerechtsentscheidung § 94 Rn 30 ff.
S auch Rn 28 „Prozeßkostenhilfe".
Umwandlung: Rn 24.
30 **Verein:** Eine Interessenhaftung kann eintreten, soweit das Gericht einem Verein die Rechtsfähigkeit entzieht.
Verfahrenskostenhilfe: Bei einer gesamtschuldnerischen Auslagenhaftung beider Eltern im Umgangsverfahren *scheitert* eine Inanspruchnahme desjenigen Elternteils, der uneingeschränkt eine Verfahrenskostenhilfe erhalten hat, an §§ 76 ff FamFG, (zum alten Recht) Köln FamRZ **03**, 246. Etwas anderes gilt bei einer Ratenzahlungspflicht, Kblz FamRZ **95**, 1367.

Weitere Kostenschuldner

3 *Fassung 1. 9. 2009:* **Kostenschuldner ist ferner**
1. derjenige, dem durch eine gerichtliche Entscheidung die Kosten auferlegt sind;
2. derjenige, der sie durch eine vor Gericht abgegebene oder dem Gericht mitgeteilte Erklärung übernommen hat;
3. derjenige, der nach den Vorschriften des bürgerlichen Rechts für die Kostenschuld eines anderen kraft Gesetzes haftet;
4. der Verpflichtete für die Kosten der Vollstreckung.

Vorbem. Z 4 idF Art 47 II Z 3 FGG-RG v 17. 12. 08, BGBl 2586, in Kraft seit 1. 9. 09, Art 112 I Hs 1 FGG-RG, Übergangsrecht Art 111 FGG-RG, Grdz 2 vor § 1 FamGKG, Teil I B dieses Buchs.

Bisherige Fassung Z 4:
4. der Vollstreckungsschuldner für die notwendigen Kosten der Zwangsvollstreckung.

1. Teil. Gerichtskosten § 3 KostO

Gliederung

1) Systematik, Z 1–4 1
2) Regelungszweck, Z 1–4 2
3) Entscheidungsschuldner, Z 1 3
4) Übernahmeschuldner, Z 2 4–8
   A. Grundsatz: Unwiderruflichkeit der Erklärung 4
   B. Wirkung der Erklärung 5
   C. Auslegung der Erklärung 6
   D. Übernahmebereitschaft 7
   E. Übernahmefolgen 8
5) Bürgerlichrechtlicher Schuldner, Z 3 .... 9, 10
6) Verpflichteter, Z 4 11–13

1) Systematik, Z 1–4. Vgl die Übersicht bei § 2 Rn 1–8. § 3 erfaßt als eine vor- **1**
rangige Spezialvorschrift neben § 2 und im übrigen selbständig weitere Kostenschuldner. Die Vorschrift gilt nach § 141 auch beim Notar.

2) Regelungszweck, Z 1–4. Auch § 3 stellt wie § 2 zwecks Kostengerechtigkeit **2**
zumindest in Z 2, 3 darauf ab, in wessen Interesse die gerichtliche Tätigkeit erfolgt. Das ist bei Z 1, 4 indirekt ebenso. Wer gewonnen hat und nun auch noch die Vollstreckung betreiben muß, um endlich zu seinem Recht zu kommen, dessen unterlegener Gegner soll auch für die Kosten zumindest in erster Linie aufkommen. In diesem Sinn muß man § 1–4 trotz des Grundsatzes einer dem Kostenschuldner günstigen Auslegung nach § 1 Rn 2 ebenfalls mitbetrachten.

3) Entscheidungsschuldner, Z 1. Die Haftung des Entscheidungsschuldners **3**
tritt im Bereich der freiwilligen Gerichtsbarkeit selten ein, Ffm Rpfleger **89**, 41, Mü Rpfleger **01**, 516. Es muß eine wirksame, aber nicht notwendig rechtskräftige Entscheidung vorliegen. Die Entscheidungshaftung kann sich zB (jetzt) nach §§ 81, 84, 132, 150, 183, 243 FamFG ergeben, KG FGPrax **03**, 189, ferner nach Artt 9–14 PrFGG, das nach § 158 unverändert weiter gilt und das Rechtsmittel der unbeschränkten weiteren Beschwerde eröffnet. Häufiger findet sich eine Entscheidungshaftung in solchen Gesetzen, die die KostO für anwendbar erklären, etwa in § 201 BRAO, in § 114 GBO, in §§ 99 VI 8, 132 V 7, 260 IV 6 AktG, ferner in §§ 34 I, 44 I LwVG, Teil IV dieses Buchs, überhaupt in vielen streitigen Verfahren der freiwilligen Gerichtsbarkeit. Wegen des SachenRBerG Anh § 145. Es kann auch eine die gesetzliche Kostenhaftung nur bestätigende oder klärende, aber nicht bindende Kostengrund- „entscheidung" erfolgen, Ffm Rpfleger **80**, 315 (vollmachtsloser Vertreter). Eine *„kostenpflichtige Zurückweisung"* bedeutet im Bereich der freiwilligen Gerichtsbarkeit nur eine an sich inhaltliche Äußerung des Gerichts darüber, daß es keinen Anlaß zu einer Kostenniederschlagung nach § 16 sieht. Soweit nach der KostO ohnehin keine Kostenschuld entsteht, ist ein solcher Ausspruch des Gerichts bedeutungslos, § 1 I 1. Dann gibt es gegen ihn auch kein Rechtsmittel, aM LG Hann NdsRpfl **87**, 36. Wohl aber ist nach § 14 eine Erinnerung gegen einen solchen Kostenansatz zulässig, der fälschlich auf einem derartigen Ausspruch beruht. Ein Ausspruch des Gerichts, daß Gebühren und Auslagen nicht anzusetzen seien, bindet den Kostenbeamten nur bei § 131 VII, sonst nicht.

Mangels einer Kostengrundentscheidung ist Z 1 unanwendbar, bis eine wirksame Nachholung entsprechend §§ 319 ff ZPO, § 42 FamFG erfolgt.

Soweit sich die *Hauptsache erledigt* hat, muß das Gericht entsprechend § 91 a ZPO, § 83 FamFG über die Gerichtskosten entscheiden, BayObLG BB **02**, 673. Der Antragsschuldner nach Z 1 haftet neben dem Entscheidungsschuldner gesamtschuldnerisch, KG FGPrax **03**, 189. Er haftet dabei als Erstschuldner, insofern abweichend von der Regelung des GKG. Die Aufhebung der Entscheidung beseitigt auch die Kostenhaftung nach § 3 Z 1. Dann muß die Staatskasse bezahlte Kosten zurückzahlen.

4) Übernahmeschuldner, Z 2. Der nachfolgende Grundsatz hat vielerlei Aus- **4**
wirkungen.

A. Grundsatz: Unwiderruflichkeit der Erklärung. Die Vorschrift entspricht weitgehend § 29 Z 2 GKG, dort Rn 11, sowie § 24 Z 2 FamGKG. Die Kostenübernahme muß innerhalb eines gerichtlichen Verfahrens erfolgen. Sie erfolgt durch eine einseitige formlose unbedingte unbefristete und unwiderrufliche Erklärung gegen-

617

KostO § 3   III. Kostenordnung

über dem Gericht oder Notar. Sie geschieht auch in einer eingereichten Urkunde, aber auch außerhalb von ihr, LG Kassel JB **03**, 432. Auch ein Bevollmächtigter kann sie wirksam erklären, ebenso ein Notar, § 14 IV BNotO, Celle DNotZ **94**, 117. Der Erklärende muß nicht ein Verfahrensbeteiligter sein, Schlesw JB **98**, 1038, aM KLBR 10 (aber gerade ein Dritter mag allen Beteiligten als Übernehmer nur zu recht sein). Die Erklärung muß sich zunächst auch auf die Gerichtskosten beziehen. Sie ist nach § 133 BGB auslegbar, Rn 6. Sie erfaßt im Zweifel nur die Kosten der gerade stattfindenden Beurkundung, Köln JB **94**, 173, LG Hann JB **96**, 31.

Eine solche Erklärung liegt auch insoweit vor, als man einen solchen *Vertrag*, in dem der eine Teil die Kosten übernommen hat, mit dem Wissen und Wollen dieses Vertragspartners dem Gericht mitteilt, oder wenn eine solche Mitteilung an den Notar erfolgt. Das gilt dann freilich auch unabhängig vom Schicksal des beurkundeten Vertrags. § 14 IV 1 BNotO hindert den Notar nicht an einer Übernahme nach Z 2, Celle DNotZ **94**, 119.

5 **B. Wirkung der Erklärung.** Eine Übernahmeerklärung in einem Vertrag allein wirkt nur zwischen den Vertragspartnern, KG DB **85**, 1837, Schlesw DNotZ **78**, 632. Freilich kann eine solche Erklärung zugleich eine nach Rn 4 ausreichende Erklärung gegenüber einem beurkundenden Notar bedeuten (Vorsicht!). Die Übernahme der Kosten eines notariellen Unterhaltsvertrags durch den Schuldner erfaßt die Anwaltskosten des Gläubigers, AG Essen FamRZ **89**, 889 (irrig zu § 2 Z 1). Soweit der ursprüngliche Kostenschuldner eine persönliche Gebührenfreiheit hat, trägt der Übernehmer nur diejenigen Kosten, die auch dem ursprünglichen Schuldner entstanden wären, also evtl die Auslagen, § 12 II. Wegen der Übernahme durch den Kostenfreien § 11 Rn 1. Dasselbe gilt bei einer sachlichen Gebührenfreiheit. Die befreiende Schuldübernahme nach § 414 BGB braucht eine Genehmigung der Staatskasse.

6 **C. Auslegung der Erklärung.** Man muß die Frage, ob der Erklärende Kostenschuldner oder nur Zahlstelle werden will, nach den Umständen nach § 133 BGB auslegen. Maßgeblich ist, ob die Erklärung den Übernahmewillen gegenüber dem Notar verdeutlicht, auch wenn man sie an keine hohen Anforderungen stellt, BayObLG DNotZ **85**, 563. Eine bloße Zahlstelle ist zB dann gemeint, wenn ein Notar schreibt: „Kosten zahle ich" oder „Kosten sind bei mir zu erheben".

7 **D. Übernahmebereitschaft.** Die Bereitschaft zur Übernahme nach Z 2 liegt demgegenüber zB dann vor, wenn es heißt: „Für die Kosten stehe ich ein". Freilich kann diese Formulierung auch bedeuten, daß der Erklärende nur zur Übernahme eines bestimmten begrenzten Kostenrisikos bereit ist, Köln JB **92**, 615. Das gilt zB einer Bürgschaft für die Kostenschuld eines anderen Beteiligten nach §§ 765 ff BGB etwa durch einen „Gutsage", Hamm Rpfleger **75**, 37, Köln JB **94**, 174, aM zB Klässel DRiZ **76**, 390 (der man darf solche Erklärung nicht einfach sehr weit auslegen, Rn 6). Vgl auch § 29 GKG Rn 13. Köln JB **94**, 174 fordert allgemein einen „verfahrensrechtlichen Erklärungswert" (?). Der Vergleich dahin, die Kosten gegeneinander aufzuheben, kann auch zur Erstattung der halben Sachverständigenkosten verpflichten, Köln FamRZ **01**, 1472.

Die bloße Übernahme eines *Treuhandauftrags* durch den Notar bedeutet nicht eine Kostenübernahmeerklärung durch ihn, Celle DNotZ **94**, 118. Dasselbe gilt bei einer bloßen Bitte des Notars, die Kosten bei ihm anzufordern, LG Bayreuth JB **94**, 558. Auch die Erklärung eines Miterben über die Ausübung des Vorkaufsrechts ist keine eindeutige Übernahme der Kosten, Düss JB **94**, 283. Eine Kostenübernahme liegt aber in der Erklärung des Notars „Für die Kosten übernehme ich die persönliche Haftung", Schlesw DNotZ **89**, 711.

8 **E. Übernahmefolgen.** Die Übernahme der Kostenschuld begründet eine gesamtschuldnerische Haftung nach § 5, BayObLG **84**, 180. Sie beseitigt nicht die Pflichten anderer Kostenschuldner. Sie begründet aber keine bloße Zweitschuldnerhaftung, insofern anders als beim GKG. Der Übernehmer haftet auch dann, wenn er nicht ein Beteiligter an der Registeranmeldung ist, Schlesw DNotZ **76**, 711. Denn dann hätte er keine eindeutige Übernahme erklären sollen. Er haftet auch, soweit er keine genügenden Mittel besitzt. Er haftet sogar noch nach einer Abrechnung mit den Beteiligten.

§§ 3, 4 KostO

5) Bürgerlichrechtlicher Schuldner, Z 3. Die Vorschrift meint jeden privat- 9
rechtlichen Schuldner. Hierher gehören etwa §§ 54, 714, 738 I 2 BGB, BGH NJW
01, 458, oder §§ 1086, 1415ff, 1960 II, 1967, 2206, 2213, 2382, 2383 BGB oder
§§ 25, 27, 28, 128 HGB, BGH NJW **03**, 1445, oder §§ 130, 139, 161, 171 HGB
oder § 278 AktG oder § 8 I PartGG oder Art 24 I EWIV-VO. Es sind dieselben Fälle
wie bei § 29 Z 3 GKG, dort Rn 21. Hierher gehört auch zB Gründungsgesellschafter
der Vor-GmbH, BayObLG DNotZ **86**, 177. Ein Formwechsel des Schuldners nach
dem UmwG usw ist unerheblich. Das Verhältnis zwischen mehreren an einem Vertrag Beteiligten zB nach (jetzt) § 448 II BGB ist in diesem Zusammenhang unerheblich, BayObLG MDR **94**, 948, Celle Rpfleger **91**, 28, Zweibr Rpfleger **96**, 305.
Eine persönliche Gebührenfreiheit nach § 11 steht einer Inspruchnahme nach Z 3
nicht entgegen, § 12 I. Die Haftung umfaßt sowohl die Zahlung als auch eine Duldung der Zwangsvollstreckung zB nach §§ 737, 743, 748 ZPO in Verbindung mit
§ 95 I FamFG.

Ein *Miterbe* haftet wegen des nicht von ihm persönlich beantragten gemeinschaft- 10
lichen Erbscheins nicht, Stgt JB **78**, 407.

6) Verpflichteter, Z 4. Die Vorschrift entspricht dem § 29 Z 4 GKG, dort 11
Rn 36, und dem § 24 Z 4 FamGKG. Sowohl bei einer Vollstreckung nach dem
FamFG als auch bei derjenigen nach § 788 ZPO in Verbindung mit § 95 I FamFG
gilt: Der Verpflichtete ist neben dem Antragsteller ein unmittelbarer Kostenschuldner.
Soweit das Grundbuchamt auf Grund eines Ersuchens des Finanzamts in einem Sicherheitsbescheid eine Sicherungshypothek eingetragen hat, haftet der Steuerschuldner unmittelbar für die Kosten der Eintragung, Köln Rpfleger **77**, 459. Das gilt selbst
dann, wenn auf Grund seines nachträglichen Antrags ein Aufteilungsbescheid ergeht,
wonach seine Steuerschuld bei einer getrennten Veranlagung der Ehegatten 0 EUR
beträgt, Hamm Rpfleger **75**, 266.

Es ist unerheblich, ob der Vollstreckungstitel *sachlich richtig* ergangen ist, Köln JB 12
80, 910. Man muß die Frage, ob es sich um notwendige Kosten der Vollstreckung
handelt, ebenso wie bei §§ 788, 91 ZPO, §§ 80ff FamFG beurteilen, § 29 GKG
Rn 36, Düss Rpfleger **75**, 265, Hamm Rpfleger **75**, 266, Köln Rpfleger **86**, 240.

Ein *Rückerstattungsanspruch* etwa wegen eines Wegfalls des Vollstreckungstitels be- 13
steht grundsätzlich nur gegenüber dem Forderungsgläubiger, Köln JB **80**, 910. Er besteht ausnahmsweise gegenüber der Staatskasse, etwa bei einer Verfahrenskostenhilfe
oder bei einer Kostenfreiheit.

Unanwendbar ist Z 4, soweit es im Straf- oder Ermittlungsverfahren nur um eine Sicherungshypothek nach § 111d I 1 StPO geht, Köln Rpfleger **04**, 735 (dann ist
§ 464a I StPO anwendbar). Unanwendbar ist Z 4 ferner bei § 44 VI 1 IntFamRVG
(Kindesheraus- oder -rückgabe) gegenüber dem Kind.

Gebührenschuldner in besonderen Fällen

4 Die Gebühr für die Eintragung des Erstehers als Eigentümer wird nur von
diesem erhoben; für die Gebühren, die durch die Eintragung der Sicherungshypothek für Forderungen gegen den Ersteher erwachsen, haftet neben
den Gläubigern auch der Ersteher.

1) Systematik, Regelungszweck. Während das GKG jetzt die Kosten einer 1
Zwangsversteigerung und Zwangsverwaltung regelt, entstehen Kosten für eine sonstige Eintragung im Grundbuch wegen der größeren Sachnähe nach §§ 60, 62 KostO.
Infolgedessen muß die KostO auch den zugehörigen Kostenschuldner bestimmen.
§§ 54ff GKG, KV 2210ff gelten diese Gebühren nicht ab.

2) Eintragungsschuldner. Für die Eintragung des Erstehers nach § 181 ZVG auf 2
Grund des Zuschlags nach §§ 60, 69 II und auf Grund des Ersuchens des Vollstreckungsgerichts nach § 38 GBO, § 130 ZVG haftet der Ersteher als Interessenschuldner
nach § 2 Z 5 allein. Es gibt auch keinen weiteren Gebührenschuldner, auch nicht den
Meistbietenden, sofern er den Zuschlag nicht erhält. Das gilt auch dann, wenn er das
Recht aus dem Meistgebot an einen anderen abgetreten hat, der seinerseits die Verpflichtung zu jenem Meistgebot übernommen hat. Die Eintragung einer Siche-

rungshypothek für eine Forderung gegen den Ersteher nach §§ 118, 128f ZVG auf ein Ersuchen des Vollstreckungsgerichts nach § 38 GBO läßt eine Gebühr nach §§ 62, 63, 69 II fällig werden. Für sie haften der Ersteher und der beteiligte Gläubiger als Gesamtschuldner nach § 5, Hornung Rpfleger **80**, 257.

Mehrere Kostenschuldner

5 **I** ¹Mehrere Kostenschuldner haften als Gesamtschuldner. ²Sind an einer Beurkundung mehrere beteiligt und betreffen ihre Erklärungen verschiedene Gegenstände, so beschränkt sich die Haftung des einzelnen auf den Betrag, der entstanden wäre, wenn die übrigen Erklärungen nicht beurkundet worden wären.

II Sind durch besondere Anträge eines Beteiligten Mehrkosten entstanden, so fallen diese ihm allein zur Last.

Gliederung

1) Systematik, I, II 1
2) Regelungszweck, I, II 2
3) Gesamthaftung, I 3–7
   A. Grundsatz, I 1 3
   B. Beispiele zur Frage einer Gesamthaftung nach I 1 .... 4, 5
   C. Ausnahme, I 2 .... 6, 7
4) Besonderer Antrag, II 8

1 **1) Systematik I, II.** Die Vorschrift ergänzt §§ 2, 3 für den häufigen Fall der Beteiligung mehrerer. Sie schließt an den Grundsatz I 1 zwei Abweichungen in I 2, II an. § 5 steht selbständig neben § 6. §§ 13, 144 III haben als Spezialregelungen den Vorrang.

2 **2) Regelungszweck, I, II.** Einerseits dient die Vorschrift in I 1 der Vereinfachung unter einer stillschweigenden Bezugnahme auch auf §§ 420ff BGB. Andererseits stellt die differenzierte Gesamtregelung die Bemühung um eine ausgewogene Kostengerechtigkeit dar. Man sollte beide nicht ganz übereinstimmenden Ergänzungen auf dem Boden des Grundsatzes I dem Kostenschuldner günstigen Auslegung nach § 1 Rn 2 abgewogen handhaben.

3 **3) Gesamthaftung, I.** Einem nicht ganz einfachen Grundsatz stehen einige Ausnahmen gegenüber.

A. Grundsatz, I 1. Mehrere Kostenschuldner irgendwelcher Art haften bei demselben Geschäft wegen desselben Gesamtbetrags auch als Gesamtschuldner, BayObLG Rpfleger **92**, 223, Düss DNotZ **86**, 764. Das gilt unabhängig davon, ob auch im Innenverhältnis der mehreren Kostenschuldner sachlichrechtlich eine Gesamtschuldnerschaft besteht. Die Staatskasse kann sich also formell nach ihrem Belieben und zumindest nach ihrem pflichtgemäßen Ermessen unter einer Abwägung der Umstände im Außenverhältnis an jeden insgesamt haftenden Kostenschuldner wegen eines Teil- oder des Gesamtbetrags halten, § 421 S 1 BGB.

4 **B. Beispiele zur Frage einer Gesamthaftung nach I 1**
Arglist: Rn 5 „Notar".
Ausgleichsanspruch: Jeder zahlende Gesamtschuldner hat gegen die anderen grds einen Ausgleichsanspruch nach § 426 BGB. Das gilt auch zugunsten desjenigen, der im Außenverhältnis eine Kostenübernahme erklärt hat.
Duldungspflicht: Rn 5 „Kostenschuldner kraft Gesetzes".
Einschränkung: I 1 läßt sich nicht vertraglich einschränken, BGH VersR **82**, 161. S auch Rn 5 „Kostenübernahme".
Erbauseinandersetzung: Rn 5 „Miterbe".
Forderungsübergang: Rn 5 „Übergang".
Gesamthypothek: Man muß §§ 1173, 1174 BGB mitbeachten.

5 **Gesellschaft:** Eine BGB-Außengesellschaft kann als solche auftreten, BGH **146**, 341, Habersack BB **01**, 477, Schmidt NJW **01**, 993. Sie ist hier dann *ein* Schuldner. Daneben oder anstelle der Gesellschaft können mehrere oder alle Gesellschafter auftreten, zB aus Kostenerwägungen. Diese letzteren Gesellschafter sind jeder

ein Schuldner. Die Situation ist derjenigen in § 7 RVG nebst VV 1008 amtliche Anmerkung ähnlich, Teil X dieses Buchs. Sie ähnelt auch derjenigen in § 31 GKG, dort Rn 5, Teil I A dieses Buchs.
Kostenschuldner kraft Gesetzes: Bei einer Haftung nach § 3 Z 3 gilt insofern eine Besonderheit, als aus § 5 nicht die persönliche Haftung für die Kostenschuld folgt. Sie tritt nur nach dem bürgerlichen Recht ein. Wer die Zwangsvollstreckung nur dulden muß, haftet auch nach § 3 Z 3 nur auf eine Duldung.
Kostenübernahme: Anwendbar ist I 1 voll auch bei einer ausdrücklichen Kostenübernahme durch einen Vertragspartner. Die übrigen Kostenschuldner bleiben also Gesamtschuldner, BGH VersR **82**, 161, Düss WoM **93**, 556.
S auch Rn 4 „Ausgleichsanspruch", „Einschränkung".
Miterbe: Bei ihm gilt vorrangig § 6. Bei einer Auseinandersetzung gilt § 116 VI.
Nämlichkeit: Es muß sich natürlich um dieselbe Kostenschuld handeln.
Notar: Anwendbar ist I 1 ohne eine Bindung nach Art des Kostenbeamten nach § 8 III KostVfg, Teil VII A dieses Buchs, BayObLG Rpfleger **92**, 223, Düss DNotZ **86**, 765, Ffm OLGR **98**, 282.
Eine *Grenze* bildet natürlich eine etwaige Arglist, BayObLG Rpfleger **92**, 223 (krit Röseler).
Übergang: Ein Grundpfandrecht kann nach §§ 401, 412 BGB mit der Zahlung auf den Zahlenden übergehen.
Zweitschuldner: Die KostO kennt anders als das GKG keine bloße Zweitschuldnerhaftung, BGH VersR **82**, 161, Düss JB **94**, 501. Daher ist (jetzt) § 31 III Hs 1 GKG nicht entsprechend anwendbar, BVerfG NJW **99**, 3186, Bbg JB **01**, 96, Mü JB **01**, 97, aM Ffm Rpfleger **89**, 40 (inkonsequent). Wohl aber sieht § 8 III KostVfg, Teil VII A dieses Buchs, eine den Kostenbeamten zunächst bindende Reihenfolge der Inanspruchnahme vor, Düss JB **94**, 501. Ihre Verletzung ermöglicht eine Dienstaufsichtsbeschwerde und eine Anfechtung nach § 30a EGGVG, Teil XII B dieses Buchs.

C. Ausnahme, I 2. Soweit an einer Beurkundung mehrere beteiligt sind, haften **6** sie grundsätzlich als Gesamtschuldner für die gesamten Kosten. Soweit die Erklärungen aber verschiedene Gegenstände betreffen, haftet der einzelne nur wegen desjenigen Betrags, der dann entstanden wäre, wenn die übrigen Erklärungen nicht beurkundet worden wären.
Beispiel: A verkauft sein Grundstück je zur Hälfte an B und C. Jeder haftet nur für die durch seine Beurkundung verursachten Kosten. B und C haften also nur für die durch ihren Kauf entstandenen Kosten.
Soweit das Gericht usw ein Geschäft *von Amts wegen* vornehmen muß, kommt es **7** darauf an, inwieweit das Geschäft mehrere gemeinsam oder nur einen einzelnen betrifft. Die Betreuung betrifft immer nur jeden Betreuten einzeln. Sie begründet also keine Gesamthaftung. Etwaes anderes gilt bei der Genehmigung eines solchen Rechtsgeschäfts, durch die mehrere Kinder Gesamtgläubiger oder Gesamtschuldner werden.

4) Besonderer Antrag, II. Infolge eines besonderen Antrags eines Beteiligten **8** können Mehrkosten entstehen. Soweit man nicht schon I 2 hierher rechnen will, kommt in der Hauptsache nur ein Mehrbetrag wegen der Dokumentenpauschale für besonders beantragte Ablichtungen usw nach §§ 136, 137 in Betracht. Diese Mehrkosten fallen demjenigen allein zur Last, der den besonderen Antrag gestellt hat. Einen derartigen Fall nennt § 59 II.

Haftung der Erben

6 ¹Für die Kosten, die durch die Eröffnung einer Verfügung von Todes wegen, die Sicherung eines Nachlasses, die Errichtung eines Nachlaßinventars, eine Nachlaßpflegschaft, eine Nachlaßverwaltung, die Ernennung oder Entlassung eines Testamentsvollstreckers oder eine Pflegschaft für einen Nacherben entstehen, haften nur die Erben, und zwar nach den Vorschriften des Bürgerlichen Gesetzbuches über Nachlaßverbindlichkeiten. ²Das gleiche gilt für die Kosten, die durch die Entgegennahme von Erklärungen über die Annahme, Ablehnung oder Kündigung des Amtes als Testamentsvollstrecker sowie im Verfahren nach § 1964 des Bürgerlichen Gesetzbuchs entstehen.

KostO §§ 6, 7 III. Kostenordnung

Vorbem. Ändergen dch Art 17 Z 2a, b des 2. JuMoG v 22. 12. 06, BGBl 3416, in Kraft seit 31. 12. 06, Art 28 I des 2. JuMoG, Übergangsrecht § 161 KostO.

1 **1) Systematik, Regelungszweck, S 1, 2.** Die Vorschrift bildet eine selbständig neben § 5 stehende und zu § 4 hinzutretende weitere Ergänzung der §§ 2, 3 als eine vorrangige Spezialregelung nach Rn 11 zwecks einer differenzierten Kostengerechtigkeit in den jetzt abschließend genannten Fällen. Die Vorschrift gilt nach § 141 auch beim Notar. Eine sachlichrechtliche Verbindlichkeit bleibt unberührt. Eine persönliche Befreiung befreit nicht von der Haftung nach § 6, Stgt Just **90**, 95.

2 **2) Geltungsbereich, S 1, 2.** Die Vorschrift bezieht sich nur auf die folgenden Fälle.

A. Testamentseröffnung, S 1. In Betracht kommt zunächst die in § 102 geregelte Eröffnung einer Verfügung von Todes wegen nach §§ 2260–2263a, 2273 BGB.

3 **B. Nachlaßsicherung, S 1.** In Betracht kommt ferner die in §§ 52, 104 geregelte Sicherung des Nachlasses nach § 1960 BGB.

4 **C. Inventarerrichtung, S 1.** In Betracht kommt ferner die in §§ 52, 114 Z 1 geregelte Errichtung eines Nachlaßinventars nach §§ 1993, 2002–2004 BGB.

5 **D. Nachlaßpflegschaft, S 1.** In Betracht kommt ferner die in § 106 I geregelte Errichtung einer Nachlaßpflegschaft nach §§ 1960ff BGB, LG Köln RR **09**, 376.

6 **E. Nachlaßverwaltung, S 1.** In Betracht kommt ferner die in § 106 II geregelte Errichtung einer Nachlaßverwaltung nach § 1975 BGB.

7 **F. Testamentsvollstrecker, S 1.** In Betracht kommt ferner die in § 113 geregelte Ernennung oder Entlassung eines Testamentsvollstreckers nach §§ 2197ff, 2227 BGB.

8 **G. Nacherbenpflegschaft, S 1.** In Betracht kommt ferner die in §§ 92, 93 geregelte Errichtung einer Pflegschaft für einen Nacherben nach § 1913 S 2 BGB.

9 **H. Entgegennahme von Erklärungen bei Testamentsvollstreckung, S 2.** In Betracht kommt schließlich die in § 112 I Z 6 geregelte Entgegennahme einer Erklärung über die Annahme, die Ablehnung oder die Kündigung des Amts als Testamentsvollstrecker nach §§ 2006, 2226 BGB.

10 **3) Unanwendbarkeit, S 1, 2.** Wegen der abschließenden Aufzählung nach Rn 1 gehören nicht hierher: Eine bloße Vorbereitungshandlung zur Testamentseröffnung etwa nach §§ 119, 124; ein Erbenaufgebot; die Ablehnung oder Zurücknahme eines Antrags. Dann gelten §§ 106 III, 130; eine Beschwerde. Dann gilt § 131.

11 **4) Kostenhaftung, S 1, 2.** Die Vorschrift erfaßt Gebühren und zugehörige Auslagen. Es haften nur die Erben, niemand sonst, Ffm JB **93**, 310, LG Köln RR **09**, 376. Es haften also auch nicht sonstige Kostenschuldner nach §§ 2, 8 I 1, auch nicht ein Übernahmeschuldner nach § 3 Z 2, Düss Rpfleger **02**, 227. Die Vorschrift ist also eine gegenüber §§ 2, 3 vorrangige Spezialregelung, LG Oldb Rpfleger **89**, 460 (zustm Lojewski). Die Erben haften nur wie für Nachlaßverbindlichkeiten, §§ 1967ff, 1975ff, 2058ff BGB. Sie müssen die Haftungsbeschränkung in der Vollstreckungsinstanz geltend machen, § 781 ZPO, § 6 I Z 1 und § 8 JBeitrO, Teil IX A dieses Buchs, § 156 KostO (Notar).

12 Für die Kosten eines *Erbscheins,* für die Kosten einer Ablichtung oder Abschrift und für andere außerhalb des Geltungsbereichs des § 6 liegende Geschäfte haften die Erben wie andere Kostenschuldner. Eine persönliche Gebührenfreiheit begünstigt den Erben nicht, § 12 I, auch nicht nach Gebührenbefreiungsvorschriften der Länder, LG Hamm Rpfleger **89**, 64. Für die Kosten eines zurückgenommenen oder zurückgewiesenen Antrags und für die Beschwerdeinstanz gilt § 2 Z 1.

3. Fälligkeit

7 Gebühren werden mit der Beendigung des gebührenpflichtigen Geschäfts, Auslagen sofort nach ihrer Entstehung fällig.

1 **1) Systematik, Regelungszweck.** Die Vorschrift gilt zwecks einer Vereinfachung grundsätzlich im Gesamtbereich der KostO, § 1 Rn 1. Es gibt allerdings eine Reihe von gegenüber § 7 vorrangigen Sonderregeln in §§ 53 II, 92 I 4, 93 S 4, 101, 104 I 2, 106 I 2, 118 II 2. Die Vorschrift gilt auch beim Notar, § 141. Dort gibt es

Sonderregeln in §§ 147, 149. Zur Fälligkeit muß beim Notar nach §§ 141, 154 Rn 1 die Klagbarkeit hinzutreten.

2) Fälligkeit von Gebühren. Die Fälligkeit der Gebühren tritt mit der Beendigung jedes einzelnen gebührenpflichtigen Geschäfts ein, BayObLG MDR **92**, 82, Zweibr RR **00**, 1378.

A. Beendigung. Unter ihr versteht man die Vollendung gerade der einzelnen gebührenpflichtigen Tätigkeit nach der jeweiligen Vorschrift. KG Rpfleger **76**, 228. Es braucht keine endgültige Erledigung der Angelegenheit nach § 15 vorzuliegen. Vielmehr können noch Nebengeschäfte notwendig sein, KG Rpfleger **76**, 228, aM KLBR 4 (aber die eigentliche gebührenpflichtige Leistung ist meist gerade vor dem Nebengeschäft erbracht). Auch muß natürlich ein Kostenschuldner existieren.

B. Beispiele zur Frage der Fälligkeit einer Gebühr
Beschwerde: Fällig macht die Wirksamkeit der Entscheidung des Beschwerdegerichts oder vorher die Abhilfeentscheidung, aber auch der Eingang einer Rücknahme.
Beurkundung: Fällig macht die ordnungsgemäße Unterschrift, Zweibr FGPrax **00**, 92.
Eidestattliche Versicherung: Fällig macht die Aufnahme ihrer Beurkundung.
Erbschein: Fällig macht seine Hinausgabe, § 107 Rn 1.
Erledigung: Fällig macht evtl der Eintritt des erledigenden Ereignisses, EayObLG JB **93**, 228.
Familiensache: Fällig macht die Wirksamkeit der Entscheidung nach § 40 FamFG.
Grundbuch: Fällig macht die Eintragung im Grundbuch nach § 44 GBO, BayObLG Rpfleger **87**, 196. Die zugehörige Nachricht nach § 55 GBO kann folgen.
Handelsregister: Fällig macht die letzte notwendige Veröffentlichung im Handelsregister, etwa bei §§ 10 II, 15 HGB, § 29 GenG, § 385c AktG.
Hypothek: Die Gebühr für die Eintragung und diejenige für den Brief können getrennt fällig werden.
Mehrere Geschäfte: Wenn es um eine Reihe von solchen Einzelgeschäften geht, die zusammen ein einheitliches Geschäft bilden, etwa bei der Eintragung einer Gesamthypothek, kommt es auf die Vornahme des abschließenden Geschäfts an, KG Rpfleger **76**, 228. Dasselbe gilt dann, wenn man eine Verfahrensgebühr entrichten muß.
Testamentseröffnung: Fällig macht eine Benachrichtigung der Beteiligten nach § 2262 BGB.
Wertgebühr: Fällig macht die Wertfestsetzung nach §§ 30, 31, BGH Rpfleger **78**, 91, Schneider MDR **75**, 441.

3) Fälligkeit von Auslagen. Die Fälligkeit der Auslagen tritt sofort mit der Entstehung der Auslagen ein. Sie lassen sich im Verfahren von Amts wegen meist mit der Vornahme des Geschäfts einem Beteiligten als Kostenschuldner nach Rn 2 zuordnen und werden daher erst dann fällig. Das gilt unabhängig davon, ob das zugehörige Geschäft schon beendet ist. Das gilt auch für die Fälligkeit einer Dokumentenpauschale. Wegen des Ansatzes § 13 II, III KostVfg, Teil VII A dieses Buchs.

4) Kostenansatz. Er erfolgt alsbald nach der Fälligkeit, § 13 I KostVfg, Teil VII A dieses Buchs.

4. Vorauszahlung und Sicherstellung

Vorschüsse

8 Fassung 1. 9. 2009: [1] [1]**Bei Geschäften, die auf Antrag vorzunehmen sind, hat der zur Zahlung der Kosten Verpflichtete einen zur Deckung der Kosten hinreichenden Vorschuß zu zahlen.** [2]**Bei Verrichtungen von Amts wegen kann ein Vorschuß nur zur Deckung der Auslagen erhoben werden.** [3]**Auf die Verpflichtung zur Zahlung des Vorschusses finden die allgemeinen Vorschriften über die Zahlungspflicht Anwendung.**

II ¹Bei Geschäften, die auf Antrag vorzunehmen sind, soll die Vornahme des Geschäfts davon abhängig gemacht werden, daß der Vorschuß gezahlt oder sichergestellt wird, in Grundbuch- und Nachlaßsachen jedoch nur dann, wenn dies zur Sicherung des Eingangs der Kosten angebracht erscheint. ²Satz 1 gilt nicht, wenn
1. dem Antragsteller Verfahrenskostenhilfe bewilligt ist,
2. dem Antragsteller Gebührenfreiheit zusteht,
3. ein Notar erklärt hat, dass er für die Kostenschuld des Antragstellers die persönliche Haftung übernimmt,
4. glaubhaft gemacht ist, dass eine etwaige Verzögerung einem Beteiligten einen nicht oder nur schwer zu ersetzenden Schaden bringen würde, oder
5. aus einem anderen Grund das Verlangen nach vorheriger Zahlung oder Sicherstellung der Kosten nicht angebracht erscheint, insbesondere wenn die Berichtigung des Grundbuchs oder die Eintragung eines Widerspruchs beantragt wird.

III ¹Gegen Anordnungen nach Absatz 2 findet stets, auch wegen der Höhe des Vorschusses, die Beschwerde statt. ²§ 14 Abs. 4 bis 7 ist entsprechend anzuwenden; jedoch findet die Beschwerde in Grundbuchsachen nach den §§ 71 bis 81 der Grundbuchordnung und in Schiffsregistersachen nach den §§ 75 bis 89 der Schiffsregisterordnung statt. ³Das Verfahren über die Beschwerde ist gebührenfrei. ⁴Kosten werden nicht erstattet.

Vorbem. II 2 idF Art 12 V Z 1 EHUG v 10. 11. 06, BGBl 2553, in Kraft seit 1. 1. 07, Art 13 Hs 1 EHUG. Sodann II 2 Z 1 sprachlich geändert (bisher: *Prozeß*kostenhilfe) dch Art 47 II Z 4 FGG-RG v 17. 12. 08, BGBl 2586, in Kraft seit 1. 9. 09, Art 112 I Hs 1 FGG-RG, Übergangsrecht § 111 FGG-RG, Grdz 2 vor § 1 FamGKG, Teil I B dieses Buchs.

Gliederung

1) Systematik, I–III	1
2) Regelungszweck, I–III	2
3) Vorschußpflicht, I	3–8
A. Antragsmaßnahme, I 1	3
B. Maßnahme von Amts wegen, I 2	4
C. Einzelfragen, I 3	5–7
D. Rechtsbehelf: Erinnerung, I 1–3	8
4) Vorauszahlungspflicht, II	9–18
A. Rechtsnatur, II 1, 2	9
B. Ermessensgrundsatz, II 1	10
C. Verfahrenskostenhilfe, II 2 Z 1	11
D. Gebührenfreiheit, II 2 Z 2	12
E. Kostenübernahme durch Notar, II 2 Z 3	13
F. Verzögerungsschaden, II 2 Z 4	14
G. Unangebrachtheit, II 2 Z 5	15
H. Beschwerdeverfahren, II 2 Z 1–5	16
I. Weitere Fälle, II 2	17
J. Verfahren, II 1, 2	18
5) Beschwerde, III	19–22
A. Statthaftigkeit	19
B. Verfahren	20
C. Weitere Beschwerde	21
D. Beschwerdewert	22

1 **1) Systematik, I–III.** Die Vorschrift verstößt zumindest insoweit nicht gegen Artt 43, 48 EGV, als es um eine Eintragung im Handelsregister einer GmbH mit dem Sitz einer Zweigniederlassung mit EU-Auslandsbezug geht, EuGH BB **06**, 1811. Sie ist auch verfassungsgemäß, BVerfG **10**, 268. Das gilt natürlich nur bei einer Wahrung des allgemeinen Verhältnismäßigkeitsgrundsatzes. Sie enthält keine abschließende Regelung, aM Zweibr FamRZ **82**, 530. Sie gilt auch im außerprozessualen WEG-Verfahren, BayObLG NZM **01**, 148, Ffm NZM **05**, 632, Karlsr FGPrax **06**, 108. Man muß zwischen der Vorschußpflicht nach I und der Vorwegleistungspflicht nach II unterscheiden, Köln OLGZ **87**, 408. Freilich laufen beide Pflichten wirtschaftlich viel-

1. Teil. Gerichtskosten § 8 KostO

fach auf dasselbe hinaus, nämlich auf die Fälligkeit einer noch gar nicht entstandenen Gebühr nur unter einer anderen Bezeichnung als Vorschuß. Die Vorschrift gilt nach § 141 auch beim Notar, BGH NJW **89**, 2615, Hansens NJW **90**, 1831. III tritt bei § 15 III 2 SpruchG zurück, Ffm FGPrax **09**, 140.

2) Regelungszweck, I–III. Die Vorschrift dient der Kostengerechtigkeit. Der Staat ist keine kostenlose Bank des Antragstellers, auch nicht zur etwa nur kurzfristige Zwischenfinanzierung. Das muß man bei der Auslegung mitbeachten. **2**

3) Vorschußpflicht, I. Eine Vorschußpflicht nach I besteht nur, soweit man überhaupt ein Kostenschuldner nach §§ 2 ff, 79 II ist. Sie besteht in jedem Rechtszug, sofern eine der folgenden Voraussetzungen vorliegt. **3**

A. Antragsmaßnahme, I 1. Soweit das Gericht eine Maßnahme oder ein Geschäft nur auf Grund eines Antrags vornehmen muß, muß nur der bereits erkennbare Kostenschuldner stets einen zur Deckung der Kosten hinreichenden Vorschuß zahlen, Köln WoM **95**, 345, Saarbr RR **04**, 1685. Dabei ist ein schon festgesetzter Geschäftswert maßgeblich. Eine Nachforderung ist möglich.

Kosten sind wie stets Gebühren und Auslagen, § 1 I 1, also auch zB grundsätzlich die voraussichtlichen Gutachterkosten, LG Frankenth Rpfleger **81**, 324, und Zustellungsauslagen, Karlsr FGPrax **06**, 108, nicht aber die Auslagen einer Verfahrenspflegschaft, Weithaus Rpfleger **93**, 143.

B. Maßnahme von Amts wegen, I 2. Soweit das Gericht eine Maßnahme oder eine Verrichtung von Amts wegen vornehmen muß, „kann" es nur für einigermaßen sichere Auslagen und auch dann nur im Rahmen seines pflichtgemäßen Ermessens grundsätzlich einen Vorschuß fordern, Hs 1, Drsd FamRZ **06**, 808, Kblz FamRZ **02**, 1577 rechts, LG Stgt WoM **96**, 180 (je: zum alten WEG-Recht). Es darf diesen Vorschuß allerdings nur so bemessen, daß er die Auslagen davon deckt. Der Vorschuß braucht die übrigen Kosten und daher die Gebühren nicht zu decken. Auch hier ist eine Nachforderung möglich. Das Gericht darf seine Maßnahme aber nicht von Vorschuß abhängig machen, Kblz FamRZ **02**, 1577 rechts. **4**

C. Einzelfragen, I 3. Die allgemeinen Vorschriften über die Zahlungspflicht sind auch bei I anwendbar. Das gilt zunächst für die Person des Vorschußpflichtigen nach §§ 2, 3, aber auch nach § 6 Rn 9, 10. Es gilt aber auch für die Beitreibung oder für eine etwaige Stundung und für den zulässigen Rechtsbehelf. **5**

Veranlasser, Antragsteller nach § 2 Z ist im Rahmen des § 8 I nur derjenige, der eine Beurkundung usw in Gang setzt, nicht der an ihr sonst Beteiligte, etwa nach §§ 4, 116 VI. Der letztere wird erst mit der Beurkundung Kostenschuldner, kein Vorschußschuldner. Der Übernehmer nach § 3 Z 2 muß die Kosten schon vor der Beurkundung übernommen haben. Der bürgerlichrechtliche Schuldner nach § 3 Z 3 ist nur insoweit vorschußpflichtig, als er auf eine Zahlung haftet, § 5 Rn 1–5. Mehrere Vorschußpflichtige haften als Gesamtschuldner, § 5. Die Kostenberechnung erfolgt, sobald der Vorschuß fällig wird, § 13 I KostVfg, Teil VII A dieses Buchs. **6**

Die Vorschußpflicht *entfällt* bei einem gesetzlichen Vorschußverbot. Sie entfällt ferner nach Rn 12 für denjenigen, der nach § 11 kostenfrei ist, Rn 12, oder dem das Gericht eine Verfahrenskostenhilfe bewilligt hat, §§ 76 ff FamFG. Daher kann für einer Bewilligung eine Erstattung erforderlich sein, KLBR 6, aM KG Rpfleger **84**, 372. Sie entfällt aber nicht für einen anderen Beteiligten, zumal ein Gegner fehlt. Sie entfällt auch nicht schon wegen einer besonderen Bedeutung oder Eilbedürftigkeit, Karlsr FGPrax **06**, 108. **7**

D. Rechtsbehelf: Erinnerung, I 1–3. Wer einen Vorschuß nach I zahlen soll, kann die Erinnerung nach § 14 II einlegen. Ffm Rpfleger **93**, 26. Er kann gegen die Entscheidung im Erinnerungsverfahren unter den Voraussetzungen des § 14 III die Beschwerde einlegen, Köln OLGZ **87**, 408. Das übersieht möglicherweise Zweibr FamRZ **82**, 530. Eine weitere Beschwerde ist also nur statthaft, soweit sie das LG wegen der grundsätzlichen Bedeutung der zur Entscheidung stehenden Frage zuläßt, § 14 V 1, Schlesw IPRax **09**, 79. Auch das gilt nur dann, wenn der Beschwerdewert 200 EUR übersteigt, § 14 III 1, und die Entscheidung auf einer Verletzung des Rechts beruht, § 14 V 2. **8**

9   **4) Vorauszahlungspflicht, II.** Man muß zahlreiche Aspekte beachten.
A. Rechtsnatur, II 1, 2. Die Kostenschuld entsteht auflösend bedingt schon vor der Vornahme der gerichtlichen Maßnahme. Das folgt aus der Vorschußpflicht nach I. Die Vorauszahlungspflicht nach II hat demgegenüber zur Folge, daß das Gericht die Vornahme der Maßnahme von der Zahlung abhängig machen kann.

10   **B. Ermessensgrundsatz, II 1.** Das Wort „soll" in II 1 bedeutet für das Gericht die Pflicht zur Ausübung eines sachgemäßen Ermessens unter einer Abwägung der Interessen des Antragstellers und der Staatskasse, Köln MDR **04**, 271. Bei einem unschlüssigen oder sonstwie bereits endgültig erfolglosen Antrag muß das Gericht entsprechend zur Sache entscheiden, statt eine Vorauszahlung zu fordern. Eine Weisung der Justizverwaltung ist unzulässig, Lappe NJW **98**, 1115. Die Wirksamkeit der gerichtlichen Maßnahme ist allerdings von der Einforderung des Vorschusses oder seiner Sicherstellung unabhängig.

Grundsätzlich muß das Gericht die *Barzahlung* des Vorschusses für gerade dieses Geschäft anordnen. Es darf die bloße Sicherstellung nur insoweit zulassen, als ein ausreichend begründeter diesbezüglicher Antrag vorliegt. Vgl im übrigen § 23 KostVfg, Teil VII A dieses Buchs. Der Richter oder der Rpfl oder der Notar trifft die Entscheidung darüber, ob eine Vorwegleistung erfolgen muß und ob dann eine Barzahlung notwendig ist oder ob eine Sicherstellung ausreicht oder ob ein Ausnahmefall vorliegt. Das Gericht darf das Geschäft nur insgesamt und nicht teilweise von der Vorauszahlung abhängig machen, LG Bln Rpfleger **82**, 487. Es darf einen Antrag mehrerer Beteiligter erst nach vergeblichen Vorschußanforderungen bei allen zurückweisen, BGH DNotZ **82**, 238.

Ausnahmsweise soll ein Vorschuß in einer *Grundbuch- oder Nachlaßsache* nur dann erfolgen, wenn das zur Sicherung des Eingangs der Kosten als angebracht erscheint, Hs 2. Das mag etwa dann so sein, wenn die Mittellosigkeit des Kostenschuldners bereits etwa aus einem anderen Verfahren bekannt ist oder wenn so ungewöhnlich hohe Kosten anfallen, daß auch bei einem normalerweise oder bisher zahlungsfähigen und -willigen Kostenschuldner begründete Zweifel auftreten. Da II 1 ohnehin nur eine Sollvorschrift mit einem Ermessen darstellt, muß man das Wort „angebracht" in Hs 2 zurückhaltend anwenden.

Es handelt sich in einer Grundbuchsache um eine *Zwischenverfügung* nach § 18 GBO, LG Düss Rpfleger **86**, 175 (zustm Meyer-Stolte). Der Kostenbeamte bestimmt lediglich die Höhe, § 22 III KostVfg. Bei einer Nichtzahlung ruht das Verfahren, Rn 18. Das Gericht weist also grundsätzlich nicht etwa den Antrag zurück, Ffm Rpfleger **93**, 26, Köln WoM **96**, 304. Eine Zurückweisungspflicht kann sich aber ausnahmsweise ergeben, Rn 18.

11   **C. Verfahrenskostenhilfe, II 2 Z 1.** Eine Vorwegleistungspflicht besteht nicht, soweit das Gericht dem Antragsteller nach §§ 76 ff FamFG eine Verfahrenskostenhilfe bewilligt hat, § 9 KostVfg, Teil VII A dieses Buchs, oder soweit eine vorläufige Gebührenbefreiung nach § 17 II BNotO greift. Wenn von mehreren Gesamtschuldnern nach § 5 auch nur einer keine Verfahrenskostenhilfe erhält, besteht die Vorwegleistungspflicht.

12   **D. Gebührenfreiheit, II 2 Z 2.** Eine Vorwegleistungspflicht besteht nicht, soweit der Antragsteller eine persönliche oder sachliche Gebührenfreiheit hat. Wenn von mehreren Gesamtschuldnern auch nur einer diese Voraussetzung nicht erfüllt, besteht die Vorwegleistungspflicht, § 13.

13   **E. Kostenübernahme durch Notar, II 2 Z 3.** Eine Vorwegleistungspflicht besteht nicht, soweit ein beliebiger Notar eindeutig ausdrücklich oder auch ebenso klar stillschweigend (Auslegungsfrage) erklärt hat, für das Kostenschuld dieses Antragstellers die unbedingte Haftung zu übernehmen. Das ist dieselbe Rechtsfigur wie zB bei § 3 Z 2. Vgl daher dort Rn 4 ff.

14   **F. Verzögerungsschaden, II 2 Z 4.** Eine Vorwegleistungspflicht besteht nicht, soweit der Antragsteller nach § 31 FamFG glaubhaft macht, daß ihm eine etwaige Verzögerung einen nicht oder nur schwer ersetzbaren Schaden bringen würde.

15   **G. Unangebrachtheit, II 2 Z 5.** Eine Vorwegleistungspflicht besteht nicht, soweit die Forderung des Gerichts nach einer Vorwegleistung aus einem anderen als

den vorgenannten Gründen nicht angebracht wäre, BayObLG NZM **01**, 144, Köln MDR **04**, 271. Das Gesetz nennt als einen der möglichen Anwendungsfälle denjenigen, daß der Antragsteller eine Berichtigung des Grundbuchs oder die Eintragung des Widerspruchs verlangt. Man muß weiter hierher den Fall rechnen, daß das Gericht einen Antrag erzwingt, etwa eine Anmeldung zum elektronischen Handelsregister nach § 14 HGB, oder daß es nur um eine bekräftigende Wirkung geht.

H. Beschwerdeverfahren, II 2 Z 1–5. Für eine Beweisaufnahme im Beschwerdeverfahren besteht keine Vorwegleistungspflicht. Denn es ist ungewiß, ob überhaupt eine Kostenschuld entsteht, aM Köln OLGZ **87**, 409 (das gelte nur bei ursprünglichen FGG-Verfahren. Aber II 2 beschränkt sich keineswegs eindeutig derart).   16

I. Weitere Fälle, II 2. Man kann eine Fortsetzung des Gerichtsgebrauchs befürworten, einen Vorschuß nur insoweit anzufordern, als der Eingang einer Zahlung dieses Kostenschuldners fraglich ist, § 10 II Z 1.   17

J. Verfahren, II 1, 2. Das Gericht ordnet die Vorauszahlungspflicht im Weg des Kostenansatzes nach § 14 I 1 durch eine Verfügung nach §§ 22 II, 30 KostVfG an, Teil VII A dieses Buchs. II erlaubt nicht, dem Beteiligten aufzugeben, seiner Mitwirkungspflicht bei der Wertermittlung nachzukommen, Hamm FGPrax **00**, 128. Das Gericht muß alle infragekommenden Beteiligten zur Vorauszahlung auffordern, BGH DNotZ **82**, 238. Mangels einer Vorauszahlung bleibt der Antrag nach Rn 11 vielmehr einfach grundsätzlich unerledigt liegen, § 12 GKG Rn 3, Teil I A dieses Buchs, BVerfG **10**, 269, BayObLG NZM **01**, 148, Köln WoM **95**, 345. Das Gericht weist ihn nur dann zurück, wenn sich ein Ruhen des Verfahrens verbietet, BayObLG NZM **01**, 148, Hamm FGPrax **00**, 128, AG Kerpen WoM **96**, 447.   18

In einer *Grundbuchsache* liegt ein Eintragungshindernis nach § 18 GBO vor, solange der Antragsteller den angeforderten Vorschuß nicht gezahlt oder ausreichend sichergestellt hat, Hamm FGPrax **00**, 128.

5) Beschwerde, III. Es gibt mehrere Aspekte.   19

A. Statthaftigkeit. Gegen die durch eine echte gerichtliche Entscheidung erfolgende Anordnung nach II als solche wie auch gegen deren Höhe ist nach III 1 die Beschwerde statthaft. Es handelt sich um eine unbefristete einfache Beschwerde, BayObLG JB **92**, 182, Zweibr FamRZ **82**, 530. Sie ist nicht von einem Beschwerdewert abhängig. Denn III nennt keine Frist. Für das Beschwerdeverfahren besteht kein Anwaltszwang, III 2 in Verbindung mit § 14 VI 1. Wegen § 15 III 2 SpruchG vgl Rn 1. Soweit der *Rechtspfleger* die Anordnung nach II erlassen hat, ist zunächst die *Erinnerung* nach § 11 RPflG notwendig, BayObLG JB **94**, 166. Über sie entscheidet das Gericht nach § 14 II.

Gegen die *Unterlassung* der Anordnung nach II (Nichtabhängigmachung) hat die Staatskasse kein Beschwerderecht.

Gegen die *Zurückweisung* eines Eintragungsantrags ist nicht die Beschwerde nach III statthaft, sondern die Sachbeschwerde, Hamm FGPrax **00**, 128.

B. Verfahren. Es richtet sich grundsätzlich nach § 14 IV–VII. In einer Grundbuchsache sind mit Rücksicht auf die Einheitlichkeit des dortigen Verfahrens §§ 71–77, 81 GBO maßgeblich, BayObLG JB **92**, 182, LG Düss Rpfleger **86**, 175 (zustm Meyer-Stolte). In einer Schiffsregistersache sind §§ 75–82, 89 SchiffsRegO maßgeblich.   20

C. Weitere Beschwerde. Sie ist jetzt nach III 2 in Verbindung mit § 14 V unter den dortigen Voraussetzungen zulässig. Soweit das Gericht eine endgültige Kostenrechnung erteilt, erledigt die Vorschußberechnung und damit die Beschwerde. Eine endgültige Kostenrechnung erledigt auch eine Erinnerung nach II. Denn sie erledigt die Vorschußberechnung.   21

D. Beschwerdewert. Er ist *nicht* in Höhe eines Mindestbetrags notwendig, (zum alten Recht) LG Stgt WoM **96**, 180 (spricht mißverständlich davon, es sei „kein" Beschwerdewert erforderlich. Dann würde aber eine Beschwer fehlen). Im Beschwerdeverfahren entsteht keine Gerichtsgebühr, III 3. Es findet keine Kostenerstattung statt, III 4.   22

Zurückzahlung von Vorschüssen

9 Vorschüsse werden nur insoweit zurückgezahlt, als sie den Gesamtbetrag der für das Geschäft bis zu dessen Beendigung entstandenen Kosten übersteigen.

1 **1) Systematik, Regelungszweck.** Die Vorschrift gilt nach § 141 auch beim Notar. Der Vorschuß ist eine endgültige Kostenschuld. Soweit der Vorschußpflichtige ihn nicht leistet, kann das Gericht dem Vorschuß nach der JBeitrO beitreiben, Teil IX A dieses Buchs. Diese Kostenschuld ist aber auflösend bedingt. Soweit die gerichtliche Maßnahme nicht zustande kommt oder soweit sie den bereits gezahlten Vorschuß nicht verbraucht hat, muß der Staat den nicht verbrauchten Teil an den Einzahler oder dessen Bevollmächtigten zurückzahlen. Hat ein Dritter die Vorschußpflicht eines Beteiligten erfüllt, erfolgt eine Rückzahlung beim Einverständnis des Beteiligten an den Dritten, Düss MDR **83**, 321, Stgt Rpfleger **85**, 169. Es gibt keine Verzinsung, § 17 IV. Eine Aufrechnung nach §§ 387 ff BGB bleibt möglich.

2 **2) Einzelfragen.** Es ist unerheblich, ob der Zahlende zum Kostenschuldner geworden ist, sofern keine irrige Anforderung oder irrige Zahlung vorliegt. Unter den Worten „Beendigung des Geschäfts" versteht § 9 dasselbe wie § 7, dort Rn 1. Ein ausgeschiedener Antragsteller haftet nicht für die Kosten der verbleibenden Antragsteller.

Man muß einen *Gebührenvorschuß* und einen Auslagenvorschuß gleichermaßen behandeln, also bei der Abrechnung aufeinander verrechnen. Dagegen darf die Kasse nicht die für eine Maßnahme gezahlten Beträge auf eine andere Maßnahme verrechnen.

3 **3) Rechtsbehelf.** Bei einem unrichtigen Verfahren sind § 14 II–VI anwendbar. Beim Notar ist § 156 beachtbar.

Zurückbehaltungsrecht

10 **I** Ausfertigungen, Ablichtungen, Ausdrucke sowie zurückzugebende Urkunden, die aus Anlaß des Geschäfts eingereicht sind, können zurückbehalten werden, bis die in der Angelegenheit erwachsenen Kosten bezahlt sind.

II Von der Zurückbehaltung ist abzusehen,
1. wenn der Eingang der Kosten mit Sicherheit zu erwarten ist;
2. wenn glaubhaft gemacht wird, daß die Verzögerung der Herausgabe einem Beteiligten einen nicht oder nur schwer zu ersetzenden Schaden bringen würde, und nicht anzunehmen ist, daß die Kosten entzogen werden sollen;
3. wenn das Schriftstück nicht vom Kostenschuldner, sondern von einem Dritten eingereicht ist, dem gegenüber die Zurückbehaltung eine unbillige Härte wäre.

III § 14 Abs. 2 bis 10 gilt entsprechend.

Vorbem. I geändert dch Art 14 II Z 4 JKomG v 22. 3. 05, BGBl 837, in Kraft seit 1. 4. 05, Art 16 I JKomG, Übergangsrecht §§ 161 ff KostO.

Gliederung

1) Systematik, I–III	1
2) Regelungszweck, I–III	2
3) Grundsatz: Zurückbehaltung, I	3–7
A. Ausfertigung, Ablichtung, Ausdruck	3
B. Von dem Beteiligten eingereichte Urkunde	4
C. Vom Dritten eingereichte Urkunde	5
D. Zu sichernde Kosten	6
E. Verfahren	7
4) Ausnahmen, II	8–14
A. Kosteneingang zu erwarten, II Z 1	9
B. Verzögerungsschaden, II Z 2	10
C. Unbillige Härte gegenüber Dritten, II Z 3	11
D. Kostenbefreiung, II Z 1–3	12
E. Verfahrenskostenhilfe, II Z 1–3	13
F. Gebührenverzicht, II Z 1–3	14

1. Teil. Gerichtskosten § 10 KostO

5) **Rechtsmittel**, III 15, 16
   A. Erinnerung 15
   B. Beschwerde 16

1) Systematik, I–III. Die Vorschrift schafft in einer Anlehnung an das Zurückbe- 1
haltungsrecht nach §§ 273, 274 BGB usw ein Druckmittel zugunsten des Kostengläubigers. Man muß es trotz seiner in II festgesetzten Grenzen als unter Umständen ziemlich brutal bewerten. Es ist wegen des von der öffentlichen Hand stets beachtbaren Verhältnismäßigkeitsgrundsatzes problematisch. Die Vorschrift gilt nach § 141 anwendbar auch beim Notar, Düss FGPrax **99**, 72, Bengel/Tiedtke DNotZ **04**, 287, Schwarz MittBayNot **04**, 157. Er kann auf ein Zurückbehaltungsrecht verzichten. § 51 Z 2, 3 InsO hat den Vorrang.
Akteneinsicht läßt sich unabhängig von § 10 nach den dafür geltenden Regeln erreichen.

2) Regelungszweck, I–III. Natürlich verdient der faule Schuldner auch bei 2
Kosten keine Nachsichtigkeit auf Kosten des Steuerzahlers oder des Notars. Andererseits muß man auch die Problematik Rn 1 bei der Auslegung einer Vorschrift mitbeachten. Der Zweck der Vorschrift besteht in einer wirksamen Kosteneintreibbarkeit. Man sollte I eher zurückhaltend anwenden und II eher großzügig handhaben.

3) Grundsatz: Zurückbehaltung, I. Das Gericht darf nicht die ganze Tätigkeit 3
und erst recht nicht die zugehörige Entscheidung auch nur zeitweise verweigern. Das gilt insbesondere bei seiner Tätigkeit von Amts wegen und bei der Mitteilung einer Entscheidung. Das Gericht darf nur nach I bestimmte Dokumente zurückbehalten, um die Kostenzahlung zu sichern. Das gilt sowohl bei einem von Amts wegen erforderlichen Geschäft als auch bei einer solchen Maßnahme, die nur auf Grund eines Antrags erfolgt. Es gilt unabhängig davon, ob eine formlose Übermittlung oder eine förmliche Zustellung infragekommt. Das Zurückbehaltungsrecht besteht auch gegenüber einem Rechtsnachfolger, LG Düss JB **85**, 749. Es erstreckt sich hier auf die folgenden Dokumente, Düss FGPrax **99**, 72.

A. Ausfertigung, Ablichtung, Ausdruck. Das Gericht darf eine aus Anlaß eines Antragsgeschäfts für einen Beteiligten hergestellte Ausfertigung oder Ablichtung beliebiger Art oder einen Ausdruck der elektronischen Fassung bis zur Sicherung der Kostenzahlung zurückbehalten. Das gilt zB für einen Erbschein oder für einen Grundbuchauszug und unabhängig davon, wer das Dokument übermittelt bekommt.
Das Gericht muß eine *von Amts wegen* erforderliche Ausfertigung oder Ablichtung usw *unabhängig* von der Sicherung der Kostenzahlung aushändigen.

B. Von dem Beteiligten eingereichte Urkunde. Das Gericht darf eine von 4
dem Beteiligten aus Anlaß dieses Geschäfts von sich aus oder auf eine Anforderung eingereichte Urkunde zur Sicherung der Kostenzahlung zurückbehalten. Soweit dem Beteiligten eine Urkunde aus Anlaß eines anderen Geschäfts eingereicht hat, besteht kein solches Zurückbehaltungsrecht. Soweit der Beteiligte aber auch für das jetzige Geschäft auf jene Urkunde Bezug nimmt, gilt die Urkunde auch für das jetzige Geschäft eingereicht. Ein Zurückbehaltungsrecht besteht auch insoweit, als der Beteiligte die Urkunde zur Beglaubigung seiner Unterschrift eingereicht hat. Das betrifft allerdings nur eine Einreichung beim Notar.

C. Vom Dritten eingereichte Urkunde. Ein Zurückbehaltungsrecht besteht in- 5
sofern, als ein Dritter auf Grund der Verpflichtung des Beteiligten persönlich oder durch den Beteiligten eine Urkunde zum jetzigen Geschäft eingereicht hat. Dann besteht das Zurückbehaltungsrecht allerdings nur insoweit, als man dem Dritten die Zahlung des Vorschusses auch zumuten kann.
Dieser Fall liegt *nicht* vor, soweit er etwa eine Urkunde des Beteiligten nur aus Gefälligkeit überlassen hat, aM Düss JB **82**, 1383, oder soweit man ihm die Urkunde gar gestohlen hatte.
Der *Notar* hat *kein Zurückbehaltungsrecht* in bezug auf eine Urkunde gegenüber dem Insolvenzverwalter, die eine Ausfertigung für die Masse betreffenden Urkunden mit Recht verlangt (Insolvenzforderung). Ebensowenig hat der Notar ein Zurückbehaltungsrecht wegen desjenigen Testaments, das er im Rahmen seiner Amtspflicht zur amtlichen Verwahrung bringen muß.

629

6   **D. Zu sichernde Kosten.** Ein Zurückbehaltungsrecht besteht nur für „die in der Angelegenheit erwachsenden Kosten". Sie müssen also nach § 7 fällig sein. Eine bloße Vorschuß- oder Vorauszahlungspflicht nach § 8 reicht noch nicht. Angelegenheit ist nicht unbedingt gleichbedeutend mit Geschäft nach § 2. Vielmehr kann eine Angelegenheit insbesondere auf Grund desselben Antrags mehrere innerlich zusammenhängende Geschäfte umfassen, §§ 15, 44, 62, 71 usw. Bei einem Handeln von Amts wegen gehört auch die notwendige Folgemaßnahme zu derselben Angelegenheit nach I.

Ein Zurückbehaltungsrecht besteht also *nicht wegen* eines *fremden Geschäfts* oder wegen eines anderen Kostenschuldners. Ebensowenig besteht ein Zurückbehaltungsrecht, soweit man die Urkunde von Amts wegen aushändigen muß, etwa eine Bestallung zum Betreuer. Eine Kostenbefreiung und die Bewilligung einer Verfahrenskostenhilfe machen eine Zurückbehaltung gegenüber dem Beteiligten unzulässig. Eine Gebührenfreiheit macht eine Zurückbehaltung wegen der Gebühren unzulässig, nicht aber wegen der Auslagen.

7   **E. Verfahren.** Nach I „kann" das Gericht über die Zurückbehaltung im Rahmen eines pflichtgemäßen Ermessens entscheiden. Der Kostenbeamte hat allerdings im Rahmen des § 25 KostVfg, Teil VII A dieses Buchs, eine Amtspflicht zur Geltendmachung des Zurückbehaltungsrechts. Er kann die Zurückbehaltung dadurch vornehmen, daß er die betroffenen Dokumente nur durch eine Postnachnahme übersendet. Er darf ein Zurückbehaltungsrecht nicht ohne eine erkennbare Einzelfallabwägung ausüben. Er muß das Risiko eines Kostenausfalls mit dem Schuldnerrisiko abwägen.

8   **4) Ausnahmen, II.** Außerhalb Rn 1–6 entfällt ein Zurückbehaltungsrecht nach II nur dann, wenn eine der folgenden Situationen vorliegt. Zu diesen gehören eine Ratenzahlung oder Stundung nur im Rahmen des Ermessens nach Rn 7. Das Gericht darf und muß den Kostenbeamten evtl anweisen, von einer Zurückbehaltung abzusehen.

9   **A. Kosteneingang zu erwarten, II Z 1.** Das Zurückbehaltungsrecht fällt weg, soweit man mit dem Eingang der Kosten mit Sicherheit rechnen kann. Das ist zB dann so, wenn eine Körperschaft des öffentlichen Rechts Kostenschuldnerin ist oder wenn die Zahlungsfähigkeit und Zahlungswilligkeit eines privaten Kostenschuldners gerichtsbekannt oder nach seiner Berufsstellung hochgradig wahrscheinlich sind.

10 **B. Verzögerungsschaden, II Z 2.** Ein Zurückbehaltungsrecht entfällt auch, soweit glaubhaft ist, daß die Verzögerung der Herausgabe einem Beteiligten einen nicht oder nur schwer ersetzbaren Schaden bringen würde. Der Kostenbeamte muß trotz dieser Voraussetzung das Zurückbehaltungsrecht ausüben, soweit er zur Überzeugung kommt, daß es sich hier um einen Versuch handelt, dem Staat die Kosten zu entziehen. Eine derartige bloße Wahrscheinlichkeit reicht nicht.

11 **C. Unbillige Härte gegenüber Dritten, II Z 3.** Ein Zurückbehaltungsrecht entfällt ferner, soweit nicht der Kostenschuldner das fragliche Dokument eingereicht hat, sondern auf Grund einer Verpflichtung des Kostenschuldners ein Dritter, und soweit ihm gegenüber die Zurückbehaltung eine unbillige Härte wäre. Das ist zB dann so, wenn ein Dritter einen Hypothekenbrief oder eine sonstige Urkunde eingereicht hat und wenn man diesem Dritten nach den Umständen eine Zahlung nicht zumuten kann. Das gilt ferner dann, wenn der Dritte wegen der Rangstelle der Hypothek an einer geplanten Umstellung kein wesentliches Interesse hat und nur auf eine kurzfristige Anforderung des Notars diesem den Brief zu treuen Händen Zug um Zug gegen die Tilgung der Hypothekenforderung überlassen hat, Düss VersR **83**, 1171. Das Recht eines Dritten unterfällt nicht dem Zurückbehaltungsrecht, LG Mü JB **83**, 420.

12 **D. Kostenbefreiung, II Z 1–3.** Das Zurückbehaltungsrecht entfällt bei einer Kostenbefreiung nach Rn 1–4.

13 **E. Verfahrenskostenhilfe, II Z 1–3.** Das Zurückbehaltungsrecht entfällt schließlich insoweit, als das Gericht eine Verfahrenskostenhilfe bewilligt hat. Bei mehreren Kostenschuldnern entfällt das Zurückbehaltungsrecht aber nur gegenüber demjenigen, der diese Vergünstigung hat, der also mittellos ist.

14 **F. Gebührenverzicht, II Z 1–3.** Soweit ein Notar zulässigerweise auf eine Gebühr verzichtet hat, darf er kein Zurückbehaltungsrecht ausüben.

1. Teil. Gerichtskosten §§ 10, 11 KostO

5) Rechtsmittel, III. Man muß zwei Situationen unterscheiden. Die Staatskasse ist jeweils eine Beteiligte. 15

A. Erinnerung. Gegen die Anordnung der Zurückbehaltung und die tatsächliche Ausübung dieses Rechts durch den Kostenbeamten ist die Erinnerung nach § 14 II statthaft. Sie ist zum Protokoll des Urkundsbeamten der Geschäftsstelle oder schriftlich ohne einen Anwaltszwang zulässig, § 14 VI 1.

B. Beschwerde. Gegen eine Entscheidung nach § 14 VI ist unter den Voraussetzungen des § 14 III die Beschwerde statthaft. Man kann sie zum Protokoll des Urkundsbeamten der Geschäftsstelle oder schriftlich ohne einen Anwaltszwang einlegen, § 14 VI 1. Eine Berichtigung ist nach III in Verbindung mit § 14 X statthaft. 16

Soweit ein *Notar* das Zurückbehaltungsrecht ausübt und soweit ihm die Gebühren selbst zufließen, ist die Beschwerde nach § 156 statthaft.

5. Kostenbefreiungen

Allgemeine Vorschriften

11 I ¹Von der Zahlung der Kosten sind befreit der Bund und die Länder sowie die nach den Haushaltsplänen des Bundes und der Länder für Rechnung des Bundes oder eines Landes verwalteten öffentlichen Anstalten und Kassen. ²Bei der Vollstreckung wegen öffentlich-rechtlicher Geldforderungen ist maßgebend, wer ohne Berücksichtigung des § 252 der Abgabenordnung oder entsprechender Vorschriften Gläubiger der Forderung ist.

II ¹Sonstige bundesrechtliche Vorschriften, durch die eine sachliche oder persönliche Befreiung von Kosten gewährt ist, bleiben in Kraft. ²Landesrechtliche Vorschriften, die in weiteren Fällen eine sachliche oder persönliche Befreiung von Kosten gewähren, bleiben unberührt.

Gliederung

1) Systematik, I, II 1, 2
2) Regelungszweck, I, II 3
3) Bundesrecht, I, II 1 4–11
  A. Persönliche Kostenfreiheit 4–6
  B. Sachliche Kostenfreiheit 7–9
  C. Notar 10
  D. Niederschlagung 11
4) Landesrecht, II 2 .... 12, 13
5) Kirche, I, II 14

1) Systematik, I, II. I, II, ergänzt durch §§ 12, 13, entsprechen inhaltlich § 2 GKG und § 2 FamGKG, Teile I A, B dieses Buchs. Vgl daher dessen Erläuterungen. Ergänzend gelten Kostenerlaß- und Stundungsregelungen, § 40 KostVfg, Teil VII A, D–F dieses Buchs. Eine dem § 2 V GKG, § 2 III FamGKG und insbesondere seinem S 2 entsprechende Vorschrift fehlt in § 11. 1

Deshalb führt eine *Kostenübernahme* nach § 3 Z 2 durch einen Kostenfreien im Ergebnis doch *nicht* zu einer *Befreiung*, § 144 Rn 22 und § 2 GKG Rn 2, Celle Rpfleger **91**, 28, Zweibr Rpfleger **96**, 305, LG Kblz JB **96**, 486, aM Stgt DNotZ **85**, 572.

Wer als Kostenpflichtiger zusammen mit einem *Kostenfreien* haftet, muß zahlen, abgesehen vom Ausnahmefall des § 13, Mümmler JB **57**, 1160. Jene Vorschrift ist ein Sondergesetz. Man muß sie daher eng auslegen. Bei einer entsprechenden Anwendung ist Vorsicht ratsam. Eine Kostenbefreiung befreit von Gebühren und Auslagen. Das gilt auch bei einer Antragsrücknahme und -zurückweisung. Denn I 1 ist schon nach dem Wortlaut eindeutig und gegenüber §§ 130, 131 auch vorrangig. Eine Gebührenbefreiung befreit nur von den Gebühren. 2

Unanwendbar ist § 11 nach § 143 I beim Notar. Vgl ferner § 144.

2) Regelungszweck, I, II. Die recht erheblichen Kostenfreiheiten nach § 11 dienen der Vereinfachung: Ein unnötiges Hin und Her zwischen den rechten und linken Taschen der öffentlichen Hand bringt nur einen zusätzlichen vermeidbaren Aufwand. Es ist ohnehin in gewissen Grenzen eine kostenschuldnergünstige Hand- 3

631

habung der KostO notwendig, § 1 Rn 2. Das Gericht ist auch primär nicht eine Eintreibstelle für Staatseinnahmen. Daher sollte man die Vorschrift nicht zu eng auslegen. Andererseits bedeutet das keine beliebig ausdehnbare Grauzone der Kostenfreiheit zugunsten aller möglichen amtlichen oder halbamtlichen Stellen oder Organisationen, deren Verwaltung eben nicht eindeutig nach echten Haushaltsplänen erfolgt.

4   3) **Bundesrecht, I, II 1.** Man muß vier Aspekte unterscheiden.
A. Persönliche Kostenfreiheit. Die Stellen I, II sind grundsätzlich dieselben wie bei § 2 I, III GKG. Vgl daher die dortigen Erläuterungen, Teil I A dieses Buchs. Indessen besteht im Bereich der freiwilligen Gerichtsbarkeit evtl auch dann eine Kostenfreiheit, wenn sie im entsprechenden Bereich der streitigen Gerichtsbarkeit fehlt. Diese Kostenfreiheit ist zum Teil eine persönliche Befreiung, zum Teil eine sachliche Befreiung von Kosten. Eine Einschränkung bringt § 12.

5   Eine Kostenfreiheit besteht *ferner* für ein Geschäft nach § 4 des Gesetzes zur Förderung der landwirtschaftlichen Siedlung vom 31. 3. 31, RGBl 122 (diese Vorschrift behandelt den Grundstückserwerb und die Veräußerung durch die deutsche Siedlungs- und Landesrentenbank). Sie besteht aber nicht für die Rechtsnachfolgerin der Treuhandanstalt, Mü MDR **98**, 1502, LG Lpz JB **96**, 207.

6   Wenn auf Grund des Ersuchens einer den Fiskus vertretenden *Verwaltungsbehörde* eine *Rechtsänderung* im Grundbuch steht, etwa nach der AO, ist derjenige der Kostenschuldner, auf dessen Kosten die Eintragung geschieht, also der Steuerschuldner usw.

7   **B. Sachliche Kostenfreiheit.** Vgl zunächst Rn 4–6. Eine sachliche Kostenfreiheit besteht in vielen gesetzlich besonders geordneten Fällen. Sie kann auch ein Nebengeschäft erfassen.

8   *Beispiele:* Geschäfte aus Anlaß der Erbringung von Sozialleistungen, § 64 II 1 SGB X, Köln Rpfleger **90**, 64 (zB Eintragung einer Sicherungshypothek nach dem Übergang nach § 116 SGB X, nicht aber zB Leistungen zwischen verschiedenen Leistungsträgern oder auf Grund besonderer Rechtsverhältnisse, BayObLG **94**, 65), AG Moers RR **05**, 512; alle Verfahren und Entscheidungen des Erstgerichts über eine Eintragung in das Genossenschaftsregister (die Postgebühren und die Auslagen für Ausfertigungen und Ablichtungen oder Abschriften sind aber erstattungspflichtig, § 83); Erwerbsvorgänge nach § 151 III BauGB, LG Bbg JB **92**, 339.
Weitere Beispiele: Geschäfte im Zusammenhang mit dem Vollzug des PostUmwG (Art 3 PTNeuOG), im Bereich der §§ 1–139 KostO, § 10 II 1 PostUmwG, einschließlich der Eintragung von Zweigstellen und Prokuren, BayObLG **99**, 54 (Notarkosten sind auch den bisherigen Teilsondervermögen und der Deutschen Post AG, der Deutschen Postbank AG und der Deutschen Telekom AG nach § 144 KostO zu ermäßigen, § 6 II 2 PostUmwG), sowie im Zusammenhang mit der Errichtung der „Museumsstiftung Post und Telekommunikation", § 16 PTStiftG (Art 10 PTNeuOG). Manche hielten auch eine Eintragung im Zusammenhang mit der Umwandlung der Deutschen Bundespost für kostenfrei, Hamm Rpfleger **99**, 417, Stgt Rpfleger **99**, 42.

9   Kostenfrei ist die Erteilung eines *Erbscheins,* sofern der Antrag auf dem Verlangen eines Entschädigungsorgans beruht, § 181 II, III BEG. Eine Kostenfreiheit besteht ferner zB nach den §§ 117 LAG, 64 III 1 SGB (X) in Verbindung mit seinem II 1, § 144 Rn 20 ff, BayObLG **90**, 210, nach § 34 II 2 VermG (eng auslegbar, BezG Erfurt Rpfleger **93**, 152), sowie für Gerichtskosten im Bereich der KostO in einem Verfahren nach dem als Art 1 Grundstücksrechtsbereinigungsgesetzes (GrundRBerG) eingeführten § 12 S 2 des Verkehrsflächenbereinigungsgesetzes (VerkFlBerG).

10   **C. Notar.** Für den Gebührennotar nach Üb 8 vor § 140, gelten die bundesrechtlichen Befreiungsvorschriften zwar grundsätzlich ebensowenig wie die landesrechtlichen, § 144 I. Es tritt aber für eine Beurkundung am Ort der Amtshandlung eine 50%ige Ermäßigung ein, § 144 Vorbem.

11   **D. Niederschlagung.** Eine Kostenniederschlagung im Gnadenweg hat mit der Gebührenfreiheit nichts zu tun. Vgl Einf 3 ff vor § 21 GKG, Teil I A dieses Buchs.

12   **4) Landesrecht, II 2.** Das Landesrecht gibt sowohl für eine sachliche als auch für eine persönliche Kostenfreiheit recht uneinheitliche Vorschriften. Landesrecht befreit auch den Kostenschuldner eines anderen Bundeslandes. Es befreit aber nicht vor dem

1. Teil. Gerichtskosten § 11, Anh § 11 KostO

BGH, BGH MDR **98**, 680. II 2 hält diesen Rechtszustand aber bis zum Inkrafttreten einer noch nicht absehbaren bundeseinheitlichen Regelung des gesamten Bereichs der Kostenfreiheit aufrecht. Vgl die vollständige Zusammenstellung der Befreiungsvorschriften bei KLBR Anh C. Wegen der Notare Rn 10.
Es gelten unter anderem die folgenden Vorschriften. **13**
Baden-Württemberg: LJKostG v 15. 1. 93, GBl 109, 244, zuletzt geändert am 28. 7. 05, GBl 580;
Bayern: LJKostG idF v 19. 5. 05, GVBl 159;
Berlin: G v 24. 11. 70, GVBl 1934, zuletzt geändert am 25. 6. 92, GVBl 204;
Brandenburg: JKostG v 3. 6. 94, GVBl 172, zuletzt geändert am 18. 12. 01, GVBl 300;
Bremen: JKostG idF v 4. 8. 92, GBl 257, zuletzt geändert am 4. 12. 01, GBl 407;
Hamburg: LJKostG idF v 5. 3. 86, GVBl 48, zuletzt geändert am 18. 7. 01, GVBl 251;
Hessen: JKostG v 15. 5. 58, GVBl 60, zuletzt geändert am 18. 12. 03, GVBl 513;
Mecklenburg-Vorpommern: LJKostG v 7. 10. 93, GVBl 843, zuletzt geändert am 22. 11. 01, GVBl 438;
Niedersachsen: G v 10. 4. 73, GVBl 111, zuletzt geändert am 6. 6. 94, GVBl 238;
Nordrhein-Westfalen: G v 21. 10. 69, GVBl 725, Köln FGPrax **07**, 291 (dieses Gesetz findet auf eine Gesellschaft bürgerlichen Rechts keine Anwendung, Hamm Rpfleger **80**, 165), zuletzt geändert am 9. 5. 05, GVBl 609;
Rheinland-Pfalz: G v 5. 10. 90, GVBl 281, zuletzt geändert am 1. 7. 97, GVBl 169;
Saarland: LJKostG v 30. 6. 71, ABl 473, zuletzt geändert am 31. 3. 04, ABl 1037;
Sachsen: G v 24. 11. 00, GVBl 482, zuletzt geändert am 4. 5. 04, GVBl 147;
Sachsen-Anhalt: JKostG v 23. 8. 93, GVBl 449, zuletzt geändert am 7. 12. 01, GVBl 540;
Schleswig-Holstein: G v 23. 12. 69, GVBL **70**, 4, zuletzt geändert am 7. 2. 95, GVBl 62;
Thüringen: JKostG idF v 22. 10. 92, GVBl 527, zuletzt geändert am 30. 10. 01, GVBl 265.

5) **Kirche, I, II.** Sie hat keine generelle Kostenfreiheit, BVerwG JB **96**, 319, 546. **14** Wegen der Neuapostolischen Kirche und ihrer Gebührenbefreiung BVerfG DNotZ **66**, 52.

Anhang nach § 11

Abgabenfreiheit nach dem BauGB

BauGB § 151. Abgaben- und Auslagenbefreiung. ¹ Frei von Gebühren und ähnlichen nichtsteuerlichen Abgaben sowie von Auslagen sind Geschäfte und Verhandlungen
1. zur Vorbereitung oder Durchführung von städtebaulichen Sanierungsmaßnahmen,
2. zur Durchführung von Erwerbsvorgängen,
3. zur Gründung oder Auflösung eines Unternehmens, dessen Geschäftszweck ausschließlich darauf gerichtet ist, als Sanierungsträger tätig zu werden.
II ¹ Die Abgabenbefreiung gilt nicht für die Kosten eines Rechtsstreits. ²Unberührt bleiben Regelungen nach handelsrechtlichen Vorschriften.

1) **Geltungsbereich, I, II.** Zu *I Z 1* zählt auch eine Maßnahme nach §§ 147, **1** 148 BauGB, ferner die Eintragung einer Grundschuld, LG Bln Rpfleger **96**, 217. Zu den Erwerbsvorgängen nach *I Z 2* zählen unter anderem solche Kaufverträge, die an sich nach der KostO kostenpflichtig sind. I meint nicht etwa nur Abgaben an Verwaltungsstellen und ähnliche Behörden, sondern bringt eine sachliche Kostenfreiheit nach § 11 II KostO, LG Bln Rpfleger **96**, 217.

KostO Anh § 11, § 12 III. Kostenordnung

Nicht hierher gehört die Sanierung eines Privatgrundstücks, auch nicht in einem förmlich festgelegten Sanierungsgebiet, Karlsr NZM **00**, 887.

Demgegenüber versteht *II* unter den Worten „Kosten des Rechtsstreits" nur diejenigen Kosten, die nach dem GKG usw entstehen, also nicht solche, die nach der KostO entstehen.

2   Es besteht also zB *keine Kostenfreiheit* nach § 2 III 1 GKG, wohl aber unter Umständen wegen § 151 II 2 BauGB eine Kostenfreiheit nach § 2 III 2 GKG durch ein Landesrecht.

Für die Tätigkeit des *Notars* bei einem Geschäft oder einer Verhandlung nach § 151 I BauGB vgl § 144 KostO.

Einschränkungen

12 ^{I} **Die persönliche Gebührenfreiheit steht der Inanspruchnahme für die Gebühren nicht entgegen, wenn die Haftung auf der Vorschrift des § 3 Nr. 3 (Haftung nach bürgerlichem Recht) beruht, oder wenn der Kostenschuldner als Erbe nach § 6 oder als Anteilsberechtigter nach § 116 Abs. 6 für die Kosten haftet.**

^{II} **Die Gebührenfreiheit entbindet, soweit nicht ein anderes bestimmt ist, nicht von der Verpflichtung zur Zahlung der Auslagen.**

1   1) **Systematik, I, II.** § 12 ergänzt zusammen mit § 13 den § 11. Die Vorschrift gilt nach § 141 auch beim Notar.

2   2) **Regelungszweck, I, II.** Bei einer überhaupt an sich gebührenpflichtigen gerichtlichen Tätigkeit stellt eine persönliche Gebührenfreiheit formell eine Ausnahme dar. § 12 beseitigt diese Ausnahme wieder. Daher muß man die Vorschrift als eine Rückkehr zur Regel ansehen so weit auslegen. Dem steht aber der aus § 1 I 1 ableitbare Grundsatz einer dem Kostenschuldner günstigen Auslegung etwas entgegen. Im Ergebnis empfiehlt sich daher eine ausgewogene Beachtung beider Erwägungen.

3   3) **Ausnahmen von der persönlichen Gebührenfreiheit, I.** Eine persönliche Gebührenfreiheit entfällt dann, wenn eine der folgenden Situationen eintritt. In allen folgenden Fällen ist es unerheblich, auf welchen Umstand die grundsätzliche persönliche Gebührenfreiheit beruht.

A. Haftung nach bürgerlichem Recht. Trotz einer persönlichen Gebührenfreiheit besteht eine Gebührenhaftung dann, wenn sie nach dem bürgerlichen Recht entsteht, § 3 Z 3. Unberührt bleibt ein etwaiger Erstattungsanspruch des Haftungsschuldners im Innenverhältnis etwa nach § 426 II BGB oder nach § 110 HGB.

4   **B. Erbe.** Trotz einer persönlichen Gebührenfreiheit haftet der Kostenschuldner, soweit er ein Erbe eines gebührenpflichtigen Kostenschuldners ist, § 6, Stgt Just **90**, 95, LG Hann Rpfleger **89**, 64, LG Bad Kreuzn Rpfleger **94**, 26.

5   **C. Anteilsberechtigung.** Trotz einer persönlichen Gebührenfreiheit besteht eine Gebührenhaftung für denjenigen, der als ein Anteilsberechtigter nach § 116 VI für die Kosten haftet.

6   **D. Gebührenübernahme.** Ein an sich Gebührenfreier haftet, soweit er die Gebühren eines nicht Befreiten nach § 3 Z 2 übernimmt.

7   4) **Auslagen, II.** Soweit das Gesetz lediglich eine Gebührenfreiheit gibt, befreit es damit noch nicht stets auch von den zugehörigen Auslagen, Kblz FamRZ **01**, 298, LG Kblz FamRZ **01**, 298. Vgl zB § 131 V. Wenn das Gesetz allerdings eine völlige Kostenfreiheit gibt, zB in § 11 I, II, besteht natürlich auch eine Auslagenfreiheit. In älteren Vorschriften bedeutet allerdings das Wort „Kostenfreiheit" evtl bei einer sinnbezogenen Auslegung in Wahrheit nur eine bloße Gebührenfreiheit.

II begründet keine Verpflichtung zur Bezahlung der *Auslagen*. II beschränkt eine solche Verpflichtung aber auch nicht etwa auf § 11, sondern hält sie nur aufrecht, soweit an sich eine Pflicht zur Auslagenerstattung besteht.

Gebührenfreiheit für einzelne Gesamtschuldner

13 Wenn einzelnen von mehreren Gesamtschuldnern Gebührenfreiheit zusteht, so vermindert sich der Gesamtbetrag der Gebühren um den Betrag, den die befreiten Beteiligten an die Nichtbefreiten auf Grund gesetzlicher Vorschrift zu erstatten hätten.

1) Systematik. § 13 ergänzt zusammen mit § 12 die §§ 5, 11. Die Vorschrift gilt 1 nur für Gebühren, nicht auch für Auslagen, aM bei einer völligen Kostenfreiheit KLBR 17 (aber der Wortlaut von § 13 ist eindeutig auf eine Gebührenfreiheit begrenzt). Die Vorschrift gilt nach § 143 I nicht beim Notar. Soweit ihm die Gebühren selbst zufließen, gilt § 144 III.

2) Regelungszweck. Zweck der Vorschrift ist eine kostengerechte Durchführung 2 des Grundgedankens des § 11 bei § 5. Der nicht Befreite soll keinen Rückgriff beim Befreiten nehmen können, Mü FGPrax **06**, 179. Daher sind die zu jenen Vorschriften entwickelten Erwägungen auch bei der Auslegung des § 13 mitbeachtbar.

3) Geltungsbereich. Von mehreren Gesamtschuldnern sind grundsätzlich nach 3 dem bürgerlichen Recht einzelne den anderen für die Kosten erstattungspflichtig. Das gilt vor allem auch insoweit, als bürgerlichrechtlich eine Gesamtschuld besteht, § 426 I BGB, Mü FG **06**, 180, aM Köln Rpfleger **87**, 129, LG Bln Rpfleger **98**, 542, KLBR 2ff (aber gerade dann bestehen oft gesetzliche Erstattungspflichten). Es gilt zumindest bei einem Antrag in eigenen Interesse dahin, daß dieser Gesamtschuldner auch bei Gebührenbefreiung des anderen nicht auch selbst befreit ist, Zweibr FGPrax **02**, 272. Die Erstattungspflicht gilt auch zB bei § 788 ZPO oder bei §§ 403, 412 BGB oder bei einer zwingenden Vorschrift des öffentlichen Rechts, BayObLG **75**, 23, oder beim Kauf eines Grundstücks, wenn der Käufer mangels einer anderen Vertragsbestimmung die Kosten der Beurkundung und Eintragung trägt, (jetzt) § 448 II BGB, LG Bonn Rpfleger **85**, 458, aM KLBR 2 (aber ein unbefriedigendes Ergebnis wird nicht schon deshalb zu einem gesetzwidrigen oder gar verfassungswidrigen. Weder Art 2 I GG noch Art 3 GG verbieten jede etwaige gewisse Unterschiedlichkeit in der Behandlung ohnehin nicht identischer Lagen).

Zu den Kosten des Kaufs rechnen auch diejenigen der Eintragung einer *Auflas-* 4 *sungsvormerkung* und ihrer Löschung, aM Celle Rpfleger **82**, 465.

4) Gebührenfreiheit. Man muß zwei Situationen unterscheiden. 5
A. Grundsatz: Verminderung der Gesamtgebühr. Bei Rn 1, 2 vermindert sich nach § 13 die Gesamtgebühr um den vom Befreiten an den Nichtbefreiten zu erstattenden Betrag. Bei zwei Gesamtschuldnern nach § 426 BGB vermindert sich die Gesamtgebühr also um die Hälfte. Beim Kauf kann sie sich bei einer Befreiung des Käufers um die volle Gebühr vermindern. Das gilt auch dann, wenn der Verkäufer im Verhältnis zum Käufer die Gerichtskosten übernommen hat. Bei einer Befreiung des Verkäufers tritt keine Verringerung ein.

B. Kostenübernahme. Wenn ein Befreiter vertraglich Kosten nach § 3 Z 2 6 übernimmt, haftet er für sie neben dem nichtbefreiten Kostenschuldner, Ffm JB **90**, 213, LG Kblz Rpfleger **94**, 183. Er kann diesen nicht befreien, Köln Rpfleger **87**, 129, Mü FGPrax **06**, 180.

Wenn ein Gründer einer Gesellschaft eine *Gebührenfreiheit* erhält, hat die Über- 7 nahme aller Gebühren durch die zu gründende Gesellschaft nur eine Gebührenminderung nach § 13 zur Folge.

6. Der Kostenanspruch

Kostenansatz, Erinnerung, Beschwerde

14 Fassung 1. 9. 2009: [1] [1]Die Kosten werden bei dem Gericht angesetzt, bei dem die Angelegenheit anhängig ist oder zuletzt anhängig war, auch wenn die Kosten bei einem ersuchten Gericht entstanden sind oder die Angelegenheit bei einem anderen Gericht anhängig war. [2]Die Kosten eines Rechtsmittelverfahrens werden bei dem mit dem Rechtsmittel befassten Gericht angesetzt.

KostO § 14 III. Kostenordnung

II ¹Über Erinnerungen des Kostenschuldners und der Staatskasse gegen den Kostenansatz entscheidet das Gericht, bei dem die Kosten angesetzt sind. ²War das Verfahren im ersten Rechtszug bei mehreren Gerichten anhängig, ist das Gericht, bei dem es zuletzt anhängig war, auch insoweit zuständig, als Kosten bei den anderen Gerichten angesetzt worden sind.

III ¹Gegen die Entscheidung über die Erinnerung können der Kostenschuldner und die Staatskasse Beschwerde einlegen, wenn der Wert des Beschwerdegegenstands 200 Euro übersteigt. ²Die Beschwerde ist auch zulässig, wenn sie das Gericht, das die angefochtene Entscheidung erlassen hat, wegen der grundsätzlichen Bedeutung der zur Entscheidung stehenden Frage in dem Beschluss zulässt.

IV ¹Soweit das Gericht die Beschwerde für zulässig und begründet erachtet, hat es ihr abzuhelfen; im Übrigen ist die Beschwerde unverzüglich dem Beschwerdegericht vorzulegen. ²Beschwerdegericht ist das nächsthöhere Gericht, in Verfahren der in § 119 Abs. 1 Nr. 1 Buchstabe b des Gerichtsverfassungsgesetzes bezeichneten Art jedoch das Oberlandesgericht. ³Eine Beschwerde an einen obersten Gerichtshof des Bundes findet nicht statt. ⁴Das Beschwerdegericht ist an die Zulassung der Beschwerde gebunden; die Nichtzulassung ist unanfechtbar.

V ¹Die weitere Beschwerde ist nur zulässig, wenn das Landgericht als Beschwerdegericht entschieden und sie wegen der grundsätzlichen Bedeutung der zur Entscheidung stehenden Frage in dem Beschluss zugelassen hat. ²Sie kann nur darauf gestützt werden, dass die Entscheidung auf einer Verletzung des Rechts beruht; die §§ 546 und 547 der Zivilprozessordnung gelten entsprechend. ³Beschwerdegericht ist das Oberlandesgericht. ⁴Absatz 4 Satz 1 und 4 gilt entsprechend.

VI ¹Anträge und Erklärungen können ohne Mitwirkung eines Rechtsanwalts schriftlich eingereicht oder zu Protokoll der Geschäftsstelle abgegeben werden; § 129a der Zivilprozessordnung gilt entsprechend. ²Für die Bevollmächtigung gelten die Regelungen der für das zugrunde liegende Verfahren geltenden Verfahrensordnung entsprechend. ³Die Erinnerung ist bei dem Gericht einzulegen, das für die Entscheidung über die Erinnerung zuständig ist. ⁴Die Beschwerde ist bei dem Gericht einzulegen, dessen Entscheidung angefochten wird.

VII ¹Das Gericht entscheidet über die Erinnerung durch eines seiner Mitglieder als Einzelrichter; dies gilt auch für die Beschwerde, wenn die angefochtene Entscheidung von einem Einzelrichter oder einem Rechtspfleger erlassen wurde. ²Der Einzelrichter überträgt das Verfahren dem Gericht zur Entscheidung in der im Gerichtsverfassungsgesetz vorgeschriebenen Besetzung, wenn die Sache besondere Schwierigkeiten tatsächlicher oder rechtlicher Art aufweist oder die Rechtssache grundsätzliche Bedeutung hat. ³Das Gericht entscheidet jedoch immer ohne Mitwirkung ehrenamtlicher Richter. ⁴Auf eine erfolgte oder unterlassene Übertragung kann ein Rechtsmittel nicht gestützt werden.

VIII ¹Erinnerung und Beschwerde haben keine aufschiebende Wirkung. ²Das Gericht oder das Beschwerdegericht kann auf Antrag oder von Amts wegen die aufschiebende Wirkung ganz oder teilweise anordnen; ist nicht der Einzelrichter zur Entscheidung berufen, entscheidet der Vorsitzende des Gerichts.

IX ¹Die Verfahren sind gebührenfrei. ²Kosten werden nicht erstattet.

X ¹Der Kostenansatz kann im Verwaltungsweg berichtigt werden, solange nicht eine gerichtliche Entscheidung getroffen ist. ²Ergeht nach der gerichtlichen Entscheidung über den Kostenansatz eine Entscheidung, durch die der Geschäftswert anders festgesetzt wird, kann der Kostenansatz ebenfalls berichtigt werden.

Vorbem. Zunächst VI 1 geändert dch Art 14 II Z 5 JKomG v 22. 3. 05, BGBl 837, in Kraft seit 1. 4. 05, Art 16 I JKomG. Sodann VI 2 eingefügt, dadch bisherige VI 2, 3 zu VI 3, 4 dch Art 18 II Z 1 G v 12. 12. 07, BGBl 2840, in Kraft seit 1. 7. 08, Art 20 S 3 G. Übergangsrecht jeweils §§ 161 ff KostO. Anschließend IV 2 geändert dch Art 47 II Z 5 FGG-RG v 17. 12. 08, BGBl 2586, in Kraft seit 1. 9. 09, Art 112 I Hs 1 FGG-RG. Schließlich VI 1 geändert dch Art 7 II G v 30. 7. 09, BGBl 2449, in Kraft seit 5. 8. 09, Art 10 S 2 G, Übergangsrecht §§ 161 ff KostO, sowie IV 2 geändert dch Art 8 Z 6 b aa G v 30. 7. 09, BGBl 2449, in Kraft seit 5. 8. 09, Art 10 S 2 G, Übergangsrecht Art 111 FGG-RG, Grdz 2 vor § 1 FamGKG, Teil I B dieses Buchs.

1. Teil. Gerichtskosten §14 KostO

Bisherige Fassung IV 2 bis 4. 8. 09: ²**Beschwerdegericht ist das nächsthöhere Gericht; in den Fällen, in denen das Familiengericht (§ 23 b Abs. 1 des Gerichtsverfassungsgesetzes) über die Erinnerung entschieden hat, ist Beschwerdegericht das Oberlandesgericht.**

Gliederung

1) **Systematik, I–X**	1
2) **Regelungszweck, I–X**	2
3) **Kostenansatz, I**	3
4) **Zulässigkeit der Erinnerung, II, VI**	4
5) **Erinnerungsberechtigung, II**	5–7
A. Kostenschuldner	5
B. Staatskasse	6
C. Dritter	7
6) **Erinnerungsverfahren, II, VI–X**	8–16
A. Einlegung, VI	8
B. Zuständigkeit, II	9
C. Abhilfeprüfung VI–X	10
D. Verfahren ab Nichtabhilfe, VI–X	11
E. Erinnerungsentscheidung, II	12
F. Kosten, IX	13
G. Rechtsmittel, VI–X	14
H. Änderung des Kostenansatzes, X	15, 16
7) **Beschwerde, III–IX**	17–25
A. Zulässigkeit bei über 200 EUR Beschwerdewert, III 1	17
B. Zulässigkeit bei Zulassung wegen grundsätzlicher Bedeutung, III 2, IV 4	18
C. Unzulässigkeit von Beschwerde an obersten Gerichtshof des Bundes, IV 3	19
D. Beschwerdeberechtigung, III 1	20
E. Einlegung, VI 3	21
F. Zuständigkeit, IV 2	22
G. Weiteres Verfahren, III–IX	23
H. Abhilfeprüfung, III–IX	24
I. Entscheidung, Kosten, VII, IX	25
8) **Aufschiebende Wirkung, VIII**	26
9) **Zulässigkeit der weiteren Beschwerde, V**	27–33
A. Zulassung, V 1	27
B. Nachholung der Zulassung, V 1	28
C. Keine Nichtzulassungsbeschwerde, V 4	29
D. Kein Beschwerdewert, V 1–4	30
E. Rechtsverletzung, V 2	31
F. Keine weitere Beschwerde an Obersten Gerichtshof des Bundes, V 4	32
G. Sonstiges, V 1–4	33
10) **Verfahren der weiteren Beschwerde, V 1–4**	34, 35
11) **Berichtigung, X**	36–38

1) Systematik, I–X. Die den §§ 19, 66 GKG und teilweise § 18 FamGKG entsprechenden §§ 14 ff, denen § 156 nachgebildet ist, regeln das Verfahren der Vornahme und Rückführung von Kostenforderungen. Sie stellen vorrangige Spezialvorschriften dar, auch gegenüber (jetzt) § 30 a EGGVG, Teil XII B dieses Buchs, Hamm RR **01**, 1656. Sie enthalten freilich keine umfassende Regelung, Rn 3. Das Nebeneinander von eigenen Bestimmungen und Verweisungen auf verschiedene Vorschriften der ZPO erweist sich nicht immer als so praktisch wie ersichtlich geplant. *Unanwendbar* ist § 14 im anwaltsgerichtlichen Verfahren, BGH FamRZ **07**, 1014. 1

2) Regelungszweck, I–X. Insbesondere die Vierstufigkeit Erste Handlung (Ansatz) — Erinnerung — Beschwerde — weitere Beschwerde bezweckt ein fast zu voll ausgebautes rechtsstaatlich einwandfreies System, wie es auch sonst auf Grund einer Verwaltungstätigkeit üblich ist. Sowohl die Eröffnung der Möglichkeiten III–X als auch die Beschränkungen in IV 3 ff zeigen das Bestreben nach einer maßvollen Überprüfbarkeit der Kostenforderung. Damit beachtet § 14 die Prinzipien der Zweckmäßigkeit, Rechtssicherheit und Kostengerechtigkeit auf eine ziemlich anspruchsvolle Weise auf diesem rechtlichen Nebenschauplatz eines Verfahrens. 2

Er hat freilich *enorme wirtschaftliche Auswirkungen.* Er kann schon rechtlich außerordentliche Probleme mit sich bringen, zB bei der Vereinbarkeit von §§ 41 a ff mit dem Europarecht. Eine überdies im Prinzip dem Kostenschuldner möglichst günstige Auslegung nach § 1 Rn 2 sollte auch diese systematische Ausgewogenheit mitbedenken.

637

KostO § 14   III. Kostenordnung

3   **3) Kostenansatz, I.** Zum Begriff des Kostenansatzes § 19 GKG, Teil I A dieses Buchs. Der Kostenansatz ist ein Justizverwaltungsakt nach § 30a EGGVG, Teil XII B dieses Buchs, §§ 4ff KostVfg, Teil VII A dieses Buchs, BVerfG **22**, 310, Düss AnwBl **89**, 168. Das VwVfG ist unanwendbar, dort § 2 III Z 1. Dem Kostenansatz steht eine Aufforderung zur Angabe des Grundstückswerts wegen § 19 II 2 gleich, ebenso die Abweisung eines Antrags auf kostenfreie Ausfertigungen, Ablichtungen oder Abschriften, BayObLG JB **93**, 544. Er kann formlos zur Kenntnis kommen. Die KostO regelt nur die örtliche Zuständigkeit. Sie liegt allein bei demjenigen Gericht, bei dem das Verfahren anhängig ist. Soweit eine solche Anhängigkeit fehlt, kommt es auf denjenigen Ort an, an dem das Verfahren zuletzt anhängig war. Unter Umständen ist also das Rechtsmittelgericht für den Kostenansatz zuständig, I 2.

Das *Rechtsmittelgericht* „befaßt" sich mit dem Rechtsmittel, solange seine abschließende Entscheidung noch nicht wirksam ist. Unter „Angelegenheit" nach I 1 darf man aber hier nicht die Gesamtheit aller zusammengehörigen Geschäfte verstehen, sondern nur dasjenige jeweilige einzelne Geschäft, das eine Gebühr fällig macht. Entscheidend ist der Zeitpunkt des Kostenansatzes, zB bei mehreren Akten oder bei einem Wechsel des zuständigen Gerichts.

Das Gericht der Anhängigkeit ist auch bei einer *Rechtshilfe* zuständig, soweit diese Rechtshilfe nicht eine Gebühr für eine selbständige Handlung entstehen läßt. Man muß mehrere selbständige Geschäfte selbständig ansetzen.

Von der Regelung nach I enthalten §§ 103 III, 107 I *Ausnahmen.* Für denjenigen Notar, dem die Gebühren selbst zufließen, gilt § 14 nach § 142 nicht. Er muß vielmehr §§ 154, 156 beachten.

4   **4) Zulässigkeit der Erinnerung, II, VI.** Über die Bedeutung und den Umfang der Erinnerung vgl zunächst § 66 GKG und § 45 KostVfg, Teil VII A dieses Buchs. Mit der Erinnerung kann man solche Einwendungen geltend machen, die den Anspruch wegen Gebühren oder Auslagen betreffen. Es kommt darauf an, ob der Kostenansatz den Erinnerungsführer in seinem Recht verletzt und daher beschwert. Man kann ferner solche Einwendungen erheben, die die Art und Weise des Vorgehens der Behörde betreffen.

Zulässig sind zB: Der Antrag auf Nichterhebung von Gerichtskosten nach § 16, BayObLG Rpfleger **93**, 485; die Rüge eines unrichtigen Werts, solange das Gericht ihn nicht förmlich festgesetzt hat; die Nichtbeachtung einer Kostenfreiheit; das Fehlen der Fälligkeit; die Einrede der Verjährung; der Einwand des Ablaufs einer Nachforderungsfrist nach § 15; ein Zurückbehaltungsrecht nach § 10; die Rüge eines Verstoßes gegen das JVEG, Teil V dieses Buchs, BayObLG JB **82**, 110; ein Hinweis auf einen Ermessensmißbrauch, Ffm JB **82**, 585; der Hinweis auf eine Stundung; die Behauptung, die Forderung bereits bezahlt zu haben; eine Aufrechnung, soweit die Staatskasse die Gegenforderung anerkannt hat oder als ein Gericht diese Gegenforderung zuerkannt hat, § 8 I JBeitrO, Teil IX A dieses Buchs. Wegen der Verzinsung eines rückzuerstattenden Betrags § 17 Rn 5.

5   **5) Erinnerungsberechtigung, II.** Zur Erinnerung sind die folgenden Beteiligten berechtigt.

A. Kostenschuldner. Erinnerungsberechtigt ist jeder Kostenschuldner, LG Wuppert JB **92**, 480. Es kommt nicht darauf an, aus welchem Rechtsgrund er haftet. Auch der Rechtsnachfolger des Kostenschuldners und der selbst schon oder wahrscheinlich demnächst beanspruchte Gesamtschuldner sind erinnerungsberechtigt, großzügiger BayObLG JB **75**, 492, strenger Düss Rpfleger **85**, 255, Schlesw JB **81**, 403.

6   **B. Staatskasse.** Erinnerungsberechtigt ist ferner die Staatskasse. Das gilt auch zugunsten des sonstigen Kostenschuldners, KG Rpfleger **77**, 27. Natürlich berechtigt auch eine Prozeßvollmacht, Rn 8. Zugunsten eines Notars kann eine Vollmachtsvermutung bestehen, § 15 GBO.

7   **C. Dritter.** Erinnerungsberechtigt ist auch derjenige Dritte, der haften oder die Vollstreckung dulden soll, § 8 I JBeitrO.

Es reicht *nicht* aus, daß der Dritte einer *Vollstreckung* widerspricht oder daß er eine vorzugsweise Befriedigung aus dem Vollstreckungserlös geltend macht, § 6 I Z 1 JBeitrO, Teil IX A dieses Buches. Dann ist vielmehr der ordentliche Rechtsweg statthaft.

1. Teil. Gerichtskosten § 14 KostO

6) **Erinnerungsverfahren, II, VI–X.** Beteiligt sind der Erinnerungsführer und 8
sein Gegner, jeweils auch als Staatskasse nach Rn 6, Hamm JB 99, 4. Es empfiehlt
sich die folgende Prüfreihenfolge.
A. Einlegung, VI. Man kann eine Erinnerung wirksam nur bei demjenigen Gericht einlegen, das für die Entscheidung über die Erinnerung nach Rn 9, 10 zuständig
ist, VI 3. Der Verwaltungsrechtsweg nach §§ 40 ff VwGO ist nicht statthaft. Das unzuständige Gericht darf und muß die Erinnerung unverzüglich an das von ihm ermittelbare zuständige Gericht weiterleiten, Grundgedanke des § 129a II ZPO, § 25 III 2
FamFG.
Man kann eine Erinnerung elektronisch erheben, VI 1 Hs 2 in Verbindung mit
§ 1a KostO, §§ 129a, 130a ZPO, Dästner NJW **02**, 469. Man kann sie auch zum
Protokoll des Urkundsbeamten der Geschäftsstelle oder schriftlich einlegen, VI 1
Hs 1. Die Mitwirkung eines Anwalts ist nicht erforderlich, jetzt VI 1 Hs 1. Man sollte
diese Vorschrift trotz aller Verschiedenheiten der Verfahrensarten in anderen Punkten
hier doch großzügig anwenden. Die Mitwirkung eines Anwalts ist aber natürlich zulässig, wie überhaupt diejenige eines Bevollmächtigten, BayObLG FamRZ **02**, 764.
Wegen der Bevollmächtigung gilt die jeweilige Verfahrensordnung, IV 2, also zB § 11
FamFG. Die Erinnerung ist nicht fristabhängig. Denn § 14 nennt keine Frist. Freilich
kann das Erinnerungsrecht wie jedes Recht verwirkt sein, Schlesw SchlHA **82**, 48,
aM KLBR 155, wenn auch noch nicht nach 2 Jahren, BayObLG **92**, 171. Ein Erinnerungswert ist nicht erforderlich. Denn III 1 Hs 2 erfordert erst bei der etwa anschließenden Beschwerde evtl einen Wert. Man muß die Erinnerung nicht begründen.
B. Zuständigkeit, II. Für die Entscheidung über die Erinnerung ist das Gericht 9
des dort erfolgten oder dort notwendigen Kostenansatzes zuständig, II 1, 2, BPatG
GRUR **89**, 912, BayObLG WoM **93**, 213, Hamm Rpfleger **01**, 100. Das kann auch
das Rechtsmittelgericht sein. Soweit es sich um die Kosten eines dem Rpfl übertragenen Geschäfts handelt, ist der Rpfl auch für die Entscheidung über die Erinnerung
zuständig, § 4 RPflG, BayObLG RR **02**, 1118, Zweibr Rpfleger **98**, 332, LG Mainz
Rpfleger **84**, 480, aM LG Bln JB 77, 533, LG Kblz Rpfleger **84**, 435 (abl Meyer-Stolte).
Das alles gilt auch dann, wenn der *Rechtspfleger* den *Kostenansatz gefertigt* hatte,
Hamm Rpfleger **01**, 100, KG JB **87**, 406, Zweibr JB **81**, 1709, aM BayObLG Rpfleger **93**, 485, LG Bln JB 77, 533 (abl Mümmler), LG Mainz Rpfleger **84**, 480 (jeweils
inkonsequent). Eine Entscheidung des Richters statt des Rpfl bleibt nach § 8 I RPflG
wirksam, KLBR 85, aM BayObLG Rpfleger **87**, 58 (aber der Wortlaut und Sinn ist
eindeutig). Das Gericht teilt den Beschluß formlos mit, § 16 FGG.
Die *Kammer für Handelssachen* entscheidet, soweit sie besteht und sachlich zuständig
ist. Soweit an ihrer Stelle eine Zivilkammer entschieden hat, ist die Aufhebung dieser
Entscheidung und eine Zurückweisung an die Kammer für Handelssachen erforderlich. Soweit eine Erinnerung statthaft ist, ist der ordentliche Rechtsweg nicht zulässig.
Anhängigkeit bei *mehreren Gerichten* des ersten Rechtszugs führt zur Zuständigkeit
des zuletzt tätig gewordenen Gerichts, II 2.
Das *unzuständige* Gericht gibt entsprechend § 139 ZPO einen Verweisungsantrag
binnen einer zu setzenden angemessenen Nachfrist anheim und verweist auf ihn hin
durch einen unanfechtbaren Beschluß oder weist nach einem erfolglosen Fristablauf
die Erinnerung nach Rn 12 zurück.
C. Abhilfeprüfung, VI–X. Der Antrag des Erinnerungsführers begrenzt das Ver- 10
fahren. Er ist zurücknehmbar und erweiterbar. Eine Anschlußerinnerung ist möglich.
Eine Beiladung zB nach § 65 VwGO ist denkbar. Zunächst muß anstelle eines förmlichen Vorverfahrens der Urkundsbeamte der Geschäftsstelle prüfen, ob überhaupt ein
wirksamer oder evtl nichtiger Kostenansatz nach Rn 3 vorliegt, KG Rpfleger **77**,
227, Köln MDR **88**, 162. Sodann prüft er, ob er der Erinnerung abhelfen will. Soweit er nicht abhilft, muß er darüber einen Vermerk mit Gründen zur Akte geben,
damit aktenkundig wird, daß er überhaupt die Prüfung vorgenommen hat. Eine floskelhafte Wiederholung einer etwaigen Begründung des Kostenansatzes reicht ebensowenig wie eine floskelhafte Erstbegründung. Natürlich darf aber eine Begründung
knapp auf das Wesentliche beschränkt bleiben. Soweit ein danach ausreichender Ver-

639

merk fehlt, gibt das Gericht die Akte dem Urkundsbeamten der Geschäftsstelle zur Nachholung dieser Prüfung und zur Anfertigung des Vermerks zurück. Gegen die Ablehnung einer solchen Prüfung nebst Vermerk ist die Dienstaufsichtsbeschwerde statthaft. Sie steht auch dem Gericht des Urkundsbeamten zu.

11 **D. Verfahren nach Nichtabhilfe, VI–IX.** Soweit der Urkundsbeamte nach einer Prüfung durch einen ausreichend begründeten Vermerk der Erinnerung nicht abgeholfen hat, entscheidet das Gericht des Urkundsbeamten nach dem Untersuchungsgrundsatz über die Erinnerung, VII. Es wird durch eines seiner Mitglieder als Einzelrichter tätig, VII 1. Der Vorsitzende der Kammer für Handelssachen ist kein Einzelrichter, BGH NJW **04**, 856, aM Hamm JB **06**, 324. Der Einzelrichter darf und muß schon das Erinnerungsverfahren nach VII 2 dem nach dem GVG vorgesehenen Kollegium dann übertragen, wenn die Sache besondere und nicht nur übliche Schwierigkeiten tatsächlicher oder rechtlicher Art aufweist oder wenn die Rechtssache sachlich- oder verfahrensrechtlich eine grundsätzliche Bedeutung hat, Ffm JB **07**, 659 (zu VII 2). Das sind dieselben Voraussetzungen wie zB bei § 348 III 1 Z 1, 2 ZPO.

Anders als dort findet aber *keine bloße Vorlage* zur Kollegialentscheidung über eine Übernahme statt, sondern eine das Kollegium bindende abschließende „Übertragung". Sie ist ebenso wie ihre Unterlassung unanfechtbar, VII 4. Eine Rückübertragung ist trotz des Fehlens einer dem § 348 III 4 ZPO entsprechenden Vorschrift der Sache nach unstatthaft. Denn VII 2–4 spricht nur von einer Übertragung und nicht auch von einer Rückübertragung. Das Kollegium entscheidet stets ohne ehrenamtliche Mitglieder, VII 3.

Eine *aufschiebende Wirkung* richtet sich nach Rn 26.

Das Gericht muß im Erinnerungsverfahren die *Zulässigkeit und Begründetheit* prüfen, mit oder ohne eine mündliche Verhandlung, die ihm freisteht, und im erforderlichen Umfang eine Anhörung zB des Bezirksrevisors als des Vertreters der Staatskasse, Artt 2 I, 20 III GG (Rpfl), BVerfG **101**, 404, Art 103 I GG (Richter). Eine Vorlage nach Art 100 GG ist statthaft. Soweit das Gericht (Richter) seinerseits entscheidet, nicht abzuhelfen, ohne daß zuvor der Rpfl entsprechend entschieden hätte, liegt ein Verfahrensmangel vor. Er berechtigt zur Zurückverweisung vom Erinnerungsgericht an den Rpfl, BayObLG Rpfleger **93**, 485.

12 **E. Erinnerungsentscheidung, II.** Das Gericht entscheidet über die Erinnerung durch einen Beschluß. Es muß ihn grundsätzlich begründen, BLAH § 329 ZPO Rn 4. Es muß insbesondere dem Kostenschuldner alle Klarheit über die Rechtsgrundlagen der Kostenforderung geben, BPatG GRUR **89**, 912. Das Gericht teilt seine Entscheidung den Beteiligten formlos mit.

Soweit das Gericht den Kostenansatz oder das Rechtsmittelgericht den Kostenansatz, die Kostenrechnung, *aufhebt,* muß es seinerseits den im Wahrheit geschuldeten Kostenbetrag selbst ansetzen. Das Gericht darf also die Neuberechnung des wahren Gesamtbetrags nicht etwa dem Urkundsbeamten der Geschäftsstelle übertragen. Eine Nichtabhilfeentscheidung nach § 11 II 3 RPflG ist nicht in eine Entscheidung nach § 14 II KostO umdeutbar, BayObLG WoM **93**, 213. Eine Änderung nach Nachteil des Erinnerungsführers ist als eine sog reformatio in peius unzulässig. Es kann eine Rückzahlungsanordnung notwendig werden. Es erfolgt keine Verzinsung, § 17 IV.

Die Entscheidung wirkt *für und gegen alle* Beteiligten, BayObLG **90**, 113. Daher muß das Gericht alle Beteiligten anhören, BayObLG **90**, 113. Freilich wirkt die Festsetzung auch gegenüber den fälschlich nicht Angehörten.

13 **F. Kosten, IX.** Das Erinnerungsverfahren ist gerichtsgebührenfrei, IX 1. Es ist aber nicht auslagenfrei, §§ 136 ff. Es findet keine Kostenerstattung statt, IX 2. Daher ist § 16 insoweit unanwendbar, Köln Rpfleger **01**, 203.

14 **G. Rechtsmittel, VI–X.** Eine Nachprüfung der Entscheidung des Gerichts erfolgt nur auf Grund eines Rechtsmittels gegen die zuletzt ergangene Entscheidung. Nur ein ungeprüfter Teil der Rechnung läßt einen neuen Rechtsbehelf zu. Eine spätere Gesetzesänderung eröffnet keinen neuen Rechtsbehelf, soweit nicht die Rechtskraft beseitigt.

15 **H. Änderung des Kostenansatzes, X.** Weder das Gericht des Erinnerungsverfahrens noch das Rechtsmittelgericht sind dazu berechtigt, den Kostenansatz von

1. Teil. Gerichtskosten § 14 KostO

Amts wegen zu ändern. Das kann allenfalls nach X im Verwaltungsweg durch eine Berichtigung geschehen.
Etwas anderes gilt im Fall einer *Änderung* der Wertfestsetzung, § 31 I 2–3. 16
7) Beschwerde, III–IX. Es sollten drei Prüfungen erfolgen. 17
A. Zulässigkeit bei über 200 EUR Beschwerdewert, III 1. Gegen die im Erinnerungsverfahren ergangene Endentscheidung auch über einen Vorschuß, BayObLG Rpfleger **80**, 405, steht dem Beschwerten bei einer Beschwerdesumme von mehr als 200 EUR die einfache Beschwerde zu, III 1. Das gilt auch, soweit der Rpfl entschieden hat, § 11 I RPflG. Der Beschwerdewert ist wie stets die Differenz zwischen dem Entschiedenem und dem Erstrebtem, BayObLG Rpfleger **00**, 471 (krit Waldner). Bei mehreren in derselben Entscheidung beurteilten Kostenansätzen darf und muß man für die Beschwer addieren, jedoch nur innerhalb derselben Angelegenheit, aM KG Rpfleger **03**, 149.
Soweit eine Beschwerde gegen eine Entscheidung des Richters unzulässig wäre, weil zB der vorstehende Beschwerdewert nicht vorliegt, ist nach § 11 II RPflG die *sofortige* oder befristete *Erinnerung* statthaft. Der Rpfl darf und muß dann prüfen, ob er dieser letzteren Erinnerung abhelfen kann und will, § 11 II 2 RPflG. Das weitere Verfahren ergibt sich aus § 11 II 3, 4 RPflG, § 11 RVG.
B. Zulässigkeit bei Zulassung wegen grundsätzlicher Bedeutung, III 2, 18
IV 4. Unabhängig von Rn 17 ist die Beschwerde auch dann zulässig, wenn das über die Erinnerung entscheidende Gericht die Beschwerde wegen einer grundsätzlichen Bedeutung der zur Entscheidung stehenden Frage und deshalb in voller Besetzung bereits in seinem Beschluß zugelassen hat, BGH MDR **04**, 407. Eine Zulassung liegt noch nicht in einer bloßen Rechtsmittelbelehrung, BayObLG **00**, 318. Eine Nachholung der Zulassung ist nicht statthaft. Denn „*in* dem Beschluß" ist eindeutig. Wohl aber ist unter den Voraussetzungen der entsprechend anwendbaren §§ 319 ZPO, 42 FamFG eine Berichtigung in eine Zulassung erlaubt. Vgl die entsprechende Regelung bei der weiteren Beschwerde, Rn 27 ff. Die Zulassung läßt sich auf einen abtrennbaren Teil beschränken, BayObLG Rpfleger **75**, 46, zB auf einen von mehreren Kostenschuldnern, BayObLG **83**, 91.
C. Unzulässigkeit von Beschwerde an obersten Gerichtshof des Bundes, 19
IV 3. Das sind dieselben Voraussetzungen wie zB bei § 543 I, II Z 1 ZPO. Vgl daher zB BLAH dort. Eine Nichtzulassungsbeschwerde ist aber im Gegensatz zu § 544 ZPO nicht statthaft. Das stellt IV 4 Hs 2 ausdrücklich klar. Eine vorinstanzliche Zulassung der Beschwerde bindet das Beschwerdegericht, IV 4 Hs 1.
D. Beschwerdeberechtigung, III 1. Es gelten grundsätzlich dieselben Erwägungen wie bei der Erinnerung, Rn 5–7. Zur Beschwerde ist also jeder durch die Entscheidung im Erinnerungsverfahren Beschwerte berechtigt. Dazu zählt auch die Staatskasse, soweit sie benachrichtigt ist, § 45 KostVfg, Teil VII A dieses Buchs. Erledigt sich die Hauptsache eines Verfahrens auf die gerichtliche Bestellung eines Notgeschäftsführers für eine GmbH und muß diese die Gerichtskosten tragen, fehlt einem Gesellschafter das Beschwerderecht wegen einer Kostenentscheidung, BayObLG DB **84**, 1295. Eine vollständige vorbehaltslose Zahlung des Schuldners kann seine Beschwerde beseitigen, Köln FGPrax **05**, 181. Mangels einer Beschwer ist eine solche Beschwerde des Kostenschuldners unzulässig, wenn der er nur eine Erhöhung des Geschäftswerts erstrebt, BayObLG JB **97**, 209, Mü JB **06**, 491 links unten.
E. Einlegung, VI 3. Man kann die Beschwerde wirksam nur bei demjenigen Ge- 21
richt einlegen, dessen Entscheidung man anficht, VI 3, Rn 12, 13. Das unzuständige Gericht muß die Beschwerde unverzüglich an das von ihm ermittelbare zuständige Gericht weiterleiten, Grundgedanke des § 129a II ZPO, § 25 III 2 FamFG.
F. Zuständigkeit, IV 2. Beschwerdegericht das nächsthöhere Gericht, IV 2 22
Hs 1. Liegt allerdings eine Angelegenheit der freiwilligen Gerichtsbarkeit mit Ausnahme der Freiheitsentziehungssachen oder der vor den Betreuungsgerichten entschiedenen Sachen vor, so ist nach IV 2 in Verbindung mit § 119 I Z 1b GVG das OLG das Beschwerdegericht. In einer Handelssache ist die Kammer für Handelssachen zuständig, (je zum alten Recht) KLBR 158, aM KG Rpfleger **79**, 230. Sie entscheidet ohne ihre ehrenamtlichen Richter, Köln FGPrax **05**, 233 (andernfalls abso-

luter Beschwerdegrund, daher Aufhebung). Im Beschwerdegericht ist statt der nach dem GVG vorgesehenen Besetzung ohne die ehrenamtlichen Richter der Einzelrichter zuständig, wenn die angefochtene Entscheidung von einem Einzelrichter oder vom Rpfl stammt, VII 1 Hs 2. Über das dann folgende etwaige Übertragungsverfahren nach VII 2–4 vgl Rn 11, Ffm JB **07**, 659.

23 **G. Weiteres Verfahren, III–IX.** Das Verfahren richtet sich nicht generell nach der ZPO, sondern nach III ff und nur in den Grenzen der dortigen wenigen Einzelverweisungen nach der ZPO. Die Form der Einlegung richtet sich wie bei der Erinnerung nach VI 1, vgl daher Rn 8. Die Beschwerde ist ebensowenig wie die Erinnerung fristabhängig, Rn 8. Allerdings ist eine Verwirkung des Beschwerderechts möglich, wenn der Beschwerdeführer übermäßig lange mit der Einlegung der Beschwerde gewartet hatte, BayObLG **78**, 311. Soweit statt des Rpfl der Richter entschieden hatte, ist nicht stets eine Zurückverweisung notwendig, LG Mainz Rpfleger **84**, 480. Dasselbe gilt, falls der Rpfl trotz §§ 11 I RPflG, 571 Hs 1 ZPO keine Nichtabhilfeentscheidung getroffen hatte, BayObLG Rpfleger **93**, 485.

24 **H. Abhilfeprüfung, III–IX.** Abhilfe der Beschwerde ist nach IV 1 durch dasjenige Gericht statthaft, das über die Erinnerung entschieden hat. Daher muß es wie beim vergleichbaren § 572 I 1 Hs 1 ZPO nach dem ausdrücklichen Befehl von IV 1 Hs 1 die Statthaftigkeit, Zulässigkeit und Begründetheit stets zunächst selbst voll nachprüfen. Bejahendenfalls „hat" das Erinnerungsgericht der Beschwerde nach IV 1 abzuhelfen. Das geschieht durch einen zu begründenden Beschluß. Gegen ihn ist eine Beschwerde des Gegners nach III 1 denkbar. Es ist auch eine teilweise Abhilfe möglich. Sie kann den restlichen Wert der Beschwer unter die Grenze des III 1 absinken lassen, aM KLBR 153 (aber die Vorlagepflicht wegen des Rests nach IV 1 Hs 2 ändert nichts an der Änderung einer bisherigen Beschwer). Erst beim Ergebnis „Nichtabhilfe" kommt die Zuständigkeit des Beschwerdegerichts nach IV 2 infrage. Der Nichtabhilfebeschluß muß eine ebenso nachprüfbare Begründung erhalten wie eine Abhilfeentscheidung.
Bloße Floskeln sind keine Begründung. Sie berechtigen das Beschwerdegericht zur Zurückverweisung wegen eines Verfahrensmangels. Die Mitteilung der Entscheidung des unteren Gerichts erfolgt wie sonst. Sie muß „unverzüglich" erfolgen, IV 1 Hs 2. Vgl dazu § 121 I 1 BGB mit seinem Verbot eines schuldhaften, also vorwerfbaren Zögerns. Nach einer zulässigen Aktenvorlage entscheidet das Beschwerdegericht in dem für eine Beschwerde in der Hauptsache jeweils geltenden Verfahren ohne eine Vorlage beim BGH.

25 **I. Entscheidung, Kosten, VII, IX.** Es gelten dieselben Erwägungen wie bei der Erinnerung, Rn 12–14. Zusätzlich hebt das Beschwerdegericht evtl die Entscheidung des Erinnerungsgerichts auf. Die ehrenamtlichen Richter wirken nach VII 3 nicht mit, Mü MDR **09**, 1410 (beim Verstoß Aufhebung). Bei einer Zurückverweisung bindet die Rechtsansicht des Beschwerdegerichts für das weitere Verfahren, BayObLG Rpfleger **92**, 432. Im übrigen gelten Rn 11 entsprechend.

26 **8) Aufschiebende Wirkung, VIII.** Sie tritt grundsätzlich nach VIII 1 weder bei der Erinnerung noch bei der Beschwerde ein. Jedoch können das Erinnerungsgericht oder das Beschwerdegericht auf Antrag oder von Amts wegen eine aufschiebende Wirkung ganz oder teilweise anordnen, VIII 2 Hs 1. Dazu ist der Vorsitzende befugt, soweit nach VII 1 der Einzelrichter tätig ist. Das gilt aber nur als eine Ausnahme von dem in VIII 1 genannten entgegengesetzten Grundsatz und daher nur beim Vorliegen wesentlicher Umstände. Dabei kommt es darauf an, ob und wieweit ohne eine aufschiebende Wirkung unersetzbare Nachteile oder sonstige Unzumutbarkeiten drohen. Das Gericht hat insoweit ein pflichtgemäßes, aber weites Ermessen. Es muß seine Erwägungen kurz begründen.

27 **9) Zulässigkeit der weiteren Beschwerde, V.** Eine weitere Beschwerde gegen die Entscheidung eines LG als Beschwerdegericht ist ohne die Notwendigkeit einer Fristbeachtung nach V 1 statthaft, soweit die folgenden Voraussetzungen zusammentreffen.
A. Zulassung, V 1. Die weitere Beschwerde ist insoweit zulässig, als das Beschwerdegericht sie wegen der grundsätzlichen Bedeutung der Rechtsfrage bereits in der Beschwerdeentscheidung zugelassen hat, Ffm JB **02**, 656, Karlsr WoM **98**, 180, aM Hamm FGPrax **05**, 87 (aber der Wortlaut von V 1 ist eindeutig). Eine solche Zu-

1. Teil. Gerichtskosten § 14 KostO

lassung sollte stets erfolgen, wenn es um eine noch nicht endgültig geklärte Rechtsfrage geht oder soweit das Beschwerdegericht von der Rechtsprechung der Oberlandesgerichte abweicht. Nicht ausreichend ist eine fehlerhafte Rechtsmittelbelehrung, BayObLG **00**, 318.

B. Nachholung der Zulassung, V 1. Soweit das Beschwerdegericht die Zulassung in der Entscheidung versäumt hat, darf es diese Zulassung grundsätzlich nicht nachholen. Das folgt aus den Worten „in dem Beschluß" in V 1, (je zum alten Recht) BayObLG **80**, 288, Köln JB **94**, 757. 28

Soweit das Beschwerdegericht aber nur *vergessen* hatte, die *beschlossene* Zulassung in die schriftliche Entscheidung aufzunehmen, darf und muß es diese Beschwerdeentscheidung in einer entsprechenden Anwendung der §§ 319 ZPO, 42 FamFG von Amts wegen berichtigen. Freilich muß die offenbare Unrichtigkeit aus den Gründen des Beschwerdebeschlusses hervorgehen oder zumindest aus denjenigen des Berichtigungsbeschlusses, Köln JB **94**, 757.

Für eine Berichtigung reicht es *nicht* aus, daß das Beschwerdegericht einfach *vergessen* hatte, die Frage der Zulassung der weiteren Beschwerde in seiner Beratung zu erörtern oder darüber nach einer stattgefundenen Beratung einen Beschluß zu fassen, Köln JB **78**, 904, Köln JB **94**, 757.

C. Keine Nichtzulassungsbeschwerde, V 4. Eine Nichtzulassungsbeschwerde ist grundsätzlich unzulässig. Das ergibt sich aus V 4 in Verbindung mit IV 4. Wenn das Beschwerdegericht eine weitere Beschwerde nicht zugelassen hatte, ist sie allerdings ausnahmsweise dann statthaft, wenn der Beschwerdeentscheidung jegliche gesetzliche Grundlage fehlte, aM BayObLG FGPrax **03**, 25 (aber eine derartige Willkür braucht eine Korrekturmöglichkeit). 29

Zu einer solchen Annahme genügt es freilich *nicht stets, daß* das Beschwerdegericht dem Beschwerdeführer das *rechtliche Gehör* verweigert hatte, BayObLG JB **91**, 1109, Mümmler JB **78**, 905, aM Köln JB **78**, 904 (aber nicht jeder Verstoß gegen Art 103 I GG wiegt gleich schwer. Im übrigen gilt § 157a nur begrenzt).

D. Kein Beschwerdewert, V 1–4. Es ist für die weitere Beschwerde kein Beschwerdewert mehr erforderlich. Denn V nennt im Gegensatz zu III 1 keinen solchen und verweist auch nicht mit auf III 1. Es geht ja um die dem III 2 entsprechende ganz andere Lage. 30

E. Rechtsverletzung, V 2. Die angefochtene Entscheidung des Beschwerdegerichts muß auf einer Verletzung des Rechts nach §§ 546, 547 ZPO beruhen, so schon KG Rpfleger **79**, 231. Hierzu kann ein Ermessensfehler zählen, Düss BB **88**, 1701. Es muß also eine Beschwer vorliegen. 31

F. Keine weitere Beschwerde an Obersten Gerichtshof des Bundes, V 4. Die weitere Beschwerde darf auch nicht an einen Obersten Gerichtshof des Bundes gerichtet oder zu richten sein. Das ergibt sich nicht etwa aus IV 3. Denn V verweist nicht auch auf IV 3. Die Unzulässigkeit folgt aber aus V 1. Denn danach muß zuvor gerade das LG als Beschwerdegericht entschieden haben. Außerdem ist für die weitere Beschwerde nach V 3 nur das OLG zuständig. 32

G. Sonstiges, V 1–4. Eine weitere Beschwerde ist nicht statthaft, soweit sich die erste Beschwerde nicht gegen den Kostenansatz richtet, sondern eine Vergütung aus der Staatskasse bezweckte, BayObLG **75**, 262 (das Gericht wendet in diesem Fall § 27 FGG an). 33

10) Verfahren der weiteren Beschwerde, V 1–4. Die weitere Beschwerde ist eine Rechtsbeschwerde, BayObLG DB **98**, 1907. Das OLG darf nur die rechtlichen Gesichtspunkte in der angefochtenen Entscheidung des Gerichts der Erstbeschwerde nachprüfen. Es ist an die tatsächlichen Feststellungen des Beschwerdegerichts gebunden, Oldb JB **91**, 1224. Es ist daher keine Erweiterung des Beschwerdegegenstands und auch kein neuer Tatsachenvortrag zulässig, vgl 2: „nur". Jedoch entscheidet das OLG auch über die erst bis zum LG geratene Geschäftswertbeschwerde mit. 34

Zur *Entscheidung* über die weitere Beschwerde ist nach V 3 das übergeordnete OLG oder dasjenige OLG zuständig, das nach § 30a EGGVG, Teil XII B dieses Buchs, unter mehreren Oberlandesgerichten eines Bundeslands zuständig ist, zB in Rheinland-Pfalz das OLG Zweibr nach § 4 III Z 2 G v. 5. 10. 77, GVBl 333. Eine Anwendung

643

des FamFG (Zuständigkeit des BGH) scheidet nach § 14 V 1–4 KostO aus, (zum alten Recht) Mü FGPrax 08, 224.

35 Die weitere Beschwerde läßt sich *schriftlich*, elektronisch oder zum Protokoll der Geschäftsstelle bei demjenigen Gericht einlegen, das für die Entscheidung zuständig ist. Denn VI 1 Hs 1, 2 gilt auch für die weitere Beschwerde. Ein Anwaltszwang besteht nicht. Das LG darf und muß evtl der weiteren Beschwerde abhelfen, V 4 in Verbindung mit IV 1 Hs 1.

Das OLG entscheidet in seiner vollen Besetzung nach einer ihm freigestellten mündlichen *Verhandlung* und nach der erforderlichen Anhörung eines Beteiligten nach Art 103 I GG durch einen Beschluß. Es muß seinen Beschluß grundsätzlich begründen, BLAH § 329 ZPO Rn 4. Das OLG teilt den Beschluß den Beteiligten formlos mit.

Im Verfahren über die weitere Beschwerde entstehen *keine Gerichtsgebühren*, IX 1. Es kann aber eine Pflicht zur Bezahlung der Auslagen entstehen. Eine Kostenerstattung findet nicht statt, IX 2.

36 **11) Berichtigung, X.** Vgl zunächst § 35 KostVfg, Teil VII A dieses Buchs. Solange eine gerichtliche Entscheidung über den Kostenansatz fehlt, ist seine Berichtigung im Verwaltungsweg jederzeit zulässig, X 1. Sie ist dann auch notwendig, soweit sich der Kostenansatz als fehlerhaft herausstellt. Die Berichtigung ist also unter Umständen von Amts wegen notwendig. Sie kann aber auch auf Grund eines Antrags des Bezirksrevisors als des Vertreters der Staatskasse oder des Kostenschuldners erfolgen.

37 Eine gerichtliche *Entscheidung*, die eine Berichtigung nach X unstatthaft macht, liegt vor, sobald der Rpfl im Erinnerungsverfahren innerhalb seiner dortigen Zuständigkeit nach Rn 4 über die Erinnerung entschieden hat. Eine bloße gerichtliche Zwischenentscheidung im Erinnerungsverfahren ist unschädlich. Eine Berichtigung kommt aber nach X 2 auch dann in Betracht, wenn *nach* einer gerichtlichen Entscheidung über den Kostenansatz eine solche weitere Entscheidung ergeht, die den Geschäftswert anders festsetzt. „Kann" bedeutet hier nicht ein bloßes Ermessen, sondern wie so oft eine Zuständigkeitsbegründung. Beim Vorliegen der Voraussetzungen darf und muß der Kostenbeamte berichtigen. Denn das ist der vernünftige Sinn. Es soll die leidigen Probleme einer Berichtigung der Kostenentscheidung wegen einer Wertänderung zB bei § 319 ZPO verringern helfen. Vgl zu diesen Problemen BLAH § 319 ZPO Rn 5.

38 Gegen den nach X *berichtigten* Kostenansatz sind wiederum die Erinnerung nach II, die Beschwerde nach III usw zulässig.

Nachforderung

15 Fassung 1. 9. 2009: [I] [1] Wegen eines unrichtigen Ansatzes dürfen Kosten nur nachgefordert werden, wenn der berichtigte Ansatz dem Zahlungspflichtigen vor Ablauf des nächsten Kalenderjahres nach Absendung der abschließenden Kostenrechnung nach endgültiger Erledigung des Geschäfts (Schlusskostenrechnung), bei Dauerbetreuungen und Dauerpflegschaften der Jahresrechnung, mitgeteilt worden ist. [2] Dies gilt nicht, wenn die Nachforderung auf vorsätzlich oder grob fahrlässig falschen Angaben des Kostenschuldners beruht oder wenn der ursprüngliche Kostenansatz unter einem bestimmten Vorbehalt erfolgt ist.

[II] Ist innerhalb der Frist des Absatzes 1 einen Rechtsbehelf in der Hauptsache oder wegen der Kosten eingelegt oder dem Zahlungspflichtigen mitgeteilt worden, dass ein Wertermittlungsverfahren eingeleitet ist, ist die Nachforderung bis zum Ablauf des nächsten Kalenderjahres nach Beendigung dieser Verfahren möglich.

[III] Ist der Wert gerichtlich festgesetzt worden, genügt es, wenn der berichtigte Ansatz dem Zahlungspflichtigen drei Monate nach der letzten Wertfestsetzung mitgeteilt worden ist.

Vorbem. Fassg Art 17 Z 3 des 2. JuMoG v 22. 12. 06, BGBl 3416, in Kraft seit 31. 12. 06, Art 28 I des 2. JuMoG, Übergangsrecht § 161 KostO. Sodann I 1, II geändert dch Art 47 II Z 6 a, b FGG-RG v 17. 12. 08, BGBl 2586, in Kraft seit 1. 9. 09, Art 112 I Hs 1 FGG-RG, Übergangsrecht Art 111 FGG-RG, Grdz 2 vor § 1 FamFKG, Teil I B dieses

1. Teil. Gerichtskosten § 15 KostO

Buchs. Dabei Rechtschreibfehler des Gesetzgebers in II, oben mit mager gedruckten Buchstaben verbessert.

Bisherige Fassung I 1, II: **I** ¹**Wegen eines unrichtigen Ansatzes dürfen Kosten nur nachgefordert werden, wenn der berichtigte Ansatz dem Zahlungspflichtigen vor Ablauf des nächsten Kalenderjahres nach Absendung der abschließenden Kostenrechnung nach endgültiger Erledigung des Geschäfts (Schlusskostenrechnung), bei Vormundschaften, Dauerbetreuungen und Dauerpflegschaften der Jahresrechnung, mitgeteilt worden ist.**

II Ist innerhalb der Frist des Absatzes 1 ein Rechtsmittel in der Hauptsache oder wegen der Kosten eingelegt oder dem Zahlungspflichtigen mitgeteilt worden, dass ein Wertermittlungsverfahren eingeleitet ist, ist die Nachforderung bis zum Ablauf des nächsten Kalenderjahres nach Beendigung dieser Verfahren möglich.

Gliederung

1) Systematik, Regelungszweck, I–III	1
2) Geltungsbereich, I–III	2–4
A. Kostenrechnung	2
B. Unrichtigkeit	3
C. Notar	4
3) Ablauf des Kalenderjahrs, I	5–8
A. Grundsatz: Zugang in der Frist, I 1	5
B. Ausnahmen, I 1	6
C. Geschäft, I 1	7
D. Endgültige Erledigung, I 1, 2	8
4) Rechtsbehelf oder Wertermittlungsverfahren, II	9, 10
5) Wertfestsetzung, III	11
6) Verstoß, I–III	12

1) Systematik, Regelungszweck, I–III. § 15 stimmt inhaltlich wesentlich mit 1 § 20 GKG und mit § 19 FamGKG überein. Vgl die dortigen Anm, Teil I A, B dieses Buchs. Die Vorschrift gilt nach § 143 I nicht beim Notar, Rn 5. § 15 soll jeden Kostenschuldner vor verspäteten Nachforderungen schützen, Ffm Rpfleger **77**, 380.

2) Geltungsbereich, I–III. Eine Nachforderung ist nur beim Zusammentreffen 2 der folgenden Voraussetzungen zulässig. Das muß das Gericht in jeder Verfahrenslage von Amts wegen beachten. Jeder Beteiligte muß wahrheitsgemäß mitwirken, wie bei § 138 ZPO.

A. Kostenrechnung. Es muß diesem Kostenschuldner ein Kostenansatz nach § 14 I und daher eine vorbehaltlose abschließende Kostenrechnung zugegangen sein, Köln Rpfleger **78**, 113, Schlesw JB **78**, 255, Zweibr FGPrax **98**, 241. Eine bloße Vorschußrechnung reicht grundsätzlich nicht aus, ebensowenig eine Entnahme aus der Insolvenzmasse. Das gilt selbst dann, wenn die Vorschußrechnung einzelne Posten enthält. Sie reicht ausnahmsweise dann aus, wenn sie deutlich macht, daß der als Vorschuß geforderte Betrag bereits die endgültige Forderung darstelle, falls das Gericht später keine weitere Rechnung zusenden werde, Hamm Rpfleger **87**, 38 (zustm Schopp). Erst recht nicht reicht das gänzliche Fehlen eines Kostenansatzes. Denn schützt § 17 den Schuldner, Rn 1.

B. Unrichtigkeit. Der Gesamtbetrag der von diesem Kostenschuldner erhebbaren 3 Kosten muß sich erhöht haben.

Der *Grund* der Unrichtigkeit des Ansatzes ist unerheblich. Es kann sogar eine offenbare Unrichtigkeit nach § 319 ZPO, § 42 FamFG vorliegen. Auch bei einer vorsätzlichen unrichtigen Angabe des Kostenschuldners ist eine Nachforderung zulässig. Man muß die Frage, ob der Ansatz unrichtig war, sowohl beim Ansatz des Streitwerts als auch der Auslegung von Rechtsvorschriften nach dem Zeitpunkt der Entscheidung in der Sache beurteilen, Köln FGPrax **02**, 270.

Unanwendbar ist § 15, soweit das Gericht die Kosten noch *nicht* von diesem Kostenschuldner angefordert hatte oder soweit sich innerhalb eines unveränderten Gesamtbetrags nur einzelne Rechnungsposten verschieben, LG Kblz RR **96**, 64. Die Vorschrift ist auch dann unanwendbar, wenn das Gericht die Kosten auf Grund einer Erinnerung ermäßigt, wenn das Beschwerdegericht die Kosten aber wiederum auf den früheren Satz anhebt oder wenn sich nur die Rspr oder Lehre seit dem Kostenansatz geändert hat.

4 **C. Notar.** Einen Notar, dem die Gebühren selbst zufließen, bindet § 15 nicht, § 143. Er kann Kosten solange nachfordern, bis auf Grund einer Beschwerde des Kostenschuldners eine Entscheidung des LG ergeht.

5 **3) Ablauf des Kalenderjahrs, I.** Es sind drei Prüfschritte ratsam.
A. Grundsatz: Zugang in der Frist, I 1. Den berichtigten Ansatz muß gerade dieser Kostenschuldner vor dem Ablauf des nächsten Kalenderjahrs nach der endgültigen Erledigung des Geschäfts durch die Schlußkostenrechnung oder die Jahresrechnung bei den dort genannten Fällen erhalten haben. Ein allgemeiner Vorbehalt in der Kostenrechnung ist für den Ablauf der Nachforderungsfrist unbeachtlich, Celle NdsRpfl 75, 68. Es reicht nicht aus, daß das Gericht vor dem Fristablauf nur Ermittlungen angestellt hat.

6 **B. Ausnahmen, I 2.** Die Jahresfrist gilt nicht, soweit die Nachforderung auf vorsätzlich oder grob fahrlässig falschen Angaben des Kostenschuldners beruht oder wenn der ursprüngliche Kostenansatz unter einem bestimmten Vorbehalt erfolgt ist. I 2 kann also auch auf einen klar abgrenzbaren Teil der Gesamtforderung anwendbar sein: „Wenn" heißt vernünftigerweise eben „soweit".

7 **C. Geschäft, I 1.** Unter einem Geschäft darf man bei § 15 nicht das einzelne Geschäft verstehen, sondern die Gesamtheit aller in einem inneren Zusammenhang stehenden und einen einheitlichen Vorgang bildenden Geschäfte.

8 **D. Endgültige Erledigung, I 1, 2.** Eine endgültige Erledigung liegt erst dann vor, wenn das Gericht keine gebührenpflichtigen oder gebührenfreien Nebengeschäfte mehr ausführen muß, BayObLG FamRZ 03, 1501. Das Kostenfestsetzungsverfahren bildet eine neue Angelegenheit. Eine Betreuung ist erst mit ihrer Beendigung erledigt. Nach einer Entscheidung tritt die Erledigung erst mit der Rechtskraft ein. Beim Handelsregister ist die letzte Veröffentlichung nach § 10 II HGB maßgeblich, bei einer Zweigniederlassung die Eintragung ins Register der Hauptniederlassung nach § 13 IV HGB. Eine Eintragung im Geschmacksmusterregister ist erst mit dem Ablauf der Schutzfrist erledigt. Denn die Eintragungsgebühr entlohnt auch die Aufbewahrung des Geschmacksmusters. Ein Erbscheinsverfahren endet erst mit der Erteilung des Erbscheins, Köln Rpfleger 87, 23. Eine Einleitung des Wertermittlungsverfahrens erledigt eben noch nicht endgültig, S 2, Düss Rpfleger 78, 69.

9 **4) Rechtsbehelf oder Wertermittlungsverfahren, II.** Soweit innerhalb der Frist des I entweder ein Rechtsbehelf in der Hauptsache oder wegen der Kosten einging oder das Gericht dem Zahlungspflichtigen mitteilte, daß es ein Wertermittlungsverfahren nach § 31 II eingeleitet habe, läuft die Frist zur Nachforderung bis zum Ablauf des nächsten Kalenderjahrs nach dem Abschluß des Rechtsbehelfs- oder Wertermittlungsverfahrens. Das Wertermittlungsverfahren muß von dem sachbearbeitenden Rpfl begonnen haben. Ein Antrag des Bezirksrevisors wahrt die Frist nicht, Ffm Rpfleger 77, 380. Die Frist ist eine Ausschlußfrist ohne der Verlängerungsmöglichkeit, BayObLG JB 81, 594.

Das Gericht muß den *Zeitpunkt der Mitteilung* der Rechtsbehelfseinlegung oder der Einleitung des Wertermittlungsverfahrens an den Zahlungspflichtigen nachweisen können. Aus diesem Grund ist es ratsam, die Mitteilung zumindest durch einen Einschreibebrief mit Rückschein vorzunehmen. Besser ist ihre förmliche Zustellung.

10 Über *mehrere* Kostenschuldner § 20 GKG Rn 7, Teil I A dieses Buchs. Wenn ein Gesamtschuldner zugleich der Vertreter des anderen Gesamtschuldners ist, genügt im Zweifel eine einmalige Mitteilung der Einleitung des Wertermittlungsverfahrens an den ersteren. Über eine Nachforderung bei einer letztwilligen Verfügung §§ 46 V, 103 IV, § 39 KostVfg, Teil VII A dieses Buchs.

11 **5) Wertfestsetzung, III.** Nach einer gerichtlichen Wertfestsetzung reicht es zur Zulässigkeit einer Nachforderung, daß das Gericht seinen berichtigten Ansatz dem Zahlungspflichtigen drei Monate nach der letzten Festsetzung mitgeteilt hat.

12 **6) Verstoß, I–III.** Die Nichtbeachtung oder sonst unkorrekte Handhabung des § 15 ermöglicht eine Erinnerung nach § 14 II.

1. Teil: Gerichtskosten §16 KostO

Nichterhebung von Kosten wegen unrichtiger Sachbehandlung

16 I ¹Kosten, die bei richtiger Behandlung der Sache nicht entstanden wären, werden nicht erhoben. ²Das gleiche gilt von Auslagen, die durch eine von Amts wegen veranlaßte Verlegung eines Termins oder Vertagung einer Verhandlung entstanden sind.

II ¹Die Entscheidung trifft das Gericht. ²Solange nicht das Gericht entschieden hat, können Anordnungen nach Absatz 1 im Verwaltungsweg erlassen werden. ³Eine im Verwaltungsweg getroffene Anordnung kann nur im Verwaltungsweg geändert werden.

Schrifttum: *Haug,* Die Amtshaftung des Notars, 2. Aufl 1997; *Rinsche/Fahrendorf/ Terbille,* Die Haftung des Rechtsanwalts und des Notars, 8. Aufl 2006.

Gliederung

1) Systematik, I, II 1
2) Regelungszweck, I, II 2
3) Unrichtige Sachbehandlung, I 1 3–46
   A. Grundsatz: Alle Kosten 3
   B. Offenkundigkeit 4
   C. Beispiele zur Frage einer Unrichtigkeit 5–45
   D. Weitere Einzelfragen 46
4) Auslagen, I 2 47
5) Verfahren, II 48–50
   A. Zuständigkeit 48
   B. Weiteres Verfahren 49
   C. Entscheidung 50
6) Rechtsmittel, I, II 51

1) Systematik, I, II. Die Vorschrift hält das Gericht und über §§ 140ff den Notar zu einer sachgemäßen und sorgfältigen Amtsführung an, Celle DNotZ **78**, 755. Sie stimmt inhaltlich wesentlich mit § 21 GKG, § 20 FamGKG überein. Vgl daher die dortigen Anm, Teile I A, B dieses Buchs. Bei einer Einwendung eines Beteiligten gegenüber der Kostenrechnung des Notars ist § 156 anwendbar. Soweit überhaupt keine Kostenerstattung stattfindet, ist auch § 16 unanwendbar, Köln Rpfleger **01**, 203.

2) Regelungszweck, I, II. Die Vorschrift dient wie § 21 GKG, § 20 FamGKG der Kostengerechtigkeit und dem Grundsatz der Prozeßwirtschaftlichkeit, BLAH Grdz 14 vor § 128 ZPO. Sie schützt den Bürger vor demjenigen Gebührenanspruch, der bei einer richtigen Sachbehandlung nicht entstanden wäre, BVerfG NJW **91**, 2077. Der Bürger soll nicht unter erheblichen Fehlern des Gerichts oder des Notars finanziell leiden müssen. Aber es ist auch nicht wirtschaftlich vertretbar, jeden kleinen Fehler des Gerichts oder des Notars zum Anlaß einer Kostenniederschlagung zu machen.

Das Gericht und der Notar müssen die Kosten *möglichst niedrig* halten, BayObLG JB **01**, 151, Ffm DNotZ **78**, 750. Freilich darf die Sachbehandlung unter diesem Bestreben nicht leiden. Die Bemühung um geringe Kosten darf nicht dazu führen, daß das Gericht oder dem Notar eine erhebliche Mehrarbeit entsteht. Alles das muß man bei der Auslegung mitbeachten.

3) Unrichtige Sachbehandlung, I 1. Die Kostenniederschlagung hängt von der Unrichtigkeit der Sachbehandlung ab. Zu diesem Begriff zunächst § 21 GKG Rn 3ff, Teil I A dieses Buchs.

A. Grundsatz: Alle Kosten. Unter I fallen die Kosten, also Gebühren und Auslagen, § 1 Rn 8, und zwar diejenigen des Gerichts oder des Notars, BayObLG Rpfleger **78**, 321, oder die Beteiligtenauslagen, BGH WoM **85**, 35. Die Kosten werden natürlich nur insoweit nicht erhoben, als sie bei einer richtigen Behandlung der Sache nicht oder nicht so hoch entstanden wären, BayObLG JB **01**, 251, Hamm FGPrax **04**, 305, KG JB **01**, 93. Das können auch Rechtsmittelkosten sein, Düss JB **75**, 1226. Vgl auch § 44 KostVfg, Teil VII A dieses Buchs. Der Auftraggeber usw müßte beim Notar bei einer richtigen Handhabung der Vornahme abgesehen oder den Notar nicht weiter beansprucht haben, LG Hann JB **01**, 328 (zustm Bund).

647

KostO § 16　　　　　　　　　　　　　　　　　　　　III. Kostenordnung

4 **B. Offenkundigkeit.** Die Unrichtigkeit der Sachbehandlung infolge einer offenbar irrigen Entscheidung muß ganz einwandfrei zutage liegen, § 21 GKG Rn 8 ff, Teil I A dieses Buchs, BayObLG **01**, 156, Hamm FGPrax **08**, 270, LG Hann JB **04**, 384 (zustm Bund).
Ein *Rechtsirrtum* genügt also nur insoweit, als die dort vertretene Meinung einen offensichtlichen Gesetzesverstoß darstellt, Hamm DNotZ **79**, 59. Es genügt also keineswegs, daß ein Gesetzeswortlaut so mehrdeutig ist, daß man den Sinn und Zweck der Vorschrift erst ermitteln muß.

5 **C. Beispiele zur Frage einer Unrichtigkeit**
Ablichtung, Abschrift: Eine unrichtige Sachbehandlung kann vorliegen, soweit das Gericht oder der Notar eindeutig zu viele Ablichtungen oder Abschriften verlangt oder gefertigt hat, BGH WoM **85**, 35.
Abtretung: Eine unrichtige Sachbehandlung liegt vor, soweit der Notar eine Abtretung des Kaufpreisanspruchs nicht schon im Kaufvertrag beurkundet hat, sondern erst bei der Bestellung des Grundpfandrechts, Köln Rpfleger **89**, 129, Lappe NJW **89**, 3259.
Adressierung: Eine unrichtige Sachbehandlung kann in einer fehlerhaften Adressierung liegen, KG JB **09**, 545.
Amtlich bestellter Vertreter: Eine unrichtige Sachbehandlung kann vorliegen, soweit der Notar die Beurkundung nicht als amtlich bestellter Vertreter vorgenommen hat, sondern als ein Eigengeschäft, Schlesw DNotZ **85**, 119.
Anderkonto: Eine unrichtige Sachbehandlung kann vorliegen, soweit der Notar sich den Kaufpreis usw überflüssig zwischenzeitlich auf sein Anderkonto überweisen ließ, Schlesw JB **82**, 587.
Sie kann aber dann *fehlen*, wenn das sicherheitshalber geschah, Hamm MittBayNot **02**, 208, LG Darmst JB **88**, 1196, LG Lübeck JB **88**, 886.
Annahme und Auflassung: Eine unrichtige Sachbehandlung kann vorliegen, soweit der Notar die Annahme des Angebots und die Auflassung in getrennten Urkunden beurkundet hat, LG Hamm JB **96**, 209, Hamm FGPrax **98**, 154.
Antragsänderung: Eine unrichtige Sachbehandlung kann vorliegen, soweit man eine zulässige Antragsänderung übergangen hat, (zum alten Recht) BayObLG WoM **88**, 191.
Aufhebung: Eine unrichtige Sachbehandlung liegt *nicht* schon stets deshalb vor, weil das höhere Gericht infolge einer anderen Beurteilung die Entscheidung des Vordergerichts aufhebt, BayObLG **81**, 175, oder weil der Notar statt einer Änderung eine Aufhebung wählte, Mü FGPrax **06**, 42.
Aufklärungspflicht: Rn 33 „Schweige- und Redepflicht", Rn 39 „Vertrauenswürdigkeit".
Auflassung: Zur getrennten Beurkundung des Kaufvertrags und der Auflassung Hamm FGPrax **08**, 176, Bund JB **06**, 510 (je ausf).
S. auch Rn 7 „Belehrung".
Auftrag: Eine unrichtige Sachbehandlung kann vorliegen, soweit der Notar vom Auftrag abgewichen ist, BayObLG MittBayNot **94**, 250, LG Mü MittBayNot **96**, 132.
Auskunft: Eine unrichtige Sachbehandlung liegt vor, soweit das Gericht auf Grund einer bloßen Auskunftsbitte eine gebührenpflichtige Ablichtung oder Abschrift erteilt hat.
Ausländisches Recht: Eine unrichtige Sachbehandlung *fehlt* meist, soweit das Gericht in einer Ausübung seines pflichtgemäßen Ermessens vorgegangen ist, (jetzt) zB §§ 21, 29, 107 ff FamFG, BayObLG FamRZ **99**, 101.
Aussetzung: Eine unrichtige Sachbehandlung kann vorliegen, soweit das Gericht einen Verfahrensbeteiligten nicht von einer Aussetzung informiert hat.

6 **BauGB:** Eine unrichtige Sachbehandlung kann in folgenden Fällen vorliegen: Der Notar hat auf die Notwendigkeit eines Negativattests nach dem BauGB hingewiesen, ohne auf die Entstehung einer Vollzugsgebühr und auf die Möglichkeit ihrer Vermeidung hinzuweisen, aM BayObLG DNotZ **86**, 108 (aber eine unvollständige Kosteninformation ist fast stets ein klarer, erheblicher Verstoß); es ist die überflüssige Anfrage nach dem BauGB erfolgt, BayObLG Rpfleger **80**, 316, Düss VersR **79**, 872, Delp JB **76**, 141, aM Düss DNotZ **75**, 377.

1. Teil. Gerichtskosten § 16 KostO

Eine Unrichtigkeit kann *fehlt*, soweit der Notar beim Erstverkauf einer Eigentumswohnung auf (jetzt) § 28 I BauGB hingewiesen hat, KG MDR **82**, 63.

Belehrung: Eine unrichtige Sachbehandlung *fehlt* grds, soweit das Gericht keine Belehrung über gesetzliche Kostenfolgen vorgenommen hat, BayObLG MDR **97**, 301 (Erbschein; nur ganz selten Ausnahmen), LG Hann JB **04**, 384 (zustm Bund), LG Kleve JB **98**, 430, oder soweit eine Belehrung sonst unrichtig war, Düss JB **83**, 1230, oder soweit zB bei einer Beschwerde die Belehrung zur Erfolgsaussicht zwar unrichtig, die Partei aber rechtskundig vertreten war, BayObLG RR **01**, 1654 (das liegt freilich im Grenzbereich), oder soweit der Notar beim Kaufvertrag keine Belehrung über eine vereinbarte Mietgarantie des Verkäufers vornahm, Mü NZM **01**, 600, oder soweit er auftragsgemäß einen Fremdentwurf über einen Gesellschafterversammlungsbeschluß verwendet hat, LG Hann JB **04**, 439 (großzügig gegenüber einer Amtsperson, die für die inhaltliche Richtigkeit mitverantwortlich ist), oder soweit die Beteiligten nicht nach den Kosten gefragt haben, Schlesw JB **97**, 435, oder soweit eine billigere Lösung unsicherer gewesen wäre, LG Potsd JB **05**, 431 (abl Filzek). 7

S ferner Rn 9 „Darlehen", Rn 18 „Genehmigung", Rn 19 „Gesellschaft", Rn 22, 23 „Kostenbelehrung", Rn 27 „Nebengeschäft", Rn 38 „Urkundenbeschaffung", Rn 44 „Wucher".

Berichtigung: Rn 29 „Notarfehler".

Beschwerde: Eine unrichtige Sachbehandlung kann vorliegen, soweit einer Beschwerdeentscheidung jede Darstellung des Sachverhalts fehlte, Köln RR **87**, 224. Es kommt freilich auf die Umstände an. Ferner kann die gesetzwidrige Zulassung des Rechtsmittels eine unrichtige Sachbehandlung sein. 8

S aber auch Rn 7 „Belehrung".

Betreuung: Eine unrichtige Sachbehandlung kann vorliegen, soweit das Gericht eine unzulässige Betreuung angeordnet hat. 9

Beurkundung: Eine unrichtige Sachbehandlung des Notars kann in der Beurkundung einer Erklärung liegen, mit der man das Gewollte rechtlich nicht wirksam erreichen kann.

Eine unrichtige Sachbehandlung kann *fehlen*, soweit der Notar wegen einer evtl mit § 9 II BeurkG nicht zu vereinbarenden Bezugnahme eine Neubeurkundung vorgenommen hat, Zweibr DNotZ **82**, 579 (großzügig).

S auch Rn 29 „Nichtigkeit".

Beweisverbot: Die gesetzwidrige Durchführung einer Beweisaufnahme ist eine unrichtige Sachbehandlung, BayObLG JB **99**, 377 (zu § 19 II).

Bruchteilsgemeinschaft: Eine unrichtige Sachbehandlung liegt vor, soweit der Notar eine Auseinandersetzung beurkundet hat, obwohl der Austausch von Anteilen genügte, BayObLG MittBayNot **91**, 271.

Darlehen: Eine unrichtige Sachbehandlung kann vorliegen, soweit der Notar einen Darlehensgeber nicht über die wirtschaftlichen Gefahren der Darlehensvergabe belehrt hat, BGH BB **82**, 334.

Eigengeschäft: Eine unrichtige Sachbehandlung kann vorliegen, soweit der amtlich bestellte Notarvertreter einen Entwurf des Notars als ein „Eigengeschäft" beurkundet hat, Schlesw DNotZ **85**, 118. 10

Eigentumswohnung: Rn 6 „BauGB".

Erbausschlagung: Eine unrichtige Sachbehandlung *fehlt* dann, wenn der Notar die Erklärungen mehrerer Miterben getrennt beurkundet hat, LG Potsd JB **05**, 431 (abl Filzek).

Erbrecht: S „Erbausschlagung", Rn 11 „Erbschein", Rn 25 „Nachlaßpflegschaft".

Erbschein: Eine unrichtige Sachbehandlung kann dann vorliegen, wenn das Gericht denselben Erbschein wiederholt erteilt hat oder wenn das Gericht einen Erbschein wegen eigener Fehler einziehen muß, BayObLG FamRZ **00**, 174. § 16 ist auch bei § 107a II anwendbar, Brschw Rpfleger **08**, 539. 11

Sie kann in folgenden Fällen *fehlen*: Der Notar erließ eine eidesstattliche Versicherung nach § 2356 II 2 BGB, Karlsr Just **75**, 32; er hat den Beteiligten nicht über die Entbehrlichkeit eines Erbscheins belehrt, KG RR **99**, 863, zB weil die Bank des Beteiligten diesen (wenn auch unter Umständen rechtsirrig) angefordert hatte und weil der Antragsteller zur objektiven Berechtigung dieser Anforderung

649

KostO § 16 III. Kostenordnung

keine Beratung erbeten hat; der Notar hat für eine eidesstattliche Versicherung nach §§ 49, 107 I 2 eine weitere Gebühr verlangt, BayObLG FamRZ **00**, 174; der Notar hat sich bei der Errechnung des beantragten Erbteils auf eine Spezialfirma verlassen, LG Mü MittBayNot **03**, 72.
S auch Rn 7 „Belehrung".
Erfolgsaussicht: Rn 7 „Belehrung".
Ergänzung: Rn 29 „Notarfehler".

12 **Erledigung der Hauptsache:** Eine unrichtige Sachbehandlung kann vorliegen, soweit das Gericht ein Rechtsmittel dem Rechtsmittelgericht vorgelegt hat, obwohl man es wegen der Erledigung der Hauptsache nach der Beseitigung eines Eintragungshindernisses anders behandeln mußte, BayObLG Rpfleger **82**, 317.

13 **Ermessen:** Eine unrichtige Sachbehandlung kann vorliegen, soweit eine zu fehlerhafte Ermessensunterschreitung stattgefunden hat, Düss VersR **77**, 1132, oder soweit sonstwie ein erheblicher Ermessensfehlgebrauch oder -nichtgebrauch stattgefunden hat.

14 **Ermittlung:** Eine unrichtige Sachbehandlung kann vorliegen, soweit der Notar den Sachverhalt fehlerhaft ermittelt hat, etwa infolge einer ungenauen Grundbucheinsicht, so daß nun eine Vertragsänderung notwendig wird.
Eine unrichtige Sachbehandlung *fehlt,* soweit die Beteiligten auf einer Beurkundung ohne eine Grundbucheinsicht bestehen, BayObLG DNotZ **90**, 667, oder soweit eine Ermittlung nur steuerrechtlich bedeutsam sein konnte, BGH DB **95**, 2065.

15 **Fehlen der Darstellung:** Rn 8 „Beschwerde".
Form: Eine unrichtige Sachbehandlung kann in folgenden Fällen *fehlen:* Der Notar hat einen an sich nicht formbedürftigen Vertrag wegen seines Zusammenhangs mit einem formbedürftigen mitbeurkundet, BayObLG **86**, 346; er hat überhaupt einen formungültigen Vertrag beurkundet, Hamm RR **00**, 366, LG Hann JB **04**, 384 (zustm Bund); er hat durch eine an sich nicht nötige Beurkundung für eine Rechtsklarheit und für den Rechtsfrieden gesorgt, BayObLG **87**, 193.

16 **Gebührenbefreiung:** Eine unrichtige Sachbehandlung kann *fehlen,* soweit das Grundbuchamt nur den Verkäufer nicht auf den Ablauf der Fünfjahresfrist und auf das Fehlen der vom Käufer beizubringenden Gebührenfreiheitsbescheinigung nach dem WohnGebBefrG hingewiesen hat, Schlesw SchlHA **84**, 133.

17 **Gehilfe:** Der Notar muß für ein Verschulden seines Gehilfen bei der Vorbereitung einstehen, BGH WoM **85**, 35.
Gehörsverletzung: Rn 30 „Rechtliches Gehör".

18 **Genehmigung:** Eine unrichtige Sachbehandlung kann vorliegen, soweit die Urkundsperson eine unrichtige Belehrung des Inhalts erteilt hat, zur Wirksamkeit des beurkundeten Geschäfts sei eine Genehmigung notwendig, Schlesw JB **75**, 501, oder soweit der Notar sie eindeutig unnötige Genehmigung eingeholt hat, LG Arnsberg JB **06**, 603, selbst wenn das Gericht sie fälschlich grds erforderte, Zweibr JB **93**, 358 (streng), oder soweit er einen Hinweis unterlassen hat, daß man mit einer notwendigen Genehmigung nicht oder kaum rechnen kann.
Eine unrichtige Sachbehandlung kann *fehlen,* soweit der Notar den vollmachtlosen Vertreter nicht über die Genehmigungsbedürftigkeit belehrt hat, KG DNotZ **81**, 71, Köln Rpfleger **03**, 539.
Gerichtsbesetzung: Rn 20 „Gesetzlicher Richter".
Geschäftsunfähigkeit: Eine unrichtige Sachbehandlung liegt nur dann vor, wenn der Erklärende bei der Beurkundung eindeutig geschäftsunfähig war.
Geschäftswert: Eine unrichtige Sachbehandlung kann vorliegen, soweit sich der Geschäftswert unnötig erhöht hat, Köln Rpfleger **89**, 129, Lappe NJW **89**, 3259.

19 **Gesellschaft:** Eine unrichtige Sachbehandlung kann vorliegen, soweit eine Beurkundung des Angebots zum Eintritt in eine Kommanditgesellschaft ohne das Einverständnis aller Gesellschafter erfolgte oder soweit das Gericht zugleich mit der Auflösung der Gesellschaft auch noch das Ausscheiden eines Gesellschafters hat eintragen lassen, Düss JB **83**, 1230.
Eine Unrichtigkeit kann *fehlen,* soweit der Notar aus Anlaß der Beurkundung eines Gesellschafts-Gründungsvertrages den Beschluß über die erste Geschäftsführerbestellung in dieselbe Urkunde mitaufgenommen hat, KG DNotZ **84**, 118,

1. Teil. Gerichtskosten   § 16 KostO

oder soweit er eine Gesellschafterliste erstellt hat, ohne eine diesbezügliche Kostenbelehrung zu erteilen, Celle JB **94**, 41.

Gesetzlicher Richter: Ein unrichtige Sachbehandlung liegt in einem Verstoß gegen   20
das Gebot des gesetzlichen Richters nach Art 101 I 2 GG, Brdb MDR **00**, 665.
Getrennte Beglaubigung oder Beurkundung: Sie kann bei etwas Zusammengehörigem eine unrichtige Sachbehandlung darstellen, Düss DNotZ **90**, 674, KG DNotZ **84**, 116, Zweibr JB **88**, 1047, aM Oldb DNotZ **80**, 774. Man muß aber auf die Umstände abstellen, Zweibr JB **03**, 148, aM Düss JB **04**, 98.
Eine unrichtige Sachbehandlung kann *fehlen*, soweit der gewählte Weg sicherer war, Düss DNotZ **96**, 324, oder wenn der Auftraggeber getrennte Beurkundungen verlangte, BayObLG JB **01**, 598.
Grundbucheinsicht: Rn 14 „Ermittlung".
Grundstückswert: Eine unrichtige Sachbehandlung kann *fehlen*, soweit das Gericht eine Beweisaufnahme entgegen § 19 II 1 Hs 2 vorgenommen hat, am BayObLG Rpfleger **81**, 76 (freilich Verwertbarkeit, BayObLG JB **99**, 377), oder soweit der Grundstückswert und derjenige einer Eigentümergrundschuld voneinander abweichen, Jena JB **99**, 375.
Gutachterkosten: Eine unrichtige Sachbehandlung kann dann vorliegen, wenn das Gericht ein unverhältnismäßig teueres Gutachten eingeholt hat.
S auch Rn 22 „Kostenbelehrung".
Haftpflichtversicherung: Eine unrichtige Sachbehandlung *fehlt*, soweit der Notar den Auftraggeber nicht von sich aus auf dessen Pflicht zur etwaigen Erstattung nach § 152 II Z 4 hingewiesen hat, aM Tiedtke/Fembacher MittBayNot **04**, 517 (aber auch neue gesetzliche Kostenfolgen sind stets möglich und vom verständigen Auftraggeber einkalkulierbar).
Hebegebühr: Rn 5 „Anderkonto", Rn 27 „Nebengeschäft", Rn 41 „Verwahrung".   21
Identität: Rn 26 „Nämlichkeit".
Kostenbelehrung: Es kommen sehr unterschiedliche Klagen vor.   22
- **(Anschneiden der Kostenfrage):** Unrichtigkeit kann dann vorliegen, wenn der Notar einen Beteiligten trotz des Umstands, daß dieser die Kostenfrage erkennbar angeschnitten hat, nicht entsprechend belehrt, Düss JB **02**, 258, Köln MittBayNot **99**, 399, LG Hann JB **04**, 384 (zustm Bund).
- **(Kein weiterer Auftrag):** Unrichtigkeit kann dann vorliegen, wenn der Notar keine solche Belehrung erteilt, die zu einer Abstandnahme vom weiteren Beurkundungsauftrag führen könnte, LG Hann JB **04**, 327.
- **(Erforderlichkeit):** Unrichtigkeit kann dann *fehlen*, wenn eine unterbleibende Kostenbelehrung auch gar nicht gesetzlich oder nach Treu und Glauben nötig ist, BayObLG DNotZ **89**, 708 und 709, Düss (10. ZS) JB **02**, 258, aM Düss Rpfleger **83**, 357 (der Staat habe infolge der Fürsorgepflicht auch im Bereich der freiwilligen Gerichtsbarkeit eine grundsätzliche Kosten-Belehrungspflicht. Aber der Bürger weiß, daß auch der Staat oder der Notar durchweg nicht umsonst tätig werden, BayObLG JB **88**, 1195).
- **(Geringfügigkeit):** Unrichtigkeit kann *fehlen*, soweit der Notar es zwar unterläßt, die Beteiligten auf eine andere, billigere Beurkundungsart hinzuweisen, soweit der Kostenunterschied aber nur geringfügig wäre, Düss DNotZ **81**, 75.
- **(Geschäftsgewandtheit):** Unrichtigkeit *fehlt*, soweit alle Beteiligten geschäftsgewandt und erfahren sind, LG Düss JB **04**, 98, LG Münst MDR **98**, 312 (Vorsicht!).
- **(Gutachten):** Rn 20 „Gutachterkosten".
- **(Irrtum):** Unrichtigkeit kann dann vorliegen, wenn der Notar einen Irrtum des Auftraggebers etwa über die Beurkundungspflicht nicht beseitigt, Düss JB **02**, 258. Dasselbe gilt beim Irrtum, es entstünden keine oder geringere Kosten, Zweibr JB **89**, 661.
- **(Kostenvermeidung):** Unrichtigkeit kann dann vorliegen, wenn das Gericht nicht wenigstens versucht, durch eine Belehrung Kosten zu vermeiden, Düss JB **83**, 1230.
- **(Mehrere Möglichkeiten):** Unrichtigkeit kann dann vorliegen, wenn der Notar bei mehreren Gestaltungsmöglichkeiten nicht auf eine erheblich billigere Lösung hinweist, Hamm FGPrax **08**, 270, Oldb JB **97**, 377, LG Ffm RR **99**, 944,

651

KostO § 16 III. Kostenordnung

aM Hamm MittBayNot **98**, 275, Mümmler JB **89**, 108 (aber eine Kostensparsamkeit ist eine Hauptpflicht des Notars).

Unrichtigkeit *fehlt* dann, wenn die Beteiligten die ihnen am besten gefallende
Lösung trotz deren höherer Kosten wählen, BayObLG **00**, 262, Zweibr DNotZ
77, 57, aM Saarbr DNotZ **82**, 451 (abl Appell 454).
S auch „–" (Geringfügigkeit)", „–" (Sicherheit)".

– **(Nebengeschäft):** Unrichtigkeit *fehlt* meist beim Fehler zu einem bloßen Nebengeschäft nach § 35, Ffm DNotZ **78**, 748, Hamm JB **79**, 743, KG JB **81**,
1558, aM Stgt DNotZ **83**, 642. Freilich bleibt der Notar dann wohl meist zur
vorsorglichen Erwähnung der Kostenfolgen verpflichtet.

– **(Sicherheit):** Unrichtigkeit *fehlt* beim sicheren Weg, Düss DNotZ **81**, 74, Ffm
MDR **89**, 650, Zweibr Rpfleger **81**, 34. Sie fehlt auch dann, wenn eine andere
Lösung zwar billiger wäre, aber auch unsicherer, LG Potsd JB **05**, 431 (abl Filzek).

– **(Üblichkeit):** Unrichtigkeit *fehlt* beim allgemein üblichen Weg meist, Düss
DNotZ **81**, 74, Ffm MDR **89**, 650, Zweibr Rpfleger **81**, 34.

23 **Kostensparsamkeit:** Eine unrichtige Sachbehandlung kann zwar vorliegen, soweit
der Notar nicht den kostengünstigsten gleich sicheren und sachdienlichen Weg
gewählt hat, BayObLG JB **01**, 151, Hamm FGPrax **08**, 270, Mü FGPrax **06**, 42.
Sie kann aber *fehlen,* soweit der sicherste Weg am wichtigsten war, Düss DNotZ
81, 74, Ffm MDR **89**, 650, Zweibr Rpfleger **81**, 34.
Kreditwürdigkeit: Rn 39 „Vertrauenswürdigkeit".
Ladung, Abladung: Eine unrichtige Sachbehandlung kann bei ihrer unkorrekten
oder Nicht-Vornahme vorliegen.

24 **Maklerklausel:** Eine unrichtige Sachbehandlung liegt vor, soweit der Notar nicht
über die Mehrkosten der Mitbeurkundung einer solchen Klausel belehrt, LG Hann
JB **06**, 91.
Mehrheit von Urkunden: Eine unrichtige Sachbehandlung kann vorliegen, soweit
der Notar Erklärungen in mehreren statt in der erforderlichen oder ausreichenden
einheitlichen Urkunde aufgenommen hat, Düss JB **95**, 212 (grds bei Kauf und
Auflassung; auch zu Ausnahmen), Oldb JB **97**, 377 (Kauf und Auflassung), Zweibr
FGPrax **02**, 275 (Verschmelzung und Verzicht), LG Ffm RR **99**, 944 (Kauf und
Bauwerksvertrag).
Mitverschulden: Rn 38 „Verschulden".

25 **Nachlaßpflegschaft:** Eine unrichtige Sachbehandlung kann vorliegen, soweit das
Gericht eine Nachlaßpflegschaft eingeleitet hat, obwohl die Erben in Wahrheit bekannt waren.

26 **Nämlichkeit:** Eine unrichtige Sachbehandlung kann vorliegen, soweit die Urkundsperson einen Erschienenen nicht sorgfältig genug auf seine Nämlichkeit überprüft
hat, Stgt DNotZ **76**, 426.

27 **Nebengeschäft:** Eine unrichtige Sachbehandlung kann vorliegen, soweit das Grundbuchamt nicht einen Rangvermerk nach § 35 statt einer Rangänderung nach
§§ 64, 66, 67 eingetragen hat, Köln Rpfleger **98**, 216, oder soweit der Notar den
Gebührenpflichtigen nicht über die Folgen eines Nebengeschäfts belehrt hat, Stgt
DNotZ **83**, 642, also zB nicht über das Entstehen einer Gebühr nach § 146 I, falls
der Notar und nicht der Beteiligten selbst eine Anfrage über die Ausübung
eines Vorkaufsrechts usw einhole, aM BayObLG MittBayNot **85**, 87, KG JB **81**,
1558, Stgt MDR **83**, 854 (abl Appell DNotZ **83**, 644), oder soweit der Notar
nicht dann über eine Hebegebühr informiert hat, wenn eine gebührenfreie Maßnahme zu demselben Erfolg geführt hätte, vgl freilich § 149 Rn 6,
7, LG Darmst JB **76**, 1246, oder wenn der Notar überhaupt ein unnötiges gebührenpflichtiges Nebengeschäft herbeigeführt hat. BayObLG Rpfleger **80**, 316, LG
Osnabr JB **84**, 430.

28 **Neue Beurkundung:** Eine unrichtige Sachbehandlung kann *fehlen,* soweit der Notar wegen eines Zweifels an der Brauchbarkeit einer bisherigen Beurkundung vorsorglich eine neue Beurkundung vorgenommen hat, Zweibr Rpfleger **81**, 34.

29 **Nichtigkeit:** Eine unrichtige Sachbehandlung kann vorliegen, soweit die beurkundete Erklärung nichtig ist, Hamm JB **00**, 152. In diesem Fall liegt die unrichtige
Sachbehandlung selbst dann vor, wenn die Beurkundung auf Grund des ausdrücklichen Wunsches eines Beteiligten erfolgte, Sturm Festschrift für Ferid (1978) 417.

1. Teil. Gerichtskosten § 16 KostO

Eine unrichtige Sachbehandlung kann dann *fehlen,* wenn die Kosten auch bei einer richtigen angefallen wären und wenn der Kostenschuldner auch keine Nachbeurkundung wünschte, KG JB **06**, 93.
S auch Rn 30 „Rechtliche Unerreichbarkeit".

Notarfehler: Wegen der Geltung von I auch für den Notar nach Rn 1 erhält er zumindest für eine durch eigene Fehler erforderlich gewordene Berichtigung, Ergänzung, Neubeurkundung keine Gebühren, BGH BB **02**, 542.
S auch Rn 5 „Anderkonto", Rn 10 „Eigengeschäft", Rn 33 „Sorgerecht".

Pflegschaft: Eine unrichtige Sachbehandlung kann vorliegen, soweit das Gericht eine unzulässige Pflegschaft angeordnet hat.

Postverlust: Eine unrichtige Sachbehandlung *fehlt* beim bloßen Verlust einer Postsendung, KG JB **09**, 345.
S aber auch Rn 5 „Adressierung".

Protokoll: Eine unrichtige Sachbehandlung kann vorliegen, soweit der Notar eine solche Unterschrift unter einem Protokoll beglaubigt hat, die gar nicht zum Auftrag gehörte, Hamm JB **83**, 1554.

Rang: Rn 27 „Nebengeschäft".

Rechtliches Gehör: Eine unrichtige Sachbehandlung liegt bei einem Verstoß gegen Art 103 I GG vor. 30

Rechtliche Unerreichbarkeit: Eine unrichtige Sachbehandlung kann vorliegen, soweit die Beurkundung eine solche Erklärung enthält, durch die man das Gewollte rechtlich nicht erreichen kann, Hamm DNotZ **87**, 167 (unwirksamer Scheidungsfolgenvergleich), Sturm Festschrift für Ferid (1978) 417.
S auch Rn 29 „Nichtigkeit".

Rechtsfrage: Eine unrichtige Sachbehandlung kann *fehlen,* soweit das Gericht einen unrichtigen Hinweis zur Erfolgsaussicht gegeben hat, BayObLG **01**, 156, oder soweit der Notar eine schwierige noch nicht höchstrichterlich abschließend geklärte Rechtsfrage unrichtig beurteilt hat, Stgt DNotZ **86**, 440. 31

Rechtsgutachten: Eine unrichtige Sachbehandlung kann vorliegen, soweit das Gericht ein Gutachten über inländisches Recht eingeholt hat, Karlsr FamRZ **90**, 1367. 32

Rechtsmittel: Rn 12 „Erledigung der Hauptsache".

Rechtsmittelbelehrung: Eine unrichtige Sachbehandlung kann vorliegen, soweit das Gericht eine unrichtige Rechtsmittelbelehrung erteilt hat, BayObLG WoM **95**, 70.

Sachverständiger: Eine unrichtige Sachbehandlung liegt vor, soweit das Gericht wegen seiner Überlastung eigene Aufgaben einem Sachverständigen übertragen hat, AG Bad Oeynhausen FamRZ **04**, 284, oder soweit der Sachverständige nicht auf ungewöhnlich hohe Kosten hingewiesen und das Gericht trotzdem ein volles Honorar gezahlt hat, BayObLG FGPrax **04**, 139. 33

Eine unrichtige Sachbehandlung kann aber auch *fehlen,* soweit nur der Sachverständige einen Fehler begangen hat, Ffm FamRZ **99**, 1438.

Schweige- und Redepflicht: Eine unrichtige Sachbehandlung kann vorliegen, soweit der Notar eine Aufklärungspflicht verletzt hat, KG JB **03**, 653.
Eine Aufklärungspflicht *endet,* wenn ein Beteiligter eine nur ihm persönlich mögliche Mitwirkung verweigert hat, LG Darmst JB **77**, 708.

Sorgerecht: Eine unrichtige Sachbehandlung *fehlt,* soweit das FamG einen Sachverständigen beauftragt hat, den Eltern beim streitig gewordenen Sorgerecht Hilfestellungen zu geben, Hamm FamRZ **96**, 1558.

Standesrecht: Ein unrichtige Sachbehandlung *fehlt,* soweit allenfalls ein berufsrechtlicher Verstoß eines Anwalts oder Notars infragekommt, Schmitz-Valckenberg DNotZ **94**, 496. 34

Steuerfragen: Eine unrichtige Sachbehandlung kann vorliegen, soweit der Notar unterlassen hat, einen Steuerbefreiungsanspruch zu erläutern, soweit er vom Gesetzestext abgewichen ist, BayObLG DNotZ **80**, 567.

Terminierung: Vgl zunächst § 21 GKG (und daher auch § 20 FamGKG), dort Rn 44, 45.
Eine unrichtige Sachbehandlung *fehlt* meist, soweit das Gericht umterminiert hat (Ausnahme: grobes Verschulden).

Testament: Eine unrichtige Sachbehandlung kann in folgenden Fällen vorliegen: Das Gericht hat ein offensichtlich bloßer Testamentsentwurf eröffnet, LG Siegen Rpfle- 35

653

ger **86**, 182; dasselbe Gericht hat wegen einer Unterlassung der Einsicht in das Namensverzeichnis mehrere Testamente getrennt eröffnet (anders bei verschiedenen Gerichten, KG FGPrax **02**, 136); das Gericht hat ein zweites amtlich verwahrtes Testament ohne eine Prüfung angenommen, ob es schon ein erstes verwahrt hatte.

Freilich liegt dann *keine* Unrichtigkeit vor, wenn die in Betracht kommenden Gemeinden neu gegliedert wurden. Insofern kann nur das Landesrecht helfen, Düss Rpfleger **81**, 77. Eine Unrichtigkeit kann auch fehlen, soweit eine Testamentseröffnung möglicherweise zwecklos war, LG Siegen Rpfleger **86**, 182, oder soweit ein VG und ein Nachlaßgericht in getrennten Terminen eröffnet haben, LG Kblz Rpfleger **96**, 174, oder soweit es sich um ein 1944 im damaligen Ostdeutschland hinterlegtes und nach der Wiedervereinigung im früheren Ost-Berlin gefundenes Testament gehandelt hat, KG Rpfleger **02**, 385.

36 **Übergehen von Umständen:** Rn 5 „Antragsänderung", Rn 8 „Beschwerde".
Überflüssigkeit: Eine unrichtige Sachbehandlung liegt bei einer objektiv überflüssigen Beurkundung vor, LG Hann JB **05**, 317 (§ 1922 BGB).
Überlastung: Rn 33 „Sachverständiger".
Überstürzte Beurkundung: Rn 37 „Unwirksamkeit".
Umsatzsteuer: Eine unrichtige Sachbehandlung des Notars kann dann vorliegen, wenn er nicht von vornherein bei einem Antrag klargestellt hat, daß nur der Auftraggeber ihn stellte, und wenn dieser daher mehr Umsatzsteuer des Notars tragen muß, Feuersänger MDR **05**, 1391.
Umwandlung: Eine unrichtige Sachbehandlung liegt wegen § 44 I dann vor, wenn der Notar die Zustimmungsbeschlüsse des übertragenden und des aufnehmenden Rechtsträgers zur Verschmelzung bei einer Gegenstandsgleichheit in getrennten Urkunden aufgenommen hat, BayObLG MittBayNot **90**, 61.

Eine unrichtige Sachbehandlung *fehlt* bei getrennten Beurkundungen derartiger gegenstandsverschiedener Verschmelzungen.
Untauglichkeit: Rn 30 „Rechtliche Unerreichbarkeit".
Unterschrift: Eine unrichtige Sachbehandlung kann vorliegen, soweit der Notar einen unrichtigen Antrag ungeprüft unterschreibt.

37 **Unwirksamkeit:** Eine unrichtige Sachbehandlung kann dann vorliegen, wenn es sich um einen solchen Fehler der Beurkundung handelt, der zur Unwirksamkeit des Rechtsgeschäfts geführt hat, Düss Rpfleger **89**, 202, Hamm NJW **78**, 2604, es sei denn, der Notar hätte die Beteiligten eingehend über die Gefahr zB einer überstürzten Beurkundung belehrt gehabt, BayObLG **89**, 256.

S auch Rn 29 „Nichtigkeit", Rn 30 „Rechtliche Unerreichbarkeit".

38 **Urkundenbeschaffung:** Eine unrichtige Sachbehandlung kann *fehlen,* soweit der Notar die Partei dahin belehrt hat, sie könne sich eine erforderliche andere Urkunde selbst besorgen, obwohl die Beschaffung üblicherweise zu den Aufgaben des Notars gehörte.
Urkundenmehrheit: Rn 24 „Mehrheit von Urkunden".
Ursächlichkeit: Es gilt dasselbe wie bei § 21 GKG (und daher auch bei § 20 FamGKG), dort Rn 41 ff.
Veröffentlichung: Eine unrichtige Sachbehandlung kann *fehlen,* soweit in einer Registersache eine Veröffentlichung außer im (jetzt) elektronischen BAnz in 3 Zeitungen erfolgt ist, AG Bln-Charlottenb Rpfleger **96**, 293.
Verschulden: Es ist ebenso wie ein Mitverschulden *unerheblich.*
Versehen: Es reicht bei einer Offensichtlichkeit.
Verspätung: Eine unrichtige Sachbehandlung kann bei einem verspäteten Handeln des Gerichts vorliegen, etwa bei der Verzögerung einer Eintragung oder von Entscheidungsgründen, Mü NJW **75**, 836.
Vertagung: Ein unrichtige Sachbehandlung kann vorliegen, soweit das Gericht einen Termin vermeidbar früh angeordnet hat oder wenn es die Vertagung ohne die zumutbare Rücksicht auf die Beteiligten vorgenommen hat. Aber Vorsicht!

39 **Vertrag statt Erklärung:** Eine unrichtige Sachbehandlung kann vorliegen, soweit die Beurkundung eines Vertrags statt einer ausreichenden einseitigen Erklärung stattgefunden hat, Ffm DNotZ **78**, 118.

1. Teil. Gerichtskosten   § 16 KostO

Vertrauenswürdigkeit: Eine unrichtige Sachbehandlung liegt allenfalls dann vor, wenn der Notar keine Aufklärung gegenüber einem unerfahrenen Auftraggeber vorgenommen hat, Hamm FGPrax **04**, 50.
Vertreter: Rn 5 „Amtlich bestellter Vertreter". 40
Verwahrung: Eine unrichtige Sachbehandlung kann vorliegen, soweit der Notar das 41 bei ihm verwahrte Geld ohne einen Auftrag so festgelegt hat, daß gebührenerhöhende Teilauszahlungen notwendig werden, KG DB **85**, 1837.
S auch Rn 21 „Hebegebühr".
Verwaltungsanordnung: Eine unrichtige Sachbehandlung kann vorliegen, soweit das Gericht oder der Notar gegen eine verbindliche Verwaltungsanordnung verstoßen haben, LG Brschw Rpfleger **85**, 258.
Etwas anderes gilt bei einem solchen Erlaß, den man nur als eine freiwillige Hilfeleistung verstehen konnte, BVerfG SchlHA **79**, 148, Schlesw SchlHA **82**, 174. Vgl allerdings auch § 148.
Verzögerung: Eine unrichtige Sachbehandlung kann vorliegen, soweit eine beteiligte Stelle Akten verloren und das Gericht infolgedessen sein Verfahren vorwerfbar verzögert hat, BayObLG Rpfleger **90**, 246, oder soweit das Gericht seine Entscheidung allzu verspätet begründet hat, Mü NJW **75**, 836, oder soweit es einen Grundbucheintrag verzögert bearbeitet hat.
Vollstreckbare Ausfertigung: Eine unrichtige Sachbehandlung liegt dann vor, 42 wenn der Notar eine vollstreckbare Ausfertigung durch einen einfachen Brief ohne die Möglichkeit einer raschen Eingangskontrolle übersendet hat, LG Mönchengladb JB **05**, 319.
Vollzugsgebühr: Rn 6 „BauGB".
Vorbereitung: Rn 17 „Gehilfe".
Vorkaufsrecht: Rn 27 „Nebengeschäft".
Vorschuß: Eine unrichtige Sachbehandlung kann *fehlen*, soweit der Rpfl zunächst 43 eine Eintragung von einem Vorschuß abhängig gemacht, aus Anlaß eines später eingehenden anderen eintragungsreifen Antrags aber von dem Vorschuß für den früheren Antrag abgesehen und jene Eintragung verfügt hat, KG Rpfleger **82**, 173.
Vorsorgevollmacht: Eine unrichtige Sachbehandlung kann bei einer ungenügenden Belehrung vorliegen, Hamm JB **09**, 321.
Wiederkaufsrecht: Eine unrichtige Sachbehandlung liegt vor, soweit der Notar un- 44 nötig neben der Gebühr nach § 36 I eine solche nach § 36 II entstehen ließ, BayObLG **86**, 136.
Willenserklärung: Eine unrichtige Sachbehandlung kann vorliegen, soweit der Notar eine solche Willenserklärung beurkundet hat, die bereits nach § 894 ZPO als abgegeben galt, Düss Rpfleger **88**, 206.
Wirtschaftliche Zuverlässigkeit: Eine unrichtige Sachbehandlung *fehlt*, soweit der Notar die wirtschaftliche Zuverlässigkeit eines Beteiligten nicht von sich aus erörtert hat, Hamm FGPrax **04**, 49.
Wucher: Eine unrichtige Sachbehandlung kann vorliegen, soweit die Beurkundung eines Kaufvertrages zu einem in Wahrheit erheblich überhöhten Preis ohne eine dahingehende Belehrung stattgefunden hat.
Zeuge: Rn 23 „Ladung, Abladung". 45
Zustellung: Eine unrichtige Sachbehandlung kann vorliegen, soweit das Gericht oder der Notar eindeutig zu viele Zustellungen veranlaßt haben, BayObLG **04**, 36, Hamm Rpfleger **85**, 257, oder soweit die Zustellung einer unrichtigen Ausfertigung erfolgte, oder soweit eine öffentliche Zustellung etwas Unnötiges enthält.
Zweifel: Rn 28 „Neue Beurkundung".
 D. **Weitere Einzelfragen.** Die Kosten müssen gerade in der unrichtig behandel- 46 ten Angelegenheit entstanden sein, Köln JB **75**, 224. Bei einer Grundbucheintragung auf Grund eines objektiv unrichtigen Erbscheins hat das Gericht allein die Nachlaßsache unrichtig behandelt. I 1 ist aber zumindest dann entsprechend anwendbar, wenn eine unrichtige Sachbehandlung in einem anderen Verfahren unmittelbar ursächlich für Kosten des vorliegenden Verfahrens war.

 4) **Auslagen, I 2.** Auslagen infolge einer von Amts wegen veranlaßten Verlegung 47 eines Termins oder Vertagung einer Verhandlung werden nicht erhoben. Soweit die

KostO §§ 16, 17 III. Kostenordnung

Verlegung oder Vertagung auf Grund eines Antrags eines Beteiligten erfolgt, muß er die dadurch verursachten Kosten tragen. In den vorstehenden Fällen entstehen keine Gerichtsgebühren.

48 **5) Verfahren, II.** Es empfiehlt sich die folgende Prüfreihenfolge.

A. Zuständigkeit. Zur Entscheidung über die Nichterhebung von Kosten nach ist nach II 1 das Gericht der Hauptsache zuständig, also der Richter oder der Rpfl, § 4 I RPflG. Der Einzelrichter entscheidet zumindest dann, wenn seine Entscheidung nicht zusammen mit der Hauptsacheentscheidung erfolgt, Mü MDR **07**, 431. Das Rechtsmittelgericht kann ab einer dortigen Anhängigkeit zuständig sein. Es entscheidet dann auch über die Kosten der Vorinstanz mit. Der Urkundsbeamte der Geschäftsstelle ist *nicht* zuständig. Das gilt auch bei einem badischen Amtsnotariat, Karlsr FGPrax **07**, 146.

49 **B. Weiteres Verfahren.** Das Verfahren findet in jeder Verfahrenslage von Amts wegen statt, sobald der Kostenschuldner oder ein sonstiger Beteiligter die Unrichtigkeit der Sachbehandlung schlüssig behauptet oder sobald sie offen zutage tritt, Köln DGVZ **88**, 138. Das gilt auch im Rechtsmittelzug. Im Umfang der Unrichtigkeit ist die Nichterhebung der Kosten zwingend. Es besteht der Untersuchungsgrundsatz nach § 26 FamFG. Ein Antrag des Kostenschuldners gilt als eine Erinnerung nach § 14 II und ist im übrigen auch als eine Anregung umdeutbar. Es besteht keine Frist. Solange das Gericht noch nicht entschieden hat, können die in § 44 KostVfg, Teil VII A dieses Buchs, genannten Stellen entscheiden. Nur sie dürfen dann ihre Anordnung abändern, die Kosten ganz oder teilweise nicht zu erheben.

50 **C. Entscheidung.** II gilt nach § 143 I nicht beim Notar. Für ihn gilt vielmehr § 154. Das Gericht entscheidet auf Grund einer freigestellten mündlichen Verhandlung und nach der etwa erforderlichen Anhörung eines Beteiligten, Artt 2 I, 20 III GG (Rpfl), Art 103 I GG (Richter). Es befindet nicht in den Grenzen Rn 49 nach seinem pflichtgemäßen und nur begrenzt nachprüfbaren Ermessen, BayObLG FamRZ **00**, 174. Es entscheidet durch einen Beschluß. Er muß seinen Beschluß grundsätzlich begründen, BLAH § 329 ZPO Rn 4.

Die Entscheidung *lautet* auf eine Ablehnung einer Kostenniederschlagung oder auf eine Niederschlagung oder Nichterhebung derjenigen Kosten, die das Gericht genau bezeichnen muß. Für eine genaue Bezeichnung ist allerdings eine Bezifferung nicht unbedingt erforderlich, wenn auch ratsam. Es reicht aus, daß genau erkennbar ist, welchen Teil der Kosten das Gericht niederschlägt. Die Entscheidung darf auch zugunsten nur eines von mehreren Gesamtschuldnern ergehen. Dann berührt sie die Kostenpflicht der anderen Gesamtschuldner nicht.

Das Gericht darf dahin entscheiden, daß die Kosten *ganz oder teilweise* nicht erhoben werden.

Die Entscheidung des Gerichts, auch eine ablehnende, wirkt auch gegenüber der *Kassenbehörde*. Eine vor dem Erlaß einer gerichtlichen Entscheidung von der Verwaltung getroffenen Anordnung, die Kosten nicht zu erheben, ist im Verwaltungsweg abänderbar. Eine Verwaltungsentscheidung, von einer Nichterhebung bestimmter Kosten abzusehen, entbindet das Gericht nicht von dem Recht und der Pflicht zur Prüfung nach § 16.

51 **6) Rechtsmittel, I, II.** Gegen die Entscheidung des Gerichts ist die einfache Beschwerde nach § 14 III zulässig, Karlsr Rpfleger **90**, 1367. Evtl ist die weitere Beschwerde nach § 14 V zulässig. Gegen die Entscheidung des Notars nach § 154 ist eine Einwendung nach § 156 statthaft, soweit ihm die Gebühren selbst zufließen. Ein Ermessen unterliegt nur sehr eingeschränkt der Nachprüfbarkeit durch das Rechtsbeschwerdegericht, BayObLG JB **88**, 91.

Verjährung, Verzinsung

17 *Fassung 1. 9. 2009:* [1] [1]Ansprüche auf Zahlung von Kosten verjähren in vier Jahren nach Ablauf des Kalenderjahrs, in dem das Verfahren durch rechtskräftige Entscheidung über die Kosten, durch Vergleich oder in sonstiger Weise beendet ist. [2]Bei Dauerbetreuungen und Dauerpflegschaften beginnt die Verjährung mit der Fälligkeit der Kosten.

1. Teil. Gerichtskosten **§ 17 KostO**

II [1] Ansprüche auf Rückerstattung von Kosten verjähren in vier Jahren nach Ablauf des Kalenderjahres, in dem die Zahlung erfolgt ist. [2] Die Verjährung beginnt jedoch nicht vor dem im Absatz 1 bezeichneten Zeitpunkt. [3] Durch die Einlegung eines Rechtsbehelfs mit dem Ziel der Rückerstattung wird die Verjährung wie durch Klageerhebung gehemmt.

III [1] Auf die Verjährung sind die Vorschriften des Bürgerlichen Gesetzbuchs anzuwenden; die Verjährung wird nicht von Amts wegen berücksichtigt. [2] Die Verjährung der Ansprüche auf Zahlung von Kosten beginnt auch durch die Aufforderung zur Zahlung oder durch eine dem Schuldner mitgeteilte Stundung erneut; ist der Aufenthalt des Kostenschuldners unbekannt, so genügt die Zustellung durch Aufgabe zur Post unter seiner letzten bekannten Anschrift. [3] Bei Kostenbeträgen unter 25 Euro beginnt die Verjährung weder erneut noch wird sie oder ihr Ablauf gehemmt.

IV Ansprüche auf Zahlung und Rückerstattung von Kosten werden nicht verzinst.

Vorbem. I idF Art 47 II Z 7 FGG-RG v 17. 12. 08, BGBl 2586, in Kraft seit 1. 9. 09, Art 112 I Hs 1 FGG-RG. Übergangsrecht Art 111 FGG-RG, Grdz 2 vor § 1 FamGKG, Teil I B dieses Buchs.

Bisherige Fassung I: [1] **Ansprüche auf Zahlung von Kosten verjähren in vier Jahren nach Ablauf des Kalenderjahres, in dem der Anspruch fällig geworden ist.**

Gliederung

1) Systematik, I–IV 1
2) Regelungszweck, I–IV 2
3) Verjährung des Kostenzahlungsanspruchs, I 3
4) Verjährung des Rückerstattungsanspruchs, II 4, 5
5) Anwendbare Vorschriften des BGB, III 1–3 6–12
  A. Grundsatz, III 1 Hs 1 6
  B. Neubeginn der Verjährung, III 2 7
  C. Zahlungsaufforderung, III 2 Hs 1 Fall 1 8
  D. Oder: Stundung, III 2 Hs 1 Fall 2 9
  E. Unbekannter Aufenthalt, III 2 Hs 2 10
  F. Kein Neubeginn, III 2 Hs 1, 2 11
  G. Kleinbetrag, III 3 12
6) Geltendmachung der Verjährung, III 1 Hs 2 .... 13, 14
7) Rechtsbehelfe, III 15
8) Keine Verzinsung, IV 16

1) Systematik, I–IV. Die Vorschrift stimmt inhaltlich weitgehend mit § 5 GKG **1** und fast völlig mit § 7 FamGKG überein, Teile I A, B dieses Buchs. III entspricht dem § 5 GKG fast wörtlich. I–III gelten nach § 141 auch beim Notar, BGH NJW 06, 1138 (zu II 2), IV dagegen nach § 143 I nicht.

2) Regelungszweck, I–IV. Die Vorschrift dient einer dem BGB für zivilrechtliche **2** Ansprüche angenäherten einigermaßen erträglichen Abwägung der gegenläufigen Interessen von Kostengläubiger und -schuldner bei der schon um der Rechtssicherheit willen zeitlich zu begrenzenden Durchsetzbarkeit. Die KostO enthält keine ausdrückliche Regelung der Verwirkung, Rn 5. Wie alle Verfahrensfristen muß man auch diejenigen des § 17 strikt handhaben. Das muß dann allerdings auch bei II gelten.

3) Verjährung des Kostenzahlungsanspruchs, I. Sie beträgt außer beim Ge- **3** bührennotar, § 143 vier Jahre. Das gilt in einer Abweichung von § 197 I Z 3 BGB auch bei einem rechtskräftigen Anspruch. Die Frist beginnt mit dem Ablauf desjenigen Kalenderjahrs, das das Verfahren durch rechtskräftige Kostenentscheidung oder durch einen Vergleich oder in sonstiger Weise endete, I 1. Bei einer Dauerbetreuung oder Dauerpflegschaft beginnt die Verjährung mit der Fälligkeit des Anspruchs, I 2. Er muß auch im übrigen einforderbar geworden sein. Auslagen werden mit der Verausgabung fällig. Gebühren werden nach § 7 mit der Beendigung des gebührenpflichtigen Geschäfts fällig, nicht mit der Beendigung der „Angelegenheit", wie bei § 15. Bei einer Verfahrenskostenhilfe beginnt die Verjährungsfrist erst mit der Fälligkeit einer Rate nach §§ 76 FamFG, 122 I Z 1a ZPO oder mit der Aufhebung der Bewilligung nach §§ 76 FamFG, 124 ZPO.

Die Frist läuft außer bei einer *Hemmung* nach II 2, III 1 in Verbindung mit §§ 203 ff BGB mit dem 31. Dezember ab. §§ 46 V, 103 IV enthalten Sonderregeln, nicht aber §§ 19 II 3, 107a II 2. Ein Kostenansatz hindert den Fristbeginn nicht, Karlsr Rpfleger 88, 427. Man muß von der Verjährung das Verbot einer Nachforderung nach § 15 unterscheiden, ebenso eine auflösend bedingte Gebührenbefreiung, Ffm Rpfleger 79, 394, etwa nach § 107a I.

4   **4) Verjährung des Rückerstattungsanspruchs, II.** Ein Rückzahlungsanspruch kann sich aus einer zu hohen Vorschußzahlung oder auch zB aus einem zu hohen Kostenansatz oder einer sonstigen unrichtigen Sachbehandlung ergeben. Die Vorschrift ähnelt weitgehend §§ 5 II GKG, 7 II FamGKG, Teile I A, B dieses Buchs, und § 8 II GvKostG, Teil XI dieses Buchs. Die Verjährungsfrist eines Rückerstattungsanspruchs beträgt auch hier 4 Jahre. Sie beginnt zwar an sich nach II 1 mit dem Ablauf des Kalenderjahrs der Zahlung, Stgt Rpfleger 04, 380. Sie beginnt jedoch nach II 2 auch nicht vor dem Ablauf desjenigen Kalenderjahrs wie bei I. Der Gebührenerstattungsanspruch kann also nicht vor der Beendigung des Geschäfts entstehen, aM KG Rpfleger 03, 149 (mit einer Überzahlung), bei einem unrichtigen Kostensatz mit dessen Aufhebung, Köln Rpfleger 92, 317, aM BayObLG JB 01, 104, Bre RR 00, 1743, Oldb NdsRpfl 00, 254. Eine Erinnerung oder Beschwerde hemmen die Verjährung nach II 3 wie eine Klagerhebung nach § 204 II BGB. Die Verjährung beginnt durch die Anordnung der Rückerstattung neu entsprechend § 212 I Z 1 BGB.

5   Zur etwaigen *Verwirkung* Hamm Rpfleger 87, 204.

6   **5) Anwendbare Vorschriften des BGB, III 1–3.** Man muß drei Aspekte beachten.
A. Grundsatz, III 1 Hs 1. §§ 194 ff BGB sind anwendbar, Zweibr FGPrax 98, 241. Die Verjährung führt also zu einem Leistungsverweigerungsrecht nach § 214 BGB. Ein förmliches oder informelles Wertermittlungsverfahren hemmt bis zu demjenigen Zeitpunkt, in dem eine abschließende Kostenrechnung objektiv möglich wird, Zweibr FGPrax 98, 241. Jedoch bewirkt eine Stundung der Forderung keine Unterbrechung. Ein Nachforderungsvorbehalt stellt keine Stundung dar, Düss JB 79, 872. Eine Hemmung wirkt immer nur gegenüber demjenigen Kostenschuldner, in dessen Person die Voraussetzung eingetreten ist. Das gilt auch bei einer Gesamtschuldnerhaft, § 425 BGB, Schlesw JB 76, 225.

7   **B. Neubeginn der Verjährung, III 2.** Eine neue Verjährung kann natürlich nur nach einer früheren erfolgen. Die neue Verjährung beginnt in den folgenden Fällen. Sie erfolgt bei jedem Gesamtschuldner nach § 425 II BGB gesondert.
§§ 212, 213 BGB. Diese Vorschriften nennen die Voraussetzungen eines Neubeginns im allgemeinen. Die Verjährung eines Anspruchs kann auch neu eintreten, wenn eine der folgenden Voraussetzungen vorliegt.

8   **C. Zahlungsaufforderung, III 2 Hs 1 Fall 1.** Es genügt nach dem Ablauf des Kalenderjahrs der Fälligkeit gemäß III 2 Hs 2 der Zugang einer Zahlungsaufforderung nach §§ 14 I, 154, 155 KostO, § 5 II JBeitrO, Teil IX A dieses Buchs. Sie kann formlos erfolgen, vgl §§ 74 ff JKassO. Es genügt auch eine Zahlungsaufforderung des Notars, §§ 141, 143. Allerdings muß dann auch eine ordnungsgemäßer Kostenansatz stattgefunden haben, Düss Rpfleger 75, 266, Hamm DNotZ 90, 319 (zu § 143). Soweit der Kostenschuldner an der Herstellung einer ordnungsgemäßen Berechnung nach § 154 *mitwirken* muß, zB durch die Vorlage einer Bilanz, kann der Notar die Verjährungsfrist geringfügig überschreiten, und zwar etwa um drei Monate. Er muß dann aber eine Schätzung vornehmen.

9   **D. Oder: Stundung, III 2 Hs 1 Fall 2.** Eine Stundungswertteilung nach § 76 JKassO ist kein Hemmungsgrund wie nach § 205 BGB, sondern läßt die Verjährung neu beginnen. Beim Notar ist dessen persönliche Stundungsbewilligung nötig, Lappe NJW 86, 2558, aM Düss MittRhNotK 84, 223. Ein bloßer Vorbehalt der Nachforderung ist keine Stundung, Düss JB 79, 470. Wenn die Frist noch nicht läuft, schiebt die Stundung den Beginn der Verjährungsfrist hinaus. Die Verjährung beginnt auch bei der Bewilligung einer Prozeß- oder Verfahrenskostenhilfe mit der Mitteilung eines Aufhebungsbeschlusses nach § 124 ZPO, § 76 FamFG.

10 **E. Unbekannter Aufenthalt, III 2 Hs 2.** Soweit der Aufenthaltsort des Kostenschuldners unbekannt ist, genügt eine Zustellung der Zahlungsaufforderung durch

die Aufgabe zur Post unter der letzten bekannten Anschrift des Kostenschuldners, § 184 ZPO, § 113 I 2 FamFG. Der Urkundsbeamte der Geschäftsstelle oder der Notar braucht keine Aufenthaltsermittlung vorzunehmen. Er muß nur diese Zustellungsart und den Zeitpunkt der Aufgabe zur Post in den Akten vermerken, § 184 II 4 ZPO. Mit der Übergabe an die Post ist diese Zustellung bewirkt, zB durch den Einwurf in den Briefkasten.

F. Kein Neubeginn, III 2 Hs 1, 2. Ein Neubeginn fehlt bei der Feststellung einer Gebührenfreiheit, BayObLG JB **79**, 1226, oder bei der Mitteilung einer Wertermittlung nach § 15 S 2, Delp JB **78**, 1285. Die Wiederholung einer Zahlungsaufforderung reicht zu einem weiteren Neubeginn nicht. Etwas anderes gilt bei einer die frühere Aufforderung ersetzenden neuen etwa im Beschwerdeverfahren. Auch eine bloße Wiederholung einer Stundung bedeutet keinen Neubeginn, Köln JMBlNRW **87**, 11.

G. Kleinbetrag, III 3. Bei einem Gesamtbetrag der Kostenrechnung nach § 14 I unter 25 EUR tritt keine Hemmung und kein Neubeginn der Verjährung oder ihres Ablaufs ein. Dafür müssen eine Stundung oder eine Bewilligung der Prozeß- oder Verfahrenskostenhilfe dann als ein Hemmungsgrund wirken. Der Unterschied zwischen einer Hemmung und einem Neubeginn der Verjährung liegt darin, daß die nur gehemmte Frist nach dem Ende der Hemmung weiterläuft, § 212 BGB, III 3 ist auch anwendbar, soweit eine ursprünglich höhere Kostenschuld auf einen Restbetrag von weniger als 25 EUR *gesunken* ist, etwa infolge einer Teilzahlung, aM KLBR 18 (aber die Vorschrift soll auch beim restlichen Kleinbetrag vereinfachen).

6) Geltendmachung der Verjährung, III 1 Hs 2. Das Gericht darf eine Verjährung nicht von Amts wegen berücksichtigen, Schlesw JB **91**, 562. Der Kostenbeamte muß also auch verjährte Kosten ansetzen. Erst wenn der Kostenschuldner nach § 214 I BGB, die Einrede der Verjährung erhebt, dürfen und müssen der Kostenbeamte oder die Verwaltungsbehörde eine Änderung des Kostenansatzes vornehmen, soweit die Voraussetzungen dafür objektiv vorliegen. Es reicht auch aus, daß sich der Kostenschuldner formlos auf die Frist des § 15 S 1 beruft, Düss Rpfleger **87**, 39 (zustm Schopp), oder daß er jeden Anspruch bestreitet. Beim Notar gilt vorrangig § 156.

Soweit der Kostenschuldner vor dem Ablauf der Verjährungsfrist die Erhebung von Kosten *arglistig* verhindert hat, kann er sich nicht auf die dann eingetretene Verjährung berufen.

7) Rechtsbehelfe, III. Gegen die fehlerhafte Entscheidung des Kostenbeamten oder der Verwaltungsbehörde ist die Erinnerung nach § 14 II zulässig. Gegen die Entscheidung im Erinnerungsverfahren ist unter den Voraussetzungen des § 14 III die Beschwerde usw zulässig. In der Rechtsbeschwerdeinstanz ist eine erstmalige Erhebung der Verjährungseinrede nicht mehr zulässig, Düss Rpfleger **87**, 39 (zustm Schopp). Beim Notar gilt vorrangig § 156.

8) Keine Verzinsung, IV. Die Vorschrift gilt nicht beim Notar, § 143 I stellt, wie die vergleichbaren § 5 IV GKG, § 7 IV FamGKG, § 8 IV GvKostG, klar, daß bei Gerichtskosten keinerlei Verzinsung auf irgendeinen Zahlungs- oder Rückerstattungsanspruch erfolgt. Dadurch ist eine vorübergehend aufgetretene Streitfrage erledigt. Zum alten Recht BayObLG FGPrax **03**, 192.

7. Geschäftswert

Grundsatz

18 ^I ¹Die Gebühren werden nach dem Wert berechnet, den der Gegenstand des Geschäfts zur Zeit der Fälligkeit hat (Geschäftswert). ²Der Geschäftswert beträgt höchstens 60 Millionen Euro, soweit kein niedrigerer Höchstwert bestimmt ist.

^{II} ¹Maßgebend ist der Hauptgegenstand des Geschäfts. ²Früchte, Nutzungen, Zinsen, Vertragsstrafen und Kosten werden nur berücksichtigt, wenn sie Gegenstand eines besonderen Geschäfts sind.

III Verbindlichkeiten, die auf dem Gegenstand lasten, werden bei Ermittlung des Geschäftswerts nicht abgezogen; dies gilt auch dann, wenn Gegenstand des Geschäfts ein Nachlaß oder eine sonstige Vermögensmasse ist.

Vorbem. I 2 geändert dch Art 17 Z 4 des 2. JuMoG v 22. 12. 06, BGBl 3416, in Kraft seit 31. 12. 06, Art 28 I des 2. JuMoG, Übergangsrecht §§ 161 ff KostO.

Gliederung

1) **Systematik, I–III** 1
2) **Regelungszweck, I–III** 2
3) **Geschäftswert, I** 3–7
   A. Grundsatz: Wert bei Fälligkeit 3
   B. Geschäftsgegenstand 4
   C. Mehrheit selbständiger Gegenstände 5
   D. Haupt- und Nebengegenstand 6
   E. Höchstwert 60 Millionen Euro; weitere Einzelfragen 7
4) **Hauptgegenstand, II** 8, 9
   A. Grundsatz: Nur Hauptwert 8
   B. Ausnahmen 9
5) **Verbindlichkeit, III** 10–13
   A. Grundsatz: Kein Abzug 10
   B. Ausnahmen 11
   C. Einzelfragen 12, 13

1 **1) Systematik, I–III.** In dem mit § 18 beginnenden Abschnitt legt das Gesetz den oft für die Gebührenhöhe entscheidenden Anknüpfungsmaßstab fest, den Wert der Angelegenheit. Freilich finden sich auch in anderen Teilen der KostO solche dann vorrangigen Wertbestimmungen, zB bei §§ 39–41, 46 IV, 49 II. Ferner gibt es Festgebühren, zB bei §§ 45 II, 51 V, 56, 72, 73, 89. § 18 enthält den Grundsatz, §§ 19 ff zeigen Durchführungen des Grundsatzes. Dabei dient § 30 als eine Auffangvorschrift. §§ 18 ff sind mit dem GG und dem Europarecht vereinbar, BVerfG NJW 04, 3321, Stgt JB **06**, 324, Zweibr RR **03**, 235. Dem I 2 gehen speziellere Regeln vor, zB in §§ 30 II, 39 IV, 41 IV, 45 I, 47.

2 **2) Regelungszweck, I–III.** Durch die Anknüpfung an den Geschäftswert dient die Vorschrift der Kostengerechtigkeit. Sie enthält keine Rahmen- oder Festgebühren, obwohl man insbesondere letztere einfacher handhaben könnte. Diese Entscheidung verpflichtet zur Sorgfalt bei der Wertermittlung, so kompliziert und mühsam diese auch oft genug sein mag. Der Grundsatz einer dem Kostenschuldner günstigen Auslegung nach § 1 Rn 2 darf nicht dazu führen, daß man beim geringsten Zweifel einfach irgendeinen niedrigeren Wert ansetzt. Wenn Wertrahmen verbleiben, gilt dasselbe. Eine möglichste Annäherung an das wirtschaftlich objektiv Richtige unter einer Mitbeachtung persönlicher Interessen der Beteiligten bleibt der richtige Anwendungsmaßstab, Köln JB **00**, 252.

3 **3) Geschäftswert, I.** Es empfehlen sich fünf Prüfschritte. Stets muß man den absoluten Höchstwert nach I 2 mitbeachten, Rn 7.

A. Grundsatz: Wert bei Fälligkeit. Während die ZPO und das GKG vom Streitwert spricht, das RVG vom Gegenstandswert, das FamGKG vom Verfahrenswert, geht die KostO von dem Begriff Geschäftswert aus. Grundsätzlich muß man die Gebühren nach demjenigen Geschäftswert berechnen, den das Amtsgeschäft im Zeitpunkt der Fälligkeit hat. Von diesem Grundsatz kennt das Gesetz allerdings viele Ausnahmen.

4 **B. Geschäftsgegenstand.** „Gegenstand des Geschäfts" ist dasjenige Recht oder Rechtsverhältnis, zu dem sich die Vorgänge zusammenschließen. Der Geschäftsgegenstand entspricht dem Streitgegenstand des Zivilprozesses, der Geschäftswert entspricht dem Streitwert des Zivilprozesses und dem Verfahrenswert des FamFG. Es entscheidet nicht das Interesse der Beteiligten an dem Geschäft, das unterschiedlich groß sein kann, sondern der objektive Wert des Geschäfts, BayObLG JB **85**, 583, Schlesw RR **00**, 1599, begrenzt durch einen etwa erforderlichen Antrag. Bei einer Genehmigung mehrerer Jahresabschlüsse ist jeder Jahresabschluß maßgeblich, nicht etwa das Gesamtergebnis.

1. Teil. Gerichtskosten § 18 KostO

Bei einem *Kaufvertrag* kommt es nicht auf den Hinweis an, daß noch Erschließungskosten anfallen, vgl aber auch § 20 Rn 6 ff. Es kommt auch nicht auf den Vermögensgegenstand der letzten Erklärung an.

Der maßgebliche *Zeitpunkt* für die Bewertung liegt regelmäßig bei der Beendigung des Geschäfts, § 7, BayObLG MDR **92**, 82, Ffm MDR **78**, 150. Daher ist eine auch nur deutlich absehbare Wertänderung zwischen dem Beginn und der Beendigung des Geschäfts stets beachtbar, BayObLG MittBayNot **96**, 401, Düss MittBayNot **94**, 360, LG Nürnb-Fürth JB **93**, 599. Nicht jede Änderung eines Rechtsverhältnisses bedeutet aber zugleich eine Wertänderung, Ffm JB **77**, 1752. Andererseits kann zB ein alsbaldiger Weiterverkauf einen Rückschluß auf den Wert beim Erstverkauf zulassen, Düss MittBayNot **94**, 360. Ausnahmen vom Grundsatz der Fälligkeit ergeben sich zB aus §§ 20 I, 21 I.

C. Mehrheit selbständiger Gegenstände. Wenn die mehreren Gegenstände 5 desselben Geschäfts selbständig sind, muß man sie in der Regel zusammenrechnen, Düss FamRZ **02**, 762. Unter Umständen ist allerdings die Zusammenrechnung ausdrücklich unstatthaft, § 63 I. Soweit eine Vorschrift über die Wertberechnung dann fehlt, muß man die Berechnung nach den Grundregeln des Kostenrechts und nach ihrem Sinnzusammenhang vornehmen.

D. Haupt- und Nebengegenstand. Vgl zunächst Rn 8. Soweit ein Gegenstand 6 nur zum Teil betroffen ist, ist auch nur dieser Teil für den Wert maßgebend. Vgl aber §§ 35, 44, soweit über denselben Gegenstand in derselben Verhandlung mehrere Erklärungen erfolgen.

E. Höchstwert 60 Millionen Euro; weitere Einzelfragen. Nach I 2 Hs 1 gibt 7 es aus sozialen Erwägungen je Gegenstand des Geschäfts einen absoluten Höchstwert, wie bei § 39 II GKG, § 33 II FamGKG und bei § 22 II RVG, Haeder DNotZ **04**, 406 (auch zu den Unterschieden). Er beträgt bei § 18 60 000 000 EUR. Für den Wert einer Sache oder eines Rechts an einer Sache sind in diesen Grenzen §§ 19, 20 II, 21–25 maßgeblich. Soweit diese Vorschriften unanwendbar sind, ist der allgemeine Wert maßgebend. Notfalls muß man § 30 hinzuziehen. Zum Firmenwert Mümmler JB **75**, 705. Bei einem Wertpapier mit einem Kurswert kommt es auf den Tageskurs an.

Bei einer *Hypothek* usw kommt es auf den Nennwert an, LG Kblz FamRZ **06**, 1057. Die Geschäftsanteile einer Gesellschaft mit beschränkter Haftung stehen demjenigen Anteil am Reinvermögen gleich, der sich bei einer Auseinandersetzungsbilanz am Stichtag ergeben würde, Weber BB **07**, 2085. Der Anteil an einer Personalgesellschaft ist ebenso hoch wie der anteilige Wert an den Aktivwerten, ohne daß man die Schulden abziehen kann, III. Daher liegt sein Wert über dem buchmäßigen Wert. Wichtig ist die zeitnächste Bilanz, BayObLG FamRZ **05**, 817.

Bei einem *bedingten* oder *betagten* Recht entscheidet der allgemeine Wert, BayObLG NZM **00**, 732. Soweit ein solches Recht selbst der Gegenstand des Amtsgeschäfts ist, muß man grundsätzlich einen Abschlag vornehmen. Er richtet sich nach der Wahrscheinlichkeit.

Vgl wegen eines *besonderen* Falls § 24 V.

Wertzusammenrechnung etwa nach § 44 II a bleibt ohne eine Begrenzung auf einen Gesamtwert von 60 000 000 EUR möglich, Filzek JB **04**, 579. Das folgt schon daraus, daß dieser Betrag nach I 2 Hs 2 nur gilt, soweit es sich um denselben Geschäftsgegenstand handelt, Rn 7. § 44 II a gilt bei verschiedenen Gegenständen, § 44 Rn 9.

4) Hauptgegenstand, II. Einem Grundsatz stehen einige Ausnahmen gegen- 8 über.

A. Grundsatz: Nur Hauptwert. Der Geschäftswert richtet sich grundsätzlich allein nach dem Hauptgegenstand. Nebengegenstände bleiben unbeachtet. Das gilt zB bei Sach- und Rechtsfrüchten, Nutzungen nach § 100 BGB, Zinsen, auch bei einer Enteignung, Zweibr Rpfleger **87**, 156, Nebenleistungen nach § 1115 BGB, einer Vertragsstrafe, Kosten, einer Gerichtsstandsvereinbarung, Verwaltungskosten oder Steueranteilen. Sie bleiben auch insoweit unberücksichtigt, als aus ihnen Zahlungsrückstände entstanden sind. Das gilt vor allem auch für die Nebenleistung des Hypothekenschuldners. Das gilt selbst dann, wenn die Nebengegenstände den Wert des Hauptgegenstands übertreffen. Freilich kann ein Nebengegenstand zum Hauptgegenstand werden, soweit es nur schon oder noch um ihn geht, etwa bei einer Schiedsvereinbarung nach § 1029 ZPO oder bei einer Vertragsstrafe.

9 **B. Ausnahmen.** Soweit nur eine Nebenleistung der Gegenstand eines besonderen Geschäfts ist und insoweit zum Hauptgegenstand wird, muß man sie besonders berechnen. Beispiel: Das Geschäft bezieht sich nur auf bisherige Nebenleistungen, es ändert etwa einen vereinbarten Zinssatz oder es wandelt Zinsen in eine weitere Hauptforderung um oder es betrifft eine selbständige Schiedsvereinbarung. Man muß nach den Umständen entscheiden, ob Steuern Haupt- oder Nebengegenstand sind. Die Umsatzsteuer kann zum Hauptgegenstand zählen. Das gilt vor allem dann, wenn der Käufer sie als Vorsteuer abziehen kann.

10 5) **Verbindlichkeit, III.** Auch hier gibt es einen Grundsatz mit Ausnahmen. **A. Grundsatz: Kein Abzug.** Die Vorschrift verstößt trotz ihrer von den wirtschaftlichen Bewertungen abweichenden Kostenfolgen nicht gegen das GG, BayObLG DB **97**, 971. Alle schuldrechtlichen und sachenrechtlichen Lasten, die auf dem Gegenstand des Geschäfts ruhen, bleiben grundsätzlich bei der Ermittlung des Geschäftswerts unbeachtet, BayObLG DNotZ **91**, 401. Das gilt auch dann, wenn ein Nachlaß oder eine sonstige Vermögensmasse den Gegenstand des Geschäfts darstellt. Es findet also kein Abzug einer Hypothek, eines Nießbrauchs, einer Reallast, eines Pfandrechts, einer Grundschuld, einer Rentenschuld, eines Wiederkaufsrechts statt, BayObLG **95**, 59, auch nicht einer Konzernpflicht, BayObLG Rpfleger **75**, 268. Das alles gilt zB auch für einen Nachlaßteil und bei einem nach dem früheren DDR-Recht begründeten Nutzungsrecht, KG Rpfleger **96**, 480. Allerdings muß man öffentliche Lasten, Grunddienstbarkeiten und Erbbaurechte abziehen, KG Rpfleger **09**, 533. Kein Abzug erfolgt bei einer Personengesellschaft oder bei ihrem Anteil, Weber BB **07**, 2088.

11 **B. Ausnahmen.** Von dem vorgenannten Grundsatz gelten viele Ausnahmen, zB §§ 38 II, 39 III, 46 IV, 49 II, 92 I 1, 93 II, 103 I, 107 II ff. Dort ist grundsätzlich der gemeine Wert der Verbindlichkeit maßgebend, solange die Parteien keinen höheren vereinbarten. Bei einer Geldforderung ist natürlich ihr Nennwert am Fälligkeitstag in EUR direkt oder umgerechnet maßgeblich. Beim Grundstück muß man § 19 II 1 beachten. Eine Bedingung ist grundsätzlich unbeachtlich, BayObLG **86** Nr 42.

12 **C. Einzelfragen.** III gilt auch bei einer Umwandlung, und zwar trotz des amtlichen Vorspruchs des UmwG. Dann muß man den Beschluß in einzelne Teile mit einem bestimmten und mit einem unbestimmten Geldwert zerlegen. Der Vermögensübertragungsbeschluß hat einen bestimmten Geldwert in Höhe der übertragenen Aktiven ohne Schuldenabzug.

Ein *Verlustvortrag* dient dem Ausgleich der Bilanz. Man muß ihn daher abziehen. Ein Wertberichtigungsposten in einer Bilanz mindert unmittelbar den Wert der Aktiven. Auch ihn muß man also abziehen.

13 Soweit ein *Abzug* stattfinden darf, muß man §§ 22–24 entsprechend anwenden. Jedoch bleibt das Verwandtenprivileg nach § 24 III, IV außer Betracht. Denn andernfalls würde das Gegenteil herauskommen. Dann erfolgt die Bewertung vielmehr nach § 24 II.

Sachen

19 [I] [1]Der Wert einer Sache ist der gemeine Wert. [2]Er wird durch den Preis bestimmt, der im gewöhnlichen Geschäftsverkehr nach der Beschaffenheit der Sache unter Berücksichtigung aller den Preis beeinflussenden Umstände bei einer Veräußerung zu erzielen wäre; ungewöhnliche oder nur persönliche Verhältnisse bleiben außer Betracht.

[II] [1]Bei der Bewertung von Grundbesitz ist der letzte Einheitswert maßgebend, der zur Zeit der Fälligkeit der Gebühr bereits festgestellt ist, sofern sich nicht aus dem Inhalt des Geschäfts, den Angaben der Beteiligten, Grundstücksbelastungen, amtlich bekannten oder aus den Grundakten ersichtlichen Tatsachen oder Vergleichswerten oder aus sonstigen ausreichenden Anhaltspunkten ein höherer Wert ergibt; jedoch soll von einer Beweisaufnahme zur Feststellung eines höheren Wertes abgesehen werden. [2]Wird der Einheitswert nicht nachgewiesen, so ist das Finanzamt um Auskunft über die Höhe des Einheitswerts zu ersuchen; § 30 der Abgabenordnung steht der Auskunft nicht entgegen. ³Ist der Einheitswert noch nicht festgestellt, so ist dieser vorläufig zu schätzen; die Schätzung ist nach der ersten Feststellung des Einheitswerts zu berichtigen; die Frist des § 15 Abs. 1 beginnt erst mit der Feststellung des Einheitswerts.

III Ist der Einheitswert maßgebend, weicht aber der Gegenstand des gebührenpflichtigen Geschäfts vom Gegenstand der Einheitsbewertung wesentlich ab oder hat sich der Wert infolge bestimmter Umstände, die nach dem Feststellungszeitpunkt des Einheitswerts eingetreten sind, wesentlich verändert, so ist der nach den Grundsätzen der Einheitsbewertung geschätzte Wert maßgebend.

IV ¹Bei einem Geschäft, das die Überlassung eines land- oder forstwirtschaftlichen Betriebes mit Hofstelle durch Übergabevertrag, Erbvertrag oder Testament, Erb- oder Gesamtgutsauseinandersetzung oder die Fortführung des Betriebes in sonstiger Weise einschließlich der Abfindung weichender Erben betrifft, ist das land- und forstwirtschaftliche Vermögen im Sinne des Bewertungsgesetzes mit dem Vierfachen des letzten Einheitswertes, der zur Zeit der Fälligkeit der Gebühr bereits festgestellt ist, zu bewerten; Absatz 2 Satz 2 und 3 und Absatz 3 gelten entsprechend. ²In dem in Artikel 3 des Einigungsvertrages genannten Gebiet gelten für die Bewertung des land- und forstwirtschaftlichen Vermögens die Vorschriften des Dritten Abschnitts im Zweiten Teil des Bewertungsgesetzes mit Ausnahme von § 125 Abs. 3; § 126 Abs. 2 des Bewertungsgesetzes ist sinngemäß anzuwenden.

V Ist der nach Absatz 2 bis 4 festgestellte Wert höher als der gemeine Wert, so ist der gemeine Wert maßgebend.

Vorbem. II 3 Hs 2 geändert dch Art 17 Z 5 des 2. JuMoG v. 22. 12. 06, BGBl 3416, in Kraft seit 31. 12. 06, Art 28 I des 2. JuMoG. IV 2 angefügt dch Art 118 G v 19. 4. 06, BGBl 866, in Kraft seit 25. 4. 06, Art 210 I G. Übergangsrecht jeweils § 161 KostO.

Schrifttum: *Faßbender,* Das Kostenprivileg der Landwirtschaft (Kommentar), 1999; *Gottschalk,* Handbuch der Immobilienwertermittlung, 1999; *Kleiber/Simon/Weyers,* Verkehrswertermittlung von Grundstücken, 5. Aufl 2007; *Simon/Cors/Halaczinsky/Teß,* Handbuch der Grundstückswertermittlung, 5. Aufl 2003; *Zimmermann/Heller,* Der Verkehrswert von Grundstücken, 2. Aufl 1999.

Gliederung

1) Systematik, I–V	1
2) Regelungszweck, I–V	2
3) Gemeiner Wert, I, V	3, 4
A. Gewöhnliche Umstände	3
B. Nicht: Ungewöhnliche Umstände	4
4) Einheitswert, II	5–13
A. Grundsatz: Ausgangspunkt der Wertermittlung	5
B. Kein Hilfswert	6, 7
C. Einbeziehung von III	8
D. Maßgebender Zeitpunkt: letzter Wert	9
E. Beachtbarkeit von § 7	10
F. Spätere Tatsache	11, 12
G. Wertänderung	13
5) Höherer Wert, II	14–36
A. Ausreichende Anhaltspunkte	15
B. Umfassende Berücksichtigung	16
C. Gewisse Wahrscheinlichkeit	17, 18
D. Nur höherer Wert	19
E. Gesetzliche Einzelfaktoren	20
F. Beispiele zur Frage eines höheren als des Einheitswerts, II	21–35
G. Zusammenrechnung	36
6) Keine Beweisaufnahme, II 1 Hs 2	37–40
A. Grundsatz	37, 38
B. Ausnahmen	39, 40
7) Schätzung des Einheitswerts, II	41
8) Berichtigung und Ergänzung, II	42
9) Schätzung, III	43–49
A. Abweichung des Geschäftsgegenstands vom Einheitswert	44, 45
B. Wesentliche Wertveränderung	46–49

KostO § 19   III. Kostenordnung

10) Betriebsübergabe usw, IV, V 50–52
A. Vorrangige Sonderregel 50, 51
B. Beispiele zur Frage einer Betriebsübergabe usw, IV 52–55

1 1) **Systematik, I–V.** I 1 enthält den Grundsatz der Bewertung „einer Sache" nach § 90 BGB als des Hauptgegenstands nach § 18 II, auch einer Sachgesamtheit oder Vermögensmasse. Die Wertfestsetzung erfolgt nach § 31. Auch das Grundstück ist eine (unbewegliche) Sache. Daher gehört auch ein grundstücksgleiches Recht wie zB das Erbbaurecht trotz der Sonderregeln in § 21 hierher. Nun enthält allerdings II für die Bewertung von „Grundbesitz" zusätzliche Regeln. Das könnte bei einer isolierten Betrachtung von II zu der Annahme verleiten, beim Grundbesitz gelte I nur hilfsweise.

Da indessen I nicht nur von einer „beweglichen" Sache spricht, sondern von der *Sache schlechthin*, darf man II nicht als eine vorrangige Sondervorschrift gegenüber I verstehen, sondern muß ihn als eine Ergänzung zu I betrachten, als eine nähere Erläuterung des Oberbegriffs „gemeiner Wert", als einen amtlichen Hinweis darauf, wie man diesen Begriff beim Grundbesitz näher ermitteln muß. Ich gilt also auch für die Bewertung des Grundbesitzes. IV, V enthalten vorrangige eng auslegbare Sonderregeln. Vgl auch Rn 50. Die Vorschrift gilt nach § 141 auch beim Notar. Nur § 31 gilt dort nicht, § 143 I. Wohl aber gilt II 2.

Anerkannt ist die WertermittlungsVO vom 6. 12. 88, BGBl 2209, geändert durch Art 3 G vom 18. 8. 97, BGBl 2081, BGH NZM **01**, 440. Hierher können auch die *Richtlinien* des BMJ für die Ermittlung der Verkehrswerte (Marktwerte) von Grundstücken gehören, zuletzt vom 19. 7. 02, BAnz Nr 238a vom 20. 12. 2002. Hierher kam ferner zB ein Richtwert nach §§ 193 III, 196 BauGB gehören, soweit er veröffentlicht ist, BayObLG RR **01**, 1583, Köln Rpfleger **86**, 322, LG Bayreuth JB **77**, 1597.

Zur Ermittlung der Bodenwerte in den *neuen Bundesländern* vgl den EV sowie Vogel DS **90**, 200. Soweit dort die Trennung von Grundstücks- und Gebäudeeigentum fortbesteht, muß man auch deren Werte getrennt bestimmen, BezG Drsd Rpfleger **91**, 493. § 19 verstößt weder gegen EU-Recht noch gegen das GG, BayObLG FGPrax **02**, 41.

Als *vorrangige Spezialvorschrift* bestimmt ferner für das gesetzliche Erwerbsrecht eines öffentlichen Nutzers eines Grundstücks in den neuen Bundesländern das als Art 1 des Grundstücksrechtsbereinigungsgesetzes (GrundRBerG) geschaffene Verkehrsflächenbereinigungsgesetz (VerkFlBerG) vom 26. 10. 01, BGBl 2716:

> **VerkFlBerG § 14. ... Gerichtliches Verfahren ... III [1]Für den Geschäftswert ist maßgebend der Kaufpreis, in jedem Fall jedoch bei Verkehrsflächen mindestens der nach § 5 geschuldete Kaufpreis, bei Grundstücken nach § 1 Abs. 1 Nr. 2 die Hälfte des nach § 6 Abs. 2 ermittelten Wertes. [2]Endet das Verfahren ohne eine Vermittlung, ist für den Geschäftswert der in Satz 1 genannte Mindestwert maßgebend.** [3]...

2 2) **Regelungszweck, I–V.** Auch diese Vorschrift dient einerseits der Kostengerechtigkeit, andererseits der Prozeßwirtschaftlichkeit, BLAH Grdz 14 vor § 128 ZPO. IV dient der Erhaltung leistungsfähiger Betriebe und der frühzeitigen Regelung der Hofnachfolge aus agrarpolitischen Gründen, BayObLG **01**, 142.

Man darf weder das *staatliche Interesse* an ausreichenden Kosteneinnahmen allein beachten oder dasjenige des Notars, dem die Gebühren zufließen, noch das entgegengesetzte Interesse des Kostenschuldners allein berücksichtigen. Es kommt nicht nur auf den Maßstab eines durchschnittlichen Käufers oder Verkäufers an. Vielmehr sind im Rahmen des „gewöhnlichen Geschäftsverkehrs" durchaus auch gewisse von der Alltagsnorm abweichende Umstände wertbestimmend.

3 3) **Gemeiner Wert, I, V.** Der gemeine Wert oder Verkehrswert ist auch kostenrechtlich maßgeblich.

A. **Gewöhnliche Umstände.** Der gemeine Wert ergibt sich aus demjenigen Preis, den man bei gewöhnlichem Geschäftsverkehr im Fälligkeitszeitpunk nach §§ 7, 18 I erzielen kann, und zwar nach der Beschaffenheit der Sache oder in V den landes- oder forstwirtschaftlichen Vermögens unter ein Berücksichtigung aller den Preis

664

beeinflussenden Umstände bei einer Veräußerung, BayObLG JB **85**, 434. Maßgeblich sind also das Angebot und die Nachfrage. Man muß sich mit einer Schätzung begnügen, BayObLG JB **99**, 376, Lappe NJW **81**, 1741. *Sie bilden sich* sowohl auf Grund der Beschaffenheit der Sache, ihres Materials, ihrer Herstellungskosten usw als auch durch die Mode, durch die allgemeine Wirtschaftslage, durch tausend andere Faktoren. Sie sind durch die Art und Weise des Veräußerungsgeschäfts, seinen Ort und seinen Zeitpunkt sowie die Persönlichkeit der Geschäftspartner bedingt.

B. Nicht: Ungewöhnliche Umstände. Ein ungewöhnlicher oder nur vorüber- 4 gehender oder auch nur persönlicher Umstand bleibt nach I 2 Hs 2 außer Betracht. Diese Vorschrift verbietet es zB, einen Notverkauf oder ein Verwandtengeschäft oder einen besonderen Liebhaberwert nur für den Veräußerer oder nur für den Erwerber oder auch eine Verfügungsbeschränkung infolge Nacherbfolge als maßgeblich anzusehen, BayObLG JB **99**, 432. Andererseits kann natürlich ein besonders niedriger oder ungewöhnlich hoher Preis durchaus noch im Rahmen des „gewöhnlichen Geschäftsverkehrs" nach I 2 Hs 1 zustande kommen. Die Abgrenzung zwischen diesem gewöhnlichen Verkehr und ungewöhnlichen oder nur persönlichen Verhältnissen ist also nur auf Grund aller Umstände möglich. Im Zweifel liegen keine ungewöhnlichen oder nur persönlichen Verhältnisse vor. Leider zählt auch eine Zwangsversteigerung heute durchaus zum gewöhnlichen Geschäftsverkehr, § 60 Rn 12.

4) Einheitswert, II. Die Berechnung und der maßgebende Zeitpunkt sind ver- 5 hältnismäßig klar.

A. Grundsatz: Ausgangspunkt der Wertermittlung. Bei der Bewertung von Grundbesitz ist grundsätzlich der letzte Einheitswert maßgebend, II 1, Rn 9. Diese Vorschrift stellt allerdings keine gegenüber I vorrangige Sonderregel dar, Rn 1. Sie enthält vielmehr den Ausgangspunkt der Wertermittlung. Sie erfolgt nach dem durch II nur eingeschränkten Untersuchungsgrundsatz von Amts wegen, Düss JB **75**, 435, Karlsr Just **75**, 392. Die Wertermittlung muß stets den Oberbegriff des „gemeinen Werts" nach I mitbeachten, soweit man den Grundbesitz überhaupt im gewöhnlichen Geschäftsverkehr veräußern kann, Karlsr Just **75**, 107. Man soll also versuchen, sich auch hier dem gemeinen Wert zu nähern. Nur die Annäherungsmittel sind begrenzt. IV, V sind in ihrem Bereich abweichend und vorrangig, Rn 1.

B. Kein Hilfswert. Der Einheitswert ist allerdings andererseits keineswegs etwa 6 ein bloßer Hilfswert, Hamm Rpfleger **83**, 87. Das gilt trotz des Umstands, daß II 1 seinerseits den Einheitswert in Hs 1 nur dann maßgebend sein läßt, wenn sich nicht nach Hs 2 abweichende Umstände für einen höheren Wert ergeben. Ebenso wie II gegenüber I keine vorrangige Sonderregel darstellt, sondern Maßstäbe zur näheren Ermittlung des gemeinen Werts bringt, bildet der Einheitswert nach II 1 Hs 1 deutlich die Grundlage für diese nähere Wertermittlung und nicht etwa eine Ausnahmeregel.

Das ergibt sich auch bei einer Berücksichtigung des nach dem Strichpunkt mit 7 dem *Wort „jedoch"* beginnenden letzten Teils von II 1. Dort steht die Anweisung, von einer Beweisaufnahme zur Feststellung eines höheren Werts abzusehen. Man muß daher keineswegs zunächst mit allen rechtstechnisch möglichen Mitteln nach einem höheren Wert als dem Einheitswert forschen. Man darf den Einheitswert auch keineswegs nur bei unbefriedigenden Ergebnissen dieser Suche als einen bloßen Hilfswert einsetzen.

Der Einheitswert ist vielmehr bei Grundbesitz der *regelmäßige Ausgangspunkt*. Mit ihm darf man sich *durchweg begnügen*, BayObLG Rpfleger **79**, 395, Hamm MDR **76**, 324. Das gilt trotz des Umstands, daß der Einheitswert durchweg weit unter dem Verkehrswert nach Rn 3 liegt, aM Karlsr JB **82**, 112.

C. Einbeziehung von III. Zu demselben Ergebnis kommt man auch bei einer 8 Einbeziehung von III in die Erwägungen nach II. Der Einheitswert bleibt einerseits beim Grundbesitz solange maßgebend, bis sich eine erhebliche Abweichung des wahren Geschäftswerts vom Gegenstand der Einheitsbewertung ergibt. Andererseits ist der Einheitswert keineswegs der alleinige Maßstab, sondern nur eine nähere Erläuterung des Oberbegriffs „gemeiner Wert" nach I.

9   **D. Maßgebender Zeitpunkt: letzter Wert.** Maßgeblich ist unter den denkbaren Einheitswerten „der letzte, der zur Zeit der Fälligkeit der Gebühr bereits festgestellt ist". Die Bewertung erfolgt nach dem BewG. Es kann also sehr wohl der Einheitswert von 1964 maßgeblich sein, Art 5 § 1 Nov 75 in Verbindung mit Art 4 I des Gesetzes vom 13. 8. 65, BGBl 851, Mümmler JB **75**, 1303. Soweit eine Wertfortschreibung oder Nachfeststellung vor dem Fälligkeitszeitpunkt erfolgt ist, muß man sie berücksichtigen.

10 **E. Beachtbarkeit von § 7.** Die Fälligkeit der Gebühr richtet sich auch hier nach § 7, BayObLG Rpfleger **87**, 198. Unter einer Feststellung versteht II 1 die Festsetzung durch die zuständige Behörde, aM Appell DNotZ **78**, 576 (der Einheitswert bedeute die letzte Rangstelle). Es kommt auf die letzte Festsetzung vor der Fälligkeit an, Ackermann JB **76**, 1155. Es ist unerheblich, ob die letzte Festsetzung durch die zuständige Behörde dem Betroffenen und insbesondere dem Grundeigentümer bis zur Fälligkeit der Gebühr nach § 7 oder bis zum Kostenansatz oder bis zur Wertfestsetzung mitgeteilt oder auf andere Weise bekannt geworden war. *Ausreichend* ist also der Umstand, daß die Behörde den Einheitswert bis zum Fälligkeitszeitpunkt aus irgendeinem Anlaß festgesetzt hatte. Freilich muß die Festsetzung nach den dafür maßgebenden Vorschriften wirksam erfolgt sein. Soweit diese Vorschriften eine Mitteilung an einen Beteiligten zur Wirksamkeitsvoraussetzung machen, muß man diese Mitteilung natürlich auch im Rahmen von II 1 für den Einheitswert zugrunde legen.

11 **F. Spätere Tatsache.** Es kommt darauf an, ob die wertbegründenden Tatsachen bereits im Zeitpunkt der Gebührenfälligkeit vorhanden waren, Celle JB **75**, 225, Düss JB **76**, 226. Es ist unerheblich, ob der Notar oder der Kostenbeamte sie schon damals kannte, Düss JB **75**, 226. Deshalb ist es auch denkbar, daß eine erst nach der Fälligkeit dem Kostenbeamten oder dem Beschwerdegericht bekannt gewordene Tatsache zu einer Nachforderung nach §§ 14, 15 oder zu einer Rückerstattung führt, § 17 II.

12 Wenn der Notar vor der Absendung seiner Kostenberechnung eine solche Tatsache erfährt, muß er alle Beteiligten zu ihr *Stellung nehmen* lassen, insbesondere den Kostenschuldner. Das gilt vor allem dann, wenn die Beteiligten unterschiedliche Wertangaben gemacht haben.

13 **G. Wertänderung.** Eine erst nach der Gebührenfälligkeit eintretende wertverändernde Tatsache ist unbeachtbar, BayObLG Rpfleger **87**, 198. Der Notar darf auch nicht seine Pflicht zur Amtsverschwiegenheit nach § 18 BNotO verletzen. Er darf auch nicht einen anderen Notar befragen, der den Kaufvertrag eines Nachbargrundstücks beurkundet hat. Ebensowenig darf man Anhaltspunkte für die Bewertung des jetzt fraglichen Grundstücks aus einer anderen Akte weitergeben, §§ 299 ZPO, 13 FamFG, 12 GBO.

14 **5) Höherer Wert, II.** Der letzte Einheitswert ist bei I–III anders als bei IV, V solange maßgeblich, bis sich ein höherer Wert nach den in II 1 genannten Anhaltspunkten ergibt, Stgt Rpfleger **87**, 365. Auch das sog Ertragswertverfahren kann anwendbar sein, BayObLG **00**, 189. Die Rspr-Praxis ist unbefriedigend, BVerfG AgrarR **86**, 288.

15 **A. Ausreichende Anhaltspunkte.** Ein höherer Wert als der Einheitswert ist maßgeblich, sobald sich ausreichende Anhaltspunkte für ihn ergeben. Zur Prüfung der Frage, ob sie vorliegen, muß man wiederum die folgenden Regeln beachten.

16 **B. Umfassende Berücksichtigung.** Obwohl II 1 nur von „sonstigen" ausreichenden Anhaltspunkten spricht und zuvor eine Reihe von Einzelfaktoren nennt, sind die letzteren doch nur beispielhafte Erläuterungen des Oberbegriffs „ausreichender Anhaltspunkt". Das bedeutet: Man muß sämtliche Gesichtspunkte beachten, die auf einen höheren Wert als den Einheitswert hinweisen. Zur sog Sachwertmethode BayObLG FamRZ **05**, 823.

Das gilt auch für den *Notar*, LG Bochum JB **97**, 657. Zumindest methodisch kann dabei die Wertermittlungsverordnung nützlich sein, Rn 1. Sie ist allerdings nur im Rahmen des BauGB verbindlich. Wenn der Kostenschuldner eine andere Berechnungsmethode vorschlägt, muß das Gericht ihm eine Gelegenheit geben, die zugehörigen Unterlagen vollständig vorzulegen, BayObLG RR **01**, 1583.

§ 19 KostO

C. Gewisse Wahrscheinlichkeit. Der Ausdruck „Anhaltspunkt" in II 1 macht 17
deutlich, daß keine völlige Gewißheit eines höheren Werts vorzuliegen braucht. Deshalb soll auch insoweit keine Beweisaufnahme stattfinden, wie das Gesetz ausdrücklich betont. Vielmehr kann man sich mit einer gewissen Wahrscheinlichkeit eines höheren Werts als des Einheitswerts begnügen.

Andererseits reicht eine bloß *theoretisch* denkbare oder zwar praktisch nicht zu 18
leugnende, aber doch nur geringe Möglichkeit eines höheren Werts *nicht* aus. Sie stellt eben keinen „ausreichenden" Anhaltspunkt dar, sondern nur einen unzureichenden. Im Zweifel liegt kein ausreichender Anhaltspunkt vor. Man darf auch keineswegs einfach den Einheitswert zunächst vervielfältigen und dann einen „Sicherheitsabschlag" vornehmen. Das würde alles viel zu vage sein, aM Karlsr JB **82**, 112.

D. Nur höherer Wert. Beachtlich ist nur ein etwa höherer Wert als der Einheitswert. Eine noch so große Wahrscheinlichkeit dafür, daß der wahre Wert unter dem letzten Einheitswert liegt, ist unbeachtlich. Das gilt jedenfalls solange, als die Einheitswerte mehr oder minder stark hinter den Verkehrswerten und damit hinter den „gemeinen Werten" des I zurückbleiben. Ersichtlich geht II von diesem seit langem bestehenden Mißverhältnis zwischen dem gemeinen Wert und dem Einheitswert aus.

E. Gesetzliche Einzelfaktoren. II 1 nennt eine Reihe solcher Faktoren, aus de- 20
nen sich ausreichende Anhaltspunkte eines höheren Werts als des Einheitswerts ergeben können. Die Aufzählung ist lediglich beispielhaft. In Betracht kommen die folgenden Merkmale.

F. Beispiele zur Frage eines höheren als des Einheitswerts, II 21
Amtlich bekannte Tatsache: Ein höherer als der Einheitswert kann sich nach II 1 Hs 1 aus einer amtlich bekannten Tatsache nach § 291 ZPO, § 193 III BauGB, § 74a V ZVG ergeben, oder aus einem amtlichen oder trotz einer grundsätzlichen amtlichen Schweigepflicht gerichtsbekannten Vergleichswert, BFH NJW **77**, 126. Es kommt zB ein kürzlicher Verkauf eines vergleichbaren Nachbargrundstücks infrage, auch eine Bewertungspraxis etwa der verkaufenden Gemeinde. Der Notar soll eine solche Tatsache berücksichtigen und die Grundakten des betroffenen Grundstücks einsehen, auch wenn er von einer Beweisaufnahme absehen soll. Vgl auch die Wertermittlungshilfen Rn 1.

Manche *vermindern* den letzten derartigen Richtwert um 25%, sofern nicht der Einheitswert höher war, BayObLG **95**, 59 für einen Bodenwert. Er ist dann ein Mindestwert, Düss JB **85**, 435, Köln JB **84**, 1883, Oldb AgrarR **87**, 67. Die Wertentwicklung jedenfalls in Berlin zwingt jetzt eher zu einer deutlichen Werterhöhung.

Anfrage bei Kreditinstitut: Sie kann einen brauchbaren Anhaltspunkt ergeben, soweit sie überhaupt zulässig war, Hamm Rpfleger **80**, 243.

Angaben des Beteiligten: Ein höherer Einheitswert kann sich nach II 1 Hs 1 aus Angaben der Beteiligten ergeben. Der Notar ist selbst nicht in diesem Sinn ein Beteiligter. Für ihn gilt § 31a. Der Notar soll die Beteiligten über den Grundstückswert befragen, Art 103 I GG. Sie müssen wie bei § 138 ZPO wahrhaftig antworten, BayObLG JB **89**, 824, Ffm JB **88**, 1198. Die Angaben brauchen sich nicht aus der Urkunde zu ergeben. Man braucht grundsätzlich nicht zu prüfen, wie die Beteiligten zu ihren Angaben kamen, Hamm MDR **76**, 325. Allerdings sind Notar und Gericht nicht an die Angaben gebunden. Sie müssen zumindest dann eine kritische Prüfung solcher Angaben vornehmen, wenn bestimmte tatsächliche Umstände für einen in Wahrheit anderen Wert sprechen. Die Angaben können zu niedrig sein, aber auch zu hoch, Hamm AgrarR **84**, 171. Die persönlichen Verhältnisse sind jedenfalls unerheblich, BayObLG **85**, 5. Mangels derartiger Angaben darf man den Wert schätzen, BayObLG MittBayNot **93**, 230.

S auch Rn 30 „Quadratmeterpreis".

Auseinandersetzung: Ein höherer als der Einheitswert kann sich bei einer Auseinandersetzung aus dem an die Ausscheidenden zahlbaren Betrag und den übernommenen Lasten ergeben.

Auskunft: Rn 38.

Bauerwartungsland: Maßgeblich ist der erzielbare Preis, ab einem Bebauungsplan 22
meist 50% von Bauland, BayObLG MittBayNot **02**, 207, Bengel/Tiedtke DNotZ **04**, 265.

KostO § 19 III. Kostenordnung

Bebauungspflicht: Ein höherer als der Einheitswert kann sich mit aus einer Bebauungspflicht des Verkäufers in einem einheitlichen Kaufvertrag ergeben, KG DB **85**, 1837, Zweibr JB **00**, 427. Bei Sozialwohnungs-Baupflicht ist Zurückhaltung geboten, LG Mü JB **99**, 321.
Befragung: Rn 21 „Angaben des Beteiligten".
Belastung: Rn 26 „Grundstücksbelastung", Rn 35 „Werterhöhung, Wertminderung".
Beleihungsgrenze: *Kein* ausreichender Anhaltspunkt für einen höheren als den Einheitswert ergibt sich aus dem Erfahrungssatz, daß eine Bank ein Grundstück nicht bis zur Wertgrenze beleiht, Hamm Rpfleger **80**, 244.
S auch Rn 26 „Grundstücksbelastung".
Berlin: Rn 21 „Amtlich bekannte Tatsache".
Bodenrichtwert: Er kann ausreichen, Rn 21 „Amtlich bekannte Tatsache", LG Nürnb-Fürth JB **08**, 377. Meist muß man einen Abschlag vornehmen, BayObLG DNotZ **95**,779 (25%), Düss JB **85**, 435, Köln JB **84**, 1883.
Brandversicherung: Rn 33 „Versicherungswert".
23 **Eigentumswohnung:** Rn 33 „Versicherungswert".
Einheitswert zu niedrig: *Kein* ausreichender Anhaltspunkt für einen höheren als den Einheitswert ergibt sich aus dem Erfahrungssatz, daß der Einheitswert im allgemeinen unter dem allgemeinen Wert liegt, aM Karlsr JB **82**, 112.
Es kann zB ein landwirtschaftlicher *Boden* in der unmittelbaren Nähe eine sehr andersartige Qualität haben. Vgl allerdings IV, V. Auch ein in der Nachbarschaft gelegener Baugrund ist keineswegs immer mit dem hier fraglichen Grund vergleichbar.
Einlieferungsvortrag: Rn 33 „Versteigerung".
Einsicht: Rn 25 „Grundbucheinsicht".
Erbauseinandersetzung: Rn 21 „Auseinandersetzung".
Erbbaurecht: Der Erbbauzins kann einen höheren als den Einheitswert ergeben. Wegen des belasteten Grundstücks vgl zunächst Rn 26 „Grundstücksbelastung". BayObLG Rpfleger **81**, 163 setzt den Wert sehr hoch an.
24 **Erbrecht:** Rn 21 „Auseinandersetzung".
Erfahrungssatz: Rn 23 „Einheitswert zu niedrig", Rn 29 „Marktlage".
Ertragsmeßzahl: Meist *kein* ausreichender Anhaltspunkt für einen höheren als den Einheitswert ist die landwirtschaftliche sog Ertragsmeßzahl, Hamm RdL **85**, 141, Köln AgrarR **79**, 18, Oldb Rpfleger **81**, 324, aM BayObLG Rpfleger **75**, 37, Celle JB **82**, 897, Oldb AgrarR **89**, 101 (je: vierfache Meßzahl), Hamm AgrarR **85**, 141 (achtfache Meßzahl – 20%) und AgrarR **87**, 19 (– 50%).
S auch Rn 31 „Steuerrecht".
Ertragswert: Er ist beim Mietobjekt als Anhaltspunkt verbreitet, BayObLG RR **01**, 287, Düss Rpfleger **02**, 47, Köln JB **90**, 1016.
25 **Fabrik:** Vgl LG Darmst JB **76**, 942 (ausf).
Flurbereinigungswert: Ein höherer als der Einheitswert kann sich aus einem Flurbereinigungswert nach § 32 FlurberG ergeben.
Gesamthypothek: Rn 26 „Grundstücksbelastung".
Gesellschaft: Ein höherer als der Einheitswert kann sich beim Eintritt in eine Gesellschaft aus der Höhe des Bilanzwerts ergeben, vgl auch § 26 II.
Grundakten: Ein höherer als der Einheitswert kann sich nach II 1 Hs 1 aus einer aus den Grundakten ersichtlichen Tatsache ergeben, § 291 ZPO.
S auch Rn 21 „Amtlich bekannte Tatsache".
Grundbucheinsicht: Bei einer Einsicht in die Grundakten des betroffenen Grundstücks darf man nicht nur deren jetzigen Stand beachten, sondern muß auch zB frühere Belastungen, Kaufverträge, Zu- oder Abverkäufe usw berücksichtigen, ebenso eine etwa beiliegende Zwangsversteigerungsakte mit dem in ihr festgestellten Verkehrswert nach § 74 ZVG. Freilich muß man die Vergleichbarkeit der Vorgänge stets mitprüfen, Hamm RdL **81**, 107.
Grundschuld: Rn 26 „Grundstücksbelastung".
26 **Grundstücksbelastung:** Ein höherer als der Einheitswert kann sich aus einer ja nach § 291 ZPO gerichtskundigen Grundstücksbelastung ergeben, Düss JB **05**, 319, Hamm Rpfleger **87**, 129, LG Wuppert JB **78**, 1553. Das gilt insbesondere bei

668

1. Teil. Gerichtskosten § 19 KostO

einem Grundpfandrecht, BayObLG Rpfleger **78**, 71, Düss JB **05**, 319. Es gilt auch beim Eigentümergrundpfandrecht, auch solchem nach §§ 1163, 1177 BGB. Dabei muß man den Wert dieser Belastung unter einer Mitbeachtung der üblichen oder im Einzelfall bekannt gewordenen Beleihungsgrenzen nach §§ 22–24 ermitteln, Düss JB **05**, 319, Hamm Rpfleger **80**, 243, LG Wuppert JB **78**, 1553 (diese Gerichte legen bei einer Grundstücksbelastung nur deren Nennwert zugrunde). Die Valutierung ist meist unbeachtlich.
Es kommt zB durchaus vor, daß eine *Hypothek* den Einheitswert erreicht oder überschreitet. Dann kann also der Grundstückswert durchaus über dem Einheitswert liegen, Hamm Rpfleger **80**, 244, LG Düss Rpfleger **87**, 62.
Bei einer *Zwangshypothek* oder einer Sicherungshypothek muß man allerdings mit solchen Annahmen vorsichtig sein. Dasselbe gilt bei einer Gesamthypothek, Hamm MDR **76**, 324, Zweibr Rpfleger **86**, 496, LG Wuppert JB **75**, 1631. Dann hat der Schuldner in der Regel seinen gesamten Besitz belastet, ohne daß jedes einzelne Grundstück die Belastung im ganzen auch nur annähernd deckt.
S auch Rn 24 „Erbbaurecht", Rn 34 „Wiederkehrende Leistung".
Grundstückspreise: Rn 27 „Kaufpreis", Rn 28 „Marktlage".
Gutachten: Trotz des grundsätzlichen Verbots einer Beweisaufnahme läßt sich sogar ein unzulässig eingeholtes Gutachten mitverwerten, BayObLG JB **99**, 357.
Gutachterausschuß: Man kann 25% und mangels einer Erschließung weitere 25% abziehen, LG Bochum JB **97**, 657.
Hofübergabe: Rn 50ff. 27
Hypothek: Rn 26 „Grundstücksbelastung".
Inhalt des Geschäfts: Ein höherer als der Einheitswert kann sich nach II 1 Hs 1 aus dem Inhalt des Geschäfts ergeben, genauer: aus dem Text der Urkunde. Dazu muß der Wert nach § 291 ZPO gerichtskundig werden. Es genügt seine eindeutige Bezifferbarkeit. Vgl bei den einzelnen Merkmalen dieses Inhalts.
Kaufpreis: Ein höherer als der Einheitswert kann sich natürlich vor allem aus dem Kaufpreis einschließlich der Umsatzsteuer ergeben, BayObLG JB **97**, 378, LG Mü JB **99**, 321. Freilich ist dieser nicht allein maßgebend, § 20 Rn 26, BayObLG Rpfleger **98**, 376, Düss Rpfleger **02**, 47. Es kommt zB darauf an, wieviel Zeit zwischen dem Kauf und seiner Bewertung verstrichen ist, BayObLG FamRz **05**, 817. Auch ein Wiederverkaufspreis abzüglich werterhöhender Maßnahmen ist beachtlich, LG Nürnb-Fürth JB **93**, 609 (aber Vorsicht!). Auch eine Kaufpreissammlung nach §§ 195, 196 BauGB kann einen Anhaltspunkt geben.
S auch Rn 24 „Wohnungseigentum".
Kraftwerk: Karlsr Rpfleger **78**, 70.
Lage: Rn 29 „Marktlage". 28
Landwirtschaftliches Grundstück: Vgl. zunächst IV. Im übrigen gilt: Ein höherer als der Einheitswert kann sich aus einer zulässigen Auskunft der Landwirtschaftsbehörde ergeben, Celle JB **76**, 496, Schlesw JB **83**, 1859, aM 1860 (abl Martens, Mümmler 1862).
S auch Rn 25 „Einheitswert zu niedrig", Rn 24 „Ertragsmeßzahl", Rn 32 „Verkehrswert".
Last: Rn 34 „Werterhöhung, Wertminderung".
Marktlage: Ein höherer als der Einheitspreis kann sich aus der allgemein bekannten 29 Marktlage der Gegend ergeben, in der das Grundstück liegt, BayObLG JB **97**, 437, etwa aus den dortigen Mietpreisen.
Kein ausreichender Anhaltspunkt ist aber eine allgemeine bloße Ansicht, die Grundstückspreise seien gestiegen.
S auch Rn 30 „Offenkundigkeit", „Quadratmeterpreis".
Meistgebot: Rn 35 „Zwangsversteigerung".
Mietpreis: Rn 24 „Ertragsmeßzahl", „Ertragswert", Rn 29 „Marktlage".
Nachbarschaft: Rn 23 „Einheitswert zu niedrig".
Offenkundigkeit: *Kein* ausreichender Anhaltspunkt für einen höheren als den Einheitswert ist eine angebliche diesbezügliche bloße Offenkundigkeit.
S auch Rn 29 „Marktlage".
Öffentlicher Zweck: Bei einem Grundstück, das schon und noch wirklich zumindest im wesentlichen einem öffentlichen Zweck dient, kommt eine Schätzung nach

669

KostO § 19 §30 in Betracht, BayObLG Rpfleger **85**, 510, KG DNotZ **95**, 791 (20% des Sachwerts), LG Frankenth JB **06**, 603 (Sachwert mit Abschlag).

30 **Preisindex:** Ein höherer als der Einheitspreis kann sich aus dem amtlichen Preisindex für Wohngebäude ergeben (Statistisches Bundesamt Wiesbaden, Serie 17 Reihe 4).
Quadratmeterpreis: Ein höherer als der Einheitspreis kann sich aus einem im Vertrag genannten Quadratmeterpreis ergeben, BayObLG JB **01**, 654, oder aus einem etwa allgemein bekannten solchen Preis oder Wert gleichartiger bebauter oder ähnlicher Grundstücke in der Gegend, etwa eines Reihenhauses.
Recht: Rn 34 „Werterhöhung, Wertminderung".
Richtwert: Rn 21 „Amtlich bekannte Tatsache".
31 **Sachverständigengutachten:** Rn 26 „Gutachten".
Sonstiger ausreichender Anhaltspunkt: Ein höherer als der Einheitswert kann sich wegen der Generalklausel in II 1 Hs 1 aus jedem sonstigen „ausreichenden" Anhaltspunkt ergeben, Rn 44, 45. Das Abweichen der üblichen Praxis vom Einheitswert reicht *kaum*.
Steuerrecht: Kein ausreichender Anhaltspunkt für einen höheren als den Einheitswert ergibt sich aus einer Heranziehung des § 55 II EStG, Oldb NdsRpfl **81**, 144, Stgt Rpfleger **87**, 365, aM BayObLG Rpfleger **75**, 37, Brschw DNotZ **87**, 633, Oldb Rpfleger **89**, 200 (aber gerade das Steuerrecht kann zB wegen zahlreicher Abschreibungsmöglichkeiten ein ziemlich verschleiertes Bild der wahren Wertverhältnisse ergeben).
S auch Rn 24 „Ertragsmeßzahl".
Testament: Ein höherer als der Einheitswert kann sich aus einer Verfügung von Todes wegen ergeben.
32 **Umlegungswert:** Ein höherer als der Einheitswert kann sich aus einem Umlegungswert nach §§ 57, 68 BauGB ergeben.
Urkunde: Ein höherer als der Einheitswert kann sich ergeben, soweit ein Beteiligter eine ihm zumutbare Beschaffung und Vorlage einer Urkunde unterläßt. Regelmäßig besteht ja solche Pflicht. Das Gericht kann und muß dann den Wert frei schätzen, BayObLG **93**, 175.
Vergleichswert: Rn 21 „Amtlich bekannte Tatsache".
Verkehrswert: Ein höherer als der Einheitswert kann sich allgemein aus einem Verkehrswert ergeben, auch bei einem landwirtschaftlichen Grundstück, Stgt Rpfleger **89**, 329 (eine solche Anknüpfung ist verfassungsgemäß). Der Verkehrswert ist eine Ermessenssache, BayObLG JB **99**, 376 und 377. Er bildet die Obergrenze des zulässigen Werts, BayObLG MittBayNot **84**, 214. Manche ziehen zB 25% Sicherheitsabschlag ab, Köln AgrarR **87**, 18, Stgt AgrarR **87**, 168.
S auch Rn 35 „Zwangsversteigerung".
33 **Versicherungswert:** Ein höherer als der Einheitswert kann sich aus dem Versicherungswert ergeben, BayObLG FamRZ **02**, 42, LG Kblz FamRZ **95**, 1367, LG Nürnb-Fürth JB **08**, 377.
Versteigerung: Maßgeblich ist für den Versteigerungsvertrag zwischen dem Eigentümer und dem Versteigerer nicht das Limit, sondern der Erlös dann, wenn der Zuschlag binnen weniger Monate nach der Beurkundung des Einlieferungsvertrags erfolgt, KG JB **94**, 753.
S auch Rn 35 „Zwangsversteigerung".
Waldboden: Sein Verkehrswert beträgt 45% des örtlich maßgebenden landwirtschaftlichen Bodenwerts, WaldR idF v 12. 7. 00, BAnz Nr 168a v 6. 9. 00.
Wasserfläche: Ihr Wert hängt von der Nutzungsmöglichkeit ab.
34 **Werterhöhung, Wertminderung:** Wegen eines werterhöhenden Rechts oder einer wertmindernden Belastung vgl die WertermittlungsVO Rn 1.
Wertermittlung: S „Werterhöhung, Wertminderung".
Wesentlicher Bestandteil: Man muß ihn hinzurechnen, BayObLG Rpfleger **99**, 86.
Wiederkehrende Leistung: Bei einer wiederkehrenden Leistung muß man beachten, daß die Lebensdauer des Begünstigten und nicht so sehr der Grundstückswert maßgebend sind, § 24 II.
Wiederverkaufspreis: Rn 27 „Kaufpreis".

1. Teil. Gerichtskosten § 19 KostO

Wohnungseigentum: Den Kaufpreis bisher verkaufter anderer Einheiten kann man zwar hochrechnen, BayObLG MDR **96**, 1076. Man sollte aber vorsichtig sein. Denn jede Wohnung kann eine besondere Lage usw haben. S auch Rn 33 „Versicherungswert".

Zwangshypothek: Rn 26 „Grundstücksbelastung". 35

Zwangsversteigerung: Ein höherer als der Einheitswert kann sich aus dem vor noch nicht allzu langer Zeit nach § 74a V ZVG festgesetzten Verkehrswert ergeben, BayObLG Rpfleger **96**, 129, KG JB **06**, 540, LG Kblz Rpfleger **99**, 237, aM Düss Rpfleger **87**, 411 (aber meist ist die dortige Festsetzung sorgfältig erfolgt). Ein höheres Meistgebot geht aber vor, KG RPfleger **09**, 533, Stgt JB **90**, 1493. Das gilt besonders beim längeren Zeitablauf seit der Wertermittlung, Düss Rpfleger **06**, 342.

S auch Rn 25 „Grundbucheinsicht", Rn 33 „Verkehrswert".

G. Zusammenrechnung. Es ist möglich, daß man erst auf Grund mehrerer Ein- 36 zelfaktoren nach Rn 20 und nicht schon auf Grund eines einzelnen einen ausreichenden Anhaltspunkt für einen höheren Wert als den Einheitswert erhält. Insofern muß man den aus den Einzelfaktoren entstehenden Eindruck zusammenfügen. Soweit die Beteiligten verschiedene Angaben über den Verkehrswert machen und soweit man keine anderen Angaben erlangen kann, muß man den niedrigeren Wert ansetzen. Es reicht auch aus, daß alle Beteiligten jedenfalls wegen des niedrigen Werts übereinstimmen. Im Zweifel ist also der niedrigere Wert maßgeblich, nicht etwa der höhere.

6) Keine Beweisaufnahme, II 1 Hs 2. Einem klaren Grundsatz stehen einige 37 Ausnahmen gegenüber.

A. Grundsatz. Auch dann, wenn gewisse Anhaltspunkte für einen höheren Wert als den letzten Einheitswert vorliegen, soll das Gericht nach der ausdrücklichen Vorschrift in II 1 Hs 2 von einer Beweisaufnahme zur Feststellung dieses höheren Werts absehen, BayObLG DNotZ **88**, 451. Das gilt allerdings nicht für eine formlose Ermittlung und anschließende freie bloße Würdigung von streitigen Tatsachen. Das Gericht muß sich anstelle einer wirklichen förmlichen Beweisaufnahme entschließen, entweder die bisherigen Anhaltspunkte bereits als „ausreichend" anzusehen oder eben den Wert nach dem letzten Einheitswert zu bestimmen. Zu einer Beweisaufnahme würde insbesondere ein Schätzungsgutachten zählen, BayObLG JB **99**, 377, Düss Rpfleger **02**, 47. Es ist auch oft unverhältnismäßig teuer und bedeutet eine unzumutbare Verzögerung des Verfahrens, BayObLG Rpfleger **79**, 396. Das gilt nicht gegenüber § 31.

Die Einholung einer *Auskunft usw* ist grundsätzlich zulässig, solange sie nicht zu einer 38 Beweisaufnahme wird. II 2 Hs 2 stellt klar, daß man sie auch erteilen muß. Wenn sie dennoch im Einzelfall unzumutbar ist, darf man auch nicht etwa den letzten Einheitswert nach Maßgabe der Entwicklung der durchschnittlichen Baulandpreise vervielfältigen, aM Karlsr Rpfleger **82**, 40 (aber das wäre eine viel zu vage Schätzung).

B. Ausnahmen. Nicht jede Maßnahme zur Ermittlung eines höheren Werts als 39 des Einheitswerts ist eine Beweisaufnahme. Was nicht als eine Beweisaufnahme gilt, ist zulässig und darf und muß erfolgen, BayObLG **00**, 192.

Als eine *Beweisaufnahme* gelten *zB nicht:* Eine Befragung der Beteiligten; die Ein- 40 sicht in die zugehörigen Grundakten; eine Nachfrage nach einem bereits veröffentlichten Richtpreis nach § 196 III BauGB, LG Würzb JB **76**, 651; die Einholung einer Auskunft bei einem Bürgermeisteramt oder bei einer Landwirtschaftsbehörde, Köln Rpfleger **86**, 74, aM Köln AgrarR **85**, 355, oder bei einem Bauernverband, BayObLG **75**, 249, Celle JB **76**, 497, oder eine ähnliche Anfrage, Ffm Rpfleger **77**, 380.

7) Schätzung des Einheitswerts, II. Solange die zuständige Behörde den Ein- 41 heitswert noch nicht wirksam festgestellt hat, muß man ihn für die Gebührenberechnung von Amts wegen vorläufig schätzen, II 3 Hs 1, auch III für einen Sonderfall. Die Schätzung nimmt der Kostenbeamte oder der Notar vor. Sie ist auch dann erforderlich, wenn eine amtliche Festsetzung des Einheitswerts voraussichtlich noch lange auf sich warten lassen wird, weil man zB das Bauwerk auf dem Erbbaugrundstück noch nicht errichtet hat.

8) Berichtigung und Ergänzung, II. Sobald eine solche Schätzung nach II 3 42 Hs 1 vorliegt, der eine amtliche Feststellung des Einheitswerts folgt, muß man die

KostO § 19   III. Kostenordnung

Schätzung auf Grund dieser amtlichen Festsetzung berichtigen. Die Frist zur Nachforderung nach § 15 I beginnt erst mit der Feststellung des Einheitswerts, II 3 Hs 3. Eine Nachforderung wegen einer unrichtigen Ansatzes ist also noch nach der späteren amtlichen Festsetzung des Einheitswerts zulässig.

43   **9) Schätzung, III.** Das Gericht muß den Wert nach seinem pflichtgemäßen Ermessen nach den Grundsätzen der Einheitsbewertung nach Rn 5 ff dann nur schätzen, also nicht mehr „ermitteln", wenn eine der beiden folgenden Voraussetzungen vorliegt.

44   **A. Abweichung des Geschäftsgegenstands vom Einheitswert.** Der Gegenstand des gebührenpflichtigen Geschäfts muß vom Gegenstand der Einheitsbewertung wesentlich abweichen, III Hs 1. Das kann zB bei einem land- oder forstwirtschaftlichen Vermögen vorliegen. Der Einheitswert des zugehörigen Grundstücks erfaßt nämlich den Wert des Inventars grundsätzlich bereits mit. Man darf den Inventarwert also grundsätzlich auch nicht bei der Feststellung des Geschäftswerts trennen.

45   Demgegenüber ist für eine *Auflassung und Eintragung* des Eigentümers der reine Grundstückswert maßgebend. Ferner gehört hierher die Überlassung eines Teilgrundstücks bei einer einheitlichen Festsetzung des Einheitswerts des Gesamtgrundstücks. Ferner gehört hierher die Überlassung eines Fabrikgrundstücks mit Maschinen. Denn der Einheitswert des Grundstücks umfaßt den Maschinenwert auch dann nicht, wenn die Maschinen zu wesentlichen Bestandteilen des Grundstücks geworden sind.

46   **B. Wesentliche Wertveränderung.** Man muß den Wert auch dann nach einem pflichtgemäßen Ermessen nach den Grundsätzen der Einheitsbewertung nach Rn 43 schätzen, wenn sich der Wert infolge bestimmter nach der letzten amtlichen Festsetzung des Einheitswerts eingetretener Umstände wesentlich verändert hat. Solche Umstände müssen sich gerade auf das hier fragliche Grundstück oder seinen Teil beziehen.

47   *In Betracht kommen zB:* Der Einsturz eines Gebäudes; eine Wertsteigerung infolge einer nachträglich eingetretenen günstigen Verkehrsverbindung; eine Erschließung des Geländes; ein Umbau; eine Zusammenlegung mehrerer Grundstücke; eine andere Art der Nutzung eines Forstgrundstücks; das andere Alter eines Waldes; ein nunmehr anderer Pflegezustand.

48   Man braucht eine *allgemeine Wertänderung* der Grundstückspreise in der Gegend nicht nach III zu berücksichtigen. Man kann sie vielmehr nach II 1 berücksichtigen.

49   Soweit der Kostenbeamte nach Rn 44 oder Rn 46 den Wert auf der Grundlage des Einheitswerts *schätzen* muß, binden ihn allerdings die Grundsätze des BewG nicht. Bei einem Teilgrundstück darf er nicht einfach den Einheitswert entsprechend der Größe der beiden Teilgrundstücke teilen, sondern muß die Qualität des hier fraglichen Teilgrundstücks mitberücksichtigen.

50   **10) Betriebsübergabe usw, IV, V.** Es handelt sich um eine Sonderregelung mit mannigfachen Auswirkungen.

A. Vorrangige Sonderregel. Die Vorschrift ist verfassungsgemäß, BVerfG NJW 96, 1463, Düss MDR 91, 997, LG Bad Kreuzn JB 96, 484. Sie enthält eine von der Systematik der I–III teilweise abweichende eng auslegbare vorrangige Sonderregel, Rn 1, BayObLG 94, 112, Köln Rpfleger 91, 525, Lüdtke-Handjery NJW 89, 2871. Indessen stellen die Worte „oder ... in sonstiger Weise" in IV Hs 1 klar, daß die Vorschrift jede Art von Überlassung erfaßt, soweit ein Betrieb mit einer Hofstelle vorliegt, § 39 Rn 1, Bbg JB 94, 236 (gerichtliche Zuweisung), BayObLG RR 99, 868, Stgt DNotZ 95, 786, aM BayObLG 98, 340, Düss DNotZ 93, 763, Köln JMBl NRW 00, 287 (evtl § 39 II. Aber § 19 IV ist vorrangig). Es darf kein nach I bewertbarer Gewerbebetrieb vorliegen. IV ist auch im Beschwerdeverfahren anwendbar. IV 2 gilt mit einem Vorrang vor IV 1 und schränkt damit die Anwendbarkeit des BewG ein.

51   Es muß um den Betrieb *insgesamt* gehen, BayObLG FGPrax 00, 210, Köln Rpfleger 91, 525. Man darf IV auch nicht durch die Heranziehung allgemeiner Grundsätze unterlaufen, BayObLG 90, 114. Der Wert nach IV gilt auch für den vor der Übergabe festgestellten Einheitswert, wenn der Pächter die Tierhaltung verstärkt hat, Oldb JB 91, 393.

1. Teil. Gerichtskosten § 19 KostO

Der in IV genannte *vierfache Einheitswert* gilt nur bei einem Vermögen im Sinn des BewG. Er gilt auch bei einer gesetzlichen Erbfolge, BayObLG **92**, 266. Dann muß man für die Fortführungsabsicht auf den Willen eines oder der Erben abstellen, BayObLG **92**, 266, LG Marbg Rpfleger **91**, 107.

Der vierfache Einheitswert gilt dann *nicht,* wenn der nach Rn 2 ermittelbare gemeine Wert niedriger ist. Das stellt V klar.

B. Beispiele zur Frage einer Betriebsübergabe usw, IV 52
Altenteil: Rn 53 „Hofstelle".
Bauland: *Nicht* ausreichend ist ein solcher Grundbesitz, der nur als Bauland dient oder dienen soll, BayObLG MittBayNot **97**, 312, Bengel DNotZ **99**, 772.
Betreuung: Eine Fortführung „in sonstiger Weise" kann bei einer Tätigkeit des Gerichts im Rahmen einer Betreuung vorliegen, BayObLG JB **91**, 1524.
Betrieb: Ob ein landwirtschaftlicher Betrieb vorliegt, kann sich nach § 33 I, II BewG und dem darauf beruhenden Einheitswertbescheid richten, Stgt DNotZ **95**, 787.
Eigentum: Der Betrieb muß dem Übertragenden gehören, BayObLG FGPrax **96**, 79, Ffm FGPrax **09**, 280.
Einbringung in Gesellschaft: Rn 53 „Fortführung".
Einheitswert: Er bildet bei der Hofübergabe nach § 12 II HöfeO die Grundlage. Die Höhe einer Abfindung ergibt nur bedingt eine weitere.
Erbschaft: Ausreichen kann es, daß ein Ehegatte durch eine Beerbung des anderen Ehegatten dessen landwirtschaftlichen Betrieb endgültig erhält, BayObLG RR **03**, 143, oder daß der Erbe einen bisher nicht unter IV fallenden Besitz nun als einen land- oder forstwirtschaftlichen Betrieb weiterführt, LG Münst AgrarR **01**, 327.
Existenzgrundlage: Der Betrieb muß objektiv einer durchschnittlichen bäuerlichen Familie und nicht nur dem konkreten Inhaber als Existenzgrundlage dienen können, BayObLG FGPrax **03**, 97, Hamm RR **01**, 1367, aM LG Bad Kreuzn JB **96**, 484 (Nebenberuf).
S auch „Förderprogramm", „Fortführung".
Fischereirecht: Es kann ein solches mit einer Landwirtschaft verbundenes Recht 53 reichen. Das gilt zB auch bei einer Fischteichwirtschaft.
Förderprogramm: *Nicht* ausreichend ist ein solcher Betrieb, der in ein staatliches Förderungsprogramm eingebunden besteht und nur anderen als privaten Erwerbszielen dient, zB nur der Landschaftspflege, BayObLG FER **97**, 139.
Fortführung: Es ist erforderlich, daß die Fortführung als ein bäuerlicher Familienbetrieb beabsichtigt ist, BayObLG JB **98**, 657, Mü FGPrax **06**, 181, AG Schopfheim AgrarR **97**, 136 (auch bei einem Nutzungsrecht des Übergebers und einer Verpachtung durch ihn), BayObLG JB **98**, 41 (der Betrieb bleibt an die Ehefrau des Übernehmers verpachtet), Hamm AgrarR **95**, 184 (krankheitsbedingte vorübergehende Verpachtung), BayObLG FGPrax **00**, 210 (Hof und Gastwirtschaft), BayObLG **01**, 143 (Einbringung in KG), BayObLG RR **01**, 1366 (ein kleiner Betrieb muß zumindest einen nicht unerheblichen Teil des Familieneinkommens erzielen), Hamm RR **01**, 1367 (ein bloßer Nebenberuf reicht nicht, aM AG Schopfheim AgrarR **97**, 136). Die Fortführung muß nicht in derselben Familie erfolgen, Reimann MittBayNot **87**, 120. Die Zwischenschaltung eines Verwalters usw ist unschädlich, solange der Inhaber die Entscheidungsbefugnis im wesentlichen behält, BayObLG **93**, 40 (dann ist auch die Betriebsgröße unerheblich).
S auch Rn 52 „Betreuung", Rn 55 „Vormundschaft".
Gärtnerei: Eine solche mit Gewächshäusern kann reichen, BayObLG **94**, 95, LG Kempten AgrarR **94**, 328.
GAZ-Fähigkeit: Sie kann reichen, LG Bad Kreuzn JB **96**, 484. Das darf man bei über 100 ha nicht zu streng allgemein verneinen.
Gesellschaft: Eine „gleitende" Übergabe (BGB-Gesellschaft zwischen Übergeber und Übernehmer) erfordert eine klare Nachfolgeregelung, BayObLG JB **99**, 600.
S auch „Fortführung".
Hofstelle: Es muß für eine bäuerliche Familie geeignete Wohnung vorhanden sein, BGH RR **98**, 1627, BayObLG FGPrax **00**, 210. Ein Wohngebäude zählt auch dann nach IV, wenn es als ein Neubau die Betriebszugehörigkeit nicht einfach

KostO §§ 19, 20 III. Kostenordnung

erkennen läßt, BFH DB **90**, 1700, oder wenn das Wohngebäude und der Betrieb nacheinander übergehen, BayObLG AgrarR **01**, 256. Auch ein Altenteilshaus zählt zur Hofstelle, LG Traunst MittBayNot **92**, 420. Die Hofstelle und der Grundbesitz müssen eine organisatorische und wirtschaftliche Einheit darstellen. Die Übertragung eines einzelnen Gebäudes muß mit der Hofnachfolge in einem engen Zusammenhang stehen, Köln Rpfleger **91**, 525.

Unanwendbar ist IV im Verfahren auf eine Feststellung des Fehlens der Hofeigenschaft, Celle RdL **00**, 193.

Jagdrecht: Es kann ein solches mit einer Landwirtschaft verbundenes Recht reichen.

Juristische Person: Rn 54 „Natürliche Person".

Landschaftspflege: S „Förderprogramm".

Mindestgröße: Rn 55 „Untergrenze".

54 **Natürliche Person:** Der Erwerber muß eine natürliche Person sein.

Nebenberuf: Rn 52 „Existenzgrundlage".

Nutzungsrecht: Rn 53 „Fortführung".

Obergrenze: Sie ist nicht nötig, Oldb JB **94**, 359, aM LG Itzehoe Rpfleger **93**, 215 (über 88,9 ha).

Pacht: Rn 53 „Fortführung".

Pensionstierhaltung: Es kann eine solche nach § 51 BewG als Landwirtschaft einstufbare Tierhaltung reichen.

Pflegschaft: *Nicht* ausreichend ist eine solche Pflegschaft, die sich auf eine Aufenthaltsbestimmung und auf die jeweilige Zuführung zum Arzt beschränkt, LG Passau JB **92**, 616.

Sägewerk: Es kann reichen.

Schenkung: Sie reicht *nicht*, BayObLG AgrarR **94**, 330.

Stillegung: Unschädlich ist eine vorübergehende Stillegung dann, wenn eine grundsätzliche Absicht der Fortführung nach Rn 53 besteht, Celle RdL **00**, 193, LG Münst FamRZ **01**, 1472, LG Traunst MittBayNot **92**, 420.

Schädlich ist eine endgültige Stillegung, LG Traunst JB **93**, 359.

55 **Unklarheit:** Bei ihr muß der Notar nachfragen, Mü FGPrax **06**, 181.

Untergrenze: Eine bestimmte Untergrenze besteht grds nicht, BayObLG RR **01**, 1366, Oldb JB **94**, 359, aM LG Ingolstadt JB **93**, 40 (ca 100 ha). Es muß aber ein angemessener Rohertrag erreichbar sein, Zweibr MittBayNot **96**, 401. Zur Mindestgröße Otto JB **89**, 891. Sie gilt nicht bei einer Sonderkultur, BayObLG MittBayNot **94**, 358. Man muß auf den Einzelfall abstellen, BayObLG FamRZ **97**, 831. Ein Grundbesitz nach § 69 BewG reicht nicht, BayObLG AgrarR **97**, 89. S auch Rn 53 „GAZ-Fähigkeit".

Verwalter: Rn 53 „Fortführung".

Vormundschaft: Eine Fortführung „in sonstiger Weise" kann bei einer Tätigkeit des Gerichts im Rahmen einer Vormundschaft liegen, BayObLG JB **91**, 1524.

Weiterverkauf: IV ist auch dann anwendbar, wenn man von vornherein eine Weiterveräußerung eines wesentlichen Teils des übertragenen Grundbesitzes einschließlich der Hofstelle vorgesehen hatte und wenn sie dann auch erfolgt ist, aM Düss JB **91**, 563 (aber das ist wegen der Worte „in sonstiger Weise", s oben, bedenklich).

Nicht ausreichend ist eine Veräußerung nur in einer Gewinnabsicht.

Wohnung: Rn 53 „Hofstelle".

Kauf, Vorkaufs- und Wiederkaufsrecht

20 I ¹Beim Kauf von Sachen ist der Kaufpreis maßgebend; der Wert der vorbehaltenen Nutzungen und der vom Käufer übernommenen oder ihm sonst infolge der Veräußerung obliegenden Leistungen wird hinzugerechnet. ²Ist der Kaufpreis niedriger als der Wert der Sache (§ 19), so ist dieser maßgebend; beim Kauf eines Grundstücks bleibt eine für Rechnung des Erwerbers vorgenommene Bebauung bei der Ermittlung des Werts außer Betracht.

II Als Wert eines Vorkaufs- oder Wiederkaufsrechts ist in der Regel der halbe Wert der Sache anzunehmen.

1. Teil. Gerichtskosten § 20 KostO

Gliederung

1) **Systematik, I, II** 1
2) **Regelungszweck, I, II** 2
3) **Kaufpreis, I 1 Hs 1** 3
4) **Beispiele zur Frage des Kaufpreises, I 1 Hs 1** 4, 5
5) **Hinzurechnung, I 1 Hs 2** 6–25
   A. Grundsatz: Leistung zugunsten des Verkäufers 6
   B. Beispiele zur Frage einer Hinzurechnung, I 1 Hs 2 7–25
6) **Sachwert, I 2 Hs 1** 26–29
7) **Bebauung, I 2 Hs 2** 30, 31
8) **Vorkaufsrecht, Wiederkaufsrecht, II** 32–38
   A. Grundsatz: Halber Wert 33
   B. Vorkaufsrecht am Erbbaurecht 34, 35
   C. Zustimmung des Grundeigentümers 36
   D. Veräußerung des Erbbaurechts 37
   E. Weitere Einzelfragen 38

1) Systematik, I, II. Die Vorschrift setzt das Zustandekommen des Kaufvertrags voraus. Denn erst dann gibt es einen Kaufpreis, auf den sie ja abstellt. Sie gilt für alle Geschäfte nach §§ 36–128. Sie betrifft aber nur den Sachkauf, nicht stets den in § 39 II geregelten Rechtskauf. Sie gilt auch bei einer freiwilligen Versteigerung. Sie erfaßt bewegliche Sachen wie unbewegliche. Sie gilt auch für das Miteigentum und grundstücksgleiche Rechte wie zB das Erbbau- oder Wohnungseigentumsrecht, aber nicht für ein Dauerwohnrecht (dann gelten §§ 24, 39 II). Sie gilt auch für eine Sachgesamtheit. Sie betrifft nicht nur die Beurkundung eines Kaufvertrags, sondern auch diejenige der Übereignung, insbesondere der Auflassung und Eintragung, BayObLG **91**, 420, Hamm JB **07**, 541. § 20 ist auf einen Überlassungs- und Teilungsvertrag entsprechend anwendbar, soweit es sich um einen Austausch gegen Geld handelt. § 20 ist auch bei einer Eintragung des Erstehers auf Grund des Zuschlags anwendbar, LG Oldb Rpfleger **86**, 451 (berücksichtigt aber zu Unrecht eine anschließende Wertminderung, § 19 Rn 19). 1

Unanwendbar ist § 20 auf eine Zwangsversteigerung. Beim Kauf auf einer Rentenbasis gilt § 24.

2) Regelungszweck, I, II. Die Vorschrift dient der Vereinfachung. Sie soll aber auch zu grobe Vereinfachungen vermeiden helfen. I 2 Hs 2 dient der Vermeidung einer unbilligen Gebührenüberhöhung, Rn 10, BayObLG Rpfleger **01**, 621. Alles das muß man bei der Auslegung mitbeachten. Vgl ferner Rn 30. 2

3) Kaufpreis, I 1 Hs 1. Der Einfachheit halber ist nach I beim Kauf einer beweglichen Sache wie eines Grundstücks und auch beim Kauf eines grundstücksgleichen Rechts (für eine bloße Bestellung gilt § 21) grundsätzlich der endgültige Kaufpreis für die Kostenberechnung maßgebend. 3

4) Beispiele zur Frage des Kaufpreises, I 1 Hs 1 4
Anliegerbeitrag: *Nicht* beachtbar ist grds eine Verpflichtung zur Zahlung eines künftigen solchen Beitrags, LG Darmst JB **75**, 499.
Beachtbar ist diese Verpflichtung ausnahmsweise dann, wenn der Käufer sie zugunsten der Gemeinde ausdrücklich übernimmt. Denn der Verkäufer erwartet dann eine schnellere Parzellierung des Nachbargeländes, und insofern handelt es sich um eine privatrechtliche Verpflichtung, LG Darmst JB **75**, 499.
Apothekerkonzession: Der Kaufpreis umfaßt das Entgelt für den Verzicht auf eine solche Konzession.
S auch Rn 5 „Nachteile".
Auflage: Vereinbaren die Parteien eine Auflage, kann dennoch der unverminderte Preis maßgebend sein, BayObLG Rpfleger **86**, 31, LG Hamm JB **03**, 211 (zustm Bund).
Bedingung: Vereinbaren die Parteien eine Bedingung, kann dennoch der unverminderte Preis maßgebend sein, BayObLG Rpfleger **86**, 31, LG Hamm JB **03**, 211 (zustm Bund).
Bruttopreis: Kaufpreis ist der im Kaufvertrag vereinbarte Bruttopreis, Celle NZM **06**, 35.
S auch Rn 5 „Umsatzsteuer".

675

KostO § 20   III. Kostenordnung

Extrempreis: Beachtbar sein kann ausnahmsweise ein sehr hoher Weiterverkaufspreis, Düss MittBayNot **94**, 300, LG Kblz Rpfleger **99**, 237.
Fälligkeit: Sie ist grds *nicht* maßgeblich, Zweibr MDR **94**, 624.
Mehrwertsteuer: Rn 5 „Umsatzsteuer".

5 **Nachteile:** Der Kaufpreis umfaßt bei einem Grundstück auch das Entgelt für irgendwelche Nachteile etwa bei der Bewirtschaftung, BayObLG Rpfleger **92**, 248. S auch Rn 4 „Apothekerkonzession".
Nettopreis: Rn 4 „Bruttopreis".
Schätzung: Sie ist notfalls zulässig und notwendig. Es kommt dann darauf an, was der Käufer insgesamt leisten muß. § 19 ist jedenfalls anwendbar.
Stundung: Eine extrem lange Stundung kann auf I 2 hindeuten.
Umsatzsteuer: Sie ist grds ein Teil des Kaufpreises. Das gilt auch dann, wenn der Kaufvertrag sie gesondert ausweist und wenn der Käufer zum Vorsteuerabzug berechtigt ist, Celle NZM **06**, 35, LG Kblz RR **97**, 320, aM Hamm JB **07**, 539, nur scheinbar aM Zweibr RR **97**, 319 (Sonderfall, LG Kblz RR **97**, 320).
S auch Rn 4 „Bruttopreis".
Vermessung: Eine spätere Vermessung ist maßgebend, falls die Parteien den Kaufpreis zunächst nur ungefähr angeben und eine solche Vermessung als maßgeblich vereinbaren.
Verrentung: Bei ihr gilt der nach § 24 II kapitalisierte Betrag, LG Nürnb JB **82**, 430.
Vorvertrag: Sein Wert ist grds ebenso hoch wie der Wert des beabsichtigten Hauptvertrags, Düss Rpfleger **94**, 182 (vgl aber wegen eines Ankaufrechts Rn 38).
Zinsen: Sie sind grds nicht beachtbar, Zweibr MDR **94**, 624.

6 **5) Hinzurechnung, I 1 Hs 2.** Ein nur scheinbar einfacher Grundsatz hat weitgefächerte Auswirkungen.

A. Grundsatz: Leistung zugunsten des Verkäufers. Zum Kaufpreis muß man den Wert einer solchen Nutzung hinzurechnen, die sich der Verkäufer vorbehält und die einen eigenen wirtschaftlichen Wert hat und nicht nur den Vertragszweck sichert. Ferner muß man oft den Wert einer solchen Leistung hinzurechnen, die der Käufer übernommen hat oder kraft Gesetzes übernehmen muß. Vgl freilich auch Rn 24 „Umsatzsteuer". Es muß sich um eine solche Leistung handeln, die ebenso wie der Kaufpreis dem Verkäufer zugute kommt, Stgt FGPrax **97**, 159, die man also zu dem Nominalkaufpreis hinzuschlagen muß, Hamm NVwZ-RR **04**, 812. Vgl auch § 11 GrdErwStG.

Nicht ausreichend ist demgegenüber eine Leistung nur sich selbst gegenüber, zB bei der Errichtung eines Hauses, Köln JB **00**, 41.

Keine Hinzurechnung erfolgt natürlich auch dann, wenn die Partner solche Leistungen oder Nutzungsvorbehalte usw bereits bei der Bemessung des Kaufpreises berücksichtigt haben, wenn sie also eine Anrechnung vorgenommen haben, Rn 7 „Anrechnung auf den Kaufpreis". Solche Abgrenzung ist manchmal schwierig.

7 **B. Beispiele zur Frage einer Hinzurechnung, I 1 Hs 2**
Anliegerbeitrag: Eine Hinzurechnung *unterbleibt*, soweit es um die Regelung eines bei der Übernahme des Grundstücks noch nicht fälligen Anliegerbeitrags geht.
Anrechnung auf Kaufpreis: Eine Hinzurechnung *unterbleibt* grds, soweit man eine Leistung des Käufers auf den Kaufpreis anrechnen muß (wegen der Ausnahmen vgl bei den übrigen Stichwörtern).
Anwartschaftsrecht: Eine Hinzurechnung erfolgt, soweit ein solches Recht eigenen aus dem Kaufvertrag erkennbaren wirtschaftlichen Wert hat, Düss DNotZ **78**, 317, Ffm Rpfleger **77**, 268, Zweibr JB **00**, 428.
8 **Arbeitsplatzbeschaffung:** Eine Hinzurechnung erfolgt, soweit sich der Käufer zur Erhaltung oder Schaffung von Arbeitsplätzen verpflichtet, KG JB **95**, 212, Schlesw DNotZ **94**, 725 (je auch zur Wertberechnung), LG Fulda JB **92**, 480.
Architektenvertrag: Eine Hinzurechnung erfolgt, soweit der Käufer in einen solchen Vertrag eintritt. Maßgeblich sind dann das Honorar oder eine etwaige Vertragsstrafe.
9 **Baukostenzuschuß:** Rn 19 „Nießbrauch".

1. Teil. Gerichtskosten § 20 KostO

Bauplan: Man muß den miterworbenen Bauplan meist hinzurechnen, BayObLG JB 95, 320.

Bauverpflichtung: Eine Hinzurechnung erfolgt anhand § 30 I grds, soweit der Käufer eine mitbeurkundete Bauverpflichtung übernommen hat, § 30 Rn 5, BGH NJW **06**, 1136 (zustm Schmidt), Hamm NVwZ-RR **04**, 812, Karlsr FGPrax **06**, 40, aM BayObLG NZM **99**, 1023 (sogar wertmindernd), Düss Rpfleger **93**, 508 (aber es handelt sich um einen geradezu klassischen Fall von I 1 Hs 2). *Unanwendbar* ist § 20, wenn die Bauverpflichtung nur aus ideellen und siedlungspolitischen Gründen erfolgt. Dann ist § 30 II anwendbar, Köln FGPrax **05**, 182.
S auch Rn 26–28.

Bebauungsrecht: Beim bloßen solchen Recht *unterbleibt* eine Hinzurechnung, KG JB **98**, 374. **10**

Belastungsverbot: Eine Hinzurechnung erfolgt, soweit es sich bei ihm um eine selbständige Leistung mit einem aus dem Kaufvertrag erkennbaren eigenen wirtschaftlichen Wert handelt, BayObLG FGPrax **99**, 78 rechts.

Betagung: Eine Hinzurechnung *unterbleibt*, soweit es um eine bloße Betagung geht. Denn sie mindert den Wert grds nicht.

Bodenertrag: Rn 19 „Nießbrauch".

Dienstbarkeit: Eine Hinzurechnung erfolgt, soweit der Käufer eine beschränkte persönliche Dienstbarkeit übernimmt, es sei denn, der Verkäufer müßte sie vertraglich beseitigen. **11**
S aber auch Rn 15 „Grunddienstbarkeit".

Dienstvertrag: Eine Hinzurechnung *unterbleibt*, soweit der Käufer in einen Dienst- oder Liefervertrag eintritt.

Eigenleistung: Rn 6. **12**

Eigentümergrundschuld: Eine Hinzurechnung *unterbleibt*, soweit der Käufer gleichzeitig eine Eigentümergrundschuld oder eine nicht valutierende Hypothek des Verkäufers ohne eine Anrechnung auf den Kaufpreis übernimmt, Ffm Rpfleger **77**, 267, Zweibr FGPrax **00**, 44 (anders liegt es bei späterer Übernahme).

Erbbaurecht: Eine Hinzurechnung *unterbleibt*, soweit es um ein Erbbaurecht geht.
S auch Rn 13 „Erbbauzins".

Erbbauzins: Eine Hinzurechnung *unterbleibt*, soweit es um den Erbbauzins geht. **13** Denn durch ihn wird das Erbbaurecht in seinem Wert gemindert, Oldb JB **80**, 1557, Schlesw JB **79**, 754, Zweibr MittBayNot **79**, 38, aM Kahlke DNotZ **83**, 526.
S auch Rn 12 „Erbbaurecht".

Erschließungskosten: Eine Hinzurechnung erfolgt, soweit der Käufer vor der Fäl- **14** ligkeit Erschließungskosten an den Verkäufer gezahlt hat, BayObLG JB **98**, 490 (§ 30 I), Hamm MittBayNot **95**, 327, Zweibr JB **98**, 202. Vgl allerdings § 18 Rn 1.

Finanzierungsvollmacht: Eine Hinzurechnung *unterbleibt*, soweit es um eine solche zur Bestellung eines Grundpfandrechts über die Kaufpreishöhe geht, KG JB **91**, 1361. Vgl dazu § 44 I, II.

Gebrauchsrecht: Eine Hinzurechnung erfolgt, soweit der Verkäufer das Recht be- **15** hält, einzelne Sachen oder deren Teile zu gebrauchen.

Genehmigungskosten: Eine Hinzurechnung kann in ihrem Umfang erfolgen müssen.

Getränkelieferungsvertrag: Eine Hinzurechnung *unterbleibt* grds, soweit der Käufer mit der Gaststätte einen Getränkelieferungsvertrag übernimmt. Es gibt aber auch Ausnahmen, Stgt JB **76**, 240.

Grunddienstbarkeit: Eine Hinzurechnung *unterbleibt*, soweit es um eine Grunddienstbarkeit geht.
S aber auch Rn 11 „Dienstbarkeit".

Grunderwerbsteuer: Eine Hinzurechnung *unterbleibt*, soweit es um eine Vereinbarung darüber geht, wer die Grunderwerbsteuer zahlen soll.

Grundpfandrecht: Eine Hinzurechnung erfolgt, wenn überhaupt, nur mit seinem tatsächlichen derzeitigen Restwert, BGH JB **06**, 262 (krit Schmidt).

Grundschuld: Rn 12 „Eigentümergrundschuld".

Hypothek: Rn 12 „Eigentümergrundschuld". **16**

KostO § 20   III. Kostenordnung

Investitionsverpflichtung: Eine Hinzurechnung erfolgt, soweit der Käufer eine solche Investitionsverpflichtung übernimmt, deren Wert man nach § 30 I nach dem Interesse des Verkäufers schätzen muß, Jena JB **95**, 655, BezG Meiningen JB **94**, 163.

17 **Lastenausgleich:** Eine Hinzurechnung erfolgt, soweit der Käufer eine Vermögensabgabe nach dem LAG ohne eine Anrechnung auf den Kaufpreis übernommen hat. Hinzurechnen muß man dann die restliche Vermögensabgabe.
Löschungskosten: Eine Hinzurechnung kann in ihrem Umfang erfolgen müssen.

18 **Maklerprovision:** Eine Hinzurechnung erfolgt nur, soweit der Käufer eine an sich vom Verkäufer geschuldete Maklerprovision als einen Bestandteil des Kaufpreises übernimmt, Oldb JB **94**, 354, Schlesw DNotZ **83**, 65, LG Nürnb JB **82**, 430.
Mietvertrag: Eine Hinzurechnung erfolgt, soweit der Verkäufer das Recht behält, Miete über die Übergabe hinaus einzubehalten.
Eine Hinzurechnung *unterbleibt,* soweit der Käufer in ein Miet- oder Pachtverhältnis eintritt, Stgt FGPrax **97**, 159.
Miteigentum: Beim Verkauf eines Miteigentums erfolgt eine Berechnung nach einem Bruchteil. Das gilt auch dann, wenn die anderen Miteigentümer an einen der Miteigentümer verkaufen.

19 **Nießbrauch:** Eine Hinzurechnung erfolgt, soweit der Käufer einen Nießbrauch übernimmt, es sei denn, der Verkäufer müßte ihn vertraglich beseitigen.
Nutzungsrecht: Rn 15 „Gebrauchsrecht".

20 **Öffentliche Förderung:** Eine Hinzurechnung *unterbleibt,* soweit der Käufer auf seine eigene Rechnung eine Bebauung planen und behördlich genehmigen läßt und eine öffentliche Förderung erwirkt, KG Rpfleger **85**, 377.
Öffentliche Last: Eine Hinzurechnung *unterbleibt,* soweit es sich um eine öffentliche Last handelt (Ausnahme: Rückstände).
Optionsrecht: Rn 7 „Anwartschaftsrecht".
Patronatslast: Eine Hinzurechnung erfolgt, soweit der Käufer eine Patronatslast übernimmt, LG Bbg JB **94**, 759.

21 **Persönliche Haftung:** Eine Hinzurechnung erfolgt, soweit der Käufer eine solche dingliche Belastung übernimmt, für die er außer der Anrechnung auf den Kaufpreis auch die bisher den Verkäufer belastende persönliche Haftung übernimmt, soweit der Käufer den Verkäufer also von der persönlichen Haftung befreit. Dann ist es unerheblich, ob der Gläubiger diese Schuldübernahme später genehmigt, Ffm Rpfleger **77**, 268.

22 **Raumbenutzungsrecht:** Eine Hinzurechnung erfolgt, soweit der Verkäufer sich die Weiterbenutzung von Räumen vorbehält.
Reallast: Eine Hinzurechnung erfolgt, soweit der Käufer eine Reallast übernimmt, es sei denn, der Verkäufer müßte sie vertraglich beseitigen.
Restgrundstück: Eine Hinzurechnung erfolgt, soweit der Käufer eine Entschädigung für Nachteile infolge der Erschwerung der Bewirtschaftung eines nicht mitgekauften Restgrundstücks zahlt, BayObLG **91**, 420.
Rückkaufsrecht: Rn 25 „Wiederkaufsrecht".
Rückstände: Eine Hinzurechnung erfolgt, soweit der Käufer den Verkäufer von Rückständen befreien muß.
Rücktrittsvorbehalt: Rn 9 „Bauverpflichtung".

23 **Schuldübernahme:** Eine Hinzurechnung erfolgt, soweit der Käufer die Schuld des Verkäufers übernimmt. Freilich darf das *nicht* schon im Kaufpreis stecken, wie durchweg beim Kauf etwa eines Erbbaurechts, Rn 13.
Sicherung der Vertragsdurchführung: Eine Hinzurechnung *unterbleibt,* soweit ein solches Recht, das der Käufer dem Verkäufer einräumt, nur der Sicherung der Durchführung des Kaufvertrages dient, § 44 Rn 48.
Sozialbindung: Eine Hinzurechnung *unterbleibt* bei Maßnahmen oder Umständen der Sozialbindung. Denn sie mindern meist den Wert.

24 **Umsatzsteuer:** Eine Hinzurechnung *unterbleibt,* Düss JB **08**, 433, Zweibr RR **09**, 518. Denn es handelt sich bei einer gesetzlichen Pflicht nicht um einen ohne Vorteil für den Verkäufer.
Unverzinslichkeit: Eine Hinzurechnung *unterbleibt,* soweit es um die Unverzinslichkeit des Kaufpreises geht. Denn sie mindert den Wert grds nicht.

Valutierung: Eine Hinzurechnung *unterbleibt*, soweit keine Valutierung mehr vorliegt.
Veräußerungsverbot: Eine Hinzurechnung erfolgt, soweit es sich bei ihm um eine selbständige Leistung mit einem eigenen wirtschaftlichen Wert handelt, BayObLG FGPrax **99**, 78 rechts, Karlsr FGPrax **06**, 40.
Vermessungskosten: Eine Hinzurechnung erfolgt, soweit der Käufer sie übernommen hat.
Vermittlungsprovision: Rn 12 „Maklerprovision".
Vorkaufsrecht: Eine Hinzurechnung erfolgt, soweit das Vorkaufsrecht einen aus dem Kaufvertrag erkennbaren eigenen wirtschaftlichen Gegenwert für den Verkäufer darstellt, Düss DNotZ **78**, 371, Ffm Rpfleger **77**, 268, Zweibr JB **00**, 428. Der Geschäftswert richtet sich nach der Wahrscheinlichkeit einer Ausübung des Vorkaufsrechts, § 30 I, Lappe NJW **84**, 1216.
Eine Hinzurechnung *unterbleibt*, soweit der Käufer eine Belastung des Verkäufers mit einem Vorkaufsrecht des Eigentümers übernimmt, Ffm Rpfleger **77**, 268.
Wiederkaufsrecht: Eine Hinzurechnung erfolgt, soweit das Wiederkaufsrecht einen aus dem Kaufvertrag erkennbaren eigenen wirtschaftlichen Wert hat, Düss VersR **81**, 786, Ffm Rpfleger **77**, 268, Zweibr JB **98**, 203.

Eine Hinzurechnung *unterbleibt*, soweit das Wiederkaufsrecht für den Verkäufer keinen echten wirtschaftlich verwertbaren Gegenwert hat, sondern soweit es zB nur der Sicherung persönlicher oder allgemeiner Zwecke dient, Ffm Rpfleger **77**, 268.
Zinsen: Rn 13 „Erbbauzins", Rn 24 „Unverzinslichkeit".
Zwangsvollstreckung: Eine Hinzurechnung *unterbleibt*, soweit es nur um die Unterwerfung unter die sofortige Zwangsvollstreckung geht, KG JB **75**, 805.

6) Sachwert, I 2 Hs 1. § 20 ist eine Sonderregel gegenüber dem Grundsatz des § 19 I. Soweit daher der Kaufpreis niedriger als derjenige Wert ist, den man nach § 19 errechnen muß, ist der letztere Wert maßgeblich, Karlsr Rpfleger **87**, 453.
Der *nach § 19 berechnete Wert* ist also zB dann maßgebend, wenn der Kaufpreis nicht annähernd so hoch ist wie der wahre Sachwert im Zeitpunkt der Eintragung, BayObLG JB **96**, 602, Hamm NVwZ-RR **04**, 812 und 814, LG Bbg JB **94**, 760, oder wenn ein Notverkauf erfolgt, oder wenn der Verwandte das Grundstück dem Angehörigen zu einem unter dem Marktwert liegenden Preis verkauft, LG Regensb JB **82**, 117, oder wenn ein alsbaldiger Weiterverkauf einen viel höheren Preis erbringt, BayObLG Rpfleger **75**, 48, Düss MittBayNot **94**, 360, LG Kblz Rpfleger **94**, 237. Eine im Kaufvertrag vom Käufer übernommene wiederkehrende Leistung bestimmt beim Übersteigen des Grundstückswerts unmittelbar den Geschäftswert. Dabei darf man bei einer Altenteilsleistung höchstens mit dem Fünffachen ihres Betrags ansetzen. Bei einer Verrentung des Kaufpreises vgl § 24 Rn 3.
Eine Kaufpreisbedingung des im übrigen unbedingten Vertrags erfordert eine *Schätzung nach § 30 I*, Bund JB **03**, 212. Jedoch bleibt I 2 beachtlich, Köln DNotZ **75**, 183.
Wenn der Verkäufer eines Grundstücks das *Zubehör* mitverkauft, muß man seinen Wert bei der Beurkundung der Auflassung und bei der Eintragung abziehen. Denn diese letzteren Vorgänge beziehen sich nur auf das eigentliche Grundstück. Auch eine längerfristige Stundung ist unabhängig von ihrer steuerlichen Behandlung unerheblich.

7) Bebauung, I 2 Hs 2. Es muß sich um eine für die Rechnung des Erwerbers oder seines Gesamtrechtsvorgängers auf dem bereits verkauften Grundstück oder Grundstücksteil vor der Eintragung vorgenommene Bebauung und nicht um eine sonstige Bebauung handeln, Düss JB **94**, 621, LG Cobg JB **77**, 710, LG Hagen JB **88**, 888. Sie ist für die Wertberechnung unerheblich. Bei dieser Regelung handelt es sich um eine Ausnahmevorschrift, aM BayObLG JB **92**, 339. Sie soll Unbilligkeiten ausschließen, BayObLG **01**, 7, Zweibr Rpfleger **86**, 497. Sie ist nur dann anwendbar, wenn der letzte Einheitswert höher ist als der Kaufpreis. Andernfalls gilt der Kaufpreis als der Geschäftswert, Ffm Rpfleger **77**, 268. Sie ist nicht ausdehnend anwendbar, aM BayObLG **01**, 7 (aber schon der klare Wortlaut verbietet eine weite Auslegung dieser Ausnahmevorschrift).

Unanwendbar ist I 2 Hs 2, soweit der Verkäufer noch vor dem Verkauf des Grundstücks dort baut, Düss DNotZ **94**, 726.

31 An der Bebauung kann auch derjenige Grundstückseigentümer beteiligt sein, mit dem der Erwerber eines Miteigentums einen *Geschäftsbesorgungsvertrag* abgeschlossen hat, Zweibr Rpfleger **86**, 497, aM KG DNotZ **81**, 73 (aber es bleiben die wesentlichen Merkmale von I 2 Hs 2 bestehen). Die Vorschrift ist aber dann unanwendbar, wenn nicht der Erwerber baut, sondern wenn ein Dritter ohne einen Geschäftsbesorgungsauftrag das tut, Zweibr Rpfleger **86**, 497.

32 **8) Vorkaufsrecht, Wiederkaufsrecht, II.** Bei der Einräumung eines solchen Rechts nach §§ 463 ff, 1094 ff BGB, 20 RSG muß man die folgende Sonderregelung beachten. Sie gilt auch für das Eintrittsrechts eines Dritten in einen Pachtvertrag. Man darf sie nicht weit auslegen, zB nicht auf jede Art von Bedingung.

33 **A. Grundsatz: Halber Wert.** Ein solches Recht läßt sich sowohl bei seiner Bestellung als auch bei einer Veränderung oder bei seiner Löschung nach Rn 48 „in der Regel" mit dem halben nach § 19 ermittelten Wert der Sache bemessen. Das gilt etwa beim öffentlichrechtlichen Vorkaufsrecht nach § 28 II 3 BauGB, BayObLG JB **82**, 589, oder bei einem Vorvertrag, BayObLG JB **93**, 225, oder bei einem Ankaufsrecht, BayObLG JB **01**, 433. Der Regelfall liegt dann vor, wenn man keinen Anhaltspunkt für einen ganz erheblich anderen Wert hat, BayObLG Rpfleger **97**, 404. Eine Abweichung vom Regelwert ist nach II in Verbindung mit § 30 I zulässig. Sie hängt von der wirtschaftlichen Bedeutung des Rechts und von der Wahrscheinlichkeit des Eintritts der vereinbarten Bedingung ab, BayObLG FGPrax **01**, 38, Düss MDR **96**, 318, Zweibr Rpfleger **91**, 54.

Das Recht bleibt allerdings insoweit unberücksichtigt, als es nur einen *Teil* der Kaufbedingungen darstellt und keine selbständige Leistung des Käufers infrage kommt. Das ist zB dann so, wenn das Vorkaufsrecht zugunsten des Verkäufers, sein Wiederkaufsrecht, nur der Sicherung der Vertragsdurchführung dient, etwa der Sicherung eines etwaigen Mehrerlöses bei einem Verkauf durch den Erwerber, § 44 Rn 4. Wegen des Werts bei einer Zwangsversteigerung BGH **59**, 94. Man muß ein Ankaufs- oder Optionsrecht entweder wie ein Vorkaufs- oder Wiederkaufsrecht beurteilen, BayObLG MittBayNot **85**, 271, oder aber mangels solcher Möglichkeit nach § 30 I frei schätzen.

34 **B. Vorkaufsrecht am Erbbaurecht.** Soweit nach § 21 Rn 4 ein solches Recht vorliegt, muß man die künftige Bebauung bei der nach § 30 I notwendigen Schätzung berücksichtigen. Denn in aller Regel bebaut der Erbbauberechtigte die Fläche alsbald, BayObLG Rpfleger **76**, 111. Man muß aber auch den Wert vor der Bebauung beachten, BayObLG DNotZ **84**, 115, LG Osnabr JB **96**, 208 (30% Abzug). Zu den Einzelfragen Delp JB **78**, 961 (ausf).

35 Die *Hälfte des Werts* des Erbbaurechts nach § 21 I 1 und des geschätzten Gebäudewerts ergeben den Wert des Vorkaufsrechts, Mü FGPrax **06**, 134. Für den Gebäudewert geben die mutmaßlichen Baukosten einen wichtigen Anhaltspunkt.

36 **C. Zustimmung des Grundeigentümers.** Die vorstehenden Regeln gelten auch dann, wenn der Erbbauberechtigte zur Veräußerung des Erbbaurechts die Zustimmung des Grundeigentümers benötigt, wie meistens. Denn die Absicht des Grundeigentümers, das im Erbbaurecht gebaute Gebäude selbst zu erwerben, ist oft der Anlaß für ihn, sich ein Vorkaufsrecht am Erbbaurecht einräumen zu lassen. Daher tritt die Zustimmungsbedürftigkeit wertmäßig in den Hintergrund, Schlesw SchlHA **83**, 61, aM RoWB § 21 Rn 5 (der Wert sei mit 20% bis 10% zu bewerten). S auch § 21 Rn 1.

37 **D. Veräußerung des Erbbaurechts.** Bei ihr erfolgt keine besondere Bewertung. Denn das dingliche Vorkaufsrecht ist der früheren Eintragung ein wesentlicher Bestandteil geworden.

38 **E. Weitere Einzelfragen.** II gilt in einer Abweichung vom Grundsatz nach Rn 5, daß man einen Vorvertrag wie den Hauptvertrag bewerten muß, entsprechend ein Ankaufsrecht, BayObLG FGPrax **01**, 39. II gilt ferner entsprechend bei einem Wiederkaufsrecht oder Vorvertrag über ein Rückkaufsrecht, Düss DNotZ **94**, 726. II gilt ferner entsprechend bei einer Rückauflassungsvormerkung, Oldb JB **96**, 315, LG Augsb JB **99**, 268 (evtl auch bei bedingter), LG Kassel Rpfleger **97**, 42. II gilt

1. Teil. Gerichtskosten §§ 20, 21 KostO

schließlich entsprechend bei der Löschung eines Vorkaufs- oder Wiederkaufsrechts, BayObLG DNotZ **96**, 395, Düss DNotZ **94**, 726, Oldb JB **96**, 315. Nicht § 20, sondern § 30 I ist dann anwendbar, wenn der Notar klärt, ob überhaupt ein Vorkaufsrecht besteht, Düss DNotZ **75**, 377. Bei einer Löschung gilt § 68 und über ihn wiederum § 20 II, § 68 Rn 5. Man muß dann evtl ca 10% des Grundstückswerts ansetzen, BayObLG **96**, 395, Düss DNotZ **94**, 726.

Erbbaurecht, Wohnungseigentum, Wohnungserbbaurecht

21 I [1]Bei der Bestellung eines Erbbaurechts beträgt der Wert achtzig vom Hundert des Werts des belasteten Grundstücks (§ 19 Abs. 2). [2]Eine für Rechnung des Erbbauberechtigten erfolgte Bebauung des Grundstücks bleibt bei der Ermittlung des Grundstückswerts außer Betracht. [3]Ist als Entgelt für die Bestellung des Erbbaurechts ein Erbbauzins vereinbart, dessen nach § 24 errechneter Wert den nach Satz 1 und 2 berechneten Wert übersteigt, so ist der Wert des Erbbauzinses maßgebend; entsprechendes gilt, wenn statt des Erbbauzinses ein fester Kapitalbetrag vereinbart ist.

II Bei der Begründung von Wohnungseigentum (Teileigentum) sowie bei Geschäften, die die Aufhebung oder das Erlöschen von Sondereigentum betreffen, ist als Geschäftswert die Hälfte des Werts des Grundstücks (§ 19 Abs. 2) anzunehmen.

III Bei Wohnungserbbaurechten (Teilerbbaurechten) gilt Absatz 2 entsprechend mit der Maßgabe, daß an die Stelle des Werts des Grundstücks der Einheitswert des Erbbaurechts oder, wenn ein solcher nicht festgestellt ist, der nach Absatz 1 zu bestimmende Wert des Erbbaurechts tritt.

Gliederung

1) Systematik, I–III 1
2) Regelungszweck, I–III 2
3) Erbbaurechtsbestellung, I 3–10
    A. Grundsatz: Weite Auslegung, I 1–3 3
    B. Beispiele zur Frage einer Anwendbarkeit von I 4, 5
    C. Meist: 80% des Grundstückswerts, I 1 6
    D. Bebauungsfragen, I 2 7
    E. Abweichung, I 3 .... 8, 9
    F. Unbeachtlichkeit sonstiger Leistungen, I 1–3 10
4) Wohnungseigentum, II 11–17
    A. Grundsatz: Weite Auslegung 11
    B. Beispiele zur Frage einer Anwendbarkeit von II 12, 13
    C. Wert 14–17
5) Wohnungserbbaurecht, III 18

1) Systematik, I–III. Die Vorschrift enthält Regelungen für drei einander ähnliche, aber doch rechtlich unterschiedlich ausgestaltete Lebensvorgänge. I behandelt die Bestellung des Vollerbbaurechts an einem Grundstück. II behandelt die Begründung von Wohnungseigentum sowie solche Geschäfte, die die Aufhebung oder das Erlöschen von Sondereigentum betreffen. III behandelt die Begründung eines Wohnungserbbaurechts (Teilerbbaurechts) usw. III ist in Verbindung mit II gegenüber I vorrangig. Der ganze § 21 ist als Sonderregelung gegenüber §§ 19, 20, 22ff vorrangig. Allerdings verweist I 2, der dem § 20 I 2 Hs 2 ähnlich ist, BayObLG Rpfleger **01**, 621, auf die Bemessungsregeln des § 24 und läßt diese evtl vorgehen.

2) Regelungszweck, I–III. Die von § 21 angeordneten Werte für die dort behandelten Rechte zeigen teils Härten, I 1, teils erhebliche Milde, I 2. Wegen der ja mittlerweile nur noch bei älteren Rechten festen, meist aber heutzutage mit Gleitklauseln versehenen Erbbauzinsen und der sehr unterschiedlich langen Laufzeiten solcher Rechte läßt sich eine ziemlich grobe Vereinfachung durch das Gesetz nicht verkennen. Soweit ein Auslegungsraum verbleibt, sollte man umso eher den Grundsatz einer den Kostenschuldner möglichst schonenden Handhabung mitbeachten, § 1 Rn 2. I 2 dient wie § 21 I 2 Hs 2 der Verhinderung einer unbilligen Gebührenüberhöhung, BayObLG Rpfleger **01**, 621.

KostO § 21   III. Kostenordnung

3 3) **Erbbaurechtsbestellung, I.** Man muß vier Aspekte beachten.
A. **Grundsatz: Weite Auslegung, I 1–3.** Unter I fallen Ausgestaltungen jeder Art nach §§ 2–8, 27, 32 ErbbauRG. Es ist also eine weite Auslegung notwendig.
4 B. **Beispiele zur Frage einer Anwendbarkeit von I**
Anderes Geschäft: Rn 4 „Mitbeurkundung", Rn 5 „Vorkaufsrecht".
Änderung: I ist bei einer nachträglichen Änderung *unanwendbar.* Dann gelten §§ 29, 39.
Ankauf: Eine solche Pflicht der Erbbauberechtigten ist *gesondert* bewertbar, Mümmler JB **84,** 519.
Architekt: S „Dritter".
Auflassung: S „Auseinandersetzung", S „Kauf".
Aufteilung: S „Auseinandersetzung".
Auseinandersetzung: I ist *unanwendbar,* soweit es um eine dem Erwerb vorangehende Auseinandersetzung geht, etwa über die Verpflichtung, ein bereits gekauftes Grundstück auszuteilen und aufzulassen.
Ausgestaltung: I ist anwendbar, soweit es um jede Art inhaltlicher Ausgestaltung des Erbbaurechts geht, Rn 2. Man darf eine Ausgestaltungsbestimmung nicht besonders bewerten.
Bank: S „Dritter".
Beglaubigung: I ist anwendbar, soweit es um eine Beglaubigung geht, § 45.
Bereits bestehendes Erbbaurecht: S „Kauf".
Bruchteilsveräußerung: I ist *unanwendbar* bei einer Veräußerung eines Bruchteils des Erbbaurechts.
Dauerwohnrecht: I ist *unanwendbar,* selbst beim Bestehen eines Einheitswerts. Maßgeblich ist vielmehr § 24.
Dienstbarkeit: S „Mitbeurkundung".
Dingliches Geschäft: I ist anwendbar, soweit es um das dingliche Geschäft einschließlich der Eintragung geht, § 873 BGB, BayObLG DNotZ **84,** 113.
Dritter: I ist *unanwendbar,* soweit es sich um den Vertrag mit einem Dritten handelt, etwa mit einem Architekten, einer Baufirma oder -gesellschaft, einem Verwalter oder mit einem Finanzierungsinstitut.
Eintragung: I ist anwendbar, soweit es um eine nachträgliche Eintragung geht, § 38 II Z 6b, c.
S auch „Dingliches Recht".
Entwurf: I ist anwendbar, soweit es um einen Entwurf geht, § 145.
Erwerb: S „Auseinandersetzung", „Kauf".
Fehlen dinglicher Wirkung: I ist anwendbar, soweit es um eine solche Regelung geht, die man nicht mit einer dinglichen Wirkung vereinbaren kann.
Finanzierung: S „Dritter".
Genehmigung: I ist auf eine zur Bestellung oder Begründung erforderliche Genehmigung anwendbar, auch wenn sie nachträglich erfolgt.
Grundschuld: S „Mitbeurkundung".
Hypothek: S „Mitbeurkundung".
Kauf: I ist *unanwendbar,* soweit es sich um den Erwerb eines schon bestehenden Erbbaurechts handelt, Celle Rpfleger **04,** 652, LG Bayreuth JB **75,** 1629.
Bei einem solchen Erwerb ist aber im Rahmen des § 19 der Grundsatz des I grds *mitverwertbar,* BayObLG BB **77,** 16, aM Celle Rpfleger **04,** 652. I ist ferner unanwendbar, soweit es sich um den Erwerb des Grundeigentums handelt. Im übrigen läßt sich der Wert auf Grund des früheren Kaufpreises durch eine Hochrechnung mithilfe des Lebenskostenindexes ermitteln, LG Köln NZM **01,** 1102.
S auch „Auseinandersetzung", „Bruchteilsveräußerung".
Mitbeurkundung: I ist *unanwendbar,* soweit es um mitbeurkundetes anderes Geschäft geht, etwa eine Dienstbarkeit oder eine hypothekarische Sicherheit. Soweit der Notar zB eine Verfügung über das Erbbaurecht mitbeurkundet, erfolgt eine Zusammenrechnung nach § 44 II a.
S auch Rn 5 „Vorkaufsrecht".
Nachträgliche Eintragung: S „Eintragung".
Reallast: S „Mitbeurkundung".

1. Teil. Gerichtskosten § 21 KostO

Schuldrechtliches Geschäft: I ist anwendbar, soweit es um das der Eintragung zugrunde liegende schuldrechtliche Geschäft geht.
Sicherung: I ist anwendbar, soweit es um die Sicherung einer Verpflichtung eines Beteiligten im Bestellungsvertrag geht.
S aber auch § 23.
Teilung: I ist *unanwendbar*, soweit es um die Teilung eines eingetragenen Erbbaurechts und damit um eine Veränderung des Rechts geht. Dann ist § 30 anwendbar.
Übertragung: I ist anwendbar, soweit es um die Übertragung des Erbbaurechts 5 geht, Düss Rpfleger 93, 508.
S auch Rn 4 „Bruchteilsveräußerung", Rn 5 „Untererbbaurecht".
Untererbbaurecht: I ist anwendbar, soweit es um die Vereinbarung eines Untererbbaurechts geht. Dieser Fall fällt insbesondere weder unter § 30 noch unter §§ 19, 39. Das gilt auch dann, wenn ein Siedlungsunternehmen zwecks einer einheitlichen Bebauung das Untererbbaurecht an die einzelnen Bewerber weiter übertragen muß.
Veräußerung: I ist *unanwendbar*, soweit kein Kauf usw vorliegt. Dann gilt § 19 II BayObLG Rpfleger 81, 163, Düss DNotZ 75, 434, LG Bayreuth JB 75, 1629.
S auch Rn 4 „Bruchteilsveräußerung", „Mitbeurkundung", Rn 5 „Übertragung".
Verfügung: I ist *unanwendbar*, soweit es sich um eine Verfügung über das Erbbaurecht handelt, Ffm DNotZ 78, 117.
S auch Rn 4 „Mitbeurkundung".
Verwalter: Rn 4 „Dritter".
Vollmacht: S „Zustimmung".
Vollzug: Wegen der Vollzugsgebühren des Notars § 146.
Vorkaufsrecht: I ist *unanwendbar*, soweit es um ein Vorkaufsrecht des Grundeigentümers am Erbbaurecht geht, aM BayObLG DNotZ 84, 113 (das Vorkaufsrecht ist neben der Bestellung des Erbbaurechts nicht werterhöhend. Aber es hat sehr wohl eine zusätzliche rechtliche wie wirtschaftliche Bedeutung). I ist auch insoweit unanwendbar, als es um ein Vorkaufsrecht des Erbbauberechtigten am Grundstück geht. Denn dieses Vorkaufsrecht entsteht nicht gerade als ein Teil des Erbbaurechts, sondern als eine zusätzliche wirtschaftliche und rechtliche Besserstellung (Anwartschaft), Düss DNotZ 84, 453, Ffm JB 76, 1365. § 39 II ist beim Vorkaufsrecht des Erbbauberechtigten der Grundeigentümers anwendbar, Ffm JB 76, 1365.
Vormerkung: I ist *unanwendbar* auf eine Vormerkung zB für ein Ankaufsrecht.
Weiteres Geschäft: Rn 4 „Mitbeurkundung", Rn 5 „Vorkaufsrecht".
Zustimmung: I ist anwendbar, soweit es um die Zustimmung eines einzelnen Teilnehmers oder Berechtigten geht, §§ 38 II Z 1, 40, Hamm FGPrax 98, 240, KG RR 99, 439, Schlesw JB 82, 1867. Das gilt auch wegen einer darauf bezüglichen Vollmacht, §§ 38 II Z 4, 41.

C. Meist: 80% des Grundstückswerts, I 1. Bei der Bestellung eines Erbbau- 6 rechts beträgt der Wert grundsätzlich 80% des nach § 19 II ermittelten Werts des gesamten belasteten Grundstücks, BayObLG DNotZ 77, 688. Dasselbe gilt bei der Löschung, soweit keine Bebauung vorliegt, LG Bonn Rpfleger 03, 48. Der Wert des belasteten Grundstücks muß nach § 19 II ermitteln, dort Rn 5 ff, Celle Rpfleger 04, 652 (zustm Bund JB 05, 268), Hamm Rpfleger 83, 87, Bund Rpfleger 05, 243 (also kein Bodenwertanteil). Soweit der Wert des belasteten Grundstücks also noch nicht feststeht, ist § 19 II 3 anwendbar. Beschränkt sich das Erbbaurecht auf eine reale Teilfläche, gilt nur deren Wert, BayObLG 94, 11.

D. Bebauungsfragen, I 2. Im Rahmen dieser Wertermittlung muß man eine 7 solche Bebauung des Grundstücks außer Betracht lassen, die für die Rechnung des Erbbauberechtigten erfolgt, I 2. Es ist in diesem Zusammenhang unerheblich, ob der Erbbauberechtigte die Bebauung selbst durchführt oder sie durch einen Dritten oder den Grundeigentümer sie für die Rechnung des Erbbauberechtigten durchführt, Oldb JB 78, 1858. Ebenso unerheblich ist der Zeitpunkt der Bebauung. Wenn freilich zur Zeit der Bebauung die Erst- oder Neubestellung des Erbbaurechts noch nicht einigermaßen sicher war, muß man der Wert der Bebauung hinzurechnen, BayObLG Rpfleger 01, 621.

683

KostO § 21 III. Kostenordnung

8 **E. Abweichung, I 3.** Soweit die Vertragspartner für die Bestellung des Erbbaurechts einen Erbbauzins oder einen festen Kapitalbetrag vereinbart haben, kann sich aus dem vorrangigen I 3 eine andere Bewertung als nach I in Verbindung mit II ergeben. Es kommt dann darauf an, wie hoch der nach § 24 errechenbare Wert des Erbbauzinses ist und ob dieser Wert den nach I 1, 2 berechneten Wert übersteigt. Man muß also den nach § 24 kapitalisierten Betrag des Erbbauzinses mit dem 25fachen Jahresbetrag zum Vergleich heranziehen. Denn ein Erbbaurecht ist regelmäßig befristet.

9 Soweit der Erbbauzins während dieser Zeitspanne *verschieden hoch* ist, kommt es nicht auf den Durchschnittssatz an, sondern man muß die höchsten Kosten bis für insgesamt 25 Jahre feststellen und zusammenrechnen. Deshalb muß man auch eine etwaige Wertsicherungsklausel besonders bewerten, KG FGPrax 99, 73, aM Schlesw DNotZ 75, 438. Das geschieht meist mit etwa 10% des kapitalisierten Erbbauzinses, BayObLG DNotZ 75, 750, Hamm FGPrax 98, 240, KG RR 99, 439.

10 **F. Unbeachtlichkeit sonstiger Leistungen, I 1–3.** Demgegenüber darf man sonstige Leistungen nicht berücksichtigen, zB nicht: Eine Übernahme von Bewirtschaftungslasten; Anliegerkosten und den Lastenausgleich; die Übernahme der von der Gemeinde zu erhebenden Erschließungsbeiträge; die Übernahme von Kosten der von der Gemeinde einem Dritten übertragenen Erschließung; den Heimfallanspruch, KG FGPrax 99, 73. Soweit der Grundstückswert noch nicht feststeht, ist § 19 II 3 anwendbar. Der Wert einer Zustimmung nach § 5 I ErbbauRG ist ebenso hoch wie der Wert der Übertragung des Erbbaurechts, Düss VersR 79, 942. Das Interesse des Grundeigentümers an der Rechtsänderung ist also nicht maßgeblich, § 39 Rn 2.

11 **4) Wohnungseigentum, II.** Man muß drei Aspekte beachten. Im Rechtsstreit gilt (jetzt) § 49 a GKG, Teil I A dieses Buchs.
A. Grundsatz: Weite Auslegung. Die Vorschrift betrifft die Begründung, die Aufhebung und das Erlöschen des Teileigentums. Ergänzend gilt § 23. Es ist eine weite Auslegung notwendig.

12 **B. Beispiele zur Frage einer Anwendbarkeit von II**
Anderer Wohnungseigentümer: II ist *unanwendbar,* soweit es um ein solches Recht geht, das ein anderer Wohnungseigentümer einräumt.
S auch „Darlehen".
Ankaufsrecht: Rn 13 „Vorkaufsrecht".
Architekt: S „Dritter".
Aufhebung: Rn 13 „Sondereigentum".
Auflassung: S „Auseinandersetzung".
Aufteilung: S „Auseinandersetzung".
Auseinandersetzung: II ist *unanwendbar,* soweit es um eine der Begründung des Wohnungseigentums vorausgehende Auseinandersetzung geht, etwa über eine Verpflichtung, das bereits gekaufte Grundstück aufzuteilen und aufzulassen, oder um eine Bruchteilsveränderung.
Ausgestaltung: II ist anwendbar, soweit es um die inhaltliche Ausgestaltung des Wohnungseigentumsrechts geht, §§ 5, 10–12, 15, 20 ff WEG.
Baukosten: S „Darlehen", Rn 13 „Finanzielle Verpflichtung".
Benutzungsrecht: II ist anwendbar, soweit es um ein Benutzungsrecht geht, etwa zur Aufstellung einer Dachantenne oder zur Verwertung einer Garage, soweit es sich dabei um ein Recht gegenüber den übrigen Wohnungseigentümern handelt.
Bruchteilsveränderung: II ist *unanwendbar,* soweit es um eine Veränderung des Bruchteils geht.
Dachantenne: S „Benutzungsrecht".
Darlehen: II ist *unanwendbar,* soweit es um ein Darlehen geht, das ein Wohnungseigentümer einem anderen für die vom letzteren geschuldeten Baukostenvorschuß nebst einer hypothekarischen Sicherung gibt.
Dingliches Geschäft: II ist anwendbar, soweit es um das dingliche Geschäft geht, und zwar einschließlich der Eintragung nach §§ 873 BGB, 4 WEG und der nach § 8 WEG möglichen Erklärung des Wohnungseigentümers gegenüber dem Grundbuchamt.
Dritter: II ist in folgenden Fällen *unanwendbar:* Es handelt sich um den Vertrag mit einem Dritten, etwa einem Architekten oder Bauunternehmer; es geht zB um die

684

Verpflichtung des künftigen Wohnungseigentümers, mit einem bestimmten Architekten einen Vertrag abzuschließen. Denn diesen Vertrag könnte auch ein außenstehender Dritter abschließen.
S auch Rn 13 „Finanzielle Verpflichtung".
Finanzielle Verpflichtung: II ist anwendbar, soweit es um eine finanzielle Verpflichtung des Wohnungseigentümers und nicht eines Dritten und deren hypothekarische Sicherung geht, etwa bei einer Pflicht zur Zahlung eines Beitrags zu den Baukosten. Denn auch sie dient der Verwirklichung des Rechts. **13**
Garage: Rn 12 „Benutzungsrecht".
Grundbuchamt: Rn 12 „Dingliches Geschäft".
Hypothek: Rn 12 „Darlehen", Rn 13 „Finanzielle Verpflichtung".
Löschung: S „Sondereigentum".
Schuldrechtliches Geschäft: II ist anwendbar, soweit es um das der Eintragung zugrunde liegende schuldrechtliche Geschäft geht, vgl auch Rn 2, 3.
Sicherung: S „Vormerkung".
Sondereigentum: II ist anwendbar, soweit es um die Aufhebung oder Löschung des Sondereigentums geht, § 9 WEG. Wegen der Grundbucheintragung vgl § 76. Beim Übergang in Alleineigentum ist § 20 zusätzlich zu § 21 II anwendbar.
Veräußerungsbeschränkung: II ist anwendbar, soweit es um eine Beschränkung der Befugnis zur Veräußerung des Wohnungseigentümers geht, § 12 WEG.
Versicherung: Bei II mag im Ballungsraum ein Abschlag von nur 10% der Feuerversicherungssumme in Betracht kommen, KG JB 99, 43 (nennt irrig § 20 II).
Vorkaufsrecht: II ist *unanwendbar* auf ein gleichzeitig begründetes Vorkaufsrecht.
Vormerkung: II ist anwendbar auf die Sicherung eines dinglichen Rechts durch eine Vormerkung.
Wohnrecht: II ist *unanwendbar* auf ein gleichzeitig begründetes Wohnrecht.

C. Wert. Im Rechtsstreit gilt § 49a GKG, Teil I A dieses Buchs. Im übrigen gilt: **14**
Als Geschäftswert muß man die Hälfte des Werts des ganzen Grundstücks und nicht nur seines bebauten Teils ansetzen. Diesen Grundstückswert ermittelt man nach § 19 II, dort Rn 5ff. Es kommt auf den Wert desjenigen Grundstücks an, auf dem das Wohnungseigentum oder Teileigentum entsteht oder besteht, Karlsr JB **98**, 364. Dieser Wert ist auch bei § 8 WEG maßgeblich, Zweibr FGPrax **04**, 51.
Es kommt auf den Wert des bebauten Grundstücks nach der völligen *Fertigstellung* an, also auf den Wert einschließlich der etwa noch erforderlichen Ausbauten usw. Das gilt auch dann, wenn eine Bebauung voraussichtlich unterbleiben wird, Zweibr FGPrax **04**, 51, oder wenn das Gebäude auf Rechnung der Berechtigten entsteht. Diese Einbeziehung des Gebäudewerts ergibt sich daraus, daß in II eine dem I 2 entsprechende Bestimmung fehlt.
Außerdem handelt es sich beim Wohnungseigentum anders als beim Erbbaurecht **15** *nicht* um einen *gegenseitigen Vertrag* mit dem Austausch zweier Leistungen, sondern um ein gesellschaftsähnliches Rechtsverhältnis. Daher ist es richtig, in die Bewertung die Leistungen aller Beteiligten einzubeziehen, also auch die eigene Leistung. Die Gesamtbaukosten sind mitbeachtlich, BayObLG **82**, 103.
Wenn es dagegen um den Wert der *Veräußerung* eines Wohnungseigentums geht, **16** darf man die für Rechnung des Erwerbers vorgenommene Bebauung bei der Bewertung nicht berücksichtigen, § 20 I 2 Hs 2. Freilich ist dann auch die Ermäßigung des § 21 II unanwendbar.
Bei der *Aufhebung* des Sondereigentums nach §§ 4, 9 WEG muß man als Geschäftswert die Summe der Einheitswerte der Wohnungseigentumsrechte ansetzen. Denn dann erfolgt keine Festsetzung des Einheitswerts des bebauten Grundstücks. Wenn anschließend ein Alleineigentum entsteht, handelt es sich insofern um ein besonderes Geschäft. Es fällt nicht unter § 21.
Eine *besondere Wertbegünstigung* gegenüber II ergibt sich bei einer Umwandlung aus **17**

WEG § 63. Überleitung bestehender Rechtsverhältnisse. [1] Werden Rechtsverhältnisse, mit denen ein Rechtserfolg bezweckt wird, der den durch dieses Gesetz geschaffenen Rechtsformen entspricht, in solche Rechtsformen umgewandelt, so ist als Geschäftswert für die Berechnung der hierdurch veranlaßten Gebühren der Gerichte und Notare im Falle des Wohnungseigentums ein Fünfundzwanzigstel des Einheitswertes des Grundstückes, im Falle des Dauerwohnrechtes ein Fünfundzwanzigstel des Wertes des Rechtes anzunehmen.

II *(überholt)*

III Durch Landesgesetz können Vorschriften zur Überleitung bestehender, auf Landesrecht beruhender Rechtsverhältnisse in die durch dieses Gesetz geschaffenen Rechtsformen getroffen werden.

18 **5) Wohnungserbbaurecht, III.** Bei der Bestellung eines Wohnungserbbaurechts oder Teilerbbaurechts gelten nach III die Regeln des II entsprechend. Jedoch tritt an die Stelle des Werts des Grundstücks der Einheitswert des Erbbaurechts und dann, wenn ein solcher noch nicht amtlich feststeht, der nach I ermittelte Wert des Erbbaurechts. Vgl also Rn 2 ff.

Grunddienstbarkeiten

22 Der Wert einer Grunddienstbarkeit bestimmt sich nach dem Wert, den sie für das herrschende Grundstück hat; ist der Betrag, um den sich der Wert des dienenden Grundstücks durch die Dienstbarkeit mindert, größer, so ist dieser höhere Betrag maßgebend.

1 **1) Geltungsbereich.** Die Vorschrift stimmt inhaltlich völlig mit § 7 ZPO überein. Vgl seine Erläuterungen im Anh I nach § 48 GKG, Teil I A dieses Buchs. Eine Grunddienstbarkeit nach § 1018 BGB beeinflußt entsprechend § 22 den Einheitswert des Grundstücks, § 19 II.

2 **2) Unanwendbarkeit.** § 22 ist bei einer lediglich beschränkten persönlichen Dienstbarkeit nach § 1090 BGB unanwendbar. Für eine solche Dienstbarkeit gilt § 24, dort Rn 4. Soweit auch diese Vorschrift keine ausreichenden Wertmaßstäbe setzt, muß man den Wert der persönlichen Dienstbarkeit nach § 30 bestimmen, § 24 Rn 3.

Pfandrechte und sonstige Sicherheiten, Rangänderungen

23 I Der Wert eines Pfandrechts oder der sonstigen Sicherstellung einer Forderung durch Bürgschaft, Sicherungsübereignung oder dgl. bestimmt sich nach dem Betrag der Forderung und, wenn der als Pfand oder zur Sicherung dienende Gegenstand einen geringeren Wert hat, nach diesem.

II Als Wert einer Hypothek, Schiffshypothek oder Grundschuld gilt der Nennbetrag der Schuld, als Wert einer Rentenschuld der Nennbetrag der Ablösungssumme; bei der Einbeziehung in die Mithaft und bei der Entlassung aus der Mithaft ist jedoch der Wert des Grundstücks (Schiffs, Schiffsbauwerks) maßgebend, wenn er geringer ist.

III ¹Bei Einräumung des Vorrangs oder des gleichen Rangs ist der Wert des vortretenden Rechts, höchstens jedoch der Wert des zurücktretenden Rechts maßgebend. ²Die Vormerkung gemäß § 1179 des Bürgerlichen Gesetzbuchs zugunsten eines nach- oder gleichstehenden Berechtigten steht der Vorrangseinräumung gleich. ³Der Ausschluß des Löschungsanspruchs nach § 1179a Abs. 5 des Bürgerlichen Gesetzbuchs ist wie ein Rangrücktritt des Rechts zu behandeln, als dessen Inhalt der Ausschluß vereinbart wird.

Gliederung

1) Systematik, I–III	1
2) Regelungszweck, I–III	2
3) Pfandrecht usw, I	3–6
A. Geltungsbereich	3
B. Wertvergleich	4
C. Vormerkung, Widerspruch	5
D. Beschränktes dingliches Recht	6
4) Grundpfandrecht usw, II	7–13
A. Geltungsbereich, II Hs 1, 2	7, 8
B. Hypothek, Schiffshypothek, Grundschuld, Registerpfandrecht, II Hs 1	9, 10
C. Rentenschuld, II Hs 1	11
D. Mithaft, II Hs 2	12
E. Umstellung, II Hs 1, 2	13

1. Teil. Gerichtskosten § 23 KostO

5) Rangänderung usw, III 14–17
A. Geltungsbereich 14, 15
B. Wert 16, 17

1) Systematik, I–III. Die Vorschrift gibt in der Reihe der vorrangigen Ergän- 1
zungen zu § 19 und nachrangig gegenüber dem noch spezielleren § 24 Wertregelungen für einen nur bedingt vergleichbaren Kreis von Rechten an beweglichen (nur I) wie unbeweglichen Sachen (auch II, III). Die Vorschrift erfaßt die Begründung, die bloße Feststellung, eine Änderung und eine Aufhebung.

2) Regelungszweck, I–III. Ob der erkennbare Zweck einer kostengerechten Be- 2
wertung in den Einzelregelungen von I–III überhaupt gelungen und darüber hinaus in einer überzeugenden Art differenziert ausgestaltet ist, läßt sich unterschiedlich beurteilen. Jedenfalls muß man den Geltungsbereich dieser Spezialvorschrift eng auslegen und bei der Handhabung der Werte den Grundsatz einer dem Kostenschuldner günstigen Betrachtung nach § 1 Rn 2 mitbeachten.

3) Pfandrecht usw, I. Es sind zwei Prüfschritte ratsam. 3
A. Geltungsbereich. Die Vorschrift behandelt das Pfandrecht und eine sonstige Sicherstellung einer Forderung. Sie nennt für den letzteren Fall als bloße Beispiele die Bürgschaft und eine Sicherungsübereignung, das sog Besitzlosenpfandrecht. In Betracht kommt aber auch jede andersartige Sicherstellung einer Forderung, etwa ein Garantievertrag, ein Akkreditiv, BGH NJW 92, 1900, eine Vorauszahlung auf Erschließungsbeiträge usw, Hamm JB 95, 257, oder eine zur Sicherung erfolgende Übertragung des Rechts oder eine Abtretung der Forderung, auch eine kraft Gesetzes bestehende Mithaft, eine kumulative Schuldübernahme, ein Widerspruch, eine Vormerkung, ein Schuldbeitritt oder eine Ausbietungsgarantie, Mümmler JB 81, 681.
Es ist unerheblich, inwieweit der Gläubiger aus ihr schon einen *anderen* in Anspruch genommen hat. I bezieht sich wegen eines Pfandrechts allerdings nur auf bewegliche Sachen und Rechte nach §§ 1204, 1273 BGB, etwa einen Geschäftsanteil, eine Gesellschaftseinlage oder ein gewerbliches Schutzrecht. Die Vorschrift bezieht sich bei einer sonstigen Sicherstellung der Forderung auf bewegliche und unbewegliche Sachen. Sie erfaßt auch die Sicherung eines dinglichen Anspruchs, zB eine Vormerkung.

B. Wertvergleich. Man muß zunächst den Betrag der gesicherten Forderung 4
oder des gesicherten dinglichen Rechts ermitteln, dann den Wert des zur Sicherung dienenden Gegenstands. Der geringere dieser beiden Werte ist maßgeblich. Vgl auch § 48 GKG Anh I: § 6 ZPO, Teil I A dieses Buchs. § 18 III bleibt beachtbar.
Man darf einen solchen *Wertvergleich* allerdings nur dann vornehmen, wenn man beide vorgenannten Werte aus den beteiligten Urkunden ersehen kann. Andernfalls muß man die Bewertung nach dem Wert des Sicherungsgegenstands vornehmen. Das gilt auch dann, wenn man den Wert der zu sichernden Forderung, etwa eines Anliegerbeitrags, nicht kennt. Freilich können die Beteiligten einen Höchstbetrag angegeben haben. Dann ist er die Obergrenze. Bei einer Unbestimmtheit des Wert des Sicherungsmittels ist der Wert des gesicherten Anspruchs maßgebend. Es kann aber auch der Wert des Grundpfandrechts mit seinem höheren Nennbetrag infragekommen. Bei einer Unbestimmtheit beider Vergleichswerte gilt § 30 I. Das gilt auch bei einer bloßen Teilsicherheit.

C. Vormerkung, Widerspruch. Bei der Sicherung eines dinglichen Anspruchs 5
durch eine Vormerkung oder durch einen Widerspruch ist der Wert des gesicherten dinglichen Rechts oder Anspruchs maßgebend. Wenn es um eine Vormerkung zur Sicherung eines Anspruchs auf die Auflassung geht, muß man also den Wert des Grundstücks nach § 19 II berechnen und dann, wenn die Grundlage der Vormerkung ein Kaufvertrag war, den Wert nach § 20 berechnen.
Bei einer Vormerkung auf eine *Einräumung usw eines Rechts* kommt es auf den Wert dieses letzteren Rechts an, also bei einem Erbbaurecht oder einem Wohnungseigentum auf den nach § 21 berechneten Wert. Bei einem Widerspruch kommt es auf den Wert desjenigen Rechts an, das man mit dem Widerspruch geltend machen will. Wegen einer Vormerkung zugunsten eines Grundpfandrechts Rn 10, wegen der Grundbucheintragung §§ 66, 68.

687

6 **D. Beschränktes dingliches Recht.** Soweit es um die Sicherung einer Forderung durch ein beschränktes dingliches Recht geht, etwa einen Nießbrauch, eine Dienstbarkeit, eine Reallast oder ein Vorkaufsrecht, ist wegen der abstrakten Natur dieser dinglichen Rechte ihr Wert und nicht etwa der Wert der zugrundeliegenden schuldrechtlichen Forderung maßgebend, sofern nicht etwa der Sicherungszweck eingetragen ist.

7 **4) Grundpfandrecht usw, II.** Es sind fünf Aspekte beachtlich.
A. Geltungsbereich, II Hs 1, 2. Die Vorschrift erfaßt die Hypothek, die Schiffshypothek, ein Pfandrecht an einem Luftfahrzeug, § 102 I LuftfRG, eine Grundschuld, eine Rentenschuld, die Einbeziehung in eine Mithaft und die Entlassung aus der Mithaft. Sie gilt ferner für die Begründung eines gesetzlichen Löschungsanspruchs nach § 1179a BGB. Nur bei seinem vertraglichen Ausschluß gilt III 3, Rn 14, 15. II gilt für die Eintragung im Grundbuch, in den Registern, § 62, aber auch § 63 III, IV. II gilt ferner: Für die Begründung eines Kabelpfandrechts; für eine Altenteilslast als Reallast; für die Pfandentlassung eines Grundstücks aus der Mithaft.

8 II Hs 2 ist dann unanwendbar, wenn es sich um eine *Erstbelastung mehrerer Grundstücke* mit einer Gesamthypothek handelt. Das gilt selbst dann, wenn man anders (nicht landwirtschaftlich oder forstwirtschaftlich, § 36 LwVG) nutzt. Man darf sich nicht über die Worte „Einbeziehung in die Mithaft" in II Hs 2 hinwegsetzen. II Hs 2 ist ferner natürlich auch dann unanwendbar, wenn das landwirtschaftliche Grundstück auch gewerblich genutzt wird.

Andererseits ist II bei einer *Pfandentlassung* eines Grundstücks aus der Mithaft anwendbar. Das Gesetz kennt keine grundsätzliche Ermäßigung des Geschäftswerts schon deshalb, weil das Recht nicht erlischt, sondern weil nur die Haftungsgrundlage beschränkt wird.

9 **B. Hypothek, Schiffshypothek, Grundschuld, Registerpfandrecht, II Hs 1.** Hier findet kein Wertvergleich statt, Jena JB **99**, 375. Vielmehr ist als unterstellter Wert grundsätzlich der Nennbetrag der Schuld maßgeblich, Zweibr RR **03**, 235 (kein Verstoß gegen das GG). Bei einer Höchstbetragshypothek muß man den Höchstbetrag ansetzen. Bei einer Zwangshypothek darf man nur die Hauptforderung ansetzen. Zur Globalgrundschuld Düss JB **08**, 434 rechts.

10 Man muß die Hypothek auch dann mit ihrem *Nennbetrag* ansetzen, wenn der Gläubiger die Auszahlung mit einem Disagio oder Damnum vorgenommen hat, aber einen Anspruch zur Rückzahlung an ihn zum Nennwert hat. Etwas anderes gilt dann, wenn der Gläubiger den Nennbetrag ausgezahlt hat, wenn er nun aber wegen einer Tilgungsstreckung ein Aufgeld verlangen kann. Denn dann liegt keine Nebenleistung nach § 18 II vor. Man muß den Wert einer Vormerkung oder eines Widerspruchs wegen eines der vorgenannten Rechte ebenso hoch wie den Wert des zugehörigen Rechts ansetzen.

Eine Gesamthypothek auf *landwirtschaftlichen* Grundstücken richtet sich im Wert nach dem gegenüber dem Nennwert etwa geringeren Grundstückswert.

11 **C. Rentenschuld, II Hs 1.** Hier ist die Ablösungssumme mit ihrem Nennbetrag maßgeblich.

12 **D. Mithaft, II Hs 2.** Abweichend von Rn 9, 10 muß man einer Einbeziehung in die Mithaft und bei einer Entlassung aus ihr den nach § 19 ermittelten Wert des Grundstücks oder Schiffs oder Schiffsbauwerks ansetzen, falls dieser geringer als der Nennbetrag der Schuld ist, Karlsr JB **99**, 211. Man muß also einen Wertvergleich vornehmen. Sofern es sich um eine Mithaft wegen mehrerer Grundstücke handelt, muß man deren Wert zusammenrechnen. Soweit ein Grundstück für mehrere Grundpfandrechte mithaftet, muß man den Vergleich für jedes dieser Rechte besonders vornehmen.

13 **E. Umstellung, II Hs 1, 2.** Hier ist der Umstellungsbetrag maßgebend, § 64 Rn 12.

14 **5) Rangänderung usw, III.** Es sind zwei Prüfschritte ratsam.
A. Geltungsbereich. Die Vorschrift ist anwendbar, soweit sich der Rang unmittelbar und nicht nur möglicherweise nachträglich ändert, KG Rpfleger **83**, 177. Dann ist II 2 auch nicht entsprechend anwendbar, Ffm Rpfleger **77**, 228. Die Löschungs-

vormerkung nach § 1179 BGB steht einer Rangeinräumung dann gleich, wenn ein Nach- oder Gleichstehender löschungsberechtigt ist, Rn 17. III ist nur dann anwendbar, wenn die Löschungsvormerkung lediglich zur Verstärkung eines gleichrangigen oder nachrangigen Werks dienen soll.

Es kann zur Vermeidung der Notwendigkeit einer Kostenniederschlagung nach § 16 notwendig sein, die Beteiligten insofern zu *befragen*, Hamm Rpfleger **81**, 36. Wenn ein anderer löschungsberechtigt ist, gilt II. Bei einem Eintragungsantrag zusammen mit dem Antrag auf die Eintragung des Rechts besteht eine Gebührenfreiheit, § 62 III 2.

Bei einem *gesetzlichen Löschungsanspruch* nach § 1179a BGB gilt II. Nur beim vertraglichen Ausschluß des Rechts nach § 1179a V BGB gilt gemäß III 3: Man muß den Ausschluß wie einen Rangrücktritt desjenigen Rechts behandeln, als dessen Inhalt er vereinbart wird. Das ist freilich nur bei einem nachträglichen Ausschluß beachtlich. Bei einem anfänglichen Ausschluß ist ja dieser Ausschluß bereits ein Teil des Inhalts der Hypothek. 15

Unanwendbar ist III aus den Gründen Rn 14 bei einer gleichzeitigen Bestellung mehrerer Rechte mit einer Rangbestimmung oder bei einem Rangvorbehalt für ein etwa späteres Recht nach § 881 BGB oder wegen einer bloßen Änderungsmöglichkeit beim bloßen Rangvorbehalt oder dessen Löschung oder bei einer Stillhalteerklärung, Hamm MittBayNot **97**, 253. Dann ist § 30 I anwendbar.

B. Wert. Man muß den Wert des vortretenden Rechts und denjenigen des zurücktretenden Rechts getrennt ermitteln und die Werte dann miteinander vergleichen. Maßgebend ist der geringere Wert, Zweibr Rpfleger **82**, 241. Wenn mehrere Rechte vortreten, ist ihr zusammengerechneter Wert der Höchstwert. Wenn mehrere Rechte zurücktreten, muß man für die Beurkundung als Höchstwert den Wert sämtlicher zurücktretender Rechte ansetzen. Für die Eintragung muß man aber § 64 II, V beachten. Wenn mehrere Rechte nachträglich denselben Rang erhalten, gilt dasselbe. Man muß den Wert also für die Beurkundung unter einer Berücksichtigung der Rangverschlechterung oder Rangverbesserung für die Eintragung nach § 64 berechnen. Die Zustimmung eines Miteigentümers zur Löschung läßt sich nach seinem Anteil bewerten, § 40 II. 16

Eine *Löschungsvormerkung* nach § 1179 BGB steht der Rangeinräumung gleich, sofern ein Nach- oder Gleichstehender löschungsberechtigt ist. Dann findet also ein Wertvergleich wie bei III 1 statt. Das gilt auch bei § 1179 Z 2 BGB, KLBR § 64 Rn 40, aM BayObLG **97**, 174 (aber der Wortlaut von III 2 ist eindeutig). Vgl aber auch § 44 Rn 70, § 64 Rn 15 ff. 17

Wiederkehrende Nutzungen oder Leistungen

24 *Fassung 1. 9. 2009:* [1] Der Wert des Rechts auf wiederkehrende oder dauernde Nutzungen oder Leistungen wird unter Zugrundelegung des einjährigen Bezugswerts nach Maßgabe folgender Vorschriften berechnet:
a) Der Wert von Nutzungen oder Leistungen, die auf bestimmte Zeit beschränkt sind, ist die Summe der einzelnen Jahreswerte, höchstens jedoch das Fünfundzwanzigfache des Jahreswerts; ist die Dauer des Rechts außerdem durch das Leben einer oder mehrerer Personen bedingt, so darf der nach Absatz 2 zu berechnende Wert nicht überschritten werden;
b) Bezugsrechte von unbeschränkter Dauer sind mit dem Fünfundzwanzigfachen, Nutzungen oder Leistungen von unbestimmter Dauer – vorbehaltlich der Vorschriften des Absatzes 2 – mit dem Zwölfeinhalbfachen des Jahreswerts zu bewerten.

II [1] Ist die Nutzung oder Leistung auf die Lebensdauer einer Person beschränkt, so gilt als Geschäftswert bei einem Lebensalter

von	15 Jahren oder weniger der 22fache Betrag,	
über	15 Jahren bis zu 25 Jahren	der 21fache Betrag,
über	25 Jahren bis zu 35 Jahren	der 20fache Betrag,
über	35 Jahren bis zu 45 Jahren	der 18fache Betrag,
über	45 Jahren bis zu 55 Jahren	der 15fache Betrag,
über	55 Jahren bis zu 65 Jahren	der 11fache Betrag,

KostO § 24 III. Kostenordnung

über 65 Jahren bis zu 75 Jahren   der 7¹/₂fache Betrag,
über 75 Jahren bis zu 80 Jahren   der 5fache Betrag,
über 80 Jahren   der 3fache Betrag

der einjährigen Nutzung oder Leistung. ²Hängt die Dauer der Nutzung oder Leistung von der Lebensdauer mehrerer Personen ab, so entscheidet, je nachdem ob das Recht mit dem Tode des zuerst oder des zuletzt Sterbenden erlischt, das Lebensalter des Ältesten oder des Jüngsten.

III Der Geschäftswert ist höchstens das Fünffache des einjährigen Bezugs, wenn das Recht dem Ehegatten, einem früheren Ehegatten, dem Lebenspartner oder einem früheren Lebenspartner des Verpflichteten oder einer Person zusteht, die mit dem Verpflichteten in gerader Linie verwandt, verschwägert oder in der Seitenlinie bis zum dritten Grad verwandt oder bis zum zweiten Grad verschwägert ist, auch wenn die die Schwägerschaft begründende Ehe oder die Lebenspartnerschaft, aufgrund derer jemand als verschwägert gilt, nicht mehr besteht.

IV Der einjährige Wert von Nutzungen wird zu vier vom Hundert des Werts des Gegenstandes, der die Nutzungen gewährt, angenommen, sofern nicht ein anderer Wert festgestellt werden kann.

V ¹Für die Berechnung des Geschäftswerts ist der Beginn des Bezugsrechts maßgebend. ²Bildet das Recht später den Gegenstand eines gebührenpflichtigen Geschäfts, so ist der spätere Zeitpunkt maßgebend. ³Steht im Zeitpunkt des Geschäfts der Beginn des Bezugsrechts noch nicht fest oder ist das Recht in anderer Weise bedingt, so ist der Geschäftswert nach den Umständen des Falles niedriger anzusetzen.

Vorbem. Früherer IV 2 idF Art 3 V G v 21. 12. 07, BGBl 3189, in Kraft seit 1. 1. 08, Art 4 Hs 1 G, Übergangsrecht § 161 KostO. Sodann bsiheriger IV aufgehoben, daher bisherige V, VI zu IV, V dch Art 47 II Z 8 a, b FGG-RG v 17. 12. 08, BGBl 2586, in Kraft seit 1. 9. 09, Art 112 I Hs 1 FGG-RG, Übergangsrecht Art 111 FGG-RG, Grdz 2 vor § 1 FamGKG, Teil I B dieses Buchs.

Bisherige Fassung IV: IV ¹Der Geschäftswert für Unterhaltsansprüche nach den §§ 1612 a bis 1612 c des Bürgerlichen Gesetzbuchs bestimmt sich nach dem Betrag des einjährigen Bezugs. ²Dem Wert nach Satz 1 ist der Monatsbetrag des zum Zeitpunkt der Beurkundung geltenden Mindestunterhalts nach der zu diesem Zeitpunkt maßgebenden Altersstufe zugrunde zu legen.

Gliederung

1) Systematik, I–V	1
2) Regelungszweck, I–V	2
3) Geltungsbereich, I–V	3
4) Beispiele zur Frage einer Anwendbarkeit, I–V	4–6
5) **Wertgrundsatz, I**	7–11
A. Bestimmte Dauer, I a	7
B. Unbeschränkte Dauer, I b Hs 1	8, 9
C. Unbestimmte Dauer, I b Hs 2	10, 11
6) **Nutzung oder Leistung auf Lebenszeit usw, II**	12–15
A. Anwendungsbereich	13, 14
B. Wert	15
7) **Bezugsrecht des Ehegatten usw, III**	16–20
A. Anwendungsbereich	17–19
B. Wert	20
8) **Wertberechnung, IV**	21–28
A. Direkt bezifferbarer Wert	22
B. Leicht bezifferbarer Wert	23
C. 4% als Auffangwert	24
D. Wertsicherung	25
E. Tankstellendienstbarkeit	26
F. Energieleitungsdienstbarkeit	27
G. Nießbrauch	28
9) **Maßgebender Zeitpunkt, V**	29, 30
A. Feststehender Beginn	29
B. Noch ungewisser Beginn	30

1. Teil. Gerichtskosten   § 24 KostO

1) Systematik, I–V. Die Vorschrift stellt in der Reihe der Ergänzungen zu § 19   **1**
eine weitere vorrangige Sonderregelung dar. Sie geht auch dem § 23 vor.
Sie ist aber gegenüber § 25 nachrangig. Sie entspricht in vielen Teilen § 9 ZPO, § 48 GKG
Anh I, Teil I A dieses Buchs. § 24 KostO weicht aber von § 9 ZPO teilweise auch erheblich ab. Denn § 24 enthält besondere Regeln für Nutzungen auf Lebenszeit.

2) Regelungszweck, I–V. Dem außerordentlich weiten Geltungsbereich nach **2**
Rn 3 ff entspricht das Bemühen um eine sehr differenzierte und soziale wie wirtschaftliche Gesichtspunkte abwägende sowie für den Schwächeren einigermaßen erträgliche Gestaltung des kostenmäßig gerade hier so entscheidenden Werts. Diesen gesetzlichen Bemühungen sollte die Auslegung entsprechen.

3) Geltungsbereich, I–V. Über den Begriff der wiederkehrenden Nutzungen **3**
und Leistungen § 48 GKG Anh I: § 9 ZPO. Man muß also einen durchschnittlichen Jahreswert ermitteln können. Andernfalls ist § 30 I anwendbar. Der Ausdruck „Bezugsrecht" bedeutet nichts anderes. Es kommt wesentlich darauf an, ob man einen durchschnittlichen Jahreswert feststellen kann.

4) Beispiele zur Frage einer Anwendbarkeit, I–V **4**
Änderung der Leistungsart: § 24 ist *unanwendbar*, soweit es nur um die Änderung einer Leistungsart geht, etwa um im Baraltenteil anstelle eines Realaltenteils. Dann muß man den Wert nach § 30 schätzen.
Altenteil: S „Änderung der Leistungsart", Rn 5 „Reallast".
Anerkennung: § 24 ist anwendbar auf die Anerkennung einer wiederkehrenden Leistung.
Aufgabe: § 24 ist anwendbar auf die Aufgabe einer wiederkehrenden Leistung.
Austauschvertrag: I–V gelten auch, soweit die wiederkehrende Nutzung oder Leistung in einem Austauschvertrag steckt. Für dessen Beurkundung muß man nach § 39 II den nach § 24 berechneten Wert mit demjenigen der Gegenleistung vergleichen und dann den höheren zugrundelegen.
Begründung: § 24 ist anwendbar auf die Begründung einer wiederkehrenden Leistung.
Beschränkte persönliche Dienstbarkeit: Rn 5 „Nießbrauch".
Bezugsrecht: Ein Bezugsrecht muß selbst der Gegenstand des Geschäfts oder des Streits sein. Daher ist § 24 nur dann anwendbar, wenn es sich um die Begründung des Bezugsrechts, seine weitere Erhöhung oder Herabsetzung oder um eine Aufgabe handelt.
Bierbezugsverpflichtung: § 24 ist anwendbar, soweit es um eine grundstücksbezogene Bierbezugsverpflichtung geht, LG Siegen Rpfleger **83**, 369.
S aber auch „Bezugsrecht".
Bodennutzungsrecht: § 24 ist anwendbar auf jede Art von beschränkter persönlicher Dienstbarkeit zwecks Gewinnung von Bodenbestandteilen.
Dauernutzung: § 24 ist anwendbar, soweit es um ein Dauernutzungsrecht nach § 100 BGB geht, oder um ein solches nach § 31 WEG, Mümmler JB **75**, 447.
Unanwendbar ist § 24 beim sonstigen Dauerwohnrecht, § 48 GKG Anh I Rn 31 „Dauerwohnrecht", Teil I A dieses Buchs.
Dienstbarkeit: Rn 5 „Nießbrauch", Rn 6 „Tankstelle".
Dienstvertrag: § 24 ist *unanwendbar*. Es gilt § 25.
Erbbaurecht: § 24 ist *unanwendbar*, soweit es um ein Erbbaurecht geht. Sein Wert ergibt sich aus § 21, auch wegen des Erbbauzinses, aM Mü FGPrax **06**, 134 (auch § 24).
Feststellung: § 24 ist anwendbar auf die Feststellung einer wiederkehrenden Leistung.
Gesamtvergütung: § 24 ist *unanwendbar*, soweit es um eine Gesamtvergütung von unbestimmter Dauer geht.
Getränkedienstbarkeit: S „Bierbezugsverpflichtung".
Grunddienstbarkeit: § 24 ist bei ihr grds *unanwendbar*. Dann gilt § 22. Dabei kann freilich § 24 indirekt mitbeachtbar sein.
Hochspannungsleitung: § 24 ist anwendbar, soweit es um das Recht zum Halten und Verlegen einer Hochspannungsleitung geht, Celle JB **75**, 814, Schlesw Schl-HA **88**, 40, aM Stgt Rpfleger **92**, 290.

KostO § 24 III. Kostenordnung

5 **Leibrente:** S „Reallast".
Leitungsrecht: § 24 ist auf ein Recht zur Aufstellung von Masten für Leitungen anwendbar.
Lizenz: § 24 ist *unanwendbar,* soweit es um eine vom Umsatz abhängige Lizenzgebühr geht.
Löschung: § 24 ist anwendbar auf die Aufgabe oder Löschung einer wiederkehrenden Leistung.
Mietvertrag: § 24 ist *unanwendbar.* Es gilt § 25.
Nießbrauch: § 24 ist anwendbar, soweit es um einen Nießbrauch nach §§ 1030 I, 1068 I BGB oder eine beschränkte persönliche Dienstbarkeit nach § 1090 I BGB geht, auch infolge eines isolierten Vermächtnisses, BayObLG JB **84**, 906. Das gilt freilich nur, soweit diese Rechte nicht etwa den Eigentümer in einem bestimmten Umfang beschränken (dann gilt § 30, LG Bonn Rpfleger **01**, 621), BayObLG JB **01**, 104, Oldb Rpfleger **98**, 171, LG Nürnb JB **00**, 593.
Notwegrente: § 24 ist bei ihr anwendbar.
Pachtvertrag: § 24 ist *unanwendbar.* Es gilt § 25.
Pension: Rn 6 „Zins- und Rentenanspruch".
Reallast: § 24 ist anwendbar, soweit es um eine Reallast nach § 1105 BGB geht, etwa um das Altenteil. Das gilt auch dann, wenn an sich im Vertrag ein bestimmter Kaufpreis steht, den der Schuldner durch diejenige Rente abzahlt, für die die Parteien die Form einer Reallast mit einer Wertsicherungsklausel gewählt haben. Für die Wertsicherungsklausel kann man 20% der kapitalisierten Rente ansetzen, BayObLG Rpfleger **75**, 410.
S aber auch Rn 4 „Änderung der Leistungsart".
Rente, Ruhegeld: S „Reallast", Rn 6 „Zins- und Rentenanspruch".
Rückstand: § 24 ist wegen Rn 4 „Bezugsrecht" *unanwendbar,* soweit es nur um einen Rückstand geht. Wert ist dann sein Gesamtbetrag.
6 **Schnellieferungsdienst:** § 24 ist anwendbar, soweit es um eine Dienstbarkeit zum Betrieb eines Schnellieferungsdienstes geht, LG Hagen Rpfleger **91**, 244.
Sicherstellung: § 23 hat den Vorrang.
Spedition: § 24 ist anwendbar, soweit es um eine Dienstbarkeit zum Betrieb einer Spedition geht, LG Hagen Rpfleger **91**, 244.
Stellplatz: § 24 ist auf dieses Recht anwendbar. BayObLG JB **01**, 104.
Tankstelle: § 24 ist anwendbar, soweit es um eine Tankstellen-Dienstbarkeit geht, Rn 26.
S auch Rn 5 „Nießbrauch".
Übertragung: § 24 ist anwendbar auf die Übertragung einer wiederkehrenden Leistung.
Unbestimmte Dauer: Rn 4 „Gesamtvergütung".
Unterhalt: § 24 ist (jetzt) *unanwendbar.* Stattdessen gelten § 113 I 2 FamFG in Verbindung mit §§ 3 ff ZPO.
Versorgungsausgleich: § 24 ist auf ihn anwendbar, KLBR 19, aM LG Bln Rpfleger **82**, 241.
Vorerbschaft: § 24 ist wegen ihrer zeitlichen Begrenztheit anwendbar. Maßgebend ist ihr Nutzungswert, Ffm JB **89**, 403, Reimann FamRZ **89**, 1256.
Wasserzähler: § 24 I b Hs 2 ist zunächst entsprechend anwendbar, Rn 10.
Wohnungsrecht: § 24 ist auf dieses Recht anwendbar. Oft ist der Jahreswert maßgebend. Ein Gesamtentgelt geht vor, Ffm JB **82**, 1289.
Zins- und Rentenanspruch: § 24 ist anwendbar, soweit es um einen Zins- und Renten- bzw Pensions- oder Ruhegeldanspruch geht, LG Nürnb JB **82**, 430.

7 **5) Wertgrundsatz, I.** Bei einem Bezugsrecht auf eine wiederkehrende oder dauernde Nutzung oder Leistung muß man die folgenden Fälle unterscheiden.

A. Bestimmte Dauer, I a. Hier ist der Gesamtbetrag und höchstens der 25fache Jahreswert ohne einen Abzug von Zwischenzinsen als Wert ansetzbar. Soweit das Recht zugleich von der Lebensdauer abhängig ist, etwa ein Nießbrauch, ergibt sich allerdings ein Höchstwert nach II oder III. Sondervorschriften gelten für die Rentenschuld nach § 23 II, für ein Miet- oder Pachtrecht nach § 25 I und für einen Dienstvertrag, § 25 II.

B. Unbeschränkte Dauer, Ib Hs 1. Man muß zwischen einer unbeschränkten 8
und einer unbestimmten Dauer unterscheiden. Bei einer unbeschränkten Dauer ist
ungewiß, ob das Bezugsrecht überhaupt wegfallen wird. Dann ist der 25fache Jahresbetrag maßgebend.

Hierhin gehören zB: Ein Nießbrauch zugunsten einer „unsterblichen Person", etwa 9
einer Gemeinde oder einer unabsehbaren Reihe von Abkömmlingen, oder evtl eine
Bierbezugsverpflichtung, LG Siegen Rpfleger **83**, 369, oder eine Windenergieanlage,
Oldb Rpfleger **98**, 171 (Wert der Gegenleistung), oder eine Überbau- oder Notwegrente.

C. Unbestimmte Dauer, Ib Hs 2. Man muß zwischen einem Bezugsrecht von 10
unbeschränkter Dauer und einem solchen von unbestimmter Dauer unterscheiden.
Im letzteren Fall ist gewiß, daß das Bezugsrecht einmal wegfallen wird. Ungewiß ist
lediglich der Zeitpunkt des Wegfalls. Das kann auch bei einer bestimmten Mindestdauer und einer anschließenden Kündigungsmöglichkeit so sein. Dann muß man den
12½fachen Jahreswert ansetzen, LG Hagen Rpfleger **91**, 244.

Hierher gehört an sich auch eine Nutzung auf Lebenszeit. Diese regelt aber II besonders. Es bleiben also alle anderen Nutzungen, bei denen gewiß ist, daß sie einmal
wegfallen werden, und nur der Zeitpunkt des Wegfalls ungewiß ist, etwa bei einem
Wasserzähler, Mü NZM **06**, 382.

Wenn das Recht voraussichtlich *keine* 12½ Jahre hindurch andauern wird, muß 11
man die voraussichtliche Dauer schätzen und den Wert nach dem so ermittelten
Zeitraum bemessen. Hierher gehört die Änderung des Zinssatzes einer Hypothek
usw, soweit die Fälligkeit von der Kündigung abhängt. S zur Bewertung der Beurkundung und Eintragung §§ 39 I, 64 IV.

6) Nutzung oder Leistung auf Lebenszeit usw, II. Maßgebend sein kann der 12
Tod auch eines anderen als des Berechtigten oder Verpflichteten. Man muß zwei Aspekte berücksichtigen.

A. Anwendungsbereich. II hat gegenüber I b Hs 2 den Vorrang. Hierher gehö- 13
ren: Alle bis zum Tod einer natürlichen Person bestellten Bezugsrechte; alle Rechte
zugunsten einer Gesellschaft, soweit sie sich nach dem Gesellschaftsvertrag mit dem
Tod eines persönlich Haftenden auflöst oder soweit ihre Dauer auf die Lebenszeit eines anderen Gesellschafters beschränkt ist.

II ist dann *unanwendbar*, wenn nach dem Tod des zunächst Berechtigten ein anderer 14
bezugsberechtigt sein soll.

B. Wert. Man muß den Wert für jedes Einzelrecht nach der Tabelle in II ermit- 15
teln. Bei einer Mehrheit von Berechtigten entscheidet das Alter desjenigen, dessen
Lebensdauer maßgebend sein soll, II 2. Eine Kürzung wegen besonderer Verhältnisse
des Berechtigten, etwa seiner unheilbaren Krankheit, ist wegen der Unsicherheit solcher Auswirkungen unzulässig. Einzelheiten der Berechnung BayObLG JB **92**, 691,
Ackermann JB **76**, 19.

7) Bezugsrecht des Ehegatten usw, III. Auch hier muß man zwei Gesichts- 16
punkte beachten.

A. Anwendungsbereich. Die Vorschrift enthält eine vorrangige Sonderregel nur 17
für die dort bezeichneten und am Rechtsgeschäft auch beteiligten Personen, BayObLG Rpfleger **84**, 120. Sie gilt dann freilich nicht nur für die Ersteintragung, sondern auch für ein Nachfolgegeschäft, BayObLG Rpfleger **84**, 120.

III gilt *für jedes* der in I, II geregelten Rechte zugunsten einer in III genannten Per- 18
son. Hierher gehören auch zB: Eine Änderung des Zinssatzes einer Forderung, etwa
einer Hypothek; die Übernahme anderer wiederkehrender Leistungen in einem
Altenteilsvertrag.

Die Vergünstigung nach III tritt *nicht* ein, soweit der Berechtigte selbst ein Mit- 19
eigentümer des belasteten Grundstücks ist, LG Nürnb-Fürth MittBayNot **78**, 31, AG
Bre Rpfleger **95**, 129, oder soweit eine der in III genannten Personen ein Rechtsgeschäft mit einem dort nicht erwähnten Dritten ausführt, BayObLG Rpfleger **84**, 120,
oder soweit eine Außengesellschaft bürgerlichen Rechts oder eine Kommanditgesellschaft unter einer in I, II genannten Verpflichtungen erfüllen muß, Mü NJW **09**, 604,
Zweibr FamRZ **05**, 228, und soweit einer ihrer Gesellschafter mit dem nach I, II Berechtigten in einem in III genannten Verwandtschaftsverhältnis steht.

693

KostO § 24 III. Kostenordnung

20 **B. Wert.** Bei III ist der Geschäftswert höchstens das Fünffache des einjährigen Bezugs.

21 **8) Wertberechnung, IV.** Soweit es auf einen „Jahreswert" einer Nutzung ankommt, muß man ihn nach Regeln in der folgenden Reihenfolge ermitteln.

22 **A. Direkt bezifferter Jahreswert.** Zunächst ist derjenige Betrag maßgeblich, der sich aus der Sache selbst ergibt, etwa aus der Addition von 12 festbezifferten Monatsrenten. Ein Verzugszins nach § 18 II bleibt unbeachtet. Man muß die Mehrwertsteuer einbeziehen.

23 **B. Leicht bezifferbarer Wert.** Sodann muß man prüfen, ob sich der Jahreswert anhand anderer als der im Vertrag stehenden Gesichtspunkte verhältnismäßig leicht ermitteln läßt. Das kann zB dann so sein, wenn die Parteien den Monats- oder Jahresbetrag von einem gesetzlichen Gehalt usw abhängig gemacht haben.

24 **C. 4% als Auffangwert.** Soweit Rn 22, 23 keine Ergebnisse bringen, muß man 4% des nutzbringenden Gegenstands als den Jahreswert anrechnen, LG Hann JB **96**, 381. V lehnt sich insofern an § 246 BGB an.

25 **D. Wertsicherung.** Eine Wertsicherungsklausel ist beachtbar, Mü FGPrax **06**, 134, KLBR 25, Reimann DNotZ **86**, 443, aM Düss JB **82**, 1392.

26 **E. Tankstellendienstbarkeit.** Bei der kommt es grundsätzlich auf das Jahresentgelt für den schuldrechtlichen Vertrag an, also auf die Jahresmiete, die Jahrespacht, die jährliche Umsatzprovision, soweit sich die Rechte aus dem schuldrechtlichen Vertrag und diejenigen aus der Dienstbarkeit im wesentlichen decken. Dann ist IV unanwendbar. Wenn schuldrechtliche Leistungen über diejenigen aus der Dienstbarkeit hinausgehen, muß man einen Abschlag vornehmen. Dabei kann ein Vergleich mit dem Entgelt eines nicht zur Dienstbarkeit Verpflichteten einen Anhaltspunkt ergeben. Wird die Tankstellen-Dienstbarkeit zwar auf unbestimmte Zeit bestellt, kann man sie jedoch erstmals nach einer bestimmten Mindestlaufzeit *kündigen,* liegt zwar nach I ein Recht von unbestimmter Dauer vor. Mindestens ist aber der nach I a auf die bestimmte Mindestdauer berechenbare Wert maßgebend, BayObLG Rpfleger **90**, 201. Soweit mangels solcher Anhaltspunkte für die Wertermittlung V in Betracht kommt, nicht § 30, ist der Verkehrswert maßgebend, § 19 I.

27 **F. Energieleitungsdienstbarkeit.** Ähnlich muß man eine Energieleitungsdienstbarkeit beurteilen, aM Celle JB **75**, 814 (notfalls § 30 II). Zur Wertberechnung bei einer Bierbezugsverpflichtung LG Siegen Rpfleger **83**, 369. Wenn die Wiederkehr der Nutzungen seltener als einjährig erfolgt, muß man den Wert nach dem Jahreswert ansetzen.

28 **G. Nießbrauch.** Bei ihm muß man den Ertragswert abzüglich der dem Nießbraucher obliegenden öffentlichen Lasten und Unterhaltskosten ansetzen. Man kann den Jahres-Mietwert ansetzen, LG Nürnb JB **00**, 593. Man darf die Zinsen der dem Nießbrauch vorgehenden Hypothek usw nicht abziehen. Man darf eine Gegenleistung nicht abziehen. Man muß einen Rückstand hinzurechnen. Ein Nießbrauch an einem ertragslosen Grundstück ist auf 4% desjenigen Grundstückswerts ansetzbar, der sich aus § 19 II ergibt. Bei einem Streit, ob ein Nießbrauch am Hof oder nur ein Wohn- und Verpflegungsrecht vorliegen, sind I und III anwendbar. Daher darf man nicht etwa den Unterschiedsbetrag ansetzen.

29 **9) Maßgebender Zeitpunkt, V.** Es gibt zwei Fallgruppen.

A. Feststehender Beginn. Soweit das Bezugsrecht schon besteht, entscheidet der Zeitpunkt seines Beginns. Bei einer Unterhaltsrente kommt es zB auf die Geburt des Kindes oder auf die Rechtskraft des Scheidungsausspruchs an. Soweit das Recht schon erloschen ist, gilt für die Löschung der jetzige Wert. Man muß das Recht also nach der niedrigsten Stufe berechnen.

30 **B. Noch ungewisser Beginn.** Soweit im Zeitpunkt des Geschäfts der Beginn des Bezugsrechts noch nicht feststeht oder das Recht in anderer Weise bedingt ist, muß man den Geschäftswert evtl niedriger ansetzen, Düss JB **85**, 113, also nach der Zeit des Beginns, soweit das Recht erst beginnen soll, oder nach dem mutmaßlichen Beginnzeitpunkt, soweit das Recht aufschiebend bedingt ist, LG Hagen Rpfleger **01**, 569. Eine auflösende Bedingung bleibt bei der Berechnung außer Betracht.

1. Teil. Gerichtskosten § 25 KostO

Miet- und Pachtrechte, Dienstverträge

25 I ¹Der Wert eines Miet- oder Pachtrechts bemißt sich nach dem Wert aller Leistungen des Mieters oder Pächters während der ganzen Vertragszeit. ²Bei Miet- oder Pachtrechten von unbestimmter Vertragsdauer ist der Wert dreier Jahre maßgebend; ist jedoch die Auflösung des Vertrags erst nach einem längeren Zeitraum zulässig, so ist dieser maßgebend. ³In keinem Fall darf der Wert den fünfundzwanzigfachen Betrag der einjährigen Leistung übersteigen.

II Der Wert eines Dienstvertrags bemißt sich nach dem Wert aller Bezüge des zur Dienstleistung Verpflichteten während der ganzen Vertragszeit, höchstens jedoch nach dem dreifachen Jahresbetrag der Bezüge.

Gliederung

1) Systematik, I, II	1
2) Regelungszweck, I, II	2
3) Miet- und Pachtrecht, I	3
4) Wert, I	4–7
A. Bestimmte Vertragsdauer	5
B. Unbestimmte Vertragsdauer	6, 7
5) Dienstvertrag, II	8
6) Wert, II	9

1) Systematik, I, II. Die Vorschrift enthält in der Reihe der Ergänzungen des 1 § 19 und in einer Ergänzung zu § 39 II eine weitere ihm wie auch den §§ 23, 24 gegenüber vorrangige Spezialregelung.

2) Regelungszweck, I, II. Die von § 25 behandelten Bereiche stellen sozial emp- 2 findliche Vertragsformen dar. Ihre kostenmäßige Behandlung erfordert ein gesetzgeberisches Verantwortungsbewußtsein. Ihm wird I 1 weniger gerecht als der Rest der Vorschrift. Das gilt jedenfalls beim Wohnmietvertrag der einfachen Wohnqualitätsstufe. Soweit das Gericht insofern überhaupt noch ein Ermessen behält, sollte es ihn entsprechend dem Grundsatz einer dem Kostenschuldner günstigen Auslegung handhaben, § 1 Rn 2. Dasselbe kann aber auch bei der Miete eines Geschäftsraums gelten, an der zB wegen seiner Lage praktisch die Existenz des Mieters hängen kann.

3) Miet- und Pachtrecht, I. I betrifft Miet- und Pachtrechte von Grundstücken, 3 beweglichen Sachen und Rechten aller Art einschließlich Land- und Jagdpacht in ihrer inhaltlichen Gestaltung. Sie gilt von der Begründung über eine Erhöhung oder Herabstufung der Miete oder Pacht und über eine Änderung oder Verlängerung oder den Eintritt eines Dritten in den Vertrag bis zur Aufhebung des Vertrags. Die Vorschrift ist auf einen Leasingvertrag anwendbar, BayObLG JB 84, 1559. Sie ist auf einen Leihvertrag und auf einen Franchisevertrag entsprechend anwendbar. Wegen einer Lizenz § 24 Rn 3.

Unanwendbar ist § 25 beim Leihvertrag. Dann gilt § 30. Bei einer Sicherungsabtretung der gesamten Mieteinnahmen eines Grundstücks ist I unanwendbar und § 23 anwendbar. Denn dann steht in Wahrheit die Nutzung infrage, also eine Nießbrauchsbestellung. Bei einer Abtretung zu einem anderen Zweck ist § 24 anwendbar, soweit § 30 I.

4) Wert, I. Der Wert berechnet sich „nach dem Wert aller Leistungen des Mieters 4 oder Pächters" in Geld oder anderen Werten, also nicht nur nach der Miete und Pacht, sondern zB auch nach den einmalig oder laufend übernommenen Ein-, Um- oder Auszugskosten, ferner zB nach den Instandsetzungs- oder Umbaukosten, Ölheizungsbeiträgen, Reinigungskostenanteilen, Aufzugskosten, übernommenen Lasten oder Steuern, Versicherungen usw. Man muß beim Zusammentreffen wiederkehrender Leistungen und einer einmaligen Leistung beides zusammenrechnen. Die Leistungen des Vermieters usw bleiben anders als bei § 39 II außer Betracht. Im übrigen muß man zwei Fallgruppen unterscheiden und dazu den Vertrag nach dem Zeitpunkt seines Abschlusses auslegen, also nach dem Zeitpunkt des Mietbeginns, BayObLG NZM 00, 731.

A. Bestimmte Vertragsdauer. Ein solcher Vertrag liegt auch dann vor, wenn ein 5 Vertragspartner unter bestimmten Voraussetzungen vorzeitig kündigen kann, Bay-

695

ObLG NZM 00, 732. Bei einer bestimmten Vertragsdauer errechnet man den Wert nach dem Gesamtbetrag der Leistungen des Mieters oder Pächters während der gesamten Vertragszeit. Das gilt, obwohl natürlich eine fristlose Kündigung möglich ist. Man darf jedoch höchstens den 25fachen Betrag der einjährigen Leistung ansetzen. Nach dem Ablauf einer festen Mietzeit muß man eine Übergangszeit etwa bis zur Beziehbarkeit des Ersatzraums nach § 30 I dem Wert von § 25 I hinzurechnen, Hamm JB **80**, 1064.

6 **B. Unbestimmte Dauer.** Ein solcher Vertrag liegt zB bei einem Vertrag auf Lebenszeit vor, oder dann, wenn das Vertragsende von einer im Belieben eines Partners stehenden Kündigung abhängig ist. Das gilt selbst dann, wenn der andere Vertragspartner seinerseits erst nach Jahren kündigen könnte. Eine unbestimmte Vertragsdauer liegt auch dann vor, wenn der Vermieter dem Mieter ein Optionsrecht eingeräumt hat, BayObLG JB **92**, 341, oder wenn ein unbedingtes Rücktrittsrecht besteht, BayObLG RR **00**, 1600.

7 Bei einer unbestimmten Vertragsdauer ist der *Wert dreier Jahre* maßgebend, sofern die Parteien nicht eine kürzere Höchstvertragsdauer oder eine längere Mindestvertragsdauer vereinbart haben. Das letztere ist zB dann so, wenn ein Partner frühestens nach drei Jahren kündigen kann. Dann ist der Wert der Mindestvertragsdauer maßgeblich.

Bei einer unbestimmten Vertragsdauer ist aber das *25fache* der einjährigen Leistung stets der Höchstwert. Wenn die vertragliche Mindestdauer weniger als drei Jahre beträgt, ihrerseits aber unbestimmt ist, ist der dreijährige Wert maßgebend.

8 **5) Dienstvertrag, II.** Hierher gehört jeder Vertrag nach §§ 611ff BGB als Ganzes, LG Stgt AnwBl **87**, 341. Hierher zählt auch ein Anstellungsvertrag. Ferner zählen hierher zumindest entsprechend: Der Agenturvertrag; der Kommissionsvertrag; der Maklervertrag; der Handelsvertretervertrag, BayObLG JB **82**, 1549, LG Wuppert AnwBl **75**, 241.

9 **6) Wert, II.** Es kommt auf den Wert aller einmaligen wie laufenden Bezüge des zur Dienstleistung Verpflichteten während der ganzen Vertragszeit an. Maßgebend ist also das gesamte Entgelt einschließlich einer Prämie, eines Gewinnanteils, einer Naturalverpflegung, einer Wohnung, eines Unkostenersatzes usw, LG Wuppert AnwBl **75**, 241. Das gilt auch dann, wenn ein Vertragspartner vorzeitig kündigen darf. Allerdings ist der 3fache Jahresbetrag der Bezüge stets der Höchstwert. Beim Fehlen laufender Bezüge wird § 30 I anwendbar, BayObLG JB **82**, 1549.

Anmeldungen zum Handelsregister, Eintragungen in das Handelsregister

26 *(aufgehoben)*

Anmeldungen zum Partnerschaftsregister, Eintragungen in das Partnerschaftsregister

26a *(aufgehoben)*

Beschlüsse von Organen bestimmter Gesellschaften

27 *(aufgehoben)*

Anmeldungen zum Güterrechtsregister, Eintragungen in das Güterrechtsregister, Eintragungen auf Grund von Eheverträgen

28 Bei Anmeldungen zum Güterrechtsregister und Eintragungen in dieses Register bestimmt sich der Wert nach § 30 Abs. 2, bei Eintragungen auf Grund von Eheverträgen nach § 39 Abs. 3.

1. Teil. Gerichtskosten §§ 28, 29 KostO

1) Geltungsbereich. Der Wert einer Anmeldung zum Güterrechtsregister und 1
einer Eintragung in dieses Register bestimmt sich grundsätzlich nach § 30 II. Er beträgt also regelmäßig 3000 EUR. Man kann ihn aber höher oder niedriger annehmen. Das gilt zB bei einer Ausschließung der Befugnis nach § 1357 II BGB oder bei einem Urteil auf einen vorzeitigen Zugewinnausgleich nach § 1388 BGB oder bei einer Aufhebung der Gütergemeinschaft nach §§ 1449, 1470 BGB. Die Gebühren richten sich nach §§ 38 II Z 7, 81, 86. Bei einer Eintragung, nicht Anmeldung, auf Grund eines Ehevertrags gilt vorrangig § 39 III.

Sonstige Anmeldungen zu einem Register, Eintragungen in das Vereinsregister, Beurkundung von sonstigen Beschlüssen

29 [1] Für sonstige Anmeldungen zu einem Register, für Eintragungen in das Vereinsregister und bei der Beurkundung von Beschlüssen (§ 47) bestimmt sich der Geschäftswert, wenn der Gegenstand keinen bestimmten Geldwert hat, nach § 30 Abs. 2. [2] Die §§ 41a und 41b bleiben unberührt.

1) Systematik, Regelungszweck, S 1, 2. Die Vorschrift hat neben § 79a und 1
der im dortigen Anh abgedruckten HRegGebV nebst GV nur noch eine hilfsweise Auffangfunktion für die an anderer Gesetzesstelle nicht geregelten Fälle ohne einen bestimmten Geldwert. Man kann sie als eine solche Sammelvorschrift in ihrem Geltungsbereich weit auslegen.

2) Geltungsbereich, S 1, 2. Es müssen zwei Voraussetzungen zusammentreffen. 2
A. Sonstige Anmeldung zu einem Register, Eintragungen ins Vereinsregister usw, Beschluß nach § 47. Es darf nur entweder eine Anmeldung zu einem Register oder eine erste oder spätere Eintragung in das Vereinsregister oder die Beurkundung eines Beschlusses nach § 47 vorliegen. Die Art des Registers ist unerheblich. Es kann sich zB auch um das Genossenschaftsregister handeln oder um das Schiffs- bzw Schiffsbauregister.
B. Kein bestimmter Geldwert. Der Vorgang nach Rn 2 darf keinen bestimm- 3
ten Geldwert haben. Somit bleibt dieser in § 41a I gestrichene, weil in Abgrenzungsprobleme führende Begriff in § 29 bestehen, freilich mit einem wesentlich enger begrenzten Inhalt. Denn er wird ja nur noch bei Rn 2 erheblich.
C. Anwendungsbeispiele. § 29 kommt etwa in folgenden Fällen in Betracht: Es 4
handelt sich um die Anmeldung zum Vereinsregister, §§ 38 II Z 7, 86; es handelt sich um eine Eintragung in das Vereinsregister, § 80, Mü Rpfleger **06**, 288; es geht um eine Anmeldung zum Musterregister, zum Genossenschaftsregister, zum Schiffs- oder Schiffsbauregister, zum Kartellregister; es geht um eine Beschlußbeurkundung, sofern nicht § 41c vorliegt, also zB dem Beschluß einer BGB-Gesellschaft, einer Eigentümerversammlung nach § 26 IV WEG, BayObLG JB **83**, 1554, Mümmler JB **81**, 839; es geht um die Beglaubigung der Unterschrift auf der Niederschrift eines Beschlusses der Gesellschaft oder Gemeinschaft, BGH NZM **09**, 87, AG Freibg Rpfleger **85**, 378.
Die Eintragung in das *Genossenschaftsregister* ist ebenfalls gebührenpflichtig, § 79. 5
Für die Eintragung in andere Register gelten besondere Wertvorschriften, §§ 84 ff.
3) Wert, S 1, 2. Soweit § 29 anwendbar ist, erfolgt die Wertbestimmung nach 6
§ 30 II, BGH NZM **09**, 87, Mü Rpfleger **06**, 288. Man muß also grundsätzlich einen Wert von 3000 EUR annehmen, BayObLG Rpfleger **99**, 398. Das gilt etwa bei einer Beglaubigung. Er kann niedriger oder höher sein, jedoch nicht über 500 000 EUR, Mümmler JB **75**, 1445. Das Gericht muß in diesem Zusammenhang im Rahmen eines pflichtgemäßen Ermessens die Bedeutung der Anmeldung usw für das Unternehmen berücksichtigen, BGH NZM **09**, 87, ferner den Zweck und die finanzielle Lage des Anmelders, etwa die Mitgliederzahl und die Beitragshöhen, BayObLG Rpfleger **79**, 398. S 2 stellt klar, daß (jetzt) §§ 41a, b unberührt bleiben, Rn 1, Tiedtke MittBayNot **97**, 21. Nicht ist ein Prozentsatz des (Vereins-)Vermögens allein maßgeblich, Mü Rpfleger **06**, 288. Bei einer Mehrheit von Erklärungen in derselben Urkunde gilt § 44.

697

Angelegenheiten ohne bestimmten Geschäftswert, nichtvermögensrechtliche Angelegenheiten

30 *Fassung 1. 9. 2009:* ¹ Soweit in einer vermögensrechtlichen Angelegenheit der Wert sich aus den Vorschriften dieses Gesetzes nicht ergibt und auch sonst nicht feststeht, ist er nach freiem Ermessen zu bestimmen; insbesondere ist bei Änderungen bestehender Rechte, sofern die Änderung nicht einen bestimmten Geldwert hat, sowie bei Verfügungsbeschränkungen der Wert nach freiem Ermessen festzusetzen.

II ¹In Ermangelung genügender tatsächlicher Anhaltspunkte für eine Schätzung ist der Wert regelmäßig auf 3000 Euro anzunehmen. ²Er kann nach Lage des Falles niedriger oder höher, jedoch nicht über 500 000 Euro angenommen werden.

III In nichtvermögensrechtlichen Angelegenheiten ist der Wert nach Absatz 2 zu bestimmen.

Vorbem: Früherer III 2 aufgehoben dch Art 47 II Z 9 FGG-RG v 17. 12. 08, BGBl 2586, in Kraft seit 1. 9. 09, Art 112 I Hs 1 FGG-RG, Übergangsrecht Art 111 FGG-RG, Grdz 2 vor § 1 FamGKG, Teil I B dieses Buchs.

Bisherige Fassung III 2: ²In Angelegenheiten, die die Annahme eines Minderjährigen betreffen, beträgt der Wert stets 3000 Euro.

Gliederung

1) Systematik, I–III 1
2) Regelungszweck, I–III 2
3) Vermögensrechtliche Angelegenheit, I, II 3–11
   A. Begriff 3
   B. Beispiele zur Frage einer vermögensrechtlichen Angelegenheit, I 4–11
4) **Wert: Hilfsnatur des I** 12, 13
5) **Wertermessen I** 14–43
   A. Abwägung 15
   B. Kein Mindest- oder Höchstwert 16
   C. Kein Regelwert, I 17
   D. Ermittlung von Anhaltspunkten 18, 19
   E. Beispiele zur Frage eines Ermessens, I 20–43
6) **Kein genügender tatsächlicher Anhaltspunkt, II** 44–51
   A. Grundsatz: Hilfsfunktion 44
   B. Begriff des Anhaltspunkts usw 45–49
   C. Beispiele zur Frage des Fehlens genügender tatsächlicher Anhaltspunkte, II 50, 51
7) **Wert, II** 52–58
   A. Regelwert, II 1 .... 53, 54
   B. Abweichender Wert, II 2 55
   C. Niedrigerer Wert, Höchstwert, II 2 56
8) **Nichtvermögensrechtliche Angelegenheit, III** 57–61
   A. Anwendungsbereich 57, 58
   B. Beispiele zur Frage einer nichtvermögensrechtlichen Angelegenheit, III 59–61
9) **Wert, III** 62

1 **1) Systematik, I–III.** I, II enthalten Regeln zur Ermittlung des Geschäftswerts in einer vermögensrechtlichen Angelegenheit. Diese Regeln gelten als allgemeine Auffangvorschriften gegenüber anderen Vorschriften und insbesondere gegenüber §§ 19–29 nur hilfsweise, BayObLG FamRZ **87**, 1294, Hamm JB **94**, 128, Reuter BB **89**, 715. II 1 gilt wiederum gegenüber I nur hilfsweise, BayObLG JB **91**, 93. II 2 ist aber gegenüber I vorrangig.
III enthält Regelungen für *nichtvermögensrechtliche* Angelegenheiten. Für die anderen nichtvermögensrechtlichen Angelegenheiten verweist III auf II. Hier ist also nicht etwa zunächst auch I anwendbar. Vielmehr muß man die Regelwert in II 1 ohne eine vorherige Prüfung nach I zugrunde legen. Durch die Verweisung in III auch auf II 2 Hs 1 wird allerdings in Wahrheit auch bei einer nichtvermögensrechtlichen Angelegenheit zunächst eine Prüfung erforderlich, ob tatsächliche Anhaltspunkte für einen von 3000 EUR abweichenden Wert vorliegen. Insofern ist II 1 auch in einer nichtvermögensrechtlichen Angelegenheit nur eine Hilfsvorschrift. II 2 Hs 2 (niedri-

gerer und Höchstwert) ist auch in einer nichtvermögensrechtlichen Angelegenheit gegenüber II 1 vorrangig.

2) Regelungszweck, I–III. Die Vorschrift hat einen Auffang- und Sammelzweck   2
zur Vermeidung sonst wegen § 1 I 1 gebührenfrei bleibender, aber gebührenbedürftiger Vorgänge. Insoweit ist § 30 nicht zu eng auslegbar. Freilich bleibt innerhalb des ausdrücklich nur in I, der Sache nach aber auch in II 2, III eingeräumten Ermessens der den ganzen Ersten Teil der KostO beherrschende Grundsatz einer für den Kostenschuldner möglichst günstigen Auslegung mitbeachtlich. Das darf freilich auch nicht etwa dazu führen, mithilfe von § 30 strengere speziellere Vorschriften wegen deren angeblicher Unanwendbarkeit bequem aus sozialen Erwägungen auszuhebeln. Besonders in einer vermögensrechtlichen Sache dient I, II weder der Bequemlichkeit noch der Kostenersparnis.

3) Vermögensrechtliche Angelegenheit, I, II. Aus dem Begriff ergibt sich ein   3
riesiges Anwendungsgebiet.

A. Begriff. Vermögensrechtlich ist jede Angelegenheit, die entweder auf einer vermögensrechtlichen Beziehung beruht oder auf Geld oder Geldeswert geht. Das gilt ohne eine Rücksicht auf ihren Ursprung und Zweck. Es entscheidet die Natur des Rechts, dessen Schutz der Antragsteller begehrt. Die Angelegenheit kann sich also zwar auf ein nichtvermögensrechtliches Verhältnis gründen. Sie ist aber gleichwohl dann vermögensrechtlich, wenn sie eine vermögenswerte Leistung zum Gegenstand hat, LG Bln Rpfleger **82**, 241, BLAH Üb 9 vor § 1 ZPO (zum Begriff des vermögensrechtlichen Anspruchs). Eine vermögensrechtliche Angelegenheit kann in der Form einer Rechtsbegründung, Rechtsänderung, Verfügungsbeschränkung oder in sonstiger Weise vorliegen.

B. Beispiele zur Frage einer vermögensrechtlichen Angelegenheit, I   4
Anspruchsänderung: Eine vermögensrechtliche Angelegenheit in Form einer Rechtsänderung liegt vor, soweit es um diejenige Änderung eines bereits bestehenden vermögensrechtlichen Anspruchs geht, die ihrerseits keinen bestimmten Geldwert hat, etwa um die Vereinbarung der Parteien über eine andere Kündigungsfrist.
S auch Rn 8 „Hypothek", Rn 10 „Unterwerfungsklausel".
Anwartschaft: Eine vermögensrechtliche Angelegenheit in Form einer Rechtsbegründung liegt vor, soweit es sich um den Wert der Anwartschaft eines Nacherben oder Ersatznacherben handelt, BayObLG FER **98**, 108.
Auflassungsvormerkung: Eine vermögensrechtliche Angelegenheit in Form einer (Aufhebung einer) Verfügungsbeschränkung liegt vor, soweit es um die Eintragung oder Löschung einer Auflassungsvormerkung geht, BayObLG DB **85**, 334.
Baubeschränkung: Eine vermögensrechtliche Angelegenheit in Form einer Ver-   5
fügungsbeschränkung liegt vor, soweit es sich um eine Baubeschränkung handelt.
Bauverpflichtung: Eine vermögensrechtliche Angelegenheit in Form einer Rechtsbegründung liegt vor, soweit es um die Übernahme einer Bauverpflichtung geht, § 20 Rn 9 „Bauverpflichtung", BGH NJW **06**, 1136 (zustm Schmidt), aM Düss MDR **94**, 625, Zweibr FGPrax **99**, 77 (je: es gelte II, III). Tritt sie zu bestehenden Pflichten hinzu, handelt es sich dabei um eine Rechtsänderung.
Beglaubigung: Rn 10 „Unterschrift".
Bürgschaft: Man muß ihre Freigabe nach I bewerten, LG Trier JB **02**, 380 (voller Betrag).
Dingliche Mitberechtigung: Sie ist vermögensrechtlich.
Elterliches Sorgerecht: Eine vermögensrechtliche Angelegenheit *fehlt,* soweit es nur um Fragen der elterlichen Sorge geht, Düss FamRZ **00**, 686 (nach einer Abtrennung), Mü AnwBl **96**, 112.
Erbauseinandersetzung: Eine vermögensrechtliche Angelegenheit in Form einer Rechtsänderung liegt vor, soweit es sich um eine Erbauseinandersetzung handelt.
Erbbaurecht: Eine vermögensrechtliche Angelegenheit in Form einer Verfügungs-   6
beschränkung liegt vor, soweit es sich um die Zustimmung des Eigentümers zu einer Belastung des Erbbaurechts handelt, Hamm Rpfleger **82**, 489.

KostO § 30 III. Kostenordnung

Eine vermögensrechtliche Angelegenheit liegt ferner vor, soweit es um die Ersetzung der Zustimmung des Eigentümers zu einer *Veräußerung* des Erbbaurechts geht, BayObLG AnwBl **83**, 29, Düss FGPrax **08**, 84, LG Osnabr AnwBl **89**, 107.
Eine derartige Angelegenheit liegt ferner vor, soweit es um eine *Wertsicherungsklausel* für den Erbbauzins geht, KG FGPrax **99**, 73 (15% des Erbbaurechts).

Erbschein: Eine vermögensrechtliche Angelegenheit liegt vor, soweit es um die Erteilung eines Erbscheins geht, BayObLG VersR **05**, 822, oder um dessen Beschränkung, Einziehung usw. Wegen des wirtschaftlichen Interesses BayObLG FamRZ **05**, 822, wegen desjenigen beim Auslandsvermögen BayObLG FamRZ **98**, 515 (Schweiz).

Ersteintragung: Eine vermögensrechtliche Angelegenheit in Form einer Rechtsbegründung liegt vor, soweit es sich um eine Ersteintragung handelt, etwa einer GmbH im Handelsregister, BayObLG **88**, 258.

Euro: Die Eintragung der Umstellung zählt nach I, Ottersbach Rpfleger **99**, 53 (10% des eingetragenen Betrags).

7 **Firma:** Rn 10 „Unterschrift".

Genehmigtes Kapital: Eine vermögensrechtliche Angelegenheit in Form einer Rechtsänderung liegt vor, soweit es sich um den Hauptversammlungsbeschluß einer Aktiengesellschaft über ein genehmigtes Kapital handelt, § 41 a Rn 7.

Gesellschaftsanteil: Eine vermögensrechtliche Angelegenheit in Form einer Rechtsänderung liegt vor, soweit es sich um eine rechtsgeschäftliche Vereinbarung außerhalb eines Gesellschaftsverhältnisses handelt. Das gilt etwa bei der Bestimmung des Anteils an einer Offenen Handelsgesellschaft zum Vorbehaltsgut eines Ehegatten oder soweit es um den Wert etwa eines Kommanditanteils geht, BayObLG DNotZ **91**, 401, oder um die Übertragung eines Anteils, Celle JB **02**, 47, aM Vollrath Rpfleger **04**, 21 (die vermögensrechtliche Mitberechtigung sei nur ein kostenrechtlich unbeachtlicher Annex. Aber das Gegenteil ist bei der stets notwendig wirtschaftlichen Betrachtungsweise des Anteils an einer Handelsgesellschaft die Regel).

Getränkelieferung: Rn 8 „Liefervertrag".

Grundbuch: Rn 4 „Auflassungsvormerkung", Rn 7 „Grundschuld", „Grundstücksteilung, -vereinigung, -zuschreibung", Rn 8 „Hypothek", Rn 9 „Rangvorbehalt", „Treuhändersperrvermerk", Rn 11 „Verfügungsbeschränkung", „Vorkaufsrecht".

Grundschuld: Eine vermögensrechtliche Angelegenheit in Form einer Rechtsänderung liegt vor, soweit es um die Umwandlung einer Grundschuld in eine Hypothek oder umgekehrt geht.
S auch Rn 8 „Hypothek".

Grundstücksteilung, -vereinigung, -zuschreibung: Eine vermögensrechtliche Angelegenheit in Form einer Rechtsänderung liegt vor, soweit es sich um die Teilung eines Grundstücks, um die Zuschreibung eines Flurstücks zu einem Grundstück oder um die Vereinigung mehrerer eine Grundbuch bisher selbständig eingetragener Grundstücke handelt.

8 **Hypothek:** Eine vermögensrechtliche Angelegenheit in Form einer Rechtsänderung liegt vor, soweit es sich um die Umwandlung einer Buchhypothek in eine Briefhypothek handelt oder umgekehrt, vgl freilich § 67 I Z 2, III, oder soweit es um solche Änderungen von Zahlungsbedingungen einer Hypothek geht, die mit einer neuen Unterwerfung des Schuldners unter die sofortige Zwangsvollstreckung verbunden sind, oder soweit es um die Umwandlung mehrerer Verkehrshypotheken in eine einheitliche Sicherungshypothek geht.
S auch Rn 4 „Anspruchsänderung", Rn 7 „Grundschuld".

Identität: S „Nämlichkeit".

Kommanditanteil: Rn 7 „Gesellschaftsanteil".

Kündigung: Rn 4 „Anspruchsänderung".

Liefervertrag: Eine vermögensrechtliche Angelegenheit in Form einer Rechtsbegründung oder -änderung liegt vor, soweit es sich um einen langfristigen Liefervertrag handelt, LG Kblz RR **96**, 64.

Löschung: Rn 11 „Vorkaufsrecht".

Nacherbe: Rn 4 „Anwartschaft".

1. Teil: Gerichtskosten § 30 KostO

Nämlichkeit: Eine vermögensrechtliche Angelegenheit liegt vor, soweit es um die Klärung einer Nämlichkeit geht, Hamm Rpfleger **80**, 316.
Patientenverfügung: Sie ist grds *nichtvermögensrechtlich,* Hamm JB **06**, 266.   9
Öffentliche Mittel: Rn 11 „Wohnungsbesetzungsrecht".
Rangvorbehalt: Eine vermögensrechtliche Angelegenheit in Form einer Verfügungsbeschränkung liegt vor, soweit es sich um einen Rangvorbehalt handelt, KG Rpfleger **83**, 178, aM KLBR § 64 Rn 23 (aber ein Rangvorbehalt hat meist einen erheblichen Vermögenswert schon im Zusammenhang mit der Belastbarkeit des Grundstücks).
Rücktritt, -verzicht: Es liegt eine nach I abschätzbare vermögensrechtliche Angelegenheit vor, Zweibr FGPrax **00**, 43 (10% des Kaufpreises).
Schuldübernahme: Man muß ihre Genehmigung zB bei einer Grundschuld anläßlich der Veräußerung nach I bewerten, LG Trier JB **02**, 380 (Bruchteil).
Sorgerecht: Rn 5 „Elterliches Sorgerecht".
Sperrvermerk: S „Treuhändersperrvermerk".
Testamentsvollstreckung: Eine vermögensrechtliche Angelegenheit in Form einer Verfügungsbeschränkung liegt vor, soweit es sich um eine Testamentsvollstreckung handelt, BayObLG FamRZ **04**, 1304.
Treuhändersperrvermerk: Eine vermögensrechtliche Angelegenheit in Form einer Verfügungsbeschränkung liegt vor, soweit es sich um einen Treuhändersperrvermerk nach § 72 VAG handelt.
Überwachungsrecht: Eine vermögensrechtliche Angelegenheit in Form einer   10
Rechtsbegründung, -änderung oder Verfügungsbeschränkung liegt vor, soweit es sich um das Überwachungsrecht zugunsten eines Gesellschafters handelt, Zweibr Rpfleger **87**, 316, LG Frankenth Rpfleger **87**, 315.
Umwandlung: Rn 7 „Grundschuld", Rn 8 „Hypothek".
Unterschrift: Eine vermögensrechtliche Angelegenheit in Form einer Rechtsbegründung oder -änderung liegt vor, soweit es sich um die Beglaubigung einer Firmen- und Unterschriftszeichnung handelt, BayObLG DB **83**, 2621.
Unterwerfungsklausel: Eine vermögensrechtliche Angelegenheit in Form einer Rechtsänderung liegt vor, soweit die Parteien im Hauptvertrag die Unterwerfung des Schuldners unter die „sofortige" Zwangsvollstreckung als eine bloße Nebenabrede behandelt hatten und diese später präzisieren.
S auch Rn 4 „Anspruchsänderung", Rn 8 „Hypothek".
Veräußerungsverbot: Eine vermögensrechtliche Angelegenheit in Form einer Ver-   11
fügungsbeschränkung liegt vor, soweit es sich um ein Veräußerungsverbot handelt.
Verfügungsbeschränkung: Eine vermögensrechtliche Angelegenheit liegt vor, soweit es sich um die Eintragung einer Verfügungsbeschränkung wegen eines zum Deckungsstock gehörenden Grundstücks handelt.
Vermögensgesetz: Zum Wert BayObLG FamRZ **99**, 1440.
Vorkaufsrecht: Eine vermögensrechtliche Angelegenheit liegt vor, soweit es um die Löschung eines Vorkaufsrechts geht, BayObLG JB **97**, 605.
Wertsicherungsklausel: Rn 6 „Erbbaurecht".
Wohnungsbesetzungsrecht: Eine vermögensrechtliche Angelegenheit liegt in Form einer Verfügungsbeschränkung liegt vor, soweit es um ein Wohnungsbesetzungsrecht zur Sicherung öffentlicher Wohnungsbauförderungsmittel geht, Düss Rpfleger **92**, 177, Oldb JB **95**, 97, LG Wuppert Rpfleger **91**, 343, aM Oldb Rpfleger **94**, 272 (aber ein solches Recht mindert die Verwertbarkeit ganz erheblich).
Wohnungseigentum: Eine vermögensrechtliche Angelegenheit liegt in Form einer Verfügungsbeschränkung liegt vor, soweit es um die Anfechtung eines Beschlusses der Wohnungseigentümer geht, zB wegen der Entziehung des Wohnungseigentums eines der Beteiligten, AG Hildesh ZMR **87**, 346, oder um die Ablehnung des Vollzugs einer Teilungserklärung nach § 8 WEG, BayObLG JB **97**, 209.
Zahlungsbedingungen: Rn 8 „Hypothek".

4) Wert: Hilfsnatur des I. I verweist zunächst auf die übrigen Vorschriften „die-   12
ses Gesetzes". Das bedeutet: I enthält lediglich Hilfsregeln. Als anderweitige und damit vorrangige Bewertungsvorschriften kommen zB in Betracht: Bei einer Rangän-

701

derung § 23 III; bei der Beurkundung einer Anmeldung und der zugehörigen Eintragung in das Handelsregister § 41 a; bei einer Eintragung im Schiffsregister § 84 I.

13 Eine Bewertung nach I kommt auch dann *nicht* in Betracht, wenn sich der Wert zwar nicht aus anderen Vorschriften der KostO ergibt, wenn er aber sonst feststeht. Das ist zB dann so, wenn es sich um einen bestimmten Geldbetrag handelt oder um eine zugehörige Vollmacht oder Zustimmung usw. Allerdings kann man insofern § 18 I, II als maßgeblich betrachten und muß im übrigen § 18 III beachten.

14 **5) Wertermessen.** Soweit sich in einer vermögensrechtlichen Angelegenheit der Wert weder aus anderen Vorschriften der KostO ergibt noch sonst feststeht, darf und muß das Gericht ihn zunächst innerhalb eines Ermessens bestimmen. I 1 Hs 1 spricht vom „freien" Ermessen. In Wahrheit handelt es sich wie fast stets um ein pflichtgemäßes Ermessen.

15 **A. Abwägung.** Das Gericht muß also sämtliche in Betracht kommenden objektiven Umstände berücksichtigen und miteinander abwägen. Es gibt hier anders als bei II keinen Höchstwert und im übrigen auch keinen Mindestwert. Maßgebend sind zB: Die Bedeutung der Sache, BayObLG FamRZ **00**, 971; der Wert des Geschäftsgegenstands; das Ausmaß seiner Betroffenheit; das Interesse der Beteiligten, BayObLG JB **91**, 92; ihre Vermögenslage; das Ausmaß der Verantwortlichkeit des Notars und sein Haftungsrisiko, Hamm FGPrax **06**, 36, überhaupt alle für den Geschäftswert irgendwie erheblichen Umstände, BayObLG JB **91**, 92, Hamm FGPrax **06**, 36. Einige wenige Anhaltspunkte genügen, soweit sie eine wenigstens annähernde Schätzung ermöglichen, BayObLG FamRZ **90**, 614. Soweit für die in diesem Zusammenhang erforderliche Schätzung genügende tatsächliche Anhaltspunkte ersichtlich sind, ist lediglich I, nicht II und daher auch nicht II 2 anwendbar, Rn 1.

16 **B. Kein Mindest- oder Höchstwert.** Im Rahmen einer nach I möglichen Schätzung bindet also eine nach I einem Mindestwert oder Höchstwert von 500 000 EUR das Gericht wie in II 2. Das ergibt sich schon aus der Stellung von II 2 innerhalb von II. Es wäre auch widersinnig, in einer vermögensrechtlichen ohnehin durchweg verhältnismäßig leicht bezifferbaren Sache unabhängig von dem wahren Betrag feste Höchst- und Mindestwerte anzusetzen. Sie haben nur dann einen Sinn, wenn eine Schätzung so gut wie keine tatsächlichen Anhaltspunkte verwerten kann.

17 **C. Kein Regelwert, I.** Ebensowenig darf man im Rahmen eines pflichtgemäßen Ermessens nach I von einem Regelwert ausgehen. Schon gar nicht darf man im Rahmen von I den Regelwert nach II 1 ansetzen.

18 **D. Ermittlung von Anhaltspunken.** Das Gericht hat die Amtspflicht, mit aller zumutbaren Sorgfalt auf genügend tatsächliche Anhaltspunkte für eine Schätzung nach I zu *achten*. Es darf und muß dazu auch in gewissem Umfang Ermittlungen anstellen. Es braucht freilich dann keine Ermittlungsarbeit vorzunehmen, wenn die Beteiligten trotz einer Anfrage keinerlei näheren Aufschluß geben, obwohl sie es ersichtlich tun könnten. Andererseits muß das Gericht bei seinen Ermittlungen Artt 2 I, 20 III GG (Rpfl), BVerfG **101**, 404, Art 103 I GG (Richter) beachten. Es muß daher einem Beteiligten eine Gelegenheit zur Äußerung geben, bevor es nach I eine von seinen Angaben erheblich abweichende Schätzung vornimmt. Es darf nicht das eigene Ermessen demjenigen eines schon tätig gewordenen Beschwerdegerichts voranstellen, BayObLG MittBayNot **81**, 45.

19 Nach alledem ist I *mit* dem *GG vereinbar*, BayObLG DB **83**, 2622.

20 **E. Beispiele zur Frage eines Ermessens, I**
Abtretung: Ihre Offenlegung im Kaufvertrag läßt sich nach I mit 10% ihres Betrags bewerten, LG Ffm JB **85**, 751.
Abwesenheitspflegschaft: Maßgeblich ist das wirtschaftliche Interesse, BayObLG FamRZ **00**, 971.
Änderung eines Rechts: S bei den Rechtsarten.
Aktienrecht: Im Verfahren nach § 306 VII 6 AktG soll auf den Zeitpunkt des Erlasses der Hauptsacheentscheidung maßgeblich. Es kommt auf den Unterschied zwischen dem Angebot und dem objektiv angemessenen Betrag an, BGH RR **99**, 1191, BayObLG DB **99**, 521, Karlsr DB **97**, 2479, andernfalls auf den rechtskräftig festgesetzten Betrag, Düss DB **77**, 1586. BayObLG **02**, 173 stellt nur auf diejenigen

Aktien ab, die beim Wirksamwerden des Eingliederungsvertrags noch außenstehenden Aktionären gehörten.

Anwartschaft: I ist anwendbar, BayObLG MittBayNot **95**, 245, LG Mü MittBayNot **84**, 48, Mümmler JB **87**, 200. Der Grundstückswert bleibt unbeachtlich, Schlesw JB **86**, 82. Bei einer Nacherbenanwartschaft ist das Ob und Wann und eine Übertragbarkeit mitbeachtlich, evtl auch II, LG Mü MittBayNot **84**, 48, Mümmler JB **87**, 200.

Arbeitsplatzverschaffung: Man muß sie gesondert ansetzen, KG JB **95**, 212, und kann sie mit 30% der diesbezüglichen Aufwendungen bewerten, Schlesw DNotZ **94**, 725. Bei einem nur öffentlichen Interesse kann III anwendbar sein, Hamm DNotZ **95**, 784, KG DNotZ **94**, 713, Kblz DNotZ **94**, 713.

Auflassungsvormerkung: Bei der Löschung einer Auflassungsvormerkung ist der Wert maßgeblich, insbesondere der Kaufpreis des betroffenen Grundstücks, BayObLG DB **85**, 334.

Baubetreuung: Maßgebend ist meist das Honorar des Baubetreuers. Man muß nach I evtl die vollen Baukosten ansetzen, wenn der Baubetreuer allein verfügen darf, Düss JB **82**, 433, Stgt MittBayNot **76**, 39.

Bauverpflichtung: Bei der Übernahme einer Bauverpflichtung entscheidet das wirtschaftliche oder ideelle Interesse desjenigen, den sie begünstigt, Hamm DNotZ **79**, 182, Köln JB **86**, 580, Zweibr FGPrax **99**, 77. Dabei können die voraussichtlichen Baukosten maßgeblich sein, BayObLG MittBayNot **95**, 488, Ffm DNotZ **77**, 502, Hamm DNotZ **79**, 182. Beim Verkauf durch die öffentliche Hand mögen bevölkerungspolitische Aspekte mitspielen, aber auch steuerpolitische, BayObLG MittBayNot **80**, 38, Hamm DNotZ **94**, 723. Es kann § 20 I 1 dann anwendbar sein, wenn ein eigener Wert vorliegt. Man kann das letztere nur von Fall zu Fall beurteilen. Beim Wohnhausbau können 50% des Grundstückspreises angemessen sein.

Bedingter Kaufpreis: Der Wert eines bedingten Kaufpreises läßt sich nach I bestimmen, zB mit 10–30% eines bedingten Mehrbetrags. Mitbeachtlich ist der Wahrscheinlichkeitsgrad des Bedingungseintritts, Hamm FGPrax **04**, 92. Beim sog Einheimischenmodell gilt § 30 I, Hamm FGPrax **04**, 92.

Beitritt: Maßgebend ist dasjenige Geschäft, zu dem der Beitritt erfolgt.

Belastungsverbot: Es können 20% des Kaufpreises angemessen sein, BayObLG FGPrax **99**, 79.

Benutzungsregelung: Man muß sie nach I, evtl II gesondert bewerten, Mümmler JB **83**, 202.

Besitz: Nach I bewertbar ist seine vorübergehende Gestattung.

Betreuungsverfügung: Maßgeblich sind II 1, III 1, Oldb JB **05**, 549.

Bürgschaft: Man muß eine Bürgschaftsübernahme nach I hinzurechnen, Köln FGPrax **00**, 126.

Nicht hierher gehört der Bürgschaftswert. Für ihn gilt § 23 I, LG Mü MittBayNot **92**, 418.

Dienstbarkeit: Bei einer beschränkten persönlichen Dienstbarkeit entscheidet ihr Zweck, BayObLG **92**, 357. Bei einem Wohnungsrecht können ein Darlehen oder Zuschuß mitbeachtlich sein, Oldb JB **97**, 485.

Nicht hierher gehört eine Dienstbarkeit nach § 1018 Fall 1 BGB. Dann gilt § 22.

Dingliche Mitberechtigung: Es können 10% des Grundstückswerts angemessen sein, KG Rpfleger **08**, 161.

Einheimischenmodell: Rn 22 „Bauverpflichtung".

Einwilligung: Maßgebend ist dasjenige Geschäft, zu dem die Einwilligung erfolgt.

Enteignung: Man muß den Wert eines Rückübertragungsanspruchs im Verfahren nach § 3 VermG nach I ermitteln, BayObLG FamRZ **96**, 189.

Entschuldungsverpflichtung: Sie bleibt bei I unbeachtet, Hamm DNotZ **95**, 784, KG DNotZ **94**, 713.

Erbbaurecht: Es gibt viele Aspekte.

- **(Belastung):** Bei der Zustimmung eines Eigentümers zu einer Belastung des Erbbaurechts ist das Interesse des Eigentümers an der Verfügungsbeschränkung maßgeblich, die er ja aufgibt, Hamm DNotZ **80**, 772, aM Hamm Rpfleger **82**, 489, Mümmler JB **84**, 1160, Stgt JB **82**, 1059 (Nennwert der Belastung).

KostO § 30 III. Kostenordnung

Die Zustimmung zu einer *weiteren* Belastung richtet sich im Wert nach dem erstrebten wirtschaftlichen Erfolg, Düss FGFrax **08**, 84.
- **(Bodenwert)**: Er ist auch für den Wert des Erbbaurechts mitbeachtbar.
- **(Rangrücktritt)**: Ein Rangrücktritt des Eigentümers unterfällt dem § 44 III.
- **(Stillhalteerklärung)**: Eine solche des Eigentümers für den Fall einer Zwangsvollstreckung unterfällt dem § 30 II, Hamm MittBayNot **97**, 253.
- **(Teilung)**: Es gilt dasselbe wie bei einer „– (Belastung)".
- **(Verkauf)**: Bei der Zustimmung des Eigentümers zur Veräußerung des Erbbaurechts ist das Interesse des Eigentümers an diesem Vorgang maßgeblich. Es beträgt oft den Kaufpreis, BayObLG AnwBl **83**, 29, KLBR 32, Mümmler JB **84**, 1160, aM BayObLG **97**, 44, Hamm RR **92**, 785, PalBass § 7 ErbbauRG Rn 7 (je: 10–20%. Aber oft hängt die Zahlung nicht nur formell von der Zustimmung ab, und der Veräußerer will sein Geld haben).
- **(Vorkaufsrecht)**: Bei der Bestellung eines Erbbaurechts muß man den Wert eines Vorkaufsrechts des Eigentümers und den Wert des Erbbauzinses zusammenrechnen. Es gelten §§ 20 II, 30 I. Ein Vorkaufsrecht kann 10–20% des Gesamtwerts betragen, KG FGFrax **99**, 72.
- **(Wertsicherung)**: Bei einer Wertsicherungsklausel für einen Erbbauzins muß man die vermutliche Veränderung der Bezugsgrößen im Kapitalisierungszeitraum berücksichtigen, aM Düss VersR **82**, 1076.
- **(Zwangsvollstreckung)**: S „– (Stillhalteerklärung)".

26 **Erbschaft**: Auch hier besteht ein freies, aber pflichtgemäßes Ermessen, BayObLG FamRZ **04**, 1309. Man kann das wirtschaftliche Interesse des Antragstellers und dabei oft seinen Anteil am Reinnachlaß ansetzen, BayObLG FamRZ **04**, 1309. Beim Erb- oder Pflichtteilsverzicht geht man von I 1 aus.

S auch Rn 28 „Geschäftsanteil", Rn 35 „Testamentsvollstreckung":

Erschließungskosten: Bei ihrer Vorauszahlung kann man nach I 20% des Betrags nach I zum Wert des § 20 I hinzurechnen, BayObLG JB **98**, 489, Hamm Rpfleger **03**, 47.

27 **Firma**: Ihre Änderung läßt sich nach I berechnen, und zwar in Verbindung mit § 19 II, BayObLG RR **02**, 1363. Es können zB 50% des Grundstückswerts angemessen sein, BayObLG JB **99**, 641, Köln Rpfleger **03**, 47.

S auch Rn 37 „Unterschrift".

Forderung: Bei Zweifeln an der Vollstreckbarkeit kann man vom Nennwert einen angemessenen Abschlag vornehmen.

Genehmigung: Maßgebend ist dasjenige Geschäft, zu dem die Genehmigung erfolgt. Mü FamRZ **09**, 1861.

28 **Geschäftsanteil**: Bei einer solchen Vereinbarung über den Anteil eines Gesellschafters zB an einer Offenen Handelsgesellschaft, die auch einen Vorgang außerhalb des Gesellschaftsverhältnisses betrifft, etwa eine Bestimmung zum Vorbehaltsgut eines Ehegatten oder eine Erbauseinandersetzung, bleibt § 18 III außer Betracht, BayObLG JB **02**, 205. Bemessungsgrundlage ist vielmehr nur ein dem Anteil entsprechender Bruchteil des Reinvermögens der Gesellschaft, BayObLG JB **90**, 896, Zweibr Rpfleger **02**, 99. Das kann unabhängig von einem geringeren Kaufpreis gelten, krit Vollrath Rpfleger **04**, 17. Bei einer Kapitalgesellschaft muß man mangels einer direkten Beteiligung des Anteilseigners an Gegenständen der Gesellschaft § 30 I statt § 18 anwenden.

Bei der Bewertung eines GmbH-Anteils in *Nachlaßverfahren* muß man auf den im Wirtschaftsleben maßgebenden Wert achten, BayObLG BB **83**, 147. Man muß unter einer Berücksichtigung aller Umstände prüfen, ob ein vom Finanzamt nach dem „Stuttgarter Verfahren" angenommener Wert des Betriebsgrundstücks einen brauchbaren Anhaltspunkt für den Geschäftswert gibt, BayObLG JB **88**, 1199. Die EG-Gesellschaftsteuerrichtlinie ist bei einer Nachlaßsache auch dann unanwendbar, wenn der Erbschein auch für das Handelsregister nötig wird, BayObLG JB **02**, 205.

Im übrigen kommt es bei einem GmbH-Anteil auf das Reinvermögen und die Ertragsaussicht der Gesellschaft an, BayObLG JB **85**, 583, Celle JB **02**, 47 (also nicht auf den Nennbetrags-Anteil). Der Kaufpreis stellt meist den objektiven Wert dar, Rn 7 „Gesellschaftsanteil", BayObLG JB **92**, 183, Ffm DNotZ **87**, 179, KG

DB **94**, 316. Er kann auch dem Nennwert entsprechen, BayObLG DB **91**, 2855.
Bei einer gemeinnützigen Gesellschaft darf man eine Steuervergünstigung nicht abziehen, BayObLG JB **85**, 583. Beim Ausscheiden eines Gesellschafters kann man einen Bruchteil des Werts des Anteils zur Zeit der Eintragung dieses Vorgangs ansetzen, BayObLG Rpfleger **99**, 116, Düss MDR **00**, 728.
Gesellschaft: S „Geschäftsanteil".
Grundbuchberichtigung: I ist praktisch *unanwendbar*. Denn es gilt der volle Grundstückswert nach § 145 I, Düss DNotZ **76**, 678, oder nach § 147 II, Stgt DNotZ **84**, 654.
Grundlagenurkunde: Es gilt das wirtschaftliche Interesse des Bauträgers an der Errichtung der Urkunde und dem Haftungsrisiko des Notars, Hamm DNotZ **95**, 781, KG DNotZ **94**, 707 (20% des Projekts).
Grundschuld: Die Umwandlung einer Grundschuld in eine Hypothek ist nach dem vollen Wert bewertbar. Denn erst jetzt entsteht eine Forderung, § 23.
Grundstücksverfügung: Bei einer Verfügung über ein Grundstück wie zB bei der Abschreibung eines Flurstücks muß man stets § 19 beachten. Seine Werte stellen die Obergrenze dar.
Höfeordnung: Eine Erklärung nach § 4 I HöfeVfO fällt unter § 30 und bei einer Unterschriftsbeglaubigung unter § 36, LG Flensb JB **85**, 919. Die Löschung des Hofvermerks läßt sich mit einem Teil des Verkehrswerts ansetzen, Schlesw JB **85**, 116.
Hypothek: Bei der Änderung der Zahlungsbedingungen einer Hypothek nebst einer neuen Unterwerfung unter die „sofortige" Zwangsvollstreckung muß man den Wert der Beurkundung nach der Bedeutung der Erklärung schätzen. Die Unterwerfung kann eine gebührenfreie Nebenerklärung sein.
S auch Rn 36 „Umwandlung".
Identitätserklärung: Die Erklärung zur Lagebezeichnung läßt sich nach I mit 10% des Werts ansetzen, Düss DNotZ **80**, 188, Hamm JB **80**, 27, Mümmler JB **82**, 1007.
Investitionsverpflichtung: Man muß sie gesondert ansetzen, KG JB **95**, 212, und kann sie mit 20% der Investitionssumme bewerten, Schlesw DNotZ **94**, 725.
Kaufpreisüberwachung: I ist anwendbar. Man kann je nach dem Umständen 20–30% des Preises ansetzen, Düss JB **09**, 204, KG DNotZ **81**, 204, LG Hann JB **06**, 91. Es kann auch nur die betroffene Kaufpreisrate anteilig in Betracht kommen, LG Kleve JB **00**, 595. Es können aber auch fast 100% ansetzbar sein, BayObLG MittBayNot **79**, 247, LG Kref JB **85**, 117, Klein JB **87**, 1746.
Kirchengrundstück: Vgl BayObLG Rpfleger **85**, 510 (krit Bengel DNotZ **86**, 436).
Kirchenaustritt: Rn 60.
Kommanditgesellschaft: Bei einem Überwachungsrecht eines Kommanditisten können §§ 132 V 6 AktG, 51b S 1 GmbHG beachtbar sein, Zweibr Rpfleger **87**, 316, LG Frankenth Rpfleger **87**, 315.
Kreditbeschaffung: I ist anwendbar.
Langfristiger Vertrag: Bei einem langfristigen Vertrag sind die Dauer und das Maß der Ungewißheit der Lieferung usw maßgeblich, Stgt DNotZ **77**, 56, LG Kblz RR **96**, 64, aber auch der Gewinn, LG Wuppert JB **75**, 1358.
Löschung: Meist ist ein Bruchteil des Werts des Rechts angemessen, BayObLG RR **02**, 432.
S auch Rn 40 „Vorkaufsrecht".
Mediation: I ist anwendbar. Maßgeblich ist meist ein Teil des Verfahrensgegenstands, evtl aber auch der ganze Gegenstand.
Namensberichtigung: Es können 10% des Werts des betroffenen Grundstücks ansetzbar sein, Köln FGPrax **02**, 270, auch 50% des Grundstückswerts, BayObLG JB **99**, 641.
Nichtvalutierung: Ihre Erklärung mag 20–40% des Nennbetrags wert sein.
Notar: Das Gericht darf nur bei einem Ermessensmißbrauch des Notars ein eigenes Ermessen ausüben, Düss FGPrax **95**, 247.
Öffentliche Sache: I ist bei ihr anwendbar.
Option: Rn 20 „Anwartschaft".
Rangbestätigung: I ist anwendbar, Köln Rpfleger **80**, 491 (30% des Nennbetrags).

KostO § 30 III. Kostenordnung

35 **Rangvorbehalt:** Bei einem Rangvorbehalt ist zumindest mitbeachtbar, ob und wann man ihn ausnutzen will und kann, Düss Rpfleger **78**, 466.
Rechtsänderung: Bei der in I Hs 2 ausdrücklich genannten Änderung eines bestehenden Rechts kommt es mangels eines dafür bestimmten Geldwerts auf die Abwägung der Umstände an.
Rückkaufrecht: Bei einer geringen Wahrscheinlichkeit können 20–30% des voraussichtlichen Rückkaufpreises reichen, Zweibr FGPrax **99**, 77.
Nicht gesondert bewertbar ist aber ein derartiges reines Sicherungsgeschäft.
Schiedsabrede: I ist bei ihr anwendbar, oft mit ca 10% des Geschäfts. Hilfsweise ist II anwendbar. Obergrenze ist stets der Wert des Geschäfts.
Schuldübernahme: I ist auf die notwendige Genehmigung anwendbar, Düss JB **80**, 119, KG JB **75**, 805, Karlsr JB **93**, 433.
Testamentsvollstreckung: Es kommt auf das Interesse an, BayObLG FamRZ **04**, 1304 (meist ca 10% des Aktivnachlasses, bei Dauervollstreckung auch 20%; evtl Pflichtteil als Anhaltspunkt).

36 **Umgangsrecht:** Im Durchschnittsfall sind evtl (jetzt) ca 1500 EUR angemessen, Schlesw FamRZ **02**, 1578, auch (jetzt) ca 2500–3000 EUR, Zweibr FamRZ **02**, 763. Bei einer besonderen Bedeutung usw können (jetzt: ca) 8000 EUR angemessen sein, Ffm JB **99**, 372.
Umwandlung: Die Umwandlung einer Grundschuld in eine Hypothek ist nach dem vollen Wert bewertbar. Denn erst jetzt entsteht eine Forderung, § 23. Bei der Umwandlung mehrerer Verkehrshypotheken in eine einheitliche Sicherungshypothek sind etwa 25% angemessen.

37 **Unbedenklichkeitsbescheinigung:** I ist bei derjenigen des Notars anwendbar, Köln Rpfleger **80**, 491 (meist ist ein Bruchteil des Nennwerts angemessen, etwa 30%).
Unterschrift: Bei der Beglaubigung einer Firmen- oder Unterschriftszeichnung kommt die Unternehmensgröße und daher der Einheitswert des Betriebsvermögens in Betracht, BayObLG DB **83**, 2622.

38 **Unterwerfung:** Rn 31 „Hypothek".

39 **Veräußerungsverbot:** Es können 10% des Kaufpreises angemessen sein, BayObLG FGPrax **99**, 79.
Veräußerungspflicht: Als Ausgangswerte dienen der angestrebte Preis und der Mindesterlös, Celle JB **02**, 261.
Verfügungsbeschränkung: Bei der Eintragung einer in I Hs 2 ausdrücklich genannten Verfügungsbeschränkung wegen eines zum Deckungsstock gehörenden Grundstücks muß man das Interesse an der gesetzlichen Beschränkung und ihrer Dauer berücksichtigen, BayObLG JB **00**, 487, Düss DNotZ **78**, 317.
S auch Rn 24 „Erbbaurecht", Rn 42 „Wohnungseigentum".
Verklarung: Maßgebend ist die Summe der vermögensrechtlichen Interessen im Verfahren, Karlsr JB **93**, 433, Köln JB **00**, 252.
Vertragsrahmen: I ist anwendbar, Düss DNotZ **84**, 318 (50% der Wertsumme der Einzelgeschäfte).
Verzicht: Beim Verzicht auf ein Rücktrittsrecht kann man I anwenden und evtl nur 20% des Grundstückswerts ansetzen, Zweibr FGPrax **00**, 43. Beim Unterhaltsverzicht ist § 24 VI 3 anwendbar.

40 **Vollmacht:** Maßgebend ist dasjenige Geschäft, zu dem die Vollmacht erfolgt.
Vorbehaltsgut: Rn 28 „Geschäftsanteil".
Vorkaufsrecht: Bei seiner Löschung läßt sich der Wert einer Beschwerde gegen eine Zwischenverfügung mit 10% des Gegenstandswerts ansetzen, BayObLG JB **97**, 605.
Vorsorgevollmacht: Maßgebend ist das Aktivvermögen ohne den Schuldenabzug, Oldb JB **05**, 549.

41 **Wertsicherungsklausel:** Bei einer Wertsicherungsklausel zB für einen Erbbauzins muß man die vermutliche Veränderung der Bezugsgrößen im Kapitalisierungszeitraum berücksichtigen, aM Düss VersR **82**, 1076.
Wohnungsbesetzungsrecht: Es ist mit dem Betrag des dazu gegebenen Zuschusses bewertbar, Oldb JB **95**, 97, aM Oldb Rpfleger **94**, 273 (II).

42 **Wohnungseigentum:** Bei der Zustimmung eines Wohnungseigentümers oder des Verwalters zur Veräußerung des Wohnungseigentums durch einen anderen Woh-

nungseigentümer nach § 12 WEG ist das Interesse des Zustimmenden an derjenigen Verfügungsbeschränkung maßgeblich, die er aufgibt, Hamm DNotZ **80**, 773, aM Schlesw JB **97**, 435 (§ 39 I 1). Bei der Anfechtung eines Beschlusses der Versammlung der Wohnungseigentümer können 10% des Werts des von der Entziehung bedrohten Miteigentums angemessen sein, AG Hildesh ZMR **87**, 346.

Beim Vollzug einer *Teilungserklärung* nach § 8 WEG kann § 21 II abzüglich 20% in Betracht kommen, BayObLG JB **97**, 209. Beim Amtswiderspruch gegen die Begründung eines neuen Eigentumsrechts kann man im Rechtsbeschwerdeverfahren von I ausgehend frei nach dem wirtschaftlichen Interesse der Beteiligten schätzen, BayObLG NZM **03**, 402.

Unanwendbar ist I bei der Bestellung des Verwalters. Dann gilt II, BGH NZM **09**, 86, Düss JB **92**, 551, Mümmler JB **85**, 1149.

S auch Rn 39 „Verfügungsbeschränkung".

Zwangsversteigerung: Bei einer Zuschlagsbeschwerde können zwar mehrere Faktoren den Wert bestimmen, die jede zu einem anderen Ergebnis führen. Es gibt aber regelmäßig doch Anhaltspunkte für eine Ermessensentscheidung. 43

Zwischenverfügung: Maßgeblich ist die Schwierigkeit bei der Behebung der Hindernisse, BayObLG RR **02**, 432. Wegen einer Löschung Rn 34 „Löschung", Rn 40 „Vorkaufsrecht".

6) Kein genügender tatsächlicher Anhaltspunkt, II. Die KostO verweist oft auf II. Auch hier sind zwei Hauptgesichtspunkte beachtbar. 44

A. Grundsatz: Hilfsfunktion. II ist grundsätzlich nur anwendbar, soweit I nicht zu einem Geschäftswert führt, BayObLG FamRZ **91**, 614. Auch II 2 ist nur in diesen Grenzen anwendbar, Rn 2, 15. Freilich verweist § 113 II auf § 30 II und unterstellt dann das Fehlen tatsächlicher Anhaltspunkte, BayObLG JB **91**, 394.

B. Begriff des Anhaltspunkts usw. II setzt voraus, daß keine „genügenden tatsächlichen Anhaltspunkte" für eine andere Wertschätzung vorliegen, BayObLG **88**, 258. Ein Anhaltspunkt ist weniger als eine Wahrscheinlichkeit oder gar eine Gewißheit. Er ist andererseits mehr als eine nur theoretische Möglichkeit. Ein Anhaltspunkt liegt also jedenfalls dann vor, wenn die Sache bei einer vernünftigen Betrachtung als durchaus möglich erscheint, mag sie auch nicht gerade wahrscheinlich sein. Eine annähernde Schätzungsmöglichkeit macht I anwendbar. Erst auch ihre Unmöglichkeit macht II anwendbar. 45

Es muß ein *„tatsächlicher"* Anhaltspunkt fehlen. Das bloße Fehlen rechtlicher Anhaltspunkte ist unerheblich. Es kommt also darauf an, ob sich der Grad der Möglichkeit oder Wahrscheinlichkeit auf Grund von Tatsachen festlegen läßt. 46

Der tatsächliche Anhaltspunkt *darf nicht „genügend"* sein. Mit diesem Ausdruck wiederholt II 1 im Grunde den Begriff „Anhaltspunkt", BayObLG **88**, 258. Immerhin wird deutlich, daß eine Schätzung nach II schon dann in Betracht kommt, wenn man zwar gewisse tatsächliche Ansatzmöglichkeiten für einen nach I bestimmbaren Wert hat, wenn diese Faktoren aber eben nicht als genügend erscheinen, um eine Schätzung nach I vorzunehmen, BayObLG DB **83**, 2622. 47

Freilich *fließen die Grenzen* in diesem Bereich zwischen I und II. Im Zweifel hat allerdings I den Vorrang vor II, Rn 1. 48

Ein genügender tatsächlicher Anhaltspunkt für eine Schätzung nach I liegt jedenfalls auch dann vor, wenn der *Mindestwert* nach II 2 handgreiflich zu hoch wäre. Das gilt etwa bei einer geringwertigen Sache für die Gebühr nach §§ 120, 121. 49

C. Beispiele zur Frage des Fehlens genügender tatsächlicher Anhaltspunkte, II 50

Aktienrecht: II ist anwendbar, soweit es um eine Ergänzung des Aufsichtsrats nach § 104 II, III AktG geht, BayObLG FGPrax **00**, 129, oder um die Gründungsprüfung oder um eine Verlängerung einer Bilanzierungspflicht.

Aufenthaltsrecht: S „Sorgerecht".

Auskunft: II ist anwendbar, soweit es um ein Verfahren zur Erzwingung einer Auskunft nach § 51b GmbHG geht, BayObLG BB **00**, 1155.

Bauverpflichtung: § 20 Rn 9 „Bauverpflichtung".

Gemeinnützigkeit: Sie bedeutet keine Marktunfähigkeit, BayObLG RR **01**, 1584.

KostO § 30 III. Kostenordnung

Güterstand: II ist anwendbar, soweit es um eine einseitige Erklärung dahin geht, daß statt der Zugewinngemeinschaft der Güterstand der Gütertrennung gelten solle. Dann liegt nicht ein tatsächlicher, sondern ein rechtlicher Bemessungsmaßstab vor. Der Geschäftswert beträgt nach § 5 jenes Gesetzes (jetzt: ca) 1500 EUR.
Information: S „Auskunft".
Kindesentführung: II, III sind auch beim Auslandsbezug anwendbar, Bbg FamRZ **05**, 1697.
Nacherbe: Das Interesse an der Nichteintragung eines Nacherbenvermerks kann (jetzt ca) 60 000 EUR wert sein, BayObLG JB **91**, 1668.
Patientenverfügung: II 1 ist anwendbar, Hamm JB **06**, 266.
Register: Im Löschungsverfahren nach § 395 FamFG kommt ein Bruchteil des Unternehmenswerts infrage, Mü FGPrax **05**, 229 (20% des Stammkapitals).
Schiedsvereinbarung: II kann bei ihr anwendbar sein.
Testamentsvollstrecker: II ist auf seine Amtsannahme anwendbar, auch auf sein Zeugnis, BayObLG FamRZ **91**, 614 (20% des Nachlaßwerts).
Umgangsrecht: Im Umgangsverfahren kann die Abstammung zweier Kinder von verschiedenen Vätern werterhöhend wirken, (zum alten Recht) Karlsr RR **09**, 592.
Unterhaltsabänderung: Es können (jetzt ca) 3500 EUR gerechtfertigt sein, BayObLG FamRZ **87**, 1301.
Vereinsregister: II ist grds bei § 80 anwendbar. Freilich ist dessen Ausgangswert wegen der außerordentlichen Unterschiede in den Zwecken, Betätigungsarten und Größenverhältnissen von Vereinen wohl nur selten brauchbar. Er kommt am ehesten beim mittleren Idealverein infrage, am wenigsten beim großen wirtschaftlichen Verein. Man kann nicht von einem Prozentsatz des Vereinsvermögens ausgehen, BayObLG Rpfleger **79**, 398.
Vermögensverfügung: II ist anwendbar, soweit es um die Ersetzung der Zustimmung nach § 1365 II BGB geht, BayObLG JB **95**, 98, Kblz FamRZ **02**, 763.
Vormundschaft: Bei §§ 1672, 1696 BGB mögen ein geringer Schriftwechsel und sehr bescheidene Vermögensverhältnisse (jetzt: ca) 1500 EUR rechtfertigen, Karlsr FamRZ **99**, 730. Man darf ein Kindesvermögen oft nur anteilig heranziehen, Nürnb MDR **99**, 1447 (bei § 94 I Z 2: 20%).
Verwaltungsorgan: II kann bei seiner Bestellung oder Abberufung anwendbar sein.
Wohnungsbesetzungsrecht: II kann anwendbar sein, Mü FGPrax **07**, 295.

51 **Wohnungseigentum:** II ist anwendbar, soweit es um das Protokoll einer Eigentümerversammlung geht, Düss AnwBl **93**, 41, oder um die Bestellung des Verwalters, Rn 41.
Zulassung: In einer Anwaltszulassungssache muß man den Regelwert im allgemeinen überschreiten. Man muß die Art und den Umfang der vom Bewerber erstrebten Praxis berücksichtigen. Dasselbe gilt bei einer Notarzulassungssache.
Zuständigkeit: II ist anwendbar, soweit es sich um einen Streit über die Zuständigkeit handelt. Das Interesse entscheidet.
Zustimmung: Rn 50 „Vermögensverfügung".
Zweifelhafte Forderung: II ist anwendbar, soweit es um eine ungesicherte, zweifelhafte Forderung geht.
Zwischenverfügung: II ist anwendbar, soweit es um eine Zwischenverfügung geht, etwa vor der Ersteintragung einer GmbH, BayObLG **88**, 258.

52 **7) Wert, II.** Im Rahmen einer Schätzung nach II muß man die folgenden Grundsätze in der folgenden Reihenfolge beachten.

53 **A. Regelwert, II 1.** Man darf und muß von 3000 EUR ausgehen, sobald sich herausstellt, daß keine genügenden tatsächlichen Anhaltspunkte für eine Schätzung nach II feststehen, Drsd FamRZ **06**, 803, Mü FGPrax **05**, 229. Diese Lösung entspricht dem Wort „regelmäßig" in II 1. Zwar enthält II 2 Hs 1 die Möglichkeit, den Wert niedriger oder höher als 3000 EUR festzusetzen.
Das bedeutet aber *nicht,* daß man auch noch im Rahmen von II zunächst eine *vom Regelwert unabhängige Schätzung* versuchen müßte. Sie ist ja gerade grundsätzlich kaum möglich. Andernfalls wäre überhaupt nicht II, sondern I anwendbar. Vielmehr soll II 2 lediglich ein gewisses Korrektiv dann, wenn zwar keine genügenden tatsäch-

lichen Anhaltspunkte für eine Schätzung möglich sind, andererseits aber ein Betrag von 3000 EUR als unangemessen erscheint.

Daraus folgt: Das Gericht braucht beim Fehlen genügender tatsächlicher Anhaltspunkte für einen anderen Wert vor dem Ansatz des Regelwerts von (jetzt) 3000 EUR keine weiteren Nachforschungen anzustellen, Hamm FamRZ **01**, 1473. Es braucht von diesem Regelwert nur dann abzuweichen, wenn die Umstände bereits erkennen lassen, daß dieser Wert unangemessen hoch oder niedrig ist, Karlsr FamRZ **04**, 1304, Zweibr FamRZ **08**, 1879. In diesem letzten Zusammenhang muß das Gericht allerdings alle ihm bekannten Umstände tatsächlicher und rechtlicher Art sorgfältig berücksichtigen. Es darf auch die wirtschaftliche Bedeutung beachten, BGH NZM **09**, 86. Es muß vor einer Abweichung von dem Regelwert dem davon evtl Benachteiligten nach Artt 2 I, 20 III GG (Rpfl), BVerfG **101**, 404, Art 103 I GG (Richter) das rechtliche Gehör geben. 54

B. Abweichender Wert, II 2. Soweit sich nach den Gesichtspunkten Rn 53, 54 die Notwendigkeit ergibt, den Wert vom Regelwert abweichend anzunehmen, darf und muß das Gericht diese Abweichung vornehmen. Es muß auch insofern die Bedeutung der Sache beachten, BayObLG FamRZ **04**, 1303, Karlsr FamRZ **04**, 1304, LG Mü AnwBl **83**, 31, zB das Interesse der Beteiligten, BayObLG DB **93**, 2020 (zu § 132 V 6 AktG), Karlsr FamRZ **04**, 1304, und ihre Vermögenslage, BayObLG FamRZ **04**, 1303, Brdb FamRZ **00**, 968, Karlsr FamRZ **04**, 1304. Das Gericht muß überhaupt alle streiterheblichen Umstände berücksichtigen, Düss FamRG **08**, 1096, Karlsr FamRZ **04**, 1304, Mü FGPrax **07**, 295 (Grundstückswert). 55

C. Niedrigerer Wert, Höchstwert II 2. Nur im Rahmen einer vom Regelwert des II 1 abweichenden, aber auch nicht nach I, sondern nach II 2 Hs 1 erfolgenden Bewertung ist II 2 Hs 2 mit seinem niedrigeren und Höchstwert beachtbar, Rn 1, 2. Der Höchstwert beträgt 500 000 EUR, Mü FGPrax **05**, 229. 56

8) Nichtvermögensrechtliche Angelegenheit, III. Auch dieses Anwendungsgebiet ist sehr groß. 57

A. Anwendungsbereich. III enthält einen Grundsatz für alle nichtvermögensrechtlichen Angelegenheiten. Die Vorschrift ferner eine Sonderregel bei der Annahme eines Minderjährigen, die dem vorgenannten Grundsatz vorgeht. Soweit es nicht um eine solche Adoption geht, verweist III 1 auf II. Vgl insofern Rn 46.

Beim *Zusammentreffen* von verschiedenen Gegenständen bei einer vermögensrechtlichen und nichtvermögensrechtlichen Angelegenheit muß man zunächst die Werte gesondert bestimmen und sie sodann zusammenrechnen. Soweit dann derselbe Gegenstand vorliegt, entscheidet der vorherrschende Charakter der Angelegenheit. 58

B. Beispiele zur Frage einer nichtvermögensrechtlichen Angelegenheit, III 59
Adoption: Eine nichtvermögensrechtliche Angelegenheit ist die Adoption.
Bauverpflichtung: Rn 5 „Bauverpflichtung".
Beschäftigungsverpflichtung: Eine nichtvermögensrechtliche Angelegenheit liegt vor, soweit es um eine Verpflichtung zur Beschäftigung Dritter geht, KG DB **94**, 316.
Ehelicherklärung: III ist auf sie anwendbar.
Einbenennung: Das Verfahren nach § 1618 BGB läßt sich nach III bewerten, Zweibr FamRZ **04**, 285.
Einbürgerung: III ist auf sie anwendbar.
Familienrecht: Eine nichtvermögensrechtliche Angelegenheit liegt grds vor, soweit es um eine familienrechtliche Frage geht. Vgl freilich zunächst das FamGKG, Teil I B dieses Buchs. 60
S auch „Adoption", Rn 61 „Sorgerecht", „Umgangsrecht", „Zusammentreffen".
Feuerbestattung: III ist auf sie anwendbar.
Firmenname: *Keine* nichtvermögensrechtliche Angelegenheit liegt vor, soweit es um die Änderung eines Firmennamens geht. Denn die Firma hat einen Vermögenswert.
Gewaltschutzgesetz: II 1 gilt bei §§ 1, 2 GewSchG, Drsd FamRZ **06**, 803. Vgl freilich zunächst das FamGKG, Teil I B dieses Buchs.

Identitätsbescheinigung: III kann auf sie anwendbar sein.
Insolvenzverfahren: II gilt bei der Bestellung eines Abschlußprüfers, Zweibr JB **07**, 34.
Investitionsverpflichtung: Eine nichtvermögensrechtliche Angelegenheit liegt vor, soweit es um eine Verpflichtung zur Vornahme einer Investition geht, Hamm DNotZ **95**, 784, KG DB **94**, 316.
Kirchenaustritt: III ist auf ihn anwendbar.
Lebensbescheinigung: III ist auf sie anwendbar, freilich wegen des Wegfalls der Kirchensteuer außerdem evtl II 2.

61 **Name:** Eine nichtvermögensrechtliche Angelegenheit liegt vor, soweit es um die Erteilung oder um die Änderung eines Namens geht. Soweit sie auch vermögensrechtliche Folgen hat, ist auch II 2 anwendbar, BayObLG MittBayNot **00**, 133.
S auch Rn 60 „Firmenname".
Patientenverfügung: III ist anwendbar, LG Arnsberg RR **05**, 942.
Personenstand: III ist auf seine Anerkennung anwendbar.
Sorgerecht: Vgl zunächst das FamGKG, Teil I B dieses Buchs. Eine nichtvermögensrechtliche Angelegenheit liegt vor, soweit es sich um das elterliche Sorgerecht handelt, (je zum alten Recht) Hamm AnwBl **86**, 205, Kblz JB **00**, 533, Köln FamRZ **04**, 286, aM Hbg AnwBl **82**, 486 (wendet II an).
S auch Rn 60 „Familienrecht".
Umgangsrecht: Vgl zunächst das FamGKG, Teil I B dieses Buchs. Eine nichtvermögensrechtliche Angelegenheit liegt vor, soweit es sich um das Umgangsrecht eines Elternteils mit seinem Kind handelt, (je zum alten Recht) Mü (30. ZS) Rpfleger **90**, 420, aM Mü (13. ZS) JB **80**, 1020, Schlesw FamRZ **97**, 832. Man darf das Umgangsrecht aber nicht grds niedriger beurteilen als die Zuteilung des elterlichen Sorgerechts, Brdb FGPrax **05**, 273, Hamm Rpfleger **76**, 31, Nürnb FamRZ **90**, 1130. Im Durchschnittsfall können daher (jetzt) 3000 EUR ansetzbar sein, Brdb FGPrax **05**, 273, Ffm RR **00**, 952, Hamm FamRZ **01**, 1473. Ausnahmsweise kann ein Mehrfaches notwendig sein, etwa (jetzt) 8000 EUR, Ffm RR **00**, 952.
S auch Rn 60 „Familienrecht".
Veräußerungsverbot: Eine nichtvermögensrechtliche Angelegenheit kann vorliegen, soweit es um eine Verpflichtung geht, keine wesentlichen Betriebsgrundlagen zu veräußern, KG DB **94**, 316.
Volljährigkeitserklärung: III ist auf sie anwendbar.
Zusammentreffen: Beim Zusammentreffen einer vermögensrechtlichen Angelegenheit mit einer nichtvermögensrechtlichen erfolgt eine Zusammenrechnung der zunächst für jede Art von Angelegenheit selbständig ermittelbaren Einzelwerte wie bei § 49 IV GKG, Teil I A dieses Werks.

62 **9) Wert, III.** Bei einer Bewertung nach III können zB folgende Faktoren beachtlich sein: Der Grad des Interesses; der Umfang des Vermögens und die sonstigen wirtschaftlichen Verhältnisse der Beteiligten, KG JB **07**, 315, Mü AnwBl **96**, 112, LG Darmst FamRZ **08**, 1877; die persönlichen Verhältnisse der Beteiligten, Mü AnwBl **96**, 112; LG Bayreuth JB **77**, 1275; bei der Adoption eines Volljährigen die wirtschaftliche Situation beider Beteiligten, also auch ein etwaiger Ausschluß des Erbrechts.

Festsetzung des Geschäftswerts

31 [I] [1]Das Gericht setzt den Geschäftswert durch Beschluß gebührenfrei fest, wenn ein Zahlungspflichtiger oder die Staatskasse dies beantragt oder es sonst angemessen erscheint. [2]Die Festsetzung kann von dem Gericht, das sie getroffen hat, und, wenn das Verfahren wegen der Hauptsache oder wegen der Entscheidung über den Geschäftswert, den Kostenansatz oder die Kostenfestsetzung in der Rechtsmittelinstanz schwebt, von dem Rechtsmittelgericht von Amts wegen geändert werden. [3]Die Änderung ist nur innerhalb von sechs Monaten zulässig, nachdem die Entscheidung in der Hauptsache Rechtskraft erlangt oder das Verfahren sich anderweitig erledigt hat.

[II] [1]Das Gericht kann eine Beweisaufnahme, insbesondere die Begutachtung durch Sachverständige auf Antrag oder von Amts wegen anordnen. [2]Die Kosten

1. Teil. Gerichtskosten § 31 KostO

können ganz oder teilweise einem Beteiligten auferlegt werden, der durch Unterlassung der Wertangabe, durch unrichtige Angabe, unbegründetes Bestreiten oder unbegründete Beschwerde die Abschätzung veranlaßt hat.

III [1] Gegen den Beschluss nach Absatz 1 findet die Beschwerde statt, wenn der Wert des Beschwerdegegenstands 200 Euro übersteigt. [2] Die Beschwerde findet auch statt, wenn sie das Gericht, das die angefochtene Entscheidung erlassen hat, wegen der grundsätzlichen Bedeutung der zur Entscheidung stehenden Frage in den Beschluss zulässt. [3] Die Beschwerde ist nur zulässig, wenn sie innerhalb der in Absatz 1 Satz 3 bestimmten Frist eingelegt wird; ist der Geschäftswert später als einen Monat vor Ablauf dieser Frist festgesetzt worden, kann sie noch innerhalb eines Monats nach Zustellung oder nach Bekanntmachung durch formlose Mitteilung des Festsetzungsbeschlusses eingelegt werden. [4] Im Falle der formlosen Mitteilung gilt der Beschluss mit dem dritten Tage nach der Aufgabe zur Post als bekannt gemacht. [5] § 14 Abs. 4, 5, 6 Satz 1, 2 und 4 sowie Abs. 7 ist entsprechend anzuwenden. [6] Die weitere Beschwerde ist innerhalb eines Monats nach Zustellung der Entscheidung des Beschwerdegerichts einzulegen.

IV [1] War der Beschwerdeführer ohne sein Verschulden verhindert, die Frist einzuhalten, ist ihm auf Antrag von dem Gericht, das über die Beschwerde zu entscheiden hat, Wiedereinsetzung in den vorigen Stand zu gewähren, wenn er die Beschwerde binnen zwei Wochen nach der Beseitigung des Hindernisses einlegt und die Tatsachen, welche die Wiedereinsetzung begründen, glaubhaft macht. [2] Nach dem Ablauf des Jahres, von dem Ende der versäumten Frist an gerechnet, kann die Wiedereinsetzung nicht mehr beantragt werden. [3] Gegen die Entscheidung über den Antrag findet die Beschwerde statt. [4] Sie ist nur zulässig, wenn sie innerhalb von zwei Wochen eingelegt wird. [5] Die Frist beginnt mit der Zustellung der Entscheidung. [6] § 14 Abs. 4 Satz 1 bis 3, Abs. 6 Satz 1, 2 und 4 sowie Abs. 7 ist entsprechend anzuwenden.

V [1] Die Verfahren sind gebührenfrei. [2] Kosten werden nicht erstattet.

Vorbem. III 5, IV 6 geändert dch Art 18 II Z 2a, b G v 12. 12. 07, BGBl 2840, in Kraft seit 1. 7. 08, Art 20 S 3 G, Übergangsrecht §§ 161 ff KostO.

Gliederung

1) Systematik, I–V 1
2) Regelungszweck, I–V 2
3) Wertfestsetzung, I 1 3–23
   A. Notwendigkeit eines Antrags 3–5
   B. Von Amts wegen 6
   C. Keine Antragsform oder -frist 7
   D. Zuständigkeit 8–10
   E. Keine Frist 11
   F. Rechtsschutzbedürfnis 12
   G. Untersuchungsgrundsatz 13
   H. Beschluß 14
   I. Notwendigkeit einer Begründung 15
   J. Entbehrlichkeit einer Begründung 16, 17
   K. Weitere Einzelfragen zur Entscheidung 18
   L. Mitteilung der Entscheidung 19
   M. Wirkung der Entscheidung 20
   N. Wirkungsgrenzen 21–23
4) Zulässigkeit, Notwendigkeit einer Änderung der Festsetzung, I 2 24–26
5) Voraussetzungen einer Änderung im einzelnen, I 2, 3 27–37
   A. Änderung durch das Gericht der Instanz, I 2 28–30
   B. Änderung durch das Rechtsmittelgericht, I 2 .... 31, 32
   C. Zeitliche Grenzen, I 3 33
   D. Fristberechnung , I 3 34–37
6) Beweisaufnahme, Begutachtung, II 38–40
   A. Voraussetzungen 38, 39
   B. Kosten 40
7) Erstbeschwerde, III 1–4 41–44
   A. Entweder: Beschwerdewert mehr als 200 EUR, III 1 41
   B. Oder: Zulassung wegen grundsätzlicher Bedeutung, III 2 42
   C. Grundsatz: 6-Monatsfrist, III 3 Hs 1 43
   D. Ausnahme: 1-Monatsfrist, III 3 Hs 2, III 4 44

711

8) Weiteres Verfahren der Erstbeschwerde, III 5 45
9) Weitere Beschwerde, III 5, 6 46–52
   A. Zulässigkeit, § 14 V 1, 2 entsprechend 47
   B. Einlegung, § 14 VI 3 entsprechend 48
   C. Abhilfemöglichkeit, § 14 IV 1 Hs 1 entsprechend 49
   D. Weiteres Verfahren, § 14 IV 2, 4 entsprechend 50
   E. Kein Anwaltszwang, § 14 VI 1 entsprechend 51
   F. Frist, III 6 52
10) Wiedereinsetzung, IV 1, 2 53–60
   A. Fristversäumung ohne Verschulden, IV 1 .... 54, 55
   B. Antrag, IV 1 56
   C. Wiedereinsetzungsfrist, IV 1, 2 57
   D. Zuständigkeit, IV 1 58
   E. Glaubhaftmachung, IV 1 59
   F. Weiteres Wiedereinsetzungsverfahren, IV 1, 2 60
11) Wiedereinsetzungsbeschwerde, IV 3–6 61
12) Gebührenfreiheit, keine Kostenerstattung, V 1, 2 62
13) Gegenvorstellung, I–V 63

1 1) **Systematik, I–V.** I 1 entspricht im wesentlichen § 63 I 1 GKG, § 55 I 1 FamGKG. I 2, 3 entsprechen fast wörtlich § 63 III 1, 2 GKG, § 55 III 1, 2 FamGKG. II 2 entspricht fast wörtlich § 64 S 2 GKG, § 56 S 2 FamGKG. III 2, 3 entsprechen fast wörtlich § 68 III 1 GKG, § 57 VIII FamGKG. Vgl daher zunächst die jeweiligen dortigen Anm in den Teilen I A, B dieses Buchs.

2 2) **Regelungszweck, I–V.** Als Verfahrensvorschrift dient § 31 der Rechtssicherheit. Sie dient aber natürlich ebenso der Zweckmäßigkeit und insbesondere in I 2, 3, II 2, III auch einer möglichst gerechten Lösung. Die Abwägung dieser ja manchmal im Wettstreit stehenden Ziele sollte auch die Handhabung der Vorschrift bestimmen. Man sollte sowohl eine deutsche Überperfektion als auch zu viel Großzügigkeit vermeiden, insbesondere bei den mehreren „Kann-"Bestimmungen. Sie eröffnen ja nur ein pflichtgemäßes Ermessen.

3 3) **Wertfestsetzung, I 1.** Eine Wertfestsetzung nach I 1 ist unabhängig vom Kostenansatz statthaft. Sie ist dann zulässig, wenn eine der folgenden Voraussetzungen vorliegt.

A. Notwendigkeit eines Antrags. Wenn das Gericht keine Festsetzung von Amts wegen für angemessen erachtet, Rn 6, ist ein Antrag erforderlich.

4 Zum Antrag ist jeder berechtigt, der irgendeinen Teil der Gerichtskosten (Gebühren und/oder Auslagen) auf Grund einer gesetzlichen Vorschrift oder einer vertraglichen Übernahme *zahlen muß*. I 1 meint also alle Kostenschuldner nach §§ 2–6, aber wegen der Wirkung des Festsetzungsbeschlusses für und gegen alle nach Rn 20 nicht nur die Kostenschuldner. Auch ein selbst nach § 23 I, 32 RVG mitbetroffener Anwalt ist antragsberechtigt. Zum Antrag ist ferner die Staatskasse berechtigt. Sie wird durch den zuständigen Bezirksrevisor tätig.

5 Der *Urkundsbeamte* der Geschäftsstelle kann eine Festsetzung nur anregen. Er hat aber kein eigenes Antragsrecht. Er ist auch nicht ohne weiteres der Vertreter der Staatskasse. Er hat daher auch keinen Rechtsbehelf gegen die Ablehnung oder angeblich unrichtige Festsetzung. Er kann allerdings einen Antrag des Bezirksrevisors anregen.

6 **B. Von Amts wegen.** Soweit das Gericht nicht auf Grund eines zulässigen Antrags nach Rn 4, 5 eine Festsetzung vornehmen muß, ist es zur Festsetzung von Amts wegen ohne eine Bindung an Anträge berechtigt und im Rahmen seines pflichtgemäßen Ermessens verpflichtet, BayObLG JB 522, 343. Das gilt auch, soweit einer der Sonderfälle zB des § 34 II 1 LwVG oder des § 30 III 2 EGGVG vorliegt. Eine Festsetzung von Amts wegen ist zB insoweit erforderlich, als der Richter dem Urkundsbeamten der Geschäftsstelle eine richtige Festsetzung des Geschäftswerts nicht zumuten kann oder nicht zutrauen möchte oder soweit der Urkundsbeamte bereits einen offenbar unrichtigen Wert angenommen hat. Der Antrag begrenzt mit seinem nicht notwendigen Wertvorschlag die Festsetzung nach der Höhe nach, Karlsr Just **76**, 301 (auch zulasten des Antragstellers).

7 **C. Keine Antragsform oder -frist.** Ein etwaiger Antrag auf die Festsetzung des Geschäftswerts ist schriftlich oder elektronisch oder zum Protokoll des Urkundsbeamten der Geschäftsstelle zulässig. Er unterliegt also keinem Anwaltszwang. Es besteht

1. Teil. Gerichtskosten § 31 KostO

keine Antragsfrist. Wegen einer Verwirkung Rn 12. Der Antrag hat keine aufschiebende Wirkung.

D. Zuständigkeit. Zuständig ist dasjenige Gericht, das in der Hauptsache entschieden hat oder entscheiden muß, BayObLG **88**, 258. 8
Zunächst ist der *Urkundsbeamte* der Geschäftsstelle zum Ansatz eines Werts zuständig, Rn 2. Er nimmt aber keine förmliche Wertfestsetzung vor. Zur letzteren ist nur der Richter zuständig. 9
Zur förmlichen Festsetzung des Geschäftswerts ist das *Gericht* zuständig, und zwar derjenigen Instanz, für die die Festsetzung erfolgen soll, für die höhere also das Rechtsmittelgericht. Dieses darf aber nicht erstmals festsetzen, BayObLG Rpfleger **75**, 74, soweit es nicht eine erstinstanzliche Kostengrundentscheidung mitändert. Es ist unerheblich, ob die Instanz bereits beendet ist. Der Einzelrichter entscheidet nur, soweit er die Sache beendet. Da §§ 349 ff ZPO im FamFG-Verfahren außerhalb des Bereichs des § 113 I 2 FamFG unanwendbar sind, kann der Vorsitzende der Kammer für Handelssachen nicht allein wirksam entscheiden, BayObLG JB **96**, 267. 10
Soweit der *Rechtspfleger* das einzelne Geschäft bearbeitet, nimmt er die Festsetzung des Geschäftswerts in seiner eigenen Zuständigkeit vor, § 4 I RPflG, LG Mü Rpfleger **89**, 414. Das gilt auch insoweit, als das Gesetz einzelne Handlungen dem Richter übertragen hat, etwa die Erteilung eines Erbscheins, aM KLBR 25. Man muß auch § 6 RPflG beachten.

E. Keine Frist. Eine Festsetzung des Geschäftswerts ist auch nach dem Abschluß des ganzen Verfahrens zulässig, soweit noch keine förmliche Wertfestsetzung durch das Gericht erfolgt war. Eine bloß vorläufige Annahme eines Werts durch den Urkundsbeamten der Geschäftsstelle oder durch den Richter ist unschädlich und fällt nicht unter III, Brdb FamRZ **05**, 228. Das Antragsrecht ist ohnehin zeitlich unbefristet. 11

F. Rechtsschutzbedürfnis. Ein Rechtsschutzbedürfnis ist auch für eine Wertfestsetzung eine Voraussetzung. Es besteht fast stets, BayObLG WoM **89**, 211. Das gilt auch dann, wenn der Kostenbeamte schon einen Kostenansatz vorgenommen hat, BFH BB **78**, 1507. Es kann fehlen, soweit eine Bezifferung vorliegt oder unschwer möglich ist. Auch eine sonstige Wertbestimmung etwa nach § 19 IV mag eine Festsetzung erübrigen, ebenso eine Gebührenbefreiung nach § 11 oder ein nach § 15 unzulässiger Nachforderungsantrag. Eine an sich denkbare Verwirkung ist dann nicht bereits 2$^1/_2$ Jahre nach dem Ansatz und der Zahlung eingetreten, wenn der Antrag vor dem Ablauf der Verjährungsfrist des § 17 II erfolgt ist, Hamm Rpfleger **87**, 204. 12

G. Untersuchungsgrundsatz. Das Gericht verfährt nach dem Untersuchungsgrundsatz des § 26 FamFG. Es kann über den Geschäftswert mündlich verhandeln lassen. Es ist zur mündlichen Erörterung aber nicht verpflichtet. Das gilt auch dann, wenn ein Antragsteller eine mündliche Verhandlung beantragt hat. Das rechtliche Gehör ist notwendig, Artt 2 I, 20 III GG (Rpfl), BVerfG **101**, 404, Art 103 I GG (Richter). Bei seiner Verletzung gilt § 157a. Eine Beweisaufnahme findet von Amts wegen statt, Rn 38. Für einen höheren als den vom Antragsteller genannten oder anerkannten Wert trägt die Staatskasse wegen des Worts „nur" in § 1 I 1 die Beweislast, BayObLG JB **88**, 636. § 19 II 1 begrenzt eine Beweiserhebung. Eine bloße Glaubhaftmachung etwa entsprechend § 31 FamFG genügt nicht. Das Gericht muß vielmehr voll überzeugt sein. Eine Aussetzung ist entsprechend (jetzt) § 21 FamFG möglich, BayObLG FamRZ **06**, 137. 13

H. Beschluß. Das Gericht setzt den Geschäftswert stets durch einen Beschluß fest. Ein Beschluß liegt auch dann vor, wenn das Gericht die Festsetzung des Geschäftswerts zulässigerweise in die Entscheidungsformel der Sachentscheidung oder in die zugehörigen Entscheidungsgründe aufgenommen hat. Ein Beschluß liegt aber nur insoweit vor, als einen eindeutigen Willen des Gerichts erkennen kann, gerade den Geschäftswert festzusetzen. Maßgeblich ist derjenige Zeitpunkt, den die Vorschrift angibt, zB §§ 18 I, 107 II 1. Dabei legt das Gericht sein Erkenntnisvermögen im Zeitpunkt der Entscheidung zugrunde. 14

I. Notwendigkeit einer Begründung. Das Gericht muß den Festsetzungsbeschluß grundsätzlich mit einer mindestens stichwortartigen Begründung versehen, 15

713

KostO § 31 III. Kostenordnung

Bbg JB 77, 381, Ffm RR 98, 1776, BLAH § 329 ZPO Rn 4. Denn sonst würden die Grundlagen der Nachprüfbarkeit durch die Partei wie durch das Gericht fehlen, BVerfG 6, 44, Bbg JB 78, 1360. Das Gericht muß eine zunächst fehlende Begründung spätestens dann nachholen, wenn es einer Beschwerde gegen seinen Beschluß nicht abhilft, Ffm MDR 98, 922, KG Rpfleger 75, 109, LG Bln JB 76, 1542. Andernfalls muß das Beschwerdegericht das Verfahren zurückverweisen, Zweibr JB 88, 769.

16 **J. Entbehrlichkeit einer Begründung.** Soweit allerdings der Beschluß in keinerlei Rechte eines Beteiligten eingreift, darf eine Begründung fehlen, BVerfG NJW 57, 298. Das gilt zB dann, wenn das Gericht in seinem Festsetzungsbeschluß den übereinstimmenden Anträgen aller Beteiligten voll entsprochen hat. Denn dann wäre eine Beschwerde unzulässig, Bbg JB 75, 1463. Eine Begründung ist auch dann entbehrlich, wenn alle Beteiligten die Erwägungen des Gerichts einwandfrei kennen, etwa aus einer mündlichen Verhandlung. Es empfiehlt sich aber, in das Verhandlungsprotokoll einen Vermerk darüber aufzunehmen, daß man die Fragen des Geschäftswerts erörtert hat.

17 Eine Begründung ist schließlich dann entbehrlich, wenn alle Beteiligten einen *Rechtsmittelverzicht* wirksam erklärt haben oder wenn sich schließlich der richtige Geschäftswert aus dem Streitstoff selbst einwandfrei ergibt, Bbg NJW 78, 1360, etwa dann, wenn das Gericht auf Grund eines bereits bezifferten Antrags eine Wertfestsetzung vorgenommen hatte.

18 **K. Weitere Einzelfragen zur Entscheidung.** Es ist weder eine Entscheidung noch gar deren Begründung, wenn irgendwo im Kopf der Sachentscheidung steht: „Wert × EUR". Die Entscheidung ist gebührenfrei, V 1. Auslagen unterfallen II 2 sowie §§ 2 ff.

19 **L. Mitteilung der Entscheidung.** Das Gericht braucht seinen Beschluß nicht förmlich zuzustellen. Denn seine Entscheidung unterliegt keinem befristeten Rechtsmittel. Es genügt also eine formlose Mitteilung von Amts wegen. Sie ist aber auch gegenüber allen Beteiligten erforderlich.

20 **M. Wirkung der Entscheidung.** Der Wertfestsetzungsbeschluß wirkt für und gegen alle Beteiligten. Er bindet auch einen nicht Zugezogenen solange, bis das Beschwerdegericht ihn ändert oder bis das Erstgericht ihn auf Grund einer Anregung eines Beteiligten von Amts wegen ändert. Die Wertfestsetzung hat den Vorrang vor der Erinnerungs- und Beschwerdeentscheidung des bloßen Kostenansatzverfahrens, BayObLG JB 89, 1039. Notfalls muß man den Kostenansatz berichten, JB 88, § 14 X 2. Für die Anwaltsgebühren ist der Wertfestsetzungsbeschluß nach § 32 I RVG ebenfalls maßgebend, (jetzt) § 33 RVG, BayObLG 91, 86.
Für denjenigen *Notar*, dem die Gebühren selbst zufließen, gilt § 31 allerdings nicht, § 143.

21 **N. Wirkungsgrenzen.** Der Beschluß erwächst *nicht* in eine formelle oder innere Rechtskraft. Eine rechtskräftige Entscheidung über die Anwaltsgebühren im Prozeß zwischen dem Anwalt und einem am Verfahren Beteiligten steht einer Abänderbarkeit des Wertfestsetzungsbeschlusses nicht entgegen. Eine endgültig falsche Berechnung des Geschäftswerts kann eine Amtshaftung auslösen, Matzen AnwBl 76, 333.

22 *Jedes Gericht* setzt *für sich* fest, BFH BStBl 77, II 42. Daher läßt ein Wertfestsetzungsbeschluß dem Gericht der anderen Instanz freie Hand, auch dem nachgeordneten, KG VersR 81, 860. Solange das Erstgericht den Geschäftswert nicht festgestellt hat, darf das Rechtsmittelgericht diesen Wert nicht für die erste Instanz festsetzen. Es ist ein alltäglicher Vorgang, daß verschiedene Gerichte von einem verschiedenen Geschäftswert annehmen. Allerdings darf das Rechtsmittelgericht die Entscheidung des nachgeordneten Gerichts ändern, I 2, BFH BStBl 77 II 42, Nürnb JB 75, 1352.

23 In keinem Fall darf das Erstgericht den Geschäftswert mit einer bindenden Wirkung für die *höhere* Instanz festsetzen. Soweit also das AG das Verfahren etwa zulässigerweise an das OLG verwiesen hat, muß das OLG den Geschäftswert auch für einen im Verfahren vor dem AG etwa bereits erledigten Anspruch festsetzen.

24 **4) Zulässigkeit, Notwendigkeit einer Änderung der Festsetzung, I 2.** Eine Änderung der Festsetzung des Geschäftswerts ist dann nicht nur zulässig, sondern auch notwendig, wenn die Rechtslage es verlangt. Das Wort „kann" in I 2 stellt kein

714

Ermessen zur Verfügung, sondern regelt nur die Zuständigkeit, Schneider MDR 78, 443.

Die Änderung ist *von Amts wegen* oder auf Grund der Anregung eines Beteiligten zulässig und erforderlich. Ein förmlicher Antrag ist nicht erforderlich. Wenn das Gericht einer Anregung zur Änderung des Geschäftswerts nicht gefolgt ist, muß man eine solche Anregung als eine Beschwerde gegen die Wertfestsetzung ansehen, falls der Anregende beschwert ist.

Von einer Änderung der Wertfestsetzung muß man die *Berichtigung* einer als offen- 25 bar unrichtigen erkannten Wertfestsetzung entsprechend § 319 ZPO, § 42 FamFG unterscheiden, Celle JB 76, 1338.

Eine *Änderung* der Festsetzung des Geschäftswerts ist auch dann zulässig, wenn 26 durch diese Maßnahme die bisherige Kostenentscheidung unrichtig wird. Denn eine Berichtigung der Kostenentscheidung ist dann zulässig, wenn die Berichtigung in der Sache sie bedingt. Das gilt auch dann, wenn das Gericht über die Kosten praktisch unbrauchbar entschieden hat. Streng genommen ist diese Lösung dogmatisch falsch. Sie stellt aber dann den einzigen Ausweg dar, wenn kein Rechtsbehelf möglich ist. Das gilt auch dann, wenn die Kostenentscheidung unanfechtbar ist.

5) Voraussetzungen einer Änderung im einzelnen, I 2, 3. Eine Änderung 27 der Festsetzung des Geschäftswerts ist dann zulässig, wenn eine der beiden Voraussetzungen Rn 28–30 oder Rn 31, 32 vorliegt und wenn man außerdem die zeitlichen Grenzen des I 3 eingehalten hat, Rn 33.

A. Änderung durch das Gericht der Instanz, I 2. Dasjenige Gericht, das den 28 Geschäftswert festgesetzt hat, kann seinen Beschluß für seine Instanz unter den folgenden Voraussetzungen ändern.

Die Sache muß entweder noch in derselben Instanz schweben oder darf zwar be- 29 reits in der höheren Instanz *anhängig* sein. Es darf aber das Rechtsmittelgericht noch nicht eine Festsetzung des Geschäftswerts auch für die untere Instanz vorgenommen, also die Erstentscheidung bereits abgeändert haben.

Eine Änderung der Festsetzung des Geschäftswerts ist im allgemeinen nur dann er- 30 forderlich, wenn sich zB die *Verhältnisse geändert* haben, Bbg JB 77, 1423, oder wenn das Gericht bei seiner ersten Festsetzung eine bereits vorhandene Rechtsprechung nicht berücksichtigt hatte.

Eine Änderung der Festsetzung ist *zB in folgenden Fällen nicht* erforderlich: Die einschlägige Rechtsprechung hat sich nach dem Erlaß des ersten Festsetzungsbeschlusses geändert, Hamm MDR 79, 591, LG Kiel VersR 75, 1037; das Gericht kommt in seiner jetzigen Besetzung im Rahmen seines pflichtgemäßen Ermessens zu einer wesentlich anderen Bewertung des Geschäftswerts, Köln VersR 79, 945.

B. Änderung durch das Rechtsmittelgericht, I 2. Das Rechtsmittelgericht 31 kann den vom Erstgericht festgesetzten Geschäftswert nur dann ändern, wenn und solange das Verfahren wegen der Hauptsache in der Rechtsmittelinstanz schwebt, BGH Rpfleger 89, 385, KG JB 90, 1341, Karlsr Just 88, 158, aM KLBR 51 (aber „wenn ... schwebt" umfaßt auch „solange ... schwebt"). Das gilt auch wegen eines Teils oder wegen der Entscheidung über den Geschäftswert, den Kostenansatz oder die Kostenfestsetzung, BayObLG MDR 97, 887, Ffm NZM 05, 224. Das Verschlechterungsverbot gilt insoweit nicht, Brdb FGPrax 05, 274, Ffm NZM 05, 224, Karlsr JB 98, 364.

Eine Änderung durch das Rechtsmittelgericht ist dann nicht zulässig, *wenn eine Beschwerde unzulässig* ist, BayObLG JB 89, 854, KG ZMR 00, 860, aM Münst DÖV 78, 32 816 (zu § 25 GKG). Soweit das Rechtsmittelgericht den Geschäftswert vom Erstgericht abweichend festsetzt, ohne dessen Beschluß zu ändern, sollte das Rechtsmittelgericht seine Entscheidung unter allen Umständen begründen. Sofern eine solche Begründung nicht vorliegt, ist das Erstgericht nicht zu einer Überprüfung verpflichtet.

C. Zeitliche Grenzen, I 3. Von der Festsetzung des Geschäftswerts hängt die 33 Höhe der Gerichtskosten und der Anwaltsgebühren ab. Deshalb darf der Geschäftswert nur innerhalb gewisser zeitlicher Grenzen abänderbar sein. Andernfalls würde die Rechtssicherheit leiden. Deshalb begrenzt I 3 die Änderungsmöglichkeit zeitlich, BayObLG FamRZ 04, 1304. Diese zeitlichen Grenzen gelten aber nur für eine echte

Abänderung einer schon vorher erfolgten Festsetzung des Geschäftswerts. Sie gelten also nicht für eine erste Festsetzung des Geschäftswerts, BFH BB **78**, 1508, Mü FG-Prax **06**, 182.

34 D. **Fristberechnung, I 3.** Die Sechsmonatsfrist berechnet sich nach §§ 186 ff BGB. Gegen die Versäumung der Frist nach I 3 ist keine Wiedereinsetzung zulässig, KG Rpfleger **80**, 443.

35 Die Sechsmonatsfrist beginnt mit dem Eintritt der *formellen Rechtskraft* der Entscheidung in der Hauptsache. Eine Erledigung nur einer Instanz genügt nicht, BGH **70**, 368 (zu § 25 GKG), BVerwG MDR **76**, 867, Köln Rpfleger **87**, 23. Eine entsprechende Anwendung von III 3 Hs 2 ist nicht statthaft. Denn diese Vorschrift steht gerade nicht auch bei I 3, und Fristregeln sind grundsätzlich streng auslegbar, aM KLBR 53. Deshalb gilt die Sechsmonatsfrist auch bei einer Festsetzung während des Verfahrens, aM Zweibr JB **82**, 271. Eine erstmalige Festsetzung nach dem Ablauf der Frist ist keine „Änderung" nach I 3.

36 Die *Frist beginnt* auch dann, wenn sich das gesamte Verfahren anders als durch den Eintritt der Rechtskraft in der Hauptsache erledigt hat. Das gilt zB in folgenden Situationen: Das Gericht hat seine Tätigkeit in der Sache endgültig abgeschlossen, BayOblG **03**, 88 (zu III 2); das selbständige Beweisverfahren ist beendet, LG Mü AnwBl **78**, 231 (abl Täuber); die Beteiligten haben einen Vergleich abgeschlossen; das Verfahren ist unterbrochen worden und es besteht keine Aussicht auf seine erneute Aufnahme; ein Beteiligter ist aus dem Verfahren ausgeschieden. Die Wertfestsetzung hindert den Fristablauf nicht, BayOblG **03**, 88 (zu III 2).

37 Wenn beide Parteien das Verfahren wirksam nach § 22 III FamFG für *beendet* erklärt haben, liegt nicht der Fall Rn 36 vor, sondern derjenige Rn 35. Man muß also den Eintritt der Rechtskraft eines etwa gefaßten Beschlusses abwarten. Der Eintritt der Beendigung nur einer Instanz genügt nicht, aM (zum alten Recht) BGHZ **70**, 368.

Eine *Wiedereinsetzung* richtet sich nach Rn 53.

38 **6) Beweisaufnahme, Begutachtung, II.** Sie erfolgt nicht sehr oft.

A. **Voraussetzungen.** Das Gericht darf und muß im Rahmen seines pflichtgemäßen Ermessens vor einer förmlichen Festsetzung des Geschäftswerts in dem ihm etwa notwendig erscheinenden Umfang eine Beweisaufnahme durchführen. In der Beweisaufnahme sind alle in dem zugehörigen Hauptverfahren statthaften Beweismittel zulässig. Dazu zählen grundsätzlich jedenfalls alle nach dem FamFG statthaften Beweismittel. Unter ihnen nennt das Gesetz eine Begutachtung durch Sachverständigen nur als beispielhafte Erläuterung der Möglichkeiten. Das stellt das Wort „insbesondere" klar.

39 Die Beweisaufnahme ist *nicht* von einem *Antrag* eines Beteiligten abhängig. Sie kann vielmehr auch von Amts wegen notwendig sein. Das gilt selbst dann, wenn das ganze Wertfestsetzungsverfahren nur auf Grund des Antrags eines Beteiligten begonnen hat. Sobald das Gericht überhaupt eine Entscheidung über die förmliche Festsetzung des Geschäftswerts treffen soll, muß es auch von Amts wegen prüfen, ob ihm eine Beweisaufnahme als erforderlich erscheint.

40 B. **Kosten.** Vgl § 64 GKG Rn 10, § 56 FamGKG, Teile I A, B dieses Buchs.

41 **7) Erstbeschwerde, III 1–4.** Es muß eine endgültige Festsetzung vorliegen, Rn 12, Brdb FamRZ **05**, 228, aM Bbg JB **80**, 1865, KG RR **04**, 864, Zweibr JB **79**, 405 (je: nicht bei einer Ablehnung von Amts wegen). Eine Erstbeschwerde kommt auch dann infrage, wenn das LG den Wert als Hauptsache-Beschwerdegericht erstmals festgesetzt hat, Ffm OLGR **97**, 273, Mü JB **06**, 427, Stgt JB **97**, 130, aM Köln OLGR **04**, 112. Dasselbe gilt, soweit das Beschwerdegericht eine Festsetzung des AG geändert hat, BayOblG JB **88**, 214. Erst muß eine Beschwer durch einen Vermögensnachteil des Beschwerdeführers vorliegen, Mü JB **81**, 892, aM Hbg MDR **07**, 407. Im übrigen müssen zur Zulässigkeit mehrere Bedingungen zusammentreffen.

A. **Entweder: Beschwerdewert mehr als 200 EUR, III 1.** Entweder hängt die Statthaftigkeit einer Erstbeschwerde wie bei § 14 III 1 davon ab, daß der Wert des gesamten Beschwerdegegenstands 200 EUR übersteigt. Ab 200,01 EUR kommt es nicht darauf an, ob der Beschwerdewert den Hauptsachenwert übersteigt.

1. Teil. Gerichtskosten § 31 KostO

B. Oder: Zulassung wegen grundsätzlicher Bedeutung, III 2. Statt eines 42
Beschwerdewerts nach Rn 41 genügt es auch, wenn das Erstgericht die Beschwerde
wegen der grundsätzlichen Bedeutung der zur Entscheidung anstehenden Frage bereits in seinem Beschluß zugelassen hat. Das ist dieselbe Bedingung wie bei § 14 III 2
KostO und bei § 68 I 2 GKG, § 57 I 2 FamGKG, Teile I A, B dieses Buchs. Vgl daher jeweils dort.

C. Grundsatz: 6-Monatsfrist, III 3 Hs 1. Eine Erstbeschwerde ist außerdem 43
nur dann zulässig, wenn der Beschwerdeführer sie innerhalb von sechs Monaten nach
dem Eintritt der Rechtskraft, nach der Entscheidung in der Hauptsache oder nach
einer anderweitigen Erledigung des Verfahrens einlegt, III 3 Hs 1 in Verbindung mit
I 3, Rn 33, BayObLG 03, 88. Zur Fristberechnung Rn 34–37.

D. Ausnahme: 1-Monatsfrist, III 3 Hs 2, III 4. Eine Erstbeschwerde ist bei 44
einem Beschwerdewert von über 200 EUR wie bei § 14 III 1 und bei einer Nichteinhaltung der 6-Monatsfrist des Hs 1 ausnahmsweise auch dann zulässig, wenn das
Gericht den Geschäftswert später als einen Monat vor dem Ablauf dieser 6-Monatsfrist festgesetzt hatte und wenn seit der Zustellung oder formlosen Mitteilung des
Festsetzungsbeschlusses noch kein voller Monat verstrichen ist, III 3 Hs 2. Zur Fristberechnung Rn 34–37 und III 4. Bei einer formlosen Mitteilung entstehen bei einem
unklaren Fristbeginn Berechnungsprobleme. Man darf sie keineswegs etwa durch eine
entsprechende Anwendung solcher Vorschriften lösen, die eine Zugangsunterstellung
bringen, wie etwa § 270 S 2 ZPO. Das wäre eine zwar bequeme, aber unzulässige Ausdehnung von immer noch vereinzelten und obendrein wegen Art 103 I GG zweifelhaften Regelungen über ihren Geltungsbereich hinaus.

8) Weiteres Verfahren der Erstbeschwerde, III 5. Die Beschwerde muß nicht 45
diese Bezeichnung tragen. Auf das weitere Verfahren ist nach III 5 § 14 IV, V, VI 1,
2, 4, VII entsprechend anwendbar. Vgl daher dort.

9) Weitere Beschwerde, III 5, 6. An die Erstbeschwerde nach Rn 41–45 kann 46
sich gegen die Beschwerdeentscheidung eine weitere Beschwerde anschließen. Das
ergibt sich aus der in III 5 bestimmten entsprechenden Anwendbarkeit von § 14 und
aus III 6. Dazu müssen die folgenden Voraussetzungen zusammentreffen.

A. Zulässigkeit, § 14 V 1, 2 entsprechend. Es muß jede der in § 14 Rn 27 ff 47
erläuterten Bedingungen vorliegen. Es muß also zunächst eine Zulassung erfolgen,
§ 14 Rn 27. Wegen ihrer Nachholung dort Rn 28, wegen einer Nichtzulassungsbeschwerde dort Rn 29. Es muß ein Beschwerdewert vorliegen, § 14 Rn 30. Ferner
muß der Beschwerdeführer eine Rechtsverletzung beanstanden, § 14 Rn 31. Schließlich kommt keine Beschwerde an einen Obersten Gerichtshof des Bundes in Betracht, § 14 Rn 32. Wegen sonstiger Einzelheiten § 14 Rn 33.

B. Einlegung, § 14 VI 3 entsprechend. Die Einlegung der weiteren Beschwer- 48
de ist schriftlich oder elektronisch oder zum Protokoll entweder beim Gericht der
weiteren Beschwerde zulässig, § 14 Rn 34, oder bei demjenigen Gericht, dessen Entscheidung man anficht, § 14 Rn 34.

C. Abhilfemöglichkeit, § 14 IV 1 Hs 1 entsprechend. Dasjenige Gericht, das 49
über die Erstbeschwerde entschieden hat, kann der weiteren Beschwerde abhelfen.
Das ergibt sich aus der Verweisung in III 5 auf § 14 IV 1 Hs 1. Folglich muß auch das bisherige Gericht prüfen, ob es abhelfen will oder muß. Es darf nur auf Grund einer mit
nachvollziehbarer Begründung versehenen Nichtabhilfeentscheidung etwa die Akten
dem vorgeordneten Gericht zur Entscheidung vorlegen.

D. Weiteres Verfahren, § 14 IV 2, 4 entsprechend. Über die weitere Be- 50
schwerde entscheidet das nach den für die Hauptsache geltenden Vorschriften zuständige in Rechtszug nächsthöhere Gericht, § 14 IV 2. Eine Bezugnahme auf die Regelung einer etwaigen aufschiebenden Wirkung der weiteren Beschwerde ist nicht
erfolgt. Denn III 5 verweist nicht auch auf § 14 VIII. Im übrigen sind die für die Beschwerde in der Hauptsache geltenden Vorschriften anwendbar. Es findet keine Vorlage an den BGH statt, § 14 IV 4 entsprechend.

E. Kein Anwaltszwang, § 14 VI 1 entsprechend. Weder zur Einlegung der 51
weiteren Beschwerde noch im weiteren Verfahren besteht ein Anwaltszwang. Das
folgt aus der Verweisung in III 5 auf § 14 VI 1.

KostO § 31 III. Kostenordnung

52 **F. Frist, III 6.** Für die weitere Beschwerde muß man die 1-Monatsfrist des III 6 beachten.
53 **10) Wiedereinsetzung, IV 1, 2.** In einer gewissen Anlehnung an §§ 233 ff ZPO gibt IV die Möglichkeit einer Wiedereinsetzung in den vorigen Stand wegen der Versäumung einer jeden der in § 31 genannten Fristen, also keineswegs nur wegen einer Versäumung der Frist zur weiteren Beschwerde nach III 6, sondern auch wegen einer Versäumung der Frist zur Erstbeschwerde nach III 3. Denn IV 1 spricht in einem neuen Absatz einfach nur „die Frist" an, aM KG Rpfleger **80**, 443, Nürnb JB **81**, 1548, KLBR 53 (aber IV gilt für jeden „Beschwerdeführer"). Im einzelnen gilt die folgende Regelung.
54 **A. Fristversäumung ohne Verschulden, IV 1.** Der Beschwerdeführer muß eine Frist der einen oder anderen Art nach Rn 52 ohne sein Verschulden versäumt haben. Das ist derselbe Gedanke wie bei der Wiedereinsetzung im Zivilprozeß nach §§ 233 ff ZPO. Man sollte daher die freilich ausgewucherte Rechtsprechung zu jenen Vorschriften im Kern auch hier notgedrungen mitbeachten, BLAH § 233 ZPO Rn 2 ff, insbesondere zum Verschuldensbegriff, dort Rn 11 ff. Danach begnügt sich auch IV 1 mit einem solchen Sorgfaltsgrad, der auch bei anderen Parteiprozeßhandlungen üblich ist. Man muß den Maßstab der erforderlichen Sorgfalt den gesamten Umständen anpassen. Es schaden ein Vorsatz und eine Fahrlässigkeit jeden Grades, also auch ein nur leichtes Verschulden, auch als ein bloßes Mitverschulden. Die bloße Möglichkeit einer Schuldlosigkeit reicht nicht. Das Verschulden des gesetzlichen Vertreters kann wie bei § 51 II ZPO schaden, dasjenige als ProzBev wie bei § 85 II ZPO.
55 Wegen der unzähligen *Beispiele* aus der Rechtsprechung zur Frage einer Wiedereinsetzung BLAH § 233 ZPO Rn 18 ff.
56 **B. Antrag, IV 1.** Die Wiedereinsetzung erfolgt wie im Zivilprozeß nicht von Amts wegen, sondern nur auf einen Antrag. Vgl daher § 236 ZPO. Ein dem § 236 II 2 ZPO entsprechender Wegfall des Antragszwangs findet aber nicht statt.
57 **C. Wiedereinsetzungsfrist, IV 1, 2.** Es läuft wie bei § 234 I, II ZPO eine zweiwöchige Frist seit der Beseitigung des Hindernisses und außerdem wie bei § 234 III ZPO eine absolute Höchstfrist von einem Jahr seit dem Ende der versäumten Frist. Vgl daher zu den auch insofern zahlreichen Einzelfragen BLAH § 234 ZPO Rn 2 ff.
58 **D. Zuständigkeit, IV 1.** Sie liegt wie bei § 237 ZPO bei demjenigen Gericht, dem die Entscheidung über die Beschwerde zusteht. Beschwerdegericht ist nach III 5 in Verbindung mit § 14 IV 2 das nächsthöhere Gericht und in einer Familiensache das OLG, Rn 49.
59 **E. Glaubhaftmachung, IV 1.** Der Antragsteller muß wie bei § 236 II 1 ZPO diejenigen Tatsachen glaubhaft machen, die eine Wiedereinsetzung begründen. Die Glaubhaftmachung erfolgt nach § 31 FamFG. Einzelheiten zB bei BLAH §§ 236, 294 ZPO.
60 **F. Weiteres Wiedereinsetzungsverfahren, IV 1, 2.** Es gilt nahezu dasselbe wie bei § 238 ZPO. IV 6 in Verbindung mit den dortigen Verweisungen ist schon hier anwendbar. Denn IV 6 steht selbständig auch hinter IV 1, 2. Vgl dort.
61 **11) Wiedereinsetzungsbeschwerde, IV 3–6.** Abweichend von § 238 III ZPO kommt sogar gegen die Wiedereinsetzung die Beschwerde binnen zwei Wochen seit der Zustellung der Entscheidung infrage. Dasselbe gilt gegen eine Ablehnung der Wiedereinsetzung. Das Verfahren richtet sich nach IV 6 in Verbindung mit den dortigen Verweisungen. Vgl dort.
62 **12) Gebührenfreiheit, keine Kostenerstattung, V 1, 2.** Es gilt dasselbe wie bei § 14 IX. Vgl daher dort.
63 **13) Gegenvorstellung, I–V.** Sie ist in § 31 ebensowenig wie sonst statthaft, VerfGH Mü NJW **94**, 575. Zu ihrer grundsätzlichen Behandlung § 63 GKG Rn 76, Teil I A dieses Buchs.

1. Teil. Gerichtskosten §§ 31a, 32 KostO

Auskunftspflicht des Notars

31a [1] Ein Notar, der in einer Angelegenheit der freiwilligen Gerichtsbarkeit einen Antrag bei Gericht einreicht, hat Umstände und Anhaltspunkte mitzuteilen, die bei seiner Kostenberechnung zu einem Abweichen des Geschäftswerts vom Einheitswert geführt haben und für die von dem Gericht zu erhebenden Gebühren von Bedeutung sind. [2] Die gleichen Auskünfte hat auf Ersuchen der Notar zu erteilen, der Erklärungen beurkundet oder beglaubigt hat, die in Angelegenheiten der freiwilligen Gerichtsbarkeit von anderer Seite beim Gericht eingereicht worden sind.

1) Systematik, Regelungszweck, S 1, 2. Es handelt sich um eine vorrangige 1
Sonderregelung. Die Vorschrift soll verhindern, daß die Kostenberechnung des Notars und diejenige des Gerichts voneinander abweichen. Das Gericht soll den höheren Wert vom Notar übernehmen können. Das Gericht bleibt in seinem Recht und seiner Pflicht zur Wertermittlung unbeeinträchtigt.

2) Auskunftspflicht des Notars, S 1, 2. Der Notar und jede weitere Urkunds- 2
person muß in einer solchen Angelegenheit der freiwilligen Gerichtsbarkeit, in der er eine Beurkundung dem Gericht oder einer dem Gericht gleichstehenden Behörde einreicht, nach S 1 von sich aus die in § 31 a genannten Umstände und Anhaltspunkte mitteilen, soweit sie das Gericht in dieser Bewertungsfrage betreffen. Das gilt unabhängig davon, ob er nur als ein Vertreter eines Beteiligten oder sogar nur als dessen Bote tätig wird.

Eine solche Pflicht besteht freilich nur bei einer für seine Kostenrechnung im Ergebnis maßgeblichen *Abweichung* des Notars vom Einheitswert beim Geschäftswert, §§ 19 II, 41 a II. Der Notar muß auch seine Quellen mitteilen, damit das Gericht sich ein eigenes Urteil über den wahren Wert bilden kann. Die Verpflichtung des Notars besteht nur gegenüber dem Gericht. Sie besteht auch dann, wenn er die maßgeblichen Erklärungen nur beurkundet oder beglaubigt, sie aber nicht selbst eingereicht hat. Dann besteht sie freilich nach S 2 nur auf ein Ersuchen des Gerichts. Entgegenstehende Wünsche oder gar Weisungen der Beteiligten sind bei S 1, 2 unbeachtlich.

Unanwendbar ist § 31 a schon nach seinem klaren Wortlaut auf das Gericht. Es muß also nicht etwa den Notar stets von vornherein benachrichtigen. Freilich kann sich aus dem Verfahrensablauf zB zur Vermeidung von Mißverständnissen eine Pflicht zur Rückfrage des Gerichts oder zu einem Hinweis des Gerichts ergeben. Unanwendbar ist die Vorschrift außerdem auf die Beteiligten.

3) Rechtsmittel, S 1, 2. Soweit der Notar die Anforderung einer Mitteilung 3
oder einer Ergänzung seiner Mitteilung für ungerechtfertigt hält, ist mangels in § 14 genannten Rechtsmittel ein Antrag auf eine gerichtliche Entscheidung nach § 30a EGGVG statthaft, Teil XII B dieses Buchs.

4) Dienstaufsichtsbeschwerde. Sie bleibt unberührt möglich, §§ 92 ff BNotO. 4

8. Volle Gebühr, Rahmengebühren, Nebengeschäfte

Volle Gebühr

32 [1] [1] Die volle Gebühr bei einem Geschäftswert bis 1000 Euro beträgt 10 Euro.
[2] Die Gebühr erhöht sich bei einem

Geschäftswert bis ... Euro	für jeden angefangenen Betrag von weiteren ... Euro	um ... Euro
5 000	1 000	8
50 000	3 000	6
5 000 000	10 000	15
25 000 000	25 000	16
50 000 000	50 000	11
über 50 000 000	250 000	7.

KostO §§ 32–35 III. Kostenordnung

[3] Eine Gebührentabelle für Geschäftswerte bis 1 000 000 Euro ist diesem Gesetz als Anlage [in diesem Buch Schlußanhang B] beigefügt.

[II] Gebühren werden auf den nächstliegenden Cent auf- oder abgerundet; 0,5 Cent werden aufgerundet.

1 **1) Gebührenarten, I 1, 2.** Die Vorschrift gilt nach § 141 auch beim Notar. Die Gebühren sind teils Festgebühren, teils Wertgebühren und teils Rahmengebühren. Das Gesetz bemißt sie überwiegend gemäß §§ 18 ff nach dem Geschäftswert, in einigen Fällen auch nach dem Zeitaufwand, vgl § 52.

2 **2) Gebührentabelle, I 3.** Sie befindet sich im SchlAnh B dieses Buchs. Der absolute Höchstwert beträgt grundsätzlich 60 000 000 EUR, § 18 I 2 Hs 1. Er kann sich aber etwa bei § 44 II a durchaus nach § 18 I 2 Hs 2 auf über 60 000 000 EUR erhöhen, dort Rn 7, Filzek JB **04**, 579.

3 **3) Auf-, Abrundung, II.** Die Vorschrift entspricht § 14 II 2 RVG. Sie bringt eine buchstäblich centgenaue Regelung. Sie bezieht sich nur auf Gebühren, nicht auf Auslagen, § 136. Sie bezieht sich daher beim Notar nach § 140 auch nicht auf seine Umsatzsteuer, § 151 a. Man muß jede im Gesetz selbständig genannte Gebühr auf- oder abrunden.

Mindestbetrag einer Gebühr

33 Der Mindestbetrag einer Gebühr ist 10 Euro.

1 **1) Geltungsbereich.** Die Vorschrift gilt nach § 141 auch beim Notar. Das gilt auch bei §§ 144, 144 a. Die Vorschrift bezieht sich grundsätzlich auf alle Gebühren der KostO. In einigen Fällen setzt das Gesetz aber andere Mindestgebühren fest oder wiederholt doch § 33. Vgl zB §§ 51 II 1, V, 55 I, 84 IV, 149 III. § 33 kann auch bei den zB nach § 159 der Landesgesetzgebung vorbehaltenen Gebühren anwendbar sein, BVerfG NJW **81**, 2401. Soweit jemand nach § 5 I 2 nur teilweise haftet, bleibt es dort bei der Mindestgebühr des § 33. Eine Aufrundung findet nach § 32 II statt. Zur landesrechtlichen Behandlung von Kleinbeträgen vgl Teil VII E dieses Buchs.

§ 33 gilt aber nur für *Gebühren*, nicht für Auslagen.

2 **2) Einzelfragen.** Auch ein Gebührenbruchteil muß mindestens 10 EUR betragen. Unter Umständen kann man von einem Betroffenen nur einen solchen Bruchteil fordern. Das gilt etwa bei einer Gebührenfreiheit eines Beteiligten. Die Mindestgebühr entsteht, soweit ein Geschäftswert ganz fehlt, LG Siegen Rpfleger **86**, 182 (mit zu Recht anderem Ergebnis im dortigen Fall). Eine Ab- oder Aufrundung findet theoretisch nach § 32 II statt.

Rahmengebühren

34 Ist die Gebühr nur nach einem Mindest- und Höchstbetrag bestimmt, so ist die Gebühr im Einzelfall unter Berücksichtigung aller Umstände, insbesondere des Umfangs und der Bedeutung der Sache, nach billigem Ermessen zu bestimmen.

1 **1) Geltungsbereich.** Die Vorschrift gilt theoretisch nach § 141 auch beim Notar. Rahmengebühren gibt es nur noch in § 84 IV.

2 **2) Berücksichtigung aller Umstände.** Man darf bei einer Rahmengebühr meist, aber nicht stets von der Mitte des Rahmens ausgehen. Man muß vielmehr sämtliche Umstände berücksichtigen und nach einem „billigen", in Wahrheit wie stets zwar freien, aber pflichtgemäßen Ermessen abwägen. Oft haben der Umfang und die Bedeutung der Sache für die Gebührenbemessung ein besonderes Gewicht. Vgl im übrigen § 14 RVG, Teil X dieses Buchs.

Nebengeschäfte

35 Die für ein Geschäft bestimmte Gebühr umfaßt die gesamte auf das Geschäft verwendete Tätigkeit des Gerichts, einschließlich der Nebengeschäfte.

1. Teil. Gerichtskosten § 35 KostO

Gliederung

1) Systematik	1
2) Regelungszweck	2
3) Pauschgebühr	3
4) Nebengeschäft	4–12
A. Begriff	4–6
B. Beispiele zur Frage eines Nebengeschäfts	7–12

1) Systematik. Die Vorschrift erfaßt sämtliche Arten von Geschäften. Sie gilt also **1** stets ergänzend neben ihnen. Sie gilt nach § 141 vor allem auch beim Notar. Freilich gehen bei ihm Sondervorschriften vor, zB §§ 47 S 1 Hs 2, 49 III, 146 I 1, 147 II–IV.

2) Regelungszweck. Eindeutiges Ziel ist eine Vereinfachung und zugleich eine **2** Kostenbegrenzung. Das führt zusammen mit dem Gebot einer dem Kostenschuldner möglichst günstigen Handhabung zur denkbar weitesten Auslegung.

3) Pauschgebühr. Alle Gebühren der KostO gelten als Pauschgebühren die ge- **3** samte Tätigkeit des Gerichts oder Notars für das Hauptgeschäft und für das Nebengeschäft ab, also auch für eine unselbständige, vorbereitende oder fördernde Tätigkeit, BayObLG MDR **80**, 588.

4) Nebengeschäft. Es gelten die folgenden Regeln. **4**
A. Begriff. Nebengeschäft ist alles dasjenige, was mit dem Hauptgeschäft so eng zusammenhängt, daß es nicht als ein selbständiges Geschäft in Erscheinung tritt, Hamm FGPrax **05**, 232. Hierzu zählt alles, was im Verhältnis zum Hauptgeschäft keine zentrale Bedeutung hat, Bengel DNotZ **96**, 361, und was jedenfalls erfolgt, um das Hauptgeschäft vorzubereiten oder seinen Vollzug zu fördern, Düss JB **09**, 652, Hamm FGPrax **05**, 232, Zweibr RR **09**, 574, aM Bengel DNotZ **96**, 361 (ohne eine eigene Begriffsbestimmung).

Nebengeschäft ist also alles, was zur Förderung und Herbeiführung des Rechtserfolgs **5** des Hauptgeschäfts erforderlich ist, Celle DNotZ **91**, 415, Zweibr RR **09**, 574, Bund JB **05**, 234. Was für das Gericht als ein Nebengeschäft gilt, ist auch für den Notar ein Nebengeschäft. Oft hebt die KostO die Natur als ein Nebengeschäft besonders hervor, zB in §§ 47, 62 III, vgl auch § 60 Rn 9, 10.

Eine *Gebührenfreiheit* für ein Hauptgeschäft gilt auch für ein Nebengeschäft. Was **6** das Gericht oder der Notar ohne einen Verstoß gegen die Amtspflicht ablehnen könnten, gilt nicht als ein Nebengeschäft.

B. Beispiele zur Frage eines Nebengeschäfts **7**
Anderkonto: Ein Nebengeschäft liegt vor, soweit der Notar einen solchen Betrag an das Gericht weiterleitet, den der Auftraggeber zum grundbuchlichen Vollzug des Kaufvertrags auf ein Anderkonto gezahlt hatte, KG Rpfleger **80**, 445 (etwas anders gilt dann, wenn der Auftraggeber das Geld ohne eine besondere Zweckbestimmung gezahlt hatte).
Auflassungsvormerkung: Ein Nebengeschäft liegt dann vor, wenn es um eine Auflassungsvormerkung und zugleich bei ihr einen Rangvorbehalt für ein noch einzutragendes Grundpfandrecht geht, § 62 Rn 1, Rn 18 „Auflassungsvormerkung", Rn 23 „Rangvermerk".
Beglaubigung: Die Weiterleitung des beglaubigten Dokuments ist grds ein Nebengeschäft. Es kann aber auch unter §§ 146 II oder 147 II fallen, Bund JB **05**, 234 (ausf).
Belehrung: Ein Nebengeschäft liegt vor, soweit der Notar eine erforderliche Belehrung erteilt, etwa der die Anmeldung beglaubigende Notar nach § 8 III 1 GmbHG, Celle DNotZ **91**, 415, Oldb JB **98**, 323.
Briefgrundschuld: Ein Nebengeschäft liegt vor, wenn es um die Unterstellung eines Grundstücks oder eines Miteigentumsanteils unter eine schon an einem anderen Grundstück zur gesamten Hand bestehende Briefgrundschuld geht, BayObLG DNotZ **85**, 101.
Eidesstattliche Versicherung: Ein Nebengeschäft liegt vor, wenn der Notar **8** aus Anlaß der Bestellung eines Grundpfandrechts den Entwurf einer eidesstattlichen Versicherung anfertigt.
Entwurf: Ein Nebengeschäft liegt vor, soweit der Notar seinen Entwurf versendet, Zweibr RR **01**, 863.

Erbschein: Rn 11 „Testament".

9 **Genehmigung:** Ein Nebengeschäft liegt in folgenden Fällen vor: Es geht um den Entwurf der zugehörigen Genehmigungserklärung; es geht hier um die Entgegennahme einer Genehmigung, etwa nach § 177 I BGB, Zweibr DNotZ **93**, 765, selbst wenn der Notar an sie erinnern muß, § 146 Rn 18; der Notar holt die Genehmigung des Nachlaßgerichts zu einer Löschung ein, soweit er die Löschungsbewilligung entworfen und die Unterschrift dazu beglaubigt hatte, BayObLG MDR **80**, 588; es handelt sich um die Einholung einer Genehmigung zu einer Währungsklausel bei einem Leibrentenvertrag nebst Reallast, BayObLG BB **80**, 123.

Ein Nebengeschäft *fehlt,* soweit der Notar die Genehmigung des zuvor vollmachtlos Vertretenen zum Vertragsabschluß einholt, Köln FGPrax **03**, 141.

Gesellschafterliste: Ein Nebengeschäft liegt bei einer Bescheinigung nach § 40 II 2 GmbHG vor, Stgt FGPrax **09**, 238.

Grundbucheinsicht: Ein Nebengeschäft liegt dann vor, wenn der Notar das Grundbuch einsieht, BayObLG **04**, 312. Das gilt selbst dann, wenn er die Einsicht auf Grund eines ausdrücklichen Auftrags vornimmt.

Grundpfandrecht: Rn 7 „Auflassungsvormerkung", „Briefgrundschuld", Rn 8 „Eidesstattliche Versicherung", Rn 10 „Löschung", „Rangvermerk", Rn 12 „Wirksamkeitsvermerk".

10 **Letztwillige Verfügung:** Rn 11 „Testament".

Löschung: Ein Nebengeschäft liegt dann vor, wenn es um die Verpflichtung zur Löschung einer vorgehenden Last bei einer Hypothekenbestellung geht.

S auch Rn 9 „Genehmigung".

Patientenverfügung: Ein Nebengeschäft *fehlt* im Verhältnis zu einer Generalvollmacht, Zweibr RR **09**, 574.

Rangrücktritt: Nach einer Grundschuldbestellung ist seine Einholung ein Nebengeschäft, Hamm FGPrax **05**, 232.

Rangvermerk: Ein Nebengeschäft liegt dann vor, wenn bei einer dinglichen Last ein Rangvermerk erfolgt, Köln Rpfleger **98**, 216.

S auch Rn 7 „Auflassungsvormerkung", Rn 12 „Wirksamkeitsvermerk".

Schadensersatz: Ein Nebengeschäft *fehlt,* soweit das Geschäft eine eigene Schadensersatzpflicht auslösen kann.

11 **Terminsbestimmung:** Ein Nebengeschäft liegt dann vor, wenn das Gericht eine Terminsbestimmung vornimmt.

Testament: Ein Nebengeschäft liegt vor, wenn der Notar im Zusammenhang mit einem Antrag auf die Erteilung eines Erbscheins eine nicht von ihm entworfene oder aufgenommene letztwillige Verfügung zum Zweck ihrer Eröffnung durch das Nachlaßgericht dort abliefert.

Ein Nebengeschäft *fehlt,* soweit der Notar erörtert, ob die Interessen des Auftraggebers durch eine Verfügung von Todes wegen oder durch ein Rechtsgeschäft unter Lebenden geregelt werden sollen, und dann eine Urkunde über eine Grundstücksübertragung entwirft, Düss MDR **89**, 1007.

Unterwerfung: Sie ist neben der Annahme des Angebots *kein* Nebengeschäft, § 44 Rn 52, Zweibr RR **00**, 564, Bengel DNotZ **96**, 311, KLBR 9, aM BayObLG DNotZ **96**, 396.

12 **Währungsklausel:** Rn 9 „Genehmigung".

Wirksamkeitsvermerk: Seine gleichzeitige Eintragung ist ein Nebengeschäft, Düss Rpfleger **00**, 568, LG Oldb Rpfleger **04**, 589.

S auch Rn 10 „Rangvermerk".

Zweiter Abschnitt. Gebühren in Angelegenheiten der freiwilligen Gerichtsbarkeit

Übersicht

1 **1) Systematik.** Der 2. Abschnitt betrifft nur die Gebühren in einer Angelegenheit der freiwilligen Gerichtsbarkeit nach dem FamFG. Hierher gehört zB die Beurkundung des Rpfl über einen Vorgang der freiwilligen Gerichtsbarkeit.

1. Teil. Gerichtskosten Übers § 36, § 36 KostO

Ein *Entwurf* des Notars fällt unter § 145. Ein Entwurf des Gerichts gehört nicht hierher. Einige Gesetze ergeben Sonderregeln.

Nicht zu den Beurkundungen der §§ 36 ff zählt die Beurkundung eines Verfahrensvergleichs. Das gilt selbst dann, wenn er einen Dritten erfaßt. Ferner gehört nicht hierher: Ein Schuldanerkenntnis; ein Bürgschafts- und Garantieversprechen aus Anlaß eines Zwangsvergleichs oder in einem gerichtlichen Vergleichsverfahren; eine Beurkundung des Gerichtsvollziehers, etwa über einen Wechselprotest usw. 2

2) Regelungszweck. Der 2. Abschnitt erfaßt solche Tätigkeiten, die längst so gut wie ausschließlich nicht mehr dem Gericht zustehen, sondern dem Notar. Insofern gehört er besser in den 2. Teil, §§ 140 ff. Er erfaßt trotz aller Ausführlichkeit nicht alle kostenerheblichen Handlungen. Für die die Praxis völlig beherrschenden Handlungen gelten §§ 36 ff in Verbindung mit § 141. Der 2. Abschnitt dient aber erkennbar einer möglichst umfassenden Regelung, zumal das Wort „nur" in § 1 I 1 auch für §§ 36 ff gilt. Daher gilt der Grundsatz einer den Kostenschuldner möglichst schonenden Auslegung nach § 1 Rn 2 auch bei §§ 36 ff. 3

1. Beurkundungen und ähnliche Geschäfte

Einseitige Erklärungen und Verträge

36 I Für die Beurkundung einseitiger Erklärungen wird die volle Gebühr erhoben; unerheblich ist, ob die Erklärung von einer oder von mehreren Personen abgegeben wird.

II Für die Beurkundung von Verträgen wird das Doppelte der vollen Gebühr erhoben.

Gliederung

1) Systematik, I, II 1
2) Regelungszweck, I, II 2
3) Einseitige Erklärung, I 3
4) Vertrag, II 4
5) Beispiele zur Frage einer Anwendbarkeit von I oder II 5–11

1) Systematik, I, II. Während I den „Normalfall" einer einseitigen Erklärung erfaßt und §§ 37, 38 II–IV, 42 gewisse Sonderfälle einer einseitigen regeln, nennen II und § 38 I die Gebühren bei einem Vertrag und enthalten §§ 39 ff die jeweils zugehörigen Wertvorschriften. 1

2) Regelungszweck, I, II. Erst die Wertvorschriften zeigen, ob und inwiefern die Gebührenerfassung in I, II einfach oder schwierig verläuft. Die unterschiedlichen Gebührenhöhen in §§ 36–38 bezwecken natürlich eine dem Arbeitsanfall und der Verantwortung entsprechende Differenzierung. Nun kann freilich so manche einseitige Erklärung rechtlich wie wirtschaftlich eine über so manchen Vertrag hinausgehende Bedeutung haben. Das muß man bei der Auslegung mitbeachten, soweit schon bei § 36 überhaupt möglich. 2

3) Einseitige Erklärung, I. Maßgeblich ist nicht der sachlichrechtliche Inhalt, sondern der beurkundete Text. Eine einseitige Erklärung kann zB auch dann vorliegen, wenn mehrere Personen inhaltlich gleiche Erklärungen abgeben, LG Kblz FamRZ 06, 1057. Es muß sich um eine rechtsgeschäftliche Erklärung handeln, um eine Willenserklärung, und nicht um eine bloße Absichtserklärung, BayObLG **85**, 15 (abl Bengel DNotZ **85**, 574); Hamm JB **96**, 40; Lappe NJW **86**, 2557, aM BGH NJW **06**, 1209, KG DNotZ **94**, 707, LG Hann JB **92**, 552. 3

4) Vertrag, II. Die Vorschrift gilt beim einseitigen wie beim gegenseitigen Vertrag. Die Vereinbarung braucht nicht Vertrag zu lauten. Es kann auch eine bloße „Genehmigung" in Wahrheit ein Vertrag sein. Die Erklärungen beider Vertragsteile, das Angebot und seine Annahme, müssen in derselben Urkunde vorliegen. Andernfalls liegen zwei einseitige Erklärungen nach I vor.
Im übrigen ist es *unerheblich, ob* ein einseitig verpflichtender oder ein zweiseitiger oder gegenseitiger Vertrag vorliegt. Der Vertrag kann schuldrechtlich oder sachenrechtlich sein. Die Beurkundung einer Einigung genügt, Karlsr Rpfleger **85**, 418, aM 4

723

Düss VersR **80**, 721. Der Vertrag kann auch familienrechtliche oder gesellschaftsrechtliche Vorgänge enthalten.

5 **5) Beispiele zur Frage einer Anwendbarkeit von I oder II**
Abtretung: *I* ist anwendbar, soweit es um eine Abtretungserklärung geht, sofern beide Erklärungen einheitlich beurkundet sind. Ihre Annahme macht den Vorgang freilich zu einem Vertrag, II, § 398 BGB.

II ist anwendbar, soweit es sich um eine Abtretung der Rechte des Meistbietenden in der Zwangsversteigerung handelt und wenn sowohl die Erklärung des Meistbietenden als auch die Annahme des anderen in dieselbe Urkunde kommen.
Adoption: Rn 7 „Kindesannahme".
Änderung: II ist bei der Änderung eines Vertragsteils anwendbar, BayObLG MittBayNot **94**, 357.
Aktiengesellschaft: *I* ist anwendbar, soweit es um einen Zeichnungsschein nach § 185 AktG geht, oder um eine Zustimmung des Vorstands.
II ist anwendbar, soweit es um die Beurkundung der Satzung einer Aktiengesellschaft geht, KG Rpfleger **75**, 447.
Anfechtung: I ist anwendbar, soweit es um die Anfechtung eines Rechtsgeschäfts nach § 143 BGB geht.
Angebot: Ein Vertragsangebot fällt unter § 37.
Ankaufsrecht: I ist anwendbar, soweit es um die Ausübung eines solchen Ankaufsrechts geht, das noch kein Angebot oder Vorvertrag ist.
Anmeldung: I ist anwendbar, soweit es um die Anmeldung zu einem Register geht. S aber auch wegen des *Handelsregisters* vorrangig § 38 II Z 7.
Anwartschaftsrecht: I ist anwendbar, soweit es um die Ausübung eines Anwartschaftsrecht geht.
Aufhebung: II ist auf die vereinbarte anwendbar.
Auflassung: II gilt bei der dinglichen Einigung. S auch § 38 II Z 6 a.
Ausbietungsgarantievertrag: II ist bei ihm wegen § 311 b I BGB anwendbar, Celle DNotZ **92**, 302.
Auseinandersetzungsvertrag: II ist bei ihm wegen § 311 b I BGB anwendbar, Celle DNotZ **92**, 302.
Beitritt: II ist auf Gläubiger- wie Schuldnerseite anwendbar.
Bürgschaft: *I* ist anwendbar, soweit jemand eine Bürgschaft übernimmt.
II ist anwendbar, soweit der Gläubiger die Bürgschaftsverklärung annimmt.
Dingliches Recht: II ist anwendbar, soweit es um einen solchen Vertrag geht, der die Verpflichtung zur Bestellung eines dinglichen Rechts enthält, BayObLG **86**, 346.
6 **Ehelicherklärung:** I ist anwendbar, soweit es um eine Erklärung nach §§ 1723, 1730 BGB geht.
Einmann-Gesellschaft: I ist anwendbar, soweit es um die Gründung einer Einmanngesellschaft geht, etwa um die Beurkundung ihrer Satzung, BayObLG DNotZ **83**, 252, Düss DB **94**, 2440, Hamm Rpfleger **84**, 38, aM Mümmler JB **81**, 837, Willemer DNotZ **83**, 257.

Ein *Hauptversammlungsbeschluß* des Einmanns fällt unter § 47.
Eintragungsbewilligung: I ist anwendbar, soweit es um eine Eintragungsbewilligung geht, sofern nicht der sachlichrechtliche Vertrag beurkundet ist, LG Ffm Rpfleger **89**, 281.
Erwerbsverpflichtung: II ist anwendbar, soweit es um einen solchen Vertrag geht, der eine Verpflichtung zu einem Erwerb enthält. Wegen eines Folgevertrags § 38 Rn 3–5.
Frist: I ist anwendbar, soweit es um eine Fristsetzung geht.
7 **Gesamtakt:** II kann bei ihm anwendbar sein.
Gesellschaft: S bei den einzelnen Arten von Gesellschaften.
Grundlagen- und Verweisungsurkunde: I ist anwendbar, Rn 3, KG DNotZ **87**, 381, Schlesw DNotZ **90**, 679, LG Hann JB **92**, 552, aM BayObLG DNotZ **85**, 572, Hamm JB **96**, 40.
Kindesannahme: I ist anwendbar, soweit es um den Antrag des Annehmenden nach § 1752 I BGB oder des Volljährigen nach § 1768 BGB oder um eine Verzichtserklärung nach § 1747 III Z 3 BGB geht, LG Regensb JB **78**, 1239.

1. Teil. Gerichtskosten § 36 KostO

Kommanditgesellschaft: II ist anwendbar, soweit es um die Beurkundung der Satzung einer KG geht.
Kündigung: I ist anwendbar, soweit es um eine Kündigung geht.
Löschung: I ist anwendbar, soweit es die Löschungsbewilligung eines Grundpfand- 8
rechtsgläubigers geht, verbunden mit dem Löschungsantrag des Eigentümers bzw
Erbbauberechtigten.
S aber auch § 38 II Z 5.
Mahnung: I ist anwendbar, soweit es um eine Mahnung geht.
Mehrpersonen-GmbH: II ist anwendbar, soweit es um die Beurkundung der Satzung einer solchen Gesellschaft geht, BayObLG Rpfleger **83**, 180.
Offene Handelsgesellschaft: II ist anwendbar, soweit es um die Beurkundung der Satzung einer Offenen Handelsgesellschaft geht.
Option: Rn 5 „Anwartschaftsrecht".
Quittung: I ist anwendbar, soweit es um eine Quittung geht.
Rangrücktritt: S „Rücktritt". 9
Register: Rn 5 „Anmeldung".
Rücktritt: I ist anwendbar, soweit es um einen Rücktritt geht, etwa nach §§ 323 ff, 349, 880 II 2 BGB.
Satzung: S bei den einzelnen Arten von Gesellschaften.
Stiftung: I ist anwendbar, soweit es um ihre Errichtung nach §§ 80 ff BGB geht.
Umgestaltung: II kann dann anwendbar sein, wenn die Umgestaltung des Vertrags nach dem Willen der Partner eine neue Vertragsgrundlage ergeben soll, LG Kleve JB **01**, 37.
Umwandlung: I ist anwendbar, soweit es um eine Umwandlungserklärung geht, auch um diejenige eines Einzelkaufmanns, vgl schon (zum alten Recht) KG Rpfleger **75**, 447, aM Zweibr JB **99**, 488 (wendet II an). I ist ferner dann anwendbar, wenn es um die Umwandlungserklärung einer Gebietskörperschaft geht, §§ 51, 58 UmwG, Stgt DNotZ **84**, 653, soweit nicht § 47 anwendbar ist.
Unterwerfung: I ist anwendbar, soweit es um die Unterwerfung unter die sofortige Zwangsvollstreckung geht, BayObLG DNotZ **96**, 396, Zweibr MittBayNot **99**, 584, oder um den einseitigen Verzicht auf die Unterwerfung, BayObLG **86**, 134.
Verpfändung: I ist anwendbar, soweit es um die Verpfändung des Geschäftsanteils 10
einer GmbH geht. Das gilt auch dann, wenn die Verpfändung nicht von einer Gegenleistung abhängt.
Vertrag zugunsten Dritter: II ist anwendbar, soweit der Käufer eine Maklerprovision in Form eines Vertrags zugunsten Dritter übernimmt, Zweibr JB **98**, 602.
Verweigerung der Unterschrift: Soweit der Notar die Urkunde unterschreibt, obwohl ein Beteiligter seine Unterschrift verweigert, liegt nur ein Entwurf vor, § 57.
Verweisungsurkunde: I ist *unanwendbar,* Rn 3, aM BGH NJW **06**, 1209.
Verzicht: I ist bei einem Verzicht anwendbar, zB auf das Eigentum nach § 828 BGB oder auf eine Hypothek nach § 1168 BGB.
Vollmacht: Es gilt vorrangig § 38 II Z 4.
Vorkaufsrecht: I ist anwendbar, soweit es um die Ausübung eines Vorkaufsrecht nach § 464 BGB geht.
Vorvertrag: II ist anwendbar, soweit es um einen solchen Vorvertrag geht, der nur einen Partner bindet, dem anderen Partner aber die Annahme freistellt, Ffm DNotZ **78**, 570 (Wert des vorbereiteten Hauptvertrags als Geschäftswert).
Widerruf: I ist anwendbar, soweit es um einen Widerruf oder dessen Vorbehalt nebst 11
Ausübung geht, Hamm MittBayNot **99**, 585, etwa nach § 531 I BGB.
Wiederkauf: *I* ist anwendbar, soweit es um die Ausübung eines Wiederkaufrechts nach § 456 I BGB geht, BayObLG JB **83**, 423.
II ist auf die zugehörige Rückauflassung anwendbar.
Wohnungseigentum: I ist anwendbar, soweit es um eine Vorratsteilung nach § 8 WEG geht, KLBR 2, aM Ffm Rpfleger **89**, 281 (§ 38 II Z 5 a).
II ist bei einem Vertrag nach §§ 4, 30 WEG anwendbar.
Zwangsversteigerung: Rn 5 „Abtretung", „Ausbietungsgarantievertrag".

Vertragsangebot

37 Für die Beurkundung eines Antrags zum Abschluß eines Vertrags wird das Eineinhalbfache der vollen Gebühr erhoben.

1 **1) Systematik.** Die Vorschrift steht wie § 36 im Gegensatz zu § 38. Sie enthält für ihren Geltungsbereich eine gegenüber § 36 vorrangige Sonderregel. Sie tritt gegenüber dem noch spezielleren § 38 II–IV zurück. Man muß sie zusammen mit den auch für § 36 geltenden Wertvorschriften der §§ 39 ff handhaben.

2 **2) Regelungszweck.** Vgl zunächst § 36 Rn 2. Die dortigen Erwägungen gelten hier ebenso.

3 **3) Geltungsbereich.** Die Vorschrift erfaßt den Fall, daß der Notar nicht den gesamten Vertrag beurkundet, also nicht das Angebot und dessen Annahme, sondern nur das Angebot eines oder mehrerer Anbieter zu demselben oder mehreren Gütern. Es kommt nicht auf die Bezeichnung „Angebot" an, sondern auf den Vorschlag zum Abschluß oder zur Änderung oder Aufhebung eines Vertrags. Dann entsteht für die Beurkundung des Angebots zwar 1,5 Gebühr. Dagegen ermäßigt sich die Gebühr für die Beurkundung der Annahme des Angebots auf 0,5 Gebühr § 38 II Z 2, BayObLG **94**, 215. Der Wert ist derjenige des vorgesehenen Vertrags, BayObLG **94**, 215.

4 **4) Einzelfragen.** Die Einräumung einer Anwartschaft oder Option ist kein Vertragsangebot. Man muß diese Option nach § 36 I und einen Vorvertrag nach § 36 II vergüten. Erklärungen des Inhalts, man habe einen Vertrag vereinbart, lassen sich grundsätzlich nicht als ein Vertragsangebot bewerten, sondern fallen unter § 36 I. Soweit man solche Erklärungen aber als Angebot und Annahme auffassen muß, gelten §§ 37, 38 II Z 2. Getrennte Beurkundungen statt gleichzeitiger sind nicht schon deshalb unzulässig, weil die Beteiligten dadurch Kosten sparen wollen, Hbg MDR **76**, 499, Schlesw DNotZ **78**, 632.

5 **5) Änderung.** Die Änderung eines Angebots fällt unter § 42. Man muß eine Annahme nur unter der Bedingung einer Änderung als eine Ablehnung des Angebots auffassen, verbunden mit einem neuen Gegenangebot. Soweit sie eine Annahme enthält, muß man sie nach § 38 II Z 2 vergüten. Soweit sie ein neues Gegenangebot enthält, ist § 37 anwendbar. Für die Annahmeerklärung ist der Wert des alten Angebots maßgeblich, für die Abgabe des neuen Gegenangebots sein Wert. Wenn der Vertragspartner das neue Gegenangebot annimmt, muß man seine Annahmeerklärung nach dem Wert dieses neuen Gegenangebots vergüten, § 38 II Z 2.

Besondere Fälle

38 I [1] Die volle Gebühr wird erhoben für die Beurkundung eines Vertrags über die Verpflichtung zur Übertragung des Eigentums an einem Grundstück, wenn sich der eine Teil bereits vorher in einem beurkundeten Vertrag zur Übertragung oder zum Erwerb des Eigentums verpflichtet hatte. [2] Das gleiche gilt für Verträge über Verpflichtungen, auf die nach besonderer gesetzlicher Vorschrift § 311 b Abs. 1 des Bürgerlichen Gesetzbuchs anzuwenden ist.

II Die Hälfte der vollen Gebühr wird erhoben

1. für jede besondere Beurkundung von Zustimmungserklärungen einzelner Teilnehmer zu einer bereits anderweitig beurkundeten Erklärung;
2. für die Beurkundung der Annahme eines anderweitig beurkundeten Vertragsantrags;
3. für die Beurkundung der Wiederaufhebung eines noch von keiner Seite erfüllten Vertrags;
4. für die Beurkundung einer Vollmacht oder des Widerrufs einer Vollmacht;
5. für die Beurkundung
   a) des Antrags auf Eintragung oder Löschung im Grundbuch, im Schiffsregister und im Schiffsbauregister sowie einer Eintragungs- oder Löschungsbewilligung,
   b) der Zustimmung nach § 27 der Grundbuchordnung und nach §§ 35, 74 der Schiffsregisterordnung;

1. Teil. Gerichtskosten § 38 KostO

6. für die Beurkundung
   a) der Auflassung,
   b) der Einigung über die Einräumung oder Aufhebung von Sondereigentum,
   c) der Einigung über die Bestellung oder Übertragung eines Erbbaurechts,
   d) der Abtretung von Geschäftsanteilen einer Gesellschaft mit beschränkter Haftung,
   wenn das zugrunde liegende Rechtsgeschäft bereits beurkundet ist;
7. für die Beurkundung der Anmeldung zum Handelsregister und ähnlichen Registern sowie für die Aufnahme einer besonderen Verhandlung über die Zeichnung einer Unterschrift.

III Ein Viertel der vollen Gebühr wird erhoben für die Beurkundung von Erklärungen, die dem Nachlaßgericht gegenüber abzugeben sind (§ 112 Abs. 1); die Wertvorschrift des § 112 Abs. 2 gilt entsprechend.

IV Ein Viertel der vollen Gebühr wird ferner erhoben für die Beurkundung von Zustimmungserklärungen zur Anerkennung der Vaterschaft oder zur Annahme als Kind.

Vorbem. II Z 7 ergänzt dch Art 12 V Z 2 EHUG v 10. 11. 06, BGBl 2553, in Kraft seit 1. 1. 07, Art 13 II Hs 1 EHUG, Übergangsrecht § 164 KostO.

Gliederung

1) Systematik, I–IV	1
2) Regelungszweck, I–IV	2
3) Volle Gebühr, I	3–9
A. Geltungsbereich	3
B. Frühere weitere Beurkundung	4, 5
C. Übereinstimmungen	6–8
D. Geschäftswert	9
4) Halbe Gebühr, II	10–32
A. Geltungsbereich, II Z 1–7	10, 11
B. Zustimmungserklärung, II Z 1	12
C. „Teilnehmer", I Z 1	13, 14
D. „Beurkundete Erklärung", II Z 1	15
E. Geschäftswert	16
F. Vertragsannahme, II Z 2	17
G. Vertragsaufhebung, II Z 3	18
H. Vollmacht und deren Widerruf, II Z 4	19
I. Eintragungs- oder Löschungsantrag, und -bewilligung, II Z 5 a	20, 21
J. Zustimmungserklärung, II Z 5 b	22
K. Auflassung usw, II Z 6 a–d	23, 24
L. Beispiele zur Frage einer Anwendbarkeit von II Z 6 a–d	25–29
M. Registeranmeldung usw, II Z 7	30–32
5) Viertelgebühr, III, IV	33–36
A. Erklärung zum Nachlaßgericht, III	34
B. Zustimmungserklärung, IV	35, 36

1) Systematik, I–IV. I enthält im Gegensatz zu II–IV und zu §§ 36, 37 die Gebührenhauptvorschrift beim Vertrag. II–IV haben den Vorrang vor den weniger speziellen §§ 36, 37. Beim Notar gilt § 38 in Verbindung mit § 141. **1**

2) Regelungszweck, I–IV. Im Verhältnis zu § 37 dient I vordergründig ziemlich deutlich vor allem der Kostendämpfung. Man muß aber bedenken, daß ein Angebot ja bereits so lauten muß, daß man mit einem einfachen Ja annehmen kann. So betrachtet, macht das von I gewissermaßen miterfaßte Ja gebührenmäßig immerhin 0,5 Gebühr aus. Die von II–IV erfaßten ziemlich bunt zusammengestellten Fälle stehen zwecks einer Vereinfachung unter denselben beiden ihrerseits unterschiedlich hohen Bruchteilsgebühren. Auch die Handhabung von I sollte so unkompliziert wie möglich erfolgen. Man sollte eher kleinere Unebenheiten zugunsten des Kostenschuldners in Kauf nehmen. **2**

3) Volle Gebühr, I. Man muß vier Gesichtspunkte bedenken. **3**
A. Geltungsbereich. I enthält gegenüber §§ 36 II, 37, 38 II Z 2 (nicht Z 6) eine Sonderregel. Die Vorschrift soll übermäßig hohe Gebühren bei mehraktigen Geschäf-

727

ten verhindern. I erfaßt das Verpflichtungsgeschäft (nicht das Verfügungsgeschäft) in folgenden Fällen: Es handelt sich um die Übertragung von Grundstückseigentum, S 1, § 311 b I 1 BGB; es geht um die Bestellung eines Erbbaurechts und um die Einräumung eines Sondereigentums, S 2 in Verbindung mit § 11 II ErbbauRG oder in Verbindung mit § 4 III WEG; es geht um einen andersartigen Verpflichtungsvertrag, auf den § 311 b BGB anwendbar ist, S 2.

Die volle Gebühr nach I entsteht nur, wenn die folgenden *Voraussetzungen Rn 3–8* zusammentreffen.

4 **B. Frühere weitere Beurkundung.** Wenigstens einer der jetzigen Vertragspartner muß sich bereits in einem anderen früher beurkundeten Vertrag unmittelbar zur Übertragung, Bestellung, Einräumung oder zum Erwerb verpflichtet haben. I ist grundsätzlich auch dann anwendbar, wenn bereits mehrere oder alle jetzigen Vertragspartner in früheren anderen Verträgen derartige Verpflichtungen eingegangen waren, LG Ffm JB 75, 1096 (zustm Mümmler), aM Ackermann JB 76, 572.

Soweit mindestens ein derartiger *früher* beurkundeter anderer Vertrag vorliegt, sind etwaige weitergehende damalige Erklärungen in ihm jetzt grundsätzlich unschädlich. Die erforderliche Unmittelbarkeit der früheren Verpflichtungserklärung fehlt zB: Bei einem bloßen Vorvertrag, Ffm DNotZ 78, 570, Kuntze DNotZ 84, 63, RoW 6, aM BayObLG 82, 380; bei einem bloßen Ankaufsrecht, Vorkaufsrecht, Wiederkaufsrecht und Optionsrecht, Ffm DNotZ 78, 570, aM BayObLG JB 83, 423, Karlsr MittBayNot 76, 40.

5 Wenn damals eine Erklärung lediglich *formlos* oder privatschriftlich oder lediglich in beglaubigter, nicht in beurkundeter Form erfolgte, ist unabhängig von ihrer sachlichrechtlichen Wirksamkeit für die jetzige erste wirkliche Vertragsbeurkundung nicht I anwendbar. Vielmehr gelten dann §§ 36 II, 37, 38 II Z 2.

6 **C. Übereinstimmungen.** Zwischen dem damals beurkundeten Erstvertrag und dem jetzt beurkundeten Zweitvertrag müssen die folgenden Punkte übereinstimmen.

7 Die *Gegenstände* der Beurkundung müssen identisch sein. Diese Identität liegt auch dann vor, wenn sich der Erwerber einer Eigentumswohnung im Erstvertrag ein Wahlrecht für eine der im Haus vorhandenen Wohnungen vorbehalten hatte, oder wenn die Beteiligten zwischen der Beurkundung des Erstvertrags und derjenigen des Zweitvertrags eine Änderung des Kaufpreises oder der Ausstattung der Wohnung vereinbart haben.

Eine *Identität* liegt *nicht* mehr vor, wenn der Zweitvertrag eine ursprünglich überhaupt nicht oder nur eventuell vorgesehene andere Wohnung behandelt.

8 Die *Vertragspartner* des Erstvertrags und des Zweitvertrags müssen identisch sein. Identität liegt auch bei einer Gesamtrechtsnachfolge oder einer Sonderrechtsnachfolge vor. Man muß die Identitätsfrage weit auslegen. Eine Identität derjenigen Notare, die den Erstvertrag und den Zweitvertrag beurkundeten, ist nicht erforderlich.

9 **D. Geschäftswert.** Maßgeblich sind die §§ 39 ff, 18 ff. Bei einer Nachforderung desjenigen Notars, der den Erstvertrag beurkundet hat, muß man §§ 15, 143 beachten. Eine Verjährung tritt unabhängig vom Zeitpunkt der Kenntnis einer Werterhöhung ein.

10 **4) Halbe Gebühr, II.** Es ergeben sich die folgenden Unterscheidungsnotwendigkeiten.

A. Geltungsbereich, II Z 1–7. II schafft für die dort abschließend aufgezählten Fälle Z 1–7 besondere Gebühren-Ausnahmebestimmungen, Düss DB 90, 730 (zu Z 6a). Sie stellen keineswegs Gebührenermäßigungen dar. Beispielsweise ist Z 2 nur die Folge des Umstands, daß für die Beurkundung des zugehörigen Antrags nach § 37 eine 1,5 Gebühr entsteht. Daher entsteht insgesamt für die Beurkundung der zum Vertrag führenden Vorgänge auch dann eine 2,0 Gebühr nach § 36 II, wenn die Beurkundung des Angebots und der Annahme des Angebots nicht in derselben Urkunde erfolgen.

11 Eine 0,5 Gebühr entsteht *in jedem der folgenden Fälle* Rn 12–32.

12 **B. Zustimmungserklärung, II Z 1.** Die Vorschrift soll eine Gebührenerhöhung durch den späteren Beitritt gegenüber den Kosten einer gleichzeitigen Beurkundung vermeiden. Die Zustimmung muß gerade zu einer rechtsgeschäftlichen Erklärung erfolgen. Sie muß selbst rechtsgeschäftlich und darf kein Beschluß nach § 47 sein.

C. „**Teilnehmer**", II Z 1. Das ist jeder Mitberechtigte oder Mitverpflichtete. 13
Hierzu gehört auch jeder, dessen Zustimmung zur Wirksamkeit der schon anderweitig beurkundeten Erklärung notwendig ist. Beispiele: Der gesetzliche Vertreter; der Vertretene bei § 177 BGB; der andere Ehegatte; der Miterbe; der Nachlaßverwalter; der Nacherbe; bei einer Veräußerung des Erbbaurechts der Grundeigentümer, Düss VersR **79**, 941; der Verwalter des Wohnungseigentums, KG Rpfleger **81**, 225; die übrigen Wohnungseigentümer; der Insolvenzverwalter.

Nicht hierher gehören folgende Fälle: Es handelt sich um die Erklärung desjenigen, 14
der zu einer bereits voll wirksamen Erklärung hinzutritt, um den rechtlichen Erfolg eintreten zu lassen, etwa um diejenige Erklärung des Eigentümers, mit der er eine Rangänderung oder Inhaltsänderung oder die Löschung der Hypothek bewilligt, aM Düss DNotZ **75**, 434, KLBR 21. Diejenige Verfügung eines Ehegatten, die er ohne die Einwilligung des anderen Ehegatten nach § 1365 BGB vornimmt, kann aber eine Zustimmungserklärung nach Z 1 erforderlich machen.

D. „**Beurkundete Erklärung**", II Z 1. Das ist ein solcher Begriff, den man 15
nicht zu eng auslegen darf. Zwar genügt nicht die bloße Beglaubigung einer Unterschrift. Eine Zustimmung vor der Haupterklärung fällt allenfalls unter I Z 4. Wohl aber genügt der Entwurf durch den Notar nebst seiner Beglaubigung. Über die Bestätigung der Erklärung eines anderen, ein Vertrag sei geschlossen, § 37 Rn 2.

E. **Geschäftswert**. Das ist derjenige Wert, den die Angelegenheit für den einzel- 16
nen Teilnehmer hat, also sein Anteil, § 40, BayObLG MittBayNot **76**, 10, Hamm JB **82**, 1871, Riggers JB **75**, 301. Bei § 5 II WEG sind der Kaufpreis oder der Nennbetrag der Belastung maßgebend, Stgt JB **82**, 1059, bei § 12 WEG der Wert des Rechtsverhältnisses, Hamm Rpfleger **82**, 489, KG Rpfleger **81**, 325, Stgt DNotZ **82**, 779.

F. **Vertragsannahme**, II Z 2. § 37 Rn 1 ff, auch zum Wert. 17

G. **Vertragsaufhebung**, II Z 3. Den schuldrechtlichen Vertrag über eine unteil- 18
bare Leistung darf noch kein Partner auch nur teilweise erfüllt haben. Niemand darf mit der Erfüllung begonnen haben. Die Eintragung einer Vormerkung ist noch keine Teilerfüllung, wenn der Aufhebungsvertrag seine Beurkundung braucht, Stgt JB **00**, 486. Es darf auch kein Partner bei einer Vertragsaufhebung eine Gegenleistung übernehmen. Andernfalls gilt § 36 II. Eine Aufhebung der Vertragsaufhebung fällt ebenfalls unter § 36 II.

Geschäftswert ist der Vertragswert zur Zeit der Aufhebung.

H. **Vollmacht und deren Widerruf**, II Z 4. Die Vorschrift erfaßt sowohl eine 19
rechtsgeschäftlich erteilte Generalvollmacht als auch eine beschränkte, ferner sowohl die Haupt- als auch jede Untervollmacht. Bei einer Beschlußvollmacht gilt § 47. Hierher gehören auch die Erteilung der Vollmacht nach §§ 166 I, 167 BGB als auch die Ausstellung einer Vollmachtsurkunde nach §§ 166 II, 172 BGB. Die Beurkundung des der Vollmacht zugrunde liegenden Rechtsverhältnisses fällt unter § 36. Nur seine bloße Erwähnung ist unschädlich, Stgt DNotZ **86**, 439. Daneben entsteht eine Gebühr nach Z 4 nur insoweit, als das Rechtsverhältnis und die Vollmacht nicht denselben Umfang hat, § 44, BGH JB **06**, 434, Hamm DNotZ **84**, 451. Die im Kaufvertrag erteilte Auflassungsvollmacht hat denselben Gegenstandswert wie der Kauf.

Der *Geschäftswert* der Vollmacht richtet sich nach § 41, aM Köln JB **75**, 931 (aber § 41 ist die einschlägige Spezialvorschrift). Bei einer sog Altersvorsorgevollmacht kann ein Abschlag gerechtfertigt sein. Denn sie steht meist unter der Bedingung der Geschäftsunfähigkeit.

I. **Eintragungs- oder Löschungsantrag und -bewilligung**, II Z 5 a. Die Vor- 20
schrift erfaßt nur die formelle Bewilligung und den formellen Antrag einschließlich einer Nämlichkeitsklärung, Hamm JB **07**, 541. Auch seine Rücknahme gehört wegen §§ 29, 32 GBO hierher, soweit nicht der Notar nach § 24 III BNotO eine nach § 35 gebührenfreie Nebentätigkeit ausübt. Auch ein Berichtigungsantrag zählt hierher. Wenn der Notar das zugrunde liegende Rechtsgeschäft gleichzeitig beurkundet, ist nach § 44 I nur die Gebühr nach § 36 entstanden. Man muß prüfen, ob eine gleichzeitige Beurkundung vorliegt, LG Ffm Rpfleger **89**, 281 (WEG). Wer zB die Eintragung einer Verkehrshypothek auf seinem Grundstück bewilligt, muß das persönliche Schuldverhältnis erwähnen. Diese Erwähnung ist aber noch keine Beurkundung.

KostO § 38 III. Kostenordnung

Auch die *Bewilligung* einer Eintragung oder Löschung nach §§ 18, 19 GBO zählt hierher.

21 Die *Beurkundung* der Einigungserklärung ist neben der Bewilligung der Eintragung oder dem Eintragungsantrag grundsätzlich unnötig. Die Beifügung für eine Erläuterung oder Begründung ist gebührenfrei, ebenso die Erläuterung der einer Grundschuld zugrunde liegenden Schuld.
Jedoch gilt *bei einer echten Beurkundung* der letzteren Erläuterung § 36, Stgt DNotZ **76**, 440, LG Münst JB **77**, 247. Dasselbe gilt dann, wenn jemand neben der Bewilligung einer Löschungsvormerkung auch noch eine dahingehende schuldrechtliche Verpflichtung übernimmt.
Die *Unterwerfung* unter die „sofortige" Zwangsvollstreckung nach § 800 ZPO ist bei einer Verpfändung des Grundstücks ein gebührenfreies Nebengeschäft, § 62 III. Soweit sie nicht gleichzeitig erfolgt, fällt sie als eine Eintragungsbewilligung unter Z 5 a und § 67.

22 **J. Zustimmungserklärung, II Z 5 b.** Hierher gehören zB Beurkundungen von formellrechtlichen Zustimmungserklärungen nach den §§ 27 GBO, 35, 74 Schiffs-RegO. Auch eine Berichtigung zB nach §§ 1173 I, 1174 I, 1175 I, 1181 II BGB gehört hierher. Bei der gleichzeitigen Beurkundung des zugrunde liegenden Rechtsgeschäfts gilt dasselbe wie bei Z 5 a.
Eine sachlichrechtlich notwendige Zustimmung fällt *nicht* unter Z 5 b. Man muß nach den Umständen ermitteln, welche Rechtsnatur die Zustimmungserklärung hat. Ein Zurücktreten im Rang nach § 880 II 2 BGB oder die Zustimmung eines Dritten nach § 876 BGB oder die Zustimmung zur Forderungsersetzung nach § 1180 II BGB oder die sachlichrechtliche Zustimmung zur Aufhebung einer Hypothek nach § 1183 BGB usw gehören nicht zu Z 5 b.

23 **K. Auflassung usw, II Z 6 a–d.** Die Vorschrift erfaßt die Auflassung nach § 311 b BGB, eine Einigung über die Einräumung oder Aufhebung von Sondereigentum nach § 4 I, II WEG, eine Einigung über die Bestellung oder Übertragung eines Erbbaurechts nach § 11 ErbbauRG sowie die Abtretung eines Geschäftsanteils einer GmbH nach § 15 III GmbHG. Alle diese Vorgänge setzen aber voraus, daß ein unmittelbar rechtsgeschäftlich begründeter einklagbarer Anspruch auf das Verfügungsgeschäft entsteht und daß das zugrunde liegende Rechtsgeschäft schon notariell beurkundet worden ist. Andernfalls gilt § 36 II in Verbindung mit § 44 I, KLBR 49, aM Schlesw DNotZ **96**, 770 (abl Wochner).

24 Der *Geschäftswert* richtet sich bei einem entgeltlichen Geschäft nach §§ 20, 39 II, bei der Einräumung eines Erbbaurechts, eines Wohnungseigentums oder eines Wohnungserbbaurechts nach § 21. Zubehör usw bleibt unbeachtet, LG Bln JB **82**, 1554.

25 **L. Beispiele zur Frage einer Anwendbarkeit von II Z 6 a–d**
Abtretung: Bei einem Grundstücksverkauf muß man als zugrunde liegendes Rechtsgeschäft dasjenige ansehen, das zur Auflassung verpflichtet, BayObLG FGPrax **03**, 191, nicht aber zB die Abtretung dieses Anspruchs an einen Dritten.
Auflösung: Unanwendbar sind II Z 6 a, d dann, wenn im Anschluß an einen Beschluß der GmbH über ihre *Auflösung* und die Verteilung ihres Vermögens die Auflassung eines zum Gesellschaftsvermögen gehörenden Grundstücks an die Gesellschafter erfolgt.
Ausländischer Notar: Z 6 ist auch dann anwendbar, wenn ein ausländischer Notar das Grundgeschäft beurkundet hatte, Celle JB **97**, 207 (Schweiz), Jena RR **98**, 645, Köln FGPrax **02**, 89, aM Hamm JB **98**, 114, KLBR 50a, Wielgoss JB **05**, 77 (aber §§ 38, 140ff gelten für jeden Notar).

26 **Derselbe Gegenstand:** Bei der Beurkundung in derselben Verhandlung wegen desselben Gegenstands nach § 44 I gilt nur § 36 II. Denselben Gegenstand betreffen auch eine Auflassung und die Annahme eines außerhalb des Grundstückskaufvertrags, KG Rpfleger **81**, 164. Dann ist es unerheblich, ob derselbe Notar jenen Kaufantrag und jetzt die Auflassung beurkundet. Denselben Gegenstand haben auch die Auflassung sowie der Antrag auf die Eintragung einer Kaufgeldhypothek.
Erbvertrag: Anwendbar ist II Z 6 a auch bei Auflassung in einem Erbvertrag, BayObLG JB **84**, 1388.

§ 38 KostO

Rückkauf: Anwendbar ist II Z 6 a auch bei einer Rückkaufverpflichtung, BayObLG 86, 137.
Testament: Anwendbar ist II Z 6 a auch bei einer Auflassung in einem öffentlichen Testament, BayObLG JB **84**, 1388.
Urteil: Ein rechtskräftiges Urteil ersetzt zumindest nach § 894 ZPO die sachlich-rechtliche rechtsgeschäftliche Erklärung.
Vergleich: Anwendbar ist II Z 6 a auch bei einer Auflassung in einem Vergleich, BayObLG JB **84**, 1388.
Verpfändung: *Unanwendbar* ist II Z 6 bei der Verpfändung eines Gesellschaftsanteils. Sie fällt unter § 36 II.
Vertragsänderung: S „Vorkaufsrecht".
Vorkaufsrecht: Für die nach der Ausübung des Vorkaufsrechts des Mieters nach (jetzt) § 577 BGB noch erforderliche Auflassung entsteht die Gebühr nach Z 6 a, Langhein DNotZ **93**, 669, KLBR 50 b, aM Lappe NJW **04**, 494. Für etwa in diesem Zusammenhang beurkundete ergänzende Vertragsänderungen gilt zusätzlich § 42, Langhein DNotZ **93**, 669. Bei einer Auflassung an jemanden, der das Vorkaufsrecht ausübt, ist derjenige Vertrag das zugrunde liegende Rechtsgeschäft, durch den der Verpflichtete an einen Dritten verkauft hat.
Wiederholung: Anwendbar ist II Z 6 a auch dann, wenn der Verkäufer die im ursprünglichen Kaufvertrag erklärte Auflassung im Anschluß an eine Änderung des Kaufpreises wiederholt.

M. Registeranmeldung usw, II Z 7. Unter den Begriff „ähnliches Register" zählen: Das Güterrechtsregister; das Vereinsregister; das Genossenschaftsregister; das Musterregister; das Schiffsregister. Das Genossenschaftsregister, das Musterregister, das Schiffsregister usw lassen formfreie und gebührenfreie Anmeldungen zu. Eine etwa freiwillig vorgenommene notarielle Beurkundung fällt aber stets unter Z 7, Meyer JB **08**, 296.

Nach Z 7 entsteht (jetzt) ebenfalls eine *besondere* Gebühr für die Aufnahme einer besonderen Verhandlung über die Zeichnung einer Unterschrift neben dem Entwurf der Anmeldung.

Dagegen entsteht *keine* besondere Gebühr bei der Anmeldung einer GmbH für den Entwurf der Liste der Gesellschafter, Karlsr Rpfleger **77**, 229. Bei einer Anmeldung zur Zweigniederlassung entsteht keine besondere Gebühr. Denn dann genügen eine beglaubigte Ablichtung oder Abschrift oder eine Ausfertigung für die Zweigniederlassung, §§ 13 a HGB, 36 AktG.

Unanwendbar ist II Z 7 beim Antrag an das Registergericht auf die Bestellung oder Abberufung des Vertretungsorgans einer Vereinigung. Dann kann § 147 anwendbar sein.

Für den *Geschäftswert* sind §§ 28, 41 a–41 c maßgeblich.

5) Viertelgebühr, III, IV. Sie entsteht für Beurkundungen in den folgenden Fällen.

A. Erklärung zum Nachlaßgericht, III. Eine 0,25 Gebühr für eine Beurkundung einer Erklärung gegenüber dem Nachlaßgericht entsteht nur in den in § 112 I aufgezählten und formbedürftigen Fällen. Die Entgegennahme durch das Nachlaßgericht läßt eine Neugebühr entstehen, § 112 I.

Für den *Geschäftswert* gilt § 112 II, auch sein S 3. Bei mehreren Erbausschlagungen muß man die Erbteile zusammenrechnen.

B. Zustimmungserklärung, IV. Eine 0,25 Gebühr entsteht für die Beurkundung einer Zustimmungserklärung zur Anerkennung der Vaterschaft nach §§ 1592 Z 2, 1595, 1597 I BGB oder zur Annahme als Kind nach §§ 1797, 1746 ff BGB. Es muß also eine Anerkennung der Vaterschaft nach §§ 1592 Z 2, 1593 ff BGB oder ein Antrag auf eine Ehelichkeitserklärung vorliegen, § 36 I. Soweit die Einwilligungserklärung zusammen mit der Anerkennungserklärung, dem Antrag auf die Ehelichkeitserklärung oder den Kindesannahmevertrag beurkundet werden, gilt § 44.

Der *Geschäftswert* richtet sich nach § 30 III.

Eine Verzichtserklärung nach § 1747 III Z 3 BGB stellt keine Zustimmungserklärung nach IV dar, LG Gießen JB **90**, 1018, LG Regensb JB **78**, 1239.

KostO § 39   III. Kostenordnung

Geschäftswert

39 *Fassung 1. 9. 2009:* [I] ¹Der Geschäftswert bestimmt sich nach dem Wert des Rechtsverhältnisses, auf das sich die beurkundete Erklärung bezieht. ²Handelt es sich um Veränderungen eines Rechtsverhältnisses, so darf der Wert des von der Veränderung betroffenen Rechtsverhältnisses nicht überschritten werden, und zwar auch dann nicht, wenn es sich um mehrere Veränderungen desselben Rechtsverhältnisses handelt.

[II] Bei Verträgen, die den Austausch von Leistungen zum Gegenstand haben, ist nur der Wert der Leistungen des einen Teils und, wenn der Wert der Leistungen verschieden ist, der höhere maßgebend.

[III] ¹Bei Eheverträgen bestimmt sich der Geschäftswert nach dem zusammengerechneten Wert der gegenwärtigen Vermögen beider Ehegatten und, wenn der Ehevertrag nur das Vermögen eines Ehegatten betrifft, nach diesem. ²Bei Ermittlung des Vermögens werden die Schulden abgezogen. ³Betrifft der Ehevertrag nur bestimmte Gegenstände, so ist deren Wert maßgebend. ⁴Die Sätze 1 bis 3 gelten entsprechend bei Lebenspartnerschaftsverträgen.

[IV] Bei der Beurkundung in Angelegenheiten, die die Annahme eines Minderjährigen betreffen, beträgt der Wert 3000 Euro.

[V] Bei der Beurkundung von Gesellschaftsverträgen und Satzungen sowie von Plänen und Verträgen nach dem Umwandlungsgesetz ist der Wert mindestens auf 25 000 Euro und höchstens auf 5 000 000 Euro, in den Fällen des § 38 Abs. 2 Nr. 7, auch wenn mehrere Anmeldungen in derselben Verhandlung beurkundet werden, auf höchstens 500 000 Euro anzunehmen.

Vorbem. Früherer IV geändert dch Art 9 G v 14. 8. 06, BGBl 1911, in Kraft seit 18. 8. 06, Art 21 Hs 1 G, Übergangsrecht jeweils § 160 KostO. Anschließend IV ergänzt durch Art 15 Z 1 MoMiG v 23. 10. 08, BGBl 2026, in Kraft seit 1. 11. 08, Art 25 MoMiG. Sodann neuer IV eingefügt, daher bisheriger IV zu V durch Art 47 II Z 10 FGG-RG v 17. 12. 08, BGBl 2586, in Kraft seit 1. 9. 09, Art 112 I Hs 1 FGG-RG, Übergangsrecht Art 111 FGG-RG, Grdz 2 vor § 1 FamGKG, Teil I B dieses Buchs.

Bisherige Fassung: [IV] Bei der Beurkundung von Gesellschaftsverträgen und Satzungen sowie von Plänen und Verträgen nach dem Umwandlungsgesetz ist der Wert mindestens auf 25 000 Euro und höchstens auf 5 000 000 Euro, in den Fällen des § 38 Abs. 2 Nr. 7, auch wenn mehrere Anmeldungen in derselben Verhandlung beurkundet werden, auf höchstens 500 000 Euro anzunehmen.

Gliederung

1) Systematik, I–IV	1
2) Regelungszeck, I–IV	2
3) Rechtsverhältnis, I	3–13
A. Ausgangswert, I 1	3
B. Beispiele zur Frage des Ausgangswerts nach I 1	4–8
C. Änderung eines Rechtsverhältnisses, I 2	9, 10
D. Beispiele zur Frage einer Änderung nach I 2	11–13
4) Austauschvertrag, II	14–19
A. Begriff	14
C. Beispiele zur Frage eines Austauschvertrags, II	15–19
5) Ehevertrag, Lebenspartnerschaftsvertrag, III	20–24
A. Grundsatz: Zusammenrechnung des Vermögens	20
B. Abweichung bei bestimmtem Gegenstand	21
C. Beispiele zur Wertermittlung nach III	22, 23
6) Annahme eines Minderjährigen, IV	24
7) Gesellschaftsvertrag usw, V	25–31
A. Geltungsbereich	25
B. Beispiele zur Wertermittlung nach V	26–31

1 **1) Systematik, I–IV.** Die Vorschrift regelt nur den Geschäftswert von „Beurkundungen und ähnlichen Geschäften". §§ 18–29, 41a–c bleiben daneben grundsätzlich maßgeblich, hilfsweise gilt § 30. Evtl ist aber § 19 IV vorrangig anwendbar, § 19 Rn 50. Im Anschluß an § 39 muß man nach § 44 prüfen, ob dasselbe oder verschiedene Rechtsverhältnisse vorliegen. Vorrangig vor IV gilt § 41e.

732

2) Regelungszweck I–IV. Die Vorschrift dient zum einem einer Angemessenheit der Vergütung bei den beträchtlichen Mühen, die eine korrekte Beurkundung der hier erfaßten meist komplizierten und weitreichenden Vorgänge erfahrungsgemäß verursacht. Sie dient also der Kostengerechtigkeit. Sie dient aber ebenso klar dazu, die Kosten in erträglichen Grenzen zu halten, Hornung Rpfleger **97**, 518. Beides muß man bei der Auslegung beachten.

3) Rechtsverhältnis, I. Man muß zwei Situationen unterscheiden.

A. Ausgangswert, I 1. Der Geschäftswert bestimmt sich grundsätzlich nach dem objektiven Wert der beurkundeten Erklärungen, Hamm FGPrax **98**, 153, Karlsr Rpfleger **01**, 321, Weber BB **07**, 2086. Ihr Wert richtet sich wiederum nach demjenigen sachlichrechtlichen Rechtsverhältnis, das sie betreffen, Karlsr Rpfleger **01**, 321. Das etwa abweichende persönliche Interesse der Beteiligten ist unerheblich, BayObLG Rpfleger **92**, 77, Düss Rpfleger **81**, 248, Hamm Rpfleger **82**, 489. Maßgebend ist nur der beurkundete Inhalt, BayObLG Rpfleger **75**, 268, Karlsr Rpfleger **01**, 321. Nur in diesen Grenzen kann es auf den Beurkundungszweck mitankommen. Auch die Rechtswirkungen sind unmaßgeblich. Maßgeblich ist also nicht die spätere Gestaltung. Nur dann ist der Wert des ganzen Rechtsverhältnisses maßgebend, wenn die Beurkundung auch das ganze Rechtsverhältnis erfaßt, es etwa begründet oder aufhebt. Andernfalls ist nur der jeweils direkt betroffene Vorgang innerhalb des Rechtsverhältnisses maßgebend, etwa seine Änderung oder Erweiterung oder Verringerung.

B. Beispiele zur Frage des Ausgangswerts nach I 1

Auseinandersetzung: Bei einem Auseinandersetzungsvertrag handelt es sich nicht um einen Austausch von Leistungen, sondern um ihre Verteilung. Deshalb ist auch nicht II, sondern I anwendbar. Als Wert muß man denjenigen vollen Aktivwert ansetzen, über den die Auseinandersetzung erfolgt, BayObLG JB **01**, 488. Die Grundstücksbewertung durch die Miterben kann Anhaltspunkte für eine Abweichung vom Einheitswert nach § 19 I ergeben.

Bauherrenmodell: Rn 7 „Treuhandvertrag".

Bauverpflichtung: Bei einer Verpflichtung *zu* einer Leistung ist dasjenige maßgebend, was der Schuldner leisten muß, etwa eine Sache oder nur deren Gebrauch. Wenn jemand also ein Grundstück unter der Bedingung erwirbt, es bebauen zu müssen oder sonstwie zu investieren, muß man auch die voraussichtlichen gesamten Bau- oder Investitionskosten berücksichtigen, Celle JB **97**, 40, LG Chemnitz JB **97**, 40. Das gilt selbst dann, wenn man nach dem Vertrag Baukostenzuschüsse usw leisten muß. Nicht etwa darf man nur das Architektenhonorar zugrunde legen.

Ehevertrag: Seine Beurkundung kann auch einen späteren Vorgang miterfassen. S auch Rn 8 „Ungewißheit".

Erbbaurecht: Rn 21.

Kommanditgesellschaft: Wenn Miterben eine Kommanditgesellschaft gründen und ein bisher in ungeteilter Erbengemeinschaft betriebenes Unternehmen in sie einbringen, muß man die Kosten nach dem Gesellschaftsvertrag über die KG berechnen, nicht etwa nach dem Wert der Erbauseinandersetzung.

Leistungsverpflichtung: Rn 4 „Bauverpflichtung".

Löschung: Bei einer Löschungsbewilligung eines Miterben muß man die Kosten nach dem Wert der Hypothek ansetzen.

Zu geringer Preis: Wenn ein niedrigerer Preis als der wahre Wert eines Grundstücks angegeben und beurkundet ist, muß man nach II verfahren, also den wirklichen Wert nach § 19 II ermitteln.

Tausch: Anwendbar ist I 1 auf einen Austausch realer Grundstücksteile, BayObLG **91**, 208 (anders als derjenige ideeller Anteile, für den II gilt).

Testament: Seine Beurkundung kann auch einen späteren Vorgang miterfassen. S auch Rn 8 „Ungewißheit".

Treuhandvertrag: Wenn sich die Bauherren nach Treuhandvertrag zur Erteilung aller zur Durchführung des Bauvorhabens erforderlichen Vollmachten verpflichten, kann sich der Wert nach den Gesamtkosten des Bauvorhabens statt nach dem Gesamthonorar des Treuhänders richten, Düss DNotZ **81**, 326. Überhaupt kommt die Summe der Aufwendungen unabhängig davon in Betracht, ob die Bauherrengesellschafter ein bestimmtes Bauherrenmodell gewählt haben, BayObLG 86, 234.

8 **Ungewißheit:** Soweit später kein Anspruch entsteht, muß man den Grad der Ungewißheit beachten.
Unterschrift: Der Wert einer Unterschriftsbeglaubigung unter dem Antrag auf eine Berichtigung des Grundbuchs durch die Eintragung des Erben als des Eigentümers ist dem Wert des Grundstücks ansetzbar, § 19 II.
Vorvertrag: Er hat grundsätzlich den Wert des Hauptvertrags. Soweit der Vorvertrag eine Vereinbarung über den Hauptvertrag hinaus enthält, muß man den Wert dieser Zusatzvereinbarung mitberücksichtigen.

9 **C. Änderung eines Rechtsverhältnisses, I 2.** Soweit es sich um Veränderungen eines und desselben Rechtsverhältnisses handelt, darf man den Wert des von der Änderung betroffenen Rechtsverhältnisses selbst dann nicht überschreiten, wenn es sich um wertmäßig an sich zusammenrechenbare mehrere Veränderungen desselben Rechtsverhältnisses handelt. Der Wert des Rechtsverhältnisses ist also stets die Höchstgrenze, BayObLG JB 95, 216. Entsprechendes gilt bei einer oder mehreren nur teilweisen Änderung(en) des Rechtsverhältnisses.
10 Die *Abtretung* einer Grundschuld und ihre gleichzeitige Umwandlung in eine Hypothek sind zwei Änderungen, § 44 II.

11 **D. Beispiele zur Frage einer Änderung nach I 2**
Abtretung: Rn 13 „Übertragung".
Auflassung: Rn 12 „Tausch".
Belastung: Anwendbar ist I 2 bei einer nachträglichen Belastung.
Erfüllungsgeschäft: Anwendbar ist I 2 auch auf das dingliche Erfüllungsgeschäft.
Friständerung: Rn 13 „Unbestimmter Wert".
Höchstgrenze: Soweit verschiedene Gebührensätze anwendbar sind, bildet der höchste Gebührensatz nach dem Wert des geänderten Werts die Höchstgrenze.
 S auch Rn 12 „Tausch".
Hypothekenumwandlung: Bei einer Änderung zB einer Briefhypothek in eine Buchhypothek Rn 13 „Unbestimmter Wert".
12 **Kündigungsmöglichkeit:** Bei ihrer Änderung s Rn 13 „Unbestimmter Wert".
Mithaft: Bei der Einbeziehung eines Grundstücks in die Mithaft bereits bestehender Hypotheken und der Unterwerfung unter deren „sofortige" Zwangsvollstreckung muß man den Nennbetrag der Schuld und dann, wenn der Wert der neu verhafteten Grundstücke geringer ist, diesen Wert ansetzen.
Neues: Unanwendbar ist I 2, soweit etwas wirtschaftlich ganz Neues entsteht.
Tausch: Bei einem Tausch und bei einer gleichzeitigen Auflassung zweier Grundstücke muß man als Wert denjenigen des wertvolleren Grundstücks ansetzen. Die Höchstgrenze nach I 2 gilt nur, soweit § 44 II überhaupt eine Zusammenrechnung verlangt. Regelmäßig liegt derselbe Gegenstand nach § 44 dann vor, wenn der Notar die schuldrechtliche Verpflichtung und die Erfüllung in derselben Urkunde beurkundet, etwa bei einem Grundstückstausch die beiderseitigen Auflassungen, § 44 Rn 4–6.
13 **Übertragung:** Anwendbar ist I 2 bei einer nachträglichen Übertragung oder Abtretung, BayObLG JB **95**, 216, Weber BB **07**, 2086, aM KLBR 92 (aber ein solcher Vorgang ändert jedenfalls auch das bestehende Rechtsverhältnis).
Umwandlung: Anwendbar ist I 2 bei der näheren Ausgestaltung des neuen Gesellschaftsverhältnisses anläßlich einer Umwandlung von einer Kapital- in eine Personengesellschaft. Bei der Umwandlung einer Grundschuld in eine Hypothek muß man den Nennbetrag der Hypothek als den Wert ansetzen.
Unbestimmter Wert: Unanwendbar ist I 2, soweit eine Änderung keinen bestimmten Geldwert hat. Dann gilt § 30.
Zahlungsabrede: Bei ihrer Änderung s „Unbestimmter Wert".
Zuschreibung: Beim Antrag auf die Zuschreibung eines Grundstücks s „Unbestimmter Wert".

14 **4) Austauschvertrag, II.** Man muß zwischen dem bloßen Austauschvertrag nach II und dem Gesellschaftsvertrag usw nach IV unterscheiden.

1. Teil. Gerichtskosten § 39 KostO

A. Begriff. Austauschvertrag ist vor allem jeder gegenseitige Verpflichtungs- oder Verfügungsvertrag nach §§ 320 ff BGB, durch den der eine Teil seine Leistung erbringt, um vom anderen Teil eine Gegenleistung zu erhalten, BayObLG JB 78, 578. Hierzu zählt aber auch jeder solche Vertrag, der überhaupt allen oder mindestens mehreren Vertragspartnern eine Leistung auferlegt. Insofern enthält der kostenrechtliche Begriff des Austauschvertrags einen weiteren Anwendungsbereich als der sachlichrechtliche (bürgerlichrechtliche) Begriff. Maßgebend ist der höhere der beiden Austauschwerte, ähnlich wie bei § 20 I 2 Hs 1, den § 39 II für Beurkundungen ergänzt. Man muß den Vertrags*abschluß* und den Vertrags*vollzug* auch wertmäßig unterscheiden, BayObLG **90**, 113.

B. Beispiele zur Frage eines Austauschvertrags, II 15

Adoption: *Kein* Austauschvertrag liegt vor, soweit es nicht um einen Güteraustausch geht.
Agenturvertrag: Er ist meist ein Dienstvertrag, Rn 15.
Altenteil: Rn 16 „Erbrecht".
Alternativleistung: Sie mag einem Austauschvertrag angehören können.
Auseinandersetzung: Ein Austauschvertrag kann in jeder Art von Auseinandersetzungen liegen.
  Geschäftswert ist der zusammengerechnete Wert der Gesamthandgegenstände ohne einen Schuldenabzug und ohne eine Beachtung anderer Geschäfte, BayObLG MittBayNot **95**, 245.
Ausgliederung: Beim Ausgliederungsvertrag zwecks einer Aufnahme durch eine andere Gesellschaft liegt ein Austauschvertrag vor. Man kann ihn nach demjenigen Betrag bewerten, den die Spaltungsbilanz als das Aktivvermögen ausweist, LG Mü JB **97**, 265. Vgl aber auch Rn 25 ff.
Baubetreuungsvertrag: Ein nach § 44 einheitlicher Austauschvertrag liegt vor, soweit es um einen Baubetreuungsvertrag geht, Düss VersR **82**, 706, Stgt DNotZ **77**, 54, Ackermann JB **76**, 433. Als Wert muß man den vom Bauherrn zahlbaren Gesamtbetrag ansetzen, Stgt DNotZ **77**, 54, Ackermann JB **76**, 433. Ein gleichzeitiger Grundstückskaufvertrag berechnet sich gesondert.
  S auch Rn 19 „Werkswohnung".
Bauherrnmodell: Ein Austauschvertrag liegt vor, soweit es um einen Treuhandvertrag im Rahmen eines sog Bauherrnmodells geht, Schlesw JB **91**, 1667.
  Geschäftswert ist der geplante Gesamtaufwand des Bauherrn, BayObLG MittBayNot **85**, 84, Celle DNotZ **83**, 572, Düss DNotZ **81**, 325, aM Zweibr DNotZ **81**, 328 (Honorar des Treuhänders. Aber das ist nicht die volle Gegenleistung).
Bürgschaft: Ein Austauschvertrag liegt vor, soweit es um eine Verpflichtung geht, den Vertragspartner von einer Bürgschaft zu befreien. Geschäftswert ist der Nennbetrag nach §§ 18 II, 23 I.
Darlehen: Ein Austauschvertrag kann in einem Darlehen gegen eine Wohnungsüberlassung liegen.
Dienstvertrag: Er ist ein Austauschvertrag. Der Wert bestimmt sich nach § 30 I.
Ehevertrag: *Kein* Austauschvertrag liegt vor, soweit es nicht um einen Güteraus- 16 tausch geht.
Erbbaurecht: Bei einem solchen Vertrag, der die Bestellung eines Erbbaurechts oder eines Wohnungserbbaurechts zum Gegenstand hat, gilt § 21, dort Rn 1. Die entgeltliche Veräußerung ist ein Austauschvertrag.
Erbrecht: Ein Austauschvertrag liegt vor, soweit es sich um einen Vertrag der Erben über ihre Rechte aus einem unklaren Testament handelt. Dann ist im Zweifel das Versprechen des Schuldners maßgebend.
  Ferner liegt ein Austauschvertrag vor, soweit es sich um einen gleichzeitigen *Erbverzicht* handelt, Stgt DNotZ **92**, 750. Dann muß man die Gewährung eines Einsitzes, einer Verköstigung usw nach § 24 III berechnen. Demgemäß ist höchstens der fünffache des einjährigen Bezugs maßgeblich, höhere oder überhaupt für den Wert des Altenteils mitbestimmend sein. Bei einer Vorerbschaft darf man eine Verfügungsbeschränkung nach §§ 2113 ff BGB nicht abziehen, BayObLG RR **99**, 582, aM Ffm JB **89**, 403.
  S auch „Erbbaurecht".

735

Erschließungsvertrag: Ein solcher zB nach § 129 BauGB ist ein Austauschvertrag. Geschäftswert ist meist der Erschließungsaufwand, BayObLG JB 80, 914.

17 **Geschäftsanteil:** Ein Austauschvertrag kann vorliegen, soweit es sich um die Veräußerung eines Geschäftsanteils eines Gesellschafters handelt, Drsd DB **94**, 319, Köln FGPrax **00**, 126, Wielgoss JB **02**, 134, oder um dessen Abtretung. S aber auch „Gesellschaft".

Gesellschaft: Grds *kein* Austauschvertrag liegt vor, soweit es sich um einen Gesellschaftsvertrag beliebiger Art handelt. Denn sein Ziel ist kein Austausch, sondern eine Vereinigung von gleichgerichteten Leistungen, Rn 25. Dann ist vielmehr IV anwendbar, Rn 25 ff. S aber auch „Geschäftsanteil".

Grundstückstausch: Ein Austauschvertrag liegt vor, soweit es um den Austausch ideeller Grundstücksanteile geht, BayObLG **91**, 208. Kein Austauschvertrag ist der Tausch realer Grundstücksteile. Für ihn gilt I 1, BayObLG **91**, 208. S auch Rn 18 „Umlegung", Rn 19 „Zugewinnausgleich".

Gutsüberlassung: Ein Austauschvertrag liegt vor, soweit es sich um einen Gutsüberlassungsvertrag handelt. Der Wert der Gegenleistung ist nur dann maßgeblich, wenn er höher ist als der nach § 19 IV festgestellte, § 36 LwVG Rn 1, Teil IV dieses Buchs, Karlsr JB **91**, 1360. Wegen eines Altenteils Rn 16 „Erbrecht".

Hofübergabe: Ein Austauschvertrag kann in einer Hofübergabe gegen einen Erbverzicht liegen.

Kaufvertrag: Er ist grds ein klassischer Austauschvertrag. Meist ist der Kaufpreis der Wert, BGH DNotZ **75**, 748, BayObLG JB **92**, 183. Natürlich kann der Sachoder Rechtswert höher und deshalb maßgeblich sein. *Kein* Austauschvertrag ist ein Kaufvertrag über eine Teilfläche nebst einem Vertrag über die Errichtung eines Gebäudes auf dem Rest.

Lizenzvertrag: Er ist meist ein Austauschvertrag. Der Wert bestimmt sich nach §§ 24, 25 I.

Kommissionsvertrag: Er ist meist ein Dienstvertrag, Rn 15.

18 **Pflichtteilsverzicht:** Er kann im Übergabevertrag bei einer Zahlung eines „Gleichstellungsgelds" einen Austauschvertrag bedeuten, BayObLG JB **98**, 207, Ffm JB **98**, 430.

Schenkung: Ein Austauschvertrag kann in einer Schenkung gegen eine Unterhaltspflicht liegen.

Tauschvertrag: Er ist ein Austauschvertrag. Man muß den Wert der Tauschobjekte vergleichen. Der höhere ist maßgebend, Zweibr DNotZ **96**, 399. Man darf Lasten nach § 18 III nicht abziehen. Zum Ringtausch BayObLG JB **88**, 1369, krit Lappe NJW **89**, 3259.

Testament: Rn 16 „Erbrecht".

Treuhand: Rn 25 „Bauherrenmodell".

Übernahme: Ein Austauschvertrag liegt vor, soweit es sich um einen solchen Übernahmevertrag handelt, der keine bloße Schenkung enthält.

Umlegung: Ein Austauschvertrag liegt vor, soweit es sich um einen Tausch von Grundstücken im Rahmen einer Umlegung geht, Zweibr FGPrax **96**, 37.

Verfahrensvergleich: Rn 19 „Vergleich".

19 **Vergleich:** Ein Austauschvertrag liegt vor, soweit es sich um einen außergerichtlichen Vergleich handelt. Maßgeblich ist der höhere Wert einer Leistung. Maßgeblich ist nicht, worüber man sich vergleicht, sondern auf was der Vergleich lautet. Ausnahmen mögen bei einem Angehörigenvergleich oder bei einem Notvergleich vorliegen.

Kein Austauschvertrag liegt beim Verfahrensvergleich vor, Üb 2 vor § 36.

Verschmelzung: *Kein* Austauschvertrag sind ein Verschmelzungsvertrag nach dem UmwG, für den IV gilt, Rn 31 „Verschmelzung", oder ein Verschmelzungsvertrag nach § 19 I Z 1 KapErhG. Bei ihm ist nicht II, sondern I 1 anwendbar. Man muß den Wert einer Zustimmung ebenso bemessen wie für den Vertrag, BayObLG DB **92**, 1923. Man kann das Aktivvermögen aus der Schlußbilanz der übertragenden Gesellschaft ansetzen, BayObLG DB **97**, 971, LG Mü JB **97**, 266.

Vorvertrag: Er hat denselben Charakter wie der Hauptvertrag und dessen Wert, Stgt Rpfleger **80**, 404.

Werkswohnung: Ein Austauschvertrag liegt vor, soweit es um den Wohnungsbau des Unternehmers auf seine eigene Rechnung für einen Werksangehörigen gegen die Bereitstellung des Grundstücks durch das Werk geht.
S auch Rn 15 „Baubetreuungsvertrag".

Wohnungseigentum: Bei einem Vertrag zur Bestellung eines Wohnungseigentums gilt nur bei einem gesetzlich zulässigen dinglichen Recht § 21, dort Rn 1. Die entgeltliche Veräußerung ist ein Austauschvertrag.

Zugewinnausgleich: Ein Austauschvertrag liegt vor, soweit es um einen Tausch von Grundstücken im Rahmen des Zugewinnausgleichs geht, Köln AnwBl **88**, 67, oder soweit es um den Ausschluß oder um die Aufhebung der Zugewinngemeinschaft geht, Hamm JB **00**, 593.
S auch Rn 18 „Umlegung".

5) Ehevertrag, Lebenspartnerschaftsvertrag, III. Der folgende Grundsatz hat **20** den Vorrang vor § 30 I, BayObLG JB **85**, 753. Er zeigt zahlreiche Ausprägungen.
A. Grundsatz: Zusammenrechnung des Vermögens. Bei einem Ehe- oder Lebenspartnerschaftsvertrag muß man grundsätzlich das gegenwärtige Vermögen beider Beteiligten zusammenrechnen, III 1 Hs 1. Das gilt auch bei einer Gütertrennung, BayObLG Rpfleger **88**, 84, aM Lappe NJW **87**, 1865 (§ 30 I). Hierher zählt auch die vertragliche Aufhebung der Zugewinngemeinschaft nebst einer endgültigen Vermögensauseinandersetzung, KG DNotZ **95**, 788. Wenn der Vertrag nur das Vermögen eines Beteiligten betrifft, gilt ausnahmsweise nur der Wert dieses Vermögens, III 1 Hs 2. Eine Vorerbschaft zählt als ein volles Vermögen, BayObLG **85**, 5.

In beiden Fällen muß man bei der Ermittlung des Gesamt- oder Einzelvermögens die jeweiligen *Schulden* in einer Abweichung von § 18 III sehr wohl *abziehen,* III 2. Vgl aber auch Rn 23, 30 „Schuldenabzug".

B. Abweichung bei bestimmtem Gegenstand. Soweit ein Ehe- oder Partner- **21** schaftsvertrag nur einen bestimmten Gegenstand oder mehrere bestimmte Gegenstände betrifft, III 3, kommt es allerdings weder bei den Vermögen der beiden Beteiligten noch bei demjenigen nur eines Beteiligten auf den jeweiligen Vermögenswert an. Maßgeblich ist vielmehr dann nur der Wert des bestimmten Gegenstands oder der mehreren bestimmten Gegenstände ohne einen Schuldenabzug, Karlsr JB **08**, 602.

C. Beispiele zur Wertermittlung nach III **22**
Anfangsvermögen: Rn 23 „Güterstandsänderung".
Ausgleichsgemeinschaft: Beim Vermögensstand der Ausgleichsgemeinschaft in einer Lebenspartnerschaft nach § 6 II LPartG gelten grds dieselben Regeln wie bei Rn 23 „Zugewinngemeinschaft".
Ausschluß: Rn 24 „Zugewinngemeinschaft".
Eigentumsänderung: „Betroffen" nach III ist das Vermögen nicht bei einer Eigentumsänderung, BayObLG **86**, 50.
Gesamtschuld: S „Schuldenabzug".
Güterrechtlicher Anspruch: „Betroffen" nach III ist das Vermögen bei der Begründung oder beim Ausschluß eines güterrechtlichen Anspruchs, BayObLG **86**, 50.
Vgl auch „Güterstandsänderung".
Güterstandsänderung: Nach III bewertbar ist auch ein solcher Ehevertrag, durch den man den gesetzlichen Güterstand abändert, BayObLG **85**, 4, zB durch eine Befreiung von den Verfügungsbeschränkungen nach den §§ 1365, 1369 BGB, durch eine Änderung des Anfangsvermögens, durch eine andere Verteilung des Zugewinns, durch eine Gütertrennung, BayObLG **85**, 4. Dann ist § 30 I unanwendbar, Rn 23 „Zugewinngemeinschaft" (dort zur Streitfrage).
S auch „Güterrechtlicher Anspruch".
Schuldenabzug: Schulden muß man zwar nach III 2 abziehen, aber nur vom Vermögen des Schuldners, nicht vom Vermögen beider Ehegatten. Man muß eine Gesamtschuld ist vom Vermögen des Ausgleichspflichtigen abziehen.
Verfügungsbeschränkung: „Betroffen" nach III ist das Vermögen bei der Begründung oder beim Ausschluß einer Verfügungsbeschränkung, BayObLG **86**, 50.

Vermögensstandsänderung: Bei einer Lebenspartnerschaft gelten bei einer Änderung des Vermögensstands von der Ausgleichsgemeinschaft, zu einem Lebenspartnerschaftsvertrag oder umgekehrt dieselben Erwägungen wie bei „Güterstandsänderung", soweit sie überhaupt wirksam erfolgen können.

Versorgungsausgleich: S „Güterrechtlicher Anspruch", Rn 23 „Zugewinngemeinschaft".

Verwaltungsbefugnis: „Betroffen" nach III ist das Vermögen bei der Begründung oder beim Ausschluß einer Verwaltungsbefugnis, BayObLG **86**, 50.

Verzicht: Rn 23 „Zugewinngemeinschaft".

23 Zugewinngemeinschaft: Nach III bewertbar sind: Ein vertraglicher Ausschluß oder die Aufhebung der Zugewinngemeinschaft, Ffm JB **91**, 1223, Hamm DNotZ **79**, 60; der Ausschluß des Versorgungsausgleichs oder ein wechselseitiger Verzicht auf einen Zugewinnanspruch, BayObLG FamRZ **87**, 1294; eine sonstige erhebliche Änderung des gesetzlichen Güterstands, Rn 22 „Güterstandsänderung".

Dann ist § *30 I unanwendbar*, BayObLG FamRZ **87**, 1294, Hamm DNotZ **79**, 61. Wer demgegenüber den Wert der Erbrechtsverstärkung und damit 25% des Nachlasses maßgeblich sein läßt, setzt sich über die ausdrückliche Regelung in III hinweg unds bringt darüber hinaus Unsicherheiten in die Berechnungsweise. Denn man weiß in aller Regel im maßgeblichen Zeitpunkt noch nicht, aus welchen Gegenständen der Nachlaß bestehen wird und welchen Wert diese Gegenstände haben werden.

Wegen einer *einseitigen* Erklärung § 30 Rn 51.

Zusammentreffen: Soweit in derselben Urkunde solche Vereinbarungen stehen, die das gesamte Vermögen der Eheleute betreffen, neben solchen, die nur bestimmte Gegenstände betreffen, darf man den Wert der letzteren nicht besonders berücksichtigen, BayObLG **86**, 49.

24 6) Annahme eines Minderjährigen, IV. Bei der Beurkundung einer jeden zugehörigen Angelegenheit beträgt der Wert 3000 EUR.

25 7) Gesellschaftsvertrag usw, V. Die Vorschrift enthält in ihrem Geltungsbereich vorrangige und daher eng auslegbare Sonderregeln, BayObLG JB **99**, 100. Sie bringt grundsätzlich einen Mindestwert von 25 000 EUR (Ausnahme: § 41 d) und einen Höchstwert von 5 Millionen EUR und bei einer oder mehreren Anmeldungsbeurkundungen in derselben Verhandlung usw nach § 28 II Z 7 einen Höchstwert von 500 000 EUR.

A. Geltungsbereich. Bei einem Gesellschaftsvertrag erbringen die einzelnen Partner die eigene Leistung nicht lediglich zu dem Zweck, die Gegenleistung eines oder mehrerer anderer Partner zu erhalten. Deshalb zählt der Gesellschaftsvertrag nicht zu den Austauschverträgen nach II. Vielmehr vereinigen sich die Gesellschafter mit gleichartigen oder doch wenigstens demselben Ziel dienenden andersartigen Leistungen zu einer beabsichtigten Gesamtleistung derselben Zweckrichtung, BayObLG **82**, 103, Köln RR **99**, 688. Denselben Charakter hat zB bei einem Verein die Satzung. Auch einen Gesellschaftsvertrag kann man unter der Bezeichnung Satzung vereinbaren.

Daher zählt auch die *BGB-Gesellschaft* hierher, Hornung Rpfleger **97**, 517, ferner die Genossenschaft, Hornung Rpfleger **97**, 518. IV zählt ferner Pläne und Verträge nach dem UmwG auf. Damit erfaßt die Vorschrift alle gesellschaftsrechtlich erheblichen Vorgänge mit Ausnahme der in § 47 S 2 geregelten Beschlüsse, Otto JB **97**, 287, auch bei einer Verschmelzung oder Spaltung. V erfaßt auch diejenigen Erklärungen, die die Gesellschaftsgrundlage betreffen, Otto JB **97**, 287. Bei einer Mehrheit von Verträgen gilt § 44, Hornung Rpfleger **97**, 518.

Unanwendbar ist V auf einen Formwechsel nach §§ 190ff UmwG, Hornung Rpfleger **97**, 518 (dann gelten §§ 27 II, 47), sowie auf einen solchen Vorgang, der nur wirtschaftlich einem Vorgang nach dem UmwG nahekommt, BayObLG JB **99**, 100.

26 B. Beispiele zur Wertermittlung nach V. In den nachfolgenden Fällen muß man grundsätzlich den in Rn 25 genannten Mindestwert (Ausnahme: § 41 d) und stets den Höchstwert beachten.

1. Teil. Gerichtskosten § 39 KostO

Aktiengesellschaft: Der Ausgabebetrag ist maßgeblich, soweit er über dem Nennbetrag des Grundkapitals liegt. Man muß ein genehmigtes Kapital nach § 202 AktG hinzurechnen, Rn 29.
Aufhebung: Rn 31 „Umwandlung".
Auseinandersetzung: Bei einer Auseinandersetzung der Gesellschafter kommt es auf den Wert des betroffenen Vermögens ohne einen Schuldenabzug an, LG Kleve JB **01**, 378.
Ausscheiden: Beim Ausscheiden eines Gesellschafters einer Offenen Handelsgesellschaft und bei der Fortführung durch die übrigen Gesellschafter ist der Wert der Geschäftsanteile des Ausscheidenden ohne einen Schuldenabzug oder seine Abfindung maßgeblich. Man muß prüfen, welcher Wert höher ist. Eine Kündigung läßt sich nach § 30 I bewerten.
Bauherrenmodell: Beim Bauherrenmodell ist ein angemessener Bruchteil der Gesamtaufwendungen aller Bauherren maßgeblich, meist weniger als der halbe Wert des bebauten Grundstücks, aM BayObLG MDR **86**, 157 (maßgeblich sei die Summe der Gesamtaufwendungen aller Bauherren. Aber er kommt nur auf das konkrete Interesse an). Der zugehörige Treuhandvertrag kann mit den Gesamtherstellungskosten bewertbar sein, BayObLG **85**, 77.
S auch „Eintritt".
Dienstleistung: Rn 30 „Nebenleistung".
Eintritt: Beim Eintritt in eine bestehende Personengesellschaft ist der zuwachsende Anteil am Gesellschaftsvermögen ohne einen Schuldenabzug oder die höhere Einlage maßgeblich. Beim Eintritt in eine Bauherrengemeinschaft sind die Gesamtaufwendungen des Eintretenden maßgeblich, BayObLG **87**, 194. Wegen des Eintritts in eine Einzelfirma Rn 29 „Gründung".
Fortsetzung durch Erben: Maßgeblich ist das gemeinsame Aktivvermögen.
Fusion: Rn 31 „Verschmelzung".
Genehmigtes Kapital: Rn 29 „Gründung". 28
Gesellschaftsvermögen: Dasjenige Gesellschaftsvermögen, bei dem man die Passiven von den Aktiven abziehen müßte, bleibt unerheblich, Düss DNotZ **80**, 190. Eine beabsichtigte Einlagenerhöhung ist mitbeachtlich, Köln RR **99**, 688.
Gründung: V erfaßt die Gründung einer Gesellschaft, Otto JB **97**, 288. Geschäfts- 29
wert sind die Leistungen aller Gesellschafter ohne einen Schuldenabzug, LG Zweibr MittBayNot **79**, 30. Das gilt auch, soweit die Fälligkeit einer Leistung erst später eintritt. Man muß das Stammkapital einrechnen. Ebenfalls einrechenbar sind: Sacheinlagen; eingebrachte Forderungen gegen einen anderen Gesellschafter; vorbehaltene Einlageerhöhungen; ein „genehmigtes Kapital". Das gilt jetzt nach dem Wortlaut von V auch, soweit es sich nur um einen unverbindlichen Plan handelt. Die Rspr zum alten Recht ist überholt, Otto JB **97**, 287.
Nicht einrechenbar ist die persönliche Dienstleistung, soweit der Gesellschaftsvertrag sie nicht als eine Einlage behandelt. Auch die Bestellung des ersten Aufsichtsrats rechnet nicht nach V, sondern nach § 47.
Der *Eintritt* eines Gesellschafters in die Firma eines Einzelkaufmanns ist eine gesellschaftsgründung nach V. Der Eintritt eines stillen Gesellschafters ist keine Gesellschaftsgründung. Dann entscheidet der Wert der Einlage, BayObLG MittBayNot **83**, 31 (auch zur Abweichungen bei einer atypischen stillen Gesellschaft), aM LG Würzb JB **76**, 503.
Nebenleistung: Man muß eine Nebenleistung des Gesellschafters bei der Aktiengesellschaft oder GmbH mitrechnen und regelmäßig nach § 30 II schätzen, Köln 30
FGPrax **00**, 127. Bei einer Offenen Handelsgesellschaft muß man eine handwerkliche Dienstleistung einrechnen.
Neugründung: Rn 29 „Gründung", Rn 31 „Umwandlung", „Verschmelzung".
Sacheinlage: Rn 29 „Gründung".
Satzung: V ist anwendbar, Rn 25.
Schuldenabzug: Es findet kein Schuldenabzug statt. Vgl bei den einzelnen Vorgängen in diesem ABC.
Spaltung: Bei einer Spaltung der Gesellschaft als Ganzes oder von Vermögensteilen durch eine Übertragung der Vermögensteile auf eine andere bestehende oder zu gründende Gesellschaft ist V anwendbar, Zweibr JB **99**, 488, Otto JB **97**, 288.

739

Stammkapital: Rn 29 „Gründung".
Stille Gesellschaft: Rn 29 „Gründung".
Treuhandvertrag: Rn 27 „Bauherrenmodell".

31 Umwandlung: Der Mindest- und Höchstwert nach V gilt auch hier, Rn 25, Otto JB **97**, 287. Bei einer Umwandlung durch eine Aufhebung des alten Vertrags und durch den Abschluß eines neuen Vertrags ist das übertragene Vermögen maßgeblich, BayObLG DB **97**, 88.
Vgl aber auch Rn 25 aE.

Verschmelzung: V erfaßt eine Verschmelzung (Fusion) durch die Aufnahme in eine andere Gesellschaft, aM BayObLG RR **99**, 1373 (es sei I anwendbar), oder durch die Neugründung einer anderen Gesellschaft durch eine Übertragung des Vermögens der Gesellschaft als Ganzes, Otto JB **97**, 288. Es ist der Wert der Aktiva des einzubringenden Vermögens ohne einen Schuldenabzug maßgebend, BayObLG RR **99**, 1373. Bei der Verschmelzung einer Aktiengesellschaft durch eine Neubildung ist (jetzt) V maßgeblich, Otto JB **97**, 288. Es gibt einen Mindest- und Höchstwert nach Rn 25, Otto JB **97**, 287. Er kann mehrfach anwendbar sein. Zur Kettenverschmelzung Düss DB **98**, 2004.
S auch „Umwandlung".
Vorvertrag: V erfaßt einen Vorvertrag mit der Ausnahme weitergehender Abreden.
Zusammenrechnung: Man muß die Einlagen und sonstigen Leistungen der Gesellschafter ohne einen Abzug von Schulden nach § 18 III zusammenrechnen, BayObLG **82**, 103, Köln FGPrax **00**, 127.
Zusatzleistung: Rn 30 „Nebenleistung".

Geschäftswert bei zustimmenden Erklärungen

40 I Bei einer Zustimmungserklärung ist der Wert des Geschäfts maßgebend, auf das sich die Zustimmungserklärung bezieht.

II ¹Bei Zustimmungserklärungen auf Grund einer gegenwärtigen oder künftigen Mitberechtigung ermäßigt sich der Geschäftswert nach Absatz 1 auf den Bruchteil, der dem Anteil der Mitberechtigung entspricht. ²Entsprechendes gilt für Zustimmungserklärungen von Anteilsinhabern (§ 2 des Umwandlungsgesetzes). ³Bei Gesamthandsverhältnissen ist der Anteil entsprechend der Beteiligung an dem Gesamthandvermögen zu bemessen.

Gliederung

1) Systematik, I, II	1
2) Regelungszweck, I, II	2
3) Geltungsbereich, I, II	3–6
A. Alleinberechtigter, I	3
B. Mitberechtigter, II	4
C. Erklärung, I, II 1	5
D. Regelungsgegenstand, I, II	6
4) Geschäftswert, I, II	7–9
A. Wert des Geschäfts, I	7
B. Anteil des Zustimmenden, II 1, 2	8
C. Gesamthand, II 3	9

1 **1) Systematik, I, II.** § 40 unterscheidet sich von § 38 II Z 1 trotz teilweiser Übereinstimmungen. Die Vorschrift enthält Bewertungsregeln für alle Arten von Zustimmungserklärungen. I stellt auf die Zustimmung des alleinigen voll Berechtigten ab, II auf diejenige eines bloßen Mitberechtigten. Dabei enthält II 3 den Sonderfall des zur Gesamthand Mitberechtigten.

2 **2) Regelungszweck, I, II.** Die Vorschrift bezweckt eine den wahren Anteilsinteressen entsprechende und daher differenzierte Wertermittlung. Das dient der Kostengerechtigkeit und ist bei der Auslegung mitbeachtlich.

3 **3) Geltungsbereich, I, II.** Die Vorschrift gilt für alle Arten von Zustimmungserklärungen. Dabei gilt im Vergleich zu § 38 II Z 1:
A. Alleinberechtigter, I. Wie sich im Vergleich zu II ergibt, erfaßt I die Zustimmungserklärung des gegenwärtigen oder künftigen alleinigen voll Berechtigten nach

Rn 1. I erfaßt also den Fall, daß nur eine einzige Zustimmungserklärung in Betracht kommt.

B. Mitberechtigter, II. Die Vorschrift behandelt die Zustimmungserklärung eines einzelnen gegenwärtigen oder künftigen unmittelbaren oder mittelbaren Mitberechtigten. Das ist ein engerer Kreis als derjenige der „Teilnehmer" nach § 38 II Z 1. Zum Teilnehmerkreis kann auch der Mitverpflichtete zählen, während er zum Kreis der Mitberechtigten nicht unbedingt zählen muß. II erfaßt auch die Anwartschaft, Hornung Rpfleger **97**, 519, ferner die Zustimmung des Mitnacherben zur Verfügung des Vorerben, Hornung Rpfleger **97**, 519.

Keine Mitberechtigung liegt vor, soweit ein gesetzlicher Vertreter oder ein Mittestamentsvollstrecker handelt, oder wenn von nur gemeinschaftlich Handlungsbefugten einer der Erklärung des anderen beitritt, oder wenn es nur um einen Antrag nach § 13 GBO geht. Eine Ausnahme gilt bei der Leistungsbewilligung eines Mitberechtigten.

C. Erklärung, I, II 1. Beide Vorschriften behandeln die Beurkundung einer Zustimmungserklärung. Während aber § 38 II Z 1 ausdrücklich voraussetzt, daß diejenige Erklärung bereits „anderweitig beurkundet" wurde, zu der jetzt eine Zustimmungserklärung notwendig ist, ist eine solche anderweitige Beurkundung keine Voraussetzung des § 40.

D. Regelungsgegenstand, I, II. Während § 38 II Z 1 die Gebührenhöhe für die fragliche Zustimmungserklärung gibt, enthält § 40 die Regelung des der Gebühr zugrunde zu legenden Geschäftswerts.

4) Geschäftswert, I, II. Man muß drei Aspekte beachten.

A. Wert des Geschäfts, I. Soweit Rn 2 (Alleinberechtigung) vorliegt, kommt es nicht auf einen Anteil am Geschäftsgegenstand an, Hornung Rpfleger **97**, 518, sondern nur auf den Wert desjenigen Geschäfts, auf das sich die alleinige Zustimmung bezieht. Wenn es zB darum geht, der Belastung eines Erbbaurechts zuzustimmen, ist der Wert der Belastung maßgeblich.

B. Anteil des Zustimmenden, II 1, 2. Bei II 1 gilt: Der Geschäftswert bestimmt sich grundsätzlich nach dem Anteil des Zustimmenden aus dem Umfang der Mitberechtigung, Otto JB **97**, 288, Tiedtke MittBayNot **97**, 210. Das gilt unabhängig davon, ob dieses Einzelgeschäft den gesamten Wert des zustimmungsbedürftigen Vermögens ausmacht. § 23 II Hs 2 ist anwendbar, Karlsr JB **99**, 211.

Bei einer nachträglichen *Zustimmung* von Gesellschaftern, Aktionären, Genossen oder Mitgliedern zur Umwandlung einer Kapitalgesellschaft in eine Personengesellschaft nach §§ 2, 13 II, 43 I, 128, 193 I, 233 I UmwG gilt gemäß II 2 die Regel II 1 entsprechend, Waldner JB **98**, 173.

C. Gesamthand, II 3. Bei einem Gesamthandverhältnis, also der BGB-Gesellschaft, Güter- oder Erbengemeinschaft, der OHG und KG, Hornung Rpfleger **97**, 519, ist der Anteil entsprechend der Beteiligung an dem Gesamthandvermögen maßgeblich. Das gilt unabhängig davon, ob das zustimmungsbedürftige konkrete Einzelgeschäft das gesamte Vermögen der Gesamthand umfaßt.

Beispiel: Fünf Gesamthändern steht ein Gesamthandvermögen im Wert von 100 000 EUR zu. Vier Gesamthänder veräußern einen Gegenstand dieses Vermögens im Wert von 20 000 EUR zu demselben Preis. Der fünfte Gesamthänder stimmt zu. Der Wert seiner Zustimmungserklärung beträgt nicht etwa 20% von 20 000 (= 4000), sondern 20% von 100 000 = 20 000 EUR.

Geschäftswert bei Vollmachten

41 ^I Bei Vollmachten zum Abschluß eines bestimmten Rechtsgeschäfts ist der für dieses maßgebende Wert zugrunde zu legen.

^{II} Der Wert einer allgemeinen Vollmacht ist nach freiem Ermessen zu bestimmen; dabei ist der Umfang der erteilten Ermächtigung und das Vermögen des Vollmachtgebers angemessen zu berücksichtigen.

^{III} § 40 gilt entsprechend.

^{IV} In allen Fällen ist der Wert mit höchstens 500 000 Euro anzunehmen.

V Auf den Widerruf einer Vollmacht finden die vorstehenden Vorschriften entsprechende Anwendung.

Gliederung

1) Systematik, I–V	1, 2
2) Regelungszweck, I–V	3
3) Bestimmtes Rechtsgeschäft, I	4, 5
4) Allgemeine Vollmacht, II, IV, V	6–9
A. Ermessen	6
B. Generalvollmacht	7
C. Höchstwert	8
D. Fehlen tatsächlicher Anhaltspunkte	9
5) Vollmacht des Mitberechtigten, III	10, 11

1 **1) Systematik, I–V.** Die Vorschrift behandelt den Geschäftswert einer Vollmacht nach § 38 II Z 4. Sie unterscheidet zwischen der Vollmacht zum Abschluß eines bestimmten einzelnen Rechtsgeschäfts nach I und einer allgemeinen Vollmacht zum Abschluß noch unbestimmt vieler einzelner Rechtsgeschäfte nach II. III trifft für I, II Sonderregelungen und unterscheidet über § 40 II 1–3 zwischen einem Gesamthandverhältnis und anderen Mitberechtigungen. V stellt ebenso wie § 38 II Z 4 klar, daß die Beurkundung einer Vollmacht und ihr Widerruf kostenmäßig gleichstehen. IV enthält für den Geschäftswert in sämtlichen Fällen einen Höchstbetrag.

2 Wenn *mehrere Personen* innerhalb einer bestehenden oder bevorstehenden Rechtsgemeinschaft mehreren anderen Personen eine Vollmacht zu einem bestimmten Geschäft oder eine allgemeine Vollmacht erteilen, liegt nur *eine* Vollmacht vor, selbst wenn jeder Bevollmächtigte einzeln handeln darf. Wenn mehrere Personen außerhalb einer Gemeinschaft, Gesellschaft oder Gesamthand einen Dritten zu einem bestimmten Geschäft oder allgemein oder sich gegenseitig bevollmächtigen, liegen mehrere Vollmachten vor und gilt § 44. Es kommt nicht darauf an, ob diese Personen wegen eines anderen Vermögens eine Gemeinschaft, Gesellschaft oder Gesamthand bilden, auf das sich die Vollmacht nicht bezieht. § 44 gilt auch dann, wenn eine Vollmacht und ein anderes Rechtgeschäft unter Lebenden in derselben Urkunde zusammentreffen, etwa bei einer Finanzierung des Kaufpreises, Celle JB **97**, 156, aber auch bei einer darüber hinausgehenden Belastungsvollmacht, Celle JB **97**, 156, Hamm FGPrax **06**, 37, Rostock MittBayNot **02**, 207.

Wenn jemand in *derselben Urkunde* mehrere Personen bevollmächtigt, entsteht nur eine Gebühr. Das gilt selbst dann, wenn es sich um einen Widerruf in Verbindung mit einer neuen Vollmacht handelt.

3 **2) Regelungszweck, I–V.** Das „freie Ermessen" in II Hs 1 zeigt den Zweck der ganzen Vorschrift, eine angemessene Vergütung zu erzielen. Dem dient auch II Hs 2. Die absolute Obergrenze in IV bezweckt natürlich eine Kostendämpfung. Wegen der Höhe des dort genannten Betrags kann man durchweg die eventuell ja ganz außerordentliche Reichweite der rechtlichen und wirtschaftlichen Bedeutung einer Vollmacht in aller Regel innerhalb des verbleibenden stattlichen Ermessens voll berücksichtigen. Entsprechend dem Grundsatz einer dem Kostenschuldner günstigen Auslegung nach § 1 Rn 2 sollte man das Ermessen behutsam ausüben.

4 **3) Bestimmtes Rechtsgeschäft, I.** Bei einer begründenden oder bestätigenden Vollmacht zum Abschluß eines bestimmten einzelnen Rechtsgeschäfts entscheidet sein nach §§ 18 ff ermittelbarer Wert im Zeitpunkt der Vollmachtsbeurkundung, § 18 I, Celle JB **75**, 224. Beispiel: Es handelt sich um eine bestimmte Rechtsanmeldung. Wert kann dann die Einlage zB des Kommanditisten sein, KG Rpfleger **01**, 377, Karlsr JB **99**, 266, Stgt Rpfleger **99**, 293. Bei einer Gründungsvollmacht für eine GmbH ist das Gründungskapital maßgeblich, § 39 Rn 25 ff. Es ist nicht erforderlich, daß das Geschäft in allen Einzelheiten feststeht. Wenn zB der Kaufpreis noch ungewiß ist, entscheidet der Wert der Sache oder das mögliche Höchstgebot. I gilt auch bei einer Vollmachtsbestätigung.

5 Bei *mehreren bestimmten* Geschäften gilt § 44. Bei mehreren Verfügungen über dieselbe Sache oder dasselbe Recht ist deren Wert die Obergrenze. Stets muß man den Höchstwert von 500 000 EUR beachten, IV. Für den Wert ist der Zeitpunkt der Beurkundung entscheidend, Celle JB **75**, 225.

4) **Allgemeine Vollmacht, II, IV, V.** Sie liegt dann vor, wenn sie nicht nur zum 6
Abschluß eines oder mehrerer bestimmter Rechtsgeschäfte dienen soll, Rn 4.

A. Ermessen. Die allgemeine Vollmacht und nach V auch deren Widerruf haben einen nach dem „freien" und in Wahrheit pflichtgemäßen Ermessen des Gerichts bestimmbaren Wert. Bei mehreren geplanten Rechtsgeschäften muß man nach § 44 II zusammenrechnen. Das Gericht muß dabei sämtliche Umstände berücksichtigen. Von ihnen nennt II Hs 2 den Umfang der erteilten Ermächtigung und das Vermögen des Vollmachtgebers zwar ohne eine Zufügung des Worts „insbesondere". Trotzdem versteht II diese Umstände nur als freilich meist besonders wichtige Einzelfaktoren, Stgt JB **00**, 429.

Mitbeachtlich sind zB: Das betroffene Rechtsgut ohne einen Schuldenabzug; beim Hausverwalter der Mietertrag; die Dauer der Vollmacht; ihre Widerruflichkeit; eine sachliche Vollmachtsbegrenzung.

B. Generalvollmacht. Bei ihr kommt es darauf an, ob sie nicht nur im Außen- 7
verhältnis umfassend ist, sondern auch im Innenverhältnis zwischen dem Vollmachtgeber und seinem Bevollmächtigten, Ffm FamRZ **07**, 1183. Wenn ja, ist das Gesamtvermögen des Vollmachtgebers ohne einen Abzug der Schulden maßgebend, § 18 III, Ffm FamRZ **07**, 1183, LG Kassel JB **09**, 320, LG Kblz FamRZ **08**, 2298. Bei einer Beschränkung im Innenverhältnis etwa nur zur Verfügung über bestimmte Vermögensmassen, etwa Grundstücke, muß man deren Wert ansetzen, aM Zweibr FamRZ **08**, 1877. Bei einer Prokura muß man § 49 II HGB beachten.

C. Höchstwert. Stets ist der Höchstwert der einzelnen Vollmacht oder General- 8
vollmacht 500 000 EUR, IV.

D. Fehlen tatsächlicher Anhaltspunkte. Soweit genügende tatsächliche An- 9
haltspunkte fehlen, muß man § 30 II anwenden. Das gilt etwa bei einer Postvollmacht. Bei einer der Vollmacht zur Hausverwaltung bilden aber die Mieten eine ausreichende Berechnungsgrundlage. Beim Bauherrenvertrag entscheidet der Gesamtaufwand des Vollmachtgebers, KG JB **87**, 1213. Bei einer Altersvorsorgevollmacht kann man 10% des Aktivvermögens ansetzen, aber auch 50% entsprechend § 20 II, Stgt JB **00**, 428, nicht aber gleich das ganze Aktivvermögen, grds aM LG Mainz FamRZ **08**, 1100. Eine persönliche Angelegenheit erhöht ihren Wert nicht, Keilbach DNotZ **04**, 164. Bei einer Verbindung mit einer Generalvollmacht ist das Aktivvermögen ohne einen Schuldenabzug maßgebend, BayObLG FamRZ **96**, 1370, Düss FamRZ **97**, 904, Keilbach DNotZ **04**, 751.

5) **Vollmacht des Mitberechtigten, III.** Die Vorschrift gilt sowohl bei einer be- 10
stimmten Vollmacht nach I als auch bei einer allgemeinen Vollmacht nach II. Man muß wegen der entsprechenden Anwendbarkeit des § 40 wie dort Rn 2ff zwischen einer vom Alleinberechtigten ausgestellten Vollmacht einerseits nach § 40 I und einer vom Mitberechtigten nach § 40 II 1, 2 erteilten sowie einer vom Gesamthänder ausgestellten anderseits unterscheiden, § 40 II 3. Im letzteren Fall kommt es nur auf den Anteil des Vollmachtgebers am Gesamthandvermögen an, BayObLG DB **99**, 2358, KG Rpfleger **01**, 377, aM Lappe NJW **98**, 1116. Das gilt unabhängig davon, ob das Vollmachtgeschäft das gesamte Vermögen der Gesamthand umfaßt.

Wenn *mehrere* Mitberechtigte die Vollmacht erteilen, muß man nach den vor- 11
stehenden Regeln zusammenrechnen.

Geschäftswert bei Anmeldungen zum Handelsregister

41a [1] Bei den folgenden Anmeldungen zum Handelsregister ist Geschäftswert der in das Handelsregister einzutragende Geldbetrag, bei Änderung bereits eingetragener Geldbeträge der Unterschiedsbetrag:

1. erste Anmeldung einer Kapitalgesellschaft; ein in der Satzung einer Aktiengesellschaft oder einer Kommanditgesellschaft auf Aktien bestimmtes genehmigtes Kapital ist dem Grundkapital hinzuzurechnen; der Wert beträgt mindestens 25 000 Euro;
2. erste Anmeldung eines Versicherungsvereins auf Gegenseitigkeit;
3. Erhöhung oder Herabsetzung des Stammkapitals einer Gesellschaft mit beschränkter Haftung;

4. Beschluss der Hauptversammlung einer Aktiengesellschaft oder einer Kommanditgesellschaft auf Aktien über
   a) Maßnahmen der Kapitalbeschaffung (§§ 182 bis 221 des Aktiengesetzes); dem Beschluss über die genehmigte Kapitalerhöhung steht der Beschluss über die Verlängerung der Frist, innerhalb derer der Vorstand das Kapital erhöhen kann, gleich;
   b) Maßnahmen der Kapitalherabsetzung (§§ 222 bis 240 des Aktiengesetzes);
5. erste Anmeldung einer Kommanditgesellschaft; maßgebend ist die Summe der Kommanditeinlagen; hinzuzurechnen sind 25 000 Euro für den ersten und 12 500 Euro für jeden weiteren persönlich haftenden Gesellschafter;
6. Eintritt eines Kommanditisten in eine bestehende Personenhandelsgesellschaft oder Ausscheiden eines Kommanditisten; ist ein Kommanditist als Nachfolger eines anderen, ein bisher persönlich haftender Gesellschafter als Kommanditist oder ein bisheriger Kommanditist als persönlich haftender Gesellschafter einzutragen, ist die einfache Kommanditeinlage maßgebend;
7. Erhöhung oder Herabsetzung einer Kommanditeinlage.

II Bei sonstigen Anmeldungen bestimmt sich der Geschäftswert nach den Absätzen 3 bis 6.

III Der Geschäftswert beträgt bei der ersten Anmeldung
1. eines Einzelkaufmanns 25 000 Euro;
2. einer offenen Handelsgesellschaft mit zwei Gesellschaftern 37 500 Euro; hat die Gesellschaft mehr als zwei Gesellschafter, erhöht sich der Wert für den dritten und jeden weiteren Gesellschafter um jeweils 12 500 Euro;
3. einer juristischen Person (§ 33 des Handelsgesetzbuchs) 50 000 Euro.

IV Bei einer späteren Anmeldung beträgt der Geschäftswert, wenn diese
1. eine Kapitalgesellschaft betrifft, 1 Prozent des eingetragenen Grund- oder Stammkapitals, mindestens 25 000 Euro;
2. einen Versicherungsverein auf Gegenseitigkeit betrifft, 50 000 Euro;
3. eine Personenhandelsgesellschaft betrifft, 25 000 Euro; bei Eintritt oder Ausscheiden von mehr als zwei persönlich haftenden Gesellschaftern sind als Wert 12 500 Euro für jeden eintretenden und ausscheidenden Gesellschafter anzunehmen;
4. einen Einzelkaufmann oder eine juristische Person (§ 33 des Handelsgesetzbuchs) betrifft, 25 000 Euro.

V ¹Betrifft die Anmeldung eine Zweigniederlassung, so beträgt der Geschäftswert die Hälfte des nach den Absätzen 1, 3 oder 4 bestimmten Wertes. ²Hat das Unternehmen mehrere Zweigniederlassungen, so ist der Wert für jede Zweigniederlassung durch Teilung des nach Satz 1 bestimmten Betrages durch die Anzahl der eingetragenen Zweigniederlassungen zu ermitteln; bei der Anmeldung der ersten Eintragung von Zweigniederlassungen sind diese mitzurechnen. ³Der Wert nach den vorstehenden Sätzen beträgt mindestens 12 500 Euro.

VI Ist eine Anmeldung nur deshalb erforderlich, weil sich der Ortsname geändert hat, oder handelt es sich um eine ähnliche Anmeldung, die für das Unternehmen keine wirtschaftliche Bedeutung hat, so beträgt der Geschäftswert 3000 Euro.

Vorbem. I Z 1 Hs 2 angefügt dch Art 15 Z 2 MoMiG v 23. 10. 08, BGBl 2026, in Kraft seit 1. 11. 08, Art 25 MoMiG, Übergangsrecht § 161 KostO.

Schrifttum: *Gustavus,* Handelsregisteranmeldungen, 6. Aufl 2005.

Gliederung

1) Systematik, I–VI	1
2) Regelungszweck, I–VI	2
3) Geltungsbereich, I–VI	3
4) Einzutragender Geldbetrag, I	4
5) Erste Anmeldung einer Kapitalgesellschaft, I Z 1	5–7
A. Kapitalgesellschaft	5
B. Erste Anmeldung	6
C. Hinzurechnung von genehmigtem Kapital, I Z 1 Hs 2	7

1. Teil. Gerichtskosten § 41a KostO

6) **Erste Anmeldung eines Versicherungsvereins auf Gegenseitigkeit, I Z 2** .. 8, 9
   A. Versicherungsverein usw 8
   B. Erste Anmeldung 9
7) **Erhöhung oder Herabsetzung des Stammkapitals einer GmbH, I Z 3** 10, 11
   A. GmbH 10
   B. Erhöhung, Herabsetzung des Stammkapitals 11
8) **Kapitalbeschaffung, -herabsetzung bei AG oder KGaA, I Z 4** 12–14
   A. AG, KGaA 12
   B. Kapitalbeschaffung, I Z 4 a 13
   C. Kapitalherabsetzung, I Z 4 b 14
9) **Erste Anmeldung einer KG, I Z 5** 15
10) **Eintritt, Ausscheiden eines Kommanditisten, I Z 6** 16
11) **Erhöhung oder Herabsetzung einer Kommanditeinlage, I Z 7** 17
12) **Sonstige Anmeldung, II–VI** 18
13) **Erste sonstige Anmeldung, III** 19–21
    A. Einzelkaufmann; III Z 1 19
    B. OHG, III Z 2 20
    C. Juristische Person, § 33 HGB, III Z 3 21
14) **Spätere Anmeldung, IV** 22–25
    A. Kapitalgesellschaft, IV Z 1 22
    B. Versicherungsverein auf Gegenseitigkeit, IV Z 2 23
    C. Personenhandelsgesellschaft, IV Z 3 24
    D. Einzelkaufmann, juristische Person nach § 33 HGB, IV Z 4 25
15) **Zweigniederlassung(en), V 1–3** 26–31
    A. Anmeldung, V 1, 2 28
    B. Wertgrundsatz, V 1–3 29–31
16) **Keine wirtschaftliche Bedeutung, VI** 32–37
    A. Anwendungsbereich 33
    B. Beispiele zur Frage einer Anwendbarkeit von VI 34–36
    C. Wert 37

1) Systematik, I–VI. Die Beurkundung einer Anmeldung zum Handelsregister **1** ist eine Aufgabe des Notars. Ihre Vergütung gehört daher eigentlich in den 2. Titel „Kosten der Notare", §§ 140 ff. Die Einordnung als § 41 a ist also eher irreführend. Das ändert nichts an ihrer Wirksamkeit auch an einer verfehlten äußeren Gesetzesstelle. Vorrangig vor I Z 1 Hs 2 gilt § 41 d.
Einreichung und Beurkundung lösen nur *eine* Bewertung aus. Erst die gerichtliche Eintragung schafft einen weiteren Kostenvorgang. Ihn erfassen §§ 79, 79 a nebst der zugehörigen Verordnung und Gebührenverzeichnis (GVHR). Die zur Eintragung ergangenen Entscheidungen des EuGH zur lediglich aufwandsbezogenen Vergütung sind bei §§ 79, 79 a dargestellt. Der EuGH hat bisher keine entsprechende Forderung auch gegenüber der notariellen Anmeldevergütung erhoben. Wohl deshalb hat der Gesetzgeber davon abgesehen, im HRegGebNeuOG auch insoweit vom Prinzip der Wertgebühren abzurücken. Ob diese Zweigleisigkeit Bestand haben wird, läßt sich durchaus bezweifeln.

2) Regelungszweck, I–VI. Die in Rn 1 angesprochene Problematik ist auch eine **2** solche zur Frage des Regelungszwecks. Natürlich läßt die außerordentlich umfangreiche und vielfach im politischen Spannungsfeld gerade der neunziger Jahre umgestaltete Vorschrift den Zweck erkennen, trotz der immer stärker durchgesetzten Vereinfachung doch den so ungemein unterschiedlichen Aufgaben ihres Geltungsbereichs auch schon beim Wertansatz einigermaßen gerecht zu werden. Die dritte Komponente der Rechtsidee, die Rechtssicherheit, scheint nach den europarechtlichen Erkenntnissen in Rn 1 kaum noch praktisch erreichbar zu sein.
In dieser mißlichen Lage helfen weder ein Perfektionswahn noch ein billiges Ausweichen, sondern nur die Bemühungen um eine zwar auch übernational korrekte, aber doch noch *praktikabel bleibende* Auslegung. Das darf und muß man bei dem so sehr in die Kritik geratenen § 41 a stets mitbeachten.

3) Geltungsbereich, I–VI. Die Vorschriften gelten sowohl für die notarielle Be- **3** urkundung einer Anmeldung als auch für die Einreichung der Anmeldung. Stets liegt der Kostenberechnung ein Geschäftswert zugrunde. Man muß ihn nach den in I–VI aufgezählten unterschiedlichen Maßstäben ermitteln. Ein Betriebswert spielt keine Rolle mehr.

4) Einzutragender Geldbetrag, I. Maßgebend ist grundsätzlich bei I Z 1 min- **4** destens der in Hs 2 genannte Betrag von 25 000 EUR (Ausnahme: § 41 d) und auf

745

dieser Basis der jeweils einzutragende Geldbetrag, (zum alten Recht) Hamm DNotZ 79, 679. Bei seiner Änderung ist der Unterschiedsbetrag entscheidend. Die frühere gesetzliche Unterscheidung zwischen einem „bestimmten" Geldbetrag und anderen Fällen ist wegen zahlreicher Abgrenzungsprobleme abgeschafft worden. Vielmehr kommt es zunächst nur darauf an, ob einer der in I Z 1–7 abschließend aufgeführten Fälle vorliegt, Busch Rpfleger **97**, 89, Otto JB **97**, 62.

Ein „*Geldbetrag*" liegt nur dann vor, wenn der Betrag aus den dem Gericht vorliegenden Unterlagen ohne weiteres ersichtlich ist oder wenn man ihn aus diesen Unterlagen ohne Schwierigkeiten errechnen kann, BayObLG **90**, 137, LG Gött Rpfleger **93**, 408, Reuter BB **89**, 715, aM KG Rpfleger **85**, 170 (aber gerade bei diesem Begriff ist eine klare Abgrenzung notwendig).

Maßgeblich ist eine solche *Wertverschiebung*, die sich aus dem Gegenstand des Beschlusses und nicht nur aus seinem Zweck oder dem Abstimmungsergebnis ableiten läßt, BayObLG **90**, 136. Für die Bestimmung des Geldbetrags nach I ist insbesondere bei einer Änderung eines bereits eingetragenen Geldbetrags die Wertverschiebung maßgeblich, also der Unterschied der Werte vor dem Anmeldevorgang und hinterher, Hamm Rpfleger **75**, 267.

5   5) **Erste Anmeldung einer Kapitalgesellschaft, I Z 1.** Man muß den persönlichen Geltungsbereich, das einzutragende Stamm- oder Grundkapital und einen Zeitpunkt beachten, ferner eine Besonderheit beim genehmigten Kapital. Wegen des Mindestwerts Rn 4.

A. **Kapitalgesellschaft.** Das ist im Gegensatz zur Personengesellschaft eine solche Gesellschaft, deren Merkmal die reine Kapitalbeteiligung und nicht auch eine persönliche Mitarbeit der Gesellschafter ist, die nicht persönlich haften und ihre Anteile grundsätzlich frei veräußern und verwerten können. Hierher gehören zB die Aktiengesellschaft, die Kommanditgesellschaft auf Aktien, die Gesellschaft mit beschränkter Haftung, im Ergebnis wohl auch die GmbH und Co KG, ferner die der deutschen Aktiengesellschaft weitgehend gleichstehende Europäische Gesellschaft (SE), § 3 SEAG v 22. 12. 04, BGBl 3675.

6   B. **Erste Anmeldung.** I Z 1 erfaßt im Gegensatz zu IV Z 1 nur die erste Anmeldung. I Z 1 ist aber, wie das Wort „Änderung" in I zeigt, auch dann anwendbar, wenn eine bereits eingetragene Kapitalgesellschaft unter der Erhaltung der Firma auf einen anderen Inhaber übergeht, sei es unter Lebenden, sei es infolge eines Erbfalls. Es kommt darauf an, ob ein neuer Inhaber angemeldet wird. Daher ist I Z 1 auch dann anwendbar, wenn eine Umwandlung in eine andere Kapitalgesellschaft stattfindet. Es kommt nicht darauf an, ob die Kapitalgesellschaft unter der bisherigen Firma mit oder ohne einen Zusatz über den Rechtsnachfolger fortbesteht. Auch die erste Anmeldung einer Zweigniederlassung der Kapitalgesellschaft gehört an sich hierher. Es gilt aber vorrangig V.

Im übrigen ist nicht maßgeblich, ob ein neues Registerblatt entstehen soll, sondern es kommt auf die *sachliche Rechtslage* an.

7   C. **Hinzurechnung von genehmigtem Kapital, I Z 1 Hs 2**, dazu *Hirte* Rpfleger **01**, 6 (ausf): Ein schon bei der Gründung vorgesehenes genehmigtes Kapital ist nach § 202 AktG derjenige Nennbetrag, um den der Vorstand einer Aktiengesellschaft oder Kommanditgesellschaft auf Aktien mit besonderer Ermächtigung das Grundkapital durch die Ausgabe neuer Aktien gegen entsprechende Einlagen erhöhen darf. Dabei ist sein Höchstbetrag ohne eine Rücksicht auf die Einbeziehung einer früheren Ermächtigung maßgeblich. Dasselbe gilt bei einer Verlängerung der Ausnutzungsfrist, aM Hamm Rpfleger **85**, 127. Man muß dieses genehmigte Kapital dem anzumeldenden Grundkapital für die Ermittlung des Geschäftswerts nach I Z 1 hinzurechnen.

Unanwendbar ist I Z 1 Hs 2 bei einem erst späteren Beschluß über eine Kapitalerhöhung. Dann gilt I Z 4 a.

8   6) **Erste Anmeldung eines Versicherungsvereins auf Gegenseitigkeit, I Z 2.** Auch hier muß man den persönlichen Geltungsbereich und einen Zeitpunkt beachten.

A. **Versicherungsverein usw.** Es handelt sich um ein privates Versicherungsunternehmen als rechtsfähiger Verein mit den Versicherten als Vereinsmitgliedern. Man muß ihn nach §§ 30 ff VAG zum Handelsregister anmelden.

B. Erste Anmeldung. Es gelten die in Rn 6 dargestellten Regeln entsprechend, 9
soweit möglich. Man muß den Nennbetrag des Gründungsstocks ansetzen.
Der Gründungsstock ergibt sich aus § 22 VAG, Otto JB 97, 63.

7) Erhöhung oder Herabsetzung des Stammkapitals einer GmbH, I Z 3. 10
Die Vorschrift soll eine Streitfrage klären. Man muß den persönlichen Geltungsbereich und den geregelten Vorgang unterscheiden.
A. GmbH. Die Vorschrift erfaßt nur die Gesellschaft mit beschränkter Haftung,
§ 1 GmbHG, (zum alten Recht) Hamm FGPrax **04**, 305, keine andere Kapitalgesellschaft, letztere auch nicht entsprechend, Rn 3.
B. Erhöhung, Herabsetzung des Stammkapitals. Es geht um die in § 5 I 11
GmbHG geregelte Stammkapital. Es setzt sich aus Stammeinlagen zusammen. Sie
können in Bar- oder Sacheinlagen bestehen, § 5 IV GmbH. Sie sind indessen unbeachtbar. Die Durchführungsart ist unbeachtlich. Denn maßgeblich ist nur die stets
in EUR anzumeldende Summe der Einlagen, eben das Stammkapital. Es ist unerheblich, ob die Erhöhung einen bestimmten Betrag ausmacht oder ob der Beschluß nur
eine Ermächtigung zu einer Erhöhung des Stammkapitals bis zu einem solchen bestimmten Betrag enthält, BayObLG Rpfleger **90**, 213, Ffm Rpfleger **87**, 508, Zweibr
Rpfleger **88**, 151, aM KG Rpfleger **85**, 170. Beim Zusammentreffen einer Erhöhung
und einer Herabsetzung muß man zusammenrechnen.
Europarechtlich kommt evtl ein Gebührenverbot beim beamteten Notar in Betracht,
Üb 8 vor § 140.

8) Kapitalbeschaffung, -herabsetzung bei AG oder KGaA, I Z 4. Die Vor- 12
schrift erfaßt andere inhaltlich ähnliche Maßnahmen der Kapitalbeschaffung oder
-herabsetzung. Man muß den persönlichen Geltungsbereich und die Art der Maßnahme unterscheiden.
A. AG, KGaA. Die Vorschrift erfaßt nur die Aktiengesellschaft, § 1 AktG, und
die Kommanditgesellschaft auf Aktien, § 278 AktG, keine andere Kapitalgesellschaft,
letztere auch nicht entsprechend, Rn 3.
B. Kapitalbeschaffung, I Z 4 a. Die Vorschrift erfaßt jede Maßnahme nach 13
§§ 182–221 AktG, also: Die Kapitalerhöhung gegen Einlagen, §§ 182 ff, 278 III
AktG, auch Sacheinlagen, § 183 AktG (nach dieser Vorschrift zu bewerten); bei einer
gleichzeitigen Anmeldung auch eine bedingte Kapitalerhöhung nach §§ 192 ff,
278 III AktG auch diejenige mit Sacheinlagen, § 194 AktG (nach dieser Vorschrift zu
bewerten). Die Durchführung richtet sich nach I Z 1; die genehmigte Kapitalerhöhung, Rn 7, §§ 202 ff, 278 III AktG, Hirte Rpfleger **01**, 7 (ausf). Auch bei ihr richtet
sich die Durchführung nach I Z 1; die Kapitalerhöhung aus Gesellschaftsmitteln,
§§ 207 ff, 278 III AktG; die Wandelschuldverschreibung und die Gewinnschuldverschreibung, §§ 221, 278 III AktG. Ihr steht der Hauptversammlungsbeschluß über
die Verlängerung der in § 202 I, II AktG genannten Ermächtigungsfristen nach dem
ausdrücklichen Wortlaut von § 41 a I Z 4 a Hs 2 KostO gleich.
Nicht hierher gehört die bloße Durchführung der Erhöhung im Anschluß an eine
Anmeldung und Eintragung.
C. Kapitalherabsetzung, I Z 4 b. Die Vorschrift erfaßt jede Maßnahme nach 14
§§ 222–240 AktG, also: Die ordentliche Kapitalherabsetzung, §§ 222–228 AktG, auch
diejenige unter der einer Mindestnennbetrag; die Vereinfachte Herabsetzung, §§ 229–236
AktG, auch bei einer Rückwirkung einer gleichzeitigen Kapitalerhöhung; die Herabsetzung durch Einziehung von Aktien, §§ 237–239 AktG; den Ausweis der Kapitalherabsetzung, § 240 AktG.
Bei der Herabsetzung des Grundkapitals ist der *Nennbetrag* nur insoweit maßgeblich, als man ihn für das Handelsregister anmelden muß. Die Durchführung richtet
sich nach I Z 1.

9) Erste Anmeldung einer KG, I Z 5. Die Vorschrift erfaßt nur die KG, nicht 15
die KGaA, die unter Z 1 fällt. Die erste Anmeldung kann nach dem Gesetzeswortlaut
unter I Z 5 fallen. Hierher zählt auch die Umwandlung einer Einzelfirma in eine
KG. Maßgebend ist zumindest die Summe der Kommanditeinlagen, § 171 I HGB,
Otto JB **97**, 63. Man muß Sacheinlagen mit ihrem anzumeldenden Wert einsetzen.
Hinzurechnen muß man die in I Z 5 Hs 2 genannten Festbeträge.

KostO § 41a III. Kostenordnung

Unanwendbar ist I Z 5 bei der Umgründung einer OHG in eine KG. Dann gilt I Z 6.

16 **10) Eintritt, Ausscheiden eines Kommanditisten, I Z 6.** Die Vorschrift erfaßt eine solche Situation sowohl dann, wenn es bisher noch keine KG gab, sondern eine andere Personenhandelsgesellschaft, vor allem eine OHG, als auch dann, wenn in eine KG ein weiterer Kommanditist eintritt, aM Otto JB **97**, 63, auch als Nachfolger. Z 6 erfaßt schließlich auch einen solchen Austritt. Dabei ist grundsätzlich der Wert der Einlage maßgeblich, wie man ihn für das Register anmelden muß. Bei I Z 6 Hs 2 ist wiederum die einfache Einlage maßgebend. Der frühere Höchstwert ist entfallen. Stattdessen gilt insofern § 39 IV. Beim Zusammentreffen des Eintritts des A und des Austritts des B muß man nach § 44 II a zusammenrechnen.

17 **11) Erhöhung oder Herabsetzung einer Kommanditeinlage, I Z 7.** Maßgebend ist nach I vor Z 1 der Unterschiedsbetrag zum bereits eingetragenen Geldbetrag der einfachen Einlage.

18 **12) Sonstige Anmeldung, II–VI.** Die Vorschrift enthält der Übersichtlichkeit halber eine bloße Abgrenzung der Fallgruppen nach I zu denjenigen nach II–VI, die II als „sonstige" Anmeldungen bezeichnet. Damit entsteht aber nicht etwa eine Auffangklausel. Vielmehr enthalten III–VI eine abschließende Aufzählung der „sonstigen Anmeldungen". Dabei geht es in § 41a nur um eine Anmeldung gerade zum Handelsregister. Das ergibt sich schon aus der auch für II ff geltenden Überschrift. Beim Partnerschaftsregister gilt § 41 b. Beim Güterrechtsregister gilt § 28. Beim Genossenschaftsregister und Vereinsregister gilt § 29. Was weder unter I noch unter III–VI fällt, läßt sich jedenfalls nicht nach § 41a bewerten. Eine Vollmacht zur Vornahme einer Registeranmeldung hat nach § 41 I den Wert des sich aus § 41a ergebenden Rechtsgeschäfts, (zum alten Recht) Stgt JB **81**, 912.

19 **13) Erste sonstige Anmeldung, III.** Vgl zunächst Rn 18. III erfaßt die folgenden sachlichrechtlichen Situationen.
 A. Einzelkaufmann, III Z 1. Die Vorschrift erfaßt die erste Anmeldung eines Einzelkaufmanns, §§ 18, 20, 29 HGB. Man kann ihr die Erstanmeldung eines unter Lebenden oder von den Erben oder vom Testamentsvollstrecker fortgeführten Unternehmens gleichstellen, Busch Rpfleger **97**, 90, auch eine Wiedereintragung oder den Übergang von einer Kapital- oder Personengesellschaft auf einen Einzelkaufmann, ferner die Fortführung durch einen Testamentsvollstrecker. Der persönliche Geltungsbereich ist nicht weit auslegbar. Der Wert beträgt den in III Z 1 genannten Festbetrag.

20 **B. OHG, III Z 2.** Die Vorschrift erfaßt die erste Anmeldung jeder Offenen Handelsgesellschaft, §§ 105, 106 HGB. Dahin gehört auch ein Übergang von einer Einzelfirma in eine OHG oder die Umwandlung einer Kapitalgesellschaft in eine OHG. Auch die erste Anmeldung einer EWIV zählt hierher. Dabei richtet sich der Wert nach der Zahl der Gesellschafter im Zeitpunkt der Anmeldung, wie in III Z 2 Hs 2 im einzelnen vorgeschrieben.
 Unanwendbar ist III Z 2 bei einer späteren Anmeldung und Eintragung. Dann gilt IV Z 3. Auch eine bloße Umwandlungsart zählt nicht hierher.

21 **C. Juristische Person, § 33 HGB, III Z 3.** Die Vorschrift erfaßt die erste Anmeldung einer solchen juristischen Person nach §§ 21 ff, 80 ff, 89 BGB, deren Eintragung nach § 33 I HGB mit Rücksicht auf den Gegenstand oder auf die Art und den Umfang ihres Gewerbebetriebs erfolgen muß. Wert ist stets der in III Z 3 genannte Festbetrag.

22 **14) Spätere Anmeldung, IV.** Während III die erste Anmeldung einer der dort in Z 1–3 genannten Vorgänge betrifft, erfaßt IV jede spätere Anmeldung und gibt Wertvorschriften. Man muß jede spätere Anmeldung gesondert bewerten, KG JB **01**, 655 (selbst auf Grund derselben Urkunde).
 A. Kapitalgesellschaft, IV Z 1. Die Vorschrift erfaßt jede Kapitalgesellschaft im Gegensatz zu der in Z 3 geregelten Personenhandelsgesellschaft. Die Vorschrift erfaßt also eine solche Gesellschaft, bei der die Mitgliedschaft auf die reine Geldbeteiligung und nicht auf eine persönliche Mitarbeit der Gesellschafter gegründet ist. Hierher zählen: Die Aktiengesellschaft; die Kommanditgesellschaft auf Aktien; die Gesellschaft mit

748

1. Teil. Gerichtskosten § 41a KostO

beschränkter Haftung. Erfaßt wird zB: Eine Satzungsänderung; die Anmeldung einer Vertretungsbefugnis; die Auflösung der Gesellschaft; die Feststellung der Nichtigkeit eines Beschlusses; die Bestellung oder Abberufung eines Abwicklers; eine Sitzverlegung; die Löschung, Otto JB 97, 62.

Wert ist 1% nicht des einzutragenden, sonder des tatsächlich eingetragenen Grund- oder Stammkapitals, jedoch mindestens 25 000 EUR. Bei mehreren Gegenständen muß man nach § 44 II a zusammenrechnen, etwa bei der Bestellung oder Abberufung mehrerer Geschäftsführer, § 8 I Z 2, § 39 GmbHG, KG MittBayNot 00, 338, Zweibr JB **01**, 38. Eine Satzungsänderung in mehreren Punkten ist keine Gegenstandsmehrheit.

B. Versicherungsverein auf Gegenseitigkeit, IV Z 2. Die Vorschrift erfaßt ein 23 privates Versicherungsunternehmen in der Form eines rechtsfähigen Vereins, §§ 21 ff BGB, § 15 VAG, dessen Mitglieder die Versicherten sind.

Wert ist stets der in Z 2 genannte Festbetrag.

C. Personenhandelsgesellschaft, IV Z 3. Die Vorschrift erfaßt diejenigen Per- 24 sonengesellschaften, die zwecks Handels gegründet sind und derzeit zu auch oder nur solchem Zweck bestehen, also: Die Offene Handelsgesellschaft, §§ 105 ff HGB; die Kommanditgesellschaft, §§ 161 ff HGB, nicht diejenige auf Aktien: sie ist Kapitalgesellschaft, Rn 22; die Reederei, auch die Partenreederei, §§ 486 ff HGB; die EWIV; *nicht* dagegen durchweg die Partnerschaftsgesellschaft, soweit sie nicht tatsächlich im wesentlichen mittlerweile Handel treibt.

Hierher gehören zB: Grundsätzlich der Eintritt eines Gesellschafters (Ausnahme: I Z 6); eine Firmenänderung, auch nach § 19 V HGB; eine Änderung der Vertretungsbefugnis; eine Sitzverlegung; die Auflösung und Löschung und die Fortsetzung der aufgelösten Gesellschaft; der Austritt eines Gesellschafters.

Wert ist grundsätzlich der in Z 3 Hs 1 genannte Festbetrag, jedoch ausnahmsweise beim Eintritt oder beim Ausscheiden von 3 oder mehr persönlich haftenden Gesellschaftern für den dritten und jeden weiteren eintretenden oder ausscheidenden (gemeint auch hier: persönlich haftenden) Gesellschafter der in Z 3 Hs 2 genannte Festbetrag je Person statt des in Hs 1 genannten Festbetrags, Otto JB 97, 63.

D. Einzelkaufmann, juristische Person nach § 33 HGB, IV Z 4. Die Vor- 25 schrift erfaßt zwei recht unterschiedliche Gruppen von Rechtssubjekten: Den Einzelkaufmann, §§ 1 ff HGB, soweit es bei ihm überhaupt um eine spätere Anmeldung zum Handelsregister geht, §§ 12, 29 ff HGB, sowie eine solche juristische Person nach § 33 HGB, deren Anmeldung nebst Änderungen also überhaupt auch noch bei einigen solchen Maßnahme mit Rücksicht auf den Gegenstand oder auf die Art und den Umfang ihres Gewerbebetriebs erfolgen muß.

Hierher gehören zB: Die Anmeldung einer Prokura; eine Sitzverlegung; eine Löschung.

Wert ist in jeweils der in IV Z 4 genannte Festbetrag. Bei mehreren Gegenständen muß man zusammenrechnen.

15) Zweigniederlassung(en), V 1–3. Die Vorschrift schafft in ihrem Geltungs- 26 bereich eine vorrangige und daher wie stets eng auslegbare Sonderregel zwecks einer Vereinfachung der gerade hier bisher vielfältigen Zweifelsfragen. Sie erstreckt sich auf alle Anmeldungen nach I–IV. Die Vorschrift gilt für jede Art von Zweigniederlassung eines inländischen Unternehmens. Sie gilt also auch bei einer Verlegung oder Löschung. Sie ist bei einer Firma mit einem Doppelsitz unanwendbar. Denn dann sind beide Niederlassungen gleichwertig.

Auf eine oder mehrere inländische Zweigniederlassung(en) eines *ausländischen* Un- 27 ternehmens sind I–IV, nicht V anwendbar, BayObLG NJW **99**, 655 (vgl allerdings Rn 1), BayObLG **88**, 24, Müther Rpfleger **00**, 320 (Briefkasten-„Zentrale"), aM Düss Rpfleger **99**, 100, Köln NJW **99**, 1342. Wegen der Europarecht-Probleme Rn 1.

A. Anmeldung, V 1, 2. Eine Anmeldung läßt sich nur dann nach IV bewerten, 28 wenn sich die rechtlichen und wirtschaftlichen Auswirkungen der angemeldeten Eintragung lediglich auf die Zweigniederlassung beziehen, BayObLG DB **85**, 699. Dann ist es unerheblich, ob die Eintragung auch beim Register des Hauptsitzes erfolgt, zB bei einer Anmeldung einer auf die Zweigniederlassung beschränkten Prokura.

749

KostO § 41a   III. Kostenordnung

29 **B. Wertgrundsatz, V 1–3.** Die Vorschrift unterscheidet nicht zwischen einer Kapital- und Personalgesellschaft. Die Vorschrift bezieht sich auch auf den Einzelkaufmann. Die Bewertung der Anmeldung unterscheidet zwischen einer Anmeldung nur einer einzelnen Zweigniederlassung nach V 1 und zwei oder mehr eingetragenen Zweigniederlassungen, V 2.

30 Im *ersteren* Fall muß man den Wert zunächst nach I–IV für den Eintragungszeitpunkt nach § 7 ermitteln, LG Karlsr Rpfleger **98**, 218. Man muß ihn dann halbieren, LG Kblz Rpfleger **99**, 102. Im letzteren Fall muß man den nach V 1 ermittelten halben Wert nochmals teilen, und zwar durch die Anzahl der eingetragenen Zweigniederlassungen. Dann ergibt sich zB bei 2 Zweigniederlassungen für jede von ihnen 25% des nach I–IV ermittelten Werts, bei 4 Zweigniederlassungen für jede von ihnen 12,5% des nach I–IV ermittelten Werts usw. Nur bei der ersten Eintragung von Zweigniederlassungen darf man diese mitrechnen, V 2 Hs 2.

31 Der *Mindestwert* ergibt sich aus V 3. Auf die *Prokuren*eintragung ist nur V ebenfalls anwendbar.

32 **16) Keine wirtschaftliche Bedeutung, VI.** Die Vorschrift erfaßt I–V und regelt ihren eigenen Geltungsbereich als vorrangige und daher wie stets eng auslegbare und sogar dem V vorgeordnete Spezialnorm, AG Göpp Rpfleger **85**, 213. Der Zweck ist eine Begrenzung der Kosten und eine Vereinfachung bei Vorgängen ohne eine wirtschaftliche Bedeutung.

33 **A. Anwendungsbereich.** Es muß sich um eine solche Anmeldung eines formalen oder berichtigenden Charakters handeln, die auf die wirtschaftliche Führung des Unternehmens keinen Einfluß hat und die auch nicht objektiv erforderlich ist, AG Göpp Rpfleger **85**, 213.

34 **B. Beispiele zur Frage einer Anwendbarkeit von VI**
Aktientausch: VI ist *unanwendbar,* soweit es um den Umtausch von Kleinaktien geht.
Aufsichtsrat: VI ist *unanwendbar,* soweit es sich um eine Zuwahl zum Aufsichtsrat handelt, auch wenn die Wahl nur eines Ersatzmanns erfolgt ist.
Berufsbezeichnung: VI ist anwendbar, soweit es um die Anmeldung einer neuen Berufsbezeichnung eines Gesellschafters geht.
Dividende: VI ist bei ihrer Neuregelung *unanwendbar,* BayObLG Rpfleger **75**, 333.
Erlöschen: Rn 35 „Prokura".
Firmenänderung: VI ist *unanwendbar,* soweit es sich um eine echte Änderung der Firma handelt, Notarkasse MittBayNot **82**, 53. Das gilt selbst dann, wenn sie nur sprachlicher Art ist.
    S aber auch Rn 35 „Inhabername", „Ortsname".
Gegenstand des Unternehmens: Rn 36 „Unternehmensgegenstand".
Geschäftsführer: Rn 36 „Stellvertretung".
Geschäftsjahr: VI ist bei seiner Verlegung *unanwendbar.*

35 **Inhabername, -wohnsitz:** VI ist anwendbar, soweit es um die Änderung des Namens des Inhabers der Firma infolge seiner Verheiratung oder sonstigen Umbenennung oder um eine Änderung des Wohnsitzes des Inhabers geht.
    S aber auch Rn 34 „Firmenänderung".
Kapitalerhöhung: Rn 36 „Satzungsänderung".
Komplementär: VI ist *unanwendbar,* soweit es sich um die Anmeldung einer GmbH statt einer Einzelperson als Komplementärin handelt, BayObLG Rpfleger **78**, 256.
Nämlichkeit: VI ist anwendbar, soweit es um eine Änderung nur zwecks einer klaren Identität des Inhabers eines Handelsgeschäfts geht.
Name: S „Inhabername", „Ortsname".
Organveränderung: VI ist bei ihr *unanwendbar.*
Ortsname: VI ist schon nach seinem Wortlaut anwendbar, soweit es sich um die Anmeldung einer Firmenänderung nur auf Grund einer Änderung des Ortsnamens handelt. Gemeint ist natürlich erst recht die bloße Änderung eines Postleitzahl oder eines Ortsteils.
    S aber auch Rn 34 „Firmenänderung", Rn 36 „Sitzverlegung".
Postleitzahl: S „Ortsname".

750

1. Teil. Gerichtskosten §§ 41a, 41b KostO

Prokura: VI ist *unanwendbar*, soweit es sich um das Erlöschen der Prokura zB infolge des Tods des Berechtigten handelt.

Satzungsänderung: VI ist anwendbar, soweit es sich um die Anmeldung einer Än- 36
derung der Satzung als eine bloße Folge einer jetzt nach I Z 3 bewertbaren Kapitalerhöhung handelt.

Sitzverlegung: VI ist *unanwendbar*, soweit es sich um die Verlegung des Sitzes der Verwaltung handelt.
S aber auch Rn 35 „Ortsname".

Stellvertretung: VI ist anwendbar, soweit ein stellvertretender Vorsitzender oder Geschäftsführer zum ordentlichen bestellt wird, aM BayObLG MittBayNot 97, 189, Düss NJW 89, 1259, AG Göpp Rpfleger 85, 213 (aber der Anmeldungszusatz „als Stellvertreter" ist kostenrechtlich nicht entscheidend).

Tod: Rn 35 „Prokura".

Unternehmensgegenstand: VI ist *unanwendbar*, soweit es sich um die Streichung längst nicht mehr ausgeübter Geschäftsarten und damit um eine Änderung des Gegenstands des Unternehmens geht.

Verlegung des Sitzes: S „Sitzverlegung".

Zuwahl: Rn 34 „Aufsichtsrat".

C. Wert. Soweit VI anwendbar ist, ist jetzt für jede Anmeldung oder Eintragung 37
ein Festbetrag von 3000 EUR ansetzbar.

Geschäftswert bei Anmeldungen zum Partnerschaftsregister

41b Für Anmeldungen zum Partnerschaftsregister gilt § 41a, soweit er auf die offene Handelsgesellschaft Anwendung findet, entsprechend.

Gliederung

1) Systematik, Regelungszweck 1
2) Geltungsbereich 2
3) Entsprechende Anwendung des § 41a 3–8
   A. Sonstige Anmeldung: § 41a II entsprechend 4
   B. Erste Anmeldung: § 41a III Z 2 entsprechend 5
   C. Spätere Anmeldung: § 41a IV Z 3 entsprechend 6
   D. Zweigniederlassung(en): § 41a V entsprechend 7
   E. Keine wirtschaftliche Bedeutung: § 41a VI entsprechend 8
4) Unanwendbarkeit des § 41a 9

1) Systematik, Regelungszweck. Es handelt sich um eine Sondervorschrift mit 1
einer nur scheinbar zweckmäßigen, teilweise doppelten Verweisungstechnik. Man muß sie eng auslegen. Vgl im übrigen § 41a Rn 1, 2.

2) Geltungsbereich. Das Partnerschaftsregister besteht in einer entsprechenden 2
Anwendung der Regeln über das Handelsregister, § 5 PartGG, beim AG § 160b FGG. Zuständig ist der Rpfl, § 3 Z 2d RPflG. Es gilt für eine Partnerschaftsgesellschaft (Partnerschaft) von Angehörigen freier Berufe, § 1 PartGG, auch für deren Zweigniederlassung, § 5 II PartGG. Die Anmeldung auch eines Ausscheidens erfolgt nach § 4 PartGG in Verbindung mit §§ 106 I, 108 HGB. Eintragungen erfolgen nach § 5 PartGG in Verbindung mit den dort genannten Vorschriften des HGB. Die Partnerschaft wird im Verhältnis zu Dritten erst mit ihrer Eintragung wirksam, § 7 I PartGG. Die Anmeldung und die Eintragung sind gebührenpflichtig, zur letzteren §§ 79, 79a. Den Geschäftswert der Anmeldung regelt § 41b.

3) Entsprechende Anwendung des § 41a. Für den Geschäftswert einer An- 3
meldung in das Partnerschaftsregister nach Rn 1 ist § 41a entsprechend anwendbar, soweit diese Vorschrift Regeln für die Offene Handelsgesellschaft der §§ 105–160 HGB enthält. Dem Zweck des § 41a, möglichst für alle gebührenpflichtigen Vorgänge brauchbare Wertgrundlagen zu schaffen, entspricht eine möglichst weite, wenn natürlich auch nicht uferlose Auslegung. Infrage kommen die folgenden Teile des § 41a.

A. Sonstige Anmeldung: § 41a II entsprechend. Während § 41a I sich nur 4
auf andere Formen des Zusammenschlusses als die OHG bezieht und daher bei § 41b unanwendbar ist, gilt § 41a II für alle Anmeldungen und Eintragungen, die § 41a I

751

nicht erfaßt, und daher auch für die OHG. Daher ist er bei § 41 b entsprechend anwendbar. Mithin gelten diejenigen Teile von § 41 a III–V, auf die § 41 a II weiterverweist, soweit sie sich eben auf eine OHG beziehen.

5 **B. Erste Anmeldung: § 41 a III Z 2 entsprechend.** Die Vorschrift gilt nur bei der ersten Anmeldung. Bei späteren ist § 41 a IV Z 3 entsprechend anwendbar, Rn 6.
Wert der ersten Anmeldung ist bei zwei Partnern der in § 41 a IV Z 2 Hs 1 bestimmte Festbetrag. Bei mehr als zwei Partnern erhöht er sich nach § 41 a IV Z 2 Hs 2 für den dritten und jeden weiteren Partner um den dort bestimmten jeweiligen weiteren Festbetrag.

6 **C. Spätere Anmeldung: § 41 a IV Z 3 entsprechend.** Die Vorschrift gilt nur bei jeder späteren Anmeldung. Bei der ersten ist § 41 a III Z 2 entsprechend anwendbar, Rn 5.
Wert jeder späteren Anmeldung ist grundsätzlich der in § 41 a IV Z 3 Hs 1 genannte Festbetrag, jedoch ausnahmsweise beim Eintritt oder beim Ausscheiden von 3 oder mehr Partnern für den dritten und jeden weiteren eintretenden oder ausscheidenden Partner der in § 41 a IV Z 3 Hs 2 genannte Festbetrag je Person statt des in Hs 1 genannten Festbetrags.

7 **D. Zweigniederlassung(en): § 41 a V entsprechend.** Diese Vorschrift ist deshalb entsprechend anwendbar, weil auch die Partnerschaftsgesellschaft eine oder mehrere Zweigniederlassungen haben kann. Denn § 5 II PartGG verweist auch auf §§ 13, 13 c, 13 h HGB (Zweigniederlassung).
Wert ist der entsprechend § 41 a Rn 29–32 ermittelbare Betrag.

8 **E. Keine wirtschaftliche Bedeutung: § 41 a VI entsprechend.** Auch bei einer Partnerschaftsgesellschaft mag eine Anmeldung nur deshalb erforderlich werden, weil sich der Ortsname geändert hat. Es mag sich auch um eine ähnliche Anmeldung handeln, die für die Partnerschaftsgesellschaft keine wirtschaftliche Bedeutung hat. In diesen Fällen macht § 41 b den § 41 a VI entsprechend anwendbar. Vgl zum Anwendungsbereich § 41 a Rn 33–36.
Wert ist für jede Anmeldung oder Eintragung der in § 41 a VI bestimmte Festbetrag.

9 **4) Unanwendbarkeit des § 41 a.** Wegen der engen Auslegbarkeit nach Rn 1 ist der nicht in Rn 3–9 genannte Teil des § 41 a auch nicht entsprechend anwendbar. Das gilt zB für § 41 a I. Denn die Partnerschaftsgesellschaft ist keines der dort genannten Rechtssubjekte, und auch § 41 a I Z 6, 7 paßt trotz § 3 II, III PartGG nicht.

Beschlüsse von Organen bestimmter Gesellschaften

41 c I § 41 a Abs. 4 gilt entsprechend für Beschlüsse von Organen von Kapital- oder Personenhandelsgesellschaften, Versicherungsvereinen auf Gegenseitigkeit oder juristischen Personen (§ 33 des Handelsgesetzbuchs), deren Gegenstand keinen bestimmten Geldwert hat.

II ¹Beschlüsse nach dem Umwandlungsgesetz sind mit dem Wert des Aktivvermögens des übertragenden oder formwechselnden Rechtsträgers anzusetzen. ²Bei Abspaltungen oder Ausgliederungen ist der Wert des übergehenden Aktivvermögens maßgebend.

III ¹Werden in einer Verhandlung mehrere Beschlüsse beurkundet, so gilt § 44 entsprechend. ²Dies gilt auch, wenn Beschlüsse, deren Gegenstand keinen bestimmten Geldwert hat, und andere Beschlüsse zusammentreffen. ³Mehrere Wahlen oder Wahlen zusammen mit Beschlüssen über die Entlastung der Verwaltungsträger gelten als ein Beschluss.

IV Der Wert von Beschlüssen ist in Absatz 3 bezeichneten Art beträgt, auch wenn in einer Verhandlung mehrere Beschlüsse beurkundet werden, in keinem Fall mehr als 500 000 Euro.

Schrifttum: *Gustavus*, Handelsregisteranmeldungen, 6. Aufl 2005.

1. Teil. Gerichtskosten § 41c KostO

Gliederung

1) Systematik, I–IV 1
2) Regelungszweck, I–IV 2
3) Voraussetzungen einer entsprechenden Anwendung von § 41a IV: I 3–5
   A. Beschluß 3
   B. Kein bestimmter Geldwert 4
   C. Beschlußbeteiligte 5
4) Folgen einer entsprechenden Anwendung von § 41a IV: I 6–10
   A. Kapitalgesellschaft: § 41 a IV Z 1 entsprechend 7
   B. Personenhandelsgesellschaft: § 41 a IV Z 3 entsprechend 8
   C. Versicherungsverein auf Gegenseitigkeit: § 41 a IV Z 2 entsprechend .. 9
   D. Juristische Person (§ 33 HGB): § 41 a IV Z 4 entsprechend 10
5) Beschluß nach dem Umwandlungsgesetz, II 11
6) Voraussetzungen mehrerer Beschlüsse, III 12–17
   A. Mehrere Beschlußfassungen 12
   B. Dieselbe Verhandlung 13
   C. Inhalte der Beschlußfassungen 14–16
   D. Sonstige Einzelfragen 17
7) Folgen mehrerer Beschlüsse, III 18–22
   A. § 44 I 19, 20
   B. § 44 II 21, 22
8) Höchstwert, IV 23

1) Systematik, I–IV. Die Vorschrift bezieht sich in I nur auf denjenigen Beschluß 1
eines der dort genannten Organe, dessen Gegenstand keinen bestimmten Geldwert
hat. Soweit der Beschluß einen bestimmten Geldwert hat, gilt § 41a direkt. II erfaßt
demgegenüber in seinem Geltungsbereich einen Beschluß unabhängig davon, ob ein
bestimmter Geldwert vorliegt. III gilt sowohl bei I als auch bei II ergänzend.

2) Regelungszweck, I–IV. Als eine gegenüber § 41a vorrangige Spezialvorschrift 2
ist § 41c grundsätzlich eng auslegbar. Das paßt auch zum Grundsatz einer dem
Kostenschuldner möglichst günstigen Handhabung nach 1 Rn 2. Es widerspricht
nicht dem Ziel des § 41c, trotz einer Vereinfachung auch mittels der Verweisungstechnik die Kosten in Grenzen zu halten, besonders in IV.

3) Voraussetzungen einer entsprechenden Anwendung von § 41a IV: I. Es 3
müssen die folgenden Voraussetzungen zusammentreffen.
   A. Beschluß. Es muß ein Beschluß vorliegen. Er ist unabhängig von der Bezeichnung nur dann vorhanden, wenn die Versammlung eine Stellungnahme abgeben
konnte und im Weg einer gleichgerichteten Gesamtwillensbildung mit der erforderlichen Mehrheit abgestimmt hat. Auch eine Einpersonengesellschaft kann einen
Beschluß fassen. Hierher zählt auch die Bestellung des ersten Aufsichtsrats nach § 30
AktG, Zweibr JB **02**, 492. Die Art der Beschlußversammlung ist unerheblich. Auf die
Wirksamkeit des Beschlusses kommt es ebenfalls in den Grenzen des § 16 nicht an.
   Die *bloße Verlesung* der Vorlage und ihre widerspruchslose Kenntnisnahme durch
die Versammlung stellen keinen Beschluß dar. Dasselbe gilt bei einer bloßen Willenserklärung, etwa bei der Satzung, dem Gesellschaftsvertrag. Bei einem Streit über ein
Stimmrecht liegt kein Beschluß vor, solange das Gericht nicht die Annahme des
Punkts zum Protokoll festgestellt hat. Es kommt nicht darauf an, was man beschlossen
hat, sondern worüber der Beschluß ergangen ist.
   B. Kein bestimmter Geldwert. Der Gegenstand des Beschlusses nach Rn 3 und 4
nicht nach dem Beschlußergebnis darf keinen nach den allgemeinen Wertermittlungsregeln nach §§ 18ff und insbesondere § 30 I bestimmten Geldwert haben. Damit führt
der gerade in § 41a IV abgeschaffte, weil zu zahlreichen Problemen geführte Begriff
„bestimmter Geldbetrag" nun in I wie auch in § 29 doch noch ein gewisses Dasein.
Es ist aber in I praktisch bedeutungslos. Denn der haarfeine Unterschied zwischen
einer direkten und einer entsprechenden Anwendung von § 41a IV dürfte keine
praktische Bedeutung haben. Vgl daher wegen der Unterscheidung von bestimmtem
und unbestimmtem Geldwert § 29 Rn 3–5. Geldwert ist ein weitergefaßter Begriff
als Geldbetrag. Eine Berechenbarkeit genügt, BayObLG JB **61**, 905. Das gilt zB bei
der Ablehnung oder der Zustimmung zu einem Anteilsverkauf. Beim Unternehmensvertrag etwa zur Gewinnabführung kommt es auf die Umstände an und entscheidet wie bei Rn 4 nicht der Geldbetrag, sondern der Geldwert, Lappe NJW **89**,

753

KostO § 41c III. Kostenordnung

3254, Schmidt BB **89**, 1290, aM Stgt FGPrax **08**, 224. Einzelheiten bei KLBR 3 (Üb).

Hierher gehören zB: Die Entlastung des Organs; eine Ermächtigung zur Satzungsänderung; eine Wahl; ein Mißtrauen; Tagesordnungsfragen; Satzungsänderungen, BayObLG **90**, 133, Hamm JB **75**, 639; ein Jahresabschluß.
Unbestimmt ist der Geldwert erst dann, wenn man ihn überhaupt nicht recht berechnen oder beziffern kann. Auf die Notwendigkeit eines Beschlusses kommt es nicht an. Der Aufhebungsbeschluß kann denselben Wert wie der aufgehobene haben.

5   **C. Beschlußbeteiligte.** Es muß sich um einen solchen Beschluß handeln, den ein satzungsgemäßes oder sonst gesetzmäßiges Organ einer Kapital- oder Personenhandelsgesellschaft, eines Versicherungsvereins auf Gegenseitigkeit oder einer juristischen Person nach § 33 HGB gefaßt hat. Wegen dieser Beteiligten § 41 a Rn 22–25. Andernfalls gilt II oder § 29. Der Beschluß muß sich nicht auf das Betriebsvermögen beziehen. Es muß kein Einheitswert bestehen.

6   **4) Folgen einer entsprechenden Anwendung von § 41a IV: I.** Soweit die Voraussetzungen Rn 3–5 zusammentreffen, ist § 41 a IV nach § 41 c I entsprechend anwendbar.

7   **A. Kapitalgesellschaft: § 41 a IV Z 1 entsprechend.** Wegen des Begriffs der Kapitalgesellschaft § 41 a Rn 22. Man kann hierher auch die GmbH in Gründung zählen. Wert ist auch bei einem Beschluß ohne einen bestimmten Geldwert 1% des eingetragenen Grund- oder Stammkapitals, mindestens der in § 41 a IV Z 1 genannte Betrag. IV setzt einen absoluten Höchstbetrag, Rn 23.

8   **B. Personenhandelsgesellschaft: § 41 a IV Z 3 entsprechend.** Wegen des Begriffs der Personenhandelsgesellschaft § 41 a Rn 24. Wert ist auch bei einem Beschluß ohne einen bestimmten Geldwert der jeweils in § 41 a IV Z 3 bestimmte Festbetrag. IV setzt einen absoluten Höchstbetrag, Rn 23.

9   **C. Versicherungsverein auf Gegenseitigkeit: § 41 a IV Z 2 entsprechend.** Wegen des Begriffs des Versicherungsvereins auf Gegenseitigkeit § 26 Rn 23. Wert ist auch bei einem Beschluß ohne einen bestimmten Geldwert der in § 26 IV Z 2 bestimmte Festbetrag. IV setzt einen absoluten Höchstbetrag, Rn 23.

10 **D. Juristische Person (§ 33 HGB): § 41 a IV Z 4 entsprechend.** Wegen des Begriffs der juristischen Person nach § 33 HGB vgl § 41 a Rn 25. Bei einer Satzungsänderung gilt § 29. Wert ist auch bei einem Beschluß ohne einen bestimmten Geldwert der in § 41 a IV Z 4 bestimmte Festbetrag. IV setzt einen absoluten Höchstbetrag, Rn 23.

11 **5) Beschluß nach dem Umwandlungsgesetz, II.** Die gegenüber I und gegenüber §§ 18 ff vorrangige speziellere Vorschrift erfaßt jeden Beschluß nach dem UmwG, zB nach §§ 13, 125, 176 I, 177 I, 178 I, 179 I, 180 I, 184 I, 186, 188 I, 189 I, 193 I UmwG, Hornung Rpfleger **97**, 517. Das gilt unabhängig vom Vorliegen eines bestimmten oder unbestimmten Geldwerts und unabhängig von der Art und Bedeutung seines Gegenstands. Es gilt auch unabhängig davon, ob er vermögensrechtlicher oder nichtvermögensrechtlicher Natur ist. II 1 enthält die Bewertungsregel. II 2 enthält zwei vorrangig bewertbare Sonderfälle. Das Aktivvermögen des übertragenden oder formwechselnden Rechtsträgers ermittelt sich wie sonst, BayObLG MittBayNot **90**, 61, also nach der der Anmeldung beizufügenden auf ihre Vereinbarkeit mit der KostO geprüften Schlußbilanz ohne einen Schuldenabzug, § 18 III, jedoch unter einem Abzug von Wertberichtigungen zum Anlage- und Umlaufvermögen und Verlustvorträgen, Hornung Rpfleger **97**, 517, Meyer JB **04**, 588. III, IV sind anwendbar. Bei einer Abspaltung oder Ausgliederung ist der Wert des übergehenden Aktivvermögens maßgebend, Hornung Rpfleger **97**, 517. Der Höchstwert für einen Plan oder Vertrag nach § 39 V gilt nicht bei einem Beschluß nach § 41 c II.

12 **6) Voraussetzungen mehrerer Beschlüsse, III.** Es müssen die folgenden Voraussetzungen zusammentreffen.
A. Mehrere Beschlußfassungen. Das satzungsgemäße oder sonst gesetzmäßige Organ nach I, II muß mehrere Beschlüsse mit einem bestimmten oder unbestimmten Geldwert gefaßt haben. Maßgebend ist nicht die Zahl der Tagesordnungspunkte, sondern der innere Zusammenhang.

B. Dieselbe Verhandlung. Die mehreren Beschlußfassungen müssen in derselben Verhandlung zustande gekommen und beurkundet worden sein. Das gilt auch dann, wenn es sich um Beschlußfassungen verschiedener Organe derselben Gesellschaft usw handelt. Bei der Umwandlung einer Kapitalgesellschaft in eine neue Personengesellschaft liegen zwei Beschlußfassungen vor. Das gilt etwa wegen der Vermögensübertragung und der Errichtung der neuen Gesellschaft. 13

C. Inhalte der Beschlußfassungen. Es ist unerheblich, ob Gegenstand einer jeden Beschlußfassung eine Angelegenheit mit einem bestimmten Geldwert oder ohne solchen ist. III ist also grundsätzlich sowohl dann anwendbar, wenn die Beschlußfassungen sämtlich keinen bestimmten Geldwert haben, als auch dann, wenn sie sämtlich einen bestimmten Geldwert besitzen, als auch schließlich dann, wenn ein oder mehrere Beschlüsse mit einem bestimmten Geldwert mit einem oder mehreren Beschlüssen ohne einen bestimmten Geldwert zusammentreffen. 14

Von dieser Regel macht *III* 3 dann eine *Ausnahme*, wenn mehrere Wahlen vorliegen oder wenn eine oder mehrere Wahlen mit einer Beschlußfassung oder mehreren solchen Entschließungen über die Entlastung der Verwaltungsträger zusammentreffen. Die Funktion des Gewählten ist unerheblich. Es kann sich um ein Organ, einen Vertreter, einen Sachverständigen oder um einen sonstwie beauftragten Dritten handeln. Dann fingiert III 3 ohne Rücksicht auf § 44 das Vorliegen nur eines einzigen Beschlusses, Stgt DNotZ 78, 124, LG Hann JB **02**, 91. 15

Auch eine *Abwahl* fällt unter III 2, Ackermann JB 75, 443, ebenso mehrere Entlastungsbeschlüsse, Ackermann JB **75**, 443. 16

D. Sonstige Einzelfragen. Die Beurkundung eines Beschlusses und einer Erklärung zu seiner Durchführung in derselben Verhandlung fallen nicht unter III. 17

7) Folgen mehrerer Beschlüsse, III. Soweit die Voraussetzungen Rn 11–17 zusammentreffen, ist § 44 entsprechend anwendbar. Erst in diesem Zusammenhang kommt es darauf an, ob die Beschlußfassungen denselben Gegenstand oder verschiedene Gegenstände betreffen. 18

A. § 44 I. Soweit die Beschlüsse denselben Gegenstand betreffen, berechnet sich die Gebühr nur einmal von dem Wert dieses Gegenstands nach dem höchsten in Betracht kommenden Gebührensatz. 19

Derselbe Gegenstand liegt *zB in folgenden Fällen* vor: Es handelt sich um eine Herabsetzung des Kapitals und um die zugehörige Satzungsänderung; es geht um eine Kapitalerhöhung und um die zugehörige Satzungsänderung; es handelt sich um Änderungen mehrerer Punkte der Satzung, Ackermann JB 75, 443; es handelt sich um den Zustimmungsbeschluß zu einen Verschmelzungsvertrag, BayObLG DB **89**, 2425. 20

B. § 44 II. Soweit die Beschlüsse verschiedene Gegenstände haben, muß man die Werte zusammenrechnen, § 44 II a, sofern man nicht verschiedene Gebührensätze anwenden muß, § 44 II b. 21

Verschiedene Gegenstände liegen *zB in folgenden Fällen* vor: Es handelt sich um die Feststellung der Jahresbilanz und um eine Satzungsänderung; es geht um eine Herabsetzung und um eine gleichzeitige Erhöhung des Kapitals; es handelt sich um die Genehmigung des Jahresabschlusses und um einen Beschluß über die Verwendung des Reingewinns mit einer Verlustdeckung. 22

8) Höchstwert, IV. Soweit I anwendbar ist, darf der Wert eines Beschlusses ohne einen bestimmten Geldwert in keinem Fall mehr als 500 000 EUR betragen. Das gilt auch dann, wenn mehrere Beschlüsse nach I in derselben Urkunde zusammentreffen. IV verweist nur auf I, nicht auch auf den Fall des Zusammentreffens eines Beschlusses nach I mit einem unbestimmten Geldwert und eines Beschlusses über einen Gegenstand mit einem bestimmten Geldwert, Hornung Rpfleger **97**, 517, und nicht auf den Umwandlungsfall nach II. Ergänzend gilt § 47 S 2 mit seiner Einzelhöchstgebühr von 5000 EUR. 23

Daraus folgt unter anderem: Soweit sich unter den mehreren Beschlüssen auch ein solcher mit einem bestimmten Geldwert befindet, darf und muß man evtl den Höchstwert des IV um den Betrag dieses Beschlusses überschreiten. Nur in diesem Zusammenhang hat also die Unterscheidung zwischen einem bestimmten und einem unbestimmten Geldbetrag nach § 29 Rn 3 eine Bedeutung.

Verwendung von Musterprotokollen

41d Die in § 39 Abs. 5, § 41a Abs. 1 Nr. 1 und Abs. V Nr. 1, auch in Verbindung mit § 41c Abs. 1, bestimmten Mindestwerte gelten nicht für die Gründung einer Gesellschaft gemäß § 2 Abs. 1a des Gesetzes betreffend die Gesellschaften mit beschränkter Haftung und, wenn von dem in der Anlage zu dem Gesetz betreffend die Gesellschaften mit beschränkter Haftung bestimmten Musterprotokoll nicht abgewichen wird, für Änderungen des Gesellschaftsvertrags.

Vorbem. Eingefügt dch Art 15 Z 2a MoMiG v 23. 10. 08, BGBl 2026, in Kraft seit 1. 11. 08, Art 25 MoMiG. Sodann Berichtigung dch Art 7 II Z 2 G v 30. 7. 09, BGBl 2449, in Kraft seit 1. 9. 09, Art 10 S 1 G. Übergangsrecht jeweils § 161 KostO. Die amtliche Aufzählung meint in ihrem von der vorgenannten Berichtigung unberührt gebliebenen Teil statt des oben mager gesetzten V in Wahrheit III.

1 **1) Systematik, Regelungszweck.** Die Vorschrift ergänzt vorrangig als eine Ausnahme den Mindestwertgrundsatz der im Text genannten Bestimmungen. Zweck ist die Vermeidung unangemessen hoher Gebühren bei den abschließend aufgezählten Vorgängen bei einer kleinen GmbH. Als eine Ausnahmeregelung ist § 41d eng auslegbar.

2 **2) Kein Mindestwert bei Gründung nach § 2 Ia GmbHG.** Ein Mindestwert entfällt bei der Gesellschaftsgründung im vereinfachten Verfahren bei höchstens 3 Gesellschaftern und einem Geschäftsführer mittels eines Musterprotokolls nach der amtlichen Anlage zu § 2 Ia GmbHG idF Art 1 Z 50 MoMiG.

Ergänzung und Änderung beurkundeter Erklärungen

42 Für die Beurkundung von Ergänzungen und Änderungen einer beurkundeten Erklärung wird derselbe Gebührensatz wie für die ursprüngliche Beurkundung erhoben, jedoch nicht mehr als die volle Gebühr.

Gliederung

1) Systematik	1
2) Regelungszweck	2
3) Geltungsbereich	3, 4
A. Beurkundung	3
B. Ergänzung oder Änderung	4
4) Beispiele zur Frage einer Anwendbarkeit	5–9
5) Gebühr	10
6) Geschäftswert	11

1 **1) Systematik.** Die Vorschrift gilt zusätzlich zu §§ 36ff. Sie gilt also nicht etwa an deren Stelle. Sie erfaßt solche Ergänzungen und Änderungen bei allen Formen von Erklärungen und in jeder Art der Zusätze, Streichungen, Umformulierungen usw, die sich als notwendig oder wünschenswert erweisen. Eine bloße Berichtigung nach § 319 ZPO, § 42 FamFG ist als die Folge einer Abweichung des Gewollten vom Erklärten und Beurkundeten zwar im weiteren Sinn ebenfalls eine Ergänzung oder Änderung. Es wäre aber mit dem Regelungszweck nach Rn 2 schwer vereinbar, sie ebenfalls nach § 42 zu vergüten.

2 **2) Regelungszweck.** Sinn der Vorschrift ist eine nach oben begrenzte Berücksichtigung bei der Vergütung wegen solcher Punkte, die man aus welchem Grund auch immer bei der bisherigen Beurkundung nicht genug mitbedacht hatte oder deren Klärung sich erst später als notwendig oder nützlich erweist. Nicht dagegen ist § 42 dazu da, eine bloße Berichtigung auch noch kostenmäßig lästig zu machen, Rn 1. Im übrigen gibt die Gebührenobergrenze den klaren Hinweis auf den Zweck einer möglichen Kostendämpfung. Auch das muß man ebenso wie den Grundsatz einer dem Kostenschuldner möglichst günstigen Auslegung nach § 1 Rn 2 gerade bei § 42 stets mitbeachten.

3 **3) Geltungsbereich.** Es müssen die folgenden Voraussetzungen zusammentreffen.

A. Beurkundung. Es muß eine solche Beurkundung nach § 36 I und damit nach den Vorschriften des BeurkG oder durch einen Prozeßvergleich vorliegen, die zu einer früheren anderen Beurkundung desselben oder eines anderen Notars oder Gerichts hinzutritt. Es genügt, daß ein Notar die Urkunde entworfen hat und daß er die Unterschrift beglaubigt hat, § 145 I 4. Es reicht auch aus, daß der Notar zunächst die Urkunde entworfen hat und daß die Unterschrift in einem späteren Zeitpunkt beglaubigt wird.

Es reicht *nicht* aus, daß lediglich eine *privatrechtliche Erklärung* zu einer früheren beurkundeten anderen Erklärung hinzutritt oder daß der Notar die hinzutretende Erklärung nur beglaubigt, ohne daß wenigstens ein Entwurf einer entsprechenden Beurkundung vorliegt. Eine Erstbeurkundung unterfällt §§ 36 ff.

B. Ergänzung oder Änderung. Die hinzutretende Erklärung muß eine Ergänzung oder Änderung der früher von derselben oder einer anderen Urkundsperson beurkundeten Erklärung unter Lebenden enthalten. Es ist unerheblich, ob es sich um eine einseitige oder gegenseitige Änderung oder Ergänzung handelt. Der Inhalt der Änderung oder Ergänzung ist ebenfalls im einzelnen unerheblich.

Eine *Änderung* liegt dann vor, wenn das ursprünglich beurkundete Vertragsverhältnis grundsätzlich nach seinem Vertragsgegenstand und seinen Vertragspartnern bestehen bleibt. Es kann sich also um eine wesentliche oder unwesentliche Änderung handeln. Man muß den Vorgang wirtschaftlich betrachten und dabei behutsam nach Rn 2 abwägen. Der Vertragsinhalt darf aber nicht völlig verschwinden, Mü FGPrax **06**, 42.

4) Beispiele zur Frage einer Anwendbarkeit
Angebot: § 42 ist anwendbar, soweit es um die Verlängerung der Bindung an ein Angebot geht, zB bei einem Kaufvertrag, oder soweit ein Partner sein Angebot auf zunächst nicht berücksichtigte weitere Personen ausdehnt.
Unanwendbar ist § 42 bei einem gewillkürten völligen Wechsel des Partners, BayObLG JB **80**, 914, LG Regensb MittBayNot **81**, 91.
Aufhebung: Sie ist *keine* Änderung, Mü FGPrax **06**, 42.
Auflassung: Rn 8 „Vorkaufsrecht".
Auswechslung der Partner: § 42 ist auf sie wegen Rn 4 *unanwendbar,* BayObLG **94**, 107, KG JB **98**, 430, LG Hann JB **02**, 154.
Auswechslung des Vertragsobjekts: Sie macht § 42 *unanwendbar.*
Berichtigung: Rn 7 „Schreib- oder Rechenfehler".
Beschluß: § 42 ist auf ihn *unanwendbar.* Dann kann zB § 47 gelten.
Ehegüterrecht: § 42 ist auf seine Änderung grds anwendbar, BayObLG JB **82**, 1235. § 42 ist ferner zB anwendbar, soweit es um die Überführung eines einzelnen zum Gesamtgut der Ehegatten gehörenden Gegenstands in das Vorbehaltsgut eines der Ehegatten geht, aM BayObLG JB **80**, 1058.
Erbbaurecht: § 42 ist anwendbar, soweit es um die Änderung des Erbbauzinses geht, Ffm JB **90**, 217, oder um die Verlängerung oder Abkürzung des Erbbaurechts.
Erbvertrag: § 42 ist auf ihn *unanwendbar.* Es gilt § 46, Stgt JB **07**, 600.
Fälligkeit: § 42 ist bei ihrer Änderung anwendbar.
Formlos gültiges Geschäft: In der Beurkundung einer Änderung kann zugleich die Beurkundung eines auch formlos gültigen Geschäfts stecken. Für diese letztere Beurkundung entsteht die dafür vorgesehene Gebühr.
Fristverlängerung: § 42 ist meist bei der nach Rn 3 nötigen wirtschaftlichen Betrachtungsweise bei einer Fristverlängerung vor dem Fristablauf anwendbar.
Gesellschaft: § 42 ist grds anwendbar bei einem Gesellschaftsvertrag. Das gilt zB: Bei einer Firmenänderung; bei einer Änderung der Höhe des Kapitals, des Sitzes oder des Gesellschaftszwecks.
Unanwendbar ist § 42, soweit die Hauptversammlung einen früheren Beschluß ändert oder ergänzt. Dann gilt § 47. Die Vorschrift kann ferner dann unanwendbar sein, wenn es um die Aufnahme weiterer Gesellschafter oder um die Auswechselung aller Gesellschafter oder der Art des Kapitals geht.
Grundstückslage: § 42 ist anwendbar, soweit die Vertragspartner die genaue Lage und Bezeichnung des bisher unvermessenen Vertragsgrundstücks usw klarstellen, Düss DNotZ **80**, 188.

Güterstand: § 42 ist auf seine Änderung anwendbar, BayObLG MittBayNot 80, 180. Der Wert beträgt höchstens das jetzige Vermögen nach dem Schuldenabzug, BayObLG MittBayNot 82, 144.

Hauptversammlung: S „Gesellschaft".

Inhaltsänderung: § 42 ist *unanwendbar*, soweit die weitere Erklärung das Wesen der früheren Erklärung ändert oder die Nämlichkeit des Inhalts der früheren Erklärung erheblich angreift oder einen neuen wirtschaftlich selbständigen Vorgang beurkundet, KG JB **98**, 431.

6 **Neufassung:** Es kommt auf die Umstände an, ob § 42 anwendbar ist, LG Kleve JB **01**, 37, Schmidt JB **01**, 318. Dabei muß man wirtschaftlich vorgehen, Rn 4.

Nichtigkeit: § 42 ist anwendbar, soweit es sich um die Änderung eines bisher nichtigen Vertrags zwecks der Behebung dieser Nichtigkeit handelt, LG Stgt BWNotZ **85**, 167, Göttlich/Mümmler 30, RoW 3, aM LG Hann JB **02**, 154, KLBR 8 (aber man muß wirtschaftlich abgrenzen, Rn 4, Rn 7 „Schuldumschaffung").

Rangänderung: § 42 ist anwendbar, soweit es um eine Änderung des Rangs eines dinglichen Rechts geht.

Registeranmeldung: § 42 ist auf sie *unanwendbar*.

Rücktritt: § 42 ist *unanwendbar*, soweit die Partner frei ein Rücktrittsrecht als nicht ausgeübt vereinbaren, Hamm MittBayNot **99**, 585, Karlsr Rpfleger **85**, 417.

7 **Schreib- oder Rechenfehler:** § 42 ist *unanwendbar*, soweit es nur um die Berichtigung eines offenbaren Schreib- oder Rechenfehlers usw entsprechend § 319 ZPO, § 42 FamFG geht, aM KLBR 21. Diese Berichtigung ist gebührenfrei, soweit das Gericht den Fehler verschuldet hat, § 16. Sonst ist § 30 I anwendbar.

Soweit das Versehen bei der Erklärung *nicht offen zutage* liegt, entsteht allerdings die Gebühr, LG Bln VersR **83**, 569. Das gilt meist dann, wenn ein Teil des sachlichen Inhalts ausgelassen worden war.

Schuldumschaffung: Bei einer Ersetzung des vorherigen Rechtsverhältnisses durch ein anderes neues ist § 42 *unanwendbar*. Dabei muß man wirtschaftlich abgrenzen. S aber auch Rn 6 „Nichtigkeit".

8 **Übertragung:** § 42 ist *unanwendbar*, soweit es sich um eine Übertragung handelt. Denn sie enthält keine Änderung der bisherigen Beurkundung. Vgl freilich auch Rn 2.

Testament: § 42 ist auf ein Testament *unanwendbar*. Es gilt § 46, Stgt JB **07**, 600.

Versteigerung: § 42 ist auf ein Nachgebot *unanwendbar*.

Vorbehaltsgut: Rn 5 „Ehegüterrecht".

Widerruf: § 42 ist *unanwendbar*, soweit der Notar einen Vertrag nach einem wirksamen Widerruf neu beurkundet. Dann gilt § 36 II, Hamm JB **99**, 490.

9 **Wirtschaftliche Selbständigkeit:** Rn 5 „Inhaltsänderung".

Wohnungseigentum: § 42 ist bei einer Änderung des Gemeinschaftseigentums oder der Gemeinschaftsordnung anwendbar.

Unanwendbar ist § 42 bei der nachträglichen Begründung von Sondereigentum.

Zahlungsbedingungen: § 42 ist anwendbar, soweit es um die Änderung der Zahlungsbedingungen geht, zB bei einer Hypothek.

Zins: § 42 ist bei seiner Änderung anwendbar.

S auch Rn 5 „Erbbaurecht".

10 **5) Gebühr.** Soweit § 42 anwendbar ist, gilt grundsätzlich derselbe Gebührensatz wie für die ursprüngliche Beurkundung. Das gilt bei einer einseitigen Erklärung wie bei einem gegenseitigen oder sonstigen Vertrag. Es entsteht jedoch höchstens 1,0 Gebühr, auch zB bei einem ergänzenden oder ändernden Vertrag.

11 **6) Geschäftswert.** Es gelten keine Besonderheiten. Auch hier muß man nach Rn 4 wirtschaftlich denken, Hansens JB **89**, 575. Bei mehreren Änderungen oder Ergänzungen muß man grundsätzlich wie sonst zusammenrechnen. Bei einem Austauschvertrag nach § 39 II gilt aber wie sonst nur der höhere Wert.

Anerkennung einer schriftlich abgegebenen Erklärung

43 Für die Anerkennung des Inhalts einer schriftlich abgegebenen Erklärung (§ 9 Abs. 1 Satz 2 des Beurkundungsgesetzes), einschließlich der Beur-

§§ 43, 44 KostO

kundung ergänzender oder ändernder Erklärungen, wird dieselbe Gebühr wie für die Beurkundung der Erklärung erhoben.

1) Geltungsbereich. Nach § 9 I 2 BeurkG gilt bei der Beurkundung einer Willenserklärung eine solche private oder beurkundete Erklärung in einem solchen Schriftstück als in der Niederschrift selbst enthalten, auf das die Niederschrift verweist und das der Beurkundung beiliegt. Diesen Fall regelt § 43 kostenrechtlich auch dann, wenn der Vertrag erst durch die Beurkundung zustande kommt, etwa bei der Veräußerung eines Grundstücks nach § 311b BGB. **1**

2) Änderung, Ergänzung. Eine Änderung oder Ergänzung kostet nichts, soweit ihre Beurkundung gleichzeitig erfolgt. Denn insofern findet die Beurkundung in der geänderten oder ergänzten Form statt. Derjenige Beteiligte, der ihr erst nachträglich zustimmt, muß aber nach § 38 II Z 1 zahlen. **2**

3) Gebühr. Es gelten §§ 36 ff. Man muß eine nach § 145 entstandene Entwurfsgebühr gemäß § 145 I 3 anrechnen. **3**

4) Geschäftswert. Es gilt nichts Besonderes, §§ 39 ff. **4**

Mehrere Erklärungen in einer Urkunde

44 ^{I} ^{1}Werden in einer Verhandlung mehrere Erklärungen beurkundet, die denselben Gegenstand haben (z. B. der Kauf und die Auflassung, die Schulderklärung und die zur Hypothekenbestellung erforderlichen Erklärungen), so wird die Gebühr nur einmal von dem Wert dieses Gegenstandes nach dem höchsten in Betracht kommenden Gebührensatz berechnet. ^{2}Dies gilt auch dann, wenn von mehreren Erklärungen die einen den ganzen Gegenstand, die anderen nur einen Teil davon betreffen (z. B. das Schuldversprechen und die Bürgschaft für einen Teil der Schuld); unterliegen in diesem Fall die Erklärungen verschiedenen Gebührensätzen, so werden die Gebühren gesondert berechnet, wenn dies für den Kostenschuldner günstiger ist.

^{II} Haben die in einer Verhandlung beurkundeten Erklärungen einen verschiedenen Gegenstand, so gilt folgendes:
a) Unterliegen alle Erklärungen dem gleichen Gebührensatz, so wird dieser nur einmal nach den zusammengerechneten Werten berechnet.
b) Sind verschiedene Gebührensätze anzuwenden, so wird jede Gebühr für sich berechnet; soweit mehrere Erklärungen dem gleichen Gebührensatz unterliegen, werden die Werte zusammengerechnet; insgesamt darf in diesem Fall nicht mehr erhoben werden, als bei Zugrundelegung des höchsten der angewendeten Gebührensätze vom Gesamtwert zu erheben sein würde.

^{III} ^{1}Treffen Erklärungen, die sich auf eine Rangänderung beziehen, mit anderen Erklärungen in einer Urkunde zusammen, so gilt als Gegenstand der Rangänderung das vortretende oder das zurücktretende Recht, je nachdem es für den Kostenschuldner nach den vorstehenden Vorschriften günstiger ist. ^{2}Die Vormerkung gemäß § 1179 des Bürgerlichen Gesetzbuchs zugunsten eines nach- oder gleichstehenden Berechtigten steht der Rangänderung gleich. ^{3}Das gleiche gilt für den Ausschluß des Löschungsanspruchs nach § 1179a Abs. 5 des Bürgerlichen Gesetzbuchs.

Gliederung

1) Systematik, I–III	1
2) Regelungszweck, I–III	2
3) Geltungsbereich, I–III	3
4) Derselbe Gegenstand, I	4–8
A. Begriff	4–7
B. Geschäftswert	8
5) Verschiedene Gegenstände, II	9–13
A. Begriff, II a, b	9
B. Derselbe Gebührensatz, II a	10, 11
C. Verschiedene Gebührensätze, II b	12, 13
6) Beispiele zur Frage desselben oder verschiedener Gegenstände, I, II	14–60
7) Rangänderung, III	61–64
A. Anwendungsbereich	61–63
B. Geschäftswert	64

KostO § 44   III. Kostenordnung

1   **1) Systematik, I–III.** Die Vorschrift betrifft nur die Beurkundung mehrerer selbständiger rechtsgeschäftlicher Erklärungen in derselben Urkunde, KG DNotZ **84**, 117, Oldb Rpfleger **89**, 330. Grundsätzlich entsteht auf Grund einer Urkunde nur *eine* Gebühr. Das gilt unabhängig davon, wie viele Erklärungen diese Urkunde enthält. Eine eidesstattliche Versicherung stellt keine Erklärung nach § 44 dar. Ein Beschluß einer Gesellschafterversammlung kann eine derartige Erklärung enthalten. § 41 c III 1 verweist auf § 44, ebenso §§ 45 I 2, 145. Damit für mehrere Erklärungen nur eine Gebühr entsteht, ist eine Beurkundung in derselben Verhandlung erforderlich, also in demselben Verhandlungsprotokoll.

2   **2) Regelungszweck, I–III.** Aus den Erwägungen Rn 1 muß der Notar aus Kostenersparnisgründen zusammengehörige Gegenstände auch möglichst einheitlich beurkunden, Meyer JB **05**, 75. Die getrennte Beurkundung von Zusammengehörigem verstößt gegen § 16, soweit nicht ein anerkennbares Bedürfnis dazu vorliegt, BayObLG MittBayNot **00**, 275. Das gilt freilich nur, soweit es nicht dem vorrangigen Grundsatz widerspricht, den für die Beteiligten richtigsten und sichersten Weg zu wählen. Eine bloße Kostenersparnis kann sogar zur Unwirksamkeit eines darin liegenden Gebührenverzichts und zur Notwendigkeit der Unterstellung getrennter Urkunden führen.

3   **3) Geltungsbereich, I–III.** § 44 setzt voraus, daß mehrere selbständige Erklärungen nach §§ 36–38, 42, 43 unter Lebenden vorliegen, BayObLG DNotZ **87**, 178. Nebenabreden gilt die Gebühr für die Hauptvereinbarung ab, § 35 Rn 1. Solche Nebenabreden sind zB: Die Unterwerfung unter die „sofortige" Zwangsvollstreckung neben der Vertragsannahme, BayObLG **95**, 301, aM Zweibr FGPrax **00**, 44 (aber es liegen bei einer vernünftigen Betrachtung keine selbständigen Erklärungen vor, sondern die übliche, von allen Beteiligten als rechtlich und wirtschaftlich einheitlich betrachtete Gesamterklärung); die Unterwerfung neben der Hypothekenbestellung, nicht neben der bloßen Bewilligung; ein Rangvorbehalt bei einer Hypothekenbestellung. Er entspricht einer Zahlungsbedingung; ein Zuschreibungs- oder Abschreibungsantrag neben einer Beurkundung des Verkaufs.

4   **4) Derselbe Gegenstand, I.** Zur Entstehungsgeschichte BGH **153**, 25. Man muß zwei Aspekte beachten.
    A. Begriff. I 1 bestimmt nicht, wann mehrere Erklärungen in einer Urkunde denselben Gegenstand haben, BayObLG **87**, 342. Unter demselben Gegenstand versteht man dasselbe Rechtsverhältnis, dessen Begründung, Feststellung, Anerkennung, Änderung, Übertragung, Aufhebung, überhaupt alle zu seiner Erfüllung, Durchführung oder Sicherung vorgenommenen Geschäfte betreffen, BGH JB **06**, 262, Hamm FGPrax **02**, 87 (auch zugunsten eines Dritten), LG Kassel JB **04**, 440, Meyer JB **05**, 75. Ähnlich wie bei der Abgrenzung einer oder mehrerer Angelegenheiten nach § 15 RVG, dort Rn 15, Teil X dieses Buchs, kann man auf einen solchen inneren Zusammenhang abstellen, der sich nicht auf die Durchführung oder Sicherstellung des Verpflichtungsvorgangs beschränkt. Nach I 2 Hs 1 gilt die Regelung des I 1 auch dann, wenn von mehreren Erklärungen die einen den ganzen Gegenstand und die anderen nur einen Teil davon betreffen. Man muß die Abgrenzung von I und II nach praktischen Gesichtspunkten vornehmen, Köln JB **75**, 930.

5   Dieselbe Urkunde kann auch *mehrere Rechtsverhältnisse* betreffen, BayObLG **80**, 274, KG BB **00**, 1314, Meyer JB **04**, 589. Einen gewissen Anhaltspunkt kann auch die Abhängigkeit eines beurkundeten weiteren Rechtsverhältnisses von dem Hauptgeschäft geben, BayObLG **87**, 342, Meyer JB **05**, 75.

6   Eine *Vollmacht* an mehrere Personen wegen desselben Gegenstands fällt unter § 44. Etwas anderes gilt, soweit dieselbe Urkunde den Beschluß eines Gesellschaftsorgans und rechtsgeschäftliche Erklärungen der Gesellschafter verbrieft. § 44 ist insoweit unanwendbar. Denn § 41 c III 1 verweist auf § 44 nur zur Wertbemessung, um die es sich im § 41 c allein handelt, § 47 Rn 6, Meyer JB **04**, 589.

7   Für die *Wertbemessung* ist der Zeitpunkt der Beurkundung maßgeblich, nicht aber der Zeitpunkt einer etwaigen Vollstreckungsklausel.

8   **B. Geschäftswert.** Soweit es sich um denselben Gegenstand nach I handelt, entsteht die Gebühr nur einmal nach dem höchsten infrage kommenden Wert, BGH JB **06**, 263 (krit Schmidt). Soweit die Erklärung den ganzen Gegenstand betrifft, die

andere nur einen Teil, und soweit die Gebührensätze unterschiedlich hoch sind, muß man die Gebühren gesondert berechnen. Man muß also zusammenrechnen, soweit das Ergebnis für den Kostenschuldner günstiger ist. Dieser Fall kann nur dann eintreten, wenn für eine den ganzen Gegenstand betreffende Erklärung ein niedrigerer Gebührensatz besteht als für diejenige Erklärung, die einen Teil des Gegenstands betrifft. Der Wert der Gegenstände braucht nicht derselbe zu sein, Köln JB **97**, 206.

5) Verschiedene Gegenstände, II. Man muß zwei Situationen unterscheiden. 9
A. Begriff, II a, b. Vgl zunächst Rn 4–6. Es kommt darauf an, ob die verschiedenen Gegenstände Grundlage der in derselben Verhandlung beurkundeten Erklärungen waren, Düss DNotZ **84**, 120, Bank JB **80**, 1318, Bund JB **05**, 628. Soweit die in einer Verhandlung beurkundeten Erklärungen verschiedene Gegenstände haben, muß man für den Geschäftswert nach II die folgenden Situationen unterscheiden.

B. Derselbe Gebührensatz, II a. Soweit alle Erklärungen demselben Gebühren- 10 satz unterliegen, berechnet sich dieser nur einmal nach den zusammengerechneten Werten. Von den zusammengerechneten Werten entsteht also eine Gebühr. Das gilt unabhängig davon, ob die Beurkundung nur auf Grund des Wunsches der Beteiligten in derselben Urkunde erfolgte, Hamm FGPrax **03**, 187, oder ob derselbe Beschluß zugrunde lag, KG BB **00**, 1314. Die Zusammenrechnung kann durchaus einen Gesamtwert von mehr als 60 000 000 EUR ergeben, § 18 I 2 Hs 2, dort Rn 7, Filzek JB **04**, 579, aM Kageler/Schmidt-Reissig JB **06**, 517.

Dieser Gedanke läßt sich auch auf den Entwurf für *mehrere* gleichlautende *Angebote* 11 übertragen, BayObLG **91**, 312, aM Düss MDR **93**, 1022 (aber die Interessenlage ist durchaus vergleichbar).

C. Verschiedene Gebührensätze, II b. Soweit verschiedene Gebührensätze an- 12 wendbar sind, muß man jede Gebühr für sich berechnen. Soweit mehrere Erklärungen aber demselben Gebührensatz unterliegen, muß man die Werte zusammenrechnen. Insgesamt darf man diejenige Höchstgebühr nicht überschreiten, die sich nach dem höchsten Satz des Gesamtwerts berechnet.

Beispiel: Es handelt sich um die Löschung einer Hypothek und um die Bestellung 13 einer anderen Hypothek mit einer Schuldverschreibung; es handelt sich um das Ausscheiden eines Vorstandsmitglieds und um dessen Bestellung als Prokurist.

6) Beispiele zur Frage desselben oder verschiedener Gegenstände, I, II 14
Abtretung: *I* kann anwendbar sein, soweit es um eine lastenfreie Veräußerung und eine zu diesem Zweck vorgenommene Abtretung der Kaufpreisforderung geht, BayObLG DNotZ **84**, 442, oder um eine Abtretung des Auszahlungsanspruchs des Käufers gegen die Finanzierungsbank.

II kann in folgenden Fällen anwendbar sein: Es geht um den Kaufvertrag und die Abtretung einer Eigentümergrundschuld an den Käufer, wenn ihr Wert den Kaufpreis übersteigt, Düss DNotZ **85**, 106; es geht um die Abtretung desselben Geschäftsanteils an zwei Personen, wobei die zweite Abtretung bei einer Unwirksamkeit der ersten eintreten soll, Rn 48 ff; es geht um die Abtretung der Hypothek an einen neuen Gläubiger und um eine Änderung der Bedingungen durch ihn, der der Eigentümer später zustimmt.

S auch Rn 15 „Angebot und Annahme", Rn 53 „Verkaufsverpflichtung".
Alteneil: I kann auf den Übergabe- oder Überlassungsvertrag anwendbar sein, LG Fulda JB **94**, 558.
Alternative Angebote: II kann anwendbar sein, soweit der Verkäufer eines Grund- 15 stücks mehreren verschiedenen Interessenten alternative Verkaufsangebote macht.
Angebot und Annahme: *I* ist grds beim Zusammentreffen beider Vorgänge anwendbar, Ludwig DNotZ **82**, 724. Das gilt einschließlich zugehöriger Unterwerfung nach Rn 52.

II ist anwendbar, soweit Angebot 1 eine Annahme erhält und mit Angebot 2 zusammentrifft, oder soweit ein Angebot und eine Kostenübernahme des Empfängers zusammentreffen, Mü MittBayNot **91**, 19, oder soweit der Angebotsempfänger sein Annahmerecht abtritt und der neue Gläubiger annimmt, oder soweit der Hypothekenschuldner dem Gläubiger oder einem Dritten ein Verkaufsangebot macht.

Ankaufsrecht: Die Bestellung eines Ankaufs- oder Vorkaufsrechts zugunsten eines 16 Dritten bei einem Grundstückskauf kann eine bloße Beschränkung des Käufers

ohne eine selbständige Leistungspflicht bedeuten. Dann darf man sie nicht besonders bewerten, § 20 I.
S auch Rn 38 „Leasing", Rn 56 „Vorkaufsrecht", Rn 57 „Wiederkaufsrecht".

17 **Anliegerbeitrag:** II kann anwendbar sein, soweit es um die Regelung eines bei der Abnahme des Grundstücks noch nicht fälligen Anliegerbeitrags geht, LG Waldshut-Tiengen Rpfleger **86**, 176.

18 **Auflassung:** I kann anwendbar sein, wenn es um folgende Fälle geht: Es handelt sich um einen Kaufvertrag und die zugehörige Auflassung, I 1, Stgt JB **90**, 1330; es geht um die Annahme des Kaufangebots mit einer Auflassung oder deren Vollmacht, KG Rpfleger **81**, 164; es handelt sich um einen Gesellschaftsvertrag und um die Auflassung eines eingebrachten Grundstücks, Düss BB **88**, 1352, LG Trier JB **02**, 431; es geht um eine Auflassung und um den Antrag auf die Eintragung einer Restkaufpreishypothek, BayObLG MittBayNot **99**, 494, oder um eine Auflassungs-Vormerkung auf Grund desselben Kaufvertrags, in dem der Antrag auf die Löschung der Vormerkung bei einer Eigentumsumschrift gestellt ist. Dabei sind etwaige Zusätze oder Bedingungen unschädlich, soweit man ohne weiteres nachprüfen kann, ob der Kaufvertrag erfüllt worden ist. Auch eine getrennte Beurkundung fällt unter I, BayObLG JB **01**, 598, Schmitz/Valkenberg DNotZ **90**, 674, aM Düss DNotZ **90**, 674 (§ 16).
I kann *unanwendbar* sein, soweit eine Löschungserklärung erst zusammen mit der Auflassung vorliegt, Celle JB **75**, 1098 (zustm Mümmler).
S auch Rn 28 „Erfüllung".

19 **Auseinandersetzung:** Rn 27 „Erbrecht", Rn 31 „Gesellschaft", Rn 33 „Güterrecht".
Ausscheiden: Rn 30 „Geschäftsführer", Rn 42 „Offene Handelsgesellschaft".

20 **Bauherrenmodell:** I kann anwendbar sein, soweit es um einen Kaufvertrag nach dem Bauherrenmodell und um einen zugehörigen Gesellschaftsgründungsvertrag geht, BayObLG **87**, 191, Hamm DB **83**, 1250, oder um eine zugehörige Vollmacht, Celle DNotZ **83**, 573, KG JB **91**, 1361 (zustm Hansens DNotZ **92**, 120), oder um einen Beitritt, KG JB **91**, 564.

21 **Bedingung:** I kann anwendbar sein, soweit das eine Geschäft von einem anderen abhängt, zB von der Unwirksamkeit des anderen, BayObLG **86**, 237.
Unanwendbar sind aber I, II, soweit eine Bedingung keine selbständige Bedeutung hat.
Belastungsvollmacht: Rn 55 „Vollmacht".
Betreuung, Vorsorge: Es kann I 2 Hs 2 anwendbar sein, Ffm FamRZ **07**, 1183; Oldb JB **05**, 549.
Unanwendbar ist I beim Zusammentreffen von Betreuungsvollmacht und Patientenverfügung, Zweibr RR **09**, 574, aM LG Kassel JB **09**, 321.
Bürgschaft: Wegen des Zusammentreffens mit einem Schuldversprechen vgl den Gesetzestext von I 2.
II ist anwendbar beim Zusammentreffen eines Darlehensvertrags mit einer Vereinbarung zwischen dem Hauptschuldner und dem Bürgen.

22 **Darlehenshypothek:** II kann anwendbar sein, soweit es um einen Kaufvertrag und um die Bewilligung einer Darlehenshypothek geht.

23 **Ehevertrag, Erbvertrag:** *I* ist auf einen Gütertrennungsvertrag und den Eintragungsantrag beim Güterrechtsregister anwendbar, ebenso auf den Ehevertrag und die Vermögensauseinandersetzung, soweit sie dem Zugewinnausgleich dient, Rn 59.
II ist auf das Zusammentreffen eines Mitgiftversprechens mit einem Ehevertrag anwendbar, ferner auf das Zusammentreffen einer Güterstandsvereinbarung mit einem Nachehelichenunterhalt, ferner auf das Zusammentreffen eines Ehevertrags mit einer Vermögensauseinandersetzung. Wegen der gleichzeitigen Beurkundung eines Ehevertrags und eines Erbvertrags § 46 III.

24 **Eigentümergrundschuld:** II kann anwendbar sein, soweit es um einen Kaufvertrag und die Abtretung einer Eigentümergrundschuld an den Käufer geht, falls ihr Wert den Kaufpreis übersteigt, Düss DNotZ **85**, 106.
Eigentumswohnung: Rn 58 „Wohnungseigentum".
Eintragung: I kann anwendbar sein, soweit es um die Bewilligung der Eintragung im Grundbuch und um den zugehörigen Antrag geht.

Erbausschlagung: *I* ist anwendbar, soweit mehrere nacheinander berufene Personen ausschlagen. 25

Erbbaurecht: *I* kann anwendbar sein, soweit es sich um die Bestellung oder den Kauf des Erbbaurechts und die Zustimmung zur Belastung oder nur um den Verzicht auf ein Vorkaufsrecht oder um eine Verlängerung des Vorkaufsrechts handelt, Düss JB **83**, 1237, oder soweit es sich um die Genehmigung des Grundeigentümers zur Belastung eines Erbbaurechts mit einer Hypothek und um die Einräumung eines Vorrangs für diese Hypothek handelt. Dann erfolgt die Wertberechnung nach III.

II kann in folgenden Fällen anwendbar sein: Es handelt sich um ein Vorkaufs- 26 recht zugunsten des Erbbauberechtigten und um die Bestellung des Erbbaurechts, § 21 Rn 5; es geht um einen Grundstückskaufvertrag und um einen Vertrag über die Bestellung eines Erbbaurechts an diesem Grundstück. Dann muß man beide Vertragsarten zusammenzählen; es geht um das Zusammentreffen eines Erbbau- und Wohnungserbbaurechts; es geht um den Kauf des Grundeigentums durch den Erbbauberechtigten und um die Löschung des Erbbaurechts.

S auch Rn 38 „Leasing", Rn 54 „Vertragsaufhebung", Rn 58 „Wohnungseigentum, -erbbaurecht".

Erbrecht: *I* ist grds auf die Auseinandersetzung anwendbar, auch bei einem Ankaufs- 27 oder Vorkaufsrecht des Abgefundenen, einschließlich einer Auflassung, -vollmacht und -vormerkung. I ist ferner auf eine Reihe von Erbausschlagungen anwendbar.

II kann in folgenden Fällen anwendbar sein: Es geht um die Aufhebung eines Erbauseinandersetzungsvertrages und um den Abschluß eines neuen gleichartigen Vertrags; es handelt sich um die Aufteilung des Anteils des verstorbenen Komplementärs zwischen den übrigen Gesellschaftern unter einer Belassung des Kapitals in der Firma, die sie fortführen. Denn dann liegt zugleich eine Erbauseinandersetzung und eine Abänderung des bestehenden Gesellschaftsvertrags vor; es treffen eine Erbauseinandersetzung und eine Überlassung des dabei erhaltenen Grundstücks an einen Dritten zusammen; es geht um eine Übertragung und einen Pflichtteilsverzicht, LG Kassel JB **09**, 323 rechts.

Erfüllung: *I* kann anwendbar sein, soweit es sich um die Beurkundung einer schuld- 28 rechtlichen Verpflichtung und der Erfüllung in derselben Urkunde handelt. Das gilt auch zB dann, wenn in derselben Verhandlung zum Zweck der Erfüllung eines Tauschvertrags mehrere Auflassungen erfolgen.

Genehmigung, Zustimmung: *I* kann anwendbar sein, soweit es um die Genehmi- 29 gung oder Zustimmung zu einem Rechtsgeschäft geht, BayObLG DB **89**, 2425, zB um die Zustimmung zu einem Verschmelzungsvertrag, BayObLG DB **89**, 2425.

S auch Rn 45 „Rangänderung", Rn 58 „Wohnungseigentum".

General- und Vorsorgevollmacht: Vgl Ffm FamRZ **07**, 1183, Bund JB **05**, 622 (Üb).

Geschäftsführer: *I* kann anwendbar sein in folgendem Fall anwendbar sein: Es geht um die Beur- 30 kundung eines Gesellschaftsvertrags und um die gleichzeitige Bestellung eines Geschäftsführers, Ffm JB **91**, 1220, Zweibr DNotZ **78**, 674, LG Darmst JB **91**, 1218, aM KG DNotZ **84**, 117, Oldb Rpfleger **89**, 331 (aber das ist ein ziemlich einheitlicher Vorgang).

I kann *ferner* in folgenden Fällen anwendbar sein: Es handelt sich um das *Ausscheiden* eines Gesellschafters und um eine Veränderung der Berufsbezeichnung eines anderen Gesellschafters infolge des Ausscheidens; es geht um das Ausscheiden und/oder um die Neubestellung mehrerer Geschäftsführer, aM BGH **153**, 27, LG Hann JB **02**, 91 (zustm Bund); es geht um die Beendigung der Vertretungsbefugnis eines Geschäftsführers und um die Bestellung eines anderen, Düss BB **88**, 1270, aM LG Kassel JB **01**, 151 (aber die Praxis zumindest der Gesellschaft versteht darunter einen einheitlichen Vorgang, Rn 6, jedenfalls bei einer Gleichzeitigkeit).

II kann anwendbar sein, soweit es sich um das Ausscheiden des Geschäftsführers einer GmbH und um die Bestellung eines anderen zum Geschäftsführer handelt, BGH Rpfleger **03**, 266 (krit Waldner), KG BB **00**, 1314, Zweibr RR **00**, 1567, aM LG Kleve DB **88**, 1007 (aber es muß keineswegs einem Ausscheidenden sogleich ein Neuer folgen, zumindest nicht bei mehreren Geschäftsführern).

S auch Rn 35 „Handelsregister".

31 Gesellschaft: *I* ist grds auf das Zusammentreffen eines Gesellschaftsvertrags mit der Einbringung eines Grundstücks anwendbar, Düss JB **88**, 1201, oder auf die Abtretung eines Gesellschaftsanteils und deren Genehmigung durch die Geschäftsführung, oder auf den Verkauf eines Anteils nebst einer Nichtausübung des Vorkaufsrechts eines Mitgesellschafters, oder auf einen Verschmelzungsvorgang nebst einem Verzicht eines Gesellschafters, Zweibr JB **03**, 148, oder auf das Zusammentreffen eines Gesellschaftsvertrags mit der satzungsgemäßen Feststellung eines Geschäftsführers, Stgt JB **90**, 1633, oder auf das Zusammentreffen eines Gesellschaftsvertrags mit einem Grundstückskauf. I ist ferner grds auf den Auseinandersetzungsvertrag anwendbar, KG JB **91**, 564.

II ist anwendbar beim Zusammentreffen eines Gesellschaftsvertrags mit einem Darlehen oder Kauf oder eines Gesellschaftsvertrags mit der Übertragung eines Gesellschafterdarlehens, LG Wuppert DNotZ **01**, 294, oder eines Gesellschaftsvertrags mit einer Pacht, BayObLG JB **88**, 891, oder vom Ausscheiden eines Gesellschafters und seinem Eintritt als ein stiller Gesellschafter.

Grundbuchblatt: I ist anwendbar beim Kauf nebst einem Antrag auf die Bildung eines neuen Blatts usw.

32 Grundpfandrechtsbestellung, -löschung: I kann in folgenden Fällen anwendbar sein: Es geht um eine schuldrechtliche Erklärung, auch um eine – selbst bedingte – Haftungsübernahme und eine zugehörige Grundschuld- oder Hypothekenbestellung, BayObLG DNotZ **85**, 104, oder um deren Löschung, Rostock JB **03**, 36; es handelt sich um die Grundschuldbestellung durch den Verkäufer und um die Abtretung des Anspruchs auf eine Darlehensauszahlung durch den Käufer, Köln Rpfleger **89**, 130, selbst wenn der den rechtlichen Zusammenhang herstellende Kaufvertrag anderweitig mitbeurkundet wurde, Hamm Rpfleger **88**, 285; es geht um die Mitbeurkundung eines sog Wirksamkeitsvermerks oder um dessen Miteintragung, Düss RR **01**, 70, KG JB **02**, 544, Schlesw Rpfleger **02**, 260, aM BayObLG Rpfleger **01**, 459, Hamm JB **02**, 259.

S auch Rn 39 „Löschung", Rn 45 „Rangänderung", Rn 53 „Verkaufsverpflichtung".

33 Grundpfandrechtsübernahme: I kann anwendbar sein, soweit es um eine Forderung und um die zugehörige Übernahme eines Grundpfandrechts geht, Celle FGPrax **03**, 236, Hamm Rpfleger **88**, 285, LG Trier JB **02**, 380, aM Stgt JB **91**, 707 (aber dann liegt ein ziemlich einheitlicher Vorgang vor).

Güterrecht: *I* kann anwendbar sein, soweit der Käufer beantragt, seine mit ihm in Gütergemeinschaft lebende Ehefrau mit einzutragen, oder soweit es um einen Ehevertrag und um die Eintragung der Gütertrennung im Güterrechtsregister geht, oder wenn die Aufhebung der Gütergemeinschaft und die nachfolgende Vereinbarung einer Zugewinngemeinschaft zusammentreffen, BayObLG JB **89**, 226, Hamm RR **01**, 1656, Köln JB **97**, 206. Letztere würde dann ja ohnehin kraft Gesetzes eintreten.

II kommt infrage, soweit bei der Auseinandersetzung ein Dritter etwas erhält.

S auch Rn 59 „Zugewinngemeinschaft".

34 Haftungsübernahme: Rn 32 „Grundpfandrechtsbestellung, -löschung", Rn 47 „Schuldbeitritt, -übernahme".

Handelsregister: Rn 30.

35 Herstellung eines Bauwerks: II kann anwendbar sein, soweit es sich um einen Grundstückskaufvertrag und um einen Vertrag über die Herstellung eines Bauwerks handelt. Dann muß man beide Vertragsarten zusammenzählen. Dabei darf man den Vertrag über die Herstellung des Bauwerks nur nach den dort geschuldeten Bauleistungen bewerten. Eine Vollmacht des Bauherrn bildet keinen weiteren, verschiedenen Gegenstand.

36 Kauf: Ihn erwähnt I 1 ausdrücklich, BayObLG DNotZ **79**, 430 (Kauf an noch zu bestimmenden Dritten), Stgt JB **90**, 1300 (Auflassung).
– **(Alternative):** Rn 15.
– **(Angebot – mehrere Interessenten):** *II* ist anwendbar beim Zusammentreffen eines Angebots an mehrere Interessenten mit deren Entscheidung, wer zugreifen will oder nicht, LG Mü MittBayNot **81**, 208.
– **(Auflassung):** Rn 18.
– **(Erbbaurecht):** Rn 25.

- **(Herstellung eines Bauwerks):** Rn 36.
- **(Kauf – Abtretung):** *I* kann anwendbar sein bei einer mitbeurkundeten Abtretung der Kaufpreisforderung an einen Grundpfandrechtsgläubiger, BayObLG JB 83, 1235.
  II ist anwendbar beim Zusammentreffen eines Kaufs mit der Abtretung des Auflassungsanspruchs an einen Dritten oder evtl einer Eigentümergrundschuld, Düss DNotZ 85, 106.
- **(Kauf – Darlehen):** *II* ist anwendbar auf das Zusammentreffen eines Kaufs mit einem Darlehen.
- **(Kauf – Gesellschaftsvertrag):** *II* ist anwendbar beim Zusammentreffen eines Kaufs mit einem Gesellschaftsvertrag.
- **(Kauf – Grundschuld):** *I* ist anwendbar bei der gleichzeitigen Übernahme 37 einer Grundschuld, Celle FGPrax 03, 236, Mü FGPrax 06, 41 (Vorlage beim BGH), aM Rostock JB 03, 36.
- **(Kauf – Hypothekenübernahme):** *II* ist anwendbar beim Zusammentreffen eines Kaufs mit der Übernahme einer Hypothek zu neuen Bedingungen.
- **(Kauf – Löschung):** *I* ist anwendbar bei einem gleichzeitigen Löschungsantrag, KG DNotZ 88, 454.
- **(Kauf – Mietvertragspflicht):** *I* ist anwendbar bei einer gleichzeitigen Übernahme von Mietvertragspflichten, Stgt FGPrax 97, 159.
- **(Kauf – Pfandentlassung):** *II* ist anwendbar beim Zusammentreffen eines Kaufs mit der Pfandentlassung durch einen Dritten.
- **(Kauf – Schenkung):** *II* ist anwendbar beim Zusammentreffen eines Kaufs mit einer Schenkung zwischen dem Käufer und einem Dritten.
- **(Kauf – Sicherung):** *II* ist anwendbar beim Zusammentreffen eines Kaufs mit einer Sicherung des Gläubigers des Käufers.
- **(Kauf – Vorkaufsrecht):** *II* ist anwendbar beim Zusammentreffen eines Kaufs mit Vorkaufsrechten mehrerer Käufer untereinander oder mit dem Vorkaufsrecht an einem weiteren Objekt, Mümmler JB 81, 203.
- **(Kauf – Wohnrecht):** *II* ist anwendbar beim Zusammentreffen eines Kaufs mit einem Wohnrecht.
- **(Vertragsaufhebung – Neuvertrag):** *II* ist anwendbar beim Zusammentreffen einer Vertragsaufhebung mit dem Abschluß eines neuen Vertrags.

Kommanditgesellschaft: Rn 27 „Erbrecht".

Leasing: I kann anwendbar sein, soweit es um einen Leasingvertrag in der Form 38 eines „sale-and-lease-back" mit einem Erbbaurechtsbestellungsvertrag, einem Pachtvertrag und einem Ankaufsrecht handelt, BayObLG DB 84, 1572.

Leibrente: I kann anwendbar sein, soweit es um eine Leibrente und eine echte Wertsicherungsklausel geht, Schlesw DNotZ 86, 441 (abl Reimann), aM BayObLG JB 75, 1485 (aber beides gehört direkt zusammen).

Löschung: I kann in folgenden Fällen anwendbar sein: Es geht um den Entwurf 39 einer löschungsfähigen Quittung und eines Löschungsantrags sowie um eine gleichzeitig erfolgte Unterschriftsbeglaubigung; es geht um einen Kaufvertrag und um die Löschung eines Grundpfandrechts, KG DNotZ 88, 454, LG Darmst JB 77, 714; es geht um eine lastenfreie Veräußerung und einen zu diesem Zweck gleichzeitig gestellten Löschungsantrag oder um eine zu diesem Zweck erfolgte Abtretung der Kaufpreisforderung, BayObLG DNotZ 84, 442.

I kann *unanwendbar* sein, soweit es um einen Kaufvertrag und um die Löschung einer Fremdgrundschuld geht, LG Darmst JB 77, 714.

S auch Rn 18 „Auflassung", Rn 32 „Grundpfandrechtsbestellung, -löschung", Rn 45 „Rangänderung".

Mehrheit von Änderungen: Bei mehreren Änderungen desselben Rechts ist § 39 I 40 anwendbar.

Mehrheit von Rechtsverhältnissen: *I* kann anwendbar sein, soweit es um eine 41 Verbindung mehrerer Rechtsverhältnisse zu einem einheitlichen geht, etwa eines Vorkaufsrechts zur Sicherung einer Hypothek und eines Wohnungsbelegungsrechts.

II kann in folgenden Fällen anwendbar sein: Eine Urkunde enthält die Bestellung mehrerer Rechte an demselben Grundstück; dieselbe Urkunde enthält mehrere Kaufverträge zwischen verschiedenen Beteiligten, Köln MDR 88, 328, Schlesw JB

KostO § 44   III. Kostenordnung

94, 287, aM Ffm JB **80**, 116 (aber die Vorgänge sind rechtlich weitgehend unabhängig voneinander). Dann ist es unerheblich, ob die Urkunde für alle Verträge einheitliche Bestimmungen enthält, außerdem aber gesonderte Erklärungen der Vertragspartner über den jeweiligen Kaufgegenstand und -preis; es geht um Sorgerechtserklärungen für mehrere Kinder.

S auch Rn 54 „Vertragsaufhebung".

Miete: *I* ist anwendbar, soweit der Notar im Kaufvertrag auch die Übernahme von Verpflichtungen aus einem vom Verkäufer abgeschlossenen Mietvertrag beurkundet, Stgt FGPrax **97**, 159, oder wenn Miete oder Pacht und Bürgschaft usw zur Sicherung der Leistungen des Mieters oder Pächters zusammentreffen.

II ist anwendbar auf das Zusammentreffen eines Mietvertrags mit einem Kaufangebot oder Vorkaufsrecht des Mieters.

Nichtigkeit: I ist anwendbar auf die Feststellung der Nichtigkeit des Kaufvertrags nebst einer Löschungsbewilligung über eine Auflassungsvormerkung.

Nießbrauch: *I* kann auf den Übergabe- oder Überlassungsvertrag anwendbar sein, LG Fulda JB **94**, 558.

II ist bei der Ablösung von Nießbrauch durch Miete usw anwendbar.

42 **Offene Handelsgesellschaft:** II kann anwendbar sein, soweit es sich um das Ausscheiden eines Gesellschafters aus einer Offenen Handelsgesellschaft und um seinen Eintritt als ein stiller Gesellschafter in die im übrigen fortgesetzte OHG handelt.

43 **Pachtvertrag:** Rn 38 „Leasing".

44 **Prokurist:** II kann anwendbar sein, soweit es um die Bestellung mehrerer Prokuristen für dasselbe Unternehmen geht, Celle JB **01**, 598, aM RoWB 10 (es handle sich um dasselbe Rechtsverhältnis, vom Unternehmer her gesehen. Aber gerade von seinem Gesichtspunkt aus handelt es sich doch in Wahrheit um verschiedene Rechtsvorgänge, nämlich gegenüber verschiedenen Mitarbeitern).

45 **Rangänderung:** I kann anwendbar sein, soweit es um die Zustimmung des Grundeigentümers zu einem Rangrücktritt eines Grundpfandrechts und um die Bewilligung einer Löschungsvormerkung wegen des vorrückenden Grundpfandrechts zugunsten des zurücktretenden Gläubigers geht. Vgl aber auch § 23 Rn 14.

S auch Rn 25 „Erbbaurecht".

46 **Schenkung:** *I* kann in folgenden Fällen anwendbar sein: Es geht um einen Schenkungsvertrag zwischen Eheleuten und in ihm um eine Regelung über die Behandlung der geschenkten Grundstücksanteile bei einer Scheidung, Stgt DNotZ **92**, 593; es handelt sich um eine Vollmacht an den Beschenkten zur Belastung des Grundstücks noch vor seiner Eintragung als Eigentümer im Grundbuch.

II ist anwendbar auf einen im Schenkungsvertrag von der mit anwesenden Ehefrau erklärten Pflichtteilsverzicht, LG Kassel JB **04**, 440.

Schiedsvereinbarung: Vgl zunächst §§ 30 I, 36 II, 145 I. I ist bei einer gleichzeitigen Beurkundung des Rechtsgeschäfts und einer zugehörigen Schiedsvereinbarung nach § 1029 ZPO anwendbar.

47 **Schuldbeitritt, -übernahme:** I kann anwendbar sein, soweit es um den Schuldbeitritt der Ehefrau des Käufers als Gesamtschuldnerin zu der von ihrem Ehemann als dem persönlichen Schuldner übernommenen befreienden Schuldübernahme geht, oder um die Schuldübernahme durch einen Dritten ohne eine Regelung des zugehörigen Rechtsgrunds (im letzteren Fall II).

Schuldversprechen: Wegen des Zusammentreffens mit einer Bürgschaft oder mit einer anderen Sicherungsabrede vgl den Gesetzestext von I 2.

48 **Sicherstellung:** *I* kann anwendbar sein, soweit es sich um den Vertragsanspruch und um seine Sicherstellung handelt, BayObLG DNotZ **84**, 442, Hamm Rpfleger **80**, 123.

II ist bei einer mehrfachen Belastung anwendbar.

49 **Stille Gesellschaft:** Rn 42 „Offene Handelsgesellschaft".

Tausch: Vgl zunächst Rn 37 „Kauf". Auch beim sog Ringtausch (Umlegung von Grundstücken) ist I anwendbar, BayObLG **88**, 140, Zweibr MittBayNot **96**, 58.

50 **Teilobjekt:** Rn 54 „Vertragsrahmen".

51 **Umlegung:** I kann bei einer privaten Umlegungsvereinbarung anwendbar sein, BayObLG **88**, 140, Zweibr MittBayNot **96**, 58.

Umwandlung: *I* kann anwendbar sein, soweit der Notar die Beschlüsse des übertragenden und des aufnehmenden Rechtsträgers zu einem Verschmelzungsvertrag in derselben Urkunde zusammenfaßt, oder wenn es neben dem Verschmelzungsvertrag um den Verzicht auf die Erstattung eines Verschmelzungsberichts oder auf die Prüfung des Verschmelzungsvertrags sowie auf die Anfechtung der Verschmelzungsbeschlüsse geht, Hamm FGPrax **02**, 87, oder soweit es sich um den Verschmelzungsvertrag und Verzichtserklärungen der Anteilsinhaber nach §§ 8 III, 9 III, 16 II 2 UmwG handelt, Zweibr FGPrax **02**, 275, oder wenn die Wirksamkeit der einen Verschmelzung von der Wirksamkeit der anderen abhängen soll, Hamm MittBayNot **04**, 68, Lappe NotBZ **00**, 232, Tiedtke ZNotP **01**, 241.

II kann anwendbar sein, soweit die aufnehmende Kapitalgesellschaft zugleich mit der Zustimmung zur Verschmelzung eine Kapitalerhöhung beschließt, oder wenn eine Verschmelzung auf eine neu gegründete GmbH und die Bestellung eines Geschäftsführers zusammentreffen.

S auch Rn 58 „Wohnungseigentum".

Unterhalt: I ist auf das Zusammentreffen einer Unterhalts- und einer Sicherungsabrede anwendbar. **52**

Unterwerfung: I kann anwendbar sein, soweit es um eine Forderung und die zugehörige Erklärung der Unterwerfung unter die „sofortige" Zwangsvollstreckung geht, Zweibr JB **00**, 151, Bengel DNotZ **96**, 361, aM BayObLG DNotZ **96**, 396 (gebührenfreies Nebengeschäft nach § 35).

Verein: II kann dann anwendbar sein, wenn ein Vorstand ausscheidet und ein neuer eintritt, Hamm FGPrax **09**, 185.

Verkaufsverpflichtung: I kann anwendbar sein, soweit es sich um eine Hypothekenbestellung, um die Verpflichtung zum Verkauf des belasteten Grundstücks und um die Abtretung des Erlöses handelt. **53**

Verschmelzung: Rn 51.

Vertragsaufhebung: *II* kann anwendbar sein, soweit eine Urkunde die Aufhebung **54** des einen Kaufvertrags und den Verkauf an einen anderen Käufer enthält, auch bei einem Vorkaufsrecht des Erbbauberechtigten am Grundstück, § 21 Rn 4.

Vertragsrahmen: I kann anwendbar sein, soweit es um den Entwurf eines Vertragsrahmens für die Veräußerung einer bereits begrenzten Zahl von Teilobjekten geht, Düss DNotZ **84**, 118.

Verzicht: I ist beim Zusammentreffen eines Verzichts mit einer Verschmelzung anwendbar, Zweibr JB **03**, 148.

Unanwendbar ist II beim Verzicht auf eine Steuerbefreiung und bei einer Option nach § 9 UStG, Düss JB **08**, 433.

Vollmacht: *I* kann in folgenden Fällen anwendbar sein: Es handelt sich um eine Vollmacht an den Beschenkten zur Belastung des ihm geschenkten Grundstücks noch vor seiner Eintragung als Eigentümer, BGH NJW **06**, 2045, Celle JB **97**, 156; es geht um eine Vollmacht zwecks der Bestellung eines Pfandrechts am Kaufgegenstand zwecks einer Investition auf dem Kaufgrundstück (sonst II), Celle JB **97**, 156, Ffm DNotZ **77**, 503, KG DNotZ **92**, 117. Das gilt selbst bei einer Belastung über den Kaufpreis hinaus, Celle JB **97**, 156, Hamm FGPrax **06**, 37, Rostock MittBayNot **02**, 207; es geht um eine Vollmacht zugunsten des Baubetreuers, aM Düss DNotZ **81**, 326 und 327, Zweibr DNotZ **81**, 329 (aber beides gehört ersichtlich zusammen), oder um die Vollmacht des zugleich beauftragten Maklers, BayObLG JB **82**, 1549. **55**

I kann *ferner* anwendbar sein, soweit es sich um die Vollmacht zugunsten eines Finanzierungsinstituts handelt, Köln JB **75**, 930, oder um die Vollmacht mehrerer Personen in einer Rechtsgemeinschaft an einen oder mehrere Bevollmächtigte, BayObLG MittBayNot **85**, 149. Zur General- und Vorsorgevollmacht Bund JB **05**, 622 (Üb).

II ist anwendbar, soweit es um mehrere Vollmachten verschiedener Vollmachtgeber geht, die nicht in einer Rechtsgemeinschaft stehen.

Vorkaufsrecht: *I* kann bei der Übernahme eines Rechts anwendbar sein, Ffm JB **77**, **56** 1271.

Auch *II* kann anwendbar sein, LG Trier JB **02**, 432. Das gilt zB beim Verkauf eines Grundstücksteils und bei einem gleichzeitig erteilten Vorkaufsrecht am Grundstücksrest.

S auch Rn 25 „Erbbaurecht", Rn 41 „Mehrheit von Rechtsverhältnissen".

Vorsorge, Betreuung: Es kann I 2 Hs 2 anwendbar sein, Oldb JB **05**, 549.

57 Wahlschuld: *I* kann anwendbar sein, soweit es um die Beurkundung mehrerer Pflichten geht, von denen der Schuldner nach der Wahl des Gläubigers nur eine erfüllen muß, und soweit es sich dabei um denselben Vertrag handelt.
Wertsicherungsklausel: Rn 38 „Leibrente".
Wiederkaufsrecht: *I* ist anwendbar, soweit es nur eine Sicherung darstellt.
II ist anwendbar, soweit es einen eigenen Wert über eine Sicherung hinaus hat.
Wirksamkeitsvermerk: Rn 32 „Grundpfandrechtsbestellung, -löschung".
Wohnrecht: *I* kann auf den Übergabe- oder Überlassungsvertrag anwendbar sein, LG Fulda JB **94**, 558.
Wohnungsbelegungsrecht: Rn 41 „Mehrheit von Rechtsverhältnissen".

58 Wohnungseigentum, -erbbaurecht: *I* kann anwendbar sein, soweit es um den Kaufvertrag und um die Zustimmung des Verwalters geht, LG Bln JB **78**, 1866, oder um die gleichzeitige Finanzierungspflicht oder -vollmacht, Ffm DNotZ **77**, 503, oder um die Gemeinschaftsordnung und um die Regelung der Gemeinschaft.
II kann anwendbar sein, soweit es sich um die Umwandlung von Gesamthands- in Bruchteilseigentum bei einer Erbauseinandersetzung und um die Begründung von Wohnungseigentum handelt, Schlesw DNotZ **87**, 181, oder um die Begründung von Wohnungseigentum und um Vereinbarungen der Miteigentümer untereinander, etwa um deren Vorkaufsrechte.

59 Zugewinngemeinschaft: *I* kann in folgenden Fällen anwendbar sein: Es geht um die Aufhebung der Gütergemeinschaft nebst einer Vereinbarung der Zugewinngemeinschaft, Hamm FGPrax **00**, 164; es geht um die Aufhebung der Zugewinngemeinschaft und um die Beurkundung der Art und Höhe des Zugewinns, wenn man den Ausgleichsanspruch durch die gleichzeitig beurkundete Realteilung eines Bruchteilseigentums erfüllen soll, BayObLG **87**, 342, Köln JB **97**, 206; es geht im Rahmen der Aufhebung der Zugewinngemeinschaft um die Verteilung des gemeinsamen Vermögens, BayObLG DNotZ **89**, 710.
S auch Rn 33 „Güterrecht".

60 Zustimmung: Rn 29 „Genehmigung, Zustimmung".
Zwangsvollstreckung: Rn 52 „Unterwerfung".

61 7) Rangänderung, III. Sie zeigt die folgenden Besonderheiten.
A. Anwendungsbereich. Bei einer solchen Rangänderung, auf die die Erklärung eines Rangvorbehalts hinzielt, und bei einer Löschungsvormerkung nach § 1179 BGB gilt grundsätzlich § 23 III. Es entscheidet also grundsätzlich der jeweils geringere Wert des vortretenden oder zurücktretenden Rechts. Wenn aber eine Rangänderung mit einer anderen Erklärung zusammentrifft, zB wegen der Fälligkeit oder wegen des Zinsfußes, gilt die Sonderregelung des § 44 III. Sie hat gegenüber § 23 III den Vorrang. § 39 I 2 bildet die Obergrenze. III gilt auch bei der Vorrangeinräumung eines neuen Rechts und dann, wenn nur ein Teil eines Rechts den Vorrang erhält.

62 Dann kommt es darauf an, ob das vortretende oder zurücktretende Recht für den Kostenschuldner *günstiger* ist. Das günstigere entscheidet. Man muß in diesem Zusammenhang prüfen, ob das höher bewertete Recht mit dem von der anderen Erklärung betroffenen Recht denselben Gegenstand bildet und ob das geringerwertige Recht unter Umständen einen verschiedenen Gegenstand hat.

63 Beim *Ausschluß des Löschungsanspruchs* nach § 1179a V BGB muß man III 3 beachten. Die Vorschrift hat eine Bedeutung nur dann, wenn man zB den Ausschluß nachträglich vereinbart und wenn der Notar in derselben Verhandlung auch noch solche Erklärungen beurkundet, die sich auf das vorrangige Recht beziehen, demgegenüber der Löschungsanspruch nicht mehr bestehen soll.
Unanwendbar ist III bei der Rangbestimmung gleichzeitig bestellter Rechte nach § 879 III BGB oder bei einem Rangvorbehalt nach § 881 BGB.

64 B. Geschäftswert. Der Wert richtet sich nach § 23 III 3.

Beglaubigung von Unterschriften

45 I ¹Für die Beglaubigung von Unterschriften oder Handzeichen wird ein Viertel der vollen Gebühr, höchstens jedoch ein Betrag von 130 Euro, er-

1. Teil. Gerichtskosten **§ 45 KostO**

hoben. ²Der Wert ist ebenso zu bestimmen, wie wenn die Erklärung, unter der die Unterschrift oder das Handzeichen beglaubigt wird, beurkundet würde.

^{II} Für die nach den Staatsschuldbuchgesetzen erforderlichen Unterschriftsbeglaubigungen wird nur die Mindestgebühr erhoben.

Gliederung

1) Systematik, I, II	1
2) Regelungszweck, I, II	2
3) Geltungsbereich, I, II	3, 4
4) Gebührenhöhe, I 1, II	5, 6
A. Grundsatz, I 1	5
B. Unterschriftsbeglaubigung, II	6
5) Geschäftswert, I 2, II	7, 8
6) Fälligkeit, Kostenschuldner, I, II	9

1) Systematik, I, II. Die Vorschrift erfaßt nicht den Beurkundungs-, sondern nur **1** den bloßen Beglaubigungsvorgang. Sie erfaßt diese Beglaubigung aber auch gegenüber demjenigen Kostenschuldner, der außerdem in einer anderen oder in derselben Angelegenheit eine Beurkundung vornehmen läßt, soweit eben daneben auch noch eine gesonderte Beglaubigung erfolgt. I 2 verweist der Sache nach auf §§ 36 ff. §§ 55, 58 sind anwendbar. § 59 ist unanwendbar.

2) Regelungszweck, I, II. Durch die Höchstgebühr in I 1 Hs 2 und die Fest- **2** Mindestgebühr in II wird trotz des in I 1 Hs 1 eröffneten Ermessens deutlich, daß man die Kostendämpfung als der Hauptzweck der Vorschrift auch innerhalb des Rahmens bis 130 EUR stets mitbeachten muß.

3) Geltungsbereich, I, II. Die Vorschrift gilt für sämtliche Unterschriftsbeglau- **3** bigungen des Namens oder nach § 17 I HGB der Firma, BayObLG JB **83**, 1685. Sie gilt auch dann, wenn die Beurkundung der persönlichen Vollziehung vor dem Gericht oder dem Notar erfolgt, etwa nach § 12 HGB. Soweit der Notar die Nämlichkeit der Beteiligten und den Inhalt der Urkunde wegen etwaiger Versagungsgründe nach § 14 II BNotO und § 4 BeurkG prüft, erfaßt I diese Tätigkeit mit. Eine weitergehende inhaltliche Überprüfung löst eine weitere Vergütung aus, meist nach § 145 I 2, 3. Das kann aber nach § 145 I 4 die erste Beglaubigungsgebühr entfallen lassen. Auch ist eine Grundbucheinsicht nur zwecks einer Klärung von Formfragen keine Überprüfung nach § 145 I 2, 3. Eine Gebühr des § 147 I 1 oder 2 kann neben § 45 anfallen. Bei einer inhaltlichen wirtschaftlichen oder rechtlichen Überprüfung kann aber neben § 45 zB § 147 II anwendbar sein, Reimann DNotZ **87**, 137.

Soweit der Notar rein *sprachliche* oder ähnliche „berichtigende" Änderungen vor- **4** nimmt, bleibt es bei § 45, Stgt JB **92**, 618, LG Mainz MDR **98**, 1502, LG Mannh JB **99**, 378. Soweit er sachliche nicht nur ganz unerhebliche Änderungen vornimmt, entsteht die Entwurfgebühr nach § 145, LG Mannh JB **99**, 378, falls man ihn mit solchen sachlichen Änderungen wenigstens stillschweigend beauftragt hatte, Karlsr JB **92**, 549 (nicht stets), Stgt JB **81**, 913. Vgl dazu im einzelnen bei § 145 Rn 6 ff. Eine nur förmliche Berichtigung bleibt aber unbezahlt. Man muß die Abgrenzung in derselben Urkunde evtl von Gegenstand zu Gegenstand unterschiedlich vornehmen.

Die Gebühr entsteht auch für eine *im Inland* vorgenommene Beglaubigung, selbst wenn die Unterschrift im Ausland erfolgte oder anerkannt wurde. Bei der Beglaubigung *mehrerer Unterschriften* oder Handzeichen in derselben Urkunde entsteht nur eine Gebühr, sofern ein Vermerk alle beglaubigt. Andernfalls entstehen jeweils neue Gebühren. Mehrere Gebühren entstehen auch bei der Beglaubigung der Unterschrift derselben Person auf mehreren Ausfertigungen.

4) Gebührenhöhe, I 1, II. Es gelten die folgenden Regeln. **5**
A. Grundsatz, I 1. Es entsteht für jede Beglaubigung grundsätzlich 0,25 Gebühr, jedoch höchstens eine Gebühr von 130 EUR. Die Gebühr entsteht auch bei einer Beglaubigung einer bloßen Berichtigung oder Ergänzung der zuvor beglaubigten Erklärung oder bei der Beglaubigung eines jeden Beteiligten zu demselben Text oder bei mehreren entsprechenden Beglaubigungsvermerken.
B. Unterschriftsbeglaubigung, II. Für eine nach den Staatsschuldbuchgesetzen **6** erforderliche Unterschriftsbeglaubigung entsteht die Mindestgebühr von 10 EUR,

769

§ 33. Die Amtsbekräftigung (Legalisation) einer behördlichen Unterschrift ist eine Justizverwaltungssache. Diese Tätigkeit löst eine Vergütung nach Z 1a der Anlage zu § 2 JVKostO aus, Teil VIII A dieses Buchs.

7   **5) Geschäftswert, I 2, II.** Der Geschäftswert richtet sich nach §§ 39 ff. Man muß ihn so bestimmen, als ob der Notar die Erklärung beurkundet hätte, BGH NZM **09**, 87. Hilfsweise gilt § 30 I, etwa beim Abschlußprüfer. Eine Zusatzgebühr kann nach § 58 entstehen. Wenn der Notar die Urkunde entworfen hat, gilt die Beurkundungsgebühr des § 145 die erste Beglaubigung ab, nicht auch spätere Beglaubigungen. Der Richter darf keine Urkunden entwerfen. Wenn die Urkunde verschiedene Erklärungen zu demselben Gegenstand enthält, gilt § 44 I. Bei verschiedenen Gegenständen gilt dann § 44 II a. Bei der Beglaubigung einer Vertragsunterschrift ist I grundsätzlich auch dann anwendbar, wenn die weiter erforderlichen Unterschriften noch fehlen oder schon vorhanden waren. Eine Ausnahme besteht bei § 40.

8   Die Unterschrift *einzelner Mitberechtigter*, etwa einzelner Miterben unter einem Auseinandersetzungsvertrag, ist nach dem Anteil an der Masse bewertbar, nicht nach der ganzen Masse. Die gemeinsame Unterschrift aller Mitberechtigten ist aber nach der Masse bewertbar. Bei der Beglaubigung nur einer Unterschrift von mehreren ist die beglaubigte Erklärung maßgebend.

9   **6) Fälligkeit, Kostenschuldner, I, II.** Die Fälligkeit richtet sich nach § 7.
Kostenschuldner ist der Unterzeichner, § 2 Z 1, oder ein Dritter als Übernahmeschuldner, § 3 Z 2.

Verfügungen von Todes wegen

46 ⁱ **Für die Beurkundung eines Testaments wird die volle, für die Beurkundung eines Erbvertrags oder eines gemeinschaftlichen Testaments wird das Doppelte der vollen Gebühr erhoben.**

ᴵᴵ ¹**Für die Beurkundung des Widerrufs einer letztwilligen Verfügung, der Aufhebung oder Anfechtung eines Erbvertrags sowie des Rücktritts von einem Erbvertrag wird die Hälfte der vollen Gebühr erhoben; ist die Anfechtung dem Nachlaßgericht gegenüber zu erklären, so gilt § 38 Abs. 3.** ²**Wird gleichzeitig eine neue Verfügung von Todes wegen beurkundet, so wird die Gebühr für den Widerruf oder die Aufhebung nur insoweit erhoben, als der Geschäftswert der neu errichteten Verfügung hinter dem der widerrufenen oder aufgehobenen Verfügung zurückbleibt.**

ᴵᴵᴵ **Wird ein Erbvertrag gleichzeitig mit einem Ehevertrag oder einem Lebenspartnerschaftsvertrag beurkundet, so wird die Gebühr nur einmal berechnet, und zwar nach dem Vertrag, der den höchsten Geschäftswert hat.**

ᴵⱽ ¹**Wird über den ganzen Nachlaß oder einen Bruchteil davon verfügt, so ist der Gebührenberechnung der Wert des nach Abzug der Verbindlichkeiten verbleibenden reinen Vermögens oder der Wert des entsprechenden Bruchteils des reinen Vermögens zugrunde zu legen.** ²**Vermächtnisse, Pflichtteilsrechte und Auflagen werden nicht abgezogen.**

ⱽ ¹**Der Berechnung der Gebühren sind in der Regel die Angaben des Verfügenden über den Geschäftswert zugrunde zu legen.** ²**Eine Nachforderung des deshalb zu wenig angesetzten Betrags wird durch § 15 nicht ausgeschlossen; die Verjährung des Anspruchs (§ 17) beginnt in diesem Fall erst mit dem Ablauf des Jahres, in dem die Verfügung eröffnet oder zurückgegeben ist.**

Gliederung

1) Systematik, I–V	1
2) Regelungszweck, I–V	2
3) Testament, Erbvertrag, I	3, 4
A. Testament	3
B. Erbvertrag	4
4) Widerruf, Aufhebung, Anfechtung, II	5, 6
5) Erbvertrag nebst Ehe- oder Lebenspartnerschaftsvertrag, III	7, 8
6) Geschäftswert, IV	9–11
7) Wertberechnung, Nachforderung, V	12–14
A. Wertberechnung, V I	12
B. Nachforderung, V 2	13, 14

1. Teil. Gerichtskosten § **46 KostO**

1) Systematik, I–V. Die Vorschrift regelt gegenüber §§ 36ff mit ihren Rechtsge- 1
schäften unter Lebenden den einigermaßen in sich abgeschlossenen Bereich der Verfügungen von Todes wegen einschließlich ihrer Ergänzungen oder Änderungen und entsprechend der Schenkungsversprechen von Todes wegen ziemlich abschließend, sogar in der entscheidenden Frage der Bewertung. V hat den Vorrang vor sonstigen Wertvorschriften.

2) Regelungszweck, I–V. In V 1 kommt der Hauptzweck der Gesamtregelung 2
deutlich zum Ausdruck: So, wie der letzte Wille rechtlich wenn irgend möglich allseits Respekt verlangt, soll auch der darin angegebene Wert als das auch kostenmäßig entscheidende Merkmal wenigstens „in der Regel" unabhängig davon maßgeblich sein, ob eine solche Wertangabe bewußt oder unbewußt objektiv zu hoch oder zu gering war. So muß man die ganze Vorschrift handhaben.

3) Testament, Erbvertrag, I. Die Vorschrift regelt beide Vorgänge teilweise ge- 3
sondert. Die Gebühr nach I erfaßt jeweils alle Verfügungen von Todes wegen, zB auch eine Stiftungssatzung, Mümmler JB **89**, 1334.

A. Testament. Die Vorschrift enthält eine gegenüber § 36 I vorrangige Sonderregelung. Die Beurkundung eines jeden Testaments kostet 1,0 Gebühr. Jede selbständige letztwillige Verfügung in derselben Urkunde kostet eine Gebühr nur und evtl eine Zusatzgebühr nach § 58. Es ist unerheblich, ob die Urkundsperson das Testament aufnimmt oder ob es der Verfügende zum Protokoll übergibt. Die bloße Ablieferung des Testaments durch den Notar an das Gericht ist gebührenfrei. Bei der Überreichung des Testaments zur amtlichen Verwahrung entsteht nur die Gebühr nach § 101.

Ein *gemeinschaftliches* Testament kostet 2,0 Gebühr. Denn es enthält die Verfügungen beider Ehegatten von Todes wegen. Auch eine im gemeinschaftlichen Testament enthaltene einseitige Verfügung ist mit abgegolten, soweit über ihren Gegenstand auch eine vertragsgemäße Regelung erfolgt.

Unanwendbar ist I auf die Übergabe eines eigenhändigen Testamtens an den Notar ohne eine weitere Erklärung des Erblassers, wie sie nach § 2238 I BGB freilich möglich wäre und dann unter I fallen würde. Eine Weiterleitung eines Testaments und eine Benachrichtigung der Standesämter fällt als eine Amtshilfe unter § 35. Eine bloße Ehegattenzustimmung nach § 1516 BGB fällt unter § 36 oder § 38 II Z 1. Eine Anordnung nach § 2050 BGB fällt *nicht* unter I.

B. Erbvertrag. Die Vorschrift enthält eine gegenüber § 36 II vorrangige Sonder- 4
regelung. Die Beurkundung eines Erbvertrags kostet 2,0 Gebühr. Das gilt auch dann, wenn nur einer der Vertragspartner als Erblasser verfügt. Eine etwa im Erbvertrag enthaltene einseitige Verfügung von Todes wegen ist mit dieser 2,0 Gebühr abgegolten. Eine Schenkung von Todes wegen ist grundsätzlich als ein Erbvertrag ansehbar. Andernfalls entsteht nur eine volle Gebühr nach Hs 1.

Ein *Erbverzicht* nach §§ 2346ff BGB, ein Pflichtteilsverzicht oder ein Zuwendungsverzicht oder die Aufhebung eines Erbverzichtsvertrags fallen *nicht* unter I, sondern unter § 36 II. Auch die Anordnung über die Ausgleichspflicht unter Miterben nach § 2050 BGB fällt nicht unter I. Wegen eines Nottestaments in Baden-Württemberg § 15 LJustKG idF vom 25. 3. 75, GBl 261.

4) Widerruf, Aufhebung, Anfechtung, II. Die Beurkundung des bloßen Wi- 5
derrufs einer ganzen oder teilweisen letztwilligen Verfügung oder der ganzen oder teilweisen Aufhebung oder Anfechtung eines Erbvertrags nach §§ 2078ff BGB oder des Rücktritts von einem Erbvertrag nach § 2296 BGB läßt 0,5 Gebühr entstehen. Soweit allerdings die Anfechtung dem Nachlaßgericht gegenüber erfolgt, entsteht 0,25 Gebühr nach § 38 III. Für eine ebenfalls beurkundete Zustimmung des Vertragspartners des Erbvertrags entsteht keine besondere Gebühr. Etwas anderes gilt allerdings dann, wenn der Vertragspartner diese Zustimmung in einer besonderen Urkunde erklärt.

Als einen bloßen Widerruf kann man auch eine umfangreiche *Abänderung* nebst einer grundsätzlichen Neuanordnung ansehen. Das gilt selbst dann, wenn der frühere Erbvertrag bestehen bleibt. Bei einer gleichzeitigen neuen Verfügung von Todes wegen gilt II 2. Das gilt auch beim gemeinschaftlichen Widerruf eines gemeinschaftlichen Testaments und einer neuen Verfügung von Todes wegen durch nur einen der Ehegatten. Die Rückgabe eines Erbvertrags gilt nach §§ 2256 I 1, 2300 II 3 BGB als

771

dessen Widerruf. Sie erfolgt gebührenfrei, Reimann FamRZ **02**, 1386, aM KLBR 10a (§ 147 II). Natürlich gilt das nur mangels einer zugehörigen Beratung oder protokollierten Aufhebung.

6 Die Änderung eines *Testaments* usw fällt unter I, Stgt JB **07**, 600. Wenn ein Ehegatte seine in einem gemeinschaftlichen Testament getroffene Verfügung widerruft, muß man als Geschäftswert den Wert der dadurch unwirksam gewordenen Verfügung beider Ehegatten zugrunde legen. *Unanwendbar* ist II auf die Aufhebung eines Erbverzichtsvertrags. Dann gilt § 36 II.

7 **5) Erbvertrag nebst Ehe- oder Lebenspartnerschaftsvertrag, III.** Soweit der Notar einen Erbvertrag gleichzeitig mit einem Ehe- oder Lebenspartnerschaftsvertrag zwischen denselben Partnern beurkundet, kosten diese Vorgänge nur 1,0 Gebühr, berechnet nach dem Vertrag mit dem höheren Geschäftswert. Dabei ergibt sich der Wert des Ehevertrags oder des Lebenspartnerschaftsvertrags nach § 39 III, derjenige des Erbvertrags nach IV. Ein Schuldenabzug findet nach beiden Vorschriften statt. § 19 IV, V ist anwendbar, Reimann MittBayNot **89**, 121.

8 Man muß diese Ausnahmevorschrift *eng auslegen*. Daher muß eine Gegenstandsgleichheit vorliegen. Dennoch reichen getrennte gleichzeitig errichtete Urkunden aus, Mü JB **09**, 655. Auch fällt die gleichzeitige Aufhebung eines Erbvertrags und eines Ehevertrags nach dem Sinn von III unter diese Vorschrift und nicht unter II 1, BayObLG JB **03**, 375, KLBR 45, aM RoW 26 (aber III ist eine Spezialvorschrift). Es entstehen zB für einen Gutsüberlassungsvertrag besondere Gebühren. Wenn ein Ehe- oder Lebenspartnerschaftsvertrag, ein Erbvertrag und ein Erbverzichtsvertrag zusammentreffen, muß man den Gebührensatz nach dem zusammengerechneten Wert aller Verträge errechnen, Stgt Rpfleger **75**, 409. Beim Zusammentreffen einer oder mehrerer einseitiger letztwilliger Verfügung(en) mit einem Ehe- oder Lebenspartnerschaftsvertrag muß man getrennte Bewertungen vornehmen.

9 **6) Geschäftswert, IV.** Für den Geschäftswert gilt grundsätzlich § 18 I. Dabei gehört alles Bewertbare zum Vermögen, soweit man es vererben kann. § 19 IV, V ist anwendbar. Es ist weder eine erhoffte noch eine erbetene, sondern die getroffene Verfügung von Todes wegen im Zeitpunkt der Beurkundung maßgeblich. Bei einer Vor- und Nacherbschaft oder bei einem Vor- oder Nachvermächtnis besteht nur *eine* Verfügung. Das gegenwärtige Vermögen des Erblassers bildet auch dann die Obergrenze, wenn er über künftiges Vermögen mitverfügt hat. Soweit der Erblasser über den ganzen Nachlaß oder einen Bruchteil verfügt, muß man die zur Zeit der Beurkundung bereits vorhandenen Schulden und Lasten und darf nur diese abziehen. Insofern handelt es sich um eine Ausnahme von § 18 III, LG Würzb JB **77**, 244. Allerdings darf man bei einer Verfügung über den gesamten Nachlaß Vermächtnisse, Pflichtteilsansprüche und Auflagen nicht abziehen. Ihr Wert ist bei einer entsprechenden Einzelverfügung maßgeblich. Bei einer Verfügung nur über einen Gewinnanteil ist nur er und nicht der Gesellschaftsanteil maßgeblich, Schlesw RR **00**, 1598. Bei einer Leibrente muß man § 24 und besonders dort VI beachten. Auch der Anspruch auf den Zugewinnausgleich ist als eine Nachlaßschuld bewertbar, Karlsr Rpfleger **78**, 272.

10 Ein Anspruch aus einem *Versicherungsvertrag* zugunsten eines Dritten gehört nicht zum Nachlaß. Wenn keine Aktivmasse bleibt, muß man den niedrigsten Satz zugrunde legen. Die Ernennung eines Testamentsvollstreckers oder eine ähnliche nichtvermögensrechtliche Verfügung wie zB die Anordnung zur Bestattung ist nur insoweit gebührenpflichtig, als der alleinige Inhalt der letztwilligen Verfügung war. Dann muß man die Gebühr nach I berechnen. Nicht abziebar ist eine erbrechtliche Verbindlichkeit des Vorerben, BayObLG JB **99**, 532. Beim Vermächtnis an einem bloßen Gewinnanteil ist nur dieser maßgeblich, Schlesw RR **00**, 1598.

11 Die Grundsätze des IV sind für die Berechnung der *Erbschaftssteuer* unanwendbar.

12 **7) Wertberechnung, Nachforderung, V.** Die Vorschrift regelt zwei Vorgänge.
A. Wertberechnung, V 1. Grundsätzlich muß man für die Ermittlung des Geschäftswerts nach IV das Vermögen abzüglich der Verbindlichkeiten annehmen, Hamm FGPrax **08**, 270. Dabei muß man die Angaben des Erblassers ohne weiteres zugrunde legen. Das gilt auch bei einer versschlossenen und vom Übergeber nicht mündlich erläuterten Schrift. Es gilt aber auch dann, wenn sich gewisse nicht sehr erhebliche Ansatzpunkte für Abweichungen von den wahren Wertverhältnisse von

den Angaben des Erblassers herausstellen. Wenn freilich etwa infolge einer Bewertung durch das Nachlaßgericht handgreiflich erkennbar wird, daß der Erblasser unrichtige Angaben gemacht hat, liegt kein Regelfall nach V 1 mehr vor. Das ist auch dann so, wenn man nicht sicher sein kann, daß der Erblasser die objektive Unrichtigkeit seiner Wertangaben erkannt hatte. §§ 19 IV, V, 24, 30 I sind anwendbar.

B. Nachforderung, V 2. Wie die Vorschrift klarstellt, ist eine Nachforderung 13 trotz §§ 15, 17 statthaft. Allerdings ist V 2 nur insoweit anwendbar, als die Angaben des Erblassers die Ursache dafür waren oder wären, daß ein objektiv zu niedriger Geschäftswert zum Ansatz kommt. Das stellt das Wort „deshalb" klar. Soweit ein eindeutiger Anhaltspunkt für die objektive Unrichtigkeit der Angaben des Erblassers bereits vorliegt, muß man den Geschäftswert im Rahmen des pflichtgemäßen Ermessens schätzen. Bei einer Arglist des Kostenschuldners kann der Notar evtl der Verjährungseinrede den Einwand einer unzulässigen Rechtsausübung entgegensetzen, Düss JB **94**, 164, Ffm MittBayNot **02**, 412.

Über eine *Berichtigung* des Gebührenansatzes nach der Testamentseröffnung vgl 14 § 39 KostVfg, Teil VII A dieses Buchs. Der Notar muß seine Kostenberechnung berichtigen, soweit sich ihre objektive Unrichtigkeit herausstellt. Die Kenntnis der Unrichtigkeit der Wertangabe vor der Rückgabe der letztwilligen Verfügung ist für den Beginn der Verjährung unerheblich.

Beschlüsse von Gesellschaftsorganen

47 ¹**Für die Beurkundung von Beschlüssen von Hauptversammlungen, Aufsichtsräten und sonstigen Organen von Aktiengesellschaften, anderen Vereinigungen und Stiftungen wird das Doppelte der vollen Gebühr erhoben; als gebührenfreies Nebengeschäft (§ 35) gilt bei Änderungen einer Satzung oder eines Gesellschaftsvertrags auch die für die Anmeldung zum Handelsregister erforderliche Bescheinigung des neuen vollständigen Wortlauts der Satzung oder des Gesellschaftsvertrags.** ²**Die Gebühr beträgt in keinem Falle mehr als 5000 Euro.**

Gliederung

1) **Systematik, S 1, 2** 1
2) **Regelungszweck, S 1, 2** 2
3) **Geltungsbereich, S 1, 2** 3, 4
   A. Organ 3
   B. Beschluß 4
4) **Beispiele zur Frage der Anwendbarkeit, S 1** 5, 6
5) **Weitere Einzelfragen, S 1, 2** 7
6) **Nebengeschäft, S 1, 2** 8
7) **Gebühr, S 1, 2** 9
8) **Geschäftswert, S 1, 2** 10

1) Systematik, S 1, 2. Es handelt sich um eine gegenüber § 38 vorrangige und ja 1 auch eine andere Art von Einigung betreffende Sondervorschrift. S 1 Hs 2 stellt die Anwendbarkeit von § 35 in erweiterter Form klar. Eine nach § 47 berechnete Gebühr ist keine Steuererhebung nach der EU-Richtlinie 69/335/EWG vom 17. 7. 69, Hamm JB **02**, 490.

2) Regelungszweck, S 1, 2. Zwar eröffnet S 1 einen im Vergleich zu sonstigen 2 Gebühren hohen Vergütungsbetrag. S 2 bringt aber eine bemerkenswert niedrige Höchstgrenze, wenn man den Wert so manchen Hauptversammlungsbeschlusses bedenkt. Deshalb darf man auch nicht als Regelgebühr eine solche dicht unterhalb der Höchstgebühr ansetzen, soweit die Wertberechnung Spielraum zuläßt. § 47 hat auch den Zweck einer Kostenbegrenzung, Zweibr JB **01**, 105.

3) Geltungsbereich, S 1, 2. Die Vorschrift regelt die Beteiligungsart und Ent- 3 scheidungsform. Ein etwaiger Einheitswert des Betriebsvermögens ist nicht maßgebend. Auch auf eine Rechtsfähigkeit kommt es nicht an.

A. Organ. Die Vorschrift betrifft die Beurkundung des Beschlusses eines beliebigen gesetzlichen oder vereinbarten Organs einer Personenvereinigung oder Stiftung. S 1 nennt die Aktiengesellschaft nur als ein Beispiel einer solchen Vereinigung.

KostO § 47 III. Kostenordnung

In Betracht kommt jeder Zusammenschluß von natürlichen und/oder juristischen rechtsfähigen oder nichtrechtsfähigen Vereinigungen oder Personen, zB: Die Vor-GmbH, Oldb Rpfleger **89**, 330; die GmbH, BayObLG Rpfleger **83**, 180, Hamm Rpfleger **75**, 267 (vgl freilich wegen der Beurkundung der Satzung einer Einmann-GmbH § 36 Rn 2); die Genossenschaft; die Gewerkschaft; der rechtsfähige Verein; der Versicherungsverein auf Gegenseitigkeit; die rechtsfähige oder nichtrechtsfähige Stiftung einschließlich einer Familienstiftung; eine Vereinigung mit oder ohne eine eigene Rechtspersönlichkeit, soweit sie ein Beschlußorgan hat, etwa: Der nichtrechtsfähige Verein; die Personengesellschaft des Handelsrechts, auch die Kommanditgesellschaft auf Aktien und die GmbH; die Europäische wirtschaftliche Interessenvereinigung; die Partnerschaft; die Erbengemeinschaft; die Miteigentümergemeinschaft; die Gemeinschaft der Wohnungseigentümer, § 23 WEG, Hamm JB **83**, 1554, AG Freibg Rpfleger **85**, 378.

§ 47 erfaßt einen *Beschluß der Hauptversammlung*, BayObLG FGPrax **02**, 187. Die Vorschrift erfaßt ferner einen Beschluß des Aufsichtsrats oder eines anderen satzungsmäßigen oder gesetzlichen Organs einer solchen Vereinigung. Zu diesen Organen zählt insbesondere der Vorstand.

4 **B. Beschluß.** Es muß sich um einen Beschluß handeln, also um ein gesetzlich oder vertraglich ermöglichtes mehrseitiges Rechtsgeschäft zwecks einer Gesamt-Willensbildung der Gesellschaft usw. Auch eine Wahl gehört hierher, daher auch eine Abwahl. Das alles gilt auch bei einer sog Einmanngesellschaft, etwa nach § 1 GmbHG oder nach § 2 AktG. Auf die Wirksamkeit des Beschlusses kommt es nicht an. Ein unnötiger Beschluß kann zur Anwendung von § 16 führen. Soweit in der Sitzung dieses Organs auch noch die Beurkundung anderer Vorgänge erfolgt, ist § 47 unanwendbar, aM KG JB **06**, 266 (Bestellung des Geschäftsführers in derselben Urkunde wie Gründungsvertrag).

Unanwendbar ist § 47 ferner beim Gegenstück eines Beschlusses, nämlich bei einer oder mehreren Willenserklärung(en), zB einer Gesellschaftsvertrag, bei der Satzung usw. Das gilt unabhängig von der etwaigen Wortwahl „Beschluß". Mehrere in derselben Versammlung oder Sitzung gefaßte Beschlüsse führen nur zu einer 2,0 Gebühr nach § 47 auf der Basis des nach § 41c III 1 berechneten Geschäftswerts. Im übrigen gilt § 47 die gesamte Niederschrifttätigkeit des Notars wegen des jeweiligen Beschlusses ab. Seine weiteren Feststellungen in der Niederschrift sind insoweit unentgeltlich.

Freilich ist der Notar zu einer *Beratung nicht* verpflichtet. Soweit er auch sie vornimmt, also auf die Form und den Inhalt des Beschlusses vor seiner Entstehung einwirkt, gelten evtl §§ 145, 147.

5 **4) Beispiele zur Frage einer Anwendbarkeit, S 1**
Änderung des Gesellschaftsvertrages: § 47 ist *unanwendbar,* soweit es um einen Beschluß der Offenen Handelsgesellschaft oder Kommanditgesellschaft über der Änderung des Gesellschaftsvertrags geht. Bei seiner Beurkundung entsteht eine Gebühr nach § 42. Sonst entsteht eine Gebühr nach § 36 II.
Anmeldung: S „Erklärung".
Aufsichtsrat: § 47 ist anwendbar, soweit zugleich mit der Gesellschaftsgründung die Bestellung des ersten Aufsichtsrats erfolgt, Zweibr JB **02**, 492.
Einmanngesellschaft: § 47 ist anwendbar, soweit es um den Beschluß einer Einmanngesellschaft geht.
Erklärung: § 47 ist *unanwendbar,* soweit es um die Beurkundung einer solchen rechtsgeschäftlichen Erklärung geht, die nicht durch einen Beschluß erfolgt, Oldb Rpfleger **89**, 330. Dann können §§ 36ff anwendbar sein, § 44 unanwendbar sein. Vgl aber § 44 Rn 1. Diese Situation mag etwa bei der Bestellung des Vorstands und der Anmeldung zum Handelsregister vorliegen.
Geschäftsbericht: § 47 ist anwendbar, soweit es um die Erstattung des Geschäftsberichts geht.
Gesellschaftsorgan: § 47 ist anwendbar, soweit es um die Versammlung der Gesellschafter einer Offenen Handelsgesellschaft als eines besonderen Gesellschaftsorgans geht.

Gesellschaftsvertrag: S „Änderung des Gesellschaftsvertrags", Rn 6 „Umwandlung".
Handelsregister: Rn 5 „Erklärung".
Hauptversammlung: § 47 ist anwendbar, soweit es um die Beurkundung der ordnungsgemäßen Einberufung einer Hauptversammlung geht.
Jahresabschluß: § 47 ist anwendbar, soweit es um die Vorlegung des Jahresabschlusses geht.
Kapitalbeteiligung: § 47 ist *unanwendbar,* soweit es um die Festsetzung der Kapitalbeteiligung der Gesellschafter einer in eine Personengesellschaft umgewandelten Kapitalgesellschaft geht. Eine Festlegung hat als ein Teil der Errichtung der Personengesellschaft keinen selbständigen Wert, soweit keine neuen Einlagen erfolgen.
Nebenbeurkundung: § 47 ist anwendbar, soweit es um eine übliche Nebenbeurkundung geht.
S auch „Jahresabschluß" und Rn 8.
Rechtsgeschäft: Rn 5 „Erklärung".
Umwandlung: § 47 ist anwendbar, soweit es um die Umwandlung einer Kapitalgesellschaft in eine gleichzeitig errichtete Offene Handelsgesellschaft oder Kommanditgesellschaft geht. Dann ist es unerheblich, ob in derselben Sitzung auch ein neuer Gesellschaftsvertrag zustandekommt.
§ 47 ist *unanwendbar,* soweit es sich um die Umwandlung einer Einzelfirma in eine Aktiengesellschaft handelt. Dann gilt § 36, KG Rpfleger 75, 447.
S auch „Kapitalbeteiligung".
Vertagung: § 47 ist auch bei einem bloßen Beschluß anwendbar.
Vorstand: Rn 5 „Erklärung".

5) Weitere Einzelfragen, S 1, 2. Der Einwand, ein Beschluß sei gar nicht erforderlich gewesen, ist in den Grenzen des § 16 unerheblich. Ebenso unbeachtlich ist der Einwand, man habe den Reingewinn auch niedriger ausweisen können. Ebensowenig kommt es darauf an, ob die Versammlung den beurkundeten Beschluß nach der Satzung oder nach dem Gesetz überhaupt fassen durfte.

6) Nebengeschäft, S 1, 2. Als ein gebührenfreies Nebengeschäft nach § 35 gilt eine ganze Reihe von Vorgängen von der Feststellung einer korrekten Anberaumung, der Zahl der Erschienenen, Entlastungsbeschlüssen, der Beurkundung eines Widerspruchs, einer Änderung der Tagesordnung usw bis zur Niederlegung der zugehörigen Urkunden. Dazu nennt S 1 Hs 2 eine Satzungsänderung oder eine Änderung des Gesellschaftsvertrags, auch die für die Anmeldung zum Handelsregister erforderliche Bescheinigung des neuen vollständigen Wortlauts der Satzung oder des Gesellschaftsvertrags. Daher ist auch die Zusammenstellung des vollständigen Wortlauts der zur Anmeldung gehörenden Gesellschaftsvertrags kein nach § 147 II gesondert vergütbares Betreuungsgeschäft, Stgt FGPrax 02, 238, Zweibr JB 01, 105, aM KLBR § 48 Rn 17 (aber das widerspräche dem Kostenbegrenzungszweck, vgl Rn 2).
Kein bloßes Nebengeschäft ist ein über die Protokollierung der Gesamtwillensbildung hinausgehender Vorgang. Dann kann zB § 147 II gelten, etwa bei einer Beratung, beim Antragsentwurf, bei der Unterstützung in einer Willenserklärungsformulierung. Bei der Beurkundung einer Willenserklärung nach Rn 4 können §§ 36 ff anwendbar sein. § 44 ist beim Zusammentreffen eines Beschlusses mit einer und Willenserklärung unanwendbar.

7) Gebühr, S 1, 2. Es entsteht 2,0 Gebühr bis zum Höchstbetrag von 5000 EUR. Eine Zusatzgebühr kann nach § 58 entstehen. § 59 ist unanwendbar. Das gilt jeweils auch bei einem Abänderungs- oder Ergänzungsbeschluß. Denn § 42 gilt nicht bei einem Beschluß. Vgl im übrigen § 144 III.

8) Geschäftswert, S 1, 2. Maßgeblich sind §§ 29, 41c. Ein Einheitswert ist unerheblich. Bei mehreren Beschlüssen in derselben Versammlung muß man § 41c III beachten.

Anhang nach § 47

Ausschlussverfahren nach dem WpÜG

WpÜG § 39 b. Ausschlussverfahren. ^{VI} ¹Für die Kosten des Verfahrens gilt die Kostenordnung. ²Für das Verfahren des ersten Rechtszugs wird das Vierfache der vollen Gebühr erhoben. ³Für das Verfahren über ein Rechtsmittel wird die gleiche Gebühr erhoben; dies gilt auch dann, wenn das Rechtsmittel Erfolg hat. ⁴Wird der Antrag oder das Rechtsmittel vor Ablauf des Tages zurückgenommen, an dem die Entscheidung der Geschäftsstelle übermittelt wird, so ermäßigt sich die Gebühr auf die Hälfte. ⁵Als Geschäftswert ist der Betrag anzunehmen, der dem Wert aller Aktien entspricht, auf die sich der Ausschluss bezieht; er beträgt mindestens 200 000 und höchstens 7,5 Millionen Euro. ⁶Maßgeblicher Zeitpunkt für die Bestimmung des Werts ist der Zeitpunkt der Antragstellung. ⁷Schuldner der Gerichtskosten ist nur der Antragsteller. ⁸Das Gericht ordnet an, dass die Kosten der Antragsgegner, die zur zweckentsprechenden Erledigung der Angelegenheit notwendig waren, ganz oder zum Teil vom Antragsteller zu erstatten sind, wenn dies der Billigkeit entspricht.

Vorbem. Eingefügt dch Art 1 Z 17 G v 8. 7. 06, BGBl 1426, in Kraft seit 14. 7. 06, Art 8 S 2 G. VI 3, 4 geändert dch Art 70 Z 2c FGG-RG v 17. 12. 08, BGBl 2586, in Kraft seit 1. 9. 09, Art 112 I Hs 1 FGG-RG, Übergangsrecht Art 111 FGG-RG, Grdz 2 vor § 1 FamGKG, Teil I B dieses Buchs.

Gliederung

1) Systematik, Regelungszweck, VI 1–8	1
2) Geltungsbereich, VI 1	2
3) Geltung der KostO, VI 1	3
4) Gebührenhöhe, VI 2–4	4–6
A. Erster Rechtszug, VI 2	4
B. Rechtsmittel, VI 3	5
C. Rücknahme, VI 4	6
5) Geschäftswert, VI 5, 6	7
6) Kostenschuldner, VI 7	8
7) Kostenerstattung, VI 8	9

1 **1) Systematik, Regelungszweck, VI 1–8.** Es handelt sich um eine Spezialvorschrift. Man muß sie als solche wie stets eng auslegen. Man darf sie nicht mit den in §§ 1 I 1 Z 10, 50 I 1 Z 3 GKG, Teil I A dieses Buchs, genannten Regelungen verwechseln. § 1 I 1 Z 10 GKG tritt ja schon nach seinem Wortlaut eindeutig hinter § 39 b VI WpÜG zurück. Grund ist die Unterstellung des Ausschlußverfahrens in § 39 b I im Grundsatz unter das FamFG und damit folgerichtig unter die KostO, VI 1.

2 **2) Geltungsbereich, VI 1.** Die Regelung gilt nur gerade für das Ausschlußverfahren nach § 39 a I WpÜG. Danach geht es darum, nach einem Übernahme- oder Pflichtangebot dem Bieter, dem Aktien der Zielgesellschaft in Höhe von mindestens 95% des stimmberechtigten Grundkapitals gehören, auf seinen Antrag die übrigen stimmberechtigten Aktien gegen eine angemessene Abfindung durch einen Gerichtsbeschluß zu übertragen.

3 **3) Geltung der KostO, VI 1.** Nur für das in Rn 2 genannte Ausschlußverfahren gilt wegen sämtlicher Gerichtskosten (Gebühren und Auslagen) die gesamte KostO. Das stellt I 1 klar.

4 **4) Gebührenhöhe, VI 2–4.** Man muß drei Aspekte unterscheiden.
A. Erster Rechtszug, VI 2. Es entsteht eine 4,0 Gebühr. Sie gilt als eine Verfahrensgebühr die gesamte Tätigkeit des Gerichts in diesem Rechtszug ab, vom Antragseingang bis zur Hinausgabe der Endentscheidung einschließlich der zugehörigen Abwicklung.

5 **B. Rechtsmittel, VI 3.** Hier entsteht ebenfalls eine 4,0 Gebühr mit demselben Abgeltungsumfang, Hs 1. Systemwidrig bleibt das auch beim vollen oder teilweisen Erfolg des Rechtsmittels so, Hs 2.

1. Teil. Gerichtskosten   **Anh § 47, § 48 KostO**

C. Rücknahme, VI 4. Bei einer vollen wirksamen Rücknahme des Antrags nach 6
§ 39 a I, IV WpÜG ermäßigt sich die Verfahrensgebühr der Instanz auf 2,0 Gebühr.
Das gilt freilich nur, wenn die Rücknahmeerklärung in einer wirksamen Form bei
dem zuständigen Gericht vor dem Ablauf desjenigen Tags eingeht, an dem die Gerichtsentscheidung dieser Instanz der dortigen Geschäftsstelle „übermittelt wird", also
zugeht. Das Einlegen in das Abgangsfach im Richter- oder Rpfl-Zimmer reicht
ebensowenig wie ein Zeitpunkt vor dem tatsächlichen Eingang in der Geschäftsstelle.
Freilich kommt es nicht auf eine Uhrzeit im Lauf dieses Tags an, sondern nur auf ihn
insgesamt, also bis 24 Uhr. Trotzdem empfiehlt sich dringend eine sofortige Datumsnotiz zum dortigen Eingang der Entscheidung. Für die Klärung des Eingangsdatums
der Rücknahmeerklärung reicht der Eingangsstempel der Posteinlaufstelle des zuständigen Gerichts wie stets. § 25 III FamFG (Weiterleitung an das zuständige Gericht) ist
anwendbar. Eine bloße Teilrücknahme löst keine Ermäßigung aus, solange sie nicht
praktisch alles umfaßt.

5) Geschäftswert, VI 5, 6. Er beträgt die Summe sämtlicher derjenigen Aktien, 7
auf die sich der Ausschluß bezieht, VI 5 Hs 1, mindestens aber 200 000 und höchstens 7,5 Millionen EUR, VI 5 Hs 2. Dabei kommt es auf den Zeitpunkt der Antragstellung an, VI 6, also des Eingangs beim zuständigen Gericht. Wenn die Uhrzeit dieses Augenblicks nicht aktenkundig feststeht, muß man am besten 12 Uhr mittags mit
dem in diesem Augenblick bestehenden Kurswert zugrundelegen. Selbst starke Kursschwankungen an demselben Börsentag sollten an einer solchen zwar nicht direkt ins
Gesetz aufgenommenen, aber zwecks einer einheitlichen Handhabung wohl am ehesten akzeptablen Lösung etwas ändern können, auch wenn eine solche Vereinfachung
erhebliche wirtschaftliche Auswirkungen haben kann.

6) Kostenschuldner, VI 7. Die vorrangige Vorschrift bestimmt als den Gebüh- 8
ren- wie Auslagenschuldner stets „nur" den Antragsteller, natürlich nicht seinen Vertreter persönlich, solange dieser gesetzmäßig amtiert.

7) Kostenerstattung, VI 8. Das Gericht darf und muß beim Vorliegen der Vor- 9
aussetzungen bestimmen (es „ordnet an", nicht „kann anordnen"), daß der Antragsteller dem Antragsgegner solche Kosten erstatten muß, die zur zweckentsprechenden Erledigung der Angelegenheit „notwendig" und nicht nur zweckmäßig oder
nur sinnvoll waren. Die Notwendigkeit ergibt sich nach § 91 ZPO, der hier trotz
§ 81 FamFG wohl entsprechend anwendbar ist.
Nur bei einer *Billigkeit* darf und muß das Gericht so handeln. Nur im Rahmen
einer solchen Billigkeitsprüfung hat das Gericht ein pflichtgemäßes Ermessen. Es muß
die Umstände abwägen. Dabei kommt es wesentlich auf das vorprozessuale Verhalten
der Parteien an. In diesem Zusammenhang kann ein Zeitpunkt einerseits, eine aus
Kurskalkulationen und -spekulationen mitverursachte Verzögerungshaltung andererseits erheblich mitbeachtlich sein. Der Antragsgegner soll nicht über das sachlichrechtliche Ergebnis hinaus ungebührliche Nachteile haben. Er soll das Ausschlußverfahren aber auch nicht zu einem glänzenden Geschäft nutzen können.
Ganz oder zum Teil kann das Gericht eine Kostenerstattung anordnen. Auch insoweit besteht dasselbe Ermessen aus denselben Erwägungen wie bei der vorgenannten
Billigkeitsfrage.
Eine *Begründung* der Erstattungsentscheidung ist schon aus Gründen der Nachprüfbarkeit des Ermessens dringend erforderlich. Sie sollte eine behutsame und sorgfältige
Abwägung erkennbar machen.

Verlosung, Auslosung und Vernichtung von Wertpapieren, Wahlversammlungen

48 ^I Das Doppelte der vollen Gebühr wird erhoben für die Beurkundung des
Hergangs bei Verlosungen, bei der Auslosung oder Vernichtung von Wertpapieren sowie bei Wahlversammlungen.

^{II} Für das Einzählen von Losen wird neben der im Absatz 1 bestimmten Gebühr eine weitere Gebühr in Höhe der Hälfte der vollen Gebühr erhoben.

^{III} Der Geschäftswert bestimmt sich, soweit nicht ein bestimmter Geldbetrag feststeht, nach § 30 Abs. 2; er beträgt in allen Fällen höchstens 500 000 Euro.

KostO § 48 **III. Kostenordnung**

IV Wird die Auslosung und Vernichtung in einer Verhandlung beurkundet, so wird die Gebühr nur einmal erhoben.

Gliederung

1) Systematik, I–IV	1
2) Regelungszweck, I–IV	2
3) Geltungsbereich, I–IV	3–7
A. Verlosung	3
B. Auslosung	4
C. Vernichtung	5
D. Wahlversammlung	6
E. Einzählen	7
4) Gebühr, I, II, IV	8, 9
A. Verlosung, Auslosung, Vernichtung, Wahlversammlung, I, IV	8
B. Einzählen, II	9
5) Geschäftswert, III	10, 11
6) Fälligkeit, Kostenschuldner, I–IV	12

1 **1) Systematik, I–IV.** Die Vorschrift enthält eine vorrangige Spezialregelung. Neben ihr muß man natürlich § 35 beachten, außerdem den ausdrücklich in Bezug genommenen § 30 II. §§ 53, 58 bleiben mitbeachtbar. § 44 ist unanwendbar.

2 **2) Regelungszweck, I–IV.** Die wirtschaftliche Bedeutung der von der Vorschrift erfaßten Vorgänge kann für die Beteiligten enorm sein. Die Kontrolle der Korrektheit der Vorgänge erfordert neben einem gewissen technischen Einfühlungsvermögen eine Mischung von Vertrauen und kritischer Aufmerksamkeit. Man kann sie mit den in § 48 genannten Gebührenhöhen wohl durchweg angemessen vergüten, wenn man die entscheidende Bewertung nach III Hs 1 weder zu großzügig in den ohnehin von III Hs 2 gezogenen Grenzen noch zu streng vornimmt.

3 **3) Geltungsbereich, I–IV.** Es gibt fünf Fallgruppen. Bei allen genügt die notarielle Wahrnehmung des Vorgangs und seiner Ergebnisse.

   A. Verlosung. Verlosung ist die Ziehung zB bei Studien- oder Reiseplätzen oder bei einer Lotterie per Trommel usw oder per Brief oder elektronischer Beteiligung. Es ist unerheblich, wie lange sie dauert. Bei einer Klassenlotterie muß man jede Ziehung einzeln behandeln. Auch ein Preisausschreiben kann hierher zählen.

   Unanwendbar ist § 48 beim bloßen Nebengeschäft. Eine Verteilung der Erbmasse durch das Los nach § 369 FamFG ist ein Nebengeschäft des Erbauseinandersetzungsvertrags.

4 **B. Auslosung.** Eine Auslosung von Wertpapieren ist der Vorgang der Feststellung der zahlbaren Papiere.

5 **C. Vernichtung.** Zum Vorgang der Vernichtung zählt nicht nur die physische Beseitigung, etwa durch ein Zerreißen, sondern auch die Feststellung der Ungültigkeit eines schon durch ein anderes Wertpapier ersetzten Papiers. Das gilt auch dann, wenn die äußere Entwertung des bisherigen Wertpapiers nicht stattfindet.

6 **D. Wahlversammlung.** Es handelt sich nur um eine nicht unter § 41 fallende Versammlung. Eine solche Wahlversammlung kommt kaum vor.

7 **E. Einzählen.** Dieser Vorgang erfordert mehr als zB das Einschütten der von anderen angeblich genau abgezählten Lose in die Lostrommel. Vielmehr umfaßt das Einzählen eine solche Tätigkeit, die gerade die Zahl der Lose kontrolliert, Celle Rpfleger 79, 36, aM Mümmler JB 78, 667 (aber das letztere ist der Kern der Aufgabe).

8 **4) Gebühr, I, II, IV.** Man muß zwei Fallgruppen unterscheiden.
   A. Verlosung, Auslosung, Vernichtung, Wahlversammlung, I, IV. Für die Beurkundung eines jeden dieser Vorgänge entsteht eine 2,0 Gebühr. Soweit der Notar allerdings eine solche Auslosung oder Vernichtung beurkundet, die in derselben Verhandlung stattfinden, entsteht die 2,0 Gebühr nur einmal.

9 **B. Einzählen, II.** Für diesen Vorgang entsteht eine weitere 0,5 Gebühr.

10 **5) Geschäftswert, III.** Der Geschäftswert bestimmt sich zunächst nach dem etwa feststehenden bestimmten Geldbetrag. Diese Situation liegt zB bei der Auslosung von Wertpapieren vor. Bei ihr muß man als Geschäftswert denjenigen Betrag ansetzen,

778

1. Teil. Gerichtskosten §§ 48, 49 KostO

den man für die Einlösung der ausgelosten Wertpapiere aufwenden muß. Bei einer Vernichtung entscheidet der letzte Wert davor. Im übrigen ist der Wert der verlosten Gegenstände maßgeblich. Soweit kein bestimmter Geldbetrag feststeht, etwa bei der Verlosung eines Studienplatzes, ist § 30 II maßgeblich. Jeder selbständige Teilabschnitt an verschiedenen Tagen etwa einer Verlosung hat seinen eigenen Geschäftswert.

Sowohl bei einem feststehenden bestimmten Geldbetrag als auch bei § 30 II setzt § 48 III Hs 2 jedoch einen *Höchstwert* von 500 000 EUR an. 11

6) Fälligkeit, Kostenschuldner, I–IV. Die Fälligkeit richtet sich nach § 7. *Kostenschuldner* ist der Veranlasser, § 2 Z 1 Hs 1. 12

Eide, eidesstattliche Versicherungen, Vernehmung von Zeugen und Sachverständigen, Augenscheinseinnahmen

49 ^I Die volle Gebühr wird erhoben für die Abnahme von Eiden und Versicherungen an Eides Statt, für die Vernehmung von Zeugen und Sachverständigen sowie für die Mitwirkung bei Augenscheinseinnahmen, sofern diese Geschäfte nicht Teil eines anderen Verfahrens sind.

^{II} ¹ Bei einer eidesstattlichen Versicherung zur Erlangung eines Erbscheins oder eines Zeugnisses der in §§ 109 bis 111 bezeichneten Art bestimmt sich der Geschäftswert nach §§ 107, 109 und 111. ² Treten in Erbscheinsverfahren weitere Erben einer anderweit beurkundeten eidesstattlichen Versicherung bei, so bestimmt sich die Gebühr nach dem Wert ihres Anteils an dem Nachlaß.

^{III} Wird mit der eidesstattlichen Versicherung zugleich der Antrag auf Erteilung eines Erbscheins oder eines Zeugnisses der in §§ 109 und 111 bestimmten Art beurkundet, so wird dafür eine besondere Gebühr nicht erhoben.

Gliederung

1) Systematik, I–III	1
2) Regelungszweck, I–III	2
3) Geltungsbereich, I–III	3–5
A. Eid, eidesstattliche Versicherung	3
B. Vernehmung	4
C. Augenscheineinnahme	5
4) Erbschein, II, III	6–8
5) Geschäftswert, I–III	9
6) Fälligkeit, Kostenschuldner, I–III	10

1) Systematik, I–III. Die Vorschrift hat eine Hilfs- oder Auffangfunktion. Das 1 zeigt I aE. In diesem Zusammenhang muß man auch § 35 beachten. Diese Vorschrift ist gegenüber I–III vorrangig.

2) Regelungszweck, I–III. Der Zweck der Vorschrift besteht in der Vermeidung 2 eines ja sonst schon wegen § 1 I 1 entstehenden gebührenfreien Raumes und in der Erzielung einer ohne einen festen Mindestbetrag (Ausnahme: II 1 in Verbindung mit § 111) und auch ohne eine Wert-Höchstgrenze ermittelbaren keineswegs geringen Vergütung. Bei der Wertermittlung muß man den Grundsatz einer für den Kostenschuldner möglichst günstigen Auslegung nach § 1 Rn 2 mitbeachten.

3) Geltungsbereich, I–III. Die Vorschrift erfaßt die folgenden Fälle. 3
A. Eid, eidesstattliche Versicherung. § 49 erfaßt die Abnahme eines Eides oder einer Versicherung an Eides Statt beliebiger Art. Das gilt freilich nur insoweit, als es für diese Abnahme nicht Sonderregeln gibt, etwa für die eidesstattliche Versicherung der freiwilligen Gerichtsbarkeit nach dem FamFG in § 124 oder für ein Vermittlungsverfahren nach § 116 oder für die Beeidigung eines Sachverständigen zur Feststellung eines Zustands in § 120 Z 1.

Unanwendbar ist I daher zB bei §§ 206, 259, 260, 2028, 2057, 2058, 2314 BGB. Die Beeidigung eines zur Amtshandlung des Notars hinzugezogenen Dolmetschers ist ein nach § 35 gebührenfreies Nebengeschäft. Eine Aussageverweigerung ist keine eidesstattliche Versicherung. Überhaupt führt die Eidesverweigerung mangels „Abnahme" nach I nicht zu dessen Anwendung, sondern zB zur Anwendbarkeit von § 57. Beim bloßen Entwurf gilt § 147 II, bei einer Antragsrücknahme gilt § 130.

779

4 B. Vernehmung. § 49 gilt ferner bei der Vernehmung eines Zeugen oder eines Sachverständigen. Auch dann ist die Vorschrift allerdings nur insoweit anwendbar, als eine solche Vernehmung nicht ein Teil eines anderen Verfahrens ist. Das letztere ist zB dann so, wenn das Gericht in einer Betreuungssache einen Zeugen vernimmt.

5 C. Augenscheinseinnahme. § 49 gilt auch bei einer Augenscheinseinnahme. Auch diese Regelung ist aber nur insoweit anwendbar, als die Augenscheinseinnahme nicht ein Teil eines anderen Verfahrens ist. In Betracht kann etwa eine Augenscheinseinnahme zur Feststellung des Zustands oder des Werts einer Sache kommen.

6 4) Erbschein, II, III. Bei einer eidesstattlichen Versicherung zur Erlangung eines Erbscheins oder nach §§ 109–111 gilt die volle Gebühr nach I die Beurkundung des Antrags auf die Erteilung des Erbscheins und des Antrags auf die Erteilung eines Testamentsvollstreckerzeugnisses und der meisten in §§ 109–111 genannten Zeugnisse mit ab. Die Gebühr des § 49 entsteht aber neben derjenigen für die Erteilung des Erbscheins nach § 107 I 2 und neben derjenigen für die Erteilung der in § 109 genannten Zeugnisse nach dieser Vorschrift in Verbindung mit § 107 I 2. Die Beschaffung von Urkunden erhält zusätzlich eine Vergütung nach § 147 II.

7 Wenn *mehrere* Beteiligte jeweils eine eidesstattliche Versicherung in derselben Urkunde abgeben, um den Erbschein zu erlangen, entsteht nur eine Gebühr. Denn derselbe Vorgang betrifft eine Rechtsgemeinschaft. Soweit die anderen Erben erst nachträglich beitreten, entsteht eine besondere Gebühr. Man darf sie nicht von dem Wert des ganzen Nachlasses berechnen, sondern nur von einem der Beteiligung entsprechenden Bruchteil, II 2.

8 Soweit eine eidesstattliche Versicherung *mehrere Erbfälle* betrifft, muß man die Gebühr für jeden Erbfall nach seinem Nachlaßwert entsprechend § 107 Rn 3 berechnen, KLBR 9, aM RoW 25 (aber sonst entstünde eine nicht vertretbare Ermäßigung).

9 5) Geschäftswert, I–III. Er läßt sich wie bei der Erteilung des Erbscheins nach § 107 und der in §§ 109–111 genannten Zeugnisse berechnen. Jeder Vorgang erhält seinen eigenen Wert, auch bei mehreren Vorgängen in derselben Urkunde. § 30 ist anwendbar. Bei einem landwirtschaftlichen Betrieb mit einer Hofstelle bleiben betriebsbedingte Lasten unbeachtet, Oldb JB **90**, 1187.

10 6) Fälligkeit, Kostenschuldner, I–III. Die Fälligkeit richtet sich nach § 7. *Kostenschuldner* ist der Veranlasser, §§ 2 Z 1 Hs 1, 141 also auch ein Dritter.

Bescheinigungen, Abmarkungen, Verklarungen, Proteste, Schätzungen

50 ¹ Die volle Gebühr wird erhoben
1. für die Erteilung von Bescheinigungen über Tatsachen oder Verhältnisse, die urkundlich nachgewiesen oder offenkundig sind;
2. für die Mitwirkung bei Abmarkungen;
3. für die Aufnahme von Protesten und ähnlichen Urkunden;
4. für die Aufnahme von Schätzungen.

II Für die Aufnahme von Verklarungen sowie Beweisaufnahmen nach dem Fünften Buch des Handelsgesetzbuchs und nach dem Binnenschiffahrtsgesetz wird das Doppelte der vollen Gebühr, für die nachträgliche Ergänzung der Verklarung wird eine volle Gebühr erhoben.

Gliederung

1) Systematik, I, II	1
2) Regelungszweck, I, II	2
3) Geltungsbereich, I, II	3–11
A. Bescheinigung, I Z 1	3, 4
B. Beispiele zur Frage einer Anwendbarkeit von I Z 1	5
C. Mitwirkung bei Abmarkung, I Z 2	6
D. Protest usw, I Z 3	7, 8
E. Schätzung, I Z 4	9
F. Verklarung, II	10, 11

1. Teil. Gerichtskosten § 50 KostO

4) Gebühr, I, II 12, 13
   A. Tätigkeit nach I 12
   B. Tätigkeit nach II 13

1) Systematik, I, II. Die Vorschrift hat teilweise einen vorrangigen Spezialcharakter, in I Z 1 eher die Funktion einer Hilfsregelung mangels anderer, spezieller Normen, etwa in §§ 48, 49. § 35 bleibt stets mitbeachtlich.

2) Regelungszweck, I, II. Die Gebührenhöhen und das Fehlen fester Obergrenzen lassen erkennen, daß das Gesetz die außerordentlich breite Differenzierung berücksichtigen läßt, die bei solchen Vorgängen bald eine nur geringe rechtliche oder wirtschaftliche Bedeutung haben, bald eine sehr hohe. Für den Wert enthält § 50 keine Sonderregeln. Daher bleibt die Ermittlung im vollen allgemeinen Ermessen nach § 30. Auch dabei sollte man eine den Kostenschuldner schonende Auslegung vornehmen, § 1 Rn 2.

3) Geltungsbereich, I, II. Die Vorschrift erfaßt die folgenden Tätigkeiten.
A. Bescheinigung, I Z 1. Hierher gehört die Erteilung einer Bescheinigung nach § 20 I 2 BNotO, § 39 BeurkG nicht über eine Willenserklärung, sondern über eine Tatsache oder über solche Verhältnisse, die dem Notar urkundlich nachgewiesen oder ihm offenkundig sind. Es kann sich auch um eine Bescheinigung darüber handeln, was ein Dritter dem Notar an Wahrnehmungen mitgeteilt habe. Freilich entsteht eine Gebühr nur insofern, als es sich nicht etwa wie bei einer zugehörigen Einsicht in ein Grundbuch oder Register oder bei einer Rangbestätigung bloß um ein Nebengeschäft nach § 35 handelt, etwa bei der Klärung, daß eine erforderliche Urkunde vorliege. Es können auch Sonderregeln den Vorrang haben. Die Bescheinigung erfolgt durch eine Beurkundung oder einen Vermerk nach § 39 BeurkG. Sie muß mit einem Dienstsiegel erfolgen. Man muß § 150 als eine Sonderregel beachten.

Geschäftswert ist derjenige der §§ 18 ff, meist der Wert des Gegenstands, zB § 30 I, Karlsr JB **93**, 433, hilfsweise der nach § 30 II, III ermittelbare. §§ 39 ff sind anwendbar. Es kann ein Teilwert als Geschäftswert angemessen sein, aber auch der volle Wert. Man muß stets den Verwendungszweck mitbeachten.

Maßgebend ist der *wirkliche Inhalt* der Bescheinigung. Man muß prüfen, ob nicht eine Ablichtungs- oder Abschriftsbeglaubigung nach § 55 vorliegt. Die Auskunft eines Grundbuchamts ist gebührenfrei. Dasselbe gilt für eine Bescheinigung, daß im Grundbuch kein Hofvermerk eingetragen sei. Dann kann aber eine Dokumentenpauschale entstehen, § 73.

B. Beispiele zur Frage einer Anwendbarkeit von I Z 1
Akte: Anwendbar ist I Z 1 auf eine Bescheinigung aus einer Akte.
Aktienhinterlegung: *Unanwendbar* ist I Z 1 auf eine Bescheinigung des Notars über die Hinterlegung von Aktien nach § 123 III AktG. Sie ist vielmehr ist Hauptgeschäft nach § 149, Mü DNotZ **83**, 1937. Daneben entsteht für die Verwahrung die Gebühr nach § 149.
Amtssiegel: Anwendbar ist I Z 1 auf die mit einem Amtssiegel versehene Bescheinigung des Notars aus einem gerichtlichen Buch, also nicht ein bloßer Bericht.
Eintragungshindernis: *Unanwendbar* ist I Z 1 auf eine Bewertung oder Begutachtung oder Schlußfolgerung wie die Bestätigung des Notars, daß einer Eintragung kein Hindernis entgegensteht. Sie fällt vielmehr unter § 147 II, auch wenn mit ihr eine nur unselbständige Tatsachenfeststellung erfolgt, Schlesw JB **77**, 1129.
Familienstand: Anwendbar ist I Z 1 bei einer Bescheinigung über den Familienstand.
Geschmacksmuster: Anwendbar ist I Z 1 auf eine Bestätigung oder eine Prioritätsbescheinigung wegen einer Geschmacksmusteranmeldung im Ausland, Ffm MDR **75**, 238 (dann ist also nicht § 89 II anwendbar).
Grundbuch: Anwendbar ist I Z 1 auf eine Bescheinigung aus einem Grundbuch.
Lebensbescheinigung: Anwendbar ist I Z 1 bei ihr.
Nämlichkeit: Anwendbar ist I Z 1 auf diejenige Bescheinigung über die Nämlichkeit einer Person, die über §§ 10, 40 IV BeurkG hinausgeht, etwa bei einer Kontoeröffnung oder Legitimationsprüfung, Bund DNotZ **04**, 183.
Register: Anwendbar ist I Z 1 auf eine Bescheinigung aus einem Register.

781

KostO §§ 50, 51 III. Kostenordnung

Satzungsänderung: Anwendbar ist I Z 1 auf eine Bescheinigung über eine solche Änderung nach § 54 GmbHG, soweit sie nicht ein nach §§ 35, 47 S 1 Hs 2 gebührenfreies Nebengeschäft ist.

Testament: Anwendbar ist I Z 1 auf eine Bescheinigung dazu, daß jemand in der Gegenwart eines Notars ein Testament eigenhändig geschrieben und unterschrieben habe.

Testamentsvollstrecker: Anwendbar ist I Z 1 auf eine Bescheinigung über den Eingang einer Erklärung der Annahme des Testamentsvollstreckeramts.

Umschreibung: *Unanwendbar* ist I Z 1 auf eine „Umschreibung" wegen einer bloßen Änderung eines Namens oder einer Firma. Sie kann gebührenfrei sein, KG JB 93, 226.

Vorlage: Anwendbar ist I Z 1 auf eine Bescheinigung dazu, daß jemand eine Urkunde oder andere Sache zu einem bestimmten Zeitpunkt dem Notar vorgelegt habe.

Wohnsitz: Anwendbar ist I Z 1 auf eine Wohnsitzbescheinigung.

6 **C. Mitwirkung bei Abmarkung, I Z 2.** Vgl §§ 919 ff BGB. Das Verfahren verläuft nach dem Landesrecht, im Gebiet des früheren Preußens nach Art 31 I PrFGG. Es entsteht nach § 58 IV Hs 1 keine Zusatzgebühr nach § 58 I–III. Die erstere Vorschrift enthält irrig nicht die Angabe des § 50 I.

7 **D. Protest usw, I Z 3.** Die Vorschrift erfaßt nur den Prostest im See- oder Binnenschiffahrtsfrachtrecht, zB nach §§ 501 II, 571, 588, 596, 603, 605 HGB, §§ 28, 33, 39, 47, 51 BinnSchG sowie eine landesrechtlich geregelte Zustellungsurkunde des Notars.

Ein *Wechsel- oder Scheckprotest* fällt nicht unter Z 3, sondern unter § 51.

8 Der *Geschäftswert* berechnet sich nach dem Wert des fraglichen Anspruchs und hilfsweise nach § 30 II.

9 **E. Schätzung, I Z 4.** Es handelt sich um die Aufnahme einer Schätzung beliebiger Art, etwa bei § 116 III. Allerdings fällt eine gerichtliche Schätzung bei einer freiwilligen Versteigerung eines Grundstücks nicht unter Z 4, sondern unter § 53 I Z 2. Es entsteht nach § 58 IV Hs 1 keine Zusatzgebühr nach § 58 I–III. Die erstere Vorschrift enthält irrig nicht die Angabe § 50 I. Bei § 119 Z 1 entsteht zusätzlich die Gebühr nach § 50 für die Benennung und Beeidigung des Sachverständigen.

10 **F. Verklarung usw, II.** Die Vorschrift erfaßt die Aufnahme einer Verklarung nach §§ 522 ff HGB sowie eine Beweisaufnahme nach §§ 474 ff HGB, auch bei einem Binnenschiff. Sie gilt die gesamte Tätigkeit im gerichtlichen Verfahren ab. Dabei entsteht allerdings für eine Nachverklarung eine höhere Gebühr, II 2.

Unanwendbar ist II auf eine Rangebescheinigung. Sie läßt nach § 147 I 1 eine 0,25 Gebühr nach dem Nennbetrag des Rechts entstehen, KG JB **98**, 323.

11 Der *Geschäftswert* richtet sich nach dem wirtschaftlichen Interesse aller Beteiligten, Köln JB **95**, 208, und hilfsweise nach § 30 II, Köln JB **00**, 252.

12 **4) Gebühr I, II.** Man muß wie folgt unterscheiden.
A. Tätigkeit nach I. Für jede der in I 1 genannten Tätigkeiten entsteht eine 1,0-Gebühr.

13 **B. Tätigkeit nach II.** Für jede der in II 1 genannten Tätigkeit entsteht eine 2,0 Gebühr. Für eine Nachverklarung entsteht gemäß II 2 nur eine 1,0 Gebühr.

Wechsel- und Scheckproteste

51 [I] **Für die Aufnahme von Wechsel- und Scheckprotesten wird die Hälfte der vollen Gebühr erhoben.**

[II] [1] Daneben wird für jeden Weg, der zur Erledigung des Protestes zurückzulegen ist, eine Wegegebühr von 1,50 Euro erhoben. [2] Die dem Protestbeamten zustehenden Reisekosten werden auf die Wegegebühr angerechnet. [3] Die Wegegebühr wird auch dann erhoben, wenn der Auftrag zur Protesterhebung nach Antritt des Weges seine Erledigung gefunden hat.

[III] Die Protestgebühr ist auch dann zu zahlen, wenn ohne Aufnahme des Protestes an den Protestbeamten gezahlt oder die Zahlung ihm nachgewiesen wird.

1. Teil. Gerichtskosten § 51 KostO

ᴵⱽ Enthält der Wechsel Notadressen, so ist für die Aufnahme eines jeden Protestes wegen Verweigerung der Ehrenannahme oder wegen unterbliebener Ehrenzahlung ein Viertel der vollen Gebühr zu erheben.

ⱽ Für das Zeugnis über die Protesterhebung (Artikel 90 Abs. 2 des Wechselgesetzes und Artikel 59 Abs. 2 des Scheckgesetzes) werden eine Gebühr von 1,50 Euro und die für die Ablichtungen und Ausdrucke entstandene Dokumentenpauschale erhoben.

Vorbem. V zuletzt geändert dch Art 14 II Z 6 JKomG v 22. 3. 05, BGBl 837, in Kraft seit 1. 4. 05, Art 16 I JKomG, Übergangsrecht § 161 KostO.

Gliederung

1) Systematik, I–V 1
2) Regelungszweck, I–V 2
3) Protestgebühr, I, III 3, 4
4) Wegegebühr und Reisekosten, II 5–7
5) Notadresse, IV 8
6) Protestzeugnis, V 9
7) Geschäftswert, I–V 10
8) Fälligkeit, Kostenschuldner, I–V 11

1) Systematik, I–V. Es handelt sich um eine vorrangige Spezialvorschrift. Neben 1 ihr gilt freilich § 35 fort. Die Wege-„Gebühr" ist dem Wegegeld des KVGv 711, 712 entfernt vergleichbar, Teil XI dieses Buchs. Sie hat eine zusätzliche echte Gebührenfunktion. Sie tritt zum Anspruch auf den Auslagenersatz nach §§ 136 ff hinzu, freilich unter einer teilweisen Anrechnung, II 2.

2) Regelungszweck, I–V. Die recht differenzierte Ausgestaltung läßt das Ziel 2 erkennen, auch bei derart „unscheinbaren" Vorgängen eine kostengerechte Einzelfallvergütung zu erzielen und nicht allzu vereinfachend vorzugehen, obwohl letzteres gerade in solchen Situationen praktisch sein könnte. Die Auslegung sollte sich an dieser Höherbewertung der Gerechtigkeit vor der Zweckmäßigkeit mitorientieren.

3) Protestgebühr, I, III. Durch die Protestierung eines jeden Wechsels oder 3 Schecks entsteht 0,5 Gebühr. Es ist unerheblich, ob der Notar oder der Gerichtsvollzieher nach § 12 I 2 GvKostG protestiert, Teil XI dieses Buchs. Die Protestgebühr entsteht, sobald man den Wechsel oder Scheck vorlegt und die Aufforderung zur Zahlung oder Annahme vornimmt oder wenn man den Bezogenen nicht antrifft oder wenn man seine Wohnung nicht ermitteln kann. Eine Aufnahme des Protests ist nicht unbedingt notwendig, Kersting DNotZ **93**, 788.

Nach III reicht es aus, daß ein Wechselschuldner oder ein Dritter ohne einen vorherigen Protest an den Protestbeamten in dessen Amtsraum oder beim Schuldner zahlt oder ihm die Zahlung nachweist, sofern dieser den Wechsel im Besitz hat und einen Auftrag hat, Kersting DNotZ **93**, 788. Dabei ist es unerheblich, ob die Vorlegung und Zahlungsaufforderung schon erfolgt waren.

Der *Notar* erhält neben der Gebühr nach I, III die Hebegebühr nach § 149. Sie ist nach § 149 V auf der Protestgebühr anrechenbar, nicht jedoch auf die Wegegebühr.

Bei einer *Rücknahme* des Auftrags vor der Entstehung der Protestgebühr gilt § 130 II. Das 4 gilt beim Notar nach § 143 und beim Gerichtsvollzieher nach § 12 I 1 GvKostG. Bei einer derartigen Teilrücknahme gilt § 130 IV. Falls der Auftraggeber den Auftrag erst nach dem Entstehen der Protestgebühr nach Rn 3 zurücknimmt, entsteht die volle Gebühr, sofern die Protestierung bereits begonnen hatte und nun die Beurkundung wegen der Auftragsrücknahme unterbleibt. Soweit der Auftraggeber nur die Zahlung mitteilt, darf man diese Mitteilung nicht als einen Zahlungsnachweis ansehen, sondern als eine Auftragsrücknahme.

Bei *mehreren* Protesten macht jeder Protest eine Gebühr nach I fällig, auch wenn es sich um denselben Wechsel usw handelt.

Es entsteht mit Ausnahme des Falls Rn 9 *keine Dokumentenpauschale* nach § 136.

4) Wegegebühr und Reisekosten, II. Anstelle der Zusatzgebühr des § 58 wird 5 je Protest neben der Protestgebühr des III und neben einer etwaigen Rücknahmegebühr des § 130 II als eine echte Zusatzgebühr eine Wegegebühr von 1,50 EUR fällig. Das gilt für jeden Protest und jeden Weg und jeweils unabhängig von der Länge des

783

KostO §§ 51, 52 III. Kostenordnung

Wegs. Die Wegegebühr entsteht für jeden notwendigen Weg nach II 3 zB zum Aussteller, zum Bezogenen, zum Notadressaten oder zum Einwohnermeldeamt mit dem Verlassen des Amtssitzes, II 3. Sie kann daher neben einer Rücknahmegebühr nach § 130 II und neben der Gebühr nach III entstehen. Mehrere Wege nach II können durch einen einzigen Protest notwendig werden. Der Rückweg wird nicht besonders bezahlt.

6 Man muß diejenigen *Reisekosten* mit dem Tage- und Übernachtungsgeld, die bei einem Beamten nach den landesrechtlichen Reisekostenbestimmungen entstehen, vgl auch das BRKG, auf die Wegegebühr nach § 153 anrechnen, nicht aber auf die Protestgebühr. Die Reisekosten lassen also die Wegegebühr, die eine echte Gebühr und keine bloße Barauslage ist, dann wegfallen, wenn sie höher sind.

7 Soweit Reisekosten nur für einen von *mehreren Wegen* entstehen, darf man sie nur auf diesen Weg anrechnen.

8 **5) Notadresse, IV.** Eine Gebühr entsteht nicht durch die Angabe der Notadresse, sondern erst dann, wenn sie der Protestbeamte aufsucht und wenn es zur Ehrenannahme oder -zahlung kommt oder auch nicht kommt. Die Gebühr entsteht für jeden Protest. Dann muß der Notar allerdings nicht nach Art 81 I WG eine besondere Urkunde aufnehmen. II und III sind auch dann anwendbar.

9 **6) Protestzeugnis, V.** Ein Protestzeugnis anstelle der verschwundenen Protesturkunde nach Artt 90 II WG, 59 II ScheckG kostet eine Festgebühr von 1,50 EUR und außerdem die Dokumentenpauschale des § 136 für die Protestablichtung oder -abschrift.

10 **7) Geschäftswert, I–V.** Das ist der Nennbetrag des Wechsels oder Schecks ohne Zinsen und Kosten, § 18 II. Soweit der Auftrag nur eine Teilforderung betrifft, gilt nur ihr Betrag als Wert. Jedoch ist der Gesamtwert dann maßgeblich, wenn der Protest nach einer Teilzahlung wegen des Rests erfolgt.

11 **8) Fälligkeit, Kostenschuldner, I–V.** Die Fälligkeit richtet sich nach § 7. *Kostenschuldner* ist der Veranlasser, § 2 Z 1.

Vermögensverzeichnisse, Siegelungen

52 I ¹**Für die Aufnahme von Vermögensverzeichnissen sowie für Siegelungen und Entsiegelungen wird nach dem Wert der verzeichneten oder versiegelten Gegenstände die Hälfte der vollen Gebühr erhoben.** ²**Das gleiche gilt für die Mitwirkung als Urkundsperson bei der Aufnahme von Vermögensverzeichnissen.** ³**Nimmt das Geschäft einen Zeitaufwand von mehr als zwei Stunden in Anspruch, so erhöht sich die Gebühr für jede weitere angefangene Stunde um die Mindestgebühr (§ 33).**

II **Für die Siegelung, einschließlich der Entsiegelung und der Aufnahme eines Vermögensverzeichnisses, wird die Gebühr nur einmal nach dem Gesamtzeitaufwand erhoben.**

1 **1) Systematik, Regelungszweck, I, II.** Die vorrangige Spezialvorschrift enthält eine Kombination einer sach- und zeitbezogenen Vergütung. Das bezweckt eine ausgewogene Gesamtbemessung. Daher darf man bei der Ermittlung des Zeitaufwands nicht den Grundsatz einer dem Kostenschuldner möglichst günstigen Auslegung übersehen, § 1 Rn 2 § 35 bleibt beachtbar, etwa bei der Aufnahme eines Verzeichnisses über dasjenige Vermögen, das den Vertragsgegenstand bei einem Ehe- oder Erbvertrag oder bei einer Auseinandersetzung bildet.

2 **2) Geltungsbereich, I, II.** Eine Vergütung erhält nach § 52 die Aufnahme eines Vermögensverzeichnisses zB nach §§ 1035 S 3, 1667 II, 1682, 1802 III, 2002, 2003, 2121 III BGB. Hierher gehört ferner im Anschluß an eine nach § 104 zu vergütende Anordnung die Durchführung einer Siegelung oder Entsiegelung nach § 1960 II BGB durch das Gericht, seinen Urkundsbeamten oder den Notar, auch mit der Veranlassung eines Insolvenzverwalters oder Testamentvollstreckers. Eine solche Tätigkeit durch einen Gemeindebeamten erhält mithilfe von § 104 nach dem Landesrecht eine Vergütung. Eine Mitwirkung nach I 2 kann zB nach § 1802 II BGB erfolgen. Der bloße Auftrag des Gerichts zur Siegelung an einen Notar usw ist gebührenfrei. Bei

einer Auftragsrücknahme vor dem Beginn der Amtshandlung ist § 130 II anwendbar. Andere Erledigungsgründe lassen keine besondere Gebühr entstehen, von § 51 II abgesehen.

Die *gerichtliche Anordnung* der Vermögensaufnahme usw fällt nicht unter § 52, sondern unter §§ 94 Z 3, 104, 114 Z 1. Bei einem Auseinandersetzungsvertrag oder einem Übergabevertrag usw ist § 52 nur insoweit anwendbar, als die Urkundsperson wirklich persönlich das Vermögen aufnimmt und nicht nur die Erklärungen der Beteiligten über den Bestand beurkundet.

3) Gebühr, I, II. Es entsteht grundsätzlich 0,5 Gebühr, I 1. Die Vorgänge der Aufnahme des Vermögensverzeichnisses, der Siegelung und Entsiegelung lassen insgesamt nur 0,5 Gebühr entstehen, gemessen an der Gesamtdauer der Amtshandlung. Es entsteht nach § 58 IV Hs 1 keine Zusatzgebühr. Bei einem erhöhten Zeitaufwand kann sich die Gebühr aber nach I 3, II erhöhen. Maßgeblich ist nur die an Ort und Stelle für alle von § 52 erfaßten Vorgänge verbrachte Zeit ohne Hin- und Rückwege und ohne die Zeit der Vor- und Nachbearbeitung.

4) Geschäftswert, I, II. Maßgeblich ist grundsätzlich der Wert der verzeichneten oder versiegelten Gegenstände, I 1, §§ 18 II, III, 19 I ff. Für die Siegelung einschließlich der Entsiegelung und der Aufnahme eines Vermögensverzeichnisses entsteht die Gebühr aber nur nach dem Gesamtzeitaufwand, II.

5) Fälligkeit, Kostenschuldner, I, II. Die Fälligkeit richtet sich nach § 7. *Kostenschuldner* ist der Veranlasser, § 2 Z 1.

Freiwillige Versteigerung von Grundstücken

53 ^I Bei freiwilligen Versteigerungen zum Zwecke der Veräußerung oder Verpachtung von Grundstücken und sonstigen Gegenständen, die der Zwangsvollstreckung in das unbewegliche Vermögen unterliegen, werden erhoben

1. für das Verfahren im allgemeinen die Hälfte der vollen Gebühr;
2. für die Aufnahme einer gerichtlichen Schätzung die Hälfte der vollen Gebühr;
3. für die Abhaltung des Versteigerungstermins die volle Gebühr;
4. für die Beurkundung des Zuschlags die volle Gebühr.

^II Die in Absatz 1 Nr. 1 bestimmte Gebühr wird mit dem Eingang des Antrags fällig und ist auch dann zu erheben, wenn die Versteigerung einer Ortsbehörde übertragen wird.

^III Der Versteigerungstermin gilt als abgehalten, wenn zur Abgabe von Geboten aufgefordert ist.

^IV ¹Werden mehrere Grundstücke zum Zwecke der Veräußerung in demselben Verfahren versteigert, so werden die Gebühren von dem zusammengerechneten Wert der mehreren Grundstücke berechnet. ²Die Gebühr für die Beurkundung des Zuschlags wird jedoch für jeden Ersteher nach dem zusammengerechneten Betrag seiner Gebote erhoben; ist der zusammengerechnete Wert der ihm zugeschlagenen Grundstücke höher, so ist dieser maßgebend.

^V Werden in dem Verfahren mehrere Versteigerungstermine abgehalten, so werden für jeden Termin die Gebühren besonders erhoben.

^VI ¹Schuldner der Kosten für die Beurkundung des Zuschlags ist, vorbehaltlich der Vorschrift in § 3 Nr. 3, nur der Ersteher. ²Hinsichtlich der übrigen Kosten gelten die allgemeinen Vorschriften über die Zahlungspflicht.

^VII ¹Tritt der Meistbietende die Rechte aus dem Meistgebot oder der Veräußerer den Anspruch gegen den Ersteher ab, oder erklärt der Meistbietende, für einen Dritten geboten zu haben, nur tritt ein Dritter diesen Erklärungen bei, so bleibt die Beurkundung gebührenfrei, wenn sie in dem Protokoll über die Versteigerung geschieht. ²Das gleiche gilt, wenn nach Maßgabe der Versteigerungsbedingungen für den Anspruch gegen den Ersteher die Bürgschaft übernommen oder eine sonstige Sicherheit bestellt und dies in dem Protokoll über die Versteigerung beurkundet wird.

KostO § 53   III. Kostenordnung

Gliederung

1) Systematik, I–VII	1
2) Regelungszweck, I–VII	2
3) Geltungsbereich, I–VII	3
4) Gebühren, I	4–7
A. Verfahrensgebühr, I Z 1	4
B. Schätzung, I Z 2	5
C. Versteigerungstermin, I Z 3	6
D. Zuschlag, I Z 4	7
5) Geschäftswert, I–VII	8
6) Weitere Einzelfragen, I–VII	9
7) Fälligkeit, Kostenschuldner, I–VII	10

1 **1) Systematik, I–VII.** Die echte Zwangsversteigerung unterfällt § 54 GKG in Verbindung mit KV 2210 ff, Teil I A dieses Buchs. Demgegenüber erfaßt § 53 jede „freiwillige" Versteigerung der in I genannten Sachen. Für bewegliche Sachen gilt § 54. Die zu § 53 gehörenden vielschichtigen Vorgänge unterstehen einer sorgfältig ausdifferenzierten Regelung. Sie stellt das Gegenteil einer krassen Vereinfachung dar. Sie beläßt damit auch für den formell daneben geltenden § 35 praktisch nur wenige Anwendungsmöglichkeiten.

2 **2) Regelungszweck, I–VII.** Die in Rn 1 angesprochene sorgfältige Differenzierung dient der Kostengerechtigkeit. Sie nimmt eine gewisse Mühe bei der Ermittlung des im Einzelfall Richtigen hin. Bei einer „freiwilligen" Versteigerung hat der Kostenschuldner wohl durchweg eine wirtschaftlich wesentlich stärkere Position als bei einer echten Zwangsversteigerung. Das darf man trotz des auch hier geltenden Grundsatzes einer ihn schonenden Auslegung nach § 1 Rn 2 bei der Handhabung mitbeachten.

3 **3) Geltungsbereich, I–VII.** Die Vorschrift regelt die freiwillige Versteigerung oder Verpachtung eines Grundstücks oder eines grundstücksgleichen Rechts oder eines eingetragenen Schiffs. Es ist für die Gebührenhöhe unerheblich, ob die Versteigerung einen Verkauf oder eine Verpachtung bezweckt.

4 **4) Gebühren, I.** Sie setzen voraus, daß der Notar die Versteigerung selbst vornimmt und nicht nur zur Beurkundung der von jemand anderem vorgenommenen Versteigerung tätig wird. Man muß die folgenden Fallgruppen unterscheiden.

   A. Verfahrensgebühr, I Z 1. Für jedes Verfahren im allgemeinen entsteht 0,5 Gebühr. Sie gilt die gesamte Tätigkeit in diesem Verfahren ab, soweit nicht Z 2–4 anwendbar sind. Sie erfaßt also zB die Prüfung des Antragsrechts, die Klärung der Versteigerungsbedingungen, die Bekanntmachung des Versteigerungstermins, die Mitteilungen an die Beteiligten. Sie wird mit dem Eingang des Antrags fällig, II. Sie entsteht auch bei einer Übertragung der Versteigerung auf die Ortsbehörde. Sie gilt diesen Auftrag mit ab. Man muß eine Gebühr der Ortsbehörde nach dem Landesrecht ermitteln.
Bei einer Übertragung auf den *Urkundsbeamten* entsteht keine besondere Verfassungsgebühr. §§ 130, 147 treten zurück.

5 **B. Schätzung, I Z 2.** Für die Aufnahme einer gerichtlichen Schätzung entsteht 0,5 Gebühr. Die bloße Entgegennahme einer von einem Beteiligten eingereichten Schätzung und die Erlaubnis der zugehörigen Einsicht fallen unter I Z 1, nicht unter I Z 2.

6 **C. Versteigerungstermin, I Z 3.** Für die Abhaltung jedes Versteigerungstermins entsteht nach V 1,0 Gebühr nach dem Wert der jeweils in diesem Termin versteigerten Sachen. Sie erfaßt die gesamte Terminstätigkeit mit Ausnahme von I Z 4 und VII. Sie entsteht nach III mit der Aufforderung zur Abgabe eines Gebots. Als Versteigerungstermin gilt nur der zur Abgabe von Geboten bestimmte Termin. Hierher gehört also nicht ein bloßer Zuschlagstermin und dergleichen. Wenn demselbe Versteigerungstermin wegen desselben Grundstücks mehrere Tage hintereinander andauert, entsteht nur eine einzige Terminsgebühr. Eine bloße Pause beendet den Termin nicht, auch keine Essenspause. Es kann eine Zusatzgebühr nach § 58 entstehen, und zwar zu jeder Terminsgebühr.

786

1. Teil. Gerichtskosten §§ 53, 54 KostO

D. Zuschlag, I Z 4. Für die Beurkundung des Zuschlags nach § 156 BGB entsteht nach IV 2 Hs 1 bei jedem Ersteher 1,0 Gebühr. Das gilt auch dann, wenn die Beurkundung des Zuschlags nicht schon im Versteigerungstermin erfolgt. Der Zuschlag ist erst dann erteilt, wenn sämtliche Verkäufer zustimmen. § 38 II Z 1 kann anwendbar sein. 7

5) Geschäftswert, I–VII. Grundsätzlich gelten §§ 19, 20. Bei einer Verpachtung auf Zuschlag gilt § 25 I. Nach IV 1 muß man die Einzelwerte bei der Versteigerung mehrerer Grundstücke in demselben Verfahren zusammenrechnen. Einzelheiten dazu nennt IV 2. 8

6) Weitere Einzelfragen, I–VII. Die Gebühren Rn 3–5 entstehen auch, soweit der Urkundsbeamte der Geschäftsstelle beauftragt ist. Eine Zusatzgebühr nach § 58 IV entsteht nur bei einer Versteigerung außerhalb der Gerichtsstelle. Alle Nebenhandlungen sind nach § 35 gebührenfrei. Die Aufzählung in VII ist nicht abschließend. Hierhin gehören zB: Die Beurkundung der Auflassung und der Vollmacht zur Auflassung; der Antrag des Erstehers auf eine Löschung einer nicht übernommenen Hypothek. 9

7) Fälligkeit, Kostenschuldner, I–VII. Die Fälligkeit richtet sich bei I Z 1 nach II Hs 1 nach dem Antragseingang, bei I Z 3 mit der Aufforderung zu Geboten und sonst nach § 7. 10

Kostenschuldner ist der Veranlasser, § 2 Z 1, aber bei I Z 4 nur der Ersteher und der sachlichrechtliche Kostenschuldner, § 3 Z 3. Es entsteht insoweit also keine Mithaft der übrigen Antragsteller über denjenigen Betrag hinaus, der dann entstanden wäre, wenn nur das jeweilige Einzelgrundstück dieses Beteiligten zur Versteigerung gekommen wäre.

Versteigerung von beweglichen Sachen und Rechten

54 ^I **Für die Versteigerung von beweglichen Sachen, von Früchten auf dem Halm oder von Holz auf dem Stamm sowie von Forderungen oder sonstigen Rechten wird das Dreifache der vollen Gebühr nach dem zusammengerechneten Wert der Gegenstände erhoben.**

^{II} **Soweit sich das Verfahren erledigt, bevor zur Abgabe von Geboten aufgefordert worden ist, ermäßigt sich die Gebühr auf ein Viertel der vollen Gebühr.**

^{III} **Die Kosten können aus dem Erlös vorweg entnommen werden.**

1) Systematik, Regelungszweck, I–III. Zur Abgrenzung § 53 Rn 1. Auch zum Regelungszweck gelten eingeschränkt die in § 53 Rn 2 angestellten Erwägungen. 1

2) Geltungsbereich, I–III. Die Vorschrift betrifft eine vom Gericht, Notar, Gerichtsvollzieher vorgenommene Versteigerung einer beweglichen Sache oder eines Rechts, auch diejenige eines nicht eingetragenen Schiffs. Früchte auf dem Halm und das Holz auf dem Stamm gelten als bewegliche Sachen. Zu den „sonstigen Rechten" gehören zB: Die Jagdpacht; eine Grundschuld oder Rentenschuld; ein Anteil an einer Erbschaft oder Gesellschaft; ein Patent- oder Gebrauchs- oder Geschmacksmusterrecht; ein Urheberrecht; die Überlassung eines Nießbrauchs nach § 1059 BGB. 2

3) Gebühr, I, II. Es entsteht unabhängig von der Verfahrensdauer usw nur 3,0 Gebühr als eine Pauschale. Das gilt auch bei einem mehrtägigen Versteigerungstermin, auch unabhängig davon, ob zum Zuschlag erfolgt. Nur bei einer Erledigung des Verfahrens und nicht nur dieses Termins vor der Aufforderung zur Abgabe eines Gebots ermäßigt sich die Gebühr auf 0,25 Gebühr, II. Die Pauschgebühr erfaßt auch alle Vorbereitungs- und Abarbeitungsarbeit. Es entsteht keine Zusatzgebühr, § 58 IV Hs 1. § 153 bleibt anwendbar. 3

Für die *Empfangnahme* des Erlöses erhält der Notar die Hebegebühr nach § 149. Das Gericht oder der Gerichtsvollzieher erhalten keine Hebegebühr. Der Notar kann ebenso wie andere Versteigerer die Kosten nach III aus dem Erlös vorweg entnehmen.

4) Geschäftswert, I, II. Maßgeblich ist der Wert der ausgebotenen Sache oder des Rechts, § 19. Man muß mehrere solche Gegenstände zusammenrechnen. 4

787

KostO §§ 54–55a   III. Kostenordnung

5 **5) Fälligkeit, Kostenschuldner, I, II.** Die Gebühr wird mit der Aufforderung
zum Gebot und ohne Rücksicht auf die Dauer der Versteigerung fällig.
Kostenschuldner ist der Veranlasser, § 2 Z 1.

Beglaubigung von Ablichtungen und Erteilung von amtlichen Ausdrucken

55 ¹ ¹Für die Beglaubigung von Ablichtungen und die Erteilung von amtlichen Ausdrucken wird, soweit nicht § 132 anzuwenden ist, eine Gebühr von 0,50 Euro für jede angefangene Seite erhoben. ²Mindestens wird ein Betrag in Höhe der Mindestgebühr (§ 33) erhoben.

II Werden die Ablichtungen und Ausdrucke durch das Gericht hergestellt, so kommt die Dokumentenpauschale hinzu.

Vorbem. Überschrift, I 1 geändert dch Art 4 VIII Z 1, 2 ERVGBG v 11. 8. 09, BGBl 2713, in Kraft seit 1. 10. 09, Art 5 I ERVGBG, Übergangsrecht § 161 KostO.

1 **1) Geltungsbereich, I, II.** Die Beglaubigung ist bei §§ 132, 136 I Z 2 oder bei einer dienstlich ohnehin notwendigen Ablichtung oder einem entsprechenden Ausdruck zB nach §§ 16 II, 17, 20 DNotO gebührenfrei. Für eine Ablichtung oder einen amtlichen Ausdruck der elektronischen Fassung aus dem Grundbuch oder Register entstehen Gebühren nach §§ 73, 89. Die Gebühr des § 55 entsteht daher nur für eine Beglaubigung einer überreichten Ablichtung usw oder anderer als der erwähnten Urkunden.

2 **2) Gebühr, I.** Es entsteht nach I 1 eine Gebühr von 0,50 EUR für jede angefangene Seite nicht der Vorlage, sondern der Ablichtung oder des Ausdrucks, jedoch nach I 2 wenigstens eine Mindestgebühr von 10 EUR nach § 33.

3 **3) Auslagen, II.** Soweit das Gericht Ablichtungen oder Ausdrucke herstellt, kommt zu der Gebühr nach Rn 2 die Dokumentenpauschale des § 136 hinzu. „Herstellung" ist auch eine nicht völlig untergeordnete Vervollständigung oder Ausfüllung eines vom Auftraggeber vorgelegten Vordrucks.

Gebührenfreiheit in Kindschafts- und Unterhaltssachen

55a Beurkundungen nach § 62 Abs. 1 des Beurkundungsgesetzes sind gebührenfrei.

BeurkG § 62. Zuständigkeit der Amtsgerichte, Zustellung. ¹ Unbeschadet der Zuständigkeit sonstiger Stellen sind die Amtsgerichte zuständig für die Beurkundung von
1. Erklärungen über die Anerkennung der Vaterschaft,
2. Verpflichtungen zur Erfüllung von Unterhaltsansprüchen eines Kindes,
3. Verpflichtungen zur Erfüllung von Unterhaltsansprüchen nach § 1615 l des Bürgerlichen Gesetzbuchs.

1 **1) Systematik, Regelungszweck.** Es handelt sich um eine wegen des Beurkundungszwangs notwendige oder ohne ihn doch sinnvolle vorrangige Sondervorschrift. Sie dient der Kostengerechtigkeit beim Notar. Man muß sie als eine Sonderbestimmung eng auslegen.

2 **2) Geltungsbereich.** Die Vorschrift gilt für den Gebühren-Notar, § 141, Düss RR **00**, 365, Hamm RR **96**, 764, LG Münst FamRZ **06**, 724, aM LG Gießen JB **90**, 1018. *Nicht* mehr anwendbar ist § 55 a auf einen Vorgang nach SGB VIII § 59 Z 1 idF Art 26 EheschlRG. Denn diese Vorschrift erwähnt § 55 a nicht mehr.
A. Vaterschaftsanerkennung, § 62 I Z 1 BeurkG. Die Vorschrift erfaßt alle Erklärungen über die Anerkennung der Vaterschaft, §§ 1592 ff BGB. Dazu gehören auch die nach § 1595 I, II BGB erforderlichen Zustimmungen der Mutter oder des sonstigen gesetzlichen Vertreters und evtl des Kindes, die ja nach § 1597 I BGB ebenfalls eine öffentliche Beurkundung erfordern, Notarkasse MittBayNot **98**, 381. Hierher gehören ferner ein Widerruf der Anerkennung nach § 1597 III BGB oder

die Anfechtung der Vaterschaft nach §§ 1600ff BGB, soweit insofern eine Beurkundung stattfinden muß oder stattfindet. Denn auch alle solche Erklärungen ergehen „über" die Anerkennung.
  B. **Unterhaltsverpflichtung, § 62 I Z 2 BeurkG.** Die Vorschrift erfaßt mit 3 einem Vorrang dieser Spezialregelung gegenüber § 24 IV jede Verpflichtung zur Erfüllung von unmittelbaren Unterhaltsansprüchen eines Kindes nach §§ 1601ff BGB, Düss RR **00**, 365, LG Münst FamRZ **06**, 724. Das gilt auch zugunsten desjenigen Kindes, dessen Eltern nicht miteinander verheiratet sind, auch die Verpflichtung, durch die Pflege und Erziehung zum Unterhalt des Minderjährigen beizutragen, § 1606 III 2 BGB. Im übrigen kommt es weder auf den Personenstand noch auf das Alter des Kindes an.
  Andere Erklärungen als gerade die „Verpflichtung *zur* Erfüllung" zählen nach dem klaren Wortlaut von Z 2 nicht hierher, Rn 1. Es heißt dort, anders als in Z 1, ja nicht allgemeinen „Erklärungen über ...". Wegen § 16151 BGB gilt Rn 4. Insofern bleibt es also bei der grundsätzlichen Gebührenpflichtigkeit nach den sonstigen einschlägigen Vorschriften.
  C. **Unterhaltsverpflichtung nach § 16151 BGB, § 62 I Z 3 BeurkG.** Zur 4 Klarstellung hebt Z 3 an sich wegen Z 2 überflüssigerweise hervor, daß § 55 a auch für die Verpflichtung zur Erfüllung von Unterhaltsansprüchen zwischen den Eltern gerade auf Grund von § 16151 BGB gilt, also bei Unterhaltsrückständen und bei Kosten infolge der Schwangerschaft oder der Entbindung.
  Andere Erklärungen als gerade die „Verpflichtung zur Erfüllung" zählen zu Z 3 ebensowenig wie zu Z 2, Rn 3. Keine Gebührenfreiheit besteht zB bei einer Erklärung über die elterliche Sorge nach § 1626 a BGB oder bei einer Scheidungsvereinbarung über den Kindesunterhalt.
  3) **Auslagen:** Sie bleiben bestehen, vor allem nach §§ 136, 137. 5

Sicherstellung der Zeit

56 Für die Sicherstellung der Zeit, zu der eine Privaturkunde ausgestellt ist, einschließlich der über die Vorlegung ausgestellten Bescheinigung, wird eine Gebühr von 13 Euro erhoben.

  1) **Geltungsbereich.** Die Vorschrift erfaßt die Beurkundung des genauen Zeit- 1 punkts der Vorlegung einer Urkunde durch ein Zeugnis. Dieses Zeugnis kommt auf die Urkunde und muß deren Beschaffenheit klarstellen.
  2) **Gebühr.** Es entsteht eine Festgebühr von 13 EUR. 2

Erfolglose Verhandlung

57 Unterbleibt die beantragte Beurkundung infolge Zurücknahme des Antrags oder aus ähnlichen Gründen, nachdem das Gericht mit den Beteiligten darüber verhandelt hat, so wird die Hälfte der vollen Gebühr, jedoch nicht mehr als die für die beantragte Beurkundung bestimmte Gebühr erhoben; die Gebühr darf 50 Euro nicht übersteigen.

Gliederung

1) Systematik	1
2) Regelungszweck	2
3) Geltungsbereich	3–7
A. Verhandlungsbeginn	3, 4
B. Antragsrücknahme oder ähnliche Gründe	5, 6
C. Unterbleiben der Beurkundung	7
4) Gebühr	8
5) Geschäftswert	9
6) Fälligkeit, Kostenschuldner	10

  1) **Systematik.** Die Vorschrift enthält zwar eine Spezialregelung. Sie steht neben 1 derjenigen des § 130 II, III, Rn 4. Noch speziellere Sondervorschriften sind aber evtl vorrangig, etwa §§ 51 III, 53 II, 54. Zusätzlich gelten §§ 58, 59.

KostO § 57 III. Kostenordnung

2 **2) Regelungszweck.** Die geringe Höchstgrenze von 50 EUR bezweckt eine ziemlich scharfe Kostendämpfung. Sie mag zwar in manchem Einzelfall viel zu scharf sein. Sie stellt aber grundsätzlich keine Regel-, sondern eben bereits eine Höchstgebühr dar. Das muß man bei der Auslegung mitbeachten.

3 **3) Geltungsbereich.** § 57 gilt bei sämtlichen Beurkundungsarten, auch zB bei §§ 45, 47, 49, 50, 51, 53, 54. Es müssen die folgenden Voraussetzungen zusammentreffen.
A. Verhandlungsbeginn. Es muß zumindest auch gerade um eine Beurkundung gehen und nicht nur um ein anderes Geschäft etwa der §§ 116, 148. Es muß eine zum Zweck der beantragten Beurkundung sachlich erforderliche Verhandlung mit allen Beteiligten begonnen haben („den" meint „alle"). Verhandlung ist eine solche nach dem FamFG und dem BeurkG. Eine unverbindliche Vorbesprechung etwa über die Form, die Kosten und die sonstigen Erfordernisse der beantragten Beurkundung ist vor einem rechtswirksamen endgültigen Entschluß zum Beurkundungsauftrag und vor dessen Annahme grundsätzlich noch keine Verhandlung, KG JB **76**, 960. Die Anwesenheit eines Bevollmächtigten genügt wegen dieses Vollmachtgebers. Die Verhandlung beginnt mit der sachlichen Erörterung des jetzt stattfindenden eigentlichen Beurkundungsvorgangs, KG DNotZ **78**, 753. Es ist nicht erforderlich, daß beim Verhandlungs*beginn* schon alle derzeit noch nicht notwendigen Beteiligten eingetroffen oder vertreten waren oder daß die Urkundsperson bereits mit der Niederschrift begonnen oder diese gar beendet hat, KG DNotZ **78**, 753.
Die Verhandlung muß *sachlich erforderlich* sein. Ein Entwurf des Notars setzt unter Umständen keine Verhandlung voraus. Dann entsteht eine Gebühr nach § 145, falls der Auftraggeber den Antrag nach einer sachlichen Besprechung zurücknimmt. Soweit eine Verhandlung mit den Beteiligten nicht begonnen hat, muß man wie folgt unterscheiden.

4 Wenn schon die Verhandlung wegen einer *Antragsrücknahme* unterbleibt, ist § 130 II–V anwendbar. Daneben entsteht keine Beratungsgebühr nach § 147 II. Wenn die Verhandlung aus einem nicht in der Person des Beurkundenden liegenden Grund unterbleibt, etwa wegen des Tods des Auftraggebers, entsteht zwar keine Gebühr. Es entsteht dann aber möglicherweise eine Pflicht zur Erstattung der Auslagen.

5 **B. Antragsrücknahme oder ähnliche Gründe.** Nach dem Beginn der Verhandlung nach Rn 3 muß die Beurkundung entweder wegen einer wirksamen Rücknahme des Beurkundungsantrags oder aus einem ähnlichen Grund unterbleiben.

6 „*Ähnlicher Grund*" ist jeder Umstand, der nicht in der Person des Notars liegt oder nicht von seinem Willen abhängig ist, KG JB **81**, 745. Hierher gehören zB eine Erkrankung oder der Tod des Auftraggebers oder die berechtigte Ablehnung der Beurkundung etwa wegen einer Geschäftsunfähigkeit usw., §§ 14 II, 15 BNotO, § 4 BeurkG, KG JB **81**, 745. Hierher gehört es auch, daß zwar die Urkundsperson unterschreibt, daß aber ein Beteiligter seine Unterschrift verweigert.
Unanwendbar ist § 57 bei einem Unterbleiben der Beurkundung nur oder auch aus einem in der Person des Notars liegenden und von ihm zur verantwortenden Grund. Daher macht auch eine unrichtige Sachbehandlung nach § 16 den § 57 grundsätzlich unanwendbar, KG JB **03**, 652 (auch zu einer Ausnahme).

7 **C. Unterbleiben der Beurkundung.** Gerade aus einem der Gründe Rn 3–7 muß die beantragte Beurkundung unterbleiben. Es reicht aus, daß irgendein Erfordernis einer wirksamen Beurkundung fehlte.
§ 57 ist unanwendbar, soweit eine auf § 145 III gestützte Rechnung rechtskräftig *aufgehoben* wird, Düss VersR **80**, 335.

8 **4) Gebühr.** Es entsteht 0,5 Gebühr, jedoch nicht mehr als die für die beantragte Beurkundung bestimmte Gebühr und keineswegs mehr als eine Gebühr von 50 EUR. Die Gebühr gilt auch die Beratung der Beteiligten ab, soweit die Beratung eine Aufgabe des Beurkundenden ist. Sie gilt ebenso alle anderen vorbereitenden und fördernden Handlungen ab, § 147 III, KG JB **76**, 561. Dazu kann auch ein Entwurf zählen, LG Düss Rpfleger **85**, 512. §§ 146, 147, 149 bleiben aber anwendbar. Wegen etwaiger Zusatzgebühren vgl §§ 58, 59.

9 **5) Geschäftswert.** Er richtet sich nach dem Wert einer Beurkundung. Bei § 56 mag eine niedrigere Gebühr angemessen sein.

790

1. Teil. Gerichtskosten　　　　　　　　　　　　　　　§§ 57, 58 KostO

6) **Fälligkeit, Kostenschuldner.** Für die Fälligkeit ist nach § 7 derjenige Zeit- **10**
punkt maßgeblich, in dem das Unterbleiben der Beurkundung feststeht.
Kostenschuldner ist nach § 2 Z 1 der Antragsteller. Das kann auch die Bank sein,
Köln JB 94, 167.

Geschäfte außerhalb der Gerichtsstelle, an Sonn- und Feiertagen und zur Nachtzeit

58 ⁱ ¹ Wird ein Geschäft auf Verlangen des Antragstellers oder mit Rücksicht auf die Art des Geschäfts außerhalb der Gerichtsstelle vorgenommen, so wird eine Zusatzgebühr in Höhe der Hälfte der vollen Gebühr erhoben, die jedoch den Betrag von 30 Euro und die für das Geschäft selbst zu erhebende Gebühr nicht übersteigen darf. ² Werden mehrere Erklärungen in einer Verhandlung beurkundet, so wird die Gebühr nur einmal erhoben, und zwar, soweit die beurkundeten Erklärungen verschiedene Gegenstände betreffen, nach deren zusammengerechnetem Wert.

ᴵᴵ Haben die Gerichtspersonen den Weg zu dem Ort des Geschäfts angetreten, so wird die Zusatzgebühr auch dann erhoben, wenn das Geschäft aus einem in der Person der Beteiligten liegenden Grund nicht ausgeführt wird.

ᴵᴵᴵ ¹ Für Beurkundungen an Sonntagen und allgemeinen Feiertagen sowie an Werktagen außerhalb der Zeit von acht bis achtzehn Uhr, jedoch an Sonnabenden nach dreizehn Uhr, wird eine Gebühr in Höhe der Hälfte der vollen Gebühr erhoben, die jedoch den Betrag von 30 Euro und die für das Geschäft selbst zu erhebende Gebühr nicht übersteigen darf. ² Treffen mehrere der in Satz 1 genannten Voraussetzungen zu, so wird die Zusatzgebühr nur einmal erhoben.

ᴵⱽ Die Vorschriften dieses Paragraphen gelten nicht für Geschäfte der in § 50 Absatz 1 Nr. 2 und 4 sowie in §§ 51, 52 und 54 bezeichneten Art; im Fall des § 53 wird die Zusatzgebühr nur erhoben, wenn der Versteigerungstermin außerhalb der Gerichtstelle abgehalten wird.

Vorbem. In IV Redaktionsfehler des Gesetzgebers: Richtig § 50 *I* Z 2, 4.

Gliederung

1) Systematik, I–IV	1
2) Regelungszweck, I–IV	2
3) Erster Geltungsbereich: Außerhalb der Gerichtsstelle, I, II, IV	3–7
A. Ort der Geschäftsvornahme	3
B. Verlangen des Antragstellers	4
C. Art des Geschäfts	5
D. Wegantritt	6
E. Keine Ausnahmeregeln	7
4) Gebühr, I, II, IV	8
5) Geschäftswert, I, II, IV	9
6) Weiterer Geltungsbereich: Beurkundung am Sonntag usw, III	10–16
A. Sonntag, allgemeiner Feiertag	11, 12
B. Außerhalb der Zeit von 8–18 Uhr	13
C. Beurkundung	14
D. Notwendigkeit	15
E. Weitere Einzelfragen	16
7) Gebühr, III	17–19
8) Geschäftswert, I, III	20
9) Fälligkeit, Kostenschuldner, I–III	21

1) Systematik, I–IV. Die Vorschrift gilt stets nur ergänzend. Sie erfaßt sowohl **1**
räumliche als auch zeitliche Sonderleistungen. Sie verteuert dadurch die Gesamtvergütung nicht unbeträchtlich. § 35 bleibt aber bestehen. §§ 146–149 haben den Vorrang. Die Vorschrift gilt auch beim Notar, § 141.

2) Regelungszweck, I–IV. Da die Gerichtspersonen für eine Tätigkeit außerhalb **2**
der Gerichtsstelle allenfalls einen Auslagenersatz und für eine Tätigkeit außerhalb der normalen Geschäftsstunden gar nichts zusätzlich erhalten, kann der Sinn von I–IV eigentlich nur in einer möglichsten Eindämmung derartiger Sonderleistungen bestehen. Ob ihre Verteuerung ein geeignetes Mittel zu einer solchen Eindämmung ist,

läßt sich trefflich bestreiten. Jedenfalls sollte man die ganze Bestimmung so zurückhaltend wie irgend möglich auslegen, § 1 Rn 2, Köln Rpfleger **01**, 567.

3 **3) Erster Geltungsbereich: Außerhalb der Gerichtsstelle, I, II, IV.** Eine Zusatzgebühr nach I entsteht bei Geschäften nach §§ 36–57, 145 mit Ausnahme der in IV genannten. Sie entsteht nicht schon bei bloßen Vorbereitungen wie zB einer Einsicht in das Grundbuch oder in ein Register, sondern erst bei der Vornahme des eigentlichen Geschäfts. Sie entsteht dann, wenn ein Entwurf das Hauptgeschäft ist, bereits mit dessen Erörterung außerhalb seiner Geschäftsräume durch den Notar persönlich, selbst wenn er den Entwurf in seinen Geschäftsräumen gefertigt hatte. Sie entsteht dann unter den folgenden Voraussetzungen.

A. Ort der Geschäftsvornahme. Die Urkundsperson muß das Geschäft innerhalb oder außerhalb desselben Gebäudes jedenfalls außerhalb der Geschäftsräume vornehmen. Beim Notar ist seine Kanzlei der Geschäftsraum. Seine Wohnung ist grundsätzlich nicht ein Teil der Kanzlei. Sie kann aber nach den Umständen dazu gehören. Der Raum, in dem ein Sprechtag des Notars nach § 160 stattfindet, ist ein Teil seiner Geschäftsräume, Mümmler JB **76**, 1010. Das gilt freilich nur am Sprechtag und nicht in einem anderen Raum als demjenigen des Sprechtags, soweit der Auftraggeber diesen letzten anderen Raum fordert.

4 **B. Verlangen des Antragstellers.** Die Vornahme des Geschäfts außerhalb der Geschäftsräume mag auf Grund eines Verlangens des Antragstellers objektiv notwendig sein, Köln Rpfleger **01**, 567. Auch die große Zahl der Beteiligten kann eine solche objektive Notwendigkeit ergeben. Das Verlangen des Antragstellers kann sich bereits aus der Natur der erbetenen Tätigkeit ergeben. Ein stillschweigendes Verlangen reicht aus, Mümmler JB **76**, 1011. Ein bloß mutmaßliches Verlangen reicht aber nicht, Köln Rpfleger **01**, 567. Oft sprechen die tatsächlichen Umstände für ein Verlangen. Das gilt auch zB dann, wenn der Notar anläßlich einer Beurkundung für einen anderen ein Geschäft vornimmt.

Nicht ausreichend ist ein nur in der Person oder in unzulänglichen Räumlichkeiten des Notars liegender Grund, Köln Rpfleger **01**, 567, Mümmler JB **76**, 1011.

5 **C. Art des Geschäfts.** Die Vornahme des Geschäfts außerhalb der Geschäftsräume mag auch auf Grund der Art des Geschäfts notwendig sein. Hierher gehören etwa eine Augenscheinseinnahme nach § 49 oder eine Verlosung nach § 48 oder eine Generalversammlung nach § 47. Bei der Beglaubigung einer Unterschrift entscheidet deren Vollziehung oder Anerkennung, nicht die Vornahme des Beglaubigungsvermerks, Köln DNotZ **01**, 530, Mümmler JB **76**, 1011. Es muß ein Hauptgeschäft vorliegen. Ein Nebengeschäft etwa in Form einer Einsicht in das Grundbuch begründet keine Zusatzgebühr. Dasselbe gilt für die bloße Entgegennahme einer Unterschrift, Köln Rpfleger **01**, 567. Eine Besprechung zB des vom Notar gefertigten Entwurfs außerhalb seiner Kanzlei kann aber ausreichen.

6 **D. Wegantritt.** Die Urkundspersonen müssen den Weg zum Ort des Geschäfts bereits angetreten haben, II. Seine Länge ist unerheblich, ebenso hier die Zeitdauer. Dann ist es unerheblich, ob das Geschäft aus einem in der Person der Beteiligten liegenden Grund nicht erfolgt, etwa wegen einer Rücknahme des Auftrags. Wenn das Geschäft dagegen aus einem nicht in der Person eines Beteiligten liegenden Grund unterbleibt, etwa wegen einer Verkehrsstörung oder wegen eines Unfalls des Notars oder wegen seiner unrichtigen Sachbehandlung nach § 16, entsteht keine Zusatzgebühr.

7 **E. Keine Ausnahmeregeln.** Es darf kein Geschäft nach dem vorrangigen §§ 146–149 und auch kein Geschäft nach IV vorliegen.

8 **4) Gebühr, I, II, IV.** Die Zusatzgebühr entsteht in Höhe von 0,5 Gebühr, höchstens jedoch in Höhe von 30 EUR und keineswegs höher als die für das Geschäft selbst entstehende Gebühr, I 1. Soweit der Notar mehrere Erklärungen in einer Verhandlung beurkundet, entsteht die Gebühr nur einmal nach dem zusammengerechneten Wert der etwaigen verschiedenen Gegenstände der beurkundeten Erklärungen, I 2. Eine Beurkundung „in einer Verhandlung" liegt nur dann vor, wenn mehrere Erklärungen in derselben Urkunde vorliegen, Mümmler JB **76**, 1012, nicht aber dann, wenn mehrere Urkunden entstehen oder es sich um die Anfertigung mehrerer Entwürfe handelt.

1. Teil. Gerichtskosten **§ 58 KostO**

Die *Zusatzgebühr* entsteht auch bei einer mehrtägigen Verhandlung oder bei mehreren Wegen grundsätzlich nur einmal. Von dieser Regel enthält § 53 V eine Ausnahme. Die Zusatzgebühr entsteht auch bei der Beurkundung mehrerer Erklärungen in derselben Verhandlung nur einmal.
Reisekosten sind neben der Zusatzgebühr besonders berechenbar. Von diesem Grundsatz enthält § 153 II eine Ausnahme.

5) Geschäftswert, I, II, IV. Der Geschäftswert richtet sich nach dem Wert des 9 erforderlichen Geschäfts. Nach einer Entwurfsfertigung in den Amtsräumen entsteht für die auswärts folgende Unterschriftsbeglaubigung die Gebühr des I 1 nur nach derjenigen des § 45 I, Hamm FGPrax **04**, 306.

6) Weiterer Geltungsbereich: Beurkundung am Sonntag usw, III. Die Zu- 10 satzgebühr nach III entsteht unabhängig von I und II und daher evtl neben diesen Zusatzgebühren als eine weitere Zusatzgebühr dann, wenn eine der folgenden Voraussetzungen vorliegt.

A. Sonntag, allgemeiner Feiertag. Die Vorschrift erfaßt sowohl eine im Text 11 von III ausdrücklich genannte Beurkundung als auch ein anderes Geschäft nach Rn 3. Das zeigt das Wort „Geschäfte" in der amtlichen Überschrift. Das Geschäft muß am Vornahmeort an einem Sonnabend, Sonntag oder allgemeinen Feiertag stattfinden. Unerheblich ist die am Kanzleiort geltende Regelung. Denn der Wortlaut von III 1 stellt eindeutig auf die Beurkundung ab, Rn 12. Die folgenden Hinweise gelten ebenso beim Gerichtsvollzieher, § 11 GvKostG Rn 4, Teil XI dieses Buchs.
– *Bundesrecht.* In ganz Deutschland gelten folgende Tage als Feiertage: Neujahr; Karfreitag; Ostermontag; 1. Mai; Himmelfahrt; Pfingstmontag; 3. Oktober (Nationalfeiertag); 1. und 2. Weihnachtstag.
Der *Sonnabend* vor Ostern und Pfingsten ist kein Feiertag; ebensowenig ist derjenige durch eine etwaige Verwaltungsanordnung bestimmte Sonnabend ein Feiertag, an dem nur ein Sonntagsdienst stattfindet.
– *Landesrecht.* Je nach dem Landesrecht gelten ferner folgende Tage als Feiertage. 12 Dabei kommt es auf den Ort an, an dem die Handlung notwendig wird, Rn 11, BAG NJW **89**, 1181: Heilige Drei Könige (6. 1.); Epiphanias (5. 2.); Fronleichnam; Friedensfest; Mariä Himmelfahrt (15. 8.), VGH Mü NJW **97**, 2130; Reformationstag (31. 10.); Allerheiligen (1. 11.). Hinzu kommen einige lokale Besonderheiten.
Die *Länder* haben folgende Feiertagsgesetze erlassen:
Baden-Württemberg: G idF vom 28. 11. 70, GBl **71**, 1, zuletzt geändert durch G vom 8. 5. 95, GVBl 450;
Bayern: G vom 21. 5. 80, GVBl 215, zuletzt geändert durch G vom 23. 12. 94, GVBl 1049;
Berlin: G vom 28. 10. 54, GVBl 615, zuletzt geändert durch G vom 2. 12. 94, GVBl 491;
Brandenburg: G vom 21. 3. 91, GVBl 44, zuletzt geändert durch G vom 7. 4. 97, GVBl 32;
Bremen: G vom 12. 11. 54, GBl 115, zuletzt geändert durch G vom 26. 3. 02, GBl 43;
Hamburg: G vom 16. 10. 53, GVBl 289, zuletzt geändert durch G vom 20. 12. 94, GVBl 441;
Hessen: G idF vom 29. 12. 71, GVBl 343, zuletzt geändert durch G vom 26. 11. 97, GVBl 396;
Mecklenburg-Vorpommern: G idF vom 8. 3. 02, GVBl 145; geändert durch G 20. 7. 04, GVBl 390;
Niedersachsen: G idF vom 7. 3. 95, GVBl 51, zuletzt geändert durch G vom 23. 6. 05, GVBl 207;
Nordrhein-Westfalen: G vom 23. 4. 89, GVBl 222, zuletzt geändert durch G vom 20. 12. 94, GVBl 1114;
Rheinland-Pfalz: G vom 15. 7. 70, GVBl 225, zuletzt geändert durch G vom 20. 12. 94, GVBl 474;
Saarland: G vom 18. 2. 76, ABl 213, zuletzt geändert durch G vom 14. 12. 94, ABl **95**, 18;
Sachsen: G vom 10. 11. 92, GVBl 536;

KostO §§ 58, 59 III. Kostenordnung

Sachsen-Anhalt: G vom 22. 5. 92, GVBl 356, zuletzt geändert durch G vom 16. 12. 94, GVBl 1044; **Schleswig-Holstein:** G idF vom 28. 6. 04, GVBl 213; **Thüringen:** G vom 21. 12. 94, GVBl 1221.

13   B. **Außerhalb der Zeit von 8–18 Uhr.** Soweit die Beurkundung auch nur teilweise an einem Werktag (Montag bis Sonnabend) stattfindet, entsteht die Zusatzgebühr nach III dann, wenn die Beurkundung außerhalb der Zeit von 8–18 Uhr oder an einem Sonnabend nach 13 Uhr stattfindet, wenn sie also vor 8 Uhr beginnt oder nach 13 oder 18 Uhr endet, sei es auch „nur" beim Wegantritt nach Rn 8 oder beim Wegende. Es kommt in diesem Zusammenhang nicht darauf an, welche üblichen Dienstzeiten der Notar hat, Rn 15.

14   C. **Beurkundung.** Bei Rn 11, 12 oder 13 muß die Beurkundung in den fraglichen Zeiträumen stattfinden. Unter Beurkundung kann man das Geschäft nach I verstehen. Es reicht aus, daß ein Teil des Geschäfts in den genannten Sonderzeiten stattfindet. Es ist unschädlich, daß das Geschäft oder bei II der Weg im übrigen außerhalb dieser Sonderzeiträume stattfindet.

15   D. **Notwendigkeit.** Die Vornahme des Geschäfts während der in III genannten Sonderzeiträume muß entweder wegen eines Verlangens des Antragstellers notwendig sein oder diese Notwendigkeit muß sich objektiv aus der Art des Geschäfts ergeben. Diese Voraussetzung nennt III anders als I nicht ausdrücklich. Sie gilt aber auch bei III. Es entsteht also dann keine Zusatzgebühr nach III, wenn der Notar das Geschäft nur von sich aus außerhalb der üblichen Zeiten oder an einem anderen Ort vornehmen will. Das gilt insbesondere dann, wenn er solche Bürostunden hat, die von den üblichen abweichen.

16   E. **Weitere Einzelfragen.** Wenn der Beginn ohne zwingende sachliche Gründe so liegt, daß der Notar das Geschäft voraussichtlich nicht innerhalb der Zeit nach III erledigen kann, kann er beim Überschreiten dieser Zeit keine Zusatzgebühr verlangen. Ein Zeitdruck oder eine Überlastung kann ein zwingender sachlicher Grund sein. Jedenfalls muß der Notar mangels eines solchen Grundes den Auftraggeber vor dem Eintritt in den eine Zusatzgebühr auslösenden Zeitraum auf diese Zusatzgebühr hinweisen, Rn 18.

17   7) **Gebühr, III.** Die Zusatzgebühr des III entsteht neben derjenigen nach I und II. Sie ergibt sich auch beim Zusammentreffen mehrerer Voraussetzungen des III nur einmal, III 2, etwa dann, wenn der Notar eine Beurkundung in einer Sonntagnacht vornimmt. I 2 gilt auch bei III. Erhebungen für mehrere Erklärungen in derselben Verhandlung erhalten also nur einmal eine Vergütung, bei verschiedenen Gegenständen nach dem zusammengerechneten Wert. Etwas anderes gilt dann, wenn der Notar zwei Verträge in derselben Urkunde beurkundet.

18   Der Notar braucht den Auftraggeber auf die Zusatzgebühr grundsätzlich nur dann *hinzuweisen,* wenn der Auftraggeber danach fragt oder wenn der Notar erkennt, daß der Auftraggeber wohl keine Zusatzgebühr bezahlen möchte, Rn 16. Von diesem Grundsatz gilt eine Ausnahme, Rn 3.

19   Man darf die Zusatzgebühr wird nicht auf das *Abwesenheitsgeld* des Notars anrechnen, § 153 II 3, sondern nur auf diejenige nach I.
Es entsteht grundsätzlich 0,5 Gebühr, mindestens nach § 33 = 10 EUR, höchstens jedoch 30 EUR und keineswegs mehr als 1,0 Gebühr für das Geschäft selbst. Eine Gebührenermäßigung kommt nach § 144 I 1 infrage.

20   8) **Geschäftswert, I, III.** Er ist derjenige der Hauptgebühr.

21   9) **Fälligkeit, Kostenschuldner, I–III.** Die Fälligkeit richtet sich nach § 7. Wer *Kostenschuldner* der Zusatzgebühren I–III ist, ergibt sich aus § 5 II. Es haftet also nur derjenige, der diese besondere Tätigkeit verlangt hat, Stgt JB **85**, 438, LG Hann JB **05**, 267 (also nicht schon derjenige, der die Kosten der Vertragsdurchführung trägt).

Erklärungen in fremder Sprache

59 I Gibt ein Beteiligter die zu beurkundende Erklärung in einer fremden Sprache ab, so wird für die Beurkundung eine Zusatzgebühr in Höhe der

794

Hälfte der für die Beurkundung erwachsenen Gebühr bis zum Höchstbetrag von 30 Euro erhoben.

II Schuldner der Zusatzgebühr sowie der durch die Zuziehung eines Dolmetschers entstandenen Auslagen ist der Beteiligte, der die Verhandlung in der fremden Sprache veranlaßt hat.

1) Systematik, Regelungszweck, I, II. Es handelt sich um eine lediglich ergänzend zu §§ 36 ff hinzutretende Regelung zwecks einer angemessenen Mitberücksichtigung erhöhter Anforderungen und Kenntnisse bei der Entgegennahme und Beurkundung fremdsprachiger Erklärungen. Die Höchst-Zusatzsumme in I dürfte vielfach bedenklich an den unteren Rand desjenigen geraten, was nach dem das öffentliche und daher auch das Kostenrecht mitprägenden Gebot der Verhältnismäßigkeit noch vertretbar ist. Allerdings muß man auch hier den Grundsatz einer dem Kostenschuldner möglichst günstigen Auslegung mitbeachten. 1

2) Geltungsbereich, I, II. Die Vorschrift begründet eine Zusatzgebühr für die Tätigkeit wegen auch nur eines solchen Beteiligten, der sich bei der Beurkundung in einer fremden Sprache erklärt, also nicht auf deutsch. Sie entsteht auch bei mehreren fremdsprachigen Beteiligten nur einmal. Es ist unerheblich, ob die Urkundsperson nach § 16 III 1 BeurkG einen Dolmetscher hinzuzieht oder nicht. Der Beteiligte trägt allerdings nach II die Kosten des zugezogenen Dolmetschers. Sie sind Auslagen nach § 137 I Z 5. Die Vorschrift gilt auch dann, wenn der Notar den für die Entschließung maßgebenden Sachverhalt einer des Deutschen nicht mächtigen Person in einer fremden Sprache vorträgt. „Fremd" ist jede nicht deutsche Sprache. Deutsche Mundart ist deutsche Sprache. 2

§ 59 betrifft nur die Beurkundung einer rechtsgeschäftlichen oder sonstigen *Erklärung*, auch einer Tatsachenerklärung. Sie betrifft zwar nicht die Behandlung eines erklärungslosen Vorgangs, etwa eine Unterschriftsbeglaubigung, und nicht die Beurkundung eines Gebots bei der Versteigerung. Sie betrifft aber wohl auch die Beurkundung beim Zuschlag.

Die Vorschrift gilt nicht für einen solchen *Taubstummen*, der sich durch einen Dolmetscher erklärt, § 24 BeurkG.

2. Grundbuchsachen

Eintragung des Eigentümers

60 I Für die Eintragung eines Eigentümers oder von Miteigentümern wird die volle Gebühr erhoben.

II Die Gebühr ermäßigt sich auf die Hälfte bei Eintragung des Ehegatten, Lebenspartners oder von Abkömmlingen des eingetragenen Eigentümers, auch wenn die Genannten infolge der Auseinandersetzung des Gesamtguts einer Gütergemeinschaft oder eines Nachlasses oder wenn sie nachträglich als Miteigentümer von Grundstücken eingetragen werden, die zu einer Gütergemeinschaft gehören; bei der Eintragung infolge einer Erbauseinandersetzung oder der Auseinandersetzung einer Gütergemeinschaft macht es keinen Unterschied, ob inzwischen die Erben oder diejenigen, die die Gütergemeinschaft fortgesetzt haben, im Grundbuch eingetragen worden sind oder nicht.

III Werden Gebühren auf Grund der Absätze 1 und 2 nebeneinander erhoben, so wird zunächst die volle Gebühr nach dem Gesamtwert berechnet; die so berechnete Gebühr mindert sich um die Hälfte des Anteils der Personen, deren Eintragung nach Absatz 2 nur die halbe Gebühr erfordert.

IV Die Gebühren nach den Absätzen 1 bis 3 werden nicht erhoben bei Eintragung von Erben des eingetragenen Eigentümers, wenn der Eintragungsantrag binnen zwei Jahren seit dem Erbfall bei dem Grundbuchamt eingereicht wird.

V Werden auf Grund eines gleichzeitig gestellten Antrags derselbe Eigentümer oder dieselben Miteigentümer bei mehreren Grundstücken eingetragen, über die das Grundbuch bei demselben Grundbuchamt geführt wird, so werden die Gebühren nur einmal nach dem zusammengerechneten Wert erhoben.

VI Wird der Eigentümer auf Grund des § 82a der Grundbuchordnung von Amts wegen eingetragen, so wird für die Eintragung einschließlich des voran-

KostO § 60

III. Kostenordnung

gegangenen Verfahrens vor dem Grundbuchamt oder Nachlaßgericht das Doppelte der in den Absätzen 1 und 2 bestimmten Gebühren erhoben.

Gliederung

1) **Systematik, I–VI**	1
2) **Regelungszweck, I–VI**	2
3) **Eintragung des Eigentümers, I**	3–13
A. Grundsatz: Jede Eintragung	3, 4
B. Beispiele zur Frage einer Anwendbarkeit von I	5–8
C. Nebengeschäft	9, 10
D. Geschäftswert	11
E. Wert bei Zwangsversteigerung	12, 13
4) **Ermäßigung, II**	14–21
A. Grundsatz: Verwandtenbegünstigung, II Hs 1, 2	14
B. Eintragung des Ehegatten, des Lebenspartners oder eines Abkömmlings, II Hs 1	15
C. Beispiele zur Frage einer Begünstigung nach II Hs 1	16, 17
D. Erbauseinandersetzung usw, II Hs 2	18–20
E. Unanwendbarkeit von II	21
5) **Zusammentreffen von I und II, III**	22
6) **Erbeneintragung, IV**	23–30
A. Grundsatz: Bedingte Gebührenfreiheit	23–25
B. Beispiele zur Frage einer Anwendbarkeit von IV	26–30
7) **Mehrere Grundstücke, V**	31–33
A. Dasselbe Grundbuchamt	31
B. Gleichzeitige Anträge	32
C. Dieselben Eigentümer	33
8) **Berichtigung, VI**	34
9) **Kostenschuldner, I–VI**	35

1 **1) Systematik, I–VI.** Die umfangreiche Vorschrift eröffnet die eingehenden Regelungen des weiten Kreises von Grundbuchsachen. Eine ganze Reihe von ihr gegenüber vorrangigen Sondervorschriften ergänzt sie zu Einzelvorgängen. Schon das System innerhalb des § 60 läßt sich nicht leicht überblicken. Die zahlreichen Streitfragen zu dieser und zu den folgenden Vorschriften zeigen die Komplexität der Materie. Die Gebührenpflicht nach §§ 60ff für Grundbucheintragungen und ihre Anknüpfung an §§ 18ff verstößt nicht gegen das GG, BVerfG NJW **04**, 3321, BayObLG FGPrax **01**, 37, Mü JB **06**, 651 (wegen der Besonderheiten bei § 26 dort Rn 1), Mü Rpfleger **07**, 116 (wegen einer Ausgliederung auch kein Verstoß gegen EU-Recht). Indessen darf keine europarechtswidrige indirekte Steuer entstehen, EuGH Rpfleger **06**, 670, sondern nur allenfalls eine „Besitzwechselsteuer", EuGH Rpfleger **06**, 670, Wilsch Rpfleger **06**, 672. I verstößt aber grundsätzlich nicht gegen die Richtlinie 69/335/EWG, KG Rpfleger **08**, 161. In Bayern besteht eine Katasterfortführungsgebühr neben § 60, G v 12. 12. 73, GVBl 649, geändert am 7. 8. 03, GVBl 497, abgedruckt bei KLBR § 60 Rn 75 ff.

2 **2) Regelungszweck, I–VI.** Schon wegen der ja meist hohen Werte muß man als Gesetzgeber versuchen, eine soziale Erträglichkeit als einen wichtigen Bestandteil einer Kostengerechtigkeit in diesem Bereich zu beachten. Dieses Bestreben kommt vor allem in II, IV zum deutlichen Ausdruck. Man sollte es bei der Anwendung auch der weiteren Teile der Vorschrift stets mitberücksichtigen. Der Grundsatz einer den Kostenschuldner möglichst schonenden Handhabung gilt ohnehin auch im Bereich der „reichen" Grundeigentümer usw, § 1 Rn 2.

3 **3) Eintragung des Eigentümers, I.** Ein Grundsatz enthält zahlreiche Einzelprobleme.
A. Grundsatz: Jede Eintragung. Die Eintragungsgebühr entsteht grundsätzlich durch jede beliebige Eintragung eines neuen Eigentümers. Es kommt grundsätzlich nicht auf den privaten oder öffentlichen Rechtsgrund der Eintragung an, BayObLG **94**, 65, Düss MDR **89**, 326. Maßgebend ist vielmehr ihr äußeres Erscheinungsbild, KG Rpfleger **89**, 98. Von diesem Grundsatz enthält allerdings IV Ausnahmen. Für die Gebühr ist nur die tatsächliche Eintragung maßgeblich, Schlesw JB **91**, 1364.
Die *Rechtsauffassung des Rechtspflegers* als Grundlage seiner grundbuchmäßigen Behandlung des Sachantrags ist auch für die Beurteilung maßgeblich, ob und welche Kosten durch die Eintragung entstanden sind.

796

1. Teil. Gerichtskosten **§ 60 KostO**

Soweit der Veräußerer *und* der Erwerber *eingetragen* werden, entsteht die Gebühr zweimal. Das gilt auch bei einem Zuschlag im Zwangsversteigerungsverfahren und auch bei der Neueintragung des bisherigen Eigentümers, Rn 8. Es ist unerheblich, ob das zugrunde liegende Rechtsgeschäft wirksam war, also die Auflassung und die Einigung, Rn 6 „Nichtigkeit der Voreintragung".

Eine bloße *Änderung* des Namens oder der Firma führt selbst bei einer Änderung 4 der Gesellschaftsform nicht zur Neueintragung, sondern nur zur Berichtigung der Bezeichnung des bereits eingetragenen Eigentümers und evtl zur Anwendung von § 67, dort Rn 9, aber auch Rn 5. Hat das Grundbuchamt nur irrig einen bloßen Namenswechsel angenommen, gilt I, KLBR 5, aM BayObLG JB **98**, 602 (§ 16), KG Rpfleger **89**, 98. Die Eintragung von Miteigentümern läßt 1,0 Gebühr entstehen. Das gilt unabhängig davon, ob die Eintragung des Miteigentums zur gesamten Hand oder nach Bruchteilen erfolgt. Man darf also bei der Eintragung von Miteigentümern die Kosten nicht nach Bruchteilen berechnen. Die Eintragung des schon als Miteigentümer Eingetragenen als Alleineigentümer zählt zu I, auch etwa bei einer Zwangsversteigerung, Rn 8.

Soweit es notwendig ist, zunächst den *Veräußerer* einzutragen, entsteht die Gebühr grundsätzlich zweimal, falls das Grundbuchamt gesetzmäßig verfahren ist und nicht den Erwerber unmittelbar eingetragen hat. Von diesem Grundsatz enthält § 40 GBO eine Ausnahme.

B. Beispiele zur Frage einer Anwendbarkeit von I 5

Auflösung einer Gesellschaft: Rn 7 „Umschreibung auf Gesellschafter".
Ausgliederung: I kann anwendbar sein, Mü JB **06**, 651.
Ausscheiden aus Gesellschaft: I ist bei ihm anwendbar, Düss RR **00**, 111, Schlesw JB **91**, 1363, auch bei einer Liquidation und nach § 142 HGB, BayObLG Rpfleger **75**, 448.
Bergwerk: I ist *unanwendbar,* soweit es sich um die Eintragung des Eigentümers eines ungeteilten Bergwerks als der Eigentümer der aufgeteilten Grubenfelder handelt. Dann muß man § 67 I Z 4 beachten.
Berichtigung: S „Ausgliederung".
Eigentumswechsel bei Gesellschafter: I ist anwendbar, soweit es um die Eintragung 6 eines Eigentumswechsels wegen eines Anteilserwerbs geht, BayObLG DB **97**, 1273, Ffm Rpfleger **00**, 187, oder soweit nach der Auflösung einer KG die frühere Kommanditistin als Alleineigentümerin eingetragen wird, Düss RR **00**, 116.
Einbringung in Gesellschaft: I ist (jetzt) anwendbar, soweit es um die Einbringung eines Grundstücks in eine Gesellschaft geht, Hamm Rpfleger **01**, 153 (Wert = Grundstückswert, Unanwendbarkeit der EG-Gesellschaftssteuerrichtlinie), Wilsch JB **07**, 399. Das gilt selbst dann, wenn die Gesellschafter und die Miteigentümer des Grundstücks identisch sind, Mü NJW **09**, 604 (unrichtig lesend und zitierend), Schlesw MDR **08**, 1186, aM Mü FGPrax **08**, 223 (§ 67). S auch Rn 8 „Verschmelzung".
Erbrecht: I ist anwendbar, soweit es sich um die Eintragung einer Erbengemeinschaft oder der Rechtsnachfolger eines Miterben oder um das Grundstück einer solchen Kommanditgesellschaft handelt, deren einziger Komplementär den einzigen Kommanditist beerbt, BayObLG Rpfleger **75**, 448.
Ersteigerung: Rn 8 „Zwangsversteigerung".
Firmenänderung: Rn 4.
Gesellschaft: Rn 5 „Ausscheiden aus Gesellschaft", Rn 6 „Einbringung in Gesellschaft", Rn 7 „Übertragung auf Dritten", „Umschreibung auf Gesellschafter", Rn 8 „Wechsel von Gesellschaftern".
Grundstücksteilung: I ist bei ihr *unanwendbar.* Es gilt dann § 67 I 1 Z 4.
Grundstücksvereinigung: I ist bei ihr *unanwendbar.* Es gilt dann § 67 I 1 Z 4.
Nämlichkeit: I ist *unanwendbar,* soweit es sich um einen solchen Vorgang handelt, bei dem die Rechtspersönlichkeit identisch bleibt und nur ihre äußere Form wechselt. S auch Rn 7 „Umwandlung".
Namensänderung: Rn 4.
Nichtigkeit der Voreintragung: I ist anwendbar, soweit nach einer nichtigen Eintragung nun eine wirksame erfolgt.

797

7 **Übertragung auf Dritten:** LG Nürnb Rpfleger **08**, 392 hält die BGB-Gesellschaft für nicht grundbuchfähig (Folge: volle Gebühr nach I).
Umschreibung der Eigentumsart: I ist anwendbar, soweit es um die Umschreibung eines Gesamteigentums in ein Bruchteilseigentum geht, und umgekehrt. Vgl allerdings § 67 Rn 6.
Umschreibung auf Gesellschafter: I ist anwendbar, soweit es um die Umschreibung eines Grundstücks einer Offenen Handelsgesellschaft oder Kommanditgesellschaft auf den neuen oder auf die Gesellschafter trotz eines Fortbestehens der Gesellschaft geht, Düss RR **00**, 111, KG Rpfleger **89**, 98, Schlesw JB **91**, 1364, aM BayObLG DB **83**, 40, Zweibr FGPrax **95**, 205 (aber das ist anderer Vorgang als ein bloßer Formwechsel usw).
 I ist aber *unanwendbar*, soweit es um die Umschreibung eines einer Offenen Handelsgesellschaft gehörenden Grundstücks nach ihrer Auflösung auf die Gesellschafter der nun bestehenden BGB-Gesellschaft geht.
Umwandlung: I ist grds anwendbar, soweit es um die Umwandlung einer Kapitalgesellschaft in eine Personengesellschaft oder in ein Einzelunternehmen oder umgekehrt geht, Köln Rpfleger **92**, 540, oder wenn dieselben Gesellschafter eine andere Gesellschaft bilden.
 I ist aber *unanwendbar*, soweit es bei einer solchen Umwandlung die Gesellschafter identisch bleiben, §§ 139 I, 162 III HGB, § 67 Rn 9.
 S auch Rn 6 „Nämlichkeit", Rn 8 „Verschmelzung".
8 **Verschmelzung:** I ist *unanwendbar*, soweit es um eine Verschmelzung mehrerer Gesellschaften durch die Aufnahme oder Umwandlung einer Gesellschaft in eine andere geht, aM Hamm Rpfleger **93**, 42 (aber hier bleibt die Nämlichkeit im Kern bestehen).
Wechsel von Gesellschaftern: I ist bei ihm anwendbar, Ffm Rpfleger **00**, 187, Nagel NJW **03**, 1446, Ott NJW **03**, 1223, aM Düss JB **09**, 322, Dümig Rpfleger **02**, 53 (je: § 67).
Zusammenfallen von Gesellschaftsanteilen: Rn 6 „Erbrecht".
Zuschlag: S „Zwangsversteigerung".
Zuschreibung: I ist bei ihr *unanwendbar*. Es gilt dann § 67 I 1 Z 4.
Zwangsversteigerung: I ist anwendbar, soweit es sich um eine Ersteigerung handelt, § 130 ZVG, § 69 II Hs 2, BayObLG JB **78**, 905. Das gilt auch dann, wenn der bisherige (Mit-)Eigentümer den Zuschlag erhält, Düss MDR **89**, 366.
9 **C. Nebengeschäft.** Ein Nebengeschäft ist gebührenfrei, § 35. Das gilt zB für die Übertragung auf ein anderes Grundbuchblatt und für die Mitübertragung der bisherigen Eintragungen.
10 *Beispiele nicht gebührenfreier Vorgänge:* Bei der Übertragung auf ein anderes Blatt finden echte sachliche Veränderungen statt; es handelt sich um die Entgegennahme der Auflassung und um die Beurkundung des Eintragungsantrags; es handelt sich um eine Umstellung eines Rangvorbehalts vor der Eintragung der Hypothek an dieser Stelle; es geht um die Eintragung eines Nacherben; es handelt sich um die Eintragung eines Vermerks über die Anordnung der Testamentsvollstreckung, § 65.
11 **D. Geschäftswert.** Für den Geschäftswert sind §§ 18 ff maßgeblich, BayObLG **90**, 113. Vgl aber auch § 61, BayObLG JB **82**, 1548. Für die Wertberechnung ist der Zeitpunkt der Eintragung ausschlaggebend, Hamm Rpfleger **80**, 33. Der Wert des Zubehörs ist sowohl bei der Eintragung als auch bei der Auflassung unerheblich, anders als bei der Beurkundung, Zweibr Rpfleger **86**, 73. Man muß ihn daher evtl vom Kaufpreis abziehen. Die Einbauküche, dazu Holch DGVZ **98**, 65 (Üb), ist evtl Zubehör, BGH RR **90**, 586 (regionale Unterschiede!?), Nürnb MDR **02**, 815, LG Lüneb DGVZ **80**, 95, aM Düss RR **94**, 1039 (zustm Jaeger NJW **95**, 423). Man muß den Wert eines nach der Beurkundung bis zum Zeitpunkt der Eintragung errichteten Gebäudes grundsätzlich hinzurechnen. Von diesem Grundsatz macht § 20 I 2 Hs 2 eine Ausnahme. Auch ein entschädigungsloser Grunderwerb kraft Gesetzes kann einen Wert haben, BayObLG **86**, 282. Bei Miteigentümern gibt es grundsätzlich nur eine Gebühr nach dem Gesamtwert, nicht mehrere Gebühren nach den Anteilswerten. Eine Ausnahme davon gilt bei § 3 V GBO. Die Eintragung nur des Erben eines Miteigentümers geschieht nach seinem Anteil, § 61 I 3. Beim Antrag eines Gläubigers

nach § 14 GBO bildet seine Forderung die Obergrenze. Bei einer Hofübergabe gilt § 19 IV, nicht § 38 II, BayObLG DNotZ 90, 668.

E. **Wert bei Zwangsversteigerung.** Bei einem Erwerb im Zwangsversteigerungsverfahren ist Geschäftswert das Meistgebot einschließlich des Werts etwa bestehenbleibender Rechte mit ihrem Nennwert abzüglich des Zubehörs. Denn nur dieser Betrag hat sich als der in diesem Verfahren wahre Wert herausgestellt. Es sind also weder der etwaige Einheitswert noch der nach § 74a ZVG festgesetzte Wert maßgebend, BayObLG JB **85**, 434, Düss Rpfleger **87**, 411, AG Titisee-Neustadt Rpfleger **95**, 183, aM BayObLG KTS **02**, 365, Celle OLGR **00**, 289, Düss Rpfleger **02**, 592 (aber man muß gerade bei einer Mitbeachtung von § 19 auf den wahren Wert abstellen. Er hat sich erst aus dem Meistgebot ergeben, selbst wenn dieses sehr hoch oder niedrig anmutet. Gerade eine Zwangsversteigerung gehört heute leider sehr wohl zum „gewöhnlichen Geschäftsverkehr" nach § 19 I 2, dort Rn 4. Auch ein freihändiger Verkauf kann einen durchaus vom Durchschnitt abweichenden Preis erzielen). Das alles gilt auch beim Zuschlag an einen Miteigentümer oder an den Alleineigentümer, BayObLG JG **96**, 207.

Beim alsbald wesentlich höheren *Weiterverkauf* mag dieser Preis auch rückwirkend ausnahmsweise maßgeblich sein, Düss Rpfleger **89**, 250. Aber Vorsicht! Es kann für den höheren Preis ganz vom Zuschlagszeitpunkt unabhängige Gründe gegeben haben. Das alles gilt auch beim Zuschlag an einen Miteigentümer, BayObLG JB **96**, 207.

Man muß eine *bestehen bleibende Hypothek* usw immer mit ihrem Nennwert ansetzen, selbst wenn der Gläubiger das Grundstück ersteigert, vgl allerdings auch § 54 II 1 GKG, Teil I A dieses Buchs. Eine freiwillige Versteigerung läßt sich wie ein Verkauf bewerten, BayObLG JB **89**, 170.

4) Ermäßigung, II. Man muß drei Fallgruppen unterscheiden.

A. **Grundsatz: Verwandtenbegünstigung, II Hs 1, 2.** II begünstigt den Erwerb eines Verwandten des eingetragenen Eigentümers. Der Rechtsgrund des Erwerbs ist grundsätzlich unerheblich. Die Begünstigung besteht in der Ermäßigung auf 0,5 Gebühr.

B. **Eintragung des Ehegatten, des Lebenspartners oder eines Abkömmlings, II Hs 1.** Nur die Eintragung des jetzigen Ehegatten oder eingetragenen Lebenspartners nach § 1 LPartG ist begünstigt, nicht diejenige eines früheren, LG Passau Rpfleger **02**, 593, aM Saarbr Rpfleger **04**, 527, KLBR 28 (aber der Wortlaut begrenzt eindeutig. Der Gesetzgeber kennt den oft bei ihm üblichen Zusatz der Erstreckung auch auf einen früheren Ehegatten, hat ihn hier aber nicht hinzugefügt). Begünstigt ist auch die Eintragung eines Abkömmlings des früheren Eigentümers. Zu den Abkömmlingen gehören alle Verwandten in gerader absteigender Linie unabhängig vom Verwandtschaftsgrad, also auch das Kind nicht miteinander verheirateter Eltern, ferner der als Kind Angenommene, §§ 1754, 1755, 1767 II, 1770, 1772 BGB.

C. **Beispiele zur Frage einer Begünstigung nach II Hs 1**
Abkömmling: S zunächst Rn 15. Begünstigt ist der Abkömmling des Eingetragenen dann, wenn das Eigentum vom nicht eingetragenen Erben auf diesen Abkömmling als den Erben des nicht Eingetragenen übergeht, KLBR 34, aM Düss JB **81**, 910, Hamm Rpfleger **78**, 339.
S auch „Gesellschaft".
Adoption: Rn 15.
Eheende: Es kommt nicht darauf an, wann und wie die Ehe oder Lebensgemeinschaft (Lebenspartnerschaft) später enden kann, Düss Rpfleger **88**, 286.
Erbengemeinschaft: Rn 16 „Schenkung", „Unmittelbarer Erwerb"
Erbschaftskauf: Begünstigt ist auch ein Erbschaftskauf, LG Nürnb-Fürth JB **82**, 430.
Erbvertrag: Begünstigt ist auch die rechtsgeschäftliche Vorwegnahme der Erbfolge, LG Bln Rpfleger **98**, 128.
Erwerbsgrund: Er ist unerheblich, LG Bielef Rpfleger **86**, 177, Hintzen Rpfleger **97**, 192, Lappe NJW **04**, 493, aM BayObLG Rpfleger **96**, 129 (Zuschlag. Aber II Hs 1 erfaßt nur den unmittelbaren Erwerb), KLBR 30.

KostO § 60 III. Kostenordnung

Gesellschaft: Begünstigt ist eine Eintragung einer von den Abkömmlingen gebildeten BGB-Gesellschaft, Rn 6 „Einbringung in Gesellschaft".
  Nicht begünstigt ist eine Eintragung einer von solchen Abkömmlingen gebildeten OHG usw oder die Eintragung des Sohnes als des Nachfolgers einer aus den Eltern und dem Sohn gebildeten KG, Düss ZMR **88**, 434.

17 **Miteigentum:** Es kommt nicht darauf an, ob der frühere Eigentümer nur zu einem Bruchteil oder zur gesamten Hand Miteigentümer war.
  Scheidungsfolgenvereinbarung: Begünstigt ist die Eintragung auf Grund einer solchen Vereinbarung *vor* der Scheidung, Stgt RPfleger **09**, 648.
  Schenkung: Begünstigt ist eine Eintragung auf Grund eines erst nach dem Tod vollziehbaren Schenkungsversprechens unter Lebenden selbst dann nach II, wenn zunächst eine Erbengemeinschaft dazwischengetreten war, BayObLG MDR **99**, 1406.
  Unmittelbarer Erwerb: II begünstigt nur ihn, Rn 18 ff, BayObLG JB **96**, 207, Düss MDR **01**, 476 (daher nicht den Zuschlag in der Zwangsversteigerung), LG Wuppert JB **78**, 1374. Daher darf keine Eintragung auf einen anderen der Eintragung des Ehegatten usw vorangehen.
  S aber auch „Schenkung".
  Vermächtnis: Begünstigt ist auch ein Vermächtnis, BayObLG Rpfleger **83**, 43, Zweibr Rpfleger **92**, 450, am Düss Rpfleger **89**, 82.
  Vorerbe: Begünstigt ist auch der Vorerbe.
  Zwangsversteigerung: S „Unmittelbarer Erwerb".
  Zweiterwerb: Begünstigt sein kann mangels einer Eintragung des Ersterwerbers auch der Zweiterwerber als ein unmittelbarer Erwerber, Hamm Rpfleger **76**, 112.

18 D. **Erbauseinandersetzung usw, II Hs 2.** Die Vergünstigungen nach II Hs 1 und Hs 2 können nebeneinander oder nacheinander eintreten. Es kommt darauf an, ob der Begünstigte gerade infolge einer Erbauseinandersetzung oder infolge einer Auseinandersetzung einer Gütergemeinschaft erwirbt. In diesem Zusammenhang ist es unerheblich, ob einzelne Beteiligte schon als Erben eingetragen waren oder nicht. II setzt den Erwerb vom eingetragenen Eigentümer voraus, BayObLG Rpfleger **86**, 157. Man darf aber dieses Erfordernis nicht überspannen.

19 Daher tritt die *Vergünstigung* nicht nur *dann* ein, wenn die Miterben dem Sohn und Miterben zum Zweck der Auseinandersetzung der Erbengemeinschaft ein Grundstück auf Grund eines Vermächtnisses übertragen, sondern auch dann, wenn zwar zB die Enkel die Erben des Eigentümers sind, ein anderer aber ein Grundstück als Vermächtnis erhält, BayObLG Rpfleger **83**, 43, Zweibr Rpfleger **92**, 450, aM Düss Rpfleger **89**, 82. II Hs 2 gilt auch dann, wenn die Miterben nur den sonstigen Nachlaß teilen, das Grundstück aber noch in der Erbengemeinschaft bleibt. Es reicht auch ein Erwerb bei einer Teilungsversteigerung, selbst von schon Eingetragenen.
  Die Vergünstigung tritt *ferner dann* ein, wenn die Abkömmlinge als Erben das Grundstück an die überlebende Ehefrau des Erblassers auflassen, die er als Vermächtnisnehmerin eingesetzt hatte, BayObLG Rpfleger **83**, 43.

20 II kann auch die Eintragung eines Abkömmlings des Erblassers als *Nacherben* begünstigen. Das gilt selbst dann, selbst wenn der Vorerbe zunächst eingetragen war, LG Bln MDR **98**, 65.

21 E. **Unanwendbarkeit von II.** II ist aber dann unanwendbar, wenn ein weiterer Erbgang oder eine Veräußerung oder eine echte Zwangsvollstreckung und nicht nur eine Teilungsversteigerung nach § 180 ZVG zwischen dem Erbfall und der jetzt fraglichen Eintragung gelegen haben, Rn 16. Das gilt etwa dann, wenn ein Abkömmling das Grundstück von einem Miterben kauft oder wenn er gar vom Alleinerben kauft, Düss VersR **81**, 755. Das gilt erst recht nach einer Beendigung der Erbengemeinschaft auf Grund einer Erbteilsgemeinschaft. Wenn sich Abkömmlinge zugleich als Alleinerben über den Nachlaß eines inzwischen verstorbenen weiteren Abkömmlings auch als Miterben auseinandersetzen, darf man für die Eintragungen auf Grund der Auseinandersetzung nach dem verstorbenen Miterben keine Vergünstigung nach II gewähren.

22 5) **Zusammentreffen von I und II, III.** Eine solche Situation kann dann eintreten, wenn von mehreren als Eigentümer Einzutragenden einige nach I, andere nur

800

1. Teil. Gerichtskosten § 60 KostO

nach II gebührenpflichtig sind oder wenn das Grundbuchamt eine solche Person eintragen muß, die das Gesetz nur für einen Teil des Grundstücks begünstigt, etwa für den Eigentumsbruchteil nach ihrem verstorbenen Vater, weil sie zB den Rest rechtsgeschäftlich oder infolge einer Erbschaft von einem Miterben erwirbt. Dann muß man die Gebührenberechnung nach III vornehmen.

6) Erbeneintragung, IV. Der folgende Grundsatz hat zahlreiche Auswirkungen. 23
A. Grundsatz: Bedingte Gebührenfreiheit. Oft scheuen sich die Erben des eingetragenen Eigentümers, sich ihrerseits als jetzige Eigentümer im Grundbuch eintragen zu lassen, weil sie einen Kostenanfall befürchten oder zB den überlebenden Elternteil als bloßen Miterben schonen wollen. Um den Erben einen Anreiz zu geben, den im allgemeinen Interesse liegenden Berichtigungsantrag möglichst bald zu stellen, läßt IV dann eine Gebührenbefreiung nur unter der Voraussetzung eintreten, daß der Eintragungsantrag binnen 2 Jahren seit dem Erbfall beim Grundbuchamt eingeht, auch wenn er noch nicht vollzugsfähig ist, wenn er also vor allem noch nicht alle erforderlichen Nachweise enthält, zB den Erbschein, Köln Rpfleger **88**, 549, Mü Rpfleger **06**, 288 rechts, Zweibr MDR **97**, 298, aM Karlsr Rpfleger **88**, 20, LG Kblz MDR **97**, 207 (aber der Gesetzeswortlaut ist eindeutig).

Als Erbe gilt auch der *Erberbe* sowie der Nacherbe. Im letzteren Fall muß man die 24 Zweijahresfrist sowohl nach dem Eintritt des Vorerbfalls wahren als auch nach dem Eintritt des Nacherbfalls. IV ist auch dann anwendbar, wenn es um den übelebenden Ehegatten und die gemeinsamen Kinder bei einer fortgesetzten Gütergemeinschaft geht, BayObLG Rpfleger **93**, 464, oder wenn es um einen Erbvertrag geht, KLBR 57 a, aM Düss Rpfleger **93**, 421, oder wenn der Sohn nach dem Höferecht den Ehegattenhof anwendet und damit auch den Teil eines noch lebenden Elternteils erbt.

Bei IV muß es sich aber ebenso wie bei III um einen *unmittelbaren Übergang* vom Erb- 25 lasser oder Vorerben auf den Erben oder Nacherben ohne ein Zwischenglied handeln, LG Detm FamRZ **09**, 246. Das ergibt sich aus den Worten des Gesetzes „Erben des eingetragenen Eigentümers", BayObLG Rpfleger **86**, 157, Bund Rpfleger **04**, 395.

B. Beispiele zur Frage einer Anwendbarkeit von IV 26
Anwachsung: IV ist *unanwendbar*, soweit ein Gesellschaftsanteil anwächst, Düss Rpfleger **97**, 322. Das gilt auch dann, wenn der Begünstigte auch ein Erbe der Ausgeschiedenen ist, BayObLG DB **97**, 87, Hamm JB **96**, 600.
Ausgliederung: IV ist dann *unanwendbar*, Mü Rpfleger **07**, 117.
Auslagenerstattung: IV ist nur auf Gebühren anwendbar, *nicht* aber auch auf Auslagen. IV schafft also keine Befreiung von der Pflicht zur Auslagenerstattung.
Enkel: IV ist anwendbar, soweit es um die Eintragung eines Enkels als Testa- 27 mentserben des eingetragenen Großvaters geht.
Erbauseinandersetzung: Rn 29 „Miterbe".
Erbteilskauf: Rn 28 „Kauf eines Erbanteils".
Fortgesetzte Gütergemeinschaft: IV ist anwendbar, soweit es sich um die Eintragung eines Kindes zusammen mit dem überlebenden Ehegatten im Weg der fortgesetzten Gütergemeinschaft handelt, Rn 24.
S auch Rn 28 „Gütergemeinschaft".
Fristversäumung: IV ist *unanwendbar*, soweit ein Erbe die Zweijahresfrist verstrei- 28 chen läßt, sei es auch nur schuldlos, BayObLG Rpfleger **99**, 509, Karlsr Rpfleger **88**, 20, Köln RR **99**, 1230. Die 2-Jahres-Frist ist ja eine Ausschlußfrist. Dann kann allenfalls II anwendbar sein, Karlsr Rpfleger **88**, 20, LG Freibg Rpfleger **79**, 232. Da aber das Grundbuch durch den Rechtsübergang außerhalb des Grundbuchs unrichtig geworden ist, muß der Rpfl dem Eigentümer oder dem verwaltenden Testamentsvollstrecker auferlegen, einen Berichtigungsantrag zu stellen und die erforderlichen Unterlagen beizubringen, § 82 GBO.
Gesellschaftserbe: IV ist *unanwendbar*, soweit der Erbe als solcher der Alleineigentümer eines Firmengrundstücks wurde, BayObLG Rpfleger **75**, 448.
Grundbuchberichtigung: „Fristversäumung".
Gütergemeinschaft: IV ist *unanwendbar*, soweit der in Gütergemeinschaft lebende Ehegatte erbt und sein Ehegatte wegen § 1416 BGB eingetragen wird, BayObLG Rpfleger **86**, 157.
S auch Rn 27 „Fortgesetzte Gütergemeinschaft".

KostO § 60   III. Kostenordnung

Kauf eines Erbanteils: IV ist *unanwendbar,* soweit es sich um den Kauf eines Erbanteils handelt, KLBR 58, aM Bund Rpfleger **04**, 395 (aber es kommt auf den unmittelbaren Rechtsvorgang und nicht auf die wirtschaftlich ähnlichen Folgen an, Rn 25).

29 **Miterbe:** IV ist anwendbar, soweit es sich um die Eintragung eines Miterben nach einer Auseinandersetzung der Erbengemeinschaft handelt. Dabei ist unerheblich, ob zuvor die Erbengemeinschaft eingetragen war, Mü Rpfleger **06**, 288 rechts, und ob ein oder mehrere Auseinandersetzungsverträge erfolgt sind, Mü Rpfleger **06**, 288 rechts, sowie ob dieser Miterbe ein Ehegatte oder ein Abkömmling des eingetragenen Eigentümers ist oder nicht, BayObLG Rpfleger **93**, 464, Köln RR **03**, 1727, LG Essen Rpfleger **86**, 497, aM Düss JB **06**, 651, Ffm FamRZ **04**, 286, Zweibr MDR **90**, 560 (aber IV stellt eindeutig nur auf die Erbenstellung ab, KLBR 60).

Nacherbe: IV ist *unanwendbar,* soweit es um das miteinzutragende Recht eines Nacherben geht. Dann ist § 65 anwendbar, dort Rn 2, Düss Rpfleger **88**, 142, Oldb Rpfleger **88**, 20, Zweibr Rpfleger **89**, 150, aM Hamm Rpfleger **92**, 291, KG Rpfleger **87**, 15, Köln Rpfleger **92**, 540 (aber man darf IV nicht weit auslegen. Denn es handelt sich um eine Ausnahmevorschrift).

Rechtsgeschäft: IV ist *unanwendbar,* soweit es um einen rechtsgeschäftlichen Erwerb auf den Todesfall geht, Düss JB **94**, 170, LG Detm FamRZ **09**, 247.

Schenkung: IV ist *unanwendbar,* soweit es um eine Schenkung auf den Todesfall geht, Düss JB **94**, 170.

30 **Testamentsvollstrecker:** IV ist *unanwendbar,* soweit es um die Eintragung einer Testamentsvollstreckung geht. Dann ist § 65 anwendbar, dort Rn 2, Düss Rpfleger **03**, 220, KLBR 62, aM Köln Rpfleger **92**, 540 (aber man darf IV nicht zu weit auslegen. Denn es handelt sich um eine Ausnahmevorschrift).

Vater: IV ist *unanwendbar,* soweit der nunmehr verstorbene Vater zunächst geerbt hatte, aber noch nicht eingetragen worden war.

31 **7) Mehrere Grundstücke, V.** Die Gebührenvergünstigung nach V mit nur einer Gebühr nach dem Gesamtwert tritt dann ein, wenn die folgenden Voraussetzungen zusammentreffen.

A. Dasselbe Grundbuchamt. Für mehreren beteiligten Grundstücke oder Grundstücksteile oder grundstücksgleichen Rechte wie das Erbbaurecht oder Untererbbaurecht, das Wohnungseigentum, ein Bergwerk muß dasselbe Grundbuchamt zuständig sein. Sofern mehrere Grundbuchämter zuständig sind, ist V unanwendbar. Man muß die Gebühren dann getrennt berechnen.

32 **B. Gleichzeitige Anträge.** Es müssen für alle beteiligten Grundstücke gleichzeitige Eintragungsanträge vorliegen. Dazu genügt es, daß alle Eintragungsanträge vor einer Umschreibung eines der beteiligten Grundstücke oder grundstücksgleichen Rechte bei demselben Grundbuchamt eingehen, sodaß man sie gleichzeitig bearbeiten kann.

Unerheblich sind folgende Umstände: Ob mehrere Anträge in derselben oder in verschiedenen Urkunden vorliegen; ob die Grundstücke bisher einem oder mehreren Eigentümern gehörten; ob sie auf einem oder mehreren Grundbuchblättern desselben Grundbuchamts stehen; ob die Grundstücke in derselben Gemeinde liegen; ob die Eintragungen jetzt gleichzeitig stattfinden.

33 **C. Dieselben Eigentümer.** Auf den Grundbuchblättern der beteiligten Grundstücke muß man dieselben Eigentümer oder dieselben Miteigentümer zu Bruchteilen oder zur Gesamthand eintragen. Mehrere juristische Personen sind unabhängig von ihrem Eigentümer stets verschiedene Eigentümer nach V.

34 **8) Berichtigung, VI.** Wenn ein Berichtigungszwangsverfahren nach § 82 GBO nicht durchführbar oder aussichtslos ist, erfolgt eine Eintragung des Eigentümers von Amts wegen nach § 82a GBO. Dann muß man ermitteln, ob eine Situation nach I oder solche nach II vorliegt. Die jeweils fällige 2,0 Gebühr gilt auch als vorangegangene Verfahren vor dem Grundbuchamt oder vor dem Nachlaßgericht ab, etwa eine Erbenermittlung.

35 **9) Kostenschuldner, I–VI.** Grundsätzlich ist jeder letzte Antragsteller nach § 2 Z 1 Kostenschuldner. Für die Eintragung des Erstehers als Eigentümer ist aber nach § 4 Hs 1 nur er Kostenschuldner. Bei einer Berichtigung nach VI ist der Eigentümer nach § 2 Z 2 Kostenschuldner.

1. Teil. Gerichtskosten § 61 KostO

Eigentumswechsel bei Gemeinschaften zur gesamten Hand

61 I ¹Geht ein Grundstück, das für mehrere zur gesamten Hand eingetragen ist, auf einen oder mehrere der Mitberechtigten oder auf eine aus denselben Personen bestehende andere Gesamthandgemeinschaft über, so wird die Gebühr so berechnet, als ob die Beteiligten nach Bruchteilen berechtigt wären; die Anteile der Erwerber bleiben unberücksichtigt. ²Geht ein Grundstück von einem oder mehreren eingetragenen Eigentümern, die in einer Gesamthandgemeinschaft stehen, auf diese Gemeinschaft über, so wird die Gebühr so berechnet, als ob es sich um eine Gemeinschaft nach Bruchteilen handele; die Anteile der Veräußerer bleiben unberücksichtigt. ³Treten sonst Änderungen in der Person der an der gesamten Hand Berechtigten ein, so wird der Anteil des ausscheidenden oder neu eintretenden Mitberechtigten zugrunde gelegt.

II ¹Die Anteile sind entsprechend der Beteiligung an dem Gesamthandvermögen zu bemessen. ²Mindestens sind die Gebühren nach dem kleinsten Anteil zu berechnen.

III Die Vorschriften der Absätze 1 und 2 gelten nicht für offene Handelsgesellschaften und Kommanditgesellschaften.

Gliederung

1) Systematik, I–III 1
2) Regelungszweck, I–III 2
3) Geltungsbereich, I–III 3
4) Voraussetzungen, I, II 4–8
   A. Übergang von Gesamthand auf Mitberechtigte, I 1 Hs 1 ... 5
   B. Übergang von Gesamthand auf Gesamthand, I 1 Hs 2 6
   C. Übergang von Mitberechtigten auf Gesamthand, I 2 7
   D. Sonstige Änderungen, I 3 8
5) Rechtsfolgen, I, II 9
6) OHG und KG, III 10

1) Systematik, I–III. In der Reihe der den § 60 ergänzenden und ihm gegenüber vorrangigen Sondervorschriften regelt § 61 den häufigen Fall des Wechsels innerhalb einer Gesamthand. Das geschieht in einer möglichst genau differenzierenden Weise einschließlich einer ebenfalls vorrangigen Sonderbestimmung für die Wertermittlung in II. 1

2) Regelungszweck, I–III. Vorgänge der hier erfaßten Art können sich in einer reichen wie in einer armen Gesamthand abspielen. Man sollte das erkennbare Ziel einer einigermaßen erträglichen Kostenbelastung im letzteren Fall bei der Auslegung der ganzen Vorschrift stets mitverfolgen. 2

3) Geltungsbereich, I–III. Die Vorschrift begünstigt die dort genannten Vorgänge durch eine vorteilhaftere Berechnung des Geschäftswerts. III nimmt von dieser Vergünstigung eine Offene Handelsgesellschaft und eine Kommanditgesellschaft aus. 3

4) Voraussetzungen, I, II. Die Vergünstigung tritt dann ein, wenn eine der folgenden Voraussetzungen vorliegt. 4

A. Übergang von Gesamthand auf Mitberechtigte, I 1 Hs 1. Die Begünstigung tritt dann ein, wenn das Eigentum an einem für mehrere zur gesamten Hand eingetragenen Grundstück auf einen oder mehrere Mitberechtigte übergeht. 5

B. Übergang von Gesamthand auf Gesamthand, I 1 Hs 2. Die Begünstigung tritt ferner dann ein, wenn das Eigentum an einem für mehrere zur gesamten Hand eingetragenen Grundstück auf eine aus denselben Personen bestehende andere Gemeinschaft zur gesamten Hand übergeht. 6

C. Übergang von Mitberechtigten auf Gesamthand, I 2. Die Begünstigung tritt auch dann ein, wenn ein Grundstück von einem oder mehreren eingetragenen Eigentümern in einer Gesamthandgemeinschaft auf diese Gemeinschaft übergeht. Dabei ist die Eintragung maßgeblich, nicht die Art und Höhe einer Beteiligung der anderen Mitglieder der erwerbenden Gemeinschaft am Gemeinschaftsvermögen, BayObLG **99**, 15. 7

8 D. **Sonstige Änderungen, I 3.** Maßgebend ist nach I 3 nur der Anteil des Ausscheidenden oder Eintretenden, BayObLG DB 97, 1273. II ist unanwendbar. Notfalls muß man den Wert nach § 30 II schätzen, BayObLG 99, 16. *Unanwendbar* ist § 61 bei einer Ausgliederung, Mü Rpfleger 07, 117.

9 **5) Rechtsfolgen, I, II.** In allen Fällen Rn 2–6 behandelt § 61 die Gesamthandgemeinschaft als eine Bruchteilsgemeinschaft. Während § 60 II die Erben begünstigt, auch wenn die Gemeinschaft nicht eingetragen ist, setzt § 61 eine Eintragung voraus, BayObLG 99, 15, Stgt Rpfleger 78, 153. Die Bemessung der Anteile erfolgt nach der Beteiligung am Gesamthandvermögen. Mindestens entstehen die Gebühren nach dem kleinsten Anteil, II.

Beispiel: In eine Gesellschaft des bürgerlichen Rechts mit drei Personen bringt ein Gesellschafter ein Grundstück ein, BayObLG 99, 15 (zwei Gesellschafter). Es entstehen Gebühren von 66,6% des Grundstückswerts.

Wenn jeder nur dasjenige erhält oder veräußert, das *er* besitzt, wenn also zB die aus drei Personen bestehende Gesellschaft an jeden Gesellschafter 33,3% veräußert, muß man die Gebühren „nach dem kleinsten Anteil" berechnen, also bei gleichen Anteilen nach 33,3%.

Bei der *Verschmelzung* von Aktiengesellschaften kommt eine Gebührenermäßigung nicht in Betracht, BayObLG Rpfleger 79, 356.

10 **6) OHG und KG, III.** Die Vorschrift stellt die Offene Handelsgesellschaft und die Kommanditgesellschaft den Kapitalgesellschaften kostenrechtlich gleich. Denn sie haben nach §§ 124 I, 161 II HGB manche rechtliche Selbständigkeit, BayObLG BB 95, 2184. Man kann die Europäische wirtschaftliche Interessenvereinigung (EWIV) und die Partnerschaft den in III Genannten gleichstellen.

Das gilt allerdings *nicht*, soweit die OHG oder KG nur Mitberechtigte einer Gesamthandgemeinschaft ist, zB einer BGB-Gesellschaft. Dann bleibt es bei der Wertvergünstigung nach I, II, BayObLG BB **95**, 2184.

Bei diesen Gesellschaften ist also I unanwendbar. Man muß bei ihnen den *ganzen Wert* des Grundstücks ansetzen, BayObLG Rpfleger **75**, 449, KG Rpfleger **89**, 99. Das gilt zB dann, wenn die OHG ein Grundstück an einen Gesellschafter verkauft oder wenn Miterben, auch Abkömmlinge, ein Grundstück in eine von ihnen gebildete OHG einbringen.

Eintragung von Belastungen

62 I Für die Eintragung einer Hypothek, Grundschuld oder Rentenschuld, einer Dienstbarkeit, eines Dauerwohnrechts, eines Dauernutzungsrechts, eines Vorkaufsrechts, einer Reallast, eines Erbbaurechts oder eines ähnlichen Rechts an einem Grundstück wird die volle Gebühr erhoben.

II Werden Belastungen auf Grund von Gutsüberlassungsverträgen oder von Erb- oder Gesamtgutsauseinandersetzungen zugleich mit der Eintragung des neuen Eigentümers eingetragen, so wird die im Absatz 1 bestimmte Gebühr nur zur Hälfte erhoben.

III ¹ Als gebührenfreies Nebengeschäft der Eintragung des Rechts (§ 35) gilt insbesondere die gleichzeitig beantragte Eintragung der Unterwerfung unter die sofortige Zwangsvollstreckung, eines Rangvorbehalts oder des Ausschlusses der Brieferteilung. ²Wird gleichzeitig mit dem Antrag auf Eintragung des Rechts beantragt, eine Löschungsvormerkung gemäß § 1179 des Bürgerlichen Gesetzbuchs zugunsten des Berechtigten einzutragen, so wird für diese Eintragung eine weitere Gebühr nicht erhoben.

Gliederung

1) Systematik, I–III 1
2) Regelungszweck, I–III 2
3) **Eintragung, I** 3–10
   A. Hypothek 3
   B. Grundschuld, Rentenschuld 4
   C. Dienstbarkeit 5
   D. Vorkaufsrecht 6
   E. Reallast 7

1. Teil. Gerichtskosten § 62 KostO

F. Dauerwohn- oder Dauernutzungsrecht 8
G. Erbbaurecht 9
H. Ähnliches Recht 10
4) **Gutsüberlassung usw, II** 11–16
   A. Überlassungs- oder Auseinandersetzungsvertrag 12–15
   B. Gleichzeitige Eigentümereintragung 16
5) **Nebengeschäft, III** 17–25
   A. Grundsatz: Gebührenfreiheit 17
   B. Beispiele zur Frage einer Anwendbarkeit von III 18–25

1) Systematik, I–III. Die Vorschrift betrifft in der Reihe der den § 60 ergänzen-   **1**
den und ihm gegenüber vorrangigen Sonderbestimmungen nur die Neueintragung
einer Belastung des Grundstücks oder grundstücksgleichen Rechts, §§ 77, 78. Eine
dinglichrechtliche Veränderung fällt unter § 64. Eine Verfügungsbeschränkung fällt
unter § 65. Eine Vormerkung und ein Widerspruch fallen unter § 66. Eine Löschung
fällt unter § 68. Die Eintragung von Wohnungs- und Teileigentum fällt unter § 76.
Es kommt in diesem Zusammenhang nicht darauf an, in welcher Spalte die Eintragung erfolgt, sondern darauf, was man eintragen muß, Ffm Rpfleger **76**, 263. Die
Bildung einer Einheitshypothek durch eine Zusammenfassung mehrerer unmittelbar
aufeinanderfolgender Hypotheken zu einer einzigen Hypothek ist nur eine Veränderung, § 64. III 1 ist eine Fortführung des allgemeinen Regel des § 35, Rn 17, Hamm
FGPrax **96**, 238.

2) Regelungszweck, I–III. I, II dienen einer der Verantwortung entsprechen-   **2**
den Angemessenheit der Vergütung. III dient demgegenüber durch die Erweiterung
des ohnehin mitbeachtlichen § 35 eindeutig einer möglichsten Kostendämpfung. Das
letztere entspricht dem allgemeinen Grundsatz einer den Kostenschuldner schonenden Auslegung, § 1 Rn 2. Das alles muß man stets mitbeachten.

3) Eintragung, I. 1,0 Gebühr entsteht für jede der folgenden Eintragungen auf   **3**
Grund einer Bewilligung, einer Grundbuchberichtigung oder der Zwangsvollstreckung
nach § 867 ZPO.
   A. Hypothek. Ihre Eintragung nach §§ 1113 ff BGB läßt 1,0 Gebühr entstehen,
Köln Rpfleger **04**, 735. Das gilt auch bei der Eintragung einer nach § 1287 S 2 BGB
entstandenen Sicherungshypothek, Ffm Rpfleger **76**, 263, Köln Rpfleger **04**, 735
(auch bei § 111d I 1 StPO). Der Geschäftswert richtet sich nach § 23 Rn 9, 10,
Zweibr RR **03**, 235, Lappe NJW **04**, 492.
   B. Grundschuld, Rentenschuld. Ihre Eintragung nach §§ 1113 ff BGB läßt   **4**
1,0 Gebühr entstehen. Der Geschäftswert richtet sich nach § 23 Rn 9, 10, Zweibr
RR **03**, 235, Lappe NJW **04**, 492.
   C. Dienstbarkeit. Ihre Eintragung nach §§ 1018 ff BGB läßt 1,0 Gebühr entste-   **5**
hen. Es kommt nicht darauf an, um welche Art von Dienstbarkeit es sich handelt,
Böhringer JB **94**, 514. Der Geschäftswert der Grunddienstbarkeit richtet sich nach
§ 22. Der Geschäftswert des Nießbrauchs richtet sich nach § 24. Hilfsweise gilt § 30,
Böhringer JB **94**, 514 (Energieversorgungsdienstbarkeit).
   D. Vorkaufsrecht. Seine Eintragung nach §§ 1094 ff BGB läßt 1,0 Gebühr ent-   **6**
stehen. Der Geschäftswert richtet sich nach § 20 II.
   E. Reallast. Ihre Eintragung nach §§ 1105 ff BGB, § 9 ErbbauRG läßt 1,0 Ge-   **7**
bühr entstehen. Hierher zählt auch die Überbau- und Notwegrente nach §§ 914 II 2,
917 II 2 BGB. Der Geschäftswert richtet sich nach § 24.
   F. Dauerwohn- oder Dauernutzungsrecht. Die Eintragung eines solchen   **8**
Rechts nach §§ 31 ff WEG läßt eine volle Gebühr entstehen. Der Geschäftswert richtet sich nach § 24.
   G. Erbbaurecht. Das Erbbaurecht steht kostenmäßig einem Grundstück gleich.   **9**
Die Eintragung des Erbbaurechts nach § 9 ErbbauRG läßt 1,0 Gebühr entstehen.
Diese umfaßt die Eintragung des Inhalts des Erbbaurechts mit, BayObLG JB **73**, 108.
Der Geschäftswert der Bestellung einschließlich Eintragung richtet sich nach
§ 21. Für die Eintragung eines dinglichen Vorkaufsrechts zugunsten des Erbbauberechtigten entsteht eine gesonderte Gebühr. Das gilt auch dann, wenn diese Eintragung gleichzeitig mit der Eintragung des Erbbaurechts erfolgt, LG Lübeck JB **76**, 951

805

KostO § 62 III. Kostenordnung

(zustm Schalhorn). Die Anlegung des Erbbaugrundbuchs nach § 14 ErbbauRG fällt unter § 35.

10   **H. Ähnliches Recht.** Hierhin gehören zB: Das Wiederkaufsrecht. Sein Geschäftswert richtet sich wie beim Vorkaufsrecht nach § 20 II; ein Altenteil; ein Leibgedinge; eine Kohlenabbaugerechtigkeit. Geschäftswert ist die Summe der Leistungen. Eine Verfügungsbeschränkung nach § 65 gehört *nicht* hierher, ebensowenig eine Vormerkung zur Sicherung eines schuldrechtlichen Wiederkaufsrechts nach §§ 496 ff BGB.

11   **4) Gutsüberlassung usw, II.** Die Vorschrift schafft eine Gebührenermäßigung auf 0,5 Gebühr, falls die folgenden Voraussetzungen zusammentreffen.

12   **A. Überlassungs- oder Auseinandersetzungsvertrag.** Hier müssen wiederum die folgenden Voraussetzungen zusammentreffen.

13   *Vertrag.* Es muß ein Gutsüberlassungsvertrag oder ein Erbauseinandersetzungsvertrag nach §§ 2042 ff BGB, §§ 363 ff FamFG oder ein Vertrag über eine Auseinandersetzung eines Gesamtguts nach §§ 1471 ff, 1498 ff BGB, §§ 261 ff FamFG vorliegen. *„Gutsüberlassungsvertrag"* ist ein weit auslegbarer Begriff, BayObLG Rpfleger **82**, 161, LG Augsb JB **99**, 268. Es braucht nur eine teilweise Versorgung des Übergebers vorzuliegen, BayObLG Rpfleger **82**, 162. Der Begriff Gutsüberlassungsvertrag umfaßt auch eine Überlassung an eine andere Person als an einen Abkömmling, auch an eine familienfremde Person. Es müssen aber immerhin die typischen Merkmale eines Gutsüberlassungsvertrags vorliegen, also eine Übertragung durch eine vorweggenommene Erbfolge, keine Schenkung und kein Kauf, sondern als eine Gegenleistung die Versorgung des Überlassers und seiner Angehörigen usw. Auch eine Auseinandersetzung setzt kein verwandtschaftliches Band voraus. Die etwaige Miteintragung des Ehegatten ist in beiden Fällen unerheblich.

14   *Ursächlichkeit.* Die Eintragung der Belastung muß gerade „auf Grund" des in Rn 13 genannten Vorgangs erfolgen. Dazu ist ein sachlicher Zusammenhang erforderlich, Düss JB **81**, 910. Außerdem muß ein zeitlicher Zusammenhang bestehen. Das Vorliegen eines einheitlichen Rechtsgeschäfts ist ein erhebliches Anzeichen, BayObLG Rpfleger **82**, 162. Die Belastung „zwecks" reicht auch dann aus, wenn ein Dritter Gläubiger wird, soweit der Schuldner mithilfe der Belastung an den Überlassungs- oder Auseinandersetzungspartner leistet. Eine Rückauflassungsvormerkung nach der Übertragung auf einen Dritten zählt nicht hierher, Hamm JB **99**, 41.

15   Die Belastung nur *„gleichzeitig mit"* dem Abschluß eines Überlassungs- oder Auseinandersetzungsvertrags reicht nicht aus, Düss VersR **81**, 755. Dasselbe gilt von einem Darlehen zwecks Finanzierung einer Abfindung, LG Kblz Rpfleger **98**, 41, oder von einer bloßen Vormerkung, Ffm FGPrax **09**, 280.

16   **B. Gleichzeitige Eigentümereintragung.** Zugleich mit der Eintragung der Belastung muß die Eintragung des neuen Eigentümers erfolgen.

17   **5) Nebengeschäft, III.** Der folgende Grundsatz hat vielerlei Auswirkungen. Er gilt nur bei einer gleichzeitigen Eintragung. Andernfalls gilt § 64, soweit nicht § 67 anwendbar ist.

A. Grundsatz: Gebührenfreiheit. Ein Nebengeschäft ist nach § 35 gebührenfrei. III nennt einige Beispiele. Ihre Aufzählung ist keineswegs abschließend. Das ergibt sich auch aus dem Wort „insbesondere" in III 1, Hamm FGPrax **96**, 238, Köln Rpfleger **92**, 497, LG Saarbr Rpfleger **97**, 86 (abl Streuer 541).

18   **B. Beispiele zur Frage einer Anwendbarkeit von III**
Abtretung: Rn 21 „Löschungsvormerkung".
Auflassungsvormerkung: III 1 ist anwendbar, soweit eine Auflassungsvormerkung und zugleich zu *demselben* Recht ein Rangvermerk oder ein Rangvorbehalt eingetragen wird, Rn 23.

III 1 ist *unanwendbar,* soweit eine Auflassungsvormerkung usw und zugleich zu einem *anderen* Recht ein Rangvermerk oder Rangvorbehalt ins Grundbuch kommt, Düss MDR **90**, 164, Ffm Rpfleger **93**, 109, Köln Rpfleger **92**, 497, aM LG Mainz MDR **96**, 212 (aber das ist doch ein anderer Vorgang als das Hauptgeschäft, Rn 23).

III 1 ist ferner unanwendbar, soweit eine Auflassungsvormerkung später ein „Wirksamkeitsvermerk" zugunsten der späteren Grundschuld folgt, BayObLG

806

FGPrax **01**, 129, Hamm JB **02**, 259, Köln JB **01**, 377, aM Schubert DNotZ **99**, 978 (aber dann gilt § 67).
Ausschluß der Brieferteilung: Rn 19 „Briefausschluß".
Ausschluß der Löschung: Rn 20 „Löschungsausschluß".
Briefausschluß: III ist anwendbar, soweit es sich um den Ausschluß der Brieferteilung handelt. Das ergibt sich bereits aus dem Wortlaut. 19
Eintragungsnachricht: III ist anwendbar, soweit es um die Benachrichtigung von einer Eintragung geht.
S auch Rn 21 „Löschungsvormerkung".
Gleichzeitigkeit: Rn 21 „Löschungsvormerkung".
Höchstbetrag: III ist anwendbar auf die gleichzeitige Eintragung des bei einer Zwangsversteigerung aus dem Erlös ersetzbaren Höchstbetrags nach § 882 BGB.
Lebenslängliches Recht: Rn 23 „Todesnachweis". 20
Löschungsausschluß: Ein anfänglicher Ausschluß des Löschungsanspruchs nach § 1179a V BGB gehört zum Inhalt der Hypothek, bei der er eingetragen wird. Ein nachträglicher Ausschluß des Löschungsanspruchs macht § 44 III 3 anwendbar.
Löschungsvormerkung: Es ist unerheblich, ob das Gericht die Löschungsvormerkung antragsmäßig erst später einträgt. Denn III verlangt nur einen gleichzeitigen Antrag wie bei § 60 IV, nicht außerdem eine gleichzeitige Beurkundung, KG Rpfleger **98**, 215, oder eine gleichzeitige Erledigung. 21

III 2 setzt voraus, daß die Löschungsvormerkung bei einer *wirtschaftlichen Betrachtung* gerade der Verstärkung der neuen Grundstücksbelastung dient, Hamm FGPrax **02**, 89. Diese Voraussetzung liegt nur dann vor, wenn die Vormerkung dem Berechtigten nur in seiner Eigenschaft als des Gläubigers der Hypothek zusteht, Hamm FGPrax **02**, 89. Er darf sie nicht zu anderen Zwecken als bloß zur Verstärkung des Grundpfandrechts verwenden können, Düss Rpfleger **75**, 268, KG DNotZ **80**, 489. Dabei genügt eine Eintragung „zugunsten des eingetragenen Gläubigers".

Es reicht auch aus, daß die Löschungsvormerkung zugunsten des *jeweiligen* Gläubigers erst mit der Abtretung der anfänglichen Eigentümergrundschuld wirksam wird, Düss Rpfleger **75**, 268, oder daß der Gläubiger der Hypothek mit der Löschungsvormerkung die Abtretung und Wegpfändung der vorläufigen Eigentümergrundschuld vor einer Valutierung der Hypothek verhindern will.

III ist *unanwendbar,* soweit eine Löschungsvormerkung aus Anlaß einer Abtretung des Grundpfandrechts zugunsten des neuen Gläubigers als neue Löschungshypothek ins Grundbuch kommt. 22
Rangvermerk: III ist anwendbar, soweit es sich um einen Rangvermerk oder Rangvorbehalt bei einer gleichzeitigen Eintragung handelt, KG JB **02**, 545, Schlesw JB **02**, 260, Zweibr Rpfleger **02**, 385. Das gilt freilich nur bei demselben Recht, § 35 Rn 4, Düss Rpfleger **98**, 446, Hamm FGPrax **96**, 238, KG Rpfleger **96**, 377, aM LG Main MDR **96**, 212, LG Saarbr Rpfleger **97**, 86 (aber dann liegen rechtlich selbständige Vorgänge vor). 23
Vgl auch Rn 18 „Auflassungsvormerkung".
Todesnachweis: III ist anwendbar, soweit es um einen Vermerk dahin geht, daß zur Löschung eines lebenslänglichen Rechts der Todesnachweis genügt, §§ 23 II, 24 GBO.
Unklarheit: Falls eine Unklarheit besteht, muß das Gericht bei den Beteiligten nachfragen. Es kann evtl eine Neufassung des Eintragungsantrag verlangen, etwa dahin, es handle sich um den „Inhaber der Hypothek Nr ...". Andernfalls würde eine unrichtige Sachbehandlung nach § 16 entstehen können. 24
Unterwerfungsklausel: III ist anwendbar, soweit es sich um die Eintragung einer Unterwerfungsklausel handelt, falls diese gleichzeitig mit der übrigen Eintragung erfolgen soll. 25
Vorlegungsverzicht: III ist anwendbar auf den Verzicht auf die Vorlegung des Grundschuld- oder Hypothekenbriefs.
Unterwerfungsklausel: III ist anwendbar, soweit es sich um die Eintragung einer Unterwerfungsklausel handelt, falls diese gleichzeitig mit der übrigen Eintragung erfolgen soll.
Vormerkung: Rn 21 „Löschungsvormerkung", Rn 23 „Rangvermerk".
Wirksamkeitsvermerk: § 67 Rn 5.

KostO § 63   III. Kostenordnung

Eintragung mehrer Rechte, Belastung mehrerer Grundstücke

63 I ¹Werden ein oder mehrere Grundstücke mit mehreren Rechten der in § 62 bezeichneten Art belastet, so wird die Gebühr für die Eintragung jedes Rechts besonders erhoben. ²Wird gemäß § 50 der Grundbuchordnung bei einer Hypothek, Grundschuld oder Rentenschuld, die in Teilbeträgen mehreren Berechtigten zusteht, lediglich der Gesamtbetrag des Rechts eingetragen, so gilt dies als Belastung mit nur einem Recht.

II ¹Werden mehrere Grundstücke mit einem und demselben Recht belastet, so wird die Gebühr nur einmal erhoben, wenn die Eintragung auf Grund eines gleichzeitig gestellten Antrags erfolgt und das Grundbuch über die Grundstücke bei demselben Grundbuchamt geführt wird. ²Als Belastung mit einem und demselben Recht gilt auch die Belastung mehrerer Grundstücke mit einem Nießbrauch, mit einer beschränkten persönlichen Dienstbarkeit, mit einem Altenteil oder mit einem Vorkaufsrecht.

III ¹Wird gleichzeitig die Belastung mehrerer Grundstücke mit einem und demselben Recht beantragt und wird das Grundbuch über die Grundstücke bei verschiedenen Grundbuchämtern geführt, so wird für die Eintragung auf dem Grundstück, das den höchsten Wert hat, die in § 62 Abs. 1 oder 2 bestimmte Gebühr in voller Höhe erhoben; für jede weitere Eintragung wird die Hälfte der in § 62 Abs. 1 oder 2 bestimmten Gebühr angesetzt, und zwar nach dem Wert des Grundstücks, wenn er geringer ist als der Wert des Rechts. ²Dabei wird der Wert mehrerer Grundstücke, über die das Grundbuch bei demselben Grundbuchamt geführt wird, zusammengerechnet. ³Gleichzeitig sind die Anträge gestellt, wenn sie bei einem Grundbuchamt gemeinsam eingereicht sind, bei gesonderter Antragstellung, wenn sie innerhalb eines Monats bei den beteiligten Grundbuchämtern eingehen.

IV ¹Soweit der Antrag nicht gleichzeitig gestellt ist, wird für jede Eintragung die Hälfte der in § 62 Abs. 1 oder 2 bestimmten Gebühr erhoben, und zwar nach dem Wert des Grundstücks, wenn er geringer ist als der Wert des Rechts. ²Dabei wird der Wert mehrerer Grundstücke, über die das Grundbuch bei demselben Grundbuchamt geführt wird, zusammengerechnet.

Gliederung

1) Systematik, I–IV	1
2) Regelungszweck, I–IV	2
3) Belastung mit mehreren Rechten, I	3, 4
4) Belastung mehrerer Grundstücke mit nur einem Recht, II–IV	5–9
A. Begriff	5
B. Gebühren bei demselben Grundbuchamt	6
C. Gebühren bei mehreren Grundbuchämtern	7–9

1   **1) Systematik, I–IV.** Die Vorschrift steht in der Reihe der den § 60 ergänzenden und ihm gegenüber vorrangigen Sonderbestimmungen. Sie erfaßt die häufigen Fälle der Beteiligung mehrerer Grundstücke und/oder Rechte mit einer klaren Zusammenrechnung als Ausgangspunkt, I 1, aber einer ganzen Reihe von ihr abweichender Varianten, I 2 ff. Jeweils ergänzend gilt § 35.

2   **2) Regelungszweck, I–IV.** So einleuchtend I 1 sein mag, so sehr ist doch zwecks Vermeidung einer finanziellen Überbelastung wenigstens in den weiteren Situationen eine teilweise erheblich geringere Gebühr notwendig. Dieser letztere Zweck ist zusammen mit dem Grundsatz einer für den Kostenschuldner möglichst günstigen Auslegung stets mitbeachtlich, § 1 Rn 2.

3   **3) Belastung mit mehreren Rechten, I.** Mehrere Rechte liegen dann vor, wenn sie im Grundbuch unter verschiedenen Nummern stehen. Eine Eintragung unter derselben Nummer kann mehrere Rechte betreffen. Das gilt etwa dann, wenn sich eine Zwangshypothek auf mehrere Grundstücke verteilt, die auf einem Grundbuchblatt stehen, oder wenn etwa die Hypothek mehreren Gläubigern zu genau bestimmten Beträgen oder Anteilen zusteht.

Dagegen kann ein Recht *mehreren* zustehen, etwa einer Erbengemeinschaft oder einer sonstigen Gemeinschaft zur gesamten Hand. Dann muß man grundsätzlich eine Gebühr bei jedem Recht erheben. Eine Ausnahme mag gelten, soweit nur eine ein-

808

heitliche Rechtsausübung sinnvoll ist, BayObLG RR **99**, 1016 (Leitungen), Zweibr JB **99**, 432. Wegen einer Bruchteilsgemeinschaft Düss Rpfleger **75**, 409.

Mehrere Hypotheken usw *desselben Gläubigers* sind mehrere Rechte. Die Belastung **4** eines oder mehrerer Grundstücke mit mehreren Rechten macht eine Gebühr aus § 62 für jede Eintragung fällig, also für jedes Recht eine Gebühr. Eine Eintragung nach § 50 GBO gilt als eine Belastung mit nur einem Recht.

4) Belastung mehrerer Grundstücke mit nur einem Recht, II–IV. Man **5** muß mehrere Fallgruppen unterscheiden.

A. Begriff. Es muß nach II 1, 2 um ein und dasselbe Recht gehen, also um ein sog Gesamtrecht. Hierher gehören die Gesamthypothek oder die Gesamtgrundschuld, ferner die Zwangshypothek. Als dasselbe Recht muß man auch einen Nießbrauch oder eine beschränkte persönliche Dienstbarkeit für mehrere gemeinschaftlich ansehen. Ebenso muß man wegen § 49 GBO das Altenteil beurteilen, selbst für Eheleute, sowie ein nur von mehreren gemeinsam ausübbares Vorkaufsrecht. Eine Grunddienstbarkeit an mehreren Grundstücken ist nur ein Recht, soweit man sie nur gemeinsam ausüben kann. Demgegenüber betrifft eine Mitberechtigung zu Bruchteilen mehrere Rechte.

B. Gebühren bei demselben Grundbuchamt. Soweit die mehreren belasteten **6** Grundstücke demselben Grundbuchamt unterstehen, entsteht eine einmalige Gebühr bei einer Eintragung auf Grund eines gleichzeitigen Antrags. Der Begriff „gleichzeitiger Antrag" ist derselbe wie bei § 60 Rn 32. Es genügt also, daß die Anträge gleichzeitig eingehen. Ihre gleichzeitige Erledigung ist nicht erforderlich. Die Grundbuchblätter und die Eigentümer der mehreren belasteten Grundstücke brauchen nicht identisch zu sein.

C. Gebühren bei mehreren Grundbuchämtern. Soweit die mehreren belaste- **7** ten Grundstücke verschiedenen Grundbuchämtern unterstehen, muß man wiederum die folgende Unterscheidung treffen.

Bei einem *gleichzeitigen* Antrag entsteht eine Gebühr nach III. „Gleichzeitige An- **8** träge" liegen nach III 3 dann vor, wenn die Anträge bei einem Grundbuchamt gemeinsam eingehen und bei einer gesonderten Antragstellung innerhalb eines Monats bei den beteiligten Grundbuchämtern eingehen.

Sofern *kein* gleichzeitiger Antrag nach III 3 vorliegt, muß man die Gebühr nach IV **9** berechnen. Wegen des Gebührenansatzes § 16 KostVfg, Teil VII A dieses Buchs. Wegen einer teilweisen Gebührenbefreiung KG Rpfleger **76**, 333.

Eintragung von Veränderungen und Löschungsvormerkungen

64 I [1] Für die Eintragung von Veränderungen eines Rechts wird die Hälfte der vollen Gebühr erhoben. [2] Als Veränderung eines Rechts gilt auch die Löschungsvormerkung (§ 1179 des Bürgerlichen Gesetzbuchs), soweit sie nicht gemäß § 62 Abs. 3 Satz 2 gebührenfrei einzutragen ist.

II Bezieht sich eine Veränderung auf mehrere Rechte, so wird die in Absatz 1 bestimmte Gebühr für jedes Recht besonders erhoben, auch wenn es nur der Eintragung eines einheitlichen Vermerks bedarf.

III Beziehen sich mehrere Veränderungen, deren Eintragung gleichzeitig beantragt ist, auf ein und dasselbe Recht, so wird, gleichviel ob es der Eintragung eines oder mehrerer Vermerke bedarf, die Gebühr nur einmal nach dem zusammengerechneten Wert der Veränderungen erhoben.

IV [1] Der Wert des veränderten Rechts darf, auch wenn es sich um mehrere Veränderungen desselben Rechts handelt, nicht überschritten werden. [2] Handelt es sich um den Übergang eines Rechts, so finden die Vorschriften des § 61 entsprechende Anwendung.

V Änderungen des Ranges eingetragener Rechte sind nur als Veränderungen des zurücktretenden Rechts, Löschungsvormerkungen zugunsten eines nach- oder gleichstehenden Gläubigers (§ 1179 des Bürgerlichen Gesetzbuchs) nur als Veränderungen des Rechts zu behandeln, auf dessen Löschung der vorgemerkte Anspruch gerichtet ist; für die Wertberechnung bleibt die Vorschrift des § 23 Abs. 3 unberührt.

KostO § 64 III. Kostenordnung

VI Betreffen die Veränderungen Rechte, mit denen mehrere Grundstücke gemeinsam belastet sind, so gelten die Vorschriften des § 63 Abs. 2 und 3 entsprechend.

Gliederung

1) Systematik, I–VI	1
2) Regelungszweck, I–VI	2
3) Veränderung, I	3–5
A. Begriff	3
B. Beispiele zur Frage einer Veränderung, I	4
C. Gebühr	5
4) Mehrere Veränderungen, mehrere Rechte, II, III, VI	6–10
A. Begriff	6
B. Veränderung mehrerer Rechte, II	7
C. Mehrere Veränderungen desselben Rechts, III	8, 9
D. Mehrere belastete Grundstücke, VI	10
5) Geschäftswert, IV, V	11–18
A. Grundsatz: Nennbetrag, IV	11–13
B. Obergrenze, IV	14–17
C. Rangänderung, V	18

1 **1) Systematik, I–VI.** Gegenüber §§ 61–63 stellt § 64 eine noch speziellere und vorrangige weitere Ergänzung zu § 60 dar. Das gilt auch für die zugehörige Regelung des Werts in IV gegenüber §§ 19 ff. Die folgenden §§ 65, 66 stellen jedenfalls theoretisch Fälle dar, die nicht unter § 64 fallen können.

2 **2) Regelungszweck, I–VI.** Die Vorschrift bezweckt eine kostengerechte sozial erträgliche Abgeltung mithilfe von Begriffen wie „mehrere Rechte" oder „gleichzeitiger Antrag". Man sollte die in der Praxis auftretenden Probleme unter Mitbeachtung des Grundsatzes einer dem Kostenschuldner günstigen Auslegung nach § 1 Rn 2 lösen.

3 **3) Veränderung, I.** Man muß drei Aspekte beachten.
A. Begriff. Unter einer „Veränderung" eines eingetragenen Rechts versteht I alles, was den Inhalt des Rechts ändert, also auch die Übertragung, die Löschung oder eine Belastung. Die Veränderung mag die Person eines Beteiligten treffen, aber auch den Rechtsinhalt, den Rang des Rechts.

4 **B. Beispiele zur Frage einer Veränderung, I**
Aufhebung: Veränderung ist eine Aufhebung, zB einer Hypothek nach § 1183 BGB. Dann richtet sich der Geschäftswert nach § 23 II Hs 1.
Auflassungsvormerkung: Neben ihr entsteht keine Gebühr nach § 64, Düss Rpfleger **98**, 446, Hamm Rpfleger **97**, 85, Zweibr Rpfleger **96**, 217.
Belastung: Veränderung ist eine Belastung, zB eine Pfändung oder Verpfändung. Dann richtet sich der Geschäftswert nach § 23 I.
Dauerwohnrecht: Veränderung ist seine Änderung. Der Geschäftswert richtet sich dann nach § 30 I.
Erbbaurecht: Veränderung ist seine Änderung. Der Geschäftswert richtet sich dann nach § 24 und beim Heimfallanspruch nach § 30 I.
Erweiterung: Veränderung ist eine Erweiterung zB durch eine Nebenpflicht.
Forderungsauswechslung: Veränderung ist ein solcher Vorgang, zB die Ersetzung einer Hypothekenforderung durch eine andere Forderung. Dann ist Geschäftswert der Hypothekenbetrag, soweit nicht nur eine Teilsetzung erfolgt.
Gesamtgrundpfandrecht: S „Verteilung".
Gläubigervertreter: Veränderung ist seine nachträgliche Bestellung nach § 1189 BGB. Ihr Geschäftswert richtet sich nach § 30 I.
Gläubigerverzicht: Veränderung ist ein solcher nach § 1168 BGB. Dann richtet sich der Geschäftswert nach § 23 II Hs 1.
Grundschuld: S „Umwandlung".
Heimfall: S „Erbbaurecht".
Höchstbetragseintragung: Veränderung ist ein nachträglicher solcher Vorgang beim Wertersatz nach § 882 BGB.
Hypothek: S „Aufhebung", „Forderungsauswechslung", „Teilung", „Umwandlung", „Zusammenfassung".

810

1. Teil. Gerichtskosten § 64 KostO

Laufzeit: Veränderung ist eine Laufzeitänderung, LG Bayreuth JB **85**, 1128.
Löschungsvormerkung: I 2 nennt diejenige nach § 1179 BGB als eine Rechtsveränderung. Vgl freilich auch § 62 Rn 22. Die Löschung einer Löschungsvormerkung fällt demgegenüber unter § 68.
S auch „Auflassungsvormerkung".
Mithaftvermerk: *Keine* Veränderung ist ein solcher Vorgang.
Name: *Keine* Veränderung ist eine bloße Namensänderung. Dann gilt vielmehr § 67.
Nebenpflicht: S „Erweiterung".
Nießbrauch: Veränderung ist ein Nießbrauch. Der Geschäftswert richtet sich dann nach § 24.
Pfändung: S „Belastung".
Rang: Veränderung ist eine Rangänderung. Dann richtet sich der Geschäftswert nach § 23 III.
Teilung: Veränderung ist ein solcher Vorgang zB bei einer Hypothek. Dann ist der abgetrennte Teil der Geschäftswert.
Todesnachweis: *Keine* Veränderung ist eine nachträgliche Eintragung, daß zur Löschung ein solcher Nachweis genüge.
Übergang: Veränderung ist ein gesetzlicher Übergang auf einen anderen, § 60 Rn 1–3, § 61 Rn 1.
Übertragung: Veränderung ist die Übertragung auf einen anderen, § 60 Rn 1–3, § 61 Rn 1.
Umwandlung: Veränderung ist eine Umwandlung der Hypothek in eine Grundschuld und umgekehrt, ferner die Umwandlung einer Sicherungshypothek in eine gewöhnliche Hypothek. Dann ergibt sich der Geschäftswert aus § 30 I. Hinzu tritt evtl eine Gebühr nach § 67 I Z 2.
Verpfändung: S „Belastung".
Verteilung: Veränderung ist die Verteilung eines Gesamtgrundpfandrechts, BayObLG Rpfleger **81**, 326 (daneben entsteht keine Gebühr nach § 68). Der Geschäftswert richtet sich dann nach § 30 I, BayObLG Rpfleger **81**, 68.
Vormerkung: S „Auflassungsvormerkung", „Löschungsvormerkung".
Wohnungseigentum: Veränderung ist seine Änderung. Der Geschäftswert richtet sich dann nach § 30 I.
Zahlungsbedingungen: Veränderung ist eine Änderung der Zahlungsbedingungen. Dann richtet sich der Geschäftswert nach § 30 I.
Zinsen: Veränderung ist eine Änderung des Zinssatzes. Dann richtet sich der Geschäftswert nach § 24 I.
Zusammenfassung: Veränderung ist die Zusammenfassung zu einer Einheitshypothek. Der Geschäftswert richtet sich dann nach § 30 I.

C. Gebühr. Jede Veränderung macht grundsätzlich 0,5 Gebühr fällig. Eine Erhöhung des Betrags einer Einheitshypothek durch eine neue Post und die Zusammenschreibung mit der Einheitshypothek ist eine Neueintragung und eine Veränderung. Dann sind also §§ 62 und 64 anwendbar. Die Eintragung einer Teiländerung betrifft das bis dahin ungeteilte Recht. Die Zerlegung ist gebührenrechtlich unerheblich. Wegen der Eintragung eines Umstellungsbetrags Rn 11, 12, und § 64 Anh. Wegen der Erteilung eines durch Kriegseinwirkung abhanden gekommenen Briefs § 71 Rn 4. 5

4) Mehrere Veränderungen, mehrere Rechte, II, III, VI. Man muß vier Gesichtspunkte beachten. 6

A. Begriff. Vgl zunächst § 63 Rn 1–3. Maßgebend ist der Zustand vor der Veränderung.

B. Veränderung mehrerer Rechte, II. Die Veränderung kann sich auf mehrere Rechte beziehen, LG Kempten Rpfleger **84**, 480. Dann entsteht die 0,5 Gebühr nach I für jedes Recht besonders. Das gilt auch dann, wenn nur die Eintragung eines einheitlichen Vermerks notwendig ist oder wenn die mehreren Rechte hinter anderes zurücktreten, Hamm Rpfleger **88**, 101 (keine Verfassungswidrigkeit). 7

C. Mehrere Veränderungen desselben Rechts, III. Wenn sich mehrere Veränderungen auf ein und dasselbe Recht beziehen, muß man prüfen, ob diese Veränderungen gleichzeitig zur Eintragung kommen sollen, LG Kempten Rpfleger **84**, 8

811

480. Dann entsteht die Gebühr nur einmal nach dem zusammengerechneten Wert der Veränderungen. Das gilt unabhängig davon, ob eine Eintragung eines oder mehrerer Vermerke notwendig ist. Wegen des Begriffs des gleichzeitigen Antrags § 60 Rn 32.

9 *Beispiel:* Es handelt sich um die Abtretung eines Grundschuldteils mit einem Vorrang, da eine Teilung der ursprünglich einheitlichen Grundschuld erfolgt (erste Veränderung) und diese neue Post den Vorrang vor dem Rest der alten erhält (zweite Veränderung).

10 **D. Mehrere belastete Grundstücke, VI.** Wenn die Veränderungen solche Rechte betreffen, die mehrere Grundstücke gemeinsam belasten, gilt nach VI § 63 II, III (nicht auch IV) entsprechend, LG Kempten Rpfleger 84, 480. Wegen der Teilung eines Grundstücks nach dem WEG § 76.

11 **5) Geschäftswert, IV, V.** Maßgeblich ist jeweils der Zeitpunkt der Eintragung der Veränderung, § 18 I, Schlesw JB 87, 584. Es gibt drei Aspekte.

A. Grundsatz: Nennbetrag, IV. Die Bewertung einer Hypothek oder Grundschuld richtet sich grundsätzlich nach dem Nennbetrag, diejenige einer Rentenschuld nach der Ablösungssumme, § 23 II.

12 Bei der *Umwandlung* einer Grundschuld in eine Hypothek ist der Nennbetrag der Hypothek als Geschäftswert maßgeblich. Neue Zins- und Zahlungsbedingungen und die Unterwerfung unter die „sofortige" Zwangsvollstreckung sind gebührenfreie Nebengeschäfte.

13 Bei der Verteilung eines *Gesamtgrundpfandrechts* ist die Summe des wegverteilten Betrags und des Werts desjenigen Grundstücks maßgeblich, auf dem nur noch ein Einzelgrundpfandrecht lastet. Man darf den bisherigen Nennbetrag des Gesamtgrundpfandrechts nicht überschreiten, BayObLG 81, 103.

14 **B. Obergrenze, IV.** Keineswegs darf man den Geschäftswert einer Veränderung eines Rechts höher als den Wert des veränderten Rechts ansetzen. Das gilt auch bei gleichzeitigen mehreren Änderungen. Bei einem Rechtsübergang von einer Gesamthandgemeinschaft auf Mitberechtigte und umgekehrt gilt § 61 entsprechend, IV 2. Bei einer Änderung des Inhalts eines Rechts ist der bestimmte Geldbetrag maßgebend.

15 Soweit ein *bestimmter Geldwert fehlt*, ist § 30 II anwendbar. Keinen bestimmten Geldwert haben zB: Die Zusammenfassung zu einer Einheitshypothek; eine Änderung der Zahlungsbedingungen oder der Kündigungsfrist; eine Umwandlung in eine Tilgungshypothek.

16 Eine *Abtretung* der mit der Hypothek oder Grundschuld eingetragenen Rechte aus einer Löschungsvormerkung nach § 1179 BGB zusammen mit der Abtretung der Hypothek usw selbst ist ein gebührenfreies Nebengeschäft. Für die Zusammenfassung mehrerer Hypotheken unter Änderung der verschiedenen Zins- und Zahlungsbedingungen muß man bei jeder Einzelpost die Gebühren nach dem zusammengerechneten Wert der Änderungen errechnen.

17 Eine *Löschungsvormerkung* für den Gläubiger einer nachstehenden Hypothek ändert jede vorangehende. Deshalb entstehen durch diesen Vorgang ebenso viele Gebühren auch bei einem einheitlichen Vermerk.

18 **C. Rangänderung, V.** V behandelt eine jede nachträgliche Rangänderung nur als eine solche des zurücktretenden Rechts. Infolgedessen gilt nach § 23 III 1 der jeweils niedrigere Wert des vortretenden oder zurücktretenden Rechts. Beim Rücktritt mehrerer Rechte kann eine Gebührenhäufung eintreten. Sie ist mit dem GG vereinbar, Hamm Rpfleger 88, 101. Das vortretende Recht erhält keine Gebührenlast, § 66 Rn 1, BayObLG Rpfleger 89, 41, LG Regensb Rpfleger 89, 41. Das gilt auch bei § 1179a V BGB. Zwischenrechte bleiben unbeachtet. Es mag aber auch ein bloßer Rangvermerk notwendig sein. Für ihn gilt § 35 Rn 7. Sein Wert mag bei etwa 25% des Vorbehalts liegen, Düss Rpfleger 78, 466.

Eintragung von Verfügungsbeschränkungen

65 [1] Für die Eintragung von Verfügungsbeschränkungen, insbesondere einer Nacherbfolge, einer Testamentsvollstreckung oder einer Belastung des Anteils gemäß § 1010 des Bürgerlichen Gesetzbuchs, wird, soweit nicht die Eintragung nach § 69 gebührenfrei vorzunehmen ist, die Hälfte der vollen Gebühr erhoben.

II ¹Bezieht sich eine Verfügungsbeschränkung auf mehrere Rechte, so wird die im Absatz 1 bestimmte Gebühr für jedes Recht besonders erhoben, auch wenn es nur der Eintragung eines Vermerks bedarf. ²Betreffen die Eintragungen Rechte, mit denen mehrere Grundstücke gemeinsam belastet sind, so gilt § 63 Abs. 2 und 3 entsprechend; eine Verfügungsbeschränkung, die Eigentum an mehreren Grundstücken betrifft, steht einer Belastung der Grundstücke mit einem und demselben Recht gleich.

III Beziehen sich mehrere Verfügungsbeschränkungen, deren Eintragung gleichzeitig beantragt ist, auf ein und dasselbe Recht, so wird die Gebühr, gleichviel ob es eines oder mehrerer Vermerke bedarf, nur einmal nach dem zusammengerechneten Wert erhoben.

IV Der Wert des betroffenen Rechts darf, auch wenn es sich um mehrere Verfügungsbeschränkungen hinsichtlich desselben Rechts handelt, nicht überschritten werden.

1) **Systematik, I–IV.** Die Vorschrift ist eine gegenüber § 60 vorrangige, neben §§ 61 ff stehende weitere Sonderregelung, Düss Rpfleger 03, 220. Sie gilt auch zur Wertermittlung, IV. Sie erfaßt sämtliche auf einen Antrag oder von Amts wegen in das Grundbuch eingetragenen Verfügungsbeschränkungen gleichmäßig. Die Eintragung einer privat- oder öffentlichrechtlich möglichen Verfügungsbeschränkung kann zwar nach § 69 II gebührenfrei sein. Sie kann aber kein gebührenfreies Nebengeschäft nach § 35 sein. § 60 IV ist weder direkt noch entsprechend anwendbar, Zweibr Rpfleger **89**, 150. Besonderheiten gelten bei einer Veräußerungsbeschränkung nach § 12 WEG.

2) **Regelungszweck, I–IV.** Ähnlich den §§ 63, 64 wird das Ziel einer zwar angemessenen, aber auch nicht übermäßigen Kostenbelastung insbesondere in IV deutlich. Das entspricht dem auch hier mitbeachtlichen Grundsatz einer für den Kostenschuldner möglichst günstigen Auslegung, § 1 Rn 2.

3) **Geltungsbereich. I–IV.** Hierher gehört etwa: Die Eintragung einer Nacherbfolge oder als Vorerben nach §§ 60, 62, 64, § 51 GBO, Düss Rpfleger **88**, 142, Oldb Rpfleger **88**, 21, aM Hamm Rpfleger **92**, 291 (aber sie gehört direkt hierher); die Eintragung einer Testamentsvollstreckung für den Vorerben oder Nacherben oder beim Eigentum, Grundstücksrecht usw, § 60 Rn 30; die Eintragung einer Belastung nach § 1010 BGB (Regelung der Verwaltung und Nutznießung); die Eintragung einer Zugehörigkeit zu einer Bahneinheit; die Eintragung der Anordnung der Nachlaßverwaltung, soweit der Nachlaßverwalter die Eintragung beantragt. Andernfalls ist sie gebührenfrei, § 69 II. Derartige Eintragungen können auch durch eine einstweilige Verfügung erfolgen, § 941 ZPO; die Eintragung der Zugehörigkeit eine Grundstücks zu einer Bahneinheit, § 78.

Die Eintragung eines *Veräußerungsverbots* auf Grund eines gerichtlichen Ersuchens etwa über die Einleitung eines Insolvenzverfahrens oder die Anordnung eines Zwangsversteigerungs- oder Zwangsverwaltungsverfahrens ist stets gebührenfrei, § 69 II.

§ 65 *unterscheidet* im übrigen, ob sich eine Verfügungsbeschränkung auf ein und dasselbe Recht oder auf mehrere Rechte bezieht, § 63 Rn 4, § 64 Rn 6. Beim Vorliegen mehrerer Rechte entsteht bei jedem Recht eine besondere Gebühr. Das gilt auch dann, wenn nur eine einzige Eintragung notwendig ist, etwa bei der Eintragung auf demselben Grundbuchblatt, BayObLG Rpfleger **75**, 334. Soweit eine Verfügungsbeschränkung solche Rechte betrifft, die mehrere Grundstücke gemeinsam belasten, etwa bei einer Gesamthypothek usw, entsteht die Gebühr nur einmal, falls die Eintragung auf Grund eines gleichzeitig gestellten Antrags erfolgt und das Grundbuch über die Grundstücke bei demselben Grundbuchamt lautet, II 2 Hs 1, § 63 II. Wegen der Begriffe § 60 Rn 31 ff. Andernfalls gilt § 63 III, dort Rn 4. Soweit die Anträge nicht gleichzeitig erfolgen, tritt keine Gebührenbegünstigung ein. Denn § 65 verweist nicht auf § 63 IV.

Unanwendbar ist § 65 auf eine Veränderung (§ 64), auf eine Vormerkung (§ 66), auf eine Veränderung der Verfügungsbeschränkung (§ 67) oder auf ihre Löschung (§ 68).

5   Eine Verfügungsbeschränkung über das *Eigentum an mehreren Grundstücken* steht zugunsten desselben Berechtigten einer Belastung mit nur einem Recht gleich, II 2 Hs 2.

6   Bei mehreren Beschränkungen für nur *ein* Recht entscheidet die Gleichzeitigkeit des Antrags, III.

7   **4) Geschäftswert, IV.** Man muß den Geschäftswert nach einem pflichtgemäßen Ermessen ermitteln, § 30 I meist Hs 2. Der Geschäftswert darf aber nach IV nicht höher liegen als der Wert des beschränkten Rechts. Das gilt auch dann, wenn es sich um mehrere Beschränkungen desselben Rechts handelt.

8   **5) Kostenschuldner, I–IV.** Bei einer Eintragung des Nacherben von Amts wegen nach § 51 GBO ist dieser als der Begünstigte zahlungspflichtig, § 2 Z 2. Im übrigen ist der Antragsteller nach § 2 Z 1 der Kostenschuldner, nicht der Nacherbe. Erben können nach § 2 Z 2 Schuldner sein.

Eintragung von Vormerkungen und Widersprüchen

66 I ¹Für die Eintragung einer Vormerkung wird die Hälfte der Gebühr erhoben, die für die endgültige Eintragung zu erheben sein würde, mindestens jedoch ein Viertel der vollen Gebühr. ²Für die Eintragung einer Vormerkung, durch die der Anspruch auf Eintragung einer Veränderung oder der Aufhebung eines Rechts am Grundstück gesichert werden soll, wird die gleiche Gebühr erhoben, die für die gesicherte Eintragung zu erheben sein würde; die Vorschriften über die Eintragung einer Löschungsvormerkung (§ 64) bleiben unberührt.

II Für die Eintragung eines Widerspruchs wird die Hälfte der Gebühr erhoben, die für die Grundbuchberichtigung zu erheben sein würde, zu deren Sicherung der Widerspruch eingetragen wird; mindestens wird jedoch ein Viertel der vollen Gebühr erhoben.

Gliederung

1) Systematik, Regelungszweck, I, II	1
2) Vormerkung, I	2
3) Widerspruch, II	3
4) Gebühren, I, II	4, 5
5) Geschäftswert, I, II	6, 7
6) Fälligkeit, Kostenschuldner, I, II	8

1   **1) Systematik, Regelungszweck, I, II.** Die Vorschrift enthält für ihren Geltungsbereich keine ganz abschließende Regelung. Das zeigt I Hs 2. Trotzdem ist sie ihrer Stellung nach eine gegenüber § 60 vorrangig weitere Spezialregelung. Der *Zweck* ist derselbe wie bei §§ 63 ff.

2   **2) Vormerkung, I.** Die Vorschrift erfaßt die Eintragung einer Sicherungsvormerkung nach § 883 BGB, BayObLG ZMR **94**, 68, oder nach anderen Vorschriften, zB nach §§ 22 V, 28 II BauGB. Das gilt unabhängig davon, ob die Eintragung von Amts wegen oder auf einen Antrag auch nach § 895 ZPO oder auf ein gerichtliches oder behördliches Ersuchen erfolgt. Man muß eine Eintragung der Vormerkung zur Sicherung einer Veränderung oder Aufhebung eines Rechts ebenso wie die endgültige Eintragung beurteilen, KLBR 3, aM Düss Rpfleger **77**, 460 (§ 30 I. Aber I paßt als Sondervorschrift besser).
   Die *Veränderung* einer Vormerkung fällt unter § 67 und nicht unter §§ 64, 66, Köln JB **84**, 1389, LG Mainz Rpfleger **92**, 248, LG Regensb Rpfleger **89**, 41. Die Löschung fällt unter § 68.
   Die spätere *endgültige Eintragung* läßt die dafür geltende Gebühr besonders entstehen. Muß das Grundbuchamt daraufhin die Vormerkung usw ohne weiteres löschen, entstehen insofern keine Gebühren. Über die Amtslöschung § 69 I Z 2. Eine Löschungsvormerkung nach § 1179 BGB gilt nach § 64 I 2 als bloße Veränderung. Wegen eines Rangvermerks § 62 Rn 20 „Rangvermerk".

3   **3) Widerspruch, II.** Die Vorschrift behandelt die Eintragung eines Widerspruchs nach § 899 BGB oder nach anderen Vorschriften, zB nach § 7 II GrdstVG. Das gilt

1. Teil. Gerichtskosten §§ 66, 67 KostO

unabhängig davon, ob die Eintragung von Amts wegen oder auf einen Antrag auch nach § 895 ZPO oder auf ein gerichtliches oder behördliches Ersuchen erfolgt. Hierher gehört auch der gebührenfreie sog Rechtshängigkeitsvermerk, Böhringer JB **94**, 514, KLBR 9a. Eine Veränderung eines Widerspruchs fällt unter § 67 I 1, nicht unter § 64, BayObLG Rpfleger **84**, 77, KG Rpfleger **84**, 248, Köln JB **84**, 1389. Die spätere endgültige Eintragung läßt die dafür geltende Gebühr besonders entstehen. Die Löschung fällt unter § 68. Bei § 69 I Z 2, II besteht eine Gebührenfreiheit.

4) Gebühren, I, II. Grundsätzlich entstehen durch die Eintragung einer Vormerkung oder eines Widerspruchs Gebühren in Höhe von 50% derjenigen Gebühr, die für die endgültige Eintragung anfallen würde. Es entsteht aber mindestens 0,25 Gebühr. So kostet zB eine Vormerkung auf eine Übertragung das Eigentum für einen Abkömmling 0,25 Gebühr, § 60 II. 4

Eine *von Amts wegen* notwendige Eintragung nach §§ 18 II, 53 GBO ist gebührenfrei, § 69 I Z 2. §§ 60–63 gelten auch hier. 5

5) Geschäftswert, I, II. Der Geschäftswert richtet sich nach der endgültigen Eintragung, BayObLG Rpfleger **96**, 378. Freilich bleibt § 18 I beachtbar. Man darf wegen einer Bedingung oder Befristung keinen Abzug vornehmen. Bei einer Auflassungsvormerkung muß man von dem vollen Wert des Grundstücks ausgehen, BayObLG Rpfleger **96**, 378, Zweibr JB **86**, 1691. Bei einer Vormerkung zwecks einer Auflassung eines Miteigentumsanteils beim Wohnungseigentum ist der Anteilswert oder der entsprechende Kaufpreis maßgeblich, KLBR 7a, aM BayObLG JB **94**, 623. Bei einer Auflassungsvormerkung auf Grund eines Kaufvertrags ist der Kaufpreis maßgebend, BayObLG ZMR **94**, 69. 6

Beim *Wiederkaufsrecht* oder Rückkaufsrecht und beim Vorkaufsrecht ist der halbe Kaufpreis maßgebend, BayObLG Rpfleger **86**, 31, Düss Rpfleger **77**, 460, Zweibr Rpfleger **89**, 233. Dasselbe gilt bei einem „Ankaufsrecht", also einem schuldrechtlichen bedingten und befristeten Anspruch auf eine Übertragung des Eigentums, BayObLG Rpfleger **76**, 111 und 150, Düss Rpfleger **96**, 173, Hamm Rpfleger **87**, 302, oder beim künftigen Anspruch aus einem Vorvertrag, Düss Rpfleger **94**, 182. Bei einer Vormerkung nach § 28 II 3 BauGB ist grundsätzlich der halbe Grundstückswert maßgebend, BayObLG Rpfleger **82**, 240. 7

6) Fälligkeit, Kostenschuldner, I, II. Die Fälligkeit richtet sich nach § 7. *Kostenschuldner:* Es gilt § 2. 8

Sonstige Eintragungen

67 I ¹Für alle Eintragungen, die unter keine der vorstehenden Vorschriften fallen und auch nicht als Nebengeschäft gebührenfrei sind, wird ein Viertel der vollen Gebühr erhoben. ²Dies gilt insbesondere

1. für die Eintragung des Verzichts auf das Eigentum am Grundstück;
2. für die Eintragung des Ausschlusses der Erteilung eines Briefs sowie für die Eintragung der Aufhebung dieses Ausschlusses;
3. für den Vermerk von Rechten, die dem jeweiligen Eigentümer zustehen, einschließlich des Vermerks hierüber auf dem Grundbuchblatt des belasteten Grundstücks;
4. für die Eintragung der ohne Eigentumsübergang stattfindenden Teilungen, Vereinigungen und Zuschreibungen von Grundstücken;
5. für die Anlegung eines Grundbuchblatts für ein noch nicht im Grundbuch eingetragenes oder aus dem Grundbuch ausgeschiedenes Grundstück sowie für die nachträgliche Ausscheidung eines Grundstücks aus dem Grundbuch;
6. für die Eintragung der Unterwerfung unter die sofortige Zwangsvollstreckung bei einer Hypothek, Grundschuld oder Rentenschuld.

II § 60 Abs. 5, § 63 Abs. 2, § 64 Abs. 3 gelten entsprechend, jedoch ist mindestens ein Viertel der vollen Gebühr zu erheben.

III Der Wert bestimmt sich nach § 30.

KostO § 67 III. Kostenordnung

Gliederung

1) Systematik, I–III	1
2) Regelungszweck, I–III	2
3) Beispiele, I 1, 2	3–9
A. Eigentumsverzicht, I 2 Z 1	3
B. Ausschluß der Brieferteilung usw, I 2 Z 2	4
C. Rechtsvermerk, I 2 Z 3	5
D. Teilung, Vereinigung, Zuschreibung, I 2 Z 4	6
E. Anlegung des Grundbuchblatts usw, I 2 Z 5	7
F. Unterwerfungsklausel, I 2 Z 6	8
G. Weitere Fälle, I 1	9
H. Beispiele zur Frage einer Anwendbarkeit zu I 1	10
4) Mehrere Eintragungen, II	11, 12
5) Geschäftswert, III	13

1 **1) Systematik, I–III.** Die Vorschrift erfaßt als eine Auffangbestimmung alle Eintragungen, die weder unter §§ 60–66 noch unter §§ 68, 70 fallen, andererseits aber auch nicht als Nebengeschäfte nach § 35 gelten und die auch nicht nach § 69 gebührenfrei sind. Beim Zusammentreffen von § 67 mit § 64 muß man getrennt vorgehen und rechnen, Düss MDR **90**, 164.

2 **2) Regelungszweck, I–III.** Es geht darum zu verhindern, daß solche Eintragungen, die das Gesetz nicht selbst als gebührenfrei erklärt, gebührenfrei bleiben. Die Aufzählung in I Z 1–6 ist nur beispielhaft und keineswegs abschließend. Das ergibt sich schon aus dem Wort „insbesondere" in I 1. Daher darf man I nicht zu eng auslegen. Das Gebot einer dem Kostenschuldner günstigen Auslegung nach § 1 Rn 2 darf nicht dazu führen, dieses Wort „insbesondere" zu mißachten. II dient der Verhinderung überhoher Kosten.

3 **3) Beispiele, I 1, 2.** Unter I fallen zum einen nach I 1 die in Rn 9 genannten Fälle und zum anderen nach I 2 Z 1–6 die vom Gesetz als Beispiele hervorgehobenen und deshalb hier zunächst in Rn 3–8 erörterten folgenden Situationen.

   A. Eigentumsverzicht, I 2 Z 1. Gebührenpflichtig ist die Eintragung des Verzichts auf das Eigentum am Grundstück nach § 928 I BGB. Die nachfolgende Eintragung eines Aneignungsberechtigten fällt unter § 60.

4 **B. Ausschluß der Brieferteilung usw, I 2 Z 2.** Gebührenpflichtig ist die Eintragung des Ausschlusses der Erteilung eines Briefs sowie die Eintragung der Aufhebung dieses Ausschlusses nach § 1116 BGB, also die Umwandlung einer Briefhypothek in eine Buchhypothek, -grundschuld, -rentenschuld und umgekehrt. Soweit zusammen mit der Umwandlung einer Sicherungshypothek in eine Briefhypothek der Antrag erfolgt, den Ausschluß der Erteilung eines mit einer Sicherungshypothek kraft Gesetzes verbundenen Briefs aufzuheben, handelt es sich entsprechend § 62 III 1 um ein nach § 35 gebührenfreies Nebengeschäft.
   Bei der *Umwandlung* einer Sicherungshypothek entsteht eine Gebühr nach I 2 Z 1 nur bei einer gleichzeitigen Eintragung der Aufhebung des Briefausschlusses. Im umgekehrten Fall entsteht keine Gebühr nach I 2 Z 1.
   Bei der Bildung eines *Hypothekenbriefs* usw muß man auch § 71 beachten.

5 **C. Rechtsvermerk, I 2 Z 3.** Gebührenpflichtig ist die Eintragung des Vermerks eines solchen Rechts, das dem jeweiligen Eigentümer zusteht, auf dem Grundbuchblatt des herrschenden Grundstücks einschließlich des Vermerks hierüber auf dem Grundbuchblatt des belasteten Grundstücks nach § 9 I, III GBO. In Betracht kommt zB eine Grunddienstbarkeit oder ein Vorkaufsrecht nach § 1094 II BGB oder eine Reallast nach § 1105 II BGB einschließlich Erbbauzins oder in sog Wirksamkeitsvermerk, BayObLG Rpfleger **01**, 128, Hamm JB **02**, 259, Lappe NJW **98**, 1112, aM KG Rpfleger **02**, 591, Köln JB **01**, 376, LG Oldb Rpfleger **04**, 589 (je: § 35).
   Bei der *Änderung* eines solchen Rechts nach § 9 II GBO erfolgt ein gebührenfreier Vermerk beim belasteten Grundstück von Amts wegen.

6 **D. Teilung, Vereinigung, Zuschreibung, I 2 Z 4.** Gebührenpflichtig ist die Eintragung einer ohne einen Eigentumsübergang auf einen Eigentümerantrag stattfindenden Teilung in mehrere selbständige Grundstücke oder eine Vereinigung oder Zuschreibung von Grundstücksteilen in derselben Hand, § 890 BGB. Z 4 erfaßt nur den sachlichrechtlichen Vorgang, nicht denjenigen nach § 4 GBO.

816

Unanwendbar ist die Vorschrift bei einer Übertragung auf ein anderes Grundbuchblatt dann, wenn ein neuer Eigentümer eingetragen wird. Erfolgt auf einen Veränderungsnachweis von Amts wegen die Eintragung einer Zerlegung, gilt § 69 I Z 3, selbst wenn die Eintragung auf einer Maßnahme des Eigentümers fußt.

E. Anlegung des Grundbuchblatts usw, I 2 Z 5. Gebührenpflichtig ist die Anlegung des Grundbuchblatts für ein noch nicht im Grundbuch eingetragenes oder aus dem Grundbuch ausgeschiedenes Grundstück sowie die nachträgliche Ausscheidung eines Grundstücks aus dem Grundbuch, § 3 GBO. Die Gebühr erfaßt auch das Aufgebotsverfahren der §§ 119ff GBO, die Eintragung des Eigentümers nach § 123 GBO und die Eintragung eines angemeldeten Rechts nach § 124 GBO. Kostenschuldner ist nach § 2 Z 2 der Eigentümer. 7

F. Unterwerfungsklausel, I 2 Z 6. Gebührenpflichtig ist die Eintragung der Unterwerfung unter die „sofortige" Zwangsvollstreckung bei einer Hypothek, Grundschuld oder Rentenschuld. Das setzt aber voraus, daß man diese Eintragung nachträglich besonders beantragt. Dieser Fall liegt auch dann vor, wenn die Eintragung nachträglich wegen der gesamten Ansprüche erfolgt. Es gilt insbesondere dann, wenn sie wegen nachträglicher Veränderungen nochmals geschieht. § 64 bleibt anwendbar. Soweit die Eintragung der Unterwerfungsklausel demgegenüber *zusammen mit dem Recht selbst* erfolgt oder soweit sie nur eine Ergänzung dahin erhält, daß sie auch für neue Bedingungen gelten soll, handelt es sich um ein gebührenfreies Nebengeschäft, § 35. 8

G. Weitere Fälle, I 1. Über die gesetzliche Aufzählung in I Z 1–6 hinaus erfaßt I 1 als eine Auffangvorschrift gegenüber dem ja nur „insbesondere" geltenden I 2 auch alle anderen Geschäfte, die dann, wenn sie zusammen mit einem Hauptgeschäft notwendig würden, gebührenfreie Nebengeschäfte wären, demgegenüber aber gebührenpflichtig sind, soweit sie einzeln notwendig sind. Hierher gehören zB: 9

H. Beispiele zur Frage einer Anwendbarkeit von 1 1 10
Erwerbsgrund: Anwendbar ist I 1 auf seine Eintragung, BayObLG **DB 93**, 2173.
EUR-Umstellung: Anwendbar ist I 1 auf diesen Vorgang, Ottersbach Rpfleger **99**, 53.
Geschäftsanteil: Anwendbar ist I 1 auf seine Anwachsung, BayObLG DB **93**, 2173, Düss MDR **00**, 728.
Gesellschaft: Anwendbar ist I 1 auf das Ausscheiden eines Gesellschafters, Düss MDR **98**, 990, Hamm JB **98**, 206, Oldb RR **98**, 1567, aM KLBR § 61 Rn 6, oder auf einen Wechsel der Gesellschafter einer BGB-Gesellschaft, Hamm Rpfleger **08**, 161 (kein Verstoß gegen EU-Recht).
S auch „Umwandlung".
Klarstellungsvermerk: Anwendbar ist I 1 auf einen solchen Vorgang.
Miteigentum: Anwendbar ist I 1 auf die Eintragung eines Miteigentumsanteils am dienenden Grundstück auf den Grundbuchblättern der einzelnen Miteigentümer nach § 3 V GBO.
Nacherbschaft: Anwendbar ist I 1 auf die nachträgliche Eintragung, daß ein Recht dem Nacherben gegenüber wirksam ist.
Namensberichtigung: Anwendbar ist I 1 auf diesen Vorgang, zB wegen einer Verheiratung oder einer Firmenumbenennung, § 60 Rn 3, BayObLG FGPrax **99**, 197, KG Rpfleger **89**, 98, Köln FGPrax **02**, 270.
Rangvorbehalt: Anwendbar ist I 1 auf die nachträgliche Eintragung der nur einmaligen Nutzbarkeit eines Rangvorbehalts.
Todesnachweis: Anwendbar ist I 1 bei der nachträglichen Eintragung des Ausreichens eines Todesnachweises für das Erlöschen eines lebenslänglichen Rechts oder des Höchstbetrags eines Ersatzrechts nach § 882 BGB.
Umwandlung: Anwendbar ist I 1 auf eine Grundbuchberichtigung nach einer formwechselnden Umwandlung einer Kapitalgesellschaft in eine Personengesellschaft, da die Nämlichkeit erhalten bleibt, Oldb BB **97**, 1916. Dasselbe gilt bei einer identitätswahrenden Umwandlung einer BGB-Gesellschaft in eine KG, LG Wuppertal JB **07**, 659, auch beim gleichzeitigen Eintritt eines neuen persönlich haftenden Gesellschafters, BayObLG FGPrax **02**, 185.
Vormerkung: Anwendbar ist I 1 evtl bei einer Veränderung einer Vormerkung, § 66 Rn 2.

11 **4) Mehrere Eintragungen, II.** Bei einem gleichzeitigen Antrag auf solche Eintragungen der in § 67 genannten Art, die mehrere Grundstücke betreffen, § 60 V, entsteht nur eine Gebühr nach dem zusammengerechneten Wert. Das ergibt sich aus der Bezugnahme in II auf die dort genannten anderen Vorschriften. Jedenfalls entsteht aber eine Mindestgebühr in Höhe von 0,25 Gebühr.

Dasselbe gilt dann, wenn sich der Ausschluß der Erteilung des Briefes oder dessen Aufhebung sowie eine Unterwerfung unter die „sofortige" Zwangsvollstreckung auf ein an *mehreren Grundstücken* bestehendes Recht bezieht, § 63 II entsprechend. Dasselbe gilt ferner bei Veränderungen, § 64 III entsprechend.

12 Soweit mehrere Eintragungen nach § 67 *dasselbe Recht* betreffen, entsteht nur eine Gebühr nach dem zusammengerechneten Wert. Eine Gebührenermäßigung nach §§ 63 III, IV, 64 IV 1 entsteht nicht. Denn II erklärt diese Vorschriften nicht für anwendbar. Beim Zusammentreffen von § 67 und § 64 gilt nur § 67, Düss MDR **90**, 164, freilich nur bis zur Obergrenze des § 64.

13 **5) Geschäftswert, III.** Der Geschäftswert bestimmt sich nach § 30, BayObLG FGPrax **99**, 197. Man muß also zunächst das wirtschaftliche Interesse nach § 30 I prüfen. Soweit diese Vorschrift unanwendbar ist, muß man § 30 II beachten. Bei einem Grundstück muß man von § 19 ausgehen. Man darf keinen festen Prozentsatz des Grundstückswerts zugrunde legen. Vielmehr entscheiden die Umstände bei einer wirtschaftlichen Betrachtung. Dabei können 10% des Grundstückswerts einen richtigen Wertansatz bedeuten, BayObLG Rpfleger **81**, 76. Es kann aber auch ein höherer oder geringerer Prozentsatz infragekommen, BayObLG RR **00**, 365 (50% bei bloßer Namensänderung!), Zweibr Rpfleger **82**, 241. Eine Bedingung wirkt meist wertmindernd. Die Abtretung einer Auflassungsvormerkung hat höchstens den Eintragungswert, BayObLG Rpfleger **96**, 378.

Löschungen und Entlassung aus der Mithaft

68 ¹Für jede Löschung wird die Hälfte der für die Eintragung bestimmten Gebühr erhoben; für die Eintragung der Entlassung aus der Mithaft wird die Hälfte der Gebühr erhoben, die für die Eintragung der Einbeziehung in die Mithaft zu erheben sein würde. ²Mindestens wird ein Viertel der vollen Gebühr erhoben.

Gliederung

1) Systematik, S 1, 2	1
2) Regelungszweck, S 1, 2	2
3) Löschung, S 1 Hs 1, S 2	3–5
A. Geltungsbereich	3
B. Gebühr	4
C. Geschäftswert	5
4) Entlassung aus der Mithaft, S 1 Hs 2, S 2	6–8
A. Geltungsbereich	6
B. Gebühr	7
C. Geschäftswert	8

1 **1) Systematik, S 1, 2.** Die Vorschrift gilt neben §§ 60 ff als eine weitere vorrangige Sondervorschrift. Sie erfaßt die Gegenstücke von Eintragungen im engeren Sinn, obwohl sie ja selbst auch auf Eintragungen im weiteren Sinn abstellt. Wegen des Werts enthält sie freilich weder eine eigene Bestimmung noch eine ausdrückliche Verweisung. Daher gelten insofern die allgemeinen Regeln für die Eintragung auch bei der zugehörigen Löschung.

2 **2) Regelungszweck, S 1, 2.** Die Verringerung der Gebühr für eine bloße Löschung scheint nur angemessen zu sein. Berücksichtigt man die Tragweite der rechtlichen wie wirtschaftlichen Folgen einer Löschung, kann man die gesetzliche Entscheidung kritisieren. Man muß sie aber respektieren und obendrein unter einer Beachtung auch des Grundsatzes handhaben, daß die Auslegung für den Kostenschuldner möglichst günstig erfolgen soll, § 1 Rn 2.

3 **3) Löschung, S 1 Hs 1, S 2.** Maßgeblich ist der sachlichrechtliche Vorgang und nicht das Verfahren des Grundbuchamts. Man muß drei Aspekte beachten.

1. Teil. Gerichtskosten § 68 KostO

A. Geltungsbereich. Die Vorschrift erfaßt nicht nur die Löschung eines dinglichen Rechts, sondern die Löschung jeder Grundbucheintragung. Das mag durch die Eintragung eines Löschungsvermerks oder durch das Unterbleiben einer Mitübertragung geschehen, Celle JB **84**, 265, Düss Rpfleger **77**, 460, Schlesw SchlHA **75**, 51. Die bloße Rötung reicht nicht.

Hierher gehören also zB auch: Die Löschung einer Globalgrundschuld, Ffm RR **04**, 90, Hamm Rpfleger **95**, 272; die Löschung einer Veränderung; die Löschung einer Vormerkung; die Löschung eines Widerspruchs; die Löschung eines dinglichen Vorkaufsrechts, Zweibr Rpfleger **91**, 54; die Löschung eines dinglichen Wiederkaufsrechts, LG Marbg Rpfleger **88**, 310 (zustm Meyer-Stolte).

Nicht hierher gehören die Veränderungen selbst. Bei ihrer Eintragung gelten §§ 64, 67. Nicht hierher gehört ferner die „Löschung" eines in Wahrheit gar nicht eingetragenen Rechts.

B. Gebühr. Für jede Löschung entsteht die Hälfte der für eine etwaige jetzige 4 Eintragung bestimmten Gebühr, nicht der für eine erfolgte Eintragung bezahlten Gebühr. Mindestens entsteht stets 0,25 Gebühr. Die Löschung einer Veränderung, einer Löschungsvormerkung, einer Vormerkung oder eines Widerspruchs kostet 0,25 Gebühr, weder mehr noch weniger, §§ 64, 66. Soweit eine Veränderung mehrere Rechte betrifft, entsteht die Gebühr für die Löschung bei jedem Recht besonders, § 64 II. Bei einer Löschung mehrerer Veränderungen desselben Rechts entsteht nur eine Gebühr entsprechend § 64 III.

Das gilt aber bei der Löschung des *umgestellten* Rechts und der Umstellungsgrundschuld nicht. Hier muß man vielmehr eine getrennte Gebührenberechnung vornehmen.

Die Gebühr gilt den *Löschungsvermerk* ab. Soweit ein Löschungsvermerk als solcher nicht erforderlich ist, wie bei der Übertragung des haftentlassenen Grundstücks auf ein anderes Blatt, entsteht keine Gebühr nach § 68, wohl aber eine Gebühr nach § 72. Wenn das Grundbuchamt ein altes Grundbuchblatt schließt und wenn keine Mitübertragung erfolgt, § 46 II GBO, entsteht keine Gebühr nach § 68, aM Düss Rpfleger **77**, 460, KLBR 37 (aber das ist ein rein formeller „Verwaltungs"-Vorgang. Man darf ihn nicht dem Bürger anlasten, § 69 Rn 4, § 70 Rn 3). Gewisse Löschungen sind gebührenfrei, § 69.

C. Geschäftswert. Es gilt beim Vorkaufs- oder Wiederkaufsrecht derjenige Wert, 5 den die Eintragung des Rechts im Zeitpunkt der Löschung unabhängig von der Frage ihrer Zulässigkeit hätte, BayObLG JB **96**, 267 (mindestens 10%), Zweibr Rpfleger **91**, 54 (§ 20 II). Beim Grundpfandrecht ist sein Nennwert maßgebend, § 23 II Hs 1. Das kann auch bei einer Globalgrundschuld nach einer Realteilung gelten, Brdb Rpfleger **08**, 161, Hamm Rpfleger **07**, 688 (evtl Beachtung des Verhältnismäßigkeitsgrundsatzes). Beim Erbbaurecht und einer sonstigen wiederkehrenden Leistung oder Nutzung nimmt man seine Restlaufzeit nach § 24 VI 1 zum Maßstab. Soweit es um die Löschung eines noch auf allen WEG-Einheiten lastenden Global-Grundpfandrechts geht, haften alle gleich, Drsd Rpfleger **03**, 273. Das gilt auch beim Bauherrenmodell, BayObLG FGPrax **00**, 164.

Soweit es um die *Löschung eines solchen Globalrechts* geht, das nach vorangegangener Pfandfreigabe nur noch auf einem einzelnen Wohnungseigentum einer großen Wohnanlage lastet, kann man mit einer verfassungskonformen Auslegung als Wert nur noch denjenigen dieses Wohnungseigentums ansetzen, Hamm Rpfleger **98**, 376 (Grenze: Unverhältnismäßigkeit), Köln Rpfleger **97**, 406, LG Bonn Rpfleger **96**, 378, aM BayObLG Rpfleger **00**, 472, Düss ZMR **99**, 497, Ffm RR **04**, 790 (0,5 Gebühr nach dem Nennwert), Wielgoss JB **99**, 15 (beim Eigentümerantrag 0,25 Gebühr nach seinem Grundstückswert, sonst 0,5 Gebühr nach dem vollen Wert des Rechts. Aber alle diese Varianten gehen am wirtschaftlichen Kern vorbei).

4) Entlassung aus der Mithaft, S 1 Hs 2, S 2. Man muß drei Punkte beachten. 6
A. Geltungsbereich. Eine Entlassung aus der Mithaft kann auch dann vorliegen, wenn schon eine Gesamtlöschung möglich wäre, KG Rpfleger **76**, 333.
B. Gebühr. Für die Eintragung der Entlassung aus der Mithaft entsteht die Hälfte 7 derjenigen Gebühr, die für die Eintragung der Einbeziehung in die Mithaft nach § 63 jeweils entstehen würde, vgl dort. Mindestens entsteht aber 0,25 Gebühr. Der Ver-

merk der Entlassung des mithaftenden Grundstücks ist ein gebührenfreies Nebengeschäft. Wenn das Gericht ein Recht nicht mit auf ein anderes Blatt überträgt, dann entsteht trotz § 46 II GBO keine Löschungsgebühr.

8 C. Geschäftswert. Der Geschäftswert richtet sich nach § 63 IV. Man muß also die 0,25 Gebühr von dem geringeren Wert des Grundstücks oder des Rechts errechnen. Bei der Löschung des Wiederkaufsrechts ist § 20 II maßgeblich, LG Marburg Rpfleger **88**, 300 (zustm Meyer-Stolte). Der Wert darf nicht außer Verhältnis zum Verfahrensrisiko stehen, Hamm Rpfleger **98**, 376 (Löschung einer Globalgrundschuld).

Gebührenfreie Eintragungen und Löschungen, Zwischenverfügungen

69 I Gebühren werden nicht erhoben
1. für die Umschreibung unübersichtlicher Grundbuchblätter und für die Neufassung einzelner Teile eines Grundbuchblatts;
2. für Eintragungen und Löschungen, die gemäß § 18 Abs. 2 oder § 53 der Grundbuchordnung von Amts wegen erfolgen;
3. für Eintragungen und Löschungen, die vorgenommen werden, um Übereinstimmung zwischen dem Grundbuch und den nach § 2 Abs. 2 der Grundbuchordnung maßgebenden amtlichen Verzeichnissen zu erhalten;
4. für die Eintragung der Vereinigung mehrerer Grundstücke zu einem Grundstück und für die Zuschreibung eines oder mehrerer Grundstücke zu einem anderen Grundstück als dessen Bestandteil, einschließlich hierzu notwendiger Grundstücksteilungen und der Aufnahme des erforderlichen Antrags durch das Grundbuchamt, sofern die das amtliche Verzeichnis (§ 2 Abs. 2 der Grundbuchordnung) führende Behörde bescheinigt, daß die Grundstücke örtlich und wirtschaftlich ein einheitliches Grundstück darstellen;
5. für die Zusammenschreibung mehrerer Grundstücke auf einem Grundbuchblatt (§ 4 der Grundbuchordnung);
6. für die Beseitigung von Doppelbuchungen, einschließlich des vorangegangenen Verfahrens vor dem Grundbuchamt.

II ¹Gebührenfrei sind ferner, soweit nicht ein anderes bestimmt ist, Eintragungen und Löschungen, die auf Ersuchen oder Anordnung eines Gerichts, insbesondere des Insolvenz- oder Vollstreckungsgerichts, erfolgen; ausgenommen sind die Eintragung der Erstehers als Eigentümer, die Eintragung der Sicherungshypothek für die Forderung gegen den Ersteher und Eintragungen auf Grund einer einstweiligen Verfügung (§ 941 der Zivilprozeßordnung). ²Soweit eine Eintragung oder Löschung nach den Vorschriften der Insolvenzordnung statt auf Ersuchen des Insolvenzgerichts auf Antrag des Insolvenzverwalters oder, wenn kein Verwalter bestellt ist, auf Antrag des Schuldners erfolgt, ist sie ebenfalls gebührenfrei.

III Für Zwischenverfügungen des Grundbuchamts (§ 18 Abs. 1 der Grundbuchordnung) werden besondere Gebühren nicht erhoben.

Gliederung

1) Systematik, I–III 1
2) Regelungszweck, I–III 2
3) Fälle der Gebührenfreiheit, I, II 3–15
   A. Umschreibung, Neufassung, I Z 1 3
   B. Amtseintragung, Amtslöschung, I Z 2 4
   C. Eintragung usw zwecks Übereinstimmung, I Z 3 5
   D. Vereinigung von Grundstücken, I Z 4 6
   E. Zusammenschreibung, I Z 5 7
   F. Beseitigung von Doppelbuchungen, I Z 6 8
   G. Ersuchen oder Anordnung eines Gerichts: Grundsatz der Gebührenfreiheit, II 1 Hs 1 9–11
   H. Ersuchen oder Anordnung eines Gerichts: Ausnahmsweise Gebührenpflicht, II 1 Hs 2 12–14
   I. Antrag des Insolvenzverwalters oder des Schuldners: Gebührenfreiheit, II 2 15
4) Zwischenverfügung, III 16

§ 69 KostO

1) Systematik, I–III. Alle solchen Grundbucheintragungen, die kein bloßes Nebengeschäft nach § 35 darstellen, sind grundsätzlich gebührenpflichtig. § 69 erfaßt eine Reihe von Ausnahmen von diesem Grundsatz. Die Gebührenfreiheit beruht auf dem öffentlichen Interesse an einer alsbaldigen und einwandfreien Eintragung der hier genannten Vorgänge. Wegen der Besonderheiten der neuen Bundesländer Böhring JB **92**, 783 (Üb). Gebührenfreiheit bedeutet nicht auch stets Auslagenfreiheit. 1

2) Regelungszweck, I–III. Das Ziel der ganzen Vorschrift ist eine Kostendämpfung. Dem entspricht der Grundsatz einer für den Kostenschuldner möglichst günstigen Auslegung, § 1 Rn 2. Das muß man bei § 69 stets mitbeachten. 2

3) Fälle der Gebührenfreiheit, I, II. Die nachfolgenden Vorgänge sind als Ausnahmen vom Grundsatz der Gebührenpflichtigkeit nach Rn 1 eng auslegbar. 3

A. Umschreibung, Neufassung, I Z 1. Die Umschreibung eines unübersichtlichen oder überfüllten Grundbuchblatts und die Neufassung beliebiger einzelner Teile des Grundbuchblatts sind gebührenfrei. Vgl §§ 28ff GBV vom 8. 8. 35. Die Gebührenfreiheit erfaßt auch eine zugehörige Berichtigung eines Grundbuchauszugs auf einem Grundpfandrechtsbriefs. Es besteht auch eine Auslagenfreiheit.

Unanwendbar ist I Z 1 auf ein Vorbereitungsgeschäft, zB auf die Berichtigung der Eigentumseintragung, oder auf eine nachbereitende Ergänzung oder auf die Löschung einer unzulässig gewordenen Eintragung.

B. Amtseintragung, Amtslöschung, I Z 2. Gebührenfrei sind die Eintragung einer Vormerkung oder eines Widerspruchs von Amts wegen, § 18 II GBO, zur Wahrung des Rangs und zur Verhinderung eines gutgläubigen Erwerbs, sowie eine Löschung inhaltlicher Unrichtigkeiten oder Unzulässigkeiten von Amts wegen nach § 53 I GBO, weil sich die Unzulässigkeit der Eintragung ergeben hat. Die Löschung des Amtswiderspruchs ist auch auslagenfrei. Eine spätere Berichtigung ist grundsätzlich gebührenpflichtig. Freilich kann die Nichterhebung solcher Kosten schon nach § 16 in Betracht kommen. 4

C. Eintragung usw zwecks Übereinstimmung, I Z 3. Gebührenfrei ist eine solche Eintragung oder Löschung, die der Grundbuchbeamte vornimmt, um eine Übereinstimmung zwischen dem Grundbuch und dem nach § 2 II GBO maßgebenden amtlichen Katasterverzeichnis zu erhalten. Diese Maßnahme geschieht ja im öffentlichen Interesse. I Z 3 gilt entsprechend beim Ersatznachweis nach der HöfeVO, Böhringer JB **94**, 201. 5

D. Vereinigung von Grundstücken, I Z 4. Gebührenfrei ist die Eintragung der Vereinigung mehrerer Grundstücke zu einem Grundstück sowie die Zuschreibung eines oder mehrerer Grundstücke zu einem anderen Grundstück usw. Vgl § 890 I, II BGB, §§ 5, 6 GBO. Voraussetzung der Gebührenfreiheit ist allerdings eine in Z 4 genannte Bescheinigung des Katasteramts. Andernfalls entsteht eine Gebühr nach § 67 Z 4. Eine Sonderregelung gilt nach § 18 HöfeVO. 6

E. Zusammenschreibung, I Z 5. Gebührenfrei ist die Zusammenschreibung mehrerer Grundstücke auf demselben Grundbuchblatt nach § 4 GBO. Sie erfolgt ja im öffentlichen Interesse. 7

F. Beseitigung von Doppelbuchungen, I Z 6. Gebührenfrei ist die Beseitigung einer Doppelbuchung nach § 3 I GBO einschließlich des vorangegangenen Verfahrens vor dem Grundbuchamt. 8

G. Ersuchen oder Anordnung eines Gerichts: Grundsatz der Gebührenfreiheit, II 1 Hs 1. Gebührenfrei ist schließlich grundsätzlich eine Eintragung oder eine Löschung nach § 38 GBO auf Grund eines Ersuchens oder einer Anordnung eines Gerichts, II 1 Hs 1. Die Vorschrift nennt in einer nur beispielhaften Aufzählung das Insolvenzgericht oder das Vollstreckungsgericht bei einer Zwangsversteigerung oder -verwaltung usw oder das Beschwerdegericht oder Strafgericht, etwa nach §§ 111 c, d, f StPO, das Nachlaßgericht oder Landwirtschaftsgericht. Das ergibt das Wort „insbesondere". Eine landwirtschaftliche Kreditanstalt oder eine sonstige Behörde gehört nicht zu diesen Stellen. 9

Als Ersuchen oder Anordnung kommen *zB folgende Maßnahmen* in Betracht: Die Eintragung der Anordnung oder Aufhebung der Zwangsversteigerung; die Löschung der durch einen Zuschlag erloschenen Rechte; eine Vermögensbeschlagnahme nach 10 der StPO; die Eintragung einer Nachlaßverwaltung; die Amtslöschung einer auf eine Anordnung des Beschwerdegerichts eingetragenen Vormerkung oder eines entsprechenden Widerspruchs bei einer Zurücknahme oder Zurückweisung der Beschwerde, § 76 II GBO; eine Eintragung auf Grund eines Ersuchens des Zwangsversteigerungsgerichts, soweit der ersteigernde Gläubiger einer Gesamthypothek diese auf allen haftenden Grundstücken zu bestimmten Beträgen bestehen läßt und keine Verteilung nach § 1132 II BGB vornimmt. Dann ist die Erteilung eines Hypothekenbriefs nach § 71 I gebührenpflichtig.

11 Soweit eine Eintragung wegen eines *Verwaltungszwangsverfahrens* erfolgt, zB nach § 322 AO oder nach § 6 JBeitrO, Teil IX dieses Buchs, liegt kein „Ersuchen" nach II 1 vor. Es besteht dann keine sachliche Gebührenfreiheit nach II, sondern nur eine sonstige sachliche oder persönliche Gebührenfreiheit, §§ 11ff. Kostenschuldner ist der Vollstreckungsschuldner nach §§ 3 Z 4, 13.

12 **H. Ersuchen oder Anordnung eines Gerichts: Ausnahmsweise Gebührenpflicht, II 1 Hs 2.** Die folgenden Eintragungen sind gebührenpflichtig, obwohl sie auf Grund eines Ersuchens oder einer Anordnung des Gerichts erfolgen. Insofern kehrt das Gesetz zum Grundsatz der Gebührenpflichtigkeit einer Eintragung nach §§ 60ff zurück.

13 Gebührenpflichtig ist die Eintragung des *Erstehers* in der Zwangsversteigerung, § 130 ZVG, BayObLG JB 78, 905. Gebührenpflichtig ist die Eintragung der Sicherungshypothek für die Forderung gegen den Ersteher nach §§ 118, 128, 130 ZVG.

14 Gebührenpflichtig ist eine Eintragung auf Grund einer *einstweiligen Verfügung* und eines zugehörigen Ersuchens nach § 941 ZPO. Dann ist es unerheblich, ob das Gericht oder der Gläubiger den Antrag stellen. Der Gläubiger und der Schuldner haften gesamtschuldnerisch, § 3 Z 4, § 4.

15 **I. Antrag des Insolvenzverwalters oder des Schuldners: Gebührenfreiheit, II 2.** Wie bei Rn 9–11 besteht auch dann eine Gebührenfreiheit, wenn und soweit eine Eintragung oder Löschung nach der InsO entweder auf einen Antrag des Insolvenzverwalters, auch des vorläufigen nach §§ 21, 22 InsO, oder des Schuldners erfolgt, falls das Insolvenzgericht in der letzteren Lage überhaupt keinen vorläufigen oder endgültigen Insolvenzverwalter bestellt hat. Soweit auch das Insolvenzjahr ein Ersuchen stellt, ist II 1 anwendbar. Vgl ferner § 87 Z 1 Hs 3.

16 **4) Zwischenverfügung, III.** Eine Zwischenverfügung des Grundbuchamts nach § 18 I GBO zur Wahrung des Rangs bei Mängeln des bisherigen Eintragungsantrags ist gebührenfrei. Vgl Rn 4 wegen der endgültigen Eintragung oder Löschung von Amts wegen nach §§ 18 II GBO, 53 GBO. Bei einer unrichtigen Zurückweisung statt einer erforderlichen Zwischenverfügung kann § 16 anwendbar sein. Bei einer unrichtigen Zwischenverfügung statt einer notwendigen Zurückweisung gilt § 130 II, soweit der Antragsteller seinen Antrag gerade wegen der Zwischenverfügung zurücknimmt.

Löschung gegenstandsloser Rechte und Klarstellung der Rangverhältnisse

70 *Fassung 1. 9. 2009:* [I] [1] Für die Löschung gegenstandsloser Eintragungen (§ 84 der Grundbuchordnung) sowie für das vorausgegangene Verfahren vor dem Grundbuchamt, einschließlich der Beurkundung der Erklärungen der Beteiligten, werden Gebühren nicht erhoben. [2] Das Grundbuchamt kann die Gebühr für die Löschung einem Beteiligten auferlegen, wenn dies nach den Umständen angemessen erscheint.

[II] Für Eintragungen und Löschungen zur Beseitigung unklarer oder unübersichtlicher Rangverhältnisse (§ 102 Abs. 2, § 111 der Grundbuchordnung) werden Gebühren nicht erhoben; gebührenfrei ist auch das vorangegangene Verfahren vor dem Grundbuchamt, einschließlich der Beurkundung von Erklärungen der Beteiligten.

Vorbem. Früherer II 2 aufgehoben dch Art 47 II Z 11 FGG-RG v 17. 12. 08, BGBl 2586, in Kraft seit 1. 9. 09, Art 112 I Hs 1 FGG-RG, Übergangsrecht Art 111 FGG-RG, Grdz 2 vor § 1 FamGKG, Teil I B dieses Buchs.

1. Teil. Gerichtskosten § 70 KostO

Bisherige Fassung II 2: ²**Die Auslagen werden von demjenigen erhoben, dem das Grundbuchamt sie gemäß § 114 der Grundbuchordnung auferlegt hat.**

1) Systematik, I, II. Es handelt sich um eine gegenüber §§ 68, 69 vorrangige weitere Spezialvorschrift für ihren engen Geltungsbereiche. II 2 hat den Vorrang vor §§ 2 ff. § 70 gilt auch nach § 141 beim Amtsnotar, nach § 143 II 1 aber nicht beim Gebührennotar.   1

2) Regelungszweck, I, II. Eine Gebührenfreiheit bedeutet formell eine Ausnahmevorschrift gegenüber der in §§ 60 ff „grundsätzlich" verankerten Gebührenpflicht. Bedenkt man aber, daß nach § 1 I 1 schon die Gebührenpflicht „nur" in den gesetzlich bestimmten Fällen eintritt, erweist sich § 70 im weiteren Sinn als eine Rückkehr zu dem wahren Grundsatz einer für den Kostenschuldner zumindest günstigen Handhabung, § 1 Rn 2. Das muß man stets mitbeachten.   2

3) Gegenstandslose Eintragung, I. Man kann wie folgt abgrenzen.   3

A. Gebührenfreiheit, I 1. Die Löschung einer gegenstandslosen Eintragung nach § 84 GBO von Amts wegen ist einschließlich des gesamten vorausgegangenen Verfahrens vor dem Grundbuchamt und der Beurkundung der Erklärungen der Beteiligten grundsätzlich gebührenfrei.

Unanwendbar ist I auf eine solche Löschung, die nur auf einen *Antrag* erfolgt, etwa nach dem Tod des Berechtigten oder nach einem Zeitablauf, oder auf die Löschung einer Gesamthypothek bei denjenigen Grundstücken, an denen sie kraft Gesetzes nach §§ 1173, 1175, 1181 BGB erloschen ist.

B. Gebührenpflicht, I 2. Das Grundbuchamt darf aber die Gebühr für die Löschung einem Beteiligten auferlegen, soweit sie diese Maßnahme nach den Umständen für angemessen hält, I 2. Das Grundbuchamt muß sein Ermessen pflichtgemäß ausüben. Gemeint ist die Gebühr nach § 68. Ihre Auferlegung ist notwendig, soweit der Beteiligte die Löschung selbst hätte beantragen können und sollen. Dieser Beteiligte ist dann als ein Entscheidungsschuldner nach § 3 Z 1 Gebührenschuldner.   4

Das Grundbuchamt muß sämtliche Umstände *abwägen.* Da I 1 eine Ausnahme von dem allgemeinen Grundsatz der Gebührenpflicht von Löschungen enthält und da I 2 in gewisser Beziehung wieder diesen Grundsatz herstellt, liegt es nahe, im Zweifel zulasten des Beteiligten zu entscheiden. Indessen bringt die Fassung von I 2 bei einer genaueren Prüfung doch zum Ausdruck, daß sich bei der pflichtgemäßen Abwägung eindeutig ergeben muß, daß die Auferlegung der Gebühr als „angemessen" erscheint. Soweit also insofern Zweifel bestehen, bleibt es doch bei der Gebührenfreiheit nach I 1.

Gegen die Entscheidung des Grundbuchamts ist *keine Beschwerde* statthaft. Denn es handelt sich lediglich um den Kostenansatz. § 131 ist jedenfalls anwendbar.

C. Auslagenpflicht, I 1, 2. Auch soweit eine Gebührenfreiheit besteht, gibt es mangels eines Antragstellers in diesem Amtsverfahren eine Pflicht zur Erstattung der *Auslagen* wie sonst nach § 2 Z 2 für den mit der Löschung Begünstigten und nicht zulasten desjenigen, dessen Recht gelöscht wird oder werden soll.   5

4) Rangbereinigung, II. Für eine von Amts wegen oder auf einen Antrag erfolgende Eintragung oder Löschung zur Beseitigung unklarer oder unübersichtlicher Rangverhältnisse nach §§ 90 ff, 102 II, 111 GBO entstehen keine Gebühren. Gebührenfrei ist auch das voraufgegangene Verfahren vor dem Grundbuchamt einschließlich der Bestellung eines Pflegers wegen der Beurkundungen und Erklärungen der Beteiligten.   6

Dann kommt anders als bei der Löschung einer gegenstandslosen Eintragung nach Rn 1 auch *nicht* ausnahmsweise die Auferlegung einer *Gebühr nach § 68* zulasten eines Beteiligten in Betracht. Im Beschwerdeverfahren gilt § 131.   7

Eine Pflicht zur Erstattung der *Auslagen* besteht auch hier wie sonst, §§ 136 ff. Das Grundbuchamt kann die Auslagen als einen Teil der Kosten des Verfahrens erster Instanz nach seinem pflichtgemäßen Ermessen nach § 114 GBO auf die Beteiligten verteilen. Der davon Betroffene ist Auslagenschuldner nach § 3 Z 1.   8

823

KostO § 71   III. Kostenordnung

Erteilung von Hypotheken-, Grundschuld- oder Rentenschuldbriefen

71 **I** ¹Für die Erteilung eines Hypotheken-, Grundschuld- oder Rentenschuldbriefs, eines Teilbriefs oder eines neuen Briefs wird ein Viertel der vollen Gebühr erhoben. ²Für die Eintragung des Erteilungsvermerks in das Grundbuch wird daneben keine Gebühr erhoben.

II ¹Für die Erteilung eines Gesamtbriefs wird die im Absatz 1 bestimmte Gebühr nur einmal erhoben, wenn die mehreren Grundstücke bei demselben Grundbuchamt eingetragen sind. ²Sind die belasteten Grundstücke bei verschiedenen Grundbuchämtern eingetragen, so werden für die gemäß § 59 Abs. 2 der Grundbuchordnung zu erteilenden besonderen Briefe die Gebühren besonders erhoben, und zwar nach dem Wert, nach dem sich die Gebühren für die Eintragung des Rechts bestimmen; ist das Recht schon eingetragen, so ist der Wert maßgebend, nach dem die Eintragungsgebühr zu erheben wäre, falls das Recht im Zeitpunkt der Brieferteilung eingetragen würde. ³Wird im Fall des Eintritts in die Mithaft die Mitbelastung lediglich auf den bisherigen Brief vermerkt (§ 63 der Grundbuchordnung), so wird hierfür neben der Eintragungsgebühr eine besondere Gebühr nicht erhoben.

III Bei Erteilung eines gemeinschaftlichen Briefs (§ 66 der Grundbuchordnung) werden die Werte der einzelnen Hypotheken zusammengerechnet.

Gliederung

1) Systematik, I–III	1
2) Regelungszweck, I–III	2
3) Gewöhnlicher Brief, I	3, 4
A. Ersterteilung	3
B. Neuerteilung	4
4) Gesamtbrief, II	5–8
A. Zuständigkeit desselben Grundbuchamts, II 1	5
B. Zuständigkeit verschiedener Grundbuchämter, II 2	6
C. Mithaft, II 3	7
D. Verteilung der Gesamthypothek, II 1–3	8
5) Gemeinschaftlicher Brief, III	9

1 **1) Systematik, I–III.** Die Vorschrift ergänzt §§ 62, 63 und im Veränderungsfall auch § 64. § 72 vervollständigt sie. Sie bringt Spezialregeln nicht nur für die Gebühr, sondern auch für den zugrundezulegenden Wert beim Hypotheken-, Grundschuldund Rentenschuldbrief. Vgl. jetzt § 141 auch bei der Bildung eines Teilbriefs durch den Notar nach § 20 II BNotO, § 61 GBO.

2 **2) Regelungszweck, I–III.** Die Belastung mit immerhin 0,25 Gebühr zusätzlich nur für die Ausstellung des zugehörigen Briefes mag als recht hoch erscheinen. Immerhin bringt aber die Anfertigung der Urkunde auch eine zusätzliche Verantwortung. Sie kann sich auf die Wirksamkeit der ganzen Belastung zumindest wirtschaftlich und verfahrensrechtlich bis hin zur etwaigen Notwendigkeit eines Aufgebotsverfahrens auswirken. Deshalb darf man die ersichtlich auch der Vereinfachung dienende Vorschrift nun auch nicht zu streng auslegen.

3 **3) Gewöhnlicher Brief, I.** Man muß zwei Situationen unterscheiden.
A. Ersterteilung. Die Brieferteilung kostet 0,25 Gebühr nach dem Nennwert des verbrieften Rechts, § 23 II. Die Eintragung des Erteilungsvermerks ist ein gebührenfreies Nebengeschäft. Die mit dem Brief nach § 58 I GBO verbundene Schuldurkunde kostet weder eine Gebühr noch eine Dokumentenpauschale, soweit sie das Gericht herstellt, §§ 132, 136 II Z 1.
Soweit die Urkunde *anderweitig* entsteht oder privatschriftlich ist, entstehen für die nach § 10 GBO zu den Akten gehörende beglaubigte Ablichtung oder Abschrift keinerlei Kosten. Denn die Beglaubigung liegt im öffentlichen Interesse. Die Beglaubigung eines mit dem Brief nach § 58 I 2 GBO verbundenen Auszugs ist gebührenpflichtig und auslagenpflichtig, § 55.
Auch ein *Teilbrief* fällt unter I. Geschäftswert des Teilbriefs ist der Nennwert des betroffenen Teils.

4 **B. Neuerteilung.** Ein neuer Brief nach § 67 GBO fällt ebenfalls unter I. Die Fertigung einer beglaubigten Ablichtung oder Abschrift des alten Briefs usw und der

824

Vermerk der Erteilung sind gebührenfrei. Die Unbrauchbarmachung des alten Briefs und die Übertragung der Vermerke auf den neuen Brief sind ebenfalls gebührenfrei. Wenn das Grundbuchamt feststellt, daß der bisherige Brief durch eine *Kriegseinwirkung* vernichtet worden oder sonst abhanden gekommen ist, erteilt es einen neuen Brief. Eine Feststellung des Verlusts durch das Grundbuchamt reicht auch dann aus, wenn die Brieferteilung nachträglich entfällt oder wenn die Hypothek gelöscht werden soll. Die Erteilung des neuen Briefs und die Feststellung der Vernichtung des alten ergehen gebührenfrei, § 26 GBMaßnG.

Soweit eine Hypothek auf den Eigentümer *übergeht,* meist als Grundschuld nach § 1177 BGB, entsteht für die Umschreibung eine Gebühr nach § 64 und für den neuen Brief eine Gebühr nach I neben derjenigen nach § 67 I Z 2. Auch bei einer Umwandlung der einen Art von Grundpfandrecht in eine andere unterfällt ein neuer Brief dem I neben § 64. Ein Vermerk nach § 68 III GBO ist ein gebührenfreies Nebengeschäft.

4) Gesamtbrief, II. Man muß die folgenden Fälle unterscheiden.

A. Zuständigkeit desselben Grundbuchamts, II 1. Soweit die mehreren Grundstücke bei demselben Grundbuchamt eingetragen sind, entsteht für die Erteilung eines Gesamtbriefs die in I bestimmte Gebühr nur einmal.

B. Zuständigkeit verschiedener Grundbuchämter, II 2. Soweit die belasteten Grundstücke bei verschiedenen Grundbuchämtern eingetragen sind, entsteht für jeden besonderen Brief ungeachtet ihrer Verbindung nach § 59 II GBO 0,25 Gebühr nach dem aus § 63 III ermittelten Wert.

C. Mithaft, II 3. Beim Eintritt in die Mithaft bei demselben Grundbuchamt entsteht 0,25 Gebühr nur, soweit das Grundbuchamt auf einen Antrag einen neuen Brief bildet und den bisherigen entwertet. Für einen bloßen Vermerk auf dem bisherigen Brief entstehen allenfalls Auslagen. Soweit der Eintritt der Mithaft bei einem anderen Grundbuchamt erfolgt, entsteht 0,25 Gebühr für den neuen Brief und die Verbindung mit dem alten nach einem Wert gemäß § 63 III.

D. Verteilung der Gesamthypothek, II 1–3. Bei einer Verteilung der Gesamthypothek auf die einzelnen Grundstücke nach § 1132 II BGB, § 64 GBO muß das Grundbuchamt für jeden Teil einen besonderen Brief bilden. Sie sind jeweils nach dem Nennwert der einzelnen Schuld gebührenpflichtig.

5) Gemeinschaftlicher Brief, III. Bei § 66 GBO muß man die Gebühr nach dem zusammengerechneten Wert der einzelnen Hypotheken oder Grundschulden berechnen. Bei einer Gesamthypothek erfolgt eine Berechnung wie nach II.

Vermerke auf dem Brief

72 Für die Ergänzung des Grundbuchauszugs auf dem Brief sowie für sonstige Vermerke auf dem Brief wird, sofern es sich nicht um eine gebührenfreie Nebentätigkeit handelt, eine Gebühr von 13 Euro erhoben.

1) Ergänzung des Grundbuchauszugs. Für die Ergänzung des nach § 57 I GBO in den Grundpfandrechtsbrief aufgenommenen Grundbuchauszugs kann eine Festgebühr von 13 EUR entstehen. Das gilt aber nur dann, wenn die Ergänzung kein gebührenfreies Nebengeschäft darstellt. Sie ist ein solches Nebengeschäft, soweit sie von Amts wegen stattfindet, §§ 61 III, 62 I 1, 63, 65 GBO, § 71 II 3. Daher entsteht die Gebühr nur für eine Ergänzung auf Grund eines Antrags. Die Festgebühr entsteht auch bei mehreren gleichzeitigen Ergänzungen und Vermerke auf demselben Brief nur einmal je Grundbuchamt. Die Dokumentenpauschale nach § 136 ist durch die Festgebühr oder das für das Hauptgeschäft erforderliche Gebühr abgegolten.

2) Sonstiger Vermerk. Die Vorschrift erfaßt nach § 62 GBO auf dem Brief sonst notwendige Eintragungen. Das gilt aber nur dann, wenn kein gebührenfreies Nebengeschäft darstellt. Das ist dann, wenn eine Eintragungsgebühr entsteht. Daher entsteht eine Gebühr für den Vermerk nur, sofern das Grundbuchamt nicht die Hypothek selbst gleichzeitig einträgt. Die Dokumentenpauschale nach § 136 ist durch die Rahmengebühr oder die Gebühr für das Hauptgeschäft abgegolten.

Ablichtungen und Ausdrucke

73 I Für die Erteilung von Ablichtungen aus dem Grundbuch werden erhoben
1. für unbeglaubigte Ablichtungen eine Gebühr von 10 Euro;
2. für beglaubigte Ablichtungen eine Gebühr von 18 Euro.

II Für die Erteilung von Ausdrucken aus dem maschinell geführten Grundbuch werden erhoben
1. für Ausdrucke eine Gebühr von 10 Euro;
2. für amtliche Ausdrucke eine Gebühr von 18 Euro.

III Für die Ergänzung oder Bestätigung von Ablichtungen nach Absatz 1 und von Ausdrucken nach Absatz 2 wird dieselbe Gebühr wie für die Erteilung erhoben.

IV In den Fällen der Absätze 1 bis 3 wird die Dokumentenpauschale nicht erhoben.

V Für die Erteilung von Ablichtungen, Auskünften und Mitteilungen nach § 19 Abs. 2 und 3 des Gesetzes über die Zwangsversteigerung und die Zwangsverwaltung werden weder Gebühren noch Auslagen erhoben.

VI Für die Erteilung eines Ausdrucks aus einem maschinell geführten Verzeichnis, das der Auffindung der Grundbuchblätter dient, wird eine Gebühr von 10 Euro erhoben.

Vorbem. Überschrift, I 1, I 2, III und V geändert dch Art 14 II Z 8 JKomG v 22. 3. 05, BGBl 837, in Kraft seit 1. 4. 05, Art 16 I JKomG, Übergangsrecht § 161 KostO.

1 **1) Geltungsbereich, I–VI.** Die Vorschrift verstößt wohl nicht gegen Europarecht, LG Cottbus JB 00, 540 (krit Waldner). Jedes Grundbuchblatt ist „Grundbuch", §§ 3, 4 GBO. Jede Erteilung (Hinausgabe) und nicht nur Anfertigung einer Ablichtung usw nur eines Blattteils zählt gesondert. Jede Bestätigung oder Ergänzung zählt ebenfalls gesondert, III, unabhängig vom Umfang. Eine einfache Ablichtung oder ein einfacher Ausdruck aus einem elektronischen Grundbuch oder deren Ergänzung oder Bestätigung kosten unabhängig vom Umfang 10 EUR, I Z 1, II Z 1, III. Für jede beglaubigte Ablichtung oder für den ihr nach § 131 RegVBG gleichstehenden amtlichen Ausdruck oder deren Ergänzung oder Bestätigung entsteht die Festgebühr von 18 EUR, I 2, II 2, III. Das gilt unabhängig vom Umfang und für jede Beglaubigung. Das Grundbuchamt muß den vorgenannten amtlichen Ausdruck als solchen bezeichnen und mit einem Dienstsiegel oder -stempel versehen, § 133 RegVBG. Neben der jeweiligen Festgebühr entsteht keine Dokumentenpauschale, IV. Wegen der Ermäßigung bei einer gleichzeitigen Erteilung mehrerer gleichlautender beglaubigter Ablichtungen oder Ausdrucke § 17 KostVfg, Teil VII A dieses Buchs.

Nicht hierher gehören zB: Die Ablichtung oder der Ausdruck eines geschlossenen Grundbuchs, eines Antrags, eines Teils der Grundakten oder einer sonstigen Urkunde oder eines Grundpfandbriefs oder Grundstück- oder Eigentümerverzeichnisses, auch nicht eine Grundbucheinsicht, § 74. Dann können §§ 55, 136 I Z 1, II, III anwendbar sein.

2 **2) Sonderfälle, I–VI.** Abweichend vom vorstehenden Grundsatz sind im Zwangsversteigerungsverfahren nach V frei von Gebühren und Auslagen eine beglaubigte Ablichtung oder ein amtlicher Ausdruck nach Rn 1, eine Auskunft nach § 19 II ZVG oder eine Mitteilung nach § 19 III ZVG. Eine Grundbuchablichtung oder -abschrift oder der Grundbuchausdruck für den Eigentümer im Entschuldungsverfahren ist nicht gebührenfrei. Ein Ausdruck aus einem Verzeichnis, das der Auffindung der Grundbuchblätter dient, kostet 10 EUR, VI. Für eine Bescheinigung über den Inhalt des Grundbuchs nach §§ 17 II, 146 ZVG entstehen keine Kosten. Eine formlose Auskunft kostet nichts.

Grundbucheinsicht

74 Für die Einsicht des Grundbuchs werden Gebühren nicht erhoben.

1 **1) Einsicht.** Die Vorschrift bezieht sich auf die bloße Einsicht des Grundbuchs durch denjenigen, der zur Einsicht ein berechtigtes Interesse hat, § 12 GBO. Die Ge-

1. Teil. Gerichtskosten §§ 74–76 KostO

richtsverwaltung kann eine Einsicht durch einen anderen gestatten. Sie kostet dann ebenfalls keine Gebühren, Z 3a des Gebührenverzeichnisses zur JVerwKO, Teil VIII A dieses Buchs.

2) Datenabruf. Seit der Einführung der Möglichkeit der Führung des Grundbuchs in maschineller Form als automatische Datei nach §§ 125 ff RegVBG ist auch nach Maßgabe des § 133 RegVBG der Abruf von Daten aus diesem Grundbuch zulässig. Er unterscheidet sich von der bloßen Einsicht nach Rn 1. Er ist kostenpflichtig, soweit eine Gebührenverordnung das bestimmt. Ihre Rechtsgrundlage nach § 1 KostO ist   2

RegVBG § 133. VIII [1]Das Bundesministerium der Justiz wird ermächtigt, durch Rechtsverordnung mit Zustimmung des Bundesrates Gebühren für die Einrichtung und die Nutzung eines Verfahrens für den automatisierten Abruf von Daten aus dem Grundbuch zu bestimmen. [2]Die Gebührensätze sind so zu bemessen, daß der mit der Einrichtung und Nutzung des Verfahrens verbundene Personal- und Sachaufwand gedeckt wird; hierbei kann daneben die Bedeutung, der wirtschaftliche Wert oder der sonstige Nutzen für den Begünstigten angemessen berücksichtigt werden. [3]Ansprüche auf Zahlung von Gebühren können auch für die Zukunft abgetreten werden; die Festsetzung der Gebühren kann im gesetzlich vorgesehenen Umfang auch nach einer Abtretung in dem allgemeinen Verfahren angefochten werden. [4]Die Staatskasse vertritt den Empfänger der Abtretung.

Eintragungsanträge

75 [1]Für die Aufnahme von Anträgen auf Eintragungen und Löschungen werden Gebühren nach Maßgabe des Beurkundungsabschnitts besonders erhoben, soweit sie in der Form des § 29 der Grundbuchordnung gestellt werden müssen. [2]Im übrigen ist die Aufnahme und Entgegennahme von Anträgen gebührenfrei.

1) Geltungsbereich. Das Gericht nimmt einen Antrag auf eine Eintragung oder   1
eine Löschung grundsätzlich gebührenfrei auf oder entgegen, § 129.
Dagegen entsteht eine *Gebührenpflicht,* soweit es sich um eine Bewilligung oder eine sonstige Erklärung in öffentlicher oder öffentlich beglaubigter Form handelt, also um notariell aufgenommene Erklärungen, § 29 GBO.

Wohnungs- und Teileigentum

76 I [1]Für die Eintragung der vertraglichen Einräumung von Sondereigentum (§ 7 Abs. 1 des Wohnungseigentumsgesetzes) und für die Anlegung der Wohnungsgrundbücher (Teileigentumsgrundbücher) im Falle des § 8 des Wohnungseigentumsgesetzes wird die Hälfte der vollen Gebühr erhoben. [2]Die Gebühr wird auch dann besonders erhoben, wenn die Eintragung von Miteigentum und die Eintragung des Sondereigentums gleichzeitig beantragt werden.

II Für die Eintragung von Änderungen des Inhalts des Sondereigentums gilt § 64 entsprechend.

III Für die Eintragung der Aufhebung von Sondereigentum (§ 4 Abs. 1 des Wohnungseigentumsgesetzes) und für die Anlegung des Grundbuchblatts für das Grundstück (§ 9 Abs. 1 Nr. 2 und 3, Abs. 3 des Wohnungseigentumsgesetzes) wird die Hälfte der vollen Gebühr erhoben.

IV Für das Wohnungserbbaurecht (Teilerbbaurecht) gelten die Absätze 1 bis 3 entsprechend.

Gliederung

1) Systematik, Regelungszweck, I–IV	1
2) Begründung von Sondereigentum, I	2–5
3) Inhaltsänderung des Sondereigentums, II	6
4) Aufhebung des Sondereigentums, III	7, 8
5) Wohnungserbbaurecht, IV	9

KostO § 76 III. Kostenordnung

1 **1) Systematik, Regelungszweck, I–IV.** Die Vorschrift bestimmt nur die Gebühr für die Eintragung des Sondereigentums nach I sowie für seine Änderung nach II und für sein Erlöschen und seine Aufhebung nach III. Die damit verbundenen weiteren Geschäfte erfordern eine besondere Gebühr, auch wenn man sie gleichzeitig beantragt. Das gilt zB: Für die Eintragung des Erwerbs des Miteigentums anläßlich der Begründung von Sondereigentum, I 2, BGH NJW **83**, 1672; für die Veräußerung eines Miteigentumsanteils aus Anlaß der Aufhebung, III. Wegen des *Geschäftswerts* nach I, III sowie IV in Verbindung mit I, III vgl §§ 19, 20, dort auch II 2 Hs 2, § 21 I und III. Maßgebend ist die Fälligkeit nach §§ 7, 18 I.

2 **2) Begründung von Sondereigentum, I.** Für die bei der Begründung von Sondereigentum und Teileigentum erforderlichen Grundbuchgeschäfte, nämlich für die Eintragung der vertraglichen Einräumung von Sondereigentum in das Wohnungsgrundbuch nach §§ 3, 4 I, 7 WEG oder für die Anlegung des Wohnungsgrundbuchs bei der Teilung auf Grund der Teilungserklärung des Eigentümers nach § 8 WEG entsteht 0,5 Gebühr. Die Anzahl der auf die eine oder andere Weise gebildeten Wohnungseinheiten ist unerheblich. Diese Gebühr gilt alle bei der Begründung des Sondereigentums notwendigen buchungstechnischen Vorgänge ab. Bei einer Vormerkung gilt § 66 I 1.

3 Ein *Nebengeschäft* ist nach § 35 gebührenfrei. Das gilt zB: Bei der vertraglichen Einräumung für die Anlegung des Wohnungsgrundbuchs; für die Schließung des bisherigen Grundbuchblatts; für die Eintragung der Beschränkung des Miteigentums; für die Eintragung des Inhalts des Sondereigentums, § 21 Rn 11 ff, auch soweit die Eintragung nicht durch eine Bezugnahme auf die Eintragungsbewilligung erfolgt, § 7 WEG; bei einer Teilung nach § 8 WEG für die Schließung des bisherigen Blatts und die Eintragung des Wohnungseigentums im Wohnungsgrundbuch.

4 Wegen der *gleichzeitig* beantragten Eintragung des Erwerbs des *Miteigentums* Rn 1.

5 Da *I nur* die *Begründung* von Sondereigentum erfaßt, regelt nicht § 76, sondern regeln §§ 60 ff Verfügung über das dann schon entstandene Wohnungseigentum. Dann muß man den Geschäftswert auch nicht nach § 21 berechnen, sondern nach § 20. Demgegenüber ist § 76 anwendbar, soweit ein vorhandenes Wohnungseigentum weiter zerlegt wird. Denn dann entsteht ja ein neues Wohnungseigentum. Bei einer Belastung des Wohnungseigentums ist § 62 anwendbar.

Der *Geschäftswert* richtet sich nach § 21 II.

6 **3) Inhaltsänderung des Sondereigentums, II.** Die Veränderung des eingetragenen Eigentumsrechts ist gebührenpflichtig, § 64, LG Bayreuth JB **94**, 758. Hierher gehört auch die Umwandlung von Sonder- in Teileigentum und umgekehrt. Man muß den *Geschäftswert* nach § 30 ermitteln. Jedoch darf man den Geschäftswert des inhaltlich geänderten Wohnungseigentumsrechts nicht überschreiten, § 64 IV.

7 **4) Aufhebung des Sondereigentums, III.** Sie erfolgt bei einer vertraglichen Aufhebung durch eine Eintragung nach § 4 I WEG. Sie erfolgt ferner bei einer völligen Zerstörung des Gebäudes sowie bei einer Vereinigung aller Wohnungseigentumsrechte in einer Hand nach § 9 I Z 2, 3 WEG durch die Schließung der Wohnungsgrundbücher und durch die Anlegung eines Grundbuchblatts für das Grundstück (Erlöschen), falls die Rechte nicht bereits aufgehoben sind, § 9 III WEG.

8 In allen diesen Fällen entsteht *0,5 Gebühr*. Sie gilt alle beim Erlöschen notwendigen buchungstechnischen Vorgänge ab, also auch die Schließung des bisherigen und die Ablegung eines neuen Grundbuchblatts. III gilt allerdings eine gleichzeitige Veräußerung des Grundstücks oder eine Veränderung der Miteigentumsverhältnisse nicht mit ab.

Man muß den *Geschäftswert* grundsätzlich nach § 21 II bestimmen. Es kann aber auch § 20 II 2 Hs 2 anwendbar sein.

9 **5) Wohnungserbbaurecht, IV.** Für das Wohnungserbbaurecht oder Teilerbbaurecht nach § 30 WEG oder im derartigen Untererbbaurecht gelten I–III entsprechend. An die Stelle des Grundstücks tritt das Erbbaurecht. Beim Erwerb des Erbbaurechts oder seiner Veräußerung entstehen besondere Eintragungsgebühren, §§ 60, 62. Wenn das Erbbaurecht durch einen Zeitablauf nach § 27 ErbbauRG erlischt, löscht das Grundbuchamt das Erbbaurecht und damit auch das Wohnungserbbaurecht von

1. Teil. Gerichtskosten §§ 76–78 KostO

Amts wegen. Dafür entsteht eine Gebühr nach § 68. Infolgedessen entfällt dann eine Gebühr nach IV in Verbindung mit III.
Der *Geschäftswert* richtet sich nach §§ 19, 21 II, III.

Grundstücksgleiche Rechte

77 ^I Die für Grundstücke geltenden Vorschriften finden auf Erbbaurechte sowie auf das Bergwerkseigentum und sonstige Berechtigungen, die den für Grundstücke geltenden Vorschriften unterliegen, entsprechende Anwendung.

^{II} ¹Wird ein Bergwerk mit unbeweglichen Anteilen der Gewerken in Ausführung eines nach den maßgebenden bergrechtlichen Vorschriften gefaßten Beschlusses auf die Gewerkschaft eingetragen, so wird für die Eintragung, einschließlich der vorläufigen Vermerke, der Anlegung des Gewerkenbuchs und der Ausfertigung und Aufbewahrung der Kuxscheine, die volle Gebühr erhoben. ²Die gleiche Gebühr wird für die Umschreibung eines Kuxes in dem Gewerkenbuch auf einen anderen Berechtigten erhoben. ³Für die Eintragung von Pfandrechten auf Kuxscheinen und die Eintragung von Veränderungen und Löschungen werden dieselben Gebühren erhoben wie bei entsprechenden Eintragungen und Löschungen im Grundbuch. ⁴Für die Erteilung beglaubigter Ablichtungen und Ausdrucke aus dem Gewerkenbuch und dessen Einsicht gelten die Vorschriften der §§ 73, 74 entsprechend.

Vorbem. II 4 geändert dch Art 14 II Z 9 JKomG v 22. 3. 05, BGBl 837, in Kraft seit 1. 4. 05, Art 16 I JKomG, Übergangsrecht § 161 KostO.

1) Geltungsbereich, I, II. Zu den grundstücksgleichen, besser grundstücksähnlichen Rechten zählen zwei Fallgruppen. Vgl im einzelnen bei den entsprechenden Vorschriften zum Grundstücksrecht nach §§ 60 ff. 1

A. Bundesrecht. Bundesrechtlich sind grundstücksähnlich geregelt: Das Erbbaurecht; das Erbpachtrecht; ein Mineralgewinnungsrecht; das landesrechtlich mitgeregelte Bergwerkseigentum nach § 9 I BBergG. Dann muß man die Entstehung und die Löschung eines solchen Rechts als eine Belastung behandeln. In der Zwischenzeit steht das Recht auch kostenrechtlich einem Grundstück gleich. 2

B. Landesrecht. Landesrechtlich sind grundstücksähnlich geregelt: Teile des bundesrechtlich geregelten Bergwerkseigentums; selbständige Gerechtigkeiten, etwa: Ein Fischereirecht; ein Zwangs- und Bannrecht; ein Abdeckereirecht; eine Apothekengerechtigkeit usw. Dann muß man das Recht von Anfang an wie ein Grundstück behandeln, wenn man schon bei der Verleihung ein Grundbuchblatt anlegen muß, etwa beim Bergwerkseigentum nach dem preußischen Recht. 3

Bahneinheiten

78 ^I Die für Grundstücke geltenden Vorschriften finden auf Bahneinheiten entsprechende Anwendung.

^{II} Die Gebühr für die Anlegung und die Schließung des Bahngrundbuchs bestimmt sich nach § 67; das gleiche gilt für den Vermerk über das Erlöschen der Genehmigung, einschließlich der erforderlichen öffentlichen Bekanntmachung des Vermerks.

^{III} Wird infolge Veräußerung der Bahn der Eigentumswechsel auf dem Grundbuchblatt des Bahngrundstücks eingetragen, so werden dafür Gebühren nicht erhoben.

^{IV} ¹Die Kosten der Anlegung des Bahngrundbuchs sowie der Vermerke über die Zugehörigkeit eines Grundstücks zur Bahneinheit trägt der Bahneigentümer. ²Die Kosten fallen jedoch, wenn ein Gläubiger durch den Antrag auf Eintragung einer vollstreckbaren Forderung die Anlegung des Bahngrundbuchs veranlaßt hat, diesem Gläubiger, und wenn das Bahngrundbuch aus Anlaß eines Zwangsversteigerungsverfahrens auf Ersuchen des Vollstreckungsgerichts angelegt ist, dem Ersteher zur Last.

1) Geltungsbereich, I–IV. Über die Bahneinheit Art 112 EG BGB. Es gilt das 1
Landesrecht. Die Bahneinheit ist eine als selbständige Liegenschaft behandelte Sach-

KostO §§ 78–79a   III. Kostenordnung

gesamtheit. Die Eintragung der Zugehörigkeit zu einer Bahneinheit ist eine Verfügungsbeschränkung, § 65.

2   **2) Geschäftswert, I–IV.** Der Geschäftswert richtet sich nach § 30 I.

3. Registersachen

Gebühren für Eintragungen in das Handels-, Partnerschafts- oder Genossenschaftsregister

§ 79 [I] **Für Eintragungen in das Handels-, Partnerschafts- oder Genossenschaftsregister, Fälle der Zurücknahme oder Zurückweisung von Anmeldungen zu diesen Registern, die Entgegennahme, Prüfung und Aufbewahrung der zum Handels- oder Genossenschaftsregister einzureichenden Unterlagen, die Bekanntmachung von Verträgen oder Vertragsentwürfen nach dem Umwandlungsgesetz sowie die Übertragung von Schriftstücken in ein elektronisches Dokument nach § 9 Abs. 2 des Handelsgesetzbuchs und Artikel 61 Abs. 3 des Einführungsgesetzes zum Handelsgesetzbuch werden Gebühren nur auf Grund einer Rechtsverordnung nach § 79a erhoben.**

[II] **Zur Zahlung der Gebühr für die Entgegennahme, Prüfung und Aufbewahrung der zum Handels- oder Genossenschaftsregister einzureichenden Unterlagen und der Kosten für die Bekanntmachung von Verträgen oder Vertragsentwürfen nach dem Umwandlungsgesetz ist das einreichende Unternehmen verpflichtet.**

Vorbem. I idF Art 12 V Z 3 EHUG v 10. 11. 06, BGBl 2553, in Kraft seit 1. 1. 07, Art 13 II Hs 1 EHUG, Übergangsrecht § 164 KostO.

1   **1) Systematik, I, II.** Die Vorschrift macht zwei verschiedenartige Vorgänge gebührenpflichtig und bestimmt für einen Teil von ihnen den Gebührenschuldner. § 79 regelt die Gebührenpflicht nur dem Grunde nach und selbst insoweit nur im Grundsatz. § 79a bildet anschließend die Grundlage für die ihm zugeordnete Rechtsverordnung des Bundesjustizministeriums mit ihrem Gebührenverzeichnis nach der Art vergleichbarer Verzeichnisse in anderen Kostengesetzen. Während für Anmeldungen noch Wertgebühren nach §§ 41 a–c entstehen, enthält die VO zu § 79a nur noch Festgebühren. Daher braucht man für Eintragungen keine Wertermittlung mehr vorzunehmen. II ergänzt §§ 2 ff.

2   **2) Regelungszweck, I, II.** I 1 dient der Klarstellung der Gebührenpflichtigkeit dem Grunde nach und damit der Klärung, daß keineswegs wegen § 1 I 1 eine Gebührenfreiheit eintritt. Das dient der Rechtssicherheit und braucht eine strikte Auslegung. II dient ebenfalls der Klarstellung und sollte deshalb eine ebenso strenge Handhabung finden.

3   **3) Geltungsbereich, I, II.** Er ergibt sich aus der amtlichen Überschrift und im einzelnen aus der VO zu § 79a, amtlich HRegGebVO genannt.

4   **4) Eintragung, Zurücknahme, Zurückweisung usw, I.** Man muß im einzelnen unterschiedliche Spezialvorschriften beachten. I verweist nur allgemein auf die HRegGebVO. Eine Eintragung richtet sich gemäß § 1 HRegGebVO nach dem amtlichen Gebührenverzeichnis der Anlage zur VO (GVHR). Zu ihm bringt § 2 HRegGebVO eine Regelung zweier Sonderfallgruppen. Eine Zurücknahme der Anmeldung regelt § 3 HRegGebVO. Die Zurückweisung einer Anmeldung regelt § 4 HRegGebVO. In einigen Sonderfällen enthält § 5 HRegGebVO vorrangige Spezialvorschriften zur Zurücknahme oder Zurückweisung.

5   **5) Gebührenschuldner, II.** In den dort genannten Fällen ist Gebührenschuldner nur das einreichende Unternehmen. Das ist eine abschließende Sonderregelung mit Vorrang vor §§ 2 ff. Als solche muß man sie streng auslegen.

Verordnungsermächtigung

§ 79a [1] **Das Bundesministerium der Justiz bestimmt durch Rechtsverordnung mit Zustimmung des Bundesrates Gebühren für Eintragungen in das Handels-, Partnerschafts- oder Genossenschaftsregister, für Fälle der Zurück-**

1. Teil. Gerichtskosten § 79a KostO

nahme oder Zurückweisung von Anmeldungen zu diesen Registern, für die Entgegennahme, Prüfung und Aufbewahrung der zum Handels- oder Genossenschaftsregister einzureichenden Unterlagen, für die Bekanntmachung von Verträgen oder Vertragsentwürfen nach dem Umwandlungsgesetz sowie für die Übertragung von Schriftstücken in ein elektronisches Dokument nach § 9 Abs. 2 des Handelsgesetzbuchs und Artikel 61 Abs. 3 des Einführungsgesetzes zum Handelsgesetzbuch. ²Die Höhe der Gebühren richtet sich nach den auf die Amtshandlungen entfallenden durchschnittlichen Personal- und Sachkosten; Gebühren für Fälle der Zurücknahme oder Zurückweisung von Anmeldungen können jedoch durch pauschale Ab- oder Zuschläge auf die für die entsprechenden Eintragungen zu erhebenden Gebühren bestimmt werden. ³Die auf gebührenfreie Eintragungen entfallenden Personal- und Sachkosten können bei der Höhe der für andere Eintragungen festzusetzenden Gebühren berücksichtigt werden.

Vorbem. S 1 idF Art 12 V Z 4 EHUG v 10. 11. 06, BGBl 2553, in Kraft seit 1. 1. 07, Art 13 II Hs 1 EHUG, Übergangsrecht § 164 KostO.

Schrifttum: *Gustavus,* Handelsregisteranmeldungen, 6. Aufl 2005; *Meyer* JB **05**, 59 (Üb).

Gliederung

1) Systematik, S 1–3	1
2) Regelungszweck, S 1–3	2–5
A. EU-Richtlinien	2, 3
B. Außerhalb EU-Richtlinien	4
C. Abwägungsprobleme	5
3) Geltungsbereich, S 1–3	6
4) Eintragung, S 1	7
5) Zurücknahme, Zurückweisung, S 1	8
6) Unterlagen, S 1	9
7) Bekanntmachung nach UmwG, S 1	10
8) Übertragung in elektronisches Dokument, S 1	11
9) Gebührenhöhe, S 2, 3	12
10) Fälligkeit, Kostenschuldner, S 1–3	13

1) Systematik, S 1–3. Die Vorschrift ergänzt § 79. Sie wird ihrerseits durch die 1 amtliche Anlage zu ihrem § 1 ergänzt. Die VO zu § 79 a heißt amtlich HRegGebV abgekürzt. Sie enthält das amtliche Gebührenverzeichnis. Es heißt in diesem Buch zwecks Unterscheidung vom Kostenverzeichnis des GKG (KV), vom Kostenverzeichnis des FamGKG (KVFam) und vom Kostenverzeichnis des GvKostG (KVGv) GVHR (Gebührenverzeichnis in Handelsregistersachen usw) abgekürzt. Es unterscheidet sich damit auch vom Vergütungsverzeichnis des RVG (VV).

Mitbeachtlich sind § 131 c bei Beschwerden in bestimmten Registersachen gegen Entscheidungen auf Grund der HRegGebV und § 164 mit zusätzlichen Übergangsvorschriften wegen der vor dem Inkrafttreten der HRegGebV fällig gewordenen Gebühren.

2) Regelungszweck, S 1–3. Die Verlagerung der Gebührenbemessung vom Par- 2 lament auf das Justizministerium dient einer leichteren Anpassungsmöglichkeit bei einer Veränderung der Lebensverhältnisse. Dabei unterliegt das Ministerium keinem verbindlichen Zeitrhythmus. Es unterliegt nur den Vorgaben des EuGH.

A. EU-Richtlinien. Der EuGH hat mehrfach zur Auslegung der Richtlinien 69/335/EWG des Rates vom 17. 7. 1969 und der Richtlinie 85/303/EWG des Rates vom 10. 6. 1985 zB in NJW **98**, 2809 (L) = ZIP **98**, 206 solche Eintragungsgebühren verboten, die den erforderlichen Aufwand übersteigen, vgl auch EuGH ZIP **00**, 1891, Karlsr JB **05**, 204 (evtl keine Anwendung bei bloßem Formwechsel).

Die *Auslegung* muß ohnehin stets richtlinienkonform erfolgen, BayObLG NJW **99**, 3 653 und 655, KG JB **03**, 31 (auch zur Rückforderung), Karlsr FGPrax **03**, 95 (Verschmelzung von Genossenschaften), Köln Rpfleger **99**, 465 und BB **00**, 370 (Prokura), Zweibr RR **00**, 1377, Meininger/Gänzle BB **00**, 840 (Üb, auch zur Rückforderung). Das muß man bei allen Einzelteilen der Vorschrift und daher auch bei der Auslegung des GVHR beachten. Dabei darf man freilich alle mit der Eintragung zusammenhängenden Kosten berücksichtigen, auch allgemeine, BayObLG NJW **99**,

831

653. Auch ist eine Pauschalierung erlaubt, solange das Justizministerium sie regelmäßig überprüft und sicherstellt, daß sie die tatsächlichen Durchschnittskosten nicht übersteigt, (zum alten Recht) BayObLG NJW 99, 653, aM LG Kblz NJW 99, 1343.

4 **B. Außerhalb EU-Richtlinien.** In diesem Bereich besteht kein allgemeiner Grundsatz, daß eine Gebühr nur kostendeckend sein darf, BayObLG EWiR **00**, 927 (zustm Fabis). Eine Gebühr in einer Nachlaßsache fällt nicht unter die EU-Richtlinie. Das gilt selbst dann, wenn der Antragsteller einen Erbschein nur für eine Registeranmeldung benötigt, BayObLG JB **02**, 205.

5 **C. Abwägungsprobleme.** Im Ergebnis bleiben für die Alltagspraxis damit auch nach dem GVHR einige nur schwer lösbare Probleme, Gustavus ZIP **98**, 502, und dann ein Risiko, wenn sie die Richtlinienforderungen erfüllen soll. Auch diese Folge ist sowohl europa- als auch verfassungsrechtlich problematisch. Auch das darf und muß der Richter bei der Auslegung mitbeachten. Wie soll er ohne einen völlig außer Kontrolle geratenden Aufwand klären, wo die Grenze tatsächlicher Eintragungsgesamtkosten liegt, wie es gar Köln NJW **99**, 1342 mindestens im Ansatz fordert? Es würden hier Zusatzkosten entstehen, das Gegenteil dessen, was die Richtlinie der EU bezweckt. Es bleibt praktisch hier die Anwendung des GVHR oder die Anrufung des Rechtsmittelgerichts bis hin zum EuGH, wiederum ein kaum hinnehmbares Ergebnis.

6 **3) Geltungsbereich, S 1–3.** Die Vorschrift erfaßt alle Teile des Handelsregisters nach §§ 8 ff HGB, §§ 374 ff FamFG, des Partnerschaftsregisters nach § 5 PartGG und des Genossenschaftsregisters nach §§ 10 ff GenG.

7 **4) Eintragung, S 1.** Das ist der mit der Unterschrift oder elektronischen Signatur des Urkundsbeamten endende eigentliche Eintragungsvorgang. Die zugrundeliegende Anordnungsverfügung ist noch keine Eintragung. Die der Eintragung folgende Bekanntmachung ist unerheblich. Ein Vermerk im Register ist ebenso eine Eintragung wie eine Änderung oder Löschung. Dagegen ist die bloße Rötung einer bedeutungslos gewordenen Eintragung keine letztere.

8 **5) Zurücknahme, Zurückweisung, S 1.** Ein solcher Vorgang nach einer Anmeldung nach Rn 6, 7 fällt unter diese gegenüber § 130 I–IV vorrangige Spezialvorschrift. Dagegen bleibt § 130 V anwendbar. Für die Zurücknahme kommt es auf deren Eingang beim zuständigen Registergericht, für eine Zurückweisung auf die Hinausgabe des Beschlusses in den Geschäftsgang und nicht schon auf seine Unterzeichnung.

9 **6) Unterlagen, S 1.** Es geht um die Entgegennahme, die Prüfung und die Aufbewahrung der zum Handels- oder Genossenschaftsregister notwendigen Unterlagen. Es muß also eine gesetzliche Einreichungspflicht bestehen. Eine nicht einreichungspflichtige Unterlage reicht selbst dann nicht, wenn der Einreicher sie für ratsam hielt. Denn § 79a und die HRegGebV unterscheiden genau zwischen „einzureichen" und „eingereicht" wie zwischen „einzutragen" und „eingetragen". Eine Nachreichung ist kostenneutral. Einreichung umfaßt die Prüfung und Aufbewahrung mit.

Hierher zählen zB: Ein Jahresabschluß nach § 242 HGB; ein Konzernabschluß nach § 297 HGB; ein Einzelabschluß nach §§ 325a II, 339 III HGB; die in Anh § 79a GV 5002–5008 genannten weiteren Unterlagen.

10 **7) Bekanntmachung nach UmwG, S 1.** Es geht um die Bekanntmachung der Beteiligung einer Aktiengesellschaft oder eines Versicherungsvereins auf Gegenseitigkeit bei einer Verschmelzung. Einreichungspflichtig ist der Vertrag nebst Entwurf zwecks Veröffentlichung eines Hinweises nach §§ 61, 62 III 2, 111 UmwG. Die Bekanntmachung ist mit dem Erscheinen des letzten daran beteiligten Blatts erfolgt, § 10 II HGB. Bei einer Ablehnung der Bekanntmachung gilt § 130 I.

11 **8) Übertragung in elektronisches Dokument, S. 1.** Es geht um die Vorgänge nach § 9 II HGB, Art 61 III EGHGB.

12 **9) Gebührenhöhe, S 2, 3.** Die Vorschrift stellt in S 2 Hs 1 auf die durchschnittlichen Personal- und Sachkosten und in Hs 2 bei Zurücknahme oder Zurückweisung auf pauschale Zu- und Abschläge ab sowie in S 3 auf die Berücksichtigung und nicht auf eine Anrechnung der bei anderen Eintragungen anfallenden Gebühren.

10) **Fälligkeit, Kostenschuldner, S 1–3.** Die Fälligkeit richtet sich nach § 7. *Kostenschuldner* ist der Anmelder, meist der Anmeldepflichtige, § 2 Z 1, mangels Anmeldung der Begünstigte, § 2 Z 1.

Anhang nach § 79a

I. Handelsregistergebührenverordnung

vom 30. 9. 04, BGBl 2562, zuletzt geändert dch Art 2 VO vom 28. 12. 07, BGBl 3283

HRegGebV § 1. Gebührenverzeichnis. Für Eintragungen in das Handels-, Partnerschafts- oder Genossenschaftsregister, die Entgegennahme, Prüfung und Aufbewahrung der zum Handels- oder Genossenschaftsregister einzureichenden Unterlagen, die Bekanntmachungen von Verträgen und Vertragsentwürfen nach dem Umwandlungsgesetz sowie die Übertragung von Schriftstücken in ein elektronisches Dokument nach § 9 Abs. 2 des Handelsgesetzbuchs und Artikel 61 Abs. 3 des Einführungsgesetzes zum Handelsgesetzbuch werden Gebühren nach dem Gebührenverzeichnis der Anlage zu dieser Verordnung erhoben.

Vorbem. Fassg Art 12 VI Z 1 EHUG v 20. 11. 06, BGBl 2553, in Kraft seit 1. 1. 07, Art 13 II Hs 1 EHUG, Übergangsrecht § 6 HRegGebV.

HRegGebV § 2. Allgemeine Vorschriften. ¹ Neben der Gebühr für die Ersteintragung werden nur Gebühren für die gleichzeitig angemeldete Eintragung der Errichtung einer Zweigniederlassung und für die Eintragung einer Prokura gesondert erhoben.

II ¹Betrifft dieselbe spätere Anmeldung mehrere Tatsachen, ist für jede Tatsache die Gebühr gesondert zu erheben. ²Das Eintreten oder das Ausscheiden einzutragender Personen ist hinsichtlich einer jeden Person eine besondere Tatsache.

III ¹Die Anmeldung einer zur Vertretung berechtigten Person und die gleichzeitige Anmeldung ihrer Vertretungsmacht oder deren Ausschlusses betreffen eine Tatsache. ²Mehrere Änderungen eines Gesellschaftsvertrags oder einer Satzung, die gleichzeitig angemeldet werden und nicht die Änderung eingetragener Angaben betreffen, bilden eine Tatsache. ³Die Änderung eingetragener Angaben und die dem zugrunde liegende Änderung des Gesellschaftsvertrags oder der Satzung betreffen eine Tatsache.

IV Anmeldungen, die am selben Tag beim Registergericht eingegangen sind und dasselbe Unternehmen betreffen, werden als eine Anmeldung behandelt.

Vorbem. II 2, 3 geändert dch Art 10 Z 1 a, b G v 14. 8. 06, BGBl 1911, in Kraft seit 18. 8. 06, Art 21 Hs 1 G, Übergangsrecht § 160 KostO.

Systematik, I–IV. II 2 verstößt nicht gegen die Richtlinie 69/335/EWG, soweit das Gericht auch die sachlichen Eintragungsvoraussetzungen prüft, Mü JB **06**, 491.

HRegGebV § 2a. Recht der Europäischen Union. Umwandlungen und Verschmelzungen nach dem Recht der Europäischen Union stehen hinsichtlich der Gebühren den Umwandlungen nach dem Umwandlungsgesetz gleich.

Vorbem. Eingefügt dch Art 10 Z 2 G v 14. 8. 06, BGBl 1911, in Kraft seit 18. 8. 06, Art 21 Hs 1 G, Übergangsrecht § 160 KostO.

HRegGebV § 3. Zurücknahme. ¹Wird eine Anmeldung zurückgenommen, bevor die Eintragung erfolgt oder zurückgewiesen worden ist, sind 75 Prozent der für die Eintragung bestimmten Gebühr zu erheben; § 33 der Kostenordnung bleibt unberührt. ²Betrifft eine Anmeldung mehrere Tatsachen, betragen die auf die zurückgenommenen Teile der Anmeldung entfallenden Gebühren insgesamt höchstens 250 Euro.

HRegGebV § 4. Zurückweisung. ¹Wird eine Anmeldung zurückgewiesen, sind 120 Prozent der für die Eintragung bestimmten Gebühr zu erheben. ²Betrifft eine Anmeldung mehrere Tatsachen, betragen die auf die zurückgewiesenen Teile der Anmeldung entfallenden Gebühren insgesamt höchstens 400 Euro.

HRegGebV § 5. Zurücknahme oder Zurückweisung in besonderen Fällen. [1] Wird die Anmeldung einer sonstigen späteren Eintragung, die mehrere Tatsachen zum Gegenstand hat, teilweise zurückgenommen oder zurückgewiesen, ist für jeden zurückgenommenen oder zurückgewiesenen Teil von den Gebühren 1506, 2502 und 3502 des Gebührenverzeichnisses auszugehen. [2] § 3 Satz 2 und § 4 Satz 2 bleiben unberührt.

HRegGebV § 6. Übergangsvorschrift zum Gesetz über elektronische Handelsregister und Genossenschaftsregister sowie das Unternehmensregister. Für die Entgegennahme, Prüfung und Aufbewahrung eines Jahres-, Einzel- oder Konzernabschlusses und der dazu gehörenden Unterlagen für ein vor dem 1. Januar 2006 beginnendes Geschäftsjahr werden die Gebühren 5000 und 5001 des Gebührenverzeichnisses in der vor dem 1. Januar 2007 geltenden Fassung erhoben, auch wenn die Unterlagen erst nach dem 31. Dezember 2006 zum Handelsregister eingereicht werden.

Vorbem. Fassg Art 12 VI Z 2 EHUG v 10. 11. 06, BGBl 2553, in Kraft seit 1. 1. 07, Art 13 II Hs 1 EHUG.

Anlage (zu § 1)

II. Gebührenverzeichnis (GVHR)

Teil 1. Eintragungen in das Handelsregister Abteilung A und das Partnerschaftsregister

Nr.	Gebührentatbestand	Gebührenbetrag

(Amtliche) Vorbemerkung 1:

[1] [1] Für Eintragungen, die juristische Personen (§ 33 HGB) und Europäische wirtschaftliche Interessenvereinigungen betreffen, bestimmen sich die Gebühren nach den für Eintragungen bei Gesellschaften mit bis zu 3 eingetragenen Gesellschaftern geltenden Vorschriften. [2] Hinsichtlich der Gebühren für Eintragungen, die Zweigniederlassungen eines Unternehmens mit Hauptniederlassung oder Sitz im Ausland betreffen, bleibt der Umstand, dass es sich um eine Zweigniederlassung handelt, unberücksichtigt; die allgemein für inländische Unternehmen geltenden Vorschriften sind anzuwenden.

[II] Wird die Hauptniederlassung oder der Sitz in den Bezirk eines anderen Gerichts verlegt, wird für die Eintragung im Register der bisherigen Hauptniederlassung oder des bisherigen Sitzes keine Gebühr erhoben.

[III] Für Eintragungen, die Prokuren betreffen, sind ausschließlich Gebühren nach Teil 4 zu erheben.

[IV] Für die Eintragung des Erlöschens der Firma oder des Namens sowie des Schlusses der Abwicklung einer Europäischen wirtschaftlichen Interessenvereinigung werden keine Gebühren erhoben; die Gebühren 1400 und 1401 bleiben unberührt.

Vorbem. I 2 angefügt, dch II, III idF Art 6 Z 3 a aa, bb EHUG v 10. 11. 06, BGBl 2553, in Kraft seit 1. 1. 07, Art 13 II Hs 1 EHUG, Übergangsrecht § 6 HRegGebV.

Nr.	Gebührentatbestand	Gebührenbetrag
	Abschnitt 1. Ersteintragung	
	(Amtliche) Vorbemerkung 1.1: (aufgehoben)	
1100	– eines Einzelkaufmanns	50,00 EUR
1101	– einer Gesellschaft mit bis zu 3 einzutragenden Gesellschaftern oder einer Partnerschaft mit bis zu 3 einzutragenden Partnern	70,00 EUR
1102	– einer Gesellschaft mit mehr als 3 einzutragenden Gesellschaftern oder einer Partnerschaft mit mehr als 3 einzutragenden Partnern:	

Nr.	Gebührentatbestand	Gebührenbetrag
	Die Gebühr 1101 erhöht sich für jeden weiteren einzutragenden Gesellschafter oder jeden weiteren einzutragenden Partner um	20,00 EUR
	Eintragung aufgrund einer Umwandlung nach dem UmwG	
1103	– eines Einzelkaufmanns	50,00 EUR
1104	– einer Gesellschaft mit bis zu 3 einzutragenden Gesellschaftern oder einer Partnerschaft mit bis zu 3 einzutragenden Partnern	80,00 EUR
1105	– einer Gesellschaft mit mehr als 3 einzutragenden Gesellschaftern oder einer Partnerschaft mit mehr als 3 einzutragenden Partnern: Die Gebühr 1104 erhöht sich für jeden weiteren einzutragenden Gesellschafter oder für jeden weiteren einzutragenden Partner um	20,00 EUR

Abschnitt 2. Errichtung einer Zweigniederlassung

(Amtliche) Vorbemerkung 1.2: (aufgehoben)

	Eintragung einer Zweigniederlassung bei	
1200	– einem Einzelkaufmann	50,00 EUR
1201	– einer Gesellschaft mit bis zu 3 eingetragenen Gesellschaftern oder einer Partnerschaft mit bis zu 3 eingetragenen Partnern	80,00 EUR
	– einer Gesellschaft mit mehr als 3 eingetragenen Gesellschaftern oder einer Partnerschaft mit mehr als 3 eingetragenen Partnern	(im BGBl steht hier keine EUR-Zahl)
1202	– – Die Gebühr 1201 erhöht sich für jeden weiteren eingetragenen Gesellschafter oder für jeden weiteren eingetragenen Partner bis einschließlich zur 100. eingetragenen Person um	20,00 EUR
1203	– – Die Gebühr 1201 erhöht sich für jeden weiteren eingetragenen Gesellschafter oder für jeden weiteren eingetragenen Partner ab der 101. eingetragenen Person um	10,00 EUR

Abschnitt 3. Verlegung der Hauptniederlassung oder des Sitzes

(Amtliche) Vorbemerkung 1.3:

Gebühren nach diesem Abschnitt sind nicht zu erheben, wenn das bisherige Gericht zuständig bleibt; Abschnitt 5 bleibt unberührt.

	Eintragung bei dem Gericht, in dessen Bezirk die Hauptniederlassung oder der Sitz verlegt worden ist, bei	
1300	– einem Einzelkaufmann	60,00 EUR
1301	– einer Gesellschaft mit bis zu 3 eingetragenen Gesellschaftern oder einer Partnerschaft mit bis zu 3 eingetragenen Partnern	60,00 EUR
	– einer Gesellschaft mit mehr als 3 eingetragenen Gesellschaftern oder einer Partnerschaft mit mehr als 3 eingetragenen Partnern:	
1302	– – Die Gebühr 1301 erhöht sich für jeden weiteren eingetragenen Gesellschafter oder für jeden weiteren eingetragenen Partner bis einschließlich zur 100. eingetragenen Person um	20,00 EUR
1303	– – Die Gebühr 1301 erhöht sich für jeden weiteren eingetragenen Gesellschafter oder für jeden weiteren	

KostO Anh II § 79a   III. Kostenordnung

Nr.	Gebührentatbestand	Gebührenbetrag
	eingetragenen Partner ab der 101. eingetragenen Person um	10,00 EUR

Abschnitt 4. Umwandlung nach dem Umwandlungsgesetz

	Eintragung einer Umwandlung nach dem UmwG	
1400	– in das Register des übertragenden oder formwechselnden Rechtsträgers	130,00 EUR
1401	– in das Register des übernehmenden Rechtsträgers ..	130,00 EUR
	Für Eintragungen über den Eintritt der Wirksamkeit werden keine besonderen Gebühren erhoben.	

Abschnitt 5. Sonstige spätere Eintragung

(Amtliche) Vorbemerkung 1.5:
Gebühren nach diesem Abschnitt werden nur für Eintragungen erhoben, für die Gebühren nach den Abschnitten 1 bis 4 nicht zu erheben sind.

	Eintragung einer Tatsache bei	
1500	– einem Einzelkaufmann	40,00 EUR
1501	– einer Gesellschaft mit bis zu 50 eingetragenen Gesellschaftern oder einer Partnerschaft mit bis zu 50 eingetragenen Partnern	40,00 EUR
1502	– einer Gesellschaft mit mehr als 50 und bis zu 100 eingetragenen Gesellschaftern oder einer Partnerschaft mit mehr als 50 und bis zu 100 eingetragenen Partnern	50,00 EUR
1503	– einer Gesellschaft mit mehr als 100 eingetragenen Gesellschaftern oder einer Partnerschaft mit mehr als 100 eingetragenen Partnern	60,00 EUR
1505	Die Eintragung betrifft eine Tatsache ohne wirtschaftliche Bedeutung: Die Gebühren 1500 bis 1503 betragen	30,00 EUR
1506	Eintragung jeder weiteren Tatsache aufgrund derselben Anmeldung	30,00 EUR
1507	(aufgehoben)	

Teil 2. Eintragungen in das Handelsregister Abteilung B

(Amtliche) Vorbemerkung 2:

[I] Hinsichtlich der Gebühren für Eintragungen, die Zweigniederlassungen eines Unternehmens mit Sitz im Ausland betreffen, bleibt der Umstand, dass es sich um eine Zweigniederlassung handelt, unberücksichtigt; die allgemein für inländische Unternehmen geltenden Vorschriften sind anzuwenden.

[II] Wird der Sitz in den Bezirk eines anderen Gerichts verlegt, wird für die Eintragung im Register des bisherigen Sitzes keine Gebühr erhoben.

[III] Für Eintragungen, die Prokuren betreffen, sind ausschließlich Gebühren nach Teil 4 zu erheben.

[IV] Für die Eintragung der Löschung der Gesellschaft und des Schlusses der Abwicklung oder der Liquidation werden keine Gebühren erhoben; die Gebühren 2402 und 2403 bleiben unberührt.

Vorbem. I eingefügt, bisherige I, II zu II, III und idF, bisheriger III zu IV dch Art 12 VI Z 3 g aa–cc EHUG v 10. 11. 06, BGBl 2553, in Kraft seit 1. 1. 07, Art 13 II Hs 1 EHUG, Übergangsrecht § 6 HRegGebV.

Abschnitt 1. Ersteintragung

(Amtliche) Vorbemerkung 2.1: (aufgehoben)

1. Teil. Gerichtskosten — Anh II § 79a KostO

Nr.	Gebührentatbestand	Gebührenbetrag
2100	Eintragung einer Gesellschaft mit beschränkter Haftung – außer aufgrund einer Umwandlung nach dem UmwG –	100,00 EUR
2101	Es wird mindestens eine Sacheinlage geleistet: Die Gebühr 2100 beträgt	150,00 EUR
2102	Eintragung einer Aktiengesellschaft, einer Kommanditgesellschaft auf Aktien oder eines Versicherungsvereins auf Gegenseitigkeit – außer aufgrund einer Umwandlung nach dem UmwG –	240,00 EUR
2103	Es wird mindestens eine Sacheinlage geleistet: Die Gebühr 2102 beträgt	290,00 EUR
	Eintragung aufgrund einer Umwandlung nach dem UmwG	
2104	– einer Gesellschaft mit beschränkter Haftung	190,00 EUR
2105	– einer Aktiengesellschaft oder einer Kommanditgesellschaft auf Aktien	210,00 EUR
2106	– eines Versicherungsvereins auf Gegenseitigkeit	190,00 EUR

Abschnitt 2. Errichtung einer Zweigniederlassung

2200	Eintragung einer Zweigniederlassung	90,00 EUR

Vorbem. Überschrift, Z 2200 idF Art 12 VI Z 3 i, j EHUG v 10. 11. 06, BGBl 2553, in Kraft seit 1. 1. 07, Art 13 II Hs 1 EHUG, Übergangsrecht § 6 HRegGebV.

Abschnitt 3. Verlegung des Sitzes

2300	Eintragung bei dem Gericht, in dessen Bezirk der Sitz verlegt worden ist	110,00 EUR
	Die Gebühr wird nicht erhoben, wenn das bisherige Gericht zuständig bleibt; Abschnitt 5 bleibt unberührt.	

Abschnitt 4. Besondere spätere Eintragung

	Eintragung	
2400	– der Nachgründung einer Aktiengesellschaft oder des Beschlusses der Hauptversammlung einer Aktiengesellschaft oder einer Kommanditgesellschaft auf Aktien über Maßnahmen der Kapitalbeschaffung oder der Kapitalherabsetzung oder der Durchführung der Kapitalerhöhung	170,00 EUR
2401	– der Erhöhung des Stammkapitals durch Sacheinlage oder der Erhöhung des Stammkapitals zum Zwecke der Umwandlung nach dem UmwG	140,00 EUR
	Eintragung einer Umwandlung nach dem UmwG	
2402	– in das Register des übertragenden oder formwechselnden Rechtsträgers	160,00 EUR
2403	– in das Register des übernehmenden Rechtsträgers	160,00 EUR
2404	Eintragung der Eingliederung oder des Endes der Eingliederung einer Aktiengesellschaft	60,00 EUR

Abschnitt 5. Sonstige spätere Eintragung

(Amtliche) Vorbemerkung 2.5:

Gebühren nach diesem Abschnitt werden nur für Eintragungen erhoben, für die Gebühren nach den Abschnitten 1 bis 4 nicht zu erheben sind.

KostO Anh II § 79a   III. Kostenordnung

Nr.	Gebührentatbestand	Gebührenbetrag
2500	Eintragung einer Tatsache	40,00 EUR
2501	Die Eintragung betrifft eine Tatsache ohne wirtschaftliche Bedeutung: Die Gebühr 2500 beträgt	30,00 EUR
2502	Eintragung jeder weiteren Tatsache aufgrund derselben Anmeldung	30,00 EUR
	Für Eintragungen über den Eintritt der Wirksamkeit werden keine besonderen Gebühren erhoben.	
2503	(aufgehoben)	

Teil 3. Eintragungen in das Genossenschaftsregister

(Amtliche) Vorbemerkung 3:

I Hinsichtlich der Gebühren für Eintragungen, die Zweigniederlassungen einer Europäischen Genossenschaft mit Sitz im Ausland betreffen, bleibt der Umstand, dass es sich um eine Zweigniederlassung handelt, unberücksichtigt; die allgemein für inländische Genossenschaften geltenden Vorschriften sind anzuwenden.

II Wird der Sitz in den Bezirk eines anderen Gerichts verlegt, wird für die Eintragung im Register des bisherigen Sitzes keine Gebühr erhoben.

III Für Eintragungen, die Prokuren betreffen, sind ausschließlich Gebühren nach Teil 4 zu erheben.

IV Für die Eintragung des Erlöschens der Genossenschaft werden keine Gebühren erhoben; die Gebühren 3400 und 3401 bleiben unberührt.

Vorbem. I eingefügt, bisheriger I, II zu III und geändert, bisheriger III zu IV dch Art 12 VI Z 3 l aa–cc EHUG v 10. 11. 06, BGBl 2553, in Kraft seit 1. 1. 07, Art 13 H II Hs 1 EHUG, Übergangsrecht § 6 HRegGebV.

Abschnitt 1. Ersteintragung

(Amtliche) Vorbemerkung 3.1:

Die Gebühr 3100 wird auch für die Errichtung einer Zweigniederlassung einer Europäischen Genossenschaft mit Sitz im Ausland erhoben.

Vorbem. Eingefügt dch Art 10 Z 3a G v 14. 8. 06, BGBl 1911, in Kraft seit 18. 8. 06, Art 21 Hs 1 G, Übergangsrecht § 160 KostO.

	Eintragung	
3100	– außer aufgrund einer Umwandlung nach dem UmwG	150,00 EUR
3101	– aufgrund einer Umwandlung nach dem UmwG	180,00 EUR

Abschnitt 2. Errichtung einer Zweigniederlassung

3200	Eintragung einer Zweigniederlassung	50,00 EUR

Vorbem. Überschrift geändert, Z 3200 idF Art 12 VI Z u, o EHUG v 10. 11. 06, BGBl 2553, in Kraft seit 1. 1. 07, Art 13 II Hs 1 EHUG, Übergangsrecht § 6 HRegGebV.

Abschnitt 3. Verlegung des Sitzes

3300	Eintragung bei dem Gericht, in dessen Bezirk der Sitz verlegt worden ist	50,00 EUR
	Die Gebühr wird nicht erhoben, wenn das bisherige Gericht zuständig bleibt; Abschnitt 5 bleibt unberührt.	

Abschnitt 4. Umwandlung nach dem Umwandlungsgesetz

	Eintragung einer Umwandlung nach dem UmwG	
3400	– in das Register des übertragenden oder formwechselnden Rechtsträgers	110,00 EUR

Nr.	Gebührentatbestand	Gebührenbetrag
3401	– in das Register des übernehmenden Rechtsträgers ..	110,00 EUR
	Für Eintragungen über den Eintritt der Wirksamkeit werden keine besonderen Gebühren erhoben.	

Abschnitt 5. Sonstige spätere Eintragung

(Amtliche) Vorbemerkung 3.5:
Gebühren nach diesem Abschnitt werden nur für Eintragungen erhoben, für die Gebühren nach den Abschnitten 1 bis 4 nicht zu erheben sind.

3500	Eintragung einer Tatsache	60,00 EUR
3501	Die Eintragung betrifft eine Tatsache ohne wirtschaftliche Bedeutung:	
	Die Gebühr 3500 beträgt	30,00 EUR
3502	Eintragung jeder weiteren Tatsache aufgrund derselben Anmeldung	30,00 EUR
3503	(aufgehoben)	

Teil 4. Prokuren

(Amtliche) Vorbemerkung 4:
Dieser Teil gilt auch für Eintragungen ohne wirtschaftliche Bedeutung, die Prokuren betreffen.

4000	Eintragung, Änderung oder Löschung einer Prokura ..	20,00 EUR
	Betrifft dieselbe Anmeldung mehrere Prokuren, wird die Gebühr für jede Prokura gesondert erhoben.	

Teil 5. Weitere Geschäfte

(Amtliche) Vorbemerkung 5:
Mit den Gebühren 5000 bis 5005 wird auch der Aufwand für die Prüfung und Aufbewahrung der genannten Unterlagen abgegolten.

Entgegennahme

5000	– der Bescheinigung des Prüfungsverbandes (§ 59 Abs. 1 GenG)	10,00 EUR
5001	– der Bekanntmachung der Eröffnungsbilanz durch die Liquidatoren (§ 89 Satz 3 GenG)	20,00 EUR
5002	– der Liste der Gesellschafter (§ 40 Abs. 1 GmbHG) ..	20,00 EUR
5003	– der Liste der Mitglieder des Aufsichtsrats (§ 52 Abs. 2 Satz 2 GmbHG, § 106 AktG)	20,00 EUR
5004	– der Mitteilung über den alleinigen Aktionär (§ 42 AktG)	10,00 EUR
5005	– des Protokolls der Jahreshauptversammlung (§ 130 Abs. 5 AktG)	20,00 EUR
5006	Bekanntmachung von Verträgen, eines Verschmelzungsplans oder von entsprechenden Entwürfen nach dem UmwG	20,00 EUR
5007	Übertragung von Schriftstücken in ein elektronisches Dokument (§ 9 Abs. 2 HGB und Artikel 61 Abs. 3 EGHGB): für jede angefangene Seite	20,00 EUR – mindestens 25,00 EUR
	[1] Die Gebühr wird für die Dokumente jedes Registerblatts gesondert erhoben. [2] Mit der Gebühr wird auch die einmalige elektronische Übermittlung der Dokumente an den Antragsteller abgegolten.	

Vorbem. GV 5003 geändert dch Art 10 Z 3b G v 14. 8. 06, BGBl 1911, in Kraft seit 18. 8. 06, Art 21 Hs 1 G. Anschließend Neufassg des Teils 5 dch Art 12 VI Z 3q EHUG v 10. 11. 06, BGBl 2553, in Kraft seit 1. 1. 07, Art 13 II Hs 1 EHUG. Schließlich GV 5000,

KostO Anh II § 79a, § 80 III. Kostenordnung

5003, 5006 geändert dch Art 2 Z 1–3 VO v 28. 12. 07, BGBl 3283, in Kraft seit 1. 1. 08, Art 3 Fall 2 G. Übergangsrecht jeweils § 6 HRegGebV. Eine *weitere* Änderg dch Art 5 G v 19. 4. 07, BGBl 542 (Neufassg einer angeblichen Nr 5009 zum 25. 4. 07, Art 6 G) beruht auf einem „Gesetzesfehler" (so telef. Auskunft BMJ v 11. 5. 07) und läuft „ins Leere". Denn es gab bisher überhaupt keine Nr 5009.

1 **1) Entgegennahme, 5000–5007.** Bereits dieser Vorgang läßt die Gebühr anfallen, Köln FGPrax 05, 233 (zu 5004; abl Odenthal Rpfleger 06, 131).

Eintragungen in das Vereinsregister

80 I Für Eintragungen in das Vereinsregister werden erhoben
1. für die erste Eintragung des Vereins das Doppelte der vollen Gebühr;
2. für alle späteren Eintragungen die volle Gebühr;
3. für Löschung der Gesamteintragung die Hälfte der vollen Gebühr.

II Werden auf Grund derselben Anmeldung mehrere Eintragungen der in Absatz 1 Nr. 2 bezeichneten Art vorgenommen, so wird die Gebühr nur einmal erhoben.

Vorbem. Vgl auch die VO über das Vereinsregister usw v 10. 2. 99, BGBl 147 (ohne Kostenregelungen).

Gliederung

1) Systematik, I, II	1
2) Regelungszweck, I, II	2
3) Einzelne Eintragung, I	3–7
A. Grundsatz, I Z 1–3	3
B. Erste Eintragung, I Z 1	4
C. Spätere Eintragungen, I Z 2	5
D. Löschung der Gesamteintragung, I Z 3	6
E. Weitere Fälle, I Z 1–3	7
4) Mehrere Eintragungen, II	8
5) Geschäftswert, I, II	9
6) Fälligkeit, Kostenschuldner, I, II	10

1 **1) Systematik, I, II.** Die neben § 79 für einen gesonderten weiteren Geltungsbereich stehende Vorschrift wird ihrerseits von §§ 86 ff ergänzt. Sie ist wegen des zugrundezulegenden Werts zusammen mit §§ 26, 28 anwendbar. § 35 bleibt beachtbar.

2 **2) Regelungszweck, I, II.** Insbesondere I Z 2 erscheint selbst unter einer Mitbeachtung von II als eine ziemlich hohe Vergütung. Ein Verein erfüllt auch bei der Verfolgung ideeller Zwecke doch auch fiskalische Interessen. Das sollte man bei der Auslegung zusätzlich zum Grundsatz bedenken, daß die Handhabung kostenschuldnerfreundlich sein muß, § 1 Rn 2.

3 **3) Einzelne Eintragung, I.** Ein Grundsatz wirkt sich in drei Fallgruppen aus.
A. Grundsatz, I Z 1–3. § 80 stellt für eine Eintragung zum Vereinsregister dieselben Unterschiede wie § 41a auf. Der Geschäftswert richtet sich nach § 30 II, soweit nicht der Verein ein Handelsgewerbe betreibt. Für diese Frage kommt es auf die Vermögenslage und den satzungsgemäßen Zweck des Vereins an.

4 **B. Erste Eintragung, I Z 1.** Für die erste Eintragung des Vereins bei seiner Gründung, zur Erzielung seiner Rechtsfähigkeit oder bei einer Sitzverlegung aus dem In- oder Ausland entsteht beim neuen Registergericht zusätzlich zu der beim bisherigen Gericht nach Rn 5 angefallenen Gebühr 2,0 Gebühr. Das gilt auch nach einem Formwechsel.

5 **C. Spätere Eintragungen, I Z 2.** Für jede spätere Eintragung nach der Ersteintragung mit Ausnahme der Löschung nach Rn 6 entsteht 1,0 Gebühr. Zu den späteren Eintragungen gehören zB: Die Änderung der Satzung oder des Vorstands; die Verlegung des Sitzes in einen anderen Registerbezirk zusätzlich zu der dort nach Rn 4 entstehenden Gebühr; eine Umwandlung nach dem UmwG; eine Liquidation, Rn 6.

840

D. Löschung der Gesamteintragung, I Z 3. Für die Löschung der Gesamteintragung entsteht 0,5 Gebühr. Die Auflösung bewirkt nur dann eine Gesamtlöschung, wenn sie ausnahmsweise das Ende des Vereins bedeutet, wenn also keine Abwicklung (Liquidation) eintritt oder wenn diese schon beendet ist. Andernfalls handelt es sich um eine „spätere" Eintragung nach Z 2.

Als eine Löschung der Gesamteintragung gelten auch eine Sitzverlegung ins Ausland sowie der Verzicht auf oder die Entziehung der *Rechtsfähigkeit* des Vereins durch die zuständige Behörde nach §§ 43, 74 II BGB. Sie ist aber gebührenfrei. Denn sie liegt im öffentlichen Interesse.

E. Weitere Fälle, I Z 1–3. Die Eintragung der Eröffnung eines Insolvenzverfahrens ist gebührenfrei, § 87 Z 1. Die Entziehung der Rechtsfähigkeit durch das AG nach §§ 73, 74 BGB, §§ 121, 35 KostO ist ebenfalls gebührenfrei, § 121. Ein Nebengeschäft ist ebenfalls gebührenfrei, § 35. Zu den Nebengeschäften zählen zB: Die Bekanntmachungen. Sie sind auslagenpflichtig; die Beglaubigung der bei den Akten bleibenden Satzungsablichtung oder -abschrift. Wegen der Gebühr für die Anmeldung zum Register vgl § 86. Wegen der Gebühr für eine Abschrift oder Bescheinigung vgl § 89. Eine Registereinsicht ist gebührenfrei, § 90.

4) Mehrere Eintragungen, II. Bei mehreren Eintragungen auf Grund derselben Anmeldung entsteht die Gebühr nur einmal, soweit es sich um spätere Eintragungen handelt. Dieselbe Anmeldung liegt auch bei mehreren Anmeldungen an demselben Tag vor.

5) Geschäftswert, I, II. Maßgebend ist § 30 II. Es kommt auf die Gesamtverhältnisse des Vereins an, zB auf seine Größe, seinen Zweck, die Höhe der Beiträge. Dabei kann der Regelwert des § 30 II 1 nach § 30 II 2 ganz erheblich abweichen, etwa bis zum Zehnfachen, BayObLG Rpfleger **79**, 398 (Sportverein).

6) Fälligkeit, Kostenschuldner, I, II. Die Fälligkeit richtet sich nach § 7. *Kostenschuldner* ist grundsätzlich der Verein, § 2 Z 1. Der Vorstand handelt ja nur als dessen gesetzlicher Vertreter.

Eintragungen in das Güterrechtsregister

81 Für Eintragungen in das Güterrechtsregister wird die volle Gebühr erhoben.

1) Geltungsbereich. Die Vorschrift erfaßt eine Eintragung in das Güterrechtsregister nach §§ 1585 ff BGB. Sie kostet 1,0 Gebühr. Im Güterrechtsregister entstehen keine gebührenfreien Eintragungen. Sofern mehrere Eintragungen notwendig sind, etwa beim Gericht des Wohnsitzes und demjenigen der Handelsniederlassung, oder soweit gleichzeitig auch eine Eintragung in das Handelsregister erfolgen muß, entsteht hier und auch sonst jedesmal die betreffende Gebühr.

Von diesem Grundsatz gilt eine Ausnahme bei einer *Zurückverlegung* des Wohnsitzes nach §§ 1559 S 2 BGB 4 II EGHGB.

2) Geschäftswert. Der Geschäftswert richtet sich bei einem Ehevertrag nach § 39 III, im übrigen nach § 30 II.

3) Fälligkeit, Kostenschuldner. Die Fälligkeit richtet sich nach § 7. *Kostenschuldner* ist der Antragsteller, § 2 Z 1.

Eintragungen in das Partnerschaftsregister

82 *(aufgehoben)*

Genossenschaftsregister

83 *(aufgehoben)*

Eintragungen in das Schiffsregister, Schiffsurkunden

84 I ¹Für die Eintragung des Schiffs in das Schiffsregister und für die Eintragung von Veränderungen, die das Schiff betreffen, wird ein Viertel der vollen Gebühr erhoben. ²Der Wert bestimmt sich bei der Eintragung des Schiffs nach dem Wert des Schiffs; bei der Eintragung von Veränderungen gilt § 30 Abs. 2. ³Bei der Verlegung des Heimathafens (Heimatorts) wird nur eine Gebühr bei dem Gericht des neuen Heimathafens (Heimatorts) erhoben. ⁴Die Eintragung von Veränderungen der amtlichen Kennzeichen des Schiffs ist gebührenfrei.

II ¹Für die Löschung der Eintragung des Schiffs wird eine Gebühr nur im Fall des § 20 Abs. 2 Satz 2 der Schiffsregisterordnung erhoben; die Gebühr beträgt ein Viertel der vollen Gebühr; der Wert bestimmt sich nach dem Wert des Schiffs. ²Für die Eintragung, daß das Schiff das Recht zur Führung der Bundesflagge verloren hat oder daß das Schiff seinen Heimatort im Ausland hat, wird eine Gebühr nicht erhoben; das gleiche gilt für Eintragungen in den Fällen des § 17 Abs. 2 der Schiffsregisterordnung.

III Für die Eintragung eines neuen Eigentümers, für die Eintragung oder Löschung einer Schiffshypothek, eines Arrestpfandrechts oder eines Nießbrauchs und für die Eintragung von Veränderungen, die sich auf das Eigentum, die Schiffshypothek oder den Nießbrauch beziehen, ferner für die Eintragung oder Löschung von Vormerkungen, Widersprüchen und Verfügungsbeschränkungen gelten die für die entsprechenden Eintragungen im Grundbuch gegebenen Vorschriften sinngemäß mit der Maßgabe, daß in jedem Fall nur ein Viertel der vollen Gebühr erhoben wird.

IV Bei einer Reederei wird für die Eintragung eines neuen Mitreeders oder der Verpfändung oder Pfändung einer Schiffspart, für die Eintragung einer Verfügungsbeschränkung, die eine Schiffspart betrifft, und für die Eintragung eines Korrespondentreeders eine Gebühr von 10 bis 140 Euro erhoben.

V ¹Für die Erteilung des Schiffszertifikats, des Schiffsbriefes oder des Flaggenzeugnisses und für den Vermerk von Veränderungen auf dem Zertifikat oder dem Brief wird eine Gebühr von 13 Euro erhoben. ²Für den Vermerk von Veränderungen der amtlichen Kennzeichen werden weder Gebühren noch die Dokumentenpauschale erhoben. ³Für die Erteilung eines Auszugs aus dem Schiffszertifikat wird nur die Dokumentenpauschale erhoben.

Gliederung

1) Systematik, I–V	1
2) Regelungszweck, I–V	2
3) Eintragung des Schiffs usw, I	3, 4
A. Ersteintragung	3
B. Veränderung	4
4) Löschung, II	5
5) Rechtsverhältnisse am Schiff, III	6
6) Rahmengebühr, Festgebühr, IV, V	7
7) Gebührenfreiheit, I–V	8–13
A. Schiffskennzeichen, I 4	9
B. Flaggenrecht, II 2	10
C. Schiffszertifikat, Schiffsbrief, V 2	11
D. Zertifikatsauszug, V 3	12
E. Zuständigkeitswechsel, I 1	13
8) Fälligkeit, Kostenschuldner, I–V	14

1 **1) Systematik, I–V.** Die Vorschrift schafft eine grundsätzlich ungeachtet der Ergänzungen durch §§ 85ff möglichst in sich abgeschlossene vorrangige Spezialregelung einschließlich Wertermittlung. Das beim AG geführte Schiffsregister beruht auf der VO vom 26. 5. 94, BGBl 1133, zuletzt geändert am 29. 10. 01, BGBl 2785. Wegen des Internationalen Seeschiffahrtsregisters vgl die (Verwaltungs-)KostVO v 20. 12. 01, BGBl 4081. Die Gesellschaftssteuerrichtlinie der EU ist unanwendbar, Oldb Rpfleger **00**, 568.

2 **2) Regelungszweck, I–V.** Die Regelung bezweckt eine kostengerechte Differenzierung und wo möglich extra in IV, V 1 eine Vereinfachung. Die Auslegung sollte

1. Teil. Gerichtskosten § 84 KostO

unter Mitbeachtung des Grundsatzes erfolgen, daß man den Kostenschuldner möglichst schonen soll, § 1 Rn 2.

3) Eintragung des Schiffs usw, I. Man muß zwei Zeitpunkte unterscheiden. 3
A. Ersteintragung. I erfaßt die erste Eintragung eines Schiffs in das Schiffsregister. Das gilt auch nach einer Voreintragung im Schiffsbauregister nach § 85. Die Übertragung einer Schiffshypothek von dort bleibt allerdings nach § 85 S 3 gebührenfrei. Die 0,25 Gebühr gilt auch die Eintragung des Eigentümers mit der Bezeichnung des Rechtsgrunds sowie die Miteintragung eines Korrespondentreeders und eines etwaigen vorher erhobenen Widerspruchs gegen die Eigentümereintragung nach § 16 IV SchiffsRegO ab.
Der *Geschäftswert* richtet sich nach dem Wert des Schiffs im Zeitpunkt der Fälligkeit, §§ 18 I 1, 19 II. Es findet kein Abzug von Verbindlichkeiten statt, § 18 III.
B. Veränderung. I erfaßt auch die Eintragung einer solchen Veränderung, die das 4
Schiff betrifft, nicht etwa nur das Eigentum oder Hypotheken. Gemeint sind zB: Eine Namensänderung; eine Größenänderung; die Verlegung des Heimathafens oder des Heimatorts. Für die letztere entsteht aber bei einer Verlegung aus dem Bezirk des bisherigen Registergerichts hinaus nur eine Gebühr beim Gericht des neuen Heimathafens, I 3. Für einen Vermerk der Veränderungen auf dem Schiffszertifikat oder Schiffsbrief entstehen Rahmengebühren nach V. Die Eintragung von Veränderungen der amtlichen Kennzeichen ist gebührenfrei, I 4, ebenso ein entsprechender Vermerk auf den Schiffspapieren, V 2. Dann entsteht auch keine Dokumentenpauschale.
Der *Geschäftswert* richtet sich nach § 30 II.

4) Löschung, II. Die Löschung der Eintragung des Schiffs ist grundsätzlich ge- 5
bührenfrei. Das gilt auch nach einem Untergang oder dann, wenn das Schiff seinen Heimatort nach § 20 II 1 SchiffsRegO im Ausland erhält oder wenn das Schiff das Recht zur Führung der Bundesflagge nach § 20 III, IV SchiffsRegO verloren hat oder wenn das Schiff ein Recht zur Führung der Bundesflagge während einer gewissen Zeit nicht ausüben darf, §§ 17 II SchiffsRegO, 7 FlaggRG v 26. 10. 94, BGBl 3140, zuletzt geändert am 21. 8. 02, BGBl 3322/3338.
Gebührenpflichtig ist ausnahmsweise die Löschung eines nur freiwillig eingetragenen Schiffs auf Antrag des Eigentümers.
Der *Geschäftswert* richtet sich nach dem Wert des Schiffs, Rn 1.

5) Rechtsverhältnisse am Schiff, III. Die Vorschrift erfaßt die Eintragung des 6
neuen Eigentümers usw, vgl auch §§ 23 ff SchiffsRegO. Hierher gehören auch: Die Eintragungen des neuen Eigentümers oder Miteigentümers; die Eintragung eines Eigentumswechsels bei mehreren Schiffen, § 60 IV; die Eintragung einer Schiffshypothek; die Eintragung eines Arrestpfandrechts; die Eintragung eines Nießbrauchs, §§ 62, 63; die Eintragung von deren Löschung, § 68; die Eintragung einer Veränderung, die sich auf das Eigentum, eine Schiffshypothek oder einen Nießbrauch bezieht; die Eintragung der Löschung einer Vormerkung oder eines Widerspruchs, § 66; oder einer Verfügungsbeschränkung, § 65.
Es gelten die Vorschriften des *Grundbuchkostenrechts* nach §§ 60 ff entsprechend. § 60 II, III ist unanwendbar, § 60 IV, V ist anwendbar. Allerdings darf die Gebühr nicht mehr als 0,25 Gebühr betragen.
Der *Geschäftswert* richtet sich nach denselben Vorschriften wie bei §§ 18 I, 19 I, 20 I, 60 ff.

6) Rahmengebühr, Festgebühr, IV, V. Über die Rahmengebühr vgl grundsätz- 7
lich § 34. Bei IV entsteht eine Gebühr von 10–140 EUR. Bei V entsteht die Festgebühr von 13 EUR. Die Gebühr entsteht auch für ein neues Zertifikat oder einen neuen Brief, selbst bei solcher Situation von Amts wegen.

7) Gebührenfreiheit, I–V. Eine Gebührenfreiheit kann in den folgenden Fällen 8
eintreten.
A. Schiffskennzeichen, I 4. Gebührenfrei ist die Eintragung einer Veränderung 9
des amtlichen Schiffskennzeichens.
B. Flaggenrecht, II 2. Gebührenfrei ist die Eintragung des Verlusts des Flaggen- 10
rechts oder des inländischen Heimatorts.

843

KostO §§ 84–86   III. Kostenordnung

11   C. **Schiffszertifikat, Schiffsbrief, V 2.** Gebührenfrei ist die Eintragung eines Vermerks über eine Veränderung des amtlichen Kennzeichens auf dem Schiffszertifikat oder dem Schiffsbrief.

12   D. **Zertifikatsauszug, V 3.** Gebührenfrei ist die Erteilung eines Auszugs aus dem Schiffszertifikat. Dann entsteht aber die Verpflichtung zur Erstattung der Dokumentenpauschale nach § 136. Eine beglaubigte Ablichtung oder Abschrift fällt unter § 89.

13   E. **Zuständigkeitswechsel, I 1.** Gebührenfrei ist eine infolge Zuständigkeitswechsels des Registergerichts notwendige Eintragung, § 12 VI SchiffsRegDVO.

14   **8) Fälligkeit, Kostenschuldner, I–V.** Die Fälligkeit richtet sich nach § 7. *Kostenschuldner* ist der Antragsteller, § 2 Z 1.

Eintragungen in das Schiffsbauregister

85 [1] Für Eintragungen in das Schiffsbauregister gilt § 84 Abs. 1 bis 4 entsprechend. [2] Für die Eintragung des Schiffsbauwerks wird eine Gebühr nicht erhoben. [3] Die Übertragung der im Schiffsbauregister eingetragenen Hypotheken in das Schiffsregister ist gebührenfrei.

1   **1) Geltungsbereich, S 1–3.** Die Eintragung in das Schiffsbauregister macht dieselben Gebühren fällig wie eine solche in das Schiffsregister. Das gilt für eine Vereinbarung etwa der Eigentumsverhältnisse, der Schiffsgattung, des Herstellungsorts oder des Namens, ferner für eine Löschung. Die erste Eintragung des Schiffsbauwerks selbst ist nach S 2 gebührenfrei. Dasselbe gilt nach S 3 für die Übertragung eines Pfandrechts aus dem Schiffsbauregister in das Schiffsregister nach § 81 SchiffsRG. Ein Schwimmdock nach § 81a SchiffsRG läßt sich nach § 85 S 1, 2 beurteilen, Hornung Rpfleger 03, 232.

2   **2) Geschäftswert, S 1.** Er richtet sich nach § 30 II in Verbindung mit § 84 I 2 Hs 2.

3   **3) Fälligkeit, Kostenschuldner, S 1.** Die Fälligkeit ergibt sich aus § 7. *Kostenschuldner* ist der Antragsteller, § 2 Z 1.

Anmeldungen und Anträge

86 [1] Für die Aufnahme von Anmeldungen zum Handels-, Vereins-, Güterrechts- und Partnerschaftsregister werden Gebühren nach Maßgabe des Beurkundungsabschnitts besonders erhoben. [2] Das gleiche gilt in Schiffsregister- und Schiffsbauregistersachen für die Aufnahme von Anträgen, die in der Form des § 37 der Schiffsregisterordnung gestellt werden müssen. [3] Im übrigen ist die Aufnahme und Entgegennahme von Anträgen und Anmeldungen gebührenfrei.

Gliederung

1) Systematik, S 1–3	1
2) Regelungszweck, S 1–3	2
3) Handelsregister usw, S 1	3
4) Schiffsregister usw, S 2	4
5) Gebührenfreiheit, S 3	5

1   **1) Systematik, S 1–3.** Die Vorschrift enthält Ergänzungen zu §§ 79 ff.

2   **2) Regelungszweck, S 1–3.** Die Vorschrift dient der Vermeidung eines sonst wegen § 1 I 1 entstehenden Vergütungslochs bei solchen Vorgängen, die schon wegen der Verantwortung bei ihrer ordnungsgemäßen Durchführung keine völlige Gebührenfreiheit erlauben. Davon macht S 3 schon eine erhebliche Ausnahme. Denn dort erfolgt in Wahrheit die Rückkehr zur möglichsten Schonung des Kostenschuldners, § 1 Rn 2.

3   **3) Handelsregister usw, S 1.** Eine Anmeldung oder ein Antrag zum Handelsregister, Vereinsregister, Güterrechtsregister oder Partnerschaftsregister muß in öffentlich beglaubigter Form erfolgen, §§ 129, 159, 161 FGG, 12 HGB, 77, 1560 BGB, 4, 5 PartGG.

§§ 86, 87 KostO

Stets entsteht die *Beurkundungsgebühr* nach § 38 II Z 7. Bei einer bloßen Unterschriftsbeglaubigung ist § 45 anwendbar.

4) Schiffsregister usw, S 2. Für die Aufnahme einer Anmeldung oder eines Antrags in einer Schiffsregister- oder Schiffsbauregistersache muß man § 37 SchiffsRegO beachten. Die Gebühr des § 38 I Z 5a, b entsteht für die Aufnahme, sofern der Antrag in der gesetzlichen Form eingeht, Meyer JB 08, 297.

5) Gebührenfreiheit, S 3. Alle Anträge und Anmeldungen, die nicht unter S 1 oder 2 fallen, sind gebührenfrei, und zwar sowohl ihre Aufnahme als auch ihre Entgegennahme, S 3, § 129. Das gilt zB für folgende Situationen: Es handelt sich um die Aufnahme einer Anmeldung zum Musterregister; zum Genossenschaftsregister; um den Antrag auf die Löschung des Schiffs.

Gebührenfreie Geschäfte des Registergerichts

87 *Fassung 1. 9. 2009:* **Gebühren werden nicht erhoben**

1. **für die aus Anlaß eines Insolvenzverfahrens von Amts wegen vorzunehmenden Eintragungen sowie für Eintragungen und Löschungen, die auf Ersuchen und Anordnung eines Gerichts, insbesondere des Insolvenz- oder Vollstreckungsgerichts erfolgen; ausgenommen sind die Eintragung des Erstehers als Eigentümer eines Schiffs oder eines Schiffsbauwerks, die Eintragung der Schiffshypothek für die Forderung gegen den Ersteher sowie Eintragungen auf Grund einer einstweiligen Verfügung (§ 941 der Zivilprozeßordnung); ferner für Eintragungen oder Löschungen, die nach den Vorschriften der Insolvenzordnung statt auf Ersuchen des Insolvenzgerichts auf Antrag des Insolvenzverwalters oder, wenn kein Verwalter bestellt ist, auf Antrag des Schuldners erfolgen;**
2. **von berufsständischen Organen im Rahmen ihrer Beteiligung nach § 380 des Gesetzes über das Verfahren in Familiensachen und in den Angelegenheiten der freiwilligen Gerichtsbarkeit.**

Vorbem. Z 2 idF Art 47 II Z 12 FGG-RG v 17. 12. 08, BGBl 2586, in Kraft seit 1. 9. 09, Art 112 I Hs 1 FGG-RG, Übergangsrecht Art 111 FGG-RG, Grdz 2 vor § 1 FamGKG, Teil I B dieses Buchs.

Bisherige Fassung Z 2: **2. für Entscheidungen über Anträge und Beschwerden der in § 126 des Gesetzes über die Angelegenheiten der freiwilligen Gerichtsbarkeit bezeichneten Art.**

1) Systematik, Regelungszweck, Z 1, 2. Die Vorschrift ergänzt sonstige Befreiungsvorschriften nach §§ 60ff, zB nach § 69 in Verbindung mit §§ 84 III, 85 I. Sie bedeutet eine Stärkung des durch das Wort „nur" in § 1 I 1 geklärten Grundsatzes einer Begrenzung von Kostenpflicht. Sie ist daher weit auslegbar.

2) Öffentliches Interesse, Z 1. Die Vorschrift entspricht im wesentlichen § 69 II, dort Rn 9–15. Gebührenfrei sind zB Vorgänge: Im Handelsregister nach §§ 32, 34 V HGB; § 65 I 3 GmbHG; § 263 S 3 AktG; im Partnerschaftsregister nach § 2 II PartGG; im Vereinsregister nach § 75 BGB; im Genossenschaftsregister nach § 102 I GenG; im Schiffs- und Schiffsbauregister nach §§ 23 III, 25 I, 33, 200 II 3, 215 I 3, II 2, 258 III 3 InsO; § 931 III, VI ZPO.

Gebührenpflichtig sind die Eintragung des Erstehers eines Schiffs oder Schiffsbauwerks, die Eintragung der Schiffshypothek für die Forderung gegen den Ersteher und die Eintragung auf Grund einer einstweiligen Verfügung. Es ist unerheblich, ob das Gericht oder ein Berechtigter den Antrag stellen.

3) Beteiligung nach § 380 FamFG, Z 2. Es handelt sich um die Entscheidung über einen Antrag oder eine Beschwerde oder im Rahmen einer sonstigen Beteiligung eines Organs des Handelsstands, also einer Handwerkskammer, Landwirtschaftskammer und vor allem einer Industrie- und Handelskammer, ferner einer berufsständischen Kammer in einer Partnerschaftssache nach § 380 FamFG. Die Eingabe muß im öffentlichen Interesse erfolgen. Solche Entscheidungen sind gebührenfrei. Das Organ des

KostO §§ 87–89   III. Kostenordnung

Handelsstands muß die Auslagen nur dann erstatten, wenn das Beschwerdegericht die Beschwerde zurückweist.

Unanwendbar ist Z 2 auf eine Ablichtung oder Abschrift nach § 89 I, Hamm FG-Prax **07**, 286.

Löschungsverfahren, Auflösungsverfahren

88 *Fassung 1. 9. 2009:* [I] **Für Löschungen nach dem § 395 des Gesetzes über das Verfahren in Familiensachen und in den Angelegenheiten der freiwilligen Gerichtsbarkeit werden keine Gebühren erhoben.**

II [1] Für die Zurückweisung des Widerspruchs gegen eine angedrohte Löschung in den Fällen der §§ 393 bis 398 des Gesetzes über das Verfahren in Familiensachen und in den Angelegenheiten der freiwilligen Gerichtsbarkeit und für die Zurückweisung des Widerspruchs gegen eine Aufforderung nach § 399 des Gesetzes über das Verfahren in Familiensachen und in den Angelegenheiten der freiwilligen Gerichtsbarkeit wird das Doppelte der vollen Gebühr erhoben. [2] Das Gleiche gilt für die Verwerfung oder Zurückweisung der Beschwerde gegen die Zurückweisung des Widerspruchs. [3] Der Geschäftswert bestimmt sich nach § 30 Abs. 2.

Vorbem. II 1 geändert dch Art 15 Z 3 MoMiG v 23. 10. 08, BGBl 2026, in Kraft seit 1. 11. 08, Art 25 MoMiG, Übergangsrecht § 161 KostO. Sodann I, II 1 geändert dch Art 47 II Z 13 a, b FGG-RG v 17. 12. 08, BGBl 2586, in Kraft seit 1. 9. 09, Art 112 I Hs 1 FGG-RG. Schließlich II 1 idF Art 8 Z 6 b bb G v 30. 7. 09, BGBl 2449, in Kraft seit 5. 8. 09, Art 10 S 2 G. Übergangsrecht jeweils Art 111 FGG-RG, Grdz 2 vor § 1 FamGKG, Teil I B dieses Buchs.

Bisherige Fassung: [1] Für Löschungen nach den §§ 159 und 161 des Gesetzes über die Angelegenheiten der freiwilligen Gerichtsbarkeit werden keine Gebühren erhoben.

II [1] Für die Zurückweisung des Widerspruchs gegen eine angedrohte Löschung in den Fällen der §§ 141 bis 144, § 147 Abs. 1, §§ 159, 160 b Abs. 1 und § 161 des Gesetzes über die Angelegenheiten der freiwilligen Gerichtsbarkeit und für die Zurückweisung des Widerspruchs gegen eine Aufforderung nach § 144 a oder § 144 b des Gesetzes über die Angelegenheiten der freiwilligen Gerichtsbarkeit wird das Doppelte der vollen Gebühr erhoben. [2] Das Gleiche gilt für die Verwerfung oder Zurückweisung der Beschwerde gegen die Zurückweisung des Widerspruchs. [3] Der Geschäftswert bestimmt sich nach § 30 Abs. 2.

1 1) **Löschungsverfahren, I.** § 395 FamFG betrifft eine Amtslöschung im Register wegen der Unzulässigkeit der Eintragung. Dann entstehen keine Gebühren. Auslagen können wie sonst entstehen.

2 2) **Zurückweisung des Widerspruchs, II.** Die Vorschrift betrifft die abschließend aufgezählten derartigen Fälle. Es ist unerheblich, ob das Gericht den Widerspruch als unzulässig, zB als verspätet, oder als unbegründet zurückweist.

3 3) **Gebührenhöhe, II.** Bei II entsteht nach II 1 2,0 Gebühr (§ 32). Auch eine Verwerfung oder Zurückweisung der anschließenden Beschwerde kostet nach II 2 dasselbe.

4 4) **Geschäftswert, II 3.** Der Wert errechnet sich gemäß II 3 nach § 30 II 1, 2, Mü FGPrax **05**, 229 (Bruchteil des Unternehmenswerts).

5 5) **Fälligkeit, Kostenschuldner, II.** Die Fälligkeit ergibt sich aus § 7. *Kostenschuldner* ist der Widerspruchs- oder Beschwerdeführer, § 2 Z 1. Vgl aber auch § 11 I.

Ablichtungen und Ausdrucke

89 I [1] Für die Erteilung von Ablichtungen aus den in diesem Abschnitt genannten Registern und die Erteilung von Ausdrucken aus diesen Registern, die elektronisch geführt werden, gilt § 73 Abs. 1 bis 4 entsprechend. [2] Wird anstelle eines Ausdrucks die elektronische Übermittlung einer Datei beantragt, werden erhoben

1. Teil. Gerichtskosten § 89 KostO

1. für eine unbeglaubigte Datei 5 Euro und
2. für eine beglaubigte Datei 10 Euro;
die Dokumentenpauschale wird nicht erhoben.

II Für Bescheinigungen aus den genannten Registern wird die Mindestgebühr (§ 33) erhoben.

III § 73 Abs. 5 gilt entsprechend.

Vorbem. Zunächst I 1 geändert, neuer I 2 angefügt dch Art 12 V Z 5 a, b EHUG v 10. 11. 06, BGBl 2553, in Kraft seit 1. 1. 07, Art 13 Hs 1 EHUG. Sodann III aufgehoben, dadch IV zu III dch Art 4 G v 24. 9. 09, BGBl 3145, in Kraft seit 30. 9. 09, Art 7 G. Übergangsrecht jeweils § 161 KostO.

1) Systematik, I–III. Die Vorschrift verstößt wohl nicht gegen Europarecht, LG Cottbus JB 00, 540 (krit Waldner), aM KLBR 4 (fordern Vorlage beim EuGH). Sie entspricht dem § 73, auf den I ja auch Bezug nimmt. § 84 V 3 (Schiffszertifikat) hat den Vorrang. Beim automatisierten Abruf gilt § 7 b JVKostO, Teil VIII A dieses Buchs. 1

2) Regelungszweck, I–III. Wie § 73 dient auch § 89 der Vereinfachung aus Zweckmäßigkeitserwägungen. Man sollte die Vorschrift auch unter einer Mitbeachtung des Grundsatzes einer den Kostenschuldner möglichst schonenden Handhabung auslegen, § 1 Rn 2. 2

3) Ablichtung, Ausdruck, I, III. Es gibt zwei Aspekte. 3
A. Geltungsbereich. Jedermann darf einen Auszug, eine Ablichtung oder einen Ausdruck aus einem im dritten Unterabschnitt genannten öffentlichen Register anfordern. Zu diesen Registern gehört auch das Genossenschaftsregister. Während es im übrigen nach § 83 keine Gebühr entstehen läßt, muß man eine Ablichtung oder einen Ausdruck nach § 73 Rn 1 aus ihm bezahlen.
Nicht hierher gehörten eine Ablichtung oder ein Ausdruck aus einem lediglich zu den Registerakten eingereichten Dokument oder eine bloße Registereinsicht.
B. Gebühr. Der jeweilige Umfang ist für die Gebührenhöhe unerheblich. Jedes Registerblatt zählt aber gesondert, selbst bei einem Zusammenhang. Für eine unbeglaubigte Ablichtung entsteht eine Gebühr von 10 EUR, § 73 I Z 1 entsprechend. Für einen einfachen Ausdruck entsteht eine Gebühr von 10 EUR, § 73 II Z 1 entsprechend. Für eine beglaubigte Ablichtung entsteht eine Gebühr von 18 EUR, § 73 I Z 2 entsprechend. Für einen amtlichen Ausdruck entsteht eine Gebühr von 18 EUR, § 73 II Z 2 entsprechend. Für die Ergänzung oder Bestätigung entsteht dieselbe Gebühr wie für die Erteilung, § 73 III entsprechend. Die in I 2 genannten Gebühren entstehen bei einer elektronischen Übermittlung. Die Dokumentenpauschale des § 136 entsteht nicht, wegen I 1 § 73 IV entsprechend, wegen I 2 dort Hs 2. Wegen der Gebühr bei der Erteilung mehrerer gleichlautender Ablichtungen oder Ausdrucke § 17 KostVfg, Teil VII A dieses Buchs. 4
Eine beglaubigte Ablichtung oder eine Auskunft bei einer *Zwangsversteigerung* eines Schiffs nach §§ 19 II, III, 162, 163 II, 170 a II 2 ZVG ist entsprechend § 73 V gebührenfrei.

4) Bescheinigung, II. Auch hier gibt es zwei Gesichtspunkte. 5
A. Geltungsbereich. Die Vorschriften erfassen Bescheinigungen aus dem Handelsregister, aus dem Vereinsregister oder aus dem Güterrechtsregister, §§ 9 III HGB, 32 GBO, 69 BGB, 386 FamFG.
B. Gebühr. Es entsteht für jede einzelne Bescheinigung eine Festgebühr in Höhe von 10 EUR, II in Verbindung mit § 33 S 1. Bei gleichlautenden Ablichtungen oder Ausdrucken oder Bescheinigungen aus den Registern oder dann, wenn im Anschluß an eine erteilte Ablichtung oder einen entsprechenden Ausdruck oder eine erteilte Bescheinigung bestätigt wird, daß weitere Eintragungen nicht vorhanden sind oder daß eine bestimmte Eintragung nicht erfolgt ist, muß man § 17 KostVfg beachten, Teil VII A dieses Buchs. Es erfolgt dann also nur ein Ansatz von nur 10 EUR. 6

5) Fälligkeit, Kostenschuldner, I–III. Die Fälligkeit richtet sich nach § 7. 7
Kostenschuldner ist der Antragsteller, § 2 Z 1.

KostO § 90, Anh I § 90

Registereinsicht

90 Für die Einsicht der in diesem Abschnitt genannten Register werden Gebühren nicht erhoben.

1 **1) Einsicht.** Die bloße Einsicht eines Registers ist gebührenfrei. Von der Einsicht muß man die Durchsicht mit Erlaubnis der Justizverwaltung unterscheiden. Für sie gilt im Bereich des Bundesrechts § 9 Z 3 JVerwKO, Teil VIII A dieses Buchs, im übrigen das Landesrecht.

Anhang nach § 90

I. Gebühren bei Antrag auf gerichtliche Entscheidung bei einer Kapitalgesellschaft

Gebühren der gerichtlichen Entscheidung über die Zusammensetzung des Aufsichtsrats

AktG § 99. Verfahren. Fassung 1. 9. 2009: [VI] [1] Für die Kosten des Verfahrens gilt die Kostenordnung. [2] Für das Verfahren des ersten Rechtszugs wird das Vierfache der vollen Gebühr erhoben. [3] Für das Verfahren über ein Rechtsmittel wird die gleiche Gebühr erhoben; dies gilt auch dann, wenn das Rechtsmittel Erfolg hat. [4] Wird der Antrag oder das Rechtsmittel zurückgenommen, bevor es zu einer Entscheidung kommt, so ermäßigt sich die Gebühr auf die Hälfte. [5] Der Geschäftswert ist von Amts wegen festzusetzen. [6] Er bestimmt sich nach § 30 Abs. 2 der Kostenordnung mit der Maßgabe, daß der Wert regelmäßig auf 50 000 Euro anzunehmen ist. [7] Schuldner der Kosten ist die Gesellschaft. [8] Die Kosten können jedoch ganz oder zum Teil dem Antragsteller auferlegt werden, wenn dies der Billigkeit entspricht. [9] Kosten der Beteiligten werden nicht erstattet.

Vorbem. VI 3, 4 geändert dch Art 74 Z 7 c FGG-RG v 17. 12. 08, BGBl 2586, in Kraft seit 1. 9. 09, Art 112 I Hs 1 FGG-RG, Übergangsrecht Art 111 FGG-RG, Grdz 2 vor § 1 FamGKG, Teil I B dieses Buchs.

Bisherige Fassung VI: [VI] [1] Für die Kosten des Verfahrens gilt die Kostenordnung. [2] Für das Verfahren des ersten Rechtszugs wird das Vierfache der vollen Gebühr erhoben. [3] Für den zweiten Rechtszug wird die gleiche Gebühr erhoben; dies gilt auch dann, wenn die Beschwerde Erfolg hat. [4] Wird der Antrag oder die Beschwerde zurückgenommen, bevor es zu einer Entscheidung kommt, so ermäßigt sich die Gebühr auf die Hälfte. [5] Der Geschäftswert ist von Amts wegen festzusetzen. [6] Er bestimmt sich nach § 30 Abs. 2 der Kostenordnung mit der Maßgabe, daß der Wert regelmäßig auf 50 000 Euro anzunehmen ist. [7] Schuldner der Kosten ist die Gesellschaft. [8] Die Kosten können jedoch ganz oder zum Teil dem Antragsteller auferlegt werden, wenn dies der Billigkeit entspricht. [9] Kosten der Beteiligten werden nicht erstattet.

1 **1) Geltungsbereich.** Bei einem Streit oder einer Ungewißheit über die Anwendbarkeit der §§ 95 ff, 105 AktG (Zusammensetzung des Aufsichtsrats der Aktiengesellschaft) entscheidet auf Grund eines Antrags ausschließlich das LG, § 98 AktG. Es entscheidet im Verfahren der freiwilligen Gerichtsbarkeit durch einen Beschluß nach § 99 I, III AktG. Die Aktiengesellschaft trägt grundsätzlich die Kosten des Verfahrens. Das Gericht kann die Kosten allerdings ganz oder zum Teil dem Antragsteller auferlegen, soweit das der Billigkeit entspricht.

Gegen die Entscheidung ist die *sofortige Beschwerde* statthaft, § 99 III AktG. Eine weitere Beschwerde ist nicht zulässig.

2 **2) Gebühr.** Sowohl im Verfahren erster Instanz als auch im Rechtsmittelverfahren entsteht grundsätzlich jeweils 4,0 Gebühr. Soweit der Antrag oder das Rechtsmittel zurückgenommen werden, bevor das Gericht die in dem jeweiligen Rechtszug erforderliche Sachentscheidung wirksam getroffen hat, ermäßigt sich die Gebühr kraft Gesetzes auf 2,0.

1. Teil. Gerichtskosten   Anh I § 90 KostO

3) **Geschäftswert.** Das Gericht muß den Geschäftswert von Amts wegen festset- 3
zen, und zwar auf der Grundlage des § 43 II KostO. Allerdings muß es von einem
Regelwert von 50 000 EUR ausgehen.

4) **Kostenschuldner usw.** Die Aktiengesellschaft ist Kostenschuldner. Ein Ko- 4
stenvorschuß ist nicht erforderlich.

Gebühren im gerichtlichen Verfahren über das Auskunftsrecht des Aktionärs

AktG § 132. Gerichtliche Entscheidung über das Auskunftsrecht. Fassung 1. 9. 2009: V
[1] Für die Kosten des Verfahrens gilt die Kostenordnung. [2] Für das Verfahren des
ersten Rechtszugs wird das Doppelte der vollen Gebühr erhoben. [3] Für das
Verfahren über ein Rechtsmittel wird die gleiche Gebühr erhoben; dies gilt
auch dann, wenn das Rechtsmittel Erfolg hat. [4] Wird der Antrag oder das
Rechtsmittel zurückgenommen, bevor es zu einer Entscheidung oder einer
vom Gericht vermittelten Einigung kommt, so ermäßigt sich die Gebühr auf
die Hälfte. [5] Der Geschäftswert ist von Amts wegen festzusetzen. [6] Er bestimmt
sich nach § 30 Abs. 2 der Kostenordnung mit der Maßgabe, daß der Wert regelmäßig auf 5000 Euro anzunehmen ist. [7] Das mit dem Verfahren befaßte Gericht bestimmt nach billigem Ermessen, welchem Beteiligten die Kosten des
Verfahrens aufzuerlegen sind.

Vorbem. V 3, 4 geändert dch Art 74 Z 11 c FGG-RG v 17. 12. 08, BGBl 2586, in
Kraft seit 1. 9. 09, Art 112 I Hs 1 FGG-RG, Übergangsrecht Art 111 FGG-RG, Grdz 2
vor § 1 FamGKG, Teil I B dieses Buchs.

Bisherige Fassung[V 1–4:] V [1] Für die Kosten des Verfahrens gilt die Kostenordnung. [2] Für das Verfahren des ersten Rechtszugs wird das Doppelte der vollen
Gebühr erhoben. [3] Für den zweiten Rechtszug wird die gleiche Gebühr erhoben; dies gilt auch dann, wenn die Beschwerde Erfolg hat. [4] Wird der Antrag
oder die Beschwerde zurückgenommen, bevor es zu einer Entscheidung oder
einer vom Gericht vermittelten Einigung kommt, so ermäßigt sich die Gebühr auf die Hälfte.

1) **Geltungsbereich.** Die Aktionäre können in der Hauptversammlung über eine 1
Angelegenheit der Gesellschaft Auskunft verlangen, soweit diese Auskunft zu einer
sachgemäßen Beurteilung des Gegenstands der Tagesordnung erforderlich ist, § 131 I
AktG. Darüber hinaus können die Aktionäre in der Hauptversammlung eine Auskunft auch unabhängig von ihrer Erheblichkeit für einen Tagesordnungspunkt fordern, soweit ein anderer Aktionär in dieser Eigenschaft eine Auskunft der Hauptversammlung erhalten hatte, § 131 IV AktG. Bei einem Streit darüber, ob die Gesellschaft den Aktionären Auskunft geben muß, entscheidet das LG im Verfahren der
freiwilligen Gerichtsbarkeit nach § 133 I, III AktG.
    Gegen die Entscheidung ist die *sofortige Beschwerde* zulässig, sofern das LG sie zuge- 2
lassen hat.
    Die *Kosten* richten sich nach der KostO. Das Gericht der Instanz muß nach seinem
pflichtgemäßen Ermessen prüfen, welchem Beteiligten die Kosten auferlegt. Es
kann die Kosten verteilen.

2) **Gebühr.** Sowohl im Verfahren des ersten Rechtszugs als auch im Rechtsmittel- 3
verfahren entsteht jeweils 2,0 Gebühr. Das gilt im Rechtsmittelrechtszug auch dann,
wenn das Rechtsmittel Erfolg hat. Soweit der Antrag das Rechtsmittel zurückgenommen werden, bevor das jeweils zuständige Gericht seine Sachentscheidung wirksam getroffen oder eine Einigung vermittelt hat, ermäßigt sich die Gebühr auf 1,0.

3) **Geschäftswert.** Das Gericht muß den Geschäftswert von Amts wegen festset- 4
zen und dabei von § 30 II KostO ausgehen. Es muß jedoch einen Regelwert von
5000 EUR zugrunde legen.

Gebühren des gerichtlichen Verfahrens zur Entscheidung von
Meinungsverschiedenheiten zwischen Kapitalgesellschaft und Abschlußprüfer

*HGB § 324. Meinungsverschiedenheiten zwischen Kapitalgesellschaft und Abschluß-
prüfer. Fassung 1. 9. 2009:* III [1] Für die Kosten des Verfahrens gilt die Kostenord-

849

KostO Anh I § 90 III. Kostenordnung

nung. ²Für das Verfahren des ersten Rechtszugs wird das Doppelte der vollen Gebühr erhoben. ³Für das Verfahren über ein Rechtsmittel wird die gleiche Gebühr erhoben; dies gilt auch dann, wenn das Rechtsmittel Erfolg hat. ⁴Wird der Antrag oder das Rechtsmittel zurückgenommen, bevor es zu einer Entscheidung kommt, so ermäßigt sich die Gebühr auf die Hälfte. ⁵Der Geschäftswert ist von Amts wegen festzusetzen. ⁶Er bestimmt sich nach § 30 Abs. 2 der Kostenordnung. ⁷Der Abschlußprüfer ist zur Leistung eines Kostenvorschusses nicht verpflichtet. ⁸Schuldner der Kosten ist die Kapitalgesellschaft. ⁹Die Kosten können jedoch ganz oder zum Teil dem Abschlußprüfer auferlegt werden, wenn dies der Billigkeit entspricht.

Vorbem. III 3, 4 geändert dch Art 69 Z 4b FGG-RG v 17. 12. 08, BGBl 2586, in Kraft seit 1. 9. 09, Art 112 I Hs 1 FGG-RG, Übergangsrecht Art 111 FGG-RG, Grdz 2 vor § 1 FamGKG, Teil I B dieses Buchs.

Bisherige Fassung III 3, 4: ³Für den zweiten Rechtszug wird die gleiche Gebühr erhoben; dies gilt auch dann, wenn die Beschwerde Erfolg hat. ⁴Wird der Antrag oder die Beschwerde zurückgenommen, bevor es zu einer Entscheidung kommt, so ermäßigt sich die Gebühr auf die Hälfte.

1 **1) Geltungsbereich.** Bei einer Meinungsverschiedenheit zwischen den Abschlußprüfern und der Kapitalgesellschaft über die Auslegung der Bestimmungen über den Jahresabschluß und über den Geschäftsbericht entscheidet das LG im Verfahren der freiwilligen Gerichtsbarkeit nach §§ 234 II HGB, 132 I AktG, durch einen Beschluß. Gegen die Entscheidung ist die *sofortige Beschwerde* statthaft, sofern das LG sie zugelassen hat.
Für die *Kosten* des Verfahrens gilt die KostO.

2 **2) Gebühr.** Sowohl im Verfahren des ersten Rechtszugs als auch im Rechtsmittelverfahren entsteht jeweils 2,0 Gebühr. Das gilt auch dann, wenn das Rechtsmittel Erfolg hat. Soweit der Antrag oder das Rechtsmittel zurückgenommen werden, bevor das jeweils zuständige Gericht die notwendige Sachentscheidung wirksam getroffen hat, ermäßigt sich die Gebühr auf 1,0.

3 **3) Geschäftswert.** Das Gericht muß den Geschäftswert von Amts wegen festsetzen. Es muß dabei von § 30 II KostO ausgehen und braucht keinen abweichenden Regelwert zugrunde zu legen.

4 **4) Kostenschuldner usw.** Die Aktiengesellschaft ist grundsätzlich Kostenschuldner. Das Gericht kann und muß jedoch im Rahmen eines pflichtgemäßen Ermessens die Kosten ganz oder zum Teil dem Abschlußprüfer auferlegen, soweit das der Billigkeit entspricht. Insoweit ist der Abschlußprüfer Kostenschuldner.

Gebühren im gerichtlichen Verfahren über abschließende Feststellungen der Sonderprüfer

AktG § 260. Gerichtliche Entscheidung über die abschließenden Feststellungen der Sonderprüfer. Fassung 1. 9. 2009: **ᴵⱽ** ¹Für die Kosten des Verfahrens gilt die Kostenordnung. ²Für das Verfahren des ersten Rechtszugs wird das Doppelte der vollen Gebühr erhoben. ³Für das Verfahren über ein Rechtsmittel wird die gleiche Gebühr erhoben; dies gilt auch dann, wenn das Rechtsmittel Erfolg hat. ⁴Wird der Antrag oder das Rechtsmittel zurückgenommen, bevor es zu einer Entscheidung kommt, so ermäßigt sich die Gebühr auf die Hälfte. ⁵Der Geschäftswert ist von Amts wegen festzusetzen. ⁶Die Kosten sind, wenn dem Antrag stattgegeben wird, der Gesellschaft, sonst dem Antragsteller aufzuerlegen. ⁷§ 247 gilt sinngemäß.

Vorbem. IV 3, 4 geändert dch Art 74 Z 19a, b FGG-RG v 17. 12. 08, BGBl 2586, in Kraft seit 1. 9. 09, Art 112 I Hs 1 FGG-RG, Übergangsrecht Art 111 FGG-RG, Grdz 2 vor § 1 FamGKG, Teil I B dieses Buchs.

Bisherige Fassung IV 3, 4: ³Für den zweiten Rechtszug wird die gleiche Gebühr erhoben; dies gilt auch dann, wenn die Beschwerde Erfolg hat. ⁴Wird der Antrag oder die Beschwerde zurückgenommen, bevor es zu einer Entscheidung kommt, so ermäßigt sich die Gebühr auf die Hälfte.

1. Teil. Gerichtskosten   Anh I § 90 KostO

1) Geltungsbereich. Das Gericht bestellt auf Grund eines Antrags (vgl § 121 Rn 1 ff) einen Sonderprüfer, soweit ein Anlaß zur Annahme einer unzulässigen Unterbewertung besteht, § 258 AktG. Gegen die abschließenden Feststellungen der Sonderprüfungen können die Aktiengesellschaft oder eine im Gesetz näher bestimmte Minderheit von Aktionären einen Antrag auf eine gerichtliche Entscheidung stellen. Über diesen Antrag entscheidet das LG im Verfahren der freiwilligen Gerichtsbarkeit, § 260 I, III AktG, durch einen Beschluß. Gegen die Entscheidung ist die *sofortige Beschwerde* statthaft, §§ 260 III, 99 III AktG. Für die *Kosten* des Verfahrens gilt die KostO. 1

2) Gebühr. Sowohl für das Verfahren des ersten Rechtszugs als auch für das Rechtsmittelverfahren entsteht 2,0 Gebühr. Das gilt auch dann, wenn das Rechtsmittel Erfolg hat. Soweit der Antrag oder das Rechtsmittel zurückgenommen werden, bevor das jeweils zuständige Gericht die sachlich erforderliche Entscheidung wirksam getroffen hat, ermäßigt sich die Gebühr auf 1,0. 2

3) Geschäftswert. Das Gericht muß den Geschäftswert von Amts wegen festsetzen, § 30 KostO. 3

4) Kostenschuldner. Bei einem stattgebenden Beschluß ist die Aktiengesellschaft Kostenschuldner. Soweit das Gericht den Antrag zurückweist, ist der Antragsteller Kostenschuldner. 4

Gebühren im Verfahren betreffs außenstehender Aktionäre bei Beherrschungs- und Gewinnabführungsverträgen

SpruchG § 15. Kosten. *Fassung 1. 9. 2009:* ^I ¹Für die Gerichtskosten sind die Vorschriften der Kostenordnung anzuwenden, soweit nachfolgend nichts anderes bestimmt ist. ²Als Geschäftswert ist der Betrag anzunehmen, der von allen in § 3 genannten Antragsberechtigten nach der Entscheidung des Gerichts zusätzlich zu dem ursprünglich angebotenen Betrag insgesamt gefordert werden kann; er beträgt mindestens 200 000 und höchstens 7,5 Millionen Euro. ³Maßgeblicher Zeitpunkt für die Bestimmung des Werts ist der Tag nach Ablauf der Antragsfrist (§ 4 Abs. 1). ⁴Der Geschäftswert ist von Amts wegen festzusetzen. ⁵Für das Verfahren des ersten Rechtszugs wird die volle Gebühr erhoben. ⁶Kommt es in der Hauptsache zu einer gerichtlichen Entscheidung, erhöht sich die Gebühr auf das Vierfache der vollen Gebühr; dies gilt nicht, wenn lediglich ein Beschluss nach § 11 Abs. 4 Satz 2 ergeht. ⁷Für das Verfahren über ein Rechtsmittel wird die gleiche Gebühr erhoben; dies gilt auch dann, wenn das Rechtsmittel Erfolg hat.

^{II} ¹Schuldner der Gerichtskosten ist nur der Antragsgegner. ²Diese Kosten können ganz oder zum Teil den Antragstellern auferlegt werden, wenn dies der Billigkeit entspricht; die Haftung des Antragsgegners für die Gerichtskosten bleibt hiervon unberührt.

^{III} ¹Der Antragsgegner hat einen zur Deckung der Auslagen hinreichenden Vorschuss zu zahlen. ² § 8 der Kostenordung ist nicht anzuwenden.

^{IV} ¹Das Gericht ordnet an, dass die Kosten der Antragsteller, die zur zweckentsprechenden Erledigung der Angelegenheit notwendig waren, ganz oder zum Teil vom Antragsgegner zu erstatten sind, wenn dies unter Berücksichtigung des Ausgangs des Verfahrens der Billigkeit entspricht.

Vorbem. I 7 geändert dch Art 42 Z 5 FGG-RG v 17. 12. 08, BGBl 2586, in Kraft seit 1. 9. 09, Art 112 I Hs 1 FGG-RG, Übergangsrecht Art 111 FGG-RG, Grdz 2 vor § 1 FamGKG, Teil I B dieses Buchs.

Bisherige Fassung *I 7:* **Für den zweiten Rechtszug wird die gleiche Gebühr erhoben; dies gilt auch dann, wenn die Beschwerde Erfolg hat.**

1) Geltungsbereich. Eine Aktiengesellschaft oder eine Kommanditgesellschaft auf Aktien können durch einen Vertrag ihre Leitung einem anderen Unternehmen unterstellen oder sich verpflichten, ihren gesamten Gewinn an ein anderes Unternehmen abzuführen, § 291 AktG. Für die außenstehenden Aktionäre muß der Gewinnabführungsvertrag einen angemessenen Ausgleich vorsehen, § 304 AktG. Jeder der 1

851

KostO Anh I, II § 90 III. Kostenordnung

vorgenannten Verträge muß für die außenstehenden Aktionäre einen angemessene Abfindung (Erwerb der Aktien der Außenstehenden) vorsehen. Soweit der im Vertrag vorgesehene Ausgleich oder die Abfindung *nicht angemessen* sind, entscheidet auf Grund eines Antrags das LG im Verfahren der freiwilligen Gerichtsbarkeit, §§ 304 III, 305 V, 132 I AktG, § 2 SpruchG, durch einen Beschluß.

2 Gegen die Entscheidung ist die *sofortige Beschwerde* statthaft, §§ 99 III, 1, 2, 4–9 AktG, § 12 SpruchG.
Für die *Kosten des* Verfahrens gilt die KostO.

3 **2) Gebühr.** Sowohl für das Verfahren des ersten Rechtszugs als auch für das Rechtsmittelverfahren entsteht grundsätzlich 1,0 Gebühr. Das gilt auch dann, wenn das Rechtsmittel Erfolg hat. Sie kann sich bei einer Entscheidung auf 4,0 erhöhen.

4 **3) Geschäftswert.** Maßgeblich ist I 1–4. Der Mindestwert nach I 2 gilt auch bei einer Unstatthaftigkeit des Antrags, Schlesw FGPrax 08, 274.

5 **4) Kostenschuldner usw.** Maßgeblich ist II. Es haftet also grundsätzlich der Antragsgegner, II 1.

6 Das Gericht kann und muß aber im Rahmen eines pflichtgemäßen Ermessens die Kosten ganz oder zum Teil nach II 2 dem *Antragsteller auferlegen,* soweit das der Billigkeit entspricht. Dann ist dieser andere Beteiligte als Entscheidungsschuldner Kostenschuldner.

7 *Außergerichtliche* Kosten muß grundsätzlich der jeweils Beteiligte selbst tragen. Denn § 15 SpruchG erfaßt nur die Gerichtskosten.

II. Gebühren nach dem Gesetz über Rechte an Luftfahrzeugen

LuftfRG § 102. [I] Die Vorschriften in §§ 23, 38 Abs. 1 Nr. 5, §§ 86, 87 Nr. 1, 89, 90, 111 und 122 der Kostenordnung gelten sinngemäß mit der Maßgabe, daß an die Stelle des Schiffes das Luftfahrzeug, an die Stelle der Schiffshypothek das Registerpfandrecht an einem Luftfahrzeug und an die Stelle des Schiffsregisters das Register für Pfandrechte an Luftfahrzeugen tritt.

[II] Die Eintragung und die Löschung der Eintragung des Luftfahrzeugs oder des Ersatzteillagers sowie Eintragungen auf Grund der §§ 90 bis 92 und die Löschung einer solchen Eintragung im Register für Pfandrechte an Luftfahrzeugen sind gebührenfrei.

[III] [1] Für die Eintragung oder Löschung des Registerpfandrechts und für die Eintragung von Veränderungen, die sich auf das Registerpfandrecht beziehen, ferner für die Eintragung oder Löschung von Vormerkungen, Widersprüchen und Verfügungsbeschränkungen gelten die für die entsprechenden Eintragungen im Grundbuch gegebenen Vorschriften sinngemäß mit der Maßgabe, daß in jedem Fall nur ein Viertel der vollen Gebühr erhoben wird. [2] Für die Eintragung oder Löschung eines Schutzvermerks nach § 77 gelten die für die Eintragung oder Löschung einer Vormerkung nach Satz 1 geltenden Vorschriften sinngemäß.

[IV] [1] Für die Eintragung der Erweiterung des Registerpfandrechts auf Ersatzteile oder die Löschung dieser Eintragung wird ein Viertel der vollen Gebühr nach dem Nennbetrag der Schuld erhoben; der von dem Gebührenschuldner glaubhaft gemachte Wert der Ersatzteile, auf die sich nach § 71 das Registerpfandrecht erstreckt, ist maßgebend, wenn er geringer ist. [2] Wird gleichzeitig mit dem Antrag auf Eintragung oder Löschung des Registerpfandrechts die Eintragung oder Löschung der Erweiterung beantragt, so wird die Gebühr nach Satz 1 nicht erhoben.

[V] (hier nicht mehr abgedruckte Übergangsvorschrift)

Vorbem. Wegen der Umstellung auf EUR § 69 Vorbem.

Gliederung

1) Geltungsbereich, I	1, 2
A. Nationales Recht	1
B. Internationales Recht	2
2) Eintragung und Löschung, II	3, 4
3) Registerpfandrecht, III	5, 6
4) Ersatzteile, IV	7–9

1. Teil. Gerichtskosten **Anh II § 90 KostO**

1) Geltungsbereich, I. Man muß die zwei Rechtskreise unterscheiden. 1
A. Nationales Recht. Die Anwendbarkeit der KostO ergibt sich aus ihrem § 1.
§ 102 I LuftfRG stellt das ausdrücklich fest, indem er die in Betracht kommenden Bestimmungen und die Entsprechungen des LuftfRG nennt, in II–V aber die erforderlichen Abweichungen und Besonderheiten regelt. Der Geschäftswert richtet sich grundsätzlich nach § 23 KostO. Vgl aber IV.
B. Internationales Recht. Die BRep ist dem Genfer Abkommen über die internationale Anerkennung von Rechten mit Luftfahrzeugen vom 19. 6. 48 durch Gesetz vom 26. 2. 59, BGBl II 129, beigetreten. Nach Art VII Abs VI des Abkommens haben die gesetzlich zulässigen Vollstreckungskosten, die im gemeinsamen Interesse der Gläubiger im Lauf des Vollstreckungsverfahrens entstanden sind, den Vorrang vor allen anderen Forderungen, selbst vor solchen auf Grund von Bergungs- und Erhaltungsmaßnahmen. 2

2) Eintragung und Löschung, II. Ein in der Luftfahrzeugrolle eingetragenes Luftfahrzeug wird auf Grund einer Anmeldung des Eigentümers oder eines aus einem Vollstreckungstitel Berechtigten oder eines zur Wahrung einer Bergungs- oder Erhaltungsmaßnahme Berechtigten in das Register für Pfandrechte an Luftfahrzeugen eingetragen, §§ 79, 77 LuftfRG. Soweit sich das Registerpfandrecht auch auf das Ersatzteillager erstreckt, erhält auch dieses ein besonderes Blatt, §§ 84, 68 II, 71 LuftfRG. 3
Eine Eintragung in diese Register ist ebenso wie eine Löschung aus ihnen *gebührenfrei*. Der Fall ähnelt demjenigen des § 85 KostO. Gebührenfrei ist auch eine Eintragung, die auf Grund eines Ersuchens des Luftfahrtbundesamts erfolgt, §§ 90–92 LuftfRG. Dazu gehören insbesondere auch Veränderungen auf Grund von Eintragungsänderungen in der Luftfahrzeugrolle wegen der Angaben nach § 80 LuftfRG (Nr und Blatt der Luftfahrzeugrolle, Staatsangehörigkeits- und Eintragungszeichen, Art und Muster des Luftfahrzeugs, Werknummer seiner Zelle, Name und Wohnsitz oder Sitz des Eigentümers nach der Eintragung in der Luftfahrzeugrolle). 4

3) Registerpfandrecht, III. Nach dieser Vorschrift muß man nicht nur die Eintragung und Löschung des Registerpfandrechts beurteilen, sondern auch eine Eintragung einer solchen Veränderung, die sich auf ein Registerpfandrecht bezieht, sowie eine Eintragung oder Löschung einer Vormerkung, eines Widerspruchs oder einer Verfügungsbeschränkung oder eines Schutzvermerks. 5
Es gelten die Vorschriften für Eintragungen im Grundbuch nach *§§ 60ff KostO* *entsprechend*. Allerdings muß man ebenso wie bei § 84 III KostO beachten, daß stets eine Eintragung oder Löschung nur 0,25 Gebühr entsteht. Einen Schutzvermerk nach § 77 LuftfRG muß man wie eine Vormerkung behandeln. 6

4) Ersatzteile, IV. Die Vorschrift regelt die Kosten der Eintragung oder Löschung der Erweiterung des Registerpfandrechts auf Ersatzteile so, als ob man ein neues Registerpfandrecht eintragen oder löschen müßte. Es entsteht also auch nur 0,25 Gebühr. 7
Geschäftswert ist der Nennbetrag der Schuld. Denn allein dieser Nennbetrag ist für das Gericht ohne weiteres als die Vertragsgrundlage ersichtlich. Da aber manchmal der Wert der Ersatzteile hinter dem Nennbetrag der Schuld zurückbleibt, sollte man dann den geringeren Wert der Ersatzteile zugrunde legen, soweit der Gebührenschuldner diesen Umstand glaubhaft macht. Das Gericht soll keine Ermittlungen anstellen müssen. 8
IV 1 gilt allerdings nur, soweit die Eintragung der Erweiterung *später* oder die Löschung der Erweiterung früher beantragt wird als die Eintragung oder Löschung des Registerpfandrechts. Soweit beide Anträge gleichzeitig beim Register eingehen, entfällt die Gebühr nach IV 1. Vgl im übrigen § 63 II 1 KostO, nach dessen Vorbild IV entstanden ist. 9

KostO §§ 91, 92   III. Kostenordnung

Fassung 1. 9. 2009: **4. Betreuungssachen und betreuungsgerichtliche Zuweisungssachen**

Bisherige Fassung: **4. Familienrechtliche Angelegenheiten und Lebenspartnerschaftssachen**

Gebührenfreie Tätigkeiten

91 *Fassung 1. 9. 2009:* [1]**Für die in den §§ 92 bis 93 a und 97 genannten Tätigkeiten werden nur die in diesen Vorschriften bestimmten Gebühren erhoben; im Übrigen ist die Tätigkeit gebührenfrei.** [2]**Für einstweilige Anordnungen werden keine Gebühren erhoben.**

Vorbem. Überschrift vor § 91, § 91 S 1 geändert dch Art 47 II Z 14, 15 FGG-RG v 17. 12. 08, BGBl 2586, in Kraft seit 1. 9. 09, Art 112 I Hs 1 FGG-RG, Übergangsrecht Art 111 FGG-RG, Grdz 2 von § 1 FamGKG, Teil I B dies Buchs.

Bisherige Fassung S 1: [1]**Für die in den §§ 92 bis 95, 97 und 98 genannten Tätigkeiten werden nur die in diesen Vorschriften bestimmten Gebühren erhoben; im Übrigen ist die Tätigkeit gebührenfrei.**

1 **1) Systematik, S 1, 2.** Die Vorschrift betont den schon in § 1 I verankerten Grundsatz, daß zur Kostenpflichtigkeit eine klare gesetzliche Bestimmung nötig ist, zu ihrem Geltungsbereich nochmals, Zweibr FamRZ **07**, 848. S 1 verstärkt überdies indirekt den Grundsatz des § 35, daß ein Nebengeschäft keine Zusatzgebühr zum Hauptgeschäft kostet. §§ 36 ff, 130 bleiben beachtbar. Vorrang haben zB §§ 106 a, 119, 124.

2 **2) Regelungszweck, S 1, 2.** Die Vorschrift dient zwar formell überflüssigerweise, rechtspolitisch aber erkennbar zwecks einer Betonung der sozialen Gesichtspunkte im sensiblen Bereich des Betreuungsgerichts der Kostendämpfung. Sie führt verstärkt zu der ohnehin vorhandenen Notwendigkeit einer den Kostenschuldner schonenden Auslegung, § 1 Rn 2.

3 **3) Geltungsbereich, S 1, 2.** Die Vorschrift betrifft nur das Erstgericht, LG Kblz FamRZ **01**, 1473. Denn „Betreuungsgericht" ist nicht auch „Beschwerdegericht". Das zeigt auch § 131 III. Für das Beschwerdegericht gilt demgemäß § 131, LG Kblz FamRZ **01**, 1473. Eine einstweilige Anordnung nach S 2 in den Grenzen des spezielleren § 92 IV gebührenfrei.

4 **4) Grundsatz: Gebührenfreiheit, S 1 Hs 2, S 2.** Die Tätigkeit des Betreuungsgerichts ist grundsätzlich gebührenfrei, BayObLG **89**, 78. Das gilt auch für ein Nebengeschäft. Freilich ist nur diejenige Tätigkeit gebührenfrei, die das Gericht gerade als Betreuungsgericht ausführt.

5 **5) Ausnahme: Gebührenpflicht, S 1 Hs 1.** Eine Reihe von Tätigkeiten des Betreuungsgerichts sind ausnahmsweise gebührenpflichtig. Als Ausnahmeregeln muß man die vorrangigen §§ 92–93 a, 97 eng auslegen. Im Zweifel besteht also auch dann Gebührenfreiheit.

6 **6) Auslagen, S 1, 2.** Es besteht grundsätzlich eine Pflicht zur Erstattung von Auslagen. Das gilt also auch insoweit, als eine Gebührenfreiheit besteht, Celle Rpfleger **79**, 118. Freilich bringen §§ 92 I 1, 93 a II vorrangige Sonderbestimmungen.

Fassung 1. 9. 2009:

Dauerbetreuung und Dauerpflegschaft

92 [1] [1]**Bei Betreuungen, die nicht auf einzelne Rechtshandlungen beschränkt sind, werden Kosten nur erhoben, wenn das Vermögen des Fürsorgebedürftigen nach Abzug der Verbindlichkeiten mehr als 25 000 Euro beträgt; der in § 90 Abs. 2 Nr. 8 des Zwölften Buches Sozialgesetzbuch genannte Vermögenswert wird nicht mitgerechnet.** [2]**Für jedes angefangene Kalenderjahr wird eine Gebühr in Höhe von 5 Euro für jede angefangenen 5000 Euro erhoben, um die das reine Vermögen die in Satz 1 genannten Vermögenswerte übersteigt; die Gebühr**

beträgt mindestens 50 Euro. ³Ist Gegenstand der Maßnahme ein Teil des Vermögens, ist höchstens dieser Teil des Vermögens zu berücksichtigen. ⁴Ist vom Aufgabenkreis nicht unmittelbar das Vermögen erfasst, beträgt die Gebühr 200 Euro, jedoch nicht mehr als die sich nach Satz 2 ergebende Gebühr. ⁵Für das bei der Einleitung der Fürsorgemaßnahme laufende und das folgende Kalenderjahr wird nur eine Jahresgebühr erhoben. ⁶Die Gebühr wird erstmals bei Anordnung der Fürsorgemaßnahme und später jeweils zu Beginn eines Kalenderjahres fällig.

II ¹Bei Dauerpflegschaften wird für jedes angefangene Kalenderjahr eine Gebühr in Höhe von 5 Euro für jede angefangenen 5000 Euro des reinen Vermögens erhoben. ²Absatz 1 Satz 3, 5 und 6 ist anzuwenden.

III Erstreckt sich eine Fürsorgemaßnahme nach den Absätzen 1 und 2 auf mehrere Fürsorgebedürftige, so werden die Gebühren für jeden von ihnen besonders erhoben.

IV Geht eine vorläufige Betreuung in eine endgültige über oder wird eine Betreuung oder Pflegschaft von einem anderen Gericht übernommen, so bildet das Verfahren eine Einheit.

Vorbem. Zunächst I 2 ergänzt, I 3, 4 eingefügt, daher bisherige I 3, 4 zu I 5, 6, II 2 idF Art 17 Z 6 a, b des 2. JuMoG v 22. 12. 06, BGBl 3416, in Kraft seit 31. 12. 06, Art 28 I des 2. JuMoG, Übergangsrecht § 161 KostO. Sodann Überschrift vor § 92, § 92 I 1, II 1, IV geändert dch Art 47 II Z 16 a–d FGG-RG v 17. 12. 08, BGBl 2586, in Kraft seit 1. 9. 09, Art 112 I Hs 1 FGG-RG, Übergangsrecht Art 111 FGG-RG, Grdz 2 vor § 1 FamGKG, Teil I B dieses Buchs.

Bisherige Fassung Überschrift: **Vormundschaft, Dauerbetreuung und Dauerpflegschaft**

Bisherige Fassung I 1, II 1, IV: ᴵ ¹Bei Vormundschaften sowie bei Betreuungen und Pflegschaften für Minderjährige, die nicht auf einzelne Rechtshandlungen beschränkt sind, werden Kosten nur erhoben, wenn das Vermögen des Fürsorgebedürftigen nach Abzug der Verbindlichkeiten mehr als 25 000 Euro beträgt; der in § 90 Abs. 2 Nr. 8 des Zwölften Buches Sozialgesetzbuch genannte Vermögenswert wird nicht mitgerechnet.

II ¹Bei Dauerpflegschaften, die nicht minderjährige Personen betreffen, wird für jedes angefangene Kalenderjahr eine Gebühr in Höhe von 5 Euro für jede angefangene 5000 Euro des reinen Vermögens erhoben.

IV Geht eine vorläufige Betreuung in eine endgültige oder kraft Gesetzes eine Pflegschaft in eine Vormundschaft über oder wird eine Vormundschaft, Betreuung oder Pflegschaft von einem anderen Gericht übernommen, so bildet das Verfahren eine Einheit.

Gliederung

1) Systematik, I–IV	1
2) Regelungszweck, I–IV	2
3) Kosten, I–III	3–11
A. Geltungsbereich, I–III	3
B. Freibetrag 25 000 EUR, I	4
C. Vermögen über 25 000 EUR, I	5
D. Dauerpflegschaft für einen Volljährigen, II	6
E. Mehrere Bedürftige, III	7
F. Fälligkeit, Kostenschuldner, I–III	8
G. Geschäftswert, I–III	9
H. Beispiele zur Frage des Geschäftswerts, I–III	10, 11
4) Übergang, Übernahme, IV	12

1) Systematik, I–IV. Die Vorschrift verstößt nicht gegen EU-Recht, Zweibr **1** FamRZ *06*, 876, wohl aber in II bei einer bloßen Personenfürsorge gegen Art 3 I GG, Rn 9. § 92 erfaßt die Betreuung in allen ihren Erscheinungsformen von der ersten gerichtlichen Tätigkeit an bis zu ihrem Ende kraft Gesetzes, wegen eines Zeitablaufs oder infolge ihrer Aufhebung. § 92 erfaßt ferner alle vorläufigen oder endgültigen Dauerpflegschaften usw, vorrangig gegenüber § 91 S 2, LG Mü Rpfleger *04*, 124. § 93 erfaßt demgegenüber die Fürsorgemaßnahmen für einzelne Rechtshandlungen. §§ 94 ff enthalten Sonderregeln für einzelne Vorrichtungen usw. Ergänzend gilt stets § 91. Wegen der Auslagen gelten §§ 136 ff.

KostO § 92   III. Kostenordnung

2 **2) Regelungszweck, I–IV.** Insbesondere im Geltungsbereich von § 92 besteht ungeachtet aller oft außerordentlichen Mühe des Gerichts ein sozial meist nahezu zwingendes Bedürfnis nach einer Regelung, die den Betroffenen und damit zumindest wirtschaftlich auch seine mitbetroffenen Angehörigen nicht auch noch finanziell schwerer trifft als ohnehin schon meist infolge der Betreuungsbedürftigkeit. Daher ist auch zB bei der Wertermittlung nach I 1 Hs 1 eine Handhabung auf der Basis von § 91 und des hier ja ganz besonders beachtlichen Grundsatzes einer für den Kostenschuldner möglichst günstigen Auslegung dringend notwendig.

3 **3) Kosten, I–III.** Man muß je Maßnahme(nart) vorgehen. Es sind zahlreiche Fallgruppen vorhanden.

A. Geltungsbereich, I–III. Die Regelung besteht sowohl für die vorläufige Maßnahme, Zweibr FamRZ **06**, 876, LG Kblz FamRZ **05**, 1000, als auch für eine sonstwie nur sehr kurze solche Maßnahme. Es entsteht eine Jahresgebühr, LG Kblz FamRZ **05**, 1000. Erst recht entsteht für die endgültige Maßnahme eine Kalenderjahresgebühr. Sie entsteht jeweils nach dem Vermögen des Bedürftigen nach einem Abzug der Verbindlichkeiten. Sie gilt grundsätzlich gesamte Tätigkeit des Gerichts ab, soweit diese Tätigkeit gerade diese Maßnahme betrifft und soweit das Gesetz keine Ausnahmen vorsieht, etwa bei §§ 94, 119. Sie erfaßt zB: Die Beurkundung der Anerkennung, daß die Schlußrechnung richtig sei, § 1892 II BGB; die Genehmigung eines Rechtsgeschäfts, §§ 1821 ff BGB. Die Vorschrift ist auf (jetzt) §§ 1836 II, 1908 i BGB unanwendbar, LG Münst FamRZ **94**, 1336. Stets ist I 4 mitbeachtbar.

4 **B. Freibetrag 25 000 EUR, I.** Es geht I 1 dem I 2 vor, Zweibr FamRZ **06**, 876. Soweit die Tätigkeit des Betreuungsgerichts eine minderjährige bedürftige Person betrifft und das reine sozialrechtliche Schonvermögen des Bedürftigen nicht mehr als 25 000 EUR beträgt, bleibt die Jahresgebühr nach I außer Ansatz, Hamm Rpfleger **98**, 541.

Soweit das Reinvermögen des Bedürftigen *höchstens 25 000 EUR* beträgt, bleiben unter den Voraussetzungen Rn 1 sowohl die Gebühren als auch die Dokumentenpauschale des § 136 und die Rechnungsgebühren des § 139 sowie andere Auslagen ganz außer Ansatz. Denn I befreit von „Kosten", § 1 I 1. Das gilt auch im Beschwerdeverfahren, BayObLG **03**, 114 (Sachverständigenkosten), LG Kblz FamRZ **04**, 1308 (Zustellungskosten).

5 **C. Vermögen über 25 000 EUR, I.** Sofern das Reinvermögen des Bedürftigen mehr als 25 000 EUR beträgt, entstehen bei Dauerpflegschaften nach I Gebühren nur von demjenigen Betrag des Reinvermögens, der 25 000 EUR übersteigt. Das erste bei der Einleitung der Maßnahme laufende und das folgende Kalenderjahr kosten nur *eine* Jahresgebühr, I 3. Im übrigen kostet jedes und daher auch wegen I 2 Hs 1 das letzte angefangene Kalenderjahr pro angefangene 5000 EUR (über 25 000 EUR Reinvermögen) 5 EUR, I 2 Hs 1. Das gilt auch für eine kurzfristige Betreuung, LG Mü Rpfleger **04**, 124. Die Mindestgebühr beträgt nach I 2 Hs 2 = 50 EUR. Die Fälligkeit richtet sich nach I 4.

6 **D. Dauerpflegschaft für einen Volljährigen, II.** Hier gibt es keinen Freibetrag. Im übrigen kostet die Maßnahme pro angefangenes Kalenderjahr ebenfalls je 5000 EUR Reinvermögen eine Gebühr von 5 EUR. Das erste und zweite Jahr werden den zusammengerechnet. II 2 verweist auf I 3 und 5. Die Fälligkeit richtet sich nach I 6. Denn II 2 verweist auf I 6.

7 **E. Mehrere Bedürftige, III.** Bei mehreren Bedürftigen muß man die Vermögenswerte von jedem Vermögen und die etwaigen Freibeträge je Bedürftigen nach der Art der Maßnahme besonders errechnen. Das gilt auch dann, wenn das Betreuungsgericht für mehrere Bedürftige dieselbe Maßnahme trifft und wenn für diese Maßnahme nur eine einheitliche Gebühr besteht, zB bei § 93 I 1. Dann muß man die Gebühr nach I zu einem entsprechenden Bruchteil von demjenigen Bedürftigen erheben, dessen Reinvermögen mehr als 25 000 EUR beträgt. Vgl § 10 a KostVfg, Teil VII A dieses Buchs.

Unanwendbar ist III bei mehreren Betreuern oder bei einem Gegenbetreuer oder bei mehreren Betreuern für denselben Bedürftigen. Es gibt auch dann nur *eine* Betreuung, soweit dasselbe Gericht tätig wird. Freilich können verschiedene Aufgabengebiete zu getrennten Berechnungen führen.

1. Teil. Gerichtskosten § 92 KostO

F. Fälligkeit, Kostenschuldner, I–III. Die Fälligkeit der jeweiligen Gebühr ergibt sich in einer Abweichung von § 7 nach I 6, II 2. Danach ist die Jahresgebühr jeweils im voraus fällig. Soweit eine Bilanz oder ein Vermögensverzeichnis einen anderen Zeitpunkt als den Beginn oder das Ende eines Kalenderjahres zugrundelegt, muß man § 30 I anwenden. 8

Kostenschuldner ist nach § 2 Z 2 der Fürsorgebedürftige.

G. Geschäftswert, I–III. Man muß den Geschäftswert nach dem Reinvermögen eines jeden Bedürftigen berechnen. Soweit das Reinvermögen teilweise im Ausland liegt und unter einer besonderen Verwaltung steht und soweit nur die Erträgnisse etwa dem Betreuer usw zufließen, darf man nur das inländische Vermögen anrechnen. Man muß eine Rente insoweit anrechnen, als aus ihr Ersparnisse übrig bleiben. Dasselbe gilt für eine Abfindung. Die Festsetzung für eine Jahresgebühr wirkt sich auf die Folgejahre grundsätzlich nicht aus, BayObLG FamRZ **04**, 1305. 9

Reinvermögen ist das *Gesamtvermögen* ähnlich wie zB bei § 115 II 1 ZPO, dazu BLAH § 115 ZPO Rn 47 ff, und damit die Summe aller Güter und Rechte mit ihrem wirtschaftlichen Wert nach dem Abzug der Schulden. Das gilt natürlich nur, soweit die Dauermaßnahme das ganze Vermögen nach § 18 I 1 zum Gegenstand hat.

H. Beispiele zur Frage des Geschäftswerts, I–III 10
Anwartschaft: Rn 11 „Vermögensteil".
Arbeitsfähigkeit: *Nicht* zum Vermögen zählt diese Fähigkeit.
Aufenthaltsbestimmung: Es gilt I 4. Dann darf man Schulden nach § 18 III nicht abziehen.
Bedingte Forderung: Rn 41 „Vermögensteil".
Betreuungskosten: Man muß die Aufwendungen eines Betreuers abziehen.
Erfahrung: *Nicht* zum Vermögen zählt eine berufliche oder geschäftliche Erfahrung.
Erwerbsaussicht: *Nicht* zum Vermögen zählt eine solche Chance.
Erwerbsgegenstand: Zum Vermögen zählt auch ein solcher Gegenstand, den der Bedürftige gerade durch dasjenige Geschäft erwirbt, für das das Gericht den Betreuer bestellt hat. Denn I, II beruhen auf sozialen Erwägungen. Sie liegen evtl bei der Berücksichtigung jenes Geschäfts nicht vor.
Fachkenntnis: *Nicht* zum Vermögen zählt eine solche Kenntnis.
Fälligkeit: Maßgebend ist ihr Zeitpunkt, § 18 I, Rn 8.
Familienrecht: *Nicht* zum Vermögen zählt ein solches Recht.
Hausgrundstück: Man darf ein „angemessenes Hausgrundstück" dann nicht anrechnen, wenn der Bedürftige es allein oder zusammen mit denjenigen Angehörigen ganz oder teilweise bewohnt, denen es nach seinem Tod weiter als Wohnung dienen soll, § 90 II Z 8 SGB XII, auf den I 1 Hs 2 verweist. 11
Haushaltsgegenstand: Zum Vermögen zählt eine solche Sache.
Landwirtschaft: Bei einem solchen Betrieb muß man § 19 IV beachten, BayObLG Rpfleger **91**, 225.
Nießbrauch: *Nicht* zum Vermögen zählt ein fremder Nießbrauch am Gegenstand.
Persönlichkeitsrecht: *Nicht* zum Vermögen zählt ein solches Recht.
Personenfürsorge: Bei einer Beschränkung auf sie ist II wegen eines Verstoßes gegen Art 3 I GG ungültig, BVerfG BGBl **06**, 1454 = NJW **06**, 2246 (zustm Filzek Rpfleger **06**, 567 ausf).
Rente: Soweit sie der Deckung nur des laufenden Lebensbedarfs einschließlich etwaiger Heilungskosten dient, darf man sie nicht in den Wert des Reinvermögens einrechnen.
Schulden: Man muß eine Verbindlichkeit in den Grenzen von I 4 und nach § 18 Rn 10 abziehen.
Testamentsvollstreckung: Zum Reinvermögen zählt auch eine solche Erbschaft, die einer Testamentsvollstreckung unterliegt, BayObLG Rpfleger **97**, 86, LG Kblz FamRZ **06**, 138.
Verbindlichkeit: S „Schulden".
Vermögensteil: Soweit die Dauermaßnahme nicht das gesamte Vermögen nach § 18 I zum Gegenstand hat, darf man natürlich nur den erfaßten Vermögensteil zugrundelegen, (jetzt) I 3, evtl auch eine nach § 30 I bewertbare Anwartschaft usw.

4) Übergang, Übernahme, IV. Sowohl in den in IV genannten Fällen eines Übergangs der einen Art von Maßnahmen auf eine andere als auch im ebenfalls in IV erwähnten Fall einer Übernahme der Maßnahme des einen Gerichts durch ein anderes bildet das Verfahren jeweils kostenmäßig eine Einheit. Der Kostenansatz erfolgt am Fälligkeitsort.

Betreuung und Pflegschaft für einzelne Rechtshandlungen

93 *Fassung 1. 9. 2009:* [1] **Bei Betreuungen oder Pflegschaften für einzelne Rechtshandlungen wird die volle Gebühr nach dem Wert des Gegenstands erhoben, auf den sich die Rechtshandlung bezieht.** [2] **Ist der Fürsorgebedürftige an dem Gegenstand der Rechtshandlung nur mitberechtigt, so ist der Wert seines Anteils maßgebend; bei Gesamthandverhältnissen ist der Anteil entsprechend der Beteiligung an dem Gesamthandvermögen zu bemessen.** [3] **Bei einer Pflegschaft für mehrere Fürsorgebedürftige wird die Gebühr nach dem zusammengerechneten Wert einheitlich erhoben.** [4] **Die Gebühr wird mit der Anordnung fällig.** [5] **Die Gebühr für eine Betreuung darf eine Gebühr nach § 92 Abs. 1 Satz 2, die Gebühr für eine Pflegschaft eine Gebühr nach § 92 Abs. 2 nicht übersteigen.** [6] **Eine Gebühr wird nicht erhoben, wenn für den Fürsorgebedürftigen eine Dauerbetreuung oder -pflegschaft besteht oder gleichzeitig anzuordnen ist.**

Vorbem. Zunächst S 5 idF Art 17 Z 7 des 2. JuMoG v 22. 12. 06, BGBl 3416, in Kraft seit 31. 12. 06, Art 28 I des 2. JuMoG, Übergangsrecht § 161 KostO. Sodann S 6 geändert dch Art 47 II Z 17 FGG-RG v 17. 12. 08, BGBl 2586, in Kraft seit 1. 9. 09, Art 112 I Hs 1 FGG-RG. Übergangsrecht Art 111 FGG-RG, Grdz 2 vor § 1 FamGKG, Teil I B dieses Buchs.

Bisherige Fassung S 6: [6] **Eine Gebühr wird nicht erhoben, wenn für den Fürsorgebedürftigen eine Vormundschaft, Dauerbetreuung oder -pflegschaft besteht oder gleichzeitig anzuordnen ist.**

Gliederung

1) Systematik, S 1–6	1
2) Regelungszweck, S 1–6	2
3) Gebühr, S 1–6	3
4) Geschäftswert, S 1–3	4–8
A. Alleinberechtigung, S 1	4
B. Mitberechtigung, S 2 Hs 1	5
C. Gesamthandsberechtigung, S 2 Hs 2	6
D. Mehrere Rechtshandlungen, S 1, 2	7
E. Mehrere Bedürftige, S 3	8
5) Fälligkeit, S 4	9
6) Kostenschuldner, S 1–6	10
7) Weitere Einzelfragen, S 1–6	11, 12

1) Systematik, S 1–6. § 93 unterscheidet kostenrechtlich zwischen einer Einzelbetreuung und einer Einzelpflegschaft, also jeweils nur für eine einzelne und zeitlich einmalige begrenzte Rechtshandlung unabhängig von deren Umfang und Auswirkung etwa bei einer Auseinandersetzung oder bei der Erstellung eines Vermögensverzeichnisses oder bei der Klärung der Höhe eines Pflichtteilsanspruchs. Demgegenüber regelt § 92 die wiederkehrende Dauerbetreuung und Dauerpflegschaft, BayObLG Rpfleger **97**, 86. So liegt es zB beim Unterhalt, beim Sorgerecht, bei einer Vermögensverwaltung, BayObLG Rpfleger **81**, 125, oder bei einer Aufenthaltsbestimmung, BayObLG Rpfleger **97**, 86. § 92 hat im Zweifel nach § 1 wegen geringerer Gebühren den Vorrang.

Bei § 93 gilt die Gebühr die *gesamte* Tätigkeit des Betreuungsgerichts einschließlich aller Nebengeschäfte nach § 35 ab, also zB auch für eine Genehmigung des Rechtsgeschäfts. Vgl im übrigen § 92. Auf die Nachlaßpflegschaft ist § 106 anwendbar. Auf eine Pflegschaft nach § 44 BBG, vgl auch § 26 I BRRG, und auf eine von einer anderen Behörde bestellte Vertretung etwa nach §§ 57, 779 ZPO ist § 93 unanwendbar. Auch ein ganzes gerichtliches Verfahren kann unter S 1 fallen. Freilich fließen die Grenzen zur Dauerbetreuung usw.

1. Teil. Gerichtskosten **§ 93 KostO**

2) Regelungszweck, S 1–6. Wenn auch die wirtschaftlichen Auswirkungen im Geltungsbereich von § 93 meist unvergleichlich geringer als bei § 92 sein werden, kann doch auch schon eine Einzelmaßnahme eine hohe Verantwortung des Gerichts zumindest im immateriellen Sinn beanspruchen. Dennoch gilt auch bei § 93 aus sozialen Erwägungen wie bei § 92 Rn 2 der Grundsatz einer den Kostenschuldner schonenden Handhabung nach § 91, § 1 Rn 2. 2

3) Gebühr, S 1–6. Bereits für die einstweilige oder endgültige Anordnung einer Betreuung oder Pflegschaft wegen einer einzelnen Rechtshandlung entsteht grundsätzlich 1,0 Gebühr. Sie ist von der Bestellung des Betreuers und seiner Verpflichtung usw unabhängig. Sie gilt die gesamte Gerichtstätigkeit einschließlich der Nebengeschäfte des § 35 ab. Sie bleibt unter den Voraussetzungen S 5, 6 in Verbindung mit § 92 I 1 bei demselben Gegenstand auch bei einer nicht gleichzeitigen oder gleichzeitig vorzunehmenden, wenn auch dann nicht erfolgten Anordnung von Einzel- und Dauermaßnahmen außer Ansatz, Weiche Rpfleger **93**, 230. Bei einer Antragsrücknahme vor der Entstehung des Gebührentatbestands bleibt die Angelegenheit nach § 91 („nur") gebührenfrei. § 130 gilt dann also nicht. 3

Verfassungsrechtlich bestanden Probleme zwischen der Gebührenhöhe nach § 92 und derjenigen nach § 93, BVerfG **50**, 217. S 5 begrenzt daher (jetzt) die Einzelgebühr des § 93 auf die Jahresgebühr des § 92.

4) Geschäftswert, S 1–3. Es sind fünf Fallgruppen vorhanden. 4

A. Alleinberechtigung, S 1. Soweit der Bedürftige an dem Gegenstand der einzelnen Rechtshandlung allein berechtigt ist, muß man denjenigen Wert zugrunde legen, auf den sich die Rechtshandlung bezieht. Man darf die Schulden nicht abziehen, BayObLG JB **94**, 358. Soweit der Pfleger usw ein Rechtsgeschäft vornehmen soll, entscheidet der objektive Wert des Rechtsgeschäfts und nicht nur das subjektive Interesse des Bedürftigen. Bei einer Vaterschaftsanfechtung gilt § 30 II, III 1.

B. Mitberechtigung, S 2 Hs 1. Soweit der Bedürftige an dem Geschäft der Rechtshandlung nur mitberechtigt ist, ohne gesamthänderisch mitberechtigt zu sein, ist der Wert seines Anteils maßgebend. 5

C. Gesamthandsberechtigung, S 2 Hs 2. Soweit der Bedürftige an dem Gegenstand der Rechtshandlung als Mitglied einer Gesamthand berechtigt ist, muß man den Anteil des Bedürftigen entsprechend der Beteiligung an dem Gesamthandvermögen bemessen, BayObLG **88**, 317, aM Stgt Rpfleger **90**, 295, KLBR 37 (Wert des gesamten Gegenstands. Aber das widerspricht dem Grundsatz der Kostenschonung nach § 91 Rn 2). Das gilt etwa dann, wenn der Bedürftige als ein Miterbe beteiligt ist, BayObLG **88**, 317, oder wenn es um die Gründung einer BGB-Gesellschaft geht, AG Siegen Rpfleger **85**, 459 (abl Lappe). 6

D. Mehrere Rechtshandlungen, S 1, 2. Soweit eine Pflegschaft usw wegen mehrerer einzelner Rechtshandlungen besteht, muß man den Wert der einzelnen Rechtshandlungen zusammenziehen. Schulden darf man auch hier nicht abziehen, § 18 III. 7

E. Mehrere Bedürftige, S 3. Soweit eine Betreuung oder Pflegschaft für mehrere Bedürftige besteht, muß man die Werte zusammenrechnen. Man darf aber nur eine einheitliche Gebühr erheben, selbst wenn mehrere Pfleger usw bestellt werden, KG Rpfleger **89**, 283. Dabei ist für jeden Bedürftigen nur der auf ihn entfallende Anteil zB der Erbschaft maßgeblich, KG Rpfleger **89**, 283. 8

5) Fälligkeit, S 4. Die Gebühr wird abweichend von § 7 schon mit der Anordnung der Betreuung oder Pflegschaft für die einzelne Rechtshandlung fällig, also mit dem wirksamen Erlaß der gerichtlichen Entscheidung über die Anordnung der Pflegschaft usw, nicht erst mit der Bestellung des Pflegers usw. Das gilt auch bei einer Erweiterung der Aufgaben. 9

6) Kostenschuldner, S 1–6. Bei einer Anordnung auf Grund eines Antrags nach § 1896 I BGB ist der Antragsteller nach § 2 Z 1 Kostenschuldner. Bei einer Anordnung von Amts wegen ist der Bedürftige nach § 2 Z 2 Kostenschuldner. Bei einer Anordnung nur im Drittinteresse, BGH **91**, 1, kann der Dritte entsprechend § 2 Z 1 Schuldner sein. 10

KostO §§ 93, 93a III. Kostenordnung

11 7) **Weitere Einzelfragen, S 1–6.** Die Prüfung eines Antrags auf die Anordnung einer Betreuung oder Pflegschaft oder eine ablehnende Entscheidung über einen solchen Antrag sind gebührenfrei, § 91, BayObLG JB **93**, 309. Sie sind auch auslagenfrei, § 96. Wegen der Möglichkeit eines Gebührenerlasses vgl Teil VII D dieses Buchs.

12 Soweit für den Bedürftigen eine Vormundschaft, Dauerbetreuung oder Dauerpflegschaft *bereits bei* der *Anordnung* der entsprechenden Einzelfallmaßnahmen besteht oder gleichzeitig notwendig ist, nicht unbedingt auch tatsächlich angeordnet wird, entsteht für die Einzelfallmaßnahme keine Gebühr.

Verfahrenspflegschaft

93a ^I ¹Die Bestellung eines Pflegers für das Verfahren und deren Aufhebung sind Teil des Verfahrens, für das der Pfleger bestellt worden ist. ²Bestellung und Aufhebung sind gebührenfrei.

^{II} Die Auslagen nach § 137 Abs. 1 Nr. 16 können von dem Betroffenen nach Maßgabe des § 1836 c des Bürgerlichen Gesetzbuches erhoben werden.

Vorbem. II zunächst berichtigt durch Art 6 des 2. BtÄndG vom 21. 4. 05, BGBl 1073, in Kraft seit 1. 7. 05, Art 12 des 2. BtÄndG. Sodann Änderg von II dch Art 17 Z 8 des 2. JuMoG v 22. 12. 06, BGBl 3416, in Kraft seit 1. 1. 08, Art 28 II Hs 2 des 2. JuMoG. Übergangsrecht jeweils § 161 KostO.

Gliederung

1) Systematik, I, II	1
2) Regelungszweck, I, II	2
3) Geltungsbereich, I, II	3
4) Bestellung, Aufhebung, I 1	4
5) Gebührenfreiheit, I 2	5
6) Auslagen, II	6
7) Fälligkeit, Kostenschuldner, II	7

1 1) **Systematik, I, II.** Die Vorschrift stellt klar, daß die Bestellung eines Verfahrenspflegers und deren Aufhebung nur bedingt kostenmäßig zu demjenigen Verfahren nach §§ 92ff gehören, für das oder für dessen Teil der Verfahrenspfleger amtiert, I 1. Ähnlich wie bei einer Unterbringungssache nach § 128 b, treffen nämlich I 2, II Regeln zur völligen Gerichtsgebührenfreiheit und weitgehenden Gerichtsauslagenfreiheit.

2 2) **Regelungszweck, I, II.** Die Vorschrift dient der Rechtssicherheit. Der wenigstens finanzielle Schutz des Pfleglings erfordert eine großzügige Auslegung zu seinen Gunsten insbesondere bei den Kostenfragen.

3 3) **Geltungsbereich, I, II.** Die Vorschrift erfaßt alle Bestellungen und Aufhebungen einer Verfahrenspflegschaft im Gegensatz zu einer sonstigen Pflegschaft, jedoch mit Ausnahme der vorrangigen Regeln bei einer Unterbringungssache, § 128 b. Das Verfahren muß nach dem FamFG verlaufen. Es muß daher überhaupt der KostO unterliegen.

4 4) **Bestellung, Aufhebung, I 1.** Beide Vorgänge gehören zu demjenigen Verfahren, für das der Pfleger amtieren soll oder schon amtiert. Das ist eigentlich selbstverständlich. I 1 stellt es kostenrechtlich klar. Die Vorbereitung und die Abwicklung der Bestellung und deren Aufhebung zählen natürlich erst recht zum jeweiligen Verfahren.

5 5) **Gebührenfreiheit, I 2.** Die Bestellung wie deren Aufhebung sind gerichtsgebührenfrei. Das gilt freilich nur für diejenigen Gebühren, die nicht etwa nach verwaltungsrechtlichen Vorschriften entstehen. Gebührenfrei sind also nur die Handlungen des Gerichts, nicht stets auch diejenigen, die ein Beteiligter auf Grund gerichtlicher Maßnahmen dann bei deren Durchführung verursacht, die er insbesondere bei einer sonstigen Behörde beantragt. Für die letzteren Handlungen kann das Landes- oder Ortsrecht Gebühren vorsehen.

6 6) **Auslagen, II.** Wegen § 1 I 1 können Verfahrensauslagen nur im gesetzlich bestimmten Umfang ersetzbar sein, also nach II nur in Verbindung mit § 137 II Z 16,

also nur insoweit, als es sich um einen tatsächlich an einen Verfahrenspfleger gezahlten Betrag handelt, § 128 b Rn 7, und außerdem nur nach Maßgabe von § 1836 c BGB.

BGB § 1836 c. Einzusetzende Mittel des Mündels. Der Mündel hat einzusetzen:
1. ¹nach Maßgabe des § 87 des Zwölften Buches Sozialgesetzbuch sein Einkommen, soweit es zusammen mit dem Einkommen seines nicht getrennt lebenden Ehegatten oder Lebenspartners die nach den §§ 82, 85 Abs. 1 und § 86 des Zwölften Buches Sozialgesetzbuch maßgebende Einkommensgrenze für Hilfe nach dem Fünften bis Neunten Kapitel des Zwölften Buches Sozialgesetzbuch übersteigt. ²Wird im Einzelfall der Einsatz eines Teils des Einkommens zur Deckung eines bestimmten Bedarfs im Rahmen der Hilfe nach dem Fünften bis Neunten Kapitel des Zwölften Buches Sozialgesetzbuch zugemutet oder verlangt, darf dieser Teil des Einkommens bei der Prüfung, inwieweit der Einsatz des Einkommens zur Deckung der Kosten der Vormundschaft einzusetzen ist, nicht mehr berücksichtigt werden. ³Als Einkommen gelten auch Unterhaltsansprüche sowie die wegen Entziehung einer solchen Forderung zu entrichtenden Renten;
2. sein Vermögen nach Maßgabe des § 90 des Zwölften Buches Sozialgesetzbuch.

Die in § 1836 c BGB genannten Vorschriften des SGB XII, zum Teil abgedruckt zB bei BLAH § 115 ZPO Vorbem, runden den Verweisungswirrwarr von II ab. Sie nötigen auch hier dazu, ganze Ketten von Vorschriften durchzuprüfen, um klären zu können, ob man vom Betroffenen solche Beträge ganz oder teilweise erstattet fordern kann, die sein Verfahrenspfleger tatsächlich erhalten hat, BayObLG Rpfleger 05, 253. Wegen des Regelungszwecks nach Rn 2 sollte man diese Prüfung großzügig zugunsten des Betroffenen vornehmen. In welcher amtsgerichtlichen Bibliothek befindet sich überhaupt der jeweils neueste Text des SGB XII.

7) **Fälligkeit, Kostenschuldner, II.** Die Fälligkeit tritt frühestens mit der tatsächlichen Zahlung der Auslagen nach § 137 Z 16, vgl Rn 6, und selbst dann noch nicht ein, wenn ein einsetzbares Einkommen oder ein Vermögen des Betroffenen dann noch nicht vorhanden ist.

Kostenschuldner ist neben dem Betroffenen, den II allein als solchen erwähnt, bei der nach dem Regelungszweck nach Rn 2 nötigen schuldnerfreundlichen Auslegung nicht etwa jeder andere Kostenschuldner nach §§ 2 ff, sondern richtigerweise niemand, aM BayObLG Rpfleger 05, 253, Köln FamRZ 03, 246 (das allein sei das „richtige Verständnis". Ist das etwa kein schuldnerfreundliches?), Stgt FamRZ 04, 1307 (aber eine Argumentation hinter aller ziemlich mühsamen Systematik letztlich evtl wohl auch vom gewünschten Ergebnis her wird nicht schon deshalb überzeugen. Rechtsgeschichtliche Erwägungen haben keine stärkere Kraft, BLAH Einl III 42, schon gar nicht erst nach einem ständigen Hin und Her des Gesetzgebers). Mag der Gesetzgeber II klarer fassen, auch wenn das Wort „nur" nicht hinter dem Wort „können" steht.

94, 95 Fassungen 1. 9. 2009: (aufgehoben)

Bisherige Fassungen: **Einzelne Verrichtungen des Vormundschaftsgerichts und des Familiengerichts**

94 ¹ Die volle Gebühr wird erhoben
1. für Entscheidungen über den Unterhalt eines Kindes nach § 1612 des Bürgerlichen Gesetzbuchs;
2. für die Tätigkeit im Falle der Heirat eines Elternteils, der das Vermögen seines Kindes verwaltet;
3. für die in § 1632 Abs. 4, § 1640 Abs. 3 und in den §§ 1666 bis 1667 des Bürgerlichen Gesetzbuchs vorgesehenen Entscheidungen und Anordnungen;

4. für die Übertragung der elterlichen Sorge oder ihrer Ausübung, für die Übertragung des Rechts, für die Person oder das Vermögen des Kindes zu sorgen, sowie für Entscheidungen nach §§ 1684 bis 1686 des Bürgerlichen Gesetzbuchs;
5. für die Übertragung der Entscheidungsbefugnis in den persönlichen und vermögensrechtlichen Angelegenheiten des Kindes und für die Einschränkung oder Ausschließung der Entscheidungsbefugnis in Angelegenheiten des täglichen Lebens oder über den Umgang;
6. für die Anordnung auf Herausgabe des Kindes an die Eltern oder einen Elternteil und für die Bestimmung des Umgangs mit dem Kinde auf Antrag eines Elternteils nach § 1632 Abs. 3 des Bürgerlichen Gesetzbuchs;
7. für Verfahren über die Ersetzung der Einwilligung in eine genetische Abstammungsuntersuchung einschließlich der Anordnung der Duldung einer Probeentnahme nach § 1598a Abs. 2 des Bürgerlichen Gesetzbuchs, für Verfahren über die Einsicht in ein Abstammungsgutachten oder die Aushändigung einer Abschrift nach § 1598a Abs. 4 des Bürgerlichen Gesetzbuchs sowie für Verfahren über die Feststellung oder Anfechtung der Vaterschaft nach § 1600e Abs. 2 des Bürgerlichen Gesetzbuchs;
8. für die Ersetzung der Zustimmung des gesetzlichen Vertreters zur Bestätigung der Ehe (§ 1315 Abs. 1 Satz 3 des Bürgerlichen Gesetzbuchs); für die Ersetzung der Zustimmung eines Vormundes oder Pflegers wird eine Gebühr nicht erhoben.

II [1]Der Geschäftswert bestimmt sich nach § 30 Abs. 2. [2]Bezieht sich die Entscheidung oder Anordnung auf mehrere Fürsorgebedürftige, so wird nur eine Gebühr erhoben.

III [1]In den Fällen des Absatzes 1 Nr. 2 ist nur der Elternteil, der heiraten will, in den Fällen des Absatzes 1 Nr. 8 nur der Elternteil, dessen Einwilligung, Genehmigung oder Zustimmung ersetzt wird, zahlungspflichtig. [2]In den Fällen des Absatzes 1 Nr. 3 bis 6 ist nur der Beteiligte, ausgenommen das Kind, zahlungspflichtig, den das Gericht nach billigem Ermessen bestimmt; es kann auch anordnen, daß von der Erhebung der Kosten abzusehen ist.

Weitere Verrichtungen des Vormundschafts- und des Familiengerichts

95 I [1]Die volle Gebühr wird erhoben

1. für die nach § 1643 des Bürgerlichen Gesetzbuchs erforderliche Genehmigung zu einem Rechtsgeschäft;
2. für Verfügungen nach § 112, § 1629 Abs. 2, § 1631 Abs. 3, §§ 1645, 1674, 1693, § 2282 Abs. 2, § 2290 Abs. 3, §§ 2347, 2351 des Bürgerlichen Gesetzbuchs;
3. für sonstige Fürsorgetätigkeiten des Vormundschaftsgerichts für ein unter elterlicher Sorge stehendes Kind mit Ausnahme der Tätigkeit in Angelegenheiten der Annahme als Kind.

[2]§ 92 Abs. 1 Satz 1 gilt entsprechend. [3]Eine Gebühr für die Tätigkeit des Vormundschaftsgerichts wird nicht erhoben, wenn für den Fürsorgebedürftigen eine Vormundschaft, Dauerbetreuung, -pflegschaft oder -beistandschaft besteht oder wenn die Tätigkeit in den Rahmen einer Betreuung, Pflegschaft oder Beistandschaft für einzelne Rechtshandlungen fällt.

II [1]Im Falle des Absatzes 1 Nr. 1 bestimmt sich der Geschäftswert nach dem Wert des Gegenstandes, auf den sich das Rechtsgeschäft bezieht; ist der Fürsorgebedürftige an dem Gegenstand des Rechtsgeschäfts nur mitberechtigt, so ist der Wert seines Anteils maßgebend; bei Gesamthandverhältnissen ist der Anteil entsprechend der Beteiligung an dem Gesamthandvermögen zu bemessen. [2]In den Fällen des Absatzes 1 Nr. 2, 3 bestimmt sich der Wert nach § 30 Abs. 2.

III Die Vorschrift des § 94 Abs. 2 Satz 2 gilt entsprechend.

§§ 96, 97 KostO

Nichterhebung von Auslagen in besonderen Fällen

96 Wird
a) die Bestellung eines Betreuers oder ihre Verlängerung,
b) die Erweiterung des Aufgabenkreises des Betreuers,
c) die Anordnung oder Verlängerung eines Einwilligungsvorbehalts,
d) die Erweiterung des Kreises der einwilligungsbedürftigen Willenserklärungen oder
e) eine Genehmigung nach den §§ 1904 und 1905 des Bürgerlichen Gesetzbuchs
abgelehnt oder das Verfahren ohne Entscheidung über die Maßnahme beendet oder wird eine dieser Maßnahmen als ungerechtfertigt aufgehoben oder eingeschränkt, so werden Auslagen, die im Zusammenhang mit der Vorbereitung oder dem Erlaß der Entscheidung entstehen, von dem Betroffenen in keinem Fall erhoben.

1) Systematik. Die Vorschrift erfaßt die Fälle, daß das Gericht entweder eine der in a)–e) genannten Maßnahmen ablehnt oder das Verfahren überhaupt ohne eine Sachentscheidung beendet, etwa wegen einer Antragsrücknahme, oder daß das Gericht eine der nach a)–e) angeordneten Maßnahmen gerade als schon von Anfang an und nicht erst im weiteren Verfahren objektiv unberechtigt aufhebt oder einschränkt. Das mag in der ersten oder in der höheren Instanz geschehen. Es kommt nicht darauf an, ob das Gericht die maßgeblichen Umstände von Anfang an oder erst später kannte. 1

2) Regelungszweck. § 96 stellt eine Rückkehr zum Grundsatz der Kostenfreiheit des § 1 I 1 im Bereich der Auslagen dar. Daher scheint § 96 weit auslegbar zu sein, § 1 Rn 2. In Wahrheit ist der Kreis der auslagenfreien Geschäfte aber doch abschließend und damit eng auslegbar. Denn das ergibt sich schon aus der ziemlich genauen Beschreibung der Maßnahmen in a)–e) und aus der ebenso genauen Umschreibung der Art und Begründung der in Betracht kommenden Beendigung, Aufhebung, Einschränkung. 2

3) Auslagenfreiheit. Unter den Voraussetzungen Rn 1, 2 besteht eine Auslagenfreiheit, nicht auch eine Gebührenfreiheit. Die Auslagenfreiheit erstreckt sich auf alle, aber auch nur auf diese alle diejenigen Auslagen, die „im Zusammenhang mit der Vorbereitung oder den Erlaß der Entscheidung entstehen". 3
Sie werden aber schon nach dem klaren Wortlaut des § 96 nur „von dem Betroffenen" nicht erhoben. Eine Erhebung von einem *weiteren* oder *anderen* Kostenschuldner bleibt nach § 2 Z 1 oder nach dem FamFG in Verbindung mit § 3 Z 1 möglich. Man darf den Betroffenen selbst aber mit diesen Auslagen „in keinem Fall" belasten. Das kann freilich keine Auslagenfreiheit auch für solche anderen, von § 96 nicht begünstigten Maßnahmen bedeuten, die das Gericht etwa gleichzeitig vornimmt.

Fassung 1. 9. 2009:
Verfügungen des Betreuungsgerichts

97 I Die volle Gebühr wird erhoben für Verfügungen des Betreuungsgerichts, die sich nicht auf Betreute oder Pfleglinge beziehen.
II Der Geschäftswert bestimmt sich nach § 30 Abs. 2.

Vorbem. Überschrift und I idF Art 47 II Z 19a, b FGG-RG v 17. 12. 08, BGBl 2586, in Kraft seit 1. 9. 09, Art 112 I Hs 1 FGG-RG, Übergangsrecht Art 111 FGG-RG, Grdz 2 vor § 1 FamGKG, Teil I B dieses Buchs.

Bisherige Fassung der Überschrift und I: **Verfügungen des Vormundschaftsgerichts oder des Familiengerichts, die sich nicht auf Minderjährige, Betreute oder Pflegebefohlene beziehen.**

97 I Die volle Gebühr wird erhoben
1. für Entscheidungen, welche die persönlichen Rechtsbeziehungen der Ehegatten oder früherer Ehegatten zueinander oder das eheliche Güterrecht betreffen;

KostO § 97, §§ 97a–100a aF III. Kostenordnung

2. für die Ersetzung der Zustimmung anteilsberechtigter Abkömmlinge zu Rechtsgeschäften des überlebenden Ehegatten im Fall der fortgesetzten Gütergemeinschaft;
3. für sonstige Verfügungen des Vormundschaftsgerichts, die sich nicht auf Minderjährige, Betreute oder Pflegebefohlene beziehen;
4. für Entscheidungen, welche die persönlichen Rechtsbeziehungen der Lebenspartner oder früheren Lebenspartner zueinander oder deren Güterstand betreffen.

Gliederung

1) Systematik, Regelungszweck	1
2) Geltungsbereich	2, 3
3) Gebühr	4
4) Geschäftswert	5
5) Fälligkeit, Kostenschuldner	6

1 **1) Systematik, Regelungszweck.** Die Vorschrift bringt eine Auffangklausel für den dort nur unscharf umschriebenen Aufgabenkreis. Man muß sie entsprechend weit auslegen.

2 **2) Geltungsbereich.** Die Vorschrift betrifft alle Sachentscheidungen des Betreuungsgerichts einschließlich der Änderungs- oder Zwischenentscheidungen ohne Antragsrücknahmen oder Antragszurückweisungen, § 91 („nur"). Dabei ist eine jeweilige Vormundschaft, Betreuung oder Pflegschaft unerheblich.

3 Die Generalklausel als eine *Auffangvorschrift* nach Rn 1 betrifft nur eine solche Verfügung des Betreuungsgerichts, die sich nicht auf Betreute oder Pflegelinge bezieht, etwa auf einen Ausländer, Art 23 II EGBGB, oder auf die Einbenennung eines Volljährigen (nicht eines Minderjährigen), Art 12 § 6 NEhelG, Löscher JB **75**, 22.

4 **3) Gebühr.** Für jede der in I genannten Tätigkeiten entsteht 1,0 Gebühr. Es bestehen keine Freigrenzen. Denn § 96 erwähnt § 97 nicht.

5 **4) Geschäftswert.** Der Geschäftswert bestimmt sich nach § 30 II, Hamm JB **95**, 256.

6 **5) Fälligkeit, Kostenschuldner.** Die Fälligkeit ergibt sich aus § 7. *Kostenschuldner* sind die in §§ 2 ff Genannten.

97a–100a Fassung 1. 9. 2009: (aufgehoben)

Bisherige Fassungen 97a–100a: **Befreiung von Eheerfordernis der Volljährigkeit und vom Eheverbot der durch die Annahme als Kind begründeten Verwandtschaft**

97a I Die volle Gebühr wird erhoben für die Befreiung vom Erfordernis der Volljährigkeit und vom Eheverbot der durch die Annahme als Kind begründeten Verwandtschaft in der Seitenlinie (§ 1303 Abs. 2 und § 1308 Abs. 2 des Bürgerlichen Gesetzbuchs).

II Der Geschäftswert bestimmt sich nach § 30 Abs. 2.

Annahme als Kind

98 I Die volle Gebühr wird erhoben für eine Entscheidung, durch die die Annahme eines Volljährigen als Kind ausgesprochen oder ein solches Annahmeverhältnis aufgehoben wird.

II Der Geschäftswert bestimmt sich nach § 30 Abs. 2.

Anhang nach § 98
Kosten der Anerkennung ausländischer Entscheidungen in Ehesachen

FamRÄndG Art 7 § 1. Anerkennung ausländischer Entscheidungen in Ehesachen.
I [1] Entscheidungen, durch die im Ausland eine Ehe für nichtig erklärt, aufgehoben, dem Bande nach oder unter Aufrechterhaltung des Ehebandes geschieden oder durch die das Bestehen oder Nichtbestehen einer Ehe zwischen den Parteien festgestellt ist, werden nur anerkannt, wenn die Landesjustizverwaltung festgestellt hat, daß die Voraussetzungen für die Anerkennung vorliegen. [2] Die Verbürgung der Gegenseitigkeit ist nicht Voraussetzung für die Anerkennung. [3] Hat ein Gericht oder eine Behörde des Staates entschieden, dem beide Ehegatten zur Zeit der Entscheidung angehört haben, so hängt die Anerkennung nicht von einer Feststellung der Landesjustizverwaltung ab.

II [1] Zuständig ist die Justizverwaltung des Landes, in dem ein Ehegatte seinen gewöhnlichen Aufenthalt hat. [2] Hat keiner der Ehegatten seinen gewöhnlichen Aufenthalt im Inland, so ist die Justizverwaltung des Landes zuständig, in dem eine neue Ehe geschlossen oder eine Lebenspartnerschaft begründet werden soll; die Justizverwaltung kann den Nachweis verlangen, daß die Eheschließung oder die Begründung der Lebenspartnerschaft angemeldet ist. [3] Soweit eine Zuständigkeit nicht gegeben ist, ist die Justizverwaltung des Landes Berlin zuständig.

IIa [1] Die Landesregierungen können die den Landesjustizverwaltungen nach diesem Gesetz zustehenden Befugnisse durch Rechtsverordnung auf einen oder mehrere Präsidenten des Oberlandesgerichts übertragen. [2] Die Landesregierungen können die Ermächtigung auf die Landesjustizverwaltungen übertragen.

III [1] Die Entscheidung ergeht auf Antrag. [2] Den Antrag kann stellen, wer ein rechtliches Interesse an der Anerkennung glaubhaft macht.

IV Lehnt die Landesjustizverwaltung den Antrag ab, so kann der Antragsteller die Entscheidung des Oberlandesgerichts beantragen.

V [1] Stellt die Landesjustizverwaltung fest, daß die Voraussetzungen für die Anerkennung vorliegen, so kann ein Ehegatte, der den Antrag nicht gestellt hat, die Entscheidung des Oberlandesgerichts beantragen. [2] Die Entscheidung der Landesjustizverwaltung wird mit der Bekanntmachung an den Antragsteller wirksam. [3] Die Landesjustizverwaltung kann jedoch in ihrer Entscheidung bestimmen, daß die Entscheidung erst nach Ablauf einer von ihr bestimmten Frist wirksam wird.

VI [1] Das Oberlandesgericht entscheidet im Verfahren der freiwilligen Gerichtsbarkeit. [2] Zuständig ist das Oberlandesgericht, in dessen Bezirk die Landesjustizverwaltung ihren Sitz hat. [3] Der Antrag auf gerichtliche Entscheidung hat keine aufschiebende Wirkung. [4] § 21 Abs. 2, §§ 23, 24 Abs. 3, §§ 25, 28 Abs. 2, 3, § 30 Abs. 1 Satz 1 und § 199 Abs. 1 des Gesetzes über die Angelegenheiten der freiwilligen Gerichtsbarkeit gelten sinngemäß. [5] Die Entscheidung des Oberlandesgerichts ist endgültig.

VII Die vorstehenden Vorschriften sind sinngemäß anzuwenden, wenn die Feststellung begehrt wird, daß die Voraussetzungen für die Anerkennung einer Entscheidung nicht vorliegen.

VIII Die Feststellung, daß die Voraussetzungen für die Anerkennung vorliegen oder nicht vorliegen, ist für Gerichte und Verwaltungsbehörden bindend.

FamRÄndG Art 7 § 2. Kosten. I Für die Feststellung, daß die Voraussetzungen für die Anerkennung einer ausländischen Entscheidung vorliegen oder nicht vorliegen (§ 1), wird eine Gebühr von 10 bis 310 Euro erhoben.

II [1] Für das Verfahren des Oberlandesgerichts werden Kosten nach der Kostenordnung erhoben. [2] Weist das Oberlandesgericht den Antrag nach § 1 Abs. 4, 5, 7 zurück, so wird eine Gebühr von 10 bis 310 Euro erhoben. [3] Wird der Antrag zurückgenommen, so wird nur die Hälfte dieser Gebühr erhoben. [4] Die Gebühr wird vom Oberlandesgericht bestimmt. [5] Hebt das Oberlandesgericht die Entscheidung der Verwaltungsbehörde auf und entscheidet es in der Sache selbst, so bestimmt es auch die von der Verwaltungsbehörde zu erhebende Gebühr.

Versorgungsausgleich

99 ^{I} ^{1}Für das Verfahren über den Versorgungsausgleich nach § 1587b oder nach § 1587g Abs. 1 des Bürgerlichen Gesetzbuchs wird die volle Gebühr erhoben. ^{2}Kommt es zum Versorgungsausgleich durch richterliche Entscheidung nach § 1587b oder nach § 1587g Abs. 1 des Bürgerlichen Gesetzbuchs, so erhöht sich die Gebühr auf das Dreifache der vollen Gebühr. ^{3}Wird im Falle des § 1587g Abs. 1 des Bürgerlichen Gesetzbuchs der Antrag zurückgenommen, bevor es zu einer Entscheidung oder einer vom Gericht vermittelten Einigung gekommen ist, so ermäßigt sich die Gebühr auf die Hälfte der vollen Gebühr.

^{II} Die volle Gebühr wird erhoben
1. für Entscheidungen nach § 1587d Abs. 1, § 1587i Abs. 1, § 1587l Abs. 1, 3 Satz 3 des Bürgerlichen Gesetzbuchs, sofern der Antrag nicht in einem der in Absatz 1 aufgeführten Verfahren gestellt worden ist,
2. für die Aufhebung oder Änderung von Entscheidungen nach § 1587d Abs. 2, § 1587g Abs. 3, § 1587i Abs. 3 des Bürgerlichen Gesetzbuchs,
3. für die Entscheidung über den Antrag auf Neufestsetzung des zu leistenden Betrages nach § 53e Abs. 3 des Gesetzes über die Angelegenheiten der freiwilligen Gerichtsbarkeit.

^{III} ^{1}Im Verfahren über den Versorgungsausgleich beträgt der Geschäftswert, wenn dem Versorgungsausgleich
1. ausschließlich Anrechte
   a) aus einem öffentlich-rechtlichen Dienstverhältnis oder aus einem Arbeitsverhältnis mit Anspruch auf Versorgung nach beamtenrechtlichen Grundsätzen,
   b) der gesetzlichen Rentenversicherung und
   c) der Alterssicherung der Landwirte
   unterliegen, 1000 Euro;
2. ausschließlich sonstige Anrechte unterliegen, 1000 Euro;
3. Anrechte im Sinne von Nummern 1 und 2 unterliegen, 2000 Euro.
^{2}Im Verfahren nach § 1587l Abs. 1 des Bürgerlichen Gesetzbuchs beträgt der Geschäftswert 1000 Euro, im Verfahren zur Neufestsetzung des zu leistenden Betrages nach § 53e Abs. 3 des Gesetzes über die Angelegenheiten der freiwilligen Gerichtsbarkeit 300 Euro. ^{3}Im Übrigen bestimmt sich der Geschäftswert nach § 30.

^{IV} Die Absätze 1 bis 3 finden für das Verfahren über den Versorgungsausgleich nach Aufhebung der Lebenspartnerschaft (§ 20 des Lebenspartnerschaftsgesetzes) entsprechende Anwendung.

Wohnung, Hausrat

100 ^{I} ^{1}Für das gerichtliche Verfahren nach der Verordnung über die Behandlung der Ehewohnung und des Hausrats wird die volle Gebühr erhoben. ^{2}Kommt es zur richterlichen Entscheidung, so erhöht sich die Gebühr auf das Dreifache der vollen Gebühr. ^{3}Wird der Antrag zurückgenommen, bevor es zu einer Entscheidung oder einer vom Gericht vermittelten Einigung gekommen ist, so ermäßigt sich die Gebühr auf die Hälfte der vollen Gebühr.

^{II} Sind für Teile des Gegenstands verschiedene Gebührensätze anzuwenden, so sind die Gebühren für die Teile gesondert zu berechnen; die aus dem Gesamtbetrag der Wertteile nach dem höchsten Gebührensatz berechnete Gebühr darf jedoch nicht überschritten werden.

^{III} ^{1}Der Geschäftswert bestimmt sich, soweit der Streit die Wohnung betrifft, nach dem einjährigen Mietwert, soweit der Streit den Hausrat betrifft, nach dem Wert des Hausrats. ^{2}Betrifft jedoch der Streit im Wesentlichen nur die Benutzung des Hausrats, so ist das Interesse der Beteiligten an der Regelung maßgebend. ^{3}Der Richter setzt den Wert in jedem Fall von Amts wegen fest.

IV Die Absätze 1 bis 3 gelten entsprechend für Lebenspartnerschaftssachen nach § 661 Abs. 1 Nr. 5 der Zivilprozessordnung.

Maßnahmen nach dem Gewaltschutzgesetz

100a I Für Entscheidungen in Familiensachen nach § 621 Abs. 1 Nr. 13 der Zivilprozessordnung wird die volle Gebühr erhoben.

II Der Geschäftswert bestimmt sich nach § 30 Abs. 2.

III Zahlungspflichtig ist nur der Beteiligte, den das Gericht nach billigem Ermessen bestimmt; es kann auch anordnen, dass von der Erhebung der Kosten abzusehen ist.

5. Nachlaß- und Teilungssachen

Verwahrung von Verfügungen von Todes wegen

101 Für die amtliche Verwahrung einer Verfügung von Todes wegen wird bei der Annahme ein Viertel der vollen Gebühr erhoben.

Schrifttum: *Sarres*, Gebühren und Kosten im Familienrecht und Erbrecht, 2000.

1) Systematik. Als erste Vorschrift der Gruppe von Regelungen in Nachlaß- und 1 Teilungssachen stellt § 101 schon die bloße Verwahrung einer Verfügung von Todes wegen unter eine Gebühr, ergänzt durch die Wertvorschrift des § 103. Ihn ergänzt § 46 zwecks einer Vereinheitlichung der Gesamtregelung.

Unanwendbar ist § 101 auf den Notar, § 141. Denn seine Verwahrung nach § 34 III 2 BeurkG ist trotz seiner amtsähnlichen Stellung doch keine amtliche nach § 101.

2) Regelungszweck. Man kann darüber streiten, ob die Verwahrung kosten- 2 mäßig überhaupt von einem Wert abhängig sein sollte. Ihn festzulegen dürfte sogar dem Erblasser oft schwerfallen. Der auch hier geltende Grundsatz einer dem Kostenschuldner möglichst günstigen Auslegung nach § 1 Rn 2 darf nun freilich gar beim Vorgang der Verwahrung nicht zu einer allzu vage – niedrigen Bewertung führen.

3) Geltungsbereich. Die Vorschrift setzt voraus, daß eine letztwillige Verfügung 3 von Todes wegen in die amtliche Verwahrung kommt, §§ 2248, 2258a, 2258b, 2300 BGB.

A. Anwendbarkeit. Dazu gehören ein in- oder ausländisches alleiniges oder gemeinschaftliches Testament oder ein Erbvertrag nach §§ 1937ff, 2064ff, 2265ff, 2274ff BGB, Art 26 EGBGB. Nur die erste derartige amtliche Verwahrung derselben Verfügung von Todes wegen fällt unter § 101. Die Überreichung des Testaments zum amtlichen Protokoll nach § 2238 BGB stellt eine Testamentserrichtung dar. Diese richtet sich nach § 46. Daneben entsteht die Gebühr nach § 101.

B. Unanwendbarkeit. Nicht hierher gehören die folgenden Fälle: Ein Gericht 4 verwahrt eine letztwillige Verfügung aus irgendeinem Grund außerhalb der Vorgänge nach §§ 2248, 2258a, 2258b, 2300 BGB bei irgendwelchen Akten; jemand liefert ein solches eigenhändiges Testament, das nicht in eine besondere amtliche Verwahrung gekommen war, nach dem Tod des Erblassers an das Nachlaßgericht ab, §§ 2259, 2260 I 1, 2300 BGB; der Erblasser reicht zwar die letztwillige Verfügung zum Nachlaßgericht ein, verlangt aber nicht eindeutig deren besondere amtliche Verwahrung.

Weitere Beispiele der Unanwendbarkeit: Der Erblasser verlangt nachträglich eine amtliche Verwahrung des Testaments bei einem anderen Gericht; der Notar liefert einen Erbvertrag ab, § 34 III 2 BeurkG; das Nachlaßgericht eröffnet nach dem Tod des vorverstorbenen Ehegatten das gemeinschaftliche Testament der Ehegatten und nimmt es anschließend für den Überlebenden wieder in die amtliche Verwahrung; es findet lediglich eine Öffnung und Wiederverschließung auf den Wunsch des Erblassers oder nach dem Tod des Erstverstorbenen nach § 2273 II BGB statt; es handelt sich lediglich um die Rückgabe eines in die amtliche Verwahrung genommenen Testaments; es ergibt sich zB bei einer Eröffnung nach § 2260 I 1 BGB, daß überhaupt keine Verfügung von Todes wegen vorliegt. Dann kann aber § 32 mit seiner Mindestgebühr anwendbar sein, freilich auch § 16.

KostO §§ 101, 102 III. Kostenordnung

5 **4) Gebühr.** Es entsteht 0,25 Gebühr. Sie entsteht mit der Annahme zur amtlichen Verwahrung einer oder mehrerer gleichzeitig eingereichter letztwilliger Verfügungen nach §§ 2258 b I, 2300 BGB, also nicht schon mit dem Eingang beim Gericht und auch noch nicht mit der Vorlage, sondern erst mit der Bewirkung oder Anordnung. Sie gilt die gesamte amtliche Verwahrung auch des gemeinschaftlichen Testaments oder des Erbvertrags unabhängig von deren Dauer und bei einem gemeinschaftlichen Testament bis zum Tod des Letztlebenden ab. Sie erfaßt auch mehrere gleichzeitig von demselben Erblasser zur Verwahrung gegebene Testamente. Sie gilt auch eine Benachrichtigung der Beteiligten nach §§ 2262, 2300 BGB ab. Dafür entsteht auch keine Dokumentenpauschale nach §§ 136, 137.

Nach einer *Herausgabe* nach §§ 2256, 2258 b I, 2300 BGB kann die Gebühr bei *erneuter* Verwahrung nochmals entstehen. Das gilt aber nicht bei einer bloßen Weiterverwahrung nach einer Eröffnung mit einer Einsichtnahme oder ohne sie und auch nicht bei einer Weiterverwahrung nach dem Tod des Erstverstorbenen oder bei einer Weiterleitung an ein anderes Gericht nach § 2258 a III BGB, Rn 4.

6 **5) Geschäftswert.** Der Geschäftswert richtet sich nach § 103. § 18 III ist anwendbar.

7 **6) Fälligkeit, Kostenschuldner.** Die Fälligkeit entsteht in einer Abweichung von § 7 mit der Annahme der Verfügung von Todes wegen durch das Nachlaßgericht zur besonderen amtlichen Verwahrung.

Kostenschuldner ist nach § 2 Z 1 jeder Erblasser. Jeder haftet entsprechend § 5 I nach dem Wert seiner Verfügung.

8 **7) Nachforderung, Verjährung.** Vgl § 103 IV.

Eröffnung einer Verfügung von Todes wegen

102 Für die Eröffnung einer Verfügung von Todes wegen wird die Hälfte der vollen Gebühr erhoben.

1 **1) Systematik, Regelungszweck.** Während §§ 101, 103 die bloße Verwahrung der letztwilligen Verfügung regeln, erfassen §§ 102, 103 die Testamentseröffnung, und zwar teurer. Denn immerhin gehen mit der Eröffnung mancherlei verantwortliche Klärungen und Protokollierungen einher. Die Wertermittlung wird nach dem Tod leichter als vorher. Sie bleibt aber ein nicht einfaches Problem. Man sollte auch § 102 so wie § 101 auslegen, dort Rn 2.

Unanwendbar ist § 102 auf den Notar, § 141. Denn er ist zur Eröffnung nach § 102 nicht zuständig.

2 **2) Eröffnung.** Das Nachlaßgericht muß alsbald nach dem Tod eines angeblichen Erblassers nach §§ 2260 I, 2300 BGB jedes Schriftstück von Amts wegen eröffnen, das nach seiner Form und seinem Inhalt seine letztwillige Verfügung darstellt, LG Duisb Rpfleger **88**, 190. Bei einer ausländischen Verfügung muß man Art 26 EGBGB beachten. Bei einer gemeinschaftlichen Verfügung erfolgt die Eröffnung wegen des Teils des jetzt Verstorbenen, §§ 2273 I, 2300 BGB. Sind beide verstorben, erfolgen Eröffnungen rechtlich bei jedem, Rn 6. Bei einer amtlichen Verwahrung erfolgt eine Eröffnung auch nach §§ 2263 a, 2300 a BGB nach dem Ablauf der Eröffnungsfrist. Die amtliche Eröffnung ist eine *Verkündung* oder Vorlegung *des Inhalts* nach §§ 2260 II, 2300 BGB. Eine technische Öffnung entfällt natürlich bei einer nicht verschlossenen Schrift. Das ändert aber nichts am Vorgang der rechtlichen Eröffnung. Er kann sich aber beim Ausbleiben aller Beteiligten nach §§ 2260 III, 2300 BGB auf einen Eröffnungsvermerk beschränken. Der Rpfl muß danach über die Eröffnung ein Protokoll aufnehmen.

3 **3) Unerheblichkeit.** Es ist unerheblich, ob die letztwillige Verfügung wirksam ist, LG Duisb Rpfleger **88**, 190, LG Siegen Rpfleger **86**, 182, ob sie privatschriftlich oder in öffentlich beurkundeter Form erfolgte. Es ist ferner unerheblich, ob noch weitere frühere oder gleichzeitige oder spätere letztwillige Verfügungen existieren, Köln Rpfleger **92**, 394, Stgt Rpfleger **88**, 485, LG Kblz FamRZ **06**, 439, aM KLBR § 103 Rn 32 ff (bei Eröffnung einer widerrufenen Verfügung nur die Mindestgebühr). Es ist weiterhin unerheblich, ob die Testamente inhaltlich übereinstimmen, LG Bln Rpfle-

868

ger 89, 286, und ob ein Zusatz auf einem äußerlich und inhaltlich gemeinschaftlichen Testament ersichtlich nicht von dem anderen Ehegatten herrührt.

4) Unzulässigkeit. Wenn das Schriftstück allerdings bei einer objektiven Betrachtung unter einer Berücksichtigung der gesamten Umstände unter keinen Umständen ein Testament darstellen kann, würde eine Eröffnung nach § 16 eine unrichtige Sachbehandlung sein. Das gilt auch wegen § 2273 III BGB beim gemeinschaftlichen Testament von Eheleuten mit einer gegenseitigen Einsetzung für eine nochmalige „Eröffnung" nach dem Tod des Letztverstorbenen oder bei einer erneuten „Eröffnung" nach dem Tod des Vorerben. 4

5) Gebühr. Es entsteht für jede rechtliche Eröffnung 0,5 Gebühr, LG Kblz FamRZ **06**, 439. Sie gilt das gesamte Eröffnungsverfahren und vor allem den Akt der Eröffnung ab, LG Duisb Rpfleger **88**, 190, und zwar einschließlich der Herbeischaffung und der Übersendung des eröffneten Testaments an das Nachlaßgericht nach § 2261 BGB. Sie gilt auch die Herbeischaffung des Testaments von einer gemeinschaftlichen Behörde nach § 2259 II BGB sowie die Benachrichtigung der Beteiligten über den Inhalt des Testaments nach §§ 2262, 2300 BGB und eine Gewährung der Einsicht ab. Für eine Ablichtung oder einen Ausdruck an einen Dritten nach § 2264 BGB entsteht keine Beglaubigungsgebühr nach § 132, wohl aber die Dokumentenpauschale nach § 136. Wegen der örtlichen Zuständigkeit für die Gebühr § 103 III. 5

Eröffnet das Gericht *mehrere* inhaltlich verschiedene letztwillige Verfügungen desselben Erblassers, entsteht wegen Rn 2 jedesmal eine Eröffnungsgebühr nach dem vollen Wert in den Grenzen des § 103 II, LG Kblz FamRZ **06**, 439. Das gilt auch für die Eröffnung einer widerrufenen Verfügung, KG Rpfleger **02**, 384, Köln Rpfleger **92**, 394, Stgt Rpfleger **88**, 485, aM KLBR § 103 Rn 32 ff, Lappe NJW **89**, 3257 (je: nur die Mindestgebühr. Aber der formelle Vorgang ist derselbe). Die Erteilung einer beglaubigten Ablichtung oder Abschrift fällt unter § 132. 6

6) Geschäftswert. Der Geschäftswert richtet sich nach § 103. 7

7) Fälligkeit, Kostenschuldner. Die Gebühr wird mit der Eröffnung fällig, § 7. 8
Kostenschuldner ist der Erbe, § 6. Das gilt auch dann, wenn er keinerlei Interesse an der amtlichen Eröffnung hat. Soweit das Nachlaßgericht einen Dritten nach dem FamFG zur Ablieferung einer letztwilligen Verfügung zwingt, haftet nur der Dritte für die Kosten eines Zwangsgeldverfahrens. Für die Kosten des Verfahrens auf die Abgabe einer eidesstattlichen Versicherung § 361 FamFG haften nur die Erben nach § 6.

Gemeinsame Vorschriften zu den §§ 101, 102

103 ^I In den Fällen der §§ 101 und 102 finden die Wertvorschriften des § 46 Abs. 4 entsprechende Anwendung.

^II Werden mehrere Verfügungen von Todes wegen desselben Erblassers bei demselben Gericht gleichzeitig eröffnet, so ist nur eine Gebühr nach dem zusammengerechneten Wert zu erheben; soweit mehrfach über den ganzen Nachlaß oder über denselben Bruchteil verfügt ist, kommt der Wert nur einmal in Betracht.

^III Die Gebühr nach § 102 wird von dem nach § 343 des Gesetzes über das Verfahren in Familiensachen und in den Angelegenheiten der freiwilligen Gerichtsbarkeit zuständigen Nachlaßgericht erhoben, auch wenn die Eröffnung bei einem anderen Gericht stattgefunden hat.

^IV Für die Nachforderung und die Verjährung der Gebühr des § 101 gelten die Vorschriften des § 46 Abs. 5 entsprechend.

Vorbem. III ergänzt dch Art 7 II Z 3 G v 30. 7. 09, BGBl 2449, in Kraft seit 1. 9. 09, Art 10 S 1 G, Übergangsrecht § 161 KostO.

Gliederung

1) Systematik, Regelungszweck, I–IV	1
2) Geschäftswert, I, II	2–6
A. Höhe	2
B. Beispiele zur Frage der Werthöhe, I, II	3–5
C. Zeitpunkt	6

KostO § 103 III. Kostenordnung

3) Mehrere Verfügungen, II 7–12
   A. Mehrere Verfügungen desselben Erblassers 7
   B. Dasselbe Gericht 8
   C. Gleichzeitige Eröffnung 9, 10
   D. Gebühr 11
   E. Geschäftswert 12
4) Gebührenzuständigkeit, III 13
5) Nachforderung, Verjährung, IV 14, 15

1 **1) Systematik, Regelungszweck, I–IV.** Die Vorschrift ergänzt §§ 18ff, 101, 102 in einem wirtschaftlich entscheidenden Punkt. Dessen Handhabung wird in § 101 Rn 1 erörtert. II bildet eine gerade wegen ihres Vereinfachungszwecks nach Rn 4 eng auslegbare Sondervorschrift gegenüber § 102, Stgt FER **97**, 67. Das Wertgebührensystem in Nachlaßsachen ist mit dem GG vereinbar, BayObLG JB **02**, 205. Die in § 79a Rn 2, 3 genannten EU-Richtlinien sind nicht einschlägig, BayObLG RR **00**, 736.

2 **2) Geschäftswert, I, II.** Es sind Höhe und Zeitpunkt beachtlich.
   A. Höhe. Sowohl bei einer amtlichen Verwahrung nach § 101 als auch bei der Eröffnung einer Verfügung von Todes wegen nach § 102 ist für den Geschäftswert § 46 IV entsprechend anwendbar, KG Rpfleger **82**, 384. Man muß also bei einer Verfügung über den ganzen Nachlaß oder über einen Bruchteil davon nach § 46 IV 1 den Wert des nach dem Abzug der vor dem Erbfall entstandenen sog Erblasserschulden verbleibenden reinen Vermögens ansetzen oder den Wert des entsprechenden Bruchteils des reinen Vermögens zugrunde legen, BayObLG FamRZ **05**, 999, LG Kblz FamRZ **06**, 439.

3 **B. Beispiele zur Frage der Werthöhe, I, II**
Auflage: *Nicht* abziehbar ist nach I, § 46 IV 2 eine Auflage des Erblassers, BayObLG **75**, 251.
Beerdigungskosten: *Nicht* abziehbar sind solche Kosten.
Betreuungskosten: Sie zählen zu den nach I, § 46 IV 1 abziehbaren Verbindlichkeiten, LG Kblz Rpfleger **97**, 260.
Erbfallschuld: *Nicht* hierher gehört eine bloße aus Anlaß des Erbfalls entstandene sog Erbfallschuld nach §§ 1967 II, 1968, 1969 BGB, BayObLG FamRZ **96**, 373, LG Kblz JB **01**, 143.
Erbschaftsteuer: *Nicht* nach I, § 46 IV 1 abziehbar ist die Erbschaftssteuer, Köln FGPrax **01**, 169.
Erbschein: *Nicht* abziehbar sind seine Kosten.
Erbvertrag: Rn 5 „Sachlichrechtliche Wirksamkeit".

4 **Gemeinschaftliches Testament:** Bei seiner amtlichen Verwahrung muß man den Gesamtwert der Gegenstände zusammenrechnen.
   Bei der Eröffnung eines gemeinschaftlichen Testaments nach dem Tod des *zunächst* verstorbenen Ehegatten darf man nur das Reinvermögen dieses Erstverstorbenen ansetzen. Denn die Verkündung ist wegen der Verfügungen des überlebenden Ehegatten unwirksam. Nach dem Tod des Überlebenden darf man nur sein Reinvermögen ansetzen, aM KLBR 18. Das gilt freilich nur, falls nicht etwa das Testament nur solche Verfügungen enthält, die sich nur auf den Tod des Erstverstorbenen beziehen. Im letzteren Fall erfolgt nach dem Tod des Überlebenden überhaupt keine erneute Eröffnung.
   Man darf einen solchen Gegenstand, über den die Ehegatten gemeinsam verfügt haben, insgesamt *nur einmal* ansetzen.
Gesellschaftsanteil: I, II gilt auch bei ihm, BayObLG EWiR **00**, 927 (zustm Fabis).
Mehrheit von Testamenten: Bei der gleichzeitigen Eröffnung mehrerer Verfügungen von Todes wegen desselben Erblassers bei demselben Gericht ist grds der zusammengerechnete Wert maßgeblich, II Hs 1, Düss Rpfleger **01**, 100. Denn II formalisiert aus Vereinfachungsgründen unabhängig vom jeweiligen Inhalt. In allen anderen Fällen ist I in Verbindung mit § 46 IV für jede Eröffnung maßgeblich, Stgt Rpfleger **88**, 485, LG Kblz FamRZ **04**, 439. Soweit der Erblasser in den mehreren Testamenten allerdings über den ganzen Nachlaß oder über denselben Bruchteil mehrfach inhaltlich übereinstimmend verfügt hat, ist der Geschäftswert des ganzen Nachlasses oder desselben Bruchteils nur einmal ansetzbar, II Hs 2.

1. Teil. Gerichtskosten § 103 KostO

Nichtigkeit: Bei der Eröffnung eines nichtigen Testaments gilt derselbe Nachlaßwert 5
wie beim wirksamen, LG Siegen Rpfleger **86**, 182, aM KLBR § 102 Rn 3 (aber
auch dann ist eine förmliche Eröffnung wie sonst notwendig).
Nießbrauch: S „Vermächtnis".
Pflichtteil: *Nicht* abziehbar ist nach I, § 46 IV 2 ein Pflichtteilsrecht, BayObLG **75**,
251.
Sachlichrechtliche Wirksamkeit: Es ist unerheblich., ob die letztwillige Verfügung
sachlichrechtlich wirksam ist, BayObLG **84**, 36, Schlesw RR **00**, 1599 (Erbvertrag).
Testamentseröffnung: *Nicht* abziehbar sind ihre Kosten.
Testamentsvollstreckung: *Nicht* abziehbar sind ihre Kosten.
Vermächtnis: *Nicht* abziehbar ist nach I, § 46 IV 2 ein Vermächtnis, BayObLG **75**,
251. Beim Zusammentreffen einer Erbeinsetzung und eines Vermächtnisses erfolgt
eine Zusammenrechnung. Dabei muß man den Nießbrauch nach § 24 bewerten,
BayObLG **84**, 36.
Vorversterben: Es ist unerheblich, ob der Bedachte vorverstorben ist, BayObLG
FGPrax **97**, 74, Ffm JB **86**, 426, Köln Rpfleger **92**, 394, aM Lappe NJW **89**,
3257, KLBR 32 (aber auch dann muß das Nachlaßgericht die nun einmal vorhandene letztwillige Verfügung förmlich eröffnen).
S auch Rn 4 „Gemeinschaftliches Testament".
Widerruf: Es ist unerheblich, ob der Erblasser sein Testament widerrufen hat.
Zugewinn: Zu den nach I, § 46 IV 1 abziehbaren Verbindlichkeiten zählt auch ein
Ausgleichsanspruch nach § 1378 BGB, Karlsr Rpfleger **78**, 272.
Nicht abziehbar ist der Ausgleich nach § 1371 I BGB (Erhöhung des Erbteils).

C. Zeitpunkt. Bei der amtlichen Verwahrung ist für die Gebühr des § 101 nach 6
§ 18 I der Geschäftswert im Zeitpunkt der Annahme zur amtlichen Verwahrung
maßgeblich. Bei der Eröffnung der Verfügung von Todes wegen kommt es für die
Gebühr des § 102 nach § 18 I, VII auf die Verkündung durch den Rpfl oder den ihr
gleichstehenden Vorgang der Bekanntgabe an die Beteiligten oder des Verkündungsvermerks an.

3) Mehrere Verfügungen, II. Die Vorschrift ist als eine Ausnahmebestimmung 7
nach Rn 2 nur anwendbar, soweit die folgenden Voraussetzungen zusammentreffen.

A. Mehrere Verfügungen desselben Erblassers. Derselbe Erblasser muß mehrere Verfügungen von Todes wegen errichtet haben. Jede der Verfügungen muß die
gesetzlichen Anforderungen an eine Verfügung von Todes wegen erfüllen. Man muß
mehrere Verwahrungen usw getrennt bewerten, auch wenn sie bei demselben Gericht
gleichzeitig erfolgen.

B. Dasselbe Gericht. Die Eröffnung der mehreren Verfügungen desselben Erb- 8
lassers darf nicht durch verschiedene Gerichte erfolgen. Soweit also mehrere Gerichte
oder Notare eröffnen, ist II unanwendbar, Düss Rpfleger **81**, 77, Stgt FER **97**, 67.

C. Gleichzeitige Eröffnung. Das Gericht muß die mehreren Verfügungen von 9
Todes desselben Erblassers wegen gleichzeitig eröffnet haben. Die Eröffnung eines
nachgereichten Testaments läßt eine besondere Eröffnungsgebühr entstehen. Das gilt
auch dann, wenn das Verwahrungsgericht des § 2261 BGB eine bei ihm verwahrte
letztwillige Verfügung alsbald nach dem Tod nach § 2260 I BGB eröffnet hatte und
wenn nun erst das Nachlaßgericht eine weitere eröffnet, es sei denn, der Erblasser
hätte nach § 2258 a BGB die Verwahrung beim Nachlaßgericht verlangt.
Freilich kann das Gericht *vergessen* haben, ein weiteres Testament gleichzeitig zu 10
eröffnen. Dann kann eine Nichterhebung nach § 16 in Betracht kommen. Denn man
muß denjenigen Teil der Gebühren niederschlagen, der über denjenigen Betrag
hinausgeht, der bei einer gleichzeitigen Eröffnung entstanden wäre, Düss Rpfleger
81, 77, KG Rpfleger **79**, 277, Köln Rpfleger **92**, 399.

D. Gebühr. Unter den Voraussetzungen Rn 8–10 entsteht 0,5 Gebühr. Insofern 11
weicht II nur scheinbar von § 102 ab. II meint, wie ausdrücklich III, „die Gebühr
nach § 102". § 16 bleibt anwendbar, KG Rpfleger **79**, 277.

E. Geschäftswert. Vgl Rn 1. 12

871

KostO §§ 103, 104   III. Kostenordnung

13   **4) Gebührenzuständigkeit, III.** Zur Erhebung der Eröffnungsgebühr nach § 102 ist stets das nach § 343 FamFG zuständige Nachlaßgericht berufen, auch wenn ein anderes Gericht die Eröffnung vorgenommen hatte. Das gilt selbst dann, wenn die Gerichte verschiedenen Bundesländern angehören, wenn also die Eröffnungsgebühr einem anderen Justizfiskus zufließt. Vgl auch § 5 KostVfg, Teil VII A dieses Buchs.

14   **5) Nachforderung, Verjährung, IV.** Bei einer amtlichen Verwahrung sind die Angaben des Erblassers über den Wert maßgebend, § 46 V. Wenn sich bei der späteren Eröffnung des Testaments bei der von Amts wegen erforderlichen Überprüfung im Weg einer pflichtgemäßen Schätzung und eines etwaigen Unsicherheitszuschlags ein höherer Wert als derjenige herausstellt, den der Erblasser angegeben hatte, dann darf und muß das Nachlaßgericht eine Nachforderung erheben. Das gilt auch dann, wenn der Erblasser bei seinen Wertangaben gutgläubig war. Vgl § 46 V sowie § 38 KostVfg, Teil VII A dieses Buchs.

15   Soweit eine Falschberechnung von Kosten aus anderen Gründen als einer objektiv *unrichtigen Wertangabe* des Erblassers erfolgte, gilt § 15.

Sicherung des Nachlasses

104 I ¹Bei der Sicherung eines Nachlasses durch Siegelung oder auf andere Weise wird für das ganze Verfahren, einschließlich der erforderlichen Anordnungen wegen Aufbewahrung und Auslieferung des Nachlasses, die volle Gebühr erhoben. ²Die Gebühr wird mit der Anordnung fällig.

II **Neben der Gebühr werden die Gebühren für die Siegelung, Entsiegelung oder Aufnahme des Vermögensverzeichnisses (§ 52) besonders erhoben.**

1   **1) Systematik, I, II.** Die Tätigkeit im Geltungsbereich der Vorschrift führt wohl meist zu beträchtlichen Schwierigkeiten der Ermittlung des Zugehörigen usw. Hier muß man kostenmäßig an sich unabhängig vom Schwierigkeitsgrad vorgehen. Denn die Vorschrift nimmt hier indirekt auf den Wert Bezug und nicht auch auf die Dauer oder den Schwierigkeitsgrad. Die Vorschrift gilt nach § 141 auch beim Notar, § 20 V BNotO. Bei einer Nachlaßpflegschaft hat der speziellere § 106 den Vorrang. § 130 ist in diesem Amtsverfahren unanwendbar.

2   **2) Regelungszweck, I, II.** Die in Rn 1 dargestellte Regelungsart dient klar der Vereinfachung und damit der Zweckmäßigkeit. Das mag nicht immer ganz der Kostengerechtigkeit entsprechen. Zumindest dann sollte man die Vorschrift nach dem Grundsatz auslegen, den Kostenschuldner möglichst zu schonen, § 1 Rn 2. Freilich darf eine solche Handhabung nun auch nicht zu einer fast kostenlosen Arbeit führen, gemessen am Aufwand für Zeit und Mühe.

3   **3) Geltungsbereich, I, II.** Die Vorschrift umfaßt das gerichtliche Verfahren zur Sicherung eines Nachlasses nach § 1960 BGB. I 1 spricht zwar vom „ganzen Verfahren". II stellt aber klar, daß das Gesetz in Wahrheit eben nicht das gesamte Verfahren nach § 104 vergütet. Allerdings entstehen nur in den II abschließend genannten Fällen der Siegelung, Entsiegelung oder Aufnahme eines Vermögensverzeichnisses die in § 52 vorgeschriebenen besonderen Gebühren. Die gesamte weitere Tätigkeit des Gerichts zur Sicherung des Nachlasses fällt unter I. Dazu gehören alle Anordnungen der Sicherung und Aufbewahrung sowie der Auslieferung des Nachlasses. Das erklärt I 1 ausdrücklich. Es können aber auch solche Ausführungsarten unter I fallen, die nicht in einer Siegelung, Entsiegelung oder Aufnahme des Vermögensverzeichnisses bestehen.

Neben oder statt § 104 können auch *landesrechtliche* Vorschriften in Betracht kommen, Art 140 EGBGB, §§ 158, 159. Solche Bestimmungen können auch in Verbindung mit § 158 anwendbar sein. Das gilt etwa dann, wenn das Nachlaßgericht eine Entsiegelung nach Art 106 PrFG vornimmt. Wegen einer Anrechnung der Gebühr nach I bei der Einleitung einer Nachlaßpflegschaft zur Sicherung des Nachlasses vgl den vorrangigen spezielleren § 106 II.

Eine Gebühr entsteht nur, falls es zur *Anordnung einer Sicherungsmaßnahme* kommt. Sie entsteht also nicht schon für das Prüfungsverfahren. Sie entsteht auch nicht dann, wann das Gericht die Anordnung einer Sicherungsmaßnahme ablehnt.

4) Geschäftswert, I, II. Maßgeblich ist nach § 18 I, III nur der sog Sicherungs- 4
wert der sichergestellten Nachlaßgegenstände ohne einen Schuldenabzug. Man muß
ihn unter einer Abwägung der Gesamtumstände nach § 30 I und der Stärke sowie
Dauer des Sicherungsbedürfnisses bestimmen. Die Obergrenze ist der Verkehrswert.
Maßgeblich ist der Zeitpunkt der Anordnung nach I 2, § 18 I. Bei mehreren Maßnahmen muß man den Wert je Maßnahme ermitteln.

5) Fälligkeit, Kostenschuldner I, II. Die Gebühr entsteht nach I 2 abweichend 5
von § 7 im Zeitpunkt der Anordnung der ersten Sicherungsmaßnahme für diesen
Nachlaß. Sie entsteht also nicht schon bei der Einreichung eines Antrags. Sie entsteht
auch nicht schon dann, wenn das Gericht prüft, ob die Voraussetzungen einer Anordnung von Sicherheitsmaßnahmen vorliegen. Die Gebühr nach II entsteht in dem
bei § 52 erwähnten Zeitpunkt.

Kostenschuldner sind nach § 6 die Erben. Es kommen auch die Erben mehrerer 6
Nachlässe in Betracht.

Ermittlung des Erben

105 Für die Ermittlung von Erben wird auch dann, wenn sie nach landesgesetzlichen Vorschriften von Amts wegen stattfindet, keine Gebühr erhoben.

1) Geltungsbereich. Die Ermittlung der Erben etwa zwecks Nachlaßsicherung 1
nach § 104, zwecks Vermittlung einer Erbauseinandersetzung nach §§ 363 ff FamFG
oder im Erbscheinsverfahren nach § 2358 BGB oder zwecks Mitteilungen etwa nach
§§ 1342 II, 1597 II, 1953 III, 1957 II, 2081 II BGB ist grundsätzlich schon als ein
Nebengeschäft eines gebührenpflichtigen Hauptgeschäfts gebührenfrei, § 35. Soweit
das Nachlaßgericht von Amts wegen eine Ermittlung von Erben als das Hauptgeschäft vornehmen muß, schafft § 105 auch für dieses Hauptgeschäft eine Gebührenfreiheit mit einem Vorrang vor § 158 II. Die Vorschrift tritt beim Notar hinter
§ 147 II zurück.

Eine *Auslagenfreiheit* besteht nicht.

Nachlaßpflegschaften, Gesamtgutsverwaltung

106 *Fassung 1. 9. 2009:* I ¹Für eine Nachlaßverwaltung, eine Gesamtgutsverwaltung, eine sonstige Nachlaßpflegschaft oder eine Pflegschaft für einen
abwesenden Beteiligten nach § 364 des Gesetzes über das Verfahren in Familiensachen und in den Angelegenheiten der freiwilligen Gerichtsbarkeit wird die
volle Gebühr erhoben. ²Sie wird mit der Anordnung fällig. ³Maßgebend ist der
Wert des von der Verwaltung oder Pflegschaft betroffenen Vermögens.

II Auf die Gebühr wird eine nach § 104 entstandene Gebühr angerechnet,
wenn die Nachlaßpflegschaft zur Sicherung des Nachlasses eingeleitet wird.

III Wird der Antrag auf Anordnung einer Nachlaß- oder Gesamtgutsverwaltung abgelehnt oder vor Erlaß einer Entscheidung zurückgenommen, so wird
ein Viertel der vollen Gebühr von dem Antragsteller erhoben; ist der Antrag
von einem Gläubiger gestellt, so bestimmt sich der Geschäftswert nach der
Forderung, jedoch nach dem Wert der Masse (Absatz 1 Satz 3), wenn dieser geringer ist.

Vorbem. I 1 geändert dch Art 47 II Z 21 FGG-RG v 17. 12. 08, BGBl 2586, in Kraft
seit 1. 9. 09, Art 112 I Hs 1 FGG-RG, Übergangsrecht Art 111 FGG-RG, Grdz 2 vor § 1
FamGKG, Teil I B dieses Buchs.

Bisherige Fassung I 1: ¹Für eine Nachlaßverwaltung, eine Gesamtgutsverwaltung,
eine sonstige Nachlaßpflegschaft oder eine Pflegschaft für einen abwesenden Beteiligten nach § 88 des Gesetzes über die Angelegenheiten der freiwilligen Gerichtsbarkeit wird die volle Gebühr erhoben.

Gliederung

1) Systematik, I–III 1
2) Regelungszweck, I–III 2

KostO § 106   III. Kostenordnung

3) Geltungsbereich, I 1	3–6
A. Nachlaßverwaltung	3
B. Gesamtgutsverwaltung	4
C. Sonstige Nachlaßpflegschaft	5
D. Abwesenheitspflegschaft	6
4) Gebührenhöhe, I–III	7–9
A. Anordnung, I	7
B. Anrechnung bei Nachlaßpflegschaft, II	8
C. Ablehnung, Antragsrücknahme, III	9
5) Geschäftswert, I, III	10, 11
A. Anordnung, I 3	10
B. Ablehnung, Zurücknahme, III Hs 2	11
6) **Fälligkeit, I 2, Kostenschuldner usw**	12, 13

1   **1) Systematik, I–III.** Die Vorschrift ähnelt § 92. Sie stellt solche Vorgänge unter Gebühren, die nach ihrer Dauer, ihrem Umfang und ihrem Schwierigkeitsgrad sehr unterschiedlich verlaufen können. Gleichwohl nennt das Gesetz keine Zeitgebühr und stellt auch keine Rahmengebühr zur Verfügung, sondern es stellt nur auf den Wert ab. Ergänzend gilt § 35. §§ 92, 93 gelten neben § 106.

2   **2) Regelungszweck, I–III.** Die in Rn 1 genannte gesetzliche Entscheidung läßt das Ziel einer Vereinfachung aus Zweckmäßigkeitserwägungen mit einem gewissen Vorrang vor der Kostengerechtigkeit erkennen. Nun sollte man aber wenigstens bei einem kleineren Vermögen keineswegs den Grundsatz außer Acht lassen, eine für den Kostenschuldner möglichst günstige Handhabung vorzunehmen, § 1 Rn 2. Nur so lassen sich soziale Härten vermeiden, die das Gesetz nicht billigt.

3   **3) Geltungsbereich, I 1.** Eine Gebühr kann in jedem der folgenden Fälle entstehen.
A. **Nachlaßverwaltung.** Die Nachlaßverwaltung nach §§ 1975 ff, 2062 BGB ist gebührenpflichtig.

4   B. **Gesamtgutsverwaltung.** Die Verwaltung des Gesamtguts bei der fortgesetzten Gütergemeinschaft nach § 1489 II in Verbindung mit § 2062 BGB ist gebührenpflichtig.

5   C. **Sonstige Nachlaßpflegschaft.** Gebührenpflichtig ist auch jede nicht in einer Verwaltung bestehende Pflegschaft über den Nachlaß, also eine Fürsorgetätigkeit für die Erben oder Nacherben und die Gläubiger nach §§ 1960, 1961 BGB. §§ 92, 93 II sind wegen dieser Zielrichtung der Nachlaßpflegschaft unanwendbar.

6   D. **Abwesenheitspflegschaft.** Die Pflegschaft für einen abwesenden Beteiligten nach § 364 FamFG ist nach I als der gegenüber § 93 a I 2 spezielleren und späteren Bestimmung gebührenpflichtig. Eine allgemeine Abwesenheitspflegschaft nach § 1911 BGB fällt demgegenüber unter § 93.

7   **4) Gebührenhöhe, I–III.** Es sind drei Aspekte beachtlich. Die Zahl der Pfleger oder Verwalter ist unerheblich, ebenso die Erbenzahl innerhalb derselben Maßnahme mit Ausnahme der für jeden Abwesenden geltenden Pflegschaft nach Rn 6.
A. **Anordnung, I.** Für die Anordnung einer jeden der in I 1 genannten Maßnahmen entsteht nach I 1, 2 grundsätzlich 1,0 Gebühr. Dazu ist eine Pflegerbestellung nicht Voraussetzung.

8   B. **Anrechnung bei Nachlaßpflegschaft, II.** Soweit das Gericht eine Pflegschaft zur Sicherung des Nachlasses einleitet, muß man auf die Gebühr nach I 1 eine etwa nach § 104 wegen desselben Gegenstands entstandene Gebühr anrechnen. Das gilt auch bei § 1961 BGB. Diese Gebührenvergünstigung gilt dann nicht, wenn das Gericht eine Nachlaßverwaltung nur zur Sicherung der Gläubigeransprüche anordnet, § 1981 II BGB.

9   C. **Ablehnung, Antragsrücknahme, III.** Soweit der Antragsteller seinen Antrag vor dem Erlaß einer anordnenden oder ablehnenden Entscheidung des Gerichts wirksam zurücknimmt oder soweit das Gericht den Antrag auf die Anordnung einer Nachlaßverwaltung oder einer Gesamtgutsverwaltung als unzulässig oder als unbegründet ablehnt, entsteht statt der Gebühr des § 130 nach III 1 0,25 Gebühr. Soweit das Gericht einen Antrag auf die Anordnung einer sonstigen Nachlaßpflegschaft oder einer Abwesenheitspflegschaft nach § 364 FamFG als unzulässig oder unbegründet ablehnt, entsteht nach § 106 keine Gebühr. Denn III erwähnt diese Fälle nicht mit, § 91.

874

5) Geschäftswert, I, III. Es gibt zwei Fallgruppen. Maßgebend ist nach § 18 I 10
der Anordnungs- oder Entscheidungszeitpunkt oder der Rücknahmezeitpunkt. Bei
einer Abwesenheitspflegschaft nach Rn 6 von Amts wegen ist III unanwendbar.
A. Anordnung, I 3. Bei der Anordnung einer in I 1 genannten Maßnahme muß
man grundsätzlich nach I 3 den Wert des von der Verwaltung oder Pflegschaft betroffenen gesamten pfändbaren Vermögens nach § 18 I als den Geschäftswert ansehen.
Man darf die Schulden nicht abziehen, § 18 III. Bei einer Pflegschaft nach Rn 6 ist
der Erbanteil maßgeblich. Wenn der Verkauf eines Nachlaßgrundstücks einen wesentlich höheren als den zunächst angenommenen Wert ergibt, kann der Verkaufspreis anstelle des Einheitswerts nach § 19 I heranziehbar sein, soweit das Gericht den
Einheitswert bereits im Zeitpunkt der Anordnung der gerichtlichen Maßnahme amtlich festgesetzt hatte.

B. Ablehnung, Zurücknahme, III Hs 2. Soweit ein Gläubiger einen Antrag auf 11
eine Maßnahme nach I vor dem Erlaß einer gerichtlichen Entscheidung wirksam zurückgenommen hat oder soweit das Gericht den Antrag gerade eines Gläubigers auf
die Anordnung einer Nachlaßverwaltung oder Gesamtgutsverwaltung als unzulässig
oder unbegründet abgelehnt hat, bestimmt sich der Geschäftswert in einer Abweichung von I 3 nicht nach dem Wert des von der Verwaltung oder Pflegschaft betroffenen Vermögens, sondern grundsätzlich nach dem Betrag der gesamten Forderung
dieses Gläubigers ohne Nebenforderungen, § 18 II. Soweit allerdings der Wert der
Masse, den man wiederum nach I 3 berechnen muß, den Betrag der Forderung dieses
Gläubigers nicht erreicht, ist der Massewert maßgeblich. Eine bloße Antragsbeschränkung ist wegen des Zwecks der Nachlaßverwaltung unbeachtlich. § 30 I bleibt
anwendbar.

6) Fälligkeit, I 2, Kostenschuldner usw. Die Fälligkeit tritt in einer Abwei- 12
chung von § 7 jeweils dann ein, wenn das Gericht eine Anordnung erläßt. Soweit das
Gericht die Pflegschaft über den Nachlaß und die Nachlaßverwaltung nicht zu demselben Zeitpunkt anordnet, werden die Gebühren für jede dieser Anordnungen also
hintereinander fällig. Soweit der Antragsteller seinen Antrag wirksam zurücknimmt
oder soweit das Gericht eine Anordnung als unzulässig oder unbegründet ablehnt,
sind diese Zeitpunkte für die Fälligkeit maßgeblich.

Kostenschuldner sind grundsätzlich nach § 6 die Erben. Beim Fiskus als Erben gilt 13
§ 12 I. Bei einer Gesamtgutsverwaltung ist nach § 2 Z 1 der überlebende Ehegatte als
Antragsteller nach §§ 1489 II, 1981 I BGB und ein Gläubiger als Antragsteller nach
§ 1981 II BGB Kostenschuldner, § 2 Z 1. Das gilt jedoch unter dem Vorbehalt der
Haftungsbeschränkung auf das Gesamtgut. Bei Rn 6 ist der Pflegling Kostenschuldner
nach § 2 Z 2. Bei III ist nach § 2 Z 1 der Antragsteller Kostenschuldner. § 5 I 1, 2
bleibt anwendbar.

Stundung des Pflichtteilsanspruchs

106a ^I **Für Entscheidungen über die Stundung eines Pflichtteilsanspruchs wird die volle Gebühr erhoben.**
^{II} **Der Geschäftswert ist nach § 30 zu bestimmen.**

1) Stundung des Pflichtteilsanspruchs, I. Es geht nur um eine stattgebende 1
Entscheidung über jeden Antrag eines Erben, der selbst auch pflichtteilsberechtigt ist,
den Pflichtteilsanspruch eines Dritten zu stunden, § 2331a I BGB. Für die Entscheidung ist stets das Nachlaßgericht zuständig, § 2331a II BGB.

Unanwendbar ist § 106a bei einer Zurücknahme oder Zurückweisung. Denn dann
gilt § 130.

2) Gebühr, I. Es entsteht wegen jeden Anspruchs 1,0 Gebühr. Das gilt auch 2
dann, wenn das Gericht einen Antrag als unzulässig oder unbegründet zurückweist.
Soweit der Antragsteller seinen Antrag vor einer Entscheidung des Gerichts wirksam zurücknimmt, entsteht keine Gebühr, § 91. Soweit das Gericht gleichwohl fälschlich eine
Entscheidung getroffen hat, muß das Gericht die Gebühr nach § 16 niederschlagen.

3) Geschäftswert, II. Der Geschäftswert richtet sich nach § 30. Gemeint ist wie 3
bei § 97 II in Wahrheit nur § 30 II.

KostO §§ 106a, 107 III. Kostenordnung

4 4) **Fälligkeit, Kostenschuldner usw, I, II.** Die Fälligkeit tritt mit der Beendigung des Geschäfts ein, § 7. Kostenschuldner ist der Antragsteller, § 2 Z 1. Miterben sind nach § 5 I 1 Gesamtschuldner.

Erbschein

107 *Fassung 1. 9. 2009:* I [1]Für die Erteilung eines Erbscheins, einschließlich des vorangegangenen Verfahrens, wird die volle Gebühr erhoben. [2]Für die Beurkundung der eidesstattlichen Versicherung wird daneben die Gebühr des § 49 besonders erhoben; sie wird beim Nachlaßgericht angesetzt, auch wenn die Erklärung von einem anderen Gericht aufgenommen ist.

II [1]Maßgebend ist der Wert des nach Abzug der Nachlaßverbindlichkeiten verbleibenden reinen Nachlasses im Zeitpunkt des Erbfalls; bei einem zum Nachlaß gehörenden land- oder forstwirtschaftlichen Betrieb mit Hofstelle findet § 19 Abs. 4 und 5 Anwendung. [2]Wird der Erbschein nur über das Erbrecht eines Miterben erteilt, so bestimmt sich der Wert nach dessen Erbteil. [3]Erstrecken sich die Wirkungen eines Erbscheins nur auf einen Teil des Nachlasses, bleiben diejenigen Gegenstände, die von der Erbscheinswirkung nicht erfasst werden, bei der Berechnung des Werts außer Betracht.

III [1]Wird dem Nachlaßgericht glaubhaft gemacht, daß der Erbschein nur zur Verfügung über Grundstücke oder im Grundbuch eingetragene Rechte oder zum Zwecke der Berichtigung des Grundbuchs gebraucht wird, so werden die in Absatz 1 genannten Gebühren nur nach dem Werte der im Grundbuch des Grundbuchamts eingetragenen Grundstücke und Rechte berechnet, über die auf Grund des Erbscheins verfügt werden kann; bei einem zum Nachlaß gehörenden land- oder forstwirtschaftlichen Betrieb mit Hofstelle findet § 19 Abs. 4 und 5 Anwendung. [2]Wird der Erbschein für mehrere Grundbuchämter benötigt, so ist der Gesamtwert der in den Grundbüchern eingetragenen Grundstücke und Rechte maßgebend. [3]Sind die Grundstücke und Rechte mit dinglichen Rechten belastet, so werden diese bei der Wertberechnung abgezogen.

IV Die Vorschriften des Absatzes 3 gelten entsprechend, wenn dem Nachlaßgericht glaubhaft gemacht wird, daß der Erbschein nur zur Verfügung über eingetragene Schiffe oder Schiffsbauwerke oder im Schiffsregister oder Schiffsbauregister eingetragene Rechte oder zur Berichtigung dieser Register gebraucht wird.

Vorbem. II 3 idF Art 47 II Z 22 FGG-RG v 17. 12. 08, BGBl 2586, in Kraft seit 1. 9. 09, Art 112 I Hs 1 FGG-RG, Übergangsrecht Art 111 FGG-RG, Grdz 2 vor § 1 FamGKG, Teil I B dieses Buchs.

Bisherige Fassung II 3: [3]Bei Erteilung eines beschränkten Erbscheins (§ 2369 des Bürgerlichen Gesetzbuchs) ist der Wert der im Inland befindlichen Gegenstände maßgebend.

Gliederung

1) Systematik, I–IV	1
2) Regelungszweck, I–IV	2
3) Geltungsbereich, I	3–10
A. Erteilung des Erbscheins, I 1	3
B. Eidesstattliche Versicherung, I 2	4
C. Nacherbe	5
D. Weiterer Erbschein	6
E. Mehrere Erbfälle	7
F. Hoffolgezeugnis	8
G. Testamentsvollstreckung	9
H. Zurücknahme, Ablehnung	10
4) Geschäftswert, II–IV	11–29
A. Grundsatz: Reiner Nachlaßwert, II 1	11
B. Beispiele zur Frage einer Nachlaßverbindlichkeit, II 1	12–14
C. Miterbe, II 2	15
D. Beschränkte Wirkungen, II 3	16
E. Voraussetzungen bei einer Grundstücksverfügung, Schiffsverfügung usw, III, IV	17–20
F. Folgen, III, IV	21–24
G. Vorerbe, Nacherbe	25

1. Teil. Gerichtskosten § 107 KostO

H. Hoffolgezeugnis 26
I. Sonstige Fragen 27–29
5) Fälligkeit, Kostenschuldner usw, I–IV 30

1) Systematik, I–IV. Die Vorschrift enthält eine umfangreiche differenzierte Regelung der Vergütung einer Hauptaufgabe des Nachlaßgerichts. Deren Schwierigkeitsgrad kann außerordentlich unterschiedlich hoch ausfallen. Wegen der zumindest zunächst rechtlich wie wirtschaftlich, aber auch immateriell entscheidenden Wirkung des Erbscheins oder seiner Versagung ist I 1 mit nur einer 1,0 Gebühr recht maßvoll. Das gilt, zumal die weiteren Teile der Vorschrift eine ganze Reihe von Ermäßigungsmöglichkeiten über die Wertermittlung bieten. Ergänzend gelten neben den von § 107 in Bezug genommenen anderen Vorschriften auch §§ 35, 107a, 108. Das Abstellen auf Wertgebühren ist verfassungsgemäß, BayObLG JB **02**, 205, Köln Rpfleger **03**, 540. Es verstößt auch nicht gegen Europarecht, Köln RR **04**, 357, Stgt JB **04**, 437. §§ 102, 112 bleiben anwendbar.
Auch beim *Notar* gilt die Vorschrift nach § 141. Vgl freilich §§ 14, 16, 31, 156.

2) Regelungszweck, I–IV. Die Differenzierung der Maßstäbe für die Wertermittlung dient klar einer möglichst hohen Kostengerechtigkeit. Die deutliche Tendenz einer Kostenermäßigung dient ebenso klar der sozialen Erträglichkeit für den ja schließlich auch mit der Erbschaftssteuer belasteten Erben. Das gilt auch bei III 1, BayObLG FGPrax **00**, 82. Auf der Basis beider Gedanken sollte man unter einer Mitbeachtung des Grundsatzes einer möglichsten Schonung des Kostenschuldners nach § 1 Rn 2 auch bei der Auslegung insbesondere der teilweise schwierigen Regeln zur Wertermittlung vorgehen.

3) Geltungsbereich, I. Es gibt acht Fallgruppen.
A. Erteilung des Erbscheins, I 1. Der bloße Antrag ist nach § 129 gebührenfrei. Erst die Erteilung eines jeden erstmaligen oder erneuten Erbscheins nach §§ 2353 ff BGB ist gebührenpflichtig. Die Gebühr gilt grundsätzlich das der Erteilung vorangegangene Verfahren nach dem klaren Wortlaut von I 1 mit ab, also zB von dem Antrag, § 129, und das Aufgebot nach § 2358 II BGB. §§ 102, 112 bleiben aber bestehen. Die Erteilung besteht in der Hinausgabe des Erbscheins, also in der Weitergabe einer Ausfertigung durch den Urkundsbeamten der Geschäftsstelle zur Beförderung an den Antragsteller nach (jetzt) § 352 FamFG, BayObLG Rpfleger **75**, 47, KG Rpfleger **81**, 497, LG Düss Rpfleger **85**, 330 (zustm Meyer-Stolte), aM KLBR 4 (maßgeblich erst die Bekanntgabe), PalEdenhofer § 2353 BGB Rn 36, RoW 10 (es komme auf die Unterzeichnung an. Aber maßgeblich ist stets die Herausgabe. Vorher liegt ein interner beliebig abänderbarer Vorgang vor, BLAH § 329 ZPO Rn 24 ff. Hinterher ist das Gericht gebunden). Eine bloße Ankündigung der Erteilung nach einen Vorbescheid usw reicht nicht.
Bis zu diesem Zeitpunkt kann das Nachlaßgericht die Anordnung der Erbscheinserteilung wirksam *aufheben*.
Es ist also nicht erforderlich, daß der Erbe den Erbschein auch *tatsächlich ausgehändigt* erhält. Soweit das Nachlaßgericht im Rahmen des Erteilungsantrags nach der Herstellung des Erbscheins die Akten an eine andere Stelle übersendet, kann ebenfalls eine Erteilung vorliegen, KG Rpfleger **81**, 498, strenger Karlsr Rpfleger **94**, 248. Unter dieser Voraussetzung kommt es nicht darauf an, ob der Antragsteller mit dem Existentwerden des Erbscheins einverstanden war, KG Rpfleger **81**, 498.
B. Eidesstattliche Versicherung, I 2. Für die Beurkundung der eidesstattlichen Versicherung nach § 2356 II 1 BGB entsteht neben der Erteilungsgebühr nach I 2 die Gebühr nach § 49 besonders, AG Betzdorf FamRZ **09**, 1433. Hinzutreten kann auch die Gebühr nach § 58. Für den Erlaß der Abgabe einer eidesstattlichen Versicherung nach § 2356 II 2 BGB entsteht keine besondere Gebühr.
C. Nacherbe. Auch die Erteilung für den Nacherben ist gebührenpflichtig, BayObLG MDR **95**, 644.
D. Weiterer Erbschein. Die Erteilung eines weiteren Erbscheins auf Grund desselben Erbfalls ist neben der Erteilung des ersten Erbscheins besonders gebührenpflichtig, I 1, sofern nicht ein gemeinschaftlicher Erbschein nach § 2357 BGB erfolgt, Rn 15. Dasselbe gilt für alle weiteren Erteilungen auf Grund desselben Erbfalls, etwa

877

nach der Einziehung des früheren Erbscheins nach § 2361 BGB. Das gilt auch in den Grenzen des § 16 nach der Feststellung einer teilweisen Unrichtigkeit des früheren Erbscheins, Brschw NdsRpfl **85**, 43, KG Rpfleger **93**, 42, aM Lappe NJW **94**, 1194. Dann findet auch keine Anrechnung statt.

7 **E. Mehrere Erbfälle.** Soweit sich derselbe Erbschein auf mehrere Erbfälle bezieht, entstehen für jeden dieser Erbfälle Gebühren nach I 1. Das gilt auch dann, wenn dieselben Gegenstände zum Nachlaß eines jeden Erbfalls zählen.

8 **F. Hoffolgezeugnis.** Ein Hoffolgezeugnis nach § 18 II 3 HöfeO und ein Erbschein des Landwirtschaftsgerichts über das hoffreie Vermögen fallen unter § 107 und nicht unter § 111, BGH NJW **88**, 2739.

9 **G. Testamentsvollstreckung.** Die Angabe der Testamentsvollstreckung im Erbschein nach § 2364 I BGB ist als solche gebührenfrei. Das gilt auch für die Angabe der Testamentsvollstreckung im Erbschein des Vorerben. Die Angabe des Namens des Testamentsvollstreckers kann freilich als die Erteilung eines Zeugnisses nach § 109 I 1 Z 2 gebührenpflichtig sein.

10 **H. Zurücknahme, Ablehnung.** Eine wirksame Antragsrücknahme oder die Ablehnung eines Erbscheinsantrags sind nicht nach § 107 gebührenpflichtig, wohl aber nach § 130 I, II.

11 **4) Geschäftswert, II–IV.** Man muß zahlreiche Aspekte beachten.

A. Grundsatz: Reiner Nachlaßwert, II 1. Der Schuldner soll nur insoweit Kosten tragen, als ihm auch Vermögen zufließt, Köln MDR **87**, 1036. Sofern keiner der nachfolgend erläuterten Sonderfälle vorliegt, ist als Geschäftswert beim sog Eigenrechtserbschein nach § 2353 BGB der Wert des nach dem Abzug der Nachlaßverbindlichkeiten nach §§ 1967–1969 BGB verbleibenden reinen Nachlaßvermögens abweichend von § 18 III maßgeblich, AG Betzdorf FamRZ **09**, 1433, und zwar nach dem klaren Wortlaut des II 1 Hs 1 im Zeitpunkt des Erbfalls, BayObLG FamRZ **01**, 696.

Der Zeitraum zwischen dem Erbfall und der Erteilung des *Erbscheins* bleibt also beim Fortbestand derselben Nachlaßgegenstände ohne das Hinzutreten oder den Wegfall von solchen grundsätzlich unerheblich, Düss FamRZ **95**, 102, Schlesw DNotZ **94**, 137, aM KLBR 37 a. Eine Bilanz kann zur Bewertung hilfreich sein, auch die Höhe einer erfolgten Leistung auf einen Pflichtteil, BayObLG FamRZ **04**, 1304. Im deutsch-deutschen Fall war der 3. 10. 90 maßgeblich, BayObLG MDR **95**, 644. Zieht das Nachlaßgericht einen Erbschein mit einem Testamentsvollstreckervermerk ohne einen solchen Vermerk ein, bestimmt sich der Wert nach dem vollen ursprünglichen Nachlaßwert, BayObLG MDR **97**, 300, aM KLBR 49 (aber es ist ein ganz neuer Erbschein notwendig).

Man muß den Wert eines zum Nachlaß gehörenden *Grundstücks* nach § 19 ansetzen, BayObLG **75**, 248. Beim land- oder forstwirtschaftlichen Betrieb mit einer Hofstelle gilt das Vierfache des letzten Einheitswerts, höchstens gilt der gemeine Wert, II 1 Hs 2 in Verbindung mit § 19 IV, V, LG Ingolstadt Rpfleger **90**, 210. Dem Zweck der Begünstigung der Landwirtschaft entsprechend muß eine Fortführung des Betriebs möglich und beabsichtigt sein, BayObLG **92**, 264, LG Ingolstadt Rpfleger **90**, 210. Daher muß man auch hier eine Verbindlichkeit abziehen, aM Oldb JB **90**, 1187. Eine dem Erblasser als dem Bezugsberechtigten zugefallene Versicherungsleistung zählt zum Nachlaß, ebenso bei einer Zugewinngemeinschaft die Erbteilserhöhung. Bei einer nicht nach Rn 12 abziehbaren restlichen Bürgschaft entscheidet der Grad der Wahrscheinlichkeit einer Beanspruchung des Bürgen, Karlsr Just **87**, 64. Ein Gesellschaftsanteil zählt zum Nachlaß, BayObLG Rpfleger **87**, 458.

Nicht zum Nachlaß zählen derjenige Anteil an einer Personengesellschaft, den man im Weg der rechtsgeschäftlichen Nachfolgeklausel überträgt, BayObLG FamRZ **01**, 300, oder gar dem Erben von einem Dritten direkt zugefallene Versicherungsleistung nach §§ 328 ff BGB, §§ 166 ff VVG.

12 **B. Beispiele zur Frage einer Nachlaßverbindlichkeit, II 1**

Auflage: Als Nachlaßverbindlichkeit abziehbar ist eine Auflage des Erblassers. Vgl freilich §§ 46 IV, 101.

Ausbildungshilfe: Als Nachlaßverbindlichkeit abziehbar ist eine Ausbildungshilfe nach § 1371 IV BGB.

1. Teil. Gerichtskosten § 107 KostO

Beerdigungskosten: Als Nachlaßverbindlichkeit abziehbar sind die Beerdigungskosten nach § 1968 BGB in einem angemessenen Umfang, KG Rpfleger **80**, 79.
Bürgschaft: Als Nachlaßverbindlichkeit abziehbar ist bei einer Bürgschaft der Unterschiedsbetrag zwischen einer Bürgschaft und einem nicht durchsetzbaren Rückgriffsrecht gegen den Hauptschuldner, LG Würzb JB **77**, 243.
Dreißigster: Als Nachlaßverbindlichkeit abziehbar ist der sog Dreißigste nach § 1969 BGB.
Eigentumsvorbehalt: Als Nachlaßverbindlichkeit abziehbar ist der noch zahlbare Restpreis. Dabei muß man für den Ausgangswert denjenigen Preis ansetzen, der sich im Zeitpunkt des Erbfalls noch erzielen ließ.
Enteignung: Als Nachlaßverbindlichkeit abziehbar ist ein Restitutionsanspruch nach § 3 VermG, BayObLG FamRZ **96**, 189.
Erbersatzanspruch: Als Nachlaßverbindlichkeit abziehbar ist der Erbersatzanspruch nach § 1934 II BGB.
Erbfallschuld: Als Nachlaßverbindlichkeit abziehbar ist eine den Erben als solchen treffende Verbindlichkeit.
Erblasserschuld: Als Nachlaßverbindlichkeit abziehbar ist eine vom Erblasser stammende Verbindlichkeit.
Erbschaftssteuer: *Nicht* als Nachlaßverbindlichkeit abziehbar ist die Erbschaftssteuer. Denn sie trifft den jeweiligen Erben als eine persönliche Belastung. Sie ist ja erst infolge des Erbanfalls entstanden. Man kann sie daher bei der Ermittlung des Geschäftswerts nicht berücksichtigen, BayObLG Rpfleger **02**, 627, Hamm Rpfleger **90**, 463, aM Köln FGPrax **01**, 169 (keine Abzugsfähigkeit nur bei der Testamentseröffnung; abl Bader Rpfleger **01**, 459, Bestelmayer FGPrax **01**, 257), KLBR 28.
Erlaß, Erlöschen: Rn 14 „Schulderlaß".
Gesellschaftsrecht: Als Nachlaßverbindlichkeit abziehbar ist eine Schuld des Erblassers aus einem Gesellschaftsanteil. Denn er zählt zum Nachlaß, BayObLG **87**, 152. 13

S aber auch Rn 11 aE.
Grundpfandrecht: Als Nachlaßverbindlichkeit grds abziehbar ist ein Grundpfandrecht, also eine Hypothek, Grund- oder Rentenschuld. Maßgebend ist der Nennwert, also nicht der valutierende Betrag im Zeitpunkt des Erbfalls, aM Düss FamRZ **95**, 102 (aber der Gläubiger kann formell noch bis zum Nennwert vorgehen).

Von dieser Regel mag dann eine *Ausnahme* gelten, wenn ein solches Vorgehen offensichtlich mißbräuchlich wäre, etwa dann, wenn der Erblasser die zugrunde liegende Verbindlichkeit weitgehend erfüllt hatte.
Hypothek: S „Grundpfandrecht".
Nachlaßkosten: Als Nachlaßverbindlichkeit abziehbar sind solche Nachlaßkosten, die der Erbe tragen muß.
Pflichtteilsrecht: Als Nachlaßverbindlichkeit abziehbar ist ein Pflichtteilsrecht, BayObLG **75**, 252. Das gilt unabhängig davon, ob der Pflichtteilsberechtigte es geltendmacht oder -machen wird, BayObLG MDR **76**, 152. Das gilt sogar dann, wenn sichere Anhaltspunkte dafür vorliegen, daß der Berechtigte seinen Pflichtteil nicht geltendmachen wird, BayObLG **00**, 328, aM KLBR 32 (aber neben dem eindeutigen Wortlaut spricht auch die Freiheit des Berechtigten, den Pflichtteil doch noch ganz oder teilweise geltend zu machen, für eine volle Abzugsfähigkeit, solange er nicht einen wirksamen völligen Verzicht auf ihn erklärt hat). Ferner ist abziehbar ein vom Erben erfüllter Pflichtteilsergänzungsanspruch, BayObLG Rpfleger **84**, 438.
Rentenschuld: S „Grundpfandrecht".
Schulderlaß: Als Nachlaßverbindlichkeit abziehbar ist eine Schuld des Erblassers. 14 Das gilt auch dann, wenn sie infolge der Vereinigung mit einer Forderung des Erben erlassen oder erloschen ist. Denn der Nachlaß war im Zeitpunkt des Erbfalls noch mit dieser Schuld belastet, LG Frankenth Rpfleger **86**, 475.
Vermächtnis: Als Nachlaßverbindlichkeit abziehbar ist ein Vermächtnis, BayObLG JB **91**, 1666, oder ein Vorausvermächtnis, sofern es alle Erben belastet.
Vorausvermächtnis: S „Vermächtnis".
Wiederkehrende Leistung: Man muß § 24 mitbeachten, BayObLG Rpfleger **84**, 334.

Zugewinnausgleich: Als Nachlaßverbindlichkeit abziehbar ist der schuldrechtliche Zugewinnausgleich nach §§ 1371 II, III, 1378 BGB.

15 **C. Miterbe, II 2.** Beim gemeinschaftlichen Erbschein nach § 2357 BGB ist der Gesamtwert maßgeblich. Soweit das Nachlaßgericht den Erbschein nur über das Erbrecht eines Miterben erteilt, bestimmt sich der Geschäftswert nach dessen Anteil am reinen Nachlaß, also nach dem Abzug sowohl der jeden Miterben als auch der diesen Miterben treffenden Verbindlichkeiten, BayObLG JB **93**, 35, aM LG Hann JB **96**, 652 (aber II 1 gilt natürlich auch hier mit). Wendet sich der angebliche gesetzliche Miterbe gegen einen Vorbescheid zugunsten des Testamentserben, ist der Anteil des Antragstellers maßgeblich, auch im Beschwerdeverfahren, BayObLG FamRZ **04**, 1309.

16 **D. Beschränkte Wirkungen, II 3.** Soweit sich die Wirkungen eines Erbscheins nur auf einen Teil des Nachlasses erstrecken, bleiben die nicht erfaßten Gegenstände außer Betracht. Dann ist als Geschäftswert der Wert nur der erfaßten Gegenstände maßgebend, (je zum alten Recht) Düss JB **86**, 85, AG Bad Iburg JB **93**, 303. Man darf dann keine Verbindlichkeiten abziehen, BVerfG FER **97**, 162, Schlesw DNotZ **94**, 139 (keine Berücksichtigung einer Wertsteigerung infolge der Wiedervereinigung).

17 **E. Voraussetzungen bei einer Grundstücksverfügung, Schiffsverfügung usw, III, IV.** Die Vorschriften schaffen Gebührenermäßigungen für die folgenden dort verfassungsgemäß und auch im übrigen zulässigerweise abschließend genannten Sonderfälle, Düss Rpfleger **04**, 440. Daher gehört ein nach § 792 ZPO benötigter Erbschein zu I, II und nicht zu III, IV, Düss Rpfleger **04**, 440 (Erstattungsfähigkeit nach § 788 ZPO). Dasselbe gilt für einen nur zum Handelsregister benötigten Erbschein, Stgt JB **04**, 437.

18 Der Antragsteller muß den Erbschein auch beim Vorhandensein weiterer Werte lediglich zur *Verfügung* über das Grundstück oder das im Grundbuch eingetragene Recht oder nur zur Verfügung über das eingetragene Schiff oder Schiffsbauwerk oder ein im Schiffsregister oder Schiffsbauregister eingetragenes Recht benötigen, BayObLG FGPrax **00**, 82.

19 Es reicht freilich auch aus, daß der Antragsteller den Erbschein nur zur *Berichtigung* des Grundbuchs oder des Schiffsregisters oder des Schiffsbauregisters benötigt. Nicht ausreichend ist eine Eintragung ins Handelsregister, Köln Rpfleger **03**, 540.

20 Der Antragsteller muß *glaubhaft* machen, daß er den Erbschein nur für einen der in Rn 18 oder Rn 19 genannten Zwecke benötigt, § 294 II ZPO. Man muß seine eidesstattliche Versicherung nach § 49 II 1 bewerten, BayObLG **84**, 36, also wiederum nach §§ 107, 109, 111. Die Glaubhaftmachung läßt sich jedenfalls bei Gebührenfälligkeit nach Rn 30 nachholen, Ffm Rpfleger **89**, 157.

21 **F. Folgen, III, IV.** Soweit eine der Voraussetzungen Rn 17–20 vorliegt, muß man für die Ermittlung des Geschäftswerts wiederum die folgenden Situationen unterscheiden.

22 – *Einzelnes Grundbuchamt, einzelne Registerbehörde, III 1, IV.* Soweit der Antragsteller einen gegenständlich beschränkten Erbschein nur für ein einzelnes Grundbuchamt oder eine einzelne Registerbehörde benötigt, kommt es auf den Wert der im Grundbuch oder Register dieser Behörde eingetragenen Grundstücke, Schiffe, Schiffsbauwerke und zugehörigen Rechte an. Beim land- und forstwirtschaftlichen Betrieb mit einer Hofstelle gilt das Vierfache des letzten Einheitswerts, höchstens gilt der gemeine Wert, III 1 Hs 2 in Verbindung mit § 19 IV, V. S auch Rn 26.

23 – *Mehrere Grundbuchämter oder Registerbehörden, III 2, IV.* Soweit der Antragsteller einen Erbschein für einen der in Rn 17–20 genannten Zwecke für mehrere Grundbuchämter oder Registerbehörden benötigt, gilt als Geschäftswert der Gesamtwert der in den Grundbüchern eingetragenen Grundstücke oder der in den Registern eingetragenen Schiffe oder Schiffsbauwerke und der zugehörigen Rechte maßgebend.

24 – *Belastungen, III 3, IV.* Sowohl bei Rn 22 als auch bei Rn 23 sind solche dinglichen Rechte, die das Grundstück oder Schiff oder Schiffsbauwerk belasten, bei der Ermittlung des Geschäftswerts abziehbar. Dazu kann auch eine Rückauflassungsvormerkung gehören. Man muß sie evtl nach § 30 I bewerten, BayObLG FGPrax **00**, 82.

G. Vorerbe, Nacherbe.
Soweit das Nachlaßgericht nach dem Wegfall des Vorerben einen neuen gemeinschaftlichen Erbschein erteilt, ist der Wert des ganzen Nachlasses maßgeblich. Bei der Erteilung eines Erbscheins für den Nacherben muß man die noch vorhandenen Nachlaßverbindlichkeiten abziehen sowie einen Anspruch des Nacherben gegen den Vorerben hinzurechnen.

H. Hoffolgezeugnis.
Bei einem Hoffolgezeugnis nach § 18 II HöfeO ist als Geschäftswert der gemeine Wert des Hofs abzüglich der Nachlaßverbindlichkeiten einschließlich etwaiger Hypotheken usw maßgeblich. S auch Rn 18.

I. Sonstige Fragen.
Man darf eine dem Testamentsvollstrecker geschuldete Vergütung nicht abziehen. Man darf auch nicht die erst nach dem Erbfall entstandenen Kosten abziehen. Die unterschiedlichen Regelungen der Abziehbarkeit von Nachlaßverbindlichkeiten, wie sie sich einerseits beim sog Eigenrechtserbschein nach II 1, Rn 11, andererseits beim sog Fremdrechtserbschein nach II 3 ergeben, Rn 16, gelten bei III nicht, BayObLG 84, 37. Ein dem Erben schon vor dem Erbfall zustehender Anteil bleibt für die Kosten unbeachtet. Daher muß man beim Gesamthandeigentum von Ehegatten den Geschäftswert auf der Basis der Hälfte des Einheitswerts abzüglich der Nachlaßschulden berechnen.

Bei jeder Wertberechnung ist der *Zeitpunkt des jeweiligen Erbfalls* maßgeblich, II 1, bei einer Nacherbschaft also ihr Zeitpunkt usw, BayObLG FamRZ 97, 316.

Im *Beschwerdeverfahren* bemißt sich der Geschäftswert nicht ohne weiteres nach § 107. Denn das Beschwerdegericht erteilt keinen Erbschein. Man muß vielmehr das Interesse des Beschwerdeführers und den Wert seines Anteils als die Obergrenze ansetzen. Bei mehreren Beschwerdeführern muß man einen einheitlichen Wert ansetzen, soweit die Rechtsmittel dasselbe Ziel verfolgen und ihr Gegenstand identisch ist, LG Kblz FamRZ 95, 1370.

Die ermäßigte Gebühr nach III, IV gilt auch die Abgabe einer *eidesstattlichen Versicherung* nach I 2 in einem solchen Verfahren mit ab.

III, IV sind auch bei einer *Verfügung* über ein Grundstück oder Schiff oder einen Schiffsbau und die in den zugehörigen Registern eingetragenen Rechte aus Anlaß eines Erbfalls anwendbar.

5) Fälligkeit, Kostenschuldner usw, I–IV. Die Fälligkeit richtet sich nach § 7, Ffm Rpfleger **89**, 157.

Kostenschuldner ist nach § 2 Z 1 der Antragsteller. Das gilt auch nach § 5 I 1 bei einer Erbengemeinschaft. Der Miterbe haftet nach dem Wert seines Anteils, § 5 I 2. Er haftet persönlich und nicht nur mit dem Nachlaß. § 6 ist unanwendbar.

Erbscheine für bestimmte Zwecke

107a ¹ Wird ein Erbschein für einen bestimmten Zweck gebührenfrei oder zu ermäßigten Gebühren erteilt, so werden die in § 107 Abs. 1 genannten Gebühren nacherhoben, wenn von dem Erbschein zu einem anderen Zweck Gebrauch gemacht wird.

II ¹Wird der Erbschein für ein gerichtliches oder behördliches Verfahren benötigt, so ist die Ausfertigung des Erbscheins dem Gericht oder der Behörde zur Aufbewahrung bei den Akten zu übersenden. ²Wird eine Ausfertigung, eine Ablichtung oder ein Ausdruck des Erbscheins auch für andere Zwecke erteilt oder nimmt der Antragsteller bei der Erledigung einer anderen Angelegenheit auf die Akten Bezug, in denen sich der Erbschein befindet, so hat der Antragsteller die in § 107 Abs. 1 genannten Gebühren nach dem in § 107 Abs. 2 bezeichneten Wert nachzuentrichten; die Frist des § 15 Abs. 1 beginnt erst mit der Erteilung der Ausfertigung, der Ablichtung oder des Ausdrucks oder mit der Bezugnahme auf die Akten. ³In den Fällen des Satzes 2 hat das Nachlaßgericht die Stelle zu benachrichtigen, welche die nach § 2356 des Bürgerlichen Gesetzbuches erforderliche eidesstattliche Versicherung beurkundet hat.

Vorbem. II 2 Hs 1, 2 geändert dch Art 14 II Z 11a, b JKomG v 22. 3. 05, BGBl 837, in Kraft seit 1. 4. 05, Art 16 I JKomG. Sodann II 2 Hs 2 erneut geändert dch Art 17 Z 9 des 2. JuMoG v 22. 12. 06, BGBl 3416, in Kraft seit 31. 12. 06, Art 28 I des 2. JuMoG. Übergangsrecht jeweils § 161 KostO.

KostO § 107a   III. Kostenordnung

Gliederung

1) **Systematik, I, II** 1
2) **Regelungszweck, I, II** 2
3) **Nacherhebung, I** 3–6
   A. Zweckbestimmte Erteilung 3
   B. Gebührenfreiheit, ermäßigte Gebühr 4
   C. Anderweitige Verwendung 5
   D. Folgen 6
4) **Sicherungsmaßnahme, II 1** 7–9
5) **Nachentrichtung, II 2** 10–14
   A. Erteilung auch für andere Zwecke 10
   B. Bezugnahme 11
   C. Folgen 12
   D. Geschäftswert 13
   E. Erlöschen des Nachforderungsanspruchs 14
6) **Benachrichtigungspflicht, II 3** 15

1   **1) Systematik, I, II.** Es handelt sich um eine notwendige Ergänzung zu § 107. Denn die auch sozial mitbedingte Gebührenbemessung in der letzteren Vorschrift würde sich nicht mehr rechtfertigen lassen, wenn später ein ganz anderer Zweck als der für die ursprüngliche Vergütung maßgeblich gewesene hervortritt. § 16 ist anwendbar, Brschw Rpfleger 08, 539.
Auch der *Notar* muß § 107a beachten, § 141.

2   **2) Regelungszweck, I, II.** Die Vorschrift dient schon wegen der Erwägungen Rn 1 der Kostengerechtigkeit. Sie soll unvertretbar gewordene Vergünstigungen beenden. Dieses Ziel würde sich dann nicht voll erreichen lassen, wenn man den Grundsatz einer für den Kostenschuldner möglichst günstigen Auslegung nach § 1 Rn 2 auch hier voll beachten müßte. Man darf ihn aber wegen des für die gesamte KostO geltenden Worts „nur" in § 1 I 1 auch bei § 107a nicht gänzlich außer Acht lassen. Es sollte also eine vorsichtige abwägende Handhabung erfolgen.

3   **3) Nacherhebung, I.** Eine Nacherhebung nach I kommt beim Zusammentreffen der Voraussetzungen Rn 3–5 in Betracht.
A. Zweckbestimmte Erteilung. Das Nachlaßgericht muß den Erbschein auf Grund einer gesetzlichen Sondervorschrift gebührenfrei oder zu einer ermäßigten Gebühr für einen in jenem Gesetz bestimmten Zweck erteilt haben. Das ändert nichts an seiner Beweiskraft als Erbschein, Ffm RR **94**, 10.
In Betracht kommen zB: § 107 III, IV; ein bloßer Grundbuchzweck, Ffm RR **94**, 10; eine Fürsorgeangelegenheit; ein Schuldenregelungsverfahren; eine Rückerstattungssache; ein Verfahren nach dem BEG; eine Versorgungssache usw.
Nicht hierher gehört der gegenständlich beschränkte Erbschein nach § 107 II 3, soweit nicht die sonstigen Voraussetzungen Rn 3–5 auch bei ihm zutreffen.

4   **B. Gebührenfreiheit, ermäßigte Gebühr.** Das Nachlaßgericht muß den Erbschein zu einem der vorgenannten Zwecke auch gerade gebührenfrei oder zu einer ermäßigten Gebühr erteilt haben.

5   **C. Anderweitige Verwendung.** Der Antragsteller muß den Erbschein nunmehr zu einem beliebigen anderen als dem in Rn 3 genannten gesetzlich bestimmten und begünstigten Zweck gebrauchen wollen. In Betracht kommt nur ein Gebrauch durch denjenigen Antragsteller, der den Erbschein zunächst für den in Rn 3 bestimmten Zweck beantragt und erhalten hatte. Natürlich schadet auch ein solcher Gebrauch durch einen Dritten, den man dem begünstigten Antragsteller zurechnen muß. Gebrauch liegt in einer Vorlage oder Bezugnahme gegenüber einem Gericht, einer Behörde oder einem Dritten in einem beliebigen Zusammenhang etwa als ein Beweisantritt. Eine Beweiserhebung ist nicht notwendig. Ein Gebrauch kann auch im Amtsverfahren eintreten, soweit der Antragsteller mitwirken soll oder muß und soweit der Erbschein nicht etwa als ein Beweismittel gegen den Antragsteller dient.

6   **D. Folgen.** Soweit die Voraussetzungen Rn 3–5 vorliegen, muß das Gericht die in § 107 I genannten Gebühren nacherheben, also die 1,0 Gebühr nach § 107 I 1 und unter Umständen daneben die Gebühr des § 49 für die Beurkundung einer etwa abgegebenen eidesstattlichen Versicherung. Das Gericht hat einen Ermessensspielraum weder bei der Klärung der Frage, ob der Antragsteller von dem Erbschein einen anderen als den in I genannten Gebrauch machen wird, noch für die Frage, ob und in welcher Höhe infolgedessen eine Nacherhebung in Betracht kommt. Die Nacherhebung darf nur dem ursprünglichen Kostenschuldner gegenüber erfolgen. Kostenschuldner ist nur derjenige zB als ein Miterbe, der eine anderweitige Verwendung nach Rn 5 vorgenommen hat.

4) Sicherungsmaßnahme, II 1. Es handelt sich um eine früher nur bundeseinheitlich von den Bundesländern getroffene Regelung, vgl auch § 11 KostVfg, Teil VII A dieses Buchs. 7

Soweit der Antragsteller den Erbschein für ein *gerichtliches oder behördliches Verfahren* benötigt, darf das Nachlaßgericht die Ausfertigung des Erbscheins nur demjenigen Gericht oder derjenigen Behörde zur Aufbewahrung übersenden, bei der dasjenige Verfahren anhängig ist, in dem man den Erbschein benötigt. Das Nachlaßgericht muß diese andere Stelle ersuchen, den an dem dortigen Verfahren Beteiligten weder eine Ausfertigung auszuhändigen noch eine Ablichtung oder Abschrift zu erteilen, sondern die Ausfertigung zu den dortigen Akten zu nehmen.

Außerdem muß das Nachlaßgericht auf der Urschrift und auf der Ausfertigung 8 oder sonstigen Ablichtung oder Abschrift *vermerken,* daß es den Erbschein zum ausschließlichen Gebrauch für das genau zu bezeichnende andere Verfahren gebührenfrei oder zu einer ermäßigten Gebühr erteilt hat, § 11 I KostVfg.

Alle diese Maßnahmen dienen dem *Zweck* zu verhindern, daß mit dem Erbschein 9 ein Gebrauch stattfindet, der zu weiteren Gebühren führen würde, ohne daß das Nachlaßgericht von diesem Gebrauch unverzüglich erfährt.

5) Nachentrichtung, II 2. Eine Nachentrichtung nach II 2 kommt dann in Betracht, wenn eine der Voraussetzungen Rn 10, 11 vorliegt. 10

A. Erteilung auch für andere Zwecke. Eine Nachentrichtung ist erforderlich, soweit das Nachlaßgericht eine Ausfertigung oder eine Ablichtung oder einen Ausdruck der elektronischen Fassung des Erbscheins auch für einen anderen Zweck als für ein gerichtliches oder behördliches Verfahren nach II 1 erteilt. Eine Nachentrichtung entfällt dann, wenn das Gesetz den geänderten Zweck ebenfalls begünstigt, LG Duisb JB **07**, 491.

B. Bezugnahme. Eine Nachentrichtung wird auch erforderlich, soweit der Antragsteller bei der Erledigung einer anderen Angelegenheit als der in II 1 genannten auf diejenigen Akten Bezug nimmt, in denen sich der nach II 1 erteilte Erbschein befindet. Eine solche Bezugnahme liegt auch dann vor, wenn sie bei einer objektiven Betrachtung zur Erledigung jener anderen Angelegenheit nicht erforderlich war. Es reicht also aus, daß der Antragsteller die Bezugnahme ersichtlich für erforderlich gehalten hat. Eine nur vorsorgliche Bezugnahme oder Erwähnung für den Fall, daß sich das dort entscheidende Gericht der Rechtsauffassung des Antragstellers nicht anschließen sollte usw, ist keine Bezugnahme nach II 2. 11

C. Folgen. Sobald eine der Voraussetzungen nach Rn 10, 11 vorliegt, muß der Antragsteller die in § 107 I genannten Gebühren nachentrichten, also sowohl die 1,0 Gebühr des § 107 I 1 als auch die etwa daneben nach § 49 entstehende Gebühr für die Beurkundung der eidesstattlichen Versicherung, § 107 I 2. Das Nachlaßgericht hat einen Ermessensspielraum weder bei der Prüfung der Frage, ob die Voraussetzungen des II 2 vorliegen, noch bei der Klärung der Frage, ob und in welchem Umfang der Antragsteller dann Gebühren nachentrichten muß. Das Nachlaßgericht muß § 8 beachten. 12

D. Geschäftswert. Im Rahmen einer Nachentrichtung nach II 2 ist der in § 107 II bezeichnete Wert maßgeblich. Das stellt § 107a II 2 klar. 13

E. Erlöschen des Nachforderungsanspruchs. Um zu ermöglichen, daß die Nachforderung noch dann erfolgen kann, wenn die Erteilung des kostenbegünstigten Erbscheins schon lange Zeit zurückliegt, bestimmt II 2 Hs 2, daß die Nachforderungsfrist nach § 15 I erst mit der Erteilung der in II 2 Hs 1 genannten Ausfertigung oder Ablichtung oder des Ausdrucks der elektronischen Fassung oder die dort erwähnte Bezugnahme beginnt. Daher kann der nach § 107 I, II berichtigte Kostenansatz noch bis zum Ablauf des nächsten Kalenderjahrs erfolgen, § 15 I 1. Die Verjährung tritt nach § 17 ein. 14

KostO §§ 107a, 108 III. Kostenordnung

15 **6) Benachrichtigungspflicht, II 3.** Soweit eine Nachentrichtung nach II 2 in Betracht kommt, kann auch eine entsprechende Nachentrichtung bei derjenigen Stelle infrage kommen, die eine eidesstattliche Versicherung nach § 2356 BGB aufgenommen hatte. Deshalb verpflichtet II 3 das Nachlaßgericht dazu, jene Stelle zu benachrichtigen, grundsätzlich also den Notar, sobald das Nachlaßgericht im Rahmen von II 2 eine Nachentrichtung anordnen muß.

Einziehung des Erbscheins

108 ¹Für die Einziehung oder Kraftloserklärung eines Erbscheins wird die Hälfte der vollen Gebühr erhoben. ²§ 107 Abs. 2 bis 4 gilt entsprechend. ³Die Gebühr bleibt außer Ansatz, wenn in demselben Verfahren ein neuer Erbschein erteilt wird.

1 **1) Systematik, S 1–3.** Als eine weitere Ergänzung zu § 107 regelt die Vorschrift das Gegenstück der erfolgten Erteilung, aber nicht auch ihre schon von Anfang erfolgte Versagung. § 35 gilt ergänzend. § 130 ist in diesem Amtsverfahren unanwendbar.

2 **2) Regelungszweck, S 1–3.** Die Vorschrift dient einer solchen Lösung, die dem ja oft erheblichen Aufwand bis zur Klärung der Erforderlichkeit einer Einziehung einigermaßen entspricht. Sie dient also der Kostengerechtigkeit. S 3 bringt aber zwecks einer sozialen Verträglichkeit eine Rückkehr zur Gebührenfreiheit („nur", § 1 I 1), falls die Einziehung *dieses* Erbscheins nur ein Schritt auf dem Weg zur Erteilung eines *weiteren* hoffentlich endgültigen ist, BayObLG 01, 347. Denn solche Umwege lassen sich oft wegen der Schwierigkeiten bei der Ermittlung der weiteren Erben und ihrer Anteile allseits kaum vermeiden. S 2 stellt aber nicht auf eine Schuldlosigkeit ab. Man muß die ganze Vorschrift im übrigen kostenschuldner schonend auslegen, § 1 Rn 2.

3 **3) Einziehung, Kraftloserklärung, S 1.** Die Einziehung oder die Kraftloserklärung eines jeden unrichtigen Erbscheins von Amts wegen nach § 2361 BGB oder eines Hoffolgezeugnisses ist gebührenpflichtig. Das gilt unabhängig davon, ob die Erteilung des Erbscheins gebührenpflichtig war. Eine Einziehung oder Kraftloserklärung liegt vor, sobald der Urkundsbeamte der Geschäftsstelle eine Ausfertigung oder Ablichtung oder Abschrift der Einziehungsanordnung oder Kraftloserklärung zur Beförderung an einen Beteiligten weitergegeben hat. Es ist unerheblich, ob die Einziehung und die Kraftloserklärung gleichzeitig oder nacheinander erfolgen.

4 Soweit der Erbschein allerdings nur für *einen von mehreren* in ihm genannten Erbfällen unrichtig geworden ist und soweit nur infolge dieses Umstands eine teilweise Umformulierung des im übrigen richtig gebliebenen Erbscheins erforderlich wird, ist diese Umformulierung gebührenfrei. Das gilt auch dann, wenn das Nachlaßgericht sie als eine Einziehung oder Kraftloserklärung oder als eine teilweise Maßnahme dieser Art bezeichnet oder ansieht.

Unanwendbar ist S 1 dann, wenn das Gericht das Verfahren einstellt, § 1 I 1 („nur" die Einziehung ist gebührenpflichtig).

5 **4) Kein neuer Erbschein, S 3.** Selbst wenn die Voraussetzungen Rn 1, 2 vorliegen, bleibt doch die in S 1 genannte Gebühr für die Einziehung oder Kraftloserklärung nach S 3 außer Ansatz, soweit das Nachlaßgericht in demselben Verfahren einen neuen Erbschein erteilt. Infolge dieser Neuerteilung ist also die Einziehung oder Kraftloserklärung im Ergebnis gebührenfrei. Die Neuerteilung muß aber in demselben Verfahren und über demselben Gegenstand erfolgen. Es ist für die Rechtsfolge nach S 3 unerheblich, ob das Nachlaßgericht den neuen Erbschein gebührenfrei, zu einer ermäßigten Gebühr oder zur 1,0 Gebühr nach § 107 I erteilt.

6 **5) Gebühr, S 1, 3.** Es entsteht wegen jedes Erbscheins 0,5 Gebühr. Sie muß jedoch evtl außer Ansatz bleiben, Rn 2, 3. Sie gilt das ganze Verfahren ab, insbesondere die voraufgegangenen Ermittlungen. Allerdings kostet das Zwangsgeldverfahren gegen den Besitzer besondere Gebühren, §§ 119, 134. S 2 soll verhindern, daß die Gebühr für die Einziehung oder für die Kraftloserklärung des Erbscheins höher wird als

diejenige für die Erteilung. Eine Einziehung *und* eine Kraftloserklärung lösen 0,5 Gebühr doch nur einmal aus.

6) Geschäftswert, S 2. Für den Geschäftswert gelten die Regeln des § 107 II–IV entsprechend, Köln FGPrax **06**, 86. Das gilt auch, soweit der Scheinerbe den Nachlaß nicht (mehr) besitzt. Untergegangene Werte scheiden aus. Alles das gilt auch bei der Neuerteilung eines nur teilweise unrichtigen eingezogenen Erbscheines, KG Rpfleger **93**, 42 (zustm Hansens), aM BayObLG MDR **97**, 300 (zum Testamentsvollstreckervermerk). Stets ist für die Berechnung des Geschäftswerts der Zeitpunkt des Erbfalls maßgeblich. Das gilt auch im Beschwerdeverfahren, BayObLG FamRZ **89**, 102. Bei der Einziehung eines nur zwecks einer Grundbuchberichtigung erteilten Erbscheins liegt das wirtschaftliche Interesse wesentlich unter dem Grundstückswert, Köln FGPrax **06**, 86. **7**

7) Fälligkeit, Kostenschuldner usw, S 1–3. Die Fälligkeit richtet sich nach § 7. **8**
Kostenschuldner ist jeder an der Einziehung usw interessierte und ermittelbare Erbe, § 2 Z 2, aM KG Rpfleger **95**, 247 (aber natürlich dient das Amtsverfahren auch seinem Interesse).

Andere Zeugnisse

109 I Die Vorschriften über den Erbschein gelten entsprechend
1. für das Zeugnis über die Fortsetzung der Gütergemeinschaft nach § 1507 des Bürgerlichen Gesetzbuchs; an Stelle des Nachlasses tritt der halbe Wert des Gesamtguts der fortgesetzten Gütergemeinschaft;
2. für das erste Zeugnis über die Ernennung eines Testamentsvollstreckers; für jedes weitere Zeugnis wird ein Viertel der vollen Gebühr erhoben. Der Wert bestimmt sich nach § 30 Abs. 2.

II Absatz 1 findet auf Zeugnisse für Samtgutsverwalter, auf Besitzbescheinigungen und ähnliche Zeugnisse des Nachlaßgerichts entsprechende Anwendung.

Gliederung

1) Systematik, I, II	1
2) Regelungszweck, I, II	2
3) Geltungsbereich, I, II	3–8
A. Zeugnis über Fortsetzung der Gütergemeinschaft, I Z 1	3
B. Testamentsvollstreckerzeugnis, I Z 2	4
C. Weitere Zeugnisse, II	5
D. Sonstige Fälle, I, II	6–8
4) Gebühr, I	9
5) Geschäftswert, I, II	10–12
A. Zeugnis über Fortsetzung der Gütergemeinschaft, I Z 1	10
B. Testamentsvollstreckerzeugnis, I Z 2	11
C. Sonstige Zeugnisse, II	12
6) Nacherhebung, I, II	13

1) Systematik, I, II. Sofern einer der in § 109 genannten Fälle eintritt, entstehen Gebühren in einer entsprechenden Anwendung der §§ 107–108. Den zugehörigen Geschäftswert muß man bei I Z 1, 2 diesen Sonderregeln unmittelbar entnehmen und bei II ebenfalls in einer entsprechenden Anwendung von I Z 1, 2 ermitteln. §§ 107–108 sind also nur für die Höhe der Gebühren entsprechend anwendbar, nicht für die Ermittlung des Geschäftswerts. **1**
Auch beim *Notar* gilt die Vorschrift nach § 141 für Gebühren der §§ 49, 147 II.

2) Regelungszweck, I, II. Die in Bezug genommenen §§ 107 ff haben im wesentlichen denselben Zweck. Die dortigen Erläuterungen gelten hier entsprechend. **2**

3) Geltungsbereich, I, II. I, II gelten für die folgenden abschließend genannten Situationen. **3**

   A. Zeugnis über Fortsetzung der Gütergemeinschaft, I Z 1. Es geht um ein Zeugnis des Nachlaßgerichts für den überlebenden Ehegatten über die Fortsetzung der Gütergemeinschaft, § 1507 BGB. Für einen zusätzlichen Erbschein ist § 107 direkt anwendbar.

Unanwendbar ist I Z 1 auf eine Bescheinigung des Nichteintritts der fortgesetzten Gütergemeinschaft. Dann kann § 50 I Z 1 anwendbar sein. Auch eine bloße Zurückforderung des Zeugnisses nach I 1 Z 1 ist wegen § 1 I 1 gebührenfrei.

4 **B. Testamentsvollstreckerzeugnis, I Z 2.** Es geht um das erste Zeugnis über die Ernennung eines oder mehrerer Testamentsvollstrecker, § 2368 BGB. Eine Vor- und Nacherbschaft bilden bei derselben Testamentsvollstreckung nur *ein* Zeugnis. Jedes weitere Testamentsvollstreckerzeugnis kostet wegen dieses Erblassers nur 0,25 Gebühr. Ein weiteres Zeugnis wegen eines weiteren Erblassers kostet extra, ebenso ein zusätzlicher Erbschein nach § 107.

5 **C. Weitere Zeugnisse, II.** Es geht um ein Zeugnis für den Samtgutsverwalter, um eine Besitzbescheinigung oder um ein ähnliches Zeugnis des Nachlaßgerichts, auch soweit dieses landesrechtlich tätig wird.

6 **D. Sonstige Fälle, I, II.** In allen nicht in Rn 3–5 genannten Fällen entstehen Gebühren neben der für den Erbschein geltenden Gebühr. Das gilt auch dann, wenn der Erbschein das Zeugnis mitenthält.

Voll gebührenpflichtig ist also zB der Vorgang, daß das Nachlaßgericht im Erbschein nicht nur erwähnt, es sei eine Testamentsvollstreckung angeordnet, sondern darüber hinaus den Testamentsvollstrecker namentlich erwähnt und etwa darüber hinaus die Grenzen seiner Verfügungsbefugnis erwähnt.

7 Soweit das Nachlaßgericht allerdings die Annahme des Testamentsvollstreckeramts mit dem *Zusatz* bescheinigt, daß der Annehmende Testamentsvollstrecker sei, handelt es sich um ein Testamentsvollstreckerzeugnis. Es kann als erstes Zeugnis dieser Art nach I Z 2 gebührenpflichtig sein. Die Annahme an sich ist ein gebührenfreies Nebengeschäft, § 35.

8 Eine *eidesstattliche Versicherung* ist neben der nach § 109 entstehenden Gebühr besonders vergütungspflichtig. Für die bloße Entgegennahme der Annahme des Testamentsvollstreckeramts gilt § 112 I Z 6. Für die Bescheinigung des Eingangs gilt § 50 Z 1. Die Ernennung des Testamentsvollstreckers unterfällt § 115.

9 **4) Gebühr, I.** Soweit die Voraussetzungen I Z 1, 2 (dort: erstes Zeugnis) vorliegen, sind für die Gebührenhöhe §§ 107–108 entsprechend anwendbar. Für das weitere Testamentsvollstreckerzeugnis entsteht jedoch nur 0,25 Gebühr, I Z 2 Hs 2. Soweit die Voraussetzungen II vorliegen, muß man prüfen, ob die Normalgebühren nach §§ 107–108 entstehen oder ob nur 0,25 Gebühr entsteht, soweit das in II genannte Zeugnis ein „weiteres Zeugnis" nach I Z 2 Hs 2 ist, auf das II ja ebenfalls verweist.

10 **5) Geschäftswert, I, II.** Es gibt drei Fallgruppen.
A. Zeugnis über Fortsetzung der Gütergemeinschaft, I Z 1. Hier tritt nach I Z 1 Hs 2 wegen §§ 1478 I, 1483 I 1, 1487 I, 1498 S 1 BGB an die Stelle des Werts des Nachlasses der halbe Wert des Gesamtguts der fortgesetzten Gütergemeinschaft. Dabei muß man nach § 1483 II BGB denjenigen Wert abziehen, den ein nichtehelicher Abkömmling erhält, und ferner nach § 1485 I BGB denjenigen Wert, der der Überlebende aus dem Nachlaß erwirbt. Schließlich muß man den halben Wert der Verbindlichkeiten nach § 1488 BGB abziehen. Maßgeblich ist der Todeszeitpunkt, § 1483 I BGB.
Kostenschuldner ist der Überlebende nach § 1507 S 1 BGB und nach dessen Tod der Antragsteller, § 2 Z 1.

11 **B. Testamentsvollstreckerzeugnis, I Z 2.** Hier ist jedenfalls für den Geschäftswert § 30 II anwendbar, I Z 2 S 2. Das gilt unabhängig davon, ob es sich um das erste Zeugnis oder um ein weiteres Zeugnis handelt. Der Regelwert beträgt also 3000 EUR. Man muß aber die verwalteten Werte, die Art, den Umfang und die Schwierigkeit der Tätigkeit sowie ihre Bedeutung für den Nachlaß und für den Erben berücksichtigen. Das Interesse an der Nichterteilung des Zeugnisses kann demjenigen an der Entlassung des Testamentsvollstreckers (10%) entsprechen, BayObLG FamRZ **91**, 113 und 614. Die Obergrenze liegt beim reinen Nachlaßwert nach § 107 II. Maßgeblich ist stets der Zeitpunkt des § 18 I. Ein bloßes Teilzeugnis hat einen bloßen Teilwert.
Kostenschuldner ist der Antragsteller, § 2 Z 1, sowie jeder Erbe, § 3 Z 3.

1. Teil. Gerichtskosten §§ 109–111 KostO

C. Sonstige Zeugnisse, I, II. Infolge der Verweisung dieser Vorschrift auf I muß 12
man prüfen, ob § 30 II anwendbar ist oder ob sich der Wert in einer entsprechenden
Anwendung von I Z 1 berechnet.

6) Nacherhebung, I, II. Da I und über ihn auch II unter anderem auf § 107 III 13
verweisen, muß das Nachlaßgericht dann, wenn es ein nach § 109 erteiltes Zeugnis
nur zu einem bestimmten Zweck erteilt hat, bei einer anderweitigen Benutzung dieses Zeugnisses Gebühren nacherheben. Vgl auch § 11 III KostVfg, Teil VII A dieses
Buchs.

Feststellung des Erbrechts des Fiskus

110 ¹ Für das Verfahren zur Feststellung des Erbrechts des Fiskus oder der
an seine Stelle tretenden Körperschaft, Stiftung oder Anstalt des öffentlichen Rechts wird dieselbe Gebühr wie für die Erteilung eines Erbscheins erhoben.

ᴵᴵ Wird auf Grund der Feststellung ein Erbschein erteilt, so wird hierfür eine
besondere Gebühr nicht erhoben.

1) Geltungsbereich, I, II. Die Vorschrift behandelt das Verfahren der §§ 1964ff 1
BGB. Die etwa entstehende Gebühr gilt das gesamte Verfahren ab.
Unanwendbar ist § 110 auf die Feststellung des Anfalls eines Vermögens nach §§ 45,
46, 88 BGB (keine Feststellung des „Erbrechts").

2) Gebühr, I, II. Es entstehen dieselben Gebühren wie nach § 107 I 1. Das gilt 2
bei dieser Verfahrensgebühr auch, soweit es nicht zu einer Feststellung des Erbrechts
kommt. Vgl freilich Rn 5. Soweit der inländische oder ausländische Fiskus Erbe ist,
entsteht allerdings überhaupt keine Gebühr, § 11 II. Soweit an die Stelle des Fiskus
eine Körperschaft, Stiftung oder Anstalt des öffentlichen Rechts tritt, entsteht eine
Gebühr nur insoweit, als diese Stellen keine persönliche oder sachliche Gebührenfreiheit auf Grund anderer gesetzlicher Vorschriften erhalten. Soweit das Gericht einen
Erbschein nach II erteilt, entsteht für diese Erteilung keine besondere Gebühr neben
der Verfahrensgebühr nach I.

3) Geschäftswert, I. Infolge der Verweisung von I auf „dieselbe Gebühr wie für 3
die Erteilung eines Erbscheins" ist in Wahrheit auch derjenige Teil des § 107 maßgeblich, der den für jene Gebühr grundlegenden Geschäftswert beschreibt.

4) Fälligkeit, Kostenschuldner usw, I. Die Fälligkeit richtet sich nach § 7, aM 4
KG JB 97, 437 (mit dem Erlaß der Aufforderung nach § 1965 BGB. Aber § 7 gilt
uneingeschränkt.

Kostenschuldner ist der Antragsteller, bei einer Einleitung des Verfahrens von Amts 5
wegen aber nicht der Erbe, KG JB 97, 438, sondern der Fiskus nach § 2 Z 2. Seine
Haftung ist freilich nach § 2011 BGB beschränkt. Soweit das Nachlaßgericht einen
anderen Erben als den in I Genannten ermittelt, ist dieser andere Erbe auch für die
Gebühr nach I Kostenschuldner, § 2 Z 2, aM KG FamRZ 97, 969 (aber natürlich erfolgt das Verfahren auch in seinem Interesse).

Beschränkte Zeugnisse, Bescheinigungen

111 ¹ Die Mindestgebühr (§ 33) wird erhoben
1. für die Zeugnisse nach §§ 36, 37 der Grundbuchordnung und § 42 der
   Schiffsregisterordnung;
2. für die nach den Staatsschuldbuchgesetzen erforderlichen Bescheinigungen,
   daß ein Rechtsnachfolger von Todes wegen, ein die Gütergemeinschaft fortsetzender Ehegatte oder ein Testamentsvollstrecker über die Buchforderung
   verfügen kann.

ᴵᴵ Für die in dem Verfahren abgegebene eidesstattliche Versicherung wird die
Gebühr des § 49 besonders erhoben.

ᴵᴵᴵ § 107a gilt entsprechend.

KostO §§ 111, 112   III. Kostenordnung

1 **1) Systematik, Regelungszweck, I–III.** Die Vorschrift erfaßt nur die Erteilung. Bei einer Antragsrücknahme oder -abweisung gilt § 130. Eine Einziehung oder eine Kraftloserklärung sind gebührenfrei. Auch beim *Notar* ist § 111 anwendbar, § 141.

2 **2) Geltungsbereich, I–III.** Die Vorschrift ist auf die Erteilung eines Zeugnisses in den folgenden Fallgruppen anwendbar.
A. Zeugnis bei Auseinandersetzung, I Z 1. Es geht um ein Zeugnis des Nachlaßgerichts nach §§ 36, 37 GBO oder um ein Zeugnis nach § 42 SchiffsRegO.

3 **B. Bescheinigung, I Z 2.** Es geht um eine Bescheinigung des Nachlaßgerichts darüber, daß ein Rechtsnachfolger von Todes wegen, ein die Gütergemeinschaft fortsetzender Ehegatte oder ein Testamentsvollstrecker über die Buchforderung verfügen kann.

4 **C. Andere Fälle.** Das Hoffolgezeugnis nach § 18 II HöfeO fällt nicht unter § 111, sondern unter § 107. Bei der Zurücknahme oder Zurückweisung eines Antrags nach Rn 2, 3 gilt § 130. Bei einer Einziehung oder Kraftloserklärung entsteht wegen § 1 I 1 keine Gebühr.

5 **3) Gebühr, I, II.** In jedem der in I Z 1, 2 genannten Fälle entsteht die Mindestgebühr des § 33. Daneben kann jeweils die Gebühr des § 49 nach einem Wert wie bei § 107 III, IV entstehen, II. Soweit das Gericht in dem Zeugnis auch die Abgabe einer grundbuchmäßigen oder schiffsregistermäßigen Erklärung bescheinigt, können außerdem die Gebühren für diese Vorgänge entstehen, § 86.

6 **4) Nachforderung, III.** Nach einem Zeugnis oder einer Bescheinigung nach I zu einem im Gesetz besonders bestimmten Zweck kann eine Nachforderung dann in Betracht kommen, wenn der Empfänger von dem Zeugnis oder der Bescheinigung zu einem anderen Zweck Gebrauch macht, III in Verbindung mit § 107a I. Man muß auch das weitere Verfahren der Nachforderung nach § 107a II dann entsprechend beachten. Das gilt also auch für die dort genannte Wertbestimmung.

7 **5) Fälligkeit, Kostenschuldner, I–III.** Die Gebühr wird mit der Aushändigung usw eines wirksamen Zeugnisses fällig.
Kostenschuldner ist nach § 2 Z 1 der Antragsteller.

Erklärungen gegenüber dem Nachlaßgericht

112 I Ein Viertel der vollen Gebühr wird für die Entgegennahme folgender Erklärungen erhoben:
1. Ablehnung der fortgesetzten Gütergemeinschaft (§ 1484 des Bürgerlichen Gesetzbuchs), Verzicht eines anteilsberechtigten Abkömmlings (§ 1491 des Bürgerlichen Gesetzbuchs) oder Aufhebung der fortgesetzten Gütergemeinschaft (§ 1492 des Bürgerlichen Gesetzbuchs);
2. Ausschlagung der Erbschaft, Anfechtung der Annahme oder Ausschlagung der Erbschaft oder Anfechtung der Versäumung der Ausschlagungsfrist (§§ 1945, 1955, 1956, 2308 Abs. 1 des Bürgerlichen Gesetzbuchs);
3. Anmeldung von Forderungen im Falle des § 2061 des Bürgerlichen Gesetzbuchs;
4. Anfechtung eines Testaments oder Erbvertrags (§§ 2081, 2281 Abs. 2 des Bürgerlichen Gesetzbuchs);
5. Anzeige des Vorerben oder des Nacherben über den Eintritt der Nacherbfolge (§ 2146 des Bürgerlichen Gesetzbuchs);
6. Bestimmung der Person des Testamentsvollstreckers oder Ernennung von Mitvollstreckern (§ 2198 Abs. 1 Satz 2 und § 2199 Abs. 3 des Bürgerlichen Gesetzbuchs); Annahme oder Ablehnung des Amtes des Testamentsvollstreckers (§ 2202 des Bürgerlichen Gesetzbuchs) sowie Kündigung dieses Amtes (§ 2226 des Bürgerlichen Gesetzbuchs);
7. Anzeigen des Verkäufers oder Käufers einer Erbschaft über deren Verkauf nach § 2384 des Bürgerlichen Gesetzbuchs sowie Anzeigen in den Fällen des § 2385 des Bürgerlichen Gesetzbuchs.

1. Teil. Gerichtskosten **§ 112 KostO**

II ¹Bei der Berechnung der Gebühren wird, wenn eine vermögensrechtliche Angelegenheit vorliegt, der Wert der Vermögensmasse nach Abzug der Schulden zugrunde gelegt; im übrigen ist der Wert nach § 30 Abs. 2 zu bestimmen. ²Im Fall des Absatzes 1 Nr. 3 wird die Gebühr einheitlich nach dem Gesamtbetrag der angemeldeten Forderungen erhoben; Schuldner der Gebühr ist der Miterbe, der die Aufforderung erlassen hat. ³Wird im Fall des Absatzes 1 Nr. 2 die Erbschaft von mehreren neben- oder nacheinander berufenen Personen gleichzeitig durch Erklärung vor dem Nachlaßgericht oder durch Einreichung einer Urkunde ausgeschlagen, so wird die Gebühr nur einmal nach dem Wert der ausgeschlagenen Erbschaft erhoben.

III Für die Aufnahme der Anmeldungen und Erklärungen werden Gebühren nach § 38 Abs. 3 besonders erhoben, soweit sie in öffentlich beglaubigter Form abzugeben oder notariell zu beurkunden sind; im übrigen ist die Aufnahme der Anmeldungen und Erklärungen gebührenfrei.

Gliederung

1) Systematik, I–III 1, 2
   A. Gebührenfreiheit, III Hs 2 1
   B. Gebührenpflicht, I, III Hs 1 2
2) Regelungszweck, I–III 3
3) Geltungsbereich, I 4–21
   A. Grundsatz: Gebührenpflicht, I Z 1–7 4
   B. Ablehnung der Fortsetzung der Gütergemeinschaft, I Z 1 ... 5
   C. Verzicht des Abkömmlings, I Z 1 6
   D. Aufhebung der fortgesetzten Gütergemeinschaft, I Z 1 7
   E. Ausschlagung der Erbschaft, I Z 2 8
   F. Anfechtung der Annahme oder Ausschlagung, I Z 2 9
   G. Anfechtung der Versäumung der Ausschlagungsfrist, I Z 2 ... 10
   H. Anfechtung der Ausschlagung, I Z 2 11
   I. Forderungsanmeldung, I Z 3 12
   J. Anfechtung eines Testaments, I Z 4 13
   K. Anfechtung eines Erbvertrags, I Z 4 14
   L. Anzeige der Nacherbfolge, I Z 5 15
   M. Bestimmung des Testamentsvollstreckers, I Z 6 16
   N. Ernennung eines Mitvollstreckers, I Z 6 17
   O. Annahme oder Ablehnung des Testamentsvollstreckeramts, I Z 6 ... 18
   P. Kündigung des Testamentsvollstreckeramts, I Z 6 19
   Q. Anzeige des Erbschaftsverkaufs, I Z 7 20
   R. Anzeige des Weiterverkaufs usw, I Z 7 21
4) Gebühr, I 22
5) Geschäftswert, II 23–26
   A. Vermögensrechtliche Angelegenheit: Grundsatz 23
   B. Vermögensrechtliche Angelegenheit: Ausnahmen 24, 25
   C. Nichtvermögensrechtliche Angelegenheit 26
6) Fälligkeit, Kostenschuldner usw, I, II 27
7) Besondere Gebühr, III 28

1) Systematik, I–III. Es gibt zwei unterschiedliche Fallgruppen.   **1**

A. Gebührenfreiheit, III Hs 2. § 1 I 1 bestimmt, daß die Tätigkeit des Gerichts im Bereich der freiwilligen Gerichtsbarkeit grundsätzlich kostenfrei ist, sofern das Bundesrecht nichts anderes bestimmt. Dieser Grundsatz gilt auch für das Nachlaßgericht. Das gilt unabhängig davon, daß eine dem § 91 entsprechende allgemeine Bestätigung des Grundsatzes des § 1 I 1 in §§ 107 ff fehlt. III Hs 2 bestätigt den Grundsatz der Gebührenfreiheit jedenfalls für den Bereich der Aufnahme von Anmeldungen und Erklärungen gegenüber dem Nachlaßgericht.

Demgemäß ist die Aufnahme einer Anmeldung oder einer Erklärung gebührenfrei, soweit diese Anmeldung oder Erklärung *formlos* statthaft ist. Eine Gebührenfreiheit kann sich aber auch aus § 115 ergeben, nämlich aus dem Zusammenhang mit einem anderen gebührenpflichtigen Verfahren.

Beim *Notar* gilt II entsprechend, §§ 38 III Hs 2, 45 I, 141, 145 I 1.

B. Gebührenpflicht, I, III Hs 1. I, III Hs 1 bezeichnen die dort einzeln aufge-   **2** führten Tätigkeiten des Nachlaßgerichts als gebührenpflichtig. Man muß diese Ausnahmen von der Regel eng auslegen. Bei I entsteht die Gebührenpflicht aus der Art der Erklärung. Bei III Hs 1 entsteht sie aus der Form der Anmeldung oder Erklärung.

3 **2) Regelungszweck, I–III.** Die Vorschrift dient der möglichst präzisen kostengerechten Erfassung der zahlreichen Vorgänge ihres wegen § 1 I 1 abschließenden Geltungsbereiches mithilfe eines auch bei der schwierigen Wertermittlung differenzierenden Prinzips. Die an sich denkbare stärkere Vereinfachung ist trotz der damit früher verbunden gewesenen Zweckmäßigkeit unterblieben, auch um soziale Härten zu vermeiden. Das alles sollte man unter einer Mitbeachtung des Grundsatzes einer für den Kostenschuldner möglichst günstigen Auslegung nach § 1 Rn 2.

4 **3) Geltungsbereich, I.** Ein Grundsatz hat Auswirkungen auf zahlreiche Fallgruppen.
A. Grundsatz: Gebührenpflicht, I Z 1–7. Die Entgegennahme einer jeden der folgenden Erklärungen ist gebührenpflichtig. Unter einer Entgegennahme versteht man die Aufnahme zur Niederschrift des Urkundsbeamten der Geschäftsstelle oder die Einreichung einer Schrift oder eine elektronische Übermittlung. Bei I ist die Form der Erklärung unerheblich. Sofern es sich um eine der in I Z 1–7 genannten Erklärungen handelt, entsteht die Gebühr also auch dann, wenn die formlose Abgabe der Erklärung statthaft ist und wenn keine offenkundige Unwirksamkeit vorliegt. Im einzelnen handelt es sich um die folgenden im Gesetz wegen § 1 I 1 als abschließende Aufzählung wertbaren Erklärungen.

5 **B. Ablehnung der Fortsetzung der Gütergemeinschaft, I Z 1.** Es geht um die Ablehnung der Fortsetzung der Gütergemeinschaft durch den überlebenden Ehegatten, § 1484 II 1 BGB. Der Geschäftswert besteht im halben Gesamtgut, §§ 1476 I, 1482, 1484 III BGB, nach dem Abzug der Verbindlichkeiten, II 1 Hs 1.

6 **C. Verzicht des Abkömmlings, I Z 1.** Es geht um den Verzicht eines anteilsberechtigten Abkömmlings auf seinen Anteil an dem Gesamtgut, § 1491 I 2 BGB. Der Geschäftswert besteht im Anteil des Verstorbenen nach dem Schuldenabzug, II 1 Hs 1.

7 **D. Aufhebung der fortgesetzten Gütergemeinschaft, I Z 1.** Es geht um die Aufhebung der fortgesetzten Gütergemeinschaft durch den überlebenden Ehegatten, § 1492 I, III BGB. Der Geschäftswert besteht im Gesamtgut nach dem Schuldenabzug, II 1 Hs 1.

8 **E. Ausschlagung der Erbschaft, I Z 2.** Es geht um die Erklärung des Erben, er schlage die Erbschaft aus, § 1945 BGB. Der Geschäftswert besteht im Nachlaß oder im Anteil des Ausschlagenden nach dem Schuldenabzug, II 1 Hs 1. Bei einer Überschuldung entsteht die Mindestgebühr nach § 33. Bei einer Nacherbschaft gilt § 30 I. *Unanwendbar* ist I Z 2 auf die Ausschlagung eines Vermächtnisses nach § 2180 II BGB.

9 **F. Anfechtung der Annahme oder Ausschlagung, I Z 2.** Es geht um die Anfechtung der Annahme der Erbschaft oder um die Anfechtung der Ausschlagungserklärung, § 1955 BGB. Der Geschäftswert errechnet sich wie bei Rn 8.

10 **G. Anfechtung der Versäumung der Ausschlagungsfrist, I Z 2.** Es geht um die Anfechtung der Versäumung der Frist zur Ausschlagung der Erbschaft, § 1956 BGB. Der Geschäftswert errechnet sich wie bei Rn 8.

11 **H. Anfechtung der Ausschlagung, I Z 2.** Es geht um die Anfechtung der Ausschlagung der Erbschaft oder des Vermächtnisses durch einen Pflichtteilsberechtigten, § 2308 I BGB. Der Geschäftswert errechnet sich wie bei Rn 8.

12 **I. Forderungsanmeldung, I Z 3.** Es geht um die Anmeldung einer Forderung eines Nachlaßgläubigers beim Nachlaßgericht auf Grund einer öffentlichen Aufforderung eines Miterben zu dieser Anmeldung, § 2061 BGB. *Unanwendbar* ist I Z 3 beim gerichtlichen Aufgebot nach §§ 433 ff FamFG.

13 **J. Anfechtung eines Testaments, I Z 4.** Es geht um die Anfechtung einer solchen letztwilligen Verfügung, durch die der Erblasser einen Erben eingesetzt, einen gesetzlichen Erben von der Erbfolge ausgeschlossen, einen Testamentsvollstrecker ernannt oder eine Verfügung solcher Art aufgehoben hat, § 2081 I BGB.

14 **K. Anfechtung eines Erbvertrags, I Z 4.** Es geht um die Anfechtung einer in einem Erbvertrag zugunsten eines Dritten getroffenen Verfügung nach dem Tod des anderen Vertragspartners durch den Erblasser, § 2281 II BGB.

§ 112 KostO

L. Anzeige der Nacherbfolge, I Z 5. Es geht um eine Anzeige des Vorerben 15
oder des Nacherben über den Eintritt der Nacherbfolge, § 2146 I BGB.

M. Bestimmung des Testamentsvollstreckers, I Z 6. Es geht um die Be- 16
stimmung der Person des Testamentsvollstreckers durch einen Dritten, § 2198 I 2
BGB.

N. Ernennung eines Mitvollstreckers, I Z 6. Es geht um diejenige Erklärung, 17
durch die der vom Erblasser dazu ermächtigte Testamentsvollstrecker einen oder
mehrere Mitvollstrecker ernennt, § 2199 I, III in Verbindung mit § 2198 I 2 BGB.

Nicht hierher gehört diejenige Erklärung des vom Erblasser dazu ermächtigten Testamentsvollstreckers, durch die er einen Nachfolger ernennt, § 2199 II, III in Verbindung mit § 2198 I 2 BGB.

O. Annahme oder Ablehnung des Testamentsvollstreckeramts, I Z 6. Es 18
geht um diejenige Erklärung, durch die der zum Testamentsvollstrecker Ernannte das
Amt annimmt oder ablehnt, § 2202 I BGB.

P. Kündigung des Testamentsvollstreckeramts, I Z 6. Es geht um diejenige 19
Erklärung des Testamentsvollstreckers, durch die er sein Amt kündigt, § 2226 S 2
BGB.

Q. Anzeige des Erbschaftsverkaufs, I Z 7. Es geht um die Anzeige des Ver- 20
kaufs der Erbschaft und des Namens des Käufers durch den Verkäufer oder Käufer,
§ 2384 I BGB. Das gilt auch beim Verkauf eines Erbanteils nach § 1922 II BGB und
bei einem Vertrag nach § 2385 I BGB.

R. Anzeige des Weiterverkaufs usw, I Z 7. Es geht um diejenige Anzeige, 21
durch die man den Weiterverkauf einer bereits durch Vertrag erworbenen Erbschaft
oder einen anderen ähnlichen Vertrag mitteilt, § 2385 I BGB.

4) Gebühr, I. Für die Entgegennahme einer jeden der in I genannten Erklärun- 22
gen entsteht 0,25 Gebühr. Das gilt auch dann, wenn mehrere Erklärungen in derselben Schrift oder durch dieselbe Handlung erfolgen. Wenn drei Erben dieselbe Erklärung abgeben, liegen drei jeweils gebührenpflichtige Erklärungen vor. Neben der
0,25 Gebühr nach I kann nach III in Verbindung mit § 38 III eine weitere 0,25 Gebühr entstehen, soweit die Erklärung in einer notariell beglaubigten oder beurkundeten Form erforderlich ist, § 45 I. Eine Eingangsbestätigung ist als ein Nebengeschäft
nach § 35 gebührenfrei und nicht etwa nach § 50 I Z 1 gebührenpflichtig.

5) Geschäftswert, II. Maßgebend sind §§ 18 ff. Vgl im übrigen zunächst bei 23
Rn 6 ff. Jede Erklärung hat grundsätzlich einen eigenen Wert. Die Erklärungen mehrerer gesetzlicher Vertreter gelten als nur eine Erklärung. Freilich können gesonderte
Beurkundungsgebühren entstehen. Es gibt zwei Fallgruppen.

A. Vermögensrechtliche Angelegenheit: Grundsatz. Zum Begriff § 30 Rn 3.
Grundsätzlich ist in einer vermögensrechtlichen Angelegenheit der Wert der von der
Erklärung für den Erklärenden jeweils betroffenen Vermögensmasse im Zeitpunkt des
§ 18 I nach dem Abzug der Schulden nach § 18 III maßgeblich. Das gilt zB bei I Z 4
für denjenigen Teil des Nachlasses, den der Anfechtende höchstens für sich erreichen
kann, § 2085 BGB. Maßgebend ist also nicht nur die Differenz zwischen seinem
Pflichtteil und dem ersteren Betrag, LG Mü *Rpfleger* **89**, 414, aM KLBR 24.

B. Vermögensrechtliche Angelegenheit: Ausnahmen. In einer Abweichung 24
von dem Grundsatz Rn 23 muß das Nachlaßgericht den Geschäftswert in den nachfolgenden Sonderfällen bestimmen.

– *Erbausschlagung, I Z 2.* Soweit mehrere vom Erblasser nebeneinander oder nacheinander zu Erben berufene Personen durch Erklärungen vor dem Nachlaßgericht
oder durch die Einreichung von Urkunden gleichzeitig die Erbschaft ausschlagen,
entsteht für die Entgegennahme dieser Erklärungen zwar nur eine einzige 0,25 Gebühr. Als Geschäftswert muß man aber in diesem Sonderfall den Gesamtwert der ausgeschlagenen Erbschaft ansetzen, II 3. Die Ausschlagung der Erbschaft vor dem Eintritt der Nacherbfolge erstreckt sich im Zweifel nicht auf etwaige Berufung zum
Nacherben. Bei einer Überschuldung ist auf die Mindestgebühr des § 32.

– *Forderungsanmeldung, I Z 3.* Dann entsteht zwar nur eine einzige 0,25 Gebühr. 25
Man muß den Geschäftswert aber nach dem Gesamtbetrag der von allen Nachlaßgläubigern angemeldeten Forderungen bestimmen, II 2 Hs 1.

26	**C. Nichtvermögensrechtliche Angelegenheit.** Bei I Z 6 ist nach II 1 Hs 2 („nur übrigen") § 30 II maßgeblich.
27	**6) Fälligkeit, Kostenschuldner usw, I, II.** Für die Fälligkeit gilt § 7. *Kostenschuldner* sind grundsätzlich die in §§ 2 ff genannten Personen. Bei einer Forderungsanmeldung nach I Z 3 ist Gebührenschuldner derjenige Miterbe, der die öffentliche Aufforderung nach § 2061 I 1 BGB erlassen hat, II 2 Hs 2. Bei I Z 6 ist der Erbe Kostenschuldner.
28	**7) Besondere Gebühr, III.** Vgl zunächst Rn 1–3. Während man eine Beurkundung nach § 38 III vergüten muß, zählt eine Beglaubigung zu § 45 I.

Testamentsvollstrecker

113 [1]Die Hälfte der vollen Gebühr wird erhoben für die Ernennung oder Entlassung von Testamentsvollstreckern und für sonstige anläßlich einer Testamentsvollstreckung zu treffenden Anordnungen. [2]Der Wert bestimmt sich nach § 30 Abs. 2.

1   **1) Geltungsbereich, S 1, 2.** Die Vorschrift erfaßt eine erste oder spätere Ernennung oder Entlassung eines jeden Testamentsvollstreckers durch das Nachlaßgericht, §§ 2200, 2227 BGB. Sie erfaßt auch alle sonstigen aus Anlaß einer Testamentsvollstreckung vom Nachlaßgericht getroffenen Anordnungen. Dabei muß man stets § 1 I 1 mitbeachten. Neben § 113 muß man § 112 I Z 6 beachten. Bei einer Zurücknahme oder Zurückweisung des Antrags gilt § 130.

Beim *Notar* gilt § 113 nicht. Denn dessen Geltungsbereich zählt nicht zu den notariellen Amtsgeschäften, § 8 IV BNotO.

2   **2) Beispiele zur Frage einer Anwendbarkeit**

§ 2197 I BGB: *Unanwendbar* ist § 113 auf die Ablehnung der Ernennung.
§ 3198 I BGB: *Unanwendbar* ist § 113 auf die Bestimmung der Person des Testamentsvollstreckers durch einen Dritten.
§ 2198 II BGB: *Unanwendbar* ist § 113 auf eine Fristbestimmung gegenüber dem Dritten.
§ 2199 BGB: *Unanwendbar* ist § 113 auf eine Ermächtigung zur Ernennung eines Mitvollstreckers.
§ 2202 II BGB: *Unanwendbar* ist § 113 auf die Annahme des Amts oder dessen Ablehnung.
§ 2202 III 1 BGB: Anwendbar ist § 113 auf die Frist zur Erklärung über die Annahme des Testamentsvollstreckeramts.
§ 2216 II 2 BGB: Anwendbar ist § 113 auf die Außerkraftsetzung einer Anordnung des Erblassers.
§ 2224 I 1 Hs 2 BGB: Anwendbar ist § 113 auf eine Entscheidung bei einer Meinungsverschiedenheit.
§ 2226 BGB: *Unanwendbar* ist § 113 auf eine Kündigung des Amts.
§ 2227 BGB: Anwendbar ist § 113 auf die Ablehnung einer Entlassung des Testamentsvollstreckers.
§ 2368 BGB: *Unanwendbar* ist § 113 auf die Erteilung oder Einziehung des Testamentsvollstreckerzeugnisses.

3   **3) Gebühr, S 1.** Für jede gerichtliche Maßnahme nach § 113 entsteht mit ihrer Wirksamkeit 0,5 Gebühr. Daher lösen auch zB eine gleichzeitige Entlassung des einen und eine Ernennung des anderen Testamentvollstreckers jeweils die Gebühr aus. Soweit eine solche Maßnahme im Zusammenhang mit einem anderen gebührenpflichtigen Verfahren steht oder nur eine einstweilige Anordnung darstellt, bleibt die Maßnahme gebührenfrei, §§ 1 I 1, 115.

4   **4) Geschäftswert, S 2.** Der Geschäftswert ergibt sich aus nach § 30 II, also auch nach dem Umfang und der Schwierigkeit der Ernennung oder Entlassung und keineswegs stets nach dem vollen Nachlaßwert. Vgl im einzelnen bei § 109 Rn 10–12. Bei § 2224 I 3 BGB ergibt sich kaum eine Wertverringerung, soweit nicht ein bloßer Nachlaßteil vorliegt.

1. Teil. Gerichtskosten §§ 113, 114 KostO

5) Fälligkeit, Kostenschuldner usw, S 1, 2. Die Fälligkeit richtet sich nach § 7. *Kostenschuldner* sind bei einem Antragsverfahren der Antragsteller nach § 2 Z 1 und bei einem Amtsverfahren der oder die Erben, § 2 Z 2. Das gilt auch bei § 2200 I BGB. Die Haftungsbegrenzung der §§ 2058 ff BGB ist wegen § 1967 II BGB anwendbar. Der Testamentsvollstrecker haftet nur mit dem Nachlaß und macht die Erben zu weiteren Kostenschuldnern, § 3 Z 3, § 2206 BGB.

Nachlaßinventar, Fristbestimmungen

114 Die Hälfte der vollen Gebühr wird erhoben
1. für die Entgegennahme eines Nachlaßinventars, für die Bestimmung einer Inventarfrist oder einer neuen Inventarfrist und für die Verlängerung der Inventarfrist, einschließlich der Anordnung wegen Aufnahme des Inventars durch einen Notar oder einen sonstigen zuständigen Beamten; maßgebend ist der Wert des Nachlasses nach Abzug der Schulden;
2. für die Fristbestimmungen nach §§ 2151, 2153 bis 2155, 2192, 2193 des Bürgerlichen Gesetzbuchs.

Gliederung

1) Geltungsbereich, Z 1, 2	1–12
A. Entgegennahme des Nachlaßinventars bei § 1993 BGB, Z 1	2
B. Entgegennahme des Nachlaßinventars bei § 2003 III BGB, Z 1	3
C. Entgegennahme des Nachlaßinventars bei § 2004 BGB, Z 1	4
D. Bestimmung einer Inventarfrist, Z 1	5
E. Verlängerung oder Bestimmung einer neuen Frist, Z 1	6
F. Frist zur Bestimmung des Beschwerten beim Vermächtnis, Z 2	7
G. Frist zur Bestimmung der Anteile des Vermächtnisses, Z 2	8
H. Wahlvermächtnis, Z 2	9
I. Gattungsvermächtnis, Z 2	10
J. Auflage, Z 2	11
K. Bestimmung des Begünstigten, Z 2	12
2) Gebühr, Z 1, 2	13
3) Geschäftswert, Z 1, 2	14, 15
A. Fälle nach Z 1	14
B. Fälle nach Z 2	15
4) Fälligkeit, Kostenschuldner, Z 1, 2	16

1) Geltungsbereich, Z 1, 2. Jede der folgenden Tätigkeiten ist gebührenpflichtig. Der Eingang ist bereits die „Entgegennahme" wie bei § 112 Rn 4. § 52 I bleibt anwendbar.

Unanwendbar ist § 114 bei einer Antragsrücknahme oder einer Zurückweisung. Dann gilt § 130.

Beim *Notar* gilt § 114 nicht.

A. Entgegennahme des Nachlaßinventars bei § 1993 BGB, Z 1. Hier reicht der Erbe von sich aus ein Verzeichnis des Nachlasses bei dem Nachlaßgericht ein.

B. Entgegennahme des Nachlaßinventars bei § 2003 III BGB, Z 1. Hier reichen eine Behörde, ein Beamter oder ein Notar bei dem Nachlaßgericht ein Nachlaßverzeichnis ein, nachdem das Nachlaßgericht auf einen Antrag des Erben die Aufnahme des Verzeichnisses einer zuständigen Behörde oder einem zuständigen Beamten oder Notar übertragen hat, § 2003 I 1 BGB. Die Gebühr nach Z 1 gilt die Anordnung dieser Aufnahme des Inventars durch die Vorgenannten mit ab.

C. Entgegennahme des Nachlaßinventars bei § 2004 BGB, Z 1. Hier erklärt der Erbe vor dem Ablauf der Inventarfrist dem Nachlaßgericht gegenüber, daß ein schon beim Nachlaßgericht eingereichtes Inventar als von ihm eingereicht gelten soll.

D. Bestimmung einer Inventarfrist, Z 1. Hier geht es um die vom Nachlaßgericht dem Erben auf Grund des Antrags eines Nachlaßgläubigers zur Errichtung des Inventars gesetzte Frist, § 1994 I 1 BGB.

893

6   E. **Verlängerung oder Bestimmung einer neuen Frist, Z 1.** Hier geht es um die Verlängerung der Inventarfrist oder um die Bestimmung einer neuen Inventarfrist unter den Voraussetzungen der §§ 1995 III, 1996, 2005 II BGB.

7   F. **Frist zur Bestimmung des Beschwerten beim Vermächtnis, Z 2.** Hier geht es um die Frist des Nachlaßgerichts gegenüber dem Beschwerten oder einem Dritten auf den Antrag eines Beteiligten zur Abgabe der Erklärung dazu, wer von mehreren ein Vermächtnis erhalten soll, § 2151 III 2 BGB.

8   G. **Frist zur Bestimmung der Anteile des Vermächtnisses, Z 2.** Hier geht es um die Frist des Nachlaßgerichts gegenüber einem Beschwerten oder einem Dritten auf den Antrag eines der Beteiligten zur Abgabe der Erklärung dazu, was jeder von dem vermachten Gegenstand erhalten soll, § 2153 II 2 in Verbindung mit § 2151 III 2 BGB.

9   H. **Wahlvermächtnis, Z 2.** Hier geht es um die Frist des Nachlaßgerichts gegenüber einem Dritten auf den Antrag eines Beteiligten zur Abgabe der Erklärung dazu, welchen von mehreren Gegenständen der in einem Vermächtnis Bedachte erhalten soll, § 2154 II 2 in Verbindung mit § 2151 III 2 BGB.

10 I. **Gattungsvermächtnis, Z 2.** Hier geht es um die bei einem nur der Gattung nach bestimmten Vermächtnis entsprechend notwendige Erklärung desjenigen Dritten, der die Wahl hatte, § 2155 II in Verbindung mit § 2154 II 2 BGB.

11 J. **Auflage, Z 2.** Hier geht es um die Fristbestimmung auf Grund einer Auflage des Erblassers. Auf sie sind nach § 2192 BGB unter anderem §§ 2154, 2155 BGB entsprechend anwendbar.

12 K. **Bestimmung des Begünstigten, Z 2.** Hier geht es um die Frist des Nachlaßgerichts auf den Antrag eines Beteiligten gegenüber einem Dritten zur Abgabe der Erklärung gegenüber dem Beschwerten dazu, an welche Person diejenige Leistung erfolgen soll, die der Erblasser bei der Anordnung einer Auflage bestimmt hat, § 2193 III 3 in Verbindung mit § 2151 III 2 BGB.

13 **2) Gebühr, Z 1, 2.** Für jede der vorgenannten Tätigkeiten entsteht 0,5 Gebühr. Soweit allerdings diese Tätigkeit im Zusammenhang mit einem anderen gebührenpflichtigen Verfahren steht, bleibt die Tätigkeit nach § 114 gebührenfrei, § 115.

14 **3) Geschäftswert, Z 1, 2.** Es gibt zwei Fallgruppen.
    A. **Fälle nach Z 1.** Stets ist der Wert des Nachlasses nach dem Abzug der Schulden jeweils zur Zeit der Entgegennahme nach § 18 I der Geschäftswert. Das bestimmt Z 1 ausdrücklich. Man kann beim Gläubiger als Antragsteller seine Forderung durch eine Auslegung als die Obergrenze ansetzen.

15 B. **Fälle nach Z 2.** Stets ist Geschäftswert der Wert des Vermächtnisses oder der Auflage nach §§ 18 ff. Bei einem Wahlvermächtnis nach § 2154 BGB ist der wertvollste Gegenstand maßgeblich.

16 **4) Fälligkeit, Kostenschuldner, Z 1, 2.** Die Fälligkeit richtet sich nach § 7.
    Kostenschuldner ist bei Z 1 der Erbe nach § 6 S 1 oder der sonstige Antragsteller nach § 2 Z 2, bei Z 2 der Antragsteller nach § 2 Z 1.

Gebührenfreie Erledigung in den Fällen der §§ 112 bis 114

115 Die in §§ 112 bis 114 aufgeführten Verrichtungen bleiben gebührenfrei, wenn sie im Zusammenhang mit einem anderen nach den Vorschriften dieses Unterabschnitts gebührenpflichtigen Verfahren stehen.

1   **1) Systematik.** Die Vorschrift ist eine Ergänzung direkt zu §§ 112–114 und indirekt zu §§ 101–111, 116.

2   **2) Regelungszweck.** Die Vorschrift soll wie schon §§ 103 II, 106 II, 108 S 3, 109 I 1 Z 2 Hs 2, 110 II, 117 II 3 eine ungerechtfertigte Gebührenhäufung verhindern, Düss Rpfleger **91**, 254. Sie ist ohnehin als eine Ausprägung des Grundsatzes einer für den Kostenschuldner möglichst günstigen Handhabung nach § 1 Rn 2 auslegbar. Das erlaubt sowohl eine Nichterhebung oder die Unterlassung des Kostenansatzes als auch einen nachträglichen Wegfall oder eine Anrechnung auf andere Gebühren.

3) Geltungsbereich. Es müssen mehrere Voraussetzungen für eine Gebührenfreiheit zusammentreffen.   **3**

A. Art der Verrichtung. Eine Gebührenfreiheit nach § 115 setzt zunächst voraus, daß es sich um einer der in §§ 112–114 genannten gerichtlichen Tätigkeiten handelt.

B. Zusammenhang. Außerdem muß eine derartige Verrichtung im Zusammenhang mit einem solchen anderen Verfahren stehen, das nach den Vorschriften des Unterabschnitts 5 gebührenpflichtig ist, also nach §§ 101–117. Es muß sich um einen formellen äußeren und auch sachlichen inneren Zusammenhang handeln. Eine Gebührenfreiheit besteht auch insofern, als mehrere Verrichtungen des Nachlaßgerichts nach §§ 112–114 untereinander in einem inneren Zusammenhang stehen, Düss Rpfleger **91**, 254.   **4**

C. Beispiele zur Frage eines Zusammenhangs   **5**
Abgrenzung: Ein Zusammenhang kann bei ihr bestehen.
Ablehnung des A, Ernennung des B: Ein Zusammenhang besteht zwischen der Ablehnung des zunächst ernannten Testamentsvollstreckers und der Bestellung jetzt eines anderen, dem das Gericht dann auch ein Zeugnis erteilt. Dann entsteht evtl eine Gebühr nur für die etwa einem vorverstorbenen ersten Vollstrecker erteilte Urkunde nach § 109 Z 2.
Anfechtungen: Ein Zusammenhang besteht zwischen den Entgegennahmen mehrerer Anfechtungserklärungen wegen des ganzen Nachlasses.
Annahmefrist – Annahmeerklärung: Ein Zusammenhang besteht zwischen der gerichtlichen Fristsetzung zur Annahmeerklärung des Testamentsvollstreckers und der Entgegennahme seiner Erklärung sowie der Aushändigung seines Zeugnisses.
Ausschlagung – Erbschein: Ein Zusammenhang *fehlt* evtl zwischen der Ausschlagung einer Erbschaft und der Erteilung eines Erbscheins an einen anderen, Düss Rpfleger **91**, 254.
Ausschlagung des A – Erbschein an B: Ein Zusammenhang besteht zwischen der Erbausschlagung des A und deren Annahme einerseits sowie der Erteilung eines Erbscheins jetzt an B.
Ergänzung: Ein Zusammenhang kann bei ihr bestehen.   **6**
Erleichterung: Ein Zusammenhang kann bei ihr bestehen.
Ernennung – Zeugnis: Ein Zusammenhang besteht zwischen der Ernennung des Testamentsvollstreckers und der Aushändigung seines Zeugnisses.
Förderung: Ein Zusammenhang kann bei ihr bestehen.
Gegenstand: Ein Zusammenhang besteht nur bei demselben Gegenstand nach § 15 Rn 12.
Gleichrangigkeit: Ein Zusammenhang kann bei ihr bestehen. Es ist also keine Über-Unterordnung nötig, Düss Rpfleger **91**, 254. Es muß also entweder ein Verfahren nach §§ 101ff oder ein Vorgang nach §§ 112–114 die Veranlassung zu einer solchen Verrichtung oder zu einer weiteren Verrichtung gegeben haben.   **7**
Gleichzeitigkeit: Ein Zusammenhang kann natürlich bei einer gleichzeitigen Tätigkeit bestehen.
Inventarfrist: Ein Zusammenhang besteht zwischen der Bestimmung einer solchen Frist und ihrer Verlängerung oder zwischen ihrer (Neu-)Bestimmung und der Annahme des Inventarverzeichnisses. Dann entsteht nur eine Gebühr nach § 114 Z 1.
Klärung: Ein Zusammenhang kann bei ihr bestehen.
Mehrheit von Nachfolgern: Ein Zusammenhang *fehlt* zwischen den Entgegennahmen mehrerer Testamentsvollstrecker über ihre jeweiligen Nachfolger.
Nacheinander: Ein Zusammenhang kann auch bei einer zeitlichen Reihenfolge bestehen.
Nachlaßpflegschaft oder -verwaltung – Ausschlagung: Ein Zusammenhang *fehlt* zwischen solchen Vorgängen.
Nachlaßsicherung – Inventarerrichtung: Ein Zusammenhang *fehlt* zwischen diesen beiden Aufgaben des Gerichts oder des Testamentvollstreckers.
Präzisierung: Ein Zusammenhang kann bei ihr bestehen.   **8**
Teilzusammenhang: Er kann ausreichen.

Testamentseröffnung – Ausschlagung: Ein Zusammenhang *fehlt* zwischen einer Testamentseröffnung und einer Erbausschlagung.

Testamentseröffnung – Testamentsvollstreckung: Ein Zusammenhang *fehlt* zwischen einer Testamentseröffnung und einer Erklärung über die Annahme oder Ablehnung eines Testamentsvollstreckeramts.

Über-, Unterordnung: Rn 7 „Gleichrangigkeit".

9 **Veranlassung:** Ein Zusammenhang kann bei ihr bestehen.
Vereinfachung: Ein Zusammenhang kann bei ihr bestehen.
Vervollständigung: Ein Zusammenhang kann bei ihr bestehen.
Vorbereitung: Ein Zusammenhang kann bei ihr bestehen.

10 **D. Unanwendbarkeit.** § 115 gilt nicht bei einer Beurkundung und auch nicht im Beschwerdeverfahren, Brschw JB **81**, 1717. Die Vorschrift gilt auch nicht für eine Notargebühr nach § 112 III.

Gerichtliche Vermittlung der Auseinandersetzung

116 I ¹Für die gerichtliche Vermittlung der Auseinandersetzung eines Nachlasses oder des Gesamtguts einer Gütergemeinschaft, einschließlich des vorangegangenen Verfahrens, wird das Vierfache der vollen Gebühr erhoben. ²Die Gebühr ermäßigt sich

1. auf das Doppelte der vollen Gebühr, wenn das Verfahren ohne Bestätigung der Auseinandersetzung abgeschlossen wird;
2. auf die Hälfte der vollen Gebühr, wenn sich das Verfahren vor Eintritt in die Verhandlung durch Zurücknahme oder auf andere Weise erledigt.

³Die Vorschriften des § 59 gelten entsprechend.

II Wird mit einem Dritten vor dem Teilungsgericht zum Zweck der Auseinandersetzung ein Vertrag geschlossen, so wird von dem Dritten die Hälfte der nach dem Beurkundungsabschnitt zu berechnenden Gebühr erhoben.

III Für die Beurkundung einer vertragsmäßigen Auseinandersetzung, für die Aufnahme von Vermögensverzeichnissen und Schätzungen sowie für Versteigerungen werden die Gebühren nach Maßgabe des Beurkundungsabschnitts besonders erhoben.

IV Wird die Vermittlung der Auseinandersetzung einem Notar übertragen, so wird je die Hälfte der vollen Gebühr erhoben
1. für das gerichtliche Verfahren, einschließlich der Anordnung von Beweisaufnahmen,
2. für die Bestätigung der Auseinandersetzung.

V ¹Die Gebühr bestimmt sich nach dem Wert der den Gegenstand der Auseinandersetzung bildenden Vermögensmasse. ²Dabei werden die Werte mehrerer Massen, die in demselben Verfahren auseinandergesetzt werden, zusammengerechnet. ³Trifft die Auseinandersetzung des Gesamtguts einer Gütergemeinschaft mit der Auseinandersetzung des Nachlasses eines Ehegatten zusammen, so wird die Gebühr einheitlich nach dem zusammengerechneten Wert des Gesamtguts und des übrigen Nachlasses erhoben.

VI Für die Kosten des Verfahrens (Absätze 1 und 4) haften die Anteilsberechtigten als Gesamtschuldner.

Gliederung

1) Systematik, I–VI	1
2) Regelungszweck, I–VI	2
3) Gerichtliche Vermittlung, I	3–11
A. Grundsatz: Pauschale, I 1	3–5
B. Ermäßigung beim Fehlen einer Bestätigung der Auseinandersetzung, I 2 Z 1	6, 7
C. Ermäßigung beim Fehlen einer Verhandlung, I 2 Z 2	8–10
D. Zusatzgebühr, I 3	11
4) Vertrag mit einem Dritten, II	12
5) Vertragliche Auseinandersetzung usw, III	13–15
A. Vor Beginn des gerichtlichen Verfahrens	14
B. Nach Beginn des gerichtlichen Verfahrens	15

1. Teil. Gerichtskosten § 116 KostO

6) Beteiligung des Notars, IV	16, 17
7) Geschäftswert, V	18, 19
8) Kostenschuldner, I–VI	20–22
A. Verfahren nach I, IV	20
B. Verfahren nach III	21
C. Weitere Einzelfragen, I–VI	22

1) Systematik, I–VI. Die Vorschrift ist anwendbar, soweit auf Grund eines Antrags oder auch auf Grund landesgesetzlicher Vorschriften nach Art 147 EGBGB, § 159 S 2 von Amts wegen nach § 366 FamFG die Auseinandersetzung einer Erbengemeinschaft oder einer Gesamtgutsgemeinschaft stattfindet, also deren Auflösung. Die Mitwirkung des Notars in einem solchen Verfahren ist bei einer Aufgabenübertragung durch das Gericht in IV und § 148 II und in anderen Fällen landesrechtlich unterschiedlich geregelt, Art 147 EGBGB, § 20 V BNotO, § 148 I. Dasselbe gilt von der Mitwirkung einer Behörde, Art 147 EGBGB, § 159 S 2. 1

2) Regelungszweck, I–VI. § 116 bezweckt auch beim Zusammenwirken des Nachlaßgerichts und des Notars die Kosten möglichst so niedrig zu halten, als ob das Gericht die Auseinandersetzung allein vermittle. Vgl auch § 148 I. 2

3) Gerichtliche Vermittlung, I. Man muß vier Aspekte beachten. 3
A. Grundsatz: Pauschale, I 1. Bei einer gerichtlichen Vermittlung oder einer Vermittlung nur durch den Notar entsteht 4,0 Gebühr. Sie gilt das gesamte Auseinandersetzungsverfahren „einschließlich des vorangegangenen Verfahrens" ab, also das gesamte Verfahren vom Eingang des Antrags nach § 363 FamFG bis zur Rechtskraft der Bestätigung der Auseinandersetzung nach § 371 FamFG.
Abgegolten sind zB: Eine Ermittlung oder Beweisaufnahme; die Bestätigung einer Vereinbarung, § 371 FamFG; die Beurkundung und Bestätigung der Auseinandersetzung, § 364 FamFG; die Beurkundung oder Bestätigung eines Rechtsgeschäfts zwecks Durchführung der Auseinandersetzung, etwa eine Abtretung; eine gerichtliche Genehmigung; die Aufnahme eines Vermögensverzeichnisses oder einer Schätzung; eine Offenbarungsversicherung nach § 2028 II BGB.
Nicht abgegolten sind zB: Der Erbschein und die Pflegerbestellung, § 364 FamFG 4 (dann sind §§ 106 I, 107 anwendbar); die Beurkundungsgebühr für den Vertrag mit einem Dritten, Rn 12; eine Zusatzgebühr nach § 58, Rn 11.
Soweit es sich nur um eine *Teilbestätigung* handelt, entsteht eine Gebührenpflicht jeweils vom Teil.
Die *Ermittlung der Erben* ist an sich gebührenfrei, § 105. Sie bildet aber bei § 116 5 bereits einen Teil der Auseinandersetzung. Die Aufnahme eines bereits vorher eingestellten Verfahrens begründet ein neues Verfahren mit einer neuen Gebührenpflicht, soweit nicht eine unrichtige Sachbehandlung nach § 16 vorangegangen war.
B. Ermäßigung beim Fehlen einer Bestätigung der Auseinandersetzung, 6 **I 2 Z 1.** Soweit das Gericht sein Verfahren ohne eine Bestätigung der Auseinandersetzung nach § 371 FamFG wirksam abschließt, ermäßigt sich die Gebühr für die gerichtliche Vermittlung auf 2,0 Gebühr. In Betracht kommt zB: Die Einstellung; eine Antragsrücknahme nach dem Eintritt in die Verhandlung (andernfalls ist Z 2 anwendbar); der Verfahrensabschluß vor dem Erlaß eines Bestätigungsbeschlusses; eine von den Antragstellern veranlaßte außergerichtliche vertragliche Auseinandersetzung vor der Beendigung des gerichtlichen Vermittlungsverfahrens. Für die letztere Beurkundung entsteht eine Gebühr nach § 36 II.
Mit dem *wirksamen Erlaß* des gerichtlichen Bestätigungsbeschlusses entsteht aber 7 bereits die 4,0 Gebühr nach I 1, also schon vor der formellen Rechtskraft des Bestätigungsbeschlusses nach § 45 FamFG.
C. Ermäßigung beim Fehlen einer Verhandlung, I 2 Z 2. Soweit sich das 8 gerichtliche Vermittlungsverfahren vor dem Eintritt des Gerichts in eine mündliche Verhandlung mit den Beteiligten erledigt, ermäßigt sich die Gebühr für die gerichtliche Vermittlungstätigkeit auf 0,5 Gebühr. Es ist dann unerheblich, ob das Verfahren infolge einer wirksamen Antragsrücknahme oder infolge eines anderen Umstands endet, etwa wegen einer Zurückweisung des Antrags oder infolge des Ruhens des Verfahrens wegen eines Ausbleibens der Beteiligten im Verhandlungstermin oder infolge

897

seiner Einstellung oder infolge einer Auseinandersetzungsvereinbarung. § 130 tritt zurück.

9   Das Gericht tritt erst dann in die *Verhandlung* nach Z 2 ein, wenn es nach dem Aufruf der Sache im Sitzungssaal, der Feststellung der Anwesenheit, der Erledigung weiterer etwaiger Formalien usw wie bei § 137 I ZPO mit der Behandlung der Sachfragen beginnt. Das mag geschehen entweder durch eine Einführung in den Sach- und Streitstand oder durch die Entgegennahme eines Antrags oder durch eine zunächst vor der Antragstellung erbetene oder vorgeschlagene Erörterung.
Diese Auslegung wird dem *Grundsatz der Kostenfreiheit* nach § 1 I 1 eher gerecht als eine weite Auslegung des Begriffs „Eintritt in die Verhandlung". Die enge Auslegung dieses Begriffs ist bei I 2 Z 2 deshalb notwendig, weil die Vorschrift ja eine Gebührenermäßigung auf 12,5% der 4,0 Gebühr des I 1 schafft und damit fast zur Gebührenfreiheit zurückkehrt.

10 Eine etwaige *Zurücknahme* des Vermittlungsantrags muß allerdings eindeutig und wirksam erfolgen, bevor das Gericht in die Verhandlung eintreten kann. Dasselbe gilt für eine andere Erledigungsursache.

11 **D. Zusatzgebühr, I 3.** Die Zusatzgebühr nach § 59 kann in allen Fällen I 1, 2 entstehen. I 3 erwähnt die Zusatzgebühr nach § 58 nicht mit. Sie kann deshalb nicht entstehen. Denn § 58 steht in einem anderen Unterabschnitt.

12 **4) Vertrag mit einem Dritten, II.** Dritter ist jeder Nichterbe, aber auch derjenige Erbe, der nicht in dieser Eigenschaft auftritt. Soweit der Dritte vor dem Teilungsgericht einen Vertrag „zum Zweck der Auseinandersetzung" schließt, etwa einen Erbschaftskauf oder einen Vertrag über den Kauf einer Nachlaßsache, trägt er die Hälfte der Beurkundungsgebühr der §§ 36 ff. Die andere Hälfte gilt die Gebühr aus § 116 als Ausnahme von § 44 ab. Die Gebühr nach II entsteht auch bei einer Beurkundung zusammen mit der Auseinandersetzung.

13 **5) Vertragliche Auseinandersetzung usw, III.** Die Vorschrift erfaßt eine außergerichtliche vertragliche Auseinandersetzung. Das ist der Gegensatz zu der vom Gericht vermittelten Auseinandersetzung nach I. Im übrigen muß man die folgenden Situationen unterscheiden.

14 **A. Vor Beginn des gerichtlichen Verfahrens.** Der Auseinandersetzungsvertrag kann schon vor dem Beginn eines gerichtlichen Vermittlungsverfahrens erfolgen. Soweit dieser Vertrag beurkundet wird und soweit die in III genannten weiteren Verrichtungen vorliegen, entstehen Gebühren nicht nach III, sondern zB nach § 36 II. Soweit der überlebende Ehegatte in der Absicht der Wiederverheiratung eine Auseinandersetzung mit seinen Kindern nach § 1683 BGB beantragt, meint er regelmäßig keine Auseinandersetzung nach § 116, sondern wünscht eine betreuungsgerichtliche Vermittlung. Für die Pflegerbestellung entsteht eine Gebühr.

15 **B. Nach Beginn des gerichtlichen Verfahrens.** Soweit eine vertragsmäßige Auseinandersetzung nach dem Beginn eines gerichtlichen Vermittlungsverfahrens zustande kommt, entstehen Gebühren nach §§ 36 ff neben denjenigen nach I besonders.

16 **6) Beteiligung des Notars, IV.** Soweit das Gericht die Vermittlung der Auseinandersetzung auf Grund des Landesrechts nach § 147 EGBGB einem Notar überträgt, ist IV anwendbar. Dann entsteht 0,5 Gebühr für das gerichtliche Verfahren einschließlich der Anordnung einer Beweisaufnahme, IV Z 1. Außerdem entsteht nach IV Z 2 eine 0,5 Gebühr für die Bestätigung der Auseinandersetzung. Gläubiger dieser Gebühr ist je nach dem Landesrecht entweder der Fiskus oder zB in Bayern der Notar. Es ist unerheblich, in welcher Lage des gerichtlichen Vermittlungsverfahrens das Gericht die Übertragung auf den Notar vornimmt. Bei einer bloßen Teilbestätigung entsteht die Gebühr nach IV Z 2 nur für diesen Teil.

17 Soweit die Gesamthandbeteiligten dem Notar nicht nur die Beurkundung einer außergerichtlichen Einigung, sondern die *gesamte Auseinandersetzung* übertragen, gilt ebenfalls § 116, vgl § 148.

18 **7) Geschäftswert, V.** Maßgeblich ist nach V je Erblasser die nach §§ 18 ff bewertbare Auseinandersetzungsmasse ohne einen Schuldenabzug, § 18 III. Man darf auch ein Vermächtnis, einen Pflichtteil usw nicht abziehen. Zum Nachlaß gehört auch eine Forderung an einen Miterben, nicht aber eine Ausgleichsforderung, § 2050

BGB. Bei einer Auseinandersetzung über mehrere Massen muß man V 2 beachten. Es entsteht also eine Gebühr nach dem zusammengerechneten Wert des Gesamtguts und des übrigen Nachlasses. Soweit es nur um das Ausscheiden eines Miterben geht, bildet nur dessen Anteil den Wert.

Soweit das Teilungsverfahren *nur zum Teil* durch eine Bestätigung endet und zum anderen Teil die Erbengemeinschaft bestehen bleibt, entsteht die 2,0 Gebühr an sich von der ganzen Masse und zugleich vom Wert des erledigten Teils. Man muß aber § 30 I mitbeachten. Maßgebender Zeitpunkt für die Bewertung ist die Beendigung des Verfahrens, §§ 7, 18 I. Indessen muß man den Wert der etwa während des Verfahrens veräußerten Gegenstände hinzurechnen. Andernfalls würde bei einer Veräußerung aller Sachen gar kein Wert mehr übrig bleiben. 19

8) Kostenschuldner, I–VI. Es gibt zwei Verfahrensarten. 20
A. Verfahren nach I, IV. Hier sind die Anteilsberechtigten und daher die Miterben und die Erwerber eines Erbteils als Gesamtschuldner Kostenschuldner. Eine persönliche Gebührenfreiheit ist dann unbeachtlich, § 12 I. Es ist auch unerheblich, ob sich der einzelne Anteilsberechtigte am Verfahren beteiligt hat oder gar einen Antrag gestellt hat.
B. Verfahren nach III. Hier gelten §§ 2 ff. 21
C. Weitere Einzelfragen, I–VI. Das Gericht muß nach § 8 einen Gebührenvorschuß in Höhe einer 4,0 Gebühr erheben, sofern es nicht die Auseinandersetzung einem Notar übertragen muß oder mit Sicherheit übertragen wird. Vorschußpflichtig sind nur die Antragsteller. 22

117 *(aufgehoben)*

6. Sonstige Angelegenheiten

Genehmigung und Beaufsichtigung von Stiftungen

118 I Für die Genehmigung einer Familienstiftung wird die volle Gebühr erhoben.

II ¹Für die Aufsicht über Stiftungen oder deren Verwaltung wird für jedes angefangene Kalenderjahr die volle Gebühr erhoben. ²Die Gebühr wird zu Beginn jedes Zeitabschnitts im voraus fällig. ³Sie kann in einfach liegenden Fällen nach Ermessen des Gerichts bis auf ein Viertel der vollen Gebühr ermäßigt werden.

III Die Gebühr bestimmt sich nach dem Wert des Stiftungsvermögens nach Abzug der Schulden.

1) Systematik, I–III. Es handelt sich um die erste einer Reihe solcher Vorschriften, die ein wenig bunt zusammengestellt solche Tätigkeiten erfassen, die keineswegs unentgeltlich erfolgen können, weil sie oft genug komplizierte Aufgaben und eventuell auch erhebliche Werte erfassen. Die Stiftungsaufsicht mag zudem auch rechtlich dann heikel sein, wenn die Stiftungssatzung gerade im Bestreben entstand, den Staat weitestgehend auszuschalten. 1

2) Regelungszweck, I–III. Die im Mittelpunkt der Vorschrift stehende Aufsicht mag aus den Gründen Rn 1 zwar durchaus jährlich eine 1,0 Gebühr rechtfertigen. Man sollte die oft auch kulturell wichtige Stiftung aber nun auch keineswegs mehr als unbedingt nötig mit Gerichtskosten belasten. Das kommt in II 3 mit seiner Beschränkung auf „einfach liegende" Fälle nur unzureichend zum Ausdruck. Umso eher sollte man möglichst kostenschuldnerfreundlich diesen und die weiteren Teile der Vorschrift auslegen, § 1 Rn 2. 2

3) Genehmigung, I. Die gerichtliche Genehmigung einer Familienstiftung nach § 80 BGB kostet 1,0 Gebühr. Das Stiftungsgeschäft selbst ist nach § 36 gebührenpflichtig, soweit eine Beurkundung erfolgt. Die bloße Bestätigung einer Familienstiftung ist gebührenfrei. 3

Unanwendbar ist I bei Genehmigung durch die Justizverwaltung. Insofern gilt die jeweilige Justizverwaltungskostenordnung, Teil VIII A dieses Buchs.

KostO §§ 118, 119   III. Kostenordnung

4   **4) Aufsicht usw, II.** Die Vorschrift erfaßt die gerichtliche Aufsicht über eine Stiftung beliebiger Art sowie die Verwaltung einer solchen Stiftung. II ist also anders als I keineswegs auf die Familienstiftung begrenzt. *Unanwendbar* ist II bei einer Aufsicht durch die Verwaltungsbehörde. Insofern kann wie bei I die jeweilige Justizverwaltungskostenordnung gelten, Teil VIII A dieses Buchs.

5   **5) Gebühr, II.** Es stehen sich ein Grundsatz und eine Ausnahme gegenüber.
      A. Grundsatz: 1,0 Gebühr. Für jede gerichtliche Aufsicht oder Verwaltung entsteht für jedes angefangene Kalenderjahr grundsätzlich 1,0 Gebühr, II 1. Diese Gebühr gilt die gesamte Aufsichts- und Verwaltungstätigkeit des Gerichts ab. Das gilt auch dann, wenn eine solche Tätigkeit nicht besonders zutage getreten ist, BGH **70**, 318. II gilt eine sonstige gerichtliche Tätigkeit nicht ab.

6   **B. Ausnahme: 0,25 Gebühr.** Das Gericht kann in einem einfachen Fall auf Grund eines pflichtgemäßen Ermessens unter Abwägung aller Umstände die Gebühr für die Aufsicht oder Verwaltung auf 0,25 Gebühr ermäßigen, II 3.

7   **6) Fälligkeit, II.** Sowohl die Gebühr nach II 1 als auch diejenige nach II 3 wird zu Beginn eines jeden Zeitabschnitts im voraus fällig, II 2. Soweit die Aufsicht oder Verwaltung im Lauf des Kalenderjahrs endet, bleibt die Gebühr für dieses Kalenderjahr in ihrer vollen Höhe bestehen. Bei einer mehrjährigen Aufsicht oder Stiftung ist die Jahresgebühr an demjenigen Kalendertag fällig, der dem Beginn der Aufsicht oder Verwaltung entspricht, also nicht schon am 1. Januar des Folgejahres.

8   **7) Geschäftswert, III.** Maßgebend ist das Stiftungsvermögen nach dem Abzug der Schulden. Bei einer Genehmigung nach I gehört eine versprochene Zuwendung des Stifters nach § 82 BGB zum Stiftungsvermögen. Bei einer Aufsicht oder Verwaltung nach II ist der jeweilige Stand des Stiftungsvermögens nach dem Schuldenabzug bei der Fälligkeit nach Rn 7 maßgebend, § 18 I. Abziehbar sind zB Grundstückslasten. Bei der Errichtung der Stiftung darf man die Schulden nicht abziehen, § 18 III.

Fassung 1. 9. 2009:
Festsetzung von Zwangs- und Ordnungsmitteln

119 $^{I\,1}$In einem **Verfahren nach den §§ 389 bis 392 des Gesetzes über das Verfahren in Familiensachen und in den Angelegenheiten der freiwilligen Gerichtsbarkeit wird für jede**
1. Festsetzung von Zwangs- oder Ordnungsgeld,
2. Verwerfung des Einspruchs und
3. Verwerfung oder Zurückweisung der Beschwerde oder der Rechtsbeschwerde
jeweils eine Gebühr von 100 Euro erhoben. ^{2}Die Gebühr darf die Höhe des Zwangs- oder Ordnungsgelds nicht übersteigen.
^{II}Für jede **Anordnung von Zwangsmaßnahmen durch Beschluss nach § 35 des Gesetzes über das Verfahren in Familiensachen und in den Angelegenheiten der freiwilligen Gerichtsbarkeit wird eine Gebühr von 15 Euro erhoben.**
^{III}Absatz 2 gilt nicht für die Festsetzung von Zwangs- und Ordnungsmitteln gegen Beteiligte im Falle des § 33 Abs. 3 des Gesetzes über das Verfahren in Familiensachen und in den Angelegenheiten der freiwilligen Gerichtsbarkeit sowie gegen Zeugen und Sachverständige.

Vorbem. Fassg Art 47 II Z 23 FGG-RG v 17. 12. 08, BGBl 2586, in Kraft seit 1. 9. 09, Art 112 I Hs 1 FGG-RG, Übergangsrecht Art 111 FGG-RG, Grdz 2 vor § 1 FamGKG, Teil I B dieses Buchs.

Bisherige Fassung: **Verfahren bei Festsetzung von Zwangs- und Ordnungsgeld**

119 $^{I\,1}$In einem **Verfahren nach den §§ 132 bis 139, 159 des Gesetzes über die Angelegenheiten der freiwilligen Gerichtsbarkeit wird in jedem Rechtszug das Dreifache der vollen Gebühr erhoben**
1. für die Festsetzung des Zwangsgeldes,
2. für die Verwerfung des Einspruchs.
^{II}Die Gebühr wird nach dem festgesetzten oder angedrohten Betrag des Zwangsgeldes berechnet; sie darf den Betrag des Zwangsgeldes nicht übersteigen.

§ 119 KostO

III Jede Wiederholung der Festsetzung des Zwangsgeldes gilt als ein besonderes Verfahren.

IV Für die Androhung von Zwangsgeld werden Gebühren nicht erhoben.

V ¹Die Vorschriften der Absätze 1 bis 4 gelten in anderen Fällen der Festsetzung von Zwangs- und Ordnungsgeld entsprechend. ²Sie gelten auch für die Festsetzung von Zwangsgeld gegen Vormünder, Betreuer, Pfleger und Beistände. ³Sie gelten nicht für die Festsetzung von Zwangs- und Ordnungsmittel gegen Zeugen und Sachverständige.

VI ¹Für die Anordnung von Zwangshaft (§ 33 Abs. 1 und 3 des Gesetzes über die Angelegenheiten der freiwilligen Gerichtsbarkeit) wird in jedem Rechtszug das Dreifache der vollen Gebühr erhoben, neben einer Gebühr nach Absatz 5 gesondert. ²Der Geschäftswert bestimmt sich nach § 30 Abs. 2.

Gliederung

1) Systematik, I–III	1
2) Regelungszweck, I–III	2
3) Geltungsbereich, I–III	3
4) Gebühr, I–III	4, 5
A. Androhung von Zwangsgeld, II	4
B. Festsetzungsverfahren, I, III	5
5) Geschäftswert, I–III	6
6) Fälligkeit, Kostenschuldner, I–III	7

1) Systematik, I–III. Die Vorschrift erfaßt eine Gruppe solcher Tätigkeiten, die ohne § 119 sowohl nach § 1 I als auch nach § 35 gebührenfrei wären. Sie unterzieht sie einer detaillierten Regelung, auch des zugehörigen Werts. Sie hat den Vorrang vor §§ 30, 131, (zum alten Recht) BayObLG NJW **99**, 297. 1

2) Regelungszweck, I–III. Zusätzlich zu einem Zwangsgeld oder Ordnungsgeld noch Gebühren zu erheben erscheint auf den ersten Blick als eine Art bedenklicher Doppelahndung. Das gilt unter einer Beachtung des die öffentliche Hand bindenden Gebots der Einhaltung von Verhältnismäßigkeit der Mittel. Bei einer genaueren Prüfung ergibt sich aber die grundsätzliche und jetzt auch die höhenmäßige Haltbarkeit der Regelung. Da I 2 sie begrenzt, ist sie jetzt insgesamt vertretbar. Sie soll den Kostenschuldner erkennbar gerade nicht schonen, sondern fühlbar treffen. Der Grundsatz § 1 Rn 2 dürfte daher bei § 119 nur im echten Zweifelsfall anwendbar sein. 2

3) Geltungsbereich, I–III. Die Vorschrift bezieht sich auf sämtliche Ordnungs- oder Zwangsgeldverfahren nach §§ 389–392 FamFG, (zum alten Recht) BayObLG NJW **99**, 297. Sie bezieht sich ferner auf § 35 FamFG, also auf Registersachen und auf die Durchsetzung einer Verpflichtung zur Vornahme oder Unterlassung einer Handlung. 3

Unanwendbar ist nach III die Regelung des II gegen Beteiligte des § 33 III FamFG (Ausbleiben im Termin trotz Anordnung des persönlichen Erscheinens) sowie gegenüber einem Zeugen oder Sachverständigen.

Unanwendbar ist § 119 ferner insoweit, als sich ein Ordnungs- oder Zwangsgeld direkt nach der ZPO richtet. Auf die Vollstreckung ist auch beim FamFG-Verfahren die JBeitrO anwendbar, Teil IX A dieses Buchs.

4) Gebühr, I–III. Man muß zwei Verfahrensarten unterscheiden. 4

A. Androhung von Zwangsgeld, II. Für dieses Verfahren entstehen Gebühren nur nach II.

B. Festsetzungsverfahren, I, III. Im Verfahren nach § 389 FamFG entsteht mit dem wirksamen Erlaß des Festsetzungsbeschlusses in jedem Rechtszug 100 EUR sowohl für die Festsetzung des Zwangsgelds nach I Z 1 als auch für die Verwerfung eines Einspruchs nach I Z 2 und für die Verwerfung oder Zurückweisung einer Beschwerde oder Rechtsbeschwerde. Soweit das Gericht mit der Verwerfung des Einspruchs zugleich nach § 390 IV 1 FamFG ein Zwangsgeld festsetzt, sind I Z 1, 2 nebeneinander anwendbar. Eine erneute Androhung nach § 389 III FamFG gehört nicht mehr zu dem bisherigen Verfahren, sondern gilt als ein neues besonderes Verfahren, I 1 aE („jeweils"). 5

Sie kann also bei der *erneuten* Festsetzung wie bei einer Verwerfung eines etwaigen erneuten Einspruchs wiederum zur 100 EUR Gebühr führen, und zwar in jedem Rechtszug besonders. Dabei hat § 119 auch im Verfahren nach § 392 FamFG den Vorrang vor §§ 30, 131, Rn 1. Das gilt auch bei einer Zurückweisung der Beschwerde nach § 391 FamFG. § 130 KostO ist unanwendbar.

6 **5) Geschäftswert, I–III.** Maßgeblich ist der festgesetzte oder angedrohte Betrag des Ordnungs- oder Zwangsgelds, höchstens aber der Betrag des festgesetzten derartigen Gelds, I 2. Der Beschwerdewert berechnet sich ebenso, (zum alten Recht) KG Rpfleger **04**, 68.

7 **6) Fälligkeit, Kostenschuldner, I–III.** Die Fälligkeit richtet sich nach § 7.
Kostenschuldner ist der Verurteilte, § 389 II FamFG, § 3 Z 1. Eine Antragshaftung kommt in diesem von Amts wegen stattfindenden Verfahren nicht in Betracht. Mehrere Verurteilte haften für die Auslagen als Gesamtschuldner nach § 5 für die Gebühren nach der Höhe ihres Ordnungs- oder Zwangsgelds.

Ernennung von Sachverständigen, Bestellung eines Verwahrers, Verkauf oder Hinterlegung von Pfändern

120 *Fassung 1. 9. 2009:* **Die volle Gebühr wird erhoben**
1. für die Ernennung und Beeidigung von Sachverständigen zur Feststellung des Zustands oder Werts von Sachen; wird gerichtlich Beweis erhoben, so werden daneben die Gebühren nach § 49 Abs. 1 und § 50 Abs. 1 Nr. 4 erhoben;
2. für die Bestellung eines Verwahrers nach §§ 432, 1217, 1281, 2039 des Bürgerlichen Gesetzbuchs, einschließlich der Festsetzung der von ihm beanspruchten Vergütung und seiner Aufwendungen;
3. für Anordnungen des Gerichts über den Verkauf oder die Hinterlegung von Pfändern und anderen Gegenständen.

Vorbem. Z 2 geändert dch Art 47 II Z 24 FGG-RG v 17. 12. 08, BGBl 2586, in Kraft seit 1. 9. 09, Art 112 I Hs 1 FGG-RG, Übergangsrecht § 111 FGG-RG, Grdz 2 vor § 1 FamGKG, Teil I B dieses Buchs.

Bisherige Fassung Z 2:
2. für die Bestellung eines Verwahrers nach §§ 432, 1217, 1281, 2039 des Bürgerlichen Gesetzbuchs, einschließlich der Entscheidung über seine Vergütung;

1) Geltungsbereich, Z 1–3. Für jede der folgenden Maßnahmen entsteht eine Gebühr.

1 **A. Sachverständiger, Z 1.** Die Ernennung und Beeidigung eines Sachverständigen zur Feststellung des Zustands oder Werts einer Sache nach §§ 1034, 1067 BGB, 608 ff HGB usw ist gebührenpflichtig. Dabei stellen die Ernennung und die Beeidigung desselben Sachverständigen wie bei Z 2 nur eine einzige Maßnahme dar, nicht etwa mehrere Maßnahmen. Das gilt auch dann, wenn die Ernennung und die Beeidigung an verschiedenen Tagen erfolgen. Eine gerichtliche Beweisaufnahme ist außerdem nach §§ 49 I, 50 I Z 4 gebührenpflichtig. Die Anordnung eines selbständigen Beweisverfahrens nach § 485 ZPO fällt nicht unter Z 1, sondern unter KV 1600, Teil I A dieses Buchs.

2 **B. Verwahrer, Z 2.** Die Bestellung eines Verwahrers ist einschließlich der Entscheidung über seine Vergütung gebührenpflichtig, soweit sie bei einer Mehrheit von Gläubigern nach § 432 BGB oder bei der Verletzung der Rechte des Verpfänders durch den Pfandgläubiger nach § 1217 BGB oder bei verpfändeten Forderungen nach § 1281 BGB oder schließlich beim Schuldner eines verstorbenen Gläubigers nach § 2039 BGB erfolgt. Der Vorgang der Bestellung und der Entscheidung über die Vergütung des Verwahrers stellt gebührenrechtlich wie bei Z 1 nur eine einzige Maßnahme dar.

3 **C. Verkauf und Hinterlegung von Pfändern usw. Z 3.** Gebührenpflichtig ist schließlich jede gerichtliche Anordnung über den Verkauf oder die Hinterlegung

1. Teil. Gerichtskosten §§ 120, 121 KostO

eines Pfands oder eines anderen Gegenstands, zB nach §§ 1246 II BGB, 74 I GmbHG, 530 HGB, 214 II AktG. Wegen des Verfahrens § 166 FGG.
In einer *Hinterlegungssache* gelten §§ 24 ff HO, Teil VIII B dieses Buchs. 4
2) Gebühr, Z 1–3. Für jede der in Z 1 bis 3 genannten gerichtlichen Maßnah- 5
men entsteht 1,0 Gebühr.
3) Geschäftswert, Z 1–3. Der Geschäftswert richtet sich nach § 30 I, II. 6
4) Fälligkeit, Kostenschuldner usw, Z 1–3. Die Fälligkeit richtet sich nach § 7. 7
Der *Kostenschuldner* ermittelt sich nach §§ 2 ff.

Ernennung und Abberufung von Vorstandsmitgliedern usw.

121 Soweit nicht in diesem Gesetz oder in sonstigen bundesrechtlichen Vorschriften ein anderes bestimmt ist, wird das Doppelte der vollen Gebühr erhoben für die Erledigung der im Bürgerlichen Gesetzbuch in dem Titel „Juristische Personen", im Handelsgesetzbuch, im Aktiengesetz, im Genossenschaftsgesetz oder im Gesetz, betreffend die Gesellschaften mit beschränkter Haftung, den Gerichten zugewiesenen Angelegenheiten (Ernennung und Abberufung von Vorstandsmitgliedern und Liquidatoren, Bestellung und Abberufung von Abschlußprüfern und Prüfern, Ermächtigung zur Berufung einer Hauptversammlung oder Generalversammlung oder zur Einsicht von Büchern) sowie für Entscheidungen und Anordnungen ähnlicher Art.

1) Geltungsbereich. Die Vorschrift erfaßt eine große Zahl anderweit nicht gere- 1
gelter Fälle einer Anordnung oder Entscheidung des Gerichts der freiwilligen Gerichtsbarkeit. Die Vorschrift erfaßt aber mit den Worten „Erledigung einer Angelegenheit" nur eine solche Maßnahme, die als Entscheidung oder Anordnung ergeht, BayObLG BB **82**, 946. Bei einer Antragsrücknahme oder -zurückweisung gilt § 130. Die Einstellung eines Amtsverfahrens ist gebührenfrei, § 1 I 1. Wegen weiterer Vorgänge aus dem Aktienrecht, die gebührenrechtlich der KostO unterstehen, § 90 Anh I.

2) Beispiele zur Frage des Geltungsbereichs 2
Auflösung: Anwendbar ist § 121 auf die Auflösung einer Genossenschaft nach § 80 GenG (dann ist § 83 unanwendbar).
S auch „Genehmigung".
Ermächtigung: Anwendbar ist § 121 auf eine Ermächtigung zur Einberufung einer Hauptversammlung, etwa nach § 122 III AktG, oder zur Einsicht in Bücher, etwa nach §§ 273 III AktG, 74 II GmbHG.
Ernennung, Abberufung: Anwendbar ist § 121 in dem dort beschriebenen derar- 3
tigen Bereich zB nach den folgenden Vorschriften:
– **(AktG):** §§ 33 III, 35 II, III, 52 IV, 73 I, 85 I, III, 94, 103 III, 104, 122 III, 142 II–VI, 147 III, 206, 209 IV, 258 I, V, 265 III, IV, 270 III, 273 III, IV, 278 III, 293 c I, 315, 320 III, 396 II, Ffm Rpfleger **76**, 335 (dann richtet sich der Geschäftswert nach § 30);
– **(BGB):** §§ 29, 37 II, 46, 48, 73, 76 III, 86, 88 (Verein, Stiftung),
– **(ErbbauRG):** § 7 III;
– **(GenG):** §§ 45 III, 54 II, 54a II, 56 II 2, 64b, 64c, 80, 83 III, IV, 93 S 2, 3;
– **(GmbHG):** §§ 66 II, III, 71 III, 74 II;
– **(HGB):** §§ 146 II, 147, 157 II, 161 II, 166 III, 233 III (Offene Handelsgesellschaft, Kommanditgesellschaft), § 318 (Konzern), BayObLG BB **02**, 672;
– **(KWG):** §§ 28 II, 38 II 2, 45 a II, 46 II, IV, 46 a II, V;
– **(UmwG):** §§ 10, 26, 30 II, 36 I 1, 44, 48 S 1, 56, 60 I, III, 71 II, 72 I, 73, 78 S 1, 100, 121, 125, 135 I, 176, 177, 180 I, 183 II 3, 186 S 1, 188 I, 189 I, 208, 248 II;
– **(VAG):** §§ 35 III, 36, 47 II 1.
Genehmigung: Anwendbar ist § 121 auf eine Genehmigung zur Auflösung einer 4
Stiftung.
Jahresabschluß: *Unanwendbar* ist § 121 auf die Prüfung des Jahresabschlusses einer Kapitalgesellschaft durch das Registergericht, BayObLG Rpfleger **82**, 316. Für sie gilt § 86 II.

KostO §§ 121, 122   III. Kostenordnung

5 **Notvorstand:** Anwendbar ist § 121 auf die Bestellung eines Notvorstands, LG Frankenth Rpfleger **81**, 373.
   Rechtsfähigkeit: Anwendbar ist § 121 auf eine Entziehung der Rechtsfähigkeit eines Vereins nach § 73 BGB.

6 **3) Gebühr.** Für jede der in § 121 erfaßten gerichtlichen Maßnahmen entsteht 2,0 Gebühr.

7 **4) Geschäftswert.** Der Geschäftswert richtet sich nach § 30 I, II, BayObLG Rpfleger **79**, 231 (Notgeschäftsführer), BayObLG Rpfleger **00**, 351, Ffm Rpfleger **76**, 335, LG Frankenth Rpfleger **87**, 325 (je: Aufsichtsrat), BayObLG JB **88**, 91 (Gründungsprüfer), Celle NdsRpfl **92**, 286, Lappe NJW **93**, 1193 (je: Mitgliederversammlung), Stgt JB **80**, 921 (Zustimmung beim Erbbaurecht). Dabei muß das Gericht beim externen Gründungsprüfer nach § 33 III–V AktG den Art 10 in Verbindung mit Art 12 I e der Richtlinie des Rates der Europäischen Gemeinschaften vom 17. 7. 69 (69/335/EWG-Gesellschaftsteuerrichtlinie) beachten und darf daher bei der Wertbemessung den tatsächlichen Aufwand nicht übersteigen, Karlsr Rpfleger **01**, 270. Diese Richtlinie ist unanwendbar bei einer Ergänzung des Aufsichtsrats, BayObLG Rpfleger **00**, 351.

8 **5) Fälligkeit, Kostenschuldner usw.** Die Fälligkeit richtet sich nach § 7. Der *Kostenschuldner* ergibt sich aus §§ 2 ff. § 99 VI 7 AktG ist auch nicht entsprechend anwendbar, Düss DB **94**, 569.

Bestellung eines Vertreters des Grundstücks- oder Schiffseigentümers, Zustellung von Willenserklärungen, Kraftloserklärung von Vollmachten

122 I Die Hälfte der vollen Gebühr wird erhoben
1. für die Bestellung eines Vertreters des Grundstückseigentümers oder des Schiffseigentümers nach § 1141 Abs. 2 des Bürgerlichen Gesetzbuchs und § 42 Abs. 2 des Gesetzes über Rechte an eingetragenen Schiffen und Schiffsbauwerken vom 15. November 1940 (Reichsgesetzbl. I S. 1499);
2. für die Bewilligung der öffentlichen Zustellung einer Willenserklärung nach § 132 Abs. 2 des Bürgerlichen Gesetzbuchs;
3. für die Bewilligung der Kraftloserklärung von Vollmachten nach § 176 Abs. 2 des Bürgerlichen Gesetzbuchs.
II Der Wert bestimmt sich nach § 30 Abs. 2.

1 **1) Geltungsbereich, I, II.** Die Vorschrift erfaßt die folgenden Fallgruppen.
   A. Vertreterbestellung, I Z 1. Gebührenpflichtig ist die Bestellung des Vertreters des Grundstückseigentümers zur Entgegennahme der Kündigung einer Hypothek, Grundschuld oder Rentenschuld nach §§ 1141 II, 1192 I, 1200 I BGB wegen des Fehlens eines inländischen Wohnsitzes oder wegen der Notwendigkeit einer öffentlichen Zustellung nach § 132 II BGB sowie der Bestellung eines entsprechenden Vertreters des Schiffseigentümers nach § 42 II SchiffsG.

2 **B. Öffentliche Zustellung, I Z 2.** Gebührenpflichtig ist die gerichtliche Bewilligung der öffentlichen Zustellung einer Willenserklärung bei einer schuldlosen Unbekanntheit des Adressaten oder seines Aufenthalts, § 132 II BGB.

3 **C. Kraftloserklärung, I Z 3.** Gebührenpflichtig ist die gerichtliche Bewilligung der Kraftloserklärung einer Vollmacht durch eine öffentliche Bekanntmachung, § 176 II BGB.

4 **2) Gebühr, I.** Für jede der in I genannten gerichtlichen Maßnahmen entsteht 0,5 Gebühr. Bei einer Antragsrücknahme oder -zurückweisung gilt § 130.

5 **3) Geschäftswert, II.** Der Geschäftswert richtet sich stets bei I nach § 30 II. Es ist also nicht der volle Nennwert maßgeblich.

6 **4) Fälligkeit, Kostenschuldner usw, I, II.** Die Fälligkeit richtet sich nach § 7. Der *Kostenschuldner* ergibt sich aus §§ 2 ff.

Dispache

123 ⁱ ¹Für die Bestellung eines Dispacheurs, einschließlich der Bestimmung seiner Vergütung, und für die Entscheidung über seine Verpflichtung zu der von ihm abgelehnten Aufmachung der Dispache wird insgesamt die volle Gebühr erhoben. ²Maßgebend für die Gebühr ist der Betrag des Havarieschadens und, wenn der Wert des Geretteten an Schiff, Fracht und Ladung geringer ist, dieser geringere Wert.

ⁱⁱ ¹Für die Verhandlung über die Dispache, einschließlich der Bestätigung, wird ebenfalls die volle Gebühr erhoben. ²Maßgebend ist die Summe der Anteile, die die an der Verhandlung Beteiligten an dem Schaden zu tragen haben. ³Wird die Dispache bestätigt, so haften die an dem Verfahren Beteiligten für die Kosten als Gesamtschuldner.

1) Geltungsbereich, I, II. Es gelten die folgenden Regeln.   1

A. Begriff der Dispache, I. Die Dispache (eine Seeschadensberechnung) ist der Verteilungsplan für den Ersatz der durch eine große Havarie verursachten Schäden im Verfahren nach §§ 377, 403–409 FamFG. Man darf sie nicht mit der Haftungsbeschränkung des Reeders und dem daraus folgenden Verfahren nach der SVertO verwechseln. Für diese sind §§ 25, 59 GKG anwendbar, Teil I A dieses Buchs.

B. Vor der Verhandlung, I. Die Vorschrift vergütet die Tätigkeit des Gerichts 2 vor der Verhandlung über die Dispache Die Vorschrift gilt das gesamte bis dahin stattgefundene Verfahren ab. Bei der Bestellung nach I 1 Hs 1 entsteht die Gebühr nur bei einer positiven Entscheidung. Bei einer Zurücknahme oder Zurückweisung des Antrags nach I 1 Z 1 gilt § 130. Bei einer Entscheidung nach I 1 Hs 2 ist auch die Zurückweisung gebührenpflichtig. Bei einer Zurücknahme des Antrags nach I 1 Z 2 gilt § 130.

C. Verhandlung und Bestätigung, II. Diese Vorschrift vergütet die Tätigkeit 3 des Gerichts vom Beginn der Verhandlung zur Sache über die Dispache an bis zur Bestätigung der Dispache. Bei einer Zurücknahme oder Zurückweisung des Verhandlungsantrags gilt § 130.

2) Gebühr, I, II. Für den Abschnitt bis zur Verhandlung über die Dispache ent- 4 steht insgesamt 1,0 Gebühr. Für den Abschnitt ab Verhandlungsbeginn bis zur Bestätigung entsteht nochmals 1,0 Gebühr.

3) Geschäftswert, I, II. Man muß zwei Verfahrensabschnitte unterscheiden. 5

A. Vor der Verhandlung, I 2. In diesem Abschnitt ist als Geschäftswert der Betrag des Havarieschadens als Ausgangswert maßgeblich. Wenn jedoch der Wert des Geretteten an Schiff, Fracht und Ladung geringer als der Betrag des Havarieschadens ist, darf man nur den geringeren Wert ansetzen.

B. Verhandlung und Bestätigung, II 2. In diesem Abschnitt ist die Summe 6 derjenigen Anteile maßgeblich, die die an der Verhandlung Beteiligten an dem Schaden tragen müssen.

4) Fälligkeit, Kostenschuldner usw, I, II. Die Fälligkeit richtet sich nach § 7. 7 *Kostenschuldner* ist nach § 2 Z 1 bei I der Antragsteller. Mehrere Antragsteller sind nach § 5 I 1 Gesamtschuldner. Bei II sind dann, wenn das Gericht die Dispache bestätigt, alle am Verfahren Beteiligte als Gesamtschuldner Kostenschuldner. Andernfalls ist auch hier der Antragsteller Kostenschuldner.

Eidesstattliche Versicherung

124 *Fassung 1. 9. 2009:* ⁱ Für die Verhandlung in dem Termin zur Abnahme einer eidesstattlichen Versicherung nach den §§ 259, 260, 1580 Satz 2, § 1605 Abs. 1 Satz 3, den §§ 2006, 2028 Abs. 2 sowie § 2057 des Bürgerlichen Gesetzbuchs und nach § 4 Abs. 4 des Versorgungsausgleichsgesetzes wird die volle Gebühr erhoben, auch wenn die Abgabe der eidesstattlichen Versicherung unterbleibt.

ⁱⁱ Erledigt sich das Verfahren vor Eintritt in die Verhandlung infolge Zurücknahme des Antrags oder in anderer Weise, so ermäßigt sich die Gebühr entsprechend den Vorschriften des § 130.

KostO § 124   III. Kostenordnung

Vorbem. I zunächst geändert dch Art 47 II Z 25 FGG-RG v 17. 12. 08, BGBl 2586, in Kraft seit 1. 9. 09, Art 112 I Hs 1 FGG-RG. Sodann I neugefaßt dch Art 16 VAStrRefG v 3. 4. 09, BGB 700, in Kraft seit 1. 9. 09, Art 23 S 1 VAStrRefG. Übergangsrecht jeweils Art 111 FGG-RG, Grdz 2 vor § 1 FamGKG, Teil I B dieses Buchs.

Bisherige Fassung I: [I] **Für die Verhandlung in dem Termin zur Abnahme einer eidesstattlichen Versicherung nach §§ 259, 260, 1580 Satz 2, § 1587 e Abs. 1, § 1587 k Abs. 1, § 1605 Abs. 1 Satz 3, §§ 2006, 2028 Abs. 2, § 2057 des Bürgerlichen Gesetzbuchs und nach § 83 Abs. 2 des Gesetzes über die Angelegenheiten der freiwilligen Gerichtsbarkeit wird die volle Gebühr erhoben, auch wenn die Abgabe der eidesstattlichen Versicherung unterbleibt.**

Gliederung

1) Systematik, Regelungszweck, I, II 1
2) Geltungsbereich, I, II 2–11
   A. § 259 BGB 2
   B. § 260 BGB 3
   C. § 1580 S 2 BGB 4
   D. § 1605 I 3 BGB 5
   E. § 2006 BGB 6
   F. § 2028 II BGB 7
   G. § 2057 BGB 8
   H. § 4 IV VersAusglG 9
3) Gebühr, I, II 10–16
   A. Verhandlung, I 11–13
   B. Erledigung: Grundsatz einer Ermäßigung, II 14
   C. Erledigung: Sonderfall der Antragsrücknahme, II Fall 1 15
   D. Sonstige Erledigung, II Fall 2 16
4) Geschäftswert I, II 17
5) Fälligkeit, Kostenschuldner usw, I, II 18

1 **1) Systematik, Regelungszweck, I, II.** I nennt aus praktischen Gründen zusammenfassend eine Reihe von Fällen, in denen das Gesetz die Abgabe einer bürgerlichrechtlichen freiwilligen eidesstattlichen Versicherung regelt, in einer abschließenden eng auslegbaren Aufzählung, Rn 11–13. Andere Fälle der Abgabe einer eidesstattlichen Versicherung aus dem Bereich der freiwilligen Gerichtsbarkeit fallen unter § 134.

Unanwendbar ist § 124 auf den hier nicht zuständigen Notar.

2 **2) Geltungsbereich, I, II.** Die Vorschrift ist nur in den folgenden Fällen anwendbar.

A. § 259 BGB. Es geht um die eidesstattliche Versicherung desjenigen, der über eine mit Einnahmen oder Ausgaben verbundene Verwaltung Rechenschaft ablegen muß. Das Verfahren regelt § 261 BGB.

3 **B. § 260 BGB.** Es geht um die eidesstattliche Versicherung desjenigen, der einen Inbegriff von Gegenständen herausgeben oder über den Bestand eines solchen Inbegriffs Auskunft erteilen muß. Das Verfahren regelt § 261 BGB.

4 **C. § 1580 S 2 BGB.** Es geht um die eidesstattliche Versicherung eines geschiedenen Ehegatten, der dem früheren Ehegatten auf dessen Verlangen über seine eigenen Einkünfte und sein eigenes Vermögen Auskunft erteilen muß. Das Verfahren ist durch die Verweisung von § 1580 S 2 auf § 1605 und durch die Verweisung von § 1605 I 3 auf § 261 BGB in der letzteren Vorschrift geregelt.

5 **D. § 1605 I 3 BGB.** Es geht um die eidesstattliche Versicherung eines Verwandten, einem anderen Verwandten in gerader Linie auf dessen Verlangen über die eigenen Einkünfte und das eigene Vermögen Auskunft zu erteilen, soweit das zur Feststellung eines Unterhaltsanspruchs oder einer Unterhaltsverpflichtung erforderlich ist. Infolge der Verweisung von § 1605 I 3 auf § 261 BGB ist die letztere Vorschrift für das Verfahren anwendbar.

6 **E. § 2006 BGB.** Es geht um die eidesstattliche Versicherung des Erben auf ein Verlangen eines Nachlaßgläubigers, daß er die Nachlaßgegenstände so vollständig angegeben habe, als er dazu imstande sei.

1. Teil. Gerichtskosten § 124 KostO

F. § 2028 II BGB. Es geht um die eidesstattliche Versicherung desjenigen, der zur Zeit des Erbfalls mit dem Erblasser in einer häuslichen Gemeinschaft gelebt hat, gegenüber dem Erben wegen einer Auskunft darüber, welche erbschaftlichen Gegenstände er geführt habe und was ihm über den Verbleib der Erbschaft bekannt sei. Infolge der Verweisung von § 2028 III auf § 261 ist die letztere Vorschrift für das Verfahren anwendbar. 7

G. § 2057 BGB. Es geht um die eidesstattliche Versicherung eines Miterben gegenüber den übrigen Erben wegen seiner Auskunftspflicht über solche Zuwendungen an sich selbst, die er nach §§ 2050–2053 BGB zur Ausgleichung bringen muß. Infolge der Verweisung von § 2057 S 2 auf § 261 BGB gilt die letztere Vorschrift für das Verfahren. 8

H. § 4 IV VersAusglG. Es geht um eine Auskunft. § 1605 I 2, 3 BGB gilt dann entsprechend. 9

3) Gebühr, I, II. Es gibt vier Fallgruppen. 10

A. **Verhandlung, I.** Sobald das Gericht im Verfahren auf die Abgabe der eidesstattlichen Versicherung in eine mündliche Verhandlung zur Sache eingetreten ist, entsteht in jedem der in Rn 2–9 genannten Fälle nach I eine 1,0 Gebühr. Das gilt unabhängig davon, ob es ab dem Verhandlungsbeginn in diesem Verfahren sogleich oder später zur Abgabe der eidesstattlichen Versicherung kommt oder nicht. Die Gebühr gilt die gesamte Tätigkeit des Gerichts im Verfahren einschließlich des Termins ab. Eine bloße Unterbrechung der Verhandlung ist unerheblich. Eine Ergänzung der eidesstattlichen Versicherung kann zu einer neuen Verhandlung mit einem auf die Ergänzung begrenzten Geschäftswert führen. 11

Die mündliche Verhandlung *beginnt*, sobald der Rpfl nach dem Aufruf der Sache und der Feststellung der Anwesenheit der Beteiligten in den Sach- und Streitstand einführt oder eine sonstige Erörterung der Zulässigkeit und/oder Begründetheit des Antrags beginnt oder gar einen Antrag entgegennimmt. Der bloße Aufruf und andere reine Formalien vor dem Beginn wenigstens der Erörterung der Zulässigkeit des Antrags gehören zwar schon zum Termin. Sie sind aber noch kein „Eintritt in die Verhandlung". 12

Nur diese *enge Auslegung* des Verhandlungsbegriffs entspricht der Systematik, die in § 1 I 1 eine Gebührenfreiheit als den Grundsatz vorsieht, von dem die folgenden Vorschriften lediglich Ausnahmen darstellen. I schafft ja eine gegenüber II höhere Gebühr. Auch wenn II von einer „Ermäßigung" der Gebühr nach I spricht, ist doch immerhin I eine schärfere Ausnahme vom Grundsatz des § 1 I 1 als von II. Daher muß man die Voraussetzungen nach I eng auslegen. 13

B. **Erledigung: Grundsatz einer Ermäßigung, II.** Soweit sich das Verfahren vor dem Eintritt in die Verhandlung nach Rn 11–13 aus irgendeinem Grund endgültig und wirksam erledigt, tritt eine Gebührenermäßigung ein. Für die Frage, in welchem Umfang diese Ermäßigung eintritt, verweist II auf § 130. Man muß also die dortigen Situationen unterscheiden. 14

C. **Erledigung: Sonderfall der Antragsrücknahme, II Fall 1.** Hier ist § 130 II, IV, V entsprechend anwendbar. Es entsteht also grundsätzlich nur 0,25 Gebühr bis zum Höchstbetrag von 250 EUR, § 130 II. Bei einer teilweisen Rücknahme entsteht 0,25 Gebühr nach dem Wert des zurückgenommenen Teils. Das gilt jedoch nur insoweit, als die Gebühr für die Erledigung des ganzen Antrags die Gebühr für die teilweise Erledigung übersteigt, § 130 IV. Sowohl bei einer völligen als auch bei einer teilweisen Antragsrücknahme kann und muß das Gericht im Rahmen eines pflichtgemäßen Ermessens von der Erhebung der Kosten ganz absehen, soweit der Antrag auf einer nur unverschuldeten Unkenntnis der tatsächlichen oder rechtlichen Verhältnisse beruhte, § 130 V. 15

D. **Sonstige Erledigung, II Fall 2.** Auch hier gelten die Regeln Rn 14 entsprechend. Zwar enthält § 130 keine ausdrückliche Regelung bei der Erledigung des Verfahrens. Indessen muß man infolge der Verweisung von II auf § 130 auch bei einer Erledigung „in anderer Weise" als derjenigen der Antragsrücknahme diese anderweitige Erledigung der Antragsrücknahme kostenrechtlich gleichstellen. 16

17 4) Geschäftswert, I, II. Maßgebend ist nach § 30 I, II das Interesse des Antragstellers an der Abgabe der eidesstattlichen Versicherung durch den Antragsgegner. Es liegt meist deutlich unter dem Wert der Hauptsache.

18 5) Fälligkeit, Kostenschuldner usw, I, II. Die Fälligkeit richtet sich nach § 7. Kostenschuldner ist im Antragsverfahren nach § 2 Z 1 der Antragsteller, § 261 III BGB.

Verteilungsverfahren bei Enteignungen und dgl.

125 ^I Soweit bei der Enteignung, bei der Flurbereinigung, bei der Beschädigung von Grundstücken durch Bergbau oder in ähnlichen Fällen ein Verteilungsverfahren vorgesehen ist, wird dafür das Doppelte der vollen Gebühr nach dem zu verteilenden Gesamtbetrag erhoben.

^{II} Wird der Antrag auf Eröffnung des Verfahrens zurückgewiesen oder wird der Antrag vor Eröffnung des Verfahrens zurückgenommen, so bemißt sich die nach § 130 zu erhebende Gebühr nach dem zu verteilenden Gesamtbetrag und, wenn ein Berechtigter den Antrag gestellt hat, nach dem von ihm beanspruchten Betrag, falls er geringer ist als der Gesamtbetrag.

Gliederung

1) Systematik, I, II	1
2) Regelungszweck, I, II	2
3) Geltungsbereich, I, II	3, 4
4) Grundsatz: Doppelte Gebühr, I	5
5) Ermäßigung beim Ausbleiben der Verfahrenseröffnung, II	6–8
A. Antragsrücknahme	7
B. Antragszurückweisung	8
6) Wertgrundsatz: Gesamter Verteilungsbetrag, I	9
7) Wert beim Ausbleiben der Verfahrenseröffnung, II	10–14
A. Volle Antragsrücknahme	10–12
B. Teilweise Antragsrücknahme	13
C. Antragszurückweisung	14
8) Fälligkeit, Kostenschuldner, I, II	15

1 1) Systematik, I, II. Die Vorschrift nennt in einer nur beispielhaften Aufzählung einige Fälle von Verteilungsverfahren. Sie macht durch die Worte „oder in ähnlichen Fällen" deutlich, daß sie auch andere dort nicht ausdrücklich erwähnte Arten von Verteilungsverfahren miterfassen kann. Andererseits ist § 125 keineswegs auf „sämtliche Fälle" von Verteilungsverfahren anwendbar. Man muß von Fall zu Fall entscheiden, ob die KostO oder andere Kostengesetze anwendbar sind.

2 2) Regelungszweck, I, II. Die Worte „oder in ähnlichen Fällen" in I zeigen, daß das Gesetz keine Kostenfreiheit eintreten lassen will. Insofern besteht ein scheinbarer Widerspruch zu § 1 I 1 (... „nur"). Indessen geht die eindeutige Zweckbestimmung des § 125 jedenfalls vor. Das darf freilich nicht zu einer uferlosen Ausdehnung des Geltungsbereichs führen, § 1 Rn 2.

3 3) Geltungsbereich, I, II. Unter I fallen zB: Das Verteilungsverfahren nach Art 53, 109 EGBGB; das Verteilungsverfahren nach § 12 II SchutzbereichsG vom 7. 12. 56, BGBl 899; das Verteilungsverfahren nach § 75 I FlurbereinigungsG vom 14. 7. 53, BGBl 591, sofern nicht nach § 74 I Z 2 jenes Gesetzes eine Kostenfreiheit besteht; das Verteilungsverfahren nach Art 67 EGBGB und den zugehörigen Landesgesetzen wegen der Beschädigung von Grundstücken durch Bergbau; das Verteilungsverfahren nach § 119 BauGB; das Verfahren nach §§ 51 I, 52 II, 55 BLG.

Weitere Fälle: Landesrechtlich vorgesehene Verteilungsverfahren, etwa: Nach dem bayerischen Gesetz über das Unschädlichkeitszeugnis vom 15. 6. 98, BayBS III 124; das Verfahren nach Art 25 ff des PrAusfGZVG (für das frühere preußische Gebiet).

4 I ist auf alle diese Verteilungsverfahren auch insoweit anwendbar, als jene Gesetze auf die Vorschriften über die Verteilung des Erlöses bei einer *Zwangsversteigerung* verweisen, so daß die Berechtigten diejenigen Beträge erhalten, die ihnen beim Erlöschen ihres Rechts bei einer Zwangsversteigerung zustehen würden.

§§ 125, 126 KostO

4) Grundsatz: Doppelte Gebühr, I. Eine Gebührenfreiheit kann auch das Verfahren des § 125 umfassen. Im übrigen gilt: Sobald das Gericht das Verteilungsverfahren wirksam eröffnet hat, entsteht für die gesamte Tätigkeit des Gerichts im Verfahren 2,0 Gebühr. 5

5) Ermäßigung beim Ausbleiben der Verfahrenseröffnung, II. Soweit es 6 deshalb nicht zur Verfahrenseröffnung kommt, weil entweder der Antragsteller den Antrag vorher zurücknimmt oder weil das Gericht den Antrag als unzulässig oder unbegründet zurückweist, entsteht eine Gebühr lediglich in ermäßigtem Umfang.

A. Antragsrücknahme. Infolge der Verweisung von II auf § 130 entsteht bei der 7 Antragsrücknahme vor der Eröffnung des Verfahrens nach § 130 II grundsätzlich 0,25 Gebühr, höchstens jedoch ein Betrag von 250 EUR. Soweit der Antrag nach dem pflichtgemäßen Ermessen des Gerichts auf einer lediglich unverschuldeten Unkenntnis der tatsächlichen oder rechtlichen Verhältnisse beruhte, kann und muß das Gericht von der Erhebung der Kosten ganz absehen, II in Verbindung mit § 130 V.

B. Antragszurückweisung. Soweit das Gericht den Eröffnungsantrag als unzuläs- 8 sig oder unbegründet zurückweist, entsteht infolge der Verweisung von II auf § 130 I 0,5 Gebühr, höchstens jedoch ein Betrag von 400 EUR. Soweit der Antrag nach dem pflichtgemäßen Ermessen des Gerichts auf einer lediglich unverschuldeten Unkenntnis der tatsächlichen oder rechtlichen Verhältnisse beruhte, kann und muß das Gericht von einer Kostenerhebung auch bei einer Zurückweisung ganz absehen, II in Verbindung mit § 130 V.

6) Wertgrundsatz: Gesamter Verteilungsbetrag, I. Soweit es zu einer wirk- 9 samen Verfahrenseröffnung gekommen ist, muß man als Geschäftswert den gesamten verteilbaren Betrag ansetzen.

7) Wert beim Ausbleiben der Verfahrenseröffnung, II. Soweit der An- 10 tragsteller den Antrag vor der Eröffnung des Verfahrens zurücknimmt, muß man die folgende Unterscheidung treffen.

A. Volle Antragsrücknahme. Bei einer vollen Antragsrücknahme muß man die folgende Unterscheidung treffen.

Sofern ein *Berechtigter* den Antrag gestellt und zurückgenommen hat, ist für den 11 Geschäftswert an sich der verteilbare Gesamtbetrag maßgeblich, II Hs 1. Wenn aber der beanspruchte Betrag unter dem Gesamtbetrag liegt, ist nur der von diesen Berechtigten beanspruchte Betrag als der Geschäftswert maßgeblich, II Hs 2.

Soweit ein *Nichtberechtigter* den Antrag gestellt hat, ist der verteilbare Gesamtbetrag 12 maßgeblich, II Hs 1. Das gilt unabhängig von der Höhe des von diesen Nichtberechtigten beanspruchten Betrags.

B. Teilweise Antragsrücknahme. Bei einer teilweisen Antragsrücknahme ist in- 13 folge der Verweisung von II auf § 130 IV der Wert des zurückgenommenen Teils maßgeblich. Das gilt jedoch nur insoweit, als die Gebühr für die Erledigung des ganzen Antrags die Gebühr für die teilweise Erledigung übersteigt.

C. Antragszurückweisung. Soweit das Gericht den Eröffnungsantrag zurück- 14 weist, gelten dieselben Regeln wie bei einer Antragsrücknahme, Rn 11, 12.

8) Fälligkeit, Kostenschuldner, I, II. Die Fälligkeit richtet sich nach § 7. 15 Den *Kostenschuldner* muß man nach §§ 2 ff ermitteln.

Kapitalkreditbeschaffung für landwirtschaftliche Pächter

126 ^I Für die Niederlegung des Verpfändungsvertrags nach dem Pachtkreditgesetz vom 5. August 1951 (Bundesgesetzbl. I S. 494), einschließlich der Erteilung einer Bescheinigung über die erfolgte Niederlegung, wird die Hälfte der vollen Gebühr erhoben.

^{II} Ein Viertel der vollen Gebühr wird erhoben

1. für die Entgegennahme der Anzeige über die Abtretung der pfandgesicherten Forderung;
2. für die Herausgabe des Verpfändungsvertrags.

^{III 1} Für die Erteilung einer beglaubigten Ablichtung des Verpfändungsvertrags sowie einer Bescheinigung an den Pächter, daß ein Verpfändungsvertrag

bei dem Amtsgericht nicht niedergelegt ist, wird eine Gebühr von 13 Euro erhoben. ² Für Ablichtungen wird daneben die entstandene Dokumentenpauschale angesetzt.

IV Für die Niederlegung einer Vereinbarung des Pächters und des Pfandgläubigers, durch welche die Erstreckung des Pfandrechts auf die nach seiner Entstehung vom Pächter erworbenen Inventarstücke ausgeschlossen wird, sowie für die Gestattung der Einsicht in die bei dem Amtsgericht niedergelegten Verpfändungsverträge werden Gebühren nicht erhoben.

1   1) **Geltungsbereich, I–IV.** Die Vorschrift bezieht sich auf die Fälle der Kreditbeschaffung nach dem PachtkreditG. Eine Gebührenpflicht entsteht entsprechend dem Grundsatz des § 1 I 1 nur in den in I–IV genannten Fällen.

2   2) **Niederlegung usw, I.** Wie die Vorschrift klarstellt, gilt die Niederlegungsgebühr je Verpfändungsvertrag. Sie gilt jeweils auch die Bescheinigung über die Niederlegung ab. Eine Nachtragsverpfändung ist erneut gebührenpflichtig. Der Geschäftswert richtet sich nach § 23 I. Kostenschuldner ist nach § 2 Z 1 der Niederlegende.

3   3) **Abtretungsanzeige, II Z 1.** Maßgeblich ist die Entgegennahme einer Abtretungsanzeige. Der Geschäftswert richtet sich nach § 23 I. Kostenschuldner ist nach § 2 Z 1 der Anzeigende.

4   4) **Vertragsherausgabe, II Z 2.** Der Geschäftswert richtet sich nach § 23 I. Kostenschuldner ist nach § 2 Z 1 der Pächter.

5   5) **Beglaubigte Ablichtung, Bescheinigung an Pächter, III.** Die jeweils entstehende Festgebühr ist vom Wert unabhängig. Kostenschuldner ist nach § 2 Z 1 derjenige, der die Ablichtung verlangt. III 2 stellt klar, daß neben der Gebühr nur für eine beglaubigte Ablichtung die Pflicht zur Erstattung der Dokumentenpauschale besteht, § 136 I, III–V.

6   6) **Niederlegung, IV.** Bei einer Niederlegung nach IV, nicht zu verwechseln mit einer Niederlegung nach I, entstehen keine Gebühren. Das gilt auch für die zugehörige Gestattung der Einsicht in die niedergelegten Verpfändungsverträge.

Personenstandsangelegenheiten

127 I Für die Familienregister sowie für die bei den Gerichten aufbewahrten Standesregister und Kirchenbücher gelten die Kostenvorschriften für die Amtstätigkeit des Standesamts entsprechend.

II Im übrigen werden in Personenstandsangelegenheiten für die Zurückweisung von Anträgen auf eine gerichtliche Anordnung sowie für die Verwerfung oder Zurückweisung einer Beschwerde gegen eine gerichtliche Entscheidung die in §§ 130 und 131 bestimmten Gebühren erhoben.

Vorbem. I geändert dch Art 2 XIV PStRG v 19. 2. 07, BGBl 122, in Kraft ab 1. 1. 09, Art 5 II 1 PStRG, Übergangsrecht § 161 KostO.

1   1) **Register, I.** Soweit sich die dort genannten Register und Kirchenbücher auch als Nebenregister oder Zweitbücher noch beim AG befinden und nicht schon im Personenstandsarchiv oder bei einer unteren Verwaltungsbehörde lagern, entstehen Gebühren. Das gilt für die Vorlegung zur Einsicht, für die Erteilung einer beglaubigten Ablichtung, für die Beschreibung eines Randvermerks infolge der Verweisung von I.

2   Demgemäß entstehen *Auslagen* für Post-, Fernsprech- oder Telefaxgebühren, Auslagen wegen der Vergütung eines Dolmetschers, soweit das Gericht diese nicht wegen des Unvermögens der Beteiligten ermäßigt oder erläßt. Soweit ein AG nur aus überwiegend im öffentlichen Interesse tätig wird, entsteht keine Gebührenpflicht. Kostenschuldner ist der Antragsteller, § 2 Z 1.

3   2) **Zurückweisung des Antrags usw, II.** Die Vorschrift erfaßt den Antrag an das Gericht, den Standesbeamten zur Vornahme einer Amtshandlung oder zur Berichtigung einer Eintragung anzuweisen. Sie erfaßt auch das zugehörige Beschwerde-

verfahren. Für solche gerichtlichen Tätigkeiten entstehen Gebühren nur nach §§ 130, 131. Daher bleibt die Zurücknahme des Antrags unter den Voraussetzungen des § 130 gebührenfrei, aM KBLR 4 (aber § 1 I 1 ist mit seinem Wort „nur" eindeutig, dort Rn 1). Auslagen entstehen wie sonst. Denn II spricht nur von Gebühren(grenzen).

Soweit das Standesamt zur Behebung von Zweifeln an das AG eine *Anfrage* richtet, findet eine Kostenaufrechnung nach § 11 statt. 4

Das Verfahren bleibt kostenfrei, solange es nur vor dem Standesamt stattfindet, (zum alten Recht) BayObLG 82, 57, Oldb NdsRpfl 95, 43. 5

3) **Fälligkeit, Kostenschuldner, I, II.** Die Fälligkeit richtet sich nach § 7. *Kostenschuldner* ist der Antragsteller, § 2 Z 1, oder der Beschwerdeführer. 6

Todeserklärung und Feststellung der Todeszeit

128 I Das Doppelte der vollen Gebühr wird erhoben für
a) die Todeserklärung,
b) die Feststellung der Todeszeit,
c) die Aufhebung oder Änderung der Todeserklärung oder der Feststellung der Todeszeit.

II Wird ein Aufgebotsverfahren in ein Verfahren zur Feststellung der Todeszeit übergeleitet, so ist es für die Gebührenberechnung als ein einheitliches Verfahren zu behandeln.

III Der Geschäftswert bestimmt sich nach § 30 Abs. 2.

VerschÄndG Art 2 § 6. In den Fällen der §§ 1, 2 und den entsprechenden Fällen des § 4 werden für das Verfahren vor dem Amtsgericht Gerichtskosten nicht erhoben.

1) **Geltungsbereich, I–III.** Es sind drei Fallgruppen vorhanden. 1

A. Kriegsverschollenheit. Der oben abgedruckte Art 2 § 6 VerschÄndG geht als eine Sondervorschrift dem § 128 vor. Demgemäß besteht eine Gerichtskostenfreiheit, soweit es sich um eine Todeserklärung oder um die Feststellung der Todeszeit bei einem aus Anlaß des Kriegs 1939–1945 Verschollenen handelt. Es ist unerheblich, ob die Verschollenheit im Kriegsgebiet oder im Heimatgebiet eingetreten ist, ob der Verschollene am Krieg als Soldat teilgenommen hat oder ob er bei einem Luftangriff in der Heimat als Zivilist verschollen ist.

Die Vorschrift erfaßt auch eine Verschollenheit infolge der *Gefangennahme* oder infolge einer gegen die Person gerichteten solchen Zwangsmaßnahme, die sie an der freien Bestimmung ihres Aufenthaltsorts gehindert hatte. Daher besteht eine Gerichtskostenfreiheit auch bei einer Verschollenheit infolge einer nationalsozialistischen Verfolgung oder infolge einer Flucht vor dem Feind, infolge einer Gefangennahme oder Verhaftung durch eine Besatzungsbehörde, infolge einer Verlegung in ein Konzentrationslager oder Internierungslager und dergleichen, sofern das Vermißtsein vor dem 1. 7. 48 eingetreten ist. 2

In allen diesen Fällen entsteht nicht nur eine Gebührenfreiheit, sondern auch eine *Auslagenfreiheit.* 3

B. Vereinte Nationen. Eine Kostenfreiheit besteht ferner für ein Verfahren nach der Konvention der Vereinten Nationen vom 6. 4. 50. BGBl 55 II 706, und vom 25. 6. 58, BGBl II 165, vgl auch § 7 G vom 7. 7. 55, BGBl 401. Auch diese Vorschriften sind gegenüber § 128 vorrangige Sondervorschriften. 4

C. Weitere Fälle, I, II. Soweit nicht die in Rn 1–4 genannten Sonderregeln gelten, erfaßt I das Verfahren nach dem VerschG. Es findet ein Aufgebot nach §§ 433 ff FamFG statt. Dieses läßt an sich ebensowenig eine Gebühr entstehen wie die Ablehnung einer Todeserklärung. Es entstehen Gebühren vielmehr nur für jede der in I a–c genannten Tätigkeiten. Diese Gebühren gelten das jeweilig zugehörige Verfahren ab. Soweit ein Aufgebotsverfahren in ein Verfahren zur Feststellung der Todeszeit übergeht, muß man es als ein einheitliches Verfahren behandeln, II. 5

6 **2) Gebühr, I.** Für jede der in I a–c genannten Tätigkeiten entsteht mit der Herausgabe des jeweiligen Beschlusses 2,0 Gebühr. Die Feststellung der Todeszeit in der Todeserklärung ist jedoch ein nach § 35 gebührenfreies Nebengeschäft. Das Gericht muß über die Kosten nach §§ 34, 40 VerschG entscheiden.

7 **3) Geschäftswert, III.** Der Geschäftswert beträgt nach III in Verbindung mit § 30 II regelmäßig 3000 EUR, unter Umständen weniger oder mehr, etwa bei einem hohen Vermögen oder bei einem besonderen Bekanntheitsgrad jedoch höchstens 500 000 EUR.

8 **4) Fälligkeit, Kostenschuldner, I–III.** Die Fälligkeit richtet sich nach § 7. Kostenschuldner sind nach § 2 Z 1 stets der Antragsteller und außerdem nach § 3 Z 1 bei einer Todeserklärung oder bei der Feststellung der Todeszeit die Erben, bei einer Aufhebung der Todeserklärung diejenigen Beteiligten, denen das Gericht die Kosten auferlegt. Man muß eine Beschränkung der Haftung auf den Nachlaß von Amts wegen beachten.

Änderung der Vornamen und Feststellung der Geschlechtszugehörigkeit in besonderen Fällen

128a [I] In Verfahren nach dem Gesetz über die Änderung der Vornamen und die Feststellung der Geschlechtszugehörigkeit in besonderen Fällen vom 10. September 1980 (BGBl. I S. 1654) wird erhoben
1. das Doppelte der vollen Gebühr
   a) für die Änderung der Vornamen nach § 1 des Gesetzes,
   b) für die Aufhebung der Entscheidung, durch welche die Vornamen geändert worden sind, nach § 6 des Gesetzes,
   c) für die Feststellung, daß der Antragsteller als dem anderen Geschlecht zugehörig anzusehen ist, nach § 8 oder § 9 Abs. 2 des Gesetzes; eine nach Nummer 2 entstandene Gebühr wird angerechnet,
   d) für die Aufhebung der Feststellung, daß der Antragsteller als dem anderen Geschlecht zugehörig anzusehen ist, nach § 9 Abs. 3 in Verbindung mit § 6 des Gesetzes;
2. das Eineinhalbfache der vollen Gebühr
   für die Feststellung nach § 9 Abs. 1 des Gesetzes.

[II] Der Geschäftswert bestimmt sich nach § 30 Abs. 2.

Gliederung

1) Systematik, I, II	1
2) Regelungszweck, I, II	2
3) Entscheidungsgebühr, I	3
4) Gebührenhöhe, I	4–6
A. Doppelte Gebühr ohne Anrechnung, I Z 1 a, b, d	4
B. Doppelte Gebühr mit Anrechnung, I Z 1 c	5
C. Eineinhalbfache Gebühr, I Z 2	6
5) Geschäftswert, II	7
6) Fälligkeit, Gebührenschuldner, I, II	8

1 **1) Systematik, I, II.** Das nach § 2 TSG örtlich und sachlich zuständige AG entscheidet sowohl über einen Antrag auf eine Änderung der Vornamen als auch über einen Antrag auf die Feststellung der Zugehörigkeit zum anderen Geschlecht und schließlich über die jeweiligen etwa notwendigen Folgemaßnahmen wie zB Aufhebungen usw und über Zwischenmaßnahmen wie zB eine Vorabentscheidung nach § 9 TSG grundsätzlich im Verfahren nach §§ 410ff FamFG, §§ 4 I, 6 II 1, 9 III 1 TSG. Es wird grundsätzlich durch den Richter tätig, in den in § 14 Z 20a RPflG genannten Fällen durch den Rpfl.

2 **2) Regelungszweck, I, II.** Durch die Häufung von Gebührenpflichten in I kann der Gesamtvorgang sehr teuer werden. Ob das bei der in jeder Hinsicht sensiblen Materie rechtspolitisch klug ist, läßt sich bezweifeln. Gleichwohl muß man das Gesetz wohl grundsätzlich auch unter dem Gebot der Verhältnismäßigkeit der Mittel noch respektieren. Man sollte aber bestrebt sein, die Kostenlast durch eine den Kostenschuldner gerade auch hier möglichst schonende Handhabung erträglich zu halten, § 1 Rn 2.

3) Entscheidungsgebühr, I. Eine Gebührenpflicht entsteht nur, soweit es zu einer der in I Z 1, 2 abschließend genannten gerichtlichen Entscheidungen kommt. Ein solches gerichtliches Verfahren, das ohne eine solche Entscheidung endet, bleibt also nach § 1 I 1 gebührenfrei. Freilich können Auslagen auch dann erstattbar sein. Bei einer Antragsrücknahme oder -zurückweisung gilt § 130.

4) Gebührenhöhe, I. Es gibt drei Fallgruppen.

A. Doppelte Gebühr ohne Anrechnung, I Z 1a, b, d. Sie entsteht durch eine Änderung des oder der Vornamen nach § 1 TSG unabhängig von der Zahl der bisherigen oder künftigen Vornamen und für die Aufhebung dieser Entscheidung nach § 6 TSG erneut, ferner für die Aufhebung derjenigen Entscheidung, die einen Geschlechtswandel feststellte, nach § 9 III TSG in Verbindung mit § 6 TSG.

B. Doppelte Gebühr mit Anrechnung, I Z 1c. Sie entsteht durch die Feststellung des Geschlechtswandels nach §§ 8 oder 9 II TSG zunächst in Höhe einer 2,0 Gebühr. Man muß die 1,5 Gebühr nach § 9 I TSG anrechnen, soweit eine Vorabentscheidung vorliegt. Daher tritt für die endgültige Entscheidung praktisch nur noch 0,5 Gebühr hinzu.

C. Eineinhalbfache Gebühr, I Z 2. Sie entsteht, sobald das Gericht nach § 9 I TSG vorab festgestellt hat, daß es dem Antrag auf eine Feststellung des Geschlechtswandels nur deshalb noch nicht stattgeben darf, weil der Antragsteller sich einem seine äußeren Geschlechtsmerkmale verändernden operativen Eingriff nach § 8 I Z 4 TSG noch nicht unterzogen hat oder noch nicht dauernd fortpflanzungsunfähig ist, § 8 I Z 3 TSG. Die 1,5 Gebühr entsteht insgesamt nur einmal. Das gilt unabhängig davon, wie viele der vorgenannten Hinderungsgründe vorliegen und ob das Gericht die vorgenannten Hinderungsgründe in demselben Beschluß oder in mehreren getrennten Beschlüssen festgestellt hat.

5) Geschäftswert, II. Maßgeblich ist § 30 II. Meist ihr nur der Umfang oder die Schwierigkeit der Sache maßgeblich.

6) Fälligkeit, Gebührenschuldner, I, II. Die Fälligkeit ergibt sich aus § 7. Wer *Kostenschuldner* ist, bestimmt sich nach §§ 2 ff. Grundsätzlich haftet der Antragsteller, § 2 Z 1. Vorschüsse sind nach den Regeln der §§ 8, 9 zu zahlen oder zurückzahlbar.

Anhang nach § 128a

Kosten im gerichtlichen Verfahren nach dem Gesetz über die Wahrnehmung von Urheberrechten und verwandten Schutzrechten

vom 9. 9. 1965, BGBl 1294, zuletzt geändert durch G vom 13. 12. 01, BGBl 3656, 3678

1) Geltungsbereich. Die Wahrnehmung von Nutzungs-, Einwilligungsrechten und von Vergütungsansprüchen nach dem UrhG für Rechnung mehrerer Urheber oder Inhaber verwandter Schutzrechte zu gemeinsamer Auswertung erfolgt durch Verwertungsgesellschaften (juristische Personen oder Personengesellschaften). Geschieht das durch eine natürliche Person, so wird sie ähnlich wie eine Verwertungsgesellschaft behandelt, § 1 I, IV G.

Die Verwertungsgesellschaft *muß* die zu ihrem Tätigkeitsbereich gehörenden Rechte und Ansprüche auf ein Verlangen der Berechtigten zu angemessenen Bedingungen wahrnehmen, § 6 I G. Sie muß ferner auf Grund der von ihr wahrgenommenen Rechte jedermann auf sein Verlangen zu angemessenen Bedingungen Nutzungsrechte einräumen oder Einwilligungen erteilen, § 11 I G. Sie muß schließlich mit einer solchen Vereinigung, deren Mitglieder nach dem UrhG geschützte Werke oder Leistungen nutzen oder Vergütungen nach diesem Gesetz zahlen müssen, über die von ihr wahrgenommenen Rechte und Ansprüche Gesamtverträge zu angemessenen Bedingungen abschließen, § 12 G.

KostO Anh § 128a, § 128b   III. Kostenordnung

2   **2) Anrufung der Schiedsstelle.** Einigen sich die Beteiligten nicht über den Abschluß oder die Änderung eines Gesamtvertrags nach § 12 G oder eines Vertrags zwischen der Verwertungsgesellschaft und einem Sendeunternehmen über die von ihr wahrgenommenen Rechte und Ansprüche, kann jeder Beteiligte die Schiedsstelle anrufen, § 14 I 1 G. Über diese und die im Schiedsverfahren entstehenden Kosten G vom 18. 12. 65, BGBl 2106, nebst VO vom 20. 12. 85, BGBl 2543, zuletzt geändert durch Art 4 LI KostRMoG v 5. 5. 04, BGBl 718, in Kraft seit 1. 7. 04, Art 8 S 1 KostRMoG, Übergangsrecht §§ 161 ff KostO.

Unterbringungssachen

128b *Fassung 1. 9. 2009:* [1] **In Unterbringungssachen (§ 312 des Gesetzes über das Verfahren in Familiensachen und in den Angelegenheiten der freiwilligen Gerichtsbarkeit) werden keine Gebühren erhoben.** [2] **Von dem Betroffenen werden, wenn die Gerichtskosten nicht einem Anderen auferlegt worden sind, Auslagen nur nach § 137 Abs. 1 Nr. 16 erhoben und wenn die Voraussetzungen des § 93 a Abs. 2 gegeben sind.** [3] **Im Übrigen werden Auslagen nur von demjenigen erhoben, dem sie durch gerichtliche Entscheidung auferlegt worden sind.**

     Vorbem. S 2 zunächst berichtigt dch Art 6 des 2. BtÄndG vom 21. 4. 05, BGBl 1037, in Kraft seit 1. 7. 05, Art 8 des 2. BtÄndG. Sodann Änderg von S 2 dch Art 17 Z 10 des 2. JuMoG v 22. 12. 06, BGBl 3416, in Kraft ab 1. 1. 08, Art 28 II Hs 2 des 2. JuMoG, Übergangsrecht jeweils § 161 KostO. Sodann Neufassg dch Art 47 II Z 26 FGG-RG v 17. 12. 08, BGBl 2586, in Kraft seit 1. 9. 09, Art 112 I FGG-RG, Übergangsrecht Art 111 FGG-RG, Grdz 2 vor § 1 FamGKG, Teil I B dieses Buchs.

     Bisherige Fassung: [1] **In Unterbringungssachen nach den §§ 70 bis 70n des Gesetzes über die Angelegenheiten der freiwilligen Gerichtsbarkeit werden keine Gebühren erhoben.** [2] **Von dem Betroffenen werden Auslagen nur nach § 137 Abs. 1 Nr. 16 erhoben und wenn die Voraussetzungen des § 93 a Abs. 2 gegeben sind.**

Gliederung

1) Systematik, S 1–3	1
2) Regelungszweck, S 1–3	2
3) Sachlicher Geltungsbereich, S 1–3	3
4) Persönlicher Geltungsbereich, S 1–3	4
5) Gebührenfreiheit, S 1	5
6) Auslagen, S 2, 3	6–10
A. Kein anderer als Entscheidungsschuldner, S 2 Hs 1	6
B. An Verfahrenspfleger gezahlte Beträge, S 2	7
C. Einsetzbarkeit von Einkommen und Vermögen, S 2 Hs 3	8
D. Hilfsweise Haftung des Entscheidungsschuldners, S 3	9
E. Ergebnis: Großzügigkeit der Auslagenfreiheit, S 2, 3	10
7) Fälligkeit, S 2, 3	11

1   **1) Systematik, S 1–3.** Es handelt sich um eine Sondervorschrift für ihren sachlichen Geltungsbereich. § 93 a ergänzt sie. Er hat seinerseits Vorrang vor § 128 b. Denn er regelt einen bestimmten Teil des Unterbringungsverfahrens. Unberührt bleiben Unterbringungen nach sonstigen Bundesgesetzen, zB nach § 18 II Geschlechtskranken G, § 30 II InfektionsschutzG oder § 16 AuslG.

2   **2) Regelungszweck, S 1–3.** Die Vorschrift dient der Berücksichtigung des Umstands, daß man zumindest die seelische Not des Untergebrachten nicht auch noch mehr als gänzlich unvermeidbar auf seine Kosten erschweren soll, zumal die Kosten ohnehin enorm sein können. Bedauerlicherweise kann § 128 b dabei nur die Gerichtskosten regeln, nicht die außergerichtlichen, bei denen zB die Gemeinden oft ungerührt und undifferenziert kassieren. Das Gebot einer für den Kostenschuldner möglichst günstigen Auslegung nach § 1 Rn 2 gilt hier gesteigert.

3   **3) Sachlicher Geltungsbereich, S 1–3.** Die Vorschrift erfaßt nur das Unterbringungsverfahren nach § 312 FamFG oder nach dem jeweiligen PsychKG, sofern dieses nicht vorrangige Sonderregeln zu den Kosten enthält. Sie wären freilich wegen

914

1. Teil. Gerichtskosten § 128b KostO

Art 31 GG nur insoweit wirksam, als die andere Sachverhalte als die vom Bundesrecht geregelten erfassen.

4) Persönlicher Geltungsbereich, S 1–3. Die Vorschrift erfaßt die Tätigkeit von 4 Gerichtspersonen (Richter, Rpfl, Geschäftsstelle), freilich nicht auch des Gerichtsvollziehers, soweit er überhaupt zum Einsatz kommt. Für ihn gilt das GvKostG, Teil XI dieses Buchs. Die Vorschrift erfaßt auch die Vergütung des Verfahrenspflegers. Wegen seiner Bestellung und deren Aufhebung gilt freilich § 93a, Rn 1.

Nicht erfassen S 1–3 alle solchen Personen, die zwar auf der Basis einer gerichtlichen Anordnung tätig werden, aber nicht unmittelbar vom Gericht beauftragt sind, also zB die vom Betreuer oder Verfahrenspfleger direkt beauftragten Transportdienste usw. Sie rechnen nach den für sie geltenden Vorschriften ab, etwa nach der einschlägigen Gemeindesatzung, und halten sich an den dort bestimmten Kostenschuldner, meist den Betroffenen als den Interessenschuldner. Zur Problematik Rn 1.

5) Gebührenfreiheit, S 1. In einer Unterbringungssache nach § 312 FamFG be- 5 steht für alle Rechtszüge eine gänzliche Freiheit von Gerichtsgebühren. Gebührenfrei sind zB: Eine Genehmigung; deren Ablehnung; eine Zurücknahme der Genehmigung; die Aufhebung einer Unterbringung; eine Verlängerung oder Verkürzung; die Anordnung von Gewalt; eine Aussetzung der Unterbringung; eine einstweilige Anordnung. Auch für die Bestellung eines Verfahrenspflegers und für deren Aufhebung entstehen keine Gerichtsgebühren, § 93a I 2. Das gilt auch, soweit das Gericht über seine Befugnisse oder Pflichten bei den vom ihm selbst angeordneten Maßnahmen hinausgegangen ist. Wegen des Regelungszwecks nach Rn 1 darf und muß man die Vorschrift weit auslegen.

6) Auslagen, S 2, 3. Man muß wegen der Auslagen unterscheiden. Zunächst 6 muß man klären, ob es sich überhaupt um solche Auslagen handelt, die in den Geltungsbereich der Vorschrift fallen, Rn 2–4. Sodann muß man klären, ob sich gerade der Betroffene als Kostenschuldner in Anspruch nehmen läßt, §§ 2ff, und zwar gerade als Auslagenschuldner. Für andere etwaige Auslagenschuldner gilt S 3.

Den *Betroffenen* kann man zum Auslagenersatz nur insoweit heranziehen, als drei Voraussetzungen zusammentreffen, Ffm FamRZ 09, 1435 (längst veraltet zitierend).

A. Kein anderer als Entscheidungsschuldner, S 2 Hs 1. Das Gericht darf keinem anderen als einem Entscheidungsschuldner Auslagen auferlegen. Damit bleibt von der „Kosten"-haftung nach § 2 Z 3 nur eine hilfsweise Auslagenhaftung bei einer Unterbringung übrig.

B. An Verfahrenspfleger gezahlte Beträge, S 2 Hs 2. Es muß sich um einen 7 solchen Betrag handeln, den das Gericht bereits an einen Verfahrenspfleger tatsächlich gezahlt hat, § 137 I Z 16, dort Rn 6. Es reicht also nicht aus, daß man einen solchen Betrag erst noch zahlen müßte. Das gilt selbst dann, wenn der Anspruch des Verfahrenspflegers unzweifelhaft ist oder wenn das Gericht ihn festgesetzt oder ausgeurteilt hat, sei es auch auf Grund eines vorläufig vollstreckbaren Entscheids. Einen objektiv zu Unrecht tatsächlich gezahlten Betrag erfaßt zwar der Wortlaut des S 2 in Verbindung mit § 137 I Z 16. Man müßte ihn ja aber unverzüglich im Rahmen des gesetzlich noch Zulässigen zurückfordern. Man darf ihn daher zumindest bis zur abschließenden Klärung der Rückforderungsfrage nach Treu und Glauben auch noch nicht nach S 2 fordern (Arglist).

C. Einsetzbarkeit von Einkommen und Vermögen, S 2 Hs 3. Zusätzlich 8 zur Voraussetzung Rn 7 ist für die Erhebung von Auslagen beim Betroffenen erforderlich, daß die Voraussetzungen des § 1836c BGB, abgedruckt bei § 93a Rn 5. Der Betroffene muß also nach Maßgabe der in § 1836c BGB genannten Vorschriften des SGB XII sein etwaiges Einkommen oder Vermögen einzusetzen haben. Damit ergibt sich eine dreifache Gesetzesverweisung: Von § 128b auf § 93a II; von dort auf § 1836c BGB; von dort auf eine ganze Reihe von Vorschriften des SGB XII.

Das ist wieder einmal deutsche *Gesetzes„kunst"* von beängstigender Akrobatik ausgerechnet dort, wo nach dem Regelungszweck doch eine Großzügigkeit zugunsten des Betroffenen auch eine Einfachheit zur Folge haben sollte. Wie soll ein von einer Unterbringung Betroffener eigentlich dergleichen noch verstehen können (und nicht

915

KostO §§ 128b, 128c   III. Kostenordnung

zuletzt das darf gerade er von einem Gesetz erwarten, das eines seiner wichtigsten Grundrechte erheblich einschränkt)?

9   **D. Hilfsweise Haftung des Entscheidungsschuldners, S 3.** Soweit keine Haftung nach S 2 Hs 1–3 erfolgt, gibt es eine Auslagenhaftung nur beim Entscheidungsschuldner, S 3.

10   **E. Ergebnis: Großzügigkeit der Auslagenfreiheit, S 2, 3.** Insbesondere aus den Erwägungen Rn 1, 8 ergibt sich die Befugnis und das Gebot an das Gericht, zugunsten des Betroffenen großzügig zu sein, wenn seine Auslagenfreiheit in Betracht kommt. Die außergerichtlichen Auslagen treffen ihn ohnehin meist hart genug.

11   **7) Fälligkeit, S 2, 3.** Wegen der Verweisung von S 2 Hs 2 auf § 137 I Z 16 tritt die Fälligkeit des Anspruchs des Staats auf einen etwaigen Auslagenersatz frühestens mit der tatsächlichen Zahlung nach Rn 7 ein, evtl aber auch erst später, nämlich erst dann, wenn auch ein einsatzfähiges Einkommen und Vermögen vorliegt, Rn 9.

Fassung 1. 9. 2009:

Freiheitsentziehungssachen

128c   I In **Freiheitsentziehungssachen** (§ 415 des Gesetzes über das Verfahren in Familiensachen und in den Angelegenheiten der freiwilligen Gerichtsbarkeit) wird für die Entscheidung, die eine Freiheitsentziehung oder ihre Fortdauer anordnet oder einen nicht vom Untergebrachten selbst gestellten Antrag, die Freiheitsentziehung aufzuheben, zurückweist, die volle Gebühr erhoben.

II Der Wert ist nach § 30 Abs. 2 zu bestimmen.

III ¹ Schuldner der Gerichtskosten sind, wenn diese nicht einem Anderen auferlegt worden sind, der Betroffene und im Rahmen ihrer gesetzlichen Unterhaltspflicht die zu seinem Unterhalt Verpflichteten. ² Von der Verwaltungsbehörde werden Gebühren nicht erhoben.

IV ¹ Kostenvorschüsse werden nicht erhoben. ² Dies gilt auch im Beschwerdeverfahren.

Vorbem. Eingefügt dch Art 47 II Z 27 FGG-RG v 17. 12. 08, BGBl 2586, in Kraft seit 1. 9. 09, Art 112 I Hs 1 FGG-RG, Übergangsrecht Art 111 FGG-RG, Grdz 2 vor § 1 FamGKG, Teil I B dieses Buchs.

1   **1) Systematik, Regelungszweck, I–IV.** Die Vorschrift erfaßt alle diejenigen Freiheitsentziehungen, die keine Unterbringungssachen nach § 312 FamFG sind, die also nicht nach § 1906 BGB oder nach einem Landes-PsychKG ergehen. Für diese letzteren gilt vorrangig § 128b.
Zweck ist in beiden Vorschriften natürlich eine in § 128b Rn 2 dargestellte Lösung. So sollte man auch § 128c auslegen.

2   **2) Geltungsbereich, I–IV.** Vgl zunächst Rn 1. § 128c erfaßt zum einen die Verfahren nach §§ 415 ff FamFG und zum anderen eben alle nicht unter § 312 FamFG oder unter ein Landes-PsychKG fallende gerichtliche Freiheitsentziehungen, also auch solche nur vorübergehenden Beschränkungen gerade nach §§ 49 ff, 415 ff FamFG erfolgen.

3   **3) Entscheidung, I.** Es muß eine Gerichtsentscheidung vorliegen. Sie kann entweder eine Freiheitsentziehung nach Rn 2 erstmals anordnen oder auch deren Fortdauer anordnen oder die Zurückweisung eines solchen Aufhebungsantrags enthalten, den ein anderer als der „Untergebrachte" (gemeint: derjenige, dessen Freiheitsentziehung das Gericht angeordnet hat, nicht etwa der nach § 128c Untergebrachte) gestellt hatte.

4   **4) Gebührenhöhe, I.** Es entsteht bei jeder Maßnahme nach Rn 3 eine 1,0 Gebühr.

5   **5) Verfahrenswert, II.** Die Entscheidungsgebühr Rn 4 richtet sich nach dem aus § 30 II abzuleitenden Wert. Der Regelwert beträgt nach § 30 II 1 3000 EUR. Man

916

kann ihn niedriger oder höher ansetzen, jedoch nicht über 500 000 EUR, § 30 II 2. Vgl im einzelnen § 30 Rn 52–58.

6) Kostenschuldner, III. Maßgeblich ist zunächst die Kostengrundentscheidung nach §§ 81, 430 FamFG, *III 1 Hs. 1.* Hilfsweise sind Schuldner der Gerichtskosten (Gebühren und Auslagen) der Betroffene und im Rahmen ihrer gesetzlichen Unterhaltspflicht die zu seinem Unterhalt Verpflichteten, *III 1 Hs 2.* Eine Verwaltungsbehörde kann zwar auslagenpflichtig sein, nicht aber gebührenpflichtig, *III 2.* Außergerichtliche Kosten folgen der gerichtlichen Kostengrundentscheidung. 6

7) Vorschuß, IV. Es gibt keine Vorschußpflicht, *IV 1,* auch nicht im Beschwerdeverfahren, *IV 2,* daher auch nicht im Rechtsbeschwerdeverfahren. 7

8) Fälligkeit, I–IV. Es gilt § 7. 8

Fassung 1. 9. 2009:

Aufgebotsverfahren

128d Für das Aufgebotsverfahren einschließlich eines Verfahrens betreffend Zahlungssperre vor sofortiger Einleitung des Aufgebotsverfahrens wird das Doppelte der vollen Gebühr erhoben.

Vorbem. Eingefügt dch Art 47 II Z 27 FGG-RG v 17. 12. 08, BGBl 2586, in Kraft seit 1. 9. 09, Art 112 I Hs 1 FGG-RG, Übergangsrecht Art 111 FGG-RG, Grdz 2 vor § 1 FamGKG, Teil I B dieses Buchs.

1) Systematik, Regelungszweck. Die dem früheren KV 1630 ähnelnde Vorschrift vergütet die Gerichtstätigkeit im Verfahren nach §§ 433 ff FamFG, also dessen Buch 8, kommentiert bei BLAH. Ein landesrechtliches Aufgebotsverfahren gehört nicht hierher. 1

2) Pauschalgebühr. Die 2,0 Gebühr gilt das gesamte Verfahren ab. Dazu gehören: Eine Zahlungssperre vor sofortiger Einleitung des Aufgebotsverfahrens; Ermittlungen; eine Beweisaufnahme. Jeder Antrag begründet ein Verfahren. Soweit das Gericht nachträglich mehrere Anträge verbindet, ändert sich an der gesonderten Berechnung für jeden Antrag nichts. 2

3) Verfahrenswert. Maßgebend ist das Interesse des Antragstellers. Das Gericht muß es nach seinem pflichtgemäßen Ermessen schätzen. Im Aufgebotsverfahren wegen eines Hypothekenbriefs, eines Grundschuldbriefs oder eines Rentenbriefs darf man als den Wert nicht den Betrag der Hypothekenforderung usw ansetzen. Denn es handelt sich nicht stets um diese. Maßgeblich ist bei einer geplanten Löschung sogar der Nennbetrag, LG Potsd 7 T 142/07 v 14. 3. 08. Es mögen aber auch nur 10% bis 20% des Nennwerts der Hypothek infragekommen, soweit nicht der Grundstückswert geringer ist, LG Bln Rpfleger **88**, 549. Wenn es um ein Verfahren nach dem G v 18. 4. 50, BGBl 88, geht, ist die Hypothek nicht Gegenstand der Verfügung. 3

4) Fälligkeit, Kostenschuldner. Die 2,0 Gebühr entsteht nach § 7. Der *Kostenschuldner* ergibt sich aus §§ 2 ff. Eine Vorschußpflicht entsteht nach § 8. 4

Fassung 1. 9. 2009:

Anordnungen über die Verwendung von Verkehrsdaten

128e ¹Eine Gebühr von 200 Euro wird erhoben für die Entscheidung über den Antrag auf Erlass einer Anordnung nach
1. § 140b Abs. 9 des Patentgesetzes,
2. § 24b Abs. 9 des Gebrauchsmustergesetzes, auch in Verbindung mit § 9 Abs. 2 des Halbleiterschutzgesetzes,
3. § 19 Abs. 9 des Markengesetzes,
4. § 101 Abs. 9 des Urheberrechtsgesetzes,
5. § 46 Abs. 9 des Geschmacksmustergesetzes,
6. § 37b Abs. 9 des Sortenschutzgesetzes.

KostO §§ 128e, 129 III. Kostenordnung

^{II} **Wird der Antrag zurückgenommen, bevor über ihn eine Entscheidung ergangen ist, wird eine Gebühr von 50 Euro erhoben.**
^{III} **§ 130 Abs. 5 gilt entsprechend.**

Vorbem. Eingefügt als § 128c dch Art 1 Z 1 G v 7. 7. 08, BGBl 1191, in Kraft seit 1. 9. 08, Art 10 S 2 G, Übergangrecht § 161 KostO. Sodann Umnumerierung dch Art 47 II Z 27 FGG-RG v 17. 12. 08, BGBl 2586, in Kraft seit 1. 9. 09, Art 112 I Hs 1 FGG-RG, Übergangsrecht Art 111 FGG-RG, Grdz 2 vor § 1 FamGKG, Teil I B dieses Buchs.

1 **1) Systematik, I–III.** Die Vorschrift gilt in der ersten Instanz. § 131a erfaßt ein zugehöriges etwaiges Beschwerdeverfahren. Ergänzend gilt nach III erstinstanzlich § 130 V entsprechend. Als eine Spezialregelung ist § 128e eng auslegbar.

2 **2) Regelungszweck, I–III.** Es soll grundsätzlich nur eine Entscheidungsgebühr entstehen, I, Köln FGPrax **09**, 135. Bei II wird nur mangels einer Entscheidung eine Verfahrensgebühr zur angemessenen Abgeltung der Gerichtstätigkeit nötig, Köln FGPrax **09**, 135. III soll eine schuldlose Antragstellung möglichst ganz kostenfrei stellen.

3 **3) Geltungsbereich, I.** In allen Fällen Z 1–6 geht es um eine richterliche Anordnung über die Zulässigkeit der Verwendung solcher Verkehrsdaten nach § 3 Z 30 TelekommunikationsG, die der Verletzte für eine Auskunft über die Herkunft und den Vertriebsweg usw nach einer unberechtigten Nutzung eines im jeweiligen Gesetz geschützten Rechts braucht. Diese Auskunft soll der Vorbereitung entsprechender Ansprüche gegen den Verletzer dienen.

Anwendbar ist I Z 4 (nur) auf die gerichtliche Gebühr bei § 101 IX UrhG, (je zum alten Recht) Düss JB **09**, 321, Köln FGPrax **09**, 135 und GRUR-RR **09**, 38 (aber beim Anwalt meist 3000 EUR), Zweibr FGPrax **09**, 46, LG Frankenth GRUR-RR **09**, 408.

4 **4) Antragsrücknahme vor Entscheidung, II.** Es muß eine eindeutige Antragrücknahme erfolgt sein. Sie mag sich auch erst mithilfe einer Auslegung einer solchen Parteiprozeßhandlung ergeben. Eine solche Auslegung ist ja dann stets statthaft, BLAH Grdz 52 vor § 128 ZPO. Zeitlich muß die Rücknahme zumindest bei der Eingangsgeschäftsstelle des zuständigen Gerichts eingegangen sein, bevor eine Entscheidung „ergangen" ist. Ergangen ist ein ja meist infrage kommender Beschluß, sobald er die Akten endgültig verlassen hat, um nach außen zu dringen, BGH FamRZ **04**, 1368, Köln FGPrax **05**, 181, BLAH § 329 ZPO Rn 24. Bis dahin liegt nur ein innerer Vorgang des Gerichts vor, BGH **137**, 52.

Es muß eine *volle* Rücknahme vorliegen. Eine teilweise oder bedingte usw reicht nicht.

5 **5) Zurückweisung, Zurücknahme nach unverschuldetem Antrag, III.** Vgl § 130 Rn 23–25.

6 **6) Festgebühren, I–III.** Sie entstehen in der jeweils genannten Höhe, (zum alten Recht) Köln GRUR-RR **09**, 38 (zu I Z 4). Daher entfällt ein Geschäftswert und dessen Festsetzung. Wenn mehrere Anträge nach § 101 IX UrhG unterschiedliche Lebensvorgänge betreffen, können mehrere Festgebühren entstehen, Ffm GRUR-RR **09**, 407, Karlsr GRUR-RR **09**, 328, Otten GRUR-RR **09**, 372.

7. Ergänzende Gebührenvorschriften für Anträge, Beschwerden usw.

Gesuche, Anträge

129 **Gesuche und Anträge werden, soweit nichts anderes bestimmt ist, gebührenfrei aufgenommen.**

1 **1) Grundsatz: Gebührenfreiheit.** Die beim Notar durch §§ 145ff verdrängte und daher nur beim Gericht geltende Vorschrift ergänzt den für die gesamte KostO geltenden Grundsatz der Gebührenfreiheit mangels einer abweichenden Vorschrift nach § 1 I 1 für den Bereich der Aufnahme eines Gesuchs oder eines Antrags beliebiger Art durch irgendeine gerichtliche Stelle, sei es durch den Urkundsbeamten der Geschäftsstelle, durch den Rpfl oder durch den Richter jeweils beim zuständigen oder (noch)

1. Teil. Gerichtskosten **§§ 129, 130 KostO**

nicht zuständigen Gericht. Es ist insofern unerheblich, ob das Gesuch oder der Antrag eine Form braucht und ob es oder er innerhalb einer Frist vorliegen muß. Gebührenfrei ist nur die eigentliche Aufnahme, nicht schon nach § 129 die Entgegennahme und ebensowenig eine Beurkundung oder eine sonstwie anschließende Behandlung. Die Aktenanlage auf Grund des Gesuchs oder Antrags ist noch durch die Aufnahme bedingt und insofern gebührenfrei.

Eine *weitere* gerichtliche Tätigkeit wie etwa die Übermittlung des Gesuchs oder Antrags an einen anderen Beteiligten oder die Beiziehung von Akten usw löst bereits ein weitergehendes gerichtliches Verfahren aus. Sie ist jedenfalls nicht nach § 129 gebührenfrei.

2) **Ausnahme: Gebührenpflicht.** Die Vorschrift stellt zugleich klar, daß gesetzliche Sonderregeln schon für die Aufnahme eines Gesuchs oder Antrags eine Gebührenpflicht auslösen können. Das gilt zB: Für einen Antrag auf eine Eintragung im Grundbuch, § 75; für einen Antrag auf eine Eintragung in einem Register, § 86; für eine Anmeldung oder Erklärung vor dem Nachlaßgericht, § 112 III. 2

Zurückweisung und Zurücknahme von Anträgen

130 *Fassung 1. 9. 2009:* I Wird in Fällen, in denen das Gericht nur auf Antrag tätig wird, ein Antrag zurückgewiesen, so wird, soweit nichts anderes bestimmt ist, die Hälfte der vollen Gebühr, höchstens jedoch ein Betrag von 400 Euro erhoben.

II Wird ein Antrag zurückgenommen, bevor über ihn eine Entscheidung ergangen ist oder die beantragte Handlung stattgefunden hat, so wird, soweit nichts anderes bestimmt ist, ein Viertel der vollen Gebühr, höchstens jedoch ein Betrag von 250 Euro erhoben.

III Der für die beantragte Verhandlung oder Entscheidung bestimmte Gebührensatz darf nicht überschritten werden.

IV Im Fall einer teilweisen Zurückweisung oder Zurücknahme ist die Gebühr nach dem Wert des zurückgewiesenen oder zurückgenommenen Teils, jedoch nur insoweit zu erheben, als die Gebühr für die Erledigung des ganzen Antrags die Gebühr für die teilweise Erledigung übersteigt.

V ¹Bei Zurückweisung oder Zurücknahme eines Antrags kann von der Erhebung von Kosten abgesehen werden, wenn der Antrag auf unverschuldeter Unkenntnis der tatsächlichen oder rechtlichen Verhältnisse beruht. ²§ 16 Abs. 2 gilt entsprechend.

Vorbem. In I, II Gebühren angehoben dch Art 47 II Z 29a, b FGG-RG v 17. 12. 08, BGBl 2586, in Kraft seit 1. 9. 09, Art 112 I Hs 1 FGG-RG, Übergangsrecht Art 111 FGG-RG, Grdz 2 vor § 1 FamGKG, Teil I B dieses Buchs.

Bisherige Fassung I, II: ¹ Wird in Fällen, in denen das Gericht nur auf Antrag tätig wird, ein Antrag zurückgewiesen, so wird, soweit nichts anderes bestimmt ist, die Hälfte der vollen Gebühr, höchstens jedoch ein Betrag von 35 Euro erhoben.

II Wird ein Antrag zurückgenommen, bevor über ihn eine Entscheidung ergangen ist oder die beantragte Handlung stattgefunden hat, so wird, soweit nichts anderes bestimmt ist, ein Viertel der vollen Gebühr, höchstens jedoch ein Betrag von 20 Euro erhoben.

Gliederung

1) Systematik, I–V 1
2) Regelungszweck, I–V 2
3) **Antragszurückweisung, I, III, IV** 3–11
    A. Antrag 3
    B. Zurückweisung 4, 5
    C. Gebührenpflicht des beantragten Geschäfts 6
    D. Gebühren bei voller Zurückweisung 7, 8
    E. Gebühren bei teilweiser Zurückweisung 9
    F. Geschäftswert bei voller Zurückweisung 10
    G. Geschäftswert bei teilweiser Zurückweisung 11

KostO § 130　　　　　　　　　　　　　　　　III. Kostenordnung

```
4) Zurücknahme, II–IV ............................................................. 12–21
   A. Antrag ........................................................................ 13
   B. Wirksamkeit der Rücknahme .................................................... 14
   C. Keine Entscheidung ........................................................... 15
   D. Kein Stattfinden der beantragten Handlung .................................... 16
   E. Gebührenpflichtigkeit des beantragten Geschäfts .............................. 17
   F. Gebühren bei voller Zurücknahme .............................................. 18
   G. Gebühren bei teilweiser Zurücknahme .......................................... 19
   H. Geschäftswert bei voller Zurücknahme ......................................... 20
   I. Geschäftswert bei teilweiser Zurücknahme ..................................... 21
5) Fälligkeit, Kostenschuldner, I–IV ............................................... 22
6) Absehen von Kosten, V ........................................................... 23–25
   A. Schuldlosigkeit .............................................................. 23
   B. Entscheidung ................................................................. 24, 25
```

1　**1) Systematik, I–V.** Die Vorschrift erfaßt den Gesamtbereich jeder antragsabhängiger gerichtlicher Tätigkeit durch den Richter, Rpfl oder Urkundsbeamten. Sie erfaßt die überall möglichen Vorgänge einer Zurückweisung oder Antragsrücknahme, freilich ausdrücklich nur als eine Hilfsregelung, nämlich nur „soweit nichts anderes bestimmt ist", I, II. Dabei eröffnet sie in V einen weiten Ermessensraum. Die Vorschrift kann zB auch im außerprozessualen WEG-Verfahren gelten, (zum alten Recht) BayObLG JB **91**, 1109. Vgl aber Rn 12.

2　**2) Regelungszweck, I–V.** Insbesondere V, daneben aber auch die Höchstgebühren in I–IV zeigen das Bestreben so deutlich, die Kosten in erträglichen Grenzen zu halten, daß man das Gebot einer dem Kostenschuldner möglichst günstigen Handhabung nach § 1 Rn 2 hier voll mitbeachten muß.

3　**3) Antragszurückweisung, I, III, IV.** Die Vorschrift ist nur insoweit anwendbar, als nichts anderes gesetzlich gilt. Abweichende und daher vorrangige Kostenvorschriften gelten zB für das betreuungsgerichtliche Verfahren, §§ 91 ff. § 130 ist nur insofern anwendbar, als die folgenden Voraussetzungen zusammentreffen.

　　A. Antrag. Es muß ein solches Verfahren vorliegen, das nur auf Grund eines Antrags und nicht schon von Amts wegen stattfindet, BayObLG FamRZ **00**, 972. Es muß auch ein wirksamer Antrag vorliegen. Eine bloße Anregung zu einer Amtshandlung reicht nicht aus, auch wenn man sie als einen „Antrag" bezeichnet, BayObLG FamRZ **00**, 972. Das gilt auch dann, wenn das Gericht sowohl von Amts wegen als auch auf Grund eines Antrags tätig werden muß.

4　**B. Zurückweisung.** Das Gericht muß den Antrag endgültig oder teilweise wirksam zurückgewiesen haben. Es ist unerheblich, ob die Zurückweisung wegen einer Unzulässigkeit oder Unbegründetheit des Antrags erfolgt. Zur Wirksamkeit der Zurückweisung reicht wie stets die Herausgabe aus der Geschäftsstelle, aM KLBR 5.

5　　Eine *Zwischenverfügung* etwa des Grundbuchamts ist keine Zurückweisung. Erst dann, wenn der Antragsteller die Auflage nicht erfüllt, kommt eine Zurückweisung in Betracht. Soweit das Gericht von Amts wegen tätig werden muß, liegt selbst dann keine Zurückweisung nach § 130 vor, wenn das Gericht einer Anregung nicht entspricht. Soweit eine angeregte oder „beantragte" Handlung von Amts wegen unzulässig wäre, kann keine Zurückweisung erfolgen, sondern nur eine Bescheidung stattfinden.

　　Eine *Abgabe* oder *Verweisung* ist keine Zurückweisung. Die *Aufhebung* einer Zurückweisung macht die Gebühr rückwirkend hinfällig. Eine Bestätigung in der Beschwerdeinstanz oder eine spätere weitere Entscheidung läßt sie bestehen. Dazu tritt die Gebühr nach § 131.

6　**C. Gebührenpflicht des beantragten Geschäfts.** Diejenige Tätigkeit des Gerichts, die der Antragsteller verlangt hat, muß ihrerseits gebührenpflichtig gewesen sein. Eine Zurückweisung in einem solchen Verfahren, das seinerseits gebührenfrei ist, löst auch keine Entscheidung keine Gebühr aus, Mümmler JB **75**, 935, aM Ffm JB **75**, 935 (aber dann würde man die Gebührenfreiheit des ganzen Verfahrens unterlaufen). Dabei stehen eine sachliche und eine persönliche Gebührenfreiheit gleich da, aM KLBR 9. Die Zurückweisung eines Antrags auf die Verlegung eines Verhandlungstermins ist stets kostenfrei.

D. Gebühren bei voller Zurückweisung. Hier entsteht grundsätzlich unabhängig von der Gebühr des beantragten Geschäfts 0,5 Gebühr, höchstens jedoch ein Betrag von 400 EUR. Man darf den für die beantragte Verhandlung oder Entscheidung bestimmten Gebührensatz nicht überschreiten. Wenn also das beantragte Geschäft zB nur 0,25 Gebühr kosten würde, kostet auch die volle Zurückweisung nur 0,25 Gebühr, höchstens 400 EUR. I geht von der „Hälfte der vollen Gebühr" aus und versteht dabei unter einer „vollen Gebühr" diejenige nach § 32, auch soweit die gerichtliche Tätigkeit eine Rahmengebühr entstehen läßt. Bei einem Geschäft mit einem Festbetrag fehlt ein Geschäftswert als Ausgangspunkt einer 0,5 Gebühr. Man muß dann § 34 beachten, ebenso aber die Höchstgebühr von 400 EUR. 7

Soweit das Gericht *mehrere* Anträge zurückweist, entstehen mehrere Gebühren. Das gilt auch dann, wenn das Gericht die Anträge in demselben Verfahren zusammengefaßt hat. Soweit sich weitere Anträge von selbst vor der Zurückweisung des ersten Antrags erledigen, entstehen für diese weiteren Anträge keine Gebühren. Soweit mehrere Anträge selbständige gebührenpflichtige Geschäfte betreffen, muß man für jedes Geschäft bei einer Zurückweisung eine besondere Gebühr berechnen. Das gilt auch dann, wenn die eine Zurückweisung zur Rücknahme der anderen Anträge eine Veranlassung gibt oder nötigt. 8

E. Gebühren bei teilweiser Zurückweisung. Auch hier entsteht 0,5 Gebühr, höchstens jedoch ein Betrag von 400 EUR, I. Denn IV verweist zunächst auf „die Gebühr" und meint damit jene nach I. Ein Unterschied zur vollen Zurückweisung entsteht allerdings doch. Denn der Geschäftswert ist nach Rn 11 geringer. Im übrigen entsteht die 0,5 Gebühr nach diesem geringeren Geschäftswert nur insoweit, als eine Gebühr für die Erledigung des ganzen Antrags die Gebühr für eine teilweise Erledigung übersteigt, IV Hs 2. 9

F. Geschäftswert bei voller Zurückweisung. Hier muß man den Wert des beantragten Geschäfts zugrunde legen. Man muß ihn evtl nach § 30 I schätzen. 10

G. Geschäftswert bei teilweiser Zurückweisung. Hier muß man als Geschäftswert den Wert des zurückgewiesenen Teils zugrunde legen, IV Hs 1. Bei mehreren Zurückweisungen muß man die Geschäftswerte für jede Zurückweisung gesondert berechnen. Das gilt auch dann, wenn die eine Zurückweisung zur Rücknahme der anderen Anträge eine Veranlassung gibt oder dazu nötigt. 11

4) Zurücknahme, II–IV. Auch II–IV sind nur insoweit anwendbar, als keine abweichenden gesetzlichen Sonderregeln bestehen. Das stellen die Worte „soweit nichts anderes bestimmt ist" in II klar. Solche Sonderregeln finden sich zB in §§ 51 II 3, 54 II, 57 S 2, 58 II, 91, 106 III, 116 I 2, ferner in § 41 LwVG, § 132 V AktG. Die Vorschriften sind anwendbar, soweit die folgenden Voraussetzungen zusammentreffen. 12

A. Antrag. Es muß sich um ein solches Verfahren handeln, das nur auf Grund eines Antrags und nicht schon von Amts wegen stattfand. Es muß auch einen Antrag und nicht nur eine Anregung zur Vornahme einer Amtshandlung gegeben haben. 13

Eine *bloße Besprechung* mit dem Urkundsbeamten der Geschäftsstelle oder dem Rpfl oder dem Richter ist kein Antrag, sofern es nicht das Ergebnis der Besprechung in Form eines Antrags schriftlich oder zum Protokoll gibt. Die Abstandnahme von einer im Gespräch erwogenen Antragsstellung auf Grund eines Rats des Gerichts ist durchweg ein solcher Vorgang, der gar nicht zu einer Antragsstellung geführt hat. Sie ist jedenfalls aber keine Antragsrücknahme, Rn 14. Ein bloßer Hilfsantrag wird erst mit dem Eintritt seiner Bedingung zu einem Antrag, LG Ffm Rpfleger **00**, 517.

B. Wirksamkeit der Rücknahme. Der Antragsteller muß seinen Antrag wirksam zurückgenommen haben. Die Rücknahme kann stillschweigend erfolgen, etwa im Nichtbeantworten einer gerichtlichen Anfrage, sofern nicht eine besondere Form erforderlich ist, etwa nach § 31 GBO. Es ist unerheblich, ob der Antrag zulässig war. 14

C. Keine Entscheidung. Die Antragsrücknahme muß wirksam geworden sein, bevor in diesem Verfahren eine zugehörige gerichtliche Entscheidung „ergangen ist". Durch dieses Wort drückt II aus, daß mehr als die bloße Entstehung erforderlich ist, also mehr als eine Hinausgabe an die Geschäftsstelle. Vielmehr muß die Entscheidung auch wirksam geworden sein. Das Gericht muß sie also in einer gesetzmäßigen Weise mindestens einem der Beteiligten mitgeteilt haben, BLAH § 329 ZPO Rn 26, 27, 15

KostO § 130 III. Kostenordnung

§ 107 Rn 1. Beim Grundbuch ist die Unterschrift oder (jetzt) der ihr gleichstehende elektronische Vorgang unter der Eintragung maßgebend, Düss Rpfleger **89**, 201. Eine Vorschußanforderung vor der Herausgabe nach § 10 reicht zur Wirksamkeit, Düss JB **86**, 263.
Infolgedessen kann man eine „Rücknahme" *nach* einer Zurückweisung nicht mehr nach II beurteilen. Solange das Gericht seine Zurückweisung aber noch nicht in einer gesetzlichen Form mitgeteilt hat, kann noch eine Rücknahme nach II vorliegen.

16 **D. Kein Stattfinden der beantragten Handlung.** Die beantragte Handlung darf auch noch nicht stattgefunden haben. Man muß prüfen, welches die beantragte Handlung war und ob das Gericht schon in einer solchen Weise tätig geworden ist, die ein „Stattfinden" darstellt. Insbesondere darf es sich nicht um einen solchen Beurkundungsantrag handeln, über den das Gericht schon verhandelt hat, Hamm FamRZ **09**, 245, KG MDR **78**, 237. Dann wäre § 57 anwendbar, LG Darmst JB **77**, 250.

17 **E. Gebührenpflichtigkeit des beantragten Geschäfts.** Die beantragte gerichtliche Handlung muß ihrerseits an sich gebührenpflichtig gewesen sein. Wenn sie von vornherein gebührenfrei war, ist auch die Rücknahme des zugrunde liegenden Antrags gebührenfrei, Rn 6.

18 **F. Gebühren bei voller Zurücknahme.** Hier entsteht 0,25 Gebühr, höchstens jedoch ein Betrag von 250 EUR. Man darf den für die beantragte Verhandlung oder Entscheidung bestimmten Gebührensatz aber nicht überschreiten.

19 **G. Gebühren bei teilweiser Zurücknahme.** Hier entsteht ebenfalls 0,25 Gebühr, höchstens jedoch ein Betrag von 250 EUR. Denn IV verweist insofern auf II, als Hs 1 „die Gebühr" nennt. Ein Unterschied zur vollen Rücknahme besteht insofern, als man einen geringeren Geschäftswert ansetzen muß. Im übrigen darf man die 0,25 Gebühr, höchstens jedoch 250 EUR, nach diesem geringeren Geschäftswert nur insoweit erheben, als die Gebühr für die Erledigung des ganzen Antrags die Gebühr für die teilweise Erledigung übersteigt, IV Hs 2.

20 **H. Geschäftswert bei voller Zurücknahme.** Hier muß man als Geschäftswert der Wert des beantragten Geschäfts ansetzen. Man muß ihn evtl nach § 30 I schätzen.

21 **I. Geschäftswert bei teilweiser Zurücknahme.** Hier muß man als Geschäftswert den Wert des zurückgenommenen Teils ansetzen, IV Hs 1.

22 **5) Fälligkeit, Kostenschuldner, I–IV.** Die Fälligkeit richtet sich nach § 7. *Kostenschuldner* ist der Antragsteller, § 2 Z 1.

23 **6) Absehen von Kosten, V.** Die Vorschrift ist auch im Beschwerdeverfahren anwendbar, Mü FamRZ **06**, 186. Sie ist ferner im nichtprozessualen WEG-Verfahren anwendbar, (zum alten Recht) BayObLG WoM **91**, 454.
A. Schuldlosigkeit. Sowohl bei einer vollen oder teilweisen Zurückweisung als auch bei einer vollen oder teilweisen Zurücknahme eines Antrags nach I–IV entstehen weder Gebühren noch Auslagen, soweit das Gericht im Rahmen eines pflichtgemäßen Ermessens zu dem Ergebnis kommt, daß der Antrag auf einer unverschuldeten Unkenntnis des Antragstellers oder seines Vertreters oder Bevollmächtigten oder Notars wegen der tatsächlichen oder rechtlichen Verhältnisse beruht. Es ist dann unerheblich, ob die Zurückweisung wegen einer Unzulässigkeit oder Unbegründetheit erfolgt ist.

24 **B. Entscheidung.** Sobald das Gericht im Rahmen seines Ermessens zu den vorgenannten Ergebnissen gekommen ist, besteht kein weiteres Ermessen auch dazu, ob und in welchem Umfang das Gericht von der Kostenerhebung absehen darf. Das Wort „kann" in V 1 bedeutet eben nur wie so oft eine Zuständigkeitsregelung, keinen weiteren Ermessensspielraum. Ein Ermessen besteht also nur insofern, als es um die Voraussetzungen der Nichterhebung geht, nämlich darum, ob die Unkenntnis unverschuldet war.
Infolge der Verweisung in V 2 auf § 16 II gilt für das Verfahren: Das Gericht trifft die *Entscheidung*. Solange es nicht entschieden hat, kann im Verwaltungsweg eine Anordnung der Nichterhebung ergehen. Eine im Verwaltungsweg getroffene Anordnung ist nur im Verwaltungsweg abänderbar. Vgl im übrigen § 16 Rn 48 ff.

922

1. Teil. Gerichtskosten §§ 130, 131 KostO

Eine Entscheidung nach V kann nur nachträglich und *nicht im voraus* erfolgen. Sie 25
kann auch auf das Beschwerdeverfahren beschränkt ergehen.

Beschwerden, Anrufung des Gerichts gegen Entscheidungen anderer Behörden oder Dienststellen

131 *Fassung 1. 9. 2009:* [I] [1] Für das Verfahren über die Beschwerde wird, soweit nichts anderes bestimmt ist,

1. in den Fällen der Verwerfung oder Zurückweisung die volle Gebühr, höchstens jedoch ein Betrag von 800 Euro,
2. in den Fällen, in denen die Beschwerde zurückgenommen wird, bevor über sie eine Entscheidung ergeht, die Hälfte der vollen Gebühr, höchstens jedoch ein Betrag von 500 Euro

erhoben.

[II] Für das Verfahren über die Rechtsbeschwerde wird, soweit nicht anderes bestimmt ist,

1. in den Fällen der Verwerfung oder Zurückweisung das Eineinhalbfache der vollen Gebühr, höchstens jedoch ein Betrag von 1200 Euro,
2. in den Fällen, in denen die Rechtsbeschwerde zurückgenommen wird, bevor über sie eine Entscheidung ergeht, drei Viertel der vollen Gebühr, höchstens jedoch ein Betrag von 750 Euro

erhoben.

[III] Im Übrigen ist das Beschwerde- und Rechtsbeschwerdeverfahren gebührenfrei.

[IV] [1] Der Wert ist in allen Fällen nach § 30 zu bestimmen.

[V] [1] Richtet sich die Beschwerde gegen eine Entscheidung des Betreuungsgerichts und ist sie von dem Betreuten oder dem Pflegling oder im Interesse dieser Personen eingelegt, so ist das Beschwerdeverfahren in jedem Fall gebührenfrei. [2] Entsprechendes gilt für ein sich anschließendes Rechtsbeschwerdeverfahren.

[VI] [1] Werden Angelegenheiten der in diesem Abschnitt bezeichneten Art von anderen Behörden oder Stellen, insbesondere von Notaren, erledigt und ist in diesen Fällen eine Anrufung des Gerichts vorgesehen, so steht diese hinsichtlich der Gebühren einer Beschwerde gleich. [2] Dies gilt nicht bei Anträgen auf Änderung von Entscheidungen des ersuchten oder beauftragten Richters oder des Urkundsbeamten der Geschäftsstelle. [3] Es gilt ferner nicht, wenn nach einem Verwaltungsverfahren der Antrag auf gerichtliche Entscheidung gestellt wird.

[VII] Auslagen, die durch eine für begründet befundene Beschwerde entstanden sind, werden nicht erhoben, soweit das Beschwerdeverfahren gemäß Absatz 1 Satz 2 gebührenfrei ist.

Vorbem. Fassg Art 47 II Z 30 a, b FGG-RG v 17. 12. 08, BGBl 2586, in Kraft seit 1. 9. 09, Art 112 I Hs 1 FGG-RG, Übergangsrecht Art 111 FGG-RG, Grdz 2 vor § 1 FamGKG, Teil I B dieses Buchs.

Bisherige Fassung: [I] [1] Für das Verfahren über Beschwerden wird, soweit nichts anderes bestimmt ist, erhoben

1. in den Fällen der Verwerfung oder Zurückweisung die Hälfte der vollen Gebühr;
2. in den Fällen der Zurücknahme ein Viertel der vollen Gebühr; betrifft die Zurücknahme nur einen Teil des Beschwerdegegenstandes, so ist die Gebühr nur insoweit zu erheben, als sich die Beschwerdegebühr erhöht haben würde, wenn die Entscheidung auf den zurückgenommenen Teil erstreckt worden wäre.

[2] Im übrigen ist das Beschwerdeverfahren gebührenfrei.

[II] Der Wert ist in allen Fällen nach § 30 zu bestimmen.

[III] Richtet sich die Beschwerde gegen eine Entscheidung des Vormundschaftsgerichts oder des Familiengerichts und ist sie von dem Minderjährigen, dem

Betreuten oder dem Pflegebefohlenen oder im Interesse dieser Personen eingelegt, so ist sie in jedem Fall gebührenfrei.

IV ¹Werden Angelegenheiten der in diesem Abschnitt bezeichneten Art von anderen Behörden oder Stellen, insbesondere von Notaren, erledigt und ist in diesen Fällen eine Anrufung des Gerichts vorgesehen, so steht diese hinsichtlich der Gebühren einer Beschwerde gleich. ²Dies gilt nicht bei Anträgen auf Änderung von Entscheidungen des ersuchten oder beauftragten Richters oder des Urkundsbeamten der Geschäftsstelle. ³Es gilt ferner nicht, wenn nach einem Verwaltungsverfahren der Antrag auf gerichtliche Entscheidung gestellt wird.

V Auslagen, die durch eine für begründet befundene Beschwerde entstanden sind, werden nicht erhoben, soweit das Beschwerdeverfahren gemäß Absatz 1 Satz 2 gebührenfrei ist.

Gliederung

1) **Systematik, I–VII** 1
2) **Regelungszweck, I–VII** 2
3) **Geltungsbereich, I–VII** 3, 4
4) **Grundsatz: Jede Beschwerde oder Rechtsbeschwerde gesondert, I–III** 5–9
   A. Erfolg der Beschwerde oder Rechtsbeschwerde, I–III 6
   B. Verwerfung, Zurückweisung, I Z 1, II Z 1 .... 7, 8
   C. Zurücknahme, I Z 2, II Z 2 9
5) **Gebührenfreiheit, III** 10
6) **Geschäftswert, IV** 11–16
   A. Grundsatz: Maßgeblichkeit des § 30 11
   B. Beispiele zur Frage einer Wertermittlung nach IV 12–16
7) **Betreuungssache, V** 17–21
   A. Gegen Entscheidung des Betreuungsgerichts 18
   B. Bestimmter Beschwerdeführer 19–21
8) **Anrufung des Gerichts, VI** 22, 23
   A. Anwendbarkeit, VI 1 22
   B. Gebührenfreiheit, VI 2, 3 23
9) **Auslagen, VII** 24, 25
   A. Auslagenfreiheit 24
   B. Auslagenpflicht 25
10) **Fälligkeit, Kostenschuldner, I–VII** 26

1 **1) Systematik, I–VII.** Die Vorschrift eröffnet die Gruppe der Beschwerdevorschriften, §§ 131–131 b. Sie hat in I, II den Vorrang vor § 130. Auch hier besteht eine Kostenfreiheit, soweit nicht das Gesetz eindeutig eine Kostenpflicht ausspricht, III, § 1 Rn 1, BayObLG FamRZ 04, 1603. Soweit sich das Verfahren nach der ZPO richtet, gilt nur das GKG, Teil I A dieses Buchs. Das gilt auch in einer WEG-Sache. Vgl im übrigen Rn 3.
I, II nennen die Grundregeln. *III* enthält ebenso wie § 1 I 1 den Grundsatz der Gebührenfreiheit. *I, II* enthalten diejenigen Fälle, in denen eine Gebührenpflicht vorliegt. Danach wäre an sich die Verwerfung, Zurückweisung oder Zurücknahme einer jeden Beschwerde oder Rechtsbeschwerde gebührenpflichtig. Von dieser Regel schafft *V* für die dort bestimmten Fälle wiederum eine Abweichung und damit eine Rückkehr zum Grundsatz der Gebührenfreiheit, BayObLG RR **88**, 456, freilich nicht auch zur Auslagenfreiheit, weil nicht schlechthin zur Kostenfreiheit, Rn 17. *VI* stellt die in manchen Vorschriften vorgesehene „Anrufung des Gerichts" einer Beschwerde gebührenrechtlich gleich. *IV* bestimmt für alle diese Fälle den Geschäftswert. *VII* enthält die zugehörige Regelung der Auslagen.

2 **2) Regelungszweck, I–VII.** Der in III genannte Grundsatz der Gebührenfreiheit nach Rn 1 und die verschiedenen in I–VII enthaltenen erkennbaren weiteren Kostendämpfungsmaßnahmen zeigen den Zweck, es nach Möglichkeit wirklich nur dann zur Kostenbelastung auch noch wegen eines Rechtsmittels kommen zu lassen, wenn dieses erfolglos bleibt, also nicht bei einer bloßen Unklarheit über den Ausgang, etwa wegen einer Erledigung der Hauptsache, BayObLG BB **02**, 673. Freilich kommt es bei einem echten Mißerfolg nicht auf Verschulden des Beschwerdeführers an. In solchen Auslegungsgrenzen darf man den Grundsatz einer für den Kostenschuldner möglichst günstigen Handhabung nach § 1 Rn 2 auch und gerade bei § 131 mitbeachten.

1. Teil. Gerichtskosten § **131 KostO**

3) Geltungsbereich, I–VII. Die Vorschrift gilt für alle Beschwerden im Bereich **3** der freiwilligen Gerichtsbarkeit, auch in einem bloßen Nebenverfahren, § 1 I 2. Sie gilt also auch trotz §§ 60, 73 BGB in einer Vereinsangelegenheit, ferner in einer Genossenschaftssache, § 80 GenG. Sie gilt jeweils auch im Zusammenhang mit einem Antrag auf die Bewilligung einer Verfahrenskostenhilfe oder im Verfahren über deren Aufhebung, §§ 76–78 FamFG. Die Vorschrift gilt auch im Verfahren über eine einstweilige Anordnung nach §§ 49 ff FamFG, (zum alten Recht) Schlesw RR **04**, 388, und im Verfahren über eine Rechtsbeschwerde nach §§ 70 ff FamFG, (zum alten Recht) BayObLG WoM **90**, 185.

Sie gilt *nicht*, *„soweit etwas anderes bestimmt ist"*, I, II, zB: Bei der Entscheidung über die Beschwerde nach § 40 II 1 LwVG, Teil IV dieses Buchs; im Verfahren über die Beschwerde eines Organs des Handelsstands, § 87 Z 2; im Verfahren wegen der Verhängung eines Zwangsgelds oder Ordnungsgelds, § 119; grundsätzlich in einem bloßen Nebenverfahren in einer (jetzt) außerprozessualen WEG-Sache, BayObLG WoM **90**, 185).

Wegen der Kosten einer gerichtlichen Nachprüfung in einer *Justizverwaltungssache* **4** § 161 Anh.

Nach einer Entscheidung des *Rechtspflegers* kommt die Erinnerung nach § 11 II RpflG infrage. Sie ist nach § 11 IV RPflG gebührenfrei.

4) Grundsatz: Jede Beschwerde oder Rechtsbeschwerde gesondert, I–III. **5** Das Beschwerde- oder Rechtsbeschwerdeverfahren beginnt mit dem Eingang des Rechtsmittels beim Gericht der Einlegung. Jedes Rechtsmittel mit eigenem Gegenstand eröffnet ein besonderes Verfahren, BayObLG JB **94**, 612. Für die Gerichtsgebühren muß man die folgenden Situationen unterscheiden.

A. Erfolg der Beschwerde oder Rechtsbeschwerde, I–III. Soweit ein Rechts- **6** mittel schon infolge einer Abhilfe oder doch infolge der Entscheidung des Rechtsmittelgerichts erfolgreich ist, bleibt das Rechtsmittelverfahren gerichtsgebührenfrei und auslagenfrei, III, VII. Das gilt selbst dann, wenn der Erfolg nur auf einem neuen Vortrag beruht. Auch in den übrigen von I, II nicht erfaßten Fällen entsteht nach III keine Gebühr. Das gilt zB insoweit, als Kosten einer Richterablehnung zu den Kosten des zugrunde liegenden Verfahrens zählen, BayObLG MDR **00**, 52.

Kein Erfolg liegt bei einer Aufhebung nur wegen veränderter Umstände vor. Bei einer Zurückverweisung liegt kein Erfolg vor, soweit das untere Gericht das Rechtsmittel anschließend doch (wieder) verwirft oder zurückweist.

B. Verwerfung, Zurückweisung, I Z 1, II Z 1. Soweit das Gericht eine Be- **7** schwerde als unzulässig verwirft oder als unbegründet zurückweist, entsteht nach I Z 1 eine 1,0 Gebühr, höchstens aber 800 Euro. Das gilt auch dann, wenn die Gebühr höher ist als die Gebühr für die Erledigung des Geschäfts. Die Gebühr des Beschwerdeverfahrens entsteht auch dann, wenn das Verfahren erster Instanz gebührenfrei war, BayObLG Rpfleger **75**, 109.

Die Gebühr entsteht auch, soweit das Gericht eine Beschwerde gegen eine *Zwi-* **8** *schenverfügung* etwa des Grundbuchamts oder in einer Personenstandssache verwirft oder zurückweist. Bei einer nur teilweisen Verwerfung oder teilweisen Zurückweisung muß man die Gebühr von dem Geschäftswert des betroffenen Teils berechnen, BayObLG FamRZ **90**, 907, Naumb OLGR **97**, 138.

Soweit sich die Hauptsache des Beschwerdeverfahrens vor der zugehörigen Sachentscheidung des Beschwerdegerichts *erledigt*, muß das Beschwerdegericht doch darüber entscheiden, ob die Beschwerde bis zum erledigenden Ereignis begründet war, Düss RR **97**, 1375. Das übersieht Karlsr JB **02**, 779.

Im *Rechtsbeschwerdeverfahren* entsteht nach II Z 1 eine 1,5 Gebühr höchstens aber 1200 EUR. Vgl im übrigen Rn 7, 8.

C. Zurücknahme, I Z 2, II Z 2. Soweit der Beschwerdeführer die Beschwerde **9** zurücknimmt, bevor das Gericht eine Entscheidung hinausgegeben hat, entsteht nach I Z 2 eine Gebühr, BGH WoM **08**, 623, und zwar (jetzt) nur 0,5 Gebühr, höchstens aber 500 EUR. Über den Begriff der Rücknahme § 130 Rn 14. Diese Regelung gilt auch dann, wenn der Beschwerdeführer die Beschwerde teilweise zurücknimmt und wenn das Beschwerdegericht die restliche Beschwerde verwirft oder zurückweist.

KostO § 131 III. Kostenordnung

Im *Rechtsbeschwerdeverfahren* entsteht nach II Z 2 eine 0,75 Gebühr, höchstens aber 750 EUR. Vgl im übrigen die Beschwerderegelung in dieser Rn.

10 **5) Gebührenfreiheit, III.** Außerhalb I, II besteht eine Gebührenfreiheit, Rn 6. Das klärt II überflüssigerweise. Denn das folgt schon aus § 1 I 1 („nur"), Rn 1.

11 **6) Geschäftswert, IV.** Ein Grundsatz hat zahlreiche Auswirkungen.
A. Grundsatz: Maßgeblichkeit des § 30. Für den Geschäftswert des Beschwerdeverfahrens ist § 30 maßgeblich, Bbg FamRZ **05**, 1697, BayObLG Rpfleger **75**, 109. Das gilt sowohl in einer vermögensrechtlichen Sache, BayObLG FER **98**, 108, als auch in einer nichtvermögensrechtlichen Angelegenheit, BayObLG **88**, 258. Man muß daher zunächst von § 30 I ausgehen, BayObLG FER **00**, 184. Dabei muß man zunächst prüfen, ob der Wert schon betragsmäßig feststeht oder ob er sich aus anderen Vorschriften der KostO eindeutig ermitteln läßt. Andernfalls muß das Beschwerdegericht den Geschäftswert schon im Rahmen des § 30 I nach seinem „freien" und in Wahrheit pflichtgemäßen Ermessen festsetzen. Es muß dabei das wirtschaftliche Interesse des Beschwerdeführers und alle sonstigen Umstände berücksichtigen, BayObLG FER **00**, 184. Der Bewertungszeitpunkt ergibt sich grundsätzlich nach § 18 I und beim Erbschein nach § 107 II 1, BayObLG Rpfleger **75**, 410, aber auch JB **93**, 29.

12 **B. Beispiele zur Frage einer Wertermittlung nach IV**
Amtswiderspruch: Bei einem Amtswiderspruch kann etwa 33% des Anteils maßgeblich sein, BayObLG JB **91**, 395.
    S auch Rn 14 „Grundstück".
Anteil: Bei der Beschwerde des Anteilsinhabers ist nur der Anteil maßgeblich, BayObLG JB **82**, 116, Karlsr Just **78**, 141.
Auflassungsvormerkung: Bei ihrer Löschung ist der Kaufpreis maßgebend, BayObLG JG **84**, 1883.
    S auch Rn 14 „Grundstück".
Aussetzung: Bei einer Aussetzung ist das Interesse am baldigen Fortgang des Verfahrens maßgeblich, BayObLG Rpfleger **77**, 461.
Beanstandung: Es gilt ein angemessener Teil eines Hauptsachewerts, BayObLG JB **81**, 1559.
Bedeutung: Man muß die Bedeutung der Beschwerde für die Beteiligten beachten, BayObLG JB **92**, 183.
    S auch Rn 14 „Interesse".
Betreuung: Bei einer bloßen Betreuerauswahl bleibt es beim Regelwert, BayObLG JB **04**, 141.
    S auch Rn 14 „Gebührenfreiheit nach V".

13 **Eigentumsumschreibung:** Rn 14 „Grundstück".
Einstweilige Anordnung: Das Interesse liegt meist in einem Hauptsacheteil.
Erbfallszeitpunkt: Maßgeblich ist der Zeitpunkt des Erbfalls, BayObLG Rpfleger **84**, 19, also auch der Zeitpunkt des Nacherbfalls, BayObLG FamRZ **00**, 985.
Erbscheinsanfechtung: Für die Beschwerde mehrerer Miterben kann bei demselben Ziel eine Zusammenrechnung der Quoten in Betracht kommen, BayObLG RR **02**, 873.
Erbschein: Im Erbscheinerteilungsverfahren kann § 107 II einen Anhaltspunkt für den Geschäftswert geben, BayObLG FamRZ **96**, 1561. Beim Antrag des angeblichen Nacherben auf einen Erbschein ist der auf ihn fallende Nachlaßteil maßgeblich, BayObLG FamRZ **00**, 985. Das Interesse am Wegfall eines Nacherbenvermerks im Erbschein läßt sich nach dem wirtschaftlichen Interesse am Erfolg des Rechtsmittels und in diesem Rahmen nach dem wirtschaftlichen Wert des (Ersatz-)Nacherbenrechts bewerten, BayObLG FER **99**, 274. Das gilt etwa dann, wenn der Nachlaß im wesentlichen aus einem Grundstück besteht, mit 30% des Reinnachlasses, BayObLG Rpfleger **91**, 419, oder wesentlich weniger, BayObLG FER **99**, 274.
Erster Rechtszug: Man muß die im ersten Rechtszug maßgeblich gewesenen Vorschriften beachten. Sie sind jetzt Anhaltspunkte, BayObLG Rpfleger **84**, 19. Der Geschäftswert kann höher oder niedriger als in der ersten Instanz sein, BayObLG **88**, 259.

1. Teil. Gerichtskosten § 131 KostO

Gebührenfreiheit nach V: V hindert nicht die Festsetzung des Geschäftswerts nach IV, BayObLG JB **92**, 341.
Grundsätzliche Bedeutung: Sie kann den Wert nur bis zum Hauptsachewert beeinflussen, KLBR 31, aM Zweibr JB **87**, 94 (auch darüber hinaus).
Grundstück: Soweit es um ein Grundstück geht, muß man von § 19 ausgehen, aM BayObLG Rpfleger **80**, 35 (aber § 19 gilt allgemein). Bei der Löschung eines Grundpfandrechts mag sogar sein Nennwert maßgeblich sein, BayObLG JB **85**, 755. Es kommt aber auch auf eine etwa viel geringere Restvalutierung an.
S auch Rn 12 „Amtswiderspruch", „Auflassungsvormerkung", Rn 13 „Erbschein".
Hauptsache: Ihr Wert bildet stets die Obergrenze, BayObLG Rpfleger **75**, 242.
Interesse: Man muß das Interesse des Beschwerdeführers beachten, BayObLG JB **92**, 618.
S auch Rn 12 „Bedeutung".
Mehrheit von Beschwerden: Eine Mehrheit von Beschwerden mit entgegengesetzten Zielrichtungen erfordert grds eine selbständige Wertfestsetzung je Rechtsmittel, BayObLG JB **93**, 613. Trotzdem liegt evtl ausnahmsweise nur ein einheitlicher Beschwerdegegenstand vor, BayObLG JB **95**, 436, Brschw OLGZ **76**, 437. Dann ist keine Wertherabsetzung statthaft, BayObLG JB **93**, 618.
Nacherbenvermerk: Rn 13 „Erbschein".
Notarkosten: IV gilt auch für die Notarkosten.
Pflichtteil: Der erstrebte Erbteil statt des Pflichtteils ist meist maßgeblich, BayObLG FamRZ **01**, 696.
Rechtsbeschwerde: Wenn das Beschwerdegericht eine einheitliche Entscheidung getroffen hatte, muß man im Verfahren über eine Rechtsbeschwerde von etwa mehreren Verfahrensgegenständen getrennt ausgehen, BayObLG Rpfleger **75**, 109.
Rechtsnatur: Die Festsetzung des Geschäftswerts erfolgt zwar im Verfahren über eine Beschwerde zur Hauptsache. Sie stellt aber keine Rechtsmittelentscheidung dar. Sie ist vielmehr eine Erstentscheidung.
Schätzung: Erst wenn eine Bestimmung des Geschäftswerts nach § 30 I nicht möglich ist, darf das Gericht den Geschäftswert nach § 30 II schätzen.
Sonstige Umstände: Man muß alle sonstigen Umstände beachten, BayObLG Rpfleger **84**, 19.
Teilbeschwerde: Die Beschränkung muß einen abtrennbaren Teil des Verfahrensgegenstands betreffen, BayObLG JB **82**, 120, Zweibr Rpfleger **75**, 410 (nicht nur eine Rechtsfrage). Dann muß man ihn ansetzen, BayObLG JB **87**, 382.
Testamentsvollstreckung: Soweit es um eine Testamentsvollstreckung geht, können nen 5% des Nachlaßwerts maßgeblich sein, Ffm Rpfleger **78**, 178. Bei der Entlassung des Testamentsvollstreckers kann man 10% des Reinnachlasses ansetzen, BayObLG FamRZ **94**, 588, Mü MDR **09**, 294, oder auch nur seine Vergütung, BayObLG JB **83**, 748. Bei einer Dauervollstreckung mögen 20% des Reinnachlasses angemessen sein, BayObLG FamRZ **04**, 1304. Das Interesse daran, einen Wertschein ohne Verfügungsschein zu erhalten, läßt sich wie bei § 113 S 2 nach § 30 IV bewerten, BayObLG FGPrax **96**, 27. Soweit es nur um die Vergütung des Testamentsvollstreckers geht, ist auch nur sie maßgeblich, Karlsr FamRZ **00**, 916.
Vollstreckungsklausel: Maßgeblich ist das Interesse des Beschwerdeführers.
Vorerbschaft: § 107 II 1 ist anwendbar, BayObLG FamRZ **00**, 992.
Vormerkung: Rn 12 „Auflassungsvormerkung".

7) **Betreuungssache**, V. Eine Gebührenfreiheit nach III (nicht auch Auslagenfreiheit, § 12 Rn 7, LG Kblz FamRZ **01**, 298) tritt ein, soweit die folgenden Voraussetzungen zusammentreffen.

A. **Gegen Entscheidung des Betreuungsgerichts.** Es muß um die Anfechtung einer wirklichen Entscheidung eines Betreuungsgerichts gehen, LG Kblz FamRZ **01**, 1473. Auch eine Zwischenentscheidung kann eine Entscheidung nach III darstellen. Soweit (jetzt) § 1 I 1 Z 1 GKG, Teil I A dieses Buchs, anwendbar ist (Verbundverfahren), tritt III zurück, Zweibr FamRZ **01**, 185.

KostO § 131   III. Kostenordnung

19   **B. Bestimmter Beschwerdeführer.** Die Beschwerde muß von dem Minderjährigen, dem Betreuten oder Pflegebefohlenen oder im Interesse einer dieser Personen stammen, BayObLG FER **97**, 173.

Die Beschwerde ist nur dann „im Interesse" einer der vorgenannten Personen erfolgt, wenn die Beschwerde dem wahren, objektiven Interesse unter einer Berücksichtigung der Umstände entsprach, BayObLG Rpfleger **83**, 181. Dabei darf und muß man allerdings einen großzügigen Maßstab anlegen.

20   Eine *ohne jede Vollmacht* oder Anscheinsvollmacht eingelegte Beschwerde ist trotz III gebührenpflichtig. Dasselbe gilt für eine solche Beschwerde, die der Beschwerdeführer ausschließlich im eigenen höchstpersönlichen Interesse eingelegt hat, Drsd FamRZ **03**, 398, Zweibr FamRZ **99**, 730, LG Kblz MDR **98**, 928. Sie darf also nicht zumindest auch im Interesse des Minderjährigen, des Betreuten oder des Pflegebefohlenen erfolgt sein, Mü Rpfleger **01**, 516.

21   Das kann etwa dann so sein, wenn der Betreuer gegen seine *Entlassung* oder ein Elternteil gegen eine Anordnung des Gerichts nach §§ 1666, 1672, 1696 BGB Beschwerde einlegen, Zweibr FamRZ **99**, 730. Sobald die Beschwerde bei einer objektiven großzügigen Betrachtung auch im wohlverstandenen Interesse des Minderjährigen, Betreuten oder Pflegebe-fohlenen erfolgt ist, gilt III, BayObLG FER **97**, 173 (sogar beim „vermeintlichen Interesse"!?).

22   **8) Anrufung des Gerichts, VI.** Man muß zwei Situationen unterscheiden.

A. Anwendbarkeit, VI 1. Soweit der Notar eine Ausfertigung, Ablichtung, Abschrift oder Einsicht verweigert oder soweit nach dem Landesrecht eine Beschwerde erst nach einer Anrufung des Gerichts gegen die Entscheidung einer anderen Behörde (Notar, Bezirksnotar) statthaft ist, muß man die Anrufung des Gerichts gebührenrechtlich wie eine Beschwerde behandeln.

23   **B. Gebührenfreiheit, VI 2, 3.** Die folgenden Vorgänge sind gebührenfrei (nicht auch stets auslagenfrei, § 12 Rn 6), weil sie nicht als Beschwerde gelten: Es handelt sich um die Anrufung des vollbesetzten Gerichts gegen die Entscheidung eines beauftragten oder ersuchten Richters; es geht um die Erinnerung gegen die Entscheidung eines Rpfl, § 11 RPflG, solange sich nicht auch das Beschwerdegericht mit der Sache befaßt; es geht um eine Entscheidung des Urkundsbeamten der Geschäftsstelle; es handelt sich um einen Antrag auf eine gerichtliche Entscheidung nach einem vorangegangenen Verfahren vor der Verwaltungsbehörde, etwa nach § 8 JBeitrO, Teil IX A dieses Buchs. Eine Gebührenpflicht kann wegen I, II bestehenbleiben, zB nach § 127 II.

24   **9) Auslagen, VII.** Es gibt zwei unterschiedliche Fallgruppen.

A. Auslagenfreiheit. Soweit das Beschwerde- oder Rechtsbeschwerdeverfahren nach III gebührenfrei ist, entsteht nach VII keine Pflicht zur Erstattung von Auslagen. Entstandene Kosten eines vom Gericht eingeholten Gutachtens muß das Beschwerde- oder Rechtsbeschwerdegericht der Staatskasse auferlegen, LG Rostock MDR **01**, 1380.

25   **B. Auslagenpflicht.** V, VII enthalten keine generelle Auslagenfreiheit, (zum alten Recht) LG Kblz FamRZ **01**, 1473. Soweit die Beschwerde oder Rechtsbeschwerde teilweise begründet war, muß man prüfen, ob für diesen Teil Auslagen entstanden sind, Zweibr Rpfleger **75**, 411, und besteht keine Erstattungspflicht, Hamm FamRZ **01**, 1474. Soweit die Beschwerde oder Rechtsbeschwerde unzulässig oder unbegründet war, sind auch nur die teilbaren Auslagen erstattungsfähig, BayObLG FamRZ **02**, 764, LG Kblz FamRZ **98**, 1456. Bei einer erfolgreichen Erinnerung gegen eine Entscheidung des Rpfl muß man V und § 11 II 4 RPflG beachten (evtl kein Ansatz).

26   **10) Fälligkeit, Kostenschuldner, I–VII.** Die Fälligkeit richtet sich nach § 7.

Wer *Kostenschuldner* ist, richtet sich nach §§ 2 ff, Mü Rpfleger **01**, 516. Soweit Auslagen erstattbar sind, ist der Antragsteller Kostenschuldner, also der Beschwerdeführer, § 2 Z 1, Mü Rpfleger **01**, 516.

1. Teil. Gerichtskosten   §§ 131a, 131b KostO

Fassung 1. 9. 2009:
Bestimmte Beschwerden

131a ¹In Verfahren über Beschwerden in den in § 128e Abs. 1 genannten Verfahren wird die gleiche Gebühr wie im ersten Rechtszug erhoben, wenn die Beschwerde verworfen oder zurückgewiesen wird. ²§ 128e Abs. 2 gilt entsprechend. ³Im Übrigen ist das Beschwerdeverfahren gebührenfrei. ⁴Auslagen, die durch eine für begründet befundene Beschwerde entstanden sind, werden nicht erhoben.

Vorbem. Neufassg dch Art 1 Z 2 G v 7. 7. 08, BGBl 1191, in Kraft seit 1. 9. 08, Art 10 S 2 G. Übergangsrecht jeweils § 161 KostO. Sodann nochmalige Neufassg dch Art 47 II Z 31 FGG-RG v 17. 12. 08, BGBl 2586, in Kraft seit 1. 9. 09, Art 112 I Hs 1 FGG-RG, Übergangsrecht Art 111 FGG-RG, Grdz 2 vor § 1 FamGKG, Teil I B dieses Buchs.

Bisherige Fassung: **Bestimmte Beschwerden**

131a Im Verfahren über Beschwerden nach § 621e der Zivilprozessordnung in
1. Versorgungsausgleichssachen,
2. Familiensachen nach § 621 Abs. 1 Nr. 7 der Zivilprozessordnung,
3. Lebenspartnerschaftssachen nach § 661 Abs. 1 Nr. 4a und 5 in Verbindung mit § 661 Abs. 2 der Zivilprozessordnung
werden die gleichen Gebühren wie im ersten Rechtszug erhoben.

1) Systematik, Regelungszweck, S 1–4. Die in S 1 eng auslegbare Spezialvorschrift mit dem Vorrang vor anderen Beschwerderegelungen ergänzt zweitinstanzlich den § 128e. Sie dient einer auf das Unvermeidbare begrenzten Abgeltung nun auch noch im Beschwerdeverfahren.   **1**

2) Geltungsbereich: Beschwerde nach § 128e I. Vgl dort Rn 3.   **2**

3) Verwerfung oder Zurückweisung, S 1. Es gilt dasselbe wie zB in § 131 Rn 7–9. Das Wort „wenn" (statt „soweit") verdeutlicht, daß nur eine volle Verwerfung oder Zurückweisung gebührenpflichtig ist, vgl auch S 3.   **3**

4) Beschwerderücknahme vor Entscheidung, S 2. Wegen der Verweisung auf § 128e II vgl dort Rn 4.   **4**

5) Gebührenfreiheit, S 3. Die Vorschrift ist eigentlich schon wegen des Worts „nur" in § 1 I 1 (Grundsatz der Gebührenfreiheit) überflüssig. Sie wirkt also nur bekräftigend.   **5**

6) Auslagenfreiheit, S 4. Die Vorschrift schränkt im Auslagenbereich den Grundsatz einer Kostenfreiheit nach § 1 I 1 ein. Nur diejenigen Auslagen bleiben unerhoben, die gerade durch eine solche Beschwerde entstanden, die das Gericht eindeutig für statthaft, zulässig und auch begründet befunden hat. In allen anderen Fällen kann das Gericht Auslagen wie sonst nach der KostO erheben.   **6**

Fassung 1. 9. 2009:
Beschwerden in Verfahrenskostenhilfesachen

131b ¹Für das Verfahren über Beschwerden gegen Entscheidungen in Verfahren über die Verfahrenskostenhilfe wird eine Gebühr von 50 Euro, in Verfahren über die Rechtsbeschwerde von 100 Euro, erhoben, wenn die Beschwerde verworfen oder zurückgewiesen wird. ²Wird die Beschwerde nur teilweise verworfen oder zurückgewiesen, kann das Gericht die Gebühr nach billigem Ermessen auf die Hälfte ermäßigen oder bestimmen, daß eine Gebühr nicht zu erheben ist. ³Wird die Beschwerde zurückgenommen, bevor eine Entscheidung über sie ergangen ist, wird keine Gebühr erhoben. ⁴§ 131 Abs. 5 bleibt unberührt.

Vorbem. Überschrift, S 1, 4 geändert dch Art 47 II Z 32a–c FGG-RG v 17. 12. 08, BGBl 2586, in Kraft seit 1. 9. 09, Art 112 I Hs 1 FGG-RG, Übergangsrecht Art 111 FGG-RG, Grdz 2 vor § 1 FamGKG, Teil I B dieses Buchs.

KostO § 131b III. Kostenordnung

Bisherige Fassung der Überschrift und von S 1, 4: **Beschwerden in Prozeßkostenhilfesachen**

131b [1] Für das Verfahren über Beschwerden gegen Entscheidungen in Verfahren über die Prozeßkostenhilfe wird eine Gebühr von 25 Euro erhoben, wenn die Beschwerde verworfen oder zurückgewiesen wird. [4] § 131 Abs. 3 bleibt unberührt.

Gliederung

1) Systematik, Regelungszweck, S 1–4 1
2) Volle Verwerfung oder Zurückweisung der Beschwerde, S 1 2
3) Teilweise Verwerfung oder Zurückweisung, S 2 3
4) Rechtzeitige volle Zurücknahme, S 3 4
5) Höchstgebühr, S 4 5
6) Fälligkeit, Kostenschuldner, S 1–4 6
7) Rechtsmittel, S 1–4 7

1 **1) Systematik, Regelungszweck, S 1–4.** Auch im Geltungsbereich der KostO kommt eine Verfahrenskostenhilfe in Betracht. Denn zB § 76 FamFG verweist zwecks einer Vereinfachung auch auf §§ 114 ff ZPO, BLAH § 114 ZPO Rn 26. Das erstinstanzliche VKH-Verfahren ist gebührenfrei, § 1 KostO. § 131b bestimmt mit einem Vorrang gegenüber § 131, unter welchen Voraussetzungen aber im Beschwerdeverfahren eine Gebühr entstehen kann. Die Vorschrift ist mit KV 1811 usw vergleichbar, Teil I A dieses Buchs. Vgl daher auch die dortigen Anm.

„*Entscheidung*" ist eine Bewilligung oder eine Ablehnung auch von Raten oder Vermögensbeiträgen sowie eine Beiordnung oder deren Aufhebung oder eine pflichtwidrige Verzögerung der Entscheidung.

„*Beschwerdegericht*" ist im folgenden nur dasjenige Gericht, an das die sofortige Beschwerde kommt, wenn das Erstgericht ihr nicht abgeholfen hat, sondern dem es die befristete Beschwerde vorgelegt hat und das daher entscheiden darf und muß. Das ergibt sich weniger aus dem Wortlaut, wohl aber aus dem Sinn des § 131b bei einer Berücksichtigung der §§ 58 ff FamFG.

Beim *Notar* ist § 131b im Verfahren nach § 156 anwendbar.

2 **2) Volle Verwerfung oder Zurückweisung der Beschwerde, S 1.** Eine erfolgreiche Beschwerde ist wegen § 1 I 1 gebührenfrei. Das gilt auch für eine bloße Zurückverweisung. Wenn aber das Beschwerdegericht die Beschwerde oder Rechtsbeschwerde insgesamt als unzulässig verwirft oder als unbegründet zurückweist, entsteht für das Beschwerdeverfahren rückwirkend eine die Entscheidung umfassende Verfahrens-Festgebühr. Daneben kommen Auslagen in Betracht, §§ 136, 137. Es kommt nicht darauf an, wie das Beschwerdegericht hätte entscheiden sollen oder müssen, sondern nur darauf es tatsächlich entschieden hat. Erforderlich und ausreichend ist wie stets die Herausgabe in den Geschäftsgang, aM KLBR 11.

3 **3) Teilweise Verwerfung oder Zurückweisung, S 2.** Wenn das Beschwerdegericht nicht nur einzelnes Vorbringen, sondern im Ergebnis die Beschwerde nur teilweise verwirft oder nur teilweise zurückweist, entsteht zwar grundsätzlich ebenfalls die Verfahrens-Festgebühr nach S 1. Hierher kann der Übergang von einer Einmalzahlung zur Ratenzahlungs-Bewilligung zählen, LAG Köln NZA-RR 04, 662. Das Gericht „kann" aber im Rahmen eines pflichtgemäßen „billigen" Ermessens diese Festgebühr entweder ermäßigen oder ihre völlige Nichterhebung bestimmen. Das Beschwerdegericht muß erkennen lassen, daß es im Rahmen seines Ermessens zB den Grad der Verwerfung oder Zurückweisung und ein etwaiges schuldhaftes Verhalten des Beschwerdeführers sowie alle sonst objektiv erheblichen Umstände abgewogen hat. Eine Ergänzung ist entsprechend § 43 FamFG, § 321 I ZPO möglich.

Eine Ermäßigung kommt grundsätzlich (Ausnahme Rn 5) nur *bis zur Hälfte* der Festgebühr in Betracht, also von 50/100 EUR auf mindestens 25/50 EUR. Ist dieser Betrag noch zu hoch, darf das Gericht nicht etwa auf die Mindestgebühr des § 33 von 10 EUR ermäßigen, sondern muß die völlige Nichterhebung bestimmen.

4 **4) Rechtzeitige volle Zurücknahme, S 3.** Wenn der Beschwerdeführer die sofortige Beschwerde voll und wirksam zurücknimmt, bevor das Beschwerdegericht sie auch nur teilweise verworfen oder zurückgewiesen hat, entsteht nach der zwingenden

Regelung des S 3 keine Gebühr. Das Gericht darf nur etwaige Auslagen erheben. Maßgeblich ist einerseits der Posteingangsstempel oder der sonstige Eingangsvermerk des Beschwerdegerichts wegen der Zurücknahme, andererseits derjenige Zeitpunkt, zu dem das Gericht die Beschwerdeentscheidung verkündet oder sie mangels einer Verkündung dem Urkundsbeamten der Geschäftsstelle des Beschwerdegerichts endgültig in vollem Text und mit allen Unterschriften zur Hinausgabe übergeben hat, Schmidt FGPrax **96**, 41. Im Zweifel ist die Rücknahme der Beschwerde rechtzeitig erfolgt. Eine teilweise Rücknahme reicht nicht aus.

5) Höchstgebühr, S 4. Durch die Verweisung darauf, daß § 131 V unberührt bleibt, stellt S 4 klar, daß auch die Festgebühr nach S 1, 2 nicht entsteht, soweit sich die Beschwerde gegen eine Entscheidung des Betreuungsgerichts richtet und soweit sie der Minderjährige, der Betreute oder der Pflegebefohlene oder jemand im Interesse einer dieser Personen eingelegt hat. Sie ist dann gebührenfrei, aber nicht schon deshalb auch auslagenfrei. Die bloße Bedürftigkeit führt noch nicht zur Gebührenfreiheit, Mü Rpfleger **87**, 456.

6) Fälligkeit, Kostenschuldner, S 1–4. Die Fälligkeit richtet sich nach § 7. *Kostenschuldner* ist nur der Beschwerdeführer, § 2 Z 1. Denn § 3 Z 1 ist unanwendbar (keine Entscheidung über Gerichtskosten).

7) Rechtsmittel, S 1–4. Gegen die Entscheidung nach S 2 ist wegen der Verweisung von § 76 FamFG auf §§ 114 ff ZPO und damit auch indirekt auf § 574 ZPO eigentlich keine Rechtsbeschwerde zulässig, BLAH § 127 ZPO Rn 101. Daran ändert auch S 1 mit seiner besonderen Gebühr im Rechtsbeschwerdeverfahren nichts. Denn S 1 gilt nur bei deren Verwerfung.

Beschwerden in bestimmten Registersachen

131c *Fassung 1. 9. 2009:* **I** ¹Für das Verfahren über Beschwerden gegen Entscheidungen, die sich auf solche Tätigkeiten des Registergerichts beziehen, für die Gebühren aufgrund einer Rechtsverordnung nach § 79a zu erheben sind, wird das Doppelte der Gebühr erhoben, die in der Rechtsverordnung für die Zurückweisung der Anmeldung vorgesehen ist, wenn die Beschwerde verworfen oder zurückgewiesen wird. ²Wird die Beschwerde nur teilweise verworfen oder zurückgewiesen, wird das Doppelte der Gebühr erhoben, die in der Rechtsverordnung für die Zurückweisung dieses Teils der Anmeldung vorgesehen ist.

II ¹Wird die Beschwerde zurückgenommen, bevor eine Entscheidung über sie ergangen ist, wird das Doppelte der Gebühr erhoben, die in einer Rechtsverordnung nach § 79a für die Zurücknahme der Anmeldung vorgesehen ist. ²Wird die Beschwerde nur teilweise zurückgenommen, wird das Doppelte der Gebühr erhoben, die in der Rechtsverordnung für die Zurücknahme dieses Teils der Anmeldung vorgesehen ist.

III Für das Verfahren über die Rechtsbeschwerde sind die Absätze 1 und 2 mit der Maßgabe anzuwenden, dass das Dreifache der Gebühr erhoben wird.

Vorbem. Zunächst I, II eingefügt dch Art 1 Z 11 HRegGebNeuOG v 3. 7. 05, BGBl 1410, in Kraft seit 1. 12. 04, Art 5 S 2 HRegGebNeuOG, Übergangsrecht § 164 KostO. Sodann III angefügt dch Art 47 II Z 33 FGG-RG v 17. 12. 08, BGBl 2586, in Kraft seit 1. 9. 09, Art 112 I Hs 1 FGG-RG, Übergangsrecht Art 111 FGG-RG, Grdz 2 vor § 1 FamGKG, Teil I B dieses Buchs.

1) Systematik, I–III. Es handelt sich um eine gegenüber § 131 vorrangige „andere Bestimmung" nach dort I 1. Sie schließt sich allerdings dem Grunde nach erkennbar der Struktur des § 131 an. Daher läßt sich dessen Kommentierung insoweit voll mitverwerten. Nur zur Höhe bringt § 131c erhebliche Abweichungen von § 131. Dort kosten eine Verwerfung oder Zurückweisung der Beschwerde nur 0,5 Gebühr und eine Zurücknahme nur 0,25 Gebühr. Im Bereich des § 131c kosten aber eine Verwerfung oder Zurückweisung das Doppelte und im Rechtsbeschwerdeverfahren das Dreifache der in §§ 3–5 HRegGebVO, Anh § 79a, genannten Gebühren, also zB eine Zurücknahme wegen § 3 I HRegGebVO immerhin zweimal 75% = 150% (statt 50%)

KostO §§ 131c, 131d III. Kostenordnung

oder gar dreimal 75% = 225%, mithin das Dreifache oder gar mehr als das Vierfache der nach § 131 anfallenden Gebühr usw.

2 **2) Regelungszweck, I–III.** Die derart drastische Erhöhung der Beschwerdegebühren soll einen Ausgleich für die gegenüber dem alten Recht vielfach erhebliche Absenkung der erstinstanzlichen Gebühren bringen. Zugleich erzielt man damit natürlich eine gewisse Verringerung der Beschwerdeverfahren mittels einer Abschreckung wegen der Gebühren. Im übrigen bleibt wegen der auch bei § 131 c vorhandenen Berechnung von Festgebühren für eine Auslegung wenig Raum. Sie muß die eben skizzierten Zwecke mitbeachten.

3 **3) Volle Verwerfung oder Zurückweisung, I 1, III.** Sie kostet das Doppelte und bei III das Dreifache der jeweils in der HRegGebVO genannten Gebühr. Das sind bei § 4 I HRegGebVO 240%/360% der für die Eintragung nach dem GVHR entstehenden Gebühr. Bei § 4 II HRegGebVO muß man wegen jeder Tatsache, die zur Verwerfung oder Zurückweisung führt, 240%/360% der Eintragungsgebühr ansetzen. Allerdings beträgt die Höchstgebühr dann nach § 4 IV HRegGebVO 400 EUR.

4 **4) Teilweise Verwerfung oder Zurückweisung, I 2, III.** Es gilt dasselbe Berechnungsprinzip wie bei voller Verwerfung usw. Jedoch darf man nur diejenige Gebühr verdoppeln, die für eine Zurückweisung dieses Teils der Anmeldung gilt. Betrifft die teilweise Zurückweisung mehrere Tatsachen, muß man wegen jeder dieser Tatsachen nach § 4 III in Verbindung mit I HRegGebVO von zweimal/dreimal 120 = 240%/360% der einschlägigen Anmeldeteilgebühr ausgehen. Auch dann entsteht eine absolute Höchstgebühr von 400 EUR, nicht etwa von einem Teil jener 400 EUR. Nach § 5 HRegGebVO muß man im übrigen bei mehreren Tatsachen oder Prokuren und teilweiser Zurückweisung von den Gebühren 1506, 2502, 3502, 4001 GVHR ausgehen.

Beispiel: Zunächst Antrag auf Eintragung einer weiteren Tatsache auf Grund derselben Anmeldung. Eintragungsgebühr an sich 30 EUR, GVHR 1506. Sodann Zurückweisung wegen dieser weiteren Tatsache in der Beschwerdeinstanz. Wegen dieser Teilzurückweisung nach § 4 III HRegGebVO in Verbindung mit § 4 I HRegGebVO zunächst 120% von 30 EUR = 36 EUR × 2 = 72 EUR.

5 **5) Volle Zurücknahme, II 1, III.** Bei einer wirksamen Rücknahme vor der Hinausgabe = „Ergehen" nach II 1, BLAH § 329 ZPO Rn 26, entsteht dieselbe Verdoppelung/Verdreifachung wie bei einer vollen Verwerfung oder Zurückweisung. Das sind bei § 3 I HRegGebVO 150%/225% der für die Eintragung nach dem GVHR entstehenden Gebühr. Bei § 3 II HRegGebVO muß man wegen jeder Tatsache, die zur Rücknahme führt, 150%/225% der Eintragungsgebühr ansetzen. Allerdings beträgt die Höchstgebühr dann nach § 3 IV HRegGebVO 250 EUR.

6 **6) Teilweise Verwerfung oder Zurückweisung, II 2.** Es gilt dasselbe Berechnungsprinzip wie bei voller Zurücknahme. Jedoch darf man nur diejenige Gebühr verdoppeln, die bei einer Zurücknahme dieses Teils der Anmeldung gilt. Betrifft die teilweise Zurücknahme mehrere Tatsachen, muß man wegen jeder dieser Tatsachen nach § 3 III in Verbindung mit I HRegGebVO von zweimal 75 = 150%/dreimal = 225% der einschlägigen Anmeldegebühr ausgehen. Auch dann entsteht eine absolute Höchstgebühr von 250 EUR, nicht etwa von einem Teil jener 250 EUR. Nach § 5 HRegGebVO muß man im übrigen bei mehreren Tatsachen oder Prokuren und teilweiser Rücknahme von den Gebühren 1506, 2502, 3502, 4001 GVHR ausgehen.

Rüge wegen Verletzung des Anspruchs auf rechtliches Gehör

131d *Fassung 1. 9. 2009:* [1] **Für das Verfahren über die Rüge wegen Verletzung des Anspruchs auf rechtliches Gehör (§ 44 des Gesetzes über das Verfahren in Familiensachen und in den Angelegenheiten der freiwilligen Gerichtsbarkeit, auch in Verbindung mit § 81 Abs. 3 der Grundbuchordnung und § 89 Abs. 3 der Schiffsregisterordnung) wird eine Gebühr von 50 Euro erhoben, wenn die Rüge in vollem Umfange verworfen oder zurückgewiesen wird.** [2] **Wird die Rüge zurückgenommen, bevor eine Entscheidung über sie ergangen ist, wird keine Gebühr erhoben.** [3] **§ 131 Abs. 5 gilt entsprechend.**

1. Teil. Gerichtskosten **§§ 131d, 132 KostO**

Vorbem. S 1, 3 geändert dch Art 47 II Z 34a, b FGG-RG v 17. 12. 08, BGBl 2586, in Kraft seit 1. 9. 09, Art 112 I Hs 1 FGG-RG, Übergangsrecht Art 111 FGG-RG, Grdz 2 vor § 1 FamGKG, Teil I B dieses Buchs.

Bisherige Fassung S 1, 3: [1]**Für das Verfahren über die Rüge wegen Verletzung des Anspruchs auf rechtliches Gehör (§ 29 a des Gesetzes über die Angelegenheiten der freiwilligen Gerichtsbarkeit, auch in Verbindung mit § 81 Abs. 3 der Grundbuchordnung und § 89 Abs. 3 der Schiffsregisterordnung) wird eine Gebühr von 50 Euro erhoben, wenn die Rüge in vollem Umfang verworfen oder zurückgewiesen wird.** [3]**§ 131 Abs. 3 gilt entsprechend.**

1) Systematik, S 1–3. § 157a regelt das in allen Gerichtsbarkeiten nach dem Vorbild des § 321a ZPO eingeführte Verfahren der Anhörungsrüge. § 131d bringt die zugehörige Gebührenvorschrift. Sie ähnelt beim GKG, Teil I A dieses Buchs, den KV 3900, 4500. **1**

2) Regelungszweck, S 1–3. Dem Zweck der Entlastung des BVerfG nach § 157a Rn 2 dient auch die ziemlich maßvolle Festgebühr mit ihrer Begrenzung auf eine Vollwerfung oder -zurückweisung. Diesen Zweck entspricht auch eine nicht allzu enge Auslegung. Andererseits bleibt das aus dem Wort „nur" in § 1 I 1 ableitbare Gebot einer Kostenfreiheit mangels eindeutiger Kostenpflicht auch bei § 131d bestehen. Die Auslegung muß beide Spannungspole beachten. **2**

3) Geltungsbereich, S 1–3. S 1 nennt abschließend die in § 44 FamFG auch in Verbindung mit § 81 III GBO und § 89 III Schiffsregisterordnung geregelten Rügeverfahren. **3**

4) Festgebühr, S 1. Sie beträgt 50 EUR. Sie entsteht nur bei einer vollen Verwerfung als unstatthaft oder als unzulässig oder bei einer vollen Zurückweisung der Rüge als unbegründet. Bei einem Geschäftswert bis 32 000 EUR kommt OVG Hbg NVwZ 04, 60 in einer als verfassungskonform bezeichneten Auslegung wegen des Gebots der Verhältnismäßigkeit statt der Festgebühr zu einer 0,5 Gebühr. **4**

5) Keine Gebühr bei Rücknahme, S 2. Falls der Rügeführer die Anhörungsrüge voll und unbedingt zurücknimmt, bevor das Gericht über sie entschieden hat, entsteht keine Gebühr. Eine nur teilweise oder eine unwirksame Rücknahme reicht nicht. Für die Wirksamkeit ist der Eingang auf der Eingangsgeschäftsstelle des zuständigen Gerichts maßgeblich. Die Entscheidung ist ergangen, sobald sie aus der Geschäftsstelle in den Geschäftsgang gelangt ist, um nach außen zu dringen, wie stets, zB im Zivilprozeß BLAH § 329 ZPO Rn 24, aM KLBR 8. Es empfiehlt sich, beide Zeitpunkte minutengenau aktenkundig zu machen. Im Zweifel wegen § 1 I 1 zugunsten des Kostenschuldners. **5**

6) Geschäftswert, S 3. S 3 verweist auf § 131 V. Dort ergibt sich der Wert nach § 30. Bei einer Festgebühr wie derjenigen nach Rn 4 interessiert aber kein Wert. Die Vorschrift ist also inhaltslos. **6**

7) Fälligkeit, Kostenschuldner, S 1–3. Die Fälligkeit richtet sich nach § 7. *Kostenschuldner* ist der Rügeführer nach § 2 Z 1. **7**

Beglaubigte Ablichtungen oder Ausdrucke

132 Soweit nichts anderes bestimmt ist, wird bei der Erteilung beglaubigter Ablichtungen oder Ausdrucke der vom Gericht erlassenen Entscheidungen sowie der von ihm aufgenommenen oder in Urschrift in seiner dauernden Verwahrung befindlichen Urkunden eine Beglaubigungsgebühr nicht erhoben.

Vorbem. Überschrift und Text geändert dch Art 14 II Z 13 JKomG v 22. 3. 05, BGBl 837, in Kraft seit 1. 4. 05, Art 16 I JKomG, Übergangsrecht § 161 KostO.

1) Systematik, Regelungszweck. § 132 gilt nur für die Gerichtsgebühren. Für die Auslagen gilt § 136. § 132 stellt für die dort genannten Fälle beglaubigter Ablichtungen oder Ausdrucke der elektronischen Fassung in Übereinstimmung mit § 1 I 1 den Grundsatz der Gebührenfreiheit auf. Die Vorschrift macht aber zugleich deutlich, **1**

daß etwa abweichende Sonderregeln den Vorrang haben. Zu ihnen gehören §§ 55, 73, 89 I, 126 III, 127 I. Wegen der Rückkehr zum Grundsatz der Gebührenfreiheit darf und muß man § 132 als eine Ausnahme von der Ausnahme weit auslegen, § 1 Rn 2.

Auch beim *Notar* gilt § 132 nach § 141.

2 **2) Geltungsbereich.** Eine Gebührenfreiheit und nicht Auslagenfreiheit besteht für die Erteilung einer beliebigen Zahl beglaubigter Ablichtungen oder Ausdrucke, soweit eine der folgenden Voraussetzungen vorliegt.

A. Entscheidung. Es muß sich um die Erteilung einer beglaubigten Ablichtung oder eines Ausdrucks der elektronischen Fassung einer gerichtlichen Entscheidung handeln. Die Entscheidung kann formell ein Beschluß oder eine Verfügung, auch eine einstweilige Anordnung, und inhaltlich beliebiger Art gewesen sein. Auch eine Zwischenentscheidung reicht aus, ebenso eine Nebenentscheidung über die unten genannten hinaus. Die Entscheidung braucht nicht von demjenigen Gericht zu stammen, das die beglaubigte Ablichtung usw erteilt.

Ob eine Entscheidung vorliegt, darf und muß man in einer *weiten Auslegung* ermitteln, Rn 1. Eine Entscheidung fehlt bei einer lediglich vorbereitenden, prozeßleitenden, verfahrensfördernden, keinerlei Erörterung der Zulässigkeit und/oder Begründetheit enthaltenden Äußerung des Gerichts. Auch ein Protokoll ist keine Entscheidung. Es kann aber natürlich eine Entscheidung enthalten und steht dieser gleich, soweit die Entscheidung nur in der Protokollform vorliegt.

3 **B. Vom Gericht aufgenommene Urkunde.** Die Erteilung der beglaubigten Ablichtung usw einer Urkunde ist gebührenfrei, soweit das Gericht die Urkunde nach §§ 8 ff, 36 ff, 39 BeurkG „aufgenommen" hatte, sie also nicht nur beglaubigt hatte. Hierher zählt zB die Niederschrift über eine gerichtliche Verhandlung, nicht aber ein Protokoll nur über die Entgegennahme einer Erklärung oder eines Antrags nach § 25 FamFG.

Demgegenüber erhält der Notar nur die *Dokumentenpauschale* nach § 136 für eine von ihm beglaubigte Ablichtung usw einer von ihm entworfenen Urkunde, BayObLG **80**, 162.

4 **C. Dauernd verwahrte Urkunde.** Die Erteilung einer beglaubigten Ablichtung usw einer Urkunde ist insoweit gebührenfrei, als das Gericht diese Urkunde in ihrer Urschrift oder in einer der Urschrift gleichstehenden Ausfertigung in seiner dauernden Verwahrung hat. Die Verwahrung muß auf Grund einer gesetzlichen Pflicht bestehen, zB nach §§ 45, 51, 55 BNotO. Auch eine letztwillige Verfügung kann hierher zählen. Sie muß dauernd sein. Sie muß die Urschrift umfassen. Hierher gehört zB eine von einem deutschen Konsul aufgenommene Urkunde.

Nicht hierher gehört eine solche Urkunde, die sich zwar bei den Sachakten befindet, zu denen jemand sie eingereicht hat, die das Gericht aber nicht auf Grund einer besonderen gesetzlichen Vorschrift dauernd verwahren muß, sondern nur für die Verfahrensdauer verwahrt. Dann gilt § 55.

5 **D. Erteilung.** Erteilung ist der Vorgang der Übernahme der Verantwortung für die Richtigkeit der beglaubigten Ablichtung usw. Daher liegt eine Erteilung auch insoweit vor, als ein Beteiligter die Ablichtung usw selbst angefertigt hat und das Gericht sie nur beglaubigte. Auch die Erteilung einer Ausfertigung zählt hierher.

6 **3) Dokumentenpauschale.** Auch unter den Voraussetzungen des § 132 kann eine Pflicht zur Zahlung einer Dokumentenpauschale nach § 136 entstehen.

Vollstreckbare Ausfertigungen

133 [1]Für die Erteilung vollstreckbarer Ausfertigungen von gerichtlichen oder notariellen Urkunden wird die Hälfte der vollen Gebühr erhoben, wenn der Eintritt einer Tatsache oder einer Rechtsnachfolge zu prüfen ist (§§ 726 bis 729 der Zivilprozeßordnung) oder es sich um die Erteilung einer weiteren vollstreckbaren Ausfertigung handelt. [2]Das gleiche gilt im Fall der Erteilung vollstreckbarer Ausfertigungen einer bestätigten Auseinandersetzung sowie in ähnlichen Fällen.

1. Teil. Gerichtskosten § 133 KostO

Gliederung

1) Systematik, Regelungszweck, S 1, 2	1
2) Geltungsbereich, S 1, 2	2–9
A. Urteilsmäßige Voraussetzungen der Zwangsvollstreckung, § 726 ZPO, § 95 I FamFG	3
B. Rechtsnachfolge, § 727 ZPO, § 95 I FamFG	4
C. Nacherbe, Testamentsvollstrecker, § 728 ZPO, § 95 I FamFG	5
D. Vermögens- und Firmenübernehmer, § 729 ZPO, § 95 I FamFG	6
E. Weitere Einzelfragen	7
F. Weitere vollstreckbare Ausfertigung, § 733 ZPO, § 95 I FamFG	8
G. Bestätigte Auseinandersetzung und ähnliche Fälle, S 2	9
3) Gebühr, S 1, 2	10
4) Geschäftswert, S 1, 2	11
5) Auslagen, S 1, 2	12
6) Fälligkeit, Kostenschuldner, S 1, 2	13

1) Systematik, Regelungszweck, S 1, 2. Die Erteilung einer vollstreckbaren 1
Ausfertigung einer gerichtlichen oder notariellen Urkunde nach § 794 I Z 5 ZPO,
§ 95 I FamFG ist zwecks einer Kostendämpfung grundsätzlich gebührenfrei, § 1
Rn 9, BayObLG **87**, 447, KG DNotZ **79**, 437. Das gilt auch insoweit, als das AG
eine notarielle Urkunde verwahrt. Daher entsteht eine Gebühr nach § 133. Ihr gegenüber
hat § 144 den Vorrang. Ebenso hat § 147 einen Vorrang, BayObLG **87**, 447,
Bre Rpfleger **89**, 172, Düss DNotZ **90**, 678, aM KLBR 3 (aber § 147 ist spezieller).
Die Gebühr nach § 133 entsteht freilich nur in den in § 133 genannten Ausnahmefällen,
BayObLG DNotZ **79**, 55 und 447. Sie entsteht also zB nicht dann, wenn das
Gericht eine nur klarstellende Umschreibung vornimmt, etwa wegen einer Heirat
oder sonstiger Namensänderungen, Bre Rpfleger **89**, 172, aM KLBR 16, oder wenn
es nur um die Berichtigung einer Parteibezeichnung geht, Hamm MDR **94**, 1151,
aM KLBR 16 (aber solche Vorgänge grenzen oft sogar an § 16).
Die Gebühr steht insoweit, als der Notar die vollstreckbare *Ausfertigung* erteilt, ihm
auch unter den Voraussetzungen des § 797 III ZPO, § 95 I FamFG zu. §§ 143 II 2,
144 haben Vorrang.

2) Geltungsbereich, S 1, 2. Die Erteilung einer vollstreckbaren Ausfertigung 2
ist insoweit nach § 133 gebührenpflichtig, als das Gericht oder der Notar den Eintritt
einer Tatsache oder einer Rechtsfolge nach §§ 726–729 ZPO prüfen muß,
BayObLG **87**, 448.
Unanwendbar ist § 133 bei einer Antragsrücknahme oder -zurückweisung. Dann
gilt § 130.

A. Urteilsmäßige Voraussetzungen der Zwangsvollstreckung, § 726 ZPO, 3
§ 95 I FamFG. Hier geht es um die Prüfung, ob die Vollstreckung nach dem Inhalt
der Urkunde von dem durch den Gläubiger zu beweisenden Eintritt einer anderen
Tatsache als einer vom Gläubiger geschuldeten Sicherheitsleistung abhängt, etwa von
einer aufschiebenden Bedingung, Lappe DNotZ **83**, 545 (Rechtskraft einer Scheidungsvereinbarung),
oder ob die Vollstreckung von einer Zug um Zug bewirkbaren
Leistung des Gläubigers an den Schuldner abhängt.
Nicht ausreichend ist eine Prüfung ohne eine Notwendigkeit, Celle JB **01**, 376,
ebensowenig die Prüfung einer sonstigen Tatsache, Reimann MittBayNot **78**, 199.

B. Rechtsnachfolge, § 727 ZPO, § 95 I FamFG. Hier geht es darum, ob die 4
Rechtsnachfolge oder das Besitzverhältnis offenkundig sind oder ob man sie durch
öffentliche oder öffentlich beglaubigte Urkunden nachweisen kann. Wegen der zahlreichen
Fälle einer Rechtsnachfolge BLAH § 727 ZPO Rn 4 ff.
Nicht hierher gehören die bloße Umschreibung ohne einen Wechsel der erkennbaren
Nämlichkeit, Hamm FGPrax **95**, 77, KG JB **93**, 226, Lappe NJW **01**, 1254, aM
Düss JB **90**, 634, oder eine bloße Berichtigung, Schlesw JB **92**, 483 (abl Wolfsteiner
DNotZ **92**, 825).

C. Nacherbe, Testamentsvollstrecker, § 728 ZPO, § 95 I FamFG. Hier geht 5
es um die Erteilung einer vollstreckbaren Ausfertigung für oder gegen den Nacherben,
bei der § 727 ZPO entsprechend anwendbar ist, oder um die Erteilung einer
vollstreckbaren Ausfertigung für oder gegen den Erben bei einer solchen Urkunde,
die gegenüber einem Testamentsvollstrecker wirksam ist.

6   **D. Vermögens- und Firmenübernehmer, § 729 ZPO, § 95 I FamFG.** Hier geht es um die Erteilung einer vollstreckbaren Ausfertigung gegen einen derartigen Übernehmer.

7   **E. Weitere Einzelfragen.** Auch die Feststellung, ob eine Umwandlung im Genossenschaftsregister eingetragen steht, läßt sich als eine notwendige Prüfung des Eintritts einer Tatsache einordnen, aM KG DNotZ **79**, 437. Auch bei einer Umschreibung sowohl wegen eines Gläubigerwechsels als auch wegen eines Schuldnerwechsels entsteht nur die 0,5 Gebühr nach § 133, KG Rpfleger **80**, 123.

8   **F. Weitere vollstreckbare Ausfertigung, § 733 ZPO, § 95 I FamFG.** Gebührenpflichtig ist auch eine solche Erteilung. Keine weitere Ausfertigung liegt dann vor, wenn man die erste der erteilenden Stelle endgültig zurückgegeben und so dauernd aus dem Rechtsverkehr gezogen hat, Hamm MDR **88**, 592.

9   **G. Bestätigte Auseinandersetzung und ähnliche Fälle, S 2.** Hierher gehört auch eine bestätigte Dispache. Man rechnet auch einen Kostenfestsetzungsbeschluß hierher.

10 **3) Gebühr, S 1, 2.** Für jede nach vorstehenden Regeln gebührenpflichtige Erteilung entsteht grundsätzlich 0,5 Gebühr. Beim Notar haben §§ 143 II 2, 144 den Vorrang, Rn 1. Eine „Erteilung" liegt auch insoweit vor, als der Beteiligte den Text der Ausfertigung selbst geschrieben hat und eben nur die formelle vollstreckbare Ausfertigung vom Gericht oder Notar herstellen läßt. Bei mehreren Rechtsnachfolgern nach Rn 4 kann evtl die Gebühr nur einmal entstehen, KG DNotZ **80**, 771, Mümmler JB **88**, 443.

11 **4) Geschäftswert, S 1, 2.** Für den Geschäftswert gelten dieselben Regeln wie bei einer Beurkundung, §§ 36 ff, BayObLG FGPrax **00**, 42.

12 **5) Auslagen, S 1, 2.** Neben der 0,5 Gebühr nach § 133 entsteht keine Dokumentenpauschale nach § 136. Denn die Erteilungsgebühr gilt die gesamte Erteilung und nicht etwa nur die Erteilung der Vollstreckungsklausel ab, BayObLG **87**, 427, aM KLBR 8.

13 **6) Fälligkeit, Kostenschuldner, S 1, 2.** Die Fälligkeit richtet sich nach § 7. Den *Kostenschuldner* muß man nach §§ 2 ff ermitteln.

Fassung 1. 9. 2009:

Vollstreckung

134 I ¹Für die Anordnung

1. der Vornahme einer vertretbaren Handlung durch einen Dritten und

2. von Zwangs- oder Ordnungsmitteln

wird eine Gebühr in Höhe von 15 Euro erhoben. ²Mehrere Anordnungen nach Nummer 2 gelten als eine Anordnung, wenn sie dieselbe Verpflichtung betreffen. ³Dies gilt nicht, wenn Gegenstand der Verpflichtung die wiederholte Vornahme einer Handlung oder eine Unterlassung ist.

II ¹Für das Verfahren zur Abnahme der eidesstattlichen Versicherung wird eine Gebühr von 30 Euro erhoben. ²Die Gebühr entsteht mit der Anordnung des Gerichts, dass der Verpflichtete eine eidesstattliche Versicherung abzugeben hat, oder mit dem Eingang des Antrags des Berechtigten.

III Für Vollstreckungshandlungen des Vollstreckungsgerichts werden Kosten nach dem Gerichtskostengesetz erhoben.

IV ¹Für das Verfahren über den Antrag auf Erteilung einer weiteren vollstreckbaren Ausfertigung (§ 733 der Zivilprozessordnung) wird eine Gebühr von 15 Euro erhoben. ²Die Gebühr fällt für jede weitere vollstreckbar Ausfertigung gesondert an.

Vorbem. Fassg Art 47 II Z 35 FGG-RG v 17. 12. 08, BGBl 2586, in Kraft seit 1. 9. 09, Art 112 I Hs 1 FGG-RG, Übergangsrecht Art 111 FGG-RG, Grdz 2 vor § 1 FamGKG, Teil I B dieses Buchs.

1. Teil. Gerichtskosten §§ 134–136 KostO

Bisherige Fassung: **Vollstreckungshandlungen**

134 Für die Vornahme von gerichtlichen Vollstreckungshandlungen in Angelegenheiten der freiwilligen Gerichtsbarkeit werden, soweit nichts anderes bestimmt ist, die für solche Handlungen im Gerichtskostengesetz vorgesehenen Gebühren erhoben.

1) Anordnung einer Handlung, Zwangs- und Ordnungsmittel, I. Es geht 1 um zwei ganz verschiedene Anordnungsarten. *I 1 Z 1* erfaßt diejenige einer vertretbaren Handlung. Das ist derselbe Begriff wie bei § 887 ZPO, BLAH dort Rn 6, 20 ff mit zahlreichen Beispielen. Man muß eine vertretbare von einer nach § 888 ZPO unvertretbaren Handlung unterscheiden. Bei der letzteren gilt I 1 Z 1 nicht. *I 1 Z 2* erfaßt die Zwangs- und Ordnungsmittelanordnung zB nach §§ 178, 388 ff FamFG. Mehrere Anordnungen nach I 1 Z 2 wegen derselben Verpflichtung gelten nach *I 2* als nur eine Anordnung, freilich nach *I 3* evtl nicht so.

2) Abnahme einer eidesstattlichen Versicherung, II. Es geht um jede im 2 FamFG genannte solche Maßnahme, zB nach §§ 31, 94, 361, 413 FamFG.

3) Vollstreckungshandlung des Vollstreckungsgerichts, III. Es muß gerade das 3 Vollstreckungsgericht des § 764 ZPO in Verbindung mit § 95 I FamFG und nicht das Verfahrensgericht tätig sein, auch nicht der Gerichtsvollzieher etwa nach § 95 I FamFG in Verbindung mit §§ 899 ff ZPO. Denn er zählt nicht zum Vollstreckungsgericht.

4) Weitere vollstreckbare Ausfertigung, IV. Es geht um die nach § 95 I in 4 Verbindung mit § 733 ZPO infragekommende und nach der allgemeinen letzteren Vorschrift auch außerhalb der in § 95 I Z 1–5 FamFG anwendbare Erteilung einer solchen weiteren Ausfertigung. Das letztere gilt trotz der scheinbaren Beschränkung des *IV 1* auf die Fälle § 733 ZPO. Jede weitere vollstreckbare Ausfertigung kostet extra, *IV 2*.

5) Gebührenhöhen, I–IV. I 1, II 1, IV 1 sehen je Fall eine Festgebühr unterschied- 5 licher Höhe vor. III verweist auf das GKG, nicht etwa auf das FamGKG. Vgl also Teil I A dieses Buchs, dort KV 2111 (ebenfalls Festgebühr 15 EUR). Im Ergebnis gelten also bei I–IV Festgebühren. Daher besteht kein Anlaß zur Klärung eines Werts.

6) Fälligkeit, Kostenschuldner, I–IV. Nur II 2 nennt den Fälligkeitszeitpunkt, 6 nämlich den etwaigen Antragseingang eines Berechtigten oder mangels eines Antrags im Verfahren von Amts wegen den Zeitpunkt des Hinausgehens der Anordnung des Gerichts. Im übrigen gilt § 7.

Wer *Kostenschuldner* ist, folgt aus § 2.

Rechtskraftzeugnisse, Kostenfestsetzung

135 Für die Erteilung von Rechtskraftzeugnissen und für die gerichtliche Festsetzung der einem Beteiligten zu erstattenden Kosten werden Gebühren nicht erhoben.

1) Geltungsbereich. Das Rechtskraftzeugnis nach § 46 FamFG und die Kosten- 1 festsetzung nach § 85 FamFG, §§ 103 ff ZPO sind gebührenfrei. Es entsteht insofern auch keine Dokumentenpauschale nach § 136. Indessen kann nach § 133 eine Gebühr für die Erteilung einer vollstreckbaren Ausfertigung des Festsetzungsbeschlusses entstehen.

Dritter Abschnitt. Auslagen

Dokumentenpauschale

136 *Fassung 1. 9. 2009:* [I] [1] Eine Dokumentenpauschale wird erhoben für
1. Ausfertigungen, Ablichtungen oder Ausdrucke, die auf Antrag erteilt, angefertigt oder per Telefax übermittelt werden;

KostO § 136 III. Kostenordnung

2. Ausfertigungen und Ablichtungen, die angefertigt werden müssen, weil zu den Akten gegebene Urkunden, von denen eine Ablichtung zurückbehalten werden muss, zurückgefordert werden; in diesem Fall wird die bei den Akten zurückbehaltene Ablichtung gebührenfrei beglaubigt.
² § 191 a Abs. 1 Satz 2 des Gerichtsverfassungsgesetzes bleibt unberührt.

II ¹ Die Dokumentenpauschale beträgt unabhängig von der Art der Herstellung in derselben Angelegenheit, in gerichtlichen Verfahren in demselben Rechtszug und bei Dauerbetreuungen und -pflegschaften in jedem Kalenderjahr für die ersten 50 Seiten 0,50 Euro je Seite und für jede weitere Seite 0,15 Euro.
²Die Höhe der Dokumentenpauschale ist für jeden Kostenschuldner nach § 2 gesondert zu berechnen; Gesamtschuldner gelten als ein Schuldner.

III Für die Überlassung von elektronisch gespeicherten Dateien anstelle der in Absatz 1 Nr. 1 genannten Ausfertigungen, Ablichtungen und Ausdrucke beträgt die Dokumentenpauschale je Datei 2,50 Euro.

IV Frei von der Dokumentenpauschale sind
1. bei Beurkundungen von Verträgen zwei Ausfertigungen, Ablichtungen oder Ausdrucke, bei sonstigen Beurkundungen eine Ausfertigung, eine Ablichtung oder ein Ausdruck;
2. für jeden Beteiligten und seinen bevollmächtigten Vertreter jeweils
   a) eine vollständige Ausfertigung oder Ablichtung oder ein vollständiger Ausdruck jeder gerichtlichen Entscheidung und jedes vor Gericht abgeschlossenen Vergleichs,
   b) eine Ausfertigung ohne Entscheidungsgründe und
   c) eine Ablichtung oder ein Ausdruck jeder Niederschrift über eine Sitzung.

Vorbem. I 1 Z 1, III, IV geändert dch Art 14 II Z 14 a–c JKomG v 22. 3. 05, BGBl 837, in Kraft seit 1. 4. 05, Art 16 I JKomG. Übergangsrecht §§ 161 ff KostO. Sodann II 1 geändert dch Art 47 II Z 35 FGG-Rg v 17. 12. 08, BGBl 2586, in Kraft seit 1. 9. 09, Art 112 I Hs 1 FGG-RG, Übergangsrecht Art 111 FGG-RG, Grdz 2 vor § 1 FamGKG, Teil I B dieses Buchs.

Bisherige Fassung II 1: II ¹ Die Dokumentenpauschale beträgt unabhängig von der Art der Herstellung in derselben Angelegenheit, in gerichtlichen Verfahren in demselben Rechtszug und bei Vormundschaften, Dauerbetreuungen und -pflegschaften in jedem Kalenderjahr für die ersten 50 Seiten 0,50 Euro je Seite und für jede weitere Seite 0,15 Euro.

Gliederung

1) Systematik, I–IV	1
2) Regelungszweck, I–IV	2
3) Geltungsbereich, I–IV	3
4) Auslagenpflicht, I 1	4–7
A. Antrag, I 1 Z 1	4
B. Zurückforderung, I 1 Z 2	5
C. Endgültigkeit, I 1 Z 3	6, 7
5) Auslagenfreiheit, I 2, IV	8–16
A. Blindenschrift usw, I 2	9
B. Beurkundung, IV Z 1	10, 11
C. Entscheidung, Vergleich, IV Z 2 a	12, 13
D. Kurzausfertigung, IV Z 2 b	14
E. Protokollablichtung, IV Z 2 c	15
F. Weitere Ausfertigung usw bei Bevollmächtigtem, IV Z 2 a–c	16
6) Auslagenhöhe, II, III	17–20
A. Schreibwerk, II	17
B. „Angelegenheit", II	18
C. „Rechtszug", II	19
D. Elektronisch gespeicherte Datei, III	20
7) Fälligkeit, Auslagenschuldner, I–IV	21

1 **1) Systematik, I–IV.** Die Gebühren nach der KostO gelten zwecks einer Vereinfachung grundsätzlich das zugehörige Schreibwerk mit ab, § 35, LG Kref Rpfleger 82, 488, zumal man nach § 1 I 1 auch Auslagen nur in den gesetzlich bestimmten Fällen erheben darf. Das gilt zB für eine Ausfertigung oder Ablichtung oder einen

Ausdruck der elektronischen Fassung. § 136 regelt die Dokumentenpauschale grundsätzlich abschließend, BayObLG **89**, 264, Düss Rpfleger **83**, 177, Kblz RR **96**, 448. In einer Grundbuchsache gilt vorrangig § 73 IV, in einer Registersache gilt § 89 I. Eine Urschrift ist stets auslagenfrei. Zur Ausfertigung gehört der Vermerk über die Unterschriftsbeglaubigung oder die Benachrichtigung von einer Grundbucheintragung. Eine gleichlautende Urschrift ist nicht unbedingt die Voraussetzung einer Ausfertigung. „Ablichtung" ist jede beliebige Vervielfältigung eines Schriftstücks, vor allem durch Fotokopieren, LG Kref Rpfleger **82**, 488, oder durch Telefax. Das stellt I Z 1 klar. Wegen einer Ablichtung oder des Ausdrucks einer elektronischen Fassung gilt dasselbe wie beim GKG, KV 9000 Rn 1, Teil I A dieses Buchs.

Wegen der *Notare* vgl §§ 141, 151 a ff.

2) Regelungszweck, I–IV. Die erste Vorschrift der Gruppe §§ 136–138 bezweckt einerseits die Belastung des Kostenschuldners mit denjenigen Unkosten, die neben der Arbeit des Richters oder Rpfl anfallen und den Fiskus unvertretbar belasten würden. Andererseits macht II in einer Weiterführung des Wortes „nur" aus § 1 I 1 die Auslagenfreiheit in einem ziemlich weit zugunsten des Kostenschuldners gezogenen Teilrahmen deutlich. Man muß beide Gesichtspunkte bei der Auslegung behutsam abwägen. Dabei darf man auch hier den Grundsatz einer den Kostenschuldner wenn möglich schonenden Handhabung mitberücksichtigen, § 1 Rn 2.

3) Geltungsbereich, I–IV. Die Vorschrift gilt nur für das gerichtliche Verfahren, also für die Anordnung durch den Richter, Rpfl oder Urkundsbeamten vor oder nach dem Verfahrensende. Soweit die Justizverwaltung als solche durch wen auch immer tätig wird, gilt die JVKostO, Teil VIII A dieses Buchs. Das gilt zB auch bei einer Presseinformation durch eine Gerichtsperson.

4) Auslagenpflicht, I 1. I 1 Z 1, 2 ist schon wegen Rn 1, 2 eng auslegbar, BayObLG **89**, 265. KV 9000 ff und (jetzt) KVFam 2000 ff sind unanwendbar, BayObLG **89**, 265. Neben I muß man § 137 beachten. Im einzelnen entsteht eine Auslagenpflicht nach I 1, sofern eine der folgenden Voraussetzungen vorliegt.

A. Antrag, I 1 Z 1. Die Auslagenpflicht entsteht insoweit, als man die Ausfertigung oder Ablichtung oder einen Ausdruck der elektronischen Fassung gerade nur auf Grund eines Antrags erteilt, anfertigt oder per Telefax übermittelt, BayObLG **89**, 265. Soweit das Gericht von Amts wegen Kopien herstellen oder deren Herstellung dulden muß, entsteht keine Auslagenpflicht, Mü Rpfleger **06**, 603. Beim Telefax reicht eine ordnungsgemäße Aufgabe. Der Antrag muß sich speziell auf die Anfertigung oder Erteilung usw richten, nicht nur auf die Vornahme einer anderen gerichtlichen Maßnahme, LG Kref Rpfleger **82**, 488. Auf die Notwendigkeit der Erteilung usw kommt es nicht an. Die antragsgemäße Überführung der Ausfertigung oder Ablichtung in eine andere bereits vorhandene Akte reicht. Die Art der Vorlage ist unerheblich. Man muß die Ausnahmen von I 1 Z 1 in IV Z 1, 2 beachten.

Eine *Beglaubigungsgebühr* usw kann nach §§ 55, 132 zusätzlich entstehen.

Eine *Antragsrücknahme* vor der Anfertigung einer Ausfertigung ist auslagenfrei, § 1 I 1 („nur"). Eine bloße Rückgabe der Vorlage nach der Anfertigung usw macht nicht auslagenfrei. Vgl auch I 1 Z 2.

B. Zurückforderung, I 1 Z 2. Auslagenpflichtig ist nach I 1 Z 2 Hs 1 schon diejenige Anfertigung einer Ausfertigung oder Ablichtung usw, die deshalb notwendig ist, weil ein Beteiligter eine zu den Akten gegebene Urkunde oder ein anderes derartiges Dokument zurückfordert und weil eine Kopie kraft Gesetzes oder zwecks einer Verständlichkeit des Vorgangs in der Akte zurückbleiben muß. Diese Situation liegt etwa dann vor, wenn jemand zu den Grundakten nach § 10 I 2 GBO oder zu einem Register oder zur Nachlaßakte usw eine solche Urkunde einreicht, die nicht kraft Gesetzes in ihrer Urschrift bei der Nachlaßakte bleiben muß. Bei einer Datei paßt nicht I 1 Z 2, sondern III.

C. Endgültigkeit, I 1 Z 2. Eine Zurückforderung liegt erst dann vor, wenn der Einreicher den unmißverständlichen und endgültigen Willen zu erkennen gibt, das eingereichte Exemplar in seinen endgültigen Besitz und Gewahrsam zurückzubekommen. Eine nur vorübergehende Rückanforderung zur Klärung irgendwelcher Zweifelsfragen ist keine Zurückforderung nach I 1 Z 2. Die bloße Anheimgabe des

KostO § 136   III. Kostenordnung

Einreichers, ihm die Unterlagen nach Gebrauch zurückzugeben, ist grundsätzlich keine eindeutige Zurückforderung.

7   Selbst bei einer Zurückforderung ist I 1 Z 2 insoweit *unanwendbar,* als es nicht erforderlich erscheint, eine Abschrift oder Ablichtung der Urkunde usw zu den Akten zu behalten. Ob eine solche Notwendigkeit besteht, muß man nach den Umständen unter einer Berücksichtigung des voraussichtlichen weiteren Ablaufs dieses Verfahrens beurteilen. Dabei ist eine enge Auslegung notwendig. Denn I stellt eine Ausnahme vom Grundsatz der Kostenfreiheit nach § 1 I 1 dar.

Eine sachliche oder persönliche *Gebührfreiheit* hat keine Auswirkung auf die *Auslagen*pflicht, solange nicht eine völlige *Kosten*freiheit vorliegt. Eine Beglaubigung bleibt nach I 1 Z 2 Hs 2 gebührenfrei, soweit das Original zurückgehen muß. Soweit ein Beteiligter nicht das Original zurückfordert, sondern nur eine Kopie beantragt, wird deren Beglaubigung freilich nach § 132 gebührenpflichtig. Daher bleibt im Zweifel in den Akten nur eine Kopie zurück, um einen Verstoß gegen § 16 zu vermeiden.

8   **5) Auslagenfreiheit, I 2, IV.** Die Vorschrift schafft für die dort genannten Fälle eine Auslagenfreiheit. Damit erhält sie den Grundsatz der Kostenfreiheit § 1 I 1 und den Grundgedanken der Kostenfreiheit eines bloßen Nebengeschäfts nach § 35 aufrecht. Deshalb ist IV weit auslegbar. Die Vorschrift greift ein, soweit eine der folgenden Voraussetzungen vorliegt.

9   **A. Blindenschrift usw, I 2.** Frei von Auslagen sind die für einen Blinden oder Sehbehinderten in einer für ihn wahrnehmbaren Form gefertigten Schriftstücke vor Gericht. Das ergibt sich aus der Verweisung auf § 191a I 2 GVG.

10   **B. Beurkundung, IV Z 1.** Frei von Auslagen ist als ein Nebengeschäft nach § 35 bei der Beurkundung eines Vertrags nach §§ 8ff, 37 BeurkG die Erteilung von insgesamt zwei Ausfertigungen oder Ablichtungen usw, bei einer sonstigen Beurkundung die Erteilung einer Ausfertigung oder Ablichtung usw. Sind am Vertrag mehr als zwei Personen beteiligt, bleiben nur insgesamt zwei Ausfertigungen oder Ablichtungen usw auslagenfrei. Denn die Gesetzesworte „für jeden Beteiligten" stehen nicht bei IV Z 1, sondern erst bei IV Z 2 (a–c).

Diejenige Schrift, auf die die Beurkundung Bezug nimmt, wird ein *Teil des Protokolls* und wird mit ausgefertigt. Das gilt aber nicht für ein als Anlage überreichtes Schriftstück, etwa für einen Erbschein oder eine Vollmacht.

11   Soweit an einem Vertrag *mehr als zwei Partner* beteiligt sind, muß man die Dokumentenpauschale für die dritte und die weiteren Ausfertigungen oder Ablichtungen usw auf alle Antragsteller verteilen. Sofern allerdings nur ein Vertragspartner die dritte oder weitere Ausfertigung oder Ablichtung usw beantragt hat, muß er die diesbezüglichen Dokumentenpauschalen allein tragen.

12   **C. Entscheidung, Vergleich, IV Z 2 a.** Frei von Auslagen ist wegen § 40 FamFG für jeden Beteiligten eine vollständige Ausfertigung oder Ablichtung usw jeder gerichtlichen Entscheidung und jedes vor Gericht abgeschlossenen Vergleichs. Es ist dann unerheblich, wieviel Personen an der Entscheidung oder an dem Vergleich beteiligt waren. Soweit sich Wohnungseigentümer nicht selbst am nichtprozessualen Verfahren beteiligen, erhalten nur der Verwalter und evtl sein Bevollmächtigter die Entscheidung auslagenfrei, (zum alten Recht) BayObLG WoM **93**, 495.

Man muß den *Begriff „Entscheidung" weit fassen*. Das gilt schon wegen der systematischen Stellung von II und darüber hinaus deshalb, weil es im FamFG und zB in der GBO unterschiedliche Ausdrücke für denselben Vorgang gibt. Auch eine Grundbucheintragung nach § 55 GBO ist eine Entscheidung. Dasselbe gilt für eine Registereintragung.

Keine Entscheidung ist zB eine nur prozeßleitende Verfügung, OVG Münst Rpfleger **81**, 125.

13   *Sonderregeln* enthalten zB §§ 51 V, 55 II, 73, 84 V, 89 I, 126 III, 152 I.

14   **D. Kurzausfertigung, IV Z 2 b.** Ferner erhält jeder Beteiligte eine Ausfertigung oder Ablichtung ohne Entscheidungsgründe auslagenfrei.

15   **E. Protokollablichtung, IV Z 2 c.** Ferner ist für jeden Beteiligten eine Ablichtung jeder Niederschrift über eine Sitzung auslagenfrei. „Sitzung" ist jede verfahrens-

§ 136 KostO

mäßige Erörterung des Gerichts. „Niederschrift" ist auch ein bloßer gerichtlicher Vermerk.

F. Weitere Ausfertigung usw bei Bevollmächtigtem, IV Z 2 a–c. Schließlich ist jeder an diesem Verfahren formell schon und noch Beteiligte zusätzlich begünstigt, BayObLG **93**, 219. Er erhält nämlich eine weitere vollständige Ausfertigung oder Ablichtung usw auslagenfrei, sofern gerade dieser Beteiligte im Zeitpunkt der Entscheidung oder des Vergleichsabschlusses einen Bevollmächtigten hatte. Dieser Bevollmächtigte muß tatsächlich tätig sein, BGH Rpfleger **75**, 350. Er muß nur insoweit ein Anwalt gewesen sein, als im Zeitpunkt der Entscheidung des Vergleichsabschlusses im Verfahren ein Anwaltszwang herrschte. Je Beteiligtem ist nur *ein* Bevollmächtigter begünstigt. Bei mehreren Beteiligten ist der gemeinsame Bevollmächtigte mit einem Exemplar je Auftraggeber begünstigt. 16

6) Auslagenhöhe, II, III. Man muß zwei Arten von Dokumenten unterscheiden. 17

A. Schreibwerk, II. Die Dokumentenpauschale entsteht je Kostenschuldner, Hamm JB **94**, 353 (beide Vertragspartner als Antragsteller), Madert/Schmidt NJW **87**, 292, aM BGH JB **07**, 92, KG RR **97**, 256 (weite Auslegung des Begriffs Gesamtschuldner. Vgl aber § 1 Rn 9). Sie entsteht ferner je Angelegenheit, je Rechtszug und bei einer Dauerbetreuung oder Dauerpflegschaft je Kalenderjahr. Sie ist unabhängig davon, ob das Dokument in einer Ablichtung usw schon vorrätig ist oder ob man die Kopie erst jetzt extra anfertigen muß.

Sie *beträgt* nach II 1 für die ersten optischen 50 Seiten bei jedem Antragsteller je von ihm erbetene Seite 0,50 EUR und für jede weitere Seite 0,15 EUR. Das gilt unabhängig von der Art, dem Format, der Zeilenzahl, der Herstellungsweise. Jede angefangene Seite zählt als volle Seite.

B. „Angelegenheit", II. Das ist wie bei § 15 II RVG, Teil X dieses Buchs, die gesamte auftragsgemäße Tätigkeit des Notars, BayObLG **88**, 82, Madert/Schmidt NJW **87**, 292, Reimann DNotZ **87**, 132. 18

Solche Anträge, die *gleichzeitig eingehen und gleichartig* sind, bilden nur eine Angelegenheit, Düss Rpfleger **88**, 183 (Abschriften mehrerer Grundbuchblätter), aM BayObLG **88**, 82. Ein späterer Antrag desselben Antragstellers bildet in derselben Angelegenheit und im gerichtlichen Verfahren in demselben Rechtszug und bei einer Dauerbetreuung oder -pflegschaft in jedem Kalenderjahr nur eine Fortsetzung der Seitenzählweise, dagegen sonst selbst bei einer Gleichartigkeit zumindest beim Antragseingang im folgenden Kalenderjahr nach (jetzt) II 1 Hs 2 eine weitere Angelegenheit mit der Notwendigkeit, die Seiten wieder von vorn zu zählen, Stgt MDR **89**, 1112. Gesamtschuldner nach §§ 421 ff BGB gelten nach II 2 Hs 2 als nur *ein* Schuldner. Eine willkürlich herbeigeführte Gesamtschuldnerschaft reicht aber nicht, Hamm JB **94**, 353, aM KG RR **97**, 255 (krit Lappe NJW **97**, 1541). § 426 I 1 BGB ist anwendbar, Reimann DNotZ **87**, 135. Vgl auch KV 9000. Eine Auslagenübernahme durch einen Dritten nach § 3 Z 2 verändert die Auslagenhöhe nicht.

C. „Rechtszug", II. Das läßt sich wie bei § 19 RVG verstehen, Teil X dieses Buchs. Ein Rechtsmittel oder eine Zurückverweisung begründen einen neuen Rechtszug. Maßgeblich ist, wo die Anfertigung usw erfolgt, nicht aber der Gegenstand der Anfertigung. 19

D. Elektronisch gespeicherte Datei, III. Soweit es um einen Ausdruck einer jeden elektronisch gespeicherter Datei statt einer Ausfertigung oder Ablichtung geht, gilt vorrangig III, aM Bund JB **08**, 629, Otto JB **07**, 124. Auf den Dateiumfang kommt es nur dann an, wenn technisch nur mehrere Dateien möglich sind. Andernfalls kann die Aufteilung unter § 16 fallen. Die Kosten des Abrufs von Daten aus dem maschinellen Grundbuch richten sich nach dem JVKostG Anl GV 400–404, Teil VIII A dieses Buchs, BayObLG **04**, 313. 20

7) Fälligkeit, Auslagenschuldner, I–IV. Die Auslagen werden nach § 7 S 2 sofort fällig. 21

Kostenschuldner ist bei I Z 1 nach § 2 Z 1 der Antragsteller, bei I Z 2 nach derselben Vorschrift der Zurückforderer. Mangels Antragsschuldners mag ein Entscheidungsschuldner nach § 3 Z 1 haften.

Sonstige Auslagen

137 ¹ Als Auslagen werden ferner erhoben
1. Entgelte für Telegramme;
2. für jede Zustellung mit Zustellungsurkunde, Einschreiben gegen Rückschein oder durch Justizbedienstete nach § 168 Abs. 1 der Zivilprozessordnung pauschal ein Betrag von 3,50 Euro;
3. für die Versendung von Akten auf Antrag je Sendung einschließlich der Rücksendung durch Gerichte pauschal ein Betrag von 12 Euro;
4. Auslagen für öffentliche Bekanntmachung
   a) bei Veröffentlichung in einem elektronischen Informations- und Kommunikationssystem, wenn ein Entgelt nicht zu zahlen ist oder das Entgelt nicht für den Einzelfall berechnet wird, je Veröffentlichung pauschal 1 Euro,
   b) in sonstigen Fällen die zu zahlenden Entgelte;
5. nach dem Justizvergütungs- und -entschädigungsgesetz zu zahlende Beträge mit Ausnahme der an ehrenamtliche Richter (§ 1 Abs. 1 Satz 1 Nr. 2 des Justizvergütungs- und -entschädigungsgesetzes), Gebärdensprachdolmetscher und an Übersetzer, die zur Erfüllung der Rechte blinder oder sehbehinderter Personen herangezogen werden (§ 191a Abs. 1 des Gerichtsverfassungsgesetzes), zu zahlenden Beträge, und zwar auch dann, wenn aus Gründen der Gegenseitigkeit, der Verwaltungsvereinfachung oder aus vergleichbaren Gründen keine Zahlungen zu leisten sind; ist aufgrund des § 1 Abs. 2 Satz 2 des Justizvergütungs- und -entschädigungsgesetzes keine Vergütung zu zahlen, ist der Betrag zu erheben, der ohne diese Vorschrift zu zahlen wäre;
6. bei Geschäften außerhalb der Gerichtsstelle
   a) die den Gerichtspersonen aufgrund gesetzlicher Vorschriften gewährte Vergütung (Reisekosten, Auslagenersatz),
   b) die Auslagen für die Bereitstellung von Räumen,
   c) für den Einsatz von Dienstkraftfahrzeugen für jeden gefahrenen Kilometer 0,30 Euro;
7. an Rechtsanwälte zu zahlende Beträge mit Ausnahme der nach § 59 des Rechtsanwaltsvergütungsgesetzes auf die Staatskasse übergegangenen Ansprüche;
8. Rechnungsgebühren (§ 139);
9. Auslagen für die Beförderung von Personen;
10. Beträge, die mittellosen Personen für die Reise zum Ort einer Verhandlung, Vernehmung oder Untersuchung und für die Rückreise gezahlt werden, bis zur Höhe der nach dem Justizvergütungs- und -entschädigungsgesetz an Zeugen zu zahlenden Beträge;
11. an Dritte zu zahlende Beträge für
    a) die Beförderung von Tieren und Sachen mit Ausnahme der für Postdienstleistungen zu zahlenden Entgelte, die Verwahrung von Tieren und Sachen sowie die Fütterung von Tieren,
    b) die Durchsuchung oder Untersuchung von Räumen und Sachen einschließlich der die Durchsuchung oder Untersuchung vorbereitenden Maßnahmen;
12. Kosten einer Zwangshaft in Höhe des Haftkostenbeitrags nach § 50 Abs. 2 und 3 des Strafvollzugsgesetzes, Kosten einer sonstigen Haft nur dann, wenn sie nach § 50 Abs. 1 des Strafvollzugsgesetzes zu erheben wären;
13. nach dem Auslandskostengesetz gezahlte Beträge;
14. Beträge, die inländischen Behörden, öffentlichen Einrichtungen oder Bediensteten als Ersatz für Auslagen der in den Nummern 1 bis 13 bezeichneten Art zustehen, und zwar auch dann, wenn aus Gründen der Gegenseitigkeit, der Verwaltungsvereinfachung oder aus vergleichbaren Gründen keine Zahlungen zu leisten sind; diese Beträge sind durch die Höchstsätze für die bezeichneten Auslagen begrenzt;

§§ 137–139 KostO

15. Beträge, die ausländischen Behörden, Einrichtungen oder Personen im Ausland zustehen, sowie Kosten des Rechtshilfeverkehrs mit dem Ausland, und zwar auch dann, wenn aus Gründen der Gegenseitigkeit, der Verwaltungsvereinfachung oder aus vergleichbaren Gründen keine Zahlungen zu leisten sind;
16. an Verfahrens*pfleger* gezahlte Beträge.

II Sind Auslagen durch verschiedene Geschäfte veranlasst, werden sie auf die mehreren Geschäfte angemessen verteilt.

Vorbem. Bisherige I Z 2, 3 zu Z 2 und auch in der neuen Z 2 inhaltlich geändert, daher Umnumerierg aller folgenden Z dch Art 17 Z 11 a–c des 2. JuMoG v 22. 12. 06, BGBl 3416, in Kraft seit 1. 1. 08, Art 28 II Hs 2 des 2. JuMoG. Übergangsrecht §§ 161 ff KostO. Wegen Z 16 vgl Rn 5.

1) Geltungsbereich, I, II. Die Vorschrift stimmt vielfach mit KV 9000 ff und mit KVFam 2000 ff überein, Teile I A, B dieses Buchs. I Z 2 ist genügend bestimmt, so schon Zweibr Rpfleger **98**, 332 (zum alten Recht). Das Landesrecht verweist teilweise auf § 137, zB (auf dessen [jetzt] I Z 2) in § 10 I Z 2 Hs 2 des Hbg LJKostG idF vom 11. 4. 95, GVBl 84 (bei Abdrucken nach §§ 915 ff ZPO). **1**

2) Besonderheiten, I Z 5, 6, 8, 16. Hierher zählen auch Sachverständigenkosten, BayObLG **04**, 59. Es gelten im übrigen die folgenden Besonderheiten. **2**

– *I Z 5.* Wie bei KV 9005 amtliche Anmerkung III, KVFam 2005 amtliche Anmerkung II sind die einem Gebärdendolmetscher und Übersetzer beim Blinden oder Sehbehinderten zustehenden Vergütungen nur bedingt erstattungsfähig. Der Kostenschuldner muß Kosten des gerichtlich beigezogenen Dolmetschers im Abschiebungshaftverfahren erstatten, Düss VersR **85**, 973. Soweit die Arbeit des Sachverständigen zwar auftragsgemäß erfolgte, aber über eine Beweisfrage hinausging, mag die von der Staatskasse geschuldete Vergütung keinen Kostenschuldner bei den Parteien finden, Düss DS **04**, 264 (sog Interventionsgutachten zwecks Mediation).

– *I Z 6.* Bei einem Wechsel- oder Scheckprotest muß man die dem Protestbeamten zustehenden Reisekosten auf die Wegegebühren anrechnen, § 51 II 2. **3**
Auf einen Gerichtstag ist I Z 6 *nicht* anwendbar. Denn die zur Abhaltung eines solchen Gerichtstags bestimmte Räumlichkeit gilt als Gerichtsstelle, § 160 S 1.

– *I Z 8.* Die Vorschrift ist auf den Gebührennotar *unanwendbar*, § 143. **4**

– *I Z 16.* Die Vorschrift erfaßt auch die tatsächlich gezahlte Vergütung des Verfahrens*pflegers* (gemeint: Verfahrensbeistands, KVFam 2013, Teil I B dieses Buchs). Sie erfaßt also nicht schon einen zwar zustehenden, aber eben noch nicht „gezahlten" Betrag (die Fassung „zu zahlende Beträge" im KindRG ist durch „gezahlte Beträge" überholt). Natürlich ist eine wirksame Bestellung Voraussetzung. Hebt das Gericht die Bestellung rückwirkend auf oder erweist sie sich als von Anfang an unwirksam, mag der Verfahrenspfleger zwar kraft Vertrauensschutzes einen Vergütungsanspruch haben, Ffm FamRZ **02**, 765. Indessen gibt es jedenfalls dann keinen Auslagenersatz nach (jetzt) Z 16, Ffm FamRZ **02**, 765. **5**

3) Verteilung auf mehrere Geschäfte, II. Es gilt dasselbe wie nach KV amtlichen Vorbemerkung 9 II, Teil I A dieses Buchs. Vgl daher dort. **6**

138 *(aufgehoben)*

Rechnungsgebühren

139
Fassung 1. 9. 2009: I ¹Für Rechnungsarbeiten, die durch einen dafür besonders bestellten Bediensteten (Rechnungsbeamten) vorgenommen werden, sind als Auslagen Rechnungsgebühren zu erheben, die nach dem für die Arbeit erforderlichen Zeitaufwand bemessen werden. ²Sie betragen für jede Stunde 10 Euro. ³Die letzte bereits begonnene Stunde wird voll gerechnet, wenn sie zu mehr als 30 Minuten für die Erbringung der Arbeit erforderlich war; anderenfalls sind 5 Euro zu erheben.

KostO § 139, Anh § 139 III. Kostenordnung

II ¹In Betreuungs- und Pflegschaftssachen werden unbeschadet der Vorschrift des § 92 Abs. 1 Satz 1 für die Prüfung eingereichter Rechnungen Rechnungsgebühren nur erhoben, wenn die nachgewiesenen Bruttoeinnahmen mehr als 1000 Euro für das Jahr betragen. ²Einnahmen aus dem Verkauf von Vermögensstücken rechnen nicht mit.

III ¹Die Rechnungsgebühren setzt das Gericht, das den Rechnungsbeamten beauftragt hat, von Amts wegen fest. ²Gegen die Festsetzung findet die Beschwerde statt, wenn der Wert des Beschwerdegegenstands 200 Euro übersteigt oder das Gericht, das die angefochtene Entscheidung erlassen hat, die Beschwerde wegen der grundsätzlichen Bedeutung der zur Entscheidung stehenden Frage in dem Beschluss zugelassen hat. ³§ 14 Abs. 4 bis 9 gilt entsprechend. ⁴Beschwerdeberechtigt sind die Staatskasse und derjenige, der für die Rechnungsgebühren als Kostenschuldner in Anspruch genommen worden ist.

Vorbem. I 1, II 1 geändert dch Art 47 II Z 37 a, b FGG-RG v 17. 12. 08, BGBl 2586, in Kraft seit 1. 9. 09, Art 112 I Hs 1 FGG-RG, Übergangsrecht Art 111 FGG-RG, Grdz 2 vor § 1 FamGKG, Teil I B dieses Buchs.

Bisherige Fassung I 1, II 1: **I** ¹Für Rechnungsarbeiten, die durch einen dafür besonders bestellten Beamten oder Angestellten (Rechnungsbeamten) vorgenommen werden, sind als Auslagen Rechnungsgebühren zu erheben, die nach dem für die Arbeit erforderlichen Zeitaufwand bemessen werden.

II ¹In Vormundschafts-, Betreuungs- und Pflegschaftssachen werden unbeschadet der Vorschrift des § 92 Abs. 1 Satz 1 für die Prüfung eingereichter Rechnungen Rechnungsgebühren nur erhoben, wenn die nachgewiesenen Bruttoeinnahmen mehr als 1000 Euro für das Jahr betragen.

1 **1) Geltungsbereich, I–III.** I, III stimmen inhaltlich zum Teil mit § 71 GKG, § 61 FamFG überein, Teile I A, B dieses Buchs.

2 **2) Betreuungs-, Pflegschaftssache, II.** Hier entstehen nur insoweit Rechnungsgebühren, als eine der folgenden Voraussetzungen vorliegt.
A. Vermögen. Das Reinvermögen muß mehr als 25 000 EUR betragen, § 92 I 1. Soweit es sich um eine Dauerbetreuung oder Dauerpflegschaft handelt, §§ 92, 93, können Rechnungsgebühren nur wegen desjenigen Betrags des Reinvermögens entstehen, der 25 000 EUR übersteigt, § 96.

3 **B. Einnahmen.** Die nachgewiesene Bruttoeinnahme muß im fraglichen Kalenderjahr mehr als 1000 EUR betragen. Dabei darf man eine Einnahme aus dem Verkauf von Vermögensstücken nicht mitrechnen.

Anhang nach § 139
Kosten nach dem FEVG
(auszugsweise)

Grundzüge

1 **1) Systematik, Regelungszweck.** Das FEVG regelt die Freiheitsentziehung bundesrechtlich in einer Ausführung des Art 104 II GG. Das Gesetz erfaßt praktisch nur noch die Freiheitsentziehung auf Grund des GeschlechtskrankhG, des BSeuchG, des AusländerG. Das FEVG gilt auch im Saarland, G 574 vom 26. 3. 57, ABl 515. Das Verfahren über die Unterbringung eines Geisteskranken, Rauschgiftsüchtigen oder Alkoholsüchtigen ist landesrechtlich geregelt.
Die *Anwaltsgebühren* regeln VV 6300 ff, Teil X dieses Buchs.

2 **2) Verfahren.** Freiheitsentziehung ist die Unterbringung einer Person gegen ihren Willen (bei einem der Personensorge Unterworfenen entscheidet der Sorgeberechtigte) oder im Zustand der Willenlosigkeit in einer Justizvollzugsanstalt, einem Haftraum, einer abgeschlossenen Verwahranstalt, einer abgeschlossenen Anstalt der Fürsorge, einer abgeschlossenen Krankenanstalt oder in einem abgeschlossenen Teil einer Krankenanstalt, § 2. Die zuständige Verwaltungsbehörde muß beim AG einen Antrag stellen.

1. Teil. Gerichtskosten **Anh § 139 KostO**

3) **Entscheidung.** Das AG entscheidet im FamFG-Verfahren durch einen Beschluß, § 3. Es darf die Freiheitsentziehung zunächst auf höchstens ein Jahr bemessen, die Frist jedoch verlängern, §§ 9, 12. Für die Kosten des gerichtlichen Verfahrens gilt § 14.

FEVG § 14. Gerichtskosten. I ¹Für die Gerichtskosten gelten, soweit nichts anderes bestimmt ist, die Vorschriften der Kostenordnung. ²Gebühren werden nur für die in Absatz 2 genannten Entscheidungen und für das Beschwerdeverfahren (Absatz 3) erhoben.

II ¹**Für die Entscheidung, die eine Freiheitsentziehung (§ 6) oder ihre Fortdauer (§ 12) anordnet oder einen nicht vom Untergebrachten selbst gestellten Antrag, die Freiheitsentziehung aufzuheben (§ 10), zurückweist, wird eine Gebühr von 18 Euro erhoben.** ²**Das Gericht kann jedoch unter Berücksichtigung der wirtschaftlichen Verhältnisse des Zahlungspflichtigen und der Bedeutung und des Umfanges des Verfahrens die Gebühr bis auf die Mindestgebühr (§ 33 der Kostenordnung) ermäßigen oder bis auf 130 Euro erhöhen.**

III Für das Beschwerdeverfahren wird bei Verwerfung oder Zurückweisung der Beschwerde die Gebühr von 18 Euro, bei Zurücknahme der Beschwerde eine Gebühr in Höhe der Mindestgebühr (§ 33 der Kostenordnung) erhoben.

IV Kostenvorschüsse werden nicht erhoben.

1) **Systematik, Regelungszweck, I, IV.** Maßgebend ist zwecks einer Vereinfachung die KostO. Jedoch ist § 8 KostO unanwendbar, IV. Außer Gebühren können Auslagen entstehen, insbesondere für denjenigen Sachverständigen, den das Gericht anhören muß, soweit es eine Unterbringung in einer abgeschlossenen Anstalt oder Abteilung anordnen soll, § 5 IV.

2) **Erste Instanz, II.** Der nachfolgende Grundsatz hat Ausnahmen.
A. Grundsatz, II 1. Es entsteht grundsätzlich eine Gebühr von 18 EUR, soweit das Gericht eine Freiheitsentziehung oder deren Fortdauer anordnet oder soweit es einen solchen Antrag zurückweist, die Freiheitsentziehung aufzuheben, den nicht der Untergebrachte selbst gestellt hatte, sondern der gesetzliche Vertreter in einer persönlichen Angelegenheit oder bei einer Person unter elterlicher Sorge einer der Sorgeberechtigten oder bei einem Verheirateten, der nicht dauernd getrennt lebt, der andere Ehegatte, §§ 6 II b, 5 III, oder eine Person des besonderen Vertrauens des Untergebrachten § 6 II c.

Eine Entscheidung nur auf Grund eines *Antrags des Untergebrachten* selbst ist ebenso wie eine von Amts wegen erfolgende Aufhebung der Entziehung nach dem Wegfall des Entziehungsgrunds nach § 10 I gebührenfrei. Die Verwaltungsbehörde kann einen Aufhebungsantrag stellen, §§ 10 II, 6 II d. Sie ist aber nach § 15 II zur Zahlung von Gerichtsgebühren oder zur Erstattung von Auslagen des gerichtlichen Verfahrens nicht verpflichtet.

B. Ermäßigung, Erhöhung, II 2. Das Gericht muß im Rahmen eines pflichtgemäßen Ermessens unter einer Berücksichtigung der wirtschaftlichen Verhältnisse des Zahlungspflichtigen und der Bedeutung und des Umfangs des Verfahrens eine Ermäßigung bis auf einen Betrag von 10 EUR oder eine Erhöhung bis auf einen Betrag von 130 EUR vornehmen.

3) **Beschwerdeverfahren, III.** Im Beschwerdeverfahren entsteht die Gerichtsgebühr nur, soweit der Beschwerdeführer die Beschwerde wirksam zurücknimmt oder soweit das Beschwerdegericht die Beschwerde als unzulässig verwirft oder als unbegründet zurückweist. Bei einer Zurücknahme beträgt die Gebühr 10 EUR, bei der Verwerfung oder Zurückweisung der Beschwerde 18 EUR.

Soweit das Erstgericht die Freiheitsentziehung *abgelehnt* hatte, ist nur die Verwaltungsbehörde beschwerdeberechtigt, § 7 II. Dann entsteht auch bei einer Zurücknahme der Beschwerde oder bei deren Verwerfung oder Zurückweisung keine Gebühr, § 15 II.

FEVG § 15. Kostenschuldner. I Schuldner der Gebühren sind in den Fällen des § 14 Abs. 2 der Untergebrachte und im Rahmen ihrer gesetzlichen Unterhaltspflicht die zu seinem Unterhalt Verpflichteten, in den Fällen des § 14

945

Abs. 3 der Beschwerdeführer; sie haben, soweit sie gebührenpflichtig sind, auch die baren Auslagen des gerichtlichen Verfahrens zu tragen.

II Die Verwaltungsbehörden sind zur Zahlung von Gerichtsgebühren und zur Erstattung der Auslagen des gerichtlichen Verfahrens nicht verpflichtet.

1 **1) Kostenschuldner, I.** Sowohl für die Gebühren als auch für die Auslagen des gerichtlichen Verfahrens kommen die folgenden Kostenschuldner in Betracht.
A. Untergebrachter. Der Untergebrachte ist insoweit Kostenschuldner, als das Gericht eine Entscheidung nach § 14 II trifft. Soweit es nicht zu einer solchen Entscheidung kommt, soweit das Gericht also den Antrag der Verwaltungsbehörde ablehnt, wäre sie zwar als Antragsteller Kostenschuldnerin. Indessen ist sie von der Zahlung nach II befreit. Dasselbe gilt dann, wenn das Gericht eine Beschwerde der Verwaltungsbehörde zurückweist.

2 **B. Unterhaltspflichtiger.** Nach dem Wortlaut von I ist der Unterhaltspflichtige im Rahmen seiner gesetzlichen Unterhaltspflicht ebenfalls Kostenschuldner. Soweit aber die Bezahlung bereits entstandener Verfahrenskosten nicht zur sachlichrechtlichen Unterhaltspflicht zählt, ist der Unterhaltspflichtige praktisch nicht Kostenschuldner.

3 **C. Beschwerdeführer.** Bei § 14 III ist der Beschwerdeführer Kostenschuldner. Das gilt auch dann, wenn er nicht beschwerdeberechtigt war.

4 **2) Verwaltungsbehörde, II.** Sie ist weder gebührenpflichtig noch auslagenpflichtig. Diese Kostenfreiheit beschränkt sich freilich auf die Gerichtskosten.

FEVG § 16. Auslagenersatz bei Ablehnung der Freiheitsentziehung. [1] Lehnt das Gericht den Antrag der Verwaltungsbehörde auf Freiheitsentziehung ab, so hat es zugleich die Auslagen des Betroffenen, soweit sie zur zweckentsprechenden Rechtsverfolgung notwendig waren, der Gebietskörperschaft, der die Verwaltungsbehörde angehört, aufzuerlegen, wenn das Verfahren ergeben hat, daß ein begründeter Anlaß zur Stellung des Antrages nicht vorlag. [2] Die Höhe der Auslagen wird auf Antrag des Betroffenen durch den Urkundsbeamten der Geschäftsstelle festgesetzt. [3] Für das Verfahren und die Vollstreckung der Entscheidung gelten die Vorschriften der Zivilprozeßordnung entsprechend.

1 **1) Systematik, Regelungszweck, S 1–3.** Die Verwaltungsbehörde braucht zwecks einer Vereinfachung weder Gebühren noch Auslagen des Gerichtsverfahrens zu bezahlen, § 15 II. § 16 setzt eine Zahlungspflicht der übergeordneten Gebietskörperschaft wegen der Auslagen des vom Antrag auf eine Freiheitsentziehung Betroffenen fest. Eine solche Zahlungspflicht entsteht aber nur insoweit, als kein begründeter Anlaß zur Antragstellung vorhanden war, S 1. Ein im Entscheidungszeitpunkt unbegründeter Antrag kann bei seiner Einreichung begründet gewesen sein.

2 **2) Maßgeblicher Zeitpunkt: Antragstellung, S 1–3.** Man muß denjenigen Sachverhalt zugrunde legen, der im Zeitpunkt der Antragstellung unter einer Ausnutzung aller der Behörde zumutbaren Erkenntnisquellen vorlag. Wenn damals der Antrag unter diesen Voraussetzungen als begründet erschien, müssen die Antragsgegner oder der Unterhaltspflichtige die Auslagen selbst tragen. Dieselben Regeln gelten bei der Zurücknahme eines Antrags auf eine Freiheitsentziehung.

3 **3) Auslagen, S 1.** Man kann §§ 136 ff KostO nur teilweise heranziehen, etwa: § 137 I Z 5 (Kosten des Sachverständigen), I Z 7 (an Rechtsanwälte zu zahlende Beträge), I Z 10 (Reisekosten). Auch insofern muß man stets prüfen, ob die Auslagen zu einer zweckentsprechenden Rechtsverfolgung oder Rechtsverteidigung objektiv notwendig waren, § 91 ZPO.

4 **4) Festsetzung, S 2, 3.** Der Betroffene muß seine Auslagen dem Rpfl nachweisen, § 21 Z 1 RPflG. Dieser setzt die Auslagen auf Grund eines Antrags fest, §§ 103, 104 ZPO entsprechend. Vgl dort auch wegen der Rechtsmittel. Aus dem Kostenfestsetzungsbeschluß findet die Zwangsvollstreckung statt, nachdem das Gericht die Vollstreckungsklausel erteilt hat. Sie ist aber erst nach einer Anzeige an den gesetzlichen Vertreter der Gebietskörperschaft und einer Wartefrist von 4 Wochen statthaft, § 882a ZPO.

Zweiter Teil. Kosten der Notare

Übersicht

Schrifttum (zusätzlich zu den vor Grdz 1 vor § 1 Genannten): *Bäuerle,* Kostentabelle für Notare, 28. Aufl 2007; *Brambring/Jerschke* (Herausgeber), *Beck'sches* Notar-Handbuch, 4. Aufl. 2004; *Bengel/Tiedtke* DNotZ **06**, 438 (Rspr-Üb); *Filzek,* Notarkosten-ABC, 6. Aufl. 2005; *Filzek,* Notarkosten-Recht, 6. Aufl. 2005; *Filzek,* Notarkosten-ABC, 2006; *Groß,* Anwaltsgebühren in Ehe- und Familiensachen 1997; *Haferland,* Praxis des Kostenrechts. Notarkosten – Gerichtskosten in Handelsregistersachen, 4. Aufl. 2003; *Hellstab,* Gegenstandswerte für notarielle Gebühren von A–Z, 1998; *Kageler/Schmidt-Reißig,* Das Kostenrecht, Leitfaden für das Notariat, 2. Aufl 2005; *Kreuzer,* Notariats- und Gerichtskosten bei der Hofübergabe, 1988; *Lappe* NJW **08**, 485 (Rspr-Üb); *Rossak,* Die Unabhängigkeit und Unparteilichkeit des Notars usw, Diss Augsb 1986; *Schlüter/Knippenkötter,* Die Haftung des Notars, 2004; *Tiedtke,* Notarkosten im Grundstücksrecht, 2001.

Gliederung

1) Systematik	1, 2
2) Regelungszweck	3
3) Geltungsbereich	4–6
4) Notararten	7, 8
A. Beamteter Notar	7
B. Gebührennotar	8
5) Konsul	9

1) Systematik. Die BNotO regelt die Stellung der Notare. Die nachfolgenden **1** knappen Grundregeln gelten in Baden-Württemberg nur eingeschränkt, vgl §§ 114ff BNotO, Üb Henssler DRiZ **76**, 78. Es gibt den Nur-Notar, § 3 I BNotO, zB in Hamburg. Es gibt den Bezirksnotar, § 64 BeurkG. Ein Anwalt kann auch auf die Dauer seiner Zulassung als ein sog Anwaltsnotar bestellt werden, § 3 II BNotO.

Der Notar nimmt seine Amtsgeschäfte als ein unabhängiger Träger eines öffentli- **2** chen Amts auf dem Gebiete der vorsorgenden Rechtspflege wahr, KG OLGZ **91**, 21. Er erhält für seine Tätigkeit grundsätzlich einen öffentlichrechtlichen *Gebühren- und Auslagenersatz,* KG OLGZ **91**, 21. Er muß einem Unbemittelten, der eine Prozeß- oder Verfahrenskostenhilfe beanspruchen könnte, seine Urkundtätigkeit nach Rn 4 vorläufig gebührenfrei oder doch nur gegen die Zahlung von Monatsraten gewähren, § 17 II BNotO. Einzelheiten Appell DNotZ **81**, 596. Gegen eine Verweigerung ist die Beschwerde an das LG zulässig.

Im Bezirk des *OLG Karlsruhe* fließen alle Notargebühren in die Staatskasse. Der Notar erhält einen Anteil an den Gebühren, §§ 8–9 des Baden-Württembergischen LJustKG idF vom 25. 3. 75, GBl 261. Das ist verfassungsgemäß, BVerfG RR **09**, 1215. Wegen der Besonderheiten für die OLG-Bezirke Stuttgart, Karlsruhe §§ 114, 115 BNotO, §§ 10ff des Baden-Württembergischen LJustKG. Zum Notarrecht in Baden-Württemberg Hezel Rpfleger **01**, 13 (ausf, auch zum Verfassungsrecht). In Anlehnung an EuGH NJW **98**, 2809, dazu § 26 Rn 1, halten Karlsr Rpfleger **04**, 411 (ausf), AG Freibg/Br ZMR **02**, 360 die baden-württembergischen Notare nur in Höhe des tatsächlichen Aufwands für gebührenberechtigt (sonst unzulässige verdeckte Steuer). Zum Steuerbegriff der EU-Gesellschaftssteuerrichtlinie Karlsr Rpfleger **04**, 441.

2) Regelungszweck. Wegen der zentralen Bedeutung des § 141 vgl die dortigen **3** Erläuterungen zum Regelungszweck, dort Rn 2.

3) Geltungsbereich. Die KostO bezieht sich nur auf solche Geschäfte, die der **4** Notar als solcher durch eine Amtshandlung im Inland persönlich und nicht etwa nur durch einen Mitarbeiter bis zum Bürovorsteher vornimmt, Ffm JB **93**, 161, LG Darmst JB **93**, 161. Sie bezieht sich also nicht auf ein solches Geschäft, bei dem er als Anwalt tätig wird oder das eine rein wirtschaftliche Natur hat oder das man ihm als einer Vertrauensperson übertragen hat.

Zur Notartätigkeit zählen zB: Eine Beurkundung oder Beglaubigung jeglicher Art; **5** die Entgegennahme einer Auflassung; die Durchführung einer freiwilligen Versteigerung; auf Grund des Landesrechts im beschränkten Rahmen die Mitwirkung bei der Auseinandersetzung eines Nachlasses oder eines Gesamtguts; die Ausstellung einer Vertreterbescheinigung; die Aufnahme einer eidesstattlichen Versicherung; in einigen Fällen auch die Abnahme eines Eids; die Verwahrung von Wertgegenständen; die Betreuung der Beteiligten auf dem Gebiet der vorsorgenden Rechtspflege, §§ 20–24 BNotO.

6 Da der *erste Teil der KostO* für die Notargebühren für entsprechend anwendbar erklärt ist, § 141, kommen für die Urkundstätigkeit §§ 36–59, 71, 116, 133, 145, 148, für die sonstige Tätigkeit §§ 146, 147, 149, 150 in Betracht. Die Abgrenzung der Notartätigkeit gegenüber der Tätigkeit des Anwalts ergibt sich aus § 24 II BNotO, dazu zB wegen einer Beratung Mümmler JB **76**, 425.

Der Anspruch auf die Zahlung einer Gebühr entsteht mit der *Inspruchnahme* der Tätigkeit des Notars. Bei einer Notarsozietät richtet sich der Auftrag anders als bei einer Anwaltssozietät grundsätzlich nur an den einzelnen Notar. Daher ist auch nur er allein ein Kostengläubiger, BayObLG MDR **81**, 238.

Bei einer objektiv *unnötigen oder unrichtigen* Notartätigkeit entstehen keine Gebühren, § 16 in Verbindung mit § 141. Die Beratung durch den Bürovorsteher des Notars löst keine Notarvergütung aus, Rn 4.

7 **4) Notararten.** Man muß für die Anwendbarkeit der KostO die folgenden Notararten unterscheiden.

A. Beamteter Notar. Soweit die Gebühren aus der Tätigkeit des Notars nach Rn 1–3 der Staatskasse zufließen, gilt auch verfahrensrechtlich der Erste Teil der KostO. Über eine Erinnerung gegen den Kostenansatz und die Festsetzung des Geschäftswerts entscheidet dasjenige AG, in dessen Bezirk der Notar seinen Amtssitz hat, § 142.

Europarechtlich muß man beachten, daß derjenige beamtete Notar, dem die Gebühren auch selbst zufließen, dann keine Gebühr für die Beurkundung der Kapitalerhöhung, der Firmenänderung oder der Sitzverlegung einer Kapitalgesellschaft nehmen darf, wenn die Gebühr eine Steuer darstellt, Rn 2, EuGH NJW **00**, 939 und NJW **07**, 3051, Karlsr Rpfleger **04**, 411, Görk DNotZ **99**, 851 (je ausf).

8 **B. Gebührennotar.** Soweit die Gebühren dem Notar selbst zufließen, ergeben sich eine Reihe von Besonderheiten, §§ 143, 144, 152, 153, 154. Das gilt insbesondere auch bei der Beitreibung der Kosten, bei den Einwendungen gegen die Kostenrechnung, bei der Rückzahlung und bei einem etwaigen Schadensersatzanspruch, §§ 155–157. Eine eigennützige Gebührenüberhebung kann strafbar sein, § 352 StGB.

9 **5) Konsul.** Soweit ein deutscher Konsul im Ausland beurkunden darf, ist das Auslandskostengesetz vom 21. 2. 78, BGBl 301, zuletzt geändert durch Art 4 XV KostRMoG v 5. 5. 04, BGBl 718, nebst VO vom 7. 1. 80, BGBl 21, mit einer eigenen Gebührentabelle anwendbar, Bindseil DNotZ **93**, 20 (Üb).

Verbot der Gebührenvereinbarung

140 [1]**Die Kosten der Notare bestimmen sich, soweit bundesrechtlich nichts anderes vorgeschrieben ist, ausschließlich nach diesem Gesetz.** [2]**Vereinbarungen über die Höhe der Kosten sind unwirksam.**

Gliederung

1) Systematik, S 1, 2	1
2) Regelungszweck, S 1, 2	2
3) Geltungsbereich, S 1, 2	3
4) Vereinbarungsverbot, S 2	4
5) Verzichtsverbot, S 2	5
6) Unanwendbarkeit, S 2	6
7) Nichterhebung usw, S 1, 2	7–9

1 **1) Systematik, S 1, 2.** Die Vorschrift entspricht der für das Gericht geltenden § 1. Sie versteht unter dem Begriff Notar alle Notare nach der BNotO, aber auch den badischen Notar und den württembergischen Bezirksnotar nach §§ 114, 115

BNotO für eine Tätigkeit als Notar. Für diese Tätigkeit entstehen auch dann, wenn die Gebühren dem Staat zufließen, Üb 1, 7 vor § 140, dieselben Gebühren wie beim Gebührennotar.

2) Regelungszweck, S 1, 2. Vgl wegen der zentralen Bedeutung von § 141 dort Rn 2.

3) Geltungsbereich, S 1, 2. Über den sachlichen Geltungsbereich Üb 5, 6 vor § 140.
Die Vorschrift gilt *nicht*, soweit ein Bundesgesetz eine andere Regelung enthält, S 1. Soweit ein deutscher oder ein ausländischer Notar außerhalb Deutschlands einen Auftrag angenommen und auch außerhalb Deutschlands ausgeführt hat, ist die KostO überhaupt nicht anwendbar. Sie gilt vielmehr nur für ein Amtsgeschäft eines deutschen Notars in Deutschland, Üb 1 vor § 140. Bei einer Beurkundung durch einen deutschen Konsul außerhalb Deutschlands vgl Üb 9 vor § 140. Landesrechtliche Kostenvorschriften bleiben unberührt, § 158.

4) Vereinbarungsverbot, S 2. Irgendeine Vereinbarung über die Höhe der Kosten (Gebühren und Auslagen) nach oben oder unten und natürlich erst recht über das Ob von Kosten ist grundsätzlich wegen des öffentlichrechtlichen Charakters dieser Kosten und der aus § 17 BNotO folgenden Pflicht des Notars zur Erhebung der gesetzlichen Vergütung schlechthin verboten und nichtig, BGH BB **89**, 1582, Düss MDR **87**, 684, Hansens NJW **90**, 1831. Auch eine Auskunft bindet den Notar nicht. Sie macht ihn allenfalls nach § 16 haftbar. Der Notar kann seine wahre Notartätigkeit auch nicht wirksam als eine Anwaltstätigkeit vereinbaren.
Das *gilt grundsätzlich auch für* einen Vergleich, BGH NJW **88**, 65. Wegen des notariellen Anwaltsvergleichs § 148 a. Es gilt sogar über Fragen des Wertansatzes, BGH NJW **88**, 65, Schlesw DNotZ **85**, 779. Daher muß der Notar zB beim Grundstückswert grundsätzlich sorgfältig vorgehen. Allerdings kann dann bei einem wirklichen Zweifel ein Mittelwert ratsam sein, Lappe NJW **88**, 3155. Es kann überhaupt ein Vergleich zulässig sein, Schlesw DNotZ **85**, 480, ebenso wie natürlich bei Rechenfehlern, Schlesw DNotZ **85**, 480, und überhaupt dann, wenn das Gericht im Gebührenprozeß auf Grund einer eigenen rechtlichen Prüfung maßgeblich am nachvollziehbar geregelten Vergleich mitwirkt, BGH NJW **88**, 66. Man kann auch nicht die gesamtschuldnerische Haftung durch eine Vereinbarung mit dem Notar ausschließen.

5) Verzichtsverbot, S 2. Eine Kostenfreiheit besteht nur im Rahmen des § 144. Ein Verzicht auf die Gebühren ist grundsätzlich nichtig, Rn 4, BGH NJW **86**, 2577, Zweibr DNotZ **77**, 58. Richtlinien der BNotKammer DNotZ **99**, 259, dort insbesondere Z VI.3.2. Er kann auch in einer ungewöhnlichen Beurkundungsart liegen, ferner in der Unterlassung einer objektiv notwendigen Nachberechnung, LG Würzb MittBayNot **80**, 124. Er ist allenfalls insoweit zulässig, als der Notar die Zahlung der Gebühr rechtlich nicht erzwingen kann, LG Würzb MittBayNot **80**, 124. Soweit ein Anwaltsnotar über Anwalts- und Notartätigkeiten ein Gesamthonorar vereinbart, ist diese Abrede zumindest insoweit unwirksam, als sie die Notarkosten nicht nach § 154 nachvollziehbar ausweist, BGH NJW **86**, 2577.
Soweit der Notar lediglich seine örtliche *Zuständigkeit überschritten* hat, ist das Geschäft nicht schon deshalb unwirksam, § 11 III BNotO. Daher darf er auch insofern keine Kostenvereinbarung treffen. Eine Verwirkung der Kostenforderung des Notars ist nur in seltenen Ausnahmefällen möglich.

6) Unanwendbarkeit, S 2. Unanwendbar ist S 2 bei einer solchen Tätigkeit, die nicht zur Berufstätigkeit des Notars zählt, etwa bei einer Tätigkeit als Insolvenzverwalter, Betreuer, Testamentsvollstrecker oder als Vermögensverwalter.

7) Nichterhebung usw, S 1, 2. Man muß von einer Vereinbarung über die Kostenhöhe eine Nichterhebung oder eine sonstige Unzulässigkeit der Geltendmachung eines Kostenanspruchs unterscheiden.

Der Notar darf und muß von der Erhebung der durch seine objektiv *unrichtige Sachbehandlung* entstandenen Kosten absehen. Er muß dann zunächst selbst entscheiden und auch den Kostenansatz entsprechend berichtigen. Er muß ferner einem Bedürftigen eine vorläufige Gebührenfreiheit oder die Tätigkeit nur gegen die Zahlung von Monatsraten gewähren, Üb 1 vor § 140. Ein Gebührenanspruch entfällt insoweit,

949

als der Notar etwas verlangen würde, was er doch sogleich zurückgewähren müßte. In diesem Zusammenhang kann ein etwaiges Verschulden des Notars unerheblich sein. Vgl im übrigen §§ 16, 156, Hamm NJW 78, 2604.

9 *Prozeß- oder Verfahrenskostenhilfe* kann nach § 17 II BNotO in Verbindung mit §§ 114 ff ZPO in Betracht kommen und notfalls nach § 156 durchsetzbar sein. Die Zahlungspflicht eines nicht begünstigten weiteren Beteiligten bleibt bestehen, daher auch dessen Vorauszahlungspflicht nach § 8 II und das Zurückbehaltungsrecht nach § 10 jeweils in Verbindung mit § 141.

Anwendung des Ersten Teils

141 Für die Kosten der Notare gelten die Vorschriften des Ersten Teils dieses Gesetzes entsprechend, soweit in den nachstehenden Vorschriften nichts anderes bestimmt ist.

1   1) **Systematik.** §§ 140 ff bilden einen selbständigen Zweiten Teil der KostO. Daher gelten §§ 1–139 nicht direkt. Es war daher eine vollständige eigene Regelung oder eine Gesamtverweisung mit dem Vorbehalt eigener vorrangiger Spezialvorschriften nötig. § 141 enthält die letztere Lösung.

2   2) **Regelungszweck.** Die grundsätzliche Gesamtverweisung nach Rn 1 bezweckt zwar eine Vereinheitlichung und Vereinfachung aus Zweckmäßigkeitsgründen. Sie übersieht aber nicht den Umstand, daß der Notar durchweg ungeachtet seiner Funktion als einer Amtsperson doch ein Freiberufler mit anderen Anforderungen an eine angemessene Vergütung ist. Das bedeutet unter anderem: Der Grundsatz einer den Kostenschuldner möglichst schonenden Handhabung durch das Gericht nach § 1 Rn 2 kann bei einer notariellen Tätigkeit nur eingeschränkt entsprechend mitgelten. Es besteht hier vielmehr grundsätzlich ein Anlaß zu einer ihm angemessenen Vergütung auch insoweit, als sie den Beteiligten durchaus hart treffen könnte.
Andererseits ist § 1 I 1 mit seinem Wort „*nur*" eben über §§ 140 ff und insbesondere über § 140 S 1 auch beim Notar entsprechend anwendbar. Das bedeutet die Notwendigkeit einer behutsamen Abwägung zwischen dem Vergütungsanspruch eines würdigen Organs der Rechtspflege und einer Erträglichkeit für den Bürger.

3   3) **Geltungsbereich.** Die Vorschrift bezieht sich auf sämtliche durch ein Amtsgeschäft des Notars nach Üb 4 vor § 140 entstehenden Kosten. Das gilt unabhängig davon, wem die Gebühr zufließt, Üb 7, 8 vor § 140. Es gilt auch unabhängig davon, ob in dem betreffenden Bundesland erhebliche Überschüsse entstehen, Karlsr FGPrax 96, 77. § 141 ist auch insoweit anwendbar, als der Notar Aufgaben des Grundbuchamts, des Betreuungsgerichts oder des Nachlaßgerichts erfüllt, wie zB teilweise in Baden-Württemberg.
Über eine *Erinnerung* gegen den Kostenansatz und die Feststellung des Geschäftswerts entscheidet dann dasjenige AG, in dessen Bezirk der Notar seinen Amtssitz hat, § 160 S 2. Bei § 10 mit seinem Zurückbehaltungsrecht kommen nur die dort genannten Urkunden in Betracht. Der Notar darf zB nicht eine Eigentumsumschreibung nebst einer Einreichung der zu deren Durchführung erforderlichen Unterlagen beim Grundbuchamt von der Zahlung seiner Gebühren abhängig machen, Düss FGPrax 199, 72. Für das Beschwerdeverfahren ist § 14 anwendbar.

4   *Abweichende Vorschriften* nach § 141 sind zB: §§ 143, 144 (wegen des Gebührennotars), § 147 (wegen der Vorbereitung im Auftrag), § 148 (wegen der Vermittlung einer Auseinandersetzung).
Zur Anwendbarkeit des *RVG* dort § 1 Rn 8, 9.

Entscheidung durch das Amtsgericht in Baden-Württemberg

142 Soweit im Lande Baden-Württemberg die Gebühren für die Tätigkeit des Notars der Staatskasse zufließen, entscheidet in den Fällen des § 14 Abs. 2 und des § 31 (Erinnerung gegen den Kostenansatz, Festsetzung des Geschäftswerts) das Amtsgericht, in dessen Bezirk der Notar (Bezirksnotar) seinen Amtssitz hat.

2. Teil. Kosten der Notare **§§ 142, 143 KostO**

1) Geltungsbereich. Wegen derjenigen Notare, deren Gebühren in Baden- 1
Württemberg der Staatskasse zufließen, Üb 1, 8 vor § 140. Für sie gelten auch nicht
§§ 143, 144, 152, 153 II, 154–157, sondern § 14 II wegen der Erinnerung gegen den
Kostenansatz, § 31 wegen der Festsetzung des Geschäftswerts. Zuständig ist dasjenige
AG, in dessen Bezirk der Notar seinen Amtssitz hat.
Das *Beschwerdeverfahren* verläuft nach § 14 III. 2

Nichtanwendung des Ersten Teils

143 [I] Fließen die Gebühren für die Tätigkeit des Notars diesem selbst zu, so
finden die folgenden Vorschriften des Ersten Teils keine Anwendung:
§§ 11 und 13 (Allgemeine Vorschriften über Kostenbefreiungen, Gebührenfreiheit für einzelne Gesamtschuldner),
§ 14 (Kostenansatz, Erinnerung, Beschwerde),
§ 15 (Nachforderung),
§ 16 Abs. 2 (Entscheidung über die Nichterhebung von Kosten),
§ 17 Abs. 4 (Verzinsung),
§ 31 (Festsetzung des Geschäftswerts),
§ 136 Abs. 5 (Dokumentenpauschale bei zur Verfügung gestellten Entwürfen),
§ 137 Abs. 1 Nr. 8, § 139 (Rechnungsgebühren).

[II] [1] Bundes- oder landesrechtliche Vorschriften, die Gebühren- oder Auslagenbefreiung gewähren, finden keine Anwendung auf den Notar, dem die Gebühren
für seine Tätigkeit selbst zufließen. [2] Außer in den Fällen der Kostenerstattung
zwischen den Trägern der Sozialhilfe gilt die in § 64 Abs. 2 Satz 3 Nr. 2 des Zehn-
ten Buches Sozialgesetzbuch bestimmte Gebührenfreiheit auch für den Notar.

Vorbem. I geändert dch Art 17 Z 12, 13 des 2. JuMoG v 22. 12. 06, BGBl 3416, in
Kraft seit 1. 1. 08, Art 28 II Hs 2, die Einfügung „Abs. 1" nach § 137 seit 31. 12. 06,
Art 28 I des 2. JuMoG, Übergangsrecht § 161 KostO. Der in I mitgenannte § 136 V ist
aufgehoben, § 136 Vorbem.

Gliederung

1) Systematik, Regelungszweck, I, II 1
2) Geltungsbereich, I 2–9
   A. §§ 11, 13 2
   B. § 14 3
   C. § 15 4
   D. § 16 I, II 5
   E. § 17 6
   F. § 31 7
   G. Früherer § 136 V 8
   H. § 137 I Z 8, § 139 9
3) Kostenpflicht gegenüber Gebührennotar, II 1 10–13
4) Volle Gebührenfreiheit, II 2 .... 14, 15

1) Systematik, Regelungszweck, I, II. Die Vorschrift ist eine Ausnahmerege- 1
lung für den Gebührennotar gegenüber dem Grundsatz des § 141. I schreibt die
Nichtanwendung der dort genannten Vorschriften des Ersten Teils der KostO vor.
Daraus, aber auch sonst und unter anderem aus II ergeben sich für den Gebührennotar zwecks Kostengerechtigkeit nach § 141 Rn 2 eine Reihe von Besonderheiten,
Üb 8 vor § 140. Beim beamteten Gebührennotar muß man europarechtliche Besonderheiten beachten, Üb 8 vor § 140.

2) Geltungsbereich, I. Man muß die folgenden Besonderheiten beachten. 2
A. §§ 11, 13. An ihre Stelle treten II sowie § 144.
B. § 14. An seine Stelle treten §§ 154, 156. 3
C. § 15. Die Nachforderung ist bis zur Verjährung nach § 17 I–II zulässig. Sie ist 4
dann unstatthaft, wenn eine sie versagende rechtskräftige Entscheidung nach § 156
vorliegt, Düss JB **07**, 94. Die Sondervorschrift des § 46 V bleibt unberührt.
D. § 16 I bleibt anwendbar. Bei einer unrichtigen Sachbehandlung entstehen also 5
insoweit keine Kosten, Hamm NJW **78**, 2604, LG Hann JB **04**, 384 (zustm Bund).
Dort zu weiteren Notar-Einzelfällen.
§ 16 II. Statt dieser Vorschrift ist § 156 anwendbar.

6 E. § 17. § 17 I–III 1 sind anwendbar (Streichung der früheren Unanwendbarkeit, Vorbem). Bei einer letztwilligen Verfügung ist § 46 V anwendbar. Im übrigen ist es für die Fälligkeit nach § 7 zB bei der Unterzeichnung einer Übertragungsurkunde, Ffm FGPrax **95**, 248, und für die Verjährung unerheblich, daß das Testament nicht so wie zunächst vorgesehen unmittelbar nach der Beurkundung in die Verwahrung des Nachlaßgerichts kam, Düss JB **94**, 165. § 17 III 2 bleibt anwendbar. Eine erneute Aufforderung läßt die Verjährung also neu beginnen. Ebenfalls anwendbar bleibt § 17 III 3. Unanwendbar ist aber nur § 17 IV (Verzinsung).

7 F. § 31. Die Kostenrechnung gibt den Geschäftswert an. Eine Festsetzung findet nicht statt. Soweit § 31 auf den Notar unanwendbar ist, hat er auch kein Beschwerderecht. Eine Anfechtung der Kostenrechnung des Notars erfolgt nach § 156.

8 G. Früherer § 136 V. Vgl Vorbem.

9 H. § 137 I Z 8, § 139. Der Gebührennotar erhält keine Rechnungsgebühren.

10 3) **Kostenpflicht gegenüber Gebührennotar, II 1.** Die Vorschrift enthält eine weitere Sonderregel gegenüber § 141 für denjenigen Notar, dem die Gebühren selbst zufließen, den sog Gebührennotar, Üb 1, 8 vor § 140. Für ihn gelten bundesrechtliche oder landesrechtliche Vorschriften über eine Gebührenbefreiung oder Auslagenbefreiung grundsätzlich nicht. Demgemäß gelten auch §§ 11 ff nicht. Denn man kann demjenigen Notar, der seine Auslagen selbst bezahlen muß, nicht zumuten, im öffentlichen Interesse auf ihren Ersatz zu verzichten.

11 Von diesem Grundsatz enthält II 2 eine *Ausnahme*. Im übrigen fallen nur diejenigen Befreiungsvorschriften unter II 1, die § 11 nennt, vgl auch § 11 Anh.

12 *Nicht hierher zählen* bloße Ermäßigungsvorschriften, die auf den Notar keine Anwendung finden, und solche Ermäßigungsvorschriften, die die Notargebühren ausdrücklich erwähnen.

13 Eine *Auslagenfreiheit* besteht auch gegenüber dem Gebührennotar nicht. Das ergibt sich aus II 1, der die Nichtbefreiung von den Auslagen anordnet, und aus II 2 sowie aus § 144, die nur von Gebührenbefreiung sprechen. Wegen der Dokumentenpauschale gilt nichts Besonderes. §§ 136 ff gelten also mit Ausnahme der in I genannten Vorschriften auch dem Notar gegenüber, Rn 8.

14 4) **Volle Gebührenfreiheit, II 2**

SGB X § 64. *Kostenfreiheit.* [II] [1] Geschäfte und Verhandlungen, die aus Anlass der Beantragung, Erbringung oder der Erstattung einer Sozialleistung nötig werden, sind kostenfrei. [2] Dies gilt auch für die in der Kostenordnung bestimmten Gerichtskosten. [3] Von Beurkundungs- und Beglaubigungskosten sind befreit Urkunden, die

1. ...

2. im Sozial- und im Kinder- und Jugendhilferecht sowie im Recht der Kriegsopferfürsorge aus Anlass der Beantragung, Erbringung oder Erstattung einer nach dem Zwölften Buch, dem Achten Buch oder dem Bundesversorgungsgesetz vorgesehenen Leistung benötigt werden,

3.–5. ...

15 SGB X § 64 II 2 ist *mit dem GG vereinbar*, vgl schon (zu § 144 II aF) BVerfG BGBl **85**, 1629 (und zwar „nach Maßgabe der Gründe" der Entscheidung, die in BVerfG **69**, 378 abgedruckt sind). II 2 bezieht die Gebührenfreiheit nach § 64 II RPfleger nicht auch auf die Nebentätigkeit des Notars nach §§ 146, 147, LG Aachen Rpfleger **88**, 338. II 2 nimmt allerdings die Kostenerstattung zwischen Sozialhilfeträgern von der völligen Gebührenfreiheit aus. Eine Gebührenbefreiung nach § 64 II 3 SGB X kann auch dem Erben des Sozialhilfeempfängers zugute kommen, Hanau FGPrax **03**, 286.

Gebührenermäßigung

144 [I] [1] Erhebt ein Notar, dem die Gebühren für seine Tätigkeit selbst zufließen, die in den §§ 36 bis 59, 71, 133, 145 und 148 bestimmten Gebühren von

1. dem Bund, einem Land sowie einer nach dem Haushaltsplan des Bundes oder eines Landes für Rechnung des Bundes oder eines Landes verwalteten öffentlichen Körperschaft oder Anstalt,
2. einer Gemeinde, einem Gemeindeverband, einer sonstigen Gebietskörperschaft oder einem Zusammenschluss von Gebietskörperschaften, einem Regionalverband, einem Zweckverband,
3. einer Kirche, sonstigen Religions- oder Weltanschauungsgemeinschaft, jeweils soweit sie die Rechtsstellung einer juristischen Person des öffentlichen Rechts hat,

und betrifft die Angelegenheit nicht deren wirtschaftliche Unternehmen, so ermäßigen sich die Gebühren bei einem Geschäftswert von mehr als 26 000 Euro bis zu einem

Geschäftswert	
von ... Euro	um ... Prozent
100 000	30
260 000	40
1 000 000	50
über 1 000 000	60

²Eine ermäßigte Gebühr darf jedoch die bei einem niedrigeren Geschäftswert nach Satz 1 zu erhebende Gebühr nicht unterschreiten. ³Wenn die Tätigkeit mit dem Erwerb eines Grundstücks oder grundstücksgleichen Rechts zusammenhängt, ermäßigen sich die Gebühren nur, wenn dargelegt wird, daß die auch nur teilweise Weiterveräußerung an einen nichtbegünstigten Dritten nicht beabsichtigt ist. ⁴Ändert sich diese Absicht innerhalb von drei Jahren nach Beurkundung der Auflassung, entfällt eine bereits gewährte Ermäßigung. ⁵Der Begünstigte ist verpflichtet, den Notar zu unterrichten.

II Die Gebührenermäßigung ist auch einer Körperschaft, Vereinigung oder Stiftung zu gewähren, die ausschließlich und unmittelbar mildtätige oder kirchliche Zwecke im Sinne der Abgabenordnung verfolgt, wenn diese Voraussetzung durch einen Freistellungs- oder Körperschaftssteuerbescheid oder durch eine vorläufige Bescheinigung des Finanzamts nachgewiesen und dargelegt wird, daß die Angelegenheit nicht einen steuerpflichtigen wirtschaftlichen Geschäftsbetrieb betrifft.

III Die Ermäßigung erstreckt sich auf andere Beteiligte, die mit dem Begünstigten als Gesamtschuldner haften, nur insoweit, als sie von dem Begünstigten auf Grund gesetzlicher Vorschrift Erstattung verlangen können.

Vorbem. Wegen der *neuen Bundesländer* gilt ebenfalls § 144. Er ging schon vor dem 1. 7. 04 vor, Düss JB **96**, 98, Lappe DNotZ **91**, 248, aM Busch Rpfleger **92**, 140 (entsprechende Anwendung).

Gliederung

1) Systematik, I–III	1
2) Regelungszweck, I–III	2
3) Sachlicher Geltungsbereich, I–III	3–6
A. Beurkundung usw, I 1	3
B. Kein wirtschaftliches Unternehmen, I 1	4
C. Grundstückserwerb usw: Keine Weiterveräußerung an nichtbegünstigten Dritten, I 3, 4	5, 6
4) Begünstigte Gebührenschuldner, I 1	7–9
A. Bund, Land usw, I 1 Z 1	7
B. Gemeinde, Gemeindeverband usw, I 1 Z 2	8
C. Kirche usw, I 1 Z 3	9
5) Rechtsfolgen: Ermäßigung nur der Gebühren, I 1, 2	10–13
A. Keine Ermäßigung bis 26 000 EUR, I 1	11
B. Gestaffelte Ermäßigung ab mehr als 26 000 EUR, I 1	12
C. Untergrenzen der Ermäßigung, I 2	13
6) Wegfall der Ermäßigung, I 3	14, 15
7) Unterrichtspflicht, I 4	16
8) Mildtätiger, kirchlicher Zweck, II	17–19
A. Nachweis des Finanzamts	18
B. Darlegung, daß kein Geschäftsbetrieb betroffen ist	19
9) Andere gesamtschuldnerische Beteiligte, III	20–24

1 **1) Systematik, I–III.** Die Vorschrift ist (jetzt) verfassungsgemäß, Düss MDR **91**, 997. Sie stellt beim Gebührennotar nach Üb 1–3, 8 vor § 140 in einer Abweichung von § 11 eine Abschwächung des Grundsatzes der Kostenpflicht des eigentlich Kostenfreien dar, § 143 II 1. Sie bildet aber auch eine Abweichung von der besonderen Gebührenfreiheit nach § 143 II 2 für die in § 144 I 1 genannten Tätigkeitsarten. I 3, 4 schränkt diese Abweichung für bestimmte Grundstücksgeschäfte weiter ein. Es handelt sich also um eine Ausnahmevorschrift, Hamm FGPrax **99**, 75. Sie ist daher eng auslegbar, Naumb FGPrax **08**, 39.

2 **2) Regelungszweck, I–III.** Der Gebührennotar soll zwar nicht umsonst arbeiten, aber auch nicht stets zu vollen Gebühren. Die neue Staffelung der Gebührenermäßigung wie auch die Differenzierung nach unterschiedlichen persönlichen und sachlichen Voraussetzungen bezwecken auch eine Beendigung des früheren Streits um die Gültigkeit der starren Ermäßigung.

Nach III soll der Ermäßigung nicht dadurch verlorengehen, daß der Notar die Gebühr voll vom *Nichtbegünstigten* erhebt und dieser sie sich vom Begünstigten erstatten läßt. Der Notar soll aber die gesamte Gebühr vom Nichtbegünstigten dann fordern können, wenn dieser sie deshalb endgültig tragen muß, weil er keine Erstattung von einem Begünstigten fordern kann, Lappe DNotZ **91**, 659.

Wie jede nach der Systematik klare Ausnahmevorschrift ist auch § 144 *eng auslegbar*, Rn 1. Das gilt trotz des Grundsatzes einer dem Kostenschuldner günstigen Handhabung. Es gilt ja beim Notar ohnehin nur eingeschränkt, Üb 3 vor § 140.

3 **3) Sachlicher Geltungsbereich, I–III.** Es müssen die folgenden Voraussetzungen zusammentreffen, damit eine Gebührenermäßigung eintritt.

A. Beurkundung usw, I 1. Es muß sich zunächst um eine Beurkundung handeln, §§ 36–59, 71, oder um die Erteilung einer vollstreckbaren Ausfertigung, § 133, oder um den Entwurf einer Urkunde, § 145, oder um die Vermittlung einer Auseinandersetzung, § 148. Diese Aufzählung ist abschließend und eng auslegbar, Rn 2.

Nicht begünstigt sind daher: Die Vollzugsgebühr, § 146; die Gebühr für eine Nebentätigkeit, § 147; die Hebegebühr, § 149; die Gebühr für eine Bescheinigung nach § 150.

4 **B. Kein wirtschaftliches Unternehmen, I 1.** Die in Rn 3 genannte Angelegenheit darf auch nicht ein wirtschaftliches Unternehmen eines der Begünstigten betreffen, Naumb FGPrax **08**, 39. Das ist sowohl eine sachliche als auch eine persönliche Voraussetzung. Da die Gebührenermäßigung eine Ausnahme von der Gebührenpflicht gegenüber dem Gebührennotar darstellt, ist der Begriff „wirtschaftliches Unternehmen" weit auslegbar. Man muß sein Vorliegen auch im Zweifel mit der Folge des Bestehenbleibens der Gebührenpflicht bejahen.

„Wirtschaftliches Unternehmen" ist einen Anlehnung an das Kommunalrecht, Hamm JB **99**, 96. Gemeint ist ein solches wirtschaftliches Unternehmen, das auch ein privater Unternehmer betreiben kann und das der Gewinnerzielung dient, BayObLG JB **97**, 546, Hamm FGPrax **99**, 75. Hierher kann auch ein zumindest mittlerweile nach wirtschaftlichen Gesichtspunkten geführtes Unternehmen zählen, BFH NVwZ **94**, 414.

Kein wirtschaftliches Unternehmen ist ein solches, dessen Einrichtung oder Unterhaltung die öffentliche Hand gesetzlich vornehmen muß oder bei dem die gemeinnützige Zielsetzung im Vordergrund steht, BGH **95**, 157, BayObLG JB **96**, 316, Drsd RR **99**, 1519; oder ein solches, das der bloßen Vermögensverwaltung dient, Hamm FGPrax **99**, 75. Freilich kann die privatrechtliche Betriebsform auch in den letzteren Fällen für das Vorliegen eines wirtschaftlichen Unternehmens sprechen. Man darf zwar eine einmalige Maßnahme nicht als wirtschaftliches Unternehmen ansehen, BayObLG JB **03**, 99. Es ist aber insoweit eine große Zurückhaltung ratsam.

§ 6 II 2 PostUmwG (Art 3 PTNeuOG) bestimmt, daß sich Notarkosten auch zugunsten der bisherigen Teilsondervermögen und der 3 Aktiengesellschaften *Deutsche Post, Deutsche Postbank* und *Deutsche Telekom* ermäßigen. Man kann das *Bundeseisenbahnvermögen* nach Art 1 § 1, 6 V ENeuOG ebenso beurteilen.

Die *Deutsche Bahn AG* nach Art 2 § 1 II ENeuOG ist trotz des Umstands, daß die Bundesrepublik noch ihr Alleinaktionär ist, wegen der privatrechtlichen Organisation *kein* Unternehmen nach I 1. Ebensowenig ist der Betrieb des Main-Donau-Kanals ein wirtschaftliches Unternehmen, BayObLG **93**, 401. Dasselbe gilt oft, aber keineswegs stets für eine Schule, ein Museum, ein Theater, ein Jugendheim, einen Friedhof, eine Turnhalle, ein Altenheim.

C. Grundstückserwerb usw: Keine Weiterveräußerung an nichtbegünstigten Dritten, I 3, 4. Selbst unter den Voraussetzungen Rn 3, 4 tritt eine Ermäßigung bei einer mit dem Erwerb eines Grundstücks oder grundstücksgleichen Rechts auch nur zusammenhängenden Notartätigkeit nur unter der weiteren Voraussetzung ein. Der Gebührenschuldner muß wenigstens darlegen, wenn auch nicht gleich glaubhaft machen oder gar beweisen, daß eine auch nur teilweise Weiterveräußerung an einen nichtbegünstigten Dritten nicht erfolgen soll, Hamm FGPrax **99**, 75. Nach I 4 kommt es zunächst auf die Absicht im Zeitpunkt der Beurkundung und nicht im Zeitpunkt der Fälligkeit der Gebühr an. Maßgeblich ist dabei der Zeitpunkt der Auflassung, nicht des schuldrechtlichen Vertrags. 5

Wegen des Ausnahmecharakters der Gebührenermäßigung muß man ihre Voraussetzungen auch beim Grundstückserwerb usw *eng auslegen*, LG Frankenth JB **93**, 359. Das gilt trotz des scheinbar entgegenstehenden Wortlauts. Daher liegt im Zweifel zwar ein Zusammenhang mit einem solchen Geschäft vor, nicht aber die Nichtbeabsichtigung der Weiterveräußerung. Allerdings wird natürlich zB die Lebenserfahrung etwa beim Bau eines Behördengebäudes gegen die Absicht seines Weiterverkaufs an einen Privatmann sprechen. Die Bestellung eines Erbbaurechts steht einer Weiterveräußerung gleich, LG Osnabr JB **94**, 236, Mümmler JB **90**, 147, aM Hamm NJW **99**, 1194, Oldb JB **94**, 357. 6

4) Begünstigte Gebührenschuldner, I 1. Nur ein Gebührenschuldner kann begünstigt sein, nicht ein solcher Beteiligter, der keine solche Schuldnerschaft hat, LG Hann JB **98**, 41. 7

A. Bund, Land usw, I 1 Z 1. Die Vorschrift stimmt sachlich mit § 11 I 1 überein. Vgl dort Rn 3ff. Vgl im übrigen den ebenfalls inhaltsgleichen § 2 I 1 GKG, Teil I A dieses Buchs, und dort Rn 5ff.

B. Gemeinde, Gemeindeverband usw, I 1 Z 2. Die Vorschrift erweitert den Kreis der Begünstigten teilweise nur scheinbar. Im übrigen stellt sie klar, daß auch Rechtssubjekte der dort genannten Art unabhängig davon begünstigt sind, ob man sie als „öffentliche Körperschaft oder Anstalt" im Sinn von I 1 Z 1 einstufen muß. 8

C. Kirche usw, I 1 Z 3. Es gelten dieselben Erwägungen wie bei Rn 8. Die Vorschrift begünstigt alle Gliederungen der Kirche, Bengel MittBayNot **98**, 161. Hierher zählen zB ein Bistum, eine Landeskirche, eine Kirchengemeinde, Hamm FGPrax **99**, 74, ein Orden, Hamm FGPrax **01**, 168, eine Religions- oder Weltanschauungsgemeinschaft als eine juristische Person des öffentlichen Rechts. 9

5) Rechtsfolgen: Ermäßigung nur der Gebühren, I 1, 2. Eine Ermäßigung kommt nur bei den in I 1 abschließend aufgezählten Gebühren der §§ 36–59, 71, 133, 145 und 148 in Betracht, also zB auch bei einer Zusatzgebühr des § 58, nicht aber bei der Vollzugsgebühr des § 146, nicht bei einer Nebentätigkeitsgebühr des § 147, nicht bei der Hebegebühr des § 149 und nicht bei der Bescheinigung des § 150. Auslagen sind wie sonst erstattbar, § 136 II Z 1. Die Gebührenermäßigung tritt, falls überhaupt, kraft Gesetzes ein. Ein Ermessen auch des Gerichts kommt allenfalls bei der Prüfung der Voraussetzungen in Betracht. 10

Beim *Zusammentreffen* eines begünstigten und eines nichtbegünstigten Geschäfts muß man den Wert nach § 44 ermitteln und dann die Ermäßigung auf den begünstigten Teil beschränken.

A. Keine Ermäßigung bis 26 000 EUR, I 1. Im Umkehrschluß zeigt die Vorschrift, daß beim Geschäftswert bis einschließlich 26 000 EUR überhaupt keine Gebührenermäßigung in Betracht kommt. 11

B. Gestaffelte Ermäßigung ab mehr als 26 000 EUR, I 1. Maßgeblich ist die amtliche Tabelle. Sie duldet keine „Interpolierung", ebensowenig wie zB diejenige des § 114 ZPO, BLAH dort Rn 133. 12

C. Untergrenzen der Ermäßigung, I 2. Die nach I 1 ermäßigte Gebühr darf nicht geringer werden als die bei einem niedrigeren Geschäftswert nach I 1 anfallende Gebühr. 13

14 **6) Wegfall der Ermäßigung, I 3.** Sobald sich die in I 2 genannte Lage beim Grundstücksgeschäft dahin ändert, daß nun doch die Absicht der Weiterveräußerung an einen nichtbegünstigten Dritten eintritt, kann kraft Gesetzes die Gebührenermäßigung nachträglich entfallen und damit doch noch eine volle Gebührenpflicht eintreten. Maßgeblich ist ein Zeitablauf von höchstens drei Jahren seit der Beurkundung der Auflassung.

15 Die „*Absicht*" tritt ein, sobald und soweit der bisherige Erwerber an irgendeinen Nichtbegünstigten weiterveräußern will, ohne ihn schon kennen oder gar mit ihm verhandeln zu müssen. Das gilt unabhängig davon, ob er bereits rechtswirksam eingetragen ist. Die Absicht der Weiterveräußerung muß ernsthaft sein. Die Weiterveräußerung muß demnächst erfolgen, nicht irgendwann, aber auch nicht notwendigerweise schon morgen. Der Nichtbegünstigte muß jedenfalls als *ein* etwaiger ernsthafter Erwerber in Betracht kommen. Maßgeblich ist eine objektive Beurteilung der Lage, evtl bei einer rückschauenden Betrachtung, bei einer Berücksichtigung der erkennbar gewordenen Interessen der Beteiligten. Eine Erbbaurechtsbestellung ist eine Veräußerung, Rn 6.

16 **7) Unterrichtungspflicht, I 4.** Sie tritt ein, sobald die Voraussetzungen Rn 14, 15 objektiv vorliegen. Eine Rechtsunkenntnis schützt den bisher Begünstigten hier so wenig wie sonst. Beim Verstoß können auch strafrechtliche Folgen für den beim Begünstigten zur Unterrichtung jeweils Verantwortlichen eintreten. Die Verjährung der Nachforderung des Notars beginnt wie sonst. § 17 I–II ist allerdings anwendbar. Denn § 143 I macht nur § 17 IV unanwendbar. Die volle Höhe entsteht erst mit dem Wegfall der Ermäßigung.

17 **8) Mildtätiger, kirchlicher Zweck, II.** Man muß die in dieser Vorschrift genannten Institutionen ohnehin nach I, III beurteilen, soweit sie deren Voraussetzungen erfüllen. II ist nur dann anwendbar, wenn ausschließlich und unmittelbar die dort genannten mildtätigen Zwecke usw nach §§ 51 ff AO vorliegen, nicht auch dann, wenn außerdem gemeinnützige Zwecke bestehen, BayObLG JB 95, 100. Im übrigen stellt II zwei Bedingungen einer Gebührenermäßigung auf. Sie müssen zusammentreffen.

18 **A. Nachweis des Finanzamts.** Man muß dem Gebührennotar einen Nachweis des Finanzamts vorlegen, daß die Körperschaft, Vereinigung oder Stiftung ausschließlich und unmittelbar mildtätige oder kirchliche Zwecke nach der AO verfolgt, also zB eine Wohlfahrtspflege, ein Kinderheim, eine Behinderteneinrichtung, ein Kranken- oder Altenheim. Ausreichend ist ein sog Freistellungsbescheid, ein Körperschaftssteuerbescheid oder eine vorläufige Bescheinigung. Sie alle müssen vom zuständigen Finanzamt stammen und sich auf den Zeitpunkt der Beurkundung beziehen. Das ergibt der Vergleich mit I 3, 4.

Natürlich darf die Bescheinigung einige Tage und evtl auch wenige Wochen alt sein und beim Körperschaftssteuerbescheid den letzten darstellen. *Veraltete* Bescheinigungen sind aber ebenso unzureichend wie neue Bescheinigungen irgendeiner anderen Behörde.

19 **B. Darlegung, daß kein Geschäftsbetrieb betroffen ist.** Zusätzlich zu Rn 18 muß der eigentliche Gebührenpflichtige wenigstens darlegen, wenn auch nicht nach Rn 5 glaubhaft machen oder gar nachweisen, daß die Angelegenheit keinen steuerpflichtigen wirtschaftlichen Geschäftsbetrieb auch nur mitbetrifft. Wegen des Ausnahmecharakters der Gebührenermäßigung nach Rn 1 liegt im Zweifel keine ausreichende Darlegung vor. Schädlich ist erst da auch gerade im Beurkundungszeitpunkt schon und noch irgendwie steuerpflichtiger derartiger Betrieb. Eine nachträgliche Änderung der Art des Betriebs ist unschädlich. Denn II enthält keine dem I 4 vergleichbare Regelung.

20 **9) Andere gesamtschuldnerische Beteiligte, III.** Auch der bloße Treuhänder kann begünstigt sein, BayObLG DNotZ **78**, 508. Es kommt darauf an, ob der weitere Gesamtschuldner vom eigentlich Begünstigten kraft Gesetzes und nicht nur auf Grund eines Vertrags eine Erstattung fordern kann, § 13 Rn 1, zB bei (jetzt) § 453 BGB, Drsd RR **99**, 1519. Das kommt zB evtl beim Träger einer Privatschule vor, BayObLG Rpfleger **75**, 182, ferner bei einer solchen Treuhandstelle, die für eine

Sparkasse bei der Vergabe staatlicher Wohnungsmittel tätig wird, Oldb Rpfleger **90**, 228.

Der Nichtbegünstigte mag die Kosten des Begünstigten *übernommen* haben, KG **21** DNotZ **80**, 430, Dietrich DNotZ **80**, 402. Dann kann der Notar nicht etwa von jenem nun 100% verlangen, weil er keinen Erstattungsanspruch mehr hat. Denn durch eine Parteivereinbarung kann man die Notargebühren nicht verändern, § 140, Köln JB **83**, 1543, Schlesw JB **82**, 894, Zweibr JB **81**, 1709. Zur Rechenweise Lappe DNotZ **91**, 659.

Eine Kostenübernahme durch einen *an sich Begünstigten* schafft noch keine Gebüh- **22** renfreiheit, BayObLG DNotZ **85**, 567, Köln JB **83**, 1543, LG Kblz JB **95**, 211, aM Stgt DNotZ **85**, 572 (vgl aber § 11 Rn 1).

Jedoch ist dann eine *Ermäßigung* notwendig, auch wegen der Gebühr für die nach- **23** trägliche Erteilung zB einer Vollmacht.

Eine Ermäßigung tritt allerdings *nicht* ein, soweit das Angebot eines Vertrags und **24** seine Annahme *getrennt* erfolgen, um den Nichtbegünstigten zu begünstigen, aM BayObLG DNotZ **79**, 233, Hamm DNotZ **79**, 236 (aber das wäre ein Rechtsmißbrauch). Zum Problem Neubauer MDR **77**, 194.

Besondere Gebührenermäßigung

144a ¹Bei Geschäften, die in dem in Artikel 3 des Einigungsvertrages genannten Gebiet belegene Grundstücke betreffen und bei denen die in § 144 Abs. 1 Satz 1 Nr. 1 und 2 genannten Kostenschuldner nach § 2 Nr. 1 zur Zahlung der Kosten verpflichtet sind, ermäßigen sich die Gebühren, die dem Notar für seine Tätigkeit selbst zufließen und vor dem 1. Januar 2004 fällig werden, um 20 vom Hundert sowie um weitere Vomhundertsätze entsprechend § 144 Abs. 1 Satz 1. ²Den in Satz 1 genannten Kostenschuldnern steht die Treuhandanstalt gleich. ³§ 144 Abs. 1 Satz 2 gilt sinngemäß. ⁴Die Ermäßigungsbestimmungen des Einigungsvertrages sind nicht anzuwenden.

Vorbem. Statt der früheren Treuhandanstalt meint S 2 jetzt die Bundesanstalt für vereinigungsbedingte Sonderaufgaben.

Schrifttum: *Filzek* JB **94**, 68 und 137 (je ausf); *Kleist* JB **94**, 260.

Gliederung

1) **Systematik,** S 1–4	1
2) **Regelungszweck,** S 1–4	2
3) **Sachlicher Geltungsbereich,** S 1	3–5
A. Belegenheit in den neuen Bundesländern	3
B. Grundstücksgeschäft	4
C. Beispiele zur Frage eines Grundstücksgeschäfts, S 1	5
4) **Persönlicher Geltungsbereich,** S 1, 2	6–8
A. Kostenschuldner nach § 144 I Z 1, 2	6
B. Kostenpflicht nach § 2 Z 1	7
C. Gebührennotar	8
5) **Zeitlicher Geltungsbereich,** § 1	9
6) **Gebührenermäßigung,** S 1, 3	10–15
A. Ausgangsermäßigung: 20 vom Hundert, S 1	10
B. Zusätzliche Ermäßigung: Weitere Vomhundertsätze, S 1	11
C. Berechnung der zusätzlichen Ermäßigung: Von der Ausgangsgebühr, S 1	12
D. Untergrenzen der Ermäßigung: Vergleich der zweifachen Ermäßigung mit der einfachen aus dem niedrigeren Geschäftswert, S 3	13–15
7) **Unanwendbarkeit des Einigungsvertrags,** S 4	16
8) **Inhalt der Kostennote des Notars,** S 1–4	17
9) **Verstoß,** S 1–4	18

1) Systematik, S 1–4. Die wegen der Fälligkeit der Gebühren nach Rn 9 bis **1** zum 1. 1. 2004 befristet gewesene Vorschrift ist mit dem GG vereinbar, BVerfG DNotZ **95**, 774, KG FGPrax **96**, 75. Sie enthält eine Sonderregel. Diese gilt freilich nur im sachlichen und persönlichen Geltungsbereich des § 144a. Sie erfaßt innerhalb dieses Bereichs auch nur die Gebührenhöhe, nicht auch die Gebührenarten. Das muß

man systematisch beachten. So bleibt zB die Auffangbestimmung des § 147 II dem Grunde nach auch im sachlichen Geltungsbereich des § 144a bestehen. Andererseits gilt § 144a sowohl gegenüber § 144 vorrangig als auch anstelle der Ermäßigungsregeln des Einigungsvertrags. Das letztere ergibt sich ausdrücklich aus S 4, aM KG FGPrax **96**, 75.
Man muß die Vorschrift *weit auslegen*. Denn sie enthält eine halbe Rückkehr zum Grundsatz der Gebührenfreiheit nach § 1 I 1. Von ihm stellen §§ 2 ff ja systematisch betrachtet bereits Ausnahmen dar. § 144a ist eine Ausnahme von diesen Ausnahmen. Solche Vorschriften muß man stets weit auslegen. Das hat eine erhebliche praktische Bedeutung. Das würdigten KG JB **95**, 433, LG Bln JB **98**, 208 nicht genug. Vgl auch Rn 2.

2 **2) Regelungszweck, S 1–4.** Die Vorschrift bezweckt eine Verbilligung der Notarkosten zur Erleichterung und Beschleunigung des Rechtsverkehrs über Grundstücke in den neuen Bundesländern und damit zur Ankurbelung der dortigen Wirtschaft. Das sollte Kleist JB **94**, 260 miterwägen. Auch dieser Zweck führt zur Zulässigkeit einer weiten Auslegung, unabhängig von der Systematik nach Rn 1, zweifelnd Bohnenkamp DNotZ **95**, 798. Daran ändert sich auch nichts durch die grundsätzliche Klärung in § 147 II, daß der Notar nicht umsonst arbeiten soll. Denn diese Vorschrift bleibt ja dem Grunde nach Rn 1 anwendbar. Nur ermäßigt sich eben auch die dortige 0,5 Auffanggebühr im Anwendungsbereich des § 144a weiter. Das ist wegen des Regelungszwecks auch mit Artt 3, 12 GG vereinbar, aM Degenhart MDR **94**, 649 (aber schon die größere Geschäftszahl in den neuen Bundesländern kann ausgleichen, und dort mußte weit mehr als das Gebührenrecht der Notare für die hier von vornherein begrenzte Zeit von ca 10 Jahren Anpassungsprobleme ertragen).

3 **3) Sachlicher Geltungsbereich, S 1.** Es sind zwei Aspekte beachtlich.
A. Belegenheit in den neuen Bundesländern. Das Objekt des Geschäfts muß ein solches Grundstück sein, das in dem in Art 3 EV genannten Gebiet belegen ist, also in den neuen Bundesländern einschließlich des früheren Ostberlin. Maßgeblich ist diejenige Fassung des Art 3 EV, die im Zeitpunkt der Entstehung der Notargebühr gilt.

4 **B. Grundstücksgeschäft.** Es muß sich um ein solches Geschäft handeln, das ein Grundstück betrifft. Dieser Bereich ist weit auslegbar, Rn 1, Schmidt FGPrax **96**, 41, aM Filzek JB **94**, 69, KLBR 8. Das bedeutet: Im Zweifel liegt ein Grundstücksgeschäft nach S 1 vor.
Mithin können auch solche Geschäfte unter § 144a fallen, die zB ein *Erbbaurecht* betreffen. Denn es steht gesetzlich grundsätzlich einem Grundstück gleich. Grundsätzlich kann jede Art von Rechtsgeschäft ein Grundstück „betreffen". Es ist unerheblich, ob es sich um ein- oder zweiseitige Geschäfte handelt. Die Belastung eines Grundstücks kann ebenso dem § 144a unterfallen wie die Befreiung von einer Belastung. Es ist unerheblich, ob das Grundstücksgeschäft Haupt- oder Nebeninhalt eines Rechtsgeschäfts ist. Soweit nicht nur ein Grundstücksgeschäft vorliegt, muß man den Teilwert des letzteren ermitteln und sodann § 144a anwenden.

5 **C. Beispiele zur Frage eines Grundstücksgeschäfts, S 1**
Abtretung: Grundstücksgeschäft ist die Abtretung eines Anspruchs, etwa auf eine Übertragung oder Rückübertragung.
Ankaufsrecht: Grundstücksgeschäft ist ein solches Recht.
Anwartschaft: Grundstücksgeschäft ist ein solches Recht.
Bedingung: Grundstücksgeschäft ist auch ein bedingtes.
Eintragungsantrag: Grundstücksgeschäft ist ein solcher Antrag.
Finanzierung: Grundstücksgeschäft ist das zugehörige Finanzierungsgeschäft, zB durch die Bestellung eines Grundpfandrechts, Klein DNotZ **97**, 352, KLBR 321.
Genehmigung: Grundstücksgeschäft ist ein genehmigungsbedürftiges.
Grundschuldbestellung: Grundstücksgeschäft ist eine solche Maßnahme.
Hypothekenbestellung: Grundstücksgeschäft ist eine solche Maßnahme.
Kaufvertrag: Grundstücksgeschäft ist natürlich ein solcher Vorgang.
Löschungsbewilligung: Grundstücksgeschäft ist eine solche Maßnahme.

Mehrere Objekte: Grundstücksgeschäft ist evtl auch ein Geschäft über mehrere Objekte.
Option: Grundstücksgeschäft ist ein solcher Vorgang.
Teilungserklärung: Grundstücksgeschäft ist ein solcher Vorgang.
Übertragung: S „Abtretung".
Vorrecht: Grundstücksgeschäft ist die Einräumung eines solchen Rechts.
Vorvertrag: Grundstücksgeschäft ist ein solcher Vorgang.
Wohnungseigentum: Grundstücksgeschäft ist ein solches Geschäft.

4) Persönlicher Geltungsbereich, S 1, 2. Es gibt drei Fallgruppen.   **6**

A. Kostenschuldner nach § 144 I Z 1, 2. Kostenschuldner muß eines der in § 144 I Z 1, 2 (nicht Z 3) genannten Rechtssubjekte sein, also der Bund, ein Land, bestimmte öffentliche Körperschaften oder Anstalten, eine Gemeinde, ein Gemeindeverband, ein Zusammenschluß von Gebietskörperschaften, ein Regionalverband, ein Zweckverband. Vgl im einzelnen § 144 Rn 7, 8. Diesen Kostenschuldnern stand die frühere Treuhandanstalt ausdrücklich gleich, S 2. Das gilt auch für ihre Rechtsnachfolgerin, Vorbem, KG FGPrax **96**, 75. Es kommt auf die Frage, ob die Angelegenheit ein wirtschaftliches Unternehmen nach § 144 I 1 Hs 2 betrifft, noch nicht im Rahmen der Klärung des persönlichen Geltungsbereichs an, sondern erst im Rahmen der Gebührenhöhe, Rn 11.

B. Kostenpflicht nach § 2 Z 1. Bei dem nach Rn 6 ermittelten Kostenschuld-   **7** ner muß es sich außerdem um einen solchen handeln, der nach § 2 Z 1 kostenpflichtig ist, also um den sog Antragsschuldner, § 2 Rn 9–24, sei er ein Veranlassungs- oder Einreichungsschuldner. Ein bloßer Interessenschuldner nach § 2 Z 2 reicht nicht. Eine etwaige völlige *Gebührenfreiheit* zB nach § 11 bleibt natürlich ohnehin vorrangig beachtlich. Sie engt den Kreis der von § 144a erfaßten Kostenschuldner erheblich ein. Denn die meisten der in S 1 durch eine Verweisung auf § 144 I Z 1, 2 genannten Rechtssubjekte sind ja ohnehin gebührenfrei. Auf eine bloße Auslagenfreiheit kann sich ein Gebührenschuldner aber nicht berufen. Er müßte ja zur Zahlung von keinerlei „Kosten" verpflichtet sein, S 1, also weder zu Gebühren noch zu Auslagen, § 1 I 1.

C. Gebührennotar. Kostengläubiger muß ein solcher Notar sein, dem die Ge-   **8** bühren für seine Tätigkeit selbst zufließen, also ein sog Gebührennotar, Üb 8 vor § 140, im Gegensatz zum beamteten Notar, Üb 7 vor § 140, § 142.

5) Zeitlicher Geltungsbereich, S 1. Die Vorschrift erfaßt nur ein solches Ge-   **9** schäft, bei dem die Notargebühren vor dem 1. Januar 2004 fällig geworden waren. Die Fälligkeit richtet sich infolge der Verweisung in § 141 auf (auch) § 7 nach der Beendigung des gebührenpflichtigen Geschäfts, § 7 Rn 1–4. Etwaige sonstige gesetzliche Fälligkeitsvorschriften bleiben evtl vorrangig bestehen.

6) Gebührenermäßigung, S 1, 3. Es entsteht eine Ermäßigung nur bei den   **10** Gebühren, nicht auch bei den Auslagen. Denn die Vorschrift nennt keine „Kosten"-Ermäßigung, § 1 I 1.

A. Ausgangsermäßigung: 20 vom Hundert, S 1. Unter den Voraussetzungen Rn 3–9 ermäßigen sich die Gebühren des Notars im Ausgangspunkt zunächst um 20%, also zB von 100 auf 80 EUR. Die nach § 151a etwa zu erhebende Umsatzsteuer (Mehrwertsteuer) bleibt bei der Berechnung der Ermäßigung zunächst unbeachtet. Sie entsteht erst vom sich ergebenden Endbetrag, im eben genannten Beispiel also von 80 EUR. Die Ermäßigung entsteht bei jeder von § 144a erfaßten Gebühr.

B. Zusätzliche Ermäßigung: Weitere Vomhundertsätze, S 1. Zusätzlich zur   **11** Ausgangsermäßigung nach Rn 10 kann eine weitere Ermäßigung entstehen, KG JB **96**, 381. S 1 letzter Hs verweist dazu auf § 144 I 1. Nach dieser letzteren Vorschrift kommt eine Ermäßigung zwischen 30% und 60% in Betracht, soweit die Angelegenheit nicht ein wirtschaftliches Unternehmen der dort genannten Kostenschuldner betrifft. Wegen des Kreises der Kostenschuldner Rn 6, 7. Wegen des nicht wirtschaftlichen Unternehmens § 144 Rn 4.

C. Berechnung der zusätzlichen Ermäßigung: Von der Ausgangsgebühr,   **12** **S 1.** Nach dem Wortlaut der Vorschrift kann es zweifelhaft sein, ob man die weitere Ermäßigung von der Ausgangsgebühr oder von der zuvor bereits um 20% ermäßigten

KostO § 144a III. Kostenordnung

Gebühr errechnen muß, also von der Ausgangsermäßigung. Im ersteren Fall würde sich zB ergeben: Ausgangsgebühr 1000 EUR; Ausgangsermäßigung 20%; neue Gebühr also = 800 EUR; bei einem Geschäftswert von 100 000 EUR zusätzliche Ermäßigung um weitere 30%, diese wiederum errechnet von der Ausgangsgebühr (1000 EUR), also um nochmals 300 EUR; 1000 − 200 − 300 = 500 EUR. Im letzteren Fall wären die weiteren 30% nur aus 800 EUR zu errechnen, würden also nur 240 EUR betragen; 1000 − 200 − 240 = 560 EUR. Der Notar steht bei der letzteren Rechenart um 60 EUR besser da.
Sie ist nach Wortlaut und Sinn der Vorschrift nicht zwingend. Der Regelungszweck der Verbilligung nach Rn 2 spricht eher für die stärkere Ermäßigung der *ersteren Rechenart*. Sie ist auch weitaus einfach und praktikabler, Filzek JB **94**, 70. Man sollte sie daher sowohl systematisch als auch zweckgemäß und praktisch vorziehen, Filzek JB **94**, 70.

13 D. **Untergrenzen der Ermäßigung: Vergleich der zweifachen Ermäßigung mit der einfachen aus dem niedrigeren Geschäftswert, S 3.** Nach § 144a S 3 gilt § 144 I 2 entsprechend. Hinter dieser scheinbar harmlosen Verweisung steckt ein wirklich perfektes Verwirrspiel des Gesetzgebers. Das zeigen die eindrucksvollen Rechenbeispiele bei Filzek JB **94**, 70. Diese Schwierigkeiten beruhen darauf, daß § 144 I 2 nur eine dort erste Ermäßigung betrifft, § 144a S 3 aber in Verbindung mit § 144 I 2 eine zusätzliche Ermäßigung und deren Untergrenzen.

14 *Gemeint ist folgendes:* Man muß zunächst die Ausgangsermäßigung nach Rn 10 errechnen. Kommt eine zusätzliche Ermäßigung nach Rn 11, 12 in Betracht, muß man auch sie errechnen. Man muß die so ermittelte vorläufige Gesamtermäßigung nun nach S 3 kontrollieren. Denn sie könnte zu groß geworden sein. In diesem letzteren Fall muß man die untere Grenze nach den Regeln Rn 14, 15 anheben, um die endgültige Gesamtermäßigung zu errechnen.
Die zusätzliche Ermäßigung darf nämlich nicht diejenige Gesamtermäßigung unterschreiten, die sich dann ergäbe, wenn statt des wahren Geschäftswerts der nächstniedrige Rahmen der Tabelle des § 144 I 1 gelten würde.
Beispiel: Bei zusätzlicher Ermäßigung nach dem wahren Geschäftswert um weitere 30% ergibt sich eine vorläufige Gesamtermäßigung von 50%. Bei Anwendung eines gedacht nächstgeringeren Wertrahmens der Tabelle ergäbe sich eine weitere Ermäßigung nicht von 30%, sondern von 0%. Das würde eine endgültige Gesamtermäßigung von nur 20% statt 50% ausmachen.

15 Das führt nur scheinbar stets zur Streichung der in Rn 13 genannten zusätzlichen Ermäßigung, dazu Rechenbeispiele bei Filzek JB **94**, 70 und 137. Denn § 144 I 1 enthält in seiner Tabelle weitgestreckte Rahmenstufen. Man muß daher, so mühsam das auch für den Notar und sein Personal ist, in jedem Einzelfall die *Untergrenze* der Ermäßigung durch den vorstehenden Vergleich *ermitteln*, soweit überhaupt zuvor eine zusätzliche Ermäßigung nach Rn 11, 12 vorzunehmen war.

16 **7) Unanwendbarkeit des Einigungsvertrags, S 4.** Die Ermäßigungsbestimmungen des EV waren bei der Gebührenberechnung nach § 144a nicht anwendbar. Das ergibt sich aus dem klaren Wortlaut des S 4, Rn 1.

17 **8) Inhalt der Kostennote des Notars, S 1–4.** § 154 II umschreibt bestimmte Formalien für die Gebührenberechnung des Notars vor. Unter anderem muß der Notar „die Beträge der angesetzten Gebühren" aufführen. Wegen der Kompliziertheit des dem Notar auferlegten Rechenwerks kann eine vom Auftraggeber einigermaßen mühelos nachprüfbare Darstellung evtl nur in einer Ausführlichkeit erfolgen, die von herkömmlichen Darstellungen in Kostennoten ganz erheblich abweicht. Das gilt insbesondere dann, wenn er kein Jurist ist. Der Zweck, dem Empfänger den Nachvollzug zu ermöglichen, § 154 Rn 8, und auch die Notwendigkeit, eine im Verfahren nach § 156 ausreichende Art der Darstellung vorzunehmen, zwingen aber evtl zu solcher ungewohnter Ausführlichkeit. Sie hat auch den Vorteil, daß sich der Notar nicht später im Verfahren nach § 156 oder im Gebührenrechtsstreit usw mühsam erneut an eine Reinschrift seiner internen Errechnungen machen muß.
Immerhin kann auch die ja ohnehin stets erforderliche *Erwähnung der angewandten* §§ zumindest dann ausreichen, wenn eine zusätzliche Ermäßigung nach Rn 11, 12 schon dem Grunde nach ausscheidet. Auch braucht die Kostennote nicht zum Kom-

mentar der KostO auszuarten. Es kann genügen, auf die einschlägige Rechtsprechung oder das Schrifttum Bezug zu nehmen.

9) Verstoß, S 1–4. Beim Verstoß gelten die allgemeinen Regeln über eine falsche, ungenaue, unvollständige, mißverständliche Gebührenberechnung. S bei den einzelnen Vorschriften, auch zu den Rechtsbehelfen, vor allem § 156. 18

Entwürfe

145 I [1] Fertigt der Notar auf Erfordern nur den Entwurf einer Urkunde, so wird die für die Beurkundung bestimmte Gebühr erhoben. [2] Überprüft der Notar auf Erfordern einen ihm vorgelegten Entwurf einer Urkunde oder einen Teil des Entwurfs, so wird die Hälfte der für die Beurkundung der gesamten Erklärung bestimmten Gebühr, mindestens jedoch ein Viertel der vollen Gebühr erhoben; dies gilt auch dann, wenn der Notar den Entwurf auf Grund der Überprüfung ändert oder ergänzt. [3] Nimmt der Notar demnächst aufgrund des von ihm gefertigten oder überprüften Entwurfs eine oder mehrere Beurkundungen vor, so wird die Entwurfsgebühr auf die Beurkundungsgebühren in der Reihenfolge ihrer Entstehung angerechnet. [4] Beglaubigt der Notar demnächst unter einer von ihm entworfenen oder überprüften Urkunde Unterschriften oder Handzeichen, so wird für die erste Beglaubigung keine Gebühr erhoben, für weitere gesonderte Beglaubigungen werden die Gebühren gesondert erhoben.

II Fertigt der Notar über ein Rechtsgeschäft, das der behördlichen Nachprüfung unterliegt, im Einverständnis mit den Beteiligten einen Entwurf zur Vorlegung bei einer Behörde, kommt das Rechtsgeschäft jedoch auf Grund der behördlichen Maßnahme nicht zustande, so wird die Hälfte der für die Beurkundung bestimmten Gebühr, mindestens aber eine volle Gebühr, erhoben; jedoch wird die für die Beurkundung bestimmte Gebühr erhoben, wenn sie geringer ist als eine volle Gebühr.

III [1] Die im Absatz 2 bestimmte Gebühr wird auch erhoben, wenn der Notar auf Erfordern den Entwurf einer Urkunde für ein Rechtsgeschäft, das der notariellen Beurkundung bedarf, aushändigt, die Beurkundung aber infolge Zurücknahme des Auftrags oder aus ähnlichen Gründen unterbleibt. [2] Daneben werden die im § 57 und im § 130 Abs. 2 bestimmten Gebühren nicht erhoben.

Schrifttum: *Tiedtke,* Notarkosten im Grundstücksrecht, 2001.

Gliederung

1) Systematik, I–III	1–4
2) Regelungszweck, I–III	5
3) Anfertigung, I 1	6–15
A. Rechtsgeschäftliche Erklärung	7
B. Entwurfsfertigung	8, 9
C. Wesentlichkeit	10–13
D. Lediglich Entwurfsarbeit	14
E. Erfordern	15
4) Überprüfung, Ergänzung, Änderung, I 2	16
5) Anrechnung, I 3	17–23
A. Entwurf	17
B. Zeitlich nachfolgende Beurkundung	18
C. Ursachenzusammenhang	19
D. Demnächst folgende Beurkundung	20
E. Zeitliche Großzügigkeit	21, 22
F. Reihenfolge der Anrechnung	23
6) Nachfolgende Beglaubigung, I 4	24
7) Behördenvorlegung, II	25–32
A. Entwurfsfertigung	26
B. Vorlegungszweck	27
C. Einverständnis der Beteiligten	28
D. Genehmigungsbedürftigkeit	29
E. Genehmigungsverweigerung	30
F. Unterbleiben der Beurkundung	31
G. Gebühr, Geschäftswert, II	32
8) Aushändigung, III	33–39
A. Beurkundungsentwurf	34

KostO § 145 III. Kostenordnung

B. Erfordern 35
C. Aushändigung 36
D. Unterbleiben der Beurkundung 37, 38
E. Gebühr, Geschäftswert, III 39
9) Fälligkeit, Kostenschuldner, I–III 40

1 **1) Systematik, I–III.** Man muß zur Ermittlung der richtigen Vergütung die folgenden Unterscheidungen treffen. Wenn der Notar in einer vollständig eigenen Kopfarbeit einen vollständigen Entwurf fertigt, ist die volle Beurkundungsgebühr nach I 1 entstanden. Wenn er zu dieser Arbeit als Grundlage für gleichartige Einzelverträge solche Formulare, Vorschläge, Vorlagen usw mitbenutzt, die ihm aus seiner früheren eigenen Arbeit, aus dem Schrifttum, aus der Rechtsprechung, aus Akten bekannt sind, bleibt es bei der vollen Beurkundungsgebühr, Düss DNotZ **84**, 118, Hamm DNotZ **92**, 110. Wenn er dergleichen Vorlagen vom Auftraggeber oder aus der Hand eines von diesem veranlaßten Dritten erhält, etwa von der Bank des Auftraggebers, bleibt es bei der vollen Beurkundungsgebühr, soweit man diese Vorlagen nicht schon als einen Entwurf oder Entwurfsteil ansehen kann, Stgt DNotZ **83**, 575.

2 Handelt es sich aber um die letzteren, erhält der Notar die Vergütung nur nach I 2, falls er den Entwurf(steil) lediglich überprüft. Dabei gilt nach I 2 Hs 2 auch eine *Änderung oder Ergänzung* als eine bloße Überprüfung. Rein sprachliche Korrekturen oder Ergänzungen ohne eine inhaltliche Überprüfung führen überhaupt nicht zu einer besonderen Gebühr, Köln JB **97**, 264. Die bloße Vorbereitungsarbeit fällt unter § 147 II, § 147 Rn 17 ff.

Der Gesetzgeber überläßt die *Klärung der Grenze* zwischen einer sprachlichen und einer inhaltlichen Änderung der Praxis. Dasselbe gilt für die Abgrenzung zwischen einer inhaltlichen Überprüfung, Änderung, Ergänzung einerseits und einer Entwurfsfertigung andererseits.

3 Man kann nicht etwa von einem Grundsatz I 1 und einer Ausnahme I 2 ausgehen. Denn *beide Tätigkeitsstufen* stehen nach der Wortfassung, dem Sinn des Gesetzes und der Praxis durchaus *nebeneinander*. Es gibt auch nicht eine Regel „im Zweifel zugunsten (oder zulasten) des Notars". Man muß daher auf den Anteil an wirklich eigener juristischer Gedankenarbeit am fertigen Entwurf abstellen. Man muß auch der Gefahr entgegenwirken, daß durch bloßen Andersformulierungen des Fremdprodukts aus der niedrigeren Vergütung des I 2 die höhere des I 1 wird.

4 Allerdings kann auch eine urheberrechtlich bloße *Bearbeitung* des Fremdentwurfs kostenrechtlich zur vollen Vergütung nach I 1 führen.

III regelt einen *Sonderfall* und ist schon deshalb als eine Spezialvorschrift eng auslegbar. Die Vorschrift ist dann aber gegenüber I vorrangig, BayObLG **89**, 333.

5 **2) Regelungszweck, I–III.** Die Entwurfstätigkeit des Notars kann bereits praktisch dieselbe Mühe ausmachen wie die anschließenden Tätigkeiten. Schon der Entwurf erfordert meist die volle Sachkenntnis, dasselbe Fingerspitzengefühl und Verantwortungsbewußtsein wie die Endfassung. Daher muß im Interesse der Kostengerechtigkeit auch der bloße Entwurf schon eine solche Vergütung herbeiführen, die derjenigen der Endfassung nicht nennenswert nachsteht. Die Vorschrift enthält schon einige bemerkenswerte Vergünstigungen für den Kostenschuldner. Man darf sie deshalb nicht einfach auch noch darüber hinaus stets zu seinen Gunsten auslegen.

6 **3) Anfertigung, I 1.** Der Notar erhält die volle Beurkundungsgebühr, sofern die folgenden Voraussetzungen zusammentreffen.

7 **A. Rechtsgeschäftliche Erklärung.** Es muß sich um einen Auftrag handeln. Er kann auch stillschweigend erfolgen, Köln JB **97**, 604 (Erscheinen nur eines Beteiligten). Aber insofern Vorsicht! Er muß auf eine solche rechtsgeschäftliche Erklärung gehen, die eine Beurkundung nach §§ 36ff braucht, Celle FGPrax **04**, 137, Düss JB **06**, 94, LG Trier JB **02**, 380 (je: Genehmigung). Natürlich muß dem Auftraggeber die Entgeltlichkeit des Entwurfs klar sein, LG Kassel JB **09**, 323 links.

Den *Gegensatz* bildet die Beurkundung eines nicht im bestimmten Einzelfall rechtsgeschäftlichen, sondern allgemeinen oder nur tatsächlichen Vorgangs, aM KG DNotZ **87**, 381, Bengel DNotZ **85**, 272. Hierher zählen Beurkundungen etwa: Eines Versammlungsbeschlusses, § 47, LG Hamm JB **03**, 97; eines Tatsachenprotokolls; einer

2. Teil. Kosten der Notare § 145 KostO

Bescheinigung; eines Antrags; einer nicht rechtsgeschäftlichen schriftlichen Erklärung; einer Darlehensübernahme, Celle FGPrax **04**, 137; einer Verfahrenshandlung, Stgt DNotZ **84**, 654, aM Düss DNotZ **76**, 678; einer Beschwerde, §§ 146 III, 147 II, KLBR 9, Mümmler JB **76**, 531, aM KG DNotZ **87**, 381, Bengel DNotZ **85**, 272; eines Vertragsmusters oder Allgemeiner Geschäftsbedingungen, § 147, Ffm JB **80**, 116, Schlesw JB **77**, 848, Madert/Schmidt NJW **87**, 292, aM Hamm DNotZ **92**, 110, LG Hann JB **96**, 264.

B. Entwurfsfertigung. Der Notar muß einen Entwurf gefertigt haben. Der Entwurf setzt eine selbständige gerade notarielle Tätigkeit voraus, Oldb JB **96**, 206, Zweibr RR **01**, 864, LG Hann JB **03**, 97. Vgl im übrigen Rn 1–4. Eine nach § 24 II BNotO anwaltliche Tätigkeit gehört nicht hierher, also zB nicht die Wahrnehmung nur einseitiger Interessen etwa durch einen dann nach dem RVG vergütbaren Anwaltsnotar. Es kommt zur Abgrenzung auf das Vorliegen einer objektiv unparteiischen Tätigkeit an. Jeder Entwurf eines rechtlich selbständigen Vorgangs zählt natürlich gesondert, ohne daß der Notar darauf besonders hinweisen müßte, Hamm JB **99**, 97 (Kauf und Erbbaurecht nacheinander). 8

Ein Entwurf in diesem Sinn liegt *auch dann* vor, wenn nach ihm nur eine bereits jetzt begrenzte Zahl von Einzelverträgen zustandekommen soll, BayObLG **91**, 311, Düss DNotZ **84**, 119, Schlesw JB **94**, 287. Den Gegensatz bildet ein Vertragsmuster für eine unbestimmte Zahl von etwaigen späteren Einzelfällen. Dann gilt § 147 II und für den Geschäftswert § 30 I, aM BGH MDR **09**, 55. 9

C. Wesentlichkeit. Der Entwurf ist gefertigt, sobald er alles Wesentliche in einer zur endgültigen Festlegung der rechtsgeschäftlichen Erklärung geeigneten Form enthält, Ffm JB **76**, 954. Unter dieser Voraussetzung ist keine restlose Fertigstellung des Gesamttextes notwendig, KG DNotZ **86**, 113, aM BayObLG MittBayNot **90**, 58 (aber der endgültige Preis oder Käufer sind als einzig noch Fehlendes rechtlich zwar wichtig, aber nicht für die Gedankenarbeit eines Entwurfs wesentlich). Ebensowenig ist eine Mitteilung des Entwurfs erforderlich, Ffm JB **98**, 375. Andernfalls würde manche erhebliche Arbeit des Notars unzulänglich bezahlt bleiben. 10

Eine *bloße Vorarbeit* einer Beurkundung fällt nicht unter § 145, Düss JB **94**, 239, Ffm DNotZ **78**, 439, Zweibr RR **01**, 864. Sie fällt vielmehr unter § 147 III. Hierzu zählt eine vorbereitende und fördernde Tätigkeit, etwa eine Beratung, eine Einsicht in ein Register usw. 11

Es ist unter diesen Voraussetzungen unerheblich, ob der Notar den Entwurf nach § 145 selbst anfertigt oder die Arbeit von einem *Mitarbeiter* durchführen läßt, etwa von seinem Bürovorsteher. Das vollständige Diktat auf Tonband genügt, KG AnwBl **06**, 424. 12

Die *bloße Teilnahme* an der von einem anderen Verhandlungspartner veranlaßten Besprechung beim Notar ist keine Entwurfsfertigung, Köln JB **78**, 419. Die Gebühr für das Hauptgeschäft gilt den Entwurf für das Hauptgeschäft ab. Sie gilt ebenso Nebenarbeiten ab, etwa die Einsicht des Grundbuchs. Eine vorherige Erörterung mit den Beteiligten läßt unter Umständen eine Wegegebühr entstehen. 13

Eine solche *Änderung,* die auf dem bisherigen Auftrag beruht und daher also dasselbe Geschäft betrifft, fällt jedenfalls nicht unter I 1. Denn dann hatte der Notar den Entwurf noch nicht fertiggestellt. Etwas anderes gilt dann, wenn der Auftraggeber einen neuen zusätzlichen Auftrag für einen zu ändernden Entwurf erteilte. Dann kann I 2 und evtl sogar I 1 anwendbar sein.

D. Lediglich Entwurfsarbeit. I 1 setzt voraus, daß der Auftrag an den Notar „nur" die Fertigung des dann allerdings vollständigen Entwurfs umfaßt, selbst wenn ein Beurkundungsauftrag in Aussicht steht, Oldb JB **96**, 206, aM Köln JB **97**, 604. Soweit also der Auftrag von vornherein dahin geht, auf der Basis des zu fertigenden Entwurfs dann auch eine zugehörige Beurkundung vorzunehmen, entsteht keine besondere Entwurfsgebühr, sondern lediglich direkt das Entgelt für die Beurkundung, Rn 10. Etwas anderes gilt evtl bei einer bloßen Änderung oder dann, wenn die weitere Verhandlung und Überprüfung einen Entwurf erfordert, BayObLG JB **82**, 1549, Ffm DNotZ **78**, 439, Schlesw DNotZ **78**, 760. 14

Man muß die Frage, *welchen Umfang* der Auftrag hatte, nach einem objektiven Maßstab beantworten und darf nicht nur die persönliche Ansicht der Beteiligten oder

963

des Notars zugrunde legen, Ffm DNotZ **79**, 120. Es ist denkbar, daß der Notar gleichzeitig mehrere voneinander unabhängige selbständige Aufträge einerseits zur Fertigung eines Entwurfs und andererseits zu einer Beurkundung auf Grund des Entwurfs erhalten hat, Rn 33, Ffm NJW **77**, 1737, Schlesw JB **77**, 847, Delp JB **76**, 731. Es kann auch zunächst ein Beurkundungsauftrag vorgelegen haben, den der Auftraggeber dann in den Auftrag auf einen bloßen Entwurf abänderte. Dann kann I 1 unabhängig davon anwendbar sein, ob der Notar den Entwurf vor oder nach dieser Auftragserteilung fertigte, KG RR **97**, 64.

15 E. **Erfordern.** I 1 setzt voraus, daß der Notar seine Arbeit „auf Erfordern" geleistet hat. Der Auftraggeber hat den Entwurf „erfordert", soweit er zumindest zunächst oder überhaupt nur, aber nach Treu und Glauben doch eindeutig die Herstellung einer selbständigen notariellen Tätigkeit unter einer Billigung der gesetzlichen Kostenpflicht verlangt hat, BayObLG MittBayNot **90**, 58, Köln JB **78**, 418, Oldb JB **96**, 206. Darüber muß der Notar den Auftraggeber zumindest auf dessen Befragen grundsätzlich belehren, § 16 Rn 22, 23. Der Auftraggeber darf also nicht bloß um eine bloße Vorbereitungsmaßnahme nach Rn 8–13 zur erbetenen Beurkundung bitten, Rn 10. Der Auftraggeber mag den Entwurf zB für weitere Überlegungen oder Verhandlungen erfordern, BayObLG JB **82**, 1549, Ffm DNotZ **78**, 439, Schlesw DNotZ **78**, 760.

Der Auftraggeber mag einen solchen Auftrag auf einen selbständigen Entwurf auch dann eindeutig erteilt haben, wenn das *stillschweigend* geschehen ist, KG DNotZ **75**, 178, Köln JB **78**, 418, LG Wuppert MittRhNotK **90**, 288, aM Karlsr JB **92**, 549, Hansens JB **83**, 1122 (aber es gelten die normalen Regeln zur Auslegung einer Willenserklärung, wie zu einer Parteiprozeßhandlung). Das gilt auch bei Genehmigungen und ähnlichen Nebenerklärungen. Im bloßen Gebrauchen liegt nicht ein nachträgliches Erfordern, Köln JB **93**, 100. Fertigt der Notar aber einen Vertragsentwurf statt des erbetenen Angebotsentwurfs, entfällt eine Kostenschuld des „Veranlassers", BayObLG JB **94**, 500, Köln JB **78**, 418, Mümmler JB **76**, 576. Dasselbe gilt, soweit ein Notar nicht auftragsgemäß oder unbrauchbar arbeitet, LG Hann JB **96**, 550.

Bei § 17a II *BeurkG* liegt kein Erfordern vor, soweit der Notar nur den notwendigen Text des Rechtsgeschäfts dem Käufer aushändigt.

16 4) **Überprüfung, Ergänzung, Änderung, I 2.** Zur Abgrenzung von der Anfertigung eines eigenen Entwurfs Rn 1, 6 ff. Selbst eine wesentliche Ergänzung kann eine bloße Ergänzung des Fremdentwurfs nach I 2 sein, Stgt FGPrax **02**, 237. Der Fremdtext muß immerhin eine Entwurfsqualität haben, Rn 10. Die Notararbeit kann aber natürlich auch einen eigenen Entwurf bedeuten, Bengel/Tiedtke DNotZ **04**, 258. Die Abgrenzung ist fließend, Stgt JB **92**, 618, Reimann DNotZ **87**, 136. Im übrigen gelten die Voraussetzungen Rn 6, 14 entsprechend. Eine rein sprachliche Verbesserung reicht also zB nicht, Karlsr JB **92**, 549. Eine Schrift ohne einen Bezug auf ein bestimmtes Geschäft ist kein Entwurf, sondern ihre Überprüfung fällt unter § 147 II, Reimann DNotZ **87**, 136, Schmidt NJW **87**, 292. Die bloße Änderung oder Ergänzung des vom Notar zuvor gefertigten Entwurfs fällt nicht unter I 2.

17 5) **Anrechnung, I 3.** Eine Anrechnung nur der nach §§ 36 ff, 145 berechneten bloßen Entwurfsgebühr nebst den zugehörigen Auslagen auf Beurkundungsgebühren ist in der Reihenfolge der Entstehung der Beurkundungsgebühren zulässig und notwendig, sofern die folgenden Voraussetzungen zusammentreffen.

A. **Entwurf.** Zunächst muß ein Entwurf nach I 1 oder dessen Überprüfung usw nach I 2 vorliegen. Ihn muß der Notar gerade als solcher und nicht etwa als Anwalt gefertigt haben.

18 B. **Zeitlich nachfolgende Beurkundung.** Es müssen zeitlich nach der Fertigung oder Überprüfung usw des Entwurfs eine oder mehrere Beurkundungen durch denselben Notar nachfolgen. In demjenigen Bundesland, in dem das Notariat der Behörde ist, genügt eine Beurkundung durch den Amtsnachfolger. Stets genügt die Beurkundung des Notarvertreters. Etwaige Änderungen oder Ergänzungen in der Beurkundung sind insoweit unerheblich, als sie den Inhalt des Entwurfs oder der in

I 2 genannten Arbeit nicht im wesentlichen verändern. Wird aus einer Schenkung ein Entgelt, wird I 3 unanwendbar, LG Hann JB **01**, 540.

C. Ursachenzusammenhang. Die Beurkundung muß gerade „aufgrund des Entwurfs" erfolgen. Der Entwurf muß also immerhin sowohl wegen des Erklärenden als auch wegen der Sache wenigstens eine der Grundlagen der Beurkundung darstellen, KG JB **79**, 1560. Er darf für die Beurkundung nicht völlig unwesentlich sein. Es darf nicht jetzt etwas ganz anderes entstehen, etwa ein Kauf- statt eines Erbbau- oder Mietvertrags oder ein entgeltliches statt eines unentgeltlichen Geschäfts, LG Hann JB **01**, 539. Ein OHG- statt KG-Vertrag ist meist nicht etwas derart ganz anderes. Dabei kommt es auf den objektiven Charakter und nicht auf persönliche Motive eines Beteiligten an, Hamm JB **99**, 97. Anderseits sind solche Änderungen, Ergänzungen, Auslassungen zulässig, die das Wesen des Entwurfs nicht verändern, KG JB **79**, 1560. 19

D. Demnächst folgende Beurkundung. Die Beurkundung auf Grund des Entwurfs muß „demnächst" nachfolgen. Ausreichend ist ein gewisser zeitlicher Zusammenhang, Hamm FGPrax **07**, 187, Mümmler JB **76**, 579. Trotz der heutigen Verständigungsmöglichkeiten kann eine nicht unerhebliche Zeitspanne verstreichen, bis alle Beteiligten sich über die Brauchbarkeit des Entwurfs in tatsächlicher und/oder rechtlicher Hinsicht klar geworden sind. Das gilt gerade in einem rechtlich oder tatsächlich komplizierten Fall oder bei einem wirtschaftlich erheblichen Objekt oder dann, wenn die Beteiligten weit voneinander entfernt ansässig sind usw. Man muß alle Umstände bei der Prüfung der Frage heranziehen, ob die Beurkundung noch „demnächst" nachfolgte, Hamm FGPrax **07**, 188. 20

E. Zeitliche Großzügigkeit. Man darf in diesem Zusammenhang auch nicht etwa nur die Lehre und Rechtsprechung zu §§ 167, 696 III ZPO entsprechend anwenden. Vielmehr ist eine großzügigere zeitliche Ausdehnung notwendig. 21

Anderseits kann auch ein Zeitraum von nur einigen wenigen *Wochen oder Monaten* so lang sein, daß man nicht mehr von einer demnächst folgenden Beurkundung sprechen kann. Das ist etwa dann so, wenn es sich um einen tatsächlich und rechtlich einfachen Sachverhalt handelt, wenn die Beteiligten an demselben Ort wohnen, wenn keiner von ihnen noch eine Rückfrage bei seinem Vertrauensanwalt stellen mußte, wenn man andererseits zunächst erwarten konnte, die Beurkundung werde rasch folgen, und wenn die zeitliche Verzögerung der Beurkundung keine schon im Entwurfszeitpunkt erkennbaren triftigen Gründe hat. Mehrere Jahre sind zu lang, LG Hamm JB **03**, 98. 22

F. Reihenfolge der Anrechnung. Bei mehreren Beurkundungen muß man die Entwurfsgebühr unter den Voraussetzungen Rn 17–22 zunächst auf die zeitlich erste Beurkundung voll anrechnen. Soweit bei dieser Anrechnung von der Entwurfsgebühr noch ein Restbetrag verbleibt, muß man ihn auf die zeitlich nächstfolgende Beurkundungsgebühr anrechnen, und so fort. Er erfolgt keine Anrechnung der etwaigen Zusatzgebühren nach §§ 58, 59 oder derjenigen Auslagen, die aus Anlaß des Entwurfs entstanden sind. 23

6) Nachfolgende Beglaubigung, I 4. Sofern der Notar „demnächst" nach Rn 20–22 unter einer von ihm selbst entworfenen oder überprüften, geänderten, ergänzten Urkunde eine oder mehrere Unterschriften oder Handzeichen beglaubigt, darf er für die zeitlich erste derartige Beglaubigung gleich wessen Beteiligten keine Gebühr erheben, sondern nur seine Auslagen ansetzen. Er muß aber für weitere gesonderte Beglaubigungen die dafür vorgesehenen Gebühren auch gesondert erheben. Das gilt auch bei sofort folgenden weiteren Beglaubigungen. Eine weitere gesonderte Beglaubigung liegt auch dann vor, wenn sie zeitlich mit der ersten Beglaubigung zusammenfällt. 24

7) Behördenvorlegung, II. Soweit ein Rechtsgeschäft wegen der Versagung einer erforderlichen behördlichen Genehmigung scheitert, würde die Belastung der Beteiligten mit den vollen sonst anfallenden Notargebühren wirtschaftlich für sie unbillig sein. Deshalb schafft II eine gewisse Gebührenermäßigung. Sie tritt dann ein, wenn die folgenden Voraussetzungen zusammentreffen. 25

A. Entwurfsfertigung. Der Notar muß den Entwurf nach I 1 gefertigt haben, Rn 1–6. Eine bloße Überprüfung nach I 2 reicht bei II nicht. Denn sonst könnte bei 26

KostO § 145 III. Kostenordnung

II die Vergütung wegen ihrer Mindesthöhe von 1,0 Gebühr höher als bei I 2 sein. Das ist nicht der Sinn des Gesetzes.

27 **B. Vorlegungszweck.** Der Notar muß den Entwurf auch gerade zur Vorlegung bei einer Behörde gefertigt haben. Es reicht aus, daß der Entwurf zum Ausdruck bringt, daß das Rechtsgeschäft der behördlichen Genehmigung bedürfe.

28 **C. Einverständnis der Beteiligten.** Die Entwurfsarbeit muß im Einverständnis aller an diesem Rechtsgeschäft Beteiligten zur Einholung der Genehmigung erfolgt sein. Die Gebührenermäßigung entfällt dann, wenn auch nur einer der Beteiligten mit der Anfertigung eines solchen Entwurfs nicht einverstanden war.

29 **D. Genehmigungsbedürftigkeit.** Das Rechtsgeschäft muß auch objektiv in seiner Wirksamkeit von der Genehmigung einer Behörde und nicht etwa nur von der Genehmigung einer Privatperson abhängig sein.

30 **E. Genehmigungsverweigerung.** Die zuständige Behörde muß die erforderliche Genehmigung in irgendeiner Weise wirksam und endgültig verweigert oder sie nur unter einer solchen Bedingung erteilt haben, die nicht alle Beteiligten annehmen können oder wollen.

31 **F. Unterbleiben der Beurkundung.** Die beabsichtigte Beurkundung auf der Basis des vom Notar gefertigten Entwurfs muß gerade nur oder zumindest auch auf Grund der Entscheidung der Behörde oder der Nichtannahme ihrer Bedingungen unterbleiben. Dann sind andere zusätzliche Gründe des Unterbleibens unerheblich. Soweit die Beurkundung trotz einer erteilten Genehmigung unterbleibt, gilt nicht II, sondern III.

32 **G. Gebühr, Geschäftswert, II.** Unter den Voraussetzungen Rn 26–31 entsteht jedenfalls 1,0 Gebühr nach dem Geschäftswert der §§ 18 ff, 39 f. Es entsteht jedoch mehr, falls die Hälfte der für die Beurkundung bestimmten Gebühr höher ist. Für einen Vertragsentwurf nach § 36 II entsteht also nur 1,0 Gebühr. Soweit aber die Beurkundungsgebühr geringer ist als 1,0 Gebühr, bleibt es bei der geringeren Beurkundungsgebühr, zB bei § 46 II.

33 **8) Aushändigung, III.** Unter den Voraussetzungen III muß man den oft erheblichen Arbeitsaufwand des Notars angemessen vergüten. Daher entsteht dann nicht eine Gebühr nach § 57 oder nach § 130 II, sondern nach § 145 II. III ist anwendbar, soweit die folgenden Voraussetzungen zusammentreffen.

34 **A. Beurkundungsentwurf.** Der Notar muß den Entwurf einer Urkunde für ein gerade kraft Gesetzes und nicht auf Grund einer Vereinbarung beurkundungsbedürftiges Rechtsgeschäft angefertigt haben, KG FGPrax **03**, 189.

Hierher gehören zB: Ein Grundstücksverkauf; ein Schenkungsversprechen; ein vollstreckbares Schuldanerkenntnis; eine Übertragung eines Geschäfts-, Gesellschafts- oder Erbanteils; ein Vorgang nach §§ 1491, 1750, 2276, 2348, 2385 BGB, §§ 3, 4 WEG. Wegen der Anfertigung Rn 8 ff, 15. Eine bloße Überprüfung usw reicht bei III ebensowenig wie bei II Rn 26.

Es reicht nicht aus, daß es sich um den Entwurf einer solchen Erklärung handelt, die man auch in einer anderen Form als einer bloßen Beglaubigung oder einfachen Schriftform oder sogar formlos wirksam abgeben kann, LG Düss Rpfleger **85**, 512, Mümmler JB **76**, 580, aM Celle FGPrax **04**, 137 (abl Bund), Hamm FGPrax **00**, 78 (auch hier nur subjektiver Annahme der Beurkundungsbedürftigkeit ohne Verstoß gegen § 16. Aber III ist schon nach dem Wortlaut nach und ebenso nach dem Sinn eindeutig anders).

Der Auftrag muß auch gegenüber dem Beurkundungsauftrag *selbständig* auf die Entwurfsaushändigung gelautet haben, KG FGPrax **03**, 190.

35 **B. Erfordern.** Mindestens einer der Beteiligten muß den Notar aufgefordert haben, den Entwurf anzufertigen, BayObLG DNotZ **79**, 632, Schlesw JB **78**, 577, Stgt DNotZ **86**, 763. Der Notar muß auch den Aufforderung erhalten haben, um das so gefertigten und auch noch vorhandenen Entwurf anschließend auszuhändigen, Drsd JB **99**, 42, Schlesw JB **78**, 577. Beide Aufforderungen müssen von demselben Beteiligten ausgehen, BayObLG MittBayNot **90**, 58. Es reicht dann aber auch aus, daß die Aushändigung an einen vom Beteiligten bezeichneten Dritten erfolgen soll.

Es ist *nicht erforderlich*, daß sämtliche Beteiligten eine solche Aufforderung ausgesprochen haben oder daß ein Beteiligter die Aushändigung an sämtliche anderen Beteiligten angefordert hat. Eine bloße Entgegennahme reicht aber nur dann aus, wenn man wenigstens einen stillschweigenden Auftrag zur Aushändigung annehmen kann, BayObLG DNotZ **94**, 702, Drsd JB **99**, 42, Stgt DNotZ **86**, 763. Ein bloßes Interesse am Kennenlernen des Entwurfs ist meist kein Erfordern, BayObLG MittBayNot **90**, 58, Köln JB **78**, 419. Nach einer bloßen Beglaubigung reicht ein bloßes Gewährenlassen bei der anschließenden Entwurfsergänzung nicht aus, Karlsr JB **92**, 549. Zum stillschweigenden Aushändigungsauftrag gehört auch das Bewußtsein seiner Kostenpflichtigkeit selbst dann wenn es nicht zur Beurkundung kommen werde, BayObLG DNotZ **94**, 701, Drsd JB **99**, 42, Stgt DNotZ **86**, 761.

Eine *Vollmacht* zB an den Makler zur Vertragsvorbereitung ermächtigt ihn nicht stets dazu, die Entwurfsaushändigung zu verlangen, LG Hann JB **97**, 486. Der Vollmachtlose haftet dann allein als Kostenschuldner nach III, Ffm Rpfleger **80**, 315, Köln OLGZ **82**, 187, LG Hann JB **03**, 147. Nicht jede Bitte ist ein Erfordern, BayObLG DNotZ **79**, 632, Drsd JB **99**, 42. Freilich verläuft die Grenze haarfein.

C. Aushändigung. Die Aushändigung gerade auf Grund der Anforderung nach Rn 34 muß auch tatsächlich bereits erfolgt sein, KG FGPrax **03**, 189, Schlesw JB **78**, 577, LG Hann JB **97**, 486. Die bloße Absicht, die Aushändigung demnächst vorzunehmen, reicht nicht aus. Die Aushändigung ist ein wirksamer Zugang. Es ist unerheblich, welche Form des Zugangs der Notar gewählt hat. Eine als unzustellbar zurückgenommene Postsendung ist keine Aushändigung. Eine Zustellung durch eine Niederlegung in der gesetzlich vorgesehenen Weise reicht aus. **36**

D. Unterbleiben der Beurkundung. Die an sich beabsichtigte Beurkundung muß aus einem solchen Grund unterbleiben, der weder in der Person des Notars liegt noch von seiner Entschließung abhängig ist, KG FGPrax **03**, 189. Das ergibt sich daraus, daß III 1 nicht nur eine Zurücknahme des Auftrags nennt, sondern auch „ähnliche Gründe" des Unterbleibens ausreichen läßt, LG Kleve JB **01**, 432. Zu ihnen kann der Tod oder das Erlöschen des Auftraggebers zählen, aber auch der längerfristige völlige Abbruch jeden Kontakts zum Auftraggeber. Ein Zeitraum von mehreren Jahren reicht, LG Hann JB **03**, 97. Es ist solange nicht erforderlich, daß überhaupt ein fester Beurkundungsauftrag vorgelegen hat, bis feststeht, daß die Beurkundung unterbleibt. **37**

III ist also auch dann anwendbar, wenn die Beurkundung durch einen *anderen* Notar erfolgen sollte, oder wenn der Auftraggeber von der ursprünglichen Beurkundungsabsicht Abstand nimmt, oder wenn nicht auch der Anfordernde den Beurkundungsauftrag erteilt hatte, Stgt DNotZ **86**, 761. Es ist bei III anders als bei II unerheblich, ob man den Entwurf bei einer Behörde zur Genehmigung vorlegen mußte. **38**

E. Gebühr, Geschäftswert, III. Unter den Voraussetzungen Rn 34–38 entsteht eine Gebühr in derselben Höhe wie nach II nach dem Geschäftswert der §§ 18ff, 39f, Rn 32, LG Kleve JB **01**, 432. Daneben entstehen weder nach § 57 (erfolglose Verhandlung) noch nach § 130 II (Antragsrücknahme) Gebühren, III 2. Man kann evtl 50% der Summe der Werte der vorgesehenen Einzelgeschäfte ansetzen, Düss JB **08**, 378. **39**

9) Fälligkeit, Kostenschuldner, I–III. Die Fälligkeit richtet sich nach § 7, also danach, wann bei der Fertigstellung des Entwurfs mindestens direkt vor dessen Reinschrift feststeht, daß die Beurkundung nicht stattfindet. Eine Aushändigung des fertigen Entwurfs an den Auftraggeber oder an die Behörde ist zur Fälligkeit nicht nötig. **40**

Kostenschuldner ist der gerade die Aushändigung Erfordernde, BayObLG DNotZ **79**, 632, KG DNotZ **75**, 756, Stgt DNotZ **86**, 761, also nicht auch ein anderer Beteiligter, BayObLG **83**, 91, Stgt Just **78**, 142. Das gilt, solange er nicht selbst zumindest nach Rn 35 stillschweigend erfordert, Köln DNotZ **92**, 749, Stgt Just **78**, 142. Ein Kaufinteressent ist nur dann Kostenschuldner, wenn der Makler den Notar im Namen des Interessenten beauftragt hat, LG Hann JB **03**, 147, LG Osnabr RNotZ **03**, 575. Mehrere Auftraggeber haften im Zweifel nach § 5. Vgl im übrigen Rn 35. Ein vollmachtloser Vertreter haftet wie sonst nach BGB, Celle JB **76**, 1544, Ffm Rpfleger **80**, 315, Köln OLGZ **82**, 187.

Anhang nach § 145
Notarkosten im Vermittlungsverfahren nach dem SachenRBerG

I. *SachenRBerG § 100. Kosten.* ¹ ¹Für das notarielle Vermittlungsverfahren erhält der Notar das Vierfache der vollen Gebühr nach § 32 der Kostenordnung. ²Die Gebühr ermäßigt sich auf
1. das Doppelte der vollen Gebühr, wenn das Verfahren vor Ausarbeitung eines Vermittlungsvorschlags beendet wird,
2. die Hälfte einer vollen Gebühr, wenn sich das Verfahren vor dem Erörterungstermin erledigt.

³Als Auslagen des Verfahrens erhebt der Notar auch die durch Ermittlungen nach § 97 Abs. 1 entstandenen Kosten.

II ¹Die Gebühren nach Absatz 1 bestimmen sich nach dem Geschäftswert, der sich aus den folgenden Vorschriften ergibt. ²Maßgebend ist das Fünfundzwanzigfache des Jahreswertes des Erbbauzinses ohne Rücksicht auf die Zinsermäßigung in der Eingangsphase oder der Kaufpreis, in jedem Fall jedoch mindestens die Hälfte des nach den §§ 19 und 20 Abs. 1 und 6 ermittelten Wertes. ³Endet das Verfahren ohne eine Vermittlung, bestimmt sich die Gebühr nach dem in Satz 2 genannten Mindestwert.

III ¹Wird mit einem Dritten eine Vereinbarung über die Bestellung oder den Verzicht auf dingliche Rechte geschlossen, erhält der Notar für deren Vermittlung die Hälfte der vollen Gebühr. ²Der Wert richtet sich nach den Bestimmungen über den Geschäftswert in der Kostenordnung, in den Fällen der §§ 36 und 63 jedoch nicht über den Anteil hinaus, für den der Nutzer nach Maßgabe dieser Vorschriften mithaftet.

Schrifttum: *Vossius,* SachenRBerG, 1995.

Gliederung

1) Gebühren, I, III 1 1–11
   A. Grundsatz: Vermittlungsvorschlag: Vierfache Gebühr, I 1 2–5
   B. Verfahrensende vor Vermittlungsvorschlag: Doppelte Gebühr, I 2 Z 1 .... 6, 7
   C. Erledigung des Verfahrens vor dem Erörterungstermin: Halbe Gebühr, I 2 Z 2 .... 8, 9
   D. Vereinbarung mit Drittem, III 1 .... 10, 11
2) Wert, II, III 2 12–20
   A. Ausgangswert: 25facher Jahreswert, II 2 Hs 1 13
   B. Weiterer Ausgangswert: Kaufpreis, II 2 Hs 2 14
   C. Mindestwert: Hälfte des Werts nach §§ 19, 20 I, VI SachenRBerG, II 2 Hs 3 15–17
   D. Keine Vermittlung: Mindestwert, II 3 18
   E. Vereinbarungs mit Drittem: Grundsätzliche Anwendung der KostO, III 2 Hs 1 ... 19
   F. Vereinbarung mit Drittem: Höchstwert = Anteil der Mithaft, III 2 Hs 2 20

1 **1) Gebühren, I, III 1.** Das Vermittlungsverfahren nach §§ 87 ff SachenRBerG ist einem etwaigen gerichtlichen (Klage-)Verfahren nach §§ 103 ff SachenRBerG als notarielles Vorverfahren zwingend vorgeschaltet. Es handelt sich dabei um ein Zulässigkeitserfordernis für eine Klage, § 104 S 2, 3 SachenRBerG. Die Vergütungen des Notars in diesem Verfahren bestimmen sich nach I, III. Man muß das Verfahren zwischen dem Nutzer und dem Grundstückseigentümer einerseits und dasjenige mit einem Dritten andererseits unterscheiden.

2 **A. Grundsatz: Vermittlungsvorschlag: Vierfache Gebühr, I 1.** Für jedes mit dem Antragseingang nach § 90 SachenRBerG beginnende notarielle Vermittlungsverfahren zwischen dem Nutzer und dem Grundstückseigentümer erhält der Notar 4,0 Gebühr nach § 32 KostO. Es handelt sich um eine Pauschgebühr. Sie gilt die gesamte Tätigkeit des Notars bis zum Vermittlungsvorschlag nach § 98 SachenRBerG ab. Das gilt unabhängig davon, ob der Vermittlungsvorschlag gesetzmäßig ergangen ist und ob die Beteiligten ihn annehmen, solange er sich nur pflichtgemäß um eine gesetzmäßige Vermittlung bemüht hat.

Den auf Grund eines Vermittlungsvorschlags dieses oder eines anderen Notars 3 nunmehr geschlossenen *Vertrag* müssen die Beteiligten *zusätzlich* zu der Gebühr des § 100 SachenRBerG wie sonst vergüten. Denn das Vermittlungsverfahren endet mit dem bloßen Vertragsentwurf, § 98 I SachenRBerG.

Mangels einer Einigung kann daher auch zB das *Abschlußprotokoll* nach § 99 Sa- 4 chenRBerG das vorläufige Ende des Vermittlungsverfahrens darstellen.

Der Notar erhält die Tätigkeit *nach dem Abschluß* des gerichtlichen Klageverfahrens 5 auf Grund der Mitteilung des Urkundsbeamten nach §§ 106 IV, 98 II 2 SachenR-BerG, also den Antrag auf eine Löschung des Vermerks nach § 92 V SachenRBerG im Grundbuch, gesondert wie sonst nach der KostO vergütet. Denn sie erfolgt ja nach dem Abschluß des gerichtlichen Verfahrens, das seinerseits vom Abschluß des Vermittlungsverfahrens abhing.

B. Verfahrensende vor Vermittlungsvorschlag: Doppelte Gebühr, I 2 Z 1. 6 Soweit das Vermittlungsverfahren durch eine Antragsrücknahme, eine Aussetzung der Vermittlung nach § 94 SachenRBerG, eine Erledigung der Hauptsache, eine Einstellung nach § 95 SachenRBerG oder infolge des Ausbleibens eines Antrags im Termin nach § 96 SachenRBerG endet, bevor der Notar seinen Vermittlungsvorschlag nach § 98 SachenRBerG ausgearbeitet hat, ermäßigt sich die 4,0 Gebühr des I 1 auf 2,0 Gebühr. Bei einer teilweisen Beendigung gilt § 130 IV.

„Ausarbeitung" ist die beurkundungsreife gesetzmäßige Fertigstellung des gesamten 7 Vermittlungsvorschlags nach §§ 96 III, 98 II SachenRBerG in wenigstens einem Reinschrift-Original. Eine solche Fassung, die nicht den Anforderungen eines Vertragsentwurfs nach § 145 KostO entspricht, ist keine Ausarbeitung eines Vermittlungsvorschlags. Denn diesen muß man nach § 98 I SachenRBerG ja gerade „in Form eines Vertragsentwurfs" vorlegen, „der den gesetzlichen Bestimmungen entsprechen und alle für einen Vertragsschluß erforderlichen Punkte und, wenn dies von einem Beteiligten beantragt wird, auch die für dessen Erfüllung notwendigen Erklärungen zu umfassen hat".

Eine *Mitteilung,* Übersendung, Anfertigung einer Ausfertigung usw ist aber *nicht* erforderlich, um eine Ausarbeitung zu bejahen, aM KLBR Anh A Rn 12. Eine Einigung über den Vermittlungsvorschlag ist erst recht nicht erforderlich, um eine Ausarbeitung des bloßen Vermittlungsvorschlags zu bejahen.

C. Erledigung des Verfahrens vor dem Erörterungstermin: Halbe Ge- 8 **bühr, I 2 Z 2.** Soweit sich das Vermittlungsverfahren vor dem vom Notar nach § 92 SachenRBerG anberaumten Erörterungstermin des § 93 SachenRBerG erledigt, ermäßigt sich die Gebühr auf 0,5 Gebühr. Eine bloße Vorerörterung usw reicht nicht. Bei einer teilweisen Erledigung gilt § 130 IV.

Eine *Erledigung* kann auf verschiedenen Gründen beruhen, zB darauf, daß ähnlich 9 wie bei Rn 6 eine Einstellung nach § 95 SachenRBerG durch den Notar erfolgt oder daß es nach einer Aussetzung nach § 94 SachenRBerG nicht mehr zur Aufnahme des Verfahrens kommt, daß überhaupt der Antragsteller seinen nach § 87 SachenRBerG erforderlichen Antrag wirksam zurücknimmt. Erledigung ist also nicht nur nach § 91a ZPO gemeint, zumal das ganze notarielle Vermittlungsverfahren grundsätzlich nach dem FamFG abläuft, § 89 I SachenRBerG. Erst das etwa anschließende gerichtliche Verfahren folgt ja der ZPO, § 103 I 1 SachenRBerG.

D. Vereinbarung mit Drittem, III 1. Soweit es im Verlauf eines zwischen dem 10 Nutzer und dem Grundstückseigentümer anhängigen notariellen Vermittlungsverfahrens zu einer Vereinbarung mit einem Dritten über die Bestellung oder den Verzicht auf dingliche Rechte kommt, erhält der Notar für deren Vermittlung 0,5 Gebühr. Sie fällt zusätzlich zu den nach I verdienten Gebührenarten an.

„Vereinbarung" ist jede endgültige, unbedingte vertragliche Regelung, an der min- 11 destens der Dritte und einer der Beteiligten des eigentlichen notariellen Vermittlungsverfahrens teilhaben. *„Bestellung oder Verzicht auf dingliche Rechte"* ist dasselbe wie sonst im Sachen- oder Grundbuchrecht. Die Höhe der Gebühr nach III ist unabhängig von der Höhe der Gebühr nach I. Man muß die zur Wirksamkeit der Vereinbarung notwendige wie sonst beachten. Sie ist eine der Voraussetzungen der Gebühr nach III.

KostO Anh § 145   III. Kostenordnung

12   2) **Wert, II, III 2.** Für die Gebühren sind unterschiedliche Wertvorschriften maßgeblich. Die Gebühren nach I richten sich nach dem gemäß II ermittelten Werts. Die Gebühr nach III 1 richtet sich nach den Wertvorschriften in III 2.

13   **A. Ausgangswert: 25facher Jahreswert, II 2 Hs 1.** Man muß grundsätzlich den 25fachen Jahreswert des Erbbauzinses im Zeitpunkt der Fälligkeit der Gebühr nach § 18 I KostO ermitteln, also bei der Beendigung der Tätigkeit des Notars, §§ 7, 141 KostO. Die in II 1 erwähnte Zinsermäßigung in der Eingangsphase beruht auf einem Redaktionsversehen des Gesetzgebers (§ 45 Entwurf SachenRBerG ist nicht Gesetz geworden).

14   **B. Weiterer Ausgangswert: Kaufpreis, II 2 Hs 2.** Nach dem Wortlaut von II 2 ist statt des in Hs 1 genannten 25fachen Jahreswerts gleichberechtigt auch der Kaufpreis als Wert ansetzbar, Hs 2. Praktisch kann der Notar daher wählen und den höheren der beiden Werte ansetzen. Man kann dieses eigenartige Verfahren auch nicht durch eine Vereinbarung umgehen, § 140 S 2 KostO.

15   **C. Mindestwert: Hälfte des Werts nach §§ 19, 20 I, VI SachenRBerG, II 2 Hs 3.** Stets ist Wert mindestens die Hälfte des nach §§ 19, 20 I, VI SachenRBerG ermittelten Werts. Das macht die gesamte Wertermittlung für die Gebühren nach I außerordentlich kompliziert, zumal auch insofern Vereinbarungen unwirksam sind, § 140 S 2 KostO.

16   *SachenRBerG § 19. Grundsätze.* [I] Erbbauzins und Ankaufspreis sind nach dem Bodenwert in dem Zeitpunkt zu bestimmen, in dem ein Angebot zum Vertragsschluß nach diesem Kapitel abgegeben wird.

[II] [1] Der Bodenwert bestimmt sich nach dem um die Abzugsbeträge nach Satz 3 verminderten Wert eines baureifen Grundstücks. [2] Der Wert eines baureifen Grundstücks ist, vorbehaltlich der Regelung in § 20, der Verkehrswert im Sinne des § 194 des Baugesetzbuchs, der sich ergeben würde, wenn das Grundstück unbebaut wäre. [3] Der Wert des baureifen Grundstücks ist zu vermindern um

1. einen nach Absatz 3 zu bemessenden Abzug für die Erhöhung des Werts des baureifen Grundstücks durch Aufwendungen zur Erschließung, zur Vermessung und für andere Kosten zur Baureifmachung des Grundstücks, es sei denn, daß der Grundstückseigentümer diese Kosten getragen hat oder das Grundstück bereits während der Dauer seines Besitzes erschlossen und vermessen war, und

2. die gewöhnlichen Kosten des Abbruchs eines aufstehenden Gebäudes oder einer baulichen Anlage, wenn ein alsbaldiger Abbruch erforderlich und zu erwarten ist, soweit diese Kosten im gewöhnlichen Geschäftsverkehr berücksichtigt werden.

[III] [1] Der Abzug nach Absatz 2 Satz 3 Nr. 1 beträgt
1. *12,78* Euro/m^2 in Gemeinden mit mehr als 100 000 Einwohnern,
2. *7,67* Euro/m^2 in Gemeinden mit mehr als 10 000 bis zu 100 000 Einwohnern und
3. *5,11* Euro/m^2 in Gemeinden bis zu 10 000 Einwohnern.

[2] Als Bodenwert ist jedoch mindestens der Wert zugrunde zu legen, der sich für das Grundstück im Entwicklungszustand des Rohbaulandes ergeben würde.

[IV] [1] Der Abzug nach Absatz 2 Satz 3 Nr. 2 darf nicht zu einer Minderung des Bodenwerts unter das Doppelte des in § 82 Abs. 5 bestimmten Entschädigungswertes führen. [2] Der Abzug ist nicht vorzunehmen, wenn die Erforderlichkeit alsbaldigen Abbruchs auf unterlassener Instandhaltung des Gebäudes oder der baulichen Anlage durch den Nutzer beruht oder der Nutzer sich vertraglich zum Abbruch verpflichtet hat.

[V] [1] Soweit für das Grundstück Bodenrichtwerte nach § 196 des Baugesetzbuchs vorliegen, soll der Wert des baureifen Grundstücks hiernach bestimmt werden. [2] Jeder Beteiligte kann eine hiervon abweichende Bestimmung verlangen, wenn

1. Anhaltspunkte dafür vorliegen, daß die Bodenrichtwerte nicht den tatsächlichen Marktverhältnissen entsprechen, oder

2. Teil. Kosten der Notare **Anh § 145 KostO**

2. aufgrund untypischer Lage oder Beschaffenheit des Grundstücks die Bodenrichtwerte als Ermittlungsgrundlage ungeeignet sind.

SachenRBerG § 20. Bodenwertermittlung in besonderen Fällen. 17
(Vom Abdruck wird hier abgesehen.)

Bem. Die bisherigen Beträge in III 1 Z 1 (25 DM), Z 2 (15 DM), Z 3 (10 DM) sind nicht amtlich gesondert umgestellt worden. Daher ist den oben abgedruckten kursiven EUR-Zahlen der amtliche Umrechnungskurs zugrundegelegt worden.
D. Keine Vermittlung: Mindestwert, II 3. Der in Rn 15–17 dargestellte Mindestwert gilt auch dann maßgeblich, wenn das notarielle Verfahren ohne eine Vermittlung endet, wenn also einer der Fälle Rn 6–9 vorliegt. 18
E. Vereinbarung mit Drittem: Grundsätzliche Anwendung der KostO, III 2 Hs 1. Soweit es um die in III 1 genannte Gebühr geht, dazu Rn 10, 11, muß man als Wert grundsätzlich den nach der KostO jeweils maßgebenden Geschäftswert ansetzen, meist also einen Wert nach §§ 22 ff KostO. Das ergibt sich aus III 2 Hs 1. 19
F. Vereinbarung mit Drittem: Höchstwert = Anteil der Mithaft, III 2 Hs 2. Die grundsätzlich nach Rn 19 erforderliche Berechnung bei §§ 36, 63 SachenR-BerG hat ausnahmsweise nach III 2 Hs 2 eine Obergrenze in demjenigen Anteil, für den der Nutzer nach diesen eben genannten Vorschriften des SachenRBerG mithaftet. Für eine Vereinbarung des Nutzers mit dem Dritten über die Belastung des Erbbaurechts oder die lastenfreie Abschreibung darf man den Geschäftswert also nicht etwa nach § 23 II KostO bestimmen, also nicht nach dem Nennbetrag der Schuld. Denn dieser Wert wäre unvertretbar hoch. Maßgebend ist eben vielmehr nur derjenige Betrag, für den der Nutzer nach dem SachenRBerG anteilig halten müßte. 20

II. SachenRBerG § 101. Kostenpflicht. I ¹Für die Kosten des Vermittlungsverfahrens haften Grundstückseigentümer und Nutzer als Gesamtschuldner. ²Sie haben die Kosten zu teilen. ³Eine Erstattung der den Beteiligten entstandenen Auslagen findet nicht statt.
II Die für das notarielle Vermittlungsverfahren im Falle einer Einstellung nach § 95 entstandenen Kosten sind
1. in den Fällen des § 95 Abs. 1 Nr. 1 zwischen Eigentümer und Nutzer zu teilen,
2. in den Fällen des § 95 Abs. 1 Nr. 2 von dem Antragsteller zu tragen,
3. in den Fällen des § 95 Abs. 2 von dem Beteiligten zu tragen, der das Verfahren nach § 64 des Landwirtschaftsanpassungsgesetzes beantragt hat.

VerkFlBerG § 14. ... Notarielles Vermittlungsverfahren. III ³ Die Kosten des notariellen Vermittlungsverfahrens trägt abweichend von § 101 Abs. 1 des Sachenrechtsbereinigungsgesetzes der öffentliche Nutzer; dies gilt auch im Fall des § 101 Abs. 2 Nr. 1 des Sachenrechtsbereinigungsgesetzes.

1) Grundsatz: Gesamtschuldner, I 1. An sich ist auf das gesamte notarielle Vermittlungsverfahren nach § 89 I SachenRBerG das FamFG und daher die KostO anwendbar. Als eine gegenüber §§ 2 ff KostO vorrangige Sonderregelung gilt aber § 101 SachenRBerG. I 1 schafft den Grundsatz der gesamtschuldnerischen Haftung von Grundstückseigentümer und Nutzer wegen der nach § 7 KostO fälligen Gebühren und Auslagen. Ergänzend gilt § 94 IV SachenRBerG für die Kosten bei einer Aussetzung. §§ 420 ff BGB sind insoweit im Außenverhältnis anwendbar. Gegenüber dem SachenRBerG ist nochmals vorrangig das oben mitabgedruckte VerkFlBerG. Den Vorschuß regelt § 8 KostO. Vgl aber auch § 102 SachenRBerG Rn 9. §§ 142, 156 KostO bleiben für die Überprüfbarkeit des Vorgehens des Notars anwendbar. 1

2) Kostenteilung, I 2. Im Innenverhältnis der Gesamtschuldner nach Rn 1 findet eine (gemeint natürlich: hälftige) Kostenteilung statt. Diese gesetzliche Regelung ist zwingend. Sie läßt also anders als § 426 I 1 Hs 2 BGB keine abweichende Vereinbarung zu. § 426 II BGB bleibt anwendbar, Rn 1. 2

3) Keine Auslagenerstattung, I 3. Die Vorschrift stellt klar, daß kein am notariellen Vermittlungsverfahren Beteiligter eine Erstattung seiner Auslagen fordern kann, 3 insbesondere also nicht die Erstattung der Kosten eines von ihm mit seiner Vertretung vor dem Notar beauftragten und nicht etwa nach § 102 SachenRBerG zusätzlich beigeordneten Anwalts.

4 **4) Sonderregeln bei Einstellung, II.** Soweit der Notar das Vermittlungsverfahren nach § 95 SachenRBerG einstellt, muß man die gegenüber I 2 vorrangigen folgenden Sonderregeln beachten.

5 **A. Einleitung eines Bodenneuordnungsverfahrens, II Z 1.** Soweit die Einstellung auf der Einleitung eines Bodenneuordnungsverfahrens wegen Ansprüchen auf eine Rückübertragung nach dem VermG oder auf eine Aufhebung des Nutzungsrechts beruht, weil noch keine Entscheidung des Vermögensamts hierzu ergangen ist, und soweit eben das jetzt zu klärende Grundstück in jenes Verfahren einbezogen ist, muß man die Notarkosten im Innenverhältnis zwischen dem Eigentümer und Nutzer teilen. Denn hier hat kein Beteiligter die Ursache für die Einstellung des Vermittlungsverfahrens gesetzt. II Z 1 läßt also im Ergebnis nur klarstellend die Regelung von I 2 unberührt. Im Außenverhältnis bleibt es ohnehin bei der Gesamtschuldnerschaft nach I 1.

6 **B. Vorangegangener Antrag auf Zusammenführung, II Z 2.** Soweit die Einstellung des notariellen Vermittlungsverfahrens nach § 95 I Z 2 SachenRBerG darauf beruht, daß ein Antrag auf eine Zusammenführung des Grundstücks- und Gebäudeeigentums nach § 64 LwAnpG *vor* der Einleitung des Vermittlungsverfahrens erfolgt war, muß im Innenverhältnis der Gesamtschuldner der Antragsteller die Notarkosten tragen. Gemeint ist natürlich der Antragsteller des Vermittlungsverfahrens, nicht etwa der Antragsteller nach § 64 LwAnpG, falls nicht ohnehin beide identisch sind. Denn der erstere hat das Vermittlungsverfahren veranlaßt.

7 **C. Nachfolgender Antrag auf Zusammenführung, II Z 3.** Soweit die Einstellung des Vermittlungsverfahrens auf einem solchen Antrag nach Rn 6 beruht, der erst *während* des Vermittlungsverfahrens erfolgten, tritt die Situation nach § 95 II SachenRBerG ein. Der Notar muß dann die Beteiligten zur Mitteilung auffordern, ob sie das Bodenneuordnungsverfahren fortsetzen wollen usw. In dieser Lage ist nach II Z 3 Kostenschuldner im Innenverhältnis nur derjenige Beteiligte, der das Verfahren nach § 64 LwAnpG beantragt hat.

8 Im *Außenverhältnis* bleibt es aber auch dann bei der Gesamtschuldnerhaftung nach I 1. Denn II stellt Sonderregeln nur für das Innenverhältnis auf. Das ist eine Abweichung nur von I 2. Es ist nicht einsehbar, weshalb auch dem Notar gegenüber im Außenverhältnis eine Schwächung der gesamtschuldnerischen Haftung der Beteiligten des Vermittlungsverfahrens eintreten sollte, nur weil einer von ihnen während dieses Verfahrens andere Zwecke mitzuverfolgen begonnen hat.

> **III. *SachenRBerG § 102. Prozeßkostenhilfe.*** [I] [1]Für das notarielle Vermittlungsverfahren finden die Vorschriften der Zivilprozeßordnung über die Prozeßkostenhilfe mit Ausnahme des § 121 Abs. 1 bis 3 entsprechende Anwendung. [2]Einem Beteiligten ist auf Antrag ein Rechtsanwalt beizuordnen, wenn der andere Beteiligte durch einen Rechtsanwalt vertreten ist und die Beiordnung zur zweckentsprechenden Rechtsverfolgung erforderlich ist.
> [II] Für die Entscheidung nach Absatz 1 ist das Gericht zuständig, das nach § 103 Abs. 1 über eine Klage auf Feststellung des Erbbaurechts oder des Ankaufsrechts zu entscheiden hat.
> [III] Der Notar hat dem Gericht die Antragsunterlagen zu übermitteln.

1 **1) Anwendbarkeit der ZPO, I 1.** Die Vorschrift erklärt das Verfahren der §§ 114 ff ZPO mit Ausnahme von § 121 I–III ZPO für das notarielle Vermittlungsverfahren für entsprechend anwendbar. Das ist unnötig. Denn das ganze notarielle Vermittlungsverfahren unterliegt nach § 89 I SachenRBerG grundsätzlich ohnehin dem FamFG und damit dem § 76 FamFG, der seinerseits auf §§ 114 ff ZPO verweist, BLAH § 114 ZPO Rn 26 „Freiwillige Gerichtsbarkeit". Wegen der Einzelheiten des PKH-Verfahrens BLAH §§ 114 ff ZPO.

2 **2) Beiordnung eines Anwalts, I 2.** Die Voraussetzungen der Beiordnung sind zunächst in I 2 und insoweit gegenüber dem in I 1 ausdrücklich für unanwendbar erklärten § 121 I–III ZPO hier vorrangig spezialgesetzlich geregelt. Freilich bleibt § 121 IV ZPO über I 1 Hs 1 anwendbar.

A. Antragserfordernis. Eine Beiordnung findet nur auf den Antrag eines Beteiligten statt, also nicht von Amts wegen. Das gilt auch dann, wenn der Beteiligte keinen zur Vertretung bereiten Anwalt findet. Denn auch § 121 IV ZPO nennt das Antragserfordernis. 3

B. Rechtsanwalt. Beigeordnen darf man nur einen Anwalt, BLAH § 121 ZPO Rn 3. 4

C. Anderer Beteiligter durch Anwalt vertreten. Eine weitere Voraussetzung einer Beiordnung ist, daß der andere Beteiligte bereits und noch im Zeitpunkt der Entscheidungsreife über den Beiordnungsantrag einen Anwalt hat. Der Zweck der Regelung ist eine Herbeiführung einer Waffengleichheit, BLAH § 121 ZPO Rn 51–57. 5

D. Erforderlichkeit zur Rechtsverfolgung. Eine zusätzliche weitere Voraussetzung einer Beiordnung ist, daß sie zur zweckentsprechenden Rechtsverfolgung erforderlich *ist,* nicht nur als erforderlich *erscheint* (so § 121 II 1 ZPO). Es reicht also nicht aus, daß der andere Beteiligte bereits einen Anwalt hat. Wegen des Begriffs der Erforderlichkeit BLAH § 121 ZPO Rn 32. Auch insofern muß man den Gedanken einer Waffengleichheit beachten. 6

3) Zuständigkeit, II. Zur Entscheidung über den Beiordnungsantrag, auch nach § 121 IV ZPO, ist das für eine Klage auf eine Feststellung des Erbbaurechts oder des Ankaufsrechts nach § 103 I SachenRBerG berufene Gericht zuständig. Das ist also in aller Regel dasjenige LG, in dessen Bezirk das Grundstück ganz oder zum größten Teil liegt. Dort ist die etwa nach § 103 II SachenRBerG gebildete Kammer für Verfahren nach diesem Gesetz funktionell zuständig. Diese Zuständigkeit ist ausschließlich, § 103 I 2 SachenRBerG. Das gilt also auch für die Beiordnung nach § 102 SachenRBerG. 7

4) Übermittlung der Antragsunterlagen, III. Zwar muß der Beteiligte den Beordnungsantrag selbst oder über einen Bevollmächtigten stellen, meist also über den zur Vertretung bereiten Beizuordnenden. Da aber das ganze Vermittlungsverfahren in der Hand des Notars liegt, stellt III klar, daß er eine gesetzliche Pflicht zur natürlich unverzüglichen Übermittlung aller Antragsunterlagen an das nach II zuständige LG hat. Die nach § 100 SachenRBerG anfallende Gebühr umfaßt seine Übermittlung. Auslagen treten wie sonst hinzu. Ein Verstoß kann seine Haftung begründen. 8

5) Grenzen des Forderungsrechts des Notars, I–III. Infolge der Verweisung auf §§ 114ff ZPO, Rn 1, ist auch § 122 I Z 1a ZPO mit seinem Ausschluß des Forderungsrechts des Notars gegen den Begünstigten anwendbar. Daher braucht auch der Antragsgegner nach § 122 II ZPO zunächst keinen Vorschuß zu zahlen. Vielmehr haftet die Staatskasse. § 125 II ZPO bleibt unberührt. 9

Vollzug des Geschäfts

146 I [1]Wird der Notar bei der Veräußerung von Grundstücken und Erbbaurechten sowie bei der Bestellung von Erbbaurechten und bei der Begründung und Veräußerung von Wohnungs- oder Teileigentum auf Verlangen der Beteiligten zum Zwecke des Vollzugs des Geschäfts tätig, so erhält er neben der Entwurfs- oder Beurkundungsgebühr die Hälfte der vollen Gebühr; beschränkt sich seine Tätigkeit auf die Einholung des Zeugnisses nach § 28 Abs. 1 des Baugesetzbuchs, so erhält er nur ein Zehntel der vollen Gebühr. [2]Die dem Notar nach besonderen Vorschriften obliegenden Mitteilungen an Behörden und der Verkehr mit dem Grundbuchamt ist durch die Entwurfs- oder Beurkundungsgebühr abgegolten (§ 35).

II Betreibt der Notar, der den Entwurf nicht gefertigt oder überprüft, sondern nur die Unterschrift oder über das Handzeichen beglaubigt hat, im Auftrag des Antragstellers den Vollzug eines Antrags auf Eintragung, Veränderung oder Löschung einer Hypothek, Grundschuld oder Rentenschuld oder einer Schiffshypothek, so erhält er ein Viertel der vollen Gebühr.

KostO § 146 III. Kostenordnung

III ¹Für den Vollzug des Geschäfts in anderen Fällen erhält der Notar neben der Beurkundungs- oder Entwurfsgebühr die Hälfte der vollen Gebühr, wenn es erforderlich ist, Anträge oder Beschwerden, die er aufgrund einer von ihm aufgenommenen, entworfenen oder geprüften Urkunde bei Gerichten, Behörden oder anderen Dienststellen einreicht, tatsächlich oder rechtlich näher zu begründen, und der Beteiligte dies verlangt. ²Die Gebühr ist für jeden Antrag oder jede Beschwerde gesondert zu erheben.

IV Der Geschäftswert ist in den Fällen der Absätze 1 und 2 wie bei der Beurkundung, im Fall des Absatzes 3 nach § 30 zu bestimmen.

Schrifttum: *Tiedtke,* Notarkosten im Grundstücksrechts, 2001.

Gliederung

1) Systematik, I–IV 1
2) Regelungszweck, I–IV 2
3) **Grundstück, Erbbaurecht, Wohnungseigentum, Teileigentum, I** 3–29
   A. Veräußerung, Bestellung 3
   B. Beispiele zur Frage einer Veräußerung oder Bestellung, I 1 .... 4, 5
   C. Derselbe Notar 6
   D. Zusätzliche Vollzugstätigkeit 7
   E. Verlangen der Beteiligten 8–10
   F. Vollzugszweck 11
   G. Beispiele zur Frage einer Vollzugstätigkeit, I 12–25
   H. Vollzug gerade durch Notar 26
   I. Sonstige Voraussetzungen 27
   J. Gebühr, I 28
   K. Geschäftswert, Fälligkeit, Kostenschuldner, I 29
4) **Nur-Beglaubigung, II** 30–35
   A. Bloße Beglaubigung 30
   B. Vollzugsauftrag 31
   C. Antrag 32
   D. Mehr als bloße Übermittlung 33
   E. Gebühr, II 34
   F. Geschäftswert, Fälligkeit, Kostenschuldner, II 35
5) **Andere Fälle, III** 36–45
   A. Art des Geschäfts 37
   B. Antrag, Beschwerde 38
   C. Erforderlichkeit der Begründung 39
   D. Verlangen eines Beteiligten 40
   E. Ursächlichkeit der Urkunde 41
   F. Einreichung 42
   G. Gebühr, III 43
   H. Geschäftswert, III 44
   I. Fälligkeit, Kostenschuldner, III 45
6) **Geschäftswert, IV** 46, 47
   A. Fälle I, II 46
   B. Fall III 47

1 **1) Systematik, I–IV.** Die Vorschrift ist eine gegenüber §§ 35, 145 vorrangige Sondervorschrift. Sie regelt grundsätzlich abschließend den Tätigkeitsbereich des Vollzugs gesondert gebührenpflichtig, BGH Rpfleger **06**, 676. Dieser Bereich bringt in der Praxis immer wieder Abgrenzungsprobleme zu dem in § 147 geregelten Bereich von teilweise sogar gebührenfreien weiteren „Nebengeschäften" mit sich. § 35 dürfte daneben nur theoretisch beachtlich sein, aM Düss DNotZ **75**, 434 (aber die Herbeiführung der Vollzugsfähigkeit ist selbst schon eine Art Nebentätigkeit). § 146 zeigt eine deutliche Differenzierung und begnügt sich wegen des Werts in IV mit Verweisungen auf andere Bestimmungen. § 147 II kann neben § 146 anwendbar sein. §§ 145, 149 haben den Vorrang. § 144 ist unanwendbar.

2 **2) Regelungszweck, I–IV.** Ein unverzüglicher korrekter Vollzug hat für die Beteiligten rechtlich wie wirtschaftlich meist eine hohe Bedeutung. Für den Notar bringt der Vollzug eine Fülle zusätzlich beachtbarer Vorschriften und die Notwendigkeit einer selbstkritisch bleibenden Umsichtigkeit, Hartnäckigkeit und auch einer anpassungsfähigen Geduld mit sich. Das gilt sowohl gegenüber säumigen Vertragsschuldnern oder ungeduldigen Banken als auch gegenüber dem Grundbuch- oder Finanzamt usw. Alles das rechtfertigt durchaus eine zusätzliche Vergütung. Es rechtfertigt aber keine

bequeme oder gar rechtswidrige Bereicherung. Die Auslegung erfordert Verständnis für *alle* Beteiligten.

3) Grundstück, Erbbaurecht, Wohnungseigentum, Teileigentum, I. Neben einer Beurkundungs- oder Entwurfsgebühr kommt eine Vollzugsgebühr in Betracht, sofern eines der in I abschließend genannten Geschäfte vorliegt, BayObLG 79, 383, und soweit daher die folgenden Voraussetzungen zusammentreffen.

A. Veräußerung, Bestellung. Es muß ein solches schuldrechtliches oder dingliches Rechtsgeschäft vorliegen, das die Veräußerung eines Grundstücks oder Erbbaurechts oder eine Erbbaurechtsbestellung oder die Begründung oder Veräußerung von Wohnungs- oder Teileigentum nach §§ 3, 8 WEG einschließlich einer einseitigen Teilungserklärung zum Gegenstand hat, Zweibr NZB 02, 443. Es genügt, daß eine dieser Vorgänge Gegenstand des Geschäfts ist.

Wenn sowohl eine Grundstücksveräußerung als auch eine Bestellung und/oder Veräußerung eines Erbbaurechts usw *zusammentreffen,* muß man prüfen, ob *ein* Geschäft oder mehrere Geschäfte vorliegen. Im letzteren Fall können mehrere Vollzugsgebühren entstehen.

Er reicht sowohl eine schuldrechtliche als auch eine sachenrechtliche Vereinbarung aus, Düss JB 02, 45. Denn die Begriffe „Veräußerung", „Begründung" und „Bestellung" erfassen *beide Arten* von Vereinbarungen, Düss ZMR 88, 265.

B. Beispiele zur Frage einer Veräußerung oder Bestellung, I 1
Angebot: *Keine* Veräußerung oder Bestellung ist ein bloßes Angebot, Hamm FGPrax 65, 88.
Auseinandersetzung: Eine Veräußerung oder Bestellung kann bei einer Auseinandersetzung zwischen Gesellschaftern, Gemeinschaftern, Eheleuten, Miterben usw erfolgen.
Ehe: S „Auseinandersetzung".
Einbringung: Eine Veräußerung oder Bestellung kann auch durch die Einbringung eines Grundstücks oder Erbbaurechts oder eines Wohnungseigentums in eine Gesellschaft erfolgen.
Eintragung: *Keine* Veräußerung oder Bestellung liegt in der Eintragung als Erbe, Vermächtnisnehmer oder auf Grund eines Ehevertrags.
Entnahme: Eine Veräußerung oder Bestellung kann durch die Entnahme eines Vermögenswerts aus einer Gesellschaft usw erfolgen.
Gemeinschaft: S „Auseinandersetzung".
Gesellschaft: S „Auseinandersetzung", „Einbringung", „Entnahme", Rn 5 „Übernahme".
Gesellschaftsanteil: *Keine* Veräußerung nach I 1 ist der Verkauf eines Gesellschaftsanteils, und zwar auch dann nicht, wenn die Gesellschaft Eigentümerin eines Grundstücks oder einer Wohnung oder Erbbauberechtigte ist.
Miterbe: Rn 4 „Auseinandersetzung".
Pfandunterstellung: Keine Veräußerung oder Bestellung ist eine Pfandunterstellung, BayObLG DNotZ 85, 102.
Teileigentum: S „Wohnungseigentum".
Übernahme: Eine Veräußerung oder Bestellung kann durch die Übernahme eines Vermögenswerts in eine Gesellschaft erfolgen.
Übertragung: Eine Veräußerung oder Bestellung kann durch die Verpflichtung zu einer lastenfreien Übertragung erfolgen, Düss ZMR 88, 265.
Wohnungseigentum: Eine Veräußerung oder Bestellung kann durch eine vertragliche Einräumung von Wohnungseigentum oder Teileigentum erfolgen.

C. Derselbe Notar. Derselbe Notar, der die Beurkundung der Veräußerung, Begründung oder Bestellung vorgenommen oder wenigstens die zugehörige Urkunde entworfen oder den Entwurf geprüft hat, muß beim Vollzug des Veräußerungs- und/oder Begründungs- oder Bestellungsgeschäfts als Notar tätig werden. Bei der Beurkundung des schuldrechtlichen oder des sachenrechtlichen Geschäfts durch verschiedene Notare kann also jeder von ihnen eine Vollzugsgebühr beanspruchen dürfen und müssen.

D. Zusätzliche Vollzugstätigkeit. Die Vollzugstätigkeit des Notars muß zu der Entwurfs- und/oder Beurkundungstätigkeit mit ihren Gebühren nach § 145 hinzutreten. Die Vollzugsgebühr des § 146 entsteht also „neben" der Beurkundungs- oder Entwurfsgebühr. Es muß allerdings kein Erfolg der zusätzlichen ordnungsgemäß begonnenen Vollzugstätigkeit eintreten. Sie bleibt zB trotz der Versagung einer behördlichen Genehmigung bestehen. Die Vollzugsgebühr setzt das Zustandekommen des dem Vollzug zugrunde liegenden Geschäfts gerade voraus.

Soweit diese Voraussetzung *nicht* vorliegt, gilt § 147 eine Vollzugstätigkeit ab, Notarkasse MittBayNot **80**, 60, aM Hamm JB **87**, 418.

8 **E. Verlangen der Beteiligten.** Der Notar muß die Vollzugstätigkeit gerade „auf Verlangen der Beteiligten" vornehmen. Das Verlangen kann stillschweigend erfolgen. Das darf man aber keineswegs stets unterstellen, Schlesw JB **75**, 500, LG Osnabr JB **84**, 430. Es kann wegen der Kosten infolge eines Verlangens eine Hinweispflicht des Notars bestehen, KG JB **75**, 805. Immerhin reicht die Bitte an den Notar meist aus, alles zum Vollzug Nötige zu tun.

9 Es reicht *nicht* eine solche Tätigkeit aus, die der Notar *kraft gesetzlicher Vorschriften* von Amts wegen schon auf Grund der Beurkundung vornehmen muß. Das gilt selbst dann, wenn diese Tätigkeit zum Vollzug des Geschäfts erforderlich ist.

10 *Nicht ausreichend sind also zB:* Eine solche Mitteilung, die der Notar auch ohne einen Auftrag eines Beteiligten einer Behörde machen muß, S 2, etwa eine Veräußerungsanzeige an den Gutachterausschuß nach § 195 BauGB oder an das Finanzamt; die Entgegennahme einer auf Grund einer solchen Anzeige vom Finanzamt nach der AO erteilten Unbedenklichkeitsbescheinigung; der Schriftwechsel mit dem Grundbuchamt, S 2; ein Wegfall eines gemeindlichen Vorkaufsrechts, Schlesw JB **75**, 500, LG Osnabr JB **84**, 430. Insofern ist die Tätigkeit durch die Entwurfs- oder Beurkundungsgebühr abgegolten (§ 35). Das stellt S 2 klar. Im übrigen ist eine Gebührenfreiheit nach § 147 IV Z 1, 2 vorhanden.

11 **F. Vollzugszweck.** Die Tätigkeit des Notars muß gerade dem Vollzug des Geschäfts dienen, Hamm FGPrax **05**, 88, LG Hann JB **09**, 655 (im Ergebnis zustm Bund). Vollzug ist der dingliche Rechtsübergang. Die Tätigkeit muß die Wirksamkeit herbeiführen und die Ausführung ermöglichen sollen, Mü JB **07**, 294. Es reicht aus, daß sie auch und nicht nur ganz untergeordnet diesem Zweck dient. Insofern sind weitere Zwecke der Tätigkeit unerheblich. Es kommt darauf an, ob der Notar die Tätigkeit ohne einen Pflichtverstoß ablehnen und dem Beteiligten überlassen könnte. Ein Erfolg der Vollzugsbemühung ist für die bloße Tätigkeitsgebühr nach I nicht erforderlich.

G. Beispiele zur Frage einer Vollzugstätigkeit, I

12 **Abwarten:** Eine Vollzugstätigkeit kann *fehlen,* soweit der Notar nur vor dem Umschreibungsantrag etwas abwarten muß, etwa die Zahlungsbestätigung des Verkäufers oder das von einem Vertragspartner zu beschaffende Negativattest wegen eines Vorkaufsrechts oder die ebenso bei einem Vertragspartner erforderliche steuerliche Unbedenklichkeitsbescheinigung, KG DNotZ **83**, 249 (abl Retzer).
S aber auch Rn 18 „Genehmigung".
Angebot: Rn 19 „Löschungsunterlagen".
Ankaufsrecht: Es gilt dasselbe wie bei Rn 24 „Vorkaufsrecht".
Auseinandersetzungsvertrag: Er kann unter I fallen.

13 **Bank:** Eine Vollzugstätigkeit *fehlt* bei einer bloßen Verhandlung mit einer Bank zwecks einer Finanzierung des Kaufs.
Beglaubigung: Ausnahmsweise kann statt § 35 entweder § 146 II oder § 147 II anwendbar sein, Bund JB **05**, 234 (ausf).
Bescheinigung: Eine Vollzugstätigkeit liegt vor, soweit der Notar vor oder nach der Beurkundung eine Abgeschlossenheitsbescheinigung nach §§ 3 II 1, 7 IV Z 2 WEG einholt, Zweibr NZM **02**, 443.
S auch Rn 14 „Erbschein", Rn 25 „Zeugnis".
Betriebsgenehmigung: Rn 16 „Genehmigung".
Dauerwohn- oder -nutzungsrecht: Es fällt wegen der abschließenden Aufzählung *nicht* unter I.
Erbbaurechtsbestellung: Sie fällt unter I.

14 **Erbschein:** Eine Vollzugstätigkeit kann vorliegen, soweit der Notar auftragsgemäß einen Erbschein einholt. Zu ihr zählen die erforderlichen Anträge und ein etwaiges

Beschwerdeverfahren dazu. Das gilt auch dann, wenn der Notar diese Vorgänge tatsächlich oder rechtlich näher begründet.

Erfüllung: Eine Vollzugstätigkeit liegt vor, soweit der Notar einer Erfüllung gegenseitiger Vertragspflichten der Beteiligten dient.

Ermittlung: Eine bloße Vollzugstätigkeit kann *fehlen*, soweit es sich um mehr als eben nur den Vollzug des Geschäfts handelt, also zB um eine steuerliche Ermittlung. Insofern kann § 147 anwendbar sein. 15

Fischereirecht: Sein Verkauf fällt *nicht* unter die in I abschließend genannten Geschäfte.

Freistellungserklärung: Rn 19 „Löschungsunterlagen".

Genehmigung: Eine Vollzugstätigkeit kann vorliegen, soweit der Notar erst auf Grund eines Auftrags zu einem schon zustandekommenen Rechtsgeschäft eine Genehmigung erwirkt, auch in der Beschwerdeinstanz. Ihre Art ist unerheblich, BayObLG JB **94**, 41 (Teilungsgenehmigung), Zweibr JB **94**, 165, LG Fulda JB **92**, 481. Es mag zB um die behördliche Genehmigung einer Wertsicherungsklausel gehen. 16

Das gilt auch zB im Verfahren nach dem *LwVG* oder dann, wenn der Notar den Veräußerungsvertrag mit einem Genehmigungsantrag, der zuständigen Behörde zusendet, oder soweit er auftragsgemäß eine Betriebsgenehmigung einholt. 17

Eine Vollzugstätigkeit kann *fehlen*, soweit der Notar zu einem erst noch zustandekommenden Rechtsgeschäft eine Genehmigung erwirkt, Düss JB **06**, 94, Lappe DNotZ 90, 328, aM Hamm JB **87**, 418, Köln Rpfleger **03**, 539 (aber man kann nur etwas Zustandegekommenes vollziehen), oder soweit er die Genehmigung hätte kostenfrei erwirken können, § 16 Rn 18. Ein Vollzug kann ferner fehlen, soweit der Notar zu einem schon abgeschlossenen Geschäft nur eine zur Abwicklung notwendige Genehmigung entgegennimmt. Das gilt selbst dann, wenn er sie dann rechtlich oder tatsächlich prüft, Köln FGPrax **03**, 141, Oldb JB **91**, 1225, Zweibr DNotZ **93**, 765. 18

S auch Rn 12 „Abwarten".

Grundbuchberichtigung: Sie fällt mangels einer Veräußerung *nicht* unter I.
Grundstücksbelastung: Sie fällt mangels einer Veräußerung *nicht* unter I.
Grundstückskauf, -verkauf: Er fällt unter I.
Grundstückstausch: Er fällt unter I.
Landwirtschaftsrecht: Rn 16 „Genehmigung". 19
Leibrente: Eine Vollzugstätigkeit bei ihr fällt *nicht* unter die in I abschließend genannten Geschäfte, BayObLG **79**, 383.
Löschungsunterlagen: Eine Vollzugstätigkeit liegt vor, soweit der Notar auftragsgemäß Löschungsunterlagen für den zur lastenfreien Übergabe verpflichteten Verkäufer einholt, BGH NJW **07**, 3213, Düss JB **02**, 45 (abl Schmidt), Mü JB **07**, 657 (krit Simon), aM Oldb DNotZ **94**, 706, Zweibr RR **01**, 863, KLBR 30 (aber das ist sogar eine für § 146 typische zusätzliche Vollzugstätigkeit). Eine insoweit treuhänderische Entgegennahme von Löschungsunterlagen gehört zu § 147 II, dort Rn 34 „Treuhandauflage".

Eine Vollzugstätigkeit *fehlt*, soweit der Notar nur zu einem bloßen Angebot eine Löschungsbewilligung einholt. Denn erst beim Vertrag erfordert der Vollzug dergleichen, Hamm FGPrax **05**, 88; aM Hamm FGPrax **09**, 236.

Mitteilung: Sie fällt evtl unter I bei einer Mitteilung an eine Nichtbehörde oder anstelle eines Beteiligten, zB nach §§ 496, 2146, 2384 BGB. Vgl freilich meist § 147. 20

Eine Vollzugstätigkeit kann *fehlen*, soweit der Notar auch ohne einen Auftrag eines Beteiligten eine Mitteilung machen muß, Rn 8, 9, zB eine Veräußerungsanzeige an den Gutachterausschuß nach § 195 BauGB oder an das Finanzamt, oder eine Abtretungsanzeige an eine Bank, LG Ffm JB **85**, 751, oder eine Mitteilung an Mieter vom Eigentumsübergang, oder eine Mitteilung von einer befreienden Schuldübernahme an den Gläubiger, Düss DNotZ **80**, 61.

Negativattest: Eine Vollzugstätigkeit kann vorliegen, soweit der Notar ein Negativattest der Gemeinde einholt, zB nach einem Denkmalsschutz, LG Münst JB **93**, 99.

S auch Rn 12 „Abwarten", Rn 16 „Genehmigung".

Rang: Seine Erwirkung kann unter I fallen.
Rückkauf: Er kann unter I fallen.

KostO § 146   III. Kostenordnung

Rücktritt: Er fällt *nicht* unter die in I abschließend genannten Geschäfte.
21 **Tauschvertrag:** Er kann unter I fallen.
Teileigentum: Seine Begründung oder Veräußerung fällt unter I.
Überlassungsvertrag: Er kann unter I fallen.
Unbedenklichkeitsbescheinigung: Rn 12 „Abwarten", Rn 16 „Genehmigung".
Unschädlichkeitszeugnis: Es kann unter I fallen.
22 **Veränderungsnachweis:** Ein Vollzug auf Grund eines solchen Nachweises fällt *nicht* unter die in I abschließend genannten Geschäfte.
Veräußerungsanzeige: Rn 20 „Mitteilung".
Vergleich: Sein Vollzug kann unter I fallen.
23 **Vermächtnis:** Sein Vollzug kann unter I fallen.
Vermessung: Eine bloße Vollzugstätigkeit kann *fehlen,* soweit es sich um mehr als eben nur den Vollzug des Geschäfts handelt, also zB um die Einleitung einer Vermessung. Insofern kann § 147 anwendbar sein.
Versteigerung: Eine freiwillige kann unter I fallen.
Verwahrung: Eine Vollzugstätigkeit kann vorliegen, soweit der Notar treuhänderisch Löschungsunterlagen verwaltet, selbst wenn das vor dem Abschluß des Kaufvertrags erfolgt, Düss JB **94**, 168.
24 **Vorkaufsrecht:** Eine Vollzugstätigkeit kann vorliegen, soweit der Notar im Auftrag eines Beteiligten nur die Frage klärt, ob die Gemeinde von ihrem gesetzlichen Vorkaufsrecht Gebrauch machen will. Denn eine Eintragung des Erwerbers im Grundbuch oder Erbbaugrundbuch hängt nach § 28 I 2, 3 BauGB oder nach mancher landesrechtlichen Vorschrift vom Nachweis der Nichtausübung des Vorkaufsrechts oder vom Nachweis seines Nichtbestehens ab, Celle JB **92**, 45, Hamm Rpfleger DB **86**, 2176, Mümmler JB **78**, 734. Wegen der Beschränkung auf eine derartige Tätigkeit Rn 1.

Freilich hat die Gemeinde kein Vorkaufsrecht (mehr) bei einem Wohnungseigentum oder Erbbaurecht. Eine insoweit überflüssige Anfrage fällt nach § 16 nicht unter § 146.

Keine Gebühr nach I 1 entsteht bei einer überflüssigen solchen Tätigkeit, zB wenn eine Gemeinde ihr eigenes Grundstück verkauft. Denn darin liegt der Verzicht auf das Vorkaufsrecht, LG Arnsberg NJW **04**, 1259. Keine Vollzugstätigkeit liegt ferner in der bloßen Anfrage an einen vorkaufsberechtigten Mieter nach § 577 BGB.

S auch Rn 12 „Abwarten", Rn 16 „Genehmigung".
Vorvertrag: Sein Vollzug kann unter I fallen.
Wertsicherungsklausel: Rn 16 „Genehmigung".
Wohnungseigentum: Seine Begründung oder Veräußerung fällt unter I.
25 **Zeugnis:** Eine Vollzugstätigkeit kann vorliegen, soweit der Notar auftragsgemäß ein Zeugnis oder eine Bescheinigung usw einholt. Zu dieser Vollzugstätigkeit zählen ein erforderlicher Antrag und ein etwaiges zugehöriges Beschwerdeverfahren. Das gilt nur dann, wenn der Notar diese Vorgänge tatsächlich oder rechtlich näher begründet.
Zug-um-Zug-Leistung: I ist *unanwendbar,* soweit der Notar bei ihr eine Treuhändertätigkeit ausübt. Dann kann § 147 II gelten.
Zustimmung: I kann anwendbar sein, soweit der Notar eine notwendige Zustimmung zB des Wohnungsverwalters einholt.

Unanwendbar ist die Vorschrift, soweit der Notar eine ihm unaufgefordert zugesandte Zustimmung lediglich entgegennimmt, Zweibr JB **94**, 165 (§ 35).

26 **H. Vollzug gerade durch Notar.** Die Vollzugstätigkeit muß gerade durch denjenigen Notar erfolgen, der das unter I fallende Geschäft entworfen oder beurkundet hat. Soweit er auch Anwalt ist, betreibt er zB die Genehmigung der von ihm beurkundeten Hofübergabe wegen § 24 II BNotO grundsätzlich in seiner Eigenschaft als Notar. Dasselbe gilt bei einem Widerspruch gegen einen ablehnenden Bescheid der Baubehörde, § 19 BauGB. Der Notar darf freilich evtl in einem streitigen Verfahren seine weitere Tätigkeit als Notar ablehnen und statt dessen einen Anwaltsvertrag abschließen. Von dem Abschluß eines solchen Anwaltsvertrags an gilt dann natürlich nicht mehr die KostO, sondern das RVG. Ein Notarwechsel nach der Beurkundung gibt dem zweiten Notar eine Gebühr nur nach § 147 II.

I. Sonstige Voraussetzungen. Der beurkundete Vorgang darf nicht offensichtlich genehmigungsfrei sein. Dann Fall wäre ein vom Notar etwa eingeholtes Negativattest objektiv überflüssig, Schlesw JB **75**, 500. 27

J. Gebühr, I. Unter den Voraussetzungen Rn 1–27 entsteht neben der Beurkundungs- oder Entwurfsgebühr 0,5 Gebühr, Celle JB **92**, 45. Diese Pauschalgebühr gilt die gesamte Vollzugstätigkeit zur Beurkundung dieses Rechtsgeschäfts mit einer oder mehreren Urkunden und außerdem dann auch alle zugehörigen vorbereitenden oder fördernden Tätigkeiten mit ab, auch eine etwa notwendige Nachtragsbeurkundung. Nur bei einer Beschränkung der Tätigkeit auf die Einholung des Zeugnisses nach § 28 I 3 BauGB entsteht nach S 1 Hs 2 lediglich 0,1 Gebühr, Hamm DNotZ **89**, 713, Schmidt Rpfleger **88**, 291, aM Kassel DRiZ **88**, 184, RoW 16 (Hs 2 entsprechend bei einem Zeugnis nach den landesrechtlichen Denkmalschutzgesetzen). Die Gebühr nach I ist eine Tätigkeitsgebühr, keine Erfolgsgebühr. Sie entsteht bei demselben Notar auch dann nur einmal, wenn er den Vollzug in mehreren zeitlich aufeinander folgenden Phasen vornimmt. Eine Gebühr kann neben derjenigen aus I unter den Voraussetzungen von IIII auch aus dieser letzteren Vorschrift entstehen. 28

K. Geschäftswert, Fälligkeit, Kostenschuldner, I. Wegen des Geschäftswerts Rn 46. 29

Die *Fälligkeit* richtet sich nach § 7. Maßgebend ist also das Ende der Vollzugstätigkeit des Notars und nicht erst die Eintragung im Grundbuch.

Kostenschuldner ist der Antragsteller, § 2 Z 1.

4) Nur-Beglaubigung, II. Als eine vorrangige Sonderregel gegenüber I schafft die Vorschrift eine Gebührenmäßigung, sofern die folgenden Voraussetzungen zusammentreffen. 30

A. Bloße Beglaubigung. Der Notar darf zunächst nicht einen Entwurf gefertigt oder überprüft haben, § 145 I, II, sondern darf und muß nur Unterschriften oder Handzeichen beglaubigt haben.

B. Vollzugsauftrag. Der Antragsteller muß den Notar beauftragt haben, den Vollzug eines der in II genannten Anträge zu betreiben. Das gilt auch bei einer an sich vorhandenen gesetzlichen Befugnis. Es braucht nicht derjenige den Vollzugsauftrag zu erteilen, dessen Unterschrift der Notar beglaubigt hat. Auftraggeber muß aber derjenige sein, der einen Antrag nach II stellen will. Es ist nicht erforderlich, daß er auch objektiv antragsberechtigt ist. 31

C. Antrag. In Vollzug des in Rn 31 genannten Auftrags muß der Notar gerade einen Antrag auf die Eintragung, Veränderung oder Löschung einer Hypothek, einer Grundschuld oder einer Rentenschuld oder einer Schiffshypothek stellen. Dazu gehören auch: Die Prüfung des Antragsrechts oder einer Verfügungsbefugnis; die Rangkontrolle; die Beschaffung von Vollmachten oder eines Grundpfandrechtsbriefs; die Einholung einer Genehmigung oder eines Erbscheins oder Testamentsvollstreckerzeugnisses; eine Fristenkontrolle; eine Pfandentlassung; eine Nachverpfändung; eine Löschungsvormerkung usw. 32

Andere Arten von Anträgen führen *nicht* zur Anwendbarkeit von II, sondern können nur zu § 147 zählen. Das gilt zB: Bei einem Umlegungsantrag; bei einem Antrag an das Registergericht; bei einem Antrag wegen eines anderen Rechts als eines der in II genannten; bei einem Antrag wegen eines Vorkaufsrechts.

Der Notar muß einen der vorgenannten Anträge gerade zum *Zweck des Vollzugs* stellen, nicht zu einem anderen Zweck. Eine Beschwerde gehört nicht hierher. Denn II erfaßt nur einen Antrag, anders als III. Für die Beschwerde gilt allenfalls § 147.

D. Mehr als bloße Übermittlung. Die Vollzugstätigkeit des Notars im Zusammenhang mit der Antragstellung muß mehr darstellen als die bloße Übermittlung, § 147 IV Z 1. Eine Rücksendung der beglaubigten Urkunden an die Partei ist ebenfalls gebührenfrei. Eine auftragsgemäße Überwachung macht gebührenpflichtig, § 147 Rn 35. Ob der Notar sie vereinbart und durchgeführt hat, läßt sich nur von Fall zu Fall klären. Der Notar ist dafür beweispflichtig. Er sollte eine Kostenbelehrung erteilen. Für eine zumindest stillschweigende Vereinbarung mag freilich meist ein Anscheinsbeweis nach der Lebenserfahrung sprechen. 33

E. Gebühr, II. Soweit die Voraussetzungen Rn 30–32 vorliegen und nicht nur ein Fall nach Rn 33 vorliegt, erhält der Notar neben der Beglaubigungsgebühr des 34

§ 45 zusätzlich 0,25 Gebühr. Sie erfaßt auch die Antragsbegründung, die Verbindung mit einem anderen Antrag, die Überwachung des Vollzugs und die Entgegennahme einer Eintragungsnachricht. Sie ist eine Tätigkeitsgebühr, keine Erfolgsgebühr. Daher ist sie erfolgsunabhängig. Sie kann über die Beglaubigungsgebühr hinausgehen. Denn es gibt keine Höchstgebühr.

35 **F. Geschäftswert, Fälligkeit, Kostenschuldner, II.** Wegen des Geschäftswerts vgl Rn 46.

Die *Fälligkeit* richtet sich nach § 7. Maßgebend ist also das Ende der Vollzugstätigkeit des Notars und nicht erst die Eintragung im Grundbuch.

Kostenschuldner ist der Antragsteller, § 2 Z 1. Mehrere Antragsteller haften nach § 5.

36 **5) Andere Fälle, III.** Soweit es sich nicht um eine Veräußerung oder Bestellung nach I oder um eine Nur-Beglaubigung nach II handelt, kommt neben einer Beurkundungs- oder Entwurfsgebühr nicht schon für jede beliebige Art der Vollzugstätigkeit eine Gebühr nach III in Betracht. Sie entsteht vielmehr nur insoweit, als die folgenden Voraussetzungen zusammentreffen.

37 **A. Art des Geschäfts.** Es muß sich um einen „anderen Fall" handeln. In Betracht kommen zB: Ein anderes Grundstücksgeschäft als die Veräußerung, Begründung oder Bestellung nach I, zB ein beschränktes Sachenrecht; eine Personenstandssache; eine Nachlaßsache; ein standesamtlicher Vorgang, Köln JB 92, 184; eine Registerangelegenheit; die Verwahrung eines vom Notar errichteten Testaments.

38 **B. Antrag, Beschwerde.** Der Notar muß einen Antrag oder eine Beschwerde an ein Gericht oder eine Behörde oder Dienststelle zwecks einer Entscheidung bei einem Geschäft nach I in eigener Zuständigkeit einreichen. Diese Eingabe muß eine nähere tatsächliche oder rechtliche Begründung enthalten. Die Begründung muß also über dasjenige hinausgehen, was sich schon aus der Urkunde ergibt. Sie darf nicht lediglich auf den Text der Urkunde hinweisen. Es reicht also nicht aus, daß der Antrag oder die Beschwerde zur Begründung nur mit anderen Erläuterungsworten denselben Inhalt wie die Urkunde hat.

39 **C. Erforderlichkeit der Begründung.** Die Begründung nach Rn 38 muß auch aus der Sicht des Notars erforderlich sein. III setzt nicht voraus, daß eine tatsächliche oder rechtliche nähere Begründung objektiv wirklich notwendig war. Es reicht vielmehr aus, daß der Notar bei einer verständigen Würdigung eine tatsächliche oder rechtliche nähere Begründung für erforderlich halten durfte. Es mag zB um eine rechtliche Zweifelsfrage oder um einen erfolgten oder zu erwartenden Einwand gehen. Die Begründung mag schriftlich, elektronisch oder mündlich erfolgen.

40 **D. Verlangen eines Beteiligten.** Ein Beteiligter muß vom Notar eine nähere tatsächliche oder rechtliche Begründung der Eingabe verlangt haben. Ein solches Verlangen muß eindeutig sein. Es kann aber stillschweigend erfolgen. Das gilt insbesondere dann, wenn der Beteiligte den Notar beauftragt, „alles Erforderliche zu veranlassen". Der Auftraggeber muß sich der Kostenfolge seines Verlangens bewußt sein.

Nicht ausreichend ist die bloße Bitte, die Sache energisch zu fördern oder für ihre rasche Erledigung zu sorgen.

41 **E. Ursächlichkeit der Urkunde.** Der Antrag oder die Beschwerde muß ihre Ursache in der von demselben Notar aufgenommenen, entworfenen oder geprüften Urkunde haben. Es reicht nicht aus, daß der Notar nur eine Beglaubigung vorgenommen hat oder daß ein anderer Notar die Urkunde aufgenommen, entworfen oder geprüft hat. Das ergibt sich aus den Worten „von ihm" in III.

42 **F. Einreichung.** Der Notar muß den von ihm unter den Voraussetzungen Rn 37–41 gefertigten Schriftsatz bei einem Gericht oder einer Behörde oder einer anderen Dienststelle einreichen. Es ist unschädlich, wenn die Einreichung des von ihm entworfenen Antrags durch den Auftraggeber erfolgt oder wenn eine Einreichung bei dem unzuständigen Gericht usw erfolgt, sofern der Notar hier nicht wegen unrichtigen Sachbehandlung von der Kostenerhebung nach §§ 16, 141 absehen muß.

43 **G. Gebühr, III.** Unter den Voraussetzungen Rn 36–42 entsteht neben der bereits angefallenen Entwurfs- oder Beurkundungsgebühr 0,5 Gebühr als Einreichungsgebühr, III 1. Diese entsteht für jeden Antrag oder jede Beschwerde nach ihrem Wert gesondert, III 2. Auch in derselben Angelegenheit können für Anträge an mehrere

2. Teil. Kosten der Notare **§§ 146, 147 KostO**

Adressaten mehrere Gebühren nach III entstehen. Die Gebühr ist eine Tätigkeitsgebühr, keine Erfolgsgebühr. Daher kann sie auch bei einer Erfolglosigkeit des Antrags oder der Beschwerde entstehen. Soweit es sich um andere Anträge oder Beschwerden als nach III handelt, kann § 147 anwendbar sein.

H. Geschäftswert, III. Vgl Rn 47. 44

I. Fälligkeit, Kostenschuldner, III. Die Fälligkeit entsteht mit dem Hinausgeben des Antrags oder der Beschwerde, aM KLBR 67 (die Fälligkeit entstehe mit der Unterzeichnung. Aber es kommt stets auf die Hinausgabe an. Vor ihr mag rechtlich nur ein beliebig abänderbarer Entwurf vorliegen). Auf den Eingang beim Adressaten kommt es nicht an. Soweit sich infolge einer nachholbaren Beurkundung nach I unter Berücksichtigung der schon erhobenen Gebühren die Pflicht zur Zahlung einer weiteren Gebühr ergibt, entsteht diese trotz IV. Bei der Erledigung einer Beanstandung erhält der Notar auch im Beschwerdeverfahren keine Gebühr. 45

Kostenschuldner ist der Antragsteller, § 2 Z 1. Mehrere Antragsteller haften nach § 5, Ffm JB 02, 486.

6) **Geschäftswert, IV.** Es gibt zwei Fallgruppen. 46

A. Fälle I, II. Hier richtet sich der Geschäftswert nach demjenigen der Beurkundung, §§ 36 ff. Man darf nur denjenigen Teil berücksichtigen, der eine Vollzugstätigkeit erforderlich macht, BayObLG JB 94, 41 (bei einem Wegerecht evtl der volle Kaufpreis), Ffm DNotZ 93, 281, Hamm DB 86, 2176, aM Düss DNotZ 81, 327 (aber diese Beschränkung ist eigentlich selbstverständlich).

Bei I kommt es nur auf den Wert des unbebauten Grundstücks und nicht auf eine Bauverpflichtung an, Ffm JB 92, 821, LG Fulda JB 92, 821, aM Celle JB 77, 40. Bei einer Erbbaurechtsbestellung ist nur der Wert des Erbbaurechts maßgeblich, nicht auch derjenige eines etwa mitbeurkundeten Vorkaufsrechts, BayObLG JB 83, 108. Ein Zubehör oder ein Gewerbebetrieb usw rechnen allenfalls bei III mit. Soweit dieselbe Urkunde mehrere Veräußerungen enthält, muß man die Werte zusammenrechnen, wie bei § 44 II a, zumindest wenn eine rechtliche Einheit vorliegt, BayObLG MittBayNot 93, 227, Zweibr Rpfleger 77, 337.

Bei II kann man den Wert des Baubetreuungsvertrags von demjenigen des Kaufvertrags unterscheiden müssen, Düss DNotZ 81, 328.

B. Fall III. Hier bestimmt sich der Geschäftswert nach § 30 für jeden Antrag und jede Beschwerde selbst in derselben Angelegenheit. Man muß die Vorschrift eng auslegen, Düss VersR 79, 744. 47

Sonstige Geschäfte, Nebentätigkeit, gebührenfreie Geschäfte

147 [I] [1] Für die Einsicht des Grundbuchs, öffentlicher Register und von Akten und für eine im Auftrage eines Beteiligten erfolgte Mitteilung über den Inhalt des Grundbuchs oder öffentlicher Register erhält der Notar die Mindestgebühr (§ 33). [2] Schließt die Tätigkeit des Notars die Mitteilung über die dem Grundbuchamt bei Einreichung eines Antrags durch den Notar vorliegenden weiteren Anträge einschließlich des sich daraus ergebenden Ranges für das beantragte Recht ein, erhält er ein Viertel der vollen Gebühr nach dem Wert des beantragten Rechts.

[II] Soweit für eine im Auftrag eines Beteiligten ausgeübte Tätigkeit eine Gebühr nicht bestimmt ist, erhält der Notar die Hälfte der vollen Gebühr.

[III] Für die ein Geschäft vorbereitende oder fördernde Tätigkeit (z. B. Raterteilung, Einsicht des Grundbuchs, öffentlicher Register oder von Akten) erhält der Notar die Gebühr des Absatzes 1 oder 2 nur, wenn diese Tätigkeit nicht schon als Nebengeschäft (§ 35) durch eine dem Notar für das Hauptgeschäft oder für erfolglose Verhandlungen (§ 57) zustehende Gebühr abgegolten wird.

[IV] Keine Gebühr erhält der Notar für
1. die Übermittlung von Anträgen an das Grundbuchamt oder das Registergericht, wenn der Antrag mit einer anderen gebührenpflichtigen Tätigkeit im Zusammenhang steht,
2. die Stellung von Anträgen im Namen der Beteiligten beim Grundbuchamt oder beim Registergericht aufgrund gesetzlicher Ermächtigung,

3. das Aufsuchen von Urkunden, die von dem Notar aufgenommen sind oder von ihm verwahrt werden,
4. die Erwirkung der Legalisation der eigenen Unterschrift,
5. die Erledigung von Beanstandungen, einschließlich des Beschwerdeverfahrens, soweit er die zugrundeliegende Urkunde aufgenommen, entworfen oder geprüft hat und
6. die Übermittlung von Anträgen an das Zentrale Vorsorgeregister nach § 78 a Abs. 1 der Bundesnotarordnung, wenn der Antrag mit einer anderen gebührenpflichtigen Tätigkeit im Zusammenhang steht; Gleiches gilt für die Stellung von Anträgen bei dem Zentralen Vorsorgeregister im Namen der Beteiligten.

Schrifttum: *Tiedtke*, Notarkosten im Grundstücksrecht, 2001.

Gliederung

1) **Systematik, I–IV**	1
2) **Regelungszweck, I–IV**	2
3) **Einsicht, Mitteilung, I**	3–12
A. Grundsatz: Gebührenpflicht	3, 4
B. Einsicht in öffentliche Akte	5
C. Nicht: Einsicht in Privatakte	6
D. Mitteilung aus Register, Akte	7
E. Mitteilung aus Grundbuch	8
F. Mindestgebühr, I 1	9, 10
G. Viertelgebühr, I 2	11
H. Geschäftswert, I 2	12
4) **Auffangklausel, II**	13–51
A. Grundsatz: Gebührenpflicht	13
B. Auftrag eines Beteiligten	14
C. Tätigkeitsart	15
D. Keine andere Vergütungsvorschrift	16
E. Beispiele zur Frage einer Anwendbarkeit von II	17–49
F. Geschäftswert, II	50
G. Fälligkeit, Kostenschuldner, II	51
5) **Vorbereitende oder fördernde Tätigkeit, III**	52–57
A. Grundsatz: Gebührenpflicht	52
B. Tätigkeitsart	53
C. Kein bloßes Nebengeschäft	54
D. Keine bloß erfolglose Verhandlung	55
E. Gebühr, III	56
F. Geschäftswert, III	57
6) **Gebührenfreiheit, IV**	58–64
A. Grundsatz: Enge Auslegung, IV Z 1–5	58
B. Antragsübermittlung, IV Z 1	59
C. Antrag kraft gesetzlicher Ermächtigung, IV Z 2	60, 61
D. Aufsuchen von Urkunden, IV Z 3	62
E. Legalisation, IV Z 4	63
F. Erledigung von Beanstandungen, IV Z 5	64
G. Übermittlung von Antrag, IV Z 6	65

1 **1) Systematik, I–IV.** I enthält die Vergütung für die Einsicht und Inhaltsmitteilung über das Grundbuch, über öffentliche Register usw. II enthält eine nachrangige bloße Auffangklausel, LG Bielef Rpfleger **92**, 273. Sie dient der Verhinderung der Folge, daß der Notar eine auftragsgemäße Tätigkeit umsonst durchführen müßte, BayObLG **85**, 15 (abl Bengel DNotZ **85**, 574). Allerdings schaffen III, IV wiederum jeweils gegenüber I, II vorrangige Sonderregeln.
Sie bedeuten aber nicht, daß der Notar insofern überhaupt keine Vergütung erhalten würde. Vielmehr setzt III ein *gebührenpflichtiges Hauptgeschäft* oder eine sonstige gebührenpflichtige Tätigkeit des Notars voraus. IV stellt in Z 3 nur die Selbstverständlichkeit klar, daß bürointerne Vorgänge keine besonderen Gebühren auslösen können, und macht in Z 1, 2, 4–6 das dort abschließend genannten Vorgänge ebenfalls gebührenfrei. § 133 hat den Vorrang, BayObLG **87**, 447, ebenso § 149, dort Rn 1, 4 „Anweisung". Wegen § 150 vgl unten Rn 3. § 153 (Reisekosten) bleibt anwendbar.

2. Teil. Kosten der Notare § 147 KostO

2) Regelungszweck, I–IV. Wegen der Probleme der Abgrenzung zwischen § 146 und § 147, dazu § 146 Rn 1, ist eine dem Zweck des § 147 entsprechende Handhabung notwendig. Die Vorschrift dient sowohl der Kostengerechtigkeit (I–III) als auch der Kostendämpfung und sozialen Erträglichkeit (IV) in einer aus Zweckmäßigkeitsgründen erfolgenden Vereinfachung vor allem bei der Bemessung in I–III. Den freilich nur indirekt über § 141 mitgeltenden Grundsatz einer für den Kostenschuldner günstigen Handhabung nach § 1 Rn 2 sollte man bei der Auslegung der ganzen Vorschrift mitbeachten. 2

3) Einsicht, Mitteilung, I. Der nachfolgende Grundsatz hat zahlreiche Auswirkungen. 3

A. Grundsatz: Gebührenpflicht. Die Einsicht des Notars in das Grundbuch, in ein öffentliches Register oder in eine Akte ist grundsätzlich gebührenpflichtig. Das ergibt sich aus I. Dabei unterscheidet diese Vorschrift nur zwecks unterschiedlicher Gebührenhöhe bei einer Einsicht des Grundbuchs zwischen derjenigen nebst einer gleichzeitigen Mitteilung über weitere Grundbuchanträge, I 2, und derjenigen ohne eine solche Mitteilung, I 1.

§ 150 bleibt vorrangig, Celle Rpfleger **90**, 43, Hamm Rpfleger **02**, 101, KG Rpfleger **92**, 409, aM Bre DNotZ **90**, 680, Schlesw JB **91**, 1367, Zweibr JB **88**, 1052 (aber § 150 ist ein Spezialgesetz und vergütet die Bescheinigung und nicht den Umfang des Wegs dorthin).

Bei I hat jedoch III als eine *Sonderregel* eine vorrangige Bedeutung. Wenn daher die Einsicht nach Rn 52 nur als eine vorbereitende oder fördernde Tätigkeit eines Hauptgeschäfts gilt, vor allem einer Beurkundung oder Beglaubigung, dann entsteht neben den Gebühren nach § 35 oder § 57 keine besondere Einsichtsgebühr. 4

Die Gebührenfreiheit nach IV Z 1, 2 bezieht sich zwar auch auf den Verkehr mit dem Grundbuchamt oder Registergericht, dort aber *nicht* auf die nur in I, III geregelte *Einsicht* oder Mitteilung über den Inhalt des Grundbuchs oder Registers.

B. Einsicht in öffentliche Akte. Die Vorschrift erfaßt den Einblick in alle Teile des Grundbuchs einschließlich der Grundakten und in alle Teile eines öffentlichen Registers, sei es beim Gericht, zB des Vereinsregisters, sei es bei einer anderen Behörde, zB des Katasteramts. Sie erfaßt ferner die Einsicht aller Teile einer Akte, sei es eines Gerichts beliebiger Art, sei es einer Behörde, eines anderen Notars, eines Anwalts, einer Schiedsstelle. 5

Zur *Entstehung* der Gebühr ist keine Einsicht in sämtliche vorhandenen Teile und keine vollständige Einsicht in alle Blätter des in Augenschein genommenen Teils erforderlich. Ein bloßer Vergleich des Aktenzeichens und anderer Angaben auf dem Aktendeckel kann je nach den Umständen eine Einsicht oder eine bloße technische Begleitmaßnahme sein. Die Einsicht erfordert eine gewisse Inhaltskontrolle.

C. Nicht: Einsicht in Privatakte. Einsicht in Privatakten zB einer Handelsgesellschaft oder eines Privatmanns kann zwar durchaus notwendig oder doch sachdienlich sein. Nach dem Wortlaut von I 1 wäre sie auch gebührenfähig. Indessen steht die Akteneinsicht hinter der Grundbuchsinsicht und der Einsicht in öffentliche Register an dritter Stelle einer solchen Aufzählung, deren Sinn offenbar dahin geht, nur die Einsicht in öffentliche Unterlagen gesondert zu vergüten. Das soll wohl auch der übrige Text des I erkennen lassen. 6

Unanwendbar ist I 1, soweit der Notar von vornherein nur einen Auszug aus dem Grundbuchblatt oder Register einsieht und nicht etwa eine wenigstens teilweise Einsicht immerhin in das vollständige Grundbuchblatt oder Register vornimmt.

D. Mitteilung aus Register, Akte. Stets gebührenpflichtig ist eine im Auftrag wenigstens eines Beteiligten erfolgende Mitteilung über den Inhalt eines öffentlichen Registers beliebiger Art mit Ausnahme des Grundbuchs, vgl insofern Rn 5, 6. Die Mitteilung über den Inhalt einer Akte beliebiger Art nach Rn 5 ist jedenfalls nicht nach § 147 gebührenpflichtig. Zwar erwähnt IV diesen Vorgang nicht. Aber auch I erfaßt ihn nicht, § 1 Rn 9. Dasselbe gilt bei einer auftraglosen Mitteilung der eben genannten Arten. Im übrigen muß man Mitteilungen an Behörden nach § 146 I 2 beurteilen. 7

983

Unanwendbar ist I für eine Mitteilung im Sinn einer Bescheinigung nach dem vorrangigen und höher vergütenden § 50 I Z 1, zB bei einer sog Vormerkbeurkundung nach § 39 BeurkG. Diese Vorschrift hat auch den Vorrang vor § 35.

8   E. Mitteilung aus Grundbuch. Der Notar mag den Auftrag zu einer Mitteilung über den Inhalt des Grundbuchs und über einen dortigen Rang durch eine sog Rangbestätigung haben, Rn 31. Dann muß man weiter unterscheiden. Hat der Notar einen Antrag eingereicht, liegen dem Grundbuchamt beim Antragseingang bereits ein oder mehrere weitere Anträge beliebiger Art vor allem auf Eintragungen vor und gehört es zu den Aufgaben des Notars, über diese weiteren Anträge dem Auftraggeber eine Mitteilung zu machen, auch über die zu erwartenden Rangverhältnisse oder ohne diese, dann gilt die Gebühr des gegenüber II vorrangigen spezielleren I 2. Bei einer sonstigen Mitteilung über den Grundbuchinhalt gilt die Festgebühr des I 1, soweit die Mitteilung gerade im Auftrag wenigstens eines der Beteiligten erfolgt. In den restlichen Fällen ist die Mitteilung über den Grundbuchinhalt gebührenfrei, § 1 Rn 9. Im übrigen muß man den Verkehr mit dem Grundbuchamt nach § 146 I 2 beurteilen.

9   F. Mindestgebühr, I 1. Sie entsteht für jede Einsicht gesondert, soweit nicht die weitere Einsicht nur der Korrektur einer unvollständigen oder sonst fehlerhaften ersten Einsicht dient oder nur eine vorsorgliche nochmalige Vergewisserung ohne einen äußeren Anlaß bezweckt. Bei mehreren Einsichten wegen verschiedener Angelegenheiten, also verschiedener selbständiger Tätigkeiten nach dem BeurkG, in verschiedene Grundbuchblätter, Akten oder Register bei demselben oder bei verschiedenen Stellen entstehen also mehrere Gebühren.

10 Die in I 1 genannte Mitteilung scheint zwar nach dem Wortlaut des Gesetzes („und") eine weitere Mindestgebühr auszulösen. Indessen meint die Vorschrift ersichtlich den *Gesamtvorgang* der Einsicht nebst oder einschließlich der zugehörigen auftragsgemäßen Mitteilung, soweit nicht I 2 anwendbar ist. Eine auftragslose Mitteilung ist nach I 1 nicht gebührenpflichtig. Eine auftragsgemäße Mitteilung ohne eine vorherige eigene Einsicht kann nach I 1 gebührenpflichtig sein. Sie wird aber in der Praxis schon wegen der Haftung des Notars kaum vorkommen.

11   G. Viertelgebühr, I 2. Sie entsteht wie bei I 1 für jede Einsicht nebst der zugehörigen Mitteilung (Rangbescheinigung) gesondert. I 2 hat als eine Spezialvorschrift den Vorrang vor II. § 44 ist unanwendbar.

12   H. Geschäftswert, I 2. Die 0,25 Gebühr nach I 2 errechnet sich nach dem Wert des beantragten Rechts. Er besteht (jetzt) durchweg aus dem Nennbetrag.

13   4) Auffangklausel, II. Man muß vier Aspekte beachten.

A. Grundsatz: Gebührenpflicht. Vgl zunächst Rn 1 ff. Man kann die Vereinbarkeit der Vorschrift mit dem aus dem Gesetzesvorbehalt, BVerfG **20**, 269, folgenden Erfordernis der Tatbestandsbestimmtheit bezweifeln, Lappe DNotZ **81**, 411.

Die *Gebührenhöhe* entsteht je selbständiges Geschäft mit einem inneren Zusammenhang. Es entsteht 0,5 Gebühr, BayObLG MittBayNot **83**, 255, Düss JB **95**, 598, Zweibr MittBayNot **82**, 146. Diese Gebühr ist eine Tätigkeitsgebühr, keine Erfolgsgebühr.

14   B. Auftrag eines Beteiligten. Die Vergütung kommt nur in Betracht, soweit der Notar gerade als solcher im Auftrag eines Beteiligten tätig geworden ist, LG Hann JB **96**, 550. Ein stillschweigender Auftrag ist möglich. Er ist aber nicht bei einer offenkundigen Überflüssigkeit einer solchen Tätigkeit annehmbar, KG JB **81**, 1555. Eine Tätigkeit von Amts wegen fällt nicht unter II.

15   C. Tätigkeitsart. II erfaßt an sich jede Art von auftragsgemäßer und auch notwendiger und nicht nach § 16 zu wertender Tätigkeit des Notars. Indessen enthalten I, III und IV und § 146 vorrangige Sonderregeln. Im übrigen muß es sich natürlich um eine speziell notarielle und nicht anwaltliche Tätigkeit handeln. Soweit der Notar als Anwalt oder in sonstiger Eigenschaft tätig wird, entfällt II. Dabei handelt ein Anwaltsnotar bei einer Tätigkeit im Zusammenhang mit einem Notargeschäft §§ 20–23 BNotO nach der unwiderlegbaren Vermutung des § 24 II 1 BNotO im Zweifel als Notar.

Bei einer Tätigkeit *ohne* einen solchen Zusammenhang handelt der Anwaltsnotar aber nach der widerlegbaren Vermutung des § 24 II 2 BNotO im Zweifel nicht als

Notar, sondern als Anwalt. Dann ist das RVG anwendbar. Die Abgrenzung läßt sich oft danach beurteilen, ob der Notar als ein unparteiischer Vermittler oder als ein bloßer Vertreter einseitiger Interessen tätig wird.

D. Keine andere Vergütungsvorschrift. II ist nur insoweit anwendbar, als für **16** die Tätigkeit nach Rn 14, 15 keine andere gesetzliche Gebührenvorschrift besteht. II hat also einen bloßen Hilfscharakter, BGH Rpfleger **06**, 676, Hamm FamRZ **09**, 245, Zweibr RR **01**, 864, aM BayObLG DNotZ **85**, 577 (aber Wortlaut und Sinn von II sind eindeutig). Wegen des umstrittenen Verhältnisses zu § 130 II, Hamm FGPrax **08**, 270, Bund JB **04**, 519 (Üb). Vgl Rn 1. II erfaßt vor allem eine „sonstige Betreuung" nach § 24 I BNotO.

Insbesondere darf also *nicht* ein Fall nach I, III, IV vorliegen.

E. Beispiele zur Frage einer Anwendbarkeit von II

Ablösungsbetrag: II kann anwendbar sein, soweit der Gläubiger dem Notar den **17** Empfang der Ablösungssumme bestätigt, LG Hann JB **06**, 91.

Abtretungsanzeige: II kann anwendbar sein, soweit der Notar den Schuldner von der Abtretung einer Forderung unterrichtet.

Amtliche Verwahrung: Rn 34 „Testament".

Anmeldung: II kann *unanwendbar* sein, soweit der Notar aus Anlaß einer Anmeldung einen vollständigen Wortlaut des Gesellschaftsvertrags fertigt, Celle Rpfleger **91**, 462, oder soweit er eine Gesellschafterliste erstellt, Celle JB **94**, 41 (keine diesbezügliche Belehrungspflicht wegen der Kosten).

S aber auch Rn 26 „Gesellschafterliste", Rn 32 „Registeranmeldung".

Annahmevollmacht: II kann anwendbar sein, soweit der Notar als ein Zustellungs- **18** bevollmächtigter des Verkäufers amtiert, weil dieser im Verkaufsangebot den Notar zur Entgegennahme der Annahmeerklärung bevollmächtigt hatte, Schlesw DNotZ **80**, 780.

S auch Rn 45 „Vormundschaftsgericht".

Anwaltsnotar: Rn 15.

Aufgebotsverfahren: Die dortige Tätigkeit kann unter II fallen. **19**

Auflassung: II kann anwendbar sein, soweit der Notar die noch ausstehende Auflassung nur unter bestimmten Voraussetzungen beurkunden darf, KG Rpfleger **86**, 282, oder eine Löschungsbewilligung nur bei einer Nichterfüllung des Kaufvertrags vollziehen darf, KG JB **07**, 600 (zustm Filzek). Zum Geschäftswert Delp JB **77**, 297.

II kann *unanwendbar* sein, soweit der Notar die Auszahlung des bei ihm verwahrten Kaufgeldes erst dann vornehmen darf, wenn einer Auflassungsvormerkung keine Hindernisse entgegenstehen, Celle FGPrax **05**, 86, Hamm Rpfleger **90**, 316, LG Kiel JB **77**, 401.

Auszahlungsanweisung: Rn 38 „Überwachung".

Bedingung: S „Auflassung". **20**

Beglaubigung: Ausnahmsweise kann statt § 35 entweder § 146 II oder § 147 II anwendbar sein, Bund JB **05**, 234 (ausf).

Behördeneingabe: II kann anwendbar sein, soweit es sich um die Eingabe an eine Behörde handelt.

Beistandsleistung: Sie kann unter II fallen, zB bei einer Testamentseröffnung oder bei einer Steuererklärung.

Beleihungsgrenze: II kann anwendbar sein, soweit der Notar sie feststellen soll.

Beratung: II kann in folgenden Fällen anwendbar sein: Es geht um eine Beratung **21** außerhalb einer Entwurfstätigkeit, Düss DNotZ **84**, 119, LG Lüb JB **92**, 43; es handelt sich um eine Beratung außerhalb der Beurkundung eines Rechtsgeschäfts, Hamm FGPrax **08**, 270, LG Hann JB **06**, 544 (krit Bund), etwa anläßlich der Beurkundung des Beschlusses einer Hauptversammlung; es geht um zusätzliche steuerrechtliche Fragen.

Bürgschaftserklärung: Rn 41 „Urkundenverwahrung".

Darlehens-Schuldübernahme: Rn 33. **22**

Dritter: Rn 47 „Wertpapier".

Eigenurkunde: Zu ihrer erheblichen Problematik Bund JB **03**, 232 (ausnahmsweise Anwendbarkeit von III).

Eigentümergrundschuld: II kann anwendbar sein, soweit der Notar bei der Bestellung einer solchen Briefgrundschuld den Brief entgegennehmen und weisungsgemäß verwenden soll. Geschäftswert ist meist nach § 30 I 10–20% des Nennbetrags.

23 **Einheitlichkeit des Geschäfts:** Rn 30 „Mehrheit von Geschäften".

Eintragungsreife: II kann anwendbar sein, soweit es sich um eine Bestätigung des Notars handelt, daß einer Eintragung kein Hindernis entgegenstehe, Celle JB **78**, 1381.

S aber auch Rn 19 „Auflassung".

Elektronische Registeranmeldung: *Unanwendbar* ist II bei einer sog XML-Datei, Celle MDR **09**, 1314, Düss JB **09**, 652, Hamm FGPrax **09**, 134 (Nebengeschäft, III, § 35).

Entwurf: Rn 44 „Vorbereitung des Entwurfs".

24 **Erbenermittlung:** Sie kann unter II fallen.

Erbschein: II kann anwendbar sein, soweit es um die Tätigkeit des Notars zwecks der Einziehung eines Erbscheins geht, Düss MDR **78**, 325.

25 **Fälligkeit:** Rn 37 „Überwachung".

Firmenrecht: II kann anwendbar sein, soweit der Notar zur Firmengestaltung eine Stellungnahme der Industrie- und Handelskammer einholt, Oldb JB **82**, 1714.

Flurbereinigungsverfahren: Die dortige Tätigkeit kann unter II fallen.

26 **Gemeinderat:** II kann anwendbar sein, soweit der Notar den Beschluß eines Gemeinderats usw einholt, Notarkasse München MittBayNot **76**, 10.

Genehmigung: II kann anwendbar sein, sofern der Notar sie ohne eine Entwurfstätigkeit zB nach § 177 I BGB beschafft, Köln DNotZ **03**, 528, Mü MittBayNot **80**, 60, Lappe DNotZ **90**, 328, aM Hamm JB **87**, 418.

Ihre bloße *Entgegennahme* macht II grds *nicht* anwendbar, Köln FGPrax **03**, 141. Das gilt auch bei der Weitergabe an das Grundbuchamt, Zweibr DNotZ **93**, 765, LG Kblz MittRhNotK **96**, 107.

Ausnahmsweise kann II bei § 1829 BGB anwendbar sein.

S auch Rn 33 „Schuldübernahme", Rn 45 „Vormundschaftsgericht".

Gesellschafterliste: II kann anwendbar sein, soweit derjenige Notar, der die Anmeldung einer GmbH zum Handelsregister entwirft, auch den Entwurf der beizufügenden Gesellschafterliste fertigt, Celle GmbHR **93**, 294, Saarbr MittRhNotK **84**, 222, Stgt FGPrax **09**, 238, aM Ffm DNotZ **87**, 641 (abl Reimann), Karlsr Rpfleger **77**, 228, Stgt DNotZ **85**, 121.

S aber auch Rn 17 „Anmeldung".

27 **Grundbuch:** Rn 23 „Eintragungsreife".

Grundlagen- oder Bezugsurkunde: Rn 43 „Verweisungsurkunde".

Grundpfandgläubiger: Rn 33 „Schuldübernahme", Rn 46 „Weisung".

28 **Handelsregister:** Rn 26 „Gesellschafterliste".

Hauptversammlung: II kann in folgenden Fällen anwendbar sein: Es geht um den Entwurf des Antrags, die Hauptversammlung möge einen Beschluß fassen; es handelt sich um eine Beratung außerhalb der Beurkundung des Beschlusses einer Hauptversammlung.

Hebegebühr: II ist neben § 149 grds *unanwendbar.*

Hypothekenbrief: Rn 41 „Urkundenverwahrung".

29 **Kataster:** II kann anwendbar sein, soweit der Notar Katasterfragen klärt.

Kaufpreis: Rn 35 „Überwachung".

Lastenfreistellung: II kann bei ihrer Beschaffung oder Ermöglichung anwendbar sein, Düss MittRhNotK **88**, 74, Hamm DNotZ **90**, 326, KG JB **75**, 213.

Löschungsunterlagen: § 146 Rn 19 „Löschungsunterlagen".

30 **Makler- und Bauträgerverordnung:** II kann auf eine nach einer solchen Vorschrift erstellte Bescheinigung anwendbar sein, Köln JB **95**, 261.

Mediaton: II kann auf sie anwendbar sein.

Mehrheit von Geschäften: Bei einer Mehrheit von Geschäften sind mehrere Gebühren dann möglich, wenn nicht ein so enger Zusammenhang der Tätigkeiten besteht, daß man die Gesamtarbeit des Notars als ein einheitliches Geschäft ansehen muß, Düss JB **95**, 598, Köln MittRhNotK **91**, 226, Zweibr MittBayNot **82**, 146.

Mitteilung der Fälligkeit: Rn 35 „Überwachung".

2. Teil. Kosten der Notare § 147 KostO

Mutterurkunde: Auf sie ist § 36 I und nicht § 147 II anwendbar, Hamm MittBayNot **95**, 410, KG DNotZ **94**, 707, LG Hann JB **92**, 552.
Nämlichkeit: II ist *unanwendbar*, soweit es nur um ihre Prüfung geht, Celle JB **01**, 376, Hamm MDR **94**, 1511, Schlesw DNotZ **92**, 823, aM Düss JB **90**, 634.
Nichtvalutierungsanzeige: Auf sie kann II anwendbar sein.
Pfandentlassung: II kann *unanwendbar* sein, soweit der Notar im Rahmen eines Verwahrungsgeschäfts eine Pfandentlassung beschafft, Oldb JB **92**, 754.
Pflichtteil: Seine Berechnung kann unter II fallen.
Rangbestätigung, Rangrücktritt: II kann anwendbar sein, soweit der Notar im 31 Anschluß an eine zur Vorbereitung des Hauptgeschäfts vorgenommene Einsicht in das Grundbuch eine gutachterliche Äußerung darüber erstattet, ob ein Darlehensgeber auf Grund der aus dem Grundbuch ersichtlichen Belastung ein Darlehen geben kann (sog Rangbestätigungserklärung), KG JB **98**, 323, Delp JB **77**, 773, oder soweit es um einen Rangrücktritt geht, Ffm JB **98**, 115, aM BGH Rpfleger **06**, 677.

Dabei muß man wegen der hohen Verantwortlichkeit des Notars nach § 30 I 32 den *vollen Betrag* des einzutragenden Kapitals zugrundelegen, Schlesw JB **77**, 1129, aM (je zum alten Recht) Hamm Rpfleger **86**, 411 (Umstände des Einzelfalls), Delp JB **77**, 776 (grds 25–30% des einzutragenden Kapitals).
Rat: Ein selbständiger kann unter II fallen.
Rechtsauskunft: Sie kann unter II fallen.
Registeranmeldung: II kann auf die Erstellung von sog XML-Strukturdaten anwendbar sein.
Rentabilitätsberechnung: II kann anwendbar sein, soweit der Notar sie vornimmt.
Satzungsänderung: II kann bei ihrem Entwurf anwendbar sein.
Schlichtung: II kann auf sie anwendbar sein.
Schuldübernahme: II kann anwendbar sein, soweit es um die Mitteilung einer be- 33 freienden Schuldübernahme an den Grundpfandgläubiger und um die Einholung seiner Genehmigung geht, Celle FGPrax **04**, 137, Düss DNotZ **80**, 61. Der Geschäftswert kann zB 10–20% der Schuld betragen, Düss JB **80**, 119, KG JB **75**, 805.
Steuerrecht: II kann anwendbar sein, soweit der Notar steuerrechtliche Fragen prüft.
Terminswahrnehmung: Sie kann zB vor einer Behörde stattfinden und unter II 34 fallen.
Testament: II kann anwendbar sein, soweit es sich um seine Ablieferung oder um eine Anfrage handelt, ob sich ein Testament in amtlicher Verwahrung befinde.
Treuhandauflage: II kann bei ihr anwendbar sein.

Vgl aber auch § 146 Rn 19 „Löschungsunterlagen".
Überwachung: Es entstehen zahlreiche Fragen. 35
– **(Ablösung):** Anwendbar sein kann II dann, wenn der Notar die Ablösung eines Grundpfandrechts überwacht, Köln JB **97**, 41, solange der Käufer den Kaufpreis nicht hinterlegt hat und keine Hebegebühr nach § 149 entsteht, LG Mainz JB **01**, 600.
– **(Auflassung):** Der Notar darf eine noch nicht erfolgte Auflassung evtl nur unter bestimmten Voraussetzungen beurkunden, KG Rpfleger **86**, 282. Zum Geschäftswert dann Delp JB **77**, 297.
– **(Eingang des Kaufpreises):** S „– (Fälligkeit)". 36
– **(Fälligkeit):** Anwendbar sein kann II dann, wenn der Notar eine Fälligkeit oder den Eingang des Kaufpreises überwacht, soweit von diesem Eingang nach dem Vertrag die Eigentumsumschrift abhängig ist, Düss FGPrax **95**, 165 (die Fälligkeitsmitteilung kann II zusätzlich auslösen), Hamm JB **98**, 153, Schlesw JB **95**, 260, aM Hamm (15. ZS) FGPrax **98**, 236, KG DNotZ **75**, 378, Köln Rpfleger **89**, 257 (zu I aF. Aber das ist ein typischer Fall von II).

Die Überwachung sowohl der Zahlung als auch der Fälligkeit lassen II evtl zweimal entstehen, BGH NJW **05**, 3218. Auch soweit der Notar zugleich auch eine Überwachung der Urkundenvorlage zu dem vom Verkäufer festgelegten Zeitpunkt im Interesse und Auftrag des Käufers vornimmt, liegt neben der Überwachung des Empfangs oder der Fälligkeit des Kaufpreises eine getrennte weitere Tätigkeit nach II vor, Düss JB **96**, 101, Hamm MittBayNot **98**, 202, LG

987

KostO § 147 III. Kostenordnung

Kleve JB **00**, 543, 595 (dann aber geringerer Wert), aM Celle JB **97**, 40, Köln MittRhNotK **91**, 226.

37 – **(Geschäftswert):** Man muß die Umstände nach § 30 I ansetzen, vor allem das Interesse des Verkäufers, BayObLG DNotZ **80**, 185 und 187, evtl auch die Höhe des Kaufgelds, Düss JB **96**, 101, Hamm FGPrax **09**, 184, LG Siegen JB **96**, 315 (je: 20–50%). Man darf den Kaufpreis allerdings nur ausnahmsweise ansetzen, Düss DNotZ **75**, 375, aM Düss Rpfleger **78**, 72, LG Kref JB **85**, 117, Klein Rpfleger **88**, 181 (aber der Preis entspricht keineswegs stets dem vollen Interesse). Man kann auch das Interesse des Verkäufers an einer pünktlichen Zahlung zugrundelegen.

– **(Löschungsbewilligung):** Rn 38 „– (Treuhandauflage)".

38 – **(Notarfehler):** Rn 39 „– (Verteuerung)".

– **(Treuhandauflage):** Anwendbar sein kann II dann, wenn der Notar eine mit der Löschungsbewilligung verbundene Treuhandauflage überwacht, solange der Käufer den Kaufpreis nicht hinterlegt hat und keine Hebegebühr nach § 149 entsteht, LG Mainz JB **01**, 600.

39 – **(Unrichtige Sachbehandlung):** S „– (Verteuerung)".

– **(Verteuerung):** *Unanwendbar* kann II sein, soweit der Notar nach einer Anweisung an ihn, die Zahlung beim Verkäufer oder beim Käufer zu überwachen, den teureren Weg wählt, Oldb JB **97**, 489, oder soweit eine treuhänderische Überwachung offenkundig nicht nötig ist und daher gegen § 16 verstößt.

– **(Wartepflicht):** Anwendbar kann II dann sein, wenn der Notar trotz seiner Pflicht zum Abwarten einer Auszahlungsanweisung des Käufers auch von sich aus irgendeine Überwachung vornimmt, Düss Rpfleger **78**, 72.

II kann *unanwendbar* sein, soweit der Notar lediglich auf eine Anweisung zur Einreichung beim Grundbuchamt warten muß, während der Verkäufer die Zahlung des Kaufpreises selbst überwacht, Zweibr JB **95**, 101, LG Bonn NJW **75**, 62.

Umlegungsverfahren: Die dortige Tätigkeit kann unter II fallen.

Umschuldung: II kann anwendbar sein, soweit der Notar ihretwegen eine Verhandlung führt oder eine Kündigung erklärt, KG Rpfleger **75**, 110 (auch zu einer Ausnahme). Geschäftswert kann nach § 30 I 10–30% des Nennbetrags sein.

40 **Urkundenbeschaffung, -einreichung:** II kann anwendbar sein, soweit es um die selbständige Beschaffung oder Einreichung einer Urkunde ohne einen Zusammenhang mit einer anderen gebührenpflichtigen Tätigkeit geht.

41 **Urkundenversendung:** II kann auf sie als eine Vollzugsaufgabe anwendbar sein, Rn 44, Zweibr RR **01**, 864 (auch zu III).

Urkundenverwahrung: II kann anwendbar sein, soweit es um die Verwahrung einer solchen Urkunde geht, die kein Wertpapier ist, etwa eines Grundschuld- oder Hypothekenbriefs oder einer Bürgschaftserklärung, Düss DNotZ **80**, 61. Als Geschäftswert kommen etwa 20% des Kaufpreises in Betracht.

Urkundenvorlage: Rn 37 „Überwachung", Rn 42 „Urkundenzuleitung".

42 **Urkundenzuleitung:** II kann anwendbar sein, soweit es sich um die auftragsgemäße Zuleitung einer von diesem Notar nicht aufgenommenen Urkunde an einen bestimmten Empfänger zu einem bestimmten Zeitpunkt handelt. Dann muß man den Geschäftswert nach dem Interesse des Auftraggebers an einer ordnungsgemäßen Erledigung schätzen.

S auch Rn 37, 39 „Überwachung".

Vermächtnis: Seine Berechnung kann unter II fallen.

Verpfändungsanzeige: II kann anwendbar sein, soweit der Notar eine Verpfändungsmitteilung nach § 1280 BGB macht.

Vertragsmuster: Es kann unter II fallen.

Vertrauensperson: Die Einschaltung des Notars als einer Vertrauensperson kann unter II fallen.

Verwahrung: Rn 30 „Pfandentlassung".

43 **Verweisungsurkunde:** II kann anwendbar sein, soweit es um die sog Verweisungsurkunde nach § 13a BeurkG mit bloßen Absichtserklärungen und keinen Willenserklärungen geht, BayObLG **85**, 15 (abl Bengel DNotZ **85**, 574), Hamm DNotZ **85**, 572, aM BGH NJW **06**, 1209, Schlesw DNotZ **90**, 679 (vgl aber § 36 Rn 3).

2. Teil. Kosten der Notare § 147 KostO

Vollmachtsaushändigung: II kann anwendbar sein, soweit der Notar eine Vollmacht nur unter bestimmten Voraussetzungen aushändigen soll und diese Voraussetzungen dann auch prüft. Man kann den Geschäftswert mit 20–50% des Vollmachtswerts ansetzen.
Vollzugsaufgaben: Dazu zählen solche Tätigkeiten, die dazu dienen, den über die 44 rechtliche Tragweite eines beurkundeten Rechtsgeschäfts hinausgehenden rechtlichen oder wirtschaftlichen Erfolg zu sichern, Zweibr RR **01**, 864. II kann auf sie anwendbar sein, Zweibr RR **01**, 864. Vgl bei den einzelnen Vollzugsaufgaben.
Vorbereitung des Entwurfs: II kann anwendbar sein, soweit es um die bloße Vorbereitung eines Entwurfs zwecks einer dann unterbliebenen Beurkundung geht, § 145 Rn 1–5, aM Köln JB **94**, 168, RoWB 6 (§§ 141, 130 II. Aber III, II sind vorrangig, soweit die Vorbereitung im Auftrag erfolgte).
Vorentwurf: Er kann unter II fallen.
Vorkaufsrecht: Wegen der Klärung eines Vorkaufsrechts nach § 28 I 3 BauGB § 146 I 1 Hs 2. Jede notwendige oder wenigstens sinnvolle Anfrage nach einem weiteren gesetzlichen Vorkaufsrecht läßt sich nach II bewerten, BayObLG MittBayNot **80**, 180, LG Deggendorf MittBayNot **82**, 147. Dazu Beispiele bei KLBR 107. Soweit der Notar die Mitteilung an den Mieter wegen seines Vorkaufsrechts nach (jetzt) §§ 577, 469 BGB übernimmt, entsteht eine Gebühr nach II nach dem vollen Kaufpreis, Langbein DNotZ **93**, 668. Daneben kann eine weitere Gebühr nach II für eine gesonderte Unterrichtung nach (jetzt) § 577 II BGB entstehen, Langbein DNotZ **93**, 668, und zwar nach der Hälfte des Kaufpreises, Langbein DNotZ **93**, 669.
Unanwendbar ist II bei einer offenkundig unnötigen Anfrage zu einem in Wahrheit keineswegs irgendwie in Betracht kommenden Vorkaufsrecht, BayObLG MittBayNot **80**, 180, KG JB **81**, 1555.
S auch Rn 30 „Mehrheit von Geschäften".
Vormerkung: Rn 19 „Auflassung".
Vormundschaftsrecht: II kann anwendbar sein, soweit es sich um die Entgegen- 45 nahme der Genehmigung des Betreuungsgerichts durch den Notar als den Bevollmächtigten des Betreuers und im Weg des Selbstkontrahierens zugleich als des Bevollmächtigten des Gegners zum Zweck der Inkraftsetzung des Vertrags handelt, § 1829 I 2 BGB.
Weisung: II kann *unanwendbar* sein, soweit der Notar bei einer Auszahlung vom An- 46 derkonto ohnehin dasjenige beachten muß, wozu ihn ein Grundpfandrechtsgläubiger anweist, Ffm DNotZ **90**, 83.
S auch Rn 47 „Wertpapier".
Wertpapier: II kann anwendbar sein, soweit es sich um die Annahme und Weiterlei- 47 tung von Wertpapieren oder Zahlungsanweisungen zu treuen Händen zum Zweck der Herbeiführung der Unterschrift eines Dritten in der Kanzlei des Notars und der anschließenden Rücksendung oder zum Zweck der Erfüllung der Pflichten des Käufers handelt. Dann ist allerdings nur § 149 anwendbar, wenn die Bank bei einer Zahlung auf das Notaranderkonto solche Weisungen erteilt, die mit den im Kaufvertrag vereinbarten nicht übereinstimmen, KG NJW **75**, 455.
Zahlungsanweisung: Rn 47 „Wertpapier". 48
Zusammenhang: Rn 30 „Mehrheit von Geschäften". 49
Zustellungsvollmacht: Rn 18 „Annahmevollmacht".
Zustimmungserklärung: Diejenigen eines unmittelbar Beteiligten kann unter II fallen, Lappe DNotZ **90**, 328, aM Hamm JB **87**, 418.

F. Geschäftswert, II. Vgl zunächst Rn 17 ff bei den einzelnen Beispielen. Der 50 Geschäftswert entspricht bei einer Beratung dem ganzen Geschäft, das den Gegenstand der Beratung bildet, Hamm Rpfleger **77**, 423, aM Düss FGPrax **95**, 247 (20–30% des Kaufpreises), LG Siegen JB **96**, 315 (30%) (aber es kommt auf den Wert der konkreten Notartätigkeit an). Das gilt selbst dann, wenn im wesentlichen besondere Punkte dieses Geschäfts im Vordergrund standen. §§ 19, 39 verdrängen § 30 I, Stgt DNotZ **84**, 655. Hilfsweise gelten § 30 II, III, Menzel DNotZ **81**, 168, aM Mümmler JB **80**, 260 (§ 30 direkt). Der Wert kann so gering sein, daß man die Mindestgebühr des § 33 ansetzen muß. Er kann aber auch 100% erreichen, BayObLG MittBayNot **79**, 247, LG Kref JB **85**, 117.

KostO § 147 III. Kostenordnung

51 **G. Fälligkeit, Kostenschuldner, II.** Die Fälligkeit richtet sich nach § 7. *Kostenschuldner* ist nach § 2 Z 1 der Auftraggeber. Es kann aber durch Vertrag eine Kostenübernahme erfolgen.

52 **5) Vorbereitende oder fördernde Tätigkeit, III.** Der nachfolgende Grundsatz hat vielerlei Auswirkungen.
  A. Grundsatz: Gebührenpflicht. III stellt gegenüber I, II, IV vorrangige Spezialregeln auf. Der Sinn der Regelung ist die Erwägung, daß eine vorbereitende oder fördernde Tätigkeit einerseits nicht übermäßig viel kosten soll, andererseits aber auch nicht schlechthin gebührenfrei sein kann.

53 **B. Tätigkeitsart.** Es muß sich um eine ein anderes notarielles Geschäft vorbereitende oder fördernde Tätigkeit handeln. Sie mag vor, während oder nach der Haupttätigkeit erfolgen. II nennt als bloße Beispiele in einer nicht abschließenden und schon insofern von I abweichend formulierten Aufzählung die Erteilung eines Rats, die Einsicht des Grundbuchs, die Einsicht eines öffentlichen Registers oder eine Akteneinsicht.
  Hierher gehören ferner zB: Eine Belehrung über ein Rechtsverhältnis; die Klärung einer Verfügungs- oder Vertretungsbefugnis; die Beschaffung von Dokumenten beliebiger Art; der Schriftverkehr; die Beschaffung von Unterlagen; der Schriftwechsel; die Einholung oder Entgegennahme von Genehmigungen, Bescheinigungen usw, Zweibr DNotZ **93**, 765; die Verwahrung eines Grundpfandbriefs zwecks Vollzugs der Beurkundung.

54 **C. Kein bloßes Nebengeschäft.** Die Tätigkeit nach Rn 53 darf nicht schon als ein notwendiges Nebengeschäft nach § 35 gelten. Ein Nebengeschäft liegt vor, soweit es sich um ein minder wichtiges Geschäft handelt, jedenfalls um ein solches unselbständiges im Rahmen der notariellen Pflichten wegen des Hauptgeschäfts, BayObLG DNotZ **85**, 102, Ffm JB **76**, 957, Zweibr RR **01**, 864. Bei einer Beurkundung, vgl zunächst § 30 Rn 5, muß sich die Nebentätigkeit also gerade auf die Abfassung der Urkunde oder deren Verwendung richten, nicht auf das zugrunde liegende Rechtsverhältnis wegen der Auszahlung, Rn 1. Stets muß es um ein gerade von diesem Notar entworfenes Dokument gehen, um ein bloßes Nebengeschäft annehmen zu können. Soweit es sich dann um einen reinen Bericht über amtlich vom Notar wahrgenommenen Tatsachen nach § 20 I 2 BNotO handelt, ist § 50 I Z 1 anwendbar.

55 **D. Keine bloß erfolglose Verhandlung.** Es darf sich auch nicht um eine solche Tätigkeit des Notars handeln, die § 57 als eine erfolglose Verhandlung vergütet.

56 **E. Gebühr, III.** Soweit die Voraussetzungen Rn 53–55 vorliegen, entsteht eine Gebühr nach I oder II.

57 **F. Geschäftswert, III.** Man muß den Geschäftswert nach dem Gegenstand desjenigen Geschäfts berechnen, auf das sich die vorbereitende oder fördernde Tätigkeit erstreckt.

58 **6) Gebührenfreiheit, IV.** Ein Grundsatz hat auf sieben Gebieten Auswirkungen.
  A. Grundsatz: Enge Auslegung, IV Z 1–5. Die Vorschrift schafft nur für die dort genannten Fälle eine Gebührenfreiheit. Da das eine Abweichung vom Grundsatz der Gebührenpflicht nach II ist, muß man Z 1–5 eng auslegen. Gebührenfreiheit bedeutet nicht stets Auslagenfreiheit.

59 **B. Antragsübermittlung, IV Z 1.** Die Tätigkeit als ein bloßer Bote bei einer Übersendung, Überbringung oder sonstigen Übermittlung eines beliebigen Antrags an das Grundbuchamt oder Registergericht ist insoweit gebührenfrei, als der Antrag mit irgendeiner anderen irgendwie gebührenpflichtigen Tätigkeit auch nur in einem eindeutigen, wenn auch nicht stets engen Zusammenhang steht, LG Hann JB **01**, 539 links, Bund JB **09**, 7. Hauptfall ist die Übermittlung im Rahmen einer auftragsgemäßen Vollzugstätigkeit. Bei ihr erklärt § 146 I 2 ja bereits den Verkehr mit dem Grundbuchamt als durch die Entwurfs- oder Beurkundungsgebühr nach § 35 abgegolten.
  Unanwendbar ist IV Z 1, soweit der Notar zumindest auch einen Antrag an das Grundbuchamt oder Registergericht stellt. Dann gilt IV Z 2.

60 **C. Antrag kraft gesetzlicher Ermächtigung, IV Z 2.** Gebührenfrei ist ein solcher Antrag, den der Notar im Namen der Beteiligten mit oder ohne deren zusätzliche Vollmacht oder Genehmigung beim Grundbuchamt oder Registergericht

schon auf Grund einer gesetzlichen Ermächtigung stellen darf und stellt. Diese Ermächtigung ergibt sich zB und vor allem aus § 15 GBO, § 378 FamFG. Sie setzt freilich voraus, daß der Notar die Beurkundung vorgenommen oder die Erklärung beglaubigt hat, sodaß der anschließende Antrag eine Vollzugstätigkeit nach § 146 darstellt.

Die Vollzugsgebühr nach § 146 entsteht jedoch *nicht*. Denn sie setzt den Auftrag 61 eines Beteiligten voraus. Er braucht wegen der gesetzlichen Ermächtigung nicht vorzuliegen. Daher ändert auch ein zusätzlicher derartiger „Auftrag" nichts an der Gebührenfreiheit nach Z 2, soweit eben schon und noch eine gesetzliche Ermächtigung wenigstens hinzutritt.

D. Aufsuchen von Urkunden, IV Z 3. Die hier genannte bürointerne Tätigkeit 62 ist schon deshalb notwendig, weil der Notar zuvor die eigene oder eine vom Amtsvorgänger stammende Urkunde gebührenpflichtig aufgenommen oder verwahrt hat. Sie ist natürlich gebührenfrei. Der Umfang und die Dauer der Suchtätigkeit sind bei IV Z 3 unerheblich.

Unanwendbar ist IV Z 3 beim Anfordern einer bereits an die staatliche Verwahrungsstelle abgesandten Urkunde. Dann gilt II. Soweit die Tätigkeit des Notars über das bloße Aufsuchen, Heraussuchen der Urkunde aus seinen Unterlagen hinausgeht, kann ebenfalls eine Gebührenpflicht entstehen.

E. Legalisation, IV Z 4. Es muß sich um die Erwirkung der Amtsbekräftigung 63 der eigenen Unterschrift des Notars handeln. Es ist unerheblich, ob er einen Entwurf gefertigt oder geprüft, eine Beurkundung vorgenommen oder nur eine Unterschrift beglaubigt hat. Es ist auch unerheblich, wo solche Tätigkeiten geschehen sind. Auch eine Legalisation der Unterschrift des Präsidenten des LG ist gebührenfrei, aM KLBR 40.

Unanwendbar ist IV Z 4, soweit eine Legalisation beim Auswärtigen Amt oder beim Justizministerium erfolgt.

F. Erledigung von Beanstandungen, IV Z 5. Soweit der Notar nur eine sol- 64 che Beanstandung bearbeitet und erledigt, die sich aus Anlaß seines Entwurfs, dessen Prüfung, seiner Beurkundung oder seiner Beglaubigung als einer Form von Urkunden-, „Aufnahme" ergeben hat, erhält er keine Gebühr. Das gilt auch im zugehörigen Beschwerdeverfahren. Bei einer Beglaubigung kommt nur ein Formmangel gerade der Beglaubigung oder einer anschließenden Bescheinigung nach § 150 und nicht ein Mangel des Inhalts der Erklärung in Betracht. Bei einer Beurkundung mag auch ein sachlicher Mangel vorliegen. Denn der Notar muß den Willen der Beteiligten bei einer Beurkundung auch sachlichrechtlich richtig aufnehmen, § 16 I 1, § 140 Rn 5.

Unanwendbar ist IV Z 5, soweit aus Anlaß einer Erledigung von Beanstandungen auch ein selbständiges weiteres Geschäft erfolgt. Diese Tätigkeit kostet Gebühren wie sonst.

G. Übermittlung von Antrag, IV Z 6. Es handelt sich um eine als Ausnahme 65 von II eng auslegbare Sondervorschrift, Bund JB 04, 581. Es muß um einen Antrag nach § 78a I BNotO an das automatisierte Register über sog Vorsorgevollmachten (Zentrales Vorsorgeregister) gehen. Dieses Register ist nach § 78b BNotO gebührenpflichtig, Anh § 147. IV Z 6 stellt klar, daß nur die Weiterleitung eines Antrags an das Register nach Hs 1 gebührenfrei ist und daß die Antragstellung durch den Notar für die Beteiligten nur bei Hs 2 keine Notargebühr auslöst. Im übrigen können Vergütungen evtl sogar neben denjenigen nach Anh § 147 wie sonst entstehen, Bund JB 04, 581 (das mag freilich nicht so sein, wenn es im übrigen nur um eine Beglaubigung geht). Es mag zB II anwendbar werden, Bund JB 04, 582.

Anhang nach § 147

Vorsorgeregister-Gebührensatzung

Nach § 78a I 1 BNotO führt die Bundesnotarkammer ein automatisiertes Register über Vorsorgevollmachten (Zentrales Vorsorgeregister). Nach § 78b I 1 BNotO kann sie für die Aufnahme von Erklärungen in das Register nach § 78a BNotO Gebühren erheben. Nach § 78b II BNotO bestimmt die Bundesnotarkammer die Gebühren durch Satzung mit Genehmigung des Bundesministeriums der Justiz. Eine am 31. 1. 05 genehmigte Gebührensatzung ist zum 1. 3. 05 in Kraft getreten. Sie ist in DNotZ **05**, 81 abgedruckt. Sie ist durch eine Erste Änderungssatzung vom 2. 12. 05, DNotZ **06**, 2, zum 1. 3. 06 geändert worden. Diese geänderte Fassung lautet wie folgt, dazu Görk DNotZ **06**, 6 (Üb):

Satzung über Gebühren in Angelegenheiten des Zentralen Vorsorgeregisters (Vorsorgeregister-Gebührensatzung – VRegGebS)

VRegGebS § 1. *Gebührenverzeichnis.* [1] Für Eintragungen in das Zentrale Vorsorgeregister sowie die Änderung, Ergänzung oder Löschung von Einträgen werden Gebühren nach dem Gebührenverzeichnis der Anlage zu dieser Satzung erhoben. [2] Auslagen werden daneben nicht erhoben.

VRegGebS § 2. *Gebührenschuldner.* [I] Zur Zahlung der Gebühren ist verpflichtet:
1. der Antragsteller;
2. derjenige, der für die Gebührenschuld eines anderen kraft Gesetzes haftet.

[II] Mehrere Gebührenschuldner haften als Gesamtschuldner.

VRegGebS § 3. *Fälligkeit.* Die Gebühren werden mit der Beendigung der beantragten Amtshandlung fällig.

VRegGebS § 4. *Registrierte Person oder Einrichtung.* [I] Wird der Antrag auf Eintragung oder Änderung, Ergänzung oder Löschung eines Eintrags von einer bei der Bundesnotarkammer registrierten Person oder Einrichtung für den Vollmachtgeber übermittelt oder im Namen des Vollmachtgebers gestellt, werden nach Maßgabe des Gebührenverzeichnisses (Anlage zu § 1 Satz 1) ermäßigte Gebühren erhoben.

[II] [1] Registrieren lassen können sich Personen oder Einrichtungen, zu deren beruflicher, satzungsgemäßer oder gesetzlicher Tätigkeit es gehört, entsprechende Anträge für den Vollmachtgeber zu übermitteln oder im Namen des Vollmachtgebers zu stellen. [2] Insbesondere können sich Notare, Rechtsanwälte, Betreuungsvereine und Betreuungsbehörden registrieren lassen.

[III] [1] Die Registrierung erfolgt durch Anmeldung bei der Bundesnotarkammer. [2] Bei der Anmeldung hat die Person oder Einrichtung hinreichend ihre Identität und die Erfüllung der Voraussetzungen des Absatzes 2 nachzuweisen. [3] Darüber hinaus hat die Person oder Einrichtung zu erklären, dass sie die Abwicklung des Verfahrens für die Vollmachtgeber, für die sie Anträge übermittelt oder in deren Namen sie Anträge stellt, übernimmt, insbesondere dass sie die Gebührenzahlung auf deren Rechnung besorgt.

[IV] [1] Die Registrierung erlischt, wenn die Voraussetzungen des Absatzes 2 nicht mehr vorliegen. [2] Sie erlischt auch, wenn die registrierte Person oder Einrichtung die Abwicklung des Verfahrens für die Vollmachtgeber nicht mehr übernimmt; dies gilt nicht, wenn lediglich die Gebührenzahlung für den Vollmachtgeber nicht besorgt wird.

[V] Die Bundesnotarkammer kann die Registrierung aufheben, wenn die registrierte Person oder Einrichtung länger als sechs Monate keinen Antrag für einen Vollmachtgeber übermittelt oder im Namen eines Vollmachtgebers gestellt hat.

VRegGebS § 5. *Unrichtige Sachbehandlung.* Gebühren, die bei richtiger Behandlung nicht entstanden wären, werden nicht erhoben.

VRegGebS § 6. *Ermäßigung, Absehen von Gebührenerhebung.* Die Bundesnotarkammer kann Gebühren ermäßigen oder von der Erhebung von Gebühren absehen, wenn dies durch die besonderen Umstände des Einzelfalls geboten erscheint, insbesondere wenn die volle Gebührenerhebung für den Gebührenschuldner eine unzumutbare Härte darstellen würde oder wenn der mit der Erhebung der Gebühr verbundene Verwaltungsaufwand außer Verhältnis zu der Höhe der zu erhebenden Gebühr stünde.

VRegGebS § 7. Übergangsregelung. Für die Eintragung von Angaben zu notariell beglaubigten oder beurkundeten Vorsorgevollmachten sowie die Änderung, Ergänzung oder Löschung solcher Eintragungen wird keine Gebühr erhoben, wenn die Eintragung, Änderung, Ergänzung oder Löschung vor dem Inkrafttreten dieser Satzung beantragt wurde.

VRegGebS § 8. Inkrafttreten. Diese Satzung tritt am 1. März 2005 in Kraft.

Anlage (zu § 1 Satz 1)

Gebührenverzeichnis

Nr.	Gebührentatbestand	Gebührenbetrag
(Amtliche) Vorbemerkung:		
	I Die Erhöhungs- und Ermäßigungstatbestände sind nebeneinander anwendbar, soweit nicht ein anderes bestimmt ist.	
	II Beantragt ein Bevollmächtigter innerhalb von einem Monat nach Erhalt der Benachrichtigung über eine Eintragung die Änderung oder Löschung des ihn betreffenden Eintrags, so werden für die Änderung oder Löschung des Eintrags von dem Bevollmächtigten keine Gebühren erhoben.	
	1. Persönliche Übermittlung des Antrags	
10	Eintragung einer Vorsorgevollmacht in das Zentrale Vorsorgeregister sowie Änderung, Ergänzung oder Löschung des Eintrags	18,50 EUR
11	Der Antrag wird elektronisch über eine der hierfür vorgehaltenen technischen Schnittstellen übertragen: Die Gebühr 10 ermäßigt sich um	3,00 EUR
	2. Übermittlung oder Stellung des Antrags durch eine registrierte Person oder Einrichtung (§ 4)	
20	Eintragung einer Vorsorgevollmacht in das Zentrale Vorsorgeregister sowie Änderung, Ergänzung oder Löschung des Eintrags	16,00 EUR
21	Der Antrag wird elektronisch über eine der hierfür vorgehaltenen technischen Schnittstellen übertragen: Die Gebühr 20 ermäßigt sich um	5,00 EUR
	Die Gebühr 20 entfällt, wenn der Antrag elektronisch über eine der hierfür vorgehaltnen technischen Schnittstellen übertragen wird und nur die Änderung oder Ergänzung eines bestehenden Eintrags einer Vorsorgevollmacht betrifft.	
	3. Gemeinsame Erhöhungs- und Ermäßigungstatbestände	
	Die Eintragung, Änderung, Ergänzung oder Löschung betrifft mehr als einen Bevollmächtigten:	
31	– Die Gebühr 10 und die Gebühr 20 erhöhen sich für jeden weiteren Bevollmächtigten um	3,00 EUR
32	– Wird der Antrag elektronisch über eine der hierfür vorgehaltenen technischen Schnittstellen automatisiert übertragen, erhöhen sich die Gebühr 10 und die Gebühr 20 in Abweichung von Gebühr 31 für jeden weiteren Bevollmächtigten um	2,50 EUR
35	Die Gebühr wird durch Lastschrifteinzug gezahlt: Die Gebühr 10 und die Gebühr 20 ermäßigen sich um	2,50 EUR
	4. Zurückweisung des Antrags	
40	Zurückweisung eines Antrags auf Eintragung oder auf Änderung, Ergänzung oder Löschung eines Eintrags ...	18,50 EUR

Auseinandersetzungen

148 ¹ Für die Vermittlung einer Auseinandersetzung durch den Notar gelten nach Maßgabe des Absatzes 2 die Vorschriften des § 116.

II ¹ Ist die Vermittlung dem Notar von dem Gericht übertragen, so erhält er das Dreieinhalbfache und, wenn die Bestätigung der Auseinandersetzung dem Gericht zusteht, das Dreifache der vollen Gebühr. ² Die Gebühr ermäßigt sich
1. auf das Doppelte der vollen Gebühr, wenn das Verfahren ohne Bestätigung der Auseinandersetzung abgeschlossen wird;
2. auf die Hälfte der vollen Gebühr, wenn sich das Verfahren vor Eintritt in die Verhandlung durch Zurücknahme oder auf andere Weise erledigt.

1   1) **Geltungsbereich, I, II.** Die Vorschrift betrifft die in § 116 bei einer gerichtlichen Vermittlung nach §§ 366 ff FamFG behandelte Auseinandersetzung eines Nachlasses oder eines Gesamtguts einer Gütergemeinschaft. § 148 gilt darüber hinaus auch für eine Vermittlungstätigkeit des Notars zur Auflösung einer anderen Gemeinschaft. Die Vorschrift ist auch insoweit anwendbar, als der Notar als ein Unparteiischer ohne eine förmliche Auseinandersetzung nach §§ 366 ff FamFG entgegengesetzte Interessen ausgleichen soll. Voraussetzung ist nur, daß die Beteiligten eine erste Aufklärungs- oder Vorverhandlung nach § 366 FamFG unter der Leitung des Notars begonnen haben. Es ist dann unerheblich, ob die Beurkundung stattfindet. Nach § 20 IV BNotO sind die unterschiedlichen Landesvorschriften maßgebend.

2   2) **Auftrag der Beteiligten, I.** Soweit sich die Beteiligten zulässigerweise an den Notar zu dessen selbständiger Vermittlung wenden, erhält er die Gebühren nach § 116. Er erhält also bei der Vermittlung einer Einigung nach I in Verbindung mit § 116 I 2 Z 1 2,0 Gebühr, bei einer Erledigung des Verfahrens vor dem Eintritt in die Verhandlung nach § 116 Rn 8 gemäß I in Verbindung mit § 116 I 2 Z 2 eine eine 0,5 Gebühr. Eine Vermittlung liegt nur insoweit vor, als sich die Parteien nicht einig waren. Soweit der Notar im Vermittlungsverfahren nur einen der Beteiligten vertritt, ist § 148 unanwendbar. Dasselbe gilt, soweit der Notar eine Auseinandersetzung lediglich beurkundet, ohne sie vermittelt zu haben. Bei einer bloßen auftragsgemäßen Entwurfstätigkeit auf Grund einer Einigung der Beteiligten vor dem Entwurfsauftrag ist § 145 anwendbar. Eine bloße Vervollständigung des Entwurfs eines Beteiligten reicht dazu aber meist nicht aus.

3   3) **Auftrag des Gerichts, II.** Soweit das Gericht dem Notar die Vermittlung der Auseinandersetzung übertragen hat, erhält er Gebühren nach II. Daneben erhält er die Anordnungsgebühr und bei einer Bestätigung der Auseinandersetzung eine Bestätigungsgebühr, § 116 IV. Im Ergebnis entstehen also insgesamt dieselben Gebühren wie nach Rn 2, 3. Sie können sich gemäß II 2 Z 1, 2 ermäßigen. Soweit der Notar nur ein bestimmtes Einzelgeschäft erledigt, etwa eine Versteigerung, ist § 148 unanwendbar. Soweit er nur eine ohne ihn zustande gekommene Einigung beurkundet oder eine Einigungsurkunde entwirft, ist § 36 anwendbar.

4   4) **Geschäftswert, I, II.** Vgl § 116 V.
5   5) **Fälligkeit, Kostenschuldner, I, II.** Vgl bei § 116.

Vollstreckbarerklärungen und Bescheinigungen in besonderen Fällen

148a I ¹ Für das Verfahren über den Antrag auf Vollstreckbarerklärung eines Vergleichs (§§ 796a bis 796c der Zivilprozeßordnung) oder eines Schiedsspruchs mit vereinbartem Wortlaut (§ 1053 der Zivilprozeßordnung) erhält der Notar die Hälfte der vollen Gebühr. ² Für die Erteilung vollstreckbarer Ausfertigungen gilt § 133 entsprechend.

II In den Fällen des Absatzes 1 Satz 1 richtet sich der Geschäftswert nach den Ansprüchen, die Gegenstand der Vollstreckbarerklärung sein sollen.

III ¹ Für Verfahren über einen Antrag auf Vollstreckbarerklärung einer notariellen Urkunde nach § 55 Abs. 3 des Anerkennungs- und Vollstreckungsausführungsgesetzes erhält der Notar eine Gebühr in Höhe von 200 Euro. ² Für die Ausstellung einer Bescheinigung nach § 56 des Anerkennungs- und Vollstreckungs-

2. Teil. Kosten der Notare § 148a KostO

ausführungsgesetzes erhält der Notar eine Gebühr in Höhe von 10 Euro, für die Ausstellung einer Bestätigung nach § 1079 der Zivilprozessordnung eine Gebühr in Höhe von 15 Euro.

Vorbem. III 2 Hs 2 angefügt dch Art 2 IV G v 18. 8. 05, BGBl 2477, in Kraft seit 21. 10. 05, Art 3 S 1 G. Übergangsrecht §§ 161 ff KostO.

Gliederung

1) Geltungsbereich, I–III 1–5
   A. Anwaltsvergleich, I Hs 1 1
   B. Schiedsspruch mit vereinbartem Wortlaut, I Hs 2 2
   C. Notarielle Urkunde nach § 55 III AVAG, III 1 3
   D. Bescheinigung nach § 56 AVAG, III 2 Hs 1 4
   E. Bestätigung nach § 1079 ZPO, III 2 Hs 2 5
2) Gebührenhöhe, I, III 6–10
   A. Tätigkeit auf Vollstreckbarerklärung, I 1 6
   B. Erteilung der vollstreckbaren Ausfertigung, I 2 7
   C. Notarielle Urkunde nach § 55 III AVAG, III 1 8
   D. Bescheinigung nach § 56 AVAG, III 2 Hs 1 9
   E. Bestätigung nach § 1079 ZPO, III 2 Hs 2 10
3) Geschäftswert, II 11
4) Fälligkeit, Kostenschuldner, I–III 12

1) Geltungsbereich I–III. Die Vorschrift erfaßt fünf einander ähnliche, aber **1** doch recht unterschiedliche Tätigkeitsarten. Bei einer gerichtlichen Vollstreckbarerklärung gilt § 3 II GKG, Teil I A dieses Buchs.

A. Anwaltsvergleich, I Hs 1. Es geht zunächst um den sog Anwaltsvergleich nach §§ 796 a–c ZPO, den der Notar mit einer Zustimmung der Parteien in seine Verwahrung genommen und für vollstreckbar erklärt hat, 796 c I ZPO, oder dessen Vollstreckbarerklärung er abgelehnt hat, § 796 c II ZPO. Er muß zuständig sein, also seinen Amtssitz im Bezirk eines nach § 796 a I ZPO zuständigen Gerichts haben, § 796 c I 1 ZPO.

B. Schiedsspruch mit vereinbartem Wortlaut, I Hs 2. Es geht ferner um das **2** Verfahren über den Antrag auf die Vollstreckbarerklärung eines Schiedsspruchs mit vereinbartem Wortlaut nach § 1053 IV 1 ZPO, auch soweit der Notar die Vollstreckbarerklärung zB wegen eines Aufhebungsgrunds nach § 1059 ZPO oder mangels eines Rechtsschutzbedürfnisses abgelehnt hat, § 1053 IV 2 ZPO.

C. Notarielle Urkunde nach § 55 III AVAG, III 1. Es geht ferner um die **3** Vollstreckbarerklärung einer notariellen Urkunde nach § 55 III AVAG im Bereich der VO (EG) Nr 44/2001 des Rates vom 22. 12. 00, ABl EG 01 L 12 S 1. Eine solche Urkunde kann je nach § 55 III 1 AVAG auch ein Notar für vollstreckbar erklären. Dabei gelten dann die Vorschriften über das Verfahren einer Vollstreckbarerklärung durch das Gericht nach § 55 III 2 AVAG sinngemäß.

D. Bescheinigung nach § 56 AVAG, III 2 Hs 1. Es geht ferner um die Aus- **4** stellung einer Bescheinigung nach § 56 AVAG durch den Notar als einer „mit öffentlichem Glauben versehenen Person" nach § 56 S 1 Hs 3 AVAG statt des nach Hs 1 ebenfalls befugten Gerichts oder der nach Hs 2 ebenfalls befugten Behörde, Hök JB **02**, 514. Die Bescheinigung muß sich wegen der Verweisung in § 56 S 1 AVAG auf Artt 54, 57, 58 der VO (EG) Nr 44/2001 des Rates vom 22. 12. 00, ABl EG **01** L 12 S 1 beziehen.

E. Bestätigung nach § 1079 ZPO, III 2 Hs 2. Es geht schließlich um die **5** Ausstellung einer Bestätigung nach § 1079 ZPO durch den Notar, soweit er für die Erteilung einer vollstreckbaren Ausfertigung nach §§ 795 ff ZPO zuständig ist. Grundlage sind dabei Artt 6 II, 3, 9 I, 24 I, 25 I VO (EG) Nr 805/2004 v 21. 4. 04, ABl (EU) Nr L S 15, abgedruckt bei BLAH Einf 3 vor § 1079 GPO.

2) Gebührenhöhe, I, III. Je nach der Art der Tätigkeit entstehen unterschied- **6** lich hohe Gebühren. Sie sind Tätigkeits- und nicht Erfolgsgebühren.

A. Tätigkeit auf Vollstreckbarerklärung, I 1. Für die Tätigkeit des Notars von der Aufnahme des Antrags auf eine Vollstreckbarerklärung bis zu deren Vornahme nach I 1 oder dessen Ablehnung entsteht eine 0,5 Gebühr. Das gilt sowohl beim Anwaltsvergleich als auch beim Schiedsspruch mit vereinbartem Wortlaut.

Beim Zusammentreffen beider Arten von Vollstreckbarerklärung kann die 0,5 Gebühr also mehrfach entstehen. Bei einer Antragsrücknahme gilt § 130 II entsprechend. Das gilt auch beim länger andauernden Nichtbetreiben des Verfahrens durch die Beteiligten. Der bloße Verwahrungsauftrag unterfällt § 147 II.

7 **B. Erteilung der vollstreckbaren Ausfertigung, I 2.** Für die anschließende Erteilung einer vollstreckbaren Ausfertigung nach I 2 gilt § 133 entsprechend.

8 **C. Notarielle Urkunde nach § 55 III AVAG, III 1.** Für dieses Verfahren erhält der Notar 200 EUR, (zum alten Recht) Hök JB 02, 514.

9 **D. Bescheinigung nach § 56 AVAG, III 2 Hs 1.** Für die Ausstellung der Bescheinigung erhält der Notar 10 EUR.

10 **E. Bestätigung nach § 1079 ZPO, III 2 Hs 2.** Für eine solche Bestätigung erhält der Notar 15 EUR.

11 **3) Geschäftswert, II.** Er richtet sich nach §§ 18 ff, und zwar bei I 1 gemäß II nach der Gesamtheit derjenigen Ansprüche, die zum Gegenstand der Vollstreckbarerklärung werden sollen. Der Anwaltsvergleich oder der Schiedsspruch mit vereinbartem Wortlaut können weitere Ansprüche umfassen. Sie werden nicht einbezogen. Denn die Tätigkeit des Notars beschränkt sich ja auf die Inverwahrnahme und die Vollstreckbarerklärung. Bei I 2 gelten über § 133 die Regeln dort Rn 11.

12 **4) Fälligkeit, Kostenschuldner, I–III.** Die Fälligkeit richtet sich nach § 7.
Kostenschuldner ist nach §§ 2 Z 1, 141 der Antragsteller, nach §§ 3 Z 2, 141 evtl der Antragsgegner, soweit er Kosten übernommen hat. § 3 Z 4 ist unanwendbar. Denn die Vollstreckbarerklärung bereitet eine Zwangsvollstreckung erst vor.

Erhebung, Verwahrung und Ablieferung von Geld, Wertpapieren und Kostbarkeiten

149 [1] Werden an den Notar Zahlungen geleistet, so erhält er für die Auszahlung oder Rückzahlung bei Beträgen

bis zu 2500 Euro einschließlich	1 vom Hundert,
von dem Mehrbetrag bis zu 10 000 Euro einschließlich	0,5 vom Hundert,
von dem Mehrbetrag über 10 000 Euro	0,25 vom Hundert.

[2] Unbare Zahlungen stehen baren Zahlungen gleich. [3] Der Notar kann die Gebühr bei der Ablieferung an den Auftraggeber entnehmen.

II Ist Geld in mehreren Beträgen gesondert ausgezahlt oder zurückgezahlt, so wird die Gebühr von jedem Betrag besonders erhoben.

III Die Mindestgebühr beträgt 1 Euro.

IV Für die Ablieferung oder Rücklieferung von Wertpapieren und Kostbarkeiten erhält der Notar die in den Absätzen 1 bis 3 bestimmte Gebühr nach dem Wert.

V Die Gebühr wird im Fall des § 51 Abs. 3 auf die Protestgebühr, nicht jedoch auf die Wegegebühr, angerechnet.

Schrifttum: *Bräu,* Die Verwahrungstätigkeit der Notare, 1992.

Gliederung

1) Systematik, I–V	1
2) Regelungszweck, I–V	2
3) Geltungsbereich, I–V	3–5
A. Begriff der Verwahrung usw, I	3
B. Beispiele zur Frage einer Anwendbarkeit von I	4, 5
4) Gebühren, I–V	6–8
A. Teilvornahme	6
B. Kostensparsamkeit	7
C. Mindestgebühr	8
5) Geschäftswert, I–V	9–11
6) Fälligkeit, I–V	12
7) Kostenschuldner, I–V	13
8) Entnahmerecht, I 3	14, 15

1 **1) Systematik, I–V.** I–IV ähneln VV 1009, Teil X dieses Buchs. Eine Tätigkeit nach § 149 ist kein nach § 35 gebührenfreies Nebengeschäft, und zwar auch nicht

neben einer Bescheinigung nach § 50 I Z 1 bei einer Hinterlegung von Aktien nach § 123 III AktG. Die Hebegebühr entsteht also stets besonders. Es handelt sich nicht um eine Vermögensverwaltung oder um eine Treuhänderschaft nach § 23 BNotO, die überdies genehmigungspflichtig wäre, § 8 II Z 1 BNotO. Daher findet bei Einwendungen gegen die Kostenberechnung des Notars ein Verfahren nach § 156 und kein Zivilprozeß statt. § 149 geht dem § 146 II vor, BGH MDR **09**, 954. § 149 geht auch dem § 147 II vor, Rn 4 „Anweisung". § 144 ist unanwendbar.

2) Regelungszweck, I–V. Wie beim Anwalt, ist auch gerade beim Notar als einem unparteilichen, vertrauenswürdigen Organ der Rechtspflege der Umgang mit fremdem Geld in bar oder unbar eine zwar oft zu seinen typischen rechtlichen Aufgaben gehörende Tätigkeit, aber doch nicht das Hauptmerkmal. Umso verantwortungsvoller muß er diese auch für ihn gefährliche verführerische Aufgabe erledigen. Ihre gesonderte Vergütung dient einerseits der Abgeltung der oft erheblichen organisatorischen, zeitlichen und personellen Mühe. §§ 137, 140, 152, 153 gelten seine Auslagen ab. Die Gebühren dienen andererseits auch ein wenig der Verhütung von Übergriffen mit ihren bösen straf-, zivil- und berufsrechtlichen Gefahren.

Schließlich ist der Notar als ein Verwalter fremder Gelder aber *keine Bank*. Er soll keine Geschäfte damit machen. Er darf keine unnötige Verwahrung vornehmen, § 16. Er muß die sicherste Verwahrungsart wählen, zB ein Anderkonto, Steuer DNotZ **79**, 208 (auch wegen dessen Bedingungen). Sicherheit geht vor Zinshöhe. Alles das muß man bei der Auslegung mitbeachten.

3) Geltungsbereich, I–V. Es gibt vielerlei Anwendungen.
A. Begriff der Verwahrung usw, I. Es muß ein auftragsgemäßes und nicht nur gesetzliches, ferner ein gerade notarielles und nicht anwaltliches Verwahrungsverhältnis vorliegen, BayObLG **88**, 145. Es richtet sich nach der BNotO, Reimann MittBayNot **88**, 246. Es kommt auf die Allein- oder wenigstens Mitverfügungsgewalt des Notars an, Hamm MittBayNot **02**, 208, KG JB **80**, 1069, oder auf seine unwiderrufliche Weisungsbefugnis, KG DNotZ **81**, 204. Das Verwahrungsgeschäft und damit die Vergütung nach § 149 umfaßt die gesamte Tätigkeit der Erhebung, also die Empfangnahme von einem Dritten zwecks einer Ablieferung an den Auftraggeber, die Verwahrung und die Ablieferung an einen Dritten, KG MDR **85**, 154, Zenker NJW **03**, 3460.

B. Beispiele zur Frage einer Anwendbarkeit von I
Ablieferung: Rn 2.
Abtretung: I ist anwendbar, soweit der Notar dem Darlehensgeber anzeigt, daß der Käufer den Auszahlungsanspruch an den Verkäufer abgetreten hat, Düss JB **92**, 822, Zweibr RR **05**, 511.
Anderkonto 1 – Anderkonto 2: Rn 5 „Weiterleitung".
Anderkonto – Privatkonto: Rn 5 „Verrechnung".
Anweisung: I gilt als eine auch dem § 147 II gegenüber vorrangige abschließende Sondervorschrift die genannte zugehörige Notararbeit ab, LG Hann JB **04**, 665 links, auch die Prüfung der Anweisung des Einzahlers oder eines an der Abwicklung beteiligten Kreditinstituts, Hamm FGPrax **99**, 239, Schlesw JB **00**, 426. Das gilt auch für eine vom Vertrag abweichende Anweisung, KG DNotZ **80**, 60, LG Kiel JB **77**, 401, aM Ffm DNotZ **78**, 118, Köln FGPrax **07**, 293, Mümmler JB **83**, 509.
I ist *unanwendbar,* soweit der Notar eine Anweisung nach §§ 783 ff BGB verwahrt. Das gilt selbst bei einer unwiderruflichen derartigen Anweisung, es sei denn, daß auf dem Sparkonto befindliche Geld in die alleinige Verfügungsgewalt des Notars kommen soll.
Auflassungsvormerkung: S „Einzahlungsreife".
Auszahlungsreife: I ist anwendbar, soweit der Notar die Auszahlungsunterlagen und die Auszahlungsreife prüft, Düss JB **92**, 823, Zweibr JB **95**, 101, LG Hann JB **04**, 665 links.
Unanwendbar ist I auf die bloße Anweisung zur Zahlung bei deren Fälligkeit.
Briefmarken: I ist bei (kostbaren) Briefmarken als Verwahrgegenstand anwendbar.
Darlehen: S „Abtretung", Rn 5 „Weiterleitung".
Dritter: Rn 2, Rn 5 „Weiterleitung".

Einzahlungsreife: I ist anwendbar, soweit der Notar die Einzahlungsreife prüft, Hamm JB **90**, 899, Oldb JB **86**, 429, Zweibr MittBayNot **95**, 76, aM Schlesw MittRhNotK **96**, 91, Klein Rpfleger **88**, 178.
Empfangnahme: Rn 2, 11.
Erhebung: Rn 2.
Fälligkeitsmitteilung und -prüfung: I ist auf sie anwendbar, BGH MDR **09**, 954.
Geld: I ist bei Geld (bar oder unbar) anwendbar, I 2.
Gerichtskosten: Rn 5 „Vollzug".
Gläubigerauflagen: I umfaßt auch die Überwachung von Gläubigerauflagen, Köln JB **88**, 83, Oldb JB **92**, 753, Schlesw JB **88**, 453, aM Düss DNotZ **88**, 453 (§ 146 I), Hamm JB **00**, 94, KG JB **79**, 1563.
Grundschuldbrief: Rn 5 „Wertpapier".
Hinterlegung: I ist auf die vorbereitende Tätigkeit anwendbar, Schlesw RR **00**, 1599.
Kostbarkeit: I ist anwendbar, soweit es sich um die Verwahrung einer Kostbarkeit beliebiger Art handelt. Zum Begriff der Kostbarkeit BLAH § 813 ZPO Rn 3.
Löschungsbewilligung: I ist anwendbar, soweit es um die Einholung einer Löschungsbewilligung geht, Klein DNotZ **87**, 185, aM Köln DNotZ **87**, 183, Oldb DNotZ **94**, 706. Das gilt auch beim Antrag auf eine Lastenfreistellung, Hamm Rpfleger **90**, 92.

5 **Manuskript:** I ist anwendbar, soweit es eine Kostbarkeit darstellt, Rn 4 „Kostbarkeit".
Mehrheit von Tätigkeiten: I ist auch dann nur einmal anwendbar, wenn der Notar mehrere unter I fallende Tätigkeiten ausübt, KG DNotZ **80**, 60. Natürlich entsteht eine Gebühr nach I schon dann, wenn nur eine der unter diese Vorschrift fallenden Tätigkeiten vorliegt.
S auch „Zusammenhang mit Verwahrgeschäft".
Mitverfügungsgewalt: I ist anwendbar, soweit der Notar auch nur eine Mitverfügungsgewalt hat, zB nur einen von mehreren notwendigen verschiedenen Schlüsseln.
Musiknoten: I ist auf sie nur insoweit anwendbar, als sie eine Kostbarkeit darstellen, Rn 4 „Kostbarkeit".
Pfandentlassungserklärung: Rn 4 „Gläubigerauflagen".
Schriftwechsel: I ist anwendbar, soweit es um den Schriftwechsel wegen eines Anderkontos des Notars geht, Schlesw JB **75**, 501, oder soweit er eine Kostbarkeit darstellt, Rn 4 „Kostbarkeit".
Sparbuch: S „Wertpapier".
Sparkonto: Rn 4 „Anweisung", Rn 5 „Wertpapier".
Treuhandauflagen: I umfaßt die Übernahme von Treuhandauflagen, Köln HB **85**, 271, Schlesw JB **81**, 915, aM Düss DNotZ **88**, 453 (§ 146 I).
Umbuchung: S „Weiterleitung".
Umschreibungsreife: I ist anwendbar, soweit der Notar eine Umschreibungsreife prüft, Celle JB **05**, 44, Hamm JB **99**, 253, Köln JB **86**, 1697, aM Düss JB **92**, 823, KG JB **86**, 903 (vgl aber Rn 3 sowie Rn 4 „Auszahlungsreife", „Einzahlungsreife").
Verrechnung: I ist anwendbar, soweit der Notar einen eingezogenen Betrag von seinem Anderkonto auf sein Privatkonto verrechnet.
Verwahrung: Rn 3.
Vollzug: I ist anwendbar, soweit der Notar einen vom Auftraggeber auf ein Anderkonto des Notars ohne eine besondere Zweckbestimmung eingezahlten Betrag zum grundbuchlichen Vollzug eines beurkundeten Kaufvertrags verwendet, KG DNotZ **82**, 450, Schneider NJW **81**, 560.
Weiterleitung: I ist anwendbar, soweit es sich um die Weiterleitung zB des Schecks des Auftraggebers an einen Dritten handelt, KG MDR 85, 154, oder soweit der Notar ein Darlehen der Käuferbank nach einer Prüfung der Sicherung im Grundbuch an den Verkäufer weiterleitet, Celle FGPrax **05**, 86, Hamm JB **00**, 94, Schlesw JB **00**, 426.
I ist *unanwendbar*, soweit der Notar einen auf sein Anderkonto 1 eingezahlten Betrag auftragsgemäß auf sein Anderkonto 2 weiterleitet, aM Willemer DNotZ **82**, 227 (aber dieser interne Vorgang darf nicht auch eine Gebühr auslösen).

Wertpapier: I ist grds anwendbar, soweit es sich um ein Wertpapier im engeren Sinn handelt, BayObLG DNotZ **85**, 102, etwa um eine Aktie, einen Zwischenschein, eine Schuldverschreibung auf den Inhaber, ein Kux, einen Pfandbrief, einen Scheck.

I ist *unanwendbar*, soweit der Notar ein unechtes Wertpapier verwahrt, zB ein Sparbuch oder einen Grundschuld- oder Hypothekenbrief, eine Bürgschaftsurkunde oder einen Fondsanteil. Dann gilt § 147, BayObLG DNotZ **85**, 102.

Zahlungsfälligkeit: Rn 4 „Auszahlungsreife".

Zusammenhang mit Verwahrgeschäft: I gilt alle mit dem Verwahrgeschäft zusammenhängenden Tätigkeiten ab, Düss JB **94**, 281, Hamm Rpfleger **90**, 92. S auch „Mehrheit von Tätigkeiten".

Zweckbestimmung: S „Vollzug".

4) Gebühren, I–V. Eine Hebegebühr entsteht nur, soweit ein Auftrag auf das Verwahrungsgeschäft als solches oder auf einen seiner Teile vorliegt. Die Höhe der Gebühren hängt vom auszahlbaren oder zurückzahlbaren Betrag oder vom Wert des ablieferbaren oder zurücklieferbaren Wertpapiere oder Kostbarkeiten ab. **6**

A. Teilnahme. Soweit der Notar die Gesamtsumme in Teilbeträgen auszahlt oder zurückzahlt, entstehen die in I genannten Gebühren nach II von jedem jeweils ausgezahlten oder zurückgezahlten Betrag besonders, KG DNotZ **77**, 56. Dann ist die Gesamtvergütung des Notars also im allgemeinen höher als bei einer einmaligen Zahlung.

B. Kostensparsamkeit. Der Notar muß im Kosteninteresse des Auftraggebers die Auszahlung, Zurückzahlung, Ablieferung oder Zurücklieferung grundsätzlich in nur einem Arbeitsgang vornehmen. Er darf nicht etwas ohne eine Zustimmung des Auftraggebers oder des begünstigten Dritten zu eigenen Zwecken verrechnen usw, KG DNotZ **87**, 567, aM Köln DNotZ **87**, 571 (zustm Zimmermann). Der Notar darf keine Gebühr auslösen, soweit der Erfolg auch gebührenfrei erzielbar war. Andernfalls kann eine unrichtige Sachbehandlung vorliegen, §§ 16, 141. Der Notar braucht aber grundsätzlich nicht von sich aus auf die Hebegebühr hinzuweisen, BayObLG DNotZ **84**, 111, LG Flensb JB **84**, 1226, LG Kassel JB **03**, 432. Eine evtl billigere Tätigkeit bleibt freilich unbeachtlich, soweit sie nicht sachdienlich und auch nicht üblich ist, LG Darmst JB **76**, 6. Vgl freilich auch § 16 Rn 4 ff. **7**

C. Mindestgebühr. Bei jeder Auszahlung, Zurückzahlung, Ablieferung oder Zurücklieferung beträgt die Mindestgebühr in einer Abweichung vom zurücktretenden § 33 nach III nur 1 EUR. **8**

5) Geschäftswert, I–V. Maßgebend ist § 18. Soweit es sich um Bargeld handelt, ist der Nominalwert maßgeblich. Bei einer Zahlung in einer ausländischen Währung ist der Kurswert im Zeitpunkt der Belastung des Kontos des Notars maßgeblich. Zwar erlischt die Zahlungspflicht erst mit der Gutschrift beim Empfänger. Der Zeitraum zwischen der Belastung des Notarkontos und der Gutschrift beim Empfänger ist aber von der Tätigkeit des Notars bei einer pflichtgemäßen Zahlungsanweisung weitgehend unabhängig. Man darf ihn nicht zulasten des Kostenschuldners gebührenerhöhend berücksichtigen. Andererseits wäre es unbillig, eine Kursminderung in einem solchen Zeitraum gebührenmindernd zu berücksichtigen, in dem der Notar über das Geld keinerlei Anweisungen mehr erteilen konnte. **9**

Bei einem *Wertpapier* ist der Kurswert im Zeitpunkt der Abbuchung vom Wertpapierkonto des Notars oder seiner Aushändigung des Wertpapiers usw maßgeblich. Soweit ein Kurswert nicht besteht, ist der Verkehrswert in den vorgenannten Zeitpunkten maßgeblich. Das gilt auch bei einer Kostbarkeit. **10**

Soweit der Notar aus Anlaß eines *Wechsel- oder Scheckprotests* das Geld in Empfang nimmt, entsteht eine Gebühr nach § 149. Sie gilt die gesamte Tätigkeit von der Annahme bis zur Ablieferung ab. Man muß sie jedoch auf die dann zahlbare Protestgebühr nach § 51 III anrechnen, V. Allerdings findet keine Anrechnung auf die Wegegebühr nach § 51 II statt, V. Infolgedessen ist jeweils die höhere der beiden Gebühren (Protest oder Annahme) entstanden. Beide Gebühren können zusammentreffen, soweit die Zahlung erst nach der Aufnahme des Protests erfolgte. **11**

6) Fälligkeit, I–V. Die Fälligkeit tritt mit der Auszahlung oder Zurückzahlung oder mit der Ablieferung oder Zurücklieferung jeweils gerade durch den bisherigen **12**

Notar ein. Bei einer Auszahlung oder Zurückzahlung eines Teilbetrags ist dieser Zeitpunkt maßgeblich, KG Rpfleger **76**, 228. Beim Notarwechsel kommt es auf eine der vorgenannten Tätigkeiten durch den jeweils Handelnden an.
Unerheblich ist ein Vorgang auf dem bloßen Anderkonto, LG Flensb JB **84**, 1226.

13 **7) Kostenschuldner, I–V.** Man muß ihn durch eine Auslegung aller Umstände und darf ihn nicht schon stets durch eine Beachtung der Interessenlage nach § 2 Z 1, §§ 3, 141 ermitteln, BayObLG **88**, 147, LG Hann JG **05**, 204, LG Kassel JB **03**, 432. Kostenschuldner ist zB derjenige, der den Verwahrungsvertrag mit dem Notar geschlossen hat, LG Hann JB **05**, 204, LG Regensb DNotZ **79**, 678. Kostenschuldner ist auch nach § 2 I der vertragliche Kostenübernehmer.

Nicht aber ist schon stets derjenige ein Kostenschuldner, der ohne eine solche Vereinbarung etwas auf ein Anderkonto gezahlt hat, BayObLG **88**, 147, Celle JB **78**, 1235. Diejenige Bank, die im Namen des Kunden handelt und erklärt, sie übernehme keine Kosten, ist keine Kostenschuldnerin, BayObLG **88**, 145, Düss MDR **87**, 684, aM Lappe EWiR **88**, 816 (aber das ist eine wirksam mögliche Bedingung). Wird ein Geldbetrag zugunsten eines Dritten hinterlegt und erhält dieser das Recht, das Geld nach der Erfüllung von Treuhandauflagen abzurufen, wird er nicht schon durch einen solchen Abruf zum Kostenschuldner, KG MDR **85**, 154.

14 **8) Entnahmerecht, I 3.** Wird das Verwahrte an den Auftraggeber und nicht etwa ohne dessen Erlaubnis an einen Dritten abgeliefert, kann der Notar eine fällige Hebegebühr dem Betrag entnehmen, KG Rpfleger **80**, 445, Köln DNotZ **89**, 258, Schneider NJW **81**, 558, aM Zimmermann DNotZ **89**, 264. Das gilt auch bei der Ablieferung eines jeden Teilbetrags.

15 Diese Befugnis besteht also *nicht,* soweit der Notar eine Summe an einen Dritten auszahlen soll oder soweit es sich um eine Forderung aus einer anderen Sache handelt, Düss DNotZ **91**, 558.

Bescheinigung

150 Der Notar erhält für die Erteilung einer Bescheinigung nach
1. § 21 Abs. 1 Nr. 1 der Bundesnotarordnung eine Gebühr von 13 Euro und
2. § 21 Abs. 1 Nr. 2 der Bundesnotarordnung eine Gebühr von 25 Euro.

1 **1) Systematik, Z 1, 2.** Die Vorschrift hat als eine Spezialregelung den Vorrang vor § 50 I Z 1. Sie läßt eine sonstige Beurkundungs- oder Beglaubigungsgebühr unberührt. Sie behandelt ein nicht nach § 35 gebührenfreies Nebengeschäft.

2 **2) Bescheinigung nach § 21 BNotO, Z 1, 2.** Die Vorschrift lautet:

BNotO § 21. *Sonstige Bescheinigungen.* I [1]**Die Notare sind zuständig,**
1. **Bescheinigungen über eine Vertretungsberechtigung sowie**
2. **Bescheinigungen über das Bestehen oder den Sitz einer juristischen Person oder Handelsgesellschaft, die Firmenänderung, eine Umwandlung oder sonstige rechtserhebliche Umstände auszustellen,**

wenn sich diese Umstände aus einer Eintragung im Handelsregister oder in einem ähnlichen Register ergeben. [2]**Die Bescheinigung hat die gleiche Beweiskraft wie ein Zeugnis des Registergerichts.**

II [1]**Der Notar darf die Bescheinigung nur ausstellen, wenn er sich zuvor über die Eintragung Gewißheit verschafft hat, die auf Einsichtnahme in das Register oder in eine beglaubigte Abschrift hiervon beruhen muß.** [2]**Er hat den Tag der Einsichtnahme in das Register oder den Tag der Ausstellung der Abschrift in der Bescheinigung anzugeben.**

Die Gebühr entsteht *für jede* derartige *Bescheinigung besonders.* Das gilt auch dann, wenn mehrere Bescheinigungen in demselben Dokument stehen und nicht dasselbe Objekt betreffen, Hamm JB **80**, 1879. § 44 ist unanwendbar. Unerheblich ist, wie vielen Geschäften eine Bescheinigung dient. Es handelt sich nicht um ein gebührenfreies Nebengeschäft nach § 35, und zwar auch nicht bei einer Beurkundung oder

Beglaubigung. Die Gebühr gilt die gesamte Tätigkeit ab, also auch die Einsicht, § 147 Rn 3, auch in mehrere Register, Hamm Rpfleger **02**, 101. § 50 I Z 1 ist unanwendbar.

Unanwendbar ist Z 2, soweit der Notar nicht das Register einsieht, sondern nur einen beglaubigten oder einfachen Registerauszug. Dann gilt § 147 I 1.

Oft fordert ein *ausländisches Gericht* oder eine ausländische Behörde eine Bescheinigung nach Z 2 als eine Voraussetzung der *Anerkennung* eines dort geltend gemachten Rechts an. 3

Reisekosten nach § 153 und andere Auslagen können gesondert anfallen.

3) **Fälligkeit, Kostenschuldner, Z 1, 2.** Die Fälligkeit richtet sich nach § 7. 4

Kostenschuldner ist nach § 2 Z 1 derjenige, der die Bescheinigung beantragt, oder nach § 2 Z 2 derjenige, der sie braucht, aber nicht schon derjenige, der beurkunden läßt. Eine Kostenübernahme bleibt statthaft.

Zuziehung eines zweiten Notars

151 ¹Der zweite Notar, der auf Verlangen eines Beteiligten zu einer Beurkundung zugezogen wird, erhält die Hälfte der dem beurkundenden Notar zustehenden Gebühr und im Fall des § 58 daneben die dort bestimmte Zusatzgebühr.

II ¹Ist der zweite Notar ohne Verlangen eines Beteiligten zugezogen, so darf der mit der Beurkundung beauftragte Notar, dem die Gebühren für seine Tätigkeit selbst zufließen, dafür nicht mehr als 1,30 Euro für jede angefangene Stunde in Rechnung stellen; Auslagen des zweiten Notars werden daneben angesetzt. ²Fließen die Gebühren dem mit der Beurkundung beauftragten Notar nicht selbst zu, werden keine Kosten erhoben.

1) **Systematik, Regelungszweck, I, II.** Das Gesetz verlangt oft die Hinzuziehung eines zweiten Notars als Zeugen zB in § 2233 BGB in Verbindung mit §§ 22, 25, 29 BeurkG. Das gilt keineswegs nur bei einem Testament, aM LG Arnsberg MDR **04**, 238 (aber I spricht von „einer", also von jeder Beurkundung). Der so hinzugezogene Notar erhält nach § 151 eine Vergütung. Das gilt freilich bei II nur dann, wenn ihm die Gebühren selbst zufließen, Ü 1, Üb 8 vor § 140. 1

2) **Auf Verlangen, I.** Soweit ein Beteiligter ausdrücklich oder eindeutig stillschweigend verlangt, daß der beurkundende erste Notar zB nach § 29 BeurkG einen zweiten Notar zu einer Beurkundung hinzuzieht, erhalten der beurkundende Notar seine Vergütung wie sonst und der zweite Notar die Hälfte der dem beurkundenden Notar zustehenden Gebühr und mindestens nach §§ 33, 141 den Betrag von 10 EUR. Soweit er dazu außerhalb der Kanzlei tätig werden muß, erhält er daneben die Zusatzgebühr nach § 58 in ihrer vollen Höhe. Das gilt unabhängig davon, ob der beurkundende Notar ebenfalls diese Zusatzgebühr beanspruchen kann. Außerdem erhält der zweite Notar Auslagen wie sonst nach §§ 136 ff. 2

Unanwendbar ist I, soweit das Verlangen der Hinzuziehung ohne einen gesetzlichen Grund erfolgt. Dann gilt § 147. Auch eine Hinzuziehung sonstiger Personen als Zeugen fällt nicht unter I oder II, sondern allenfalls unter das BGB oder in einer entsprechenden Anwendung unter das JVEG, Teil V dieses Buchs.

3) **Ohne Verlangen, II.** Soweit der beurkundende Notar einen zweiten Notar ohne das Verlangen eines Beteiligten nach §§ 22, 25 BeurkG wegen dessen Blindheit, Taubheit oder Schreibunfähigkeit hinzuzieht, hat der zweite Notar einen Vergütungsanspruch nur gegenüber dem beurkundenden Notar, nicht gegenüber dessen Auftraggeber oder gegenüber den am beurkundeten Geschäft sonst Beteiligten. II bleibt in den oben genannten Fällen auch dann anwendbar, wenn ein Beteiligter überflüssigerweise eine Hinzuziehung des zweiten Notars zwar tatsächlich „verlangt", rechtlich aber nur anregt, LG Arnsberg MDR **04**, 238. Der Honoraranspruch gegen den Hauptnotar richtet sich nach einer solchen Vereinbarung, die die beiden Notare untereinander treffen können. Insofern ist der Grundsatz, daß ein Notar mangels eines abweichenden Bundesgesetzes nicht kostenlos tätig werden darf, gegenüber § 140 S 2 vorrangig. Das gilt aber nur für denjenigen Notar, dem die Gebühren selbst zufließen, Rn 1. 3

4 **4) Kosten, I, II.** Unabhängig von der Vereinbarung der Notare untereinander darf der beurkundende erste Notar dem Auftraggeber für die Mitwirkung des zweiten Notars höchstens je angefangene Stunde 1,30 EUR (kein Schreibfehler, sondern Gesetz!) und die Auslagen des zweiten Notars berechnen. Maßgebend ist derjenige Zeitaufwand, für den der zweite Notar als ein Zeuge nach dem JVEG eine Entschädigung verlangen könnte, Teil V dieses Buchs. Es kommt also nur die notwendige Zeit infrage. Da nur I und nicht II § 58 erwähnt, entsteht bei II also auch keine Zusatzgebühr nach § 58. Außerdem erhält der zweite Notar Auslagen auch bei II wie sonst nach §§ 136 ff.

5 **5) Fälligkeit, Kostenschuldner, I, II.** Die Fälligkeit richtet sich nach § 7.
Kostenschuldner ist bei *I* nach §§ 2 Z 1, 141 nur derjenige, der die Hinzuziehung verlangt hat. Ein anderer Beteiligter haftet nach § 5 II nicht. Es ist aber eine Kostenübernahme statthaft. Kostenschuldner ist bei *II* nach § 2 Z 1 der Veranlasser der Beurkundung und außerdem nach § 2 Z 2, §§ 5, 141 derjenige, in dessen Interesse die Hinzuziehung erfolgt ist. Mehrere haften nach § 5. Eine Kostenübernahme ist statthaft.

Umsatzsteuer

151a Der Notar erhält Ersatz der auf seine Kosten entfallenden Umsatzsteuer, sofern diese nicht nach § 19 Abs. 1 des Umsatzsteuergesetzes unerhoben bleibt.

Schrifttum: *Dornbusch/Jasper,* Die Besteuerung der Rechtsanwälte und Notare, 1987.

1 **1) Umsatzsteuerpflicht.** Der Notar ist umsatzsteuerpflichtig, Hansens JB **83**, 1762, Mümmler JB **80**, 325, Reich DNotZ **04**, 95, sofern eine Umsatzsteuer nicht nach dem Gesetz entfällt. Sie entfällt etwa bei einer Tätigkeit für einen Auftraggeber mit dem Sitz außerhalb des Erhebungsgebiets, Hbg MDR **82**, 857 (zu [jetzt] VV 7008, Teil X dieses Buchs). Sie entfällt ferner, sofern der Notar zu den nicht optierenden und deshalb auch von der Möglichkeit eines Vorsteuerabzugs ausgeschlossenen Kleinunternehmen nach § 19 I UStG gehört. Eine Anwaltsgemeinschaft ist wegen der Notariatsgeschäfte eines Mitglieds im vorgenannten Umfang umsatzsteuerpflichtig. Soweit der Notar nicht umsatzsteuerpflichtig ist, darf er auch keinen Ausgleichsbetrag früheren Rechts fordern.

2 **2) Höhe der Umsatzsteuer.** Die Steuer beträgt seit 1. 1. 2007 19%, soweit der Notar überhaupt bei einem von seiner etwaigen Anwaltstätigkeit getrennt ermittelbaren Umsatz gerade als Notar oder sog optierender Kleinunternehmer umsatzsteuerpflichtig ist und soweit er „nur" freiberuflich tätig ist. Sie entsteht mit der Ausnahme von Rn 3, 4 für alle typischen wie atypischen Leistungen. Sie entsteht auch auf die Auslagen, nicht aber auf die sog durchlaufenden Posten im Namen und für die Rechnung eines Dritten wie zB Gerichtskosten, Reetz/Beus RNotZ **04**, 322.

3 Die Steuer beträgt jedoch auch seit 1. 1. 2007 unverändert *nur 7%,* soweit der Notar eine solche Leistung erbringt, die zumindest auch und nicht völlig der freiberuflichen Tätigkeit untergeordnet ein nach dem UrhG geschütztes Werk darstellt, § 12 II Z 7 c UStG. Ein solches Werk liegt allerdings bei einer Notartätigkeit kaum je vor.

4 *Infrage kommt zB* ein wissenschaftlich begründetes Gutachten, und zwar auch dann, wenn der Notar es im Auftrag des Mandanten für eine solche Auseinandersetzung erstattet, für die er im übrigen eine Vergütung nach der KostO oder als Anwalt ein Honorar nach dem RVG erhält. § 45 I UrhG steht nicht entgegen. Für den Steuersatz ist stets die Fälligkeit maßgeblich, Mü JB **78**, 1806. Ein Ersatzanspruch besteht auch wegen der auf die Zinsen entfallenden Umsatzsteuer, Schmidt AnwBl **77**, 115, aM LG Ambg AnwBl **77**, 115 (je noch zur BRAGO).

5 **3) Kostenrechnung.** Der Notar muß die Umsatzsteuer in seine Kostenberechnung nach § 154 Rn 12 mitaufnehmen, schon damit der Auftraggeber sie als Vorsteuer absetzen kann, FG Nürnb EFG **91**, 50.

§ 152 KostO

Weitere Auslagen des Notars, dem die Gebühren selbst zufließen

152 ^{I} Der Notar, dem die Gebühren für seine Tätigkeit selbst zufließen, erhält die Dokumentenpauschale auch für die ihm aufgrund besonderer Vorschriften obliegenden Mitteilungen an Behörden.
^{II} Er kann außer den im Dritten Abschnitt des Ersten Teils genannten Auslagen erheben
1. Entgelte für Postdienstleistungen
   a) für die Übersendung auf Antrag erteilter Ausfertigungen, Ablichtungen und Ausdrucke,
   b) für die in Absatz 1 genannten Mitteilungen;
2. Entgelte für Telekommunikationsdienstleistungen; dies gilt nicht, wenn dem Notar für die Tätigkeit eine Dokumentenpauschale nach § 136 Abs. 3 zusteht;
3. an Gebärdensprachdolmetscher sowie an Urkundszeugen zu zahlende Vergütungen; sind die Auslagen durch verschiedene Geschäfte veranlasst, werden sie unter Berücksichtigung der auf die einzelnen Geschäfte verwendeten Zeit angemessen verteilt; und
4. die gezahlte Prämie für eine für den Einzelfall abgeschlossene Haftpflichtversicherung gegen Vermögensschäden, soweit die Prämie auf Haftungsbeträge von mehr als 60 Millionen Euro entfällt; soweit sich aus der Rechnung des Versicherers nichts anderes ergibt, ist von der Gesamtprämie der Betrag zu erstatten, der sich aus dem Verhältnis der 60 Millionen Euro übersteigenden Versicherungssumme zu der Gesamtversicherungssumme ergibt.

Vorbem. II Z 1a geändert dch Art 14 II Z 15 JKomG v 22. 3. 05, BGBl 837, in Kraft seit 1. 4. 05, Art 16 I JKomG, Übergangsrecht §§ 161 ff KostO.

1) Systematik, Regelungszweck, I, II. § 152 enthält gegenüber §§ 140, 141 vorrangige Sonderregeln für den Gebührennotar. Sie ergänzen §§ 136, 137. Sie sollen eine unzumutbare Benachteiligung des Gebührennotars verhindern. Wegen des Begriffs des Gebührennotars Üb 1, 8 vor § 140. Demgemäß entstehen dem Gebührennotar auch Rechnungsgebühren. Bei einer völligen oder teilweisen Gebührenfreiheit muß man allerdings § 144 beachten.
Unanwendbar ist § 152 auf Auslagen eines Mitarbeiters des Gebührennotars. Er kann sie allenfalls nach §§ 675, 612 BGB ersetzt fordern.

2) Dokumentenpauschale, I. Der Notar erhält die in § 136 genannte Dokumentenpauschale nach § 141 auch für diejenigen Mitteilungen, die er auf Grund seiner Amtspflichten im Rahmen besonderer diesbezüglicher gesetzlicher Vorschriften für Mitteilungen an Behörden aufwenden muß.
Hierher gehören zB: Eine Anzeige vom Abschluß eines Grundstücksveräußerungsgeschäfts an das Finanzamt, § 146 Rn 7; die Mitteilung vom Abschluß eines solchen Geschäfts an die Gemeinde nach dem BauGB. Eine beantragte Ausfertigung oder Ablichtung nach § 136 I Z 1 ist auch diejenige, die der Notar beim Grundbuchamt, beim Registergericht oder bei einer sonstigen Behörde einreicht, deren Genehmigung eingeholt werden muß.

3) Post- und Telekommunikationsentgelte usw, II, dazu *Bund* JB 09, 7 (Üb). Außer der in § 136 genannten Dokumentenpauschale kann der Gebührennotar nach II Z 1 a, b stets diejenigen Entgelte als Auslagen erheben, die ihm für die Übersendung einer auf einen Antrag erteilten Ausfertigung oder Ablichtung oder eines Ausdrucks der elektronischen Fassung oder für eine Mitteilung nach I entstehen. Ein besonderer Übersendungsauftrag ist nicht erforderlich. Man muß einen solchen Auftrag im Rahmen des beabsichtigten Vollzugs des Geschäfts unterstellen. Die unmittelbar dem Postwesen dienenden Umsätze der Deutschen Post AG sind dabei umsatzsteuerfrei, § 4 Z 11 b UStG.

A. II Z 2. Hier kann der Gebührennotar Entgelte für jede Art von Telekommunikationsdienstleistung einschließlich Telefax erheben. Das gilt aber nur, soweit nicht die *insoweit* vorrangige Dokumentenpauschale nach § 136 III in Betracht kommt, mag er sie auch noch nicht erhalten haben, sondern mag sie ihm erst „zustehen". Ein Einzelnachweis ist nur bei außergewöhnlich hohen Kosten zB wegen vieler Überseetelefonate erforderlich.

5 **B. II Z 3.** Hier kann der Gebührennotar als Auslagen diejenigen Vergütungen erstattet fordern, die er an Gebärdendolmetscher und Urkundszeugen zahlen mußte, evtl unter Verteilung nach Hs 2. Die Vorschrift nennt nicht auch eine Vergütung für Hilfe beim Blinden oder Sehbehinderten.

6 **C. II Z 4.** Hier kann der Gebührennotar die Erstattung der tatsächlich gezahlten Prämie für den Einzelfall abgeschlossenen Haftpflichtversicherung gegen Vermögensschäden in den dortigen Grenzen fordern, dazu mit Recht krit Haeder DNotZ **04**, 406 (das gut Gemeinte könne leicht zum Fluch werden). Das gilt unabhängig von einer Zustimmung des Auftraggebers zum Versicherungsabschluß.

7 **4) Keine Erstattbarkeit.** Nicht erstattungsfähig ist die Prämie der generell abgeschlossenen Haftpflichtversicherung. Sie zählt zu den allgemeinen Geschäftsunkosten. Das gilt auch dann, wenn die allgemein abgeschlossene Versicherung im Prämienzeitraum nur wegen eines einzigen Falls zahlungspflichtig war oder werden könnte. Das ergibt sich aus den wegen des Worts „nur" in § 1 I 1 eng auslegbaren Wörtern „*für* den Einzelfall*". Vgl auch VV 7007, Teil X dieses Buchs.

Reisekosten

153 I ¹Der Notar erhält für Geschäftsreisen, die er im Auftrag eines Beteiligten vornimmt, Reisekosten. ²Eine Geschäftsreise liegt vor, wenn das Reiseziel außerhalb der Gemeinde liegt, in der sich der Amtssitz oder die Wohnung des Notars befindet.

II ¹Der Notar, dem die Gebühren für seine Tätigkeit selbst zufließen, erhält als Reisekosten

1. bei Benutzung eines eigenen Kraftfahrzeugs Fahrtkosten nach Absatz 4; bei Benutzung anderer Verkehrsmittel die tatsächlichen Aufwendungen, soweit sie angemessen sind;
2. als Tage- und Abwesenheitsgeld bei einer Geschäftsreise von nicht mehr als 4 Stunden 20 Euro, von mehr als 4 bis 8 Stunden 35 Euro, von mehr als 8 Stunden 60 Euro; die Hälfte dieses Satzes ist auf die in § 58 Abs. 1 bestimmte Zusatzgebühr anzurechnen;
3. Ersatz der Übernachtungskosten, soweit sie angemessen sind.

²Die Regelung über die Verteilung der Reisekosten bei Erledigung mehrerer Geschäfte auf derselben Geschäftsreise des Notars gilt auch, wenn auf derselben Reise Notargeschäfte und Rechtsanwaltsgeschäfte erledigt werden.

III ¹Fließen die Gebühren für die Tätigkeit des Notars der Staatskasse zu, so erhält der Notar bei Geschäftsreisen nach Absatz 1 Reisekostenvergütung nach den für Bundesbeamte geltenden Vorschriften. ²Ist es nach den Umständen, insbesondere nach dem Zweck der Geschäftsreise, erforderlich, ein anderes als ein öffentliches, regelmäßig verkehrendes Beförderungsmittel zu benutzen, so erhält der Notar Ersatz der notwendigen Aufwendungen, bei Benutzung eines eigenen Kraftfahrzeugs Fahrtkosten nach Absatz 4; diese Entschädigung ist stets zu gewähren, wenn der Hin- und Rückweg zusammen nicht mehr als zweihundert Kilometer beträgt oder der Notar Fahrtkosten für nicht mehr als zweihundert Kilometer verlangt.

IV Als Fahrtkosten bei Benutzung eines eigenen Kraftfahrzeugs sind zur Abgeltung der Anschaffungs-, Unterhaltungs- und Betriebskosten sowie der Abnutzung des Kraftfahrzeugs 0,30 Euro für jeden gefahrenen Kilometer zuzüglich der durch die Benutzung des Kraftfahrzeugs aus Anlaß der Geschäftsreise regelmäßig anfallenden baren Auslagen, insbesondere der Parkgebühren, zu erstatten.

Gliederung

1) Systematik, I–IV 1
2) Regelungszweck, I–IV 2

2. Teil. Kosten der Notare **§ 153 KostO**

3) Geschäftsreise, I–IV 3–6
   A. Notar 3
   B. Geschäftsreise 4
   C. Auftrag 5
   D. Reisekosten 6
4) **Gebührennotar, II** 7–12
   A. Begriff, II 1, 2 7
   B. Eigenes Kraftfahrzeug, II 1 Z 1 8
   C. Andere Verkehrsmittel, II 1 Z 1 9
   D. Tage- und Abwesenheitsgeld, II 1 Z 2 10
   E. Übernachtungskosten, II 1 Z 3 11
   F. Mehrheit von Reisen, II 2 12
5) **Anderer Notar, III** 13–18
   A. Voraussetzungen 13
   B. Reisekosten 14–18
6) **Kraftfahrzeugkosten, IV** 19

1) Systematik, I–IV. Man muß für die Reisekosten nach II–IV zwischen dem **1** Gebührennotar nach Üb 1, 8 vor § 140 und den übrigen beamtenrechtlich beurteilbaren Notaren unterscheiden. Die Reisen zu auswärtigen Sprechtagen usw erfolgen in der Erfüllung einer Amtspflicht. Deshalb fallen solche Reisekosten nicht unter § 153. Die Kosten einer Reise eines Angestellten des Notars sind nur insoweit in einem angemessenen Umfang erstattbar, als sie auch wirklich entstanden sind, aM Bund JB **05**, 69.

2) Regelungszweck, I–IV. Wie beim Anwalt nach VV 7003–7006, Teil X dieses **2** Buchs, dient beim Gebührennotar § 153 einer Entschädigung auf einem solchen Teilgebiet der Auslagen, auf dem man eine gewisse Mißbrauchsgefahr bannen, aber auch eine dem Organ der Rechtspflege würdegemäße Handhabung vornehmen muß, um den Interessen sowohl des Notars als auch seines Auftraggebers gerecht zu werden. Der Notar soll jedem Einzelauftrag seine volle Arbeitskraft widmen. Er hat aber die Pflicht zur Unparteilichkeit. Seine Stellung ist einem Staatsorgan immerhin angenähert. Er darf und muß darauf achten, auch einmal ein aufwendigeres, weil schnelleres oder erträglicheres Reisemittel zu wählen, um auch für andere Auftraggeber ausreichend verfügbar zu bleiben. Das alles muß man bei der Auslegung mitbeachten.

3) Geschäftsreise, I–IV. Eine Reisekostenerstattung erfolgt, sofern die folgenden **3** Voraussetzungen zusammentreffen.

   A. Notar. Es ist unerheblich, ob es sich um einen solchen Notar handelt, dem die Gebühren für seine Tätigkeit selbst zufließen, also ein sog Gebührennotar nach Üb 1, 8 vor § 140, oder um einen anderen Notar, Rn 1, Bund JB **05**, 67.

   B. Geschäftsreise. Der Notar muß eine Geschäftsreise ausgeführt haben. Sie liegt **4** dann vor, wenn das Reiseziel außerhalb derjenigen Gemeinde liegt, in der sich nach § 10 BNotO der Amtssitz oder die Wohnung des Notars befindet, I 2. Beim auswärtigen Sprechtag usw gilt § 160 entsprechend. Wohnung ist der beim Einwohnermeldeamt angegebene Erst- wie Zweitwohnsitz. Verkehrskosten jeder Art innerhalb der Gemeinde sind allgemeine Geschäftsunkosten, Bund JB **05**, 68.

   Zusammengehörige Nachbargemeinden können auch nach der jetzigen Fassung des § 153 als derselbe Ort gelten, Köln Rpfleger **76**, 141, aM Köln AnwBl **77**, 25. Insbesondere ist innerhalb desselben Orts unabhängig von seiner Größe auch die Fahrt zwischen dem Büro oder der Wohnung und dem Gericht oder der Behörde keine Geschäftsreise. Innerhalb Berlins entstehen keine Reisekosten. Wohl aber kann eine Entschädigung für eine Reise zu einer auswärtigen Zweigstelle des Gerichts oder zu einem Gerichtstag entstehen. Bei einer Änderung des Gemeindegebiets kann sich auch der Amtssitz ändern, Hamm DNotZ **78**, 758.

   Soweit der Notar als ein *Zeuge oder Sachverständiger* reist, entsteht keine Entschädigung nach § 153, sondern allenfalls eine solche nach dem JVEG, Teil V dieses Buchs. Das gilt auch insoweit, als er über seine Wahrnehmungen als Notar aussagen soll.

   C. Auftrag. Der Notar muß die Geschäftsreise gerade im Auftrag eines Beteilig- **5** ten unternommen haben. Ein ausdrücklicher Reiseauftrag braucht nur insoweit vorzuliegen, als sich die Notwendigkeit der Reise nicht schon aus der Art des Grundauftrags für den Beteiligten erkennbar ergeben hat. Im Zweifel entscheidet zwar das ob-

1005

jektive wohlverstandene Interesse des Beteiligten. Der Notar muß aber seine Tätigkeit für den Auftraggeber so kostengünstig wie möglich abwickeln. Er muß daher evtl vor dem Reiseantritt mit dem Auftraggeber darüber sprechen, ob er die Reise durchführen soll. Das gilt selbst dann, wenn er die Reise für zweckmäßig hält und halten darf, solange eben nicht aus der Zweckmäßigkeit eindeutig eine Notwendigkeit dazu besteht.

6   **D. Reisekosten.** Unter den Voraussetzungen Rn 2–5 entstehen die in II–IV genannten Ersatzansprüche. Der Notar kann die Art des Verkehrsmittels nach seinem eigenen pflichtgemäßen Ermessen in den Grenzen einer gewissen Kostengünstigkeit und der Vermeidung eines Mißbrauchs nach Rn 5 frei wählen. Die Vorschrift ähnelt VV 7003–7006. Es besteht insofern eine Abweichung, als der Notar die Hälfte des jeweils zahlbaren Tage- und Abwesenheitsgelds auf die in § 58 I bestimmte Zusatzgebühr anrechnen muß. Bei mehreren Geschäften auf derselben Reise gilt II 2, auch wenn es sich teilweise um Notargeschäfte, teilweise um Anwaltsgeschäfte handelt. Eine Vereinbarung über die Höhe der Reisekosten ist unwirksam, § 140.

7   4) **Gebührennotar, II.** Man muß fünf Fallgruppen unterscheiden.
     A. Begriff, II 1, 2. Vgl Rn 1.

8   **B. Eigenes Kraftfahrzeug, II 1 Z 1.** Bei der Benutzung eines eigenen Kraftfahrzeugs beliebiger Art entsteht die in IV genannte Fahrtkostenentschädigung, Rn 19. Die bloße Mitfahrt im fremden Kfz ist keine „Benutzung". Die Mitnahme eines Dritten ändert nichts an der „Benutzung". Maßgeblich ist die Haltereigenschaft zur Zeit der Geschäftsreise oder die tatsächliche Verfügungsgewalt. Das gilt etwa bei einer Benutzung des Kfz des Ehegatten.

9   **C. Andere Verkehrsmittel, II 1 Z 1.** Bei einer Benutzung anderer Verkehrsmittel als des eigenen Kfz nach Rn 19 entsteht ein Anspruch auf eine Erstattung der tatsächlichen Aufwendungen, begrenzt durch das „Angemessene". Das ist grundsätzlich mehr als das unbedingt Notwendige und weniger als das durchaus Unnötige. Indessen kann zB der ein Milliardengeschäft betreuende Notar erheblich aufwendiger reisen als derjenige, der das Testament über einen Nachlaß von 5000 EUR aufsetzen soll. Im Rahmen der Vermeidung des Luxuriösen hat der Notar einen ziemlich breiten Spielraum. Man muß kleinliche Abstriche unterlassen. Natürlich darf er auch nicht prassen.

10   **D. Tage- und Abwesenheitsgeld, II 1 Z 2.** Der Notar erhält die in Z 2 direkt genannten Beträge. Die Reisedauer errechnet sich ab dem und bis zum Amtssitz oder seiner Wohnung.

11   **E. Übernachtungskosten, II 1 Z 3.** Der Notar erhält „angemessene" Übernachtungskosten ersetzt, Rn 17.

12   **F. Mehrheit von Reisen, II 2.** Die Vorschrift stellt klar, daß für die Verrechnung die Anwalts- und Notargeschäfte gleichstehen.

13   5) **Anderer Notar, III.** Es müssen die folgenden Bedingungen zusammentreffen.
     A. Voraussetzungen. III ist anwendbar, soweit die Voraussetzungen Rn 2–13 bei einem solchen Notar zutreffen, der kein Gebührennotar ist, Üb 1, 7 vor § 140, § 142. Diese Regelung gilt in Baden-Württemberg.

14   **B. Reisekosten.** Unter den Voraussetzungen Rn 2–6 entstehen Ansprüche auf eine Reisekostenentschädigung nach dem BRKG, jedoch mit einigen Abänderungen. Wenn der Hin- und Rückweg zusammen nicht mehr als 200 km beträgt oder wenn der Notar die Erstattung für einen Weg nicht mehr als 200 km verlangt, erhält er ohne den Nachweis, welches Verkehrsmittel er benutzt hat, einen Fahrtkostenersatz nach IV.

15   Die Kosten der Benutzung des eigenen *Kraftfahrzeugs* sind nur insoweit erstattungsfähig, als seine Benutzung nach den Umständen erforderlich war, insbesondere nach dem Zweck der Geschäftsreise. Die Zuständigkeit genügt nicht. Da der Notar die Kosten für den Auftraggeber niedrig halten muß, darf man die Notwendigkeit einer Reise im eigenen Pkw auch nicht allzu großzügig prüfen.

16   Andererseits muß man die *heutigen Verhältnisse* und daher den Umstand berücksichtigen, daß jedermann einen Pkw fährt. Man kann nicht vom Notar erwarten, daß er

2. Teil. Kosten der Notare **§§ 153, 154 KostO**

mühsamer reist als irgendein Arbeiter. Daher ist im Ergebnis die Notwendigkeit fast stets vorhanden.

Umstände, die die Benutzung des Pkw insbesondere rechtfertigen können, *sind zB:* **17**
Eine Gehbehinderung des Notars; ein sonst unvermeidbarer Umweg; ungünstige Abfahrtzeiten von Bus oder Bahn; die Notwendigkeit, umfangreichere Akten mitzunehmen. Für die Benutzung des eigenen Kraftwagens entsteht, soweit überhaupt, ein Fahrtkostenersatz nach IV. Bei einem Nachweis höherer notwendiger Auslagen ist die Bewilligung eines Zuschusses möglich, § 4 JVEG, Teil V dieses Buchs.

Die *Nebenkosten* zB des Zeugen und des Abgangs sind ebenfalls erstattungsfähig, **18**
§ 14 BRKG.

6) Kraftfahrzeugkosten, IV. Zum Begriff der Benutzung des eigenen Kraftfahr- **19**
zeugs Rn 8. IV stellt klar, daß die km-Pauschale nicht die Barauslagen umfaßt. Das ergibt sich aus der Stellung des mit dem Wort „zuzüglich" beginnenden letzten Hs hinter der Zahl „0,30 Euro …". Andererseits fallen Barausgaben für die in Hs 1 vor dieser Zahl genannten Kostenarten unter die Pauschale. Ihrem Sinn entsprechend sind die Begriffe „Anschaffungs-, Unterhaltungs- und Betriebskosten" weit auslegbar. Die Parkgebühren sind nach IV aE gesondert erstattbar.

Einforderung der Kosten

154 [I] Fließen die Kosten dem Notar selbst zu, so dürfen sie nur auf Grund einer dem Zahlungspflichtigen mitgeteilten, von dem Notar unterschriebenen Berechnung der Gebühren und Auslagen eingefordert werden.

[II] In der Berechnung sind die Geschäftswerte, die Kostenvorschriften, eine kurze Bezeichnung des jeweiligen Gebührentatbestands, die Bezeichnung der Auslagen, die Beträge der angesetzten Gebühren und Auslagen sowie etwa verauslagte Gerichtskosten und empfangene Vorschüsse anzugeben.

[III] [1]Der Notar hat eine Ablichtung oder einen Ausdruck der Berechnung zu seinen Akten zu bringen. [2]Er hat sie ferner unter jeder von ihm erteilten Ausfertigung sowie unter jedem Beglaubigungsvermerk aufzustellen. [3]Hat der Notar eine Urkunde entworfen und demnächst beglaubigt, so sind auch die Kosten des Entwurfs unter der Beglaubigung zu vermerken.

Vorbem. III 1 geändert dch Art 14 II Z 16 JKomG v 22. 3. 05, BGBl 837, in Kraft seit 1. 4. 05, Art 16 I JKomG, Übergangsrecht § 161 KostO.

Gliederung

1) Systematik, I–III	1
2) Regelungszweck, I–III	2
3) Geltungsbereich, I–III	3
4) Notwendigkeit einer Berechnung, I	4
5) Beispiele zur Frage einer Berechnung, I	5
6) Inhalt der Berechnung, II	6–18
A. Geschäftswert	7
B. Sonstige Kostenvorschriften	8, 9
C. Kurze Bezeichnung des Gebührentatbestands	10
D. Bezeichnung der Auslagen	11
E. Beträge der Gebühren und Auslagen	12
F. Verauslagte Gerichtskosten	13
G. Vorschuß	14
H. Weitere Angaben	15, 16
I. Verstoß	17, 18
7) Ablichtung oder Ausdruck, III	19, 20
8) Nachforderung, I–III	21

1) Systematik, I–III. Die Vorschrift ähnelt § 10 RVG. Sie regelt die von der Ent- **1**
stehung und der Fälligkeit zu unterscheidende Einforderbarkeit der Notarvergütung. §§ 155 ff ergänzen sie. Es handelt sich bei § 154 um Voraussetzungen der Klagbarkeit.

2) Regelungszweck, I–III. Er besteht wie bei § 10 RVG vor allem in einer **2**
Nachprüfbarkeit der Berechnung für den Auftraggeber, Köln FGPrax **07**, 252, und für alle diejenigen, die die Berechnung ebenfalls überprüfen wollen oder müssen, zB

die Versicherung, einen weiteren Beteiligten, den Präsidenten des LG bei § 156 und bei einem Streit das Gericht. Der Notar als Organ der Rechtspflege nach § 1 BNotO soll sich aus allen diesen Gründen auch von vornherein wegen seiner Vergütungsforderungen eine Selbstkontrolle auferlegen, zumal in der Praxis wohl meist sein Personal die Berechnung erstellt. Das alles muß man bei der Auslegung mitbeachten.

3 3) **Geltungsbereich, I–III.** Die Vorschrift gilt nur für den Gebührennotar nach Üb 1, 8 vor § 140. Sie gilt nur insoweit, als er gerade als Notar gehandelt hat, nicht als Anwalt, § 24 II BNotO, KG MDR **98**, 123. Sie gilt nur bei einer solchen Tätigkeit, für die der Kostenschuldner eine der Personen nach §§ 2ff ist, also nicht ein Dritter, KG MDR **98**, 123. Bei demjenigen Notar, dessen Gebühren in die Staatskasse fließen, gilt § 14. Der Notar setzt die Kosten an. In einer Sozietät muß der einzelne Notar als der alleinige Kostengläubiger dieser Sache tätig werden, BayObLG MittBayNot **86**, 212.

4 4) **Notwendigkeit einer Berechnung, I.** Der Gebührennotar ist der alleinige Kostengläubiger, BayObLG MittBayNot **86**, 212. Er muß eine Berechnung der Gebühren und Auslagen aufstellen. Für jedes Geschäft muß er eine eigene vollständige Berechnung anfertigen. Das kann freilich zusammen mit weiteren Kostenberechnungen in demselben Dokument geschehen, BayObLG JB **80**, 756. Maßgeblich ist die Zahl der Urkunden. Die Berechnung muß angeben, wer zahlen soll, BayObLG MittBayNot **83**, 194.

5 5) **Beispiele zur Frage einer Berechnung, I**
Anerkenntnis: S „Verjährung".
Bezeichnung: Die Einforderung muß schon wegen § 155 eindeutig erfolgen. Sie braucht noch nicht in der Kostenberechnung zu stehen, Ffm Rpfleger **88**, 207. Deren bloße Übersendung ist noch keine Zahlungsaufforderung.
Fälligkeit: Sie entsteht erst mit dem Eingang der Mitteilung der Berechnung, Hamm MDR **88**, 420.
S aber auch „Vorschuß", „Zahlungsannahme".
Gesamtschuldner: Bei Gesamtschuldnern nach § 5 kann der Notar frei wählen, wen von ihnen er auffordert. Er muß den Zahlungspflichtigen genau und richtig bezeichnen, BayObLG **90**, 338 (Bundespost), Schlesw DNotZ **96**, 475, LG Hann JB **04**, 549. Die Angabe „als Gesamtschuldner" ist zwar nicht zwingend, wohl aber evtl nützlich, BayObLG **81**, 348. Bei mehreren Beteiligten muß man trotz einer Gesamtschuldnerschaft nach § 5 doch der Berechnung zumindest in einem schwierigeren Fall entnehmen können, wer nach der Meinung des Notars zumindest zunächst oder in erster Linie aus welchem Grund in welcher Höhe haften soll, BayObLG **81**, 351, LG Hann JB **04**, 665 rechts.
Mitteilung: Der Notar muß seine Berechnung jedem Zahlungspflichtigen vor einer Vollstreckbarerklärung schriftlich mitteilen, KG MDR **05**, 540 (ein Telefax reiche nicht), LG Hann JB **04**, 665 rechts, oder elektronisch übermitteln. Das ist auch bei § 17 III 2 nötig, BGH NJW **06**, 1138. Wegen § 155 muß der Notar auch klar erklären, ob er nun auch schon und noch Geld haben will oder die Berechnung nur aus anderen Gründen übermittelt, etwa nach III 2, 3.
S aber auch „Vorschuß".
Nachforderung: S „Zurückbehaltungsrecht".
Stundung: S „Mitteilung" und BGH NJW **06**, 1138.
Tod: Wenn der Notar verstorben ist, darf sein Amtsnachfolger die Berechnung nur insoweit aufstellen, als das Notariat inzwischen eine Behörde ist. Andernfalls müssen dasjenige AG oder derjenige Notar die Berechnung aufstellen, die die Akten des verstorbenen Notars nach § 51 I BNotO amtlich verwahren, KG DNotZ **82**, 776.
Unterschrift: Der Notar oder sein Vertreter muß die an den Kostenschuldner abgehende Originalrechnung gesondert eigenhändig und handschriftlich unterschreiben oder signieren, KG ZNotP **05**, 39, LG Coburg JB **88**, 1208. Ein Faksimilestempel oder die Unterschrift des Bürovorstehers reicht nicht. Ein amtlicher Vertreter muß als solcher erkennbar sein, LG Ffm MDR **90**, 933. Andernfalls muß das LG die Berechnung nach § 156 wegen eines unheilbaren Mangels aufheben, BayObLG MDR **77**, 226, LG Ffm MDR **90**, 933, LG Hann JB **95**, 102.

2. Teil. Kosten der Notare § 154 KostO

Verjährung: Nur nach einer ordnungsgemäßen Kostenberechnung kann ein Anerkenntnis des Kostenschuldners die Verjährung hemmen, Ffm DNotZ **87**, 180. Freilich entsteht dadurch nicht eine (jetzt) dreijährige Verjährungsfrist, Hamm MDR **92**, 715.
S auch „Mitteilung".
Vorschuß: Der Notar darf und muß in demselben Umfang wie das Gericht einen Vorschuß erheben. Dazu braucht er noch keine förmliche Kostenberechnung mitzuteilen. Gegen die Höhe des Vorschusses ist die Erinnerung nach § 8 III statthaft.
Zahlungsannahme: Der Notar darf schon vor der Mitteilung seiner Berechnung eine Zahlung auf sie annehmen, Hamm MDR **88**, 420.
S aber auch „Fälligkeit", „Vorschuß".
Zahlungsaufforderung: S „Bezeichnung".
Zurückbehaltungsrecht: Der Notar hat ein solches Recht nach § 10 wegen eines Nachforderungsanspruchs, § 143.

6) Inhalt der Berechnung, II. Der Kostenschuldner muß die Kostenberechnung überprüfen und erwägen können, ob sie eine Veranlassung zur Herbeiführung einer gerichtlichen Entscheidung gibt, Köln FGPrax **07**, 292. Deshalb muß man an die Verständlichkeit des Inhalts strenge Anforderungen stellen, BayObLG **81**, 351, Brdb DNotZ **97**, 249 (krit Waldner), Düss VersR **84**, 47. Die Kostenberechnung des Gebührennotars muß in den Grenzen der vorrangigen Verschwiegenheitspflicht gegenüber einem Dritten mindestens die folgenden Angaben enthalten. Es können zwecks ihrer Verständlichkeit ergänzende Angaben notwendig sein.

A. Geschäftswert. Die Berechnung muß den Geschäftswert in EUR bezeichnen. Das ergibt sich schon aus dem klaren Wortlaut, aM Klein DNotZ **97**, 352. Der Notar muß den Geschäftswert so darstellen, daß der Empfänger die Ermittlung nachvollziehen kann, BGH NJW **03**, 977, Düss JB **05**, 152, Schlesw DNotZ **85**, 480. Zu diesem Zweck muß er evtl den Geschäftswert aufschlüsseln, BGH NJW **03**, 977, Oldb NdsRpfl **00**, 214, LG Hann JB **05**, 266, aM KLBR 8b (aber auch das kann zur Nachvollziehbarkeit unerläßlich sein). Zwar braucht der Notar insofern keinen Roman zu schreiben. Die Kostenberechnung muß aber jedenfalls die tragenden Überlegungen zum Geschäftswert stichworthaltig erkennen lassen. „Höchstwert" reicht nicht aus, LG Kref JB **83**, 1243.
Die *Anführung* derjenigen Gesetzesvorschriften, die der Notar dem *Geschäftswert* zugrunde legt, ist *nicht stets unbedingt* erforderlich, Hamm JB **97**, 100 (wegen § 151a), wohl aber dann, wenn der Empfänger die Ermittlung anders nur schwer nachvollziehen könnte, Düss JB **05**, 152. Ein gewissenhafter Notar sollte die maßgeblichen Wertvorschriften stets angeben, und zwar bei umfangreicheren Vorschriften ihren Absatz, Satz, ihre Ziffer usw.

B. Sonstige Kostenvorschriften. Die Kostenberechnung muß auch die maßgebenden sonstigen Kostenvorschriften enthalten, sog Zitiergebot, BGH NJW **08**, 2192, Köln FGPrax **07**, 292 (auch zu den Grenzen). Das gilt schon deshalb, weil der Notar die eigene Rechnung mit einer Vollstreckungsklausel versehen kann, § 155, BayObLG **90**, 277, Brdb DNotZ **97**, 249 (krit Waldner), Hamm MDR **92**, 715 und 716. Der Notar muß also die Paragraphen nennen, und zwar sowohl wegen der Gebühren und des ihnen zugrunde liegenden Werts nach Rn 6, 7 als auch wegen der Auslagen nach Rn 11, Düss MDR **01**, 176, Mü FGPrax **06**, 180. Das zeigt der Oberbegriff Kostenvorschrift, Schmidt FGPrax **96**, 41.
Man muß eine *große Genauigkeit* fordern, Düss MDR **01**, 176, LG Arnsberg MDR **03**, 960. § 32 soll stets dazugehören, BGH NJW **08**, 2192. § 141 soll wegbleiben dürfen, BGH NJW **08**, 2192, Köln FGPrax **07**, 141 (großzügig). Bei umfangreicheren Vorschriften kann es notwendig sein, auch den Absatz, den Satz, die Ziffer usw der Vorschrift mitanzugeben. Das gilt freilich nur, soweit man nur so den Zweck erreichen kann, dem Empfänger den Nachvollzug mühelos zu ermöglichen, BGH JB **07**, 213, Hamm FGPrax **07**, 188, Mü FGPrax **06**, 180, aM Brschw MDR **76**, 412, Hamm RR **00**, 1600, Delp JB **76**, 734 (aber Formvorschriften sind nun einmal trotz ihrer Lästigkeit streng anwendbar).
Bei einer nach *Zeitabschnitten* bemessenen Gebühr muß der Notar auch den Zeitaufwand in Stunden angeben. Er muß auch diejenigen Vorschriften nach Paragraphen

1009

und evtl näher aufgeschlüsselt angeben, nach denen er einen Auslagenersatz fordert, BayObLG DNotZ **84**, 648.

10 **C. Kurze Bezeichnung des Gebührentatbestands.** II verlangt neben der Angabe der angewandten Vorschriften auch eine kurze individualisierende Bezeichnung der Art der Vorschrift, Hamm MittBayNot **00**, 59, also zB „Anmeldegebühr", Hamm RR **00**, 366, oder „Entwurf eines Grundstückskaufvertrags nebst Auflassung", Hamm RR **00**, 1600. Nicht ausreichend ist eine zu allgemeine Angabe wie „Vertrag" oder „Erklärung". Der Notar braucht aber nicht alle Einzelheiten etwa zu § 145 III anzugeben, Hamm RR **00**, 1600.

11 **D. Bezeichnung der Auslagen.** II verlangt neben dem Betrag auch die Bezeichnung der Auslagen, zB „Reisekosten" oder „Zustellungsentgelte" oder „Umsatzsteuer", Tiedtke/Schmidt DNotZ **95**, 738. Auch hier ist eine genaue Angabe der einschlägigen Vorschriften erforderlich, BayObLG **04**, 313 (Abrufkosten beim maschinellen Grundbuch), Düss MDR **01**, 176. Freilich muß der Notar dann nicht stets sämtliche Untergliederungsziffern einer Auslagenvorschrift nennen, wenn er den Auftraggeber auch ohne sie ausreichend informieren kann, Hamm FGPrax **05**, 45 (großzügig).

12 **E. Beträge der Gebühren und Auslagen.** Der Gebührennotar muß in der Kostenberechnung neben der Bezeichnung nach Rn 10, 11 auch die Beträge der angesetzten Gebühren und Auslagen in EUR angeben. Selbstverständlich muß er die Beträge aufschlüsseln, soweit das erforderlich ist, um dem Empfänger die Nachprüfung zu ermöglichen, BayObLG DB **85**, 487. Er muß auch die in Anrechnung gestellte Umsatzsteuer in der Höhe nach Rn 5 und daher gemäß §§ 14 IV, 14 a UStG, §§ 33, 34 UStDV nachvollziehbar angeben. Dazu gehört der angesetzte Prozentsatz auch dann, wenn der Notar nicht ausnahmsweise nur eine ermäßigte Umsatzsteuer ansetzt, sowie der Hinweis auf § 151 a. Denn erst dadurch wird dieser Teil der Forderung nachvollziehbar, aM Hamm JB **97**, 100 (aber eine solche Genauigkeit ist durchaus zumutbar und für den Kostenschuldner oft unentbehrlich). Zur Umsatzsteuer beim Grundbuch oder Registerabruf Haerder/Wegerhoff JB **06**, 119 (ausf).

13 **F. Verauslagte Gerichtskosten.** Der Gebührennotar muß in der Kostenberechnung auch den Betrag der insgesamt verauslagten Gerichtskosten nennen. Dazu zählen Kosten des Abrufs von Daten aus einem maschinellen Register oder Grundbuch, BayObLG FGPrax **05**, 43, Zweibr Rpfleger **06**, 228. Soweit er Gerichtskosten in mehreren Teilbeträgen oder zu unterschiedlichen Zeitpunkten und evtl in irgendeiner für den Empfänger nicht sofort verständlichen Weise gezahlt hat, kann die Aufschlüsselung auch dieses Postens erforderlich sein.

14 **G. Vorschuß.** Der Gebührennotar muß in der Kostenberechnung angeben, ob, wann, von wem außer vom Auftraggeber und in welcher Höhe er Vorschüsse empfangen hat. Es ist unerheblich, ob er einen Vorschuß erbeten hatte oder ob der Auftraggeber unaufgefordert zahlte. Der Zeitpunkt der Empfangnahme ist jedenfalls insofern erforderlich, als Verzinsungsfragen davon abhängen können. Eine Verzinsung ist freilich von den Umständen abhängig.

Auch alle *weiteren* erhaltenen Zahlungen müssen in der Kostenrechnung und nicht nur in einem Begleitschreiben usw vorkommen, BayObLG MittBayNot **04**, 248, Düss RR **02**, 216.

15 **H. Weitere Angaben.** Es ist wegen (jetzt) § 14 IV 1 Z 2 UStG notwendig, die allgemeine zehnstellige Steuernummer und nicht die etwaige zusätzliche Umsatzsteuer-Identifikations-Nr des Notars in der Rechnung anzugeben, BMF NJW **02**, 2452, Hartmann NJW **02**, 1853, Streck NJW **02**, 1848. Es hängt im übrigen von den Umständen ab, ob der Gebührennotar in der Kostenberechnung über die vorstehenden Angaben hinaus weitere Angaben machen muß. Das Fehlen der Erwähnung weiterer Angaben in II bedeutet nicht etwa die Entbehrlichkeit aller dort nicht ausdrücklich genannten Angaben. Andererseits muß der Notar nach II eine grundsätzlich vollständige Darstellung der notwendigen Angaben liefern. Weitere Angaben sind daher nur ausnahmsweise notwendig.

16 *Hierher können* Angaben über die Höhe, den Empfangszeitpunkt und evtl das Empfangskonto solcher Summen zählen, bei denen es bereits streitig geworden ist, ob der Auftraggeber sie an den Notar als Vorschüsse oder zu anderen Zwecken gezahlt hat, etwa als eine Zahlung auf ein in der beurkundeten Vereinbarung genanntes Treuhandkonto.

I. Verstoß. Gegen die öffentlichrechtliche Kostenforderung ist nach Art 19 IV 1 17
GG der ordentliche Rechtsweg offen. Soweit eine der nach Rn 5–16 notwendigen Angaben fehlt oder unvollständig ist, ist eine Nachholung zulässig, § 156 Rn 3, Hamm FGPrax **08**, 270, Köln FGPrax **07**, 292, Mü FGPrax **06**, 180. Soweit der Notar die Nachholung nicht vornehmen will oder kann, ist auch eine richterliche Nachprüfung der Kostenberechnung nicht vollständig möglich. Infolgedessen ist allerdings die ganze Kostenberechnung unwirksam, Düss MDR **01**, 176, Schlesw JB **78**, 911. Das Gericht muß sie dann von Amts wegen ohne eine weitere Sachprüfung aufheben, BayObLG DB **85**, 487, Düss RR **02**, 216.

Ein bloßer *Irrtum* des Notars bei der Angabe einer an sich richtig angewendeten 18
Vorschrift über den Geschäftswert oder über die Gebührenhöhe usw läßt sich zwar nach § 156 klären. Er berührt aber die Wirksamkeit der Kostenberechnung nicht, Düss Rpfleger **75**, 266.

7) Ablichtung oder Ausdruck, III. Der Notar muß die Kostenberechnung 19
schon zwecks ihrer Überprüfbarkeit durch die Dienstaufsicht nach § 93 BNotO in einer einfachen Ablichtung oder einem Ausdruck der elektronischen Fassung zu seinen Hauptakten nach § 19 BNotO nehmen, III 1, also zur Urkundensammlung. Es genügt eine unbeglaubigte und nicht unterschriebene Ablichtung. Ihr Text muß natürlich vollständig sein. Darüber hinaus muß der Notar unter jeder von ihm erteilten Ausfertigung und unter jedem Beglaubigungsvermerk eine Kostenberechnung aufstellen, III 2. Diese Pflicht ist unabhängig davon, ob der Auftraggeber die Kosten schon bezahlt hat. Der Notar muß freilich seine vorrangige Verschwiegenheitspflicht beachten. Bei dieser Aufstellung ist eine besondere Unterzeichnung entbehrlich. Eine derartige Aufstellung ist bei einer einfachen Ablichtung usw nicht erforderlich.

Schließlich muß derjenige Notar, der eine Urkunde entworfen und demnächst beglaubigt hat, die Kosten des *Entwurfs* unter der Beglaubigung mitvermerken, III 3. 20
Unter einem bloßen Entwurf ist kein Kostenvermerk erforderlich.

8) Nachforderung, I–III. Eine Nachforderung ist unter den Voraussetzungen 21
I–III statthaft. Denn § 15 gilt nach § 143 I für den Notar nicht. Der Notar darf und muß wegen seiner Amtsstellung nach Üb 2 vor § 140 eine Nachforderung auch geltend machen, LG Würzb MittBayNot **80**, 124. Freilich kann eine Verwirkung wie bei jedem sachlichrechtlichen Anspruch eingetreten sein, ebenso eine Verjährung. Allerdings kann eine Notarkostenbeschwerde einen Einfluß auf die Verjährung haben, Düss RR **05**, 510.

Verzinsung des Kostenanspruchs

154a ¹Der Zahlungspflichtige hat die Kosten zu verzinsen, wenn ihm eine vollstreckbare Ausfertigung der Kostenberechnung (§ 154) zugestellt wird, die Angaben über die Höhe der zu verzinsenden Forderung, den Verzinsungsbeginn und den Zinssatz enthält. ²Die Verzinsung beginnt einen Monat nach der Zustellung. ³Der Zinssatz beträgt für das Jahr fünf Prozentpunkte über dem Basiszinssatz nach § 247 des Bürgerlichen Gesetzbuchs.

Schrifttum: Otto/Reich JB **06**, 4 (Üb).

1) Systematik, S 1–3. Es handelt sich um eine Ergänzung der Rechtsfolgen einer 1
nach § 154 ordnungsgemäßen Kostenrechnung.

2) Regelungszweck, S 1–3. Die Vorschrift dient der Klarstellung in der früher 2
anders und undurchsichtig geregelten Verzinsungsfrage mit ihrer ja evtl ganz erheblichen wirtschaftlichen Bedeutung. Entsprechend dem Wort „nur" in § 1 I 1 muß man sie im Zweifel zugunsten des Auftraggebers auslegen.

3) Geltungsbereich, S 1–3. Die Regelung erfaßt alle Kosten, also nach § 1 I 1 3
auch alle Auslagen des Gebührennotars. Ein Zinsverzicht wäre wegen § 140 S 2 unwirksam, auch wenn Zinsen nicht ein Teil der Gebühren und Auslagen, sondern erst deren Folge sind, Tiedtke/Fembacher MittBayNot **04**, 317. S 1 spricht auch von „hat ... zu verzinsen".

4   4) Zustellung vollstreckbarer Ausfertigung, S 1–3. Die Verzinsungspflicht setzt eine vom Notar als vollstreckbar erklärte Kostenberechnung und deren Zustellung an den Kostenschuldner voraus. Die Berechnung muß die genaue Angabe des verzinsbaren Betrags enthalten. Nötig ist ferner die Angabe desjenigen Zinssatzes, den der Notar fordert, und des maßgeblichen Verzinsungsbeginns, also 1 Monat nach Zustellung, S 2. Der Notar muß den noch nicht fälligen Teilbetrag natürlich abziehen. Eine teilweise erst spätere Fälligkeit zwingt zu einer neuen Zustellung, Tiedtke/Fembacher MittBayNot **04**, 317.

5   5) Verstoß, S 1–3. Ein Mangel kann die Zinsforderung derzeit unwirksam machen. Jedoch kann der Notar ihn heilen, LG Mü MittBayNot **85**, 220, wenn auch nicht rückwirkend.

Beitreibung der Kosten und Zinsen

155 ¹Die Kosten und die auf diese anfallenden Zinsen werden auf Grund einer mit der Vollstreckungsklausel des Notars versehenen Ausfertigung der Kostenberechnung (§ 154) nach den Vorschriften der Zivilprozeßordnung beigetrieben; § 798 der Zivilprozeßordnung gilt entsprechend. ²Die Vollstreckungsklausel, die zum Zwecke der Zwangsvollstreckung gegen einen zur Duldung der Zwangsvollstreckung Verpflichteten erteilt wird, hat den Ausspruch der Duldungspflicht zu enthalten.

Gliederung

1) Systematik, S 1, 2	1
2) Regelungszweck, S 1, 2	2
3) Geltungsbereich, S 1, 2	3
4) Vollstreckungsklausel, S 2	4, 5
5) Weiteres Verfahren, S 1, 2	6–10
A. Frist usw	7
B. Kosten	8
C. Zinsen	9
D. Verjährung	10
6) Rechtsbehelfe, S 1, 2	11

1   1) Systematik, S 1, 2. Die Vorschrift bevorzugt den Notar als den Kostengläubiger. Seiner zumindest halbamtlichen Stellung des Notars als eines Organs der Rechtspflege nach § 1 BNotO und als eines seiner Pflicht zur Unparteilichkeit bevorzugten Kostengläubigers entsprechen Erleichterungen bei der Durchsetzung des Vergütungsanspruchs in Verbindung mit der ZPO.

2   2) Regelungszweck, S 1, 2. Die Erleichterungen Rn 1 dienen der Zweckmäßigkeit durch eine ganz erhebliche Vereinfachung des Durchsetzungsverfahrens bis fast zu einer Art halber Selbstbedienung. Das bedeutet eine entsprechend hohe Verantwortung des Notars. Er darf nicht einfach auf Einwendungen nach § 156 warten. Vielmehr muß er jede Vorschrift auslegen. Die Auslegung muß trotz des oben genannten Zwecks jede Rücksichtslosigkeit im Interesse der Rechtspflege vermeiden. Ihr dient ja auch der Notar.

3   3) Geltungsbereich, S 1, 2. Die Vorschrift gilt nur für den Gebührennotar nach Üb 1, 8 vor § 140. Sie gilt auch insofern nur für seinen Anspruch auf Grund der KostO. Sie dient ihm also nicht für einen Anspruch aus einer Tätigkeit als Anwalt, § 154 Rn 1. Für einen anderen Notar gilt das Verwaltungszwangsverfahren.

4   4) Vollstreckungsklausel, S 2. Die vom Notar sich selbst zulässigerweise mit der Vollstreckungsklausel versehene Ausfertigung der ordnungsgemäß erstellten und mitgeteilten Berechnung der Kosten nach § 154 nebst der Berechnung der Zinsen nach § 154a ist ein Vollstreckungstitel nach §§ 704, 724, 794 ZPO, Brdb DNotZ **97**, 249, Celle FGPrax **09**, 278, LG Hann JB **96**, 316. Daher ist für die Beitreibung der Kosten kein besonderer Rechtsstreit erforderlich. Bei mehreren Kostenschuldnern kann der Notar sich die Vollstreckungsklausel gegen alle als Gesamtschuldner oder zunächst nur gegen einen oder mehrere von ihnen und später gegen den oder die restlichen erteilen.

1012

Soweit ein *anderer* als der Auftraggeber eine Zwangsvollstreckung dulden muß, kann der Notar eine Vollstreckungsklausel gegen ihn erteilen, § 29 GKG Rn 25 ff. Soweit der Notar die Forderung abgetreten hat oder soweit sie einem Dritten zur Einziehung überwiesen wurde, erteilt der Notar die Vollstreckungsklausel dem nunmehr Berechtigten. § 727 ZPO ist ungeachtet § 3 Z 3 anwendbar, LG Dortm DNotZ **84**, 454, aM KLBR 4 (aber die Vorschrift gilt allgemein). Auch § 733 ZPO ist auf eine weitere vollstreckbare Ausfertigung anwendbar.

Die Vollstreckungsklausel muß den Anforderungen der *ZPO* entsprechen. Denn sie bildet die Grundlage der Beitreibung, Celle FGPrax **09**, 278. Der Notar muß sie also unterschreiben und mit seinem Amtssiegel oder Stempelabdruck versehen, § 725 ZPO. Der Name des Gläubigers ergibt sich aus der Unterschrift, sofern der unterschreibende Notar auch noch der Gläubiger ist. Der Notar muß den Schuldner in der Vollstreckungsklausel genau bezeichnen. Er muß in seiner Handakte entsprechend § 734 ZPO vermerken, wann und gegen wen er eine Vollstreckungsklausel erteilt hat.

Ist der Notar *weggefallen*, erteilt diejenige Behörde die Vollstreckungsklausel, die die 5 Notariatsakten verwahrt, § 797 II ZPO, §§ 51, 55 BNotO. Im übrigen ist nur der Notar selbst oder sein Vertreter im Amt zur Erteilung zuständig. Wegen des Notarverwesers §§ 56 ff BNotO.

S 1 versteht unter eine „Ausfertigung der Kostenberechnung" *keine Ausfertigung* im strengen Sinn. Es genügt eine den Anforderungen der §§ 154, 154 a entsprechende Berechnung der Kosten und Zinsen nebst einer Vollstreckungsklausel und einer diese Berechnung und die Vollstreckungsklausel erfassenden Unterschrift des Notars, Hamm MDR **88**, 420. Jede Kostenrechnung muß eine eigene Vollstreckungsklausel erhalten, Celle FGPrax **09**, 278.

Soweit der Auftraggeber dem Notar einen *Scheck* ausgestellt und übergeben hat, kann der Notar auf Grund des Schecks im Klageweg vorgehen, LG Köln MDR **78**, 679 (zustm Elzer).

5) Weiteres Verfahren, S 1, 2. Das übrige Beitreibungsverfahren erfolgt nach 6 den Vorschriften der ZPO über die Zwangsvollstreckung.

A. Frist usw. Die Vollstreckung kann frühestens eine Woche nach dem Zeitpunkt 7 der Zustellung des Vollstreckungstitels und der Vollstreckungsklausel beginnen, § 798 ZPO, S 1 Hs 2, Hamm MDR **88**, 420. Die nach §§ 154, 154 a erforderliche Mitteilung braucht nicht vor der Zustellung der Vollstreckungsklausel zu geschehen, sondern kann zugleich mit ihr erfolgen, Hamm MDR **88**, 420. Es kann zur Vermeidung einer Haftung nach § 157 I 2 ratsam sein, einen Monat zu warten, Hamm MDR **88**, 420. Unter Umständen muß man die Vollstreckungsklausel berichtigen oder einschränken. Zustellungen erfolgen im Parteibetrieb durch den Gerichtsvollzieher, §§ 191 ff ZPO.

§ 189 ZPO ist bei einer *Auslandszustellung* grundsätzlich anwendbar.

B. Kosten. Die Kosten der Zwangsvollstreckung werden im Rahmen des § 788 8 ZPO beigetrieben. Zur Festsetzung ist das Vollstreckungsgericht zuständig, BLAH § 788 ZPO Rn 11. Der Notar kann für die Erteilung eines Vollstreckungsauftrags keine Gebühr nach dem RVG nebst VV beanspruchen, AG Ffm DGVZ **95**, 79, AG Fritzlar DGVZ **86**, 47, AG Pfaffenhofen DGVZ **84**, 47. Er kann die Kosten eines zur Zwangsvollstreckung eingeschalteten Anwalts nicht erstattet fordern, AG Pfaffenhofen DGVZ **84**, 47. Er darf Beitreibungskosten nicht in die Kostenberechnung nach § 154 aufnehmen, LG Bln DNotZ **83**, 583.

C. Zinsen. Etwaige Verzugszinsen sind (jetzt) ebenfalls beitreibbar. Damit ist diese 9 frühere Streitfrage erledigt. Im übrigen ist eine Zwangsvollstreckung auch in ein Grundstück oder grundstücksgleiches Recht unbeschränkt zulässig.

D. Verjährung. Durch die Zustellung der Ausfertigung der Kostenberechnung 10 nebst Vollstreckungsklausel wird aus der (jetzt) dreijährigen Verjährungsfrist des § 195 BGB die 30jährige nach (jetzt) § 197 I Z 3 BGB, Mü JB **91**, 1111, Schlesw DNotZ **83**, 580, Zweibr JB **01**, 105 (je: wenn sie unanfechtbar geworden ist), aM KG MDR **90**, 1126, Appell DNotZ **78**, 576.

6) Rechtsbehelfe, S 1, 2. Gegen die Art und Weise der Zwangsvollstreckung ist 11 die Erinnerung nach § 766 ZPO an das Vollstreckungsgericht des § 764 ZPO statthaft, AG Pfaffenhofen DGVZ **84**, 47. Gegen den Anspruch selbst hat der Vollstreckungsschuldner nicht die Vollstreckungsabwehrklage des § 767 ZPO, sondern nur die Beschwerde nach dem vorrangigen § 156, Oldb MDR **97**, 394, BLAH § 767 ZPO Rn 17 „J. Einwendungen gegen Notarkostenrechnung". Gegen die Vollstreckungsklausel ist ebenfalls die Beschwerde nach § 156 statthaft. Sie hat keine aufschiebende Wirkung.

Einwendungen gegen die Kostenberechnung

156 *Fassung 1. 9. 2009:* [I] [1]Gegen die Kostenberechnung (§ 154), einschließlich der Verzinsungspflicht (§ 154a), die Zahlungspflicht und gegen die Erteilung der Vollstreckungsklausel kann die Entscheidung des Landgerichts, in dessen Bezirk der Notar den Amtssitz hat, beantragt werden. [2]Das Gericht soll vor der Entscheidung die Beteiligten und die vorgesetzte Dienstbehörde des Notars hören. [3]Beanstandet der Zahlungspflichtige dem Notar gegenüber die Kostenberechnung, so kann der Notar die Entscheidung des Landgerichts beantragen.

[II] [1]Nach Ablauf des Kalenderjahrs, das auf das Jahr folgt, in dem die vollstreckbare Ausfertigung der Kostenberechnung zugestellt ist, können neue Anträge nach Absatz 1 nicht mehr gestellt werden. [2]Soweit die Einwendungen gegen den Kostenanspruch auf Gründen beruhen, die nach der Zustellung der vollstreckbaren Ausfertigung entstanden sind, können sie auch nach Ablauf dieser Frist geltend gemacht werden.

[III] Gegen die Entscheidung des Landgerichts findet ohne Rücksicht auf den Wert des Beschwerdegegenstands die Beschwerde statt.

[IV] [1]Gegen die Entscheidung des Oberlandesgerichts findet die Rechtsbeschwerde statt. [2]§ 10 Abs. 4 des Gesetzes über das Verfahren in Familiensachen und in den Angelegenheiten der Freiwilligen Gerichtsbarkeit findet auf den Notar keine Anwendung.

[V] [1]Der Antrag auf Entscheidung des Landgerichts, die Beschwerde und die Rechtsbeschwerde haben keine aufschiebende Wirkung. [2]Der Vorsitzende des für die Entscheidung zuständigen Gerichts kann auf Antrag oder von Amts wegen die aufschiebende Wirkung ganz oder teilweise anordnen. [3]Im Übrigen sind die Vorschriften des Gesetzes über das Verfahren in Familiensachen und in den Angelegenheiten der freiwilligen Gerichtsbarkeit anzuwenden.

[VI] [1]Das Verfahren vor dem Landgericht ist gebührenfrei. [2]Die Kosten für die Beschwerde und die Rechtsbeschwerde bestimmen sich nach den §§ 131, 136 bis 139. [3]Die gerichtlichen Auslagen einer für begründet befundenen Beschwerde können ganz oder teilweise dem Gegner des Beschwerdeführers auferlegt werden.

[VII] [1]Die dem Notar vorgesetzte Dienstbehörde kann den Notar in jedem Fall anweisen, die Entscheidung des Landgerichts herbeizuführen, Beschwerde oder Rechtsbeschwerde zu erheben. [2]Die hierauf ergehenden gerichtlichen Entscheidungen können auch auf eine Erhöhung der Kostenberechnung lauten. [3]Gebühren und Auslagen werden in diesen Verfahren von dem Notar nicht erhoben. [4]Außergerichtliche Kosten anderer Beteiligter, die der Notar in diesen Verfahren zu tragen hätte, sind der Landeskasse aufzuerlegen.

Vorbem. Neufassg dch Art 47 II Z 38 FGG-RG v 17. 12. 08, BGBl 2586, in Kraft seit 1. 9. 09, Art 112 I Hs 1 FGG-RG, Übergangsrecht Art 111 FGG-RG, Grdz 2 vor § 1 FamGKG, Teil I B dieses Buchs.

Bisherige Fassung: [I] [1]Einwendungen gegen die Kostenberechnung (§ 154), einschließlich solcher gegen die Verzinsungspflicht (§ 154a), die Zahlungspflicht und gegen die Erteilung der Vollstreckungsklausel, sind bei dem Landgericht, in dessen Bezirk der Notar den Amtssitz hat, im Wege der Beschwerde geltend zu machen. [2]Das Gericht soll vor der Entscheidung die Beteiligten und die vorgesetzte Dienstbehörde des Notars hören. [3]Beanstandet der Zahlungspflichtige dem Notar gegenüber die Kostenberechnung, so kann der Notar die Entscheidung des Landgerichts beantragen.

[II] [1]Gegen die Entscheidung des Landgerichts findet binnen der Notfrist von einem Monat seit der Zustellung die weitere Beschwerde statt. [2]Sie ist nur zu-

2. Teil. Kosten der Notare § 156 KostO

lässig, wenn das Beschwerdegericht sie wegen der grundsätzlichen Bedeutung der zur Entscheidung stehenden Frage zulässt. ³Die weitere Beschwerde kann nur darauf gestützt werden, dass die Entscheidung auf einer Verletzung des Rechts beruht.

III ¹Nach Ablauf des Kalenderjahrs, das auf das Jahr folgt, in dem die vollstreckbare Ausfertigung der Kostenberechnung zugestellt ist, können neue Beschwerden (Absatz 1) nicht mehr erhoben werden. ²Soweit die Einwendungen gegen den Kostenanspruch auf Gründen beruhen, die nach der Zustellung der vollstreckbaren Ausfertigung entstanden sind, können sie auch nach Ablauf dieser Frist geltend gemacht werden.

IV ¹Die Beschwerden können in allen Fällen zu Protokoll der Geschäftsstelle oder schriftlich ohne Mitwirkung eines Rechtsanwalts eingelegt werden. ²Sie haben keine aufschiebende Wirkung. ³Der Vorsitzende des Beschwerdegerichts kann auf Antrag oder von Amts wegen die aufschiebende Wirkung ganz oder teilweise anordnen. ⁴Im Übrigen sind die für die Beschwerde geltenden Vorschriften des Gesetzes über die Angelegenheiten der freiwilligen Gerichtsbarkeit anzuwenden.

V ¹Das Verfahren vor dem Landgericht ist gebührenfrei. ²Die Kosten für die weitere Beschwerde bestimmen sich nach den §§ 131, 136 bis 139. ³Die gerichtlichen Auslagen einer für begründet befundenen Beschwerde können ganz oder teilweise dem Gegner des Beschwerdeführers auferlegt werden.

VI ¹Die dem Notar vorgesetzte Dienstbehörde kann den Notar in jedem Fall anweisen, die Entscheidung des Landgerichts herbeizuführen (Absatz 1) und gegen die Entscheidung des Landgerichts die weitere Beschwerde zu erheben (Absatz 2). ²Die hierauf ergehende gerichtliche Entscheidung kann auch auf eine Erhöhung der Kostenberechnung lauten. ³Gebühren und Auslagen werden in diesem Verfahren von dem Notar nicht erhoben.

Gliederung

1) Systematik, I–VII	1
2) Regelungszweck, I–VII	2
3) Geltungsbereich, I–VII	3, 4
A. Vergleichbarkeit mit §§ 154 ff	3
B. Beispiele zur Frage des Geltungsbereichs	4
4) Antrag, I 1	5–9
A. Jede Einwendungsart	5
B. Beispiele zur Frage der Statthaftigkeit einer Einwendung, I 1	6–9
5) Beanstandung, I 3	10, 11
6) Zulässigkeit eines Antrags, I, II	12–22
A. Beschwer	13, 14
B. Antragsberechtigung	15
C. Form	16, 17
D. Frist	18–20
E. Fristverstoß	21
F. Einzelfragen	22
7) Antragsverfahren, I, II, V–VII	23–31
A. Zuständigkeit	24
B. Amtsermittlung	25
C. Anhörungspflicht, I 2	26
D. Anhörung der Beteiligten und Vorgesetzten, I 2	27
E. Anhörung des gesetzlichen Schuldners, I 2	28
F. Anhörung eines früheren Notars	29
G. Aufschiebende Wirkung, Aussetzung des Verfahrens	30
H. Prüfungsumfang	31
8) Entscheidung des LG, I, II, VI	32–39
A. Unzulässigkeit	32
B. Unbegründetheit	33
C. Zulässigkeit und Begründetheit	34
D. Gerichtsgebühren	35
E. Gerichtliche Auslagen	36
F. Anwaltskosten	37
G. Form	38
H. Zustellung	39
9) Beschwerde, III	40–46
A. Statthaftigkeit, Beschwerderecht	40
B. Beschwerdefrist, Beschwerdebegründung	41

KostO § 156

III. Kostenordnung

  C. Anschlußbeschwerde 42
  D. Verzicht, Rücknahme 43
  E. Gang des Beschwerdeverfahrens 44
  F. Beschwerdeentscheidung 45
  G. Gegenvorstellung 46
10) **Rechtsbeschwerde, IV** 47–58
  A. Einwendungen 47
  B. Zulassung 48
  C. Keine Nichtzulassungsbeschwerde 49
  D. Kein weiterer Kostenrechtszug 50
  E. Beschwer 51
  F. Beschwerdeberechtigter 52, 53
  G. Form 54
  H. Frist 55, 56
  I. Anschlußrechtsbeschwerde 57
  J. Begründung 58
11) **Verfahren der Rechtsbeschwerde, IV–VI** 59–66
  A. Zuständigkeit 59
  B. Amtsverfahren 60
  C. Anhörung 61
  D. Zulassung 62
  E. Ursächlichkeit einer Rechtsverletzung 63
  F. Weiterer Maßstab 64
  G. Einstweilige Anordnung 65
  H. Entscheidung 66
12) **Anweisung der Dienstbehörde, VII** 67–76
  A. Zweck 67
  B. Anweisungsrecht 68, 69
  C. Keine Beschwer nötig 70
  D. Weisungsinhalt 71
  E. Weisungsgrenzen 72
  F. Keine Dienstaufsichtsbeschwerde 73
  G. Verfahren des Gerichts 74, 75
13) **Ausscheiden, Tod des Notars** 76

Schrifttum: *Haug,* Die Amtshaftung des Notars, 1989.

1   **1) Systematik, I–VII.** Die ausführliche Vorschrift schafft nur im Verhältnis zwischen dem Notar und seinem Kostenschuldner ein in sich möglichst abgeschlossenes vorrangiges Spezialverfahren recht eigenwilliger Art mit eingehenden Anweisungen und einer zweitinstanzlichen Verknüpfung mit einem gerichtlichen Verfahren. Die in VII 1 geregelte Möglichkeit der Dienstbehörde zu bestimmten Anweisungen an den Notar ist eine Folge seiner mit der Führung des Dienstsiegels auch äußerlich zum Ausdruck kommenden besonders verantwortungsbeladenen Stellung als eines Organs der Rechtspflege.
  Unanwendbar ist § 156 im Verhältnis zwischen dem Notar und der Staatskasse.

2   **2) Regelungszweck, I–VII.** Als Gegengewicht zu den besonders in § 155 ausgeprägten Durchsetzungsmöglichkeiten dient § 156 der dringend erforderlichen Überprüfbarkeit und Kontrolle und damit sowohl der Rechtssicherheit als auch der Kostengerechtigkeit. Die Einschaltung der Dienstbehörde vor derjenigen des Gerichts bezweckt eine möglichst „lautlose" rasche Klärung. Ob diese Lösung sonderlich zweckmäßig ist, mag man nicht ohne Grund bezweifeln. Zumindest zeigt auch die Praxis des Verfahrens der Dienstbehörde durchaus vermeidbare Schwächen. Insgesamt sollte man die Vorschrift unter diesen Umständen vorsichtig abwägend und für den Notar weder zu hart noch zu nachgiebig auslegen.

3   **3) Geltungsbereich, I–VII.** Es gibt keine auffälligen Besonderheiten.
  A. Vergleichbarkeit mit §§ 154 ff. § 156 hat denselben Geltungsbereich wie §§ 154, 154a, 155. Die Vorschrift gilt also nur für den Gebührennotar, Üb 1, 8 vor § 140. Wegen eines badischen Amtsnotars Karlsr JB **08**, 378. Sie gilt auch für den die Akten verwahrenden Notar wegen eines Amtsgeschäfts des verstorbenen Notars, Ffm FGPrax **95**, 248, Oldb JB **96**, 379. Sie gilt nur insoweit, als es sich um eine Berechnung der Kosten für eine gerade notarielle Tätigkeit handelt. Hierzu zählt freilich auch die anwaltlich-notariell kombinierte Tätigkeit des Anwaltsnotars, BGH AnwBl **88**, 115. Seine etwa nur anwaltliche Tätigkeit fällt aber nicht unter § 156, sondern unterfällt dem RVG.

B. Beispiele zur Frage des Geltungsbereichs 4

Berichtigung: Der Notar oder nach seinem Ausscheiden die Verwahrstelle darf seine Kostenberechnung unabhängig von einem Verfahren nach § 156 und auch nach dem Ablauf der Fristen den Antrag nach I, II nachholen oder berichtigen, Hamm FGPrax **08**, 270, Köln FGPrax **07**, 292, Mü FGPrax **06**, 180. Diese Berichtigungsmöglichkeit entfällt allerdings mit dem Erlaß der Entscheidung des Beschwerdegerichts. Das gilt auch dann, wenn der Kostenschuldner die Haftung nur dem Grunde nach bestreitet, Schlesw DNotZ **87**, 383 (zustm Kuntze). Eine Berichtigung liegt dann noch nicht vor, wenn der Notar während des Verfahrens nach § 156 berichtigende Erklärungen abgibt. Vielmehr muß er dann eine neue vollständige und ordnungsgemäße Kostenberechnung anfertigen und dem Schuldner übersenden. Sie ist dann der Prüfungsgegenstand, Köln FGPrax **07**, 292.

Endgültigkeit: Die Kostenberechnung muß endgültig sein. Der Kostenschuldner darf also auf Grund einer nur vorläufigen Berechnung oder auf Grund der Anforderung eines bloßen Vorschusses abwarten, bis er eine endgültige Berechnung erhält.

Formgültigkeit: § 156 setzt eine formell ordnungsgemäße Kostenberechnung nach § 154 voraus. Soweit sie fehlt, muß das Gericht die Berechnung ohne weiteres aufheben, Düss JB **03**, 149, Hamm JB **00**, 152, Köln FGPrax **07**, 292 (unvollständig und daher im entscheidenden Punkt irreführend zitierend). Vgl aber auch § 157 Rn 7.

Insolvenz: S „Unterbrechung".

Kostenfestsetzung: Man muß das Verfahren nach § 85 FamFG, §§ 103 ff ZPO vom Verfahren nach § 156 unterscheiden. Das gilt auch bei einem Rechtsmittel, BayObLG FGPrax **99**, 78.

Nachforderung: § 156 verbietet dem Notar nicht, auf Grund einer rechtskräftigen gerichtlichen Entscheidung eine etwaige Nachforderung zu stellen. Das gilt natürlich nur im Umfang eines teilweise anderen Sachverhalts, BLAH § 322 ZPO Rn 51 ff, Düss MDR **96**, 1190, KG JB **02**, 601.

Nachholung: S „Berichtigung", „Nachforderung".

Rechtsweg: Ein nach § 156 statthaftes Verfahren schließt den ordentlichen Rechtsweg aus, BGH RR **05**, 722. Daher ist eine verneinende Feststellungsklage nach § 256 ZPO unstatthaft, BGH AnwBl **88**, 115, Oldb MDR **97**, 394, ebenso eine Vollstreckungsabwehrklage nach § 767 ZPO, § 155 Rn 10, Düss RR **02**, 1512, Oldb MDR **97**, 394.
S aber auch „Amtshaftung", „Kostenfestsetzung".

Rückzahlung: Man muß einen Rückzahlungsanspruch des Notars nach einer angeblichen Kosten-Amtshaftung vom Verfahren nach § 156 unterscheiden.

Unterbrechung: § 240 ZPO ist nicht entsprechend anwendbar, obwohl keine Zustellung an den Schuldner des Insolvenzverfahrens mehr wirksam ist, KG MDR **88**, 329.

Verjährung: Ein Verfahren nach § 156 hemmt (jetzt) die Verjährung der Ansprüche des Notars, BayObLG **92**, 75, Düss MDR **78**, 62, Zweibr MDR **89**, 651, aM Hamm MDR **89**, 651, Schlesw DNotz **96**, 475. Vgl ferner Düss JB **07**, 93, Ffm FGPrax **95**, 248, KG RR **03**, 1725 (jetzt § 195 BGB ist entsprechend anwendbar).

Vorläufigkeit: S „Endgültigkeit".
Vorschuß: S „Endgültigkeit".

4) Antrag, I 1. Dieser Begriff nennt die Form desjenigen, was I 1 dem Kostenschuldner erlaubt. Es ist ein weiter Anwendungsbereich vorhanden. 5

A. Jede Einwendungsart. Die Vorschrift erfaßt jede Art von Einwendungen gegen die Kostenberechnung nach § 154 einschließlich der Verzinsungspflicht nach § 154a, der Zahlungspflicht und der Erteilung der Vollstreckungsklausel. Es ist also unerheblich, ob es sich um ein tatsächliches oder rechtliches Bedenken handelt, BGH AnwBl **88**, 115. Es ist ebenso unerheblich, ob sich die Einwendung nur gegen die Art und Weise der Kostenberechnung oder dagegen richtet, daß der Notar überhaupt gerade diesen Beteiligten als zahlungspflichtig betracht. Man muß also im Verfahren nach § 156 auch solche Bedenken geltend machen, für die nach der ZPO

KostO § 156 III. Kostenordnung

nicht die Erinnerung, sondern die Vollstreckungsabwehrklage statthaft wäre, Oldb MDR **97**, 394 BLAH § 767 ZPO Rn 17 „J. Einwendungen gegen Notarkostenrechnung".

6 **B. Beispiele zur Frage der Statthaftigkeit einer Einwendung, I 1**
Addition: Eine Einwendung ist statthaft, soweit der Notar die Einzelkosten falsch addiert hat.
Amtshaftung: S „Aufrechnung".
Aufrechnung: Eine Einwendung ist statthaft, soweit der Zahlungspflichtige einen Schadensersatzanspruch wegen einer unrichtigen Behandlung der Sache durch den Anwaltsnotar erhebt, Rn 8, BGH MDR **04**, 1015, BayObLG **04**, 284, Hamm DNotZ **79**, 57. Das gilt auch, falls ein Nur-Notar derart falsch gehandelt haben soll, BayObLG MDR **05**, 230 (Aufrechnung), Stgt Just **96**, 20.
Diese Aufrechnung kann man noch *nach der Zahlung* erklären, Düss Rpfleger **75**, 411. Freilich muß man die Frist des II beachten, § 157 Rn 7 ff. Die Aufrechnung kann eine Aussetzung der Festsetzung zur Folge haben. Soweit allerdings ohnehin feststeht, daß der Notar keine Kosten erheben darf, ist eine Prüfung der etwaigen Aufrechenbarkeit wegen einer Amtshaftung unnötig.
Eine Aufrechnung ist als Einwendung *ferner* statthaft, soweit der beliebige Gegenanspruch *unstreitig oder rechtskräftig* festgestellt ist, Hamm Rpfleger **75**, 449, Schlesw SchlHA **77**, 160.
Nicht statthaft ist eine Einwendung im Verfahren nach I, soweit der Zahlungspflichtige nur einen solchen Gegenanspruch gegen den Notar hat, der mit dem in Rede stehenden notariellen Geschäft nichts zu tun hat, es sei denn, dieser Gegenanspruch wäre unstreitig oder rechtskräftig festgestellt, Düss ZMR **89**, 92, Hamm Rpfleger **75**, 450, aM KLBR § 157 Rn 24 (aber dann läge fast ein Rechtsmißbrauch vor).
Auslagen: Eine Einwendung ist statthaft, soweit sie sich gegen die Berechnung von Auslagen richtet.

7 **Einbehaltung:** Eine Einwendung ist statthaft, soweit der Notar Geld zu treuen Händen erhalten hat und dieses ganz oder teilweise zur Begleichung einer bestrittenen Kostenforderung einbehalten hat. Dann ist es unerheblich, ob die Einbehaltung im Weg einer Zurückbehaltung oder einer Aufrechnung erfolgt ist, aM KG OLGZ **91**, 21 (kein Zurückbehaltungsrecht. Aber § 273 BGB ist zumindest dem Grundgedanken nach entsprechend anwendbar).
S auch Rn 6 „Aufrechnung".
Erbenhaftung: Eine Einwendung ist *unstatthaft,* soweit es um eine Beschränkung der Erbenhaftung geht. Dann muß man nach §§ 781, 785 ZPO klagen.
Formfehler: Eine Einwendung ist statthaft, soweit sie irgendeinen nicht ersichtlich völlig unerheblichen Formfehler der Kostenrechnung rügt, BayObLG DB **85**, 487, Düss RR **02**, 216 (dann evtl Aufhebung ohne Sachprüfung).
Gebührenvorschrift: Eine Einwendung ist statthaft, soweit sie sich gegen die Anwendung einer oder mehrerer bestimmter Gebührenvorschriften richtet. Das gilt trotz der Unanwendbarkeit des § 16 II nach § 143 I, Rn 6 „Aufrechnung", Hamm DNotZ **79**, 57.
Gegenanspruch: S „Einbehaltung".
Geschäftswert: Eine Einwendung ist statthaft, soweit der Notar einen unrichtigen Geschäftswert zugrunde gelegt hat, Düss Rpfleger **87**, 219 (abl Baumann).
Kostenschuldner: Eine Einwendung ist statthaft, soweit der Notar einen Beteiligten zu Unrecht als einen Kostenschuldner nach §§ 2 ff angesehen hat.

8 **Rechtsfehler:** Eine Einwendung ist statthaft, soweit der Notar die Rechtsprechung „seines" OLG nicht beachtet, Köln JB **01**, 540.
Rückforderung: Eine Einwendung ist statthaft, soweit der Zahlungspflichtige bereits geleistete Zahlungen auf Notarkosten wegen einer unrichtigen Beurkundung zurückfordert, BGH RR **05**, 722.
Schadensersatzanspruch: Rn 6 „Aufrechnung".
Sicherungshypothek: Eine Einwendung ist *unstatthaft,* soweit sie die Löschung einer Sicherungshypothek bezweckt, Düss AnwBl **89**, 239.
Treuhand: Rn 6 „Aufrechnung".

2. Teil. Kosten der Notare § 156 KostO

Überzahlung: Eine Einwendung ist statthaft, soweit der Notar eine Überzahlung nicht berücksichtigt hat.
Unrichtige Sachbehandlung: Eine Einwendung ist statthaft, soweit sie sich gegen eine unrichtige Sachbehandlung durch den Notar nach §§ 16, 141 wendet, BayObLG **04**, 284.
S auch Rn 6 „Aufrechnung".
Vollstreckungsabwehrklage: Rn 5.
Vollstreckungsklausel: Eine Einwendung ist statthaft, soweit der Notar eine Vollstreckungsklausel rechtsfehlerhaft erteilt oder verweigert hat. **9**
Wert: Rn 7 „Geschäftswert".
Zahlungspflicht: Rn 7 „Kostenschuldner" Rn 9 „Vollstreckungsklausel".
Zinsen: Eine Einwendung ist statthaft, soweit sie sich gegen die Verzinsungspflicht nach §§ 154, 154a richtet.
Zurückbehaltungsrecht: Rn 7 „Einbehaltung".
Zurückforderung: Rn 8 „Rückforderung".
Zusatzgebühr: Eine Einwendung ist statthaft, soweit sie sich gegen eine Zusatzgebühr richtet.

5) Beanstandung, I 3. Ein Zahlungspflichtiger kann Bedenken nach Rn 5–9 **10** auch zunächst dem Notar gegenüber formlos erheben. Es ist in diesem Zusammenhang unerheblich, ob der Notar gerade diesen Beteiligten schon zur Kostenzahlung herangezogen hat. Ein Gesamtschuldner hat nach einem internen Ausgleich ein Recht in einer sog Verfahrensstandschaft, KG MDR **98**, 62. Der Notar kann dem Mangel abhelfen oder nach seinem pflichtgemäßen Ermessen entweder den Zahlungspflichtigen auf den Antragsweg nach I 1 verweisen oder besser die Sache dem LG seines Bezirks zur Entscheidung vorlegen, Ffm JB **98**, 40. Damit gilt die Beanstandung als ein Antrag des Kostenschuldners. Daher kann der Notar die Weiterleitung auch nicht wirksam zurücknehmen. Als Antragsteller gilt dann also der Kostenschuldner, LG Kleve JB **01**, 378. Das LG entscheidet folglich nicht über die Weiterleitung des Notars, sondern über die als Antrag geltende Beanstandung des Kostenschuldners.

Nach dem *Ausscheiden* oder Tod des Notars kann die Aktenverwahrstelle entsprechend vorgehen oder sein Rechtsnachfolger im Weg einer Abtretung mit einer Zustimmung des Kostenschuldners und der Erben in das Verfahren eintreten, KG DNotZ **95**, 788.

Soweit der Notar seine Kostenberechnung für unrichtig hält, darf er die Kostenfor **11** derung unabhängig von einem Verfahren nach § 156 bis zur Entscheidung des Beschwerdegerichts *ermäßigen oder erhöhen*, Rn 3.

6) Zulässigkeit eines Antrags, I, II. Der Kostenschuldner kann statt einer Be **12** anstandung nach Rn 5–9 auch unmittelbar den Antrag nach Rn 10, 11 stellen. Er ist unter den folgenden Voraussetzungen zulässig.

A. Beschwer. Die Kostenberechnung des Notars muß den Antragsteller in seinen **13** Rechten beeinträchtigen, wie bei § 59 I FamFG. Die Beschwer muß im Zeitpunkt des Antragseingangs vorliegen, und zwar bei mehreren Antragstellern für jeden von ihnen. Es muß mindestens einer von etwa mehreren Antragstellern natürlich Kenntnis von der Kostenberechnung haben, Rn 15. Die Beschwer hängt aber weder von einer förmlichen Zustellung der Kostenberechnung noch von einer drohenden Zwangsvollstreckung aus ihr ab. Auch eine vorbehaltlose Zahlung beseitigt eine Beschwer nicht.

Eine Beschwer *fehlt* zB, soweit die Aufhebung der Kostenberechnung für den Beschwerdeführer bedeutungslos ist. Für eine rein theoretische Entscheidung liegt kein Rechtsschutzbedürfnis vor, auch nicht zur bloßen Erlangung einer obergerichtlichen Entscheidung für ähnliche Fälle.

Entgegen dem sonst in Kostensachen geltenden Grundsatz, daß ein *Beschwerdewert* **14** erforderlich sei, § 567 II ZPO, ist ein Beschwerdewert weder im Antragsverfahren nach I 1 oder I 3 noch übrigens im Beschwerdeverfahren nach II eine Zulässigkeitsvoraussetzung. § 61 I mit seinem Beschwerdewert paßt nicht.

B. Antragsberechtigung. Antragsberechtigt ist jeder, den der Notar durch die **15** angefochtene Kostenberechnung in Anspruch nimmt, wie bei § 59 I FamFG. Der

KostO § 156 III. Kostenordnung

noch amtierende Notar hat nur nach I 3 ein eigenes Antragsrecht. Bei mehreren Kostenschuldnern genügt zur Antragsberechtigung eines jeden die Kenntnis nur eines von ihnen von der Kostenberechnung, Rn 13, BayObLG MittBayNot **85**, 48, Hamm JB **00**, 152, aM Lappe NJW **83**, 1472. Wer nicht Kostenschuldner ist, hat außerhalb von I 3 kein Antragsrecht, Hamm Rpfleger **90**, 40, LG Hann JB **04**, 439. Der Notar kann wegen einer Nachforderung einen Anschlußantrag stellen. Der Rechtsnachfolger zB infolge einer Abtretung durch den Erben des Notars kann in das Verfahren eintreten, KG DNotZ **95**, 788 (zu § 265 ZPO). Ein Kostenübernehmer ist grundsätzlich antragsberechtigt.
Ein *Verzicht* auf Einwendungen ist ebenso statthaft wie eine Antragsrücknahme. Bei ihr sind §§ 516 III, 565 ZPO unanwendbar, Schlesw FGPrax **08**, 132. Freilich darf das nicht auf eine wegen der Amtsstellung des Notars verbotene Verringerung der Notargebühren hinauslaufen.

16 **C. Form.** Der Antrag ist schriftlich oder zum Protokoll des Urkundsbeamten der Geschäftsstelle zulässig, § 25 FamFG. Zwar ist grundsätzlich nur die Geschäftsstelle desjenigen LG zuständig, bei dem der Notar seinen Amtssitz hat. Indessen kann man den Antrag auch vor dem Urkundsbeamten der Geschäftsstelle eines jeden AG zum Protokoll einlegen, § 129a I ZPO entsprechend. Jene Geschäftsstelle übersendet den Antrag unverzüglich an das zuständige LG, § 129a II ZPO entsprechend. Für eine Wirksamkeit ist der Eingang beim zuständigen LG maßgebend.

17 Das gesamte Antragsverfahren und daher schon die Antragstellung braucht *keine Mitwirkung eines Anwalts*. Es ist kein bestimmter Antrag und keine bestimmte Antragssumme erforderlich. Das Begehren muß aber natürlich nachvollziehbar erkennbar sein, sei es zur Forderungshöhe, zum Geschäftswert, zum Gebührentatbestand oder zu Auslagen, zu einer Zahlungspflicht oder zu einer erfolgten Zahlung oder Aufrechnung, BayObLG MittBayNot **79**, 89, Düss DNotZ **76**, 251, Hamm DNotZ **79**, 57, oder zu einer angeblich unrichtigen Sachbehandlung, Hamm DNotZ **79**, 57 oder zur Vollstreckungsklausel. Das Gericht darf und muß auslegen. Es fragt evtl nach § 26 FamFG nach.

18 **D. Frist.** Der Antrag ist zunächst unbefristet, unabhängig vom Zahlungszeitpunkt, LG Hann JB **96**, 317. Das gilt unabhängig von der ZPO. Denn nach V 3 verläuft das Verfahren nach dem FamFG. Man kann das Fehlen einer Frist aus dem Vergleich von I 1 mit II 1 mit dessen aus V 3 in Verbindung mit § 63 FamFG folgenden Befristung nur der etwa anschließenden Beschwerde ableiten. Eine Verwirkung kommt wie stets in Betracht, aM Hamm Rpfleger **80**, 243, LG Aachen JB **84**, 458 (aber sie ist bei jedem sachlichrechtlichen Anspruch denkbar). Der Antrag ist auch nach einer vorbehaltlosen Zahlung möglich, Rn 13, ebenso nach dem Beginn einer Vollstreckung.
Nach dem *Ablauf desjenigen Kalenderjahrs*, das auf das Jahr folgt, in dem der Notar die vollstreckbare Ausfertigung der Kostenberechnung nach § 154, 155 *zugestellt* hat, ist aber nach II 1 ein „neuer" Antrag grundsätzlich nur noch insoweit zulässig, als die Einwendung gegen den Kostenanspruch nach II 2 auf einem solchen Grund beruht, der objektiv erst nach dem Zeitpunkt der Zustellung der vollstreckbaren Ausfertigung entstanden ist. Das gilt unabhängig von einer zugehörigen Kenntnis des Beschwerten.
Es gilt freilich dann *nicht*, wenn der Notar eine direkte Beanstandung des Kostenschuldners nur mit der Zustellung der vollstreckbaren Ausfertigung der Kostenberechnung beantwortet hatte, Düss JB **07**, 373.

19 Die Frist nach II setzt voraus, daß der Notar die Vollstreckungsklausel *unterschrieben* hat, LG Darmst JB **77**, 708. Man kann die Zustellung der vollstreckbaren Ausfertigung eine freiwillige Zahlung nicht gleichsetzen. Denn (jetzt) II ist eine eng auslegbare Ausnahmevorschrift, BayObLG DNotZ **87**, 176, Hamm Rpfleger **80**, 243, Schlesw JB **83**, 1694, aM Celle RR **04**, 70.

20 Der Zustellung der vollstreckbaren Ausfertigung steht auch nicht die Situation gleich, daß sich der Notar durch eine *Verrechnung* befriedigt hat oder daß er auf Grund von Beanstandungen keinen Hinweis auf I 1 gab und nicht dem LG vorlegte, KG RR **98**, 646. Es kann reichen, eine beglaubigte Ablichtung oder Abschrift der mit der Vollstreckungsklausel versehenen Ausfertigung zu übermitteln, Hamm MDR **89**, 467. Die Frist des II 1 ist keine Notfrist, sondern eine Ausschlußfrist, BayObLG DNotZ **87**, 175. Deshalb ist weder eine Fristverkürzung noch eine Fristverlängerung

zulässig, V 3 in Verbindung mit § 16 II FamFG, § 224 II, III ZPO. Wohl aber ist eine Wiedereinsetzung in den vorigen Stand nach (jetzt) V 3 im Verbindung mit § 17 I FamFG statthaft. Denn I 1 schafft einen Rechtsbehelf. Das ist nämlich jedes prozessuzale Mittel zur Rechtsverwirklichung, auch ein erstes Mittel, BLAH Grdz 1 vor § 511 ZPO, Ffm JB **98**, 209.

E. Fristverstoß. Ein Fristablauf schneidet diesem Antragsteller sämtliche vor der Zustellung der vollstreckbaren Ausfertigung entstandenen Einwendungen ab, Düss FGPrax **01**, 89. Der Fristablauf nach II 1 führt nicht zu einer Umwandlung in eine dreijährige Verjährungsfrist, BGH FamRZ **04**, 1721. 21

F. Einzelfragen. II gilt im Verfahren über die Beschwerde nach III ebensowenig wie dann, wenn die Aufsichtsbehörde dem Notar eine Anweisung nach VII erteilt. Denn im letzteren Fall handelt es sich um eine Maßnahme der Dienstaufsicht. Sie kann vor ihrer Anweisung oder der in größeren zeitlichen Abständen durchgeführten Kontrollen vom Beginn des Fristablaufs keine Kenntnis haben. II gilt dann nicht zulasten des Kostenschuldners, wenn der Notar auf Grund rechtzeitiger Beanstandungen des Kostenschuldners entgegen Rn 10 gar nichts bis zum „Fristablauf" veranlaßt hatte, Ffm JB **98**, 40. 22

7) Antragsverfahren, I, II, V–VII. Es verläuft nach dem FamFG, V 3, (zum alten Recht) BGH RR **05**, 722. Daher muß man dahin von Amts wegen verweisen, BGH RR **05**, 722. Hat das Instanzgericht fälschlich stattdessen als unzulässig abgewiesen, verweist sogar das Rechtsbeschwerdegericht auch ohne eine entsprechende Verfahrensrüge durch (jetzt) einen Beschluß, BGH RR **05**, 722. Das Gericht darf nicht mehrere unabhängige Vorgänge noch dazu mit unterschiedlichen Kostenschuldnern verbinden, Zweibr RR **01**, 31. Im übrigen muß das Gericht fünf Aspekte beachten. 23

A. Zuständigkeit. Zur Entscheidung über den Antrag ist abweichend von FamFG nach Rn 25 derjenige LG sachlich und örtlich ausschließlich und daher ohne Abbedingungsmöglichkeiten zuständig, in dessen Bezirk derjenige Notar im Zeitpunkt der Fälligkeit der Kostenforderung seinen Amtssitz hat, dessen Kostenberechnung der Antragsteller angreift. Ein Amtssitzwechsel oder das Ausscheiden oder der Tod des Notars ändern an der Zuständigkeit nichts. Funktionell ist die Zivilkammer und nicht die Kammer für Handelssachen zuständig. Das LG entscheidet an sich in der vollen Besetzung der nach der Geschäftsverteilung zuständigen Kammer. Denn § 68 IV FamFG mit seiner grundsätzlichen Einzelrichtermöglichkeit gilt trotz V 3 schon deshalb nicht direkt, weil der Antrag nach I, II zwar ein Rechtsbehelf ist, Rn 20, aber noch nicht ein Rechtsmittel nach III. Indessen sollte man § 68 IV FamFG sinnvollerweise auch erstinstanzlich bei I, II anwendbar machen, also entsprechend anwenden. 24

Weder der *Präsident* des LG noch sein Vizepräsident noch ein Mitglied einer anderen Zivilkammer noch der etwaige Dezernent der Gerichtsverwaltung für Fragen der freiwilligen Gerichtsbarkeit dürfen an diesem Verfahren mitwirken, BVerfG **4**, 347, Brdb MDR **00**, 665, Hamm JB **98**, 153. Sie dürfen zumindest insoweit nicht mitwirken, als sie im Verwaltungsverfahren tätig geworden waren, BayObLG Rpfleger **87**, 478, Hamm FGPrax **06**, 36. Das gilt trotz der in V 3 enthaltenen grundsätzlichen Verweisung auf das FamFG. Soweit mitwirkungsberechtigt, darf sich der Vizepräsident nicht ständig vertreten lassen, Hamm FGPrax **98**, 154.

B. Amtsermittlung. Das LG entscheidet nach V 3 im Verfahren nach dem FamFG, (zum alten Recht) Ffm MDR **97**, 686. Das gilt nach dem klaren Text von I, III trotz des Umstands, daß das LG im FamFG-Verfahren eigentlich gar nicht zuständig ist. Daher darf und muß das LG die zur Feststellung der entscheidungserheblichen Tatsachen erforderlichen Ermittlungen von Amts wegen veranlassen, § 26 FamFG. Es muß die evtl ihm notwendig und geeignet erscheinenden Beweise von Amts wegen aufnehmen, Schlesw DNotZ **85**, 480, LG Kassel JB **09**, 323 links. Ein Insolvenzverfahren unterbricht nicht, KG DNotZ **88**, 454. Zur Ausforschung kann man die ZPO-Regeln entsprechend heranziehen, (zum alten Recht) Hamm FGPrax **04**, 50. Vgl daher BLAH Einf 27 vor § 284 ZPO. 25

Dennoch muß der Antragsteller diejenigen *Tatsachen und Beweismittel* angeben, die das Verfahren fördern können und die er kennt, V 3 in Verbindung mit § 27 II FamFG. Soweit er eine solche Angabe trotz einer Aufforderung des Gerichts nebst dessen ausreichender Fristsetzung vorwerfbar unterläßt, kommt die Antragszurückweisung in Betracht.

26 **C. Anhörungspflicht, I 2.** Es gibt drei Gruppen von Anzuhörenden.

27 **D. Anhörung der Beteiligten und Vorgesetzten, I 2.** Das LG „soll" vor seiner Entscheidung alle Beteiligten und die vorgesetzte Dienstbehörde des Notars anhören, BayObLG JB **88**, 1533, Hamm FGPrax **08**, 268, auch die Notarkasse, BayObLG MittBayNot **03**, 500, Brdb MDR **00**, 665, Jena FGPrax **00**, 251. Beteiligt sind der Notar oder die aktenführende Stelle, der Beschwerdeführer und jeder Kostenschuldner nach §§ 2 ff oder nach dem bürgerlichen Recht, BayObLG DNotZ **91**, 400. Statt eines in Insolvenz befindlichen Beteiligten muß das LG seinen Insolvenzverwalter anhören. Anhörungsberechtigt ist auch ein Rechtsnachfolger. Wegen Art 103 I GG besteht in Wahrheit eine Anhörungspflicht, BVerfG RR **01**, 860, BayObLG FGPrax **03**, 236, Zweibr Rpfleger **02**, 100. Die Anhörung kann mündlich oder schriftlich erfolgen. Sie ist auch dann erforderlich, wenn die vorgesetzte Dienstbehörde des Notars ihn zur Herbeiführung der Entscheidung angewiesen hatte, VII 1, BayObLG JB **88**, 1533, Oldb JB **97**, 376.

28 **E. Anhörung des gesetzlichen Schuldners, I 2.** Das LG muß außer den Beteiligten und der vorgesetzten Dienstbehörde auch alle diejenigen Personen anhören, die nach einer gesetzlichen Vorschrift Schuldner der angefochtenen notariellen Gebühren oder Auslagen sein können, BayObLG **91**, 419, Zweibr Rpfleger **02**, 100. Die Anhörung ist zumindest insoweit erforderlich, als die Entscheidung für den Anzuhörenden Nachteile bringen könnte, BVerfG **34**, 346, Oldb JB **97**, 376. Das gilt auch wegen der Ergebnisse einer Beweisaufnahme, Art 103 I GG. Der Präsident des LG und sein Stellvertreter dürfen aus den Gründen Rn 24 nicht selbst an einer Anhörung teilhaben, BayObLG DNotZ **88**, 260, Hamm JB **98**, 153.

Der Notar ist *von* der sonst bestehenden *Schweigepflicht befreit,* soweit er nur durch eine Stellungnahme den umstrittenen Anspruch durchsetzen kann oder soweit er nur durch eine Äußerung seine Position verdeutlichen kann. Seine Verteidigung hemmt (jetzt) die Verjährung seines Anspruchs, Schlesw JB **95**, 216.

Das LG muß die *Stellungnahme* der vorgesetzten Dienstbehörde des Notars den Beteiligten jedenfalls dem Inhalt nach in allen wesentlichen Punkten mitteilen, Zweibr Rpfleger **02**, 100. Denn diese Stellungnahme hat für das LG mindestens die Bedeutung einer gutachterlichen Äußerung und oft ein entscheidendes Gewicht.

29 **F. Anhörung eines früheren Notars, I 2.** Auch ein bereits aus dem Amt geschiedener Notar ist am Verfahren noch beteiligt. Das Gericht muß die Akten auch eines ausgeschiedenen Notars anfordern.

30 **G. Aufschiebende Wirkung, Aussetzung des Verfahrens.** Grundsätzlich hat ein Antrag nach I 1 gemäß V 1 keine aufschiebende Wirkung. Ausnahmsweise kann aber der Vorsitzende auf einen Antrag oder von Amts wegen nach V 2 die aufschiebende Wirkung im Rahmen eines pflichtgemäßen weiten Ermessens ganz oder teilweise mit oder ohne eine Sicherheitsleistung unanfechtbar anordnen. Er wird das nur dann tun, wenn ein unwiederbringlicher Nachteil oder eine sonstige Unzumutbarkeit droht. Die Entscheidung des ganzen Kollegiums ist nicht schon wegen einer fehlerhaften Besetzung unwirksam, Zweibr FGPrax **05**, 234 links.

Eine *Aussetzung* nicht nur der Vollziehung nach Rn 31, sondern des ganzen Verfahrens kann nach V 3 in Verbindung mit § 21 FamFG dann in Betracht kommen, wenn zB über eine Amtshaftung ein Zivilprozeß schwebt, Düss DNotZ **76**, 251, aber nicht schon wegen jeder Aufrechnung.

31 **H. Prüfungsumfang.** Das Gericht muß zunächst sämtliche mit dem Antrag erhobenen Einwendungen gegen die angefochtene Kostenberechnung prüfen, BayObLG JB **89**, 227. Es muß darüber hinaus prüfen, ob der Antragsteller einen Ersatzanspruch hat, § 16 I. Das LG muß ferner etwaige Einwendungen gegen die Vollstreckungsklausel prüfen. Zum Ergebnis einer Beweisaufnahme müssen die Beteiligten Stellung nehmen können, V 3 in Verbindung mit § 30 IV FamFG. Eine Beteiligtenöffentlichkeit der Beweisaufnahme nach der Art des § 357 ZPO ist aber nicht (mehr) notwendig. Die Beweismittel sind nicht begrenzt, BayObLG RR **03**, 1295, Hamm FGPrax **03**, 97.

Da es sich nach Rn 25 um ein *Amtsverfahren* handelt, muß das Gericht aber auch unabhängig von der Art und dem Umfang der Antragsbegründung *alle Teile* der über-

2. Teil. Kosten der Notare § 156 KostO

haupt beanstandeten Kostenberechnung auf ihre Richtigkeit überprüfen, Düss JB **07**, 93. Das gilt auch gegenüber einer etwaigen Anweisung nach VII. Die Entscheidung wirkt ja für und gegen alle Kostenschuldner, BayObLG **89**, 263. Freilich darf das LG nicht über die Anträge hinausgehen, BayObLG JB **89**, 227. Es darf eine Ermessensentscheidung des Notars etwa beim Wertansatz nur auf einen etwaigen Ermessensfehlgebrauch überprüfen und erst nach dessen Feststellung ein eigenes Ermessen ausüben, BGH NZM **09**, 87, BayObLG JB **97**, 487, Köln FGPrax **00**, 127. Das LG ist aber an § 19 II 1 gebunden, BayObLG DNotZ **88**, 451.

8) Entscheidung des LG, I, II, VI. Es sind zahlreiche Gesichtspunkte beachtbar. **32**

A. Unzulässigkeit. Soweit das LG den Antrag für unzulässig hält, auch wegen einer Erledigung oder wegen ihrer Nichtförderung durch den Antragsteller, weist es ihn als unzulässig zurück.

B. Unbegründetheit. Soweit das LG den Antrag für unbegründet hält, weist es **33** ihn eben als unbegründet zurück.

C. Zulässigkeit und Begründetheit. Soweit das LG den Antrag für zulässig und **34** begründet hält, gibt es ihm statt und legt nicht etwa die Akten dem OLG vor. Das letztere kommt erst bei einer Beschwerde in Betracht. Das LG darf die angefochtene Kostenberechnung nicht zum Nachteil des Antragstellers ändern, BayObLG JB **78**, 574. Das gilt auch dann, wenn der Notar auf Grund einer vorangegangenen Beanstandung des Kostenschuldners einen Antrag nach VII 1 gestellt hatte. Es gilt das Verbot der Verböserung, also einer reformatio in peius.

Es kommt also zwar eine Erhöhung der Wertansätze in Betracht. Erlaubt ist dem LG jedoch bei demselben Notargeschäft weder eine Erhöhung des Endbetrags der Kostenberechnung (Verschlechterungsverbot), BayObLG MittBayNot **77**, 1407, Hamm MDR **92**, 716, noch eine Anweisung an den Notar, weitere ihm entstandene Kosten zu erheben. Die Entscheidungsformel muß wegen der *Rechtskraftwirkung* für und gegen alle Kostenschuldner ergeben, über welche Einwendungen das LG entschieden hat, BayObLG **89**, 263.

D. Gerichtsgebühren. Im Verfahren vor dem LG entstehen keine Gerichtsgebühren. **35**

E. Gerichtliche Auslagen. Soweit das LG den Antrag für begründet erachtet, **36** kann es nach V 3 in Verbindung mit §§ 69 III, 81 FamFG im Rahmen eines pflichtgemäßen Ermessens unter einer Abwägung aller Umstände die gerichtlichen Auslagen dem Gegner des Beschwerdeführers ganz oder teilweise auferlegen, (zum alten Recht) KG FGPrax **03**, 188.

F. Anwaltskosten. Sie können nach VV 2100 ff, (jetzt) 2300 ff, Teil X dieses **37** Buchs, entstehen und evtl erstattungsfähig sein, LG Bln VersR **89**, 409.

G. Form. Das Gericht entscheidet durch einen Beschluß, V 3 in Verbindung mit **38** §§ 38 I 1, 69 III FamFG. Es muß seinen Beschluß grundsätzlich begründen, § 38 III 1 FamFG, BLAH § 329 ZPO Rn 4. Eine Begründung kann fehlen, soweit der Beschluß in keine Rechte eines Betroffenen eingreift, BVerfG NJW **57**, 298. Das gilt zB dann, wenn er den übereinstimmenden Anträgen entspricht oder wenn die Gründe schon alle bekannt sind. Es gilt auch dann, wenn alle Beteiligten einen Rechtsmittelverzicht erklärt haben, auch wenn die der Entscheidung zugrunde liegenden Fragen auf der Hand liegen (Vorsicht!) oder wenn sie sich aus dem Streitstoff selbst ergeben, KG FamRZ **76**, 99.

Alle an der Entscheidung beteiligten Richter müssen den Beschluß *unterschreiben*, V 3 in Verbindung mit § 38 III 2 FamFG. Denn nur die Unterschrift verbürgt seine Herkunft. Die Unterschrift desjenigen Vorsitzenden, der nicht als Einzelrichter amtiert, oder diejenige desjenigen Vorsitzenden und des Berichterstatters genügen nicht. Ein Handzeichen (Paraphe) ist kein hier ausreichende Unterschrift, KG MDR **81**, 853, BLAH § 129 ZPO Rn 31 „Namensabkürzung".

H. Zustellung. Das LG muß seine Entscheidung wegen III jedem durch sie Be- **39** schwerten förmlich zustellen, V 3 in Verbindung mit § 41 I 2 FamFG. Das gilt auch dann, wenn das LG die Entscheidung auf Grund einer mündlichen Verhandlung getroffen hat. Bei einer Mehrheit von Antragstellern ist eine förmliche Zustellung an jeden notwendig. Die Zustellung ist auch an den Notar erforderlich. Auch ihm gegenüber ist eine Zustellungsurkunde notwendig.

40 **9) Beschwerde, III.** Gegen die Entscheidung des LG nach I, II ist ein Rechtsmittel statthaft. III nennt es „Beschwerde". Es ist aber in Wahrheit eine befristete Beschwerde, Rn 41. Es ähnelt damit einer sofortigen Beschwerde. Allerdings besteht die Besonderheit, das die Statthaftigkeit nicht von einem Wert des Beschwerdegegenstands abhängt.

Im übrigen sind §§ 58ff FamFG anwendbar, V 3. Damit ergeben sich die folgenden Hauptaspekte.

A. Statthaftigkeit, Beschwerderecht. Der Beurteilung des Beschwerdegerichts unterliegen auch diejenigen nicht selbständig anfechtbaren Entscheidungen, die der Endentscheidung des LG vorausgegangen waren, V 3 in Verbindung mit § 58 II FamFG. Vgl auch § 62 FamFG.

Beschwerdeberechtigt ist nach V 3 in Verbindung mit § 59 II FamFG in diesem Antragsverfahren nur der beschwerte Antragsteller nach I. Eine Beschwerdeberechtigung nach § 59 III FamFG für die vorgesetzte Dienstbehörde des Notars folgt aus VII. Bei einem minderjährigen Zahlungspflichtigen muß man nach V 3 auch § 60 FamFG mitbeachten.

Es gibt *keinen Mindestbeschwerdewert*, III. Wohl aber muß natürlich überhaupt eine Beschwer wie bei Rn 13 vorliegen.

41 **B. Beschwerdefrist, Beschwerdebegründung.** Nach V 3 in Verbindung mit § 63 I, III FamFG läuft ab der schriftlichen Bekanntgabe des Beschlusses nach § 41 FamFG und spätestens seit dem Ablauf von fünf Monaten seit seinem Erlaß eine Frist von einem Monat zur Einlegung der Beschwerde. Sie ist keine Notfrist. Gegen eine schuldlose Fristversäumung ist nach § 17 I FamFG eine Wiedereinsetzung auf Antrag statthaft. § 17 II FamFG vermutet das Fehlen eines Verschuldens dann, wenn das LG keine ordnungsgemäße Rechtsbehelfsbelehrung erteilt hatte. Diese richtet sich nach § 39 FamFG. Denn V 3 verweist auch im Verfahren vor dem LG nach I, II auf das FamFG. Das LG muß also auf die Statthaftigkeit einer Beschwerde, auf das Fehlen eines Mindestbeschwerdewerts, auf das zuständige OLG als Beschwerdegericht, auf seinen Sitz und auf die notwendige Form und Frist einer Beschwerde hinweisen.

Die *Einlegung* der Beschwerde muß nach V 3 in Verbindung mit § 64 FamFG beim LG des Antragsverfahrens nach I, II erfolgen. Sie kann nach § 25 FamFG auch zum Protokoll der Geschäftsstelle eines jeden AG geschehen. Denn nach § 10 I FamFG gibt es keinen Anwaltszwang vor dem LG oder OLG. Natürlich ist zur Fristwahrung der Eingang der evtl weitergeleiteten Beschwerde beim zuständig gewesenen LG erforderlich. Das gilt auch dann, wenn man die Beschwerde irrig beim OLG eingereicht hatte. Alle weiterleitenden Stellen müssen ähnlich wie bei § 129a ZPO unverzüglich handeln, brauchen aber dazu nicht alles andere stehen- und liegenzulassen, BLAH § 129a ZPO Rn 10.

Eine *einstweilige Anordnung* insbesondere auf eine Aussetzung der Vollziehung des angefochtenen Beschlusses ist dem OLG nach V 2 erlaubt.

Eine *Beschwerdebegründung* „soll" zwar nur erfolgen, V 3 in Verbindung mit § 65 I FamFG. Sie ist aber natürlich dringend ratsam, schon zur Klarstellung, in welchem Umfang überhaupt eine Anfechtung erfolgt. Das OLG kann dem Beschwerdeführer nach § 65 II FamFG eine Begründungsfrist setzen und nach deren erfolglosem Ablauf ohne weiteres Zuwarten entscheiden, soweit es nicht antragsgemäß eine Fristverlängerung gewährt hat oder gewähren mußte, § 16 II FamFG, §§ 224 II, III, 225 ZPO. Man kann die Beschwerde auf neue Tatsachen und Beweismittel stützen, § 65 III FamFG, aber nicht auf eine Unzuständigkeit des LG im Antragsverfahren, § 65 IV FamFG.

42 **C. Anschlußbeschwerde.** Sie ist nach V 3 in Verbindung mit § 68 S 1 FamFG statthaft, selbst nach einem Beschwerdeverzicht des Anschlußbeschwerdeführers oder nach dem Ablauf seiner Beschwerdefrist. Die Anschließung verliert freilich ihre Wirkung nach § 66 S 2 FamFG mit der Zurücknahme oder Verwerfung der Beschwerde als unzulässig.

43 **D. Verzicht, Rücknahme.** Die Beschwerde ist nach V 3 in Verbindung mit § 67 I FamFG unzulässig, soweit der Beschwerdeführer auf sie nach der Bekanntgabe

2. Teil. Kosten der Notare § 156 KostO

des Beschlusses nach § 41 FamFG durch eine Erklärung gegenüber dem Gericht verzichtet hat. § 67 II enthält für eine Anschlußbeschwerde eine entsprechende Regelung. § 67 III FamFG behandelt den Verzicht einem anderen Beteiligten gegenüber. Nach § 67 IV FamFG kann man die Beschwerde bis zum Erlaß der Beschwerdeentscheidung des OLG zurücknehmen.

E. Gang des Beschwerdeverfahrens. Ihn regeln V 3 in Verbindung mit § 68 FamFG ausführlich. Die Grundlinien lauten wie folgt. 44

Abhilfe des LG ist nach § 68 I 1 Hs 1 FamFG möglich und daher eine Prüfpflicht des LG vor einer Vorlage beim OLG.

Mangels Statthaftigkeit, form- und fristgerechter Einlegung, die das OLG von Amts wegen prüft, erfolgt eine Verwerfung als unzulässig. Im übrigen richtet sich das Beschwerdeverfahren nach den FamFG-Vorschriften des dortigen ersten Rechtszugs. Eine mündliche Verhandlung ist freigestellt. Der Einzelrichter kann durch Beschluß des Senats zuständig werden und bleiben, § 68 IV, § 526 ZPO.

F. Beschwerdeentscheidung. Sie regeln V 3 in Verbindung mit § 69 FamFG ebenfalls ausführlich. Auch hier nur die Grundlinien. 45

Zurückverweisung ist dem OLG nach § 69 I 2, 3 FamFG nur insoweit erlaubt, als das LG entweder in Wahrheit noch gar nicht in der Sache entschieden hat oder als das LG-Verfahren an einem wesentlichen Mangel leidet *und* zur OLG-Entscheidung eine umfangreiche oder aufwendige Beweiserhebung notwendig wäre *und* ein Beteiligter auch eine Zurückverweisung direkt (mit)beantragt. Vgl zu alledem BLAH § 538 ZPO Rn 6–9.

Sachentscheidung ist mangels einer Zurückverweisung die Pflicht des OLG, § 69 I 1 FamFG. Es darf seine Entscheidung stets begründen. Es „soll" das nach § 69 II 1 FamFG tun und „muß" es nach § 69 II 2 FamFG in dessen Fällen Z 1–4 tun. Im übrigen gelten nach § 69 III FamFG die dortigen erstinstanzlichen Regeln entsprechend.

Eine Zustellung durch ein *Empfangsbekenntnis* entfällt. Denn eine solche Zustellungsart kommt nur im Verhältnis zwischen Anwalt und Anwalt in Betracht, §§ 174, 195 ZPO, aM KLBR 68. Der auf die vorgenannten ZPO-Vorschriften mitverweisende § 113 I 2 FamFG gilt hier ja nicht.

Eine *Rechtsmittelbelehrung* ist nach V 3 in Verbindung mit § 39 FamFG zwingend. Das OLG trägt die Verantwortung für ihre Richtigkeit. Soweit die Rechtsmittelbelehrung falsch ist, kann nach einer darauf beruhenden Versäumung der Frist nach III eine Wiedereinsetzung in den vorigen Stand in Betracht kommen, V 3 in Verbindung mit § 17 FamFG. Außerdem kann eine diesbezügliche Kostenniederschlagung nach § 16 notwendig sein. Soweit sie fehlt, ist nicht schon deshalb eine Wiedereinsetzung möglich. Denn man hätte sich nach der Frist erkundigen müssen, BayObLG MDR **97**, 1058.

G. Gegenvorstellung. Insbesondere nach einem Verstoß gegen Art 103 I GG kann das LG theoretisch eine Gegenvorstellung zulassen müssen und daher nochmals entscheiden müssen (zum alten Recht) BVerfG RR **01**, 860. Das OLG kann an diese Zulassung gebunden sein, BVerfG RR **01**, 860. Freilich hat die Gegenvorstellung seit der Einführung der Anhörungsrüge nach § 157a praktisch keine Erfolgsaussicht mehr. 46

10) Rechtsbeschwerde, IV. Man sollte acht Aspekte beachten. 47

A. Einwendungen. Man kann mit der Rechtsbeschwerde sämtliche im Beschwerdeverfahren statthaft gewesenen Einwendungen erneut oder erstmals geltend machen, IV in Verbindung mit § 70 FamFG. Das gilt allerdings abhängig von der Frist nach V 3 in Verbindung mit § 71 FamFG.

B. Zulassung. Freilich ist die Rechtsbeschwerde nur insoweit zulässig, als das OLG sie wegen einer grundsätzlichen Bedeutung der Rechtssache oder zwecks Rechtsfortbildung oder Sicherung einer einheitlichen Rechtsprechung zugelassen hat, V 3 in Verbindung mit § 70 II FamFG, (je zum alten Recht) BayObLG FGPrax **04**, 95, Köln FGPrax **02**, 101, Mü MDR **07**, 294. Die Zulassung muß nach § 70 I FamFG grundsätzlich bereits im Beschluß erfolgen. Sie ist also nicht nachholbar, Düss FGPrax **97**, 73, Köln OLGZ **88**, 296. Eine Zulassung bindet den BGH nach § 70 II 2 FamFG. Die Zulässigkeit einer Überprüfung nur auf einen Rechtsverstoß nach 48

1025

§ 72 I FamFG erstreckt sich aber nur auf denjenigen Bereich der Entscheidung, für den das OLG die Rechtsbeschwerde eindeutig zugelassen hat, (je zum alten Recht) BayObLG **85**, 3, Düss AnwBl **93**, 41, Schlesw JB **78**, 911. Das OLG kann die Zulassung auf selbständige Teile beschränken. Denn „wenn" in § 70 I FamFG meint verständigerweise „soweit", BayObLG JB **84**, 915, Düss JB **92**, 551, Ffm DNotZ **78**, 118. Eine Beschränkung auf einen Wertteil ist aber unzulässig, BayObLG MittBayNot **77**, 140.

49 **C. Keine Nichtzulassungsbeschwerde.** Soweit eine Zulassung nicht erfolgt ist, kann man die daher unstatthafte Rechtsbeschwerde auch nicht mit einer sog Nichtzulassungsrüge oder mit der Begründung einlegen, Art 103 I GG sei verletzt. Dann kommt grundsätzlich nur die Nachholung der Anhörung und die Änderung des bisherigen Beschlusses nach (jetzt) § 157 a in Betracht, BayObLG JB **88**, 362, Schlesw SchlHA **84**, 62, aM Ffm JB **93**, 545. Eine Ausnahme besteht auch nicht mehr wegen einer sog greifbaren Gesetzwidrigkeit, BGH MDR **04**, 466, BLAH § 574 Rn 4. Allenfalls kommt eine fristgebundene Gegenvorstellung wie bei Rn 46 in Betracht, BVerfG NJW **02**, 3387 (Erschöpfung des Rechtswegs vor einer etwaigen Verfassungsbeschwerde).

50 **D. Kein weiterer Kostenrechtszug.** Gegen die Anwendbarkeit von § 70 II FamFG auf die Kostenentscheidung des Beschwerdegerichts nach übereinstimmenden wirksamen Beendigungserklärungen bestehen Bedenken. Denn dadurch würde man weitergehend als bei der Hauptsache und deshalb grundsätzlich problematisch einen weiteren isolierten Kostenrechtszug eröffnen, Ffm MDR **95**, 1063, Jena FGPrax **02**, 101, aM KG FGPrax **03**, 188.

51 **E. Beschwer.** Es muß grundsätzlich eine Beschwer gerade dieses Beschwerdeführers durch die Entscheidung des OLG vorliegen, V 3 in Verbindung mit § 59 I FamFG, (je zum alten Recht) BayObLG MittBayNot **81**, 210, Stgt MDR **89**, 1112, Zweibr JB **88**, 1054. Das gilt gerade wegen derjenigen Frage, für deren Klärung das OLG die Rechtsbeschwerde zugelassen hat. Von diesem Grundsatz gilt im Rahmen von VII eine Ausnahme. Es ist aber kein neuer selbständiger Beschwerdegrund erforderlich. Das übersieht Köln JB **94**, 173. Eine Beschwer auch der vorgesetzten Dienstbehörde ist nicht erforderlich, BayObLG **93**, 400, aM Düss JB **95**, 212.

Es ist *kein Beschwerdewert* nötig, BayObLG Rpfleger **00**, 471 (zustm Waldner).

52 **F. Beschwerdeberechtigter.** Zur Einlegung der Rechtsbeschwerde ist jeder berechtigt, für den das OLG die Rechtsbeschwerde zugelassen hat. Das OLG braucht die hiernach Berechtigten in seiner Beschwerdeentscheidung nicht namentlich erwähnt zu haben. Es muß aber eindeutig erkennbar machen, daß es gerade diesem Beschwerdeführer die Rechtsbeschwerde eröffnen wollte.

53 Danach können der *Kostenschuldner* und der *Notar* beschwerdeberechtigt sein, BayObLG **85**, 3, und zwar auch ein inzwischen aus dem Amt ausgeschiedener Notar und sein Rechtsnachfolger. Der Notar kann aber die Rechtsbeschwerde nicht schon deshalb einlegen, weil er eine Besserstellung des Kostenschuldners erreichen möchte, Stgt MDR **89**, 1112. Der Notar kann neben einer Berechtigung und Verpflichtung, nach VII vorzugehen, ein Recht zur Einlegung einer Rechtsbeschwerde haben. Eine Dienstausweisung muß erkennen lassen, mit welchem Ziel der Notar die Rechtsbeschwerde einlegen soll, BayObLG FGPrax **97**, 197. Ein Beteiligter verliert das Recht zur Rechtsbeschwerde nicht schon deshalb, weil er die Kostenberechnung nicht beanstandet und sich am weiteren Verfahren bisher nicht beteiligt hatte.

54 **G. Form.** Es gelten dieselben Anforderungen wie bei der Erstbeschwerde, Rn 16, 17. Es besteht also auch kein Anwaltszwang, IV 2 (Unanwendbarkeit von § 10 IV FamFG).

55 **H. Frist.** Die Rechtsbeschwerde ist nur innerhalb einer Frist von einem Monat zulässig, V 3 in Verbindung mit § 71 I 1 FamFG. Die Frist beginnt im Zeitpunkt der schriftlichen Bekanntgabe der Entscheidung des OLG an diesen Beschwerdeführer, V 3 in Verbindung mit §§ 41, 71 I 1 FamFG. Sie läuft also bei mehreren Beteiligten evtl zu verschiedenen Zeitpunkten an und aus. Für die Berechnung der Frist gilt V 3 in Verbindung mit § 16 FamFG. Die schriftliche Erklärung reicht aus, man erkenne die formlose Übersendung als eine förmliche Zustellung an, BayObLG FGPrax **97**, 74.

Soweit die Frist *verstrichen* ist und keine Wiedereinsetzung erfolgt, kommt eine 56
Rechtsbeschwerde nicht schon wegen Art 103 I GG in Betracht, Zweibr Rpfleger
86, 451, aM KLBR § 14 Rn 194.

I. Anschlußrechtsbeschwerde. Eine selbständige Anschlußrechtsbeschwerde ist 57
im Rahmen von V 3 in Verbindung mit § 73 FamFG statthaft, KG DNotZ **88**, 201.
Die unselbständige Anschlußrechtsbeschwerde ist innerhalb eines Monats seit Bekanntgabe der Begründungsschrift der Rechtsbeschwerde zulässig, V 3 in Verbindung
mit § 73 S 1 FamFG.

J. Begründung. Man muß eine Rechtsbeschwerde begründen. Man muß nach 58
V 3 in Verbindung mit § 71 III Z 1, 2 FamFG näher darlegen, daß und weshalb die
Entscheidung des OLG auf einer Verletzung des Rechts beruht. Das Recht ist verletzt, soweit das LG eine Rechtsnorm nicht oder nicht richtig angewendet hat, V 3 in
Verbindung mit § 72 I FamFG. Die Entscheidung des OLG beruht stets auf einer
Verletzung des Rechts, soweit einer der in § 547 Z 1–6 ZPO genannten, dort als unbedingte Revisionsgründe anerkannten Fälle vorliegt, V 3 in Verbindung mit § 72 III
FamFG. Man darf die erforderliche Begründung der Rechtbeschwerde nicht durch
eine nichtssagende Redensart ersetzen. Ein Nachschieben von Gründen ist wegen des
revisionsähnlichen Charakters von IV unstatthaft, Brdb DNotZ **97**, 249.

11) Verfahren der Rechtsbeschwerde, IV–VI. Man muß acht Gesichtspunkte 59
prüfen.

A. Zuständigkeit. Zur Entscheidung über die Rechtsbeschwerde und/oder die
zugehörige selbständige oder unselbständige Anschlußbeschwerde ist der BGH nach
V 3 in Verbindung mit § 74 FamFG, § 133 GVG zuständig. Ihn darf und muß nur
das OLG anrufen. Es gibt seine Vorlage den Beteiligten nach deren Anhörung gemäß
Art 103 I GG bekannt. Das OLG entscheidet in seiner vollen richterlichen Besetzung.

B. Amtsverfahren. Vgl Rn 25, 26. Der BGH darf eine versäumte Zulassung der 60
Rechtsbeschwerde nicht nachholen. Ihn bindet eine ausgesprochene Zulassung,
Rn 48.

C. Anhörung. Rn 27–29. 61

D. Zulassung. Eine Zulassung bindet den BGH, Rn 48, 60. 62

E. Ursächlichkeit einer Rechtsverletzung. Der BGH darf eine Prüfung nur 63
insoweit vornehmen, als es darum geht, ob die Entscheidung des OLG auf einer Verletzung des Rechts beruht, V 3 in Verbindung mit § 72 I, III FamFG, (zum alten
Recht) BayObLG **87**, 342, 416 und 447 (Bindung an den Antrag des Kostenschuldners).

F. Weiterer Maßstab. Der BGH darf und muß in den Grenzen der Anträge des 64
Beschwerdeführers umfassend prüfen. Er muß unter anderem prüfen, ob das OLG
einen wesentlichen tatsächlichen oder rechtlichen Gesichtspunkt übergangen hat, ob
die Entscheidung des OLG einer denkgesetzlichen Regel oder einem allgemeinen
Erfahrungssatz widerspricht. Er darf aber wegen des Rechtsbeschwerdecharakters eine
neue Tatsache oder ein neues Beweismittel nicht berücksichtigen, BayObLG DNotZ
88, 451. Es darf zB bei einer Rahmengebühr auch nicht in den Ermessensgebrauch
des OLG eingreifen, sondern nur einen Ermessensmißbrauch beseitigen. Es darf eine
Schätzung des Geschäftswerts etwa nach § 30 II nur rechtlich und nicht tatsächlich
überprüfen, Lappe NJW **88**, 3136. Eine sachlichrechtliche Erklärung ist unbeachtlich. Das gilt zB für eine Anfechtung, eine Aufrechnung, die Einrede der Verjährung.

G. Einstweilige Anordnung. Rn 30. 65

H. Entscheidung. Nach einem Verstoß des LG gegen Art 103 I GG kann der 66
BGH die Anhörung nachholen und den angefochtenen Beschluß ändern, Schlesw JB
84, 101. Im übrigen gelten Rn 32 ff entsprechend. Die Kosten im Verfahren über die
Rechtsbeschwerde richten sich gemäß VI 2 nach §§ 131, 136–139. Der BGH kann
die gerichtlichen Auslagen im Verfahren über die Rechtsbeschwerde nach denselben
Grundsätzen verteilen wie das OLG im Verfahren über die Erstbeschwerde, Rn 32 ff.
Der Geschäftswert für die Kostenentscheidung folgt aus § 30 II.

Die *Bekanntgabe* kann mangels einer weiteren Anfechtbarkeit mit einem Rechtsmittel formlos erfolgen.

KostO § 156 III. Kostenordnung

67 **12) Anweisung der Dienstbehörde, VII.** Man sollte drei Aspekte beachten.
A. Zweck. Der Notar ist als ein unabhängiges Organ der Rechtspflege tätig. Das gilt auch, soweit ihm die Gebühren selbst zufließen. Er muß sein Amt streng unparteiisch verwalten. Er darf keine Vereinbarung über die Kosten treffen, § 140. Diese Grundsätze machen eine vorbeugende Aufsicht und eine Überprüfbarkeit der Kostenberechnungen des Notars auch durch die vorgesetzte Dienstbehörde notwendig, BGH DNotZ **88**, 255. Das gilt sogar nach dem Ausscheiden oder nach dem Tod des Notars, freilich nur gegenüber derjenigen Stelle, die jetzt seine Akten verwahrt.

Insofern liegt eine *Einschränkung der Unabhängigkeit* des Notars vor, BGH DNotZ **85**, 99. Sie ist insoweit unbedenklich, als das Verfahren nach VII nicht etwa zu einer Verwaltungsentscheidung führt, also zu einer Anweisung, sondern vor allem zu einer richterlichen Entscheidung.

68 **B. Anweisungsrecht.** Der Präsident des LG darf als vorgesetzte Dienstbehörde „in jedem Fall" den Notar zur Herbeiführung der Entscheidung des LG oder zu einer Beschwerde oder Rechtsbeschwerde anweisen. Ein solches Weisungsrecht besteht also auch dann, wenn bereits der Kostenschuldner dergleichen eingelegt oder zurückgenommen oder erklärt hat, er betrachte die Kostenfrage als erledigt. Dann läuft eine weisungsgemäße Herbeiführung der Entscheidung des LG usw durch den Notar auf ein Anschlußrechtsmittel hinaus. Das Gericht darf den Kostenansatz dann erhöhen, VII 2.

69 Das *Weisungsrecht* des Präsidenten des LG besteht sowohl dann, wenn noch keine Entscheidung des LG nach I vorliegt, als auch dann, wenn nur noch eine Beschwerde oder gar nur noch eine Rechtsbeschwerde in Betracht kommt. Das Weisungsrecht besteht unabhängig davon, ob sich der Kostenschuldner oder der Notar beschwert fühlen, BGH DNotZ **88**, 256. Denn die Anweisung ersetzt einen Antrag oder eine Beschwerde oder Rechtsbeschwerde des Vertreters der Staatskasse. Er ist also nicht beschwerdeberechtigt. Vgl auch § 56 KostVfg, Teil VII A dieses Buchs. Das Weisungsrecht ist auch von einer Verjährung der Kostenforderung unabhängig. Denn die Verjährung läßt den Anspruch bis zur Geltendmachung des Leistungsverweigerungsrechts unberührt.

70 **C. Keine Beschwer nötig.** Eine Beschwer ist nicht erforderlich. Das ergibt sich auch aus den Worten „in jedem Fall" in VII 1, BayObLG DNotZ **94**, 703. Eine Beschwer der Aufsichtsbehörde ist ohnehin begrifflich unstatthaft. Eine Frist nennt VII nicht. II 1 gilt hier nicht.

71 **D. Weisungsinhalt.** Der Präsident des LG muß auch als eine Zulässigkeitsvoraussetzung der Anweisung erkennen lassen, in welcher Hinsicht er die Kostenberechnung des Notars für unrichtig hält und mit welchem Ziel das Gericht eine Entscheidung herbeiführen soll, BayObLG FGPrax **97**, 197, Celle JB **05**, 43, Hamm FGPrax **09**, 185. In diesem Rahmen muß der Präsident des LG aber dann in seiner Anweisung nicht im einzelnen angeben, in welcher Richtung der Notar eine Anfechtung vornehmen soll.

72 **E. Weisungsgrenzen.** Ein Weisungsrecht des Präsidenten des LG besteht allerdings insofern nicht, als das OLG im Verfahren einer weisungsgemäß eingelegten Beschwerde die Rechtsansicht des LG rechtskräftig bestätigt hat, (zum alten Recht) Celle JB **05**, 43. Ferner ist das Weisungsrecht dann eingeschränkt, wenn die Aufsichtsbehörde eine bestimmte Praxis der Kostenberechnung beanstandungsfrei hingenommen hat oder wenn diese sonst als rechtens gilt, BGH DNotZ **88**, 255. Der Präsident des LG muß das Verhältnismäßigkeitsgebot beachten, BGH DNotZ **88**, 255. Die Überwachungsmaßnahme muß zumutbar sein, BGH DNotZ **88**, 255. Es ist ein Weisungsrecht nur wegen des Kostenansatzes und nicht wegen des sachlichen Rechts etwa bei einer Stundung, Aufrechnung usw zulässig.

Der Präsident des LG darf den Notar *nicht* anweisen, beim Antrag auf die Entscheidung des LG oder mit der Beschwerde oder Rechtsbeschwerde eine bestimmte *Rechtsansicht zu vertreten*. Denn einen so weitgehenden Eingriff in die Unabhängigkeit des Notars sieht VII nicht vor, BGH DNotZ **88**, 255. Insofern muß man notfalls beim OLG einen Aufhebungsantrag nach §§ 23, 25 EGGVG stellen. Der LG-Präsident darf auch nicht mit dem Ziel anweisen, eine Gebühr als nicht entstanden festzustellen, Hamm JB **03**, 484.

F. Keine Dienstaufsichtsbeschwerde. Einer Dienstaufsichtsbeschwerde des Notars gegen eine Anweisung nach VII fehlt meist das Rechtsschutzbedürfnis. Eine Ausnahme mag zB bei einem unangemessenen Weisungston oder bei einer zu kurzen Frist zur Stellungnahme des Notars vorliegen. 73

G. Verfahren des Gerichts. Das Verfahren richtet sich bei einem weisungsgemäß gestellten Antrag nach I, bei der Erstbeschwerde nach III, bei einer Rechtsbeschwerde nach IV jeweils in Verbindung mit V. Indessen kann das Gericht nach einem vergeblichen Antrag des Notars auch eine Erhöhung der Kostenberechnung vornehmen, VII 2. Es kann die angefochtene Kostenberechnung also zum Nachteil des Kostenschuldners ändern. Das Verfahren ist gerichtskostenfrei, VII 3. 74

Das Gericht hat eine *Entscheidungsbefugnis nur insoweit*, als der Notar die Entscheidung gerade dieses Gerichts weisungsgemäß beantragt hat, BayObLG JB **98**, 207, Hamm FGPrax **09**, 184. Der Notar braucht keinen bestimmten Antrag zu stellen. Er kann aber auch beantragen, das Gericht möge die Anweisung des Präsidenten des LG verwerfen. Das Gericht muß den Anweisenden ohnehin anhören. Der Notar braucht sich auch nicht diejenige Rechtsansicht zu eigen zu machen, die der Weisung des Präsidenten des LG zugrunde liegt. Er muß eine weisungsgemäß eingelegte Beschwerde nach V 3, VII 1 in Verbindung mit § 71 II, III FamFG begründen. Die Frist nach II gilt im Verfahren nach VII nicht. 75

13) Ausscheiden, Tod des Notars. Nach dem Ausscheiden oder dem Tod des Notars besteht kein Antragsrecht oder Beschwerderecht der Aktenverwahrungsstelle. 76

Zurückzahlung, Schadensersatz

157 *Fassung 1. 9. 2009:* ¹ ¹Wird die Kostenberechnung abgeändert oder ist der endgültige Kostenbetrag geringer als der erhobene Vorschuß, so hat der Notar die zuviel empfangenen Beträge zu erstatten. ²Hatte der Kostenschuldner einen Antrag auf Entscheidung des Landgerichts nach § 156 Abs. 1 innerhalb eines Monats seit der Zustellung der vollstreckbaren Ausfertigung gestellt, so hat der Notar darüber hinaus den Schaden zu ersetzen, der dem Kostenschuldner durch die Vollstreckung oder durch eine zur Abwendung der Vollstreckung erbrachte Leistung entstanden ist. ³Im Fall des Satzes 2 hat der Notar den zu viel empfangenen Betrag vom Tag des Eingangs des Antrags bei dem Landgericht an mit jährlich fünf Prozentpunkten über dem Basiszinssatz nach § 247 des Bürgerlichen Gesetzbuchs zu verzinsen; die Geltendmachung eines weitergehenden Schadens ist nicht ausgeschlossen. ⁴Im Übrigen kann der Kostenschuldner eine Verzinsung des zu viel gezahlten Betrags nicht fordern.

II ¹Über die Verpflichtungen gemäß Absatz 1 wird auf Antrag des Kostenschuldners in dem Verfahren nach § 156 entschieden. ²Die Entscheidung ist nach den Vorschriften der Zivilprozeßordnung vollstreckbar.

Vorbem. I 2, 3 geändert dch Art 47 II Z 39 a, b FGG-RG v 17. 12. 08, BGBl 2586, in Kraft seit 1. 9. 09, Art 112 I Hs 1 FGG-RG, Übergangsrecht Art 111 FGG-RG, Grdz 2 vor § 1 FamGKG, Teil I B dieses Buchs.

Bisherige Fassung I 2, 3: ²Hatte der Kostenschuldner seine Einwendungen gegen die Kostenberechnung innerhalb eines Monats seit der Zustellung der vollstreckbaren Ausfertigung im Wege der Beschwerde (§ 156 Abs. 1 Satz 1) erhoben, so hat der Notar darüber hinaus den Schaden zu ersetzen, der dem Kostenschuldner durch die Vollstreckung oder durch eine zur Abwendung der Vollstreckung erbrachte Leistung entstanden ist. ³Im Fall des Satzes 2 hat der Notar den zu viel empfangenen Betrag vom Tag des Eingangs der Beschwerde bei dem Landgericht an mit jährlich fünf Prozentpunkten über dem Basiszinssatz nach § 247 des Bürgerlichen Gesetzbuchs zu verzinsen; die Geltendmachung eines weitergehenden Schadens ist nicht ausgeschlossen.

Gliederung

1) Systematik, I, II	1
2) Regelungszweck, I, II	2
3) Zurückzahlung, I 1	3

4) Ersatzpflicht, I 2 4–7
  A. Antragseinlegung 4
  B. Frist 5
  C. Zustellung 6
  D. Folgen 7
5) Verzinsungspflicht, I 3, 4 8
6) Verfahren, II 9–12

1 **1) Systematik, I, II.** Die Vorschrift regelt eigentlich Selbstverständliches als eine vorrangige Spezialvorschrift in Ergänzung von §§ 155, 156 unter einer teilweisen Bezugnahme auf das FamFG im Bereich der Notarkosten abschließend, Köln Rpfleger 01, 203.

2 **2) Regelungszweck, I, II.** Eine ungerechtfertigte Bereicherung ist natürlich auch dem Notar verboten. Die Vorschrift dient der dann notwendigen Rückabwicklung in einer möglichst raschen einfachen Weise. Der an sich nur indirekt über § 141 anwendbare Grundsatz einer für den Kostenschuldner möglichst günstigen Handhabung nach § 1 Rn 2 sollte hier besonders gelten, zumal der Kostenschuldner ja im Bereich des § 157 zum Rückforderungsgläubiger wird. Die Monatsfrist des I 2 soll den Notar schützen. Er müßte ja sonst nach § 156 II 1 viel länger mit einem Antrag rechnen.

3 **3) Zurückzahlung, I 1.** Wenn der Notar mehr erhalten hat, als ihm an Gebühren und Auslagen nach der endgültigen korrekten Kostenberechnung oder einer im Beschwerdeweg oder freiwillig abgeänderten Kostenberechnung zusteht, muß er den überschießenden Betrag zurückzahlen, BayObLG FGPrax **98**, 196. Das gilt unabhängig davon, ob er diesen Betrag schon verbraucht hatte. Es handelt sich um einen Rückzahlungsanspruch eigener Art. Auf ihn sind die Grundsätze einer ungerechtfertigten Bereicherung nur begrenzt anwendbar. Dieser Anspruch besteht auch dann, wenn der Notar seine Forderung schon im Weg der Zwangsvollstreckung durchgesetzt hatte. Nach dem Tod des Notars haften seine Erben. Es besteht keine Aufrechenbarkeit mit einer anderen als einer in anderer Sache entstandenen Notarforderung. Die letztere kann aber einen Rückforderungsanspruch zu Fall bringen.

Kein Rückzahlungsanspruch besteht, soweit der Notar seine sachlichrechtlich berechtigte Forderung lediglich formell unkorrekt geltend gemacht hatte. Freilich kann der Anspruch auch infolge einer Verwirkung erloschen sein.

4 **4) Ersatzpflicht, I 2.** Es sind vier Prüfschritte ratsam.
A. Antragseinlegung. Berechtigt ist nur ein Kostenschuldner, Hamm Rpfleger **90**, 40. Der Kostenschuldner muß gegen die Kostenberechnung des Notars einen Antrag nach § 156 I 1 gestellt haben.

5 **B. Frist.** Man muß den Antrag nach Rn 4 innerhalb eines Monats seit der förmlichen Zustellung einer vollstreckbaren Ausfertigung der angefochtenen Kostenberechnung „gestellt" haben. Die Frist berechnet man wie bei §§ 187 ff BGB. Es genügt nicht, daß der Kostenschuldner innerhalb dieser Frist die Kostenberechnung beim Notar beanstandet. Sein Antrag muß vielmehr innerhalb der Frist beim Gericht eingehen. Denn erst damit hat man den Antrag „gestellt". Eine Wiedereinsetzung wegen einer Fristversäumung ist nach den Grundsätzen des § 17 FamFG statthaft.

Es genügt neben der Einreichung einer Beschwerdeschrift eine Erklärung *zum Protokoll* des Urkundsbeamten der Geschäftsstelle, § 156 V 3 in Verbindung mit § 25 FamFG. Es besteht kein Anwaltszwang. Soweit der Kostenschuldner seinen Antrag nach § 25 FamFG beim Urkundsbeamten der Geschäftsstelle eines anderen Gerichts als desjenigen LG einlegt, in dessen Bezirk der Notar seinen Amtssitz hat, muß jene Geschäftsstelle das Protokoll nach § 121 I 1 BGB unverzüglich an das richtige LG übersenden. Die Wirkung des Antrags tritt aber erst dann ein, wenn das Protokoll beim zuständigen LG eingeht, § 25 III 2 FamFG. Wegen einer Verjährung gilt § 17 nach § 141 entsprechend.

6 **C. Zustellung.** Die Frist läuft nur, soweit die beanstandete Kostenberechnung äußerlich einwandfrei war, Schlesw JB **78**, 912, und soweit der Notar sie auch in einer vollstreckbaren Ausfertigung gerade diesem Kostenschuldner zugestellt hatte.

7 **D. Folgen.** Soweit die Voraussetzungen Rn 2–5 vorliegen, kann der Kostenschuldner neben dem Anspruch auf die Zurückzahlung zuviel gezahlter Beträge nach I 1 einen Anspruch auf den Ersatz desjenigen Schadens haben, I 2, den dieser Ko-

stenschuldner dadurch hatte, daß der Notar gerade ihm gegenüber aus dieser Kostenberechnung eine Zwangsvollstreckung durchgeführt hat oder daß dieser Kostenschuldner gerade zur Abwendung dieser Zwangsvollstreckung eine Leistung an diesen Notar erbracht hat. Der Ersatzanspruch erstreckt sich also auf den Ersatz des unmittelbaren und mittelbaren Schadens, BLAH § 717 ZPO Rn 7. Der Kostenschuldner muß eine Leistung gerade unter dem Druck der drohenden Zwangsvollstreckung erbracht haben.

Der Schadensersatzanspruch steht dem *Kostenschuldner* und seinem Rechtsnachfolger zu. Er richtet sich auch gegen den Rechtsnachfolger des Notars. Zur Vermeidung dieser Haftung kann es ratsam sein, mit der Zwangsvollstreckung nicht nur die in § 155 S 1 Hs 2 in Verbindung mit § 95 I FamFG, § 798 ZPO vorgeschriebene Woche, sondern einen Monat zu warten, Hamm MDR **88**, 420.

5) Verzinsungspflicht, I 3, 4. Eine solche Pflicht des Notars kann im Umfang von I 3 entstehen, aber nicht darüber hinaus, I 4. **8**

6) Verfahren, II. Sowohl für den Rückzahlungsanspruch nach I 1 als auch für **9** den Ersatzanspruch nach I 2 und den Verzinsungsanspruch nach I 3 ist der ordentliche Rechtsweg unstatthaft. Die Ansprüche sind vielmehr nur im Verfahren nach § 156 durchsetzbar, II 1, LG Mü MittBayNot **85**, 220. Diese Regelung ähnelt derjenigen des § 717 II, III ZPO. Das Verfahren ist auch nach der Rechtskraft der Entscheidung nach § 156 statthaft. Freilich darf man dann die Kostenberechnung nicht mehr sachlichrechtlich überprüfen, Schlesw JB **81**, 916, LG Mü MittBayNot **85**, 220. Dabei darf der Kostenschuldner seine Rechte in einem selbständigen Beschwerdeverfahren verfechten, aber auch durch einen Zwischen-(Inzident-)Antrag in einem von ihm oder von dem Notar anhängig gemachten Beschwerdeverfahren. Der Notar darf aufrechnen, wenn ihm zB statt Notargebühren aus derselben Tätigkeit als Anwalt eine Vergütung zusteht, Hamm Rpfleger **75**, 451.

Soweit der Kostenschuldner die *Richtigkeit der Kostenberechnung* bemängelt und **10** gleichzeitig die Rückzahlung eines zuviel geleisteten Betrags verlangt und soweit das Gericht dann die Kostenberechnung wegen eines unheilbaren Mangels aufheben muß, muß das Gericht über die Rückzahlung mitentscheiden. Das gilt, obwohl diese Entscheidung voraussetzt, eine Prüfung weiterer Einwendungen vorzunehmen, Hamm Rpfleger **75**, 499. Dasselbe gilt dann, wenn ein Anwaltsnotar die Kostenrechnung von sich aus aufhebt, Hamm Rpfleger **75**, 449. Eine Anhörung der vorgesetzten Dienstbehörde des Notars ist zulässig, aber nicht notwendig.

Die *Entscheidung* des Gerichts lautet auf eine Zurückweisung des Antrags oder auf **11** eine Verurteilung zur Rückzahlung oder zum Schadensersatz. Das Verfahren vor dem LG ist gebührenfrei.

Eine *Beschwerde* ist unter den Voraussetzungen § 156 III, eine Rechtsbeschwerde ist nach § 156 IV denkbar.

Die *Zwangsvollstreckung* findet nach §§ 95 I FamFG, 704 ff ZPO statt. Der Ur- **12** kundsbeamte der Geschäftsstelle des LG ist für die Erteilung der vollstreckbaren Ausfertigung der Entscheidung zuständig. Eine Aussetzung der Vollziehung kommt durch das LG oder bei einer Beschwerde durch das OLG, bei einer Rechtsbeschwerde durch den BGH infrage.

Dritter Teil. Schluß- und Übergangsvorschriften

Abhilfe bei Verletzung des Anspruchs auf rechtliches Gehör

157a I Auf die Rüge eines durch die Entscheidung nach diesem Gesetz beschwerten Beteiligten ist das Verfahren fortzuführen, wenn
1. ein Rechtsmittel oder ein anderer Rechtsbehelf gegen die Entscheidung nicht gegeben ist und
2. das Gericht den Anspruch dieses Beteiligten auf rechtliches Gehör in entscheidungserheblicher Weise verletzt hat.

II ¹ Die Rüge ist innerhalb von zwei Wochen nach Kenntnis von der Verletzung des rechtlichen Gehörs zu erheben; der Zeitpunkt der Kenntniserlangung ist glaubhaft zu machen. ²Nach Ablauf eines Jahres seit Bekanntmachung der angegriffenen Entscheidung kann die Rüge nicht mehr erhoben werden. ³Formlos mitgeteilte Entscheidungen gelten mit dem dritten Tage nach Aufgabe zur Post als bekannt gemacht. ⁴Die Rüge ist bei dem Gericht zu erheben, dessen Entscheidung angegriffen wird; § 14 Abs. 6 Satz 1 und 2 gilt entsprechend. ⁵Die Rüge muss die angegriffene Entscheidung bezeichnen und das Vorliegen der in Absatz 1 Nr. 2 genannten Voraussetzungen darlegen.

III Den übrigen Beteiligten ist, soweit erforderlich, Gelegenheit zur Stellungnahme zu geben.

IV ¹Das Gericht hat von Amts wegen zu prüfen, ob die Rüge an sich statthaft und ob sie in der gesetzlichen Form und Frist erhoben ist. ²Mangelt es an einem dieser Erfordernisse, so ist die Rüge als unzulässig zu verwerfen. ³Ist die Rüge unbegründet, weist das Gericht sie zurück. ⁴Die Entscheidung ergeht durch unanfechtbaren Beschluss. ⁵Der Beschluss soll kurz begründet werden.

V Ist die Rüge begründet, so hilft ihr das Gericht ab, indem es das Verfahren fortführt, soweit dies aufgrund der Rüge geboten ist.

VI Kosten werden nicht erstattet.

Vorbem. II 4 Hs 2 ergänzt dch Art 18 II Z 3 G v 12. 12. 07, BGBl 2840, in Kraft seit 1. 7. 08, Art 20 S 3 G, Übergangsrecht § 161 KostO.

Schrifttum: Vgl bei § 12a RVG, Teil X dieses Buchs.

Gliederung

1) Systematik, I–VI	1
2) Regelungszweck, I–VI	2, 3
3) Geltungsbereich, I–VI	4
4) Unzulässigkeit eines Rechtsmittels oder anderen Rechtsbehelfs, I Z 1	5, 6
A. Maßgeblichkeit nur der Entscheidung nach der KostO	5
B. Unzulässigkeit jedes anderen Rechtsbehelfs	6
5) Entscheidungserheblichkeit der Verletzung des Anspruchs auf rechtliches Gehör, I Z 2	7–12
A. Gehörsverletzung gerade des Beschwerten	8
B. Gehörsbegriff	9
C. Entscheidungserheblichkeit des Gehörverstoßes	10, 11
D. Nicht nur bei Endentscheidung	12
6) Notwendigkeit einer Rüge, I, II	13
7) Rügefrist, II 1–3	14–17
A. Fristbeginn mit Kenntnis der Verletzung, II 1 Hs 1	15
B. Glaubhaftmachung, II 1 Hs 2	16
C. Jahres-Ausschlußfrist, II 2, 3	17
8) Zuständigkeit, Rügeform, II 4	18–20
A. Schriftform oder elektronisch, II 4 Hs 1	19
B. Auch zum Protokoll, II 4 Hs 2	20
9) Rügeinhalt, II 5	21–39
A. Bezeichnung der angegriffenen Entscheidung, II 5 Hs 1	21
B. Darlegung der Gehörsverletzung, II 5 Hs 2	22–24
C. Darlegung der Entscheidungserheblichkeit der Gehörsverletzung, II 5 Hs 2	25–28
D. Voraussichtlichkeit, II 5 Hs 1, 2	29
E. Beispiele zur Frage einer Gehörsverletzung, II 5 Hs 1, 2	30–39
10) Stellungnahme des Gegners, III	40–42
A. Erforderlichkeit	40
B. Stellungnahmefrist	41
C. Gegenäußerung des Rügeführers	42
11) Verwerfung, Zurückweisung, IV	43–52
A. Amtsprüfung der Statthaftigkeit und Zulässigkeit, IV 1	43, 44
B. Freigestellte mündliche Verhandlung, IV 1	45
C. Bei Unstatthaftigkeit oder Unzulässigkeit: Verwerfungsbeschluß, IV 2, 4, 5	46
D. Begründung der Verwerfung	47, 48
E. Verwerfungskosten	49
F. Bei Unbegründetheit: Zurückweisungsbeschluß, IV 3–5	50
G. Begründung der Zurückweisung	51
H. Zurückverweisungskosten	52
12) Abhilfe: Verfahrensfortführung, V	53–56
A. Keine Notwendigkeit einer Fortführungsentscheidung, V 1	54
B. Zurückversetzung des Verfahrens, V 2, 4	55
C. Neue Entscheidung, V 3	56

3. Teil. Schluß- und Übergangsvorschriften § 157a KostO

13) Keine Kostenerstattung, VI 57
14) Verstoß, I–VI 58
15) Rechtsbehelfe, Verfassungsbeschwerde, I–VI 59–63
   A. Nicht bei greifbarer Gesetzwidrigkeit 60
   B. Keine Gegenvorstellung 61
   C. „Ergänzende" Rechtsbeschwerde 62
   D. Meistbegünstigung 63
   E. Verfassungsbeschwerde 64
   F. Gegen Abhilfe 65

1) Systematik, I–VI. § 157a steht nach Art 12 Z 2 G v 9. 12. 04 nicht „hinter **1** § 157", sondern „vor § 158", also jetzt am Anfang des Dritten Teils der KostO mit seiner amtlichen Überschrift „Schluß- und Übergangsvorschriften". Das ist auch halbwegs systematisch. Denn § 157 beendet den Zweiten Teil „Kosten der Notare", § 157a behandelt aber zumindest auch Gerichtskosten. Die Vorschrift ist eine notwendige Ergänzung zu §§ 1–157. Denn sie regelt eine dort nicht eindeutig oder gar nicht erfaßte Situation. § 157a gilt deshalb neben §§ 1–157 nur hilfsweise, eben nur, soweit diese letzteren Bestimmungen nicht ausreichen. Nur bei deren Unanwendbarkeit entsteht ein Rechtsschutzbedürfnis zum Verfahren nach § 157a, Celle MDR **03**, 593 (zu § 321a ZPO).

2) Regelungszweck, I–VI. Die Vorschrift bezweckt die Heilung eines Verstoßes **2** gegen Art 103 I GG und nur dieses Verstoßes, so jetzt auch BVerfG NJW **09**, 3710/3711 (zu § 321a ZPO, kunstvoll aussparend zitierend), weitergehend BVerfG NZA **08**, 1201 (zu § 78a ArbGG). Sie dient aber auch der Entlastung des BVerfG, Oldb NJW **03**, 149. Gravenhorst MDR **03**, 888 schlägt stattdessen für den Zivilprozeß eine „kleine Verfassungsbeschwerde" mit §§ 577a–e ZPO vor (so sein Entwurf). Das BVerfG soll sich nicht mit einem solchen Verstoß gegen Art 103 I GG befassen müssen, den das Verfahrensgericht aus einer Gleichgültigkeit oder Gedankenlosigkeit oder sogar ohne jede Vorwerfbarkeit begangen hatte und den es bei einer nochmaligen Prüfung voraussichtlich selbst beheben kann, BVerfG NJW **07**, 2241 und 2243. Das rechtfertigt die Durchbrechung der Bindung an die eigene Entscheidung und sogar der Rechtskraft. Es erübrigt auch ein ohnehin meist erst unter anderen Umständen mögliches Abänderungsverfahren oder eine jetzt unzulässige weitere Beschwerde, KG MDR **02**, 1086 (zu § 321a ZPO).

Gerechtigkeit ist also das Hauptziel. Daneben dient § 157a aber eben auch der Pro- **3** zeßwirtschaftlichkeit. Das gilt zwar nicht zugunsten des Verfahrensgerichts, wohl aber zugunsten des überlasteten BVerfG. Deshalb muß man die Vorschrift im Zweifel zulasten des Verfahrensgerichts auslegen. Man muß ihre Voraussetzungen also großzügig bejahen. Freilich sollte eine solche Auslegung nun auch keineswegs dazu führen, einer unterlegenen Partei einen billigen Vorwand zu geben, statt eines Rechtsmittelrisikos bequem einen Gehörsverstoß zu behaupten und damit einfach eine Wiedereröffnung der Verhandlung zu erreichen, um dann ergänzend dasjenige vortragen und beweisen zu können, was sie längst hätte tun können und müssen. Auch diese Gefahr muß man bei der Auslegung mitbeachten.

Rechtssicherheit ist ein weiteres Ziel. Denn eine rechtzeitige Rüge nach § 157a hemmt den Eintritt der formellen Rechtskraft und damit auch der inneren.

3) Geltungsbereich, I–VI. Die Vorschrift ist dem § 321a ZPO nachgebildet. Sie **4** ist in allen Verfahren nach der KostO uneingeschränkt anwendbar. Das gilt auch zB: Beim Kostenansatz; bei einer Erinnerung und einer Beschwerde; bei der Wertfestsetzung; beim Vorschuß; beim Zurückbehaltungsrecht; bei einer unrichtigen Sachbehandlung; bei der Bestimmung des Zahlungspflichtigen.

In *anderen* Gerichtsverfahren gelten entsprechende Vorschriften, §§ 72a, 78a ArbGG, BVerfG NZA **08**, 1201, Schrader NZA-RR **06**, 57, § 83a EnWG, § 44 FamFG, § 133 FGO, BFH NVwZ-RR **09**, 703, FG Kassel NZA-RR **06**, 80, § 81 III GBO, § 69a GKG, § 71a GWB, § 55 IV JGG, § 4a JVEG, § 12a RVG, § 178a SGG, § 29 III SchiffsRegO, §§ 33a, 356a StPO, § 152a VwGO, § 121a WDiszplO, § 89a MarkenG.

4) Unzulässigkeit eines Rechtsmittels oder anderen Rechtsbehelfs, I Z 1. **5** Ein Abhilfeverfahren nach § 157a setzt das Zusammentreffen mehrerer Bedingungen voraus. Es sind mehrere Prüfschritte erforderlich.

1033

KostO § 157a   III. Kostenordnung

A. Maßgeblichkeit nur der Entscheidung nach der KostO. Es kommt bei I Z 1 nur auf eine solche Entscheidung an, die das Gericht gegenüber einem gerade nach der KostO Beteiligten getroffen hat.

6   **B. Unzulässigkeit jedes anderen Rechtsbehelfs.** Es darf gegen die Entscheidung kein Rechtsmittel und überhaupt kein Rechtsbehelf irgendeiner Art statthaft sein. Damit erweitert I Z 1 den Kreis der zunächst durchzuprüfenden Rechtsbehelfe im weitestmöglichen Sinn und engt dadurch zugleich die Möglichkeit einer Anhörungsrüge ungeachtet ihrer nach Rn 3 eher weiten Auslegbarkeit doch wieder ein. Daher darf man nun auch *nicht* gleich wieder mit dem schon nach altem Recht genügend problematisch gewesenen „*außerordentlichen Rechtsmittel*" wegen „greifbarer Gesetzwidrigkeit" die Einschränkung des I Z 1 unterlaufen oder überhöhen, je nach der Betrachtungsweise und Wunschrichtung. Auch eine Gegenvorstellung muß nicht vorangehen. Denn § 157a tritt ja gerade an deren Stelle. Freilich kann eine hilfsweise Gehörsrüge in Betracht kommen, Rn 13.

7   **5) Entscheidungserheblichkeit der Verletzung des Anspruchs auf rechtliches Gehör, I Z 2.** Nach der Feststellung, daß ein Rechtsmittel oder ein anderer Rechtsbehelf unstatthaft ist, Rn 5, 6, hängt die Statthaftigkeit des Abhilfeverfahrens nach § 157a davon ab, daß außerdem auch das Gericht des bisherigen Rechtszugs den Anspruch des Rügeführers auf das rechtliche Gehör in einer entscheidungserheblichen Weise verletzt hat. Hier muß man also zwei Unterfragen prüfen.

8   **A. Gehörsverletzung gerade des Beschwerten.** Gerade das angegangene Gericht muß gerade das rechtliche Gehör gerade desjenigen Beteiligten versagt haben, den es mit seiner Entscheidung beschwerte und der jetzt als Rügeführer auftritt, BGH NJW **08**, 2127, BSG NZA-RR **05**, 603. Also reicht keine andere Art von Verfahrensverstoß, BGH NJW **08**, 2127, Celle MDR **08**, Kblz FamRZ **08**, 1967, 1180 (je zu § 321a ZPO), weitergehend BVerfG NZA **08**, 1201 (zu § 78a ArbGG). Der Verstoß mag vor dem Schluß einer etwaigen mündlichen Verhandlung oder im etwaigen Wiedereintrittsverfahren entstanden sein, im schriftlichen Verfahren bis zum Schluß der Frist zum Vortrag. Er mag in nur einem oder in mehreren Punkten vorliegen. Er mag sich auf eine Tatsache oder eine Rechtsfrage beziehen. Er mag auch nur den Kostenpunkt betreffen, Celle FamRZ **03**, 1578 (zu § 321a ZPO). Er mag nur diesen Rügeführer oder neben ihm auch andere beschweren. Auch die Staatskasse kann eine Beteiligte sein.

Besteht ein Verstoß nur gegenüber einem *anderen Beteiligten*, entfällt für den Rügeführer die Möglichkeit nach I Z 2. Denn diese Vorschrift spricht vom Anspruch auf Gehör gerade „dieses" Beteiligten. I Z 2 soll natürlich nicht auch dem durch einen Gehörsverstoß gar nicht Betroffenen eine Rügemöglichkeit eröffnen. Deshalb ist auch bei einfachen Streitgenossen nach §§ 59–61 ZPO nur der persönlich Beschwerte rügeberechtigt. Bei notwendigen Streitgenossen nach § 62 ZPO kommt es auf die Fallumstände an. Auch dann muß aber der Rügeführer zumindest mit durch eine Gehörsverletzung beschwert sein.

9   **B. Gehörsbegriff.** Rechtliches Gehör muß man wie bei BLAH Einl III 16, Grdz 41 vor § 128 ZPO beurteilen. Es erfordert also bei aller manchmal gefährlich schillernden Unschärfe des Begriffs und seiner oft allzu zweckorientierten Auslegung doch im Kern die ausreichende Möglichkeit einer Äußerung zu einer tatsächlichen oder rechtlichen Frage innerhalb einer nach den Gesamtumständen angemessenen nicht allzu großzügig ansetzbaren Frist. Eine allzu weite Auslegung ist gefährlich, großzügiger Köln FamRZ **05**, 2075.

Gesetz und Gesamtumstände sind dabei mitbeachtlich, letztere zumindest hilfsweise und evtl sogar vorrangig. Im übrigen sei auf die Erörterungen möglicher Gehörsverletzungen bei den einzelnen Vorschriften der ZPO, des FamFG, des GVG usw verwiesen. Bereitschaft zur Selbstkritik ist eine gebieterische Forderung an das Gericht gerade im Verfahren nach § 157a. Das gilt besonders bei der Beurteilung, ob das Gericht Gehör verletzt hat. Ängstlichkeit ist freilich keineswegs ratsam. Zwar sollte das Gericht nach den Anregungen Rn 3 vorgehen. Das Gericht sollte aber eben auch keine Beibehaltung der Entscheidung scheuen, wenn es sich einigermaßen bestätigt fühlt. Mag dann eben eine Verfassungsbeschwerde folgen können.

C. Entscheidungserheblichkeit des Gehörverstoßes. Gerade der Verstoß gegen das Gebot rechtlichen Gehörs muß für den Rügeführer in der Entscheidung nachteilige Auswirkungen gehabt haben. Er muß dadurch also beschwert sein. Diese Ursächlichkeit muß zweifelsfrei feststehen. Sonst scheitert die Rüge. Eine Mitursächlichkeit genügt. Es ist nicht eine Auswirkung in der Hauptsache erforderlich. Begriff der Ursächlichkeit BLAH § 287 ZPO Rn 6–8. 10

Umfangserheblichkeit des Verstoßes ist *nicht* erforderlich. Denn Entscheidungserheblichkeit ist etwas anderes als ein erhebliches Ausmaß. Daher reicht theoretisch ein Nachteil von sehr geringer Summe. Freilich dürfte das Rechtsschutzbedürfnis bei winzigen Auswirkungen fehlen: minima non curat praetor. Vor diesem Gedanken sollte der Richter auch bei § 157a nicht furchtsam zurückweichen. In einem allzu kraß geringfügig „entscheidungserheblichen" Fall dürfte in einer Rüge nach § 157a sogar ein Rechtsmißbrauch liegen, BLAH Einl III 54. Freilich sollte sich das Gericht hüten, diesen Gedanken zum faulen Abschmettern einer Abhilfebitte zu mißbrauchen. 11

D. Nicht nur bei Endentscheidung. Eine Anhörungsrüge kommt anders als bei § 321a I 2 ZPO nicht nur beim Verstoß einer Endentscheidung infrage. Sie ist vielmehr bei jeder Entscheidung des Richters, Rpfl oder Urkundsbeamten welcher Form auch immer statthaft. Hierher zählt also zB auch eine Zwischen- oder Teilentscheidung. 12

Unanwendbar ist § 157a bei einem bloßen Verwaltungsakt.

6) Notwendigkeit einer Rüge, I, II. Das Gericht muß ein Verfahren nach § 157a zwar evtl von Amts wegen anregen. Das Verfahren beginnt aber nur auf Grund einer Rüge, also eines hier besonders benannten Antrags, I. Er ist eine Parteiprozeßhandlung des nach der KostO Beteiligten, BLAH Grdz 47 vor § 128 ZPO. Er hat die in BLAH Grdz 51 ff vor § 128 ZPO erläuterten Folgen für die Auslegung, einen Widerruf usw. Die unrichtige Bezeichnung ist unschädlich, soweit die Zweckrichtung einer Bitte um Abhilfe gerade wegen einer Gehörsverletzung eindeutig erkennbar ist. Die Gehörsrüge kann auch neben einem Rechtsbehelf oder Rechtsmittel hilfsweise erfolgen. 13

7) Rügefrist, II 1–3. Man muß die Rügeschrift innerhalb von zwei Wochen einreichen, II 1. Die Rechtzeitigkeit ist eine Voraussetzung der Zulässigkeit der Rüge. Das ergibt sich aus IV 1, 2. Die Zweiwochenfrist ist abweichend von § 321a I 1 ZPO keine Notfrist. Eine gerichtliche Fristverkürzung oder -verlängerung ist mangels einer entsprechenden gesetzlichen Regelung nicht zulässig. Eine dem § 224 I 1 ZPO entsprechende Regelung fehlt in der KostO, einem selbständigen Gesetz. Man kann § 224 I 1 ZPO innerhalb der Zeitgrenze des II 2 auch nicht einfach sinngemäß als eine Grundregel anwenden. Denn Fristen sind als ein formelles Recht grundsätzlich streng auslegbar. Wegen der Einreichung beim unzuständigen Gericht Rn 18. 14

A. Fristbeginn mit Kenntnis der Verletzung, II 1 Hs 1. Die Rügefrist beginnt mit der Kenntnis des Rügeführers oder seines ihm gleichgestellten gesetzlichen Vertreters oder ProzBev von der Verletzung des rechtlichen Gehörs. Die Rügefrist kann für jeden Betroffenen je nach dem Zeitpunkt gerade seiner Kenntnis unterschiedlich anlaufen. Zum Nachweis des Zustellungszeitpunkts gelten die sonst üblichen Regeln, zB im Zivilprozeß BLAH § 418 ZPO Rn 5 „Post", „Zustellungsurkunde". 15

Kenntnis ist mehr als bloßes Kennenmüssen, -sollen oder -können. Ähnlich wie zB bei § 814 BGB kommt es auf ein positives direktes Wissen an, BAG MDR **07**, 47, Rensen MDR **07**, 697, aM BGH FamRZ **06**, 1029 (je zu § 321a ZPO). Nach dem klaren Wortlaut von II 1 Hs 1 ist eine Kenntnis aber nur von der Verletzung notwendig, nicht auch von deren Entscheidungserheblichkeit. In der Praxis sollte man deshalb an die Kenntnis keine überscharfen Anforderungen stellen.

Unerheblich ist der Zustellungszeitpunkt der Entscheidung, aM Oldb MDR **09**, 764 (zu § 321a ZPO). Aber Wortlaut und Sinn sind eindeutig, BLAH Einl III 39). Natürlich bleibt ein Rechtsmißbrauch unstatthaft, BLAH Einl III 54. Nichtlesen ist aber noch nicht stets Rechtsmißbrauch.

B. Glaubhaftmachung, II 1 Hs 2. Der Rügeführer muß den Zeitpunkt seiner Kenntnis von der Gehörsverletzung nicht nur darlegen, sondern auch glaubhaft ma- 16 chen. Das geschieht wie stets nach § 31 FamFG oder nach § 294 ZPO, also mit allen Beweismitteln, auch und vor allem mit einer eidesstattlichen Versicherung. Die falsche wäre ja sogar nach § 156 StGB strafbar. Man kann die Glaubhaftmachung nur innerhalb einer vom Gericht etwa setzbaren angemessenen Frist nachholen.

Nicht erforderlich ist ein über eine überwiegende Wahrscheinlichkeit hinausgehender Beweisantritt oder gar ein Beweis bis zur vollen Überzeugung des Gerichts. Freilich kann ein Anscheinsbeweis für oder gegen den Rügeführer nach den Regeln BLAH Anh § 286 ZPO Rn 15 ff vorliegen. Er kann zu einer Verschärfung wie Verringerung der Anforderungen an die Glaubhaftmachung führen.

17   **C. Jahres-Ausschlußfrist, II 2, 3.** Nach dem Ablauf eines Jahres seit der Bekanntgabe der angegriffenen Entscheidung an den Beteiligten, seinen gesetzlichen Vertreter oder seinen VerfBev oder ProzBev ist die Rüge nach II 2 unzulässig. Dabei gilt eine nur formlos mitgeteilte Entscheidung nach der verfassungsrechtlich hier wie bei ähnlichen Regelungen problematischen Unterstellung nach dem dritten Tag nach der Aufgabe zur Post nach II 2 als bekanntgegeben. Es handelt sich bei der Jahresfrist um eine Ausschlußfrist, BLAH Üb 11 vor § 214 ZPO. Sie läßt ebensowenig wie zB bei § 18 IV FamFG, § 234 III ZPO eine Wiedereinsetzung zu. Die Aufgabe zur Post ergibt sich aus den Gerichtsakten (Abvermerk der Postausgangsstelle). Fehlt ein Abgangsvermerk oder ist er widersprüchlich oder unklar, läuft die Frist allenfalls auf Grund des einwandfreien Datums der sonstigen Bekanntgabe. II 3 gilt nicht bei einem anderen Übermittlungsweg als der Aufgabe zur Post.

18   **8) Zuständigkeit, Rügeform, II 4.** Zuständig ist nach II 4 Hs 1 dasjenige Gericht, dessen Entscheidung der Rügeführer angreift, nicht etwa das nächsthöhere Gericht.

Die Einreichung bei einem *unzuständigen* Gericht wahrt die Rügefristen des II 1–3 wegen der Verweisung in II 4 Hs 2 auf § 14 VI 1 Hs 2 nur unter den Voraussetzungen des § 25 III 2 FamFG, § 129 a ZPO (rechtzeitige Weiterleitung an das zuständige Gericht).

Als *Rügeform* schreibt II 4 Hs 2 durch seine Verweisung auf § 14 VI 1 Hs 1 mangels einer elektronischen Einreichung nach dem entsprechend anwendbaren vorrangigen § 130 a ZPO einen herkömmlichen Schriftsatz vor. Eine nur telefonische Einlegung ist also unzulässig und wirkungslos. Erst recht ist eine stillschweigende Rüge unzureichend, mag sie auch sonst denkbar sein wie etwa im finanzgerichtlichen Verfahren, BGH BB 01, 2459. Im übrigen muß man bei einer genaueren Prüfung wie folgt unterscheiden.

19   **A. Schriftform oder elektronisch, II 4 Hs 1.** Die Rüge kann nach II 4 Hs 1 mangels einer elektronischen Übersendung schriftlich erfolgen. Die Einreichung durch ein Telefax ist wie sonst statthaft. Sie unterliegt den auch zur Unterschrift dort entwickelten Regeln, BLAH § 129 ZPO Rn 44 „Telefax".

20   **B. Auch zum Protokoll, II 4 Hs 2.** Es kommt auch die Einreichung durch eine Erklärung zum Protokoll der Geschäftsstelle eines jeden AG infrage. Das folgt aus der Verweisung in II 4 Hs 2 auf § 14 VI 1 Hs 2. Daher gibt es auch anders als evtl im Zivilprozeß keinen Anwaltszwang wie bei §§ 78 V III Hs 2, 129 a ZPO. Wegen der Bevollmächtigung gilt die jeweilige Verfahrensordnung, II 4 Hs 2 in Verbindung mit § 14 VI 2. Freilich liegt auch dann eine rechtzeitige Einreichung nach II 1–4 wegen § 129 a II 2 ZPO erst mit dem Eingang auf der Posteinlaufstelle desjenigen Gerichts vor, das erstinstanzlich entschieden hatte.

21   **9) Rügeinhalt, II 5.** Unabhängig von der Rügeform nach Rn 18–20 muß die Rügeschrift stets zur Wirksamkeit den folgenden Mindestinhalt haben. Er läßt sich bis zum Ablauf der Rügefrist nachholen, auch auf eine evtl notwendige Anheimgabe durch das Gericht.

A. Bezeichnung der angegriffenen Entscheidung, II 5 Hs 1. Der Rügeführer muß die angegriffene Entscheidung bezeichnen. In der Regel genügen das vollständige Aktenzeichen und das Gericht. Natürlich sollte man auch das Datum und bei mehreren an demselben Tag ergangenen Entscheidungen etwa über verschiedene Verfahrensteile diejenige Entscheidung im einzelnen bezeichnen, um deren Unrichtigkeit es geht. Unvollständige oder fehlerhafte Angaben muß das Gericht wie bei al-

3. Teil. Schluß- und Übergangsvorschriften § 157a KostO

len Parteiprozeßhandlungen nach den Regeln BLAH Grdz 51 ff vor § 128 ZPO durch eine Auslegung wenn möglich klären, auch durch eine Rückfrage, evtl nebst einer Fristsetzung. Verbleibende Unklarheiten können zur Unzulässigkeit der Rüge führen.

B. Darlegung der Gehörsverletzung, II 5 Hs 2. Der Rügeführer muß zusätz- 22 lich zu den Angaben Rn 21 auch darlegen, daß das Gericht seinen Anspruch auf das rechtliche Gehör überhaupt jetzt neu und eigenständig verletzt habe, BVerfG NJW 08, 2635, BGH NJW 08, 923 rechts, BayObLG FamRZ 05, 917 (je zu § 321a ZPO), VGH Kassel NVwZ-RR 08, 70 (zu § 69a GKG), Lindner AnwBl 08, 362, aM Olzen JR 06, 351, Zuck NW 08, 168 (je zu § 321a ZPO). Diese Darlegung ist derjenigen nach § 520 III 2 Z 2 ZPO (Berufungsbegründung) vergleichbar, ebenso derjenigen nach § 551 III Z 2 ZPO (Revisionsbegründung) und derjenigen nach § 575 III Z 3 ZPO (Rechtsbeschwerdebegründung).

Darlegen ist weniger als glaubhaft machen oder Beweis antreten, aber mehr als eine 23 bloße floskelhafte Wiederholung des Gesetzestextes oder als eine Beschränkung auf eine vage Rechtsansicht. Darlegen bedeutet: Bestimmte Umstände tatsächlicher und/ oder rechtlicher Art benennen, aus denen man zumindest eine nicht ganz hergesuchte Möglichkeit einer Gehörsverletzung vernünftigerweise ableiten kann, wenn nicht muß, BVerfG RR 93, 383. Eine ganz entfernte Möglichkeit wie „es läßt sich nicht völlig ausschließen, daß" reicht nicht aus. Eine hochgradige Gewißheit wie „es läßt sich zwingend nur folgern, daß" ist nicht notwendig. Ein Mittel nach § 31 FamFG oder § 294 ZPO oder ein Beweisantritt ersetzt nicht die logisch vorher notwendige Darlegung, wozu das Mittel und der Beweisantritt dienen sollen. Eine Wiederholung zB der Begründung einer Nichtzulassungsbeschwerde kann genügen, aM BGH NJW 09, 1609 (aber es kann ziemlich entbehrlich sein, eine dort eingehende Auseinandersetzung nur umzuformulieren).

Eine *Flut von Zitaten* und Fundstellen ist erst in Verbindung mit dem konkreten 24 Fall interessant. Man sollte weder zu hohe noch zu geringe Anforderungen an die Darlegung stellen. Was vernünftigerweise eigentlich ganz plausibel klingt, sollte ausreichen. Ohne eine gewisse Auseinandersetzung mit der Rechtsprechung und Lehre zum oft gefährlich schillernden Begriff der Verletzung des rechtlichen Gehörs dürfte eine Darlegung aber leider oft nicht ausreichen. Im Verfahren ohne Anwaltszwang darf das Gericht weniger harte Anforderungen stellen. Auch dort ist aber eine Phrasendrescherei kein Weg, sich eine Abhilfe nach § 157a zu verschaffen. Ein kluges Gericht wägt in einer Bereitschaft zur Selbstkritik ruhig ab.

C. Darlegung der Entscheidungserheblichkeit der Gehörsverletzung, II 5 25 **Hs 2.** Der Rügeführer muß zusätzlich zu den Angaben Rn 19–24 schließlich auch darlegen, daß und inwieweit die von ihm behauptete Verletzung des rechtlichen Gehörs gerade ihm gegenüber nachteilig entscheidungserheblich war, und zwar gerade in der jetzt gerügten Entscheidung, BGH NJW 08, 378. Das ist der oft schwierigste Teil der Rügebegründung. Mängel können zur Unzulässigkeit der Rüge führen, Zuck NJW 08, 2081 (zur Nichtzulassungsbeschwerde bei § 321a ZPO). Deshalb ist gerade auch hier jede Sorgfalt notwendig.

Entscheidungserheblichkeit ist ein vom Gesetz nicht näher umschriebener Begriff. Er 26 erfordert eine doppelte Prüfung, am besten in der folgenden Reihenfolge.

Ursächlichkeit ist das erste notwendige Erfordernis. Der Begriff der Ursächlichkeit 27 ist in seiner schillernden Vieldeutigkeit in BLAH § 287 ZPO Rn 6 erläutert. Dort ergibt sich auch der Hauptunterschied zwischen einer haftungsbegründenden und einer haftungsausfüllenden Ursächlichkeit. Dieser für die Anwendbarkeit des strengeren § 286 ZPO oder des milderen § 287 ZPO wesentliche Unterschied spielt auch hier eine Rolle, wo es nicht um die Haftung des Staats geht, sondern um eine Fortführung des erstinstanzlich scheinbar schon beendeten Verfahrens. Je nach der Art der Ursächlichkeit ist das Gericht also in seiner Entscheidung über eine Fortführung der Instanz freier oder gebundener.

Erheblichkeit ist nach einer Bejahung der Ursächlichkeit ein weiteres Merkmal, von 28 dessen Vorliegen eine Abhilfe abhängt. Erheblichkeit ist ein weiterer schillernder Begriff. Die Floskel, alles nicht mehr ganz Unerhebliche sei eben erheblich, wirkt nur auf den ersten Blick als Wortklauberei. In Wahrheit hilft sie oft ganz gut, die richtige

1037

KostO § 157a   III. Kostenordnung

Abgrenzung zu finden. Jedenfalls deutet sie die vernünftige Auslegungsrichtung an. Man sollte wie ja überhaupt nach Rn 2 eine Erheblichkeit eher bejahen als verneinen. Andererseits darf nicht jede winzige Ungenauigkeit oder Unterlassung zur Bejahung einer Entscheidungserheblichkeit führen. Auch hier gilt es also behutsam und vernünftig abzuwägen.

29 **D. Voraussichtlichkeit, II 5 Hs 1, 2.** Bei allen Prüfschritten Rn 19 ff ist letzthin eine nachträgliche Prognose erforderlich: Wie hätte das Gericht ohne seinen Gehörsverstoß mit einiger Sicherheit entscheiden müssen? Das ist fast dieselbe schwierige Fragestellung wie zB dann, wenn es um ein angebliches Anwaltsverschulden und seine Auswirkungen auf das Verfahren geht. Auch hier kommt es wie dort nicht darauf an, wie dieses Gericht entschieden hätte, sondern wie es hätte entscheiden müssen, BLAH Anh § 286 ZPO Rn 179, BGH NJW **05**, 3072, Düss VersR **88**, 522, Hamm RR **95**, 526. Auch hier ist eine weder zu strenge noch zu großzügige Handhabung notwendig.

30 **E. Beispiele zur Frage einer Gehörsverletzung, II 5 Hs 1, 2.** Bei allen Einzelvorschriften befinden sich Hinweise auf mögliche Verstöße gegen Art 103 I GG in den Kommentierungen. Deshalb hier nur einige häufigere Beispiele. Man muß bei § 157 a beachten, daß nicht nur ein Verstoß gerade der Endentscheidung beachtlich ist.

von Amts wegen: Eine Gehörsverletzung kann vorliegen, soweit das Gericht einen von Amts wegen beachtbaren Umstand außer Acht läßt. Das gilt, obwohl das Gericht nur auf Bedenken aufmerksam macht. Denn es muß ja eine Gelegenheit zur Stellungnahme geben.

Erst recht gilt das bei einer notwendigen Amtsermittlung, § 26 FamFG, BLAH Grdz 38 vor § 128 ZPO.

31 **Befangenheit:** Eine Gehörsverletzung liegt vor, soweit der Richter verfrüht entscheidet. Denn vor der Erledigung des Ablehnungsgesuchs darf er in dieser Sache überhaupt nicht entscheiden, solange noch kein Aufschub statthaft ist.

Eine Gehörsverletzung *fehlt,* soweit das Ablehnungsgesuch unbeachtlich, weil rechtsmißbräuchlich ist, oder soweit eine Ablehnungsentscheidung unanfechtbar ist, BGH NJW **07**, 3789 (abl Fölsch, beide zu § 321 a ZPO).

Besetzungsfehler: Eine Gehörsverletzung liegt vor, soweit das Gericht in einer gesetzwidrigen Besetzung entscheidet. Denn darin liegt ein Entzug des gesetzlichen Richters, Art 102 I 2 GG, der allein entscheiden darf und folglich auch selbst (mit)anhören muß.

Beweisantrag: Eine Gehörsverletzung liegt vor, soweit das Gericht einen ordnungsgemäßen Beweisantrag übergeht. Denn gerade in der Beweiserhebung liegt oft die entscheidende Chance des Beweisführers, sich mit seinen Tatsachenbehauptungen Gehör zu verschaffen. Die nun notwendige Erheblichkeitsprüfung erfolgt nach Rn 24–28.

32 **Formverstoß:** Eine Gehörsverletzung liegt vor, soweit das Gericht eine zum rechtlichen Gehör erforderliche Form mißachtet, soweit es etwa eine Frist ohne förmliche Zustellung einer ordnungsgemäß unterschriebenen Fristverfügung bewilligt, sodaß weder ihr Anlauf noch ihr Ablauf feststellbar ist.

Eine Gehörsverletzung *fehlt,* soweit das Gericht die Entscheidung lediglich irrig falsch bezeichnet hat.

Fristverstoß: Eine Gehörsverletzung liegt vor, soweit das Gericht vor dem Ablauf der gesetzlichen oder von ihm selbst gesetzten richterlichen Frist diejenige Entscheidung trifft, vor der es die Frist gerade abwarten mußte. Das gilt unabhängig von einem Verschulden des Gerichts. Ein Fristverstoß liegt auch dann vor, wenn die Entscheidung zwar äußerlich nach dem Fristablauf erfolgt, aber ohne eine Berücksichtigung einer noch im Gang von der Posteinlaufstelle zum Richter befindlichen solchen Stellungnahme, die der Absender etwa unter einer erlaubten Ausnutzung der Frist bis zur letzten Minute eingereicht hatte.

Zu kurze Fristen stehen an sich ausreichenden, aber nicht abgelaufenen gleich. S auch Rn 39 „Zustellung".

33 **Gerichtsstand:** Eine Gehörsverletzung *fehlt* durchweg, soweit das Gericht lediglich örtlich unzuständig ist. Denn es entscheidet dann nur im übrigen in seiner dort richtigen Besetzung usw.

1038

3. Teil. Schluß- und Übergangsvorschriften § 157a KostO

Nachfrist: S „Fristverstoß".
Neuer Sachvortrag: Er ist unstatthaft, BGH FamRZ **07**, 1463.
Örtliche Unzuständigkeit: Es gilt dasselbe wie bei Rn 35 „Sachliche Unzuständigkeit".
Prozeßkostenhilfe: Eine Gehörsverletzung kann vorliegen, soweit das Gericht eine 34 Verfahrens- oder Prozeßkostenhilfe fälschlich versagt oder verspätet über sie entscheidet. Denn von ihrer ordnungsgemäßen Gewährung kann wesentlich mitabhängen, welchen zumindest vorschußpflichtigen Beweisantrag die bedürftige Partei stellt und wozu sie es zur streitigen und damit Beweiskostenrisiken auslösenden Verhandlung kommen läßt, um nur einige der Auswirkungen zu skizzieren.
Prozeßvoraussetzung: Rn 30 „von Amts wegen".
Rechtliche Beurteilung: Eine Gehörsverletzung kann vorliegen, soweit das Gericht seiner Entscheidung eine solche Rechtsansicht zugrundelegt, die es nicht rechtzeitig vor dem Verhandlungsschluß oder dem etwa gleichstehenden Zeitpunkt dem dann Benachteiligten zur etwaigen Stellungnahme als eine freilich nur vorläufige Bewertung mitgeteilt hat.
   Eine Gehörsverletzung *fehlt* bei einer im übrigen bloßen Falschbeurteilung, BFH NVwZ-RR **09**, 703 (zu § 133a FGO).
Rechtsweg: Eine Gehörsverletzung liegt vor, soweit das Gericht im Rechtsweg unzuständig ist. Denn darin liegt ein Verstoß auch gegen das Gebot des gesetzlichen Richters, Art 102 I 2 GG.
   S aber auch Rn 35 „Sachliche Unzuständigkeit".
Sachliche Unzuständigkeit: Eine Gehörsverletzung *fehlt,* soweit das Gericht lediglich 35 sachlich unzuständig ist.
   S aber auch Rn 34 „Rechtsweg".
Säumnis: Eine Gehörsverletzung liegt meist vor, soweit das Gericht objektiv unrichtig eine Säumnis der Partei oder des Beteiligten annimmt und darauf die Entscheidung auch nur mitstützt. Dabei kommt es nicht darauf an, ob das Gericht eine Entschuldigung hätte annehmen dürfen und müssen. Freilich darf man zB nicht jede Verspätung bis nach dem Entscheidungserlaß stets schon wegen eines Verkehrsstaus als eine nachträgliche Entschuldigung bewerten.
Terminierung: Eine Gehörsverletzung *kann vorliegen,* soweit das Gericht den Ver- 36 handlungstermin mit einer gesetzwidrig kurzen Einlassungs- oder Ladungsfrist anberaumt, insbesondere bei einer Auslandszustellung.
   Eine Gehörsverletzung *fehlt,* soweit das Gericht eine wenn auch scheinbar kurze gesetzliche Frist einhält. Angesichts heutiger Übermittlungsgeschwindigkeiten per Telefax usw sind manche früher reichlich knappen gesetzlichen Fristen durchaus nicht mehr zu kurz.
Terminsänderung: Rn 38 „Vertagung".
Überraschungsentscheidung: Eine Gehörsverletzung liegt vor, soweit das Gericht 37 in seiner Entscheidung eine solche Bewertung vornimmt, mit der der Benachteiligte nicht zu rechnen braucht, mag diese Bewertung sich nun auf eine Tatsache oder auf eine rechtliche Beurteilung beziehen.
Unrichtigkeit: Sie kann eine Gehörsverletzung darstellen, Köln FamRZ **05**, 2075. Aber Vorsicht!
Unzuständigkeit: Rn 33 „Örtliche Unzuständigkeit", Rn 34 „Rechtsweg", Rn 35 „Sachliche Unzuständigkeit".
Verfahrenskostenhilfe: Rn 34 „Prozeßkostenhilfe".
Verhandlungsleitung: Eine Gehörsverletzung kann vorliegen, soweit der Vorsitzen- 38 de gegen eine wesentliche Vorschrift seiner Verhandlungsleitung verstößt, soweit er etwa einen Beteiligten nicht ausreichend zu Wort kommen läßt oder die Verhandlung verfrüht schließt.
Verspäteter Vortrag: Eine Gehörsverletzung kann vorliegen, soweit das Gericht einen Vortrag objektiv zu Unrecht als verspätet zurückweist und darauf seine Entscheidung stützt.
Vertagung: Eine Gehörsverletzung liegt vor, soweit das Gericht eine objektiv notwendige Vertagung ablehnt oder nicht wenigstens mit dem Betroffenen erörtert. Denn er mag zu ihr bisher nicht notwendig zur Sprache gekommenen Grund haben.

39 **Zurückweisung wegen Verspätung:** Rn 38 „Verspäteter Vortrag".
Zustellung: Eine Gehörsverletzung kann vorliegen, soweit das Gericht infolge einer objektiv unrichtigen Bewertung eine Zustellung nicht für notwendig hält oder eine nur versuchte als gesetzmäßig korrekt ausgeführt ansieht und folglich zu seiner Entscheidung kommt, statt zB eine Zustellung richtig nachholen zu lassen.
S auch Rn 32 „Fristverstoß".

40 **10) Stellungnahme des Gegners, III.** Das Gericht muß dem Gegner des Rügeführers eine Gelegenheit zur Stellungnahme geben, freilich nur, „soweit erforderlich". Es soll also einen weiteren Verstoß gegen Art 103 I GG verhindern.

A. Erforderlichkeit. Die Anhörung des Rügegegners darf unterbleiben, soweit das Gericht eine Verwerfung als unzulässig oder eine Zurückweisung als unbegründet nach IV plant. Denn dann erleidet der Gegner des Rügeführers durch die Entscheidung nach § 157a keinen Rechtsnachteil, Müller NJW **02**, 2744 (zu § 321a ZPO). Die Lage ist insofern nicht anders als in zahllosen vergleichbaren prozessualen Fällen. Natürlich kann es trotzdem ratsam oder doch sinnvoll sein, dem Gegner eine Gelegenheit zur Äußerung zu geben, schon damit das Gericht prüfen kann, ob der Gegner die geplante Beurteilung des Rügeführers teilt oder ob er sogar noch zusätzliche tatsächliche Umstände oder rechtliche Argumente für eine Verwerfung oder Zurückweisung der Rüge benennen kann, durch die man den Rügeführer noch eher überzeugen könnte. Jedenfalls ist eine Anhörung auch vor einer geplanten Verwerfung oder Zurückweisung keineswegs unzulässig, auch nicht zwecks einer Prozeßwirtschaftlichkeit, BLAH Grdz 14 vor § 128 ZPO. Freilich verbietet sich auch im Abhilfeverfahren etwas ersichtlich Unnötiges etwa bei einem eindeutigen Fristverstoß.

Unzulässig ist es, einfach Ergänzungen des früheren Vortrags unter dem Vorwand nachzuschieben, der Gegner oder man selbst habe kein ausreichendes Gehör gehabt.

41 **B. Stellungnahmefrist.** Wenn das Gericht sich entschließt, dem Gegner eine Gelegenheit zur Stellungnahme zu geben, dann muß es ihm dazu auch eine ausreichende Frist gewähren. Ihre Länge richtet sich nach den Umständen. Die moderne Technik mag eine nur elektronische oder telefonische Rückfrage ausreichen lassen oder etwa bei einer Fristsetzung per Telefax eine kürzere Frist als bei einer schriftlichen Fristsetzung zulassen. Überfallartige Schnellfristen muß das Gericht ebenso vermeiden wie allzu großzügige Fristen in diesem ja ohnehin die jeweilige Instanz verlängernden Verfahrensabschnitt, durch den ein Rügeführer vielleicht nur Zeit bis zur Leistungsfähigkeit gewinnen will. In einem nicht zu komplizierten Fall mögen 2–3 Wochen genügen. Freilich kann man die oft schwierigen Fragen einer Gehörsverletzung nicht zwischen Tür und Angel sorgfältig überprüfen. Immerhin hatte ja auch der Rügeführer evtl nur zwei Wochen zur Rüge Zeit, II 1. Es heißt also auch hier behutsam abwägen. Eine Woche mehr ist besser als eine zu wenig.

42 **C. Gegenäußerung des Rügeführers.** III sieht sie nicht ausdrücklich vor oder ermöglicht sie auch nur anders als zB §§ 275 IV, 276 III ZPO. Das ändert nichts daran, daß eine nach III eingeholte Stellungnahme das Gericht zur Vermeidung eines weiteren Verstoßes gegen Art 103 I GG dazu zwingen kann, auch den Rügeführer unter einer Übersendung der gegnerischen Äußerung noch kurz anzuhören, insbesondere vor einer Verwerfung oder Zurückweisung der Rüge.

43 **11) Verwerfung, Zurückweisung, IV.** Das weitere Verfahren hängt davon ab, ob das Gericht die Rüge als erfolglos oder erfolgreich erachtet. Das gilt auch bei einer nur teilweisen derartigen Beurteilung. Soweit die Rüge neben einem Rechtsbehelf oder Rechtsmittel nur hilfsweise vorliegt, ist sie beim Erfolg der ersteren gegenstandslos geworden.

A. Amtsprüfung der Statthaftigkeit und Zulässigkeit, IV 1. Stets muß das Gericht zunächst und vorrangig prüfen, ob die Rüge an sich statthaft ist und ob der Rügeführer sie bejahendenfalls außerdem sowohl in der gesetzlichen Form als auch innerhalb der gesetzlichen Frist erhoben hat. Die Prüfung erfolgt am besten in der vorstehenden Reihenfolge. Sie hat jedenfalls den Vorrang vor der Begründetheitsprüfung. Zwar dürfte das Gericht die Rüge für unstatthaft oder unzulässig und hilfsweise für unbegründet halten. Es dürfte aber die ersteren beiden Prüfschritte nicht wegen einer Unbegründetheit offen lassen, BLAH Grdz 17 vor § 253 ZPO. IV 1 ähnelt

§ 589 I 1 ZPO weitgehend schon im Wortlaut. Zuständig ist die Besetzung des angegriffenen Gerichts, BGH FamRZ **05**, 1831 (zu § 321 a ZPO).

Von Amts wegen muß das Gericht diese Prüfung nach dem klaren Wortlaut und Sinn des IV 1 vornehmen. Eine Amtsprüfung nach BLAH Grdz 39 vor § 128 ZPO ist etwas anderes und weniger als eine Amtsermittlung, § 26 FamFG, BLAH Grdz 38 vor § 128 ZPO. Das Gericht nimmt daher keine amtliche Untersuchung vor. Es macht vielmehr nur von Amts wegen auf gewisse Bedenken aufmerksam und fordert dazu auf, sie durch Nachweise zur Gewißheit zu machen oder zu entkräften. Das geschieht im einzelnen nach III, Rn 40–42. 44

B. Freigestellte mündliche Verhandlung, IV 1. Soweit es um die Prüfung der Statthaftigkeit und Zulässigkeit der Rüge geht, ist das Gericht zur Anordnung einer mündlichen Verhandlung berechtigt, aber nicht verpflichtet. Das ergibt sich daraus, daß seine Entscheidung nach IV 2, 4 durch einen Beschluß ergeht. Denn zB im Zivilprozeß kann eine solche Entscheidung, die kein Urteil ist, nach § 128 IV ZPO ohne eine mündliche Verhandlung ergehen, soweit das Gesetz nichts anderes bestimmt. § 157a IV enthält keine derartige andere Bestimmung. Es gelten also die allgemeinen Regeln zur freigestellten mündlichen Verhandlung. 45

Auch bei einer Unbegründetheit ist eine mündliche Verhandlung zulässig. Denn das Wort „Entscheidung" in IV 4 bezieht sich auf IV 2 und 3.

C. Bei Unstatthaftigkeit oder Unzulässigkeit: Verwerfungsbeschluß, IV 2, 4, 5. Soweit die Rüge entweder schon an sich überhaupt unstatthaft oder doch jedenfalls mangels rechter Form und Frist im Einzelfall unzulässig ist, muß das Gericht sie durch einen Beschluß verwerfen, Düss WoM **04**, 161 (zu § 321a ZPO), VGH Kassel NVwZ-RR **08**, 70 (zu § 69a GKG). IV 2 spricht systematisch teilweise unscharf von einer Verwerfung als „unzulässig" statt als „unstatthaft oder unzulässig", meint aber dasselbe. IV 2 ähnelt § 589 I 2 ZPO schon in Wortlaut weitgehend. Der Beschluß ist nach IV 4 unanfechtbar. 46

D. Begründung der Verwerfung. Begründen soll das Gericht seinen Beschluß „kurz" nach IV 5, einer wiederum etwas systemwidrigen unklaren Anordnung. An sich braucht ein unanfechtbarer Beschluß keine Begründung, BLAH § 329 ZPO Rn 6. Indessen erfordert nicht nur eine Anstandspflicht (nobile officium) eine gewisse wenigstens „kurze" Begründung. Deshalb bringt die formell bloße Sollvorschrift doch wie so oft eine praktisch weitgehende Notwendigkeit einer Begründung. So fordert eben auch der Gesetzestext eine vollwertige Begründung. Zwar ist die Verwerfung nach IV 4 unanfechtbar. Indessen mag nunmehr erst recht eine Gehörsverletzung in Wahrheit jedenfalls vor dem etwa trotz aller Entlastungsversuche des Gesetzgebers doch noch anrufbaren BVerfG zutage treten. Schon deshalb muß das Gericht in Wahrheit ohne ein Ermessen zum Ob seine Gründe der Verwerfung nachprüfbar offenbaren, Sangmeister NJW **07**, 2364 (zu § 321a ZPO). Unanfechtbarkeit nach IV 4 meint ja wie stets in einer vergleichbaren Lage keine Unzulässigkeit einer Verfassungsbeschwerde zum BVerfG. 47

Kurz und klar sollen und dürfen die Gründe sein. Sie sollten bei einem Fristverstoß eindeutig erkennen lassen, welche der unterschiedlichen Fristen des II 3 der Rügeführer nicht eingehalten hatte. 48

E. Verwerfungskosten. Kostenrechtlich gilt: Es entsteht nur bei einer vollen Verwerfung oder Zurückweisung der Rüge eine Gerichtsgebühr. Bei einer auch nur teilweisen Statthaftigkeit, Zulässigkeit und Begründetheit entsteht diese Gebühr weder im Umfang dieses Teilerfolgs noch wegen des erfolglosen Rügerests, § 1 I 1. Auslagen entstehen beim Gericht in aller Regel ebenfalls nicht. Daher besteht insoweit keineswegs stets ein Anlaß zu einer Grundentscheidung über Gerichtskosten. Anwaltsgebühren entstehen nicht für denjenigen, der schon vor dem Abhilfeverfahren tätig war. Denn dann gehört seine Tätigkeit zum Rechtszug, vgl § 19 I 2 Z 5 RVG, Teil X dieses Buchs, auch wenn das Abhilfeverfahren dort nicht als „insbesondere zugehörig" gilt. Soweit der Anwalt nur im Verfahren nach § 157 a tätig ist, entsteht unabhängig von seinem Ergebnis nach VV 3330 eine Vergütung. 49

§ 96 ZPO ist auch nicht entsprechend anwendbar. Denn die Rüge ist kein Angriffs- oder Verteidigungsmittel, sondern die Fortsetzung des Angriffs selbst. Auch § 97 ZPO ist nicht einmal entsprechend anwendbar. Denn es liegt kein Rechtsmittel

vor, sondern aus den obigen Gründen allenfalls ein Rechtsbehelf ohne eine Anfallwirkung, BLAH § 97 ZPO Rn 15.

50 **F. Bei Unbegründetheit: Zurückweisungsbeschluß, IV 3–5.** Soweit die Rüge zwar nach Rn 43–50 statthaft und zulässig ist, sich aber als unbegründet erweist, muß das Gericht über sie ebenfalls durch einen Beschluß entscheiden. Es verwirft sie dann freilich nicht, sondern „weist sie zurück", am klarsten mit dem freilich nicht notwendigen Zusatz „als unbegründet".

51 **G. Begründung der Zurückweisung.** Kurz begründen soll das Gericht diesen Beschluß wie bei einer Verwerfung, Rn 47, 48. Soweit das Gericht schon eine Gehörsverletzung verneint, braucht es natürlich nicht zum nachrangigen Grund der Entscheidungsunerheblichkeit Stellung zu nehmen. Es darf und sollte das aber hilfsweise zur zusätzlichen Stützung seiner Beurteilung tun. Es muß natürlich zur Ursächlichkeitsfrage verneinend Ausführungen machen, soweit es eine Gehörsverletzung einräumt oder zulässigerweise mangels einer Ursächlichkeit offen lassen will.

52 **H. Zurückweisungskosten.** Kostenrechtlich gilt Rn 49 auch hier. §§ 96, 97 ZPO sind auch hier unanwendbar.

53 **12) Abhilfe: Verfahrensfortführung, V.** Soweit das Gericht die Rüge für statthaft, zulässig und begründet erachtet, muß es ihr abhelfen, indem es das Verfahren fortführt, V 1. Das gilt nach Hs 2 freilich nur, soweit die Fortführung auf Grund der Rüge nicht bloß zweckmäßig, sondern geradezu notwendig ist. Eine solche Beschränkung ist eigentlich selbstverständlich. Denn schon mit ihr war und hat der Rügeführer das Ziel des ganzen Abhilfeverfahrens erreicht. Noch nicht erreicht hat er schon jetzt eine Änderung der bisherigen Entscheidung. Sie kann sich erst am Ende des nun fortzuführenden Verfahrens nochmals unverändert ergeben. Sie ist aber noch keineswegs sicher. Insoweit ähnelt V 2 der Situation nach einem ordnungsgemäßen Einspruch gegen ein Versäumnisurteil oder gegen einen Vollstreckungsbescheid, §§ 342, 700 I ZPO. § 590 ZPO ist unanwendbar.

54 **A. Keine Notwendigkeit einer Fortführungsentscheidung, V 1.** Will das Gericht das Verfahren fortführen, faßt es grundsätzlich weder einen Aufhebungsbeschluß noch einen besonderen Fortführungsbeschluß. Der erstere wäre verfrüht. Denn es kann sich ja erst durch das Fortführungsverfahren ergeben, was aus der bisherigen Endscheidung wird. Der letztere wäre ebenso überflüssig wie zB bei §§ 342, 700 I ZPO. Er wäre freilich unschädlich. Er kann insoweit ratsam sein, als sonst unklar bliebe, in welchem Umfang das erstinstanzliche Verfahren seinen Fortgang nehmen soll. Eine Begründung ist nur ganz ausnahmsweise zur zusätzlichen Klarstellung ratsam.

55 **B. Zurückversetzung des Verfahrens, V 2, 4.** Die zu § 342 ZPO entwickelten Regeln sind hier mitverwendbar, BLAH dort Rn 2. Das gilt insbesondere zur Behandlung von Verspätungsfragen, früheren Anerkenntnissen usw. Die Zurückversetzung erfolgt nur in den Stand „vor der Schluß der mündlichen Verhandlung" oder im schriftlichen Verfahren in den Zeitpunkt, bis zu dem man Schriftsätze einreichen darf. Beides erfolgt außerdem nur in den Grenzen Rn 53. Eine zeitlich noch weitere Zurückversetzung ist nicht zulässig.

56 **C. Neue Entscheidung, V 3.** § 343 ZPO gilt entsprechend. Soweit also die nach der neuen Verhandlung notwendige Entscheidung mit der bisherigen übereinstimmt, muß das Gericht die bisherige in seiner neuen Entscheidung ausdrücklich aufrechterhalten. Andernfalls muß das Gericht in seiner neuen Entscheidung die bisherige aufheben oder teilweise ändern und zur Sache neu erkennen, AG Magdeb ZMR **03**, 45. Die Aufrechterhaltung wie Aufhebung oder Änderung gehören in den Tenor der neuen Entscheidung oder der jetzt erforderlichen andersartigen neuen Entscheidung.

57 **13) Keine Kostenerstattung, VI.** Die Vorschrift ordnet das wie allgemein im Kostenrecht an.

58 **14) Verstoß, I–VI.** Soweit das Gericht gegen § 157a verstößt, mag daran ein erneuter Verstoß auch gegen Art 103 I GG liegen. Indessen würde dessen Beachtlichkeit schon in diesen Verfahrensabschnitt womöglich zu ewigen Wiederholungen des Abhilfeverfahrens führen. Das ist mit dem Grundsatz der durch § 157a ohnehin schon strapazierten Prozeßwirtschaftlichkeit nicht vereinbar. Deshalb macht ja auch IV 4 zumindest einen Verwerfungs- oder Zurückweisungsbeschluß unanfechtbar. Vielmehr ist dann, wenn sich der Verstoß vor der Entscheidung des Abhilfeverfahrens nicht mehr beheben läßt, gegen eine Verwerfung oder Zurückweisung nur die Verfassungsbeschwerde denkbar, Rn 62. Gegen eine Abhilfe kommt nur der im fortgeführten Verfahren mögliche sonstige Rechtsbehelf infrage.

15) Rechtsbehelfe, Verfassungsbeschwerde, I–VI. Eine Verwerfung oder Zurückweisung ist nach IV 4 unanfechtbar. Dasselbe gilt zumindest zunächst für eine Abhilfe. Erst die nach der Verfahrensfortführung ergehende Entscheidung zur Sache mag wie sonst anfechtbar sein. 59

A. Nicht bei greifbarer Gesetzwidrigkeit. Eine nach früherer Ansicht möglich gewesene außerordentliche Beschwerde wegen greifbarer Gesetzwidrigkeit war in Wahrheit schon nach dem alten Recht grundsätzlich wegen Verstoßes gegen das Gebot der Rechtsmittelklarheit unstatthaft, BVerfG NJW **03**, 1924, BGH FamRZ **06**, 696, BFH (1. Sen) NJW **04**, 2853, BVerwG NVwZ **05**, 232, Karlsr MDR **04**, 593, Rensen MDR **05**, 185, aM BFH (4. Sen) NJW **05**, 2854, Schuschke NZM **03**, 466 (WEG). Sie ist vielmehr unstatthaft, BGH FamRZ **06**, 696, BFH BB **03**, 514, KG FGPrax **05**, 66, Althammer/Löhnig NJW **04**, 1569, aM BFH NJW **05**, 3374. 60

B. Keine Gegenvorstellung. Sie läßt sich auch wegen BVerfG NJW **03**, 1924 nicht mehr in eine fristgebundene bisher vielfach als zulässig erachtete Gegenvorstellung umdeuten, wie es bisher zB BFH NJW **03**, 919, Köln NZM **03**, 247, Naumb RR **03**, 313 taten. Eine Gegenvorstellung ist nicht in einer auch nur entsprechenden Anwendung von § 157a statthaft, BGH NJW **07**, 3789 (abl Fölsch, beide zu § 321a ZPO), VGH Kassel NJW **09**, 276 (zu § 69a GKG), OVG Lüneb NJW **05**, 2171, großzügiger BFH NJW **06**, 861, Kblz FamRZ **08**, 1967, Rostock MDR **09**, 49, strenger Köln RR **05**, 1228. Die Erfolglosigkeit einer Nichtzulassungsbeschwerde mag aber eine Anhörungsrüge notwendig machen, BVerfG NJW **07**, 3419 (zu § 321a ZPO). 61

C. „Ergänzende" Rechtsbeschwerde. Demgegenüber bejaht BGH NJW **04**, 2529 eine „ergänzende" Rechtsbeschwerde nach einer willkürlichen Nichtzulassung (!?), strenger grundsätzlich denn auch BGH **161**, 347 (zustm Rimmelspacher LMK **05**, 94). Der Beschwerdeführer kann eine Rechtsbeschwerde freilich nicht nur zur Ergänzung der Begründung einlegen, BGH FamRZ **06**, 402 links Mitte. 62

D. Meistbegünstigung. Allenfalls ist der sog Meistbegünstigungsgrundsatz anwendbar, BGH **161**, 348 (falscher Gerichtshinweis), Althammer/Löhnig NJW **04**, 1569, BLAH Grdz 28 vor § 511 ZPO. 63

E. Verfassungsbeschwerde. Nur soweit das Gericht eine umfassende Anhörungsrüge nach IV 4 unanfechtbar verworfen oder zurückgewiesen hat, kommt vernünftigerweise nur erst jetzt nach § 90 II 1 BVerfGG und jetzt auch sehr wohl eine Verfassungsbeschwerde in Betracht, BVerfG NZA **08**, 1201 (zu § 78a ArbGG), VerfGH Mü NJW **06**, 283 und 1053, HessStGH NJW **05**, 2217 und 2219, Zuck NVwZ-RR **05**, 742 (zu § 321a ZPO). § 157a soll sie ja nur auf ein möglichst geringes Maß beschränken und sie nicht etwa völlig ausschließen, Rn 2, 3. Das letztere wäre einem einfachen Bundesgesetz ja auch gar nicht möglich. Ausnahmsweise darf man schon vor der Erschöpfung des Rechtswegs das Verfassungsgericht anrufen, VerfGH Bln FamRZ **07**, 168 (zu § 321a ZPO). Ein Rechtsmittelverzicht reicht dazu aber nicht, aM Schnabl AnwBl **08**, 190 (aber genau diese Belastungsursache beim BVerfG soll ja gerade möglichst unterbleiben). Ebensowenig reicht dazu die Rücknahme der Anhörungsrüge, VerfGH Bln NJW **08**, 3421 (zu § 321a ZPO). 64

F. Gegen Abhilfe. Eine Abhilfe läßt sich mit demjenigen Rechtsbehelf bekämpfen, der gegen die Entscheidung im nun fortgeführten Verfahren infrage kommt. 65

Landesrechtliche Vorschriften

158
¹ Unberührt bleiben die landesrechtlichen Kostenvorschriften für
1. Verfahren zwecks anderweitiger Festsetzung von Altenteils- und ähnlichen Bezügen;

KostO §§ 158, 159   III. Kostenordnung

2. die in landesrechtlichen Vorschriften vorgesehenen Geschäfte der freiwilligen Gerichtsbarkeit.

II Ist für ein in landesrechtlichen Vorschriften vorgesehenes Geschäft der freiwilligen Gerichtsbarkeit wegen der Gebühren nichts bestimmt, so wird die Hälfte der vollen Gebühr erhoben.

1   1) **Systematik, Regelungszweck, I, II.** § 158 aF hatte sämtliche damaligen landesgesetzlichen Kostenvorschriften für Geschäfte der auch in der jetzigen Fassung genannten Art aufgehoben. Daher gilt § 158 nF nur für die Vorschriften der Bundesländer nach 1945. Die Bundesländer können solche Ländervorschriften auch ändern, zB diejenigen wegen der Unterbringung eines Geisteskranken.
Unanwendbar ist § 158 auf den Notar, § 141.

2   2) **Bestehenbleiben des Landesrechts, I.** I nennt in einer abschließenden Aufzählung diejenigen Bereiche, in denen landesrechtliche Vorschriften nach Rn 1 unberührt bleiben.
A. **Altenteilsbezug usw, I Z 1.** Vgl auch das G vom 18. 3. 23, RGBl 815.

3   B. **Geschäft der freiwilligen Gerichtsbarkeit, I Z 2.** Das ist eine Generalklausel, die ihrerseits trotz der grundsätzlich abschließenden Aufzählung in I weit auslegbar ist. Zur freiwilligen Gerichtsbarkeit kann auch die sog streitige freiwillige Gerichtsbarkcit zählen.

4   3) **Fehlen von Landesrecht, II.** Die Vorschrift bezieht sich auf die in I Z 2 genannten Geschäfte der freiwilligen Gerichtsbarkeit. Soweit das Landesrecht nach Rn 1 wegen der Gebühren nichts Abweichendes bestimmt, entsteht nach II eine 0,5 Gebühr des § 32. Es handelt sich um eine bundesrechtliche Hilfsvorschrift für ein landesrechtlich geregeltes Geschäft. Ein etwa bestehendes Kostenrecht des Bundes bleibt also vorrangig anwendbar. Als Landesrecht kommen zB die Regelungen über sog Unschädlichkeitszeugnisse in Betracht. Man muß allerdings zunächst prüfen, ob sich nicht entweder aus einer bundesrechtlichen oder aus einer landesrechtlichen Vorschrift ergibt, daß es sich um ein in Wahrheit gebührenfreies Geschäft handelt. Insofern kann insbesondere ein Nebengeschäft vorliegen, § 35. Eine Gebührenfreiheit kann insbesondere dann vorliegen, wenn das Gesetz im übrigen eine bis ins einzelne gehende kostenrechtliche Regelung getroffen hat.

5   Der *Geschäftswert* richtet sich gemäß § 30 nach der Art des Geschäfts, Lappe DNotZ **81**, 411.

Andere Behörden und Dienststellen

159 *Fassung 1. 9. 2009:* [1] Soweit andere Stellen als Gerichte, Notare oder Gerichtsvollzieher in bestimmten Angelegenheiten der freiwilligen Gerichtsbarkeit zuständig sind oder als gerichtliche Hilfsbeamte tätig werden, bleiben die landesrechtlichen Kostenvorschriften unberührt. [2] Sind jedoch diesen Stellen die Aufgaben des Grundbuchamts, des Betreuungsgerichts oder des Nachlaßgerichts übertragen, so finden auf ihre Tätigkeit die Vorschriften des Ersten Teils dieses Gesetzes Anwendung; in den Fällen des § 14 Abs. 2 und des § 31 (Erinnerung gegen den Kostenansatz, Festsetzung des Geschäftswerts) entscheidet das Amtsgericht, in dessen Bezirk die Stelle ihren Sitz hat.

Vorbem. S 2 sprachlich geändert dch Art 47 II Z 40 FGG-RG v 17. 12. 08, BGBl 2586, in Kraft seit 1. 9. 09, Art 112 I Hs 1 FGG-RG, Übergangsrecht Art 111 FGG, Grdz 2 vor § 1 FamGKG, Teil I B dieses Buchs.

Bisherige Fassung S 2: [2] Sind jedoch diesen Stellen die Aufgaben des Grundbuchamts, des Vormundschaftsgerichts oder des Nachlaßgerichts übertragen, so finden auf ihre Tätigkeit die Vorschriften des Ersten Teils dieses Gesetzes Anwendung; in den Fällen des § 14 Abs. 2 und des § 31 (Erinnerung gegen den Kostenansatz, Festsetzung des Geschäftswerts) entscheidet das Amtsgericht, in dessen Bezirk die Stelle ihren Sitz hat.

1   1) **Geltungsbereich.** Die Vorschrift gilt für andere Behörden als das Gericht, den Notar oder den Gerichtsvollzieher. Sie setzt voraus, daß diese andere Behörde in

3. Teil. Schluß- und Übergangsvorschriften   §§ 159–161 KostO

einer bestimmten Angelegenheit der freiwilligen Gerichtsbarkeit bundes- oder landesrechtlich zuständig ist oder daß ein Beamter als ein gerichtlicher Hilfsbeamter tätig wird. In Betracht kommen zB Grundbuch-, Nachlaß- oder Betreuungssachen. Vgl etwa zu Baden-Württemberg Karlsr Rpfleger 97, 56 (Testamentseröffnung: Zuständigkeit des Gerichts für den Wert unabhängig davon, wer die Eröffnung vornahm), in Rheinland-Pfalz das BeglG vom 21. 7. 78, GVBl 597, BVerfG NJW 81, 2401.

Gerichtstage, Sprechtage

160 ¹Die zur Abhaltung eines Gerichtstags (auswärtigen Amtstags) bestimmten Räumlichkeiten gelten als Gerichtsstelle im Sinne dieses Gesetzes. ²Hält ein Notar außerhalb seiner Geschäftsstelle regelmäßige Sprechtage ab, so gilt dieser Ort als Amtssitz im Sinne dieses Gesetzes.

1) **Gerichtstag, S 1.** Vgl § 10 IV 2 BNotO, § 3 VO vom 20. 3. 35, RGBl 403. 1
Es geht um Reisekosten nach §§ 137 I Z 6, 153 und um Zusatzgebühren nach § 58. Gerichtsstelle sind die Räume während des Gerichtstags, soweit er planmäßig besteht, FG Neust/W EFG 86, 626 (zum KV, Teil I A dieses Buchs). Ein einzelner oder mehrere auswärtige Termine in einzelnen Sachen schaffen noch nicht stets einen Gerichtstag nach § 160, FG Neust/W EFG 86, 626.

2) **Sprechtag, S 2.** Ob und unter welchen Voraussetzungen ein Notar außerhalb 2
seiner Geschäftsstelle regelmäßige Sprechtage abhalten darf, richtet sich nach Verwaltungsvorschriften. Während der gewöhnlichen Zeit des Sprechtags gilt derjenige Ort als sein Amtssitz, an dem der Notar den Sprechtag abhält.

3) **Fehlen von Gerichts- oder Sprechtag, S 1, 2.** Soweit die Justizverwaltung 3
trotz eines Bedürfnisses keine solchen Einrichtungen geschaffen hat, muß man evtl die daraus entstandenen Reisekosten wegen einer unrichtigen Sachbehandlung nach § 16 niederschlagen, Lappe NJW 87, 1863.

Übergangsvorschrift

161 ¹Für Kosten, die vor dem Inkrafttreten einer Gesetzesänderung fällig geworden sind, gilt das bisherige Recht. ²Werden Gebühren für ein Verfahren erhoben, so werden die Kosten für die jeweilige Instanz nach bisherigem Recht erhoben, wenn die Instanz vor dem Inkrafttreten einer Gesetzesänderung eingeleitet worden ist. ³Die Sätze 1 und 2 gelten auch, wenn Vorschriften geändert werden, auf die dieses Gesetz verweist.

1) **Systematik, S 1–3.** Es handelt sich um die grundsätzliche Übergangsregelung. 1
Sie tritt in den Sonderfällen §§ 162–164 zurück. Auch Art 111 FGG-RG geht vor, Grdz 2 vor § 1 FamGKG, Teil I B dieses Buchs. Vgl ferner § 63 FamGKG.

2) **Regelungszweck, S 1–3.** S 1 bekräftigt nur einen in jedem Gesetz mit seiner 2
Bestimmung zum Inkrafttreten genannten Gedanken des grundsätzlichen Rückwirkungsverbots. S 2 soll eine Kostenerhöhung im laufenden Verfahren verhindern, LG Wuppert Rpfleger 89, 278. Das muß man bei der Auslegung mitbeachten.

3) **Gesetzesänderung, S 1–3.** Die Neufestsetzung der Ermäßigungssätze in den 3
neuen Bundesländern, abgedruckt in der 33. Aufl bei § 32, stand dem Inkrafttreten einer Gesetzesänderung nach § 161 gleich, § 2 VO vom 15. 4. 96, BGBl 604, in Kraft seit 1. 7. 96, § 3 VO.
Auch für *Notare* gilt § 161.

4) **Aktgebühr, S 1.** Soweit es sich nicht um ein Verfahren nach Rn 5 handelt, 4
sondern um ein gebührenpflichtiges Einzelgeschäft, entscheidet der Zeitpunkt der Fälligkeit dieser Gebühr, § 7, Zweibr RR 00, 1378, LG Wuppert Rpfleger 89, 278, aM KG Rpfleger 80, 164 (zum alten Recht).
Auf eine *Mehrheit* von Aktgebühren kann je nach ihrer Fälligkeit teils altes, teils neues Recht anwendbar sein, Madert/Schmidt NJW 87, 293.
Die Gebühr für die Erteilung eines *Erbscheins* richtet sich aber nach S 2, (zum alten Recht) Mümmler JB 75, 1299.

5 5) Verfahrensgebühr, S 2. Man muß zwei Aspekte beachten.
A. Einleitung des Verfahrens. Bei einer Verfahrensgebühr ist nach S 2 in einer Abweichung von S 1 nicht die Fälligkeit nach § 7 maßgeblich, sondern schon der Zeitpunkt der Einleitung des jeweiligen einzelnen Verfahrens. Das ist beim Amtsverfahren die erste nach außen wirksame Gerichtsmaßnahme, beim Antragsverfahren der Antragseingang beim Gericht. Das gilt, um bei längeren Verfahren eine Berechnung stets nur nach dem neuen Recht zu verhindern, Rn 2. Abweichend vom bisherigen Recht muß man aber jede Instanz gesondert beurteilen. Es kann also für die erste das alte Recht anwendbar sein, für die zweite das neue Recht. Die Rechtsmittelinstanz beginnt mit dem Eingang des Rechtsmittels. Mit dem Erlaß einer zurückverweisenden Entscheidung beginnt ein neuer Rechtszug.

6 B. Gebühren nach Zeitabschnitten. Soweit die Gebühren nach Zeitabschnitten entstehen, gilt das alte Recht auch für die seit einer Gesetzesänderung begonnenen Zeitabschnitte, sofern das Verfahren in derselben Instanz vor der Gesetzesänderung begonnen hatte. Diese Fälle treten zB bei einer Betreuung, Pflegschaft, Dauerbeistandschaft oder Beaufsichtigung einer Stiftung ein, §§ 92, 93 II, 118 II. Auch bei Gebühren nach Zeitabschnitten muß man jede Instanz gesondert beurteilen.

7 6) Verweisung, S 3. Das Übergangsrecht ist auch dann anwendbar, wenn sich eine Vorschrift ändert, auf die die KostO verweist. Das gilt zB bei §§ 127 I, 134, 153 II 1.

Aufhebung des Ermäßigungssatzes

162 [1]In dem Teil des Landes Berlin, in dem das Grundgesetz vor dem 3. Oktober 1990 nicht galt, sind die Maßgaben in Anlage I Kapitel III Sachgebiet A Abschnitt III Nr. 20 Buchstabe a und in Anlage I Kapitel III Sachgebiet A Abschnitt IV Nr. 3 Buchstabe g des Einigungsvertrages vom 31. August 1990 (BGBl. 1990 II S. 885, 935, 940) ab 1. März 2002 nicht mehr anzuwenden. [2]In dem in Artikel 1 Abs. 1 des Einigungsvertrages genannten Gebiet sind die Maßgaben in Anlage I Kapitel III Sachgebiet A Abschnitt III Nr. 20 Buchstabe a des Einigungsvertrages vom 31. August 1990 (BGBl. II S. 885, 935, 940) ab 1. Juli 2004 nicht mehr anzuwenden.

1 1) Systematik. Es handelt sich um eine gegenüber dem EV vorrangige, weil spätere und vom jetzt gesamtdeutschen Gesetzgeber getroffene Regelung.

2 2) Regelungswerk. Fast 14 Jahre nach der Wiedervereinigung hatten sich die Verhältnisse im früheren Ostberlin nach der Ansicht des Gesetzgebers so denjenigen der alten BRep angeglichen, daß die zuvor ja schon verringerte Gebührenermäßigung als nicht mehr als verantwortbar erschien. Man mag dazu unterschiedlich denken, muß aber die nach dem Text und Sinn eindeutige Regelung respektieren und darf an ihr auch nicht auslegend herumdeuten.

3 3) Geltungsbereich. S 1 bezieht sich auf das frühere Ost-Berlin. In den übrigen neuen Bundesländern galt bis 30. 6. 04 die in § 32 Vorbem vor Rn 1 in der 33. Aufl genannte Regelung. Sie ist seit 1. 7. 04 nach S 2 ebenfalls entfallen. Es gibt also seither in ganz Deutschland einheitliche Kostenvorschriften der KostO.

Anhang nach § 162

Kosten bei der Nachprüfung von Justizverwaltungsakten
(§ 30 EGGVG)

EGGVG § 30. Kosten. [I] [1]Für die Kosten des Verfahrens vor dem Oberlandesgericht gelten die Vorschriften der Kostenordnung entsprechend. [2]Abweichend von § 130 der Kostenordnung wird jedoch ohne Begrenzung durch einen Höchstbetrag bei Zurückweisung das Doppelte der vollen Gebühr, bei Zurücknahme des Antrags eine volle Gebühr erhoben.

[II] [1]Das Oberlandesgericht kann nach billigem Ermessen bestimmen, daß die außergerichtlichen Kosten des Antragstellers, die zur zweckentsprechen-

3. Teil. Schluß- und Übergangsvorschriften **Anh § 162 KostO**

den Rechtsverfolgung notwendig waren, ganz oder teilweise aus der Staatskasse zu erstatten sind. ²Die Vorschriften des § 91 Abs. 1 Satz 2 und der §§ 102 bis 107 der Zivilprozeßordnung gelten entsprechend. ³Die Entscheidung des Oberlandesgerichts kann nicht angefochten werden.

III ¹Der Geschäftswert bestimmt sich nach § 30 der Kostenordnung. ²Er wird von dem Oberlandesgericht durch unanfechtbaren Beschluß festgesetzt.

Vorbem. § 102 ZPO weggefallen. Erläuterungen zum EGGVG bei *BLAH*.

Gliederung

1) Systematik, I–III	1–4
2) Regelungszweck, I–III	5
3) Kosten, I, II	6–10
A. Grundsatz: Geltung der KostO, I 1	6
B. Zurückweisung, I 2 Hs 1	7
C. Antragsrücknahme, I 2 Hs 2	8
D. Stattgeben, II 1, 2	9
E. Kostenfestsetzung, II 2	10
4) Geschäftswert, III	11

1) Systematik, I–III. § 23 I EGGVG enthält eine Generalklausel für die Nachprüfbarkeit der Rechtmäßigkeit einer Anordnung, Verfügung oder sonstigen Maßnahme einer Justizbehörde zur Regelung einer einzelnen Angelegenheit auf dem Gebiet des bürgerlichen Rechts einschließlich des Handelsrechts, des Zivilprozesses, der freiwilligen Gerichtsbarkeit und der Strafrechtspflege sowie zur Nachprüfbarkeit einer Anordnung, Verfügung oder sonstigen Maßnahme der Vollzugsbehörde beim Vollzug einer Jugendstrafe, eines Jugendarrests oder der Untersuchungshaft sowie derjenigen Freiheitsstrafe und Maßregel der Besserung und Sicherung, deren Vollzug außerhalb des Justizvollzugs erfolgt, zB bei der Verweigerung der Einsicht in eine sog Spurenakte der Ermittlungsbehörde, BVerfG NJW **83**, 1043. 1

§ 23 I EGGVG gilt auch im Streit um die Zulassung eines *Prozeßagenten* nach § 157 III ZPO, BVerwG NJW **69**, 2218. 2

§§ 23 ff EGGVG gelten *zB in folgenden Fällen nicht:* Es handelt sich um die Ablehnung eines Reisekostenvorschusses für einen auswärtigen Angeklagten; es geht um die Verweigerung der Herausgabe eines hinterlegten Betrags durch den Präsidenten des AG oder des LG; man kann ein ordentliches Gericht auf Grund einer anderen Vorschrift anrufen, § 23 III EGGVG, etwa gegen einen Justizverwaltungsakt in einer Kostensache nach § 30a EGGVG, Teil XII B dieses Buchs, oder nach der Ablehnung der Nichterhebung von Kosten, §§ 21 GKG, 20 FamGKG, 16 KostO. 3

Zur Zulässigkeit eines Antrags nach § 30 EGGVG gehört unter anderem der Umstand, daß die angefochtene Maßnahme usw eine *unmittelbare Rechtswirkung* nach außen hat, Mü NJW **75**, 510. 4

Über den Antrag auf eine gerichtliche Entscheidung *entscheidet* das OLG, § 25 EGGVG. Soweit der Zivilsenat zuständig ist, sind die Vorschriften des FamFG über das Beschwerdeverfahren anwendbar, § 29 II EGGVG. Soweit der Strafsenat zuständig ist, sind die Vorschriften der StPO über das Beschwerdeverfahren anwendbar, § 29 II EGGVG. Soweit das OLG bei seiner Entscheidung von einer ihm bekannten Entscheidung eines anderen OLG oder eines anderen Senats desselben OLG oder des BGH abweichen will, muß es die Sache dem BGH vorlegen, § 29 I EGGVG. Seine Endentscheidung ist endgültig.

2) Regelungszweck, I–III. Die Anbindung des Verfahrens an das OLG statt an die Verwaltungsgerichtsbarkeit dient der Vereinfachung und Beschleunigung mittels Sachkundigkeit. II enthält außerdem eine stark soziale Zielsetzung. Man sollte beide Gesichtspunkte bei der Auslegung mitbeachten. Sie sollten aber auch bei I nicht zu einer vermeidbaren Verschlechterung der Position des Kostenschuldners führen. 5

3) Kosten, I, II. Der nachfolgende Grundsatz wirkt sich in mehreren Fallgruppen aus. 6

1047

A. **Grundsatz: Geltung der KostO, I 1.** Es gilt die KostO entsprechend, I 1. Die Aufnahme des Antrags ist gebührenfrei, § 129 KostO. Es besteht eine Vorschußpflicht nach § 8 KostO.

7 B. **Zurückweisung, I 2 Hs 1.** Soweit das OLG den Antrag als unzulässig oder unbegründet zurückweist, entsteht ohne eine Begrenzung durch einen Höchstbetrag 2,0 Gebühr. Bei einer teilweisen Zurückweisung muß man § 130 IV KostO beachten.

8 C. **Antragsrücknahme, I 2 Hs 2.** Soweit der Antragsteller den Antrag vor einer wirksamen Entscheidung des OLG zurücknimmt, entsteht ohne eine Begrenzung durch einen Höchstbetrag 1,0 Gebühr. Bei einer teilweisen Zurücknahme muß man § 130 IV KostO beachten. Beim Wegfall der Beschwer wegen einer Untätigkeit der Behörde und einer Erledigung der Hauptsache nach § 27 II 2 EGGVG entstehen keine Kosten, BLAH § 27 EGGVG Rn 3.

9 D. **Stattgeben, II 1, 2.** Soweit das OLG dem Antrag stattgibt, muß es im Rahmen eines pflichtgemäßen Ermessens prüfen, ob es der Staatskasse die zu einer zweckentsprechenden Rechtsverfolgung notwendig gewesenen außergewöhnlichen Kosten des Antragstellers teilweise oder ganz auferlegt. Dazu gehören auch die in § 91 I 2 ZPO genannten Aufwendungen. Zwischen den Beteiligten besteht keine Erstattungspflicht, § 29 II EGGVG in Verbindung mit dem FamFG. Denn II stellt eine abschließende Sonderregelung dar, Ffm OLGZ 78, 287. Auch im Beschwerdeverfahren entsteht zwischen den Beteiligten kein Erstattungsanspruch, Drischler MDR 75, 551.

10 E. **Kostenfestsetzung, II 2.** Die Kostenfestsetzung erfolgt durch den Rpfl im Verfahren der §§ 85 FamFG, 103 ff ZPO. Gegen seine Entscheidung ist die Erinnerung statthaft. Einzelheiten BLAH § 104 ZPO Rn 41 ff.

11 **4) Geschäftswert, III.** Maßgeblich ist § 30 KostO. Soweit es sich um eine nichtvermögensrechtliche Angelegenheit handelt, beträgt der Geschäftswert regelmäßig 3000 EUR, § 30 II 1, III 1 KostO.

Übergangsvorschrift zum Kostenrechtsmodernisierungsgesetz

163 Für die Beschwerde und die Erinnerung finden die vor dem 1. Juli 2004 geltenden Vorschriften weiter Anwendung, wenn die Kosten vor dem 1. Juli 2004 angesetzt oder die anzufechtende Entscheidung vor dem 1. Juli 2004 der Geschäftsstelle übermittelt worden ist.

1 **1) Geltungsbereich.** Es geht um zwei Gruppen von Altfällen bei der Erinnerung und der Beschwerde.
A. **Entweder: Kostenansatz vor dem 1. 7. 04, Hs 1.** Maßgeblich ist der Ansatz nach § 14 I. Die aF stimmt mit der jetzt geltenden überein.

2 B. **Oder: Entscheidungsübermittlung vor dem 1. 7. 04, Hs 2.** Maßgeblich ist der tatsächliche oder der zu unterstellende förmliche oder formlose Zugang beim Beschwerten.

3 **2) Anwendbarkeit des früheren Rechts, Hs 1, 2.** Unter den Voraussetzungen Rn 1 oder 2 findet das bis 30. 6. 04 in Kraft gewesene Kostenrecht weiter Anwendung. Vgl dazu die Kommentierungen in den Vorauflagen.

Zusätzliche Übergangsvorschriften aus Anlass des Inkrafttretens des Handelsregistergebühren-Neuordnungsgesetzes

164 [I] [1]Die vor dem Tag des Inkrafttretens einer Rechtsverordnung nach § 79 a fällig gewordenen Gebühren für alle eine Gesellschaft oder Partnerschaft betreffenden Eintragungen in das Handels- und das Partnerschaftsregister sind der Höhe nach durch die in dieser Rechtsverordnung bestimmten Gebührenbeträge begrenzt, soweit diese an ihre Stelle treten. [2]Dabei sind die Maßgaben in Anlage I Kapitel III Sachgebiet A Abschnitt III Nr. 20 Buchstabe a des Einigungsvertrages vom 31. August 1990 (BGBl. 1990 II S. 885, 935, 940) in Verbindung mit der Ermäßigungssatz-Anpassungsverordnung vom 15. April 1996

3. Teil. Schluß- und Übergangsvorschriften § 164 KostO

(BGBl. I S. 604) in dem in Artikel 3 des Einigungsvertrages genannten Gebiet bis zum 28. Februar 2002 und in dem in Artikel 1 Abs. 1 des Einigungsvertrages genannten Gebiet bis zum 30. Juni 2004 entsprechend anzuwenden. ³Die Sätze 1 und 2 gelten nicht, soweit Ansprüche auf Rückerstattung von Gebühren zum Zeitpunkt des Inkrafttretens dieser Rechtsverordnung bereits verjährt sind.

II ¹Rückerstattungsansprüche, die auf der Gebührenbegrenzung nach Absatz 1 beruhen, können nur im Wege der Erinnerung geltend gemacht werden, es sei denn, die dem Rückerstattungsanspruch zugrunde liegende Zahlung erfolgte aufgrund eines vorläufigen Kostenansatzes. ²Eine gerichtliche Entscheidung über den Kostenansatz steht der Einlegung einer Erinnerung insoweit nicht entgegen, als der Rückerstattungsanspruch auf der Gebührenbegrenzung nach Absatz 1 beruht.

III ¹§ 17 Abs. 2 findet in der ab 1. Juli 2004 geltenden Fassung auf alle Rückerstattungsansprüche Anwendung, die auf der Gebührenbegrenzung nach Absatz 1 beruhen. ²Rückerstattungsansprüche nach Absatz 1, die auf Zahlungen beruhen, die aufgrund eines vorläufigen Kostenansatzes geleistet worden sind, verjähren frühestens in vier Jahren nach Ablauf des Kalenderjahrs, in dem der endgültige Kostenansatz dem Kostenschuldner mitgeteilt worden ist.

Gliederung

1) Systematik, I–III	1, 2
2) Regelungszweck, I–III	3
3) Geltungsbereich, I–III	4, 5
4) Grundsatz: Neues Recht als Obergrenze, I 1, 2	6, 7
5) Ausnahme: Verjährung des Rückerstattungsanspruchs, I 3	8
6) Erinnerung, II	9, 10
7) Verjährung, III	11–15
A. Rückerstattungsanspruch nach I	11
B. Zahlung, III	12
C. Fälligkeit	13
D. Vier Jahre	14
E. Verjährungsfolgen	15
8) Keine Verzinsung, I–III	16

1) Systematik, I–III. Die Vorschrift regelt als eine gegenüber § 161 vorrangige 1 Sonderbestimmung in ihrem begrenzten, aber keineswegs kleinen Geltungsbereich das Übergangsrecht evtl gerade entgegengesetzt zu § 161. Denn während § 161 auf eine Fälligkeit vor einer Gesetzesänderung das bisherige Recht anwendbar macht, behandelt § 164 einen solchen Fall gerade nicht nach dem neuen Recht und gibt infolgedessen auch noch deftige Erstattungsansprüche zugunsten desjenigen, der nach dem alten Recht mehr zahlte als nach dem neuen Recht nötig.

Unfreiwillig geschieht diese sonst weitgehend unbekannte fiskalische Großzügigkeit. 2 Dahinter steht zumindest teilweise die Rechtsprechung des EuGH, skizziert in § 79a Rn 2. Es würde einen erheblichen Verdruß mit Gebührenschuldnern gegeben haben, die auf Grund vorläufiger oder gar endgültiger Kostenrechnungen nach dem alten Recht zähneknirschend gezahlt hatten und nach dem letzthin vom EuGH erzwungenen neuen Recht wesentlich billiger davongekommen wären. So betrachtet enthält § 164 teilweise nur Konsequenzen aus einem allzu langen deutschen Zögern bei einer längst notwendig gewesenen Anpassung an das EU-Recht. Das zeigt sich insbesondere auch an der Verjährungsregelung in III mit ihrer bemerkenswert langen Vierjahresfrist zugunsten des Gebührenschuldners. § 164 gilt auch beim Versicherungsverein auf Gegenseitigkeit, Hamm JB 07, 324.

2) Regelungszweck, I–III. Ihn erläutert bereits Rn 2. Darüber hinaus dient vor 3 allem I 2 der Vereinheitlichung bei der Rückabwicklung. Denn ohne diese Vorschrift stünden Gebührenschuldner der neuen Bundesländer schlechter da. Insgesamt sollte man § 164 mit seinen der Sache nach ohnehin mißlichen Abwicklungs- und Überleitungsaufgaben so großzügig wie möglich zugunsten des Gebührenschuldners und damit auch im Sinn des § 1 I 1 mit seinem Wort „nur" bei der Gebührenpflicht auslegen.

1049

4 **3) Geltungsbereich, I–III.** Es kommt darauf an, ob die Eintragungsgebühr vor dem Inkrafttreten der HRegGebVO nach Art 5 S 1 HRegGebNeuOG fällig geworden war, also spätestens am Tag der Verkündung des Gesetzes. Das ist jedenfalls der Grundsatz nach I 1, 2. Von ihm gilt nach I 3 die in Rn 8 erläuterte Ausnahme.

5 *Fälligkeit* ist dabei dasselbe wie bei § 7. Maßgeblich ist also die Beendigung des gebührenpflichtigen Geschäfts, § 7 Hs 1. Vgl dazu § 7 Rn 2, 3. Die hier maßgebliche Eintragung ist also mit einer ordnungsgemäßen Unterschrift beendet, Zweibr FGPrax 00, 92. Auf den Zeitpunkt der Mitteilung an den Gebührenschuldner von dieser objektiven Beendigung kommt es nicht an.

6 **4) Grundsatz: Neues Recht als Obergrenze, I 1, 2.** In den Fällen Rn 4, 5 ist das neue Recht nicht automatisch anwendbar. Man muß vielmehr jeweils prüfen: Welche Gebühr ist die höhere, die alte Wertgebühr oder die neue Festgebühr? Im letzteren Fall bleibt es beim alten Recht. Anders gesagt: Die neue Festgebühr ist nur dann anwendbar, wenn sie unter der alten Wertgebühr liegt. Noch anders ausgedrückt: Anwendbar ist das neue Recht grundsätzlich dann, wenn es für den Gebührenschuldner günstiger ausfällt.

7 *Ost-Ermäßigung* findet seit 1. 7. 04 nicht mehr statt.

8 **5) Ausnahme: Verjährung des Rückerstattungsanspruchs, I 3.** I 1, 2 gelten nach I 3 ausnahmsweise dann nicht, wenn der Anspruch auf eine Rückerstattung einer Gebühr zum Zeitpunkt des Inkrafttretens der HRegGebVO bereits verjährt war. Die HRegGebVO ist am Tag nach der Verkündung des HRegGebNeuOG in Kraft getreten, Art 5 S 1 HRegGebNeuOG.

Verjährung tritt dabei nach III ein. Vgl dazu im einzelnen Rn 11–15.

9 **6) Erinnerung, II.** Die Vorschrift stellt zunächst klar, daß die Staatskasse einen Rückerstattungsanspruch wegen einer Zuvielzahlung nicht stets von Amts wegen befriedigt. Vielmehr muß der Gebührenschuldner ihn nach II 1 grundsätzlich durch eine Erinnerung geltend machen. Freilich nennt II 1 Hs 2 sogleich eine praktisch wichtige formelle Ausnahme. Danach ist eine Erinnerung dann nicht notwendig, wenn die nach dem alten Recht geleistete Zahlung nur auf Grund eines bloß vorläufigen Kostenansatzes erfolgt war. In der Praxis waren seit Jahren wegen der Rechtsprechung des EuGH nur noch vorläufige Kostenrechnungen ergangen. In allen diesen zahlreichen Fällen muß der Kostenbeamte jetzt von Amts wegen prüfen, ob und wieviel die Staatskasse auf Grund von I zurückerstatten muß. Das ist also praktisch die Regel.

10 Soweit danach *überhaupt* eine *Erinnerung* notwendig bleibt, darf und muß der Gebührenschuldner sie auch dann einlegen, wenn inzwischen schon eine richtige Kostenentscheidung nach dem alten Recht ergangen war. Das kann sogar noch nach der Rechtskraft einer solchen Kostenentscheidung geschehen. Der Gebührenschuldner kann also nicht etwa eine Wiederaufnahme beantragen oder eine Wiedereinsetzung fordern. Beiden Maßnahmen stünde das Fehlen eines derartigen Rechtsschutzbedürfnisses entgegen. Vielmehr bleibt eben der Weg einer Erinnerung nun auf Grund von II in Verbindung mit I. Das Erinnerungsverfahren verläuft dabei nach § 14 II ff.

11 **7) Verjährung, III.** Es handelt sich um eine gegenüber § 17 vorrangige Sondervorschrift, auch wenn S 1 auf § 17 II nF verweist. Danach müssen zur Verjährung mehrere Bedingungen zusammentreffen.

A. Rückerstattungsanspruch nach I. Es muß sich zunächst um einen gerade nach I entstandenen Rückerstattungsanspruch handeln, also nicht um einen der in § 17 II 1 genannten sonstigen Kostenrückerstattungsansprüche.

12 **B. Zahlung, III.** 1, 2 setzen natürlich voraus, daß auf Grund eines Kostenansatzes auch eine Zahlung erfolgt ist. Im einzelnen muß man aber unterscheiden. Nach III 1 beginnt die Verjährungsfrist nach einem *endgültigen* Kostenansatz alten Rechts bereits mit dem Ablauf seines Kalenderjahres. Das ergibt die Verweisung auf § 17 II 1. Dagegen beginnt die Verjährungsfrist nach einem bloß *vorläufigen* Kostenansatz alten Rechts nach III 2 in Verbindung mit § 17 II 1 erst mit dem Ablauf des Kalenderjahres der Mitteilung eines etwa nachfolgenden endgültigen Kostenansatzes.

13 **C. Fälligkeit.** Zusätzlich zu den Voraussetzungen Rn 11, 12 muß der Gebührenanspruch fällig geworden sein, § 17 II 2 nF. Dadurch wird verhindert, daß die Verjährungsfrist vor der aus § 7 ermittelbaren Beendigung des Geschäfts beginnt. Damit ist ein früherer diesbezüglicher Streit gesetzlich beendet.

D. Vier Jahre. Es müssen seit dem Zusammentreffen der Bedingungen Rn 11–13 **14** vier Kalenderjahre verstrichen sein.

E. Verjährungsfolgen. Sie richten sich nach § 17 III in Verbindung mit §§ 194 ff **15** BGB wie sonst.

8) Keine Verzinsung, I–III. Ein Rückerstattungsanspruch wird nicht verzinst. **16** Das folgt aus § 17 IV. Diese Bestimmung ist nicht etwa deshalb unanwendbar, weil III 1 „nur" auf § 17 II verweisen würde. Vielmehr findet jene Verweisung nur wegen der Neufassung von § 17 II (Einfügung seines S 2) statt.

IV. Kosten nach dem Gesetz über das gerichtliche Verfahren in Landwirtschaftssachen

diesbezüglich in der Fassung Art 4 XXIII KostRMoG v 5. 5. 04, BGBl 718

Einleitung

Schrifttum: *Barnstedt/Steffen,* LwVG, Kommentar 7. Aufl 2005; *Höver/Huylmann,* Kosten in Landwirtschaftssachen, Kommentar, 1955; *Lange/Wulff/Lüdtke-Handjery,* Landpachtrecht, 4. Aufl 1997; *Wöhrmann/Herminghausen,* LwVG, Kommentar, 1954.

1) Systematik, Regelungszweck. Mit Rücksicht auf die Bedeutung des land- und forstwirtschaftlichen Besitzes für das Allgemeinwohl besteht eine Reihe von Gesetzen, die eine behördliche Mitwirkung bei einer Veräußerung oder Verpachtung eines solchen Besitzes vorsehen. Der Betroffene kann gegen die Entscheidung einer solchen Behörde das Landwirtschaftsgericht anrufen. Das LwVG regelt die Verfahrenseinzelheiten. Sein sachlicher Geltungsbereich ergibt sich aus § 1. Wegen einer Höfesache § 36 Anh. **1**

Sachliche Zuständigkeit

1 Die Bestimmungen dieses Gesetzes gelten in den Verfahren auf Grund der Vorschriften über

1. die Anzeige und Beanstandung von Landpachtverträgen im Landpachtverkehrsgesetz vom 8. November 1985 (BGBl. I S. 2075) und über den Landpachtvertrag in den Fällen des § 585 b Abs. 2, der §§ 588, 590 Abs. 2, des § 591 Abs. 2 und 3, der §§ 593, 594 d Abs. 2 und der §§ 595 und 595 a Abs. 2 und 3 des Bürgerlichen Gesetzbuchs,

1 a. den Landpachtvertrag im übrigen,

2. die rechtsgeschäftliche Veräußerung, die Änderung oder Aufhebung einer Auflage, die gerichtliche Zuweisung eines Betriebes sowie die Festsetzung von Zwangsgeld im Grundstücksverkehrsgesetz vom 28. Juli 1961 (Bundesgesetzbl. I S. 1091),

3. Einwendungen gegen das siedlungsrechtliche Vorkaufsrecht in § 10 des Reichssiedlungsgesetzes,

4. die Aufhebung von Pacht- und sonstigen Nutzungsverhältnissen sowie die Inanspruchnahme von Gebäuden oder Land in §§ 59 und 63 Abs. 3 und 4 des Bundesvertriebenengesetzes in der Fassung der Bekanntmachung vom 3. September 1971 (BGBl. I S. 1565, 1807), ferner die Festsetzung des Ersatzanspruchs und der Entschädigung nach § 7 Abs. 2 des Gesetzes zur Ergänzung des Reichssiedlungsgesetzes in der im Bundesgesetzblatt Teil III, Gliederungsnummer 2331-2, veröffentlichten bereinigten Fassung,

5. das Anerbenrecht einschließlich der Versorgungsansprüche bei Höfen, Hofgütern, Landgütern und Anerbengütern,

6. Angelegenheiten, die mit der Aufhebung der früheren Vorschriften über Erbhöfe zusammenhängen,

jedoch in den in den Nummern 5 und 6 bezeichneten Verfahren nur, soweit die beim Inkrafttreten dieses Gesetzes für diese geltenden oder die künftig erlassenen Vorschriften die Zuständigkeit von Gerichten mit ehrenamtlichen Richtern vorsehen.

1) Gerichtskosten. §§ 33–47 regeln Kosten der gerichtlichen Verfahren mit den **1** sich aus § 60 III ergebenden Ausnahmen.

Inkrafttreten; aufgehobene Vorschriften

60 III ¹Aufgehoben werden die bisher geltenden kostenrechtlichen Vorschriften, soweit sie für das Verfahren der Gerichte mit landwirtschaftlichen

Beisitzern gelten, einschließlich der Vorschriften über Rechtsanwaltsgebühren.
² Die bisher geltenden Vorschriften über die Höhe des Geschäftswertes und der gerichtlichen Kosten gelten jedoch fort
a) in den unter § 1 Nr. 5 fallenden Verfahren,
b) in den nicht unter § 1 fallenden Verfahren, die auf in Kraft bleibenden oder unberührt bleibenden Vorschriften beruhen (§ 50).

1 **1) Geltungsbereich.** Das LwVG regelt nicht vor allem die Kosten in den in III 2 a genannten Anerbensachen nach § 1 Z 5 (Geschäftswert: §§ 19, 20 HöfeVfO; Gebühren: §§ 21–23 HöfeVfO, abgedruckt jeweils im Anh § 36), ferner die in III 2 b genannten Sachen, die an Bedeutung gegenüber den in § 1 dem Tätigkeitsbereich der Landwirtschaftsgerichte zugewiesenen Sachen vollkommen zurücktreten.
Im Bereich der *HöfeO* regelt für Überleitungsverfahren nach § 25 HöfeVfO den Geschäftswert § 19 h HöfeVfO und die Gebühren § 22 c HöfeVfO, abgedruckt jeweils im Anh § 36.

2 **2) Anwaltskosten.** Sie regeln VV 3100 ff, Teil X dieses Buchs.

Anwendung der Kostenordnung

33 Für die in diesem Abschnitt geregelten gerichtlichen Verfahren gilt die Kostenordnung, soweit sich aus den folgenden Vorschriften nichts anderes ergibt.

LwAnpG § 67. Freiheit von Steuern und Abgaben. ¹ Die zur Durchführung dieses Gesetzes vorgenommenen Handlungen, einschließlich der Auseinandersetzung nach § 49, sind frei von Gebühren, Steuern, Kosten und Abgaben.

II Die Gebühren-, Kosten-, Steuer- und Abgabefreiheit ist von der zuständigen Behörde ohne Nachprüfung anzuerkennen, wenn die zuständige Landwirtschaftsbehörde, in Verfahren nach den §§ 54, 56 und 64 die zuständige Flurneuordnungsbehörde bestätigt, daß eine Handlung der Durchführung dieses Gesetzes dient.

1 **1) Systematik, Regelungszweck.** Nach § 9 LwVG sind für das Verfahren grundsätzlich die Vorschriften des FamFG entsprechend anwendbar, zB §§ 76 ff FamFG (Verfahrenskostenhilfe). Auf die Kosten ist daher die KostO anwendbar, Teil III dieses Buchs, soweit nicht §§ 33 ff etwas anderes ergeben, Oldb JB **77**, 1273. Denn das FamGKG, Teil I B dieses Buchs, gilt nicht in allen FamFG-Sachen, sondern nach § 1 FamGKG nur in Familiensachen und bei § 107 FamFG. Man muß auch §§ 18 ff HöfeVfO mitbeachten, abgedruckt Anh § 36, ferner etwa § 585 b II 2 BGB (Ernennung eines Sachverständigen), das JVEG, Teil V dieses Buchs, das RVG, Teil X dieses Buchs, das GvKostG, Teil XI dieses Buchs. Dann gilt § 30 KostO. Man muß ferner etwaige landesrechtliche Bestimmungen beachten. Nur im bürgerlichen Rechtsstreit nach § 1 Z 1a LwVG gilt nach seinem § 48 I die ZPO und damit das Kostenrecht ihrer § 91 ff.
Ein *gerichtliches* Verfahren nach dem *LwAnpG* ist kostenpflichtig, § 65 LwAnpG, § 1 LwVG, § 1 KostO, BGH MDR **94**, 102 (§ 67 LwAnpG gilt nur für ein behördliches Verfahren, § 67 II LwAnpG).
Das *LwVG regelt* den Geschäftswert und die Gerichtsgebühr. Wegen der außergerichtlichen Kosten gilt § 45. § 33 gilt auch dann, wenn fälschlich das Prozeßgericht eine Pachtrechtssache an das Landwirtschaftsgericht abgegeben hat (vgl § 35 III LwVG entsprechend), Köln **KR** Nr 1. Über die Abweichungen vom GKG Herminghausen NJW **55**, 1508, Riedel RdL **56**, 5.

2 Der *Grundsatz der Ausschließlichkeit* nach § 1 I 1 KostO, Teil III dieses Buchs, gilt auch hier. Es ist also ein solches Geschäft gebührenfrei, für das weder die KostO noch das LwVG eine Gebühr ergeben. Das gilt zB: Für die Erteilung eines Rechtskraftzeugnisses; für die Kostenfestsetzung, § 135 KostO, für die Entscheidung über eine Erinnerung, § 14 II KostO.

3 Zur Frage, wer *Kostenschuldner* ist, §§ 2 ff KostO, 47 LwVG.

4 **2) Pauschsystem.** Wie bei § 32 KostO gilt grundsätzlich das Pauschsystem. Die gesetzliche Gebühr gilt also das Hauptgeschäft einschließlich etwaiger Nebengeschäf-

IV. Kosten in Landwirtschaftssachen **§§ 33, 34 LwVG**

te ab. Es entsteht also zB keine besondere Gebühr für einen Vergleich oder für einen Anspruch auf eine Duldung der Zwangsvollstreckung, BGH RdL **51**, 106.

Ausnahmsweise entsteht zB dann eine *besondere Gebühr,* wenn eine Beurkundung der eidesstattlichen Versicherung im Erbscheinsverfahren nach § 107 KostO erfolgt, Köln AgrarR **94**, 133, oder wenn es um eine Beurkundung eines außerhalb des Rahmens eines anhängigen Verfahrens liegenden Geschäfts aus Anlaß eines Vergleichs geht, Brschw RdL **51**, 305.

3) Kosten. Zu den Kosten zählen auch hier nach § 1 I 1 KostO die Gerichtsge- 5
bühren. Sie ergeben sich aus der Tabelle des § 32 KostO, SchlAnh B, in Verbindung mit dem Geschäftswert und dem jeweils geltenden Gebührensatz nach §§ 36 ff. Ferner zählen wie immer nach § 1 I 1 KostO zu den Kosten die Auslagen, §§ 136 ff KostO. Andere Zahlungen darf man nicht erheben, Hamm Rpfleger **77**, 423.

4) Prozeßkostenhilfe. Nach §§ 9 LwVG, 14 FGG gelten die Vorschriften der 6
ZPO und § 48 I Z 1 BRAO.

Kostenentscheidung, Festsetzung des Geschäftswertes

34 ^I Über die Kosten ist zugleich mit der Entscheidung über die Hauptsache zu entscheiden.

^{II} Den Geschäftswert setzt das Gericht von Amts wegen fest.

Gliederung

1) Kostenentscheidung, I 1–6
   A. Voraussetzungen 1–3
   B. Inhalt 4
   C. Rechtsmittel 5, 6
2) Geschäftswert, II 7–13
   A. Grundsatz: Geltung der KostO 7
   B. Verfahren 8
   C. Festsetzung von Amts wegen 9
   D. Mehrheit von Ansprüchen 10
   E. Rechtsmittel 11–13

1) Kostenentscheidung, I. Man muß drei Aspekte beachten. 1

A. Voraussetzungen. Eine sog Kostengrundentscheidung erfolgt von Amts wegen, und zwar zugleich mit der Entscheidung in der Hauptsache. Wenn das Gericht die Kostenentscheidung im Tenor der Entscheidung zur Hauptsache vergessen hat, ist nach einer Anhörung des Betroffenen, BVerfG RdL **88**, 157, § 319 ZPO anwendbar, Düss JMBlNRW **55**, 153. Es ist auch eine Ergänzung entsprechend §§ 321, 321a ZPO zulässig, aber nicht dann, wenn das Erstgericht eine Entscheidung über die außergerichtlichen Kosten nach § 45 I 1 vergessen hat. Denn das wäre eine Änderung und keine Ergänzung, Hamm RdL **52**, 250. Zweitinstanzlich wäre dann aber § 321 ZPO anwendbar, BVerfG RdL **88**, 157. Beide Vorschriften sind auch im FamFG-Verfahren entsprechend anwendbar. Ein Ergänzungsbeschluß ist ein Teil der Entscheidung der Hauptsache. Man kann ihn also nicht selbständig anfechten.

Auf Grund der Kostenentscheidung erfolgt der sog *Kostenansatz* mit der Kostenrechnung durch den Kostenbeamten der Geschäftsstelle nach §§ 14 ff KostO und der KostVfg, Teil VII A dieses Buchs. Davon muß man die sog *Kostenfestsetzung* durch den Rpfl nach § 21 I Z 1 RPflG in Verbindung mit § 45 II LwVG und mit §§ 85 FamFG, 103 ff ZPO unterscheiden.

Wenn das Gericht keine Entscheidung in der Hauptsache erläßt, ist nach § 9 2
LwVG eine *besondere Kostenentscheidung* zulässig, (zum alten Recht) Ffm RdL **03**, 305. Eine solche isolierte Kostenentscheidung kann ohne eine Mitwirkung der ehrenamtlichen Richter ergehen, § 20 I Z 8 LwVG. Voraussetzung einer solchen Kostenentscheidung ist aber, daß die Hauptsache erledigt ist, Karlsr RdL **71**, 28 (zu § 42 I), oder daß der Beteiligte seinen Antrag oder seine Beschwerde zurückgenommen hat, Celle Rpfleger **75**, 64, Nürnb JB **64**, 919. Es sind dann für das Kostenfestsetzungsverfahren nicht §§ 44, 45, sondern § 9 in Verbindung mit (jetzt) § 85 FamFG anwendbar, Celle Rpfleger **75**, 64.

3 Eine Kostenentscheidung kann dann *unterbleiben,* wenn das Gericht nur eine Teilentscheidung trifft oder wenn es lediglich einen Zwischenbeschluß über den Grund des Anspruchs erläßt, BGH MDR 53, 220, ferner dann, wenn das Gericht die Sache an das untere Gericht zurückverweist. Für diese entstehen also keine besonderen Gebühren, Sußbauer Rpfleger 53, 425 Rn 5. Vgl zur Kostenentscheidung im (jetzt) FamFG-Verfahren überhaupt Keidel Rpfleger 54, 176 ff. Wenn das Gericht eine Sache an ein anderes Gericht abgibt, erläßt es keine Kostenentscheidung, BGH 12, 254. Die Kosten des abgebenden Gerichts gelten als ein Teil des Verfahrens vor dem übernehmenden Gericht, § 3 IV FamFG, § 12 III LwVG.

4 **B. Inhalt.** Die Kostenentscheidung regelt die Kostenverteilung nach § 44, also dazu, wer wieviel von den Kosten tragen muß. Diese Entscheidung ist auch für die Einforderung der Kosten maßgebend, § 47 (ähnlich § 58 II GKG), vgl auch §§ 2 ff KostO. Die Kostenentscheidung regelt eventuell auch die Kostenerstattungspflicht wegen der außergerichtlichen Kosten nach § 45 sowie die Frage der Kostenfreiheit persönlicher oder sachlicher Art nach §§ 42, 35 IV, 40 II 2. Das Gericht trifft nur eine Kostengrundentscheidung. Es entscheidet daher über die Höhe des Kostenbetrags nicht selbst, §§ 44 ff, anders als zB in § 61 I ArbGG.

5 **C. Rechtsmittel.** Wenn ein Beteiligter die Entscheidung in der Hauptsache in einer zulässigen Weise anficht, ist es zulässig, daß sich sein Verfahrensgegner nur wegen der Kostenentscheidung anschließt, Celle RdL 02, 103, Stgt RdL 90, 180. Eine Rücknahme der Beschwerde in der Hauptsache führt zur Unzulässigkeit der Kostenbeschwerde, Mü RdL 89, 191. Eine Anfechtung ist ferner zB dann zulässig, wenn das Gericht einem am Verfahren unbeteiligten Dritten Kosten auferlegt hat, Ffm RdL 03, 305, Köln RdL 79, 327, Stgt RdL 98, 244.
Wenn das Gericht eine Entscheidung in der Hauptsache nicht erlassen hat, etwa weil der Antragsteller den Antrag zurückgenommen hat, ist eine *isolierte* Kostenentscheidung zulässig, Rn 2. Gegen sie ist die befristete Beschwerde zulässig, falls der Beschwerdewert 600 EUR übersteigt, §§ 9 LwVG, 61 I FamFG, oder wenn das Erstgericht sie nach § 61 II FamFG zugelassen hat. Eine weitere Beschwerde ist unzulässig, § 24 III LwVG.

6 Wenn sich die Hauptsache im Anschluß an einen Beschluß des Erstgerichts, aber vor der Einlegung eines Rechtsmittels *erledigt* hat, ist eine Anfechtung der Kostenentscheidung nicht zulässig, falls kein sachlicher Streit mehr vorliegt, vgl BLAH § 99 ZPO Rn 36.

7 **2) Geschäftswert, II.** Der nachfolgende Grundsatz hat in mehreren Verfahrensabschnitten Auswirkungen.
A. Grundsatz: Geltung der KostO. Vgl zunächst § 18 KostO, Teil III dieses Buchs, Dressel AgrarR 73, 104. Es gelten §§ 18 ff, 24, 25, 30, 31, 44 KostO, soweit sich nicht aus §§ 35–38 LwVG etwas anderes ergibt, vgl auch § 33 (Vorrang des LwVG). Vgl ferner § 65 III LwAnpG.

8 **B. Verfahren.** Die Festsetzung des Geschäftswerts erfolgt grundsätzlich durch das wegen der Sachkunde der ehrenamtlichen Richter mit ihnen besetzte volle Gericht. Eine Ausnahme gilt nach § 20 Z 7 LwVG nur dann, wenn es sich um eine Angelegenheit geringerer Bedeutung handelt. Aber die Wertfestsetzung ist als solche kaum je eine Angelegenheit von geringer Bedeutung. Die Einfachheit der Ermittlung eines höheren Werts macht den Vorgang nicht zu einer Angelegenheit nur geringer Bedeutung, aM Barnstedt/Steffen 26, Dressel AgrarR 73, 104. Die Wertfestsetzung kann der Kostenentscheidung nachfolgen. Sie darf bei einer Kostenfreiheit natürlich als überflüssig unterbleiben, etwa bei § 18 HöfeVfO, abgedruckt Anh § 36. Ein Antrag reicht meist zur Festsetzung, BayObLG Rpfleger 60, 99, Hbg MDR 58, 47.

9 **C. Festsetzung von Amts wegen.** Der Geschäftswert ist die Grundlage für die Berechnung der Gerichtsgebühren nach §§ 31, 32 KostO und der Anwaltsgebühren nach §§ 23, 24, 32 RVG, Teil X dieses Buchs. Infolgedessen muß das Gericht bei der Festsetzung berücksichtigen, daß die Staffelung des RVG gegenüber derjenigen der KostO enger ist. Die Festsetzung erfolgt anders als bei § 31 I 1 KostO grundsätzlich von Amts wegen. Das Gericht kann aber natürlich eine Wertfestsetzung auch auf Grund der Anregung eines Beteiligten, also eines Anwalts vornehmen, vgl dazu

IV. Kosten in Landwirtschaftssachen **§§ 34, 35 LwVG**

auch § 32 II RVG, freilich nicht zur Bewertung von Grundbesitz, § 19 II 1 lt Hs KostO. Das Gericht muß einen Beteiligten vor einer ihm nachteiligen Entscheidung wegen Art 103 I GG anhören. Das kann auch bei einem Beteiligten persönlich dann notwendig werden, wenn sein ProzBev eine Erhöhung des Werts fordert, Barnstedt/Steffen 25.

Eine *Änderung* der Wertfestsetzung ist von Amts wegen möglich, § 31 I 2–3 KostO. Ein Beteiligter kann eine solche Änderung anregen. Das Gericht muß jedem von einer Änderung Betroffenen vorher das rechtliche Gehör geben, also auch der Staatskasse. Die Änderung ist nur binnen 6 Monaten nach der Rechtskraft der Hauptsacheentscheidung oder nach einer anderweitigen Verfahrenserledigung statthaft. § 31 II KostO ist anwendbar.

D. Mehrheit von Ansprüchen. Da eine dem § 5 ZPO entsprechende allgemei- 10
ne Vorschrift fehlt, erfolgt eine Festsetzung bei einer Häufung mehrerer Ansprüche für jeden besonders, soweit sich nicht aus Sonderregelungen wie § 44 KostO etwas anderes ergibt oder soweit sich die Anträge nicht auf denselben Gegenstand beziehen, Mü DNotZ **58**, 437, Dressel AgrarR **73**, 105. Man muß beim Zusammentreffen verschiedener Verfahrensarten den Geschäftswert je Art gesondert berechnen, Bbg RdL **55**, 313. Ein Nebenanspruch bleibt im allgemeinen unberücksichtigt. Dagegen muß das Gericht einen solchen Anspruch berücksichtigen, der bisher nicht im Streit befangen war und den die Parteien in einen Vergleich einbezogen haben, § 33 Rn 4.

E. Rechtsmittel. Maßgebend ist § 31 III–V KostO, Teil III dieses Buchs. Der Be- 11
troffene kann die Wertfestsetzung durch eine befristete Beschwerde anfechten, soweit es sich um eine Entscheidung des Landwirtschaftsgerichts handelt. Der Beschwerdegegenstand und damit im Ergebnis der angegriffene Gebührenunterschied muß mehr als 200 EUR betragen, oder das Vordergericht muß die Beschwerde bereits im Beschluß und nicht erst später wegen einer grundsätzlichen Bedeutung der zur Entscheidung stehenden Frage zugelassen haben. Zur Beschwerde ist auch der Anwalt im eigenen Namen berechtigt, § 32 II RVG.

Gegen eine erste Wertfestsetzung durch das *OLG* ist keine Beschwerde statthaft, 12
§§ 24 III LwVG. Gegen eine Entscheidung des OLG als Beschwerdegericht ist keine weitere Beschwerde statthaft, § 24 III LwVG.

Für das *Beschwerdeverfahren* entstehen Gebühren nach § 131 I KostO. Denn § 40 I 13
stellt eine Sonderregelung für die §§ 35–39 dar. Das übersieht Barnstedt/Steffen 48. Geschäftswert der Beschwerde ist der Beschwerdewert. Es gibt keine Kostenerstattung, § 31 V 2 KostO.

Verfahren nach dem Landpachtverkehrsgesetz

35 [1] In gerichtlichen Verfahren auf Grund der Vorschriften des Landpachtverkehrsgesetzes und der §§ 588, 590, 591, 593, 594 d, 595 und 595 a des Bürgerlichen Gesetzbuchs bestimmt sich der Geschäftswert
1. im Falle des § 8 Abs. 1 des Landpachtverkehrsgesetzes nach dem Wert, der für die Gebührenberechnung im Falle der Beurkundung des Rechtsverhältnisses maßgebend sein würde, auf das sich das Verfahren bezieht;
2. im Falle des § 593 des Bürgerlichen Gesetzbuchs,
   a) soweit es sich um die Neufestsetzung der Leistungen des Pächters handelt, nach dem Wertunterschied zwischen den bisherigen und den neu beantragten Leistungen des Pächters, berechnet auf die Zeit, für die die Neufestsetzung beantragt wird, höchstens jedoch drei Jahre;
   b) soweit es sich nicht um eine Neufestsetzung der Leistungen des Pächters handelt, nach freiem Ermessen mit der Maßgabe, daß der Höchstwert 4000 Euro beträgt;
3. in den Fällen des § 595 Abs. 6, des § 595 a Abs. 2 des Bürgerlichen Gesetzbuchs und des § 8 Abs. 2 Satz 1 des Landpachtverkehrsgesetzes nach dem Wert der in dem Pachtvertrag vereinbarten Leistungen des Pächters während zweier Jahre; ist nach den Anträgen ein kürzerer Zeitraum Gegenstand des Verfahrens, so ist dieser maßgebend;
4. in den übrigen Fällen nach § 30 der Kostenordnung.

II ¹Ergeht die Entscheidung nur für einen Teil des Pachtgegenstandes, so ist der Festsetzung des Geschäftswertes der entsprechende Teil der Leistungen des Pächters zugrunde zu legen. ²Die Neufestsetzung der Pacht bleibt in diesem Fall außer Betracht, soweit über die Höhe kein Streit besteht.

III *(aufgehoben)*

IV ¹In den in Absatz 1 bezeichneten Verfahren wird je für das Verfahren im allgemeinen und für eine den Rechtszug beendende Entscheidung erhoben
1. im Falle des § 8 Abs. 1 des Landpachtverkehrsgesetzes die Hälfte der vollen Gebühr;
2. in den übrigen Fällen das Doppelte der vollen Gebühr.

²Stellt das Gericht im Falle des Absatzes 1 Nr. 1 fest, daß der Vertrag nicht zu beanstanden ist, so wird eine Gebühr nicht erhoben.

Gliederung

1) Systematik, Regelungszweck, I–IV 1
2) Beanstandungsverfahren, I Z 1, IV 2–7
   A. Geschäftswert, I Z 1 2–4
   B. Grundsatz: Verfahrens- und Entscheidungsgebühr, IV 1 Z 1, 2 5
   C. Gebührenhöhe im Beanstandungsverfahren, IV 1 Z 1, 2, IV 2 6
   D. Gebührenhöhe in den übrigen Fällen, IV 1 Z 1, 2 7
3) Änderung des Vertragsinhalts, I Z 2 a und b, IV 8–11
   A. Geschäftswert bei einer Neufestsetzung, I Z 2 a 8
   B. Geschäftswert ohne eine Neufestsetzung, I Z 2 b 9
   C. Geschäftswert bei einer Neufestsetzung nebst einem anderen Fall, I Z 2 a, b 10
   D. Gebühren, IV Z 2 11
4) Pachtverlängerung usw, I Z 3 .... 12, 13
   A. Geschäftswert 12
   B. Gebühren 13
5) Übrige Fälle, I Z 4 14
6) Entscheidung über einen Teil des Rechtsgegenstandes, II 15, 16

1 **1) Systematik, Regelungszweck, I–IV.** § 35 enthält die Kostenregelung für die Zuständigkeit des Landwirtschaftsgerichts in den meisten Verfahren nach § 1 Z 1 LwVG, also im Verfahren nach dem LandPachtVG und der §§ 588, 590, 591, 593, 594 d, 595, 595 a BGB. Soweit § 35 keine Regelung enthält, zB für ein Verfahren nach § 585 b II BGB, ist die KostO anwendbar. So gilt zB wegen eines Ordnungs- oder Zwangsgelds § 119 II KostO in Verbindung mit § 35 FamFG, § 9 LwVG. Über diese Regelungen hinaus entstehen keine Gebühren, § 33 Rn 2, 4. Wegen einer Häufung mehrerer Anträge vgl § 34 Rn 10, soweit sich nicht aus dem Nachstehenden etwas anderes ergibt.

Beim *Jagdpachtvertrag* gilt nach § 12 III 3 BJagdG das LPachtVG und damit I Z 1 entsprechend. Dasselbe gilt beim *Fischereipachtvertrag* über § 11 LPachtVG und § 51 II LwVG.

2 **2) Beanstandungsverfahren, I Z 1, IV.** Im Verfahren nach § 8 I LPachtVG auf eine Überprüfung oder Änderung eines Landpachtvertrags sind vier Aspekte beachtlich.

A. Geschäftswert, I Z 1. Der Geschäftswert ist ebenso hoch wie der Beurkundungswert, § 25 KostO. Man darf also nicht nur die Pachtsumme berücksichtigen, sondern man muß darüber hinaus auch den Wert aller sonstigen Leistungen einbeziehen, also zB: Steuern; Versicherungen; ein Altenteil; Sonderleistungen für Instandhaltung oder Kultivierung.

3 *Nicht hierher gehören aber zB:* Zinsen, eine Vertragsstrafe, Kosten, § 18 II KostO, BGH RdL **51**, 104; eine Leistung, zu der der Pächter gesetzlich verpflichtet ist, etwa nach §§ 582, 582 a, 586 I, 596 BGB, zB die Inventarergänzung oder eine regelmäßige Ausbesserung. Das gilt unabhängig davon, ob und wie der Vertrag solche Leistungen erwähnt.

4 Nach *§ 25 KostO* kommt es darauf an, ob man den Vertrag auf eine bestimmte oder auf eine unbestimmte Zeit abgeschlossen hat. Bei einer unbestimmten Vertragsdauer ist der 3jährige Betrag maßgebend. Bestimmt ist auch ein Vertrag mit einer vorzeitigen Kündigungsmöglichkeit, Hamm DNotZ **58**, 666. Unbestimmt ist ein le-

IV. Kosten in Landwirtschaftssachen § 35 LwVG

benslanger Vertrag, § 25 KostO Rn 6, Barnstedt/Steffen 13, aM Oppenburg NJW **59**, 1262 (§ 24 KostO). Bei einer bestimmten Vertragsdauer ist ihr Wert maßgebend. Wenn die Parteien außerdem vereinbart haben, daß sich der Vertrag nach dem Ablauf der zunächst bestimmten Zeit auf eine unbestimmte Zeit verlängern soll, muß man dem Wert für die bestimmte Dauer einen solchen für eine unbestimmte Dauer hinzurechnen, also denjenigen für weitere 3 Jahre, Wöhrmann/Herminghausen 3, aM Barnstedt/Steffen 12. In keinem Fall darf der Wert aber nach § 25 I 3 KostO das 25fache des Jahresbetrags übersteigen. Man muß auch die Zeitdauer des Beanstandungsverfahrens miteinbeziehen, Barnstedt/Steffen 9, aM Herminghausen RdL **60**, 90.

B. Grundsatz: Verfahrens- und Entscheidungsgebühr, IV 1 Z 1, 2. Es entsteht nicht nur eine Verfahrensgebühr, sondern auch eine Entscheidungsgebühr, soweit die Entscheidung den Rechtszug ganz beendet. Das gilt für jeden Rechtszug. Eine Entscheidungsgebühr entsteht auch dann, wenn das Gericht einen Antrag oder eine Beschwerde als unzulässig zurückweist, OGH RdL **50**, 127. Dann entsteht aber eine Gebührenermäßigung, § 41. 5

Keine Entscheidungsgebühr entsteht bei einer Antragsrücknahme oder Erledigung vor dem Entscheidungserlaß.

C. Gebührenhöhe im Beanstandungsverfahren, IV 1 Z 1, 2, IV 2. Soweit ein Vertragspartner nach § 8 I 1 LPachtVG den Antrag auf eine gerichtliche Entscheidung stellt, entsteht nur 0,5 Gebühr. Wenn das Gericht dann feststellt, daß man den Vertrag nicht beanstanden kann, entfällt die Gebühr. Das gilt auch dann, wenn das Gericht erst im Beschwerdeverfahren zu diesem Ergebnis kommt. Im letzteren Fall entfällt also auch die Gebühr für das erstinstanzliche Verfahren vor dem AG. Eine Gebühr entfällt auch dann, wenn eine Beanstandung nicht wirksam ist, BGH Rpfleger **59**, 37, oder wenn die Beanstandung nicht fristgerecht erfolgte, BGH **15**, 161. 6

D. Gebührenhöhe in den übrigen Fällen, IV 1 Z 1, 2. In allen sonstigen Fällen eines solchen Verfahrens nach dem LPachtVG, das keinen bürgerlichen Rechtsstreit nach § 49 LwVG darstellt, entfällt nicht nur der niedrigere Gebührensatz der Z 1, sondern es entsteht als eine Verfahrens- wie als eine Entscheidungsgebühr je 2,0 Gebühr in jeder Instanz, IV Z 2. Die Gebühr entfällt auch dann nicht, wenn man den Vertrag nicht beanstanden kann. 7

3) Änderung des Vertragsinhalts, I Z 2 a und b, IV. Man muß vier Fallgruppen unterscheiden. 8

A. Geschäftswert bei einer Neufestsetzung, I Z 2 a. Wenn das Gericht die Leistungen des Pächters neu festsetzen soll, ist der Geschäftswert der Wertunterschied zwischen den bisherigen und den neubeantragten Leistungen für denjenigen Zeitraum, für den die Neufestsetzung erfolgen soll, höchstens jedoch für 3 Jahre. Maßgebend ist also der Änderungsantrag, nicht die Änderungsentscheidung. Auch diese Regelung soll den Beteiligten den Abschluß eines langjährigen Vertrags erleichtern. Wegen der Leistungen Rn 2–4. Es ist hier unerheblich, ob die Partner die Pächterleistungen erhöhen oder ermäßigen.

B. Geschäftswert ohne eine Neufestsetzung, I Z 2 b. Soweit es sich nicht um eine Neufestsetzung der Leistung eines Pächters handelt, sondern um eine andere Vertragsänderung, setzt das Gericht den Geschäftswert nach seinem „freien" und in Wahrheit wie stets und wie bei § 30 KostO Rn 14, Teil III dieses Buchs, pflichtgemäßen Ermessen fest. Es darf und muß dabei alle Umstände abwägen, wohl meist vor allem die beiderseitigen Änderungsinteressen. Die Höchstgrenze beträgt 4000 EUR, um den Anreiz zum Abschluß eines langjährigen Vertrags, der etwa eine richterliche Abänderung notwendig macht, nicht zu nehmen. 9

C. Geschäftswert bei einer Neufestsetzung und nebst einem anderen Fall, I Z 2 a, b. Soweit Rn 8 und Rn 9 zusammentreffen, muß man die Werte abweichend von § 34 Rn 10 zusammenrechnen. 10

D. Gebühren, IV Z 2. Es kann eine Verfahrensgebühr und eine Entscheidungsgebühr entstehen, Rn 5. Jede Gebühr in jeder Instanz beträgt 2,0 Gebühr. Eine Ermäßigung ist nach § 41 möglich. 11

4) Pachtverlängerung usw, I Z 3. Es sind zwei Aspekte beachtbar. 12

A. **Geschäftswert.** Für den Wert der in den §§ 595 VI, 595a II BGB, § 8 II 1 LPachtVG genannten Geschäfte ist der Wert der für 2 Jahre vertraglich vereinbarten Leistungen nach Rn 3, 4 maßgebend. Wenn es sich um einen kürzeren Zeitraum handelt, ist dieser kürzere Zeitraum maßgebend. Das kann etwa in einem Stadium der Vertragsbeendigung und -abwicklung so sein.

13 B. **Gebühren.** Vgl Rn 11.

14 5) **Übrige Fälle, I Z 4.** In allen übrigen von I Z 1–3 nicht erfaßten Fällen der §§ 588, 590, 591, 593, 594d, 595, 595a BGB und des LPachtVG, dort §§ 8 II 3, 10 I–III, ist § 30 KostO für den Wert maßgeblich. Das Gericht muß also zunächst prüfen, ob andere Anhaltspunkte vorliegen, bevor es den Wert wie bei Rn 9 nach seinem pflichtgemäßen Ermessen festsetzt. Es gibt dann keinen gesetzlichen Höchstwert. Wegen § 585b II 2 BGB vgl § 33 Rn 1. Im Zwangsgeldverfahren nach § 10 III LPachtVG gilt wegen § 33 LwVG der § 119 II KostO, Teil III dieses Buchs (jetzt) in Verbindung mit § 35 FamFG.

15 6) **Entscheidung über einen Teil des Pachtgegenstands, II.** Eine solche Entscheidung kommt nur auf einen Antrag und vor allem bei der Verlängerung eines Pachtvertrags in Betracht. Für den Geschäftswert darf man nach II 1 nur den entsprechenden Teil der Leistungen heranziehen. Wenn das Gericht die Pacht nach § 8 I 2 LPachtVG neu festsetzen muß, darf das nur für den ganzen Vertrag geschehen, nicht für einen bloßen Teil. Dann darf man nach II 2 für diese Neufestsetzung keinen Wert ansetzen, falls die Parteien hierüber nicht streiten, falls sie sich entweder geeinigt haben oder die Neufestsetzung dem Gericht überlassen.

16 *Andernfalls* etwa beim Widerspruch gegenüber einer Pachtverlängerung und einer hilfsweisen Erhöhungsforderung muß man den nach I Z 2a berechneten Wert dem Wert des nach I Z 3 streitigen Teils hinzurechnen.

Grundstücksveräußerung, Zeugniserteilung, Auflagenänderung oder -aufhebung

36 I ¹In gerichtlichen Verfahren auf Grund der Vorschriften über die rechtsgeschäftliche Veräußerung (§ 1 Nr. 2) bestimmt sich der Geschäftswert nach dem Werte, der für die Gebührenberechnung im Falle der Beurkundung des Rechtsverhältnisses maßgebend sein würde, auf das sich das Verfahren bezieht. ²Es wird die Hälfte der vollen Gebühr, bei Übergabeverträgen ein Viertel der vollen Gebühr erhoben.

II ¹In Verfahren auf Erteilung eines Zeugnisses oder einer Bescheinigung oder auf Änderung oder Aufhebung einer Auflage (§ 22 Abs. 1, 4 des Grundstücksverkehrsgesetzes) bestimmt sich der Geschäftswert nach § 30 der Kostenordnung. ²Es wird die volle Gebühr erhoben.

Gliederung

1) Grundstücksveräußerung, I	1–4
A. Geltungsbereich, I	1
B. Geschäftswert, I	2, 3
C. Gebühren, I	4
2) Erteilung von Zeugnissen und Bescheinigungen, II	5–8
A. Geltungsbereich, II	5, 6
B. Geschäftswert, II	7
C. Gebühren, II	8
3) Zwangsgeld, I, II	9

1 1) **Grundstücksveräußerung, I.** Man sollte drei Gesichtspunkte beachten.

A. **Geltungsbereich, I.** Nach § 2 GrdstVG sind die rechtsgeschäftliche Veräußerung eines land- oder forstwirtschaftlichen Grundstücks sowie von solchen Moor- oder Ödland, das man in eine landwirtschaftliche oder forstwirtschaftliche Kultur bringen kann, sowie der schuldrechtliche Vertrag hierfür genehmigungspflichtig.

Der Veräußerung gleichsteht die *Einräumung* und die Veräußerung eines *Miteigentumsanteils* an einem Grundstück, die Veräußerung eines Erbanteils an einen anderen als an einen Miterbe dann, wenn der Nachlaß im wesentlichen aus einem land- oder

IV. Kosten in Landwirtschaftssachen   § 36 LwVG

forstwirtschaftlichen Betrieb besteht, sowie die Bestellung eines Nießbrauchs an einem Grundstück, § 2 II GrdstVG. Wenn die Landwirtschaftsbehörde die Genehmigung versagt, kann der Betroffene das Landwirtschaftsgericht anrufen, § 22 I GrdstVG.

B. Geschäftswert, I. Für das vorgenannte Genehmigungsverfahren ist der Geschäftswert ähnlich wie beim Beanstandungsverfahren wegen eines Landpachtvertrag nach § 35 I Z 1 gleich dem Beurkundungswert. So gelten zB für die Grundstücksübertragung sowohl beim schuldrechtlichen Vertrag als auch beim dinglichen Erfüllungsgeschäft §§ 18–20, 39 II KostO, Teil III dieses Buchs. Danach entscheidet der Wert der Gegenleistungen, § 20 KostO, mindestens aber der Einheitswert, § 19 II KostO. Die Schwierigkeiten, die sich aus einem Auseinanderklaffen des Einheitswerts und des tatsächlichen Marktwerts ergeben, sind durch die Neufassung von § 19 KostO wesentlich verringert worden. 2

Der zunächst vereinbarte *Kaufpreis* bleibt für das Genehmigungsverfahren auch dann maßgebend, wenn das Gericht den Kaufvertrag nur bei einer Herabsetzung des Kaufpreises genehmigt, Celle RdL **58**, 24 (also nicht nur die Differenz). Man darf eine Verbindlichkeit nicht abziehen, § 18 III KostO. Soweit wiederkehrende Nutzungen und Leistungen nach § 2 II Z 3 GrdstVG den Gegenwert bilden, etwa bei einem Altenteil, erfolgt die Berechnung nach § 24 KostO. Dasselbe gilt bei der Bestellung eines Nießbrauchs. Bei ihm kann man als Wert der jährlichen Nutzung entsprechend den Bestimmungen des BewG den 18. Teil des Einheitswerts zugrunde legen, OGH RdL **49**, 85. Man muß die Umstände abwägen und vom Ertragswert die dem Nießbraucher auferlegten öffentlichen Lasten und Unterhaltskosten abziehen, Celle NdsRpfl **64**, 248. In den Grenzen von § 19 II 1 Hs 2 KostO ist auch eine Beweisaufnahme möglich und evtl nötig. (Jetzt) § 24 IV KostO ist praktisch kaum anwendbar, Barnstedt/Steffen 42.

Wegen eines *Übergabevertrags* vgl § 36 Anh. Die Bundesregierung hat von ihrer Ermächtigung nach § 37 GrdstVG, die Abgabe eines Gebots und die Erteilung des Zuschlags von keinem anderen als dem Meistbietenden von einer Bieterlaubnis der Genehmigungsbehörde abhängig zu machen, bisher keinen Gebrauch gemacht. Aus diesem Grund besteht auch keine Genehmigungspflicht bei der Bestellung einer Hypothek, einer Grundschuld oder einer Rentenschuld mehr. Für den nicht genehmigungspflichtigen Teil des Vorgangs bleibt I unanwendbar, Celle NdsRpfl **55**, 212. 3

C. Gebühren, I. Es entsteht 0,5 Gebühr, § 32 KostO. Bei einem Übergabevertrag nach Rn 1 entsteht nur 0,25 Gebühr vom vollen Wert. Wegen der Erbhöfe Rn 1. 4

2) Erteilung von Zeugnissen und Bescheinigungen, II. Es gibt drei Aspekte. 5

A. Geltungsbereich, II. Die Genehmigungsbehörde muß auf Grund des Antrags eines Beteiligten auch ein Zeugnis darüber ausstellen, daß zur Grundstücksveräußerung eine Genehmigung nicht erforderlich ist, § 5 GrdstVG, oder daß die Entscheidung über die Genehmigung oder die Genehmigung infolge eines Fristablaufs unanfechtbar geworden ist, § 6 III GrdstVG, oder daß eine solche Bedingung eingetreten ist, unter der die Behörde die Genehmigung erteilt hatte, § 11 II GrdstVG. Soweit die Genehmigungsbehörde ein derartiges Zeugnis oder eine derartige Bescheinigung verweigert, kann ein Beteiligter einen Antrag auf eine gerichtliche Entscheidung über die Erteilung dieser Urkunden stellen.

Wenn die Behörde eine Genehmigung nur unter einer *Auflage oder Bedingung* erteilt hatte, kann der Betroffene ebenfalls einen Antrag auf eine gerichtliche Entscheidung mit dem Ziel einer unbedingten Genehmigung stellen, § 22 I GrdstVG. Dasselbe gilt dann, wenn sich die für eine an sich nicht anfechtbare Auflage maßgebenden Umstände wesentlich geändert haben, § 22 IV GrdstVG. 6

B. Geschäftswert, II. Der Geschäftswert richtet sich nach § 30 KostO, Teil III dieses Buchs. Da bei § 5 GrdstVG das Negativzeugnis einer Genehmigung gleichsteht, ist der Beurkundungswert auch hier ein Anhaltspunkt. Bei einem Zeugnis nach § 6 III GrdstVG ist der Wert eines solchen Zeugnisses maßgeblich. In beiden Fällen bildet der Kaufpreis die Grundlage, sofern er höher als der Einheitswert ist, §§ 19, 20 KostO. Bei einer Entscheidung über das Bestehenbleiben einer Auflage oder Bedingung ist der beantragte Unterschied zur bisherigen Entscheidung maßgeblich. Man kann auch die mutmaßliche Höhe eines etwaigen Zwangsgelds mitbeachten, Stgt 7

AgrarR **75**, 186. Der Geschäftswert nach II erreicht kaum je den Wert der Veräußerung.

8 C. Gebühren, II. Es entstehen die vollen Gebühren.

9 3) Zwangsgeld, I, II. Im Verfahren über die Verhängung eines Zwangsgelds nach § 24 GrstVG richtet sich der Wert nach § 119 KostO.

Anhang nach § 36
Kosten in Höfesachen

Schrifttum: *Kreuzer,* Notariats- und Gerichtskosten bei der Hofübergabe, 1988; *Lange/ Wulff/Lüdtke-Handjery,* HöfeO, Kommentar, 10. Aufl 2001.

Einleitung

1 1) Systematik, Regelungszweck. Die HöfeO regelt in Hamburg, Niedersachsen, Nordrhein-Westfalen und Schleswig-Holstein die Erbfolge in einen Hof einschließlich der Ausschlagung und der Abfindung desjenigen, der nicht Hoferbe wird, sowie die Stellung des überlebenden Ehegatten des Erblassers und die Hofübergabeverträge. Art 2 G vom 29. 3. 76, BGBl 881, hebt in § 26 die LVO von 1947 auf und enthält eine Verfahrensordnung für Höfesachen, die HöfeVfO, zuletzt geändert durch Art 98 FGG-RG v 17. 12. 08, BGBl 2586:

> *HöfeVfO § 1. Verhältnis zum allgemeinen Verfahrensrecht.* [I] [1] Auf das Verfahren in Höfesachen sind die Vorschriften des Gesetzes über das gerichtliche Verfahren in Landwirtschaftssachen vom 21. Juli 1953 (Bundesgesetzbl. I S. 667) anzuwenden, soweit dieses Gesetz nichts anderes bestimmt. [2] Höfesachen sind Angelegenheiten, auf die die in den Ländern Hamburg, Niedersachsen, Nordrhein-Westfalen und Schleswig-Holstein geltenden höferechtlichen Vorschriften anzuwenden sind.
> [II] ...

> *HöfeVfO § 18. Kostenfreie Geschäfte.* Für die Vereinigung der zu einem Hof gehörenden Grundstücke zu einem Grundstück sowie für die Eintragung und Löschung eines Hofvermerks werden Gebühren und Auslagen nicht erhoben.

> *HöfeVfO § 19. Geschäftswert nach freiem Ermessen.* Der Geschäftswert bestimmt sich nach § 30 der Kostenordnung bei
> a) **Feststellungsverfahren nach § 11 Abs. 1 Buchstaben a bis f und h,**
> b) **Zustimmungsverfahren (§ 13),**
> c) **Verfahren über die Stundung, Verzinsung und Sicherung eines Abfindungsanspruchs (§ 17),**
> d) **Streitigkeiten über die Abfindungsansprüche der Miterben und des überlebenden Ehegatten mit Einschluß der Versorgungsstreitigkeiten (§ 14 der Höfeordnung),**
> e) **Streitigkeiten über die Verteilung von Abfindungs- oder Nachlaßverbindlichkeiten (§ 15 Abs. 5 der Höfeordnung),**
> f) **Aufhebung, Beschränkung oder Verlängerung der Verwaltung und Nutznießung des überlebenden Ehegatten (§ 14 Abs. 1 Buchstabe b der Höfeordnung),**
> g) **Regelung und Entscheidung der mit dem Hofübergang zusammenhängenden Fragen im Fall des § 14 Abs. 3 der Höfeordnung,**
> h) **sonstige Anträge und Streitigkeiten nach § 18 Abs. 1 der Höfeordnung und nach § 25.**

> *HöfeVfO § 20. Geschäftswert in anderen Verfahren.* [1] Der Geschäftswert bestimmt sich bei
> a) **Verfahren über die Genehmigung eines Übergabevertrages** nach dem Wert des zu übergebenden Hofes,
> b) **Feststellungsverfahren nach § 11 Abs. 1 Buchstabe g** nach dem Wert des Hofes nach Abzug der Schulden,
> c) **Wahlverfahren (§ 9 Abs. 2 Satz 1 der Höfeordnung)** nach dem Wert des gewählten Hofes nach Abzug der Schulden,

IV. Kosten in Landwirtschaftssachen   Anh § 36, § 36a LwVG

d) Fristsetzungsverfahren (§ 9 Abs. 2 Satz 2 der Höfeordnung) nach der Hälfte des Wertes des wertvollsten der noch zur Wahl stehenden Höfe nach Abzug der Schulden,
e) Ausschlagung des Anfalls des Hofes (§ 11 der Höfeordnung) nach dem Wert des Hofes nach Abzug der Schulden.
²Der Wert des Hofes bestimmt sich nach § 19 Abs. 2 bis 5 der Kostenordnung.

2) **Hofwert.** Vgl Oldb JB 77, 1761.

HöfeVfO § 21. Volle Gebühr. Die volle Gebühr wird erhoben für Verfahren, welche betreffen
a) Feststellungen in einem Verfahren nach § 11 Abs. 1 Buchstaben a bis f und h,
b) die Zustimmung in einem Verfahren nach § 13,
c) die Stundung, Verzinsung und Sicherung eines Abfindungsanspruchs in einem Verfahren nach § 17,
d) Streitigkeiten über die Abfindungsansprüche der Miterben und des überlebenden Ehegatten mit Einschluß der Versorgungsstreitigkeiten (§ 14 der Höfeordnung),
e) Streitigkeiten über die Verteilung von Abfindungs- oder Nachlaßverbindlichkeiten (§ 15 Abs. 5 der Höfeordnung),
f) die Aufhebung, Beschränkung oder Verlängerung der Verwaltung und Nutznießung des überlebenden Ehegatten (§ 14 Abs. 1 Buchstabe b der Höfeordnung),
g) die Ausstellung eines Erbscheins.

HöfeVfO § 22. Doppelte Gebühr. Das Doppelte der vollen Gebühr wird erhoben für
a) Feststellungsverfahren nach § 11 Abs. 1 Buchstabe g,
b) Verfahren zur Regelung und Entscheidung der mit dem Hofübergang zusammenhängenden Fragen im Fall des § 14 Abs. 3 der Höfeordnung,
c) Verfahren über sonstige Anträge und Streitigkeiten nach § 18 Abs. 1 der Höfeordnung und nach § 25.

HöfeVfO § 23. Viertelgebühr. Ein Viertel der vollen Gebühr wird erhoben für
a) das Verfahren über die Genehmigung der Übergabe eines Hofes,
b) die Aufnahme der Erklärung zur Niederschrift der Geschäftsstelle im Fall des § 9 Abs. 2 Satz 1 der Höfeordnung,
c) die Entgegennahme der Erklärung im Fall des § 9 Abs. 2 Satz 1 und des § 11 der Höfeordnung, und zwar gegebenenfalls neben der unter a) bestimmten Gebühr,
d) das Fristsetzungsverfahren nach § 9 Abs. 2 Satz 2 der Höfeordnung.

HöfeVfO § 24. Beschwerdeverfahren. Im Beschwerdeverfahren erhöhen sich die in den §§ 21 bis 23 bestimmten Gebührensätze auf das Eineinhalbfache, im Rechtsbeschwerdeverfahren auf das Doppelte.

Gerichtliche Zuweisung eines Betriebes

36a ⁱ ¹In gerichtlichen Verfahren auf Grund der Vorschriften über die gerichtliche Zuweisung eines Betriebes (§ 1 Nr. 2) bestimmt sich der Geschäftswert nach § 18 Abs. 3 und § 19 der Kostenordnung. ²Es wird das Vierfache der vollen Gebühr erhoben.

ⁱⁱ ¹Endet das Verfahren ohne Zuweisung des Betriebes, so bestimmt sich der Geschäftswert nach § 30 der Kostenordnung. ²Es wird das Doppelte der vollen Gebühr erhoben.

ⁱⁱⁱ ¹In Verfahren über Ansprüche nach § 17 sowie in Verfahren nach § 16 Abs. 3 Satz 4 des Grundstückverkehrsgesetzes bestimmt sich der Geschäftswert nach § 30 der Kostenordnung. ²Es wird die volle Gebühr erhoben.

1) **Zuweisung eines landwirtschaftlichen Betriebs, I–III.** Eine solche Zuweisung nach § 1 Z 2 GrdstVG kann dann, wenn der Betrieb auf Grund einer gesetzlichen Erbfolge einer Erbengemeinschaft gehört, nach dem Antrag an einen Miterben

1063

erfolgen, § 13 GrdstVG. Dann steht den anderen Miterben ein Geldanspruch in Höhe ihres Anteils zu. Es ist aber auch eine Abfindung im Weg der Zuweisung eines Grundstücks oder durch ein beschränktes dingliches Recht am zugewiesenen Betrieb zulässig, § 16 I, IV GrdstVG.

Wenn der Miterbe oder seine Erben binnen 15 Jahren aus dem Betrieb oder aus den zugewiesenen Gegenständen erhebliche *Gewinne* durch eine zuweisungsfremde Nutzung ziehen, müssen sie die anderen Miterben auf deren Verlangen so stellen, als wenn der in Betracht kommende Gegenstand im Erwerbszeitpunkt verkauft worden wäre, § 17 GrdstVG. Die Zuweisung und Feststellung der Zahlungen erfolgt auf Grund eines Antrags durch das Gericht.

2   **2) Geschäftswert, I–III.** Man muß zwei Verfahrensabschnitte beachten.

A. Zuweisung, I. Im Zuweisungsverfahren entscheidet der letzte Einheitswert nach § 19 II KostO, Teil III dieses Buchs, falls sich nicht Anhaltspunkte für einen höheren Wert ergeben, § 19 KostO Rn 6. Ein Abzug der Verbindlichkeiten nach § 18 KostO Rn 10 ff erfolgt nicht, I. Maßgebend ist der Wert des ganzen Betriebs, um dessen Zuweisung es sich handelt, nicht etwa der Wert des Anteils eines Widersprechenden, BGH NJW **52**, 1112, Celle NdsRpfl **65**, 267, Köln Rpfleger **62**, 223. Meist ist § 19 IV KostG anwendbar.

Die *Gebühr* beträgt nach I 2 eine 4,0 Gebühr. Eine Grundbuchberichtigung wegen § 32a S 3 ist nach § 69 II KostO gebührenfrei.

3   **B. Keine Zuweisung, II.** Das Gericht mag den Betrieb nicht zuweist, sei es, daß es den Antrag ablehnt, sei es, daß der Antragsteller den Antrag zurücknimmt, sei es, daß sich das Verfahren durch einen Vergleich erledigt oder daß das Gericht den Antrag zurückweist. Dann bestimmt das Gericht den Geschäftswert nach dem Verfahrensausgang nach seinem pflichtgemäßen Ermessen, II, Ffm Rpfleger **73**, 333, aM BGH RdL **52**, 49, Celle JB **68**, 911, Barnstedt/Steffen 3 (§ 30 I KostO verweise auch hier auf §§ 18, 19 KostO).

4   Der *Einheitswert* bildet den höchstzulässigen Wert. Für die Ermessensentscheidung nach § 30 II KostO beträgt der Wert aber nicht ohne weiteres 3000 EUR. Man muß vielmehr evtl von dieser Zahl abweichen. Das ist unter den Voraussetzungen des II sogar die Regel, Celle Rpfleger **66**, 219.

Die *Gebühr* beträgt nach II 2 eine 2,0 Gebühr. Sie darf die Gebühr nach I nicht übersteigen, Celle JB **68**, 911.

5   **C. Nachträgliche Verteilung, Änderung der Stundung usw, III.** Bei einer nachträglichen Verteilung infolge einer zuweisungsfremden Nutzung nach § 17 GrdstVG oder bei einer Änderung der Stundung der Abfindungszahlung infolge einer wesentlichen Veränderung der Verhältnisse nach § 16 III 4 GrdstVG bestimmt nach III 1 das Gericht den Geschäftswert nach § 30 KostO auf Grund des Sachantrags und mangels eines solchen auf Grund einer Wertschätzung. Ein Anhaltspunkt ist die Höhe der verteilbaren Zahlung und bei einer Stundung das Interesse an der Änderung. Es entsteht nach III 2 eine 1,0 Gebühr.

Einwendungen gegen das siedlungsrechtliche Vorkaufsrecht

37 In gerichtlichen Verfahren auf Grund der Vorschriften über Einwendungen gegen das siedlungsrechtliche Vorkaufsrecht (§ 1 Nr. 3) gilt § 36 Abs. 1 sinngemäß.

1   **1) Vorkaufsrecht.** Ein siedlungsrechtliches Vorkaufsrecht besteht beim Verkauf eines landwirtschaftlichen Grundstücks ab 2 ha aufwärts dann, wenn dieser Verkauf eine Genehmigung nach dem GrdstVG braucht und wenn das Gericht diese Genehmigung nach § 9 GrdstVG nach der Auffassung der Genehmigungsbehörde versagen muß, § 4 I RSiedlG. Man kann eine Einwendung gegen ein solches Vorkaufsrecht nur durch einen Antrag beim zuständigen Landwirtschaftsgericht geltend machen, § 10 GrdstVG.

2   **2) Geschäftswert.** Der Geschäftswert gleicht dem Beurkundungswert des Rechtsverhältnisses. Es sind also die §§ 20 II KostO entsprechend anwendbar, aM Celle Rpfle-

IV. Kosten in Landwirtschaftssachen   §§ 37–38a LwVG

ger 78, 342 Ffm AnwBl 78, 312, Barnstedt/Steffen 3 (je: § 20 I KostO), 19, 36 I KostO, Teil III dieses Buchs.

3) Gebühr. Die Höhe der Gebühr ergibt sich aus § 36 I KostO.   3

Inanspruchnahme von Land und Gebäuden zugunsten von Vertriebenen und DDR-Flüchtlingen

38 [1]In gerichtlichen Verfahren über die Aufhebung von Pacht- und sonstigen Nutzungsverhältnissen sowie über die Inanspruchnahme von Gebäuden oder Land und die Festsetzung des Ersatzanspruchs oder der Entschädigung (§ 1 Nr. 4) bestimmt sich der Geschäftswert nach § 30 der Kostenordnung. [2]Es wird die volle Gebühr erhoben.

1) Geltungsbereich, S 1, 2. § 38 enthält die Kostenvorschriften für das gericht-   1
liche Verfahren in den folgenden Fallgruppen.

A. Aufhebung usw. Es geht um die Aufhebung eines Pacht- oder sonstigen Nutzungsverhältnisses sowie um die Inanspruchnahme von Gebäuden oder Land zur Nutzung zugunsten eines Vertriebenen oder eines früheren DDR-Flüchtlings einschließlich seiner Besitzeinweisung, §§ 58–60, 62 BVFG.

B. Entschädigung. Es geht um die Entschädigung des bisherigen Nutzungsbe-   2
rechtigten, § 61 BVFG.

C. Nutzungsvertrag. Es geht um das Verlangen der Siedlungsbehörde, daß der   3
Verfügungsberechtigte mit einem Flüchtling der genannten Art einen Nutzungsvertrag abschließt usw., § 63 II, IV BVFG.

D. Entschädigung des bisherigen Pächters. Es geht um das Verlangen auf eine   4
angemessene Entschädigung des bisherigen Pächters eines solchen Grundstücks, das ein Siedlungsunternehmen erworben hat, wenn es das Pachtverhältnis gekündigt hat, § 7 II G vom 4. 1. 35, RGBl 1 idF § 28 Z 3 GrdstVG. Vgl auch § 1 Z 4 LwVG.

2) Geschäftswert, S 1, 2. Der Geschäftswert richtet sich nach § 30 KostO. Das   5
Gericht bestimmt den Wert also nach seinem pflichtgemäßen Ermessen, falls sich nicht nach der KostO ein anderer Wert ergibt oder falls er nicht sonst feststeht. Bei Rn 1 und Rn 3 ist im einzelnen § 25 I KostO, Teil III dieses Buchs, maßgeblich. Diese Vorschrift gilt auch bei einer Aufhebung. Bei Fällen Rn 2 und Rn 4 ist die Entschädigungssumme maßgeblich.

3) Gebühr, S 1, 2. Es entsteht eine volle Gebühr, S 2.   6

Mit Aufhebung der früheren Vorschriften über Erbhöfe zusammenhängende Angelegenheiten

38a [1]In gerichtlichen Verfahren auf Grund der Vorschriften über Angelegenheiten, die mit der Aufhebung der früheren Vorschriften über Erbhöfe zusammenhängen (§ 1 Nr. 6), bestimmt sich der Geschäftswert nach § 30 der Kostenordnung. [2]Es wird die volle Gebühr erhoben.

1) Frühere Erbhofgesetzgebung, S 1, 2. Es muß sich um eine Angelegenheit   1
der früheren Erbhofgesetzgebung nach § 1 Z 6 handeln. Hierher gehört vor allem ein Versorgungsanspruch der nach den §§ 30, 31 RErbhG Berechtigten, insbesondere aber auch die Änderung, Umwandlung oder Ablösung eines derartigen Anspruchs. *Unanwendbar* ist die Vorschrift im Geltungsbereich der HöfeO. Dort gilt § 25 HöfeVfO und daher für den Geschäftswert § 19h HöfeVfO, für die Gebühr § 22c HöfeVfO, beide im Anh § 36a.

2) Geschäftswert, S 1. Maßgeblich ist § 30 KostO. Da es sich um wiederkehren-   2
de Nutzungen und Leistungen handelt, ist § 24 KostO heranzuziehen.

3) Gebühr, S 2. Es entsteht 1,0 Gebühr, nach § 22c HöfeVfO, Rn 1, 2,0 Ge-   3
bühr.

Vorläufige Anordnungen

39 Für die Entscheidung über den Erlaß einer vorläufigen Anordnung während eines schwebenden Verfahrens wird die Hälfte der vollen Gebühr erhoben.

1 **1) Systematik, Regelungszweck.** Die Vorschrift gilt nur bei einer vorläufigen Anordnung während eines schwebenden gerichtlichen Verfahrens, § 18 LwVG. Demgegenüber gilt das Landesrecht bei einer vorläufigen gerichtlichen Anordnung in einem Verfahren der in § 60 III 2 LwVG genannten Art.
Unanwendbar ist die Vorschrift wegen § 21c HöfeVfO im Stundungsverfahren des § 17 HöfeVfO. Dann gibt es nämlich für das gesamte Stundungsverfahren eine Gebühr nach einem Geschäftswert gemäß § 19c HöfeVfO, Anh § 36a. Ein vorläufiges zugehöriges Anordnungsverfahren ist gebührenfrei, Barnstedt/Steffen 7.

2 **2) Geschäftswert.** Der Geschäftswert richtet sich nach dem Inhalt der vorläufigen Anordnung. Es gelten daher §§ 18 ff KostO, Teil III dieses Buchs. Man muß dabei berücksichtigen, daß wegen ihrer bloßen Vorläufigkeit meist nur ein Bruchteil infrage kommt, Celle RdL **68**, 163 ($^1/_3$).

3 **3) Gebühr.** Es entsteht grundsätzlich 0,5 Gebühr. Eine solche Gebühr setzt jedoch eine gerichtliche Entscheidung voraus. Es kommt nicht darauf an, ob das Gericht die vorläufige Anordnung erläßt oder ablehnt. Wenn dagegen der Antragsteller den Antrag zurücknimmt oder wenn aus einem sonstigen Grund eine vorläufige Anordnung unterbleibt, entsteht keine Gebühr.

Beschwerde- und Rechtsbeschwerdeverfahren

40 I Im Beschwerdeverfahren erhöhen sich die in den §§ 35 bis 39 bestimmten Gebührensätze auf das Eineinhalbfache, im Rechtsbeschwerdeverfahren auf das Doppelte.

II In Verfahren nach § 588 Abs. 4, § 590 Abs. 2, § 591 Abs. 2 und 3, §§ 593, 594d Abs. 2, § 595 Abs. 6 und § 595a Abs. 2 und 3 des Bürgerlichen Gesetzbuchs sowie nach § 8 Abs. 2 Satz 3 des Landpachtverkehrsgesetzes werden für das Verfahren über die Beschwerde Gebühren auch dann erhoben, wenn die Beschwerde Erfolg hat.

1 **1) Systematik, Regelungszweck, I, II.** Nach § 33 gelten auch für das Beschwerdeverfahren grundsätzlich die Vorschriften der KostO, Teil III dieses Buchs, also § 131 KostO, insbesondere auch dessen IV. § 40 enthält Sondervorschriften nur wegen der Gebührensätze in jedem landwirtschaftlichen Beschwerdeverfahren nach §§ 35–39, I. § 40 gilt also nicht in den Verfahren nach § 1 Z 5. Denn §§ 35–39 erwähnen sie nicht mit. Es gilt § 24 HöfeVfO, Anh § 36a, und für das Verfahren nach II. Eine weitere Sondervorschrift enthält § 41. Eine Beschwerdegebühr kann aber nur dann entstehen, wenn überhaupt eine Gebühr entsteht, § 33 Rn 1, 2, also zB nicht bei einer Beschwerde über eine Wert- oder Kostenfestsetzung.

2 **2) Beschwerdeverfahren, Rechtsbeschwerdeverfahren, I, II.** In diesen Verfahren ist die KostO, Teil III dieses Buchs, entsprechend anwendbar. Gebühren entstehen abgesehen von Rn 6, 7 bei einer Erfolglosigkeit oder der Zurücknahme der Beschwerde vor der Entscheidung des Gerichts, § 131 KostO Rn 7–10. Bei einem Antrag auf eine gerichtliche Entscheidung gegen einen Bescheid der Landwirtschaftsbehörde (Siedlungsbehörde) ist § 131 VI 3 KostO mit seiner Gebührenfreiheit nur dann anwendbar, wenn sich nicht aus den sonstigen Kostenbestimmungen des LwVG etwas anderes ergibt.

3 §§ 35 IVa, 36–38a gelten aber für das gerichtliche Verfahren der freiwilligen Gerichtsbarkeit schlechthin, also auch *ohne die Erhöhung* nach § 40 I bei einem Antrag auf eine gerichtliche Entscheidung. Die Vorschriften schalten also § 131 VI 3 KostO ebenso wie § 131 IV KostO mit seinem Geschäftswert aus. Indessen muß man auch dann eine Gebührenfreiheit geben, wenn der Antragsteller durchdringt. Das sich aus § 131 I Z 1 KostO, Pritsch V.

IV. Kosten in Landwirtschaftssachen §§ 40, 41 LwVG

In dem Verfahren entsprechend § 1 Z 5 LwVG entscheidet das *Landesgebührenrecht*, 4
§ 60 III.

3) Gebühren, I. Sie betragen im Beschwerdeverfahren das 1,5fache, im Rechtsbe- 5
schwerdeverfahren das Doppelte der in den §§ 35–39 genannten Gebührensätze.

4) Landpachtsache, II. Man muß die beiden Kostenarten unterscheiden. 6
A. Gebühren. Die KostO, Teil III dieses Buchs, sieht beim Erfolg einer Beschwerde keine Gebühr vor, § 131 KostO Rn 6. II schreibt aber abweichend von § 131 I KostO nur in gerichtlichen Verfahren der freiwilligen Gerichtsbarkeit auf Grund von §§ 588 IV, 590 II, 591 II, III, 593, 594 d, 595 VI, 595 a II, III BGB sowie nach § 8 II 3 LPachtVG Gebühren auch beim Erfolg einer Beschwerde vor.
B. Gebührenfreiheit. Daher verbleibt es in den sonst noch streitigen Verfahren 7
mit Rücksicht auf die abschließende Aufzählung in II bei der Gebührenfreiheit, falls die Beschwerde Erfolg hat, daher evtl sogar bei einer Erledigung der Hauptsache dann, wenn die Beschwerde bis zum Eintritt des erledigenden Ereignisses begründet war, § 131 KostO Rn 9, Düss RR **97**, 1375, Lange/Wulff, aM Karlsr JB **02**, 779, Barnstedt/Steffen 18, Sußbauer Rpfleger **53**, 429 (großzügiger). Dasselbe gilt bei einem Verfahren nach § 1 Z 5 und 6, also bei einer Versorgungsstreitigkeit nach dem Anerbenrecht sowie bei einer mit der Aufhebung der früheren Vorschriften der Erbhöfe zusammenhängenden Sache, Barnstedt/Steffen 4, Pritsch II c, Wöhrmann 2.
C. Auslagen. II sagt nichts über Auslagen. Mit Rücksicht darauf, daß auch § 33 8
LwVG zwischen Gebühren und Auslagen unterscheidet, bleibt es also bei der Regelung des § 131 VII KostO, Teil III dieses Buchs. Daher erhebt das Gericht die durch eine für begründet befundene Beschwerde entstandenen Auslagen beim Erfolg der Beschwerde nicht, soweit es sich nicht um die in II genannten Beschwerden handelt. Denn insoweit ist das Beschwerdeverfahren nicht gebührenfrei, § 131 VII KostO. Darüber hinaus entsteht aber Auslagenfreiheit, aM Höver Rpfleger **53**, 607. Bei teilweisem Beschwerdeerfolg kommt es auf die Ausscheidbarkeit der zugehörigen Auslagen an und besteht andernfalls Auslagenfreiheit, BayObLG Rpfleger **60**, 95, Zweibr Rpfleger **75**, 411.

Zurücknahme und Zurückweisung als unzulässig

41 [1]Wird ein Antrag oder eine Beschwerde zurückgenommen, bevor der Gegner zur Äußerung aufgefordert oder Termin zur mündlichen Verhandlung bestimmt ist oder wird ein Antrag oder eine Beschwerde als unzulässig zurückgewiesen, so wird die Gebühr nur zur Hälfte erhoben. [2]Die nach Landesrecht zuständige Behörde und die Genehmigungsbehörde sowie die übergeordnete Behörde (§ 32 Abs. 2) und die Siedlungsbehörde sind nicht Gegner im Sinne dieser Vorschrift.

Gliederung

1) **Systematik, Regelungszweck,** S 1, 2	1
2) **Zurücknahme,** S 1, 2	2–5
A. Gegner noch nicht zur Äußerung aufgefordert	3, 4
B. Noch keine Terminsbestimmung	5
3) **Zurückweisung als unzulässig,** S 1, 2	6
4) **Gebührenermäßigung,** S 1, 2	7, 8

1) Systematik, Regelungszweck, S 1, 2. § 1 tritt für die Zurücknahme des 1
Antrags an die Stelle von § 130 II KostO, Oldb JB **77**, 1273, ferner für die Zurücknahme der Beschwerde anstelle von § 131 I Z 2 KostO, schließlich bei einer Zurückweisung der Beschwerde als unzulässig an die Stelle von § 131 I Z 1 KostO. Das alles gilt auch für eine Rechtsbeschwerde.

2) Zurücknahme, S 1, 2. Über den Begriff der Zurücknahme des Antrags vgl 2
§ 130 KostO Rn 7–9, Teil III dieses Buchs, entsprechend. Der Rücknahmegrund ist unbeachtlich. Er kann zB in einem außergerichtlichen Vergleich liegen, Hbg Rpfleger **52**, 199. Wegen der Zurücknahme der Beschwerde vgl auch § 130 KostO Rn 10. § 41 gilt auch dann, wenn der Antragsteller einen unzulässigen Antrag zurücknimmt, Celle RdL **69**, 108. Wer im Beschwerdeverfahren den erstinstanzlichen Antrag nach

§ 22 GrdstVG rechtzeitig zurücknimmt, bleibt für das Beschwerdeverfahren gerichtskostenfrei, Mü RdL 71, 27. Eine Teilrücknahme führt nach §§ 130 IV, 131 I Z 2 KostO bei § 41 zu einer Gebühr nach diesem Teilwert, höchstens nach dem ganzen Antrag, Barnstedt/Steffen 11. Wenn der Beschwerdeführer zunächst eine Beschwerde ohne einen bestimmten Antrag einlegt, ihn aber dann innerhalb der Begründungsfrist beschränkt, liegt keine teilweise Rücknahme vor, Barnstedt/Steffen 12.

Keine Zurücknahme ist die bloße Erledigterklärung zur Hauptsache, Düss Rpfleger 52, 197.

Voraussetzung für eine *Gebührenermäßigung* ist, daß die Zurücknahme beim Gericht eingegangen ist, bevor einer der folgenden Fälle eingetreten ist.

3 **A. Gegner noch nicht zur Äußerung aufgefordert.** Das Gericht darf den Gegner noch nicht zu einer Äußerung aufgefordert haben, Mü RdL 74, 103. Eine Aufforderung liegt regelmäßig in der Übersendung der Antragsbegründung oder der Beschwerdebegründung durch das Gericht. Das gilt selbst dann, wenn das Gericht den Gegner nun nicht ausdrücklich zur Äußerung auffordert, sondern ihm nur eine Gelegenheit zur Stellungnahme gibt. Eine Aufforderung liegt dann noch nicht vor, wenn das Gericht lediglich eine noch nicht mit einer Begründung versehene Beschwerdeschrift an den Gegner schickt. Denn diese Maßnahme ist nur eine bloße Mitteilung vom Eingang der Beschwerde, OGH Rpfleger 50, 177, Oldb NdsRpfl 56, 219.

4 Die Aufforderung muß beim Gericht *herausgegangen* sein. Eine bloße Verfügung genügt also nicht, solange sie nicht den Bereich des Anordnenden verlassen hat, um nach außen zu dringen. Eine Aufforderung der nach dem Landesrecht zuständigen Behörde, der Genehmigungs-, Siedlungs- und der übergeordneten Behörde nach § 32 II gilt nicht als eine Aufforderung nach § 41 S 1. Sie läßt also trotzdem eine Gebührenermäßigung zu. Denn diese Behörden sind nicht Gegner nach § 41. Das ergibt dessen S 2. Das gilt auch bei einer Jagdbehörde und bei einer Fischereibehörde, Barnstedt/Steffen 18.

5 **B. Noch keine Terminsbestimmung.** Das Gericht darf noch keinen Termin zu einer mündlichen Verhandlung bestimmt haben. Eine Bestimmung ist erst dann erfolgt, wenn sie auch den internen Geschäftsbereich des Anordnenden verlassen hat.

6 **3) Zurückweisung als unzulässig, S 1, 2.** Es ist unerheblich, ob es sich um die Zurückweisung eines Antrags oder einer Beschwerde handelt. Der Grund für die Ermäßigung der Gebühr ist das Unterbleiben einer Sachprüfung durch das Gericht. Es tritt die eigenartige Folge ein, daß bei einer Zurücknahme eines Antrags oder einer Beschwerde nach dem Herausgehen der Aufforderung zur Äußerung keine Gebührenermäßigung in Betracht kommt, daß aber eine Gebührenermäßigung gleichwohl dann entstehen kann, wenn das Gericht später eine Zurückweisung des Antrags oder der Beschwerde als unzulässig ausspricht, Celle RdL 70, 124.

Deswegen kann man auch bei einer *Zurücknahme* eines solchen Antrags oder einer solchen Beschwerde nach einer Aufforderung auf Grund von § 42 I 1 eine entsprechende Ermäßigung zulassen, da das Gericht dann die Aufforderung hätte unterlassen sollen.

7 **4) Gebührenermäßigung, S 1, 2.** Es tritt eine Ermäßigung auf die Hälfte ein, nicht etwa auf 0,5 Gebühr. Sie bezieht sich auf jede sonst eintretende Einzelgebühr, also auch auf die Entscheidungsgebühr, soweit eine solche entsteht, § 35 IV. Anstelle der 1,5 Beschwerdegebühr tritt also 0,75 Gebühr. Denn man berechnet die Gebühr nicht auf der Grundlage der §§ 35–39, sondern aus § 40, Bbg RdL 56, 260. Die Ermäßigung erfaßt alle sonst entstandenen Gebühren, OGH Rpfleger 50, 86, Brschw NdsRpfl 51, 178.

8 Nimmt der Antragsteller den Antrag *teilweise* zurück, gilt § 130 IV KostO. Diese Regelung trifft auch dann zu, wenn der Beschwerdeführer die Beschwerde teilweise zurücknimmt oder wenn das Gericht den Antrag oder die Beschwerde teilweise als unzulässig zurückweist. § 131 I Z 2 KostO, der vom einseitigen Verfahren ausgeht, paßt hier nicht, Barnstedt 4. Man muß also für den zurückgenommenen Teil die ermäßigte Gebühr besonders neben der 1,0 Gebühr für den übrigen Teil erheben. Indessen darf man die 1,0 Gebühr für den ganzen Antrag oder die ganze Beschwerde nicht überschreiten.

IV. Kosten in Landwirtschaftssachen §42 LwVG

Befreiung von Gerichtskosten, Kostenfreiheit

42 ᴵ ¹Aus besonderen Gründen kann das Gericht anordnen, daß von der Erhebung von Gerichtskosten ganz oder teilweise abgesehen wird. ²Die Entscheidung kann nur gleichzeitig mit der Entscheidung in der Hauptsache ergehen.
ᴵᴵ Die in § 41 Satz 2 bezeichneten Behörden sind von der Zahlung von Gerichtskosten befreit.

1) Befreiung von Gerichtskosten, I. Zu den Gerichtskosten zählen wie stets 1
Gebühren und Auslagen, nicht aber Notarkosten, Celle JB **68**, 733. Die Befreiung kommt in der Form in Betracht, daß das Gericht von Amts wegen anordnet, daß der Kostenbeamte „aus besonderen Gründen" von der Erhebung der Gerichtskosten ganz oder teilweise absieht, I 1. Man darf solche Anordnung anregen, Mü AgrarR **92**, 261.

A. Ermessen. Das Gericht kann also auch von einzelnen Gebühren und/oder 2
Auslagen befreien. Es hat einen Ermessensspielraum. Es muß Billigkeitserwägungen anstellen, also zB prüfen, wie die wirtschaftliche und insbesondere die finanzielle Lage der Beteiligten ist oder ob unverhältnismäßig hohe Kosten einer Ortsbesichtigung entstanden sind.

Ferner sind beachtlich eine etwa unverschuldete Unkenntnis der einschlägigen Vorschriften oder ein unsauberes Verhalten eines Dritten. Man darf aber dergleichen nicht starr berücksichtigen, Celle RdL **70**, 124, Mü RdL **71**, 27, Oldb NdsRpfl **56**, 183. Ferner kann I dann anwendbar sein, wenn die Behörde einen belastenden Bescheid erst im Verfahren aufgehoben hat, Drsd AgrarR **01**, 119, Karls RdL **71**, 28, Mü AgrarR **75**, 157, oder wenn eine Genehmigung erst im Verfahren erging, Köln AgrarR **80**, 50. In Betracht kommen auch die in § 16 KostO, Teil III dieses Buchs, genannten Gründe. Freilich kommt eine Kostenbefreiung nicht schon bei jeder Fehlerhaftigkeit der Sachbehandlung automatisch in Betracht, Mü RdL **71**, 27.

Kein „besonderer Grund" liegt vor, wenn ein zunächst berechtigter Versagungsbescheid erst wegen Wegfalls des Versagungsgrundes entfällt, Mü AgrarR **92**, 260.

B. Entscheidung. Das Gericht darf eine Befreiung von den Gerichtskosten nach 3
I 2 nur *gleichzeitig mit* der *Entscheidung in der Hauptsache* vornehmen. Soweit keine Entscheidung in der Hauptsache ergeht, erfolgt die Befreiung durch einen besonderen Beschluß, § 34 Rn 2, Karlsr RdL **71**, 28. Soweit das Gericht seine Hauptsacheentscheidung berichtigt oder ergänzt, darf es auch eine zugehörige Befreiung zugleich mit der Berichtigung oder Ergänzung vornehmen. Bei § 16 KostO ist keine Gleichzeitigkeit nötig.

Wegen § 33 bleibt auch neben I allgemein *§ 16 KostO* beachtlich. Das Gericht darf und muß also aus einem dort genannten Grund eine Kostenbefreiung auch nach dem Erlaß der Entscheidung zur Hauptsache aussprechen, Celle RdL **68**, 238, AG Kiel RdL **86**, 104. Vgl auch § 16 II KostO. Die Landeskasse, die durch eine Entscheidung in der Hauptsache nicht beschwert ist, kann dennoch gesondert eine Beschwerde dann einlegen, wenn die Entscheidung zur Hauptsache zwischen den Beteiligten rechtskräftig ist, Schlesw SchlHA **69**, 123.

Unwirksam ist eine bloß außergerichtliche Vereinbarung nach § 42. Denn sie ist keine „Anordnung des Gerichts".

2) Kostenfreiheit, II. Von der Zahlung der Gerichtskosten sind kraft Gesetzes 4
und daher ohne die Notwendigkeit einer gerichtlichen Entscheidung die in § 41 S 2 genannten Behörden befreit, also die nach dem Landesrecht zuständige Behörde, auch die übergeordnete, § 32 II, sowie die Genehmigungs- und Siedlungsbehörde oder die Jagdbehörde bei der Beanstandung eines Jagdpachtvertrages, Celle NdsRpfl **65**, 198, und die Fischereibehörde. Dann ist es unerheblich, ob diese Behörde Beschwerdeführer oder Beschwerdegegner ist und ob sie selbst Antragsteller ist.

Das Gericht kann einer solchen Behörde also keine Gerichtskosten auferlegen, 5
Hamm RdL **61**, 129. Wohl aber muß eine solche Behörde evtl *außergerichtliche* Kosten erstatten, BGH RdL **56**, 245, aM Hamm RdL **61**, 129, Wöhrmann/Herminghausen § 45 Anm 3.

1069

Eine solche Erstattungspflicht setzt natürlich voraus, daß eine solche Behörde am Verfahren *beteiligt* war. Wenn sie nur den fraglichen Bescheid erteilt hat, wird sie erst mit der Einlegung einer Beschwerde Beteiligte, § 45 Rn 3, Nürnb BayJMBl **61**, 158.
Unberührt bleibt § 11 I, II KostO mit seiner allgemeinen Kostenfreiheit.

6 **3) Rechtsmittel, I, II.** Die Anordnung nach I ist nicht selbständig anfechtbar, sondern wie bei § 34 Rn 5 nur zusammen mit der Entscheidung zur Hauptsache, Barnstedt/Steffen 18, aM Köln RdL **67**, 238 (aber I 2 macht die Anordnung zum Teil der Hauptsacheentscheidung). Nur eine aus irgendeinem Grund *nicht* gleichzeitig erhobene Anordnung läßt sich isoliert anfechten, auch von der Gerichtskasse, Celle NdsRpfl **68**, 203.

Fälligkeit, Vorschuß

43 ^I **Die Gerichtskosten werden erst fällig, wenn das Verfahren in dem Rechtszuge beendet ist.**

^{II} **Gebührenvorschüsse werden nicht erhoben.**

1 **1) Systematik, Regelungszweck, I, II.** § 43 tritt an die Stelle von § 7 KostO, Teil III dieses Buchs, wegen eines Gebührenvorschusses auch an die Stelle von § 8 KostO.

2 **2) Fälligkeit, I.** Die Fälligkeit der Gerichtskosten, also der Gebühren und Auslagen, tritt erst mit der Beendigung des Rechtszugs ein. Der Rechtszug endet ähnlich wie bei § 8 RVG, Teil X dieses Buchs: Durch eine das gesamte Verfahren betreffende Endentscheidung; durch die Rücknahme des Antrags; durch die Rücknahme des Rechtsmittels; durch die Mitteilung eines das gesamte Verfahren erfassenden gerichtlichen oder außergerichtlichen Vergleichs; durch beiderseits wirksame Vollerledigterklärungen; durch ein anderweitiges Verhalten, aus dem man auf ein Unterbleiben der Fortsetzung des Verfahrens schließen muß. Die Beitreibung erfolgt nach der JBeitrO, Teil IX A dieses Buchs.

3 **3) Kein Gebührenvorschuß, II.** Das Gericht darf keinen Vorschuß auf die Gerichtsgebühren erheben, wohl aber einen Vorschuß auf gerichtliche Auslagen nach § 8 I KostO, Teil III dieses Buchs. Insofern gilt auch § 8 II KostO. Nach dieser Vorschrift soll ein solches Geschäft, das einen Antrag erfordert, nur nach einer vorherigen Vorschußzahlung durch den Antragsteller oder nach deren Sicherstellung erfolgen, Pritsch IV C. Diese Regelung bezieht sich auch auf eine Beweisaufnahme, selbst wenn das Gericht sie auch von Amts wegen vornehmen muß, § 26 FamFG. Denn eine Beweisaufnahme erfolgt nur innerhalb des beantragten Verfahrens, aM Barnstedt/Steffen 15, 16, Höver Rpfleger **53**, 609, Keidel DRiZ **55**, 193.

4 Die nach dem *Landesrecht* zuständige Behörde ist ohnehin von der Zahlung jeglicher Auslagen und damit auch von einem Auslagenvorschuß befreit, § 42 II.

Die *Rückzahlung* eines Vorschusses erfolgt nach § 9 KostO.

Kostenverteilung

44 ^I **Sind an einem Verfahren mehrere Personen beteiligt, so hat das Gericht nach billigem Ermessen zu entscheiden, wer die Kosten zu tragen hat und wie sie zu verteilen sind.**

^{II} **Bei einem Verfahren, das von einer in § 41 Satz 2 genannten Behörde eingeleitet ist oder auf ihrem Antrag oder ihrer Beschwerde beruht, ist nach billigem Ermessen darüber zu entscheiden, ob und inwieweit anderen am Verfahren Beteiligten die Kosten aufzuerlegen sind.**

1 **1) Systematik, Regelungszweck, I, II.** Da es sich bei den in der KostO, Teil III dieses Buchs, geregelten Verfahren nicht um solche zwischen zwei Parteien handelt, fehlt dort eine Vorschrift über eine Kostenverteilung. § 44 schafft für das Verfahren nach dem LwVG als eine Ergänzung von § 34 eine solche Regelung für die Gerichtskosten. § 45 enthält die entsprechende Regelung für die außergerichtlichen Kosten. Im übrigen gelten im gerichtlichen Verfahren der freiwilligen Gerichtsbarkeit

IV. Kosten in Landwirtschaftssachen §§ 44, 45 LwVG

nach dem LwVG grundsätzlich §§ 2ff KostO über den Kostenschuldner, die für die Einziehung der Kosten maßgebend sind. Zu ihnen tritt jedoch § 47 LwVG. Diese Vorschrift ordnet an, daß das Gericht in erster Linie den Entscheidungs- oder Übernahmeschuldner heranziehen muß.

2) Kostentragung und Kostenverteilung, I. Sie ist praktisch nur bei einer Beteiligung mehrerer Personen erforderlich. 2

A. Ermessen. Eine Verteilung erfolgt abgesehen von den in § 49 LwVG genannten bürgerlichen Rechtsstreitigkeiten scheinbar weder nach den Regeln der §§ 91ff ZPO noch nach denjenigen der KostO, Teil III dieses Buchs, sondern nach dem „billigen" und in Wahrheit wie stets pflichtgemäßen Ermessen des Gerichts, also nicht ohne weiteres nach dem Erfolg. Daher darf ein ordentliches Rechtsmittelgericht nicht schon aus Anlaß der Verweisung an ein Landwirtschaftsgericht über Rechtsmittelkosten entscheiden, BGH **12**, 267, aM BGH **12**, 52. Vgl auch § 12 III LwVG. Trotz des Fehlens einer dem § 45 I 2 entsprechenden Vorschrift gilt ihr Grundgedanke auch bei § 44. Das Gericht kann daher denjenigen mit Gerichtskosten belasten, der ein unbegründetes Rechtsmittel eingelegt oder sonst grob vorwerfbar gehandelt hat, Stgt RdL **78**, 331. Im übrigen wird das Gericht im Rahmen seines Ermessens meist doch §§ 91ff ZPO entsprechend anwenden. Eine Erledigung der Hauptsache führt daher keineswegs stets zur Kostenpflicht nur des Antragstellers, aM Stgt RdL **95**, 136.

B. Beteiligte. Das sind nicht nur der Antragsteller und der Antragsgegner, sondern alle diejenigen Personen, deren Rechte oder Pflichten die Regelung unmittelbar betreffen kann. Das Gericht kann also einer jeden solchen Person die Kosten ganz oder teilweise auferlegen. 3

Das *Landwirtschaftsamt* ist nicht Beteiligter, sofern es nur eine Stellungnahme abgibt, Ffm Rpfleger **73**, 433. Wohl aber ist die der Genehmigungsstelle übergeordnete Behörde insofern eine Beteiligte, als sie eine Beschwerde einlegt, Karlsr RdL **71**, 28, vgl aber auch Rn 5, 6.

C. Amtsverfahren. Das Gericht entscheidet von Amts wegen. Es ist also kein Antrag erforderlich. Die Kostenentscheidung ergeht zugleich mit der Entscheidung in der Hauptsache, § 34 I. Soweit eine Entscheidung zur Hauptsache nicht ergeht, entscheidet das Gericht über die Kosten durch einen besonderen Beschluß, § 34 Rn 3. 4

Da die Staatskasse einen *Vorschuß* grundsätzlich nicht zurückzahlt, § 9 KostO, da § 45 LwVG aber nur die Erstattungsmöglichkeit außergerichtlicher Kosten vorsieht, fehlt eine Vorschrift über die Erstattungsfähigkeit verauslagter Gerichtskosten. Wenn also nicht die Kostenverteilung wegen der Gerichtskosten ohne Bedeutung bleiben soll, bleibt nur die Möglichkeit, die sich aus § 45 ergebende Erstattungsmöglichkeit auch hier zu gewähren, Barnstedt/Steffen 25ff.

3) Verfahren nach II. Wenn eine der in § 41 S 2 genannten Behörden ein Verfahren eingeleitet oder beantragt hat oder wenn ein Verfahren auf der Beschwerde einer solchen Behörde beruht, also auch auf der einer übergeordneten Behörde, § 32 II, muß das Gericht nach seinem „billigen" und in Wahrheit wie bei I pflichtgemäßen Ermessen darüber entscheiden, ob und inwieweit es einem anderen am Verfahren Beteiligten die Kosten auferlegt. Die Behörde selbst ist ja von Kosten befreit, § 42 II. Daher muß das Gericht entscheiden, ob überhaupt, vgl § 42 Rn 1, und in welchem Umfang ein anderer Beteiligter nach Rn 3 Kosten tragen muß. Nur ein Beteiligter kann Kostenschuldner sein. Das kann auch eine Behörde sein, die sich unkorrekt an das Gericht gewandt hat, Hamm AgrarR **87**, 20. 5

Im Rahmen des Ermessens muß das Gericht meist wesentlich darauf abstellen, ob ein Beteiligter das Verfahren *verschuldet* hat. Im übrigen sind auch hier §§ 91ff ZPO entsprechend anwendbar. Bei der Festsetzung eines Zwangsgelds muß das Gericht dem Beteiligten zugleich die Kosten des Verfahrens auferlegen. 6

Erstattung außergerichtlicher Kosten

45 I ¹Bei der Entscheidung in der Hauptsache kann das Gericht anordnen, daß die außergerichtlichen Kosten ganz oder teilweise von einem unterliegenden Beteiligten zu erstatten sind. ²Dies hat dann zu geschehen, wenn der Beteiligte die Kosten durch ein unbegründetes Rechtsmittel oder durch grobes Verschulden veranlaßt hat.

II **Die Vorschriften der §§ 103 bis 107 der Zivilprozeßordnung gelten entsprechend.**

Gliederung

1) Systematik, Regelungszweck, I, II	1
2) Verfahren, I, II	2
3) Grundsatz: Unterliegenshaftung, I 1	3–5
4) Zwang zur Erstattungsentscheidung, I 2	6–8
A. Erfolgloses Rechtsmittel	6, 7
B. Grobes Verschulden	8
5) Entscheidungsspielraum, I 1	9, 10
6) Umfang der Erstattung, I	11–13
7) Verfahren, II	14

1 **1) Systematik, Regelungszweck, I, II.** Das LwVG geht davon aus, daß jeder Beteiligte seine außergerichtlichen Kosten tragen muß, Celle JB **76**, 826, KG NJW **69**, 1029, Mü RdL **71**, 27. Von dieser Regel kann das Gericht ganz oder teilweise abweichen, I 1. Bei I 2 muß das Gericht eine solche Abweichung vornehmen. § 45 hat den Vorrang vor dem nur hilfsweise geltenden § 81 FamFG. Ein sachlichrechtlicher Ersatzanspruch liegt kaum vor, BGH RdL **94**, 75.

2 **2) Verfahren, I, II.** Die Entscheidung über die Erstattungspflicht nach I kann wie jede Kostenentscheidung nach § 34 I nur zugleich mit der Entscheidung in der Hauptsache ergehen. Das ergibt sich aus den Worten „Bei der Entscheidung..." in I 1, BGH RdL **94**, 75. Eine Ergänzung nach § 319 ZPO oder auch nach § 321 ZPO ist aber wie bei § 34 Rn 1 statthaft. Soweit das Gericht in der Hauptsache nicht entscheidet, muß es einen besonderen Beschluß über die Kostenerstattung erlassen, § 34 Rn 2, BayObLG AgrarR **89**, 133, Celle RdL **75**, 216, Mü RdL **71**, 27. Mit einer Anordnung „Der Antragsteller muß die Kosten tragen" spricht das Gericht noch keine Erstattungspflicht aus. Es muß die Erstattungspflicht vielmehr ausdrücklich aussprechen. Denn § 44 regelt nur die Gerichtskosten, Celle AgrarR **71**, 298, Hamm AgrarR **78**, 315. Freilich ist der Kostenanspruch evtl auch zur Erstattungsfrage den Entscheidungsgründen entnehmbar.

3 **3) Grundsatz: Unterliegenshaftung, I 1.** Das Gericht darf eine Pflicht zur Kostenerstattung stets nur gegenüber einem unterliegenden Beteiligten aussprechen. Von dieser Regel enthält nur § 44 I eine Ausnahme, nach der ein Ausspruch zulässig ist, daß ein Sieger die Gerichtskosten tragen muß. Wegen des Begriffs der Beteiligten vgl § 44 Rn 2.

Das *Unterliegen* setzt ein Streitverfahren mit echten Sachanträgen voraus, zB eine Versorgungsstreitigkeit. Daher ist § 45 in einem Verfahren mit dem Amtsermittlungsgrundsatz nur bedingt anwendbar, Kohler DNotZ **53**, 576, Wöhrmann/Herminghausen 2, das entweder durch einen Antrag wie etwa bei § 1 Z 2 GrstVG oder überhaupt von Amts wegen in Gang kommt, etwa bei einer Ausübung des Vorkaufsrechts nach § 1 Z 3 GrdstVG.

4 Das Gericht kann auch die nach dem Landesrecht zuständige *Behörde* als erstattungspflichtig bezeichnen, soweit sie eine Beteiligte ist, also im Beschwerdeverfahren in den eben genannten Sachen, § 32 II, § 42 Rn 4, 5. Denn dann handelt es sich ebenfalls um eine Streitsache, BGH AgrarR **98**, 274, Celle NdsRpfl **60**, 241, Karlsr RdL **00**, 20, aM BayObLG **54**, 337, Celle Rpfleger **66**, 53, Hamm RdL **56**, 79.

5 Wenn auch die Parteien, deren Vertrag nicht genehmigt wurde, mit Erfolg eine *Beschwerde* eingelegt haben, legt Celle RdL **58**, 323 der nach dem Landesrecht zuständige Behörde die außergerichtlichen Kosten der Vertragsparteien nur in Höhe eines Betrags auf, den das Gericht nach seinem billigen Ermessen festsetzen muß. Eine nur vorsorglich von der Regierung eingelegte Beschwerde gibt dem Kläger aber keinen Anspruch auf eine Kostenerstattung, Nürnb RdL **64**, 273.

Etwas anderes gilt, wenn die Beteiligten *nicht erfahren* haben, daß die Regierung die Beschwerde nur vorsorglich eingelegt hat, und wenn die nach dem Landesrecht zu-

IV. Kosten in Landwirtschaftssachen § 45 LwVG

ständige Behörde ihre Entscheidung darüber, ob sie die Beschwerde aufrechterhält oder zurücknimmt, vorwerfbar verzögert, Celle JB **69**, 973, Nürnb JB **61**, 28.

4) Zwang zur Erstattungsentscheidung, I 2. Das Gericht muß eine Entscheidung darüber treffen, wer die Kosten wem erstatten soll, wenn eine der folgenden Voraussetzungen eintritt. 6

A. Erfolgloses Rechtsmittel. Der Beteiligte muß ein Rechtsmittel erfolglos eingelegt haben. Hierher gehört nicht nur ein unbegründetes Rechtsmittel, sondern auch ein unzulässiges, BGH **31**, 105, BayObLG RdL **88**, 300, Stgt RdL **78**, 331. Das gilt auch bei der Rechtsmittelrücknahme eines Dritten, Stgt AgrarR **98**, 397. 7

Wenn der Beschwerdeführer das Rechtsmittel aber *zurücknimmt*, liegt nicht ohne weiteres ein Zwang zur Erstattungsentscheidung vor. Denn es fehlt dann an einem unterliegenden Beteiligten, Celle JB **78**, 424, Mü RdL **71**, 28 Schlesw RdL **56**, 229. Man muß dem Rücknehmenden auch etwas Bedenkzeit zubilligen, BGH RdL **94**, 324, Nürnb NJW **82**, 1056, VGH Mü NJW **82**, 2394. Das alles gilt auch bei einem Anschlußrechtsmittel, BGH RdL **94**, 188.

Unanwendbar ist I 2 bei der Rücknahme nicht eines Rechtsmittels, sondern eines sonstigen Antrags.

B. Grobes Verschulden. Der Beteiligte muß die Kosten durch ein grobes Verschulden veranlaßt haben, also durch einen direkten oder bedingten Vorsatz oder durch grobe Fahrlässigkeit, Celle NJW **77**, 1351, KG NJW **65**, 1540. Hierher gehören zB: Ein Rechtsbruch; eine Schikane; eine unbegründete Unnachgiebigkeit, AG Bergheim AgrarR **88**, 168; ein verspäteter Vortrag; ein Mangel der Aktivlegitimation, Celle JB **68**, 913. Das grobe Verschulden eines VerfBev reicht, etwa dann, wenn er die einschlägige Literatur ungenügend geprüft hat, Celle NJW **77**, 1350 (im Ergebnis zustm Deubner), oder wenn er den Mangel seiner Vollmacht gekannt hat, Jena RdL **00**, 133. 8

5) Entscheidungsspielraum, I 1. Außerhalb von I 2 hat das Gericht für die Frage, ob es eine Erstattungspflicht aussprechen will, ein Ermessen. Das Gericht muß aber auch dann die Grundregel Rn 1 beachten. Es muß also prüfen, ob besondere Gründe vorliegen, Celle RdL **02**, 103, Kblz AgrarR **88**, 140, Mü AgrarR **89**, 276. 9

Hierher gehören zB: Verhinderung einer Einigung, Kblz AgrarR **88**, 140; falsche Angaben; ein offensichtlich unzulässiger oder unbegründeter Antrag.

Ob solche besonderen Gründe schon dann vorliegen, wenn ein Beteiligter *ohne grobes Verschulden* das Verfahren veranlaßt hat, ist zweifelhaft. Denn dieser Gedanke müßte dazu führen, daß das Gericht grundsätzlich eine Erstattung anordnen müßte. *Kein besonderer Grund* ist die bloße Antragsrücknahme, Celle AgrarR **76**, 105, Mü RdL **71**, 27, aM Barnstedt/Steffen 25. 10

6) Umfang der Erstattung, I. Bei I 2 muß das Gericht nicht nur überhaupt eine Erstattungsentscheidung treffen, sondern die Erstattung der gesamten außergerichtlichen Kosten anordnen. Das gilt trotz des mißverständlichen Wortes „dies" in I 2. Bei I 1 muß das Gericht demgegenüber nach seinem pflichtgemäßen Ermessen prüfen, ob es die Erstattung sämtlicher oder nur eines Teils der außergerichtlichen Kosten anordnet. 11

Außergerichtliche Kosten sind diejenigen des zugezogenen Anwalts und die eigenen Kosten des Beteiligten. 12

Für die etwaige Ermessensentscheidung nach I 1 muß das Gericht vor allem prüfen, ob die Kosten zu einer zweckentsprechenden Rechtsverfolgung *notwendig* waren, § 91 ZPO. Das Gericht muß auch prüfen, ob der Beteiligte einen Anwalt hinzuziehen mußte, Stgt NJW **62**, 1403. Diese Notwendigkeit läßt sich freilich nur in einer wirklich einfachen Sache verneinen, Barnstedt/Steffen 11. Im Rechtsbeschwerdeverfahren folgt die Erstattbarkeit aus § 29. 13

7) Verfahren, II. Es findet ein Kostenerstattungsverfahren statt, BLAH §§ 103 ff ZPO. Dieses Verfahren kann sich auch auf die zu erstattenden Gerichtskosten beziehen, § 44 Rn 4. 14

1073

Rechtsmittel in Kostensachen

46 (aufgehoben)

Mehrere Kostenschuldner

47 ¹ Soweit einem Beteiligten die Kosten durch gerichtliche Entscheidung auferlegt oder von ihm durch eine vor dem Gericht abgegebene oder dem Gericht mitgeteilte Erklärung übernommen sind, sollen die anderen Beteiligten wegen der Kosten erst in Anspruch genommen werden, wenn eine Zwangsvollstreckung in das bewegliche Vermögen des ersteren Beteiligten erfolglos geblieben ist oder aussichtslos erscheint.

ᴵᴵ Soweit Kosten einem Beteiligten, dem Gebührenfreiheit zusteht, auferlegt oder von einem solchen Beteiligten übernommen werden, sind Gerichtsgebühren nicht zu erheben und erhobene zurückzuzahlen.

1 1) **Systematik, Regelungszweck, I, II.** § 47 setzt voraus, daß es mehrere Kostenschuldner nach §§ 2 ff KostO gibt, Teil III dieses Buchs. Die Vorschrift ist eine Spezialregelung. Sie geht daher der allgemeinen Regelung über die Kostenschuldner nach §§ 2 ff, 5 KostO vor. Wenn das Gericht einen nach den Regeln der KostO nur als einen Zweitschuldner haftenden Schuldner vor dem Erstschuldner des § 47 in Anspruch nimmt, kann der Zweitschuldner die Erinnerung nach § 47 einlegen. Der Erst- und der Zweitschuldner haften als Gesamtschuldner.

2 2) **Entscheidungs- oder Übernahmeschuldner, I.** Vgl § 44 und dazu § 3 KostO Rn 1–4, Teil III dieses Buchs. Zum Begriff des Übernahmeschuldners § 29 GKG Rn 11, Teil I A dieses Buchs, § 3 KostO Rn 4. I entspricht etwa § 31 II 1 GKG.

3 3) **Gebührenfreiheit, II.** Die Vorschrift entspricht § 2 V GKG, Teil I A dieses Buchs. II bezieht sich aber nicht auf Auslagen. Diese darf und muß das Gericht von jedem Kostenschuldner erheben.

Streitige Landwirtschaftssachen

48 ᴵ ¹In bürgerlichen Rechtsstreitigkeiten des § 1 Nr. 1a findet die Zivilprozeßordnung Anwendung. ²Jedoch treten die §§ 10 und 20 Abs. 1 und 2 dieses Gesetzes an die Stelle der entsprechenden Vorschriften der Zivilprozeßordnung; § 315 Abs. 1 Satz 1 der Zivilprozeßordnung gilt mit der Maßgabe, daß es der Unterschrift der ehrenamtlichen Richter nicht bedarf.

ᴵᴵ ...

1 1) **Systematik, Regelungszweck, I.** Während §§ 9–47 das Verfahren grundsätzlich nach den Regeln der freiwilligen Gerichtsbarkeit gestalten und insofern in §§ 33 ff Sonderregeln zu den Kosten enthalten, findet auf einen bürgerlichen Rechtsstreit nach § 1 Z 1a wegen der Verweisung in § 48 I 1 das Kostenrecht der §§ 91 ff ZPO direkte Anwendung. I 2 betrifft Zuständigkeits- und Unterschriftsfragen.

49 (aufgehoben)

V. Gesetz über die Vergütung von Sachverständigen, Dolmetscherinnen, Dolmetschern, Übersetzerinnen und Übersetzern sowie die Entschädigung von ehrenamtlichen Richterinnen, ehrenamtlichen Richtern, Zeuginnen, Zeugen und Dritten (Justizvergütungs- und -entschädigungsgesetz – JVEG)

idF Art 2 KostRMoG v 5. 5. 04, BGBl 718, 776, zuletzt geändert dch Art 7 III G v 30. 7. 09, BGBl 2449

Grundzüge

(Amtliche) Inhaltsübersicht

Abschnitt 1. Allgemeine Vorschriften §§

Geltungsbereich und Anspruchsberechtigte	1
Geltendmachung und Erlöschen des Anspruchs, Verjährung	2
Vorschuss	3
Gerichtliche Festsetzung und Beschwerde	4
Abhilfe bei Verletzung des Anspruchs auf rechtliches Gehör	4a
Elektronische Akte, elektronisches Dokument	4b

Abschnitt 2. Gemeinsame Vorschriften

Fahrtkostenersatz	5
Entschädigung für Aufwand	6
Ersatz für sonstige Aufwendungen	7

Abschnitt 3. Vergütung von Sachverständigen, Dolmetschern und Übersetzern

Grundsatz der Vergütung	8
Honorar für die Leistung der Sachverständigen und Dolmetscher	9
Honorar für besondere Leistungen	10
Honorar für Übersetzungen	11
Ersatz für besondere Aufwendungen	12
Besondere Vergütung	13
Vereinbarung der Vergütung	14

Abschnitt 4. Entschädigung von ehrenamtlichen Richtern

Grundsatz der Entschädigung	15
Entschädigung für Zeitversäumnis	16
Entschädigung für Nachteile bei der Haushaltsführung	17
Entschädigung für Verdienstausfall	18

Abschnitt 5. Entschädigung von Zeugen und Dritten

Grundsatz der Entschädigung	19
Entschädigung für Zeitversäumnis	20
Entschädigung für Nachteile bei der Haushaltsführung	21
Entschädigung für Verdienstausfall	22
Entschädigung Dritter	23

Abschnitt 6. Schlussvorschriften

Übergangsvorschrift	24
Übergangsvorschrift aus Anlass des Inkrafttretens dieses Gesetzes	25

Anlage 1 (zu § 9 Abs. 1)

Anlage 2 (zu § 10 Abs. 1)

Schrifttum: *Bayerlein,* Praxishandbuch Sachverständigenrecht, 4. Aufl 2008; *Binz/Dörndorfer/Petzold/Zimmermann,* GKG, FamGKG, JVEG (Kommentar), 2. Aufl 2009; *Bleutge,* JVEG (Kommentar), 4. Aufl 2008; *Meyer/Höver/Bach,* Die Vergütung und Entschädigung von Sachverständigen, Zeugen, Dritten und ehrenamtlichen Richtern nach dem JVEG (Kommentar), 24. Aufl 2007 (Bespr *Hellstab* Rpfleger **08**, 164); *Petzold/von Seltmann,* Das neue Kostenrecht, 2004; *Schaefer,* Das neue Kostenrecht in Arbeitssachen, 2004; *Schneider,* JVEG (Kommentar), 2007; *Weglage/Pawliczek,* Die Vergütung des Sachverständigen usw, 2005; *Zimmermann,* JVEG (Kommentar), 2005.

JVEG Grundz   V. Justizvergütungs- und -entschädigungsgesetz

Gliederung

1) Systematik 1
2) Regelungszweck 2–5
    A. Grundsatz: Ehrenpflicht 3
    B. Zumutbarkeit 4, 5
3) Vergütungs- oder Entschädigungsanspruch 6–9
    A. Grundsatz: Abschließende Regelung 6
    B. Absprachemöglichkeit 7, 8
    C. Rechtsnatur, Rechtsweg 9
4) Rechtsgeschichte 10, 11

1   **1) Systematik.** Das JVEG enthält in § 1 I 2 ebenso wie § 1 I 1 GKG, § 1 S 1 FamGKG, § 1 I 1 KostO das klärende Wort „nur". Das Gesetz enthält damit eine im wesentlichen abschließende Regelung der Vergütung oder Entschädigung seiner Berechtigten. Ihr Kreis ergibt sich aus § 1. Insofern hat es zumindest auch den Charakter vorrangiger Sondervorschriften.

2   **2) Regelungszweck.** Aus dem eigenartigen Verhältnis zwischen dem Gericht und einem Berechtigten ergeben sich auch kostenmäßig zahlreiche Erfordernisse einer einigermaßen befriedigenden Regelung. Das Gericht ist insbesondere auf der Suche nach der Wahrheit auf Wahrnehmungen von Zeugen und Sachverständigen, Dolmetschern, Übersetzern und auch Dritten und auf sachkundige Schlußfolgerungen der letzteren angewiesen. Nach allen Verfahrensgesetzen entscheidet aber formell der Richter und keiner dieser weiteren Beteiligten. Das gilt, obwohl die wahre Entscheidung nur zu oft bei den Berechtigten liegen mag. Diese gegenseitige Abhängigkeit prägt auch den Zweck des JVEG. Sie zwingt zu einer den Kostenschuldner nicht allzu belastenden, aber auch die Würde des Berechtigten achtenden Auslegung. Es ergeben sich dabei zwei Hauptlinien.

3   **A. Grundsatz: Ehrenpflicht.** Aus der Justizhoheit des Staats, seinem Recht und seiner Pflicht zur Rechtsverschaffung ergibt sich die öffentlichrechtliche Verpflichtung eines jeden Bürgers, der sich in Deutschland aufhält, im Rahmen des ihm Zumutbaren als Zeuge vor deutschen Gerichten auf Grund einer Heranziehung nach § 1 I 1 zu erscheinen, Celle FamRZ **98**, 1534, OVG Bln JB **01**, 485. Denn der Staat ist auf die Mitwirkung des Bürgers bei der Feststellung der Wahrheit in vielerlei Hinsicht angewiesen.

Neben dieser allgemeinen Zeugenpflicht besteht in einem geringeren Ausmaß als eine weitere Bürgerpflicht diejenige, im Rahmen des Zumutbaren deutschen Gerichten Gutachten als *Sachverständiger* zu erstatten. Auch insofern ist nämlich der Staat auf die Mitwirkung des Bürgers bei der Wahrheitsfindung angewiesen. Diese Verpflichtung ergibt sich zB aus §§ 407 ZPO, 75 StPO.

Beide Pflichten sind *staatsbürgerliche Ehrenpflichten*, Bre JB **94**, 182, OVG Bln JB **01**, 485. Sie gelten grundsätzlich für jeden Deutschen. Sie gelten darüber hinaus aber auch für jeden Ausländer, der sich im Bereich der deutschen Justizhoheit befindet. Diese Ehrenpflichten gehen sonstigen bürgerlichen Pflichten und Rechten grundsätzlich vor. Die Pflicht zum Erscheinen als Zeuge oder zur Tätigkeit als Sachverständiger hat also den grundsätzlichen Vorrang vor jeder Berufspflicht. Diese Pflicht geht erst recht irgendwelchen privaten Plänen oder Vorhaben grundsätzlich vor.

Auch als *Dolmetscher* oder *Übersetzer* und manchmal als *Dritter* ist man in einem gesetzlichen Umfang zur Tätigkeit oder Mithilfe oder wenigstens zur Duldung verpflichtet, auch ohne eine Heranziehung nach § 1 Rn 11, aM Celle NdsRpfl **03**, 11, LG Hann NdsRpfl **03**, 11. Auch solche Verhaltensweise gebietet eine Vergütung oder doch eine Entschädigung.

4   **B. Zumutbarkeit.** Eine Zumutbarkeit ist aber auch bei den vorgenannten Pflichten stets maßgeblich. Die Erfüllung der Pflicht kann dem Betroffenen unzumutbar sein. Insoweit ist er dann entschuldigt.

5   Soweit nicht die Verfahrensgesetze hierzu nähere Regelungen enthalten, muß das Gericht bei der Prüfung eines etwaigen Entschuldigungsgrunds die *Umstände abwägen*. Es muß auch bedenken, daß der Staat nach dem heutigen Rechtsempfinden wohl der deutlichen Mehrzahl seiner Bürger in allen seinen Funktionen in erster Linie für den Bürger da ist und nicht umgekehrt. Wenn der Staat schon an den Zeugen, den Sachverständigen usw mit einem Vorrangsanspruch herantritt, muß er zB auch das in Art 12 GG genannte Grundrecht der ungestörten Berufsausübung soweit wie möglich wenigstens mitbeachten, Schlesw SchlHA **88**, 115 (Vorlagebeschluß).

3) Vergütungs- oder Entschädigungsanspruch. Es gelten die folgenden Regeln. 6

A. Grundsatz: Abschließende Regelung. Die in Rn 1 genannte staatsbürgerliche Ehrenpflicht besteht beim Zeugen wie beim Sachverständigen, Dolmetscher und Übersetzer und auch bei demjenigen Dritten, der zB bei einer Beschlagnahme mitwirkt, Bre NJW **76**, 685, Düss Rpfleger **83**, 45, Stgt Rpfleger **83**, 46. Wegen dieser Ehrenpflicht ist ein Vergütungs- oder auch nur ein Entschädigungsanspruch wegen des Zeitverlusts oder wegen anderer Nachteile und wegen der Mühe keineswegs selbstverständlich. Ein solcher Anspruch besteht jedenfalls nur insoweit, als ihn das Gesetz ausdrücklich zubilligt. Das JVEG regelt für seinen Geltungsbereich nach § 1 einen solchen Anspruch einheitlich und abschließend nach seinem Grund und seiner Höhe, (je zum alten Recht) BGH NJW **84**, 871, Celle JB **93**, 118. Daher sind zB §§ 284 ff BGB (Verzugszinsen) mit ihrem nur privatrechtlichen Anwendungsbereich unanwendbar.

Auf dieses spezielle und deshalb vorrangige Gesetz *verweisen* die Verfahrensgesetze teils unmittelbar. Teilweise liegen auch mittelbare Verweisungen vor, indem die Gesetze ihrerseits auf die Bestimmungen der vorgenannten Gesetze lediglich klarstellend verweisen. Das JVEG ergänzt also die Verfahrensgesetze.

B. Absprachemöglichkeit. Über das JVEG hinaus besteht demnach grundsätzlich keinerlei Vergütungs- oder Entschädigungsanspruch, (je zum alten Recht) Celle JB **93**, 118, Mü Rpfleger **79**, 358 (vgl aber § 1 Rn 1 ff), weder gegen den Staat, Celle JB **93**, 118, noch gegen eine Partei. Die Partei kann einem Zeugen oder Sachverständigen usw aber grundsätzlich von sich aus unabhängig von seinem etwaigen Vergütungs- oder Entschädigungsanspruch gegenüber dem Staat eine private Zusatzvergütung versprechen. Dieser Weg kann zB dann berechtigt und zweckmäßig sein, wenn ein im Ausland wohnender Zeuge sonst nicht erscheinen würde oder wenn ein nach dem Gesetz zur Begutachtung nicht verpflichteter Sachverständiger ein Gutachten nicht ohne eine erstatte private Zusatzvergütung erstatten will. 7

Freilich kann eine solche Zusage den Sachverständigen *befangen* machen. Im übrigen sieht zB in Nordrhein-Westfalen § 24 III PolG vom 28. 10. 69 die Entschädigung eines nur von der Polizei vorgeladenen Zeugen vor. Diese Ländervorschriften sind aber gegenüber § 1 III 1 nachrangig. 8

C. Rechtsnatur, Rechtsweg. Der Vergütungs- oder Entschädigungsanspruch ist öffentlichrechtlich, BayObLG **97**, 354, Mü NJW **79**, 609. Man kann diesen Anspruch nur nach den Regeln des JVEG geltend machen. Der ordentliche Rechtsweg ist unstatthaft, Mü NJW **79**, 609. Die an einen Zeugen oder Sachverständigen usw gezahlte Vergütung oder Entschädigung zählt zu den Auslagen des Gerichts und damit zu den Gerichtskosten, KV 9005, KVFam 2005, § 137 Z 5 KostO. Einen überzahlten Betrag treibt die Staatskasse beim Empfänger im Verwaltungszwangsverfahren bei, § 1 Z 8 JBeitrO, Teil IX A dieses Buchs. 9

4) Rechtsgeschichte. Über die Entwicklung bis Anfang Februar 2009 unterrichtet die 39. Aufl. 10

Weitere Änderungen ergaben sich aus Art 1 des Gesetzes zur Neuordnung der Entschädigung von Telekommunikationsunternehmen für die Heranziehung im Rahmen der Strafverfolgung (TK-Entschädigungs-Neuordnungsgesetz – TKEntschNeuOG) vom 29. 7. 09, BGBl 994, und aus Art 7 III G v 30. 7. 09, BGBl 2449. 11

Abschnitt 1. Allgemeine Vorschriften

Geltungsbereich und Anspruchsberechtigte

1 I ¹Dieses Gesetz regelt
1. die Vergütung der Sachverständigen, Dolmetscherinnen, Dolmetscher, Übersetzerinnen und Übersetzer, die von dem Gericht, der Staatsanwaltschaft, der

Finanzbehörde in den Fällen, in denen diese das Ermittlungsverfahren selbstständig durchführt, der Verwaltungsbehörde im Verfahren nach dem Gesetz über Ordnungswidrigkeiten oder dem Gerichtsvollzieher herangezogen werden;

2. die Entschädigung der ehrenamtlichen Richterinnen und Richter bei den ordentlichen Gerichten und den Gerichten für Arbeitssachen sowie bei den Gerichten der Verwaltungs-, der Finanz- und der Sozialgerichtsbarkeit mit Ausnahme der ehrenamtlichen Richterinnen und Richter in Handelssachen, in berufsgerichtlichen Verfahren oder bei Dienstgerichten sowie

3. die Entschädigung der Zeuginnen, Zeugen und Dritten (§ 23), die von den in Nummer 1 genannten Stellen herangezogen werden.

²Eine Vergütung oder Entschädigung wird nur nach diesem Gesetz gewährt. ³Der Anspruch auf Vergütung nach Satz 1 Nr. 1 steht demjenigen zu, der beauftragt worden ist; dies gilt auch, wenn der Mitarbeiter einer Unternehmung die Leistung erbringt, der Auftrag jedoch der Unternehmung erteilt worden ist.

II ¹Dieses Gesetz gilt auch, wenn Behörden oder sonstige öffentliche Stellen von den in Absatz 1 Satz 1 Nr. 1 genannten Stellen zu Sachverständigenleistungen herangezogen werden. ²Für Angehörige einer Behörde oder einer sonstigen öffentlichen Stelle, die weder Ehrenbeamte noch ehrenamtlich tätig sind, gilt dieses Gesetz nicht, wenn sie ein Gutachten in Erfüllung ihrer Dienstaufgaben erstatten, vertreten oder erläutern.

III ¹Einer Heranziehung durch die Staatsanwaltschaft oder durch die Finanzbehörde in den Fällen des Absatzes 1 Satz 1 Nr. 1 steht eine Heranziehung durch die Polizei oder eine andere Strafverfolgungsbehörde im Auftrag oder mit vorheriger Billigung der Staatsanwaltschaft oder der Finanzbehörde gleich. ²Satz 1 gilt im Verfahren der Verwaltungsbehörde nach dem Gesetz über Ordnungswidrigkeiten entsprechend.

IV Die Vertrauenspersonen in den Ausschüssen zur Wahl der Schöffen und die Vertrauensleute in den Ausschüssen zur Wahl der ehrenamtlichen Richter bei den Gerichten der Verwaltungs- und der Finanzgerichtsbarkeit werden wie ehrenamtliche Richter entschädigt.

Gliederung

1) Systematik, I–IV 1
2) Regelungszweck, I–IV 2
3) Sachlicher Geltungsbereich, I–IV 3–10
   A. Gericht 3
   B. Beispiele zur Frage einer Anwendbarkeit vor Gericht 4
   C. Staatsanwaltschaft 5
   D. Polizei, Finanzbehörde, Verwaltungsbehörde usw 6, 7
   E. Gerichtsvollzieher 8
   F. Weitere Sachgebiete 9
   G. Auslandsberührung 10
4) Persönlicher Geltungsbereich, I–IV 11–45
   A. Heranziehung, I 1 11
   B. Beispiele zur Frage einer Heranziehung 12–30
   C. Ladung oder Gestellung durch die Partei usw im Bußgeldverfahren, Strafprozeß 31–35
   D. Ladung oder Gestellung usw im Zivilprozeß oder FamFG-Verfahren 36, 37
   E. Ladung oder Gestellung usw: Höhe der Vergütung oder Entschädigung 38
   F. Zufälliges Erscheinen 39, 40
   G. Verspätung 41, 42
   H. Verweigerung 43
   I. Abbestellung 44
   J. Ablehnung der Begutachtung 45
5) Behörde usw als Sachverständiger, II 1 46–48
   A. Heranziehung: Amtshilfe 47
   B. Anwendungsbereich 48
6) Dienstgutachten, II 2 49–59
   A. Grundsatz 49, 50
   B. Betroffener Personenkreis 51–53
   C. Zusammenhang mit Dienstpflicht 54–56
   D. Unerheblichkeit der Anstellungsart 57
   E. Einzelfragen 58
   F. Ehrenbeamter usw 59
7) Vertrauensperson, IV 60

Abschnitt 1. Allgemeine Vorschriften **§ 1 JVEG**

1) Systematik, I–IV. § 1 umschreibt denjenigen Personenkreis, den das Gesetz 1 vergütet oder entschädigt, und die sachlichen Voraussetzungen eines solchen Anspruchs. §§ 2–7 enthalten Durchführungsregeln für alle Berechtigten. §§ 8–14 regeln die Vergütung für Sachverständige, Dolmetscher und Übersetzer, §§ 15–18 die Entschädigung für ehrenamtliche Richter, §§ 19–23 diejenige für Zeugen und Dritte im einzelnen. §§ 24, 25 enthalten Übergangsvorschriften. Ergänzend gelten verschiedene Vorschriften des GKG und des FamGKG, Teile I A, B dieses Buchs, soweit das JVEG auf sie verweist. Insgesamt gilt auch im JVEG der aus den anderen Kostengesetzen bekannte Grundsatz einer abschließenden Aufzählung der Ansprüche. Ihn ergibt das Wort „nur" in § 1 I 2.

2) Regelungszweck, I–IV. Die Vorschrift bezweckt eine Klarstellung der Gegen- 2 leistungspflicht des Staats, soweit er den Bürger zur Erfüllung von dessen Ehrenpflicht heranzieht oder mit einer Leistung beauftragt. Wegen der abschließenden Regelung nach § 1 I 2 müssen der sachliche und der persönliche Geltungsbereich möglichst klar sein. Das ist allerdings nicht an jeder einzelnen Stelle überzeugend gelungen. Man muß das Ziel einer umfassenden Regelung bei der Auslegung stets mitbeachten.

3) Sachlicher Geltungsbereich, I–IV. Man muß vier Fallgruppen unterscheiden. 3
A. Gericht. Das JVEG regelt die Vergütung oder Entschädigung für einen Berechtigten einheitlich für alle gerichtlichen Verfahren. Das gilt freilich nur vor einem deutschen staatlichen Gericht, Düss MDR **93**, 392.

B. Beispiele zur Frage einer Anwendbarkeit vor Gericht 4
Arbeitsgericht: Anwendbar ist § 1 vor jedem solchen Gericht.
Ausländisches Gericht: *Unanwendbar* ist § 1 vor ihm. Das gilt selbst dann, wenn dieses auf Grund eines deutschen Rechtshilfeersuchens tätig wird, Düss MDR **93**, 392. Vgl dann freilich Art 18 II, III VO (EG) Nr 1206/2001, abgedruckt bei BLAH Einf 3 vor § 1072 ZPO, sowie Art 26 Haager BewAufnÜbk v 18. 3. 70, BGBl II 1472, BLAH Anh I § 363 ZPO. Im übrigen gilt vor dem ausländischen Gericht das Vergütungs- oder Entschädigungsrecht seines Staats.
Berufsgericht: Anwendbar ist § 1 vor jedem solchen Gericht.
Betreuer: *Unanwendbar* ist § 1, soweit das vorrangige VBVG gilt, Anh § 1. Freilich verweisen §§ 1835 I 1 Hs 2, 1835a I 1, 1836 II 4 Hs 2, 1908i I 1 BGB auf das JVEG, Rn 13 („Betreuer", LAG Mainz Rpfleger **94**, 111).
Betreuungsgericht: Anwendbar ist § 1 auf denjenigen Zeugen oder Sachverständigen, den es in einem Betreuungsverfahren heranzieht.
Disziplinargericht: Anwendbar ist § 1 vor jedem solchen Gericht.
Finanzgericht: Anwendbar ist § 1 vor jedem solchen Gericht.
Heranziehung: Anwendbar ist § 1 nur, soweit eine Heranziehung nach Rn 11 ff erfolgt, LG Paderb JB **93**, 392. Dazu kann die Anfrage nach der Zuständigkeit des Sachverständigen und nach seinen Kosten gehören, soweit er zur Beantwortung nicht nur ganz wenig Zeit braucht, KG MDR **88**, 330.
Justizverwaltungsverfahren: *Unanwendbar* ist § 1 in einem solchen Verfahren, soweit nicht die Beteiligten wirksam die Geltung des JVEG vereinbaren. Das gilt auch beim Vollzug einer Untersuchungshaft.
Landwirtschaftsgericht: Anwendbar ist § 1 vor jedem solchen Gericht.
Notar: Es gilt dasselbe wie beim „Prozeß- oder Verfahrensbevollmächtigten". Im notariellen Vermittlungsverfahren nach §§ 87 ff SachenRBerG nimmt der Notar zwar richtergleich Aufgaben in einem öffentlichen Amt wahr. Trotzdem ist er kein staatliches Gericht. Zum Problem Zi 13, 14.
Ordentliches Gericht: Anwendbar ist § 1 vor jedem solchen Gericht.
Partei: Es gilt dasselbe wie beim „Prozeß- oder Verfahrensbevollmächtigten".
Prozeß- oder Verfahrensbevollmächtigter: Anwendbar ist § 1 bei einer „Heranziehung" durch ihn allenfalls kraft einer Vereinbarung.
Schiedsgericht: *Unanwendbar* ist § 1 vor einem Schiedsgericht nach §§ 1025 ff ZPO. Denn es kann mangels hoheitlicher Gewaltbefugnis nicht nach Rn 11 heranziehen.
Sequester: Anwendbar ist neben § 1 auch zB § 63 InsO, LG Mainz Rpfleger **87**, 517.
Sozialgericht: Anwendbar ist § 1 vor jedem solchen Gericht.
Verfassungsgericht: Anwendbar ist § 1 vor jedem solchen Gericht.

Verwaltungsgericht: Anwendbar ist § 1 vor jedem solchen Gericht.
Vormund: Es gilt grds dasselbe wie beim „Betreuer".

5   **C. Staatsanwaltschaft.** Das JVEG gilt außerdem, soweit die deutsche Staatsanwaltschaft einen Zeugen oder Sachverständigen usw zu irgendeinem sachlich gebotenen Zweck und nicht nur zu Beweiszwecken heranzieht, (zum alten Recht) Schlesw SchlHA **88**, 115, Stgt Rpfleger **87**, 390. Das stellen §§ 71, 84 StPO zusätzlich klar. Alles das kann schon dann so sein, wenn die Staatsanwaltschaft zunächst feststellen will, ob sie ein Ermittlungsverfahren einleiten muß. Eine solche Prüfung steht ihr sowohl beim Verdacht einer Straftat als auch beim Verdacht einer Ordnungswidrigkeit zu. Der Amtsanwalt gehört zur Staatsanwaltschaft, § 142 I Z 3 GVG.

Unanwendbar ist § 1 bei der Heranziehung durch eine ausländische Strafverfolgungsbehörde.

6   **D. Polizei, Finanzbehörde, Verwaltungsbehörde usw.** Das JVEG gilt auch im Verfahren vor der Kartellbehörde, § 80 I 3 GWB. Auch Gesetze für spezielle Verwaltungsverfahren erklären das JVEG oft für direkt oder für entsprechend anwendbar.

Das JVEG ist vor allem nach III auch und freilich auch nur insoweit anwendbar, als die *Polizei* oder eine andere deutsche Strafverfolgungsbehörde im vorangegangenen Auftrag oder mit einer vorherigen eindeutigen ausdrücklichen oder eindeutig stillschweigenden Billigung der deutschen Staatsanwaltschaft im Ermittlungsverfahren die Heranziehung vornimmt, BVerfG NJW **07**, 2393, Kblz JB **95**, 594, Zweibr MDR **97**, 980.

Strafverfolgungsbehörde ist jede solche Behörde, die gesetzlich zur Ermittlung eines strafrechtlich einstufbaren Geschehens berechtigt oder gar verpflichtet ist. Das gilt auch zB bei einer deutschen Finanzbehörde im Rahmen ihres Ermittlungsverfahrens wegen einer Steuerstraftat, §§ 386 II, 399 I AO. Das stellen §§ 87, 107, 405 AO mit ihren Bezugnahmen (jetzt) auf das JVEG zusätzlich klar. Es gilt aber auch bei anderen Verwaltungsverfahren nach der AO, etwa bei einer Steuerfestsetzung. Insofern sind §§ 87, 107, 405 anspruchsbegründend, Zi 19.

Billigung ist ein nicht allzu weit auslegbarer Vorgang, BVerfG NJW **07**, 2393 (ziemlich vage und wenig praxisnah: Abstellen auf vorherige Kenntnis der Staatsanwaltschaft!?).

7   Das JVEG gilt *ferner,* soweit eine *Verwaltungsbehörde* die Heranziehung im Verfahren *nach § 35 OWiG* vornimmt, III 2. Das stellt § 59 OWiG zusätzlich klar. Es gilt aber auch bei anderen Verwaltungsverfahren. Insofern sind zB §§ 23, 26 VwVfG anspruchsbegründend, Zi 21.

8   **E. Gerichtsvollzieher.** Das JVEG gilt ferner im Verfahren vor dem Gerichtsvollzieher, soweit er einen Berechtigten heranzieht, I 1 Z 1 aE. Die GVGA ist dazu nicht mehr notwendig.

9   **F. Weitere Sachgebiete.** Das JVEG ist in zahlreichen weiteren Fällen infolge einer Verweisung anwendbar.

§ 464a II Z 1 StPO gibt zB wegen seiner Verweisung auf das JVEG dem Freigesprochenen grundsätzlich einen Entschädigungsanspruch wegen seines notwendigen Zeitaufwands in den Grenzen von (jetzt) § 19, Hamm Rpfleger **96**, 420, aM Ffm JB **83**, 866. Das JVEG gilt ferner zB bei der Vergütung für eine Übersetzung im Rahmen des Haager Übk v 13. 1. 00 über den internationalen Schutz von Erwachsenen, § 5 AusfG v 17. 3. 00, BGBl 314.

Unanwendbar ist das JVEG zB auf Parteikosten, Bbg JB **78**, 1247.

10   **G. Auslandsberührung.** Das JVEG regelt die Vergütung oder Entschädigung für jeden vom deutschen Gericht oder von der deutschen Staatsanwaltschaft usw herangezogenen Berechtigten. Es ist unerheblich, ob er etwa nach dem Recht seines Aufenthaltsorts mehr oder weniger erhalten würde. Das JVEG ist daher zB auch auf einen ausländischen Zeugen nach § 19 IV anwendbar.

Es gilt also die *lex fori,* Düss MDR **93**, 392, wie auch sonst im Prozeßrecht. Vgl auch Rn 3. Jedoch geben §§ 8 IV, 19 IV die Möglichkeit, einem Zeugen oder Sachverständigen aus dem Ausland, der vor einem Gericht in Deutschland erscheint, nach einem billigen Ermessen eine höhere Vergütung oder Entschädigung als nach den übrigen Vorschriften des JVEG zu geben. Soweit eine ausländische Behörde oder ein aus-

Abschnitt 1. Allgemeine Vorschriften § 1 JVEG

ländisches Gericht den Zeugen heranzieht, richtet sich die Entschädigung nach dem dortigen Recht, Düss MDR **93**, 392.

4) Persönlicher Geltungsbereich, I–IV. Man kann ihn oft nicht einfach feststellen. 11

A. Heranziehung, I 1. Die volle Vergütung oder Entschädigung erhält ein solcher Beteiligter beliebiger Art, den gerade das Gericht oder die Staatsanwaltschaft usw bereits vor dem Beginn seiner Tätigkeit in ihrer jeweils eigenen Zuständigkeit herangezogen hat. Das ist die staatliche hoheitliche Beanspruchung auf Grund einer Verfahrensvorschrift. Es kommt darauf an, welche sachliche Verwendung der Berechtigte erhalten sollte, nicht darauf, in welcher Form das Gericht oder die Staatsanwaltschaft usw direkt oder durch die Polizei die Heranziehung verfügt hat, Kblz JB **92**, 417, ob durch eine mündliche Ladung oder schriftlich oder aus Anlaß der Anwesenheit der Person aus einem anderen Grund, aM Celle JB **05**, 148 (abl Bund). Es ist auch unerheblich, ob die heranziehende Stelle die Heranziehung prozessual begründet hat oder nicht. Soweit die Vernehmung usw ohne jedes Verschulden der Beweisperson unterbleibt, hat man sie dennoch herangezogen. Ausreichend ist die einseitige Inanspruchnahme ohne die Notwendigkeit einer Mitwirkung des Betroffenen am Heranziehungsakt. Er muß erst anschließend reagieren, Grdz 2 vor § 1.

Keine Heranziehung liegt vor, soweit der Betroffene vor dem amtlichen Akt tätig geworden ist. Daher ist auch nicht eine rückwirkende Heranziehung möglich, Mü MDR **81**, 1037. Das bedeutet freilich nicht, daß dann keinerlei zugehörige Vergütung oder Entschädigung stattfinde. Nur ist deren Grundlage dann eben nicht gerade eine Heranziehung, Düss Rpfleger **99**, 234.

B. Beispiele zur Frage einer Heranziehung
Abbestellung: Rn 43. 12
Amtshilfe: Sie steht im *Gegensatz* zu einer Heranziehung. Freilich kann zB ein Beweisbeschluß auf eine Behördenauskunft deren Heranziehung bedeuten und damit das JVEG anwendbar machen. Vgl im einzelnen Rn 49 ff. Das Wesen der Amtshilfe ist eine kostenlose Hilfe, soweit nicht ein Gesetz gerade die Amtshilfe kostenpflichtig macht. Ein „bloßes" Amtshilfeersuchen muß als solches eindeutig erkennbar sein.
S auch Rn 13 „Berufsrecht".
Anwaltskammer: Rn 13 „Berufsrecht".
Arzt: Ein Arzt kann für ein therapeutisches Gespräch mit dem Betroffenen usw auf Grund einer gerichtlichen Anordnung eine Vergütung nach dem JVEG fordern, aM LG Osnabr NdsRpfl **95**, 134, LG Paderb MDR **91**, 1099 (aber die gerichtliche Weisung läßt sich gar nicht anders erfüllen).
Auskunft: Als Sachverständiger oder Zeuge herangezogen ist auch derjenige, den das 13 Gericht oder die Staatsanwaltschaft aufgefordert hat, eine schriftliche Auskunft zu erteilen, zB wegen des Versorgungsausgleichs, aM Köln FamRZ **85**, 719, oder zB wegen gewisser Kontobewegungen oder Geschäftsunterlagen, etwa in einer Wirtschaftsstrafsache, Düss DB **85**, 911, Ffm NJW **81**, 1682, Stgt JB **96**, 597, aM Düss DB **85**, 1130 (aber § 1 erfaßt bei einer vernünftigen Auslegung auch diese Form der Zusammenarbeit). Wegen einer Behördenauskunft Rn 46–48.
Begleiter: Rn 14 „Dolmetscher".
Behörde: Rn 46–48.
Beistand: Rn 27 „Verfahrensbeistand".
Berufsvormund: Rn 29 „Vormund".
Berufsrecht: *Nicht* herangezogen ist diejenige Berufsvertretung, die eine gesetzlich vorgesehene Stellungnahme abgibt, etwa nach (jetzt) § 14 RVG, Mü MDR **89**, 922, Schlesw JB **89**, 1679, LG BadBad Rpfleger **01**, 324. Denn diese Stellungnahme ist zwar ein Gutachten nach II 1. Es ergeht aber nach II 2 in einer Erfüllung einer Dienstaufgabe nach § 14 II 1 RVG und ist überdies nach § 14 II 2 RVG kostenlos. Man kann eine Patentanwaltskammer in einem Patentverfahren anders beurteilen, so schon Hamm GRUR **89**, 932 (L), LG BadBad Rpfleger **01**, 324.
Beteiligter: Rn 19 „Partei".

Betreuer: Ein Betreuer ist *nicht* gerade als Sachverständiger herangezogen. Er soll ja kein Gutachten erstatten. Im übrigen gilt dasselbe wie Rn 29 „Vormund", also das VBVG, Anh § 1. Wegen § 292 FamFG vgl Anh § 1: II 1, 4.

Bewährungshelfer: Es gelten keine Besonderheiten bei der Anwendung des JVEG.

14 **Blutentnahme, Untersuchung:** Als Zeuge herangezogen ist auch derjenige, den man zur Duldung einer Blutentnahme oder einer zB erbbiologischen Untersuchung nach § 372a ZPO oder nach § 81c StPO und dann auch zur Duldung einer sonstigen körperlichen Untersuchung geladen hat. § 23 ist unanwendbar. Denn das eigene Blut ist kein „Gegenstand" nach § 23 I, II 1 Z 1.

Dolmetscher: Auch derjenige zählt hierher, der ein fremdsprachiges Druckerzeugnis unter einer Beachtung etwa eines politischen Inhalts ins Deutsche übertragen und dabei den Sinn darlegen soll, Düss JB **00**, 211. Als Dolmetscher ist ferner der vom Gericht dem Angeklagten beigeordnete Dolmetscher herangezogen, Karlsr Just **00**, 90, aM Düss NSt-RR **99**, 215. Auch derjenige Zuhörer oder Begleiter eines Prozeßbeteiligten ist herangezogen, den das Gericht aus irgendeinem Grund im Ergebnis im allseitigen Einverständnis mit Erfolg um eine sofortige Dolmetschertätigkeit etwa im schon stattfindenden Termin bittet, wie es in der Praxis sehr zweckmäßig sein kann, aM Celle JB **05**, 148 (abl Bund).

Dritter: § 23.

S auch Rn 17, 36, 37.

Drogenkontrolleur: Soweit eine Anordnung des Gerichts auch nur unter der Einschaltung eines Bewährungshelfers usw zugrunde liegt, hat das Gericht den Kontrolleur verständigerweise auch herangezogen. Denn anders läßt sich die Kontrollanordnung des Gerichts gar nicht durchführen.

Ehrenamtlicher Richter: §§ 15ff.

15 **Eidesstattliche Versicherung:** Als Dritter herangezogen sein kann derjenige, der sie auf eine gerichtliche Anordnung nach § 23 I vorlegt oder nach § 23 II 1 Z 2 als Auskunft erteilt.

Nicht als Zeuge herangezogen ist derjenige, dessen schriftliche eidesstattliche Versicherung dem Gericht ohne dessen Anordnung zuging, zB in einem Verfahren auf den Erlaß eines Arrests oder einer einstweiligen Anordnung oder Verfügung.

Einigungsstelle: Zur Vergütung nach § 76a BetrVG kann man §§ 8, 9 mitbeachten, ArbG Ffm BB **75**, 1635, Bengelsdorf NZA **89**, 489, Löwisch DB **89**, 223.

Entschuldigung: Sie ändert unabhängig von ihrer Begründetheit nichts an einer etwaigen Heranziehung.

16 **Erfüllungsgehilfe:** Er kann nach I 2 Hs 2 herangezogen sein. Man muß aber auch II 2 beachten.

Nicht als Zeuge herangezogen ist derjenige, den der bedingt entlassene Zeuge als seinen Gehilfen oder den die vom Gericht usw herangezogene Stelle ihrerseits als ihren Erfüllungsgehilfen beauftragt haben, LG Frankenth Rpfleger **82**, 242. Das gilt aber nur, sofern die Einschaltung dieses Erfüllungsgehilfen nicht entweder mit einer vorherigen Zustimmung oder nachträglichen Genehmigung des Gerichts erfolgte (das übersieht LG Paderb MDR **91**, 1099) oder sofern sie nach der Art des Auftrags bevorstand. Vgl freilich selbst dann zunächst § 12 I 2.

Ersuchen: Rn 28 „Vernehmung als Zeuge".

17 **Gestellung:** Herangezogen ist derjenige, dessen Vergütung oder Entschädigung das Gericht nach Gestellung nach § 220 III StPO angeordnet hat, Rn 34. Das gilt freilich nicht rückwirkend, Rn 11, Mü MDR **51**, 1037.

Nicht als Sachverständiger oder Zeuge herangezogen ist derjenige, dessen Gestellung (Sistierung) das Gericht lediglich anheimgegeben hat, solange das Gericht nicht dessen Aussage oder Gutachten oder dessen Verwertung beschließt, KG NJW **75**, 1423. Andernfalls mag der Zeuge gegen seinen Gesteller nach §§ 670ff BGB oder nach § 220 II StPO usw vorgehen. Der Privatgutachter fällt nur bei einer Vereinbarung unter das allenfalls dann entsprechend anwendbare JVEG, BGH VersR **06**, 1133.

S aber auch Rn 20 „Prozeßleitende Ladung", Rn 37.

Gutachterauskunft: Rn 46–48.

Insolvenzverwalter: Der nach § 22 I Z 3 InsO beauftragte vorläufige Insolvenzverwalter ist als Sachverständiger herangezogen, Düss Rpfleger **09**, 345.

Abschnitt 1. Allgemeine Vorschriften **§ 1 JVEG**

Irrtum: Eine irrtümliche Heranziehung bleibt eine Heranziehung, soweit der „Herangezogene" den Irrtum oder die Namensverwechslung usw nicht eindeutig erkennen kann. Die irrige Annahme einer Heranziehung kann bei einer Verwertbarkeit der Leistung eine Vergütung entsprechend dem JVEG ermöglichen, LSG Essen SGb **88**, 21.
Juristische Person: Rn 46–48.
Mediator: Seine Kosten zählen grds *nicht* zum JVEG, Drsd RR **07**, 81.
Eine *Ausnahme* gilt bei § 135 I 1 FamFG.
Kreditinstitut: Rn 46–48.
Ordnungsmittel: Als Sachverständiger oder Zeuge herangezogen ist auch derjenige, **18** der erst auf Grund der Androhung oder Festsetzung oder Durchführung eines Ordnungsmittels gehorcht.
Partei: *Nicht* als Zeuge oder Sachverständiger herangezogen ist eine Partei oder ein **19** Beteiligter, Bbg FamRZ **08**, 2300 (jetzt: FamFG) selbst dann, wenn sie nach §§ 445 ff ZPO zur Beweisperson wird. Denn das JVEG nennt sie weder in seiner amtlichen Überschrift noch in § 1. Das gilt auch bei einer Prozeß- oder Verfahrenskostenhilfe oder bei einer Beratungshilfe. Wegen einer Reisekostenentschädigung § 25 Anh I, II.
Patentanwaltskammer: Rn 13 „Berufsrecht".
Personenvereinigung: Rn 46–48.
Privatgutachter: Rn 17, 36, 37. **20**
Prozeßleitende Ladung: Als Sachverständiger oder Zeuge usw herangezogen ist auch derjenige, den das Gericht nur vorsorglich oder prozeßleitend geladen hat, zB nach § 273 ZPO. Das gilt selbst dann, wenn es anschließend nicht zur Vernehmung oder Äußerung oder Übersetzung usw kommt. Es kommt dann nicht darauf an, ob überhaupt noch ein förmlicher Beweisbeschluß ergangen ist.
S aber auch Rn 17 „Gestellung".
Prozeßbevollmächtigter: Auch ihn kann das Gericht als einen Zeugen oder Sachverständigen heranziehen dürfen oder gar müssen. Dann erhält er für die Dauer dieser Tätigkeit eine Entschädigung oder Vergütung, Rn 40, aM LG Mü MDR **90**, 64. Freilich dürfte oft ein stillschweigender Verzicht auf eine solche Zahlung vorliegen, § 2 Rn 5.
Rechtsanwaltskammer: Rn 13 „Berufsrecht". **21**
Sachverständiger statt Zeuge: Es kommt nicht auf die Ladung an, sondern auf die **22** Vernehmung, § 19 Rn 3. Als Sachverständiger herangezogen ist auch derjenige Zeuge, den man irrig eben als einen Sachverständigen geladen hat, KG JB **92**, 633.
Das gilt nur dann *nicht*, wenn der Geladene den Irrtum der Behörde nach den äußeren Umständen und auf Grund seiner persönlichen Kenntnis des Sachverhalts erkennen konnte und mußte. Evtl ist ihm eine Rückfrage zumutbar.
Als Sachverständiger ist auch derjenige herangezogen, den man zuvor als einen sachverständigen Zeugen geladen, dann aber als einen Sachverständigen *vernommen* hat, Köln MDR **93**, 391, Rostock JB **09**, 205, wenn auch erst im Verlauf der Vernehmung.
Schadensschätzung: *Nicht* herangezogen ist derjenige, den ein Geschädigter bei der **23** von der Staatsanwaltschaft erbetenen Schadensschätzung von sich aus hinzugezogen hat, Kblz JB **92**, 417.
Schriftliche Auskunft: Rn 13 „Auskunft".
Schriftliches Gutachten: Als Sachverständiger herangezogen ist auch derjenige, der **24** sein Gutachten auf Grund der Anordnung des Gerichts nur schriftlich erstattet, § 411 ZPO, § 82 StPO. Das gilt natürlich erst recht dann, wenn es anschließend doch noch zu einer mündlichen Erläuterung oder Ergänzung des Gutachtens kommt, sei es auch nur auf den Antrag einer Partei.
Schriftliche Zeugenerklärung: Als Zeuge oder Dritter nach § 23 herangezogen ist **25** auch derjenige, dem das Gericht gestattet hat, sich nur schriftlich zu äußern, zB § 23 II 1 Z 2 oder auch nach § 377 III ZPO. Das gilt natürlich erst recht dann, wenn es anschließend zu einer mündlichen Aussage kommt, sei es auch nur auf den Antrag einer Partei.
Nicht als Zeuge oder Dritter nach § 23 herangezogen ist demgegenüber derjenige, dessen schriftliche Erklärung schon existierte, als es zum Beweisbeschluß kam.

JVEG § 1   V. Justizvergütungs- und -entschädigungsgesetz

und den die erhebende Stelle auch nicht aufgefordert hat, diese Erklärung vorzulegen.
S auch Rn 15 „Eidesstattliche Versicherung".
Sistierung: Rn 17 „Gestellung".
Sozialgerichtsverfahren: Bei einer Anordnung des persönlichen Erscheinens kann nach § 191 SGG ein Anspruch wie bei einem Zeugen entstehen, Teil II B dieses Buchs.

26 **Standesrecht:** Rn 13 „Berufsrecht".
Stellungnahme: Rn 13 „Berufsrecht".
Technischer Überwachungsverein: Rn 46–48.

27 **Unaufgeforderte Einreichung:** *Nicht* als Sachverständiger oder Zeuge herangezogen ist derjenige, der unaufgefordert und ohne eine vorsorgliche Rückfrage bei einer Behörde oder beim Gericht eine Eingabe einreicht, der etwa eine Zusammenstellung von Unterlagen von sich aus vorlegt, oder der dergleichen nur auf Wunsch einer Partei tut. Denn auch § 23 trifft deshalb auf ihn nicht zu.
Untersuchung: Rn 14 „Blutentnahme, Untersuchung".
Untersuchungsausschuß: Man kann beim Ermittlungsbeauftragten den Höchstsatz des § 9 I 2 anwenden, § 35 UntersAusschußG.
Verfahrensbeistand: § 1 Anh II: 1, 2, 3.
Verfahrensbevollmächtigter: Rn 20 „Prozeßbevollmächtigter".
Verfahrenspfleger: § 1 Anh II: 4, 5.

28 **Vernehmung als Zeuge:** Als Zeuge herangezogen ist auch derjenige, den die Polizei auf Grund eines direkten Ersuchens der Staatsanwaltschaft oder des Gerichts oder der Finanzbehörde nach III 1 vernimmt, aM (zum alten Recht) Düss Rpfleger **83**, 45, MHB 10.
Nicht herangezogen ist derjenige, den die Polizei ohne ein direktes Ersuchen oder wenigstens ohne eine vorherige Billigung der Staatsanwaltschaft oder des Gerichts usw vernimmt, so schon Düss Rpfleger **83**, 45.
Verspätung: Rn 41, 42.
Vertrauensperson: Rn 60.
Verweigerung: Rn 43.
Vorführung: Als Zeuge herangezogen ist auch der zwangsweise Vorgeführte. Freilich mag das Gericht ihn in die durch sein Ausbleiben entstandenen Kosten etwa nach § 380 I 1 ZPO verurteilt haben. Dann mag die Staatskasse mit diesem Anspruch aufrechnen dürfen, MHB § 19 Rn 8.

29 **Vormund:** Er ist an sich *nicht* gerade als Sachverständiger herangezogen. Er soll ja kein Gutachten erstatten. Indessen verweisen §§ 1835 I 1 Hs 2, 1835a I 1 Hs 1, 1836 II 4 Hs 2 BGB auf das JVEG. Im übrigen gilt das VBVG, § 1 Anh I. Wegen § 168 FamFG vgl § 1 Anh II: 1.

30 **Wirtschaftsreferent:** Er *kann* als Sachverständiger herangezogen sein, Kblz Rpfleger **98**, 214. Aber keine bequeme Kostenverlagerung von der Staatsanwaltschaft auf den Bürger!
Zeuge statt Partei: Als Zeuge herangezogen ist auch diejenige Partei, die man irrig eben als einen Zeugen geladen hat.
Das gilt nur dann *nicht,* wenn der Geladene den Irrtum der Behörde nach den äußeren Umständen und auf Grund seiner persönlichen Kenntnis des Sachverhalts erkennen konnte und mußte. Evtl ist eine Rückfrage zumutbar.
Vgl auch Rn 43.
Zuhörer: Rn 14 „Dolmetscher".
Zwang: Rn 28 „Vorführung".
Zwangsverwalter: Er ist als solcher Partei kraft Amts, *nicht* Sachverständiger, LG Stade Rpfleger **02**, 220. Seine Vergütung richtet sich nach §§ 18, 19 ZwVwV, SchlAnh E.

31 **C. Ladung oder Gestellung durch die Partei usw im Bußgeldverfahren, Strafprozeß.** Einen Vergütungs- oder Entschädigungsanspruch hat grundsätzlich derjenige Zeuge oder Sachverständige, den der Betroffene im Bußgeldverfahren oder der Angeklagte im Strafprozeß unmittelbar geladen hat, §§ 220, 386 II StPO, oder den er zur Hauptverhandlung oder zur mündlichen Verhandlung gestellt hat.
Es müssen aber die folgenden *weiteren* Voraussetzungen zusammentreffen.

Abschnitt 1. Allgemeine Vorschriften § 1 JVEG

Die Vernehmung des Zeugen oder Sachverständigen muß zur Aufklärung *sachdienlich* gewesen sein. Hierüber entscheidet das Gericht nach seinem pflichtgemäßen Ermessen. 32

Der Zeuge oder Sachverständige oder der Betroffene oder Angeklagte müssen eine Vergütung oder Entschädigung der Beweisperson *beantragt* haben. Der Antrag muß vor dem Erlaß des Urteils vorliegen. 33

Das Gericht muß die Zahlung einer Vergütung oder Entschädigung *angeordnet* haben, Rn 17. Das kann vor dem Erlaß des Urteils durch eine vorläufige Anordnung durch einen Beschluß geschehen. Das Gericht muß aber auch dann endgültig im Urteil über die Kosten befinden. 34

Demgegenüber ist es nicht erforderlich, daß der Betroffene oder der Angeklagte einen *Vorschuß* bei der Ladung gezahlt oder hinterlegt hat. Allerdings darf das Gericht nur denjenigen Betrag aus der Staatskasse leisten lassen, den der Betroffene oder Angeklagte nicht gezahlt oder hinterlegt hat. Wenn ein Privatkläger oder Nebenkläger einen Zeugen nach § 386 II StPO geladen hat, darf das Gericht eine Entschädigung nur dann anordnen, wenn es dadurch nicht die Vorschußpflicht nach § 17 IV GKG, Teil I A dieses Buchs, umgeht. 35

D. Ladung oder Gestellung usw im Zivilprozeß oder FamFG-Verfahren. Einen Entschädigungs- oder Vergütungsanspruch gegenüber dem Staat kann ein solcher Zeuge oder Sachverständiger usw haben, den eine Partei im Zivilprozeß oder ein Beteiligter im FamFG-Verfahren gestellt hat, der sich also auf ihre Bitten eingefunden hat oder dessen Erscheinen das Gericht nur anheimgegeben hat, ohne ihn von Amts wegen zu laden, KG NJW **75**, 1423. 36

Allerdings setzt der Anspruch weiter voraus, daß das Gericht die Aussage oder das Privatgutachten *wirklich beschlossen* hat, Rn 17. Denn nur dann ist er nach Rn 11 „herangezogen" worden. Eine staatliche Vergütung oder Entschädigung kommt auch nur für den Zeitraum seit der Bekanntgabe oder Erkennbarkeit der Vernehmungsabsicht des Gerichts in Betracht, Rn 11, meist also nicht wegen der Kosten des Hinwegs, LG Mü MDR **90**, 64. Vgl freilich § 19 Rn 3–8. 37

E. Ladung oder Gestellung usw: Höhe der Vergütung oder Entschädigung. Bei Rn 31–37 richtet sich die vom Staat zu zahlende Vergütung oder Entschädigung nach dem JVEG. Das Gericht darf also keine höhere Zahlung zubilligen, Hbg MDR **75**, 500, KG NJW **75**, 1423, Schlesw SchlHA **88**, 115. Freilich darf und muß es auch insoweit die Verfassungsmäßigkeit prüfen, Schlesw SchlHA **88**, 115. 38

Unberührt bleibt eine etwa höhere Zusatzvereinbarung zwischen der Partei und dem Gestellten. Freilich entsteht insoweit kein Erstattungsanspruch nach §§ 91 ff ZPO, soweit nicht § 13 JVEG eine höhere gesetzliche Vergütung schafft.

F. Zufälliges Erscheinen. Ein solcher Zeuge oder Sachverständiger usw, der sich aus einem anderen Anlaß oder zufällig eingefunden hat, der etwa in einer anderen Sache als Partei anwesend war, erhält für die Dauer der in der jetzt vorliegenden Sache angeordneten Heranziehung eine volle Vergütung oder Entschädigung. Das Gericht darf ihm eine Vergütung oder Entschädigung auch insoweit geben, als ihm durch die Verlängerung seiner Anwesenheit Mehrkosten entstehen, Mü MDR **89**, 830, zB infolge eines Zeitverlusts oder einer teureren Rückreise etwa erst am nächsten Tag. 39

Reisekosten muß das Gericht nur in demjenigen Umfang entschädigen, in dem sie dem Sachverständigen oder Zeugen in der zunächst angefallenen anderen Sache entstanden. Fast zu großzügig wäre es, dem mangels eines Vorschusses nicht Geladenen, aber Erschienenen auch beim Unterbleiben einer Vernehmung usw stets eine Vergütung oder Entschädigung zu geben.

Das alles gilt auch beim *ProzBev* oder sonstigen Anwalt, Rn 20 „Prozeßbevollmächtigter". Denn für die Dauer seiner Zeugenaussage kann er das Mandat gerade *nicht* förmlich wahrnehmen, sondern untersteht dem Gericht anders. Zumindest braucht er als Zeuge zusätzlich Zeit, aM Mü MDR **89**, 830, LG Mü MDR **90**, 64 (aber jetzt wird er eben vorübergehend zum Zeugen. Der Vorsitzende veranlaßt deshalb üblicherweise zur Klarstellung der derzeitigen Funktionsänderung dieses Prozeßbeteiligten auch, daß der Anwalt seine Amtstracht vorübergehend ablegt und im Zeugenstand Platz nimmt, BLAH § 395 ZPO Rn 4). 40

1085

41 **G. Verspätung.** Ein solcher Zeuge oder Sachverständiger usw, der verspätet erscheint, verliert seinen Anspruch auf eine Vergütung oder Entschädigung grundsätzlich nur, soweit das Gericht oder die Staatsanwaltschaft usw ihn infolge seiner Verspätung nicht mehr vernimmt oder soweit infolge einer vorsätzlich oder grob fahrlässig verschuldeten Verspätung der noch ausstehende Teil der Leistung wertlos geworden ist, zB die mündliche Erläuterung eines Gutachtens, Mü MDR **84**, 948 (nicht stets beim Ortsfremden, der sich im Sitzungssaal irrt). Soweit eine Partei wirksam auf die Vernehmung verzichtet hat, muß das Gericht klären, ob sie den Verzicht auch dann erklärt hätte, wenn der Zeuge oder Sachverständige usw pünktlich erschienen wäre.

42 Den verspätet Erschienenen muß das Gericht jedenfalls erst vom Augenblick des zu diesem Erscheinenszeitpunkt *notwendigen Aufbruchs* an vergüten oder entschädigen.

43 **H. Verweigerung.** Ein solcher Zeuge oder Sachverständiger usw, der die Aussage oder ein Gutachten oder eine Übersetzung usw verweigert, erhält eine Vergütung oder Entschädigung, soweit die Weigerung begründet ist. Das Gericht braucht ihn darauf nicht zu verweisen, daß er zB nach § 386 ZPO hätte verfahren und fernbleiben können. Wenn der Herangezogene aber seine Weigerung schriftlich erklärt, statt zu erscheinen, erhält er keine Vergütung oder Entschädigung. Wenn wegen eines angeblichen Zeugnisverweigerungsrechts ein Zwischenstreit entsteht, erhält der verweigernde Zeuge oder Sachverständige in diesem Streit keine Vergütung oder Entschädigung. Denn er ist im Zwischenstreit eine Partei.

44 **I. Abbestellung.** Ein solcher Herangezogener, der erschienen ist, weil ihn die Abbestellung nicht mehr erreicht hat, kann eine Vergütung oder Entschädigung verlangen, sofern er keine Schuld hat. Sie liegt nicht schon darin, daß er einen Wechsel des Aufenthaltsorts nicht mitgeteilt hat, soweit er nicht mit einer Abbestellung rechnen mußte. Das Gericht muß die Umstände abwägen.

45 **J. Ablehnung der Begutachtung.** Ein solcher Sachverständiger, der der Ernennung nach §§ 407 ZPO, 75 StPO nicht folgen will, hat keinen Anspruch auf eine Vergütung, wenn er trotzdem lediglich zu einer entsprechenden Mitteilung im Termin erscheint. Denn er hätte seine Weigerung vorher schriftlich mitteilen können und müssen. Entsprechendes gilt beim Dolmetscher oder Übersetzer.

46 **5) Behörde usw als Sachverständiger, II 1.** Die Vorschrift gibt derjenigen Behörde oder sonstigen öffentlichen Stelle des Bundes, eines Landes, eines Gemeindeverbands oder einer Gemeinde oder einer juristischen Person oder einer Personenvereinigung einen Vergütungsanspruch, die ein Gericht oder eine Staatsanwaltschaft oder eine Finanz- oder Verwaltungsbehörde nach I 1 Z 1 zu einer Sachverständigenleistung herangezogen hat.

47 **A. Heranziehung: Amtshilfe.** II 1 erfaßt eine fachkundige Beurteilung, BGH NJW **84**, 2365, insbesondere durch ein Gutachten nach (jetzt) § 34 RVG, dort Rn 15 ff, Teil X dieses Buchs, aber nicht nur in diesem engeren Sinn. Eine solche Tätigkeit ist eine Amtshilfe. Trotz der nach Art 35 I GG grundsätzlichen Pflicht zur gegenseitigen Amtshilfe kann also jedenfalls ein gesetzlicher Vergütungsanspruch entstehen, Düss MDR **89**, 1023, soweit ihn das Gesetz nicht ausdrücklich ausschließt, etwa wegen bloßer Auslagen nach § 8 I 2 VwVfG beim Betrag bis 35 EUR. Ein bisheriger „Verzicht" bindet nicht stets auch für die Zukunft, Düss MDR **89**, 1023.

Er hat seinen *Grund* unter anderem in dem Bestreben des Gesetzes, eine allzu häufige Anforderung einer derartigen Amtshilfetätigkeit einzudämmen und eine solche Sachverständigentätigkeit derjenigen eines privaten Sachverständigen gleichzustellen. Die für die angegangene Behörde usw etwa sonst geltende Gebührenordnung bleibt außer Betracht. Dieser Umstand erleichtert auch die gerichtliche Festsetzung der Vergütung nach § 4. Die Vergütung steht nach I 1 der Behörde nach § 1 IV VwVfG selbst zu, also jeder Stelle, die mit einer ausreichenden Selbständigkeit unabhängig vom Personalwechsel eine Aufgabe der öffentlichen Verwaltung wahrnimmt und hoheitlich handeln darf, OVG Münst DVBl **87**, 100, vor allem durch einen Verwaltungsakt, § 35 S 1 VwVfG. Die Vergütung steht also nicht etwa demjenigen Beamten oder sonstigen Behördenangehörigen zu, der für die allein beauftragte Behörde usw tätig geworden ist. Das ergibt sich auch aus I 3 Hs 2. Wegen des Dienstgutachtens Rn 56 ff.

Abschnitt 1. Allgemeine Vorschriften **§ 1 JVEG**

B. Anwendungsbereich. Zu den in II 1 genannten Behörden und Stellen zählen 48
zB: Die Bayerische Landesgewerbeanstalt, Mü Rpfleger **76**, 265; ein Prüfungsausschluß, etwa der Industrie- und Handels- oder Handwerkskammer, BVerwG NVwZ **85**, 577; ein Gutachterausschuß nach [jetzt] §§ 192 ff BauGB, BGH **62**, 95, Mü Rpfleger **76**, 264, LG Freibg Just **97**, 59. Vgl aber auch in den Ländern die jeweiligen LJKostG. Ferner zählen zu den Stellen nach II 1: Der Technische Überwachungsverein, Schlesw JB **96**, 323, LSG Chemnitz JB **01**, 486, OVG Lüneb NdsRpfl **83**, 259; ein Kreditinstitut, LG Coburg MDR **79**, 1047, AG Diepholz MDR **79**, 1047; eine staatlich anerkannte Privatschule, Fachhochschule, Hochschule.

Unanwendbar ist II 1, soweit eine bloße Zeugentätigkeit stattfindet. Dann können zB §§ 21, 22 anwendbar sein. Unanwendbar ist II 1 ferner zB bei einem privatrechtlich organisierten Unternehmen, soweit man es nicht wirksam mit einer hoheitlichen Befugnis beliehen hat. Das gilt selbst dann, wenn es eine auch öffentlichrechtliche Aufgabe erfüllt, etwa einen Personennahverkehr oder eine Versorgung.

6) Dienstgutachten, II 2. Der nachfolgende Grundsatz hat eine ganze Reihe 49
von Auswirkungen.

A. Grundsatz. Für einen solchen Angehörigen einer Behörde oder sonstigen öffentlichen Stelle, der weder ein Ehrenbeamter ist noch ehrenamtlich tätig wird, gilt das JVEG nicht, soweit er ein Gutachten nur in einer Erfüllung seiner Dienstaufgaben erstattet, vertritt oder erläutert, so schon Kblz Rpfleger **80**, 357, LG Bayreuth Rpfleger **82**, 82. Das gilt, damit er keine Doppelvergütung erhält, BayObLG **95**, 7. Das gilt auch dann, wenn die Erstattung usw nur einen Teil seiner Dienstaufgaben ausmacht, wenn es sich zB um eine bezahlte Nebentätigkeit handelt oder wenn sie umfangreicher ist oder wenn er im Urlaub ohne eine Rechtspflicht tätig geworden ist. Eine vorherige Zusage einer Vergütung durch das Gericht bindet nicht.

Die *Behörde selbst* behält natürlich einen Vergütungsanspruch, soweit man gerade sie als solche nach Rn 46 ff herangezogen hat, auch wenn sie einen Angehörigen damit als seine Dienstaufgabe betraut hat.

Ein Vergütungsanspruch für einen solchen Behördenangehörigen entsteht auch 50
nicht schon dadurch, daß das Gericht ihn *als* einen *Sachverständigen behandelt* hat, LG Flensb JB **76**, 941.

B. Betroffener Personenkreis. II 2 gilt zB: Für den Vertreter der Jugendbehör- 51
de; für eine zur Auskunft verpflichtete juristische Person des Privatrechts usw, Köln FamRZ **85**, 719, aM Drsd FamRZ **00**, 299 (aber [jetzt] das JVEG ist nicht ausdehnend anwendbar, Rn 1, 2); für den Angehörigen eines Kriminalamts. Etwas anderes gilt für einen nur hinzugezogenen wissenschaftlichen Mitarbeiter.

II 2 gilt ferner zB: Für einen Gerichtsarzt und einen anderen beamteten Arzt, soweit 52
das Gericht oder die Staatsanwaltschaft usw ihn in dieser dienstlichen Eigenschaft herangezogen hat, BayObLG **95**, 7 (FGG), Düss Rpfleger **83**, 129, etwa für den Arzt eines Landesuntersuchungsamts wegen seines Blutalkoholgutachtens. Indessen erhält der Arzt für seine Gutachtertätigkeit in der Hauptverhandlung eine Vergütung.

II 2 gilt ferner zB: Für einen Anstaltsarzt, wenn er sich dazu äußert, ob der Zweck 53
der Unterbringung erfüllt ist, LG Bayreuth Rpfleger **82**, 82; für ein Mitglied des Gesundheitsamts, etwa bei einer Leichenöffnung, LG Mainz Rpfleger **76**, 264; für den Angehörigen eines Gewerbeaufsichtsamts in Bayern; für den Angestellten eines chemischen Untersuchungsamts in Rheinland-Pfalz.

C. Zusammenhang mit Dienstpflicht. Sofern die Verpflichtung zur Gutach- 54
tertätigkeit nicht unmittelbar aus dem Dienstrecht hervorgeht, kommt es darauf an, wie eng der Zusammenhang mit der dienstlichen Tätigkeit ist, ob es sich also nur um eine unselbständige Fortsetzung oder um eine wirkliche Ergänzung der allgemeinen Tätigkeit handelt, Kblz Rpfleger **80**, 357, Mü Rpfleger **83**, 182 (in der Hauptverhandlung erfolgte die Erläuterung eines im Ermittlungsverfahren erstellten Gutachtens eines von der Staatsanwaltschaft zugezogenen beamteten Wirtschaftsfachmanns). Im ersteren Fall entsteht kein Anspruch nach dem JVEG, selbst wenn die Tätigkeit außerhalb der Dienstzeit erfolgt. Das gilt auch bei einer mündlichen Erläuterung, LG Flensb JB **76**, 941. Der Behördenangehörige muß daher bei der Geltendmachung eines eigenen Vergütungsanspruchs darlegen und beweisen, daß seine Leistung gerade keine Dienstaufgabe war.

JVEG § 1, Anh I § 1 V. Justizvergütungs- und -entschädigungsgesetz

Beim *Blutalkoholgutachten* sind die Feststellungen eine Dienstaufgabe, die Beurteilung der Fahrtauglichkeit meist ein vergütungspflichtiges Zusatzgutachten. Es gibt klarstellende, aber das Gericht nicht bindende Verwaltungsanordnungen der Länder für die Frage, was zu den Dienstaufgaben gehört und was nicht, MHB 54.1. Eine genehmigte oder sogar notwendige sog Nebentätigkeit ist gerade keine Dienstaufgabe, Zi 49.

55 Der *Chefarzt* eines städtischen Krankenhauses und sein Gehilfe können trotz ihrer Pflicht zur Tätigkeit nach § 407 ZPO evtl zu I, II 1 statt zu II 2 gehören.

56 Für die Frage, ob II 2 anwendbar ist, kommt es auch beim Universitätsarzt auf den Grad des Zusammenhangs mit seiner *Dienstpflicht* an. Dasselbe gilt bei einem Arzt, der zwar ein Mitglied des Gesundheitsamts ist, den das Gericht oder die Staatsanwaltschaft aber als einen freien Arzt herangezogen hat.

57 **D. Unerheblichkeit der Anstellungsart.** Sofern es überhaupt um einen Angehörigen einer Behörde oder sonstigen öffentlichen Stelle geht, der nicht Ehrenbeamter oder ehrenamtlich tätig ist, kommt es nicht darauf an, ob er Beamter oder Angestellter ist. Er erhält auch nicht seine Auslagen ersetzt. Denn auch § 5 JVEG ist ebensowenig wie die übrigen Vorschriften des JVEG anwendbar. Seine Behörde trägt seine Auslagen, LG Flensb JB **76**, 941.

58 **E. Einzelfragen.** Soweit II 2 auf einen Sachverständigen zutrifft und er daher keine Vergütung nach dem JVEG erhält, muß der Kostenschuldner in einem Verfahren nach der KostO, Teil III dieses Buchs, diesem Sachverständigen denjenigen Betrag erstatten, den der Kostenschuldner sonst für die Tätigkeit eines Sachverständigen nach dem JVEG zahlen müßte, § 137 Z 5 Hs 2 KostO. KV 9005 und KVFam 2005 jeweils amtliche Anmerkung I 2, Teil I A, B dieses Buchs, ist anwendbar.

59 **F. Ehrenbeamter usw.** Ein Ehrenbeamter und derjenige, der ehrenamtlich tätig ist, erhält eine Vergütung oder Entschädigung nach dem JVEG. Denn II 2 gilt für ihn ausdrücklich nicht.

60 **7) Vertrauensperson, IV.** Die Vertrauenspersonen und Vertrauensleute sind keine ehrenamtlichen Richter, da sie an Gerichtssitzungen nicht teilnehmen, sondern Verwaltungsfunktionen ausüben. IV behandelt sie aber wegen der Entschädigung wie die ehrenamtlichen Richter. Für die Festsetzung ist dasjenige Gericht zuständig, bei dem der Ausschluß gebildet ist, § 4 I 2 Z 1 Hs 3.

Anhang nach § 1

I. Gesetz über die Vergütung von Vormündern und Betreuern (Vormünder- und Betreuervergütungsgesetz – VBVG)

idF Art 8 des 2. BtÄndG v 21. 4. 05, BGBl 1073, in Kraft seit 1. 7. 05, Art 12 des 2. BtÄndG, zuletzt geändert dch Art 53 FGG-RG v 17. 12. 08, BGBl 2586, in Kraft seit 1. 9. 09, Art 112 Hs 1 FGG-RG, Übergangsrecht Art 111 FGG-RG, Grdz 2 vor § 1 FamGKG, Teil I B dieses Buchs. Ersetzt die frühere Regelung der §§ 1836 a, 1836 b BGB usw.

Schrifttum: *Deinert/Lütgens,* Die Vergütung des Betreuers, 5. Aufl, 2008 (Bespr *Spanl* Rpfleger **08**, 544, *Zimmermann* FamRZ **08**, 2010); *Zimmermann* FamRZ **08**, 1307 (Rspr.-Üb).

Abschnitt 1. Allgemeines

VBVG § 1. *Feststellung der Berufsmäßigkeit und Vergütungsbewilligung.* I ¹Das Familiengericht hat die Feststellung der Berufsmäßigkeit gemäß § 1836 Abs. 1 Satz 2 des Bürgerlichen Gesetzbuchs zu treffen, wenn dem Vormund in einem solchen Umfang Vormundschaften übertragen sind, dass er sie nur im Rahmen seiner Berufsausübung führen kann, oder wenn zu erwarten ist, dass dem Vormund in absehbarer Zeit Vormundschaften in diesem Umfang übertragen sein werden. ²Berufsmäßigkeit liegt in der Regel vor, wenn
1. der Vormund mehr als zehn Vormundschaften führt oder
2. die für die Führung der Vormundschaft erforderliche Zeit voraussichtlich 20 Wochenstunden nicht unterschreitet.

II ¹Trifft das Familiengericht die Feststellung nach Absatz 1 Satz 1, so hat es dem Vormund oder dem Gegenvormund eine Vergütung zu bewilligen. ²Ist

Abschnitt 1. Allgemeine Vorschriften **Anh I § 1 JVEG**

der Mündel mittellos im Sinne des § 1836 d des Bürgerlichen Gesetzbuchs, so kann der Vormund die nach Satz 1 zu bewilligende Vergütung aus der Staatskasse verlangen.

VBVG § 2. Erlöschen der Ansprüche. [1] Der Vergütungsanspruch erlischt, wenn er nicht binnen 15 Monaten nach seiner Entstehung beim Familiengericht geltend gemacht wird; die Geltendmachung des Anspruchs beim Vormundschaftsgericht gilt dabei auch als Geltendmachung gegenüber dem Mündel. [2] § 1835 Abs. 1 a des Bürgerlichen Gesetzbuchs gilt entsprechend.

Bem. Zur Ausschlußfrist Hamm FamRZ 09, 1182, ferner Brdb FamRZ 10, 65 (Fristbeginn mit dem Quartalsende der Betreuung) Mü FGPrax 08, 109 (keine taggenaue Berechnung mehr). **1**

Abschnitt 2. Vergütung des Vormunds

VBVG § 3. Stundensatz des Vormunds. I [1] Die dem Vormund nach § 1 Abs. 2 zu bewilligende Vergütung beträgt für jede Stunde der für die Führung der Vormundschaft aufgewandten und erforderlichen Zeit 19,50 Euro. [2] Verfügt der Vormund über besondere Kenntnisse, die für die Führung der Vormundschaft nutzbar sind, so erhöht sich der Stundensatz

1. auf 25 Euro, wenn diese Kenntnisse durch eine abgeschlossene Lehre oder eine vergleichbare abgeschlossene Ausbildung erworben sind;
2. auf 33,50 Euro, wenn diese Kenntnisse durch eine abgeschlossene Ausbildung an einer Hochschule oder durch eine vergleichbare abgeschlossene Ausbildung erworben sind.

[3] Eine auf die Vergütung anfallende Umsatzsteuer wird, soweit sie nicht nach § 19 Abs. 1 des Umsatzsteuergesetzes unerhoben bleibt, zusätzlich ersetzt.

II [1] Bestellt das Familiengericht einen Vormund, der über besondere Kenntnisse verfügt, die für die Führung der Vormundschaft allgemein nutzbar und durch eine Ausbildung im Sinne des Absatzes 1 Satz 2 erworben sind, so wird vermutet, dass diese Kenntnisse auch für die Führung der dem Vormund übertragenen Vormundschaft nutzbar sind. [2] Dies gilt nicht, wenn das Familiengericht aus besonderen Gründen bei der Bestellung des Vormunds etwas anderes bestimmt.

III [1] Soweit die besondere Schwierigkeit der vormundschaftlichen Geschäfte dies ausnahmsweise rechtfertigt, kann das Familiengericht einen höheren als den in Absatz 1 vorgesehenen Stundensatz der Vergütung bewilligen. [2] Dies gilt nicht, wenn der Mündel mittellos ist.

IV Der Vormund kann Abschlagszahlungen verlangen.

Abschnitt 3. Sondervorschriften für Betreuer

VBVG § 4. Stundensatz und Aufwendungsersatz des Betreuers. I [1] Die dem Betreuer nach § 1 Abs. 2 zu bewilligende Vergütung beträgt für jede nach § 5 anzusetzende Stunde 27 Euro. [2] Verfügt der Betreuer über besondere Kenntnisse, die für die Führung der Betreuung nutzbar sind, so erhöht sich der Stundensatz

1. auf 33,50 Euro, wenn diese Kenntnisse durch eine abgeschlossene Lehre oder eine vergleichbare abgeschlossene Ausbildung erworben sind;
2. auf 44 Euro, wenn diese Kenntnisse durch eine abgeschlossene Ausbildung an einer Hochschule oder durch eine vergleichbare abgeschlossene Ausbildung erworben sind.

II [1] Die Stundensätze nach Absatz 1 gelten auch Ansprüche auf Ersatz anlässlich der Betreuung entstandener Aufwendungen sowie anfallende Umsatzsteuer ab. [2] Die gesonderte Geltendmachung von Aufwendungen im Sinne des § 1835 Abs. 3 des Bürgerlichen Gesetzbuchs bleibt unberührt.

III [1] § 3 Abs. 2 gilt entsprechend. [2] § 1 Abs. 1 Satz 2 Nr. 2 findet keine Anwendung.

Bem. Die Pauschalierung ist verfassungsgemäß, Karlsr RGPrax 08, 107. Eine Erhöhung **1** der USt erfordert keine sofortige Erhöhung des Stundensatzes, Köln FGPrax 08, 108. Auch Dolmetscherkosten zählen evtl hierher, Schlesw FamRZ 09, 1181.

VBVG § 5. Stundenansatz des Betreuers. ¹ ¹Der dem Betreuer zu vergütende Zeitaufwand ist
1. in den ersten drei Monaten der Betreuung mit fünfeinhalb,
2. im vierten bis sechsten Monat mit viereinhalb,
3. im siebten bis zwölften Monat mit vier,
4. danach mit zweieinhalb

Stunden im Monat anzusetzen. ²Hat der Betreute seinen gewöhnlichen Aufenthalt nicht in einem Heim, beträgt der Stundenansatz
1. in den ersten drei Monaten der Betreuung achteinhalb,
2. im vierten bis sechsten Monat sieben,
3. im siebten bis zwölften Monat sechs,
4. danach viereinhalb

Stunden im Monat.

II ¹Ist der Betreute mittellos, beträgt der Stundenansatz
1. in den ersten drei Monaten der Betreuung viereinhalb,
2. im vierten bis sechsten Monat dreieinhalb,
3. im siebten bis zwölften Monat drei,
4. danach zwei

Stunden im Monat. ²Hat der mittellose Betreute seinen gewöhnlichen Aufenthalt nicht in einem Heim, beträgt der Stundenansatz
1. in den ersten drei Monaten der Betreuung sieben,
2. im vierten bis sechsten Monat fünfeinhalb,
3. im siebten bis zwölften Monat fünf,
4. danach dreieinhalb

Stunden im Monat.

III ¹Heime im Sinne dieser Vorschrift sind Einrichtungen, die dem Zweck dienen, Volljährige aufzunehmen, ihnen Wohnraum zu überlassen sowie tatsächliche Betreuung und Verpflegung zur Verfügung zu stellen oder vorzuhalten, und die in ihrem Bestand von Wechsel und Zahl der Bewohner unabhängig sind und entgeltlich betrieben werden. ²§ 1 Abs. 2 des Heimgesetzes gilt entsprechend.

IV ¹Für die Berechnung der Monate nach den Absätzen 1 und 2 gelten § 187 Abs. 1 und § 188 Abs. 2 erste Alternative des Bürgerlichen Gesetzbuchs entsprechend. ²Ändern sich Umstände, die sich auf die Vergütung auswirken, vor Ablauf eines vollen Monats, so ist der Stundenansatz zeitanteilig nach Tagen zu berechnen; § 187 Abs. 1 und § 188 Abs. 1 des Bürgerlichen Gesetzbuchs gelten entsprechend. ³Die sich dabei ergebenden Stundenansätze sind auf volle Zehntel aufzurunden.

V ¹Findet ein Wechsel von einem beruflichen zu einem ehrenamtlichen Betreuer statt, sind dem beruflichen Betreuer der Monat, in den der Wechsel fällt, und der Folgemonat mit dem vollen Zeitaufwand nach den Absätzen 1 und 2 zu vergüten. ²Dies gilt auch dann, wenn zunächst neben dem beruflichen Betreuer ein ehrenamtlicher Betreuer bestellt war und dieser die Betreuung allein fortführt. ³Absatz 4 Satz 2 und 3 ist nicht anwendbar.

1 **Bem.** Eine Gastfamilie ist kein „Heim" nach III, LG Kassel FamRZ **09**, 1182. Schuldner eines keineswegs stets ersetzbaren Anwaltshonorars, Mü FamRZ **09**, 1708, mag der Betreute selbst sein, Köln FamRZ **09**, 1708. Zum Betreuerwechsel Ffm FamRZ **09**, 1708, LG Bückebg FamRZ **09**, 1709; LG Bad Kreuzn FamRZ **09**, 2118.

VBVG § 6. Sonderfälle der Betreuung. ¹In den Fällen des § 1899 Abs. 2 und 4 des Bürgerlichen Gesetzbuchs erhält der Betreuer eine Vergütung nach § 1 Abs. 2 in Verbindung mit § 3; für seine Aufwendungen kann er Vorschuss und Ersatz nach § 1835 des Bürgerlichen Gesetzbuchs mit Ausnahme der Aufwendungen im Sinne von § 1835 Abs. 2 des Bürgerlichen Gesetzbuchs beanspruchen. ²Ist im Fall des § 1899 Abs. 4 des Bürgerlichen Gesetzbuchs die Verhinderung tatsächlicher Art, sind die Vergütung und der Aufwendungsersatz nach § 4 in Verbindung mit § 5 zu bewilligen und nach Tagen zu teilen; § 5 Abs. 4 Satz 3 sowie § 187 Abs. 1 und § 188 Abs. 1 des Bürgerlichen Gesetzbuchs gelten entsprechend.

VBVG § 7. Vergütung und Aufwendungsersatz für Betreuungsvereine. [I] [1]Ist ein Vereinsbetreuer bestellt, so ist dem Verein eine Vergütung und Aufwendungsersatz nach § 1 Abs. 2 in Verbindung mit den §§ 4 und 5 zu bewilligen. [2]§ 1 Abs. 1 sowie § 1835 Abs. 3 des Bürgerlichen Gesetzbuchs finden keine Anwendung.

[II] [1]§ 6 gilt entsprechend; der Verein kann im Fall von § 6 Satz 1 Vorschuss und Ersatz der Aufwendungen nach § 1835 Abs. 1, 1a und 4 des Bürgerlichen Gesetzbuchs verlangen. [2]§ 1835 Abs. 5 Satz 2 des Bürgerlichen Gesetzbuchs gilt entsprechend.

[III] Der Vereinsbetreuer selbst kann keine Vergütung und keinen Aufwendungsersatz nach diesem Gesetz oder nach den §§ 1835 bis 1836 des Bürgerlichen Gesetzbuchs geltend machen.

VBVG § 8. Vergütung und Aufwendungsersatz für Behördenbetreuer. [I] [1]Ist ein Behördenbetreuer bestellt, so kann der zuständigen Behörde eine Vergütung nach § 1836 Abs. 2 des Bürgerlichen Gesetzbuchs bewilligt werden, soweit der Umfang oder die Schwierigkeit der Betreuungsgeschäfte dies rechtfertigen. [2]Dies gilt nur, soweit eine Inanspruchnahme des Betreuten nach § 1836c des Bürgerlichen Gesetzbuchs zulässig ist.

[II] Unabhängig von den Voraussetzungen nach Absatz 1 Satz 1 kann die Betreuungsbehörde Aufwendungsersatz nach § 1835 Abs. 1 Satz 1 und 2 in Verbindung mit Abs. 5 Satz 2 des Bürgerlichen Gesetzbuchs verlangen, soweit eine Inanspruchnahme des Betreuten nach § 1836c des Bürgerlichen Gesetzbuchs zulässig ist.

[III] Für den Behördenbetreuer selbst gilt § 7 Abs. 3 entsprechend.

[IV] § 2 ist nicht anwendbar.

VBVG § 9. Abrechnungszeitraum für die Betreuungsvergütung. [I] [1]Die Vergütung kann nach Ablauf von jeweils drei Monaten für diesen Zeitraum geltend gemacht werden. [2]Dies gilt nicht für die Geltendmachung von Vergütung und Aufwendungsersatz in den Fällen des § 6.

VBVG § 10. Mitteilung an die Betreuungsbehörde
(nicht mit abgedruckt).

II. Beistand, Betreuer, Pfleger, Vormund nach FamFG

1. Kindschaftssachen

FamFG § 158. Verfahrensbeistand. [I–VI] ...

[VII] [1]Für den Ersatz von Aufwendungen des nicht berufsmäßigen Verfahrensbeistands gilt § 277 Abs. 1 entsprechend. [2]Wird die Verfahrensbeistandschaft berufsmäßig geführt, erhält der Verfahrensbeistand für die Wahrnehmung seiner Aufgaben nach Absatz 4 in jedem Rechtszug jeweils eine einmalige Vergütung in Höhe von 350 Euro. [3]Im Falle der Übertragung von Aufgaben nach Absatz 4 Satz 3 erhöht sich die Vergütung auf 550 Euro. [4]Die Vergütung gilt auch Ansprüche auf Ersatz anlässlich der Verfahrensbeistandschaft entstandener Aufwendungen sowie die auf die Vergütung anfallende Umsatzsteuer ab. [5]Der Aufwendungsersatz und die Vergütung sind stets aus der Staatskasse zu zahlen. [6]Im Übrigen gilt § 168 Abs. 1 entsprechend.

[VIII] Dem Verfahrensbeistand sind keine Kosten aufzuerlegen.

FamFG § 168. Beschluß über Zahlungen des Mündels. [I] [1]Das Gericht setzt durch Beschluss fest, wenn der Vormund, Gegenvormund oder Mündel die gerichtliche Festsetzung beantragt oder das Gericht sie für angemessen hält:
1. Vorschuss, Ersatz von Aufwendungen, Aufwandsentschädigung, soweit der Vormund oder Gegenvormund sie aus der Staatskasse verlangen kann (§ 1835 Abs. 4 und § 1835a Abs. 3 des Bürgerlichen Gesetzbuchs) oder ihm nicht die Vermögenssorge übertragen wurde;

2. eine dem Vormund oder Gegenvormund zu bewilligende Vergütung oder Abschlagszahlung (§ 1836 des Bürgerlichen Gesetzbuchs).

²Mit der Festsetzung bestimmt das Gericht Höhe und Zeitpunkt der Zahlungen, die der Mündel an die Staatskasse nach den §§ 1836c und 1836e des Bürgerlichen Gesetzbuchs zu leisten hat. ³Es kann die Zahlungen gesondert festsetzen, wenn dies zweckmäßig ist. ⁴Erfolgt keine Festsetzung nach Satz 1 und richten sich die in Satz 1 bezeichneten Ansprüche gegen die Staatskasse, gelten die Vorschriften über das Verfahren bei der Entschädigung von Zeugen hinsichtlich ihrer baren Auslagen sinngemäß.

II ¹In dem Antrag sollen die persönlichen und wirtschaftlichen Verhältnisse des Mündels dargestellt werden. ²§ 118 Abs. 2 Satz 1 und 2 sowie § 120 Abs. 2 bis Abs. 4 Satz 1 und 2 der Zivilprozessordnung sind entsprechend anzuwenden. ³Steht nach der freien Überzeugung des Gerichts der Aufwand zur Ermittlung der persönlichen und wirtschaftlichen Verhältnisse des Mündels außer Verhältnis zur Höhe des aus der Staatskasse zu begleichenden Anspruchs oder zur Höhe der voraussichtlich vom Mündel zu leistenden Zahlungen, kann das Gericht ohne weitere Prüfung den Anspruch festsetzen oder von einer Festsetzung der vom Mündel zu leistenden Zahlungen absehen.

III ¹Nach dem Tode des Mündels bestimmt das Gericht Höhe und Zeitpunkt der Zahlungen, die der Erbe des Mündels nach § 1836e des Bürgerlichen Gesetzbuchs an die Staatskasse zu leisten hat. ²Der Erbe ist verpflichtet, dem Gericht über den Bestand des Nachlasses Auskunft zu erteilen. ³Er hat dem Gericht auf Verlangen ein Verzeichnis der zur Erbschaft gehörenden Gegenstände vorzulegen und an Eides Statt zu versichern, dass er nach bestem Wissen und Gewissen den Bestand so vollständig angegeben habe, als er dazu imstande sei.

IV ¹Der Mündel ist zu hören, bevor nach Absatz 1 eine von ihm zu leistende Zahlung festgesetzt wird. ²Vor einer Entscheidung nach Absatz 3 ist der Erbe zu hören.

V Auf die Pflegschaft sind die Absätze 1 bis 4 entsprechend anzuwenden.

2. Abstammungssachen

FamFG § 174. Verfahrensbeistand. ¹Das Gericht hat einem minderjährigen Beteiligten in Abstammungssachen einen Verfahrensbeistand zu bestellen, sofern dies zur Wahrnehmung seiner Interessen erforderlich ist. ²§ 158 Abs. 2 Nr. 1 sowie Abs. 3 bis 7 gilt entsprechend.

3. Adoptionssachen

FamFG § 191. Verfahrensbeistand. ¹Das Gericht hat einem minderjährigen Beteiligten in Adoptionssachen einen Verfahrensbeistand zu bestellen, sofern dies zur Wahrnehmung seiner Interessen erforderlich ist. ²§ 158 Abs. 2 Nr. 1 sowie Abs. 3 bis 7 gilt entsprechend.

4. Betreuungssachen

FamFG § 277. Vergütung und Aufwendungsersatz des Verfahrenspflegers. I ¹Der Verfahrenspfleger erhält Ersatz seiner Aufwendungen nach § 1835 Abs. 1 bis 2 des Bürgerlichen Gesetzbuchs. ²Vorschuss kann nicht verlangt werden. ³Eine Behörde oder ein Verein erhalten als Verfahrenspfleger keinen Aufwendungsersatz.

II ¹§ 1835 Abs. 1 und 3 des Bürgerlichen Gesetzbuchs gilt entsprechend. ²Wird die Verfahrenspflegschaft ausnahmsweise berufsmäßig geführt, erhält der Verfahrenspfleger neben den Aufwendungen nach Absatz 1 eine Vergütung in entsprechender Anwendung der §§ 1, 2 und 3 Abs. 1 und 2 des Vormünder- und Betreuervergütungsgesetzes.

III ¹Anstelle des Aufwendungsersatzes und der Vergütung nach den Absätzen 1 und 2 kann das Gericht dem Verfahrenspfleger einen festen Geldbetrag zubilligen, wenn die für die Führung der Pflegschaftsgeschäfte erforderliche Zeit vorhersehbar und ihre Ausschöpfung durch den Verfahrenspfleger gewährleistet ist. ²Bei der Bemessung des Geldbetrags ist die voraussichtlich erforderliche Zeit mit den in § 3 Abs. 1 des Vormünder- und Betreuervergütungsgesetzes bestimmten Stundensätzen zuzüglich einer Aufwandspauschale von drei Euro je veranschlagter Stunde zu vergüten. ³In diesem Fall braucht der Verfahrenspfleger die von ihm aufgewandte Zeit und eingesetzten Mittel nicht nachzuweisen; weitergehende Aufwendungsersatz- und Vergütungsansprüche stehen ihm nicht zu.

IV ¹Ist ein Mitarbeiter eines anerkannten Betreuungsvereins als Verfahrenspfleger bestellt, stehen der Aufwendungsersatz und die Vergütung nach den Absätzen 1 bis 3 dem Verein zu. ²§ 7 Abs. 1 Satz 2 und Abs. 3 des Vormünder- und Betreuervergütungsgesetzes sowie § 1835 Abs. 5 Satz 2 des Bürgerlichen Gesetzbuchs gelten entsprechend. ³Ist ein Bediensteter der Betreuungsbehörde als Verfahrenspfleger für das Verfahren bestellt, erhält die Betreuungsbehörde keinen Aufwendungsersatz und keine Vergütung.

V ¹Der Aufwendungsersatz und die Vergütung des Verfahrenspflegers sind stets aus der Staatskasse zu zahlen. ²Im Übrigen gilt § 168 Abs. 1 entsprechend.

FamFG § 292. Zahlungen an den Betreuer. ¹In Betreuungsverfahren gilt § 168 entsprechend.

II ¹Die Landesregierungen werden ermächtigt, durch Rechtsverordnung für Anträge und Erklärungen auf Ersatz von Aufwendungen und Bewilligung von Vergütung Formulare einzuführen. ²Soweit Formulare eingeführt sind, müssen sich Personen, die die Betreuung im Rahmen der Berufsausübung führen, ihrer bedienen und sie als elektronisches Dokument einreichen, wenn dieses für die automatische Bearbeitung durch das Gericht geeignet ist. ³Andernfalls liegt keine ordnungsgemäße Geltendmachung im Sinne von § 1836 Abs. 1 Satz 2 des Bürgerlichen Gesetzbuchs in Verbindung mit § 1 des Vormünder- und Betreuungsvergütungsgesetzes vor. ⁴Die Landesregierungen können die Ermächtigung nach Satz 1 durch Rechtsverordnung auf die Landesjustizverwaltungen übertragen.

5. Unterbringungssachen

FamFG § 318. Vergütung und Aufwendungsersatz des Verfahrenspflegers. Für die Vergütung und den Aufwendungsersatz des Verfahrenspflegers gilt § 277 entsprechend.

Abschnitt 4. Schlussvorschriften

VBVG § 11. Umschulung und Fortbildung von Berufsvormündern (nicht mit abgedruckt).

Geltendmachung und Erlöschen des Anspruchs, Verjährung

2 I ¹Der Anspruch auf Vergütung oder Entschädigung erlischt, wenn er nicht binnen drei Monaten bei der Stelle, die den Berechtigten herangezogen oder beauftragt hat, geltend gemacht wird. ²Die Frist beginnt

1. im Fall der schriftlichen Begutachtung oder der Anfertigung einer Übersetzung mit Eingang des Gutachtens oder der Übersetzung bei der Stelle, die den Berechtigten beauftragt hat,
2. im Fall der Vernehmung als Sachverständiger oder Zeuge oder der Zuziehung als Dolmetscher mit Beendigung der Vernehmung oder Zuziehung,
3. in den Fällen des § 23 mit Beendigung der Maßnahme und
4. im Fall der Dienstleistung als ehrenamtlicher Richter oder Mitglied eines Ausschusses im Sinne des § 1 Abs. 4 mit Beendigung der Amtsperiode.

³Die Frist kann auf begründeten Antrag von der in Satz 1 genannten Stelle verlängert werden; lehnt sie eine Verlängerung ab, hat sie den Antrag unverzüglich dem nach § 4 Abs. 1 für die Festsetzung der Vergütung oder Entschädigung zuständigen Gericht vorzulegen, das durch unanfechtbaren Beschluss entscheidet. ⁴Weist das Gericht den Antrag zurück, erlischt der Anspruch, wenn die Frist nach Satz 1 abgelaufen und der Anspruch nicht binnen zwei Wochen ab Bekanntgabe der Entscheidung bei der in Satz 1 genannten Stelle geltend gemacht worden ist.

II ¹War der Berechtigte ohne sein Verschulden an der Einhaltung einer Frist nach Absatz 1 gehindert, gewährt ihm das Gericht auf Antrag Wiedereinsetzung in den vorigen Stand, wenn er innerhalb von zwei Wochen nach Beseitigung des Hindernisses den Anspruch beziffert und die Tatsachen glaubhaft macht, welche die Wiedereinsetzung begründen. ²Nach Ablauf eines Jahres, von dem Ende der versäumten Frist an gerechnet, kann die Wiedereinsetzung nicht mehr beantragt werden. ³Gegen die Ablehnung der Wiedereinsetzung findet die Beschwerde statt. ⁴Sie ist nur zulässig, wenn sie innerhalb von zwei Wochen eingelegt wird. ⁵Die Frist beginnt mit der Zustellung der Entscheidung. ⁶§ 4 Abs. 4 Satz 1 bis 3 und Abs. 6 bis 8 ist entsprechend anzuwenden.

III ¹Der Anspruch auf Vergütung oder Entschädigung verjährt in drei Jahren nach Ablauf des Kalenderjahrs, in dem der nach Absatz 1 Satz 2 Nr. 1 bis 4 maßgebliche Zeitpunkt eingetreten ist. ²Auf die Verjährung sind die Vorschriften des Bürgerlichen Gesetzbuchs anzuwenden. ³Durch den Antrag auf gerichtliche Festsetzung (§ 4) wird die Verjährung wie durch Klageerhebung gehemmt. ⁴Die Verjährung wird nicht von Amts wegen berücksichtigt.

IV ¹Der Anspruch auf Erstattung zu viel gezahlter Vergütung oder Entschädigung verjährt in drei Jahren nach Ablauf des Kalenderjahrs, in dem die Zahlung erfolgt ist. ²§ 5 Abs. 3 des Gerichtskostengesetzes gilt entsprechend.

Gliederung

1) Systematik, I–IV 1
2) Regelungszweck, I–IV 2
3) Persönlicher Geltungsbereich, I–IV 3
4) Geltendmachung, I 1 4–6
   A. Antragsobliegenheit 4
   B. Verzicht 5
   C. Gerichtsaufgaben 6
5) Antragsfrist, I, II 7–13
   A. Schriftliches Gutachten, Übersetzung, I 2 Z 1 8
   B. Vernehmung oder Dolmetscherzuziehung, I 2 Z 2 9
   C. Urkundenvorlage, Augenschein usw, I 2 Z 3 10
   D. Ehrenamtlicher Richter, Ausschußmitglied, I 2 Z 4 11
   E. Fristverlängerung, I 3 Hs 1 12
   F. Ablehnung einer Verlängerung, I 3 Hs 2, I 4 13
6) Kein Formzwang, kein Anwaltszwang, I 14
7) Weitere Einzelfragen zum Antrag, I 15
8) Erlöschen, Wiedereinsetzung, II 16, 17
9) Verjährung des Vergütungs- oder Entschädigungsanspruchs, III ... 18–20
   A. Verjährungsfrist 18
   B. Notwendigkeit einer Einrede 19
   C. Verwirkung 20
10) Verjährung des Rückerstattungsanspruchs, IV 21

1   **1) Systematik, I–IV.** Die Vorschrift enthält in I 1 als Einleitung der Vorschriften zum Verfahren bei der Festsetzung einer Vergütung oder Entschädigung das Erfordernis eines Antrags. Das ergibt sich aus den Worten „geltend gemacht wird". Andererseits kann das Gericht jedenfalls zu *seiner* Festsetzung nach § 4 I 1 Hs 2 auch von Amts wegen verpflichtet sein. Dennoch bleibt es für die erste Phase vor dem Kostenbeamten beim Antragserfordernis. Die übrigen Teile der Vorschrift regeln praktisch nur die späteren Fragen des Erlöschens oder doch der Verjährung.

2   **2) Regelungszweck, I–IV.** Die Vorschrift dient zum einen einer Entlastung der Staatskasse. Das Gesetz zwingt denjenigen Bürger, den es in Anspruch genommen hat, auch noch dazu, seine Forderung alsbald und vollständig anzumelden, statt wenigstens die Vergütung oder Entschädigung außerhalb § 4 I 1 Hs 2 zumindest auch von Amts wegen vorzunehmen. Die Vorschrift dient zum anderen einer zügigen Abrechnung der Kostenfragen, Zimmermann Rpfleger **96**, 9, und damit der Prozeßwirtschaftlichkeit, BLAH Grdz 14 vor § 128 ZPO. Das muß man bei der Auslegung mitbeachten.

3   **3) Persönlicher Geltungsbereich, I–IV.** Die Vorschrift gilt für alle nach § 1 Berechtigten.
Sie gilt *nicht* für eine Partei, OVG Kblz Rpfleger **06**, 48.

4   **4) Geltendmachung, I 1.** Der Berechtigte erhält seine Vergütung oder Entschädigung aus den Gründen Rn 1 grundsätzlich nicht von Amts wegen, sondern nur auf

Abschnitt 1. Allgemeine Vorschriften **§ 2 JVEG**

Grund einer „Geltendmachung", also eines Verlangens oder einer Forderung, im weiteren Sinn also eines Antrags, (zum alten Recht) Schlesw SchlHA **86**, 35. Das gilt auch für seinen Erben und auch für eine Behörde. Sie mag zB aus Vereinfachungsgründen für ihren Bereich allgemein eine Unterlassung derartiger Anträge angeordnet haben, BGH NJW **84**, 2365. Jeder Antragsteller muß die Fristen des § 2 beachten. Freilich kann eine gerichtliche Festsetzung bei § 4 I 1 Hs 2 auch von Amts wegen erfolgen.

A. Antragsobliegenheit. Ein formeller Antrag im engeren Sinn ist daher nicht stets notwendig. Es genügt das eindeutige Verlangen einer Vergütung oder Entschädigung dem Grunde nach, Rn 14. Ein solches Verlangen stellt aber im juristischen Sprachgebrauch eine sog Obliegenheit dar: Wer ihr nicht folgt, riskiert das Erlöschen des Anspruchs. Den Antrag kann auch für den Berechtigten sein gesetzlicher Vertreter, Pfleger, Betreuer, ProzBev oder VerfBev stellen. Mehrere Erben müssen den Antrag gemeinsam stellen. Richtiger Adressat ist die heranziehende Stelle.

Über die Antragshöhe hinaus ist eine Vergütung theoretisch durchaus denkbar. Denn die Antragsobliegenheit besteht nur zum Ob, nicht zum Wieviel. Vielmehr kann sich nach § 8 Rn 35 ff ein objektiv höherer Zeitbedarf als der vom Sachverständigen genannte ergeben, aM MHB § 8 Rn 50, Zi 2 (aber § 2 nennt nicht ein „Verlangen").

B. Verzicht. Soweit der Berechtigte auf eine Vergütung oder Entschädigung wirksam verzichtet hat, ist er durch eine etwa trotzdem erhaltene Leistung ungerechtfertigt bereichert. Das Gericht muß diese Bereicherung von Amts wegen zurückfordern. Die geleisteten Beträge sind keine Auslagen. Die Staatskasse darf sie nicht vom Kostenschuldner fordern. 5

Die *Verzichtserklärung* läßt sich an eine auch stillschweigende Voraussetzung oder Bedingung knüpfen, etwa daran, am eigenen Wohnort statt vor dem auswärtigen Prozeßgericht aussagen zu können, Düss MDR **91**, 66. Auch eine wesentliche Änderung der persönlichen Verhältnisse des Zeugen mag als eine auflösende Bedingung eines Verzichts gelten können, Düss JB **97**, 374 (rechtzeitig mitgeteilte Auslands-Arbeitsstelle). Eine Verzichtserklärung ist nicht frei widerruflich. Sie läßt sich vielmehr nur nach den Regeln des öffentlichen Rechts widerrufen, Düss JB **97**, 374. Das gilt etwa wegen einer Täuschung, einer Drohung oder eines Erklärungsirrtums sowie wegen eines Fortfalls der Geschäftsgrundlage, Mü NJW **75**, 2108. Man muß die Widerrufserklärung unverzüglich abgeben, (jetzt) § 5 V 1 entsprechend, Mü JB **95**, 373.

Soweit eine *Partei* den vom Gericht herangezogenen Berechtigten nach seinem Verzicht auf eine Vergütung oder Entschädigung aus der Staatskasse nun ihrerseits bezahlt, kann sie von ihm keine Erstattung fordern, aM Ffm BB **78**, 1340 (aber man kann sie nicht besser als die Staatskasse stellen). Die Partei kann sich freilich den Entschädigungs- oder Vergütungsanspruch der Beweisperson abtreten lassen.

C. Gerichtsaufgaben. Der Urkundsbeamte kann den Richter bitten, unverbindlich einen Stundensatz vorzuschlagen. Dazu kann der Richter unabhängig von (jetzt) § 4 verpflichtet sein, Mü RR **97**, 768. Das gilt aber keineswegs schon stets nur zur Erleichterung der Arbeit des Urkundsbeamten. Der Vorschlag bindet den Urkundsbeamten noch nicht, Mü RR **97**, 768. 6

5) Antragsfrist, I, II. Man muß mehrere Aspekte beachten. Ein Antrag ist schon vor der Beendigung einer Heranziehung zulässig, Bre JB **76**, 1536. Der Berechtigte braucht ihn dann nicht nach der Beendigung seiner Tätigkeit zu wiederholen, Bre JB **76**, 1537, Oldb JB **96**, 322. 7

Der Berechtigte muß seine Angaben über den Vergütungs- oder Entschädigungsanspruch innerhalb der gesetzten Frist *vollständig* nach Grund und Höhe machen. Er muß also auch alle verschiedenen Ansprüche im einzelnen beziffern. Einen etwa übersehenen Anspruch kann er später allenfalls unter den Voraussetzungen einer Wiedereinsetzung in den vorigen Stand geltend machen.

Die 3-Monats-Frist nach I 1 gilt bei allen Anspruchsberechtigten. Sie ist eine *Ausschlußfrist,* Drsd Rpfleger **99**, 538, LG Hann JB **05**, 550. Das gilt auch beim Angeklagten nach § 464a II Z 1 StPO, LG Passau JB **96**, 489. Eine Einreichung bei einer unzuständigen Stelle wahrt die Frist nicht. Vgl freilich zB § 129a ZPO.

A. Schriftliches Gutachten, Übersetzung, I 2 Z 1. Hier beginnt die Frist mit dem Eingang des Gutachtens oder der Übersetzung bei derjenigen Stelle, die den Be- 8 rechtigten beauftragt hat. Das gilt unabhängig davon, ob, warum und wann es in welchem Umfang und auf wessen Verlangen auch immer noch zu einer schriftlichen Ergänzung oder zu einer mündlichen Erläuterung des Gutachtens kommt oder kommen könnte, Kblz MDR **08**, 173, und in welcher Reihenfolge dergleichen geschieht. Das zwingt evtl zu einem Antrag wegen des schriftlichen Teils vor dem Abschluß der Gesamtleistung. Freilich beginnt nur die Frist auf Grund des ersten schriftlichen Gutachtens so. Die Frist zur Geltendmachung einer etwaigen zusätzlichen Vergütung für ein schriftliches Ergänzungsgutachten und/oder für eine mündliche Erläuterung beginnt natürlich erst mit deren Beendigung.

Bei einer *Mehrheit* von Aufträgen verschiedener Stellen mit demselben Gutachten usw wahrt man die Frist schon beim Eingang bei jeder dieser Stellen.

9 **B. Vernehmung oder Dolmetscherzuziehung, I 2 Z 2.** Bei einer Vernehmung als Sachverständiger oder sachverständiger Zeuge oder Zeuge oder einer Zuziehung als Dolmetscher beginnt die Frist mit der Beendigung der Vernehmung oder Zuziehung. Diese Beendigung liegt erst in der Entlassung durch die heranziehende Stelle. Deren Zeitpunkt ergibt sich meist aus dem etwaigen Protokoll. Man muß notfalls zB den Vorsitzenden um eine aktenkundige Äußerung zum Entlassungszeitpunkt bitten. Maßgebend ist das Tätigkeitsende gerade in *dieser* Angelegenheit. Das gilt ungeachtet einer etwa nach § 372a ZPO vorangegangenen Untersuchung.

Soweit der Zeuge zB nach § 377 III ZPO oder von sich aus zunächst *schriftlich* ausgesagt hat, beginnt für die nur dazu gehörende Entschädigung die Frist mit dem Eingang der Stellungnahme beim heranziehenden Gericht und bei einer ihm abverlangten Ergänzung mit deren Eingang und nach einer jeden mündlichen Erläuterung mit der an sie anschließenden Entlassung. Etwas anderes kann sich wegen einer Fristverlängerung nach Rn 12 ergeben.

10 **C. Urkundenvorlage, Augenschein usw, I 2 Z 3.** Hierher gehören die Fälle des § 23, also: Die Vorlage einer Urkunde oder sonstigen Unterlage oder eines sonstigen Gegenstands gerade auf Grund einer gerichtlichen Anordnung; die Duldung von deren Inaugenscheinnahme durch das Gericht. Dann beginnt die Frist mit der Beendigung der Maßnahme. Das kann der Vorlage- oder sogar schon der Abholzeitpunkt sein, aber evtl auch erst das Ende zB des Erörterungstermins oder der Zeitpunkt des Rückerhalts einer Urkunde. Im Zweifel zugunsten des Antragstellers. Maßgeblich ist in derselben Angelegenheit die letzte solche Maßnahme.

11 **D. Ehrenamtlicher Richter, Ausschußmitglied, I 2 Z 4.** Nach einer Dienstleistung als ehrenamtlicher Richter oder als ein Mitglied eines Ausschusses nach § 1 IV beginnt die Frist mit der Beendigung der Amtsperiode gerade dieses Berechtigten. Sie beginnt also nicht schon mit der Beendigung der Tätigkeit in dem jeweiligen letzten Einzelverfahren.

12 **E. Fristverlängerung, I 3 Hs 1.** Die in I 1 genannte Stelle darf die Frist nach I 3 auf einen Antrag verlängern. Man darf den notwendigen Antrag bei ihr nicht nur mit irgendwelchen Gründen versehen, sondern muß ihn auch objektiv ausreichend begründen. Ausreichen mag etwa das Ausstehen der rechtzeitig erbetenen Rechnung einer Hilfsperson gegenüber dem Sachverständigen. Darüber entscheidet die in I 1 genannte Stelle nach ihrem pflichtgemäßen Ermessen unter einer Abwägung aller vorgetragenen und erkennbaren Umstände. Ein Verlängerungsantrag muß vor dem Fristablauf eingehen, LG Hann JB **05**, 550 (keine Wiedereinsetzung). Die Fristverlängerung darf nur ausnahmsweise erfolgen. Eine Mehrarbeit des Berechtigten wegen der etwaigen Notwendigkeit mehrerer zeitlich aufeinander folgender Anträge nach Rn 9 reicht dafür nicht, wohl aber evtl die Abhängigkeit des Berechtigten bei der Antragstellung von einem zulässig unterbeauftragten Dritten.

13 **F. Ablehnung einer Verlängerung, I 3 Hs 2, I 4.** Soweit die in I 1 genannte Stelle eine Fristverlängerung ablehnen will, darf und muß sie nach § 121 I 1 BGB unverzüglich und daher ohne ein schuldhaftes Zögern den Antrag dem für die Festsetzung der Vergütung oder Entschädigung nach § 4 I zuständigen Gericht vorlegen. Es muß einen irrig zunächst direkt bei ihm eingereichten Antrag zunächst der in I 1 genannten Stelle zuleiten und deren Rückvorlegung abwarten. Das Gericht entscheidet schließlich durch einen unanfechtbaren Beschluß. Soweit auch das Gericht nach I 3 ablehnt, beginnt die Frist nach I 1 nicht etwa neu, sondern es beginnt eine wei-

Abschnitt 1. Allgemeine Vorschriften §2 JVEG

tere Ausschlußfrist von diesmal nur noch 2 Wochen seit der Bekanntgabe der Gerichtsentscheidung. In dieser letzten Frist muß der Berechtigte den Anspruch erneut bei der in I 1 genannten Stelle erheben, um ihn nicht zu verlieren. Ein schon bis hierhin mit deutscher Überperfektion ausgestaltetes Verfahren angeblich zur Vereinfachung!

6) Kein Formzwang, kein Anwaltszwang, I. Der Antrag ist formlos zulässig. Man kann ihn auch mündlich oder elektronisch stellen, § 4b. Er ist gegenüber dem Urkundsbeamten der Geschäftsstelle des heranziehenden Gerichts usw und daher entsprechend § 78 III Hs 2 ZPO ohne einen Anwaltszwang zulässig, so schon Bre JB **76**, 1537. Ausreichend ist jede Erklärung, aus der sich ein Anspruch auf die Zahlung einer Vergütung oder Entschädigung objektiv ableiten läßt, Düss JB **96**, 490 (Bitte um Vordruck), LG Würzb JB **77**, 829. Eine Anspruchsbezifferung ist zulässig, aber nicht notwendig. Eine Bitte um die Übersendung eines Antragsformulars oder dergleichen reicht wohl meist schon aus, Düss JB **96**, 490. Freilich ist das eine Fallfrage. Ein Antrag des Bevollmächtigten oder des gesetzlichen Vertreters reicht. Auch ein Rechtsnachfolger (Erbe) ist antragsberechtigt. 14

7) Weitere Einzelfragen zum Antrag, I. Der Berechtigte braucht seinen Anspruch grundsätzlich nicht zu beziffern. Er kann eine Bezifferung auch noch innerhalb der Verjährungsfrist des § 195 BGB nachholen. Als Sachverständiger muß er aber seinen Gesamtanspruch nachvollziehbar aufschlüsseln. Nach dem Ablauf der 3-Monats-Frist erlischt der Anspruch ohne weiteres und unabhängig von einer Anforderung durch das Gericht zu einer Bezifferung, LG Düss Rpfleger **82**, 105. 15

8) Erlöschen, Wiedereinsetzung, II. Wenn der Berechtigte den Anspruch nicht innerhalb der ursprünglichen Frist oder nach einem rechtzeitigen Verlängerungsantrag nicht innerhalb der etwa verlängerten Frist geltend gemacht hat, erlischt der Anspruch nach I 1 grundsätzlich. 16

Soweit der Berechtigte die Frist aber ohne sein Verschulden nicht einhalten konnte, kann er nach II 1 Hs 1 wie bei § 233 ZPO ausnahmsweise eine *Wiedereinsetzung* in den vorigen Stand beantragen, aber auch nur dann, Kblz MDR **08**, 173. Eine starke Arbeitsbelastung reicht kaum, LSG Mü JB **09**, 150. Der Berechtigte muß jedenfalls selbst bei einer ausreichenden Entschuldigung nach II 1 Hs 2 innerhalb von 2 Wochen nach der Beseitigung des Hindernisses den Anspruch in dem ihm derzeit möglichen Umfang beziffern und diejenigen Tatsachen glaubhaft machen, die die Wiedereinsetzung begründen. Zum Begriff der Beseitigung des Hindernisses BLAH § 234 HO Rn 7ff. Die Versäumung eines Verlängerungsantrags nach Rn 12 kann trotz dessen vom Gesetz bloß als eine Kannvorschrift bezeichneter Ausgestaltung doch ein Verschulden bedeuten. Denn dann liegt eine Nichtbeachtung einer Obliegenheit vor. Es kommt insofern aber auf die Gesamtumstände des Einzelfalls an. 17

Die *Glaubhaftmachung* erfolgt wie bei § 294 ZPO. Nach dem Ablauf eines Jahres seit dem Ende der versäumten Frist ist eine Wiedereinsetzung nach II 2 wie bei § 234 III ZPO unstatthaft. Über den Wiedereinsetzungsantrag entscheidet zunächst der für die Festsetzung zuständige Urkundsbeamte der Geschäftsstelle, Zi 15, aM MHB 390 FN 13 (zuständig sei der Richter). Grundsätzlich ist die Festsetzung aber zunächst nach § 4 eine Aufgabe des Urkundsbeamten der Geschäftsstelle.

Gegen eine ablehnende Entscheidung des Urkundsbeamten ist die Erinnerung zulässig. Über diese muß der Richter entscheiden. Gegen die Entscheidung des Richters ist eine *Beschwerde* unter den Voraussetzungen des § 2 II 3–6 zulässig. Der Beschwerdeführer muß also eine Zweiwochenfrist seit der Zustellung der ablehnenden Entscheidung einhalten. Vgl im übrigen bei dem von II 6 in Bezug genommenen § 4 IV 1–3, 6–8.

9) Verjährung des Vergütungs- oder Entschädigungsanspruchs, III. Soweit der Vergütungs- oder Entschädigungsanspruch nach I, II nicht erloschen ist, kann er verjähren. 18

A. Verjährungsfrist. Eine Verjährung erfolgt nach III 1 drei Jahre nach dem Ablauf desjenigen Kalenderjahrs, in dem der nach I 2 Z 1–4 maßgebliche Zeitpunkt eingetreten ist. Die Verjährung richtet sich im übrigen gemäß III 2 nach §§ 199ff BGB, aM Drsd Rpfleger **99**, 538 (Unanwendbarkeit der §§ 194ff BGB). Sie gelten aber ausdrücklich, und zwar nicht nur entsprechend, sondern direkt, wie schon nach altem Recht). Es kommt dabei für den Beginn auf den Ablauf desjenigen Kalenderjahrs an, in dem der Berechtigte seinen Anspruch erstmalig geltend machen *kann,* also nicht auf die tatsächliche Geltendmachung, sondern auf die bloße Möglichkeit dazu. Nach III 3 hemmt scheinbar noch nicht die erstmalige Geltendmachung, sondern erst der Eingang eines Festsetzungsantrags nach § 4 I Hs 1 die Verjährung ebenso wie eine Klageerhebung, §§ 253, 261 ZPO, § 204 I Z 1 BGB.

Man muß indessen in Wahrheit beachten, daß bereits der *Antrag* auf die Zahlung einer Vergütung oder Entschädigung die Frist neu beginnen läßt. Denn dieser Antrag ist die in § 2 vorgesehene Art der gerichtlichen Geltendmachung. Ein Neubeginn der Verjährung liegt aber auch in einer etwaigen Aufforderung des Gerichts an den Berechtigten zur Geltendmachung seines Vergütungs- oder Entschädigungsanspruchs. Denn aus dieser im Gesetz nicht ausdrücklich vorgesehenen zulässigen Aufforderung ergibt sich, daß das Gericht von dem Bestehen eines Vergütungs- bzw Entschädigungsanspruchs ausgeht. Erst recht hemmt natürlich ein Anerkenntnis zB im Weg einer Ratenzahlung die Verjährung.

19 **B. Notwendigkeit einer Einrede.** Die Verjährung ist nach III 4 nicht von Amts wegen beachtbar, sondern gibt der Staatskasse wie jedem Schuldner nur nach § 214 I BGB ein Leistungsverweigerungsrecht. Man darf sie daher nur auf ihre Einrede beachten. Zur Klärung, ob sie von dieser Einrede Gebrauch machen will, muß sie von der Situation Kenntnis haben. Daher darf die Anweisungstelle ihr die Akten zur Entscheidung vorlegen. Eine Verjährungseinrede muß eindeutig erfolgen. Sie muß dann aber nicht unbedingt ausdrücklich geschehen. Freilich liegt sie im Zweifel nicht vor. Sie läßt sich nach § 30a EGGVG anfechten, Teil XII B dieses Buchs. Über einen solchen Anfechtungsantrag entscheidet dasjenige AG, in dessen Bezirk die für die Einziehung usw zuständige Kasse ihren Sitz hat. Der Kostenschuldner kann nur nach § 21 GKG, § 20 FamGKG vorgehen.

20 **C. Verwirkung.** Eine Verwirkung vor dem Eintritt der Verjährung ist denkbar, etwa aus dem Gesichtspunkt des Vertrauensschutzes, § 242 BGB, Zweibr Rpfleger **91**, 84, LG Bln FamRZ **99**, 1514. Denn dieser Gedanke gilt allgemein. Eine Verjährung kann ausnahmsweise nach Treu und Glauben gemäß § 242 BGB unbeachtlich sein, Bre JB **76**, 1537.

21 **10) Verjährung des Rückerstattungsanspruchs, IV.** Die Vorschrift erfaßt nicht den Vergütungs- oder Entschädigungsanspruch des Berechtigten nach I–III, sondern die Verjährung des etwaigen Anspruchs der Staatskasse auf die Erstattung zuviel gezahlter Vergütung oder Entschädigung nach §§ 812ff BGB, Kblz JB **87**, 493. Es gilt eine dreijährige Verjährungsfrist seit dem Ende desjenigen Kalenderjahrs, in dem die überhöhte Zahlung erfolgt ist, IV 1, (zum alten Recht) Mü RR **00**, 143. Sie errechnet sich im übrigen entsprechend § 5 III GKG, Teil I A dieses Buchs.

Vorschuss

3 Auf Antrag ist ein angemessener Vorschuss zu bewilligen, wenn dem Berechtigten erhebliche Fahrtkosten oder sonstige Aufwendungen entstanden sind oder voraussichtlich entstehen werden oder wenn die zu erwartende Vergütung für bereits erbrachte Teilleistungen einen Betrag von 2000 Euro übersteigt.

Gliederung

1) Systematik	1
2) Regelungszweck	2
3) Keine Abhängigkeit von Eigenmitteln	3–8
A. Antrag	3
B. Entweder: Erheblichkeit der Fahrtkosten	4–6
C. Oder: Erheblichkeit sonstiger Aufwendungen	7
D. Oder: Über 2000 EUR zu erwarten	8
4) Art des Vorschusses	9
5) Verfahren	10–12

1 **1) Systematik.** § 3 behandelt den Rechtsanspruch des nach § 1 Berechtigten auf die Zahlung eines Vorschusses. Demgegenüber behandeln §§ 17 GKG, 12 FamGKG,

Abschnitt 1. Allgemeine Vorschriften **§ 3 JVEG**

8 KostO, 379, 402 ZPO den Anspruch der Staatskasse auf den Erhalt eines Vorschusses zur Deckung der Auslagen. Vgl auch die bundeseinheitlichen Verwaltungsbestimmungen in den Anhängen nach § 25 JVEG. Sie betreffen unter anderem die Frage der Vorschußzahlung an Zeugen und Sachverständige. Wegen Soldaten SoldErl, BLAH SchlAnh II.

Es ist stets unerheblich, ob, wieviel und wann ein *Prozeßbeteiligter* der Staatskasse von sich aus oder auf Grund ihrer Anforderung eine Vorauszahlung auf Kosten geleistet hat oder leisten muß. Denn § 3 betrifft nur das Rechtsverhältnis zwischen der heranziehenden Stelle und dem nach § 3 Berechtigten.

2) Regelungszweck. Die Vorschrift bezweckt eine Freistellung desjenigen von einer zusätzlichen auch nur vorübergehenden finanziellen Belastung, den der Staat als Zeugen oder Sachverständigen usw in Anspruch nimmt und der dafür Zeit und oft auch Geld opfern muß. Der Bürger soll bei der Erfüllung seiner Ehrenpflicht nicht auch noch als ein Finanzierungsinstitut für den Staat funktionieren müssen. Er soll nicht unbestimmt lange auf sein Geld warten müssen. Er soll aber auch nicht mittels überhöhter Vorschüsse ein zinsloses Darlehen erhalten. Man muß beides bei der Auslegung mitbeachten. 2

3) Keine Abhängigkeit von Eigenmitteln. Ein Zeuge oder Sachverständiger usw hat unabhängig von seiner Staatsangehörigkeit und unabhängig von seinem Wohnsitz oder Aufenthaltsort einen Anspruch auf einen Vorschuß unter den folgenden Voraussetzungen. Das Gericht muß sie nach seinem pflichtgemäßen Ermessen abschätzen. 3

A. Antrag. Man muß einen Antrag stellen. Das Gericht zahlt den Vorschuß also nicht von Amts wegen. Der Antrag ist ohne einen Anwaltszwang und formfrei möglich. Er ist wegen Rn 2 auch und gerade dann zulässig, wenn man schon einen Vergütungs- oder Entschädigungsantrag gestellt hat. Das Gericht zahlt über den Antrag hinaus nur unter den Voraussetzungen § 2 Rn 4 einen Betrag.

B. Entweder: Erheblichkeit der Fahrtkosten. Es müssen erhebliche Fahrtkosten nach § 5 entstanden sein oder voraussichtlich entstehen. Erheblich ist ein Betrag schon dann, wenn er bei durchschnittlichen Verhältnissen nicht mehr unerheblich, nicht mehr geringfügig ist. Ein dreistelliger Betrag kann schon im unteren Bereich erheblich sein. Der Berechtigte ist keine Bank des Staats, Rn 2. Auch der Bemittelte ist nicht ein solcher Bankier. Jedenfalls ab ca 250 EUR liegt in der Regel Erheblichkeit vor. Man darf und muß ihre voraussichtliche Entstehung und Notwendigkeit nicht zu kleinlich schätzen. 4

Selbst wenn der Geladene über *genügend Mittel* zur Reise verfügt, hat er doch einen Anspruch auf einen Vorschuß. Es kommt nicht mehr darauf an, ob man ihm nicht zumuten kann, die Reisekosten aus den eigenen Mitteln vorzuschießen, aM MHB 3. Es kommt also nicht mehr auf die derzeitigen finanziellen Verhältnisse an. Freilich muß das Gericht nach einem objektiven Maßstab entscheiden. 5

Für einen *weniger Bemittelten* kommt ein Vorschuß nicht mehr eher als für einen Begüterten in Betracht. Man muß die Entfernung der Reise und die Dauer der Abwesenheit berücksichtigen. Der Berechtigte braucht keine Fremdgelder in Anspruch zu nehmen. Er braucht sich auch nicht wegen der Inanspruchnahme bei seinen Ausgaben für sich persönlich und für seine Familie allzusehr einzuengen. 6

C. Oder: Erheblichkeit sonstiger Aufwendungen. In Betracht kommt ein Vorschuß neben oder statt der Fahrtkosten des § 5 auch auf alle sonstigen entstandenen oder voraussichtlich entstehenden Aufwendungen nach § 7, nicht etwa ein Vorschuß auf den Verdienstausfall. Insofern gilt bei § 3 eine Ausnahme. 7

D. Oder: Über 2000 EUR zu erwarten. Es reicht statt Rn 4–7 auch aus, daß die zu erwartende Vergütung, nicht Entschädigung, für bereits erbrachte Teilleistungen 2000 EUR übersteigt. Es reicht nicht aus, daß erst durch künftige weitere Leistungen dieser Betrag überstiegen werden wird. 8

4) Art des Vorschusses. Das Gericht muß nach seinem pflichtgemäßen Ermessen prüfen, in welcher Form es den Vorschuß leisten soll. Der Berechtigte hat keinen Anspruch auf eine Zahlung von Bargeld. Es kann ratsam sein, das Reisegeld nicht in bar zu zahlen, sondern durch die Übersendung einer Fahrkarte. Dabei muß das Ge- 9 richt eine etwa bestehende Möglichkeit der Rückfahrtverbilligung ausnutzen. Eine Aufwandsentschädigung nach § 6 wird zunächst nur für die Hinreise bevorschußt. Das Gericht muß bei einer mehrtägigen Terminsdauer evtl einen weiteren Vorschuß bewilligen.

10   5) **Verfahren.** Über den Vorschußantrag muß zunächst der Urkundsbeamte der Geschäftsstelle des heranziehenden Gerichts entscheiden, Hamm Rpfleger **76**, 362. Er muß auch alles andere veranlassen, zB die Übersendung einer Fahrkarte oder die Überweisung einer Geldsumme. Der Urkundsbeamte des Gerichts darf eine Amtshilfe des Urkundsbeamten zB am Amtsgericht des Aufenthaltsorts des Geladenen nur dann beanspruchen, wenn es sich um einen anders nicht mehr lösbaren Eilfall handelt, wenn also zB die Bearbeitung beim ladenden Gericht die Erledigung der Sache oder des Termins gefährdet würde.

11   Gegen die Entscheidung des Urkundsbeamten ist die *Erinnerung* an sein Gericht zulässig. Gegen die Entscheidung seines Gerichts ist die Beschwerde nach § 4 zulässig, sofern der Beschwerdewert 200 EUR übersteigt.

12   Man muß den gewährten Vorschuß bei der endgültigen Festsetzung der Entschädigung *anrechnen*. Der Berechtigte muß einen etwa zuviel gezahlten Betrag zurückzahlen. Seine Beitreibung erfolgt nach § 1 Z 8 JBeitrO, Teil IX A dieses Buchs. Vgl im übrigen § 4.

Gerichtliche Festsetzung und Beschwerde

4 I ¹Die Festsetzung der Vergütung, der Entschädigung oder des Vorschusses erfolgt durch gerichtlichen Beschluss, wenn der Berechtigte oder die Staatskasse die gerichtliche Festsetzung beantragt oder das Gericht sie für angemessen hält. ²Zuständig ist

1. das Gericht, von dem der Berechtigte herangezogen worden ist, bei dem er als ehrenamtlicher Richter mitgewirkt hat oder bei dem der Ausschuss im Sinne des § 1 Abs. 4 gebildet ist;

2. das Gericht, bei dem die Staatsanwaltschaft besteht, wenn die Heranziehung durch die Staatsanwaltschaft oder in deren Auftrag oder mit deren vorheriger Billigung durch die Polizei oder eine andere Strafverfolgungsbehörde erfolgt ist, nach Erhebung der öffentlichen Klage jedoch das für die Durchführung des Verfahrens zuständige Gericht;

3. das Landgericht, bei dem die Staatsanwaltschaft besteht, die für das Ermittlungsverfahren zuständig wäre, wenn die Heranziehung in den Fällen des § 1 Abs. 1 Satz 1 Nr. 1 durch die Finanzbehörde oder in deren Auftrag oder mit deren vorheriger Billigung durch die Polizei oder eine andere Strafverfolgungsbehörde erfolgt ist, nach Erhebung der öffentlichen Klage jedoch das für die Durchführung des Verfahrens zuständige Gericht;

4. das Amtsgericht, in dessen Bezirk der Gerichtsvollzieher seinen Amtssitz hat, wenn die Heranziehung durch den Gerichtsvollzieher erfolgt ist, abweichend davon im Verfahren der Zwangsvollstreckung das Vollstreckungsgericht.

II ¹Ist die Heranziehung durch die Verwaltungsbehörde im Bußgeldverfahren erfolgt, werden die zu gewährende Vergütung oder Entschädigung und der Vorschuss durch gerichtlichen Beschluss festgesetzt, wenn der Berechtigte gerichtliche Entscheidung gegen die Festsetzung durch die Verwaltungsbehörde beantragt. ²Für das Verfahren gilt § 62 des Gesetzes über Ordnungswidrigkeiten.

III Gegen den Beschluss nach Absatz 1 können der Berechtigte und die Staatskasse Beschwerde einlegen, wenn der Wert des Beschwerdegegenstands 200 Euro übersteigt oder wenn sie das Gericht, das die angefochtene Entscheidung erlassen hat, wegen der grundsätzlichen Bedeutung der zur Entscheidung stehenden Frage in dem Beschluss zulässt.

IV ¹Soweit das Gericht die Beschwerde für zulässig und begründet hält, hat es ihr abzuhelfen; im Übrigen ist die Beschwerde unverzüglich dem Beschwerdegericht vorzulegen. ²Beschwerdegericht ist das nächsthöhere Gericht. ³Eine Beschwerde an einen obersten Gerichtshof des Bundes findet nicht statt. ⁴Das Beschwerdegericht ist an die Zulassung der Beschwerde gebunden; die Nichtzulassung ist unanfechtbar.

Abschnitt 1. Allgemeine Vorschriften　　　　　　　　　　　　　　§ 4 JVEG

V [1] Die weitere Beschwerde ist nur zulässig, wenn das Landgericht als Beschwerdegericht entschieden und sie wegen der grundsätzlichen Bedeutung der zur Entscheidung stehenden Frage in dem Beschluss zugelassen hat. [2] Sie kann nur darauf gestützt werden, dass die Entscheidung auf einer Verletzung des Rechts beruht; die §§ 546 und 547 der Zivilprozessordnung gelten entsprechend. [3] Über die weitere Beschwerde entscheidet das Oberlandesgericht. [4] Absatz 4 Satz 1 und 4 gilt entsprechend.

VI [1] Anträge und Erklärungen können ohne Mitwirkung eines Bevollmächtigten schriftlich eingereicht oder zu Protokoll der Geschäftsstelle abgegeben werden; § 129a der Zivilprozessordnung gilt entsprechend. [2] Für die Bevollmächtigung gelten die Regelungen der für das zugrunde liegende Verfahren geltenden Verfahrensordnung entsprechend. [3] Die Beschwerde ist bei dem Gericht einzulegen, dessen Entscheidung angefochten wird.

VII [1] Das Gericht entscheidet über den Antrag durch eines seiner Mitglieder als Einzelrichter; dies gilt auch für die Beschwerde, wenn die angefochtene Entscheidung von einem Einzelrichter oder einem Rechtspfleger erlassen wurde. [2] Der Einzelrichter überträgt die Sache dem Senat, wenn die Sache besondere Schwierigkeiten tatsächlicher oder rechtlicher Art aufweist oder die Rechtssache grundsätzliche Bedeutung hat. [3] Das Gericht entscheidet jedoch immer ohne Mitwirkung ehrenamtlicher Richter. [4] Auf eine erfolgte oder unterlassene Übertragung kann ein Rechtsmittel nicht gestützt werden.

VIII [1] Die Verfahren sind gebührenfrei. [2] Kosten werden nicht erstattet.

IX Die Beschlüsse nach den Absätzen 1, 2, 4 und 5 wirken nicht zu Lasten des Kostenschuldners.

Vorbem. Zunächst VI 1 geändert dch Art 14 V Z 2 JKomG v 22. 3. 05, BGBl 837, in Kraft seit 1. 4. 05, Art 16 I JKomG. Sodann VI 2 eingefügt, dadch bisheriger VI 2 zu VI 3 dch Art 18 IV Z 1 G v 12. 12. 07, BGBl 2840, in Kraft seit 1. 7. 08, Art 20 S 3 G. Schließlich IV 1 idF Art 7 III G v 30. 7. 09, BGBl 2449, in Kraft seit 5. 8. 09, Art 10 S 2 G. Übergangsrecht jeweils § 24 JVEG.

Gliederung

1) Systematik, I–IX	1
2) Regelungszweck, I–IX	2
3) Geltungsbereich, I–IX	3
4) Verfahren des Urkundsbeamten, I, §§ 2, 3	4
5) Gerichtliche Festsetzung, I, VI	5–11
A. Entweder: Antrag, I 1 Hs 1	5
B. Oder: Angemessenheit, I 1 Hs 2	6–9
C. Weitere Einzelfragen, I 1	10
D. Antragsform, I 1, VI 1	11
6) Zuständigkeit, I 2, II 1	12–16
A. Heranziehung, Mitwirkung, Ausschußbildung durch Gericht, I 2 Z 1	12
B. Heranziehung durch Staatsanwaltschaft usw, I 2 Z 2	13
C. Heranziehung durch Finanzbehörde usw, I 2 Z 3	14
D. Heranziehung durch Gerichtsvollzieher, I 2 Z 4	15
E. Heranziehung durch Verwaltungsbehörde, II	16
7) Umfang der Festsetzung, I, II	17
8) Weitere Verfahrensfragen, I, II, VI–IX	18
9) Beschluß, II 1, III 1	19
10) Keine Berichtigung, II 1, III 1	20
11) Beschwerde, III, IV, VI–IX	21–33
A. Zulässigkeit	21–24
B. Einlegung der Beschwerde	25
C. Wertbeschwerde	26
D. Zulassungsbeschwerde	27
E. Abhilfe und Vorlage	28
F. Nicht an Obersten Gerichtshof	29
G. Einzelrichter	30
H. Anhörung	31
I. Entscheidung	32
J. Weitere Rechtsmittel	33
12) Gegen Rechtspfleger mangels Beschwerdewerts oder Zulassung: Befristete Erinnerung, III, § 11 II 1 RPflG	34
13) Gegenvorstellung, III ff	35

1   1) Systematik, I–IX. § 4 eröffnet allen Beteiligten einen Weg, Streitigkeiten über den Ansatz oder über die Höhe der Gebühren eines Berechtigten auszutragen. Allerdings ist evtl auch im Kostenfestsetzungsverfahren nach §§ 103 ff ZPO ein solcher Streit möglich. Bei einander widersprechenden rechtskräftigen Entscheidungen vgl in beiden Verfahren Rn 25 ff. Im finanzgerichtlichen Verfahren ist unter Umständen auch § 133 FGO anwendbar, BFH EFG **75**, 39. § 4 hat den Vorrang vor (jetzt) § 70 FamFG, Naumb JB **96**, 597.

2   2) Regelungszweck, I–IX. Das Verfahren nach § 4 hat gegenüber den nach Rn 1 möglichen anderen Wegen Vor- und Nachteile. Der Hauptvorteil liegt in einer zwar nicht sofort, aber doch alsbald möglichen richterlichen Entscheidung. Der Hauptnachteil besteht darin, daß die evtl anwendbaren §§ 103 ff ZPO die Fragen der Kostenerstattung insgesamt klären, während § 4 nur einen Teil der Gesamtkosten erfassen kann. Es hängt von den Umständen ab, ob der eine oder andere Weg ratsamer ist. Das Gericht muß immerhin auch bei § 4 die gesamte Rechnung nachprüfen, Mü JB **96**, 321, also auch den angegebenen Zeitaufwand.

3   3) Geltungsbereich, I–IX. § 4 gilt für alle persönlich Anspruchsberechtigten nach § 1 und für den Bezirksrevisor als den Vertreter der Staatskasse sowie bei einem Streit über eine Vorschußzahlung, I 1. Die Vorschrift gilt ferner für den Abtretungsnehmer als den neuen Gläubiger einer derartigen Forderung. § 34 III 2 WPflG geht vor.

Beim *Betreuer* ist § 4 nur zur Höhe der Entschädigung anwendbar, Rn 4, Düss RR **99**, 368, nicht zum Ob, BGH **133**, 342 (wendet dazu § 1835 IV BGB an).

Unanwendbar ist § 4 zunächst auf die Bewilligung einer Reiseentschädigung mittelloser Personen nach § 25 Anh I, II sowie auf eine bloße Hilfsperson. Sie muß sich an ihren Auftraggeber wenden. Ferner ist § 4 unanwendbar auf solche Verfahrensbeteiligte, die keinen eignen Entschädigungs- oder Vergütungsanspruch haben, Kblz Rpfleger **85**, 333, Mü Rpfleger **82**, 317, Oldb NJW **86**, 265. Das gilt auch für den Kostenschuldner, BGH Rpfleger **84**, 120, Düss JB **96**, 43, Nürnb FamRZ **00**, 177. Er ist auf eine Einwendung bei der Kostenfestsetzung angewiesen, Kblz Rpfleger **87**, 341, oder auf eine Erinnerung nach § 66 GKG oder § 57 FamGKG, Teile I A, B dieses Buchs, oder nach § 14 KostO, Teil III dieses Buchs, Kblz Rpfleger **85**, 333, Mü Rpfleger **80**, 303, Naumb OLRG **98**, 423. Das gilt auch nach einer Kostenzahlung.

4   4) Verfahren des Urkundsbeamten, I, §§ 2, 3. Die Festsetzung der Vergütung oder der Entschädigung oder eines Vorschusses erfolgt grundsätzlich von Amts wegen durch den Urkundsbeamten der Geschäftsstelle in einem reinen Verwaltungsverfahren nach §§ 2, 3 durch einen Justizverwaltungsakt oder einen Verwaltungsakt der Finanzbehörde oder sonstigen Behörde. Sie erfolgt ohne eine Beteiligung der Prozeßparteien oder Verfahrensbeteiligten, Kblz DB **86**, 33 Oldb NJW **86**, 265. Das gilt auch dann, wenn schon ein entsprechender Antrag vorliegt.

Von diesem Grundsatz gilt nur dann eine *Ausnahme,* wenn entweder das Gericht die förmliche Festsetzung nach § 4 I 1 für angemessen hält oder wenn der Berechtigte oder die Staatskasse einen Festsetzungsantrag und nicht bloß einen Vergütungs-, Vorschuß- oder Entschädigungsantrag schlechthin stellt. Der Urkundsbeamte darf grundsätzlich die zur Prüfung erforderliche Zeit beanspruchen, ohne sich antreiben zu lassen. Er muß aber unverzüglich handeln und auch evtl einen unstreitigen Teilbetrag vorab festsetzen, VG Schlesw JB **04**, 98.

Im *Verwaltungsverfahren* ist das Gericht berechtigt und auf Verlangen des Urkundsbeamten verpflichtet, sich dienstlich dazu zu äußern, ob und inwiefern gegen eine Leistung dem Grunde nach Bedenken bestehen, Mü RR **97**, 768. Notfalls kann die Dienstaufsichtsbehörde das Gericht zur Abgabe dieser Äußerung verpflichten. Das Gericht ist aber nicht verpflichtet, dem Urkundsbeamten die Arbeit praktisch abzunehmen.

5   5) Gerichtliche Festsetzung, I, VI. Eine förmliche Festsetzung der Vergütung oder Entschädigung oder eines Vorschusses erfolgt durch das Gericht der Bestellung der Beweisperson in richterlicher Tätigkeit mit einem begrenzten Spruchrichterprivileg nach § 839 II 1 BGB, BGH MDR **84**, 363 (nicht bei der Prüfung des bloßen Stundensatzes –?–). Sie erfolgt daher in richterlicher Besetzung stets ohne ehrenamtliche Beisitzer oder nach Rn 12 durch den Rpfl durch eine gerichtliche Entscheidung. Sie erfolgt mit grundsätzlicher Ablehnbarkeit wie sonst, Ffm OLGR **97**, 305. Sie erfolgt nur dann, wenn eine der folgenden Voraussetzungen vorliegt.

A. Entweder: Antrag, I 1 Hs 1. Es muß entweder ein Festsetzungsantrag vorliegen, nicht bloß ein Vergütungs- oder Entschädigungsantrag nach § 2 schlechthin, Hamm FamRZ **95**, 486. Zur Antragstellung sind berechtigt: Jeder nach § 1 Berechtigte; der Bezirksrevisor als Vertreter der Staatskasse. Gegen diesen weisungsgebunden Beamten gibt es kein Ablehnungsrecht, Kblz MDR **85**, 257; ein Abtretungsnehmer. Der letztere kann die Festsetzung auf sich persönlich beantragen.

Der Antrag ist *formlos* zulässig. Er liegt auch in einer Bemängelung der gewährten Gebühr oder einer sonstigen Einwendung der Beweisperson gegen ein Verwaltungsverhalten. Eine solche Beanstandung einer vorgesetzten Stelle, der die anweisende nicht gefolgt ist, kann einen Antrag darstellen. Ein Festsetzungsantrag ist auch schon vor der Verwaltungsbearbeitung einer Vergütung oder Entschädigung statthaft. Ein Antrag der Staatskasse ist auch noch nach einer Erstattung statthaft, aM Bbg JB **78**, 1728 (aber dann muß die Beweisperson evtl nach Rn 8 zurückzahlen). Es gibt keine Antragsfrist nach I 1 Hs 1. Vgl freilich die Fristen des § 2.

Ein bloßer *Vergütungs-, Vorschuß- oder Entschädigungsantrag* enthält keineswegs auch nur grundsätzlich auch einen Festsetzungsantrag. Die Leistung ist grundsätzlich bei einer Entscheidung nur wegen eines Antrags und nicht nach Rn 6 durch den vom Berechtigten geforderten Gesamtbetrag begrenzt, Düss JB **92**, 264. Deshalb muß der Antragsteller seine Forderung auch nach deren Grund und Höhe nachvollziehbar darstellen. Andernfalls muß das Gericht ihm dazu eine angemessene Frist setzen und den Antrag nach erfolglosem Fristablauf als unzulässig zurückweisen. Ein Verzicht ist nach Treu und Glauben auslegbar, Düss MDR **91**, 66.

B. Oder: Angemessenheit, I 1 Hs 2. Die Festsetzung durch das Gericht findet 6 ferner grundsätzlich auch insoweit statt, als es eine eigene Festsetzung von Amts wegen oder auf Grund einer bloßen Anregung, die nicht zu einem Antrag geworden war, für angemessen hält. Im allgemeinen ist die Festsetzung von Amts wegen immer dann angemessen, wenn einer der Fälle nach § 13 vorliegt. Das gilt auch dann, wenn es sich um ein schwieriges wissenschaftliches Gutachten nach § 9 I Honorargruppe 5 ff, M 2, 3 handelt oder wenn es um eine Ausländerentschädigung geht, § 19 IV. Es gilt allerdings ausnahmsweise nicht bei II, Rn 16.

Ein *Interesse der Staatskasse* an einer Festsetzung kann trotz eines Vorschusses nur in- 7 soweit bestehen, als noch nicht eine Partei die gezahlte Vergütung erstattet hat, Bbg JB **78**, 1728. Denn mit der Erstattung entfallen die Auslagen der Staatskasse. Dann hat nur noch die zahlungspflichtige Partei ein Interesse an der Richtigstellung.

Soweit die Staatskasse *zuviel* gezahlt hat, muß sie den überzahlten Betrag wieder 8 einziehen, § 1 I Z 8 JBeitrO, Teil IX A dieses Buchs, Kblz Rpfleger **81**, 328, Jessnitzer Rpfleger **80**, 216. Der Bereicherte darf sich nicht auf den Fortfall der Bereicherung berufen. § 818 III BGB gilt nicht. Er kann sich aber evtl auf den Grundsatz des *öffentlichen Vertrauensschutzes* berufen, KG Rpfleger **81**, 457, Köln JB **99**, 320, LG Würzb JB **77**, 830.

Zum Problem auch § 45 RVG, Teil X dieses Buchs. Das *GKG* ist formell auch 9 *nicht entsprechend anwendbar*, (zum alten Recht) Köln Rpfleger **75**, 71. Freilich enthält § 66 GKG weitgehend dieselbe Regelung. Daher kann die Auslegung weitgehend derjenigen bei § 66 GKG folgen, Teil I A dieses Buchs.

C. Weitere Einzelfragen, I 1. Es ist unerheblich, aus welchem Grund ein Betei- 10 ligter eine erfolgte Zahlung bemängelt hat, ob wegen einer falschen rechtlichen Beurteilung oder wegen einer unrichtigen Tatsachenwürdigung, Düss Rpfleger **83**, 129. Weder bei Rn 4, 5 noch bei Rn 6–9 ist eine vorherige Festsetzung durch den Urkundsbeamten der Geschäftsstelle notwendig. Daher ist ein Antrag beim Gericht nach I auch kein Rechtsbehelf. Das Gericht darf infolgedessen den vom Urkundsbeamten der Geschäftsstelle etwa festgesetzten Betrag unterschreiten, Düss RR **96**, 189, Kblz DB **86**, 33, LSG Celle NZS **02**, 224.

D. Antragsform, I 1, VI 1. Der etwaige Antrag gleich welcher Instanz ist zum 11 Protokoll des Urkundsbeamten der Geschäftsstelle oder schriftlich, mündlich oder in elektronischer Form zulässig, § 4b. Ein Anwaltszwang besteht nicht, Rn 18. Das gilt,

JVEG § 4 V. Justizvergütungs- und -entschädigungsgesetz

obwohl § 4 keine dem § 66 V 1 Hs 1 GKG entsprechende ausdrückliche Formulierung enthält.

12 **6) Zuständigkeit, I 2, II 1.** Man muß vier verschiedene Zuständigkeitsarten unterscheiden.

A. Heranziehung, Mitwirkung, Ausschußbildung durch Gericht, I 2 Z 1. Zur Festsetzung ist nach I 2 Z 1 dasjenige Gericht zuständig, das den Berechtigten nach § 1 herangezogen hat, Schlöpke Rpfleger **93**, 436. Das kann auch das ersuchte Gericht sein, Saarbr JB **90**, 107, ferner auch derjenige Einzelrichter, der den Zeugen herangezogen hat, nicht etwa dasjenige Kollegialgericht, das den Beweis angeordnet hatte. Nach dieser Vorschrift ist auch dasjenige Gericht zuständig, bei dem der ehrenamtliche Richter mitwirkt oder bei dem ein Ausschuß nach § 1 IV besteht. Es ist nach § 129a ZPO, § 25 III 1 FamFG auch jedes AG zur Entgegennahme zuständig. Es leitet den Antrag dann an das zur weiteren Bearbeitung zuständige Gericht weiter.

Sobald und soweit das *Gericht* mit einem Festsetzungsverfahren auf Grund eines Antrags oder von Amts wegen *befaßt ist,* wird die etwa vorangegangene oder noch laufende Festsetzung durch den Urkundsbeamten der Geschäftsstelle wirkungslos, BFH EFG **75**, 39. Den Richter bindet auch an eine nach § 2, 3 gegebene oder erzwungene eigene Stellungnahme nicht mehr, Mü RR **97**, 768.

Soweit der *Rechtspfleger* einen Berechtigten hinzugezogen hat, ist er zur Festsetzung zuständig, § 4 I RPflG, von König Rpfleger **06**, 172. Bei der förmlichen Festsetzung der Vergütung eines Betreuers durch einen rechtsmittelfähigen Beschluß ist sogleich nur der Richter zuständig, AG Nettetal FamRZ **96**, 623 (anders bei einem rein verwaltungsgemäßen Handeln nach Rn 5).

13 **B. Heranziehung durch Staatsanwaltschaft usw, I 2 Z 2.** Soweit die Staatsanwaltschaft oder in deren Auftrag oder mit deren vorheriger Billigung die Polizei oder eine andere Strafverfolgungsbehörde einen Berechtigten herangezogen hat, ist nach I 2 Z 2 Hs 1 zur etwa beantragten oder von Amts wegen für notwendig gehaltenen Festsetzung der Vergütung, des Vorschusses oder der Entschädigung zunächst dasjenige Gericht zuständig, bei dem die Staatsanwaltschaft besteht, Hamm MDR **95**, 104, also das LG, das OLG oder der BGH. Nach einer Anklageerhebung ist aber dasjenige Gericht zuständig, vor dem das weitere Verfahren abläuft, I 2 Z 2 Hs 2.

Das gilt *unabhängig davon, ob* die Staatsanwaltschaft in der Sache eine *Anklage* erhoben oder einen Strafbefehl beantragt oder einen solchen Antrag zurückgenommen hat. Denn Z 2 erfaßt eindeutig alle diese Fälle, und das LG der Staatsanwaltschaft ist in keinem dieser Fälle überfordert. Es kommt evtl auch dasjenige LG in Betracht, bei dem eine ersuchte Staatsanwaltschaft besteht.

Wenn sich allerdings zB ein *Gericht* mit dem Gutachten eines von der Staatsanwaltschaft herangezogenen Sachverständigen befaßt hat, kann darin eine *Heranziehung* auch durch dieses Gericht liegen. Dann ist das Gericht zur Festsetzung zuständig, Düss Rpfleger **93**, 130. Das gilt selbst dann, wenn das Gericht ein Hauptverfahren nicht eröffnet hat, Mü MDR **76**, 340.

Nicht hierher gehört eine polizeiliche Heranziehung ohne eine vorherige staatsanwaltschaftliche „Billigung". Billigung ist mehr als bloße Kenntnis oder gar bloßes Kennenkönnen oder Kennenmüssen. Freilich kann eine Billigung auch stillschweigend erfolgen sein. Generell wird man sie keineswegs stets unterstellen dürfen. Dann wäre das Wort Billigung gar nicht notwendig, schon gar nicht vorherige Billigung.

Es kommt daher auf die *Umstände* an. Diese muß man behutsam abwägen. Schludrige Großzügigkeit aus Gleichgültigkeit widerspräche dem Wort „nur" in § 1 I 2. Das erstinstanzliche Verfahren verläuft weitgehend genauso wie das Erinnerungsverfahren gegen den Kostenansatz nach § 66 I, V–VIII GKG, § 57 FamGKG, Teile I A, B dieses Buchs. Nur die Bezeichnung „Erinnerung" fehlt. Freilich handelt es sich wie dort um eine Beanstandung der Tätigkeit des Kostenbeamten, Rn 1, 2. Hier daher nur einige Ergänzungen.

14 **C. Heranziehung durch Finanzbehörde usw, I 2 Z 3.** Es mag nach § 1 I 1 Z 1 eine Finanzbehörde im selbständig durchgeführten Ermittlungsverfahren oder in ihrem Auftrag oder mit ihrer vorherigen Billigung nach Rn 13 die Polizei oder eine

Abschnitt 1. Allgemeine Vorschriften **§ 4 JVEG**

andere Strafverfolgungsbehörde den Berechtigten herangezogen haben. Dann ist nach I 2 Z 3 Hs 1 zunächst dasjenige LG zuständig, bei dem diejenige Staatsanwaltschaft besteht, die für ein eigenes derartiges Ermittlungsverfahren nach der StPO zuständig wäre. Nach einer Anklageerhebung ist aber nach Hs 2 dasjenige Gericht zuständig, vor dem das weitere Verfahren abläuft. Auch hier gilt wegen einer Ordnungswidrigkeit dasselbe wie bei Rn. 13.

D. Heranziehung durch Gerichtsvollzieher, I 2 Z 4. Soweit er den Berechtigten herangezogen hat, muß man wiederum unterscheiden. Soweit nämlich die Heranziehung außerhalb einer Zwangsvollstreckung erfolgt ist, ist dasjenige AG zuständig, in dessen Bezirk der Gerichtsvollzieher seinen Amtssitz hat, I 2 Z 4 Hs 1. Soweit sie aber im Verfahren einer Zwangsvollstreckung erfolgte, ist das Vollstreckungsgericht des § 764 II ZPO, § 95 I FamFG zuständig, I 2 Z 4 Hs 2. **15**

Die Zwangsvollstreckung *beginnt* wegen des Gerichtsvollziehers mit seiner ersten Vollstreckungshandlung, LG Bln DGVZ **91**, 9, BLAH Grdz 51 vor § 704, Ewers DGVZ **97**, 70 (Begriff). Dazu kann die Zustellung nach § 750 ZPO gehören. „Während" ist nicht stets „im Verfahren" der Zwangsvollstreckung. Eine Zahlungsaufforderung ist kein Beginn der Vollstreckung, sondern ein Versuch, gerade ohne sie auszukommen.

Das *Ende* der Zwangsvollstreckung tritt mit der vollen Durchführung der einzelnen Vollstreckungsmaßnahme einschließlich der Kosten ein, Ffm Rpfleger **80**, 200, LG Hbg WoM **93**, 417, VG Bln DGVZ **89**, 123, aM Mü MDR **85**, 1034. Das gilt selbst bei ihrer Ergebnislosigkeit nach KVGv 604. Daher leitet jede spätere Vollstreckungshandlung ein neues Vollstreckungsverfahren ein, BGH DGVZ **95**, 72, BLAH Grdz 53 vor § 704 (dort auch Beispiele).

Vollstreckungsgericht ist grundsätzlich dasjenige AG, in dessen Bezirk das Vollstreckungsverfahren stattfinden soll oder stattgefunden hat, § 764 II ZPO, § 95 I FamFG. Es ist ausschließlich zuständig, § 802 ZPO, § 95 I FamFG.

E. Heranziehung durch Verwaltungsbehörde, II. Soweit eine Verwaltungsbehörde den Berechtigten in einem Bußgeldverfahren herangezogen hat, ist nach §§ 62, 68 OWiG grundsätzlich dasjenige AG zuständig, in dessen Bezirk die Verwaltungsbehörde ihren Sitz hat. Evtl ist das nach § 68 III OWiG von der Landesregierung bestimmte AG zuständig. Beides ergibt sich aus II 1, 2. Eine solche gerichtliche Entscheidung setzt freilich stets einen Antrag des Berechtigten auf eine gerichtliche Festsetzung gegenüber der bereits nach § 3 erfolgten Festsetzung durch die Verwaltungsbehörde voraus. Das klärt II 1 Hs 2. Insofern besteht eine Abweichung von der in I Hs 2 genannten Möglichkeit einer Festsetzung auch von Amts wegen. Freilich kommt auch ein Antrag der Staatskasse oder des zahlungspflichtigen sonstigen Fiskus infrage, Zi 12, 13. Ihn vertritt nicht der Bezirksrevisor, sondern der Haushaltsbeauftragte. Der Antragsteller muß den angefochtenen Verwaltungsbescheid bezeichnen. Er muß angeben, welchen höheren Betrag er aus welchem Grund fordert. **16**

7) Umfang der Festsetzung, I, II. Soweit das Gericht überhaupt eine Festsetzung von Amts wegen oder auf Grund eines Antrags vornimmt, muß es den Gesamtbetrag in EUR errechnen, Celle JB **05**, 550. Es darf sich also zB nicht mit der Festsetzung des bloßen Stundensatzes begnügen, KG Rpfleger **81**, 126, Mü JB **96**, 321. Erst recht nicht darf es lediglich anordnen, es sei „nach dem JVEG zu zahlen", Celle JB **05**, 550. Nicht hierher gehört ferner eine bloße Ordnungswidrigkeiten-Verfolgungsbehörde, wohl aber diejenige, die auch als Strafverfolgungsbehörde im Einzelfall ermittelt. **17**

8) Weitere Verfahrensfragen, I, II, VI–IX. Wie in jedem Gerichtsverfahren ist ein Rechtsschutzbedürfnis eine Zulässigkeitsvoraussetzung. Ein Rechtsmißbrauch ist wie stets verboten. Das Gericht muß alle am Festsetzungsverfahren Beteiligten vor einer ihnen nachteiligen Entscheidung anhören, Artt 2 I, 20 III GG (Rpfl), BVerfG **101**, 404, Art 103 I GG (Richter), auch zB den im Prozeß abgelehnten Sachverständigen, Müller JR **81**, 56, und die Staatskasse, Düss Rpfleger **88**, 116, nicht aber stets den Kostenschuldner, Kblz Rpfleger **81**, 37. Es muß außerhalb einer Lage nach § 13 die Voraussetzungen der Zahlung selbst feststellen, ohne an entsprechende Vorgänge im Prozeß gebunden zu sein, Kblz JB **76**, 988. Das Gericht muß den geltendgemachten Anspruch umfassend prüfen. **18**

Es muß also zB die Frage prüfen, ob der Sachverständige die etwaige Unverwertbarkeit des Gutachtens *verschuldet* hat, BGH VersR **84**, 79. Diese Prüfung muß unabhängig vom Ausgang eines etwaigen Ablehnungsverfahrens stattfinden, Müller JR **81**, 56. Es darf und muß unabhängig vom vorangegangenen Verfahren nach § 66 GKG oder § 57 FamGKG zB die Vergütung des Sachverständigen überprüfen, aM Naumb JB **01**, 374 (aber [jetzt] § 4 JVEG dient gerade einer solchen Überprüfung). Eine mündliche Verhandlung ist nicht erforderlich, aber zulässig. Eine Ablehnung ist wie sonst statthaft, Hbg JB **92**, 194, Kblz Rpfleger **85**, 172 (nicht gegenüber dem Bezirksrevisor). Wegen des Einzelrichters nach VII vgl bei § 66 VI GKG, § 57 V, VI FamGKG. Ein Anwaltszwang besteht nicht, VI 1 Hs 1. Wegen einer Bevollmächtigung gilt die jeweilige Verfahrensordnung, VI 2, zB §§ 79, 80 ZPO. Diese Vorschrift ist zumindest entsprechend anwendbar. Das Gericht entscheidet stets ohne seine ehrenamtlichen Beisitzer, VII 3.

19 9) **Beschluß, II 1, III 1.** Die Festsetzung erfolgt durch einen Beschluß, (jetzt) II 1, III 1, Düss MDR **95**, 1267. Sie kann jedenfalls bei einer auch nach Rn 6–9 stattfindenden Festsetzung von Amts wegen über den beantragten Betrag hinausgehen. Sie darf sich nicht auf allgemeine Richtlinien beschränken, sondern muß den Gesamtbetrag nennen, Rn 17. Das Gericht muß ihn begründen, BLAH § 329 ZPO Rn 4, § 63 GKG Rn 28, Teil I A dieses Buchs, Düss MDR **93**, 1248.

Es muß den Beschluß als einen Vollstreckungstitel entsprechend § 329 III Hs 1 ZPO dem Antragsteller *förmlich zustellen,* ebenso dem Bezirksrevisor, LG Gött Rpfleger **01**, 31. Der Beschluß kann ein „Urteil in einer Rechtssache" nach § 839 II 1 BGB sein, BGH VersR **84**, 78. Das Verfahren ist gebührenfrei, VIII 1, aber nicht auslagenfrei. Eine Kostenerstattung findet nicht statt, (jetzt) VIII 2, LG Würzb JB **77**, 997. Der Vergütungsanspruch ist nicht verzinslich, Zweibr Rpfleger **02**, 477.

Ein Beschluß nach I, IV, V wirkt *nicht zulasten eines Kostenschuldners,* IX. Die auf Grund einer nach § 4 im Verhältnis zum Berechtigten erfolgte Festsetzung bindet eine Partei also im nachfolgenden Kostenfestsetzungsverfahren nicht, Kblz JB **06**, 213. Das gilt selbst nach der Rechtskraft der Festsetzung gemäß § 4. Der Kostenschuldner kann den entsprechenden Kostenansatz vielmehr in *seinem* Festsetzungsverfahren wie sonst bekämpfen.

20 10) **Keine Berichtigung, II 1, III 1.** Eine Berichtigung der gerichtlichen Festsetzung ist unzulässig. Das gilt unabhängig davon, ob das Hauptverfahren noch vor dem Gericht der Festsetzung oder bereits in der Rechtsmittelinstanz schwebt. Die ganz früher abweichende gesetzliche Regelung ist entfallen, aM (zum alten Recht) Düss MDR **95**, 1267 (aber [jetzt] § 4 hat den Vorrang).

21 11) **Beschwerde, III, IV, VI–IX.** Die Regelung gilt für alle Gerichtsbarkeiten. Neben einer Beschwerde kommt grundsätzlich weder eine Klage noch ein sonstiger Rechtsbehelf infrage, Mü JB **86**, 1226. Wegen einer etwaigen befristeten Erinnerung Rn 33.

A. Zulässigkeit. Man kann mit der Beschwerde nur die richterliche Festsetzung anfechten. Entgegen dem Wortlaut meint III nicht nur einen Beschluß „nach Absatz 1", sondern sinnvollerweise auch einen solchen nach II, Zi 19. Die Beschwerde ist also nicht zulässig, soweit nur eine vorläufige Festsetzung im Verwaltungsverfahren durch den Urkundsbeamten der Geschäftsstelle vorliegt, Rn 1, 2, oder soweit zB das Gericht dem Sachverständigen den Auftrag entzogen hat. III gilt für sämtliche Verfahrensarten. Vgl aber auch Rn 25. Soweit der Rpfl entschieden hat, ist eine sofortige Beschwerde oder sofortige Erinnerung nach § 11 I, II RPflG statthaft. Vgl dazu Rn 33. Eine Anschlußbeschwerde ist statthaft.

Unstatthaft ist eine erste oder weitere Beschwerde nach VII 4 nur wegen einer erfolgten oder unterlassenen Übertragung auf den Einzelrichter nach VII 1, 2.

22 *Beschwerdeberechtigt* sind nach III: Der Berechtigte, also auch eine Behörde usw, § 1 II, wegen einer zu niedrigen Festsetzung; der Vertreter der Staatskasse wegen einer zu hohen Festsetzung, Nürnb MDR **99**, 1023, auch wenn die Parteien die Kosten tragen müssen, Mü RR **00**, 664, Nürnb MDR **99**, 1023; ein Nebenbeteiligter eines Strafverfahrens wegen Art 103 I GG, Bre NJW **76**, 685. Der Leiter der auf Anordnung der Staatsanwaltschaft tätig gewordenen Polizei ist nicht beschwerdeberechtigt, Zweibr MDR **97**, 980. Das Finanzamt hat kein Beschwerderecht in einer Steuerstrafsache, Mü Rpfleger **82**, 317. Vgl aber auch § 23 EGGVG.

Die Partei oder der in einem Hauptverfahren Beteiligte kann sich gegen den Ansatz der Vergütung oder Entschädigung nur durch die Einlegung der *Erinnerung* gegen die Gerichtskostenrechnung wenden, §§ 66 GKG, 57 FamGKG, 14 KostO, BGH NJW **84**, 871, Brdb FamRZ **07**, 235, Schlesw FamRZ **09**, 1706. **23**

Diese Erinnerung ist allerdings unabhängig davon zulässig, ob das Gericht eine Vergütung, einen Vorschuß oder eine Entschädigung nach I *festgesetzt* hat oder ob das Beschwerdegericht nach III ff entschieden hat. Eine solche Entscheidung bindet nicht, (jetzt) IX, BGH NJW **84**, 841. Aber auf diesem Weg ist keine Anfechtung der gerichtlichen Zustimmung nach § 13 II statthaft. Sie bleibt unanfechtbar, § 13 Rn 13. **24**

B. Einlegung der Beschwerde. Man legt die Beschwerde bei demjenigen Gericht ein, das die angefochtene Entscheidung erlassen hat, VI 3. Ein unzuständiges Gericht leitet die Beschwerde unverzüglich an das zuständige weiter. Es besteht kein Anwaltszwang, wie in erster Instanz, VI 1 Hs 1. Die Vorschrift ist zumindest entsprechend anwendbar. Die Einlegung ist schriftlich oder zum Protokoll des Urkundsbeamten der Geschäftsstelle oder durch elektronisches Dokument zulässig, VI 7, § 4b. **25**

C. Wertbeschwerde. Der Beschwerdewert von 200 EUR muß grundsätzlich im Zeitpunkt der Entscheidung über eine Abhilfe durch das bisherige Gericht und bei einer auch nur teilweise Nichtabhilfe nun im Zeitpunkt der Entscheidung des Beschwerdegerichts in jedem Fall der Heranziehung überschreiten, III Hs 1, Hamm JB **99**, 319, Karlsr JB **94**, 180, OVG Münst VBl NRW **93**, 313. Eine Erhöhung nur zwecks Erzielung eines ausreichenden Beschwerdewerts kann unzulässig sein, Karlsr Just **86**, 100. Auch ein Verstoß gegen das rechtliche Gehör ändert nichts an den vorstehenden Regeln, Düss Rpfleger **88**, 116. Die Umsatzsteuer erhöht den Beschwerdewert, Kblz MDR **92**, 196. Wegen einer etwaigen befristeten Erinnerung mangels eines Beschwerdewerts nach einer Entscheidung des Rpfl Rn 33. **26**

Der Beschwerdewert errechnet sich nach der *Beschwer*, evtl dem angefochtenen Teil, Hamm JB **99**, 319, bei einem gemeinsamen Gutachten für mehrere Verfahren nach dem gesamten an- oder abgesetzten Betrag, Rn 26. Soweit nach Rn 14 der Rpfl entschieden hat, ist gegen seine Entscheidung die einfache Beschwerde oder die Erinnerung nach § 11 I, II RPflG zulässig. Dann verläuft das Verfahren nach § 11 RVG Rn 106–126, Teil X dieses Buchs. Die Beschwerde ist aber in einer Abweichung von dem bei § 11 RVG geschilderten Verfahren nicht fristabhängig, so schon Düss MDR **97**, 104. Es kann allerdings eine Verwirkung eingetreten sein, Düss MDR **97**, 104 (nach 18 Monaten), Kblz JB **00**, 210 (nicht schon nach 18 Monaten), Köln JB **99**, 320 (dann auch kein Antrag auf Neufestsetzung). Das gilt auch bei einer Beschwerde mit der Staatskasse als Gegnerin, LG Kiel Rpfleger **96**, 346 (zustm Döring). Eine Verwirkung läßt den Anspruch untergehen. Daher ist die Beschwerde dann unbegründet.

D. Zulassungsbeschwerde. Statt Rn 26 reicht es auch, daß das Vordergericht die Beschwerde wegen einer grundsätzlichen Bedeutung der zur Entscheidung stehenden Frage bereits in seinem Beschluß und nicht etwa erst später zugelassen hat, III Hs 2, Mü JB **07**, 602 rechts unten, ähnlich wie bei § 66 II 2 GKG, § 57 II 2 FamGKG. Diese Zulassung kann auch nur wegen bestimmter Teile der Entscheidung erfolgen sein. Sie kann sich im Tenor oder in den Gründen der Entscheidung befinden. Sie muß aber eindeutig erfolgen sein, BGH NJW **90**, 327. Daher liegt im Zweifel oder beim Schweigen keine Zulassung vor. **27**

E. Abhilfe oder Vorlage. Das angerufene Gericht darf und muß der Beschwerde ganz oder teilweise abhelfen, soweit es sie für zulässig und begründet hält, IV 1 Hs 1. Andernfalls gibt es die Akten unverzüglich nach § 121 I 1 BGB (allgemeiner Rechtsgedanke) an das dem Hauptsachegericht vorgeordnete Gericht ab, IV 1 Hs 2. In einer Kindschafts- oder Familiensache ist das OLG vorgeordnet, IV 2, § 119 I Z 1a GVG, aM KG FamRZ **08**, 1101. Denn daran ändert nach dem aus sich heraus klaren Wortlaut von IV 2 in Verbindung mit § 119 I 2 a GVG auch weder § 66 III GKG noch § 33 IV 2 RVG etwas. Beide Vorschriften stehen in ganz anderen Gesetzen. Ob eine fälschliche Weiterverweisung eines zunächst richtig angegangenen OLG an ein LG in **28**

den Grenzen einer Willkür das letztere bindet, ist eine erst anschließend evtl klärungsbedürftige Folgefrage.
Die Abgabe erfolgt auch dann, wenn der *ersuchte Richter* die Festsetzung vorgenommen hatte und das ihm vorgeordnete Gericht der Beschwerde nicht abhilft. Eine Beschwerde berechtigt und verpflichtet das Gericht zur Prüfung des Gesamtansatzes, Schlesw MDR **85**, 80. Die Beschwer besteht nach einer teilweisen Abhilfe im Rest, Karlsr JB **94**, 180.

29 **F. Nicht an Obersten Gerichtshof.** Soweit eine Festsetzung durch ein OLG, ein OVG, ein LAG, ein LSG oder ein FG erfolgte, ist eine Beschwerde unzulässig. Denn eine Beschwerde an einen Obersten Gerichtshof des Bundes ist unzulässig, IV 3. Natürlich entfällt eine Beschwerde auch, soweit ein Oberster Gerichtshof schon erstinstanzlich entschieden hat. Eine Verfassungsbeschwerde bleibt als ein außerordentlicher andersartiger Rechtsbehelf denkbar, BVerfG NJW **99**, 1621, BGH **133**, 337. Die Zulassung der Beschwerde bindet das Beschwerdegericht IV 4 Hs 1. Eine Nichtzulassungsbeschwerde ist unzulässig, IV 4 Hs 2.

30 **G. Einzelrichter.** Das Beschwerdegericht entscheidet nach einer erstinstanzlichen Entscheidung des dortigen Einzelrichters oder eines Rpfl ebenfalls grundsätzlich nach VII 1 Hs 2 durch den Einzelrichter.
Er *überträgt* ausnahmsweise das Verfahren dann dem Kollegium, wenn die Sache entweder besondere Schwierigkeiten tatsächlicher oder rechtlicher Art aufweist oder wenn die Rechtssache eine grundsätzliche Bedeutung hat, VII 2, ähnlich wie bei § 66 VI 2 GKG, § 57 V 2 FamGKG. Ein ehrenamtlicher Richter wirkt auch dann nicht mit, VII 3, ähnlich wie bei § 66 VI 3 GKG. Die Übertragung wie deren Unterlassung sind unanfechtbar, VII 4, ähnlich wie bei § 66 VI 4 GKG.

31 **H. Anhörung.** Eine mündliche Verhandlung ist nicht erforderlich, aber zulässig. Das Beschwerdegericht muß die angefochtene Festsetzung einschließlich des dabei etwa ausgeübten Ermessens voll überprüfen, Oldb JB **81**, 86, Kamphausen JB **83**, 415, Mümmler JB **83**, 416, aM Ffm JB **83**, 413. Eine Anhörung des Berechtigten und des Vertreters der Staatskasse ist zweckmäßig. Sie ist notwendig, soweit das Gericht die Entscheidung zu Lasten des Betroffenen abändern will, Art 103 I GG, BVerfG **34**, 346.

32 **I. Entscheidung.** Die Entscheidung erfolgt durch einen Beschluß. Das Beschwerdegericht muß ihn begründen, BLAH § 329 ZPO Rn 4. Es gibt kein Verschlechterungsverbot, Karlsr OLGR **99**, 403, Schlesw MDR **85**, 79, LAG Hamm JB **76**, 491, aM Zi 25 (ohne Begründung). Das Beschwerdegericht verkündet seinen Beschluß oder teilt ihn den Beteiligten formlos mit. Das Beschwerdeverfahren ist gebührenfrei, VIII 1. Es ist aber nicht auslagenfrei, LG Kblz FamRZ **98**, 1456. Es findet keine Kostenerstattung statt, (jetzt) VIII 2, LAG Hamm JB **76**, 493.

33 **J. Weitere Rechtsmittel.** Eine weitere Beschwerde ist wie nach V 1, 2, wie bei § 66 IV GKG nur nach einer vollen oder wenigstens teilweisen eindeutigen Zulassung durch das LG als Beschwerdegericht im Tenor oder in den Gründen seiner Entscheidung statthaft, BGH NJW **90**, 327, KG JB **09**, 375. Sie ist außerdem nur wegen einer Rechtsverletzung nach §§ 546, 547, 574 ZPO statthaft. Daher ist eine weitere Beschwerde nach einer erstinstanzlichen Entscheidung eines ArbG, FG, SG oder VG unstatthaft. Im Zweifel liegt keine Zulassung vor. Ein Schweigen begründet zumindest einen solchen Zweifel. Die erforderliche Rechtsverletzung muß für die angefochtene Entscheidung zumindest mitursächlich gewesen sein. Das muß der Beschwerdeführer darlegen, Stackmann NJW **03**, 169. Zuständig ist das OLG, V 3. Zum Verfahren verweist V 4 auf IV 1, 4. Die Zulassung der weiteren Beschwerde bindet grundsätzlich das Beschwerdegericht, V 4 in Verbindung mit IV 4 Hs 1. Die Nichtzulassung ist grundsätzlich unanfechtbar, V 4 in Verbindung mit IV 4 Hs 2. Ausnahmsweise kann eine weitere Beschwerde auch wegen einer Willkür des Erstgerichts zulässig sein, Düss JB **93**, 182.
Eine *außerordentliche* Beschwerde kommt seit der Einführung einer Rechtsbeschwerde, hier durch V 1, 2, praktisch *nicht* mehr in Betracht, KG JB **09**, 375.
Falls im Kostenfestsetzungsverfahren nach §§ *103ff* ZPO und im Verfahren nach § 4 widersprechende rechtskräftige Entscheidungen vorliegen, bleibt allenfalls eine

Abschnitt 1. Allgemeine Vorschriften §§ 4, 4a JVEG

Erinnerung nach (jetzt) § 66 I GKG (evtl auf Kosten der Landeskasse) möglich, Kblz VersR **88**, 297.

12) Gegen Rechtspfleger mangels Beschwerdewerts oder Zulassung: Befristete Erinnerung, III, § 11 II 1 RPflG. Soweit der Rpfl über den Festsetzungsantrag nach Rn 12 entschieden hat und soweit eine Beschwerdemöglichkeit wegen des Nichterreichens des Beschwerdewerts nach Rn 25 oder aus anderen Gründen entfällt, muß man § 11 II 1 RPflG beachten, ähnlich wie bei § 66 GKG, Teil I A dieses Buchs, und bei § 55 RVG, Teil X dieses Buchs. Nach § 11 II 1 RPflG findet dann aus verfassungsrechtlichen Gründen eine befristete Erinnerung in einem besonderen Verfahren statt. Über sie entscheidet mangels einer Abhilfe durch den Rpfl sein Richter abschließend. 34

13) Gegenvorstellung, III ff. Sie kann als eine Ausprägung von Art 17 GG statthaft sein, Karlsr MDR **93**, 289, Mü JB **86**, 1226. Vgl im einzelnen § 63 GKG, Teil I A dieses Buchs. 35

Abhilfe bei Verletzung des Anspruchs auf rechtliches Gehör

4a ^I ¹Auf die Rüge eines durch die Entscheidung nach diesem Gesetz beschwerten Beteiligten ist das Verfahren fortzuführen, wenn
1. ein Rechtsmittel oder ein anderer Rechtsbehelf gegen die Entscheidung nicht gegeben ist und
2. das Gericht den Anspruch dieser Beteiligten auf rechtliches Gehör in entscheidungserheblicher Weise verletzt hat.

^{II} ¹Die Rüge ist innerhalb von zwei Wochen nach Kenntnis von der Verletzung des rechtlichen Gehörs zu erheben; der Zeitpunkt der Kenntniserlangung ist glaubhaft zu machen. ²Nach Ablauf eines Jahres seit Bekanntmachung der angegriffenen Entscheidung kann die Rüge nicht mehr erhoben werden. ³Formlos mitgeteilte Entscheidungen gelten mit dem dritten Tage nach Aufgabe zur Post als bekannt gemacht. ⁴Die Rüge ist bei dem Gericht zu erheben, dessen Entscheidung angegriffen wird; § 4 Abs. 6 Satz 1 und 2 gilt entsprechend. ⁵Die Rüge muss die angegriffene Entscheidung bezeichnen und das Vorliegen der in Absatz 1 Nr. 2 genannten Voraussetzungen darlegen.

^{III} Den übrigen Beteiligten ist, soweit erforderlich, Gelegenheit zur Stellungnahme zu geben.

^{IV} ¹Das Gericht hat von Amts wegen zu prüfen, ob die Rüge an sich statthaft und ob sie in der gesetzlichen Form und Frist erhoben ist. ²Mangelt es an einem dieser Erfordernisse, so ist die Rüge als unzulässig zu verwerfen. ³Ist die Rüge unbegründet, weist das Gericht sie zurück. ⁴Die Entscheidung ergeht durch unanfechtbaren Beschluss. ⁵Der Beschluss soll kurz begründet werden.

^V Ist die Rüge begründet, so hilft ihr das Gericht ab, indem es das Verfahren fortführt, soweit dies aufgrund der Rüge geboten ist.

^{VI} Kosten werden nicht erstattet.

Vorbem. II 4 Hs 2 ergänzt dch Art 18 IV Z 2 G v 12. 12. 07, BGBl 2840, in Kraft seit 1. 7. 08, Art 20 S 3 G. Übergangsrecht BLAH Einl III 78.

Schrifttum (teilweise zum alten Recht): *Hinz* WoM **02**, 6 (Üb); *Kettinger*, Die Verfahrensgrundrechtsrüge usw, 2007; *Polep/Rensen*, Die Gehörsrüge (§ 321a ZPO), 2004; *Schmidt* MDR **05**, 915 (Üb); *Schnabl*, Die Anhörungsrüge nach § 321a ZPO, 2007; *Schneider* AnwBl **02**, 620; *Schneider*, Die Gehörsrüge – eine legislative Missgeburt, Festschrift für *Madert* (2006) 187; *Treber* NJW **05**, 97 (Üb); *Vollkommer*, Erste praktische Erfahrungen mit der neuen Gehörsrüge gemäß § 321a ZPO, Festschrift für *Musielak* (2004) 619; *Vollkommer*, Streit- und Zweifelsfragen bei der schrittweisen Einführung der Gehörsrüge in den deutschen Zivilprozess, Festschrift für *Georgiades* (2006) 589; *Zuck* AnwBl **08**, 168 (krit Üb).

Gliederung

1) Systematik, I–VI 1
2) Regelungszweck, I–VI 2, 3
3) Geltungsbereich, I–VI 4

1109

JVEG § 4a   V. Justizvergütungs- und -entschädigungsgesetz

    4) **Ausschluß von §§ 319–321, 329 ZPO usw, I–VI** 5–9
        A. Keine Berichtigung nach § 319, 329 ZPO usw 6
        B. Keine Tatbestandsberichtigung nach § 320 ZPO usw 7, 8
        C. Keine Ergänzung der Entscheidung nach §§ 321, 329 ZPO usw 9
    5) **Unbeachtlichkeit von § 156 ZPO, I–VI** 10
    6) **Unzulässigkeit eines Rechtmittels oder anderen Rechtsbehelfs, I Z 1** 11–14
        A. Maßgeblichkeit nur der Entscheidung nach dem JVEG 11, 12
        B. Unzulässigkeit jedes anderen Rechtsbehelfs 13, 14
    7) **Entscheidungserheblichkeit der Verletzung des Anspruchs auf rechtliches Gehör, I Z 2** 15–20
        A. Gehörsverletzung gerade des Beschwerten 16
        B. Gehörsbegriff 17, 18
        C. Entscheidungserheblichkeit des Gehörsverstoßes 19
        D. Nicht nur bei Endentscheidung, I Z 1, 2 20
    8) **Notwendigkeit einer Rüge, I, II** 21
    9) **Rügefrist, II 1–3** 22–25
        A. Fristbeginn mit Kenntnis der Verletzung, II 1 Hs 1 23
        B. Glaubhaftmachung, II 1 Hs 2 24
        C. Jahres-Ausschlußfrist, II 2, 3 25
   10) **Zuständigkeit, Rügeform, II 4** 26, 27
        A. Schriftform oder elektronisch, II 4 Hs 1 26
        B. Auch zum Protokoll, II 4 Hs 2 27
   11) **Rügeinhalt, II 5** 28–39
        A. Bezeichnung der angegriffenen Entscheidung, II 5 Hs 1 28
        B. Darlegung der Gehörsverletzung, II 5 Hs 2 .... 29, 30
        C. Darlegung der Entscheidungserheblichkeit der Gehörsverletzung II 5 Hs 2 31–34
        D. Voraussichtlichkeit, II 5 Hs 1, 2 35
        E. Beispiele zur Frage einer Gehörsverletzung, II 5 Hs 1, 2 36–39
   12) **Stellungnahme des Gegners, III** 40–42
        A. Erforderlichkeit 40
        B. Stellungnahmefrist 41
        C. Gegenäußerung des Rügeführers 42
   13) **Verwerfung, Zurückweisung, IV** 43–52
        A. Amtsprüfung der Statthaftigkeit und Zulässigkeit, IV 1 .... 43, 44
        B. Freigestellte mündliche Verhandlung, IV 1 45
        C. Bei Unstatthaftigkeit oder Unzulässigkeit: Verwerfungsbeschluß, IV 2, 4, 5 46
        D. Begründung der Verwerfung 47, 48
        E. Verwerfungskosten 49
        F. Bei Unbegründetheit: Zurückweisungsbeschluß, IV 3–5 50
        G. Begründung der Zurückweisung 51
        H. Zurückweisungskosten 52
   14) **Abhilfe: Verfahrensfortführung, V** 53–56
        A. Keine Notwendigkeit einer Fortführungsentscheidung, V 1 54
        B. Zurückversetzung des Verfahrens, V 2, 4 55
        C. Neue Entscheidung, V 3 56
   15) **Einstellung der Zwangsvollstreckung, § 707 ZPO** 57, 58
   16) **Keine Kostenerstattung, VI** 59
   17) **Verstoß, I–VI** 60
   18) **Rechtsbehelfe, Verfassungsbeschwerde, I–VI** 61–66
        A. Nicht bei greifbarer Gesetzwidrigkeit 61
        B. Keine Gegenvorstellung 62
        C. „Ergänzende" Rechtsbeschwerde 63
        D. Meistbegünstigung 64
        E. Verfassungsbeschwerde 65
        F. Gegen Abhilfe 66

1   **1) Systematik, I–VI.** Die Vorschrift ist eine notwendige Ergänzung zu §§ 1–4. Denn sie regelt eine dort nicht eindeutig oder gar nicht erfaßte Situation. § 4a gilt deshalb neben §§ 1–4 nur hilfsweise, eben nur, soweit diese letzteren Bestimmungen nicht ausreichen. Nur bei deren Unanwendbarkeit entsteht ein Rechtsschutzbedürfnis zum Verfahren nach § 4a, Celle MDR **03**, 593 (zu § 321a ZPO).

2   **2) Regelungszweck, I–VI.** Die Vorschrift bezweckt die Heilung eines Verstoßes gegen Art 103 I GG und nur dieses Verstoßes, so jetzt auch BVerfG NJW **09**, 3710/3711 (zu § 321a ZPO, kunstvoll aussparend zitierend), weitergehend BVerfG NZA **08**, 1201 (zu § 78a ArbGG). Sie dient aber auch der Entlastung des BVerfG, Oldb NJW **03**, 149. Gravenhorst MDR **03**, 888 schlägt stattdessen für den Zivilprozeß eine „kleine Verfassungsbeschwerde" mit §§ 577a–e ZPO vor (so sein Entwurf). Das BVerfG soll sich nicht mit einem solchen Verstoß gegen Art 103 I GG befassen müssen,

Abschnitt 1. Allgemeine Vorschriften §4a JVEG

den das Verfahrensgericht aus einer Gleichgültigkeit oder Gedankenlosigkeit oder sogar ohne jede Vorwerfbarkeit begangen hatte und den es bei einer nochmaligen Prüfung voraussichtlich selbst beheben kann, BVerfG NJW 07, 2241 und 2243. Das rechtfertigt die Durchbrechung der Bindung an die eigene Entscheidung und sogar der inneren Rechtskraft. Es erübrigt auch ein ohnehin meist erst unter anderen Umständen mögliches Abänderungsverfahren etwa entsprechend § 323 ZPO oder eine jetzt unzulässige weitere Beschwerde, KG MDR 02, 1086 (zu § 321a ZPO).

Gerechtigkeit ist also das Hauptziel. Daneben dient § 4a aber eben auch der Prozeßwirtschaftlichkeit. Das gilt zwar nicht zugunsten des Verfahrensgerichts, wohl aber zugunsten des überlasteten BVerfG. Deshalb muß man die Vorschrift im Zweifel zulasten des Verfahrensgerichts auslegen. Man muß ihre Voraussetzungen also großzügig bejahen. Freilich sollte eine solche Auslegung nun auch keinesfalls dazu führen, einer unterlegenen Partei einen billigen Vorwand zu geben, statt eines Rechtsmittelrisikos bequem einen Gehörsverstoß zu behaupten und damit einfach eine Wiedereröffnung der Verhandlung zu erreichen, um dann ergänzend dasjenige vortragen und beweisen zu können, das sie längst hätte tun können und müssen. Auch diese Gefahr muß man bei der Auslegung mitbeachten. 3

Rechtssicherheit ist ein weiteres Ziel. Denn eine rechtzeitige Rüge nach § 4a hemmt den Eintritt der formellen Rechtskraft und damit auch der inneren.

3) Geltungsbereich, I–VI. Die Vorschrift ist dem § 321a ZPO nachgebildet. Diese Vorschrift ist in allen Verfahren nach der ZPO uneingeschränkt anwendbar, auch im Wiedereinsetzungsverfahren nach einer Gewährung nach § 238 ZPO, BGH FamRZ 09, 685, sowie im Urkunden-, Scheck- und Wechselprozeß der §§ 592ff ZPO (Vor- wie Nachverfahren) und im Eilverfahren auf einen Arrest nach §§ 920ff ZPO oder auf eine einstweilige Verfügung, §§ 935ff ZPO. 4

In den *anderen* Gerichtsverfahren gelten entsprechende Vorschriften, §§ 72a, 78a ArbGG, BVerfG NZA 08, 1201, Schrader NZA-RR 06, 57, § 83a EnWG, § 133a FGO, BFH NVwZ-RR 09, 703, FG Kassel NZA-RR 06, 80, § 81 IV GBO, § 69a GKG, § 61 FamGKG, § 71a GWB, § 55 IV JGG, § 157a KostO, § 12a RVG, § 178a SGG, § 29 III SchiffsRegO, §§ 33a, 356a StPO, § 152a VwGO, § 121a WDiszplO, § 89a MarkenG.

4) Ausschluß von §§ 319–321, 329 ZPO usw, I–VI. Vor einer Prüfung der Voraussetzungen nach I muß man als Gericht wie Partei oder ProzBev klären, ob das Rechtsschutzbedürfnis für ein Verfahren nach § 4a schon deshalb fehlt, weil einer der Wege einer Berichtigung oder Ergänzung des Urteils nach §§ 319–321 ZPO usw infrage kommt, Rn 1. 5

A. Keine Berechtigung nach § 319, 329 ZPO usw. Das Gericht muß zunächst schon von Amts wegen prüfen, ob eine Berichtigung wegen offenbarer Unrichtigkeit im Hinblick auf die hier natürlich allein interessierende Frage einer entscheidungserheblichen Gehörsverletzung möglich und daher notwendig ist. Das kann zB dann so sein, wenn das Gericht das rechtliches Gehör zumindest nach seiner wahren Ansicht gewährt und nur vergessen hatte, das Ergebnis dieser Gewährung in der Entscheidung bei einer Entscheidung zum Ausdruck zu bringen. Denn dann kann schon infolge einer Berichtigung im einfacheren und schnelleren Verfahren zB nach §§ 319, 329 ZPO, § 42 FamFG eine Rüge nach § 4a unnötig werden und eine verständige Partei bereits deshalb von ihr absehen. Die Berichtigung mag im Tenor, Tatbestand oder den Entscheidungsgründen oder Protokollgründen notwendig sein. 6

B. Keine Tatbestandsberichtigung nach § 320 ZPO usw. Sodann muß man prüfen, ob wenigstens eine Berichtigung des etwaigen Tatbestands nach § 320 ZPO usw wiederum in Hinblick auf eine entscheidungserhebliche Gehörsverletzung infrage kommt. Das kann nicht nur die Partei prüfen, die ja einen nach § 320 I, III ZPO notwendigen Antrag stellen müßte. Vielmehr darf und muß auch das Gericht eine solche Prüfung zwecks Anregung eines etwaigen Parteiantrags vornehmen. Zwar bezieht sich die Erörterungs- und Hinweispflicht des § 139 ZPO auf den Verfahrensabschnitt „mündliche Verhandlung". Diese ist ja spätestens mit der Maßnahme nach §§ 136 IV, 296a S 1 ZPO jedenfalls zunächst beendet gewesen. Indessen zielt § 4a V ja gerade auf die „Fortführung des Verfahrens" ab, also jedenfalls beim Verfahren mit einer möglichen oder notwendigen mündlichen Verhandlung auf den 7

Wiedereintritt in sie. Im übrigen gilt die Fürsorgepflicht des Gerichts in allen Verfahrenabschnitten.

8   Mit § 320 ZPO usw *erzielt man* freilich vordergründig nur eine Verbesserung des Tatbestands, nicht der Entscheidungsgründe, dort V. Sie mag aber auch und gerade in der Frage der Gewährung oder Verletzung des rechtlichen Gehörs Auswirkungen bis hin zur Anfechtbarkeit des Urteils und damit zum Entfallen des Verfahrens nach § 4 a mit sich bringen, wenn auch sicher nur selten. Im übrigen kann ja ein Verfahren nach § 320 ZPO ein solches nach § 321 ZPO zur Folge haben, das ebenfalls einen Vorrang vor demjenigen nach § 4 a hätte.

9   **C. Keine Ergänzung der Entscheidung nach §§ 321, 329 ZPO usw.** Schließlich muß man klären, ob eine Ergänzung der Entscheidung nach §§ 321, 329 ZPO usw infrage kommt. Auch diese Prüfung ist eine Pflicht nicht nur der Partei, sondern trotz des Erfordernisses ihres Antrags auch des Gerichts wegen seiner in Rn 7 dargelegten hier ebenso bestehenden Fürsorgepflicht. Auch bei § 321 ZPO kommt es hier natürlich nur auf eine etwaige entscheidungserhebliche Gehörsverletzung an. Immerhin kann sie gerade auch bei §§ 321, 329 ZPO usw ein Anlaß zur Ergänzung der Entscheidung sein und damit ein Verfahren nach § 4 a erübrigen.

10 **5) Unbeachtlichkeit von § 156 ZPO, I–VI.** Dagegen ist im Zivilprozeß § 156 ZPO bei § 4 a JVEG zunächst unbeachtlich. Denn die Geltungsbereiche überschneiden sich zunächst nicht. § 156 ZPO setzt zwar voraus, daß das Gericht die mündliche Verhandlung nach §§ 136 IV, 296 a S 1 ZPO geschlossen hatte. Die Vorschrift gilt aber nur bis zur Verkündung oder sonstigen gesetzmäßigen Mitteilung der Entscheidung. Demgegenüber hat § 4 a gerade eine bereits wirksam erlassene Entscheidung zur Voraussetzung. Ob im Verfahren nach § 4 a dann nach dem Schluß der dortigen Verhandlung, aber vor der Entscheidung über die Rüge eine Wiedereröffnung dieser letzteren Verhandlung nach § 156 ZPO notwendig wird, ist eine andere Frage. Diese läßt sich an diesem Anfang der Prüfschritte des § 4 a noch nicht beantworten. Natürlich kann ein Verstoß gegen § 156 ZPO die Rüge nach § 4 a eröffnen.

11 **6) Unzulässigkeit eines Rechtsmittels oder anderen Rechtsbehelfs, I Z 1.** Ein Abhilfeverfahren nach § 4 a setzt das Zusammentreffen mehrerer Bedingungen voraus. Es sind mehrere Prüfschritte erforderlich.

12 **A. Maßgeblichkeit nur der Entscheidung nach dem JVEG.** Es kommt bei I Z 1 nur auf eine solche Entscheidung an, die das Gericht gegenüber einem gerade nach dem JVEG Beteiligten getroffen hat.

13 **B. Unzulässigkeit jedes anderen Rechtsbehelfs.** Es darf gegen die Entscheidung auch kein Rechtsmittel und überhaupt kein Rechtsbehelf irgendeiner Art statthaft sein. Damit erweitert I Z 1 den Kreis der zunächst durchzuprüfenden Rechtsbehelfe im weitestmöglichen Sinn und engt dadurch zugleich die Möglichkeit einer Anhörungsrüge ungeachtet ihrer nach Rn 3 aber weiten Auslegbarkeit doch wieder ein.

14 Daher darf man nun auch *nicht* gleich wieder mit dem schon nach altem Recht genügend problematisch gewesenen *„außerordentlichen Rechtsmittel"* wegen „greifbarer Gesetzeswidrigkeit" die Einschränkung des I Z 1 unterlaufen oder überhöhen, je nach der Betrachtungsweise und Wunschrichtung. Auch eine Gegenvorstellung muß nicht vorangehen. Denn § 4 a tritt ja gerade an deren Stelle. Freilich kann eine hilsweise Gehörsrüge in Betracht kommen, Rn 21.

15 **7) Entscheidungserheblichkeit der Verletzung des Anspruchs auf rechtliches Gehör, I Z 2.** Nach der Abklärung, ob eine der Situationen Rn 5–9 vorliegt, und nach der Feststellung, daß ein Rechtsmittel oder Rechtsbehelf unstatthaft ist, Rn 11–14, hängt die Statthaftigkeit des Abhilfeverfahrens nach § 4 a davon ab, daß außerdem auch das Gericht des bisherigen Rechtszugs den Anspruch des Rügeführers auf das rechtliche Gehör in einer entscheidungserheblichen Weise verletzt hat. Hier muß man also zwei Unterfragen prüfen.

16 **A. Gehörsverletzung gerade des Beschwerten.** Gerade das angegangene Gericht muß gerade das rechtliche Gehör gerade desjenigen Beteiligten versagt haben, den die Entscheidung beschwerte und der jetzt als Rügeführer auftritt, BGH NJW 08, 2127, BSG NZA-RR 05, 603. Also reicht keine andere Art von Verfahrensver-

stoß, BGH NJW **08**, 2127, Celle MDR **08**, 1180, Kblz FamRZ **08**, 1967 (je zu § 321a ZPO), weitergehend BVerfG NZA **08**, 1201 (zu § 78a ArbGG). Der Verstoß mag in nur einem oder in mehreren Punkten vorliegen. Er mag sich auf eine Tatsache oder eine Rechtsfrage beziehen. Er mag auch nur den Kostenpunkt nach dem JVEG betreffen, Celle FamRZ **03**, 1578 (zur ZPO). Er mag nur diesen Rügeführer oder neben ihm auch andere beschweren. Auch die Staatskasse kann eine Beteiligte sein.

Besteht ein Verstoß nur gegenüber einem *anderen Beteiligten,* entfällt für den Rügeführer die Möglichkeit nach I Z 2. Denn diese Vorschrift spricht vom Anspruch auf Gehör gerade „dieses" Beteiligten. I 2 soll natürlich nicht auch dem durch einen Gehörsverstoß gar nicht Betroffenen eine Rügemöglichkeit eröffnen. Deshalb ist nur der nach dem JVEG persönlich Beschwerte rügeberechtigt. Es kommt auf die Umstände an. Der Rügeführer muß zumindest mit durch eine Gehörsverletzung beschwert sein.

B. Gehörsbegriff. Rechtliches Gehör muß man wie bei BLAH Einl III 16, Grdz 41 vor § 128 ZPO beurteilen. Es erfordert also bei aller manchmal gefährlich schillernden Unschärfe des Begriffs und seiner oft allzu zweckorientierten Auslegung doch im Kern die ausreichende Möglichkeit einer Äußerung zu einer tatsächlichen oder rechtlichen Frage innerhalb einer nach den Umständen angemessenen nicht allzu großzügig ansetzbaren Frist. Eine allzu weite Auslegung ist gefährlich, großzügiger Köln FamRZ **05**, 2075. 17

Gesetz und Gesamtumstände sind dabei mitbeachtlich, letztere zumindest hilfsweise und evtl sogar vorrangig. Im übrigen sei auf die Erörterung möglicher Gehörsverletzungen bei den einzelnen Vorschriften der ZPO, des GVG usw verwiesen. Eine Bereitschaft zur Selbstkritik ist eine gebieterische Forderung an das Gericht gerade im Verfahren nach § 4a. Das gilt besonders bei der Beurteilung, ob man das Gehör verletzt hatte. Ängstlichkeit ist freilich keineswegs ratsam. Zwar sollte das Gericht nach den Anregungen Rn 3 vorgehen. Das Gericht sollte aber eben auch nicht eine Beibehaltung der Entscheidung dann scheuen, wenn es sich einigermaßen bestätigt fühlt. Mag dann eben eine Verfassungsbeschwerde folgen müssen. 18

C. Entscheidungserheblichkeit des Gehörsverstoßes. Gerade der Verstoß gegen das Gebot rechtlichen Gehörs muß für den Rügeführer in der Entscheidung nachteilige Auswirkungen gehabt haben. Er muß dadurch also beschwert sein. Diese Ursächlichkeit muß zweifelsfrei feststehen, Rn 29, 30. Sonst scheitert die Rüge, Zuck NJW **08**, 2081 (zur Nichtzulassungsbeschwerde bei § 321a ZO). Eine Mitursächlichkeit genügt. Es ist nicht ein Auswirkung in der Hauptsache erforderlich. Begriff der Ursächlichkeit BLAH § 287 ZPO Rn 6–8. 19

Umfangerheblichkeit des Verstoßes ist *nicht* erforderlich. Denn Entscheidungserheblichkeit ist etwas anderes als ein erhebliches Ausmaß. Daher reicht theoretisch ein Nachteil von sehr geringer Summe. Freilich dürfte das Rechtsschutzbedürfnis bei winzigen Auswirkungen fehlen: minima non curat praetor. Vor diesem Gedanken sollte der Richter auch bei § 4a nicht furchtsam zurückweichen. In einem allzu kraß geringfügig „entscheidungserheblichen" Fall dürfte in einer Rüge nach § 4a sogar ein Rechtsmißbrauch liegen, BLAH Einl III 54. Freilich sollte sich das Gericht hüten, diesen Gedanken zum faulen Abschmettern einer Abhilfebitte zu mißbrauchen.

D. Nicht nur bei Endentscheidung, I Z 1, 2. Eine Anhörungsrüge kommt anders als bei § 321a I 2 ZPO nicht nur beim Verstoß einer Endentscheidung infrage. Sie ist vielmehr bei derjenigen Entscheidung des Richters, Rpfl oder Urkundsbeamten welcher Form auch immer statthaft. Hierher zählt also auch zB eine Zwischen- oder Teilentscheidung. 20

Unanwendbar ist § 4a also bei einem bloßen Verwaltungsakt.

8) Notwendigkeit einer Rüge, I, II. Das Gericht muß ein Verfahren nach § 4a zwar evtl von Amts wegen anregen, Rn 7. Das Verfahren beginnt aber nur auf Grund einer Rüge, also eines hier besonders benannten Antrags, I. Er ist eine Prozeß- oder Verfahrenshandlung des nach dem JVEG Beteiligten, BLAH Grdz 47 vor § 128 ZPO. Er hat die in BLAH Grdz 51 ff vor § 128 ZPO erläuterten Folgen für die Auslegung, einen Widerruf usw. Die unrichtige Bezeichnung ist unschädlich, soweit die Zweckrichtung einer Bitte um Abhilfe gerade wegen einer Gehörsverletzung eindeutig er- 21 kennbar ist. Die Gehörsrüge kann auch neben einem Rechtsbehelf oder Rechtsmittel hilfsweise erfolgen.

22 **9) Rügefrist, II 1–3.** Man muß die Rügeschrift innerhalb von zwei Wochen einreichen, II 1. Die Rechtzeitigkeit ist eine Voraussetzung der Zulässigkeit der Rüge. Das ergibt sich aus IV 1, 2. Die Zweiwochenfrist ist abweichend von § 321a II 1 ZPO keine Notfrist. Eine gerichtliche Fristverkürzung oder -verlängerung ist mangels einer entsprechenden gesetzlichen Regelung nicht zulässig. Eine dem § 224 I 1 ZPO entsprechende Regelung fehlt im JVEG, einem selbständigen Gesetz. Man kann § 224 I 1 ZPO innerhalb der Zeitgrenze des II 2 auch nicht einfach sinngemäß als eine Grundregel anwenden. Denn Fristen sind als ein formelles Recht grundsätzlich streng auslegbar. Wegen der Einreichung beim unzuständigen Gericht Rn 26.

23 **A. Fristbeginn mit Kenntnis der Verletzung, II 1 Hs 1.** Die Rügefrist beginnt mit der Kenntnis des Rügeführers oder seines ihm gleichgestellten gesetzlichen Vertreters oder ProzBev von der Verletzung des rechtlichen Gehörs. Die Rügefrist kann für jeden Betroffenen je nach dem Zeitpunkt gerade seiner Kenntnis unterschiedlich anlaufen. Zum Nachweis des Zustellungszeitpunkts gelten die sonst üblichen Regeln, zB im Zivilprozeß BLAH § 418 ZPO Rn 5 „Post", „Zustellungsurkunde".

Kenntnis ist mehr als bloßes Kennenmüssen, -sollen oder -können. Ähnlich wie zB bei § 814 BGB kommt es auf ein positives direktes Wissen an, BAG MDR **07**, 47, Rensen MDR **07**, 697, aM BGH FamRZ **06**, 1029 (je zu § 321a ZPO). Nach dem klaren Wortlaut von II 1 Hs 1 ist eine Kenntnis aber nur von der Verletzung notwendig, nicht auch von deren Entscheidungserheblichkeit. In der Praxis sollte man deshalb an die Kenntnis keine überscharfen Anforderungen stellen.

Unerheblich ist der Zustellungszeitpunkt der Entscheidung, aM Oldb MDR **09**, 764 (zu § 321a ZPO. Aber Wortlaut und Sinn sind eindeutig, BLAH Einl III 39). Natürlich bleibt ein Rechtsmißbrauch nach BLAH Einl III 54 unstatthaft. Nichtlesen ist aber noch nicht stets Rechtsmißbrauch.

24 **B. Glaubhaftmachung, II 1 Hs 2.** Der Rügeführer muß den Zeitpunkt seiner Kenntnis von der Gehörsverletzung nicht nur darlegen, sondern auch glaubhaft machen. Das geschieht wie stets nach § 294 ZPO, also mit allen Beweismitteln, auch und vor allem mit einer eidesstattlichen Versicherung. Die falsche wäre ja sogar nach § 156 StGB strafbar. Man kann die Glaubhaftmachung nur innerhalb einer vom Gericht setzbaren angemessenen Frist nachholen.

Nicht erforderlich ist ein über eine überwiegende Wahrnehmlichkeit hinausgehender Beweisantritt oder gar ein Beweis bis zur vollen Überzeugung des Gerichts. Freilich kann ein Anscheinsbeweis für oder gegen den Rügeführer nach den Regeln BLAH Anh § 286 ZPO Rn 15 ff vorliegen. Er kann zu einer Verschärfung wie Verringerung der Anforderungen an die Glaubhaftmachung führen.

25 **C. Jahres-Ausschlußfrist, II 2, 3.** Nach dem Ablauf eines Jahres seit der Bekanntgabe der angegriffenen Entscheidung an den Beteiligten, seinen gesetzlichen Vertreter oder seinen ProzBev ist die Rüge nach II 2 unzulässig. Dabei gilt eine nur formlos mitgeteilte Entscheidung nach der verfassungsrechtlich hier wie bei ähnlichen Regelungen problematischen Unterstellung mit dem dritten Tag nach der Aufgabe zur Post nach II 3 als bekanntgegeben. Es handelt sich bei der Jahresfrist um eine Ausschlußfrist, BLAH Üb 11 vor § 214 ZPO. Sie läßt ebensowenig wie zB bei § 234 III ZPO eine Wiedereinsetzung zu. Die Aufgabe zur Post ergibt sich aus den Gerichtsakten (Abvermerk der Postausgangsstelle). Fehlt ein Abgangsvermerk oder ist er widersprüchlich oder unklar, läuft die Frist allenfalls seit dem einwandfreien Datum der sonstigen Bekanntgabe. II 3 gilt nicht bei einem anderen Übermittlungsweg als der Aufgabe zur Post.

26 **10) Zuständigkeit, Rügeform, II 4.** Zuständig ist nach II 4 Hs 1 dasjenige Gericht, dessen Entscheidung der Rügeführer angreift, nicht etwa das nächsthöhere Gericht.

Die Einreichung bei einem *unzuständigen* Gericht wahrt die Rügefristen des II 1–3 wegen der Verweisung in II 4 Hs 2 auf § 4 VI 1 Hs 2 nur unter den Voraussetzungen des § 129a ZPO, § 25 III 2 FamFG (rechtzeitige Weiterleitung an das zuständige Gericht).

Abschnitt 1. Allgemeine Vorschriften § 4a JVEG

Als *Rügeform* schreibt II 4 Hs 2 durch seine Verweisung auf § 4 VI 1 mangels einer elektronischen Einreichung nach dem entsprechend anwendbaren vorrangigen § 4b einen herkömmlichen Schriftsatz vor. Eine nur telefonische Einlegung ist also unzulässig und wirkungslos. Erst recht ist eine nur stillschweigende Rüge unzureichend, mag sie auch sonst denkbar sein wie etwa im finanzgerichtlichen Verfahren, BGH BB 01, 2459. Im übrigen muß man bei einer genaueren Prüfung wie folgt unterscheiden.

A. Schriftform oder elektronisch, II 4 Hs 1. Die Rüge kann nach II 4 Hs 1 mangels einer elektronischen Übersendung schriftlich erfolgen. Die Einreichung durch ein Telefax ist wie sonst statthaft. Sie unterliegt den auch zu Unterschrift dort entwickelten Regeln, BLAH § 129 ZPO Rn 44 „Telefax".

B. Auch zum Protokoll, II 4 Hs 2. Es kommt nach II 4 Hs 2 auch die Einreichung durch eine Erklärung zum Protokoll der Geschäftsstelle eines jeden AG infrage. Das folgt aus der Verweisung des II 4 Hs 2 auf § 4 VI 1 Hs 2. Daher gibt es auch anders als evtl im Zivilprozeß keinen Anwaltszwang wie bei §§ 78 III Hs 2, 129a ZPO. Wegen einer Bevollmächtigung gilt die jeweilige Verfahrensordnung, II 4 Hs 2 in Verbindung mit § 4 VI 2. Freilich liegt auch dann eine rechtzeitige Einreichung nach II 1–4 wegen § 129a II 2 ZPO erst mit dem Eingang auf der Posteinlaufstelle desjenigen Gerichts vor, das erstinstanzlich entschieden hatte. 27

11) Rügeinhalt, II 5. Unabhängig von der Rügeform nach Rn 26, 27 muß die Rügeschrift stets zur Wirksamkeit und damit zur Zulässigkeit den folgenden Mindestinhalt haben. Er läßt sich bis zum Ablauf der Rügefrist nachholen, auch auf eine evtl notwendige Anheimgabe durch das Gericht. 28

A. Bezeichnung der angegriffenen Entscheidung, II 5 Hs 1. Der Rügeführer muß die angegriffene Entscheidung bezeichnen. In der Regel genügen das vollständige Aktenzeichen und das Gericht. Natürlich sollte man auch das Datum und bei mehreren an demselben Tag ergangenen Entscheidungen etwa über verschiedene Verfahrensteile diejenige Entscheidung im einzelnen bezeichnen, um deren Unrichtigkeit es geht. Unvollständige oder fehlerhafte Angaben muß das Gericht wie bei allen Parteiprozeßhandlungen nach den Regeln BLAH Grdz 51 ff vor § 128 ZPO durch eine Auslegung wenn möglich klären, auch durch eine Rückfrage, evtl nebst einer Fristsetzung. Verbleibende Unklarheiten können zur Unzulässigkeit der Rüge führen.

B. Darlegung der Gehörsverletzung, II 5 Hs 2. Der Rügeführer muß zusätzlich zu den Angaben Rn 28 auch darlegen, daß das Gericht seinen Anspruch auf das rechtliche Gehör überhaupt jetzt neu und eigenständig verletzt habe, BVerfG NJW 08, 2635, BGH NJW 08, 923 rechts, BayObLG FamRZ 05, 917 (je zu § 321a ZPO), VGH Kassel NVwZ-RR 08, 70 (zu § 69a GKG), Lindner AnwBl 08, 362, aM Olzen JR 06, 351, Zuck NJW 08, 168 (je zu § 321a ZPO). Diese Darlegung ist derjenigen nach § 520 III 2 Z 2 ZPO (Berufungsbegründung) vergleichbar, ebenso derjenigen nach § 551 III Z 2 ZPO (Revisionsbegründung) und derjenigen nach § 575 III Z 3 ZPO (Rechtsbeschwerdebegründung). 29

Darlegen ist weniger als glaubhaft machen oder Beweis antreten, aber mehr als eine bloße floskelhafte Wiederholung des Gesetzestextes oder als eine Beschränkung auf eine vage Rechtsansicht. Darlegen bedeutet: Bestimmte Umstände tatsächlicher und/oder rechtlicher Art benennen, aus denen man zumindest eine nicht ganz hergesuchte Möglichkeit einer Gehörsverletzung vernünftigerweise ableiten kann, wenn nicht muß, BVerfG RR 93, 383. Eine ganz entfernte Möglichkeit wie „es läßt sich nicht völlig ausschließen, daß" reicht nicht aus, aM Zi 13. Eine hochgradige Gewißheit wie „es läßt sich zwingend nur folgern, daß" ist nicht notwendig. Ein Mittel nach § 294 ZPO oder ein Beweisantritt ersetzt nicht die logisch vorher notwendige Darlegung, wozu das Mittel und der Beweisantritt dienen sollen. Eine Wiederholung zB der Begründung einer Nichtzulassungsbeschwerde kann genügen, aM BGH NJW 09, 1609 (aber es kann ziemlich entbehrlich sein, eine dort eingehende Auseinandersetzung nur umzuformulieren). 30

Eine *Flut von Zitaten* und Fundstellen ist erst in Verbindung mit dem konkreten Fall interessant. Man sollte weder zu hohe noch zu geringe Anforderungen an die Darlegung stellen. Was vernünftigerweise eigentlich ganz plausibel klingt, sollte ausreichen. Ohne eine gewissen Auseinandersetzung mit der Rechtsprechung und Lehre zum oft gefährlich schillernden Begriff der Verletzung des rechtlichen Gehörs dürfte

1115

eine Darlegung aber leider oft nicht ausreichen. Im Verfahren ohne einen Anwaltszwang darf das Gericht weniger harte Anforderungen stellen. Auch dort ist aber eine Phrasendrescherei kein Weg, sich eine Abhilfe nach § 4a zu verschaffen. Ein kluges Gericht wägt in einer Bereitschaft zur Selbstkritik ruhig ab.

31 **C. Darlegung der Entscheidungserheblichkeit der Gehörsverletzung, II 5 Hs 2.** Der Rügeführer muß zusätzlich zu den Angaben Rn 28–30 schließlich auch darlegen, daß und inwieweit die von ihm behauptete Verletzung des rechtlichen Gehörs gerade ihm gegenüber nachteilig entscheidungserheblich war, und zwar gerade in der jetzt gerügten Entscheidung, BGH NJW 08, 378. Das ist der oft schwierigste Teil der Rügebegründung. Mängel können zur Unzulässigkeit der Rüge führen. Deshalb ist gerade auch hier jede Sorgfalt notwendig.

32 *Entscheidungserheblichkeit* ist ein vom Gesetz nicht näher umschriebener Begriff. Er erfordert eine doppelte Prüfung, am besten in der folgenden Reihenfolge.

33 *Ursächlich* ist das erste notwendige Erfordernis. Der Begriff der Ursächlichkeit ist in seiner schillernden Vieldeutigkeit in BLAH § 287 ZPO Rn 6 ff erläutert. Dort ergibt sich auch der Hauptunterschied zwischen einer haftungsbegründenden und einer haftungsausfüllenden Ursächlichkeit. Dieser für die Anwendbarkeit des strengeren § 286 ZPO oder des milderen § 287 ZPO wesentliche Unterschied spielt auch hier eine Rolle, wo es nicht um die Haftung des Staats geht, sondern um eine Fortführung des erstinstanzlich scheinbar schon beendeten Prozesses. Je nach der Art der Ursächlichkeit ist das Gericht also in seiner Entscheidung über eine Fortführung der Instanz freier oder gebundener.

34 *Erheblichkeit* ist nach einer Bejahung der Ursächlichkeit ein weiteres Merkmal, von dessen Vorliegen eine Abhilfe abhängt. Erheblichkeit ist ein weiterer schillernder Begriff. Die Floskel, alles nicht mehr ganz Unerhebliche sei eben erheblich, wirkt nur auf den ersten Blick als Wortklauberei. In Wahrheit hilft sie oft ganz gut, die richtige Abgrenzung zu finden. Jedenfalls deutet sie die vernünftige Auslegungsrichtung an. Man sollte wie ja überhaupt nach Rn 2 eine Erheblichkeit eher bejahen als verneinen. Andererseits darf nicht jede winzige Ungenauigkeit oder Unterlassung zur Bejahung einer Entscheidungserheblichkeit führen. Auch hier gilt es also behutsam und vernünftig abzuwägen.

35 **D. Voraussichtlichkeit, II 5 Hs 1, 2.** Bei allen Prüfschritten Rn 28 ff ist letzthin eine nachträgliche Prognose erforderlich: Wie hätte das Gericht ohne seinen Gehörsverstoß mit einiger Sicherheit entscheiden müssen? Das ist fast dieselbe schwierige Fragestellung wie zB dann, wenn es um ein angebliches Anwaltsverschulden und seine Auswirkungen auf den Prozeß geht. Auch hier kommt es wie dort nicht darauf an, wie dieses Gericht entschieden hätte, sondern wie es hätte entscheiden müssen, BLAH Anh § 286 ZPO Rn 179, BGH NJW **05**, 3072, Düss VersR **88**, 522, Hamm RR **95**, 526. Auch hier ist eine weder zu strenge noch zu großzügige Handhabung notwendig.

36 **E. Beispiele zur Frage einer Gehörsverletzung, II 5 Hs 1, 2.** Bei allen Einzelvorschriften befinden sich Hinweise auf mögliche Verstöße gegen Art 103 I GG in der Kommentierung. Deshalb hier nur einige häufige Beispiele. Man muß bei § 4a beachten, daß nach I 2 nur ein Verstoß der Entscheidung beachtlich ist.

von Amts wegen: Eine Gehörsverletzung kann vorliegen, soweit das Gericht einen von Amts wegen beachtbaren Umstand außer Acht läßt. Das gilt, obwohl das Gericht nur auf Bedenken aufmerksam macht. Denn es muß ja eine Gelegenheit zur Stellungnahme geben.

Erst recht gilt das bei einer notwendigen Amtsermittlung, BLAH Grdz 38 vor § 128 ZPO.

Befangenheit: Eine Gehörsverletzung liegt vor, soweit der Richter unter einem Verstoß zB gegen § 47 ZPO verfrüht entscheidet. Denn vor der Erledigung des Ablehnungsgesuchs darf er in dieser Sache überhaupt nicht entscheiden, solange noch ein Aufschub erlaubt ist.

Eine Gehörsverletzung *fehlt*, soweit das Ablehnungsgesuch unbeachtlich, weil rechtsmißbräuchlich ist oder soweit eine Ablehnungsentscheidung unanfechtbar ist, BGH NJW **07**, 3789 (abl Fölsch, beide zu § 321a ZPO).

Besetzungsfehler: Eine Gehörsverletzung liegt vor, soweit das Gericht in einer gesetzwidrigen Besetzung entscheidet. Denn darin liegt ein Entzug des gesetzlichen

Abschnitt 1. Allgemeine Vorschriften § 4a JVEG

Richters, Art 102 I 2 GG, der allein entscheiden darf und folglich auch selbst (mit)anhören muß.
Beweisantrag: Eine Gehörsverletzung liegt vor, soweit das Gericht einen ordnungsgemäßen Beweisantrag übergeht. Denn gerade in der Beweiserhebung liegt oft die entscheidende Chance des Beweisführers, sich mit seinen Tatsachenbehauptungen Gehör zu verschaffen. Die nun notwendige Erheblichkeitsprüfung erfolgt nach Rn 31–35.
Formverstoß: Eine Gehörsverletzung liegt vor, soweit das Gericht eine zum recht- 37 lichen Gehör erforderliche Form mißachtet, soweit es etwa eine Frist ohne förmliche Zustellung einer ordnungsgemäß unterschriebenen Fristverfügung bewilligt, sodaß weder ihr Anlauf noch ihr Ablauf feststellbar ist.
 Eine Gehörsverletzung *fehlt,* soweit das Gericht die Entscheidung lediglich irrig falsch bezeichnet hat.
Fristverstoß: Eine Gehörsverletzung liegt vor, soweit das Gericht vor dem Ablauf der gesetzlichen oder von ihm selbst gesetzten richterlichen Frist diejenige Entscheidung trifft, vor der es die Frist gerade abwarten mußte. Das gilt unabhängig von einem Verschulden des Gerichts. Ein Fristverstoß liegt auch dann vor, wenn die Entscheidung zwar äußerlich nach dem Fristablauf erfolgt, aber ohne Berücksichtigung einer solchen noch im Gang von der Posteinlaufstelle zum Richter befindlichen Stellungnahme, die der Absender etwa unter einer erlaubten Ausnutzung der Frist bis zur letzten Minute eingereicht hatte.
 Zu kurze Fristen stehen an sich ausreichenden, aber nicht abgelaufenen gleich.
 S auch Rn 39 „Zustellung".
Gerichtsstand: Eine Gehörsverletzung *fehlt* durchweg, soweit das Gericht lediglich örtlich unzuständig ist. Denn es entscheidet dann im übrigen in seiner dort richtigen Besetzung usw.
Nachfrist: S „Fristverstoß".
Neuer Sachvortrag: Er ist unstatthaft, BGH FamRZ **07**, 1463.
Örtliche Unzuständigkeit: Es gilt dasselbe wie bei Rn 38 „Sachliche Unzuständigkeit".
Präklusion: Sie kann eine Gehörsverletzung darstellen, Köln FamRZ **05**, 2075. 38 Aber Vorsicht!
Prozeßkostenhilfe: Eine Gehörsverletzung kann vorliegen, soweit das Gericht eine Prozeßkostenhilfe fälschlich versagt oder verspätet über sie entscheidet. Denn von ihrer ordnungsgemäßen Gewährung kann wesentlich mitabhängen, welchen zumindest vorschußpflichtigen Beweisantrag die bedürftige Partei stellt und wozu sie es zur streitigen und damit Beweiskostenrisiken auslösenden Verhandlung kommen läßt, um nur einige der Auswirkungen zu skizzieren.
Prozeßvoraussetzungen: Rn 36 „von Amts wegen".
Rechtliche Beurteilung: Eine Gehörsverletzung kann vorliegen, soweit das Gericht seiner Entscheidung eine solche Rechtsansicht zugrundelegt, die es zB unter einem Verstoß gegen § 139 ZPO nicht rechtzeitig vor dem Verhandlungsschluß oder dem nach § 128 II 2 ZPO gleichstehenden Zeitpunkt dem dann Benachteiligten zur etwaigen Stellungnahme als eine freilich nur vorläufige Bewertung mitgeteilt hat.
 Eine Gehörsverletzung *fehlt* bei einer im übrigen bloßen Falschbeurteilung, BFH NVwZ-RR **09**, 703 (zu § 133a FGO).
Rechtsweg: Eine Gehörsverletzung liegt vor, soweit das Gericht im Rechtsweg unzuständig ist. Denn darin liegt ein Verstoß auch gegen das Gebot des gesetzlichen Richters, Art 102 I 2 GG.
 S aber auch „Sachliche Unzuständigkeit".
Sachliche Unzuständigkeit: Eine Gehörsverletzung *fehlt,* soweit das Gericht lediglich sachlich unzuständig ist. Denn auf diesen Verstoß könnte man zB im Zivilprozeß nicht einmal eine Berufung stützen, § 513 II ZPO.
 S auch „Rechtsweg".
Säumnis: Eine Gehörsverletzung liegt meist vor, soweit das Gericht objektiv unrichtig eine Säumnis der Partei annimmt und darauf eine Entscheidung auch nur mitstützt. Dabei kommt es nicht darauf an, ob das Gericht eine Entschuldigung hätte annehmen dürfen und müssen. Freilich darf man zB nicht jede Verspätung bis nach

1117

dem Urteilserlaß stets schon wegen eines Verkehrsstaus als eine nachträgliche Entschuldigen bewerten, BLAH § 337 ZPO Rn 37 „Verkehrsprobleme".

39 Terminierung: Eine Gehörsverletzung *kann vorliegen*, wenn das Gericht den Verhandlungstermin mit einer gesetzwidrig kurzen Einlassungs- oder Ladungsfrist anberaumt, insbesondere bei einer Auslandszustellung.
Eine Gehörsverletzung *fehlt*, wenn das Gericht eine wenn auch scheinbar kurze gesetzlich Frist einhält. Angesichts heutiger Übermittlungsgeschwindigkeiten per Telefax usw sind manche früher reichlich knappen gesetzlichen Fristen durchaus nicht mehr zu kurz.
Terminsänderung: S „Vertagung".
Überraschungsurteil: Eine Gehörsverletzung liegt vor, soweit das Gericht in seiner Entscheidung eine solche Bewertung vornimmt, mit der der Benachteiligte nicht zu rechnen braucht, mag diese Bewertung sich nun auf eine Tatsache oder auf eine rechtliche Beurteilung beziehen, § 139 ZPO.
Unrichtigkeit: Sie kann eine Gehörsverletzung darstellen, Köln FamRZ 05, 2075. Aber Vorsicht!
Unzuständigkeit: Rn 37 „Örtliche Unzuständigkeit", Rn 38 „Rechtsweg", „Sachliche Unzuständigkeit".
Verhandlungsleitung: Eine Gehörsverletzung kann vorliegen, soweit der Vorsitzende gegen eine wesentliche Vorschrift seiner Verhandlungsleitung verstößt, soweit er etwa einen Beteiligten nicht ausreichend zu Wort kommen läßt oder die Verhandlung verfrüht schließt. Freilich ist zB im Zivilprozeß § 156 ZPO nach dem Urteilserlaß unbeachtlich, Rn 10. Gerade ein Verstoß gegen diese Vorschrift kann aber die Rüge einer Gehörsverletzung eröffnen.
Verspäteter Vortrag: Eine Gehörsverletzung kann vorliegen, soweit das Gericht einen Vortrag objektiv zu Unrecht als verspätet zurückweist und darauf seine Entscheidung stützt.
Vertagung: Eine Gehörsverletzung liegt vor, soweit das Gericht eine objektiv notwendige Vertagung ablehnt oder nicht wenigstens mit dem Betroffenen erörtert. Denn er mag zu ihr einen bisher nicht notwendig zu Sprache gekommenen Grund haben.
Zurückweisung wegen Verspätung: S „Verspäteter Vortrag".
Zustellung: Eine Gehörsverletzung kann vorliegen, soweit das Gericht infolge einer objektiv unrichtigen Bewertung eine Zustellung nicht für notwendig hält oder eine nur versuchte als gesetzmäßig korrekt ausgeführt ansieht und folglich zu seiner Entscheidung kommt, statt zB eine Zustellung richtig nachholen zu lassen. Freilich kann zB im Zivilprozeß § 189 ZPO geheilt haben.
S auch Rn 37 „Fristverstoß".

40 12) Stellungnahme des Gegners, III. Das Gericht muß dem Gegner des Rügeführers eine Gelegenheit zur Stellungnahme geben, freilich nur, „soweit erforderlich". Es soll also einen weiteren Verstoß gegen Art 103 I GG verhindern.

A. Erforderlichkeit. Die Anhörung des Rügegegners darf unterbleiben, soweit das Gericht eine Verwerfung als unzulässig oder eine Zurückweisung als unbegründet nach IV plant. Denn dann erleidet der Gegner des Rügeführers durch die Entscheidung nach § 4a keinen Rechtsnachteil, Müller NJW 02, 2744 (zu § 321a ZPO). Die Lage ist insofern nicht anders als in zahllosen vergleichbaren prozessualen Fällen. Natürlich kann es trotzdem ratsam oder doch sinnvoll sein, dem Gegner eine Gelegenheit zur Äußerung zu geben, schon damit das Gericht prüfen kann, ob der Gegner die geplante Beurteilung des Rügeführers teilt oder ob er sogar noch zusätzlich tatsächliche Umstände oder rechtliche Argumente für eine Verwerfung oder Zurückweisung der Rüge benennen kann, durch die man den Rügeführer noch eher überzeugen könnte. Jedenfalls ist eine Anhörung auch vor einer geplanten Verwerfung oder Zurückweisung keineswegs unzulässig, auch nicht zwecks einer Prozeßwirtschaftlichkeit; BLAH Grdz 14 vor § 128 ZPO. Freilich verbietet sich auch im Abhilfeverfahren etwas ersichtlich Unnötiges etwa bei einem eindeutigen Fristverstoß.

Unzulässig ist es, einfach Ergänzungen des früheren Vortrags unter dem Vorwand nachzuschieben, der Gegner oder man selbst habe kein ausreichendes Gehör gehabt.

B. Stellungnahmefrist. Wenn das Gericht sich entschließt, dem Gegner eine Ge- 41
legenheit zur Stellungnahme zu geben, muß es ihm dazu auch eine ausreichende Frist
gewähren. Ihre Länge richtet sich nach den Umständen. Die moderne Technik mag
eine nur elektronische oder telefonische Rückfrage ausreichen lassen oder etwa bei
einer Fristsetzung per Telefax eine kürzere Frist als bei einer schriftlichen Fristsetzung
zulassen. Überfallartige Schnellfristen muß das Gericht ebenso vermeiden wie allzu
großzügige Fristen in diesem ja ohnehin die jeweilige Instanz verlängernden Verfahrensabschnitt, durch den eine Rügeführer vielleicht nur Zeit bis zur Leistungsfähigkeit gewinnen will. In einem nicht zu komplizierten Fall mögen 2–3 Wochen genügen. Freilich kann man die oft schwierigen Fragen einer Gehörsverletzung auch nicht
zwischen Tür und Angel sorgfältig überprüfen. Immerhin hätte ja auch der Rügeführer evtl nur zwei Wochen zur Rüge Zeit, II 1. Es heißt also auch hier behutsam abwägen. Eine Woche mehr ist besser als eine zu wenig.

C. Gegenäußerung des Rügeführers. III sieht sie nicht ausdrücklich vor oder 42
ermöglicht sie auch nur anders als zB §§ 275 IV, 276 III, ZPO. Das ändert nichts daran, daß eine nach III eingeholte Stellungnahme das Gericht zur Vermeidung eines
weiteren Verstoßes gegen Art 103 I GG dazu zwingen kann, auch den Rügeführer
unter einer Übersendung der gegnerischen Äußerung noch kurz anzuhören, insbesondere vor einer Verwerfung oder Zurückweisung der Rüge.

13) Verwerfung, Zurückweisung, IV. Das weitere Verfahren hängt davon ab, 43
ob das Gericht die Rüge als erfolglos oder erfolgreich erachtet. Das gilt auch bei
einer nur teilweisen derartige Beurteilung. Soweit die Rüge neben einem Rechtsbehelf oder Rechtsmittel nur hilfsweise vorliegt, ist sie beim Erfolg der ersteren gegenstandslos geworden.

A. Amtsprüfung der Statthaftigkeit und Zulässigkeit, IV 1. Stets muß das
Gericht zunächst und vorrangig prüfen, ob die Rüge an sich statthaft ist und ob der
Rügeführer sie außerdem sowohl in der gesetzlichen Form als auch innerhalb der gesetzlichen Frist erhoben hat. Die Prüfung erfolgt am besten in der vorstehenden Reihenfolge. Sie hat jedenfalls den Vorrang vor der Begründetheitsprüfung. Zwar dürfte
das Gericht die Rüge als unstatthaft oder unzulässig, hilfsweise als unbegründet erachten. Es dürfte aber die ersteren beiden Prüfschritte nicht wegen einer Unbegründetheit offen lassen, BLAH Grdz 17 vor § 253 ZPO. IV 1 ähnelt § 589 I 1 ZPO weitgehend schon im Wortlaut. Zuständig ist die Besetzung des angegriffenen Gerichts,
BGH FamRZ 05, 1831 (zu § 321a ZPO).

Von Amts wegen muß das Gericht diese Prüfung nach dem klaren Wortlaut und 44
Sinn des IV 1 vornehmen. Eine Amtsprüfung nach BLAH Grdz 39 vor § 128 ZPO
ist etwas anderes und weniger als eine Amtsermittlung, Grdz 38 vor § 128. Das Gericht nimmt daher keine amtliche Untersuchung vor. Es macht vielmehr nur von
Amts wegen auf gewisse Bedenken aufmerksam und fordert dazu auf, sie durch
Nachweise zur Gewißheit zu machen oder zu entkräften. Das geschieht im einzelnen
nach III, Rn 40–42.

B. Freigestellte mündliche Verhandlung, IV 1. Soweit es um eine Prüfung 45
der Statthaftigkeit und Zulässigkeit der Rüge geht, ist das Gericht zur Anordnung einer mündlichen Verhandlung berechtigt, aber nicht verpflichtet. Das ergibt sich daraus, daß seine Entscheidung nach IV 2, 4 durch einen Beschluß ergeht. Denn zB im
Zivilprozeß kann eine solche Entscheidung, die kein Urteil ist, nach § 128 IV ZPO
ohne eine mündliche Verhandlung ergehen, soweit das Gesetz nichts anderes gesetzlich bestimmt. § 4a IV enthält keine derartige andere Bestimmung. Es gelten also die
allgemeinen Regeln zur freigestellten mündlichen Verhandlung.

Auch bei einer Unbegründetheit ist eine mündliche Verhandlung zulässig. Denn das
Wort „Entscheidung" in IV 4 bezieht sich auf IV 2 und 3.

C. Bei Unstatthaftigkeit oder Unzulässigkeit: Verwerfungsbeschluß, IV 2, 46
4, 5. Soweit die Rüge entweder schon an sich überhaupt unstatthaft oder doch jedenfalls mangels rechtliche Form und Frist im Einzelfall unzulässig ist, muß das Gericht sie durch einen Beschluß verwerfen, Düss WoM **04**, 161 (zu § 321a ZPO),
VGH Kassel NVwZ-RR **08**, 70 (zu § 69a GKG). IV 2 spricht systematisch teilweise
unscharf von einer Verwerfung als „unzulässig" statt als „unstatthaft oder unzulässig",

meint aber dasselbe. IV 2 ähnelt § 589 I 2 ZPO schon im Wortlaut weitgehend. Der Beschluß ist nach IV 4 unanfechtbar.

47 **D. Begründung der Verwerfung.** Begründen soll das Gericht seinen Beschluß „kurz" nach IV 5, einer wiederum etwas systemwidrigen unklaren Anordnung. An sich braucht ein unanfechtbarer Beschluß keine Begründung, BLAH § 329 ZPO Rn 6. Indessen erfordert nicht nur eine Anstandspflicht (nobile officium) eine gewisse wenigstens „kurze" Begründung. Deshalb bringt die formell bloße Sollvorschrift doch so oft eine praktisch weitgehende Notwendigkeit einer Begründung. Es fordert eben auch der Gesetzestext eine vollwertige Begründung. Zwar ist die Verwerfung nach IV 4 unanfechtbar. Indessen mag nunmehr erst recht eine Gehörsverletzung in Wahrheit jedenfalls vor dem etwa trotz aller Entlastungsversuche des Gesetzgebers doch noch anrufbaren BVerfG zutrage treten. Schon deshalb muß das Gericht in Wahrheit ohne ein Ermessen zum Ob seine Gründe der Verwerfung nachprüfbar offenbaren, Sangmeister NJW 07, 2364 (zu § 321a ZPO). Unanfechtbarkeit nach IV 4 meint ja wie stets in einer vergleichbaren Lage keine Unzulässigkeit einer Verfassungsbeschwerde zum BVerfG.

48 *Kurz und klar* sollen und dürfen die Gründe sein. Sie sollten bei einem Fristverstoß eindeutig erkennen lassen, welche der unterschiedlichen Fristen des II 3 der Rügeführer nicht eingehalten hatte.

49 **E. Verwerfungkosten.** Kostenrechtlich gilt: Es entsteht nur bei einer vollen Verwerfung oder Zurückweisung der Rüge eine Gerichtsgebühr. Bei einer auch nur teilweisen Statthaftigkeit, Zulässigkeit und Begründetheit entsteht diese Gebühr weder im Umfang dieses Teilerfolgs noch wegen des erfolglosen Rügerests, § 1. Auslagen entstehen beim Gericht schon wegen §§ 136, 137 in aller Regel ebenfalls nicht. Daher besteht insoweit keineswegs stets ein Anlaß zu einer Grundentscheidung über Gerichtskosten. Anwaltsgebühren entstehen nicht für denjenigen, der schon vor dem Abhilfeverfahren tätig war. Denn dann gehört seine Tätigkeit zum Rechtszug, § 19 I 2 Z 5 RVG, auch wenn das Abhilfeverfahren dort nicht als „insbesondere zugehörig" gilt. Soweit der Anwalt nur im Verfahren nach § 4a tätig ist, entsteht unabhängig von seinem Ergebnis nach VV 3330 eine Vergütung.

§ 96 ZPO ist im Zivilprozeß unanwendbar. Denn die Rüge ist kein Angriffs- oder Verteidigungsmittel, BLAH § 96 ZPO Rn 4, sondern die Fortsetzung des Angriffs selbst. Auch § 97 ZPO ist unanwendbar. Denn es liegt kein Rechtsmittel vor, sondern aus den obigen Gründen allenfalls ein Rechtsbehelf ohne eine Anfallwirkung, BLAH § 97 ZPO, Rn 15.

50 **F. Bei Unbegründetheit: Zurückweisungsbeschluß, IV 3–5.** Soweit die Rüge zwar nach Rn 43–50 statthaft und zulässig ist, sich aber als unbegründet erweist, muß das Gericht über sie ebenfalls durch einen Beschluß entscheiden. Es verwirkt sie dann freilich nicht, sondern „weist sie zurück", am klarsten mit dem freilich nicht notwendigen Zusatz „als unbegründet".

51 **G. Begründung der Zurückweisung.** Kurz begründen soll das Gericht diesen Beschluß wie bei einer Verwerfung, Rn 47, 48. Soweit das Gericht schon eine Gehörsverletzung verneint, braucht es natürlich nicht zum nachrangigen Grund der Entscheidungsunerheblichkeit Stellung zu nehmen. Es darf und sollte das aber hilfsweise zur zusätzlichen Stützung seiner Beurteilung tun. Es muß natürlich zur Ursächlichkeitsfrage verneinend Ausführungen machen, soweit es eine Gehörsverletzung einräumt oder zulässigerweise mangels einer Ursächlichkeit offen lassen will.

52 **H. Zurückweisungskosten.** Kostenrechtlich gilt Rn 49 auch hier. §§ 96, 97 ZPO sind auch hier unanwendbar.

53 **14) Abhilfe: Verfahrensfortführung, V.** Soweit das Gericht die Rüge für statthaft, zulässig und begründet erachtet, muß er ihr abhelfen, indem es das Verfahren fortführt, V 1. Das gilt nach Hs 2 freilich nur, soweit die Fortführung auf Grund der Rüge nicht bloß zweckmäßig, sondern geradezu notwendig ist. Eine solche Beschränkung ist eigentlich selbstverständlich. Denn schon mit ihr war und ist das Ziel des ganzen Abhilfeverfahrens erreicht. Noch nicht erreicht hat der Rügeführer schon jetzt eine Änderung der bisherigen Entscheidung. Sie kann sich erst am Ende des nun fortzuführenden Verfahrens nochmals unverändert ergeben. Sie ist aber noch keineswegs sicher. Insoweit ähnelt V 2 der Situation nach einem ordnungsgemäßen Ein-

Abschnitt 1. Allgemeine Vorschriften § 4a JVEG

spruch gegen ein Versäumnisurteil oder gegen einen Vollstreckungsbescheid, §§ 342, 700 I ZPO. § 590 ZPO ist unanwendbar.

A. Keine Notwendigkeit einer Fortführungsentscheidung, V 1. Will das Gericht das Verfahren fortführen, faßt es grundsätzlich weder einen Aufhebungsbeschluß noch einen besonderen Fortführungsbeschluß. Der erstere wäre verfrüht. Denn es kann sich ja erst durch das Fortführungsverfahren ergeben, was aus der bisherigen Entscheidung wird. Der letztere wäre ebenso überflüssig wie zB bei §§ 342, 700 I ZPO. Er wäre freilich unschädlich. Er kann insoweit ratsam sein, als sonst unklar bliebe, in welchem Umfang das erstinstanzliche Verfahren seinen Fortgang nehmen soll. Eine Begründung ist nur ganz ausnahmsweise zur zusätzlichen Klarstellung ratsam. 54

B. Zurückversetzung des Verfahrens, V 2, 4. Die zu § 342 ZPO entwickelten Regeln sind hier mitverwendbar, BLAH dort Rn 2 ff. Das gilt insbesondere zur Behandlung von Verspätungsfragen, früheren Anerkenntnissen usw. Die Zurückversetzung erfolgt nur in den stand „vor dem Schluß der mündlichen Verhandlung" nach § 136 IV, 296 a ZPO oder im schriftlichen Verfahren in dem Zeitpunkt, bis zu dem man nach § 128 II 2 ZPO Schriftsätze einreichen darf. Beides erfolgt außerdem nur in den Grenzen Rn 53. Eine zeitlich noch weitere Zurückversetzung ist nicht zulässig. 55

C. Neue Entscheidung, V 3. § 343 ZPO gilt entsprechend. Soweit also die nach der neuen Verhandlung notwendige Entscheidung mit der bisherigen übereinstimmt, muß das Gericht die bisherige in seiner neuen Entscheidung ausdrücklich aufrechterhalten. Andernfalls muß das Gericht in seiner neuen Entscheidung die bisherige aufheben oder teilweise ändern und zur Sache neu erkennen, AG Magdeb ZMR **03**, 45. Die Aufrechterhaltung wie Aufhebung oder Änderung gehören in den Tenor der neuen Entscheidung oder de jetzt erforderlichen andersartigen neuen Entscheidung. 56

15) Einstellung der Zwangsvollstreckung usw, § 707 ZPO. Das Gericht kann auf Antrag anordnen, daß die Zwangsvollstreckung gegen eine Sicherheitsleistung einstweilen eingestellt werde oder nur gegen eine Sicherheitsleistung stattfinde und daß die Vollstreckungsmaßregeln gegen eine Sicherheitsleistung aufzuheben seien, § 707 I 1 ZPO. Dagegen kommt eine Einstellung der Zwangsvollstreckung ohne jede Sicherheitsleistung selbst dann nicht in Betracht, wenn glaubhaft ist, daß der Schuldner zur Sicherheitsleistung nicht in der Lage ist und daß die Vollstreckung ihm einen nicht ersetzbaren Nachteil bringen würde. Denn die letztere Möglichkeit ergibt sich nur aus dem hier nicht ebenfalls für anwendbar erklärten § 707 I 2 ZPO. 57

Sicherheitsleistung muß das Gericht bei § 707 I 1 ZPO und folglich nach §§ 108 ff ZPO beurteilen. Infrage kommt also wohl in erster Linie eine schriftliche, unwiderrufliche, unbedingte und unbefristete Bürgschaft eines im Inland zum Geschäftsbetrieb befugten Kreditinstituts, § 108 I 2 Hs 1 ZPO. 58

Das *Verfahren* erfordert keine mündliche Verhandlung, § 707 II 1 ZPO. Eine Anfechtung der Entscheidung ist unstatthaft, § 707 II 2 ZPO. Das gilt unabhängig davon, ob die Entscheidung in der neuen Hauptsacheentscheidung ergeht oder durch einen gesonderten Beschluß, von dem § 707 II 2 ZPO unvollständig spricht. Wenn das Gericht sie in der neuen Hauptsachentscheidung mittrifft, ist deren übriger Inhalt natürlich wie sonst anfechtbar. Dazu kann eine Beschwer wie sonst zB nach BLAH Grdz 14 vor § 511 ZPO notwendig sein, aM Saarbr RR **09**, 1152 (aber § 4 a befreit nicht von solcher Grundbedingung).

16) Keine Kostenerstattung, VI. Die Vorschrift ordnet das wie allgemein im Kostenrecht an. 59

17) Verstoß, I–VI. Soweit das Gericht gegen § 4 a verstößt, mag daran ein erneuter Verstoß auch gegen Art 103 I GG liegen. Indessen würde dessen Beachtlichkeit schon in diesem Verfahrensabschnitt womöglich zu ewigen Wiederholungen des Abhilfeverfahrens führen. Das mit dem Grundsatz der durch § 4 a ohnehin schon strapazierten Prozeßwirtschaftlichkeit nicht vereinbar. Deshalb macht ja auch IV 4 zumindest einen Verwerfungs- oder Zurückweisungsbeschluß unanfechtbar. Vielmehr ist dann, wenn sich der Verstoß vor der Entscheidung des Abhilfeverfahrens nicht mehr beheben läßt, gegen eine Verwerfung oder Zurückweisung nur die Verfassungs- 60

1121

beschwerde denkbar, Rn 64. Gegen eine Abhilfe kommt nur der im fortgeführten Verfahren mögliche sonstige Rechtsbehelf infrage.

61 18) **Rechtsbehelfe, Verfassungsbeschwerde, I–VI.** Eine Verwerfung oder Zurückweisung ist nach IV 4 unanfechtbar. Dasselbe gilt zumindest zunächst für eine Abhilfe. Erst die nach der Verfahrensfortführung ergehende Entscheidung zur Sache mag wie sonst anfechtbar sein.
A. Nicht bei greifbarer Gesetzwidrigkeit. Eine nach früherer Ansicht möglich gewesene außerordentliche Beschwerde wegen greifbarer Gesetzwidrigkeit war in Wahrheit schon nach dem alten Recht grundsätzlich wegen Verstoßes gegen das Gebot der Rechtsmittelklarheit unstatthaft, BVerfG NJW **03**, 1924, BGH FamRZ **06**, 696, BFH (1. Sen) NJW **04**, 2853, BVerwG NVwZ **05**, 232, Karlsr MDR **04**, 593, Rensen MDR **05**, 185, aM BFH (4. Sen) NJW **04**, 2854, Schuschke NZM **03**, 466 (WEG). Sie ist außerdem zumindest im Zivilprozeß wegen § 574 ZPO unstatthaft, BGH FamRZ **06**, 696, BFH BB **03**, 514, KG FGPrax **05**, 66, Althammer/Löhnig NJW **04**, 1569, aM BFH NJW **05**, 3374.

62 **B. Keine Gegenvorstellung.** Sie läßt sich auch wegen BVerfG NJW **03**, 1924 nicht mehr in eine fristgebundene bisher vielfach als zulässig erachtete Gegenvorstellung umdeuten, wie es bisher zB BFH NJW **03**, 919, Köln NZM **03**, 247, Naumb RR **03**, 313 taten. Eine Gegenvorstellung ist nicht in einer auch nur entsprechenden Anwendung von § 4a statthaft, BGH NJW **07**, 3789 (abl Fölsch, beide zu § 321a ZPO), VGH Kassel NJW **09**, 2761 (zu § 69a GKG), OVG Lüneb NJW **05**, 2171, großzügiger BFH NJW **06**, 861, Kblz FamRZ **08**, 1967, Rostock MDR **09**, 49, strenger Köln RR **05**, 1228. Die Erfolglosigkeit einer Nichtzulassungsbeschwerde mag aber eine Anhörungsrüge notwendig machen, BVerfG NJW **07**, 3419 (zu § 321a ZPO).

63 **C. „Ergänzende" Rechtsbeschwerde.** Demgegenüber bejaht BGH NJW **04**, 2529 eine „ergänzende" Rechtsbeschwerde nach einer willkürlichen Nichtzulassung (!?), strenger grundsätzlich denn auch BGH **161**, 347 (zustm Rimmelspacher LMK **05**, 94). Der Beschwerdeführer kann eine Rechtsbeschwerde freilich nicht bloß zur Ergänzung der Begründung einlegen, BGH FamRZ **06**, 408 links Mitte.

64 **D. Meistbegünstigung.** Allenfalls ist im Zivilprozeß der sog Meistbegünstigungsgrundsatz nach BLAH Grdz 28 vor § 511 ZPO anwendbar, BGH **161**, 348 (falscher Gerichtshinweis), Althammer/Löhnig NJW **04**, 1569.

65 **E. Verfassungsbeschwerde.** Nur soweit das Gericht eine umfassende Anhörungsrüge nach IV 4 unanfechtbar verworfen oder zurückgewiesen hat, kommt vernünftigerweise nur erst jetzt nach § 90 II 1 BVerfGG und jetzt auch sehr wohl eine Verfassungsbeschwerde in Betracht, BVerfG NZA **08**, 1201 (zu § 78a ArbGG), VerfGH Mü NJW **06**, 283 und 1053, HessStGH NJW **05**, 2217 und 2219, Zuck NVwZ-RR **05**, 742 (zu § 321a ZPO). § 4a soll sie ja nur auf ein möglichst geringes Maß beschränken und sie nicht etwa völlig ausschließen, Rn 2, 3. Das letztere wäre einem einfachen Bundesgesetz ja auch gar nicht möglich. Ausnahmsweise darf man schon vor der Erschöpfung des Rechtswegs das Verfassungsgericht anrufen, VerfGH Bln FamRZ **08**, 168 (zu § 321a ZPO). Ein Rechtsmittelverzicht reicht dazu aber nicht, aM Schnabl AnwBl **08**, 190 (aber genau diese Belastungsursache beim BVerfG soll ja gerade möglichst unterbleiben). Ebensowenig reicht dazu die Rücknahme der Anhörungsrüge, VerfGH Bln NJW **08**, 3421 (zu § 321a ZPO).

66 **F. Gegen Abhilfe.** Eine Abhilfe läßt sich mit demjenigen Rechtsbehelf bekämpfen, da gegen die Entscheidung in nun fortgeführten Verfahren infrage kommt.

Elektronische Akte, elektronisches Dokument

4b I Die Vorschriften über die elektronische Akte und das gerichtliche elektronische Dokument für das Verfahren, in dem der Anspruchsberechtigte herangezogen worden ist, sind anzuwenden.

II 1 Soweit für Anträge und Erklärungen in dem Verfahren, in dem der Anspruchsberechtigte herangezogen worden ist, die Aufzeichnung als elektronisches Dokument genügt, genügt diese Form auch für Anträge und Erklärungen nach diesem Gesetz. ²Die verantwortende Person soll das Dokument mit einer

Abschnitt 1. Allgemeine Vorschriften § 4b JVEG

qualifizierten elektronischen Signatur nach dem Signaturgesetz versehen. ³Ist ein übermitteltes elektronisches Dokument für das Gericht zur Bearbeitung nicht geeignet, ist dies dem Absender unter Angabe der geltenden technischen Rahmenbedingungen unverzüglich mitzuteilen.

III Ein elektronisches Dokument ist eingereicht, sobald die für den Empfang bestimmte Einrichtung des Gerichts es aufgezeichnet hat.

Vorbem. Angefügt dch Art 14 V Z 3 JKomG v 22. 3. 05, BGBl 837, in Kraft seit 1. 4. 05, Art 16 I JKomG, Übergangsrecht § 24 JVEG.

Gliederung

1) Systematik, I–III	1
2) Regelungszweck, I–III	2
3) Anwendbarkeit der Verfahrensregeln, I	3
4) Formwahrung durch elektronische Aufzeichnung, II 1	4
5) Elektronische Signatur, II 2	5, 6
6) Mangels elektronischer Bearbeitbarkeit: Mitteilungspflicht des Gerichts, II 3	7, 8
7) Einreichung erst mit Aufzeichnungsende, III	9
8) Verstoß, I–III	10

1) Systematik, I–III. Die in alle Verfahrensordnungen eingeführte Form elektronischer Bearbeitung erhält in § 4b für die in § 1 genannten Verfahren einen Teil der notwendigen kostenrechtlichen Anpassungsregeln. Weitere finden sich in §§ 4, 7. Dem § 4b entsprechen im Kern § 5a GKG, § 8 FamGKG, Teile I A, B dieses Buchs, § 1a KostO, Teil III dieses Buchs, § 12b RVG, Teil X dieses Buchs. Es handelt sich um vorrangige Sondervorschriften. 1

2) Regelungszweck, I–III. Das Kostenrecht soll den Anforderungen der elektronischen Übermittlungs- und Speicherungstechnik genügen. Das scheint wegen des ständigen technischen Fortschritts eine weite Auslegung zu rechtfertigen. Andererseits unterliegen Spezialregeln grundsätzlich einer engen Auslegung. Man muß beide Gedanken möglichst spannungsfrei verbinden, um zu einer brauchbaren Handhabung zu kommen. 2

3) Anwendbarkeit der Verfahrensregeln, I. Es sind vor allem anwendbar: §§ 1ff SchrAG, §§ 39a, 42 BeurkG, § 12 GmbHG usw und die in § 4a Rn 3 genannten Vorschriften der ZPO entsprechend, soweit jene Verfahrensordnung überhaupt zur Anwendbarkeit des JVEG führt. 3

4) Formwahrung durch elektronische Aufzeichnung, II 1. Eine Aufzeichnung als elektronisches Dokument erfüllt jede gesetzliche Schriftform, soweit die Verfahrensordnung überhaupt für einen Antrag oder eine Erklärung in einer kostenpflichtigen Angelegenheit eine solche Aufzeichnung erlaubt. Natürlich kann die elektronische Aufzeichnung nicht eine zusätzliche gesetzliche Anforderung ersetzen, also zB nicht die Notwendigkeit einer Beglaubigung oder Beurkundung als eines rechtschaffenden oder -verstärkenden Vorgangs. Wohl aber kann sie die Art der „Niederschrift" solcher Vorgänge eben auch in elektronischer Form ermöglichen. 4

5) Elektronische Signatur, II 2. Anstelle einer Unterschrift „soll" die verantwortende Person das elektronische Dokument mit einer sog qualifizierten elektronischen Signatur nach dem Signaturgesetz 2001 versehen. Die mit § 130a I 2 ZPO übereinstimmende Vorschrift ist eine bloße Sollbestimmung, keine Mußvorschrift. 5

Qualifizierte elektronische Signatur ist nach § 2 Z 3a, b SignG eine elektronische Signatur nach § 2 Z 2 SignG, die auf einem zum Zeitpunkt ihrer Erzeugung gültigen qualifizierten Zertifikat beruht und mit einer sicheren Signaturerstellungseinheit entsteht. Letztere liegt nach § 2 Z 10 SignG vor, wenn es sich um eine Soft- oder Hardwareeinheit zur Speicherung und Anwendung des jeweiligen Signaturschlüssels handelt usw. Signaturschlüssel ist ein in § 2 Z 4 SignG bestimmter Begriff: Einmalige elektronische Daten wie öffentliche Kryptographische Schlüssel, die man zur Überprüfung einer elektronischen Signatur verwendet. Elektronische Signatur sind nach § 2 Z 1 SignG Daten in elektronischer Form, die anderen elektronischen Daten beigefügt oder logisch mit ihnen verknüpft sind und die zur Authentifizierung dienen. Wieder einmal eine deutsche begriffliche Überperfektion zwecks Vereinfachung des Verfahrens! 6

1123

7   **6) Mangels elektronischer Bearbeitbarkeit: Mitteilungspflicht des Gerichts, II 3.** Soweit das Empfangsgericht ein ihm übermitteltes elektronisches Dokument nach seinem technischen Stand oder wegen irgendwelcher Mängel des Dokuments nicht bearbeiten kann, darf und muß es das dem Absender unter einer Angabe der für dieses Gericht derzeit geltenden technischen Rahmenbedingungen unverzüglich mitteilen, also ohne eine vorwerfbare Verzögerung, § 121 I 1 BGB.

8   *Art und Form* dieser Mitteilung richten sich nach den technischen Möglichkeiten dieses Gerichts. Inhaltlich muß die Mitteilung den Empfänger instandsetzen können, entweder den Mangel zu beseitigen und eine einwandfreie neue elektronische Übermittlung vorzunehmen oder die Eingabe nunmehr in Schriftform zu fassen. Soweit es nur um einzelne Zahlen, Wörter usw geht, mag ein telefonischer Kontakt beiderseits ausreichen.

9   **7) Einreichung erst mit Aufzeichnungsende, III.** Ein elektronisches Dokument gilt erst dann als eingereicht, wenn und sobald es die für den Empfang bestimmte Einrichtung des Gerichts vollständig und für das Empfangsgericht einwandfrei verständlich aufgezeichnet hat. Maßgeblich ist also weder der Augenblick der Beendigung des Absendevorgangs beim Absender noch ein etwa dort eingehender „o. k."-Vermerk oder dergleichen noch ein Beginn des Eingangs beim Empfangsgericht. Insofern bestehen noch höhere Anforderungen als beim Telefax.

10 **8) Verstoß, I–III.** Ein Fristverstoß kann zB zur Unzulässigkeit der Eingabe wegen ihrer Verspätung führen. Eine Einreichung beim unzuständigen Gericht heilt erst entsprechend § 129a ZPO mit der dortigen Weiterleitung und dem Eingang beim zuständigen Gericht. Ein Mangel nach I heilt erst mit der Nachreichung des Fehlenden oder einer neuen Eingabe, bei deren elektronischer Übermittlung also erst mit deren Aufzeichnungsende.

Abschnitt 2. Gemeinsame Vorschriften

Fahrtkostenersatz

5 ^I Bei Benutzung von öffentlichen, regelmäßig verkehrenden Beförderungsmitteln werden die tatsächlich entstandenen Auslagen bis zur Höhe der entsprechenden Kosten für die Benutzung der ersten Wagenklasse der Bahn einschließlich der Auslagen für Platzreservierung und Beförderung des notwendigen Gepäcks ersetzt.

^{II} ¹Bei Benutzung eines eigenen oder unentgeltlich zur Nutzung überlassenen Kraftfahrzeugs werden

1. dem Zeugen oder dem Dritten (§ 23) zur Abgeltung der Betriebskosten sowie zur Abgeltung der Abnutzung des Kraftfahrzeuges 0,25 Euro,
2. den in § 1 Abs. 1 Satz 1 Nr. 1 und 2 genannten Anspruchsberechtigten zur Abgeltung der Anschaffungs-, Unterhaltungs- und Betriebskosten sowie zur Abgeltung der Abnutzung des Kraftfahrzeugs 0,30 Euro

für jeden gefahrenen Kilometer ersetzt zuzüglich der durch die Benutzung des Kraftfahrzeugs aus Anlass der Reise regelmäßig anfallenden baren Auslagen, insbesondere der Parkentgelte. ²Bei der Benutzung durch mehrere Personen kann die Pauschale nur einmal geltend gemacht werden. ³Bei der Benutzung eines Kraftfahrzeugs, das nicht zu den Fahrzeugen nach Absatz 1 oder Satz 1 zählt, werden die tatsächlich entstandenen Auslagen bis zur Höhe der in Satz 1 genannten Fahrtkosten ersetzt; zusätzlich werden die durch die Benutzung des Kraftfahrzeugs aus Anlass der Reise angefallenen regelmäßigen baren Auslagen, insbesondere die Parkentgelte, ersetzt, soweit sie der Berechtigte zu tragen hat.

^{III} Höhere als die in Absatz 1 oder Absatz 2 bezeichneten Fahrtkosten werden ersetzt, soweit dadurch Mehrbeträge an Vergütung oder Entschädigung erspart werden oder höhere Fahrtkosten wegen besonderer Umstände notwendig sind.

^{IV} Für Reisen während der Terminsdauer werden die Fahrtkosten nur insoweit ersetzt, als dadurch Mehrbeträge an Vergütung oder Entschädigung erspart werden, die beim Verbleiben an der Terminsstelle gewährt werden müssten.

^V Wird die Reise zum Ort des Termins von einem anderen als dem in der Ladung oder Terminsmitteilung bezeichneten oder der zuständigen Stelle unver-

Abschnitt 2. Gemeinsame Vorschriften § 5 JVEG

züglich angezeigten Ort angetreten oder wird zu einem anderen als zu diesem Ort zurückgefahren, werden Mehrkosten nach billigem Ermessen nur dann ersetzt, wenn der Berechtigte zu diesen Fahrten durch besondere Umstände genötigt war.

Gliederung

1) **Systematik, I–V** 1
2) **Regelungszweck, I–V** 2
3) **Geltungsbereich, I–V** 3
4) **Öffentliches Verkehrsmittel, I, III** 4–9
   A. Begriff 4
   B. Mehrere Verkehrsmöglichkeiten 5
   C. Notwendigkeit der Benutzung 6
   D. Nur tatsächliche Kosten 7
   E. 1. Bahnklasse 8
   F. Schlafwagen, Flug usw 9
5) **Eigenes oder unentgeltlich genutztes Kraftfahrzeug, II 1, 2 III** ... 10–13
   A. Kilometerpauschale, II 1 Z 1 11
   B. Zusätzliche Barauslagen, II 1 Z 2 12
   C. Benutzung durch mehrere Personen, II 2 13
6) **Anderes privates Kraftfahrzeug, II 3** 14–16
   A. Tatsächliche Kilometerauslagen, II 3 Hs 1 15
   B. Zusätzliche Barauslagen, II 3 Hs 2 16
7) **Mehrheit von Terminen, I, II** 17
8) **Höherer Ersatz, III** 18–20
   A. Entweder: Bei Ersparung von Mehrvergütung oder -entschädigung, III Hs 1 .. 19
   B. Oder: Notwendigkeit wegen besonderer Umstände, III Hs 2 20
9) **Reisen während der Terminsdauer, IV** 21
10) **Reiseantritt von anderem Ort, als in der Ladung bezeichnet, V** ... 22–27
    A. Rechtzeitige Anzeige an Gericht 23
    B. Keine oder verspätete Anzeige 24
    C. Anzeige nicht an Gericht 25
    D. Besondere Umstände 26
    E. Unklarheit der Ladung 27

1) Systematik, I–V. Die Vorschrift erfaßt einen wesentlichen Teil der Aufwendungen. Die Staatskasse ersetzt bei einer grundsätzlich freien Wahl des Verkehrsmittels und des Reisewegs nur die notwendigen Fahrtkosten. Was notwendig ist, ergibt sich aus II–V. Sie gelten in derselben Weise für fast alle vom JVEG Erfaßten. Man muß die Entfernung zum Gerichtsgebäude und von ihm zurück rechnen. Fahrtkosten bleiben auch dann notwendig, wenn der Zeuge oder Sachverständige usw außerdem in einer eigenen Sache vor dem Gericht erscheinen muß. 1

2) Regelungszweck, I–V. Die Vorschrift bezweckt zwar den vollständigen Ersatz aller notwendigen Fahrtkosten, aber in Wahrheit doch nur einen gesetzlich begrenzten pauschalierten Ersatz. Diese zur Kostendämpfung kaum entbehrliche Begrenzung dient auch der Vereinfachung und damit der Prozeßwirtschaftlichkeit, BLAH Grdz 14 vor § 128 ZPO, auch im Bereich außerhalb der ZPO. Das muß man bei der Auslegung mitbeachten. 2

3) Geltungsbereich, I–V. Die Vorschrift erfaßt die Fahrtkosten des Sachverständigen, Dolmetschers und Übersetzers nach § 8 I Z 2, des ehrenamtlichen Richters nach § 15 I Z 1 sowie des Zeugen nach § 19 I Z 1. Sie gilt auch beim Behördenvertreter, aM VG Gießen JB **10**, 38. Ein Dritter nach § 23 erhält nur bei einer Kfz-Benutzung einen Fahrtkostenersatz wie ein Zeuge, II 1 Z 1, sonst keinen Ersatz. § 5 ist nach § 1835 I 1 Hs 2 BGB entsprechend auf die Fahrtkosten eines Betreuers anwendbar, LG Kblz FamRZ **01**, 114, LG Mainz MDR **98**, 1107. 3

II–V sind evtl auf die Auslagen einer *Partei* anwendbar, BLAH § 91 ZPO Rn 92 „Fahrtkosten der Partei", BVerwG Rpfleger **84**, 158 (zustm Hellstab).

Für die ehrenamtlichen Richter eines *Disziplinar- oder Dienstgerichts* gilt § 5 II 3 BRKG, zuletzt geändert am 26. 5. 05, BGBl 1418. Sie stehen danach den Beamten der Besoldungsgruppen A 8 bis A 16 gleich. Sie erhalten daher nach der Tabelle in § 5 I Hs 1 BRKG die entstandenen notwendigen Fahrtkosten ersetzt. Das gilt beim Benutzen eines Land- oder Wasserfahrzeugs in der 1. Klasse, beim Benutzen eines Luftfahrzeugs in der Touristen- oder Economyklasse und beim Schlafwagen in der Spezial- oder Doppelbettklasse.

Diejenigen Beisitzer bei den *Ausschüssen* des Bundesordnungsamts, die im öffentlichen Dienst stehen, erhalten die Reisekostenvergütung nach den Vorschriften für Bundesbeamte, also nach dem BRKG, dazu AuslRKVO, zuletzt geändert durch VO vom 20. 12. 01, BGBl 4161 und **02**, 750, vgl Kopicki/Irlenbusch, Reisekostenrecht des Bundes (Loseblattausgabe). Danach richtet sich die Art des Verkehrsmittels, das man entschädigen kann, und die Wagen- oder Schiffsklasse.

II–IV sind ferner evtl auf die *Auslagen eines Angeklagten* oder eines Betroffenen entsprechend anwendbar, Düss AnwBl **01**, 577.

Unanwendbar ist § 5 auf Fuß- oder Fahrradwege.

4 **4) Öffentliches Verkehrsmittel, I, III.** Soweit der Zeuge oder Sachverständige usw ein öffentliches regelmäßig verkehrendes Beförderungsmittel benutzt, erhält er die tatsächlich entstandenen Auslagen ersetzt.

A. Begriff. Öffentlich ist ein Verkehrsmittel mit einer Beförderungspflicht auf Grund einer behördlichen Erlaubnis mit einem Fahrplan. Zu diesen Beförderungsmitteln zählen zB: Die Straßenbahn; eine S- oder U-Bahn; die Eisenbahn; ein Autobus; ein Schiff; eine Fähre; eine Schwebebahn; ein Flugzeug. Das alles gilt auch beim Beförderungsmittel eines privaten Verkehrsunternehmens, soweit es den Verkehr planmäßig und auf Grund einer behördlichen Genehmigung durchführt.

Nicht öffentlich ist ein Taxi wegen des Fehlens eines Fahrplans oder ein sog Mietwagen.

5 **B. Mehrere Verkehrsmöglichkeiten.** Sofern mehrere Verkehrsmöglichkeiten dieser Art bestehen, entscheidet nach dem Wegfall des früheren Begriffs „preisgünstigst" in § 9 I 1 ZSEG und in § 3 I 1 EhrRiEG nicht mehr stets die billigste unter Berücksichtigung der entstehenden Gesamtkosten. Wenn man also zB durch die Benutzung eines Flugzeugs den Zeitaufwand gegenüber dem sonst notwendigen Zeitaufwand erheblich verringern kann und dadurch auch ein sonst notwendiges Übernachtungsgeld spart, kann die Erstattung der Flugkosten jetzt noch eher als früher gerechtfertigt sein, (zum alten Recht) Mü MDR **81**, 943.

Es kommt auch nicht mehr auf den *Beruf* des Zeugen oder Sachverständigen usw und seine dortige Inanspruchnahme an. Die Zeit kann für den einen kostbarer sein als für einen anderen. Auch die Frage, ob und welche Umwege zumutbar waren, ist nicht mehr so wichtig wie früher. Die Benutzung eines bestimmten Verkehrsmittels kann auch durch besondere Umstände notwendig werden, zB durch eine Gebrechlichkeit, eine Verkehrsbehinderung usw.

6 **C. Notwendigkeit der Benutzung.** Sie ist aber eine allgemeine Grundbedingung für die Erstattbarkeit von Kosten im Prozeßrecht, zB bei § 91 ZPO. Diese Grundbedingung darf nicht bei § 5 völlig außer Acht bleiben. Andernfalls könnte man unter Berufung auf den bloßen Wortlaut von I bei einem öffentlichen Verkehrsmittel zB für eine Strecke von 50 km einen ICE statt eines Regionalzugs zunächst auf Staatskosten besteigen. Das ist nicht der Sinn der Vorschrift, auch wenn sie nicht die Erstattungsfähigkeit gegenüber dem Prozeßgegner behandelt. Daran ändert sich nichts durch die Formfrage, ob ein ICE nun einen Zuschlag oder einfach einen höheren Fahrpreis kostet.

Die *Grenze* des Ersetzbaren liegt daher vernünftigerweise dort, wo ein Rechtsmißbrauch beginnt, BLAH Einl III 54. Freilich kann man die Wahlfreiheit jetzt nicht mehr in diesen Grenzen leugnen.

7 **D. Nur tatsächliche Kosten.** Der Zeuge oder Sachverständige usw erhält auch in diesen weiteren Grenzen stets nur die tatsächlichen Kosten ersetzt. Deshalb ist eine anteilige Erstattung der Kosten einer Bezirks- oder Netzkarte usw oder diejenigen einer „Bahn-Card" nur dann möglich, wenn die Anteile während der gesamten Geltungsdauer der Karte bereits errechenbar sind, großzügiger Kblz Rpfleger **94**, 85, VG Schlesw AnwBl **78**, 144, strenger Düss JB **09**, 375 (evtl nicht einmal beim Sachverständigen), Hamm JB **96**, 598 (grundsätzlich nur beim Sachverständigen usw). Soweit er zu Fuß ging oder ohnehin eine Freifahrkarte besaß, erhält er keine Entschädigung. Soweit er die 2. Wagenklasse benutzt hat, erhält er die Kosten nur dieser Klasse ersetzt, selbst wenn er die 1. Wagenklasse hätte benutzen dürfen.

Die Kosten der Beförderung von *Gepäck* einschließlich der üblichen Reisegepäckversicherung oder wegen eines etwaigen Gepäckträgers werden nur ersetzt, soweit

Abschnitt 2. Gemeinsame Vorschriften § 5 JVEG

dieses Gepäck zur Erfüllung der Aufgaben des Herangezogenen bei einer weder zu kleinlichen noch zu großzügigen Beurteilung doch nicht nur nützlich oder hilfreich, sondern immerhin notwendig war, I aE. Soweit der Zeuge oder Sachverständige usw eine Freifahrmöglichkeit vorwerfbar nicht nutzt, erhält er Fahrtkosten nicht ersetzt.

E. 1. Bahnklasse. Die Fahrtkosten werden grundsätzlich nur bis zu denjenigen **8** der *1. Bahnklasse* einschließlich Platzkarten ersetzt. Man darf freilich nicht mehr nach den gesamten persönlichen Verhältnissen des Zeugen oder Sachverständigen entscheiden, ob er die 1. Klasse benutzen durfte. Auch hier kommt es also nicht mehr auf den Beruf, das Alter, den Gesundheitszustand usw an. Man muß berücksichtigen, daß heute fast jeder die 1. Klasse benutzt. Der Zeuge oder Sachverständige usw muß nicht mehr unbedingt einen ihm zumutbaren etwa vorhandenen Sondertarif zB für eine Rückfahrt ausnutzen. Sogar 2 Flüge können billiger als die 1. Wagenklasse sein, LG Lpz MDR **07**, 433.

F. Schlafwagen, Flug usw. Die Kosten der Benutzung eines Schlafwagens sind **9** ersetzbar, soweit sie zu einer Verbilligung führen oder soweit die Umstände sie erforderlich machen, etwa die Terminsstunde, III. Dasselbe gilt für solche Flug- oder Schiffskosten usw, die über die 1. Bahnklasse hinausgehen. Soweit überhaupt keine Eisenbahnverbindung besteht, gilt ebenfalls III.

5) Eigenes oder unentgeltlich genutztes Kraftfahrzeug, II 1, 2, III. Es **10** kommt nicht mehr auf die Entfernung an. Man kann den Ersatz der Kfz-Kosten zumindest grundsätzlich auch dann fordern, wenn man statt des Kfz ein öffentliches Verkehrsmittel hätte (mit-)benutzen können. Denn I und II stehen als selbständig geregelte Möglichkeiten nebeneinander, aM Zi 2. Ein Rechtsmißbrauch wäre auch hier wie stets verboten. Er läßt sich aber nur im wirklich krassen Fall einwandfrei nachweisen. Man sollte im allgemeinen die folgenden Prüfschritte vornehmen.

A. Kilometerpauschale, II 1 Z 1. Für jeden tatsächlich gefahrenen km des **11** Hin- und Rückwegs erhält ein Zeuge oder ein Dritter im Sinn von § 23 nach Z 1 den Betrag von 0,25 EUR, jeder andere Anspruchsberechtigte nach § 1 I 1 Z 1, 2 einen Betrag von 0,30 EUR jeweils als eine Pauschale. Vgl auch § 153 IV KostO, Teil III dieses Buchs, und VV 7003, Teil X dieses Buchs. Behördliche „Routenplaner" sind nicht verbindlich, LG Drsd MDR **05**, 1260. Die Pauschale umfaßt zB beim Zeugen oder Dritten die Betriebs- und Abnutzungskosten, bei den übrigen Anspruchsberechtigten neben der Abnutzung und dem Wertverlust auch die Anschaffungs-, Unterhaltungs- und Betriebskosten, Karlsr FER **99**, 269, und daher auch etwa Winterreifen usw, LG Kblz FamRZ **98**, 117. Das gilt auch dann, wenn man einen höheren Verbrauch nachweisen kann. Die Entschädigungspflicht ist nicht von einem Mindestweg abhängig. Eine Entschädigung ist unabhängig von den tatsächlichen Aufwendungen, OVG Kblz JB **91**, 260 (Dienstwagen), OVG Münst Rpfleger **82**, 399. Die Kosten eines Fahrers sind nicht gesondert ersetzbar.

B. Zusätzliche Barauslagen, II 1 Z 2. Zur Pauschale nach Rn 11 tritt der Anspruch auf einen Ersatz der durch die Benutzung des Kraftfahrzeugs aus Anlaß gerade **12** dieser Reise regelmäßig anfallenden baren Auslagen hinzu, insbesondere der Parkentgelte, aber zB auch einer Mautgebühr oder einer Fährgebühr usw.

C. Benutzung durch mehrere Personen, II 2. Hier kann man die Pauschale **13** nach II Z 1 nur einmal fordern. Das stellt II 2 klar. Der unentgeltlich Mitgenommene hat also keinen eigenen Anspruch auf eine Kilometerpauschale mehr. Er kann aber als eine der vom JVEG erfaßten Personen die tatsächlich gerade ihm entstandenen Barauslagen nach II 1 Z 2 ersetzt fordern. Denn II 2 begrenzt nur bei der „Pauschale". Das gilt zB bei einem Betriebskostenanteil. Die ganz unentgeltliche Mitnahme bleibt demgegenüber ohne eine Entschädigung, LG Traunst JB **96**, 491.

6) Anderes privates Kraftfahrzeug, II 3. Wer ein anderes Kraftfahrzeug als ein **14** solches nach I oder II 1 benutzt, erhält einen Fahrtkostenersatz nach II 3. Hierher gehört ein solches Kfz, das nicht zu den öffentlichen Verkehrsmitteln zählt und auch nicht dem Berechtigten gehört oder unentgeltlich zur Verfügung steht. Damit meint II 3 zB ein Taxi, einen Mietwagen, ein Mietboot oder -flugzeug oder eine Mitnahme in einem derartigen fremden Fahrzeug. Auch ein geleastes Kraftfahrzeug zählt hierher. Auch hier muß man unterscheiden.

15 A. Tatsächliche Kilometerauslagen, II 3 Hs 1. Man erhält nur die tatsächlich entstandenen Auslagen nach II 1 Z 1 ersetzt. Vgl dazu Rn 11. Auch diese werden beim Zeugen oder Dritten nur bis höchstens 0,25 EUR und bei den übrigen Anspruchsberechtigten nur bis höchstens 0,30 EUR je gefahrenem Kilometer des Hin- und Rückwegs ersetzt. In einer Abweichung von der Regelung beim eigenen oder unentgeltlich zur Nutzung erhaltenen Kraftfahrzeug gibt es also keine feste Kilometerpauschale, sondern nur eine feste Kilometerhöchstsumme. Das gilt vor allem beim sog Leihwagen, der entgegen der Wortwahl gerade nicht unentgeltlich verfügbar ist, sondern in Wahrheit ein Mietwagen ist.

16 B. Zusätzliche Barauslagen, II 3 Hs 2. Ebenso wie beim eigenen Kraftfahrzeug erhält man auch beim Kfz nach Rn 15 die gerade aus Anlaß dieser Reise angefallenen regelmäßigen Barauslagen ersetzt. Vgl daher Rn 12. Anders als dort gilt das aber nur, „soweit sie der Berechtigte zu tragen hat", II 3 Hs 2 aF. Nicht hierher gehört also zB dasjenige Fährgeld, das der Vermieter vertraglich dem Mieter erstatten muß und auch erstattet hat.

17 7) Mehrheit von Terminen, I, II. Wenn der Zeuge oder Sachverständige usw mehrere Termine wahrnimmt, erhält er für die Benutzung dieser Verkehrsmittel anläßlich eines jeden Termins nur eine anteilsmäßige Entschädigung. Wenn die Termine an verschiedenen Orten stattfinden, muß man die verschiedenen Entfernungen bei dieser anteilsmäßigen Entschädigung berücksichtigen. Man muß dabei beachten, daß jedes Gericht eine eigene Ladung erteilt hat, Hamm OLGR **96**, 251. Andererseits soll die Beweisperson dadurch kein Geschäft machen.

18 8) Höherer Ersatz, III. Die Vorschrift gilt in sämtlichen Fällen I, II. Es muß entweder die eine oder die andere der nachfolgenden Voraussetzungen vorliegen. Diese muß der Berechtigte darlegen und notfalls beweisen. Das braucht freilich nicht wegen jedes winzigen Einzelbetrags zu geschehen. Eine Wahl der Richtung III darf in Ausübung eines gewissen Ermessens des Berechtigten erfolgen, auch wenn III formell in Hs 1 wie Hs 2 unbestimmte Rechtsbegriffe enthält. Man darf sie zumindest prozeßwirtschaftlich handhaben.

19 A. Entweder: Bei Ersparung von Mehrvergütung oder -entschädigung, III Hs 1. Soweit man einen Mehrbetrag an Vergütung oder Entschädigung erspart, kann man die tatsächlichen entstandenen Fahrtkosten über I, II hinaus ersetzt fordern. Beispiel: Ein Flug kostet 300 EUR mehr als die 1. Bahnklasse, erspart aber 200 EUR Verdienstausfall und kann einen erheblichen geringeren Zeitaufwand bedeuten. Nach III Hs 1 werden zusätzlich 200 EUR ersetzt.

20 B. Oder: Notwendigkeit wegen besonderer Umstände, III Hs 2. Statt Rn 19 mag auch ein Mehrbetrag wegen der Notwendigkeit höherer Fahrtkosten auf Grund besonderer Umstände ersetzbar sein, zB: In einem Eilfall; bei einer Gebrechlichkeit; bei hohem Alter; bei extrem schlechter Wetterlage; zwecks Einsparung einer Übernachtung oder zwecks bloßen Zeitgewinns; bei ganz besonderen geschäftlichen Interessen des Zeugen oder Sachverständigen usw. Gerade im letzteren Fall sollte man aber das Gericht wenn irgend möglich von der Absicht der Benutzung anderer Verkehrsmittel vorher verständigen. Hier können zB höhere Taxikosten oder Parkhausgebühren erstattungsfähig sein. Natürlich muß der Zeuge oder Sachverständige usw solche Mehrauslagen nachweisen.

Unanwendbar ist III Hs 2 bei einem bloßen Repräsentationsbedürfnis. Bei einer starken beruflichen Belastung kommt es auf die Umstände an, Rn 18.

21 9) Reisen während der Terminsdauer, IV. Die Kosten einer solchen Reise sind nur insoweit erstattungsfähig, als man dadurch im Ergebnis nach Rn 5 Kosten erspart, etwa dadurch, daß der Heimweg verhältnismäßig kurz wird und daß daher trotz der Reise geringere Gesamtkosten entstehen, § 6. Das gilt insbesondere dann, wenn man Übernachtungskosten erspart. Dann kann sogar eine Verpflichtung bestehen, nur die geringeren Kosten entstehen zu lassen.

22 10) Reiseantritt von anderem Ort, als in der Ladung bezeichnet, V. Soweit man die Reise zum Terminsort von einem anderen als dem in der Ladung bezeichneten oder der zuständigen Stelle unverzüglich angezeigten Ort antritt und soweit man zu einem anderen als zu diesem Ort zurückfährt, muß man das ladende Gericht unverzüglich darauf hinweisen. Das Gericht soll dadurch die Möglichkeit der Prüfung erhalten, ob es den Zeugen oder Sachverständigen usw zunächst abbestellen soll.

A. Rechtzeitige Anzeige an Gericht. Soweit man eine solche *Anzeige* unverzüglich und gerade auch dem ladenden Gericht und nicht etwa nur einem ProzBev erstattet *hat,* braucht man die Antwort des ladenden Gerichts nicht abzuwarten. Man erhält jedenfalls mangels einer rechtzeitig eingegangenen Abbestellung die Reisekosten von demjenigen Ort, den man angegeben hat, und zu ihm zurückerstattet, Düss JB **84**, 1069, LG Kblz MDR **98**, 1184, aM Mü JB **89**, 864. 23

B. Keine oder verspätete Anzeige. Soweit man eine solche Anzeige nicht oder nicht unverzüglich und für eine Abladung zu spät gemacht hat, erhält man grundsätzlich (jetzt) nach I–IV nur diejenigen Kosten ersetzt, die eine Reise von dem dem Gericht bekannten Ort und zu diesem zurück erforderte, LG BadBad Rpfleger **89**, 255. Diese letzteren „Normalauslagen" sind aber natürlich ersatzfähig, sofern das Gericht nicht den Berechtigten bei einer Kenntnis aller Umstände gänzlich entbunden oder abgeladen hätte. In der Praxis kommt es immer wieder vor, daß zB der Zeuge zwar behauptet, die Geschäftsstelle usw aber bestreitet und auch nicht aktenkundig gemacht hat, daß er unverzüglich angerufen und mitgeteilt habe. Es empfiehlt sich daher, sich den Namen des Beamten und das Mitteilungsdatum zu merken und einen Zeugen beizuziehen. Die Erstattung muß trotz einer vorwerfbar späten Anzeige auch dann erfolgen, wenn das Gericht die Ladung auf jeden Fall aufrechterhalten hätte, Drsd JB **98**, 269. 24

Einen solchen von einer Partei *gestellten* Zeugen oder Sachverständigen, den das Gericht dann auch vernimmt, darf das Gericht grundsätzlich nur wie einen Ortsansässigen entschädigen. Seine Partei mag ihn höher entschädigen und das als einen Teil ihrer außergerichtlichen Prozeßkosten erstattet fordern können und müssen. Eine gerichtliche Entschädigung kommt aber in Betracht, soweit das Gericht die Gestellung anheimgegeben hat, KG Rpfleger **86**, 283.

C. Anzeige nicht an Gericht. Eine Anzeige der längeren Reisestrecke lediglich an diejenige Partei oder denjenigen Beteiligten, der die Ladung angeregt oder beantragt hatte, oder an dessen ProzBev reichen in keinem Fall aus. Man darf sich auch nicht darauf verlassen, daß die Partei oder deren ProzBev zugesichert haben, sie würden das Gericht verständigen. Der Geladene hat eine unmittelbare Rechtspflicht gegenüber dem Gericht und muß daher auch unmittelbar das ladende Gericht verständigen. 25

D. Besondere Umstände. Soweit durch sie eine längere Fahrt nötig wurde, darf und muß das Gericht die Mehrkosten im Rahmen einer Prüfung nach seinem pflichtgemäßen Ermessen erstatten, Drsd JB **98**, 269. Die besonderen Umstände müssen unverschuldet sein, LG BadBad Rpfleger **89**, 255. Sie können sowohl in der Person des Zeugen oder Sachverständigen usw als auch in anderen Gründen liegen. Das gilt auch mangels einer unverzüglichen Nachricht an das Gericht. 26

E. Unklarheit der Ladung. Eine Unklarheit bei der Abfassung des Textes einer Ladung ist stets zugunsten des Geladenen auslegbar, LG Aschaffenb JB **77**, 1751 (betreffend den „Aufenthaltsort"). 27

Entschädigung für Aufwand

6 ^I Wer innerhalb der Gemeinde, in der der Termin stattfindet, weder wohnt noch berufstätig ist, erhält für die Zeit, während der er aus Anlass der Wahrnehmung des Termins von seiner Wohnung und seinem Tätigkeitsmittelpunkt abwesend sein muss, ein Tagegeld, dessen Höhe sich nach § 4 Abs. 5 Satz 1 Nr. 5 Satz 2 des Einkommensteuergesetzes bestimmt.

^{II} Ist eine auswärtige Übernachtung notwendig, wird ein Übernachtungsgeld nach den Bestimmungen des Bundesreisekostengesetzes gewährt.

Gliederung

1) Systematik, I, II	1
2) Regelungszweck, I, II	2
3) Geltungsbereich, I, II	3
4) Tagegeld für einen Auswärtigen, I	4
5) Übernachtungsgeld, II	5–8

JVEG § 6
V. Justizvergütungs- und -entschädigungsgesetz

1 **1) Systematik, I, II.** Die Entschädigung für Fahrtkosten erfolgt nach § 5. Die Entschädigung für den sonstigen Aufwand erfolgt nach festen Sätzen. Der Begünstigte erhält ein Tage- und ein Übernachtungsgeld. Als eine Auffangvorschrift dient § 7.

2 **2) Regelungszweck, I, II.** Das Tagegeld soll den Aufwand außer dem durch die Übernachtung entstehenden und außerdem den sonstigen Aufwand abgelten, insbesondere Essenskosten. Kosten notwendiger Vertretungen und notwendiger Begleiter und die Fahrtkosten unterfallen §§ 5, 7. Wegen der Entschädigung des Handelsrichters vgl Teil VI dieses Buchs.

3 **3) Geltungsbereich, I, II.** § 6 gilt auch für die Entschädigung der Steuerausschußmitglieder, § 30 des Gesetzes über die Finanzverwaltung, ferner für die Entschädigung der Beisitzer bei den Seeämtern und beim Bundesoberseeamt, jedoch mit der Maßgabe, daß die Entschädigung stets die in § 8 V des Gesetzes über die Untersuchung von Seeunfällen genannte Summe beträgt (früher 5 DM, also bei amtlicher Umrechnung 2,56 EUR). Bis zu diesem Satz ist also kein Nachweis erforderlich. Ferner ist eine Erhöhung des Satzes für den Einheimischen zulässig.

Eine Erhöhung kann man auch dem Beisitzer bei der Kammer für *Wertpapierbereinigung* gewähren, für den man die Entschädigung bei einer Sitzungsdauer von mehr als 5 Stunden um [10 DM] 5,11 EUR erhöhen kann, § 6 I Änderungs- und Ergänzungsgesetz des WertpapierberG. Ein im öffentlichen Dienst stehender Beisitzer des Bundessortenamts erhält keine Aufwandsentschädigung. Wohl aber erhält ein anderer Beisitzer eine solche, Grdz 2 ff vor § 1.

4 **4) Tagegeld für einen Auswärtigen, I.** Als ein Auswärtiger gilt nur derjenige, der in der politischen Gemeinde des Gerichtstermins am Terminstag weder wohnt noch berufstätig ist und sich auch nicht aus einem anderen Grund am Terminstag am Terminsort aufhält, MHB 3. Er erhält als Entschädigung für seine terminsbedingte Abwesenheit von seinem Wohnort und seinem Tätigkeitsmittelpunkt ein pauschaliertes Tagegeld ohne die Notwendigkeit eines Nachweises oder auch nur einer Darlegung oder Glaubhaftmachung irgendwelcher Aufwendungen für Essen usw. Es genügt vielmehr nur die Darlegung und notfalls der Beweis des Ob und Wielange einer Abwesenheit infolge gerade dieser Heranziehung.

Wegen seiner *Höhe* verweist I auf § 4 V 1 Z 5 S 2 EStG. Diese letztere Vorschrift besagt idF Art 1 Z 5b StEuglG vom 19. 12. 00, BGBl 1790, in Kraft seit 1. 1. 02, Art 38 I 1 StEuglG, in Verbindung mit der Neubek des EStG v 19. 10. 02, BGBl 4210:

EStG § 4. Gewinnbegriff im Allgemeinen. V 1 Z 5 S 2. Wird der Steuerpflichtige vorübergehend von seiner Wohnung und dem Mittelpunkt seiner dauerhaft angelegten betrieblichen Tätigkeit entfernt betrieblich tätig, ist für jeden Kalendertag, an dem der Steuerpflichtige wegen dieser vorübergehenden Tätigkeit von seiner Wohnung und seinem Tätigkeitsmittelpunkt
a) 24 Stunden abwesend ist, ein Pauschbetrag von 24 Euro,
b) weniger als 24 Stunden, aber mindestens 14 Stunden abwesend ist, ein Pauschbetrag von 12 Euro,
c) weniger als 14 Stunden, aber mindestens 8 Stunden abwesend ist, ein Pauschbetrag von 6 Euro
abzuziehen; eine Tätigkeit, die nach 16 Uhr begonnen und vor 8 Uhr des nachfolgenden Kalendertags beendet wird, ohne dass eine Übernachtung stattfindet, ist mit der gesamten Abwesenheitsdauer dem Kalendertag der überwiegenden Abwesenheit zuzurechnen.

Das alte System einer Verweisung auf *Reisekostenstufen A–C* und damit auf die persönlichen Verhältnisse ist *entfallen*. Trotzdem ist die Regelung mit ihrer Verweisungstechnik auf das nicht stets für den Kostenbeamten in seiner neuesten Fassung greifbare EStG wieder einmal in deutscher Überperfektion einigermaßen kompliziert geraten. Bei einer Abwesenheit von weniger als 8 Stunden entsteht kein Tagegeld. *Entscheidend* ist stets die Zeit von der Abfahrt bis zur Rückkehr an den Wohnort, die erforderlich war, um der Dienstleistung nachkommen zu können.

5 **5) Übernachtungsgeld, II.** Man erhält es nur dann, wenn eine auswärtige Übernachtung wegen der Heranziehung notwendig war. Das ist nur dann so, wenn der Begünstigte nicht mehr in seinen Wohnort zurückkehren konnte, LSG Erfurt JB 00,

Abschnitt 2. Gemeinsame Vorschriften   § 6 JVEG

489, oder wenn er deshalb übernachten mußte, weil der frühere Sitzungsanfang eine Anreise zu einem entsprechend früheren Zeitpunkt oder das spätere Sitzungsende die Rückreise zu einem späteren Zeitpunkt an demselben Tag unzumutbar machte, LG Stgt Rpfleger **86**, 198. Bei einem nahen Aufenthalts- oder Arbeitsort entfällt II ebenso wie I in aller Regel. Es kommt bei einer mehrtägigen Heranziehung darauf an, ob man ein tägliches Pendeln zumuten kann. Dazu kann man auch die für Dienstreisen eines Beamten geltenden Bestimmungen mitbeachten.

Der *Höhe* nach enthält II eine Verweisung auf das BRKG. Die frühere Regelung 6
in Reisekostenstufen ist entfallen. Übernachtungsgeldregelungen enthalten §§ 6 II, 7, 8 S 2, §§ 9, 11 I 2 Hs 2, V, 13 I Hs 2, 14 III BRKG idF Art 1 G v 26. 5. 05, BGBl 1418, in Kraft teils seit 1. 6. 05, Art 18 II G, teils seit 1. 9. 05, Art 18 I G. Zentralvorschriften sind

> **BRKG § 7.** *Übernachtungsgeld.* I [1] Für eine notwendige Übernachtung erhalten Dienstreisende pauschal 20 Euro. [2] Höhere Übernachtungskosten werden erstattet, soweit sie notwendig sind.
>
> II Übernachtungsgeld wird nicht gewährt
> 1. für die Dauer der Benutzung von Beförderungsmitteln,
> 2. bei Dienstreisen am oder zum Wohnort für die Dauer des Aufenthalts an diesem Ort,
> 3. bei unentgeltlicher Bereitstellung einer Unterkunft des Amtes wegen, auch wenn diese Unterkunft ohne triftigen Grund nicht genutzt wird, und
> 4. in den Fällen, in denen das Entgelt für die Unterkunft in den erstattungsfähigen Fahrt- oder sonstigen Kosten enthalten ist, es sei denn, dass eine Übernachtung aufgrund einer zu frühen Ankunft am Geschäftsort oder einer zu späten Abfahrt von diesem zusätzlich erforderlich wird.
>
> **BRKG § 8.** *Auslagenerstattung bei längerem Aufenthalt am Geschäftsort.* [1] Dauert der dienstlich veranlasste Aufenthalt an demselben auswärtigen Geschäftsort länger als 14 Tage, wird vom 15. Tag an ein um 50 Prozent ermäßigtes Tagegeld gewährt; in besonderen Fällen kann die oberste Dienstbehörde oder die von ihr ermächtigte Behörde auf eine Ermäßigung des Tageldes verzichten. [2] Notwendige Übernachtungskosten werden erstattet; ein pauschales Übernachtungsgeld nach § 7 Abs. 1 wird nicht gewährt. [3] ...
>
> **BRKG § 9.** *Aufwands- und Pauschvergütung.* I [1] Dienstreisende, denen erfahrungsgemäß geringerer Aufwand für Verpflegung oder Unterkunft als allgemein üblich entsteht, erhalten nach näherer Bestimmung der obersten Dienstbehörde oder der von ihr ermächtigten Behörde anstelle von Tagegeld, Übernachtungsgeld und Auslagenerstattung nach § 8 Satz 1 und 2 eine entsprechende Aufwandsvergütung. [2] Diese kann auch nach Stundensätzen bemessen werden.
>
> II Die oberste Dienstbehörde oder die von ihr ermächtigte Behörde kann für regelmäßige oder gleichartige Dienstreisen anstelle der Reisekostenvergütung oder einzelner ihrer Bestandteile eine Pauschvergütung gewähren, die nach dem Durchschnitt der in einem bestimmten Zeitraum sonst anfallenden Reisekostenvergütungen zu bemessen ist.
>
> **BRKG § 13.** *Verbindung von Dienstreisen mit privaten Reisen.* I [1] Werden Dienstreisen mit privaten Reisen verbunden, wird die Reisekostenvergütung so bemessen, als ob nur die Dienstreise durchgeführt worden wäre. [2] Die Reisekostenvergütung nach Satz 1 darf die sich nach dem tatsächlichen Reiseverlauf ergebende nicht übersteigen. [3] Werden Dienstreisen mit einem Urlaub von mehr als fünf Arbeitstagen verbunden, werden nur die zusätzlich für die Erledigung des Dienstgeschäfts entstehenden Kosten als Fahrtauslagen entsprechend den §§ 4 und 5 erstattet; Tage- und Übernachtungsgeld wird für die Dauer des Dienstgeschäfts sowie für die zusätzliche Reisezeit gewährt.

Es *empfiehlt* sich trotz des Fehlens einer gesetzlichen Nachweispflicht doch zur 7
Vermeidung unerfreulicher Auseinandersetzungen zum Ob und Wie hoch, sich eine Übernachtung und sonstige Leistungen wie Frühstück oder Teilpension in den Hotelrechnungen gesondert ausweisen zu lassen. Denn nur die tatsächlichen Übernach-

tungskosten sind dem Grunde nach erstattbar. Die Landesreisekostengesetze schreiben teilweise vor, die nach an sich vom Sachverständigen nachzuweisende Unvermeidbarkeit nicht näher zu prüfen, wenn ein Übernachtungspreis nicht mehr als 50 EUR betrug. Immerhin müßte der Sachverständige wohl oft nachweisen, daß es am Übernachtungsort kein zumutbares billigeres Quartier gab, Ulrich DS **04**, 3★. Er muß Kosten von über 60 EUR je Nacht als notwendig begründen, LG Hann JB **06**, 491 (zustm Bund).

8 Das ist eine oft unzumutbare *Überforderung*. Daher kommt ein Anscheinsbeweis für die Notwendigkeit infrage, einen heute allgemein üblichen Preis zu zahlen. Auch dann bleiben noch genug Probleme. Das Gericht sollte sie nicht zu engherzig lösen. WC und Dusche sollten stets vorhanden sein dürfen. Ein Bedienungsgeld zählt zu den Übernachtungskosten. Es gibt keine fiktiven Übernachtungskosten.

Ersatz für sonstige Aufwendungen

7 I ¹Auch die in den §§ 5, 6 und 12 nicht besonders genannten baren Auslagen werden ersetzt, soweit sie notwendig sind. ²Dies gilt insbesondere für die Kosten notwendiger Vertretungen und notwendiger Begleitpersonen.

II ¹Für die Anfertigung von Ablichtungen und Ausdrucken werden 0,50 Euro je Seite für die ersten 50 Seiten und 0,15 Euro für jede weitere Seite, für die Anfertigung von Farbkopien oder Farbausdrucken 2 Euro je Seite ersetzt. ²Die Höhe der Pauschale ist in derselben Angelegenheit einheitlich zu berechnen. ³Die Pauschale wird nur für Ablichtungen und Ausdrucke aus Behörden- und Gerichtsakten gewährt, soweit deren Herstellung zur sachgemäßen Vorbereitung oder Bearbeitung der Angelegenheit geboten war, sowie für Ablichtungen und zusätzliche Ausdrucke, die nach Aufforderung durch die heranziehende Stelle angefertigt worden sind.

III Für die Überlassung von elektronisch gespeicherten Dateien anstelle der in Absatz 2 genannten Ablichtungen und Ausdrucke werden 2,50 Euro je Datei ersetzt.

Vorbem. Zunächst II idF, III geändert dch Art 14 V Z 4 a, b JKomG v 22. 3. 05, BGBl 837, in Kraft seit 1. 4. 05, Art 16 I JKomG. Sodann II 3 geändert dch Art 19 Z 1 des 2. JuMoG v 22. 12. 06, BGBl 3416, in Kraft seit 31. 12. 06, Art 28 I des 2. JuMoG. Übergangsrecht jeweils § 24 JVEG.

Gliederung

1) Systematik, I–III	1
2) Regelungszweck, I–III	2
3) Geltungsbereich, I–III	3
4) Erstattungsfähigkeit, I	4–14
A. Vorbereitungskosten, I 1	4
B. Arzttattest usw, I 1	5
C. Vertretungskosten, I 2	6, 7
D. Anwaltskosten, I 1, 2	8
E. Personalkosten, I 1, 2	9, 10
F. Kosten einer Begleitperson, I 2	11, 12
G. Sonstige Kosten, I 1, 2	13
H. Unanwendbarkeit, I 2	14
5) Ablichtung, Ausdruck, II	15–17
A. Allgemeines, II 1–3	15
B. Berechnung, II 1–3	16
C. Einzelfragen	17
6) Elektronische Datei, III	18

1 **1) Systematik, I–III.** Die Vorschrift ist eine Auffangklausel, Hbg MDR **07**, 867. Sie gilt also nur hilfsweise neben den vorrangigen §§ 5, 6 und 12. Diese gelten in ihren Geltungsbereichen abschließend und lassen sich daher insoweit auch nicht über § 7 ausweiten, Hbg MDR **07**, 867.

2 **2) Regelungszweck, I–III.** Die Auffangklausel nach Rn 1 bezweckt eine möglichst lückenlose Erfassung aller Aufwendungen des Zeugen oder Sachverständigen

Abschnitt 2. Gemeinsame Vorschriften § 7 JVEG

usw. Das gilt freilich nur im Rahmen des Notwendigen, Rn 4. Man muß beide Gerichtspunkte bei der Auslegung mitbeachten.

3) Geltungsbereich, I–III. Die Vorschrift gilt sachlich für alle gesetzlich sonstwie nicht erfaßten Aufwendungen. Sie gilt persönlich für jeden gerichtlich bestellten Sachverständigen, Dolmetscher oder Übersetzer oder geladenen oder gestellten und dann auch vernommenen Zeugen und für einen Dritten nach § 23. Sie alle haben einen Anspruch auf die Erstattung aller notwendigen Barauslagen, auch soweit das Gesetz sie nirgends speziell nennt, Bach JB **92**, 8.

Nur die *notwendigen* Auslagen sind erstattbar, I 1, 2. Das Gericht muß die Notwendigkeit nachprüfen. Der Anspruch erstreckt sich innerhalb der dem Grunde nach notwendigen Kosten auch nur auf diejenigen Kosten, die der Berechtigte gerade auf Grund dieser Heranziehung auch wirklich aufgewendet hat. Er muß den Nachweis durch eine Vorlage von verkehrsüblichen Quittungen erbringen oder zumindest entsprechend § 294 ZPO glaubhaft machen, vor allem durch eine eidesstattliche Versicherung, Karlsr JB **88**, 389. Bei einer Postüberwachung usw nach § 23 ist § 7 nur im Rahmen von § 22 anwendbar, § 23 III. Auf den Betreuer ist § 7 weder direkt noch entsprechend anwendbar, § 1 Rn 13 „Betreuer".

4) Erstattungsfähigkeit, I. Erstattbar sind in den Grenzen Rn 3 unter anderem die folgenden Aufwendungen, jeweils ohne eine bei ihnen gar nicht gezahlte Mehrwertsteuer, § 12 Rn 17, Kblz MDR **94**, 1152, aM AG Bln-Charlottenb 215 C 206/04 v 20. 6. 07. Es kann notwendig sein, außergewöhnlich hohe Aufwendungen vor ihrer Entstehung dem Gericht oder der sonstigen heranziehenden Stelle unverzüglich anzukündigen, um ihm zu ermöglichen, die Heranziehung deshalb aufzuheben, aufzuschieben, zu verringern usw, Karls MDR **93**, 90.

A. Vorbereitungskosten, I 1. Man erhält die Kosten der Vorbereitung der Zeugenaussage erstattet, Düss Rpfleger **79**, 467, LSG Erfurt JB **03**, 96. Dasselbe gilt für die Vorbereitungskosten aller weiteren nach Rn 3 Begünstigten.

B. Arztattest usw, I 1. Die Kosten eines ärztlichen Zeugnisses zur Entschuldigung des Zeugen oder des Sachverständigen usw sind ersetzbar, sofern ein solches Attest bei einer objektiven Betrachtung zweckmäßig war. Das gilt unabhängig davon, ob das Gericht ein solches Zeugnis auch schon verlangt hatte. Das Gericht kann ein solches Zeugnis fordern, soweit es die Aufgabe des Zeugen oder Sachverständigen usw ist, sich genügend zu entschuldigen. In diesem Zusammenhang gehören auch Fernsprechkosten des Geladenen, evtl auch Portoauslagen, Hamm Rpfleger **76**, 202, LG Mannh Rpfleger **91**, 36.

C. Vertretungskosten, I 2. Solche Kosten sind ohne eine absolute Obergrenze erstattungsfähig, soweit sie bei einer objektiven Beurteilung notwendig wurden. Das gilt bei einem Lohnempfänger also nur, soweit er seinem Arbeitgeber für den Arbeitsausfall einen Ersatz leisten muß. Auch beim Freiberufler kommen Vertretungskosten in Betracht, Bbg JB **87**, 79 (Anwalt), Düss MDR **93**, 485 (Psychologe), Karlsr MDR **93**, 89 (Arzt). Jede Beweisperson und auch ein ehrenamtlicher Richter muß aber das Gericht auf extra bevorstehende ungewöhnlich hohe Kosten solcher Art unverzüglich hinweisen, Rn 4, OVG Hbg NVwZ-RR **06**, 447. Der Vertretene muß die Notwendigkeit und Höhe von Vertretungskosten zumindest auf eine Anforderung des Gerichts nachvollziehbar darlegen und belegen oder glaubhaft machen, Rn 3.

Man muß solche Vertretungskosten selbst bei einem kleinen Unternehmen *im allgemeinen anerkennen*, evtl für einen halben oder einen ganzen Tag, soweit für den Geladenen die Zeitdauer seiner Abwesenheit nicht vorhersehbar ist. Er kann sie oft nicht im voraus präzise einschätzen. Auch ein Sachverständiger kann solche Vertretungskosten aufwenden müssen. Das gilt selbst dann, wenn er zur Erstattung des Gutachtens verpflichtet ist.

Die Behauptung, ein solcher Sachverständiger erstatte das Gutachten stets in einer Ausübung seines Berufs, ist nicht in dieser Allgemeinheit haltbar. Der *Beruf* bringt das Gutachten nur mit sich. Denn § 7 spricht in gleicher Weise vom Zeugen usw wie vom Sachverständigen. Man muß den Umstand außer acht lassen, daß der Sachverständige auch für seine Gutachtertätigkeit eine Vergütung erhält. Es ist aber denkbar, daß sich die Vertretungskosten eines Sachverständigen oder Zeugen usw um den Betrag verringern, den der Vertreter ihm an Gewinn einbringt, Bbg JB **87**, 79, aM Düss

1133

JB **93**, 493, Hamm OLGR **94**, 144. Der Vertreter hat seinerseits keinen unmittelbaren Anspruch gegen den Staat. Minderjährige Kinder begründen wegen § 1619 BGB meist keine erstattbaren Aufwendungen wegen ihrer „Vertretungsdienste", KG Rpfleger **92**, 106. Eine Hausfrau mag zur Beaufsichtigung von Kindern eine Vertretung brauchen. Auch ein kranker Angehöriger mag eine Fürsorge benötigen.

8   **D. Anwaltskosten, I 1, 2.** Unter § 7 können auch diejenigen Kosten fallen, die der Zeuge oder Sachverständige usw bei einer objektiven Betrachtung aufwenden mußte, Düss MDR **97**, 893, etwa um unter der Einschaltung eines Anwalts dafür zu sorgen, daß er sein Ausbleiben in einer für das Gericht ausreichenden Weise entschuldigen konnte, Düss MDR **85**, 60, aM LG Gießen MDR **81**, 959 (abl Herfurth). Es können auch andere Umstände die Unterstützung des Zeugen usw durch einen Anwalt nach I 1 „notwendig" machen.

Dabei darf man *keineswegs* nur darauf abstellen, ob der Zeuge usw auch in einem *anderen* Interesse als dem eigenen handelte, aM BVerfG NJW **75**, 103, Düss MDR **97**, 893, MHB 5 (aber in welchem anderen Interesse eigentlich?). Auch Kosten eines Beschwerdeverfahrens können notwendig sein, Düss MDR **85**, 60, VGH Mannh Just **95**, 417, aM LG Gießen MDR **81**, 959, LG Würzb JB **80**, 1540. Gerade die Befürchtung, sich ohne einen anwaltlichen Rat in vermeidbare Schwierigkeiten etwa infolge des Verdachts einer Beteiligung des Zeugen usw an derjenigen Tat zu bringen, über die er aussagen oder begutachten soll usw, macht es für jeden Außenstehenden nachvollziehbar, daß der Zeuge usw sich einer anwaltlichen Hilfe bedient, Düss MDR **97**, 893. Das reicht zur Bejahung der Notwendigkeit solcher Kosten. Das gilt trotz des Umstands, daß das Gericht die Vernehmung fair halten muß. Das Grenzgebiet kann zu gefährlich sein.

Die *Art und Höhe* der Anwaltskosten richtet sich im Rahmen des vorstehend erläuterten Notwendigen nach dem RVG.

9   **E. Personalkosten, I 1, 2.** Nach § 7 können auch diejenigen Kosten erstattungsfähig sein, die man aufwenden muß, um eine vom Gericht oder zB von der Staatsanwaltschaft erbetene oder angeforderte schriftliche Auskunft oder Aussage oder Begutachtung oder Übersetzung anzufertigen. Hierunter gelten zB: Personalkosten, die in einer Bank auch bei der Aufstellung einer Kontenübersicht entstehen, BFH BB **81**, 1142, Düss DB **85**, 911, Kblz JB **92**, 417, aM Düss DB **85**, 1130, LG Kblz MDR **85**, 608 (aber solche Arbeit bedeutet auch in einer Bank Kosten über das ohnehin im Betrieb übliche Maß hinaus).

10 Wegen der Mitwirkung oder Tätigkeit auf Grund einer *Beschlagnahme* Grdz 6–8 vor § 1.

11 **F. Kosten einer Begleitperson, I 2.** Man erhält solche Kosten nur insoweit ersetzt, als sie auch objektiv notwendig waren, etwa bei einem gebrechlichen oder erheblich behinderten Berechtigten oder bei jugendlichen Zeugen usw oder bei einem Betreuten. Begleitperson kann auch ein Angehöriger sein. Sowohl der Begleitete als auch der Begleiter erhalten die einem Zeugen zustehenden Gelder, aM Kblz JB **91**, 593 (nur der Begleiter könne den Anspruch geltend machen. Aber das ist weder aus dem Wortlaut des I 2 noch nach seinem Sinn zwingend und auch unpraktisch).

12 Es kann nach Rn 4 notwendig sein, außergewöhnlich hohe Begleitpersonkosten vorher *anzuzeigen*. Das Gericht muß im Rahmen der Notwendigkeit nach seinem pflichtgemäßen Ermessen prüfen, ob gerade ein solcher *Begleiter* erforderlich war. Wer sich eine unnütz teure Begleitperson auswählt, muß ihre Mehrkosten selbst bezahlen. Die erforderlichen Hilfspersonen eines erbbiologischen Sachverständigen erhalten eine Entschädigung nicht nach § 7, sondern nach § 10 Anlage 2 amtliche Vorbemerkung I Hs 1 vor Z 500. Wegen der Hilfspersonen anderer Sachverständiger § 12 I 2 Z 1.

13 **G. Sonstige Kosten, I 1, 2.** Unter § 7 können auch Reisekosten und insbesondere Reiserücktritts-(Storno-)Kosten fallen, Celle Rpfleger **90**, 273. Dasselbe kann von Kosten für Porto ohne Mehrwertsteuer, Rn 4, LG Mannh Rpfleger **91**, 36, oder Einzelkosten für Telefax, Telefon gelten. Auch die im Einzelfall erforderliche Fachliteratur kann erstattbar sein.

14 **H. Unanwendbarkeit, I 2.** Die Kosten der Aufsichtspersonen eines Gefangenen fallen nicht unter I 2. Denn bei dem Gefangenen geschieht die Begleitung nur als

Abschnitt 2. Gemeinsame Vorschriften　　　　　　　　　　　　　　**§ 7 JVEG**

eine Bewachung im notwendigen Vollzug der Strafe. Zwar entstehen die Kosten hierfür dem Staat, aber nicht aus (jetzt) § 7, aM Kblz JB **91**, 593.
　　Nicht hierher gehören auch Kosten eines nicht durch die Heranziehung der Beweisperson notwendig gewordenen Reisebegleiters, großzügiger Mü JB **89**, 1741 (Lebensgefährtin).

5) Ablichtung, Ausdruck, II. Es gibt mehrere Aspekte　　　　　　　　　　**15**
　　A. Allgemeines, II 1–3. Es handelt sich bei II um Pauschalen, so schon Mü Rpfleger **88**, 428. Etwaige höhere Unkosten bleiben grundsätzlich außer Betracht, Mü Rpfleger **88**, 428, LG Schweinfurt JB **76**, 69. II ist auch auf solche Seiten anwendbar, die nur Fotos zeigen, so schon Hbg JB **92**, 429, nicht aber auf eine Zeilenschinderei, Kblz Rpfleger **96**, 422. Ein Begleitschreiben oder eine Rechnung des Sachverständigen fallen nicht unter II, so schon LG Bayreuth JB **76**, 1361.
　　B. Berechnung, II 1–3. Es handelt sich nicht um die in § 12 I 2 Z 1 genannten **16** Kosten. Die Vorschrift zählt nicht hierher, BSG NJW **01**, 2823 (Computerausdruck). Die Art der Herstellung ist nur im Hinblick auf eine etwaige Farbigkeit der Höhe nach erheblich. II kommt nach II 3 nur bei einer Ablichtung oder einem Ausdruck aus einer Behörden- oder Gerichtsakte infrage. Es kommt daher außerdem darauf an, ob die Kopie entweder zur sachgerechten Vorbereitung oder Bearbeitung der Angelegenheit notwendig war oder ob der Sachverständige usw sie nach einer Aufforderung durch die heranziehende Stelle angefertigt hat, II 3. Schon eine etwaige spätere Erläuterung vor Gericht rechtfertigt eine Kopie ebenso wie überhaupt eine natürlich stets nötige vollständige Aktenführung. Es ist eine gewisse Großzügigkeit bei der Prüfung der „Gebotenheit" nach II 3 Hs 1 ratsam. Denn zB der Sachverständige kann nicht stets bei der alsbaldigen Rücksendung von Akten übersehen, welche Teile er noch im Wortlaut mitbenötigen könnte.
　　Die *Pauschalen betragen* nach II 1 für die ersten 50 Seiten je 0,50 EUR und für jede weitere Seite 0,15 EUR, für jede Farbkopie oder jeden Farbausdruck 2 EUR, II 1. In derselben Angelegenheit nach § 15 II 1 RVG, Teil X dieses Buchs, muß man die Höhe der Pauschale für die in II 2 genannten einheitlich berechnen.
　　Keine Kopie ist ein Mehrausdruck als ein weiteres unterzeichnetes Original, BSG NJW **01**, 2823 (anders bei dessen Kennzeichnung als bloße Kopie usw).
　　C. Einzelfragen. Für eine Stenogrammaufnahme, für Korrekturen, für das Aktenordnen usw kann man nicht etwa außerdem noch einen Aufwendungsersatz für **17** die Hilfskraft verlangen, Celle JB **98**, 269, Düss JB **82**, 1703, Mü Rpfleger **88**, 428, aM Mü (11. ZS) MDR **91**, 800, LG Bonn JB **95**, 268. Die Auslagen sind neben den Gebühren (jetzt) des § 10 ersetzbar, BSG NJW **85**, 2784. Bei einem Gutachten fallen die Kosten einer Abschrift oder Ablichtung für die Handakten des Sachverständigen nicht unter II, Düss JB **07**, 42, Hbg MDR **06**, 1136, Oldb JB **09**, 205, aM Brdb MDR **07**, 868, Kblz JB **06**, 436, LG Hann JB **06**, 491 (zustm Bund), AG Weimar JB **06**, 434 (aber das ist praxisferner). Das ergibt sich aus dem (jetzt eingefügten) Wort „nur" in II 3. Das gilt selbst dann, wenn der Sachverständige mit einer weiteren Beanspruchung etwa bei einer Vorladung zur mündlichen Erläuterung oder bei einer Ergänzung rechnen muß, aM Brdb MDR **07**, 868. Für ein erbbiologisches Abstammungsgutachten sind die Gebühren nach § 10 Anlage 2 amtliche Vorbemerkung I Hs 2 vor Z 500 abgegolten, einschließlich der dort genannten drei Stücke nebst Durchschlag für die Handakten des Sachverständigen. Daher kommt eine Erstattung nach II allenfalls insoweit in Betracht, als das Gericht weitere Durchschläge erfordert hat, so schon LAG Hamm JB **76**, 492.
　　Für ein *Begleitschreiben* des Sachverständigen gilt II *nicht,* ebensowenig für eine Kopie für die Kostenrechnung, Kblz JB **83**, 741, oder für Zwischennachrichten usw, Hamm Rpfleger **90**, 228, Mü JB **91**, 995.

6) Elektronische Datei, III. Ihre Überlassung anstelle von Ablichtungen usw löst **18** 2,50 EUR je Datei unabhängig von deren Umfang und unabhängig von der Zeitdauer der Überlassung im Rahmen des Notwendigen aus.

Abschnitt 3. Vergütung von Sachverständigen, Dolmetschern und Übersetzern

Grundsatz der Vergütung

8 I Sachverständige, Dolmetscher und Übersetzer erhalten als Vergütung
1. ein Honorar für ihre Leistungen (§§ 9 bis 11),
2. Fahrtkostenersatz (§ 5),
3. Entschädigung für Aufwand (§ 6) sowie
4. Ersatz für sonstige und für besondere Aufwendungen (§§ 7 und 12).

II ¹ Soweit das Honorar nach Stundensätzen zu bemessen ist, wird es für jede Stunde der erforderlichen Zeit einschließlich notwendiger Reise- und Wartezeiten gewährt. ²Die letzte bereits begonnene Stunde wird voll gerechnet, wenn sie zu mehr als 30 Minuten für die Erbringung der Leistung erforderlich war; anderenfalls beträgt das Honorar die Hälfte des sich für eine volle Stunde ergebenden Betrags.

III Soweit vergütungspflichtige Leistungen oder Aufwendungen auf die gleichzeitige Erledigung mehrerer Angelegenheiten entfallen, ist die Vergütung nach der Anzahl der Angelegenheiten aufzuteilen.

IV Den Sachverständigen, Dolmetschern und Übersetzern, die ihren gewöhnlichen Aufenthalt im Ausland haben, kann unter Berücksichtigung ihrer persönlichen Verhältnisse, insbesondere ihres regelmäßigen Erwerbseinkommens, nach billigem Ermessen eine höhere als die in Absatz 1 bestimmte Vergütung gewährt werden.

Schrifttum (je zum alten Recht): *Bayerlein*, Praxishandbuch Sachverständigenrecht, 4. Aufl 2008 (Bespr *Doukoff* NJW 08, 2834); *Ulrich*, Der gerichtliche Sachverständige, 12. Aufl 2007; *Müller*, Der Sachverständige im gerichtlichen Verfahren, 3. Aufl 1988; *Weglage/Pawliczek*, Die Vergütung des Sachverständigen usw, 2005; *Wellmann/Schneider/Hüttemann/Weidhaas*, Der Sachverständige in der Praxis, 6. Aufl 1997.

Gliederung

1) Systematik, I–IV	1
2) Regelungszweck, I–IV	2
3) Sachlicher Geltungsbereich, I–IV	3
4) Persönlicher Geltungsbereich, I–IV	4
5) Leistungsvergütung, I Z 1	5–7
6) Unverwertbarkeit der Leistung, I Z 1	8–14
A. Vorsatz	8
B. Grobe Fahrlässigkeit	9
C. Leichte Fahrlässigkeit	10
D. Schuldlosigkeit	11
E. Ablehnungsfragen	12
F. Auflagenverstoß, Untätigkeit	13
G. Weitere Einzelfragen	14
7) Fahrtkostenersatz, I Z 2	15
8) Aufwandsentschädigung, I Z 3	16
9) Ersatz für sonstige und für besondere Aufwendungen, I Z 4	17
10) Bemessung des Stundensatzes, II	18–34
A. Einheitlichkeit des Stundensatzes, II 1, 2	18, 19
B. Maßgeblichkeit der gesamten erforderlichen Zeit, II 1 Hs 1	20
C. Fachkenntnis	21, 22
D. Großzügigkeit	23, 24
E. Schwierigkeitsgrad	25–27
F. Besondere Umstände	28, 29
G. Abwägung	30, 31
H. Hinzurechnung notwendiger Reise- und Wartezeiten, II 1 Hs 2	32
I. Keine Höchststundenbegrenzung	33
J. Letzte Stunde voll, evtl. nur zur Hälfte, II 2	34
11) Erforderlicher Zeitaufwand des Sachverständigen im einzelnen, II 1 Hs 1	35–40
A. Grundsatz: Durchschnittsbedarf	35
B. Gerichtsermessen	36

Abschn. 3. Vergütung von Sachverst usw **§ 8 JVEG**

    C. Beachtbare Umstände 37
    D. Literaturstudium und Vorprüfung 38
    E. Auftragsüberschreitung 39
    F. Feiertagsarbeit 40
  12) **Verteilung auf mehrere Angelegenheiten, III** 41
  13) **Gewöhnlicher Auslandsaufenthalt, IV** 42–46
    A. Voraussetzungen 43–45
    B. Höhere Vergütung nach Ermessen 46

1) Systematik, I–IV. § 8 regelt den Vergütungs- oder Entschädigungsanspruch **1** eines Sachverständigen, Dolmetschers oder Übersetzers, soweit überhaupt eine Leistung nach § 1 in Betracht kommt. Die Aufzählung in I Z 1–4 hat wegen der dort jeweils in Bezug genommenen Einzelregelungen eine nur klarstellende Bedeutung als Übersicht über die Arten, aus denen sich eine Gesamtvergütung zusammensetzen kann.

2) Regelungszweck, I–IV. Die Vorschrift bezweckt eine angemessene Vergütung **2** des Sachverständigen usw. Sie soll aber keineswegs der im privaten Wirtschaftsleben möglichen oder üblichen gleichkommen. Denn auch der gerichtlich bestellte Sachverständige usw erfüllt eine staatsbürgerliche Ehrenpflicht. Das gilt selbst dann, wenn er von dieser Tätigkeit überwiegend lebt, Düss RR **97**, 1353. Man muß diese Gesichtspunkte bei der Auslegung mitbeachten.

Ob auch der *deutsche* im Ausland lebende Berechtigte eine *Ehrenpflicht* zur Tätigkeit hat, mag hier offenbleiben. Jedenfalls besteht sie nicht für einen im Ausland lebenden Ausländer. Daher muß auch im Hinblick auf Vergütungs- und Entschädigungsfragen eine Möglichkeit bestehen, eine den ausländischen Verhältnissen entsprechende Lösung zu bieten, die zugleich auch einen gewissen finanziellen Anreiz dazu bringt, sich einem ausländischen Gericht zur Verfügung zu stellen. Das muß man bei der Auslegung von IV und insbesondere der Begriffe „gewöhnlicher Aufenthalt" und „billiges Ermessen" deutlich mitbeachten.

3) Sachlicher Geltungsbereich, I–IV. Die Vorschrift gilt für alle Gebiete sach- **3** verständiger oder dolmetschender oder übersetzender Tätigkeit. Sie gilt in sämtlichen Verfahrensarten, so schon BayObLG **97**, 354 (FGG), soweit nicht andere Spezialvorschriften den Vorrang haben. Eine etwa bestehende Taxvorschrift ist allerdings unanwendbar. Eine Meinungsumfrage läßt sich nur nach den Vorschriften für den Sachverständigen vergüten. Bei einer Beweisaufnahme nach §§ 1072–1075 ZPO richtet sich die Vergütung zunächst nach Art 18 VO (EG) Nr 1206/2001, abgedruckt bei BLAH Einf 1 vor § 1072 ZPO, und sodann nach dem JVEG.

4) Persönlicher Geltungsbereich, I–IV. Die Vorschrift gilt zunächst für jeden **4** Sachverständigen. Sie gilt also auch für den ärztlichen Gutachter bei einem Sozialgericht, der bei aufeinander folgender Tätigkeit in mehreren Sachen für jede einzelne Sache eine Vergütung erhält. Es ist auch unerheblich, ob der Sachverständige ein Beamter ist, solange er nicht ein Gutachten in der Erfüllung einer Dienstaufgabe erstattet, vertritt oder erläutert, § 1 II 2. § 8 kann auch auf die gutachterliche Tätigkeit eines zunächst als vorläufiger und dann als endgültiger Insolvenzverwalter Tätigen anwendbar sein, LG Itzehoe KTS **83**, 476. Eine Vergütung kann auch schon für die Beantwortung der Frage nach der Zuständigkeit und den Kosten des Sachverständigen entstehen. Wegen einer Hilfskraft § 12 Rn 6–11.

§ 8 ist *unanwendbar*, soweit es sich lediglich um einen Angehörigen einer Behörde oder einer sonstigen öffentlichen Stelle nach § 1 II 2 handelt. Nicht unter § 8 fällt auch derjenige Sachverständige, der eine von den Parteien gutgeheißene Vergütung erhalten soll, falls die Parteien den entsprechenden Vorschuß gezahlt haben, § 13. Die bloße Zahlung ist freilich kein Einverständnis nach (jetzt) § 13, Hbg MDR **83**, 415.

Eine besondere Behandlung erfährt auch der in *§ 14* genannte Sachverständige. Feste Sätze gelten schließlich für die in der Anlage zu § 10 näher genannten Verrichtungen des Sachverständigen und eines sachverständigen Zeugen. Er ist insofern dem Sachverständigen gleichgestellt. Er fällt aber im übrigen unter § 19. Zur Abgrenzung der Begriffe Sachverständiger, sachverständiger Zeuge und Zeuge § 19 Rn 3–5.

§ 8 gilt ferner für den *Dolmetscher oder Übersetzer*, § 1 I Z 1. Dort näher zu diesen Begriffen.

5   **5) Leistungsvergütung, I Z 1.** Der Sachverständige, Dolmetscher oder Übersetzer erhält eine Vergütung und keine bloße Entschädigung für seine auftragsgemäße Leistung, Ulrich JB **03**, 515, nicht also eine bloße Entschädigung für einen Verdienstausfall wie beim Zeugen, Nürnb Rpfleger **79**, 37. Daher ist der sonstige Verdienst des Sachverständigen usw im Rahmen von § 1 II grundsätzlich unerheblich. Er hat auch bei § 9 keine erhebliche Bedeutung mehr.
Bei I Z 1 ist zwar die *Leistung* maßgeblich. Man muß aber auch die Persönlichkeit des Sachverständigen berücksichtigen, so schon LG Flensb JB **77**, 529. Eine auftragsgemäße Leistung führt zu einer Vergütung durch die Staatskasse unabhängig davon, ob eine der Parteien Kostenschuldnerin wird, Düss DS **04**, 264 (sog Interventionsgutachten zwecks Mediation).

6   Die *Höhe* des Honorars bemißt sich beim Sachverständigen und beim Dolmetscher für eine schriftliche wie für eine mündliche Tätigkeit grundsätzlich nach § 9. Besondere Leistungen erhalten eine Vergütung nur unter den Voraussetzungen des § 10. Beim Übersetzer bemißt sich das Honorar nach § 11. Eine Vereinbarung mit dem Gericht ist nur nach § 13 wirksam, Celle JB **93**, 118, KG JB **89**, 698, Kblz JB **95**, 153. Eine bloße Ankündigung des Sachverständigen über seine Kosten bindet das Gericht nicht, Hbg MDR **83**, 415.
Sie bestimmt sich also nach einer bestimmten Stundenzahl. Sie errechnet sich nicht mehr stets nach weiteren Merkmalen außer denjenigen der Anlage 1 zu § 9 I. Sie spielen „nur" bei der Frage der Erforderlichkeit des Zeitaufwands eine Rolle, Rn 21–31.

7   Man muß also *keineswegs* mehr stets nahezu *jeden denkbaren Gesichtspunkt* zur Bemessung des Stundensatzes heranziehen, auch zB den Grundsatz der Verhältnismäßigkeit der Mittel. Die Umsatzsteuer kann der Sachverständige neben seiner Vergütung ersetzt fordern, § 8 I Z 4, sofern er der Regelbesteuerung nach § 12 UStG unterliegt. Für einen Kleinunternehmer nach § 19 UStG gilt § 8 III. Er hat also einen Anspruch auf Zahlung eines Ausgleichsbetrags.

8   **6) Unverwertbarkeit der Leistung, I Z 1**

Schrifttum: *Cebulla,* Sprachmittlerstrafrecht, 2007; *Eickmeier,* Die Haftung des gerichtlichen Sachverständigen für Vermögensschäden, 1993; *Klein,* Die Rechtsstellung und die Haftung des im Zivilprozeß bestellten Sachverständigen, Diss Mainz 1994.

Die Unverwertbarkeit eines Gutachtens kann sich aus einem Verstoß des Sachverständigen gegen den Auftrag oder gegen einschlägige gesetzliche Vorschriften ergeben, etwa nach §§ 407, 407a ZPO, Nürnb JB **06**, 654, ferner zB nach § 79 StPO, § 96 III AO. Sie beeinträchtigt den Vergütungsanspruch des Sachverständigen nicht stets, sondern nur in bestimmten Ausnahmelagen, Düss JB **92**, 56, Jena MDR **08**, 1307, Kblz JB **08**, 379. Insofern muß man die folgenden Fälle unterscheiden.

A. Vorsatz. Der Sachverständige usw erhält keine Vergütung, soweit er die objektive Unbrauchbarkeit des Gutachtens vorsätzlich verschuldet hat, Jena MDR **08**, 1186 und 1307, Mü MDR **84**, 948. Das gilt zB wegen schwerer inhaltlicher Mängel, Kblz BB **93**, 1975, AG Dortm JB **95**, 151, oder wirklich überflüssiger Ausführungen, OVG Weimar JB **07**, 42 (Vorsicht!), oder deswegen, weil eine Partei ihn wegen eines vorsätzlichen Verstoßes erfolgreich abgelehnt hat, Rn 12, oder wenn der vom Gericht allein beauftragte Gutachter die ganze Arbeit auf einen Mitarbeiter übertragen hat, Ffm Rpfleger **77**, 382. Ein bedingter Vorsatz ist bereits schädlich.

9   **B. Grobe Fahrlässigkeit.** Soweit der Sachverständige usw die Unverwertbarkeit des Gutachtens grob fahrlässig verschuldet hat, erhält er ebenfalls keine Vergütung, Celle MDR **08**, 164, Jena MDR **08**, 1186 und 1307, Rostock MDR **09**, 295, aM Müller JR **81**, 55. Das gilt etwa wegen einer Verletzung der Schweigepflicht, LG Mönchengladb WoM **98**, 297, BLAH § 286 Rn 58. Grobe Fahrlässigkeit ist die Unterlassung jeder Sorgfalt in einem ungewöhnlich hohen Maß, also eine besonders schwerwiegende Verletzung, BVerfG **69**, 137, BGH NJW **87**, 502, Hamm NJW **87**, 1207.

10   **C. Leichte Fahrlässigkeit.** Soweit der Sachverständige usw die Unverwertbarkeit des Gutachtens nur leicht fahrlässig verschuldet hat, behält er einen Vergütungsanspruch, BGH NJW **84**, 871, Jena MDR **08**, 1186, Rostock MDR **09**, 295, aM Ffm

MDR **77**, 761, KG FamRZ **99**, 1516, Kblz MDR **02**, 1152 (aber das ist zu streng. Der Sachverständige würde wesentlich mehr haften als sein Auftraggeber, der Staat).

D. Schuldlosigkeit. Ein unverschuldetes Unvermögen zur Leistung läßt den Ver- 11 gütungsanspruch des Sachverständigen usw unberührt, Hamm MDR **84**, 964. Das gilt auch dann, wenn eine objektive Lückenhaftigkeit oder sonstige Fehlerhaftigkeit vorliegt, Düss JB **01**, 537. Dasselbe gilt dann, wenn der Sachverständige die Tätigkeit unverschuldet abbrechen mußte, Düss JB **09**, 151, links, auch etwa wegen des Fehlens einer Fristsetzung des Gerichts nach § 411 I 2 ZPO usw, Mü MDR **02**, 57. Er hat dann einen Anspruch auf denjenigen Stundensatz, der ihm zugestanden hätte, wenn er die Tätigkeit beendet hätte, Düss JB **09**, 151 links. Seine Befürchtung, der Gegner werde ein Gutachten angreifen, reicht natürlich nicht, Düss JB **09**, 151 links.

E. Ablehnungsfragen. Eine Ablehnungsentscheidung bindet das Gericht in der 12 Vergütungsfrage nicht, Hamm MDR **79**, 942. Eine erfolgreiche Ablehnung des Sachverständigen ändert nichts an den vorstehenden Regeln, Düss RR **97**, 1353, Kblz BB **88**, 1490. Wenn sich die Parteien das Ergebnis des Gutachtens trotz einer Ablehnung des Sachverständigen zu eigen gemacht haben, kann sein Vergütungsanspruch bestehen bleiben, LG Bayreuth JB **91**, 437. Dasselbe gilt, soweit das Gericht das Gutachten trotz einer angeblichen Ungeeignetheit des Sachverständigen verwertet hat, Düss Rpfleger **91**, 527, Mü RR **98**, 1688, LG Bayreuth JB **91**, 437.

Wenn der Sachverständige usw seine Ablehnung aber grob fahrlässig oder vorsätzlich verschuldet hat oder wenn er nur zu einem *Ablehnungsantrag* Stellung genommen hat, erhält er für diese Stellungnahme keine Vergütung, Rn 8, BGH NJW **76**, 1154, Hbg JB **99**, 426, Kblz FamRZ **01**, 114, aM Ffm MDR **93**, 485, Köln MDR **09**, 1015, LSG Stgt DS **04**, 272 (aber die Stellungnahme erfolgt richtigerweise nur zur Frage der Parteilichkeit und nur in *diesem* Zusammenhang zur Sachfrage). Ein solcher Verschuldensgrad kann vorliegen, soweit der Sachverständige zur Tatsachenklärung zB durch einen Augenschein oder eine Zeugenbefragung usw nicht beide Parteien hinzuzieht oder anhört, KG OLGR **96**, 191, Oldb NdsRpfl **04**, 50, OVG Lüneb JB **90**, 614. Er fehlt, soweit sich die Sachverständige gegen Angriffe sachlich wehrt, Düss OLGR **96**, 275.

F. Auflagenverstoß, Untätigkeit. Wenn der Sachverständige usw Auflagen oder 13 Bedingungen des Gerichts in seinem Gutachtenauftrag überhaupt nicht erfüllt hatte, hat er keinen Vergütungsanspruch. Dasselbe gilt bei einer mindestens grob fahrlässigen Versäumung des Termins zur Erläuterung des Gutachtens oder zu einer ergänzenden Stellungnahme.

Der Vergütungsanspruch kann auch wegen pflichtwidriger *Unterlassung einer* insbesondere gesetzlich vorgeschriebenen *Mitteilung* zB nach § 407 a I 1, III 1 ZPO teilweise oder sogar ganz entfallen, etwa mangels einer Mitteilung, daß der Vorschuß nicht ausreiche, BayObLG RR **98**, 1294, Nürnb JB **07**, 42, AG Kempten FamRZ **98**, 41. Dasselbe gilt dann, wenn eine ordnungsgemäße Begutachtung eine Vergütung von mehr als der Hälfte des Streitwerts erreichen würde und wenn der Sachverständige das nicht unverzüglich dem Gericht mitteilt, Schlesw JB **89**, 1173. Natürlich erhält der Sachverständige den Aufwand zur Erkenntnis und zur Mitteilung eines solchen Mißverhältnisses vergütet, KG Rpfleger **81**, 164. Zu kürzen gibt es die Vergütung wegen vermeidbarer Mehrkosten bei einer möglichst objektiven Rückschau, Hbg MDR **81**, 327.

G. Weitere Einzelfragen. Der Vergütungsanspruch kann ferner dann entfallen, 14 wenn der Sachverständige die weitere Arbeit plötzlich von einer dann nicht zustande kommenden Vereinbarung nach § 13 abhängig macht, OVG Bln JB **01**, 485. Sie kann ferner dann entfallen, wenn das Gutachten völlig unverwertbar ist, LG Marbg Rpfleger **06**, 223 (dann auch keine Nachbesserungsfrist), oder wenn der Sachverständige übermäßig lange untätig blieb, zB Jahre statt (wie beim Nachfolger) Monate, Ffm DS **04**, 349, Hbg MDR **06**, 1258. Freilich bleibt der Vergütungsanspruch bestehen, falls das Gericht trotz eines Kostenhinweises des Sachverständigen die Beweisaufnahme mit ihm fortgesetzt hätte, Schlesw OLGR **97**, 204, Zweibr JB **97**, 96, LG Kblz FamRZ **00**, 178. Das muß der Sachverständige aber beweisen, BayObLG RR **98**, 1294. Der Vergütungsanspruch bleibt auch auf Grund einer unrichtigen Belehrung seitens des Gerichts bestehen, Ffm JB **83**, 740. Er bleibt bestehen, soweit der Sachverständige einen solchen Auftrag durchgeführt hat, den das Gericht ohne ein Mitverschulden des Sachverständigen fehlerhaft erteilt hatte. Denn dann hat der Sachverständige nur auftragsgemäß gearbeitet, wie zB bei § 633 II 1 BGB. Eine Schlechterfüllung kann bei einer vorwerfbaren bloßen Teilbeantwortung vorliegen, aM BGH GRUR-RR **09**, 120 (prüft die Schuldfrage nicht erkennbar). Eine Schlechterfüllung fehlt, soweit die Fachsprache des Sachverständigen notwendig ist, Oldb NJW **91**, 1241.

Zur *Haftung* des gerichtlich bestellten oder beauftragten Sachverständigen nach dem bisherigen Recht BGH VersR **03**, 1048. Man kann ihn nicht wegen eines Vertragsverstoßes oder aus einem vertragsähnlichen Grund ersatzpflichtig machen, Celle DS **04**, 344. § 839a BGB begründet eine Haftung des Sachverständigen bei einem Vorsatz und bei einer groben Fahrlässigkeit wegen eines nach dem 31. 7. 02 eingetretenen Schadens infolge einer auf dem Gutachten beruhenden Gerichtsentscheidung, es sei denn, der Geschädigte hatte vorwerfbar kein Rechtsmittel eingelegt, Art 2 Z 5 Artt 12, 13 G v 19. 7. 02, BGBl 2674. Maßgebend für den vorstehenden Stichtag ist aber nicht die Gerichtsentscheidung, sondern die Abgabe des Gutachtens, Art 229 § 8 EGBGB, LG Köln DS **04**, 350. Zur Haftung Brückner/Neumann MDR **03**, 906, Kilian VersR **03**, 683 (je: Üb).

15   7) **Fahrtkostenersatz, I Z 2.** Jeder nach § 8 Berechtigte erhält auch einen Fahrtkostenersatz nach § 5.

16   8) **Aufwandsentschädigung, I Z 3.** Jeder nach § 8 Berechtigte erhält ferner eine Entschädigung für seinen Aufwand nach § 6.

17   9) **Ersatz für sonstige und für besondere Aufwendungen, I Z 4.** Jeder nach § 8 Berechtigte erhält schließlich den Ersatz für solche weiteren Aufwendungen nach §§ 7, 12.

18   10) **Bemessung des Stundensatzes, II.** II gilt nur mangels einer Anwendbarkeit von § 10 nebst dessen Anlagen. Ein etwaiger Verdienstausfall ist nicht mehr beachtbar. Man sollte in fünf Prüfschritten vorgehen.

A. **Einheitlichkeit des Stundensatzes, II 1, 2.** Für die gesamte erforderliche Zeit einschließlich der Reise- und Wartezeiten ist grundsätzlich ein einheitlicher Stundensatz erforderlich. Das betont das Gesetz zwar nicht mehr ausdrücklich. Es ergibt sich aber zumindest für den jeweiligen Höchstsatz aus § 9 I 4 Hs 4. Nur bei einer Unbilligkeit des Ergebnisses kann davon nach § 9 I 4 Hs 2 eine Ausnahme eintreten.

19   Der so gefundene Stundensatz gilt dann allerdings eben grundsätzlich *für die gesamte Tätigkeit* des Sachverständigen einheitlich, (je zum alten Recht) Düss MDR **97**, 1165, Kblz JB **00**, 210, Stgt Rpfleger **94**, 184, aM BGH JB **94**, 1177, Nürnb Rpfleger **79**, 37 (abl Höver). Daher muß man zB einen Stundensatz von 60 EUR dann anwenden, wenn der Sachverständige nur für kurze Zeit die Merkmale der Honorargruppe 3 erfüllte.

20   B. **Maßgeblichkeit der gesamten erforderlichen Zeit, II 1 Hs 1.** Der Stundensatz erfaßt nicht stets die tatsächliche vom Sachverständigen aufgewendete Zeit, sondern nur die gesamte für den Sachverständigen objektiv erforderliche Zeit, BVerfG JB **08**, 44, (zum alten Recht) BGH GRUR **04**, 446, (zum neuen Recht) Düss JB **09**, 205. Diesen Begriff umschreibt das JVEG nicht mehr. Das ändert aber nichts an der Erheblichkeit zumindest des früher maßgeblichen Erforderlichen. Vgl im übrigen im einzelnen Rn 35–40.

21   C. **Fachkenntnis.** Der Grad der Fachkenntnisse kann zB einen geringeren Zeitaufwand „erforderlich" machen. Ein hoher Grad von Fachkenntnis kann zB dann vorliegen, wenn eine der folgenden Voraussetzungen vorliegt: Der Sachverständige hat eine abgeschlossene Hochschulausbildung erhalten, LG Kblz JB **95**, 268; er hat ein besonders langes oder besonders breit angelegtes Studium absolviert; er hat Abschlußprüfungen mehrerer einschlägiger Disziplinen bestanden; er besitzt eine langjährige Erfahrung; von ihm stammen erhebliche wissenschaftliche Veröffentlichungen; er betreut zahlreiche hochqualifizierte Mitarbeiter.

22   Auch die Fähigkeit etwa zum *raschen Erkennen* eines Problems kann einen geringen Zeitaufwand „erforderlich" machen.

23   D. **Großzügigkeit.** Im Zweifel ist jedoch eine Großzügigkeit ratsam, Hamm OLGR **96**, 251, Zweibr JB **88**, 116, LSG Bre NJW **03**, 1206 (generell zu großzügig). Wen das Gericht zum Sachverständigen ernennt, der verdient trotz der staatsbürgerlichen Ehrenpflicht eines Dienstes innerhalb der Rechtspflege zumindest nicht weniger zu erhalten als ein tüchtiger Handwerker. Man sollte ihn an sich durchweg deutlich besser vergüten. Denn man erwartet von ihm weit mehr als eine rein handwerkliche Tätigkeit. Das gilt auch dann, wenn er sich nur zu Handwerksfragen äußert.

Gewisse Fachkenntnisse sind die Voraussetzung jeglicher Bestellung. Sie sind daher *keineswegs* ein Grund zu einem längeren Zeitaufwand. 24

E. Schwierigkeitsgrad. Der Grad der Schwierigkeit der Leistung ist neben dem Grad der erforderlichen Fachkenntnisse bei der Bemessung des Stundensatzes bereits innerhalb der Feststellung der Erforderlichkeit des Zeitaufwands wichtig. Auch für einen hervorragenden Fachmann kann die Leistung außerdem überdurchschnittlich schwierig sein. Sie mag zB besondere Studienarbeiten erfordern. Dann ist ein längerer Zeitaufwand erforderlich. 25

Derjenige Sachverständige, den das Gericht *berufen* hat, obwohl er keine besonderen Fachkenntnisse besaß, mag es bei einer Leistung schwer haben, die für einen hochqualifizierten Fachmann leicht wäre. Im Ergebnis muß das Gericht dem so Ernannten aber doch wieder einen längeren Zeitaufwand als einen eben für ihn erforderlichen zubilligen. 26

Grundsätzlich problematisch wäre es, bei *langsamer* Arbeit des Sachverständigen eine geringere Zeiterforderlichkeit annehmen, und umgekehrt, aM (zum alten Recht) Kblz VersR **85**, 1166 (aber gerade wegen besonderer Schwierigkeit kann eine längere Arbeitsdauer erforderlich sein). 27

Zu Unrecht halten einige wenige das Gericht hier für überfordert. Der Kostenbeamte kann beim Richter *rückfragen,* soweit nicht der letztere den Stundensatz ohnehin festsetzt.

F. Besondere Umstände. Auch sie mögen für die Feststellung der Erforderlichkeit des Zeitaufwands beachtlich sein. Diese Umstände können zB dann vorliegen, wenn der Sachverständige seine Tätigkeit unter einem besonderen Zeitdruck ausüben mußte, wenn er unter besonders komplizierten Bedingungen am Untersuchungsort arbeiten mußte, Hamm JB **92**, 496, 498, oder wenn sich seine Tätigkeit auf einen Feiertag oder auf eine Nachtzeit erstrecken mußte, oder wenn er infolge einer Überlastung Unterbrechungen einschieben mußte. Freilich darf er nicht mehr Stunden berechnen, als er tatsächlich erbracht hat. Eine über den Gerichtsauftrag hinausgehende Tätigkeit findet keine Vergütung nach II. Das gilt etwa bei einer Mediation. 28

Wenn andererseits zB ein ohnehin in einer anderen Sache gerade anwesender Sachverständiger *spontan* tätig werden kann und will, kann sich dieser Umstand dahin auswirken, daß man das Honorar nur für einen sehr kurzen Zeitaufwand gewähren muß. 29

G. Abwägung. Sorgfältige Abwägung aller Gesichtspunkte ist schon bei der Klärung notwendig, welcher Zeitaufwand erforderlich ist. Das Gericht darf und muß dabei ohne jede Schematisierung auf den Einzelfall abstellen, (zum alten Recht) LG Bückeb JB **93**, 561. 30

Das Gericht muß also *alle irgendwie gearteten Gesichtspunkte* zur Sache und zur Person des Sachverständigen auch bei der Klärung der Erforderlichkeit des Zeitaufwands berücksichtigen. Richtlinien oder Punktsysteme können hilfreich sein. Man darf sie aber nicht schematisch anwenden. Eine Orientierung etwa nur am Durchschnitt, so wohl BVerfG JB **08**, 44, BGH GRUR **04**, 446, ist nicht fein genug. 31

H. Hinzurechnung notwendiger Reise- und Wartezeiten, II 1 Hs 2. Diese Zeiten ergeben sich aus § 5 mit. Wer also zB das Flugzeug benutzen durfte und benutzt hat, hat eine entsprechend kürzere Reise- und evtl auch Wartezeit „notwendig" gehabt als bei einer Bahnfahrt. Ausnahmen bestätigen diese wohl noch allgemeine Regel. 32

Keine vergütbare Wartezeit ist eine übliche Mittagspause, es sei denn, der Sachverständige arbeitet, statt zu pausieren, Kblz FamRZ **07**, 2002.

I. Keine Höchststundenbegrenzung. Die Vorschrift enthält abweichend von der Regelung für ehrenamtliche Richter in § 15 II 1 Hs 2 und derjenigen für Zeugen in § 19 II 1 Hs 2 keinen Höchstbetrag je angebrochenem Kalendertag (0–24 Uhr). 33

34　**J. Letzte Stunde voll, evtl nur zur Hälfte, II 2.** Nach der für Sachverständige, Dolmetscher und Übersetzer gemäß Hs 1 anders als für ehrenamtliche Richter gemäß § 15 II 2 und für Zeugen gemäß § 19 II 2 geltenden Regelung gibt es den vollen Stundenbetrag für die letzte Stunde nur, wenn der Berechtigte sie zu mehr als 30 Minuten für seine Leistung benötigte, AG Andernach DGVZ **07**, 127. Sonst gibt es aber nur den halben Stundenbetrag. Das dient der Kostendämpfung im Sinn des Wortes „nur" in § 1 I 2. Es erfordert daher theoretisch eine strengere Auslegung. Leider bringt es auch evtl eine zusätzliche Mühe bei der Ermittlung des „Erforderlichen".

Es wird praktisch kaum möglich sein, ohne einen *unverhältnismäßigen Aufwand* zu klären, ob der Berechtigte nun wirklich 31 Minuten oder nur 30 oder gar nur 29 brauchte. Natürlich spielt das alles dieselbe Rolle bei der Frage, ob er 59, 60 oder 61 Minuten und damit im letzteren Fall noch wenigstens eine angebrochene weitere halbe Stunde benötigte. Den Verhältnismäßigkeitsgrundsatz muß die öffentliche Hand auch bei der Honorarermittlung wie stets mitbeachten, BVerfG DGVZ **98**, 26 (allgemeine Regel). Praktisch muß man sich dabei mit den halbwegs stimmigen Angaben des Berechtigten begnügen, ohne dazu stets eine Glaubhaftmachung zu fordern.

Nur die *allerletzte* Stunde läßt sich innerhalb desselben Auftrags oder bei mehreren Angelegenheiten innerhalb der zeitlich letzten wie vorstehend behandeln, nicht jede letzte Zwischenstunde vor notwendigen Unterbrechungen wie Schlaf oder anderen terminsgebundenen Pflichten. Vielmehr muß man solche Stundenbruchteile zusammenrechnen.

35　**11) Erforderlicher Zeitaufwand des Sachverständigen im einzelnen, II 1 Hs 1.** Dieses Merkmal steht nicht mehr ausdrücklich im Gesetzestext. Man sollte in einer Ergänzung zu Rn 20–31 vier Aspekte beachten.

A. Grundsatz: Durchschnittsbedarf. Erforderlich ist grundsätzlich derjenige Zeitaufwand, den ein Sachverständiger mit einer durchschnittlichen Fähigkeit und mit durchschnittlichen Kenntnissen braucht, um gerade diese Beweisfrage vollständig und sachgemäß zu beantworten, BGH GRUR **04**, 446, Hamm JB **00**, 663, Mü RR **99**, 73. Wenn ein Sachverständiger nach diesem Maßstab besonders langsam gearbeitet hat, darf und muß man dann den von ihm angegebenen Zeitaufwand kürzen, Düss JB **96**, 43, LG Bochum Rpfleger **76**, 32, LSG Bre NJW **03**, 1206.

Das *hohe Alter* eines Sachverständigen rechtfertigt noch nicht für sich allein den Umstand, daß er die sonst im allgemeinen objektiv erforderliche Zeit überschritten hat. Wenn der Sachverständige andererseits besonders schnell gearbeitet hat, erhält er trotzdem nur die Vergütung für die wirklich aufgewendete Zeit, aM Mü NJW **77**, 1109 (aber § II 1 Hs 1 legt den tatsächlichen Zeitaufwand zugrunde).

36　**B. Gerichtsermessen.** Das Gericht darf und muß also nach seinem pflichtgemäßen Ermessen nachprüfen, ob der vom Sachverständigen genannte Zeitaufwand auch wirklich erforderlich war, BGH RR **87**, 1471. Dabei darf man aber meist von der Richtigkeit der Angaben des Sachverständigen ausgehen, Düss JB **96**, 43. Man muß einen möglichst objektiven Maßstab anlegen, Kblz MDR **76**, 324, LG Bayreuth JB **78**, 729, LG Mü Rpfleger **93**, 305. Theoretisch mag das Gericht sogar zu einem objektiv höheren Zeitbedarf als der Sachverständige kommen. § 2 Rn 4.

37　**C. Beachtbare Umstände.** Berücksichtigen darf und muß man in nur noch diesem Zusammenhang auch den Umfang des dem Sachverständigen unterbreiteten Streitstoffs, den Schwierigkeitsgrad, Hamm JB **00**, 663, seine Sachkunde, den Umfang des Gutachtens, die Bedeutung der Streitsache, BGH RR **87**, 1471, Hamm JB **00**, 663, die Hinzuziehung von Hilfskräften, Hamm JB **00**, 663, Mü JB **98**, 484. Das Gericht braucht den Angaben des Sachverständigen keineswegs schlechthin zu folgen. Ein ungewöhnlich hoher Zeitaufwand berechtigt und verpflichtet das Gericht zur Nachprüfung, Düss JB **96**, 43, Mü RR **99**, 73, Zweibr JB **88**, 116. Dasselbe gilt bei Unstimmigkeiten oder Widersprüchen der Abrechnung, Köln OLGR **99**, 115. Das Gericht muß dem Sachverständigen aber ein gewisses Ermessen zubilligen, sehr großzügig Hamm MDR **87**, 419, KG Rpfleger **84**, 77. Es muß eine Abweichung sorgfältig begründen, Düss JB **95**, 488.

Notfalls muß das Gericht nähere nachvollziehbare *Darlegungen* fordern, Köln JB **91**, 1396. Der Sachverständige muß dann also seinen Zeitaufwand im einzelnen darlegen und notfalls beweisen. Er sollte auch die Notwendigkeit ebenso behandeln, selbst wenn ihre Prüfung letzthin eine Aufgabe des Gerichts oder der sonst heranziehenden Stelle ist. Auch die Anfertigung der Reinschrift durch den Sachverständigen persönlich zählt zu seinem dann erforderlichen Aufwand, aM LG Bückeb JB **93**, 561. Hierher gehört aber nicht der notwendige Zeitaufwand im Verfahren nach (jetzt) § 4, Düss JR **93**, 377. Denn dann ist das Gutachten schon fertig.

D. Literaturstudium und Vorprüfung. Der Sachverständige erhält die Zeit für ein allgemeines Literaturstudium zwecks seiner Fortbildung nicht vergütet. Wohl aber muß das Gericht denjenigen Zeitaufwand bezahlen, den der Sachverständige bei einer durchschnittlichen Befähigung und Erfahrung benötigt, um diejenige Fachliteratur zu studieren, die er zur Beantwortung der Beweisfrage benötigt. 38

Vorprüfungsarbeit zur Klärung, ob man das Gutachten überhaupt erstatten kann, läßt sich nur nach den Umständen und nicht von vornherein stets als ein Teil der erforderlichen Stundenzeit beurteilen, BGH Rpfleger **79**, 259, Düss OLGR **94**, 252, Hbg JB **93**, 119. Immerhin mag der Sachverständige erst nach einer Durcharbeitung der Akten und nach anderen technischen Überlegungen oder Rücksprachen usw erkennen können, daß ihm die Begutachtung doch nicht möglich ist. Dann muß man ihm diese Klärungszeit vergüten, Düss OLGR **94**, 252, Ffm Rpfleger **89**, 304, Hbg JB **75**, 1349. Das gilt natürlich erst recht für seine Tätigkeit im Rahmen einer Anhörung usw nach § 404a ZPO. Nicht stets vergütbar ist eine erste Kostenschätzung, KG MDR **88**, 330. Es kommt auf den zugehörigen Arbeitsaufwand an, Ffm JB **81**, 1865, KG JB **88**, 658, Stgt Rpfleger **85**, 213.

E. Auftragsüberschreitung. Man muß eine Vergütung versagen, soweit der Sachverständige seine Aufgabe nicht nur nach Rn 10 leicht fahrlässig, sondern grob unachtsam überschritten hat, BGH VersR **84**, 79, Mü FamRZ **95**, 1598, AG Hann FamRZ **00**, 175. Das kann zB dann so sein, wenn sich der Sachverständige über solche Fragen geäußert hat, die das Gericht ihm für ihn erkennbar gar nicht gestellt hatte, AG Hann FamRZ **00**, 176, oder wenn er bloß den Akteninhalt wiederholt hat, Mü FamRZ **95**, 1598, oder wenn nur allgemeine Hinweise etwa über allgemein angewandte Testmethoden gegeben hat, Mü FamRZ **95**, 1598, oder soweit er von einer Beweisfrage ohne eine Notwendigkeit abgewichen ist und auch nicht das Gericht vorher gefragt hat, ob er abweichen dürfe, oder wenn er zeitraubende Vergleichsbemühungen vorgenommen hat, Hbg MDR **85**, 946, oder soweit er gegen § 407a III 2 ZPO verstoßen hat, Nürnb RR **03**, 791, aM LG Köln DWW **92**, 319 (aber § 1 gilt uneingeschränkt). Eine solche Kürzung kommt aber nur in Betracht, soweit der Beweisbeschluß den Umfang des Auftrags und dessen Grenzen eindeutig erkennen ließ, LG Bochum Rpfleger **76**, 32, und soweit das Gericht den auftragsüberschreitenden Gutachtenteil nicht auch nur mitverwertet hat, LG Bochum Rpfleger **76**, 32. Von der Vergütung sind nur die Zusatzkosten der Auftragsüberschreitung ausnehmbar, Düss JB **92**, 56. 39

F. Feiertagsarbeit. Zum erforderlichen Zeitaufwand gehört auch derjenige an einem Sonn- oder Feiertag. 40

12) Verteilung auf mehrere Angelegenheiten, III. Die Vorschrift entspricht inhaltlich der Regelung für Zeugen nach § 19 III. Sie setzt die gleichzeitige Erledigung mehrerer Angelegenheiten voraus. Das JVEG kennt keine eigene Begriffsbestimmung zur Angelegenheit, ebensowenig das GKG, wohl aber das RVG, dort §§ 16 ff. Man sollte jene Regelung im Prinzip übernehmen, auch wenn sie dort im Zusammenhang der Anwaltsvergütung und damit einer etwas anderen Interessenlage besteht. 41

Der Begriff der *Gleichzeitigkeit* läßt sich großzügig auslegen, zumal er für den einzelnen der betroffenen etwa mehreren Kostenschuldner wegen der dann notwendigen Verteilung eher zur Ermäßigung führt. Eine Gleichzeitigkeit liegt also auch dann noch vor, wenn die Zeitphasen der Erledigung sich nur gering überschneiden. Eine völlig unerhebliche Überschneidung etwa von 5 Minuten bei insgesamt 5 Stunden bringt keine Gleichzeitigkeit und deshalb keinen Fall von III. Das Rechenwerk sollte nicht unnötig kompliziert werden. Dieses Ziel darf aber natürlich auch nicht dazu führen, eine nicht ganz unerhebliche Überschneidung nur zur Umgehung von III als nicht gleichzeitig einzustufen. Ein besonnenes Augenmaß hilft zu einer vernünftigen Handhabung der gutgemeinten Vorschrift.

Anteilige Aufteilung erfolgt nach dem Wortlaut nur nach der „Anzahl" der Angelegenheiten. Das könnte zB bei einem sehr unterschiedlichen Umfang oder Wert der einzelnen Angelegenheiten zu allzu groben Vereinfachungen führen. Dann kann eine Aufteilung unter einer Mitbeachtung solcher Unterschiede zulässig und auch notwendig sein, Zi 7.

42 **13) Gewöhnlicher Auslandsaufenthalt, IV.** Die Vorschrift stellt eine Ergänzung zu §§ 1 ff dar. Sie weitet die Vergütungsmöglichkeiten erheblich aus. Sie gilt jedenfalls jetzt auch für Übersetzer, so schon (je zum alten Recht) Hbg MDR **83**, 1047, Karlsr Just **82**, 378. Sie stellt dem Gericht dazu einen weiten Abwägungsraum zur Verfügung.

43 **A. Voraussetzungen.** Soweit das Gericht einen Berechtigten aus dem Ausland dort im Weg der internationalen Rechtshilfe tätig werden läßt, gilt für die Vergütung die jeweilige Gebührenordnung seines Landes. Soweit das Gericht aber einen Berechtigten aus dem Ausland in Deutschland selbst in Anspruch nimmt, kann IV anwendbar sein.

44 Es ist in diesem Zusammenhang *unerheblich, ob* es sich bei dem Berechtigten um einen *Deutschen* oder um einen Ausländer handelt. (Jetzt) IV setzt aber voraus, daß sich der Berechtigte gewöhnlich und nicht nur vorübergehend im Ausland aufhält, Jessnitzer Rpfleger **75**, 346. Er muß also ständig oder doch für eine wirklich längere Zeit und im Ergebnis überwiegend im Ausland wohnen. Ein längerer Auslandsurlaub, Winterort, Krankenhausaufenthalt im Ausland reicht nicht.

45 IV gilt auch, soweit sich ein Berechtigter *zufällig,* also vorübergehend *in Deutschland* aufhält. Ein höherer Satz kann dann in Betracht kommen, wenn ein Berechtigter durch die Verlängerung seines bisherigen Aufenthalts in Deutschland eine wesentliche Einbuße erleiden würde. IV ist auch anwendbar, soweit das Gericht zB einen Zeugen von einem deutschen Berufskonsul im Ausland vernehmen läßt, § 20 KonsG. Die Vorschrift ist entsprechend anwendbar, soweit es um die Erstattung des Verdienstausfalls einer im Ausland ansässigen Partei geht.

46 **B. Höhere Vergütung nach Ermessen.** Ein Berechtigter nach Rn 43–45 hat zunächst denselben Vergütungsanspruch wie ein solcher, der sich in Deutschland aufhält. Soweit dieser Anspruch nicht ausreicht, kann ihm das Gericht nach seinem „billigen" und in Wahrheit pflichtgemäßen Ermessen eine höhere Vergütung als diejenige nach I–III geben. In diesem Zusammenhang muß das Gericht die persönlichen Verhältnisse prüfen, insbesondere die regelmäßigen Erwerbsverhältnisse und den etwaigen Wechselkurs zur Heimatwährung, aber auch die Verkehrsverhältnisse. Der im Ausland aufhältliche Sachverständige hat ja keine innerdeutsche Staatsbürger-Ehrenpflicht. Die übrigen Vorschriften des JVEG bleiben unberührt. Über eine Antragshöhe hinaus kann das Gericht oder die sonst heranziehende Stelle ebenso (theoretisch) bewilligen wie bei § 2 Rn 4, aM (zum alten Recht) Düss JB **92**, 264.

Honorar für die Leistung der Sachverständigen und Dolmetscher

9 [1] **Der Sachverständige erhält für jede Stunde ein Honorar**

in der Honorargruppe ...	in Höhe von ... Euro
1	50
2	55
3	60
4	65
5	70
6	75
7	80
8	85
9	90
10	95
M 1	50
M 2	60
M 3	85

Abschn. 3. Vergütung von Sachverst usw **§ 9, Anl 1 § 9 JVEG**

²Die Zuordnung der Leistungen zu einer Honorargruppe bestimmt sich nach der Anlage 1. ³Wird die Leistung auf einem Sachgebiet erbracht, das in keiner Honorargruppe genannt wird, ist sie unter Berücksichtigung der allgemein für Leistungen dieser Art außergerichtlich und außerbehördlich vereinbarten Stundensätze einer Honorargruppe nach billigem Ermessen zuzuordnen; dies gilt entsprechend, wenn ein medizinisches oder psychologisches Gutachten einen Gegenstand betrifft, der in keiner Honorargruppe genannt wird. ⁴Erfolgt die Leistung auf mehreren Sachgebieten oder betrifft das medizinische oder psychologische Gutachten mehrere Gegenstände und sind die Sachgebiete oder Gegenstände verschiedenen Honorargruppen zugeordnet, bemisst sich das Honorar einheitlich für die gesamte erforderliche Zeit nach der höchsten dieser Honorargruppen; jedoch gilt Satz 3 entsprechend, wenn dies mit Rücksicht auf den Schwerpunkt der Leistung zu einem unbilligen Ergebnis führen würde. ⁵§ 4 gilt entsprechend mit der Maßgabe, dass die Beschwerde auch zulässig ist, wenn der Wert des Beschwerdegegenstands 200 Euro nicht übersteigt. ⁶Die Beschwerde ist nur zulässig, solange der Anspruch auf Vergütung noch nicht geltend gemacht worden ist.

II Im Fall des § 22 Abs. 1 Satz 2 Nr. 3 der Insolvenzordnung beträgt das Honorar des Sachverständigen abweichend von Absatz 1 für jede Stunde 65 Euro.

III ¹Das Honorar des Dolmetschers beträgt für jede Stunde 55 Euro. ²Ein ausschließlich als Dolmetscher Tätiger erhält eine Ausfallentschädigung in Höhe von höchstens 55 Euro, soweit er durch die Aufhebung eines Termins, zu dem er geladen war und dessen Aufhebung nicht durch einen in seiner Person liegenden Grund veranlasst war, einen Einkommensverlust erlitten hat und ihm die Aufhebung erst am Terminstag oder an einem der beiden vorhergehenden Tage mitgeteilt worden ist.

Anlage 1
(zu § 9 Abs. 1)

Sachgebiet	Honorar-gruppe
Abbruch	5
Abfallstoffe	5
Abrechnung im Hoch- und Ingenieurbau	6
Akustik, Lärmschutz	5
Altbausanierung	5
Altlasten	3
Bauphysik	5
Baustoffe	5
Bauwerksabdichtung	6
Beton-, Stahlbeton- und Spannbetonbau	5
Betriebsunterbrechungs- und -verlagerungsschäden	9
Bewertung von Immobilien	6
Brandschutz und Brandursachen	5
Briefmarken und Münzen	2
Büroeinrichtungen und -organisation	5
Dachkonstruktionen	5
Datenverarbeitung	8
Diagrammscheibenauswertung	5
Elektrotechnische Anlagen und Geräte	5
Erd- und Grundbau	3
Fahrzeugbau	6
Fenster, Türen, Tore	5
Fliesen und Baukeramik	5
Fußböden	4
Garten- und Landschaftsgestaltung/Garten- und Landschaftsbau	3
Grafisches Gewerbe	6
Hausrat	3
Heizungs-, Klima- und Lüftungstechnik	4
Holz/Holzbau	4

JVEG Anl 1 § 9   V. Justizvergütungs- und -entschädigungsgesetz

Sachgebiet	Honorargruppe
Honorare (Architekten und Ingenieure)	7
Immissionen	5
Ingenieurbau	4
Innenausbau	5
Kältetechnik	6
Kraftfahrzeugschäden und -bewertung	6
Kraftfahrzeugunfallursachen	6
Kunst und Antiquitäten	4
Maschinen und Anlagen	6
Mieten und Pachten	5
Möbel	3
Musikinstrumente	1
Rundfunk- und Fernsehtechnik	4
Sanitärtechnik	5
Schäden an Gebäuden	6
Schiffe, Wassersportfahrzeuge	4
Schmuck, Juwelen, Perlen, Gold- und Silberwaren	3
Schriftuntersuchung	3
Schweißtechnik	3
Sprengtechnik	2
Stahlbau	4
Statik im Bauwesen	4
Straßenbau	5
Tiefbau	4
Unternehmensbewertung	10
Vermessungstechnik	1
Wärme- und Kälteschutz	6
Wasserversorgung und Abwässer	3

Gegenstand medizinischer und psychologischer Gutachten	Honorargruppe
Einfache gutachtliche Beurteilungen, insbesondere – in Gebührenrechtsfragen, – zur Minderung der Erwerbsfähigkeit nach einer Monoverletzung, – zur Haft-, Verhandlungs- oder Vernehmungsfähigkeit, – zur Verlängerung einer Betreuung.	M 1
Beschreibende (Ist-Zustands-)Begutachtung nach standardisiertem Schema ohne Erörterung spezieller Kausalzusammenhänge mit einfacher medizinischer Verlaufsprognose und mit durchschnittlichem Schwierigkeitsgrad, insbesondere Gutachten – in Verfahren nach dem SGB IX, – zur Minderung der Erwerbsfähigkeit und zur Invalidität, – zu rechtsmedizinischen und toxikologischen Fragestellungen im Zusammenhang mit der Feststellung einer Beeinträchtigung der Fahrtüchtigkeit durch Alkohol, Drogen, Medikamente oder Krankheiten, – zu spurenkundlichen oder rechtsmedizinischen Fragestellungen mit Befunderhebungen (z. B. bei Verletzungen und anderen Unfallfolgen), – zu einfachen Fragestellungen zur Schuldfähigkeit ohne besondere Schwierigkeiten der Persönlichkeitsdiagnostik, – zur Einrichtung einer Betreuung, – zu Unterhaltsstreitigkeiten aufgrund einer Erwerbs- oder Arbeitsunfähigkeit, – zu neurologisch-psychologischen Fragestellungen in Verfahren nach der FeV.	M 2

Abschn. 3. Vergütung von Sachverst usw **Anl 1 § 9 JVEG**

Gegenstand medizinischer und psychologischer Gutachten	Honorargruppe
Gutachten mit hohem Schwierigkeitsgrad (Begutachtungen spezieller Kausalzusammenhänge und/oder differenzialdiagnostischer Probleme und/oder Beurteilung der Prognose und/oder Beurteilung strittiger Kausalitätsfragen), insbesondere Gutachten – zum Kausalzusammenhang bei problematischen Verletzungsfolgen, – zu ärztlichen Behandlungsfehlern, – in Verfahren nach dem OEG, – in Verfahren nach dem HHG, – zur Schuldfähigkeit bei Schwierigkeiten der Persönlichkeitsdiagnostik, – in Verfahren zur Anordnung einer Maßregel der Besserung und Sicherung (in Verfahren zur Entziehung der Fahrerlaubnis zu neurologisch/psychologischen Fragestellungen), – zur Kriminalprognose, – zur Aussagetüchtigkeit, – zur Widerstandsfähigkeit, – in Verfahren nach den §§ 3, 10, 17 und 105 JGG, – in Unterbringungsverfahren, – in Verfahren nach § 1905 BGB, – in Verfahren nach dem TSG, – in Verfahren zur Regelung von Sorge- oder Umgangsrechten, – zur Geschäfts-, Testier- oder Prozessfähigkeit, – zu Berufskrankheiten und zur Minderung der Erwerbsfähigkeit bei besonderen Schwierigkeiten, – zu rechtsmedizinischen, toxikologischen und spurenkundlichen Fragestellungen im Zusammenhang mit einer abschließenden Todesursachenklärung, ärztlichen Behandlungsfehlern oder einer Beurteilung der Schuldfähigkeit.	M 3

Gliederung

1) **Systematik, I–III** 1
2) **Regelungszweck, I–III** 2
3) **Geltungsbereich, I–III** 3
4) **Stundenhonorar, I 1** 4
5) **Honorargruppe, I 1, 2** 5–12
   A. Grundsatz: Zuordnung nach Anlage 1 6
   B. Verfassungsmäßigkeit 7
   C. Abwägungszwang 8
   D. Problematik 9, 10
   E. Abgrenzung der Gruppen 11, 12
6) **Fehlen einer Honorargruppe, I 3** 13–17
   A. Ermittlung des Fehlens 14
   B. Beachtung allgemeiner Stundensätze 15
   C. Zuordnung nach Ermessen 16
   D. Medizinisches oder psychologisches Gutachten 17
7) **Höchste von mehreren Honorargruppen, I 4** 18–25
   A. Entweder: Mehrheit der Sachgebiete, Hs 1 Fall 1 19
   B. Oder: Mehrheit medizinischer oder psychologischer Gegenstände, Hs 1 Fall 2 .. 20
   C. Stets: Zuordnung zu mehreren Honorargruppen, Hs 1 Fall 3 21
   D. Folge: Grundsätzlich höchste Gruppe, Hs 1 22
   E. Ausnahme: Unbilliges Ergebnis, Hs 2 23–25
8) **Kein Beschwerdewert, I 5** 26
9) **Beschwerdeschädlichkeit der Geltendmachung des Vergütungsanspruchs, I 6** 27
10) **Gutachten des vorläufigen Insolvenzverwalters, II** 28
11) **Dolmetscher, III** 29–33
   A. Grundsatz, III 1 29
   B. Ausnahme: Terminsaufhebung, III 2 30–33
12) **Beispiele zur Frage einer Zuordnung, I 1–4** 34–37

JVEG § 9
V. Justizvergütungs- und -entschädigungsgesetz

1 **1) Systematik, I–III.** Die Vorschrift ergänzt § 8 I Z 1 der Höhe nach. Sie findet ihrerseits Ergänzungen in §§ 10, 11. Die amtliche Anlage 1 ist Bestandteil nach I 2.

2 **2) Regelungszweck, I–III.** Im unveränderten Bemühen um eine angemessene Gegenleistung für diejenige des Sachverständigen oder Dolmetschers geht § 9 formell wie inhaltlich ganz eigene Wege. Es gibt zB keine von vornherein höhere Vergütung für einen hauptberuflichen Sachverständigen. Formell heißt es sachgerecht Vergütung statt bloßer Entschädigung. Die Vergütung heißt amtlich auch Honorar. Inhaltlich ist ungeachtet der vielfach bestehenden Pflicht zur Leistung des Berechtigten doch eine Hinwendung zu mehr als einer bloßen Mindestentschädigung erfolgt. Auch das ist sachgerecht.

Die *Berechnungsmethode* hat sich aber grundlegend geändert. Es kommt kaum noch auf den Ruf, Rang und die Erfahrung an, sondern nur auf das Sachgebiet oder auf den medizinischen Gegenstand. Korrekturen wegen einer Unbilligkeit des Ergebnisses sind nur sehr begrenzt zulässig. Ob auch diese Methode mit dem natürlich erstrebenswerten Ziel einer Vereinfachung und Beschleunigung des Verfahrens und einer Gerichtsentlastung in der interessengeprägten Praxis sachgerecht ist, läßt sich ganz erheblich bezweifeln, bis hin zum Problem der Verfassungsmäßigkeit einer tabellarischen Vergröberung. Die Auslegung muß sich um eine Abwägung bemühen.

3 **3) Geltungsbereich, I–III.** Vgl § 8 Rn 3, 4. Es muß eine Heranziehung gerade als Sachverständiger oder Dolmetscher vorliegen. Auf nachträgliche bloße Gutachtenkopien ist natürlich nicht (jetzt) § 9 anwendbar, auch nicht (jetzt) § 12 I, sondern allenfalls § 7 II, Celle JB **05**, 374.

4 **4) Stundenhonorar, I 1.** Das Leistungshonorar nach § 8 I Z 1 umfaßt vor allem ein in § 9 I 1 geregeltes Stundenhonorar. Die Vorschrift stellt also zunächst auf den erforderlichen und nicht auf den tatsächlich erfolgten Zeitaufwand ab, Kblz JB **07**, 42. Freilich hat der Sachverständige einen gewissen Spielraum, BGH GRUR **08**, 736. I 1 stellt außerdem auf die mit dem Stundenhonorar mitvergüteten laufenden Allgemeinkosten des Berechtigten einschließlich seiner Krankenversicherung, Altersvorsorge usw ab. Wie die Stunde sich errechnet, bestimmt § 8 II.

5 **5) Honorargruppe, I 1, 2.** Als entscheidendes Merkmal nennt das Gesetz die Honorargruppe. Damit gerät die Vergütung teilweise in den Bereich einer vorwiegend tabellarisch bestimmten Einordnung statt einer Abwägung von mehr oder weniger scharf umgrenzten Merkmalen wie den bisherigen der Fachkenntnis, der Schwierigkeit der Leistung usw. Die Zuordnung zu einer Honorargruppe richtet sich vielmehr außerhalb medizinischer Gutachten nach dem Sachgebiet.

6 **A. Grundsatz: Zuordnung nach Anlage 1.** Das nach Rn 1 maßgebliche Sachgebiet ist in der amtlichen Anlage 1, abgedruckt hinter dem Text von § 9, in knapp 60 Felder aufgeteilt. Innerhalb eines Sachgebiets kommt es nach I 2 nicht mehr auf weitere Kriterien an, Celle JB **06**, 652, Schlesw FamRZ **09**, 1706. Der Welt-Spitzenfachmann erhält oft keinen Cent mehr als der gerade mit der Ausbildung fertige Gutachter von nebenan, eher weniger. Denn er braucht weniger Zeit. Vierzig Jahre Berufserfahrung zählen demgegenüber genauso wenig mehr. Denn sie bedeuten ebenfalls einen geringeren Aufwand der allein erheblichen Zeit.

Beim *medizinischen Gutachten* darf und muß man zwar den Schwierigkeitsgrad bei der Abgrenzung der Honorargruppen M 1–M 3 mitbeachten. Auch hier zählt aber nicht Rang und Ruf oder Erfahrung, sondern der erforderliche Zeitaufwand.

Vereinfachung ist das eindeutige Hauptziel solcher Methode. Eine Vergröberung ist wie bei jeder Vereinfachung die unvermeidbare Begleitfolge. Sie wird außerhalb medizinischer Gutachten wesentlich deutlicher. Ihre korrigierende Begrenzung läßt sich nach I 3, 4 durch eine Zuordnung zu mehreren Sachgebieten erreichen, und auch das nur ausnahmsweise wegen einer etwaigen Unbilligkeit des sonstigen Ergebnisses, Rn 23–25.

7 **B. Verfassungsmäßigkeit.** § 9 enthält grundsätzlich zwingende Vorschriften der Honorierung vor allem bei einer staatlich angeordneten Leistung, LG Flensb JB **05**, 600 (zustm Meyer). Damit übt das Gericht nicht nur formell sondern auch inhaltlich staatliche Gewalt aus. Es darf und muß daher neben dem dann stets geltenden Verhältnismäßigkeitsgrundsatz auch Art 3 GG mit seinem Gleichheitsgebot beachten.

Das gilt in jeder Instanz und unabhängig davon, wie viele Instanzen möglich sind. Das Gericht darf und muß daher stets mitprüfen, ob die vergröbernde Schematisierung des Hauptmerkmals der Honorarermittlung, nämlich die Zuordnung zu einer oder mehreren Honorargruppen, mit diesen Verfassungsregeln vereinbar ist. Es muß dabei vom bestimmten Gegenstand der Fragestellung im Einzelfall ausgehen, LG Kblz JB **05**, 601. Er bleibt auch dann maßgeblich, wenn es später nicht zum Gutachten kommt, LG Kblz JB **05**, 601.

C. Abwägungszwang. Rechtssicherheit, Zweckmäßigkeit und Gerechtigkeit sind dabei als im wesentlich nahezu gleichgewichtige Bestandteile der Rechtsidee auch an dieser Stelle eines oft nur scheinbaren Nebenschauplatzes des Prozesses insgesamt mitbeachtlich. Das gilt ungeachtet des auch im Kostenrecht zentralen Rangs der Einzelfallgerechtigkeit. Dabei muß das Gericht vor allem prüfen, ob das Rangverhältnis des einen Sachgebiets der Anlage 1 zu anderen Sachgebieten und das Rangverhältnis des einen medizinischen Gegenstands zu den beiden anderen in der vom Gesetzgeber vorgenommenen Verteilung noch ausreichend vertretbar ist. Ferner muß das Gericht prüfen, ob die Korrekturmöglichkeit nach I 4 ausreicht, ob also die Bedingung „mehrere Sachgebiete" eine ausreichende Differenzierung erlaubt. Dabei muß das Gericht die Prozeßwirtschaftlichkeit stets erheblich mitbeachten. Es darf sie aber nicht zum wichtigsten oder gar alleinigen Merkmal machen. 8

D. Problematik. Unzählige Probleme ergeben sich auch aus der Lösung des § 9. Vgl dazu die Beispiele Rn 34 ff. Als ein einziges solches Beispiel mag hier die folgende Situation dienen: Wenn Bach die größte mechanische Orgel der Welt mit fünf Manualen und 100 klingenden Stimmen heute abzunehmen hätte, so wäre das eine Tätigkeit in der Honorargruppe 1 „Musikinstrumente", ferner in der Honorargruppe 5 „Akustik" und in der Honorargruppe 4 „Kunst". Er erhielte also nach I 4 Hs 1 (mehrere Sachgebiete) von 70 EUR. Der unbekannte Elektromeister, der die Korrektheit der Stromzuführung zum (heute) elektrischen Blasebalgsystem zu begutachten hätte, erhielte sein Honorar nach Gruppe 5 „Elektrotechnische Anlagen und Geräte", also ebenfalls je Stunde 70 EUR. Der Ingenieur, der die technische Berechnung der Bälge zu überprüfen hätte, erhielte nach Gruppe 7 „Ingenieure" ein Stundenhonorar von 80 EUR. Bachs Stundensatz wäre evtl nach I 4 Hs 2 auf 50 EUR zu kürzen. Denn der „Schwerpunkt der Leistung" hätte möglicherweise bei der Prüfung des Instruments als Klang- und Funktionsgerät und nicht bei der Frage gelegen, ob es außer einer ausreichend sauberen kunsthandwerklichen Ausführung auch „Kunst" erbracht habe, wenn er es überhaupt auch darauf zu prüfen hatte, ob es sogar ein Kunstwerk geworden sei (Auslegung seines Auftrags). 9

Stimmen hier noch die *Proportionen* bei den drei eben Genannten? Das dürfte bei höheren Gesamtstundenzahlen eine wirtschaftlich erhebliche Frage sein. Sie „nur" dem einfachen und nicht dem hehren Verfassungsrecht zuzuordnen, wäre zwar praktisch, aber keineswegs stets überzeugend. Es lassen sich unendlich viele skurrile Vergleichsfälle erahnen. 10

E. Abgrenzung der Gruppen. Damit tritt die Problematik der Abgrenzung der Gruppen für die Praxis in den Vordergrund. Mit der ganzen Artistik einer ausgeklügelten Wort- und Begriffswahl wird der eine Beteiligte eine Honorarerhöhung, der andere eine -verminderung herbeizuargumentieren bestrebt sein. Das ist nun zwar ein alltägliches Mittel im Kampf ums Recht. Es zeigt aber auch, daß die Tabellen der Anlage 1 die Sache bei einer genaueren Betrachtung keineswegs leichter machen als früher § 3 ZSEG. Die Schwierigkeiten nehmen nur eine etwas andere Form an. 11

Behutsame und nicht quälend gewollte Handhabung ist notwendig. „Fahrzeugbau" nach Gruppe 6 meint nicht den Bau eines kleinen hölzernen Spielautos, „Fenster, Türen, Tore" nach Gruppe 5 meint nicht diese Teile einer kleinen Hundehütte. Andererseits kann „Unternehmensbewertung" nach Gruppe 10 auch diejenige eines erst vor 6 Monaten gegründeten Jungunternehmers mit bisher mehr Investitionsschulden als Umsätzen meinen. Es gibt unzählige Berufe und Gewerke, Studienrichtungen und andere Arten der Betätigung mit oder ohne Erwerbsabsicht. Es wird unmöglich sein, das Leben in 50 oder 60 Sachgebiete und deren Kombinationen zu pressen. Es wird aber auch nicht einfach zulässig sein, dann nach I 3 zu konstruieren, daß überhaupt kein Sachgebiet des amtlichen Katalogs vorliege. Das „unbillige Ergebnis" ist nur im 12

Bereich von I 4 Hs 2 vermeidbar. Bitte keine deutsche Überperfektion auch noch an diesem Teil des Nadelöhrs der Justiz, ihren Kosten!

13 **6) Fehlen einer Honorargruppe, I 3.** Es gibt Leistungen, die man beim besten Bemühen weder einer einzelnen Honorargruppe noch zwei oder mehr Gruppen zuordnen kann. Diese Fälle erfaßt I 3 Hs 1 im Bereich außerhalb medizinischer Gutachten und Hs 2 in diesem letzteren Bereich. Man sollte mehrere Prüfschritte vornehmen.

14 **A. Ermittlung des Fehlens.** Zunächst muß man klären, ob die Leistung wirklich in keiner Honorargruppe 1–10 oder M 1–M 3 erscheint, Rn 5–12. Dabei darf man das Gesetz nicht quälend dahin pressen, daß doch eine der Gruppen vorliege, so verlockend diese Lösung einer Irgendwie-Zuordnung im Ergebnis auch scheinen mag, weil sie dann die schwierigen weiteren Prüfschritte ersparen würde. Auch die Einholung von Auskünften öffentlichrechtlicher Körperschaften darf nicht zu solcher Zwangszuordnung führen, so hilfreich sie im Einzelfall auch sein mag. Das Gericht muß schließlich doch über eine Zuordnungsmöglichkeit selbst entscheiden, Celle JB 06, 653. Das amtliche Raster ist grobmaschig. Man darf es nicht mit einer gewaltsamen Zuordnungstechnik feinmaschiger zu zaubern versuchen. Die ehrliche Feststellung einer Nichtzugehörigkeit macht zwar anschließend erheblich mehr Arbeit. Sie ist aber die vom Gesetz selbst als das Gegenstück zur gewollt begrenzten Aufzählung der amtlichen Anlage 1 eine ebenfalls bewußt beabsichtigte Auffangmethode zwecks einer Einzelfallgerechtigkeit.

15 **B. Beachtung allgemeiner Stundensätze.** Steht fest, daß keine Zuordnung möglich ist, Rn 14, beginnt die hilfsweise Zuordnung mit der Beachtung und evtl Ermittlung, also der „Berücksichtigung" der allgemein für Leistungen dieser Art außergerichtlich und außerbehördlich vereinbarten Stundensätze. Es kommt also gerade nicht auf eine etwa schon gerichtliche Übung an, so erstaunlich dieser gesetzliche Verzicht auf solchen Teil von Anscheinsbeweis, Offenkundigkeit nach § 288 ZPO und sonst so beliebte und oft auch bequem scheinende Hilfsmittel des Gerichts auch scheinen mag. Das Gericht soll eben nur außerbehördliche und -gerichtliche Bräuche einbeziehen. Diese lassen sich oft wiederum nur mit weiterer sachverständiger Hilfe ermitteln. Das Gericht darf diese Ermittlung weder dem Berechtigten noch der Staatskasse noch den Parteien allein überlassen. Es darf und muß aber natürlich alle Beteiligten anhören und ihre Hinweise mitbeachten.

16 **C. Zuordnung nach Ermessen.** Liegt das Ergebnis der Bemühung nach Rn 14 und 15 vor, muß das Gericht eine Ersatz-Zuordnung zu einer der Gruppen der amtlichen Anlage 1 vornehmen. Es darf also nicht etwa irgendeinen Stundensatz festlegen, der weder Gruppe 1–10 noch Gruppe M 1–M 3 nennt. Dabei muß das Gericht nach seinem „billigen", in Wahrheit wie stets nach seinem pflichtgemäßen, aber weiten Ermessen einer der amtlichen Gruppen zuordnen, BGH GRUR **07**, 175, Bbg RR **05**, 564, Celle JB **06**, 653. Dabei spricht I 3 gerade anders als I 4 nicht von der Maßgeblichkeit der höchsten in Betracht kommenden Gruppe. § 1 I 2 verbietet sie aber nur scheinbar. Denn I 3 spricht auch kein direktes Verbot aus. Ein Umkehrschluß ist fast stets eine zweifelhafte Methode der Auslegung. Jedes Ermessen eröffnet gerade auch einen Spielraum. Im Ergebnis kann und muß das Gericht daher im Zweifel eher einer höheren Gruppe zuordnen.

Nur ein *Ermessensfehlgebrauch* ist anfechtbar. Er kann sich freilich aus einer unvollständigen oder einseitigen Aufklärung der allgemeinen Honorargebräuche ergeben.

17 **D. Medizinisches oder psychologisches Gutachten.** I 3 Hs 2 klärt zusätzlich, daß die drei Prüfschritte Rn 14–16 natürlich auch dann gelten, wenn das medizinische oder psychologische Gutachten einen solchen Gegenstand betrifft, den keine Honorargruppe M 1–M 3 nennt. Das gilt natürlich auch dann, wenn ein Gutachten nur im Schwerpunkt medizinisch ist.

18 **7) Höchste von mehreren Honorargruppen, I 4.** Die massiven Einordnungsprobleme Rn 5–17 lassen sich mithilfe von I 4 ein wenig verringern. Freilich bringt auch diese Vorschrift in Hs 2 gleich wieder eine erhebliche Erschwerung des in Hs 1 scheinbar so verheißungsvollen Grundsatzes. Im Ergebnis enthält auch I 4 genug Zündstoff und wenig Vereinfachung. Man muß von drei Voraussetzungen entweder die eine oder die andere, aber bei beiden zusätzlich eine dritte beachten und als Rechtsfolge stets mit einer Abschwächung des scheinbaren Ergebnisses rechnen.

A. Entweder: Mehrheit der Sachgebiete, Hs 1 Fall 1. Erste alternative Voraussetzung der Anwendbarkeit der höchsten von mehreren infrage kommenden Honorargruppen ist eine Leistung auf mehreren Sachgebieten der amtlichen Anlage 1. Es kann sich dabei um zwei oder noch mehr Sachgebiete handeln. 19

B. Oder: Mehrheit medizinischer oder psychologischer Gegenstände, Hs 1 Fall 2. Zweite alternative Voraussetzung, die statt Rn 19 reicht, ist eine Mehrheit von Gegenständen desselben medizinischen oder psychologischen Gutachtens. Den jeweiligen Gegenstand ermittelt man wiederum aus der amtlichen Anlage 1 bei den Honorargruppen M 1–M 3. 20

C. Stets: Zuordnung zu mehreren Honorargruppen, Hs 1 Fall 3. Dritte, stets neben Rn 19 wie neben Rn 20 erforderliche Voraussetzung ist die Zuordnung der Sachgebiete oder der Gegenstände zu verschiedenen Honorargruppen. 21

D. Folge: Grundsätzlich höchste Gruppe, Hs 1. Soweit entweder Rn 19 und 21 zusammentreffen oder Rn 20 und 21, ergibt sich aus dem restlichen Hs 1 als Grundsatz: Das Honorar bemißt sich dann einheitlich für die gesamte erforderliche Zeit nach der höchsten Honorargruppe, sei es denn im Ergebnis eine Gruppe 1–10 oder eine Gruppe M 1–M 3. Dabei ist ihre genaue Ermittlung untereinander nur dann entscheidungserheblich, wenn sie zu insgesamt mindestens drei unterschiedlichen Honorargruppen führt. Trifft also ein Sachgebiet der Gruppe 2 mit zwei verschiedenen Sachgebieten etwa der Gruppe 4 zusammen, so kann die Abgrenzung dieser beiden letzteren Sachgebiete offen bleiben. Es findet eben die Honorargruppe 4 Anwendung. 22

E. Ausnahme: Unbilliges Ergebnis, Hs 2. Von dem mühsam genug ermittelten Ergebnis Rn 22 gibt es nach Hs 2 gleich wieder eine in der Praxis nur zu leicht zu einem weiteren endlosen Streit führende wesentliche meist wohl einschränkende Ausnahme. Das Gericht darf und muß nämlich statt des höchsten Stundensatzes dann einen geringeren ansetzen, wenn der höchste mit Rücksicht auf den Schwerpunkt der Leistung zu einem unbilligen Ergebnis führen würde. Dann muß das Gericht vielmehr ebenso wie nach Rn 13–17 verfahren und das Honorar nach seinem pflichtgemäßen Ermessen einer niedrigeren Honorargruppe zuordnen. 23

Schwerpunkt der Leistung ist das allein maßgebliche Abgrenzungsmerkmal. Es kommt also nicht mehr auf den Schwierigkeitsgrad und auch nicht auf den Grad vorhandener Kenntnisse an, sondern nur darauf, ob die Hauptfrage im Sachgebiet 1, 2 oder 3 oder beim Gegenstand M 1, M 2 oder M 3 liegt. Das wird natürlich jeder Berechtigte zu seinen Gunsten behaupten. Das Gericht wird oft genug kaum ohne einen weiteren Sachverständigen in der Lage sein, eine solche Behauptung einigermaßen zuverlässig zu beurteilen. Damit kann eine schwierige Gesamtlage entstehen. 24

Unbilligkeit des Ergebnisses muß zusätzlich feststehen. Das Gericht hat bei der Feststellung dieser zusätzlichen Bedingung noch kein Ermessen, sondern muß diesen unbestimmten Rechtsbegriff klären. Es muß bei Unklarheiten wegen § 1 I 2 sogar die formelle Ausnahme nach § 9 I 4 mit ihrem für den Staat billigeren Ergebnis wählen. Der Berechtigte hat damit die Beweislast dafür, daß die Voraussetzungen des Hs 2 nicht vorliegen. 25

8) Kein Beschwerdewert, I 5. Die Vorschrift erklärt § 4 für „entsprechend" anwendbar. Das ist sprachlich falsch: § 4 ist schon wegen seiner Stellung im Abschnitt 1 „Allgemeine Vorschriften" auch für § 9 natürlich direkt mitanwendbar. Der Sachverständige kann also ebenso wie die Staatskasse schon alsbald nach seiner Heranziehung eine gerichtliche Festsetzung der Honorargruppe und damit des Stundensatzes fordern. I 5 meint ersichtlich auch nur: § 4 III Hs 1 mit seinem Mindestbeschwerdewert von über 200 EUR gilt nach § 9 I 5 nicht. 26

Es ist vielmehr für eine Beschwerde gegen einen nach § 4 I ergangenen Festsetzungsbeschluß überhaupt *kein* gesetzlich bezifferter Mindest-Beschwerdewert erforderlich. Das bedeutet natürlich auch nicht, daß gar keine Beschwer vorliegen müßte. Nur darf sie eben unter der Grenze von § 4 III Hs 1 liegen. Sie darf andererseits nicht so gering sein, daß ein Rechtsmißbrauch vorläge. Etwa 10 EUR dürften reichen.

Grundsätzliche Bedeutung der bei einer Beschwerde zur Entscheidung stehenden Frage reicht auch bei § 9 zur Zulässigkeit einer Beschwerde nach dem unverändert direkt anwendbaren § 4 III Hs 2 ebenfalls aus. Denn dieser Teil jener Vorschrift hat in § 9 I 5 keine einschränkende „Maßgabe" erhalten.

27 9) Beschwerdeschädlichkeit der Geltendmachung des Vergütungsanspruchs, I 6. Eine Beschwerde nach § 4 III Hs 1 oder 2 ist nur zulässig, solange der Berechtigte seinen Anspruch auf eine Vergütung noch nicht geltend gemacht hat, I 6. Das ist eine ganz erhebliche Einschränkung. Sie bedeutet praktisch: Eine Beschwerde kommt unter anderem nur dann in Betracht, wenn entweder der Kostenbeamte oder der Richter die Vergütung von Amts wegen und ohne einen entsprechenden Antrag berechnet oder nach § 4 I 1 Hs 2 als angemessen festgesetzt haben.

Das ist eine wenig verständliche *Rechtsverkürzung* beim Berechtigten. Ob sie überhaupt mit dem allgemein geltenden Verhältnismäßigkeitsgrundsatz vereinbar ist, läßt sich trefflich bezweifeln, aM BVerfG RR **06**, 1501 (aber die Entstehungsgeschichte ist nur bedingt maßgeblich, BLAH Einl III 42). Der Berechtigte sollte vorsorglich notgedrungen mit einem eigenen Vergütungsantrag warten und allenfalls ausdrücklich lediglich „anregen und noch nicht beantragen", seine Vergütung zu berechnen und auszuzahlen oder „von Amts wegen nach § 4 I 1 Hs 2 JVEG von Amts wegen festzusetzen", um nicht sein Beschwerderecht zu gefährden. Ein weiteres ziemlich verwirrendes Ergebnis. Das gilt insbesondere wegen des Zeitdrucks zur Geltendmachung nach § 2 I.

28 10) Gutachten des vorläufigen Insolvenzverwalters, II. Die Vorschrift hat als eine Spezialregelung den Vorrang vor I. Nach § 22 I 2 Z 3 InsO kann das Gericht den vorläufigen Insolvenzverwalter als Sachverständigen mit einer Prüfung des Vorliegens eines Eröffnungsgrunds und der Erfolgsaussichten der Unternehmensfortführung beauftragen. Diese Tätigkeit fällt unter II, Düss JB **09**, 266. Das gilt beim „starken" wie beim „schwachen" vorläufigen Insolvenzverwalter, Bbg RR **05**, 563, Ffm RR **06**, 49, Nürnb JB **06**, 380. Es gilt aber nicht beim isolierten Sachverständigen, Bbg RR **05**, 563, Mü RR **06**, 50 (§ 9 I 1), Kblz Rpfleger **06**, 336 (§ 9 I 2), Nürnb JB **06**, 380 (§ 9 I 3), LG Mönchengladb Rpfleger **05**, 328 (wendet I mit 65 EUR an), AG Gött RR **05**, 59 (§ 9 I 3).

29 11) Dolmetscher, III. Ein einfacher Grundsatz hat eine weniger übersichtlich geregelte wichtige Ausnahme.

A. Grundsatz, III 1. Der Dolmetscher erhält grundsätzlich je Stunde 55 EUR. Das ist eine abschließende Regelung ohne eine entsprechende Anwendung von § 11 I 2, Hbg NJW **06**, 3449. Dolmetscher ist ein nicht im JVEG festgelegter Begriff. Man muß ihn vom Übersetzer mit dessen Sonderregelung in dem vorrangigen § 11 unterscheiden. Dolmetschen ist eine weniger nach dem Inhalt, eher nach der Form vom Übersetzen unterscheidbare Tätigkeit. Sie erfolgt meist mündlich, telefonisch, per elektronisches Medium, über Mikrofon. Sie kann auch durch Gesten gegenüber einem Tauben oder durch Berührungen gegenüber einem Blinden erfolgen. Sie gestattet und erfordert ein evtl höheres Maß von Auslegung oder Interpretation als eine möglichst wortgetreue und durchweg schriftliche Übersetzung.

Die *Übergänge* können fließen. Trotz des Kostendämpfungsprinzips des § 1 I 2 mit seiner Vergütung „nur nach diesem Gesetz" darf und muß man eben nach diesem gesamten JVEG wohl im Zweifel in einer Anlehnung an § 9 I 4 eine Dolmetschertätigkeit und nicht die im Ergebnis wohl meist wesentlich geringere Vergütung nach § 11 bejahen. Es ist die jeweils erbrachte Leistungsart maßgeblich. Zur Stundenbemessung gilt § 8 II.

30 B. Ausnahme: Terminsaufhebung, III 2. Es muß zunächst ein ausschließlich als Dolmetscher Tätiger der Berechtigte sein, Hs 1. Dazu genügt eine Ausschließlichkeit seit angemessener Dauer bis zur hier vorliegenden Tätigkeit. Etwa 3–4 Monate reichen beim heutigen Tempo von Berufswechsel aus. Eine frühere Ausschließlichkeit reicht nur bei einer bloß kurzen Pause etwa von 3–4 Monaten.

Terminsaufhebung muß hinzutreten, Hs 2. Der ausschließliche Dolmetscher muß geladen worden sein, wenn auch vielleicht fehlerhaft. Er darf die Terminsaufhebung nicht durch einen in seiner Person liegenden Grund auch nur objektiv veranlaßt haben. Er darf also zB nicht erkrankt sein. Ein Verschulden braucht nicht vorzuliegen.

Aufhebungsmitteilung darf erst am Terminstag oder an einem der beiden vorherge- 31
henden Kalendertage erfolgt sein. Sonnabende und Feiertage zählen mit. Eine Abla-
dungsmitteilung am Samstag vor dem Montagstermin oder am 31. 12. vor dem Termin von 2. 1. reichen, lt Hs.

Einkommensverlust gerade infolge der Abladung muß hinzugetreten sein. Der Dol- 32
metscher muß ihn nachweisen. Ein Anscheinsbeweis kann vorliegen. Ein völlig unerheblicher Verlust reicht nicht. Er wäre bei ca 25 EUR überschritten.

Ausfallentschädigung statt Honorar ist die begrifflich konsequente Rechtsfolge beim 33
Zusammentreffen der vorgenannten Voraussetzungen. Es beträgt „höchstens"
55 EUR. Es kann also je nach der Höhe des Einkommensverlusts deutlich darunter,
nie aber darüber liegen. Der Höchstbetrag gilt allen Ausfall unabhängig von einer
Stundendauer ab. Der Dolmetscher erhält also keineswegs je Stunde bis zu 55 EUR.

12) Beispiele zur Frage einer Zuordnung, I 1–4. Die Zuordnung zu einer 34
amtlichen Honorargruppe ergibt sich zunächst aus der amtlichen Anlage 1 (zu I), abgedruckt hinter dem Text von § 9. Sie ist in die beiden Untergruppen der nicht-
medizinischen Honorargruppen 1–10 und der medizinischen Gutachten M 1–M 3
unterteilt. Im folgenden geht es um die Zuordnungsfragen in alphabetischer Reihenfolge der Stichwörter ohne Aufgliederung in jene Untergruppen, um das Nachprüfen in gleich drei ABC-Reihen (Anlage 1, Honorargruppen 1–10, Honorargruppen
M 1–3) auf die Überprüfung der unvermeidlichen amtlichen Fälle einerseits, nicht-
amtlichen andererseits zu reduzieren.

Völlig ausufernd wäre eine auch nur halbwegs um Vollständigkeit bemühte Anein- 35
anderreihung der voraussichtlichen Fälle. Es gibt unzählige handwerkliche, kauf-
männische, künstlerische, gewerbliche, industrielle, publizistische, alle akademischen
Fakultäten erfassende Gebiete, auf denen Gutachten erforderlich werden. Ihre Darstellung würde ein umfangreiches Nachschlagewerk erfordern.

Ableitung aus den Grundgedanken Rn 5 ff ist das von § 9 verlangte Gebot in jedem 36
Einzelfall. Auf dieser Basis bleibt am besten zunächst an dieser Stelle der Kommentierung abzuwarten, wie sich die Rspr und Lehre entwickeln wird, statt mit einer mehr
oder weniger lückenhaften Darstellung einiger Dutzend denkbarer Abgrenzungsfälle
ohne doch vermutlich gleich wieder umstrittenen Fallansatz zu bieten. Eine weitere
Aufzählung wird sich nur zu rasch und bunt aus der Praxis ergeben.

Betreuung: Die Klärung der Frage, ob ihre Voraussetzungen schon oder noch vor- 37
liegen, läßt sich der Honorargruppe M 1 zuordnen, LG Magdeb JB **05**, 434.
Doppelbodenkonstruktion: In Betracht kommen „Fußböden", „Innenausbau",
„Schäden an Gebäuden", Ulrich DS **04**, 2★.
Fahrtüchtigkeit: S „Verkehrsmedizin".
Insolvenzverfahren: Bei einer Prüfung eines Insolvenzvergehens kann die Hono-
rargruppe 10 anwendbar sein, nicht II, Düss JB **07**, 41.
Nachtrunk: S „Verkehrsmedizin".
Patentsache: Im Nichtigkeitsberufungsverfahren kommt die Honorargruppe 10 in-
frage, BGH GRUR **08**, 736, freilich nicht stets, BGH GRUR **07**, 175.
Tempomessung: Das Gutachten fällt unter die Honorargruppe 7, AG Weimar JB
06, 434, oder unter die Gruppe 6, AG Springe JB **06**, 435.
Verkehrsmedizin: Ein Gutachten zur Fachtüchtigkeit ist nach M 2 vergütbar, LG
Magdeb JB **05**, 600 links oben (Fahrtüchtigkeit) und links unten (Nachtrunk).

Honorar für besondere Leistungen

10 ^{I} Soweit ein Sachverständiger oder ein sachverständiger Zeuge Leistungen erbringt, die in der Anlage 2 bezeichnet sind, bemisst sich das Honorar oder die Entschädigung nach dieser Anlage.

^{II} ^{1}Für Leistungen der in Abschnitt O des Gebührenverzeichnisses für ärztliche Leistungen (Anlage zur Gebührenordnung für Ärzte) bezeichneten Art bemisst sich das Honorar in entsprechender Anwendung dieses Gebührenverzeichnisses nach dem 1,3fachen Gebührensatz. ^{2}§ 4 Abs. 2 bis 4 Satz 1 und § 10
der Gebührenordnung für Ärzte gelten entsprechend; im Übrigen bleiben die
§§ 7 und 12 unberührt.

III Soweit für die Erbringung einer Leistung nach Absatz 1 oder Absatz 2 zusätzliche Zeit erforderlich ist, erhält der Berechtigte ein Honorar nach der Honorargruppe 1.

Anlage 2
(zu § 10 Abs. 1)

Nr.	Bezeichnung der Leistung	Honorar in Euro
	Abschnitt 1. Leichenschau und Obduktion	

(Amtliche Vorbemerkung):
[1]Das Honorar in den Fällen der Nummern 100, 102 bis 106 umfasst den zur Niederschrift gegebenen Bericht; in den Fällen der Nummern 102 bis 106 umfasst das Honorar auch das vorläufige Gutachten. [2]Das Honorar nach den Nummern 102 bis 106 erhält jeder Obduzent gesondert.

Nr.	Bezeichnung der Leistung	Honorar in Euro
100	Besichtigung einer Leiche, von Teilen einer Leiche, eines Embryos oder eines Fetus oder Mitwirkung bei einer richterlichen Leichenschau	49,00
	für mehrere Leistungen bei derselben Gelegenheit jedoch höchstens	119,00
101	Fertigung eines Berichts, der schriftlich zu erstatten oder nachträglich zur Niederschrift zu geben ist	25,00
	für mehrere Leistungen bei derselben Gelegenheit jedoch höchstens	84,00
102	Obduktion	195,00
103	Obduktion unter besonders ungünstigen äußeren Bedingungen: Das Honorar 102 beträgt	295,00
104	Obduktion unter anderen besonders ungünstigen Bedingungen (Zustand der Leiche etc.): Das Honorar 102 beträgt	396,00
105	Sektion von Teilen einer Leiche oder Öffnung eines Embryos oder nicht lebensfähigen Fetus	84,00
106	Sektion oder Öffnung unter besonders ungünstigen Bedingungen: Das Honorar 105 beträgt	119,00
	Abschnitt 2. Befund	
200	Ausstellung eines Befundscheins oder Erteilung einer schriftlichen Auskunft ohne nähere gutachtliche Äußerung	21,00
201	Die Leistung der in Nummer 200 genannten Art ist außergewöhnlich umfangreich: Das Honorar 200 beträgt	bis zu 44,00
202	Zeugnis über einen ärztlichen Befund mit von der heranziehenden Stelle geforderter kurzer gutachtlicher Äußerung oder Formbogengutachten, wenn sich die Fragen auf Vorgeschichte, Angaben und Befund beschränken und nur ein kurzes Gutachten erfordern	38,00
203	Die Leistung der in Nummer 202 genannten Art ist außergewöhnlich umfangreich: Das Honorar 202 beträgt	bis zu 75,00
	Abschnitt 3. Untersuchungen, Blutentnahme	
300	Untersuchung eines Lebensmittels, Bedarfsgegenstands, Arzneimittels, von Luft, Gasen, Böden, Klärschlämmen, Wässern	

Abschn. 3. Vergütung von Sachverst usw **Anl 2 § 10 JVEG**

Nr.	Bezeichnung der Leistung	Honorar in Euro
	oder Abwässern und dgl. und eine kurze schriftliche gutachtliche Äußerung: Das Honorar beträgt für jede Einzelbestimmung je Probe	4,00 bis 51,00
301	Die Leistung der in Nummer 300 genannten Art ist außergewöhnlich umfangreich oder schwierig: Das Honorar 300 beträgt	bis zu 1000,00
302	Mikroskopische, physikalische, chemische, toxikologische, bakteriologische, serologische Untersuchung, wenn das Untersuchungsmaterial von Menschen oder Tieren stammt: Das Honorar beträgt je Organ oder Körperflüssigkeit	5,00 bis 51,00
	Das Honorar umfasst das verbrauchte Material, soweit es sich um geringwertige Stoffe handelt, und eine kurze gutachtliche Äußerung.	
303	Die Leistung der in Nummer 302 genannten Art ist außergewöhnlich umfangreich oder schwierig: Das Honorar 302 beträgt	bis zu 1000,00
304	Herstellung einer DNA-Probe und ihre Überprüfung auf Geeignetheit (z. B. Hochmolekularität, humane Herkunft, Ausmaß der Degradation, Kontrolle des Verdaus)	bis zu 205,00
	Das Honorar umfasst das verbrauchte Material, soweit es sich um geringwertige Stoffe handelt, und eine kurze gutachtliche Äußerung.	
305	Elektrophysiologische Untersuchung eines Menschen	13,00 bis 115,00
	Das Honorar umfasst eine kurze gutachtliche Äußerung und den mit der Untersuchung verbundenen Aufwand.	
306	Raster-elektronische Untersuchung eines Menschen oder einer Leiche, auch mit Analysenzusatz	13,00 bis 300,00
	Das Honorar umfasst eine kurze gutachtliche Äußerung und den mit der Untersuchung verbundenen Aufwand.	
307	Blutentnahme .... Das Honorar umfasst eine Niederschrift über die Feststellung der Identität.	9,00

Abschnitt 4. Abstammungsgutachten

(Amtliche Vorbemerkung):

[I] Das Honorar wird, soweit nichts anderes bestimmt ist, für jede zu untersuchende Person gesondert gewährt.

[II] Eine in den Nummer 400 bis 414 nicht genannte Merkmalsbestimmung wird wie eine an Arbeitsaufwand vergleichbare Bestimmung honoriert.

[III] Das Honorar umfasst das verbrauchte Material, soweit es sich um geringwertige Stoffe handelt.

400	Bestimmung der AB0-Blutgruppe	10,00
401	Bestimmung der Untergruppe	8,00
402	MN-Bestimmung	8,00
403	Bestimmung der Merkmale des Rh-Komplexes (C, C^w, c, D, E, e und weitere) je Merkmal	10,00
	bei Bestimmung mehrerer Merkmale jedoch höchstens	56,00

JVEG Anl 2 § 10   V. Justizvergütungs- und -entschädigungsgesetz

Nr.	Bezeichnung der Leistung	Honorar in Euro
404	Bestimmung der Blutgruppenmerkmale P, K, S und weitere, falls direkt bestimmbar, je Merkmal	10,00
	bei Bestimmung mehrerer Merkmale jedoch höchstens	56,00
405	Bestimmung indirekt nachweisbarer Merkmale (D^u, s, Fy und weitere) je Merkmal	23,00
	bei Bestimmung mehrerer Merkmale jedoch höchstens	86,00
406	Gesamttypisierung der HLA-Antigene der Klasse I mittels Lymphozytotoxizitätstests mit mindestens 180 Antiseren	357,00
	Das Honorar umfasst das Material einschließlich höherwertiger Stoffe und Testseren.	
407	Zusätzlich erforderlicher Titrationsversuch	25,00
408	Zusätzlich erforderlicher Spezialversuch (Absättigung, Bestimmung des Dosiseffekts usw.)	23,00
409	Bestimmung der Typen der sauren Erythrozyten-Phosphatase, der Phosphoglucomutase, der Adenylatkinase, der Adenosindesaminase, der Glutamat-Pyruvat-Transaminase, der Esterase D, der 6-Phosphogluconat-Dehydrogenase und weiterer Enzymsysteme	23,00
410	Bestimmung der Merkmale des Gm-Systems oder des Inv-Systems je Merkmal	23,00
	bei Bestimmung mehrerer Merkmale jedoch höchstens	75,00
411	Bestimmung eines Systems mit Proteinfärbung oder vergleichbarer Färbung nach Elektrophorese oder Fokussierung (Hp, Pi, Tf, C 3 und weitere) je Merkmal	23,00
412	Bestimmung eines Systems mit Immunfixation oder Immunoblot nach Elektrophorese oder Fokussierung (Gc, PLG, ORM, F XIII und weitere) je Merkmal	39,00
413	Bestimmung eines VNTR-DNA-Systems oder eines vergleichbar effizienten Systems je verwendete Sonde	140,00
	insgesamt jedoch höchstens	800,00
	Das Honorar umfasst die Aufbereitung des Materials (z. B. die Isolierung, den Verdau und die Trennung von humanen Nukleinsäuren) sowie die Auswertung.	
414	Bestimmung eines STR-DNA-Systems je System	40,00
	insgesamt jedoch höchstens	600,00
	Das Honorar umfasst die Aufbereitung des Materials (z. B. die Isolierung, den Verdau, die PCR und die Trennung von humanen Nukleinsäuren) sowie die Auswertung.	
415	Schriftliches Gutachten für jede begutachtete Person	16,00

Abschnitt 5. Erbbiologische Abstammungsgutachten

(Amtliche Vorbemerkung):

[I] Das Honorar umfasst die gesamte Tätigkeit des Sachverständigen und etwaiger Hilfspersonen, insbesondere die Untersuchung, die Herstellung der Lichtbilder einschließlich der erforderlichen Abzüge, die Herstellung von Abdrücken, etwa notwendige Abformungen und dgl. sowie die Auswertung und Beurteilung des gesamten Materials; es umfasst ferner die Entgelte für Post- und Telekommunikationsdienstleistungen sowie die Kosten für die Anfertigung des schriftlichen Gutachtens in drei Stücken und für einen Durchschlag für die Handakten des Sachverständigen.

[II] Das Honorar umfasst nicht
1. Leistungen nach den Nummern 302 bis 307 und nach Abschnitt 4 dieser Anlage,
2. Leistungen nach dem Abschnitt O des Gebührenverzeichnisses für ärztliche Leistungen (Anlage zur Gebührenordnung für Ärzte) und

Abschn. 3. Vergütung von Sachverst usw   **Anl 2 § 10 JVEG**

Nr.	Bezeichnung der Leistung	Honorar in Euro
	3. Die Begutachtung etwa vorhandener erbpathologischer Befunde durch Fachärzte.	
	III Hat der Sachverständige Einrichtungen einer Körperschaft, Anstalt oder Stiftung des öffentlichen Rechts benutzt, so erhält er das Honorar 502 und 503 nur bis zur Höhe der tatsächlich aufgewendeten Kosten, höchstens jedoch die Beträge nach den Nummern 502 und 503.	
500	Erbbiologisches Abstammungsgutachten nach den anerkannten erbbiologischen Methoden, wenn bis zu drei Personen untersucht werden	713,00
501	Untersuchung jeder weiteren Person	175,00
502	Vorbereitung und Erstattung des Gutachtens, wenn bis zu drei Personen untersucht werden	214
503	Vorbereitung und Erstattung des Gutachtens für jede weitere Person	55,00

Gliederung

1) Systematik, I–III 1
2) Regelungszweck, I–III 2
3) Sachlicher Geltungsbereich, I–III 3–7
4) Persönlicher Geltungsbereich, I–III 8–10
5) Leistungen nach der Anlage 2 im einzelnen 11–23
   A. Leichenbesichtigung, Leichenschau, Anlage Z 100, 101 11
   B. Leichenöffnung, Anlage Z 102–106 12
   C. Befundschein, Zeugnis usw, Anlage Z 200–203 13
   D. Untersuchung eines Lebensmittels usw, Anlage Z 300, 301 14
   E. Mikroskopische Untersuchung usw, Anlage Z 302–304 15
   F. Untersuchung eines Menschen, Anlage Z 305, 306 16
   G. Blutentnahme, Anlage Z 307 17
   H. Blutgruppengutachten, Anlage Z 400–415 18–20
   I. Erbbiologisches Gutachten, Anlage Z 500–503 21–23
6) Leistungen nach der Anlage der Gebührenordnung für Ärzte im einzelnen, II 24–26
   A. Gebührenverzeichnis der GOÄ, II 1 25
   B. Sonstige Vorschriften der GOÄ, II 2 26
7) Zusätzlich erforderliche Zeit usw, III 27–29

1) Systematik, I–III. Abweichend von dem Prinzip des § 9 enthält der als Spezialvorschrift vorrangige § 10 für die in seiner Anlage und für die in II durch eine Verweisung auf die GOÄ genannten Leistungen meist Festgebühren sowohl für den Sachverständigen als auch für den sachverständigen Zeugen, BSG ZSW **86**, 15, aM BSG NJW **01**, 2823, LSG Bre NZS **03**, 168. Für eine Tätigkeit nach § 10 erfolgt eine Honorierung oder Vergütung also nicht nach dem normalen Zeitaufwand und auch nicht auf Grund der sonstigen Merkmale (jetzt) des § 9, Karlsr Rpfleger **89**, 173.   **1**

2) Regelungszweck, I–III. Die Gebühren des § 10 sollen die Abrechnung dieser meist komplizierten Tätigkeiten vereinfachen und dazu beitragen, daß solche Tätigkeiten stets überall einigermaßen gleichmäßige Vergütungen erhalten. Der sachverständige Zeuge steht im Umfang des § 10 einem Sachverständigen gleich.
Auch diese Entschädigungsart unterliegt der *Verfassung*, insbesondere Art 12 GG, also zumindest der Notwendigkeit eines Überschusses über die Unkosten, Schlesw SchlHA **88**, 115. Zur Verfassungsmäßigkeit nach dem alten Recht auch BVerfG **85**, 334 (krit Kamphausen MDR **93**, 22).   **2**

3) Sachlicher Geltungsbereich, I–III. Die Gebühren nach der Anlage 2 zum JVEG und nach der GOÄ in Verbindung mit II betreffen nur die dort genannten Leistungen. Das ergibt sich für I schon aus dem Wort „soweit" im Gesetzestext und im übrigen aus dem Charakter eng auslegbarer Sonderregeln, Kblz FamRZ **93**, 1347. Vgl aber wegen DNA Anlage 2 Z 413. Wenn das Gericht vom Sachverständigen eine solche Tätigkeit verlangt, die über die Leistungen nach der Anlage 2 und nach der   **3**

GOÄ in Verbindung mit II hinausgeht, ist insoweit (jetzt) § 10 und hilfsweise § 9 anwendbar, Kblz FamRZ **93**, 1347. Soweit ein sachverständiger Zeuge über die Leistungen der Anlage 2 und der GOÄ in Verbindung mit II hinaus tätig wird, kommt für ihn § 19 in Betracht. Denn er ist nur wegen der in § 10 genannten Leistungen dem Sachverständigen gleichgestellt.

4   Eine Vergütung nach § 9 kommt *zB insoweit* in Betracht, als der Sachverständige ein solches Gutachten erstatten soll, das über eine in I, II erwähnte vorläufige oder kurze vorläufige gutachtliche Äußerung hinausgeht. Wenn für ein solches weitergehendes Gutachten eine nochmalige Untersuchung erforderlich ist, kann die Pauschalvergütung nach § 10 die dafür erforderliche Tätigkeit schon abgegolten haben. Man kann sie aber dort berücksichtigen, wo § 10 Rahmensätze nennt, vor allem bei Z 300, 302.

5   Der Sachverständige oder sachverständige Zeuge erhält nur noch nach II den Ersatz für *Aufwendungen*, §§ 7, 12, soweit sie nicht in Abschnitt O der GOÄ aufgeführt sind. Denn I nennt bei seiner vorrangigen und deshalb eng auslegbaren Sonderregel, Rn 1, 2, §§ 7, 12 nicht mit.

6   Die Hinweise in der Anl 2 Z 302, 304, 305, 306, 307 jeweils amtliche Anmerkung auf die Mitabgeltung der dort genannten Aufwände lassen *nicht* den *Umkehrschluß* zu, daß in allen anderen Fällen §§ 7, 12 trotz des abschließenden Vorrangs des § 10 anwendbar bleiben. Gerade wegen dieses Vorrangs von § 10 war die ausdrückliche Verweisung in II 2 Hs 2 nötig, die schon nach ihrer dortigen Stellung eindeutig nur für II gilt. Der Gesetzgeber hat ein etwaiges redaktionelles Versehen in I auch im KostRMoG 2004 nicht erkannt. Mag er es als solches klarstellen, so schon Karlsr Rpfleger **89**, 173, Stgt Just **88**, 67 (je zum alten Recht), aM MHB 260 (aber auch die übrigen Ziffern der Anlage 2 usw hätten eben einen Schlußhinweis auf §§ 7, 12 erhalten können und müssen).

7   Der Sachverständige oder sachverständige Zeuge hat außerdem einen Anspruch auf die Erstattung seiner *Fahrtkosten,* Wegegelder und Reiseaufwendungen, §§ 5, 8, 19. Für den durch die Reise für die Leistung zusätzlich erforderlichen Zeitraum erhält er eine zusätzliche Vergütung nach III.

8   **4) Persönlicher Geltungsbereich, I–III.** Die Vorschrift gilt für den Sachverständigen und für den sachverständigen Zeugen. Das stellt I klar.

Ein *Krankenhausarzt* darf im Rahmen der Sätze der Anlage 2 den Unterschiedsbetrag zwischen den Vollkosten und den Sachkosten im Sinne des Tarifs der Deutschen Krankenhausgesellschaft (DKG-MT) fordern, soweit nicht II anwendbar ist.

9   Zur Vergütung nach § 10 ist eine *höchstpersönliche* Leistung nicht unbedingt erforderlich. Eine höchstpersönliche Leistung kann allerdings dann erforderlich sein, wenn das Gericht sie ausdrücklich angeordnet hat oder wenn sich auch ohne eine solche Anordnung aus der Sache ergibt, daß sie unabdingbar ist. Der Sachverständige muß seine Hilfskraft beaufsichtigen.

10 Eine Hilfsperson, der Sektionsgehilfe, ist kein Obduzent, Rn 12. Im übrigen ist auf die Hilfskraft § 12 I 2 Z 1, II anwendbar. Die Gebühr nach Anlage 2 Z 500 ff gilt die Heranziehung einer Hilfsperson bei einem erbbiologischen Gutachten ab, amtliche Vorbemerkung I vor Z 500.

11 **5) Leistungen nach der Anlage 2 im einzelnen.** Die Festgebühren oder Rahmengebühren nach der Anlage kommen unter den folgenden Voraussetzungen in Betracht.

A. Leichenbesichtigung, Leichenschau, Anlage Z 100, 101. Anläßlich der Besichtigung der Leiche, von Teilen einer solchen oder einer Leibesfrucht muß der Sachverständige sofort einen schriftlichen Bericht abfassen. Die Gebühr gilt diesen Bericht mit ab, amtliche Vorbemerkung Hs 1. Der Sachverständige erhält die Zusatzgebühr Z 101 nur insofern, als er eine besondere Berichterstattung sofort oder nachträglich verrechnen sollte.

12 **B. Leichenöffnung, Anlage Z 102–106.** Die Gebühr für die Obduktion gilt auch die Teilnahme an der Exhumierung ab. Im letzteren Fall muß das Gericht allerdings wohl in der Regel den erhöhten Satz von Z 104 zubilligen, weil dann durchweg „andere besonders ungünstige Bedingungen" vorliegen dürften. Eine nach § 87 II StPO von zwei Ärzten vorzunehmende Leichenöffnung macht beide zu Obduzenten.

Eine Hilfsperson des Obduzenten ist als solche nicht selbst Obduzent. Natürlich kann es mehrere gleichrangig nebeneinander tätige Obduzenten geben, zu denen eine oder mehrere Hilfspersonen treten. Zur Hilfsperson Rn 10.

Für die Beschaffung von *Chemikalien,* Watte usw erfolgt eine Entschädigung nach § 12 II 1 Z 1. Für etwaige weitergehende Untersuchungen erfolgt eine Entschädigung nach Z 302.

C. Befundschein, Zeugnis usw, Anlage Z 200–203. Diese Vorschriften unterscheiden sich, soweit es sich um einen Befundschein handelt, dadurch, daß der Sachverständige bei Z 202 ein gerade von der heranziehenden Stelle gefordertes kurzes Gutachten beifügen muß. Soweit das Gericht mehr erfordert (es kommt also auf die Beweisfrage an), ist § 9 anwendbar, Rn 3. Die Gebühr gilt diejenige Untersuchung ab, die zu der Feststellung des Befunds oder der schriftlichen Auskunft führt. Für eine außergewöhnlich umfangreiche Tätigkeit ohne eine nähere gutachtliche Äußerung erhält der Sachverständige höchstens die Gebühr 203. § 10 III regelt die Vergütung für eine Tätigkeit zu einer außergewöhnlichen Zeit usw. 13

D. Untersuchung eines Lebensmittels usw, Anlage Z 300, 301. Vgl zunächst Rn 13 sowie zur Frage der Verfassungsmäßigkeit Rn 2. Maßgebend ist jede Einzelbestimmung. Jede derartige Probe führt zu einer gesonderten Vergütung. Für eine außergewöhnlich umfangreiche Untersuchung darf das Gericht bis zu 1000 EUR zubilligen, so schon BVerfG 285, 335 (es spricht von einer jetzt beachtbaren Verschiebung des Regel-Ausnahme-Verhältnisses), aM Schlesw Rpfleger **93**, 261. Zu einer Wasserprobe Celle JB **94**, 51. 14

E. Mikroskopische Untersuchung usw, Anlage Z 302–304. In Betracht kommt zB eine Blutuntersuchung auf Alkohol, Karlsr MDR **94**, 314. Wegen des Gutachtens Rn 13. Die Gebühr gilt die übliche kurze gutachterliche Äußerung ab, Düss Rpfleger **80**, 406. Der Höchstsatz von (jetzt) 51 EUR je Körperflüssigkeit gilt eine Bestimmung desselben Gifts, zB des Alkoholgehalts auch dann ab, wenn sie mehrere Untersuchungsgänge erfordert, Karlsr MDR **94**, 314. Wenn der Sachverständige ein Leichenteil in verschiedenen Einzeluntersuchungen auf verschiedene Gifte prüft, stellt jede Untersuchung eine Probe dar. Vgl Rn 14. 15

Man kann einen *außergewöhnlichen Umfang* dann annehmen, wenn die Gebühr bei einer Einzelberechnung nach den einfachen Sätzen der GOÄ den Höchstrahmen von (jetzt) 51 EUR um mehr als 50% überschreitet, LSG Celle NJW **78**, 607, strenger jedenfalls bei einer häufig vorkommenden Verrichtung wie der Blutalkoholbestimmung Karlsr MDR **94**, 314, Schlesw SchlHA **86**, 47. Nur das verbrauchte Material von geringem Wert ist abgegolten. Im übrigen gilt insofern § 12 I 2 Z 1.

F. Untersuchung eines Menschen, Anlage Z 305, 306. Die Bestimmung regelt die von § 10 II nicht erfaßten Fälle, zu ihnen Rn 24. 16

G. Blutentnahme, Anlage Z 307. Die Blutentnahme erfordert bei einer Untersuchung nach den Z 302–304, 400–503 also eine besondere Vergütung. Für die dazu benötigte Venüle hat der Sachverständige einen Ersatzanspruch nach § 12 I 2 Z 1. Die notwendige Identitätsprüfung ist abgegolten. Eine höchstpersönliche Entnahme ist grundsätzlich nicht erforderlich, Rn 9. 17

H. Blutgruppengutachten, Anlage Z 400–415. Vgl auch die Richtlinien des Bundesgesundheitsamts, (Novellierung 1996) BGesundhBl **96**, 311 – FamRZ **97**, 344. Die Gebühr entsteht für jede untersuchte Person besonders, amtliche Vormerkung I vor Z 400. Das gilt auch dann, wenn die Vergleichspersonen identisch sind. Die Merkmale Z 400 ff können nebeneinander anwendbar sein, zum Teil mehrmals (bei Z 403 je Rhesusmerkmal, hier jedoch mit der Beschränkung auf den 5fachen Grundbetrag je Person und bei derselben Blutprobe). 18

Ähnliches gilt bei Z 404 für die Faktoren P, K usw (höchstens 5mal) und bei Z 405 (höchstens 4mal). Innerhalb Z 409 ist eine Kumulation des Betrags möglich, Mü MDR **92**, 84. Innerhalb Z 410 ist aber der Höchstbetrag von 75 EUR auch dann nur einmal anwendbar, wenn der Sachverständige sowohl das Gm-System als auch das Inv-System untersucht hat, aM Mü MDR **92**, 83 (aber „insgesamt" ist eindeutig auf den gesamten Unterbuchstaben bezogen).

Die sog *„DNA-Fingerprint-Analyse"* zählt zu Z 413.

19 Die *Aktendurchsicht* erhält keine besondere Vergütung. „Geringwertig" ist ein solcher Stoff, dessen Kosten 25% der jeweils für die einzelne Untersuchung vorgesehenen Entschädigung nicht überschreiten, Mü MDR **88**, 592. Ein Ersatzanspruch entsteht aber bei einer Beschaffung besonderer Seren, § 12 I 2 Z 1. Denn sie stellen keinen geringwertigen Stoff dar.

Die Einbeziehung des *Lutheran-Systems* ist nicht nach (jetzt) Z 400–413 vergütbar, Mü Rpfleger **76**, 409 (zum alten Recht, gilt aber auch nach dem neuen. Denn das jetzige Gesetz erwähnt das Lutheran-System nicht). Sie fällt unter die amtliche Vorbemerkung II vor Z 400.

20 Wenn der Sachverständige eine asservierte Blutprobe sowie eine neue Blutprobe darauf untersucht, ob die asservierte von *derselben* Person abstammt, sind (jetzt) Z 400 ff auf jede dieser Untersuchungen anwendbar, Karlsr Rpfleger **80**, 165.

21 **I. Erbbiologisches Gutachten, Anlage Z 500–503.** Die weiter als sonst gehende Abgeltung der mit der Untersuchung und Begutachtung verbundenen Ausgaben schaltet § 12 aus, auch dessen I 2 Z 2 sowie dessen I 2 Z 3 wegen zweier Durchschläge und des Durchschlags für die Handakten.

22 Das Trennlogarithmusverfahren (die *biomathematische* Methode) fällt hierunter, soweit der Sachverständige es zusätzlich zur Sicherung des Ergebnisses anwandte. Eine vorherige Anfrage des Sachverständigen beim Gericht darüber, ob er diese Methode anwenden soll, kann zweckmäßig sein.

23 Eine *kritische Auseinandersetzung* mit einem Vorgutachten ist nach § 9 vergütbar, soweit sie über ein Zweitgutachten erheblich hinausgeht. Das Zweitgutachten fällt unter Z 500–503. Bei einem Ergänzungsgutachten ist oft Z 502, 503 anwendbar.

24 **6) Leistungen nach der Anlage der Gebührenordnung für Ärzte im einzelnen, II.** Man muß zwei Gruppen von Vorschriften unterscheiden.

25 **A. Gebührenverzeichnis der GOÄ, II 1.** Die Vorschrift erfaßt als vorrangige Sonderregel nach Rn 6 die Leistungen der in Abschnitt O der GOÄ idF vom 9. 2. 96, BGBl 210, bezeichneten Art. *Verf* hat die nachstehenden Einzelbeträge nach dem amtlichen Umrechnungskurs (1 DM = 0,51129 EUR, 1 EUR = 1,95583 DM, jeweils auf zwei Stellen hinter dem Komma abgerundet) in EUR umgerechnet, da das zuständige Bundesgesundheitsministerium mitgeteilt hatte, es werde nicht schon wegen der Umstellung von DM auf EUR zum 1. 1. 02 eine gar vom amtlichen Kurs abweichende Neubekanntmachung bzw Neufassung vornehmen.

Dieser Abschnitt der GOÄ ist *entsprechend anwendbar*. Der Sachverständige erhält das 1,3fache. Man muß also die nachfolgenden EUR-Zahlen der GOÄ um 30% erhöhen, um die Entschädigung des Sachverständigen zu errechnen.

Das gilt auch für eine in den *neuen Bundesländern* erbrachte Leistung. Denn § 1 der 6. GebAV vom 18. 10. 01, BGBl 2721, mit seiner Ermäßigung der Gebühr auf 90% der Ausgangszahl galt nur bei der nach § 5 GOÄ bemessenen Gebühr. Diese letztere Vorschrift wird aber in § 10 JVEG *nicht* miterwähnt. Dort wird auch nicht auf den in § 5 III 1 GOÄ genannten Rahmen (Einfaches bis Zweieinhalbfaches) des Gebührensatzes verwiesen, sondern der feste Satz von 1,3 des Gebührensatzes genannt. Daher kommt erst recht auch keine Ermäßigung der 1,3fachen Gebühr des II 1 um 10% in Betracht. Vielmehr bleibt es stets beim 1,3fachen des nachfolgenden Zahlenwerks der Nr 5000 ff der Anlage GOÄ.

Die Vorschriften lauten:

„O. Strahlendiagnostik, Nuklearmedizin,
Magnetresonanztomographie und Strahlentherapie

I. Strahlendiagnostik

Allgemeine Bestimmungen

2. Die Leistungen für Strahlendiagnostik mit Ausnahme der Durchleuchtung(en) (Nummer 5295) sind nur bei Bilddokumentation auf einem Röntgenfilm oder einem anderen Langzeitdatenträger berechnungsfähig.

3. Die Befundmitteilung oder der einfache Befundbericht mit Angaben zu Befund(en) und zur Diagnose ist Bestandteil der Leistungen und nicht gesondert berechnungsfähig.

Abschn. 3. Vergütung von Sachverst usw § 10 JVEG

4. Die Beurteilung von Röntgenaufnahmen (auch Fremdaufnahmen) als selbständige Leistung ist nicht berechnungsfähig.
5. Die nach der Strahlenschutzverordnung bzw. Röntgenverordnung notwendige ärztliche Überprüfung der Indikation und des Untersuchungsumfangs ist auch im Überweisungsfall Bestandteil der Leistungen des Abschnitts O und mit den Gebühren abgegolten.
6. Die Leistungen nach den Nummern 5011, 5021, 5031, 5101, 5106, 5121, 5201, 5267, 5295, 5302, 5305, 5308, 5311, 5318, 5331, 5339, 5376 und 5731 dürfen unabhängig von der Anzahl der Ebenen, Projektionen, Durchleuchtungen bzw. Serien insgesamt jeweils nur einmal berechnet werden.
7. Die Kosten für Kontrastmittel auf Bariumbasis und etwaige Zusatzmittel für die Doppelkontrastuntersuchung sind in den abrechnungsfähigen Leistungen enthalten.

1. Skelett

Allgemeine Bestimmungen

Neben den Leistungen nach den Nummern 5050, 5060 und 5070 sind die Leistungen nach den Nummern 300 bis 302, 372, 373, 490, 491 und 5295 nicht berechnungsfähig.

Nummer	Leistung	Punktzahl	Gebühr in Euro
	Zähne		
5000	Zähne, je Projektion	50	2,91
	Werden mehrere Zähne mittels einer Röntgenaufnahme erfaßt, so darf die Leistung nach Nummer 5000 nur einmal und nicht je aufgenommenem Zahn berechnet werden.		
5002	Panoramaaufnahme(n) eines Kiefers	250	14,57
5004	Panoramaschichtaufnahme der Kiefer	400	23,31
	Finger oder Zehen		
5010	jeweils in zwei Ebenen	180	10,49
5011	ergänzende Ebene(n)	60	3,50
	Werden mehrere Finger oder Zehen mittels einer Röntgenaufnahme erfaßt, so dürfen die Leistungen nach den Nummern 5010 und 5011 nur einmal und nicht je aufgenommenem Finger oder Zehen berechnet werden.		
	Handgelenk, Mittelhand, alle Finger einer Hand, Sprunggelenk, Fußwurzel und/oder Mittelfuß, Kniescheibe		
5020	jeweils in zwei Ebenen	220	12,82
5021	ergänzende Ebene(n)	80	4,66
	Werden mehrere der in der Leistungsbeschreibung genannten Skelettteile mittels einer Röntgenaufnahme erfaßt, so dürfen die Leistungen nach den Nummern 5020 und 5021 nur einmal und nicht je aufgenommenem Skelettteil berechnet werden.		
	Oberarm, Unterarm, Ellenbogengelenk, Oberschenkel, Unterschenkel, Kniegelenk, ganze Hand oder ganzer Fuß, Gelenke der Schulter, Schlüsselbein, Beckenteilaufnahme, Kreuzbein oder Hüftgelenk		
5030	Jeweils in zwei Ebenen	360	20,98
5031	ergänzende Ebene(n)	100	5,83
	Werden mehrere der in der Leistungsbeschreibung genannten Skelettteile mittels einer Röntgenaufnahme erfaßt, so dürfen die Leistungen nach den Nummern 5030 und 5031 nur einmal und nicht je aufgenommenem Skelettteil berechnet werden.		

JVEG § 10   V. Justizvergütungs- und -entschädigungsgesetz

Nummer	Leistung	Punktzahl	Gebühr in Euro
5035	Teile des Skeletts in einer Ebene, je Teil	160	9,33
	Die Leistung nach Nummer 5035 ist je Skeletteil und Sitzung nur einmal berechnungsfähig. Das untersuchte Skeletteil ist in der Rechnung anzugeben.		
	Die Leistung nach Nummer 5035 ist neben den Leistungen nach den Nummern 5000 bis 5031 und 5037 bis 5121 nicht berechnungsfähig.		
5037	Bestimmung des Skelettalters – gegebenenfalls einschließlich der prospektiven Endgröße, einschließlich der zugehörigen Röntgendiagnostik und gutachterlichen Beurteilung	300	17,49
5040	Beckenübersicht	300	17,49
5041	Beckenübersicht bei einem Kind bis zum vollendeten 14. Lebensjahr	200	11,66
5050	Kontrastuntersuchung eines Hüftgelenks, Kniegelenks oder Schultergelenks, einschließlich Punktion, Stichkanalanästhesie und Kontrastmitteleinbringung – gegebenenfalls einschließlich Durchleuchtung(en)	950	55,37
5060	Kontrastuntersuchung eines Kiefergelenks, einschließlich Punktion, Stichkanalanästhesie und Kontrastmitteleinbringung – gegebenenfalls einschließlich Durchleuchtung(en)	500	29,14
5070	Kontrastuntersuchung der übrigen Gelenke, einschließlich Punktion, Stichkanalanästhesie und Kontrastmitteleinbringung – gegebenenfalls einschließlich Durchleuchtung(en) –, je Gelenk ..	400	23,31
5090	Schädel-Übersicht, in zwei Ebenen	400	23,31
5095	Schädelteile in Spezialprojektionen, je Teil	200	11,66
5098	Nasennebenhöhlen – gegebenenfalls auch in mehreren Ebenen ..	260	15,15
5100	Halswirbelsäule, in zwei Ebenen	300	17,49
5101	ergänzende Ebene(n)	160	9,33
5105	Brust- oder Lendenwirbelsäule, in zwei Ebenen, je Teil	400	23,31
5106	ergänzende Ebene(n)	180	10,49
5110	Ganzaufnahme der Wirbelsäule oder einer Extremität	500	29,14
5111	ergänzende Ebene(n)	200	11,66
	Die Leistung nach Nummer 5111 ist je Sitzung nicht mehr als zweimal berechnungsfähig.		
	Die Leistungen nach den Nummern 5110 und 5111 sind neben den Leistungen nach den Nummern 5010, 5011, 5020, 5021, 5030 und 5031 nicht berechnungsfähig.		
	Die Nebeneinanderberechnung der Leistungen nach den Nummern 5100, 5105 und 5110 bedarf einer besonderen Begründung.		
5115	Untersuchung von Teilen der Hand oder des Fußes mittels Feinstfokustechnik (Fokusgröße maximal 0,2 mm) oder Xeroradiographietechnik zur gleichzeitigen Beurteilung von Knochen und Weichteilen, je Teil	400	23,31
5120	Rippen einer Thoraxhälfte, Schulterblatt oder Brustbein, in einer Ebene	260	15,15
5121	ergänzende Ebene(n)	140	8,16

2. Hals- und Brustorgane

5130	Halsorgane oder Mundboden – gegebenenfalls in mehreren Ebenen	280	16,32
5135	Brustorgane-Übersicht, in einer Ebene	280	16,32
	Die Leistung nach Nummer 5135 ist je Sitzung nur einmal berechnungsfähig.		

Abschn. 3. Vergütung von Sachverst usw § 10 JVEG

Nummer	Leistung	Punktzahl	Gebühr in Euro
5137	Brustorgane-Übersicht – gegebenenfalls einschließlich Breischluck und Durchleuchtung(en) –, in mehreren Ebenen	450	26,33
5139	Teil der Brustorgane	450	10,49
	Die Berechnung der Leistung nach Nummer 5139 neben den Leistungen nach den Nummern 5135, 5137 und/oder 5140 ist in der Rechnung zu begründen.		
5140	Brustorgane, Übersicht im Mittelformat	100	5,83

3. Bauch- und Verdauungsorgane

5150	Speiseröhre, gegebenenfalls einschließlich ösophago-gastraler Übergang, Kontrastuntersuchung (auch Doppelkontrast) – einschließlich Durchleuchtung(en) –, als selbständige Leistung	500	32,06
5157	Oberer Verdauungstrakt (Speiseröhre, Magen, Zwölffingerdarm und oberer Abschnitt des Dünndarms), Monokontrastuntersuchung – einschließlich Durchleuchtung(en) –	700	40,00
5158	Oberer Verdauungstrakt (Speiseröhre, Magen, Zwölffingerdarm und oberer Abschnitt des Dünndarms), Kontrastuntersuchung – einschließlich Doppelkontrastdarstellung und Durchleuchtung(en), gegebenenfalls einschließlich der Leistung nach Nummer 5150 –	1200	69,94
5159	Zuschlag zu den Leistungen nach den Nummern 5157 und 5158 bei Erweiterung der Untersuchung bis zum Ileozökalgebiet	300	17,49
5163	Dünndarmkontrastuntersuchung mit im Bereich der Flexura duodeno-jejunalis endender Sonde – einschließlich Durchleuchtung(en) –	1300	75,77
5165	Monokontrastuntersuchung von Teilen des Dickdarms – einschließlich Durchleuchtung(en) –	700	40,00
5166	Dickdarmdoppelkontrastuntersuchung – einschließlich Durchleuchtung(en) –	1400	81,60
5167	Defäkographie nach Markierung der benachbarten Hohlorgane – einschließlich Durchleuchtung(en) –	1000	58,29
5168	Pharyngographie unter Verwendung kinematographischer Techniken – einschließlich Durchleuchtung(en) –, als selbständige Leistung	800	46,63
5169	Pharyngographie unter Verwendung kinematographischer Techniken – einschließlich Durchleuchtung(en) und einschließlich der Darstellung der gesamten Speiseröhre –	1100	64,12
5170	Kontrastuntersuchung von Gallenblase und/oder Gallenwegen und/oder Pankreasgängen	400	23,31
5190	Bauchübersicht, in einer Ebene oder Projektion	300	17,49
	Die Leistung nach Nummer 5190 ist je Sitzung nur einmal berechnungsfähig.		
5191	Bauchübersicht, in zwei oder mehr Ebenen oder Projektionen	500	29,14
5192	Bauchteilaufnahme – gegebenenfalls in mehreren Ebenen oder Spezialprojektionen –	200	11,66
5200	Harntraktkontrastuntersuchung – einschließlich intravenöser Verabreichung des Kontrastmittels –	600	34,97
5201	Ergänzende Ebene(n) oder Projektion(en) im Anschluß an die Leistung nach Nummer 5200 – gegebenenfalls einschließlich Durchleuchtung(en) –	200	11,66
5220	Harntraktkontrastuntersuchung – einschließlich retrograder Verabreichung des Kontrastmittels, gegebenenfalls einschließlich Durchleuchtung(en) –, je Seite	300	17,49

JVEG § 10 V. Justizvergütungs- und -entschädigungsgesetz

Nummer	Leistung	Punktzahl	Gebühr in Euro
5230	Harnröhren- und/oder Harnblasenkontrastuntersuchung (Urethrozystographie) – einschließlich retrograder Verabreichung des Kontrastmittels, gegebenenfalls einschließlich Durchleuchtung(en) –, als selbständige Leistung	300	17,49
5235	Refluxzystographie – einschließlich retrograder Verabreichung des Kontrastmittels, einschließlich Miktionsaufnahmen und gegebenenfalls einschließlich Durchleuchtung(en) –, als selbständige Leistung	500	29,14
5250	Gebärmutter- und/oder Eileiterkontrastuntersuchung – einschließlich Durchleuchtung(en) –	400	23,31

4. Spezialuntersuchungen

5260	Röntgenuntersuchung natürlicher, künstlicher oder krankhaft entstandener Gänge, Gangsysteme, Hohlräume oder Fisteln (z. B. Sialographie, Galaktographie, Kavernographie, Vesikulographie) – gegebenenfalls einschließlich Durchleuchtung(en) –	400	23,31
	Die Leistung nach Nummer 5260 ist nicht berechnungsfähig für Untersuchungen des Harntrakts, der Gebärmutter und Eileiter sowie der Gallenblase.		
5265	Mammographie einer Seite, in einer Ebene	300	17,49
	Die Leistung nach Nummer 5265 ist je Seite und Sitzung nur einmal berechnungsfähig.		
5266	Mammographie einer Seite, in zwei Ebenen	450	26,23
5267	Ergänzende Ebene(n) oder Spezialprojektion(en) im Anschluß an die Leistung nach Nummer 5266	150	8,74
5280	Myelographie	750	43,72
5285	Bronchographie – einschließlich Durchleuchtung(en) –	450	26,23
5290	Schichtaufnahme(n) (Tomographie), bis zu fünf Strahlenrichtungen oder Projektionen, je Strahlenrichtung oder Projektion	650	37,89
5295	Durchleuchtung(en), als selbständige Leistung	240	13,99
5298	Zuschlag zu den Leistungen nach den Nummern 5010 bis 5290 bei Anwendung digitaler Radiographie (Bildverstärker-Radiographie)		
	Der Zuschlag nach Nummer 5298 beträgt 25 vH des einfachen Gebührensatzes der betreffenden Leistung.		

5. Angiographie

Allgemeine Bestimmungen

Die Zahl der Serien im Sinne der Leistungsbeschreibungen der Leistungen nach den Nummern 5300 bis 5327 wird durch die Anzahl der Kontrastmittelgaben bestimmt.

Die Leistungen nach den Nummern 5300, 5302, 5303, 5305 bis 5313, 5315, 5316, 5318, 5324, 5325, 5327, 5329 bis 5331, 5338 und 5339 sind je Sitzung jeweils nur einmal berechnungsfähig.

5300	Serienangiographie im Bereich von Schädel, Brust- und/oder Bauchraum, eine Serie	2000	116,57
5301	Zweite bis dritte Serie im Anschluß an die Leistung nach Nummer 5300, je Serie	400	23,31
	Bei der angiographischen Darstellung von hirnversorgenden Arterien ist auch die vierte bis sechste Serie jeweils nach Nummer 5301 berechnungsfähig.		
5302	Weitere Serien im Anschluß an die Leistungen nach den Nummern 5300 und 5301, insgesamt	600	34,97

Abschn. 3. Vergütung von Sachverst usw §10 JVEG

Nummer	Leistung	Punktzahl	Gebühr in Euro
5303	Weitere Serien im Anschluß an die Leistungen nach den Nummern 5300 und 5301, insgesamt	1000	58,29
5304	Zweite bis dritte Serie im Anschluß an die Leistung nach Nummer 5303, je Serie	200	11,66
	Bei der angiographischen Darstellung von hirnversorgenden Arterien ist auch die vierte bis sechste Serie jeweils nach Nummer 5304 berechnungsfähig.		
5305	Weitere Serien im Anschluß an die Leistungen nach den Nummern 5303 und 5304, insgesamt	300	17,49
5306	Serienangiographie im Bereich des Beckens und beider Beine, eine Serie	2000	116,57
5307	Zweite Serie im Anschluß an die Leistung nach Nummer 5306	600	34,97
5308	Weitere Serien im Anschluß an die Leistungen nach den Nummern 5306 und 5307, insgesamt	800	46,63
	Neben den Leistungen nach den Nummern 5306 bis 5308 sind die Leistungen nach den Nummern 5309 bis 5312 für die Untersuchung der Beine nicht berechnungsfähig.		
	Werden die Leistungen nach den Nummern 5306 bis 5308 im zeitlichen Zusammenhang mit einer oder mehreren Leistung(en) nach den Nummern 5300 bis 5305 erbracht, sind die Leistungen nach den Nummern 5306 bis 5308 nur mit dem einfachen Gebührensatz berechnungsfähig.		
5309	Serienangiographie einer Extremität, eine Serie	1800	104,92
5310	Weitere Serien im Anschluß an die Leistung nach Nummer 5309, insgesamt	600	34,97
5311	Serienangiographie einer weiteren Extremität im zeitlichen Zusammenhang mit der Leistung nach Nummer 5309, eine Serie ..	1000	58,29
5312	Weitere Serien im Anschluß an die Leistung nach Nummer 5311, insgesamt	600	34,97
5313	Angiographie der Becken- und Beingefäße in Großkassetten-Technik, je Sitzung	800	46,63
	Die Leistung nach Nummer 5313 ist neben den Leistungen nach den Nummern 5300 bis 5312 sowie 5315 bis 5339 nicht berechnungsfähig.		
5315	Angiokardiographie einer Herzhälfte, eine Serie	2200	128,23
	Die Leistung nach Nummer 5315 ist je Sitzung nur einmal berechnungsfähig.		
5316	Angiokardiographie beider Herzhälften, eine Serie	3000	174,86
	Die Leistung nach Nummer 5316 ist je Sitzung nur einmal berechnungsfähig.		
	Neben der Leistung nach Nummer 5316 ist die Leistung nach Nummer 5315 nicht berechnungsfähig.		
5317	Zweite bis dritte Serie im Anschluß an die Leistungen nach Nummer 5315 oder 5316, je Serie	400	23,31
5318	Weitere Serien im Anschluß an die Leistung nach Nummer 5317, insgesamt	600	34,97
	Die Leistungen nach den Nummern 5315 bis 5318 sind neben den Leistungen nach den Nummern 5300 bis 5302 sowie 5324 bis 5327 nicht berechnungsfähig.		
5324	Selektive Koronarangiographie eines Herzkranzgefäßes oder Bypasses mittels Cinetechnik, eine Serie	2400	139,89
	Die Leistungen nach den Nummern 5324 und 5325 sind nicht nebeneinander berechnungsfähig.		

Nummer	Leistung	Punktzahl	Gebühr in Euro

5325 Selektive Koronarangiographie aller Herzkranzgefäße oder Bypasse mittels Cinetechnik, eine Serie 3000 174,86

5326 Selektive Koronarangiographie eines oder aller Herzkranzgefäße im Anschluß an die Leistungen nach Nummer 5324 oder 5325, zweite bis fünfte Serie, je Serie 400 23,31

5327 Zusätzliche Linksventrikulographie bei selektiver Koronarangiographie 1000 58,29

Die Leistungen nach den Nummern 5324 bis 5327 sind neben den Leistungen nach den Nummern 5300 bis 5302 und 5315 bis 5318 nicht berechnungsfähig.

5328 Zuschlag zu den Leistungen nach den Nummern 5300 bis 5327 bei Anwendung der simultanen Zwei-Ebenen-Technik 1200 69,94

Der Zuschlag nach Nummer 5328 ist je Sitzung nur einmal und nur mit dem einfachen Gebührensatz berechnungsfähig.

5329 Venographie im Bereich des Brust- und Bauchraums 1600 93,26

5330 Venographie einer Extremität 750 43,72

5331 Ergänzende Projektion(en) (insbesondere des zentralen Abflußgebiets) im Anschluß an die Leistung nach Nummer 5330, insgesamt 200 11,66

5335 Zuschlag zu den Leistungen nach den Nummern 5300 bis 5331 bei computergestützter Analyse und Abbildung 800 46,63

Der Zuschlag nach Nummer 5335 kann je Untersuchungstag unabhängig von der Anzahl der Einzeluntersuchungen nur einmal und nur mit dem einfachen Gebührensatz berechnet werden.

5338 Lymphographie, je Extremität 1000 58,29

5339 Ergänzende Projektion(en) im Anschluß an die Leistung nach Nummer 5338 – einschließlich Durchleuchtung(en) –, insgesamt 250 14,57

6. Interventionelle Maßnahmen

Allgemeine Bestimmung

Die Leistungen nach den Nummern 5345 bis 5356 können je Sitzung nur einmal berechnet werden.

5345 Perkutane transluminale Dilatation und Rekanalisation von Arterien mit Ausnahme der Koronararterien – einschließlich Kontrastmitteleinbringung und Durchleuchtung(en) im zeitlichen Zusammenhang mit dem gesamten Eingriff – 2800 163,20

Neben der Leistung nach Nummer 5345 sind die Leistungen nach den Nummern 350 bis 361 sowie 5295 nicht berechnungsfähig.
Wurde innerhalb eines Zeitraums von vierzehn Tagen vor Erbringung der Leistung nach Nummer 5345 bereits eine Leistung nach den Nummern 5300 bis 5313 berechnet, darf neben der Leistung nach Nummer 5345 für dieselbe Sitzung eine Leistung nach den Nummern 5300 bis 5313 nicht erneut berechnet werden. Im Falle der Nebeneinanderberechnung der Leistung nach Nummer 5345 neben einer Leistung nach den Nummern 5300 bis 5313 ist in der Rechnung zu bestätigen, daß in den vorhergehenden vierzehn Tagen eine Leistung nach den Nummern 5300 bis 5313 nicht berechnet wurde.

5346 Zuschlag zu der Leistung nach Nummer 5345 bei Dilatation und Rekanalisation von mehr als zwei Arterien, insgesamt 600 34,97

Neben der Leistung nach Nummer 5346 sind die Leistungen nach den Nummern 350 bis 361 sowie 5295 nicht berechnungsfähig.

Abschn. 3. Vergütung von Sachverst usw **§ 10 JVEG**

Nummer	Leistung	Punktzahl	Gebühr in Euro

5348 Perkutane transluminale Dilatation und Rekanalisation von Koronararterien – einschließlich Kontrastmitteleinbringungen und Durchleuchtung(en) im zeitlichen Zusammenhang mit dem gesamten Eingriff – 3800 221,49
Neben der Leistung nach Nummer 5348 sind die Leistungen nach den Nummern 350 bis 361 sowie 5295 nicht berechnungsfähig.
Wurde innerhalb eines Zeitraums von vierzehn Tagen vor Erbringung der Leistung nach Nummer 5348 bereits eine Leistung nach den Nummern 5315 bis 5327 berechnet, darf neben der Leistung nach Nummer 5348 für dieselbe Sitzung eine Leistung nach den Nummern 5315 bis 5327 nicht erneut berechnet werden. Im Falle der Nebeneinanderberechnung der Leistung nach Nummer 5348 neben einer Leistung nach den Nummern 5315 bis 5327 ist in der Rechnung zu bestätigen, daß in den vorhergehenden vierzehn Tagen eine Leistung nach den Nummern 5315 bis 5327 nicht berechnet wurde.

5349 Zuschlag zu der Leistung nach Nummer 5348 bei Dilatation und Rekanalisation von mehr als einer Koronararterie, insgesamt 1000 58,29
Neben der Leistung nach Nummer 5349 sind die Leistungen nach den Nummern 350 bis 361 sowie 5295 nicht berechnungsfähig.

5351 Lysebehandlung als Einzelbehandlung oder ergänzend zu den Leistungen nach Nummer 2826, 5345 oder 5348 – bei einer Lysedauer von mehr als einer Stunde – 500 29,14

5352 Zuschlag zu der Leistung nach Nummer 5351 bei Lysebehandlung der hirnversorgenden Arterien 1000 58,29

5353 Perkutane transluminale Dilatation und Rekanalisation von Venen – einschließlich Kontrastmitteleinbringungen und Durchleuchtung(en) im zeitlichen Zusammenhang mit dem gesamten Eingriff – 2000 116,57
Neben der Leistung nach Nummer 5353 sind die Leistungen nach den Nummern 344 bis 347, 5295 sowie 5329 bis 5331 nicht berechnungsfähig.

5354 Zuschlag zu der Leistung nach Nummer 5353 bei Dilatation und Rekanalisation von mehr als zwei Venen, insgesamt 200 11,66
Neben der Leistung nach Nummer 5354 sind die Leistungen nach den Nummern 344 bis 347, 5295 sowie 5329 bis 5331 nicht berechnungsfähig.

5355 Einbringung von Gefäßstützen oder Anwendung alternativer Angioplastiemethoden (Atherektomie, Laser), zusätzlich zur perkutanen transluminalen Dilatation – einschließlich Kontrastmittelerbringungen und Durchleuchtung(en) im zeitlichen Zusammenhang mit dem gesamten Eingriff – 2000 116,57
Neben der Leistung nach Nummer 5355 sind die Leistungen nach den Nummern 344 bis 361, 5295 sowie 5300 bis 5327 nicht berechnungsfähig.

5356 Einbringung von Gefäßstützen oder Anwendung alternativer Angioplastiemethoden (Atherektomie, Laser), zusätzlich zur perkutanen transluminalen Dilatation einer Koronararterie – einschließlich Kontrastmitteleinbringungen und Durchleuchtung(en) im zeitlichen Zusammenhang mit dem gesamten Eingriff – 2500 145,72
Neben der Leistung nach Nummer 5336 sind die Leistungen nach den Nummern 350 bis 361, 5295, 5315 bis 5327, 5345, 5353 sowie 5355 nicht berechnungsfähig.

Nummer	Leistung	Punktzahl	Gebühr in Euro

Neben der Leistung nach Nummer 5356 ist die Leistung nach Nummer 5355 für Eingriffe an Koronararterien nicht berechnungsfähig.

5357 Embolisation einer oder mehrerer Arterie(n) mit Ausnahme der Arterien im Kopf-Hals-Bereich oder Spinalkanal – einschließlich Kontrastmitteleinbringung(en) und angiographischer Kontrollen im zeitlichen Zusammenhang mit dem gesamten Eingriff –, je Gefäßgebiet 3500 204,01
Neben der Leistung nach Nummer 5357 sind die Leistungen nach den Nummern 350 bis 361, 5295 sowie 5300 bis 5312 nicht berechnungsfähig.

5358 Embolisation einer oder mehreren Arterie(n) im Kopf-Hals-Bereich oder Spinalkanal – einschließlich Kontrastmitteleinbringung(en) und angiographischer Kontrollen im zeitlichen Zusammenhang mit dem gesamten Eingriff –, je Gefäßgebiet 4500 262,29
Neben der Leistung nach Nummer 5358 sind die Leistungen nach den Nummern 350, 351, 5295 sowie 5300 bis 5305 nicht berechnungsfähig.

5359 Embolisation der Vena spermatica – einschließlich Kontrastmitteleinbringung(en) und angiographischer Kontrollen im zeitlichen Zusammenhang mit dem gesamten Eingriff – 2500 145,72
Neben der Leistung nach Nummer 5359 sind die Leistungen nach den Nummern 344 bis 347, 5295 sowie 5329 bis 5331 nicht berechnungsfähig.

5360 Embolisation von Venen – einschließlich Kontrastmitteleinbringung(en) und angiographischer Kontrollen im zeitlichen Zusammenhang mit dem gesamten Eingriff – 2000 116,57
Neben der Leistung nach Nummer 5360 sind die Leistungen nach den Nummern 344 bis 347, 5295 sowie 5329 bis 5331 nicht berechnungsfähig.

5361 Transhepatische Drainage und/oder Dilatation von Gallengängen – einschließlich Kontrastmitteleinbringung(en) und cholangiographischer Kontrollen im zeitlichen Zusammenhang mit dem gesamten Eingriff – 2600 151,55
Neben der Leistung nach Nummer 5361 sind die Leistungen nach den Nummern 370, 5170 sowie 5295 nicht berechnungsfähig.

7. Computertomographie

Allgemeine Bestimmungen

Die Leistungen nach den Nummern 5369 bis 5375 sind je Sitzung jeweils nur einmal berechnungsfähig.
Die Nebeneinanderberechnung von Leistungen nach den Nummern 5370 bis 5374 ist in der Rechnung gesondert zu begründen. Bei Nebeneinanderberechnung von Leistungen nach den Nummern 5370 bis 5374 ist der Höchstwert nach Nummer 5369 zu beachten.

5369 Höchstwert für Leistungen nach den Nummern 5370 bis 5374 .. 3000 174,86
Die im einzelnen erbrachten Leistungen sind in der Rechnung anzugeben.

5370 Computergesteuerte Tomographie im Kopfbereich – gegebenenfalls einschließlich des kraniozervikalen Übergangs – 2000 116,57
5371 Computergesteuerte Tomographie im Hals- und/oder Toraxbereich 2300 134,06
5372 Computergesteuerte Tomographie im Abdominalbereich 2600 151,55
5373 Computergesteuerte Tomographie des Skeletts (Wirbelsäule, Extremitäten oder Gelenke bzw. Gelenkpaare) 1900 110,75

Abschn. 3. Vergütung von Sachverst usw **§ 10 JVEG**

Nummer	Leistung	Punktzahl	Gebühr in Euro
5374	Computergesteuerte Tomographie der Zwischenwirbelräume im Bereich der Hals-, Brust- und/oder Lendenwirbelsäule – gegebenenfalls einschließlich der Übergangsregionen –	1900	110,75
5375	Computergesteuerte Tomographie der Aorta in ihrer gesamten Länge	2000	116,57
	Die Leistung nach Nummer 5375 ist neben den Leistungen nach den Nummern 5371 und 5372 nicht berechnungsfähig.		
5376	Ergänzende computergesteuerte Tomographie(n) mit mindestens einer zusätzlichen Serie (z. B. bei Einsatz von Xenon, bei Einsatz der High-Resolution-Technik, bei zusätzlichen Kontrastmittelgaben) – zusätzlich zu den Leistungen nach den Nummern 5370 bis 5375 –	500	29,14
5377	Zuschlag für computergesteuerte Analyse – einschließlich speziell nachfolgender 3D-Rekonstruktion –	800	46,63
	Der Zuschlag nach Nummer 5377 ist nur mit dem einfachen Gebührensatz berechnungsfähig.		
5378	Computergesteuerte Tomographie zur Bestrahlungsplanung oder zu interventionellen Maßnahmen	1000	58,29
	Neben oder anstelle der computergesteuerten Tomographie zur Bestrahlungsplanung oder zu interventionellen Maßnahmen sind die Leistungen nach den Nummern 5370 bis 5376 nicht berechnungsfähig.		
5380	Bestimmung des Mineralgehalts (Osteodensitometrie) von repräsentativen (auch mehreren) Skelettteilen mit quantitativer Computertomographie oder quantitativer digitaler Röntgentechnik ..	300	17,49

II. Nuklearmedizin

Allgemeine Bestimmungen

1. Szintigraphische Basisleistung ist grundsätzlich die planare Szintigraphie mit der Gammakamera, gegebenenfalls in mehreren Sichten/Projektionen. Bei der Auswahl des anzuwendenden Radiopharmazeutikums sind wissenschaftliche Erkenntnisse und strahlenhygienische Gesichtspunkte zu berücksichtigen. Wiederholungsuntersuchungen, die nicht ausdrücklich aufgeführt sind, sind nur mit besonderer Begründung und wie die jeweilige Basisleistung berechnungsfähig.
2. Ergänzungsleistungen nach den Nummern 5480 bis 5485 sind je Basisleistung oder zulässiger Wiederholungsuntersuchung nur einmal berechnungsfähig. Neben Basisleistungen, die quantitative Bestimmungen enthalten, dürfen Ergänzungsleistungen für Quantifizierungen nicht zusätzlich berechnet werden. Die Leistungen nach den Nummern 5473 und 5481 dürfen nicht nebeneinander berechnet werden. Die Leistungen nach den Nummern 5473, 5480, 5481 und 5483 sind nur mit Angabe der Indikation berechnungsfähig.
3. Die Befunddokumentation, die Aufbewahrung der Datenträger sowie die Befundmitteilung oder der einfache Befundbericht mit Angaben zu Befund(en) und zur Diagnose sind Bestandteil der Leistungen und nicht gesondert berechnungsfähig.
4. Die Materialkosten für das Radiopharmazeutikum (Nuklid, Markierungs- oder Testbestecke) sind gesondert berechnungsfähig. Kosten für Beschaffung, Aufbereitung, Lagerung und Entsorgung der zur Untersuchung notwendigen Substanzen, die mit ihrer Anwendung verbraucht sind, sind nicht gesondert berechnungsfähig.
5. Die Einbringung von zur Diagnostik erforderlichen Stoffen in den Körper – mit Ausnahme der Einbringung durch Herzkatheter, Arterienkatheter, Subokzipitalpunktion oder Lumbalpunktion – sowie die gegebenenfalls erforderlichen Entnahmen von Blut und Urin sind mit den Gebühren abgegolten, soweit zu den einzelnen Leistungen dieses Abschnitts nichts anderes bestimmt ist.
6. Die Einbringung von zur Therapie erforderlichen radioaktiven Stoffen in den Körper – mit Ausnahme der intraartikulären, intralymphatischen, endoskopischen

oder operativen Einbringungen des Strahlungsträgers oder von Radionukliden – ist mit den Gebühren abgegolten, soweit zu den einzelnen Leistungen dieses Abschnitts nichts anderes bestimmt ist.

7. Rechnungsbestimmungen
   a) Der Arzt darf nur die für den Patienten verbrauchte Menge an radioaktiven Stoffen berechnen.
   b) Bei der Berechnung von Leistungen nach Abschnitt O II sind die Untersuchungs- und Behandlungsdaten der jeweils eingebrachten Stoffe sowie die Art der ausgeführten Maßnahmen in der Rechnung anzugeben, sofern nicht durch die Leistungsbeschreibung eine eindeutige Definition gegeben ist.

Nummer	Leistung	Punktzahl	Gebühr in Euro
	1. Diagnostische Leistungen (In-vivo-Untersuchungen)		
	a) Schilddrüse		
5400	Szintigraphische Untersuchung (Schilddrüse) – gegebenenfalls einschließlich Darstellung dystoper Anteile –	350	20,40
5401	Szintigraphische Untersuchung (Schilddrüse) – einschließlich quantitativer Untersuchung –, mit Bestimmung der globalen, gegebenenfalls auch der regionalen Radionuklidaufnahme in der Schilddrüse mit Gammakamera und Meßwertverarbeitungssystem als Jodidclearance-Äquivalent – einschließlich individueller Kalibrierung und Qualitätskontrollen (z. B. Bestimmung der injizierten Aktivität) –	1300	75,77
5402	Radiojodkurztest bis zu 24 Stunden (Schilddrüse) – gegebenenfalls einschließlich Blutaktivitätsbestimmungen und/oder szintigraphischer Untersuchung(en) –	1000	58,29
	Die Leistungen nach den Nummern 5400 bis 5402 sind nicht nebeneinander berechnungsfähig.		
5403	Radiojodtest (Schilddrüse) vor Radiojodtherapie mit ^{131}J mit mindestens drei zeitlichen Meßpunkten, davon zwei später als 24 Stunden nach Verabreichung – gegebenenfalls einschließlich Blutaktivitätsbestimmungen –	1200	69,64
	Die Leistungen nach den Nummern 5402 und 5403 sind nicht nebeneinander berechnungsfähig		
	b) Gehirn		
5410	Szintigraphische Untersuchung des Gehirns	1200	69,64
5411	Szintigraphische Untersuchung des Liquorraums	900	52,46
	Für die Leistung nach Nummer 5411 sind zwei Wiederholungsuntersuchungen zugelassen, davon eine später als 24 Stunden nach Einbringung(en) des radioaktiven Stoffes.		
	c) Lunge		
5415	Szintigraphische Untersuchung der Lungenperfusion – mindestens vier Sichten/Projektionen –, insgesamt	1300	75,77
5416	Szintigraphische Untersuchung der Lungenbelüftung mit Inhalation radioaktiver Gase, Aerosole oder Stäube	1300	75,77
	d) Herz		
5420	Radionuklidventrikulographie mit quantitativer Bestimmung von mindestens Auswurffraktion und regionaler Wandbewegung in Ruhe – gegebenenfalls einschließlich EKG im zeitlichen Zusammenhang mit der Untersuchung –	1200	69,94
5421	Radionuklidventrikulographie als kombinierte quantitative Mehrfachbestimmung von mindestens Auswurffraktion und re-		

Nummer	Leistung	Punktzahl	Gebühr in Euro

gionaler Wandbewegung in Ruhe und unter körperlicher oder pharmakologischer Stimulation – gegebenenfalls einschließlich EKG im zeitlichen Zusammenhang mit der Untersuchung – 3800 221,49
Neben der Leistung nach Nummer 5421 ist bei zusätzlicher Erste-Passage-Untersuchung die Leistung nach Nummer 5473 berechnungsfähig.

5422 Szintigraphische Untersuchung des Myokards mit myokardaffinen Tracern in Ruhe – gegebenenfalls einschließlich EKG im zeitlichen Zusammenhang mit der Untersuchung – 1000 58,29
Die Leistungen nach den Nummern 5422 und 5423 sind nicht nebeneinander berechnungsfähig.

5423 Szintigraphische Untersuchung des Myokards mit myokardaffinen Tracern unter körperlicher und pharmakologischer Stimulation – gegebenenfalls einschließlich EKG im zeitlichen Zusammenhang mit der Untersuchung – 2000 116,57

5424 Szintigraphische Untersuchung des Myokards mit myokaraffinen Tracern in Ruhe und unter körperlicher oder pharmakologischer Stimulation – gegebenenfalls einschließlich EKG im zeitlichen Zusammenhang mit der Untersuchung – 2800 163,20
Neben der Leistung nach Nummer 5424 sind die Leistungen nach den Nummern 5422 und/oder 5423 nicht berechnungsfähig.

e) Knochen- und Knochenmarkszinitgraphie

5425 Ganzkörperskelettszintigraphie, Schädel und Körperstamm in zwei Sichten/Projektionen – einschließlich der proximalen Extremitäten, gegebenenfalls einschließlich der distalen Extremitäten – 2250 131,15

5426 Teilkörperskelettszintigraphie – gegebenenfalls einschließlich der kontralateralen Seite – 1260 73,42

5427 Zusätzliche szintigraphische Abbildung des regionalen Blutpools (Zwei-Phasenszintigraphie) – mindestens zwei Aufnahmen – 400 23,31

5428 Ganzkörperknochenmarkszintigraphie, Schädel und Körperstamm in zwei Sichten/Projektionen – einschließlich der proximalen Extremitäten, gegebenenfalls einschließlich der distalen Extremitäten – 2250 131,15

Bem. Dazu BGH RR 03, 1639 und 1641.

f) Tumorszintigraphie

Tumorszintigraphie mit radioaktiv markierten unspezifischen Tumormarkern (z. B. Radiogallium oder -thallium), metabolischen Substanzen (auch ^{131}J), Rezeptorsubstanzen oder monoklonalen Antikörpern

5430 eine Region 1200 69,94

5431 Ganzkörper (Stamm und/oder Extremitäten) 2250 131,15
Für die Untersuchung mehrerer Regionen ist die Leistung nach Nummer 5430 nicht mehrfach berechnungsfähig.
Für die Leistung nach Nummer 5430 sind zwei Wiederholungsuntersuchungen zugelassen, davon eine später als 24 Stunden nach Einbringung der Testsubstanz(en).
Die Leistungen nach den Nummern 5430 und 5431 sind nicht nebeneinander berechnungsfähig.

g) Nieren

5440 Nierenfunktionszintigraphie mit Bestimmung der quantitativen Ganzkörper-Clearance und der Einzelnieren-Clearance – gegebenenfalls einschließlich Blutaktivitätsbestimmungen und Vergleich mit Standards – 2800 163,20

JVEG § 10 V. Justizvergütungs- und -entschädigungsgesetz

Nummer	Leistung	Punktzahl	Gebühr in Euro
5441	Perfusionsszintigraphie der Nieren – einschließlich semiquantitativer oder quantitativer Auswertung –	1600	93,26
5442	Statische Nierenszintigraphie	600	34,97
	Die Leistungen nach den Nummern 5440 bis 5442 sind je Sitzung nur einmal und nicht nebeneinander berechnungsfähig.		
5443	Zusatzuntersuchung zu den Leistungen nach Nummer 5440 und 5441 – mit Angabe der Indikation (z. B. zusätzliches Radionephrogramm als Einzel- oder Wiederholungsuntersuchung, Tiefenkorrektur durch Verwendung des geometrischen Mittels, Refluxprüfung, forcierte Diurese) –	700	40,80
5444	Quantitative Clearanceuntersuchungen der Nieren an Sondenmeßplätzen – gegebenenfalls einschließlich Registrierung mehrerer Kurven und Blutaktivitätsbestimmungen –	1000	58,29
	Neben der Leistung nach Nummer 5444 ist die Leistung nach Nummer 5440 nicht berechnungsfähig.		

h) Endokrine Organe

5450	Szintigraphische Untersuchung von endokrin aktivem Gewebe – mit Ausnahme der Schilddrüse –	1000	58,29
	Das untersuchte Gewebe ist in der Rechnung anzugeben.		
	Für die Leistung nach Nummer 5450 sind zwei Wiederholungsuntersuchungen zugelassen, davon eine später als 24 Stunden nach Einbringung der radioaktiven Substanz(en).		
	Die Leistung nach Nummer 5450 ist neben den Leistungen nach den Nummern 5430 und 5431 nicht berechnungsfähig.		
5455	Szintigraphische Untersuchung im Bereich des Gastrointestinaltrakts (z. B. Speicheldrüsen, Ösophagus-Passage – gegebenenfalls einschließlich gastralem Reflux und Magenentleerung –, Gallenwege – gegebenenfalls einschließlich Gallenreflux –, Blutungsquellensuche, Nachweis eines Meckel'schen Divertikels)	1300	75,77
5456	Szintigraphische Untersuchung von Leber und/oder Milz (z. B. mit Kolloiden, gallengängigen Substanzen, Erythrozyten), in mehreren Ebenen	1300	75,77

j) Hämatologie, Angiologie

5460	Szintigraphische Untersuchung von großen Gefäßen und/oder deren Stromgebieten – gegebenenfalls einschließlich der kontralateralen Seite –	900	52,46
	Die Leistung nach Nummer 5460 ist neben der Leistung nach Nummer 5473 nicht berechnungsfähig.		
5461	Szintigraphische Untersuchung von Lymphabflußgebieten an Stamm und/oder Kopf und/oder Extremitäten – gegebenenfalls einschließlich der kontralateralen Seite –	2200	128,23
5462	Bestimmung von Lebenszeit und Kinetik zellulärer Blutbestandteile – einschließlich Blutaktivitätsbestimmungen –	2200	128,23
5463	Zuschlag zu der Leistung nach Nummer 5462, bei Bestimmung des Abbauorts	2200	128,23

Szintigraphische Suche nach Entzündungsherden oder Thromben mit Radiogallium, markierten Eiweisen, Zellen oder monoklonalen Antikörpern

5465	eine Region	1260	73,44
5466	Ganzkörper (Stamm und Extremitäten)	2250	131,15
	Für die Untersuchung mehrerer Regionen ist die Leistung nach Nummer 5465 nicht mehrfach berechnungsfähig.		

Abschn. 3. Vergütung von Sachverst usw § 10 JVEG

Nummer	Leistung	Punktzahl	Gebühr in Euro

Für die Leistungen nach den Nummern 5462 bis 5466 sind zwei Wiederholungsuntersuchungen zugelassen, davon eine später als 24 Stunden nach Einbringung der Testsubstanz(en).

k) Resortpions- und Exkretionsteste

5470	Nachweis und/oder quantitative Bestimmung von Resorption, Exkretion oder Verlust von körpereigenen Stoffen (durch Bilanzierung nach radioaktiver Markierung) und/oder von radioaktiv markierten Analoga, in Blut, Urin, Faeces oder Liquor – einschließlich notwendiger Radioaktivitätsmessungen über dem Verteilungsraum –	950	55,37

l) Sonstige

5472	Szintigraphische Untersuchungen (z. B. von Hoden, Tränenkanälen, Augen, Tuben) oder Funktionsmessungen (z. B. Ejektionsfraktion mit Meßsonde) ohne Gruppenzuordnung – auch nach Einbringung eines Radiopharmazeutikums in eine Körperhöhle –	950	55,37
5473	Funktionsszintigraphie – einschließlich Sequenzszintigraphie und Erstellung von Zeit-Radioaktivitätskurven aus ROI und quantifizierender Berechnung (z. B. von Transitzeiten, Impulsratenquotienten, Perfusionsindex, Auswurffraktion aus Erster-Radionuklid-Passage) –	900	52,46
	Die Leistung nach Nummer 5473 ist neben den Leistungen nach den Nummern 5460 und 5481 nicht berechnungsfähig.		
5474	Nachweis inkorporierter unbekannter Radionuklide	1350	17,49

m) Mineralgehalt

5475	Quantitative Bestimmung des Mineralgehalts im Skelett (Osteodensitometrie) in einzelnen oder mehreren repräsentativen Extremitäten- oder Stammskelettabschnitten mittels Dual-Photonen-Absorptionstechnik	300	17,49

n) Ergänzungsleistungen

Allgemeine Bestimmung

Die Ergänzungsleistungen nach den Nummern 5480 bis 5485 sind nur mit dem einfachen Gebührensatz berechnungsfähig.

5480	Quantitative Bestimmung von Impulsen/Impulsratendichte (Fläche, Pixel, Voxel) mittels Gammakamera mit Meßwertverarbeitung – mindestens zwei ROI –	750	43,72
5481	Sequenzszintigraphie – mindestens sechs Bilder in schneller Folge –	680	39,64
5483	Subtraktionsszintigraphie oder zusätzliche Organ- oder Blutpoolszintigraphie als anatomische Ortsmarkierung	680	39,64
5484	In-vitro-Markierung von Blutzellen (z. B. Erythrozyten, Leukozyten, Thrombozyten), – einschließlich erforderlicher In-vitro Qualitätskontrollen –	1300	75,77
5485	Messung mit dem Ganzkörperzähler – gegebenenfalls einschließlich quantitativer Analysen von Gammaspektren –	980	57,12

o) Emissions-Computer-Tomographie

5486	Single-Photonen-Emissions-Computertomographie (SPECT) mit Darstellung in drei Ebenen	1200	69,94
5487	Single-Photonen-Emissions-Computer-Tomographie (SPECT) mit Darstellung in drei Ebenen und regionaler Quantifizierung ..	2000	116,57

JVEG § 10 V. Justizvergütungs- und -entschädigungsgesetz

Nummer	Leistung	Punktzahl	Gebühr in Euro
5488	Positronen-Emissions-Tomographie (PET) – gegebenenfalls einschließlich Darstellung in mehreren Ebenen –	6000	349,72
5489	Positronen-Emissions-Tomographie (PET) mit quantifizierender Auswertung – gegebenenfalls einschließlich Darstellung in mehreren Ebenen –	7500	437,15

Bem. dazu BGH RR 03, 1639 und 1641.

2. Therapeutische Leistungen
(Anwendung offener Radionuklide)

5600	Radiojodtherapie von Schilddrüsenerkrankungen	2480	144,55
5602	Radiophosphortherapie bei Erkrankungen der blutbildenden Organe	1350	78,69
5603	Behandlung von Knochenmetastasen mit knochenaffinen Radiopharmazeutika	1080	62,95
5604	Installation von Radiopharmazeutika in Körperhöhlen, Gelenke oder Hohlorgane	2700	157,38
5605	Tumorbehandlung mit radioaktiv markierten, metabolisch aktiven oder rezeptorgerichteten Substanzen oder Antikörpern	2250	131,15
5606	Quantitative Bestimmung der Therapieradioaktivität zur Anwendung eines individuellen Dosiskonzepts – einschließlich Berechnungen auf Grund von Vormessungen –	900	52,46

Die Leistung nach Nummer 5606 ist nur bei Zugrundeliegen einer Leistung nach den Nummern 5600, 5603 und oder 5605 berechnungsfähig.

5607	Posttherapeutische Bestimmung von Herddosen – einschließlich Berechnungen auf Grund von Messungen der Kinetik der Therapieradioaktivität –	1620	94,43

Die Leistung nach Nummer 5607 ist nur bei Zugrundeliegen einer Leistung nach den Nummern 5600, 5603 und/oder 5605 berechnungsfähig.

III. Magnetresonanztomographie

Allgemeine Bestimmungen

Die Leistungen nach den Nummern 5700 bis 5735 sind je Sitzung jeweils nur einmal berechnungsfähig.
Die Nebeneinanderberechnung von Leistungen nach den Nummern 5700 bis 5730 ist in der Rechnung gesondert zu begründen. Bei Nebeneinanderberechnung von Leistungen nach den Nummern 5700 bis 5730 ist der Höchstwert nach Nummer 5735 zu beachten.

5700	Magnetresonanztomographie im Bereich des Kopfes – gegebenenfalls einschließlich des Halses –, in zwei Projektionen, davon mindestens eine Projektion unter Einschluß T2-gewichtiger Aufnahmen	4400	254,46
5705	Magnetresonanztomographie im Bereich der Wirbelsäule, in zwei Projektionen	4200	244,81
5715	Magnetresonanztomographie im Bereich des Thorax – gegebenenfalls einschließlich des Halses –, der Thoraxorgane und/oder der Aorta in ihrer gesamten Länge	4300	250,64
5720	Magnetresonanztomographie im Bereich des Abdomens und/oder des Beckens	4400	256,46

Abschn. 3. Vergütung von Sachverst usw   **§ 10 JVEG**

Nummer	Leistung	Punktzahl	Gebühr in Euro
5721	Magnetresonanztomographie der Mamma(e)	4000	233,15
5729	Magnetresonanztomographie eines oder mehrerer Gelenke oder Abschnitte von Extremitäten	2400	131,89
5730	Magnetresonanztomographie einer oder mehrerer Extremität(en) mit Darstellung von mindestens zwei großen Gelenken einer Extremität .... *Neben der Leistung nach Nummer 5730 ist die Leistung nach Nummer 5729 nicht berechnungsfähig.*	4000	233,15
5731	Ergänzende Serie(n) zu den Leistungen nach den Nummern 5700 bis 5730 (z. B. nach Kontrastmitteleinbringung, Darstellung von Arterien als MR-Angiographie)	1000	58,29
5732	Zuschlag zu den Leistungen nach den Nummern 5700 bis 5730 für Positionswechsel und/oder Spulenwechsel .... *Zuschlag nach Nummer 5732 ist nur mit dem einfachen Gebührensatz berechnungsfähig.*	1000	58,29
5733	Zuschlag für computergesteuerte Analyse (z. B. Kinetik, 3D-Rekonstruktion) .... *Der Zuschlag nach Nummer 5733 ist nur mit dem einfachen Gebührensatz berechnungsfähig.*	800	46,63
5735	Höchstwert für Leistungen nach den Nummern 5700 bis 5730 .... *Die im einzelnen erbrachten Leistungen sind in der Rechnung anzugeben.*	6000	349,72

IV. Strahlentherapie

Allgemeine Bestimmungen

1. Eine Bestrahlungsserie umfaßt grundsätzlich sämtliche Bestrahlungsfraktionen bei der Behandlung desselben Krankheitsfalls, auch wenn mehrere Zielvolumina bestrahlt werden.
2. Eine Bestrahlungsfraktion umfaßt alle für die Bestrahlung eines Zielvolumens erforderlichen Einstellungen, Bestrahlungsfelder und Strahleneintrittsfelder. Die Festlegung der Ausdehnung bzw. der Anzahl der Zielvolumina und Einstellungen muß indikationsgerecht erfolgen.
3. Eine mehrfache Berechnung der Leistungen nach den Nummern 5800, 5810, 5831 bis 5833, 5840 und 5841 bei der Behandlung desselben Krankheitsfalls ist nur zulässig, wenn wesentliche Änderungen der Behandlung durch Umstellung der Technik (z. B. Umstellung von Stehfeld auf Pendeltechnik, Änderung der Energie und Strahlenart) oder wegen fortschreitender Metastasierung, wegen eines Tumorrezidivs oder wegen zusätzlicher Komplikationen notwendig werden. Die Änderungen sind in der Rechnung zu begründen.
4. Bei Berechnung einer Leistung für Bestrahlungsplanung sind in der Rechnung anzugeben: die Diagnose, das/die Zielvolumen/ina, die vorgesehene Bestrahlungsart und -dosis sowie die geplante Anzahl von Bestrahlungsfraktionen.

1. Strahlenbehandlung dermatologischer Erkrankungen

| 5800 | Erstellung eines Bestrahlungsplans für die Strahlenbehandlung nach den Nummern 5802 bis 5806, je Bestrahlungsserie .... *Der Bestrahlungsplan nach Nummer 5800 umfaßt Angaben zur Indikation und die Beschreibung des zu bestrahlenden Volumens, der vorgesehenen Dosis, der Fraktionierung und der Strahlenschutzmaßnahmen und gegebenenfalls die Fotodokumentation.* | 250 | 14,57 |

Nummer	Leistung	Punktzahl	Gebühr in Euro

Orthovoltstrahlenbehandlung (10 bis 100 kV Röntgenstrahlen)

5802 Bestrahlung von bis zu zwei Bestrahlungsfeldern bzw. Zielvolumina, je Fraktion 200 11,66

5803 Zuschlag zu der Leistung nach Nummer 5802 bei Bestrahlung von mehr als zwei Bestrahlungsfeldern bzw. Zielvolumina, je Fraktion 100 5,83
Der Zuschlag nach Nummer 5803 ist nur mit dem einfachen Gebührensatz berechnungsfähig.
Die Leistungen nach den Nummern 5802 und 5803 sind für die Bestrahlung flächenhafter Dermatosen jeweils nur einmal berechnungsfähig.

5805 Strahlenbehandlung mit schnellen Elektronen, je Fraktion 1000 58,29

5806 Strahlenbehandlung der gesamten Haut mit schnellen Elektronen, je Fraktion 2000 116,57

2. Orthovolt- oder Hochvoltstrahlenbehandlung

5810 Erstellung eines Bestrahlungsplans für die Strahlenbehandlung nach den Nummern 5812 und 5813, je Bestrahlungsserie 200 11,66
Der Bestrahlungsplan nach Nummer 5810 umfaßt Angaben zur Indikation und die Beschreibung des zu bestrahlenden Volumens, der vorgesehenen Dosis, der Fraktionierung und der Strahlenschutzmaßnahmen und gegebenenfalls die Fotodokumentation.

5812 Orthovolt- (100 bis 400 kV Röntgenstrahlen) oder Hochvoltstrahlenbehandlung bei gutartiger Erkrankung, je Fraktion 190 11,07
Bei Bestrahlung mit einem Telecaesiumgerät wegen einer bösartigen Erkrankung ist die Leistung nach Nummer 5812 je Fraktion zweimal berechnungsfähig.

5813 Hochvoltstrahlenbehandlung von gutartigen Hypophysentumoren oder der endokrinen Orbitopathie, je Fraktion 900 52,46

3. Hochvoltstrahlenbehandlung bösartiger Erkrankungen (mindestens 1 MeV)

Allgemeine Bestimmungen

Die Leistungen nach den Nummern 5834 bis 5837 sind grundsätzlich nur bei einer Mindestdosis von 1,5 Gy im Zielvolumen berechnungsfähig. Muß diese im Einzelfall unterschritten werden, ist für die Berechnung dieser Leistungen eine besondere Begründung erforderlich.
Bei Bestrahlungen von Systemerkrankungen oder metastasierten Tumoren gilt als ein Zielvolumen derjenige Bereich, der in einem Großfeld (z.B. Mantelfeld, umgekehrtes Y-Feld) bestrahlt werden kann.
Die Kosten für die Anwendung individuell geformter Ausblendungen (mit Ausnahme der Kosten für wiederverwendbares Material) und/oder Kompensatoren oder für die Anwendung individuell gefertigter Lagerungs- und/oder Fixationshilfen sind gesondert berechnungsfähig.

5831 Erstellung eines Bestrahlungsplans für die Strahlenbehandlung nach den Nummern 5834 bis 5837, je Bestrahlungsserie 1500 87,43
Der Bestrahlungsplan nach Nummer 5831 umfaßt Angaben zur Indikation und die Beschreibung des Zielvolumens, der Dosisplanung, der Berechnung der Dosis im Zielvolumen, der Ersteinstellung einschließlich Dokumentation (Feldkontrollaufnahme).

5832 Zuschlag zu der Leistung nach Nummer 5831 bei Anwendung eines Simulators und Anfertigung einer Körperquerschnittszeichnung oder Benutzung eines Körperquerschnitts anhand

Abschn. 3. Vergütung von Sachverst usw **§ 10 JVEG**

Nummer	Leistung	Punktzahl	Gebühr in Euro

vorliegender Untersuchungen (z. B. Computertomogramm), je Bestrahlungsserie 500 29,14
Der Zuschlag nach Nummer 5832 ist nur mit dem einfachen Gebührensatz berechnungsfähig.

5833 Zuschlag zu der Leistung nach Nummer 5831 bei individueller Berechnung der Dosisverteilung mit Hilfe eines Prozeßrechners, je Bestrahlungsserie 2000 116,57
Der Zuschlag nach Nummer 5833 ist nur mit dem einfachen Gebührensatz berechnungsfähig.

5834 Bestrahlung mittels Telekobaltgerät mit bis zu zwei Strahleneintrittsfeldern – gegebenenfalls unter Anwendung von vorgefertigten, wiederverwendbaren Ausblendungen –, je Fraktion 720 41,97

5835 Zuschlag zu der Leistung nach Nummer 5834 bei Bestrahlung mit Großfeld oder von mehr als zwei Strahleneintrittsfeldern, je Fraktion 120 6,99

5836 Bestrahlung mittels Beschleuniger mit bis zu zwei Strahleneintrittsfeldern – gegebenenfalls unter Anwendung von vorgefertigten, wiederverwendbaren Ausblendungen –, je Fraktion 1000 58,29

5837 Zuschlag zu der Leistung nach Nummer 5836 bei Bestrahlung mit Großfeld oder von mehr als zwei Strahleneintrittsfeldern, je Fraktion 120 6,99

4. Brachytherapie mit umschlossenen Radionukliden

Allgemeine Bestimmungen

Der Arzt darf nur die für den Patienten verbrauchte Menge an radioaktiven Stoffen berechnen.

Bei der Berechnung von Leistungen nach Abschnitt O IV 4 sind die Behandlungsdaten der jeweils eingebrachten Stoffe sowie die Art der ausgeführten Maßnahmen in der Rechnung anzugeben, sofern nicht durch die Leistungsbeschreibung eine eindeutige Definition gegeben ist.

5840 Erstellung eines Bestrahlungsplans für die Brachytherapie nach den Nummern 5844 und/oder 5846, je Bestrahlungsserie 1500 87,43
Der Bestrahlungsplan nach Nummer 5840 umfaßt Angaben zur Indikation, die Berechnung der Dosis im Zielvolumen, die Lokalisation und Einstellung der Applikatoren und die Dokumentation (Feldkontrollaufnahmen).

5841 Zuschlag zu der Leistung nach Nummer 5840 bei individueller Berechnung der Dosisverteilung mit Hilfe eines Prozeßrechners, je Bestrahlungsserie 2000 116,57
Der Zuschlag nach Nummer 5841 ist nur mit dem einfachen Gebührensatz berechnungsfähig.

5842 Brachytherapie an der Körperoberfläche – einschließlich Bestrahlungsplanung, gegebenenfalls einschließlich Fotodokumentation –, je Fraktion 300 17,49

5844 Intrakavitäre Brachytherapie, je Fraktion 1000 58,29

5846 Interstitielle Brachytherapie, je Fraktion 2100 122,40

5. Besonders aufwendige Bestrahlungstechniken

5851 Ganzkörperstrahlenbehandlung vor Knochenmarktransplantation – einschließlich Bestrahlungsplanung – 6900 402,18
Die Leistung nach Nummer 5851 ist unabhängig von der Anzahl der Fraktionen insgesamt nur einmal berechnungsfähig.

JVEG § 10 V. Justizvergütungs- und -entschädigungsgesetz

Nummer	Leistung	Punktzahl	Gebühr in Euro
5862	Oberflächen-Hyperthermie, je Fraktion	1000	58,29
5853	Halbtiefen-Hyperthermie, je Fraktion	2000	116,57
5854	Tiefen-Hyperthermie, je Fraktion	2490	145,14
	Die Leistungen nach den Nummern 5852 bis 5854 sind nur in Verbindung mit einer Strahlenbehandlung oder einer regionären intravenösen oder intraarteriellen Chemotherapie und nur mit dem einfachen Gebührensatz berechnungsfähig.		
5855	Intraoperative Strahlenbehandlung mit Elektronen	6900	402,18

26 **B. Sonstige Vorschriften der GOÄ, II 2.** Die Verweisung erfaßt die folgenden Vorschriften der GOÄ:

GOÄ § 4. Gebühren. [I] ... , ...

[II] [1] Der Arzt kann Gebühren nur für selbständige ärztliche Leistungen berechnen, die er selbst erbracht hat oder die unter seiner Aufsicht nach fachlicher Weisung erbracht wurden (eigene Leistungen). [2] Als eigene Leistungen gelten auch von ihm berechnete Laborleistungen des Abschnitts M II des Gebührenverzeichnisses (Basislabor), die nach fachlicher Weisung unter der Aufsicht eines anderen Arztes in Laborgemeinschaften oder in von Ärzten ohne eigene Liquidationsberechtigung geleiteten Krankenhauslabors erbracht werden. [3] Als eigene Leistungen im Rahmen einer wahlärztlichen stationären, teilstationären oder vor- und nachstationären Krankenhausbehandlung gelten nicht

1. Leistungen nach den Nummern 1 bis 62 des Gebührenverzeichnisses innerhalb von 24 Stunden nach der Aufnahme und innerhalb von 24 Stunden vor der Entlassung,
2. Visiten nach den Nummern 45 und 46 des Gebührenverzeichnisses während der gesamten Dauer der stationären Behandlung sowie
3. Leistungen nach den Nummern 56, 200, 250, 250a, 252, 271 und 272 des Gebührenverzeichnisses während der gesamten Dauer der stationären Behandlung,

wenn diese nicht durch den Wahlarzt oder dessen vor Abschluß des Wahlarztvertrages dem Patienten benannten ständigen ärztlichen Vertreter persönlich erbracht werden; der ständige ärztliche Vertreter muß Facharzt desselben Gebiets sein. [4] Nicht persönlich durch den Wahlarzt oder dessen ständigen ärztlichen Vertreter erbrachte Leistungen nach Abschnitt E des Gebührenverzeichnisses gelten nur dann als eigene wahlärztliche Leistungen, wenn der Wahlarzt oder dessen ständiger ärztlicher Vertreter durch die Zusatzbezeichnung „Physikalische Therapie" oder durch die Gebietsbezeichnung „Facharzt für die Physikalische und Rehabilitative Medizin" qualifiziert ist und die Leistungen nach fachlicher Weisung unter deren Aufsicht erbracht werden.

[IIa] [1] Für eine Leistung, die Bestandteil oder eine besondere Ausführung einer anderen Leistung nach dem Gebührenverzeichnis ist, kann der Arzt eine Gebühr nicht berechnen, wenn er für die andere Leistung eine Gebühr berechnet. [2] Dies gilt auch für die zur Erbringung der im Gebührenverzeichnis aufgeführten operativen Leistungen methodisch notwendigen operativen Einzelschritte. [3] Die Rufbereitschaft sowie das Bereitstehen eines Arztes oder Arztteams sind nicht berechnungsfähig.

[III] [1] Mit den Gebühren sind die Praxiskosten einschließlich der Kosten für den Sprechstundenbedarf sowie die Kosten für die Anwendung von Instrumenten und Apparaten abgegolten, soweit nicht in dieser Verordnung etwas anderes bestimmt ist. [2] Hat der Arzt ärztliche Leistungen unter Inanspruchnahme Dritter, die nach dieser Verordnung selbst nicht liquidationsberechtigt sind, erbracht, so sind die hierdurch entstandenen Kosten ebenfalls mit der Gebühr abgegolten.

[IV] Kosten, die nach Absatz 3 mit den Gebühren abgegolten sind, dürfen nicht gesondert berechnet werden. ...

GOÄ § 10. Ersatz von Auslagen. [I] Neben den für die einzelnen ärztlichen Leistungen vorgesehenen Gebühren können als Auslagen nur berechnet werden

1. die Kosten für diejenigen Arzneimittel, Verbandmittel und sonstigen Materialien, die der Patient zur weiteren Verwendung behält oder die mit einer einmaligen Anwendung verbraucht sind, soweit in Absatz 2 nichts anderes bestimmt ist,
2. Versand- und Portokosten, soweit deren Berechnung nach Absatz 3 nicht ausgeschlossen ist,
3. die im Zusammenhang mit Leistungen nach Abschnitt O bei der Anwendung radioaktiver Stoffe durch deren Verbrauch entstandenen Kosten sowie
4. die nach den Vorschriften des Gebührenverzeichnisses als gesondert berechnungsfähig ausgewiesenen Kosten.

[2] Die Berechnung von Pauschalen ist nicht zulässig.

[II] Nicht berechnet werden können die Kosten für

1. Kleinmaterialien wie Zellstoff, Mulltupfer, Schnellverbandmaterial, Verbandspray, Gewebeklebstoff auf Histoacrylbasis, Mullkompressen, Holzspatel, Holzstäbchen, Wattestäbchen, Gummifingerlinge,
2. Reagenzien und Narkosemittel zur Oberflächenanästhesie,
3. Desinfektions- und Reinigungsmittel,
4. Augen-, Ohren-, Nasentropfen, Puder, Salben und geringwertige Arzneimittel zur sofortigen Anwendung sowie für
5. folgende Einmalartikel: Einmalspritzen, Einmalkanülen, Einmalhandschuhe, Einmalharnblasenkatheter, Einmalskalpelle, Einmalprotoskope, Einmaldarmrohre, Einmalspekula.

[III] [1] Versand- und Portokosten können nur von dem Arzt berechnet werden, dem die gesamten Kosten für Versandmaterial, Versandgefäße sowie für den Versand oder Transport entstanden sind. Kosten für Versandmaterial, für den Versand des Untersuchungsmaterials und der Übermittlung des Untersuchungsergebnisses innerhalb einer Laborgemeinschaft oder innerhalb eines Krankenhausgeländes sind nicht berechnungsfähig; dies gilt auch, wenn Material oder ein Teil davon unter Nutzung der Transportmittel oder des Versandweges oder der Versandgefäße einer Laborgemeinschaft zur Untersuchung einem zur Erbringung von Leistungen beauftragten Arzt zugeleitet wird. [2] Werden aus demselben Körpermaterial sowohl in einer Laborgemeinschaft als auch von einem Laborarzt Leistungen aus den Abschnitten M oder N ausgeführt, so kann der Laborarzt bei Benutzung desselben Transportweges Versandkosten nicht berechnen; dies gilt auch dann, wenn ein Arzt eines anderen Gebiets Auftragsleistungen aus den Abschnitten M oder N erbringt. [3] Für die Versendung der Arztrechnung dürfen Versand- und Portokosten nicht berechnet werden.

Die Vorschriften gehen als *Sonderregeln* vor. Sie sind als solche eng auslegbar. Nur „im übrigen" bleiben §§ 8, 11 ZSEG unberührt.

7) Zusätzlich erforderliche Zeit usw, III. I, II gelten den normalen Zeitaufwand ab. Nur für eine im Einzelfall zusätzliche aufgewendete und auch als solche objektiv erforderlich gewesene Zeit gibt III ein besonderes, neben I, II anfallendes Honorar. Die Regelung gilt bei Tätigkeiten nach I wie II. Sie erfaßt zB die Zeit der Reise vor oder nach der Leistung.

Die *Honorarhöhe* richtet sich nach der Honorargruppe 1 der Anlage 1 zu § 9. Vgl daher dort.

Honorar für Übersetzungen

11 [I] [1] Das Honorar für eine Übersetzung beträgt 1,25 Euro für jeweils angefangene 55 Anschläge des schriftlichen Textes. [2] Ist die Übersetzung, insbesondere wegen der Verwendung von Fachausdrücken oder wegen schwerer Lesbarkeit des Textes, erheblich erschwert, erhöht sich das Honorar auf 1,85 Euro, bei außergewöhnlich schwierigen Texten auf 4 Euro. [3] Maßgebend für die Anzahl der Anschläge ist der Text in der Zielsprache; werden jedoch nur in der

Ausgangssprache lateinische Schriftzeichen verwendet, ist die Anzahl der Anschläge des Textes in der Ausgangssprache maßgebend. [4] Wäre eine Zählung der Anschläge mit unverhältnismäßigem Aufwand verbunden, wird deren Anzahl unter Berücksichtigung der durchschnittlichen Anzahl der Anschläge je Zeile nach der Anzahl der Zeilen bestimmt.

[II] Für eine oder für mehrere Übersetzungen aufgrund desselben Auftrags beträgt das Honorar mindestens 15 Euro.

[III] Soweit die Leistung des Übersetzers in der Überprüfung von Schriftstücken oder Aufzeichnungen der Telekommunikation auf bestimmte Inhalte besteht, ohne dass er insoweit eine schriftliche Übersetzung anfertigen muss, erhält er ein Honorar wie ein Dolmetscher.

Schrifttum: *Bund* JB **06**, 402 (ausf); *Cebulla*, Sprachmittlerstrafrecht, 2007; *Schütze*, Probleme der Übersetzung im Zivilprozeßrecht, Festschrift für *Sandrock* (2000) 871.

Gliederung

1) Systematik, I–III 1
2) Regelungszweck, I–III 2
3) Geltungsbereich, I–III 3
4) Übersetzer, I–III 4–11
   A. Begriff, I–III 4
   B. Vergütungsgrundsätze, I 1, 2 5
   C. Leichte Übersetzung, I 1 6
   D. Erheblich erschwerte Übersetzung, I 2 Hs 1 7
   E. Beispiele zur Frage einer erheblichen Erschwerung, I 2 Hs 1 ... 8
   F. Außergewöhnlich schwieriger Text, I 2 Hs 2 9
   G. Ermessen bei I 2 10
   H. Mindesthonorar, II 11
5) Anschlags- und Zeilenfragen, I 3, 4 12–14
   A. Grundsatz, I 3 Hs 1 12
   B. Ausgangstext, I 3 Hs 2 13
   C. Zeilenbegriff, I 4 14
6) Telekommunikationsüberprüfung usw, III 15

1 **1) Systematik, I–III.** Zwar kann man den Übersetzer in mancher Hinsicht mit einem Sachverständigen vergleichen. Er kann auch prozessual ein Sachverständiger sein, Stgt Rpfleger **83**, 416. § 11 behandelt den Übersetzer für seine Vergütung aber nicht mehr wie einen Sachverständigen. Vielmehr enthält die Vorschrift eine eigene vorrangige Spezialregelung.

2 **2) Regelungszweck, I–III.** Der Zweck der Vorschrift liegt in einer dem jeweiligen allgemeinen Schwierigkeitsgrad der Leistung angepaßten differenzierenden Vergütung des Übersetzers. Dabei stellt sie auf eine Vereinfachung ab. Deshalb sind die in I 1, 2 genannten Beträge auch nicht nur Höchst-, sondern Festbeträge. Man sollte die Vorschrift auch so auslegen, Bracker Rpfleger **99**, 166.

3 **3) Geltungsbereich, I–III.** Der Übersetzer erhält eine Vergütung aber nur nach § 11 und nicht wie ein Sachverständiger, (zum alten Recht) Düss MDR **91**, 359. Das gilt grundsätzlich auch beim Anwalt, Düss Rpfleger **83**, 367, Karlsr JB **89**, 100, Ott AnwBl **81**, 173. § 9 ist also auch auf den hauptberuflichen Übersetzer unanwendbar, Hbg MDR **87**, 153, (zum alten Recht). Auf den Übersetzer ist §§ 2, 4 anwendbar. Vgl im übrigen Rn 4 ff. Bei einer Tätigkeit nach §§ 1072–1075 ZPO richtet sich die Vergütung zunächst nach Art 18 VO (EG) Nr 1206/2001, abgedruckt bei BLAH Einf 3 vor § 1072 ZPO, und sodann nach § 11. Bei einer Tätigkeit nach §§ 1076–1078 ZPO gelten demgemäß die Richtlinie 2003/8/EG abgedruckt bei BLAH Einf 4 vor §§ 1076–1078 ZPO. § 54 IntFamRVG verweist wegen der Vergütungshöhe für die von der Zentralen Behörde veranlaßten Übersetzungen auf das JVEG.

Unanwendbar ist § 11 auf denjenigen Übersetzer, den die Partei von sich aus auf Grund einer gerichtlichen Anheimgabe etwa nach § 142 III ZPO heranzieht. Freilich kann die Partei dann die Anwendung des § 11 mit ihrem Übersetzer vereinbaren.

Wegen eines *Beamten* usw vgl § 1 II.

4 **4) Übersetzer, I–III.** Es sind mehrere Prüfschritte ratsam.

A. Begriff, I–III. Übersetzer ist ein solcher Fremdsprachenkundiger, den das Gericht oder die Staatsanwaltschaft zur meist schriftlichen Übertragung eines Textes in

Abschn. 3. Vergütung von Sachverst usw **§ 11 JVEG**

eine andere Sprache heranzieht. Es ist aber auch eine mündliche Übersetzung denkbar. Freilich liegt dann wohl oft eine Dolmetschertätigkeit näher. I 1 geht jedenfalls für die Vergütung von einer Schriftform aus. Wegen der Übersetzung eines Dokuments durch einen beeidigten Dolmetscher gilt § 9.
Nicht hierher gehört ein Sprachsachverständiger. Für ihn gilt (jetzt) § 9, Düss JB **00**, 211.

B. Vergütungsgrundsätze, I 1, 2. Die Vergütung richtet sich nur nach § 11. Daher sind auch die Vorschriften über den Sachverständigen kaum auch nur entsprechend anwendbar. (Jetzt) § 9 ist unanwendbar, Rn 3, Düss MDR **91**, 359. Für die Einstufung nach Rn 6–9 kommt es zunächst auf die Kenntnis eines bereits als Übersetzer geschuldeten oder allmählich mit solcher Kenntnis herangewachsenen Menschen an. Auf solcher Basis kommt es dann auf den durchschnittlichen Schwierigkeitsgrad jedes selbständigen Teils an, den man völlig getrennt sehen kann, Mü OLGR **94**, 191. Dieser Grad gilt dann aber für diesen ganzen Teil einheitlich. Das gilt auch bei Wiederholungen, Köln JB **91**, 1397. Maßgebend ist die geistige Leistung und nicht deren anschließende Niederschrift. Letztere ist aber zur Vergütung nach § 11 erforderlich. Es gibt daher keine gesonderte Schreibgebühr, aM Zi 2. Es kann allenfalls der in § 12 I 2 Z 1–4 abschließend genannte weitere Aufwand hinzutreten. 5

C. Leichte Übersetzung, I 1. Für eine objektiv für einen durchschnittlichen und nicht nur für diesen Übersetzer leichte bis normal „mühevolle" Übersetzung, die also keineswegs irgendwie erschwert ist, beträgt das Honorar für jeweils angefangene 55 Anschläge des schriftlichen Textes 1,25 EUR. Das gilt zB beim Fehlen von Fachausdrücken oder schwierigen Redewendungen, (zum alten Recht) LG Hann NdsRpfl **90**, 50 (eine Übersetzung ins Italienische zählt grundsätzlich hierher), oder bei einer Übersetzung ins Türkische, Kblz JB **96**, 152. 6

D. Erheblich erschwerte Übersetzung, I 2 Hs 1. Für eine objektiv für einen durchschnittlichen und nicht nur für diesen Übersetzer immerhin (jetzt) „erheblich" erschwerte, aber nicht gerade ganz besonders schwierige Übersetzung beträgt das Honorar je angefangene 55 Anschläge 1,85 EUR. Die erhebliche Erschwerung kann beliebiger Art sein, Kblz JB **07**, 493 links. Sie kann sich aus dem Inhalt oder aus anderen Umständen ergeben, Kblz JB **07**, 493 links (zB grafische Gestaltung). Sie muß sich aber zunächst aus dem zu übersetzenden Text ergeben, Celle JB **93**, 560, Hbg JB **82**, 749, Kblz MDR **84**, 780. Sie muß sich aber auch gerade auf die Übersetzung auswirken, Ffm MDR **78**, 238. Für den Schwierigkeitsgrad ist also anders als evtl nach Rn 13 bei der Anschlagszahl nicht nur der Ausgangstext maßgebend, aM Celle NdsRpfl **90**, 48, Kblz JB **96**, 152, Stgt JB **84**, 92. 7

E. Beispiele zur Frage einer erheblichen Erschwerung, I 2 Hs 1 8
Arbeitsbedingungen: Eine erhebliche Erschwerung kann infolge ungewöhnlich schlechter Arbeitsbedingungen vorliegen, Hamm JB **99**, 427, Kblz MDR **84**, 780, etwa in einem Auto, weil sonst kein Arbeitsraum zur Verfügung steht.
Arbeitsraum: S „Arbeitsbedingungen".
Auslandsanwalt: Eine erhebliche Erschwerung kann *fehlen*, soweit ein deutscher Anwalt mit einem Sitz in London einen juristischen Text übersetzt, (zum alten Recht) Ffm MDR **78**, 238, aM MHB 11.5, oder soweit zB ein deutscher Anwalt, der zugleich in Paris zugelassen ist, ähnlich arbeitet, (zum alten Recht) Zweibr Rpfleger **99**, 41.
Drittsprache: Eine erhebliche Erschwerung kann infolge der Notwendigkeit vorliegen, eine dritte Sprache zuhilfezunehmen, Bbg JB **81**, 1873.
Fachausdruck: Eine erhebliche Erschwerung kann schon nach dem Wortlaut von I 2 Hs 1 infolge der Verwendung von Fachausdrücken vorliegen, mögen sie deutsch oder fremdsprachig sein. Das gilt auch bei juristischen Fachausdrücken, Celle JB **93**, 560, Kblz JB **96**, 152, auch wenn sie dort geläufig sind, Bund JB **06**, 408, aM KG JB **09**, 604 links unten, Mü DB **05**, 377, LG Osnabr JB **09**, 657.
Grafik: Eine erhebliche Erschwerung kann infolge einer schwierigen grafischen Gestaltung vorliegen.
Grammatik: S „Vorlage".
Länge des Textes: Sie ist grds *unerheblich*.

Lesbarkeit: Eine erhebliche Erschwerung kann schon nach dem Wortlaut von I 2 Hs 1 infolge einer schweren Lesbarkeit des deutschen oder des fremdsprachigen Textes vorliegen, etwa wegen des Fehlens eines Wörterbuchs, Stgt JB **84**, 92.
Norwegisch: Eine erhebliche Erschwerung kann infolge einer Übersetzung ins Norwegische vorliegen.
Persisch: Eine erhebliche Erschwerung kann infolge einer Übersetzung ins Persische mit arabischen Wendungen vorliegen, Celle JB **93**, 560.
Spanisch: Eine erhebliche Erschwerung kann infolge einer Übersetzung eines spanischen Telefonats aus Costa Rica vorliegen, Hamm JB **99**, 427.
Vielzahl: Bei einer Mehrzahl von bis auf den Adressaten inhaltsgleichen Übersetzungen kann eine Berücksichtigung dieses Umstands nur beim Zeilenhonorar erfolgen, Köln JB **91**, 1398.
Vorlage: Eine erhebliche Erschwerung kann infolge der Beschaffenheit der Übersetzungsvorlage entstehen. Auch ihr Alter kann erheblich erschweren, ebenso eine eigenartige Wortwahl oder Grammatik der Vorlage usw.
Wortwahl: S „Vorlage".
Zeitaufwand: Eine erhebliche Erschwerung kann infolge eines ungewöhnlich hohen notwendigen Zeitaufwands vorliegen.
Zeitdruck: Eine erhebliche Erschwerung kann infolge eines besonderen Zeitdrucks vorliegen.

9   **F. Außergewöhnlich schwieriger Text, I 2 Hs 2.** Die Übersetzung eines objektiv für einen durchschnittlichen und nicht nur für diesen Übersetzer außergewöhnlich schwierigen deutschen oder fremdsprachigen Textes führt zu einem Honorar von 4 EUR je angefangene 55 Anschläge. Zu dieser Gruppe zählen nur Texte mit solchen Schwierigkeiten, die direkt im zu übersetzenden Text liegen, nicht solche Texte, bei denen die Schwierigkeiten in den sonstigen Arbeitsbedingungen liegen, oder ein erheblicher Zeitdruck, Bbg JB **81**, 1873, aM Kblz MDR **84**, 780. Denn durch ihn wird nicht aus einem weniger schwierigen Text ein „außergewöhnlich" schwieriger. Es entscheidet ein objektiver Maßstab, Zweibr Rpfleger **99**, 42.

10 **H. Ermessen bei I 2.** Bei I 2 Hs 1, 2 handelt es sich um einen solchen Schwierigkeitsgrad, den das Gericht nach seinem pflichtgemäßen Ermessen feststellen und in seiner Entscheidung nachprüfbar begründen muß, Köln OLGR **99**, 132. Anders läßt sich kein praktisch brauchbares Ergebnis erzielen. Erst beim derart festgestellten Schwierigkeitsgrad ist das dann höhere Honorar keinem Ermessen mehr zugänglich. Auf Grund der Angaben des Übersetzers muß das Gericht im Rahmen eines pflichtgemäßen Ermessens und notfalls unter der Einschaltung eines weiteren Sachverständigen prüfen, welcher Schwierigkeitsgrad vorliegt. Das Gericht muß sein Ermessen begründen.

11 **G. Mindesthonorar, II.** Für jeden Auftrag beträgt das Honorar mindestens 15 EUR. Es ist unerheblich, ob es sich um eine oder mehrere Angelegenheiten oder Schreiben oder Übersetzungen usw handelt. Der Übersetzer erhält den Betrag von 15 EUR als ein Mindesthonorar auch dann nur einmal, wenn er auf Grund desselben Auftrags mehrere Übersetzungen anfertigt. Auch das ergibt sich aus dem Text von II ausdrücklich.
Beispiel: Der Auftrag geht dahin, das Schreiben A zu übersetzen. Diese Arbeit ist leicht. Sie umfaßt 4 Zeilen je ca 55 Anschlägen. Die Entschädigung beträgt 4 × 1,25 = 5 EUR. Derselbe Auftrag lautet ferner dahin, das Schreiben B zu übersetzen. Diese Arbeit ist erheblich erschwert. Sie umfaßt 4 Zeilen je ca 55 Anschlägen. Die Entschädigung beträgt 4 × 1,85 = 7,40 EUR oder bei einem außergewöhnlich schwierigen Text sogar 4 × 4 = 16 EUR. Bei einer solchen bloßen Addition würden sich also 5 + 7,40 = 12,40 oder sogar 5 + 16 = 21 EUR ergeben. Der Übersetzer erhält aber für seine Arbeit insgesamt statt 12,40 EUR doch 15 EUR, statt 21 EUR aber nicht etwa auch nur 15 EUR.
Auftrag ist bei alledem ein im JVEG nicht näher bestimmter Begriff. Man muß ihn nach dem BGB ermitteln. Liegt nur *ein* Auftrag vor, verbietet II schon nach seinem Wortlaut eine Aushöhlung etwa wegen des Umfangs der zu übersetzenden Texte, aM (zum alten Recht) Köln JB **91**, 1397, Zi 16 (zum neuen Recht).

5) Anschlags- und Zeilenfragen, I 3, 4, dazu *Bracker* Rpfleger 99, 166: Soweit es um die Frage geht, wie man die Anschläge berechnen oder Zeilen vergüten muß, gelten drei Aspekte.

A. Grundsatz, I 3 Hs 1. Man muß grundsätzlich tatsächlich die Anschläge der angefertigten schriftlichen Übersetzung zusammenzählen. Maßgeblich ist also das Arbeitsergebnis. Das gilt unabhängig davon, ob eine Übersetzung in die deutsche Sprache oder in eine fremde Sprache vorliegt. Bei einer Übersetzung vom Deutschen zB ins Englische ist also der englische Text der „Zielsprache" nach I 3 Hs 1 maßgeblich. Durch diese neue gesetzliche Regelung sind die früheren diesbezüglichen Streitfragen überholt. Zugleich hat sich der Gesetzgeber eine kaum glaubliche Zuspitzung deutscher Einzelfall-„Gerechtigkeit" in Form eines unwürdigen Erbsenzählens geleistet, die man nur kopfschüttelnd bestaunen kann, soweit man nicht über ein automatisches Anschlagszählwerk verfügt. Dabei ergeben je 55 Anschläge eine volle Zeile. So ist der Gesetzgeber nämlich ersichtlich in I 1 auf die Zahl 55 in bemerkenswerter Großzügigkeit der geschätzten Anschlagszahl pro Zeile gekommen.

Zumindest *überflüssige Leertasten* zählen *nicht* mit, aM Hbg Rpfleger **04**, 111 (zustm Grau. Aber es gibt auch die Papierform), MHB 11.3, Petzold/von Seltmann 375, Zi 4. Mitzählen muß man aber Anführungszeichen, Gedankenstriche, Trennstriche, Satzzeichen anderer Art. Denn sie gehören zum Inhalt. Zwar stellt das JVEG nicht mehr auf Schriftzeichen ab, sondern auf Anschläge. Auch bei einer Leertaste muß man eine Taste drücken. Man müßte dann aber auch jede Einrückung usw je Zeile mit evtl einer ganzen Reihe von so verstandenen „Anschlägen" mitvergüten. Das könnte dem Mißbrauch ebenso Tür und Tor öffnen, wie wenn man nur auf eine Zeilenzahl ohne die Zusatzanforderung einer Durchschnittszahl ihrer Anschläge oder Schriftzeichen abstellen würde (der clevere Übersetzer würde nur noch drei Worte je Zeile schreiben, wie historisch belegbar). Außerdem könnte der Listige zB vor und nach jedem Klammerzeichen *zwei oder drei* Leertasten berechnen, etwa mit der Begründung, das lasse sich besser lesen, usw. Wie sollte man im übrigen eine Leertaste übersetzen?

Man sollte ohnehin wegen des elenden *Aufwands*, Anschlagszahlen mit oder ohne Leertasten zu ermitteln, wenn irgend vertretbar nach der noch genug mühsameren Methode Rn 14 verfahren. Elektronische Zählhilfen in Ehren. Es gibt aber auch andere Schreibgeräte ohne solche Zählhilfen.

Schreibfehler, zB durchstrichene Buchstaben oder Wörter zählen natürlich nicht mit.

B. Ausgangstext, I 3 Hs 2. Ausnahmsweise ist bei der Anschlagszahl nicht der Text der angefertigten schriftlichen Übersetzung maßgeblich, sondern der Ausgangstext dann, wenn nur der Ausgangstext lateinische Schriftzeichen hatte und wenn in der angefertigten Übersetzung keine lateinischen Schriftzeichen stehen. Das gilt etwa bei einer Übersetzung vom Deutschen ins Chinesische. Denkbar ist aber auch, daß die Sprache, in die man übersetzen muß, zwar auch lateinische Schriftzeichen enthält, daß aber in der angefertigten Übersetzung, auf die I 3 Hs 2 allein abstellt, keine solchen stehen.

C. Zeilenbegriff, I 4. Wäre eine Zählung der Anschläge mit einem unverhältnismäßigen Aufwand verbunden, darf man deren Anzahl nach der durchschnittlichen Menge je Zeile nach der Zeilenzahl bestimmen. Das ergibt dann immer noch die Notwendigkeit eines Zählens, aber nur noch der Zeilen. Hier muß und darf man nun freilich nicht eines üblichen Durchschnitt von Anschlägen je Zeile ansetzen, sondern man muß vom Durchschnitt der Anschlagszahl gerade der hier vergütbaren Übersetzung ausgehen. Damit erfolgt eine verschämte halbe Rückkehr zum früheren System. Es bleibt zu hoffen, daß alle Beteiligten den Begriff eines „unverhältnismäßigen Aufwands" der Anschlagszählung so gnädig großzügig auszulegen wagen, daß das ganze Rechenwerk halbwegs in eine Zeit paßt, in der sogar das Zeilenzählen meist das Zehnfache des ganzen Zeilenhonorars kosten dürfte. I 4 sollte zB dann vorliegen, wenn kein Anschlagszählwerk vorhanden ist.

6) Telekommunikationsüberprüfung usw, III. In diesem Sonderfall erhält der Übersetzer wegen der einer Dolmetschertätigkeit vergleichbaren Schwierigkeiten ein Honorar nach § 9.

Ersatz für besonderen Aufwendungen

12 I ¹Soweit in diesem Gesetz nichts anderes bestimmt ist, sind mit der Vergütung nach den §§ 9 bis 11 auch die üblichen Gemeinkosten sowie der mit der Erstattung des Gutachtens oder der Übersetzung üblicherweise verbundene Aufwand abgegolten. ²Es werden jedoch gesondert ersetzt
1. die für die Vorbereitung und Erstattung des Gutachtens oder der Übersetzung aufgewendeten notwendigen besonderen Kosten, einschließlich der insoweit notwendigen Aufwendungen für Hilfskräfte, sowie die für eine Untersuchung verbrauchten Stoffe und Werkzeuge;
2. für die zur Vorbereitung und Erstattung des Gutachtens erforderlichen Lichtbilder von an deren Stelle tretenden Ausdrucke 2 Euro für den ersten Abzug oder Ausdruck und 0,50 Euro für jeden weiteren Abzug oder Ausdruck;
3. für die Erstellung des schriftlichen Gutachtens 0,75 Euro je angefangene 1000 Anschläge; ist die Zahl der Anschläge nicht bekannt, ist diese zu schätzen;
4. die auf die Vergütung entfallende Umsatzsteuer, sofern diese nicht nach § 19 Abs. 1 des Umsatzsteuergesetzes unerhoben bleibt.

II Ein auf die Hilfskräfte (Absatz 1 Satz 2 Nr. 1) entfallender Teil der Gemeinkosten wird durch einen Zuschlag von 15 Prozent auf den Betrag abgegolten, der als notwendige Aufwendung für die Hilfskräfte zu ersetzen ist, es sei denn, die Hinzuziehung der Hilfskräfte hat keine oder nur unwesentlich erhöhte Gemeinkosten veranlasst.

Vorbem. I 2 Z 2 geändert dch Art 14 V Z 5 JKomG v 22. 3. 05, BGBl 837, in Kraft seit 1. 4. 05, Art 16 III JKomG, Übergangsrecht § 24 JVEG.

Gliederung

1) Systematik, I, II	1
2) Regelungszweck, I, II	2
3) Geltungsbereich, I, II	3
4) Vorbereitung und Erstattung des Gutachtens oder der Übersetzung, I 2 Z 1	4
5) Beispiele zur Frage besonderer Aufwendungen, I 2 Z 1	5
6) Hilfskraft, I 2 Z 1	6–11
A. Weisungsgebundenheit	6
B. Notwendigkeit	7, 8
C. Tatsächlicher Aufwand	9
D. Anderer selbständiger Sachverständiger usw	10
E. Kein eigener Anspruch der Hilfskraft	11
7) Verbrauchte Stoffe und Werkzeuge, I 2 Z 1	12, 13
8) Lichtbilder, Ausdrucke I 2 Z 2	14
9) Gutachtenerstellung, I 2 Z 3	15
10) Umsatzsteuer, I 2 Z 4	16–18
11) Gemeinkosten der Hilfskraft, II	19–21

1 **1) Systematik, I, II.** § 12 behandelt die nicht schon nach §§ 5–7 erstattbaren Nebenkosten des Sachverständigen, Dolmetschers und Übersetzers. Diejenigen des Zeugen erfaßt nicht § 12, sondern § 7. Die teilweise Abwälzung seiner sachlichen und personellen Generalunkosten und damit der „üblichen Gemeinkosten" im Gegensatz zu seinen nachweislich nur anläßlich dieses Auftrags entstandenen Einzelkosten regeln jetzt wegen I 1 die Vorschriften in II sowie die Anlagen zu § 10 abschließend, LG Mü Rpfleger **93**, 305. Das gilt auch bei einer juristischen Person als einer Sachverständigen usw. Daher sind KV 9000 ff unanwendbar, aM Zweibr MDR **87**, 872. Zu den üblichen Gemeinkosten oder allgemeinen Geschäftskosten gilt dasselbe wie beim Anwalt, Vorbem 7 vor VV 7000 Rn 4, 5, Teil X dieses Buchs.

Notwendigkeit oder Erforderlichkeit nach I 2 Z 1, 2 stehen daher im pflichtgemäßen und nur in diesen Grenzen überprüfbaren Ermessen des Sachverständigen usw, Ffm JB **83**, 413. Freilich muß er die Einhaltung seines Ermessens darlegen und belegen und kann nicht einfach eine Pauschale fordern, LG Mü JB **93**, 746.

Unanwendbar ist § 12 auf die bloß nachträglichen Kopien eines Gutachtens. Dann gelten auch nicht § 9, sondern allenfalls § 7 II, Celle JB **05**, 375.

2) Regelungszweck, I, II. Die Vorschrift bezweckt eine möglichst vollständige Abgeltung aller in ihr genannten im Einzelfall meist anfallenden Nebenkosten des Sachverständigen, Dolmetschers und Übersetzers, soweit dieser sie tatsächlich gehabt hat, aber eben auch nicht darüber hinaus. Das muß man bei der Auslegung mitbeachten. Immerhin gilt die ganze Regelung nach § 12 nur hilfsweise, „soweit in diesem Gesetz nichts anderes bestimmt ist", I 1. Andere derartige Bestimmungen befinden sich zB in §§ 5–7, § 12 I 2 Z 2–4, II. Auch das muß man mitbeachten.

3) Geltungsbereich, I, II. Die Vorschrift gilt zunächst für grundsätzlich jeden vom Gericht bestellten Sachverständigen. Der beamtete Sachverständige kann den wegen seiner Inanspruchnahme von Einrichtungen, Material oder Personal des Dienstherrn an diesen zahlbaren Gebührenanteil nicht nach (jetzt) I 2 Z1 erstattet fordern, Karlsr Rpfleger **89**, 173, Stgt MDR **89**, 921, OVG Lüneb Rpfleger **82**, 122, aM Karlsr Just **80**, 452, Schlesw (9. ZS) SchlHA **82**, 175 (teilweiser Erstattungsanspruch), KG Rpfleger **76**, 70, Schlesw (2. StS) SchlHA **88**, 99 (voller Erstattungsanspruch. Aber I 2 Z 1 zeigt deutlich die Beschränkung auf den direkten Einzelfallaufwand).

Wenn der Sachverständige zur Anfertigung seines Gutachtens unbedingt eine Spezial-„Hilfs-"Kraft benötigt, kann es notwendig werden, daß das Gericht diese Hilfskraft als einen weiteren Sachverständigen bestellt.

§ 12 gilt ferner grundsätzlich auch für den *Dolmetscher* und für den *Übersetzer*. Das zeigen die Verweisungen in I 1 auf §§ 9–11 und die amtliche Überschrift des Abschnitts 3 (vor § 8). Freilich fertigt der Übersetzer kein Gutachten nach I 2 Z 3 an.

4) Vorbereitung und Erstattung des Gutachtens oder der Übersetzung, I 2 Z 1. Alle diese Kosten müssen gerade für das Gutachten notwendig sein, Rn 2, Schlesw SchlHA **85**, 163.

5) Beispiele zur Frage besonderer Aufwendungen, I 2 Z 1

Arbeitsfotosatz: Hierher zählen seine Kosten, LG Hbg JB **07**, 216.
Besichtigung: S „Schreiben".
Datenbank: Hierher zählen derartige Kosten, LSG Mainz Rpfleger **86**, 32.
Diagnose: S „Krankenhaus".
Fachbuch: Hierher zählen seine im Einzelfall notwendigen Kosten.
Nicht hierher zählen die allgemeinen Literaturaufwendungen.
Fotokopie: Hierher zählen ihre Kosten zB aus einer Akte, Hamm Rpfleger **91**, 269, LG Mönchengladb JB **94**, 181.
Frage an Gericht: Hierher zählen die Kosten einer Rückfrage beim Gericht wegen der Einzelheiten des Auftrags.
Geräte: Hierher zählen derartige notwendige Kosten.
Gerichtsfrage: Hierher zählen die Kosten der Beantwortung der Fragen des Gerichts zB nach der Zuständigkeit oder nach den Kosten des Sachverständigen, Kblz JB **07**, 95.
Krankenbesuch: Hierher zählen seine Kosten, Zweibr Rpfleger **82**, 358.
Krankenhaus: Hierher zählen evtl die Kosten einer stationären Behandlung, Karlsr Rpfleger **83**, 507, Zweibr JB **83**, 107 („großer" Pflegesatz), LG Aachen JB **89**, 547. Das gilt auch für Diagnosekosten, Zweibr JB **83**, 107, LSG Mainz Rpfleger **76**, 336, LSG Schlesw SchlHA **77**, 108.
Laboratorium: Hierher zählen die Kosten eines dortigen Versuchs.
Material: Hierher zählen derartige notwendige Kosten.
Ortstermin: Hierher zählen seine Kosten, auch diejenigen seiner Verlegung.
S auch „Schreiben".
Parteikosten: Nicht hierher zählen die Vorbereitungskosten der Partei für diesen Sachverständigen usw, Schlesw SchlHA **80**, 221.
Porto: Hierher zählen zugehörige solche Kosten, LG Mannh Rpfleger **91**, 36.
Raum: *Nicht* hierher zählen allgemeine Nutzungsentgelte, Düss OLGR **95**, 103, Stgt Just **77**, 426, OVG Lüneb Rpfleger **82**, 122, aM KG NJW **76**, 380, Schlesw SchlHA **88**, 199.
S aber auch „Untersuchungsraum".
Reise: Hierher zählen ihre Kosten im Rahmen von § 5.
Schreiben: Hierher zählen die Kosten von Schreiben an alle Beteiligten zB wegen eines Besichtigungstermins oder seiner Aufhebung, Verlegung usw, Hamm Rpfle-

ger **90**, 228, LAG Hamm JB **76**, 492, oder an einen Dritten zur Klärung eines Zustands oder einer Erlaubnis, Düss MDR **93**, 804, Kblz VersR **94**, 242, Schlesw SchlHA **93**, 187.
Telekommunikation: Hierher zählen solche Kosten gerade dieses Einzelauftrags.
Nicht hierher zählen die allgemeinen derartigen Kosten, VGH Mannh Just **82**, 381.
Übersetzung: Hierher zählen ihre Kosten, LG Mannh Rpfleger **91**, 36.
Untersuchungsraum: Hierher zählen solche Kosten unabhängig von einem Anspruch einer Partei oder eines Dritten aus solchem Anlaß, Mü OLGR **96**, 59.
S aber auch „Raum".
Versendung: Hierher zählen ihre Kosten.
S auch „Porto".
Zeitaufwand: *Nicht* hierher zählen seine Kosten. Sie fallen vielmehr unter § 9.
Zustandsklärung: S „Schreiben".

6 6) **Hilfskraft, I 2 Z 1,** dazu *Bleutge* JB 98, 340 (Üb):
A. Weisungsgebundenheit. Es muß sich um eine solche Hilfskraft handeln, die der Sachverständige usw heranzieht. Das ist eine solche Person, die er zu seiner Unterstützung an seine Weisungen bindet, mag sie eine rein mechanische oder technische Leistung oder zB im teamwork eine ebenfalls geistige und der Leistung des Sachverständigen usw gleichwertige Arbeit erbringen, Karlsr JB **91**, 997, Zweibr JBlRhPf **83**, 130, Bleutge JB **98**, 340. Es kann sich auch um eine Schreib- oder Bürokraft handeln, Hamm Rpfleger **90**, 228, Kblz WoM **94**, 242, Mü MDR **91**, 800. Freilich hat § 7 II den Vorrang, Düss JB **87**, 1855, Kblz JB **94**, 563, LG Hann JB **88**, 390. Es kann sich auch um eine Prüfung, Messung, um Fotos usw handeln.
Ein *angestellter Mitarbeiter*, den ein Klinikleiter erlaubtermaßen beizieht, BLAH § 407a ZPO Rn 6, und der verantwortlich mitunterzeichnet, kann als ein weiterer Sachverständiger gelten, Kblz JB **95**, 151. Aber Vorsicht: Hat das Gericht auch um diesen Preis nach § 307a II ZPO zugestimmt? Im Zweifel nur dann, wenn diese Hinzuziehung auch unter einer Berücksichtigung des Kosteninteresses des Unterliegenden unvermeidbar war und wenn die Hauptverantwortung des Sachverständigen bestehen bleibt, BSG VersR **90**, 992, BVerwG NJW **84**, 57, Karlsr JB **91**, 997. Das ist freilich in der Praxis oft so.
Bloßes „Einverstanden" reicht hier nicht, Ffm VersR **04**, 1122, BLAH § 407a ZPO Rn 6.

7 **B. Notwendigkeit.** Die Aufwendungen müssen notwendig gewesen sein. Es kann sich zB um die Organisation eines Termins und um die Beschaffung von Unterlagen durch die Schreibkraft handeln, Kblz WoM **94**, 242. Der Sachverständige usw hat insofern in den Grenzen der ihm erteilten oder mutmaßlichen Erlaubnis ein vom Gericht nur auf einen etwaigen Mißbrauch nachprüfbares pflichtgemäßes Ermessen, Hamm Rpfleger **89**, 525, Kblz WoM **02**, 222, Mü RR **99**, 73. Er muß freilich die Notwendigkeit und daher den Umfang der Tätigkeit der Hilfskraft angeben, Rn 1, Düss OLGR **95**, 103, Mü MDR **91**, 800. Er darf nicht die Kosten der Hilfskraft als seine eigenen persönlichen Kosten abrechnen, LG Mainz JBl **94**, 185. Er kann evtl auch einen darzulegenden Anteil einer auf seine Hilfskräfte entfallenden und an den Dienstherrn zahlbaren Pauschale ersetzt fordern, Karlsr Rpfleger **83**, 507, Zweibr Rpfleger **83**, 508. Er muß bei ungewöhnlich hohen Kosten der Hilfskraft beim Gericht zuvor rückfragen, ob dieses einen dann billigeren weiteren Sachverständigen usw hinzuziehen will, Düss MDR **90**, 164.

8 Den *normalen Personalaufwand* berücksichtigt allerdings (jetzt) etwa bei § 10 Anlage 2 Z 400 ff schon mit, Schlesw SchlHA **85**, 163. Ein Bearbeiterwechsel bei den Hilfskräften darf nicht stets zur Verteuerung führen, LG Osnabr NdsRpfl **95**, 396.

9 **C. Tatsächlicher Aufwand.** Einen Ersatz erhält diejenige Vergütung, die der Sachverständige usw der Hilfskraft wirklich bezahlt hat, BGH RR **87**, 1471, Düss JB **94**, 565, Kblz WoM **02**, 222. Dem kann eine Vereinbarung zwischen dem Sachverständigen und seiner Hilfskraft zugrunde liegen, ebenso eine Gebührenordnung, KG OLGR **99**, 35, auch ein Tarif. Dabei können höhere Sätze als nach dem JVEG herauskommen, Zweibr Rpfleger **83**, 295. Das Gericht muß dabei aber einen angemessenen Rahmen einhalten, Düss MDR **90**, 164, Hamm Rpfleger **89**, 525. Es muß zB

den Tariflohn einschließlich des Arbeitgeberanteils an der Sozialversicherung vergüten, Stgt Rpfleger **82**, 399. Die Vergütung der Hilfskräfte darf nicht wesentlich höher sein als diejenige des Sachverständigen selbst, Düss JB **87**, 1852. Die Pauschalvergütung für ein erbbiologisches Abstammungsgutachten nach § 10 Anlage 2 Z 500 ff gilt aber die Tätigkeit der dortigen etwaigen Hilfspersonen bereits ab. Das folgt aus der amtlichen Vorbemerkung I vor Z 500. Dasselbe gilt für ein Blutgruppengutachten, Karlsr Rpfleger **89**, 173, Schlesw SchlHA **85**, 163, Stgt JB **87**, 1581.

D. Anderer selbständiger Sachverständiger usw. Soweit der Sachverständige usw für eine Spezialfrage einen anderen selbständigen Sachverständigen usw hinzugezogen hat, kann er für diese Hilfskraft einen Aufwendungsersatz nur dann fordern, wenn er nachweist, daß er selbst nicht sachkundig genug war, Karlsr JB **91**, 997, Schlesw Rpfleger **84**, 373. Er kann dann einen Aufwendungsersatz bis zu den Sätzen nach § 9 verlangen, jedoch nicht höher, Mü MDR **93**, 1024. Er muß aber den Auftraggeber um dessen Einverständnis gebeten haben, Celle NdsRpfl **85**, 172, Mü JB **94**, 181, Oldb NdsRpfl **82**, 223. 10

Ein mit der Blutentnahme beauftragter *auswärtiger Arzt* kann die Erstattung der Sätze seiner Gebührenordnung verlangen. Wegen einer ständigen Hilfskraft Rn 21, 22.

E. Kein eigener Anspruch der Hilfskraft. Die Hilfskraft hat selbst keinen unmittelbaren Anspruch gegenüber dem Staat, Celle NdsRpfl **85**, 172, LG Frankenth Rpfleger **82**, 242, aM LSG Stgt Just **86**, 151. Gerade der Sachverständige usw muß die Hilfskraft hinzugezogen haben. Daher gibt Z 1 keinen Ersatzanspruch für solche Aufwendungen, die eine Partei von sich aus gemacht hat, um dem Sachverständigen usw die Arbeit zu erleichtern. 11

7) Verbrauchte Stoffe und Werkzeuge, I 2 Z 1. Ein Verbrauch ist nicht gleichbedeutend mit einem Unbrauchbarwerden. Es reicht aus, daß der Stoff oder das Werkzeug eine über das Übliche hinausgehende stärkere Abnutzung oder eine erhebliche Wertminderung erfahren. Dann erhält der Sachverständige usw aber natürlich auch nur eine entsprechend geringere Entschädigung, Hamm Rpfleger **75**, 377 (selbst dann, wenn er ein wertvolles Gerät pro Termin noch nicht einmal um 1% abgenutzt hat). 12

Andernfalls müßte man ein bereits stark *abgenutztes* und nun unbrauchbar gewordenes Gerät ersetzen, nicht aber ein neues, das infolge seiner Neuheit beschränkt brauchbar geblieben ist. Wegen der sachlichen Generalunkosten Rn 1, 2.

Der Verbrauch muß seine *Ursache* gerade in der Untersuchung haben. Soweit die Gebühr den Materialverbrauch nach § 10 Anlage 2 Z 302 ff abgilt, entfällt eine besondere Entschädigung. Nicht entschädigungsfähig ist ein verschuldeter Verbrauch. Dasselbe gilt für den bloßen Gebrauch eines technischen Geräts ohne besondere Abnutzung. 13

8) Lichtbilder, Ausdrucke, I 2 Z 2. Die Vorschrift erfaßt nur ein Gutachten, nicht auch eine Übersetzung. Denn Z 2 nennt anders als Z 1 eine Übersetzung nicht mit, Stgt Rpfleger **05**, 218. Die Vorschrift erfaßt die Kosten derjenigen Lichtbilder, Hbg MDR **07**, 867, und auch an deren Stelle tretenden farbigen oder schwarzweißen Computer-Ausdrucke einer Bilddatei, (zum alten Recht) LSG Celle NZS **02**, 224, die „zur Vorbereitung und Erstattung des Gutachtens erforderlich" waren. Sie erfaßt auch diejenigen Kosten, die der Gutachter zunächst für notwendig halten durfte, auch wenn er ihre Notwendigkeit dann nicht direkt im Gutachten erwähnte, LG Hann JB **05**, 375, Zi 13, aM Oldb JB **03**, 151, LG Aachen JB **91**, 1130, (aber I 2 Z 2 spricht nicht mehr von Verwendung „für" das Gutachten oder gar „im" Gutachten). Fotos für die Handakten zählen mit, Köln JB **07**, 433, LG Hann JB **05**, 489 links und rechts. Eine nachträgliche Anforderung des Gerichts reicht, Mü JB **07**, 602 links. 14

Die Vorschrift erfaßt aber *nicht auch* die Kosten unbrauchbarer oder überflüssiger Fotos, KG JB **08**, 264, Mdb JB **03**, 151. Eine Skizze ist nicht schon als solche ein Lichtbildausdruck, KG JB **08**, 264, AG Weimar JB **05**, 434.

Der *erste Abzug* oder Ausdruck erhält 2 EUR, jeder weitere 0,50 EUR. Das gilt jeweils unabhängig von den tatsächlichen Kosten, Saarbr MDR **96**, 1077, Stgt Just **97**, 443, und zwar der Art, Größe, Herstellungstechnik, Farbe oder schwarzweiß, Saarbr MDR **96**, 1077, aM (zum alten Recht) LG Ffo JB **96**, 658. Auch jedes Foto in den Kopien des Gutachtens gilt als ein jeweils weiterer Abzug mit 0,50 EUR.

Mehrere Fotos auf demselben Ausdruck zählen einzeln, Hbg MDR **07**, 867. Die Seitenzahl ist unerheblich, OVG Weimar JB **07**, 42.

Weiterer Fotoaufwand von der Anschaffung einer Kamera bis zur Ausrüstung des Studios erhält eine Entschädigung jedenfalls nicht nach I 2 Z 2. Auch die Kosten für Hilfskräfte, für das Einkleben usw fallen nicht unter I 2 Z 2, aM MHB 12.26. Den Zeitaufwand regeln §§ 8, 9.

15 9) **Gutachtenerstellung, I 2 Z 3.** Die Vorschrift erfaßt nur ein Gutachten, nicht auch eine Übersetzung. Denn Z 3 nennt anders als Z 1 eine Übersetzung nicht mit. Hs 1 erfaßt zusätzlich zu der nach §§ 8–10 entstehenden Vergütung für die gedankliche Erarbeitung des Gutachtens als eine Pauschale des personellen und sachlichen Gesamtaufwands die Dokumentenpauschale für das Erstexemplar des Gutachtens einschließlich der Aufnahme des Textes, Hamm MDR **91**, 800, Mü MDR **91**, 800. Die tatsächliche Kostenhöhe ist dabei unerheblich. Für seine weiteren Exemplare gilt § 7 II. Auf die Herstellungsart, die Seitengröße usw kommt es nicht an. Auch ein Zeugnis mit einer kurzen gutachterlichen Äußerung usw zählt hierher.

Wegen der *Anschlagsprobleme* enthält Hs 2 eine erhebliche Erleichterung der Berechnung gegenüber § 11 Rn 12–14. Freilich ist die Anschlagszahl nicht schon deshalb „unbekannt", weil man mühsam zählen mußte. Erst recht fehlt ein „unbekannt" beim Vorhandensein eines Zählwerks. Der Vergleich der beiden Vorschriften macht aber deutlich, daß eine bloße Schätzung bei § 12 eher zulässig sein soll als bei § 11. „Unbekannt" läßt sich daher großzügig auslegen, um ein brauchbares Ergebnis zu erzielen. Auch Seiten mit einer Gliederung, mit Schrifttumsangaben oder Fußnoten zählen hierher.

Nicht erfaßt Z 3 Seiten nur mit Fotos und Skizzen oder per Scanner und handschriftliche Zeichnungen usw, LG Bonn JB **95**, 268, Ulrich DS **04**, 2*, aM Hbg MDR **92**, 1008, Stgt JB **91**, 1550, AG Eschweiler JB **92**, 766 (aber dann ist Z 2 anwendbar).

16 10) **Umsatzsteuer, I 2 Z 4.** In einer Abweichung von dem Grundsatz des § 13 II UStG, aber in einer Übereinstimmung mit VV 7008, Teil X dieses Buchs, und mit § 151a KostO, Teil III dieses Buchs, gibt Z 4 einen gesetzlichen Erstattungsanspruch für den nach § 1 I 1 Z 1 Herangezogenen, dort Rn 11, Celle NdsRpfl **03**, 11, LG Hann NdsRpfl **03**, 11.

Seine *Höhe* beträgt bei einer Regelbesteuerung seit 1. 1. 07 19%, soweit der Sachverständige, Dolmetscher oder Übersetzer „nur" freiberuflich tätig ist. Sie beträgt jedoch unverändert nur 7%, soweit der Sachverständige usw eine solche Leistung erbringt, die zumindest auch und nicht nur völlig der freiberuflichen Tätigkeit untergeordnet ein nach dem UrhG geschütztes Werk darstellt, § 12 II Z 7c UStG. Ein solches Werk liegt zB bei einem Gutachten nach § 9 I 1 vor, dort Honorargruppe M 3. Es kann aber auch zB in der Honorargruppe 6ff oder M 2 durchaus vorliegen, vereinzelt sogar in den „niedrigeren" Honorargruppen (Vorsicht!). § 45 I UrhG steht nicht entgegen. Vgl im übrigen § 19 I UStG.

17 Man muß die Steuer auf die *gesamte* Vergütung ersetzen, soweit diese überhaupt steuerpflichtig ist. Hierher zählt auch eine umsatzsteuerfreie Fremdleistung nach I 2 Z 2, Oldb JB **94**, 179. I 2 Z 4 gilt nicht, sofern es sich um einen nicht optierenden Kleinunternehmer nach § 19 I UStG handelt, LG Hann NdsRpfl **98**, 151, oder soweit eine sonstige Umsatzsteuerfreiheit besteht, etwa für eine Leistung einer Telefongesellschaft nach § 23 I, LG Hann JB **05**, 433 (sie kann nur die *ihr* in Rechnung gestellte Umsatzsteuer ersetzt fordern), oder für ein Porto. Denn auch dieses kostete den Sachverständigen keine Umsatzsteuer und ist eine bloße Auslage, aM AG Bln-Charlottenb 215 C 206/04 v 30. 6. 07. Wegen der Erstattungsfähigkeit gilt VV 7008. Die Fälligkeit tritt zusammen mit derjenigen der Entschädigung selbst ein. Ein Vorschußrecht nach § 3 besteht, soweit eine Steuervorauszahlung fällig ist, § 18 UStG.

18 Bei der Tätigkeit eines *Gutachterausschusses* nach (jetzt) §§ 192ff BauGB fällt keine Umsatzsteuer an, Mü Rpfleger **76**, 265. Ein Berufsbetreuer zählt nicht hierher. Denn er ist kein Sachverständiger, § 1 Rn 13 „Betreuer". Daher ist Z 3 auch nicht entsprechend anwendbar, aM LG Heidelb FamRZ **93**, 1245, AG Ffn AnwBl **93**, 581.

19 11) **Gemeinkosten der Hilfskraft, II.** Grundsätzlich gelten I 2 Z 1–4 auch die allgemeinen Geschäfts-, Büro- und Praxiskosten einschließlich angemessener Ausstat-

tung und Fachliteratur ab, Rn 1. II macht davon abschließend zusammen mit den Anlagen zu § 10 Ausnahmen, Rn 1. Hierunter fallen zB: Der Lohn; das Gehalt; der Arbeitgeberanteil zur Sozialversicherung usw, die ein Sachverständiger usw für einen fest Angestellten oder einen sonstigen ständigen Mitarbeiter aufwendet, mithin für eine Hilfskraft nach I Z 1, nicht für einen solchen Mitarbeiter, den man nicht als eine Hilfskraft ansehen kann. Dann erfolgt gar keine Abwälzung. Der Sachverständige usw kann solche Gemeinkosten anteilig ersetzt fordern. Sie müssen ihm freilich auch tatsächlich entstanden sein, Hamm OLGR **98**, 275.

Der *Festbetrag* des Zuschlags lautet auf 15% desjenigen Betrags, der als eine notwendige Aufwendung für die Hilfskraft ersetzbar wäre. Beispiel: Nach I 2 Z 1 muß das Gericht einen Gehaltsanteil usw von 100 EUR ersetzen. Dann muß es nach II dem Sachverständigen außerdem 15 EUR seiner Bürounkosten ersetzen. **20**

Kein Zuschlag erfolgt, soweit die Hinzuziehung der Hilfskraft keine oder nur unwesentlich erhöhte Gemeinkosten veranlaßt hat, II Hs 2. Das mag zB bei einem freien Mitarbeiter außerhalb des Büros des Sachverständigen sein. Das dürfte nur dann gelten, wenn die Steigerung der Gemeinkosten etwa 5% nicht überstieg. Das Gericht darf und muß nach den Angaben des Sachverständigen usw nach dem gerichtlichen pflichtgemäßen Ermessen schätzen. Es sollte weder kleinlich noch allzu großzügig vorgehen. **21**

Besondere Vergütung

13 *Fassung 1. 9. 2009:* [I] Sind die Gerichtskosten nach der jeweiligen Verfahrensordnung in jedem Fall den Parteien oder den Beteiligten aufzuerlegen, und haben sich diese dem Gericht gegenüber mit einer bestimmten oder abweichend von der gesetzlichen Regelung zu bemessenden Vergütung einverstanden erklärt, wird der Sachverständige, Dolmetscher oder Übersetzer unter Gewährung dieser Vergütung erst herangezogen, wenn ein ausreichender Betrag für die gesamte Vergütung an die Staatskasse gezahlt ist.

[II] [1]Die Erklärung nur einer Partei oder eines Beteiligten genügt, soweit sie sich auf den Stundensatz nach § 9 oder bei schriftlichen Übersetzungen auf ein Honorar für jeweils angefangene 55 Anschläge nach § 11 bezieht und das Gericht zustimmt. [2]Die Zustimmung soll nur erteilt werden, wenn das Eineinhalbfache des nach § 9 oder § 11 zulässigen Honorars nicht überschritten wird. [3]Vor der Zustimmung hat das Gericht die andere Partei oder die anderen Beteiligten zu hören. [4]Die Zustimmung und die Ablehnung der Zustimmung sind unanfechtbar.

[III] [1]Derjenige, dem Prozess- oder Verfahrenskostenhilfe bewilligt worden ist, kann eine Erklärung nach Absatz 1 nur abgeben, die sich auf den Stundensatz nach § 9 oder bei schriftlichen Übersetzungen auf ein Honorar für jeweils angefangene 55 Anschläge nach § 11 bezieht. [2]Wäre er ohne Rücksicht auf die Prozess- oder Verfahrenskostenhilfe zur vorschussweisen Zahlung der Vergütung verpflichtet, hat er einen ausreichenden Betrag für das gegenüber der gesetzlichen Regelung oder der vereinbarten Vergütung (§ 14) zu erwartende zusätzliche Honorar an die Staatskasse zu zahlen; § 122 Abs. 1 Nr. 1 Buchstabe a der Zivilprozessordnung ist insoweit nicht anzuwenden. [3]Der Betrag wird durch unanfechtbaren Beschluss festgesetzt.

[IV] [1]Ist eine Vereinbarung nach den Absätzen 1 und 3 zur zweckentsprechenden Rechtsverfolgung notwendig und ist derjenige, dem Prozess- oder Verfahrenskostenhilfe bewillig worden ist, zur Zahlung des nach Absatz 3 Satz 2 erforderlichen Betrags außerstande, bedarf es der Zahlung nicht, wenn das Gericht seiner Erklärung zustimmt. [2]Die Zustimmung soll nur erteilt werden, wenn das Eineinhalbfache des nach § 9 oder § 11 zulässigen Honorars nicht überschritten wird. [3]Die Zustimmung und die Ablehnung der Zustimmung sind unanfechtbar.

[V] [1]Im Musterverfahren nach dem Kapitalanleger-Musterverfahrensgesetz ist die Vergütung unabhängig davon zu gewähren, ob ein ausreichender Betrag an die Staatskasse gezahlt ist. [2]Im Fall des Absatzes 2 genügt die Erklärung eines Beteiligten (§ 8 des Kapitalanleger-Musterverfahrensgesetzes). [3]Die Absätze 3 und 4 sind nicht anzuwenden. [4]Die Anhörung der übrigen Beteiligten kann dadurch ersetzt werden, dass die Vergütungshöhe, für die die Zustimmung des Gerichts erteilt werden soll, öffentlich bekannt gemacht wird. [5] Die öffentliche Bekanntmachung wird durch Eintragung in das Klageregister nach § 2 des Kapitalanleger-Musterverfahrensgesetzes bewirkt. [6] Zwischen der öffentlichen Bekanntmachung und der Entscheidung über die Zustimmung müssen mindestens vier Wochen liegen.

VI [1] Hat sich eine Partei oder ein Beteiligter dem Gericht gegenüber mit einem bestimmten Stundensatz nach § 9 oder bei schriftlichen Übersetzungen mit einem bestimmten Honorar für jeweils angefangene 55 Anschläge nach § 11 einverstanden erklärt, ist dieses Honorar zu gewähren, wenn die Partei oder der Beteiligte zugleich erklärt, die entstehenden Mehrkosten zu übernehmen und wenn ein ausreichender Betrag für das gegenüber der gesetzlichen Regelung oder der vereinbarten Vergütung (§ 14) zu erwartende zusätzliche Honorar an die Staatskasse gezahlt ist; eine nach anderen Vorschriften bestehende Vorschusspflicht wegen der gesetzlichen oder vereinbarten Vergütung bleibt hiervon unberührt. [2] Gegenüber der Staatskasse haften mehrere Personen, die eine Erklärung nach Satz 1 abgegeben haben, als Gesamtschuldner, im Innenverhältnis nach Kopfteilen. [3] Die Mehrkosten gehören nicht zu den Kosten des Verfahrens.

VII [1] In den Fällen der Absätze 3 und 6 bestimmt das Gericht zugleich mit der Festsetzung des vorab an die Staatskasse zu zahlenden Betrags, welcher Honorargruppe die Leistung des Sachverständigen ohne Berücksichtigung der Erklärungen der Parteien oder Beteiligten zuzuordnen oder mit welchem Betrag für 55 Anschläge in diesem Fall eine Übersetzung zu honorieren wäre.

Vorbem. Zunächst III angefügt dch G v 16. 8. 05, BGBl 2437, in Kraft seit 1. 11. 05, Art 9 I 2 G, außer Kraft am 1. 11. 10, Art 9 II Hs 2 G. Sodann Neufassg fast der ganzen Vorschrift dch Art 19 Z 2 a–c des 2. JuMoG v 22. 12. 06, BGBl 3416, in Kraft seit 31. 12. 06, Art 28 I des 2. JuMoG. Übergangsrecht jeweils § 24 JVEG. Schließlich III 1, 2, IV 1 sprachlich angepaßt dch Art 47 V FGG-RG v. 17. 12. 08, BGBl 2586, in Kraft seit 1. 9. 09, Art 112 I Hs 1 FGG-RG, Übergangsrecht Art 111 FGG-RG, Grdz 2 vor § 1 FamGKG, Teil I B dieses Buchs.

Bisherige Fassung III 1, 2, IV 1:

III [1] Derjenige, dem Prozess- oder Verfahrenskostenhilfe bewilligt worden ist, kann eine Erklärung nach Absatz 1 nur abgeben, die sich auf den Stundensatz nach § 9 oder bei schriftlichen Übersetzungen auf ein Honorar für jeweils angefangene 55 Anschläge nach § 11 bezieht. [2] Wäre er ohne Rücksicht auf die Prozess- oder Verfahrenskostenhilfe zur vorschussweisen Zahlung der Vergütung verpflichtet, hat er einen ausreichenden Betrag für das gegenüber der gesetzlichen Regelung oder der vereinbarten Vergütung (§ 14) zu erwartende zusätzliche Honorar an die Staatskasse zu zahlen; § 122 Abs. 1 Nr. 1 Buchstabe a der Zivilprozessordnung ist insoweit nicht anzuwenden.

IV [1] Ist eine Vereinbarung nach den Absätzen 1 und 3 zur zweckentsprechenden Rechtsverfolgung notwendig und ist derjenige, dem Prozess- oder Verfahrenskostenhilfe bewilligt worden ist, zur Zahlung des nach Absatz 3 Satz 2 erforderlichen Betrags außerstande, bedarf es der Zahlung nicht, wenn das Gericht seiner Erklärung zustimmt.

Übergangsrecht jeweils § 24 JVEG.

Gliederung

1) Systematik, I–VII	1
2) Regelungszweck, I–VII	2
3) Geltungsbereich, I–VII	3
4) Voraussetzungen, I–VII	4–17
A. Kostenpflicht der Parteien oder Beteiligten, I	5
B. Allseitige Erklärungen, I	6
C. Beispiele zur Frage allseitiger Erklärungen, I	7–9
D. Einseitige Erklärung und Zustimmung des Gerichts, II	10, 11
E. Verhältnismäßigkeitsgrundsatz	12
F. Verfahren, Entscheidung	13
G. Unanfechtbarkeit	14

H. Deckung der Staatskasse, I, II 15
I. Zahlung ohne Deckung 16
J. Unerheblichkeit einer Kostenfreiheit 17
5) **Besonderheiten bei Prozeß- oder Verfahrenskostenhilfe III, IV** 18
6) **Besonderheiten im Musterverfahren, V** 19
7) **Notwendigkeit der Vereinbarung, VII** 20
8) **Kostenerstattung, I–VII** 21

1) Systematik, I–VII. Auch bei § 13 handelt es sich um eine vorrangige Sonder- 1
bestimmung gegenüber der allgemeinen Regelung nach § 9. Das öffentlichrechtliche
Heranziehungsverhältnis nach § 1 Rn 11 ff bleibt bestehen. Dasselbe gilt von der Vergütungsfolge dieses Verhältnisses dem Grunde nach. Nur zur Höhe hat eben § 13
Vorrang.

2) Regelungszweck, I–VII. Die Vorschrift dient der Parteiherrschaft, BLAH 2
Grdz 18 vor § 128 ZPO. Das gilt auch im Bereich eines Verfahrens außerhalb der
ZPO, Rn 3. Sie stellt indes formell eine Ausnahmevorschrift dar. Als eine solche muß
man sie eng auslegen, Düss MDR 89, 554, Mü MDR 84, 679. Die Vorschrift dient
aber auch der vom GG vorgeschriebenen Gleichbehandlung Bemittelter und Unbemittelter. Diese soziale Zielrichtung ist stets mitbeachtbar.
§ 13 ist nur dann anwendbar, wenn sich *Parteien oder Beteiligte* gegenüberstehen. Das
gilt auch im FamFG-Verfahren. Es gilt ferner mit den Abwandlungen nach V grundsätzlich auch im Verfahren nach dem KapMuG, abgedruckt bei BLAH SchlAnh VIII.
In anderen Fällen binden die gesetzlichen Sätze das Gericht, Hbg MDR 83, 415. Das
gilt zB im Straf- oder Bußgeldverfahren. Eine Gebührenvereinbarung ist allerdings
auch nach § 10 denkbar. Das Gericht muß dann aber einer einseitigen Erklärung
durchweg die Zustimmung versagen.

3) Geltungsbereich, I–VII. Die Vorschrift gilt nur, soweit gerade ein Gericht 3
den Berechtigten herangezogen hat, Celle JB 93, 118. § 13 gilt die gesamte Vergütung für die Leistung des Sachverständigen oder Dolmetschers oder Übersetzer ab,
auch seine Fahrtkosten, seine sonstigen Aufwendungen und Auslagen usw. Denn
(jetzt) § 1 I Z 1 umfaßt auch sie, Kblz AnwBl 02, 186, Meyer JB 02, 186 (Hilfskraft).
Die Vorschrift ist auch im FamFG-Verfahren und daher auch bei § 306 AktG anwendbar, BGH NJW 94, 2022, LG Köln DB 97, 369, ferner bei § 312 IV UmwG,
Stgt RR 02, 462, im Verfahren nach dem KapMuG, Rn 2, und im Privatklageverfahren, nicht aber bei Nebenkläger.
Im *arbeitsgerichtlichen* Verfahren ist § 13 anwendbar. Denn der geschuldete Betrag ist
kein Vorschuß nach (jetzt) § 11 GKG, LAG Düss BB 92, 1496. Im Sozialgerichtsverfahren ist § 13 unanwendbar. Denn in diesem Verfahren trägt die Staatskasse die Auslagen.
Unanwendbar ist § 13 beim Zeugen, beim ehrenamtlichen Richter oder bei einem
Dritten.

4) Voraussetzungen, I–VII. Das Gericht darf zwar ein Verfahren nach § 13 an- 4
heimstellen oder gar anregen. Es wird aber keineswegs drängend oder gar im Sinn irgendeiner Bedingung von Amts wegen tätig. Es wartet vielmehr eine oder mehrere
Erklärungen einer Partei oder eines Beteiligten ab, ohne deshalb die ganze Beweisaufnahme irgendwie zu verzögern. Man muß drei Bedingungen unterscheiden. Alle
Voraussetzungen müssen schon vor dem Beginn der auftragsgemäßen Tätigkeit des
Berechtigten vorliegen, Düss JB 93, 48, Stgt Rpfleger 75, 190. Denn nur dann läßt
sich eine unerfreuliche Auseinandersetzung zu allen nachfolgenden Fragen Rn 5 ff
vermeiden. Das gilt schon dazu, ob es überhaupt bei einer Heranziehung bleiben soll,
selbst wenn der Staat die Mehrkosten schließlich nicht bezahlen muß, Zi 12 ff. Rein
technisch muß er ja ohnehin unter den Voraussetzungen Rn 4 ff zunächst einmal zahlen.

A. Kostenpflicht der Parteien oder Beteiligten, I. Nach der jeweiligen Ver- 5
fahrensordnung muß das Gericht stets den Parteien oder Beteiligten die Kosten aufzuerlegen haben. Es darf also weder von einer Kostenerhebung absehen noch die Kosten
nur einem oder mehreren Dritten auferlegen können. Daher ist I zB in einem solchen Sozialgerichtsverfahren unanwendbar, in dem das GKG etwa nicht gilt.

6 **B. Allseitige Erklärungen, I.** Die Vorschrift ist anwendbar, soweit sich beide Parteien oder alle Beteiligten eines streitigen Verfahrens eindeutig mit einer ziffernmäßig bestimmten Vergütung oder mit einer von der gesetzlichen Regelung abweichenden bestimmbaren Vergütung einverstanden erklärt haben, zB mit einer solchen nach der Satzung eines Verbandes oder mit einem bestimmten Stundensatz. Solche abweichende Vergütung muß ebenso überprüfbar sein wie eine gesetzliche Vergütung.

Es müssen bei I alle einfachen oder gar notwendigen *Streitgenossen* oder sonstigen Verfahrensbeteiligten ihr Einverständnis erklärt haben. Ein Streitgehilfe ist bei § 13 Partei, soweit er die Partei binden kann, § 67 ZPO. Eine Vereinbarung des Sachverständigen nur mit dem Gericht ohne eine Zustimmung der Beteiligten ist wirkungslos und unzulässig, Hbg MDR **83**, 415, Kblz MDR **95**, 211, LG Mü JB **75**, 95, aM Düss MDR **99**, 1528 (aber das wäre ein glatter Verstoß gegen den klaren Wortlaut und Sinn des § 13, Rn 2).

7 **C. Beispiele zur Frage allseitiger Erklärungen, I**
Abgeltungsumfang: Die Vergütung gilt, soweit die Beteiligten nichts anderes ersichtlich gemacht haben, den gesamten Anspruch des Sachverständigen nach § 9 ab. Er darf die vereinbarte Vergütung daher grundsätzlich auch nicht einfach als eine bloße Teilleistung annehmen und etwas nach § 13 nachfordern, Hbg JB **96**, 153, Köln JB **94**, 567. Er mag beim Nichtausreichen der vereinbarten Vergütung nun die gesetzliche im dafür vorhandenen Verfahren geltend machen und begründen. Sie gilt aber nicht die in (jetzt) §§ 10 ff behandelten Vergütungen ab, LAG Düss BB **92**, 1496. Sie gilt eine mündliche Erläuterung nur dann ab, wenn diese mit zum Gegenstand der Vereinbarung geworden war. Sonst kann der Sachverständige für sie die gesetzliche Vergütung fordern.
Anfrage des Gerichts: Sie kann als ein Anhaltspunkt ausreichen, LG Heilbr MDR **93**, 1246.
Annahme der Erklärung: Der Sachverständige braucht eine Erklärung nicht anzunehmen.
Bestimmtheit: „Bestimmte Vergütung" ist eine bestimmt bezifferte Summe, Düss MDR **89**, 554, Mü MDR **93**, 485, aM LAG Düss MDR **92**, 1063. Es reicht auch eine von der Gesetzesregelung abweichende Vergütung. Daher genügt auch eine Bezugnahme auf eine Gebührenordnung, falls sich aus ihr eine bestimmte Summe ergibt, aM Zi 23. Eine Pauschale je Seite oder km reicht jetzt aus.
Eine Bezugnahme auf eine bloße Rahmengebühr reicht *nicht*.
Bezugnahme: S „Bestimmtheit".
Form: Die Erklärung ist formlos möglich, Hbg MDR **83**, 415, also auch zum Protokoll, telefonisch oder elektronisch, § 4 b. Eine schriftliche Erklärung muß eine volle Unterschrift tragen, § 129 ZPO. Eine schlüssige Handlung kann als eine Erklärung ausreichen, Hbg MDR **83**, 415, LG Heilbr MDR **93**, 1246. Das bloße Stillschweigen reicht aber nur dann, wenn bestimmte Anhaltspunkte das Einverständnis ergeben, Hamm Rpfleger **88**, 550, LG Heilbr MDR **93**, 1246, Meyer JB **02**, 185, aM Zi 18.

8 **Höchstbetrag:** S „Nachprüfbarkeit".
Nachprüfbarkeit: Soweit sich die Parteien oder Beteiligten wirksam mit einer bestimmten Vergütung einverstanden erklärt haben, bei einer Streitgenossenschaft also alle vom Beweis Betroffenen, muß das Gericht die Vergütung grundsätzlich ohne jede Nachprüfung ihrer sachlichen Berechtigung geben. Es darf auch keine solche Vergütung nach §§ 9 ff gewähren, die die Beteiligten nicht vereinbart haben, (zum alten Recht) Hbg JB **96**, 153. Soweit sie einen Stundensatz oder eine von § 11 abweichende Vergütung vereinbart haben, soll das Gericht die Zustimmung nach II 2 freilich nur dann erteilen, wenn die das 1,5fache des nach §§ 9–11 zulässigen Honorars nicht überschritten wird. Ein Verstoß ist indessen unschädlich.
Nachtragsgutachten: Rn 9 „Zusatzgutachten".
Prozeßhandlung: Die Erklärung ist eine Partei- oder Beteiligtenprozeß- oder -verfahrenshandlung, BLAH Grdz 47 vor § 128 ZPO, LG Heilbr MDR **93**, 1246.
Prozeßvertrag: Die Erklärungen enthalten einerseits einen Vertrag zwischen den Parteien oder Beteiligten über die Prozeß- oder Verfahrenskosten nach BLAH

Grdz 48 vor § 128 ZPO, andererseits einen Vertrag zugunsten eines Dritten nach § 328 BGB.
Umfang: Ratsam ist die Klärung, ob die Vereinbarung eine mündliche Erläuterung des Gutachtens zB nach § 411 III ZPO umfassen soll.
Vollmacht: Eine Prozeßvollmacht nach § 80 ZPO ermächtigt zur Abgabe der Erklärung. 9
Vorschuß: Die bloße Zahlung eines Vorschusses reicht nicht als Erklärung, Hbg MDR **83**, 413.
Widerruf: Die Erklärung ist als eine Parteiprozeßhandlung nach BLAH Grdz 47 vor § 128 ZPO grds unwiderruflich, dort Grdz 58. Das gilt, soweit alle Beteiligten sie übereinstimmend wirksam abgegeben haben, Stgt Just **84**, 366.
Wirksamkeit: Die Erklärung wird mit dem Eingang beim zuständigen Gericht wirksam. § 129a ZPO ist zumindest entsprechend anwendbar. Das Gericht sollte die Erklärung wenn möglich zum Protokoll nehmen.
  Nicht für eine Haftung der Staatskasse ausreichend ist also die bloße Abgabe von Erklärungen der Parteien untereinander. Freilich mag der Sachverständige dann einen Anspruch direkt gegenüber dem Erklärenden haben. Das kann ihn freilich auch zB nach § 406 ZPO befangen machen.
Zulasten der Staatskasse: Eine solche Vereinbarung reicht *nicht*. Sie ist daher unwirksam.
Zusatzgutachten: Ein Zusatz- oder Nachtragsgutachten braucht ein neues Verfahren nach § 13 oder eine rechtzeitige Erweiterung der Erklärungen, Zustimmungen und Vorzahlungen im bisherigen Verfahren. Das alles gilt natürlich nur, soweit der Sachverständige nicht wegen eigener Mängel nur nachbessern muß.
Zuständigkeit: Zur Berechnung der Vergütung ist wie sonst der Urkundsbeamte der Geschäftsstelle zuständig. Es empfiehlt sich bei § 14 aber durchweg eine Festsetzung nach § 4 durch den Richter oder Rpfl.

D. Einseitige Erklärung und Zustimmung des Gerichts, II. Keine Partei 10 und kein Beteiligter muß einem Vorschlag nach § 13 zustimmen, Düss OLGR **98**, 56. Eine einseitige Erklärung einer Partei oder eines Beteiligten (nicht des Sachverständigen) genügt, soweit sie sich (jetzt) nur auf den Stundensatz nach § 9 oder bei schriftlichen Übersetzungen auf die Vergütung für jeweils angefangene 55 Anschläge nach § 11 bezieht und soweit außerdem das Gericht ihr jeweils zustimmt, Stgt RR **02**, 462, aM LG Köln DB **97**, 369. Das Gericht muß dann das wohlverstandene objektive Interesse der anderen Partei oder der anderen Beteiligten beachten. Es muß sie deshalb nach II 3 auch grundsätzlich vor der Zustimmung anhören, Art 103 I GG. Das Gericht darf nur in einem besonderen Ausnahmefall schon auf Grund der einseitigen Erklärung einer Partei oder eines Beteiligten seine Zustimmung nach II geben.
  Es „*soll*" nach II 2 nicht über das 1,5fache der gesetzlichen Vergütung der §§ 9–11 hinausgehen. Das bedeutet insofern ein pflichtgemäßes Ermessen.
  Ein solcher Fall kann nach dem Vorliegen des Gutachtens oder gar nach der *Been-* 11 *digung* des Verfahrens allerdings an sich nur sehr selten eintreten. Manche halten II dann für unanwendbar, wenn die Partei oder ein Beteiligter die Erklärung erst nach dem Eingang des Gutachtens abgibt, Düss JB **94**, 48, Stgt Rpfleger **76**, 190. Das Ersetzungsverfahren ist nicht statthaft, soweit die Kostenverteilung auf Grund eines gerichtlichen Kostenausspruchs oder einer im Prozeßvergleich von den Parteien oder Beteiligten getroffenen Kostenvereinbarung feststeht, Düss JB **89**, 1172, Mü MDR **85**, 333, Stgt Rpfleger **76**, 190, aM Düss MDR **89**, 172 (für den Vergleichsfall).

E. Verhältnismäßigkeitsgrundsatz. Das Gericht muß insbesondere prüfen, ob 12 die andere Partei usw die erhöhten Kosten überhaupt tragen kann, die sie im Endergebnis nach Rn 17 tragen soll und die beim Verlangen eines bestimmten Stundensatzes usw nicht feststehen. Das Gericht muß ferner klären, ob diese erhöhten Kosten im Verhältnis zum Streitgegenstand angemessen sind, BGH RR **87**, 1470, Meyer JB **02**, 186. Das Gericht muß gerade gegenüber einer staatlichen Behörde auch dann eine Zurückhaltung üben, wenn die Behörde nicht zur Gutachtertätigkeit verpflichtet ist. Eine solche Behörde kann wegen des Gleichheitsgebots unabhängig von der eigenen Gebührensatzung tätig werden müssen.

13 **F. Verfahren, Entscheidung.** Das Gericht muß über die Zustimmung in voller Besetzung entscheiden, Düss MDR **88**, 507. Denn es handelt sich um eine echte Entscheidung und nicht nur um eine prozeßleitende Verfügung. Eine Zustimmung des Gerichts muß eindeutig sein, Düss JB **89**, 1172. Sie muß genau angeben, welcher Vergütung das Gericht zustimmt. Die bloße Erhöhung einer Vorschußanordnung reicht dazu nicht aus, Düss JB **89**, 1172. Auch eine bloße Bezugnahme auf einen Schriftsatz reicht meist nicht. Das Schweigen auf eine Berechnung nebst der Ankündigung eines Antrags nach § 13 kann eine Zustimmung bedeuten, LG Hbg JB **07**, 214. Die Entscheidung erfolgt durch einen Beschluß. Das Gericht muß ihn trotz seiner grundsätzlichen Unanfechtbarkeit wenigstens im Kern so weit begründen, daß man sachliche Erwägungen und eine Abwägung erkennen kann.

G. Unanfechtbarkeit. Der Beschluß ist grundsätzlich unanfechtbar, II 4. Das gilt für die Zustimmung selbst dann, wenn die Erklärung einer durch Prozeßkostenhilfe begünstigten Partei ersetzt wurde, Düss MDR **89**, 366. Die Unanfechtbarkeit gilt aber auch bei einer Ablehnung, vgl auch bei § 4.

14 Die Entscheidung ist kaum noch wegen einer *greifbaren Gesetzeswidrigkeit* anfechtbar, ähnlich Düss JB **94**, 48. Eine greifbare Gesetzwidrigkeit ist aber zumindest seit § 574 ZPO nicht mehr als solche beachtbar, BLAH § 567 ZPO Rn 10. Sie liegt nicht schon deshalb vor, weil das Gericht die Zustimmung erst nach dem Eingang des Gutachtens erteilt hat, aM Düss JB **94**, 48, Stgt Rpfleger **76**, 190. Im übrigen kann auch eine gesetzwidrige Zustimmung durch einen bei ihr eingezahlten Vorschuß einen Vertrauensschutz gestatten, Hamm Rpfleger **88**, 550, LG Düss Rpfleger **91**, 435, LG Ffm JB **03**, 97. Ferner kommt ein Vertrauensschutz nach einer unrichtigen Gerichtsauskunft an den Berechtigten infrage, Zi 43. Eine gesetzwidrige Entscheidung kann wegen der Nichtigkeit der zugrundeliegenden Absprache nach Rn 4 kaum einen Vertrauensschutz begründen, KG JB **89**, 698, Kblz JB **95**, 153, aM Düss MDR **99**, 1528, LG Ffm JB **03**, 97. Bei einer Ablehnung erfolgt die Vergütung nach (jetzt) § 9, BGH RR **87**, 1470.

15 **H. Deckung der Staatskasse, I, II.** Es gibt eine weitere Voraussetzung der Gewährung. Die Staatskasse muß unabhängig von einem schon zwecks gesetzlicher Vergütung zB nach §§ 379, 402 ZPO erforderlichen Vorschuß wegen des gesamten vereinbarten oder durch eine gerichtliche Zustimmung zustande gekommenen Betrags eine Deckung haben, BGH GRUR **07**, 175, Düss JB **09**, 151 rechts, Kblz DS **04**, 232. Das gilt auch im arbeitsgerichtlichen Verfahren, LAG Düss MDR **92**, 1063. Es gilt ferner auch bei II 1, Mü FamRZ **02**, 412. Es gilt ferner in den Grenzen der vorrangigen III, IV, VII auch bei einer mittellosen Partei usw wegen des gesamten Betrags. Denn man kann den Unterschied zwischen den gesetzlichen und den vereinbarten Gebühren nicht errechnen. Zwar fällt die gesetzliche Vergütung des Sachverständigen unter § 112 I Z 1 a ZPO, nicht aber die vereinbarte, Düss MDR **89**, 366.

Unterbleiben der unbedingten und endgültigen vorbehaltlosen Zahlung hat zur Folge, daß das Gericht evtl nach einer vergeblichen Fristsetzung nur die gesetzliche Vergütung zahlt, Kblz MDR **95**, 211, Mü FamRZ **02**, 412. Das gilt auch bei II, BGH GRUR **07**, 175. Es reicht nicht aus, daß der Sachverständige den bisherigen Vorschuß als ungenügend bezeichnet hatte, aM Kblz MDR **05**, 1258 (aber I ist eindeutig. Man muß einen ausreichenden Betrag „gezahlt" haben).

16 **I. Zahlung ohne Deckung.** Soweit das Gericht die Vergütung ohne eine genügende Deckung der Staatskasse zahlt, hat der Sachverständige zwar einen Anspruch gegen die Staatskasse, aM Düss MDR **89**, 366 (aber zum einen ist eine „vertragliche" Regelung und daher das Einverständnis aller Parteien oder Beteiligten die Grundlage, zum anderen hat der Sachverständige dann einen Vertrauensschutz). Der Staat für den anweisenden Richter und evtl sogar der letztere können aber ersatzpflichtig sein, aM LG Heilbr MDR **93**, 1246 (Anspruch nur bis zur Höhe der Einzahlung, so daß der Fehler des Gerichts zu seinen Lasten gehen würde).

17 **J. Unerheblichkeit einer Kostenfreiheit.** Eine Kostenfreiheit nach § 2 GKG oder § 2 FamGKG, Teile I A, B dieses Buchs, ändert nichts an der Anwendbarkeit von I, II. Denn diese Vorschriften befreien zwar auch von den nach KV 9005 oder KVFam 2005 anfallenden Auslagen. KV 9005, KVFam 2005 meinen aber nur die ohnehin kraft Gesetzes geschuldeten Beträge. Dazu gehören die nach I, II vereinbarten höheren Beträge an sich gerade nicht. Sie werden erst nach der Zahlung entsprechender Summen an die Staatskasse und gerade nur wegen dieser Art einer vorangehenden Kostendeckung zu solchen Beträgen, die deswegen dann und erst jetzt nach KV 9005 oder KVFam 2005 erstattbar sind, aM KG JB **07**, 95 (zustm Beuermann/ Berding 59), Kblz MDR **06**, 896 (erneut ohne eine Miterörterung *dieser* Problematik).

5) Besonderheiten bei Prozeß- oder Verfahrenskostenhilfe, III, IV. Auch der Unbemittelte braucht evtl einen solchen Sachverständigen oder Übersetzer oder Dolmetscher, der nur gegen eine höhere als die gesetzliche Vergütung tätig wird. Das könnte zu einer Belastung der Staatskasse führen, falls sie sich nicht anschließend oder sogar vorbeugend an den Unbemittelten halten kann, weil die Prozeß- oder Verfahrenskostenhilfe ihn zunächst ihr gegenüber freistellt. Andererseits darf man seine Chancen nicht wegen seiner Mittellosigkeit verringern. **18**
Soziale Gründe führen daher zu der vorrangigen Sonderregelung in III, IV. Sie sind bei der Auslegung der technischen Einzelheiten dieser ziemlich umständlich formulierten Bestimmungen beachtbar. Vgl im übrigen Rn 20.

6) Besonderheiten im Musterverfahren, V. Die hier genannten Abweichungen von I, II gelten im Musterverfahren nach §§ 1 ff KapMuG, abgedruckt bei BLAH SchlAnh VIII. Sie resultieren aus der über die Rechtskraft des Musterentscheids nach § 14 KapMuG weit nach § 16 KapMuG hinausreichenden Wirkung eines solchen Verfahrens. Die Voraussetzungen III 1–5 sind als Sonderbestimmungen an sich streng auslegbar. Die Vorschrift muß aber auch praktisch brauchbar bleiben. **19**

7) Notwendigkeit der Vereinbarung, VII. Falls die Vereinbarung einer höheren als der gesetzlichen Vergütung für den Beteiligten zur zweckentsprechenden Rechtsverfolgung geradezu unerläßlich, zwingend notwendig und nicht nur wünschenswert oder nur hilfreich oder nur ratsam ist, befreit VII den durch eine Prozeß- oder Verfahrenskostenhilfe Begünstigten sogar von einer nach III 2 eigentlich notwendigen Zahlung bei einer Zustimmung des Gerichts. Es muß wegen des Ausnahmecharakters dieser Vorschrift an das Vorliegen einer Unerläßlichkeit strenge Maßstäbe anlegen. Es darf die Heranziehung des teureren Sachverständigen usw aber nicht durch eine Überspannung der Anforderungen vereiteln. **20**

8) Kostenerstattung, I–VII. Wenn beide Parteien oder die Beteiligten den Aufwand gebilligt haben, haben sie ihn für notwendig nach § 91 ZPO erklärt. Sodann sind die Kosten erstattungsfähig, und zwar nach KV 9005 oder KVFam 2005, Teile I A, B dieses Buchs, oder nach § 137 KostO, Teil III dieses Buchs. Wegen der Notwendigkeit einer Zustimmung des Gerichts liegt eine Erstattungsfähigkeit aber auch bei II, V vor. **21**

Vereinbarung der Vergütung

14 Mit Sachverständigen, Dolmetschern und Übersetzern, die häufiger herangezogen werden, kann die oberste Landesbehörde, für die Gerichte und Behörden des Bundes die oberste Bundesbehörde, oder eine von diesen bestimmte Stelle eine Vereinbarung über die zu gewährende Vergütung treffen, deren Höhe die nach diesem Gesetz vorgesehene Vergütung nicht überschreiten darf.

Vorbem. Änderungen dch Art 14 V Z 6 JKomG v 22. 3. 05, BGBl 837, in Kraft seit 1. 4. 05, Art 16 I JKomG, Übergangsrecht § 24 JVEG.

1) Systematik. Die Vorschrift schafft in ihrem Geltungsbereich nach Rn 3 eine vorrangige Regelung, soweit die Beteiligten sie anwenden. **1**

2) Regelungszweck. Eine Vereinbarung nach § 14 dient der Verwaltungsvereinfachung. Denn der Sachverständige usw erhält durch eine solche Vereinbarung einen einfach nachprüfbaren und berechenbaren Anspruch. **2**

3) Geltungsbereich. Die Vorschrift gilt nur bei einem „häufig" herangezogenen Sachverständigen usw. Das ist derjenige, den man nicht nur wirklich selten heran- **3**

zieht. Mehrere Heranziehungen durch dasselbe Gericht oder durch mehrere Gerichte nur binnen eines Jahres dürften meist schon „häufiger" sein. Vgl aber auch Rn 5.

Unzulässig ist eine Vereinbarung mit einem Berufs- oder Standesvorstand oder auch „nur" mit einem Klinik- oder Institutsleiter für mehrere oder gar alle Mitarbeiter. Denn § 14 erfaßt nur den einzelnen Sachverständigen, Dolmetscher oder Übersetzer.

4 **4) Vereinbarung.** Die öffentlichrechtliche Vereinbarung muß zwischen der obersten Bundes- oder Landesbehörde oder derjenigen Stelle erfolgt sein, der sie die Zuständigkeit übertragen hat, und einem häufiger herangezogenen Sachverständigen usw. Man braucht ihn nicht allgemein beeidigt zu haben. Die oberste Bundes- oder Landesbehörde oder die von ihr ermächtigte Stelle kann eine solche Vereinbarung nur im Rahmen ihres Zuständigkeitsbereichs abschließen, zB der Innenminister evtl nur für die Tätigkeit eines Sachverständigen usw vor den Verwaltungsgerichten, der Justizminister nur für eine solche Tätigkeit vor den Zivil- oder Strafgerichten usw. Es ist also evtl je Gerichtsbarkeit eine gesonderte Vereinbarung notwendig.

Vgl zB (zum alten Recht) in *Hamburg* die AnO über den Abschluß von Vereinbarungen mit Dolmetschern v 28. 6. 01, JVBl 71, in *Nordrhein-Westfalen* RdErl des Inneministers v 11. 6. 90 – IV B 2 – 5011/526 10, zuletzt geändert am 1. 7. 96.

5 Die Vereinbarung gilt auch nur für die Gerichte des *jeweiligen Bundeslandes,* nicht für eine Tätigkeit des Sachverständigen usw in einem anderen Bundesland. Sie kann eine Kündigungsmöglichkeit oder auch eine bestimmte Mindest- oder Höchstlaufzeit oder eine Festdauer vorsehen.

6 **5) Vergütungshöhe.** Die Vereinbarung kann eine Vergütung nur im Rahmen der nach dem JVEG zulässigen Sätze vorsehen. Die Vergütung kann also grundsätzlich nicht höher sein als die nach §§ 8–12 zulässige Summe. Eine Ausnahme gilt nur bei § 13. Die vereinbarte Vergütung kann aber niedriger als die gesetzlich normalerweise entstehende Vergütung sein. Denn der Sachverständige usw kann durch eine Vereinbarung von vornherein erklären, nicht mehr verlangen zu wollen. Er muß ja einen Anspruch überhaupt erst einmal nach § 2 I „geltend machen".

7 Die Vereinbarung enthält in der Regel eine *Entschädigungsstaffel* für bestimmte Verrichtungen oder eine Pauschalentschädigung, die letztere also auch für andere Verrichtungen als zB in § 10. Insbesondere kann man einen Pauschalsatz auch für den Aufwendungsersatz nach §§ 6, 7 treffen. Es kommt auch eine Fallpauschale, eine Stundenzahl- oder Stundensatzabrede usw in Betracht.

8 Soweit das Gericht nach § 4 eine Festsetzung vornimmt, darf es im allgemeinen auf Grund einer solchen Vereinbarung nur noch nachprüfen, ob überhaupt eine Heranziehung nach § 1 vorliegt, ob die Vereinbarung *ordnungsgemäß zustandegekommen* ist und ob die Voraussetzungen für die vereinbarte Entschädigung zB der Tarifstelle vorliegen.

9 *Aufwendungen und Auslagen* können in eine Pauschalvergütung einfließen. Sie müssen das aber nicht tun. Es empfiehlt sich insofern eine völlige Klarheit der Vereinbarungsgrenzen. Im Zweifel ist derjenige, der sich auf § 14 beruft, für das Vorliegen von dessen sämtlichen Voraussetzungen beweispflichtig. Das gilt unabhängig davon, ob dabei mehr oder weniger herauskäme.

Abschnitt 4. Entschädigung von ehrenamtlichen Richtern

Grundsatz der Entschädigung

15 I Ehrenamtliche Richter erhalten als Entschädigung
1. Fahrtkostenersatz (§ 5),
2. Entschädigung für Aufwand (§ 6),
3. Ersatz für sonstige Aufwendungen (§ 7),
4. Entschädigung für Zeitversäumnis (§ 16),
5. Entschädigung für Nachteile bei der Haushaltsführung (§ 17) sowie
6. Entschädigung für Verdienstausfall (§ 18).

Abschn. 4. Entschädigung v ehrenamtl Richtern § 15 JVEG

II ¹ Soweit die Entschädigung nach Stunden bemessen ist, wird sie für die gesamte Dauer der Heranziehung einschließlich notwendiger Reise- und Wartezeiten, jedoch für nicht mehr als zehn Stunden je Tag, gewährt. ²Die letzte bereits begonnene Stunde wird voll gerechnet.

III Die Entschädigung wird auch gewährt,
1. wenn ehrenamtliche Richter von der zuständigen staatlichen Stelle zu Einführungs- und Fortbildungstagungen herangezogen werden,
2. wenn ehrenamtliche Richter bei den Gerichten der Arbeits- und der Sozialgerichtsbarkeit in dieser Eigenschaft an der Wahl von gesetzlich für sie vorgesehenen Ausschüssen oder an den Sitzungen solcher Ausschüsse teilnehmen (§§ 29, 38 des Arbeitsgerichtsgesetzes, §§ 23, 35 Abs. 1, § 47 des Sozialgerichtsgesetzes).

Gliederung

1) Systematik, I–III	1
2) Regelungszweck, I–III	2
3) Geltungsbereich, I–III	3–5
4) Entschädigungsumfang, I Z 1–6	6
5) Stundenbemessung, II	7–9
A. Maßgeblichkeit der gesamten Heranziehungsdauer, II 1 Hs 1	7
B. Höchstens für 10 Stunden je Tag, II 1 Hs 2	8
C. Letzte Stunde voll, II 2	9
6) Einführungs- oder Fortbildungstagung, Ausschußwahl, III	10–12
A. Heranziehung zu Tagung, III Z 1	11
B. Teilnahme an Ausschußwahl, III Z 2	12

1) Systematik, I–III. Die Vorschrift klärt, daß der Staat den ehrenamtlichen **1** Richter an einem staatlichen Gericht ungeachtet seiner Tätigkeitspflicht oder -bereitschaft nicht nur emotional, sondern auch materiell angemessen entschädigen muß. §§ 16–18 präzisieren das letztere Element im einzelnen.

2) Regelungszweck, I–III. Da der ehrenamtliche Richter jedenfalls nicht in die- **2** ser Funktion ein staatliches Gehalt usw bezieht, sondern eher einem Sachverständigen vergleichbar ist, bezweckt § 15 die Sicherstellung zunächst der sechs Hauptposten einer angemessenen Entschädigung dem Grunde nach. Der rein rechtstechnische Verweisungsstil ändert nichts an der Notwendigkeit, bei den nachfolgenden Vorschriften stets mitzubeachten, daß § 15 zwar nur eine „Entschädigung" garantiert, also keine volle Gegenleistung, daß die Vorschrift aber auch eine wirkliche Entschädigung und nicht nur eine Art Ehrensold gibt.

3) Geltungsbereich, I–III. Das JVEG bezieht sich auf die in § 1 I Z 2 genannten **3** ehrenamtlichen Richter bei den ordentlichen Gerichten, also auf Schöffen, in Landwirtschaftssachen, ärztliche Beisitzer. Die Regeln gelten ferner für die ehrenamtlichen Richter bei den Gerichten für Arbeitssachen, bei den Gerichten der Verwaltungsgerichtsbarkeit, der Finanzgerichtsbarkeit und der Sozialgerichtsbarkeit, ferner für die Vertrauensleute in den entsprechenden Wahlausschüssen, III Z 2. Die Entschädigungsregelung anderer Beisitzer ähnelt unter einer Beibehaltung einiger Besonderheiten derjenigen des JVEG, Grdz 8 vor § 1. Stets muß eine Heranziehung erfolgt und vorausgegangen sein, § 1 Rn 11.

Soweit man einen solchen ehrenamtlicher Richter herangezogen hatte, dessen Tä- **4** tigkeit unter § 1 I Z 2, § 15 fällt, ist das JVEG auch dann anwendbar, wenn die Berufung dieses ehrenamtlichen Richters *fehlerhaft* war.

Nicht unter das JVEG fallen Entschädigungen für: Ehrenamtliche Richter in ehren- **5** und berufsgerichtlichen sowie dienstgerichtlichen Verfahren bei den staatlichen Gerichten, § 1 I Z 2 Hs 3; Handelsrichter, § 1 I Z 2 Hs 2, dazu Teil VI dieses Buchs, dort § 107 II GVG; die sonstige ehrenamtliche Tätigkeit im öffentlichen Dienst, soweit nicht die insoweit getroffene Regelung auf das JVEG verweist; ehrenamtliche Richter bei einem privaten Gericht, etwa an einem Vereins- oder Schiedsgericht, soweit die Beteiligten dann nicht das JVEG als entsprechend anwendbar vereinbart haben.

4) Entschädigungsumfang, I Z 1–6. Die Entschädigung besteht aus einer sol- **6** chen für die dort genannten Kostenarten. Sie wird nur in diesem Umfang möglich,

§ 1 I 2. Das stellt I Z 1–6 lediglich klar. Vgl dazu bei den in I Z 1–6 genannten Einzelvorschriften.

7   **5) Stundenbemessung, II.** Die Vorschrift gilt bei allen Entschädigungsarten von I Z 1–6. Man muß drei Aspekte beachten.
A. Maßgeblichkeit der gesamten Heranziehungsdauer, II 1 Hs 1. Die Vorschrift entspricht wörtlich der Regelung für Sachverständige, Dolmetscher und Übersetzer in § 8 II 1 Hs 1. Sie entspricht ebenso wörtlich der Regelung für Zeugen in § 19 II 1 Hs 1. Die maßgebliche gesamte Dauer der Heranziehung mit einer absoluten Höchstgrenze umfaßt also auch die notwendigen Reise- und Wartezeiten. Heranziehung meint den in § 1 Rn 11 ff erläuterten Vorgang. Akteneinsicht vor einem Termin ist keine notwendige Tätigkeit, soweit sie unaufgefordert erfolgt, LAG Bre MDR **88**, 995.

8   **B. Höchstens für 10 Stunden je Tag, II 1 Hs 2.** Diese Vorschrift entspricht wörtlich der Regelung für Sachverständige, Dolmetscher und Übersetzer in § 8 II 1 Hs 2. Sie entspricht ebenso wörtlich der Regelung für Zeugen in § 19 II 1 Hs 2.

9   **C. Letzte Stunde voll, II 2.** Diese Regelung weicht von der vergleichbaren für Sachverständige, Dolmetscher und Übersetzer trotz der sonstigen Übereinstimmung mit § 8 II 2 Hs 1 ab. Denn dort kommt es in Hs 2 zur Differenzierung wegen der letzten 30 Minuten. Diese Differenzierung entfällt beim ehrenamtlichen Richter ebenso wie beim Zeugen in § 19 II 2. Es rechnet also die letzte bereits begonnene Stunde der Heranziehung hier stets voll.

10 **6) Einführungs- oder Fortbildungstagung, Ausschußwahl, III.** Die Vorschrift stellt klar, daß in den in III Z 1, 2 genannten Situationen ebenfalls eine Entschädigung entsteht.

11 **A. Heranziehung zu Tagung, III Z 1.** Die Vorschrift setzt die Heranziehung gerade durch die zuständige staatliche Stelle und daher scheinbar nicht nur deren oder eines Dritten freundliche unverbindliche Einladung voraus. Indessen würde III Z 1 dann wohl leerlaufen. Denn ein ehrenamtlicher Richter muß zwar zu einem Termin erscheinen. Er ist aber weder zur Einführung noch zur Fortbildung gesetzlich verpflichtet. Daher kann man III Z 1 dahin auslegen, daß die Teilnahme an einer zumindest auch für diesen ehrenamtlichen Richter gedachten staatlich organisierten derartigen Tagung dann eine Heranziehung ist, wenn die zuständige Behörde ihm die Teilnahme wenigstens ermöglicht oder gar nahegelegt hat. Zuständig ist die veranstaltende Behörde oder ihr Beauftragter.
Keine Heranziehung liegt bei einer nur auf einen eigenen Wunsch zustandekommenden Teilnahme vor, BAG BB **84**, 1362.

12 **B. Teilnahme an Ausschußwahl, III Z 2.** Es geht hier um einen solchen Ausschuß, der nach §§ 29, 38 ArbGG, §§ 23, 35 I, 47 SGG die Verteilung auf die Spruchkörper und den Sitzungsdienst regeln soll. Wegen eines Schöffen sowie eines Ausschusses in der Finanz- und Verwaltungsgerichtsbarkeit gilt § 1 IV.

Entschädigung für Zeitversäumnis

16 Ehrenamtliche Richter erhalten als Entschädigung für Zeitversäumnis 5 Euro je Stunde.

1   **1) Systematik.** Vgl § 15 Rn 1. § 16 gilt neben §§ 17, 18.
2   **2) Regelungszweck.** Vgl § 15 Rn 2.
3   **3) Zeitversäumnis.** Vgl zunächst § 15 Rn 7 ff. § 16 bestimmt lediglich die Höhe der nach § 15 I Z 4 zu entschädigenden Zeitversäumnis. Dabei nennt § 16 nur den Betrag der vollen Stunde. Wie man sie berechnet, ergibt § 15 II. Die Entschädigung für Zeitversäumnis entsteht unabhängig von einem Einkommensverlust nach § 18 oder einem sonstigen Nachteil nach § 17.

Entschädigung für Nachteile bei der Haushaltsführung

17 [1] Ehrenamtliche Richter, die einen eigenen Haushalt für mehrere Personen führen, erhalten neben der Entschädigung nach § 16 eine zusätzliche Entschädigung für Nachteile bei der Haushaltsführung von 12 Euro je Stunde, wenn sie nicht erwerbstätig sind oder wenn sie teilzeitbeschäftigt sind und außerhalb ihrer vereinbarten regelmäßigen täglichen Arbeitszeit herangezogen werden. ²Die Entschädigung von Teilzeitbeschäftigten wird für höchstens zehn Stunden je Tag gewährt abzüglich der Zahl an Stunden, die der vereinbarten regelmäßigen täglichen Arbeitszeit entspricht. ³Die Entschädigung wird nicht gewährt, soweit Kosten einer notwendigen Vertretung erstattet werden.

1) Systematik, S 1–3. Vgl § 15 Rn 1.   **1**

2) Regelungszweck, S 1–3. Vgl § 15 Rn 2.   **2**

3) **Entschädigung ohne Verdienstausfall, S 1–3.** Wenn ein ehrenamtlicher **3** Richter nicht erwerbstätig ist und nur den Haushalt für sich selbst führt, bleibt es bei der Entschädigung nach §§ 16, 18. Wenn der nicht Erwerbstätige einen eigenen und nicht nur einen fremden Haushalt für mindestens insgesamt zwei Personen führt, also für sich und mindestens eine weitere Person, erhöht sich die Entschädigung für Zeitversäumnis nach § 16 gemäß § 17 S 1 um 12 EUR je Stunde, es sei denn, der ehrenamtliche Richter erhält die Kosten einer notwendigen Vertretung erstattet, S 3. Auch hier muß man die letzte bereits begonnene Stunde voll einrechnen, § 15 I Z 4, II 2.

Eine Entschädigung kann je Haushalt nur *eine* Person erhalten, und zwar derjenige, **4** der als Haushaltsführer tätig ist. Bei einem Haushalt mit einem erwerbstätigen oder teilzeitbeschäftigten Ehegatten und einem nicht erwerbsfähigen Ehegatten gilt § 17 trotz § 1360 BGB, Köln NStZ-RR **02**, 32. Es gilt dann die widerlegbare Vermutung, daß der nicht erwerbstätige den Haushalt führt. Teilen sich mehrere Personen die Haushaltsführung, dann ist diejenige die Haushaltsführerin, die den Haushalt überwiegend führt, zu alledem VG Drsd v 8. 11. 95 – 5 K 800/95 –.

Denkbar ist auch eine Entschädigung *teilweise* nach § 16 und teilweise und nach **5** § 17 und damit zusätzlich zu den 5-EUR-Betrag des § 16 (also „neben" dieser Vorschrift, falls nämlich die Arbeitszeit zum Teil nicht in die Terminsstunden oder in die benötigte Wegezeit fällt.

4) **Teilzeitbeschäftigung, S. 1–3.** Bei ihr gilt die Regelung des S 1 entspre- **6** chend, begrenzt durch die Regelung S 2, (zum alten Recht) Oldb NStZ-RR **99**, 94. Vgl ferner Rn 3. Arbeitslosengeld, Pension, Rente usw stehen einem Arbeitseinkommen gleich, Zi 3, aM LSG Bln NZS **01**, 442.

Entschädigung für Verdienstausfall

18 ¹Für den Verdienstausfall wird neben der Entschädigung nach § 16 eine zusätzliche Entschädigung gewährt, die sich nach dem regelmäßigen Bruttoverdienst einschließlich der vom Arbeitgeber zu tragenden Sozialversicherungsbeiträge richtet, jedoch höchstens 20 Euro je Stunde beträgt. ²Die Entschädigung beträgt bis zu 39 Euro je Stunde für ehrenamtliche Richter, die in demselben Verfahren an mehr als 20 Tagen herangezogen oder innerhalb eines Zeitraums von 30 Tagen an mindestens sechs Tagen ihrer regelmäßigen Erwerbstätigkeit entzogen werden. ³Sie beträgt bis zu 51 Euro je Stunde für ehrenamtliche Richter, die in demselben Verfahren an mehr als 50 Tagen herangezogen werden.

Gliederung

1) Systematik, S 1–3	1
2) Regelungszweck, S 1–3	2
3) Entschädigung wegen Verdienstausfalls, S 1–3	3–9
A. Grundsatz: Zeitaufwand	4
B. Entschädigungshöhe	5
C. Ermittlung	6
D. Grundsätzlicher Höchstsatz	7
E. Überschreitung des Höchstsatzes	8
F. Verhältnis zwischen Verdienstausfall und Zeitversäumnis	9

1) **Systematik, S 1–3.** Vgl § 15 Rn 1. Vgl dazu in *Rheinland-Pfalz* Rdschr JM v **1** 3. 8. 04, JBl 215:

1. Nachweis von Verdienstausfall und Auslagen

1.1 Zur Festsetzung einer Entschädigung für Verdienstausfall (§ 18 JVEG) genügt in der Regel der einmalige schriftliche Nachweis über die Höhe des Einkommens der ehrenamtlichen Richterin oder des ehrenamtlichen Richters zu Beginn der Wahlperiode; ist die ehrenamtliche Richterin oder der ehrenamtliche Richter freiberuflich tätig und ist die Vorlage eines schriftlichen Nachweises nicht möglich oder nicht zumutbar, so genügt es, wenn die Höhe des Einkommens durch Angaben über Art und Umfang der beruflichen Tätigkeit glaubhaft gemacht wird.

1.2 Der Einkommensnachweis oder ein zu fertigender Vermerk über die Höhe des glaubhaft gemachten Einkommens ist als Grundlage für spätere Festsetzungen sowie für die Rechnungsprüfung von der für die Festsetzung der Entschädigung zuständigen Urkundsbeamtin oder dem zuständigen Urkundsbeamten der Geschäftsstelle bis zum Ablauf von 2 Jahren nach Beendigung der Wahlperiode aufzubewahren.

1.3 Wird eine Entschädigung nach § 18 JVEG geltend gemacht, so hat die ehrenamtliche Richterin oder der ehrenamtliche Richter zu versichern, dass am Sitzungstag ein entsprechender Verdienstausfall entstanden ist.

1.4 Zur Festsetzung der Entschädigungen nach den §§ 5, 6 und 7 JVEG genügt ebenfalls die Versicherung der Antragstellerin oder des Antragstellers, wenn ein schriftlicher Nachweis nicht vorgelegt werden kann und die Vorlage nach den Umständen unter Berücksichtigung der Würde des Laienrichteramtes nicht zuzumuten ist.

2. **Auszahlungsanordnung für die Entschädigung**

In die Auszahlungsanordnung ist ein Vermerk darüber aufzunehmen, dass die ehrenamtliche Richterin oder der ehrenamtliche Richter die nach den Nummern 1.3 und 1.4 vorgesehenen Versicherungen abgegeben hat.

3. Dieses Rundschreiben tritt am 1. Januar 2005 in Kraft.

2 2) **Regelungszweck, S 1–3.** Vgl § 15 Rn 2.

3 3) **Entschädigung wegen Verdienstausfalls, S 1–3.** Die Entschädigung nach § 18 tritt zu derjenigen nach § 16 hinzu. Das ergeben die Worte „neben ..." in S 1. Ein Grundsatz hat zweierlei Auswirkungen.

4 A. **Grundsatz: Zeitaufwand.** Maßgebend sind die versäumten Stunden. Man muß die gesamte versäumte Zeit zusammenrechnen. Dabei rechnet die letzte, bereits begonnene Stunde voll, § 15 I Z 6, II 2. Man errechnet nicht nur die Zeit der Abwesenheit von der Arbeitsstelle, sondern auch diejenige, in der der Beisitzer seiner gewöhnlichen Beschäftigung nicht nachgehen konnte, also die Dauer der gewöhnlichen Reise- und Wartezeiten, § 15 I Z 6, II 1 Hs 1. Die Zeitversäumnis muß zwangsläufig aus der Heranziehung folgen.

Die Zeit für einen *unnötigen Umweg* rechnet nicht mit. Eine notwendige Essens- oder Erholungspause nach einem langen Termin gehört aber auch nach § 18.

5 B. **Entschädigungshöhe.** Maßstab für die Entschädigung ist der regelmäßige Bruttoverdienst einschließlich der vom Arbeitgeber zu tragenden Sozialversicherungsbeiträge, S 1. Man kann jedenfalls bei monatelangem Einsatz ein tarifliches 13. oder 14. Gehalt zum regelmäßigen Bruttoverdienst hinzurechnen. Eine nur vorübergehende oder einmalige Zusatzleistung des Arbeitgebers etwa beim vereinzelten auswärtigen Einsatz oder aus Anlaß eines Jubiläums zählt nicht zum regelmäßigen Verdienst.

6 C. **Ermittlung.** Der Richter muß den Bruttoverdienst nachweisen, S 1. Allerdings genügt auch eine Glaubhaftmachung. Beim Gehalts- oder Lohnempfänger ist ein Nachweis durch die Vorlage einer Gehaltsbescheinigung ausreichend. Bei einem selbständigen ehrenamtlichen Richter wird man die Art seines Unternehmens berücksichtigen. Sie läßt oft einen Rückschluß auf einen Verdienstausfall zu. Man kann dann kaum einen schriftlichen Nachweis des Verdienstausfalls verlangen.

Kein Verdienstausfall liegt vor, soweit eine Erwerbstätigkeit fehlt, etwa beim Hausmann, Stgt Rpfleger **82**, 101, oder beim Pensionär, Rentner, Arbeitslosen, Sozialleistungsempfänger, beim Leben aus Vermögenszinsen.

Das Gericht muß in einer solchen Situation *pflichtgemäß* schätzen. Es darf dabei nicht zu kleinlich vorgehen. Notfalls muß der ehrenamtliche Richter einen geeigneten Nachweis erbringen. Die Geltendmachung von Vertreterkosten nach § 15 I Z 3 in Verbindung mit § 7 I 2 spricht im allgemeinen gegen einen persönlichen Verdienstausfall.

D. Grundsätzlicher Höchstsatz. Die Höhe der Entschädigung beträgt grund- 7
sätzlich höchstens 20 EUR je Stunde, für den Tag also höchstens insgesamt 200 EUR,
§ 15 I Z 6, II 1 Hs 2. Bei einem Verdienstausfall von 300 EUR und einer Beisitzertätigkeit von 8 Stunden ergeben sich nur 160 EUR, auch bei einem Verdienstausfall von mehr als stündlich 20 EUR.

E. Überschreitung des Höchstsatzes. Eine Überschreitung des Höchstsatzes 8
von 20 EUR je Stunde durch eine Entschädigung von insgesamt bis zu 39 EUR je Stunde ist zulässig, soweit man den Richter in demselben Verfahren an mehr als 20 Tagen herangezogen hatte oder soweit er ausgehend von einem Sitzungstag innerhalb eines Zeitraums von mindestens 30 Tagen an mindestens 6 Tagen seine regelmäßige Erwerbstätigkeit unterlassen mußte, (jetzt) S 2, LG Offenb JB **96**, 491. Nur bei dieser Alternative ist es unerheblich, ob die Heranziehung in demselben Verfahren oder in mehreren erfolgte, Ffm NStZ-RR **02**, 232, LG Offenburg JB **96**, 491. Bei einer Heranziehung an mehr als 50 Tagen erfolgt eine Verdienstausfallentschädigung. Sie kann bis zu 51 EUR je Stunde betragen, S 3. Die vorgenannten Erhöhungen des Stundensatzes werden kraft Gesetzes fällig, soweit ihre Voraussetzungen vorliegen. Nur zum Ob dieser Voraussetzungen entscheidet das Gericht auf Grund eines gewissen pflichtgemäßen Ermessens. Das Gericht muß dabei nämlich den Verdienstausfall berücksichtigen. Die Erhöhungen erfolgen nur ab dem 21. Tag usw. Die Festsetzung erfolgt im Verfahren nach § 4.

F. Verhältnis zwischen Verdienstausfall und Zeitversäumnis. Eine Entschä- 9
digung wegen des Verdienstausfalls nach § 18 läßt einen Anspruch auf eine Entschädigung wegen einer Zeitversäumnis nach § 16 unberührt. Das ergibt sich aus den Worten „… neben der Entschädigung nach § 16 …" in S 1.

Abschnitt 5. Entschädigung von Zeugen und Dritten

Grundsatz der Entschädigung

19 I ¹ Zeugen erhalten als Entschädigung
1. Fahrtkostenersatz (§ 5),
2. Entschädigung für Aufwand (§ 6),
3. Ersatz für sonstige Aufwendungen (§ 7),
4. Entschädigung für Zeitversäumnis (§ 20),
5. Entschädigung für Nachteile bei der Haushaltsführung (§ 21) sowie
6. Entschädigung für Verdienstausfall (§ 22).
²Dies gilt auch bei schriftlicher Beantwortung der Beweisfrage.

II ¹Soweit die Entschädigung nach Stunden bemessen ist, wird sie für die gesamte Dauer der Heranziehung einschließlich notwendiger Reise- und Wartezeiten, jedoch für nicht mehr als zehn Stunden je Tag, gewährt. ²Die letzte bereits begonnene Stunde wird voll gerechnet.

III Soweit die Entschädigung durch die gleichzeitige Heranziehung in verschiedenen Angelegenheiten veranlaßt ist, ist sie auf diese Angelegenheiten nach dem Verhältnis der Entschädigungen zu verteilen, die bei gesonderter Heranziehung begründet wären.

IV Den Zeugen, die ihren gewöhnlichen Aufenthalt im Ausland haben, kann unter Berücksichtigung ihrer persönlichen Verhältnisse, insbesondere ihres regelmäßigen Erwerbseinkommens, nach billigem Ermessen eine höhere als die in den §§ 20 bis 22 bestimmte Entschädigung gewährt werden.

Gliederung

1) Systematik, I–IV	1
2) Regelungszweck, I–IV	2
3) Geltungsbereich, I–IV	3–8
A. Zeuge	3
B. Zeuge und Sachverständiger	4
C. Sachverständiger Zeuge	5

D. Gestellter Zeuge 6
E. Schriftliche Beantwortung usw, I 2 .... 7, 8
4) **Entschädigungsumfang, I 1, 2** 9
5) **Stundenbemessung, II** 10–12
   A. Maßgeblichkeit der gesamten Heranziehungsdauer, II 1 Hs 1 10
   B. Höchstens für 10 Stunden je Tag, II 1 Hs 2 11
   C. Letzte Stunde voll, II 2 12
6) **Verteilung bei verschiedenen Angelegenheiten, III** 13
7) **Ausländischer Zeuge, IV** 14

1   **1) Systematik, I–IV.** §§ 19–22 regeln die Entschädigung des Zeugen, § 23 regelt diejenige eines Dritten. Das ist das Hauptabgrenzungsmerkmal. Um dieses Merkmal gruppiert sich eine Fülle teils schwieriger Detail-Abgrenzungsfragen. Die Entschädigung des Zeugen ist freilich keineswegs nur in §§ 19–22 geregelt. Das zeigen wie zahlreiche weitere Bestimmungen des JVEG.

2   **2) Regelungszweck, I–IV.** Ziel ist eine angemessene, aber auch nicht übertriebene finanzielle Anerkennung als eine Gegenleistung zur Erfüllung staatsbürgerlicher Ehrenpflichten. Sie mögen heute so manchem Betroffenen kaum noch bei einer solchen „Untervergütung" als hinnehmbar erscheinen. Indessen werden derartige Entschädigungsregeln ohnehin nie den Wünschen des Zeugen gerecht werden. Umso mehr dürfen sich diejenigen freuen, die die Kosten des Verfahrens tragen müssen. So dient auch § 19 im Ergebnis leidlich der ausgleichenden Gerechtigkeit.

3   **3) Geltungsbereich, I–IV.** Man muß fünf Fallgruppen unterscheiden.
    A. Zeuge. Für die Frage, ob jemand überhaupt eine Zeugenentschädigung erhält, kommt es grundsätzlich (Ausnahme Rn 4) nicht darauf an, in welcher Eigenschaft man ihn geladen hat, sondern grundsätzlich darauf, ob man ihn als einen Zeugen vernommen oder schriftlich angehört hat. Nur soweit es nicht zur Tätigkeit oder Vernehmung kam, entscheidet die Aufgabe. Den als Zeugen Geladenen muß das Gericht usw wie einen Sachverständiger entschädigen, soweit es ihn als einen Sachverständigen vernommen hat, und umgekehrt, § 1 Rn 22, Hamm JB **91**, 1259, Köln MDR **93**, 391, LG Osnabr JB **98**, 483. Auch die Veranlassung einer schriftlichen Aussage reicht, § 1 Rn 25.
    Ein *sachverständiger Zeuge* nach §§ 414 ZPO, 85 StPO, den das Gericht usw nur als einen Zeugen vernommen hat, ist eben nur ein Zeuge, Rn 5. Er erhält also nur eine Zeugenentschädigung. Auch bei ihm entscheiden im übrigen der Beweiszweck, aber auch die Art der tatsächlichen Heranziehung (Vernehmung), Hamm MDR **88**, 418. Sie kann sich gegenüber der Ladung ändern, Düss VersR **83**, 544, Hbg JB **75**, 83. Daher ist zB ein nur zu seinen Feststellungen vernommener Privatgutachter ein sachverständiger Zeuge. Der gesetzliche Vertreter ist nicht schon als solcher ein Zeuge, Stgt JB **01**, 484.

4   **B. Zeuge und Sachverständiger.** Der Sachverständige ist auswechselbar, der Zeuge nicht, Hamm JB **88**, 792, LG Osnabr JB **98**, 483. Wenn jemand nicht nur diejenigen Tatsachen bekundet hat, die er infolge seiner Sachkunde wahrgenommen hat, sondern darüber hinaus auf Grund einer gerichtlichen oder behördlichen Aufforderung und nicht nur ungebeten aus seinen Wahrnehmungen auch einen fachmännischen Schluß gezogen hat, dann ist er ein (sachverständiger) Zeuge und zugleich auch ein Sachverständiger, Köln MDR **93**, 391, Stgt JB **83**, 1356. Daher ist der Arzt ein sachverständiger Zeuge, soweit er über bestimmte Krankheitssymptome aussagt, zu deren Wahrnehmung keine besondere Sachkunde erforderlich war. Er bleibt aber ein bloßer Zeuge, soweit er nur Behandlungsdaten übersendet, BSG NJW **01**, 2832. Er ist schließlich ein Zeuge und Sachverständiger, soweit er über die Ursache und Wirkung der wahrgenommenen Krankheit Rückschlüsse mitteilt und Bekundungen macht, Bbg JB **84**, 260, Düss VersR **83**, 544, Hbg JB **85**, 1218.
    Soweit sich die Funktionen als Zeuge einerseits, als Sachverständiger andererseits bei der Vergütungsfestsetzung *technisch trennen* lassen, muß das Gericht die Vergütung auch getrennt und nebeneinander festsetzen. Soweit eine Trennung nicht oder nur unter unverhältnismäßigen Schwierigkeiten möglich ist wie meist, muß das Gericht die volle Zeit nach den Regeln zum Sachverständigen vergüten, Bbg JB **80**, 1221, Köln MDR **93**, 391, Stgt JB **78**, 1727. Hat das Gericht usw jemanden als Sachverständigen geladen und hat er sich entsprechend vorbereitet, erhält er ausnahmswei-

se auch dann eine Sachverständigenvergütung, wenn er unvorhersehbar nur als ein Zeuge aussagt, KG JB **92**, 633. Vgl zunächst Rn 3.

C. Sachverständiger Zeuge. Vgl zunächst Rn 3. Soweit Phasen der Tätigkeit als 5 Sachverständiger und derjenigen als sachverständiger Zeuge vorliegen, gilt jeweils § 9 oder § 19. Das kann zB dann so sein, wenn das Gericht usw einen als Sachverständigen von einer Partei Abgelehnten nun zulässigerweise als einen sachverständigen Zeugen über seine Wahrnehmungen vernimmt, Jessnitzer DS **91**, 268.

D. Gestellter Zeuge. Auch ein von der Partei usw ohne eine gerichtliche Ladung oder nur auf Grund einer gerichtlichen bloßen Anheimgabe gestellter („sistierter") Zeuge oder ein zufällig erschienener mag eine Entschädigung nach § 19 fordern können, KG Rpfleger **86**, 283 (sogar für die Hinweise), LG Mü MDR **90**, 64. Das mag freilich in einem Zivilprozeß von einem Vorschuß nach § 379 ZPO abhängig sein. Soweit ihn die Partei bezahlt hat, kann sie die Erstattung bis zur Höhe der Entschädigung (jetzt) des § 19 fordern, Hbg MDR **75**, 500, KG NJW **75**, 1423, falls ihr überhaupt ein Kostenerstattungsanspruch zusteht. Derjenige vom Angeklagten nach § 220 StPO geladene Zeuge, den das Gericht als einen Sachverständigen vernommen hat, erhält den für ihn noch nicht gesicherten Mehrbetrag als Sachverständiger.

E. Schriftliche Beantwortung usw, I 2. Eine Entschädigung erhält auch derjenige Zeuge, dem das Gericht usw zB nach § 377 III ZPO oder die heranziehende sonstige Stelle nach § 1 I 1 eine schriftliche Beantwortung der Beweisfrage erlaubt hat, I 2. Dabei muß man den notwendigen Zeitaufwand nach den erkennbaren Verhältnissen des Zeugen schätzen. Seine Berufstätigkeit kann dabei ebenso beachtlich sein wie sein Alter, seine Gesundheit, seine Vertrautheit mit der Materie und tausend weitere Aspekte. Wegen der Vorbereitung gilt auch § 22. Es kann durchaus weniger, aber auch mehr Zeitaufwand als bei einer mündlichen Aussage entstehen. Wegen eines Dritten gilt § 23. 7

Dagegen erhält die auf Grund der Anordnung des Gerichts zB nach § 372a ZPO 8 zu einer *Untersuchung* beim Arzt erschienene Partei, keine Zeugenentschädigung. Denn das Gericht hat sie nicht „als einen Zeugen" geladen und untersuchen lassen.

4) Entschädigungsumfang, I 1, 2. Die Entschädigung besteht aus einer solchen 9 für die dort genannten Kostenarten. Sie wird nur in diesem Umfang möglich, § 1 I 2. Vgl dazu bei den in I 1 Z 1–6 genannten Einzelvorschriften. Sie entsteht auch bei einer schriftlichen Beantwortung, I 2, Rn 7. Der Zeuge kann wirksam auf eine Entschädigung verzichten, § 2 Rn 5.

5) Stundenbemessung, II. Die Vorschrift gilt bei allen Entschädigungsarten von 10 I 1 Z 1–6. Man muß drei Aspekte beachten.

A. Maßgeblichkeit der gesamten Heranziehungsdauer, II 1 Hs 1. Die Vorschrift entspricht wörtlich der Regelung für Sachverständige, Dolmetscher und Übersetzer in § 8 II 1 Hs 1 und derjenigen für ehrenamtliche Richter in § 15 II 1 Hs 1.

B. Höchstens für 10 Stunden je Tag, II 1 Hs 2. Diese Vorschrift entspricht 11 wörtlich der Regelung für Sachverständige, Dolmetscher und Übersetzer in § 8 II 1 Hs 2. Sie entspricht ebenso wörtlich der Regelung für ehrenamtliche Richter in § 15 II 1 Hs 2.

C. Letzte Stunde voll, II 2. Diese Regelung weicht von der vergleichbaren für 12 Sachverständige, Dolmetscher und Übersetzer trotz der Übereinstimmung mit § 8 II 2 Hs 1 ab. Denn dort kommt es in Hs 2 zur Differenzierung wegen der letzten 30 Minuten. Diese Differenzierung entfällt beim Zeugen ebenso wie beim ehrenamtlichen Richter in § 15 II 2. Es rechnet also die letzte begonnene Stunde der Heranziehung hier stets voll.

6) Verteilung bei verschiedenen Angelegenheiten, III. Die Vorschrift ent- 13 spricht fast wörtlich der Regelung für Sachverständige, Dolmetscher und Übersetzer in § 8 III.

7) Ausländischer Zeuge, IV. Die Vorschrift entspricht fast wörtlich der Rege- 14 lung für Sachverständige, Dolmetscher und Übersetzer in § 8 IV. Auch ein ausländischer Anwalt gehört hierher, auch wenn er im Inland Parteirechte wahrnimmt, aM LG Mü MDR **90**, 64 (aber Beweisperson bleibt Beweisperson).

Entschädigung für Zeitversäumnis

20 Die Entschädigung für Zeitversäumnis beträgt 3 Euro je Stunde, soweit weder für einen Verdienstausfall noch für Nachteile bei der Haushaltsführung eine Entschädigung zu gewähren ist, es sei denn, dem Zeugen ist durch seine Heranziehung ersichtlich kein Nachteil entstanden.

1 **1) Systematik.** Vgl § 19 Rn 1. § 20 und § 22 schließen sich gegenseitig aus.
2 **2) Regelungszweck.** Vgl § 19 Rn 2.
3 **3) Zeitversäumnis.** Vgl zunächst § 19 Rn 3. Es ist ein Entschädigungsantrag erforderlich. Ihn kann auch ein Festbesoldeter stellen, auch ein Arbeitsloser oder Rentner, Karlsr OLGR **99**, 40. Zum Nachteilsbegriff § 21 Rn 7. „Ersichtlich" fehlt ein Nachteil erst dann, wenn er ohne weiteres erkennbar fehlt. Das ist nur ausnahmsweise so, zB dann, wenn der Zeuge für einen Vertreter einen Ersatz nach § 7 I 2 erhält, Rn 6. § 20 bestimmt lediglich die Höhe der nach § 19 I 1 Z 4 zu entschädigenden Zeitversäumnis. Dabei nennt § 20 nur den Betrag der vollen Stunde. Wie man sie berechnet, ergibt § 19 II.

Entschädigung für Nachteile bei der Haushaltsführung

21 [1] Zeugen, die einen eigenen Haushalt für mehrere Personen führen, erhalten eine Entschädigung für Nachteile bei der Haushaltsführung von 12 Euro je Stunde, wenn sie nicht erwerbstätig sind oder wenn sie teilzeitbeschäftigt sind und außerhalb ihrer vereinbarten regelmäßigen täglichen Arbeitszeit herangezogen werden. [2] Die Entschädigung von Teilzeitbeschäftigten wird für höchstens zehn Stunden je Tag gewährt abzüglich der Zahl an Stunden, die der vereinbarten regelmäßigen täglichen Arbeitszeit entspricht. [3] Die Entschädigung wird nicht gewährt, soweit Kosten einer notwendigen Vertretung erstattet werden.

1 **1) Systematik, S 1–3.** Vgl § 19 Rn 1.
2 **2) Regelungszweck, S 1–3.** Vgl § 19 Rn 2.
3 **3) Entschädigung ohne Verdienstausfall, S 1–3.** Die Regelung entspricht fast wörtlich derjenigen für ehrenamtliche Richter nach § 17. Hier nur einige Ergänzungen.
4 **A. Haushalt, S 1.** Wer überhaupt nicht erwerbstätig ist und einen eigenen Haushalt für mehrere Personen führt, also die „Nur Hausfrau" oder der „Nur-Hausmann", LG Mannh MDR **77**, 1026, erhält je Stunde 12 EUR. Dieser Sonderbetrag ist mit dem GG vereinbar, (zum alten Recht) BVerfG BGBl **78**, 1752 = BVerfG **49**, 280. Ein sonstiges Einkommen aus Rente, Kapital, Arbeitslosengeld usw stört nicht, Zi 4, aM LSG Bln NZS **01**, 442 (Rentner).

Wer auch nur nebenbei einen *Verdienstausfall* hat, erhält eine Entschädigung nach § 22. Der Zeuge muß den Haushalt zumindest für sich selbst und eine weitere Person unabhängig von deren Stand, Beruf, Geschlecht, Alter usw ständig führen, also nicht nur für den Zeugen und nicht nur für eine oder mehrere andere Personen, Nürnb Rpfleger **79**, 235 (ausf). Der Betreute darf nicht in demselben Haus einen eigenen Haushalt führen, Schlesw SchlHA **90**, 59. Er darf nicht der nicht berufstätige Ehepartner oder Lebenspartner des Zeugen sein, Köln RR **02**, 32. Bei einer gemeinsamen Haushaltsführung kommt es auf denjenigen an, der diese Tätigkeit überwiegend durchführt.

Darlegen muß der Anspruchsteller die vorstehenden Voraussetzungen in einer für den Kostenbeamten nachvollziehbaren Weise.

5 **B. Teilzeitarbeit, S 1, 2.** Derjenige Teilzeitbeschäftigte, den man bei einer Beschäftigungsdauer von weniger als der Tarifzeit oder der üblichen Zeit oder als einen sog Kurzarbeit wenigstens teilweise außerhalb der vereinbarten regelmäßigen Arbeitszeit seiner Teilzeitarbeit heranzieht, erhält je Stunde außerhalb der regelmäßigen Arbeitszeit 12 EUR, soweit die übrigen Voraussetzungen von S 1, 2 vorliegen.

6 **C. Vertretung, S 3.** Die Entschädigung nach Rn 4, 5 kommt jedoch nicht zustande, soweit man dem Zeugen die Kosten einer notwendigen Vertretung erstattet,

S 3. Ob eine Vertretung notwendig ist, läßt sich nur nach den Umständen beurteilen. Man darf die Notwendigkeit weder zu großzügig bejahen noch kleinlich verneinen. Notwendig sein kann eine gesetzliche oder gerichtlich angeordnete Vertretung. Wegen eines Vertreters nach § 141 ZPO, Kblz JB **77**, 1004. Notwendig sein kann aber auch eine rechtsgeschäftlich bestellte zur Erfüllung von beruflichen oder privaten Pflichten oder Obliegenheiten unentbehrliche Vertretung. Ein Nachteil kann auch in einer liegengebliebenen Arbeit des als Zeugen geladenen Anwaltssozius liegen, Hamm MDR **91**, 263.

D. **Keinerlei Nachteil, S 1–3.** Wenn ein Zeuge ersichtlich keine irgendwie gearteten materiellen oder immateriellen Nachteile erlitten hat, erhält er überhaupt keine Entschädigung, OVG Kblz NJW **88**, 1807. Das ist zB evtl bei einem Rentner ohne eine Beschäftigung oder bei einem Arbeitslosen denkbar, soweit es sich nicht um eine Hausfrau oder einen Hausmann handelt, LG Weiden Rpfleger **77**, 339. Ein Nachteil kann auch in einer Freizeitbeschränkung liegen, Hamm Rpfleger **91**, 266. Er kann ferner in der Notwendigkeit liegen, eine Tätigkeit ohne jeden Gelderwerb infolge der Heranziehung nachzuholen. Der bloße Ausfall im Betrieb stellt nicht stets einen Nachteil dar, aM KG MDR **85**, 851. 7

E. **Höchstsatz, S 2.** Eine Entschädigung entsteht nach S 1, 2 je Tag beim bloßen Teilzeitbeschäftigten höchstens für 10 Stunden, S 2 Hs 1. Denn der Teilzeitbeschäftigte soll nicht mehr erhalten als ein Vollzeitbeschäftigter. Man muß diejenigen Stunden abziehen, die der vereinbarten regelmäßigen täglichen Arbeitszeit entsprechen, S 2 Hs 2. 8

Entschädigung für Verdienstausfall

22 ¹Zeugen, denen ein Verdienstausfall entsteht, erhalten eine Entschädigung, die sich nach dem regelmäßigen Bruttoverdienst einschließlich der vom Arbeitgeber zu tragenden Sozialversicherungsbeiträge richtet und für jede Stunde höchstens 17 Euro beträgt. ²Gefangene, die keinen Verdienstausfall aus einem privatrechtlichen Arbeitsverhältnis haben, erhalten Ersatz in Höhe der entgangenen Zuwendung der Vollzugsbehörde.

Gliederung

1) Systematik, S 1, 2	1
2) Regelungszweck, S 1, 2	2
3) Verdienstausfall, S 1	3–8
A. Notwendiger Zeitaufwand	3
B. Auch Vorbereitungsaufwand	4–6
C. Entschädigungshöhe	7, 8
4) Bemessung der Entschädigung, S 1	9–21
A. Lebensverhältnisse und Bruttoverdienst	9–12
B. Arbeitgeber, Arbeitnehmer	13–15
C. Beispiele zur Frage eines Verdienstausfalls, S 1	16–21
5) Gefangener, S 1, 2	22

1) **Systematik, S 1, 2.** Die Vorschrift gilt nur für den Zeugen, Celle RR **09**, 504. Sie stimmt in S 1 bis auf die Entschädigungshöhe fast wörtlich mit der Regelung für ehrenamtliche Richter in § 18 S 1 überein. 1

2) **Regelungszweck, S 1, 2.** Es gilt dasselbe wie bei § 23 Rn 2. 2

3) **Verdienstausfall, S 1.** Man muß zwei Aspekte beachten. 3

A. **Notwendiger Zeitaufwand.** Der nach § 1 herangezogene Zeuge erhält eine Entschädigung trotz seiner Erfüllung einer Staatbürgerpflicht nach Grdz 2 vor § 1 für den objektiv notwendigen und auch in diesem Rahmen wirklich entstandenen Verdienstausfall, Hamm MDR **91**, 264, Kblz JB **91**, 85. Diesen Ausfall muß man an der Versäumung derjenigen Arbeitszeit messen, die der Zeuge durch die Ausübung der Zeugenpflicht auf sich nehmen mußte. Man muß auch hier nach wirtschaftlichen, gesundheitlichen und sonstigen persönlichen Gesichtspunkten entscheiden, sogar nach den Witterungsverhältnissen am Reisetag usw. Ein Ausfall, der rein rechtlich dem Ehemann entsteht, kann mittelbar auch die Ehefrau treffen.

4 **B. Auch Vorbereitungsaufwand.** Manchmal muß ein Zeuge solche Vorbereitungen für seine Aussage treffen, die ihn mit besonderen Kosten belasten. Er muß etwa eine Reise unternehmen, Arbeitskräfte zur Nachforschung nach einem verwickelten Sachverhalt hinzuziehen, Unterlagen kontrollieren usw. Von solchen Nachforschungen kann es abhängen, ob der Zeuge überhaupt etwas Sachdienliches bekunden kann. Man muß ihm die für solche Nachforschungen notwendigen tatsächlichen Aufwendungen nach § 7 ersetzen. Auch eine Wartezeit auf dem Bahnhof, Flugplatz oder im Gericht usw gehört hierher.

5 Man muß einem Zeugen auch denjenigen Zeitaufwand ersetzen, den er benötigt, um sich im übrigen *sachkundig* zu machen, soweit er das als Zeuge überhaupt tun muß, Stgt MDR **07**, 1457, etwa um ein Buch oder einen Briefwechsel einzusehen und dergleichen. Die Durchsicht einer Notiz über ein kurzes Telefonat reicht nicht, Stgt MDR **07**, 1457. Eine solche Tätigkeit kann insbesondere dann notwendig werden, wenn der Zeuge eine Frage nach § 377 III ZPO schriftlich beantworten und die Richtigkeit seiner Antwort an Eides Statt versichern soll, § 19 I 2.

6 Wenn der Zeuge *am Tag vor dem Termin* abgereist war, obwohl er die Reise ohne unzumutbare Erschwerungen erst am Terminstag hätte antreten können, dann erhält er für den von ihm insofern willkürlich zu früh gewählten Reisetag keine Vergütung.

7 **C. Entschädigungshöhe.** Die Entschädigung beträgt höchstens 17 EUR je Stunde. Dieser Höchstbetrag gilt auch dann, wenn der nachweisbare Erwerbsverlust höher ist, Bre JB **94**, 182. Denn die staatsbürgerliche Ehrenpflicht nach Grdz 2 vor § 1 verlangt keinen vollen Ausgleich, Stgt Just **90**, 409. Die letzte angefangene Stunde rechnet voll, § 19 II 2, aber auch nur diese letzte, LG Kblz FamRZ **95**, 692. Die Aufrundung kann dann rechtsmißbräuchlich sein, wenn sich dadurch der Stundensatz um mehr als 10% erhöhen würde, LG Kblz FER **98**, 11. Höchstens erhält ein Erwerbstätiger 10 Stunden je Tag bezahlt, § 19 II 1 Hs 2, also im Höchstfall 170 EUR. Die Höchstgrenzen je Tag und Stunde gelten jeweils für sich. Es erhält also zB ein Klavierlehrer dann, wenn er an sich je Stunde 40 EUR verdient, für zwei Stunden Verdienstausfall nicht 34 EUR, nicht aber 80 EUR.

8 Man muß für den Stundensatz von dem *Bruttodurchschnittseinkommen* einschließlich eines etwaigen 13. oder gar 14. Gehalts für die betreffende Erwerbstätigkeit einschließlich des gesetzlichen Arbeitgeberanteils der Sozialversicherung ausgehen und den zugehörigen Arbeitnehmeranteil ebenfalls hinzurechnen, soweit der Arbeitgeber auch ihn übernommen hat. Der benötigte Zeitraum ergibt sich von demjenigen Zeitpunkt an, in dem der Zeuge seine Arbeit niederlegen mußte, bis zu demjenigen Zeitpunkt, in dem er seine gewöhnliche Beschäftigung wieder aufnehmen konnte.

9 **4) Bemessung der Entschädigung, S 1.** Man muß vier Gesichtspunkte beachten.

A. Lebensverhältnisse und Bruttoverdienst. Die Entschädigung richtet sich nach dem regelmäßigen Bruttoverdienst, Kblz MDR **94**, 1152 (keine zusätzliche Erstattung einer Umsatzsteuer). Das Gericht muß die Erwerbsverhältnisse nach seinem pflichtgemäßen Ermessen unter einer Berücksichtigung der Lebensverhältnisse und der regelmäßigen Erwerbstätigkeit des Zeugen beurteilen. Das Gericht muß einen möglichst objektiven Maßstab anlegen. Der Zeuge braucht im allgemeinen nicht konkret nachzuweisen, welche Aufträge er zB nicht durchführen konnte, SG Bln AnwBl **84**, 574.

10 Das Gericht braucht die Einkommensverhältnisse grundsätzlich *nicht im einzelnen nachzuprüfen*. Es kann sich vielmehr damit begnügen, daß ein behaupteter Verdienstausfall wahrscheinlich ist, KG MDR **07**, 921, LG Stendal JB **09**, 198, SG Bln AnwBl **84**, 574. Wegen der Nachweise bei einem Lohnempfänger Rn 16 ff.

11 Das Gericht muß aber ausnahmsweise zumindest eine Glaubhaftmachung nach zB § 294 ZPO oder sogar einen Nachweis verlangen, soweit die Angaben des Zeugen über seine Erwerbstätigkeit oder über die Höhe des Entgelts *unwahrscheinlich* sind.

12 *Reisespesen* und Tagegelder oder sog Auslösungen sind kein Auslagenersatz. Das gilt auch dann, wenn der Zeuge tatsächlich etwas von ihnen erübrigen würde, zB als ein Geschäftsreisender. Er erhält daher für sie keine Entschädigung. Etwas anderes gilt nur insoweit, als der Bezieher regelmäßig nur einen Teil verausgabt, so daß er aus dem

Tagegeld eine feste Einnahme hat. Wer ein festes Einkommen hat oder von einem anderen eine Unterstützung erhält, muß darlegen, daß und inwiefern er dennoch einen Einnahmeausfall habe. Andernfalls ist § 20 anwendbar.

B. Arbeitgeber, Arbeitnehmer. Ein Arbeitgeber hat keinen Entschädigungsanspruch nur wegen des Verlusts der Arbeitskraft desjenigen Mitarbeiters, den das Gericht als Zeugen geladen hat, Bre NJW **76**, 685, LAG Halle JB **00**, 535, OVG Kblz NJW **82**, 1115. Soweit der Arbeitgeber dem Zeugen berechtigterweise einen Lohnabzug machen kann, muß man diesen Lohnausfall dem Zeugen nach § 22 ersetzen. Der Zeuge muß aber durch eine Bescheinigung des Arbeitgebers nachweisen, daß und in welcher Höhe dieser einen Lohnabzug vorgenommen hat, AG Bückeburg Rpfleger **84**, 335. Sie genügt grundsätzlich, LAG Bad Kreuzn JB **92**, 633 (Erschwerniszulage), LAG Düss JB **98**, 152 (Ausnahme bei böswilligem Zusammenwirken). 13

Ein *Behördenangehöriger* oder der Angehörige einer sonstigen öffentlichen Stelle erhält, soweit nicht § 20 anwendbar ist, nur insofern eine Entschädigung, als er in seinem Diensteinkommen eine Einbuße erleidet, Schlesw SchlHA **95**, 36, LG Bad Kreuzn JB **92**, 633, oder als er eine Nebeneinnahme verliert, etwa dann, wenn der Gerichtsvollzieher die Durchführung eines Auftrags endgültig unterlassen muß. Das übersieht (zum alten Recht) LG Ffm MDR **85**, 589. Ein öffentlicher Angestellter oder ein Arbeiter im öffentlichen Dienst steht wegen des Lohnabzugs einem privaten Arbeitnehmer gleich. 14

Eine bloße *Freizeitverkürzung* bedeutet *keinen* Anspruch nach § 22. Ein Beamter mag nach der MehrarbeitsvergütungsVO idF v 13. 3. 92, BGBl 528, eine Dienstbefreiung beanspruchen können. Dann erhält er keine Entschädigung nach § 22, sondern eine solche wegen sonstiger Nachteile nach § 21, Düss JMBl NRW **83**, 108.

Soweit der *Arbeitgeber* den Verdienstausfall selbst trägt, erhält der Arbeitnehmer überhaupt keine Entschädigung oder doch nur die Mindestentschädigung nach (jetzt) § 20, BGH **73**, 26. Der Arbeitgeber muß eine Anwesenheitsprämie evtl selbst tragen. Es ist aber auch denkbar, daß ein Arbeitnehmer ohne einen Anspruch auf eine Lohnfortzahlung während eines Fehlens seinen Anspruch auf eine Zeugenentschädigung an den Arbeitgeber abtritt, der dann an ihn weiter Lohn zahlt. 15

C. Beispiele zur Frage eines Verdienstausfalls, S 1 16
Anwalt: Ein Verdienstausfall kann natürlich auch bei ihm als Zeugen eintreten. Ihn entschädigt S 1 und nicht das RVG als Zeugen. Er erhält grds den Höchstsatz, SG Bln AnwBl **84**, 574.
Arbeitslosigkeit: *Kein* Verdienstausfall liegt bei einer Arbeitslosigkeit vor.
Außerhalb Dienstzeit: *Kein* Verdienstausfall liegt dann vor, wenn ein Beamter außerhalb der Dienstzeit aussagen muß, AG Bückebg Rpfleger **84**, 335.
S auch Rn 17 „Festbesoldung", aber auch Rn 21 „Zulage".
Beamter: S 1 kann anwendbar sein, zB beim Polizisten, AG Bückebg Rpfleger **84**, 335. Grundsätzlich sorgt der Staat für eine Vertretung. Auch eine unentgeltliche Vertretung kann aber eine Entschädigungspflicht des Staates auslösen, falls der Vertreter nämlich selbst einen solchen Ausfall hat, der mittelbar den Vertretenen trifft, § 1 II 1. Das gilt zB dann, wenn ein Mitarbeiter seine vorgeladene Ehefrau vertritt und wenn sich dieser Umstand bei dem zur Verfügung stehenden Geld bemerkbar macht. Dieser Fall liegt nicht anders, als habe die Ehefrau eine Vertretung gegen Geld angenommen. Der Einzelfall entscheidet. 17
Betriebsinhaber: *Kein* Verdienstausfall liegt dann vor, wenn der Inhaber eines größeren Betriebs den Geschäftsgang auch kurz ohne ihn ungestört weiterlaufen lassen kann, Hamm OLGR **93**, 315.
Festbesoldung: *Kein* Verdienstausfall liegt bei demjenigen Festbesoldeten vor, der nur eine liegengebliebene Arbeit nachholen muß, AG Bückebg Rpfleger **84**, 335, LAG Halle JB **00**, 535, OVG Kblz NJW **82**, 1115.
S auch Rn 16 „Außerhalb Dienstzeit".
Freiberufler: Ein Verdienstausfall kann natürlich auch bei ihm eintreten. Man muß dessen Höhe evtl nach § 287 ZPO schätzen.
Freizeitunterbrechung: Kein Verdienstausfall liegt dann vor, wenn man nur seine Freizeit oder seinen Urlaub unterbricht, Düss MDR **97**, 1070, Hamm Rpfleger **96**, 420, LAG Düss JB **92**, 686, aM Karlsr Just **87**, 156, LG Freib MDR **93**, 89,

JVEG § 22 V. Justizvergütungs- und -entschädigungsgesetz

AG Lübeck Rpfleger **95**, 127 (aber das würde zu einer Art Doppelbezahlung führen).
18 **Haushaltsführung:** *Kein* Verdienstausfall liegt dann vor, wenn man überhaupt nur den Haushalt führt, Stgt Rpfleger **82**, 201.
Nachlernen: Kein Verdienstausfall liegt dann vor, wenn man nur einen versäumten Lernstoff nachholt.
19 **Pensionär:** *Kein* Verdienstausfall liegt beim Pensionär ohne derzeitige Erwerbstätigkeit vor.
Rentner: *Kein* Verdienstausfall liegt beim Rentner ohne derzeitige Erwerbstätigkeit vor.
20 **Sozialhilfeempfänger:** *Kein* Verdienstausfall liegt beim Sozialhilfeempfänger ohne derzeitige Erwerbstätigkeit vor.
Sozius: *Kein* Verdienstausfall liegt dann vor, wenn ein Anwaltssozius aussagt, Hamm MDR **91**, 264.
21 **Überstunden:** *Kein* Verdienstausfall liegt dann vor, wenn man sein Zeitguthaben aus Überstunden verwendet.
Urlaub: Ein Verdienstausfall kann darin liegen, daß der Zeuge einen unbezahlten Urlaub nimmt oder daß er eine Aufgabe nicht in der Arbeitszeit erledigen kann und durch die nötige Nacharbeit Verluste erleidet, etwa infolge des Wegfalls bezahlter Überstunden. Es kann aber nicht genügen, daß seine Heranziehung nur seine persönlichen Interessen beeinträchtigt hat. Ein Kaufmann hat während einer Erholungsreise einen Entschädigungsanspruch, soweit er nach der Art seines Geschäftsbetriebs seine Erwerbstätigkeit nicht ganz unterläßt. Er kann etwa als Reisender jedenfalls einen Provisionsausfall ersetzt fordern. Er braucht in der Regel einen Verdienstausfall nicht zu beweisen. Es kann aber eine Glaubhaftmachung zB nach § 294 ZPO ratsam sein, Schlesw SchlHA **92**, 84.
Kein Verdienstausfall liegt dann vor, wenn man bezahlten Urlaub nimmt, Schlesw JB **91**, 545, Stgt JB **92**, 123, LG Freibg MDR **93**, 89 (links und im Ergebnis rechts), aM Celle JB **82**, 107, AG Lübeck Rpfleger **95**, 127, LSG Mü JB **09**, 266 (aber ein Zeitverlust ist nicht als solcher auch ein Geldverlust, Grdz 1 ff vor § 1).
Urlaubsunterbrechung: Rn 17 „Freizeitunterbrechung".
Vertretung: Rn 17 „Beamter".
Vorübergehende Verhinderung: *Kein* Verdienstausfall liegt grds dann vor, wenn man seine Arbeit nur vorübergehend nicht ausführt und daher seinen Lohn nach § 616 BGB behält. Dann hat auch der Arbeitgeber keinen Anspruch (jetzt) nach dem JVEG, Bre NJW **76**, 685. Freilich können jene Vertragspartner diese Vorschrift abbedungen haben, sogar stillschweigend.
Zulage: Ein Verdienstausfall liegt beim Ausfall einer Zulage vor, AG Bückebg Rpfleger **84**, 335.
22 **5) Gefangener, S 1, 2.** Soweit er einen Verdienstausfall aus einem privatrechtlichen Arbeitsverhältnis hat, ist auf ihn S 1 anwendbar. Andernfalls erhält er nach S 2 die entgangene Zuwendung der Vollzugsbehörde. Ihr Rechtsgrund, Umfang sowie ihre Bezeichnung sind ebenso unerheblich wie die Frage, ob der Gefangene auf die Zuwendung einen Rechtsanspruch gehabt hätte, BGH NJW **75**, 1017. Es kommt nur darauf an, ob er eine solche Zuwendung tatsächlich erhalten hätte. Vgl im übrigen das StVollzG und Ländervorschriften:
Baden-Württemberg:
Bayern:
Berlin: AV vom 23. 3. 92, ABl 1138;
Brandenburg:
Bremen:
Hamburg:
Hessen: RdErl vom 7. 5. 97, JMBl 474;
Mecklenburg-Vorpommern:
Niedersachsen:
Nordrhein-Westfalen:
Rheinland-Pfalz:

Saarland:
Sachsen:
Sachsen-Anhalt: AV vom 27. 5. 91, MBl 338;
Schleswig-Holstein:
Thüringen: VV vom 16. 11. 91, JMBl **93**, 205.
Nicht hierher gehört eine Begleitperson, Kblz JB **91**, 593.

Entschädigung Dritter

23 ¹ Soweit von denjenigen, die Telekommunikationsdienste erbringen oder daran mitwirken (Telekommunikationsunternehmen), Anordnungen zur Überwachung der Telekommunikation umgesetzt oder Auskünfte erteilt werden, für die in der Anlage 3 zu diesem Gesetz besondere Entschädigungen bestimmt sind, bemisst sich die Entschädigung ausschließlich nach dieser Anlage.

^{II} ¹ Dritte, die aufgrund einer gerichtlichen Anordnung nach § 142 Abs. 1 Satz 1 oder § 144 Abs. 1 der Zivilprozessordnung Urkunden, sonstige Unterlagen oder andere Gegenstände vorlegen oder deren Inaugenscheinnahme dulden, sowie Dritte, die aufgrund eines Beweiszwecken dienenden Ersuchens der Strafverfolgungsbehörde
1. Gegenstände herausgeben (§ 95 Abs. 1, § 98a der Strafprozessordnung) oder die Pflicht zur Herausgabe entsprechend einer Anheimgabe der Strafverfolgungsbehörde abwenden oder
2. in anderen als den in Absatz 1 genannten Fällen Auskunft erteilen,

werden wie Zeugen entschädigt. ² Bedient sich der Dritte eines Arbeitnehmers oder einer anderen Person, werden ihm die Aufwendungen dafür (§ 7) im Rahmen des § 22 ersetzt; § 19 Abs. 2 und 3 gilt entsprechend.

^{III} ¹ Die notwendige Benutzung einer eigenen Datenverarbeitungsanlage für Zwecke der Rasterfahndung wird entschädigt, wenn die Investitionssumme für die im Einzelfall benutzte Hard- und Software zusammen mehr als 10 000 Euro beträgt. ² Die Entschädigung beträgt
1. bei einer Investitionssumme von mehr als 10 000 bis 25 000 Euro für jede Stunde der Benutzung 5 Euro; die gesamte Benutzungsdauer ist auf volle Stunden aufzurunden;
2. bei sonstigen Datenverarbeitungsanlagen
    a) neben der Entschädigung nach Absatz 2 für jede Stunde der Benutzung der Anlage bei der Entwicklung eines für den Einzelfall erforderlichen, besonderen Anwendungsprogramms 10 Euro und
    b) für die übrige Dauer der Benutzung einschließlich des hierbei erforderlichen Personalaufwands ein Zehnmillionstel der Investitionssumme je Sekunde für die Zeit, in der die Zentraleinheit belegt ist (CPU-Sekunde), höchstens 0,30 Euro je CPU-Sekunde.

³ Die Investitionssumme und die verbrauchte CPU-Zeit sind glaubhaft zu machen.

^{IV} Der eigenen elektronischen Datenverarbeitungsanlage steht eine fremde gleich, wenn die durch die Auskunftserteilung entstandenen direkt zurechenbaren Kosten (§ 7) nicht sicher feststellbar sind.

Anlage 3
(zu § 23 Abs. 1)

Nr.	Tätigkeit	Höhe

(Amtliche) Vorbemerkung:

¹ Die Entschädigung nach dieser Anlage schließt alle mit der Erledigung des Ersuchens der Strafverfolgungsbehörde verbundenen Tätigkeiten des Telekommunikationsunternehmens sowie etwa anfallende sonstige Aufwendungen (§ 7 JVEG) ein.

^{II} Für Leistungen, die die Strafverfolgungsbehörden über eine zentrale Kontaktstelle des Generalbundesanwalts, des Bundeskriminalamtes, der Bundespolizei

JVEG § 23   V. Justizvergütungs- und -entschädigungsgesetz

Nr.	Tätigkeit	Höhe
	oder des Zollkriminalamtes oder über entsprechende für ein Bundesland oder für mehrere Bundesländer zuständige Kontaktstellen anfordern und abrechnen, ermäßigen sich die Entschädigungsbeträge nach den Nummern 100, 101, 300 bis 310, 400 und 401 um 20 Prozent.	
	Abschnitt 1. Überwachung der Telekommunikation	
	Die Vorschriften dieses Abschnitts gelten für die Heranziehung im Zusammenhang mit Funktionsprüfungen der Aufzeichnungs- und Auswertungseinrichtungen der berechtigten Stellen entsprechend.	
100	Umsetzung einer Anordnung zur Überwachung der Telekommunikation, unabhängig von der Zahl der dem Anschluss zugeordneten Kennungen: je Anschluss	100,00 EUR
	Mit der Entschädigung ist auch der Aufwand für die Abschaltung der Maßnahme entgolten.	
101	Verlängerung einer Maßnahme zur Überwachung der Telekommunikation oder Umschaltung einer solchen Maßnahme auf Veranlassung der Strafverfolgungsbehörde auf einen anderen Anschluss dieser Stelle	35,00 EUR
	Leitungskosten für die Übermittlung der zu überwachenden Telekommunikation: für jeden überwachten Anschluss,	
102	– wenn die Überwachungsmaßnahme nicht länger als eine Woche dauert	24,00 EUR
103	– wenn die Überwachungsmaßnahme länger als eine Woche, jedoch nicht länger als zwei Wochen dauert	42,00 EUR
104	– wenn die Überwachungsmaßnahme länger als zwei Wochen dauert: je angefangenen Monat	75,00 EUR
	¹ Die Nummern 102 bis 104 sind auch bei der Überwachung eines Voice-over-IP-Anschlusses anzuwenden.	
	ᴵᴵ Leitungskosten werden nur erstattet, wenn die betreffende Leitung innerhalb des Überwachungszeitraums mindestens einmal zur Übermittlung überwachter Telekommunikation an die Strafverfolgungsbehörde genutzt worden ist.	
	Der überwachte Anschluss ist ein ISDN-Basisanschluss:	
105	– Die Entschädigung nach Nummer 102 beträgt	40,00 EUR
106	– Die Entschädigung nach Nummer 103 beträgt	70,00 EUR
107	– Die Entschädigung nach Nummer 104 beträgt	125,00 EUR
	Der überwachte Anschluss ist ein ISDN-Primärmultiplexanschluss:	
108	– Die Entschädigung nach Nummer 102 beträgt	490,00 EUR
109	– Die Entschädigung nach Nummer 103 beträgt	855,00 EUR
110	– Die Entschädigung nach Nummer 104 beträgt	1525,00 EUR
	Der überwachte Anschluss ist ein digitaler Teilnehmeranschluss mit hoher Übertragungsgeschwindigkeit (DSL):	
111	– Die Entschädigung nach Nummer 102 beträgt	65,00 EUR
112	– Die Entschädigung nach Nummer 103 beträgt	110,00 EUR
113	– Die Entschädigung nach Nummer 104 beträgt	200,00 EUR
	Abschnitt 2. Auskünfte über Bestandsdaten	
200	Auskunft über Bestandsdaten nach § 3 Nr. 3 TKG, sofern 1. die Auskunft nicht über das automatisierte Auskunftsverfahren nach § 112 TKG erteilt werden kann und die Unmöglichkeit der Auskunftserteilung auf diesem Wege nicht vom Unternehmen zu vertreten ist und	

Abschn. 5. Entschädigung v Zeugen usw   § 23 JVEG

Nr.	Tätigkeit	Höhe
	2. für die Erteilung der Auskunft nicht auf Verkehrsdaten zurückgegriffen werden muss: je angefragten Kundendatensatz	18,00 EUR
201	Auskunft über Bestandsdaten, zu deren Erteilung auf Verkehrsdaten zurückgegriffen werden muss: für bis zu 10 in demselben Verfahren gleichzeitig angefragte Kennungen, die der Auskunftserteilung zugrunde liegen ..... Bei mehr als 10 angefragten Kennungen wird die Pauschale für jeweils bis zu 10 weitere Kennungen erneut gewährt. Kennung ist auch eine IP-Adresse.	35,00 EUR
	Abschnitt 3. Auskünfte über Verkehrsdaten	
300	Auskunft über gespeicherte Verkehrsdaten: für jede Kennung, die der Auskunftserteilung zugrunde liegt Die Mitteilung der die Kennung betreffenden Standortdaten ist mit abgegolten.	30,00 EUR
301	Auskunft über gespeicherte Verkehrsdaten zu Verbindungen, die zu einer bestimmten Zieladresse hergestellt wurden, durch Suche in allen Datensätzen der abgehenden Verbindungen eines Betreibers (Zielwahlsuche): je Zieladresse .... Die Mitteilung der Standortdaten der Zieladresse ist mit abgegolten.	90,00 EUR
302	Auskunft über gespeicherte Verkehrsdaten für eine von der Strafverfolgungsbehörde benannte Funkzelle (Funkzellenabfrage)	30,00 EUR
303	Auskunft über gespeicherte Verkehrsdaten für mehr als eine von der Strafverfolgungsbehörde benannte Funkzelle: Die Pauschale 302 erhöht sich für jede weitere Funkzelle um	4,00 EUR
304	Auskunft über gespeicherte Verkehrsdaten in Fällen, in denen lediglich Ort und Zeitraum bekannt sind: Die Abfrage erfolgt für einen bestimmten, durch eine Adresse bezeichneten Standort	60,00 EUR
	Die Auskunft erfolgt für eine Fläche:	
305	– Die Entfernung der am weitesten voneinander entfernten Punkte beträgt nicht als 10 Kilometer: Die Entschädigung nach Nummer 304 beträgt	190,00 EUR
306	– Die Entfernung der am weitesten voneinander entfernten Punkte beträgt mehr als 10 und nicht mehr als 25 Kilometer: Die Entschädigung nach Nummer 304 beträgt	490,00 EUR
307	– Die Entfernung der am weitesten voneinander entfernten Punkte beträgt mehr als 25, aber nicht mehr als 45 Kilometer: Die Entschädigung nach Nummer 304 beträgt	930,00 EUR
	Liegen die am weitesten voneinander entfernten Punkte mehr als 45 Kilometer auseinander, ist für den darüber hinausgehenden Abstand die Entschädigung nach den Nummern 305 bis 307 gesondert zu berechnen.	
308	Die Auskunft erfolgt für eine bestimmte Wegstrecke: Die Entschädigung nach Nummer 304 beträgt für jeweils angefangene 10 Kilometer Länge	110,00 EUR
309	Umsetzung einer Anordnung zur Übermittlung künftig anfallender Verkehrsdaten in Echtzeit: je Anschluss	100,00 EUR

JVEG § 23

V. Justizvergütungs- und -entschädigungsgesetz

Nr.	Tätigkeit	Höhe
	Mit der Entschädigung ist auch der Aufwand für die Abschaltung der Übermittlung und die Mitteilung der den Anschluss betreffenden Standortdaten entgolten.	
310	Verlängerung der Maßnahme im Fall der Nummer 309	35,00 EUR
	Leitungskosten für die Übermittlung der Verkehrsdaten in den Fällen der Nummern 309 und 310:	
311	– wenn die Dauer der angeordneten Übermittlung nicht länger als eine Woche dauert	8,00 EUR
312	– wenn die Dauer der angeordneten Übermittlung länger als eine Woche, jedoch nicht länger als zwei Wochen dauert	14,00 EUR
313	– wenn die Dauer der angeordneten Übermittlung länger als zwei Wochen dauert: je angefangenen Monat	25,00 EUR
314	Übermittlung der Verkehrsdaten auf einem Datenträger ...	10,00 EUR

Abschnitt 4. Sonstige Auskünfte

400	Auskunft über den letzten dem Netz bekannten Standort eines Mobiltelefons (Standortabfrage)	90,00 EUR
401	Auskunft über die Struktur von Funkzellen: je Funkzelle	35,00 EUR

Vorbem. Neufassung dch Art 1 Z 1 TKEntschNeuOG v 29. 4. 09, BGBl 994, in Kraft seit 1. 7. 09, Art 5 TKEntschNeuOG, Übergangsrecht § 24 JVEG.

Gliederung

1) Systematik, I–IV	1
2) Regelungszweck, I–IV	2
3) Sachlicher Geltungsbereich, I–IV	3
4) Persönlicher Geltungsbereich: Dritter, II–IV	4
5) Entschädigungspflicht, II 1	5, 6
6) Nur Zeugenentschädigung, II 1	7
7) Entschädigungshöhe, II 2	8
8) Datenverarbeitung bei Rasterfahndung, III, IV	9–11

1 **1) Systematik, I–IV.** Die Vorschrift bezieht denjenigen in den Kreis der nach dem JVEG Entschädigungsberechtigten ein, der zwar weder Zeuge noch Sachverständiger ist, jedoch freiwillig oder zwangsweise gerade und nur nach §§ 142 I 1, 144 I ZPO, § 113 I 2 FamFG Urkunden, sonstige Unterlagen oder Gegenstände vorlegt oder deren Besichtigung duldet, II, oder der solche Leistungen für ein Ermittlungs- oder gerichtliches Verfahren erbringt, die man mit denjenigen eines Zeugen usw auf Grund einer Heranziehung nach § 1 vergleichen kann. Obwohl im Einzelfall eine entsprechende Anwendung der Regelung für Zeugen auch beim sachverständigen Zeugen oder für Sachverständige in Betracht kommen könnte, je nach der Art der Leistung, gibt es doch nur ein Zeugengeld, II 1 aE. Die Gesamtregelung hat einen zB gegenüber § 7 vorrangigen eng auslegbaren Ausnahmecharakter. Sie ermöglicht daher keine entsprechende Anwendung, VG Bln NVwZ-RR **99**, 415. § 90 III Z 1 TKG hat den Vorrang, LG Augsb JB **00**, 488.

2 **2) Regelungszweck, I–IV.** Die Vorschrift schließt zum Teil bisherige Regelungslücken. Sie bezweckt im übrigen eine Vereinheitlichung und Vereinfachung der Entschädigung für Leistungen. Der Staatsbürger müßte sie zwar an sich als einen Teil seiner allgemeinen Ehrenpflicht erbringen. Eine Behörde müßte sie schon nach Art 35 I GG (Amtshilfepflicht) grundsätzlich unentgeltlich leisten. Sie könnten aber der nach Art und dem Umfang doch zu unzumutbaren finanziellen Belastungen führen.

3 **3) Sachlicher Geltungsbereich, I–IV.** Die Vorschrift gilt im Gesamtbereich des JVEG. Vgl auch § 43 AWG.

4 **4) Persönlicher Geltungsbereich: Dritter, II–IV.** Die Vorschrift gilt für „Dritte", also für eine solche natürliche oder juristische privat- oder öffentlichrechtliche

Person, die weder Gericht oder Gerichtsvollzieher ist, LG Nürnb-Fürth DGVZ **98**, 60, noch Partei, noch Zeuge, noch Sachverständiger, noch sachverständiger Zeuge, noch Dolmetscher oder Übersetzer, die aber den in I genannten Maßnahmen unterliegt oder ihnen ausgesetzt ist, LG Kblz Rpfleger **03**, 318. Hierher kann zB eine Bank oder ein Steuerberater zählen. Ob auch ein Geschädigter etwa im Ermittlungsverfahren hierher zählt, hängt von den Umständen und insbesondere davon ab, ob man ihn nach § 1 herangezogen hat, Ffm NJW **98**, 551. Vgl auch Rn 6.

Nicht Dritter sein kann eine Behörde oder sonstige öffentliche Stelle. Denn für sie gilt JVEG nach § 1 II 1 nur bei einer Sachverständigenleistung und daher nicht bei einer ja andersartigen Leistung nach § 23, LG Nürnb-Fürth DGVZ **98**, 60 (Gerichtsvollzieher).

5) Entschädigungspflicht, II 1. Jede der in II 1 genannten Leistungen zB nach §§ 142 I 1, 144 I 2, 3 II ZPO kann die Entschädigung erforderlich machen. Das gilt auch zB bei der Anfertigung einer Kopie oder bei dem Ausdruck aus einer elektronischen Datei oder bei der Herausgabe von Unterlagen, Kblz JB **05**, 658. Dabei ist wegen des Ausnahmecharakters nach Rn 1 eine enge Auslegung erforderlich. Es muß also zB grundsätzlich ein ordnungsgemäßes Ersuchen etwa nach § 95 I oder § 98 a StPO auf eine Vorlage und Auslieferung eines Gegenstands vorliegen, auf eine ordnungsgemäße Abhöranordnung nach § 100 b III StPO oder auf ein ordnungsgemäßes Auskunftsersuchen usw. 5

„*Strafverfolgungsbehörde*" ist nach § 1 II 1 Z 1 die Staatsanwaltschaft, die Polizei mit einer vorherigen Billigung der Staatsanwaltschaft, (zum alten Recht) Stgt JB **96**, 597, ferner die Finanzbehörde wegen §§ 385 ff AO und auch das Strafgericht, LG Kblz Rpfleger **03**, 318, aber nicht eine Verwaltungsbehörde.

„*Ersuchen*" ist jede Aufforderung zur Vornahme einer Handlung nach II 1. Auf eine zugehörige Rechtspflicht kommt es nicht an. Ein Ersuchen kann auch ohne eine gerichtliche Beschlagnahme vorliegen, Schlesw SchlHA **91**, 170.

Freilich mag der ihm folgende Dritte *gutgläubig* gewesen sein. Zumindest dann muß man ihn auch bei Formfehlern der Anordnung, des Ersuchens usw entschädigen. Eine auch nur leichte Fahrlässigkeit vor der Befolgung einer erkennbar fehleroder zweifelhaften Anordnung würde aber schädlich sein. Denn dann war die Leistung noch nicht erforderlich. 6

Das *Gesetz zu Art 10 GG* sieht in seinem § 20, zuletzt geändert durch Art 2 TKEntschNeuOG, vor, daß die in § 1 I G berechtigten Stellen für die Leistungen nach § 2 I G eine solche Entschädigung gewähren müssen, deren Umfang sich nach § 23 JVEG bemißt. Es handelt sich um Leistungen der Deutschen Post AG, der Deutschen Telekom AG oder anderer Betreiber von Telekommunikationsanlagen im Zusammenhang mit Beschränkungen des Brief-, Post- und Telekommunikationsgeheimnissen. Eine unentgeltliche Auskunft kommt nach § 90 II TKG nur in Betracht, soweit eine Abfrage im automatischen Verfahren erfolgt, Zweibr MDR **97**, 980, LG Bln JB **99**, 319, aM Hamm JB **99**, 318, LG Mü JB **99**, 316 (abl Scharff mit Üb). Eine Auskunft nur über Namen und Anschriften reicht nicht, LG Duisb JB **98**, 655. Im übrigen vgl § 23 I.

6) Nur Zeugenentschädigung, II 1. Die Vorschrift schränkt die scheinbar umfassend angeordnete Geltung des JVEG auf den Dritten ein. Ungeachtet des wahren Charakters seiner Leistung erhält er eine Entschädigung nur wie ein Zeuge, nicht wie ein Sachverständiger usw, soweit es bei Leistungen im Rahmen von § 23 bleibt, Celle JB **93**, 119. Das gilt auch dann, wenn eine Behörde Dritter ist und/oder wenn sie ein Mitarbeiter oder Arbeitnehmer hochqualifizierte Leistungen oder Verrichtungen ausführen. Das ergibt sich zusätzlich aus II 2. Freilich kann eine Sachverständigenentschädigung notwendig sein, soweit die Tätigkeit über die in § 23 genannte hinausgeht. Das gilt zB bei einer Auswertung, Celle JB **93**, 119. 7

7) Entschädigungshöhe, I, II 2. Soweit der Dritte (Post, Celle JB **93**, 118, TELE-KOM, Oldb NJW **97**, 2693, LG Osnabr JB **97**, 375, Sparkasse, Kblz JB **97**, 540, Kapitalgesellschaft, Düss AnwBl **98**, 284, Köln JB **00**, 84, rechtsfähiger Verein oder Einzelperson) einen Arbeitnehmer oder sonstigen Mitarbeiter zur Erfüllung der Pflichten nach II einsetzt, kommt im Rahmen der Zeugenentschädigung nach Rn 7 wiederum nur eine weiter eingeschränkte Entschädigung in Betracht, Hs 1. Auszahlbar sind für 8

Aufwendungen nach §§ 5, 7, § 261 HGB (Bereithaltung von Lesehilfen, Schlesw SchlHA **91**, 170) nur die Beträge nach (jetzt) § 22, Kblz JB **05**, 658, LG Kblz Rpfleger **03**, 319. Im übrigen gilt die umfangreiche Anlage zu I (oben abgedruckt) mit ihrem Entschädigungsverzeichnis, vom *Verfasser* hier als EV bezeichnet.

Der Dritte muß seine Aufwendungen *im einzelnen darlegen,* LG Osnabr NdsRpfl **99**, 22. Nur er und nicht sein Mitarbeiter können nach § 23 vorgehen. Demgegenüber sind alle übrigen Vorschriften des § 19 mit Ausnahme von § 19 II, 3 nach § 23 II 2 Hs 2 und darüber hinaus des übrigen JVEG bei derartigen Aufwendungen unanwendbar. Bei mehrtägiger Inanspruchnahme darf man nur die letzte Stunde der Gesamtzeit aufrunden, Oldb NJW **97**, 2693, LG Osnabr NdsRpfl **97**, 11. Der nach I Leistende darf keine eigene Umsatzsteuer in Rechnung stellen, sondern er darf nur die *ihm* in Rechnung gestellte fremde Umsatzsteuer ersetzt fordern, § 12 Rn 14.

9   **8) Datenverarbeitung bei Rasterfahndung, III, IV.** Es handelt sich um die nach § 98a StPO unter den dort genannten Voraussetzungen zulässige sog Rasterfahndung. Sie ist nur mithilfe einer elektronischen Datenverarbeitung durchführbar, LG Osnabr JB **00**, 209. Ein sog Zielsuchlauf zählt nicht hierher, Köln RR **00**, 31, LG Hildesh JB **99**, 428, LG Osnabr JB **00**, 209, ebensowenig ein Mietaufwand der Polizei bei einer Telefonüberwachung, Celle NdsRpfl **01**, 135.

10   III, IV setzen die *Notwendigkeit* dieses Einsatzes infolge der Aufforderung einer Strafverfolgungsbehörde voraus. Eine private Anlage zu anderen Zwecken zählt nicht hierher. Die Anknüpfung an die Investitionssumme ist problematisch. Trotz der erforderlichen Glaubhaftmachung nach III 3, § 294 ZPO dürfte zB oft kaum noch feststellbar sein, ob die im Einzelfall benutzte Software zusammen mit der Hardware (gutes Gesetzesdeutsch?) die Summe von 10 000 EUR überschritten hat. Sie dürfte einschließlich der Mehrwertsteuer gelten, jedoch abzüglich etwa zugebilligter Skonti, Rabatte usw, also den tatsächlich gezahlten Gesamtpreis ausmachen. Dabei muß man eine Maus usw miteinbeziehen, auch den notwendigen Drucker usw.

11   *Im Zweifel* ist ein Betrag von mehr als 10 000 EUR nicht erreicht oder nicht glaubhaft. Es sollten strenge Anforderungen bestehen. Mag der Gesetzgeber einfachere Anknüpfungsmerkmale wählen. Evtl muß man den Rechnungshof zur Klärung der Investitionssumme einschalten (Amtshilfe), soweit es um eine Investition der öffentlichen Hand geht. Natürlich läßt sich die Summe auch durch Sachverständige überprüfen. Freilich kommt es nicht auf das Erforderliche an, sondern auf das tatsächlich Gezahlte.

Abschnitt 6. Schlussvorschriften

Übergangsvorschrift

24 ¹**Die Vergütung und die Entschädigung sind nach bisherigem Recht zu berechnen, wenn der Auftrag an den Sachverständigen, Dolmetscher oder Übersetzer vor dem Inkrafttreten einer Gesetzesänderung erteilt oder der Berechtigte vor diesem Zeitpunkt herangezogen worden ist.** ²**Dies gilt auch, wenn Vorschriften geändert werden, auf die dieses Gesetz verweist.**

Schrifttum: *Bund* Rpfleger **05**, 132 (Üb).

1   **1) Systematik, S 1, 2.** Die Vorschrift regelt ebenso wie die vergleichbaren in den anderen Kostengesetzen eine nur scheinbar rein rechtstechnische Frage. In Wahrheit ist sie ein Ausdruck schwieriger Anknüpfungsprobleme. Die jetzige Fassung mit ihrem Charakter als einer „Ewigkeitsnorm" ändert trotz solcher Eleganz nichts an der Tatsache, daß jeder denkbare Anknüpfungspunkt – hier der Zeitpunkt der unbedingten Auftragserteilung – einen Streit über die Brauchbarkeit hervorrufen könnte. § 25 hat als Spezialvorschrift den Vorrang vor § 24. Es kann zur Anwendbarkeit des alten Rechts für den Zeitraum A und daneben des neuen Rechts für den Anschlußzeitraum B kommen.

2   **2) Regelungszweck, S 1, 2.** Ausgehend von den Erwägungen in Rn 1 dient die Vorschrift der Vereinfachung und damit sowohl der Zweckmäßigkeit als auch der Rechtssicherheit. Jeder dieser Aspekte erfordert eine etwas andere Auslegung. Daher

Abschnitt 6. Schlussvorschriften §§ 24, 25 JVEG

muß man bestrebt sein, beide Aspekte zu verbinden. Dabei muß man auch stets den Grundsatz mitbeachten, daß das JVEG für den Kostenschuldner nicht allzu belastend sein darf, Grdz 2 vor § 1.

3) Geltungsbereich, S 1, 2. Die Vorschrift gilt sowohl für Sachverständige, Dolmetscher und Übersetzer als auch für ehrenamtliche Richter, Vertrauenspersonen nach § 1 IV, Zeugen und Dritte nach § 23, also für alle nach dem JVEG Anspruchsberechtigten. 3

4) Auftragserteilung, S 1 Hs 1. Es kommt für diejenige Gruppe, die eine Vergütung erhält, nach Hs 1 auf den Zeitpunkt der Auftragserteilung an, BGH RR 87, 1470, Bbg Rpfleger 87, 340. Maßgeblich ist also der Zeitpunkt der Heranziehung im Sinn von § 1 Rn 11 ff. Dabei entscheidet der Zeitpunkt der Wirksamkeit des auch etwa telefonischen Eingangs des Auftrags, § 130 BGB. Maßgeblich ist also nicht derjenige der Beschlußfassung, Düss JB 87, 1856, oder derjenige der Absendung des Auftrags. Freilich mag sich zB der Dolmetscher erst auf Grund einer mündlichen Beweisaufnahme oder Verhandlung äußern sollen. Dann ist erst ihr Beginn maßgeblich, Hbg Rpfleger 87, 478, Karlsr JB 87, 1853. Eine Beschlußfassung (Verkündung) und ein Auftrag können etwa gegenüber einem schon anwesenden Berechtigten praktisch zusammenfallen. 4

Die „*Unterbrechung*" eines erteilten Auftrags kann evtl als eine Beendigung mit einem etwa später nachfolgenden Neuauftrag oder als eine bloße Verzögerung des fortlaufenden bisherigen Auftrags vorliegen. Ähnliches gilt zB bei der Anordnung der Ergänzung oder einer mündlichen Erläuterung eines schriftlichen Gutachtens, Düss OLGR 97, 133, KG JB 07, 493, Schlesw SchlHA 88, 145, großzügiger Celle JB 05, 551, Ffm OLGR 95, 226, Hamm AnwBl 90, 102, strenger Bbg JB 89, 702, Düss JB 87, 1856, Hbg MDR 90, 64. 5

5) Heranziehung, S 1 Hs 2. Für diejenige Gruppe, die keine Vergütung erhält, sondern eine Entschädigung, kommt es auf den Zeitpunkt der ersten Heranziehung nach § 1 an. Vgl daher dort. Beim Dolmetscher zur mündlichen Verhandlung kommt es auf ihren Zeitpunkt und nicht auf den früheren Ladungszeitpunkt an, Stgt Just 95, 55. 6

6) Verweisung, S 2. Die Regelung erfaßt zB eine Änderung der GOÄ, auf die § 10 II verweist. 7

Übergangsvorschrift aus Anlass des Inkrafttretens dieses Gesetzes

25 [1]Das Gesetz über die Entschädigung der ehrenamtlichen Richter in der Fassung der Bekanntmachung vom 1. Oktober 1969 (BGBl. I S. 1753), zuletzt geändert durch Artikel 1 Abs. 4 des Gesetzes vom 22. Februar 2002 (BGBl. I S. 981), und das Gesetz über die Entschädigung von Zeugen und Sachverständigen in der Fassung der Bekanntmachung vom 1. Oktober 1969 (BGBl. I S. 1756), zuletzt geändert durch Artikel 1 Abs. 5 des Gesetzes vom 22. Februar 2002 (BGBl. I S. 981), sowie Verweisungen auf diese Gesetze sind weiter anzuwenden, wenn der Auftrag an den Sachverständigen, Dolmetscher oder Übersetzer vor dem 1. Juli 2004 erteilt oder der Berechtigte vor diesem Zeitpunkt herangezogen worden ist. [2]Satz 1 gilt für Heranziehungen vor dem 1. Juli 2004 auch dann, wenn der Berechtigte in derselben Rechtssache auch nach dem 1. Juli 2004 herangezogen worden ist.

1) Systematik, S 1, 2. Es handelt sich um eine gegenüber § 24 vorrangige Spezialvorschrift. Ihr entspricht § 72 GKG, Teil I A dieses Buchs, und § 61 RVG, Teil X dieses Buchs. An der Anwendbarkeit des alten Rechts nach § 25 ändert sich nichts dadurch, daß das ZSEG formell nach Art 6 Z 2 KostRMoG mit dem Ablauf des 30. 6. 04 aufgehoben worden ist. 1

2) Regelungszweck, S 1, 2. Es gelten dieselben Erwägungen wie bei § 24 Rn 2. 2

3) Auftragserteilung, S 1 Hs 1. Es gelten dieselben Erwägungen wie bei § 24 Rn 4, 5. 3

4) Heranziehung, S 1 Hs 2, S 2. Es gelten dieselben Erwägungen wie bei § 24 Rn 6. 4

Anhang nach § 25

I. Bewilligung von Reiseentschädigungen an mittellose Personen und Vorschußzahlungen an Zeugen und Sachverständige usw

1 **Vorbem.** Die nachfolgenden Bestimmungen sind bundeseinheitlich beschlossen und zum 1. 9. 09 geändert worden. Sie ersetzen die früheren von den Ländern erlassenen Bestimmungen. Durch die bundeseinheitliche Neuregelung meist zum 1. 8. 2006 ist zugleich die Grundsatzentscheidung des BGH NJW **75**, 1125 überholt, aM LAG Düss JB **05**, 484 (freilich gelten die Richtlinien für das Gericht nicht bindend). Wegen der eventuellen Zuständigkeit des EuGH vgl BSG NJW **84**, 676. Die neuen Bestimmungen sind in den Bundesländern wie folgt eingeführt worden:

Baden-Württemberg: AV zuletzt Just **04**, 241;
Bayern: Bek zuletzt JMBl **03**, 70, Bbg FamRZ **08**, 2300;
Berlin: AV ABl **77**, 1367;
Brandenburg: AV JMBl **91**, 68, Brdb JB **96**, 142 (der Antrag muß evtl alsbald nach dem Termin nachgeholt werden);
Bremen: AV vom 1. 8. 77 (ordentliche Gerichte, Staatsanwaltschaften) und vom 14. 6. 79 (Finanz-, Sozial-, Verwaltungsgerichte) – je 5670 des Senators für Rechtspflege und Strafvollzug –;
Hamburg: AV JVBl **09**, 45;
Hessen: RdErl JMBl **97**, 810;
Mecklenburg-Vorpommern: AV ABl **91**, 400;
Niedersachsen: AV NdsRpfl **77**, 205;
Nordrhein-Westfalen: AV JMBl **77**, 182;
Rheinland-Pfalz: AV zuletzt JBl **95**, 264;
Saarland: AV ABl **09**, 1403;
Sachsen: VV zuletzt ABl **92**, 1129;
Sachsen-Anhalt: AV MBl **95**, 270;
Schleswig-Holstein: AV SchlHA **09**, 265;
Thüringen: VV JMBl **91**, 82.

Nachstehend ist die für Schleswig-Holstein geltende Fassung abgedruckt:

I.

1. [1] Mittellosen Parteien, Beschuldigten oder anderen Beteiligten können auf Antrag Mittel für die Reise zum Ort einer Verhandlung, Vernehmung oder Untersuchung und für die Rückreise gewährt werden. [2] Hierauf soll in der Ladung oder in anderer geeigneter Weise hingewiesen werden. [3] Die gewährten Mittel gehören zu den Kosten des Verfahrens (vgl Nrn. 9008 Nr. 2 und 9015 der Anlage 1 zu § 3 GKG, Nr 2007 Nr. 2 der Anlage 1 zu § 3 Abs. 2 FamGKG, § 137 Abs. 1 Nr. 10 KostO. [4] Als mittellos im Sinne dieser Vorschrift sind Personen anzusehen, die nicht in der Lage sind, die Kosten der Reise aus eigenen Mitteln zu bestreiten. [5] Die Vorschriften über die Bewilligung von Prozess- oder Verfahrenskostenhilfe bleiben unberührt.

1.1 [1] Über die Bewilligung entscheidet das Gericht, bei staatsanwaltschaftlichen Verhandlungen, Vernehmungen oder Untersuchungen der Staatsanwalt. [2] Nach Bewilligung verfährt die Geschäftsstelle, soweit in der Bewilligung nichts anderes bestimmt ist, wie folgt:

1.1.1 Die Reiseentschädigung wird durch den für den Erlass der Auszahlungsanordnung zuständige Anweisungsstelle zur Zahlung angewiesen.

1.1.2 [1] Die Reiseentschädigung ist so zu bemessen, dass sie die notwendigen Kosten der Hin- und Rückreise deckt. [2] Zu den Reisekosten gehören entsprechend den Vorschriften des JVEG neben den Fahrtkosten gegebenenfalls auch unvermeidbare Tagegelder (entsprechend § 6 Abs. 1 JVEG) und Übernachtungskosten (entsprechend § 6 Abs. 2 JVEG), ferner gegebenenfalls Reisekosten für eine notwendige Begleitperson sowie Kosten für eine notwendige Vertretung (entsprechend § 7 Abs. 1 Satz 2 JVEG). [3] Eine Erstattung von Verdienstausfall kommt nicht in Betracht.

1.1.3 ¹Regelmäßig sind Fahrkarten der zweiten Wagenklasse der Deutschen Bahn oder eines anderen Anbieters im öffentlichen Personenverkehr zur Verfügung zu stellen. ²Eine Auszahlung kommt nur im Ausnahmefall in Betracht.

1.1.4 ¹Eine Durchschrift der Kassenanordnung oder ein Nachweis über die Gewährung von Reiseentschädigung ist zu den Sachakten zu nehmen. ²Auf der Kassenanordnung ist dies zu bescheinigen.

1.1.5 ¹Wird eine Reiseentschädigung bewilligt, bevor die Ladung abgesandt worden ist, so ist dies nach der Art und, soweit möglich, auch nach der Höhe in auffallender Form in der Ladung zu vermerken. ²Wird schon vor dem Termin eine Kassenanordnung vorbereitet, so ist der Betrag, sofern er aktenkundig ist, auffällig zu vermerken.

1.1.6 ¹Fällt der Grund für die Reise weg oder erscheint der Antragsteller nicht zu dem Termin, ist die zur Verfügung gestellte Fahrkarte oder die Reiseentschädigung zurückzufordern. ²Gegebenenfalls ist dafür zu sorgen, dass der Fahrpreis für die nicht benutzte Fahrkarten erstattet wird.

1.2 ¹Ist in Eilfällen die Übermittlung einer Fahrkarte oder die Auszahlung des Betrages an die Antragstellerin oder den Antragsteller durch die zuständige Anweisungsstelle nicht mehr möglich, kann die Geschäftsstelle des Amtsgerichts, in dessen Bezirk sich der Antragsteller aufhält, ersucht werden, die Beschaffung der Fahrkarte oder die Auszahlung des Betrages für die Hin- und Rückreise zu veranlassen. ²Die gewährte Reiseentschädigung ist auf der Ladung auffällig zu vermerken. ³Die ladende Stelle ist unverzüglich von der Gewährung der Reiseentschädigung zu benachrichtigen.

1.3 Der Anspruch erlischt, wenn er nicht binnen drei Monaten nach der Verhandlung, Vernehmung oder Untersuchung geltend gemacht wird.

2. ¹Ist es in Eilfällen nicht möglich, die Entscheidung des zuständigen Gerichts oder der zuständigen Staatsanwalts einzuholen, kann die Präsidentin oder der Präsident bzw. die Direktorin oder der Direktor des Amtsgerichts, in dessen Bezirk sich der Antragsteller aufhält, im Verwaltungsweg eine Reiseentschädigung bewilligen. ²Abschnitt I Nr. 1 Nrn. 1.1.1 bis 1.1.3 und 1.1.6 gilt entsprechend. ³Die gewährte Reiseentschädigung ist auf der Ladung auffällig zu vermerken; die ladende Stelle ist unverzüglich von der Bewilligung und der Gewährung der Reiseentschädigung zu benachrichtigen.

3. ¹Zeugen, Sachverständigen, Dolmetschern, Übersetzern, ehrenamtlichen Richtern und Dritten nach § 3 JVEG auf Antrag ein Vorschuss für Reiseentschädigungen zu bewilligen, wenn der oder dem Berechtigten voraussichtlich erhebliche Fahrtkosten oder sonstige Aufwendungen entstehen werden. ²Hierauf soll in der Ladung oder in anderer geeigneter Weise hingewiesen werden.

3.1 Für die Bewilligung und Anweisung gelten folgende Bestimmungen:

3.1.1 Die Vorschüsse werden von der zum Erlass der Auszahlungsanordnung zuständigen Anweisungsstelle bewilligt und zur Zahlung angewiesen.

3.1.2 Nrn. 1.1.2 bis 1.1.6 gelten entsprechend mit der Maßgabe, dass Fahrtkosten bis zur Höhe der Kosten für die Benutzung der ersten Wagenklasse gewährt werden können.

3.1.3 Bei der Vorbereitung der Anweisung für die Entschädigung von Zeugen, ehrenamtlichen Richtern und Dritten sowie für die Vergütung von Sachverständigen, Dolmetschern und Übersetzern vor dem Termin ist die Vorschusszahlung, sofern sie aktenkundig ist, in auffälliger Weise zu vermerken.

¹Wird die Berechnung der Entschädigung oder Vergütung nicht schriftlich eingereicht, sind die Antragstellerin oder der Antragsteller in jedem Falle zu befragen, ob und gegebenenfalls in welcher Höhe sie Vorschüsse erhalten haben, um deren Anrechnung sicherzustellen. ²Die Befragung ist in der Auszahlungsanordnung zu vermerken.

3.2 ¹Ist in Eilfällen die Übermittlung einer Fahrkarte oder die Auszahlung des Betrages nicht mehr möglich, kann auch die Geschäftsstelle des Amtsgerichts, in dessen Bezirk sich der Antragsteller aufhält, einen Vorschuss nach § 3 JVEG bewilligen und zur Zahlung anweisen. ²Ist ein Antrag auf gerichtliche Festsetzung des Vorschusses gestellt oder wird eine Festsetzung für angemessen erachtet, kann in dringenden Fällen auf Ersuchen des für die Entscheidung nach § 4 Abs. 1 JVEG zuständigen Gerichts eine Fahrkarte für ein bestimmtes Beförderungsmittel zur Verfügung gestellt und/oder ein festgesetzter Vorschuss ausgezahlt werden. ³Die Auszahlung des Vorschusses ist in der Ladung auffällig zu vermerken. ⁴Die ladende Stelle ist von der Gewährung des Vorschusses unverzüglich zu benachrichtigen.

II. Bewilligung von Reiseentschädigungen an mittellose Personen und Vorschußzahlungen an Zeugen und Sachverständige usw in Verfahren vor den Gerichten für Arbeitssachen

1 Vorbem. Der Bundesminister für Arbeit und Sozialordnung und die obersten Arbeitsbehörden der Länder sowie die Landesjustizverwaltungen haben die nachstehende Vereinbarung für Verfahren vor den Gerichten in Arbeitssachen getroffen. Die Länder haben gegenseitig und zugunsten des BAG auf die Erstattung solcher Reiseentschädigungen und Vorschußzahlungen verzichtet. Im Verhältnis zwischen den Arbeits- und den Amtsgerichten desselben Landes ist ebenfalls auf die Erstattung verzichtet worden. Wegen der eventuellen Zuständigkeit des EuGH vgl BSG NJW **84**, 576. Die Vereinbarung ist in den Bundesländern wie folgt bekanntgemacht worden. Sie *tritt* nach Teil I Unterteil VIII der bundeseinheitlich geplanten Neufassung der Vereinbarung über den Kostenausgleich (abgedruckt im Teil VII B dieses Buchs) *außer Kraft*, wenn alles beim Bayerischen Staatsministerium der Justiz hinterlegt ist.

Baden-Württemberg: AV zuletzt vom 31. 3. 78, Justiz 185;
Bayern: Bek zuletzt vom 20. 4. 78, JMBl 69;
Berlin: AV zuletzt vom 13. 4. 78, ABl 752;
Brandenburg:
Bremen: AV zuletzt vom 14. 6. 79 (Ordnungs-Nr 5670 des Senators für Rechtspflege und Strafvollzug);
Hamburg: AV zuletzt vom 3. 4. 78, JVBl 33;
Hessen: RdErl zuletzt StAnz **88**, 2573, LAG Ffm BB **95**, 468;
Mecklenburg-Vorpommern:
Niedersachsen: AV zuletzt vom 10. 7. 78, NdsRpfl 190;
Nordrhein-Westfalen: AV zuletzt vom 1. 4. 78, JMBl 97;
Rheinland-Pfalz: AV zuletzt vom 28. 4. 78, JBl 91;
Saarland: AV zuletzt vom 15. 3. 78, GMBl 258;
Sachsen:
Sachsen-Anhalt:
Schleswig-Holstein: AV zuletzt vom 2. 6. 78, SchlHA 112;
Thüringen:

Nachstehend ist die für *Schleswig-Holstein* geltende Fassung abgedruckt.

I.

[1] Mittellosen Parteien oder anderen Beteiligten können auf Antrag Mittel für die Reise zum Ort einer Verhandlung oder Vernehmung und für die Rückreise gewährt werden. [2] Hierauf soll in der Ladung oder in anderer geeigneter Weise hingewiesen werden. [3] Die gewährten Mittel gehören zu den Kosten des Verfahrens (vgl [jetzt] KV 9006, 9008 zum GKG).

1. Über die Bewilligung entscheidet das Gericht durch seinen Vorsitzenden. Nach Bewilligung verfährt die Geschäftsstelle, soweit in der Bewilligung nichts anderes bestimmt ist, wie folgt:
a) Die Reiseentschädigung wird durch den für den Erlaß der Auszahlungsanordnung zuständigen Beamten der Geschäftsstelle zur Zahlung angewiesen.
b) [1] Die Reiseentschädigung ist so zu bemessen, daß sie die notwendigen Kosten der Hin- und Rückreise deckt. [2] Zu den Reisekosten gehören neben den Fahrtkosten auch unvermeidbare Zehr- und Übernachtungskosten, ferner Reisekosten für eine notwendige Begleitperson; eine Erstattung von Verdienstausfall kommt nicht in Betracht.
c) [1] Regelmäßig sind Fahrtausweise oder Gutscheine der (jetzt) Deutschen Bahn AG für den kostenlosen Erwerb von Fahrtausweisen zur Verfügung zu stellen. [2] Eine Barauszahlung kommt – abgesehen von den Zehr- und Übernachtungskosten – nur im Ausnahmefall in Betracht.
d) [1] Eine Durchschrift der Kassenanordnung ist zu den Sachakten zu geben. [2] Auf der Kassenanordnung ist dies zu bescheinigen.
e) [1] Wird eine Entschädigung bewilligt, bevor die Ladung abgesandt worden ist, so ist dies nach der Art und, soweit möglich, auch nach der Höhe in auffäl-

Abschnitt 6. Schlussvorschriften   Anh II § 25 JVEG

liger Form in der Ladung zu vermerken. ²Wird eine endgültige Berechnung der Entschädigung erforderlich, so ist der Antragsteller zu befragen, ob und in welcher Höhe er bereits eine Entschädigung erhalten hat. ³Das Ergebnis der Befragung ist in der Auszahlungsanordnung zu vermerken. ⁴Wird schon vor dem Termin eine Kassenanordnung vorbereitet, so ist der Betrag, sofern er aktenkundig ist, auffällig zu vermerken.

f) ¹Fällt der Grund für die Reise weg, so ist die Rückzahlung der Entschädigung zu veranlassen. ²Gegebenenfalls ist dafür zu sorgen, daß der Fahrpreis für nicht benutzte Fahrkarten erstattet wird.

g) ¹Ist in Eilfällen die Auszahlung des Betrages oder die Übermittlung einer Fahrkarte bzw. eines Gutscheins an den Antragsteller durch die zuständige Geschäftsstelle nicht mehr möglich, so kann die Geschäftsstelle des Arbeitsgerichts, in dessen Bezirk sich der Antragsteller aufhält, oder, wenn ein Amtsgericht dem Aufenthaltsort des Antragstellers näher liegt, die Geschäftsstelle dieses Amtsgerichts ersucht werden, die Auszahlung des Betrages oder die Beschaffung der Fahrkarte bzw. des Gutscheins zu veranlassen. ²Die gewährte Entschädigung ist auf der Ladung auffällig zu vermerken. ³Die ladende Stelle ist unverzüglich zu benachrichtigen.

2. ¹Ist es in Eilfällen nicht möglich, die Entscheidung des zuständigen Gerichts einzuholen, so kann der aufsichtführende Richter des Arbeitsgerichts, in dessen Bezirk sich der Antragsteller aufhält, oder, wenn ein Amtsgericht dem Aufenthaltsort des Antragstellers näher liegt, der aufsichtführende Richter dieses Amtsgerichts im Verwaltungsweg eine Reiseentschädigung bewilligen. Abschnitt I Nr 1 Buchst. a) bis c) und f) gilt entsprechend. ²Die gewährte Entschädigung ist auf der Ladung auffällig zu vermerken; die ladende Stelle ist unverzüglich zu benachrichtigen.

II.

Geladenen Sachverständigen, Dolmetscherinnen, Dolmetschern, Übersetzerinnen und Übersetzern, Zeuginnen und Zeugen sowie Dritten (§ 23 JVEG) ist nach (jetzt) § 3 JVEG auf Antrag ein Vorschuß zu bewilligen, wenn (jetzt) ihnen erhebliche Fahrtkosten oder sonstige Aufwendungen entstanden sind oder voraussichtlich entstehen werden oder wenn die zu erwartende Vergütung für bereits erbrachte Teilleistungen einen Betrag von 2000 Euro übersteigt.

1. Für die Bewilligung im Verwaltungswege gelten folgende Bestimmungen:

a) Die Vorschüsse werden von dem zum Erlaß der Auszahlungsanordnung zuständigen Beamten der Geschäftsstelle bewilligt und zur Zahlung angewiesen.

b) Für Vorschüsse nach (jetzt) § 3 JVEG gilt Abschnitt I Nr 1 Buchst. b) bis f) entsprechend.

c) ¹Bei der Vorbereitung der Anweisung für die Entschädigung von Zeugen und Sachverständigen vor dem Termin ist die Vorschußzahlung, sofern sie aktenkundig ist, in auffälliger Weise zu vermerken. Zeugen und Sachverständige sind bei der Berechnung ihrer Entschädigung in jedem Falle zu befragen, ob und gegebenenfalls in welcher Höhe sie Vorschüsse erhalten haben, um deren Anrechnung sicherzustellen. ²Die Befragung ist in der Auszahlungsanordnung zu vermerken.

2. ¹Ist in Eilfällen die Auszahlung des Betrages oder die Übermittlung einer Fahrkarte bzw. eines Gutscheins an den Antragsteller durch die zuständige Geschäftsstelle nicht mehr möglich, so kann auch die Geschäftsstelle des Arbeitsgerichts, in dessen Bezirk sich der Zeuge oder Sachverständige aufhält, oder, wenn ein Amtsgericht dem Aufenthaltsort des Antragstellers näher liegt, die Geschäftsstelle dieses Amtsgerichts einen Vorschuß nach (jetzt) § 3 JVEG bewilligen. ²Ist ein Antrag nach (jetzt) § 4 JVEG auf gerichtliche Festsetzung gestellt, so kann in dringenden Fällen auf Ersuchen des nach (jetzt) § 4 JVEG zuständigen Gerichts ein festgesetzter Vorschuß ausgezahlt oder die Fahrkarte bzw. der Gutschein für ein bestimmtes Beförderungsmittel zur Verfügung gestellt werden. ³Der gewährte Vorschuß ist in der Ladung auffällig zu vermerken. ⁴Die ladende Stelle ist unverzüglich zu benachrichtigen.

VI. Entschädigung der Handelsrichter

107 GVG ^I Die ehrenamtlichen Richter, **die weder ihren Wohnsitz noch ihre gewerbliche Niederlassung am Sitz der Kammer für Handelssachen haben,** erhalten Tage- und Übernachtungsgelder nach den für Richter am Landgericht geltenden Vorschriften.

^{II} Den ehrenamtlichen Richtern werden die Fahrtkosten in entsprechender Anwendung des § 5 des Justizvergütungs- und -entschädigungsgesetzes ersetzt.

1) Systematik, I, II. Gemäß § 45a DRiG führen die ehrenamtlichen Richter bei der Kammer für Handelssachen nunmehr (wieder) die Bezeichnung „Handelsrichter". Das hat der Gesetzgeber bei der obigen Neufassung übersehen. Obwohl die Handelsrichter die Voraussetzungen des § 1 I Z 2 Hs 1 JVEG erfüllen, Teil V dieses Buchs, gilt für sie diese Vorschrift nach ihrem Hs 2 nicht. Vielmehr gilt die Sonderregelung des § 107 GVG. Diese stellt keinen Verstoß gegen Art 3 GG dar, Celle Rpfleger 75, 39. Soweit andere Gesetze auf § 107 GVG Bezug nehmen, gilt auch für die Entschädigung dieser anderen Richter die Sonderregelung des § 107. 1

Die Entschädigung erfolgt *von Amts wegen*. Der Handelsrichter hat auf sie einen Rechtsanspruch. Es gibt keine Ausschlußfrist und keine kurze Verjährungsfrist. 2

Den *ordentlichen Rechtsweg* eröffnet § 107 GVG nicht. Die Festsetzung erfolgt also durch die Justizverwaltung. Gegen diese Festsetzung ist der Antrag auf eine gerichtliche Entscheidung mit der Begründung zulässig, daß die Festsetzung den Handelsrichter in seinen Rechten beeinträchtige, weil sie rechtswidrig sei, § 23 EGGVG.

Es *entscheidet* nach § 30a EGGVG, Teil XII B dieses Buchs, dasjenige AG, bei dem die zuständige Kasse eingerichtet ist. Das AG muß im Verfahren den Vertreter der Staatskasse anhören. § 14 III, IV KostO, Teil III dieses Buchs, gelten entsprechend. Die Gerichtskosten für das Verfahren auf die Festsetzung der Entschädigung und für das Beschwerdeverfahren richten sich nach den §§ 130 I, II, IV, 131 I KostO. Der Geschäftswert ergibt sich aus § 30 KostO, § 30a EGGVG. 3

2) Regelungszweck, I, II. Es ist an sich keine eigenständige Regelung der Handelsrichter notwendig. Sie hat historische Hintergründe. Auch der Handelsrichter hat nicht andere Stimmrechte als sonstige ehrenamtliche Richter. Sein Ansehen ist allerdings hoch. Das mag ein Grund für die Sonderregelung sein. Im übrigen steht der Handelsrichter mangels einer Entschädigung auch wegen seines Zeitaufwands schlechter da als der sonstige ehrenamtliche Richter. Das hängt mit dem Umstand zusammen, daß er ja aus einem einigermaßen abgrenzbaren Berufsstand kommt und auch grundsätzlich nur über Fälle entscheidet, die eben diesen Berufsstand betreffen. Auch hier spielen ständische historische Argumente auch heute noch ersichtlich eine Rolle. Das alles sollte zu einer zurückhaltenden Handhabung der Vorschrift führen. 4

3) Tage- und Übernachtungsgeld des Auswärtigen, I. Derjenige Handelsrichter, der am Sitz der Kammer für Handelssachen keinen Wohnsitz und keine gewerbliche Niederlassung hat, erhält eine Entschädigung nach I, II. Maßgeblich ist der Wohnsitz nach § 7 BGB. Bei einer gewerblichen Niederlassung kann es sich um irgendeine Niederlassung des Unternehmens handeln, also auch um eine Zweigniederlassung. Der Handelsrichter erhält ein Tagegeld und ein Übernachtungsgeld nach I sowie einen Fahrtkostenersatz gemäß Rn 5. Er erhält jedoch keine Entschädigung für seine Zeitversäumnis. Das Tagegeld richtet sich nach der Abwesenheitsdauer. Die Sätze nach §§ 16ff JVEG, Teil V dieses Buchs, sind nicht anwendbar. Das Landesrecht regelt die Höhe des Tagegelds. 5

4) Fahrtkostenersatz, II. Er richtet sich jetzt für jeden Handelsrichter unabhängig von den Voraussetzungen des I gemäß II nach den Fahrtkostenregeln des § 5 JVEG, Teil V dieses Buchs. 6

VII. Durchführungsvorschriften zu den Kostengesetzen

Grundzüge

1) Systematik, Regelungszweck. Die Regelung der Verfahrenskosten gehört zu der konkurrierenden Gesetzgebung, Art 74 Z 1 GG. Sie erfolgt durch die Bundesgesetzgebung. Ihre Durchführung ist Sache der Länder, soweit es sich nicht um ihre Anwendung bei den Bundesgerichten handelt, Artt 83, 92 GG. Demgemäß haben die Länder Ausführungsvorschriften (Verwaltungsvorschriften) erlassen. Diese sind aber zum Teil bundeseinheitlich unter einer Mitwirkung des Bundesministers der Justiz beschlossen worden, so insbesondere die Kostenverfügung. Sie ist also kein Gesetz, Zweibr MDR **93**, 1133. Sie kann aber die Behörde zB nach Art 3 I GG binden, Kblz Rpfleger **88**, 384. Andere Vorschriften dieser Art, zB die Justizverwaltungskostenordnung und die Justizbeitreibungsordnung, werden sowohl als Bundes- wie als Landesrecht angewendet.

A. Kostenverfügung
(KostVfg)
vom 1. 3. 76

Vorbem. Der Bundesminister der Justiz und die Landesjustizverwaltungen hatten auf Grund der Kostennovelle 1975 eine Neufassung der Kostenverfügung beschlossen. Sie ist bundeseinheitlich mehrfach geändert worden, zuletzt mit Wirkung grundsätzlich vom 1. 9. 09. Nachstehend ist die im Bund und wegen der Änderungen in Schleswig-Holstein veröffentlichte Fassung abgedruckt. Die bisherige Fassung ist eingeführt sowie geändert und ergänzt in:

Bund: Bek zuletzt BAnz **08**, 944;
Baden-Württemberg: AV zuletzt Just **09**, 233;
Bayern: Bek zuletzt JMBl **09**, 98;
Berlin: AV zuletzt ABl **04**, 2803;
Brandenburg: AV zuletzt JMBl **04**, 81;
Bremen:
Hamburg: AV zuletzt JVBl **09**, 42;
Hessen: RdErl zuletzt JMBl **02**, 353;
Mecklenburg-Vorpommern: AV zuletzt ABl **04**, 974;
Niedersachsen: AV zuletzt NdsRpfl **09**, 236;
Nordrhein-Westfalen: AV zuletzt JMBl **09**, 181;
Rheinland-Pfalz: AV zuletzt JBl **04**, 191;
Saarland: AV zuletzt GMBl **09**, 1401;
Sachsen: VV zuletzt idF JMBl **98**, 105;
Sachsen-Anhalt: AV zuletzt JMBl **04**, 221;
Schleswig-Holstein: AV zuletzt SchlHA **09**, 264;
Thüringen: VV zuletzt JMBl **04**, 54.

Vom Abdruck mancher zusätzlicher Änderungen und Ergänzungen der Länder ist abgesehen worden, da sie nur Bedeutung für das jeweilige Land haben, dort aber jedem Kostenbeamten zugänglich sind. Die KostVfg bindet das Gericht nicht, Kblz MDR **05**, 1079 (zu § 8 I 3).

Abschnitt I. Allgemeine Bestimmungen

Kostenbeamter

1 Die Aufgaben des Kostenbeamten werden nach den darüber ergangenen allgemeinen Anordnungen von den Beamten des gehobenen oder mittleren Justizdienstes oder vergleichbaren Angestellten wahrgenommen.

1 Bemerkung. Die Kostenfestsetzung nach §§ 103 ff ZPO, 11 RVG, den Gesetzen und Verordnungen zur Ausführung von Verträgen mit ausländischen Staaten über die Rechtshilfe sowie die Anerkennung und Vollstreckung gerichtlicher Entscheidungen und anderer Schuldtitel in Zivil- und Handelssachen ist eine Aufgabe des Rpfl, § 21 I RPflG.

Pflichten des Kostenbeamten im Allgemeinen

2 I Der Kostenbeamte ist für die Erfüllung der ihm übertragenen Aufgaben, insbesondere für den rechtzeitigen, richtigen und vollständigen Ansatz der Kosten verantwortlich.

II ¹Der Kostenbeamte bescheinigt zugleich mit Aufstellung der Schlusskostenrechnung den vollständigen Ansatz der Kosten auf den Akten (Blattsammlungen) unter Bezeichnung der geprüften Blätter und unter Angabe von Tag und Amtsbezeichnung. ²Bei Grundakten, Registerakten, Vormundschaftsakten, Betreuungsakten und ähnlichen Akten, die regelmäßig für mehrere gebührenpflichtige Angelegenheiten geführt werden, erfolgt die Bescheinigung für jede einzelne Angelegenheit. ³Die Bescheinigung ist auch zu erteilen, wenn die Einziehung von Kleinbeträgen vorbehalten bleibt.

Mitwirkung der Registraturbeamten

3 I ¹Der mit der Führung der Geschäftsregister beauftragte Beamte (Registraturbeamte) ist dafür verantwortlich, dass die Akten dem Kostenbeamten rechtzeitig zum Kostenansatz vorgelegt werden. ²Er legt die Akten insbesondere vor,
a) wenn eine den Rechtszug abschließende gerichtliche Entscheidung ergangen ist,
b) wenn die Akten aus einem Rechtsmittelzug zurückkommen,
c) wenn eine Zahlungsanzeige der Gerichtskasse (Gerichtszahlstelle) oder ein mit Kostenmarken oder dem Abdruck eines Gerichtskostenstemplers versehenes Schriftstück eingeht, es sei denn, dass die eingehende Zahlung einen nach § 31 eingeforderten Vorschuss betrifft,
d) wenn eine Nachricht der Gerichtskasse über die Löschung des Kostensolls eingeht,
e) wenn die Klage erweitert oder Widerklage erhoben wird,
f) wenn er Zweifel hat, ob Kosten oder Vorschüsse zu berechnen sind,
g) wenn die Akten infolge Einspruchs gegen den Vollstreckungsbescheid bei Gericht eingehen.
³Die Vorlage ist in den Akten unter Angabe des Tages kurz zu vermerken.

II Der Registraturbeamte hat alle in der Sache entstehenden, von dem Kostenschuldner zu erhebenden Auslagen in den Akten in einer ins Auge fallenden Weise zu vermerken, soweit nicht eine Berechnung zu den Akten gelangt.

III ¹In Zivilprozess-, Strafprozess-, Bußgeld-, Insolvenz-, Zwangsversteigerungs- und Zwangsverwaltungsverfahren, in Familien- und Lebenspartnerschaftssachen, in Vormundschafts-, Betreuungs- und Pflegschaftssachen, in Nachlasssachen sowie in arbeits-, finanz-, sozial- und verwaltungsgerichtlichen Verfahren sind sämtliche Kostenrechnungen, Beanstandungen der Kostenprüfungsbeamten und Zahlungsanzeigen der Gerichtskasse (Gerichtszahlstelle) sowie Nachrichten der Gerichtskasse über die Löschung des Kostensolls vor dem ersten Aktenblatt einzuheften oder in eine dort einzuheftende Aktentasche lose einzulegen oder, soweit die Akten nicht zu heften sind, unter dem Aktenumschlag lose zu verwahren. ²Das Gleiche kann auch in anderen Verfahren geschehen, wenn dies

A. Kostenverfügung   §§ 3, 4 KostVfg

zweckmäßig erscheint, insbesondere wenn die Akten umfangreich sind. ³Ist ein Vollstreckungsheft angelegt, so sind die Kostenrechnungen, Beanstandungen, Zahlungsanzeigen und Nachrichten in diesem entsprechend zu verwahren (vgl. § 16 Abs. 2 StVollstrO). ⁴Wird es notwendig, die vor dem ersten Aktenblatt eingehefteten oder verwahrten Schriftstücke mit Blattzahlen zu versehen, so sind dazu römische Ziffern zu verwenden.

ᴵⱽ Der Registraturbeamte hat laufend auf dem Aktenumschlag mit Tinte oder Kugelschreiber die Blätter zu bezeichnen,
 a) auf denen sich Kostenmarken, Abdrucke von Gerichtskostenstempeln, Aktenausdrucke nach § 696 Abs. 2 Satz 1 ZPO mit Gerichtskostenrechnungen oder Vermerke hierüber befinden,
 b) aus denen sich ergibt, dass Vorschüsse zum Soll gestellt oder ohne vorherige Sollstellung eingezahlt (auch in Kostenmarken oder unter Verwendung von Gerichtskostenstempeln entrichtet) worden sind,
 c) auf denen sich Kostenrechnungen, Zahlungsanzeigen der Gerichtskasse (Gerichtszahlstelle) oder Nachrichten der Gerichtskasse über Löschung des Kostensolls befinden, die nicht nach Absatz 3 eingeheftet oder verwahrt werden,
 d) auf denen Kleinbeträge vermerkt sind, deren Einziehung oder Auszahlung nach den über die Behandlung solcher Beträge erlassenen Bestimmungen einstweilen vorbehalten bleibt; diesem Hinweis ist der rot zu unterstreichende Buchstabe „v" hinzuzufügen.

ⱽ ¹Der Registraturbeamte prüft vor dem Weglegen der Akten und Blattsammlungen, ob Anlass für die Vorlage an den Kostenbeamten besteht und ob berechnete Kosten entweder bei der Gerichtskasse zum Soll gestellt sind oder die Einzahlung durch eine Anzeige der Gerichtskasse (Gerichtszahlstelle), durch Kostenmarken, Abdrucke von Gerichtskostenstempeln oder Aktenausdrucke nach § 696 Abs. 2 Satz 1 ZPO mit Gerichtskostenrechnungen nachgewiesen ist. ²Er bescheinigt diese Prüfung auf den Akten (Blattsammlungen) unter Bezeichnung des letzten Aktenblattes und unter Angabe von Tag und Amtsbezeichnung. ³Die Bescheinigung ist auch zu erteilen, wenn die Einziehung von Kleinbeträgen vorbehalten bleibt. ⁴Der Behördenleiter kann die Aufgaben nach den Sätzen 1 bis 3 einem anderen Beamten oder Angestellten der Geschäftsstelle übertragen.

ⱽᴵ Bei der Aufbewahrung von Auskünften des Finanzamts über den Einheitswert ist § 24 Abs. 6 AktO zu beachten (vgl. § 15 Abs. 2).

Abschnitt II. Kostenansatz

Begriff und Gegenstand

4 ᴵ ¹Der Kostenansatz besteht in der Aufstellung der Kostenrechnung (§§ 27 ff). ²Er hat die Berechnung der Gerichtskosten und Justizverwaltungskosten sowie die Feststellung der Kostenschuldner zum Gegenstand. ³Zu den Kosten gehören alle für die Tätigkeit des Gerichts und der Justizverwaltung zu erhebenden Gebühren, Auslagen und Vorschüsse.

ᴵᴵ ¹Ist die berechnete Kostenforderung noch nicht beglichen, so verfügt der Kostenbeamte in der Kostenrechnung, dass die Kosten der Gerichtskasse zur Einziehung zu überweisen (§ 29) oder mit Kostennachricht (§ 31) anzufordern sind. ²Hierzu genügt die Verfügung: „Zur Kasse mit Reinschrift nach Muster ..." oder „Kostennachricht nach Muster ...".

ᴵᴵᴵ ¹Handelt es sich um Kosten, die durch den Antrag einer Gerichtskasse auf Vollstreckung in das unbewegliche Vermögen entstanden sind, so wird zwar eine Kostenrechnung aufgestellt, aber nicht nach Absatz 2 verfahren. ²Die entstandenen Kosten sind der Gerichtskasse vielmehr lediglich zur etwaigen späteren Einziehung als Nebenkosten mitzuteilen.

ᴵⱽ ¹Können die Gebühren für die Entscheidung über den Antrag auf Anordnung der Zwangsversteigerung oder über den Beitritt zum Verfahren (Nr. 2210 des Kostenverzeichnisses zum Gerichtskostengesetz) oder die Auslagen des Anordnungs-(Beitritts-)verfahrens nicht vom Antragsteller eingezogen werden, weil ihm Prozesskostenhilfe ohne Zahlungsbestimmung bewilligt ist oder ihm Gebühren- oder Auslagenfreiheit zusteht (z. B. bei der Zwangsversteigerung wegen rückständiger öffentlicher Abgaben), so veranlasst der Kostenbeamte die Sollstellung der Kosten durch die Gerichtskasse (§ 29), die sie – unbeschadet sonstiger Einziehungsmöglichkeiten – in dem Zwangsversteigerungsverfahren mit dem Range des Anspruchs des betreibenden Gläubigers auf Befriedigung aus dem Grundstück rechtzeitig anmeldet (§ 10 Abs. 2, §§ 12, 37 Nr. 4 ZVG). [2]Dies gilt im Zwangsverwaltungsverfahren entsprechend. [3]Absatz 3 bleibt unberührt.

[V] Für die Behandlung von kleinen Kostenbeträgen gelten die hierfür erlassenen besonderen Bestimmungen.

[VI] Sind Kosten zugleich mit einem Geldbetrag im Sinne des § 1 Abs. 1 der Einforderungs- und Beitreibungsanordnung einzuziehen, so richtet sich das Verfahren nach der Einforderungs- und Beitreibungsanordnung.

1   Bemerkung. §§ 4, 5 betreffen nicht das Kostenfestsetzungsverfahren nach §§ 103 ff ZPO, BGH NJW **04**, 367.

Zuständigkeit zum Kostenansatz

5 [I] [1]Der Kostenansatz richtet sich, soweit Kosten nach dem Gerichtskostengesetz erhoben werden, nach § 19 GKG, soweit Kosten nach dem Gesetz über Gerichtskosten in Familiensachen erhoben werden, nach § 18 FamGKG, und in den Angelegenheiten der freiwilligen Gerichtsbarkeit nach § 14 KostO. [2]Kosten der Vollstreckung von freiheitsentziehenden Maßregeln der Besserung und Sicherung werden bei der nach § 19 Abs. 2 GKG zuständigen Behörde angesetzt, soweit nicht die Landesregierungen durch Rechtsverordnung andere Zuständigkeiten begründet haben (§ 138 Abs. 2 StVollzG).

[II] Sind in einer Straf-, Bußgeld- oder Jugendgerichtssache verschiedene Behörden für den Kostenansatz zuständig, so haben sich die Kostenbeamten dieser Behörden durch Mitteilung einer Abschrift der Kostenrechnung oder des sonst von ihnen Veranlassten miteinander zu verständigen.

[III] Hat in Strafsachen der Bundesgerichtshof die Sache ganz oder teilweise zur anderweitigen Verhandlung und Entscheidung zurückverwiesen, so übersendet die für den Kostenansatz zuständige Behörde eine beglaubigte Abschrift der rechtskräftigen Entscheidung zum Kostenansatz an den Bundesgerichtshof.

[IV] Zu den durch die Vorbereitung der öffentlichen Klage entstandenen Kosten (Nrn. 9015, 9016 des Kostenverzeichnisses zum Gerichtskostengesetz) gehören auch
a) die Auslagen, die der Polizei bei der Ausführung von Ersuchen des Gerichts oder der Staatsanwaltschaft, bei der Tätigkeit der Polizeibeamten als Hilfsbeamte der Staatsanwaltschaft und in den Fällen entstehen, in denen die Polizei nach § 163 StPO aus eigenem Entschluss Straftaten erforscht,
b) Auslagen, die den zuständigen Verwaltungsbehörden als Verfolgungsorganen in Straf- und Bußgeldsachen erwachsen sind.

[V] [1]Wenn das Gericht in einem Strafverfahren wegen einer Steuerstraftat auf eine Strafe oder Maßnahme oder in einem Bußgeldverfahren wegen einer Steuerordnungswidrigkeit auf eine Geldbuße oder Nebenfolge erkennt, so gehören zu den Kosten des gerichtlichen Verfahrens die Auslagen, die einer Finanzbehörde bei der Untersuchung und bei der Teilnahme am gerichtlichen Verfahren entstanden sind. [2]Diese Auslagen sind nicht nach § 464b StPO festzusetzen, sondern als Gerichtskosten zu berechnen und einzuziehen. [3]Soweit die Auslagen bei einer Bundesfinanzbehörde entstanden sind, werden sie als durchlaufende Gelder behandelt und an sie abgeführt (vgl. § 27 Abs. 8, § 38), wenn sie den Betrag von 25 Euro übersteigen. [4]An die Landesfinanzbehörden werden eingezogene Beträge nicht abgeführt.

[VI] [1]Geht ein Mahnverfahren gegen mehrere Antragsgegner nach Widerspruch oder Einspruch in getrennte Streitverfahren bei verschiedenen Gerichten über, so hat der Kostenbeamte des abgebenden Gerichts den Kostenbeamten der übernehmenden Gerichte eine beglaubigte Abschrift der Kostenrechnung zu übersenden und sie über das sonst von ihm Veranlasste zu unterrichten. [2]Von Zah-

A. Kostenverfügung   §§ 5–8 KostVfg

lungsanzeigen und sonstigen Zahlungsnachweisen sind beglaubigte Ablichtungen zu übersenden.

VII ¹Die Gebühr für die Eröffnung einer Verfügung von Todes wegen und die Gebühr für die Beurkundung einer eidesstattlichen Versicherung zwecks Erwirkung eines Erbscheins werden stets beim Nachlassgericht angesetzt (§ 103 Abs. 3, § 107 Abs. 1 Satz 2 KostO). ²Erfolgt die Eröffnung oder die Beurkundung bei einem anderen Gericht, so ist das Nachlassgericht zu verständigen. ³Diese Bestimmungen gelten auch dann, wenn die beiden Gerichte in verschiedenen Ländern der Bundesrepublik liegen. ⁴Soweit das Landwirtschaftsgericht an die Stelle des Nachlassgerichts tritt, wird auch die Gebühr nach § 107 Abs. 1 Satz 2 KostO beim Landwirtschaftsgericht angesetzt.

Bemerkung. Mietkosten der Polizei für einen Computer zwecks einer Telefonüberwachung zählen nicht zu den Auslagen nach IV, Celle Rpfleger **01**, 148. 1

Kostenansatz bei Verweisung eines Rechtsstreits an ein Gericht eines anderen Landes

6 I Wird ein Rechtsstreit an ein Gericht eines anderen Landes der Bundesrepublik verwiesen, so ist für den Kostenansatz der Kostenbeamte des Gerichts zuständig, das nach der Ländervereinbarung (Vereinbarung über den Ausgleich von Kosten – Gem. AV d. MJF u. d. MASGV v. 11. Juli 2001 – II 312/5600 – 81 SH – [SchlHA 2001 S. 180] in der jeweils geltenden Fassung) die Kosten einzuziehen hat.

II Einzuziehende Beträge, die nach § 59 RVG auf die Staatskasse übergegangen sind, werden im Falle der Verweisung eines Rechtsstreits an ein Gericht eines anderen Landes bei dem Gericht angesetzt, an das der Rechtsstreit verwiesen worden ist (vgl. Vereinbarung über den Ausgleich von Kosten – a. a. O.).

Bemerkung. Wegen des Kostenausgleichs in Schiffahrtsrechtlichen Verteilungsverfahren s Teil VII B 6 dieses Buchs. 1

Voraussetzungen des Kostenansatzes und Feststellung der Kostenschuldner im Allgemeinen

7 I ¹Wer Kostenschuldner ist und in welchem Umfang er haftet, stellt der Kostenbeamte fest. ²Dabei ist zu beachten, dass nach § 29 Nr. 3 GKG sowie nach § 24 Nr. 3 FamGKG auch Dritte, die kraft Gesetzes, und nach § 3 Nr. 3 KostO sowie nach § 6 Abs. 1 Nr. 3 JVKostO auch Dritte, die nach den Vorschriften des bürgerlichen Rechts kraft Gesetzes für die Kostenschuld eines anderen haften (z. B. Erben, Ehegatten, Vermögensübernehmer usw.), als Kostenschuldner auf Leistung oder Duldung der Zwangsvollstreckung in Anspruch genommen werden können.

II Haften mehrere Kostenschuldner als Gesamtschuldner, so bestimmt der Kostenbeamte unter Beachtung der Grundsätze in § 8, wer zunächst in Anspruch genommen werden soll.

III Die Ermittlung und Feststellung von Personen, die nicht der Staatskasse für die Kostenschuld haften, sondern nur dem Kostenschuldner gegenüber zur Erstattung der Kosten verpflichtet sind, ist nicht Sache des Kostenbeamten.

Kostengesamtschuldner

8 I ¹Soweit in Angelegenheiten, für die das Gerichtskostengesetz oder das Gesetz über Gerichtskosten in Familiensachen gilt, einem gesamtschuldnerisch haftenden Kostenschuldner die Kosten durch gerichtliche Entscheidung auferlegt oder von ihm durch eine vor Gericht abgegebene oder ihm mitgeteilte Erklärung übernommen sind, soll die Haftung des anderen gesamtschuldnerisch haftenden Kostenschuldners (Zweitschuldners) nur geltend gemacht werden, wenn eine Zwangsvollstreckung in das bewegliche Vermögen des erstgenannten Kostenschuldners (Erstschuldners) erfolglos geblieben ist oder aussichtslos erscheint (§ 31 Abs. 2 Satz 1, § 18 GKG, § 26 Abs. 2 Satz 1, § 17 FamGKG). ²Das Gleiche gilt in Verfahren in Landwirtschaftssachen (§ 47 Abs. 1 des Gesetzes über das gerichtliche Verfahren in Landwirtschaftssachen – Bundesgesetzblatt Teil III, Gliederungsnummer 317-1). ³Dass die Zwangsvollstreckung aussichtslos sei, kann regelmäßig angenommen werden, wenn ein Erstschuldner mit bekanntem Wohnsitz oder Sitz oder Aufenthaltsort im Ausland der Zahlungsaufforderung nicht nachkommt und gegen ihn ggf. im Ausland vollstreckt werden müsste. ⁴Dies gilt insbesondere dann, wenn die Zwangsvollstreckung im Ausland erfahrungsgemäß lange Zeit in Anspruch nimmt oder mit unverhältnismäßig hohen Kosten verbunden wäre.

II ¹Soweit einem Kostenschuldner, der aufgrund von § 29 Nr. 1 GKG oder § 24 Nr. 1 FamGKG haftet (Entscheidungsschuldner), Prozess- oder Verfahrenskostenhilfe bewilligt worden ist, darf die Haftung eines anderen Kostenschuldners nicht geltend gemacht werden; von diesem bereits erhobene Kosten sind zurückzuzahlen, soweit es sich nicht um eine Zahlung nach § 13 Abs. 1 und 3 des Justizvergütungs- und -entschädigungsgesetzes handelt und die Partei, der Prozess- oder Verfahrenskostenhilfe bewilligt worden ist, der besonderen Vergütung zugestimmt hat. ²Die Haftung eines anderen Kostenschuldners darf auch nicht geltend gemacht werden, soweit dem Entscheidungsschuldner ein Betrag für die Reise zum Ort einer Verhandlung, Vernehmung oder Untersuchung und für die Rückreise gewährt worden ist (§ 31 Abs. 3 GKG, § 26 Abs. 3 FamGKG).

III ¹In allen sonstigen Fällen der gesamtschuldnerischen Haftung für die Kosten bestimmt der Kostenbeamte nach pflichtmäßigem Ermessen, ob der geschuldete Betrag von einem Kostenschuldner ganz oder von mehreren nach Kopfteilen angefordert werden soll. ²Soweit die Sicherheit der Staatskasse keine andere Art der Inanspruchnahme geboten erscheinen lässt, sollen die Kosten regelmäßig zunächst angefordert werden

1. von dem Schuldner, dem sie durch gerichtliche Entscheidung auferlegt sind oder der sie durch Erklärung gegenüber dem Gericht übernommen hat;
2. in Ermangelung einer solchen Entscheidung oder Übernahmeerklärung von dem Schuldner, der sie im Verhältnis zu den Übrigen endgültig zu tragen hat;
3. wenn dieses Innenverhältnis dem Kostenbeamten nicht bekannt ist oder wenn mehrere Schuldner auch im Verhältnis zueinander gleichmäßig haften, von sämtlichen Kostenschuldnern nach Kopfteilen.

³Ist anzunehmen, dass einer dieser Gesamtschuldner zur Zahlung überhaupt nicht oder nur in Teilbeträgen in der Lage wäre, so sind die gesamten Kosten zunächst nur von den Übrigen anzufordern.

1 **Bemerkung.** Wegen Art 3 I GG kann die Behörde an die Einhaltung auch im Verfahren nach (jetzt) § 66 GKG oder § 76 FamGKG, Teile I A, B dieses Buchs, gebunden sein, KG MDR 02, 1276. III enthält für den Kostenbeamten verständliche Richtlinien auch mit Außenwirkung gegenüber dem Kostenschuldner, Düss JB 04, 606, Ffm JB 01, 37, Kblz FamRZ 01, 297. I 3 bindet das Gericht nicht, Kblz MDR 05, 1079. III ist auch dann anwendbar, wenn der in Anspruch Genommene Prozeßkostenhilfe mit Raten, der Gegner eine solche aber ohne Ratenpflichten erhält, Kblz RR 01, 941.

Kosten bei Bewilligung von Prozess- oder Verfahrenskostenhilfe

9 Bei Bewilligung von Prozess- oder Verfahrenskostenhilfe sind die Durchführungsbestimmungen zur Prozess- und Verfahrenskostenhilfe sowie zur Stundung der Kosten des Insolvenzverfahrens (DB-PKH) zu beachten.

1 **Bemerkung.** Die DB-PKH sind im Teil VII B Z 5 dieses Buchs abgedruckt. Wegen der Stundung der Kosten in Insolvenzverfahren vgl Teil VII F dieses Buchs.

Unvermögen des Kostenschuldners in anderen Fällen

10 I ¹In anderen als den in § 8 Abs. 2 und in der Nr. 3.1 der Durchführungsbestimmungen zur Prozess- und Verfahrenskostenhilfe sowie zur Stundung der Kosten des Insolvenzverfahrens (DB-PKH) bezeichneten Fällen darf der Kostenbeamte vom Ansatz der Kosten nur dann absehen, wenn das dauernde Unvermögen des Kostenschuldners zur Zahlung offenkundig oder ihm aus anderen Vorgängen bekannt ist, oder wenn sich der Kostenschuldner dauernd an einem Ort aufhält, an dem eine Beitreibung keinen Erfolg verspricht. [2] Das dauernde Unvermögen des Kostenschuldners ist nicht schon deshalb zu verneinen, weil er möglicherweise später einmal in die Lage kommen könnte, die Schuld ganz oder teilweise zu bezahlen. [3] Wenn dagegen bestimmte Gründe vorliegen, die dies mit einiger Sicherheit erwarten lassen, liegt dauerndes Unvermögen nicht vor.

II Ohne Rücksicht auf das dauernde Unvermögen des Kostenschuldners sind die Kosten anzusetzen,
1. wenn ein zahlungsfähiger Kostenschuldner für die Kosten mithaftet;
2. wenn anzunehmen ist, dass durch Ausübung des Zurückbehaltungsrechts (§ 25) die Zahlung der Kosten erreicht werden kann, insbesondere dann, wenn ein anderer Empfangsberechtigter an der Aushändigung der zurückbehaltenen Schriftstücke ein Interesse hat;
3. wenn die Kosten zugleich mit einem Geldbetrag im Sinne des § 1 Abs. 1 der Einforderungs- und Beitreibungsanordnung einzuziehen sind (§ 4 Abs. 6);
4. wenn es sich um Gebühren oder Vorschüsse handelt, von deren Entrichtung die Vornahme einer Amtshandlung abhängt (§ 31).

III [1] Angaben im Verfahren über die Prozess- oder Verfahrenskostenhilfe, Feststellungen im Strafverfahren über die Einkommens- und Vermögensverhältnisse des Beschuldigten (Nr. 14 der Richtlinien für das Strafverfahren und das Bußgeldverfahren) oder Mitteilungen der Gerichtskasse können dem Kostenbeamten einen Anhalt für seine Entschließung bieten. [2] Er wird dadurch aber nicht von der Verpflichtung entbunden, selbständig zu prüfen und zu entscheiden, ob tatsächlich Unvermögen zur Zahlung anzunehmen ist. [3] Nötigenfalls stellt er geeignete Ermittlungen an. [4] In Strafsachen sind an Stellen außerhalb der Justizverwaltung Anfragen nach den wirtschaftlichen Verhältnissen des Kostenschuldners nur ausnahmsweise und nur dann zu richten, wenn nicht zu befürchten ist, dass dem Kostenschuldner aus diesen Anfragen Schwierigkeiten erwachsen könnten. [5] Bei der Fassung etwaiger Anfragen ist jeder Hinweis darauf zu vermeiden, dass es sich um Kosten aus einer Strafsache handelt.

IV Der Kostenbeamte vermerkt in den Akten, dass er die Kosten nicht angesetzt hat; er gibt dabei die Gründe kurz an und verweist auf die Aktenstelle, aus der sie ersichtlich sind.

V Nach Absatz 1 außer Ansatz gelassene Kosten sind anzusetzen, wenn Anhaltspunkte dafür bekannt werden, dass eine Einziehung Erfolg haben wird.

Nichterhebung von Auslagen für von Amts wegen veranlasste Terminsverlegungen und Vertagungen
− zu § 21 Abs. 1 Satz 2 GKG, § 20 Abs. 1 Satz 2 FamGKG, § 16 Abs. 1 Satz 2 KostO −

10a [1] Der Kostenbeamte ist befugt, die in § 21 Abs. 1 Satz 2 GKG, § 20 Abs. 1 Satz 2 FamGKG und § 16 Abs. 1 Satz 2 KostO genannten Auslagen außer Ansatz zu lassen. [2] Er legt die Akten aber dem Gericht mit der Anregung einer Entscheidung vor, wenn dies mit Rücksicht auf rechtliche oder tatsächliche Schwierigkeiten erforderlich erscheint. [3] Die Entscheidung des Kostenbeamten nach Satz 1 ist keine das Gericht bindende Anordnung im Sinne von § 21 Abs. 2 Satz 2 GKG, § 20 Abs. 1 Satz 2 FamGKG und § 16 Abs. 2 Satz 2 KostO.

Absehen von Wertermittlungen
− zu § 92 KostO, Nrn. 1311, 1312 der Anlage 1 (zu § 3 Abs. 2) FamGKG −

10b Von Wertermittlungen kann abgesehen werden, wenn nicht Anhaltspunkte dafür bestehen, dass das reine Vermögen des Fürsorgebedürftigen mehr als 25 000 Euro beträgt.

Kostenansatz bei gegenständlich beschränkter Gebührenfreiheit

11 ^{I} ^{1}Bei Erbscheinen und ähnlichen Zeugnissen (§§ 107, 109, 111 KostO), die zur Verwendung in einem bestimmten Verfahren gebührenfrei oder zu ermäßigten Gebühren zu erteilen sind, hat der Kostenbeamte die Urschrift und Ausfertigung der Urkunde mit dem Vermerk „Zum ausschließlichen Gebrauch für das ...-verfahren gebührenfrei – zu ermäßigten Gebühren – erteilt" zu versehen. ^{2}Die Ausfertigung ist der Behörde oder Dienststelle, bei der das Verfahren anhängig ist, mit dem Ersuchen zu übersenden, den Beteiligten weder die Ausfertigung auszuhändigen noch eine Abschrift zu erteilen.

^{II} Auf § 107a Abs. 2 Satz 2 KostO wird hingewiesen.

Haftkosten

12 ^{1}Die Erhebung von Kosten der Vollstreckung von freiheitsentziehenden Maßregeln der Besserung und Sicherung richtet sich nach § 138 Abs. 2, § 50 StVollzG. ^{2}Die Kosten der Untersuchungshaft sowie einer sonstigen Haft außer Zwangshaft, die Kosten einer einstweiligen Unterbringung (§ 126a StPO), einer Unterbringung zur Beobachtung (§ 81 StPO § 73 JGG) und einer einstweiligen Unterbringung in einem Heim der Jugendhilfe (§ 71 Abs. 2, § 72 Abs. 4 JGG) werden nur angesetzt, wenn sie nach § 50 StVollzG zu erheben wären (Nr. 9011 des Kostenverzeichnisses zum Gerichtskostengesetz).

Zeit des Kostenansatzes im Allgemeinen

13 ^{I} Soweit nichts anderes bestimmt oder zugelassen ist, werden Kosten alsbald nach Fälligkeit angesetzt (z.B. § 6 Abs. 1 und 2, §§ 7 bis 9 GKG, §§ 9 bis 11 FamGKG, § 7 KostO) und Kostenvorschüsse berechnet, sobald sie zu leisten sind (z.B. §§ 15 bis 18 GKG, §§ 16, 17 FamGKG, § 8 KostO).

^{II} ^{1}Auslagen sind in der Regel erst bei Beendigung des Rechtszuges anzusetzen, wenn kein Verlust für die Staatskasse zu befürchten ist. ^{2}Das Gleiche gilt für die Abrechnung der zu ihrer Deckung erhobenen Vorschüsse. ^{3}Werden jedoch im Laufe des Verfahrens Gebühren fällig, so sind mit ihnen auch die durch Vorschüsse nicht gedeckten Auslagen anzusetzen.

^{III} Absatz 2 gilt nicht
1. für Auslagen, die in Verfahren vor einer ausländischen Behörde entstehen,
2. für Auslagen, die einer an der Sache nicht beteiligten Person zur Last fallen.

^{IV} ^{1}Steht zu dem in Absatz 1 bezeichneten Zeitpunkt der den Gebühren zugrunde zu legende Wert noch nicht endgültig fest, so werden die Gebühren unter dem Vorbehalt späterer Berichtigung nach einer vorläufigen Wertannahme angesetzt. ^{2}Auf rechtzeitige Berichtigung ist zu achten (vgl. § 20 GKG, § 19 FamGKG, § 15 KostO); in Angelegenheiten, auf die die Kostenordnung Anwendung findet, ist erforderlichenfalls dem Kostenschuldner mitzuteilen, dass ein Wertermittlungsverfahren eingeleitet ist (§ 15 Abs. 2 KostO). ^{3}Dasselbe gilt für Angelegenheiten, auf die das FamGKG Anwendung findet (§ 19 Abs. 2 FamGKG).

Zeit des Kostenansatzes in besonderen Fällen

14 I. Gebühr für die Durchführung des Insolvenzverfahrens
– zu Nrn. 2320, 2330 des Kostenverzeichnisses zum Gerichtskostengesetz –
1. Die Gebühr für die Durchführung des Insolvenzverfahrens ist in der Regel nach Durchführung des Berichtstermins (§ 156 InsO), im vereinfachten Insolvenzverfahren bei Vorliegen der Vermögensübersicht (§ 305 Abs. 1 Nr. 3 InsO), anzusetzen.
2. Bei Einstellung des Insolvenzverfahrens oder nach Bestätigung des Insolvenzplans hat der Kostenbeamte den Insolvenzverwalter schriftlich aufzufordern, einen Betrag zurückzubehalten, der zur Deckung der näher zu bezeichnenden Gerichtskosten ausreicht.

II. Auslagen in Genossenschaftssachen

In Genossenschaftssachen sind die Auslagen in der Regel am Schluss eines jeden Kalenderjahres anzusetzen.

III. Kosten in Vormundschafts-, Dauerbetreuungs- und Dauerpflegschaftssachen
– zu § 92 KostO, § 10 FamGKG –

¹Die bei Vormundschaften und Dauerbetreuungen und -pflegschaften zu Beginn eines jeden Kalenderjahres fällig werdenden Gebühren können, wenn kein Verlust für die Staatskasse zu besorgen ist, gelegentlich der Prüfung der jährlichen Rechnungslegung angesetzt werden. ²Zur Sicherstellung des rechtzeitigen Ansatzes dieser Gebühren sind die in Betracht kommenden Akten von dem Kostenbeamten in ein Verzeichnis einzutragen, das mindestens folgende Spalten enthält:
1. Lfd. Nr., 2. Aktenzeichen, 3. Bezeichnung der Sache, 4. Jahresgebühr berechnet am:

IV. Kosten der Strafhaft *(aufgehoben)*

V. Kosten in Wohnungsbausachen *(aufgehoben)*

VI. Gebühren in Familiensachen und Lebenspartnerschaftssachen

Gebühren in Scheidungsfolgesachen und in Folgesachen eines Verfahrens über die Aufhebung der Lebenspartnerschaft werden erst angesetzt, wenn eine unbedingte Entscheidung über die Kosten ergangen ist oder das Verfahren oder die Instanz durch Vergleich, Zurücknahme oder anderweitige Erledigung beendet ist (§ 9 Abs. 1, § 11 Abs. 1 FamGKG).

Feststellung des letzten Einheitswertes – zu § 19 Abs. 2 KostO –

15 ¹ Ist der Einheitswert von Grundbesitz festzustellen (§ 19 Abs. 2 KostO), so genügt als Nachweis die Vorlage des Steuerbescheides (Feststellungsbescheides, Einheitswertbescheides), sofern sich der Einheitswert des Grundbesitzes nicht schon aus der steuerlichen Unbedenklichkeitsbescheinigung ergibt.

II ¹Das Finanzamt ist um Auskunft über die Höhe des Einheitswertes oder um Erteilung einer Abschrift des Einheitswertbescheides nur zu ersuchen, wenn der Kostenschuldner den Steuerbescheid nicht vorlegt, ausnahmsweise auch dann, wenn die Wertermittlung besonders schwierig ist. ²§ 24 Abs. 6 AktO ist zu beachten.

Gebührenansatz bei gleichzeitiger Belastung mehrerer Grundstücke
– zu § 63 Abs. 3, § 64 Abs. 6, § 65 Abs. 2, § 67 KostO –

16 ¹Wird die Belastung mehrerer Grundstücke mit einem und demselben Recht gleichzeitig beantragt und wird das Grundbuch über die mehreren Grundstücke bei verschiedenen Grundbuchämtern geführt (§ 63 Abs. 3 KostO), so haben sich die Kostenbeamten der beteiligten Grundbuchämter wegen des Gebührenansatzes durch Mitteilung einer Abschrift der Kostenrechnung miteinander zu verständigen. ²Das Gleiche gilt in den Fällen der §§ 64 Abs. 6, 65 Abs. 2 und 67 KostO.

Gebührenansatz bei beglaubigten Abschriften und Bescheinigungen

17 *(aufgehoben)*

Schreibauslagen bei persönlicher oder sachlicher Gebührenfreiheit

18 *(aufgehoben)*

19, 20 (aufgehoben)

Gerichtsvollzieherkosten – zu § 13 Abs. 3 GvKostG –

21 Hat der Gerichtsvollzieher bei Aufträgen, die ihm vom Gericht erteilt werden, die Gerichtsvollzieherkosten (Gebühren und Auslagen) zu den Akten mitgeteilt und nicht angezeigt, dass er sie eingezogen hat, so sind sie als Auslagen des gerichtlichen Verfahrens anzusetzen (vgl. § 13 Abs. 3 GvKostG, § 27 Abs. 8 Satz 3).

Kostensicherung

22 [I] [1] Zur Sicherung des Kosteneingangs sehen die Kostengesetze vor
1. die Erhebung von Kostenvorschüssen, von denen die Vornahme einer Amtshandlung nicht abhängt (z. B. §§ 15, 17 Abs. 3 GKG, § 16 Abs. 3 FamGKG, § 8 Abs. 1 KostO);
2. die Zurückstellung von Amtshandlungen bis zur Entrichtung bestimmter Gebühren oder Kostenvorschüsse (z. B. §§ 12, 13, 17 Abs. 2 GKG, §§ 14, 16 Abs. 2 FamGKG, § 8 Abs. 2 KostO, § 7 Abs. 2 Satz 2 JVKostO);
3. die Zurückbehaltung von Urkunden bis zur Bezahlung der Kosten (§ 25).

[II] [1] Die Erhebung eines Kostenvorschusses, von dessen Zahlung die Amtshandlung abhängt (Abs. 1 Nr. 1), ordnet der Kostenbeamte selbständig an. [2] Das Gleiche gilt in den Fällen der §§ 12, 13 GKG und § 14 FamGKG, jedoch ist der Eingang zunächst dem Richter (Rechtspfleger) vorzulegen, wenn sich daraus ergibt, dass die Erledigung der Sache ohne Vorauszahlung angestrebt wird.

[III] Wenn nach gesetzlicher Vorschrift die Vornahme des Geschäfts von der Vorauszahlung der Kosten abhängig gemacht werden soll (z. B. §§ 379a, 390 Abs. 4 StPO, § 17 Abs. 1 Satz 2 GKG, § 16 Abs. 1 Satz 2 FamGKG, § 8 Abs. 2 KostO), hat der Kostenbeamte vor der Einforderung des Vorschusses die Entscheidung des Richters (Rechtspflegers) einzuholen; dies gilt nicht in den Fällen der §§ 12, 13 GKG und § 14 FamGKG (vgl. oben Absatz 2 Satz 2).

[IV] In Justizverwaltungsangelegenheiten bestimmt der nach § 53 zuständige Beamte die Höhe des Vorschusses.

[V] Ist die Vornahme einer Amtshandlung nicht von der Zahlung eines Auslagenvorschusses abhängig, so soll dieser regelmäßig nur erfordert werden, wenn die Auslagen mehr als 25 Euro betragen oder ein Verlust für die Staatskasse zu befürchten ist.

[VI] In den Fällen des Absatzes 1 Nr. 1 und 3 sowie des § 17 Abs. 2 GKG und des § 16 Abs. 2 FamGKG sowie in gleichartigen Fällen ist ein Vorschuss nicht zu erheben, wenn eine Gemeinde, ein Gemeindeverband oder eine sonstige Körperschaft des öffentlichen Rechts Kostenschuldner ist.

Sicherstellung nach § 8 Abs. 2 KostO

23 [1] Wird Sicherstellung zugelassen, so wird der Vorschuss zwar berechnet, aber nicht nach § 4 Abs. 2 angefordert. [2] Die Sicherheit kann vorbehaltlich anderer Anordnungen des Richters (Rechtspflegers) in der in den §§ 232 bis 240 BGB vorgesehenen Weise geleistet werden. [3] Die Verwertung der Sicherheit ist Sache der Gerichtskasse, nachdem ihr die aus Anlass des Geschäfts erwachsenen Kosten zur Einziehung überwiesen sind.

Jährliche Vorschüsse im Zwangsverwaltungsverfahren – zu § 15 Abs. 2 GKG –

24 [1] Der jährlich zu erhebende Gebührenvorschuss soll regelmäßig in Höhe einer Gebühr mit einem Gebührensatz von 0,5 bemessen werden. [2] Daneben ist ein Auslagenvorschuss in Höhe der im laufenden Jahr voraussichtlich erwachsenden Auslagen zu erheben.

A. Kostenverfügung §§ 25–27 KostVfg

Zurückbehaltungsrecht – zu § 10 KostO, § 17 Abs. 2 GKG, § 16 Abs. 2 FamGKG, § 7 Abs. 3 JVKostO –

25 ^I ¹In Angelegenheiten, auf die die Kostenordnung anzuwenden ist, und in Justizverwaltungsangelegenheiten sind Bescheinigungen, Ausfertigungen, Abschriften sowie zurückzugebende Urkunden, die aus Anlass des Geschäfts von einem Kostenschuldner oder von einer sonstigen Person eingereicht sind, regelmäßig bis zur Zahlung der in der Angelegenheit erwachsenden Kosten zurückzubehalten. ²§ 10 Abs. 2 KostO ist in den Fällen des § 17 Abs. 2 GKG und des § 16 Abs. 2 FamGKG sowie in Justizverwaltungsangelegenheiten entsprechend anzuwenden. ³Die Entscheidung trifft der Kostenbeamte.

^{II} ¹Kosten, von deren Entrichtung die Herausgabe abhängig gemacht wird, sind so bald wie möglich anzusetzen. ²Können sie noch nicht endgültig berechnet werden, so sind sie vorbehaltlich späterer Berichtigung vorläufig anzusetzen.

^{III} ¹Ist ein anderer als der Kostenschuldner zum Empfang des Schriftstücks berechtigt, so ist ihn der Kostenbeamte von der Ausübung des Zurückbehaltungsrechts zu verständigen. ²Erhält der Empfangsberechtigte in derselben Angelegenheit eine sonstige Mitteilung, so ist die Nachricht, dass das Schriftstück zurückbehalten wird, nach Möglichkeit damit zu verbinden.

^{IV} Wegen des Vermerks der Ausübung des Zurückbehaltungsrechts und der Aufführung des dritten Empfangsberechtigten in der Kostenrechnung wird auf § 27 Abs. 7 verwiesen.

^V Für die sichere Verwahrung von Wertpapieren, Sparkassenbüchern, Hypothekenbriefen und sonstigen Urkunden von besonderem Wert ist Sorge zu tragen.

^{VI} ¹Die zurückbehaltenen Schriftstücke sind an den Empfangsberechtigten herauszugeben,
1. wenn die Gerichtskasse anzeigt, dass die Kosten gezahlt sind (vgl. § 27 Abs. 7),
2. wenn die Anordnung, dass Schriftstücke zurückzubehalten sind, vom Kostenbeamten oder durch gerichtliche Entscheidung aufgehoben wird.

²Der Kostenbeamte hat in den Fällen der Nr. 2 die Gerichtskasse von der Herausgabe zu verständigen.

26 *(aufgehoben)*

Inhalt der Kostenrechnung

27 ^I Die Kostenrechnung enthält
1. die Bezeichnung der Sache und die Geschäftsnummer,
2. die einzelnen Kostenansätze und die Kostenvorschüsse unter Hinweis auf die angewendete Vorschrift, bei Wertgebühren auch den der Berechnung zugrunde gelegten Wert,
3. den Gesamtbetrag der Kosten,
4. Namen, Anschrift und ggf. Geschäftszeichen der Kostenschuldner.

^{II} ¹Haften mehrere als Gesamtschuldner oder hat ein Kostenschuldner die Zwangsvollstreckung in ein bestimmtes Vermögen zu dulden, so ist dies zu vermerken. ²Bei der anteilmäßigen Inanspruchnahme des Kostenschuldners (z. B. § 8 Abs. 3) ist ein eindeutiger Vorbehalt über die Möglichkeit einer weiteren Inanspruchnahme in die Kostenrechnung aufzunehmen. ³Unter Beachtung der Grundsätze in § 8 Abs. 3 ist weiter anzugeben, wie die einzelnen Gesamtschuldner zunächst in Anspruch genommen werden sollen. ⁴Erst- und Zweitschuldner (§ 8 Abs. 1) sind ausdrücklich als solche zu bezeichnen. ⁵Wird der Zweitschuldner vor dem Erstschuldner in Anspruch genommen (§ 8 Abs. 1), so sind die Gründe hierfür kurz anzugeben.

^{III} Ist bei mehreren Kostengesamtschuldnern damit zu rechnen, dass der zunächst in Anspruch Genommene die Kosten bezahlen wird, so kann im Verfah-

ren des ersten Rechtszuges die Aufführung der weiteren Gesamtschuldner durch ausdrücklichen Vermerk vorbehalten werden.

IV Ein Abweichen vom Regelwert (z. B. § 20 Abs. 2, § 30 Abs. 2 und 3 KostO) ist kurz zu begründen.

V [1] Sind Kosten in Kostenmarken oder durch Verwendung von Gerichtskostenstemplern entrichtet oder durch Aktenausdrucke nach § 696 Abs. 2 Satz 1 ZPO mit Gerichtskostenrechnungen nachgewiesen, so ist zu vermerken, wo sich diese Zahlungsnachweise befinden. [2] Sind Kosten bei der Gerichtskasse gebucht, so ist die Buchungsnummer anzugeben.

VI Ergeben sich aus den Akten Anhaltspunkte dafür, dass noch weitere Kosten geltend gemacht werden können, die vom Kostenschuldner als Auslagen zu erheben sind (z. B. Pflichtverteidigervergütung, Sachverständigenvergütung), so ist ein eindeutiger Vorbehalt über die Möglichkeit einer Inanspruchnahme für die weiteren, nach Art oder voraussichtlicher Höhe zu bezeichnenden Kosten in die Kostenrechnung aufzunehmen.

VII [1] Die Ausübung des Zurückbehaltungsrechts (§ 25) ist mit kurzer Begründung zu vermerken. [2] Durch einen rot zu unterstreichenden Vermerk „ZA" ist die Kasse um Zahlungsanzeige zu ersuchen. [3] Ist ein anderer als der Kostenschuldner zum Empfang des Schriftstücks berechtigt (§ 25 Abs. 3), so wird er gleichfalls in der Kostenrechnung aufgeführt.

VIII [1] Enthält die Kostenrechnung Beträge, die anderen Berechtigten als der Staatskasse zustehen und nach der Einziehung an sie auszuzahlen sind (durchlaufende Gelder), so ist in Fällen, in denen sie der Gerichtskasse zur Einziehung überwiesen werden, die Gerichtskasse gleichfalls durch rot zu unterstreichenden Vermerk „ZA" um Zahlungsanzeige zu ersuchen. [2] Der Empfangsberechtigte ist in der Kostenrechnung aufzuführen. [3] Im Falle des § 21 ist der Gerichtsvollzieher als empfangsberechtigt zu bezeichnen.

IX Wenn für einen Vorschuss Sicherheit geleistet ist (§ 23), so ist dies durch rot zu unterstreichenden Vermerk anzugeben.

X [1] Der Kostenbeamte vermerkt weiter, was ihm über die Zahlungsfähigkeit, die Einkommens- und Vermögensverhältnisse eines Kostenschuldners sowie über sonstige Umstände (z. B. drohende Verjährung) bekannt ist, die für die Einziehungsmaßnahmen der Gerichtskasse von Bedeutung sein können. [2] Falls der Gerichtskasse in derselben Angelegenheit bereits Kosten zur Einziehung bei demselben Kostenschuldner überwiesen worden sind, vermerkt der Kostenbeamte die Nummern des Kostensollbuchs (Kostenüberwachungsbuchs) dieser früheren Sollstellungen. [3] Die Vermerke sind rot zu unterstreichen.

XI Ist der Kostenschuldner im Hinblick auf die Höhe der Kostenschuld zur Zahlung innerhalb der regelmäßigen Zahlungsfrist offensichtlich nicht in der Lage, so hat der Kostenbeamte durch den Vermerk „Stundungshinweis" die Aufnahme eines entsprechenden Hinweises in die Reinschrift der Kostenrechnung sicherzustellen.

XII Der Kostenbeamte hat die Kostenrechnung unter Angabe von Ort, Tag und Amtsbezeichnung zu unterschreiben.

1 **Bemerkung.** Ein Verstoß gegen einzelne Regelungen des § 27 ist unschädlich, sofern überhaupt eine überprüfbare Begründung vorliegt, BGH Rpfleger **75**, 432.

28 *(aufgehoben)*

Reinschriften der Kostenrechnung

29 [I] Hat der Kostenbeamte die Überweisung der Kosten an die Gerichtskasse verfügt (§ 4 Abs. 2), so lässt die Geschäftsstelle für jeden Kostenschuldner, der in Anspruch genommen werden soll, eine Reinschrift der Kostenrechnung anfertigen.

II Aus der Kostenrechnung werden in die Reinschrift übertragen
1. die den Kostenschuldner betreffenden Kostenansätze und die Hinweise auf die angewendeten Vorschriften,

2. bei Wertgebühren der der Berechnung zugrunde gelegte Wert,
3. die Einzelbeträge und der Gesamtbetrag der Kosten, die von dem Kostenschuldner erhoben werden sollen,
4. der Vermerk über die Ausübung des Zurückbehaltungsrechts,
5. der Vermerk über einen Vorbehalt nach § 27 Abs. 2 Satz 2 oder Abs. 6,
6. der Vermerk nach § 27 Abs. 2 Satz 5 über die Gründe der Inanspruchnahme des Zweitschuldners.

III [1]Der Vermerk, dass der Kostenschuldner die Zwangsvollstreckung in ein bestimmtes Vermögen zu dulden habe (§ 27 Abs. 2 Satz 1), ist gleichfalls in die Reinschrift zu übertragen. [2]Die in der Reinschrift enthaltene Zahlungsaufforderung ist in diesen Fällen durch die Aufforderung zu ersetzen, die Zwangsvollstreckung in das betreffende Vermögen zu dulden; ist der Kostenschuldner zugleich zahlungspflichtig, so ist er sowohl zur Zahlung als auch zur Duldung aufzufordern.

IV Die Gründe für ein Abweichen vom Regelwert (§ 27 Abs. 4) werden nur auf ausdrückliche Anordnung des Kostenbeamten in die Reinschrift übertragen.

V [1]Die in der Reinschrift enthaltene Aufforderung zur Zahlung wird von der Gerichtskasse unterschriftlich vollzogen oder mit dem Abdruck des Dienststempels versehen. [2]Die in Absatz 3 vorgesehene Aufforderung zur Duldung der Zwangsvollstreckung ist in jedem Fall unterschriftlich zu vollziehen. [3]Der Beamte der Geschäftsstelle ist für die Richtigkeit und Vollständigkeit der Reinschrift verantwortlich.

Übersendung der Kostenrechnung an die Gerichtskasse

30 I [1]Die Geschäftsstelle leitet die Urschriften und die Reinschriften der Kostenrechnungen ohne die Akten der zuständigen Gerichtskasse zu. [2]Behörden am Sitz der Gerichtskasse geben die Unterlagen täglich, andere Behörden spätestens 3 Arbeitstage nach der letzten Absendung weiter. [3]Die Zuleitung an die Gerichtskasse ist in den Akten zu vermerken.

II [1]Die Urschrift der Kostenrechnung, die nach Abschluss des Verfahrens in der Rechtsmittelinstanz aufzustellen ist (Schlusskostenrechnung), wird der Gerichtskasse durch Vermittlung der Geschäftsstelle des Gerichts des ersten Rechtszuges übersandt, die auch für die Fertigung der erforderlichen Reinschriften zu sorgen hat. [2]Sind Kosten des höheren Rechtszuges im Soll zu löschen oder zurückzuzahlen, so ist nach § 36 Abs. 3 zu verfahren. [3]Der Kostenbeamte des ersten Rechtszuges hat vor Anordnung der Löschung im Soll oder der Rückzahlung zunächst festzustellen, ob die zum Soll gestellten Kosten des höheren Rechtszuges bereits entrichtet sind. [4]Wenn diese Kostenforderung noch offensteht, ist die Löschung im Soll oder die Rückzahlung so anzuordnen, wie es für die beteiligten Gerichtskassen und den Kostenschuldner zweckdienlich ist.

III Absatz 2 gilt nicht für die bei einem obersten Gerichtshof des Bundes entstandenen Kosten.

Einforderung der Kosten durch die Geschäftsstelle mit Kostennachricht – zu §§ 379a, 390 Abs. 4 StPO, §§ 12, 13, § 17 Abs. 1 Satz 2, Abs. 2 GKG, §§ 14, 16 Abs. 1 Satz 2, Abs. 2 FamGKG, § 8 Abs. 2 KostO –

31 I [1]Vorweg zu erhebende Gebühren und Kostenvorschüsse, von deren Entrichtung die Vornahme einer Amtshandlung oder die Einleitung oder der Fortgang eines Verfahrens abhängig ist, fordert die Geschäftsstelle ohne vorherige Überweisung an die Gerichtskasse unmittelbar von dem Zahlungspflichtigen mit Kostennachricht an; das Gleiche gilt im Falle der Ausübung des Zurückbehaltungsrechts. [2]§ 27 Abs. 1 ist zu beachten.

II Steht der Wert des Streitgegenstandes oder der Geschäftswert noch nicht endgültig fest, so sind der Berechnung vorläufig die Angaben des Klägers oder Antragstellers zugrunde zu legen, sofern sie nicht offenbar unrichtig sind.

III Hat das Gericht den Betrag des Vorschusses und die Zahlungsfrist selbst bestimmt (z. B. in den Fällen der §§ 379, 402 ZPO), so unterbleibt eine Kostennachricht; mit der Entscheidung ist ein nach § 32 Abs. 1 vorbereiteter Überweisungsträger zu übersenden.

IV ¹Hat der Zahlungspflichtige auf die Gebühren oder Vorschüsse (Absatz 1) Beträge bezahlt, die zur Deckung nicht völlig ausreichen, so ist er auf den Minderbetrag hinzuweisen; hat er noch keine Kostennachricht erhalten, so ist der Minderbetrag mit Kostennachricht anzufordern. ²Ist der Minderbetrag nur gering, so führt der Kostenbeamte zunächst eine Entscheidung des Richters (Rechtspflegers) darüber herbei, ob der Sache gleichwohl Fortgang zu geben sei. ³Wird der Sache Fortgang gegeben, so wird der fehlende Betrag der Gerichtskasse zur Einziehung überwiesen, falls er nicht nach den bestehenden Bestimmungen wegen Geringfügigkeit außer Ansatz bleibt; besteht der Richter (Rechtspfleger) dagegen auf der Zahlung des Restbetrages, so ist nach Satz 1 zu verfahren.

V Wird in den Fällen der §§ 379a, 390 Abs. 4 StPO der angeforderte Betrag nicht voll gezahlt, so sind die Akten alsbald dem Gericht (Vorsitzenden) zur Entscheidung vorzulegen.

Behandlung von Kostennachrichten

32 I ¹Allen Kostennachrichten ist ein auf ein Konto der Gerichtskasse oder, falls sich bei dem Gericht eine Gerichtszahlstelle befindet, auf deren Konto lautender Überweisungsträger beizufügen. ²Im Feld für die Angabe des Verwendungszwecks sind die Angelegenheit und das Aktenzeichen so zu bezeichnen, dass danach die Zahlungsanzeige zu den Sachakten erstattet werden kann.

II ¹Die Kostennachricht soll dem Bevollmächtigten, insbesondere dem Prozess- oder Verfahrensbevollmächtigten oder Notar, nur dann zugesandt werden, wenn er sich zur Vermittlung der Zahlung erboten hat oder die genaue Anschrift des Zahlungspflichtigen unbekannt ist. ²In sonstigen Fällen wird die Kostennachricht dem Zahlungspflichtigen selbst zugesandt.

III ¹Ist die Zahlung des Vorschusses an eine Frist geknüpft (z. B. in den Fällen der § 379a, 390 Abs. 4 StPO, § 18 GBO), so ist die Kostennachricht von Amts wegen zuzustellen. ²In sonstigen Fällen wird sie regelmäßig als Brief abgesandt.

IV ¹Wird der in der Kostennachricht enthaltenen Zahlungsaufforderung keine Folge geleistet, so hat der Kostenbeamte die in der Sache etwa entstandenen oder noch entstehenden Kosten zu berechnen und an die Gerichtskasse zur Einziehung zu überweisen. ²Das Gleiche gilt, wenn die Anordnung, durch welche die Vornahme eines Geschäfts von der Vorauszahlung abhängig gemacht war, wieder aufgehoben oder wenn von der gesetzlich vorgesehenen Vorwegleistungspflicht eine Ausnahme bewilligt wird (z. B. nach § 14 GKG, § 15 FamGKG). ³Kommt der zur Vorwegleistung Verpflichtete in den Fällen des § 12 Abs. 1, 3 Satz 3 und 4 GKG sowie des § 14 Abs. 1, 3 FamGKG der Zahlungsaufforderung nicht nach, so werden die in § 12 Abs. 1, 3 Satz 3 und 4 GKG und § 14 Abs. 1, 3 FamGKG genannten Gebühren nur insoweit angesetzt, als sich der Zahlungspflichtige nicht durch Rücknahme der Klage oder des Antrags von der Verpflichtung zur Zahlung befreien kann.

V ¹War der Vorschuss mit Kostennachricht eingefordert, so ist dem Kostenschuldner eine Schlusskostenrechnung nur dann zu übersenden, wenn sich die endgültig festgestellte Kostenschuld mit dem Betrag des Vorschusses nicht deckt. ²Die Schlusskostenrechnung ist dann unverzüglich, jedenfalls vor Ablauf eines Monats nach Abschluss der Angelegenheit, zu übersenden.

Abschnitt III. Aufgaben nach Absendung der Kostenrechnung oder Kostennachricht

Behandlung von Ersuchen und Mitteilungen der Gerichtskasse

33 I ¹Ersucht die Gerichtskasse um Auskunft darüber, ob die Sachakten Näheres über die Einkommens- und Vermögensverhältnisse eines Kostenschuldners, insbesondere über das Vorhandensein pfändbarer Ansprüche, ergeben, so hat der Kostenbeamte die notwendigen Feststellungen zu treffen. ²Be-

A. Kostenverfügung §§ 33, 34 KostVfg

finden sich die Akten beim Rechtsmittelgericht, so trifft diese Verpflichtung den Kostenbeamten dieses Gerichts.

II ¹Gibt die Gerichtskasse die Kostenrechnung zurück, weil der darin genannte Kostenschuldner nach ihrer Kenntnis zahlungsunfähig ist, so hat der Kostenbeamte diese Beurteilung seiner weiteren Prüfung zugrunde zu legen, wenn ihm nicht Tatsachen bekannt sind, die der Auffassung der Gerichtskasse entgegenstehen, insbesondere Tatsachen, aus denen sich ergibt, dass der Kostenschuldner nur vorübergehend zahlungsunfähig ist. ²Schließt sich der Kostenbeamte der Auffassung der Gerichtskasse an, so prüft er, ob weitere Kostenschuldner vorhanden sind, und stellt gegebenenfalls eine neue Kostenrechnung auf. ³Bleibt der Kostenbeamte dagegen bei der Auffassung, dass der ursprüngliche Kostenschuldner zahlungsfähig ist, so gibt er die Kostenrechnung der Gerichtskasse mit einer kurzen Begründung seiner Auffassung zurück.

III ¹Ersucht die Gerichtskasse um eine Änderung oder Ergänzung der Kostenrechnung, weil sie eine andere Heranziehung von Gesamtschuldnern oder eine Erstreckung der Kostenrechnung auf bisher nicht in Anspruch genommene Kostenschuldner für geboten hält, so hat der Kostenbeamte aufgrund der Ermittlungen der Gerichtskasse die Voraussetzungen für die Heranziehung dieser Kostenschuldner festzustellen (vgl. § 7 Abs. 1) und gegebenenfalls die Umschreibung des Kostensolls durch Aufstellung einer neuen oder Ergänzung der bisherigen Kostenrechnung zu veranlassen. ²Die Gründe für die Inanspruchnahme des weiteren Kostenschuldners sind in der Reinschrift der Kostenrechnung anzugeben. ³Soweit hierbei Kosten eines bereits erledigten Rechtsmittelverfahrens zu berücksichtigen sind, sind die dem Kostenbeamten obliegenden Dienstverrichtungen von dem Kostenbeamten des Rechtsmittelgerichts zu erledigen; für die Beantwortung einer Zweitschuldneranfrage der Gerichtskasse ist der Kostenbeamte des Gerichts des ersten Rechtszuges zuständig, falls eine Zweitschuldnerhaftung nicht besteht.

IV Die Bestimmungen des Absatzes 3 gelten entsprechend, wenn ein Kostenschuldner vorhanden ist, der wegen der Kostenschuld lediglich die Zwangsvollstreckung in ein bestimmtes Vermögen (z. B. der Grundstückseigentümer bei dinglich gesicherten Forderungen, für die er nicht persönlich haftet) zu dulden hat.

V ¹Wird dem Kostenbeamten eine Nachricht der Gerichtskasse über die Löschung des Kostensolls vorgelegt, so hat er die Löschung auf der Kostenrechnung zu vermerken, den Vermerk rot zu unterstreichen und zu prüfen, ob nach den Akten noch Einziehungsmöglichkeiten bestehen (z. B. durch Pfändung einer im Rechtsstreit zuerkannten Forderung, Heranziehung eines der Gerichtskasse bisher noch nicht benannten Mithaftenden); gegebenenfalls ist die Gerichtskasse zu verständigen. ²Das Ergebnis der Prüfung ist auf der Löschungsnachricht kurz zu vermerken.

VI ¹Eine Zahlungsanzeige, die sich auf einen der Gerichtskasse zur Einziehung überwiesenen Betrag bezieht und nicht bei den Sachakten zu verbleiben hat, ist von dem Kostenbeamten an die Gerichtskasse (Gerichtszahlstelle) zurückzusenden. ²Der Grund der Rückgabe ist auf der Zahlungsanzeige zu vermerken oder in einem Begleitschreiben mitzuteilen. ³Ferner hat der Kostenbeamte die für die Abwicklung des Betrages bei der Gerichtskasse (Gerichtszahlstelle) erforderlichen Hinweise zu geben. ⁴Die Rücksendung einer Zahlungsanzeige hat er auf der vorderen Innenseite des Aktenumschlags zu vermerken. ⁵Der Vermerk muss den Einzahler, den Betrag der Einzahlung, die Buchungsnummer und den Grund der Rückgabe enthalten.

VII Die Rücksendung einer Zweitschuldneranfrage und das mitgeteilte Ergebnis hat der Kostenbeamte auf der Urschrift der Kostenrechnung zu vermerken.

Prüfung der Kostenrechnungen nach Rückgabe

34 ¹Nach Rückgabe der Kostenrechnungen durch die Gerichtskasse prüft die Geschäftsstelle, ob die Kostenrechnungen mit dem vorgeschriebenen Buchungsvermerk versehen sind. ²Kostenrechnungen, auf denen die Sollstellung in anderer Weise als vorgeschrieben (z. B. handschriftlich) bescheinigt ist, sind unverzüglich dem Behördenvorstand vorzulegen, der das Erforderliche zu veranlassen hat.

Berichtigung des Kostenansatzes

35 ¹ Der Kostenbeamte hat bei jeder Änderung der Kostenforderung den Kostenansatz zu berichtigen und, wenn hierdurch auch die Kosten eines anderen Rechtszuges berührt werden, den Kostenbeamten dieses Rechtszuges zu benachrichtigen, soweit er nicht selbst für den Kostenansatz des anderen Rechtszuges zuständig ist (z. B. § 5 Abs. 3).

II ¹ Solange eine gerichtliche Entscheidung oder eine Anordnung im Dienstaufsichtsweg nicht ergangen ist, hat er auf Erinnerung oder auch von Amts wegen unrichtige Kostenansätze richtig zu stellen. ² Will er einer Erinnerung des Kostenschuldners nicht oder nicht in vollem Umfang abhelfen oder richtet sich die Erinnerung gegen Kosten, die auf Grund einer Beanstandung des Prüfungsbeamten angesetzt sind, so hat er sie mit den Akten dem Prüfungsbeamten vorzulegen.

Nachträgliche Änderung der Kostenforderung

36 ¹ Ändert sich nachträglich die Kostenforderung, so stellt der Kostenbeamte eine neue Kostenrechnung auf, es sei denn, dass die Kostenforderung völlig erlischt.

II Erhöht sich die Kostenforderung, so veranlasst er die Nachforderung des Mehrbetrages nach §§ 29 ff.

III ¹ Vermindert sie sich oder erlischt sie ganz, so ordnet er durch eine Kassenanordnung die Löschung im Soll oder die Rückzahlung an. ² Sind Kosten aus einem höheren Rechtszug zu löschen oder zurückzuzahlen, so erlässt, wenn die Sache noch bei dem mit dem Rechtsmittel befassten Gericht anhängig ist, der Kostenbeamte dieses Gerichts, im Übrigen der Kostenbeamte des ersten Rechtszuges die Kassenanordnung. ³ Handelt es sich jedoch um die Kosten eines obersten Gerichtshofs des Bundes, so ist der Kostenbeamte dieses Gerichts zuständig. ⁴ In der Kassenanordnung sind sämtliche in derselben Rechtssache zum Soll gestellten oder eingezahlten Beträge, für die der Kostenschuldner haftet, anzugeben; dabei hat der Kostenbeamte, wenn mehrere Beträge zum Soll stehen, diejenigen Beträge zu bezeichnen, für die weitere Kostenschuldner vorhanden sind. ⁵ Die Anordnung der Löschung oder Rückzahlung ist unter Angabe des Betrages auf der Urschrift der Kostenrechnung in auffälliger Weise zu vermerken; der Vermerk ist rot zu unterstreichen. ⁶ Die Kassenanordnung ist der Gerichtskasse zusammen mit den erforderlichen Reinschriften der neuen Kostenrechnung zuzuleiten. ⁷ Eine Reinschrift der neuen Kostenrechnung ist nicht erforderlich, wenn der Grund der Rückzahlung bei der Auszahlung im unbaren Zahlungsverkehr auf dem für den Empfänger bestimmten Postabschnitt ausreichend bezeichnet werden kann. ⁸ Die Sachakten sind regelmäßig nicht beizufügen.

IV ¹ Bei Vertretung durch einen Prozess- oder Verfahrensbevollmächtigten (§ 81 ZPO, § 11 FamFG, § 113 Abs. 1 Satz 2 FamFG) ist die Rückzahlung an diesen anzuordnen, es sei denn, die Partei oder der Beteiligte hat der Rückzahlung gegenüber dem Gericht ausdrücklich widersprochen. ² Stimmt der Bevollmächtigte in diesem Fall der Rückzahlung an die Partei oder den Beteiligten nicht zu, so sind die Akten dem Prüfungsbeamten zur Entscheidung vorzulegen.

IVa In anderen Fällen ist die Rückzahlung an einen Bevollmächtigten anzuordnen,
a) wenn er eine Vollmacht seines Auftraggebers zu den Akten einreicht, die ihn allgemein zum Geldempfang oder zum Empfang der im Verfahren etwa zurückzuzahlenden Kosten ermächtigt, wenn keine Zweifel bezüglich der Gültigkeit der Vollmacht bestehen, oder
b) wenn es sich bei dem Bevollmächtigten um einen Rechtsanwalt, Notar oder Rechtsbeistand handelt und dieser rechtzeitig vor Anordnung der Rückzahlung schriftlich erklärt, dass er die Kosten aus eigenen Mitteln bezahlt hat.

V Im Falle der Berichtigung wegen irrtümlichen Ansatzes muss aus der Kostenrechnung und aus der Kassenanordnung hervorgehen, inwiefern der ursprüngliche Ansatz unrichtig war.

VI Hat die Dienstaufsichtsbehörde oder der Kostenprüfungsbeamte (§ 42) die Berichtigung angeordnet, so ist dies zu vermerken.

A. Kostenverfügung   **§§ 36–37a KostVfg**

VII Im Falle des Kostenerlasses ist die den Kostenerlass anordnende Verfügung zu bezeichnen.

VIII Beruht die Berichtigung oder Änderung auf einer mit Beschwerde anfechtbaren gerichtlichen Entscheidung, so ist anzugeben, dass die Entscheidung dem zur Vertretung der Staatskasse zuständigen Beamten vorgelegen hat.

IX Die Vermerke nach Absatz 5, 6 und 7 sind auch in die Reinschrift der Kostenrechnung zu übertragen.

X ¹Wird die Rückzahlung von Kosten veranlasst, die durch Verwendung von Kostenmarken oder Gerichtskostenstemplern entrichtet oder ohne Sollstellung eingezahlt sind oder deren Zahlung durch Aktenausdrucke nach § 696 Abs. 2 Satz 1 ZPO mit Gerichtskostenrechnungen nachgewiesen ist, so hat ein zweiter Beamter oder Angestellter der Geschäftsstelle in der Kassenanordnung zu bescheinigen, dass die Beträge nach den angegebenen Zahlungsnachweisen entrichtet und die Buchungsangaben aus den Zahlungsanzeigen über die ohne Sollstellung eingezahlten Beträge richtig übernommen sind. ²Die Anordnung der Rückzahlung ist bei oder auf dem betroffenen Zahlungsnachweis in auffälliger Weise zu vermerken; der Vermerk ist rot zu unterstreichen. ³Die Gerichtskasse ist befugt, sich durch Stichproben von der ordnungsmäßigen Verwendung der Kostenmarken und Gerichtskostenstempler zu überzeugen und hierzu die Sachakten anzufordern.

XI Sind infolge der nachträglichen Änderung der Kostenrechnung nur Kleinbeträge nachzufordern, im Soll zu löschen oder zurückzuzahlen, so sind die für die Behandlung solcher Beträge getroffenen besonderen Bestimmungen zu beachten.

XII Wird eine neue Kostenrechnung aufgestellt (Absatz 1), so ist in ihr die frühere Kostenrechnung zu bezeichnen; die frühere Kostenrechnung ist mit einem rot zu unterstreichenden Hinweis auf die neue Kostenrechnung zu versehen.

1) **Bem.** Die ZPO hat gegenüber IV 1 den Vorrang, Brdb NJW **07**, 1470.   1

Nachträgliche Änderung der Kostenhaftung

37 I ¹Tritt zu dem bisher in Anspruch genommenen Kostenschuldner ein neuer hinzu, der vor jenem in Anspruch zu nehmen ist (vgl. § 8), so stellt der Kostenbeamte zunächst fest, ob die eingeforderten Kosten bereits entrichtet sind. ²Erforderlichenfalls richtet er eine kurze Anfrage an die Gerichtskasse und ersucht gleichzeitig um Auskunft, ob ihr über die Zahlungsfähigkeit des nunmehr in Anspruch zu nehmenden Schuldners Näheres bekannt ist. ³Soweit bezahlt ist, behält es dabei sein Bewenden. ⁴Sind die Kosten dagegen noch nicht oder nicht ganz bezahlt und ist auch nicht anzunehmen, dass der nunmehr in Anspruch zu nehmende Kostenschuldner zahlungsunfähig sein werde, so berichtigt der Kostenbeamte die Kostenrechnung oder stellt, wenn es zur Vermeidung von Unklarheiten angezeigt erscheint, eine neue Kostenrechnung auf. ⁵Er veranlasst sodann die Ausstellung der erforderlichen neuen Reinschriften und ersucht die Gerichtskasse um entsprechende Umschreibung des Kostensolls, soweit die Kosten nicht bis zur Umschreibung noch bezahlt werden sollten. ⁶Wird die Umschreibung des Kostensolls auf mehrere neue Schuldner erforderlich, so hat der Kostenbeamte die Löschung des gegen den bisherigen Schuldner geltend gemachten Forderung durch Kassenanordnung anzuordnen und die Sollstellung der neuen Kostenbeträge zu veranlassen.

II Erlischt nachträglich die Haftung eines Gesamtschuldners ganz oder teilweise, so berichtigt der Kostenbeamte die Kostenrechnung, veranlasst die Ausstellung der erforderlichen neuen Reinschriften und ersucht die Gerichtskasse, das Kostensoll entsprechend umzuschreiben und bereits bezahlte Beträge insoweit zurückzuzahlen, als nunmehr keinerlei Haftungsgrund vorliegt.

Einrede der Verjährung – zu § 5 Abs. 2 GKG, § 7 Abs. 2 FamGKG, § 17 Abs. 2 KostO, § 14 Abs. 1 JVKostO –

37a ¹Ist der Anspruch auf Erstattung von Kosten verjährt, so hat der Kostenbeamte die Akten dem zur Vertretung der Staatskasse zuständigen Beamten vorzulegen. ²Soll nach dessen Auffassung die Verjährungseinrede erhoben werden, so ist hierzu die Einwilligung des unmittelbar vorgesetzten Präsidenten einzuholen. ³Von der Erhebung der Verjährungseinrede kann mit Rücksicht auf die Umstände des Falles abgesehen werden. ⁴Hat der zur Vertretung der Staatskasse zuständige Beamte dem Kostenbeamten mitgeteilt, dass die Verjährungseinrede nicht erhoben werden soll, so ist dies in der Kassenanordnung zu vermerken.

Durchlaufende Gelder

38 ¹ Sind durchlaufende Gelder in der Kostenrechnung enthalten (§ 27 Abs. 8), so hat der Kostenbeamte nach Eingang der Zahlungsanzeige eine Auszahlungsanordnung zu erteilen.

II ¹Das Gleiche gilt, wenn durchlaufende Gelder durch Verwendung von Kostenmarken oder Gerichtskostenstempeln entrichtet oder sonst ohne Sollstellung eingezahlt sind. ²§ 36 Abs. 10 Satz 1 und 3 gilt entsprechend.

III ¹Die Anordnung der Auszahlung ist bei oder auf dem betroffenen Zahlungsnachweis oder auf der Urschrift der Kostenrechnung in auffälliger Weise zu vermerken. ²Der Vermerk ist rot zu unterstreichen.

Berichtigung des Gebührenansatzes nach Eröffnung einer Verfügung von Todes wegen – zu §§ 15, 46 Abs. 5, §§ 101, 103 Abs. 4 KostO –

39 ¹Nach Eröffnung einer in amtliche Verwahrung genommenen Verfügung von Todes wegen prüft der Kostenbeamte, ob Anlass besteht, die bei der Annahme zur amtlichen Verwahrung berechnete Gebühr (§ 101 KostO) neu zu berechnen. ²Die dazu erforderlichen Erhebungen über den Wert des reinen Vermögens zur Zeit der Fälligkeit der Gebühr sind mit den Erhebungen über den Wert des reinen Nachlasses nach Möglichkeit zu verbinden. ³Hat ein Notar die Verfügung von Todes wegen beurkundet, so soll er von der Feststellung einer beträchtlichen Erhöhung oder Verminderung des der Berechnung der Gerichtsgebühr (§ 101 KostO) zugrunde gelegten Wertes verständigt werden.

Abschnitt IV. Kostenerlass

40 Für die Stundung, den Erlass, die Erstattung und die Anrechnung von Kosten aus Billigkeitsgründen gelten die darüber ergangenen besonderen Bestimmungen.

Abschnitt V. Kostenprüfung

Aufsicht über den Kostenansatz

41 ¹ Die Vorstände der Justizbehörden überwachen im Rahmen ihrer Aufsichtspflichten die ordnungsmäßige Erledigung des Kostenansatzes durch den Kostenbeamten.

II Die besondere Prüfung des Kostenansatzes ist Aufgabe der Kostenprüfungsbeamten (§ 42).

III Die dem Rechnungshof zustehenden Befugnisse bleiben unberührt.

Kostenprüfungsbeamte

42 Kostenprüfungsbeamte sind
1. der Bezirksrevisor,
2. die weiter bestellten Prüfungsbeamten.

A. Kostenverfügung §§ 43–47 KostVfg

Berichtigung des Kostenansatzes im Verwaltungsweg – zu § 19 Abs. 5 GKG, § 18 Abs. 3 FamGKG, § 14 Abs. 10 KostO –

43 [1] Solange eine gerichtliche Entscheidung nicht ergangen ist, sind die Vorstände der Justizbehörden und die Kostenprüfungsbeamten befugt, den Kostenansatz zu beanstanden und den Kostenbeamten zur Berichtigung des Kostenansatzes anzuweisen. [2] Der Kostenbeamte hat der Weisung Folge zu leisten; er ist nicht berechtigt, deshalb die Entscheidung des Gerichts herbeizuführen.

Nichterhebung von Kosten wegen unrichtiger Sachbehandlung – zu § 21 GKG, § 20 FamGKG, § 16 KostO –

44 [1] Die Präsidenten der Gerichte und die Leiter der Staatsanwaltschaften sind für die ihrer Dienstaufsicht unterstellten Behörden zuständig, im Verwaltungsweg anzuordnen, dass Kosten wegen unrichtiger Sachbehandlung nicht zu erheben sind. [2] Über Beschwerden gegen den ablehnenden Bescheid einer dieser Stellen wird im Aufsichtsweg entschieden.

Erinnerungen und Beschwerden der Staatskasse – zu § 66 GKG, § 57 FamGKG, § 14 Abs. 2 bis 9 KostO, § 13 JVKostO –

45 [I] [1] Der Vertreter der Staatskasse soll Erinnerungen gegen den Kostenansatz nur dann einlegen, wenn es wegen der grundsätzlichen Bedeutung der Sache angezeigt erscheint, von einer Berichtigung im Verwaltungsweg (§ 43) abzusehen und eine gerichtliche Entscheidung herbeizuführen.

[II] [1] Alle beschwerdefähigen gerichtlichen Entscheidungen einschließlich der Wertfestsetzungen, durch die der Kostenansatz zu Ungunsten der Staatskasse geändert wird, hat der Kostenbeamte des entscheidenden Gerichts dem zur Vertretung der Staatskasse zuständigen Beamten mitzuteilen. [2] Legt der Kostenbeamte eine Erinnerung des Kostenschuldners dem zur Vertretung der Staatskasse zuständigen Beamten vor (§ 35 Abs. 2), so prüft dieser, ob der Kostenansatz im Verwaltungsweg zu ändern ist oder ob Anlass besteht, für die Staatskasse ebenfalls Erinnerung einzulegen. [3] Soweit der Erinnerung nicht abgeholfen wird, veranlasst er, dass die Akten unverzüglich dem Gericht vorgelegt werden.

Besondere Prüfung des Kostenansatzes

46 [I] Bei jeder Justizbehörde findet in der Regel einmal im Haushaltsjahr eine unvermutete Prüfung des Kostenansatzes durch einen Kostenprüfungsbeamten (§ 42) statt.

[II] Zeit und Reihenfolge der Prüfungen bestimmt der Dienstvorgesetzte des Prüfungsbeamten, und zwar im Einvernehmen mit dem Dienstvorgesetzten der Staatsanwaltschaft, wenn die Prüfung bei einer Staatsanwaltschaft stattfinden soll.

Aufgaben und Befugnisse des Prüfungsbeamten

47 [I] [1] Der Prüfungsbeamte soll sich nicht auf die schriftliche Beanstandung vorgefundener Mängel und Verstöße beschränken, sondern durch mündliche Erörterung wichtiger Fälle mit dem Kostenbeamten, durch Anregungen und Belehrungen das Prüfungsgeschäft möglichst nutzbringend gestalten und auf die Beachtung einheitlicher Grundsätze beim Kostenansatz hinwirken. [2] Nebensächlichen Dingen soll er nur nachgehen, wenn sich der Verdacht von Unregelmäßigkeiten oder fortgesetzten Nachlässigkeiten ergibt.

[II] Die Einsicht sämtlicher Akten, Bücher, Register, Verzeichnisse und Rechnungsbelege ist ihm gestattet.

[III] Von den beteiligten Beamten kann er mündlich näheren Aufschluss über die Behandlung von Geschäften verlangen.

[IV] Aktenstücke über schwebende Rechtsstreitigkeiten sowie in Testaments-, Grundbuch- und Registersachen hat er in der Regel an Ort und Stelle durchzusehen; sonstige Akten kann er sich an seinen Dienstsitz übersenden lassen.

Umfang der Kostenprüfung

48 ^I Der Prüfungsbeamte hat besonders darauf zu achten,

1. ob die Kosten rechtzeitig, richtig und vollständig angesetzt sind und ob sie, soweit erforderlich, der Gerichtskasse überwiesen oder mit Kostennachricht angefordert sind;
2. ob Kostenmarken verwendet und ordnungsmäßig entwertet und ob Gerichtskostenstempler bestimmungsgemäß verwendet sind sowie ob der Verbleib der Kostenmarken oder der Abdrucke von Gerichtskostenstemplern, falls sie sich nicht mehr in den Akten befinden, nachgewiesen ist;
3. ob die Auslagen ordnungsgemäß vermerkt sind;
4. ob bei Bewilligung von Prozess- oder Verfahrenskostenhilfe
   a) die an beigeordnete Anwälte gezahlten Beträge in zulässigem Umfang von dem Zahlungspflichtigen angefordert,
   b) etwaige Ausgleichsansprüche gegen Streitgenossen geltend gemacht und
   c) die Akten dem Rechtspfleger in den Fällen des § 120 Abs. 3 und 4 sowie des § 124 Nr. 2 bis 4 ZPO zur Entscheidung vorgelegt
   worden sind und ob Anlass besteht, von dem Beschwerderecht gemäß § 127 Abs. 3 ZPO Gebrauch zu machen;
5. ob Anlass besteht, eine Änderung der Entscheidung über festgesetzte Rechnungsgebühren herbeizuführen (§ 70 Abs. 2 Satz 2 bis 4 GKG, § 62 Abs. 2 Satz 2 bis 4 FamGKG, § 139 Abs. 3 Satz 2 bis 4 KostO).

^{II} Soweit nicht in Absatz 1 etwas anderes bestimmt ist, erstreckt sich die Prüfung nicht auf den Ansatz und die Höhe solcher Auslagen, für deren Prüfung andere Dienststellen zuständig sind.

Verfahren bei der Kostenprüfung

49 ^{I 1}Der Prüfungsbeamte soll aus jeder Gattung von Angelegenheiten, in denen Kosten entstehen können, selbst eine Anzahl Akten auswählen und durchsehen, darunter auch solche, die nach ihrem Aktenzeichen unmittelbar aufeinanderfolgen. ²Bei der Auswahl sind auch die Geschäftsregister und das gemäß § 14 Abschnitt III zu führende Verzeichnis zu berücksichtigen und namentlich solche Akten zur Prüfung vorzumerken, in denen höhere Kostenbeträge in Frage kommen.

^{II} Bei der Aktenprüfung ist auch darauf zu achten, dass die Sollstellungen in der vorgeschriebenen Weise nachgewiesen sind; stichprobenweise ist festzustellen, ob die in den Akten befindlichen Zahlungsanzeigen der Gerichtskasse (Gerichtszahlstelle) über Beträge, die ohne vorherige Sollstellung vereinnahmt sind, vorschriftsmäßig gebucht sind.

^{III} Bei der Nachprüfung der Verwendung von Kostenmarken oder Gerichtskostenstemplern ist auch eine Anzahl älterer, insbesondere weggelegter Akten durchzusehen.

^{IV 1}Bei der Prüfung der Aktenvermerke über die Auslagen (§ 48 Abs. 1 Nr. 3) ist stichprobenweise festzustellen, ob die Auslagen vorschriftsmäßig in den Sachakten vermerkt und beim Kostenansatz berücksichtigt sind. ²Dies gilt entsprechend für Auslagen in Rechtssachen, die von der für das Oberlandesgericht[1] zuständigen Gerichtskasse ausgezahlt worden sind.

Beanstandungen

50 ^{I 1}Stellt der Prüfungsbeamte Unrichtigkeiten zum Nachteil der Staatskasse oder eines Kostenschuldners fest, so ordnet er die Berichtigung des Kostenansatzes an. ²Die Anordnung unterbleibt, wenn es sich um Kleinbeträge handelt, von deren Einziehung oder Erstattung nach den darüber getroffenen Bestimmungen abgesehen werden darf.

^{II} An die Stelle der Berichtigung tritt ein Vermerk in der Niederschrift (§ 51), wenn eine gerichtliche Entscheidung ergangen ist oder der Kostenansatz auf einer Anordnung der Dienstaufsichtsbehörde beruht.

---

[1] Berlin: Kammergericht.

A. Kostenverfügung §§ 50–53 KostVfg

III ¹Die Beanstandungen (Absatz 1 Satz 1) sind für jede Sache auf einem besonderen Blatt zu verzeichnen, das zu den Akten zu nehmen ist. ²In dem Fall des Absatzes 1 Satz 2 sind sie in kürzester Form unter der Kostenrechnung zu vermerken.

IV ¹Der Prüfungsbeamte vermerkt die Beanstandungen nach Absatz 1 außerdem in einer Nachweisung. ²Der Kostenbeamte ergänzt die Nachweisung durch Angabe der Sollbuchnummern oder der sonst erforderlichen Vermerke über die Erledigung; sodann gibt er sie dem Prüfungsbeamten zurück. ³Der Prüfungsbeamte stellt bei der nächsten Gelegenheit stichprobenweise fest, ob die entsprechenden Buchungen in den Kassenbüchern tatsächlich vorgenommen sind. ⁴Die Nachweisungen verwahrt er jahrgangsweise.

V Stellt der Prüfungsbeamte das Fehlen von Akten fest, so hat er alsbald dem Behördenvorstand Anzeige zu erstatten.

Niederschrift über die Kostenprüfung

51 I ¹Der Prüfungsbeamte fertigt über die Kostenprüfung eine Niederschrift, die einen Überblick über Gang und Ergebnis des Prüfungsgeschäfts ermöglichen soll.

II ¹Er erörtert darin diejenigen Einzelfälle, die grundsätzliche Bedeutung haben, die anderwärts abweichend beurteilt werden oder die sonst von Erheblichkeit sind (vgl. dazu § 50 Abs. 2). ²Weiter führt er die Fälle auf, in denen ihm die Einlegung der Erinnerung (§ 45 Abs. 1) angezeigt erscheint oder die zu Maßnahmen im Dienstaufsichtsweg Anlass geben können. ³Die Niederschriften können in geeigneten Fällen für die einzelnen geprüften Geschäftsstellen getrennt gefertigt werden.

III ¹Je einen Durchschlag der Niederschrift legt der Prüfungsbeamte den Dienstvorgesetzten vor, die die Prüfung angeordnet oder mitangeordnet haben (§ 46 Abs. 2). ²Er schlägt dabei die Maßnahmen vor, die er nach seinen Feststellungen bei der Prüfung für angezeigt hält.

Jahresberichte

52 I ¹Bis zum 1. Juni eines jeden Jahres erstattet der Prüfungsbeamte seinem Dienstvorgesetzten Bericht über das Gesamtergebnis der Kostenprüfungen im abgelaufenen Haushaltsjahr. ²Er legt darin insbesondere die Grundsätze dar, von denen er sich bei seinen Anordnungen oder bei der Behandlung einzelner Fälle von allgemeiner Bedeutung hat leiten lassen.

II Soweit nicht bei allen Dienststellen Prüfungen haben vorgenommen werden können, sind die Gründe kurz anzugeben.

III ¹Die Präsidenten der Landgerichte (Präsidenten der Amtsgerichte) legen die Jahresberichte mit ihrer Stellungnahme dem Präsidenten des Oberlandesgerichts² vor. ²Die Direktoren der Sozialgerichte legen die Jahresberichte mit ihrer Stellungnahme dem Präsidenten des Landessozialgerichts vor.

IV ¹Der Präsident des Oberlandesgerichts, der Präsident des Oberverwaltungsgerichts, der Präsident des Finanzgerichts und der Präsident des Landessozialgerichts treffen nach Prüfung der Jahresberichte die für ihren Bezirk notwendigen Anordnungen und berichten über Einzelfragen von allgemeiner Bedeutung der Landesjustizverwaltung. ²Der Präsident des Oberlandesgerichts teilt die Berichte dem Generalstaatsanwalt mit, soweit sie für diesen von Interesse sind.

Abschnitt VI. Justizverwaltungskosten

Entscheidungen nach der Justizverwaltungskostenordnung – zu § 2 Abs. 2, §§ 3, 7 Abs. 2, § 12 JVKostO –

53 Die nach § 2 Abs. 2, §§ 3, 7 Abs. 2 und § 12 JVKostO der Behörde übertragenen Entscheidungen obliegen dem Beamten, der die Sachentscheidung zu treffen hat.

---

² **Berlin:** Präsident des Kammergerichts.

KostVfg §§ 54–56, KostAnsatz   VII. DurchfVorschriften z d KostenG

Laufender Bezug von Abdrucken aus dem Schuldnerverzeichnis

54 Bei laufendem Bezug von Abdrucken aus dem Schuldnerverzeichnis ist die Absendung der noch nicht abgerechneten Abdrucke in einer Liste unter Angabe des Absendetages, des Empfängers und der Zahl der mitgeteilten Eintragungen zu vermerken.

Hinterlegungssachen

55 *(aufgehoben)*

Abschnitt VII. Notarkosten

– zu § 156 KostO –

56 [I] [1]Gibt der Kostenansatz eines Notars, dem die Kosten selbst zufließen, der Dienstaufsichtsbehörde zu Beanstandungen Anlass, so fordert sie den Notar auf, den Ansatz zu berichtigen, gegebenenfalls zuviel erhobene Beträge zu erstatten oder zuwenig erhobene Beträge nachzufordern und, falls er die Beanstandungen nicht als berechtigt anerkennt, die Entscheidung des Landgerichts herbeizuführen. [2]Die Aufforderung soll unterbleiben, wenn es sich um Kleinbeträge handelt, von deren Erstattung oder Nachforderung nach den für Gerichtskosten im Verkehr mit Privatpersonen getroffenen Bestimmungen abgesehen werden darf. [3]Die Dienstaufsichtsbehörde kann es darüber hinaus dem Notar im Einzelfall gestatten, von der Nachforderung eines Betrages bis zu 25 Euro abzusehen.

[II] Hat der Kostenschuldner die Entscheidung des Landgerichts gegen den Kostenansatz beantragt, so kann die Aufsichtsbehörde, wenn sie den Kostenansatz für zu niedrig hält, den Notar anweisen, sich dem Antrag mit dem Ziel der Erhöhung des Kostenansatzes anzuschließen.

[III] Entscheidungen des Landgerichts und Beschwerdeentscheidungen des Oberlandesgerichts, gegen die die Rechtsbeschwerde zulässig ist, hat der Kostenbeamte des Landgerichts mit den Akten alsbald der Dienstaufsichtsbehörde des Notars zur Prüfung vorzulegen, ob der Notar angewiesen werden soll, Beschwerde oder Rechtsbeschwerde zu erheben.

Anlage 3 zur KostVfg s unten B 2).

B. Weitere Ländervereinbarungen zur Durchführung der Kostengesetze

Vorbemerkung. Zur Durchführung der Kostengesetze und in deren Ausführung haben der Bundesminister der Justiz und die Länder bundeseinheitlich außer der Kostenverfügung noch weitere Verwaltungsbestimmungen getroffen. Nachstehend sind die wichtigsten abgedruckt.

1) Vereinbarung zur Beschleunigung der Festsetzung und Anweisung von Vergütungen, Entschädigungen und Auslagen in Rechtssachen sowie des Kostenansatzes vom 22. 3. 58

Von den Ländern eingeführt:

Baden-Württemberg: AV zuletzt vom 14. 7. 97, Justiz 371;
Bayern: Bek zuletzt vom 7. 7. 88, JMBl 76;
Berlin: AV zuletzt vom 13. 5. 87, ABl 731;
Brandenburg: AV zuletzt vom 24. 8. 94, JMBl 117;
Bremen:

B. Ländervereinbarungen KostAnsatz, KostAusgleich

Hamburg: AV zuletzt vom 23. 9. 87, JVBl 73;
Hessen: RdErl vom 24. 6. 58, JMBl 63;
Mecklenburg-Vorpommern: AV vom 15. 5. 91, ABl 401;
Niedersachsen: AV zuletzt vom 22. 10. 87, NdsRpfl 246;
Nordrhein-Westfalen: AV zuletzt vom 13. 6. 94, JMBl 168;
Rheinland-Pfalz: LV zuletzt vom 1. 4. 87, JBl 89;
Saarland: LV vom 1. 12. 58, JBl **59**, 34;
Sachsen:
Sachsen-Anhalt: AV zuletzt vom 16. 8. 04, JMBl 219;
Schleswig-Holstein: AV zuletzt vom 31. 3. 88, SchlHA 63;
Thüringen: VV vom 31. 7. 91, JMBl 86.

Nachstehend ist die in Schleswig-Holstein geltende Fassung abgedruckt.

1. Müssen Akten wegen der Einlegung von Rechtsmitteln oder aus sonstigen Gründen für längere Zeit versandt werden, so sind folgende Geschäfte möglichst noch vor Versendung der Akten vorzunehmen:

1.1. die Festsetzung der aus der Staatskasse zu gewährenden Vergütungen der Rechtsanwälte und Steuerberater gemäß den dazu ergangenen besonderen Verwaltungsvorschriften (Gemeinsame Allgemeine Verfügung des Justizministers und des Sozialministers ..., zuletzt geändert durch ...),
1.2. die Festsetzung der Entschädigungen nach dem Gesetz über die Entschädigung der ehrenamtlichen Richter,
1.3. die Festsetzung der Entschädigungen nach dem Gesetz über die Entschädigung von Zeugen und Sachverständigen,
1.4. die Anweisung sonstiger Auslagen in Rechtssachen,
1.5. der Kostenansatz nach den §§ 4 ff der Kostenverfügung ....

2. Kann dies nicht geschehen, insbesondere weil ein Festsetzungsantrag erst nach der Aktenversendung eingeht, so sind die Akten kurzfristig zurückzufordern.

3. Bei der Verweisung oder Abgabe eines Verfahrens an ein Gericht eines anderen Bundeslandes bleiben § 6 KostVfg. und Abschnitt II A Nr. 2.2.1 der in Nummer 1.1 angeführten Verwaltungsvorschriften unberührt.

4. [1]Über Vergütungs- und Entschädigungsanträge ist im allgemeinen unverzüglich zu befinden. [2]Werden zu Teilansprüchen der beantragten Vergütungen oder Entschädigungen längerfristige Aufklärungen oder gerichtliche Entscheidungen erforderlich, so sollen in der Regel die unstreitigen Beträge – soweit es sich hierbei nicht um verhältnismäßig niedrige Beträge handelt – schon vorab festgesetzt und zur Auszahlung angewiesen werden.

2) Vereinbarung über den Ausgleich von Kosten in Verfahren vor den ordentlichen Gerichten usw (Anlage 3 zur KostVfg)
Von den Ländern zum 2. 1. 02 eingeführt:

Baden-Württemberg: Just **02**, 45;
Bayern: JMBl **02**, 22;
Berlin: ABl **01**, 4474;
Brandenburg: JMBl **01**, 188;
Bremen:
Hamburg: JVBl **01**, 107;
Hessen: JMBl **01**, 506;
Mecklenburg-Vorpommern: ABl **01**, 892;
Niedersachsen: NdsRpfl **01**, 290;
Nordrhein-Westfalen: JMBl **01**, 191;
Rheinland-Pfalz: JBl **01**, 253;
Saarland: GMBl **01**, 295;

KostAusgleich   VII. DurchfVorschriften zu den KostenG

Sachsen: JMBl 01, 130;
Sachsen-Anhalt: JMBl 01, 296;
Schleswig-Holstein: SchlHA 01, 180 und 06, 231;
Thüringen: JMBl 02, 140.

Nachstehend ist die in Schleswig-Holstein geltende Fassung abgedruckt.

Vorspruch *(hier nicht abgedruckt)*

I. Kosten in Verfahren vor den ordentlichen Gerichten, den Gerichten für Arbeitssachen und in Angelegenheiten der freiwilligen Gerichtsbarkeit bei Verweisung eines Verfahrens an ein anderes Gericht

1. ¹Wird ein Verfahren an ein anderes Gericht verwiesen, so werden die Kosten (Gebühren und Auslagen), die vor der Verweisung fällig geworden sind, bei dem verweisenden Gericht angesetzt und eingezogen. ²Kostenvorschüsse werden bei dem verweisenden Gericht eingezogen, wenn sie bereits vor der Verweisung angesetzt waren oder das Gericht eine Amtshandlung von ihrer Zahlung abhängig gemacht hatte.

2. ¹Die nach der Verweisung fällig werdenden Kosten werden stets bei dem Gericht angesetzt und eingezogen, an das das Verfahren verwiesen worden ist. ²Dies gilt auch für Kostenvorschüsse, die zwar vor der Verweisung fällig geworden sind, im Zeitpunkt der Verweisung bei dem verweisenden Gericht aber noch nicht angesetzt waren.

3. ¹Sind nach der Verweisung eines Verfahrens Kosten zurückzuzahlen, so wird die Rückzahlung bei dem Gericht angeordnet, an das das Verfahren verwiesen worden ist, auch wenn die Kosten bei dem verweisenden Gericht eingezogen worden sind. ²Die Zurückzahlung der Kosten erfolgt aus den Haushaltsmitteln des Gerichts, an das das Verfahren verwiesen worden ist.

II. Vergütungen der in Verfahren vor den ordentlichen Gerichten, den Gerichten für Arbeitssachen und in Angelegenheiten der freiwilligen Gerichtsbarkeit im Wege der Prozesskostenhilfe, nach § 625 ZPO oder nach § 11a ArbGG beigeordneten Rechtsanwälte bei Verweisung eines Verfahrens an ein anderes Gericht

1. ¹Wird ein Verfahren an ein anderes Gericht verwiesen, so setzt der Urkundsbeamte der Geschäftsstelle dieses Gerichts die Vergütung des von dem verweisenden Gericht beigeordneten Rechtsanwalts fest; er erteilt auch die Auszahlungsanordnung. ²Die Vergütung des beigeordneten Rechtsanwalts wird aus den Haushaltsmitteln des Gerichts gezahlt, an das das Verfahren verwiesen worden ist.

2. ¹Nummer 1 gilt nicht, wenn bereits vor der Versendung der Akten der Anspruch fällig geworden und der Festsetzungsantrag bei dem verweisenden Gericht eingegangen ist. ²Die Geschäftsstelle des verweisenden Gerichts hat Festsetzungsanträge, die nach der Aktenversendung bei ihr eingehen, an die nach Nr. 1 zuständige Geschäftsstelle weiterzugeben.

III. Auslagen bei Inanspruchnahme der Amtshilfe von Behörden

¹Nimmt ein Gericht oder eine Staatsanwaltschaft die Amtshilfe einer anderen Behörde der Justizverwaltung oder der Arbeitsgerichtsbarkeit bei der Vernehmung von Zeugen oder Sachverständigen in Anspruch, so zahlt die in Anspruch genommene Behörde die den Zeugen, Sachverständigen oder Dolmetschern zu gewährenden Entschädigungen nur aus, wenn eine Barzahlung erforderlich ist; die Zahlung ist unverzüglich zu den Sachakten mitzuteilen. ²Es genügt die Übersendung einer Durchschrift der Auszahlungsanordnung. ³Auf der Urschrift der Auszahlungsanordnung ist zu bescheinigen, dass die Anzeige zu den Sachakten erstattet ist.

IV. Abgabe eines Verfahrens, Erstattungsverzicht

1. Die Abschnitte I und II gelten auch bei der Abgabe eines Verfahrens.

2. Die Länder verzichten gegenseitig auf die Erstattung von Beträgen, die nach den Abschnitten I bis III eingezogen oder ausgezahlt werden, auf den Ausgleich von Zahlungen, die aufgrund der Bewilligung von Prozesskostenhilfe geleistet werden, sowie auf die Abführung der Einnahmen, die sich aufgrund des § 130 der Bundesgebührenordnung für Rechtsanwälte ergeben.

V. Reiseentschädigung und Vorschüsse

Die Länder verzichten gegenseitig auf die Erstattung von Reiseentschädigungen, die an mittellose Personen oder als Vorschüsse an Zeugen und Sachverständige gezahlt werden.

VI. Gerichtsvollzieherkosten

[1] Wird ein Gerichtsvollzieher aufgrund der Bewilligung von Prozesskostenhilfe eines anderen Gerichts unentgeltlich tätig, so verzichten die Länder gegenseitig auf die Erstattung der Auslagen, die dem Gerichtsvollzieher aus der Landeskasse ersetzt werden. [2] Dies gilt auch, wenn die Gerichtsvollzieherkosten bei dem Gericht, das die Prozesskostenhilfe bewilligt hat, später eingezogen werden.

VII. Geltungsbereich

Die Abschnitte I bis III gelten nicht im Verhältnis zum Bund; die Länder verzichten jedoch auch zugunsten des Bundesgerichtshofs, des Bundesarbeitsgerichts, des Deutschen Patent- und Markenamts und des Bundespatentgerichts auf die Erstattung der in den Abschnitten V und VI genannten Beträge.

VIII. Schlussbestimmungen

(nicht mit abgedruckt)

3) Vereinbarung über die Kosten in Einlieferungssachen

Von den Ländern eingeführt:

Bund: Bek vom 9. 7. 93, BAnz Nr 134;
Baden-Württemberg:
Bayern: Bek vom 26. 7. 93, JMBl 114;
Berlin:
Brandenburg:
Bremen:
Hamburg: AV vom 16. 8. 93, JVBl 93;
Hessen: RdErl vom 22. 9. 93, JMBl 664;
Mecklenburg-Vorpommern: Bek vom 26. 7. 93, ABl 1423;
Niedersachsen: Bek vom 20. 12. 93, NdsRpfl **94**, 14;
Nordrhein-Westfalen:
Rheinland-Pfalz: RdSchr vom 28. 7. 93, JBl 214;
Saarland: Bek vom 22. 6. 93, GMBl 318;
Sachsen: Bek vom 6. 8. 93, ABl 1042;
Sachsen-Anhalt: AV vom 28. 12. 93, MBl 622;
Schleswig-Holstein: AV vom 2. 8. 93, SchlHA 204;
Thüringen: VV vom 28. 9. 93, JMBl 254.

Nachstehend ist die in Schleswig-Holstein geltende Fassung abgedruckt.

1. [1] Kosten, die den deutschen Behörden bei der Einlieferung eines Verfolgten aus dem Ausland in die Bundesrepublik durch die Einlieferung bis zur deutschen Grenze oder dem ersten deutschen See- oder Flughafen erwachsen, werden, wenn bei der Einlieferung mehrere Justizverwaltungen beteiligt sind, von diesen zu gleichen Teilen übernommen. [2] Die Justizverwaltung, die zuerst ein Einlieferungsersuchen angeregt oder im Ausland unmittelbar gestellt hat, zahlt

EinlieferungsS, VerteidRef

zunächst den gesamten Betrag dieser Kosten und fordert dann die auf die anderen Justizverwaltungen entfallenden Anteile zur Erstattung an.

2. Diese Regelung gilt auch, wenn vor der Einlieferung des Verfolgten
a) von einer bisher nicht beteiligten Justizverwaltung ein weiteres Einlieferungsersuchen bei der Bundesregierung angeregt oder im Ausland unmittelbar gestellt wird oder
b) im Hinblick auf die Einlieferung mehrere Strafverfahren aus dem Bereich verschiedener Landesjustizverwaltungen bei einer Strafverfolgungsbehörde verbunden worden sind.

3. Bei der Einziehung der Verfahrenskosten wird dem Verfolgten im Bereich jeder Justizverwaltung der auf diese entfallende Anteil der Einlieferungskosten in Rechnung gestellt, der auf eine andere Justizverwaltung entfallende Kostenanteil zusätzlich dann, wenn deren Verfahren übernommen worden ist.

4. Ist der Gesamtbetrag der nach Nummer 1 zu zahlenden Kosten nicht höher als [jetzt:] 102,26 Euro, so werden die Einlieferungskosten allein von der Landesjustizverwaltung getragen, die zuerst das Einlieferungsersuchen angeregt oder gestellt hat.

5., 6. *(nicht mit abgedruckt)*

4) Vereinbarung über den Ersatz von Auslagen der zu Verteidigern bestellten Referendare
Von den Ländern eingeführt:

Baden-Württemberg: AV zuletzt vom 1. 8. 91, Justiz 444;
Bayern: Bek vom 1. 12. 80, JMBl **81**, 12;
Berlin: AV vom 1. 12. 80, ABl **81**, 40;
Brandenburg:
Bremen:
Hamburg: AV vom 1. 12. 80, JVBl **81**, 1;
Hessen: RdErl zuletzt vom 23. 3. 90, JMBl 249;
Mecklenburg-Vorpommern:
Niedersachsen: AV vom 1. 12. 80, NdsRpfl 273;
Nordrhein-Westfalen: AV vom 1. 12. 80, JMBl **81**, 13;
Rheinland-Pfalz: VV zuletzt vom 13. 10. 95, JBl 263 (Aufhebung);
Saarland: AV vom 1. 12. 80, GMBl **81**, 14;
Sachsen:
Sachsen-Anhalt:
Schleswig-Holstein: AV vom 1. 12. 80, SchlHA **81**, 21;
Thüringen:

Nachstehend ist die in Schleswig-Holstein geltende Fassung abgedruckt.

1. [1]Referendaren, die gemäß § 142 Abs. 2 StPO als Verteidiger bestellt werden, sind die für die Erledigung des Auftrags aufgewendeten notwendigen Auslagen aus der Staatskasse zu ersetzen (vgl. Nr. 107 Abs. 2 RiStBV). [2][Jetzt] § 46 Abs. 1 Satz 1 und [jetzt] § 47 RVG gelten sinngemäß. [3]Zur Verminderung der Auslagen sind die Einrichtungen der Justizverwaltung zu benutzen; dies gilt insbesondere bei der Anfertigung von Schriftsätzen und Abschriften.

2. Zuständig für die Erteilung der Auszahlungsanordnung ist der Urkundsbeamte der Geschäftsstelle des Gerichts des Rechtszugs.

3. Die Erteilung der Auszahlungsanordnung ist den Beamten des gehobenen Justizdienstes vorbehalten.

4. Die Beträge sind als Auslagen in Rechtssachen zu buchen.

1 **Bemerkung.** Die Beiordnung eines Justizbeamten oder Referendars nach § 116 ZPO aF ist seit 1. 1. 81 nicht mehr zulässig, G v 13. 6. 80, BGBl 677. Die oben genannten AV der Länder enthalten teilweise Übergangsregelungen.

B. Ländervereinbarungen **DB-PKH**

5) Durchführungsbestimmungen zur Prozess- und Verfahrenskostenhilfe sowie zur Stundung der Kosten des Insolvenzverfahrens (DB-PKH)

Vorbemerkung. Die nachstehenden Bestimmungen binden den Richter als Verwaltungsvorschriften nicht, Düss Rpfleger 86, 108. Sie sind zwischen den Justizverwaltungen des Bundes und der Länder abgestimmt. Sie sind zunächst zum 1. 7. 04 in Neufassung veröffentlicht und sodann zum 1. 9. 09 geändert worden:

Baden-Württemberg: AV zuletzt Just 04, 284;
Bayern: Bek zuletzt JMBl 04, 133;
Berlin: VV zuletzt ABl 96, 2502;
Brandenburg: AV zuletzt JMBl 04, 78;
Bremen: AO vom 10. 12. 80;
Hamburg: AV zuletzt JVBl 94, 62;
Hessen: RdErl zuletzt JMBl 04, 615;
Mecklenburg-Vorpommern: AV ABl 96, 656;
Niedersachsen: AV zuletzt NdsRpfl 04, 173;
Nordrhein-Westfalen: AV zuletzt JMBl 04, 158;
Rheinland-Pfalz: VV zuletzt JBl 04, 182;
Saarland: AV zuletzt ABl 04, 1378;
Sachsen: AV zuletzt JMBl 04, 78;
Sachsen-Anhalt: AV zuletzt vom 5. 8. 06, JMBl 235;
Schleswig-Holstein: AV zuletzt vom 28. 7. 09, SchlHA 263;
Thüringen: VV JMBl 04, 59.

Nachstehend ist die für Bayern veröffentlichte Neufassung mit den für Schleswig-Holstein veröffentlichten Änderungen abgedruckt.

1. Antrag auf Prozesskostenhilfe

1.1 [1] Einem Antrag auf Bewilligung der Prozesskostenhilfe ist grundsätzlich der Vordruck „Erklärung über die persönlichen und wirtschaftlichen Verhältnisse bei Prozesskostenhilfe" beizufügen (§ 117 Abs. 2 bis 4 ZPO in Verbindung mit den Bestimmungen der Prozesskostenhilfevordruckverordnung [PKHVV] vom 17. Oktober 1994 – BGBl I S. 3001 –). [2] Wird der Antrag zu Protokoll der Geschäftsstelle erklärt, soll die Partei durch Aushändigung des Hinweisblattes zum Vordruck auf die Bedeutung der Prozesskostenhilfe hingewiesen werden.

1.2 Hat eine Partei die Bewilligung von Prozesskostenhilfe beantragt, so sind die Akten dem Gericht vorzulegen.

1.3 [1] Dieser Verwaltungsvorschrift liegen zwei Tabellen als Anlagen an. [2] Der Tabelle können die der PKH-Partei voraussichtlich entstehenden Verfahrenskosten in Klageverfahren der ordentlichen Gerichtsbarkeit sowie in Ehesachen, bestimmten Lebenspartnerschaftssachen und Folgesachen (Teil 1 Hauptabschnitt 3 KV-GKG) entnommen werden. [3] Die Kosten setzen sich aus den bei einem normalen Verfahrensablauf entstehenden Gerichtsgebühren (Gebühr für das Verfahren im Allgemeinen) sowie den Gebühren für die Vertretung durch einen Prozessbevollmächtigten (Nrn. 3100 und 3104 bzw. Nrn. 3200 und 3202 VV-RVG) zuzüglich Auslagenpauschale und Umatzsteuer zusammen. [4] Voraussichtlich entstehende weitere Auslagen sind dem jeweiligen Kostenbetrag der Tabelle hinzuzurechnen.

2. Mitwirkung der Geschäftsstelle

2.1 [1] [1] Die Vordrucke mit den Erklärungen über die persönlichen und wirtschaftlichen Verhältnisse und die dazugehörenden Belege sowie die bei der Durchführung der Prozesskostenhilfe entstehenden Vorgänge sind in allen Fällen unabhängig von der Zahl der Rechtszüge für jeden Beteiligten in einem besonderen Beiheft zu vereinigen. ²Das gilt insbesondere für Kostenrechnungen und Zahlungsanzeigen über Monatsraten und sonstige Beträge (§ 120 Abs. 1 ZPO).

II ¹In dem Beiheft sind ferner die Urschriften der die Prozesskostenhilfe betreffenden gerichtlichen Entscheidungen und die dazugehörigen gerichtlichen Verfügungen aufzubewahren. ²In die Hauptakten ist ein Abdruck der gerichtlichen Entscheidungen aufzunehmen. ³Jedoch sind zuvor die Teile der gerichtlichen Entscheidungen zu entfernen oder unkenntlich zu machen, die Angaben über die persönlichen und wirtschaftlichen Verhältnisse der Parteien enthalten. ⁴Enthält die gerichtliche Entscheidung keine Angaben über die persönlichen und wirtschaftlichen Verhältnisse der Partei, so kann die Urschrift auch zur Hauptakte genommen werden; in diesem Fall ist ein Abdruck im Beiheft aufzubewahren.

III ¹Das Beiheft sowie die darin zu verwahrenden Schriftstücke erhalten hinter dem Aktenzeichen den Klammerzusatz (PKH). ²Werden die Prozessakten zur Entscheidung über ein Rechtsmittel dem Rechtsmittelgericht vorgelegt, so ist den Akten das Beiheft beizufügen. ³Das Beiheft ist dagegen zurückzubehalten, wenn die Akten an nicht beteiligte Gerichte oder Behörden versandt werden. ⁴Gleiches gilt, wenn dem Verfahrensgegner, seinem Prozessbevollmächtigten, Dritten oder ihren Bevollmächtigten Akteneinsicht (auch in Form der Übersendung der Akten) gewährt wird.

2.2 Hat das Gericht Prozesskostenhilfe bewilligt, so vermerkt die Geschäftsstelle auf dem Aktendeckel neben dem Namen der Partei „Prozesskostenhilfe mit/ohne Zahlungsbestimmung bewilligt Bl. ...".

2.3 ¹ Der Geschäftsstelle des Gerichts, bei dem sich das Beiheft befindet, obliegen die Anforderungen der Zahlungen mit Kostennachricht (Nr. 4.1) und die Überwachung des Eingangs dieser Beträge.

II Ist der Zahlungspflichtige mit einem angeforderten Betrag länger als einen Monat im Rückstand, so hat ihn die Geschäftsstelle einmal unter Hinweis auf die Folgen des § 124 Nr. 4 ZPO an die Zahlung zu erinnern.

2.4 Dem Kostenbeamten sind die Akten – unbeschadet der Bestimmungen der Kostenverfügung – vorzulegen, sobald

2.4.1 das Gericht Prozesskostenhilfe bewilligt hat,

2.4.2 die Entscheidung über die Prozesskostenhilfe geändert worden ist,

2.4.3 das Rechtsmittelgericht andere Zahlungen als das Gericht der Vorinstanz bestimmt hat,

2.4.4 das Gericht die Entscheidung über die zu leistenden Zahlungen geändert oder die Bewilligung der Prozesskostenhilfe aufgehoben hat,

2.4.5 47 Monatsraten eingegangen sind.

2.5 Dem Rechtspfleger sind die Akten in folgenden Fällen vorzulegen:

2.5.1 nach Eingang der auf die Absendung der Kostennachricht (Nr. 4.5) folgenden ersten Zahlung der Partei zur Bestimmung einer Wiedervorlagefrist zwecks Prüfung der vorläufigen Einstellung der Zahlungen (§ 120 Abs. 3 Nr. 1 ZPO),

2.5.2 wenn die Partei, der Prozesskostenhilfe mit Zahlungsbestimmung bewilligt ist, mit der Zahlung einer Monatsrate oder eines sonstigen Betrages länger als drei Monate im Rückstand ist (§ 124 Nr. 4 ZPO),

2.5.3 wenn sich nach einer vorläufigen Einstellung der Zahlungen (§ 120 Abs. 3 Nr. 1 ZPO) Anhaltspunkte dafür ergeben, dass die bisherigen Zahlungen die voraussichtlich entstehenden Kosten nicht decken,

2.5.4 bei jeder Veränderung des Streitwertes,

2.5.5 wenn der Gegner Zahlungen auf Kosten leistet,

2.5.6 wenn eine Entscheidung über die Kosten ergeht oder diese vergleichsweise geregelt werden (§ 120 Abs. 3 Nr. 2 ZPO),

2.5.7 wenn die Akten nach Beendigung eines Rechtsmittelverfahrens an die erste Instanz zur Überprüfung zurückgegeben werden, ob die Zahlungen nach § 120 Abs. 3 ZPO vorläufig einzustellen sind,

2.5.8 wenn nach Ansatz der Kosten zu Lasten des Gegners eine Zweitschuldneranfrage der Gerichtskasse eingeht und die Partei, der Prozesskostenhilfe mit Zahlungsbestimmung bewilligt ist, als Zweitschuldner nach [jetzt] § 31 Abs. 2 Satz 1 GKG in Anspruch genommen werden kann (Nr. 4. 8).

B. Ländervereinbarungen DB-PKH

3. Bewilligung von Prozesskostenhilfe ohne Zahlungsbestimmung

3.1 Soweit und solange ein Kostenschuldner nach den Vorschriften der Zivilprozessordnung von der Entrichtung der Kosten deshalb befreit ist, weil ihm oder seinem Gegner Prozesskostenhilfe ohne Zahlungsbestimmung bewilligt ist, wird wegen dieser Kosten eine Kostenrechnung (§ 27 KostVfg) auf ihn nicht ausgestellt.

3.2 [I] Waren Kosten bereits vor der Bewilligung angesetzt und der Gerichtskasse zur Einziehung überwiesen, so ersucht der Kostenbeamte die Gerichtskasse, die Kostenforderung zu löschen, soweit die Kosten noch nicht gezahlt sind.

[II] [1] Die Rückzahlung bereits entrichteter Kosten ist nur dann anzuordnen, wenn sie nach dem Zeitpunkt gezahlt sind, in dem die Bewilligung wirksam geworden ist. [2] Wird die Partei, der Prozesskostenhilfe ohne Zahlungsbestimmung bewilligt ist, rechtskräftig in die Prozesskosten verurteilt (Entscheidungsschuldner nach § 29 Nr. 1 GKG), sind vom Gegner bereits entrichtete Kosten zurück zu zahlen (§ 31 Abs. 3 Satz 1 zweiter Halbsatz GKG).

3.3 [1] Der Kostenbeamte hat den Eintritt der gesetzlichen Voraussetzungen, unter denen die Kosten von der Partei, der Prozesskostenhilfe ohne Zahlungsbestimmung bewilligt ist, und dem Gegner eingezogen werden können, genau zu überwachen. [2] Zu beachten ist dabei Folgendes:

3.3.1 Zu Lasten der Partei dürfen die außer Ansatz gelassenen Beträge nur aufgrund einer gerichtlichen Entscheidung angesetzt werden, durch die die Bewilligung aufgehoben worden ist (§ 124 ZPO).

3.3.2 [1] Zu Lasten des Gegners sind die Kosten, von deren Entrichtung die Partei befreit ist, erst anzusetzen, wenn der Gegner rechtskräftig in die Prozesskosten verurteilt ist oder sie durch eine vor Gericht abgegebene oder dem Gericht mitgeteilte Erklärung übernommen hat oder sonst für die Kosten haftet (§ 125 Abs. 1 ZPO, § 29 GKG); dies gilt auch für die Geltendmachung von Ansprüchen, die nach § 59 RVG auf die Bundes- oder Landeskasse übergegangen sind. [2] Die Gerichtskosten, von deren Zahlung der Gegner einstweilen befreit ist (§ 122 Abs. 2 ZPO), sind zu seinen Lasten anzusetzen, wenn er rechtskräftig in die Prozesskosten verurteilt ist oder der Rechtsstreit ohne Urteil über die Kosten durch Vergleich oder in sonstiger Weise beendet ist (§ 125 Abs. 2 ZPO). [3] Wird ein Rechtsstreit, in dem den Kläger, Berufungskläger oder Revisionskläger Prozesskostenhilfe ohne Zahlungsbestimmung bewilligt ist, mehr als sechs Monate nicht betrieben, ohne dass das Ruhen des Verfahrens (§ 251 ZPO) angeordnet ist, so stellt der Kostenbeamte durch Anfrage bei den Parteien fest, ob der Rechtsstreit beendet ist. [4] Gibt keine der Parteien binnen angemessener Zeit eine Erklärung ab, so setzt er auf den Gegner die diesem zur Last fallenden Kosten an. [5] Das gleiche gilt, wenn die Parteien den Rechtsstreit trotz der Erklärung, dass er nicht beendet sei, auch jetzt nicht weiter betreiben oder wenn der Gegner erklärt, der Rechtsstreit ruhe oder sei beendet.

4. Bewilligung von Prozesskostenhilfe mit Zahlungsbestimmung

4.1 [1] Der Kostenbeamte behandelt die festgesetzten Monatsraten und die aus dem Vermögen zu zahlenden Beträge (§ 120 Abs. 1 ZPO) wie Kostenforderungen. [2] Sie werden von der Geschäftsstelle ohne vorherige Überweisung an die Gerichtskasse unmittelbar von dem Zahlungspflichtigen mit Kostennachricht (§ 31 KostVfg) angefordert. [3] Monatsraten, Teilbeträge und einmalige Zahlungen sowie deren Fälligkeitstermine sind sowohl in der Urschrift der Kostenrechnung als auch in der Kostennachricht besonders anzugeben.

4.2 [1] Sind vor Bewilligung der Prozesskostenhilfe Gerichtskosten angesetzt und der Gerichtskasse zur Einziehung überwiesen, so ist zu prüfen, ob und ggf. wann diese bezahlt worden sind. [2] Ist eine Zahlung noch nicht erfolgt, so veranlasst der Kostenbeamte die Löschung des Kostensolls.

4.3 Zahlungen vor Wirksamwerden der Prozesskostenhilfe sollen erst bei der Prüfung nach § 120 Abs. 3 Nr. 1 ZPO berücksichtigt werden, spätere Zahlungen sind auf die nach § 120 Abs. 1 ZPO zu leistenden anzurechnen.

4.4 Wird die Partei, der Prozesskostenhilfe bewilligt worden ist, rechtskräftig in die Prozesskosten verurteilt (Entscheidungsschuldner nach § 29 Nr. 1 GKG), sind vom Gegner bereits entrichtete Kosten zurückzuzahlen (§ 31 Abs. 3 Satz 1 zweiter Halbsatz GKG).

4.5[I] [1]Bestimmt das Rechtsmittelgericht andere Zahlungen als das Gericht der Vorinstanz, so ist von dem Kostenbeamten des Rechtsmittelgerichts eine entsprechende Änderung der Zahlungen zu veranlassen (Nr. 4.1). [2]Dabei ist darauf hinzuweisen, dass die Kostennachricht der Vorinstanz gegenstandslos ist. [3]Die Geschäftsstelle des Gerichts der Vorinstanz hat noch eingehende Zahlungsanzeigen zu dem an das Rechtsmittelgericht abgegebenen Beiheft weiterzuleiten.

[II] Nach Abschluss in der Rechtsmittelinstanz sendet die Geschäftsstelle des Rechtsmittelgerichts das Beiheft mit den Akten an das Gericht der Vorinstanz zur weiteren Bearbeitung zurück.

4.5.1 [1]Jedoch gilt für Zahlungen, die während der Anhängigkeit des Verfahrens vor einem Gerichtshof des Bundes an die Landeskasse zu leisten sind (§ 120 Abs. 2 ZPO), Folgendes: [2]Die Zahlungen werden (abweichend von Nr. 2.3 Satz 1) nach den Hinweisen des Kostenbeamten des Gerichtshofs von der Geschäftsstelle des Gerichts des ersten Rechtszuges angefordert und überwacht. [3]Dabei werden der Geschäftsstelle die Entscheidungen des Gerichtshofes, soweit sie die Prozesskostenhilfe betreffen, in beglaubigter Abschrift mitgeteilt. [4]Der Zahlungsverzug (Nr. 2.5.2) ist dem Gerichtshof anzuzeigen. [5]Nach Rückkehr der Akten vom Rechtsmittelgericht (Nr. 4.4 Satz 4) werden die angefallenen Vorgänge mit dem Beiheft vereinigt.

4.5.2 Zahlungen, die nach § 120 Abs. 2 ZPO an die Bundeskasse zu leisten sind, werden von der Geschäftsstelle des Gerichtshofs des Bundes angefordert und überwacht.

4.6 Für die Behandlung der Kostennachricht gilt § 32 Abs. 1 und 2 KostVfg entsprechend.

4.7 [1]Sieht der Rechtspfleger im Falle einer Vorlage nach Nr. 2.5.2 davon ab, die Bewilligung der Prozesskostenhilfe aufzuheben, so hat der Kostenbeamte die zu diesem Zeitpunkt rückständigen Beträge der Gerichtskasse zur Einziehung zu überweisen. [2]Die Gerichtskasse ist durch einen rot zu unterstreichenden Vermerk „ZA" um Zahlungsanzeige zu ersuchen.

4.8 [1]Zu Lasten des Gegners der Partei, der Prozesskostenhilfe bewilligt ist, sind die unter die Bewilligung fallenden Kosten erst anzusetzen, wenn er rechtskräftig in die Prozesskosten verurteilt ist oder sie durch eine vor Gericht abgegebene oder dem Gericht mitgeteilte Erklärung übernommen hat oder sonst für die Kosten haftet (§ 125 Abs. 1 ZPO, § 29 GKG). [2]Nr. 3.3.2 Satz 1 letzter Halbsatz gilt entsprechend.

4.9 [1]Wird dem Kostenbeamten eine Zweitschuldneranfrage der Gerichtskasse vorgelegt, so prüft er, ob die Partei, der Prozesskostenhilfe mit Zahlungsbestimmung bewilligt ist, für die gegen den Gegner geltend gemachten Gerichtskosten als Zweitschuldner ganz oder teilweise haftet. [2]Liegen diese Voraussetzungen vor, so unterrichtet er die Gerichtskasse hiervon und legt die Akten mit einer Berechnung der Kosten, für die die Partei nach § 31 Abs. 2 GKG in Anspruch genommen werden kann, unverzüglich dem Rechtspfleger vor.

5. Gemeinsame Bestimmungen bei Bewilligung von Prozesskostenhilfe

5.1 Werden dem Kostenbeamten Tatsachen über die persönlichen oder wirtschaftlichen Verhältnisse bekannt, die eine Änderung oder Aufhebung der Bewilligung der Prozesskostenhilfe rechtfertigen könnten (§ 120 Abs. 4, § 124 Nrn. 2, 3 ZPO), hat er die Akten dem Rechtspfleger vorzulegen.

5.2 Hat der Gerichtsvollzieher Berechnungen über Kosten für Amtshandlungen, die er aufgrund der Prozesskostenhilfe unentgeltlich erledigt hat, zu den Akten mitgeteilt, so sind diese Kosten beim Ansatz wie sonstige Gerichtskosten zu behandeln.

5.3 [1]Wenn bei einem obersten Gerichtshof des Bundes Kosten der Revisionsinstanz außer Ansatz geblieben sind, weil dem Kostenschuldner oder seinem Gegner Prozesskostenhilfe bewilligt ist, hat der Kostenbeamte diesem Gericht Nachricht zu geben, sobald sich ergibt, dass Beträge durch die Bundeskasse einzuziehen sind.

[2]Dieser Fall kann eintreten,

5.3.1 wenn das Revisionsgericht die Sache zur anderweitigen Verhandlung und Entscheidung, auch über die Kosten des Revisionsverfahrens, zurückverwiesen hat und nach endgültigem Abschluss des Verfahrens zu Lasten des Geg-

B. Ländervereinbarungen **DB-PKH**

ners der Partei, der Prozesskostenhilfe bewilligt ist, Kosten des Revisionsverfahrens gemäß Nr. 3.3.2 oder 4.5 anzusetzen sind;

5.3.2 wenn der für die Revisionsinstanz beigeordnete Rechtsanwalt seinen Anspruch auf Vergütung gegen die Bundeskasse geltend macht, nachdem die Prozessakten zurückgesandt sind; in diesem Fall teilt der Urkundsbeamte der Geschäftsstelle des obersten Gerichtshofes des Bundes eine beglaubigte Abschrift des Beschlusses, durch den die Vergütung festgesetzt worden ist, zu den Prozessakten mit;

5.3.3 wenn nach Beendigung des Revisionsverfahrens ein Beschluss ergeht, durch den die Bewilligung der Prozesskostenhilfe aufgehoben wird.

5.4 [1] In der Nachricht teilt der Kostenbeamte mit, ob und ggf. in welcher Höhe etwaige Zahlungen, die nach § 120 Abs. 2 ZPO an die Landeskasse entrichtet worden sind, auf die Kosten des Revisionsverfahrens zu verrechnen sind. [2] Sind die Zahlungen nach § 120 Nr. 2 ZPO an die Bundeskasse zu leisten, so sind dem obersten Gerichtshof des Bundes alle die bewilligte Prozesskostenhilfe betreffenden Entscheidungen, die Kostenentscheidungen und eine Kostenrechnung unter Angabe der Beträge mitzuteilen, die in dem Verfahren von der Landeskasse vereinnahmt worden sind.

6. Verfahren bei Verweisung und Abgabe

6.1 [1] Wird ein Verfahren an ein anderes Gericht verwiesen oder abgegeben, so hat der Kostenbeamte des übernehmenden Gerichts erneut eine Kostennachricht zu übersenden (Nrn. 4.1, 4.5). [2] Dabei ist darauf hinzuweisen, dass die Kostennachricht des verweisenden oder abgebenden Gerichts gegenstandslos ist.

6.2 Die Geschäftsstelle des verweisenden oder abgebenden Gerichts hat noch eingehende Zahlungsanzeigen an das übernehmende Gericht weiterzuleiten.

7. Kostenansatz nach Entscheidung oder bei Beendigung des Verfahrens

7.1 [I] [1] Ergeht im Verfahren eine Kostenentscheidung, wird ein Vergleich geschlossen oder wird das Verfahren in dieser Instanz auf sonstige Weise beendet, setzt der Kostenbeamte die Kosten an und stellt die Kostenschuldner fest. [2] In die Kostenrechnung sind die Gerichtskosten und die nach § 59 RVG auf die Staatskasse übergegangenen Ansprüche aufzunehmen.

[II] Sämtliche Zahlungen der Partei sind – erforderlichenfalls nach Anfrage bei der Kasse – zu berücksichtigen.

[III] Ist Prozesskostenhilfe mit Zahlungsbestimmung bewilligt worden, so sind die Akten nach Aufstellung der Kostenrechnung unverzüglich dem Rechtspfleger vorzulegen.

7.2 [1] Die Kosten der Rechtsmittelinstanz werden von dem Kostenbeamten des Rechtsmittelgerichts angesetzt (§ 19 Abs. 1 Satz 1 Nr. 2 GKG). [2] Kann dieser die Zahlungen, die von der Partei geleistet worden sind, der Prozesskostenhilfe bewilligt wurde, noch nicht abrechnen, weil zu diesem Zeitpunkt die Vergütungen der Rechtsanwälte noch nicht bezahlt sind (§§ 50, 55 RVG) oder noch Zahlungen der Partei ausstehen, so hat die endgültige Abrechnung der Kostenbeamte der ersten Instanz vorzunehmen.

7.3 Der Partei, die Zahlungen zu leisten [?geleistet?] hat, ist eine Abschrift der Kostenrechnung zu erteilen verbunden mit einem Nachforderungsvorbehalt, wenn eine Inanspruchnahme über den in der Kostenrechnung enthaltenen Betrag hinaus in Betracht kommt.

8. Weiteres Verfahren nach Aufstellung der Kostenrechnung

8.1 Nach Vorlage der Akten (Nr. 4.8, 7.1 Abs. 3) prüft der Rechtspfleger, welche Entscheidungen zur Wiederaufnahme oder Einstellung der Zahlungen zu treffen sind.

8.2 [1] Ergibt sich eine Restschuld der Partei, der Prozesskostenhilfe bewilligt ist, so soll der Zeitpunkt der Einstellung der Zahlungen bestimmt werden. [2] War vorher eine vorläufige Einstellung verfügt, so ist ihre Wiederaufnahme anzuordnen. [3] Bei diesen Entscheidungen wird auch die zu den Akten mitgeteilte Vergütung des beigeordneten Rechtsanwalts (§ 50 Abs. 2 RVG) zu berücksichtigen sein, soweit die Vergütung noch nicht aus der Staatskasse beglichen ist und der Partei ein

Erstattungsanspruch gegen den Gegner nicht zusteht. ⁴Teilt der Rechtsanwalt seine gesetzliche Vergütung (mit den Gebühren nach [jetzt] § 14 Abs. 1 RVG nicht mit oder wird eine notwendige Kostenausgleichung nach § 106 ZPO nicht beantragt, so wird der Rechtspfleger seine Bestimmung ohne Rücksicht auf die Vergütungsansprüche des Rechtsanwalts treffen.

8.3 Ebenfalls zu berücksichtigen sind bereits bekannte Gerichtsvollzieherkosten (§ 122 Abs. 1 Nr. 1a ZPO).

8.4 ¹Ergibt sich keine Restschuld der Partei, so ist – unter Berücksichtigung der Vergütung des Rechtsanwalts oder der Kosten des Gerichtsvollziehers – die Einstellung der Zahlungen anzuordnen. ²Zu beachten ist, dass eine endgültige Einstellung der Zahlung unter Umständen erst nach Rechtskraft der Entscheidung verfügt werden kann, weil bei Einlegung eines Rechtsmittels durch die Partei die Raten bis zur 48. Monatsrate weiter zu zahlen sind. ³Gleiches gilt, wenn die Partei bei Rechtsmitteleinlegung des Prozessgegners Prozesskostenhilfe beantragt.

9. Aufhebung und Änderung der Bewilligung der Prozesskostenhilfe

9.1 ¹Hat das Gericht die Bewilligung der Prozesskostenhilfe aufgehoben (§ 124 ZPO), so berechnet der Kostenbeamte die bis zu diesem Zeitpunkt angefallenen Kosten (ggf. unter Einbeziehung der nach § 59 Abs. 2 RVG auf die Staatskasse übergegangenen Ansprüche des Rechtsanwälte) und überweist sie der Gerichtskasse zur Einziehung; § 10 Kostenverfügung bleibt unberührt. ²Soweit erforderlich, ist der beigeordnete Rechtsanwalt zur Einreichung seiner Kostenrechnung aufzufordern (§§ 50 Abs. 2, 55 Abs. 6 RVG). ³Die aufgrund der Bewilligung der Prozesskostenhilfe bezahlten Beträge sind abzusetzen. ⁴Die Löschung der Sollstellung über die vom Gericht gemäß § 120 Abs. 1 ZPO festgesetzten Zahlungen ist zu veranlassen.

9.2 Setzt das Gericht andere Zahlungen fest, so berichtigt der Kostenbeamte den Ansatz nach Nr. 4.1.

10. Verfahren bei der Verwaltungs-, Finanz- und Sozialgerichtsbarkeit

Bei den Gerichten der Verwaltungs-, Finanz- und Sozialgerichtsbarkeit tritt in den vorstehenden Bestimmungen an die Stelle des Rechtspflegers der Richter.

11. Stundung der Kosten des Insolvenzverfahrens

11.1 Hat das Gericht die Stundung der Kosten des Insolvenzverfahrens nach § 4a InsO bewilligt, so vermerkt die Geschäftsstelle auf dem Aktendeckel neben dem Namen des Schuldners „Stundung bewilligt Bl. ...." .

11.2 Werden nach Erteilung der Restschuldbefreiung die Stundung verlängert und Zahlungen festgelegt (§ 4b InsO), so gelten im Übrigen entsprechend:

11.2.1 ¹Nr. 2.1 mit der Maßgabe, dass die im Zusammenhang mit der Entscheidung nach § 4b InsO und ihrer Durchführung anfallenden Vorgänge in das Beiheft aufzunehmen sind. ²Der Klammerzusatz lautet „(Stundung)". ³Nach Abschluss des Insolvenzverfahrens und nach rechtskräftiger Gewährung der Restschuldbefreiung gilt § 117 Abs. 2 Satz 2 ZPO entsprechend.

11.2.2 Nr. 2.3.4.

11.2.3 Nr. 2.4.1 mit folgendem Wortlaut:
„nach Eingang des mit der Bestätigung der Sollstellung versehenen Datenblattes zur Bestimmung einer Wiedervorlagefrist zwecks Prüfung der Einstellung der Zahlungen".

11.2.4 Nr. 2.4.2 mit Maßgabe, dass der Klammerzusatz „(vgl. § 4c Nr. 3 InsO)" lautet.

11.2.5 Nr. 4.1 mit der Maßgabe, dass der Landesjustizkasse grundsätzlich der konkret berechnete Gesamtbetrag der Kosten des Insolvenzverfahrens als Höchstbetrag zur Einziehung zu überweisen ist.

11.2.6 Nr. 5.1 mit der Maßgabe, dass der Klammerzusatz „(§ 4b Abs. 2 InsO i. V. mit § 120 Abs. 4 Satz 1 und 2 ZPO, § 4c Nrn. 1, 2 und 4 InsO)" lautet.

11.2.7 Nr. 9.1 Sätze 1 bis 3 mit der Maßgabe, dass der Klammerzusatz in Satz 1 „(§ 4c InsO)" lautet.

11.2.8 Nr. 9.2.

B. Ländervereinbarungen **DB-PKH**

11.2.9 Nr. 10 mit der Maßgabe
- dass die Höhe der vom Kostenbeamten in der Schlusskostenrechnung berechneten Kosten des Insolvenzverfahrens dem Kostenschuldner mitzuteilen ist,
- dass der Klammerzusatz in Nr. 10.2 Abs. 1 Satz 1 „(§ 4 b InsO auch i. V. mit § 120 Abs. 4 Satz 1 und 2 ZPO, § 4 c InsO)" lautet und
- dass in dem Klammerzusatz in Nr. 10.3.1 und Nr. 10.4 Satz 1 jeweils die Angabe „§ 124 Nr. 4 ZPO" und die Angabe „§ 4 c Nr. 3 InsO" ersetzt wird.

11.3 Dem Rechtspfleger sind die Akten ferner vorzulegen, wenn die Restschuldbefreiung versagt oder widerrufen wird (§ 4 c Nr. 5 InsO) oder wenn der Schuldner keine angemessene Erwerbstätigkeit ausübt, sich nicht um eine Beschäftigung bemüht oder eine zumutbare Tätigkeit ablehnt (§ 4 c Nr. 4 InsO).

Anlage 1 zu Nr. 1.3 DB-PKH (Stand: 1. 9. 2009)

Kostenvoranschlag zur Bewilligung von Prozesskostenhilfe
(§ 115 ZPO)

	Klageverfahren vor den ordentlichen Gerichten				
	I. Instanz				II. Instanz
	nach Mahnverfahren		nach Mahnverfahren		
1	2	3	4	5	6
Streitwert bis	nur GKG	GKG + RVG	nur GKG	GKG + RVG	GKG + RVG
Euro	Euro	Euro	Euro	Euro	Euro
300	52	142	75	165	200
600	82	240	105	263	314
900	112	330	135	353	421
1 200	138	415	165	442	528
1 500	163	499	195	532	634
2 000	183	602	219	639	759
2 500	203	706	243	746	885
3 000	223	809	267	854	1 010
3 500	243	912	291	961	1 135
4 000	263	1 016	315	1 068	1 261
4 500	283	1 119	339	1 175	1 386
5 000	303	1 222	363	1 283	1 511
6 000	340	1 370	408	1 438	1 695
7 000	378	1 517	453	1 593	1 878
8 000	415	1 665	498	1 748	2 061
9 000	453	1 813	543	1 903	2 244
10 000	490	1 960	588	2 058	2 428
13 000	548	2 137	657	2 246	2 653
16 000	605	2 313	726	2 434	2 878
19 000	663	2 490	795	2 622	3 103
22 000	720	2 666	864	2 810	3 329
25 000	778	2 843	933	2 998	3 554
30 000	850	3 129	1 020	3 299	3 910
35 000	923	3 416	1 107	3 601	4 266
40 000	995	3 703	1 194	3 902	4 622
45 000	1 068	3 989	1 281	4 203	4 978
50 000	1 140	4 276	1 368	4 504	5 334
65 000	1 390	4 755	1 668	5 033	5 990
80 000	1 640	5 234	1 968	5 562	6 647
95 000	1 890	5 713	2 268	6 091	7 303
110 000	2 140	6 192	2 568	6 620	7 960
125 000	2 390	6 672	2 868	7 150	8 616
140 000	2 640	7 151	3 168	7 679	9 273
155 000	2 890	7 630	3 468	8 208	9 930
170 000	3 140	8 109	3 768	8 737	10 586
185 000	3 390	8 588	4 068	9 266	11 243

DB-PKH VII. Durchf Vorschriften zu den Kostengesetzen

	Klageverfahren vor den ordentlichen Gerichten				
	I. Instanz				II. Instanz
		nach Mahnverfahren		nach Mahnverfahren	
1	2	3	4	5	6
Streitwert bis	nur GKG	GKG + RVG	nur GKG	GKG + RVG	GKG + RVG
Euro	Euro	Euro	Euro	Euro	Euro
200 000	3 640	9 067	4 368	9 795	11 899
230 000	4 015	9 793	4 818	10 596	12 892
260 000	4 390	10 519	5 268	11 397	13 886
290 000	4 765	11 245	5 718	12 198	14 879
320 000	5 140	11 971	6 168	12 999	15 872
350 000	5 515	12 697	6 618	13 800	16 865
380 000	5 890	13 423	7 068	14 601	17 858
410 000	6 265	14 149	7 518	15 402	18 851
440 000	6 640	14 875	7 968	16 203	19 845
470 000	7 015	15 601	8 418	17 004	20 838
500 000	7 390	16 327	8 868	17 805	21 831

	Hauptsacheverfahren				Verfahren einstw. Rechtsschutz	
	Scheidungssachen einschl. Folgesachen	Selbständige Familienstreitsachen	Kindschaftssachen	Übrige Sachen	Kindschaftssachen	Übrige Sachen und Familienstreitsachen
1	2	3	4	5	6	7
Verfahrenswert bis	nur FamGKG + RVG	nur FamGKG + RVG	nur FamGKG + RVG	nur FamGKG + RVG	nur FamGKG + RVG	nur FamGKG + RVG
Euro	Euro	Euro	Euro	Euro	Euro	Euro
300	140	165	102	140	100	127
600	228	263	176	228	169	211
900	308	353	240	308	231	285
1 200	387	442	305	387	294	360
1 500	467	532	369	467	356	434
2 000	566	639	456	566	442	529
2 500	665	746	544	665	528	625
3 000	765	854	631	765	613	720
3 500	864	961	718	864	699	815
4 000	963	1 068	806	963	785	911
4 500	1 062	1 175	893	1 062	870	1 006
5 000	1 162	1 283	980	1 162	956	1 101
6 000	1 302	1 438	1 098	1 302	1 071	1 234
7 000	1 442	1 593	1 215	1 442	1 185	1 366
8 000	1 582	1 748	1 333	1 582	1 300	1 497
9 000	1 722	1 903	1 451	1 722	1 414	1 638
10 000	1 862	2 058	1 568	1 862	1 529	1 764
13 000	2 027	2 246	1 699	2 027	1 655	1 918
16 000	2 192	2 434	1 829	2 192	1 781	2 071
19 000	2 357	2 622	1 960	2 357	1 907	2 225
22 000	2 522	2 810	2 090	2 522	2 033	2 378
25 000	2 687	2 998	2 221	2 687	2 158	2 532
30 000	2 959	3 299	2 449	2 959	2 381	2 789
35 000	3 232	3 601	2 678	3 232	2 604	3 047
40 000	3 504	3 902	2 907	3 504	2 827	3 305
45 000	3 776	4 203	3 135	3 776	3 050	3 562
50 000	4 048	4 504	3 364	4 048	3 273	3 820

B. Ländervereinbarungen **DB-PKH**

Verfahrenswert bis	Hauptsacheverfahren				Verfahren einstw. Rechtsschutz	
	Scheidungssachen einschl. Folgesachen	Selbständige Familienstreitsachen	Kindschaftssachen	Übrige Sachen	Kindschaftssachen	Übrige Sachen und Familienstreitsachen
1	2	3	4	5	6	7
	nur FamGKG + RVG	nur FamGKG + RVG	nur FamGKG + RVG	nur FamGKG + RVG	nur FamGKG + RVG	nur FamGKG + RVG
Euro	Euro	Euro	Euro	Euro	Euro	Euro
65 000	4 477	5 033	3 643	4 477	3 532	4 199
80 000	4 906	5 562	3 922	4 906	3 791	4 578
95 000	5 335	6 091	4 201	5 335	4 050	4 957
110 000	5 764	6 620	4 480	5 764	4 309	5 336
125 000	6 194	7 150	4 760	6 194	4 568	5 716
140 000	6 623	7 679	5 039	6 623	4 827	6 095
155 000	7 052	8 208	5 318	7 052	5 086	6 474
170 000	7 481	8 737	5 597	7 481	5 346	6 853
185 000	7 910	9 266	5 876	7 910	5 605	7 232
200 000	8 339	9 795	6 155	8 339	5 864	7 611
230 000	8 990	10 596	6 581	8 990	6 260	8 187
260 000	9 641	11 397	7 007	9 641	6 656	8 763
290 000	10 292	12 198	7 433	10 292	7 052	9 339
320 000	10 943	12 999	7 859	10 943	7 448	9 915
350 000	11 594	13 800	8 285	11 594	7 844	10 491
380 000	12 245	14 601	8 711	12 245	8 240	11 067
410 000	12 896	15 402	9 137	12 896	8 636	11 643
440 000	13 547	16 203	9 563	13 547	9 032	12 219
470 000	14 198	17 004	9 989	14 198	9 428	12 795
500 000	14 849	17 805	10 415	14 849	9 824	13 371

Anlage 2 zu Nr. 1.3 DB-PKH (Stand: 1. 9. 2009)

Kostenvoranschlag zur Bewilligung von Verfahrens- bzw. Prozesskostenhilfe in familiengerichtlichen Verfahren I. Instanz (§§ 76, 79 FamFG, 115 ZPO)

Verfahrenswert bis	Hauptsacheverfahren				Verfahren einstw. Rechtsschutz	
	Scheidungssachen einschl. Folgesachen	Selbständige Familienstreitsachen	Kindschaftssachen	Übrige Sachen	Kindschaftssachen	Übrige Sachen und Familienstreitsachen
1	2	3	4	5	6	7
	nur FamGKG	nur FamGKG	nur FamGKG	nur FamGKG	nur FamGKG	nur FamGKG
Euro	Euro	Euro	Euro	Euro	Euro	Euro
300	50	75	13	50	10	38
600	70	105	18	70	11	53
900	90	135	23	90	14	68
1 200	110	165	28	110	17	83
1 500	130	195	33	130	20	98
2 000	146	219	37	146	22	110
2 500	162	243	41	162	25	122
3 000	178	267	45	178	27	134
3 500	194	291	49	194	30	146

DB-PKH, StaatskVerg VII. DurchfVorschriften zu den Kostengesetzen

	Hauptsacheverfahren				Verfahren einstw. Rechtsschutz	
Scheidungssachen einschl. Folgesachen	Selbständige Familienstreitsachen	Kindschaftssachen	Übrige Sachen		Kindschaftssachen	Übrige Sachen und Familienstreitsachen
1	2	3	4	5	6	7
Verfahrenswert bis	nur FamGKG	nur FamGKG	nur FamGKG	nur FamGKG	nur FamGKG	nur FamGKG
	Euro	Euro	Euro	Euro	Euro	Euro
4 000	210	315	53	210	32	158
4 500	226	339	57	226	34	170
5 000	242	363	61	242	37	182
6 000	272	408	68	272	41	204
7 000	302	453	76	302	46	227
8 000	332	498	83	332	50	249
9 000	362	543	91	362	55	272
10 000	392	588	98	392	59	294
13 000	438	657	110	438	66	329
16 000	484	726	121	484	73	363
19 000	530	795	133	530	80	398
22 000	576	864	144	576	87	432
25 000	622	933	156	622	94	467
30 000	680	1 020	170	680	102	510
35 000	738	1 107	185	738	111	554
40 000	796	1 194	199	796	120	597
45 000	854	1 281	214	854	129	641
50 000	912	1 368	228	912	137	684
65 000	1 112	1 668	278	1 112	167	834
80 000	1 312	1 968	328	1 312	197	984
95 000	1 512	2 268	378	1 512	227	1 134
110 000	1 712	2 568	428	1 712	257	1 284
125 000	1 912	2 868	478	1 912	287	1 434
140 000	2 112	3 168	528	2 112	317	1 584
155 000	2 312	3 468	578	2 312	347	1 734
170 000	2 512	3 768	628	2 512	377	1 884
185 000	2 712	4 068	678	2 712	407	2 034
200 000	2 912	4 368	728	2 912	437	2 184
230 000	3 212	4 818	803	3 212	482	2 409
260 000	3 512	5 268	878	3 512	527	2 634
290 000	3 812	5 718	953	3 812	572	2 859
320 000	4 112	6 168	1 028	4 112	617	3 084
350 000	4 412	6 618	1 103	4 412	662	3 309
380 000	4 712	7 068	1 178	4 712	707	3 534
410 000	5 012	7 518	1 253	5 012	752	3 759
440 000	5 312	7 968	1 328	5 312	797	3 984
470 000	5 612	8 418	1 403	5 612	842	4 209
500 000	5 912	8 868	1 478	5 912	887	4 434

6) Vereinbarung über die Festsetzung der aus der Staatskasse zu gewährenden Vergütung der Rechtsanwältinnen, Rechtsanwälte, Patentanwältinnen, Patentanwälte, Rechtsbeistände, Steuerberaterinnen und Steuerberater

Vorbemerkung. Die nachstehenden Bestimmungen sind zwischen den Justizverwaltungen des Bundes und der Länder abgestimmt. Sie sind zum 1. 11. 05 wie folgt eingefügt worden:

B. Ländervereinbarungen   **StaatskVerg**

Baden-Württemberg:
Bayern: zuletzt JMBl 09, 103;
Berlin: zuletzt ABl 09, 2243;
Brandenburg:
Hamburg: zuletzt JVBl 09, 44;
Hessen:
Mecklenburg-Vorpommern:
Niedersachsen:
Nordrhein-Westfalen:
Rheinland-Pfalz: zuletzt JBl 09, 57;
Saarland: zuletzt ABl 09, 1439;
Sachsen:
Sachsen-Anhalt: AV vom 7. 7. 05, JMBl 251;
Schleswig-Holstein: AV zuletzt vom 28. 11. 05, SchlHA **06**, 15 (Beschleunigung vor Aktenversendung);
Thüringen:
  Nachstehend ist die für Schleswig-Holstein veröffentlichte Fassung der bundeseinheitlich vereinbarten AV, in Kraft seit 1. 11. 05.

I. (nicht mit abgedruckt)

II. A. Vergütung der beigeordneten oder bestellten Rechtsanwälte

I. Festsetzungsantrag

1. Allgemeine Bestimmungen

1.1 Festsetzungsantrag
[1] Der Festsetzungsantrag mit der Berechnung der Gebühren und Auslagen (§ 10 RVG) ist bei der Geschäftsstelle zweifach einzugleichen. [2] Rechtsanwälte sind nicht verpflichtet, die Festsetzung der ihnen aus der Staatskasse zu zahlenden Vergütung mit den amtlichen Vordrucken zu beantragen. [3] Formlos oder mit Hilfe von EDV-Anlagen erstellte Festsetzungsanträge sollen inhaltlich den amtlichen Vordrucken entsprechen.

1.2 Festsetzung
1.2.1 Die Festsetzung (§ 55 RVG) ist dem gehobenen Dienst vorbehalten.
1.2.2 [1] Kann Verjährung in Betracht kommen (vgl. §§ 195, 199 BGB; § 8 RVG), so hat die Urkundsbeamtin oder der Urkundsbeamte der Geschäftsstelle (UdG) vor der Entscheidung über den Festsetzungsantrag die Akten mit einem entsprechenden Hinweis der Vertretung der Staatskasse vorzulegen (s. Nr. 14.4). [2] Sieht diese von der Erhebung der Verjährungseinrede ab, so hat der UdG dies auf der Festsetzung zu vermerken.
1.2.3 [1] Müssen die Sachakten wegen der Einlegung von Rechtsmitteln oder aus sonstigen Gründen versandt werden, so ist die Vergütung möglichst vorher festzusetzen. [2] Sonst sind Akten, die für längere Zeit versandt sind, kurzfristig zurückzufordern.
1.2.4 [1] Wird dem Festsetzungsantrag entsprochen, so ist keine Mitteilung erforderlich. [2] Soweit die Entscheidung von dem Antrag abweicht, ist ihr Inhalt dem Rechtsanwalt schriftlich mitzuteilen.
1.2.5 [1] Die Festsetzung ist zu den Sachakten zu nehmen. [2] Auf dem Beiordnungsbeschluss ist neben dem Namen des beigeordneten Rechtsanwalts das Datum der Festsetzung in auffälliger Weise zu vermerken.

1.3 Auszahlungsanordnung
1.3.1 [1] Die Auszahlungsanordnung wird von dem UdG des Gerichts erteilt, bei dem die Vergütung festgesetzt worden ist. [2] Hat der UdG des Gerichts des ersten Rechtszugs die Vergütung festgesetzt und die Bundeskasse die Vergütung zu zahlen (§ 45 Abs. 1, 3 RVG), so hat er ein Exemplar der Festsetzung dem Gericht des Bundes zur Erteilung der Auszahlungsanordnung zu übersenden.
1.3.2 Ein Exemplar der Auszahlungsanordnung ist zu den Sachakten zu nehmen.

StaatskVerg   VII. DurchfVorschriften zu den Kostengesetzen

1.3.3 [1] Werden in derselben Sache weitere Auszahlungsanordnungen notwendig, so sind auch davon Exemplare zu den Sachakten zu nehmen; in der Kostenberechnung sind sämtliche Gebühren und Auslagen aufzuführen; bereits gezahlte Beträge sind abzusetzen. [2] Der Tag der früheren Auszahlungsanordnung ist anzugeben. [3] Dies gilt auch, wenn Vorschüsse gezahlt sind (s. Nr. 1.5.3).
1.3.4 Nr. 2.4.4 ist zu beachten.
1.4 Vertretung der Staatskasse, Prüfung der Festsetzung
1.4.1 Die Vertretung der Staatskasse bei der Festsetzung einschließlich des Erinnerungs- und Beschwerdeverfahrens richtet sich nach den dafür ergangenen besonderen Bestimmungen.
1.4.2 Alle gerichtlichen Entscheidungen, durch die eine Festsetzung zu Ungunsten der Staatskasse geändert wird, hat der UdG vor Anweisung des Mehrbetrages der Vertretung der Staatskasse mitzuteilen.
1.4.3 Erinnerungen oder Beschwerden namens der Staatskasse sind nur zu erheben, wenn es sich um Fragen von grundsätzlicher Bedeutung oder um Beträge handelt, die nicht in offensichtlichem Missverhältnis zu dem durch das Erinnerungs- oder Beschwerdeverfahren entstehenden Zeit- und Arbeitsaufwand stehen.
1.4.4 Soll nach Auffassung der Vertretung der Staatskasse die Verjährungseinrede erhoben werden (s. Nr. 1.2.2), so hat sie dazu die Einwilligung der unmittelbar vorgesetzten Präsidentin oder des unmittelbar vorgesetzten Präsidenten einzuholen.
1.5 Vorschuss
1.5.1 Für die Festsetzung und Auszahlung des Vorschusses (§ 47 RVG) gelten die Bestimmungen für die Festsetzung und Auszahlung des endgültigen Betrages sinngemäß.
1.5.2 Die Auszahlungen sind als Abschlagszahlungen zu leisten und als Haushaltsausgaben zu buchen.
1.5.3 Der UdG überwacht die Fälligkeit der Vergütung und sorgt dafür, dass der Vorschuss alsbald abgerechnet wird (s. Nr. 1.3.3).
1.6 Wiedereinforderung überzahlter Beträge
Überzahlungen an Gebühren, Auslagen oder Vorschüssen sind nach der Justizbeitreibungsordnung einzuziehen.

2. Besondere Bestimmungen für die Vergütung der im Wege
der Prozesskostenhilfe beigeordneten Rechtsanwälte

2.1 Zuständigkeit für die Festsetzung im Allgemeinen
[1] Die aus der Staatskasse zu gewährende Vergütung (§§ 45, 50 Abs. 1 RVG) wird von dem UdG des Gerichts des Rechtszugs festgesetzt (§ 55 Abs. 1 RVG). [2] In Angelegenheiten, in denen sich die Gebühren nach Teil 3 des Vergütungsverzeichnisses zum RVG bestimmen, erfolgt die Festsetzung durch den UdG des Gerichts des Rechtszugs, nach Beendigung des Verfahrens durch rechtskräftige Entscheidung oder in sonstiger Weise jedoch von dem UdG des Gerichts des ersten Rechtszugs.
2.2 Zuständigkeit zur Festsetzung im Falle der Verweisung oder Abgabe eines Verfahrens
2.2.1 Bei Verweisung oder Abgabe eines Verfahrens an ein Gericht eines anderen Landes gilt die Vereinbarung über den Ausgleich von Kosten in der jeweils gültigen Fassung.
2.2.2 [1] Bei Verweisung oder Abgabe eines Verfahrens an ein Gericht desselben Landes gilt folgendes: Der UdG des verweisenden oder abgebenden Gerichts setzt die aus der Staatskasse zu gewährende Vergütung fest, wenn bereits vor der Versendung der Akten an das Gericht, an das das Verfahren verwiesen oder abgegeben worden ist, der Anspruch fällig geworden und der Festsetzungsantrag eingegangen ist. [2] Andernfalls sind Festsetzungsanträge an die Geschäftsstelle des Gerichts weiterzugeben, an das das Verfahren verwiesen oder abgegeben worden ist.
2.3 Vergütung des beigeordneten Anwalts, Kostenfestsetzung, Übergang auf die Staatskasse
2.3.1 [1] Bei der Festsetzung der vom Gegner an die Partei, der Prozesskostenhilfe bewilligt ist, oder an deren Rechtsanwalt zu erstattenden Kosten (§§ 103 bis 107, 126 ZPO) prüft die Rechtspflegerin oder der Rechtspfleger, ob bereits eine Vergütung aus der Staatskasse gezahlt worden ist und ob der aus der Staats-

B. Ländervereinbarungen StaatskVerg

kasse gewährte Betrag ganz oder zum Teil auf die im Kostenfestsetzungsbeschluss festzusetzenden Kosten anzurechnen ist. ²Er stellt zugleich fest, ob und inwieweit der Erstattungsanspruch gegen die Zählungspflichtige oder den Zahlungspflichtigen auf die Staatskasse übergegangen ist (§ 59 Abs. 1 Satz 1 RVG). ³Dabei berücksichtigt er, dass ein übergegangener Anspruch der Staatskasse nicht zusteht, soweit die an den Rechtsanwalt gezahlte Vergütung durch Zahlungen der Partei an die Staatskasse gedeckt ist. ⁴Den auf die Staatskasse übergegangenen Betrag vermerkt er im Kostenfestsetzungsbeschluss. ⁵Nötigenfalls nimmt er eine erläuternde Berechnung auf. ⁶Soweit ein Erstattungsanspruch auf die Staatskasse übergegangen ist, nimmt der Rechtspfleger in den Kostenfestsetzungsbeschluss nur den Betrag auf, der an die Partei oder an deren Rechtsanwalt noch zu erstatten bleibt.

2.3.2 ¹Macht der Rechtsanwalt seinen Vergütungsanspruch gegen die Staatskasse erst geltend, nachdem die von der gegnerischen Partei zu erstattenden Kosten bereits nach §§ 103 bis 107 und 126 ZPO festgesetzt worden sind, so fordert der Rechtspfleger die vollstreckbare Ausfertigung des Kostenfestsetzungsbeschlusses von der- oder demjenigen zurück, zu deren oder dessen Gunsten er ergangen ist. ²Nach der Festsetzung der aus der Staatskasse zu gewährenden Vergütung vermerkt der Rechtspfleger auf der vollstreckbaren Ausfertigung des Kostenfestsetzungsbeschlusses, um welchen Betrag sich die festgesetzten Kosten mindern und welcher Restbetrag noch zu erstatten ist; falls erforderlich, fügt er eine erläuternde Berechnung bei. ³Die gleichen Vermerke setzt er auf den Kostenfestsetzungsbeschluss und bescheinigt dort außerdem, dass die vollstreckbare Ausfertigung mit denselben Vermerken versehen und zurückgesandt worden ist.

2.3.3 Wird die Vergütung festgesetzt, ohne dass die vollstreckbare Ausfertigung des Kostenfestsetzungsbeschlusses vorgelegt worden ist, so hat der UdG den erstattungspflichtigen Gegner zu benachrichtigen.

2.3.4 Bei der Einziehung der auf die Staatskasse übergegangenen Beträge sind § 122 Abs. 1 Nr. 1 Buchstabe b ZPO, § 6 Abs. 2 KostVfg und Nr. 3.3.2 Satz 1 sowie Nr. 4.6 der Durchführungsbestimmungen zum Gesetz über die Prozesskostenhilfe und zur Stundung der Kosten des Insolvenzverfahrens (DB-PKHG/DB-InsO) zu beachten.

2.3.5 ¹Zahlt die erstattungspflichtige gegnerische Partei bei der Vollstreckung aus dem Kostenfestsetzungsbeschluss freiwillig noch die nach Nr. 2.3.2 oder 2.3.3 abgesetzte Vergütung, so hat die Gerichtsvollzieherin oder der Gerichtsvollzieher sie anzunehmen und an die Kasse abzuführen. ²Zieht der Gerichtsvollzieher nur den Restbetrag der festgesetzten Kosten ein, so hat er dies zu den Gerichtsakten mitzuteilen, damit der auf die Staatskasse übergegangene Betrag eingezogen werden kann (s. Nr. 2.4.1). ³Waren die einzuziehenden Beträge bereits zum Soll gestellt, so gibt der UdG die Mitteilung an die Kasse weiter.

2.3.6 Beantragt der beigeordnete Rechtsanwalt nach Aufhebung der Bewilligung der Prozesskostenhilfe die Festsetzung der Vergütung gemäß § 11 RVG gegen die eigene Partei, so sind die Nrn. 2.3.1 bis 2.3.5 entsprechend anzuwenden.

2.4 Wiedereinforderung von der Partei, der Prozesskostenhilfe bewilligt worden ist, von der gegnerischen Partei oder von Streitgenossinnen oder Streitgenossen

2.4.1 ¹Der UdG hat in jedem Fall zu prüfen und nötigenfalls zu überwachen, ob die aus der Staatskasse gezahlte Vergütung von der Partei oder von der erstattungspflichtigen gegnerischen Partei eingefordert werden kann (§ 59 RVG). ²Zu diesem Zweck hat er erforderlichenfalls die Parteien aufzufordern, ihre Kostenberechnung dem Gericht zur Ausgleichung mitzuteilen. ³Kann er die Mitwirkung der Parteien nicht erreichen, so hat er den Anspruch der Staatskasse nach Aktenlage zu berechnen. ⁴Der Anspruch gegen die Partei kann, solange die Bewilligung der Prozesskostenhilfe nicht aufgehoben ist (vgl. Nr. 3.3.1, Nr. 5.1 DB-PKHG/DB-InsO), nur nach den Bestimmungen geltend gemacht werden, die das Gericht getroffen hat (vgl. § 122 Abs. 1 Nr. 1 Buchstabe b ZPO). ⁵Gegebenenfalls ist eine Änderung dieser Bestimmungen anzuregen (vgl. § 120 Abs. 4 ZPO, Nr. 5.1 DB-PKHG/DB-InsO).

2.4.2 Der mit der Festsetzung der Vergütung befasste UdG hat Streitgenossen der Partei, die von dem dieser Partei beigeordneten Rechtsanwalt als Wahlan-

StaatskVerg VII. DurchfVorschriften zu den Kostengesetzen

walt vertreten werden, zur Zahlung des auf sie entfallenden Anteils an der aus der Staatskasse gezahlten Vergütung aufzufordern, soweit dies nicht aus besonderen Gründen, z. B. wegen feststehender Zahlungsunfähigkeit, untunlich erscheint.

2.4.3 ¹Die Zahlungsaufforderung an die ausgleichspflichtigen Streitgenossen kann nicht auf § 59 RVG gestützt werden und darf daher nicht in der Form einer Gerichtskostenrechnung ergehen. ²Wird nicht freiwillig gezahlt, so sind die Vorgänge dem unmittelbar vorgesetzten Präsidenten vorzulegen, der gegebenenfalls die Klageerhebung veranlasst.

2.4.4 Wenn Streitgenossen der Partei, der Prozesskostenhilfe bewilligt ist, vorhanden sind, ist in der Festsetzung der Vergütung zu vermerken, ob und für welche Streitgenossen der Partei der beigeordnete Rechtsanwalt zugleich Wahlanwalt gewesen ist und ob ein Ausgleichsanspruch der Staatskasse gegen diese Streitgenossen geltend gemacht oder aus welchen Gründen davon abgesehen worden ist.

2.4.5 ¹Die von Streitgenossen der Partei gezahlten Beträge sind bei den vermischten Einnahmen zu buchen. ²Die für die Buchung notwendigen Kassenanordnungen sind der zuständigen Kasse unverzüglich nach Zahlungseingang zuzuleiten. ³Eine ggf. zu den Sachakten erteilte Zahlungsanzeige ist beizufügen.

2.5 Festsetzung der weiteren Vergütung (§ 50 RVG)

2.5.1 Vor der Festsetzung der weiteren Vergütung hat sich der UdG davon zu überzeugen, dass

2.5.1.1 das Verfahren durch rechtskräftige Entscheidung oder in sonstiger Weise beendet ist,

2.5.1.2 sämtliche der Partei beigeordneten Rechtsanwälte und, soweit der gegnerischen Partei ebenfalls Prozesskostenhilfe bewilligt und die PKH-Partei der gegnerischen Partei erstattungspflichtig ist, auch die der gegnerischen Partei beigeordneten Rechtsanwälte ihre Vergütung (§§ 45 Abs. 1, 49 RVG) beantragt haben und dass über diese Anträge abschließend entschieden worden ist,

2.5.1.3 die Schlusskostenrechnung unter Berücksichtigung der gemäß § 59 Abs. 1 Satz 1 RVG auf die Staatskasse übergegangenen Ansprüche (vgl. Nr. 2.5.1.2) aufgestellt worden und ein gegen die gegnerische Partei zum Soll gestellter Betrag, für den die Partei als Zweitschuldner haften würde, gezahlt ist, so dass feststeht, welcher Betrag zur Deckung der in § 122 Abs. 1 Nr. 1 ZPO bezeichneten Kosten und Ansprüche erforderlich ist,

2.5.1.4 sämtliche der Partei beigeordneten Rechtsanwälte die weitere Vergütung (§ 50 RVG) beantragt haben,

2.5.1.5 die von der Partei zu zahlenden Beträge (§§ 120 ZPO, 50 Abs. 1 Satz 1 RVG) beglichen worden sind oder eine Zwangsvollstreckung in das bewegliche Vermögen der Partei erfolglos geblieben ist oder aussichtslos erscheint,

2.5.1.6 und ggf. in welcher Höhe nach Verrechnung der von der Partei gezahlten Beträge auf den nach Nr. 2.5.1.3 berechneten Betrag ein Überschuss verbleibt,

2.5.1.7 in den Anträgen angegeben ist, welche Zahlungen die beigeordneten Rechtsanwälte von der Partei oder einem Dritten erhalten haben.

2.5.2 Haben noch nicht sämtliche der Partei und ggf. der gegnerischen Partei beigeordneten Rechtsanwälte ihre Vergütung beantragt (vgl. Nrn. 2.5.1.2, 2.5.1.4) oder die erhaltenen Zahlungen angegeben (vgl. Nr. 2.5.1.7), so fordert der UdG sie unter Hinweis auf die Rechtsfolgen (§ 55 Abs. 6 Satz 2 RVG) gegen Empfangsbekenntnis auf, innerhalb einer Frist von einem Monat bei der Geschäftsstelle des Gerichts, dem der UdG angehört, die Anträge einzureichen oder sich zu den Zahlungen zu erklären.

2.5.3 Waren die Zahlungen der Partei an die Staatskasse nach § 120 Abs. 3 ZPO durch das Gericht vorläufig eingestellt und reicht der Überschuss (vgl. Nr. 2.5.1.6) zur Deckung der weiteren Vergütung nicht aus, ist die Akte zunächst dem Rechtspfleger zur Entscheidung über die Wiederaufnahme der Zahlungen vorzulegen.

2.5.4 Verzögert sich die Entscheidung über den Antrag, weil z. B. das Ergebnis der Kosteneinziehung von der gegnerischen Partei, weitere Zahlungen der Partei oder der Eingang weiterer Anträge abzuwarten ist, hat der UdG den Rechtsanwalt über den Grund der Verzögerung zu unterrichten.

2.5.5 Die weitere Vergütung ist bei dem Haushaltstitel für die Vergütung beigeordneter Rechtsanwälte zu buchen.
2.5.6 Ändert sich nach der Festsetzung der weiteren Vergütung die Kostenforderung gegen die Partei (vgl. Nr. 2.5.1.3), sind die Akten dem UdG zur Prüfung vorzulegen, ob die Festsetzung zu berichtigen ist.
2.6 Die vorstehenden besonderen Bestimmungen gelten für die Vergütung der im Wege der Prozesskostenhilfe beigeordneten Patentanwälte und Steuerberater sowie die im Wege des § 625 ZPO beigeordneten oder nach §§ 57, 58 ZPO bestellten Rechtsanwälte sinngemäß.

B. Vergütung bei Beratungshilfe

1. [1]Für die Festsetzung der Vergütung bei Beratungshilfe gilt Teil A Nr. 1 bis 1.2.2, 1.2.4, 1.3 bis 1.3.3 und 1.4 bis 1.4.4 sinngemäß. [2]Der Festsetzungsantrag kann mit Hilfe von EDV-Anlagen erstellt werden oder von dem Vordruck der Anlage 2 zur BerHVV abweichen, wenn er inhaltlich diesem entspricht. [3]Die Geschäftsstellen geben die amtlichen Vordrucke für den Beratungshilfeantrag und für den Festsetzungsantrag unentgeltlich aus. [4]Sofern ein Berechtigungsschein erteilt worden ist, ist die Festsetzung zur Durchschrift des Berechtigungsscheins zu nehmen.

2. [1]Der UdG hat in jedem Fall zu prüfen und nötigenfalls zu überwachen, ob die aus der Landeskasse gezahlte Vergütung von erstattungspflichtigen Gegnern eingefordert werden kann (§ 59 Abs. 1, 3 RVG, § 9 BerHG). [2]Unter gesetzlicher Vergütung im Sinne des § 9 Satz 1 BerHG ist die an nicht im Rahmen der Beratungshilfe tätige Rechtsanwälte zu zahlende Vergütung zu verstehen. [3]Der auf die Landeskasse übergegangene schuldrechtliche Anspruch auf Erstattung der Vergütung ist wie der Anspruch gegen ausgleichspflichtige Streitgenossen geltend zu machen (vgl. Teil A Nrn. 2.4.2 bis 2.4.5).

II.

Ergänzend zu den vorgenannten Bestimmungen wird Folgendes bestimmt:
1. Zu Teil A Nr. 1.3.2
Die Auszahlungsanordnung ist auf den dafür aufgelegten besonderen Vordrucken zu erteilen.
2. Zu Teil A Nr. 1.4
2.1 In dem Festsetzungsverfahren einschließlich des Erinnerungs- und Beschwerdeverfahrens wird die Staatskasse durch die Bezirksrevisorin oder den Bezirksrevisor vertreten.
2.2 [1]Der Bezirksrevisor hat die Festsetzungen und Auszahlungsanordnungen anlässlich der örtlichen Prüfung des Kostenansatzes anhand der Sachakten stichprobenweise zu prüfen. [2]Sofern die Auszahlung nicht nennenswert verzögert wird, kann der Dienstvorgesetzte des Bezirksrevisors anordnen, dass in bestimmten Fällen (z. B. in Zweifelsfällen oder bei Bildung von Prüfungsschwerpunkten) Festsetzungen vor Vollzug der Auszahlungsanordnung durch den Bezirksrevisor zu prüfen sind.
2.3 Von der Erhebung der Verjährungseinrede wird regelmäßig abgesehen werden können, wenn
2.3.1 der Anspruch zweifelsfrei begründet ist und
2.3.2 entweder die Verjährungsfrist erst verhältnismäßig kurze Zeit abgelaufen ist oder der Anspruchsberechtigte aus verständlichen Gründen (z. B. Schweben eines Rechtsmittels oder eines Parallelprozesses, längeres Ruhen des Verfahrens, Tod des Anwalts), die in einem Sachzusammenhang mit dem Erstattungsantrag stehen müssen, mit der Geltendmachung seines Anspruchs gewartet hat.

III. (nicht mit abgedruckt)

7) Aus dem Abkommen über die Zuständigkeit des AG Hamburg für Verteilungsverfahren nach der Schiffahrtsrechtlichen Verteilungsordnung
Von den Ländern eingeführt:
Baden-Württemberg: G vom 22. 5. 73, GBl 136;
Bayern: Bek vom 17. 7. 73, GVBl 448;
Berlin: G vom 30. 3. 73, GVBl 566;
Brandenburg:
Bremen: G vom 15. 5. 73, GBl 105;
Hamburg: Bek vom 10. 7. 73, GVBl 280;
Hessen: G vom 4. 4. 73, GVBl 123;
Mecklenburg-Vorpommern:
Niedersachsen: G vom 29. 5. 73, GVBl 177;
Nordrhein-Westfalen: G vom 12. 6. 73, GV 350;
Rheinland-Pfalz: G vom 30. 5. 73, GVBl 115, Bek vom 24. 8. 73, GVBl 260;
Saarland: G vom 21. 3. 73, ABl 265;
Sachsen:
Sachsen-Anhalt:
Schleswig-Holstein: G vom 19. 3. 92, GVBl 208;
Thüringen:

§ 3. Die Freie und Hansestadt Hamburg verzichtet auf Kostenausgleichsansprüche gegen die an diesem Abkommen beteiligten Länder; sie erhält die Einnahmen des Amtsgerichts Hamburg aus den ihm übertragenen Aufgaben.

C. Rechnungsgebühren und Rechnungsbeamte

Vorbem. Art XI § 4 II Z 1 KostÄndG hat die AV des früheren RJM über Rechnungsgebühren und Rechnungsbeamte vom 25. 4. 38, DJ 654, soweit sie bisher als Rechtsvorschrift angewendet wurde, außer Kraft gesetzt. Bestimmungen haben **Bayern**, Bek vom 14. 4. 80, JMBl 177, **Berlin**, VV vom 18. 10 83, ABl 1508, **Schleswig-Holstein**, AVJM vom 2. 11. 60, SchlHA 334, **Rheinland-Pfalz**, AV vom 29. 5. 81, JBl 148, vom 11. 12. 81, JBl 82, 23, und vom 19. 10. 82, JBl 238, **Hamburg**, AV vom 30. 4. 82, JVBl 90, **Hessen**, RdErl vom 5. 1. 82, JMBl 91, erlassen, die den neuen Vorschriften Rechnung tragen, sich inhaltlich im Aufbau aber eng an die frühere AV anschließen. **Niedersachsen** hat durch AV vom 3. 3. 59, NdsRpfl 55, die Geschäfte, für die bisher besondere Rechnungsbeamte bestellt waren, ab 1. 4. 59 als Dienstaufgaben Beamten zugeteilt, die durch die Geschäftsverteilung hierfür bestimmt werden; ebenso **Baden-Württemberg**, AV vom 28. 8. 58, Justiz 326, **Nordrhein-Westfalen**, AV v 17. 5. 60, JMBl 122, (wegen der übrigen Länder s Piller-Hermann KostVfg Anl III): In diesen Ländern werden Rechnungsgebühren, §§ 72 GKG, 139 KostO, nicht mehr erhoben.

Die **bayerische Bekanntmachung über Rechnungsgebühren und Rechnungsbeamte** lautet:

I. 1. Rechnungsgebühren

1.1 Grundsatz

1.1.1 [1]Rechnungsgebühren gemäß [jetzt] § 70 GKG, § 139 KostO dürfen nur angesetzt werden, wenn die Rechnungsarbeiten durch besonders dafür bestellte Beamte oder Angestellte (Rechnungsbeamte) ausgeführt wurden, die in den Fällen der Nrn. 1.2 und 1.3 mit der Ausführung im Einzelfall durch den Richter oder den Rechtspfleger ausdrücklich beauftragt worden sind. [2]Der Auftrag soll nur erteilt werden, wenn die Erledigung der Rechnungsarbeiten einen erheblichen Zeitaufwand oder besondere Sachkenntnis erfordert. [3]Der Auftrag ist aktenkundig zu machen.

C. Rechnungsgebühren RgGeb

1.1.2 [1]Rechnungsarbeiten, für die ein besonderer Auftrag nach Nr. 1.1.1 nicht erteilt ist, sind Dienstaufgaben der nach der Geschäftsverteilung dafür zuständigen Beamten oder Angestellten. [2]Dies gilt auch, wenn diese Beamten oder Angestellten zugleich zu Rechnungsbeamten bestellt sind.

1.2 Zulässigkeit der Zuziehung von Rechnungsbeamten

1.2.1 Der Auftrag nach Nr. 1 1. 1 soll nur erteilt werden
1.2.1.1 in familienrechtlichen Angelegenheiten, Nachlaß- und Teilungssachen (Erster Teil, Zweiter Abschnitt, Unterabschnitte 4 und 5 KostO),
1.2.1.2 in Stiftungssachen (§ 118 KostO),
1.2.1.3 in Verteilungsverfahren bei Enteignungen und dgl. (§ 125 KostO),
1.2.1.4 in Verfahren der Zwangsversteigerung und Zwangsverwaltung von Gegenständen des unbeweglichen Vermögens und in ähnlichen Verfahren (§§ 28 ff. GKG),
1.2.1.5 in den in landesrechtlichen Vorschriften vorgesehenen Geschäften der freiwilligen Gerichtsbarkeit, soweit in solchen Angelegenheiten der Ansatz von Rechnungsgebühren rechtlich zulässig ist.
1.2.2 Ein Auftrag nach Nr. 1.1.1 soll nur erteilt werden, wenn nicht die Erhebung von Rechnungsgebühren nach § 96 oder § 139 Abs. 2 KostO ausgeschlossen ist.

1.3 Sondervorschriften über die Zuziehung in Zwangsversteigerungs- und Zwangsverwaltungssachen

1.3.1 Hält in Zwangsversteigerungs- und Zwangsverwaltungssachen (Nr. 1.2.1.4) der Richter oder der Rechtspfleger die Zuziehung eines Rechnungsverständigen zur Berechnung des geringsten Gebots oder zur Aufstellung des Teilungsplans für geboten (§§ 66, 113, 156 ZVG), so erteilt er einen Auftrag nach Nr. 1.1.1.
1.3.2 [1]Dem als Rechnungsverständigen zu dem Versteigerungs- oder Verteilungstermin zugezogenen Rechnungsbeamten können gleichzeitig die dem Urkundsbeamten obliegenden Verrichtungen übertragen werden. [2]In diesem Falle gilt der Beamte oder Angestellte als Rechnungsbeamter nur für die Arbeitszeit als zugezogen, die er verwenden mußte,
1.3.2.1 auf die Vorbereitung der Berechnung des geringsten Gebots und der Aufstellung des Teilungsplans vor dem Termin einschließlich der Aufstellung der für das geringste Gebot erforderlichen Kostenberechnung und der Feststellung der in das geringste Gebots bestehenbleibenden Rechte,
1.3.2.2 auf die Reinschrift der Rechnungsarbeit oder, sofern an Stelle einer solchen Reinschrift das Ergebnis der Rechnungsarbeit in die vorbereitete Verhandlungsniederschrift aufgenommen wird, auf diese Aufnahme,
1.3.2.3 auf die Teilnahme am Termin.
1.3.2.4 Die Zuziehung als Rechnungsbeamter erstreckt sich dagegen nicht auf die sonstige für die Vorbereitung der Verhandlungsniederschrift verwendete Zeit oder auf die Zeit, die nach dem Termin zur Erledigung der dem Urkundsbeamten obliegenden Geschäfte und zur Aufstellung der endgültigen Kostenrechnung verwendet werden mußte.
1.3.3 [1]Zur Prüfung der von dem Zwangsverwalter eingereichten Rechnungen (Auszüge aus dem Kontobuch, Jahresrechnungen, Schlußrechnung) darf ein Rechnungsbeamter nicht zugezogen werden. [2]Diese Arbeit gehört zu den Dienstaufgaben des mit der Prüfung der Rechnungen beauftragten Beamten der Geschäftsstelle.

1.4 Höhe der Rechnungsgebühren

Die Rechnungsgebühren betragen ohne Rücksicht auf die Höhe des Gegenstandswertes 15 Deutsche Mark für die Stunde; die letzte, bereits begonnene Stunde wird voll gerechnet ([jetzt] § 70 Abs. 1 GKG, § 139 Abs. 1 KostO).

1.5 Nachweis der geleisteten Rechnungsarbeit

Zur Begründung der angesetzten Rechnungsgebühren gibt der Rechnungsbeamte die aufgewendete und erforderliche Arbeitszeit sowie für den Fall, daß sich die geleistete Arbeit nicht bereits aus dem Akteninhalt ergibt, auch seine

Verrichtungen kurz, aber so ausreichend an, daß das Gericht und die Beschwerdeberechtigten ([jetzt] § 70 Abs. 2 GKG, § 139 Abs. 3 KostO) die Richtigkeit des Ansatzes nachprüfen können.

Bem. Nr. 2 betrifft die Bestellung von Rechnungsbeamten und ihre Gebührenanteile sowie deren Zahlung, Abschn. II hebt die Bek vom 9. 10. 57 und vom 15. 9. 77, JMBl 214, auf.

D. Erlaß von Gerichtskosten und anderen Justizverwaltungsabgaben

Vorbemerkungen

1   **1) Geschichtliches.** Durch die VO vom 20. 3. 1935, RGBl 406, wurde die Reichshaushaltsordnung in der Justizverwaltung vom 1. 4. 35 ab eingeführt und gleichzeitig über Stundung und Niederschlagung von Gerichtskosten und anderen Justizverwaltungsabgaben, vgl Einf 2 vor § 21 GKG, Teil I A dieses Buchs, Bestimmung getroffen. Hierzu hatte der frühere RJM die AV vom 28. 3. 35, DJ 480, 7. 2. 42, DJ 117, vom 4. 6. 42, DJ 388, vom 7. 4. 43, DJ 231, und 6. 8. 43, DJ 405, erlassen, die Ausführungsbestimmungen enthielten und durch die er die nachgeordneten Stellen in bestimmtem Rahmen zu Erlaß und Stundung ermächtigte.

Diese allgemeinen Verfügungen sind nach 1945 von den Ländern zum Teil ganz aufgehoben und durch entsprechende ersetzt, teilweise abgeändert worden.

2   **2) Jetziger Rechtszustand.** Es gelten die folgenden Regeln:
A. Systematik. Eine bundeseinheitliche Regelung fehlt. Für Forderungen des *Bundes* gilt die Bek zuletzt vom 4. 7. 87, BAnz 73.

3   **B. Fortgeltendes früheres Reichsrecht.** Die VO vom 20. 3. 35, RGBl 406, lautet:

§ 1. Für die gesamte Reichsjustizverwaltung gilt vom 1. April 1935 an die Reichshaushaltsordnung.

§ 2. Mit Wirkung vom gleichen Zeitpunkt an wird über die Stundung und Niederschlagung von Gerichtskosten und anderen Justizverwaltungsabgaben aller Art folgendes bestimmt:
1. Soweit nicht abweichende Verwaltungsvorschriften bestehen, können Justizverwaltungsabgaben von der mit der Einziehung betrauten Behörde gestundet werden, wenn ihre Einziehung mit erheblichen Härten für den Zahlungspflichtigen verbunden wäre und der Anspruch durch die Stundung nicht gefährdet wird. Über Beschwerden wird im Aufsichtsweg entschieden.
2. Der Reichsminister der Justiz kann für einzelne Fälle Justizverwaltungsabgaben, deren Einziehung mit besonderen Härten für den Zahlungspflichtigen verbunden wäre, ganz oder zum Teil erlassen oder die Erstattung oder Anrechnung bereits entrichteter Abgaben verfügen. Er kann die Befugnis für bestimmte Arten von Fällen auf die nachgeordneten Behörden übertragen.
3. Die Vorschriften der Absätze 1 und 2 finden entsprechende Anwendung, wenn an baren Auslagen im Sinne der Kostengesetze oder an Entschädigungen der Laienrichter oder an notwendigen Auslagen der Beschuldigten (§§ 467, 478 Strafprozessordnung) mehr als der endgültig festgestellte Betrag aus der Reichskasse gezahlt worden ist.

4   **C. Länderrecht.** Es gelten die folgenden Länderregeln (meist in den Landesjustizkostengesetzen):
Baden-Württemberg: LJKostG zuletzt vom 12. 12. 02, GBl 477; AV zuletzt vom 8. 8. 95, Justiz 371;
Bayern: Bek zuletzt vom 14. 12. 01, JMBl **02**, 22;
Berlin: G zuletzt vom 25. 6. 92, GVBl 204; AV zuletzt vom 10. 6. 92, ABl 1785;
Brandenburg: JKostG zuletzt vom 18. 12. 01, GVBl 300; AV zuletzt vom 5. 8. 97, JMBl 115;
Bremen: JKostG zuletzt vom 4. 12. 01, GBl 407;

D. Erlaß von Gerichtskosten ErlGerK

Hamburg: LJKostG zuletzt vom 18. 7. 01, GVBl 251; AV zuletzt vom 30. 10. 95, JVBl 95;
Hessen: AnO vom 1. 8. 01, GVBl 379; VO vom 31. 10. 08, GVBl 934;
Mecklenburg-Vorpommern: LJKostG zuletzt vom 22. 11. 01, GVBl 438; VV zuletzt vom 17. 1. 95, ABl 78;
Niedersachsen: G zuletzt vom 24. 3. 06, GVBl 181; AV zuletzt vom 30. 5. 02, NdsRpfl 163;
Nordrhein-Westfalen: G zuletzt vom 7. 3. 95, GVBl 193;
Rheinland-Pfalz: G zuletzt vom 1. 7. 97, GVBl 169; AV vom 18. 3. 83, GVBl 80;
Saarland: G zuletzt vom 31. 3. 04, ABl 1037;
Sachsen: G zuletzt vom 24. 11. 00, GVBl 482; VV vom 3. 2. 98, JMBl 22;
Sachsen-Anhalt: G zuletzt vom 7. 12. 01, GBl 540;
Schleswig-Holstein: G zuletzt vom 7. 2. 95, GVBl 62; AV zuletzt vom 12. 11. 08, SchlHA 447;
Thüringen: G zuletzt vom 5. 2. 09, GVBl 21.

Die für Schleswig-Holstein geltende AV vom 12. 11. 08 lautet:

Nach § 2 des Gesetzes über Gebührenfreiheit, Stundung und Erlass von Kosten im Bereich der Gerichtsbarkeiten vom 23. Dezember 1969 (GVOBl. Schl.-H. 1970 S. 4), zuletzt geändert durch Artikel 12 des Gesetzes vom 15. März 2006 (GVOBl. Schl.-H. S. 52), können Gerichtskosten, nach § 59 Abs. 1 des Rechtsanwaltsvergütungsgesetzes vom 5. Mai 2004 (BGBl. I S. 718), zuzletzt geändert durch Artikel 6 des Gesetzes vom 31. Juli 2008 (BGBl. I S. 1629), auf die Landeskasse übergegangene Ansprüche und sonstige Ansprüche nach § 1 Abs. 1 Nr. 5 bis 9 der Justizbeitreibungsordnung in der im Bundesgesetzblatt Teil III, Gliederungsnummer 365-1, veröffentlichten bereinigten Fassung, zuletzt geändert durch Artikel 4 Abs. 13 des Gesetzes vom 17. Dezember 2006 (BGBl. I S. 3171),
a) gestundet werden, wenn ihre sofortige Einziehung mit besonderen Härten für den Zahlungspflichtigen verbunden wäre und der Anspruch durch die Stundung nicht gefährdet wird,
b) ganz oder zum Teil erlassen werden, wenn
  1. es zur Förderung öffentlicher Zwecke geboten erscheint;
  2. die Einziehung mit besonderen Härten für den Zahlungspflichtigen verbunden wäre,
  3. es sonst aus besonderen Gründen der Billigkeit entspricht.

Entsprechendes gilt für die Erstattung oder Anrechnung bereits entrichteter Beträge.
Zur Ausführung dieser Bestimmung wird Folgendes angeordnet:

1. Stundung

1.1 Zuständig für die Stundung
a) von Gerichtskosten,
b) von nach § 59 Abs. 1 des Rechtsanwaltsvergütungsgesetzes auf die Landeskasse übergegangenen Ansprüchen,
c) der in § 1 Nr. 5 bis 9 der Justizbeitreibungsordnung genannten Ansprüche, die der Landeskasse Schleswig-Holstein noch nicht zur Einziehung überwiesen worden sind,
ist in den Fällen der Buchstaben a und b sowie den damit in Zusammenhang stehenden Rückzahlungsansprüchen der Gerichtspräsident, in dessen Geschäftsbereich das Verfahren im ersten Rechtszug anhängig war, und in den Fällen des Buchstaben c, sowie den damit in Zusammenhang stehenden Rückzahlungsansprüchen der Gerichtspräsident, in dessen Geschäftsbereich die Ansprüche entstanden sind.

1.2 [1] Zuständig für die Stundung von Ansprüchen der in Nummer 1.1 genannten Art, die der Landeskasse zur Einziehung überwiesen sind, ist die Landeskasse Schleswig-Holstein. [2] Bei Anträgen auf Erlass dieser Ansprüche ist auch der jeweilige Gerichtspräsident im Rahmen seiner Zuständigkeit nach Nummer 2 zur Stundung befugt.

1267

1.3 Zuständig zur Stundung von Kosten in Strafsachen, die mit einem Gnadengesuch verbunden sind oder in Zusammenhang stehen, ist die Gnadenbehörde.
1.4 ¹In den Fällen der Nummer 1.6 der Verwaltungsvorschriften zu § 59 der Landeshaushaltsordnung ist für die Entscheidung über Stundungsanträge die oberste Justizbehörde zuständig. ²In diesen Fällen hat der Gerichtspräsident den Antrag mit einem Bericht der obersten Justizbehörde vorzulegen.
1.5 Zuständig für die Entscheidung über Beschwerden gegen eine Entscheidung
a) nach Nummer 1.1 ist die oberste Justizbehörde;
b) nach Nummer 1.2 Satz 1 ist bei Gerichtskosten und bei nach § 59 Abs. 1 des Rechtsanwaltsvergütungsgesetzes auf die Landeskasse übergegangenen Ansprüchen sowie damit in Zusammenhang stehenden Rückzahlungsansprüchen der Gerichtspräsident, in dessen Geschäftsbereich das Verfahren im ersten Rechtszug anhängig war, und bei Ansprüchen nach § 1 Abs. 1 Nr. 5 bis 9 der Justizbeitreibungsordnung sowie damit in Zusammenhang stehenden Rückzahlungsansprüchen der Gerichtspräsident, in dessen Geschäftsbereich die Ansprüche entstanden sind.
1.6 ¹Für die Stundung sind die Bestimmungen der Nummern 1 bis 1.5.3 der Verwaltungsvorschriften zu § 59 der Landeshaushaltsordnung mit der Maßgabe anzuwenden, dass
a) Stundung ohne Antrag von Amts wegen gewährt werden kann,
b) Stundungszinsen nicht erhoben werden,
c) Stundung auch ohne Sicherheitsleistung gewährt werden kann.
²Satz 1 Buchst. a gilt nicht für die Landeskasse Schleswig-Holstein.

2. Erlass

2.1 Zuständig für den Erlass von
a) Gerichtskosten,
b) nach § 59 Abs. 1 des Rechtsanwaltsvergütungsgesetzes auf die Landeskasse übergegangenen Ansprüchen,
c) Ansprüchen nach § 1 Abs. 1 Nr. 5 bis 9 der Justizbeitreibungsordnung und den damit in Zusammenhang stehenden Erstattungen oder Anrechnungen bereits entrichteter Beträge
ist in den Fällen der Buchstaben a und b der Gerichtspräsident, in dessen Geschäftsbereich das Verfahren im ersten Rechtszug anhängig war, und in den Fällen des Buchstaben c der Gerichtspräsident, in dessen Geschäftsbereich die Ansprüche entstanden sind.
2.2 ¹In den Fällen der Nummer 3.5 der Verwaltungsvorschriften zu § 59 der Landeshaushaltsordnung ist für die Entscheidung über Erlass-Anträge die oberste Justizbehörde zuständig. ²In diesen Fällen hat der Gerichtspräsident den Antrag mit einem Bericht der obersten Justizbehörde vorzulegen.
2.3 Ausschließlich zuständig für die Entscheidung über einen Erlass von Kosten in Strafsachen, die mit einem Gnadengesuch verbunden sind oder in Zusammenhang stehen, ist die Gnadenbehörde.
2.4 Zuständig für die Entscheidung über Beschwerden gegen die Entscheidung des Gerichtspräsidenten nach Nummer 2.1 ist die oberste Justizbehörde.
2.5 Für die Bearbeitung von Anträgen der in Nummer 2.1 genannten Art gilt Folgendes:
2.5.1 Zunächst ist zu prüfen, ob die Zwangsvollstreckung eingestellt werden soll, um Härten für den Zahlungspflichtigen zu vermeiden.
2.5.2 Der Kostenansatz ist in jedem Fall nachzuprüfen und gegebenenfalls zu berichtigen.
2.5.3 ¹Ist die Forderung nicht einziehbar und bereits der Landeskasse Schleswig-Holstein zur Einziehung überwiesen, so ist nach Nummer 2 der Verwaltungsvorschriften zu § 59 der Landeshaushaltsordnung zu verfahren; bei Forderungen, die noch nicht zum Soll stehen, ist vom Kostenansatz abzusehen (§ 10 Kostenverfügung). ²Der Antragsteller ist zu benachrichtigen.
2.5.4 ¹In allen Fällen ist zu prüfen, ob dem Antrag auf andere Weise abzuhelfen ist (z. B. durch Stundung, Bewilligung von Ratenzahlung, in Justizverwaltungsangelegenheiten durch Gebührenermäßigung oder Abstandnahme von der Kostenerhebung nach § 12 der Justizverwaltungskostenordnung in der im Bundesgesetzblatt Teil III, Gliederungsnummer 363-1, veröffentlichten bereinigten

Fassung, zuletzt geändert durch Artikel 18 Abs. 3 des Gesetzes vom 12. Dezember 2007 [BGBl. I S. 280]). ²Dabei ist auch die Möglichkeit zu erwägen, ob über die einzuziehenden Ansprüche ein Vergleich abgeschlossen werden kann. ³Dies kommt z. B. in Betracht, wenn sich ein Dritter zur Zahlung eines größeren Geldbetrages auf die unsichere Forderung gegen Befreiung des Schuldners vom Restbetrag verpflichten will. ⁴Es muß sich jedoch um einen echten Vergleich und nicht nur um einen verschleierten Kostenerlass handeln.

2.5.5 ¹Bei Anträgen nach § 2 Abs. 2 Nr. 2 des Gesetzes über Gebührenfreiheit, Stundung und Erlass von Kosten im Bereich der Gerichtsbarkeiten ist die wirtschaftliche Lage des Kostenschuldners zu berücksichtigen und zu prüfen, ob er nicht wenigstens einen Teil der Schuld zahlen kann. ²Der Kostenschuldner hat die Angaben über seine wirtschaftlichen Verhältnisse durch Vorlage entsprechender Belege (z. B. Lohnbescheinigung, Teilzahlungsverträge, Quittungen) nachzuweisen.

2.5.6 Bei der Entscheidung über die Rückzahlung oder Anrechnung bereits entrichteter Beträge müssen die in § 2 Abs. 2 des Gesetzes über Gebührenfreiheit, Stundung und Erlass von Kosten im Bereich der Gerichtsbarkeiten genannten Voraussetzungen zum Zeitpunkt der Zahlung vorgelegen haben.

2.5.7 Haften weitere Personen für die Kosten, so ist lediglich der Antragsteller von der Haftung für die Kosten zu befreien, wenn nicht die Kostenschuld mit Wirkung für alle Schuldner erlassen werden soll.

2.5.8 Fehlbeträge, die vom Landesrechnungshof festgestellt worden sind, dürfen nur nach dessen Anhörung erlassen werden.

2.6 Der der obersten Justizbehörde zu erstattende Bericht soll insbesondere folgende Angaben enthalten:

2.6.1 Die Bezeichnung der Sache, das Aktenzeichen und das Kassenzeichen, den Gang und das Ergebnis des Verfahrens in den einzelnen Instanzen; in Strafsachen außerdem Angaben über den Sachverhalt, über Vorstrafen und etwaige Gnadenerweise;

2.6.2 die Höhe der ursprünglichen Kostenschuld, getrennt nach Gebühren, durchlaufenden Geldern (mit Angabe des Empfangsberechtigten), Auslagen einschließlich Haftkosten und Nebenkosten;

2.6.3 die persönlichen Verhältnisse des Kostenschuldners; in Fällen nach § 2 Abs. 2 Nr. 2 des Gesetzes über Gebührenfreiheit, Stundung und Erlass von Kosten im Bereich der Gerichtsbarkeiten auch seine Einkommens- und Vermögensverhältnisse, etwaige sonstige Zahlungsverpflichtungen und Umstände, die die wirtschaftliche Leistungsfähigkeit des Zahlungspflichtigen beeinflussen;

2.6.4 den Verlauf und derzeitigen Stand des Einziehungsverfahrens, z. B. ob Teilzahlungen freiwillig geleistet oder beigetrieben werden, und, soweit weitere Kostenschuldner haften, auch den Stand des Verfahrens gegen die Mithaftenden;

2.6.5 in Strafsachen den Stand der Strafvollstreckung, etwaige Beschlüsse nach §§ 56 bis 57 des Strafgesetzbuches sowie Name und Anschrift eines etwaigen Bewährungshelfers;

2.6.6 eine Stellungnahme, ob ein Erlass befürwortet wird. Dabei ist anzugeben, ob die Zwangsvollstreckung eingestellt und der Kostenansatz geprüft worden ist.

3. Zuständigkeit zum Erlass von Gerichtskosten in bestimmten Fällen

3.1 Die Amtsgerichte werden ermächtigt, nach § 2 Abs. 2 Nr. 1 des Gesetzes über Gebührenfreiheit, Stundung und Erlass von Kosten im Bereich der Gerichtsbarkeiten folgende Gebühren und Auslagen zu erlassen:

3.1.1 Gerichtliche Auslagen, die von den mit der Verwaltung der Hypothekengewinnabgabe beauftragten Stellen geschuldet werden, soweit die Aufgaben der beauftragten Stellen solche Auslagen verursachen;

3.1.2 gerichtliche Auslagen in Grundbuchsachen, soweit sie in landwirtschaftlichen Siedlungsverfahren nach dem Reichssiedlungsgesetz in der im Bundesgesetzblatt Teil III, Gliederungsnummer 2331-1, veröffentlichten bereinigten Fassung, geändert durch Artikel 7 Abs. 14 des Gesetzes vom 19. Juni 2001 (BGBl. I S. 1149), und nach dem Bundesvertriebenengesetz in der Fassung der Bekanntmachung vom 10. August 2007 (BGBl. I S. 1902), geändert durch Artikel 19 Abs. 1 des Gesetzes vom 12. Dezember 2007 (BGBl. I S. 2840), entstehen und die betreffenden gerichtlichen Geschäfte nach § 29 des Reichssiedlungsgesetzes von den Gerichtsgebühren befreit sind;

3.1.3 ¹in Angelegenheiten der freiwilligen Gerichtsbarkeit aus Anlass der nachstehenden aufgeführten förderungswürdigen Maßnahmen zur Verbesserung der Agrarstruktur, die außerhalb eines Verfahrens vor der Siedlungs- oder Flurbereinigungsbehörde durchgeführt werden, Gerichtsgebühren in dem Umfange, in dem Kosten im Falle der gesetzlichen Gebührenbefreiung nicht erhoben würden. ²Förderungswürdig sind einzelbetriebliche Maßnahmen in der Landwirtschaft aus Mitteln der Gemeinschaftsaufgabe „Verbesserung der Agrarstruktur und des Küstenschutzes" oder aus besonderen Landesmitteln nach den Richtlinien des Landes. ³Der Nachweis über die Anwendung dieser Richtlinien ist durch eine Bescheinigung der zuständigen Behörde zu erbringen.
3.2 Zuständig für die Entscheidung über Beschwerden gegen die Entscheidungen der Amtsgerichte nach Nummer 3.1 ist der dienstaufsichtführende Präsident des Landgerichts bzw. Amtsgerichts.

4. Kosten bei Bundesgerichten

Die vorstehenden Bestimmungen gelten nicht für Kosten, die bei Bundesgerichten entstanden sind.

5. Schlussbestimmungen

(nicht abgedruckt)

E. Behandlung von Kleinbeträgen

(AV RJM vom 23. 11. 37 idF RJM 9. 12. 40, DJ 37, 1834/40, 1383, geändert durch AV vom 21. 5. 74, BAnz 100, vgl AnwBl **74**, 211)

1   **Vorbemerkung.** Die AV ergingen in Ausführung zu § 4 V KostVfg, Teil VII A dieses Buchs. Sie sind von Bund (einmal) und von den Ländern (vielfach) geändert worden; zum Teil ist auch eine Neuregelung erfolgt oder eine Landesregelung ersatzlos aufgehoben worden. Für die *Bundesverwaltung* gilt RdSchr BMdF vom 6. 2. 62, MinBl FM 460, sowie AV vom 21. 5. 74, s oben.

Baden-Württemberg: AV zuletzt vom 8. 3. 94, Just 119;
Bayern: Bek zuletzt vom 14. 12. 01, JMBl **02**, 22;
Berlin: AV vom 16. 12. 58, ABl **59**, 51;
Brandenburg: AV zuletzt vom 25. 9. 95, JMBl 166;
Bremen: Erl zuletzt vom 30. 10. 67, ABl 353;
Hamburg: AV zuletzt vom 6. 5. 94, JVBl 40;
Hessen: RdErl zuletzt vom 5. 5. 94, JMBl 198;
Mecklenburg-Vorpommern:
Niedersachsen: RdErl zuletzt vom 17. 5. 95, NdsRpfl 155;
Nordrhein-Westfalen: AV zuletzt vom 8. 6. 04, JMBl 159;
Rheinland-Pfalz: AV zuletzt vom 24. 2. 71, JMBl 57;
Saarland: VO zuletzt vom 22. 8. 94, GMBl 437;
Sachsen: VV zuletzt vom 24. 5. 94, JMBl 68;
Sachsen-Anhalt: AV vom 1. 10. 02, JMBl 315;
Schleswig-Holstein: AV aufgehoben durch AV vom 15. 3. 96, SchlHA 102 (kein Ersatz);
Thüringen: VV vom 21. 10. 94, JMBl 168.

Nachstehend ist die bis 1996 in Schleswig-Holstein geltende Fassung abgedruckt (es gibt bisher keine bundeseinheitliche Regelung).

I.

1. Für die Behandlung von Kleinbeträgen gelten die Vorschriften der Anlage zu Nummer 2.6 der Verwaltungsvorschriften zu § 59 der Landeshaushaltsordnung.

2. Die Festsetzung, Erhebung oder Einziehung von Kleinbeträgen ist außer in den in Nummern 6.1 der Anlage zu Nummern 2.6 der Verwaltungsvorschriften zu § 59 der Landeshaushaltsordnung bezeichneten Fällen geboten bei Gerichtskosten und sonstigen Justizverwaltungsausgaben, wenn
a) die Vorauszahlungen vorgeschrieben ist oder die Vornahme eines Geschäfts davon abhängig gemacht wird, daß der Betrag gezahlt wird,
b) der Kostenschuldner persönlich (oder sein Bevollmächtigter) bei der Gerichtsstelle anwesend ist und der Betrag durch Übergabe von Zahlungsmitteln in Kostenmarken oder durch Verwendung eines Gerichtskostenstemplers entrichtet werden kann,
c) der Kostenschuldner mehrere kleine Kostenbeträge oder erfahrungsgemäß wiederkehrend Kostenbeträge zu zahlen hat. In diesen Fällen werden die Kleinbeträge aus mehreren Angelegenheiten, soweit sie zusammen die Kleinbetragsgrenze überschreiten, in einer Kostenrechnung zusammengefaßt; der Kostenbeamte weist durch einen entsprechenden Vermerk in den Akten darauf hin.

3. [1]Der Kostenbeamte stellt grundsätzlich bei Fälligkeit der Kosten und im besonderen unter Beachtung von §§ 13, 14 der Kostenverfügung (Allgemeine Verfügung vom 1. März 1976 [SchlHA S. 56]), zuletzt geändert durch Allgemeine Verfügung vom 10. Dezember 1980 (SchlHA 1981 S. 21), die Kostenrechnung auf. [2]Ist von der Einziehung kleiner Kostenbeträge abzusehen, so vermerkt er unter der Kostenrechnung, daß die Einziehung vorbehalten bleibt. [3]Er veranlaßt die Einziehung, sobald in derselben oder einer anderen Angelegenheit weitere Kostenforderungen gegen denselben Kostenschuldner entstanden sind. [4]Der Registraturbeamte bezeichnet die Blätter, auf denen sich Vermerke über Kleinbeträge befinden, auf dem Aktenumschlag (§ 3 Abs. 4 Buchst. d Kostenverfügung).

4. Für die Zurückzahlung von Kleinbeträgen gelten die Bestimmungen der Nummer 2 Buchst. d und der Nummer 3 entsprechend.

5. Auf den Zahlungsverkehr der Arbeitsverwaltungen der Justizvollzugsanstalten sowie auf eigene Gelder und Bezüge der Gefangenen nach dem Strafvollzugsgesetz findet die Regelung in Nummer 1 keine Anwendung.

6. Die Behandlung von Kleinbeträgen durch den Gerichtsvollzieher richtet sich nach § 82 der Gerichtsvollzieherordnung (Allgemeine Verfügung vom 5. Februar 1980 [SchlHA S. 50]), zuletzt geändert durch Allgemeine Verfügung vom 11. Dezember 1980 (SchlHA 1981 S. 12), und Nummer 7 der *Gerichtsvollzieherkostengrundsätze* (Allgemeine Verfügung vom 1. März 1976 [SchlHA S. 56]), zuletzt geändert durch Allgemeine Verfügung vom 14. November 1980 (SchlHA S. 210).

7. [1]Bei der Kostenprüfung ist § 50 Abs. 1 der Kostenverfügung, bei der Prüfung der Notarkosten § 56 Abs. 1 der Kostenverfügung zu beachten. [2]In besonderen Fällen, insbesondere wenn es sich um eine Frage von grundsätzlicher Bedeutung handelt, oder wenn ein bloßer Hinweis zur künftigen Beachtung nicht genügt, kann durch den Bezirksrevisor jedoch angeordnet werden, daß der Kostenansatz berichtigt wird und kleine Kostenbeträge nachgefordert oder erstattet werden. [3]Bei Geschäftsprüfungen der Gerichtsvollzieher richtet sich die Höhe des Kleinbetrages nach Nummer 6. [4]Kleinbeträge, die danach nicht nachgefordert oder nicht zurückgezahlt werden, sind nach Nummer 7 der Gerichtsvollzieherkostengrundsätze oder § 82 der Gerichtsvollzieherordnung zu buchen.

II. *(nicht abgedruckt)*

F. Stundung der Kosten im Insolvenzverfahren

Vorbem. Durch Art 1 Z 1 G zur Änderung der InsO und anderer Gesetze v 26. 10. 01, BGBl 2710, in Kraft seit 1. 12. 01, Art 10 S 1 G, Übergangsrecht § 103a EG-InsO, sind die nachfolgenden Vorschriften in die InsO eingefügt worden. Sie gelten bundesweit. Die zugehörigen Durchführungsbestimmungen sind im Teil VII B 5 dieses Buchs abgedruckt (DB-PKHG/DB-InsO).

Stundung InsO
VII. DurchfVorschriften zu den Kostengesetzen

InsO § 4a. Stundung der Kosten des Insolvenzverfahrens. I ¹Ist der Schuldner eine natürliche Person und hat er einen Antrag auf Restschuldbefreiung gestellt, so werden ihm auf Antrag die Kosten des Insolvenzverfahrens bis zur Erteilung der Restschuldbefreiung gestundet, soweit sein Vermögen voraussichtlich nicht ausreichen wird, um diese Kosten zu decken. ²Die Stundung nach Satz 1 umfasst auch die Kosten des Verfahrens über den Schuldenbereinigungsplan und des Verfahrens zur Restschuldbefreiung. ³Der Schuldner hat dem Antrag eine Erklärung beizufügen, ob einer der Versagungsgründe des § 290 Abs. 1 Nr. 1 und 3 vorliegt. ⁴Liegt ein solcher Grund vor, ist eine Stundung ausgeschlossen.

II ¹Werden dem Schuldner die Verfahrenskosten gestundet, so wird ihm auf Antrag ein zur Vertretung bereiter Rechtsanwalt seiner Wahl beigeordnet, wenn die Vertretung durch einen Rechtsanwalt trotz der dem Gericht obliegenden Fürsorge erforderlich erscheint. ²§ 121 Abs. 3 bis 5 der Zivilprozessordnung gilt entsprechend.

III ¹Die Stundung bewirkt, dass
1. die Bundes- oder Landeskasse
   a) die rückständigen und die entstehenden Gerichtskosten,
   b) die auf sie übergegangenen Ansprüche des beigeordneten Rechtsanwalts nur nach den Bestimmungen, die das Gericht trifft, gegen den Schuldner geltend machen kann;
2. der beigeordnete Rechtsanwalt Ansprüche auf Vergütung gegen den Schuldner nicht geltend machen kann.

²Die Stundung erfolgt für jeden Verfahrensabschnitt besonders. ³Bis zur Entscheidung über die Stundung treten die in Satz 1 genannten Wirkungen einstweilig ein. ⁴§ 4b Abs. 2 gilt entsprechend.

InsO § 4b. Rückzahlung und Anpassung der gestundeten Beträge. I ¹Ist der Schuldner nach Erteilung der Restschuldbefreiung nicht in der Lage, den gestundeten Betrag aus seinem Einkommen und seinem Vermögen zu zahlen, so kann das Gericht die Stundung verlängern und die zu zahlenden Monatsraten festsetzen. ²§ 115 Abs. 1 und 2 sowie § 120 Abs. 2 der Zivilprozessordnung gelten entsprechend.

II ¹Das Gericht kann die Entscheidung über die Stundung und die Monatsraten jederzeit ändern, soweit sich die für sie maßgebenden persönlichen oder wirtschaftlichen Verhältnisse wesentlich geändert haben. ²Der Schuldner ist verpflichtet, dem Gericht eine wesentliche Änderung dieser Verhältnisse unverzüglich anzuzeigen. ³§ 120 Abs. 4 Satz 1 und 2 der Zivilprozessordnung gilt entsprechend. ⁴Eine Änderung zum Nachteil des Schuldners ist ausgeschlossen, wenn seit der Beendigung des Verfahrens vier Jahre vergangen sind.

InsO § 4c. Aufhebung der Stundung. Das Gericht kann die Stundung aufheben, wenn
1. der Schuldner vorsätzlich oder grob fahrlässig unrichtige Angaben über Umstände gemacht hat, die für die Eröffnung des Insolvenzverfahrens oder die Stundung maßgebend sind, oder eine vom Gericht verlangte Erklärung über seine Verhältnisse nicht abgegeben hat;
2. die persönlichen oder wirtschaftlichen Voraussetzungen für die Stundung nicht vorgelegen haben; in diesem Fall ist die Aufhebung ausgeschlossen, wenn seit der Beendigung des Verfahrens vier Jahre vergangen sind;
3. der Schuldner länger als drei Monate mit der Zahlung einer Monatsrate oder mit der Zahlung eines sonstigen Betrages schuldhaft in Rückstand ist;
4. der Schuldner keine angemessene Erwerbstätigkeit ausübt und, wenn er ohne Beschäftigung ist, sich nicht um eine solche bemüht oder eine zumutbare Tätigkeit ablehnt; § 296 Abs. 2 Satz 2 und 3 gilt entsprechend;
5. die Restschuldbefreiung versagt oder widerrufen wird.

InsO § 4d. Rechtsmittel. I ¹Gegen die Ablehnung der Stundung oder deren Aufhebung sowie gegen die Ablehnung der Beiordnung eines Rechtsanwalts steht dem Schuldner die sofortige Beschwerde zu.

II ¹Wird die Stundung bewilligt, so steht der Staatskasse die sofortige Beschwerde zu. ²Diese kann nur darauf gestützt werden, dass nach den persönlichen oder wirtschaftlichen Verhältnissen des Schuldners die Stundung hätte abgelehnt werden müssen. [3]Die Notfrist nach § 569 Absatz 1 Satz 1 der Zivilprozessordnung beginnt mit der Bekanntgabe des Beschlusses. [4]Nach Ablauf eines Monats seit Verkündung oder Übergabe des unterschriebenen Beschlusses an die Geschäftsstelle ist die Beschwerde unstatthaft. [5]Die Entscheidung wird der Staatskasse nicht von Amts wegen mitgeteilt.

Bem. II 3–5 angefügt dch Art 1 Z 1 des voraussichtlichen G zur Änderung der Insolvenzordnung, des Bürgerlichen Gesetzbuches und anderer Gesetze, in Kraft seit dem Tag nach der Verkündung, Art 9 G.

InsO § 63. Vergütung des Insolvenzverwalters. [1]...

[II] Sind die Kosten des Verfahrens nach § 4a gestundet, steht dem Insolvenzverwalter für seine Vergütung und seine Auslagen ein Anspruch gegen die Staatskasse zu, soweit die Insolvenzmasse dafür nicht ausreicht.

G. Unbare Zahlweise
(ZahlVGJG)

Vorbem. Art 2 des Zweiten Gesetzes zur Modernisierung der Justiz (2. Justizmodernisierungsgesetz – 2. JuMoG) v 22. 12. 06, BGBl 3416, in Kraft seit 31. 12. 06, Art 28 I des 2. JuMoG, hat das Gesetz über den Zahlungsverkehr mit Gerichten und Justizbehörden (ZahlVGJG) gebracht. Es eröffnet bei den Gerichten und Justizbehörden des Bundes wie der Länder auf Grund von erforderlichen Ermächtigungen in dort genannten Fällen die Möglichkeit unbarer Zahlungen und stellt evtl eine Bankeinzahlung einer Barzahlung gleich. 1

Ermächtigungen sind bisher wie folgt ergangen.

Nordrhein-Westfalen: VO vom 20. 3. 07, GVBl 137.

ZahlVGJG § 1. Ermächtigungen. [I] [1]Die Landesregierungen werden ermächtigt, durch Rechtsverordnung zu bestimmen, in welchen Fällen Zahlungen an Gerichte und Justizbehörden der Länder unbar zu leisten sind. [2]Die Landesregierungen können durch Rechtsverordnung die Ermächtigung nach Satz 1 auf die Landesjustizverwaltungen übertragen.

[II] Das Bundesministerium der Justiz wird ermächtigt, durch Rechtsverordnung ohne Zustimmung des Bundesrates zu bestimmen, in welchen Fällen Zahlungen durch die Gerichte und Justizbehörden des Bundes oder an Gerichte und Justizbehörden des Bundes unbar zu leisten sind.

[III] [1]In den Rechtsverordnungen ist zu bestimmen, in welcher Weise unbare Zahlungen an die Gerichte und Justizbehörden erfolgen können und nachzuweisen sind. [2]Die Barzahlung ist zu gewährleisten, wenn dem Zahlungspflichtigen eine unbare Zahlung nicht möglich oder wenn Eile geboten ist. [3]Für die nach Absatz 1 zu erlassende Rechtsverordnung gelten die Sätze 1 und 2 nur, wenn die Zahlungen aufgrund bundesrechtlicher Vorschriften erfolgen.

ZahlVGJG § 2. Bankeinzahlung. Solange am Ort des Gerichts oder der Justizbehörde ein Kreditinstitut aufgrund besonderer Ermächtigung kostenlos Zahlungsmittel für das Gericht oder für die Justizbehörde gegen Quittung annimmt, steht diese Zahlungsmöglichkeit der Barzahlung gleich.

VIII. Justizverwaltungskosten

Grundzüge

1) Allgemeines. Die Justizverwaltungskosten fallen weder unter das GKG noch unter die KostO. Sie sind vielmehr durch die VO vom 14. 2. 1940, RGBl 357, einheitlich geregelt worden. Die VO ist ein Gerichtskostengesetz, BayObLG 04, 315. Sie ist heute teilweise als Bundesrecht, teilweise als Landesrecht anwendbar, vgl unten Vorbemerkung Rn 1. Auf dem Gebiet des Familienrechts bestehen vielfach Sonderregelungen, Vorbemerkung Rn 3. Das Hinterlegungsrecht, das früher Landesrecht war, ist mit der Hinterlegungsordnung Reichsrecht geworden, jetzt also Bundesrecht und Landesrecht; die kostenrechtlichen Bestimmungen sind ersatzlos entfallen. Einzelheiten vgl B.

A. Justizverwaltungskostenordnung
(Gesetz über Kosten im Bereich der Justizverwaltung)

vom 14. 2. 1940, RGBl 357, zuletzt geändert durch Art 2 G v 2. 10. 09, BGBl 3214

Einführung

A. Bundesgesetzliche Regelung. Über die geschichtliche Entwicklung bis Anfang Februar 2009 unterrichtet die 39. Aufl.

Weitere Änderungen ergaben sich durch das Gesetz zur Änderung des Internationalen Familienrechtsverfahrensgesetzes vom 25. 6. 09, BGBl 1594, ferner durch das Gesetz zur Einführung des elektronischen Rechtsverkehrs und der elektronischen Akte im Grundbuchverfahren sowie zur Änderung weiterer grundbuch-, register- und kostenrechtlicher Vorschriften (ERVGBG) vom 11. 8. 09, BGBl 2713, und durch das Gesetz zur Umsetzung des Rahmenbeschlusses 2006/783/JI usw vom 2. 10. 09, BGBl 3214.

B. Landesgesetzliche Regelung. Auch die Länder hatten im Anschluß an die bundesgesetzliche Gebührenerhöhung die Gebühren der JVKostO, soweit sie als Landesrecht anzuwenden ist, durch ihrerseits erlassene Kostenmaßnahmengesetze mehrfach erhöht. Diese sind durch (jetzt) § 30a EGGVG aufgehoben worden, Teil XII B dieses Buchs, soweit sie nicht für Gebühren und Auslagen gelten, die nach dem Inkrafttreten des KostÄndG nunmehr auf Grund von Landesrecht erhoben werden. Die einzelnen Länder haben daraufhin unter völliger Aufhebung ihrer bisherigen Kostenmaßnahmengesetze mit Wirkung zuletzt meist etwa zum 1. 1. 95, inhaltlich übereinstimmend (Wortlaut nicht gleich) angeordnet (im nachfolgenden zitiert nach dem Schleswig-Holsteinischen JVKostG in der Fassung vom 8. 7. 92, GVBl 439, zuletzt geändert durch Art 1 G vom 8. 2. 05, GVBl 130).

LJVKostG § 1. ¹ ¹In Justizverwaltungsangelegenheiten erheben die Justizbehörden des Landes Kosten (Gebühren und Auslagen) nach der Justizverwaltungskostenordnung in der im Bundesgesetzblatt Teil III, Gliederungsnummer 363-1, veröffentlichten bereinigten Fassung, zuletzt geändert durch Artikel 2 Abs. 31 des Gesetzes vom 21. Juli 2004 (BGBl. I S. 1748). ²Hiervon ausgenommen sind § 4 Abs. 3 der Justizverwaltungskostenordnung sowie § 4 Abs. 4 und 5 der Justizverwaltungskostenordnung in den Fällen des § 4 Abs. 3 der Justizverwaltungskostenordnung.
ᴵᴵ Ergänzend gelten die nachfolgenden Vorschriften und das anliegende Gebührenverzeichnis.
ᴵᴵᴵ *(nicht abgedruckt)*

LJVKostG § 2. Die Justizbeitreibungsordnung in der im Bundesgesetzblatt Teil III, Gliederungsnummer 305-1, veröffentlichten bereinigten Fassung, zuletzt geändert durch Artikel 4 Abs. 32 des Gesetzes vom 5. Mai 2004 (BGBl. I S. 718, 841), gilt für die Einziehung der dort in § 1 Abs. 1 genannten An-

JVKostO Einf, § 1 VIII. Justizverwaltungskosten

sprüche auch insoweit, als diese Ansprüche nicht auf bundesrechtlicher Regelung beruhen.

LJVKostG § 3. Soweit Vollstreckungsbeamtinnen und Vollstreckungsbeamte der Justizverwaltung im Verwaltungszwangsverfahren für andere als Justizbehörden tätig werden, sind die Vorschriften des Gerichtsvollzieherkostengesetzes vom 19. April 2001 (BGBl. I S. 623), zuletzt geändert durch Artikel 10 des Gesetzes vom 30. Juli 2004 (BGBl. I S. 2014), anzuwenden.

LJVKostG §§ 4–6. (abgedruckt in Teil VIII B dieses Buchs)

LJVKostG § 7. (aufgehoben)

4 **Bemerkung.** Wegen der amtlichen *Anlage* vgl Teil VIII B dieses Buchs.
Die landesrechtlichen Gebühren folgen also der jeweiligen bundesrechtlichen Regelung. Wegen der meist zahlreichen Verordnungen vgl Schlegelberger/Friedrich.

5 **Baden-Württemberg:** G zuletzt vom 28. 7. 05, GVBl 580; VO vom 29. 7. 04, GVBl 670 (Vollstreckungskosten);
Bayern: G zuletzt vom 26. 4. 05, GVBl 159;
Berlin: G zuletzt vom 17. 7. 08, GVBl 211;
Brandenburg: JKostG zuletzt vom 18. 12. 01, GVBl 300;
Bremen: G zuletzt vom 19. 9. 00, GVBl 371;
Hamburg: G zuletzt vom 18. 7. 02, GVBl 251;
Hessen: G zuletzt vom 20. 6. 02, GVBl 342/349;
Mecklenburg-Vorpommern: G zuletzt vom 22. 11. 01, GVBl 438;
Niedersachsen: G zuletzt vom 24. 3. 06, GVBl 181;
Nordrhein-Westfalen: G zuletzt vom 13. 6. 06, GVBl 291;
Rheinland-Pfalz: G zuletzt vom 6. 2. 01, GVBl 29/33; vgl auch Zweibr MDR **93**, 1132;
Saarland: G zuletzt vom 15. 2. 06, ABl 474/490;
Sachsen: G zuletzt vom 24. 11. 00, GVBl 422; VO v 25. 9. 06, GVBl 493;
Sachsen-Anhalt: G zuletzt vom 7. 12. 01, GVBl 540;
Schleswig-Holstein: G zuletzt vom 8. 2. 05, GVBl 130;
Thüringen: G zuletzt vom 24. 10. 01, GVBl 265.

6 **Bemerkung.** Wegen der Einwendungen gegen die Festsetzung und den Kostenansatz, gegen die Vorschußanordnung oder ein Zurückbehaltungsrecht sowie hinsichtlich des Absehens von Vollstreckungskosten bei Gefangenen oder Verwahrten, die die zugewiesene Arbeit verrichten, trifft schon die bundesgesetzliche Regelung Vorsorge für eine bundeseinheitliche Handhabung, § 1 II.
7 *Landesgesetzlich* geregelt (vgl die oben angeführten Landesgesetze) sind die Gebühren für Familienstiftungen, für Feststellungserklärungen nach § 1059a Z 2 BGB, für Abschriften und Auszüge aus dem Schuldnerverzeichnis, zB LG Paderborn Rpfleger **97**, 396, bisher Z 4, 5, 8 des Gebührenverzeichnisses aF; für die Prüfung der Amtsführung eines Notars, etwa in Niedersachsen, BVerfG NJW **08**, 2770; für Hamburg auch Schreibauslagen in besonderen Fällen, VO vom 13. 10. 59, GVBl 143.

Artikel I. Allgemeine Vorschriften

Gebühren und Unterlagen

1 *Fassung 1. 9. 2009:* [1] [1] **Soweit nichts anderes bestimmt ist, werden**
1. in Justizverwaltungsangelegenheiten,
2. im Rechtshilfeverkehr mit dem Ausland nach dem Gesetz über die internationale Rechtshilfe in Strafsachen und
3. in der Zusammenarbeit mit dem Internationalen Strafgerichtshof nach dem IStGH-Gesetz

von den Justizbehörden des Bundes und in Angelegenheiten nach den Nummern 203, 204 und den Abschnitten 3, 4 und 7 des Gebührenverzeichnisses von den Justizbehörden der Länder Kosten (Gebühren und Auslagen) nach diesem Gesetz erhoben. ² § 7b gilt für die Justizbehörden der Länder.

II § 4 Abs. 8, § 5 Abs. 2 bis 4, § 6 Abs. 3 und § 13 sind auch dann anzuwenden, wenn von Justizbehörden der Länder Kosten in den in Absatz 1 Satz 1 Nr. 1 bis 3 genannten Angelegenheiten erhoben werden.

Vorbem. I 1 Z 1 erweitert dch Art 47 IV Z 1 FGG-RG v 17. 12. 08, BGBl 2586, in Kraft seit 1. 9. 09, Art 112 I Hs 1 FGG-RG, Übergangsrecht Art 111 FGG-RG, Grdz 2 vor § 1 FamGKG, Teil I B dieses Buchs. Sodann I 1 ergänzt dch Art 3 Z 1 ERVBG v 11. 8. 09, BGBl 2713, in Kraft seit 1. 10. 09, Art 5 I ERVBG, Übergangsrecht § 16 DVKostO.

Bisherige Fassung I 1:

I ¹ Soweit nichts anderes bestimmt ist, werden

1. in Justizverwaltungsangelegenheiten,
2. im Rechtshilfeverkehr mit dem Ausland nach dem Gesetz über die internationale Rechtshilfe in Strafsachen und
3. in der Zusammenarbeit mit dem Internationalen Strafgerichtshof nach dem IStGH-Gesetz

von den Justizbehörden des Bundes und in Angelegenheiten nach den Nummern 203, 204 und den Abschnitten 3 und 4 des Gebührenverzeichnisses von den Justizbehörden der Länder Kosten (Gebühren und Auslagen) nach diesem Gesetz erhoben.

Gebührenverzeichnis; Rahmengebühren

2 I Die Gebühren bestimmen sich nach dem anliegenden Gebührenverzeichnis.

II ¹ Bei Rahmengebühren setzt die Behörde, die die gebührenpflichtige Amtshandlung vornimmt, die Höhe der Gebühr fest. ² Sie hat dabei insbesondere die Bedeutung der Angelegenheit für die Beteiligten, die mit der Vornahme der Amtshandlung verbundene Mühewaltung und die wirtschaftlichen Verhältnisse des Kostenschuldners zu berücksichtigen.

Bemerkung. Das amtliche Gebührenverzeichnis (Anlage zu § 2 I) ist hinter § 21 abgedruckt.

Antragsablehnung oder -zurücknahme

3 ¹ Bei der Ablehnung oder Zurücknahme eines Antrags auf Vornahme einer gebührenpflichtigen Amtshandlung kann die Behörde dem Antragsteller eine Gebühr bis zur Hälfte der für die Vornahme der Amtshandlung bestimmten Gebühr – bei Rahmengebühren jedoch nicht weniger als den Mindestbetrag – auferlegen. ² Das gleiche gilt, wenn die Ablehnung von der übergeordneten Behörde bestätigt wird.

Dokumentenpauschale

4 I Für Ausfertigungen, Ablichtungen oder Ausdrucke, die auf besonderen Antrag erteilt, angefertigt oder per Telefax übermittelt werden, wird eine Dokumentenpauschale erhoben.

II § 136 Abs. 2 der Kostenordnung ist anzuwenden.

III Für einfache Ablichtungen und Ausdrucke gerichtlicher Entscheidungen, die zur Veröffentlichung in Entscheidungssammlungen oder Fachzeitschriften beantragt werden, beträgt die Dokumentenpauschale höchstens 2,50 Euro je Entscheidung.

IV Für die Überlassung von elektronisch gespeicherten Dateien anstelle der in den Absätzen 1 und 3 genannten Ausfertigungen, Ablichtungen und Ausdrucke beträgt die Dokumentenpauschale je Datei 2,50 Euro.

V ¹Bei der Übermittlung elektronisch gespeicherter Daten auf Datenträgern wird daneben eine Datenträgerpauschale erhoben. ²Sie beträgt
1. bei einer Speicherkapazität des Datenträgers von bis zu 2,0 Megabytes 2,50 Euro,
2. bei einer Speicherkapazität von bis zu 500,0 Megabytes 25 Euro,
3. bei einer höheren Speicherkapazität 50 Euro.

VI Die Behörde kann vom Ansatz der Dokumenten- und Datenträgerpauschale ganz oder teilweise absehen, wenn gerichtliche Entscheidungen für Zwecke verlangt werden, deren Verfolgung überwiegend im öffentlichen Interesse liegt, oder wenn Ablichtungen oder Ausdrucke amtlicher Bekanntmachungen anderen Tageszeitungen als den amtlichen Bekanntmachungsblättern auf Antrag zum unentgeltlichen Abdruck überlassen werden.

VII Keine Kosten werden erhoben, wenn Daten im Internet zur nicht gewerblichen Nutzung bereitgestellt werden.

VIII Im Rechtshilfeverkehr mit dem Ausland in strafrechtlichen Angelegenheiten und in der Zusammenarbeit mit dem internationalen Strafgerichtshof wird eine Dokumentenpauschale nicht erhoben.

1 **Bemerkung.** § 136 V KostO aufgehoben dch Art 4 XXIX Z 10c KostRMoG v 5. 5. 04, BGBl 718, in Kraft seit 1. 7. 04, Art 8 S 1 KostRMoG. Das hat Art 18 Z 1 des 2. JuMoG v 22. 12. 06, BGBl 3416, in Kraft seit 31. 12. 06, Art 28 I des 2. JuMoG, klargestellt. I, III, IV, VI geändert dch Art 14 IV Z 2a–d JKomG v 22. 3. 05, BGBl 837, in Kraft seit 1. 4. 05, Art 16 I JKomG. Übergangsrecht jeweils §§ 161 ff JVKostO. Infolge der Verweisung in II auf § 136 II KostO betragen die Auslagen für die ersten 50 Seiten je Seite 0,50 EUR und für jede weitere Seite 0,15 EUR.

2 § 4 ist zB auch anwendbar auf *Ablichtungen* und Ausdrucke, die ein Dritter aus Akten wegen wissenschaftlichen Interesses beantragt, BPatG GRUR 92, 434, Düss JB 78, 548 (je zum alten Recht).

Weitere Auslagen

5 ¹ ¹Für die Erhebung sonstiger Auslagen gilt § 137 Abs. 1 Nr. 1 bis 6, 9 bis 11 und 13 bis 15 der Kostenordnung entsprechend. ²Die Auslagen sind auch dann zu erheben, wenn eine Gebühr für die Amtshandlung nicht zum Ansatz kommt.

II ¹Im Rechtshilfeverkehr mit dem Ausland in strafrechtlichen Angelegenheiten und in der Zusammenarbeit mit dem internationalen Strafgerichtshof werden abweichend von Absatz 1 die Auslagen erhoben, die in den Nummern 9002 bis 9010, 9012 bis [jetzt] 9016 des Kostenverzeichnisses zum Gerichtskostengesetz bezeichnet sind. ²Auslagen, die durch eine für begründet befundene Beschwerde entstanden sind, werden nicht erhoben, soweit das Beschwerdeverfahren gebührenfrei ist.

III ¹Für den Vollzug der Haft nach dem Gesetz über die internationale Rechtshilfe in Strafsachen oder nach dem IStGH-Gesetz werden Kosten erhoben. ²Ihre Höhe richtet sich nach § 50 Abs. 2 und 3 des Strafvollzugsgesetzes.

IV ¹In den nach Absatz 2 Satz 1 und Absatz 3 bezeichneten Angelegenheiten werden Kosten nicht erhoben,
1. wenn nach § 75 des Gesetzes über die internationale Rechtshilfe in Strafsachen oder nach § 71 des IStGH-Gesetzes darauf verzichtet worden ist oder
2. soweit Rahmenbeschlüsse des Rates der Europäischen Union oder völkerrechtliche Übereinkommen einen gegenseitigen Verzicht auf Kostenerstattung vorsehen.

²§ 57a des Gesetzes über die internationale Rechtshilfe in Strafsachen bleibt unberührt.

IStHG § 57a. Kosten der Vollstreckung. Die verurteilte Person trägt die Kosten der Vollstreckung.

A. Justizverwaltungskostenordnung §§ 5–7a JVKostO

Vorbem. Änderg von I 1 dch Art 18 Z 2, 3 des 2. JuMoG v 22. 12. 06, BGBl 3416, in Kraft ab 1. 1. 08, Art 28 II Hs 2, Einfügung bei I 1 in § 137 „Abs. 1" in Kraft seit 31. 12. 06, Art 28 I des 2. JuMoG. IV idF Art 2 Z 1 G v 2. 10. 09, BGBl 3214, in Kraft seit 22. 10. 09, Art 4 G. Übergangsrecht jeweils §§ 16, 17 JVKostO. **1**

1) Aktenversendung, I. Die *Aktenversendung* ist nach KV 9003 zu behandeln. Je Sendung bedeutet: Je Aktenvorgang, nicht je Postpaket, AG Bensheim Rpfleger **71**, 158. **1**

Kostenschuldner

6 I ¹Zur Zahlung der Gebühren und Auslagen, soweit nichts anderes bestimmt ist, ist verpflichtet:
1. derjenige, der die Amtshandlung veranlaßt oder zu dessen Gunsten sie vorgenommen wird;
2. derjenige, der die Kosten durch eine vor der Behörde abgegebene oder ihr mitgeteilte Erklärung übernommen hat;
3. derjenige, der nach den Vorschriften des bürgerlichen Rechts für die Kostenschuld eines anderen kraft Gesetzes haftet;
4. derjenig, dem durch eine Entscheidung der Justizbehörde die Kosten auferlegt sind.

²Die Jahresgebühr für die Führung des Unternehmensregisters schuldet jedes Unternehmen, das seine Rechnungslegungsunterlagen im elektronischen Bundesanzeiger bekannt zu machen hat, und jedes Unternehmen, das in dem betreffenden Kalenderjahr nach § 8b Abs. 2 Nr. 9 und 10, Abs. 3 Satz 1 Nr. 2 des Handelsgesetzbuchs selbst oder durch einen von ihm beauftragten Dritten Daten an das Unternehmensregister übermittelt hat.

II Mehrere Kostenschuldner haften als Gesamtschuldner.

III ¹Im Rechtshilfeverkehr mit dem Ausland in strafrechtlichen Angelegenheiten und in der Zusammenarbeit mit dem Internationalen Strafgerichtshof haftet der Verfolgte oder Verurteilte nicht nach Absatz 1 Satz 1 Nr. 1. ²§ 57a des Gesetzes über die internationale Rechtshilfe in Strafsachen bleibt unberührt.

Vorbem. III idF Art 2 Z 2 G v 2. 10. 09, BGBl 3214, in Kraft seit 22. 10. 09, Art 4 G, Übergangsrecht §§ 16, 17 JVKostO.

1) Vollstreckung, III 2. Vgl § 57a IStRHG, abgedruckt bei § 5. **1**

Fälligkeit, Vorschuß, Zurückbehaltung

7 I ¹Die Gebühren werden, soweit nichts anderes bestimmt ist, mit der Beendigung der gebührenpflichtigen Amtshandlung, Auslagen sofort nach ihrer Entstehung fällig. ²Wenn eine Kostenentscheidung der Justizbehörde ergeht, werden entstandene Kosten mit deren Erlass, später entstehende Kosten sofort fällig.

II ¹Die Behörde kann die Zahlung eines Kostenvorschusses verlangen. ²Sie kann die Vornahme der Amtshandlung von der Zahlung oder Sicherstellung des Vorschusses abhängig machen.

III Bescheinigungen, Ausfertigungen, Ablichtungen und Ausdrucke sowie zurückzugebende Urkunden, die aus Anlaß der Amtshandlung eingereicht sind, können zurückbehalten werden, bis die in der Angelegenheit erwachsenen Kosten bezahlt sind.

Vorbem. I 2 angefügt dch Art 12 VII Z 1a EHUG v 10. 11. 06, BGBl 2553, in Kraft seit 1. 1. 07, Art 13 II Hs 1 EHUG. III geändert dch Art 14 IV Z 3 JKomG v 22. 3. 05, BGBl 837, in Kraft seit 1. 4. 05, Art 16 I JKomG. Übergangsrecht jeweils §§ 16, 17 JVKostO.

Übermittlung von Entscheidungen

7a I Für die Übermittlung gerichtlicher Entscheidungen in Form elektronisch auf Datenträgern gespeicherter Daten kann anstelle der zu erhebenden

Auslagen durch öffentlich-rechtlichen Vertrag eine andere Art der Gegenleistung vereinbart werden, deren Wert den ansonsten zu erhebenden Kosten entspricht.

II Werden neben der Übermittlung gerichtlicher Entscheidungen zusätzliche Leistungen beantragt, insbesondere eine Auswahl der Entscheidungen nach besonderen Kriterien, und entsteht hierdurch ein nicht unerheblicher Aufwand, so ist eine Gegenleistung durch öffentlich-rechtlichen Vertrag zu vereinbaren, die zur Deckung der anfallenden Aufwendungen ausreicht.

III Werden Entscheidungen für Zwecke verlangt, deren Verfolgung überwiegend im öffentlichen Interesse liegt, so kann auch eine niedrigere Gegenleistung vereinbart oder auf eine Gegenleistung verzichtet werden.

Automatisches Abrufverfahren

7b I ¹Zur Zahlung der in Abschnitt 4 des Gebührenverzeichnisses bestimmten Gebühren ist derjenige verpflichtet, der den Abruf tätigt. ²Erfolgt der Abruf unter einer Kennung, die auf Grund der Anmeldung zum Abrufverfahren vergeben worden ist, ist Schuldner der Kosten derjenige, der sich zum Abrufverfahren angemeldet hat.

II Zur Zahlung der Gebühren nach den Nummern 701 und 702 des Gebührenverzeichnisses ist derjenige verpflichtet, unter dessen Kennung, die auf Grund der Anmeldung zum Abrufverfahren vergeben worden ist, der Abruf erfolgt ist.

Vorbem. Zunächst Art 12 VII Z 2 EHUG v 10. 11. 06, BGBl 2553, in Kraft seit 1. 1. 07, Art 13 II Hs 1 EHUG. Sodann II angefügt dch Art 3 Z 2 ERVGBG v 11. 8. 09, BGBl 2713, in Kraft seit 1. 10. 09, Art 5 I ERVGBG. Übergangsrecht jeweils §§ 16, 17 JVKostO.

1) **Geltungsbereich**, I–IV. Zu I zählt das automatisierte Registerabrufverfahren, Hamm FGPrax **08**, 123 und 124.

Forschungsvorhaben

7c ¹Erfordert die Erteilung einer Auskunft für wissenschaftliche Forschungsvorhaben aus den vom Bundesamt der Justiz geführten Registern einen erheblichen Aufwand, ist eine Gegenleistung zu vereinbaren, welche die notwendigen Aufwendungen deckt. ²§ 12 ist entsprechend anzuwenden.

Vorbem. S 1 geändert dch Art 4 XII G v 17. 12. 06, BGBl 3171, in Kraft seit 1. 1. 07, Art 5 S 1 G.

Kostenfreiheit

8 I Von der Zahlung der Gebühren sind befreit der Bund und die Länder sowie die nach den Haushaltsplänen des Bundes und der Länder für Rechnung des Bundes oder eines Landes verwalteten öffentlichen Anstalten und Kassen.

II Die sonstigen Vorschriften, durch die eine sachliche oder persönliche Kostenfreiheit gewährt wird, bleiben unberührt.

III Die Gebührenfreiheit entbindet, soweit nichts anderes bestimmt ist, nicht von der Verpflichtung zur Zahlung der Auslagen.

Kostenfreie Vorgänge

9 Weder Gebühren noch Auslagen – ausgenommen Schreibauslagen nach § 4 – werden erhoben

1. für Amtshandlungen, die durch Anzeigen, Anträge und Beschwerden in Angelegenheiten der Strafverfolgung oder Strafvollstreckung, der Anordnung oder der Vollstreckung von Maßregeln der Besserung und Sicherung oder der Verfolgung einer Ordnungswidrigkeit oder der Vollstreckung einer gerichtlichen Bußgeldentscheidung veranlaßt werden;
2. in Gnadensachen;
3. in Zentralregisterangelegenheiten, ausgenommen für die Erteilung von Führungszeugnissen nach § 30 des Bundeszentralregistergesetzes;

4. in Gewerbezentralregisterangelegenheiten, ausgenommen für die Erteilung von Auskünften nach § 150 der Gewerbeordnung;
5. im Verfahren über Anträge nach dem Gesetz über die Entschädigung für Strafverfolgungsmaßnahmen sowie über Anträge auf Entschädigung für sonstige Nachteile, die jemandem ohne sein Verschulden aus einem Straf- oder Bußgeldverfahren erwachsen sind;
6. für die Tätigkeit der Staatsanwaltschaft im Aufgebotsverfahren.

10 *(aufgehoben)*

Nichterhebung

11 Gebühren und Auslagen, die bei richtiger Behandlung der Sache nicht entstanden wären, werden nicht erhoben.

Ermäßigung, Absehen von Kosten

12 Die Behörde kann ausnahmsweise, wenn dies mit Rücksicht auf die wirtschaftlichen Verhältnisse des Zahlungspflichtigen oder sonst aus Billigkeitsgründen geboten erscheint, die Gebühren unter die Sätze des Gebührenverzeichnisses ermäßigen oder von der Erhebung der Kosten absehen.

Einwendungen

13 I ¹Über Einwendungen gegen die Festsetzung und den Ansatz der Kosten oder gegen Maßnahmen gemäß § 7 Abs. 2, 3 entscheidet das Amtsgericht, in dessen Bezirk die Behörde ihren Sitz hat. ²Die §§ 1a und 14 Abs. 3 bis 10 der Kostenordnung gelten entsprechend.

II Auf gerichtliche Entscheidungen ist § 157a der Kostenordnung entsprechend anzuwenden.

Bemerkung. Über die Erinnerung gegen den Ansatz der Strafvollstreckungskosten entscheidet nach § 66 I 2 GKG, Teil I dieses Buchs, dasjenige Amtsgericht, in dessen Bezirk die Staatsanwaltschaft ihren Sitz hat, BGH NJW 00, 1128, Karlsr Rpfleger 91, 338. Wegen eines Haftkostenbeitrags auf Grund schuldhafter Nichtarbeit während einer Untersuchungshaft Einl II B Rn 2. 1

Verjährung

14 I Für die Verjährung der Kostenforderungen und der Ansprüche auf Rückzahlung zuviel gezahlter Kosten gilt § 17 der Kostenordnung entsprechend.

II Ansprüche auf Zahlung und Rückerstattung von Kosten werden nicht verzinst.

15 *(aufgehoben)*

Artikel II. Schlußbestimmungen. Außerkrafttreten landesrechtlicher Vorschriften

Übergangsvorschrift

16 I ¹Für Kosten, die vor dem Inkrafttreten einer Gesetzesänderung fällig geworden sind, gilt das bisherige Recht. ²Dies gilt auch, wenn Vorschriften geändert werden, auf die die Justizverwaltungskostenordnung verweist.

II Abweichend von Absatz 1 werden die Gebühren für Abrufe von Daten in Grundbuchangelegenheiten, in Angelegenheiten der Schiffsregister, des Schiffsbauregisters und des Registers für Pfandrechte an Luftfahrzeugen vor dem 1. Oktober 2009 nach den bis zu diesem Zeitpunkt geltenden Vorschriften erhoben.

Vorbem. II angefügt dch Art 3 Z 3 ERVGBG v 11. 8. 09, BGBl 2713, in Kraft seit 1. 10. 09, Art 5 I ERVGBG.

Beschwerde, Übergangsrecht

17 Für die Beschwerde finden die vor dem 1. Juli 2004 geltenden Vorschriften weiter Anwendung, wenn die anzufechtende Entscheidung vor dem 1. Juli 2004 der Geschäftsstelle übermittelt worden ist.

1 **Bemerkung.** Es gelten grundsätzlich dieselben Begriffe und Regeln wie bei § 163 KostO. Vgl daher dort, Teil III dieses Buchs.

Sonstiges Recht

18 I Die nicht reichsrechtlichen Vorschriften über Gebühren für Amtshandlungen der Justizverwaltung und für sonstige in den Bereich dieser Verordnung fallende Angelegenheiten treten außer Kraft.

II, III *(gegenstandslos)*

Landesrecht

19 In Kraft bleiben die landesrechtlichen Vorschriften über die Gebühren für Schiedsmänner, Friedensrichter, Ortsgerichte, Schätzungsämter und ähnliche Stellen im Bereich der Justizverwaltung.

20 *(gegenstandslos)*

Weiteres Übergangsrecht

21 I *(gegenstandslos)*

II Soweit die Justizbehörden in Auslandsnachlaßsachen noch zur Aushändigung von Wertgegenständen zuständig sind, bleiben die landesrechtlichen Gebührenvorschriften in Kraft.

Anlage

Vorbem. Nr 207 eingefügt dch Art 2 Z 4 G v 17. 3. 07, BGBl 314. Schließlich Überschrift vor Nr 300, Nr 300–302 idF Art 18 III Z 1, 2 G v 12. 12. 07, BGBl 2840, in Kraft seit 1. 7. 08, Art 20 S 3 G. Übergangsrecht jeweils § 16 JVKostG.

Gebührenverzeichnis

Nr.	Gebührentatbestand	Gebührenbetrag
1.	**Beglaubigungen**	
100	Beglaubigung von amtlichen Unterschriften für den Auslandsverkehr auf Urkunden, die keine rechtsgeschäftliche Erklärung enthalten, z.B. Patentschriften, Handelsregisterauszüge, Ernennungsurkunden .... Die Gebühr wird nur einmal erhoben, auch wenn eine weitere Beglaubigung durch die übergeordnete Justizbehörde erforderlich ist.	13,00 EUR

Nr.	Gebührentatbestand	Gebührenbetrag
101	Beglaubigung von amtlichen Unterschriften für den Auslandsverkehr auf sonstigen Urkunden	in Höhe der Gebühr nach § 45 Abs. 1 der Kostenordnung
	Die Gebühr wird nur einmal erhoben, auch wenn eine weitere Beglaubigung durch die übergeordnete Justizbehörde erforderlich ist.	
102	Beglaubigung von Ablichtungen, Ausdrucken, Auszügen und Dateien	0,50 EUR für jede angefangene Seite, mindestens 5,00 EUR
	¹Die Gebühr wird nur erhoben, wenn die Beglaubigung beantragt ist; dies gilt nicht für Ausdrucke aus dem Unternehmensregister und für an dieser Stelle tretende Dateien. ²Wird die Ablichtung oder der Ausdruck von der Behörde selbst hergestellt, so kommt die Dokumentenpauschale (§ 4) hinzu. ³Die Behörde kann vom Ansatz absehen, wenn die Beglaubigung für Zwecke verlangt wird, deren Verfolgung überwiegend im öffentlichen Interesse liegt.	

2. Sonstige Justizverwaltungsangelegenheiten mit Auslandsbezug

(Amtliche) Vorbemerkung:

Fassung 1. 9. 2009: ¹ ¹Gebühren nach den Nummern 200 bis 202 werden nur in Zivilsachen und in Angelegenheiten der freiwilligen Gerichtsbarkeit erhoben. ²Die Gebühren nach den Nummern 201 bis 202 werden auch dann erhoben, wenn die Zustellung oder Rechtshilfehandlung wegen unbekannten Aufenthalts des Empfängers oder sonst Beteiligten oder aus ähnlichen Gründen nicht ausgeführt werden kann. ³In den Fällen der Nummern 201 und 202 werden Gebühren und Auslagen nicht erhoben, wenn die Gegenseitigkeit verbürgt ist. ⁴Die Bestimmungen der Staatsverträge bleiben unberührt.

II Gebühren nach den Nummern 205 bis 207 werden auch erhoben, wenn die Bundeszentralstelle entsprechende Tätigkeiten aufgrund einer Rechtsverordnung nach § 2a Abs. 4 Satz 2 AdVermiG wahrnimmt.

200	Prüfung von Rechtshilfeersuchen nach dem Ausland	10,00 bis 50,00 EUR
201	Erledigung von Zustellungsanträgen in ausländischen Rechtsangelegenheiten	10,00 bis 20,00 EUR
202	Erledigung von Rechtshilfeersuchen in ausländischen Rechtsangelegenheiten	10,00 bis 250,00 EUR
203	Befreiung von der Beibringung des Ehefähigkeitszeugnissen (§ 1309 BGB)	10,00 bis 300,00 EUR
204	Feststellung der Landesjustizverwaltung, dass die Voraussetzungen für die Anerkennung einer ausländischen Entscheidung vorliegen oder nicht vorliegen (§ 107 FamFG)	10,00 bis 300,00 EUR

JVKostO Anl VIII. Justizverwaltungskosten

Nr.	Gebührentatbestand	Gebührenbetrag
	[1] Die Gebühr wird auch erhoben, wenn die Entscheidung der Landesjustizverwaltung von dem Oberlandesgericht oder in der Rechtsbeschwerdeinstanz aufgehoben wird und das Gericht in der Sache selbst entscheidet. [2] Die Landesjustizverwaltung entscheidet in diesem Fall über die Höhe der Gebühr erneut. [3] Sie ist in diesem Fall so zu bemessen, als hätte die Landesjustizverwaltung die Feststellung selbst getroffen.	
205	Mitwirkung der Bundeszentralstelle für Auslandsadoption (§ 1 Abs. 1 AdÜbAG, § 2a Abs. 4 Satz 1 AdVermiG) bei Übermittlungen an die zentrale Behörde des Heimatstaates (§ 4 Abs. 6 AdÜbAG, § 2a Abs. 4 Satz 2 AdVermiG)	10,00 bis 150,00 EUR
	Die Gebühr wird in einem Adoptionsvermittlungsverfahren nur einmal erhoben.	
206	Bestätigungen nach § 9 AdÜbAG	40,00 bis 100,00 EUR
207	Bescheinigungen nach § 7 Abs. 4 AdVermiG	40,00 bis 100,00 EUR
208	Unterstützungsleistungen der Zentralen Behörde nach Kapitel V des Haager Übereinkommens vom 13. Januar 2000 über den internationalen Schutz von Erwachsenen und nach dem Erwachsenenschutzübereinkommens-Ausführungsgesetz	10,00 bis 300,00 EUR
209	Unterstützungsleistungen des Bundesamts für Justiz als Zentrale Behörde nach dem Haager Kinderschutzübereinkommen gegenüber Trägern der elterlichen Verantwortung	10,00 bis 300,00 EUR

Zu Nr 204–209:

Vorbem. Nr 204 eingefügt, daher bisherige Nr 204–207 zu Nr 205–208 dch Art 47 IV Z 2a, b FGG-RG 17. 12. 08, BGBl 2586, in Kraft seit 1. 9. 09, Art 112 I Hs 1 FGG-RG, Übergangsrecht Art 111 FGG-RG, Grdz 2 vor § 1 FamGKG, Teil I B dieses Buchs. Nr 209 angefügt dch Art 2 G v 25. 6. 09, BGBl 1594, in Kraft seit dem beim Redaktionsschluß dieser Auflage noch nicht erfolgten Inkrafttreten des Haager Übk v 19. 10. 1996, BGBl 09 II 602, 603, Art 4 G.

Bisherige Fassung amtl Vorbem II:

II Gebühren nach den Nummern 205 bis 207 werden auch erhoben, wenn die Bundeszentralstelle entsprechende Tätigkeiten aufgrund einer Rechtsverordnung nach § 2 a Abs. 4 Satz 2 AdVermiG wahrnimmt.

3. Registrierung nach dem Rechtsdienstleistungsgesetz

300	Registrierung nach dem RDG	150,00 EUR
	Bei Registrierung einer juristischen Person oder einer Gesellschaft ohne Rechtspersönlichkeit wird mit der Gebühr die Eintragung einer qualifizierten Person in das Rechtsdienstleistungsregister abgegolten.	
301	Eintragung einer qualifizierten Person in das Rechtsdienstleistungsregister, wenn die Eintragung nicht durch die Gebühr 300 abgegolten ist: je Person	150,00 EUR

Nr.	Gebührentatbestand	Gebührenbetrag
302	Widerruf oder Rücknahme der Registrierung	75,00 EUR

4. Abruf von Daten in Handels-, Partnerschafts-, Genossenschafts- und Vereinsregisterangelegenheiten

I [1] Dieser Abschnitt gilt für den Abruf von Daten und Dokumenten aus dem vom Registergericht geführten Datenbestand. [2] Für den Abruf von Daten in der Geschäftsstelle des Registergerichts bleibt § 90 KostO unberührt.

II Neben den Gebühren werden keine Auslagen erhoben.

III Die Gebühren für den Abruf werden am 15. Tag des auf den Abruf folgenden Monats fällig, sofern sie nicht über ein elektronisches Bezahlsystem sofort beglichen werden.

IV Von den in § 126 FGG genannten Stellen werden Gebühren nach diesem Abschnitt nicht erhoben, wenn die Abrufe zum Zwecke der Erstattung eines vom Gericht geforderten Gutachtens erforderlich sind.

400	Abruf von Daten aus dem Register: je Registerblatt	1,50 EUR
401	Abruf von Dokumenten, die zum Register eingereicht wurden: für jede abgerufene Datei	4,50 EUR

5. Unternehmensregister

[1] Mit der Jahresgebühr nach den Nummern 500 bis 502 wird der gesamte Aufwand zur Führung des Unternehmensregisters entgolten. [2] Sie umfasst jedoch nicht den Aufwand für die Erteilung von Ausdrucken oder Ablichtungen, die Überlassung von elektronisch gespeicherten Dokumenten und die Beglaubigung von Ablichtungen, Ausdrucken, Auszügen und Dateien. [3] Die Jahresgebühr wird jeweils am 31. Dezember des abgelaufenen Kalenderjahres fällig.

500	Jahresgebühr für die Führung des Unternehmensregisters für jedes Kalenderjahr, wenn das Unternehmen bei der Offenlegung der Rechnungslegungsunterlagen die Erleichterungen nach § 326 HGB in Anspruch nehmen kann	3,00 EUR
	I [1] Die Gebühr entsteht für jedes Kalenderjahr, für das ein Unternehmen die Rechnungslegungsunterlagen im elektronischen Bundesanzeiger bekannt zu machen hat. [2] Dies gilt auch, wenn die bekannt zu machenden Unterlagen nur einen Teil des Kalenderjahres umfassen. II [1] Die Gebühr wird nicht erhoben, wenn für das Kalenderjahr eine Gebühr nach Nummer 502 entstanden ist.	
501	Das Unternehmen kann die Erleichterungen nach § 326 HGB nicht in Anspruch nehmen: Die Gebühr 500 beträgt	6,00 EUR
502	Jahresgebühr für die Führung des Unternehmensregisters für jedes Kalenderjahr, in dem das Unternehmen nach § 8b Abs. 2 Nr. 9 und 10, Abs. 3 Satz 1 Nr. 2 HGB selbst oder durch einen von ihm beauftragten Dritten Daten an das Unternehmensregister übermittelt hat	30,00 EUR
503	Übertragung von Unterlagen der Rechnungslegung, die in Papierform zum Register eingereicht wurden, in ein elektronisches Dokument (§ 8b Abs. 4 Satz 2, § 9 Abs. 2 HGB und Artikel 61 Abs. 3 EGHGB): Für jede angefangene Seite	3,00 EUR – mindestens 30,00 EUR

JVKostO Anl VIII. Justizverwaltungskosten

Nr.	Gebührentatbestand	Gebühren-betrag
	¹Die Gebühr wird für die Dokumente eines jeden Unternehmens gesondert erhoben. ²Mit der Gebühr wird auch die einmalige elektronische Übermittlung der Dokumente an den Antragsteller abgegolten.	

Zu Nr 401, 500, 501:
Vorbem. Gebührenbeträge ermäßigt dch Art 3 Z 4 a–c ERVGBG v 11. 8. 09, BGBl 2713, in Kraft seit 1. 10. 09, Art 5 I ERVGBG, Übergangsrecht § 16 JVKostO.

6. Ordnungsgeldverfahren des Bundesamts für Justiz

Wird ein Ordnungsgeldverfahren gegen mehrere Personen durchgeführt, werden die Gebühren von jeder Person gesondert erhoben.

600	Durchführung eines Ordnungsgeldverfahrens nach § 335 HGB	50,00 EUR
601	Festsetzung eines zweiten und eines jeden weiteren Ordnungsgelds jeweils	50,00 EUR

7. *Einrichtung und Nutzung des automatisierten Abrufverfahrens in Grundbuchangelegenheiten, in Angelegenheiten der Schiffsregister, des Schiffsbauregisters und des Registers für Pfandrechte an Luftfahrzeugen*

(Amtliche) Vorbemerkung:

^I ¹Dieser Abschnitt gilt für den Abruf von Daten und Dokumenten aus dem vom Grundbuchamt oder dem Registergericht geführten Datenbestand. ²Für den Abruf von Daten in der Geschäftsstelle des Grundbuchamts oder des Registergerichts bleiben die §§ 74 und 90 KostO, auch i. V. m. § 102 Abs. 1 des Gesetzes über Rechte an Luftfahrzeugen, unberührt. ³Der Abruf von Daten aus den Verzeichnissen (§ 12 a Abs. 1 GBO, § 31 Abs. 1, § 55 Satz 2 SchRegDV, §§ 10 und 11 Abs. 3 Satz 2 LuftRegV) und der Abruf des Zeitpunkts der letzten Änderung des Grundbuchs oder Registers ist gebührenfrei.

^{II} Neben den Gebühren werden keine Auslagen erhoben.

700	Einrichtung für einen Empfänger, der am eingeschränkten Abrufverfahren teilnimmt (§ 133 Abs. 4 Satz 3 GBO, auch i. V. m. § 69 Abs. 1 Satz 2 SchRegDV)	50,00 EUR
	Mit der Gebühr für die erstmalige Einrichtung in einem Land sind auch weitere Einrichtungen in anderen Ländern abgegolten.	
701	Abruf von Daten aus dem Grundbuch oder Register: für jeden Abruf aus einem Grundbuch- oder Registerblatt	8,00 EUR
	Die Gebühren werden am 15. Tag des auf den Abruf folgenden Monats fällig, sofern sie nicht über ein elektronisches Bezahlsystem sofort beglichen werden.	
702	Abruf von Dokumenten, die zu den Grund- oder Registerakten genommen wurden: für jedes abgerufene Dokument	1,50 EUR
	Die Anmerkung zu Nummer 701 gilt entsprechend.	

8. Bescheinigungen, Zeugnisse und Auskünfte

800	Bescheinigungen und schriftliche Auskünfte aus Akten und Büchern	10,00 EUR
801	Bescheinigungen über die Beurkundungsbefugnis eines Justizbeamten, die zum Gebrauch einer Urkunde im Ausland verlangt werden	10,00 EUR

B. Gebühren in Hinterlegungssachen **JVKostO Anl, Hinterl**

Nr.	Gebührentatbestand	Gebührenbetrag
	Die Gebühr wird nicht erhoben, wenn eine Beglaubigungsgebühr nach Nummer 100 oder Nummer 101 zum Ansatz kommt.	
802	Zeugnisse über das im Bund oder in den Ländern geltende Recht	10,00 bis 250,00 EUR
803	Führungszeugnis nach § 30 BZRG	13,00 EUR
804	Auskunft nach § 150 der Gewerbeordnung	13,00 EUR

Zu Nr 700–804:

Vorbem. Nr 700–702 eingefügt, dadch bisherige Nr 700–704 zu Nr 800–804 dch Art 3 Z 4 c, d ERVGBG v 11. 8. 09, BGBl 2713, in Kraft seit 1. 10. 09, Art 5 I ERVGBG, Übergangsrecht § 16 JVKostO.

B. Gebühren in Hinterlegungssachen

1) Bundesrecht. Die Gebühren in Hinterlegungssachen waren im sechsten Abschnitt der HinterlO vom 10. 3. 1937, RGBl 285, letzte Änderung durch Art 4 § 23 G vom 20. 8. 75, BGBl 2189, geregelt. §§ 24–26 HinterlO sind durch Art 2 Z 1 G v 20. 8. 90, BGBl 1765, in Kraft seit 1. 9. 90, Art 4, mit Wirkung vom 1. 7. 92 bundesgesetzlich ersatzlos aufgehoben worden. Damit ist auch die Grundlage für die Ausführungsbestimmungen mit ihren Zuschlägen in Bund und Ländern entfallen. **1**

2) Landesrecht. Nach der Aufhebung des bisherigen Bundesrechts, Rn 1, sind landesgesetzlich vgl Art 72 I GG, folgende Regelungen entstanden: **2**
Baden-Württemberg:
Bayern: G vom 3. 6. 92, GVBl 154;
Berlin: AV zuletzt vom 16. 7. 01, GVBl 260;
Brandenburg: JKostG vom 3. 6. 94, GVBl 172; AV zuletzt vom 18. 11. 97, JMBl 151;
Bremen: G zuletzt vom 4. 8. 92, GBl 257;
Hamburg: G vom 9. 6. 92, GVBl 115;
Hessen: G vom 16. 6. 92, GVBl 207; RErl zuletzt vom 4. 12. 97, JMBl 159;
Mecklenburg-Vorpommern:
Niedersachsen:
Nordrhein-Westfalen: AV vom 21. 3. 94, JMBl 85;
Rheinland-Pfalz: VV vom 9. 12. 96, JBl 373;
Saarland: G vom 26. 2. 92, ABl 595; AV zuletzt vom 24. 2. 93, GMBl 61;
Sachsen: G vom 24. 11. 00, GVBl 482;
Sachsen-Anhalt:
Schleswig-Holstein: G zuletzt vom 12. 12. 01, GVBl 365; AV zuletzt vom 9. 12. 92, SchlHA **93**, 34;
Thüringen: G vom 22. 10. 92, GVBl 527.

Nachstehend ist die in Schleswig-Holstein geltende Regelung abgedruckt, dazu Haecker SchlHA **92**, 105 (ausf):

LJVerwKG § 1. II Ergänzend gelten die §§ 2 bis 7 dieses Gesetzes und das anliegende Gebührenverzeichnis.

LJVerwKG § 4. In Hinterlegungssachen setzt bei den Rahmengebühren nach Nummer 3.1 des Gebührenverzeichnisses die Hinterlegungsstelle, bei den Rahmengebühren nach den Nummern 3.3 und 3.4 des Gebührenverzeichnisses die Stelle, die über die Beschwerde zu entscheiden hat, die Höhe der Gebühr fest.

LJVerwKG § 5. In Hinterlegungssachen werden als Auslagen erhoben
1. die Dokumentenpauschale nach § 4 Abs. 1, 2 und 6 sowie nach § 4 Abs. 4 und 5 der Justizverwaltungskostenordnung jeweils in Verbindung mit § 4 Abs. 1 der Justizverwaltungskostenordnung sowie sonstige Auslagen nach § 5 Abs. 1 der Justizverwaltungskostenordnung,
2. die Beträge, die bei der Umwechslung von Zahlungsmitteln nach § 7 Abs. 2 der Hinterlegungsordnung vom 10. März 1937 (RGBl. I S. 285), zuletzt geändert durch Gesetz vom 20. August 1990 (BGBl. I S. 2765), oder bei der Besorgung von Geschäften nach § 10 der Hinterlegungsordnung an Banken oder an andere Stellen zu zahlen sind,
3. die Dokumentenpauschale für Abschriften, die anzufertigen sind, weil ein Antrag auf Annahme nicht in der erforderlichen Anzahl von Stücken vorgelegt worden ist.

LJVerwKG § 6. [I] Die Kosten in Hinterlegungssachen werden bei der Hinterlegungsstelle angesetzt.

[II] [1] Zuständig für Entscheidungen nach § 13 der Verordnung über Kosten im Bereich der Justizverwaltung ist das Amtsgericht, bei dem die Hinterlegungsstelle eingerichtet ist. [2] Das gleiche gilt für Einwendungen gegen Maßnahmen nach Absatz 3 Nr. 2 und 3.

[III] Im Übrigen gilt für die Kosten in Hinterlegungssachen abweichend von der Justizverwaltungskostenordnung folgendes:
1. Zur Zahlung der Kosten sind auch die empfangsberechtigte Person, an die oder für deren Rechnung die Herausgabe verfügt wurde, sowie diejenige oder derjenige verpflichtet, in deren oder dessen Interesse eine Behörde um die Hinterlegung ersucht hat.
2. Die Kosten können der Masse entnommen werden, soweit es sich um Geld handelt, das in das Eigentum des Landes übergegangen ist.
3. Die Herausgabe hinterlegter Sachen kann von der Zahlung der Kosten abhängig gemacht werden.
4. Die Nummern 1 bis 3 sind auf Kosten, die für das Verfahren über Beschwerden erhoben werden, nur anzuwenden, soweit diejenige Person, der die Kosten dieses Verfahrens auferlegt worden sind, empfangsberechtigt ist.
5. Kosten sind nicht zu erheben oder sind, falls sie erhoben wurden, zu erstatten, wenn die Hinterlegung aufgrund des § 116 Abs. 1 Nr. 4 und des § 116a der Strafprozeßordnung erfolgte, um eine beschuldigte Person von der Untersuchungshaft zu verschonen, und die beschuldigte Person rechtskräftig außer Verfolgung gesetzt oder freigesprochen oder das Verfahren gegen sie eingestellt wird; ist der Verfall der Sicherheit rechtskräftig ausgesprochen worden, so werden bereits erhobene Kosten nicht erstattet.
6. Ist bei Vormundschaften, Betreuungen, Pflegschaften für Minderjährige und in den Fällen des § 1667 des Bürgerlichen Gesetzbuches aufgrund gesetzlicher Verpflichtung oder Anordnung des Vormundschaftsgerichts hinterlegt worden, gilt § 92 Abs. 1 Satz 1 der Kostenordnung in der im Bundesgesetzblatt Teil III, Gliederungsnummer 461-1, veröffentlichten bereinigten Fassung, zuletzt geändert durch Artikel 1 des Gesetzes vom 3. Juli 2004 (BGBl. I S. 1410), entsprechend.
7. Die Verjährung des Anspruchs auf Zahlung der Kosten hindert das Land nicht, nach den Nummern 2 und 3 zu verfahren.
8. § 3 der Justizverwaltungskostenordnung findet keine Anwendung.

B. Gebühren in Hinterlegungssachen **Hinterl Anl**

Anlage (zu § 1 Abs. 2 LJVerwKG)

Gebührenverzeichnis

Nr.	Gegenstand	Gebühren
1	Feststellungserklärung nach § 1059a Abs. 1 Nr. 2, auch in Verbindung mit Absatz 2, § 1059e, § 1092 Abs. 2, § 1098 Abs. 3 des Bürgerlichen Gesetzbuches	25 bis 385 Euro
2	Schuldnerverzeichnis	
2.1	Entscheidung über den Antrag auf Bewilligung des laufenden Bezugs von Abdrucken (§ 915d der Zivilprozeßordnung)	410 Euro
2.2	Erteilung von Abdrucken (§§ 915, 915d der Zivilprozeßordnung, *§ 107 Abs. 2 der Konkursordnung* [jetzt: § 26 II 1 InsO])	0,50 Euro je Eintragung, mindestens 10 Euro
	[Amtliche] Anmerkung: Neben den Gebühren für die Erteilung von Abdrucken werden Schreibauslagen nicht erhoben.	
3	Hinterlegungssachen	
3.1	Bei Hinterlegung von Wertpapieren, sonstigen Urkunden, Kostbarkeiten und von unverändert aufzubewahrenden Zahlungsmitteln (§ 7 Abs. 2 Satz 1 der Hinterlegungsordnung) in jeder Angelegenheit, in der eine besondere Annahmeverfügung ergeht	8 bis 255 Euro
3.2	Anzeige gemäß § 11 Satz 2 der Hinterlegungsordnung [Amtliche] Anmerkung: Neben der Gebühr für die Anzeige werden nur die Auslagen nach § 137 [jetzt] Abs. 1 Nr. 2 und 3 der Kostenordnung erhoben	8 Euro
3.3	Zurückweisung der Beschwerde	8 bis 255 Euro
3.4	Zurücknahme der Beschwerde	8 bis 65 Euro
4	Vereidigung, Ermächtigung	
4.1	Allgemeine Vereidigung von Sachverständigen, Dolmetscherinnen, Dolmetschern, Übersetzerinnen oder Übersetzern	25 bis 150 Euro
	Anmerkung: Die Vereidigung von Richterinnen, Richtern, Justizbeamtinnen oder Justizbeamten als Dolmetscherinnen, Dolmetscher, Übersetzerinnen und Übersetzer ist gebührenfrei.	
4.2	Ermächtigung von Übersetzerinnen und Übersetzern zur Bescheinigung der Richtigkeit und Vollständigkeit der Übersetzungen von Urkunden, die in einer fremden Sprache abgefaßt sind	25 bis 150 Euro

Bem. Wegen 2.2 vgl KV 9000 Rn 2, Teil I dieses Buchs.

IX. Beitreibung

Grundzüge

1) Systematik, Regelungszweck. Die Gerichtskosten einschließlich der Justizverwaltungskosten sind öffentliche Abgaben. Sie unterliegen wie alle öffentlichen Abgaben nicht der Beitreibung im zivilprozeßrechtlichen Vollstreckungsverfahren, sondern dem Verwaltungszwangsverfahren, BVerwG NJW 83, 900. Dieses Verfahren richtet sich nach der JBeitrO, BVerwG NJW 83, 900. Die Einforderung und Beitreibung von Geldstrafen, Geldbußen, Ordnungsgeldern und Zwangsgeldern usw richtet sich nach der EBAO, B. Die Verfahrenskosten folgen regelmäßig der Strafe. In gewissen Fällen muß man sie von dieser trennen und der Gerichtskasse zur Einziehung überweisen. 1

2) Geltungsbereich. Die JBeitrO ergreift nicht nur Gerichtskosten und Justizverwaltungskosten zumindest in der Praxis aller Gerichtsbarkeiten, sondern ist zB auch für den Ersatzanspruch eines im Prozeßkostenhilfeverfahren beigeordneten Anwalts von Bedeutung, § 1 8 JBeitrO. Da auch der nach dem bürgerlichen Recht für die Gerichtskosten Haftende ein Kostenschuldner ist, § 29 Z 3 GKG, 3 Z 3 KostO, stehen ihm im Beitreibungsverfahren nur die Rechtsbehelfe der Kostengesetze offen. Wegen der Vertretung des Justizfiskus vgl § 2. Dort ist Vollstreckungsbehörde, wenn die StVollstrO Anwendung findet, die dort in I–IV bezeichnete Behörde, andernfalls diejenige, die auf die Strafe erkannt hat, und falls es sich um eine Kollegialbehörde handelt, deren Vorsitzender. 2

3) Kleinbetrag. Über die Beitreibung eines Kleinbetrags siehe Teil VII E dieses Buchs. Über die Mitwirkung des Gerichtsvollziehers bei der Beitreibung vgl die GVGA. 3

A. Justizbeitreibungsordnung

idF v Art V KostÄndG v 26. 7. 1957, BGBl 861, zuletzt geändert durch
Art 48 FGG-RG v 17. 12. 08, BGBl 2586

Schrifttum: App MDR *96,* 769 (ausf); *Lappe/Steinbild,* JBeitrO, Kommentar, 1960.

Einführung

1) Geltungsbereich. Die JBeitrO gilt sowohl als Bundesrecht wie auch als Landesrecht. Soweit sie als Bundesrecht anwendbar ist, ist sie zunächst durch Art 9 des Gesetzes vom 7. 8. 52, BGBl 401, geändert worden, §§ 12–14. Dem sind die Länder mit entsprechenden eigenen Änderungsgesetzen gefolgt. Durch Art XI § 4 I Z 8 ist das Kostenmaßnahmegesetz vom 7. 8. 52 insofern aufgehoben worden, ebenso sind die KostMaßG der Länder aufgehoben worden, Art XI § 4 VII, soweit sie nicht für die Gebühren oder Auslagen gelten, die nach dem 1. 10. 1957 auf Grund von Landesrecht entstehen. 1

Bundesrechtlich ist die JBeitrO mehrfach *geändert* worden. Dieser Änderung haben sich die Länder durch die in der Vorbemerkung B zur JVerwKostO, Teil VIII A dieses Buchs, genannten Gesetze dahingehend angeschlossen, daß die bundesrechtliche Fassung für die Einziehung der in § 1 I genannten Ansprüche auch insoweit gilt, als diese Ansprüche nicht auf bundesrechtlicher Regelung beruhen. Durch § 1 II, III ist bundesrechtlich sichergestellt worden, daß die JBeitrO auch bei einer Einziehung eines Anspruchs, der auf dem Bundesrecht beruht, durch die Justizbehörden der Länder gilt, ferner, daß sie auch dann anzuwenden ist, wenn es um einen sonstigen Anspruch durch diese Behörden im Verwaltungszwangsverfahren geht. Wegen I Z 4 a vgl dort Vorbem. 2

Die *JBeitrO gilt also* in allen Fällen für den Bund und für die Bundesländer in derselben Fassung. Durch das VerwVollstrG vom 27. 4. 53, BGBl 157, das die Vollstreckung einer öffentlichrechtlichen Geldforderung des Bundes und des bundesmittelbaren Personen des öffentlichen Rechts selbständig regelt, wird die JBeitrO und 3

JBeitrO Einf, § 1 IX. Beitreibung

damit ihr Geltungsbereich, § 1, kraft einer ausdrücklichen Vorschrift, § 1 III VerwVollstrG, nicht berührt. Das trifft auch für die landesrechtliche Anwendung der JBeitrO zu.

Geltungsbereich

1 *Fassung 1. 9. 2009:* ¹ Nach dieser Justizbeitreibungsordnung werden folgende Ansprüche beigetrieben, soweit sie von Justizbehörden des Bundes einzuziehen sind:

1. Geldstrafen und andere Ansprüche, deren Beitreibung sich nach den Vorschriften über die Vollstreckung von Geldstrafen richtet;
2. gerichtlich erkannte Geldbußen und Nebenfolgen einer Ordnungswidrigkeit, die zu einer Geldzahlung verpflichten;
2 a. Ansprüche aus gerichtlichen Anordnungen über den Verfall, die Einziehung oder die Unbrauchbarmachung einer Sache;
2 b. Ansprüche aus gerichtlichen Anordnungen über die Herausgabe von Akten und sonstigen Unterlagen nach § 407 a Abs. 4 Satz 2 der Zivilprozeßordnung;
3. Ordnungs- und Zwangsgelder;
4. Gerichtskosten;
4 a. Ansprüche auf Zahlung der vom Gericht im Verfahren der Prozeßkostenhilfe oder nach § 4 b der Insolvenzordnung bestimmten Beträge;
4 b. nach den §§ 168 und 292 Abs. 1 des Gesetzes über das Verfahren in Familiensachen und in den Angelegenheiten der freiwilligen Gerichtsbarkeit festgesetzte Ansprüche;
5. Zulassungs- und Prüfungsgebühren;
6. alle sonstigen Justizverwaltungsabgaben;
7. Kosten der Gerichtsvollzieher und Vollziehungsbeamten, soweit sie selbständig oder gleichzeitig mit einem Anspruch, der nach den Vorschriften dieser Justizbeitreibungsordnung vollstreckt wird, bei dem Auftraggeber oder Ersatzpflichtigen beigetrieben werden;
8. Ansprüche gegen Beamte, nichtbeamtete Beisitzer und Vertrauenspersonen, gegen Rechtsanwälte, Vormünder, Betreuer, Pfleger und Verfahrenspfleger, gegen Zeugen und Sachverständige sowie gegen mittellose Personen auf Erstattung von Beträgen, die ihnen in einem gerichtlichen Verfahren zuviel gezahlt sind;
9. Ansprüche gegen Beschuldigte und Nebenbeteiligte auf Erstattung von Beträgen, die ihnen in den Fällen der §§ 465, 467, 467 a, 470, 472 b, 473 der Strafprozeßordnung zuviel gezahlt sind;
10. alle sonstigen Ansprüche, die nach Bundes- oder Landesrecht im Verwaltungszwangsverfahren beigetrieben werden können, soweit nicht ein Bundesgesetz vorschreibt, daß sich die Vollstreckung nach dem Verwaltungsvollstreckungsgesetz oder der Abgabenordnung richtet.

ᴵᴵ Die Justizbeitreibungsordnung findet auch auf die Einziehung von Ansprüchen im Sinne des Absatzes 1 durch Justizbehörden der Länder Anwendung, soweit die Ansprüche auf bundesrechtlicher Regelung beruhen.

ᴵᴵᴵ Die Vorschriften der Justizbeitreibungsordnung über das gerichtliche Verfahren finden auch dann Anwendung, wenn sonstige Ansprüche durch die Justizbehörden der Länder im Verwaltungszwangsverfahren eingezogen werden.

ᴵⱽ Werden zusammen mit einem Anspruch nach Absatz 1 Nr. 1 bis 3 die Kosten des Verfahrens beigetrieben, so gelten auch für die Kosten die Vorschriften über die Vollstreckung dieses Anspruchs.

ⱽ ¹Nach dieser Justizbeitreibungsordnung werden auch die Gebühren und Auslagen des Deutschen Patentamts und die sonstigen dem Absatz 1 entsprechenden Ansprüche, die beim Deutschen Patentamt entstehen, beigetrieben.
²Dies gilt auch für Ansprüche gegen Patentanwälte und Erlaubnisscheininhaber.

A. Justizbeitreibungsordnung §§ 1, 2 JBeitrO

VI ¹Die Landesregierungen werden ermächtigt, durch Rechtsverordnung abweichend von der Justizbeitreibungsordnung zu bestimmen, daß Gerichtskosten in den Fällen des § 109 Abs. 2 des Gesetzes über Ordnungswidrigkeiten und des § 27 des Gerichtskostengesetzes nach Vorschriften des Landesrechts beigetrieben werden. ²Die Landesregierungen können die Ermächtigung durch Rechtsverordnung auf die Landesjustizverwaltung übertragen.

Vorbem. I Z 4b geändert dch Art 48 FGG-RG v 17. 12. 08, BGBl 2586, in Kraft seit 1. 9. 09, Art 112 Hs 1 FGG-RG, Übergangsrecht Art 111 FGG-RG, Grdz 2 vor § 1 FamGKG, Teil I B dieses Buches.

Bisherige Fassung I Z 4b: nach §§ 56g, 69e Satz 1 des Gesetzes über die Angelegenheiten der freiwilligen Gerichtsbarkeit festgesetzte Ansprüche.

1) Geltungsbereich, I–VI. Die Stundung und der Erlaß von Kosten und Ansprüchen nach I Z 5–9 sind teilweise *landesrechtlich* geregelt, zB **Baden-Württemberg** § 7 LJustKostG idF vom 25. 3. 75, GBl 261, **Berlin** § 2 G vom 24. 11. 70, GVBl 1934, **Hessen** AnO vom 1. 8. 01, GVBl 379, **Saarland** § 6 LJustKostG vom 30. 6. 71, ABl 473, **Schleswig-Holstein** § 2 I G vom 23. 12. 69, GVBl 70, 4, zuletzt geändert durch Art 1 Z 2 LJVerwKÄndG vom 14. 11. 91, GVBl 577. In Schleswig-Holstein ist die Ermächtigung nach VI 2 auf den Justizminister übertragen worden, § 1 Z 18 VO v 4. 12. 96, GVBl 720.

V gibt dem Patentamt außerhalb der Voraussetzungen des § 1 keineswegs die Befugnis zur Durchsetzung eines Erstattungsanspruchs nur auf Grund eines Leistungsbescheids, BPatG GRUR **89**, 749.

Vollstreckungsbehörden

2 I ¹Die Beitreibung obliegt in den Fällen des § 1 Abs. 1 Nr. 1 bis 3 den nach den Verfahrensgesetzen für die Vollstreckung dieser Ansprüche zuständigen Stellen, soweit nicht die in Absatz 2 bezeichnete Vollstreckungsbehörde zuständig ist, im übrigen den Gerichtskassen als Vollstreckungsbehörden. ²Die Landesregierungen werden ermächtigt, an Stelle der Gerichtskassen andere Behörden als Vollstreckungsbehörden zu bestimmen. ³Die Landesregierungen können die Ermächtigung auf die Landesjustizverwaltung übertragen.

II Vollstreckungsbehörde für Ansprüche, die beim Bundesverfassungsgericht, Bundesministerium der Justiz, Bundesgerichtshof, Bundesverwaltungsgericht, Bundesfinanzhof, Generalbundesanwalt beim Bundesgerichtshof, Bundespatentgericht, Deutschen Patent- und Markenamt, Bundesamt für Justiz oder dem mit der Führung des Unternehmensregisters im Sinn des § 8b des Handelsgesetzbuchs Beliehenen entstehen, ist das Bundesamt für Justiz.

III ¹Von den in Absatz 1 bezeichneten Vollstreckungsbehörden ist diejenige zuständig, die den beizutreibenden Anspruch einzuziehen hat. ²Dem Vollziehungsbeamten obliegende Vollstreckungshandlungen kann die Vollstreckungsbehörde außerhalb ihres Amtsbezirks durch einen Vollziehungsbeamten vornehmen lassen, der für den Ort der Vollstreckung zuständig ist. ³Die Unzuständigkeit einer Vollstreckungsbehörde berührt die Wirksamkeit ihrer Vollstreckungsmaßnahmen nicht.

IV Die Vollstreckungsbehörden haben einander Aushilfe zu leisten.

Vorbem. Zunächst II e eingefügt dch Art 12 VII a EHUG v 10. 11. 06, BGBl 2553, in Kraft seit 1. 1. 07, Art 13 II Hs 1 EHUG. Sodann Änderg von I sowie Neufassg von II dch Art 4 XIII Z 1, 2 G v 17. 12. 06, BGBl 3171, in Kraft seit 1. 1. 07, Art 5 S 1 G.

Bemerkung. Gemäß I 2, 3 sind Verordnungen erlassen: In **Bayern** vom 16. 10. 72, GVBl 451, geändert durch VO vom 17. 6. 91, GVBl 181; **Bremen** vom 31. 10. 72, GBl 237; **Rheinland-Pfalz** vom 9. 5. 72, GVBl 195; **Schleswig-Holstein** vom 4. 12. 96, GVBl 720. Für den Arrestvollzug in Strafsachen ist gemäß § 111f StPO die in § 2 JBeitrO bezeichnete Behörde zuständig, LG Aachen DGVZ **03**, 23. LG Bonn DGVZ **01**, 10. Dabei kann mangels Vorhandenseins eines Vollziehungsbeamten der Gerichtsvollzieher nach § 260 GVGA zuständig werden, LG Aachen DGVZ **03**, 23, Kessel DGVZ **01**, 10.

Zustellungen

3 ¹Zustellungen sind nur erforderlich, soweit dies besonders bestimmt ist. ²Sie werden sinngemäß nach den Vorschriften der Zivilprozeßordnung über Zustellungen von Amts wegen bewirkt. ³Die dem Gericht vorbehaltenen Anordnungen trifft die Vollstreckungsbehörde.

Vollstreckungsschuldner

4 ¹Die Vollstreckung kann gegen jeden durchgeführt werden, der nach den für den beizutreibenden Anspruch geltenden besonderen Vorschriften oder kraft Gesetzes nach den Vorschriften des bürgerlichen Rechts zur Leistung oder zur Duldung der Vollstreckung verpflichtet ist. ²Aus einer Zwangshypothek, die für einen der im § 1 bezeichneten Ansprüche eingetragen ist, kann auch gegen den Rechtsnachfolger des Schuldners in das belastete Grundstück vollstreckt werden.

Vollstreckungsbeginn

5 I ¹Die Vollstreckung darf erst beginnen, wenn der beizutreibende Anspruch fällig ist. ²In den Fällen des § 1 Abs. 1 Nr. 8 und 9 darf die Vollstreckung erst beginnen, wenn der Zahlungspflichtige von den ihm zustehenden Rechtsbehelfen binnen zwei Wochen nach der Zahlungsaufforderung oder nach der Mitteilung einer Entscheidung über seine Einwendungen gegen die Zahlungsaufforderung keinen Gebrauch gemacht hat. ³Vorschriften, wonach aus vollstreckbaren Entscheidungen oder Verpflichtungserklärungen erst nach deren Zustellung vollstreckt werden darf, bleiben unberührt.

II In der Regel soll der Vollstreckungsschuldner (§ 4) vor Beginn der Vollstreckung zur Leistung innerhalb von zwei Wochen schriftlich aufgefordert und nach vergeblichem Ablauf der Frist besonders gemahnt werden.

1   Bemerkung. Ein Verstoß gegen II kann die Unbeitreibbarkeit beim Schuldner zur Folge haben, LG Stade DGVZ **06**, 76.

Anzurechnende Vorschriften

6 I Für die Vollstreckung gelten nach Maßgabe der Absätze 2 bis 4 folgende Vorschriften sinngemäß:
1. §§ 735 bis 737, 739 bis 741, 743, 745 bis 748, 758, 758a, 759, *761*, 762, 764, 765a, 766, 771 bis 776, 778, 779, 781 bis 784, 786, 788, 789, 792, 793, 803 bis 827, 828 Abs. 2 und 3, §§ 829 bis 837a, 840 Abs. 1, Abs. 2 Satz 2, §§ 841 bis 886, 899 bis 910, 913 bis 915h der Zivilprozeßordnung,
2. sonstige Vorschriften des Bundesrechts, die die Zwangsvollstreckung aus Urteilen in bürgerlichen Rechtsstreitigkeiten beschränken, sowie
3. die landesrechtlichen Vorschriften über die Zwangsvollstreckung gegen Gemeindeverbände oder Gemeinden.

II ¹An die Stelle des Gläubigers tritt die Vollstreckungsbehörde. ²Bei der Zwangsvollstreckung in Forderungen und andere Vermögensrechte wird der Pfändungs- und der Überweisungsbeschluß von der Vollstreckungsbehörde erlassen. ³Die Aufforderung zur Abgabe der in § 840 Abs. 1 der Zivilprozeßordnung genannten Erklärungen ist in den Pfändungsbeschluß aufzunehmen.

III ¹An die Stelle des Gerichtsvollziehers tritt der Vollziehungsbeamte. ²Der Vollziehungsbeamte wird zur Annahme der Leistung, zur Ausstellung von Empfangsbekenntnissen und zu Vollstreckungshandlungen durch einen schriftlichen Auftrag der Vollstreckungsbehörde ermächtigt. ³Aufträge, die mit Hilfe automatischer Einrichtungen erstellt werden, werden mit dem Dienstsiegel versehen; einer Unterschrift bedarf es nicht. ⁴Der Vollziehungsbeamte hat im Auftrag der Vollstreckungsbehörde auch die in § 840 Abs. 1 der Zivilprozessordnung bezeichneten Erklärungen entgegenzunehmen. ⁵Die in § 845 der Zivilprozessordnung bezeichnete Benachrichtigung hat der Vollziehungsbeamte nach den Vorschriften der Zivilprozessordnung über die Zustellung auf Betreiben der Parteien zuzustellen.

IV Gepfändete Forderungen sind nicht an Zahlungs Statt zu überweisen.

Bemerkung. Vgl auch die SchuVVO vom 15. 12. 94, BGBl 3822, Schönfelder Nr 102. I Z 1 gilt nicht auch nur entsprechend bei einer strafrechtlichen Nebenfolge auf Zahlung, LG Bln DGVZ **06**, 77. Der Gerichtsvollzieher braucht den Drittschuldner nicht zwecks Entgegennahme von dessen Erklärung aufzusuchen, AG Bayreuth DGVZ **95**, 78. Zur Auslegung von III BVerwG NJW **83**, 900. Zum Begriff des Vollziehungsbeamten AG Büdingen DGVZ **97**, 14. Der Gerichtsvollzieher ist kein Vollziehungsbeamter, Hamm DGVZ **02**, 167. Er aber zB bei § 909 ZPO zuständig, AG Rastatt DGVZ **97**, 190. § 900 II ZPO hat keinen Vorrang, AG Ffm DGVZ **00**, 41.

Eidesstattliche Versicherung und Vollstreckung in das unbewegliche Vermögen

7 [1] Die Abnahme der eidesstattlichen Versicherung beantragt die Vollstreckungsbehörde bei dem zuständigen Gerichtsvollzieher; die Vollstreckung in unbewegliches Vermögen beantragt sie bei dem zuständigen Amtsgericht. [2] Der Antrag ersetzt den vollstreckbaren Schuldtitel. [3] Eine Zustellung des Antrags an den Schuldner ist nicht erforderlich.

Bemerkung. Man braucht den Antrag nicht förmlich zu stellen, S 3, Ffm JB **98**, 49. Es ist ein Nachweis der Unpfändbarkeit erforderlich, Ffm Rpfleger **77**, 145. § 900 II ZPO hat keinen Vorrang, AG Ffm DGVZ **00**, 41.

Einwendungen

8 I [1] Einwendungen, die den beizutreibenden Anspruch selbst, die Haftung für den Anspruch oder die Verpflichtung zur Duldung der Vollstreckung betreffen, sind vom Schuldner gerichtlich geltend zu machen
 bei Ansprüchen nach § 1 Abs. 1 Nr. 4, 6, 7
nach den Vorschriften über Erinnerungen gegen den Kostenansatz,
 bei Ansprüchen gegen nichtbeamtete Beisitzer, Vertrauenspersonen, Rechtsanwälte, Zeugen, Sachverständige und mittellose Personen (§ 1 Abs. 1 Nr. 8)
nach den Vorschriften über die Feststellung eines Anspruchs dieser Personen,
 bei Ansprüchen nach § 1 Abs. 1 Nr. 9
nach den Vorschriften über Erinnerungen gegen den Festsetzungsbeschluß.
[2] Die Einwendung, daß mit einer Gegenforderung aufgerechnet worden sei, ist in diesen Verfahren nur zulässig, wenn die Gegenforderung anerkannt oder gerichtlich festgestellt ist. [3] Das Gericht kann anordnen, daß die Beitreibung bis zum Erlaß der Entscheidung gegen oder ohne Sicherheitsleistung eingestellt werde und daß die Vollstreckungsmaßregeln gegen Sicherheitsleistung aufzuheben seien.

II [1] Für Einwendungen, die auf Grund der §§ 781 bis 784, 786 der Zivilprozeßordnung erhoben werden, gelten die Vorschriften der §§ 767, 769, 770 der Zivilprozeßordnung sinngemäß. [2] Für die Klage ist das Gericht zuständig, in dessen Bezirk die Vollstreckung stattgefunden hat.

Bemerkung. Zu 8 I Hs 1 zählt eine Einwendung gegen den sachlichrechtlichen Anspruch, wie bei § 767 ZPO, Nürnb Rpfleger **01**, 362, oder der Einwand des Insolvenzverwalters, gegen den Gerichtskosten angesetzt sind, die Masse reiche zur vollständigen Befriedigung aller Massegläubiger nicht aus, so schon Düss Rpfleger **90**, 134, oder der Einwand des Fehlens einer Kostenhaftung nach § 54 Z 3 GKG, BGH Rpfleger **02**, 95. Zu II zählt auch den Einwand nach § 781 ZPO, Jena FamRZ **06**, 646.

Gerichtlich muß man eine Einwendung geltend machen, also nicht nur zB im Grundbuchverfahren, Ffm JB **09**, 554.

Nicht hierher gehört zB eine Einwendung gegen die Art und Weise der Zwangsvollstreckung, wie bei § 766 ZPO, Nürnb Rpfleger **01**, 362.

Einstellung, Zahlungsnachweis, Stundung

9 [1] Werden Einwendungen gegen die Vollstreckung erhoben, so kann die Vollstreckungsbehörde die Vollstreckungsmaßnahmen einstweilen einstellen, aufheben oder von weiteren Vollstreckungsmaßnahmen Abstand nehmen, bis über die Einwendung endgültig entschieden ist.

II Der Vollziehungsbeamte hat von der Pfändung abzusehen, wenn ihm die Zahlung oder Stundung der Schuld nachgewiesen wird.

10 *(weggefallen)*

Anwendung des GKG und des GvKostG

11 I Bei der Pfändung von Forderungen oder anderen Vermögensrechten gelten die Vorschriften des Gerichtskostengesetzes sinngemäß.

II Für die Tätigkeit des Vollziehungsbeamten gelten die Vorschriften des Gerichtsvollzieherkostengesetzes sinngemäß.

12-18 *(aufgehoben)*

Inkrafttreten

19 *(überholt)*

B. Einforderungs- und Beitreibungsanordnung

Grundzüge

1 1) **Systematik, Regelungszweck.** An die Stelle der Anordnung über die Einforderung und Beitreibung von Vermögensstrafen und Verfahrenskosten vom 15. 2. 56 ist die nachfolgende Einforderungs- und Beitreibungsanordnung (EBAO) durch eine Vereinbarung zwischen dem Bundesjustizminister und den Landesjustizverwaltungen getreten, die der Bundesjustizminister für seinen Bereich zum 1. 1. 75 in Kraft gesetzt hat, AV vom 25. 11. 74, BAnz 230, in der Fassung vom 1. 4. 2001, BAnz 9164. Sie ist von § 2 I 2, 3 JBeitrO gedeckt, BayObLG Rpfleger **91**, 13. Die Länderfassungen sind wie folgt veröffentlicht:

Baden-Württemberg: AV zuletzt vom 12. 7. 79, Just 317;
Bayern: Bek zuletzt vom 25. 3. 96, JMBl 43;
Berlin: AV zuletzt vom 10. 7. 79, ABl 1261;
Brandenburg: JKostG vom 3. 6. 94, GVBl 172; AV zuletzt vom 28. 6. 96, JMBl 94;
Bremen:
Hamburg: AV zuletzt vom 10. 7. 79, JVBl 79;
Hessen: RdErl 28. 3. 94, JMBl 137;
Mecklenburg-Vorpommern: Bek vom 12. 6. 91, ABl 499;
Niedersachsen: AV zuletzt vom 1. 8. 96, NdsRpfl 217;
Nordrhein-Westfalen: AV zuletzt vom 10. 7. 79, JMBl 172;
Rheinland-Pfalz: AV zuletzt vom 18. 10. 95, JBl 264;
Saarland: AV zuletzt vom 10. 7. 79, GMBl 418;
Sachsen: VV vom 26. 4. 96, JMBl 78;
Sachsen-Anhalt:
Schleswig-Holstein: Bek zuletzt vom 10. 7. 79, SchlHA 156, berichtigt 173;
Thüringen: VV vom 29. 7. 91, JMBl 79.

Abschnitt 1. Allgemeine Bestimmungen

Grundsatz

1 I Die Einforderung und Beitreibung von
1. Geldstrafen und anderen Ansprüchen, deren Beitreibung sich nach den Vorschriften über die Vollstreckung von Geldstrafen richtet,

B. Einforderungs- und Beitreibungsanordnung §§ 1–5 EBAO

2. gerichtlich erkannten Geldbußen und Nebenfolgen einer Ordnungswidrigkeit, die zu einer Geldzahlung verpflichten,
3. Ordnungs- und Zwangsgeldern mit Ausnahme der im Auftrag des Gläubigers zu vollstreckenden Zwangsgelder

(Geldbeträge) richten sich, soweit gesetzlich nicht anders bestimmt ist, nach der Justizbeitreibungsordnung (JBeitrO) und nach dieser Anordnung.

II Gleichzeitig mit einem Geldbetrag (Absatz 1) sind auch die Kosten des Verfahrens einzufordern und beizutreiben, sofern nicht die Verbindung von Geldbetrag und Kosten gelöst wird (§ 15).

III Bei gleichzeitiger Einforderung und Beitreibung von Geldbetrag und Kosten gelten die Vorschriften dieser Anordnung auch für die Kosten.

IV ¹Die Einforderung und Beitreibung von Geldbeträgen ist Aufgabe der Vollstreckungsbehörde (§ 2). ²Ihr obliegt auch die Einforderung und Beitreibung der Kosten des Verfahrens, soweit und solange die Verbindung von Geldbetrag und Kosten besteht. ³Die Vollstreckungsbehörde beachtet hierbei die Bestimmungen der §§ 3 bis 14.

V Wird die Verbindung von Geldbetrag und Kosten gelöst, so werden die Kosten nach den Vorschriften der Kostenverfügung der zuständigen Kasse zur Sollstellung überwiesen und von dieser oder der sonst zuständigen Stelle nach den für sie geltenden Vorschriften eingefordert und eingezogen.

VI Für die Einziehung von Geldbußen, die von Disziplinargerichten, Richterdienstgerichten oder Dienstvorgesetzten verhängt worden sind, und für die Kosten des Disziplinarverfahrens gelten besondere Bestimmungen.

Vollstreckungsbehörde

2 Vollstreckungsbehörde ist, soweit gesetzlich nichts anderes bestimmt ist,
a) in den Fällen, auf die die Strafvollstreckungsordnung Anwendung findet, die darin bezeichnete Behörde,
b) im Übrigen diejenige Behörde oder Dienststelle der Behörde, die auf die Verpflichtung zur Zahlung des Geldbetrages erkannt hat, oder, soweit es sich um eine kollegiale Behörde oder Dienststelle handelt, deren Vorsitzende oder Vorsitzender.

Abschnitt 2. Einforderung und Beitreibung durch die Vollstreckungsbehörde

Anordnung der Einforderung

3 ¹Sofern nicht Zahlungserleichterungen (§ 8 Abs. 3, § 12) gewährt werden, ordnet die Vollstreckungsbehörde die Einforderung von Geldbetrag und Kosten an, sobald die darüber ergangene Entscheidung vollstreckbar ist.

II Die Zahlungsfrist beträgt vorbehaltlich anderer Anordnung der Vollstreckungsbehörde zwei Wochen.

Kostenrechnung

4 ¹ ¹Ist die Einforderung angeordnet, so stellt die Kostenbeamtin oder der Kostenbeamte der Vollstreckungsbehörde eine Kostenrechnung auf. ²Darin sind sämtliche einzufordernden Beträge aufzunehmen. ³Durch die Zeichnung übernimmt die Kostenbeamtin oder der Kostenbeamte die Verantwortung für die Vollständigkeit und Richtigkeit der Kostenrechnung.

II Die Zahlungsfrist (§ 3 Abs. 2) ist in der Kostenrechnung zu vermerken.

III Im Übrigen gilt für die Kostenrechnung § 27 der Kostenverfügung entsprechend.

Einforderung

5 ¹ ¹Die in die Kostenrechnung aufgenommenen Beträge werden von dem Zahlungspflichtigen durch Übersendung einer Zahlungsaufforderung eingefordert. ²In der Zahlungsaufforderung ist zur Zahlung an die für den Sitz der Vollstreckungsbehörde zuständige Kasse aufzufordern.

II ¹Die Reinschrift der Zahlungsaufforderung ist von der Kostenbeamtein oder dem Kostenbeamten unter Angabe des Datums und der Amts-(Dienst-)bezeichnung unterschriftlich zu vollziehen. ²Soweit die oberste Justizbehörde dies zugelassen hat, kann sie ausgefertigt, beglaubigt, von der Geschäftsstelle unterschriftlich vollzogen oder mit dem Abdruck des Dienstsiegels versehen werden. ³Bei maschineller Bearbeitung bedarf es einer Unterschrift nicht; jedoch ist der Vermerk anzubringen „Maschinell erstellt und ohne Unterschrift gültig".

III Die Mitteilung einer besonderen Zahlungsaufforderung unterbleibt bei Strafbefehlen, die bereits die Kostenrechnung und die Aufforderung zur Zahlung enthalten.

IV ¹Der Zahlungsaufforderung (Absatz 1) oder dem Strafbefehl (Absatz 3) ist eine auf das Konto der zuständigen Kasse lautender Überweisungsträger beizufügen. ²Im Verwendungszweck sind die Vollstreckungsbehörde in abgekürzter Form anzugeben und das Aktenzeichen so vollständig zu bezeichnen, dass die zuständige Kasse in der Lage ist, hiernach die Zahlungsanzeige zu erstatten. ³Die Kennzeichnung der Sache als Strafsache ist zu vermeiden.

V Die Erhebung durch Postnachnahme ist nicht zulässig.

Nicht ausreichende Zahlung

6 Reicht die auf die Zahlungsaufforderung entrichtete Einzahlung zur Tilgung des ganzen eingeforderten Betrages nicht aus, so richtet sich die Verteilung nach den kassenrechtlichen Vorschriften, soweit § 459 b StPO, § 94 OWiG nichts anderes bestimmen.

Mahnung

7 ¹Nach vergeblichem Ablauf der Zahlungsfrist sollen Zahlungspflichtige vor Anordnung der Beitreibung in der Regel zunächst besonders gemahnt werden (§ 5 Abs. 2 JBeitrO).

II Mahnungen unterbleiben, wenn damit zu rechnen ist, dass Zahlungspflichtige sie unbeachtet lassen werden.

Anordnung der Beitreibung

8 ¹Geht binnen einer angemessenen Frist nach Abgang der Mahnung oder, sofern von einer Mahnung abgesehen worden ist, binnen einer Woche nach Ablauf der Zahlungsfrist (§ 3 Abs. 2) keine Zahlungsanzeige der zuständigen Kasse ein, so bestimmt die Vollstreckungsbehörde, welche Vollstreckungsmaßnahmen ergriffen werden sollen.

II In geeigneten Fällen kann sie die zuständige Kasse um Auskunft ersuchen, ob ihr über die Vermögens- und Einkommensverhältnisse der Zahlungspflichtigen und die Einziehungsmöglichkeiten etwas bekannt ist.

III Welche Vollstreckungsmaßnahmen anzuwenden sind oder ob Zahlungspflichtigen Vergünstigungen eingeräumt werden können, richtet sich nach den für das Einziehungsverfahren maßgebenden gesetzlichen und Verwaltungsvorschriften (vgl. §§ 459 ff. StPO, die §§ 91 ff. OWiG, die §§ 6 ff. JBeitrO, § 49 StVollstrO).

IV ¹Im Übrigen sind die Vollstreckungsmaßnahmen anzuwenden, die nach Lage des Einzelfalles am schnellsten und sichersten zum Ziele führen. ²Auf die persönlichen und wirtschaftlichen Verhältnisse der Zahlungspflichtigen und ihrer Familie ist dabei Rücksicht zu nehmen, soweit das Vollstreckungsziel hierdurch nicht beeinträchtigt wird.

V Kommt die Zwangsvollstreckung in Forderungen oder andere Vermögensrechte in Betracht, so hat die Vollstreckungsbehörde den Pfändungs- und Überweisungsbeschluss zu erlassen (§ 6 Abs. 2 JBeitrO).

VI ¹Ein Antrag auf Einleitung eines Zwangsversteigerungs- oder Zwangsverwaltungsverfahrens soll nur gestellt, der Beitritt zu einem solchen Verfahren nur erklärt werden, wenn ein Erfolg zu erwarten ist und das Vollstreckungsziel anders nicht erreicht werden kann. ²Ist Vollstreckungsbehörde (§ 2) der Richter beim Amtsgericht, so ist, soweit die Strafvollstreckungsordnung Anwendung findet, die Einwilligung der Generalstaatsanwältin oder des Generalstaatsanwalts, im Übrigen die der Präsidentin oder des Präsidenten des Landgerichts (Präsidentin oder Präsidenten des Amtsgerichts) erforderlich.

Vollstreckung in bewegliche Sachen

9 ᴵ ¹Soll in bewegliche Sachen vollstreckt werden, so erteilt die Vollstreckungsbehörde der Vollziehungsbeamtin oder dem Vollziehungsbeamten unmittelbar oder über die Geschäftsstelle des Amtsgerichts einen Vollstreckungsauftrag. ²In den Auftrag sind die Kosten früherer Einziehungsmaßnahmen als Nebenkosten aufzunehmen.

ᴵᴵ Die Ausführung des Auftrages, die Ablieferung der von der Vollziehungsbeamtin oder dem Vollziehungsbeamten eingezogenen oder beigetriebenen Geldbeträge und die Behandlung der erledigten Vollstreckungsaufträge bei der zuständigen Kasse richten sich nach den Dienstvorschriften für die Vollziehungsbeamtinnen und -beamten und den kassenrechtlichen Bestimmungen.

ᴵᴵᴵ Die Vollstreckungsbehörde überwacht die Ausführung des Vollstreckungsauftrags durch Anordnung einer Wiedervorlage der Akten.

Vollstreckung in beweglichen Sachen im Bezirk einer anderen Vollstreckungsbehörde

10 ᴵ Soll in bewegliche Sachen vollstreckt werden, die sich im Bezirk einer anderen Vollstreckungsbehörde befinden, so gilt § 9, soweit nicht in Absatz 2 etwas anderes bestimmt ist.

ᴵᴵ ¹Die Vollziehungsbeamtin oder der Vollziehungsbeamte rechnet über die eingezogenen Beträge mit der zuständigen Kasse ab, welche die Vollstreckungsbehörde durch Rücksendung des Vollstreckungsauftrags oder des Ersuchens verständigt. ²Gehört die ersuchende Vollstreckungsbehörde einem anderen Lande an als die Vollziehungsbeamtin oder der Vollziehungsbeamte, so werden die eingezogenen Geldbeträge und Kosten des Verfahrens an die für die ersuchende Vollstreckungsbehörde zuständige Kasse abgeführt. ³Die eingezogenen Kosten der Vollstreckung sind an die für die Vollziehungsbeamtin oder den Vollziehungsbeamten zuständige Kasse abzuführen; soweit sie von der Schuldnerin oder dem Schuldner nicht eingezogen werden können, werden sie der Vollstreckungsbehörde eines anderen Landes nicht in Rechnung gestellt.

Spätere Beitreibung

11 ᴵ Ist bei Uneinbringlichkeit eines Geldbetrages, an dessen Stelle eine Freiheitsstrafe nicht treten soll, mit der Möglichkeit zu rechnen, dass spätere Vollstreckungsmaßnahmen erfolgreich sein werden, so ordnet die Vollstreckungsbehörde eine Wiedervorlage der Akten an.

ᴵᴵ Uneinbringlich gebliebene Kosten des Verfahrens werden, wenn sie nicht mehr zusammen mit dem Geldbetrag beigetrieben werden können, nach § 1 Abs. 5, § 15 Abs. 1 Nr. 1 der zuständigen Kasse zur Einziehung überwiesen, sofern die Überweisung nicht nach § 16 Abs. 2 unterbleibt.

Zahlungserleichterungen

12 ᴵ Werden für die Entrichtung eines Geldbetrages Zahlungserleichterungen bewilligt, so gelten diese Zahlungserleichterungen auch für die Kosten.

ᴵᴵ ¹Ist die Höhe der Kosten den Zahlungspflichtigen noch nicht mitgeteilt worden, so ist dies bei der Mitteilung der Zahlungserleichterungen nachzuholen. ²Die Androhung künftiger Zwangsmaßnahmen für den Fall der Nichtzahlung der Kosten unterbleibt hierbei. ³Einer Mitteilung der Höhe der Kosten bedarf es nicht, wenn das dauernde Unvermögen des Kostenschuldners zur Zahlung offenkundig ist.

Zurückzahlung von Geldbeträgen und Kosten

13 ^I Sind Geldbeträge zu Unrecht vereinnahmt worden oder auf Grund besonderer Ermächtigung zurückzuzahlen, so ordnet die Vollstreckungsbehörde die Zurückzahlung an.

^{II} Dasselbe gilt, wenn zusammen mit dem Geldbetrag Kosten des Verfahrens oder Vollstreckungskosten zurückzuzahlen sind.

^{III} Bei unrichtiger Berechnung ist eine neue Kostenrechnung aufzustellen.

^{IV} In der Anordnung ist der Grund der Zurückzahlung (z. B. gnadenweiser Erlass durch Verfügung ... oder Zurückzahlung wegen irrtümlicher Berechnung) kurz anzugeben.

^V ¹Zu der Auszahlungsanordnung an die zuständige Kasse ist der für die Zurückzahlung von Gerichtskosten bestimmte Vordruck zu verwenden; er ist, soweit erforderlich, zu ändern. ²Bei automatisierten Verfahren wird die Auszahlungsanordnung maschinell erstellt. ³Der oder die Empfangsberechtigte ist von der Vollstreckungsbehörde über die bevorstehende Zurückzahlung zu benachrichtigen.

Durchlaufende Gelder

14 ^I Beträge, die nach den Vorschriften dieser Anordnung eingezogen werden, aber nicht der Landeskasse, sondern einem anderen Berechtigten zustehen, werden bei der Aufstellung der Kostenrechnung als durchlaufende Gelder behandelt.

^{II} ¹Auf Grund der von der zuständigen Kasse übermittelten Zahlungsanzeige oder der maschinell übermittelten Kontobuchungen ordnet die Vollstreckungsbehörde die Auszahlung an den Empfangsberechtigten an. ²§ 38 der Kostenverfügung gilt entsprechend.

Abschnitt 3. Lösung von Geldbetrag und Kosten

Grundsatz

15 ^I Die Verbindung von Geldbetrag und Kosten (§ 1 Abs. 2) wird gelöst, wenn

1. sich die Beitreibung des Geldbetrages erledigt und für die Kostenforderung Beitreibungsmaßnahmen erforderlich werden;
2. nachträglich eine Gesamtgeldstrafe gebildet wird oder
3. die Vollstreckungsbehörde die getrennte Verfolgung beider Ansprüche aus Zweckmäßigkeitsgründen anordnet.

^{II} Hat das Land aus einer wegen Geldbetrag und Kosten vorgenommenen Zwangsvollstreckung bereits Rechte erworben, so darf eine Anordnung nach Absatz 1 Nr. 3 nur ergehen, wenn die Wahrnehmung dieser Rechte wegen der Kosten allein keine Schwierigkeiten bereitet oder wenn der Landeskasse durch die Aufgabe der wegen der Kosten begründeten Rechte kein Schaden erwächst.

Überweisung der Kosten an die zuständige Kasse

16 ^I ¹Bei der Überweisung der Kosten an die Kasse zur Einziehung (§ 4 Abs. 2 der Kostenverfügung) hat die Kostenbeamtin oder der Kostenbeamte, wenn bereits eine Zahlungsaufforderung an die Kostenschuldnerin oder den Kostenschuldner ergangen war, die Aufnahme des nachstehenden Vermerks in die Reinschrift der Kostenrechnung zu veranlassen:
„Diese Zahlungsaufforderung tritt an die Stelle der Zahlungsaufforderung d .... vom .... Bei Zahlungen ist statt der bisherigen Geschäftsnummer das Kassenzeichen anzugeben."
²Hat sich der Kostensatz nicht geändert, so genügt die Übersendung einer Rechnung, in der lediglich der Gesamtbetrag der früheren Rechnung, die geleisteten Zahlungen und der noch geschuldete Restbetrag anzugeben sind. ³Be-

willigte Zahlungserleichterungen (§ 8 Abs. 3, § 12) sind der zuständigen Kasse mitzuteilen.

^{II} Die Überweisung der Kosten unterbleibt, wenn die Voraussetzungen vorliegen, unter denen die Kostenbeamtin oder der Kostenbeamte von der Aufstellung einer Kostenrechnung absehen darf (§ 10 der Kostenverfügung).

^{III} Der Kasse mit zu überweisen sind auch die nicht beigetriebenen Kosten eines der Lösung (§ 15) vorausgegangen Einziehungsverfahrens.

Wahrnehmung der Rechte aus früheren Vollstreckungen

17 ^{I 1} Hatte das Land vor der Trennung von Geldbetrag und Kosten aus einer Zwangsvollstreckung wegen der Kosten bereits Rechte erlangt, so teilt die Vollstreckungsbehörde dies der zuständigen Kasse unter Übersendung der vorhandenen Beitreibungsverhandlungen mit. ²Dies gilt nicht, wenn die wegen der Kosten begründeten Rechte nach § 15 Abs. 2 aufgegeben werden.

^{II 1}Ist der Vollziehungsbeamtin oder dem Vollziehungsbeamten ein Vollstreckungsauftrag erteilt (§ 9 Abs. 1 Satz 1, § 10 Abs. 1), so hat die zuständige Kasse der Vollziehungsbeamtin oder dem Vollziehungsbeamten gegenüber jetzt die Stellung der Auftraggeberin; sie hat sie oder ihn hiervon zu verständigen. ²Der Auftrag bleibt bestehen, bis die zuständige Kasse ihn zurücknimmt.

Abschnitt 4

Geldauflagen im Strafverfahren

18 ^{I 1}Geldzahlungen, die Zahlungspflichtigen nach § 56b Abs. 2 Nr. 2, § 57 Abs. 3 Satz 1 StGB, § 153a StPO, § 15 Abs. 1 Satz 1 Nr. 3, den §§ 23, 29, 45, 88 Abs. 5 und § 89 Abs. 3 JGG oder anlässlich eines Gnadenerweises auferlegt sind, werden nicht mit Zahlungsaufforderung (§ 5 Abs. 1) eingefordert. ²Ihre Beitreibung ist unzulässig.

^{II 1}Wird die Geldauflage gestundet, so prüft die Vollsteckungsbehörde, ob die zuständige Kasse ersucht werden soll, die Einziehung der Kosten auszusetzen. ²Ein Ersuchen empfiehlt sich, wenn die sofortige Einziehung der Kosten den mit der Stundung der Geldauflage verfolgten Zweck gefährden würde.

X. Gesetz über die Vergütung der Rechtsanwältinnen und Rechtsanwälte (Rechtsanwaltsvergütungsgesetz – RVG)

in der Fassung Art 3 KostRMoG v 5. 5. 04, BGBl 718, 788, zuletzt geändert durch Art 7 IV und Art 8 Z 6c G v 30. 7. 09, BGBl 2449

Grundzüge

Schrifttum: *Axmann,* Berufs- und Vergütungsrecht für die Anwaltschaft, 2005; *Baumgärtel/Hergenröder/Houben/Lompe,* RVG, 9. Aufl 2005 (Online Kommentar); *Berners,* Die RVG-Prüfung usw, 2005; *Beutling,* Anwaltsvergütung in Verwaltungssachen, 2004; *Bischof/Jungbauer/Bräuer/Curkovic/Mathias/Uher,* RVG, 3. Aufl. 2009; *Bonefeld,* Gebührenabrechnung familien- und erbrechtlicher Mandate nach dem RVG und GKG, 2004; *Braun,* Gebührenabrechnung nach dem neuen RVG, 2004; *Braun/Hansens,* RVG-Praxis, 2004; *Brieske/Teubel/Scheungrab* (Hrsg), Vergütungsrecht, 2007; *Bultmann,* Die neue Rechtsanwaltsvergütung, 2004; *Burchard/Wüst,* RVG, 2004; *Burhoff,* RVG in Straf- und Bußgeldsachen, 2. Aufl 2007; *Burhoff/Kindermann,* RVG 2004, 2004; *Dörndorfer,* Rechtsanwalts- und Gerichtskosten in Familiensachen 2009; *Dormann,* JurCalc, 2004 RVG, 2004; *Ebert,* Das neue Rechtsanwaltsvergütungsgesetz (RVG), 2. Aufl 2004; *Enders,* RVG für Anfänger, 14. Aufl 2008; *Enders/Hansens/Jungbauer/Meyer,* RVG, 2004; *Ernst,* RVG, 2004; *Fölsch,* Anwaltsvergütung im Verkehrsrecht, 2008; *Fraunholz/Keller/Schneider/Schmahl,* RVG, 9. Aufl. 2005 (Bespr *von König* Rpfleger **03,6**, 231); *Gerold/Schmidt,* RVG, 18. Aufl 2008, bearbeitet von *Madert/Müller-Rabe/Mayer/Burhoff* (Bespr *Römermann* NJW **08**, 3625, *Wiesel* Rpfleger **09**, 56); *Goebel/Gottwald,* RVG, 2004; *Göttlich/Mümmler/Rechberg/Xanke/Schons/Vogt/Feller,* RVG, 3. Aufl 2009; *Gross,* Anwaltsgebühren in Ehe- und Familiensachen, 2. Aufl 2007 (Bespr *Schneider* FPR **08**, 378); *Hansens/Braun,* Praxis des Vergütungsrechts, 2004; *Hartung* NJW **04**, 1409 (Üb); *Hartung/Römermann/Schons,* RVG, 2. Aufl 2008; *Hartung/Römermann,* Beck'sche Synopse zum neuen Vergütungsrecht, 2004; *Hellstab* Rpfleger **08**, 239 (Üb); *Herrmann,* Erfolgreiche Gebührenabrechnung nach dem RVG usw, 2004; *Hünnekens* Rpfleger **04**, 445 (Üb); *Jungbauer,* Rechtsanwaltsvergütung, 5. Aufl 2009; *Jungbauer,* RVG und GKG für Rechtsanwalts-Fachangestellte, 4. Aufl 2009; *Kindermann,* Gebührenpraxis für Rechtsanwälte, 2005; *von König/Bischof,* Kosten in Familiensachen, 2009; *Lappe,* Gebührentabellen für Rechtsanwälte, 23. Aufl 2009; *Lappe* NJW **08**, 485 (Rspr-Üb); *Lautwein,* Vergütungstipps nach dem RVG, 2005; *Leicht/Sell-Kanyi,* RVG 2004, 2004; *Leipold,* Anwaltsvergütung in Strafsachen, 2004; *Lutje,* RVG Gebührenrechner 2. 1. 2006; *Lutje,* RVG von A–Z, 2004; *Lutz,* Gerichtskosten- und Rechtsanwaltsvergütungsgesetz, 5. Aufl 2004; *Madert,* Rechtsanwaltsvergütung in Straf- und Bußgeldsachen, 5. Aufl 2004; *Mayer/Kroiß* (Hrsg), RVG, 3. Aufl 2009; *Nath/Giebler/Prutsch,* Vergütungs- und Kostenrecht, 2005; *Petzold/von Seltmann,* Das neue Kostenrecht, GKG, JVEG und RVG, 2004; *Riedel/Sußbauer,* RVG, 9. Aufl 2005; *Schaefer,* Das neue Kostenrecht in Arbeitssachen, 2004; *Scherer,* Grundlagen des Kostenrechts – RVG, 10. Aufl 2004; *Schneider,* Das neue Gebührenrecht für Anwälte, 2004; *Schneider,* RVG Praxiswissen, 2006; *Schneider,* Gebührenrecht, Honorargestaltung, Kostenrecht, 2005; *Schneider* NJW **07**, 325 und 1035 (Änderungen seit 1. 1. 07, Üb); *Schneider* AnwBl **09**, 628 (Änderungen seit 1. 9. 09, Üb); *Schneider,* Fälle und Lösungen zum neuen RVG, 2. Aufl 2007 (Bespr *Schons* NJW **08**, 1286); *Schneider,* Gebühren in Familiensachen, 2009; *Schneider/Wolf,* RVG, 4. Aufl 2008; *Schons,* Das RVG, das unverstandene Gesetz, Festschrift für *Madert* (2006) 219; *Wolf,* RVG für Einsteiger, 3. Aufl 2008; *Wolf,* RVG-Navigator, 2004.

Gliederung

1) Geschichtliches und Rechtspolitik	1–10
2) Amtliche Übersicht	11
3) Vergütungsgrundlage	12–20
A. Anwaltsvertrag	12
B. Sachlichrechtliche Folgen	13
C. Geschäftsführung ohne Auftrag	14
D. Ungerechtfertigte Bereicherung	15
E. Beiordnung	16
F. Funktion des RVG	17

G. Hinweis- oder Belehrungspflicht 18, 19
H. Verstoß 20
4) **Vergütungsschuldner** 21–33
   A. Vertragspartner 21
   B. Staatskasse 22
   C. Beschuldigter 23
   D. Vertretener 24
   E. Rechtsnachfolger 25
   F. Begünstigte Partei 26, 27
   G. Prozeßgegner des Auftraggebers 28–31
   H. Antragsgegner 32
   I. Mitschuldner 33
5) **Vergütungsfestsetzung** 34, 35
   A. Gegenüber dem Auftraggeber 34
   B. Gegenüber der Staatskasse 35
6) **Kostenerstattung** 36–40
   A. Grundsatz: Maßgeblichkeit der Verfahrensordnung 36
   B. Zivilprozeß 37
   C. Freiwillige Gerichtsbarkeit 38
   D. Strafverfahren 39
   E. Verwaltungs-, Sozial-, Finanzgerichtsverfahren 40
7) **Internationales Recht; ausländischer Anwalt** 41–43
   A. Deutscher Anwalt im Ausland 41
   B. Ausländischer Anwalt im Inland 42
   C. EU-Anwalt 43

1–7   **1) Geschichtliches und Rechtspolitik,** dazu *Madert/Müller-Rabe* NJW **07**, 1920, *Mayer* AnwBl **09**, 164, *Schneider* NJW **07**, 325 (je: Üb): Über die Entwicklung bis Anfang Februar 2009 unterrichtet die 39. Aufl.

8   *Weitere Änderungen* ergaben sich durch Art 15 VAStrRefG v 3. 4. 09, BGBl 700, sowie durch Art 5 G v 6. 7. 09, BGBl 1696, ferner durch Art 5 des 2. Opferrechtsreformgesetzes vom 29. 7. 09, BGBl 2280, sowie durch Art 7 IV G v 30. 7. 09, BGBl 2449.

9   Zur *Rechtspolitik* Einl I 3.

10   Das Gesetz wird amtlich als RVG abgekürzt.

11   **2) Amtliche Übersicht.** Das RVG enthält folgende (Amtliche) Inhaltsübersicht:

Abschnitt 1. Allgemeine Vorschriften

	§§
Geltungsbereich	1
Höhe der Vergütung	2
Gebühren in sozialrechtlichen Angelegenheiten	3
Vergütungsvereinbarung	3 a
Erfolgsunabhängige Vergütung	4
Erfolgshonorar	4 a
Fehlerhafte Vergütungsvereinbarung	4 b
Vergütung für Tätigkeiten von Vertretern des Rechtsanwalts	5
Mehrere Rechtsanwälte	6
Mehrere Auftraggeber	7
Fälligkeit, Hemmung der Verjährung	8
Vorschuss	9
Berechnung	10
Festsetzung der Vergütung	11
Anwendung von Vorschriften für die Prozesskostenhilfe	12
Abhilfe bei Verletzung des Anspruchs auf rechtliches Gehör	12 a
Elektronische Akte, elektronisches Dokument	12 b

Abschnitt 2. Gebührenvorschriften

Wertgebühren	13
Rahmengebühren	14
Abgeltungsbereich der Gebühren	15
Anrechnung einer Gebühr	15 a

Abschnitt 3. Angelegenheit

Dieselbe Angelegenheit	16
Verschiedene Angelegenheiten	17
Besondere Angelegenheiten	18

X. Rechtsanwaltsvergütungsgesetz

Grdz RVG

§§

Rechtszug; Tätigkeiten, die mit dem Verfahren zusammenhängen	19
Verweisung, Abgabe	29
Zurückverweisung, Fortführung einer Folgesache als selbständige Familiensache	21

Abschnitt 4. Gegenstandswert

Grundsatz	22
Allgemeine Wertvorschrift	23
Gegenstandswert im Musterverfahren nach dem Kapitalanleger-Musterverfahrensgesetz	23 a
(weggefallen)	24
Gegenstandswert in der Zwangsvollstreckung	25
Gegenstandswert in der Zwangsversteigerung	26
Gegenstandswert in der Zwangsverwaltung	27
Gegenstandswert im Insolvenzverfahren	28
Gegenstandswert im Verteilungsverfahren nach der Schifffahrtsrechtlichen Verteilungsordnung	29
Gegenstandswert in gerichtlichen Verfahren nach dem Asylverfahrensgesetz	30
Gegenstandswert in gerichtlichen Verfahren nach dem Spruchverfahrensgesetz	31
Ausschlussverfahren nach dem Wertpapiererwerbs- und Übernahmegesetz	31 a
Wertfestsetzung für die Gerichtsgebühren	32
Wertfestsetzung für die Rechtsanwaltsgebühren	33

Abschnitt 5. Außergerichtliche Beratung und Vertretung

Beratung, Gutachten und Mediation	34
Hilfeleistung in Steuersachen	35
Schiedsrichterliche Verfahren und Verfahren vor dem Schiedsgericht	36

Abschnitt 6. Gerichtliche Verfahren

Verfahren vor den Verfassungsgerichten	37
Verfahren vor dem Gerichtshof der Europäischen Gemeinschaften	38
In Scheidungs- und Lebenspartnerschaftssachen beigeordneter Rechtsanwalt	39
Als gemeinsamer Vertreter bestellter Rechtsanwalt	40
Prozesspfleger	41

Abschnitt 7. Straf- und Bußgeldsachen

Feststellung einer Pauschgebühr	42
Abtretung des Kostenerstattungsanspruchs	43

Abschnitt 8. Beigeordneter oder bestellter Rechtsanwalt, Beratungshilfe

Vergütungsanspruch bei Beratungshilfe	44
Vergütungsanspruch des beigeordneten oder bestellten Rechtsanwalts	45
Auslagen und Aufwendungen	46
Vorschuss	47
Umfang des Anspruchs und der Beiordnung	48
Wertgebühren aus der Staatskasse	49
Weitere Vergütung bei Prozesskostenhilfe	50
Festsetzung einer Pauschgebühr in Straf- und Bußgeldsachen	51
Anspruch gegen den Beschuldigten oder den Betroffenen	52
Anspruch gegen den Auftraggeber, Anspruch des zum Beistand bestellten Rechtsanwalts gegen den Verurteilten	53
Verschulden eines beigeordneten oder bestellten Rechtsanwalts	54
Festsetzung der aus der Staatskasse zu zahlenden Vergütungen und Vorschüsse	55
Erinnerung und Beschwerde	56
Rechtsbehelf in Bußgeldsachen vor der Verwaltungsbehörde	57
Anrechnung von Vorschüssen und Zahlungen	58
Übergang von Ansprüchen auf die Staatskasse	59

Abschnitt 9. Übergangs- und Schlussvorschriften

Übergangsvorschrift	60
Übergangsvorschrift aus Anlass des Inkrafttretens dieses Gesetzes	61

Anlage 1 (zu § 2 Abs. 2)
Anlage 2 (zu § 13 Abs.1)

3) Vergütungsgrundlage. Man muß fünf Aspekte beachten. **12**
  A. Anwaltsvertrag. Der Anwalt wird grundsätzlich auf Grund eines privatrechtlichen Vertrags mit dem Auftraggeber nach dem BGB tätig. Der Vertragsabschluß kann auch durch eine schlüssige Annahme des Angebots erfolgen, § 151 BGB, Stgt AnwBl **76**, 439. Eine Annahme liegt noch nicht dann vor, wenn der Anwalt zunächst – selbst aufwendig – prüft, ob er annehmen soll. Daher ist eine Informationsaufnahme keineswegs stets bereits ein Teil der Vertragstätigkeit. Die letztere liegt erst ab der

Auftragsannahme und daher erst bei einer auftrags*gemäßen* Informationsaufnahme vor. Freilich kann im Stadium der Prüfung, ob der Anwalt einen Hauptauftrag annehmen will, bereits ein zumindest stillschweigend zustandegekommener Vertrag über eine Beratung zu den Erfolgsaussichten des Hauptauftrags liegen und zB nach § 34 vergütungspflichtig sein. Das muß aber nicht so sein, AG Lahr JB **07**, 87.

Der Anwalt muß eine *Ablehnung* des Angebots unverzüglich erklären, § 44 BRAO. Andernfalls kann er sich schadensersatzpflichtig machen. Ein Vertragsverbot kann sich aus §§ 45ff BRAO ergeben. Es handelt sich beim Anwaltsvertrag meist um einen Vertrag über Dienste höherer Art, BGH NJW **87**, 316, nämlich um einen Geschäftsbesorgungsvertrag, §§ 611, 612 I, 662 ff, 675 I BGB, Saarbr KTS **78**, 185, AG Köln AnwBl **89**, 624, AG Warendorf JB **03**, 421.

Um einen *Werkvertrag* nach §§ 631 ff BGB handelt es sich nur ausnahmsweise, nämlich dann, wenn der Anwalt eine Gewährleistung für den Erfolg übernimmt. Das kann, muß aber nicht so sein, selbst nicht nach einem Garantieversprechen des Anwalts, Ffm NJW **07**, 1468, auch nicht zB bei einem Gutachten nach (jetzt) § 34 I 1, AG Suhl AGS **89**, 96, oder bei einem Vertragsentwurf, BGH NJW **96**, 661. Eine Vermögens- oder Nachlaßverwaltung ist meist kein Werkvertrag. Das Vorliegen einer sog Erfolgsgebühr etwa nach VV 1000–1002 zwingt nicht zur Annahme eines Werkvertrags.

Ein *Maklervertrag* nach §§ 652 ff BGB liegt grundsätzlich selbst dann nicht vor, wenn der Auftraggeber den Anwalt mit der Vermittlung eines Darlehens beauftragt. Der Anwalt hat also auch dann einen Vergütungsanspruch, wenn seine Bemühung erfolglos bleibt. Etwas anderes gilt nur dann, wenn ein rechtlicher Beistand für die gesamten Vertragspflichten des Anwalts völlig nebensächlich ist, BGH NJW **85**, 2642, Ffm AnwBl **81**, 375, Karlsr JB **91**, 375. Dann aber fehlt es ohnehin an der besonders gearteten anwaltlichen Berufstätigkeit.

13 **B. Sachlichrechtliche Folgen.** Der Umfang des Auftrags des Anwalts, seine Rechte und Pflichten richten sich zunächst sachlichrechtlich nach dem jeweiligen Vertragsverhältnis. Der Vertrag ist nach § 627 I BGB wegen des Charakters der Anwaltstätigkeit als einer höheren Dienstleistung nach Rn 12 auch ohne die Angabe eines gar wichtigen Grundes jederzeit beiderseits fristlos kündbar, BGH NJW **87**, 316. Dem Grunde nach fußt auch der Vergütungsanspruch des Anwalts auf dem Vertragsrecht, nur der Höhe nach meist auf dem Gesetz, BGH RR **04**, 1133. Bei einer Gebührenvereinbarung kann ihr hartnäckiges Leugnen durch den Auftraggeber ein „Auflösungsverschulden" für eine Kündigung des Anwalts bedeuten, Düss AnwBl **09**, 72. In einem Kündigungsfall behält der Anwalt eine Vergütung nach Maßgabe des § 628 BGB, Henssler/Deckenbrock NJW **05**, 1 (ausf). Das gilt zB für diejenige Tätigkeit, die er bereits vertragsgemäß vorgenommen hat, aber auch für die anschließend noch im wahren Interesse der Partei vorgenommenen unaufschiebbaren Handlungen. Zu deren Wahrnehmung kann er sogar verpflichtet sein, BGH NJW **87**, 316, Düss VersR **88**, 1155, AG Köln AnwBl **89**, 624. Wegen der Herabsetzung der Vergütung bei einer vorzeitigen Kündigung des Auftraggebers BGH NJW **87**, 316.

Natürlich kommt nur ein *wirksamer* Anwaltsvertrag in Betracht, Stgt JB **99**, 314 (ein Verstoß gegen § 46 I BRAO beim Syndikus ist schädlich), AG Warendorf JB **03**, 421 (ein Verstoß gegen § 14 I 2 BNotO ist schädlich). Bei einer schuldhaften Schlechterfüllung kann an sich ein Vergütungsanspruch bestehenbleiben, Kblz RR **06**, 1360, sofern nicht die Anwaltsleistung grob fehlerhaft und unbrauchbar ist, BGH NJW **04**, 2817, Schlesw MDR **04**, 908. Diesem Vergütungsanspruch gegenüber kann dann aber ein Schadensersatzanspruch des Auftraggebers entstehen, BGH NJW **04**, 2817, LG Hildesh RR **01**, 66 (auch zur Schadensberechnung), AG Hbg-Barmbek JB **03**, 639. Er beschränkt sich freilich meist auf den sog Mangelfolgeschaden. Ein Verstoß gegen § 43a IV BRAO (Verbot widerstreitender Interessen) kann mitbeachtlich sein, BAG NJW **05**, 922. Es kann auch ein Herausgabeanspruch des Auftraggebers wegen eingezogener Gelder gegenüberstehen, BGH BB **07**, 1919.

Eine *Anscheinsvollmacht* nach der Folge einer vertraglichen Vergütung ist nach den Regeln des BGB möglich, BGH MDR **81**, 913.

Eine *Abtretung* des Vergütungsanspruchs an einen Nichtanwalt ist ohne eine Zustimmung des Auftraggebers schon nach §§ 134 BGB, 203 I Z 3 StGB grundsätzlich nichtig, BGH NJW **95**, 2915 (Ausnahme bei Bestellung des Zessionars zum Abwickler, BGH MDR **97**, 197). Sie ist im übrigen auch nur unter den Voraussetzungen des § 49b IV 2 BRAO statthaft, abgedruckt bei § 3a, Prechtel NJW **97**, 1813. Sie ist zB wirksam, soweit der Anwalt an einen solchen Kollegen abtritt, der ihn zuvor außergerichtlich und im Verfahren nach § 11 vertreten und die Sache umfassend kennengelernt hatte, BGH NJW **05**, 507.

C. Geschäftsführung ohne Auftrag. Der Anwalt mag auch im Rahmen einer Geschäftsführung ohne Auftrag nach §§ 677ff, 670, 683, 684 BGB tätig werden, Celle FamRZ **09**, 1775. Der Auftrag geht dann bei einer anwaltlichen Leistung nach § 1 Rn 36ff auf eine übliche Vergütung, also auf diejenige nach dem RVG. Eine Genehmigung des Geschäftsherrn macht das RVG anwendbar. Mangels einer Genehmigung kann Rn 15 infragekommen, § 684 S 1 BGB. 14

D. Ungerechtfertigte Bereicherung. Ein Vergütungsanspruch des Anwalts kann sich auch auf Grund einer ungerechtfertigten Bereicherung ergeben, §§ 812ff BGB. Hierher gehört auch die Tätigkeit trotz einer Nichtigkeit des Anwaltsvertrags etwa wegen einer Geisteskrankheit des Auftraggebers. Bei § 134 BGB oder bei §§ 45 BRAO, 138a, 146 StPO entsteht kein Vergütungsanspruch, § 817 BGB. 15

E. Beiordnung. Schließlich kommt als Rechtsgrundlage der Tätigkeit des Anwalts eine öffentlichrechtliche Beiordnung durch das Gericht zB nach §§ 45ff (Prozeß- oder Verfahrenskostenhilfe) in Betracht. Unter den jeweils dort erörterten Voraussetzungen muß in einem bestimmten Umfang aber auch dann ein Vertrag zwischen dem Anwalt und seinem Mandanten hinzukommen. Die Vergütung einschließlich eines Auslagenersatzes darf nicht zu einer nach Art 12 GG unzumutbaren Unterbezahlung führen, BVerfG NJW **01**, 1270. Das muß man bei der Auslegung mitbeachten. 16

F. Funktion des RVG. Seine Handhabung darf nicht gegen die Berufsfreiheit nach Art 12 GG verstoßen, BVerfG AnwBl **09**, 650. In den meisten Fällen Rn 12– 16 ergeben sich die Rechte und Pflichten des Anwalts grundsätzlich nicht aus dem RVG, sondern aus den jeweils genannten sachlichrechtlichen Vorschriften. Nach § 612 I BGB gilt mindestens als stillschweigend vereinbart, daß der Anwalt überhaupt eine Vergütung erhält, Düss FamRZ **09**, 2027. Auch das Abraten etwa vom Prozeß kann vergütungspflichtig sein, § 34. Diese Vorschrift verweist beim Fehlen einer Vergütungsabrede ohnehin für ihren Anwendungsbereich auf das bürgerliche Recht. 17

Das auf Art 74 Z 1 GG beruhende RVG tritt nur nach Grund und Höhe *ergänzend* zu diesen Vorschriften hinzu, BGH NJW **87**, 316. Es enthält allerdings insofern eine Sonderregelung. Es ist nur in bestimmten Grenzen abdingbar, im übrigen zwingendes vorrangiges Recht. Dieser Zwang ist mit dem EU-Recht vereinbar, EuGH BB **02**, 643 (zustm Schlosser JZ **02**, 453), krit Sagawe ZRP **02**, 281 (ausf). Immerhin hat die bloße Ergänzungsfunktion des RVG erhebliche Auswirkungen zB auf die Zulässigkeit einer Honorarvereinbarung unterhalb der gesetzlichen Gebühren, § 4 Rn 5ff. Im übrigen regelt das RVG grundsätzlich nur die Frage, welche Zahlungsansprüche der Anwalt gegenüber dem Auftraggeber im Innenverhältnis hat.

Das RVG *regelt nicht* die weitere Frage, ob und unter welchen Voraussetzungen sein Auftraggeber von einem Prozeßgegner eine Erstattung der Anwaltskosten fordern kann. Freilich kann der Anwalt auch vom Prozeßgegner seines Auftraggebers unter Umständen unmittelbar eine Erstattung fordern, zB nach § 126 ZPO Rn 28. Ein Honorarverzicht ist evtl wettbewerbswidrig, § 1 UWG, und sittenwidrig, BGH NJW **80**, 2407. Wegen einer geringeren als der gesetzlichen Vergütung usw § 4 II sowie § 49b I 2 BRAO, abgedruckt bei § 3a. Die Fälligkeit richtet sich nach § 8. Wegen eines Vorschusses § 9.

G. Hinweis- oder Belehrungspflicht. Eine Belehrung über die Vergütungspflicht ist nicht stets zwingend, erst recht nicht stets zur gesetzlichen Gebührenhöhe ohne eine Anfrage des Auftraggebers, BGH AnwBl **06**, 215 links oben. Allerdings muß der Anwalt nach § 49b V BRAO, abgedruckt bei § 3a, sogar schon vor der Übernahme des Auftrags darauf hinweisen, daß eine auch nur evtl infrage kommende sog Wertgebühr nach § 2 Rn 1 entstehen kann, wie ja meist nach § 2 I, Hartmann NJW **04**, 2484, Schultzky Festgabe für Vollkommer (2006) 417. Er muß darlegen, in welcher Weise er den Hinweis erteilt hat, BGH BB **07**, 2768. Dann muß der Auftraggeber das Fehlen eines korrekten Hinweises beweisen, BGH BB **07**, 2768 (verfassungsrechtlich krit Steike AnwBl **08**, 55). Das gilt zB in einer arbeitsgerichtlichen Sache trotz 18 der Abgrenzungsprobleme zur sozialrechtlichen Sache, Fischer NZA **04**, 1186, Notz NZA **04**, 686. Der Anwalt muß jedenfalls auf eine Frage des Auftraggebers die Höhe der voraussehbaren Honorare mitteilen. Er mag auch ohne eine Aufforderung eine Kostenbelehrung erteilen müssen, etwa bei einer drohenden Unwirtschaftlichkeit der Rechtsverfolgung, §§ 157, 242 BGB, BGH NJW **80**, 2128. Er muß diesen Hinweis zumindest zum frühestmöglichen Zeitpunkt und damit nach § 121 I 1 BGB unverzüglich nachholen. Der Auftraggeber soll die Möglichkeit erhalten, sich zur Gebührenhöhe näher zu informieren und evtl von vornherein oder wenigstens nachträglich eine für ihn günstigere Honorarvereinbarung zu erreichen, falls sie überhaupt zulässig ist. Dergleichen ist auch durchweg zumindest im Kern durchaus durchführbar und zumutbar.

19   Die Notwendigkeit einer Belehrung kann sich *im übrigen* aus den Umständen ergeben, BGH NJW **98**, 1361, Kblz AnwBl **88**, 64, Stgt JB **03**, 586. Sie ist vor allem auf Fragen des Auftraggebers erforderlich. Es besteht keine allgemeine Anwaltspflicht, auf die Notwendigkeit der Einschaltung eines Notars hinzuweisen, BGH AnwBl **97**, 673, zumal der Anwalt anders als der Notar nur die Interessen seines Auftraggebers vertritt, Peperkorn AnwBl **95**, 305.

Es kann auch die Anwaltspflicht zum Hinweis auf die Möglichkeit eines Antrags auf eine *Prozeß- oder Verfahrenskostenhilfe* oder Beratungshilfe bestehen, Düss AnwBl **84**, 444, Kblz AnwBl **90**, 164, Greißinger AnwBl **92**, 49. Auch mag ein Anwaltshinweis dahin notwendig sein, daß vor dem erstinstanzlichen ArbG keine Kostenerstattung stattfindet, § 12a I 2 ArbGG, LG Mü AnwBl **81**, 68.

20   **H. Verstoß.** Ein schuldhafter Verstoß des Anwalts kann berufsrechtliche Folgen haben, Hartung MDR **04**, 1094. Er kann auch als eine Schlechterfüllung Schadensersatzpflichten nach sich ziehen, Rn 13. Das gilt sogar bei einer unentgeltlichen Tätigkeit nach Rn 21. Freilich muß der Auftraggeber darlegen und beweisen, daß er eine für ihn günstigere Lösung bei diesem oder einem anderen Anwalt erreicht hätte. Das wird aber weder mit dem sog Anscheinsbeweis noch gar ohne einen solchen leicht gelingen, von Ausnahmefällen abgesehen. Eine Nichtigkeit des Anwaltsvertrags etwa nach § 134 BGB liegt schon deshalb nicht vor, weil diese Vorschrift nur ein gesetzliches Verbot regelt, § 49b V BRAO aber ein gesetzliches Gebot. Deshalb hat ein Verstoß gegen § 49b V BRAO keine unmittelbaren gebührenrechtlichen Nachteile, Kblz RR **08**, 270. Ein Verstoß gegen § 43a IV BRAO kann zur Nichtigkeit und damit zum Fehlen eines Vergütungsanspruchs führen, KG NJW **08**, 1458. § 138 BGB dürfte nur bei einer Planmäßigkeit eines Anwaltsverstoßes praktisch infrage kommen. Daher dürfte § 49b V BRAO zivilrechtlich keine übermäßige praktische Bedeutung haben, AG Altenkirchen RR **08**, 186, so bedauerlich das theoretisch auch sein mag. Strafrechtlich kann allerdings § 263 StGB in Betracht kommen, aM Schultzky Festgabe für Vollkommer (2006) 417 (aber der Auftraggeber würde evtl überhaupt keinen Auftrag erteilen).

21   **4) Vergütungsschuldner.** Als Schuldner derjenigen Gebühren und Auslagen, die der Anwalt und bei einer Sozietät im Zweifel diese zur gesamten Hand beanspruchen kann, BGH NJW **96**, 2859, kommen die folgenden Personen in Betracht.

A. Vertragspartner. Vergütungsschuldner ist derjenige, der dem Anwalt einen Auftrag erteilt, Köln AnwBl **78**, 65 (krit Schmidt). Das ist kein unentgeltlicher Vorgang nach § 662 BGB. Denn kein Anwalt arbeitet umsonst. Dazu müssen vielmehr besondere Umstände vorliegen, etwa bei einer bloßen Gefälligkeit gegenüber Angehörigen oder sehr guten Freunden. Der Auftraggeber haftet für die von seinem gesetzlichen Vertreter oder vom ProzBev für ihn eingegangenen Verpflichtung. Soweit der Anwalt für eine solche Tätigkeit einen Vertreter bestellt, die er nach dem Vertrag an sich persönlich erledigen soll und muß, haftet für dessen Vergütung nicht der Auftraggeber des Anwalts, sondern der Anwalt selbst als Auftraggeber, BGH NJW **81**, 1728. Für den Untervollmächtigten gilt aber meist dasselbe wie für den Hauptbevollmächtigten.

Bei einer *Rechtsschutzversicherung* ist auch nach deren Deckungszusage grundsätzlich nach § 17 II ARB nur der Versicherungsnehmer als Auftraggeber der Vertragspartner des Anwalts. Der Versicherungsnehmer hat freilich nach § 1 II AGB einen Freistellungsanspruch wegen der Anwaltsvergütung gegen die Versicherung. Bei anderen Versicherungen sind oft sie selbst Auftraggeber.

X. Rechtsanwaltsvergütungsgesetz **Grdz RVG**

B. Staatskasse. Soweit das Gericht einen Anwalt zum *Amtsverteidiger* nach §§ 140, 22
141 StPO bestellt hat, haftet der Staat auf Grund des durch die Beiordnung begründeten öffentlichrechtlichen Verhältnisses.
Soweit das Gericht einen Anwalt in einer *Privatklagesache* oder einer Nebenklagesache oder in einem Anklageerzwingungsverfahren nach §§ 379 III, 397, 172 III 2 StPO beiordnet, haftet der Staat auf Grund des auch durch eine solche Beiordnung begründeten öffentlichrechtlichen Verhältnisses, § 53.
Soweit das Gericht einen Anwalt im Weg der *Prozeß- oder Verfahrenskostenhilfe* nach §§ 114ff ZPO, §§ 78, 138 FamFG, § 11a ArbGG beiordnet und die Partei ihn auch entsprechend beauftragt hat, haftet der Staat auf Grund des auch durch eine solche Beiordnung begründeten öffentlichrechtlichen Verhältnisses nach §§ 45ff, allerdings evtl nur hilfsweise, nämlich bei §§ 78, 138 FamFG. § 126 ZPO bleibt bestehen, Rn 28.

C. Beschuldigter. Auch im Rahmen der gerichtlichen Bestellung eines Verteidigers oder der Beiordnung eines Anwalts kommt eine Haftung des Beschuldigten in Höhe der Vergütung eines gewählten Verteidigers in Betracht, soweit nicht die Staatskasse gezahlt hat, §§ 52, 53. 23

D. Vertretener. Soweit der Vorsitzende einen Anwalt nach §§ 57, 58, 779, 787 ZPO, 72 SGG zum besonderen Vertreter bestellt hat, haftet der Vertretene, nicht der Antragsteller. Bei §§ 58, 787 ZPO vertritt er den künftigen Eigentümer. 24

E. Rechtsnachfolger. Bei der Veräußerung einer streitbefangenen Sache bleibt das Vertragsverhältnis mit dem bisherigen Schuldner bestehen. Soweit der Rechtsnachfolger den Anwalt den Prozeß weiterführen läßt, liegt ein zumindest stillschweigendes Vertragsverhältnis zwischen dem Rechtsnachfolger und dem Anwalt vor. Insoweit haftet der Rechtsnachfolger. 25

F. Begünstigte Partei. Soweit das Gericht der Partei nach §§ 78b, c ZPO einen *Notanwalt* beigeordnet hat, weil sie keinen zu ihrer Vertretung bereiten Anwalt gefunden hat, ist nur für die Partei Vergütungsschuldner. 26

Soweit das Gericht einen Anwalt im Weg der *Prozeß- oder Verfahrenskostenhilfe* nach §§ 114ff ZPO, § 78 FamFG, § 11a ArbGG beigeordnet hat, haftet die begünstigte Partei jedenfalls insoweit, als sie mit dem beigeordneten Anwalt den zu seiner Tätigkeit außerdem erforderlichen Vertrag schließt. Allerdings muß der beigeordnete Anwalt zur Vermeidung einer Schadensersatzpflicht schon vor dem Zeitpunkt der Vollmachtserteilung an ihn die dringend notwendigen Maßnahmen treffen. Insofern steht ihm ein Vergütungsanspruch gegenüber der begünstigten Partei schon auf Grund einer Geschäftsführung ohne Auftrag zu. 27

Die *Haftung der* begünstigten *Partei* tritt neben die Haftung der Staatskasse. Die Haftung der begünstigten Partei ist freilich für die Dauer der Prozeßkostenhilfe wegen § 122 I Z 3 ZPO praktisch aufgehoben.

Auch der *Bereicherte* nach Rn 15 kann Vergütungsschuldner sein. Dasselbe gilt für einen Bürgen oder manchen sonstigen Dritten.

G. Prozeßgegner des Auftraggebers. Er kann nach § 126 ZPO haften, soweit das Gericht ihn in die Prozeßkosten verurteilt hat. 28

> **ZPO § 126. Beitreibung der Rechtsanwaltskosten.** [I] Die für die Partei bestellten Rechtsanwälte sind berechtigt, ihre Gebühren und Auslagen von dem in die Prozeßkosten verurteilten Gegner im eigenen Namen beizutreiben.
>
> [II] [1] Eine Einrede aus der Person der Partei ist nicht zulässig. [2] Der Gegner kann mit Kosten aufrechnen, die nach der in demselben Rechtsstreit über die Kosten erlassenen Entscheidung von der Partei zu erstatten sind.

§ 126 ZPO gibt dem beigeordneten Anwalt einen gesetzlichen Vergütungsanspruch *aus eigenem Recht*. Die Vorschrift beseitigt nicht den Kostenerstattungsanspruch der begünstigten Partei gegenüber ihrem Prozeßgegner. Der beigeordnete Anwalt muß mit seinem Auftraggeber abrechnen. Er hat eine ähnliche Stellung wie der Überweisungsgläubiger. Soweit er vor der Beiordnung Wahlanwalt war, kommt bei einer Aufhebung der Prozeßkostenhilfe nach § 124 ZPO wegen des Fehlens ihrer Rückwirkung für einen Anspruch nach § 126 ZPO nur diejenige Vergütung in Betracht, die seit der Beiordnung entstanden ist. 29

RVG Grdz   X. Rechtsanwaltsvergütungsgesetz

Bis zur *Aufhebung* der Prozeßkostenhilfe usw hat der beigeordnete Anwalt keinen Anspruch auf eine volle Vergütung gegenüber der mittellosen Partei, § 122 I Z 3 ZPO. Wegen des von der Staatskasse an den beigeordneten Anwalt gezahlten Betrags tritt ein Forderungsübergang kraft Gesetzes auf sie ein, § 59.

30   Der beigeordnete Anwalt kann seine Kosten auf *seinen* Namen festsetzen lassen. Diese Möglichkeit besteht allerdings nicht mehr, soweit er von seinem Auftraggeber eine Zahlung erhalten hat. Soweit das Gericht die Vergütung auf den Namen des beigeordneten Anwalts oder auf den Namen seines Auftraggebers festgesetzt und an den beigeordneten Anwalt gezahlt hat, muß er beim Wegfall des Vollstreckungstitels zurückzahlen. Für die Kosten des Festsetzungsverfahrens haftet derjenige, auf dessen Namen die Festsetzung erfolgte.

31   Der Anspruch des beigeordneten Anwalts gegenüber dem Prozeßgegner seines Auftraggebers entsteht als ein *bedingter Vergütungsanspruch* bereits mit dem Erlaß eines vorläufig vollstreckbaren Urteils. Eine Betreibung auf Grund dieses Vollstreckungstitels verpflichtet aber den beigeordneten Anwalt unter den Voraussetzungen des § 717 II ZPO zu einem Schadensersatz. Erst mit dem Eintritt der Rechtskraft entsteht der Anspruch endgültig. Ein Prozeßvergleich auch nach § 278 VI ZPO steht einem rechtskräftigen Urteil gleich.

32   **H. Antragsgegner.** Bei einer Beiordnung nach § 138 FamFG in einer Scheidungssache ist zunächst nur der Scheidungsantragsgegner Vergütungsschuldner. Erst soweit er in Verzug kommt, kommt eine Haftung der Landeskasse in Betracht, Rn 22.

33   **I. Mitschuldner.** Wegen der Mitschuldner als Vergütungsschuldner § 29 GKG, Teil I dieses Buchs.

34   **5) Vergütungsfestsetzung.** Man muß die folgenden Fallgruppen unterscheiden.
     A. Gegenüber dem Auftraggeber. Die Festsetzung der Anwaltsvergütung gegenüber dem Auftraggeber erfolgt in der Regel durch den Rpfl, § 21 Z 2 RPflG, § 11 I, II. Bei einer Rahmengebühr nach Einl II A 12 und soweit der Auftraggeber eine solche Einwendung oder Einrede erhebt, die nicht im Gebührenrecht ihren Grund hat, muß der Anwalt seine Vergütung vor dem ordentlichen Prozeßgericht einklagen. Zuständig ist das Gericht des Hauptprozesses, § 34 ZPO, BLAH § 34 ZPO Rn 3, also in einer Familiensache das FamG, Hbg FamRZ **85**, 409, KG FamRZ **81**, 1090, BLAH § 34 ZPO Rn 4, aM BGH **97**, 81, Karlsr FamRZ **85**, 498, Saarbr FamRZ **86**, 73 (aber der Hauptprozeß fand eben vor dem FamG statt).
     Örtlich zuständig ist schon wegen Art 5 Z 1 b EuGVVO grundsätzlich das Gericht am Ort der vertragscharakteristischen Leistung, BGH NJW **06**, 1806, und daher natürlich am Ort der Kanzlei, BGH (3. ZS) NJW **91**, 3096 und VersR **91**, 719 sowie (9. ZS) NJW **06**, 1806 (auch internationalrechtlich, wenn deutsches Recht anwendbar ist), BayObLG NJW **03**, 1197, Stgt RR **03**, 1706, LG Magdeb JB **02**, 598, aM ohne Erörterung der EuGVVO BGH (10. ZS) NJW **157**, 22 (zustm Krügermeyer-Kalthoff MDR **04**, 166, Schneider AnwBl **04**, 121, Stöber NJW **06**, 2662, krit Schütt AnwBl **04**, 177, abl Gottwald FamRZ **04**, 98), BGH BB **04**, 910 (zustm Patzina LMK **04**, 120), Hbg RR **03**, 1705, Karlsr NJW **03**, 2175 (aber es gibt zumindest eine Lebenserfahrung, daß der am Kanzleiort entstehende Rechtsrat und nicht dessen Bezahlung den gemeinsam zunächst stillschweigend anerkannten Vertragsschwerpunkt bildet). Entgegen dem übersozial fürsorglichen Argument, maßgeblich sei der Sitz des zahlenden Auftraggebers, geht nämlich in Wahrheit immer noch Geist vor Geld, wie beim Arzt oder beim Steuerberater oder beim Wirtschaftsprüfer. Das gilt, zumal man selbst bei einer Vertretung vor einem auswärtigen Gericht keine Erfolgsgarantie vereinbaren kann. Es gilt auch unabhängig von der noch so feinsinnigen Charakterisierung der Tätigkeit des Anwalts neben einem Ladenkauf usw. Es kommt freilich nicht stets auf den Ort der tatsächlichen Anwaltsarbeit an, aM Stöber AGS **06**, 416. Auch wegen des Honorars für die Vertretung in einer Familiensache ist das Prozeßgericht zuständig, BayObLG NJW **82**, 587. Einzelheiten bei § 11.

35   **B. Gegenüber der Staatskasse.** Soweit das Gericht den Anwalt im Weg der Prozeßkostenhilfe beigeordnet hatte, erfolgt die Festsetzung seiner Vergütung gegenüber der Staatskasse im Verfahren nach § 55. Vgl die dortigen Einzelheiten. Wegen der Anrechnung von Vorschüssen und Zahlungen sowie des Forderungsübergangs auf die Staatskasse §§ 58, 59.

Abschnitt 1. Allgemeine Vorschriften **Grdz, Einf RVG**

6) Kostenerstattung. Der nachfolgende Grundsatz wirkt sich in allen Gerichtsbarkeiten aus. 36
A. Grundsatz: Maßgeblichkeit der Verfahrensordnung. Das RVG regelt grundsätzlich lediglich die Frage, ob und welche Vergütung der Anwalt gegenüber seinem Auftraggeber oder den in Rn 20–33 weiter genannten Personen fordern kann. Die weitere Frage, ob sein Auftraggeber gegenüber dessen Prozeßgegner einen Kostenerstattungsanspruch hat, regeln die einschlägigen Verfahrensordnungen.
B. Zivilprozeß. Die Kostenerstattung erfolgt im Verfahren nach §§ 91 ff, 103 ff 37 ZPO. Soweit der Anwalt in einer eigenen Sache aufgetreten ist, hat er im Rahmen eines Kostenerstattungsanspruchs einen Anspruch auf diejenigen Gebühren und Auslagen, die er als ProzBev erhalten hätte. Wegen der Gebühren eines ausländischen Anwalts Rn 41, 42.
C. Freiwillige Gerichtsbarkeit. Die Kostenfestsetzung regelt § 85 FamFG in 38 Verbindung mit §§ 103 ff ZPO, soweit sie dort in Betracht kommt.
D. Strafverfahren. Im Strafprozeß regelt § 464 b StPO die Kostenfestsetzung. Im 39 übrigen sind §§ 103 ff ZPO entsprechend anwendbar, BLAH § 104 ZPO Rn 3. Wegen einer Privatklagesache § 471 ZPO.
E. Verwaltungs-, Sozial-, Finanzgerichtsverfahren. Vgl § 34 a BVerfGG, § 162 40 VwGO, § 139 FGO, §§ 193, 197 a SGG.

7) Internationales Recht; ausländischer Anwalt, dazu *Bach* Rpfleger **91**, 7 41 (ausf): Maßgeblich ist im Rahmen des deutschen Internationalen Privatrechts meist das Recht des Niederlassungsorts des Anwalts, Rn 34, SG Münst AnwBl **92**, 238, *Bach* Rpfleger **91**, 7.
A. Deutscher Anwalt im Ausland. Für die gesamte Berufstätigkeit eines deutschen Anwalts auch im Ausland gilt also unabhängig von der Staatsangehörigkeit und dem Wohnsitz des Auftraggebers grundsätzlich das RVG, insbesondere VV 2200 (Einvernehmen mit dem Antreten des ausländischen Anwalts). Es gilt einschließlich der Bestimmungen über den Gegenstandswert. Für ihn kommen auch dann die deutschen Bestimmungen in Betracht, wenn das ausländische Gericht oder die ausländische Behörde den Wert nach ihren Bestimmungen anders festgesetzt haben. Denn die Wertfestsetzung und die Gebührenberechnung stellen ein einheitliches System dar.
Nach dem *Niederlassungsrecht* des Anwalts muß man auch die Frage prüfen, ob und welche Honorarvereinbarungen er treffen kann.
B. Ausländischer Anwalt im Inland. Eine Wertfestsetzung nach §§ 32, 33 oder 42 eine Festsetzung der Vergütung nach § 11 I kann ein ausländischer Anwalt bei einem deutschen Gericht für seine Gebühren nicht erwirken. Denn diese gesetzliche Möglichkeit steht nur einem solchen Anwalt offen, der seine Vergütung nach dem RVG berechnen darf, also einem deutschen Anwalt. Es kommt aber eine Erstattung von Kosten eines ausländischen Anwalts in Höhe seines Heimatrechts in Betracht.
C. EU-Anwalt. Vgl zur Rechtsstellung des ausländischen EU-Anwalts auch das 43 EuRAG, BLAH SchlAnh VII. Zu seiner Vergütung Köln AnwBl **82**, 532, LG Hbg RR **00**, 510 ([jetzt] RVG anwendbar), *Bach* Rpfleger **91**, 7 (zum alten Recht).

Abschnitt 1. Allgemeine Vorschriften

Einführung

1) Systematik. Der Abschnitt 1 enthält Vorschriften für jede anwaltliche Berufs- 1 tätigkeit. Einige von ihnen beziehen sich nur auf das gerichtliche Verfahren, andere auch auf das außergerichtliche. Der Abschnitt enthält keine eigentlichen Vergütungsvorschriften. Diese folgen im Vergütungsverzeichnis der Anlage 1 zu § 2 II RVG, abgedruckt und erläutert hinter § 61.

2) Geltungsbereich. Zu den allgemeinen Vorschriften zählen insbesondere die- 2 jenigen über den sachlichen und persönlichen Geltungsbereich, §§ 1, 5, die Regelung der Zulässigkeit einer Honorarvereinbarung, § 3 a, die Regelung der Vergütung für einen Auftrag an mehrere Anwälte, § 6, und für die Tätigkeit eines Anwalts für mehrere Auftraggeber, § 7, ferner die Vorschriften über die Fälligkeit, § 8, die Berechnung und die Festsetzung der Vergütung, §§ 10, 11, und schließlich die Regelung des Vorschusses, § 9.

Geltungsbereich

1 *Fassung 1. 9. 2009:* I ¹Die Vergütung (Gebühren und Auslagen) für anwaltliche Tätigkeiten der Rechtsanwältinnen und Rechtsanwälte bemisst sich nach diesem Gesetz. ²Dies gilt auch für eine Tätigkeit als Prozesspfleger nach den §§ 57 und 58 der Zivilprozessordnung. ³Andere Mitglieder einer Rechtsanwaltskammer, Partnerschaftsgesellschaften und sonstige Gesellschaften stehen einem Rechtsanwalt im Sinne dieses Gesetzes gleich.

II ¹Dieses Gesetz gilt nicht für eine Tätigkeit als Vormund, Betreuer, Pfleger, Verfahrenspfleger, Verfahrensbeistand, Testamentsvollstrecker, Insolvenzverwalter, Sachwalter, Mitglied des Gläubigerausschusses, Nachlassverwalter, Zwangsverwalter, Treuhänder oder Schiedsrichter oder für eine ähnliche Tätigkeit. ²§ 1835 Abs. 3 des Bürgerlichen Gesetzbuchs bleibt unberührt.

Vorbem. II 1 erweitert durch Art 47 VI Z 2 FGG-RG v 17. 12. 08, BGBl 2586, in Kraft seit 1. 9. 09, Art 112 I Hs 1 FGG-RG, Übergangsrecht Art 111 FGG-RG, Grdz 2 nv § 1 FamGKG, Teil I B dieses Buchs.

Bisherige Fassung II 1: II ¹Dieses Gesetz gilt nicht für eine Tätigkeit als Vormund, Betreuer, Pfleger, Verfahrenspfleger, Verfahrensbeistand, Testamentsvollstrecker, Insolvenzverwalter, Sachwalter, Mitglied des Gläubigerausschusses, Nachlassverwalter, Zwangsverwalter, Treuhänder oder Schiedsrichter oder für eine ähnliche Tätigkeit.

Gliederung

1) Systematik, I, II	1–4
A. Vergütungsbegriff	1
B. Vergütungsgrund	2
C. Vergütungsgrenze	3
D. Fälligkeit, Vorschuß	4
2) Reglungszweck, I, II	5
3) Persönlicher Geltungsbereich, I	6–21
A. Rechtsanwalt, Rechtsanwaltsgesellschaft	6, 7
B. Andere Personen	8
C. Beispiele zur Frage des persönlichen Geltungsbereichs, I	9–20
D. Erstattungsfähigkeit	21
4) Sachlicher Geltungsbereich, II	22–52
A. Berufstätigkeit	23, 24
B. Unabhängigkeit	25
C. Grundregeln in eigener Sache	26, 27
D. Erstattungsumfang in eigener Sache	28–30
E. Erstattungsgrenzen in eigener Sache	31
F. Verkehrgebühr in eigener Sache	32, 33
G. Umsatzsteuer in eigener Sache	34
H. Selbstverteidigung	35
I. Beispiele zur Frage des sachlichen Geltungsbereichs, II	36–52

1 **1) Systematik, I, II.** Man sollte zwei Aspekte beachten.
A. Vergütungsbegriff. I 1 versteht unter dem Oberbegriff der Vergütung ausdrücklich sowohl „Gebühren", einen bei diesem Freiberufler trotz seiner Stellung als Organ der Rechtspflege eigentlich verfehlten behördenorientierten, aber allen Novellen trotzenden Begriff, Kilian AnwBl 03, 708, als auch die Auslagen. Damit entspricht der Begriff Vergütung dem Begriff Kosten in § 1 I 1 GKG, § 1 S 1 FamGKG, § 1 I 1 KostO und § 1 GvKostG, Teile I, A, B, III, XI dieses Buchs. Allerdings kennt das RVG den Begriff Kosten auch in der Form von Geschäftskosten, VV amtliche Vorbemerkung 7 I 1. Im übrigen behandelt I 1 nur die Vergütung „nach diesem Gesetz". Daher gehört der sachlichrechtliche Anspruch auf den Ersatz anderer Auslagen wie zB verauslagter Gerichtsgebühren nicht hierher, § 11 Rn 3.

2 **B. Vergütungsgrund.** Das RVG regelt den Grund einer Vergütung des Anwalts nur ausnahmsweise, nämlich für den bestellten oder den im Weg der Prozeßkosten-

Abschnitt 1. Allgemeine Vorschriften §1 RVG

hilfe usw beigeordneten Anwalt in § 45 I, für den eine Beratungshilfe leistenden Anwalt in § 44 und für den Pflichtverteidiger in § 45 III. Im übrigen überläßt es die Regelung des Vergütungsanspruchs dem Grunde nach dem bürgerlichen Recht, auch zB beim Notanwalt nach § 78b ZPO, LG Arnsb AnwBl **83**, 180. Es beschränkt sich grundsätzlich auf die privatrechtliche und teilweise öffentlichrechtliche Regelung der Höhe der jeweiligen Vergütung, Grdz 12 vor (jetzt) § 14, BGH NJW **87**, 316. Denn I 1 spricht von „bemisst", nicht von „bestimmt", Chemnitz AnwBl **96**, 629. Der Höhe nach hat das RVG den Vorrang vor dem BGB, Rn 5.

C. Vergütungsgrenzen. Soweit schon dem Grunde nach kein Vergütungsanspruch besteht, kommt es auch nicht darauf an, ob die Tätigkeit *durch einen Anwalt* erfolgt und ob sie an sich einen Gebührentatbestand des RVG erfüllt. Eine Vergütung kann zB dann entfallen, wenn der Anwalt ohne jeden Auftrag handelt oder wenn der Anwalt eine Tätigkeit unentgeltlich übernommen hat oder wenn er die Vertragspflichten erheblich verletzt und deshalb einen Anspruch verwirkt hat. 3

D. Fälligkeit, Vorschuß. Das RVG regelt allerdings nicht nur die Höhe der Vergütung, sondern auch deren Fälligkeit, § 8. Es regelt auch die Frage, unter welchen Voraussetzungen der Anwalt einen Vorschuß fordern kann, §§ 9 vor. Der Anwalt muß dem Auftraggeber zwar grundsätzlich nur auf dessen Verlangen die voraussichtliche Höhe der gesetzlichen Vergütung mitteilen. Besondere Umstände können aber eine Mitteilung auch ohne ein Verlangen notwendig machen, Kblz MDR **86**, 1037. Die Art und der Umfang dieser Aufklärungspflicht richten sich nach der erkennbaren Interessenlage des Auftraggebers, BGH **77**, 29, Kblz MDR **86**, 1037. 4

2) Regelungszweck, I, II. Die Gebühren sind zwecks Vereinfachung grundsätzlich Pauschgebühren. Sie sind nur ausnahmsweise Einzelgebühren. Als Pauschgebühren gelten sie jeweils eine ganze Reihe von anwaltlichen Tätigkeiten ab, § 15. Sie gelten auch die allgemeinen Geschäftskosten mit ab, VV amtliche Vorbemerkung 7 I 1. Der durchschnittliche Arbeitsaufwand des Anwalts bildet zwar eine Grundlage der Bemessung der Pauschgebühren durch das Gesetz. Er spielt aber im Einzelfall grundsätzlich keine Rolle. Er kann freilich für die Auslegung des Gesetzes beachtlich sein. 5

I 1 klärt den *abschließenden Vorrang* des RVG gegenüber dem BGB usw bei der Frage, ob, wann, von wem, wem gegenüber und wieviel er fordern kann. Damit bezweckt die Vorschrift auch eine Stärkung der Rechtssicherheit. Das muß man bei der Auslegung mitbeachten.

3) Persönlicher Geltungsbereich, I. Es gibt zwei Hauptgruppen. 6
A. Rechtsanwalt, Rechtsanwaltsgesellschaft. Das RVG ist kraft Gesetzes ohne die Notwendigkeit einer Vereinbarung seiner Wirksamkeit nur insoweit gültig, als es um die Tätigkeit eines deutschen in Deutschland zugelassenen Rechtsanwalts geht, Mankowski NJW **05**, 2347. Es muß sich also um jemanden handeln, der die Voraussetzungen der BRAO erfüllt und überhaupt als Anwalt zugelassen ist. Auch wenn diese Voraussetzungen vorliegen, ist das RVG nicht stets anwendbar. Die Partnerschaft mit einer rechtsbesorgenden Leistung steht dem Anwalt nach I 3 Hs 1 gleich. Das gilt also für alle gesetzlich zulässigen Formen des Zusammenschlusses von Anwälten mit einer eigenen Rechtspersönlichkeit auf dem Gebiet zumindest auch der Rechtsberatung, zB für eine BGB-Gesellschaft schon wegen BGH **146**, 341. Auch die Rechtsanwaltsgesellschaft als GmbH nach § 58c BRAO gilt als *ein* Anwalt, auch eine Anwalts-Aktiengesellschaft usw.

Der Anwalt muß außerdem auch noch innerhalb des *sachlichen Geltungsbereichs* des RVG tätig werden. II ergibt, wann das nicht ist. II setzt aber voraus, daß es sich überhaupt um einen Anwalt handelt. Das ergibt sich zwar nicht aus dem Wortlaut von II 1, wohl aber aus seinem Zusammenhang mit I 1.

Dagegen ist das RVG grundsätzlich durchaus *unabhängig* von irgendeiner *anwaltlichen Übung*, noch gar einer solchen bloß lokaler Art, BLAH § 788 ZPO Rn 19 „Androhung", aM Stgt Rpfleger **84**, 117. Die im RVG genannten Ausnahmen bestätigen diese Regel nur. 7

B. Andere Personen, dazu *Vogl* Rpfleger **98**, 138 (Üb). Soweit eine andere Person als ein deutscher Rechtsanwalt nach Rn 6 im sachlichen Geltungsbereich des RVG tätig wird, muß man von Fall zu Fall prüfen, ob es anwendbar ist, Rn 9ff. 8

1313

9 **C. Beispiele zur Frage des persönlichen Geltungsbereichs, I**

Anwaltsnotar: Hier muß man wiederum die folgende Unterscheidung treffen.
Soweit der Anwaltsnotar eine solche Handlung vornimmt, die entweder eindeutig *nicht* in den Bereich der *notariellen* Tätigkeit fällt oder bei der die Abgrenzung zu einer notariellen Tätigkeit nicht eindeutig möglich ist, muß man nach § 24 II 2 BNotO annehmen, daß er als Anwalt tätig geworden ist. Das kommt zB dann in Betracht, wenn es sich um die Vertretung einseitiger Interessen handelt, Hamm DNotZ **85**, 183. In diesem Umfang ist das RVG anwendbar.
Soweit der Anwaltsnotar eine *notarielle* Tätigkeit ausübt, ist das RVG *unanwendbar*. Auch insofern regeln §§ 140 ff KostO seine Vergütung abschließend wie beim Nur-Notar, Rn 11. Wenn ein Anwaltsnotar eine Handlung der in § 24 I BNotO genannten Art vornimmt, muß man nach § 24 II 1 BNotO annehmen, daß er als Notar tätig geworden ist, soweit die Handlung dazu bestimmt ist, ein Amtsgeschäft der in § 34 sowie in den VV 1000 ff, 2100 ff bezeichneten Art vorzubereiten oder auszuführen.
Eine typisch notarielle Tätigkeit liegt zB dann vor, wenn der Notar eine *Urkunde anfertigt* und die Beteiligten berät. Zu Abgrenzungsproblemen Hamm DNotZ **85**, 183.

Ausländischer Anwalt: Grdz 41–43 vor § 1.
Berufsstandsvertreter: Für ihn ist das RVG *unanwendbar*, LAG Hamm MDR **94**, 416.
Bücherrevisor: Für ihn ist das RVG *unanwendbar*.
Frachtführer: Für ihn ist das RVG *unanwendbar*.
Gewerkschaftsvertreter: Für ihn ist das RVG *unanwendbar*.
Hausverwalter: Als solcher kann er mangels Anwaltseigenschaft nur auf Grund einer Vereinbarung eine Vergütung vom Auftraggeber nach dem RVG fordern, LG Mönchengladb NZM **02**, 141.

10 **Hochschullehrer:** Ein solcher Rechtslehrer an einer deutschen Hochschule, der nach § 67 I 1 VwGO auftritt, kann Gebühren und Auslagen nach § 162 II 1 VwGO in derselben Höhe wie ein Anwalt fordern, BVerwG NJW **78**, 1173, Düss MDR **95**, 424, LG Münst ZMR **96**, 386, aM LG Gießen AnwBl **87**, 499, VG Mannh NJW **91**, 1195, VG Mü NJW **89**, 314 (aber die erstere Vorschrift stellt den Hochschullehrer dem Anwalt gleich). Entsprechendes gilt bei §§ 22 I 1 BVerfGG, § 392 AO, 139 III 2 FGO, 138 I StPO, 40 BDiszG, Mußgnug NJW **89**, 2037.
Vgl im übrigen § 5 Rn 391 „Hochschullehrer" (grds *Unanwendbarkeit* des RVG).

Insolvenzverwalter: Das RVG ist nach II 1 auf ihn *unanwendbar*, BGH RR **04**, 1133. Vielmehr gilt die InsVV, SchlAnh D dieses Buchs.

11 **Nichtanwalt:** Er mag kraft Vertrags etwa als Schiedsrichter eine Vergütung nach der RVG beanspruchen dürfen, Rn 15.
Nur-Notar: Das RVG ist auch den Nur-Notar *unanwendbar*. Denn §§ 140 ff KostO regeln seine Vergütung abschließend, Rn 9, AG Pfaffenhofen DGVZ **84**, 47. Das gilt auch dann, wenn die Vergütung nach der KostO geringer ist als eine vergleichbare Anwaltsvergütung.

12 **Patentanwalt:** Die Gebühren des Patentanwalts richten sich evtl auch (noch) nach dem freilich nicht mehr ganz zeitgemäßen § 43a PatAnwO (entspricht weitgehend dem § 49b BRAO, abgedruckt bei § 3a RVG) und nach der Gebührenordnung für Patentanwälte. Sie verweist allerdings mehrfach auf (jetzt) das RVG, BPatG GRUR **83**, 648. Vgl im übrigen Einf 9, 10 vor § 45.
Soweit ein Patentanwalt *zugleich Rechtsanwalt* ist, können Gebührenvorschriften des RVG und anderer Regelungen zusammentreffen. Dann kann die Gesamtvergütung erstattungsfähig sein.
Wegen der *Fälligkeit* und der *Verjährung* BGH BB **82**, 1204.

13 **Patentingenieur:** Das RVG ist auf ihn *unanwendbar*. Denn er ist kein Patentanwalt. Bei ihm muß man die Erstattungsfähigkeit immer besonders prüfen. Dasselbe gilt bei einem anderen erlaubten besonderen Berater.
Privatpartei: Das RVG ist auf sie *unanwendbar*, BVerfG JB **05**, 144.
Prozeßpfleger: Für denjenigen nach §§ 57, 58 ZPO gilt das RVG, I 2, Düss JB **09**, 32.

Abschnitt 1. Allgemeine Vorschriften § 1 RVG

Rechtsanwaltsgesellschaft: Das RVG gilt für sie. Sie steht *einem* Anwalt (also nicht mehreren) gleich, I 3.
Rechtsanwaltskammermitglied: Ein solches, das nicht selbst Anwalt ist, steht nach I 3 dem Anwalt gleich.
Rechtsbeistand: Das RVG gilt für den Rechtsbeistand grds entweder direkt nach I 3, soweit er Mitglied einer Rechtsanwaltskammer ist, oder doch sinngemäß evtl nach § 4 I 1 Hs 1 RDGEG, Teil XII A dieses Buchs. Wegen einer dem Rechtsbeistand verbotenen Beratungshilfe § 44 Rn 2. Für Frachtprüfer gilt nach § 4 I 1 Hs 2 RDGEG diese Regelung nur eingeschränkt. 14
Schiedsrichter: Vielfach und grds zulässig vereinbart man für die Vergütung von Schiedsrichtern das RVG als anwendbar. Es kann im Zweifel als vereinbart gelten, Buchwaldt NJW **94**, 638. 15
Stellvertreter: § 5.
Steuerberater: Für ihn gilt die StBGebV. Es handelt sich um eine RechtsVO auf Grund von § 64 StBG, Lappe NJW **82**, 1436, Mittelsteiner BB **83**, 1529.
Diese Vergütungsverordnung ist allerdings grundsätzlich *ähnlich wie* Teile des RVG. Daher kann man das RVG zur Auslegung jener Verordnung vielfach ergänzend heranziehen. Wegen der zahlreichen Probleme bei demjenigen Steuerberater, der zugleich Anwalt ist, Dornbach DB **83**, 421 (ausf). Zur Vergütung des Anwalts bei der nichtstreitigen Steuerberatung Schall BB **88**, 1363 (ausf). 16
Testamentsvollstrecker: Seine Tätigkeit unterfällt *nicht* dem RVG.
Vertreter des Rechtsanwalts: § 5. 17
Vertreter einer beruflichen, genossenschaftlichen oder gewerkschaftlichen Vereinigung: Das RVG ist auf ihn *unanwendbar*, §§ 11 ArbGG, 73 VI, 166 SGG, LAG Hamm DB **94**, 336. 18
Wirtschaftsjurist: Soweit er nicht Anwalt ist, ist das RVG auf ihn grds *unanwendbar*. Vgl aber Rn 11 „Nichtanwalt". 19
Wirtschaftsprüfer: Vgl zunächst „Steuerberater". Auf ihn ist das RVG im übrigen *unanwendbar*. Bei demjenigen Anwalt, der auch als Wirtschaftsprüfer tätig ist, kann für letzteres (jetzt) das JVEG (Sachverständiger) anwendbar sein, Hamm JB **01**, 249. 20
Zwangsverwalter: Seine Tätigkeit unterfällt *nicht* dem RVG.

D. Erstattungsfähigkeit. Man muß die Frage, ob und in welcher Höhe ein Auftraggeber an den Anwalt oder an eine diesem gleichstehende Person im Innenverhältnis zahlen muß, von der Frage unterscheiden, ob und in welchem Umfang er vom Prozeßgegner oder Vertragspartner usw eine Erstattung solcher Zahlungen fordern kann (Außenverhältnis), LG Hbg NJW **91**, 3156. 21
Das RVG regelt die Erstattungsfähigkeit *grundsätzlich nicht*. Man muß insofern auf die betreffende Prozeßordnung oder auf die Vertragsvereinbarungen zwischen den Parteien zurückgreifen. Im folgenden erfolgt jedoch zur Erstattungsunfähigkeit bei der Erörterung der einzelnen Tätigkeiten des Anwalts ebenfalls durchweg eine kurze Stellungnahme.

4) Sachlicher Geltungsbereich, II. Während I den persönlichen Geltungsbereich umschreibt, enthält II nicht etwa eine positive Umschreibung des sachlichen Geltungsbereichs des RVG, sondern in einer unvollständigen Aufzählung Merkmale solcher Tätigkeiten, die aus dem sachlichen Geltungsbereich herausfallen. Das Gesetz überläßt also die Abgrenzung des sachlichen Geltungsbereichs der Rechtsprechung und dem Berufsrecht, soweit nicht einer der in II 1 direkt genannten Fälle vorliegt. Diese Abgrenzung ist oft schwierig. Denn es treffen rechtliche und andere Interessen zusammen. Im wesentlichen ergibt sich das folgende Bild. 22

A. Berufstätigkeit. Es muß sich um eine Berufstätigkeit des Anwalts handeln. Sie muß zum typischen Aufgabengebiet des Anwalts gehören, BGH NJW **80**, 1856, BFH BB **81**, 225. Dazu gehört nach § 3 BRAO jede Art von einem freilich auch gerade rechtlichen und nicht nur familiären, wissenschaftlichen, rein wirtschaftlichen oder freundschaftlichen Beistand, jede Art der Wahrnehmung rechtlicher Interessen, BGH **68**, 62, Düss AnwBl **86**, 408, Ffm AnwBl **81**, 152, auch als Mediator im Auftrag beider Parteien, § 34. Man nimmt einen Anwalt im Zweifel als solchen in Anspruch, solange es sich nicht um eine typische Notartätigkeit handelt, § 24 II BNotO, Rn 9 „Anwaltsnotar". 23

Soweit diese Voraussetzungen vorliegen, ist das RVG auf *jede Art der Berufstätigkeit* das Anwalts anwendbar. Das gilt auch dann, wenn er zB im Rahmen einer Insolvenzverwaltung nun eben als Anwalt tätig wird, BFH DB **86**, 627, soweit nicht eine spezielle Vergütungsordnung für Insolvenzverwalter zwingend gilt, § 63 InsO. Das gilt unabhängig davon, ob der Anwalt die Tätigkeit nur im Innenverhältnis gegenüber dem Auftraggeber oder auch im Außenverhältnis gegenüber dem Prozeßgegner oder Vertragspartner des Auftraggebers entwickelt hat. Wegen einer Maklertätigkeit Rn 12.

Es gehören zur Berufstätigkeit auch die *Vorbereitung* eines Vertrags, die bloße Beratung des Auftraggebers, die Erstattung eines Gutachtens nur ihm gegenüber. Es ist unerheblich, ob der Anwalt in einem Verfahren vor einem Gericht oder einer Verwaltungsbehörde oder außerhalb eines gerichtlichen oder behördlichen Verfahrens tätig wird. Es ist auch unerheblich, ob er auf Grund des Bundesrechts oder des Landesrechts tätig wird.

Nicht hierher gehören evtl zB: Eine Darlehensgewährung oder -aufnahme; ein Finanzierungsplan ohne eine rechtliche Beratung.

24   Allerdings enthalten VV 2501 ff in Verbindung mit § 8 *BerHG Sonderregeln* für den Fall, daß sich die Tätigkeit des Anwalts auf eine außergerichtliche Beratung beschränkt.

25   **B. Unabhängigkeit.** Der Anwalt muß seine Tätigkeit als ein unabhängiges Organ der Rechtspflege nach § 1 BRAO ausgeübt haben. Insofern ist selbstverständlich ein Auftragsverhältnis ebenso unschädlich wie eine etwaige Geschäftsführung ohne Auftrag. Die Tätigkeit des Anwalts in einer Eigenschaft als Angestellter, also zB als Syndikus, fällt aber nicht unter das RVG, vgl auch § 46 BRAO, RS 35, aM Hbg MDR **80**, 586, LG Bonn Rpfleger **90**, 435 (aber das ist eine leistungsgebundene Tätigkeit eines Arbeitnehmers). Ebensowenig gehört hierher die Tätigkeit des Anwalts in seiner Eigenschaft als Geschäftsführer einer Gesellschaft.

26   **C. Grundregeln in eigener Sache.** Soweit der Anwalt für sich selbst tätig wird, fehlt es an einem Auftragsverhältnis, Mü MDR **78**, 150, Rostock JB **01**, 194. Soweit der Anwalt aber überhaupt eine Erstattung eigener Kosten verlangen kann, muß man ihm die Gebühren und Auslagen in derjenigen Höhe erstatten, die er als ein bevollmächtigter Anwalt erstattet verlangen könnte, § 91 II 4 ZPO.

27   Die Vorschrift zieht die Folgerung aus (jetzt) § 78 IV ZPO, BVerfG **53**, 207. Der Anwalt muß allerdings *selbst* tätig geworden sein, und zwar als: Partei; Streithelfer; gesetzlicher Vertreter eines Beteiligten; Vorstandsmitglied; Partei kraft Amts, BLAH Grdz 8–12 vor § 50 ZPO, Kblz VersR **82**, 197; Beigetretener. Es reicht also nicht aus, daß der Anwalt in einer dieser Eigenschaften nur einen anderen Anwalt unterrichtet, II, Schlesw SchlHA **79**, 60, Stgt JB **76**, 192. Ebensowenig reicht es aus, daß ein Anwalt nur in seiner weiteren Eigenschaft als Notar tätig wird, AG Friedberg DGVZ **81**, 47, oder daß er sich selbst „verteidigt". Vgl freilich Rn 35.

28   **D. Erstattungsumfang in eigener Sache.** Der Anwalt hat unter dieser Voraussetzung gegenüber dem Gegner einen Anspruch auf die Vergütung eines bevollmächtigten Anwalts. Diese Regelung ist in allen Verfahrensordnungen im Prinzip anwendbar. Die Regelung ist mit dem GG vereinbar, BVerfG NJW **80**, 1677. Sie gilt, soweit nicht eine bloße Bagatelle mit einem klaren Sachverhalt vorliegt.

Die Erstattungsfähigkeit besteht mit dieser Einschränkung auch bei einer *außergerichtlichen* Geltendmachung, LG Mannh AnwBl **75**, 68, AG Neunkirchen AnwBl **78**, 185, OVG Münst AnwBl **89**, 399, aM LG Hbg AnwBl **80**, 82, AG Heidenheim VersR **76**, 501 (aber es kommt hier nur auf die Anwaltseigenschaft an, nicht auf das Verfahrensstadium).

29   Erstattungsfähig sind evtl auch die *Reisekosten* dann, wenn der Anwalt nicht am Prozeßort wohnt, Hamm MDR **75**, 762. Erstattungsfähig ist auch eine Verkehrsgebühr, soweit der Anwalt als ProzBev seiner Ehefrau eine Unterrichtung eines auswärtigen Kollegen vornimmt, § 1364 BGB. Vgl aber auch Rn 33.

30   Wenn *mehrere* Anwälte Partei sind, kann sich jeder Anwalt selbst vertreten. Jeder kann also seine eigenen Kosten erstattet verlangen, es sei denn, er habe einen der anderen Anwälte bevollmächtigt, Ffm AnwBl **81**, 155, Mü Rpfleger **81**, 81, Nürnb AnwBl **81**, 194, aM Lappe NJW **76**, 166 (inkonsequent). Dem steht nicht entgegen, daß die getrennt eingereichten Schriftsätze inhaltlich übereinstimmen. Es stört auch

Abschnitt 1. Allgemeine Vorschriften   **§ 1 RVG**

nicht, daß nicht alle Anwälte im Termin anwesend waren, Ffm AnwBl **81**, 155. Wegen eines Simultananwalts in einer eigenen Sache VV 3400. Wegen einer Verfassungsbeschwerde BVerfG AnwBl **76**, 164.

E. Erstattungsgrenzen in eigener Sache. Die Grenzen der Erstattungsfähigkeit 31 liegen in einem Verstoß gegen Treu und Glauben, Düss Rpfleger **76**, 256, Hbg MDR **80**, 501, großzügiger Mü Rpfleger **81**, 71, strenger Rpfleger **80**, 194 (stellt darauf ab, ob für die Aufspaltung der Mandate sachliche Gründe vorlagen).

F. Verkehrsgebühr in eigener Sache. Die Verkehrsgebühr (jetzt) VV 3400 ist 32 im übrigen in einer eigenen Sache grundsätzlich nicht erstattungsfähig, Kblz VersR **81**, 165, Kblz VersR **81**, 865. Denn der Anwalt hat im allgemeinen die Fähigkeit, selbst einen anderen Anwalt zu unterrichten, Ffm Rpfleger **78**, 69, Schlesw SchlHA **77**, 70. Das gilt auch dann, wenn der Anwalt als Testamentsvollstrecker einen anderen Anwalt unterrichtet oder wenn er eine solche Tätigkeit als Insolvenzverwalter vornimmt, soweit dann nicht eine spezielle Vergütungsordnung für Insolvenzverwalter zwingend gilt, § 63 InsO, Ffm Rpfleger **77**, 459, Kblz VersR **82**, 197, Schlesw SchlHA **77**, 70, aM Karlsr KTS **78**, 260 (aber der obige Grundgedanke bleibt auch bei solcher Spezialtätigkeit bestehen).

Mit der in Rn 29 genannten Ausnahme sind auch die Kosten des Verkehrsanwalts 33 der *Ehefrau* nicht erstattungsfähig, Kblz VersR **86**, 451, Schlesw SchlHA **86**, 144.

G. Umsatzsteuer in eigener Sache. Vgl bei VV 7008, auch zur Erstattungsfä- 34 higkeit.

H. Selbstverteidigung. Bei einer Selbstverteidigung ist wegen der Verweisung 35 des § 464a II 2 StPO auf den gesamten § 91 II ZPO auch (jetzt) dessen S 3 anwendbar, LG Mainz NJW **79**, 1897. Zur Verfassungsmäßigkeit BVerfG **53**, 218. Es ist dann unerheblich, ob der Anwalt im Verfahren auch „Verteidiger" sein konnte, LG Hbg AnwBl **76**, 25, LG Itzehoe AnwBl **80**, 471, AG Würzb AnwBl **77**, 82, aM LG Bonn MDR **78**, 511, LG Würzb JB **77**, 517, Kurzka MDR **75**, 548 (aber die Selbstverteidigung ist eben nach § 91 II 3 ZPO ausdrücklich erstattbar).

Man muß die etwa aus der Staatskasse gezahlten *Pflichtverteidigerkosten* anrechnen.

I. Beispiele zur Frage des sachlichen Geltungsbereichs, II. Die Aufzählung 36 ist nicht abschließend. Das ergeben die Worte „... oder für eine ähnliche Tätigkeit" in II 1. Es handelt sich zum Teil um ehrenamtliche Tätigkeiten, etwa des Vormunds, zum Teil um solche Tätigkeiten, die man in einem erheblichen Umfang auch einem Nichtanwalt zu übertragen pflegt und für die daher andere gesetzliche Vergütungsvorschriften bestehen, BGH JB **99**, 135. Das gilt etwa beim Insolvenzverwalter nach § 63 InsO oder bei einer solchen Tätigkeit, die der Anwalt nicht im Auftrag einer Partei und nicht in deren Interesse vornimmt, etwa beim Treuhänder.

Abgeordneter: Seine Tätigkeit unterfällt *nicht* dem RVG. 37
Abwickler: Rn 43 „Liquidator".
Aktiengesellschaft: Rn 40 „Gemeinsamer Vertreter".
Angestellter: Rn 25.
Anlagenberater: Eine solche Tätigkeit läßt sich grds *nicht* nach dem RVG vergüten, BGH NJW **80**, 1855. Eine Ausnahme gilt bei einer Rechtsberatung.
Aufsichtsratsmitglied: Eine solche Tätigkeit gehört zu der „ähnlichen Tätigkeit" nach II 1. Die Vergütung erfolgt nach § 113 AktG usw.
Berufsvormund: Rn 51 „Vormund". 38
Betreuer, dazu *Lütgens,* Die Vergütung des Betreuers, 4. Aufl 2005; *Karmasin* FamRZ **99**, 348; *Zimmermann* FamRZ **06**, 1802 (je Üb): Eine solche Tätigkeit macht das RVG nach II 1 *unanwendbar,* BVerfG FamRZ **00**, 1285, Mü Rpfleger **97**, 186, Bestelmeyer FamRZ **99**, 1637, aM BayObLG FGPrax **03**, 179, Ffm NJW **03**, 3642, LG Mainz NZM **06**, 800, (aber die Abgrenzung muß klar bleiben, und die nachstehenden Vorschriften enthalten vorrangige speziellere Sonderregeln). Seine Entschädigung richtet sich nach §§ 1908e, h, i 1 in Verbindung mit 1835a, 1836, 1836a, b BGB sowie nach dem VBVG, abgedruckt im Anh § 1 JVEG, Teil V dieses Buchs, BVerfG FamRZ **00**, 1285, Hamm FamRZ **07**, 1186, Köln RR **03**, 712.

S auch Rn 45 „Pfleger", Rn 49 „Verfahrensbeistand", „Verfahrenspfleger", Rn 51 „Vormund".

1317

RVG § 1   X. Rechtsanwaltsvergütungsgesetz

Betriebsrat: Soweit er einen Anwalt als solchen hinzuzieht, ist das RVG anwendbar, LAG Ffm DB **87**, 1440. Vgl aber auch „Einigungsstelle".
Buchführung: Diese Tätigkeit unterfällt nur dann dem RVG, wenn der Anwalt mit ihr einen Rechtsrat erteilt.

39 **Einigungsstelle:** § 65 Rn 5ff.
Finanzierungsplan: Die Tätigkeit bei seiner Erstellung kann rein wirtschaftlich sein. Dann fällt sie *nicht* unter das RVG. Freilich kommt es sehr auf die Umstände an.
Gegenpfleger: Rn 45 „Pfleger".
Gegenvormund: Rn 51 „Vormund".

40 **Gemeinsamer Vertreter:** Der Gemeinsame Vertreter der außenstehenden Aktionäre wird in „ähnlicher Tätigkeit" nach II 1 tätig, BayObLG **92**, 91, aM Düss DB **84**, 2188. Die Vergütung erfolgt nach § 306 AktG usw, aM Düss DB **84**, 2188, Ffm JB **86**, 1052 (je: in Anlehnung an [jetzt] das RVG).
Gesellschaft: S „Gemeinsamer Vertreter".

41 **Gläubigerausschuß:** Eine Tätigkeit in dieser Eigenschaft nach §§ 67ff InsO zählt zu den Tätigkeiten nach II 1. Die Vergütung richtet sich nach § 73 InsO in Verbindung mit § 65 InsO (Ermächtigung zur Festsetzung durch Verordnung). Vgl auch Schl-Anh D.

42 **Insolvenzverwalter usw,** dazu *Haarmeyer/Wutzke/Förster,* Vergütung im Insolvenzverfahren, 1999; *Madert* AnwBl **99**, 91 (Üb): II 1 nennt seine Tätigkeit ausdrücklich, Köln AnwBl **76**, 246, LG Aachen Rpfleger **78**, 380 (auch für seine außergerichtliche Tätigkeit), Lüke KTS **88**, 421. Für ihn gilt die *InsVV,* SchlAnh D. Das gilt auch dann, wenn er in einem Beschwerdeverfahren eine Stellungnahme abgibt, LG Gött Rpfleger **00**, 299. § 5 I InsVV verweist freilich auf das RVG, soweit ein als Anwalt zugelassener Insolvenzverwalter eine solche Tätigkeit ausübt, die ein nicht als Anwalt zugelassener Verwalter angemessenerweise einem Anwalt übertragen hätte, BGH NZM **04**, 880. Eine Vereinbarung der Anwendung das RVG ist unwirksam, soweit § 63 InsO vorgeht.
S auch Rn 51 „Vorläufiger Insolvenzverwalter".
Justitiar: Soweit er für den Arbeitgeber tätig ist, bleibt das RVG *unanwendbar,* § 46 BRAO, LSG Mü AnwBl **02**, 432.
Kreditvermittlung: Rn 43 „Makler".

43 **Liquidator:** Der rechtsgeschäftlich bestellte Liquidator wird nach II 1 tätig, BGH **139**, 312. Auch der gerichtlich bestellte Liquidator einer Handelsgesellschaft arbeitet in „ähnlicher Tätigkeit" nach II 1. Seine Vergütung errechnet sich in einer entsprechenden Anwendung der in Rn 42 genannten InsVV, BGH **98**, 3567.
Makler: Seine Tätigkeit unterfällt *nicht* dem RVG. Freilich kann eine Rechtsberatung hinzutreten. Ein reines Makler-Erfolgshonorar unterfällt nicht dem § 3a RVG.
Mediator: Diese Form außergerichtlicher Konfliktbereinigung durch einen „neutralen" Dritten oder durch einen richterlichen Mediator kann durchaus anwaltstypisch sein, Hamm MDR **99**, 836, GSchm 7, aM Bischof MDR **03**, 919, Enders JB **98**, 59 (aber der Anwalt ist der geradezu klassische Mediator). Trotzdem macht § 34 mit seiner Verweisung auf das BGB das RVG mit Ausnahme seines in erster Linie direkt anwendbaren § 4 nur hilfsweise anwendbar.
Nachlaßabwicklung: Zum Problem Wielgoss JB **00**, 295 (ausf).
Nachlaßpfleger: Rn 45 „Pfleger".

44 **Nachlaßverwalter:** II 1 nennt seine Tätigkeit ausdrücklich. Seine Vergütung richtet sich nach § 1987 BGB, BayObLG JB **86**, 90. Er kann keine Erstattung der von ihm zu zahlenden Umsatzsteuer fordern.

45 **Pfleger:** Seine Tätigkeit macht das RVG grds *unanwendbar,* II 1, LG Duisb JB **99**, 602. Seine Vergütung richtet sich zB nach §§ 1835, 1915 BGB, nicht nach (jetzt) VV 6300ff, Schlesw FER **01**, 234, OVG Kblz Rpfleger **96**, 509, Schlöpke Rpfleger **93**, 435, aM Schlesw MDR **08**, 1367, LG Aachen Rpfleger **87**, 372, LG Landau Rpfleger **03**, 691 (aber es gelten dieselben Erwägungen wie beim Betreuer nach Rn 38). Das gilt insbesondere für seine Postentgelte. Eine etwa nach dem RVG gezahlte Vergütung läßt sich anrechnen, BayObLG RR **89**, 136.

Der Pfleger kann die Erstattung der von ihm zu zahlenden *Umsatzsteuer* jedenfalls nicht nach VV 7008 fordern. Man muß diesen Umstand bei der Bemessung

Abschnitt 1. Allgemeine Vorschriften **§ 1 RVG**

seiner Vergütung berücksichtigen. Zur Entschädigung Bach Rpfleger **92**, 89, Deinert Rpfleger **92**, 92 und 329.
Eine *entsprechende* Anwendung des RVG der Höhe nach mag infragekommen, soweit ein Pfleger einen Anwalt hinzugezogen hätte, LG Darmst FamRZ **05**, 735. S auch Rn 38 „Betreuer", Rn 49 „Verfahrenspfleger".
Richter: Seine Tätigkeit zB als Beisitzer eines Ehrengerichts unterfällt *nicht* dem RVG.
Sachverständiger: Seine Tätigkeit als solcher unterfällt *nicht* dem RVG.   46
Vgl aber § 34.
Sachwalter: Die Tätigkeit des Sachwalters nach § 9 SVertO ist eine „ähnliche Tätigkeit" nach II 1. Wegen der Insolvenz SchlAnh D.
Schiedsgutachter, Schiedsrichter: II 1 nennt seine Tätigkeit ausdrücklich. Seine Vergütung richtet sich grds nicht nach dem RVG, Meyer JB **09**, 72, sondern nach dem Schiedsrichtervertrag, §§ 1034ff ZPO. Mangels einer dortigen Vereinbarung kann über § 612 II BGB das RVG entsprechend anwendbar sein.
Sequester: Seine Tätigkeit nach § 938 ZPO ist eine „ähnliche Tätigkeit" nach II 1.   47
Seine Vergütung erfolgt in einer entsprechenden Anwendung der Vergütungsregeln nach § 63 InsO. Sie muß angemessen sein, Köln JB **86**, 1425, Mü Rpfleger **85**, 409. Man entnimmt die Vergütung des Sequesters den Einkünften. Auch der Sequester kann sich gegen die Festsetzung der Vergütung beschweren, Saarbr DGVZ **77**, 189. Dafür besteht kein Anwaltszwang.
Wenn aber der Antragsteller und der Sequester die Höhe der Vergütung *vereinbart* haben, darf das Gericht die Vergütung des Sequesters nicht festsetzen, Hbg KTS **77**, 176. Wegen der Erstattungsfähigkeit der Kosten der Sequestration BLAH § 788 ZPO Rn 37 „Sequestration".
Syndikus-Anwalt: Rn 25.
Testamentsvollstrecker, dazu *Schwarz-Gewallig*, Die Testamentsvollstreckervergü-   48
tung, Diss Regensb 2005/6: Seine Tätigkeit macht das RVG *unanwendbar*, II 1, aM Ffm MDR **00**, 788, FG Bre AnwBl **97**, 124 (soweit er, falls nicht selbst Anwalt, einen solchen hätte zuziehen müssen). Seine Vergütung erfolgt nach § 2221 BGB, Köln JB **93**, 669. Er kann keine Erstattung der von ihm geschuldeten Umsatzsteuer verlangen.
Treuhänder: Seine Tätigkeit macht das RVG *unanwendbar*, II 1. Seine Vergütung erfolgt, sofern es sich nicht um einen Sequester nach Rn 47 handelt, nach dem VBVG, Köln JB **00**, 26. Man kann aber auch evtl die Anwendbarkeit der Vergütungsregeln des RVG vereinbaren. Vgl auch SchlAnh D.
Verfahrensbeistand: Seine Tätigkeit macht das RVG *unanwendbar*, II 1.
Verfahrenspfleger: Seine Tätigkeit macht das RVG *unanwendbar*, II 1, BVerfG Fam-   49
RZ **00**, 1285, LG Mainz RR **06**, 1444, AG Sinzig FamRZ **07**, 1585, aM KG FamRZ **03**, 936, Mü RR **09**, 356, LG Limbg FamRZ **09**, 1006 – krit Bienwald (aber ein klarer Wortlaut verbietet jede Auslegung, BLAH Einl III 39). Vgl im übrigen Rn 38 „Betreuer". Wegen seiner Auslagen §§ 93a, 137 Z 17 KostO, Teil III dieses Buchs. Auch andere Ansprüche bleiben unberührt, BVerfG FamRZ **00**, 1285. Die derzeitige gesetzliche Vergütungsregelung ist verfassungsgemäß, BVerfG Rpfleger **01**, 83.
Verkehrsanwalt: Man muß für die Frage, ob ein Anwalt in einer der in dieser Auf-   50
zählung genannten Eigenschaften die Erstattung einer Verkehrsgebühr fordern kann, von der Überlegung ausgehen, ob ein Nichtanwalt einen Verkehrsanwalt hätte hinzuziehen dürfen. Vgl im übrigen VV 3400.
Vermögensverwalter: Seine Tätigkeit ist eine „ähnliche Tätigkeit" nach II 1. Seine Vergütung richtet sich nach der Parteivereinbarung. Man muß sie nicht nur nach dem Wert des verwalteten Vermögens bemessen, sondern unter anderem auch nach dem Umfang und seiner Mühe. Bei einer Hausverwaltung mag die Vergütung eines Zwangsverwalters nach Rn 52f beachtlich sein.
Vorläufiger Insolvenzverwalter: Rn 42 „Insolvenzverwalter" entsprechend, Schl-   51
Anh D.
Vorstand: Seine Tätigkeit ist eine „ähnliche Tätigkeit" nach II 1. Seine Vergütung richtet sich nach § 67 AktG usw.
Zustellungsbevollmächtigter: Seine Tätigkeit ist eine „ähnliche Tätigkeit" nach II 1.

RVG §§ 1, 2 X. Rechtsanwaltsvergütungsgesetz

52 **Zwangsverwalter:** Dazu gilt

> *ZVG § 152 a. Ermächtigung.* [1]Der Bundesminister der Justiz wird ermächtigt, Stellung, Aufgaben und Geschäftsführung des Zwangsverwalters sowie seine Vergütung (Gebühren und Auslagen) durch Rechtsverordnung mit Zustimmung des Bundesrates näher zu regeln. [2]Die Höhe der Vergütung ist an der Art und dem Umfang der Aufgabe sowie an der Leistung des Zwangsverwalters auszurichten. [3]Es sind Mindest- und Höchstsätze vorzusehen.

II 1 nennt seine Tätigkeit ausdrücklich. Seine Vergütung richtet sich nach der ZwVwV, SchlAnh E. Ihr § 17 III 1 verweist freilich auf das RVG, soweit ein als Anwalt zugelassener Zwangsverwalter eine solche Tätigkeit ausübt, die ein nicht als Anwalt zugelassener Verwalter angemessenerweise einem Anwalt übertragen hätte, BGH NZM **04**, 880.

Zwangsvollstreckung: Die Tätigkeit als besonderer Vertreter nach § 779 II 1 ZPO ist *nicht* nach dem RVG vergütbar, II 1. Es mögen (jetzt) §§ 25, 26 usw mitbeachtlich sein, Mümmler JB **76**, 164.

Höhe der Vergütung

2 [I] Die Gebühren werden, soweit dieses Gesetz nichts anderes bestimmt, nach dem Wert berechnet, den der Gegenstand der anwaltlichen Tätigkeit hat (Gegenstandswert).

[II] [1]Die Höhe der Vergütung bestimmt sich nach dem Vergütungsverzeichnis der Anlage 1 zu diesem Gesetz. [2]Gebühren werden auf den nächstliegenden Cent auf- oder abgerundet; 0,5 Cent werden aufgerundet.

Gliederung

1) Systematik, I, II	1, 2
A. Wertgebühr	1
B. Rahmengebühr	2
2) Regelungszweck, I, II	3
3) Gegenstandswert, I	4
4) Wertänderung, I	5
5) Vergütungsverzeichnis, II 1	6
6) Auf-, Abrundung, II 2	7

1 **1) Systematik, I, II.** Das RVG kennt die folgenden Gebührenarten.

A. Wertgebühr. Vgl zunächst Einl II 10. Die Wertgebühr gilt immer dann, wenn das Gesetz nichts anderes bestimmt. Die Gebührenhöhe für jeden Wert ergibt sich dann im allgemeinen aus der Tabelle des § 13 I 3. Wertgebühren außerhalb dieser Tabelle sind auch die anteilig bemessenen Gebühren nach VV 1009 und diejenigen Gebühren, die innerhalb eines Gebührensatzrahmens nach dem Gegenstandswert anfallen, VV 2100 usw.

Hinweisen muß der Anwalt nach § 49b V BRAO, abgedruckt bei § 3 a, schon vor einer Auftragsannahme auf das auch nur etwaige Entstehen einer Wertgebühr, Grdz 18 vor § 1, Hartmann NJW **04**, 2484 (auch wegen der Folgen einer Unterlassung).

2 **B. Rahmengebühr.** Vgl zunächst Einl II 12. Bei den Rahmengebühren muß man den schließlich richtigen Betrag für den einzelnen Fall innerhalb des vom Gesetz angegebenen Betragsrahmens ermitteln. Das gilt zB bei VV 4100ff (Strafsachen, Ausnahme amtliche Vorbemerkung 4 V); bei VV 3102 (Sozialgerichtsbarkeit) und bei VV 3403 (einfaches Schreiben). Soweit es sich um eine strafrechtliche Einziehung oder um eine verwandte Maßnahme handelt, muß man den Gegenstandswert innerhalb des anwendbaren Rahmens mit berücksichtigen, VV 4143.

3 **2) Regelungszweck, I, II.** Die Vorschrift dient ebenso wie für die Gerichtsgebühren § 64 GKG, § 56 FamGKG, Teile I A, B dieses Buchs, einer möglichst gerechten Anknüpfung der Gebührenbemessung, Karlsr Rpfleger **00**, 185. Sie soll gleichzeitig andere denkbare Anknüpfungsmethoden wie etwa den Zeitaufwand mit seinen kaum beherrschbaren Einzelproblemen vermeiden. Die Maßgeblichkeit eines Werts je Angelegenheit ergibt sich aus § 22 I. Sie macht zwar von zwei wiederum schwierig genug ermittelbaren Faktoren abhängig. Sie stellt aber doch das „geringste Übel" dar.

Abschnitt 1. Allgemeine Vorschriften **§§ 2, 3 RVG**

Sie dient damit auch der Zweckmäßigkeit. Der formelle Hilfscharakter von I ändert nichts daran, daß sein Ausgangspunkt die Praxis beherrscht. Man sollte ihn nicht durch eine noch stärkere Ziselierung der ohnehin aufs äußerste ausdifferenzierten Methoden der Wertermittlung überstrapazieren.

3) Gegenstandswert, I. Maßgebend ist der Wert des Gegenstands. Gegenstand ist 4 anders als bei § 90 BGB dasjenige gegenwärtige oder künftige oder behauptete Recht oder Rechtsverhältnis, auf das sich bei einer objektiven Prüfung auftragsgemäß die anwaltliche Tätigkeit für gerade diesen Auftraggeber und wegen gerade dieses Auftrags oder gerade dieser Geschäftsführung ohne Auftrag erstreckt, § 7 Rn 27, BGH NJW **07**, 2050. Das kann auch bei einer BGB-Gesellschaft vorliegen, Hbg MDR **00**, 727. Oft stimmt der Gegenstand nach I mit demjenigen des gerichtlichen Verfahrens überein. Die Festsetzung erfolgt nach §§ 22 ff. Es erfolgt bei mehreren Gegenständen grundsätzlich eine Zusammenrechnung, Brschw MDR **82**, 241, Düss JB **86**, 387. Soweit sich die Tätigkeit des Anwalts auf eine besondere Angelegenheit im gebührenrechtlichen Sinn erstreckt, ist evtl eine entsprechende besondere Wertfestsetzung erforderlich. Es entscheidet der objektive Verkehrswert, nicht die Vorstellung des Antragstellers und schon gar nicht ein sog Liebhaberwert oder ein sonstiges subjektives Interesse.

Maßgebend ist derjenige *Zeitpunkt,* in dem die Gebühr entsteht, in dem also der Anwalt die Tätigkeit vornimmt. Es kommt auf die Fälligkeit dieser Gebühr nicht an.

4) Wertänderung, I. Soweit sich der Gegenstandswert während der Tätigkeit des 5 Anwalts erhöht, muß man die Gebühr nach dem erhöhten Wert berechnen. Die Erhöhung beginnt mit der zugehörigen Tätigkeit. Soweit sich der Wert während der Tätigkeit vermindert, darf man diese Wertminderung nur für diejenige Gebühr berücksichtigen, die durch eine Tätigkeit erst nach der Wertminderung entsteht. Soweit also der Anwalt bereits in einem Zeitraum tätig wurde, in dem noch der höhere Wert galt, bleibt die anschließende Wertminderung nach § 15 IV unerheblich. Entscheidend ist dann also immer der höchste Wert, etwa bei einer Klagänderung.

Wegen der Situation bei einer *Verbindung* mehrerer Verfahren zwischen denselben Parteien Düss Rpfleger **78**, 427.

5) Vergütungsverzeichnis, II 1. Das RVG enthält ein Verzeichnis in einer amt- 6 lichen Anlage 1 zu II 2, abgedruckt und erläutert hinter § 61, vergleichbar zB den Verzeichnissen zum GKG und zum GvKostG. Dieses Verzeichnis trägt beim RVG die amtliche Bezeichnung „Vergütungsverzeichnis". Sie heißt in diesem Buch VV, im Gegensatz zu KV (Kostenverzeichnis zum GKG), zum KVFam (Kostenverzeichnis zum FamGKG) und zum KVGv (Kostenverzeichnis zum GvKostG). Das Vergütungsverzeichnis enthält wie die vorgenannten anderen Verzeichnisse Teile und innerhalb jedes Teils weitere amtliche Untergliederungen. Vor vielen einzelnen Nummern mit jeweils 4 Zahlen, zB VV 1000, befinden sich amtliche „Vorbemerkungen". Sie sind ihrerseits amtlich auf 1–4 Ebenen gegliedert, zB „1.1.2.4". Hinter vielen einzelnen Nummern befinden sich amtliche „Anmerkungen". Sie tragen allerdings diese Bezeichnung im Gegensatz zu den amtlichen Vorbemerkungen nur dort, wo das Gesetz an anderer Stelle auf die verweist.

6) Auf-, Abrundung, II 2. Die dem § 32 II KostO entsprechende Vorschrift 7 schafft eine buchstäblich centgenaue Regelung, Enders JB **02**, 117 (ab 0,5 Cent: Aufrundung). Sie bezieht sich nur auf Gebühren, nicht auch auf die nach § 1 I 1 begrifflich davon zu unterscheidenden Auslagen nach VV 7000 ff, und daher auch nicht auf die Umsatzsteuer nach VV 7008. Man muß jede im Gesetz selbständig genannte Gebühr auf- oder abrunden.

Gebühren in sozialrechtlichen Angelegenheiten

3 I ¹In Verfahren vor den Gerichten der Sozialgerichtsbarkeit, in denen das Gerichtskostengesetz nicht anzuwenden ist, entstehen Betragsrahmengebühren. ²In sonstigen Verfahren werden die Gebühren nach dem Gegenstandswert berechnet, wenn der Auftraggeber nicht zu den in § 183 des Sozialgerichtsgesetzes genannten Personen gehört.

RVG § 3

II Absatz 1 gilt entsprechend für eine Tätigkeit außerhalb eines gerichtlichen Verfahrens.

Gliederung

1) Systematik, I, II	1
2) Regelungszweck, I, II	2
3) Betragsrahmengebühr, I 1	3–10
A. Pauschgebühr	3, 4
B. Rahmengrenzen	5, 6
C. Einzelbemessung	7
D. Höchstgebühr	8
E. Kostenerstattung	9
F. Vergütung des bei I 1 beigeordneten Anwalts	10
4) Wertgebühr, I 2	11–15
A. Anwendungsbereich	11
B. Beispiele zur Frage eines sonstigen Verfahrens, I 2	12–14
C. Vergütung des bei I 2 beigeordneten Anwalts	15
5) Außergerichtliches Verfahren, II	16

Schrifttum: *Klier* NZS **04**, 469 (Üb).

1 **1) Systematik, I, II.** Für die Vergütung des Anwalts vor den Gerichten der Sozialgerichtsbarkeit enthält § 3 eine Sonderregelung. Sie ist durch die erheblichen Abweichungen des Sozialgerichtsverfahrens vom sonstigen Kostensystem bedingt. In allen Fällen ist eine Honorarvereinbarung nach § 3a zulässig.

Außerhalb eines gerichtlichen Verfahrens gelten § 34, VV 2300 ff.

2 **2) Regelungszweck, I, II.** Die Vorschrift bezweckt eine Anpassung der kostenrechtlichen Regelung dort, wo das GKG als Anknüpfung für die Anwaltsvergütung ausfällt. Man muß sie zur Vermeidung eines Vergütungslochs großzügig handhaben.

3 **3) Betragsrahmengebühr, I 1.** Es gelten drei Grundsätze.

A. Pauschgebühr. Die Regelung gilt für diejenigen Verfahren, in denen das GKG unanwendbar ist. Das ist so, wenn der Kläger oder der Bekl zu den in § 183 SGG genannten Personen gehört, § 197a I SGG, also dann, wenn der Kläger oder der Bekl Versicherter, Leistungsempfänger (einschließlich Hinterbliebenenleistungsempfänger), Behinderter oder deren Sonderrechtsnachfolger nach § 56 SGB I ist oder wenn er diesen Personen gleichsteht, § 183 S 1, 3 SGG, Teil II B dieses Buchs. Der Anwalt erhält dann in jedem Rechtszug eine im Rahmen von I liegende Pauschgebühr. Er erhält sie auch dann, wenn *sein* Auftraggeber nicht zu den vorgenannten Personen nach §§ 183, 197a SGG gehört und deshalb nach § 184 SGG gebührenpflichtig ist. Sie entsteht mit der auftragsgemäßen Entgegennahme der Information. Es findet keine Herabsetzung infolge einer vorzeitigen Auftragsbeendigung statt. Der Ersatz der Auslagen bestimmt sich nach VV 7000.

4 Die Sätze für jede Instanz stellen den *Normalrahmen* dar. Er umfaßt die gesamte Tätigkeit des Anwalts für einen Auftraggeber wie in einem vergleichbaren Verfahren vor dem Zivilgericht. Vertritt der Anwalt mehrere Auftraggeber, erhöhen sich der Mindest- und Höchstbetrag evtl nach VV 1008, § 7 Rn 14, 15, (zum alten Recht) SG Münst AnwBl **85**, 387.

5 **B. Rahmengrenzen.** Man darf den Rahmen dann nicht nach unten oder oben ausweiten, wenn in einem Zivilprozeß weniger als eine volle Gebühr oder mehr als drei volle Gebühren entstehen würden. Diesen Umstand muß man vielmehr bei der Bemessung der Gebühr innerhalb des Rahmens berücksichtigen. Entsprechendes gilt dann, wenn der Anwalt sowohl im Prozeß als auch in einem Nebenverfahren tätig wird, sofern das Nebenverfahren nicht zum Rechtszug gehört, §§ 17 ff, (zum alten Recht) Fichte DAngVers **88**, 362 (Zwangsvollstreckung), Wilm SozVers **93**, 113 (Vorlageverfahren). Falls der Anwalt im Verfahren vor einem Zivil- oder Verwaltungsgericht nur eine 0,5 Gebühr oder nur eine 0,3 Gebühr verdienen würde, erhält er dafür wenigstens den Mindestbetrag der Pauschgebühr, nicht etwa 0,5 oder 0,3 der nach § 14 ermittelten Gebühr oder eine Gebühr innerhalb eines entsprechend ermäßigten Rahmens, (zum alten Recht) BSG SGb **79**, 348 (zustm Schmidt 389).

Das gilt auch im *Kostenfestsetzungsverfahren* und in der Zwangsvollstreckung. Daher erhält der nur hiermit beauftragte Anwalt ohne Rücksicht auf die Höhe der Ko-

Abschnitt 1. Allgemeine Vorschriften **§ 3 RVG**

sten die Pauschgebühr, ein ungereimtes, aber nach dem Gesetz unausweichliches Ergebnis.

Beim *einstweiligen Rechtsschutz* nach § 86b SGG gilt § 16 Z 6. Es gilt aber auch § 17 **6** Z 4. Das bedeutet, daß der Anwalt dafür eine besondere Pauschgebühr erhalten kann.

C. Einzelbemessung, dazu *Neumann* DAngVers **94**, 107 (Üb): Der Anwalt darf **7** und muß seine das Verfahren der Instanz abgeltende Pauschgebühr im Einzelfall nach § 14 I bemessen, Wilde/Homann NJW **81**, 1073. Danach darf und muß er von der sogenannten Mittelgebühr ausgehen. Sie bildet man aus dem Höchstbetrag + Mindestbetrag : 2, BVerwG AnwBl **81**, 191, LSG Schlesw Breith **95**, 738, SG Karlsr AnwBl **84**, 571, aM Neumann DAngVers **94**, 107, Plagemann SGb **82**, 191.

Sie kommt als *Pauschgebühr* nur für ausgesprochene Normalfälle ohne Besonderheiten in ihrer Bedeutung, ihrem Umfang und ihrer Schwierigkeit und bei durchschnittlichen Vermögensverhältnissen des Klägers in Betracht, LG Flensb JB **87**, 1515, LSG Schlesw NZS **04**, 668 (sogar bei existenzsichernder Leistung –?–), SG Speyer NZS **93**, 86. Bei Abweichungen vom Normalfall zB wegen der Bedeutung oder der Schwierigkeit der Sache oder der wirtschaftlichen Verhältnisse des Klägers oder des Umgangs mit ihm oder auch des anwaltlichen Arbeitsaufwandes darf und muß man eine jeweils geringere oder höhere Gebühr bis zur Grenze des Rahmens ansetzen, SG Bln JB **99**, 303, SG Düss SGb **92**, 361, SG Lüb MDR 02, 911. So kann die Qualifikation als Fachanwalt evtl erhöhend wirken, Klier NZS **04**, 469. Das Haftungsrisiko nach § 14 I 2 kann zB bei einer Rentenberechnung hoch sein, Klier NZS **04**, 470.

D. Höchstgebühr. Sie mag zB beim Streit um den Bezug einer Dauerrente schon **8** wegen deren Bedeutung häufig richtig sein, SG Darmst NZS **96**, 304, SG Freiburg JB **99**, 416, SG Saarbr AnwBl **86**, 211, oder bei einer Auseinandersetzung mit mehreren unterschiedlichen Gutachten, SG Bln AnwBl **82**, 32, SG Münst AnwBl **93**, 44, SG Nürnb NJW **76**, 311, oder bei einer besonderen Bedeutung für den Kläger oder bei einem großen Umfang, SG Mainz AnwBl **95**, 109, SG Münst AnwBl **93**, 44. Eine Gebührenvereinbarung nach § 3a ist in den Grenzen von dort V grundsätzlich zulässig.

E. Kostenerstattung. Im Kostenerstattungsverfahren nach § 197 SGG, Teil II B **9** dieses Buchs, darf und muß der Urkundsbeamte die vom Anwalt nach § 14 I 1 bestimmte Gebühr nach § 14 I 2 nur auf eine etwaige Unbilligkeit prüfen, SG Freib AnwBl **81**, 123, SG Stgt AnwBl **79**, 404. Eine Unbilligkeit liegt auch hier bei einer Überhöhung der Gebühr um 20% und mehr, § 14 Rn 24. Sie kann aber auch sonst vorliegen, BSG SGb **82**, 578. Endgültig muß über die Gebühr auch hier das Gericht entscheiden. Ein Gutachten der Rechtsanwaltskammer ist nicht erforderlich, soweit es sich nicht um einen „Rechtsstreit" handelt, BSG AnwBl **84**, 565. Abstriche von weniger als 25 Euro sind meist unnötig, SG Düss AnwBl **84**, 570, Meyer-Ladewig § 197 SGG Rn 7c.

F. Vergütung des bei I 1 beigeordneten Anwalts. Die Vergütung des bei I 1 **10** im Weg der Prozeßkostenhilfe nach § 73a SGG beigeordneten Anwalts ergibt sich nicht aus § 49. Denn dem Anwalt steht nach § 45 grundsätzlich die gesetzliche Vergütung des Wahlanwalts zu, und § 49 sieht keine Einschränkung dieses Grundsatzes vor, falls der Anwalt Rahmengebühren erhält. Denn die geminderten Sätze treten nur an die Stelle der Gebühren „nach dem Gegenstandswert".

Deshalb erhält der Anwalt die sich aus I 1 ergebende Gebühr *ungekürzt,* (je zum alten Recht) Meyer-Ladewig § 73a SGG Rn 13a, Wilde/Homann NJW **81**, 1070. Dabei muß man von der Mittelgebühr des Normalrahmens ausgehen, LSG Schlesw AnwBl **89**, 114. (Jetzt) § 14 I 4 ist auch hier anwendbar, Madert AnwBl **94**, 380, aM Hansens JB **96**, 28. Auch ein Vorschuß steht dem Anwalt nach § 47 I 1 zu. „Angemessen" ist meist ein Vorschuß in Höhe der Mittelgebühr zuzüglich der Unkostenpauschale nach (jetzt) VV 7002, LSG Stgt Just **91**, 69.

4) Wertgebühr, I 2. Sie kommt in einer ganzen Reihe von Situationen infrage. **11**
A. Anwendungsbereich. In anderen als den in I 1 genannten Verfahren ist nach I 2 der Gegenstandswert dann maßgeblich, wenn der Auftraggeber nicht zu den in § 183 SGG genannten Personen gehört. Voraussetzung ist danach, daß in dem Verfahren nach § 197a SGG das GKG anwendbar ist, Teil II B dieses Buchs. Andernfalls erhält der Anwalt die Pauschalgebühr nach I 1.

RVG §§ 3, 3a X. Rechtsanwaltsvergütungsgesetz

12 **B. Beispiele zur Frage eines sonstigen Verfahrens, I 2**
Arzneimittel: Der Wert der Aufnahme eines Arzneimittels in eine amtliche Liste bestimmt sich nach dem wirtschaftlichen Interesse des Herstellers, SG Köln PharmaR **92**, 272.
Berufsgenossenschaft: Beim Streit um die Mitgliedschaft in einer Berufsgenossenschaft ist das Achtfache des Jahresbeitrags maßgebend, BSG AnwBl **82**, 30 (krit Diemer). Beim Streit um die Zugehörigkeit zu einer anderen Berufsgenossenschaft ist die Differenz der für den streitigen Zeitraum zu zahlenden Beiträge maßgebend, LSG Essen AnwBl **84**, 563.
Betriebskrankenkasse: Der Wert ihrer Errichtung ergibt sich nach dem wirtschaftlichen Interesse der klagenden Ortskrankenkasse, BSG NZS **97**, 438 (je nach Zahl der Pflichtmitglieder).
Kassenarzt: Beim Streit um die Zulassung ist das zu erwartende oder erzielte Mehreinkommen maßgeblich, und zwar für mindestens 5 Jahre, BSG JB **96**, 149, LSG Schlesw NZS **97**, 343, SG Düss MedR **94**, 381, aM LSG Bre SGb **89**, 110, LSG Celle SGB **98**, 272.
Krankenhausarzt: Maßgeblich ist meist der Lohn für 2 Jahre, BSG NZS **94**, 143, beim Dauerassistenten meist 4000 EUR, (jetzt) § 23 III 2 Hs 2, LSG Celle SGB **98**, 272. Wert des Streits um Honorarkürzungen ist der streitige Betrag, LSG Essen JB **98**, 318, LSG Stgt JB **98**, 146. Bei einer Chefarzt-Ermächtigung sind meist 15 000 Euro, evtl mehr angemessen, LSG Stgt MedR **94**, 67.
13 **Krankenhauszulassung:** Maßgeblich ist der fünffache Jahresgewinn, BSG NZS **01**, 280.
14 **Standortanerkennung** für ein Großgerät: Der Wert ergibt sich aus den Anschaffungskosten mit einem Privatpatientenabschlag oder aus dem Wert der Nutzung für 5 Jahre, LSG Stgt MedR **92**, 243.
Wahlanfechtung: Maßgeblich ist der Auffangwert, LSG Bln NZS **98**, 400.
Winterbau-Umlage: Es gilt ein dreifacher Jahresbetrag, BSG JB **98**, 149.
15 **C. Vergütung des bei I 2 beigeordneten Anwalts.** Die Vergütung des bei I 2 im Weg der Prozeßkostenhilfe beigeordneten Anwalts richtet sich uneingeschränkt nach §§ 45 ff. Also entstehen die Gebühren des § 49.
16 **5) Außergerichtliches Verfahren, II.** In diesem Bereich gilt I entsprechend. Vgl daher Rn 3–15.

Vergütungsvereinbarung

3a I [1]Eine Vereinbarung über die Vergütung bedarf der Textform. [2]Sie muss als Vergütungsvereinbarung oder in vergleichbarer Weise bezeichnet werden, von anderen Vereinbarungen mit Ausnahme der Auftragserteilung deutlich abgesetzt sein und darf nicht in der Vollmacht enthalten sein. [3]Sie hat einen Hinweis darauf zu enthalten, dass die gegnerische Partei, ein Verfahrensbeteiligter oder die Staatskasse im Falle der Kostenerstattung regelmäßig nicht mehr als die gesetzliche Vergütung erstatten muss. [4]Die Sätze 1 und 2 gelten nicht für eine Gebührenvereinbarung nach § 34.

II [1]Ist eine vereinbarte, eine nach § 4 Abs. 3 Satz 1 von dem Vorstand der Rechtsanwaltskammer festgesetzte oder eine nach § 4a für den Erfolgsfall vereinbarte Vergütung unter Berücksichtigung aller Umstände unangemessen hoch, kann sie im Rechtsstreit auf den angemessenen Betrag bis zur Höhe der gesetzlichen Vergütung herabgesetzt werden. [2]Vor der Herabsetzung hat das Gericht ein Gutachten des Vorstands der Rechtsanwaltskammer einzuholen; dies gilt nicht, wenn der Vorstand der Rechtsanwaltskammer die Vergütung nach § 4 Abs. 3 Satz 1 festgesetzt hat. [3]Das Gutachten ist kostenlos zu erstatten.

III [1]Eine Vereinbarung, nach der ein im Wege der Prozesskostenhilfe beigeordneter Rechtsanwalt für die von der Beiordnung erfasste Tätigkeit eine höhere als die gesetzliche Vergütung erhalten soll, ist nichtig. [2]Die Vorschriften des bürgerlichen Rechts über die ungerechtfertigte Bereicherung bleiben unberührt.

IV § 8 des Beratungshilfegesetzes bleibt unberührt.

Vorbem. Eingefügt durch Art 2 Z 2 G v 12. 6. 08, BGBl 1000, in Kraft seit 1. 7. 08, Art 7 S 2 G, Übergangsrecht § 60 RVG. § 49 b II BRAO idF Art 1 des soeben genannten G.

Abschnitt 1. Allgemeine Vorschriften § 3a RVG

BRAO § 49b. Vergütung. [I][1] Es ist unzulässig, geringere Gebühren und Auslagen zu vereinbaren oder zu fordern, als das Rechtsanwaltsvergütungsgesetz vorsieht, soweit dieses nichts anderes bestimmt. [2] Im Einzelfall darf der Rechtsanwalt besonderen Umständen in der Person des Auftraggebers, insbesondere dessen Bedürftigkeit, Rechnung tragen durch Ermäßigung oder Erlaß von Gebühren oder Auslagen nach Erledigung des Auftrags.

[II][1] Vereinbarungen, durch die eine Vergütung oder ihre Höhe vom Ausgang der Sache oder vom Erfolg der anwaltlichen Tätigkeit abhängig gemacht wird oder nach denen der Rechtsanwalt einen Teil des erstrittenen Betrages als Honorar erhält (Erfolgshonorar), sind unzulässig, soweit das Rechtsanwaltsvergütungsgesetz nichts anderes bestimmt. [2] Vereinbarungen, durch die der Rechtsanwalt sich verpflichtet, Gerichtskosten, Verwaltungskosten oder Kosten anderer Beteiligter zu tragen, sind unzulässig. [3] Ein Erfolgshonorar im Sinne des Satzes 1 liegt nicht vor, wenn lediglich vereinbart wird, dass sich die gesetzlichen Gebühren ohne weitere Bedingungen erhöhen.

[III][1] Die Abgabe und Entgegennahme eines Teils der Gebühren oder sonstiger Vorteile für die Vermittlung von Aufträgen, gleichviel ob im Verhältnis zu einem Rechtsanwalt oder Dritten gleich welcher Art, ist unzulässig. [2] Zulässig ist es jedoch, eine über den Rahmen der Nummer 3400 der Anlage 1 zum Rechtsanwaltsvergütungsgesetz hinausgehende Tätigkeit eines anderen Rechtsanwalts angemessen zu honorieren. [3] Die Honorierung der Leistungen hat der Verantwortlichkeit sowie dem Haftungsrisiko der beteiligten Rechtsanwälte und den sonstigen Umständen Rechnung zu tragen. [4] Die Vereinbarung einer solchen Honorierung darf nicht zur Voraussetzung einer Mandatserteilung gemacht werden. [5] Mehrere beauftragte Rechtsanwälte dürfen einen Auftrag gemeinsam bearbeiten und die Gebühren in einem den Leistungen, der Verantwortlichkeit und dem Haftungsrisiko entsprechenden angemessenen Verhältnis untereinander teilen. [6] Die Sätze 2 und 3 gelten nicht für beim Bundesgerichtshof zugelassene Prozeßbevollmächtigte.

[IV][1] Die Abtretung von Vergütungsforderungen oder die Übertragung ihrer Einziehung an Rechtsanwälte oder rechtsanwaltliche Berufsausübungsgemeinschaften (§ 59a) ist zulässig. [2] Im Übrigen sind Abtretung oder Übertragung nur zulässig, wenn eine ausdrückliche, schriftliche Einwilligung des Mandanten vorliegt oder die Forderung rechtskräftig festgestellt ist. [3] Vor der Einwilligung ist der Mandant über die Informationspflicht des Rechtsanwalts gegenüber dem neuen Gläubiger oder Einziehungsermächtigten aufzuklären. [4] Der neue Gläubiger oder Einziehungsermächtigte ist in gleicher Weise zur Verschwiegenheit verpflichtet wie der beauftragte Rechtsanwalt.

[V] Richten sich die zu erhebenden Gebühren nach dem Gegenstandswert, hat der Rechtsanwalt vor Übernahme des Auftrags hierauf hinzuweisen.

BRAO § 59b. Satzungskompetenz. [1] Das Nähere zu den beruflichen Rechten und Pflichten wird durch Satzung in einer Berufsordnung bestimmt.

[II] Die Berufsordnung kann im Rahmen der Vorschriften dieses Gesetzes näher regeln:

1.–6. ...

7. die besonderen Berufspflichten bei der Vereinbarung und Abrechnung der anwaltlichen Gebühren und bei deren Beitreibung;

8., 9. ...

BORA § 21. Honorarvereinbarung. [1] Das Verbot, geringere als die gesetzlichen Gebühren zu fordern oder zu vereinbaren, gilt auch im Verhältnis zu Dritten, die es anstelle des Mandanten oder neben diesem übernehmen, die Gebühren zu bezahlen, oder die sich gegenüber dem Mandanten verpflichten, diesen von anfallenden Gebühren freizustellen.

BORA § 22. Gebühren- und Honorarteilung. Als eine angemessene Honorierung im Sinne des § 49b Abs. 3 Satz 2 und 3 Bundesrechtsanwaltsordnung ist in der Regel eine hälftige Teilung aller anfallenden gesetzlichen Gebühren ohne Rücksicht auf deren Erstattungsfähigkeit anzusehen.

BORA § 29. Berufsordnung und CCBE-Berufsregeln. [I][1] Bei grenzüberschreitender Tätigkeit im Sinne von Nr. 1.5 der Berufsregeln der Rechtsanwälte der

Europäischen Gemeinschaft (CCBE) in der Fassung vom 28. November 1998 (Anlage zu dieser Berufsordnung) gelten anstelle dieser Berufsordnung jene Berufsregeln, soweit nicht europäisches Gemeinschaftsrecht oder deutsches Verfassungs-, Gesetzes- oder Verordnungsrecht Vorrang haben. ²Sind die Berufsregeln der Rechtsanwälte der Europäischen Gemeinschaft anzuwenden, dann hat der Rechtsanwalt den ausländischen Rechtsanwalt unverzüglich auf den Vorrang des europäischen Gemeinschaftsrechts und des deutschen Verfassungs-, Gesetzes- oder Verordnungsrechts hinzuweisen; dies kommt insbesondere bei der Anwendung von Nr. 5.3 jener Berufsregeln in Betracht.

II Sonstige grenzüberschreitende anwaltliche Tätigkeit unterliegt dieser Berufsordnung.

CCBE 3.3. Quota-litis-Vereinbarung
3.3.1. Der Rechtsanwalt darf hinsichtlich seines Honorars keine quota-litis-Vereinbarung abschließen.

3.3.2. Quota-litis-Vereinbarung im Sinne dieser Bestimmung ist ein vor Abschluss der Rechtssache geschlossener Vertrag, der das an den Rechtsanwalt zu zahlende Honorar ausschließlich von dem Ergebnis abhängig macht und in dem sich der Mandant verpflichtet, dem Anwalt einen Teil des Ergebnisses zu zahlen.

3.3.3. Ein Vertrag sollte nicht als quota-litis-Vereinbarung betrachtet werden, wenn er vor Abschluss der Rechtssache abgeschlossen wird und den Grundsatz über eine zusätzliche Zahlung bei positivem Ergebnis enthält, und wenn die Höhe dieser Sonderzahlung im Nachhinein im Rahmen offener Verhandlungen zwischen dem Mandanten und dem Rechtsanwalt bestimmt werden soll.

3.3.4. Eine quota-litis-Vereinbarung liegt dann nicht vor, wenn die Vereinbarung die Berechnung des Honorars aufgrund des Streitwertes vorsieht und einem amtlichen oder von der für den Rechtsanwalt zuständigen Stelle genehmigten Tarif entspricht.

CCBE 3.4. Honorarabrechnung
3.4.1. Der Rechtsanwalt hat seinem Mandanten die Grundlagen seiner gesamten Honorarforderungen offen zu legen; der Betrag des Honorars muss angemessen sein.

3.4.2. ¹Vorbehaltlich einer abweichenden, gesetzlich zulässigen Vereinbarung des Rechtsanwaltes mit seinem Mandanten ist das Honorar entsprechend den Regeln der Standesorganisation zu berechnen, der der Rechtsanwalt angehört. ²Gehört der Rechtsanwalt mehreren Berufsorganisationen an, so sind die Regeln der Berufsorganisation maßgebend, mit der das Mandatsverhältnis die engste Verbindung hat.

Vorbem. Überschrift, frühere I idF, frühere II 1, 4 aufgehoben, neuer II 2 idF, frühere IV, VI aufgehoben durch Art 2 Z 3a–d G v 12. 6. 08, BGBl 1000, in Kraft seit 1. 7. 08, Art 7 S 2 G, Übergangsrecht § 60 RVG.

Schrifttum *Kilian* NJW 08, 1905; *Mayer* AnwBl 08, 479 (je: Üb); *Rick,* Die Hinweispflicht nach § 49b Abs. 5 BRAO – eine Bestandsaufnahme, Festschrift für *Hartung* (2008) 127.

Gliederung

1) **Systematik, I–IV**	1–4
A. Schuldrechtsanteil	1
B. Ausnahmecharakter	2
C. Öffentlichrechtlicher Anteil	3
D. Privatrechtlicher Hauptanteil	4
2) **Regelungszweck, I–IV**	5–9
A. Qualitätsanreiz	5
B. Risiken	6
C. Ansehen der Rechtspflege	7
D. Berufsfrieden	8
E. Anwaltsschutz	9
3) **Zulässigkeit, Notwendigkeit einer Vereinbarung, I–IV**	10–12
A. Schutzzweck	11
B. Zulässigkeitsgrenzen	12

Abschnitt 1. Allgemeine Vorschriften   **§ 3a RVG**

4) **Form der Vereinbarung I 1–3**	13–21
A. Textform, I 1	15–17
B. Nicht in der Vollmacht, I 2 Hs 3	18
C. Bezeichnung als Vergütungsvereinbarung usw, I 2 Hs 1	19
D. Deutliche Abgrenzung von anderen Vereinbarungen, I 2 Hs 2	20
E. Hinweis auf Grenzen der Erstattbarkeit, I 3	21
5) **Unanwendbarkeit bei Vereinbarung nach § 34, I 4**	22
6) **Inhalt der Vereinbarung, I**	23–26
A. Bestimmte Höhe, I	24
B. Beispiele zur Frage der Zulässigkeit einer Vereinbarung, I	25, 26
7) **Herabsetzung, II**	27–36
A. Unangemessene Höhe, II 1	28
B. Beispiele zur Frage einer Unangemessenheit, II 1	29–32
C. Gutachten bei geplanter Herabsetzung, II 2 Hs 1	33
D. Kein Gutachten bei § 4 III 1, § 3a II 2 Hs 2	34
E. Verfahren bei Gutachten, II 2, 3	35
F. Weitere Einzelfragen, II 2, 3	36
8) **Prozeßkostenhilfe, III**	37–46
A. Grundsatz: Nichtigkeit einer Vereinbarung höherer Vergütung innerhalb Beiordnung, III 1	37, 38
B. Aufhebung der Prozeßkostenhilfe, III 1	39, 40
C. Freiwillige vorbehaltlose Zahlung, III 2	41
D. Freiwilligkeit, III 2	42
E. Vorbehaltslosigkeit, III 2	43
F. Dritter, III 2	44
G. Weitere Einzelfragen, III 1, 2	45, 46
9) **Beratungshilfe, IV**	47

1) Systematik, I–IV. Die Vorschrift eröffnet die Gruppe der Regelungen einer **1** solchen Vergütung, die von der gesetzlichen abweicht, §§ 3a–4b. Ergänzend gelten die dort in Bezug genommenen Vorschriften verschiedener Gesetze. Die ganze Regelung ist auch eine Folge von BVerfG NJW 07, 979 = BGBl 495.

A. Schuldrechtsanteil. Das Vertragsverhältnis zwischen dem Auftraggeber und dem Anwalt unterliegt grundsätzlich den Regeln des Schuldrechts, Grdz 12 vor § 1. Das gilt unabhängig davon, ob es im Einzelfall einen Dienstvertrag über höhere Dienste darstellt, BGH NJW **87**, 316, oder einen solchen Auftrag, der eine Geschäftsbesorgung zum Gegenstand hat, einen Werkvertrag oder ein Vertragsverhältnis eigener Art mit mehreren Elementen der eben genannten Vertragstypen. Im Schuldrecht herrscht der Grundsatz der Vertragsfreiheit. Er gilt auch für die Art und Höhe der Vergütung sowie für ihre Fälligkeit. Ohne das RVG könnten die Vertragspartner die gesamten Vergütungsfragen in den Grenzen von BRAO und BORA frei aushandeln, Kilian BB **06**, 225. Nur eine Tätigkeit nach § 34 I führt evtl zur Anwendbarkeit des übrigen RVG. Sie führt aber evtl noch zur Geltung von § 612 BGB und macht dann (jetzt) § 3a unanwendbar, Rn 22, AG Lübeck NJW **07**, 3792.

B. Ausnahmecharakter. So betrachtet sind alle Festgebühren des RVG eine Aus- **2** nahme vom Grundsatz der Vertragsfreiheit und alle Rahmengebühren ebenfalls eine ihrerseits eingeschränkte Ausnahme von jenem Grundsatz. So betrachtet stellt § 3a in einem begrenzten Umfang nur den sachlichrechtlichen Grundsatz der Vertragsfreiheit wieder her.

C. Öffentlichrechtlicher Anteil. Allerdings enthält das Vertragsverhältnis zwi- **3** schen dem Auftraggeber und dem Anwalt stets auch ein solches Element, das über rein schuldrechtliche privatrechtliche Beziehungen hinausgeht. Denn der Anwalt wird als ein unabhängiges Organ der Rechtspflege tätig, § 1 BRAO, § 1 II BORA, BGH BB **87**, 1066. Diese Stellung gibt ihm besondere vor Rn 1 abgedruckte nationale wie internationale Rechte und besondere Pflichten. Sie wirkt sich auf den Charakter des gesamten Vertragsverhältnisses zum Auftraggeber aus, BGH BB **87**, 1066, so wie sie sich gegenüber dessen Prozeßgegner und auch gegenüber dem Gericht auswirkt.

D. Privatrechtlicher Hauptanteil. Trotz dieses im Interesse der Rechtspflege er- **4** heblichen öffentlichrechtlichen Elements bildet aber doch das privatrechtliche schuldrechtliche Element des Anwaltsvertrags sein Hauptmerkmal. Das gilt zumindest für den frei gewählten Anwalt. Es gilt weitgehend aber auch für den vom Gericht bestellten oder beigeordneten Anwalt. Das zeigt sich gerade auch im Bereich der Prozeßkosten-

RVG § 3a

hilfe usw. Denn selbst der dort beigeordnete Anwalt benötigt zum Tätigwerden grundsätzlich zusätzlich die entsprechende Vollmacht des Begünstigten. Das Gesetz läßt also den Beiordnungsvorgang keineswegs ausreichen. Es läßt vielmehr erst das auf Grund des Vertrauens des Begünstigten zustande kommende Vertragsverhältnis für die Tätigkeit des beigeordneten Anwalts und damit natürlich auch weitgehend für seine Vergütung maßgeblich werden.

Diese *Zusammenhänge* muß man bei der Auslegung des bei einer Anwaltstätigkeit nach § 1 I nicht abdingbaren zwingenden § 3a *berücksichtigen*. Sie haben zB eine erhebliche Bedeutung für die Frage der Zulässigkeit einer Vergütung unterhalb der gesetzlichen Beträge. § 138 BGB bleibt unberührt, BGH VersR **01**, 1235.

5 **2) Regelungszweck, I–IV.** Eine *über* den gesetzlichen Beträgen liegende Vergütung kann im Interesse einer hochstehenden Rechtspflege durchaus begrüßenswert sein, Hellwig AnwBl **98**, 623.

A. Qualitätsanreiz. Ein hohes Honorar kann die Arbeitslust und damit die Qualität der Leistung des Anwalts ganz erheblich steigern. Das kommt nicht nur seinem Auftraggeber durchaus zugute, sondern allen anderen Beteiligten und darüber hinaus dem Ansehen der Justiz insgesamt.

6 **B. Risiken.** Es entstehen dadurch aber auch Risiken und Gefahren für die Rechtspflege. Sie erfordert eine klare Sach- und Beweislage, BGH VersR **91**, 721. Das gilt jedenfalls insoweit, als der Anwalt seine Tätigkeit von der Zusage einer höheren als der gesetzlichen Vergütung in irgendeiner rechtlichen, wirtschaftlichen oder auch nur psychologischen Weise abhängig machen könnte. Trotz scharfer Konkurrenz und trotz freier Wahlmöglichkeit kann es für einen Auftraggeber triftige Gründe geben, gerade diesen Anwalt zu beauftragen, selbst wenn dieser Anwalt höhere als die gesetzlichen Gebühren fordert.

Der Auftraggeber mag zB *verhindern* wollen, daß ein weiterer Außenstehender in seine geschäftlichen Verhältnisse Einblick nimmt. Deshalb mag er gerade denjenigen Anwalt beauftragen „müssen", der diese Verhältnisse schon aus einem vorangegangenen Verfahren kennt. Es gibt auch vielfältige gesellschaftliche Verflechtungen, die den Auftraggeber nicht rechtlich, wohl aber faktisch nahezu zwingen, einen bestimmten Anwalt zu beauftragen. Dieser könnte durch die Forderung nach höheren als den gesetzlichen Gebühren seine Position unangemessen ausbauen.

7 **C. Ansehen der Rechtspflege.** Überdies ist es dem Ansehen der Rechtspflege nicht dienlich, wenn ein Auftraggeber unter Umständen lange nach demjenigen Anwalt suchen müßte, der noch für gesetzliche Gebühren arbeiten wollte. Selbst wenn die Konkurrenzsituation eine solche Entwicklung derzeit kaum befürchten läßt und selbst wenn das Gericht jedenfalls im Bereich des Zivilprozesses durch die Bestellung eines Notanwalts nach §§ 78b, c ZPO dem Bürger eine allzu demütigende Suche nach einem zu seiner Vertretung bereiten Anwalt ersparen kann, muß man die Grauzone eingrenzen. Sie liegt dort, wo der Auftraggeber zwar zur höheren als der gesetzlichen Vergütung zahlungsfähig, aber im Grunde nicht zahlungsbereit ist, andererseits aber den Notanwalt nicht beanspruchen kann oder will.

8 **D. Berufsfrieden.** Ob auch ein Berufsfrieden des Anwaltsstandes in Wahrheit ein Argument gegen eine allzu leichte Vereinbarkeit höherer als gesetzlicher Vergütungen wäre, kann zweifelhaft sein. Es besteht eine solche Wirtschaftsform, die zwar nur noch sehr eingeschränkt als „freie Marktwirtschaft" gelten kann, die aber doch aufbauend auf dem Schutz der freien Entfaltung der Persönlichkeit nach Art 2 GG dem Tüchtigeren seine Chance gibt und auf die Selbstregulierungskräfte eines Markts vertraut. Dann braucht man auch den Anwaltsberuf ebensowenig wie zB der Beruf des Arztes oder des Architekten schon deshalb in seiner Funktionsfähigkeit einzuschränken, weil auch dort Marktprinzipien herrschen, Art 12 GG, BVerfG **76**, 171 und 196.

Man kann sich auch nach der Neuregelung des Anwaltsrechts durch Änderungen der BRAO und durch die BORA nebst deren Anlage CCBE, alle abgedruckt vor Rn 1, teilweise des Eindrucks nicht erwehren, daß eigenartig anmutende *Berufsprivilegien* längst vergangener Zeiten zumindest unterschwellig sehr wohl immer noch eine gewisse Rolle spielen, wenn die Warnung vor einer allzu freien Aushandelbarkeit der Vergütung des Anwalts erklingt.

Abschnitt 1. Allgemeine Vorschriften **§ 3a RVG**

Weder das *Sozialstaatsprinzip* noch die Qualität der Rechtspflege müssen unbedingt leiden, wenn es Anwälte gibt, die es sich auf die Dauer mit Erfolg leisten können, ihre Dienste von solchen Honoraren abhängig zu machen, die nur der Begüterte zahlen kann. Sie können solche Erfolge nur durch erstklassige Leistungen erzielen, und ein paar mehr solcher Leistungen könnten sich rechtspolitisch segensreich auswirken und sind im Grunde bitter notwendig.

E. Anwaltsschutz. Indessen läßt sich natürlich nicht verkennen, daß gerade der 9 tüchtige, sorgfältige Anwalt durch eine erhebliche Beschränkung der freien Aushandelbarkeit seiner Vergütung doch auch wesentlich vor der Kommerzialisierung Schutz erhält. Je weniger er und die Kollegen überhaupt das Honorar aushandeln können, desto angenehmer kann er sich auf die Sacharbeit konzentrieren. Schon aus diesem Grund ist eine Begrenzung der Vereinbarkeit einer höheren als der gesetzlichen Vergütung meist wünschenswert. Eine rechtzeitig und ausreichend erfolgende Anpassung der gesetzlichen Gebühren und Auslagen an die wirtschaftliche Allgemeinentwicklung nach oben oder nach unten ist der für alle Beteiligten grundsätzlich bessere Weg.

Die *Entscheidungsfreiheit* des Auftraggebers dazu, ob er mehr als die gesetzliche Vergütung zahlen will, soll möglichst unangetastet bleiben. Auch das ist ein Zweck von § 3a, (zum alten Recht) Hamm OLGR **96**, 275.

3) Zulässigkeit, Notwendigkeit einer Vereinbarung, I–IV. Eine höhere als 10 die gesetzliche Vergütung einschließlich Auslagen kommt nur insofern in Betracht, als der Anwalt sie mit dem Auftraggeber vereinbart hat. Das gilt auch bei einem sog Dauermandat, dazu Schneider AnwBl **09**, 208 (Üb). Es gilt ferner bei § 34. Dazu ist auch ein Pflichtverteidiger befugt, BGH NJW **80**, 1394, nicht aber der nach §§ 121 ff ZPO beigeordnete Anwalt für seine von der Beiordnung erfaßte Tätigkeit, III 1. Das kann vor, während und theoretisch sogar nach der auftragsgemäßen Anwaltstätigkeit geschehen, Rn 74 ff, 78 ff. Das Gesetz gibt dem Anwalt zwar dann, wenn eine Festgebühr ein zu grobes Regelungsmittel wäre, bereits bei der Bestimmung der gesetzlichen Vergütung einen gewissen Spielraum, indem es lediglich eine Rahmengebühr schafft. Soweit der Anwalt aber auch diesen Spielraum für zu gering hält, muß er eine darüber hinausgehende Rahmengebühr oder Festvergütung wiederum nach § 3a vereinbaren.

A. Schutzzweck. Diese Regelung soll den Auftraggeber vor einer unüberlegten, 11 leichtfertigen oder unbewußten Eingehung von solchen Zahlungspflichten schützen, die ihm und darüber hinaus dem Ansehen der Rechtspflege schaden könnten, BGH VersR **91**, 721, Ffm AnwBl **83**, 513. Das Gesetz will den Auftraggeber vor einem allzu „schlechten Geschäft" mit dem Anwalt schützen. Es soll auch solche Streitigkeiten vermeiden, die bei einer Anhäufung dem Ansehen der Anwaltschaft schaden würden, BGH VersR **91**, 721, Ffm AnwBl **83**, 513, Kblz Rpfleger **77**, 107.

B. Zulässigkeitsgrenzen. Man kann die Zulässigkeit einer Honorarvereinbarung 12 bei einem Betriebsrat verneinen, BAG MDR **80**, 588. Dasselbe gilt beim Beisitzer einer Einigungsstelle, LAG Hamm NZA-RR **06**, 323 (nur § 76 a III BetrVG). Die Vereinbarung, daß ein anderer Mitarbeiter des Anwalts als die in § 5 Genannten ebenso wie die letzteren ein Honorar erhalten, ist kein Fall des I 1, Schlesw SchlHA **90**, 75. Im Zweifel muß der nach § 3a vergütbare Anwalt persönlich tätig werden, KG AGS **00**, 143, oder doch durch einen Sozius.

Die Möglichkeit, statt einer Vereinbarung einer höheren als der gesetzlichen Vergütung unter bestimmten Voraussetzungen eine gesetzliche Zusatzgebühr zu fordern, etwa als eine sog *Erschwernisgebühr*, ist bisher nur vereinzelt im geltenden Recht vorhanden, zB in § 4 I 2. Enthält die – wenn auch nur mündliche – Vereinbarung die Bedingung, daß eine etwa geringere gesetzliche Gebühr vorgeht, ist das keine Vereinbarung einer höheren Gebühr, LG Bln AnwBl **01**, 516.

Natürlich sind *allgemeine Vertragsvoraussetzungen* des BGB wie die Geschäftsfähigkeit, das Fehlen der Sittenwidrigkeit oder Arglist usw auch bei einer Honorarvereinbarung Bedingungen ihrer Zulässigkeit und Wirksamkeit. Auch eine Gebührenüberhebung auf Grund einer Vereinbarung kann nach § 352 StGB strafbar sein, aM BGH AnwBl **06**, 759 (aber auch dann „erhebt" der Anwalt bei einem unverkrampften Sprachgebrauch).

13 **4) Form der Vereinbarung, I 1–3.** Man darf nicht (mehr) zwischen einer nach I über das gesetzliche Maß hinausgehenden höheren und einer geringeren als der gesetzlichen Vergütung nach § 4 I 1 unterscheiden. Denn jede Vereinbarung einer Vergütung ist schon formell als solche nur insofern wirksam, als sie in einer Textform nach § 126 b BGB erfolgt, § 4 b S 1. Der Anwalt muß ihre Einhaltung beweisen. Diese Voraussetzungen gelten auch dann, wenn der Auftraggeber seinerseits ein Anwalt ist. Es kommt nicht darauf an, ob das Angebot zur Vereinbarung vom Auftraggeber oder vom Anwalt stammt. Die Vereinbarung muß auch dann die nachfolgenden Voraussetzungen erfüllen, wenn der Auftrag erst auf Grund einer als neuer Antrag geltenden verspäteten Annahme eines ursprünglichen Antrags nach § 150 I BGB oder erst auf Grund einer Annahme unter Erweiterungen, Einschränkungen oder sonstigen Änderungen zustande gekommen ist, § 150 II BGB.

Andererseits ist es nur erforderlich, daß die Vereinbarung in der erforderlichen *Form* schon und noch im Zeitpunkt des Abschlusses gerade dieser Vereinbarung vorliegt. Diese Vereinbarung kann selbst dann bestehenbleiben, wenn die Vertragspartner die schriftliche Erklärung des Auftraggebers sogleich anschließend einverständlich zerreissen, weil sie etwa aus Steuergründen nur eine andere „Vereinbarung" als ein bloßes Scheingeschäft treffen, BGH VersR **91**, 721. Eine Vorlegbarkeit ist nur beim Streit oder im Urkundenprozeß erforderlich, BGH VersR **91**, 721.

14 Ein *Formverstoß* führt grundsätzlich zur Geltung nur der gesetzlichen Vergütung, (jetzt) § 4 b S 1, Ffm AnwBl **83**, 513, Köln OLGR **93**, 166, Kilian NJW **05**, 3104. Der Anwalt muß dann natürlich eine Berechnung nach § 10 erteilen, Düss MDR **03**, 58, AG Bln-Spandau AGS **03**, 444. Zur Arglist bei Berufung auf einen Formverstoß vgl § 242 BGB.

15 **A. Textform, I 1.** Nicht (mehr) nur die Erklärung des Auftraggebers braucht eine Form zur Wirksamkeit, sondern (jetzt) die gesamte Vergütungsvereinbarung. Erforderlich ist die Textform. I 1 verweist dazu zwar nicht ausdrücklich auf § 126 b BGB. Dessen Anwendbarkeit ergibt sich aber aus dem Charakter des Anwaltsvertrags nach Rn 1.

Textform bedeutet daher: Es muß eine Urkunde oder eine andere solche Unterlage vorliegen, die zur dauernden Wiedergabe in Schriftzeichen geeignet ist. Es muß eine Benennung der Personen aller Vereinbarungspartner erfolgen. Der Abschluß der Gebührenvereinbarung muß durch Nachbildungen der Namensunterschriften oder anders erkennbar sein.

Ausreichend sind Papier, BGH NJW **09**, 3301, Diskette, CD-Rom, E-mail oder Computerfax, LG Kleve RR **03**, 196, Pal/Ellenb § 126 b BGB Rn 3. Die Möglichkeit des Speicherns oder Ausdruckens reicht. Beim Internet ist ein Download nötig, Hbg RR **07**, 839, KG NJW **06**, 3215, Pal/Ellenb 3, aM Neuß/Volmert ZGS **06**, 3633, Zenker JZ **07**, 816 (auch Download reicht nicht). § 130 BGB bleibt beachtbar. Eine mechanisch hergestellte Unterschrift reicht. Sie ist aber nicht nötig, Hamm RR **07**, 852. Ein Abschluß muß erkennbar sein, Pal HEllenb 5.

16 Der Auftraggeber muß sich spätestens im Zeitpunkt der Unterschrift darüber *im klaren gewesen* sein, daß er eine höhere als die gesetzliche Vergütung zahlen solle, Ffm AnwBl **83**, 513. Sofern der Anwalt den Auftraggeber nicht zumindest in einem Zweifelsfall auf diesen Umstand hingewiesen hat, kann man eine Erklärung des Auftraggebers nur ausnahmsweise als wirksam ansehen, Ffm AnwBl **83**, 513, aM LG Mü NJW **75**, 937 (aber man muß in Formfragen stets streng sein). Eine Blanko-Unterschrift reicht keineswegs, Düss AnwBl **02**, 432, ebensowenig ein Wechsel, Düss RR **93**, 948. Der Auftraggeber braucht allerdings nicht zu wissen, daß der Anwalt auf eine höhere als die gesetzliche Vergütung ohne eine wirksame Vereinbarung keinen Anspruch hat, BGH NJW **04**, 2818, Heinze NJW **04**, 3671. Ein Telefax ist ausreichend, auch mit eingescannter Unterschrift, BGH NJW **00**, 2340.

Ein abstraktes *Schuldanerkenntnis* ohne jeden Hinweis auf den Schuldgrund trotz einer etwaigen Kenntnis des Erklärenden darüber, für welche Tätigkeit das Anerkenntnis gelten soll, ist wegen der grundsätzlichen Notwendigkeit der Angabe des Schuldgrunds in der Erklärung selbst unzureichend, Düss AnwBl **98**, 102. Ein bloßer Schuldbeitritt genügt meist nicht, BGH VersR **91**, 720. Man kann das Honorar in einer ausländischen Währung vereinbaren, BGH VersR **91**, 721.

Abschnitt 1. Allgemeine Vorschriften **§ 3a RVG**

Eine *Änderung* der Vereinbarung ist nur insofern wirksam, als beide Partner auch 17 ihr Einverständnis zur Änderung in Textform abgegeben haben. Die Erklärung eines Dritten für den Auftraggeber braucht ebenfalls (jetzt) die Form, BGH NJW **91**, 3095. Sie bindet dann grundsätzlich nur den Dritten, LG Bln AnwBl **82**, 262. Etwas anderes gilt natürlich beim gesetzlichen oder rechtsgeschäftlichen Vertreter, soweit die Vollmacht ihrerseits wirksam erfolgte oder soweit eine wirksame nachträgliche Genehmigung erfolgte. Eine solche des Betreuungsgerichts ist grundsätzlich nicht nötig. Eine Ausnahme kann bei einer vergleichsweisen Vereinbarung wegen § 1822 Z 12 BGB vorliegen.

Unzureichend ist jedenfalls eine nur mündliche oder nur telefonische Erklärung oder Bestätigung, BGH NJW **91**, 3095, Hbg MDR **78**, 936.

B. Nicht in der Vollmacht, I 2 Hs 3. Die Vereinbarung nach Rn 15–17 darf 18 sich nicht in der Prozeßvollmacht befinden. Das gilt auch bei einer handschriftlichen Prozeßvollmacht. Ein Formular ist freilich unter den Voraussetzungen Rn 19 ff unschädlich, BGH NJW **09**, 3302, Heinze NJW **04**, 3670. Eine räumliche Trennung der Vereinbarung von anderem Text ist nicht (mehr) nötig, Heinze NJW **04**, 3670.

C. Bezeichnung als Vergütungsvereinbarung usw, I 2 Hs 1. Auch dann, 19 wenn der Auftraggeber die in I 1 genannte Vereinbarung „verfaßt" hat, muß sie zur Gültigkeit die Bezeichnung „Vergütungsvereinbarung" oder eine vergleichbare Bezeichnung erhalten. I 2 Hs 1 meint: Die Bezeichnung muß mit dem Wort „Vergütungsvereinbarung" oder einem vergleichbaren Ausdruck klarstellen, daß sich der Auftraggeber über den Charakter der Abrede klar ist.

Unschädlich ist unter diesen Bedingungen zB eine Erklärung in einem solchen Schriftstück, das sich nach seiner äußeren Aufmachung als ein Formular darstellt, das also dazu dient, öfter verwendet zu werden, selbst wenn es zB mit einer Schreibmaschine oder mit einem anderen Vervielfältigungsgerät entstand. Es mag das Wort „Vergütungsvereinbarung" durch ein anderes Wort ersetzbar sein, etwa „Honorarvertrag" oder „Honorarabrede" oder „Honorarvereinbarung", (zum alten Recht) AG Gemünden JB **07**, 306, auch „Gebührenvertrag", evtl sogar nur „Honorarschein" oder „Vergütung" oder gar nur „Gebührenforderung". Es kann auch sogar das Wort „einverstanden" unter einer vom Partner als „Vergütungsvereinbarung" überschriebenen inhaltlich ausreichenden Urkunde reichen. Natürlich muß stets ganz eindeutig erkennbar sein, für welche bestimmte Anwaltstätigkeit die Vereinbarung gelten soll. Zu den Begriffen Henke AnwBl **07**, 611.

D. Deutliche Abgrenzung von anderen Vereinbarungen, I 2 Hs 2. Die Gebührenvereinbarung ist auch bei einer Einhaltung der Bedingung Rn 19 nur dann 20 gültig, wenn sie mit Ausnahme der Auftragserteilung eine deutliche Abgrenzung von anderen Vereinbarungen zeigt, I 2 Hs 2. Das ist eine geringere Bedingung als nach dem früheren § 3 I 1 BRAGO, nach dem in einem Formular überhaupt keine anderen Erklärungen enthalten sein durften, (zum alten Recht) BGH NJW **04**, 2819. Die in der Praxis vorherrschende Prozeßvollmacht ist also trotz Rn 18 dann zulässig, wenn sie nur im hier interessierenden Teil die nach Rn 19 erforderliche Bezeichnung trägt und wenn sich diese Gebührenvereinbarung von der übrigen Prozeßvollmacht usw „deutlich absetzt".

Ob ein *eigener Absatz* im grammatikalischen Sinn stets als eine derartige Abgrenzung ausreicht, ist zweifelhaft. Man sollte sich insbesondere bei einem umfangreichen Formulartext dringlich darum bemühen, die Gebührenvereinbarung und deren Bezeichnung optisch so scharf zu sondern, daß der Auftraggeber beim besten Willen nicht überzeugend behaupten kann, die Vergütungsvereinbarung nicht gewollt zu haben. Er trägt im Zweifel die Beweislast dafür, daß er eine *niedrigere* Vergütung als die gesetzliche vereinbart hatte. Für eine *höhere* bleibt es bei der Beweislast des Anwalts.

In diesen Grenzen sind *andersartige* selbständige Erklärungen unschädlich, auch zB eine früher an dieser Stelle verbotene Gerichtsstandsvereinbarung wegen aller etwaigen Streitigkeiten oder wegen etwaigen Streits über die Honorarvereinbarung, (zum alten Recht) Mü NJW **93**, 3336, oder eine Nebenabrede über den Auslage oder eine Fälligkeit etwa im üblichen Honorarschein oder eine Quittung über den Erhalt eines Exemplars der Vereinbarung, (zum alten Recht) BGH AnwBl **78**, 227, aM Düss MDR **00**, 420 (aber das alles wirkt auf einen verständigen Auftraggeber weder verwirrend noch ablenkend). Ein Empfangsbekenntnis kann bei einer Einhaltung der vorgenannten deutlichen Abgrenzung der Gebührenvereinbarung unschädlich sein, BGH NJW **09**, 3302, GSchm 71, aM Düss MDR **03**, 58 (zu formell). Soweit der Auftraggeber zumindest die *Prozeßvollmacht* auf einem besonderen Schriftstück erteilt hat, ist die Gebührenvereinbarung nach I 2 auch dann zulässig, wenn sie zusammen mit weiteren andersartigen Erklärungen in einem weiteren Schriftstück vorliegt, etwa zusammen mit der Information oder mit dem Auftrag, LG Mü NJW **75**, 937. Die vorstehenden Regeln gelten auch für eine nachträgliche Änderung der ursprünglichen Gebührenvereinbarung.

21 **E. Hinweis auf Grenzen der Erstattbarkeit, I 3.** Die Vergütungsvereinbarung muß auch einen Hinweis darauf enthalten, daß weder der Gegner noch ein anderer Beteiligter noch die Staatskasse grundsätzlich („regelmäßig") mehr als die gesetzliche Vergütung erstatten muß. Das ergibt sich auf Grund des Prinzips der Erstattbarkeit nur im Rahmen des gesetzlich Notwendigen, zB im Zivilprozeß nach § 91 I 1, II 1, BLAH dort Rn 28 ff, 158 ff, aM Schlosser NJW **09**, 2415. Der Hinweis nach I 3 braucht natürlich nur dieses Prinzip zu nennen und keinen Kommentar zu den zahllosen Einzelfragen und zu Ausnahmen zu geben. Es muß aber eindeutig erkennbar sein, daß alle Gebührenvereinbarungen oberhalb des Gesetzlichen nur im Innenverhältnis zwischen Anwalt und Auftraggeber verbindlich sein können.

22 **5) Unanwendbarkeit bei Vereinbarung nach § 34, I 4.** Die Vorschrift stellt klar, daß I 1, 2 nicht bei einer Gebührenvereinbarung nach § 34 gelten. Diese Bestimmung erwartet eine solche Vereinbarung bei einem mündlichen oder schriftlichen Rat oder einer Auskunft ohne eine andere gebührenpflichtige Tätigkeit. Sie gilt ferner bei einem schriftlichen Gutachten. Sie gilt schließlich bei einer Tätigkeit als Mediator. Zu allen diesen Bereichen § 34 Rn 4 ff. Dann gelten zur Gebührenvereinbarung § 34 Rn 27 und ohne eine solche § 34 Rn 30 ff mit Vorrang (nur) vor § 3 a I 1, 2.

23 **6) Inhalt der Vereinbarung, I.** Die Vereinbarung einer höheren als der gesetzlichen Vergütung muß einen klaren unmißverständlichen Inhalt oder Berechnungsmaßstab haben, (je zum alten Recht) Ffm AnwBl **88**, 120, Hamm AnwBl **86**, 452. Es muß eindeutig feststellbar sein, daß man eine höhere als die gesetzliche Vergütung vereinbart hat. Das läßt sich meist erst ab dem Klarstehen der gesetzlichen Vergütung und daher erst am Ende der Anwaltstätigkeit errechnen, BGH NJW **04**, 2819. Es muß ferner eindeutig feststehen, für welche anwaltliche Tätigkeit der Auftraggeber die höhere als die gesetzliche Vergütung zahlen soll, Naumb NJW **09**, 1679. Wegen des Eingriffs in Art 12 GG darf man die Anforderungen an die Bestimmtheit freilich nicht überspannen, BVerfG NJW **02**, 3314. §§ 133, 157 BGB sind anwendbar. Bei einer vorzeitigen Erledigung kann eine Herabsetzung nach § 628 I 1 BGB oder zumindest nach (jetzt) II infragekommen, BGH NJW **87**, 315, Düss MDR **85**, 845, Zweibr AGS **99**, 26. § 628 I 1 BGB ist freilich abdingbar, Düss MDR **85**, 845. Im Zweifel liegt keine Vereinbarung nach (jetzt) § 3 a vor, AG Bln-Spandau AGS **03**, 444. Im übrigen gelten die folgende Regeln.

24 **A. Bestimmte Höhe, I.** Erforderlich ist die Vereinbarung einer einigermaßen mühelos möglichen Methode einer ziffernmäßigen Errechnung, Hamm AnwBl **86**, 452. Es muß auch klar sein, für welchen Tätigkeitsabschnitt die Vereinbarung gilt und für welchen nicht, AG Bln-Spandau AGS **03**, 444. Auch § 307 II BGB (Transparenzgebot) zwingt zur Erkennbarkeit der Leistung des Auftraggebers, Ffm OLGR **00**, 97. Die Vereinbarung kann die Vergütung in einer im frühestmöglichen Zeitpunkt in EUR oder sonstwie bestimmten oder ohne weiteres bestimmbaren Höhe festlegen, BVerfG NJW **02**, 3314. Es gibt verschiedene Arten von Honorarvereinbarungen, Winkler Festschrift für Madert (2006) 239 (ausf).

25 **B. Beispiele zur Frage der Zulässigkeit einer Vereinbarung, I**
Abtretung: Rn 26 „Mehrheit von Auftraggebern".
Angelegenheitenzahl: Ihre Vereinbarung ist zulässig, Düss OLGR **93**, 160.
„Angemessene Vergütung": Ihre bloß so formulierte Vereinbarung zur Gebühr oder zum Gegenstandswert oder zu Auslagen ist *unzulässig*, Hamm AnwBl **86**, 452. Vgl aber Rn 35.

Abschnitt 1. Allgemeine Vorschriften § 3a RVG

Anrechnung: Ihr Abbedingen ist zulässig, ebenso ihre Vornahme.
Auslagen: Ihr vom Gesetz abweichende Vereinbarung ist zulässig.
Soweit die Partner eine höhere Vergütung vereinbaren, sind entsprechend höhere *Auslagen* inbegriffen, § 1 I 1. Sie können aber auch vereinbaren, daß nur die Gebühren höher als die gesetzlichen liegen sollen. Ebenso ist eine Vereinbarung zulässig, daß man nur die Auslagen in einem weiteren Umfang als nach dem Gesetz erstatten muß. Das kann sich zB auf die Höhe von Reisekosten oder von Tagegeldern beziehen.
Freilich müssen sich die vereinbarten Beträge wenigstens im *Rahmen des Möglichen* halten. Andernfalls würden die Partner in Wahrheit gar keine „Auslagen" vereinbaren. Gerade auch bei einer Auslagenvereinbarung darf man die Anforderungen nicht überspannen, Rn 24. „Spesen" meint Auslagen oder Unkosten in Verbindung mit der Erledigung des Auftrags, BVerfG NJW **02**, 3314 (verfassungsgemäß). Ein Pauschbetrag für Auslagen umfaßt im Zweifel auch diejenigen nach (jetzt) VV 7000–7005, LG Kblz AnwBl **84**, 206. Die Mehrwertsteuer zählt nach VV 7008 zu den Auslagen und steckt im Zweifel daher im vereinbarten Pauschbetrag der „Vergütung" wie der „Auslagen", Kblz OLGZ **79**, 230, LG Kblz AnwBl **84**, 206.
Ausschluß gesetzlicher Vergütung: Seine bloße Vereinbarung mit oder ohne einen Zusatz der Vereinbarung einer „höheren" Vergütung ist *unzulässig*.
Dienstleistung: Rn 26 „Sach- oder Dienstleistung".
Fälligkeit: Die Vereinbarung zB ihres früheren oder späteren Eintritts ist zulässig. Eine frühere bedeutet wegen einer früheren Verfügungs- oder Verzinsungsmöglichkeit eine Honorarerhöhung. Sie erfordert daher nach I 1 eine Textform der Gebührenvereinbarung.
Fahrzeit: Ihre Vereinbarung ist zulässig, Hamm JB **02**, 638.
Festbetrag: Seine Vereinbarung ist zulässig, BGH NJW **80**, 1852, LG Aachen AnwBl **99**, 412.
Gegenstandswert: Seine Vereinbarung ist zulässig. Das gilt bei einer Unterschreitung des gesetzlichen Werts. Es gilt auch bei seinem Überschreiten, Hamm AnwBl **86**, 452, LG Düss JB **91**, 531, LG Köln BB **99**, 1929 (wegen grenzüberschreitender Tätigkeit 3.3.4 CCBE, abgedruckt vor Rn 1). Daran ändert auch § 22 II nichts. Denn sein S 1 Hs 2 läßt den Vorrang von § 3a bestehen. Das Fehlen eines Hinweises nach § 49b V BRAO, abgedruckt vor Rn 1, kann im Extremfall einen Honoraranspruch entfallen lassen, Saarbr JB **08**, 30. Der Auftraggeber muß das Fehlen beweisen, Düss AnwBl **09**, 70.
S auch „Angemessene Vergütung".
Gesetzwidrigkeit: § 134 BGB bleibt unberührt, Rn 4.
Grenzüberschreitende Tätigkeit: S „Gegenstandswert".
Höchstgrenze: Eine Vereinbarung zu ihr ist zulässig, etwa ihr Abbedingen. S auch Rn 26 „Rahmenobergrenze".
Höchstsatz: Seine Vereinbarung ist zulässig.
„Höhere Vergütung": Eine bloße derartige Vereinbarung ist mangels Bestimmtheit *unzulässig*.
Internetauktion: BVerfG NJW **08**, 1298 leitet aus Art 12 GG ihre Zulässigkeit bei einer Anwaltsleistung ab.
Mehrfaches der gesetzlichen Gebühr: Seine Vereinbarung ist begrenzt zulässig, **26** Rn. 29.
Mehrheit von Auftraggebern: Die Vereinbarung einer zu bestimmenden Mehrheit ist zB statt des nach außen allein auftretenden Treuhänders oder neuen Gläubigers zulässig.
Mehrwertsteuer: Rn 25 „Auslagen", Rn 26 „Umsatzsteuer".
Minutensatz: S „Zeithonorar".
Pauschale: Ihre Vereinbarung ist wie bei Rn 25 „Festbetrag" grds zulässig. Zur Problematik einer Pauschale für die Beratung aller Betriebsangehörigen BGH NJW **82**, 2329.
Prozentualer Zuschlag: Seine Vereinbarung ist zulässig.
Rahmenobergrenze: Ihre Vereinbarung ist zulässig, unabhängig vom Umfang und von der Schwierigkeit des Falls usw, BGH AnwBl **78**, 227.
Rentenzahlung: Ihre Vereinbarung als Honorar ist zulässig.

1333

RVG § 3a

Sach- oder Dienstleistung: Ihre Vereinbarung statt Geld ist zulässig.
Sittenwidrigkeit: § 138 BGB bleibt unberührt, Rn 4.
Stundensatz: S „Zeithonorar".
Treuhand: S „Mehrheit von Auftraggebern".
Übergangsrecht: Die Vereinbarung einer Abweichung vom gesetzlichen Übergangsrecht ist zulässig.
Umsatzsteuer: Eine Vereinbarung ist zulässig, daß man die Umsatzsteuer anders als nach VV 7008 dem Auftraggeber gegenüber berechnen darf. Das darf freilich nicht gegen das UStG verstoßen. Im Zweifel enthält das vereinbarte Honorar die Umsatzsteuer, Karlsr OLGZ **79**, 230, LG Kblz AnwBl **84**, 206.
Vielfaches der gesetzlichen Gebühr: S „Mehrfaches der gesetzlichen Gebühr".
Wartezeit: Ihre Vereinbarung ist zulässig, Hamm JB **02**, 638.
Wert: Rn 25 „Angemessene Vergütung", „Gegenstandswert".
Zeithonorar, dazu *Hommerich/Kilian* NJW **09**, 1569 (Üb mit Tabelle): Seine Verabredung ist zulässig, BVerfG AnwBl **09**, 650 (es darf keine Pauschale werden). Ffm OLGR **93**, 307, Soldan Institut AnwBl **06**, 473 (Üb). Das gilt zB bei einem Minutensatz, BGH AnwBl **09**, 554 (auch zu den Grenzen), Ffm AnwBl **98**, 661 (evtl Verstoß gegen § 1 UWG bei bestimmten Telefonnummern). Es gilt auch bei einem 15-Minuten-Takt, BGH AnwBl **09**, 554 (auch zu den Grenzen), Schlesw AnwBl **09**, 555, aM Düss AnwBl **06**, 770 (Verstoß gegen § 307 BGB, so zu streng). Es gilt bei einem Stundensatz, Celle RR **04**, 492, Ffm RR **00**, 1368, LG Köln BB **99**, 1929. Denn das ist gerade eine der häufigsten Arten von Vereinbarungen. Sie hat sich völlig durchgesetzt.

Freilich muß der voraussichtliche *Gesamtaufwand* dabei erkennbar sein, Ffm RR **00**, 1368. Auch muß der Auftraggeber irgendwie die Leistungsbeschreibung einer Zeitberechnung überprüfen können, Düss AnwBl **06**, 770.
Zusatzgebühr: Ihre Vereinbarung ist zulässig, BGH AnwBl **78**, 227.

27 **7) Herabsetzung, II.** Soweit die Parteien eine über die gesetzliche Vergütung hinausgehende Vergütung wirksam vereinbart haben und daher kein Formmangel nach Rn 1 ff und keine Nichtigkeit vorliegt, kann der Auftraggeber unter den Voraussetzungen II im Honorarprozeß des Anwalts gegen ihn oder in einem eigenen Prozeß als Kläger eine Herabsetzung bis zur Höhe der gesetzlichen Vergütung und nicht darunter erreichen, BGH **162**, 101 (zum alten Recht). Dasselbe gilt bei einer nach § 4 III 1 festgesetzten oder bei einer nach § 4a vereinbarten Vergütung. Dabei ist § 628 I 1 BGB grundsätzlich vorrangig. BGH NJW **97**, 2388 wendet (jetzt) II auch auf eine Vereinbarung mit einem Dritten an, zB mit dem Gegner des Auftraggebers. Aber äußerste Vorsicht! Zuständig ist das Prozeßgericht. Im einzelnen ist die Herabsetzung auf die gesetzliche Vergütung vom Zusammentreffen der folgenden Voraussetzungen abhängig.

Die *Beweislast* für eine niedrigere als die gesetzliche Vergütung liegt beim Auftraggeber, Düss OLGR **01**, 260 (angebliche Unentgeltlichkeit), Mü NJW **84**, 2537.

28 **A. Unangemessene Höhe, II 1.** Die vereinbarte oder nach dem klaren Gesetzestext sogar auch eine von dem Vorstand der Anwaltskammer festgesetzte oder nach § 4a als Erfolgshonorar vereinbarte Vergütung muß unter einer Berücksichtigung aller Umstände nach Treu und Glauben unangemessen hoch sein, (je zum alten Recht) BGH **162**, 101, Hamm JB **02**, 638. Es muß ein auffälliges Mißverhältnis bestehen, (zum alten Recht) BGH **162**, 101. Es muß ein unzumutbarer Unterschied zwischen der Forderung und einer Angemessenheit bestehen, Köln NJW **98**, 1960, LG Aachen AnwBl **99**, 412, LG Bln JB **91**, 530. Maßgeblich ist weder die Sicht des Auftraggebers noch diejenige des Anwalts, sondern ein möglichst objektiver Maßstab. Man muß dabei beachten, daß die Vergütung auch eine Hingabe an Erfüllungs Statt einschließt.

29 **B. Beispiele zur Frage einer Unangemessenheit, II 1**
Aufwand: Der Begriff einer allgemein aufwandsangemessenen Vergütung ist nicht überzeugend, aM BGH NJW **03**, 3486 (aber der Akzent liegt besser nicht beim Aufwand, sondern bei der Kopfarbeit, also bei der Leistung).
S aber auch Rn 32 „Zeitaufwand".
Bedeutung: Beachtbar sein kann die Bedeutung der Sache für den Auftraggeber.

Beweislast: Im Prozeß muß der Anwalt den Umfang und Schwierigkeitsgrad seiner Leistung darlegen und beweisen, LG Karlsr AnwBl **83**, 178. Dazu genügt nicht eine bloße Bezugnahme auf Akten, Ffm AnwBl **88**, 120. Der Auftraggeber muß die Unangemessenheit der Leistung beweisen. Es kann ein Anscheinsbeweis wie stets vorliegen, BGH **144**, 343.

Erfolg: Beachtbar sein kann der Umfang des Erfolgs der Auftragstätigkeit.

Erledigung: Beachtbar sein kann die Entwicklung des Auftrags zB bei einer vorzeitigen Erledigung.

Erwerbsverlust: Beachtbar sein kann ein sonstiger Erwerbsverlust des Anwalts infolge dieses Auftrags.

Gesetzliche Vergütung: Man muß die gesetzliche Vergütung zwar ebenfalls im Prinzip mitberücksichtigen. Sie trägt den vorgenannten Umständen aber als eine Pauschgebühr oft nicht genug Rechnung. Deshalb gibt sie meist keinen ausreichenden Anhalt für die Beurteilung der Frage, ob die Vergütung angemessen ist, BGH NJW **97**, 2388, Henssler NJW **05**, 1538. Freilich muß der Anwalt bei mehr als dem Fünffachen der gesetzlichen Vergütung die Vermutung der Unangemessenheit durch extreme Umstände entkräften, BGH **162**, 101 (krit Henke AnwBl **08**, 58), Ffm AnwBl **06**, 216 (krit Henke). Denn sonst kann eine derart überhöhte Vergütung wucherisch oder sittenwidrig und deshalb ungültig sein. Erst gegen das Gutachten mag man dann II 1 anwenden dürfen. Das gilt besonders in einer Strafsache, Hamm JB **02**, 638. Das gilt, soweit nicht etwa § 464 II StPO entgegensteht. Soweit der Anwalt bei einer Rahmengebühr innerhalb des Rahmens geblieben ist, ist II 1 zunächst unanwendbar. Dann muß man zunächst nach § 14 II vorgehen. Die gesetzliche Vergütung bildet stets die Untergrenze.

Haftungsrisiko: Beachtbar sein kann ein besonderes Haftungsrisiko des Anwalts, Schwan/Jüngel AnwBl **06**, 269.

Höhe: LG Köln AnwBl **99**, 703 billigt einen Stundensatz von 300 EUR + MWSt. AG Hbg AGS **00**, 81 billigt einen Stundensatz von 200 EUR. LG Mü NJW **75**, 938 (zustm Chemnitz) hielt einen Stundensatz von (jetzt ca) 40 EUR nicht für offenbar unangemessen. BGH **77**, 250 hält das 10fache der gesetzlichen Vergütung zwecks Abwendung der Insolvenz für tragbar. LG Bln AnwBl **82**, 262 hält bei einem Rauschgiftfall den 6fachen Satz der gesetzlichen Vergütung nicht für unangemessen. BGH AnwBl **09**, 389 schwankt beim 5fachen Satz. Hamm JB **08**, 307, Köln NJW **98**, 1961 halten das 5–6fache nicht für unangemessen hoch. BVerfG AnwBl **09**, 650, LG Düss JB **91**, 532 sehen die Vereinbarung des Fünffachen des gesetzlichen Gegenstandswerts als nicht zu hoch an. LG Karlsr AnwBl **83**, 179 hielt (jetzt ca) 1500 EUR zusätzliche (jetzt) Terminsgebühr für jeden Verhandlungstag für zulässig.

Hotline-Beratung: Sie kann unstatthaft sein, Mü DB **00**, 919. Vgl aber auch Rn 25.

Persönliche Verhältnisse: Beachtbar sein können die persönlichen Verhältnisse des Auftraggebers.

Rahmengebühr: Rn 30 „Gesetzliche Vergütung".

Ruf: Beachtbar sein kann das berufliche Ansehen des Anwalts, Hamm JB **02**, 638.

Schwierigkeit: Beachtbar ist die Schwierigkeit des Falls, Mü DB **00**, 919.

Sonderhonorar: Beachtbar sein kann ein Sonderhonorar für einzelne Tätigkeiten des Anwalts innerhalb seiner Auftragsbearbeitung.

Spezialkenntnis: Beachtbar sein kann der Grad der Spezialkenntnis des Anwalts.

Umfang: Beachtbar sein kann der Umfang der Sache, Mü DB **00**, 919.

Verantwortlichkeit: Beachtbar sein kann der Verantwortungsgrad beim Anwalt.

Wirtschaftliche Verhältnisse: Beachtbar sein können die wirtschaftlichen Verhältnisse des Auftraggebers.

Zeitaufwand: Beachtbar sein kann der Grad des Zeitaufwands des Anwalts, Hamm AnwBl **97**, 723.

S aber auch Rn 29 „Aufwand".

Zeitpunkt: Maßgebend ist der Zeitpunkt der Fälligkeit nach § 8, also meist der Zeitpunkt der Erledigung des Auftrags. Denn II durchbricht das an sich auch beim Anwaltsvertrag beachtbare Prinzip pacta sunt servanda, Schwan/Jüngel AnwBl **06**, 269.

RVG § 3a X. Rechtsanwaltsvergütungsgesetz

Ziel: Beachtbar sein kann das wirtschaftliche oder immaterielle Ziel des Auftraggebers.

33 **C. Gutachten bei geplanter Herabsetzung, II 2 Hs 1.** Ein Gutachten derjenigen Anwaltskammer, der der Anwalt angehört, um dessen Vergütung es geht, ist in einer Abweichung von § 14 II nur dann notwendig, soweit das Gericht erwägt, die vereinbarte Vergütung irgendwie herabzusetzen, Köln NJW **98**, 1961, LG Karlsr AnwBl **83**, 178, Schneider NJW **04**, 193. Es genügt, daß die Herabsetzung nur in einem von mehreren Punkten erfolgen soll oder daß die Herabsetzung auf einen solchen Betrag erfolgen soll, der immer noch mehr ausmacht als die gesetzliche entsprechende Vergütung. Das alles gilt auch vor einem Versäumnisurteil.

Unanwendbar ist II 2 Hs 1, soweit der Anwalt eine Herabsetzung anerkennt oder die Parteien sich vergleichen oder die Entscheidungserheblichkeit der Unangemessenheitsfrage fehlt.

34 **D. Kein Gutachten bei § 4 III 1, § 3 a II 2 Hs 2.** Ein Gutachten ist dann nicht erforderlich, wenn die Vertragspartner vereinbart haben, der Anwalt solle die Vergütung in seinem Ermessen festsetzen, § 4 III 1, oder ein Vertragspartner solle das tun. Wenn sie die Festsetzung der Vergütung in das Ermessen der Anwaltskammer gestellt hatten, kommt ihr Gutachten also nicht zwingend in Betracht. Das Gericht sollte der Anwaltskammer aber vor einer Abweichung von ihrem vorprozessualen Gutachten eine Gelegenheit zur erneuten Stellungnahme geben.

35 **E. Verfahren bei Gutachten, II 2, 3.** Es gilt dasselbe wie bei § 14 II. Vgl daher dort.

36 **F. Weitere Einzelfragen, II 2, 3.** Eine Herabsetzung ist auch noch nach einer Zahlung zulässig. Sie ist auch nach dem Abschluß eines außergerichtlichen Vergleichs zulässig. Denn der Anspruch auf eine Herabsetzung bis auf die gesetzliche Vergütung ist unverzichtbar. Es handelt sich nämlich um eine öffentlichrechtliche Möglichkeit. Aus einer Herabsetzung kann sich nach §§ 812 ff BGB eine Rückzahlungspflicht des Anwalts ergeben. Auch eine außergerichtlich verglichene Vergütung läßt sich ganz ausnahmsweise noch weiter herabsetzen (Vorsicht!). Eine Verwirkung ist nur unter besonderen Umständen denkbar. Man kann die Herabsetzung mit einer Gestaltungsklage fordern oder im Rechtsstreit des Anwalts gegen den Auftraggeber einwenden. Das Gericht muß eine Unangemessenheit der Vereinbarung von Amts wegen berücksichtigen. Das Gutachten ist kostenlos, II 3, LG BadBad Rpfleger **01**, 324.

Soweit die Voraussetzungen des § 138 BGB vorliegen, muß man die Vereinbarung als gänzlich *nichtig* ansehen, Köln VersR **98**, 520, LG Aachen AnwBl **99**, 412, LG Mü NJW **75**, 937. Freilich kann § 139 BGB anwendbar sein. Die Androhung des Anwalts, er werde mangels einer ihm genehmen Honorarvereinbarung das Mandat niederlegen, ist insofern nicht widerrechtlich, als der Anwalt ein berechtigtes Interesse an einer über die gesetzliche Vergütung hinausgehenden Vergütung hatte, BGH AnwBl **78**, 228.

Formularmäßige Mandatsbedingungen unterliegen (jetzt) §§ 307 ff BGB und können die Anwaltsvergütung keineswegs beliebig regeln, Bunte NJW **81**, 2657. Zum Verhältnis zum vorrangigen § 628 I 1 BGB BGH NJW **87**, 316. Diese Vorschrift verdrängt aber (jetzt) den § 3 a II RVG keineswegs stets ganz, Düss AnwBl **85**, 201, aM RS 37, SchGei 44 (Gleichrang).

37 **8) Prozeßkostenhilfe, III.** Es empfehlen sich vier Prüfschritte.

A. Grundsatz: Nichtigkeit einer Vereinbarung höherer Vergütung innerhalb Beiordnung, III 1. Zwar ist der vom Gericht im Weg der Prozeßkostenhilfe usw beigeordnete Anwalt grundsätzlich auf den zusätzlichen Abschluß eines Vertrags mit dem Begünstigten und auf dessen entsprechende Prozeßvollmacht angewiesen und dementsprechend auch zur Übernahme des Mandats grundsätzlich nicht verpflichtet. Gleichwohl bewirkt die Bewilligung der Prozeßkostenhilfe unter anderem, daß der beigeordnete Anwalt im Umfang der Beiordnung einen Vergütungsanspruch gegen die Partei jedenfalls zunächst nicht geltend machen kann, § 122 I Z 3 ZPO. Er hat ja einen Anspruch auf die Zahlung seiner Gebühren und Auslagen gegenüber der Staatskasse, §§ 45 ff RVG.

38 Deshalb bestimmt III 1, daß eine Vereinbarung über eine höhere als die gesetzliche Vergütung zwischen dem beigeordneten Anwalt und der begünstigten Partei für die

Abschnitt 1. Allgemeine Vorschriften § 3a RVG

von der Beiordnung erfaßte Tätigkeit *nichtig* ist, § 134 BGB. Wirksam ist aber (jetzt) eine solche Vereinbarung, die die gesetzlichen Gebühren als vertragliche übernimmt oder einen Teil der gesetzlichen Vergütung vertraglich übernimmt, etwa für einen auswärtigen Beweistermin. Es kommt nicht darauf an, ob die Partner die Vereinbarung vor oder nach der Beiordnung geschlossen haben. Auch ist unerheblich, ob die Beiordnung rückwirkend erfolgte, soweit sie nur eben wirksam war.

B. Aufhebung der Prozeßkostenhilfe, III 1. Soweit das Gericht die Prozeß- 39
kostenhilfe nach § 124 ZPO aufhebt, wirkt diese Aufhebung eindeutig zurück, BLAH § 124 ZPO Rn 25. Der Aufhebungsbeschluß stellt den Bewilligungsbeschluß also richtig. Der Begünstigte gilt rückwirkend als zumindest ausreichend bemittelt. § 122 I Z 3 ZPO hindert den beigeordneten Anwalt infolge der Aufhebung der Bewilligung nicht mehr daran, seinen Vergütungsanspruch gegenüber dem Auftraggeber geltend zu machen.

Gleichwohl umfaßt dieses Recht nur den *gesetzlichen* Anspruch. Denn man müßte andernfalls die zuvor geschlossene Gebührenvereinbarung so konstruieren, daß sie in Wahrheit unter der zumindest stillschweigenden aufschiebenden Bedingung einer Aufhebung der Prozeßkostenhilfe stand, § 158 I BGB. Eine solche Konstruktion widerspricht so hochgradig jedenfalls der Situation des Begünstigten im Zeitpunkt des ja meist auf die Bewilligung der Prozeßkostenhilfe alsbald folgenden Vertragsschlusses mit dem beigeordneten Anwalt, daß eine solche Auslegung kaum noch verantwortbar wäre, §§ 157, 242 BGB.

Eine Konstruktion dahin, daß die Gebührenvereinbarung nach § 158 III BGB un- 40
ter einer *auflösenden Bedingung* der Aufhebung der Prozeßkostenhilfe oder des Nichteintritts einer solchen Situation geschlossen wäre, ist schon deshalb nicht sinnvoll, weil bei einer auflösenden Bedingung nach dieser Vorschrift mit dem Eintritt der Bedingung die Wirkung des Rechtsgeschäfts endet und der frühere Rechtszustand wieder eintritt. Damit würde also gerade die Gebührenvereinbarung entfallen, statt mit der Aufhebung der Prozeßkostenhilfe zu entstehen.

C. Freiwillige vorbehaltlose Zahlung, III 2. Soweit eine Erklärung des Auf- 41
traggebers nicht den Rn 1–40 genügt, kann der Anwalt grundsätzlich nur die gesetzliche Vergütung fordern. Er kann den höheren Betrag also weder einklagen, Brschw NJW **04**, 2606, noch wegen der Nichtzahlung des höheren Betrags ein Zurückbehaltungsrecht geltend machen oder etwa mit der Differenzsumme aufrechnen. Er kann selbst die gesetzliche Vergütung insoweit nicht fordern, als der Auftraggeber nicht einmal mit ihr zu rechnen brauchte.

Eine vom Auftraggeber freiwillig und ohne jeden Vorbehalt geleistete Zahlung über die gesetzliche Vergütung hinaus gibt ihm aber nicht schon deshalb kein *Zurückforderungsrecht,* weil seine Erklärung nur nicht dem Gesetz entsprach, (jetzt) III 2, BGH NJW **01**, 519, Ffm AnwBl **88**, 120. Vielmehr kommt eine Zurückforderung nach §§ 812 ff BGB in Betracht, BGH NJW **04**, 1171 und 2819, Brschw NJW **04**, 2606, freilich nur in den Grenzen von § 814 BGB, Hbg MDR **00**, 116. Ein Verzicht auf das Rückforderungsrecht ist möglich. Er liegt aber nicht schon in der Erklärung, es bestehe kein Rückforderungsanspruch, Ffm AnwBl **88**, 120. Der Anwalt ist für einen solchen Verzicht natürlich beweispflichtig.

Der Auftraggeber kann auch eine etwa freiwillig und vorbehaltslos geleistete *Teilzahlung* auf die vereinbarte Vergütung jedenfalls nicht schon wegen des Formfehlers zurückfordern, soweit er die Teilzahlung eindeutig gerade auf denjenigen Betrag leistete, der über eine gesetzliche Vergütung hinausging.

D. Freiwilligkeit, III 2. Eine Zahlung ist nur dann freiwillig und ohne Vorbe- 42
halt, wenn der Auftraggeber oder für ihn ein Dritter nach § 267 BGB sie in dem Bewußtsein tätigt, daß ein Formverstoß vorliege und daß er deshalb in Wahrheit nicht soviel schulde, BGH NJW **03**, 820, Kblz MDR **04**, 55, AnwGH Hamm RR **99**, 1582 (Hotline-Beratung). Weitere Bedingung der Freiwilligkeit ist, daß der Auftraggeber auch nicht insbesondere in einem kritischen Moment nur unter irgendeinem rechtmäßigen oder gar rechtswidrigen Druck von wem auch immer gezahlt hat, Kilian NJW **05**, 3106. Eine Freiwilligkeit fehlt, soweit der Anwalt sein Tätigwerden von der Zahlung abhängig machte und eine Stellungnahmefrist erst noch ablaufen kann, KG MDR **05**, 58, Kilian NJW **05**, 3106, oder wenn der Anwalt mit einer Ver-

RVG §§ 3a, 4

gütungsklage drohte, Kilian NJW **05**, 3107, oder mit einer Niederlegung des Mandats nebst einer Nachteilserwähnung, LG Karlsr MDR **91**, 548. Ohne eine solche Nachteilserwähnung wäre die bloße Ankündigung allerdings nicht vertragswidrig, BGH NJW **02**, 2774.

43   **E. Vorbehaltslosigkeit, III 2.** Vorbehaltlos ist nur eine solche Leistung, die der Auftraggeber ohne jeden Zweifel an der Berechtigung der Forderung vornimmt, Kilian NJW **05**, 3107.

Soweit diese Voraussetzungen *nicht* vorliegen, hat er erst recht einen Rückforderungsanspruch nach § 812 ff BGB, Ffm AnwBl **88**, 120, KG MDR **05**, 58. Das gilt auch wegen eines vor der Honorarvereinbarung gezahlten Vorschusses auf die gesetzliche Vergütung, Ffm AnwBl **83**, 513, Hamm OLGR **96**, 275.

Die *Arglisteinrede* des Anwalts ist nicht schon mit der Begründung zulässig, ihm habe widerstrebt, eine gesetzliche Schriftform zu fordern, BGH VersR **91**, 721, Ffm AnwBl **83**, 513. Der Anwalt muß den Auftraggeber auf das Übersteigen des gesetzlichen Anspruchs hingewiesen haben, Ffm AnwBl **88**, 251. Der Auftraggeber trägt die Beweislast dafür, daß er ohne jeden Rechtsgrund zahlte, LG Freib JB **83**, 1511. Der Anwalt trägt für die Freiwilligkeit der Zahlung die Beweislast, BGH NJW **04**, 2820, Kblz MDR **04**, 55, LG Freibg MDR **83**, 1033. Auch eine wirksame Aufrechnung kann eine „Leistung" sein, krit Karlsr JB **07**, 142. Ein Schuldanerkenntnis ist keine „Leistung".

44   **F. Dritter, III 2.** Die vorstehenden Regeln gelten auch dann, wenn ein Dritter für den Auftraggeber zahlt. Es kommt dann darauf an, ob zumindest auch der Auftraggeber selbst freiwillig und vorbehaltslos handelte, also eine Zahlungsanweisung gab. Unter dieser Voraussetzung kommt es auf die subjektiven Vorstellungen des Dritten zur Freiwilligkeit und Vorbehaltslosigkeit grundsätzlich nicht an. Wenn andererseits der Dritte persönlich freiwillig und vorbehaltslos für den Auftraggeber zahlte, wenn der letztere aber mit einer solchen Leistung nicht oder nur unter Druck einverstanden war, liegt insgesamt keine ausreichende Leistung vor.

45   **G. Weitere Einzelfragen, III 1, 2.** Die Vorschrift bezieht sich nicht auf andere Fälle der Beiordnung, also nicht auf eine solche nach §§ 57, 58, 779, 787 ZPO, auch nicht auf eine Beiordnung als Notanwalt nach §§ 78 b, c ZPO. Wegen des gerichtlich bestellten Verteidigers vgl § 52. Für den in einer Privatklagesache oder in einer Nebenklagesache sowie im Anklageerzwingungsverfahren beigeordneten Anwalt gilt III ebenfalls nicht. III gilt nur im Umfang der Beiordnung.

46   Solange und soweit das Gericht die Prozeßkostenhilfe *bewilligt* hat, kommt es auf die Beurteilung des Anwalts über die Zahlungsfähigkeit der begünstigten Partei nicht an. Die nachträgliche Bewilligung der Prozeßkostenhilfe ist erst vom Zeitpunkt ihrer Wirksamkeit an beachtlich, BLAH § 119 ZPO Rn 4–28. Man muß eine Gebührenvereinbarung vor diesem Zeitpunkt und für den vor der Wirksamkeit der Bewilligung liegenden Tätigkeitsabschnitt des Anwalts unabhängig von III beurteilen. Wegen der Anrechnung von Zahlungen nach der Bewilligung der Prozeßkostenhilfe § 58.

47   **9) Beratungshilfe, IV.** Soweit der Anwalt lediglich eine Beratungshilfe vorgenommen hat, ist eine Vergütungsvereinbarung nichtig. § 8 BerHG, abgedruckt Einf 7 ff vor § 44. Daher darf der Anwalt seine Vergütung auch nicht ganz oder teilweise erlassen. Beides stellt IV mit seiner Verweisung klärend fest.

Erfolgsunabhängige Vergütung

4 I ¹In außergerichtlichen Angelegenheiten kann eine niedrigere als die gesetzliche Vergütung vereinbart werden. ²Sie muss in einem angemessenen Verhältnis zu Leistung, Verantwortung und Haftungsrisiko des Rechtsanwalts stehen.

II ¹Der Rechtsanwalt kann sich für gerichtliche Mahnverfahren und Zwangsvollstreckungsverfahren nach den §§ 803 bis 863 und 899 bis 915 b der Zivilprozessordnung verpflichten, dass er, wenn der Anspruch des Auftraggebers auf Erstattung der gesetzlichen Vergütung nicht beigetrieben werden kann, einen Teil des Erstattungsanspruchs an Erfüllungs statt annehmen werde. ²Der nicht durch Abtretung zu erfüllende Teil der gesetzlichen Vergütung muss in einem ange-

Abschnitt 1. Allgemeine Vorschriften § 4 RVG

messenen Verhältnis zu Leistung, Verantwortung und Haftungsrisiko des Rechtsanwalts stehen.

III ¹In der Vereinbarung kann es dem Vorstand der Rechtsanwaltskammer überlassen werden, die Vergütung nach billigem Ermessen festzusetzen. ²Ist die Festsetzung der Vergütung dem Ermessen eines Vertragsteils überlassen, gilt die gesetzliche Vergütung als vereinbart.

Vorbem. Überschrift, I neugefaßt, II 1, 4 aufgehoben, daher bisherige II, 2, 3 zu II 1, 2, neuer II 2, bisherige IV–VI aufgehoben durch Art 2 G v 12. 6. 08, BGBl 1000, in Kraft seit 1. 7. 08, Art 7 S 2 G, Übergangsrecht § 60 RVG.

Schrifttum Hartung, Die Vergütungsvereinbarung nach § 4 Abs. 1 RVG, Festschrift für Hartung (2008) 17.

Gliederung

1) Systematik, I–III	1
2) Regelungszweck, I–III	2
3) Geltungsbereich, I–III	3
4) Geringere Vergütung, I	4–14
A. Zulässigkeit bei außergerichtlicher Tätigkeit, I 1	5, 6
B. Unzulässigkeit bei anderer Tätigkeit, § 49b I BRAO	7
C. Vereinbarkeit mit übernationalem Recht	8
D. Vereinbarkeit mit dem GG	9
E. Vereinbarkeit mit Berufsrecht	10
F. Ermäßigung, Erlaß	11, 12
G. Textform, I 1	13
H. Angemessenes Verhältnis, I 2	14
5) Annahme an Erfüllungs Statt, II	15–20
A. Geltung im Mahnverfahren, II 1 Fall 1	16
B. Geltung im Zwangsvollstreckungsverfahren, II 1 Fall 2	17
C. Verpflichtung nur mangels Beitreibbarkeit, II 1 Fälle 1, 2	18
D. Bloßer Vergütungsteil, II 1, 2	19
E. Angemessenes Verhältnis, II 2	20
6) Ermessensgrundsatz, III	21–28
A. Ermessen der Anwaltskammer, III 1	22, 23
B. Ermessen eines Vertragspartners, III 2	24
C. Ermessen eines Dritten	25
D. Abwägungspflicht	26
E. Anfechtbarkeit	27
F. Unwirksamkeit	28

1) Systematik, I–III. Während § 3a die Grundsätze einer wie immer gearteten **1** Vergütungsvereinbarung regelt, erfaßt § 4 vorrangig speziell die erfolgsunabhängige Vereinbarung und § 4a ebenso vorrangig speziell die erfolgsabhängige. Der abschließende § 4b scheint einen Verstoß gegen § 4 nicht mitzuerfassen. Man muß aber bedenken, daß § 4 ja auf § 3a aufbaut, den § 4b sehr wohl ausdrücklich miterfaßt. Soweit § 3a überhaupt nicht anwendbar ist, nämlich zB nach dessen I 4 auf eine Vereinbarung nach § 34, gilt auch nicht § 4.

2) Regelungszweck, I–III. Die mit dem bisherigen § 4 weitgehend inhaltlich **2** übereinstimmende Vorschrift dient natürlich wie die übrigen Vorschriften der Gruppe §§ 3a–4b einerseits die Interessen beider Partner wahrenden, andererseits die Stellung des Anwalts als Organ der Rechtspflege nach § 1 BRAO und damit erhöht der Rechtsicherheit Beachtung gebenden Abwägung. Man sollte § 4 weder zu „anwaltsfreundlich" noch zu mandantenfreundlich auslegen. Das gilt insbesondere bei der Angemessenheitsprüfung nach I 2 und beim Ermessen nach III.

3) Geltungsbereich, I–III. I behandelt nur eine rein außergerichtliche Tätigkeit, **3** diese freilich auch dann, wenn der Auftrag von vornherein oder durch spätere Erweiterungen auch auf eine gerichtliche Phase erging. II erfaßt ein gerichtliches Mahnverfahren und Teile der Zwangsvollstreckung. III gilt für beide Tätigkeitsbereiche I, II.

4) Geringere Vergütung, I. Die Frage, ob, wann und unter welchen Bedingun- **4** gen der Anwalt eine geringere als die gesetzlich vorgesehene Vergütung in Form einer Geld-, Sach- oder Dienstleistung vereinbaren, fordern oder annehmen darf, läßt

1339

RVG § 4 X. Rechtsanwaltsvergütungsgesetz

sich aus I nur teilweise beantworten. Ob überhaupt eine geringere Vergütung vorliegt, kann man oft erst am Ende der Anwaltstätigkeit klären, etwa bei Zeitgebühren. Man muß zunächst das in Rn 6 erläuterte grundsätzliche Verbot beachten. Man muß differenzieren. Wegen der internen Honorarabsprache zwischen dem ProzBev und einem Terminsanwalt (zum alten Recht) BGH NJW **01**, 753 (kein Verstoß gegen § 49b BRAO bei geringerer Vergütung). Zum Problem der Vereinbarkeit mit dem EU-Recht – krit Sagawe ZRP **02**, 281 (ausf). Zur Zulässigkeit einer Mindestgebühr EuGH AnwBl **07**, 149 (Italien). Vorsicht bei Allgemeinen Inkassobedingungen, LG Arnsb JB **04**, 610! Zur Frage einer unentgeltlichen Beratung im Allgemeininteresse Bälz/Moelle/Zeidler NJW **08**, 3383 (ausf.).

5 **A. Zulässigkeit bei außergerichtlicher Tätigkeit, I 1.** In einer außergerichtlichen Angelegenheit ist eine geringere Vergütung unter bestimmten weiteren Voraussetzungen kraft ausdrücklicher gesetzlicher Regelung zulässig, BGH AnwBl **07**, 871, LG Bln AnwBl **01**, 516. Außergerichtlich ist jede Tätigkeit, die sich nicht gegenüber dem Gericht oder unmittelbar auf ein gerichtliches Verfahren bezieht, auch eine Auskunft, eine Beratung, eine außergerichtliche Vertretung, ein Gutachten, eine sog Rechtsberatungshotline, LG Bln AnwBl **99**, 115. Außergerichtlich kann auch eine solche Tätigkeit während eines gerichtlichen Verfahrens sein, die sich zB auf die bloße Beratung dazu beschränkt, ob der Auftraggeber dem Verfahren beitreten soll. Der bloße Verkehrsanwalt ist außergerichtlich tätig. Das UWG verbietet ein zu starkes Unterschreiten der gesetzlichen Vergütung.

6 Der Begriff „außergerichtlich" ist an sich *eng auslegbar.* Denn nach der Gesetzessystematik stelle die Erlaubnis nach I 1 eine Ausnahme vom grundsätzlichen Verbot im gleichrangigen § 49b I 1 BRAO dar, abgedruckt bei § 3a vor Rn 1. Zu sog Rationalisierungsabkommen der Rechtsschutzversicherer krit Schons NJW **04**, 2952.

Die geringere Vergütung ist nach I 1 aber auch dann zulässig, wenn der Anwalt einen öffentlich- oder privatrechtlichen *Verband* oder einen eingetragenen oder nicht eingetragenen Verein zugunsten seiner Mitglieder im Rahmen des satzungsgemäßen Aufgabenbereichs vertritt oder berät. Sie ist ferner gegenüber dem aus der Staatskasse zu vergütenden Anwalt zulässig, Bbg NJW **06**, 1536.

7 **B. Unzulässigkeit bei anderer als außergerichtlicher Tätigkeit, § 49b I BRAO.** Die Vorschrift, abgedruckt bei § 3a vor Rn 1, ist nach Celle NJW **05**, 2160 nicht verfassungswidrig. Zur verfassungsrechtlichen Problematik Feuerich/Weyland (vor Rn 1) § 49b BRAO Rn 16. Die Vorschrift enthält den klaren Grundsatz der Unzulässigkeit der Vereinbarung oder Forderung geringerer als derjenigen Gebühren und Auslagen, wie sie (jetzt) das RVG vorsieht, LG Halle RR **98**, 1677. I 1 erlaubt eine solche Vereinbarung lediglich eng begrenzt. Sogar im außergerichtlichen Bereich ist danach keineswegs jede Art von Gebühr unterhalb des RVG vereinbar. Der Auftraggeber muß beweisen, daß er mit dem Anwalt die gesetzliche Vergütung teilweise oder ganz abbedungen hat, BGH RR **97**, 1285, oder daß er nur die von seiner Rechtsschutzversicherung erstatteten Kosten zahlen müsse, LG Hbg AnwBl **79**, 66.

8 **C. Vereinbarkeit mit übernationalem Recht.** Damit scheint der frühere diesbezügliche Streit beigelegt zu sein. Es bleibt die erhebliche Problematik der Vereinbarkeit von § 49b I 1 BRAO *mit* zumindest demjenigen vorrangigen übernationalen Recht, das bei einem Bezug auf einen ausländischen EU-Anwalt usw anwendbar wird. Vgl zunächst freilich die CCBE, abgedruckt bei § 3a vor Rn 1, für den grenzüberschreitenden Bereich der Anwaltstätigkeit. Weltweit dürfte sie der auch nach Art 12 GG geschützten näherliegenden Freiheit des Aushandelns einer Vergütung unterhalb gesetzlicher Regelvorschriften mindestens ebenso nahekommen wie der deutsche Standpunkt. Natürlich muß man von Fall zu Fall klären, ob die Position des nach dem deutschen Recht abrechnenden Anwalts in ihrer Gesamtstellung derjenigen des deutschen Rechtsanwalts als eines Organs der Rechtspflege nach § 1 BRAO hinreichend vergleichbar ist. Deshalb lassen sich hier auch kaum Allgemeinregeln aufstellen.

9 **D. Vereinbarkeit mit dem GG.** Auch die Vereinbarkeit mit Art 12 GG kann dann durchaus fraglich sein, wenn man die Internationalisierung des Anwaltsberufs mit ihren ganz neuen berufs- und wettbewerbsrechtlichen Auswirkungen zum Anlaß nimmt, auch national grundsätzlich doch mehr Bewegungsfreiheit im Gebührenrecht

1340

auch nach unten zu fordern. Ob die angestrebte Ausgewogenheit des gesetzlichen Gesamtkonzepts zur Folge haben muß, daß der Anwalt zB auch dann vor Gericht nicht weniger als nach dem RVG fordern darf, wenn alle Schriftsätze vom etwa technisch wesentlich sachkundigeren Auftraggeber druckfertig entworfen wurden, ist eine bei hohem Streitwert durchaus auch verfassungsrechtlich unterschiedlich beantwortbare Frage.

E. Vereinbarkeit mit Berufsrecht. Wegen der Berufsordnung und der Berufsregeln bei einer grenzüberschreitenden Tätigkeit vgl bei § 3a vor Rn 1. Der Sonderweg nach § 49b I 2 BRAO ist kein Argument für die Verfassungsmäßigkeit von § 49b I 1 BRAO, zumal er nur eine Art nachträgliches anwaltliches Almosen erlaubt, Rn 11. Der berufsrechtliche Verstoß bedeutet nicht automatisch eine zivilrechtliche Nichtigkeit. 10

F. Ermäßigung, Erlaß. Die Möglichkeit von Ermäßigung oder Erlaß nach § 49b I 2 BRAO besteht nur „im Einzelfall". Auch das gilt nur „unter besonderen Umständen" gerade „in der Person des Auftraggebers", also nicht in der Sache, außerdem erst „nach Erledigung des Auftrags", also weder vor vornherein, LG Halle RR **98**, 1677 (bei Gebührenteilungsabrede), noch während der anwaltlichen Tätigkeit. 11

Die als Beispiel besonderer persönlicher Umstände des Auftraggebers genannte *Bedürftigkeit* kann bei einem hohen Gegenstandswert freilich etwa auch eine *Großstadtkommune* treffen. Sie warten lassen zu müssen, ob ihr Anwalt ihr einen Teil ihrer Schuld ganz am Schluß gnädig erläßt, ist kein sonderlich würdevoller Versuch einer Regelung dann, wenn sie als Auftraggeberin die eigentliche Arbeit für den Prozeß erledigt. 12

G. Textform, I 1. Aus den Gründen Rn 1 ist auch hier die Textform des § 3a I 1 notwendig, dort Rn 15–17. 13

H. Angemessenes Verhältnis, I 2. Unzulässig ist eine solche Vereinbarung, die sich überhaupt nicht mehr an den Bewertungsmaßstäben des RVG orientiert, etwa am Umfang oder der Schwierigkeit der Leistung, Köln NJW **06**, 923, LG Essen NJW **04**, 2836, großzügiger LG Bre NJW **04**, 2837 (aber auch § 4 gehört zum System des RVG). Daher muß die niedrigere Vergütung in einem angemessenen Verhältnis zur Leistung, Verantwortung und zum Haftungsrisiko des Anwalts bleiben, BGH AnwBl **08**, 880, Hamm NJW **04**, 3269, Köln NJW **06**, 923. 14

5) Annahme an Erfüllungs Statt, II. Die Vorschrift schafft keine Zulässigkeit eines geringeren als des gesetzlichen Honorars, sondern eine Art Vereinfachung des Gesamtvorgangs der Abrechnung. Unter den in II 1 genannten Voraussetzungen kann, nicht muß, der Anwalt einen Teil des Erstattungsanspruchs des Auftraggebers an den Prozeß- oder Verfahrensgegner an Erfüllungs Statt als Honorar annehmen. Die entsprechende Verpflichtung kann schon vor demjenigen Zeitpunkt erfolgen, in dem feststeht, daß der Erstattungsanspruch des Auftraggebers beim Schuldner nicht beitreibbar ist. Das ist eine Art Risikoausfallversicherung zugunsten des Auftraggebers und zulasten des Anwalts, eine Art Gegenstück zu der nach § 49b II 1 Hs 2 BRAO gerade ausdrücklich unstatthaften sog quota litis, auf die das ganze wirtschaftlich halbwegs hinausläuft. Eine Textform ist wie bei jeder Gebührenvereinbarung nach § 3a I 1 notwendig. Der Auftraggeber hat die Beweislast, Mü NJW **84**, 2537. 15

A. Geltung im Mahnverfahren, II 1 Fall 1. Die Möglichkeit Rn 15 besteht im gerichtlichen Mahnverfahren nach §§ 688ff ZPO bis zu seinem Ende, BLAH § 696 ZPO Rn 12. 16

B. Geltung im Zwangsvollstreckungsverfahren, II 1 Fall 2. Die Möglichkeit Rn 15 besteht ferner in denjenigen Verfahren der Zwangsvollstreckung, die §§ 803–863 ZPO (Vollstreckung wegen einer Geldforderung in das bewegliche Vermögen) und §§ 899–915b ZPO (II 1 Fall 2 ist nicht angepaßt worden) regeln (Eidesstattliche Versicherung und Haft einschließlich Schwarzer Liste). 17

C. Verpflichtung nur mangels Betreibbarkeit, II 1 Fälle 1, 2. Der Anwalt darf sich auf eine Annahme an Erfüllungs Statt nur für den Fall verpflichten, daß man den Erstattungsanspruch des Auftraggebers vom Gegner nicht beitreiben kann, genauer: nicht seinerseits nach der ZPO usw vollstrecken kann. Eine Verpflichtung schon für den Fall, daß die Betreibbarkeit „ungewiß" oder „zweifelhaft" usw ist, ist unzulässig und daher unwirksam, § 134 BGB. 18

19 **D. Bloßer Vergütungsteil, II 1 Fälle 1, 2.** Eine Regelung nach Rn 15–18 ist stets nur dann wirksam, wenn sie sich auf einen angemessenen Teil der gesetzlichen Vergütung des Anwalts beschränkt. Das ergibt sich aus dem Zusammenspiel von II 1, 2. Zur letzteren Bestimmung Rn 20.

20 **E. Angemessenes Verhältnis, II 2.** Es gilt dasselbe wie bei I 2, Rn 14.

21 **6) Ermessensgrundsatz, III.** Die Vertragspartner können die Festsetzung einer über die gesetzliche Vergütung hinausgehenden erfolgsunabhängigen Vergütung unter den Voraussetzungen III einem Ermessen überlassen. Insofern gelten im einzelnen die folgenden Regeln.

22 **A. Ermessen der Anwaltskammer, III 1.** Die Partner können eine Festsetzung dem „billigen" Ermessen des Vorstandes der Rechtsanwaltskammer überlassen. Dabei muß die „Vereinbarung" nach III 1 auch die Textform nach § 3a I 1 wahren, um wirksam zu sein. Der Vorstand muß in Wahrheit im Rahmen eines pflichtgemäßen Ermessens unter einer Abwägung aller Gesichtspunkte entscheiden. Zuständig ist diejenige Anwaltskammer, der derjenige Anwalt angehört, der eine höhere als die gesetzliche Vergütung erhalten soll.

Es kommt also *nicht* auf die Anwaltskammer am Wohnsitz oder Sitz *des Auftraggebers* an. Ebensowenig ist diejenige Anwaltskammer zuständig, in deren Bezirk das Prozeßgericht liegt.

23 Zur Entscheidung ist nur der *Vorstand* der Anwaltskammer berufen, §§ 63 ff BRAO. Seine Tätigkeit nach III 1 ist zugleich eine Tätigkeit nach § 73 BRAO. Das Präsidium ist ebensowenig wie die Kammerversammlung zuständig. Die Vertragspartner können auch nachträglich vereinbaren, daß die zunächst vereinbarte Vergütung zB wegen eines anschließenden Streits nunmehr dem Ermessen des Vorstands der Anwaltskammer überlassen bleiben soll. Vgl zum Verfahren des Vorstands auch § 14 II, dort Rn 27 ff.

24 **B. Ermessen eines Vertragspartners, III 2.** Die Partner können formell auch die Festsetzung der Vergütung wie bei §§ 317 I, 319 II BGB dem Ermessen „eines Vertragsteils" überlassen. Auch dann muß die Vereinbarung die Textform nach § 3a I 1 einhalten. Diese Regelung hätte ohne III 2 für denjenigen Partner, der das Ermessen nicht ausüben soll, größere Risiken als diejenige der Übertragung des Ermessens auf den Vorstand der Anwaltskammer. Deshalb liegt im Zweifel das Ermessen nicht bei einem Vertragspartner, weder beim Anwalt, noch beim Auftraggeber, sondern beim Vorstand der Anwaltskammer. Soweit eindeutig feststeht, daß wenigstens einer der Vertragspartner die Vergütung in eigenem Ermessen bestimmen soll, kommt es in Wahrheit nicht darauf an, welcher der Partner gemeint ist. Denn dann gilt nach III 2 ja doch nur mit dem Vorrang vor §§ 317 I, 319 II BGB die gesetzliche Vergütung als vereinbart, anders als bei Rn 22, 23.

25 **C. Ermessen eines Dritten.** III 1, 2 enthalten nach ihrem Wortlaut keine Regeln dazu, ob auch ein Dritter die höhere Vergütung in eigenem Ermessen soll festsetzen dürfe. Das scheinbare Schweigen des Gesetzes ist aber nicht als ein Verbot auslegbar. Denn III 1, 2 enthalten insofern keine abschließende Regelung und sind auch nicht eng auslegbar. Das wäre nur dann so, wenn diese Regeln ihrerseits Ausnahmen von gesetzlichen Grundsätzen wären. Deshalb darf man auch nicht einfach aus III 1, Rn 22, 23, einen ohnehin stets problematischen Umkehrschluß ziehen.

Das sind sie aber bei einer näheren Betrachtung nicht. Vielmehr stellt § 4 insgesamt im Prinzip eine Rückkehr zum Grundsatz der *Vertragsfreiheit* dar. Der Anwaltsvertrag ist ein zumindest wesentlich auch schuldrechtlicher Vertrag daher unter anderem einer Regelung nach § 317 BGB zugänglich, also der Bestimmung der Leistung durch einen Dritten. Diese Vorschrift ist dann direkt anwendbar.

26 **D. Abwägungspflicht.** Sofern die Bestimmung also nur einem einzigen Dritten überlassen bleiben soll, muß man nach § 317 I BGB im Zweifel annehmen, daß er sie nach „billigem", in Wahrheit pflichtgemäßem Ermessen vornehmen soll, also unter einer Abwägung aller in Betracht kommenden Gesichtspunkte. Sofern die Bestimmung durch mehrere Dritte erfolgen soll, ist nach § 317 II BGB im Zweifel die Übereinstimmung aller erforderlich. Sofern eine Summe bestimmt werden soll, ist bei der Angabe verschiedener Summen im Zweifel die Durchschnittssumme maßgebend, § 317 II Hs 2 BGB. Die einem Dritten überlassene Bestimmung der Leistung erfolgt

nach dem ebenfalls direkt anwendbaren § 318 BGB durch eine Erklärung gegenüber einem der Vertragspartner.

E. Anfechtbarkeit. Jeder Vertragspartner kann die getroffene Bestimmung wegen 27 Irrtums, Drohung oder arglistiger Täuschung anfechten, und zwar gegenüber dem anderen Vertragspartner, § 318 II 1 BGB. Die Anfechtung muß unverzüglich erfolgen, nachdem der Anfechtungsberechtigte von dem Anfechtungsgrund Kenntnis erlangt hat, § 318 II 2 BGB. Sie ist dann unstatthaft, wenn 30 Jahre verstrichen sind, nachdem die Bestimmung erfolgte, § 318 II 3 BGB.

Soweit der *Dritte* die Leistung bestimmen soll, ist seine Bestimmung für die Vertragspartner dann unverbindlich, wenn sie offenbar unbillig ist, § 319 I 1 BGB. Die Bestimmung erfolgt dann durch ein Urteil, § 319 I 2 Hs 1 BGB. Dasselbe gilt dann, wenn der Dritte die Bestimmung nicht treffen kann oder will oder wenn er sie verzögert, § 319 I 2 Hs 2 BGB. Auch diese Vorschriften sind unmittelbar anwendbar.

F. Unwirksamkeit. Dagegen ist ein solcher Vertrag, der die Bestimmung nach 28 § 319 II BGB in das „freie Belieben" eines Dritten stellt, wegen des öffentlichrechtlichen Einschlags des Anwaltsvertrags unwirksam. Er würde die im Interesse der Rechtspflege erforderliche Bestimmbarkeit der Vergütung des Anwalts der Höhe nach so ungewiß machen, daß man ihn nicht mehr hinnehmen kann. Deshalb ist § 319 II BGB unanwendbar. Die Vertragspartner können die Bestimmung der Vergütung unter den Voraussetzungen Rn 31–34 auch einem Schiedsgericht oder einem Schiedsgutachter überlassen.

Erfolgshonorar

4a I ¹Ein Erfolgshonorar (§ 49b Abs. 2 Satz 1 der Bundesrechtsanwaltsordnung) darf nur für den Einzelfall und nur dann vereinbart werden, wenn der Auftraggeber aufgrund seiner wirtschaftlichen Verhältnisse bei verständiger Betrachtung ohne die Vereinbarung eines Erfolgshonorars von der Rechtsverfolgung abgehalten würde. ²In einem gerichtlichen Verfahren darf dabei für den Fall des Misserfolgs vereinbart werden, dass keine oder eine geringere als die gesetzliche Vergütung zu zahlen ist, wenn für den Erfolgsfall ein angemessener Zuschlag auf die gesetzliche Vergütung vereinbart wird.

II Die Vereinbarung muss enthalten:
1. die voraussichtliche gesetzliche Vergütung und gegebenenfalls die erfolgsunabhängige vertragliche Vergütung, zu der der Rechtsanwalt bereit wäre, den Auftrag zu übernehmen, sowie
2. die Angabe, welche Vergütung bei Eintritt welcher Bedingungen verdient sein soll.

III ¹In der Vereinbarung sind außerdem die wesentlichen Gründe anzugeben, die für die Bemessung des Erfolgshonorars bestimmend sind. ²Ferner ist ein Hinweis aufzunehmen, dass die Vereinbarung keinen Einfluss auf die gegebenenfalls vom Auftraggeber zu zahlenden Gerichtskosten, Verwaltungskosten und die von ihm zu erstattenden Kosten anderer Beteiligter hat.

PatAnwO § 43b. Erfolgshonorar. I ¹Vereinbarungen, durch die eine Vergütung oder ihre Höhe vom Ausgang der Sache oder vom Erfolg der anwaltlichen Tätigkeit abhängig gemacht wird oder nach denen der Patentanwalt einen Teil des erstrittenen Betrages als Honorar erhält (Erfolgshonorar), sind unzulässig, soweit nachfolgend nichts anderes bestimmt ist. ²Vereinbarungen, durch die der Patentanwalt sich verpflichtet, Gerichtskosten, Verwaltungskosten oder Kosten anderer Beteiligter zu tragen, sind unzulässig.

II ¹Ein Erfolgshonorar darf nur für den Einzelfall und nur dann vereinbart werden, wenn der Auftraggeber aufgrund seiner wirtschaftlichen Verhältnisse bei verständiger Betrachtung ohne die Vereinbarung eines Erfolgshonorars von der Rechtsverfolgung abgehalten würde.

III ¹Die Vereinbarung bedarf der Textform. ²Sie muss als Vergütungsvereinbarung oder in vergleichbarer Weise bezeichnet werden, von anderen Vereinbarungen mit Ausnahme der Auftragserteilung deutlich abgesetzt sein und darf nicht in der Vollmacht enthalten sein. ³Die Vereinbarung muss enthalten:

RVG § 4a   X. Rechtsanwaltsvergütungsgesetz

1. die erfolgsunabhängige Vergütung, zu der der Patentanwalt bereit wäre, den Auftrag zu übernehmen, sowie
2. die Angabe, welche Vergütung bei Eintritt welcher Bedingungen verdient sein soll.

IV ¹In der Vereinbarung sind außerdem die wesentlichen Gründe anzugeben, die für die Bemessung des Erfolgshonorars bestimmend sind. ²Ferner ist ein Hinweis aufzunehmen, dass die Vereinbarung keinen Einfluss auf die gegebenenfalls vom Auftraggeber zu zahlenden Gerichtskosten, Verwaltungskosten und die von ihm zu erstattenden Kosten anderer Beteiligter hat.

V ¹Aus einer Vergütungsvereinbarung, die nicht den Anforderungen der Absätze 2 und 3 entspricht, erhält der Patentanwalt keine höhere als eine nach den Vorschriften des bürgerlichen Rechts bemessene Vergütung. ²Die Vorschriften des bürgerlichen Rechts über die ungerechtfertigte Bereicherung bleiben unberührt.

    StBerG § 9a. Erfolgshonorar. ^I ¹Vereinbarungen, durch die eine Vergütung für eine Hilfeleistung in Steuersachen oder ihre Höhe vom Ausgang der Sache oder vom Erfolg der Tätigkeit abhängig gemacht wird oder nach denen der Steuerberater oder Steuerbevollmächtigte einen Teil der zu erzielenden Steuerermäßigung, Steuerersparnis oder Steuervergütung als Honorar erhält (Erfolgshonorar), sind unzulässig, soweit nachfolgend nichts anderes bestimmt ist. ²Vereinbarungen, durch die der Steuerberater oder Steuerbevollmächtigte sich verpflichtet, Gerichtskosten, Verwaltungskosten oder Kosten anderer Beteiligter zu tragen, sind unzulässig.

II ¹Ein Erfolgshonorar darf nur für den Einzelfall und nur dann vereinbart werden, wenn der Auftraggeber aufgrund seiner wirtschaftlichen Verhältnisse bei verständiger Betrachtung ohne die Vereinbarung eines Erfolgshonorars von der Rechtsverfolgung abgehalten würde. ²Dabei darf für den Fall des Misserfolgs vereinbart werden, dass keine oder eine geringere als die gesetzliche Vergütung zu zahlen ist, wenn für den Erfolgsfall ein angemessener Zuschlag auf die gesetzliche Vergütung vereinbart wird.

III ¹Die Vereinbarung bedarf der Textform. ²Sie muss als Vergütungsvereinbarung oder in vergleichbarer Weise bezeichnet werden, von anderen Vereinbarungen deutlich abgesetzt sein und darf nicht in der Vollmacht enthalten sein. ³Die Vereinbarung muss enthalten:
1. die voraussichtliche gesetzliche Vergütung und gegebenenfalls die erfolgsunabhängige vertragliche Vergütung, zu der der Steuerberater oder Steuerbevollmächtigte bereit wäre, den Auftrag zu übernehmen, sowie
2. die Angabe, welche Vergütung bei Eintritt welcher Bedingungen verdient sein soll.

IV ¹In der Vereinbarung sind außerdem die wesentlichen Gründe anzugeben, die für die Bemessung des Erfolgshonorars bestimmend sind. ²Ferner ist ein Hinweis aufzunehmen, dass die Vereinbarung keinen Einfluss auf die gegebenenfalls vom Auftraggeber zu zahlenden Gerichtskosten, Verwaltungskosten und die von ihm zu erstattenden Kosten anderer Beteiligter hat.

V ¹Aus einer Vergütungsvereinbarung, die nicht den Anforderungen der Absätze 2 und 3 entspricht, kann der Steuerberater oder Steuerbevollmächtigte keine höhere als die gesetzliche Vergütung fordern. ²Die Vorschriften des bürgerlichen Rechts über die ungerechtfertigte Bereicherung bleiben unberührt.

    WiPrO § 55a. Erfolgshonorar für Hilfeleistung in Steuersachen. ^I ¹Vereinbarungen, durch die eine Vergütung für eine Hilfeleistung in Steuersachen oder ihre Höhe vom Ausgang der Sache oder vom Erfolg der Tätigkeit des Wirtschaftsprüfers abhängig gemacht wird oder nach denen der Wirtschaftsprüfer einen Teil der zu erzielenden Steuerermäßigung, Steuerersparnis oder Steuervergütung als Honorar erhält (Erfolgshonorar), sind unzulässig, soweit nachfolgend nichts anderes bestimmt ist. ²Vereinbarungen, durch die der Wirtschaftsprüfer sich verpflichtet, Gerichtskosten, Verwaltungskosten oder Kosten anderer Beteiligter zu tragen, sind unzulässig.

Abschnitt 1. Allgemeine Vorschriften § 4a RVG

II Ein Erfolgshonorar darf nur für den Einzelfall und nur dann vereinbart werden, wenn der Auftraggeber aufgrund seiner wirtschaftlichen Verhältnisse bei verständiger Betrachtung ohne die Vereinbarung eines Erfolgshonorars von der Rechtsverfolgung abgehalten würde.

III ¹Die Vereinbarung bedarf der Textform. ²Sie muss als Vergütungsvereinbarung oder in vergleichbarer Weise bezeichnet werden, von anderen Vereinbarungen mit Ausnahme der Auftragserteilung deutlich abgesetzt sein und darf nicht in der Vollmacht enthalten sein. ³Die Vereinbarung muss enthalten:
1. die erfolgsunabhängige Vergütung, zu der der Wirtschaftsprüfer bereit wäre, den Auftrag zu übernehmen, sowie
2. die Angabe, welche Vergütung bei Eintritt welcher Bedingungen verdient sein soll.

IV ¹In der Vereinbarung sind außerdem die wesentlichen Gründe anzugeben, die für die Bemessung des Erfolgshonorars bestimmend sind. ²Ferner ist ein Hinweis aufzunehmen, dass die Vereinbarung keinen Einfluss auf die gegebenenfalls vom Auftraggeber zu zahlenden Gerichtskosten, Verwaltungskosten und die von ihm zu erstattenden Kosten anderer Beteiligter hat.

V ¹Aus einer Vergütungsvereinbarung, die nicht den Anforderungen der Absätze 2 und 3 entspricht, erhält der Wirtschaftsprüfer keine höhere als eine nach den Vorschriften des bürgerlichen Rechts bemessene Vergütung. ²Die Vorschriften des bürgerlichen Rechts über die ungerechtfertigte Bereicherung bleiben unberührt.

Vorbem. Eingefügt durch Art 2 Z 4, Art 3 Z 2 (PatAnwO), Art 4 Z 2 (StBerG), Art 5 Z 3 (WiPrO) G v 12. 6. 08, BGBl 1000, in Kraft seit 1. 7. 08, Art 7 S 2 G, Übergangsvorschr § 60 RVG.
Wegen § 49b II BRAO vgl dessen Abdruck hinter § 3a RVG.

Schrifttum: *Enders* JB **08**, 337; *Fölsch* MDR **08**, 728; *Hänsch,* Das anwaltliche Erfolgshonorar, 2008; *Hommerich/Kilian* AnwBl **09**, 541 (krit Rückblick); *Kilian* NJW **08**, 1905; *Kleine-Cosack* BB **08**, 1406, *Mayer* AnwBl **08**, 479 (je: Üb); *Mayer/Winkler,* Erfolgshonorar, 2008 (Bespr *Kilian* AnwBl **08**, 786); *Schons,* Der lange Weg zum Erfolgshonorar, Festschrift für *Hartung* (2008) 185; *Teubel/Schons,* Erfolgshonorar für Anwälte, 2008 (Bespr *Kilian* AnwBl **08**, 786, *Römermann* NJW **08**, 3115); *Winter,* Erfolgshonorare für Rechtsanwälte, 2008 (Bespr *Degen* NJW **09**, 2586, *Kilian* AnwBl **08**, 545).

Gliederung

1) Systematik, I–III	1
2) Regelungszweck, I–III	2, 3
3) Sachlicher Geltungsbereich, I–III	4
4) Persönlicher Geltungsbereich, I–III	5
5) Erfolgshonorar, I 1	6–14
A. Entweder: Erfolgsabhängigkeit, § 49b II Hs 1 BRAO	7
B. Erfolg	8, 9
C. Abhängigkeit	10
D. Oder: Teil des Erstrittenen, § 49b II 1 Hs 2 BRAO	11–13
E. Fehlen bloßer Erhöhungsvereinbarung	14
6) Statthaftigkeit nur für Einzelfall, I 1	15, 16
7) Unentbehrlichkeit eines Erfolgshonorars, I 1	17–21
A. Grundlage: Wirtschaftliche Verhältnisse	18
B. Verständige Betrachtung	19
C. Abhaltung von Rechtsverfolgung ohne Erfolgshonorar	20
D. Maßgeblich: Zeitpunkt der Honorarvereinbarung	21
8) Mißerfolg eines Gerichtsverfahrens, I 2	22–26
A. Gerichtliches Verfahren	23
B. Mißerfolgsgebührenvereinbarung	24
C. Gleichzeitige Vereinbarung eines Erfolgszuschlags	25, 26
9) Mußinhalt der Vereinbarung, II, III	27
10) Gesetzliche und erfolgsunabhängige vertragliche Vergütungsangabe, II Z 1	28–32
A. Voraussichtliche gesetzliche Vergütung, Hs 1	29–31
B. Evtl: Erfolgsunabhängige vertragliche Vergütung, Hs 2	32
11) Erfolgsbeschreibung, II Z 2	33, 34
12) Wesentliche Bemessungsgründe, III 1	35
13) Hinweis auf Beschränkung auf eigene Anwaltskosten, III 2	36

RVG § 4a

14) Anwendbarkeit auch des § 3 a 37
15) Verstoß: Anwendbarkeit des § 4 b 38
16) Beispiele zur Frage eines Erfolgshonorars, I–III 39

1 **1) Systematik, I–III.** In der Gruppe §§ 3a–4b regelt § 4a nur einen Teil der möglichen Arten von Gebührenvereinbarungen. Damit erfolgt eine nach § 49b II I Hs 2 BRAO, abgedruckt bei § 3a, statthafte nationale Ausgestaltung eines Erfolgshonorars, während bei einer grenzüberschreitenden Tätigkeit zunächst § 29 BRAO und CCBE 3.3, 3.4 beachtbar sind, beide ebenfalls abgedruckt bei § 3a. Soweit § 3a I 1, 2 nach dort S 4 in Verbindung mit § 34 unanwendbar sind, mag doch jedenfalls ein Erfolgshonorar zumindest auch nach § 4a unstatthaft sein. Was nach I 1 in Verbindung mit § 49b II 1 Hs 1, 2 BRAO gar kein Erfolgshonorar ist, unterfällt auch nicht dem weiteren § 4a. Ergänzend gilt stets § 4b.

2 **2) Regelungszweck, I–III.** Die Statthaftigkeit eines Erfolgshonorars ist nationalrechtlich eine Ausnahme vom gegenteiligen Grundsatz. Das ergibt sich direkt aus I 1 in Verbindung mit § 49b II 1 BRAO, indirekt auch aus § 1 I 1 trotz des dort ja fehlenden einschränkenden Worts „nur" (kostenpflichtig, wenn). Ob diese grundsätzlich unveränderte Einschränkung der Berufsfreiheit nach Artt 1, 2, 12 GG und der schuldrechtlichen Vertragsfreiheit des BGB auch nach der Haltung des BVerfG NJW 07, 979 = BGBl 495 noch vertretbar ist, wird vermutlich weiterhin heftig streitig bleiben können.

3 *Enge Auslegung* ist eine allgemeine Folge bei einer Ausnahmeregelung, Kilian NJW 08, 1906. Das muß man bei sämtlichen nicht gerade sonderlich einfachen Einzelfragen in § 4a mitbeachten. Natürlich darf das nun auch nicht zum Abwürgen der eindeutig eröffneten Möglichkeiten einer Vereinbarung nach dieser Vorschrift führen. Im wirklichen Zweifel muß man aber die weniger weitgehende Lösung wählen, mag sie nun zulasten des Anwalts führen oder neutralere Folgen für ihn haben.

4 **3) Sachlicher Geltungsbereich, I–III.** Die Vorschrift erfaßt in den Grenzen einer Tätigkeit über § 34 hinaus (dann keine Vergütungsvereinbarung nach § 3a I 1, 2, dort S 4 vorhanden) jede Art von Anwaltstätigkeit vor Gericht oder sonstwo.

5 **4) Persönlicher Geltungsbereich, I–III.** Die Regelung gilt für den Anwalt, § 1 Rn 6ff. Beim Patentanwalt gilt § 43b PatAnwO, beim Steuerberater gilt § 9a StBerG, beim Wirtschaftsprüfer gilt § 55a WiPrO, alle abgedruckt vor Rn 1. Beim sonstigen Rechtsdienstleister gilt das RDG mit seinem RDGEG, soweit danach das RVG mitbeachtbar ist. Beim Vertreter des Anwalts gilt § 5.

6 **5) Erfolgshonorar, I 1.** Es muß um die Vereinbarung gerade eines solchen Honorars gehen, das als ein Erfolgshonorar gilt. I 1 verweist dazu auf die amtliche Begriffsbestimmung in § 49b II 1 BRAO, abgedruckt bei § 3a. Danach umfaßt der Begriff weitergehend als früher jede Vereinbarung, durch die die Partner eine Vergütung entweder schon dem Grunde nach oder doch zumindest deren Höhe vom Zusammentreffen einer der beiden folgenden Voraussetzungen Rn 7–13 einerseits und damit des Fehlens der Situation Rn 14 andererseits abhängig machen. Auch ein „Vergleichshonorar" kann ein Erfolgshonorar sein, BGH AnwBl 09, 654.

7 **A. Entweder: Erfolgsabhängigkeit, § 49b II 1 Hs 1 BRAO.** Es mag die Vergütung von Ausgang der Sache oder vom Erfolg der anwaltlichen Tätigkeit abhängig sein sollen. Das ist ein gesetzlich nicht näher bestimmter Begriff. Man darf und muß ihn wie stets im Vertragsrecht nach Treu und Glauben auslegen und dabei auf die Interessen der Vertragspartner mitabstellen.

8 **B. Erfolg.** Jede Verbesserung kann einen Erfolg bedeuten, von 0 auf 1 angefangen. Die Verbesserung mag materiell oder immateriell sein. Sie mag ohne oder mit einem Begleitnachteil erfolgen. Es kommt auf den Saldo an, auf das Endergebnis. Dieses mag aber schon bei einem bestimmten Teilbetrag oder sonstigen Teilvorteil den vereinbarten Erfolg darstellen. Eine spätere erneute Verschlechterung mag als mitbeachtbar gelten oder unbeachtlich sein sollen. Eine örtliche Beschränkung mag ausreichen oder nicht. Eine der Art nach vorhandene Begrenzung mag ebenso beurteilbar sein. Es mögen ein oder mehrere Ereignisse oder Ergebnisse zum vereinbarten Erfolg nötig sein oder ausreichen. Der Erfolg bei einem von mehreren Gegenständen oder in zwei von mehr Angelegenheiten mag vereinbarungsgemäß reichen. Es mögen

ein voller und ein weiterer Teilerfolg zusammentreffen sollen. Jede Variante kann ausreichen.
Ein Vergleichen Vorher-Nachher ist also notwendig und meist ausreichend. Auch ein 9 prozentual nicht völlig untergeordneter Erfolg kann reichen. Es kommt eben alles auf die Vereinbarung dessen an, was die Partner als Erfolg ansehen wollen.

C. Abhängigkeit. Eine Abhängigkeit vom Erfolg ist notwendig. Eine bloße Mit- 10 abhängigkeit kann reichen, aber nicht im Zweifel, Rn 3. Vgl auch den Bereich der erfolgsunabhängigen Vergütung nach § 4. Eine gemeinsame Hoffnung oder Zuversicht reicht nicht, eine hochgradige Gewißheit reicht wohl oft zur Abhängigkeit. „Nur wenn" macht abhängig, „falls" wohl nicht stets. „Wahrscheinlich" liegt auf der Grenze. Ein Hinweis auf eine bisherige Streitigkeit in Rspr oder Lehre kann gerade zur bewußten Abhängigkeit vom Erfolg führen. Auch hier ist alles eine Auslegungsaufgabe nach § 157 BGB.

D. Oder: Teil des Erstrittenen, § 49b II 1 Hs 2 BRAO. Es mag auch statt 11 Rn 7–10 die Vereinbarung auf einen Teil des erstrittenen Betrags (so der Wortlaut) oder des sonst Erstrittenen (Werts, vernünftige Gesetzesauslegung, BLAH Einl III 35 ff) gehen. Diese sog quota litis zählt nämlich jetzt nach § 49b II 1 Hs 2 BRAO mit zum Bereich eines Erfolgshonorars.

Hierher zählt auch der Fall, daß das Honorar aus dem Mehr eines *Verkaufserlöses* 12 gegenüber Richtsätzen bestehen soll, BGH NJW **87**, 2451, Karlsr JB **91**, 374. Diese Regelung ist grundsätzlich bedenklich, BGH BB **87**, 1066. Denn der Anwalt darf sein Interesse an einer angemessenen Vergütung nicht so betonen, daß er sich gewissermaßen zum Streitgenossen der Partei macht, BGH NJW **81**, 998.

Indessen sind auch nach der gesetzlichen Neuregelung insofern zumindest Aus- 13 nahmen denkbar. Das gilt zumindest im Bereich des EuRAG, Rn 35.

E. Fehlen bloßer Erhöhungsvereinbarung. In keinem der Fälle Rn 7–13 darf 14 nur eine Vereinbarung einer bloßen Erhöhung des Honorars vorliegen. Denn sie führt zum Fehlen eines Erfolgshonorars.

6) Statthaftigkeit nur für Einzelfall, I 1. Ein Erfolgshonorar nach Rn 7–13 ist 15 nur bei seiner Vereinbarung für „den Einzelfall" statthaft. Sie darf also nicht für eine bestimmte oder gar noch unbestimmte Mehrzahl oder gar Vielzahl von Fällen erfolgen, Mayer AnwBl **08**, 474. Das gilt sowohl bei Angelegenheiten nach § 15, dort Rn 8 ff, als auch bei verschiedenen Gegenständen, § 15 Rn 12, soweit sie auch mehrere Angelegenheiten bedeuten.

Unschädlich ist eine Tätigkeit in demselben Einzelfall für mehrere Auftraggeber nach 16 § 7 I, Kilian NJW **08**, 1907. Schädlich wird sie natürlich beim Vorliegen auch mehrerer Fälle.

7) Unentbehrlichkeit eines Erfolgshonorars, I 1. Selbst unter den Vorausset- 17 zungen Rn 7–16 ist die Vereinbarung eines solchen Honorars nur insoweit statthaft, als der Auftraggeber ohne ein Erfolgshonorar sein Recht nicht verfolgen würde, von der Rechtsverfolgung „abgehalten würde". Das ist eine ganz erhebliche Begrenzung. Das gilt erst recht wegen der Notwendigkeit einer strengen Auslegung, Rn 2.

A. Grundlage: Wirtschaftliche Verhältnisse. Die Beurteilung muß gerade auf 18 Grund der wirtschaftlichen Verhältnisse des Auftraggebers erfolgen. Die immaterielle Lage ist also bestenfalls im Rahmen der wirtschaftlichen mitbeachtbar. Auch etwaige psychische Lagen oder Auswirkungen sind allenfalls mitbeachtbar. Sie können sich freilich ganz gewaltig auch wirtschaftlich auswirken, etwa auf die Arbeitskraft. Es ist eine Saldierung der Gesichtspunkte unvermeidbar und nicht allzu schroff erlaubt, Rn 19.

B. Verständige Betrachtung. Denn man darf und muß die Verhältnisse Rn 18 19 „verständig betrachten". Das ist eine Öffnung zu einer gewissen Großzügigkeit trotz enger Auslegung.

„Verständig" beläßt einen nicht geringen Beurteilungsraum, ein Ermessen, eine Wahlfreiheit trotz evtl verschiedener Möglichkeiten. Verständig kann auch dasjenige sein, was nicht gerade offensichtlich oder dringend ratsam ist. Es reicht, daß man sich vernünftig verhält. Es genügt, durchaus sinnvoll vorzugehen. Es ist verständig, auch eine immerhin erwägbare Lösung zu suchen. Es muß keine hinreichende Erfolgsaus-

sicht bestehen. Es ist keine wirkliche Bedürftigkeit nötig, Kilian NJW 08, 1907. Die Finanzlage ist mitbeachtbar, Mayer AnwBl 08, 474.
Zweck ist die nur so herstellbare Fähigkeit der Rechtsverfolgung als Kläger wie Bekl, Antragsteller wie -gegner oder sonstwie Beteiligter. Diesen Sinn der Vorschrift darf man stets mitbeachten.

20 **C. Abhaltung von Rechtsverfolgung ohne Erfolgshonorar.** Immerhin muß die Notwendigkeit Rn 17 vorliegen. Es reicht also nicht, daß man sich nur schwerer entschließen würde oder daß man gewisse finanziell erheblichere Risiken eingehen müßte oder daß man eher noch zuwarten oder verhandeln möchte oder daß man einfach nur unsicher ist. Vielmehr muß feststehen, daß man eben von der Rechtsverfolgung oder -verteidigung absehen würde, weil wirtschaftlich faktisch absehen müßte. Diese Bedingung darf man bei aller „Verständigkeit" nach Rn 19 nicht einfach übergehen oder zu sehr herabspielen.

21 **D. Maßgeblich: Zeitpunkt der Honorarvereinbarung.** Für alle Voraussetzungen Rn 17–20 kommt es auf den Zeitpunkt der Honorarvereinbarung an, Kilian NJW 08, 1907. Er kann mit der Auftragserteilung zusammenfallen, ihr aber auch vorangehen oder nachfolgen. Unschädlich ist ein nachträglicher Wegfall der Voraussetzungen, Kilian NJW 08, 1907.

22 **8) Mißerfolg eines Gerichtsverfahrens, I 2.** Es kommt jetzt evtl auch die Vereinbarkeit eines sog Mißerfolgshonorars infrage. Ihre Wirksamkeit hängt vom Zusammentreffen der folgenden drei Bedingungen ab.

23 **A. Gerichtliches Verfahren.** Es muß ein solches Verfahren beim Abschluß der Vereinbarung schon und noch vorliegen. Es reicht ein Verfahren vor einem beliebigen Staats- oder Schiedsgericht jeder Instanz und nach jeder Verfahrensordnung. Ein berufsgerichtliches Verfahren mag ebenfalls ausreichen. Ein bloßes behördliches oder staatsanwaltschaftliches oder Verwaltungsverfahren reicht selbst dann nicht, wenn in ihm eine einzelne richterliche Handlung erfolgt.
Eine *Anhängigkeit* (Eingang des Erstantrags oder erste gerichtliche Handlung von Amts wegen) reicht. Eine Rechtshängigkeit ist nicht nötig. Die formelle Rechtskraft beendet dieses gerichtliche Verfahren. Ein Eilverfahren reicht auch ohne ein zugehöriges Hauptverfahren. Jedes Gerichtsverfahren beurteilt sich hier gesondert, solange keine Verbindung vorliegt und fortbesteht.

24 **B. Mißerfolgsgebührenvereinbarung.** Die Partner müssen gerade für den Fall eines Mißerfolgs vereinbart haben, daß keine oder eine geringere als die gesetzliche Vergütung entstehen soll. Mißerfolg ist das Gegenteil von Erfolg nach Rn 8, 9. Ein Unentschieden ist weder ein Erfolg noch ein Nichterfolg, soweit noch ein Erfolg gerade dieses Verfahrens folgen kann. Geringer als gesetzlich ist jede Vergütung, die im Ergebnis zu einem nicht völlig niedrigeren Betrag als dem gesetzlichen führt. „Vergütung" umfaßt dabei jeweils auch die Auslagen, § 1 I 1.

25 **C. Gleichzeitige Vereinbarung eines Erfolgszuschlags.** Zu den Bedingungen Rn 23, 24 muß unbedingt eine weitere gleichzeitige Vereinbarung für den Erfolgsfall hinzutreten. Sie muß auf einen mindestens „angemessenen Zuschlag" auf die gesetzliche Vergütung erfolgen. Sie muß im übrigen alle Voraussetzung der Wirksamkeit einer Erfolgshonorarvereinbarung erfüllen.

26 *„Angemessen"* ist ein solcher Zuschlag, der über das Gesetzliche mehr als völlig unerheblich hinausgeht. In EUR hängt der Betrag von der Höhe der gesetzlichen Vergütung ab. Man wird ähnlich wie zB bei § 323 ZPO per Saldo ein Mehr von etwa 10% meist als ausreichend erachten und eine geringere Überschreitung des Gesetzlichen wohl meist als noch keinen angemessenen Zuschlag bewerten.

27 **9) Mußinhalt der Vereinbarung, II, III.** Die Vereinbarung nach I muß mindestens vier Inhaltspunkte aufweisen, um wirksam zu sein. Zwei davon regelt II Z 1, 2, die beiden restlichen erfaßt III.

28 **10) Gesetzliche und erfolgsunabhängige vertragliche Vergütungsangabe, II Z 1.** Zunächst muß die Vereinbarung die folgenden Angaben enthalten. Sie müssen zusammentreffen.

Abschnitt 1. Allgemeine Vorschriften § 4a RVG

A. Voraussichtliche gesetzliche Vergütung, Hs 1. Die Vereinbarung muß die- 29
jenige Vergütung (Gebühren und Auslagen, § 1 I 1) nennen, die der Auftraggeber kraft
Gesetzes seinem Anwalt und den von diesem beauftragten Personen schulden würde.
„Voraussichtlich" bedeutet: Im Zeitpunkt des Abschlusses gerade der Vereinbarung 30
des Erfolgshonorars nach Rn 21 nach bestem Wissen und Gewissen für den Anwalt
errechenbar, nicht auch für den Auftraggeber, zumindest soweit dieser kein Anwalt
oder sonstiger Volljurist ist. Dabei darf und muß man sich natürlich mit derjenigen
bloßen Schätzung begnügen, die etwa beim Gegenstandswert oder bei einer Satzrah-
men- oder Betragsrahmengebühr nach Einl II B 13 absehbar ist. Man braucht weder
eine Auskunft des Gerichts oder der Anwaltskammer dazu zu erbitten noch ein förmliches Wertfestsetzungsverfahren auch nur zu beantragen.
Für alle Instanzen der Tätigkeit gerade dieses Anwalts muß man schätzen, soweit sie 31
über die erste Instanz auch nur einigermaßen wahrscheinlich hinausgehen könnte.
Hier muß aber eine, bitte gesondert gefertigte, ganz grobe Schätzung durchaus genügen. Der Anwalt ist kein Hellseher. „Vor Gericht und auf hoher See ist der Mensch
allein". Auch außergerichtlich kann man meist nur grob schätzen. Ein entsprechender
Hinweis darf dann genügen, aber nicht zu Bequemlichkeit führen. Künftige Gebüh-
renerhöhungen usw lassen sich natürlich allenfalls direkt vor ihrer Verkündungsreife
einschätzen. Wehe demjenigen, der sich im Gesetzgebungsverfahren als Normalbür-
ger vorzutasten wagt.
B. Evtl: Erfolgsunabhängige vertragliche Vergütung, Hs 2. Die Vorschrift 32
ist schwer verständlich. Ihr Sinn ist: Wenn der Anwalt bereit wäre, den Auftrag auch
unabhängig von einem Erfolgshonorar zu übernehmen, aber nur nach § 4 statt nach
§ 4a zu einem zwar erfolgsunabhängigen, aber immerhin doch über dem Gesetzlichen liegenden Vertragshonorar, soll in der Vereinbarung eines doch noch zustandekommenden Erfolgshonorars auch stehen, was ohne dieses Erfolgshonorar entstanden
wäre, damit der Auftraggeber vor seinem Einverständnis noch abwägen kann, ob er
mit oder ohne ein Erfolgshonorar abschließen sollte. Man kann des „Guten" nach
deutscher Überperfektion an Fürsorge auch reichlich viel tun, zurückhaltend ausgedrückt. Hier darf man nun wirklich im Zweifel nicht nach Rn 2 allzu hart urteilen.

11) Erfolgsbeschreibung, II Z 2. Wesentlich verständlicher und überzeugender 33
als die Voraussetzung Rn 32 ist die nach II Z 2 notwendige Angabe, welche Vergütung beim Eintritt welcher Bedingung der Anwalt nun als Erfolgshonorar verdienen
soll. Das bedeutet die Notwendigkeit, ganz klar zu bestimmen, was die Partner als
einen Erfolg nach Rn 7 ff verstehen wollen. Damit ergänzt II Z 2 die Voraussetzung
I 1 Hs 1 ganz wesentlich. Das ist ja auch zur Verringerung oder gar Vermeidung einer
elenden Kette von Auslegungsstreitereien zu späteren Zeitpunkten dringend notwendig, nicht nur ratsam.
Vorsicht dennoch vor allzu akribischer Darlegung. Je ausführlicher, desto auslegba- 34
rer. Das ist nicht nur beim Testament eine alte Erfahrung. Um eine gewisse Auslegung kommt man fast nie herum. Deshalb darf das Erfolgshonorar auch nicht an
einer solchen Notwendigkeit von vornherein scheitern. Rn 2 bleibt beim Zweifel
hart genug. Die Vereinbarung darf nicht zur Examensklausur werden.

12) Wesentliche Bemessungsgründe, III 1. In der stattlichen Reihe der Be- 35
dingungen der Wirksamkeit eines Erfolgshonorars ist die zwingende Angabe der wesentlichen Gründe der Bemessung des Erfolgshonorars (gemeint: nach seiner Höhe,
Fälligkeit usw) nicht die leichteste. Aber man muß sie im Zusammenhang mit I 1 sehen. Die Vereinbarung soll aus sich heraus ergeben, ob sich die Partner überhaupt
ausreichend über die dortigen Voraussetzungen klar waren und ob sie ihre Lage einigermaßen richtig „subsumiert" haben, also als passend und ausreichend bewertet haben. Auch das muß nicht erschöpfend und auch nicht überall überzeugend erfolgen.
Es muß aber doch immerhin eine auch im Kern einigermaßen zutreffende Bemühung um Rn 7 ff erkennbar sein. Je präziser, nachvollziehbarer und rechnerisch halt-
barer, desto eher wirksam. Je dürftiger, ersichtlich einseitiger, desto eher unwirksam.
Wieder ein weites Feld gerichtlicher wie etwa nach § 14 entsprechender kammerli-
cher Ermessensbemühungen und Rechtserkenntnis-Notwendigkeiten beim etwa späteren
Streit.

RVG §§ 4a, 4b X. Rechtsanwaltsvergütungsgesetz

36 **13) Hinweis auf Beschränkung auf eigene Anwaltskosten, III 2.** Schließlich zwingt diese Vorschrift dazu, in die Vereinbarung einen Hinweis darauf aufzunehmen, daß sie sich auf die dem eigenen Anwalt und seinen Erfüllungsgehilfen geschuldete Vergütung beschränkt und daher alle etwaigen weiteren Kosten wie Gerichtskosten, Verwaltungskosten und Erstattungsansprüche eines Gegners oder Dritten unberührt läßt. Vgl dazu § 49b II 2 BRAO, abgedruckt bei § 3a.
Schutz des Auftraggebers ist natürlich der Sinn. Deshalb darf man nicht zu großzügig mit den Anforderungen sein. Auch hier kommt es ebenso natürlich aber auch auf den Auftraggeber an, auf seine Vertrautheit mit dem Kostenrecht oder mit bisherigen Verfahren, auf etwaige Vorgespräche nebst bestätigenden Anwaltsschreiben usw.

37 **14) Anwendbarkeit auch des § 3a.** Eine Vereinbarung nach § 4a ist einer der Anwendungsfälle des § 3a, dort Rn 1. Deshalb darf man nie dessen Mitbeachtung übersehen, zB zur Frage der Textform nach § 3a I 1 usw. Vgl die dortigen Kommentierungen.

38 **15) Verstoß. Anwendbarkeit des § 4b.** Vgl dessen Kommentierung.

39 **16) Beispiele zur Frage eines Erfolgshonorars, I–III.**

Fehlerhafte Vergütungsvereinbarung

4b ¹ Aus einer Vergütungsvereinbarung, die nicht den Anforderungen des § 3a Satz 1 und 2 oder des § 4a Abs. 1 und 2 entspricht, kann der Rechtsanwalt keine höhere als die gesetzliche Vergütung fordern. ² Die Vorschriften des bürgerlichen Rechts über die ungerechtfertigte Bereicherung bleiben unberührt.

Vorbem. Eingefügt durch Art 2 Z 4 G v 12. 6. 08, BGBl 1000, in Kraft seit 1. 7. 08, Art 7 S 2 G, Übergangsrecht § 60 RVG.

1 **1) Systematik, S 1, 2.** Im begrenzten Geltungsbereich Rn 2 enthält § 4b einen Teil der zivilrechtlichen Folgen eines Verstoßes bei einer Gebührenvereinbarung. S 1 schafft eine eigene Folge, S 2 verweist auf §§ 812ff BGB. Berufsrechtliche Folgen nennt § 4b nicht. Vgl. dazu BORA und CCBE. Strafrechtliche Folgen nennt § 4b ebenfalls nicht. Infrage kommen können zB §§ 263, 266 StGB.

2 **2) Regelungszweck, S 1, 2.** Es geht um eine solche Folgenbestimmung, die aus einem Formverstoß einerseits keine völlige Honorarlosigkeit macht, andererseits aber doch solche Konsequenzen zieht, die schon zur Sorgfalt auch in Formfragen beim Abschluß einer den Anwalt ja begünstigenden Honorarabrede führen sollen. In diesem Sinn sollte man die Vorschrift handhaben.

3 **3) Geltungsbereich, S 1, 2.** Er ist keineswegs umfassend. S 1 nennt vielmehr abschließend, § 1 I 1, die hier erfaßten Lagen.
A. Keine Textform, § 3a I 1. Es muß ein solcher Verstoß gerade bei einer Vereinbarung einer Vergütung über die gesetzliche hinaus vorliegen. Er muß eindeutig sein. Er muß beim Abschluß der Vereinbarung vorgelegen haben. Die Partner können auf die Textform nicht wirksam verzichten. Zur Textform § 3a Rn 12ff. Die Textform muß den Gesamttext decken.

4 **B. Keine ausreichende Bezeichnung usw, § 3a I 2.** Es muß ein Verstoß gegen auch nur eine der Anforderungen des § 3a I 2 vorliegen.

5 **C. Keine Beachtung von § 4a I oder II.** Es mag auch oder nur ein Verstoß gegen auch nur eine der Anforderungen des § 4a I oder II vorliegen, dazu dort Rn 6–34.

6 **D. Unerheblichkeit anderer Verstöße.** Es kommt (nur) bei § 4b wegen der abschließenden Aufzählung der von ihm erfaßten Verstöße nicht darauf an, ob die Vereinbarung auch noch gegen eine der weiteren Voraussetzungen der §§ 3a, 4 oder 4a III verstößt.

7 **4) Folge: Nur gesetzliche Vergütung, S 1.** Ein Verstoß nach Rn 3–5 hat zumindest die Folge, daß der Anwalt keine höhere als die gesetzliche Vergütung (Gebühren und Auslagen, § 1 I 1) erhält. Das gilt evtl auch dann, wenn nur ein Teil der Abreden gegen § 3a verstößt, BGH AnwBl 09, 654. Freilich bleibt S 2 beachtbar.

Abschnitt 1. Allgemeine Vorschriften §§ 4b, 5 RVG

5) Anwendbarkeit der §§ 812 ff BGB, S 2. Infolge dieser Vorschriften kann zB 8 der Auftraggeber eine über das Gesetzliche hinausgehende Vergütung dann nicht zurückfordern, wenn er diese Überzahlung in Kenntnis des Fehlens einer Pflicht dazu geleistet hatte, § 814 Hs 1 BGB. Das bloße Kennenmüssen wäre aber unschädlich.

Vergütung für Tätigkeiten von Vertretern des Rechtsanwalts

5 Die Vergütung für eine Tätigkeit, die der Rechtsanwalt nicht persönlich vornimmt, wird nach diesem Gesetz bemessen, wenn der Rechtsanwalt durch einen Rechtsanwalt, den allgemeinen Vertreter, einen Assessor bei einem Rechtsanwalt oder einen zur Ausbildung zugewiesenen Referendar vertreten wird.

Gliederung

1) Systematik	1
2) Regelungszweck	2
3) Geltungsbereich	3, 4
4) Beispiele zur Frage eines Vertreters	5–20
5) Gebührenhöhe	21
6) Erstattungsfähigkeit	22

1) Systematik. Der Anwalt muß seine Tätigkeit grundsätzlich bis auf untergeord- 1 nete Hilfstätigkeiten im wesentlichen an sich persönlich leisten, §§ 613 S 1, 664 I 1, 675 I BGB. Man muß nach diesen Vorschriften klären, ob und in welchem Umfang sich der Anwalt anderer Personen bedienen darf und für die Erfüllungsgehilfen haftet, §§ 276, 278 BGB, BGH NJW **81**, 2741. Der Anwaltsvertrag ist aber praktisch dennoch im Interesse des Auftraggebers nach §§ 665 S 1, 675 BGB weitgehend mangels abweichender Abreden so auslegbar, daß der Anwalt außergerichtlich wie gerichtlich durch einen von ihm beauftragten Vertreter tätig werden darf, soweit dieser auch die zB im Termin auftretenden tatsächlichen oder rechtlichen Probleme beherrscht. Das gilt natürlich erst recht für eine rein technische Hilfe durch das Personal.
Die Erlaubnis zur Vertretertätigkeit *fehlt*, soweit eine besondere Weisung des Auftraggebers oder einen erkennbares Interesse an der höchstpersönlichen Wahrnehmung dieses Tätigkeitsabschnitts durch den Anwalt zB als des ständigen Vertrauensanwalts des Auftraggebers erfordern. Dann mag zB § 812 BGB anwendbar sein. Im übrigen muß man den Text der Prozeßvollmacht beachten. Auch eine Honorarvereinbarung nach § 3a kann auf die Notwendigkeit der zumindest grundsätzlich persönlichen Tätigkeit hindeuten.
In seinem Geltungsbereich schließt der auch im Kostenfestsetzungsverfahren beachtbare § 5 als eine *Sondervorschrift* andere Regeln aus, zB §§ 315, 316, 611, 612 BGB, Düss AnwBl **91**, 272, LG Münst JB **96**, 639. Wer nicht unter § 5 fällt, muß natürlich nicht ohne jede Vergütung arbeiten, Rn 8, 16. Das ist so selbstverständlich, daß § 5 es bei seiner abschließenden Aufzählung nicht mitbetonen muß. Es sind dann die eben genannten weiteren Vorschriften anwendbar.
Nur gegenüber dem *beauftragten Anwalt* entsteht ein Vertragsverhältnis, nicht gegenüber dessen Vertreter. Das Innenverhältnis zwischen den Anwälten richtet sich nach §§ 662 ff, 675 BGB. Dabei entsteht ein Vergütungsanspruch des Vertreters nach § 5. Dabei können diese beiden in ihrem Innenverhältnis grundsätzlich unabhängig vom RVG und von § 49b BRAO oder § 1 UWG frei vereinbaren, ob und wie sie eine Aufteilung des vom vertretenen Anwalt erwirtschafteten Honorars vornehmen wollen, BGH AnwBl **06**, 673. Zur Rechnungsstellung im Innenverhältnis Ribbrock AnwBl **08**, 184 (Üb). Auch im Innenverhältnis muß grundsätzlich niemand umsonst arbeiten, LG Arnsb RR **01**, 1144. Es ist allenfalls in demselben LG-Bezirk noch üblich, etwa für einen Kollegen einen Termin unentgeltlich wahrzunehmen, also „kollegialiter", AG Saarbr AGS **99**, 119.

2) Regelungszweck. Soweit der Anwalt gegen diese Vertragspflichten verstößt, 2 mag der Auftraggeber sachlichrechtliche Ansprüche gegen ihn haben, etwa unter dem Gesichtspunkt der Schlechterfüllung oder des Verzugs. § 5 läßt zwar solche Ansprüche unberührt. Die Vorschrift bestimmt aber im Interesse der Kostengerechtigkeit wie der Prozeßwirtschaftlichkeit nach BLAH Grdz 14 vor § 128 ZPO, daß es für den

1351

gesetzlichen Vergütungsanspruch des Anwalts nicht darauf ankommt, ob er sich vertreten lassen durfte, sondern nur darauf, ob er sich durch eine der in § 5 abschließend genannten Personen im Rahmen eines Unterauftrags und nicht im Rahmen einer gemeinsam beauftragten Sozietät vertreten ließ, LG Landau MDR **79**, 160. Ein Einzelauftrag an nur einen der Sozien kommt zB beim Verteidiger wegen § 136 StPO infrage, Hartung MDR **02**, 1224. Das Gesetz sieht nur diese Person als so weit ausgebildet an, daß ihre Tätigkeit derjenigen des Anwalts gleichsteht.

3 **3) Geltungsbereich.** Die Vorschrift gilt nur, aber eben auch für sämtliche auftragsgemäßen Anwaltstätigkeiten. Soweit eine Vergütung nach § 5 entstanden ist, bleibt sie von einem früheren oder späteren Handeln eines nicht unter § 5 fallenden Vertreters unberührt.

4 Soweit der Anwalt *mit dem Auftraggeber vereinbart,* daß ihn jemand vertreten darf, ist diese Vereinbarung auch dann formlos gültig, wenn das RVG nach ihr auf eine andere als auf die in § 5 genannten Personen anwendbar sein soll. Diese Frage hätte LG Gießen VersR **81**, 963 mitprüfen sollen. Allerdings läßt sich § 5 nicht schon durch ein Einverständnis direkt anwendbar machen, Ffm NJW **75**, 2211, LG Mainz JB **97**, 249, LG Zweibr Rpfleger **77**, 114. § 4 ist nur dann anwendbar, wenn es im Ergebnis zu einer höheren als der gesetzlichen Vergütung kommt, Schlesw SchlHA **90**, 75.

5 **4) Beispiele zur Frage eines Vertreters.** Aus den Gründen Rn 1 ist die Aufzählung in § 5 zwar lückenhaft, aber dennoch abschließend, Düss AnwBl **91**, 272. Aus dieser Aufzählung der dem Anwalt nach Rn 1–4 gebührenrechtlich gleichstehenden Vertreter ergibt sich das folgende Bild.

Allgemeiner Vertreter: Das ist der nach § 53 BRAO in den dort genannten Fällen erforderliche amtlich bestellte Vertreter, Düss NJW **94**, 1296. Er steht im Umfang seiner Bestellung dem vertretenen Anwalt in jeder Hinsicht gleich, Düss Rpfleger **94**, 270. Er kann daher seinerseits grds eine der in § 5 genannten Personen zu seinem Untervertreter bestellen und auch mit dem Auftraggeber des von ihm vertretenen Anwalts vereinbaren, nicht als dessen amtlich bestellter Vertreter tätig zu sein, sondern als dessen Bevollmächtigter, soweit das nicht rechtsmißbräuchlich ist.

Amtlich bestellter Vertreter: Der nach § 53 BRAO amtlich bestellte Vertreter ist der „allgemeine Vertreter", Düss NJW **94**, 1296.

6 **Andere Personen:** Infolge der aus den Gründen Rn 1, 5 abschließenden Aufzählung der gebührenrechtlich dem Anwalt gleichstehenden Personen können andere als die § 5 genannten Personen *nicht* durch ihre Tätigkeit eine volle gesetzliche Vergütung des Anwalts auslösen, LG Gießen VersR **81**, 963 (Angestellte), LG Oldb Rpfleger **84**, 36, LAG Halle AnwBl **95**, 561 und 562. Das gilt selbst dann, wenn der Vertreter Volljurist ist, Ffm NJW **75**, 2211, LG Kref AnwBl **76**, 181, LG Zweibr Rpfleger **77**, 114. Der Auftraggeber kann den Anwalt zwar ermächtigen, sich durch andere Personen vertreten zu lassen, etwa durch den Bürovorsteher, eine Kanzleikraft, einen wissenschaftlichen Mitarbeiter oder die Ehefrau. Der Anwalt hat aber insofern eben keinen gesetzlichen Vergütungsanspruch. Er kann insofern auch keinen vertraglichen Vergütungsanspruch erwerben.

Denn das RVG regelt die Frage, ob und welche Vergütung er erhalten kann, grds *abschließend,* Rn 21. §§ 3a–4b lassen die Vereinbarung einer Vergütung nur derart zu, daß diese nach oben oder unten vom Gesetz abweichen soll, nicht auch derart, daß sie selbst dann in gesetzlicher oder davon abweichender Höhe entstehen soll, wenn der Anwalt sich durch andere als die in § 5 genannten Personen vertreten läßt. Denn so weit geht der Sinn der §§ 3a–4b ersichtlich nicht.

Eine andere Frage ist natürlich diejenige, ob eine solche andere Person einen *eigenen sachlichrechtlichen Vergütungsanspruch* gegenüber demjenigen Anwalt erhalten kann, der sie unmittelbar beauftragt hat, und/oder gegenüber dessen Auftraggeber. Üb zur heftigen Streitfrage, in welcher Höhe ein solcher Anspruch bestehen kann, bei Rn 21 (Zivilsachen), Rn 14 (Strafsachen). Ein solcher Anspruch darf aber nicht zu einer Umgehung des § 5 führen. Insoweit kann ein sog Gebührenteilungsvertrag nichtig sein, § 134 BGB.

S auch Rn 10 „Bürovorsteher".

Angestellter: S „Andere Personen".

Abschnitt 1. Allgemeine Vorschriften **§ 5 RVG**

Assessor: Auf ihn ist § 5 jetzt ausdrücklich ebenfalls *anwendbar*, soweit er bei diesem 7
Anwalt derzeit beschäftigt ist, also während der von ihm für diesen Auftraggeber
seines Chefs geleisteten Tätigkeit, (zum alten Recht) BGH AnwBl **04**, 528.

§ 5 ist aber *dann unanwendbar*, wenn der Assessor bei diesem Anwalt nicht be- 8
schäftigt ist oder überhaupt nicht bei einem Anwalt beschäftigt ist. Es sind dann allenfalls §§ 611 ff BGB in Verbindung mit §§ 398 ff BGB anwendbar, Zweibr
AnwBl **85**, 161, LG Bochum Rpfleger **88**, 426, LG Frankenth AnwBl **85**, 162
(wenden [jetzt] § 46 an). Der Assessor kann aber ein allgemeiner Vertreter nach
Rn 5 sein. Dann darf und muß man ihn natürlich nach § 5 beurteilen.

Assessor ist man erst ab einer Befähigung zum Richteramt nach §§ 5 ff DRiG.

Beigeordneter oder bestellter Anwalt: Er kann als Anwalt, um dessen Vertretung 9
es geht, bei einer Vertretung durch eine der in § 5 genannten Personen seine gesetzliche Vergütung auch insofern beanspruchen, etwa bei einer Prozeßkostenhilfe
aus der Staatskasse, Stgt Rpfleger **96**, 83, LG Kempten FamRZ **06**, 1692, LAG
Halle AnwBl **95**, 561, aM Düss JB **85**, 1496, LG Kleve JB **84**, 1022. Eine Beiordnung eines Anwalts als des Vertreters eines anderen Anwalts und nicht etwa als dessen allgemeiner Vertreter oder Praxisabwickler kommt nur theoretisch in Betracht.
Dann kann § 5 ausnahmsweise anwendbar sein, Köln JB **85**, 203, LG Kref AnwBl
76, 181, aM Düss MDR **78**, 1031 (falls ein Assessor seine Zulassung schon beantragt hatte und wenig später erhält).

Bürovorsteher: Auf ihn ist § 5 *unanwendbar*, LG Bückeb JB **01**, 102, LG Münst 10
MDR **96**, 972, LAG Hamm MDR **94**, 1049. Das gilt selbst dann, wenn der Auftraggeber mit seiner Tätigkeit einverstanden ist, wenn der Bürovorsteher dieselbe
Sachkunde wie der Anwalt hat und wenn der Bürovorsteher zulässigerweise nach
Rn 1–4 die Schriftsätze vorbereitet, das Material herbeigeschafft, Vorverhandlungen geführt und den Anwalt auch noch in anderer Weise weitgehend unterstützt
und entlastet hat. Seine Vergütung gegenüber dem Anwalt und evtl gegenüber
dem Auftraggeber des Anwalts bestimmt sich nach dem sachlichen Recht meist
mit etwa 33,3–50% einer Anwaltsvergütung, Köln AnwBl **85**, 327, LG Münst
MDR **96**, 972, LAG Hamm MDR **94**, 1049, aM LG Oldb Rpfleger **84**, 36 (er
erhalte gar nichts. Aber niemand muß umsonst arbeiten, Rn 1).

S auch Rn 6 „Andere Personen".

Diplomjurist: Auf ihn ist § 5 auch *nicht entsprechend* anwendbar, Rn 6 „Andere Personen", LAG Halle AnwBl **95**, 561 und 562.

Durchlauftermin: § 5 ist meist anwendbar, Rn 1.

Einfacher Fall: § 5 ist mangels einer eindeutig anderen Weisung des Auftraggebers
durchweg anwendbar.

EuRAG-Anwalt: Er steht in den Grenzen des EuRAG dem deutschen Anwalt
gleich.

Hochschullehrer: Auf ihn ist § 5 wie überhaupt das RVG grds selbst dann *unan-* 11
wendbar, wenn er zulässigerweise zB als Verteidiger tätig wird, LG Gießen AnwBl
87, 500 (krit Hermann), VG Mannh NJW **91**, 1195, VG Mü NJW **89**, 314, aM
BVerfG NJW **78**, 1173, Düss MDR **95**, 424, Mü FamRZ **01**, 1718. Er kann einen
Vergütungsanspruch nach dem bürgerlichen Recht haben, Deumeland ZMR **96**,
386. Insofern mögen die Vertragspartner eine entsprechende Anwendung des RVG
und damit auch seines § 5 zulässigerweise vereinbaren, Düss NStZ **96**, 100 (zustm
Deumeland), Herrmann AnwBl **87**, 501.

Wegen der *ausnahmsweisen* Anwendbarkeit des RVG § 1 Rn 10.

Mehrheit von Anwälten: Es gilt § 6, soweit der Auftraggeber mehrere selbständige 12
Anwälte und nicht nur Sozien nebeneinander beauftragt hat.

Mehrkosten: Zu ihrer Vermeidung ist § 5 meist im zumindest mutmaßlichen Interesse des Auftraggebers anwendbar.

Pflichtverteidiger: Soweit es sich um einen Anwalt handelt, muß man ihn auch als
Pflichtverteidiger nach § 5 behandeln. Er kann also eine der dort genannten Personen zu seinem Vertreter bestellen. Das gilt allerdings nur, soweit die gerichtliche
Bestellung seine Vertretung deckt. Das ist grds bei einer Übertragung der gesamten
Verteidigung oder der Verteidigung in der Hauptverhandlung nicht so. Als der allgemeine Vertreter nach Rn 5 erhält auch der als Pflichtverteidiger Tätige die volle
Vergütung, Düss NJW **94**, 1296.

13 **Praxisabwickler:** Er ist nicht schon in dieser Funktion eine der in § 5 genannten Personen. Er ist insbesondere nicht der „allgemeine Vertreter" des verstorbenen Anwalts. Das ergibt sich aus §§ 53, 55 BRAO. Sie unterscheiden zwischen den Funktionen des allgemeinen Vertreters eines lebenden Anwalts und des Abwicklers der Kanzlei eines verstorbenen Anwalts. Außerdem hat der Abwickler nach § 55 III 2 BRAO einen Vergütungsanspruch vom Zeitpunkt seiner Bestellung an in eigener Person.

Die Vorschrift regelt auch das gebührenrechtliche *Innenverhältnis* zwischen ihm und den Erben des verstorbenen Anwalts. Der Abwickler ist anders als der allgemeine Vertreter sogar nach § 55 IV BRAO berechtigt, Kostenforderungen des verstorbenen Anwalts im eigenen Namen für Rechnung der Erben geltend zu machen.

Soweit es sich beim Praxisabwickler um einen Anwalt handelt, ist er in dieser letzteren Eigenschaft allerdings eine der in § 5 genannten Personen. Freilich ist die Anwaltseigenschaft keine zwingende Bedingung der Bestellung zum Praxisabwickler, § 55 I 1 BRAO.

Protokollierungstermin: § 5 ist meist anwendbar, Rn 1.
Prozeßkostenhilfe: Rn 9 „Beigeordneter oder bestellter Anwalt".

14 **Rechtsanwalt:** Jeder zugelassene Rechtsanwalt ist, soweit er für einen anderen Anwalt als Vertreter tätig wird, nach § 5 behandelbar, KG MDR **88**, 787. Das gilt unabhängig davon, ob er mit dem vertretenen Anwalt in einer Bürogemeinschaft oder in einer Sozietät arbeitet. Erforderlich und ausreichend ist die Zulassung zur Anwaltschaft, § 12 BRAO.
Rechtsanwaltsgesellschaft: Es gilt § 1 I 3.
Rechtsbeistand: Infolge der aus den Gründen Rn 1, 5 abschließenden Aufzählung ist § 5 auf ihn beim Fehlen einer Kammermitgliedschaft *unanwendbar,* Düss Rpfleger **08**, 207, LG Kleve JB **84**, 1022. Das gilt selbst dann, wenn er (jetzt) ein sog Kammerrechtsbeistand nach dem RDGEG ist, (zum alten Recht) Düss JB **85**, 1496. Er kann nach dem sachlichen Recht als eine „andere Person" nach Rn 6 eine Vergütung erhalten. Sie mag 66,6% einer Anwaltsvergütung betragen, aber auch im Ergebnis an ein volles Anwaltshonorar heranreichen können.

15 **Rechtsfachwirt:** § 5 ist auf ihn *unanwendbar.* Jungbauer JB **08**, 231.
Referendar, dazu *Vogl* Rpfleger **98**, 141 (Üb): Man muß die folgenden Situationen unterscheiden.

16   **A. Zur Ausbildung zugewiesener Referendar.** Die Tätigkeit dieses sog Stationsreferendars steht derjenigen des Anwalts außerhalb des Anwaltszwangs gleich. Das gilt auch in einer Strafsache, soweit dort nicht eine Genehmigung des Gerichts erforderlich ist, aber fehlt. Es ist unerheblich, ob die Justizverwaltung diesen Referendar gerade demjenigen Anwalt zur Ausbildung zugewiesen hatte, den er nun vertritt, oder einem anderen Anwalt. Denn § 5 verlangt nur noch einen „zur Ausbildung zugewiesen", nicht einen „dem Rechtsanwalt" (so der frühere Gesetzestext) oder gar einen gerade „diesem Rechtsanwalt" zugewiesenen Referendar, Düss JB **05**, 364, LG Osnabr JB **92**, 798, Schnabl/Keller AnwBl **08**, 133, aM LG Hbg Rpfleger **88**, 548.

Es ist unerheblich, ob die Justizverwaltung den Referendar dem Anwalt gerade in dem hier fraglichen *Schwerpunktbereich* überwiesen hatte, sofern man ihn nur überhaupt einem Anwalt im Tätigkeitszeitraum schon und noch zugewiesen hat, LG Osnabr **92**, 798. Die nach dem RVG bemessenen Gebühren für diejenige Tätigkeit, die ein irgendeinem Anwalt zur Ausbildung zugewiesener Referendar vornimmt, sind also insofern, als er als Vertreter dieses oder eines anderen Anwalts tätig wird, die gesetzlichen Gebühren des vertretenen Anwalts nach § 91 II 1 ZPO in den Grenzen eines Überforderungsverbots, Karlsr JB **88**, 74, LG Ffm AnwBl **78**, 30. Vgl aber auch Rn 18.

17   **B. Nicht zur Ausbildung zugewiesener Referendar.** Soweit die Justizverwaltung den Referendar im Tätigkeitszeitraum weder demjenigen Anwalt zur Ausbildung zugewiesen hat, den er vertritt, noch einem anderen Anwalt, soweit er also kein sog Stationsreferendar ist, gehört er *nicht* zu den in § 5 genannten Personen, Stgt Rpfleger **96**, 83 (auch beim nach [jetzt] § 45 beigeordneten Anwalt), LG Heilbr MDR **95**, 968, LG Zweibr Rpfleger **77**, 114, aM Schnabl/Keller AnwBl

08, 133. Es sind dann vielmehr §§ 315, 316, 612 ff BGB anwendbar, Rn 1. Dabei kann eine Vergütung von etwa 66,6% der Anwaltsvergütung oder mehr infragekommen, LG Aschaffenb JB **77**, 1254, AG Freibg AnwBl **82**, 24, zumindest aber etwa 50%, LG Brschw JB **86**, 53, LG Darmst JB **82**, 73 (zustm Mümmler), LG Düss JB **87**, 1031, aM Düss JB **91**, 671 (abl Mümmler), LG Heilbr MDR **95**, 968, AG Mainz AnwBl **81**, 51 (aber niemand muß umsonst arbeiten, Rn 1).

Es kommt nicht darauf an, ob der Referendar schon eine *Stationszeit* bei einem Anwalt absolviert hat und zB jetzt dort noch freiwillig arbeitet. Es kommt erst recht nicht darauf an, ob seine Stationszeit bei diesem oder einem anderen Anwalt schon unmittelbar bevorsteht. Es reicht auch nicht, daß man den Referendar diesem oder einem anderen Anwaltsnotar nur in dessen Notareigenschaft zur Ausbildung in der freiwilligen Gerichtsbarkeit überwiesen hatte, LG Brschw Rpfleger **85**, 507. Auch ein Einverständnis des Auftraggebers macht § 5 nicht anwendbar, ebensowenig wie eine Tätigkeit bei diesem Anwalt als dessen juristischer Hilfsarbeiter.

Freilich kann der Nicht-Stationsreferendar gleichwohl nach § 53 IV 2 BRAO unter den dort genannten Voraussetzungen der *allgemeine Vertreter* des Anwalts sein. In dieser Eigenschaft fällt er unter § 5.

C. Pflichtverteidiger. Soweit das Gericht den Referendar zum Pflichtverteidiger bestellt, hat dieser keinen persönlichen Anspruch nach dem RVG. Das gilt unabhängig davon, ob er Stationsreferendar eines Anwalts ist oder nicht, Kblz Rpfleger **91**, 432, LG Aachen JB **91**, 1185, aM Hamm MDR **94**, 736. Keinen Anspruch hat der Referendar ferner dann, wenn er der amtlich bestellte Vertreter ist, Düss NJW **94**, 1296. Dann hat der Vertretene den Anspruch. 18

Sachverständiger: Er gehört in dieser Eigenschaft *nicht* zu den in § 5 genannten Personen. Seine Vergütung bemißt sich nach dem JVEG, Teil V dieses Buchs, oder nach dem bürgerlichen Recht. Seine Tätigkeit fällt auch dann nicht unter § 5, wenn das Gericht ihn bestellt hat und wenn man ihn öffentlich beeidigt hatte. Es kommt auch nicht darauf an, ob er einen Ortstermin durchgeführt hat. 19

Säumnisantrag, -termin: § 5 ist durchweg anwendbar, Rn 1.

Sozius: Man muß den Sozius in seiner Eigenschaft als einen zugelassenen Anwalt nach § 5 beurteilen. Er kann außerdem der allgemeine Vertreter sein. Dann muß man ihn auch insofern nach § 5 beurteilen. Derjenige Anwalt, der mit einem anderen Anwalt eine Bürogemeinschaft betreibt, läßt sich nicht schon wegen dieses Gemeinschaftsverhältnisses nach § 5 behandeln, wohl aber als Anwalt und eventuell als allgemeiner Vertreter des anderen Anwalts. Derjenige Assessor, der zwar schon praktisch ein Sozius des zugelassenen und vertretenen Anwalts ist, der aber trotzdem persönlich gerade noch nicht als Anwalt zugelassen ist, läßt sich nicht nach § 5 beurteilen, aM Düss MDR **78**, 1031, Ffm NJW **75**, 2211 (aber auch hier gilt die Erwägung Rn 8). 20

Stationsreferendar: Rn 15.

Steuerberater: Er gehört *nicht* zum Personenkreis des § 5, Düss Rpfleger **08**, 207.

Student: Er gehört *nicht* zum Personenkreis des § 5. Zwar mag praktisch oft eine dem Referendar vergleichbare Lage bestehen. Der Student ist aber in der abschließenden Aufzählung des § 5 nicht enthalten, aM GS **37**.

Terminsvertreter: Derjenige ProzBev, der im eigenen Namen einen Terminsvertreter beauftragt, hat einen Vergütungsanspruch gegen den eigenen Auftraggeber, BGH AnwBl **06**, 673.

Weiterer Anwalt: Bei ihm ist *nicht* § 5 anwendbar, sondern § 6.

Wissenschaftlicher Hilfsarbeiter: Rn 6 „Andere Personen".

5) Gebührenhöhe: Soweit § 5 anwendbar ist, gilt grundsätzlich das gesamte übrige RVG ebenfalls. Das gilt auch dann, wenn der Vertreter kein Volljurist ist. Denn dann muß der Vertretene umso mehr an Einweisung, Beaufsichtigung usw aufwenden. Deshalb gilt auch § 14 uneingeschränkt. Wegen einer Honorarvereinbarung vgl freilich Rn 1. Wegen anderer Personen vgl Rn 6. 21

6) Erstattungsfähigkeit. Man muß nach den in Betracht kommenden Verfahrensvorschriften prüfen, ob und inwieweit die Kosten eines Vertreters für die Rechtsverfolgung notwendig und damit erstattungsfähig sind, zB §§ 91 ff ZPO, 464 a II Z 2 22

StPO, LG Wuppert JB **86**, 1515 (Bürovorsteher: 33,3%), LG Darmst JB **82**, 73 (50%), LG Brschw Rpfleger **85**, 507, LG Kassel AnwBl **80**, 203 (das erstere Gericht billigt bei einem Assessor 66,6% der Anwaltsgebühren, beide Gerichte billigen bei einem Nicht-Stationsreferendar die Hälfte der Anwaltsgebühren zu), LG Aschaffenb JB **77**, 1254, LG Osnabr JB **78**, 216 (das LG billigt 66,6% der Anwaltsgebühren), LG Mosbach AnwBl **76**, 180 (billigt 75% der Anwaltsgebühren zu), aM LG Ravensb NJW **76**, 2225, AG Hagen NJW **75**, 939 (je: volle Anwaltsgebühren), Saarbr JB **84**, 1668, LG Kleve JB **84**, 1022, LG Mainz JB **97**, 249 (je: überhaupt keine Erstattungsfähigkeit).

In einer Strafsache hängt die Erstattungsfähigkeit beim *Pflichtverteidiger* wegen seiner grundsätzlichen Pflicht zur persönlichen Tätigkeit von einer Zustimmung des Gerichts ab, BGH StrV **81**, 393, soweit nicht der amtlich bestellte Vertreter tätig wird, BGH NJW **75**, 2351, Düss NJW **94**, 1296, strenger Hamm AnwBl **79**, 236.

Mehrere Rechtsanwälte

6 Ist der Auftrag mehreren Rechtsanwälten zur gemeinschaftlichen Erledigung übertragen, erhält jeder Rechtsanwalt für seine Tätigkeit die volle Vergütung.

Schrifttum: *Henssler/Streck* (Hrsg), Handbuch des Sozietätsrechts, 2001.

Gliederung

1) Systematik	1
2) Regelungszweck	2
3) Voraussetzungen	3–9
A. Mehrere selbständige Anwaltsverträge	3
B. Mehrere selbständige Anwälte nebeneinander	4
C. Unanwendbarkeit bei Sozietät	5
D. Einzelfragen zur Sozietät	6–8
E. Unanwendbarkeit bei Bürogemeinschaft	9
F. Gemeinschaftliche Erledigung	10
4) Jeweils volle Vergütung	11
5) Erstattungsfähigkeit	12

1 **1) Systematik.** § 6 regelt die Stellung mehrerer Auftrag*nehmer*, § 7 diejenige mehrerer Auftrag*geber*. Daneben gilt § 5 selbständig. § 6 hat einen grob mißverständlichen Wortlaut. Nach diesem Wortlaut würde die Vorschrift gerade den Einzelauftrag an eine Anwaltsgemeinschaft meinen. Indessen erfaßt § 6 gerade diesen Fall nicht. Das beruht auf der bisher wohl noch häufigsten Rechtsform der Anwaltsgemeinschaft, aus der man eine Gesamtgläubigerschaft und eine Gesamtschuldnerschaft der Sozien ableiten darf und muß, Rn 3, 4. Es gibt Sonderregeln mit einem Vorrang vor § 5, zB in VV 3400, 3401.

2 **2) Regelungszweck.** In den praktisch engen Grenzen ihres Geltungsbereichs nach Rn 1, 3 ff stellt die schon zwecks Rechtssicherheit zur Vermeidung von Mißverständnissen leider dennoch unverändert ziemlich mißglückte Vorschrift die Vergütungspflicht des Auftraggebers gegenüber einem jeden der von ihm beauftragten selbständigen Anwälte klar. Die Vergütungspflicht ist an sich eine Selbstverständlichkeit. § 6 besagt aus denselben Erwägungen etwas ebenso Selbstverständliches, nämlich, daß es für die Höhe der Vergütung natürlich schon nach § 14 auf die Art und den Umfang der Tätigkeit eines jeden solcher Anwälte ankommt. Alles das erfordert eine zurückhaltende Auslegung im Interesse der Verhütung überhöhter Gesamtansprüche.

3 **3) Voraussetzungen.** § 6 gilt bei jedem Gebühren- oder Auslagentatbestand. Die Vorschrift ist nur anwendbar, soweit die folgenden Voraussetzungen zusammentreffen.

A. Mehrere selbständige Anwaltsverträge. Der Auftraggeber muß gerade anders als bei § 5 Rn 1 nicht nur einen einzigen Auftrag erteilt haben, sondern er muß in derselben Angelegenheit oder wegen desselben Gegenstands mehrere inhaltlich übereinstimmende, aber rechtlich selbständige Anwaltsverträge geschlossen haben. Er muß also entgegen dem Wortlaut von § 6 gerade nicht nur einen, sondern gleichzeitig oder nacheinander mehrere Aufträge erteilt haben. Diese müssen allerdings zur Anwendbarkeit des § 6 zeitlich schon und noch bestehen. Sie müssen sich also zumindest zeitweise überlappen. Jeder dieser Aufträge muß gerade einem Anwalt gelten, damit § 6 anwendbar ist.

B. Mehrere selbständige Anwälte nebeneinander. Die mehreren Aufträge 4
nach Rn 2 müssen sich an mehrere Anwälte richten. Diese müssen nebeneinander
und nicht füreinander tätig sein. Sie müssen voneinander unabhängig sein. Sie müssen
rechtlich selbständig arbeiten.

C. Unanwendbarkeit bei Sozietät. Deshalb ist die Vorschrift auf eine zumindest 5
nach außen als örtliche oder überörtliche Sozietät auftretende Anwaltsmehrheit unanwendbar. Der Anwalt will sie nämlich nur als einen einzigen ProzBev usw beauftragen. § 6 ist dann auch auf eine anwaltliche BGB-Außengesellschaft unanwendbar.
Das gilt unabhängig von der Rechtsform des Innenverhältnisses der BGB-Gesellschaft, Karlsr RR **87**, 868, AG Köln DGVZ **88**, 123. Denn im hier maßgeblichen Außenverhältnis liegt nicht nur grundsätzlich lediglich ein einziger Auftrag
vor, sondern es liegt eine rechts-, partei- und prozeßfähige einheitliche Partei vor,
BGH **146**, 341, Jungbauer JB **02**, 284, Schmidt NJW **05**, 2804. Vgl auch § 7 Rn 7
„BGB-Gesellschaft". Dann steht der Vergütungsanspruch allen Sozien zur gesamten
Hand insgesamt nur einmal zu, auch wenn jeder Sozius ihn als Gesamtgläubiger geltendmachen kann.

Schon nach der Auffassung vor der vorgenannten Grundsatzentscheidung des
BGH arbeiten die Sozien grundsätzlich nicht nebeneinander, sondern *füreinander,* als
Gesamtschuldner, Karlsr RR **87**, 868, und Gesamtgläubiger, BGH NJW **95**, 1841,
Brdb MDR **99**, 635, Köln RR **97**, 438 (Ausnahme: sog gemischte Sozietät wegen
sachgebietsbeschränkter Tätigkeitsbefugnis), aM BGH NJW **80**, 999 (der Auftraggeber beauftrage grundsätzlich nur einen der Sozien, sei aber damit einverstanden, daß
die anderen Sozien den Beauftragten vertreten. Das läuft auf dasselbe hinaus). Kein
Sozius kann sich dahinter verstecken, er sei nicht der „Sachbearbeiter", BGH
FamRZ **03**, 231. Das alles gilt auch bei einer überörtlichen Sozietät, Karlsr JB **95**, 31,
Mü AnwBl **95**, 196.

Auch *andere Formen* des Zusammenschlusses wie zB eine Partnerschaftsgesellschaft,
eine GmbH, eine AG oder gar eine Europäische wirtschaftliche Interessenvereinigung
sind im Ergebnis einer BGB-Außengesellschaft für die Vergütungsfragen so ähnlich
beurteilbar, daß man die vorstehenden Regeln entsprechend anwenden kann und
muß.

Freilich mag man im Einzelfall nur einen *einzelnen* Sozius oder eine Teilzahl der
Sozien beauftragt haben. Dann würde man selbst bei einer als BGB-Außengesellschaft
konstruierten Sozietät die Lage ähnlich wie bei BGH NJW **96**, 2859 beurteilen müssen. Im übrigen werden nur Sozien Gesamtschuldner, nicht ihr angestellter Anwalt,
Karlsr AnwBl **03**, 116.

D. Einzelfragen zur Sozietät. Es besteht übrigens eine andere Regelung als bei 6
der *Notargemeinschaft,* BayObLG MDR **81**, 238. Daraus folgt: Die gesetzliche Vergütung ist nur so hoch, als ob der Auftraggeber einen einzelnen Anwalt beauftragt hätte,
§ 428 S 1 BGB. Der Auftraggeber braucht nur einmal zu leisten, § 421 S 1 BGB. Es
erhält also gerade nicht jeder Sozius eine eigene Vergütung. Alles das gilt auch dann,
wenn Sozius A einem Anwalt C Untervollmacht zur Vertretung des Sozius B erteilt,
Kblz AnwBl **95**, 105.

Freilich steht eine solche Vergütung, die einer der Sozien *vor* der Bildung einer 7
Anwaltsgemeinschaft bereits erarbeitet hatte, die der Auftraggeber ihm aber noch
nicht gezahlt hatte, diesem Gemeinschaft so lange zu, bis er den Vergütungsanspruch etwa auf Grund des Sozietätsvertrags in die Anwaltsgemeinschaft einbringt.
Das ist nicht stets so, BGH DB **88**, 1113 (auch dann ein Einzelmandat des verstorbenen
Sozius).

Andererseits entsteht dann, wenn der bisher beauftragte Anwalt und ein *eintretender* 8
Teilhaber eine Sozietät bilden, auch dadurch nicht eine Erhöhung der Gesamtverbindlichkeit des Auftraggebers nach (jetzt) § 6, BGH MDR **94**, 308. Etwas anderes gilt lediglich dann, wenn der Auftraggeber die beiden Anwälte vor der Bildung ihrer Anwaltsgemeinschaft mit der gemeinschaftlichen Erledigung beauftragt hatte.

Im übrigen kann man den Auftrag an eine Anwaltsgemeinschaft nach Treu und
Glauben evtl dahin *auslegen,* daß grundsätzlich jeder Sozius als beauftragt gilt. Die So-

zien können im Gesellschaftsvertrag vereinbaren, daß Ansprüche aus Honorarvereinbarungen allein einem Sozius zustehen sollen, LG Karlsr AnwBl **83**, 179. Bei einer Auflösung der Sozietät usw kann man nach §§ 730 ff BGB vorgehen und ist eine Abtretung möglich und notwendig.

Hat das Gericht (nur) einen Sozius im Weg der *Prozeßkostenhilfe* usw beigeordnet, liegt keine Mitbeauftragung der übrigen Sozien vor, BGH BB **91**, 1378.

9   **E. Unanwendbarkeit bei Bürogemeinschaft.** Unanwendbar ist § 6 schließlich bei einer bloßen Bürogemeinschaft. Dann hat nur der einzelne Anwalt einen Auftrag. Unanwendbar ist § 6 auch auf den Zusammenschluß von Rechts- und Patentanwalt. Denn der letztere erhält seine Vergütung nicht nach dem RVG, § 1 Rn 12.

10   **F. Gemeinschaftliche Erledigung.** Die mehreren Aufträge an die nach Rn 2–9 nebeneinander tätigen Anwälte müssen sich auf eine gemeinschaftliche Erledigung derselben Angelegenheit nach §§ 15 II, 16 erstrecken. Dabei mag innerhalb desselben Aufgabenbereichs Anwalt 1 einen Schwerpunkt A bearbeiten sollen, Anwalt 2 einen Schwerpunkt B. § 6 ist also insoweit unanwendbar, als der Auftraggeber für verschiedene Tätigkeiten mehrere Aufträge an mehrere Anwälte erteilt, etwa den Anwalt A als ProzBev bestellt, den B als Verkehrsanwalt nach VV 3400, den C als Terminsanwalt nach VV 3401 und den D als Beweisanwalt nach VV 3330. Das gilt erst recht in einer überörtlichen Sozietät nach Rn 4, 5, Karlsr JB **95**, 31, Mü AnwBl **95**, 196.

Es *gilt ferner,* soweit es um ein Nacheinander geht, etwa zunächst um den Anwalt X und nach dessen Tod oder Ausscheiden um den Anwalt Y, Düss JB **87**, 901, Hbg JB **75**, 773. Es muß auch dieselbe Angelegenheit nach § 15 II 1 vorliegen, auch wenn § 6 das Wort „Angelegenheit" anders als zB §§ 7 I, 14 I, 15, 22 I nicht ausdrücklich nennt. Eine gewisse Arbeitsteilung ändert an der Anwendbarkeit von § 6 nichts. Ein Unterbevollmächtigter gehört nicht hierher.

Soweit die mehreren lediglich nebeneinander tätigen Anwälte *verschiedene Angelegenheiten* bearbeiten sollen, erhält jeder von ihnen ohnehin eine volle Vergütung im Umfang seiner Tätigkeit. Insoweit ist eine ausdrückliche gesetzliche Regelung überhaupt nicht notwendig. Es liegen dann eben mehrere voneinander völlig unabhängige Vertragsverhältnisse vor.

11   **4) Jeweils volle Vergütung.** Jeder der nach Rn 2–10 nebeneinander beauftragten Anwälte hat nur, aber eben auch im Umfang seiner Tätigkeit einen Anspruch auf die volle gesetzliche Vergütung. Die Beauftragung mehrerer lediglich nebeneinander tätig werdender selbständiger Anwälte kann also erheblich teurer werden als die Beauftragung einer Anwaltsgemeinschaft. Freilich kann zB bei einer Bestellung mehrerer Verteidiger nach §§ 3 I, II, 14 I 1 für jeden eine geringere Vergütung herauskommen. Auch mag sich aus §§ 60, 61 jeweils die Anwendung anderen Rechts ergeben. Es kann für jeden Anwalt ein anderer Gegenstandswert maßgeblich werden. Eine einzelne Gebühr mag nur bei dem einen Anwalt anfallen.

12   **5) Erstattungsfähigkeit.** Auch nach § 6 kann der Auftraggeber grundsätzlich lediglich die Vergütung eines einzelnen Anwalts erstattet fordern, § 91 II 3 ZPO, Hamm Rpfleger **77**, 375. Das gilt auch bei einer Klage und einer Widerklage, KG MDR **75**, 449. Es gilt ferner wegen der Verweisung in § 464a II Z 2 StPO auf § 91 II ZPO auch in einer Strafsache, § 464a II Z 2 StPO, Düss JMBl NRW **83**, 100, KG JR **75**, 476, Mümmler JB **78**, 1597. Eine Ausnahme mag bei der Notwendigkeit eines zusätzlichen Spezialisten gelten, BVerfG NJW **78**, 259, Düss Rpfleger **75**, 323, Ffm JB **77**, 942, ferner bei § 137 I 2 StPO. Vgl im übrigen BLAH § 91 ZPO Rn 132 ff „Haftung von Prozeßbevollmächtigten". Beim Zusammentreffen eines Anwalts und eines Patentanwalts sind § 27 V GebrMG, §§ 85 V, 140 III MarkenG, § 143 III PatG beachtbar. Man muß nach § 91 II 3 ZPO auch prüfen, ob der Auftraggeber vom Prozeßgegner diejenige Summe erstattet fordern kann, die der höchsten gesetzlichen Vergütung entspricht, oder nur einen geringeren Betrag, Kblz AnwBl **95**, 105.

Alles das gilt auch dann, wenn dem Sozius A einem Anwalt C eine *Untervollmacht* zur Vertretung des Sozius B erteilt, Kblz AnwBl **95**, 105, oder wenn sich der Fiskus durch mehrere Behörden vertreten läßt, Köln JB **80**, 1083.

Bei der Klage des Auftraggebers gegen *frühere Sozien* können die Kosten eines jeden erstattungsfähig sein, Hbg MDR **89**, 824.

Wegen eines *Anwaltswechsels* vgl BLAH § 91 ZPO Rn 124 ff.

Abschnitt 1. Allgemeine Vorschriften § 7 RVG

Mehrere Auftraggeber

7 ¹ Wird der Rechtsanwalt in derselben Angelegenheit für mehrere Auftraggeber tätig, erhält er die Gebühren nur einmal.

II ¹Jeder der Auftraggeber schuldet die Gebühren und Auslagen, die er schulden würde, wenn der Rechtsanwalt nur in seinem Auftrag tätig geworden wäre; die Dokumentenpauschale nach Nummer 7000 des Vergütungsverzeichnisses schuldet er auch insoweit, wie diese nur durch die Unterrichtung mehrerer Auftraggeber entstanden ist. ²Der Rechtsanwalt kann aber insgesamt nicht mehr als die nach Absatz 1 berechneten Gebühren und die insgesamt entstandenen Auslagen fordern.

Schrifttum: *Schneider* AnwBl **08**, 773 (Üb). Vgl ferner bei § 6.

Gliederung

1) Systematik, I, II	1
2) Regelungszweck, I, II	2
3) Persönlicher Geltungsbereich, I, II	3
4) Sachlicher Geltungsbereich: Mehrheit von Auftraggebern, I 1	4–24
A. Grundsatz: Zahl der Auftraggeber, nicht Arbeitsumfang	4, 5
B. Beispiele zur Frage einer Mehrheit von Auftraggebern, I 1	6–24
5) Derselbe Anwalt, I 1	25, 26
6) Dieselbe Angelegenheit, derselbe Gegenstand, I 1	27, 28
7) Derselbe Rechtszug, I 1	29
8) Haftung des einzelnen Auftraggebers, II	30–34
A. Grundsatz: Haftung eines jeden, II 1	30
B. Gesamtschuldner	31
C. Einzelschuldner	32
D. Beim Patentanwalt	33
E. Höchstforderung, II 2	34
9) Erstattungsfähigkeit: Übersicht, I, II	35
10) Alle Streitgenossen siegen, § 100 I–IV ZPO	36–39
A. Keine Gesamtgläubigerhaft	37, 38
B. Bei erheblicher Verschiedenheit der Beteiligung: Entsprechende Kostenverteilung	39
11) Ein Streitgenosse siegt, einer verliert, § 100 I–IV ZPO	40–45
A. Grundsatz der Kostenteilung	41
B. Grundsatz der Kostentrennung	42
C. Baumbach'sche Formel	43–45
12) Ausscheiden eines Streitgenossen, § 100 I–IV ZPO	46–48
13) Erstattung im einzelnen, § 100 I–IV ZPO	49–66
A. Grundsatz: Nur anteilige Erstattung	51–53
B. Nur wegen notwendiger Kosten	54–56
C. Notwendigkeit von Anwaltskosten	57
D. Aufträge an gesonderte Anwälte	58, 59
E. Aufträge an gemeinsamen Anwalt	60–62
F. Gemeinsame Festsetzungsanträge	63
G. Verbot des Rechtsmißbrauchs	64
H. Notwendigkeit einer Glaubhaftmachung	65
I. Weitere Verfahrensfragen	66
14) Teilunterliegen, Teilsieg mehrerer Streitgenossen, § 100 I–IV ZPO	67
15) Rechtsmittel, § 100 I–IV ZPO	68, 69

1) Systematik, I, II. Die Vorschrift regelt als Gegenstück zu § 6 die Stellung des **1** Anwalts bei einer Mehrheit von Auftrag*gebern*. Derjenige Anwalt, der mehrere Auftraggeber in derselben Angelegenheit nach § 15 II vertritt, erhält zwecks Kostendämpfung in einer Abweichung vom BGB Gebühren und Auslagen grundsätzlich nur in derselben Höhe wie dann, wenn ihn nur einer der Auftraggeber beauftragt hätte, Ffm ZMR **88**, 231. § 7 gilt entsprechend seiner Stellung unter den allgemeinen Vorschriften des Abschnitts 1 für sämtliche Verfahrensarten, deren Vergütung das RVG regelt. Die Vorschrift gilt also zB für die Zwangsvollstreckung, AG Gelsenkirchen DGVZ **86**, 122, AG Neuwied DGVZ **01**, 94, und auch für den im Weg einer Prozeßkostenhilfe usw beigeordneten Anwalt, BGH NJW **93**, 1715, und bei einer außergerichtlichen Tätigkeit. Das gilt natürlich nur wegen des davon begünstigten Auftraggebers, nicht auch wegen des ohne eine Prozeßkostenhilfe prozessierenden Streitgenossen, Kblz JB **04**, 384. Vgl aber auch zB § 146 StPO.

1359

RVG § 7   X. Rechtsanwaltsvergütungsgesetz

I regelt die *Gesamtvergütung*, also diejenige Vergütung, die ein für mehrere Auftraggeber tätiger Anwalt insgesamt von allen Auftraggebern fordern kann. Man nennt das auch einen Mehrvertreterzuschlag. Dabei gilt eine Anwaltssozietät mangels abweichender Verabredung als *ein* Anwalt. Die Gebührenhöhe regelt VV 1008. Diese Vorschrift ist mit dem GG vereinbar, BVerfG FamRZ **02**, 533, Düss JB **02**, 247. II regelt deren Haftung. Im Insolvenzverfahren gilt VV amtliche Vorbemerkung 3.3.5 II als eine vorrangige Sondervorschrift.

2   **2) Regelungszweck, I, II.** Die Vorschrift bezweckt im Interesse der Gerechtigkeit eine möglichst differenzierte Vergütung von Mehrarbeit. Auf sie kommt es freilich im Einzelfall nicht an, Rn 4. Außerdem gilt es, die erhöhten Allgemeinkosten, die erhöhte Verantwortung und die erhöhte Haftungsgefahr zu beachten, Düss RR **01**, 1655. Freilich soll auch eine unvertretbare Gebührenerhöhung unterbleiben. Zweck ist ferner im Interesse der Wirtschaftlichkeit eine einigermaßen praktikable und im Interesse der Rechtssicherheit eine möglichst einfache Ermittlung der Berechnungsgrundlagen in ihrem riesigen Geltungsbereich. Alle diese teilweise gegenläufigen Ziele finden in der Ausgestaltung durch die Rechtsprechung und Lehre ihren oft genug mühsamen Ausdruck. Sie lassen Probleme offen. Sie zwingen zur vorsichtigen Abwägung ohne eine Notwendigkeit deutscher Überperfektion, die alles nur noch komplizierter macht. Das sollte man bei der Auslegung mitbeachten.

3   **3) Persönlicher Geltungsbereich, I, II.** Die Vorschrift gilt im Gesamtbereich des § 1 I, also auch zB für den Anwalt nach VV 2300, 3400, auch für den Patentanwalt, Düss GRUR **79**, 192, Ffm Rpfleger **93**, 420.

4   **4) Sachlicher Geltungsbereich: Mehrheit von Auftraggebern, I 1.** Auftraggeber ist derjenige, der zumindest auch für sich selbst und zumindest auch auf seine eigene Rechnung den Anwalt zu arbeiten veranlaßt. Vertragspartner und Auftraggeber sind meist und daher im Zweifel dieselbe Person. Sie können aber auch unterschiedliche Personen sein, BGH Rpfleger **87**, 387, Hamm AnwBl **90**, 523, Mü JB **90**, 1156. Trotz der Auslegbarkeit des Begriffs Auftraggeber kommt es darauf an, wem die Tätigkeit des Anwalts eigentlich direkt nützen soll, BGH MDR **94**, 413, BVerwG NJW **00**, 2288, Düss Rpfleger **10**, 47, aM Köln JB **85**, 66. Dabei gilt im wesentlichen folgendes.

A. Grundsatz: Zahl der Auftraggeber, nicht Arbeitsumfang. Es müssen gerade in derselben Angelegenheit nach § 15 Rn 8 ff tatsächlich mehrere Auftraggeber vorhanden sein, Düss RR **01**, 1655, Mü Rpfleger **90**, 436. Diese können natürliche oder juristische Personen oder sonstige Personenmehrheiten sein, Düss RR **01**, 1655, Ffm GRUR **84**, 162. Es kommt grundsätzlich nicht darauf an, ob sie Kläger oder Bekl sind, ob Widerkläger oder Rechtsmittelbekl, einfacher oder notwendiger Streitgenosse, Streithelfer, Dritter oder Beigeladener, Hbg MDR **84**, 413, Mü MDR **93**, 582, VGH Mü JB **80**, 1017. Vgl aber Rn 22 „Widerklage".

Es kommt nicht auf den Arbeitsumfang an, sondern grundsätzlich nur auf die *Zahl der Aufträge* oder Auftraggeber, BGH MDR **94**, 414, Nürnb JB **01**, 528, Düss JB **02**, 247, aM Kblz JB **90**, 1448, Köln JB **79**, 1815 (aber der Wortlaut und Sinn von I 1 sind eindeutig). Das gilt zB auch dann, wenn von 10 Miterben nur 3 klagen, Drsd JB **01**, 27, oder wenn nur ein Teil der Miterben eine Beteiligung am Verfahren ablehnt, mehrere andere das aber nicht tun, Düss RR **01**, 1655.

Es ist grundsätzlich *unerheblich, ob* die mehreren Auftraggeber von vornherein oder *nacheinander* beteiligt sind, BGH Rpfleger **78**, 370, Bbg JB **77**, 1711, Ffm AnwBl **80**, 295, aM Düss Rpfleger **82**, 441, AG Münst JB **76**, 1342 (aber im Ergebnis hat der Anwalt zumindest zeitweise „mehrere" Auftraggeber gehabt). Eine Mindestzeitdauer mehrerer Aufträge ist nicht erforderlich, BGH MDR **79**, 39.

Wenn aber ein Auftraggeber aus dem Prozeß *ausscheidet* und der Anwalt erst anschließend die Vertretung des im Prozeß Verbleibenden übernimmt, muß er seine Vergütung sowohl gegenüber dem früheren als auch gegenüber dem jetzigen Auftraggeber einzeln berechnen, Ffm VersR **78**, 573, LG Kblz JB **97**, 363.

5   Dasselbe gilt dann, wenn der bisherige Auftraggeber ausscheidet und dafür ein anderer Auftraggeber eintritt, also bei einer subjektiven Klagänderung, BGH Rpfleger **78**, 370, Köln Rpfleger **92**, 217, Mü JB **94**, 480, aM AG St Wendel JB **06**, 374 (nur *eine* Angelegenheit). Anders liegt es, falls neben dem Ausscheidenden noch ein weite-

Abschnitt 1. Allgemeine Vorschriften § 7 RVG

rer Auftraggeber vorhanden ist und bleibt, den der Anwalt von vornherein vertreten hat, Kblz VersR **83**, 64.

B. Beispiele zur Frage einer Mehrheit von Auftraggebern, I 1 6

Abtretung: Beim Auftrag nach einer Abtretung ist der neue Gläubiger mangels einer nach § 4 zulässigen eindeutig anderen Abrede der *alleinige* Auftraggeber, selbst als ein bloßer Treuhänder. Denn auch dieser ist im Außenverhältnis der alleinige Rechtsinhaber und übrigens auch nicht ein bloßer Prozeßstandschafter. Auch eine offene oder gar verdeckte Sicherungsabtretung oder ein sonstiges Prozeßführungsrecht machen daher den Treugeber nicht zum Auftraggeber. § 7 spricht gerade nicht von „Beteiligten", sondern klar nur von „Auftraggebern".

Anwalts-GmbH: S „Anwaltssozietät" und Rn 10 „Gesellschaft mit beschränkter Haftung".

Anwaltssozietät: Es gelten jetzt dieselben Regeln wie bei Rn 7 „BGB-Gesellschaft", Hbg MDR **01**, 773, LG Kblz VersR **02**, 865. Das gilt auch bei einer Sozietät von Rechtsanwälten und Steuerberatern, BGH JB **04**, 376. Oft ist nur die Sozietät und nicht eine Bündelung der Sozien gemeint, etwa beim wettbewerbsrechtlichen Unterlassungsanspruch der Sozietät, Düss RR **02**, 645, aM Kblz VersR **03**, 386 (es komme nur auf den Auftrag an, nicht auf dessen Verständnis durch das Gericht. Vgl aber gerade dazu Rn 7 „BGB-Gesellschaft"). Nur bei einer anderen Form, etwa einer Anwalts-GmbH usw, die überzeugende Grundsatzentscheidung BGH **146**, 341 nicht einschlägig, ferner nicht bei einer bloßen Innengesellschaft, etwa bei der Auseinandersetzung früherer Sozien. Dann kann § 7 anwendbar bleiben, Hbg MDR **99**, 381. Die Vorschrift gilt auch dann, wenn nur die einzelnen Mitglieder als Gesamtschuldner Bekl sind, Schlesw MDR **03**, 1202.

Arbeitsgemeinschaft (ARGE): Rn 7 „BGB-Gesellschaft".

Ärztegemeinschaft: Sie stellt eine Mehrheit von Auftraggebern dar, zB als BGB-Gesellschaft, Rn 7, aM Köln MDR **95**, 1074, SG Dortm JB **95**, 586 (aber hier liegt meist keine Gemeinschaft vor, sondern eine BGB-Gesellschaft).

Beteiligter: Es gilt dasselbe wie bei Rn 16 „Partei". 7

BGB-Gesellschaft, dazu *Habersack* BB **01**, 477, *Jungbauer* JB **01**, 284, *Schmidt* NJW **01**, 1056 (je: allgemeine dogmatische Üb), *Hansens* AnwBl **01**, 581 (Auswirkungen auf [jetzt] § 7, ausf): Infolge der weitreichend überzeugenden Grundsatzentscheidung BGH **146**, 341 muß man jetzt wegen der Rechts-, Partei- und Prozeßfähigkeit der Außengesellschaft bürgerlichen Rechts mit eigenen Rechten und Pflichten zunächst klären, ob die BGB-Gesellschaft als solche auftritt oder ob nur auch neben der Gesellschaft einzelne Gesellschafter handeln, Naumb JB **02**, 26, Schlesw RR **04**, 422.

Tritt eine BGB-Außengesellschaft *als solche auf,* muß man streng zwischen einem Gesellschafts- und einem Gesellschafterprozeß unterscheiden, Schmidt NJW **01**, 1003. Dabei kann bei einer Aufzählung der Sozien mit einem Zusatz „als BGB-Gesellschaft" usw ein Gesellschaftsprozeß vorliegen. Das gilt sowohl für den Aktivals auch für den Passivprozeß und natürlich auch für alle außerprozessualen Formen des Streits oder auch nur einer Forderung. Es gilt das alles auch in der Zwangsvollstreckung. Zum Altfall BGH JB **04**, 146, Kblz MDR **02**, 721.

Soweit die BGB-Gesellschaft in Wahrheit nur als solche auftritt, liegt *keine* Mehrheit von Auftraggebern vor. Folglich kommt dann auch keine Erhöhungsgebühr nach VV 1008 in Betracht, BGH AnwBl **04**, 251, Stgt MDR **02**, 1457, LG Bln JB **03**, 531, aM LG Halle JB **02**, 257 (inkonsequent). Dafür kann und muß die Sozietät auch sorgen, BGH AnwBl **04**, 251. Auf eine Eigenschaft als ein bloßer Auftragnehmer kommt es nicht bei § 7 an, sondern bei § 6, dort Rn 4 ff.

Wenn freilich auch oder sogar nur mehrere Gesellschafter eindeutig als solche bloßen *Einzelpersonen* auftreten, nicht als Gesamtheit der Gesellschafter, kann jeweils insoweit eine Mehrheit von Auftraggebern vorliegen, BGH NJW **02**, 2958, Schlesw RR **04**, 422. Damit sind weite Teile der früheren Streitfrage erledigt. Wenn sowohl die Gesellschaft als solche auftritt als auch mehrere oder alle Gesellschafter eindeutig zusätzlich klagen oder verklagt werden, kann wegen dieser letzteren eine Mehrheit von Auftraggebern vorliegen, Nürnb (4. ZS) JB **01**, 528 und (13. ZS) NJW **01**, 3489.

Die bloße *Aufzählung von Gesellschaftern* ist aber kein eindeutiger Hinweis darauf, daß sie *zusätzlich* zu ihrer Gesellschaft auftreten. Im Zweifel ist eine Rückfrage zB nach § 139 ZPO ratsam. Indessen kann sie nicht diejenige Handhabung ändern, die das Prozeßgericht bei *seiner* Beurkundung etwa erkennbar vorgenommen hat.

Beigeladener: Beteiligte nach §§ 57 FGO, 69 SGG, 63 VwGO, 48 I, II WEG (Beigeladene) stellen zusammen mit der Hauptpartei oder untereinander eine Mehrheit von Auftraggebern dar, VGH Mü JB **80**, 1017.

Beratungshilfe: Vgl bei VV 2501 ff.

Betriebsrat: Es liegt auch bei mehreren Angehörigen nur ein *einziger* Auftraggeber vor, BAG MDR **00**, 588.

Betreuer: Jeder Betreute kann Auftraggeber sein, Ffm Rpfleger **80**, 310 (Abwesenheitspfleger).

Bevollmächtigter: Rn 21 „Vertreter".

Bietergemeinschaft: Im Vergabeprüfverfahren ist sie nur ein *einziger* Auftraggeber, Jena JB **01**, 208.

Bruchteilsgemeinschaft: Ihre Mitglieder stellen eine Mehrheit von Auftraggebern dar, Ffm AnwBl **05**, 366.

Bürogemeinschaft: Sie stellt eine Mehrheit von Auftraggebern dar.

8 **Ehegatten:** Sie sind in eigener Sache unabhängig von der Art des Streitgegenstands und unabhängig von der Person des unmittelbar mit dem Anwalt in Kontakt tretenden Ehegatten regelmäßig mehrere Auftraggeber, Düss AnwBl **88**, 70, FG Bre EFG **94**, 316, FG Stgt JB **97**, 584, aM Köln AnwBl **80**, 158 (Fallfrage; abl Schmidt). Das gilt auch bei einer Beratungshilfe.

Eigentum: Mehrere Bruchteilseigentümer sind mehrere Auftraggeber, Düss JB **96**, 584. Vertritt ein Anwalt mehrere durch dieselbe Enteignung Betroffene, liegt dieselbe Angelegenheit vor, soweit er für alle Auftraggeber gleichgerichtet vorgehen kann und muß, BGH AnwBl **84**, 501.

S auch Rn 19 „Streitgenossen", Rn 23 „Wohnungseigentümergemeinschaft".

Eltern und Kind: Sie sind mehrere Auftraggeber, LG Stade Rpfleger **86**, 495, Groetschel NJW **76**, 664, aM OVG Bre Rpfleger **80**, 310, OVG Lüneb JB **83**, 696, Lappe MDR **77**, 279 (aber jedes Rechtssubjekt ist ein eigener Auftraggeber, auch wenn für ihn ein Vertreter tätig werden muß). Es kann aber zB beim Unterhaltsverfahren eine Verschiedenheit der Gegenstände vorliegen. Dann ist (jetzt) § 22 I anwendbar, Bbg JB **83**, 129, Ffm MDR **81**, 238, Hbg JB **82**, 1179.

S auch Rn 11 „Kind."

9 **Erbe:** Der Erbe und der verstorbene Erblasser stellen natürlich dann *nicht* mehrere Auftraggeber dar, wenn der Auftrag erst nach dem Erbfall erfolgte, FG Karlsr JB **97**, 585. Die Forderung eines Miterben zur Leistung an alle ändert nichts daran, daß nur ein einzelner Auftraggeber vorliegt, Drsd JB **00**, 27.

Erbengemeinschaft: Ihre Mitglieder sind bei einem Auftrag erst nach dem Tod des Erblassers grds mehrere Auftraggeber, BGH Rpfleger **04**, 439 (auch bei einer Vertretung durch nur *einen* Miterben), LG Bln Rpfleger **02**, 589 (krit Sendke), AG Neuwied DGVZ **01**, 94, aM Düss Rpfleger **82**, 199, Ffm AnwBl **81**, 403, Nürnb MDR **93**, 699 (aber die Gemeinschaft bürgerlichen Rechts folgt anderen Regeln als die BGB-Gesellschaft).

Sie sind aber dann nur *ein* Auftraggeber, wenn der Anwalt den Auftrag schon vom *Erblasser* erhalten hatte, § 8 Rn 9, BayObLG JB **02**, 473, Kblz MDR **93**, 284, LG Gött Rpfleger **90**, 91, aM Düss MDR **96**, 1300, Hamm AnwBl **93**, 577, Zweibr Rpfleger **95**, 384 (aber dann setzt der Anwalt nur einen Einzelauftrag fort).

S auch Rn 14 „Nachlaßpfleger", Rn 20 „Testamentsvollstrecker".

10 **Fiskus:** Er ist nur *ein* Auftraggeber, selbst wenn mehrere Behörden auftreten. Das gilt unabhängig von etwa unterschiedlicher Interessenlage solcher Behörden.

Gemeinschaft: Rn 7 „Bruchteilsgemeinschaft", „Bürogemeinschaft", Rn 9 „Erbengemeinschaft", Rn 23 „Wohnungseigentümergemeinschaft".

Geschäftsführung ohne Auftrag: Sie steht einem Auftrag gleich.

Gesellschaft: Rn 7 „BGB-Gesellschaft" usw.

Gesellschaft mit beschränkter Haftung: Sie ist als juristische Person nur *ein* Auftraggeber, soweit nicht zusätzlich Gesellschafter als Partei usw den Anwalt beauftragen.

Abschnitt 1. Allgemeine Vorschriften **§ 7 RVG**

S auch Rn 7 „BGB-Gesellschaft" auch zur Anwalts-GmbH, Rn 11 „Juristische Person".

Gesetzlicher Vertreter: Es handelt sich dann um mehrere Auftraggeber, wenn mehrere Beteiligte denselben gesetzlichen Vertreter haben, Karlsr AnwBl **81**, 193, aM Hbg MDR **82**, 1030 (aber es kommt auf das Rechtssubjekt an und nicht auf den Vertreter, Rn 8 „Eltern und Kind"). Es liegen auch dann mehrere Auftraggeber vor, wenn von mehreren Beteiligten einer auch der gesetzlichen Vertreter des anderen ist. Das minderjährige Kind ist nur ein einziger Auftraggeber, selbst bei mehreren gesetzlichen Vertretern.

Soweit aber ein gesetzlicher Vertreter *persönlich* am Verfahren *unbeteiligt* ist und nur als gesetzlicher Vertreter eines einzelnen Vertretenen handelt, liegt *keine* Mehrheit von Auftraggebern vor, vgl auch § 149 StPO, aM Ffm AnwBl **80**, 260 (aber auch hier kommt es nur auf den Vertretenen an).

Information: Es ist unerheblich, wie viele Personen den Anwalt informieren.

Insolvenzverwalter: Mehrere Insolvenzverwalter sind eine Mehrheit von Auftraggebern, BGH AnwBl **94**, 196, Düss AnwBl **83**, 518, Köln JB **09**, 309, aM Kblz MDR **79**, 413. Bei einer Klage gegen eine Person als Insolvenzverwalter und gegen dieselbe Person persönlich liegt für deren Anwalt eine Mehrheit von Auftraggebern vor, Ffm Rpfleger **83**, 499. **11**

Interessenlage: Gerade bei gleicher Interessenanlage kann eine Mehrheit von Auftraggebern vorliegen.

Juristische Person: Sie ist wegen ihrer Rechtsfähigkeit als solche nur *ein* eigener Auftraggeber, selbst wenn mehrere sie vertreten. Natürlich liegt beim Nebeneinander mehrerer juristischer Personen eine Mehrheit von Auftraggebern vor, aM Kblz JB **92**, 600.

Kind: Jedes Kind ist ein eigener Auftraggeber, Bbg JB **83**, 129, Hbg JB **82**, 1179, Karlsr AnwBl **81**, 72; aM AG Neuss FamRZ **95**, 1282.
S auch Rn 8 „Eltern und Kind".

Klagänderung: Soweit der Anwalt den Ausscheidenden und den nun Bekl zeitweise gemeinsam vertritt, stellen sie eine Mehrheit von Auftraggebern dar, Kblz RR **00**, 1370, Schlesw JB **97**, 584.

Kommanditgesellschaft: Bei ihr und der Komplementär-Gesellschaft und auch bei der GmbH & Co KG handelt es sich grds *nicht* um eine Mehrheit von Auftraggebern, Hamm MDR **80**, 152, Köln JB **78**, 1173, Meier AnwBl **87**, 90, aM Ffm Rpfleger **82**, 441, Kblz AnwBl **88**, 71, LAG Düss JB **01**, 358 (aber auch hier gelten die zur BGB-Gesellschaft nach Rn 7 entwickelten Regeln im Ergebnis entsprechend).

Freilich kann neben der KG auch eine aktive oder passive Rolle *einzelner* oder sogar aller *Gesellschafter* vorliegen. Diese können dann neben der KG weitere Auftraggeber sein, Bbg JB **86**, 721, Ffm AnwBl **83**, 182, Kblz Rpfleger **85**, 253.

Kraftfahrzeugführer, -halter, -versicherer: Sie stellen meist eine Mehrheit von Auftraggebern dar, Kblz JB **90**, 42, Mü AnwBl **77**, 112, Oldb AnwBl **93**, 529, aM Zweibr JB **88**, 354 (aber das ist ein geradezu klassischer Fall mehrerer Rechtssubjekte und daher mehrerer Auftraggeber). **12**

Mieter: Mehrere Mieter stellen im Räumungsprozeß eine Mehrheit von Auftraggebern dar, Düss ZMR **98**, 492, LG Bonn Rpfleger **90**, 137, AG Dortm Rpfleger **94**, 117. **13**

Minderjähriger: Rn 10 „Gesetzlicher Vertreter", Rn 11 „Kind".

Nachlaßpfleger: Auch soweit er „die" unbekannten Erben vertritt, ist er nur *ein* Auftraggeber, Hbg JB **88**, 505, KG JB **02**, 248. Denn er ist Partei kraft Amts. **14**

Nebenintervenient: Rn 19 „Streithelfer", Hbg MDR **84**, 413, Mü MDR **94**, 735.

Nebenkläger: Mehrere Nebenkläger stellen eine Mehrheit von Auftraggebern dar, Hbg JB **97**, 195, Naumb JB **94**, 157, LG Hbg JB **97**, 194.

Nichteingetragener Verein: Rn 21 „Verein".

Offene Handelsgesellschaft: Sie bildet *keine* Mehrheit von Auftraggebern, SG Dortm JB **94**, 731. Denn die OHG ist ein eigenes Rechtssubjekt. **15**

Freilich kann neben der OHG auch eine aktive oder passive Rolle *einzelner* oder sogar aller *Gesellschafter* vorliegen. Diese können dann neben der OHG weitere Auftraggeber sein.

Orchestervorstand: Rn 21 „Verein".

16 Partei: Auftraggeber ist *nur die Partei*. Denn sonst verschwimmen alle Grenzen. Es könnte zu unabsehbaren Hintermännern kommen. Das RVG kennt gerade nicht den Begriff des Interessenschuldners. Unerheblich ist daher für § 7, wer nach dem Anwaltsvertrag die Vergütung zahlen soll, die Information erteilt oder beim Vertragsabschluß tätig ist.
Partei kraft Amts: Jede derartige Partei ist Auftraggeber, BGH AnwBl **94**, 196, Düss AnwBl **83**, 518, Hbg JB **82**, 1024, aM Kblz MDR **79**, 413 (aber dann liegen mehrere Rechtssubjekte vor).
Parteiwechsel: § 15 Rn 41.
Partnerschaftsgesellschaft: Man muß sie wie eine Offene Handelsgesellschaft, Rn 15, beurteilen, §§ 1 ff PartGG, LG Bln JB **98**, 141.
Personalrat: Rn 7 „Betriebsrat".
Pfleger: Jeder Gepflegte kann Auftraggeber sein, Ffm Rpfleger **80**, 310 (Abwesenheitspfleger), Hbg JB **82**, 1505, Mü MDR **90**, 933 (Nachlaßpfleger).
Praxisgemeinschaft: Es gelten grds dieselben Regeln wie Rn 7 „BGB-Gesellschaft", zB bei Ärzten, Rn 6 „Ärztegemeinschaft".
Privatkläger: Mehrere Privatkläger bilden eine Mehrheit von Auftraggebern, LG Kref AnwBl **81**, 27, LG Nürnb-Fürth BB **81**, 1175.
Prozeßkostenhilfe: Auftraggeber ist nicht der Staat oder die Staatskasse, sondern die Partei. Natürlich mag der Anwalt im Auftrag mehrerer Parteien tätig werden, Hamm AnwBl **80**, 75. Dann entsteht ein Anspruch gegen die Landeskasse bei einer Beiordnung nur für einzelne Auftraggeber nur wegen deren Wertanteile, Jena Rpfleger **06**, 663.
Prozeßstandschaft, zum Begriff BLAH Grdz 26 ff vor § 50 ZPO: Trotz der etwaigen Rechtskrafterstreckung nach BLAH § 325 ZPO Rn 17 liegt nur *ein* Auftraggeber vor, soweit nicht eindeutig auch der Hintermann zum Partner des Anwaltsvertrags werden soll, (jetzt) § 4 Rn 25, Kblz JB **00**, 529.
Prozeßverbindung, -trennung: § 15 Rn 17.
Rechtsanwaltsgesellschaft: Rn 6 „Anwaltssozietät", Rn 7 „BGB-Gesellschaft".
Rechtsmißbrauch: Er ist auch bei § 7 schädlich (Versagung der Erhöhung), Celle AnwBl **97**, 351.
Rechtsnachfolger: Rn 9 „Erbe", „Erbengemeinschaft".
17 Selbstvertretung: Sobald der Anwalt den Auftraggeber und sich selbst vertritt, liegt eine Mehrheit von Auftraggebern vor, Hbg JB **78**, 1180. Vgl aber ferner Rn 2 ff.
Sicherungsgeber: Rn 6 „Abtretung".
18 Sozietät: Rn 6 „Anwaltssozietät".
19 Steuerberater: Rn 6 „Anwaltssozietät", Rn 7 „BGB-Gesellschaft."
Streitgenossen: Mehrere Streitgenossen, die gemeinschaftlich und nicht unabhängig voneinander auftreten, Karlsr JB **92**, 239, stellen eine Mehrheit von Auftraggebern dar, Düss AnwBl **96**, 476, Mü Rpfleger **87**, 388 (Bruchteilseigentümer als Gesamtgläubiger oder -schuldner), AG Münst VersR **08**, 1257, aM KG JB **99**, 79, Köln MDR **93**, 1021 (je: bei der Abwehr inhaltsgleicher Unterlassungsansprüche. Aber es kommt nur auf die Personenmehrheit an). Tritt derselbe Anwalt als ProzBev des Auftraggebers und als Unterbevollmächtigter des ProzBev eines Streitgenossen des Auftraggebers auf, liegen mehrere Aufträge vor, LG Frankenth Rpfleger **84**, 202 rechts. Wegen einer Prozeßkostenhilfe Rn 1. § 7 ist auch bei mehreren Asylbewerbern anwendbar.
S auch Rn 7 „BGB-Gesellschaft".
Streithelfer: Mehrere Streithelfer stellen eine Mehrheit von Auftraggebern dar. Ein Streithelfer und seine Partei stellen ebenfalls eine Mehrheit von Auftraggebern dar.
Anders liegt es dann, wenn der Anwalt denselben Auftraggeber in diesen beiden Rollen vertritt, Mü MDR **94**, 735, aM LG Verden JB **79**, 1504 (aber dann ist nur *ein* Rechtssubjekt Auftraggeber).
20 Testamentsvollstrecker: Mehrere Testamentsvollstrecker können mehrere Auftraggeber sein, BGH MDR **94**, 413, Düss AnwBl **83**, 518, Hbg MDR **78**, 1031, aM Kblz MDR **79**, 413.
Unterbevollmächtigter: VV 1008 kommt nur dann infrage, wenn er für mehrere Auftraggeber und nicht nur im Auftrag des Hauptbevollmächtigten tätig wird.
Unterhalt: Rn 11 „Kind".

Abschnitt 1. Allgemeine Vorschriften § 7 RVG

Unternehmensgruppe: Rn 7 „BGB-Gesellschaft".
Verein: Es gilt jetzt infolge des Grundsatzurteils BGH **146**, 341 im Ergebnis insbesondere beim nichteingetragenen Verein im Aktiv- wie Passivprozeß dasselbe wie Rn 7 „BGB-Gesellschaft". § 50 II ZPO ist gegenstandslos geworden, Schmidt NJW **01**, 1003. 21
Vergütungszahler: Es ist nahezu unerheblich, wer den Anwalt bezahlt.
Vermächtnisnehmer: Sie sind auch dann mehrere Auftraggeber, wenn das Gericht ihre Forderungen zu einem Gesamtstreitwert addiert, aM Kblz Rpfleger **82**, 441 (aber es kommt auf die Personenzahl an).
Versicherung: Man muß nach den Gesamtumständen klären, ob ein Auftrag oder mehrere etwa von Versicherungsnehmer, Halter und Versichertem vorliegen, Rn 12 „Kraftfahrzeugführer, -halter, -versicherer".
Verteidiger: Eine Verteidigung mehrerer Beschuldigter durch einen gemeinschaftlichen Verteidiger ist nach § 146 StPO unzulässig. Wenn das Mandat zur Verteidigung mehrerer Beschuldigter deshalb in Einzelmandate aufgeteilt wird, ist § 7 *unanwendbar*, LG Saarbr AnwBl **75**, 367. Wenn ein Pflichtverteidiger durch den Verteidiger eines anderen Mitangeklagten vertreten wird, ist *keine* Mehrheit von Auftraggebern vorhanden.
Vertrag zugunsten eines Dritten: Es liegt *keine* Mehrheit von Auftraggebern vor. Denn der Dritte wird trotz eigener Forderungsrechte kein Vertragspartner des Anwalts.
Vertrag mit Schutzwirkung zugunsten eines Dritten: Es liegt *keine* Mehrheit von Auftraggebern vor. Denn der Dritte wird noch weniger als beim Vertrag zugunsten eines Dritten ein Vertragspartner des Anwalts.
Vertreter: *Nur* der *Vertretene* ist Auftraggeber, Ffm JB **89**, 1111, LG Bln AnwBl **77**, 469. Man muß klären, ob der Anwalt nur als Vertreter, auch als Vertreter oder nur im eigenen Namen handelt, Bre JB **87**, 378, Hbg JB **78**, 1180.
Vormund: Jedes Mündel kann Auftraggeber sein.
Widerklage: Da es sich zwischen dem Bekl und dem Widerkläger um dieselbe Person handelt, liegt insofern *keine* Mehrheit von Auftraggebern vor. 22
Wohnungseigentümergemeinschaft: Sie ist rechtsfähig, soweit sie bei der Verwaltung des gemeinschaftlichen Eigentums am Rechtsverkehr teilnimmt, § 10 VI WEG, so schon (je zum alten Recht) BGH NJW **05**, 2061, AG Schorndorf DGVZ **06**, 62. In diesem Umfang kann evtl *keine* Mehrheit von Auftraggebern vorliegen, AG Schorndorf DGVZ **06**, 62. Das gilt auch, soweit der Verwalter nach § 27 III WEG im Namen der Gemeinschaft und mit einer Wirkung für und gegen sie handelt. 23

Nur in den von § 10 VI WEG *nicht erfaßten* Bereichen gilt: Es kann sich um eine Mehrheit von Auftraggebern handeln, § 10 I WEG, so schon (je zum alten Recht) BGH Rpfleger **98**, 478, Mü ZMR **03**, 451, Schlesw NZM **04**, 240, aM BayObLG AnwBl **01**, 183, Schlesw RR **04**, 804, LG Aurich Rpfleger **87**, 128 (abl Smid Rpfleger **87**, 334). Das gilt auch, soweit der Verwalter nach § 27 II WEG im Namen aller Wohnungseigentümer und mit Wirkung für und gegen sie handelt.

Wenn aber der *Verwalter* nach § 27 I WEG, *nur im eigenen Namen* als Prozeßstandschafter handelt, ist *nur er* Auftraggeber, BGH Rpfleger **87**, 387, Hamm Rpfleger **90**, 225, Kblz JB **00**, 529. Der Verwalter ist zwar oft, aber nicht stets berechtigt oder gar verpflichtet, zwecks Kostenersparnis im eigenen Namen vorzugehen, (je zum alten Recht) Mü ZMR **03**, 451, LG Mü ZMR **03**, 535, LG Essen Rpfleger **02**, 101, aM Kblz JB **00**, 529, LG Hbg ZMR **02**, 307, LG Mü JB **98**, 596 (aber eine Kostenersparnis ist ein allgemeines Gebot der §§ 91 ff ZPO). Das ist freilich nur für die Erstattungsfähigkeit von Bedeutung. Der Anwalt muß nicht auf eine Auftragserteilung nur eines Prozeßstandschafters hinwirken, Kblz JB **00**, 529.
Zeugen: Mehrere Auftraggeber in derselben Angelegenheit liegen dann vor, wenn der Anwalt in einer Verhandlung für mehrere Zeugen tätig wird, Kblz JB **05**, 589. 24
Zusammenwirken: Es ist nicht notwendig, daß mehrere Personen bei der Auftragserteilung bewußt zusammenwirken.
Zwangsversteigerung: § 7 gilt auch bei (jetzt) § 26, aM LG Hamm Rpfleger **01**, 323 (aber § 7 gilt allgemein, und § 26 spricht nur von „einem" Beteiligten bzw Bieter).

RVG § 7 X. Rechtsanwaltsvergütungsgesetz

25 **5) Derselbe Anwalt, I 1.** Die mehreren Auftraggeber müssen denselben Anwalt beauftragt haben. Er muß in derselben Stellung zu seinen mehreren Auftraggebern tätig geworden sein. Soweit sie eine Anwaltsgemeinschaft beauftragt haben, gilt dieser Vorgang grundsätzlich als die Beauftragung nur eines Anwalts, nicht mehrerer nach § 6, dort Rn 2 ff, LG Bochum Rpfleger **77**, 333. Es reicht aus, daß der Anwalt mehrere Personen teils als ProzBev, teils als Verkehrsanwalt, Beistand, Beweisanwalt, Terminsanwalt oder als Unterbevollmächtigter vertritt. Das gilt bei jedem Beteiligten und jeder Partei, also auch zB beim Streitgenossen, Streitverkündeten, Widerkläger oder Beigeladenen.

Das ist aber *nicht* so, wenn derselbe Anwalt für den einen Auftraggeber als ProzBev, für den Streitgenossen dieses Auftraggebers aber lediglich als Unterbevollmächtigter des von diesem beauftragten ProzBev auftritt. Dann liegen zwei Aufträge vor. Daher ist § 6 anwendbar, aM HaRö 12. Wegen einer Prozeßkostenhilfe Rn 1.

26 Soweit sich allerdings *Streitgenossen* getrennt vergleichen oder soweit das Gericht die Klage eines Streitgenossen rechtskräftig abweist, erst dann über die gegen den anderen getrennt verhandelt und entscheidet, kann § 7 anwendbar sein. Eine vor der Trennung entstandene Pauschgebühr gilt auch eine gleiche Tätigkeit nach der Trennung ab. Ebensowenig entstehen die bereits entstandenen Pauschgebühren beim Hinzutreten oder beim Ausscheiden von Auftraggebern nochmals, § 15 II. Soweit der Anwalt aber vor einer Verbindung bereits eine besondere Gebühr verdient hatte, verbleibt ihm diese.

§ 7 ist unanwendbar, soweit sich zwei Anwälte *selbst* vertreten, Hbg JB **78**, 1015.

27 **6) Dieselbe Angelegenheit, derselbe Gegenstand, I 1.** Der Anwalt muß für die mehreren Auftraggeber in derselben gemeinsamen Angelegenheit tätig geworden sein, § 15 Rn 8 ff,, §§ 17, 18, BVerfG **65**, 75, Düss GRUR **00**, 825. Man muß wie dort die Begriffe Angelegenheit und Gegenstand unterscheiden, BGH JB **05**, 141, Kblz JB **09**, 249, LG Saarbr JB **99**, 310. Für die Frage, ob dieselbe Angelegenheit vorliegt, kommt es auch bei § 7 auf den Umfang des Auftrags an.

Gegenstand ist dasjenige Recht oder Rechtsverhältnis, auf das sich die jeweilige anwaltliche Tätigkeit und nicht nur der jeweilige Auftrag tatsächlich bezieht, BVerfG NJW **00**, 3126 (also bei mehreren Verfassungsbeschwerden evtl mehrere Gegenstände), Kblz JB **09**, 249, Mü JB **04**, 376 (Mehrheit gleichlautender Ansprüche), aM Jahns AnwBl **88**, 477. Es kann sich dabei um ein gegenwärtiges oder künftiges Recht oder Rechtsverhältnis handeln, auch um ein bedingtes oder betagtes, um ein behauptetes, erstrebtes oder geleugnetes, abgestrittenes. Aus zunächst einem einzigen Gegenstand können sich mehrere Angelegenheiten ergeben.

28 Eine Angelegenheit kann *mehrere Gegenstände* umfassen. Dann gilt (jetzt) § 22 I, BGH JB **91**, 534, Ffm MDR **02**, 236, Stgt JB **98**, 303.

29 **7) Derselbe Rechtszug, I 1.** Es muß sich um denselben Rechtszug handeln. Das ergibt sich aus § 15 II 2. Vgl § 15 Rn 52 ff, § 19.

30 **8) Haftung des einzelnen Auftraggebers, II.** Man muß zwei Regeln beachten.

A. Grundsatz: Haftung eines jeden, II 1. Jeder Auftraggeber haftet gegenüber dem Anwalt für dessen Gebühren und mit der Ausweitung durch II 1 Hs 2 (Dokumentenpauschale nach VV 7000) für dessen Auslagen so, als ob er allein den Auftrag erteilt hätte, Ffm ZMR **88**, 231, LG Bln Rpfleger **92**, 258. Man muß also dann, wenn die Gesamtvergütung mehrere Gegenstände umfaßt, zunächst die Gesamtvergütung aus dem zusammengerechneten Wert nach § 22 I errechnen. Anschließend muß man die für den Auftrag jedes einzelnen Auftraggebers entstandene Vergütung berechnen. Beide Summen muß man dann miteinander vergleichen.

31 **B. Gesamtschuldner.** Jeder Auftraggeber haftet als Gesamtschuldner nach §§ 421 ff BGB, also nicht nur als Teilschuldner nach § 420 BGB. Er haftet daher wegen II 1 Hs 1 nur in Höhe des von ihm persönlich erteilten Auftrags, soweit dieser sich mit dem Auftrag der übrigen Auftraggeber deckt. II überläßt das Innenverhältnis der Gesamtschuldner untereinander dem § 426 BGB, Köln RR **99**, 726, Mü JB **78**, 1493. Das gilt schon ab einem gemeinsamen Antrag, BGH NJW **81**, 1666. Der zahlende Gesamtschuldner hat dann den Ausgleichsanspruch des § 426 II 1 BGB, BGH NJW **91**, 97.

Die für die Berechnung der Gesamtvergütung erfolgten *Erhöhungen* nach (jetzt) VV 1008 bleiben für die Berechnung der von dem einzelnen Auftraggeber geschuldeten Vergütung außer Betracht, Düss ZMR **88**, 23, Mü JB **78**, 1806, LG Bln Rpfleger **92**, 258. Das gilt auch (jetzt) bei § 59, LG Bln Rpfleger **92**, 258.

C. Einzelschuldner. Für diejenige Tätigkeit des Anwalts, die nur auf dem Einzelauftrag *eines* der Auftraggeber beruht, haftet nur dieser Auftraggeber, falls es sich um eine gebührenrechtlich besonders erfaßbare Tätigkeit handelt. Das gilt insbesondere also bei verschiedenen Gegenständen, § 60 ZPO. Ein Streitgenosse haftet zB nicht für diejenige Terminsgebühr, die nur bei den anderen Streitgenossen entstanden ist. Die Leistung eines Auftraggebers befreit die anderen gesamtschuldnerischen Auftraggeber in Höhe dieser Leistung. Der Ausgleich nach Rn 31 geschieht aber nicht im Verfahren nach § 11, sondern im Klageweg, BGH NJW **91**, 97, Mü Rpfleger **78**, 337. 32

E. Beim Patentanwalt. II gilt auch für den *Patentanwalt,* Ffm GRUR **79**, 76. 33

F. Höchstforderung, II 2. Der Anwalt kann insgesamt nicht mehr als die nach I berechnete Gesamtvergütung nach Rn 30, 31 einschließlich der insgesamt entstandenen Auslagen fordern, Schlesw SchlHA **78**, 178. „Fordern" meint: durchsetzen. Der Anwalt kann also jedem Auftraggeber zunächst eine höhere Rechnung schicken und abwarten, welchen Betrag jeder Auftraggeber zahlt. Er muß aber natürlich nicht so handeln, sondern kann jedem Auftraggeber eine nur diesen betreffende Rechnung senden. Zur Verteilung auch Mü AnwBl **85**, 42. 34

9) Erstattungsfähigkeit: Übersicht, I, II, dazu *Olivet,* Die Kostenverteilung im Zivilurteil, 4. Aufl 2006:
§ 7 regelt nicht die Frage der Erstattungsfähigkeit, Meyer JB **08**, 634. Diese richtet sich vielmehr nach §§ 91ff ZPO, § 85 FamFG, §§ 464ff StPO usw, Bbg MDR **00**, 791. Vgl zunächst § 100 ZPO. Diese Vorschrift regelt nicht alle denkbaren Fälle ausdrücklich, Meyer JB **08**, 634, Schroers VersR **75**, 110. Wegen eines Altfalls vor der Rechtsfähigkeit der Anwaltsgesellschaft nach dem BGB LG Bln AnwBl **01**, 692. Im Zivilprozeß und im Verfahren nach § 113 I 2 FamFG gelten die folgenden Regeln. 35

10) Alle Streitgenossen siegen, § 100 I–IV ZPO. Das Gegenstück zu dem in § 100 ZPO ausdrücklich geregelten Unterliegen mehrerer oder aller Streitgenossen ist ein Sieg mehrerer oder aller Streitgenossen. Diesen Fall erfaßt § 100 ZPO nicht ausdrücklich. Es haben sich im wesentlichen die folgenden Regeln herausgebildet. 36

A. Keine Gesamtgläubigerschaft. Siegende einfache wie notwendige Streitgenossen sind selbst dann, wenn das Gericht ihnen die Hauptsache ausdrücklich als Gesamtgläubigern zugesprochen hat, nicht auch wegen der Kosten Gesamtgläubiger, Karlsr JB **06**, 205. Sie sind vielmehr Gläubiger nach Kopfteilen, genauer hier: nach ihrem Anteil an der Hauptsache, also nicht stets zu gleichen Anteilen. 37

Das gilt auch dann, wenn das Gericht die Verlierer in der Hauptsache „*als Gesamtschuldner*" verurteilt hat und wenn sie daher wegen der Kosten nach § 100 IV ZPO ebenfalls als Gesamtschuldner haften. Das alles gilt jedenfalls, soweit das Gericht nicht im Urteil ausdrücklich die Sieger gerade auch wegen der Kosten fehlerhaft, aber nun einmal wirksam „als Gesamtschuldner" bezeichnet hat. Diese Beurteilung wirkt sich nicht auf die Fassung der Kostenentscheidung aus, sondern vor allem auf die Kostenerstattung. Alle diese Fragen sind heftig umstritten. 38

B. Bei erheblicher Verschiedenheit der Beteiligung: Entsprechende Kostenverteilung. Soweit eine erheblich verschiedene Beteiligung am Rechtsstreit dazu führt, daß jeder dieser unterschiedlich beteiligten Streitgenossen jeweils voll siegt, sind die in § 100 II ZPO enthaltenen Grundsätze entsprechend anwendbar. Vgl für die Kostenentscheidung Rn 40 und für die Kostenerstattung Rn 49. 39

11) Ein Streitgenosse siegt, einer verliert, § 100 I–IV ZPO. Auch den Fall, daß von zwei Streitgenossen der eine voll siegt, der andere voll verliert, regelt § 100 ZPO nicht direkt. Dasselbe gilt für die Varianten, daß von mehr als zwei Streitgenossen einer oder mehrere ganz siegen, einer oder mehrere ganz verlieren oder daß zB der Streitgenosse A ganz siegt, B halb siegt, halb verliert und C ganz verliert usw. Diese Situationen können allerdings nur bei einfachen Streitgenossen entstehen, nicht bei notwendigen nach § 62 ZPO. 40

RVG § 7 X. Rechtsanwaltsvergütungsgesetz

Für die Kosten*entscheidung* gelten die nachfolgenden Regeln. Für die Kosten*erstattung* ergeben sich daraus die in Rn 49 ff dargestellten Folgen.

41   **A. Grundsatz der Kostenteilung.** Das Gericht muß in allen diesen Fällen zunächst § 92 ZPO anwenden und darf § 100 ZPO nur ergänzend mit heranziehen. Es muß immer bedenken, daß es sich in Wahrheit nur um eine willkürliche Zusammenfassung mehrerer Klagen in demselben Prozeß handelt.

Der *siegende* Streitgenosse soll natürlich grundsätzlich keine Kosten tragen, von § 96 ZPO abgesehen. Er soll vielmehr nur einen Erstattungsanspruch erhalten. Das Gericht darf den Gegner grundsätzlich nur seinem Teil entsprechend belasten, BGH FamRZ **05**, 1740. Ausnahmsweise mag bei einem vermögenden Elternteil und einem erwerbslosen Kind nur der erstere belastbar sein, Kblz JB **00**, 145.

42   **B. Grundsatz der Kostentrennung.** §§ 91 ff ZPO gehen an sich von der Regel aus, daß das Gericht im Interesse der Einheit der Kostenentscheidung nicht zwischen den Gerichtskosten und den außergerichtlichen Kosten unterschiedliche Quoten bilden soll und darf. Bei Streitgenossen ist aber gerade der entgegengesetzte Grundsatz erforderlich. Denn es liegt ja eine andere Ausgangsgrundlage vor. Es wäre nicht zu verantworten, denjenigen Streitgenossen mitzubelasten, der in diesem Umfang gar nicht unterlegen ist, und umgekehrt.

Daher muß das Gericht in der *Kostengrundentscheidung* über die Gerichtskosten (Gebühren und Auslagen) einerseits und über die außergerichtlichen Kosten (Gebühren und Auslagen) andererseits gesonderte Aussprüche formulieren. Darüber besteht Einigkeit.

43   **C. Baumbach'sche Formel.** Streit besteht allerdings darüber, welche Fassung die Kostengrundentscheidung in solchen Mischfällen am zweckmäßigsten erhalten soll. Hierüber gingen die Meinungen früher noch erheblich stärker auseinander. Der von Baumbach in BLAH § 100 ZPO Rn 52 angeregte Weg hat sich bewährt, VerfGH Mü NJW **01**, 2962, lt ZöHe § 100 ZPO Rn 7, 8 „trotz seiner Tücken ... seit vielen Jahrzehnten", LG Bonn Rpfleger **89**, 521. Er „beherrscht die Praxis völlig", Mü Rpfleger **89**, 128, Stgt Rpfleger **90**, 183, Herr DRiZ **89**, 87 (er erstrebt mit seiner von ihm selbst als „Säcketheorie" referierten Fortentwicklung eine Präzisierung und Vereinfachung mit eindrucksvoll komplizierten Rechenbeispielen).

44   Die sog *Baumbach'sche Formel* erfaßt einen Fall, in dem bei einer etwa gleichhohen Beteiligung der Bekl X siegt, der Bekl Y unterliegt. Sie *lautet:*

„Die Gerichtskosten tragen der Kläger und der Beklagte Y je zur Hälfte. Von den außergerichtlichen Kosten tragen der Kläger die des Beklagten X voll und ¹/₂ der eigenen, der Beklagte Y die eigenen und ¹/₂ der dem Kläger erwachsenen Kosten". Entsprechendes gilt dann, wenn von zwei Klägern der eine siegt, der andere unterliegt. Bei *mehr als zwei* Streitgenossen sind die Quoten entsprechend zu ändern.

45   Man sollte diese Fassung *anderen* Lösungsversuchen etwa von Roeder DRiZ **91**, 93 (im Ergebnis ähnlich) erfahrungsgemäß *vorziehen*. Man sollte also nicht etwa schreiben, der Kläger und der Bekl X trügen je die Hälfte der Kosten. Denn eine solche Fassung würde dem siegenden Bekl X endgültig jeden Kostentitel nehmen. Unzweckmäßig wäre auch die Fassung, die dem siegenden Bekl X entstandenen besonderen Kosten trage der Kläger. Denn sie würde dem Kostenaufbau der ZPO widersprechen.

Wenn das Gericht trotzdem in solcher Weise entschieden hat, bleibt nur übrig, die Kostenentscheidung bei der Kostenfestsetzung so *auszulegen,* daß der Gegner und der unterliegende Streitgenosse die Kosten im Verhältnis ihrer Beteiligung und nach § 100 I–III ZPO tragen.

46   **12) Ausscheiden eines Streitgenossen, § 100 I–IV ZPO.** An sich soll das Teilurteil überhaupt keine Kostenentscheidung enthalten, BLAH § 301 ZPO Rn 19. Jedoch bleibt § 100 ZPO auf den Zeitraum bis zum Ausscheiden eines Streitgenossen anwendbar. Man darf also für diesen Zeitraum auch schon im Teilurteil eine Kostenentscheidung treffen. Man muß sie dann im etwaigen Schlußurteil mit berücksichtigen, BGH RR **91**, 187.

47   § 100 IV ZPO ist auch dann anwendbar, wenn das Gericht den einen Streitgenossen durch ein *Teilurteil* verurteilt hat, den anderen durch ein Schlußurteil. Es reicht

Abschnitt 1. Allgemeine Vorschriften **§ 7 RVG**

aus, daß sich die gesamtschuldnerische Haftung zur Hauptsache aus dem Urteil ergibt.
Wenn sich ein *ausgeschiedener* Streitgenosse nicht am Rechtsmittel beteiligt, ist § 100 **48**
ZPO unanwendbar. Das gilt selbst dann, wenn es sich um einen einfachen, nicht notwendigen Streitgenossen handelt. Auf die restlichen Streitgenossen ist § 97 ZPO anwendbar. Bei einer Klagerücknahme nach § 269 ZPO gegenüber nur einzelnen Streitgenossen unterbleibt eine Kostenentscheidung. Wegen der Kostenerstattung Rn 49 ff.

13) Erstattung im einzelnen, § 100 I–IV ZPO. Man muß die Frage, ob, wann **49**
und wie eine Kostengrundentscheidung notwendig ist und wie man sie berichtigen, ergänzen oder anfechten kann, von der Frage unterscheiden, welche Regeln im einzelnen bei der aus der Kostengrundentscheidung natürlich folgenden Kostenerstattung entstehen. Zwar darf der Rpfl die Kostengrundentscheidung im Erstattungsverfahren nur auslegen, nicht ändern, BLAH Einf 17–19 vor §§ 103–107 ZPO. Gerade bei der Auslegung können aber zusätzliche Probleme entstehen.

Fast alle Fragen zur Kostenerstattung sind vor allem in der Praxis *heftig umstritten*. **50**
Das hängt zum Teil damit zusammen, daß man vom erwünschten Ergebnis her argumentiert und Widersprüche zu den eigentlich als Ausgangspunkt erforderlichen Grundsätzen hinnimmt, nach denen man die Kostengrundentscheidung formulieren muß. Im wesentlichen ergeben sich etwa die folgenden Meinungen.

A. Grundsatz: Nur anteilige Erstattung. Aus den Grundsätzen der Kostenteilung **51**
und Kostentrennung nach Rn 41, 42 und aus der daraus am besten ableitbaren Baumbach'schen Formel nach Rn 43 folgt für die Kostenerstattung aus der Sicht des Gläubigers der Grundsatz: Jeder siegende Streitgenosse kann grundsätzlich die Erstattung nur, aber auch aller derjenigen nach Rn 54 notwendigen Kosten fordern, die *auf ihn persönlich* entfallen, also auf seinen *Kopfteil*, BGH FamRZ 06, 694, Düss JB 05, 90, Kblz MDR 07, 686, es sei denn, er hätte entweder mit seinen Streitgenossen eine für ihn abweichende Vereinbarung getroffen, Mü MDR 95, 856, oder er könnte glaubhaft machen, daß er im Innenverhältnis allein zahlungspflichtig sei, Kblz RR 04, 72.

Er kann also auch *nicht von vornherein* ohne die Notwendigkeit einer weiteren **52**
Glaubhaftmachung nach § 294 ZPO die Erstattung derjenigen gesamten Summe fordern, für die er gemeinsam mit einem Anwalt als Gesamtschuldner haftet. Denn eine solche Lösung könnte zu einer Bereicherung des Siegers führen, Kblz RR 04, 72 (großzügig beim Haftpflichtversicherer), Schlesw JB 99, 29, LG Saarbr JB 99, 310, aM Düss MDR 88, 325, Ffm JB 86, 96, Hamm JB 05, 91 (vgl aber Rn 68).

Die *weiteren Varianten* im Meinungsbild haben in der Praxis keine Bedeutung. **53**
B. Nur wegen notwendiger Kosten. Auch soweit ein Streitgenosse nach **54**
Rn 36 ff grundsätzlich eine Kostenerstattung fordern kann, gilt das doch nur, aber auch sehr wohl wegen aller derjenigen Kosten, die für ihn nach § 91 ZPO auch objektiv notwendig waren, Kblz JB 00, 85 rechts.

Solche Kosten, die er zwar für notwendig hielt, die aber ihrer Art oder Höhe nach **55**
schon außerhalb der Sonderfälle einer Streitgenossenschaft nach den Regeln des § 91 ZPO *nicht* erstattungsfähig wären, werden nicht dadurch erstattungsfähig, daß ein Streitgenosse sie geltend macht.

Diese *Einschränkung* der Erstattungsfähigkeit ist im Grunde unabhängig von dem **56**
Meinungsstreit zu Rn 51, 52 unstreitig. Streitig ist nur weiterhin die Frage der Glaubhaftmachung, Rn 61.

C. Notwendigkeit von Anwaltskosten. Man muß die Frage, ob insbesondere **57**
Rechtsanwaltskosten notwendig waren, nach § 91 ZPO beantworten, BLAH § 91 ZPO Rn 114 ff, 124 ff, 157 ff, 220 ff usw. Hier nur einige Ergänzungen speziell für die Fälle der Streitgenossenschaft.

D. Aufträge an gesonderte Anwälte. Grundsätzlich darf jeder Streitgenosse ei- **58**
nen eigenen Anwalt beauftragen. Der Erstattungspflichtige muß also die Kosten der Anwälte aller Streitgenossen erstatten, soweit es nicht mehr Anwälte als Streitgenossen gab, Düss AnwBl 83, 190, Ffm AnwBl 88, 74, Kblz MDR 95, 263 (jedenfalls bei Interessengegensätzen).

Das gilt *unabhängig von* etwaigen *AKB*. Denn sie berühren nur das Innenverhältnis. **59**
Der vorstehende Grundsatz gilt nur eingeschränkt, wenn eine Versicherung ihren

RVG § 7 X. Rechtsanwaltsvergütungsgesetz

Anwalt auch für den Versicherungsnehmer beauftragt hatte und wenn der Versicherungsnehmer außerdem einen eigenen Anwalt hat, BLAH § 91 ZPO Rn 137.

60 **E. Aufträge an gemeinsamen Anwalt.** Wenn alle Streitgenossen oder einige von mehreren Streitgenossen gemeinsam einen Einzelanwalt oder eine Anwaltssozietät beauftragt haben, muß man § 7 RVG beachten, BLAH § 91 ZPO Rn 136 „Sozius" zur Streitfrage. Die Streitgenossen können zusammen höchstens einmal die vollen Gebühren und Auslagen des gemeinsamen ProzBev fordern, Hbg JB **77**, 199, Mü Rpfleger **88**, 38.

61 Wenn ein Streitgenosse eine Kostenerstattung verlangt, kann er zunächst grundsätzlich die Festsetzung derjenigen Kosten fordern, die ihn allein betreffen, BGH RR **03**, 1217, Ffm MDR **02**, 236. Er kann aber außerdem auch die Festsetzung derjenigen Kosten fordern, für die er dem Anwalt gesamtschuldnerisch haftet, Stgt Rpfleger **01**, 566 (Umsatzsteuer), LG Kref AnwBl **80**, 365, aM Ffm AnwBl **85**, 263 (inkonsequent). Er muß aber dazu nach § 294 ZPO *glaubhaft* machen, daß er die Kosten *bezahlt hat oder* daß seine Streitgenossen wegen einer eigenen Vermögenslosigkeit nicht zahlen können. Es kommt also darauf an, ob er die Kosten dem Anwalt gegenüber *bezahlen muß.*

62 Soweit er nicht die Zahlung der gesamten gesamtschuldnerisch geschuldeten Vergütung glaubhaft machen kann, kann er *nur* eine Erstattung des bei einem Kostenausgleich *auf ihn fallenden* Kostenteils fordern, Rn 51, BGH RR **03**, 1217, Celle JB **92**, 94, Schütt MDR **04**, 137, aM Ffm VersR **81**, 194, KG JB **99**, 417, LAG Köln MDR **01**, 357 (je: inkonsequent).

63 **F. Gemeinsame Festsetzungsanträge.** Wenn Streitgenossen die Kostenfestsetzung gemeinsam betreiben, muß der Rpfl für jeden Streitgenossen auf seinen Bruchteil nach dem Innenverhältnis zwischen ihnen festsetzen, falls das den Gegner besonders berührt, KG RR **01**, 1435 (evtl auf ein Rechtsmittel hin). Viele beachten diese Notwendigkeit nicht. Im Zweifel liegt eine Gesamtgläubigerschaft vor, BGH AnwBl **85**, 524 (zustm Japes/Joswig).

64 **G. Verbot des Rechtsmißbrauchs.** Jeder Rechtsmißbrauch ist auch bei der Kostenerstattung unstatthaft, BLAH Einl III 54. Das gilt zB dann, wenn ein Komplementär einen eigenen ProzBev bestellt, Hamm Rpfleger **78**, 329, Stgt Just **80**, 20, aM Düss JB **81**, 762 (aber ein Rechtsmißbrauch ist nie erlaubt). Ein Rechtsmißbrauch liegt auch bei einem grundlosen Anwaltswechsel vor, Bbg JB **86**, 923, Hbg JB **82**, 767, Mü MDR **90**, 555, aM Hbg JB **80**, 761, Mü JB **81**, 138 (mit einer bedenklichen Großzügigkeit beseitigt man aber kein Unrecht. Ein grundloser Anwaltswechsel auf Kosten des Gegners läßt sich nicht rechtfertigen).

65 **H. Notwendigkeit einer Glaubhaftmachung.** Vgl zunächst Rn 55, 60. Die Glaubhaftmachung erfolgt wie sonst, § 294 ZPO. Zusätzlich enthält § 104 II 1 ZPO denselben Grundsatz. § 104 II 2 ZPO enthält einige Ausnahmen wegen der einem Anwalt entstandenen Auslagen an Post-, Telefax- und Fernsprechgebühren. Dazu genügt die bloße anwaltliche Versicherung.

66 **I. Weitere Verfahrensfragen.** Da der Rpfl die Kostenerstattung praktisch im Kostenfestsetzungsverfahren prüfen muß, gelten §§ 103–107 ZPO, insbesondere § 104 ZPO.

67 **15) Teilunterliegen, Teilsieg mehrerer Streitgenossen, § 100 I–IV ZPO.** Soweit von mehreren Streitgenossen der eine oder mehrere oder alle jeweils für die eigene Person teilweise siegen und teilweise unterliegen, liegt eine andere Situation als bei Rn 40 ff vor. Man muß aber die Grundsätze Rn 36–66 auch auf ein Teilunterliegen und einen Teilsieg entsprechend anwenden und zusätzlich § 92 ZPO hinzuziehen. Stets sollte das Gericht auf eine möglichst gerechte, aber auch einfache und klare Fassung der Kostengrundentscheidung achten. Es sollte versuchen, die obigen Grundsätze für und gegen einen jeden der Streitgenossen einzuhalten.

68 **16) Rechtsmittel, § 100 I–IV ZPO.** Gegen die Kostengrundentscheidung sind diejenigen Rechtsmittel statthaft, die ihrer Form entsprechen, jeweils eingeschränkt durch § 99 ZPO. Gegen die Entscheidung im Kostenfestsetzungsverfahren sind die in § 104 ZPO genannten Rechtsbehelfe (befristete Erinnerung) oder Rechtsmittel (sofortige Beschwerde) möglich.

Stets muß man bei der Anfechtung einer Kostenentscheidung beachten, daß ein 69
Beschwerdewert von mehr als 200 EUR eine Voraussetzung ist, § 567 II ZPO (Kostengrundentscheidung). Beim Rpfl gilt § 11 RPflG, BLAH § 104 ZPO Rn 41 ff.

Fälligkeit, Hemmung der Verjährung

8 *Fassung 1. 9. 2009:* ¹ ¹Die Vergütung wird fällig, wenn der Auftrag erledigt oder die Angelegenheit beendet ist. ²Ist der Rechtsanwalt in einem gerichtlichen Verfahren tätig, wird die Vergütung auch fällig, wenn eine Kostenentscheidung ergangen oder der Rechtszug beendet ist oder wenn das Verfahren länger als drei Monate ruht.

II ¹Die Verjährung der Vergütung für eine Tätigkeit in einem gerichtlichen Verfahren wird gehemmt, solange das Verfahren anhängig ist. ²Die Hemmung endet mit der rechtskräftigen Entscheidung oder anderweitigen Beendigung des Verfahrens. ³Ruht das Verfahren, endet die Hemmung drei Monate nach Eintritt der Fälligkeit. ⁴Die Hemmung beginnt erneut, wenn das Verfahren weiter betrieben wird.

Vorbem. II 4 geändert durch Art 47 VI Z 3 FGG-RG v 17. 12. 08, BGBl 2586, in Kraft seit 1. 9. 09, Art 112 I Hs 1 FGG-RG, Übergangsrecht Art 111 FGG-FG (1), Grdz 2 vor § 1 FamGKG, Teil I B dieses Buches.

Bisherige Fassung II 4: II ⁴Die Hemmung beginnt erneut, wenn eine der Parteien das Verfahren weiter betreibt.

Gliederung

1) Systematik, I, II	1
2) Regelungszweck, I, II	2
3) Geltungsbereich, I, II	3, 4
4) Voraussetzungen, I 1, 2	5–19
A. Grundsatz: Maßgeblichkeit der Tätigkeitsart, I 1	5
B. Erledigung des Auftrags, I 1 Hs 1	6
C. Beispiele zur Frage einer Erledigung des Auftrags, I 1 Hs 1	7–9
D. Beendigung der Angelegenheit, I 1 Hs 2	10, 11
E. Ergehen einer Kostenentscheidung, I 2 Hs 1	12
F. Beispiele zur Frage einer Kostenentscheidung, I 2 Hs 1	13
G. Beendigung des Rechtszuges, I 2 Hs 2	14
H. Beispiele zur Frage einer Beendigung des Rechtszugs, I 2 Hs 2	15–17
I. Ruhen des Verfahrens für längere Zeit, I 2 Hs 3	18
J. Wiederaufnahme der Vertretung	19
K. Stundungsablauf	20
5) Verjährung des Vergütungsanspruchs, II 1–4	21–28
A. Grundsatz: Maßgeblichkeit des BGB	21
B. Fristbeginn	22
C. Beispiele zur Frage einer Verjährung, II 1–4	23–25
D. Hemmung der Verjährung	26
E. Hemmungsende und -erneuerung	27
F. Neubeginn der Verjährung	28

1) Systematik, I, II. Man muß zwischen einem Vorschuß nach § 9 auf die Ver- 1
gütung, der Entstehung eines Vergütungsanspruchs, seiner Fälligkeit, seiner Klagbarkeit nach § 10 und seiner Verjährung unterscheiden. Der Gebührenanspruch entsteht (erwächst), sobald der Anwalt die gebührenpflichtige Tätigkeit vorzunehmen beginnt, VGH Mü NVwZ-RR **08**, 504, sobald er oder daher etwa in den Grenzen von Grdz 12 vor § 1 die zugehörige Information entgegenzunehmen beginnt. Bei einer Pauschgebühr entsteht der Anspruch also schon durch die erste Tätigkeit, die zu der mit ihr abgegoltenen Tätigkeitsgruppe gehört, Ffm RR **04**, 1665. Das gilt unabhängig davon, ob der Anwalt ihn jetzt schon klageweise geltend machen kann. Denn die Klagbarkeit ist gerade erst eine Folge der Fälligkeit, § 10 Rn 1. Eine spätere Wertänderung läßt die schon entstandene Gebühr weder ganz noch teilweise entfallen, VGH Mü NVwZ-RR **08**, 504.

Ein *Verzugsschaden* nach § 288 IV BGB setzt eine solche Anwaltstätigkeit voraus, die erst *nach* dem Eintritt des Verzugs beginnt. Denn sonst ist der „Schaden" schon vor einem Verzug eingetreten. Daher kann die erste Mahnung, die erst den Verzug herbeiführen soll, wegen § 8 in Verbindung mit § 288 I 1 BGB noch nicht wegen ihrer Vergütung einen Verzugsschaden begründen. Das übersehen manche. Die *Fälligkeit* setzt das Entstehen voraus. Sie kann bei jedem Auftraggeber unterschiedlich eintreten. Sie tritt erst dann ein, wenn die zeitlich erste der in § 8 genannten Voraussetzungen vorliegt, § 15 Rn 1. Damit gibt I eine gegenüber § 271 BGB vorrangige Sonderregelung. Zu ihr tritt die Notwendigkeit einer Berechnung nach § 10. Nach § 4 kann man die Fälligkeit vorrangig abweichend von § 8 vereinbaren, § 4 Rn 25. Zum Ausgleich der gegenüber dem BGB hinausgeschobenen Fälligkeit gibt § 9 einen Anspruch auf einen Vorschuß.

Die Fälligkeit ist ihrerseits eine Voraussetzung für den Antrag des Anwalts auf eine *Wertfestsetzung*, soweit eine solche für die Gerichtsgebühren nicht erfolgt, § 33 II 1, und für eine Wertbeschwerde nach § 33 III. Die Fälligkeit ist auch eine Voraussetzung für die gesondert zu prüfende Einforderbarkeit nach § 10 und für den Antrag des Anwalts auf die Festsetzung seiner Vergütung gegenüber dem Auftraggeber und umgekehrt, § 11 II 1. Die Fälligkeit gibt dem Auftraggeber einen Anspruch auf eine dem § 10 entsprechende Abrechnung des Anwalts, auch nach einer Zahlung. Für den Anspruch des Auftraggebers gegenüber seinem Prozeßgegner auf eine Kostenerstattung ist § 8 unerheblich. Die Fälligkeit einer weiteren Vergütung des bei einer Prozeßkostenhilfe usw beigeordneten Anwalts nach § 50 gegenüber der Staatskasse tritt mit dem Festsetzungsbeschluß nach § 55 ein.

Änderungen sind durch eine Vereinbarung sowohl bei der Fälligkeit als auch bei der Verjährung statthaft. Soweit eine Vereinbarung den Anwalt besserstellt, muß man für sie § 4 beachten.

2   2) **Regelungszweck, I, II.** Die Vorschrift dient der Rechtssicherheit, nicht nur im Bereich der ZPO, BLAH Einl III 43, sondern im gesamten Anwendungsgebiet des RVG. Denn sie legt wesentliche Anknüpfungszeitpunkte mit ihren auch berufs- und strafrechtlichen Auswirkungen möglichst genau fest. Es geht sowohl um die Befriedigung des Anwalts als auch um die im Interesse aller Beteiligten liegende alsbaldige Klärung des Vergütungsanspruchs und des Beginns der Verjährungsfrist. Das muß man bei der Auslegung mitbeachten.

3   3) **Geltungsbereich, I, II.** Die Vorschrift gilt für jede anwaltliche Tätigkeit. Sie gilt jedem gegenüber. Sie gilt also nicht nur im Verhältnis zwischen dem Anwalt und seinem Auftraggeber, sondern auch im Verhältnis zu einer mithaftenden Person, zB der Rechtschutzversicherung. Sie gilt allerdings nicht im Verhältnis zum Prozeßgegner des Auftraggebers. Die Fälligkeit kann gegenüber Streitgenossen zu verschiedenen Zeitpunkten eintreten, etwa bei einem Vergleich mit nur einem von ihnen.

4   § 8 gilt auch für den im Weg einer *Prozeß- oder Verfahrenskostenhilfe* beigeordneten Anwalt, § 122 I Z 3 ZPO, § 78 FamFG, Rn 4. § 8 gilt auch für den bestellten Anwalt und für den Pflichtverteidiger und auch für die Pauschvergütung nach (jetzt) § 51, Brschw JB **01**, 309, Hamm JB **01**, 309. Daher gilt die Vorschrift auch für deren Ansprüche gegenüber dem Staat, § 52. Die Vorschrift umfaßt die gesamte Vergütung, also Gebühren und Auslagen, § 1 I 1. Sie gilt abdingbar auch für eine nach § 3a vereinbarte Vergütung. Wegen der Auslagen kann sich der Anwalt durch die Forderung nach der Zahlung eines Vorschusses nach § 9 schon vor der Fälligkeit eine Deckung verschaffen. Natürlich gilt § 8 nicht auch für einen Vorschuß, auch nicht in der Form des VV 1009 amtliche Anmerkung II 2 (Hebegebühr). Wegen der Fälligkeit des Gebührenanspruchs eines Patentanwalts BGH BB **82**, 1204. (Jetzt) I 2 Hs 3 (Ruhen) gilt nicht bei §§ 1025 ff ZPO, Köln JB **93**, 345.

5   4) **Voraussetzungen, I 1, 2.** Die Fälligkeit setzt das Entstehen voraus. Sie beginnt mit dem Eintritt des zeitlich ersten der nachfolgend geschilderten Ereignisse, BGH RR **92**, 255, Brschw JB **01**, 309, Naumb JB **98**, 81, aM Hamm JB **01**, 309 (erst bei der Möglichkeit einer abschließenden Gesamtschau. Vgl aber Rn 1).

   A. **Grundsatz: Maßgeblichkeit der Tätigkeitsart, I 1.** Die Fälligkeit richtet sich zunächst danach, ob der Anwalt in einem gerichtlichen Verfahren oder außerhalb eines solchen Verfahrens tätig wird. Soweit der Anwalt nur außerhalb eines gerichtlichen Verfahrens tätig wird, reicht es aus und ist es notwendig, daß eine der Voraussetzungen Rn 6–11 vorliegt. Bei dem durch eine Prozeß- oder Verfahrenskostenhilfe

Abschnitt 1. Allgemeine Vorschriften § 8 RVG

beigeordneten Anwalt schafft auch ein solcher Beschluß eine Fälligkeit, durch den der Rpfl die Prozeß- oder Verfahrenskostenhilfe nach § 124 ZPO, § 76 FamFG aufhebt oder die Beiordnung aufhebt. Eine Verweisung an ein Gericht derselben Ebene schafft aber keine Fälligkeit.

B. Erledigung des Auftrags, I 1 Hs 1. Vgl zunächst Rn 5. Während zB § 15 I, IV von der Erledigung der Angelegenheit sprechen, enthält I 1 den Begriff der Erledigung des Auftrags und gleichzeitig den Begriff der Beendigung der Angelegenheit. Man darf aus den in demselben Satz auftretenden Worten „Auftrag" einerseits, „Angelegenheit" andererseits grundsätzlich keine Rückschlüsse auf einen unterschiedlichen Inhalt der beiden Begriffe ziehen. Denn für die Abgrenzung des Begriffs Angelegenheit, den § 15 zentral regelt, ist ja in erster Linie der Umfang des Auftrags maßgeblich, § 15 Rn 9 ff. Es ist aber möglich, daß der Auftrag erledigt ist, bevor die Angelegenheit erledigt oder beendet ist. Das gilt etwa beim Auftrag nur wegen eines Teils der Sache. Ebenso möglich ist, daß ein Auftrag mehrere Angelegenheiten nach §§ 16 ff umfaßt. Eine Kenntnis des Anwalts von der Erledigung ist nicht nötig, aM AG Waiblingen AnwBl **99**, 705 (aber der Wortlaut von I 1 stellt eindeutig nur auf die objektive Erledigung ab. § 199 I BGB ändert daran nichts. Denn die Fälligkeit ist nicht anspruchsbegründend, sondern setzt einen vorhandenen Anspruch voraus. Die Verjährung ist erst eine Folge der Fälligkeit).

C. Beispiele zur Frage einer Erledigung des Auftrags, I 1 Hs 1 7
Abgabe: Rn 9 „Verweisung".
Aufhebung: Erledigung des Auftrags kann auch dessen Aufhebung sein.
Beendigung: Erledigung des Auftrags ist seine Beendigung, BGH NJW **06**, 2703, also die vollständige Erfüllung der eigentlichen anwaltlichen Leistung ohne dessen bürotechnische Abwicklung, BGH NJW **85**, 257, AG Köln JB **99**, 528 (außergerichtlicher Vergleich).
Beiordnung: Bei dem durch eine Prozeß- oder Verfahrenskostenhilfe oder nach § 11a ArGG, Teil II A dieses Buchs, beigeordneten Anwalt erledigt sich der Auftrag auch durch den Tod des Auftraggebers oder durch die Aufhebung der Beiordnung oder Bestellung.
S auch Rn 9 „Tod".
Erfolg: Erledigung des Auftrags kann auch dessen Erfüllung ohne den vom Auftraggeber erhofften Erfolg sein, selbst wenn der Anwalt sich um ihn bemüht hatte. Das gilt wohl zumindest meist beim Tätigwerden vor Gericht, Grdz 12 vor § 1.
Erfüllung: S „Beendigung".
Insolvenz: Erledigung des Auftrags kann grds auch beim Insolvenzverfahren über das 8 Vermögen des Schuldners eintreten, soweit sich der Auftrag auf das zur Insolvenzmasse gehörige Vermögen bezieht, § 115 I InsO.
Instanz: *Keine* Erledigung des Auftrags ist das Instanzende, soweit sich der Auftrag nicht eindeutig auf die Vertretung in dieser bisherigen Instanz beschränkt hat.
Kündigung: Erledigung des Auftrags kann auch dessen Kündigung durch den Auftraggeber oder den Anwalt sein. Dann ist es für die Fälligkeit evtl unerheblich, ob der Anwalt später in derselben Sache nochmals einen Auftrag desselben Mandanten erhält, Schlesw JB **80**, 68.
Ob freilich bei einer Kündigung *überhaupt* ein Gebührenanspruch entsteht oder bestehenbleibt, das darf man nicht nach § 8 prüfen, sondern vor allem nur nach § 15.
Niederlegung: Erledigung des Auftrags ist auch eine Niederlegung des Mandats. Die Fälligkeit ändert sich dann durch eine spätere Wiedererneuerung der Vertretung nicht, Schlesw JB **80**, 68.
Pflichtverteidiger: § 45 Rn 27.
Rechtszug: S „Instanz".
Tod: Erledigung des Auftrags ist auch der Tod eines Einzelanwalts, soweit der Auftrag 9 nicht nun auf einen Sozius oder auf einen Abwickler nach § 55 BRAO führt, §§ 673, 675 BGB, § 6 Rn 5, Hartung MDR **02**, 1224.
Keine Erledigung ist grds der Tod des Auftraggebers, § 672 S 1 BGB, § 7 Rn 9 „Erbengemeinschaft", Hamm JB **77**, 350. Er kann freilich zB in einer Strafsache die Beendigung der Angelegenheit nach Rn 10 darstellen.
S auch Rn 7 „Beiordnung".

RVG § 8	X. Rechtsanwaltsvergütungsgesetz

Unmöglichkeit: Erledigung des Auftrags kann auch sein, daß sich die (weitere) Durchführung des Auftrags als objektev unmöglich erwiesen hat.
Unvermögen: Erledigung des Auftrags kann auch das Eintreten eines Unvermögens des Anwalts zur weiteren Durchführung der Arbeit sein.
Vergleich: Erledigung des Auftrags kann ein außergerichtlicher Vergleich sein, AG Köln JB **99**, 528.
Verweisung: Erledigung des Auftrags kann auch eine Verweisung zB nach § 281 ZPO oder eine Abgabe nach § 20 sein, soweit der Anwalt beim übernehmenden BGH nicht zugelassen ist.
Zulassungsverlust: Erledigung des Auftrags kann auch der Verlust der Zulassung zur Anwaltschaft sein, gleich aus welchem Grund. Dasselbe gilt bei einer Aufgabe dieser Zulassung.
  Keine Erledigung tritt beim Zulassungsverlust nur eines von mehreren gemeinsam beauftragten Sozien ein, § 6 Rn 5, Hartung MDR **02**, 1224.

10 **D. Beendigung der Angelegenheit, I 1 Hs 2.** Vgl zunächst Rn 5. Während zB § 15 I, IV von der „Erledigung" der Angelegenheit sprechen, nennt I 1 die „Beendigung" der Angelegenheit, BGH NJW **06**, 2703. Praktisch meint I 1 Hs 2 dasselbe wie bei § 15. Maßgebend ist nicht eine gebührenrechtliche Beendigung, sondern eine prozessuale oder außergerichtliche, Naumb JB **98**, 81, AG Köln AnwBl **99**, 487. Soweit das Gesetz einen Tätigkeitsteil als eine besondere Angelegenheit bezeichnet, kommt es auf die Beendigung dieses Tätigkeitsteils an, Hamm JB **92**, 94. Ein Auftrag kann auch hier mehrere Angelegenheiten umfassen, etwa beim Eil- und Hauptverfahren nach § 17 Z 4a, b, § 19 I 2 Z 11, Düss AnwBl **90**, 324, KG JB **86**, 724, oder beim Beschwerdeverfahren nach § 15 II 2, Hamm AnwBl **92**, 400. Dadurch können unterschiedliche Fälligkeiten eintreten. Eine nur teilweise Erledigung reicht nicht bei demselben Auftraggeber.
  Die *Anrechenbarkeit* einer Gebühr auf eine weitere Tätigkeit zB nach VV amtliche Vorbemerkung 3 V zeigt, daß das Gesetz die bisherige Angelegenheit für abgeschlossen hält. Eine solche Anrechenbarkeit hindert also den Eintritt der Fälligkeit wegen einer Beendigung der vorangegangenen Angelegenheit nicht. Solange der Anwalt noch keine Kenntnis von solchen Tatsachen hat, die nach der Ansicht des Auftraggebers eine weitere Anwaltstätigkeit erübrigen, mag evtl noch keine Beendigung vorliegen, AG Waiblingen AnwBl **99**, 705. Es kommt aber auf die Umstände an. So endet die Angelegenheit zB bei einem Vertragsentwurf erst dann, wenn der Auftraggeber den Entwurf prüfen konnte, BGH AnwBl **85**, 257. Bei einem Urteil tritt die Fälligkeit mit seinem Erlaß und nur mangels einer Verkündung erst bei seiner Zustellung ein, Düss OLGR **99**, 298. Dasselbe gilt bei einer sonstigen Entscheidung zB nach § 91a ZPO. Auch ein Prozeßvergleich beendet die Angelegenheit, AG Köln VersR **08**, 815. Die Rechtskraft braucht nicht vorzuliegen. Ein Teilurteil beendet mangels einer Kostenentscheidung nicht. Mit dem bisherigen Auftrag endet auch die bisherige Tätigkeit.

11 Mit einem *weiteren Auftrag* beginnt eine neue Angelegenheit. Das ergibt sich aus § 15 V, VI. Die bisherige Angelegenheit kann also bereits vor der Beendigung des neuen Auftrags beendet sein. Im wesentlichen kommt Rn 10, 11 für eine anwaltliche Tätigkeit außerhalb eines gerichtlichen Verfahrens in Betracht. Denn bei einer Tätigkeit in einem gerichtlichen Verfahren liegt in der Regel schon eine der Voraussetzungen Rn 12–19 vor.

12 **E. Ergehen einer Kostenentscheidung, I 2 Hs 1.** Vgl zunächst Rn 5. Es muß eine gerichtliche Entscheidung über Gerichts- und/oder Anwaltskosten (Gebühren und Auslagen) vorliegen.

13 **F. Beispiele zur Frage einer Kostenentscheidung, I 2 Hs 1**
Anderes Verfahren: *Keine* Kostenentscheidung liegt vor, solange sie erst in einem anderen Verfahren erfolgen soll, KG Rpfleger **84**, 625.
Arrest, einstweilige Verfügung: S „Wirksamkeit".
Bekanntgabe: S „Wirksamkeit".
Erledigung der Hauptsache: *Keine* Kostenentscheidung sind beiderseits wirksame Erledigterklärungen nach § 91a ZPO. Sie ermöglichen erst eine Kostenentscheidung. Dann gilt Rn 14.

Abschnitt 1. Allgemeine Vorschriften **§ 8 RVG**

Form: Kostenentscheidung kann jede Form sein, also ein Urteil, ein Beschluß oder eine Verfügung oder ein Schiedsspruch. Auch ein Vergleich kann ausreichen, soweit er nicht nur wie zB bei § 278 VI ZPO nur etwas feststellt, selbst wenn das Gericht es vorgeschlagen hatte.
Gerichtskosten: Kostenentscheidung ist auch eine solche nur über Gerichtskosten zB nach § 12a I 1 ArbGG oder nach §§ 3 Z 1 KostO, 114 GBO.
Gesetzliche Kostenfolge: Soweit sich eine Kostenfolge unmittelbar *aus dem Gesetz* ergibt, etwa nach § 269 III 2, IV ZPO oder nach § 22 I 1, 2 GKG, liegt ungeachtet der etwaigen Bezeichnung durch das Gericht in Wahrheit gar keine Kosten- „Entscheidung" vor, sondern eine gesetzliche Kostenregelung, die ein gerichtlicher Ausspruch nur bekräftigt. Das gilt selbst dann, wenn dadurch ein zusätzlicher Vollstreckungstitel entsteht, aM BJPT 19, GS 60, GSchm 13, RS 9 (aber er ist nur die Folge einer unmittelbar vom Gesetz getroffenen Kostenentscheidung).
Kostenfestsetzung: Sie ist keine Fälligkeitsbedingung, BGH NJW **78**, 2670. Das gilt, zumal eine Erstattung durch einen Prozeßgegner oft gar nicht infragekommt, etwa bei § 61 I 2 ArbGG.
Kostengrundentscheidung: Ausreichend ist jede solche zB nach BLAH Üb 35 vor § 91 ZPO, Kblz JB **99**, 304.
Mahnbescheid: *Keine* Kostenentscheidung, sondern eine bloße Kostenforderung enthält der Mahnbescheid nach § 692 ZPO. Er enthält auch keine Beendigung des Rechtszugs nach Rn 14, Lappe Rpfleger **81**, 341, Schmidt MDR **81**, 725, aM Weinbörner Rpfleger **81**, 222.
Mitteilung: S „Wirksamkeit".
Rechtskraft: Kostenentscheidung kann auch eine noch nicht zB nach §§ 322, 705 ZPO rechtskräftige sein.
Rechtswidrigkeit: Kostenentscheidung kann auch eine rechtswidrige sein.
Streitgenossen: S „Teilkostenentscheidung".
Teilkostenentscheidung: Ausreichend ist auch sie, Naumb JB **98**, 81. Sie ist aber auch notwendig. Sie macht natürlich nur die von ihr erfaßten und ihretwegen entstandenen Kosten fällig. Das gilt auch bei einer Entscheidung über die Kosten nur eines von mehreren Streitgenossen Brschw NdsRpfl **85**, 15, Mü Rpfleger **98**, 489.
Teilurteil: *Keine* Kostenentscheidung ist ein solches Urteil nach § 301 ZPO, das die Kostenbeurteilung dem Schlußurteil überläßt. Man weiß ja dann auch noch gar nicht, ob es überhaupt zu einem Schlußurteil kommen wird oder etwa zB zu einer nach § 269 ZPO wirksamen Klagerücknahme mit einer Zustimmung des Bekl usw.
Vergleich: S „Form".
Verwaltungsakt: *Keine* Kostenentscheidung ist ein Verwaltungsakt.
Vollstreckungsbescheid: Kostenentscheidung ist dieser Bescheid nach § 699 ZPO.
Vorläufige Vollstreckbarkeit: Kostenentscheidung kann auch eine nur vorläufig vollstreckbare sein.
Vorschußforderung: *Keine* Kostenentscheidung ist eine Vorschußforderung des Gerichts.
Wirksamkeit: Kostenentscheidung ist erst diejene Entscheidung, die erkennbar wirksam werden soll. Daher liegt zB im Eilverfahren mit dem Satz „die Kosten folgen der Hauptsache" eine durch dieses oder durch sein endgültiges Ausbleiben bedingte Kostenentscheidung vor, KG AnwBl **84**, 625, aM GSchm 13. Eine Kostenentscheidung ist im übrigen auch erst dann ergangen, wenn sie nach der maßgeblichen Verfahrensordnung wirksam *ist*. Man muß also die jeweils einschlägigen Vorschriften über die Bekanntmachung oder Zustellung beachten.
Zustellung: S „Wirksamkeit".

G. Beendigung des Rechtszuges, I 2 Hs 2. Vgl zunächst Rn 5. Es handelt 14 sich hier nicht um den gebührenrechtlichen Begriff des Rechtszugs nach § 15 II 2, den I 1 Hs 2 mitregelt, sondern um den verfahrensrechtlichen Begriff. Es ist also unerheblich, ob der Anwalt auch nach der Beendigung des verfahrensrechtlichen Rechtszugs noch eine Tätigkeit vornehmen muß, etwa zwecks einer Abwicklung, § 19 I 2 Z 9. Maßgebender Zeitpunkt ist auch hier die Verkündung, Düss OLGR

99, 298, oder der Zugang bei einer Entscheidung ohne eine Verkündung. Das etwa anschließende Kostenfestsetzungsverfahren schiebt die Fälligkeit nicht hinaus. Man muß die Frage der Beendigung natürlich für *jeden Rechtszug besonders* prüfen.

15 **H. Beispiele zur Frage einer Beendigung des Rechtszugs, I 2 Hs 2**
Abschlußentscheidung: Beendigung liegt in jeder solchen Entscheidung, Düss AnwBl **90**, 324, unabhängig von ihrer Anfechtbarkeit. Das gilt freilich nur mangels einer Kostenentscheidung. Andernfalls gelten Rn 12, 13. Ausnahmsweise beendet das Berufungsurteil nach § 540 ZPO im Anschluß an einen Grund-Ersturteil nach § 304 ZPO den Rechtszug unabhängig von einer Kostenentscheidung.
Abwicklung: Beendigung bleibt trotz einer etwaigen Abwicklungstätigkeit zB nach § 19 I bestehen, BGH AnwBl **85**, 257 (Kostenfestsetzung).
Anklagerücknahme: Beendigung liegt in diesem Vorgang.
Antragsrücknahme: Beendigung liegt in diesem Vorgang zB beim Arrest oder bei einer einstweiligen Anordnung oder Verfügung.
Beitreibung: Beendigung liegt in der Beitreibung zB nach § 788 ZPO.
Beschwerde: Beendigung liegt in einer diesen Rechtszug abschließenden Entscheidung.
Eilantragsentscheidung: Beendigung erfolgt durch eine Entscheidung über einen Antrag zB auf einen Arrest oder eine einstweilige Anordnung oder Verfügung etwa nach §§ 916ff, 935ff ZPO, 49ff FamFG wegen § 16 Z 5 oder § 17 Z 4a, auch ohne einen Kostenausspruch.
Endurteil: Beendigung liegt im wirksam gewordenen Endurteil, auch zB im Teilurteil nach § 301 ZPO im Umfang seiner Wirkung, Mü JB **98**, 644, Naumb JB **98**, 81.
Erledigung der Hauptsache: Beendigung liegt in übereinstimmenden wirksamen vollen Erledigterklärungen nach § 91a ZPO unabhängig von einem zugehörigen Kostenausspruch, Hansen JB **88**, 692, aM GSchm 16.
16 **Grundbuch:** Beendigung liegt evtl in einer Grundbucheintragung, § 44 II GBO.
Grundurteil: *Keine* Beendigung des ersten Rechtszugs liegt grds im Grundurteil nach § 304 ZPO. Denn das Betragsverfahren bildet mit dem Grundverfahren eine Einheit. Dasselbe gilt dann, wenn der Rechtsmittelführer das Rechtsmittel gegen das Grundurteil zurücknimmt oder wenn dieses unzulässig ist. Der erste Rechtszug endet aber grundsätzlich durch ein den Anspruch dem Grunde nach abweisendes Urteil oder mit einer Zurückverweisung im Betragsverfahren, § 21.
Hiervon gilt eine *Ausnahme* für die Verfahrensgebühr, auch bei einem zurückverweisenden Urteil, § 538 II 1 Z 4 ZPO. Denn dann liegt eine weitergreifende Beendigung der Angelegenheit wegen § 21 vor.
Hebegebühr: Beendigung liegt in der Ablieferung einer Hebegebühr nach VV 1009.
Klagerücknahme: Beendigung liegt in einer Klagerücknahme nach § 269 ZPO, LG Bonn AnwBl **92**, 239 (unabhängig davon, ob noch ein ohnehin ja nur deklaratorischer Ausspruch nach § 269 III 2, IV ZPO folgt).
Kostenfestsetzung: Rn 15 „Abwicklung".
Rechtspfleger: Beendigung liegt in einer wirksamen abschließenden Entscheidung des Rpfl.
Rechtsmittelrücknahme: Beendigung liegt in ihr unabhängig von einem Kostenausspruch zB nach § 516 III 2 ZPO, Hansens JB **88**, 692.
Teilurteil: Rn 15 „Endurteil".
Urteil: Rn 15 „Endurteil".
17 **Vergleich:** Beendigung liegt evtl in einem außergerichtlichen, jedoch zugleich prozeßabschließenden Vergleich, erst recht im Prozeßvergleich, soweit er wirksam ist, evtl also erst nach dem Eintritt einer aufschiebenden Bedingung oder nach dem Wegfall einer auflösenden.
Verweisung: Beendigung kann in einem solchen Vorgang zB nach § 281 ZPO liegen, falls der Anwalt vor dem Adressatgericht nicht in dieser Sache weiter tätig wird, aM RS 13.
Vollstreckungsbescheid: Beendigung liegt im Vollstreckungsbescheid nach § 699 ZPO.

Abschnitt 1. Allgemeine Vorschriften **§ 8 RVG**

Vorbehaltsurteil: Beendigung liegt auch in einem solchen Urteil nach §§ 305, 780 ZPO.
Keine Beendigung liegt in einem solchen Urteil nach §§ 302, 599 ZPO. Freilich kann eine Fälligkeit nach I 1 Hs 2 eintreten.
Widerklagerücknahme: Beendigung liegt in der Rücknahme einer Widerklage nach Anh § 253, § 269.
Zurückverweisung: Beendigung kann wegen § 21 in einer solchen Zurückverweisung zB nach § 538 II 1 Z 1 ZPO liegen, falls der Anwalt im anschließenden Verfahren nicht tätig bleibt, evtl auch ohne diese weitere Voraussetzung.
Zwischenurteil: Keine Beendigung liegt grds im Zwischenurteil nach § 303 ZPO. Vgl freilich I 1 Hs 2.
S aber auch „Zurückverweisung".
Zwischenverfügung: *Keine* Beendigung liegt grds in einer Verfügung zB des Grundbuchamts nach § 18 GBO.

I. Ruhen des Verfahrens für längere Zeit, I 2 Hs 3. Diese Voraussetzung liegt **18** vor, soweit das Gericht, auch das ersuchte, in der Angelegenheit längere Zeit hindurch nichts veranlaßt hat, und zwar mindestens länger als drei Monate, Schlesw SchlHA **80**, 223, oder gar jahrelang, BGH AnwBl **85**, 257, OVG Bre JB **91**, 929. Das gilt in jedem staatsgerichtlichen Verfahren unabhängig davon, ob es im Amts- oder Parteibetrieb abläuft.

Es kommt gebührenrechtlich also *nicht* auf den wesentlich engeren zivilprozessualen Begriff des Ruhens nach § 251 ZPO allein an, sondern auf die grundsätzlich aus irgendeinem Grund eintretende tatsächliche Untätigkeit des Gerichts, OVG Bre JB **91**, 929. Es genügt die Untätigkeit des beauftragten oder ersuchten Richters. Das gilt zB auch bei §§ 148 ff, 239 ZPO, §§ 138 c IV, 145, 205, 217 ff, 228, 246, 265 III, IV, 416 StPO. Vgl zu § 205 StPO aber Bbg JB **90**, 1281, Düss JB **80**, 392, Hamm AnwBl **85**, 155 (je: Gesamtbetrachtung). Bei einer Unterbrechung des Rechtsstreits oder seiner Aussetzung müssen nach der Unterbrechung oder Aussetzung mehr als 3 Monate vergangen sein. Nach einem Grundurteil kann im Weiterbetreiben nur des Rechtsmittels für das Grundverfahren ein Ruhen des Betragsverfahrens liegen. Die Untätigkeit ist nur wegen des von ihr etwa nur betroffenen Teils des Gesamtverfahrens ein Fälligkeitsgrund, zB nur bei der Klagerweiterung oder Widerklage oder beim Verbundverfahren, Düss FamRZ **90**, 1130.

Die nach dem Eintritt eines der vorstehenden Ereignisse eintretende *Fortführung* des Rechtsstreits beeinträchtigt nicht die bisherige Fälligkeit, Schlesw JB **80**, 68. Das gilt auch bei einer Fortführung nur der Rechtsmittelinstanz für den nur erstinstanzlichen Anwalt. Sie läßt vielmehr evtl eine Vergütung nochmals entstehen, Köln JB **72**, 345. Die Frist beginnt mit der Anordnung des Ruhens, der Unterbrechung, der Aussetzung oder der letzten Handlung der Partei.

Nicht genügend sind eine späte Terminierung, noch gar „wegen Überlastung", eine Aktenversendung, eine Untätigkeit nur des Sachverständigen trotz des Drängens des Gerichts oder die Eröffnung des Insolvenzverfahrens. Auch ein schiedsrichterliches Verfahren zählt nicht hierher, Köln JB **93**, 345.

J. Wiederaufnahme der Vertretung. Den in § 8 ausdrücklich genannten Vor- **19** aussetzungen der Fälligkeit steht eine Wiederaufnahme der Vertretung nach der vorangegangenen Niederlegung des Mandats gleich, Schlesw SchlHA **80**, 223.

K. Stundungsablauf. Soweit der Anwalt mit dem Auftraggeber eine Stundung **20** zulässigerweise vereinbart hat, wird die Vergütung mit dem Stundungsablauf erstmals oder erneut fällig. Eine einseitige Stundungserklärung reicht nicht. Soweit der Auftraggeber eine Prozeßkostenhilfe usw erhalten hat, steht der hier wegen § 4 V 1 ohnehin unzulässigen vereinbarten Stundung die gesetzliche des § 122 I Z 3 ZPO bis zur Aufhebung der Prozeßkostenhilfe nach § 124 ZPO gleich.

Kein Stundungsablauf liegt beim bestellten oder beigeordneten Anwalt des § 45 oder des § 53 vor. Denn § 52 hat keine Stundungswirkung.

5) Verjährung des Vergütungsanspruchs, II 1–4. Eine *Verwirkung* nach PalH **21** § 242 BGB Rn 87 ff darf und muß das Gericht von Amts wegen unabhängig von einer Verjährungseinrede prüfen. Sie tritt freilich kaum vor einer Verjährung ein. II gilt schon nach dem klaren Wortlaut von II 1 nur bei der Vergütung der Tätigkeit in

1377

einem gerichtlichen Verfahren beliebiger Art. Eine Verwirkung kommt bei einer kurzen Verjährungsfrist kaum in Betracht, Zweibr Rpfleger 06, 572.

A. Grundsatz: Maßgeblichkeit des BGB. Das RVG regelt die Verjährung der Vergütung nur teilweise. Sie richtet sich grundsätzlich nach §§ 194 ff BGB, (je zum alten Recht) BGH NJW 98, 3486, Düss FamRZ 08, 1009, Naumb JB 98, 81. Eine Ausnahme besteht nach II. Das alles gilt unabhängig von der Ausgestaltung des Vertrags zwischen dem Auftraggeber und dem frei gewählten Anwalt im einzelnen, zB bei einer Honorarvereinbarung, BGH 86, 101. Vgl freilich Rn 1. Für das Rechtsverhältnis zwischen dem amtlich bestellten oder beigeordneten Anwalt und der Staatskasse gelten nur teilweise abweichende Vorschriften, Düss FamRZ 08, 1009. Wegen der Verjährung des Gebührenanspruchs eines Patentanwalts BGH BB 82, 1204.

22 **B. Fristbeginn.** Die Verjährungsfrist beträgt grundsätzlich 3 Jahre, (jetzt) § 195 BGB, soweit die Vergütung (Gebühren und Auslagen) dem Anwalt und der Staatskasse zufließt, BGH 86, 101, Hbg JB 91, 234, Hamm JB 92, 94. Das gilt auch bei dem durch eine Prozeß- oder Verfahrenskostenhilfe beigeordneten Anwalt, Düss FamRZ 08, 1009, Ffm JB 88, 1010, Schlesw JB 90, 763. Es gilt ebenso beim beigeordneten Nebenklägervertreter, Brschw JB 00, 475.

Die *Frist beginnt* nach § 199 I Z 1, 2 BGB mit dem Ablauf desjenigen Kalenderjahres, in dem der Anspruch nach *dieser* Vorschrift entstanden ist und der Anwalt natürlich von den seinen Anspruch begründenden Umständen Kenntnis erlangt oder ohne eine grobe Fahrlässigkeit erlangen müßte. Der Vergütungsanspruch verjährt ferner nach § 199 III 1 Z 1, 2 BGB evtl nach 10 oder 30 Jahren. Maßgeblich ist nach § 199 III 2 BGB die früher endende Frist, BGH AnwBl 85, 257. Es gilt auch für die Pauschale nach §§ 42, 51, Brschw JB 01, 308, Hbg JB 91, 233.

23 **C. Beispiele zur Frage einer Verjährung, II 1–4**
Entstehung: Entstanden ist der Anspruch gerade nach dem hier allein maßgeblichen § 199 I Z 1 BGB anders als nach Rn 1 erst mit der bürgerlichrechtlichen Fälligkeit, PalH § 199 BGB Rn 3. Sie hängt an sich von der Klagbarkeit ab, PalH § 199 BGB Rn 3. Diese hängt von der Ordnungsmäßigkeit der Berechnung nach § 10 I 1 ab, Rn 23. Indessen macht § 10 I 2 die Verjährung gerade nicht von der Mitteilung der Berechnung abhängig. Daher hängt die Verjährungsfrist mit ihrem Beginn im Ergebnis doch nur von den Voraussetzungen Rn 5 ff ab. Nur auf diesem Umweg bleibt die bisherige Rspr verwertbar, (je zum alten Recht) BGH MDR **98**, 860, Brdb JB **00**, 475, Köln AnwBl **99**, 487. Das gilt auch bei Geschäftsführung des Anwalts ohne Auftrag, LG Wiesb AnwBl **79**, 390.
Erstattungsanspruch: Der rechtskräftige Kostenerstattungsanspruch des Auftraggebers gegenüber dem Prozeßgegner verjährt erst nach 30 Jahren, (jetzt) § 197 I Z 3 BGB, BGH FamRZ **06**, 855.

24 **Festsetzungsantrag:** Ein solcher nach § 11 VII hemmt nach § 204 I Z 1 BGB die Verjährung unabhängig von einer Mitteilung der Berechnung, BGH NJW **98**, 3486.
Gebührenklage: Sie hemmt nach § 204 I Z 1 BGB die Verjährung unabhängig von einer Mitteilung der Berechnung, BGH NJW **98**, 3486.
Mitteilung: Es ist unerheblich, ob der Anwalt die Berechnung seiner Vergütung dem Auftraggeber während der Verjährungsfrist mitgeteilt hat, BGH MDR **98**, 1313, Hamm JB **92**, 94.
S auch Rn 23 „Entstehung", Rn 24 „Festsetzungsantrag", „Gebührenklage".

25 **Pauschale:** Die Verjährung gilt auch für den Anspruch auf eine Pauschgebühr in einer Straf- oder Bußgeldsache nach § 51, Hbg JB **91**, 233.
Pflichtverteidiger: Auch bei ihm gilt grds (jetzt) die Dreijahresfrist, (je zum alten Recht) Celle JB **83**, 699, Hamm AnwBl **96**, 478, KG JB **99**, 26. Von diesem Grundsatz enthält (jetzt) § 52 V 1 eine Ausnahme, BGH **86**, 102. Man muß sie wie jede Ausnahme eng auslegen.
Stundung: Sie kann nach Treu und Glauben gemäß § 242 BGB als stillschweigend vereinbart gelten, BGH **86**, 103.
Vereinbarung: Die Parteien können eine vom Gesetz abweichende Fälligkeit vereinbaren, aM GSchm 75 (aber § 8 enthält nicht nur Schuldrecht, sondern eine gesetzliche Regelung der Stellung eines Organs der Rechtspflege).

Wertfestsetzung: Die Verjährung tritt auch dann ein, wenn eine Wertfestsetzung zunächst nicht oder überhaupt nicht erfolgt ist. Denn der Anwalt hätte sie selbst beantragen können, RS 18, aM (je zum alten Recht) BGH MDR **98**, 860, Kblz AnwBl **83**, 172, Oldb AnwBl **76**, 134.

D. Hemmung der Verjährung. Eine Hemmung der Verjährung für eine Tätigkeit **26** beliebiger Art gerade und nur im gerichtlichen Verfahrens beliebiger Art tritt nach II 1 *ferner* nach § 204 BGB durch die Anhängigkeit dieses Verfahrens einschließlich seiner Nebenverfahren wie einer Streitwert- und Kostenfestsetzung ein. Sie beginnt mit dem Eingang des verfahrenseinleitenden Antrags beim Gericht, BGH NJW **87**, 3265, BLAH § 261 ZPO Rn 1. Die Anhängigkeit kann im Eilverfahren mit der Rechtshängigkeit der §§ 253, 261 ZPO zusammenfallen. Sie ist aber der weitere Begriff.

Sie *kann erfolgen zB:* Im Mahnverfahren; durch die Klage, (zum alten Recht) BGH MDR **98**, 1313, durch die Geltendmachung eines Anspruch durch einen Güteantrag bei einer Gütestelle; durch die Anmeldung des Anspruchs im Insolvenzverfahren; durch die Geltendmachung der Aufrechnung des Anspruchs im Prozeß; durch eine Streitverkündung in demjenigen Prozeß, von dessen Ausgang der Anspruch abhängt; durch die Vornahme einer Vollstreckungshandlung usw. Auch ein Anerkenntnis hindert den Verjährungsablauf, auch in Form einer Ratenzahlung auf abgerechnete Forderungen, Köln OLGR **93**, 126, nicht aber schon in Form einer bloß vagen Ankündigung des Auftraggebers, LG Oldb AnwBl **01**, 248.

Ferner tritt die Hemmung durch einen Antrag auf eine Festsetzung der Vergütung nach § 11 VI ein, (zum alten Recht) Hamm JB **92**, 94. Eine Hemmung tritt ferner zwischen einer ursprünglich niedrigeren und einer später höheren Wertfestsetzung ein, BGH NJW **98**, 2670. Sie tritt schließlich dann ein, wenn der Anwalt seine Berechnung nach § 10 erst nach dem Ablauf der normalen Verjährungsfrist erteilt, BGH NJW **98**, 1313.

Hemmungswirkung ist diejenige der §§ 204, 209 BGB. Nach dem Hemmungsende läuft also die restliche Verjährungsfrist weiter.

E. Hemmungsende und -erneuerung. Beendet ist die Hemmung ab dem **27** Ende der Anhängigkeit nach II 1 und mit der nach § 705 ZPO mit dem Ablauf der Rechtsmittelfrist eintretenden formellen Rechtskraft, BGH NJW **95**, 1096, oder mit einer beliebigen Art einer anderweitigen Beendigung des Verfahrens nach II 2. Hierher zählen zB: Eine Antrags- oder Klagerücknahme; ein Vergleich; ein Ausscheiden des Bekl durch eine Klageänderung nach §§ 263, 264 ZPO, BGH FamRZ **87**, 928; ein Ruhen des Verfahrens; der Ablauf des dritten Monats nach dem Eintritt der Fälligkeit nach § 8, falls das Verfahren ruht, II 3.

Erneuter Hemmungsbeginn erfolgt, soweit eine der Parteien oder einer der Beteiligten oder das Gericht das Verfahren inhaltlich erkennbar weiterbetreibt, II 4. Das geschieht noch nicht durch eine bloße Sachstandsanfrage, wohl aber zB durch den Antrag auf eine Aufnahme oder auf eine Terminsbestimmung.

F. Neubeginn der Verjährung. Er tritt ein, wenn der Schuldner den Anspruch **28** des Anwalts anerkennt, § 212 BGB, etwa durch eine Ratenzahlung. Auch eine Vollstreckungsmaßnahme kann zum Neubeginn ausreichen.

Vorschuss

9 Der Rechtsanwalt kann von seinem Auftraggeber für die entstandenen und die voraussichtlich entstehenden Gebühren und Auslagen einen angemessenen Vorschuss fordern.

Gliederung

1) Systematik	1
2) Regelungszweck	2
3) Geltungsbereich	3–6
A. Wahlanwalt	3
B. Notanwalt	4
C. Sonstige Beiordnung oder Bestellung	5
D. Außerhalb Bestellung oder Beiordnung usw	6
4) Forderungszeitraum	7, 8

RVG § 9   X. Rechtsanwaltsvergütungsgesetz

5) **Schuldner**	9–12
A. Auftraggeber, Staatskasse	9
B. Dritter	10
C. Gesetzlicher Vertreter	11
D. Partei kraft Amts	12
6) **Angemessenheit der Höhe**	13–17
A. Treu und Glauben	14
B. Keine Raten	15
C. Gebührenvereinbarung	16
D. Berechnung	17
7) **Verstoß**	18–21
A. Scharfer Maßstab	19
B. Sicherheitsleistung	20
C. Verzugszinsen	21
8) **Zahlungsfolgen**	22–27
A. Tilgung	22, 23
B. Rückzahlungspflicht	24
C. Verzinsungspflicht	25
D. Grenzen der Rückzahlungspflicht	26
E. Verjährung	27

1 **1) Systematik.** Der Vertrag zwischen dem Anwalt und dem Auftraggeber ist grundsätzlich ein Geschäftsbesorgungsvertrag nach § 675 I BGB, Grdz 12 vor § 1.
Infolgedessen hat der Anwalt schon nach *§ 669 BGB* grundsätzlich einen Anspruch gegen den Auftraggeber auf einen Vorschuß für alle zur Ausführung des Auftrags entstandenen und erforderlichen Aufwendungen, also auf seine Auslagen nach VV 7000 ff, BGH VersR **91**, 122. § 9 enthält insofern wegen einer Vergütung gerade nach dem RVG und damit wegen § 34 auch als Mediator und wegen § 78 c II ZPO auch als Notanwalt nach Rn 4 nur eine Bestätigung und gewisse Ausweitung der Regelung des § 669 BGB. Für eine nicht nach dem RVG erfolgende Vergütung bleibt es ganz bei § 669 BGB. VV 1009 (Heberecht) hat den Vorrang. § 788 I 1 Hs 2 ZPO bleibt anwendbar.
Darüber hinaus gibt § 9 dem Anwalt aber als einem *Organ der Rechtspflege* nach § 1 BRAO als Sicherung und darüber hinaus nach Rn 22 einen Anspruch auf einen angemessenen Vorschuß auch wegen der zwar schon entstandenen, aber noch nicht fälligen Kosten, BGH NJW **85**, 2264. Dasselbe gilt wegen der voraussichtlich entstehenden Kosten, BGH AnwBl **89**, 228. Das Vorschußrecht gilt auch bei vereinbarten Gebühren und Auslagen. Der Anwalt kann schon die Übernahme des Auftrags von einem Vorschuß abhängig machen. Er ist nicht eine Bank des Auftraggebers. Das alles gilt jeweils einschließlich der Umsatzsteuer, Rn 17. Wegen einiger Ausnahmen Rn 5, 6. Der Anwalt ist zu einer Vorschußforderung zwar berechtigt („kann"), aber nicht verpflichtet, BGH NJW **05**, 1188 rechts oben. Er hat ein Ermessen zum Ob, BGH NJW **05**, 1188 rechts oben, auch als Verteidiger gegenüber der Staatskasse.
Insofern kann der Anwalt seine an sich aus § 8 und aus § 320 BGB folgende Vorleistungspflicht weitgehend in eine solche des Auftraggebers *abändern*. Es besteht keine Pflicht des Anwalts, ohne einen Vorschuß Auslagen zu machen. Er kann mangels eines Vorschußerhalts grundsätzlich sogar nach § 320 BGB zurückhalten, freilich nur in den Grenzen von §§ 242 BGB, 50 III 2 BRAO. Der Anwalt kann mangels eines Vorschußerhalts seine weitere Tätigkeit nach einer Ankündigung einstellen und auch nach § 628 I 1 BGB kündigen und seine bisherige Vergütung fordern.
Der Anwalt kann auf sein Vorschußrecht auch ganz oder teilweise oder zeitweise *verzichten*. Sein bloßes Schweigen oder eine bloße Untätigkeit in der Vorschußfrage ist kein Verzicht. Andererseits ist auch ein stillschweigender Verzicht möglich. Es kommt daher auf die Gesamtumstände an. Ein Verzicht kann nach § 321 BGB widerruflich sein. Vgl auch Rn 19.

2 **2) Regelungszweck.** Die Vorschrift dient der wirtschaftlichen Sicherung des Anwalts, BGH NJW **04**, 1047, als eines vom „normalen" Gläubiger zu unterscheidenden Organs der Rechtspflege nach § 1 BRAO mit dessen zahlreichen zusätzlichen Obliegenheiten und Pflichten teils schon vor einer Auftragsannahme, teils über die Beendigung der eigentlichen Aufgaben weit hinaus. Sie soll aber auch eine mehr als angemessene Vorleistung des Auftraggebers verhindern. Alles das muß man bei der Auslegung mitbeachten.

3) Geltungsbereich. Es gibt vier Tätigkeitsbereiche. 3

A. Wahlanwalt. Ein Vorschußrecht hat nicht nur der ProzBev, sondern jeder beauftragte Wahlanwalt, auch zB der nur außergerichtliche, zB der als Berater oder Gutachter beauftragte, der Wahlverteidiger, der Beratungs-, Termins-, Verkehrs- oder Beweisanwalt. Nur der Vormund, Betreuer oder Pfleger usw nach § 1 Rn 36 ff kann einen angemessenen Vorschuß dem Vermögen des Mündels entnehmen, KG AnwBl 84, 71. Ein unter § 1 II Fallender hat zwar kein Vorschußrecht nach § 9. Er kann aber ein Vorschußrecht zB nach §§ 669, 670, 1835 I, 1915 BGB haben.

B. Notanwalt. Der nach §§ 78 b, c ZPO beigeordnete sog Notanwalt kann einen 4 Vorschuß auch nach § 78 c II ZPO geltend machen.

ZPO 78 c. Auswahl des Rechtsanwalts. **II Der beigeordnete Rechtsanwalt kann die Übernahme der Vertretung davon abhängig machen, daß die Partei ihm einen Vorschuss zahlt, der nach dem Rechtsanwaltsvergütungsgesetz zu bemessen ist.**

Er kann verständigerweise auch *nach* der Übernahme der Vertretung einen Vorschuß fordern. Der Anwalt kann ihn für entstandene und für voraussichtliche Gebühren und Auslagen fordern.

C. Sonstige Beiordnung oder Bestellung. Der ohne eine Verfahrenskostenhilfe 5 nach § 76 FamFG in einer *Scheidungssache* beigeordnete Anwalt erhält einen Vorschuß nach § 39 S 1. Dasselbe gilt für einen in einer Lebenspartnerschaftssache beigeordneten Anwalt, § 39 S 2. Soweit das Gericht den Anwalt im Weg der Prozeßkostenhilfe bestellt oder beigeordnet hat, kann er einen Vorschuß nach § 47 I 1 fordern. Das gilt freilich wegen § 122 I Z 3 ZPO nur gegenüber der Staatskasse. Man muß aber auch § 47 I 2 mitbeachten (Vorschuß aus der Staatskasse nur beim Verzug des Zahlungspflichtigen). Dieselbe Regelung enthält die Vorschrift für den nach § 67 a VwGO bestellten Anwalt als allgemeinen Vertreter. § 47 entspricht nur eingeschränkt dem § 9. Der Anwalt hat auch dann ein Vorschußrecht, wenn er eine Prozeßkostenhilfe usw erst beantragen soll, Enders JB 03, 225. Das alles gilt entsprechend bei § 11 a ArbGG. Wegen § 51 dort Rn 37. Eine Verrechnung eines vor der Beiordnung oder Bestellung erfolgten Vorschusses geschieht nach § 58. Der besondere Vertreter nach § 41 S 1 erhält nach S 2 keinen Vorschuß.

D. Außeralb Bestellung oder Beiordnung usw. Soweit das Gericht den An- 6 walt wegen einer nur teilweisen Bewilligung einer Prozeßkostenhilfe usw außerhalb der Beiordnung beauftragt hat, kann er einen Vorschuß nach § 9 fordern. Bei einer Beratungshilfe kann der Anwalt keinen Vorschuß fordern, § 47 II. Der gerichtlich bestellte Verteidiger kann nach § 51 I 1 einen Vorschuß fordern. Dasselbe gilt für denjenigen Anwalt, den das Gericht dem Privatkläger, dem Nebenkläger oder dem Antragsteller in Anklageerzwingungsverfahren oder sonst im Strafverfahren oder in einem Auslieferungsverfahren beigeordnet hat, § 53 I in Verbindung mit § 51 I 1. Eine Bestellung zum gesetzlichen oder besonderen gesetzlichen Vertreter kann ein Vorschußrecht entsprechend § 1835 II BGB zur Folge haben.

4) Forderungszeitraum. Das Vorschußrecht entsteht mit dem Anwaltsvertrag, 7 BGH AnwBl 89, 228. Hinzutreten muß freilich schon nach dem klaren Gesetzeswortlaut eine Vorschuß-„Forderung" des Anwalts. Sie liegt keineswegs stets schon in der Annahme des Auftrags. Sie muß zwar nicht in der Form des § 10 erfolgen. Jedoch ist eine nachprüfbare Aufgliederung ratsam, um eine Klärung der Angemessenheit nach Rn 13 zu ermöglichen. Sie kann darin liegen, daß der Anwalt eine Berechnung nach § 10 vor der Fälligkeit nach § 8 übersendet. Andererseits braucht der Anwalt für die Geltendmachung des bloßen Vorschusses nicht die Form des § 10 einzuhalten, solange noch keine Fälligkeit nach § 8 vorliegt.

Freilich kann der Anwalt die Auftragsannahme *in den Grenzen des Vorschußrechts* 8 nach § 150 II BGB von der Vorschußzahlung abhängig machen. Er sollte das dann auch unverzüglich eindeutig klarstellen, auch als ein beigeordneter oder bestellter Anwalt bei § 47. Allerdings kann der Anwalt unaufschiebbare Tätigkeiten schon vorher vornehmen müssen, etwa in Rechtsmittel rechtzeitig vor dem Fristablauf einlegen müssen. Der Auftraggeber kann mit der Zahlung bis zur genauen Bezifferung der Forderung auf einen Vorschuß warten. Das Vorschußrecht besteht, solange der Anwalt die gesetzliche oder vertragliche Vergütung (Gebühren und Auslagen) noch nicht nach (jetzt) § 10 fordern kann, BGH NJW **06**, 2703 (Fälligkeit), Schmidt AnwBl **82**, 72, aM KG AnwBl **82**, 72 (aber für einen Vorschuß besteht ab einer Klagbarkeit der endgültigen Forderung kein Rechtsschutzbedürfnis). Andererseits kann es sogar strafrechtlich und im übrigen berufsrechtlich bedenklich sein, mit einer Vorschußforderung bis zum Eintritt wirtschaftlicher Schwierigkeiten des Auftraggebers zu warten, BGH NJW **89**, 1167.

9   **5) Schuldner.** Es gibt vier Personengruppen.
    A. Auftraggeber, Staatskasse. Schuldner des Vorschusses ist der Auftraggeber sowie die Staatskasse, soweit das Gesetz die letztere bei Rn 1–6 als Schuldnerin benennt, ferner derjenige, der dem Anwalt kraft Gesetzes mithaftet.

10 **B. Dritter.** Ein Dritter ist nur insoweit vorschußpflichtig, als er selbst unmittelbar dem Anwalt gegenüber die Haftung übernommen hat. Im übrigen ist ein Dritter keineswegs vorschußpflichtig. Das gilt selbst dann, wenn er seinerseits dem Auftraggeber des Anwalts gegenüber auf Grund eines Vertrags oder einer gesetzlichen Vorschrift vorschußpflichtig ist, wie der Ehegatte gegenüber dem anderen nach § 1360a IV BGB oder wie die Rechtsschutzversicherung des Auftraggebers diesem gegenüber nach §§ 1 II, 4 III Z 3a ARB, AG Köln AnwBl **03**, 60, Bergmann VersR **81**, 520. Sie zahlt dem Anwalt nur nach § 267 I 1 BGB und kann vom Anwalt nichts aus eigenem Recht zurückfordern, Bergmann VersR **81**, 520. Der Auftraggeber kann gegen sie einen Freistellungsanspruch haben, AG Köln AnwBl **03**, 60.
    Der Anwalt darf aber einen Vorschuß *im Namen des Auftraggebers* gegenüber demjenigen Dritten fordern, der dem Auftraggeber gegenüber leisten muß. Der Anwalt darf insoweit die Forderung auch gerichtlich geltend machen.

11 **C. Gesetzliche Vertreter.** Auch der gesetzliche Vertreter ist mangels einer eigenen Haftungsübernahme nicht persönlich vorschußpflichtig, zB nicht der Betreuer. Das gilt natürlich nur, soweit er den Anwaltsvertrag nur im Namen des Betreuten und nicht zumindest auch im eigenen Namen abgeschlossen hat. Ein Minderjähriger haftet als Auftraggeber (im Strafverfahren eher möglich) wegen §§ 104 ff BGB (Ausnahme: § 110 BGB) erst nach einer Genehmigung des Anwaltsvertrags durch den gesetzlichen Vertreter.

12 **D. Partei kraft Amts.** Eine Partei kraft Amts ist kein gesetzlicher Vertreter. Sie ist selbst Partei. Sie haftet daher auch persönlich für einen Vorschuß, soweit sie den Anwaltsvertrag abgeschlossen hat oder soweit das Gericht ihr den Anwalt beigeordnet hat.
    Das gilt zB: Für den Testamentsvollstrecker; den Insolvenzverwalter; den vorläufigen Insolvenzverwalter; den Sequester nach § 938 ZPO; den Zwangsverwalter; den Pfleger des Sammelvermögens; den Nachlaßpfleger.

13 **6) Angemessenheit der Höhe.** Der Vorschuß soll den Anwalt wegen aller Arten von entstandenen oder voraussichtlich entstehenden Gebühren und Auslagen sichern, Rn 1, also wegen seiner Gesamtvergütung, AG Dieburg RR **04**, 932. Aus dem Wesen eines Vorschusses folgt, daß er jedenfalls den voraussichtlich entstehenden Gesamtbetrag der endgültigen Vergütung des Anwalts in dieser Instanz nicht übersteigen soll, BGH NJW **04**, 1047. Dabei muß der Anwalt das voraussichtliche prozessuale Verhalten des Gegners seines Auftraggebers mitwägen. Andererseits braucht der Vorschuß grundsätzlich keinesfalls hinter der voraussichtlich endgültig entstehenden Gesamtvergütung zurückzubleiben. Er darf dem Sicherungszweck dienen, Rn 2. Er kann zB eine volle Gebühr betragen, AG Düss AnwBl **03**, 58 rechts. Der Anwalt ist kein kostenloser Kreditgeber, Rn 1. Er hat ein Ermessen zur Vorschußhöhe.

14 **A. Treu und Glauben.** Indessen können Treu und Glauben nach § 242 BGB in Verbindung mit den Berufsrichtlinien zu § 177 BRAO unter einer Beachtung der Umstände dazu führen, bereits einen unter der voraussichtlichen endgültigen Vergütung liegenden Betrag als angemessenen Vorschuß ausreichen zu lassen. Es kommt auf die Art und den Umfang der anwaltlichen Tätigkeit ebenso an wie auf die Einkommens- und Vermögensverhältnisse des Auftraggebers, ferner auf die voraussichtliche Dauer des Verfahrens und auf alle auch bei § 14 beachtlichen Gesichtspunkte. Der Anwalt braucht in keinem Fall ohne jeden Vorschuß tätig zu werden. Er mag notfalls ohne eine Bindung an § 315 BGB einen weiteren Vorschuß nachfordern, Rn 16.

Abschnitt 1. Allgemeine Vorschriften § 9 RVG

B. Keine Raten. Der Anwalt braucht sich auch nicht mit Raten zufrieden zu geben. Denn der Auftraggeber kann und muß bei mangelnder Zahlungsfähigkeit eine Prozeßkostenhilfe usw beantragen. Im allgemeinen kann ein Betrag in Höhe der voraussichtlichen Verfahrens- und Terminsgebühr als Vorschuß ausreichen. Soweit nur geringere Gebühren als erstinstanzlich zB nach VV 3100, 3104 bevorstehen, mag ein entsprechend geringerer Vorschuß ausreichen. 15

C. Gebührenvereinbarung. Auch eine Gebührenvereinbarung löst in angemessener Höhe eine Vorschußpflicht aus, und zwar grundsätzlich in voller Höhe. Soweit der Anwalt den ihm gezahlten Vorschuß ordnungsgemäß verbraucht hat, kann er vom Auftraggeber in Höhe der für die weitere Tätigkeit voraussichtlich noch anfallenden weiteren Vergütung wiederum einen angemessenen Vorschuß fordern, Rn 14, BGH NJW **04**, 1047, etwa bei einer Klagerhöhung oder wegen einer Widerklage, freilich nicht zur Unzeit. 16

D. Berechnung. Bei der Berechnung des Vorschusses muß man die in § 10 genannten Regeln mit berücksichtigen. Die Vorschrift gilt aber für den Vorschuß nicht direkt. Daher ist auch eine mündliche oder telefonische Forderung wirksam, wenn auch kaum ratsam. Der Vorschuß kann in Bargeld oder in einer anderen Leistung bestehen, BGH AnwBl **89**, 228. Der Anwalt kann sich auch einen Anspruch des Auftraggebers gegen einen Dritten als einen Vorschuß abtreten lassen. Wegen der Umsatzsteuer vgl bei VV 7008. 17

7) Verstoß. Soweit der Auftraggeber einen ordnungsgemäß angeforderten Vorschuß nicht pünktlich und vollständig zahlt, kann der Anwalt auf Zahlung klagen. Er kann auch die weitere Tätigkeit im Weg eines Zurückbehaltungsrechts nach § 320 BGB ablehnen, bis der Vorschuß eingegangen ist, und für seine bisherige Tätigkeit die Vergütung fordern, § 628 I 2 BGB in Verbindung mit §§ 8, 15 IV RVG. Auch kommt ein Schadensersatzanspruch des Anwalts nach § 628 II BGB in Betracht. Es liegt dann auch ein wichtiger Grund für eine fristlose Kündigung nach § 671 II 1 BGB vor, BGH VersR **89**, 861. § 671 III BGB ist nicht mehr anwendbar, § 675 I BGB. Der Anwalt haftet dann auch dem Auftraggeber nicht auf einen Schadensersatz, § 671 II 2 BGB. Er braucht deshalb auch keine unaufschiebbaren Geschäfte mehr vorzunehmen, § 671 II 1 BGB. 18

A. Scharfer Maßstab. Man muß allerdings gemäß § 242 BGB nach Treu und Glauben und unter Berücksichtigung der BORA einen scharfen Maßstab an ein so weitgehendes Zurückbehaltungs-, Untätigkeits- oder sogar Kündigungsrecht des Anwalts anlegen. Das gilt insbesondere dann, wenn ein Fristablauf bevorsteht. Deshalb darf jedenfalls eine fristlose Kündigung nicht zur Unzeit erfolgen. Der Anwalt muß zumeist auch schon die bloße Untätigkeit dem Auftraggeber ankündigen. 19

Im *bloßen Unterlassen* der Vorschußanforderung liegt grundsätzlich *kein* Verzicht, Rn 1. Selbst nach einem zumindest stillschweigenden Vorschußverzicht begründet eine nachträglich eintretende erhebliche Verschlechterung der Vermögensverhältnisse des Auftraggebers ein evtl sogar erneutes Vorschußrecht. Vgl auch Rn 1.

B. Sicherheitsleistung. Der Anwalt kann auch anstelle eines Vorschusses eine Sicherheitsleistung fordern, BGH AnwBl **89**, 228. Er muß aber etwa entgegenstehende Berufsregeln beachten. Besser ist es dann, dem Auftraggeber den Rat zu geben, eine Prozeßkostenhilfe usw zu beantragen. 20

C. Verzugszinsen. Der Anwalt darf auf bereits entstandene Gebühren und nicht auf Auslagen bei einem Vorschußverzug nicht dem Ablauf von 30 Tagen seit dem Zugang der Vorschußforderung nach §§ 286 III 1 Hs 1, 288 BGB Verzugszinsen fordern. Er muß einen Verbraucher nach §§ 13, 286 III 1 Hs 2 BGB entsprechend belehren. Der Zinssatz richtet sich nach § 286 I, II BGB. Der Anwalt darf den Vorschuß grundsätzlich nach dem bürgerlichen Recht und auch nach dem RVG einklagen, sei es im eigenen Namen, sei es für den Fall Rn 9–12, daß er einen Anspruch des Auftraggebers gegenüber einem Dritten im Namen des ersteren einklagt, damit der Auftraggeber dem Anwalt einen Vorschuß zahlen kann. Man muß dann stets das Berufsrecht berücksichtigen. Es kann theoretisch berufswidrig sein, den Vorschuß geltend zu machen. Berufsregeln dazu können freilich praktisch unbeachtlich sein. Denn sie berühren kaum die Funktionsfähigkeit der Anwaltschaft. Soweit die Tätig- 21

1383

keit des Anwalts nicht von einem Vorschuß abhängig sein darf, kann er einen Vorschuß natürlich erst recht nicht einklagen. Das Gegenteil wäre widersinnig.

22 **8) Zahlungsfolgen.** Man muß zwei Fallgruppen unterscheiden.
A. Tilgung. Manche sehen beim Vorschuß nur den Sicherungszweck, Rn 2. Das hätte zur Folge, daß eine Verrechnung jedenfalls insofern zunächst unterbleiben könnte, als noch Gebühren und Auslagen entstehen können. §§ 9, 47 lassen aber erkennen, daß der Vorschuß nicht nur ein Sicherungsmittel sein soll, sondern eine Vorauszahlung auf bereits entstandene und noch voraussichtlich entstehende Gebühren und Auslagen, Rn 1.
Der Vorschuß geht daher bei richtiger Betrachtung in das Vermögen des Anwalts über, auch *steuerrechtlich*. Er bewirkt im Zeitpunkt der Zahlung eine Tilgung der bereits geschuldeten Vergütung nach § 362 BGB, LG Kref JB **76**, 65. Soweit er über diese geschuldete Vergütung hinausgeht, bewirkt er die Tilgung derjenigen weiteren Gebühren und Auslagen, die erst nach dem Zahlungszeitpunkt entstehen, Brschw JB **76**, 1109. Wer zahlt, kann eine Quittung fordern. Sie muß die Umsatzsteuer wie sonst gesondert angeben.
Eine *Verrechnung* kommt nur innerhalb desselben Auftrags oder derselben Angelegenheit infrage.

23 Soweit das Gericht den Anwalt im Weg der *Prozeß- oder Verfahrenskostenhilfe* beigeordnet hat, muß der Anwalt einen vom Auftraggeber oder von einem Dritten bezahlten Vorschuß nach § 58 II allerdings zunächst auf diejenigen Vergütungen anrechnen, für die ein Anspruch gegen die Bundes- oder Landeskasse nicht besteht. Wegen des Pflichtverteidigers und des beigeordneten Anwalts §§ 53, 58.

24 **B. Rückzahlungspflicht.** Der Anwalt muß einen über die im Zahlungszeitpunkt entstandenen und voraussichtlich entstehenden Gebühren und Auslagen erheblich hinausgehenden Vorschuß nach §§ 242, 812 ff BGB grundsätzlich zurückzahlen. Auch der Auftraggeber ist ihm gegenüber ja kein kostenloser Kreditgeber. Das gilt auch dann, wenn der Anwalt noch eine weitere Angelegenheit später abrechnen muß, LG Gießen VersR **95**, 217. Der Anwalt kann sich gegenüber dem Rückforderungsanspruch nicht auf § 818 II BGB berufen, auch nicht auf § 4 I 3, Hamm AGS **96**, 122. Man muß aber auch in diesem Zusammenhang alle Umstände berücksichtigen. Man muß die sich oft rasch ändernde und damit für den Auftraggeber verteuernde Verfahrenslage in einer für den Anwalt nicht zu engherzigen Weise vorausbedenken. Auch wäre es nicht sinnvoll, den Anwalt zur Zurückzahlung eines solchen Vorschuß-Teilbetrags zu zwingen, den er wenige Tage später auf Grund einer weitergehenden auftragsgemäßen Tätigkeit nun doch fordern könnte. Eine Aufrechnung bleibt in den Grenzen Rn 22 möglich, Düss OLGR **98**, 435.

25 **C. Verzinsungspflicht.** Eine Verzinsungspflicht eines zuviel erhaltenen Vorschußbetrags kann sich nach denselben Regeln wie Rn 21 ergeben. Das gilt zB dann, wenn der Anwalt die voraussichtliche Vergütung schuldlos oder gar schuldhaft zu hoch veranschlagt hatte. Im letzteren Fall kann sich die Verzinsungspflicht sogar in Höhe eines über den gesetzlichen Zinsfuß hinausgehenden Betrags aus dem Gesichtspunkt einer vertraglichen Schadensersatzpflicht infolge einer Schlechterfüllung ergeben. Denn der Anwalt muß beim Erhalt des Vorschusses nochmals wenigstens in Umrissen prüfen, ob die gezahlte Summe nach der jetzigen Entwicklung seiner Tätigkeit zu hoch war.
Dann müßte er den Vorschuß unverzüglich teilweise *zurückzahlen* oder mit dem Auftraggeber vereinbaren, daß er ihn zinslos behalten darf, um der Verzinsungspflicht zu entgehen. Er sollte den Überschußbetrag im Zweifel auf ein verzinsliches Anderkonto einzahlen.

26 **D. Grenzen der Rückzahlungspflicht.** Soweit allerdings der Rpfl die Bewilligung einer Prozeß- oder Verfahrenskostenhilfe nach § 124 ZPO, § 76 FamFG aufhebt, muß der beigeordnete Anwalt den Vorschuß nicht zurückzahlen.

27 **E. Verjährung.** Der Rückforderungsanspruch zuviel gezahlten Vorschusses verjährt nach §§ 195, 199 BGB in 3 Jahren seit dem Schluß desjenigen Jahres, in dem sich der Auftrag erledigt hat. Denn dann ist der Rückforderungsanspruch entstanden, § 199 I Z 1 BGB. Die Fälligkeit reicht also nicht stets, aM Düss OLGR **92**, 75. Wegen der weiteren Voraussetzungen insoweit § 199 I Z 2, III 2 BGB.

§ 10 RVG

Berechnung

10   I ¹Der Rechtsanwalt kann die Vergütung nur aufgrund einer von ihm unterzeichneten und dem Auftraggeber mitgeteilten Berechnung einfordern. ²Der Lauf der Verjährungsfrist ist von der Mitteilung der Berechnung nicht abhängig.

II ¹In der Berechnung sind die Beträge der einzelnen Gebühren und Auslagen, Vorschüsse, eine kurze Bezeichnung des jeweiligen Gebührentatbestands, die Bezeichnung der Auslagen sowie die angewandten Nummern des Vergütungsverzeichnisses und bei Gebühren, die nach dem Gegenstandswert berechnet sind, auch dieser anzugeben. ²Bei Entgelten für Post- und Telekommunikationsdienstleistungen genügt die Angabe des Gesamtbetrags.

III Hat der Auftraggeber die Vergütung gezahlt, ohne die Berechnung erhalten zu haben, kann er die Mitteilung der Berechnung noch fordern, solange der Rechtsanwalt zur Aufbewahrung der Handakten verpflichtet ist.

Gliederung

1) Systematik, I–III	1
2) Regelungszweck, I–III	2
3) Begriff der Einforderung, I, II	3, 4
4) Notwendigkeit einer schriftlichen Berechnung, I–III	5–20
A. Grundsatz: Angabe der RVG-Vorschriften	7, 8
B. Ausnahme: Verzicht des Auftraggebers	9
C. Angabe des Gegenstandswerts	10, 11
D. Angabe der Beträge der Gebühren und eigenen Auslagen	12, 13
E. Angabe der verauslagten Gerichtskosten	14
F. Angaben zum Vorschuß	15
G. Unterschrift	16
H. Weitere Angaben	17
I. Mitteilung	18
J. Aufbewahrung	19
K. Nachforderung	20
5) Verstoß, I–III	21–26
A. Keine Klagbarkeit	21
B. Heilbarkeit	22
C. Irrtum usw	23
D. Berufsrecht	24
E. Zahlung	25
F. Recht des Auftraggebers	26

1) Systematik, I–III. Man muß unterscheiden zwischen dem Entstehen (dem **1** Erwachsen) der gerade nach § 1 I anwaltlichen und gerade nach dem RVG zu handhabenden Vergütung einschließlich einer Mediation nach § 34 mit dem Beginn der jeweiligen Tätigkeit auf Grund des Anwaltsvertrags, ihrer Fälligkeit nach § 8 (vorher nur Vorschuß nach § 9) und ihrer mit dem Zusammentreffen beider bisherigen Voraussetzungen möglichen außergerichtlichen oder gerichtlichen Einforderbarkeit, Düss AnwBl **88**, 252, LG Köln JB **97**, 203. § 10 regelt die Möglichkeit dieser Geltendmachung. Die Vorschrift stellt eine Voraussetzung der Klagbarkeit auf, Ffm AnwBl **75**, 163, KG AnwBl **82**, 72, LG Bln MDR **92**, 524. Die Vorschrift enthält also keine Voraussetzung des sachlichrechtlichen Anspruchs, sondern eine Prozeßvoraussetzung, Rn 18, 21. Zum Umfang mit dem Auftraggeber Heussen AnwBl **09**, 157 (rät auch vom Honorarprozeß ab).

Sie ist auf ein nach § 3a *vereinbartes* Honorar nur insoweit anwendbar, als die Partner kein Festhonorar vereinbart haben oder als der Anwalt einen Vorschuß oder Auslagen abrechnen muß, RS 12, strenger GSchm § 3a Rn 38, HRS 37 (aber zumindest II paßt nur sehr bedingt zur Honorarvereinbarung). Im übrigen ist § 10 auf den Vorschuß nach § 9 nicht anwendbar. Denn § 10 spricht von der eigentlichen „Vergütung". Freilich ist eine nachprüfbare Aufgliederung auch beim Vorschuß ratsam, § 9 Rn 7, 8. Hat der Anwalt freilich einen Vorschuß erhalten, gilt Rn 15. Gegenüber der Staatskasse haben §§ 55 ff als Sondervorschriften den Vorrang.

Die *Verjährung* ist von der Berechnung nach § 10 unabhängig. Das stellt I 2 klar. Das bedeutet freilich nur: Die Verjährungsfrist kann zwar erst ab Fälligkeit beginnen, dann aber schon vor der Mitteilung der Kostenberechnung, LG Bln MDR **92**, 524. Dasselbe gilt von einer Hemmung der Verjährung, LG Zweibr RR **96**, 824. Dann hat eine verspätete Mitteilung auch keine Rückwirkung, Köln AnwBl **94**, 471. Zur Verjährung § 8 Rn 21 ff.

Es besteht also eine *Obliegenheit* des Anwalts zur unverzüglichen Erstellung seiner Berechnung: Erfüllt er sie nicht, können für ihn erhebliche Nachteile eintreten. Deshalb handelt er völlig korrekt, wenn er seine Berechnung alsbald nach dem Eintritt ihrer Voraussetzungen absendet.

Unanwendbar ist § 10 im Kostenfestsetzungsverfahren nach §§ 103 ff ZPO (dort nur Geltendmachung des Erstattungsanspruchs im Außenverhältnis) und bei einem sachlichrechtlichen Ersatzanspruch, Brdb AnwBl **01**, 306.

2 **2) Regelungszweck, I–III.** Er besteht wie bei § 154 KostO, Teil III dieses Buchs, vor allem in einer Nachprüfbarkeit der Berechnung, BGH NJW **02**, 2775. Das gilt für den Auftraggeber und für alle diejenigen, die die Berechnung ebenfalls überprüfen wollen oder müssen, zB die Rechtsschutzversicherung, einen Gegner des Auftraggebers, das Gericht beim Streit über die Vergütung usw. Der Anwalt als Organ der Rechtspflege nach § 1 BRAO soll sich aus allen diesen Gründen auch von vornherein wegen seiner Vergütungsforderungen eine Selbstkontrolle auferlegen, zumal die Berechnung in der Praxis wohl meist beim Personal erfolgt. Das alles muß man bei der Auslegung mitbeachten.

3 **3) Begriff der Einforderung, I, II.** Die Einforderung liegt in jeder Geltendmachung des Anspruchs. Diese liegt zB in einer Zahlungsaufforderung durch die Übersendung einer Rechnung nach der Fälligkeit oder ohne eine solche oder in einem Festsetzungsgesuch nach § 11, soweit es auch eine dem § 10 entsprechende Berechnung enthält, Düss AnwBl **88**, 253. Eine Rechnung vor der Fälligkeit läßt sich wegen § 9 meist als die Bitte um einen Vorschuß umdeuten. Sie liegt auch in einer Mahnung, ferner aber auch in einer außergerichtlichen oder prozessualen Aufrechnung, Ffm AnwBl **75**, 163, oder in der Geltendmachung eines Zurückbehaltungsrechts gegenüber einem Zahlungsanspruch des Auftraggebers. Sie liegt natürlich auch in der Klage oder Widerklage oder im Antrag auf einen Mahnbescheid, BGH AnwBl **85**, 257. Der bloße Antrag auf eine Wertfestsetzung stellt allerdings noch keine Einforderung nach I 1 dar.

4 Wenn ein *bestellter Verteidiger* seine Vergütung von der Staatskasse fordert, liegt keine Einforderung vor. Denn er ist insofern überhaupt kein beauftragter Anwalt, Grdz 20, 21 vor § 1.

5 **4) Notwendigkeit einer schriftlichen Berechnung, I–III.** Der Anwalt muß eine Berechnung der Gebühren und Auslagen aufstellen. Ohne sie entsteht keine Zahlungspflicht des Auftraggebers und kein Schuldnerverzug, Rn 21. Das gilt unabhängig davon, ob er einen Vorschuß verlangt oder erhalten hat und ob der Auftraggeber weiß, daß der Gegner Anwaltskosten bezahlen wird, Köln AnwBl **94**, 471. Der Auftraggeber kann ab der Fälligkeit der Vergütung jederzeit ihre Berechnung fordern und einklagen, etwa um seine etwaige restliche Zahlungspflicht baldmöglichst klären zu können. Für jeden Auftrag muß der Anwalt eine einheitliche Berechnung für den Auftraggeber unter einer Angabe der Angelegenheit anfertigen. Bei mehreren Auftraggebern muß man der Berechnung entnehmen können, wer in welcher Höhe haften soll.

Der *ehemalige* Anwalt hat dieselbe Pflicht, soweit der bestellte Abwickler nicht tätig geworden ist, BGH BB **04**, 1415. Wenn der Anwalt verstorben ist, muß der Praxisabwickler die Berechnung aufstellen. Ein Festsetzungsgesuch kann ausreichen, Drsd JB **98**, 599. Auch bei einer Honorarvereinbarung erwartet der Auftraggeber schon aus Steuergründen durchweg eine nachprüfbare Berechnung.

6 Die Berechnung muß schon wegen der Notwendigkeit der Unterschrift nach I 1 *schriftlich* erfolgen, Rn 7 ff. Ausreichend ist das erklärte Ziel, die Vergütung „einmal vorzurechnen", BGH NJW **02**, 2775. Sie braucht nicht auf einem Extrablatt zu erfolgen. Ein solches ist aber ratsam, Schneider AnwBl **04**, 510. Sie muß mindestens die folgenden Angaben enthalten.

7 **A. Grundsatz: Angabe der RVG-Vorschriften.** Die Berechnung muß die angewandten RVG-Vorschriften (Gebühren und Auslagen) einzeln zuordnen und für den

Abschnitt 1. Allgemeine Vorschriften § **10 RVG**

Auftraggeber überprüfbar darstellen. Der Anwalt muß also die Paragraphen nennen. Denn ungeachtet des früheren Worts „Kostenvorschriften" meint „Gebührentatbestand" vernünftigerweise neben dem nur zusätzlich ausdrücklich genannten „Vergütungsverzeichnis" zwecks einer Verständlichkeit für den Auftraggeber nach Rn 2 auch die zugehörigen Paragraphen, die ja oft erst eine wirkliche Nachprüfung ermöglichen. Bei umfangreicheren Vorschriften kann es notwendig sein, auch den Absatz, den Satz, die Ziffer usw der Vorschrift mit anzugeben. Er muß auch die Nummern des meist ja zugehörigen Vergütungsverzeichnisses (VV) sowie evtl die amtlichen Vorbemerkungen oder amtlichen Anmerkungen in ihrer jeweiligen genauen hier angewandten Unterteilung als Bestandteile der Vorschriften angeben. Denn man kann evtl nur durch alle diese Einzelheiten den Zweck erreichen, dem Empfänger den Nachvollzug zu ermöglichen, Rn 2, § 154 KostO Rn 8, 9, Teil III dieses Buchs. Es ist ratsam, die Angelegenheit kurz zu umreißen. Auch eine nur neben anderen Gesetzen mitanwendbare RVG-Vorschrift gehört in die Berechnung, zB „§ 34 RVG" neben dem BGB beim Mediator ohne eine Hononarvereinbarung.

Der Anwalt muß auch den jeweiligen *Gebührentatbestand* kurz bezeichnen, zB **8** „Verfahrensgebühr". Soweit der Anwalt eine nach seiner Meinung anwendbare, in Wahrheit aber unanwendbare Kostenvorschrift aufführt, beeinträchtigt dieser Mangel nicht die formelle Gültigkeit der Berechnung. Er löst aber natürlich keine diesbezügliche Zahlungspflicht des Auftraggebers aus.

Wenn der Anwalt freilich nur irgendwelche Vorschriften *ins Blaue* aufgeführt hat, fehlt eine „Angabe" nach II 1 und damit schon die formelle Gültigkeit der Einforderung. Dasselbe gilt erst recht dann, wenn es in der Rechnung nur heißt „Berechnet nach dem RVG" usw, aM GSchm 8 (aber damit könnte der Anwalt den klaren Regelungszweck der Nachprüfbarkeit der zugrunde gelegten Vorschriften Rn 2 glatt und allzu bequem umgehen. Es kommt oft genug auf eine Genauigkeit an, etwa bei der Abgrenzung von § 34, VV 2300, 2302 usw). Deshalb kann es sogar notwendig sein, die einschlägige amtliche Vorbemerkung oder amtliche Anmerkung des VV mitzunennen, Rn 7. Auch kann es ähnlich wie in einer Arztrechnung notwendig sein, die Überschreitung etwa einer Mittelgebühr stichwortartig zu rechtfertigen.

B. Ausnahme: Verzicht des Auftraggebers. Der Auftraggeber kann allerdings **9** auf die Einhaltung dieser Erfordernisse ganz oder teilweise verzichten. Der Verzicht kann stillschweigend erfolgen. Das könnte zB in einem langandauernden Vertrauensverhältnis oder beim kleinen Endbetrag gegen einen begüterten Auftraggeber oder bei einer sofortigen Barzahlung in einem einfachen Fall so sein. Es ist also eine Fallfrage, etwa dann, wenn der ProzBev des Auftraggebers im folgenden Gebührenstreit seines früheren Anwalts insoweit keine Rüge erhebt, insbesondere dann nicht, wenn er gleichzeitig andere Rügen geltend macht, wenn er etwa die sonstige Arbeit des früheren Anwalts als einen Vertragsverstoß tadelt. In der auch ohne einen Erhalt der Berechnung natürlich möglichen Erfüllung liegt nicht stets ein stillschweigender Verzicht, selbst wenn der Auftraggeber die Zahlung nicht ausdrücklich unter einem Vorbehalt leistet. Es gilt vielmehr III. Der Anwalt muß den Verzicht beweisen.

C. Angabe des Gegenstandswerts. Soweit es sich um eine solche Gebühr handelt, **10** die sich nach § 2 I nach einem Gegenstandswert berechnet, muß der Anwalt auch den Gegenstandswert in der Berechnung angeben. Er muß ihn so darstellen, daß der Empfänger die Berechnung nachvollziehen kann, Brdb AnwBl **01**, 306. Zu diesem Zweck kann es erforderlich sein, den Gegenstandswert aufzuschlüsseln, § 154 KostO Rn 7, Teil III dieses Buchs. Zwar braucht der Anwalt insofern keinen Roman zu schreiben. Die Berechnung muß aber jedenfalls die tragenden Überlegungen zum Gegenstandswert stichwortartig erkennen lassen.

Die Anführung derjenigen *Gesetzesvorschriften,* die der Anwalt dem Gegenstands- **11** wert zugrunde legt, ist nicht unbedingt stets erforderlich, wohl aber dann, wenn der Auftraggeber die Ermittlung anders nur schwer nachvollziehen könnte. Ein gewissenhafter Anwalt sollte die maßgeblichen Vorschriften wie bei Rn 7 stets angeben, und zwar bei umfangreicheren Vorschriften ihren Absatz, Satz, ihre Ziffer usw. Natürlich macht die Angabe einer nach der Ansicht des Auftraggebers oder des Gerichts unrichtigen Vorschrift usw die Berechnung nicht etwa schon deshalb unwirksam oder unfällig.

12 **D. Angabe der Beträge der Gebühren und eigenen Auslagen.** Der Anwalt muß in der Berechnung die Beträge der einzelnen Gebühren und eigenen Auslagen in EUR angeben. Selbstverständlich muß er die Beträge aufschlüsseln, soweit das erforderlich ist, um dem Empfänger die Nachprüfung zu ermöglichen. Das gilt zB bei einer Rahmengebühr nach (jetzt) § 14 in Verbindung mit § 315 II BGB, Köln JB **02**, 581, insbesondere bei einer Überschreitung eines Mittel- oder Sollwerts. Er darf nicht etwa nur eine Gesamtforderung beziffern. Er muß auch die in Anrechnung gestellte Umsatzsteuer nachvollziehbar angeben. Dazu gehört der angesetzte Prozentsatz auch dann, wenn der Anwalt nicht ausnahmsweise nur eine ermäßigte Umsatzsteuer absetzt.

Soweit ein *Dritter* der Rechnungsempfänger sein soll, mag der Auftraggeber der Schuldner der ihm dann etwa gesondert zu berechnenden Umsatzsteuer sein sollen oder müssen. Das muß der Anwalt mit dem Auftraggeber zB zur Klärung von dessen Vorsteuer-Abzugsberechtigung erörtern.

13 Bei *Post- und Telekommunikationsdienstleistungen* genügt allerdings nach II 2 die Angabe des Gesamtbetrags. Der Anwalt hat nach VV 7002 die Wahl, ob er die tatsächlich entstandenen derartigen Auslagen oder einen Pauschsatz in Höhe von 20% der gesetzlichen Gebühren einschließlich Umsatzsteuer fordern will, in derselben Angelegenheit und im gerichtlichen Verfahren in demselben Rechtszug jedoch höchstens 20 EUR, und zwar auch in einer Strafsache oder im Bußgeldverfahren. Das Porto für die Übersendung der Rechnung usw gehört zu den Auslagen.

14 **E. Angabe der verauslagten Gerichtskosten.** Der Anwalt muß in der Berechnung auch den Betrag der insgesamt verauslagten Gerichtskosten nennen. Soweit er Gerichtskosten in mehreren Teilbeträgen, zu unterschiedlichen Zeitpunkten und unter Umständen in irgendeiner für den Empfänger nicht sofort verständlichen Weise gezahlt hat, kann die Aufschlüsselung auch dieses Postens erforderlich sein.

15 **F. Angaben zum Vorschuß.** Der Anwalt muß in der Berechnung angeben, ob, wann, von wem und in welcher Höhe er Vorschüsse erbeten hatte oder ob der Auftraggeber unaufgefordert zahlte. Das gilt auch bei einer Honorarvereinbarung nach § 3a. Der Zeitpunkt der Empfangnahme ist jedenfalls insofern erforderlich, als Verzinsungsfragen davon abhängen können. Eine Verzinsung ist freilich von den Gesamtumständen des Einzelfalls abhängig. Der Auftraggeber kann auf die Erteilung einer Abrechnung klagen.

16 **G. Unterschrift.** Der Anwalt muß die Berechnung nach I 1 unterzeichnen, Kblz FamRZ **02**, 1506. Die Unterschrift muß den gesamten notwendigen Inhalt der Berechnung decken. Zu den einschlägigen umfangreichen Anforderungen der Rspr BLAH § 129 ZPO Rn 9ff. Zumindest das Begleitschreiben muß diese Anforderungen erfüllen. Erforderlich ist grundsätzlich eine eigenhändige handschriftliche Unterschrift. Ein Faksimilestempel oder eine bloße Namensabkürzung (Paraphe) reicht also nicht. Denn erst mit der Unterschrift übernimmt der Anwalt die volle Verantwortung für die Berechnung, BLAH § 129 ZPO Rn 10. Ein ProzBev desjenigen Anwalts, der keine Zulassung mehr hat, kann für ihn unterschreiben, Düss MDR **00**, 360, aM HaRö 25 (aber man darf die Worte „von ihm" in I 1 nun auch nicht allzu streng verstehen. Das zeigt schon die Übung bei einer Sozietät). Wegen einer elektronischen Fassung § 12b.

Die Unterschrift eines *Sozius* oder des allgemeinen Vertreters reicht, Brdb AnwBl **01**, 306. Die handschriftliche oder gar faksimilierte Unterschrift des Bürovorstehers oder anderer Mitarbeiter, etwa eines „Kostenfachmanns", genügt nicht, wohl aber die handschriftliche Unterschrift eines Sozius oder eines Praxisübernehmers, Düss MDR **00**, 360, Fischer-Dorp AnwBl **91**, 89, aM AG Waiblingen AnwBl **91**, 54, oder eines solchen Anwalts, an den der bisherige die Forderung abgetreten hat, Bork NJW **92**, 2449, aM AG Waiblingen AnwBl **91**, 54 (abl Madert).

Die Unterschrift eines solchen Anwalts, der mit dem beauftragten Anwalt nur in einer *Bürogemeinschaft* lebt, reicht nicht aus, AG Waiblingen AnwBl **89**, 400. Durch die Unterschrift übernimmt der Anwalt die zivilrechtliche, berufsrechtliche und auch die strafrechtliche Verantwortung, § 352 StGB, AG Waiblingen AnwBl **89**, 400. Deshalb ist ein Verzicht des Auftraggebers auf eine wirksame Unterschrift unbeachtlich. Es reicht aber aus, daß der Anwalt ein Begleitschreiben unterzeichnet, wonach er sich die Berechnung zu eigen macht und dafür die Verantwortung übernimmt. Auch die

Übersendung der Kopie eines Schreibens nebst einer Rechnung an den Rechtsschutzversicherer, die der Anwalt an den Auftraggeber leitet, kann reichen. Die Klageschrift des Honorarprozesses kann bisherige Mängel heilen.

H. Weitere Angaben. Natürlich muß der Anwalt seine Adresse angeben. Es ist 17 wegen § 14 IV 1 Z 2 UStG 2005 ferner notwendig, entweder die allgemeine zehnstellige Steuernummer *oder* (so der eindeutige Gesetzestext) die etwaige zusätzliche Umsatzsteuer-Identifikations-Nr des Anwalts in der Rechnung anzugeben, aM 39. Aufl. Es hängt im übrigen von den Umständen ab, ob der Anwalt in der Berechnung über die vorstehenden Angaben hinaus weitere Angaben machen muß. Das Fehlen der Erwähnung weiterer Angaben in § 10 bedeutet nicht die Entbehrlichkeit aller dort nicht ausdrücklich genannten Angaben. Andererseits enthält § 10 eine grundsätzlich vollständige Darstellung der notwendigen Angaben. Weitere Angaben sind daher nur ausnahmsweise notwendig.

Hierher können Angaben über die Angelegenheit zählen, Düss FamRZ **09**, 2032, oder über die Höhe, den Empfangszeitpunkt und evtl das Empfangskonto solcher Summen, bei denen es bereits streitig geworden ist, ob der Auftraggeber sie an den Anwalt als Vorschüsse oder zu anderen Zwecken gezahlt hat, etwa als eine Zahlung auf ein Treuhandkonto.

I. Mitteilung. Der Anwalt muß die Berechnung an den oder die mehreren Auf- 18 traggeber richten. Er muß sie ihm oder ihnen mitteilen, I 1. Das gilt insbesondere auch nach dem Erhalt eines Vorschusses. Eine Mitteilung in der Klageschrift oder in einem anderen Prozeßschriftsatz reicht aus, BGH NJW **02**, 2775. Die Übermittlung eines Festsetzungsgesuches nach Rn 5 durch das Gericht kann ausreichen, Drsd JB **98**, 599. Eine mehrfache Mitteilung ist nur bei besonderen Voraussetzungen erforderlich. Das gilt etwa dann, wenn der zahlungswillige Auftraggeber die Berechnung verloren oder irrig vernichtet hat und wenn er sie evtl auch für seine Steuererklärung oder zur Geltendmachung von Ersatzansprüchen braucht. Es besteht dann eine Nebenpflicht zur nochmaligen Mitteilung aus dem Anwaltsvertrag. Der Anwalt muß den Auftraggeber genau und richtig bezeichnen, BayObLG **90**, 338 (zum vergleichbaren § 154 I KostO), OVG Hbg AnwBl **02**, 116 (die Bezeichnung nur des angeblich zahlungspflichtigen Dritten reicht nicht).

Die Mitteilung muß *schriftlich* erfolgen. Sie muß dem Auftraggeber nach § 130 BGB zugehen. Eine nur mündliche oder telefonische Mitteilung reicht nicht. Ein Telefax reicht grundsätzlich. Wegen einer elektronischen Fassung § 12b. Eine förmliche Zustellung ist nicht erforderlich. Der Auftraggeber kann die Mitteilung einklagen, Rn 15. Eine Übersendung nur an einen Dritten, etwa an die Rechtsschutzversicherung ohne eine Vollmacht des Auftraggebers, reicht grundsätzlich nicht, ebensowenig eine bloße Mitteilung davon an den Auftraggeber, Köln AnwBl **94**, 471. Der Auftraggeber kann den Anwalt aber anweisen, die Berechnung auch oder sogar nur an einen Dritten zu senden, eben an den Rechtsschutzversicherer. Im Zweifel ist er damit stillschweigend einverstanden, AG Köln VersR **08**, 815. Zu einer zusätzlichen Überweisung auch an einen anderen als den Auftraggeber, etwa an seine Rechtsschutzversicherung, ist der Anwalt allerdings erst nach einer freiwilligen Übernahme auch dieser Aufgabe verpflichtet.

J. Aufbewahrung. Soweit der Auftraggeber die Vergütung gezahlt hat, ohne die 19 Berechnung erhalten zu haben, kann er die Mitteilung der Berechnung wegen §§ 666, 675 BGB noch fordern, solange der Anwalt zur Aufbewahrung der Handakten verpflichtet ist, *III.* Dieser Anspruch ist abtretbar. Die Aufbewahrungsfrist endet 5 Jahre nach der Beendigung des Auftrags oder 6 Monate nach demjenigen Zeitpunkt, in dem der Anwalt den Auftraggeber aufgefordert hat, die Handakten in Empfang zu nehmen, sofern der Auftraggeber dieser Aufforderung nicht nachgekommen ist, § 50 II BRAO. Nach einer Aktenrückgabe braucht der Anwalt wohl keine Berechnung mehr vorzunehmen.

Der Lauf der *Verjährungsfrist* ist nach I 2 von der Mitteilung der Berechnung nicht abhängig, Rn 1.

K. Nachforderung. Sie ist grundsätzlich im Rahmen der gesetzlichen oder ver- 20 einbarten Vergütung statthaft und nicht von einem Irrtum bei der bisherigen Berechnung abhängig, Düss AnwBl **08**, 718, aM LG Nürnb-Fürth AnwBl **84**, 94 (abl

RVG § 10　　　　　　　　　　　　　X. Rechtsanwaltsvergütungsgesetz

Schmidt). Vgl auch Rn 21. Das Gericht ändert Unrichtigkeiten ab, soweit es nicht in ein Anwaltsermessen nach § 14 eingreifen müßte. Zum Problem BGH ZfS **95**, 269, Hbg MDR **79**, 235, Enders JB **96**, 561. Freilich muß es eine Verwirkung von Amts wegen beachten.

21　　**5) Verstoß, I–III.** Sofern die Berechnung nicht allen Anforderungen nach Rn 3–20 entspricht, braucht der Auftraggeber nicht zu zahlen und gerät nicht in einen Zahlungsverzug. Es tritt keine Verzinsungspflicht ein. Eine Aufrechnung vor dem Eintritt der Einforderbarkeit führt nicht zum Erlöschen der Aufrechnungsforderung des Auftraggebers. Der Anwalt kann schadensersatzpflichtig sein.
　　A. Keine Klarbarkeit. Das Gericht muß die Honorarklage des Anwalts insofern wegen des Fehlens der von Amts wegen beachtbaren Prozeßvoraussetzung der Klagbarkeit evtl nach einem vergeblichen Hinweis nach § 139 ZPO durch ein sog Prozeßurteil nach BLAH Grdz 14 vor § 253 ZPO als zumindest derzeit noch unzulässig abweisen, Ffm AnwBl **75**, 163, LG Bln MDR **92**, 524, aM GS 56, RS 3 (je: Abweisung als zur Zeit unbegründet). Dasselbe gilt beim Mahnantrag. Denn man muß die Prozeßvoraussetzungen auch im Mahnverfahren beachten, BLAH § 691 ZPO Rn 3.

22　　**B. Heilbarkeit.** Allerdings kann der Anwalt eine unvollständige Berechnung durch ergänzende Angaben und deren Mitteilung in der Klageschrift oder bis zum Schluß der mündlichen Verhandlung nach §§ 136 IV, 296a ZPO heilen, BGH AnwBl **85**, 257, Düss AnwBl **88**, 252. Das gilt grundsätzlich bei jedem Punkt. Eine Unrichtigkeit bei einzelnen Posten etwa wegen eines Diktat- oder Schreibfehlers oder einer irrigen Gesetzesanwendung läßt zwar das Bestehen der Berechnung und deren Mitteilung unberührt. Sie verpflichtet aber allenfalls zur Zahlung der in Wahrheit richtigen Beträge, LG Nürnb-Fürth AnwBl **84**, 94. Auch das gilt natürlich erst nach einer Berichtigung. Denn es ist grundsätzlich nicht eine Aufgabe des Auftraggebers, sich die in Wahrheit anwendbaren Vorschriften herauszusuchen, gar mit der Hilfe eines Dritten.

23　　**C. Irrtum usw.** Der Auftraggeber mag freilich bei einem offensichtlichen Additionsfehler usw nur den richtigen Betrag zahlen müssen. Vgl auch Rn 20. Der Anwalt kann auch eine irrtümlich nicht geltend gemachte Gebühr sowie irrig nicht angesetzte Auslagen nachfordern, solange der Auftraggeber keine Verjährung geltend macht, Hbg MDR **79**, 235, LG Bln MDR **92**, 524. Soweit der Auftraggeber ein sofortiges Anerkenntnis erklärt, bleibt er kostenfrei, § 93 ZPO, Düss MDR **00**, 420, Köln MDR **00**, 910.

24　　**D. Berufsrecht.** Ein Verstoß gegen die gesetzlichen Anforderungen der Berechnung ist ferner grundsätzlich ein ehrengerichtlich rügbarer Verstoß gegen § 43 BRAO. Er kann den Anwalt bei einem Verschulden auch seines Personals nach § 278 BGB schadensersatzpflichtig machen. Das gilt unabhängig von einer Versicherung der Richtigkeit. Denn das Schuldrecht sieht dergleichen nicht allgemein vor. Der Auftraggeber kann freilich auf eine Berechnung teilweise oder sogar gänzlich verzichten, Rn 6.

25　　**E. Zahlung.** Soweit der Auftraggeber trotz einer mangelhaften oder fehlenden Berechnung gezahlt *hat,* mag er trotzdem eine in Wahrheit bestehende Schuld erfüllt haben. Denn der Vergütungsanspruch kann entstanden und fällig geworden sein. Deshalb hat der Auftraggeber unter solchen Voraussetzungen keinen Rückzahlungsanspruch, es sei denn, er hätte sich bei der Zahlung seine Rechte vorbehalten, Ffm AnwBl **75**, 164, aM Hbg MDR **00**, 116 (überliest die vorstehenden Worte „unter solchen Voraussetzungen"). Sein Recht nach III bleibt unberührt. Die dort genannte Pflicht zur Aufbewahrung der Handakten richtet sich nach § 50 II BRAO. Sie erlischt also mit der Aktenherausgabe an den Auftraggeber oder sechs Monate nach der Aufforderung zur Empfangnahme oder fünf Jahre nach der Auftragsbeendigung nach § 8 Rn 6–9.

26　　**F. Rechte des Auftraggebers.** Der Auftraggeber kann vor dem Erhalt einer ausreichenden Berechnung keine wirksame Aufrechnung mit einer eigenen Gegenforderung erklären. Denn der Anwalt kann die endgültige Vergütung überhaupt noch nicht fordern, der Auftraggeber schuldet insofern unabhängig von der Frage der Fälligkeit der Vergütungsforderung noch nichts nach § 387 BGB, BGH AnwBl **85**, 257, Ffm AnwBl **75**, 163, Köln AnwBl **94**, 471. Der Auftraggeber kann sein Recht nach III auch im Klageweg durchsetzen und zugleich insofern eine Beschwerde beim Vor-

Abschnitt 1. Allgemeine Vorschriften §§ 10, 11 RVG

stand der Anwaltskammer einlegen. Der erstattungspflichtige Gegner hat nicht gegen den ProzBev des Siegers einen Herausgabeanspruch wegen des Festsetzungsbeschlusses nach der Zahlung, LG Darmst RR **99**, 584. Der Anwalt kann nur mit einer Honorarforderung aus *diesem* Auftrag aufrechnen, Düss RR **99**, 643. Ein Zurückbehaltungsrecht läßt sich vor einer Erteilung der Kostenberechnung nicht ausüben.

Festsetzung der Vergütung

11 ⁱ ¹Soweit die gesetzliche Vergütung, eine nach § 42 festgestellte Pauschgebühr und die zu ersetzenden Aufwendungen (§ 670 des Bürgerlichen Gesetzbuchs) zu den Kosten des gerichtlichen Verfahrens gehören, werden sie auf Antrag des Rechtsanwalts oder des Auftraggebers durch das Gericht des ersten Rechtszugs festgesetzt. ²Getilgte Beträge sind abzusetzen.

ⁱⁱ ¹Der Antrag ist erst zulässig, wenn die Vergütung fällig ist. ²Vor der Festsetzung sind die Beteiligten zu hören. ³Die Vorschriften der jeweiligen Verfahrensordnung über das Kostenfestsetzungsverfahren mit Ausnahme des § 104 Abs. 2 Satz 3 der Zivilprozessordnung und die Vorschriften der Zivilprozessordnung über die Zwangsvollstreckung aus Kostenfestsetzungsbeschlüssen gelten entsprechend. ⁴Das Verfahren vor dem Gericht des ersten Rechtszugs ist gebührenfrei. ⁵In den Vergütungsfestsetzungsbeschluss sind die von dem Rechtsanwalt gezahlten Auslagen für die Zustellung des Beschlusses aufzunehmen. ⁶Im Übrigen findet eine Kostenerstattung nicht statt; dies gilt auch im Verfahren über Beschwerden.

ⁱⁱⁱ ¹Im Verfahren vor den Gerichten der Verwaltungsgerichtsbarkeit, der Finanzgerichtsbarkeit und der Sozialgerichtsbarkeit wird die Vergütung vom Urkundsbeamten der Geschäftsstelle festgesetzt. ²Die für die jeweilige Gerichtsbarkeit geltenden Vorschriften über die Erinnerung im Kostenfestsetzungsverfahren gelten entsprechend.

ⁱⱽ Wird der vom Rechtsanwalt angegebene Gegenstandswert von einem Beteiligten bestritten, ist das Verfahren auszusetzen, bis das Gericht hierüber entschieden hat (§§ 32, 33 und 38 Abs. 1).

ⱽ ¹Die Festsetzung ist abzulehnen, soweit der Antragsgegner Einwendungen oder Einreden erhebt, die nicht im Gebührenrecht ihren Grund haben. ²Hat der Auftraggeber bereits dem Rechtsanwalt gegenüber derartige Einwendungen oder Einreden erhoben, ist die Erhebung der Klage nicht von der vorherigen Einleitung des Festsetzungsverfahrens abhängig.

ⱽⁱ ¹Anträge und Erklärungen können ohne Mitwirkung eines Bevollmächtigten schriftlich eingereicht oder zu Protokoll der Geschäftsstelle abgegeben werden. ²§ 129 a der Zivilprozessordnung gilt entsprechend. ³Für die Bevollmächtigung gelten die Regelungen der für das zugrunde liegende Verfahren geltenden Verfahrensordnung entsprechend.

ⱽⁱⁱ Durch den Antrag auf Festsetzung der Vergütung wird die Verjährung wie durch Klageerhebung gehemmt.

ⱽⁱⁱⁱ ¹Die Absätze 1 bis 7 gelten bei Rahmengebühren nur, wenn die Mindestgebühren geltend gemacht werden oder der Auftraggeber der Höhe der Gebühren ausdrücklich zugestimmt hat. ²Die Festsetzung auf Antrag des Rechtsanwalts ist abzulehnen, wenn er die Zustimmungserklärung des Auftraggebers nicht mit dem Antrag vorlegt.

Vorbem. Zunächst VI 1 geändert durch Art 14 VI Z 2 JKomG v 22. 3. 05, BGBl 837, in Kraft seit 1. 4. 05, Art 16 I JKomG. VI 3 angefügt dch Art 18 V Z 1 G v 12. 12. 07, BGBl 2840, in Kraft seit 1. 7. 08, Art 20 S 3 G. Sodann VI 1 umformuliert dch Art 7 IV Z 2 G v 30. 7. 09, BGBl 2449, in Kraft seit 5. 8. 09, Art 10 S 2 G. Übergangsrecht jeweils § 60 RVG.

Schrifttum: *von Eicken/Hellstab/Lappe/Madert*, Die Kostenfestsetzung, 18. Aufl 2003; *Engels* MDR **01**, 372 (Üb); *Hünneken*, Kostenabwicklung in Zivil- und Familiensachen und bei Prozeßkostenhilfe, 2. Aufl 1999; *von König*, Kosten- und Vergütungsfestsetzung im Zivilprozess, 2009; *Schütt* MDR **01**, 1278 (Üb zum vergleichbaren § 104 ZPO).

RVG § 11   X. Rechtsanwaltsvergütungsgesetz

Gliederung

1) **Systematik, I–VIII**	1
2) **Regelungszweck, I–VIII**	2–4
A. Erleichterung	2
B. Unterschied zum sonstigen Kostenfestsetzungsverfahren	3
C. Innenverhältnis	4
3) **Geltungsbereich, I–VIII**	5, 6
A. Anwendbarkeit	5
B. Unanwendbarkeit	6
4) **Gegenstand der Festsetzung, I, VIII**	7–12
A. Gesetzliche Vergütung, I 1	7, 8
B. Nicht vertragliche Vergütung	9
C. Wechsel der Vergütungsart	10, 11
D. Gebührenteilungsabkommen	12
5) **Antrag, I 1, II, VI**	13–38
A. Anwalt als Prozeßbevollmächtigter	14, 15
B. Beispiele zur Frage eines Prozeßbevollmächtigten	16
C. Anwalt als Beistand	17
D. Anwalt als Unterbevollmächtigter	18, 19
E. Anwalt als Verkehrsanwalt	20
F. Nicht mehr zugelassener Anwalt; Erbe	21
G. Patentanwalt	22
H. Steuerberater	23
I. Auftraggeber	24
J. Antragsgegner	25
K. Sonstige Personen	26
L. Pauschgebühr nach § 42	27
M. Aufwendungen nach § 670 BGB	28, 29
N. Form, VI	30
O. Fristbeginn, II 1	31
P. Fristende	32
Q. Rechtsschutzbedürfnis	33
R. Weitere Zulässigkeitsfragen	34
S. Beispiele zur Frage eines Antragsinhalts, I 1, II VI	35–38
6) **Zuständigkeit, I 1, III**	39–42
A. Ordentliches Gericht, Arbeitsgerichte, I 1	40
B. Beispiele zur Frage einer Zuständigkeit nach I 1	41
C. Sonstige Gerichte, III	42
7) **Allgemeine Verfahrensregeln, I–III**	43, 44
A. Anhörung	43
B. Amtsermittlung	44
8) **Prüfungsumfang, I–IV**	45–49
A. Grundsatz: Umfassende Prüfung	45
B. Verzinsung	46, 47
C. Aussetzung, IV	48
D. Anhörung	49
9) **Gebührenrechtlicher Einwand, I–III**	50, 51
10) **Nicht gebührenrechtlicher Einwand, V 1, 2**	52–70
A. Antragsgegner	53
B. Form	54
C. Frist	55
D. Arglist	56, 57
E. Beispiele zur Frage eines nicht gebührenrechtlichen Einwands, V 1	58–70
11) **ZPO: Entscheidung des Rechtspflegers, II 3, 5, 6**	71–81
A. Beschlußform	71
B. Beschlußinhalt	72
C. Kosten	73
D. Mitteilung des Festsetzungsbeschlusses	74–76
E. Rechtskraft	77
F. Berichtigung	78
G. Wiederaufnahme	79
H. Zwangsvollstreckung	80, 81
12) **ZPO: Rechtsbehelfe – Übersicht: Sofortige Beschwerde oder sofortige Erinnerung, II 3**	82–89
A. Evtl keine sofortige Beschwerde	84, 85
B. Sondern sofortige Erinnerung	86
C. Aber Abweichungen	87, 88
D. Notwendigkeit zügigen Verfahrens	89
13) **ZPO: Sofortige Beschwerde im einzelnen, II 3, § 11 I RPflG**	90–105
A. Beschwerdeberechtigung	91
B. Beschwer, Beschwerdewert über 200 EUR	92–94

Abschnitt 1. Allgemeine Vorschriften § 11 RVG

 C. Notfrist: 2 Wochen 95
 D. Form 96
 E. Verfahren des Rechtspflegers bei sofortiger Beschwerde: Bei Begründetheit Abhilfe durch ihn selbst 97
 F. Verfahren des Rechtspflegers bei sofortiger Beschwerde: Bei Unbegründetheit Vorlage beim Beschwerdegericht 98
 G. Keine Nichtabhilfe des Erstrichters 99
 H. Verfahren des Beschwerdegerichts 100
 I. Anwaltszwang 101
 J. Entscheidung des Beschwerdegerichts 102
 K. Begrenzung durch Antrag 103
 L. Verbot der Schlechterstellung 104
 M. Mitteilung 105
14) ZPO: Sofortige Erinnerung im einzelnen, II 3, § 11 II RPflG 106–126
 A. Erinnerungsberechtigung 107
 B. Beschwer, Beschwerdewert bis 200 EUR 108
 C. Notfrist: 2 Wochen 109
 D. Notfristbegriff 110
 E. Notfristberechnung 111–113
 F. Form 114
 G. Kein Anwaltszwang bei Einlegung; keine Bedingung 115
 H. Aussetzung der Vollziehung 116
 I. Allgemeines zum Verfahren des Rechtspflegers bei sofortiger Erinnerung, § 11 II, 2, 3 RPflG 117, 118
 J. Abhilfe durch den Rechtspfleger, § 11 II 2 RPflG 119
 K. Keine Abhilfe durch den Rechtspfleger: Vorlage bei seinem Richter, § 11 II 3 RPflG 120
 L. Allgemeines zum Verfahren des Richters bei sofortiger Erinnerung, § 11 II 3, 4 RPflG 121, 122
 M. Entscheidung des Richters, § 11 II 3 RPflG 123, 124
 N. Zurückverweisung, Zurück- oder Weiterleitung durch den Erstrichter, § 11 II 4 RPflG 125
 O. Zurückverweisung durch Beschwerdegericht, § 11 II 4 RPflG 126
15) Verjährung, VII 127
16) Abweichungen bei Rahmengebühr, VIII 128–137
 A. Voraussetzung: Rahmengebühr, VIII 1 .... 129, 130
 B. Entweder: Mindestgebühr, VIII 1 Hs 1 .... 131, 132
 C. Oder: Schriftliche Zustimmung des Auftraggebers, VIII 1 Hs 2, S 2 133–136
 D. Vorlage der Zustimmung beim Antrag, VIII 2 137
17) Gebührenklage, V, VIII 138–141
 A. Nur bei Unanwendbarkeit von § 12 138
 B. Zuständigkeit 139
 C. Verfahren 140
 D. Vollstreckung 141

1) Systematik, I–VIII. Die Vorschrift schafft ein gegenüber §§ 103 ff ZPO, 85 **1** FamFG selbständiges Kostenklärungsverfahren, Rn 4. Es ist vereinfacht und (jetzt) erstinstanzlich gebührenfrei, (je zum alten Recht) BVerfG NJW **77**, 145, Zweibr Rpfleger **94**, 477, VGH Kassel NJW **07**, 3738. Es macht eine Vergütungsklage grundsätzlich überflüssig und nimmt ihr das Rechtsschutzbedürfnis, BGH NJW **81**, 876, solange und soweit kein Fall des V vorliegt, Rn 52. Es gilt nur dann, wenn der Anwalt in einem bereits begonnenen und nicht nur geplanten oder angekündigten gerichtlichen Verfahren tätig war, also nicht bei einer solchen Schutzschrift, der kein Gerichtsverfahren folgt, Bbg JB **94**, 160, Hamm NJW **89**, 1131, KG JB **98**, 30. Auch ein Mahnverfahren oder ein Prozeß- oder Verfahrenskostenhilfeverfahren reicht aus. Es kann eine solche Tätigkeit genügen, die nicht direkt gegenüber dem Gericht erfolgt, etwa beim Verkehrsanwalt nach Rn 20 oder bei einer außergerichtlichen Einigung nach VV 1000 zwecks Beendigung eines Prozesses selbst bei einer Einbeziehung eines nicht anhängigen Anspruchs. Die Anwaltstätigkeit muß aber stets unter § 1 I gefallen sein.

Unanwendbar ist § 11 also bei einer nur unter § 1 II fallenden Tätigkeit, zB als Insolvenzverwalter, als Pfleger, LG Düss JB **86**, 726, oder für einen Betriebs- oder Personalrat oder bei einem schiedsrichterlichen Verfahren des § 36, KG Rpfleger **98**, 172, und bei einer Beratungshilfe, AG Mainz Rpfleger **85**, 324. Unanwendbar ist § 11 ferner bei einer zwar anwaltlichen, aber nur außergerichtlichen Tätigkeit, etwa einer vor der Klageinreichung beendeten. Das gilt unabhängig von einer Einstufbarkeit als Vorbereitungskosten nach § 91 ZPO usw, Rn 3. Die EuGVVO hat den Vorrang, Mankowski AnwBl **09**, 126.

2   **2) Regelungszweck, I–VIII.** Es gibt zwei Aspekte.

A. Erleichterung. Die Regelung dient dem Anwalt zur leichteren und rascheren Erlangung seiner Gebühren und Auslagen gegenüber seinem Auftraggeber, allerdings auch nur ihm gegenüber, Schlesw JB **75**, 475. Dieses Verfahren erübrigt mit seinem Vollstreckungstitel nach II 3 in Verbindung mit § 794 I Z 2 ZPO im Regelfall eine Gebührenklage gegen den Kostenschuldner, Rn 1. Das dient der Prozeßwirtschaftlichkeit nach BLAH Grdz 14 vor § 128. Daher fehlt einer Gebührenklage ebenso wie einem Mahnantrag das Rechtsschutzbedürfnis, soweit § 11 anwendbar ist, Rn 138. Es bleibt allerdings auch dann für die Gesamtvergütung bestehen, wenn der Auftraggeber nur wegen einer Teilvergütung nichtgebührenrechtliche Einwendungen erhebt. Dann ist auch ein obligatorisches Güteverfahren nach § 15a EGZPO aus prozeßwirtschaftlichen Erwägungen nicht erforderlich.

Das Verfahren dient aber auch dem *Auftraggeber* des Anwalts und dem Rechtsnachfolger des Auftraggebers, Köln JB **82**, 76, auch dem Rechtsschutzversicherer, LAG Nürnb JB **96**, 263. Er kann so eine rasche und für ihn kostenfreie Nachprüfung der Richtigkeit der Kostenberechnung des Anwalts nach § 10 erreichen.

3   **B. Unterschied zum sonstigen Kostenfestsetzungsverfahren.** § 11 hat zwar in seiner Zielsetzung Ähnlichkeiten mit §§ 103 ff ZPO, auf die II 3 auch weitgehend und § 85 FamFG ganz verweist. Trotzdem darf man die beiden Verfahren nicht miteinander verwechseln. §§ 103 ff ZPO dienen der Abwicklung der Kostenerstattung im Verhältnis zwischen den Parteien eines Zivilprozesses. Das Kostenfestsetzungsverfahren betrifft also das Außenverhältnis des Auftraggebers des Anwalts zum Prozeßgegner, OVG Lüneb NVwZ-RR **04**, 156. Es setzt einen bereits bestehenden Vollstreckungstitel gerade wegen der Kosten voraus, also eine sog Kostengrundentscheidung. Es ist ein selbständiges Nachverfahren zum Hauptprozeß, Hamm Rpfleger **83**, 366, AG Bln-Pankow JB **98**, 31, Hüttenhofer AnwBl **89**, 153, mißverständlich Mü Rpfleger **84**, 74.

4   **C. Innenverhältnis.** Demgegenüber betrifft § 11 das Innenverhältnis zwischen dem Auftraggeber und seinem Vertragspartner, dem Anwalt, OVG Lüneb NVwZ-RR **04**, 156. Es ist trotz seiner Abwicklung in den Hauptakten ein gegenüber dem ursprünglichen Hauptprozeß ganz selbständiges Verfahren, Rn 1, BGH NJW **91**, 2084, Hamm JB **92**, 394, LAG Hamm MDR **02**, 60. Es betrifft auch in einer Abweichung von §§ 103 ff ZPO, 85 FamFG nicht die gesamten Prozeßkosten, sondern nur die „Vergütung" des Anwalts, Rn 7. In diesem Innenverhältnis dient es allerdings ebenso wie das Verfahren der §§ 103 ff ZPO einer vereinfachten Abwicklung. Es schafft im Innenverhältnis gerade erst einen Vollstreckungstitel. Insofern lassen sich die Vorschriften des einen und des anderen Verfahrens bedingt zur Auslegung gegenseitig heranziehen, II 3. Indessen bindet eine Entscheidung in dem einen Verfahren nicht in dem anderen, Karlsr MDR **86**, 157.

5   **3) Geltungsbereich, I–VIII.** § 11 gilt nur im gerichtlichen Verfahren, Rn 1.

A. Anwendbarkeit. § 11 gilt in jeder Gerichtsbarkeit, III 1, BFH Rpfleger **92**, 82. Die Vorschrift gilt auch in der Zwangsvollstreckung aus einem gerichtlichen Titel. Sie setzt einen rechtsgeschäftlichen Auftrag und damit einen Anwaltsvertrag voraus, KG FamRZ **93**, 460. Die Vorschrift gilt nach Rn 18 ff auch für den Untervollmächtigten, den Beweis-, Termins- oder Verkehrsanwalt. Die Vorschrift gilt nach §§ 45, 46 StBGebV entsprechend für den Steuerberater oder eine Steuerberatungsgesellschaft vor Gericht, FG Kassel EFG **87**, 523, Schall BB **88**, 384, aM Lappe NJW **82**, 1439 (aber die Verweisung ist uneingeschränkt). Ist der Antragsgegner der Auftraggeber, braucht er nicht eine Prozeßpartei zu sein, Mü JB **98**, 599. Der Auftragsumfang ist unerheblich.

Die Festsetzung der Vergütung eines im Weg einer *Prozeß- oder Verfahrenskostenhilfe* beigeordneten Anwalts erfolgt nicht nach § 11. Denn der Staat ist nicht der Auftraggeber des Anwalts, und im übrigen hat § 122 I Z 3 ZPO den Vorrang, Rn 13. Das übersieht Kblz FamRZ **04**, 1743. Etwas anderes gilt erst nach der Ablehnung einer Prozeß- oder Verfahrenskostenhilfe oder nach deren Aufhebung nach § 124 ZPO. Der Anwalt kann im Verfahren nach § 11 sämtliche Auslagen nach VV 7000 ff erstattet fordern, Rn 7. Er kann auch nach I 1 den Ersatz *sonstiger Aufwendungen* nach § 670 BGB verlangen, etwa von ihm verauslagter Gerichtskosten, Rn 29.

B. Unanwendbarkeit. Unanwendbar ist § 11 auf den Anwalt als einen gesetzlichen Vertreter oder als eine Partei kraft Amts. Denn dann gibt es keinen Auftraggeber nach I 1 in Gestalt der von ihm vertretenen Partei, § 1 II. Der Anwalt erhält seine Vergütung dann nach den jeweiligen anderen gesetzlichen Spezialregelungen. Unanwendbar ist I 1 ferner auf sonstige Ansprüche etwa infolge einer Schlechterfüllung, Rn 67.

4) Gegenstand der Festsetzung, I, VIII. Man muß wie folgt unterscheiden.

A. Gesetzliche Vergütung, I 1. Gegenstand der Festsetzung im Verfahren nach § 11 ist nur die gesetzliche Vergütung des Anwalts gerade als solchen, Mü AnwBl 93, 576 ([jetzt] Verfahrensgebühr), LG Ffm Rpfleger 92, 271 (legt den Begriff großzügig aus), LAG Hamm MDR 02, 60. Denn I 1 ist nach seinem Wortlaut und Sinn eindeutig, Rn 9. Im Bereich von § 1 II ist § 11 ebenfalls unanwendbar.

Der *Begriff* gesetzliche Vergütung umfaßt nach § 1 I nur gesetzliche Gebühren und gesetzliche Auslagen einer Tätigkeit in einem gerichtlichen Verfahren, Nürnb AnwBl 94, 423, LG Ffm Rpfleger 84, 433 (legt den Begriff „gesetzlich" widersprüchlich weit/eng aus). Zur gesetzlichen Vergütung gehört nach § 5 auch diejenige der dort genannten Vertreter, aber nicht diejenige anderer Personen, § 5 Rn 5 ff, LAG Hamm MDR 94, 1049. Wegen sonstiger Aufwendungen Rn 6. Eine Beschränkung auf einzelne Gebühren kommt nicht in Betracht, aM LAG Nürnb JB 96, 263 (sogar auf bloße Feststellungen. Aber das alles öffnet der Zersplitterung Tür und Tor). Das Gericht übernimmt bei § 11 grundsätzlich (Ausnahme: Rn 45) eine im Rechtsstreit erfolgte Wertfestsetzung und setzt daher jetzt keinen eigenen Wert fest, solange nicht IV gilt.

Auch die *gesetzliche Umsatzsteuer* (Mehrwertsteuer) läßt sich nach § 11 festsetzen. Zwar nimmt II 3 den § 104 II 3 ZPO ausdrücklich von der auch nur entsprechenden Anwendung aus. Die letztere Vorschrift regelt aber nur den Wegfall einer Erleichterung für den Anwalt bei der Festsetzung der Umsatzsteuer im dortigen Verfahren. II 3 RVG verbietet also die Anwendung auch der Umsatzsteuer keineswegs, sondern schließt nur eine bloße Erklärung aus, der Anwalt könne sie nicht als Vorsteuer abziehen. Es ist auch nicht sinnvoll, die Umsatzsteuer vom Verfahren nach § 11 auszunehmen. Das widerspräche dem Erleichterungszweck nach Rn 2.

Allerdings kann man nach § 11 nicht alle Formen der gesetzlichen Vergütung festsetzen lassen, nämlich *nicht* stets diejenige auf Grund einer *Rahmengebühr*, Rn 131 ff, und nach I 1 auch nicht diejenige, die nicht zu den Kosten des gerichtlichen Verfahrens gehört, zB nach §§ 91 ff ZPO. Ein Vorschuß nach § 9 ist wegen § 11 II 1 nur insoweit fällig, als die Vergütung schon nach § 8 fällig ist, also meist nur bei einer Nachforderung.

B. Nicht vertragliche Vergütung. I 1 stellt klar, daß einer Festsetzung nach § 11 nicht eine nach § 3a vertraglich vereinbarte Vergütung unterliegt, sondern nur die gesetzliche, Rn 7. Soweit also der Anwalt auf Grund einer Vereinbarung nach § 4 eine höhere oder eine geringere als die gesetzliche Vergütung fordern kann, darf und muß er im Streitfall eine Gebührenklage vor dem ordentlichen Gericht erheben, BFH Rpfleger 92, 82, Düss RR 05, 500.

C. Wechsel der Vergütungsart. Er darf dann auch *nicht* etwa auch nur hilfsweise dazu übergehen, eine Vergütung in gesetzlicher Höhe nach § 11 festsetzen zu lassen, um anschließend einen Mehrbetrag auf Grund einer angeblichen Vereinbarung nach § 3a einzuklagen. Andererseits mag in einem Festsetzungsantrag nach § 11 ein zumindest stillschweigender Verzicht auf die Geltendmachung weitergehender Vergütungsansprüche aus einer Honorarvereinbarung liegen. Dann muß man aber im Verfahren nach § 11 zunächst klären, ob ein solcher Verzicht wirksam ist. Das gilt auch dann, wenn sich der Auftraggeber zu dieser Frage nicht von sich aus äußert.

Natürlich kann der Anwalt auch nicht dann eine Festsetzung nach § 11 in Höhe der gesetzlichen Vergütung beantragen, wenn seine Vergütungsvereinbarung in wirksamer Weise auf eine *niedrigere* als die gesetzliche Vergütung lautete. Wenn er freilich die Gebührenvereinbarung für unwirksam hält, darf er einen Antrag nach § 11 stellen. Es bleibt dann dem Auftraggeber überlassen, die Einwendung der niedrigeren Vereinbarung geltend zu machen.

12 **D. Gebührenteilungsabkommen.** Ein solches kann jedenfalls dann einer Vereinbarung gleichkommen, wenn der Anwalt es auch mit dem Auftraggeber abgesprochen hat, Karlsr MDR **92**, 616 (sonst aber nicht), Kblz AnwBl **85**, 43.

13 **5) Antrag, I 1, II, VI.** Das Verfahren erfolgt nur auf Grund eines Antrags, also nicht von Amts wegen. Antragsberechtigt ist zunächst der Anwalt, dann aber auch der Auftraggeber, Rn 24. Auch die beiderseitigen Rechtsnachfolger sind antragsberechtigt. Es ist die in Rn 7, 8 dargestellte „gesetzliche Vergütung" umfassend als Antragsgegenstand ausreichend. § 11 ist auch auf denjenigen Anwalt anwendbar, der nur eine einzelne Verfahrenshandlung vornimmt. Eine Zulassung zur Anwaltschaft braucht nicht mehr zu bestehen. Die Vorschrift erfaßt alle Verfahrensarten, auch zB die Prozeßkostenhilfeverfahren, KG JB **82**, 1185, Kblz JB **79**, 1315. Auch die Pauschgebühr nach § 42 und Auslagen als Teil von Verfahrenskosten reichen aus. Die nachfolgende Darstellung der Hauptfunktionen ist daher nicht abschließend. Freilich ist § 11 unanwendbar, soweit eine Tätigkeit nach § 1 II vorliegt.

Nur eigene Tätigkeit macht antragsberechtigt. Ein vorher oder hinterher beauftragter anderer Anwalt mag für *seine* Tätigkeit natürlich ebenfalls antragsberechtigt sein. Er hat aber für die Tätigkeit seines Nachfolgers oder Vorgängers nicht automatisch für § 11 Vollmacht. Freilich kann er vom Nachfolger oder Vorgänger im Einzelfall eine Vollmacht erhalten haben. Dann tritt er aber eben nach § 11 insoweit nur als ein VerfBev dieses alleinigen Antragstellers auf, solange er nicht dessen Tätigkeit und die eigene zugleich nach § 11 geltend macht. Es ist dringend ratsam, dann zu klären, wer in welcher Eigenschaft auftritt. Mangels einer solchen Klärung darf das Gericht auch nicht an den unklaren Antragsteller für dessen Auftraggeber zustellen.

Jedes gerichtliche Verfahren und jede Anwaltsfunktion können Grundlage eines Anspruchs nach § 11 sein, soweit das Gesetz nichts Abweichendes wie zB in § 122 I Z 3 ZPO bestimmt, Rn 5.

Nur *gegen* den *Auftraggeber* und nicht gegen einen Dritten ist der Antrag zulässig, BGH NJW **05**, 156 links oben.

Nicht antragsberechtigt ist der Prozeßgegner des Auftraggebers. Er kann nach §§ 103 ff ZPO vorgehen.

14 **A. Anwalt als Prozeßbevollmächtigter.** Wegen der Bevollmächtigung gilt die jeweilige Verfahrensordnung, VI 3, zB §§ 79, 80 ZPO. Zum Antrag ist jeder Anwalt berechtigt. Wegen dieses Begriffs § 1 Rn 6, 7. Der Antrag bezweckt natürlich nicht etwa eine Festsetzung nur „gegen sich selbst", sondern eine möglichst günstige Festsetzung zugunsten des Antragstellers in einem einfachen Verfahren. Deshalb nimmt der antragstellende Anwalt etwaige Abstriche in Kauf. Das verkennt Lappe Rpfleger **96**, 130. Auch die „Ich"-Form des Antrags meint im Zweifel: im Namen des Auftraggebers, Kblz JB **02**, 199.

15 In Betracht kommt zunächst die Tätigkeit des ProzBev. Dieser *Begriff* ist weit. Als ProzBev gilt zunächst natürlich derjenige, den die Partei mit der Führung des Rechtsstreits oder des sonstigen gerichtlichen Verfahrens beliebiger Art im ganzen beauftragt hat, Hamm AnwBl **85**, 222, aber auch ein VerfBev im FamFG-Verfahren oder vor dem BVerfG, einem Arbeits-, Finanz-, Sozial- oder Verwaltungsgericht, ferner derjenige Anwalt, der anstelle des sonst fehlenden ProzBev handelte, Zweibr Rpfleger **77**, 112 ff.

16 **B. Beispiele zur Frage eines Prozeßbevollmächtigten**

Adhäsionsverfahren: ProzBev kann der Anwalt auch dann sein, wenn er nur in einem solchen Verfahren nach §§ 406 ff StPO tätig wird.

Bußgeldsache: S „Ordnungswidrigkeit".

Einigung: ProzBev kann wegen der weiten Auslegung nach Rn 15 auch derjenige Anwalt sein, der nur eine Einigung protokollieren läßt.

Einzeltätigkeit: ProzBev sein kann wegen der weiten Auslegung nach Rn 15 (nur) hier auch derjenige Anwalt, der nur eine Einzeltätigkeit ausübt.

Familienstreitsache: ProzBev kann der Anwalt auch dann sein, wenn er in einer solchen Sache nach § 112 FamFG tätig wird.

Abschnitt 1. Allgemeine Vorschriften § 11 RVG

Gerichtlich bestellter Vertreter: *Kein* ProzBev ist der nach § 57 ZPO tätige Anwalt, Düss VersR **80**, 389, LG Düss Rpfleger **86**, 280. Das gilt zumindest dann, wenn er der ihn vertretenden Anwaltssozietät angehört.

Insolvenz: ProzBev kann der Anwalt auch dann sein, wenn er in einem solchen Verfahren nach der InsO tätig wird, VV 3313 ff, dort freilich nicht, soweit er als Insolvenzverwalter oder als Liquidator arbeitet. Denn dann gibt es keinen Auftraggeber nach I, Schlesw JB **75**, 457, LAG Halle AnwBl **98**, 668.

Mahnverfahren: ProzBev kann der Anwalt auch dann sein, wenn er nur im Mahnverfahren tätig ist, KG AnwBl **82**, 310, Kblz MDR **03**, 1457, Mü AnwBl **79**, 392 (zum Teil auch zu §§ 114 ff ZPO).

Nichtgericht: *Kein* ProzBev ist der Bevollmächtigte in einem Verfahren vor einem Nichtgericht.

Ordnungswidrigkeit: ProzBev kann der Anwalt auch dann sein, wenn er in einer bloßen Bußgeldsache tätig wird.

Prozeß- oder Verfahrenskostenhilfe: ProzBev kann der Anwalt auch dann sein, wenn er nur im Prozeß- oder Verfahrenskostenhilfeverfahren tätig wird, KG AnwBl **82**, 310, Kblz MDR **03**, 1457, Mü AnwBl **79**, 392 (zum Teil auch zu §§ 688 ff ZPO).

Rechtsmittelverzicht: ProzBev kann wegen der weiten Auslegung nach Rn 15 auch derjenige Anwalt sein, der nur einen Rechtsmittelverzicht erklärt.

Rechtspfleger: *Kein* ProzBev ist der Rpfl. Er ist auch dann nicht zur Antragstellung berechtigt, wenn er als ProzBev tätig wird, KG MDR **77**, 678. Der Rpfl ist auch nicht als Nachlaßpfleger antragsberechtigt, auch nicht, soweit er ein gesetzlicher Vertreter ist und soweit das Nachlaßgericht seine Vergütung wegen einer Prozeßführung festsetzt.

Schiedsrichterliches Verfahren: *Kein* ProzBev ist der Bevollmächtigte im Verfahren nach §§ 1025 ff ZPO.

Sozius: Ein Sozius kann den Antrag auf eine Festsetzung zugunsten der Sozietät stellen, Saarbr Rpfleger **78**, 227. Er muß alle Mitantragsteller und alle Antragsgegner für den beantragten Vollstreckungstitel nach Rn 80 für § 750 I 1 ZPO ausreichend bezeichnen, Rn 77, 80. Das Gericht prüft nicht von Amts wegen, ob die Sozietät im Innenverhältnis einen Sozius von der Befugnis zur Vergütungsforderung nach § 11 ausschließt und wie sie den Erlös verteilt, Brdb MDR **09**, 1254. Auf eine Rüge des Antragstellers gilt V, Rn 62 „Gläubigerstellung".

Strafsache: ProzBev kann der Anwalt auch dann sein, wenn er in einer bloßen Strafsache tätig wird.

Terminanwalt: ProzBev ist wegen der weiten Auslegung nach Rn 15 (nur) hier auch ein bloßer Terminanwalt nach VV 3403.

Zwangsversteigerung, -verwaltung: ProzBev kann der Anwalt auch dann sein, wenn er in einem solchen Verfahren nach dem ZVG tätig wird, VV 3311, 3312, Köln JB **81**, 54.

Zwangsvollstreckung: ProzBev kann der Anwalt auch dann sein, wenn er nur im Zwangsvollstreckungsverfahren nach §§ 704 ff ZPO tätig wird, aM RS 18 (aber auch das ist ein gerichtliches Verfahren).

C. Anwalt als Beistand. Es reicht auch aus, daß der Anwalt als ein Beistand neben der Partei oder einem Zeugen nach VV amtliche Vorbemerkung 3 I aufgetreten ist, ohne ProzBev oder Unterbevollmächtigter oder Verkehrsanwalt zu sein. Dann darf sich der Anwalt auf die Vornahme einer einzelnen Handlung beschränkt haben, aM RS 19. 17

D. Anwalt als Unterbevollmächtigter. Es reicht auch aus, daß der Anwalt als ein bloßer Unterbevollmächtigter nach VV amtliche Vorbemerkung 3.4 I aufgetreten ist, also nicht als ProzBev, nicht als Beistand und auch nicht als Verkehrsanwalt. Es ist aber dann für ein Verfahren nach § 11 gerade im Verhältnis zum Auftraggeber des Hauptbevollmächtigten erforderlich, daß der Auftraggeber den Anwalt direkt als seinen Unterbevollmächtigten beauftragt hat und daß es sich nicht nur um ein Vertragsverhältnis zwischen dem Hauptbevollmächtigten oder ProzBev einerseits und dem Unterbevollmächtigten andererseits handelt. Es kann eine auch stillschweigend mögliche Vollmacht des Auftraggebers an den ProzBev zur Bestellung eines Unterbevoll- 18 mächtigten vorliegen, Zweibr Rpfleger **94**, 477. Im Zweifel liegt kein ausreichender direkter Vertrag zwischen dem Auftraggeber und dem Anwalt als Unterbevollmächtigtem vor. Dergleichen ist ein nichtgebührenrechtlicher Einwand, Rn 59 „Auftrag".

19 Auch der *Unterbevollmächtigte* darf sich aber wie ein ProzBev nicht auf die Vornahme einer einzelnen Handlung beschränkt haben. Vielmehr muß der Auftraggeber ihn nach § 81 ZPO mit der Vertretung für die ganze Instanz beauftragt haben, sofern es nach der Sachlage nicht nur noch um eine einzelne Handlung geht, etwa um eine Terminswahrnehmung, Zweibr Rpfleger **94**, 477.

Unanwendbar ist die Vorschrift beim ProzBev, soweit es um dessen Beauftragung eines weiteren Hauptbevollmächtigten geht. Denn das erlaubt § 81 ZPO nicht, BGH NJW **81**, 1727.

20 **E. Anwalt als Verkehrsanwalt.** Es reicht auch aus, daß der Anwalt als ein bloßer Verkehrsanwalt nach VV 3400 tätig geworden ist, ohne ProzBev, Beistand oder Unterbevollmächtigter zu sein. Wegen der Einzelheiten zum Begriff des Verkehrsanwalts VV 3400 ff. Verkehrsanwalt kann auch derjenige Anwalt sein, der nur einen einzelnen Beweistermin wahrnimmt, sofern er eine weitergehende Vollmacht hat.

21 **F. Nicht mehr zugelassener Anwalt; Erbe.** Zum Antrag ist auch ein nicht mehr zugelassener Anwalt berechtigt, sofern er in einer der in Rn 14–20 genannten Stellungen tätig war. Aus diesem Grund ist auch der Erbe eines solchen Anwalts zum Antrag berechtigt, selbst wenn er nicht auch selbst Anwalt ist. Das Gericht muß ihn auch am Verfahren als Antragsgegner beteiligen.

22 **G. Patentanwalt.** Der Patentanwalt kann einen Festsetzungsantrag nach § 11 stellen, soweit er (jetzt) nach dem RVG abrechnen darf und das auch tut, BPatG GRUR **02**, 733, aM Düss GRUR-RR **09**, 240, Mü MDR **01**, 353. Andernfalls hat er keinen Anspruch nach § 11.

23 **H. Steuerberater.** Ein Steuerberater oder eine Steuerberatungsgesellschaft oder ein Steuerbevollmächtigter können nach § 45 StBGebV einen Antrag nach § 11 stellen, (je zum alten Recht) BFH Rpfleger **92**, 82, FG Bln EFG **85**, 197, FG Kassel EFG **87**, 523, aM FG Mü BB **86**, 315, Lappe NJW **82**, 1439.

24 **I. Auftraggeber.** Zum Antrag ist auch der Auftraggeber des Anwalts berechtigt, BVerfG NJW **77**, 145, FG Neustadt/W Rpfleger **02**, 176. Gemeint ist der Vertragspartner, Mü AnwBl **99**, 56, also nicht stets der Auftraggeber nach (jetzt) § 7, LG Bln JB **78**, 221, und auch nicht ein zahlungspflichtiger Dritter, solange er nicht auch oder allein selbst einen Auftrag erteilt hat, Mü MDR **98**, 1373, FG Neustadt/W Rpfleger **02**, 176. Auch eine Personengesellschaft kann Auftraggeberin sein, freilich nicht schon zB wegen § 128 HGB, Bbg JB **83**, 1194, Hbg MDR **84**, 593, Schlesw JB **84**, 1178. Eine GmbH in Gründung kann Auftraggeberin sein, LAG Kiel AnwBl **97**, 568. Das alles gilt zwecks Überprüfung und Feststellung der wahren Gebühren und gerade deshalb auch nach einem Vorschuß, LAG Nürnb JB **96**, 263, oder zwecks Feststellung einer Zahlungspflicht oder ihres Fehlens, Köln JB **84**, 1356, oder einer erfolgten Überzahlung, Lappe Rpfleger **96**, 186, aM Engels MDR **01**, 372. Der Rechtsnachfolger des Auftraggebers ist antragsberechtigt, KG JB **86**, 220 (Praxisübernehmer), Köln JB **82**, 76, Schlesw JB **84**, 1517. Auftraggeber kann auch ein Nichtbeteiligter des Verfahrens sein, Mü AnwBl **99**, 56, etwa der Versicherer, Köln JB **78**, 221, LAG Nürnb JB **96**, 263. Der (Haus-)Anwalt des Beteiligten kann Auftraggeber ihres ProzBev sein, Hbg JB **84**, 1179, Mü MDR **98**, 1373, Schlesw JB **84**, 1178.

Auch der *Rechtsschutzversicherer* kann antragsberechtigt sein, LAG Nürnb JB **96**, 263.

Kein Auftraggeber liegt vor, soweit der Anwalt nur auf Grund einer Beiordnung zB nach § 121 ZPO oder §§ 76ff FamFG oder § 11a I ArbGG tätig wird. Freilich kann ein Auftragsverhältnis hinzutreten, wie meist.

25 **J. Antragsgegner.** Soweit der Anwalt den Festsetzungsantrag stellt, ist nur noch sein Auftraggeber der Antragsgegner, Hbg MDR **84**, 593, Köln JB **78**, 221, Schlesw SchlHA **85**, 31, und umgekehrt. Er muß nicht eine Partei des Prozesses sein, Köln NJW **78**, 896. Der Rechtsnachfolger des Auftraggebers kann Antragsgegner sein, Köln JB **84**, 1517. Ein im Ausland lebender Schuldner kann ein geeigneter Antragsgegner sein, Hamm JB **95**, 363.

Abschnitt 1. Allgemeine Vorschriften **§ 11 RVG**

Ein Betriebs- oder Personalrat usw ist im Verfahren nach § 11 kein geeigneter Antragsgegner, LAG Düss JB **99**, 32. Der *Gesellschafter* einer BGB-Gesellschaft ist nicht schon wegen seiner Beteiligung neben der Gesellschaft Auftraggeber, BGH NJW **05**, 156 (sondern nur, soweit auch er selbst Auftraggeber ist), Hbg MDR **84**, 593, Kblz NJW **03**, 1130. Dasselbe gilt bei einer OHG, Schlesw SchlHA **85**, 31. Der persönlich haftende Gesellschafter einer Kommanditgesellschaft ist nicht schon deshalb Auftraggeber, weil er sachlichrechtlich für die Kostenschuld der auftraggebenden KG haftet, Hbg MDR **84**, 593, Engels MDR **01**, 372, Schlesw JB **84**, 1178. Bei mehreren Auftraggebern gilt § 7, Einzelheiten Engels MDR **01**, 377.

Kein Antragsgegner ist der Prozeßgegner des Ausgangsverfahrens. Denn § 11 betrifft nur das Innenverhältnis einer Prozeßpartei zu ihrem Anwalt, Rn 4.

K. Sonstige Personen. Der Anwalt kann auch als Prozeß- oder Verfahrenspfleger 26 nach § 57 ZPO den Antrag nach § 11 stellen. Ein ausländischer Anwalt kann zwar nach § 27 EuRAG die Rechte eines inländischen Anwalts haben. Er kann deshalb aber noch nicht einfach nach dem RVG abrechnen, § 1 Rn 6. Ein bürgender oder erstattungspflichtiger Dritter ist nicht antragsberechtigt.

L. Pauschgebühr nach § 42. Zum Antrag berechtigt nicht nur allgemein „die 27 gesetzliche Vergütung", sondern insbesondere die zumindest im weiteren Sinn ebenfalls dahin zählende, aber eben erst infolge zusätzlicher gerichtlicher „Feststellung" nach § 42 I 1 zustande kommende Pauschgebühr des Anwalts als Wahlanwalt im Straf- oder Bußgeldverfahren. Das klärt I 1 ausdrücklich.

M. Aufwendungen nach § 670 BGB. Zum Antrag berechtigen auch die zu er- 28 setzenden Aufwendungen nach § 670 BGB, also diejenigen, die der Anwalt zwecks Ausführung des Auftrags den Umständen nach für erforderlich halten durfte.

Teil der Kosten des gerichtlichen Verfahrens müssen solche Aufwendungen aber gewe- 29 sen sein, um einen Antrag nach § 11 zu erlauben. Auch das klärt I 1. Im Zivilprozeß richtet sich solche Zugehörigkeit nach § 91 ff ZPO, im FamFG-Verfahren nach §§ 80 ff FamFG, im Strafprozeß nach §§ 464 ff StPO, im Bußgeldverfahren nach §§ 105 ff OWiG usw. Hauptfall sind verauslagte Vorschüsse, Vorauszahlungen usw an das Gericht oder an den Gerichtsvollzieher, auch wegen eines Sachverständigen oder Zeugen. Freilich muß es sich auch bei der Vorbereitung um Prozeßkosten handeln, BLAH § 91 ZPO Rn 270 ff (ausf).

Unanwendbar ist § 11 auf solche Kosten, die den Rahmen des Auftrags zur Tätigkeit gerade in einem gerichtlichen Verfahren überschreiten. Das gilt zB bei einer Tätigkeit im schiedsrichterlichen Verfahren nach §§ 1025 ff ZPO, KG RR **98**, 864, soweit es dort nicht um die Anrufung auch des Staatsgerichts geht. Es gilt auch bei einer nicht vor Gericht erfolgenden Tätigkeit als Betreuer usw nach § 1 II, Düss AnwBl **80**, 156, LG Düss Rpfleger **86**, 280, KG FamRZ **93**, 460, oder bei VV 2303, Mü Rpfleger **94**, 316, LAG Hamm AnwBl **89**, 625, oder bei VV 6200 ff.

N. Form, VI. Der Antrag ist mündlich oder nach § 12b elektronisch oder 30 schriftlich zum Protokoll des Urkundsbeamten der Geschäftsstelle zulässig. Zur Entgegennahme ist jedes AG zuständig, § 129a ZPO, § 25 II FamFG. Es muß den Antrag unverzüglich an das nach Rn 39 ff zuständige Gericht weiterleiten. Es besteht kein Bevollmächtigten- oder gar Anwaltszwang, VI 1. Das gilt auch dann, wenn im Hauptprozeß ein Anwaltszwang besteht, Hbg RR **01**, 59, oder wenn bei einer etwa nach V nötigen Vergütungsklage ein Anwaltszwang bestehen würde.

O. Fristbeginn, II 1. Der Antrag des Anwalts wie des Auftraggebers ist erst dann 31 zulässig, wenn die Vergütung des Anwalts nach § 8 fällig ist, Düss AnwBl **80**, 252. Außerdem muß spätestens nun eine (jetzt) dem § 10 genügende Berechnung vorliegen, Düss AnwBl **88**, 253. Daher kommt die Festsetzung eines nach § 9 erbetenen Vorschusses nicht vor der Fälligkeit der endgültigen Vergütung in Betracht (Verrechnung). Ein zur Zwangsvollstreckung geeigneter Titel ist anders als bei § 103 ZPO nicht erforderlich. Denn andernfalls wäre § 11 überflüssig. Bei einer Prozeßkostenhilfe ist der Antrag erst nach der Entscheidung über die dortige Vergütung aus der Staatskasse statthaft, Schlesw OLGR **02**, 466.

P. Fristende. Der Antrag ist vom Eintritt der Fälligkeit der Vergütung nach Rn 31 an 32 unbefristet zulässig. Er hemmt die Verjährung ebenso wie eine Klagerhebung, VII.

33 Q. Rechtsschutzbedürfnis. Der Antrag erfordert ein Rechtsschutzbedürfnis. Es kann zB für den Auftraggeber wie für den Anwalt dann fehlen, wenn der erstere bereits unstreitig vorbehaltlos gezahlt hat, Schlesw SchlHA **80**, 204, oder soweit er unstreitig überzahlt hat. Freilich kann der Auftraggeber dann zumindest die Feststellung beantragen, daß er nichts nachzuzahlen braucht, Köln JB **84**, 1356, aM Schlesw SchlHA **80**, 204 (aber eine Überhebung von Gebühren wäre sogar evtl strafbar). Soweit nach V solche Einwendungen oder Einreden in Betracht kommen, die nicht im Gebührenrecht ihren Grund haben, geht es allerdings nicht um die Zulässigkeit, sondern um die Begründetheit des Antrags. Die Besorgnis der Nichterfüllung ersetzt nicht das Erfordernis der Fälligkeit nach Rn 31. Denn der Anwalt kann einen Vorschuß nach § 9 fordern.

34 R. Weitere Zulässigkeitsfragen. Im Insolvenzverfahren über das Vermögen des Auftraggebers ist eine Festsetzung nach § 11 grundsätzlich unzulässig, § 240 ZPO, Hamm Rpfleger **75**, 446. Sie ist jedoch ausnahmsweise dann zulässig, wenn ein wirksamer Verzicht auf eine Befriedigung aus der Masse und auf eine Vollstreckung während des Insolvenzverfahrens vorliegt.

35 S. Beispiele zur Frage eines Antragsinhalts, I 1, II, VI
Abschrift: Rn 38 „Kopie".
Anwaltszwang: Er besteht nicht, VI 1.
Berechnung: Der Anwalt muß als Antragsteller eine Vergütungsberechnung nebst den zu Mitteilungen an den Auftraggeber erforderlichen Ablichtungen auch von Belegen nach II 3 in Verbindung mit § 103 II 2 ZPO beifügen, solange das nicht schon vorher geschehen war. Die Berechnung oder der Antrag müssen die Forderung nachvollziehbar darstellen.
Beweis: Ein voller Beweis ist nur insoweit erforderlich, als der Antragsgegner eine Tatsache bestreitet, Hamm Rpfleger **75**, 264, KG Rpfleger **78**, 33.
S auch Rn 37 „Glaubhaftmachung".
Bezifferung: Der Auftraggeber braucht als Antragsteller keine bezifferte Forderung zu stellen. Er muß nur angeben, für welches Verfahren er beantragt. Er muß ferner nur verdeutlichen, daß der Anwalt keine oder keine so hohe Vergütung fordern dürfe, Köln JB **84**, 1356, LAG Nürnb JB **96**, 263.
Bezugnahme: Für den Auftraggeber kann eine Bezugnahme auf die Anwaltsberechnung nebst einer Angabe derjenigen Punkte reichen, in denen sie als bedenklich erscheint. Vgl auch Rn 24. Der Anwalt kann auf die Prozeßakten Bezug nehmen.

36 Einzelaufstellung: Der Anwalt braucht dem Gericht gegenüber anders als bei § 10 grds keine Einzelaufstellung vorzunehmen, KG Rpfleger **78**, 33.
Fälligkeit: Der Anwalt muß die Fälligkeit darlegen, § 8.
Gegenstandswert: Der Anwalt muß zu einem noch nicht festgesetzten oder sonstwie noch nicht klaren Gegenstandswert Ausführungen machen.
Glaubhaftmachung: Sie ist nur in einer entsprechenden Anwendung von § 104 II ZPO erforderlich. Es genügt daher zur Berücksichtigung eines Ansatzes, daß der Anwalt ihn nach § 294 ZPO glaubhaft macht. Soweit es um die Entgelte für Post- und Telekommunikationsdienstleistungen nach VV 7001 (nicht auch nach VV 7002) geht, genügt die Versicherung des Anwalts, daß diese Auslagen entstanden sind. Bei der Umsatzsteuer ist die Erklärung, daß die Beträge nicht als Vorsteuer abziehbar sind, nicht nötig. Denn II 2 verweist auf §§ 103ff ZPO unter Ausgrenzung von § 104 II 3 ZPO). Es handelt sich ja nicht um einen Erstattungsanspruch, LAG Nürnb Rpfleger **99**, 99.

Die Glaubhaftmachung muß *schriftlich oder* entsprechend § 130a ZPO, § 14 II FamFG *elektronisch* oder *zum Protokoll* des Urkundsbeamten der Geschäftsstelle erfolgen. Denn sonst fehlt der Beleg, den der entsprechend anwendbare § 103 II ZPO erforderlich macht. Bei ungewöhnlich hohen Auslagen entstehen entsprechend hohe Anforderungen an die Darlegung und auch an die Glaubhaftmachung, KG NJW **76**, 1272 (zu § 104 ZPO).
S auch Rn 35 „Beweis".

38 Kopie: Der Anwalt muß für jeden Antragsgegner eine Abschrift oder Ablichtung der Berechnung und des Antrags sowie der etwa beigefügten Belege einreichen, § 103 II 2 ZPO.

Abschnitt 1. Allgemeine Vorschriften **§ 11 RVG**

Mehrheit von Auftraggebern: Bei ihr muß der Anwalt angeben, was das Gericht gegen wen festsetzen soll, Engels MDR **01**, 374.
Mitteilung: S „Übersendung".
Rahmengebühr: Bei ihr ist wegen VIII 1 die Beifügung der Zustimmung des Auftraggebers bei mehr als der Mindestgebühr des Rahmens erforderlich.
Tätigkeitsumfang: Soweit der Auftraggeber den Festsetzungsantrag stellt, muß er jedenfalls den Umfang der Tätigkeit des Anwalts im wesentlichen darlegen.
Tilgung: Der Anwalt muß die vom Auftraggeber schon getilgten Beträge anders als bei § 104 ZPO von der Forderung absetzen, I 2.
Übersendung: Wegen § 10 I 1 muß der Anwalt darlegen, daß und wann er seine Berechnung dem Auftraggeber bereits übersandt habe, oder er muß gleichzeitig mit dem Antrag nach § 11 eine dem § 10 entsprechende Berechnung an den Auftraggeber übersenden.
Umsatzsteuer: Rn 37 „Glaubhaftmachung".
Unterschrift: Der Anwalt braucht anders als bei § 10 seine Berechnung nicht zu unterschreiben.
Verrechnung: Der Anwalt muß wie jeder Gläubiger wegen §§ 366 I, 367 II BGB eine etwaige Verrechnungsanweisung des Auftraggebers beachten. Eine Überweisung oder sonstige Zahlung oder Leistung ist wie stets nach §§ 157, 242 BGB auslegbar, auch wegen einer solchen Verrechnung. Erst beim danach feststehenden Fehlen einer solchen Anweisung darf der Anwalt nach §§ 366 II ff BGB verfahren und evtl zunächst auf Verzugszinsen auch nach § 288 IV BGB verrechnen, bevor man den Rest nach I 2 absetzen muß.

Der Anwalt kann *nicht* geltendmachen, er habe einen Vorschuß mit einem Erstattungsanspruch wegen verauslagter Gerichtskosten oder wegen irgendwelcher Vollstreckungskosten verrechnet, Hamm Rpfleger **79**, 436.
Zinsen: Der Antragsteller muß angeben, ob und welche Zinsen er verlangt, § 104 I 2 ZPO.

6) Zuständigkeit, I 1, III. Es kommt nicht auf eine Erstattungsfähigkeit an. Zuständig ist nach I 1 das Gericht der ersten Instanz. Man muß zwei Fallgruppen unterscheiden. 39

A. Ordentliches Gericht, Arbeitsgerichte, I 1. Zur Bearbeitung des Festsetzungsantrags ist nach I 1 im Bereich der ordentlichen Gerichtsbarkeit sowie der Arbeitsgerichtsbarkeit funktionell nach §§ 3 Z 3b, 21 Z 2 RPflG der Rpfl grundsätzlich des Prozeßgerichts des ersten Rechtszugs zuständig, Hamm AnwBl **85**, 222, Naumb NJW **08**, 1238, LG Bln MDR **01**, 533. Das stellt I 1 für das Erkenntnisverfahren klar. Daher läuft das Verfahren nach § 11 auch unter dem Aktenzeichen des Ausgangsverfahrens. Wegen der weiteren Gerichtsbarkeiten verweist III 1 auf die jeweilige Verfahrensordnung, soweit es um die Festsetzung im Erkenntnisverfahren geht, Rn 42. II 2 Hs 2 verweist jedoch nur auf die ZPO, soweit die Festsetzung im Zwangsvollstreckungsverfahren erfolgt. Der Rpfl kann wegen mehrerer Anträge oder Instanzen mehrfach zuständig sein. Im folgenden wird die Regelung nur für die ordentliche Gerichtsbarkeit ausführlich dargestellt. 40

Der Rpfl des Prozeßgerichts erster Instanz ist nach I 1 zur Festsetzung der Vergütung *für alle Rechtszüge* zuständig. Das gilt auch dann, wenn der Anwalt nicht im ersten Rechtszug tätig war. Es gilt auch für die Kosten des Festsetzungsverfahren, BVerfG NJW **77**, 145 (wegen einer Ausnahme Rn 82), FG Kassel NJW **77**, 168.

B. Beispiele zur Frage einer Zuständigkeit nach I 1 41
Antrag: Aus der Zuständigkeit des Rpfl ergibt sich, daß die Festsetzung erst dann möglich ist, wenn eine Prozeßpartei oder ein Beteiligter mindestens einen das Hauptverfahren einleitenden Antrag beim Gericht eingereicht hat. Soweit er diesen Antrag nach VV 3101 Z 1 usw nicht eingereicht oder zurückgenommen hat, ist eine Festsetzung evtl nicht möglich.
Familiensache: Es kann der Rpfl des FamG zuständig sein, BGH **97**, 81, KG Rpfleger **78**, 231.
Güteverfahren: Nach einem Güteverfahren nach VV 2303 Z 1 ist dasjenige Gericht zuständig, vor dem der anschließende Prozeß ablief, LAG Hamm AnwBl **89**, 625.

Mangels einer solchen Entwicklung ist § 11 unanwendbar, Mü Rpfleger **94**, 316, LAG Hamm AnwBl **89**, 625.

Landwirtschaftssache: Bei einer Abgabe an das Landwirtschaftsgericht gilt dasselbe wie bei „Verweisung".

Mahnverfahren: Zur Festsetzung der im Mahnverfahren entstandenen Anwaltsgebühren ist dasjenige Gericht zuständig, das nach § 690 I Z 5 ZPO das zuständige Prozeßgericht wurde oder gewesen wäre, BGH NJW **91**, 2084, aM Naumb NJW **08**, 1238, RS 25 (das sei unpraktisch).

Rechtswegeverweisung: Es gilt dasselbe wie bei „Verweisung".

Schlichtungsverfahren: Im Verfahren nach § 111 II ArbGG ist das spätere Streitgericht zuständig, LAG Hamm AnwBl **89**, 625.

Verweisung: Nach einer Verweisung ist nur dasjenige Gericht zuständig, an das die Verweisung erfolgte, auch wegen eines nur vor dem verweisenden Gericht aufgetretenen Unterbevollmächtigten, LAG Düss JB **95**, 649, SG Stgt AnwBl **79**, 188.

Zwangsvollstreckung: Für Vollstreckungskosten der ordentlichen Gerichtsbarkeit ist wegen § 788 II 1 ZPO grundsätzlich der Rpfl des nach §§ 764 I, 802 ZPO ausschließlich zuständigen Vollstreckungsgerichts zuständig, BGH NJW **05**, 1273, BayObLG JB **03**, 326, BLAH § 788 ZPO Rn 11 (Ausnahmen dort Rn 12), aM GS 119 (Prozeßgericht). Nach dem Ende der Zwangsvollstreckung ist dasjenige Vollstreckungsgericht zuständig, in dessen Bezirk die letzte Vollstreckungshandlung erfolgte.

42 **C. Sonstige Gerichte, III.** Im verwaltungsgerichtlichen, finanzgerichtlichen und sozialgerichtlichen Verfahren ist der Urkundsbeamte zuständig, III 1, § 26 RPflG, VGH Mannh NVwZ-RR **08**, 582. Das gilt, zumal das RPflG für diese Festsetzungsverfahren nicht gilt, OVG Bre AnwBl **84**, 52, OVG Münst NVwZ-RR **04**, 311, aM OVG Münst Rpfleger **01**, 252 (aber die nachfolgenden Vorschriften sind vorrangige Spezialregeln). Vielmehr sind dann §§ 146, 151, 165 VwGO, 128, 133, 149 FGO, 178, 197 SGG anwendbar, lihetere abgedruckt in Teil II B dieses Buchs. Beim Verfassungsgericht ist sein Rpfl zuständig, § 37 Rn 9.

43 **7) Allgemeine Verfahrensregeln, I–III.** In der ordentlichen Gerichtsbarkeit gelten zwei Hauptregeln.

A. Anhörung. Der Rpfl muß nach II 2 vor einer auch nur teilweisen Entscheidung zulasten des jeweils Betroffenen diesen anhören, Rn 49, Artt 2 I, 20 III GG, BVerfG **101**, 404, vgl schon (je noch zu Art 103 I GG) Brdb NJW **99**, 1268, LG Bln JB **00**, 32 und 33. Es kann dann sinnvoll sein, den Antrag des Anwalts förmlich zuzustellen, wenn Zweifel bestehen, ob der Auftraggeber die Berechnung nach § 10 erhalten hatte, Ffm JB **83**, 1517. Bei einem unbekannten Aufenthalt des Antraggegners ist eine öffentliche Zustellung zB nach §§ 185 ff ZPO erforderlich, Hbg JB **76**, 60. Die Anhörung muß auch bei einer klaren Vergütungslage erfolgen, schon wegen eines etwaigen nicht gebührenrechtlichen Einwands nach Rn 52. Das gilt evtl auch gegenüber dem Antragsteller, Ffm NJW **99**, 1265, oder gegenüber dem Antragsgegner als seinem Auftraggeber, AG Linz AnwBl **01**, 573, oder gegenüber dem Bezirksrevisor, LG Lüneb Rpfleger **99**, 491 (je zu § 104 ZPO).

Ein *Verstoß* kann auf einen Antrag zur Zurückverweisung führen, §§ 538, 567 ff ZPO, LG Bln JB **00**, 32 und 33. Er ist aber evtl heilbar, BLAH § 295 ZPO Rn 44. Die Anhörung kann mündlich oder schriftlich erfolgen. Der Rpfl muß eine angemessene Anhörungsfrist gewähren. Schon deshalb muß er die Fristsetzung nach § 329 II 2 ZPO förmlich zustellen, Ffm NJW **84**, 744. Zwei Wochen reichen als Frist oft aus.

44 **B. Amtsprüfung.** Der Rpfl darf sich nach II 2 in Verbindung mit § 104 II 1 ZPO mit einer bloßen Glaubhaftmachung nach § 294 ZPO begnügen. Er darf nach § 104 II 2 ZPO eine anwaltliche Versicherung wegen der Auslagen an Post- und anderen Telekommunikationsmitteln nach VV 7001 ausreichen lassen. Er darf alle Beweismittel berücksichtigen und auch nach § 287 ZPO verfahren, Kblz VersR **81**, 361. Er kann solche Beweise erheben, die eine Partei angetreten hat, Ffm Rpfleger **80**, 70. Er darf insbesondere einen Sachverständigen zur Ermittlung des Werts oder als eine Rechnungsperson hinzuziehen. Er darf und muß evtl Akten beiziehen oder dienstliche Erklärungen anfordern, soweit das Protokoll für die Festsetzung nicht ausreicht, Ffm Rpfleger **80**, 70, Kblz Rpfleger **80**, 393.

Der Rpfl nimmt eine *Amtsprüfung* vor, BLAH Grdz 39 vor § 128 ZPO, Ffm AnwBl **83**, 186, FG Neustadt/W Rpfleger **02**, 167. Er führt aber keine Amtsermittlung durch, BLAH Grdz 38 vor § 128 ZPO, Hägele AnwBl **77**, 139 und 403, aM Lappe AnwBl **77**, 302. Deshalb gelten auch zB der Beibringungsgrundsatz und die Verhandlungsmaxime, BLAH Grdz 18 ff vor § 128 ZPO.

8) Prüfungsumfang, I–IV. Ein Grundsatz hat drei Arten von Auswirkungen. Sie werden im folgenden für den Bereich der ZPO dargestellt. **45**

A. Grundsatz: Umfassende Prüfung. Der Rpfl muß grundsätzlich umfassend prüfen, ob und welche Vergütung dem Anwalt zusteht. Er darf über den Antrag nach § 308 I 1 ZPO nicht hinausgehen, auch nicht zur Verzinsung und zur Umsatzsteuer, Rn 46, 47. Denn die Kosten sind in diesem Verfahren die Hauptsache. Er darf aber Einzelposten innerhalb des erkennbar Verlangten in den Grenzen Rn 72 auswechseln. Bei einer Werterhöhung darf der Rpfl eine Antragserhöhung nach § 139 I 2 ZPO anregen. Dergleichen ist kein Ablehnungsgrund, solange der Rpfl keinen Druck ausübt. Auch bei einer Auswechslung kann natürlich eine Rückfrage ratsam sein. Das Gericht verfährt wegen des Wert grundsätzlich nach Rn 7. Der Rpfl darf aber einen noch nicht gerichtlich festgesetzten Wert in einer vom Anwalt abweichenden Höhe zugrundelegen. Vgl freilich auch Rn 48.

B. Verzinsung. Der Rpfl darf und muß nach II 3 in Verbindung mit § 104 I 2 **46** ZPO nur auf Grund eines Antrags aussprechen, daß der Auftraggeber die festgesetzten Beträge vom Eingang des Festsetzungsantrags an mit jährlich fünf Prozentpunkten über dem Basiszinssatz nach § 247 BGB verzinsen muß, BGH RR **04**, 1133, KG JB **02**, 482. Das gilt wegen § 197 I 2 SGG auch beim Sozialgericht und wegen § 464 b S 2, 3 StPO auch in einer Strafsache. Maßgeblich ist der Eingang des ersten Antrags nach § 11 beim Gericht. Für die Zeit vorher besteht keine Verzinsungspflicht, BSG MDR **87**, 171, SG Heilbr RR **00**, 952, SG Konst AnwBl **84**, 573.

Die Verzinsungspflicht besteht auch dann schon vom Zeitpunkt des Eingangs des **47** Antrags nach § 11 an, wenn der weiter erforderliche *Verzinsungsantrag* erst *später eingegangen* ist. Denn § 104 I 2 ZPO stellt auf den Antrag des § 104 I 1 ZPO ab, also nicht auf den Verzinsungsantrag. Wegen der Einzelheiten BLAH § 104 ZPO Rn 23 ff.

C. Aussetzung, IV. §§ 148, 239 ff ZPO sind unabhängig vom Verlauf des Haupt- **48** prozesses anwendbar. Soweit auch nur ein einzelner am Verfahren nach § 11 Beteiligter oder der Bezirksrevisor in einer entsprechenden Anwendung einen vom Anwalt angegebenen entscheidungserheblichen Gegenstandswert bestreitet, muß der Rpfl das Festsetzungsverfahren nach IV solange aussetzen, bis das Gericht nach §§ 32, 33, 38 I über diese wertabhängige Streitfrage auch für das Verfahren nach § 11 rechtskräftig und damit in den Grenzen des § 107 ZPO bindend entschieden hat. Das gilt auch dann, wenn der Streit über den Wert erst in der Beschwerdeinstanz entsteht. Wenn allerdings gegenüber einem Streitwertbeschluß eine Verfassungsbeschwerde vorliegt, findet keine Aussetzung nach IV statt, Schlesw SchlHA **79**, 58. Gegen die Aussetzung oder deren Ablehnung kommt eine sofortige Beschwerde nach § 252 ZPO infrage.

D. Anhörung. Vgl zunächst Rn 43 ff. Der Rpfl muß auch einen im Ausland be- **49** findlichen Auftraggeber des Anwalts anhören, Rn 43, Hamm Rpfleger **95**, 382, LG Kiel JB **75**, 345 (ein einfacher Brief an eine nicht überprüfte Auslandsanschrift reiche nicht aus. Das ist aber zu streng. Vgl freilich §§ 1067–1071 ZPO). Der Antragsteller ist nicht Adressat einer an den Antragsgegner erforderlichen Zustellung, auch nicht auf Grund der früheren Prozeßvollmacht, (jetzt) § 178 II ZPO, Bbg JB **94**, 160, Hamm JB **92**, 394. Der Rpfl muß die Anhörung notfalls im Weg der öffentlichen Zustellung nach (jetzt) §§ 185 ff ZPO sicherstellen, Hbg JB **76**, 60.

Manche fordern eine *Belehrung* des Antragsgegners über die Rechtsfragen, BGH Rpfleger **76**, 354, Lappe Rpfleger **96**, 183. Das ist aber im Zivilprozeß grundsätzlich mangels einer ausdrücklichen Anordnung im Gesetz nicht notwendig, nicht einmal wegen eines Rechtsmittels, auch nicht bei einem Nebenverfahren, BVerfG NJW **95**, 3173, BGH FamRZ **96**, 347, BLAH § 139 ZPO Rn 57 „Belehrung". Man sollte sich vor einer systemfremden Ausweitung hüten.

Schweigen des Antragsgegners bedeutet jedenfalls nicht ein Zugeständnis, soweit der Antrag unschlüssig war und später widersprüchlich wird, Kblz Rpfleger **04**, 250.

50 9) **Gebührenrechtlicher Einwand, I–III.** Entsprechend dem Grundsatz der Amtsprüfung nach Rn 44 darf und muß in der im folgenden dargestellten ordentlichen Gerichtsbarkeit der Rpfl eine solche Einwendung oder Einrede voll berücksichtigen, die im Gebührenrecht ihren Grund hat. Das gilt, sofern sie sich überhaupt auf das kostenrechtliche Verhältnis zwischen dem Auftraggeber und dem Anwalt dem Grunde und/oder der Höhe nach auswirkt, LAG Stgt Rpfleger **82**, 485, sei es auch „nur" im Weg einer Anrechnung oder bei der Fälligkeit nach § 8.

Soweit nach dem Vortrag des Antragsgegners immerhin zumindest auch ein *nicht* gebührenrechtlicher Einwand vorliegen *kann,* darf der Rpfl nicht tätig werden, KG Rpfleger **07**, 616, LG Bonn JB **75**, 1209, VGH Mü NJW **08**, 2203. Der nicht gebührenrechtliche Einwand muß also in den Grenzen einer Arglist nach Rn 56, 57 weder substantiiert noch schlüssig sein, Ffm RR **93**, 1276, VGH Mü NJW **08**, 2203, VG Kassel NJW **07**, 3738. Der Rpfl muß dann nach V 1 verfahren. Denn andernfalls würde er der dem Prozeßgericht vorbehaltenen Prüfung eines nicht gebührenrechtlichen Einwands vorgreifen, Rn 52. Er darf und muß allerdings dann nach § 11 festsetzen, wenn die geltend gemachte Einwendung oder Einrede „nicht gebührenrechtlicher Art" offensichtlich aus der Luft gegriffen ist, Rn 56, 57.

51 Soweit eine Festsetzung nach § 11 zulässig und notwendig ist, *fehlt* für eine Klage des Anwalts oder des Auftraggebers vor dem ordentlichen Gericht zur Klärung der gebührenrechtlichen Fragen das *Rechtsschutzbedürfnis,* Rn 1, BGH NJW **81**, 876.

52 **10) Nicht gebührenrechtlicher Einwand, V 1, 2.** Soweit einer der möglichen Antragsgegner des Festsetzungsverfahrens eine solche Einwendung oder Einrede erhebt, die nicht im Gebührenrecht ihren Grund hat, darf und muß in der im folgenden dargestellten ordentlichen Gerichtsbarkeit der Rpfl oder Urkundsbeamte die Festsetzung der Vergütung des Anwalts im Verfahren als nach § 11 unzulässig ablehnen, Rn 50, Kblz VersR **02**, 778. Damit eröffnet sich dem Antragsteller der Weg einer Klage.

Der Rpfl darf die *Bedeutung* einer solchen Einwendung oder Einrede grundsätzlich *nicht* über ihre Entscheidungserheblichkeit für das Festsetzungsverfahren nach § 11 hinaus prüfen, Rn 50, KG Rpfleger **07**, 616, Kblz VersR **02**, 778, LAG Köln MDR **03**, 117, 320, 324. Wegen der Ausnahmen Rn 56, 57. Insofern entsteht für eine Klärung durch das ordentliche Gericht nach Rn 138 ff bei seiner Einschaltung durch eine Klage des Anwalts auch das Rechtsschutzbedürfnis für eine Vergütungsklage, Rn 1, BGH NJW **81**, 876. Dazu ist kein vorheriges Rechtsmittel gegen die Ablehnung nach § 11 nötig. Das gilt also auch für einen abtrennbaren Teil der Gesamtvergütung, KG AnwBl **82**, 375. Der Anwalt braucht erst im streitigen Verfahren nach einem Mahnverfahren darzulegen, daß und weshalb § 11 unanwendbar sei, LG Karlsr AnwBl **83**, 178.

Nicht gebührenrechtlich ist ein solcher Einwand, der sich nicht nur gegen die Richtigkeit einzelner Ansätze richtet, sondern gegen den *Gebührenanspruch als solchen* nach Grund und/oder Höhe, Brdb Rpfleger **03**, 539, Karlsr MDR **92**, 616, OVG Münst Rpfleger **86**, 320.

53 **A. Antragsgegner.** Antragsgegner nach V 1 kann der Anwalt oder sein Auftraggeber sein.

54 **B. Form.** Zu einer nicht gebührenrechtlichen Einwendung oder Einrede ist in V, VI keine Form und kein Bevollmächtigten oder gar Anwaltszwang erforderlich. Indessen mag sich die Notwendigkeit einer Form aus anderen gesetzlichen Vorschriften ergeben.

55 **C. Frist.** Man kann eine nicht gebührenrechtliche Einwendung oder Einrede in jedem Abschnitt des Festsetzungsverfahrens nach § 11 bis zur formellen Rechtskraft des Festsetzungsbeschlusses geltend machen, also auch zB im Beschwerdeverfahren nach (jetzt) § 571 II 1 ZPO, LAG Mainz BB **00**, 1948.

56 **D. Arglist.** Arglist ist wie stets im Verfahren auch hier schädlich, BLAH Einl III 54. Eine offensichtlich aus der Luft gegriffene Einwendung „nicht gebührenrechtlicher Art" läßt das Recht und die Pflicht des Rpfl zur Festsetzung im Verfahren nach § 11 ausnahmsweise bestehen, Naumb FamRZ **08**, 1969, LAG Ffm NZA-RR **06**, 495, OVG Schlesw NJW **07**, 2204.

Abschnitt 1. Allgemeine Vorschriften § 11 RVG

Allerdings darf der Rpfl der Prüfung durch das Prozeßgericht *nicht vorgreifen,* 57
Rn 50, Bbg FamRZ **01**, 505, Mü JB **78**, 1810. Man muß mit dem Arglistvorwurf
vorsichtig umgehen, Hamm JB **76**, 1649. Grundsätzlich ist bei der „Erhebung" noch
keine Substantiierung nötig, VGH Kassel NJW **07**, 3738, OVG Schlesw NJW **07**,
2204. Daher liegt ein Mißbrauch nur dann vor, wenn die Einwendung wirklich unter
keinem vernünftigen Gesichtspunkt Bestand haben kann, Düss JB **08**, 91 (Schlechterfüllung), Bbg FamRZ **01**, 505, Brdb Rpfleger **03**, 539, Naumb MDR **01**, 114 (je:
Verjährung. Aber gerade diese Frage erfordert meist eine nähere Prüfung), VGH Kassel NJW **07**, 3738 (Kündigung), LAG Bln-Brdb NZA **08**, 430 (Zeitgewinn). Es muß
erkennbar sein, ob überhaupt und welcher Art eine Einwendung vorliegt. Eine nur
floskelhafte Behauptung eines Gebührenverzichts reicht nicht, Hbg JB **00**, 144, ebensowenig ein widersprüchlicher Vortrag, Hbg MDR **99**, 1091.
Die *floskelhafte* Wiedergabe des Gesetzestextes oder die bloße Bemerkung, man
mache zB eine Schlechterfüllung geltend, mögen unzureichend sein, Karlsr OLGR
00, 393, Mü MDR **97**, 598, Naumb FamRZ **08**, 1969. Ein schlüssiger Vortrag der
Einwendung ist aber nicht erforderlich Es ist erforderlich und reicht ein zum sachlichrechtlichen Einwand usw im Kern ausreichender Tatsachenvortrag, Brdb Rpfleger
03, 539, Naumb OLGR **03**, 360, Zweibr OLGR **03**, 290.

E. Beispiele zur Frage eines nicht gebührenrechtlichen Einwands, V 1 58
Absetzung: Nicht gebührenrechtlicher Einwand, KG Rpfleger **78**, 33.
Abtretung: Nicht gebührenrechtlicher Einwand, Karlsr Rpfleger **96**, 83.
Anfechtung: Nicht gebührenrechtlicher Einwand. Denn sie ist eine sachlichrechtliche Erklärung.
Anrechnung: *Recht und Pflicht zur Festsetzung,* soweit der Antragsgegner die Nichtbeachtung des Anrechnungsgebots (jetzt) nach VV amtliche Vorbemerkung 3 IV 1
usw rügt, BGH NJW **97**, 743.
Arbeitsrecht: Nicht gebührenrechtlicher Einwand beim Fehlen eines Hinweises des
Anwalts nach § 12a I 2 ArbGG, LAG Düss MDR **04**, 418 (erfolglos nach gerichtlichem Hinweis).
Arglist: Rn 56, 57.
Aufklärung: Rn 67 „Schlechterfüllung".
Nicht gebührenrechtlicher Einwand, soweit der Auftraggeber behauptet, er habe
den Auftrag auf Grund eines Verschulden des Anwalts nach § 15 Rn 88 ff gekündigt oder der Anwalt habe zur Unzeit grundlos gekündigt, OVG Münst Rpfleger
86, 320.
Aufrechnung: Nicht gebührenrechtlicher Einwand, soweit zB der Antragsgegner
mit einem Schadensersatzanspruch wegen Schlechterfüllung oder aus einem anderen sachlichen Grund aufrechnet, KG Rpfleger **07**, 616, Kblz JB **00**, 33, Köln
AnwBl **80**, 156.
Auftrag: Nicht gebührenrechtlicher Einwand, soweit der Auftraggeber behauptet, 59
persönlich überhaupt keinen wirksamen hier erheblichen Auftrag erteilt zu haben,
Kblz JB **94**, 733, Zweibr JB **94**, 733, OVG Münst Rpfleger **86**, 70. Die Vorlage
einer Prozeßvollmacht ändert an der Beachtlichkeit des Einwands nichts. Denn sie
gilt voll nur im Außenverhältnis zum Prozeßgegner, unabhängig von Instanzfragen,
Ffm JB **82**, 227. Nicht gebührenrechtlicher Einwand auch beim Streit über den
Auftragsumfang, Düss JB **94**, 425, LAG Düss AnwBl **00**, 631, oder bei einem bedingten Auftrag, OVG Lüneb NdsRpfl **95**, 219.
Aufwendung für Gerichtskosten: (Jetzt) *Recht und Pflicht zur Festsetzung,* Rn 6, 29.
Ausschluß: Rn 69 „Tätigkeitsverbot".
Belehrung: Nicht gebührenrechtlicher Einwand, soweit der Anwalt den Auftragge- 60
ber über dessen Kostenpflichten vorwerfbar gar nicht, unvollständig oder sonst unrichtig belehrt hat, Brdb Rpfleger **96**, 42, Kblz MDR **86**, 1037, LAG Hbg MDR
87, 962.
Betriebsrat: Nicht gebührenrechtlicher Einwand, sofern er zahlen soll, LAG Hamm
MDR **85**, 789. Denn er ist trotz seiner Beteiligungsfähigkeit nach §§ 80 ff ArbGG
nicht rechtsfähig, ArbG Siegen AnwBl **90**, 100.
Beweisfrage: Rn 67 „Schlechterfüllung".
Dritter: Rn 64 „Kostenübernahme eines Dritten".

Einigung: Rn 70 „Vergleich".
61 Erbe usw: Nicht gebührenrechtlicher Einwand, soweit die Rechtsnachfolge streitig ist, KG JB **86**, 220 (Praxisübernahme), Köln JB **82**, 76, LAG Nürnb JB **96**, 263 (Rechtsschutzversicherer). § 780 ZPO ist anwendbar, Düss Rpfleger **81**, 409, Schlesw JB **84**, 1517.
Erfolgshonorar: Rn 62 „Gebührenvereinbarung".
Erfüllung: Nicht gebührenrechtlicher Einwand, sofern der Antragsgegner behauptet, er habe den Vertrag bereits erfüllt, zB durch eine Aufrechnung nach Rn 58, durch die Tilgung der Schuld, Düss JB **85**, 1819, Ffm AnwBl **83**, 568, infolge Zahlungen weiterer Auftraggeber mit der Folge des § 7 II, durch eine Verrechnung oder durch einen Schulderlaß. Er muß wenigstens den Zeitpunkt und die Art der Zahlung schlüssig darlegen, Ffm AnwBl **83**, 568, Hbg JB **95**, 426. Andernfalls gilt Rn 56. Dabei darf man aber die Anforderungen nicht überspannen, Ffm AnwBl **83**, 568.
Recht und Pflicht zur Festsetzung wegen I 2, soweit die Erfüllung unstreitig ist, sei es auch nach § 138 III ZPO, Ffm JB **79**, 528, KG Rpfleger **78**, 33, Nürnb JB **06**, 257, oder soweit sich eine Erfüllung nur infolge eines angeblich zu hohen Wertansatzes ergibt, Saarbr MDR **05**, 779.
Erlaß: S „Erfüllung".
Fälligkeit: Nicht gebührenrechtlicher Einwand bei dem Einwand einer zulässig vereinbarten späteren Fälligkeit.
Recht und Pflicht zur Festsetzung bei der gesetzlichen Fälligkeit.
Fehlen eines Auftrags: Rn 59 „Auftrag".
Folgesache: Ihr Vorliegen oder Fehlen kann bei (jetzt) § 138 FamFG nach § 11 prüfbar sein, Hbg JB **95**, 426.
62 Gebührentatbestand: Sein Vorliegen oder Fehlen braucht eine Prüfung.
Gebührenvereinbarung: Nicht gebührenrechtlicher Einwand, Bbg JB **88**, 1335, Celle AnwBl **85**, 650, Naumb MDR **02**, 238. Das muß grds zunächst dann gelten, wenn die Vereinbarung eine höhere als die gesetzliche Vergütung ausmacht. Nicht gebührenrechtlicher Einwand dann auch für den gesetzlichen Teilbetrag, der in der Vereinbarung steckt, Ffm Rpfleger **89**, 303. Es gilt aber auch dann, wenn die Partner des Anwaltsvertrags eine geringere als die gesetzliche Vergütung vereinbart haben, Düss JB **04**, 537, Ffm Rpfleger **89**, 303, OVG Bre AnwBl **84**, 325. Vgl allerdings auch Rn 9–12. Es reicht auch, daß zB ein Teilungsabkommen zwischen dem ProzBev und dem Verkehrsanwalt usw zustande kam, Karlsr JB **92**, 740, Kblz Rpfleger **94**, 228, aM Schlesw JB **83**, 1516.
S auch Rn 64 „Kostenteilungsvereinbarung", Rn 66 „Ratenzahlungsvereinbarung".
Gegenstandswert: Rn 45, 48.
Gerichtskosten, Aufwendung für: (Jetzt) *Recht und Pflicht zur Festsetzung,* Rn 6, 29.
Gesellschaft: Nicht gebührenrechtlicher Einwand, wenn der Geschäftsführer einwendet, er sei nicht wirksam bestellt worden, aM Hbg MDR **85**, 774 (aber dann kann ein wirksamer Anwaltsvertrag jedenfalls mit diesem „Auftraggeber" fehlen). Nicht gebührenrechtlicher Einwand bei einer Forderung gegen einen Gesellschafter, wenn Auftraggeber die Gesellschaft ist, selbst eine OHG. Denn ihr Gesellschafter haftet nur, ohne selbst Auftraggeber zu sein.
Gläubigerstellung: Nicht gebührenrechtlicher Einwand, soweit der Antragsgegner seinen Honoraranspruch verloren haben sollte usw, etwa wegen der Auflösung oder Verschmelzung seiner Sozietät, Düss RR **05**, 500.
Güteverfahren: Rn 65 „Obligatorisches Güteverfahren".
63 Honorarabrede: Rn 62 „Gebührenvereinbarung".
64 Insolvenz: Der Anwalt muß wegen der Vergütung für seine Tätigkeit für den Schuldner vor der Verfahrenseröffnung Klage erheben, § 179 I InsO, LG Köln KTS **84**, 501, aM Düss AnwBl **80**, 261, Karlsr FamRZ **07**, 231 (aber die Eröffnung des Insolvenzverfahrens hat eine völlig neue Gesamtlage erbracht).
Kostenteilungsvereinbarung: Nicht gebührenrechtlicher Einwand, soweit der Auftraggeber beteiligt ist, Karlsr MDR **92**, 616 (sonst nicht), Kblz JB **92**, 339, Schlesw JB **83**, 1516.
S auch Rn 62 „Gebührenvereinbarung".

Kostenübernahme eines Dritten: Nicht gebührenrechtlicher Einwand, soweit der Auftraggeber sie behauptet, Düss Rpfleger **94**, 82.
Kostenüberhöhung: Rn 67 „Schlechterfüllung".
Kündigung: Nicht gebührenrechtlicher Einwand.
Liquidation: Nicht gebührenrechtlicher Einwand. Denn ob der anwaltliche Liquidator nach dem RVG abrechnen kann, läßt sich nicht im Verfahren nach § 11 klären, sondern nur durch eine Gebührenklage, LAG Halle Rpfleger **98**, 172.
Mehrheit von Auftraggebern: Es kommt bei jedem auf die Lage an, LG Kaisersl JB **06**, 479.
    S auch Rn 61 „Erfüllung".
Nachliquidation: *Recht und Pflicht zur Festsetzung.*
Niederlegung: Nicht gebührenrechtlicher Einwand, soweit der Anwalt das Mandat angeblich zur Unzeit niedergelegt hat, Kblz Rpfleger **89**, 477.
    S auch Rn 67 „Schlechterfüllung".
Obligatorisches Güteverfahren: Nicht gebührenrechtlicher Einwand. Denn es stellt nach § 15a EGZPO kein gerichtliches Verfahren dar.
Positive Vertragsverletzung: Rn 67 „Schlechterfüllung".
Privatgutachten: Nicht gebührenrechtlicher Einwand.
Prozeßkostenhilfe: Nicht gebührenrechtlicher Einwand, soweit der Auftraggeber behauptet, der Anwalt habe gewußt, daß das Verfahren nur bei einer Bewilligung von Prozeßkostenhilfe stattfinden solle, KG AnwBl **82**, 375, Kblz JB **94**, 732, oder der Anwalt habe gewußt, daß die Partei keine Anwaltsgebühren zahlen könne, Kblz RR **98**, 864, oder soweit der Auftraggeber rügt, der Anwalt habe ihn nicht darüber aufgeklärt, daß im Prozeßkostenhilfeverfahren Anwaltskosten entstünden, Kblz JB **06**, 199.
    Recht und Pflicht zur Festsetzung, soweit der Auftraggeber sich auf § 122 I Z 3 ZPO beruft, (zum alten Recht) Hbg JB **95**, 426, (zum neuen Recht) Naumb FamRZ **08**, 1969.
Prozeßverlust: Rn 67 „Schlechterfüllung".
Ratenzahlungsvereinbarung: Nicht gebührenrechtlicher Einwand.
Recht und Pflicht zur Festsetzung schon bei einer bloßen Entgegennahme von Raten, Kblz MDR **04**, 1083.
Rechtsnachfolger: Rn 61 „Erbe usw".
Rechtsschutzversicherung: Nicht gebührenrechtlicher Einwand, LAG Nürnb JB **96**, 263. Nicht gebührenrechtlicher Einwand, soweit der Auftraggeber behauptet, der Anwalt habe es versäumt, ihre Deckungszusage einzuholen, Kblz VersR **02**, 778, oder soweit der Auftraggeber eine Vereinbarung mit dem Anwalt behauptet, dieser müsse sich zunächst an die Rechtsschutzversicherung halten (Stundung), OVG Lüneb NdsRpfl **95**, 219, oder soweit der Auftraggeber behauptet, der Anwalt habe ihn zu Unrecht nicht über die Möglichkeit einer Prozeßkostenhilfe belehrt, Bbg JB **87**, 386, Brdb Rpfleger **96**, 41, Kblz JB **86**, 1668.
    Ihr etwaiges *Bestehen* berührt aber nur das Innenverhältnis zwischen ihr und dem Auftraggeber, nicht das für die Festsetzung allein maßgebliche Außenverhältnis zwischen dem Auftraggeber und dem Anwalt. Sie hindert die Festsetzung daher nicht, LAG Stgt Rpfleger **82**, 485.
Schadensersatzanspruch: Rn 58 „Aufrechnung", Rn 67 „Schlechterfüllung".
Schlechterfüllung: Nicht gebührenrechtlicher Einwand, meist (nicht stets Düss JB **08**, 1301), soweit der Auftraggeber nachvollziehbar im einzelnen behauptet, der Anwalt habe den Vertrag schlecht erfüllt, Schlesw AGS **03**, 160, oder zB eine unzulässige Klage erhoben, VG Hann NdsRpfl **96**, 170, oder er habe vermeidbare Kosten verursacht, Kblz AnwBl **89**, 678, Köln AnwBl **80**, 155, oder soweit der Auftraggeber nicht nur flokselhaft (dann Rn 57) behauptet, der Anwalt habe ihm nur eine mangelhafte Beratung zu einer Beweisfrage erteilt, Stgt JB **76**, 1200, oder eine unzureichende Belehrung erteilt usw, Brdb Rpfleger **96**, 41, Kblz AnwBl **98**, 543, Nürnb JB **00**, 37, oder der Anwalt habe den Prozeßverlust verschuldet, LG Bln JB **96**, 88, OVG Lüneb NdsRpfl **95**, 219, oder Unterlagen nicht herausgegeben, Hbg MDR **01**, 1192.
    Recht und Pflicht zur Festsetzung, soweit der Auftraggeber nur völlig unsubstantiiert meint, er „fühle sich schlecht beraten", Rn 57.
Schuldübernahme: Nicht gebührenrechtlicher Einwand, soweit sie durch einen Dritten erfolgte, Düss Rpfleger **94**, 82.

Sozietät: Rn 62 „Gläubigerstellung".
68 **Streitwert:** Rn 48.
Stundung: Nicht gebührenrechtlicher Einwand.
69 **Tatbestandsmäßigkeit:** *Recht und Pflicht zur Festsetzung,* soweit der Antragsgegner die Tatbestandsmäßigkeit des Antrags bestreitet, Engels MDR **01**, 375. S auch Rn 58 „Anrechnung".
Tätigkeitsverbot: Nicht gebührenrechtlicher Einwand, Köln JB **80**, 117.
Teil der Forderung: Nicht gebührenrechtlicher Einwand, soweit der Antragsgegner nach seinem Tatsachenvortrag bei dessen gebührenrechtlicher Prüfung im Ergebnis nur, aber doch immerhin einen abtrennbaren Teil der Forderung beanstandet, Hamm JB **75**, 1605, KG Rpfleger **82**, 310, Kblz JB **00**, 33.
Recht und Pflicht zur Festsetzung wegen der unstreitigen Restforderung.
Tilgung: Rn 61 „Erfüllung".
Überschreitung des Auftrags: Nicht gebührenrechtlicher Einwand.
Unentgeltlichkeit: Rn 70 „Verzicht".
Ungerechtfertigte Bereicherung: Rn 70 „Zurückzahlung".
Unterschrift: *Recht und Pflicht zur Festsetzung,* soweit nur eine ordnungsgemäße Unterschrift unter der im übrigen nicht beanstandeten Gebührenrechnung streitig ist. Denn dieser Formfehler läßt sich heilen.
Unzulässige Rechtsausübung: Nicht gebührenrechtlicher Einwand, Rn 56, 57, Düss JB **04**, 537.
Ursächlichkeit: Ihr Vorliegen oder Fehlen kann zum Gebührentatbestand gehören und daher nach § 11 prüfbar sein, aM Ffm JB **87**, 1799, KG JB **80**, 72.
70 **Vereinbarung:** Rn 62 „Gebührenvereinbarung".
Verfahrenskostenhilfe: Rn 65 „Prozeßkostenhilfe"
Vergleich: Nicht gebührenrechtlicher Einwand, soweit eine Einigung streitig ist, aM KG JB **09**, 35. Nicht gebührenrechtlicher Einwand, soweit der Antragsgegner die Ursächlichkeit der Mitwirkung des Anwalts bestreitet, Ffm JB **87**, 1799, KG JB **90**, 72. Denn das ist ein typischer solcher Fall. Nicht gebührenrechtlicher Einwand, soweit der Auftrag nicht auch auf einen Vergleich hin erteilt sei.
Recht und Pflicht zur Festsetzung bei einer Einigungsgebühr des Verkehrsanwalts, Rn 20.
Vergütungsvereinbarung: Rn 62 „Gebührenvereinbarung".
Verjährung: Nicht gebührenrechtlicher Einwand, Köln JB **98**, 200, Naumb MDR **01**, 114 (je: auch zur Arglist. Vgl aber Rn 57), LAG Bre JB **00**, 362.
Recht und Pflicht zur Festsetzung, soweit die Einrede offensichtlich unbegründet ist, Köln OLGR **97**, 343, Naumb MDR **01**, 114, LAG Bre JB **00**, 362.
Verwirkung: Nicht gebührenrechtlicher Einwand.
Verzicht: Nicht gebührenrechtlicher Einwand, aber nur bei seiner Substantiierung, Hbg JB **00**, 144, LAG Düss AnwBl **00**, 631 („kollegialiter").
Vollmacht: *Recht und Pflicht zur Festsetzung.* Denn es geht auch um das Gebührenrecht als Folge, Saarbr MDR **09**, 1135. – S auch Rn 59 „Auftrag".
Vorbereitungskosten: Rn 29.
Vorschuß: Es erfolgt keine Verrechnung eines Vorschusses mit einem nach § 11 nicht festsetzbaren Anspruch, Ffm JB **78**, 1810, Schlesw JB **77**, 1391.
Wert: *Recht und Pflicht zur Festsetzung* bei einem zu hohen Wertansatz, Saarbr MDR **05**, 779.
S auch Rn 48.
Wiederholung des Gesetzestextes: Rn 56, 57 „Arglist".
Zahlung: Rn 61 „Erfüllung".
Zurückbehaltungsrecht: Rn 68 „Stundung", Rn 70 „Verjährung".
Zurückzahlung: Nicht gebührenrechtlicher Einwand, soweit der Auftraggeber eine Überzahlung behauptet und deshalb vom Anwalt ihre Zurückzahlung fordert, aus welchem Grund auch immer. Denn dieser Anspruch geht über den Zweck des § 11 hinaus und erfordert eine sachlichrechtliche Klärung.

71 **11) ZPO: Entscheidung des Rechtspflegers, II 3, 5, 6.** Die Vorschrift verweist für das Erkenntnisverfahren auf die jeweilige Verfahrensordnung, also auf das ArbGG, das FamFG, die FGO, das SGG, die VwGO und die ZPO. Für die Festset-

Abschnitt 1. Allgemeine Vorschriften § 11 RVG

zung im jeweils zugehörigen Zwangsvollstreckungsverfahren verweist II 3 nur auf die ZPO, unabhängig von der bisherigen Erkenntnis-Verfahrensart. Im folgenden wird ausführlich die Regelung nach der ZPO dargestellt, und zwar sowohl für die erste Instanz als auch für das zugehörige System der Rechtsbehelfe. Soweit die genannten anderen Verfahrensarten abweichende Regeln enthalten, wird III 1, 2 anwendbar, Rn 47.

A. Beschlußform. Der Rpfl entscheidet unverzüglich, § 216 ZPO. Er entscheidet auch in der Sommerzeit vom 1. 7.–31. 8. Er entscheidet durch einen Beschluß, II 3 in Verbindung mit § 104 I 1 ZPO. Der Beschluß lautet auf die gänzliche Festsetzung der Vergütung oder auf eine gänzliche oder teilweise Abweisung des Antrags als unzulässig oder unbegründet. Der Rpfl muß den Beschluß voll unterzeichnen, BLAH § 329 ZPO Rn 8, 9, Karlsr RR **04**, 1507 (zu § 104 ZPO). Andernfalls liegt nur ein Entwurf vor, Karlsr RR **04**, 1507 (zu § 104 ZPO). Er muß seinen Beschluß begründen, Brdb Rpfleger **99**, 175, Hbg MDR **02**, 1274, KG MDR **99**, 1151 (je zum vergleichbaren § 104 ZPO), BLAH § 329 ZPO Rn 4. Das gilt insbesondere bei einer Teil- oder Ganzabweisung, LG Bln JB **99**, 481, Hansens Rpfleger **99**, 109 (je zu § 104 ZPO), oder wenn es um § 574 I 2 ZPO geht. Bloße Floskeln sind keine Begründung, Ffm JB **99**, 494. Ein Nachschieben von Gründen ist unzulässig, Brdb Rpfleger **99**, 175. Die Entscheidung muß aus sich heraus nachprüfbar sein, Hbg MDR **02**, 1274. Sie ist auslegbar, KG MDR **02**, 722, Kblz JB **03**, 297. Der Rpfl darf nicht einfach aus Schriftsatz eines Beteiligten von sich aus korrigieren, Kblz Rpfleger **78**, 330, Stgt JB **78**, 1252.

B. Beschlußinhalt. Er muß den vom Auftraggeber geschuldeten Gesamtbetrag *ziffernmäßig* feststellen, und zwar in EUR. Er darf keinen solchen Betrag zusprechen, den der Antragsteller nicht beantragt hat, § 308 I ZPO. Er darf und muß aber innerhalb des begehrten Gesamtbetrags eine anderweitige Abgrenzung der Einzelposten vornehmen, soweit ihm das erforderlich scheint, Karlsr FamRZ **04**, 967, Kblz JB **92**, 474, OVG Münst AnwBl **00**, 377 (je zu § 104 ZPO), strenger BJBCMU 34. Freilich ist eine solche anderweitige Abgrenzung von Einzelposten nur innerhalb derselben Kostenart zulässig. Der Rpfl darf nicht zB statt eines unberechtigt geltend gemachten Teils der Honorarforderung solche Aufwendungen des Anwalts für verauslagte Gerichtskosten berücksichtigen, die der Anwalt überhaupt nicht geltend gemacht hatte, Kblz JB **90**, 1012. **72**

C. Kosten. Der Rpfl muß im Beschluß aussprechen, wer der oder die Kostengläubiger sind. Bei einer Anwaltssozietät sind nur alle im Antrag als solche angegebenen oder mühelos erkennbaren echten Sozien Gläubiger, LG Bonn Rpfleger **84**, 28, LG Gießen DGVZ **95**, 88, Meyer-Stolte Rpfleger **85**, 43. Der Rpfl sollte klarstellen, ob eine *gesamtschuldnerische* Haftung *oder* eine *Kopfhaftung* besteht. Denn der Festsetzungsbeschluß ist ein Vollstreckungstitel. Die Entscheidung lautet entweder auf eine Festsetzung der Vergütung oder auf die Zurückweisung des Antrags. Natürlich kommt auch eine teilweise Festsetzung sowie eine teilweise Zurückweisung in Betracht, Rn 71. **73**

Der Beschluß enthält *keine volle Kostenentscheidung*, VG Kblz Jb **03**, 262. Denn das Festsetzungsverfahren ist nach II 4 zwar nur gerichtsgebührenfrei. In den Vergütungsfestsetzungsbeschluß gehörten aber nach II 5 die vom Anwalt „gezahlten" Auslagen für die Zustellung des Beschlusses, LG Bln Rpfleger **86**, 63, genauer: die von ihm voraussichtlich zu zahlenden. Denn der Beschluß ist im Antragszeitpunkt noch gar nicht entstanden. Es gibt „im übrigen" nach II 6 auch keine Erstattungsfähigkeit, (zum alten Recht) Ffm MDR **00**, 544. Das gilt in allen Instanzen. Wegen der Verzinsung Rn 46, 47. Wegen einer Aussetzung Rn 48.

D. Mitteilung des Festsetzungsbeschlusses. Das Gericht gibt den Festsetzungsbeschluß bekannt, VGH Kassel NJW **09**, 1625, und zwar nicht an den vom Auftraggeber etwa inzwischen für den ursprünglichen Hauptprozeß bestellten neuen Proz-Bev, sondern an den Auftraggeber selbst, solange er nicht auch für das Verfahren nach § 11 eine Prozeßvollmacht erteilt hat, Hamm Rpfleger **83**, 366. **74**

Dem *Antragsteller* gibt der Rpfl den Beschluß formlos bekannt, soweit er seinem Antrag voll stattgegeben hat, II 3 in Verbindung mit § 104 I 4 Hs 2 ZPO. Denn der Antragsteller hat schon mangels einer Beschwer keinen Rechtsbehelf. Soweit der **75**

Rpfl den Antrag ganz oder teilweise zurückweist oder die Festsetzung ablehnt, muß er die Entscheidung dem Antragsteller von Amts wegen zustellen, II 3 in Verbindung mit § 104 I 4 Hs 1 ZPO.

76 Dem *Antragsgegner* stellt der Rpfl den Festsetzungsbeschluß insoweit förmlich zu, als er dem Festsetzungsantrag ganz oder teilweise stattgegeben hat, II 3 in Verbindung mit § 104 I 4 Hs 1 ZPO. Nach einem Anwaltswechsel muß man beachten, daß der Auftrag an den neuen Anwalt das Verfahren mit dem bisherigen Anwalt nach § 11 nicht stets miterfaßt, Hamm JB **92**, 394. Soweit der Rpfl den Festsetzungsantrag zurückgewiesen hat, braucht er den Antragsgegner überhaupt nicht zu benachrichtigen. Er kann ihn aber auch formlos benachrichtigen, Rn 75, II 3 in Verbindung mit § 104 I 4 Hs 2 ZPO.

77 **E. Rechtskraft.** Der Rpfl darf den Festsetzungsbeschluß nicht ohne einen gesetzlichen Grund aufheben oder ändern, BLAH § 104 ZPO Rn 31, Düss Rpfleger **78**, 269, Saarbr AnwBl **80**, 299. Der Festsetzungsbeschluß erwächst ebenso wie der Ablehnungsbeschluß in formelle und innere Rechtskraft, BGH NJW **97**, 743, KG Bln AnwBl **94**, 84, Schlesw SchlHA **85**, 47. Das gilt aber nur für den Gesamtbetrag und die Absetzung bestimmter Rechnungsposten. Wegen der inneren Rechtskraft muß der Beschluß ebenso wie nach § 750 I 1 ZPO wegen der Vollstreckbarkeit alle antragstellenden Anwaltssozien und alle Antragsgegner genau bezeichnen, Rn 15, 80.

78 **F. Berichtigung.** Der Rpfl kann und muß unter Umständen den Beschluß in einer entsprechenden Anwendung des § 319 ZPO berichtigen, Hamm MDR **77**, 760, Stgt Just **80**, 439, aM Zweibr Rpfleger **03**, 101. Wegen eines echten Rechtsfehlers ist aber nur die Erinnerung zulässig. Das Prozeßgericht kann keine Berichtigung des Festsetzungsbeschlusses vornehmen. Eine Ergänzung des Festsetzungsbeschlusses ist in einer entsprechenden Anwendung des § 321 ZPO zulässig, Hamm Rpfleger **80**, 482, KG Rpfleger **80**, 158, Mü AnwBl **88**, 249. § 12 a ist anwendbar.

79 **G. Wiederaufnahme.** Für eine Wiederaufnahmeklage nach §§ 578 ff ZPO besteht kein Rechtsschutzbedürfnis. Denn innerhalb der für die Wiederaufnahmeklage gegebenen Klagefrist ist die sofortige Beschwerde oder Erinnerung zulässig, II 3 in Verbindung mit §§ 104 III 2, 569 I 1, 2 ZPO, § 11 I, II 1 RPflG. Die Rechtskraft des Festsetzungsbeschlusses steht nicht der Möglichkeit entgegen, eine solche Vergütung geltend zu machen, die man im bisherigen Festsetzungsverfahren nicht benannt hat, Hamm Rpfleger **82**, 80, KG Rpfleger **76**, 366.

80 **H. Zwangsvollstreckung.** Der Festsetzungsbeschluß ermöglicht eine Zwangsvollstreckung, II 3 Hs 2 in Verbindung mit § 794 I Z 2 ZPO. Das gilt freilich nur, sofern er eine Vollstreckungsklausel aufweist, II 3 Hs 2 in Verbindung mit §§ 724, 727, 725, 750 ZPO, LG Ffm Rpfleger **81**, 204, AG Bln-Wedding DGVZ **78**, 32 (zu § 727 ZPO). Deshalb muß er bei einer antragstellenden Anwaltssozietät deren Mitglieder nach § 750 I 1 ZPO und alle Antragsgegner ausreichend kennzeichnen, Rn 15, 77. Der Gläubiger muß die zweiwöchige Wartefrist seit der Zustellung an den Antragsgegner abwarten, II 3 Hs 2 in Verbindung mit § 798 ZPO, außer bei § 105 ZPO. Wegen einer erleichterten Vollstreckbarkeit (jetzt) nach der EuGVVO Schmidt RIW **91**, 630. Mit der Zwangsvollstreckung auf Grund eines Urteils im Rechtsstreit des Auftraggebers des Anwalts mit seinem Prozeßgegner hat die Zwangsvollstreckung auf Grund des Festsetzungsbeschlusses nach § 11 nichts zu tun. Der Festsetzungsbeschluß ist ja ein selbständiger Vollstreckungstitel. Deshalb setzt eine Zwangsvollstreckung auf Grund des Festsetzungsbeschlusses nicht voraus, daß das Urteil bereits zugestellt worden ist, LG Ffm Rpfleger **81**, 204. Zuständig ist ausschließlich das Vollstreckungsgericht, §§ 764, 802 ZPO.

81 Eine *Einstellung* der Zwangsvollstreckung aus dem Festsetzungsbeschluß ist durchaus denkbar, zB bei einem Widerspruch gegen einen Arrestbefehl. Wegen der Einzelheiten Rn 116. Über die Einwirkung der Aufhebung des Urteils BLAH Einf 8 vor § 103 ZPO.

Eine *Vollstreckungsabwehrklage* ist nur unter einer Beachtung von § 767 II ZPO möglich, BGH NJW **97**, 743, VGH Kassel NJW **07**, 3738.

82 **12) ZPO: Rechtsbehelfe – Übersicht: Sofortige Beschwerde oder sofortige Erinnerung, II 3.** In der im folgenden dargestellten ordentlichen Gerichtsbarkeit ist das System der Rechtsbehelfe gegen die Entscheidung des Rpfl nach wie vor alles andere

Abschnitt 1. Allgemeine Vorschriften **§ 11 RVG**

als übersichtlich. II 3 verweist für die ordentliche Gerichtsbarkeit im Erkenntnisverfahren allgemein, für die anderen Gerichtsbarkeiten für die Zwangsvollstreckungsverfahren und daher auch wegen der zugehörigen Rechtsbehelfe auf die Vorschriften der ZPO über das Kostenfestsetzungsverfahren, die sinngemäß anwendbar sind. § 104 III 1 ZPO bestimmt, daß gegen die Entscheidung im Kostenfestsetzungsverfahren die sofortige Beschwerde stattfindet. Gemeint ist dabei eine Erstentscheidung des Richters. Soweit indessen der Rpfl die Erstentscheidung trifft, weil er zuständig ist, Rn 39, 71, muß man den vorrangigen spezielleren § 11 I, II RPflG beachten.

§ 11 I RPflG erklärt grundsätzlich dasjenige Rechtsmittel für gegeben, das nach den allgemeinen verfahrensrechtlichen Vorschriften zulässig ist, also die sofortige Beschwerde nach § 104 III 1 ZPO. Insofern muß man also die Entscheidung des Rpfl ebenso behandeln wie eine Entscheidung, die der Richter getroffen hätte. Im einzelnen Rn 90 ff, BayLBG für Heilberufe Rpfleger **01**, 48. 83

A. Evtl keine sofortige Beschwerde. § 11 II RPflG enthält demgegenüber eine vorrangige Ausnahmevorschrift für den in seinem S 1 genannten Fall, daß nach den allgemeinen verfahrensrechtlichen Vorschriften ein Rechtsmittel gegen eine solche Entscheidung, die der Richter getroffen hätte, nicht „gegeben", also entweder allgemein unstatthaft oder im Einzelfall unzulässig ist. Das gilt schon wegen Art 19 IV GG, BVerfG FamRZ **01**, 828. 84

Nur die letztere Situation kommt hier infrage, sie aber immer dann, wenn der für eine sofortige Beschwerde nach § 567 II ZPO erforderliche *Beschwerdewert* von mehr als 200 EUR *nicht vorliegt*, aM Nürnb MDR **05**, 534. Denn es handelt sich bei der Erstentscheidung des Rpfl nach § 11 um eine „Entscheidung über Kosten" nach § 567 II ZPO. Die frühere gesetzliche Unterscheidung zwischen der „Verpflichtung, die Prozeßkosten zu tragen", also der sog Kostengrundentscheidung, und andersartigen Kostenentscheidungen mit einem anderen Beschwerdewert ist übrigens weggefallen.

Auch ein Verstoß gegen die *Beschwerdefrist* des § 569 I 2, 3 ZPO macht eine sofortige Beschwerde unzulässig und damit § 11 II RPflG anwendbar. Auch ein Formverstoß kann diese Rechtsfolge haben, etwa eine Unwirksamkeit oder gar ein Fehlen der für die sofortige Beschwerde wie für jeden sog bestimmenden Schriftsatz erforderlichen Unterschrift, BLAH § 129 ZPO Rn 9 ff. Auch alle übrigen Fehler, die zur Unzulässigkeit einer sofortigen Beschwerde führen, so daß sie „nicht gegeben" ist, eröffnen nur den Rechtsbehelf nach § 11 II RPflG. 85

B. Sondern sofortige Erinnerung. Er besteht nach § 11 II 1 lt Hs RPflG in der „Erinnerung binnen der für die sofortige Beschwerde geltenden Frist", also in der sofortigen Erinnerung. Das ist weder eine einfache unbefristete noch eine sog Durchgriffs-Erinnerung früherer Art, Ffm Rpfleger **99**, 120. Ebenso wie bei einer sofortigen Beschwerde das bisherige Gericht abhelfen darf und daher evtl auch muß, § 572 I 1 Hs 1 ZPO, bestimmt auch § 11 II 2 RPflG gerade für die sofortige Erinnerung ausdrücklich, daß der Rpfl ihr abhelfen „kann" und daher prüfen muß, ob er abhelfen muß. Hier liegt also keine Systemabweichung gegenüber §§ 567 ff ZPO mehr vor. 86

C. Aber Abweichungen. Es gibt aber eine wichtige Abweichung: Während bei der sofortigen Beschwerde wegen der indirekten Verweisung von § 11 I RPflG auf § 104 III 1 ZPO und damit auch auf § 572 I 1 Hs 2 ZPO das bisherige Gericht die Sache dem höheren zur Entscheidung vorlegen muß, soweit das bisherige die sofortige Beschwerde nicht für begründet hält, darf und muß der Rpfl bei einer solchen sofortigen Erinnerung, der er nicht abhelfen will, die Sache nur seinem Richter und damit *derselben Instanz vorlegen,* § 11 II 3 RPflG. 87

Es gibt noch eine *weitere* Abweichung vom Verfahren der sofortigen Beschwerde. Während das Erstgericht bei ihr unter den Voraussetzungen Rn 87 dem Beschwerdegericht vorlegen muß, muß der *Erstrichter* auf eine zulässige Vorlage seines Rpfl nach Rn 87 hin nur scheinbar wegen § 11 II 4 RPflG mit einer weiteren Verweisung „im übrigen" auf §§ 567 ff ZPO dem Beschwerdegericht vorlegen (frühere sog Durchgriffserinnerung). In Wahrheit *muß* er *stets selbst entscheiden.* Denn Voraussetzung der sofortigen Erinnerung statt der sofortigen Beschwerde war ja gerade, daß gegen die Entscheidung des Rpfl dann, wenn der Richter sie von vornherein getroffen hätte, nach den 88

1411

RVG § 11   X. Rechtsanwaltsvergütungsgesetz

allgemeinen Verfahrensregeln kein Rechtsmittel gegeben gewesen wäre. Würde der Erstrichter auf Vorlage des Rpfl nunmehr dem höheren Gericht vorlegen dürfen, würde aus einer gesetzlich unangreifbaren Richterentscheidung eine angreifbare, nur weil der Rpfl tätig war. Diese Komplikation soll § 11 II RPflG nach einer jahrzehntelang verunglückten Praxis gerade verhindern.

Die Vorlagepflicht nach § 11 II 3 RPflG beim Richter des Rpfl besteht nur aus *verfassungsrechtlichen* Erwägungen, Art 101 I 2 GG. Sie ist eine Folge der unveränderten Zwitterstellung des Rpfl. Er ist einerseits „Gericht", andererseits aber eben immer noch nicht ein echter „Richter", obwohl sich seine früher echt richterlichen Aufgaben verzehnfacht haben.

89   **D. Notwendigkeit zügigen Verfahrens.** Nimmt man nun noch hinzu, daß dieses ganze „System" eine Fülle von Falschbehandlungen bei sämtlichen Beteiligten nahezu unvermeidbar macht, wird das gesetzliche Durcheinander erst in seinem ganzen gegenüber früher nur umgeschichteten Ausmaß deutlich, aM von König Rpfleger **00**, 8 (aber man kann wegen der Gesetzesfassung leider nicht mit einem Entlastungszweck argumentieren, den der Gesetzgeber selbst nicht umgesetzt hat). Es bleibt die Alltagslast der Praxis, sich gegenseitig durch eine vernünftige und im Rahmen der Zuständigkeitsgrenzen großzügige Verfahrensweise zu helfen, um auf diesem Nebenschauplatz am Ende des Erkenntnisverfahrens dem Prozeßbeteiligten vor der Zwangsvollstreckung nicht zusätzliche Probleme als eine Folge deutscher Überperfektion zu schaffen.

90   **13) ZPO: Sofortige Beschwerde im einzelnen, II 3, § 11 I RPflG.** Im Bereich der im folgenden dargestellten ordentlichen Gerichtsbarkeit vgl zunächst die Rechtsbehelfsübersicht Rn 82–89. Wegen der Verweisung in II 3 auf §§ 104 ff ZPO ist § 104 III ZPO in Verbindung mit § 11 I RPflG als Rechtsmittel gegen die Entscheidung schon des Rpfl nach Rn 71–81 statthaft, soweit gegen diese Entscheidung dann, wenn der Richter sie erlassen hätte, eben die sofortige Beschwerde nach § 104 III ZPO statthaft und zulässig wäre. Dazu müssen die folgenden Voraussetzungen zusammentreffen.

91   **A. Beschwerdeberechtigung.** Zur sofortigen Beschwerde sind der Anwalt nach Rn 13 ff und der Auftraggeber berechtigt, Rn 24, Hbg MDR **01**, 1192. Die sofortige Beschwerde eines Anwalts kann in einen Antrag auf die bloße Festsetzung des Gegenstandswerts nach §§ 3 ff ZPO oder § 64 GKG oder § 54 FamGKG oder (jetzt) § 32 II 1 RVG umdeutbar sein, Bbg JB **76**, 185, Ffm JB **79**, 601 und 1873.

92   **B. Beschwer, Beschwerdewert über 200 EUR.** Der Beschwerdeführer muß wie bei jedem Rechtsmittel im Ergebnis beschwert sein, Celle MDR **75**, 498, KG Rpfleger **78**, 225, LG Bln JB **00**, 70. Es muß ein Beschwerdewert von 200 EUR überschritten sein, II 3 in Verbindung mit (jetzt) § 567 II ZPO, Rn 84.

93   Eine bloße *Nachliquidation* nach BLAH § 103 ZPO Rn 40 gehört nicht in das Beschwerdeverfahren und nimmt diesem das Rechtsschutzbedürfnis, Kblz VersR **90**, 1255. Man muß vielmehr eine Ergänzung des bisherigen Festsetzungsbeschlusses beantragen, Ffm Rpfleger **78**, 29, Kblz JB **91**, 968, Saarbr AnwBl **80**, 299, aM KG MDR **91**, 356, Kblz JB **77**, 1778 (aber man darf an das Ergänzungsverfahren keine geringeren formalen Anforderungen stellen als an das Hauptverfahren).

94   Demgegenüber darf man einen berechtigten *Einzelposten* anstelle eines unberechtigten *nachschieben*, ähnlich einer Klagänderung, Ffm Rpfleger **88**, 163, KG RR **91**, 768. Das gilt, soweit nicht ein Teilverzicht auf die sofortige Beschwerde vorliegt, Stgt Just **78**, 234, und soweit der bisherige Festsetzungsbeschluß nicht schon formell rechtskräftig geworden ist.

Man „soll" die sofortige Beschwerde *begründen*, § 571 I ZPO. Es besteht aber keine allgemeine Begründungspflicht. Vgl freilich § 571 III 2, 3 ZPO. Im Zweifel gilt der gesamte Festsetzungsbeschluß als angegriffen. Ein vor dem Erlaß der Entscheidung des Rpfl nachgereichter Schriftsatz läßt sich nicht als eine rechtzeitige sofortige Beschwerde umdeuten, Stgt Rpfleger **82**, 309.

Eine *Teilanfechtung* ist grundsätzlich statthaft, sofern die für jede Anfechtung selbständig erforderliche Beschwer vorliegt, Düss Rpfleger **98**, 104 (keine Addition). Soweit sie zur Zurückverweisung an den Rpfl führt, kann man beim Vorliegen einer

Abschnitt 1. Allgemeine Vorschriften § 11 RVG

weiteren Beschwer nun auch einen anderen Teil des Festsetzungsbeschlusses anfechten, Stgt JB **78**, 1251.

C. Notfrist: 2 Wochen. Wegen der Verweisung von II 3 auf § 104 III 1 ZPO 95 nach Rn 82 und wegen der grundsätzlichen Anwendbarkeit von § 11 I RPflG nach Rn 83 mit seiner Rückverweisung auf § 104 III 1 ZPO und damit auf §§ 567 ff ZPO muß man die sofortige Beschwerde binnen einer Notfrist nach § 224 I 2 ZPO von zwei Wochen seit der Zustellung usw erheben, § 569 I 1 ZPO. Die Einlegung beim Beschwerdegericht genügt zur Fristwahrung, § 569 I 1 Hs 2 ZPO. § 129 a ZPO ist nach VI 2 anwendbar und ermöglicht die Einreichung bei jedem AG, gibt aber die Einhaltung der Frist erst mit dem rechtzeitigen Eingang beim Prozeßgericht. Bei einer Fristversäumung kommt eine Wiedereinsetzung in Betracht, §§ 233 ff ZPO.

D. Form. Als ein bestimmender Schriftsatz nach BLAH § 129 ZPO Rn 5 braucht 96 die sofortige Beschwerde eine grundsätzlich eigenhändige und handschriftliche Unterschrift des Rechtsmittelführers, BLAH § 129 ZPO Rn 9 ff. Beim Telefax muß man die Kopiervorlage unterschreiben, BGH NJW **94**, 2097. Zur digitalen Signatur BLAH § 129 ZPO Rn 19, zum elektronischen Dokument § 12b. Eine Paraphe nach BLAH § 129 ZPO Rn 31 reicht nicht, BAG BB **97**, 947, aM BGH DB **96**, 557 (aber erst durch die volle Unterschrift übernimmt der Beschwerdeführer erkennbar die volle Verantwortung).

Ein *Bevollmächtigten-* oder gar *Anwaltszwang* zur bloßen *Einlegung* besteht schon wegen des gegenüber §§ 78, 569 III ZPO vorrangigen VI 1 und auch wegen § 13 RPflG grundsätzlich nicht, Drsd Rpfleger **00**, 447, Hbg MDR **01**, 1192, Nürnb (3. ZS) MDR **00**, 233 und (4. ZS) MDR **01**, 597, aM Ffm MDR **99**, 705, Nürnb (6. ZS) Rpfleger **99**, 268 (aber nach [jetzt] § 569 I 1 Hs 2 ZPO ist die Einlegung gerade nicht zwingend beim Beschwerdegericht notwendig und daher auch beim Rpfl möglich. Daher wäre auch § 13 RPflG anwendbar). OVG Hbg NVwZ-RR **09**, 452, bejaht einen Vertretungszwang nach § 67 IV VwGO, aM VGH Kassel NVwZ-RR **09**, 902.

E. Verfahren des Rechtspflegers bei sofortiger Beschwerde: Bei Begrün- 97 **detheit Abhilfe durch ihn selbst.** Es kann eine Berichtigung nach §§ 319, 329 ZPO notwendig sein, Bbg JB **95**, 648, Kblz RR **99**, 867, LG Bln JB **99**, 538. Gegen ihre Ablehnung ist nach § 567 I Z 2 ZPO in Verbindung mit § 11 I RPflG eine sofortige Beschwerde statthaft. Mangels einer Notwendigkeit eines Berichtigungsverfahrens gilt: Soweit der Rpfl die sofortige Beschwerde nach einer pflichtgemäßen Prüfung für statthaft, zulässig und begründet hält, darf und muß er ihr nach § 572 I 1 Hs 1 ZPO in Verbindung mit § 11 I RPflG selbst abhelfen Das ist der wesentliche Unterschied zum früheren Verfahren des Rpfl bei einer damaligen sofortigen Beschwerde. Vgl auch Rn 99.

Das *Verfahren* des Rpfl erfolgt nach §§ 569 ff ZPO in Verbindung mit § 11 I RPflG. Ein Anwaltszwang besteht im gesamten Verfahren des Rpfl bis zu seiner Abhilfeentscheidung wegen § 13 RPflG, § 78 I ZPO nicht. Der Rpfl muß den Beschwerdegegner vor einer Abhilfe anhören, Artt 2 I, 20 III GG, BVerfG **101**, 404 (faires Verfahren). Dazu muß er eine angemessene Frist setzen, und zwar durch eine förmlich zuzustellende Verfügung, § 329 II 2 ZPO. Eine mündliche Verhandlung ist zulässig, aber nicht notwendig, § 128 IV ZPO.

Die *Abhilfeentscheidung* des Rpfl erfolgt durch einen Beschluß. Der Rpfl muß ihn nachvollziehbar begründen, BLAH § 329 ZPO Rn 4. Eine floskelhafte „Begründung" reicht nicht aus. Sie kann vielmehr zur Zurückverweisung wegen eines Verfahrensfehlers führen. Soweit im Abhilfeverfahren Kosten entstanden sein können, muß der Rpfl in seiner Abhilfeentscheidung über sie mitbefinden, § 97 ZPO, Kblz AnwBl **03**, 315, LG Karlsr MDR **03**, 178 (zu § 104 ZPO). Der Rpfl muß seine Abhilfeentscheidung verkünden oder mangels einer mündlichen Verhandlung dem siegenden Beschwerdeführer nach § 329 III Hs 1 ZPO zustellen, soweit sie auch nur wegen der Kosten einen Vollstreckungstitel enthält, § 794 I Z 2 ZPO, im übrigen formlos nach § 329 II 1 ZPO mitteilen.

Dem unterliegenden Beschwerdegegner muß der Rpfl seine Abhilfeentscheidung *förmlich zustellen*. Denn sie kann entweder nach §§ 567 I Z 1, II ZPO (ausreichende Beschwer) in Verbindung mit § 11 I RPflG oder nach § 567 I Z 2 ZPO in Verbindung mit § 11 I RPflG (Zurückweisung des Antrags auf Kostenfestsetzung) nunmehr seitens des bisherigen Beschwerdegegners (Gläubigers) befristet anfechtbar sein, § 329 III ZPO. Mit der gesetzmäßigen Bekanntgabe der Abhilfe endet das bisherige Beschwerdeverfahren. Es besteht ja kein Anlaß zu weiteren Maßnahmen.

Eine *irrige Verfahrensweise* muß der fälschliche Adressat, etwa der Richter des Rpfl oder das Beschwerdegericht, durch eine formlose Zurücksendung korrigieren, notfalls durch einen zurückweisenden Beschluß.

98 **F. Verfahren des Rechtspflegers bei sofortiger Beschwerde: Bei Unbegründetheit Vorlage beim Beschwerdegericht.** Soweit der Rpfl die sofortige Beschwerde nach seiner Prüfung gemäß Rn 97 jedenfalls für unbegründet hält, muß er das Rechtsmittel unverzüglich nach § 121 I 1 BGB (allgemeiner Rechtsgedanke: ohne schuldhaftes Zögern) nach § 572 I 1 Hs 2 ZPO in Verbindung mit § 11 I RPflG dem Beschwerdegericht vorlegen, also dem LG nach § 72 GVG oder dem OLG nach § 119 I Z 1, III, IV GVG (in einer FamFG-Sache nur, soweit das OLG ausdrücklich als Beschwerdegericht amtieren muß). Das muß ohne jede weitere Prüfung geschehen.

Die *Nichtabhilfe- und Vorlageentscheidung* erfolgt durch eine Verfügung oder einen Beschluß des Rpfl. Beide Formen erfordern eine wenigstens im Kern nachvollziehbare Kurzbegründung, Hbg MDR **02**, 1274. Denn das Beschwerdegericht muß erkennen können, daß der Rpfl keinen Verfahrensfehler beging. Der Rpfl teilt diese Begründung den Parteien formlos mit. Die Vorlage enthält keine Kostenentscheidung. Eine floskelhafte „Begründung" reicht trotz aller Erlaubnis zur Kurzfassung nicht. Die Nichtbeachtung dieser Erfordernisse kann zur Zurückverweisung an den Rpfl führen, Kblz JB **02**, 200.

Es ist *keine Vorlage beim Richter des Rechtspflegers* zulässig. Denn dieser ist in das Verfahren über die sofortige Beschwerde nicht eingeschaltet, Brdb NJW **99**, 1268, Düss AnwBl **99**, 288, Ffm NJW **99**, 1265. Eine Vorlage an den Richter des Rpfl kommt auch nicht bei § 5 RPflG infrage. Denn der Rpfl muß die Akten bei einer unbegründeten sofortigen Beschwerde mangels einer eigenen Abhilfe eben unverzüglich dem Beschwerdegericht vorlegen und alles weitere diesem überlassen.

99 **G. Keine Nichtabhilfe des Erstrichters.** Es gibt bei einer sofortigen Beschwerde keinen Nichtabhilfebeschluß des Richters des Rpfl. Folglich gibt es beim Verstoß auch keine förmliche Zurückverweisung vom Richter an seinen Rpfl. Vielmehr gibt der Richter die Sache formlos an den Rpfl mit einem Hinweis darauf zurück, daß *dieser* dem Beschwerdegericht vorlegen muß, oder er leitet die Akte zweckmäßigerweise formlos an das Beschwerdegericht mit der Anregung weiter, den Nichtabhilfebeschluß des Rpfl als dessen Vorlage umzudeuten. Freilich mag bei einer Sturheit des Rpfl auch einmal eine Aufhebung nur des Nichtabhilfebeschlusses nebst einer Zurückverweisung seitens des Richters des Rpfl ratsam sein und wäre wirksam.

100 **H. Verfahren des Beschwerdegerichts.** Sein Verfahren ist alles andere als einfach. Das Beschwerdegericht prüft zunächst, ob der Vorlagebeschluß des Rpfl berechtigt ist. Eine unberechtigten Vorlage hebt das Beschwerdegericht auf. Es kann das Verfahren entsprechend (jetzt) § 538 ZPO an den Rpfl der ersten Instanz (nicht an seinen Richter) zurückverweisen, BGH RR **05**, 1299, Ffm JB **99**, 482, Hamm MDR **00**, 174. Dann muß der Rpfl auch über die Beschwerdekosten entscheiden, Bbg JB **79**, 1713. Eine Zurückverweisung ist nicht in eine Vorlage umdeutbar, Ffm VersR **78**, 261, Hamm Rpfleger **78**, 421, KG Rpfleger **78**, 337.

Sofern die *Vorlage statthaft* war, entscheidet das Beschwerdegericht nach § 572 II 1 ZPO über die Statthaftigkeit, Zulässigkeit und Begründetheit der sofortigen Beschwerde. Auch das Beschwerdegericht muß grundsätzlich den gesamten Beschluß überprüfen, aber nur im Rahmen von dessen Anfechtung, § 308 I ZPO, Mü MDR **00**, 666. Es braucht trotz § 571 I ZPO nicht schon auf Grund eines bloßen Vorbehalts des Beschwerdeführers dessen Begründung abzuwarten. Es muß nur eine angemessene Frist ablaufen lassen, Brschw MDR **93**, 1116 (2–3 Wochen). Es besteht vor dem OVG kein Vertretungszwang nach § 67 I VwGO, VGH Mannh JB **97**, 643. Dabei beachtet das Beschwerdegericht §§ 567–572 ZPO.

101 **I. Anwaltszwang.** Ein Anwaltszwang entfällt für die *Einlegung* nach Rn 96. Grundsätzlich besteht aber im Verlauf des Beschwerdeverfahrens vor dem Beschwerdegericht ein Anwaltszwang, § 78 I 2 ZPO. Indessen kann dort im Beschwerdeverfahren nach § 571 IV 1 ZPO auch jeder Anwalt auftreten. Darüber hinaus besteht vor dem Beschwerdegericht insoweit überhaupt kein Anwaltszwang, als das Gericht eine schriftliche Erklärung angeordnet hat, falls man die Beschwerde auch zum Protokoll der Geschäftsstelle einlegen *durfte* (§ 569 III ZPO), selbst wenn man sie nicht so eingelegt *hatte*. Denn dann entfällt der Anwaltszwang für die angeordnete Erklärung nach § 78 III Hs 2 ZPO. Diese Ausnahme ist freilich nicht weit auslegbar. Eine mündliche Verhandlung findet nicht zwingend statt, §§ 128 IV, 572 IV ZPO. Wohl aber ist das rechtliche Gehör notwendig, Art 103 I GG, soweit das Beschwerdegericht zulasten des Anzuhörenden entscheiden will.

J. Entscheidung des Beschwerdegerichts. Das Beschwerdegericht entscheidet durch einen Beschluß, §§ 329, 572 IV ZPO. Es muß den Beschluß unabhängig von seiner etwaigen Anfechtbarkeit grundsätzlich begründen, BLAH § 329 ZPO Rn 4. **102**

K. Begrenzung durch Antrag. Das Beschwerdegericht darf dem Beschwerdeführer nicht mehr zusprechen, als er begehrt hat, § 308 I ZPO, Ffm JB **75**, 662, OVG Hbg AnwBl **87**, 290. Das Beschwerdegericht verwirft eine unzulässige Beschwerde, § 572 II 2 ZPO. **103**

Es weist eine zulässige, aber *unbegründete* sofortige Beschwerde zurück. Soweit sie *Erfolg* hat, hebt das Beschwerdegericht den Festsetzungsbeschluß auf. Das Beschwerdegericht verweist im übrigen das Verfahren entweder nach § 572 III ZPO zurück oder entscheidet selbst darüber, wie der Festsetzungsbeschluß nun lauten soll. Im Umfang einer Zurückverweisung kann das Beschwerdegericht Weisungen für die neue Festsetzung erteilen, § 572 III ZPO. Soweit die Vorlage unzulässig war, zB wegen des Nichterreichens der Beschwerdesumme, gibt das Beschwerdegericht die Sache an den Rpfl zurück, ohne eine Aufhebung auszusprechen, Kblz Rpfleger **76**, 11.

Die *innere Rechtskraft* des Beschlusses des Rechtsmittelgerichts tritt nach § 322 ZPO unabhängig von derjenigen der Hauptsache ein.

Das Beschwerdegericht muß mangels einer Zurückverweisung über die *Kosten* des Beschwerdeverfahrens entscheiden, II 3 in Verbindung mit §§ 91, 97 ZPO, Kblz MDR **02**, 909, aM Karlsr FamRZ **02**, 1501. § 93 ZPO ist entsprechend anwendbar, auch wenn der Beschwerdegegner der sofortigen Beschwerde nicht entgegengetreten war, LG Halle MDR **00**, 480, Schneider MDR **02**, 1221 (je: Üb zur Streitfrage). Gebühren: Des Gerichts: (jetzt) KV 1811, Kblz MDR **02**, 909, Auslagen wie sonst; des Anwalts: 0,5 Gebühr, VV 3500 ff. Das Rechtsmittel ist bis zur Wirksamkeit einer Rechtsmittelentscheidung rücknehmbar. Die Rücknahme ist als eine Parteiprozeßhandlung unwiderruflich, Kblz JB **76**, 116. Der Rpfl muß die Anwaltsgebühren bei einer Rücknahme der sofortigen Beschwerde entsprechend § 516 III ZPO von Amts wegen festsetzen.

L. Verbot der Schlechterstellung. Das Beschwerdegericht muß grundsätzlich das Verbot der Schlechterstellung beachten, Mü Rpfleger **82**, 196, Oldb JB **78**, 1811, LG Würzb JB **79**, 1034. Es kann aber klarstellend aufheben, wenn der Grund der Kostengrundentscheidung weggefallen ist oder fehlt, Mü JB **82**, 1563, Pauling JB **02**, 61 (auch zu weiteren Ausnahmen). Es muß § 97 ZPO beachten, aber auch § 99 I ZPO. Wenn der Rpfl die sofortige Beschwerde zurückgewiesen hatte, statt die Akten vorzulegen, kann das Beschwerdegericht in der Sache entscheiden, ohne den angefochtenen Beschluß aufheben zu müssen, aM Ffm VersR **78**, 261, Kblz JB **76**, 1346 (das Beschwerdegericht müsse die angefochtene Entscheidung dann aufheben, wenn der Ablehnungswille des Erstgerichts klar erkennbar sei. Aber die erstere Lösung ist prozeßwirtschaftlicher, BLAH Grdz 14 vor § 128 ZPO). In einer Familiensache ist der Familiensenat des OLG für die Entscheidung über die sofortige Beschwerde zuständig, BGH FamRZ **78**, 586, Bischof MDR **78**, 716. **104**

M. Mitteilung. Das Beschwerdegericht muß seinen Beschluß förmlich zustellen, § 329 III Hs 1 ZPO, evtl auch §§ 329 III Hs 2, 574 ZPO, und zwar stets dem Proz-Bev, § 172 ZPO. Das Beschwerdegericht darf seine Entscheidung nicht abändern, §§ 318, 329 ZPO. Wegen der Einstellung der Zwangsvollstreckung § 570 III ZPO. Wegen einer weiteren Beschwerde nach einer Zulassung (jetzt) im FamFG-Verfahren BayObLG **02**, 275. Gegen die Entscheidung des OLG kommt eine Rechtsbeschwerde unter den Voraussetzungen des § 574 in Betracht, BGH RR **04**, 356 (krit Timme/ **105**

Hülk MDR **04**, 467), BayObLG Rpfleger **03**, 43. Es ist jedoch keine weitere sofortige Beschwerde statthaft.

106 **14) ZPO: Sofortige Erinnerung im einzelnen, II 3, § 11 II RPflG.** Im Bereich der ordentlichen Gerichtsbarkeit vgl zunächst wiederum die Rechtsbehelfsübersicht Rn 82–89. Wegen der Verweisung in II 3 auf §§ 104 ff ZPO ist die sofortige (befristete) Beschwerde in Verbindung mit § 11 II RPflG als Rechtsmittel gegen die Entscheidung des Rpfl statthaft, Rn 71, 81, soweit gegen die Entscheidung dann, wenn der Richter sie erlassen hätte, *keine* sofortige Beschwerde und kein anderes Rechtsmittel statthaft und zulässig wäre, BayLBG für Heilberufe Rpfleger **01**, 48. Das übersieht Schütt MDR **99**, 85 (zu § 104 ZPO). Dazu müssen im einzelnen die folgenden Voraussetzungen zusammentreffen.

107 **A. Erinnerungsberechtigung.** Zur sofortigen Erinnerung sind der Anwalt nach Rn 13 ff und der Auftraggeber berechtigt, Rn 24. Die sofortige Erinnerung kann in einen Antrag auf die bloße Festsetzung des Gegenstandswerts umdeutbar sein, Bbg JB **76**, 185. Eine Anschlußerinnerung ist möglich, LG Bln Rpfleger **96**, 397 (auch zu den Grenzen).

108 **B. Beschwer, Beschwerdewert bis 200 EUR.** Wegen der Beschwer Rn 92. Der Beschwerdewert darf 200 EUR nicht übersteigen. Denn nur dann wäre eine Entscheidung des Richters unangreifbar, § 567 II ZPO in Verbindung mit § 11 II 1 RPflG. Vgl, auch zur Nachliquidation, im übrigen wie bei Rn 92–94.

109 **C. Notfrist: 2 Wochen.** Zwar bezeichnet § 11 II 1 RPflG die dortige Anfechtungsform nur als „die Erinnerung", nicht als „sofortige Erinnerung" und schon gar nicht wie § 11 I RPflG als „sofortige Beschwerde". Trotzdem ist die Frist zur Einlegung eine Notfrist, § 224 I 2 ZPO. Denn § 11 II 1 RPflG spricht von der „für die sofortige Beschwerde geltenden Frist", und das ist eine Notfrist, Rn 95. Daran ändert sich auch nichts durch den Umstand, daß zum einen § 11 II 2 RPflG ebenso wie der hier nachrangige § 572 I 1 Hs 1 ZPO den Rpfl ermächtigt und daher evtl verpflichtet, der Erinnerung abzuhelfen, und daß zum anderen nach § 11 II 4 RPflG nur „im übrigen" die Vorschriften über die „Beschwerde" (gemeint jetzt: über die „sofortige Beschwerde") sinngemäß auf die sofortige Erinnerung anwendbar sind.

110 **D. Notfristbegriff.** Auch § 224 I 2 ZPO ändert nichts. Danach sind Notfristen nur diejenigen Fristen, die „in diesem Gesetz" als solche bezeichnet sind. Durch die Verweisung in § 11 II 1 RPflG auf die gerade für die sofortige Beschwerde der ZPO geltende Frist nimmt das Gesetz aber auf die ZPO Bezug.

111 **E. Notfristberechnung.** Die zweiwöchige Notfrist (im SGG-Verfahren: 1 Monat, § 197 II SGG) errechnet *sich* nach § 222 ZPO. Es gibt keine Abkürzung oder Verlängerung, § 224 ZPO. Die Notfrist beginnt mit der Zustellung des Festsetzungsbeschlusses, II 3 in Verbindung mit §§ 11 II 1 RPflG, 569 I 2 ZPO. Der Fristanlauf ist von einer Belehrung unabhängig. Da der Rpfl aber im Verfahren bis zum Erlaß seines Beschlusses das rechtliche Gehör gewähren mußte, Artt 2 I, 20 III GG, BVerfG **101**, 404, beginnt die Notfrist ferner nur dann zu laufen, wenn er spätestens bei der Zustellung des Kostenfestsetzungsbeschlusses eine Abschrift oder Ablichtung der Kostenberechnung des Anwalts (nicht der Gerichtskosten, Hbg JB **85**, 1884) beigefügt hat, aM Mü Rpfleger **90**, 503, ZöHe 14 (aber es ist eine vollständige Fassung des Festsetzungsbeschlusses ohne dessen Unterlagen kaum vorhanden). Die Frist läuft ferner nicht, soweit der Rpfl eine Position einfach ohne eine Anhörung stillschweigend gestrichen hatte. Soweit der Festsetzungsbeschluß nach § 105 ZPO auf das Urteil oder den Vergleich geraten war, beginnt die Frist mit der Zustellung dieses einheitlichen Titels nach § 317 ZPO.

112 Die sofortige Erinnerung muß grundsätzlich innerhalb der Notfrist *bei demjenigen Gericht eingehen,* dessen Rpfl den angefochtenen Beschluß erlassen hat, Hamm AnwBl **95**, 270, Mü Rpfleger **92**, 425, aM Bbg JB **75**, 1498 (aber das ist ein allgemeines Erfordernis jeder fristgebundenen Anfechtung). Der Eingang auf der Posteinlaufstelle ist ausreichend. Ein Eingang auf der Geschäftsstelle derjenigen Abteilung, deren Rpfl entschieden hat, ist nicht erforderlich. Soweit man die sofortige Erinnerung nach VI 2 in Verbindung mit § 129 a I ZPO zum Protokoll des Urkundsbeamten eines anderen Gerichts eingelegt hat, wird sie grundsätzlich erst dann wirksam, wenn sie beim

Gericht desjenigen Rpfl eingeht, der den angefochtenen Beschluß erlassen hat, VI 2, § 129a II 2 ZPO.

Eine Einlegung der sofortigen Erinnerung bei dem *Beschwerdegericht* wahrt aller- 113 dings die Frist auch dann, wenn kein dringlicher Fall vorliegt. Das ergibt sich aus §§ 11 II 1 RPflG, 569 I Hs 2 ZPO, Rn 109. Soweit der Erinnerungsführer auf einen Schriftsatz Bezug nimmt, muß er doch eine eindeutige Rechtsmittelerklärung innerhalb der Frist abgeben, Düss MDR **78**, 477, Ffm Rpfleger **83**, 117, Stgt Rpfleger **82**, 309. Die nachträgliche Erweiterung der sofortigen Erinnerung ist zulässig, Karlsr Rpfleger **92**, 494, ebenso eine unselbständige Anschließung, Bbg JB **78**, 593. Das stellt § 567 III ZPO klar. Da es sich um eine Notfrist handelt, kommt gegen ihre Versäumung die Wiedereinsetzung nach §§ 233 ff ZPO in Betracht.

F. Form. Die Bezeichnung des Rechtsbehelfs bindet nicht. Der Rpfl prüft, was 114 der Einreicher gemeint hat, und deutet notfalls von Amts wegen erkennbar in die richtige Bezeichnung um, Karlsr AnwBl **99**, 247.

Man kann die sofortige Erinnerung *schriftlich* einlegen, VI 1. Dann ist die eigenhändige Unterschrift notwendig, BLAH § 129 ZPO Rn 9, LG Bln MDR **76**, 407. Man kann die sofortige Erinnerung auch per Telefax, elektronisch nach VI 2 in Verbindung mit § 130a ZPO *oder zum Protokoll* des Urkundsbeamten der Geschäftsstelle einlegen, nicht aber telefonisch, auch nicht durch die bloße Bezugnahme auf einen vor der Erinnerung eingegangenen Schriftsatz, Celle Rpfleger **94**, 290. Zur Entgegennahme ist die Geschäftsstelle sowohl desjenigen Gerichts zuständig, dessen Rpfl den angefochtenen Beschluß erlassen hatte, Köln MDR **75**, 671, als auch die Geschäftsstelle eines jeden anderen AG, § 129a I ZPO.

G. Kein Anwaltszwang bei Einlegung; keine Bedingung. Es besteht zur Ein- 115 legung nach VI 1 kein Bevollmächtigten- oder gar Anwaltszwang, Rn 96. Er besteht auch dann nicht, wenn der Rpfl der sofortigen Erinnerung nicht abhilft, § 11 II 2 RPflG, und sie daher nach § 11 II 3 RPflG dem Richter vorlegt. Das gilt, zumal dieser die sofortige Erinnerung nicht dem Beschwerdegericht zuleiten darf, sondern stets selbst abschließend entscheiden muß, Rn 123, 124. Ein Anwaltszwang besteht auch dann nicht, wenn der Richter die sofortige Erinnerung fälschlich dem Beschwerdegericht zuleitet, Bbg JB **78**, 1366, Düss JB **78**, 1570, Kblz VersR **80**, 539. Wegen des Anwaltszwangs in weiterem Verfahren Rn 101.

Als eine Parteiprozeßhandlung nach BLAH Grdz 47 vor § 128 ZPO duldet die sofortige Erinnerung *keine Bedingung*, Stgt Rpfleger **82**, 309. Eine fehlerhafte Bezeichnung läßt sich aber heilen, Rn 114. Eine ausdrückliche Erklärung der sofortigen Erinnerung ist nicht notwendig.

H. Aussetzung der Vollziehung. Nach § 11 II 4 RPflG sind auf die sofortige 116 Erinnerung „im übrigen" §§ 567 ff ZPO sinngemäß anwendbar. Nach § 570 II ZPO kann derjenige Rpfl, dessen Entscheidung man angefochten hat, im Erinnerungsverfahren bis zu seiner Entscheidung über eine Abhilfe oder Nichtabhilfe die Vollziehung des angefochtenen Beschlusses aussetzen. Dagegen ist kein Rechtsbehelf statthaft, § 567 I Z 1, 2 ZPO.

I. Allgemeines zum Verfahren des Rechtspflegers bei sofortiger Erinne- 117 **rung, § 11 II 2, 3 RPflG.** Der Rpfl kann der sofortigen Erinnerung abhelfen, §§ 11 II 1, 21 Z 2 RPflG, Stgt NJW **99**, 368, aM Schneider Rpfleger **98**, 500 (aber der Wortlaut und Sinn sind eindeutig, BLAH Einl III 39). Er muß abhelfen, soweit er die sofortige Erinnerung für zulässig und begründet hält, Ffm Rpfleger **79**, 388. Daher ist er zunächst sowohl zur Prüfung der Zulässigkeit berechtigt und verpflichtet als auch zur Prüfung der Begründetheit der sofortigen Erinnerung, Rn 86, 116, Hamm Rpfleger **86**, 484, Rostock MDR **06**, 538, LG Bln JB **99**, 313. Das gilt auch beim etwaigen Wiedereinsetzungsgesuch wegen einer Versäumung der Erinnerungsfrist, § 233 ZPO, Düss Rpfleger **83**, 29, KG Rpfleger **85**, 456. Das gilt ferner trotz § 8 I RPflG auch dann, wenn der Richter rechtswidrig über die Abhilfe entschieden hatte, ohne die Entscheidung des Rpfl abzuwarten, LAG Düss Rpfleger **93**, 439. Man muß auch eine als sofortige Beschwerde bezeichnete Eingabe aus den Gründen Rn 82 ff, 97 ff zunächst dem Rpfl vorlegen.

Der Rpfl darf und muß insbesondere prüfen, ob er der Erinnerung *teilweise* abhilft, Düss Rpfleger **86**, 404 (abl Lappe/Meyer-Stolte). Der Urkundsbeamte der Geschäfts-

RVG § 11 X. Rechtsanwaltsvergütungsgesetz

stelle und notfalls der Richter des Rpfl, Hamm Rpfleger **86**, 277, legen daher die sofortige Erinnerung zunächst dem Rpfl vor. Wegen der etwaigen Aussetzung der Vollziehung Rn 116. Eine mündliche Verhandlung ist statthaft, aber nicht notwendig, § 128 IV ZPO in Verbindung mit § 11 II RPflG, § 572 IV ZPO. Der Rpfl muß bereits von sich aus dem Gegner des Erinnerungsführers vor einer diesem ungünstigen Entscheidung wie bei Rn 43 das rechtliche Gehör geben, Artt 2 I, 20 III GG, BVerfG **101**, 404. Diese Anhörung ist also nur dann nicht erforderlich, wenn der Rpfl der sofortigen Erinnerung *nicht abhelfen* will.

118   Der Rpfl muß grundsätzlich den *gesamten* Festsetzungsbeschluß überprüfen, selbst wenn die sofortige Erinnerung nicht den gesamten Beschluß angreift. Denn selbst die etwaige Unrichtigkeit einzelner Posten mag am Ergebnis des angefochtenen Beschlusses nichts ändern.

Im Verfahren vor dem Rpfl ist die *Rücknahme* der sofortigen Erinnerung zulässig. Sie führt auf einen Antrag des Gegners zur Auferlegung von dessen außergerichtlichen Kosten zu Lasten des Erinnerungsführers. Das Erinnerungsverfahren ist gerichtsgebührenfrei, § 11 IV RPflG.

119   **J. Abhilfe durch den Rechtspfleger, § 11 II 2 RPflG.** Soweit der Rpfl der sofortigen Erinnerung abhilft, entscheidet er durch einen Beschluß, §§ 329, 572 I 1 Hs 1, IV ZPO. Er darf also nicht bei einer Vorlage an den Richter offen lassen, wie weit er abhilft, Düss MDR **86**, 503, Mü Rpfleger **81**, 412, LG Bln Rpfleger **89**, 56, aM Lappe/Mayer-Stolte Rpfleger **86**, 405. Er hebt den angefochtenen Beschluß auf und erläßt einen neuen Festsetzungsbeschluß oder einen Ergänzungsbeschluß, Mü Rpfleger **81**, 71, Meyer-Stolte Rpfleger **83**, 30. Der Rpfl muß seinen Beschluß begründen, soweit er den Beteiligten belastet, BLAH § 329 ZPO Rn 4. Kosten des Gerichts: Keine Gebühren, § 11 IV RPflG, jedoch Auslagen wie sonst; des Anwalts: 0,5 Gebühr, VV 3500.

Diese Entscheidung des Rpfl *beendet* das bisherige Erinnerungsverfahren. Sie ist, soweit sie eine neue Beschwer enthält, wiederum beschwerde- oder erinnerungsfähig, KG Rpfleger **82**, 230, Mü Rpfleger **89**, 55. Freilich muß der jetzt Beschwerde insoweit dann auch eine neue Notfrist einhalten, Mü Rpfleger **89**, 55. Das gilt auch dann, wenn der Rpfl auf eine sofortige Erinnerung den ursprünglichen Festsetzungsbeschluß wieder herstellt. Die erste Erinnerung lebt nicht wieder auf, Mü Rpfleger **89**, 55.

Der Rpfl muß auch dann den ganzen Festsetzungsbeschluß *neu fassen*, wenn er der sofortigen Erinnerung nur teilweise stattgeben will. Freilich muß der unveränderte Teil vollstreikbar bleiben, Mü Rpfleger **84**, 235. Er darf also nicht auch nur zunächst den übrigen Teil vorlegen, Düss MDR **86**, 503 (abl Lappe/Meyer-Stolte Rpfleger **86**, 404), auch nicht bei wechselseitigen Erinnerungen, aM LG Detm Rpfleger **96**, 238 (abl Lappe). Er ist aber an einen nur wegen der Höhe eingelegten Antrag auch dann gebunden, wenn die Kosten gar nicht entstanden waren.

Wenn der Rpfl der sofortigen Erinnerung *voll* abhilft, muß er wegen § 308 II ZPO auch über die außergerichtlichen Kosten des Erinnerungsverfahrens entscheiden. Im Fall einer nur teilweisen Abhilfe ergeht keine Kostenentscheidung, Mü Rpfleger **77**, 70. Die Kostenentscheidung darf den Erinnerungsführer nicht schlechter stellen als vorher, Köln NJW **75**, 2347.

120   **K. Keine Abhilfe durch den Rechtspfleger: Vorlage bei seinem Richter, § 11 II 3 RPflG,** dazu *Peters,* Die Rechtsnatur des Nichtabhilfe- und Vorlagebeschlusses, Festschrift für *Gaul* (1997) 517: Nur soweit der Rpfl der sofortigen Erinnerung nicht abhilft, vermerkt er das in der Akte und verfügt die Vorlage an den Richter. Spätestens in diesem Zeitpunkt muß er eine etwa bisher fehlende Begründung des angefochtenen Beschlusses nachholen, BLAH § 329 ZPO Rn 4, 19, Düss Rpfleger **85**, 255, Mü Rpfleger **92**, 383.

Der *bloße Vermerk* des Rpfl „ich helfe nicht ab" ist ein Verstoß gegen Artt 2 I, 20 III GG, BVerfG **101**, 404 (also noch nicht Art 103 I GG). Er führt auf einen Antrag zur Zurückverweisung entsprechend § 538 ZPO an den Rpfl, BayObLG Rpfleger **93**, 485 (KostO), Mü Rpfleger **90**, 156, Rostock MDR **06**, 538. Besser, wenn auch nicht notwendig, ist ein förmlicher Nichtabhilfebeschluß. Ihn muß der Rpfl natürlich ebenso begründen. Stets ist seine volle Unterschrift nötig, BLAH § 329 ZPO Rn 8, 9.

Eine *Bezugnahme* auf die Gründe des angefochtenen Beschlusses kann genügen. Jedoch muß sich der Rpfl mit den etwa zusätzlichen Erwägungen der Erinnerungsbegründung natürlich erkennbar ernsthaft auseinandersetzen. Eine Leerfloskel „aus den zutreffenden Gründen des angefochtenen Beschlusses" reicht ebensowenig wie beim Richter. Wegen einer nur teilweisen Nichtabhilfe Rn 119.

L. Allgemeines zum Verfahren des Richters bei sofortiger Erinnerung, § 11 II 3, 4 RPflG. Erst sobald der Rpfl auf Grund der Vorlage der Akte bei ihm nach Rn 117 den erforderlichen Nichtabhilfevermerk oder Nichtabhilfebeschluß unterschrieben hat, Rn 120, Hamm Rpfleger **86**, 277, darf und muß der Urkundsbeamte der Geschäftsstelle des Rpfl die Akten dem Richter des Rpfl vorlegen. Das muß dann freilich auch unverzüglich geschehen, § 11 II 4 RPflG in Verbindung mit § 572 I 1 Hs 2 ZPO, also ohne ein schuldhaftes Zögern, § 121 II 1 BGB (allgemeiner Rechtsgedanke). 121

Erst jetzt darf und muß dieser Richter den Beschluß in seinem ganzen Umfang überprüfen, soweit der Rpfl ihn nicht bereits aufgehoben oder abgeändert hatte. Der Richter darf also nicht etwa über eine Abhilfe auch nur zunächst gewissermaßen für den Rpfl befinden, solange der Rpfl nicht in eigener Zuständigkeit über die Abhilfe nach Rn 117–119 befunden hatte, LAG Düss Rpfleger **93**, 439. Denn nunmehr gilt der Fall so, als ob der Richter die Sache an sich gezogen hätte, BayObLG Rpfleger **90**, 201.

Hat der Rpfl also ordnungsgemäß in seiner eigenen Zuständigkeit eine *Abhilfe abgelehnt* und hat der Urkundsbeamte die Akte anschließend dem Richter erstmals oder erneut vorgelegt, darf der Rpfl seine Entscheidung grundsätzlich nicht mehr von sich aus ändern, Mü Rpfleger **82**, 196, es ei denn nach einer Zurückverweisung an ihn. Eine etwaige Abänderung darf den Erinnerungsführer nicht schlechter stellen als vorher, Mü MDR **00**, 665. Der Rpfl darf also jetzt nicht mehr doch noch abhelfen, KG Rpfleger **85**, 455. Soweit nicht bereits der Rpfl den Gegner des Erinnerungsführers angehört hatte, muß sein Richter diese Anhörung nachholen, und zwar erst jetzt nach Art 103 I GG, BVerfG **101**, 404, es sei denn, auch er will der sofortigen Erinnerung nicht abhelfen. Die Anhörung heilt einen früheren Verstoß, BVerfG **5**, 22. Zu Frage eines Anwaltszwangs Rn 101.

Der Richter prüft zunächst, ob die sofortige Erinnerung im vorgelegten Umfang *statthaft und zulässig* ist, Rn 84. Wenn er sie für unzulässig hält, weil sie nicht rechtzeitig eingegangen ist, prüft er, ob eine etwa beantragte Wiedereinsetzung in den vorigen Stand notwendig ist, §§ 233 ff ZPO, Düss MDR **75**, 233, Mü Rpfleger **76**, 301 (abl Stöber), Schlesw SchlHA **340**, 56. Wenn er sie für unzulässig hält, weil wegen einer Überschreitung des Beschwerdewerts von 200 EUR eine sofortige Beschwerde statthaft ist, verfährt er nach Rn 99. 122

Im Anschluß an eine Bejahung der Zulässigkeit der sofortigen Erinnerung klärt der Richter, ob sie auch *begründet* ist. Er muß den Eingang einer etwa fehlenden Erinnerungsbegründung abwarten oder eine angemessene Frist setzen, § 224 ZPO, LG Ffm Rpfleger **90**, 285.

M. Entscheidung des Richters, § 11 II 3 RPflG. Der Richter des Rpfl entscheidet unter einer Mitbeachtung von §§ 569 ff ZPO über die sofortige Erinnerung, wenn sie im Zeitpunkt dieser seiner Entscheidung statthaft ist, Rn 84, Schlesw SchlHA **81**, 56. Das ist dann so, wenn gegen einen von vornherein vom Richter erlassenen Festsetzungsbeschluß kein Rechtsmittel zulässig gewesen wäre, Rn 84, Kblz Rpfleger **91**, 298. Das kommt vor allem dann in Betracht, wenn der Wert des Beschwerdegegenstands 200 EUR nicht übersteigt oder wenn er unter die Beschwerdesumme sinkt, (jetzt) § 567 II ZPO, BVerfG FamRZ **01**, 828, Düss Rpfleger **98**, 104, Kblz Rpfleger **92**, 242. 123

Die Entscheidung erfolgt *in voller richterlicher Besetzung*. Der Einzelrichter des § 348 ZPO entscheidet freilich in einer entsprechenden Anwendung von § 568 ZPO erst recht in diesem Nebenverfahren sinnvollerweise allein. Der Einzelrichter des § 348a ZPO muß über die sofortige Erinnerung entscheiden, soweit das Gericht den Rechtsstreit dem Einzelrichter übertragen hat und soweit der Einzelrichter den Rechtsstreit weder an das Gericht in voller Besetzung zurückverwiesen noch zurückübertragen hat, so schon Kblz Rpfleger **78**, 329. Der Einzelrichter muß ferner im Rahmen von 124

RVG § 11 X. Rechtsanwaltsvergütungsgesetz

§§ 526, 527 III Z 5 ZPO entscheiden. Der Vorsitzende der Kammer für Handelssachen muß im Rahmen von § 349 II Z 12 ZPO selbst entscheiden. In einer Familiensache nach dem FamFG ist der Familienrichter zuständig.
Die Entscheidung erfolgt durch einen *Beschluß*, § 329 ZPO in Verbindung mit § 11 II 3 RPflG, § 572 IV ZPO. Der Richter muß ihn begründen, BLAH § 329 ZPO Rn 4, Bbg JB **87**, 569. Er muß ihn voll unterschreiben, BLAH § 329 ZPO Rn 8, 9. Er darf den Erinnerungsführer nicht schlechter stellen als vorher. Der Richter darf auch nicht über die Anträge hinaus Kosten festsetzen. Er darf nicht formlos an den Rpfl zurück„abgeben".

Der Rpfl mag einen erheblichen *Verfahrensfehler* begangen haben, etwa wegen einer Mißachtung des rechtlichen Gehörs nach Rn 117 oder wegen einer rechtsfehlerhafter Anforderung einer in Wahrheit schon nach § 269 III, IV ZPO erfolgten Kostenfolge oder Kostengrundentscheidung, BLAH § 269 ZPO Rn 33. Dann darf und muß der Richter schon zwecks einer Vermeidung der Verkürzung der Instanz unter einer Aufhebung des angefochtenen Beschlusses auf einen Antrag entsprechend § 538 ZPO an den Rpfl zurückverweisen und evtl auch § 21 GKG anwenden, Teil I A dieses Buchs. Das Gericht entscheidet bei einer vollen Entscheidung über die Kosten der Erinnerung nach §§ 91, 97 ZPO, BayObLG AnwBl **99**, 354, Zweibr Rpfleger **03**, 101, LG Karlsr MDR **03**, 178. Das gilt aber nicht bei einer bloß teilweisen Abhilfe, Mü Rpfleger **77**, 70. Das Erinnerungsverfahren ist freilich gerichtsgebührenfrei, § 11 IV RPflG. Gerichtsauslagen wie sonst; Kosten des Anwalts: 0,5 Gebühr, VV 3500 ff. Das Gericht muß seine Entscheidung den Beteiligten formlos mitteilen, § 329 II 1 ZPO.

125 **N. Zurückverweisung; Zurück- oder Weiterleitung durch den Erstrichter, § 11 II 4 RPflG.** Soweit der Richter die „sofortige Erinnerung" für eine sofortige Beschwerde nach § 11 I RPflG oder soweit er das Verfahren des Rpfl sonstwie für fehlerhaft hält, kann er im ersteren Fall korrekterweise mangels seiner eigenen Sachzuständigkeit nur entweder die Akten unter einem Hinweis auf letztere formlos an den Rpfl zurückleiten oder sie ebenso formlos oft zweckmäßigerweise an das Beschwerdegericht weiterleiten. Eine förmliche Zurückverweisung unter einer Aufhebung des angefochtenen Beschlusses kommt nur bei einer statthaften und vom Rpfl verfahrensfehlerhaft weiterbehandelten sofortigen Erinnerung in Betracht.
In den übrigen Fällen hat der Erstrichter ja keine Entscheidungsbefugnis. Freilich mag bei einer hartnäckigen Wiederholung fehlerhaft eingestufter Vorlagen durch den Rpfl einmal auch im Fall des § 11 I RPflG eine förmliche Zurückverweisung zweckmäßig sein. Sie ist stets wirksam. Sie erfolgt durch einen zu begründenden Beschluß. Eine formlose Zurück- oder Weiterleitung wegen § 11 I RPflG sollte anstandshalber eine stichwortartige Kurzbegründung enthalten.

126 **O. Zurückverweisung durch Beschwerdegericht, § 11 II 4 RPflG.** Da über eine sofortige Erinnerung bei ihrer Statthaftigkeit nach Rn 84 stets entweder der Rpfl oder *sein* Richter entscheiden müssen, wäre eine Vorlage gar mittels eines Nichtabhilfebeschlusses durch den Erstrichter beim Beschwerdegericht insofern stets verfahrensfehlerhaft. Das Beschwerdegericht verweist dann auf einen Antrag durch einen in voller Besetzung gefaßten und unterschriebenen Beschluß nebst einer Kurzbegründung (Anstandspflicht) an den Erstrichter zurück und unterrichtet die Beteiligten.

127 **15) Verjährung, VII.** Der Eingang des ordnungsgemäßen Antrags auf die Festsetzung der Vergütung beim zuständigen Gericht nach Rn 39 ff hemmt die Verjährung im Antragsumfang wie einer Klageerhebung, § 204 I Z 1 BGB, Kblz FamRZ **02**, 1506, LAG Düss JB **92**, 799. Das gilt ohne Rücksicht auf den Zeitpunkt einer Mitteilung an den Antragsgegner, BGH NJW **81**, 826, aM LG Bonn JB **75**, 1337 (abl Chemnitz), LG Stgt AnwBl **79**, 24 (abl Chemnitz). Es kommt auch nicht darauf an, ob der Antragsgegner eine nicht zum Gebührenrecht gehörende Einwendung oder Einrede erhebt. Die Hemmung dauert bis zum Ablauf von 6 Monaten seit der formellen Rechtskraft der Entscheidung über den Festsetzungsantrag oder einer anderweitigen Erledigung des eingeleiteten Verfahrens, § 204 II 1 BGB. Nach einer Antragsrücknahme oder -abtretung muß man neu klagen, § 204 II 3 BGB (keine diesbezügliche Klagefrist).

128 **16) Abweichungen bei Rahmengebühr, VIII.** Das gesamte Festsetzungsverfahren nach § 11 kann unanwendbar sein, soweit es um eine Rahmengebühr im Sinn

1420

Abschnitt 1. Allgemeine Vorschriften § 11 RVG

von Einl II Rn 12, 13 und damit um eine sog Betragsrahmengebühr oder um eine sog Satzrahmengebühr des Anwalts geht. Es bleibt nur dann anwendbar, wenn zur Voraussetzung einer Rahmengebühr entweder die eine oder die andere der nachfolgenden Bedingungen hinzutreten. Außerdem ist ein Ausschlußzeitpunkt beachtbar.
Unanwendbar ist VIII bei einer Festgebühr nach Einl II Rn 14.

A. Voraussetzung: Rahmengebühr, VIII 1. Die Vorschrift stellt klar, daß das 129 vereinfachte Festsetzungsverfahren nur eingeschränkt gilt, soweit es sich um eine gesetzliche Rahmengebühr nach Einl II A 12 oder um eine Satzrahmengebühr nach Einl II A 13 handelt. Bei einer etwa vertraglich vereinbarten Rahmengebühr liegt schon aus den Gründen Rn 9–12 grundsätzlich keine Möglichkeit der Festsetzung nach § 11 vor.

VIII erfaßt Rahmengebühren *jeder Art,* Kblz MDR **00**, 1083. Der Grund der Vor- 130 schrift liegt darin, daß man den Besonderheiten der Rahmengebühr im vereinfachten Festsetzungsverfahren kaum Rechnung tragen kann, Ffm MDR **82**, 412. Wegen der einzelnen Fälle (jetzt) §§ 7, 14, Karlsr MDR **81**, 677, Mümmler JB **78**, 648. In diesen Fällen kommt eine Festsetzung jedenfalls gegenüber dem Auftraggeber in Betracht, LG Nürnb-Fürth AnwBl **75**, 67 (macht für den Fall eines Verfahrens der freiwilligen Gerichtsbarkeit eine Ausnahme). Das gilt auch im Fall der Verrechnung eines vom Auftraggeber bereits gezahlten Vorschusses, Hamm Rpfleger **79**, 436.

B. Entweder: Mindestgebühr, VIII 1 Hs 1. Bei Rn 129, 130 bleibt das Verfah- 131 ren nach § 11 zulässig, wenn der Anwalt innerhalb der Rahmengebühr nur die Mindestgebühr fordert, so schon (je zum alten Recht) Kblz RR **01**, 1655, LG Hagen Rpfleger **98**, 41, OVG Lüneb MDR **97**, 107. Durch die jetzige Gesetzesfassung ist der diesbezügliche frühere Streit erledigt.

Schädlich bleibt es aber, wenn der Anwalt *etwas mehr als* die Mindestgebühr fordert, 132 BGH Rpfleger **77**, 60, oder wenn die Parteien die Frage der Erstattungsfähigkeit in einem gerichtlichen Vergleich geregelt haben. Nur eine völlig unerhebliche Forderung über die Mindestgebühr hinaus mag unschädlich bleiben, etwa bis 2% (bei kleiner Gebührenhöhe) oder bis 3%. Aber Vorsicht! Das Gesetz verlangt Strenge.

C. Oder: Schriftliche Zustimmung des Auftraggebers, VIII 1 Hs 2, S 2. 133
Statt der Bedingung Rn 131, 132 reicht es für die Zulässigkeit des Verfahrens nach § 11 auch aus, wenn der Auftraggeber der über der Mindestgebühr liegenden Höhe „der Gebühren" ausdrücklich zugestimmt hat.

Ausdrücklich muß die Zustimmung erfolgt sein. Eine stillschweigende und nur aus 134 den Umständen ableitbare Erklärung reicht ebensowenig wie eine inhaltlich mehrdeutige, unklare oder gar widersprüchliche ausdrückliche. Das Wort Zustimmung braucht zwar nicht ebenfalls ausdrücklich vorzuliegen. Es muß aber doch aus dem ausdrücklichen schriftlichen Text ganz eindeutig das Einverständnis, die Einwilligung, die Genehmigung, die Übereinstimmung oder ein gleichwertiges Zustimmen schon seinem Wortlaut nach hervorgehen.

Schriftform ist schon wegen der Notwendigkeit der „Vorlage der Zustimmungser- 135 klärung" nach VIII 2 erforderlich. Die Vorlage etwa einer gar eidesstattlichen Erklärung eines anderen als des Auftraggebers ist keine Vorlage „der Zustimmungserklärung" selbst.

„Höhe der Gebühren" stellt nicht auf eine einzelne von mehreren Gebühren ab, son- 136 dern auf ihre Gesamtheit. Sonst würde es in VIII 1 etwa heißen „Höhe der fraglichen (oder: jeweiligen) Gebühr". Der Auftraggeber muß also entweder der Überschreitung jeder etwaigen Mindestgebühr oder doch im Ergebnis eindeutig der Gesamtsumme der Rahmengebühren der jeweils geltend gemachten Berechnung zugestimmt haben. Festgebühren bleiben bei alledem natürlich hier unbeachtet.

D. Vorlage der Zustimmung beim Antrag, VIII 2. Die Zulässigkeit des Ver- 137 fahrens nach § 11 hängt bei Rn 133–136 außerdem davon ab, daß der Anwalt die Zustimmungserklärung des Auftraggebers zugleich mit dem Festsetzungsantrag nach Rn 13–38 vorlegt. Eine Nachreichung ist also schädlich. Das Gericht muß dann trotzdem die Festsetzung nach § 11 ablehnen. Eine zeitlich völlig unerhebliche Nachreichung etwa noch am Tag des Eingangs des Antrags auf der Posteinlaufstelle oder auch am Morgen des folgenden Werktags mag ausnahmsweise unschädlich sein. Aber auch hier Vorsicht! Das Gesetz verlangt Strenge. Eine nachgeschobene Zustimmung ist zwar nicht schon wegen der Verzögerung der Einreichung verdächtig. Dennoch darf das Gericht nicht Tür und Tor öffnen, wenn der Anwalt eine einfache Obliegenheit versäumt hat. Eine Wiedereinsetzung entfällt schon mangels des Vorliegens einer förmlichen Frist.

138 17) **Gebührenklage, V, VIII.** Es gibt vier Aspekte.

A. Nur bei Unanwendbarkeit von § 12. Eine Gebührenklage hat ebenso wie ein Mahnantrag ein Rechtsschutzbedürfnis nur, soweit § 11 auch nur teilweise unanwendbar ist, Rn 2.

139 **B. Zuständigkeit.** Soweit der Anwalt oder der Auftraggeber wegen der umstrittenen Vergütung des Anwalts nach Rn 52 einen Mahnbescheid beantragen oder eine Klage erheben dürfen und müssen, ist neben dem Gericht des allgemeinen Gerichtsstands des Auftraggebers nach §§ 12 ff ZPO auch als ein besonderer Wahlgerichtsstand das Gericht des Hauptprozesses nach § 34 ZPO zuständig, etwa ein Familiengericht, Grdz 34 vor § 1. Es mag auch die Kammer für Handelssachen auch nach § 34 ZPO tätig werden, KG FamRZ **81**, 1090, aM BGH **97**, 81, Karlsr FamRZ **85**, 498 (aber es kommt eben auch hier auf den Schwerpunkt an). In einer Strafsache, FamFG-Sache usw ist das ordentliche Zivilgericht zuständig. Eine Verweisung ändert die Zuständigkeit nicht. Das alles gilt auch im Rechtsmittelverfahren, BVerfG NJW **77**, 145. Für die Arbeitsgerichtsbarkeit verweisen §§ 2, 46 II ArbGG auf die ZPO und damit auf § 34 ZPO, BAG NJW **98**, 1092.

Hauptprozeß ist jedes zivilprozessuale Verfahren, auch die Zwangsvollstreckung oder das Aufgebots-, Insolvenz- oder Zwangsversteigerungsverfahren. § 34 ZPO regelt auch die sachliche Zuständigkeit. Soweit eine Klage vor dem Gericht des Hauptprozesses nicht möglich ist, etwa weil ihm die Zuständigkeit für die Gebührenklage fehlt, kommt als Gericht dasjenige des Erfüllungsorts nach § 29 ZPO in Betracht, § 797 I ZPO, also grundsätzlich das für den Sitz des Anwalts zuständige Zivilgericht, Grdz 34 vor § 1, BLAH § 29 ZPO Rn 18. Man muß auch keineswegs stets im Verwaltungsrechtsweg klagen. Denn an der bürgerlichrechtlichen Natur des Gebührenanspruchs ändert sich nichts dadurch, daß das RVG die Höhe der gesetzlichen Gebühr bestimmt.

§ 34 ZPO ist auch auf den *Rechtsnachfolger* des Anwalts anwendbar, nicht aber dann, wenn es um eine Gebührenklage gegenüber einem Dritten geht, etwa gegenüber einem Bürgen.

140 **C. Verfahren.** Der Anwalt muß darlegen, weshalb eine Vergütungsfestsetzung nach § 11 zumindest teilweise nicht möglich ist. Er ist für eine solche Lage auch evtl auch für eine Vergütungsvereinbarung beweispflichtig, Mü NJW **84**, 2537.

Eine *hilfsweise Beschränkung* auf die *gesetzliche* Vergütung führt nicht etwa zu einer Verweisung auf das Verfahren nach § 11. Vielmehr darf und muß das Gericht dann dem Hilfsantrag stattgeben.

140 Anders als beim Kostenfestsetzungsverfahren nach § 104 ZPO kann man im Weg einer Vollstreckungsabwehrklage wegen § 767 II ZPO nur eine solche Einwendung geltend machen, die man noch nicht im Festsetzungsverfahren erheben konnte. Denn der Rpfl hatte dem Auftraggeber hören müssen. Er hatte ihm also eine Gelegenheit zur Äußerung gegeben.

141 **D. Vollstreckung.** Eine Zwangsvollstreckung kann eine unzulässige Rechtsausübung sein, soweit der Festsetzungsbeschluß unrichtig ist und besondere Umstände hinzutreten. ArbG Düss VersR **90**, 1370 rechnet hierher auch die Erschleichung eines sittenwidrigen Beschlusses nach den Grundsätzen zur Rechtskraftdurchbrechung sittenwidriger Vollstreckungsbescheide.

Anwendung von Vorschriften für die Prozesskostenhilfe

12 *Fassung 1. 9. 2009:* [1]**Die Vorschriften dieses Gesetzes für im Wege der Prozesskostenhilfe beigeordnete Rechtsanwälte und für Verfahren über die Prozesskostenhilfe sind bei Verfahrenskostenhilfe und in den Fällen des § 11 a des Arbeitsgerichtsgesetzes und des § 4 a der Insolvenzordnung entsprechend anzuwenden.** [2]**Der Bewilligung von Prozesskostenhilfe steht die Stundung nach § 4 a der Insolvenzordnung gleich.**

Abschnitt 1. Allgemeine Vorschriften   **§§ 12, 12a RVG**

Vorbem. S 1 erweitert durch Art 47 VI Z 4 FGG-RG v 17. 12. 08, BGBl 2586, in Kraft seit 1. 9. 09, Art 112 I Hs 1 FGG-RG, Übergangsrecht Art 111 FGG-RG, Grdz 2 vor § 1 FamGKG, Teil I B dieses Buchs.

Bisherige Fassung S 1: ¹**Die Vorschriften dieses Gesetzes für im Wege der Prozesskostenhilfe beigeordnete Rechtsanwälte und für Verfahren über die Prozesskostenhilfe sind in den Fällen des § 11 a des Arbeitsgerichtsgesetzes und des § 4 a der Insolvenzordnung entsprechend anzuwenden.**

1) Systematik, S 1, 2. Die Vorschrift ergänzt §§ 45 ff, VV 1000 ff für die in S 1 genannten Fälle.   1

2) Regelungszweck, S 1, 2. Es geht um eine Vereinheitlichung, Vereinfachung und damit um mehr Zweckmäßigkeit und Rechtssicherheit. Das sollte man bei der Auslegung mitbeachten.   2

3) Geltungsbereich, S 1, 2. Die Vorschrift gilt bei § 11 a ArbGG, Teil II A dieses Buchs, und bei § 4 a InsO, Teil VII F dieses Buchs. Hierher gehören §§ 4 V, 45, 46, 47 I, 48–59, VV 3334, 3336.   3

Nicht hierher gehören § 39 (gilt nur bei § 138 FamFG, auch in Verbindung mit § 270 FamFG), § 40 (gilt nur bei § 67 a VwGO), § 41 I (gilt nur bei §§ 57, 58 ZPO).

4) Verweisung, S 1, 2. Die Verweisungstechnik ist umfassend. Sie macht sämtliche für den bei einer Prozeßkostenhilfe beigeordneten Anwalt vorhandene Kostenvorschriften des RVG uneingeschränkt im Geltungsbereich Rn 3 entsprechend anwendbar.   4

Abhilfe bei Verletzung des Anspruchs auf rechtliches Gehör

12a ¹Auf die Rüge eines durch die Entscheidung nach diesem Gesetz beschwerten Beteiligten ist das Verfahren fortzuführen, wenn
1. ein Rechtsmittel oder ein anderer Rechtsbehelf gegen die Entscheidung nicht gegeben ist und
2. das Gericht den Anspruch dieses Beteiligten auf rechtliches Gehör in entscheidungserheblicher Weise verletzt hat.

II ¹Die Rüge ist innerhalb von zwei Wochen nach Kenntnis von der Verletzung des rechtlichen Gehörs zu erheben; der Zeitpunkt der Kenntniserlangung ist glaubhaft zu machen. ²Nach Ablauf eines Jahres seit Bekanntmachung der angegriffenen Entscheidung kann die Rüge nicht mehr erhoben werden. ³Formlos mitgeteilte Entscheidungen gelten mit dem dritten Tage nach Aufgabe zur Post als bekannt gemacht. ⁴Die Rüge ist bei dem Gericht zu erheben, dessen Entscheidung angegriffen wird; § 33 Abs. 7 Satz 1 und 2 gilt entsprechend. ⁵Die Rüge muss die angegriffene Entscheidung bezeichnen und das Vorliegen der in Absatz 1 Nr. 2 genannten Voraussetzungen darlegen.

III Den übrigen Beteiligten ist, soweit erforderlich, Gelegenheit zur Stellungnahme zu geben.

IV ¹Das Gericht hat von Amts wegen zu prüfen, ob die Rüge an sich statthaft und ob sie in der gesetzlichen Form und Frist erhoben ist. ²Mangelt es an einem dieser Erfordernisse, so ist die Rüge als unzulässig zu verwerfen. ³Ist die Rüge unbegründet, weist das Gericht sie zurück. ⁴Die Entscheidung ergeht durch unanfechtbaren Beschluss. ⁵Der Beschluss soll kurz begründet werden.

V Ist die Rüge begründet, so hilft ihr das Gericht ab, indem es das Verfahren fortführt, soweit dies aufgrund der Rüge geboten ist.

VI Kosten werden nicht erstattet.

Vorbem. II Hs 2 ergänzt durch Art 18 V Z 2 G v 12. 12. 07, BGBl 2840, in Kraft seit 1. 7. 08, Art 20 S 3 G. Übergangsrecht § 60 RVG.

Schrifttum (teilweise zum alten Recht): *Hinz* WoM 02, 6 (Üb); *Kettinger,* Die Verfahrensgrundrechtszüge usw, 2007; *Polep/Rensen,* Die Gehörsrüge (§ 321 a ZPO), 2004; *Schmidt* MDR **05**, 915 (Üb); *Schnabl,* Die Anhörungsrüge nach § 321 a ZPO, 2007; *Schneider* AnwBl **02**, 620; *Schneider,* Die Gehörsrüge – eine legislative Missgeburt, Festschrift für

1423

RVG § 12a

X. Rechtsanwaltsvergütungsgesetz

Madert (2006) 187; *Treber* NJW **05**, 97 (Üb); *Vollkommer,* Erste praktische Erfahrungen mit der neuen Gehörsrüge gemäß § 321 a ZPO, Festschrift für *Musielak* (2004) 619; *Vollkommer,* Streit- und Zweifelsfragen bei der schrittweisen Einführung der Gehörsrüge in den deutschen Zivilprozess, Festschrift für *Georgiades* (2006) 589; *Zuck* AnwBl **08**, 168 (krit Üb).

Gliederung

1) **Systematik, I–VI**	1
2) **Regelungszweck, I–VI**	2, 3
3) **Geltungsbereich, I–VI**	4
4) **Ausschluß von §§ 319–321, 329 ZPO usw, I–VI**	5–9
A. Keine Berichtigung entsprechend § 319, 329 ZPO usw	6
B. Keine Tatbestandsberichtigung nach § 320 ZPO usw	7, 8
C. Keine Ergänzung der Entscheidung nach §§ 321, 329 ZPO usw	9
5) **Unbeachtlichkeit von § 156 ZPO, I–VI**	10
6) **Unzulässigkeit eines Rechtsmittels oder anderen Rechtsbehelfs, I Z 1**	11–14
A. Maßgeblichkeit nur der Entscheidung nach dem RVG	12
B. Unzulässigkeit jedes anderen Rechtsbehelfs	13, 14
7) **Entscheidungserheblichkeit der Verletzung des Anspruchs auf rechtliches Gehör, I Z 2**	15–20
A. Gehörsverletzung gerade des Beschwerten	16
B. Gehörsbegriff	17, 18
C. Entscheidungserheblichkeit des Gehörsverstoßes	19
D. Nicht nur bei Endentscheidung, I Z 1, 2	20
8) **Notwendigkeit einer Rüge, I, II**	21
9) **Rügefrist, II 1–3**	22–25
A. Fristbeginn mit Kenntnis der Verletzung, II 1 Hs 1	23
B. Glaubhaftmachung, II 1 Hs 2	24
C. Jahres-Ausschlußfrist, II 2, 3	25
10) **Zuständigkeit, Rügeform, II 4**	26, 27
A. Schriftform oder elektronisch, II 4 Hs 1	26
B. Auch zum Protokoll, II 4 Hs 2	27
11) **Rügeinhalt, II 5**	28–39
A. Bezeichnung der angegriffenen Entscheidung, II 5 Hs 1	28
B. Darlegung der Gehörsverletzung, II 5 Hs 2	29, 30
C. Darlegung der Entscheidungserheblichkeit der Gehörsverletzung, II 5 Hs 2	31–34
D. Voraussichtlichkeit, II 5 Hs 1, 2	35
E. Beispiele zur Frage einer Gehörsverletzung, II 5 Hs 1, 2	36–39
12) **Stellungnahme des Gegners, III**	40–42
A. Erforderlichkeit	40
B. Stellungnahmefrist	41
C. Gegenäußerung des Rügeführers	42
13) **Verwerfung, Zurückweisung, IV**	43–52
A. Amtsprüfung der Statthaftigkeit und Zulässigkeit, IV 1	43, 44
B. Freigestellte mündliche Verhandlung, IV 1	45
C. Bei Unstatthaftigkeit oder Unzulässigkeit: Verwerfungsbeschluß, IV 2, 4, 5	46
D. Begründung der Verwertung	47, 48
E. Verwerfungskosten	49, 50
F. Bei Unbegründetheit: Zurückweisungsbeschluß, IV 3–5	51
G. Begründung der Zurückweisung	52
H. Zurückweisungskosten	53
14) **Abhilfe: Verfahrensfortführung, V**	54–57
A. Keine Notwendigkeit einer Fortführungsentscheidung, V 1	55
B. Zurückversetzung des Verfahrens, V 2, 4	56
C. Neue Entscheidung, V 3	57
15) **Einstellung der Zwangsvollstreckung, § 707 ZPO**	58, 59
16) **Keine Kostenerstattung, VI**	60
17) **Verstoß, I–VI**	61
18) **Rechtsbehelfe, Verfassungsbeschwerde, I–VI**	62–68
A. Nicht bei greifbarer Gesetzwidrigkeit	63
B. Keine Gegenvorstellung	64
C. „Ergänzende" Rechtsbeschwerde	65
D. Meistbegünstigung	66
E. Verfassungsbeschwerde	67
F. Gegen Abhilfe	68

1 **1) Systematik, I–VI.** Die Vorschrift ist eine notwendige Ergänzung zu §§ 1–11. Denn sie regelt eine dort nicht eindeutig oder gar nicht erfaßte Situation. § 12a gilt deshalb neben §§ 1–11 nur hilfsweise, eben nur, soweit diese letzteren Bestimmungen

Abschnitt 1. Allgemeine Vorschriften　　　　　　　　　　§ 12a RVG

nicht ausreichen. Nur bei deren Unanwendbarkeit entsteht ein Rechtsschutzbedürfnis nach § 12a, Celle MDR **03**, 593 (zu § 321a ZPO).

2) Regelungszweck, I–VI. Die Vorschrift bezweckt die Heilung eines Verstoßes 2 gegen Art 103 I GG und nur dieses Verstoßes, so jetzt auch BVerfG NJW **09**, 3710/3711 (zu § 321a ZPO, kunstvoll aussparend zitierend), weitergehend BVerfG NZA **08**, 1201 (zu § 78a ArbGG). Sie dient aber auch der Entlastung des BVerfG, Oldb NJW **03**, 149. Gravenhorst MDR **03**, 888 schlägt stattdessen eine „kleine Verfassungsbeschwerde" mit §§ 577a–e ZPO vor (so sein Entwurf). Das BVerfG soll sich nicht mit einem Verstoß gegen Art 103 I GG befassen müssen, den das Verfahrensgericht aus einer Gleichgültigkeit oder Gedankenlosigkeit oder sogar ohne jede Vorwerfbarkeit begangen hatte und den es bei einer nochmaligen Prüfung voraussichtlich selbst beheben kann, BVerfG NJW **07**, 2241 und 2243. Das rechtfertigt zB im Zivilprozeß die Durchbrechung der Bindung an die eigene Entscheidung nach §§ 318, 329 ZPO und sogar der inneren Rechtskraft nach § 322 ZPO. Es erübrigt auch ein ohnehin meist erst unter anderen Umständen mögliches Abänderungsverfahren nach § 323 ZPO oder eine jetzt unzulässige weitere Beschwerde, KG MDR **02**, 1086.

Gerechtigkeit ist also das Hauptziel. Daneben dient § 12a aber eben auch der Pro- 3 zeßwirtschaftlichkeit, BLAH Grdz 14 vor § 128 ZPO. Das gilt zwar nicht zugunsten des Verfahrensgerichts, wohl aber zugunsten des überlasteten BVerfG. Deshalb muß man die Vorschrift im Zweifel zulasten des Verfahrensgerichts auslegen. Man muß ihre Voraussetzungen also großzügig bejahen. Freilich sollte eine solche Auslegung nun auch keineswegs dazu führen, einer unterlegenen Partei einen billigen Vorwand zu geben, statt eines Rechtsrisikos bequem einen Gehörsverstoß zu behaupten und damit einfach eine Wiedereröffnung der Verhandlung zu erreichen, um dann ergänzend vortragen und beweisen zu können, was sie längst hätte tun können und müssen. Auch diese Gefahr muß man bei der Auslegung mitbeachten.

Rechtssicherheit ist ein weiteres Ziel. Denn eine rechtzeitige Rüge nach § 12a hemmt den Eintritt der formellen Rechtskraft und damit auch der inneren.

3) Geltungsbereich, I–VI. Die Vorschrift ist dem § 321a ZPO nachgebildet. Sie 4 ist in allen Verfahren nach dem RVG uneingeschränkt anwendbar. Das gilt auch zB: Beim Kostenansatz; bei einer Erinnerung und bei einer Beschwerde; bei der Wertfestsetzung; beim Vorschuß; beim Zurückbehaltungsrecht; bei einer unrichtigen Sachbehandlung; bei der Bestimmung der Zahlungspflichtigen.

In den *anderen* Gerichtsverfahren gelten entsprechende Vorschriften, §§ 72a, 78a ArbGG, BVerfG NZA **08**, 1201, Schrader NZA-RR **06**, 57, § 83a EnWG, § 61 FamGKG, § 133a FGO, BFH NVwZ-RR **09**, 703, FG Kassel NZA-RR **06**, 80, § 81 III GBO, § 69a GKG, § 71a GWB, § 55 IV JGG, § 4a JVEG, § 157a KostO, § 178a SGG, § 29 II SchiffsRegO, §§ 33a, 356a StPO, § 152a VwGO, § 121a WDisziplO, § 89a MarkenG.

4) Ausschluß von §§ 319–321, 329 ZPO usw, I–VI. Vor einer Prüfung der 5 Voraussetzungen nach I muß man als Gericht wie Partei oder ProzBev klären, ob das Rechtsschutzbedürfnis für ein Verfahren nach § 12a schon deshalb fehlt, weil einer der Wege einer Berichtigung oder Ergänzung des Urteils entsprechend §§ 319–321, 329 ZPO usw infrage kommt, Rn 1.

A. Keine Berichtigung entsprechend §§ 319, 329 ZPO usw. Das Gericht 6 muß zunächst schon von Amts wegen prüfen, ob eine Berichtigung wegen einer offenbaren Unrichtigkeit im Hinblick auf die hier natürlich allein interessierende Frage einer entscheidungserheblichen Gehörsverletzung möglich und daher notwendig ist. Das kann zB dann so sein, wenn das Gericht das rechtliche Gehör zumindest nach seiner wahren Ansicht gegeben und nur vergessen hatte, das Ergebnis dieser Gewährung in der Entscheidung zum Ausdruck zu bringen. Denn dann kann schon infolge einer Berichtigung im einfacheren und schnelleren Verfahren nach §§ 319, 329 ZPO usw eine Rüge nach § 12a unnötig werden und eine verständige Partei bereits deshalb von ihr absehen. Die Berichtigung mag im Tenor, Tatbestand oder den Entscheidungsgründen oder Protokollgründen notwendig sein.

B. Keine Tatbestandsberichtigung nach § 320 ZPO usw. Sodann muß man 7 bei einem Urteil prüfen, ob wenigstens eine Berichtigung des etwaigen Tatbestands nach §§ 320, 329 ZPO usw wiederum im Hinblick auf eine entscheidungserhebliche

RVG § 12a X. Rechtsanwaltsvergütungsgesetz

Gehörsverletzung infrage kommt. Das kann nicht nur die Partei prüfen, die ja einen nach §§ 320 I, III, 329 ZPO notwendigen Antrag stellen müßte. Vielmehr darf und muß auch das Gericht eine solche Prüfung im Zivilprozeß zwecks Anregung eines etwaigen Parteiantrags vornehmen. Zwar bezieht sich die Erörterungs- und Hinweispflicht des § 139 ZPO auf den Verfahrensabschnitt „mündliche Verhandlung". Diese ist ja spätestens mit der Maßnahme nach §§ 136 IV, 296a S 1 ZPO jedenfalls zunächst beendet gewesen. Indessen zielt § 12a V ja gerade auf die „Fortführung des Verfahrens" ab, also jedenfalls beim Verfahren mit einer möglichen oder notwendigen mündlichen Verhandlung auf den Wiedereintritt in sie. Im übrigen gilt die Fürsorgepflicht des Gerichts in allen Verfahrensabschnitten.

8 Mit § 320 ZPO usw *erzielt man* freilich vordergründig nur eine Verbesserung des Tatbestands, nicht der Entscheidungsgründe, dort V. Sie mag aber auch und gerade in der Frage der Gewährung oder Verletzung des rechtlichen Gehörs Auswirkungen bis hin zur Anfechtbarkeit des Urteils und damit zum Entfallen des Verfahrens nach § 12a mit sich bringen, wenn auch sicher nur selten. Im übrigen kann ja ein Verfahren nach §§ 320, 329 ZPO ein solches nach § 321 ZPO zur Folge haben, das ebenfalls einen Vorrang vor demjenigen nach § 12a hätte.

9 **C. Keine Ergänzung der Entscheidung nach §§ 321, 329 ZPO usw.** Schließlich muß man klären, ob eine Ergänzung der Entscheidung nach §§ 321, 329 ZPO usw infrage kommt. Auch diese Prüfung obliegt nicht nur der Partei, sondern trotz des Erfordernisses ihres Antrags auch dem Gericht wegen seiner in Rn 7 dargelegten hier ebenso bestehenden Fürsorgepflicht. Auch bei § 321 ZPO kommt es hier natürlich nur auf eine etwaige entscheidungserhebliche Gehörsverletzung an. Immerhin kann sie gerade auch bei §§ 321, 329 ZPO usw ein Anlaß zur Ergänzung der Entscheidung sein und damit ein Verfahren nach § 12a erübrigen.

10 **5) Unbeachtlichkeit von § 156 ZPO, I–VI.** Dagegen ist im Zivilprozeß § 156 ZPO bei § 12a zunächst unbeachtlich. Denn die Geltungsbereiche überschneiden sich zunächst nicht. § 156 ZPO setzt zwar voraus, daß das Gericht die mündliche Verhandlung bereits nach §§ 136 IV, 296a S 1 ZPO geschlossen hatte. Die Vorschrift gilt aber nur bis zur Verkündung oder sonstigen gesetzmäßigen Mitteilung der Entscheidung. Demgegenüber hat § 12a gerade eine bereits wirksam erlassene Entscheidung zur Voraussetzung. Ob im Verfahren nach § 12a dann nach dem Schluß der dortigen Verhandlung, aber vor der Entscheidung über die Rüge eine Wiedereröffnung dieser letzteren Verhandlung nach § 156 ZPO notwendig wird, ist eine andere Frage. Diese läßt sich an diesem Anfang der Prüfschritte des § 12a noch nicht beantworten. Natürlich kann ein Verstoß gegen § 156 ZPO die Rüge nach § 12a eröffnen.

11 **6) Unzulässigkeit eines Rechtsmittels oder anderen Rechtsbehelfs, I Z 1.** Ein Abhilfeverfahren nach § 12a setzt das Zusammentreffen mehrerer Bedingungen voraus. Es sind mehrere Prüfschritte erforderlich.

12 **A. Maßgeblichkeit nur der Entscheidung nach dem RVG.** Es kommt bei I Z 1 nur auf eine solche Entscheidung an, die das Gericht gegenüber einem gerade nach dem RVG Beteiligten getroffen hat.

13 **B. Unzulässigkeit jedes anderen Rechtsbehelfs.** Es darf gegen die Entscheidung auch kein Rechtsmittel und überhaupt kein Rechtsbehelf irgendeiner Art statthaft sein. Damit erweitert I Z 1 den Kreis der zunächst durchzuprüfenden Rechtsbehelfe im weitestmöglichen Sinn und engt dadurch zugleich die Möglichkeit einer Anhörungsrüge ungeachtet ihrer nach Rn 3 aber weiten Auslegbarkeit doch wieder ein.

14 Daher darf man nun auch *nicht* gleich wieder mit dem schon nach altem Recht genügend problematisch gewesenen „*außerordentlichen Rechtsmittel*" wegen „greifbarer Gesetzwidrigkeit" die Einschränkung des I 1 unterlaufen oder überhöhen, je nach der Betrachtungsweise und Wunschrichtung. Auch eine Gegenvorstellung muß nicht vorangehen. Denn § 12a tritt ja gerade an deren Stelle. Freilich kann eine hilfsweise Gehörsrüge in Betracht kommen, Rn 21.

15 **7) Entscheidungserheblichkeit der Verletzung des Anspruchs auf rechtliches Gehör, I Z 2.** Nach der Klärung, ob eine der Situationen Rn 5–9 vorliegt, und nach der Feststellung, daß ein Rechtsmittel oder ein anderer Rechtsbehelf un-

Abschnitt 1. Allgemeine Vorschriften **§ 12a RVG**

statthaft ist, Rn 11–14, hängt die Statthaftigkeit des Abhilfeverfahrens nach § 12a davon ab, daß außerdem auch das Gericht des bisherigen Rechtszugs den Anspruch des Rügeführers auf das rechtliche Gehör in einer entscheidungserheblichen Weise verletzt hat. Hier muß man also zwei Unterfragen prüfen.

A. Gehörsverletzung gerade des Beschwerten. Gerade das angegangene Gericht muß gerade das rechtliche Gehör gerade demjenigen Beteiligten versagt haben, den die Entscheidung beschwerte und der jetzt als Rügeführer auftritt, BGH NJW 08, 2127, BSG NZA-RR **05**, 603. Also reicht keine andere Art von Verfahrensverstoß, BGH NJW **08**, 2127, Celle MDR **08**, 1180, Kblz FamRZ **08**, 1967 (je zu § 321a ZPO), weitergehend BVerfG NZA **08**, 1201 (zu § 78a ArbGG). Der Verstoß mag zB im Zivilprozeß vor dem Schluß einer etwaigen mündlichen Verhandlung nach §§ 136 IV, 296a ZPO oder im etwaigen Wiedereintrittsverfahren nach § 156 ZPO entstanden sein, im schriftlichen Verfahren bis zum Schluß der Frist zum Vortrag nach § 128 II 2 ZPO. Er mag in nur einem oder in mehreren Punkten vorliegen. Er mag sich auf die Tatsache oder eine Rechtsfrage beziehen, zB § 139 II 1 ZPO. Er mag auch nur den Kostenpunkt betreffen, Celle FamRZ **03**, 1578 (zu § 321a ZPO). Er mag nur diesen Rügeführer oder neben ihm auch andere beschweren. Auch die Staatskasse kann eine Beteiligte sein.

Besteht ein Verstoß nur gegenüber einem *anderen Beteiligten*, entfällt für den Rügeführer die Möglichkeit nach I Z 2. Denn diese Vorschrift spricht vom Anspruch auf Gehör gerade „dieser" Partei. I 2 soll natürlich nicht auch dem durch einen Gehörsverstoß gar nicht Betroffenen eine Rügemöglichkeit eröffnen. Deshalb ist auch bei einfachen Streitgenossen nach §§ 59–61 ZPO nur der persönlich Beschwerte rügeberechtigt. Bei notwendigen Streitgenossen nach § 62 ZPO kommt es auf die Fallumstände an. Auch dann muß aber der Rügeführer zumindest mit durch eine Gehörsverletzung beschwert sein.

B. Gehörsbegriff. Rechtliches Gehör muß man wie bei BLAH Einl III 16, Grdz 41 vor § 128 ZPO beurteilen. Es erfordert also bei aller manchmal gefährlich schillernden Unschärfe des Begriffs und seiner oft allzu zweckorientierten Auslegung doch im Kern die ausreichende Möglichkeit einer Äußerung zu einer tatsächlichen oder rechtlichen Frage innerhalb einer nach den Gesamtumständen angemessenen nicht allzu großzügig ansetzbaren Frist. Eine allzu weite Auslegung ist gefährlich, großzügiger Köln FamRZ **05**, 2075.

Gesetz und Gesamtumstände sind dabei mitbeachtlich, letztere zumindest hilfsweise und evtl sogar vorrangig. Im übrigen sei auf die Erörterungen möglicher Gehörsverletzungen bei den einzelnen Vorschriften der ZPO, des GVG usw verwiesen. Eine Bereitschaft zur Selbstkritik ist eine gebieterische Forderung an das Gericht gerade im Verfahren nach § 12a. Das gilt besonders bei der Beurteilung, ob man das Gehör verletzt hatte. Eine Ängstlichkeit ist freilich keineswegs ratsam. Zwar sollte das Gericht nach den Anregungen Rn 3 vorgehen. Das Gericht sollte aber eben auch nicht eine Beibehaltung der Entscheidung scheuen, wenn es sich einigermaßen bestätigt fühlt. Mag in solchem Fall dann eben eine Verfassungsbeschwerde folgen müssen.

C. Entscheidungserheblichkeit des Gehörsverstoßes. Gerade der Verstoß gegen das Gebot rechtlichen Gehörs muß für den Rügeführer in der Entscheidung nachteilige Auswirkungen gehabt haben. Er muß dadurch also beschwert sein. Diese Ursächlichkeit muß zweifelsfrei feststehen. Sonst scheitert die Rüge, Zuck NJW **08**, 2081 (zur Nichtzulassungsbeschwerde bei § 321a ZPO). Eine Mitursächlichkeit genügt. Es ist nicht ein Auswirkung in der Hauptsache erforderlich. Anders als § 139 II 1 ZPO reicht auch eine nachteilige Auswirkung wegen einer Nebenforderung, BLAH § 4 ZPO Rn 10 ff usw. Begriff der Ursächlichkeit BLAH § 287 ZPO Rn 6–8.

Umfangserheblichkeit des Verstoßes ist *nicht* erforderlich. Denn Entscheidungserheblichkeit ist etwas anderes als ein erhebliches Ausmaß. Daher reicht theoretisch ein Nachteil von sehr geringer Summe. Freilich dürfte das Rechtsschutzbedürfnis bei winzigen Auswirkungen fehlen: minima non curat praetor. Vor diesem Gedanken sollte der Richter auch bei § 12a nicht furchtsam zurückweichen. In einem allzu krass geringfügig „entscheidungserheblichen" Fall dürfte in einer Rüge nach § 12a sogar ein Rechtsmißbrauch liegen, BLAH Einl III 54. Freilich sollte sich das Gericht hüten, diesen Gedanken zum faulen Abschmettern einer Abhilfebitte zu mißbrauchen.

1427

20 **D. Nicht nur bei Endentscheidung, I Z 1, 2.** Eine Anhörungsrüge kommt anders als bei § 321 a I 2 ZPO nicht nur beim Verstoß einer Endentscheidung infrage. Sie ist vielmehr bei jeder Entscheidung des Richters, Rpfl oder Urkundsbeamten welcher Form auch immer statthaft. Hierher zählt also zB auch eine Zwischen- oder Teilentscheidung.

Unerheblich ist für die Abgrenzung die jeweilige Bezeichnung der Entscheidung. Maßgeblich ist vielmehr der durch eine Auslegung nach den Grundsätzen BLAH Grdz 52 vor § 128 ZPO ermittelbare Inhalt der Entscheidung.

Unanwendbar ist § 12 a bei einem bloßen Verwaltungsakt.

21 **8) Notwendigkeit einer Rüge, I, II.** Das Gericht muß ein Verfahren nach § 12 a zwar evtl von Amts wegen anregen, Rn 7. Das Verfahren beginnt aber nur auf Grund einer Rüge, also eines hier besonders benannten Antrags, I. Er ist eine Parteiprozeßhandlung des nach dem RVG Beteiligten, BLAH Grdz 47 vor § 128 ZPO. Er hat die in BLAH Grdz 51 ff vor § 128 ZPO erläuterten Folgen für die Auslegung, einen Widerruf usw. Die unrichtige Bezeichnung ist unschädlich, soweit die Zweckrichtung einer Bitte um Abhilfe gerade wegen einer Gehörsverletzung eindeutig erkennbar ist. Die Gehörsrüge kann auch neben einem Rechtsbehelf oder Rechtsmittel hilfsweise erfolgen.

22 **9) Rügefrist, II 1–3.** Man muß die Rügeschrift innerhalb von zwei Wochen einreichen, II 1. Die Rechtzeitigkeit ist eine Voraussetzung der Zulässigkeit der Rüge. Das ergibt sich aus IV 1, 2. Die Zweiwochenfrist ist abweichend von § 321 a II 1 ZPO keine Notfrist. Eine gerichtliche Fristkürzung oder -verlängerung ist mangels einer entsprechenden gesetzlichen Regelung nicht zulässig. Eine dem § 224 I 1 ZPO entsprechende Regelung fehlt im RVG, einem selbständigen Gesetz. Man kann § 224 I 1 ZPO innerhalb der Zeitgrenze des II 2 auch nicht einfach sinngemäß als eine Grundregel anwenden. Denn Fristregeln sind als ein formelles Recht grundsätzlich streng auslegbar. Wegen der Einreichung beim unzuständigen Gericht Rn 26.

23 **A. Fristbeginn mit Kenntnis der Verletzung, II 1 Hs 1.** Die Rügefrist beginnt mit der Kenntnis des Rügeführers oder seines ihm gleichgestellten gesetzlichen Vertreters oder ProzBev von der Verletzung des rechtlichen Gehörs. Die Rügefrist kann für jeden Betroffenen je nach dem Zeitpunkt gerade seiner Kenntnis unterschiedlich anlaufen. Zum Nachweis des Zustellungszeitpunkts gelten die sonst üblichen Regeln, zB im Zivilprozeß BLAH § 418 ZPO Rn 5 „Post", „Zustellungsurkunde".

Kenntnis ist mehr als ein bloßes Kennenmüssen, -sollen oder -können. Ähnlich wie zB bei § 814 BGB kommt es auf ein positives direktes Wissen an, BAG MDR 07, 47, Rensen MDR 07, 697, aM BGH FamRZ 06, 1029 (je zu § 321 a ZPO). Nach dem klaren Wortlaut von II 1 Hs 1 ist eine Kenntnis aber nur von der Verletzung notwendig, nicht auch von deren Entscheidungserheblichkeit. In der Praxis sollte man deshalb an die Kenntnis keine überscharfen Anforderungen stellen.

Unerheblich ist der Zustellungszeitpunkt der Entscheidung, aM Oldb MDR 09, 764 (zu § 321 a ZPO. Aber Wortlaut und Sinn sind eindeutig, BLAH Einl III 39). Natürlich bleibt ein Rechtsmißbrauch nach BLAH Einl III 54 unstatthaft. Nichtlesen ist aber noch nicht stets Rechtsmißbrauch.

24 **B. Glaubhaftmachung, II 1 Hs 2.** Der Rügeführer muß den Zeitpunkt seiner Kenntnis von der Gehörsverletzung nicht nur darlegen, sondern auch glaubhaft machen. Das geschieht wie stets nach § 294 ZPO, also mit allen Beweismitteln, auch und vor allem mit einer eidesstattlichen Versicherung. Die falsche wäre ja sogar nach § 156 StGB strafbar. Man kann die Glaubhaftmachung im Zivilprozeß nur innerhalb einer vom Gericht etwa nach § 139 ZPO setzbaren angemessenen Frist nachholen.

Nicht erforderlich ist ein über eine überwiegende Wahrscheinlichkeit hinausgehender Beweisantritt oder gar ein Beweis bis zur vollen Überzeugung des Gerichts. Freilich kann ein Anscheinsbeweis für oder gegen den Rügeführer nach den Regeln BLAH Anh § 286 ZPO Rn 15 ff vorliegen. Er kann zu einer Verschärfung wie Verringerung der Anforderungen an die Glaubhaftmachung führen.

25 **C. Jahres-Ausschlußfrist, II 2, 3.** Nach dem Ablauf eines Jahres seit der Bekanntgabe der angegriffenen Entscheidung an den Beteiligten, seinen gesetzlichen Vertreter oder seinen ProzBev ist die Rüge nach II 2 unzulässig. Dabei gilt eine nur formlos mitgeteilte Entscheidung nach der verfassungsrechtlich hier wie bei ähnlichen Regelungen problematischen Unterstellung mit dem dritten Tag nach der Aufgabe zur Post nach II 3 als bekanntgegeben. Es handelt sich bei der Jahresfrist um eine Ausschlußfrist, BLAH Üb 11 vor § 214 ZPO. Sie läßt ebensowenig wie zB bei § 234 III ZPO eine Wiedereinsetzung zu. Die Aufgabe zur Post ergibt sich aus den Gerichtsakten (Abvermerk der Postausgangsstelle). Fehlt ein Abgangsvermerk oder ist er widersprüchlich oder unklar, läuft die Frist allenfalls seit dem einwandfreien Datum der sonstigen Bekanntgabe. II 3 gilt nicht bei einem anderen Übermittlungsweg als der Aufgabe zur Post.

10) Zuständigkeit, Rügeform, II 4. Zuständig ist nach II 4 Hs 1 dasjenige Gericht, dessen Entscheidung der Rügeführer angreift, nicht etwa das nächsthöhere Gericht.   26

Die Einreichung bei einem *unzuständigen* Gericht wahrt die Rügefrist des II 1–3 wegen der Verweisung in II 4 Hs 2 auf § 33 VII 1 nur unter den Voraussetzungen des § 129a ZPO (rechtzeitige Weiterleitung an das zuständige Gericht). Als *Rügeform* schreibt II 4 Hs 1 mangels einer elektronischen Einreichung nach § 12b einen herkömmlichen Schriftsatz vor. Eine nur telefonische Einlegung ist also unzulässig und wirkungslos. Erst recht ist eine nur stillschweigende Rüge unzureichend, mag sie auch sonst denkbar sein wie etwa im finanzgerichtlichen Verfahren, BGH BB **01**, 2459. Im übrigen muß man bei einer genaueren Prüfung wie folgt unterscheiden.

A. Schriftform oder elektronisch, II 4 Hs 1. Die Rüge kann nach II 4 Hs 1 mangels einer elektronischen Übersendung schriftlich erfolgen. Die Einreichung durch ein Telefax ist wie sonst statthaft. Sie unterliegt den auch zur Unterschrift dort entwickelten Regeln, BLAH § 129 ZPO Rn 44 „Telefax". Zum Anwaltszwang § 78 ZPO Rn 1, 4–16.

B. Auch zum Protokoll, II 4 Hs 2. Es kommt auch die Einreichung durch eine   27
Erklärung zum Protokoll der Geschäftsstelle eines jeden AG infrage. Das folgt aus der Verweisung des II 3 Hs 2 auf § 33 VII 1 Hs 2. Daher gibt es auch anders als evtl im Zivilprozeß keinen Anwaltszwang wie bei §§ 78 III Hs 2, 129a ZPO. Wegen der Bevollmächtigung gelten die Regeln der zugrundeliegenden Verfahrensordnung entsprechend, II 4 Hs 2 in Verbindung mit § 33 VII 1. Freilich liegt auch dann eine rechtzeitige Einreichung nach II 1–4 wegen § 129a II 2 ZPO erst mit dem Eingang auf der Posteinlaufstelle desjenigen Gerichts vor, das erstinstanzlich entschieden hatte.

11) Rügeinhalt, II 5. Unabhängig von der Rügeform nach Rn 26, 27 muß die   28
Rügeschrift stets zur Wirksamkeit den folgenden Mindestinhalt haben. Er läßt sich bis zum Ablauf der Rügefrist nachholen, auch auf eine evtl zB nach § 139 ZPO notwendige Anheimgabe durch das Gericht.

A. Bezeichnung der angegriffenen Entscheidung, II 5 Hs 1. Der Rügeführer muß die angegriffene Entscheidung bezeichnen. In der Regel genügen das vollständige Aktenzeichen und das Gericht. Natürlich sollte man auch das Datum und bei mehreren an demselben Tag ergangenen Entscheidungen etwa über verschiedene Verfahrensteile diejenige Entscheidung im einzelnen bezeichnen, um deren Unrichtigkeit es geht. Unvollständige oder fehlerhafte Angaben muß das Gericht wie bei allen Parteiprozeßhandlungen nach den Regeln BLAH Grdz 51 ff vor § 128 ZPO durch eine Auslegung wie möglich klären, auch durch eine Rückfrage, evtl nebst einer Fristsetzung. Verbleibende Unklarheiten können zur Unzulässigkeit der Rüge führen.

B. Darlegung der Gehörsverletzung, II 5 Hs 2. Der Rügeführer muß zusätz-   29
lich zu den Angaben Rn 28 auch darlegen, daß das Gericht seinen Anspruch auf das rechtliche Gehör überhaupt jetzt neu und eigenständig verletzt habe, BVerfG NJW **08**, 2635, BGH NJW **08**, 923 rechts, BayObLG FamRZ **05**, 917 (je zu § 321a ZPO), VGH Kassel NVwZ-RR **08**, 70 (zu § 69a GKG), Lindner AnwBl **08**, 362, aM Olzen JR **06**, 351, Zuck NJW **08**, 168 (je zu § 321a ZPO). Diese Darlegung ist derjenigen nach § 520 III Z 2 ZPO (Berufungsbegründung) vergleichbar, ebenso derjenigen nach § 551 III Z 2 ZPO (Revisionsbegründung) und derjenigen nach § 575 III Z 3 ZPO (Rechtsbeschwerdebegründung).

Darlegen ist weniger als glaubhaft machen oder Beweis antreten, aber mehr als eine   30
bloße floskelhafte Wiederholung des Gesetzestextes oder als eine Beschränkung auf

eine vage Rechtsansicht. Darlegen bedeutet: Bestimmte Umstände tatsächlicher und/
oder rechtlicher Art benennen, aus denen man zumindest eine nicht ganz hergesuchte Möglichkeit einer Gehörsverletzung vernünftigerweise ableiten kann, wenn nicht muß, BVerfG RR **93**, 383. Eine ganz entfernte Möglichkeit wie „es läßt sich nicht völlig ausschließen, daß" reicht nicht aus. Eine hochgradige Gewißheit wie „es läßt sich zwingend nur folgern, daß" ist nicht notwendig. Ein Mittel nach § 294 ZPO oder ein Beweisantritt ersetzt nicht die logisch vorher notwendige Darlegung, wozu das Mittel und der Beweisantritt dienen sollen. Eine Wiederholung zB der Begründung einer Nichtzulassungsbeschwerde nach § 544 II 1 ZPO kann genügen, aM BGH NJW **09**, 1609 (aber es kann ziemlich entbehrlich sein, eine dort eingehende Auseinandersetzung nur umzuformulieren).

Eine *Flut von Zitaten* und Fundstellen ist erst in Verbindung mit dem konkreten Fall interessant. Man sollte weder zu hohe noch zu geringe Anforderungen an die Darlegung stellen. Was vernünftigerweise eigentlich ganz plausibel klingt, sollte ausreichen. Ohne eine gewisse Auseinandersetzung mit der Rechtsprechung und Lehre zum oft gefährlich schillernden Begriff der Verletzung des rechtlichen Gehörs dürfte eine Darlegung aber leider oft nicht ausreichen. Im Verfahren ohne einen Anwaltszwang darf das Gericht weniger harte Anforderungen stellen. Auch dort ist aber eine Phrasendrescherei kein Weg, sich eine Abhilfe nach § 12a zu verschaffen. Ein kluges Gericht wägt in einer Bereitschaft zur Selbstkritik ruhig ab.

31   **C. Darlegung der Entscheidungserheblichkeit der Gehörsverletzung, II 5 Hs 2.** Der Rügeführer muß zusätzlich zu den Angaben Rn 28–30 schließlich auch darlegen, daß und inwieweit die von ihm behauptete Verletzung des rechtlichen Gehörs gerade ihm gegenüber nachteilig entscheidungserheblich war, und zwar gerade in der jetzt gerügten Entscheidung, BGH NJW **08**, 378. Das ist der oft schwierigste Teil der Rügebegründung. Mängel können zur Unzulässigkeit der Rüge führen. Deshalb ist gerade auch hier jede Sorgfalt notwendig.

32   *Entscheidungserheblichkeit* ist ein vom Gesetz nicht näher umschriebener Begriff. Er erfordert eine doppelte Prüfung, am besten in der folgenden Reihenfolge.

33   *Ursächlichkeit* ist das erste notwendige Erfordernis. Der Begriff der Ursächlichkeit ist in seiner schillernden Vieldeutigkeit in BLAH § 278 ZPO Rn 6ff erläutert. Dort ergibt sich auch der Hauptunterschied zwischen einer haftungsbegründenden und einer haftungsausfüllenden Ursächlichkeit. Dieser für die Anwendbarkeit des strengeren § 286 ZPO oder des milderen § 287 ZPO wesentliche Unterschied spielt auch hier eine Rolle, wo es nicht um die Haftung des Staats geht, sondern um eine Fortführung des erstinstanzlich scheinbar schon beendeten Prozesses. Je nach der Art der Ursächlichkeit ist das Gericht also in seiner Entscheidung über eine Fortführung der Instanz freier oder gebundener.

34   *Erheblichkeit* ist nach einer Bejahung der Ursächlichkeit ein weiteres Merkmal, von dessen Vorliegen eine Abhilfe abhängt. Erheblichkeit ist ein weiterer schillernder Begriff. Die Floskel, alles nicht mehr ganz Unerhebliche sei eben erheblich, wirkt nur auf den ersten Blick als Wortklauberei. In Wahrheit hilft sie oft ganz gut, die richtige Abgrenzung zu finden. Jedenfalls ist die vernünftige Auslegungsrichtung so. Man sollte wie ja überhaupt nach Rn 2 eine Erheblichkeit eher bejahen als verneinen. Andererseits darf nicht jede winzige Ungenauigkeit oder Unterlassung zur Bejahung einer Entscheidungserheblichkeit führen. Auch hier gilt es also behutsam und vernünftig abzuwägen.

35   **D. Voraussichtlichkeit, II 5 Hs 1, 2.** Bei allen Prüfschritten Rn 28ff ist letzthin eine nachträgliche Prognose erforderlich: Wie hätte das Gericht ohne seinen Gehörsverstoß mit einiger Sicherheit entscheiden müssen? Das ist fast dieselbe schwierige Fragestellung wie zB dann, wenn es um ein angebliches Anwaltsverschulden und seine Auswirkungen auf den Prozeß geht. Auch hier kommt es wie dort nicht darauf an, wie dieses Gericht entschieden hätte, sondern wie es hätte entscheiden müssen, BLAH Anh § 286 ZPO Rn 179, BGH NJW **05**, 3072, Düss VersR **88**, 522, Hamm RR **95**, 526. Auch hier ist eine weder zu strenge noch zu großzügige Handhabung notwendig.

36   **E. Beispiele zur Frage einer Gehörsverletzung, II 5 Hs 1, 2.** Bei allen Einzelvorschriften befinden sich Hinweise auf mögliche Verstöße gegen Art 103 I GG in

den Kommentierungen. Deshalb hier nur einige häufigere Beispiele. Man muß bei § 12a beachten, daß nicht nur ein Verstoß gerade der Endentscheidung beachtlich ist.

von Amts wegen: Eine Gehörsverletzung kann vorliegen, soweit das Gericht einen von Amts wegen beachtbaren Umstand außer Acht läßt. Das gilt, obwohl das Gericht nur auf Bedenken aufmerksam macht. Denn es muß ja eine Gelegenheit zur Stellungnahme geben.

Erst recht gilt das bei einer notwendigen Amtsermittlung, BLAH Grdz 38 vor § 128 ZPO.

Befangenheit: Eine Gehörsverletzung liegt vor, soweit der Richter unter einem Verstoß zB gegen § 47 ZPO verfrüht entscheidet. Denn vor der Erledigung des Ablehnungsgesuchs darf er in dieser Sache überhaupt nicht entscheiden, solange noch ein Aufschub erlaubt ist.

Eine Gehörsverletzung *fehlt*, soweit das Ablehnungsgesuch unbeachtlich, weil rechtsmißbräuchlich ist oder soweit eine Ablehnungsentscheidung unanfechtbar ist, BGH NJW **07**, 3789 (abl Fölsch, beide zu § 321a ZPO).

Besetzungsfehler: Eine Gehörsverletzung liegt vor, soweit das Gericht in einer gesetzwidrigen Besetzung entscheidet. Denn darin liegt ein Entzug des gesetzlichen Richters, Art 102 I 2 GG, der allein entscheiden darf und folglich auch selbst (mit) anhören muß.

Beweisantrag: Eine Gehörsverletzung liegt vor, soweit das Gericht einen ordnungsgemäßen Beweisantrag übergeht. Denn gerade in der Beweiserhebung liegt oft die entscheidende Chance des Beweisführers, sich mit seinen Tatsachenbehauptungen Gehör zu verschaffen. Die nun notwendige Erheblichkeitsprüfung erfolgt nach Rn 31–35.

Formverstoß: Eine Gehörsverletzung liegt vor, soweit das Gericht eine zum rechtlichen Gehör erforderliche Form mißachtet, soweit es etwa eine Frist ohne förmliche Zustellung einer ordnungsgemäß unterschriebenen Fristverfügung bewilligt, sodaß weder ihr Anlauf noch ihr Ablauf feststellbar ist. **37**

Eine Gehörsverletzung *fehlt,* soweit das Gericht die Entscheidung lediglich irrig falsch bezeichnet hat, oben Rn 6.

Fristverstoß: Eine Gehörsverletzung liegt vor, soweit das Gericht vor dem Ablauf der gesetzlichen oder von ihm selbst gesetzten richterlichen Frist diejenige Entscheidung trifft, vor der es die Frist gerade abwarten mußte. Das gilt unabhängig von einem Verschulden des Gerichts. Ein Fristverstoß liegt auch dann vor, wenn die Entscheidung zwar äußerlich nach dem Fristablauf erfolgt, aber ohne Berücksichtigung einer noch im Gang von der Posteinlaufstelle zum Richter befindlichen Stellungnahme, die der Absender etwa unter einer erlaubten Ausnutzung der Frist bis zur letzten Minute eingereicht hatte.

Zu kurze Fristen stehen an sich ausreichenden, aber nicht abgelaufenen gleich.

S auch Rn 39 „Zustellung".

Gerichtsstand: Eine Gehörsverletzung *fehlt* durchweg, soweit das Gericht lediglich örtlich unzuständig ist. Denn es entscheidet dann im übrigen in seiner dort richtigen Besetzung usw.

Nachfrist: S „Fristverstoß".

Neuer Sachvortrag: Er ist unstatthaft, BGH FamRZ **07**, 1463.

Örtliche Unzuständigkeit: Es gilt dasselbe wie bei Rn 38 „Sachliche Unzuständigkeit".

Präklusion: Sie kann eine Gehörsverletzung darstellen, Köln FamRZ **05**, 2075. **38** Aber Vorsicht!

Prozeßkostenhilfe: Eine Gehörsverletzung kann vorliegen, soweit das Gericht eine Prozeßkostenhilfe fälschlich versagt oder verspätet über sie entscheidet. Denn von ihrer ordnungsgemäßen Gewährung kann wesentlich mitabhängen, welchen zumindest vorschußpflichtigen Beweisantrag die bedürftige Partei stellt und wozu sie es zur streitigen und damit Beweiskostenrisiken auslösenden Verhandlung kommen läßt, um nur einige der Auswirkungen zu skizzieren.

Prozeßvoraussetzungen: Rn 36 „von Amts wegen".

Rechtliche Beurteilung: Eine Gehörsverletzung kann vorliegen, soweit das Gericht seiner Entscheidung eine Rechtsansicht zugrundelegt, die zB unter einem Verstoß gegen § 139 ZPO nicht rechtzeitig vor dem Verhandlungsschluß nach §§ 136 IV, 296a ZPO oder vor dem nach § 128 II 2 ZPO gleichstehenden Zeitpunkt dem dann Benachteiligten zur etwaigen Stellungnahme als eine freilich nur vorläufige Bewertung mitgeteilt hat.

Eine Gehörsverletzung *fehlt* bei einer im übrigen bloßen Falschbeurteilung, BFH NVwZ-RR **09**, 703 (zu § 133a FGO).

Rechtsweg: Eine Gehörsverletzung liegt vor, soweit das Gericht im Rechtsweg unzuständig ist. Denn darin liegt ein Verstoß auch gegen das Gebot des gesetzlichen Richters, Art 102 I 2 GG.

S aber auch Sachliche „Unzuständigkeit".

Sachliche Unzuständigkeit: Eine Gehörsverletzung *fehlt,* soweit das Gericht lediglich sachlich unzuständig ist. Denn auf diesen Verstoß könnte man nicht einmal eine Berufung stützen, § 513 II ZPO.

S aber auch „Rechtsweg".

Säumnis: Eine Gehörsverletzung liegt meist vor, soweit das Gericht objektiv unrichtig eine Säumnis der Partei annimmt und darauf eine Entscheidung auch nur mitstützt. Dabei kommt es nicht darauf an, ob das Gericht eine Entschuldigung hätte annehmen dürfen und müssen. Freilich darf man zB nicht jede Verspätung bis nach dem Urteilserlaß stets schon wegen eines Verkehrsstaus als eine nachträgliche Entschuldigung bewerten, BLAH § 337 ZPO Rn 39 „Verkehrsprobleme".

39 Terminierung: Eine Gehörsverletzung *kann vorliegen,* wenn das Gericht den Verhandlungstermin mit einer gesetzwidrig kurzen Einlassungs- oder Ladungsfrist anberaumt, insbesondere bei einer Auslandszustellung.

Eine Gehörsverletzung *fehlt,* wenn das Gericht eine wenn auch scheinbar kurze gesetzliche Frist einhält. Angesichts heutiger Übermittlungsgeschwindigkeiten per Telefax usw sind manche früher reichlich knappen gesetzlichen Fristen durchaus nicht mehr zu kurz.

Terminsänderung: S „Vertagung".

Überraschungsurteil: Eine Gehörsverletzung liegt vor, soweit das Gericht in seiner Entscheidung eine Bewertung vornimmt, mit der der Benachteiligte nicht zu rechnen braucht, mag diese Bewertung sich nun auf eine Tatsache oder auf eine rechtliche Beurteilung beziehen, § 139 ZPO.

Unrichtigkeit: Sie kann eine Gehörsverletzung darstellen, Köln FamRZ **05**, 2075. Aber Vorsicht!

Unzuständigkeit: Rn 37 „Örtliche Unzuständigkeit", Rn 38 „Sachliche Unzuständigkeit".

Verhandlungsleitung: Eine Gehörsverletzung kann vorliegen, soweit der Vorsitzende gegen eine wesentliche Vorschrift seiner Verhandlungsleitung verstößt, soweit er etwa einen Beteiligten nicht ausreichend zu Wort kommen läßt oder die Verhandlung verfrüht schließt. Freilich ist zB im Zivilprozeß § 156 ZPO nach dem Urteilserlaß unbeachtlich, Rn 10. Gerade ein Verstoß gegen diese Vorschrift kann aber die Rüge einer Gehörsverletzung eröffnen.

Verspäteter Vortrag: Eine Gehörsverletzung kann vorliegen, soweit das Gericht einen Vortrag objektiv zu Unrecht als verspätet zurückweist und darauf seine Entscheidung stützt.

Vertagung: Eine Gehörsverletzung liegt vor, soweit das Gericht eine objektiv notwendige Vertagung ablehnt oder nicht wenigstens mit dem Betroffenen erörtert. Denn er mag zu ihr einen bisher nicht notwendig zur Sprache gekommenen Grund haben.

Zurückweisung wegen Verspätung: S „Verspäteter Vortrag".

Zustellung: Eine Gehörsverletzung kann vorliegen, soweit das Gericht infolge einer objektiv unrichtigen Bewertung eine Zustellung nicht für notwendig hält oder eine nur versuchte als gesetzmäßig korrekt ausgeführt ansieht und folglich zu seiner Entscheidung kommt, statt zB eine Zustellung richtig nachholen zu lassen. Freilich kann zB im Zivilprozeß § 189 ZPO geheilt haben.

S auch Rn 37 „Fristverstoß".

40 **12) Stellungnahme des Gegners, III.** Das Gericht muß dem Gegner des Rügeführers eine Gelegenheit zur Stellungnahme geben, freilich nur, „soweit erforderlich". Es soll also einen weiteren Verstoß gegen Art 103 I GG verhindern.

A. **Erforderlichkeit.** Die Anhörung des Rügegegners darf unterbleiben, soweit das Gericht eine Verwerfung als unzulässig oder eine Zurückweisung als unbegründet nach IV plant. Denn dann erleidet der Gegner des Rügeführers durch die Entscheidung nach § 12a keinen Rechtsnachteil, Müller NJW **02**, 2744 (zu § 321a ZPO). Die Lage ist insofern nicht anders als in zahllosen vergleichbaren prozessualen Fällen. Natürlich kann es trotzdem ratsam oder doch sinnvoll sein, dem Gegner eine Gelegenheit zur Äußerung zu geben, schon damit das Gericht prüfen kann, ob der Gegner die geplante Beurteilung des Rügeführers teilt oder ob er sogar noch zusätzlich tatsächliche Umstände oder rechtliche Argumente für eine Verwerfung oder Zurückweisung der Rüge benennen kann, durch die man den Rügeführer noch eher überzeugen könnte. Jedenfalls ist eine Anhörung auch vor einer geplanten Verwerfung oder Zurückweisung keineswegs unzulässig, auch nicht zwecks einer Prozeßwirtschaftlichkeit, BLAH Grdz 14 vor § 128 ZPO. Freilich verbietet sich auch im Abhilfeverfahren etwas ersichtlich Unnötiges, etwa bei einem eindeutigen Fristverstoß.

Unzulässig ist es, einfach Ergänzungen des früheren Vortrags unter dem Vorwand nachzuschieben, der Gegner oder man selbst habe kein ausreichendes Gehör gehabt.

B. **Stellungnahmefrist.** Wenn das Gericht sich entschließt, dem Gegner eine Gelegenheit zur Stellungnahme zu geben, dann muß es ihm dazu auch eine ausreichende Frist gewähren. Ihre Länge richtet sich nach den Gesamtumständen. Die moderne Technik mag eine nur elektronische oder telefonische Rückfrage ausreichen lassen oder etwa bei einer Fristsetzung per Telefax eine kürzere Frist als bei einer schriftlichen Fristsetzung zulassen. Überfallartige Schnellfristen muß das Gericht ebenso vermeiden wie allzu großzügige Fristen in diesem ja ohnehin die jeweilige Instanz verlängernden Verfahrensabschnitt, durch den ein Rügeführer vielleicht nur Zeit bis zur Leistungsfähigkeit gewinnen will. In einem nicht zu komplizierten Fall mögen 2–3 Wochen genügen. Freilich kann man die oft schwierigen Fragen einer Gehörsverletzung auch nicht zwischen Tür und Angel sorgfältig überprüfen. Immerhin hatte ja auch der Rügeführer evtl nur zwei Wochen zur Rüge Zeit, II 1. Es heißt also auch hier behutsam abwägen. Eine Woche mehr ist besser als eine zu wenig.

C. **Gegenäußerung des Rügeführers.** III sieht sie nicht ausdrücklich vor oder ermöglicht sie auch nur anders als zB §§ 275 IV, 276 III ZPO. Das ändert nichts daran, daß eine nach III eingeholte Stellungnahme das Gericht zur Vermeidung eines weiteren Verstoßes gegen Art 103 I GG dazu zwingen kann, auch den Rügeführer unter einer Übersendung der gegnerischen Äußerung noch kurz anzuhören, insbesondere vor einer Verwerfung oder Zurückweisung der Rüge.

13) **Verwerfung, Zurückweisung, IV.** Das weitere Verfahren hängt davon ab, ob das Gericht die Rüge als erfolglos oder erfolgreich erachtet. Das gilt auch bei einer nur teilweisen derartigen Beurteilung. Soweit die Rüge neben einem Rechtsbehelf oder Rechtsmittel hilfsweise vorliegt, ist sie beim Erfolg der ersteren gegenstandslos geworden.

A. **Amtsprüfung der Statthaftigkeit und Zulässigkeit, IV 1.** Stets muß das Gericht zunächst und vorrangig prüfen, ob die Rüge an sich statthaft ist und ob der Rügeführer sie bejahendenfalls außerdem sowohl in der gesetzlichen Form als auch innerhalb der gesetzlichen Frist erhoben hat. Die Prüfung erfolgt am besten in der vorstehenden Reihenfolge. Sie hat jedenfalls den Vorrang vor der Begründetheitsprüfung. Zwar dürfte das Gericht die Rüge als unstatthaft oder unzulässig, hilfsweise als unbegründet erachten. Es dürfte aber die ersteren beiden Prüfschritte nicht wegen einer Unbegründetheit offen lassen, BLAH Grdz 17 vor § 253 ZPO. IV 1 ähnelt § 589 I 1 ZPO weitgehend schon im Wortlaut. Zuständig ist die Besetzung des angegriffenen Gerichts, BGH FamRZ **05**, 1831 (zu § 321a ZPO).

Von Amts wegen muß das Gericht diese Prüfung nach dem klaren Wortlaut und Sinn des IV 1 vornehmen. Eine Amtsprüfung nach BLAH Grdz 39 vor § 128 ZPO ist etwas anderes und weniger als eine Amtsermittlung, BLAH Grdz 38 vor § 128 ZPO. Das Gericht nimmt daher keine amtliche Untersuchung vor. Es macht vielmehr nur von Amts wegen auf gewisse Bedenken aufmerksam und fordert dazu auf, sie durch Nachweise zur Gewißheit zu machen oder zu entkräften. Das geschieht im einzelnen nach III, Rn 40–42.

45 **B. Freigestellte mündliche Verhandlung, IV 1.** Soweit es um eine Prüfung der Statthaftigkeit und Zulässigkeit der Rüge geht, ist das Gericht zur Anordnung einer mündlichen Verhandlung berechtigt, aber nicht verpflichtet. Das ergibt sich daraus, daß seine Entscheidung nach IV 2, 4 durch einen Beschluß ergeht. Denn zB im Zivilprozeß kann eine Entscheidung, die kein Urteil ist, nach § 128 IV ZPO ohne eine mündliche Verhandlung ergehen, soweit das Gesetz nichts anderes bestimmt. § 12a IV enthält keine derartige andere Bestimmung. Es gelten also die allgemeinen Regeln zur freigestellten mündlichen Verhandlung.

Auch bei einer Unbegründetheit ist eine mündliche Verhandlung zulässig. Denn das Wort „Entscheidung" in IV 4 bezieht sich auf IV 2 und 3.

46 **C. Bei Unstatthaftigkeit oder Unzulässigkeit: Verwerfungsbeschluß, IV 2, 4, 5.** Soweit die Rüge entweder schon an sich überhaupt unstatthaft oder doch jedenfalls mangels rechter Form und Frist im Einzelfall unzulässig ist, muß das Gericht sie durch einen Beschluß verwerfen, Düss WoM **04**, 161 (zu § 321a ZPO), VGH Kassel NVwZ-RR **08**, 70 (zu § 69a GKG). IV 2 spricht systematisch teilweise unscharf von einer Verwerfung als „unzulässig" statt als „unstatthaft oder unzulässig", meint aber dasselbe. IV 2 ähnelt § 589 I 2 ZPO schon im Wortlaut weitgehend. Der Beschluß ist nach IV 4 unanfechtbar.

47 **D. Begründung der Verwerfung.** Begründen *soll* das Gericht seinen Beschluß „kurz" nach IV 5, einer wiederum etwas systemwidrigen unklaren Anordnung. An sich braucht ein unanfechtbarer Beschluß keine Begründung, BLAH § 329 ZPO Rn 6. Indessen erfordert nicht nur eine Anstandspflicht (nobile officium) eine gewisse wenigstens „kurze" Begründung. Deshalb bringt die formell bloße Sollvorschrift doch wie so oft eine praktisch weitgehende Notwendigkeit einer Begründung. Es fordert eben auch der Gesetzestext eine vollwertige Begründung. Zwar ist die Verwerfung nach IV 4 unanfechtbar. Indessen mag nunmehr erst recht eine Gehörsverletzung in Wahrheit jedenfalls vor dem etwa trotz aller Entlastungsversuche des Gesetzgebers doch noch anrufbaren BVerfG zutrage treten. Schon deshalb muß das Gericht in Wahrheit ohne ein Ermessen zum Ob seine Gründe der Verwerfung nachprüfbar offenbaren, Sangmeister NJW **07**, 2364 (zu § 321a ZPO). Unanfechtbarkeit nach IV 4 meint ja wie stets in einer vergleichbaren Lage keine Unzulässigkeit einer Verfassungsbeschwerde zum BVerfG.

48 *Kurz und klar* sollen und dürfen die Gründe sein. Sie sollten bei einem Fristverstoß eindeutig erkennen lassen, welche der unterschiedlichen Fristen des II 3 der Rügeführer nicht eingehalten hatte.

49 **E. Verwerfungskosten.** Kostenrechtlich gilt: Es entsteht nur bei einer vollen Verwerfung oder Zurückweisung der Rüge eine Gerichtsgebühr nach KV 1700 usw als eine Verfahrensfestgebühr von 50 EUR. Bei einer auch nur teilweisen Statthaftigkeit, Zulässigkeit und Begründetheit entsteht diese Gebühr weder im Umfang dieses Teilerfolgs noch wegen des erfolglosen Rügerests, § 1 I 1 GKG. Auslagen entstehen beim Gericht schon wegen VV 9002 amtliche Anmerkung in aller Regel ebenfalls nicht. Daher besteht insoweit keineswegs stets ein Anlaß zu einer Grundentscheidung über Gerichtskosten. Anwaltsgebühren entstehen nicht für denjenigen, der schon vor dem Abhilfeverfahren tätig war. Denn dann gehört seine Tätigkeit zum Rechtszug, § 19 I 2 Z 5, auch wenn das Abhilfeverfahren dort nicht als „insbesondere zugehörig" gilt. Soweit der Anwalt nur im Verfahren nach § 12a tätig ist, entsteht unabhängig von seinem Ergebnis nach VV 3330 eine Vergütung.

50 § 96 ZPO ist im Zivilprozeß unanwendbar. Denn die Rüge ist kein Angriffs- oder Verteidigungsmittel, BLAH § 96 ZPO Rn 4, sondern die Fortsetzung des Angriffs selbst. Auch § 97 ZPO ist nicht einmal entsprechend anwendbar. Denn es liegt kein Rechtsmittel vor, sondern aus den obigen Gründen allenfalls ein Rechtsbehelf ohne eine Anfallwirkung, BLAH § 97 ZPO Rn 15.

51 **F. Bei Unbegründetheit: Zurückweisungsbeschluß, IV 3–5.** Soweit die Rüge zwar nach Rn 43–50 statthaft und zulässig ist, sich aber als unbegründet erweist, muß das Gericht über sie ebenfalls durch einen Beschluß entscheiden. Es verwirft sie dann freilich nicht, sondern „weist sie zurück", am klarsten mit dem freilich nicht notwendigen Zusatz „als unbegründet".

Abschnitt 1. Allgemeine Vorschriften § 12a RVG

G. Begründung der Zurückweisung. Kurz begründen soll das Gericht diesen 52
Beschluß wie bei einer Verwerfung, Rn 47, 48. Soweit das Gericht schon eine Gehörsverletzung verneint, braucht es natürlich nicht zum nachrangigen Grund der Entscheidungsunerheblichkeit Stellung zu nehmen. Es darf und sollte das aber hilfsweise zur zusätzlichen Stützung seiner Beurteilung tun. Es muß natürlich zur Ursächlichkeitsfrage verneinend Ausführungen machen, soweit es eine Gehörsverletzung einräumt oder zulässigerweise mangels einer Ursächlichkeit offen lassen will.

H. Zurückweisungskosten. Kostenrechtlich gilt Rn 49 auch hier. §§ 96, 97 53
ZPO sind auch hier anwendbar.

14) Abhilfe: Verfahrensfortführung, V. Soweit das Gericht die Rüge für statt- 54
haft, zulässig und begründet erachtet, muß es ihr abhelfen, indem es das Verfahren fortführt, V 1. Das gilt nach Hs 2 freilich nur, soweit die Fortführung auf Grund der Rüge nicht bloß zweckmäßig, sondern geradezu notwendig ist. Eine solche Beschränkung ist eigentlich selbstverständlich. Denn schon mit ihr war und ist das Ziel des ganzen Abhilfeverfahrens erreicht. Noch nicht erreicht hat der Rügeführer schon jetzt eine Änderung der bisherigen Entscheidung. Sie kann sich erst am Ende des nun fortzuführenden Verfahrens nochmals unverändert ergeben. Sie ist aber noch keineswegs sicher. Insoweit ähnelt V 2 der Situation nach einem ordnungsgemäßen Einspruch gegen ein Versäumnisurteil oder gegen einen Vollstreckungsbescheid, §§ 342, 700 I ZPO. § 590 ZPO ist unanwendbar.

A. Keine Notwendigkeit einer Fortführungsentscheidung, V 1. Will das 55
Gericht das Verfahren fortführen, faßt es grundsätzlich weder einen Aufhebungsbeschluß noch einen besonderen Fortführungsbeschluß. Der erstere wäre verfrüht. Denn es kann sich ja erst durch das Fortführungsverfahren ergeben, was aus der bisherigen Entscheidung wird. Der letztere wäre ebenso überflüssig wie bei §§ 342, 700 I ZPO. Er wäre freilich unschädlich. Es kann insoweit ratsam sein, als sonst unklar bliebe, in welchem Umfang das erstinstanzliche Verfahren seinen Fortgang nehmen soll. Eine Begründung ist nur ganz ausnahmsweise zur zusätzlichen Klarstellung ratsam.

B. Zurückversetzung des Verfahrens, V 2, 4. Die zu § 342 ZPO entwickel- 56
ten Regeln sind hier mitverwendbar, BLAH dort Rn 2 ff. Das gilt insbesondere zur Behandlung von Verspätungsfragen, früheren Anerkenntnissen usw. Die Zurückversetzung erfolgt nur in den Stand „vor dem Schluß der mündlichen Verhandlung" nach §§ 136 IV, 296 a ZPO oder im schriftlichen Verfahren in denjenigen Zeitpunkt, bis zu dem man nach § 128 II 2 ZPO Schriftsätze einreichen darf. Beides erfolgt außerdem nur in den Grenzen Rn 53. Eine zeitlich noch weitere Zurückversetzung ist nicht zulässig.

C. Neue Entscheidung, V 3. § 343 ZPO gilt entsprechend. Soweit also die 57
nach der neuen Verhandlung notwendige Entscheidung mit der bisherigen übereinstimmt, muß das Gericht die bisherige in seiner neuen Entscheidung ausdrücklich aufrechterhalten. Andernfalls muß das Gericht in seiner neuen Entscheidung die bisherige aufheben oder teilweise ändern und zur Sache neu erkennen, AG Magdeb ZMR 03, 45. Die Aufrechterhaltung wie Aufhebung oder Änderung gehören in den Tenor der neuen Entscheidung oder der jetzt erforderlichen andersartigen neuen Entscheidung, etwa in einem jetzt erforderlichen Kostenbeschluß nach § 91 a ZPO. Im übrigen gelten die zu § 343 ZPO entwickelten Regeln entsprechend, dort Rn 2 ff.

15) Einstellung der Zwangsvollstreckung usw, § 707 ZPO. Diese Vorschrift 58
nennt in I 1 auch § 321 a ZPO. Das heißt: Das Gericht kann auf einen Antrag anordnen, daß die Zwangsvollstreckung gegen eine Sicherheitsleistung einstweilen eingestellt werde oder nur gegen eine Sicherheitsleistung stattfinde und daß die Vollstreckungsmaßregeln gegen eine Sicherheitsleistung aufzuheben seien, § 707 I 1 ZPO. Dagegen kommt eine Einstellung der Zwangsvollstreckung ohne jede Sicherheitsleistung selbst dann nicht in Betracht, wenn glaubhaft ist, daß der Schuldner zur Sicherheitsleistung nicht in der Lage ist und daß die Vollstreckung ihm einen nicht ersetzbaren Nachteil bringen würde. Denn diese letztere Möglichkeit ergibt sich nur aus dem hier nicht ebenfalls für anwendbar erklärten § 707 I 2 ZPO.

Sicherheitsleistung muß das Gericht bei § 707 I 1 ZPO und folglich nach §§ 108 ff 59
ZPO beurteilen. Infrage kommt also wohl in erster Linie eine schriftliche, unwider-

RVG § 12a   X. Rechtsanwaltsvergütungsgesetz

rufliche, unbedingte und unbefristete Bürgschaft eines im Inland zum Geschäftsbetrieb befugten Kreditinstituts, § 108 I 2 Hs 1 ZPO. Das *Verfahren* erfordert keine mündliche Verhandlung, § 707 II 1 ZPO. Eine Anfechtung der Entscheidung ist unstatthaft, § 707 II 2 ZPO. Das gilt unabhängig davon, ob die Entscheidung in der neuen Hauptsacheentscheidung ergeht oder durch einen gesonderten Beschluß, von dem § 707 II 2 ZPO unvollständig spricht. Wenn das Gericht sie in der neuen Hauptsachentscheidung mittrifft, ist deren übriger Inhalt natürlich wie sonst anfechtbar. Dazu kann eine Beschwer wie sonst zB nach BLAH Grdz 14 vor § 511 ZPO notwendig sein, aM Saarbr **RR 09**, 1152 (aber § 12a befreit nicht von solcher Grundbedingung).

60   **16) Keine Kostenerstattung, VI.** Die Vorschrift ordnet das wie allgemein im Kostenrecht an.

61   **17) Verstoß, I–VI.** Soweit das Gericht gegen § 12a verstößt, mag daran ein erneuter Verstoß auch gegen Art 103 I GG liegen. Indessen würde dessen Beachtlichkeit schon in diesen Verfahrensabschnitt womöglich zu ewigen Wiederholungen des Abhilfeverfahrens führen. Das ist mit dem Grundsatz der durch § 12a ohnehin schon strapazierten Prozeßwirtschaftlichkeit nicht vereinbar. Deshalb macht ja auch IV 4 zumindest einen Verwerfungs- oder Zurückweisungsbeschluß unanfechtbar. Vielmehr ist dann, wenn sich der Verstoß vor der Entscheidung des Abhilfeverfahrens nicht mehr beheben läßt, gegen eine Verwerfung oder Zurückweisung nur die Verfassungsbeschwerde denkbar, Rn 64. Gegen eine Abhilfe kommt nur der im fortgeführten Verfahren mögliche sonstige Rechtsbehelf infrage.

62   **18) Rechtsbehelfe, Verfassungsbeschwerde, I–VI.** Eine Verwerfung oder Zurückweisung ist nach IV 4 unanfechtbar. Dasselbe gilt zumindest für eine Abhilfe. Erst die nach der Verfahrensfortführung ergehende Entscheidung zur Sache mag wie sonst anfechtbar sein.

63   **A. Nicht bei greifbarer Gesetzwidrigkeit.** Eine nach früherer Ansicht möglich gewesene außerordentliche Beschwerde wegen greifbarer Gesetzwidrigkeit war in Wahrheit schon nach dem alten Recht grundsätzlich wegen Verstoßes gegen das Gebot der Rechtsmittelklarheit unstatthaft, BVerfG NJW **03**, 1924, BGH FamRZ **06**, 696, BFH (1. Sen) NJW **04**, 2853, BVerwG NVwZ **05**, 232, Karlsr MDR **04**, 593, Rensen MDR **05**, 185, aM BFH (4. Sen) NJW **04**, 2854, Schuschke NZM **03**, 466 (WEG). Sie ist außerdem zumindest im Zivilprozeß wegen § 574 ZPO unstatthaft, BGH FamRZ **06**, 696, BFH BB **03**, 514, KG FGPrax **05**, 66, Althammer/Löhnig NJW **04**, 1569, aM BFH NJW **05**, 3374.

64   **B. Keine Gegenvorstellung.** Sie läßt sich auch wegen BVerfG NJW **03**, 1924 nicht mehr in eine fristgebundene bisher vielfach als zulässig erachtete Gegenvorstellung umdeuten, wie es bisher zB BFH NJW **03**, 919, Köln NZM **03**, 247, Naumb RR **03**, 313 taten. Eine Gegenvorstellung ist nicht in einer auch nur entsprechenden Anwendung von § 12a statthaft, BGH NJW **07**, 3789 (abl Fölsch, beide zu § 321a ZPO), VGH Kassel NJW **09**, 2761 (zu § 69a GKG), OVG Lüneb NJW **05**, 2171, großzügiger BFH NJW **06**, 861, Kblz FamRZ **08**, 1967, Rostock MDR **09**, 49, strenger Köln RR **05**, 1228. Die Erfolglosigkeit einer Nichtzulassungsbeschwerde mag aber eine Anhörungsrüge notwendig machen, BVerfG NJW **07**, 3419 (zu § 321a ZPO).

65   **C. „Ergänzende" Rechtsbeschwerde.** Demgegenüber bejaht BGH NJW **04**, 2529 eine „ergänzende" Rechtsbeschwerde nach einer willkürlichen Nichtzulassung (!?), strenger grundsätzlich denn auch BFH **161**, 347 (zustm Rimmelspacher LMK **05**, 94). Der Beschwerdeführer kann eine Rechtsbeschwerde freilich nicht bloß zur Ergänzung der Begründung einlegen, BGH FamRZ **06**, 408 links Mitte.

66   **D. Meistbegünstigung.** Allenfalls ist im Zivilprozeß der sog Meistbegünstigungsgrundsatz nach BLAH Grdz 28 vor § 511 ZPO anwendbar, BGH **161**, 348 (falscher Gerichtshinweis), Althammer/Löhnig NJW **04**, 1569, BLAH Grdz 28 vor § 511 ZPO.

67   **E. Verfassungsbeschwerde.** Nur soweit das Gericht eine umfassende Anhörungsrüge nach IV 4 unanfechtbar verworfen oder zurückgewiesen hat, kommt vernünftigerweise nur erst jetzt nach § 90 II 1 BVerfGG und jetzt auch sehr wohl eine Verfas-

Abschnitt 1. Allgemeine Vorschriften §§ 12a, 12b RVG

sungsbeschwerde in Betracht, BVerfG NZA **08**, 1201 (zu § 78a ArbGG), VerfGH Mü NJW **06**, 283 und 1053, HessStGH NJW **05**, 2217 und 2219, Zuck NVwZ-RR **05**, 742 (zu § 321a ZPO). § 12a soll sie ja nur auf ein möglichst geringes Maß beschränken und sie nicht etwa völlig ausschließen, Rn 2, 3. Das letztere wäre einem einfachen Bundesgesetz ja auch gar nicht möglich. Ausnahmsweise darf man schon vor der Erschöpfung des Rechtswegs das Verfassungsgericht anrufen, VerfGH Bln FamRZ **08**, 168 (zu § 321a ZPO). Ein Rechtsmittelverzicht reicht aber dazu nicht, aM Schnabl AnwBl **08**, 190 (aber genau diese Belastungsursache beim BVerfG soll ja gerade möglichst unterbleiben). Ebensowenig reicht dazu die Rücknahme der Anhörungsrüge, VerfGH Bln NJW **08**, 3421 (zu § 321a ZPO).

F. Gegen Abhilfe. Eine Abhilfe läßt sich mit demjenigen Rechtsbehelf bekämpfen, der gegen die Entscheidung im nun fortgeführten Verfahren infrage kommt. **68**

Elektronische Akte, elektronisches Dokument

12b [I] [1] Die Vorschriften über die elektronische Akte und das gerichtliche elektronische Dokument für das Verfahren, in dem der Rechtsanwalt die Vergütung erhält, sind anzuwenden. [2] Im Fall der Beratungshilfe sind die entsprechenden Vorschriften der Zivilprozessordnung anzuwenden.

[II] [1] Soweit für Anträge und Erklärungen in dem Verfahren, in dem der Rechtsanwalt die Vergütung erhält, die Aufzeichnung als elektronisches Dokument genügt, genügt diese Form auch für Anträge und Erklärungen nach diesem Gesetz. [2] Dasselbe gilt im Fall der Beratungshilfe, soweit nach den Vorschriften der Zivilprozessordnung die Aufzeichnung als elektronisches Dokument genügt. [3] Die verantwortliche Person soll das Dokument mit einer qualifizierten elektronischen Signatur nach dem Signaturgesetz versehen [4] Ist ein übermitteltes elektronisches Dokument für das Gericht zur Bearbeitung nicht geeignet, ist dies dem Absender unter Angabe der geltenden technischen Rahmenbedingungen unverzüglich mitzuteilen.

[III] Ein elektronisches Dokument ist eingereicht, sobald die für den Empfang bestimmte Einrichtung des Gerichts es aufgezeichnet hat.

Vorbem. Angefügt dch Art 14 VI Z 3 JKomG v 22. 3. 05, BGBl 837, in Kraft seit 1. 4. 05, Art 16 I JKomG, Übergangsrecht § 60 RVG.

Gliederung

1) Systematik, I–III	1
2) Regelungszweck, I–III	2
3) Anwendbarkeit der Verfahrensregeln, I 1, 2	3
4) Formwahrung durch elektronische Aufzeichnung, II 1, 2	4
5) Elektronische Signatur, II 3	5, 6
6) Mangels elektronischer Bearbeitbarkeit: Mitteilungspflicht des Gerichts, II 4	7, 8
7) Einreichung erst mit Aufzeichnungsende, III	9
8) Verstoß, I–III	10

1) Systematik, I–III. Die Form einer elektronischen Bearbeitung erhält in § 12b **1** für die in § 1 genannten Verfahren ähnlich wie §§ 130a, b ZPO, § 14 FamFG einen Teil der notwendigen kostenrechtlichen Anpassungsregeln. Weitere finden sich in §§ 11, 33 und in VV 7000. Dem § 12b entsprechen im Kern § 5a GKG, § 14 FamGKG, Teile I A, B dieses Buchs, § 1a KostO, Teil III dieses Buchs, § 4b JVEG, Teil V dieses Buchs. Es handelt sich um vorrangige Sondervorschriften.

2) Regelungszweck, I–III. Das Kostenrecht soll den Anforderungen der elektro- **2** nischen Übermittlungs- und Speicherungstechnik genügen. Das scheint wegen des ständigen technischen Fortschritts eine weite Auslegung zu rechtfertigen. Andererseits unterliegen Spezialregeln grundsätzlich einer engen Auslegung. Man muß beide Gedanken möglichst spannungsfrei verbinden, um zu einer brauchbaren Handhabung zu kommen.

3) Anwendbarkeit der Verfahrensregeln, I 1, 2. Es sind anwendbar bei I 1, 2 **3** vor allem die in § 5a Rn 3 GKG, Teil I A dieses Buchs, aufgeführten Vorschriften der ZPO, bei I 1 außerdem alle diejenigen Bestimmungen der jeweiligen Verfahrensord-

1437

nung, die zur Führung einer elektronischen Akte und eines gerichtlichen elektronischen Dokuments gelten, soweit der Anwalt in jenem Verfahren eine Vergütung nach dem RVG enthält und man ihn nicht etwa unter die in § 1 II genannten Fälle einordnen muß.

4 **4) Formwahrung durch elektronische Aufzeichnung, II 1, 2.** Eine Aufzeichnung als elektronisches Dokument erfüllt jede gesetzliche Schriftform, soweit die Verfahrensordnung überhaupt für einen Antrag oder eine Erklärung in einer kostenpflichtigen Angelegenheit eine solche Aufzeichnung erlaubt. Natürlich kann die elektronische Aufzeichnung nicht eine zusätzliche gesetzliche Anforderung ersetzen, also zB nicht die Notwendigkeit einer Beglaubigung oder Beurkundung als einen rechtsschaffenden oder -verstärkenden Vorgang. Wohl aber kann sie die Art der „Niederschrift" solcher Vorgänge eben auch in elektronischer Form ermöglichen.

5 **5) Elektronische Signatur, II 3.** Anstelle einer Unterschrift „soll" die verantwortliche Person das elektronische Dokument mit einer sog qualifizierten elektronischen Signatur nach dem Signaturgesetz 2001 versehen. Die mit § 130a I 2 ZPO übereinstimmende Vorschrift ist eine bloße Sollbestimmung, keine Mußvorschrift.

6 *Qualifizierte elektronische Signatur* ist nach § 2 Z 3a, b SignG eine elektronische Signatur im Sinn von § 2 Z 2 SignG, die auf einem zum Zeitpunkt ihrer Erzeugung gültigen qualifizierten Zertifikat beruht und mit einer sicheren Signaturerstellungseinheit erzeugt wird. Die letztere liegt nach § 2 Z 10 SignG vor, wenn es sich um eine Soft- oder Hardwareeinheit zur Speicherung und Anwendung des jeweiligen Signaturschlüssels handelt usw. Signaturschlüssel ist ein in § 2 Z 4 SignG bestimmter Begriff: Einmalige elektronische Daten wie öffentliche kryptographische Schlüssel, die zur Überprüfung einer elektronischen Signatur verwendet werden. Elektronische Signatur sind nach § 2 Z 1 SignG Daten in elektronischer Form, die anderen elektronischen Daten beigefügt oder logisch mit ihnen verknüpft sind und die zur Authentifizierung dienen. Wieder einmal eine deutsche begriffliche Überperfektion zwecks Vereinfachung des Verfahrens! Zur Problematik der Bankkarte Roßnagel NJW 05, 385.

7 **6) Mangels elektronischer Bearbeitbarkeit: Mitteilungspflicht des Gerichts, II 4.** Soweit das Empfangsgericht ein ihm übermitteltes elektronisches Dokument nach seinem technischen Stand oder wegen irgendwelcher Mängel des Dokuments noch nicht oder überhaupt nicht bearbeiten kann, darf und muß es das dem Absender unter einer Angabe der für dieses Gericht derzeit geltenden technischen Rahmenbedingungen unverzüglich mitteilen, also ohne eine vorwerfbare Verzögerung, § 121 I 1 BGB.

8 *Art und Form* dieser Mitteilung richten sich nach den technischen Möglichkeiten dieses Gerichts. Inhaltlich muß die Mitteilung den Empfänger instandsetzen können, entweder den Mangel zu beseitigen und eine einwandfreie neue elektronische Übermittlung vorzunehmen oder die Eingabe nunmehr in Schriftform zu fassen. Soweit es nur um einzelne Zahlen, Wörter usw geht, mag ein telefonischer Kontakt beiderseits ausreichen. Das alles setzt eine gewisse Lesbarkeit der Eingabe voraus, Viefhues NJW 05, 1011.

9 **7) Einreichung erst mit Aufzeichnungsende, III.** Ein elektronisches Dokument gilt erst dann als eingereicht, wenn und sobald es die für den Empfang bestimmte Einrichtung des Gerichts vollständig und für das Empfangsgericht einwandfrei verständlich aufgezeichnet hat. Maßgeblich ist also weder der Augenblick der Beendigung des Absendevorgangs beim Absender noch ein etwa dort eingehender „o. k."-Vermerk oder dergleichen noch ein Beginn des Eingangs beim Empfangsgericht. Insofern bestehen nicht höhere Anforderungen als beim Telefax.

10 **8) Verstoß, I–III.** Ein Fristverstoß kann zB zur Unzulässigkeit der Eingabe wegen ihrer Verspätung führen. Eine Einreichung beim unzuständigen Gericht heilt erst entsprechend § 129a ZPO mit der dortigen Weiterleitung und dem Eingang beim zuständigen Gericht. Ein Mangel im Sinn von I heilt erst mit der Nachreichung des Fehlenden oder einer neuen Eingabe, bei deren elektronischer Übermittlung also erst mit deren Aufzeichnungsende.

Abschnitt 2. Gebührenvorschriften

Wertgebühren

13 I ¹Wenn sich die Gebühren nach dem Gegenstandswert richten, beträgt die Gebühr bei einem Gegenstandswert bis 300 Euro 25 Euro. ²Die Gebühr erhöht sich bei einem

Gegenstandswert bis ... Euro	für jeden angefangenen Betrag von weiteren ... Euro	um ... Euro
1 500	300	20
5 000	500	28
10 000	1 000	37
25 000	3 000	40
50 000	5 000	72
200 000	15 000	77
500 000	30 000	118
über 500 000	50 000	150

³Eine Gebührentabelle für Gegenstandswerte bis 500 000 Euro ist diesem Gesetz als Anlage 2 [in diesem Buch Schlußanhang C] **beigefügt**.

II Der Mindestbetrag einer Gebühr ist 10 Euro.

Gliederung

1) Systematik, I, II	1
2) Regelungszweck, I, II	2
3) Volle Gebühr, I 1–3	3
4) Mindestbetrag, II	4–6
A. Grundsatz	4, 5
B. Hebegebühr	6
5) Nur begrenzte Auf- oder Abrundung einer Gebühr	7

1) Systematik, I, II. Die Gebühren der Tabelle beruhen auf einer Abstufung **1** nach den Gegenstandswerten, § 2 I. Es handelt sich um ein System der Wertklassen, nicht mehr von Wertprozenten. Die Tabelle gilt auch für die sog Satzrahmengebühren zB nach VV 2300 (0,5 bis 2,5) für alle Verfahrensarten. Alle Gebühren sind zwecks Vereinfachung Pauschgebühren. Sie gelten eine Mehrheit von Tätigkeiten in derselben Angelegenheit ab. Der Anwalt erhält also nicht für jede einzelne Maßnahme stets eine Einzelgebühr, etwa für den einzelnen Schriftsatz oder für die Wahrnehmung des einzelnen Termins.

Indessen ist die Tabelle *bei einer Betragsrahmengebühr* nach § 14 *unanwendbar*, zB bei VV 4100. Denn dann gibt es keinen Gegenstandswert. Auch bei § 34 gilt § 13 nicht. Bei § 3a kann man § 13 als anwendbar vereinbaren. II gilt aber mangels einer Mitvereinbarung dann nicht, BGH GRUR **06**, 169. § 49 hat den Vorrang bei Wertgebühren aus der Staatskasse. § 50 nimmt aber wieder auf § 13 Bezug.

2) Regelungszweck, I, II. Die Vorschrift spiegelt wie die entsprechenden Vorschriften aller anderen Kostengesetze das Ringen um eine solche Vergütungshöhe wider, die wegen ihres aus Zweckmäßigkeitsgründen wertbezogenen Schematismus den Anwalt oft fast umsonst arbeiten läßt, ihn dann aber auch einmal königlich entlohnt. Soweit die Vorschrift überhaupt im Einzelfall über die Wertermittlung hinaus einen Spielraum läßt, sollte die Zweckmäßigkeit bei ihrer Auslegung stets mitbeachtlich sein. **2**

3) Volle Gebühr, I 1–3. Es kommt nur indirekt auf die jeweilige Instanz an. Denn **3** die jeweiligen Unterschiede derselben Gebührenart in den verschiedenen Rechtszügen ergeben sich direkt aus den entsprechenden Nr des VV. So ergibt sich zB in einer Strafsache für die Verfahrensgebühr vor dem AG des ersten Rechtszugs nach VV 4107 ein geringerer Rahmen als für diejenige vor der Strafkammer nach VV 4113 und für diejenigen im Berufungsverfahren nach VV 4125 oder im Revisionsverfahren nach

VV 4131. In einem Zivilprozeß zeigt erstinstanzlich VV 3100 eine geringere Verfahrensgebühr als zweitinstanzlich VV 3200 usw.

Für eine volle = 1,0 Gebühr gilt zunächst der in I 1 genannte Ausgangsbetrag von 25 EUR. Erhöhungen ergibt in I 2 die Tabelle. Die weitere amtliche Tabelle des I 3, abgedruckt im SchlAnh C, zeigt mit ihren unmittelbar genannten Endbeträgen bei Werten zwischen 300 und 500 000 EUR die Einzelausrechnungen. Die Tabelle I 2 gibt die Schlußanweisung, vom Mehrbetrag des auf je 50 000 EUR aufzurundenden Gegenstandswerts einen Betrag von 150 EUR zu dem bei 500 000 EUR geltenden Wert hinzuzurechnen.

4 **4) Mindestbetrag, II.** Es stehen sich ein Grundsatz und eine Abweichung gegenüber.

A. Grundsatz. Der Mindestbetrag einer Gebühr beträgt grundsätzlich 10 EUR (Ausnahme: Hebegebühr, Rn 6). Das gilt allerdings nur für die Gebühr, nicht für die Auslagen. Das zeigt schon der Wortlaut der Vorschrift. Ein Mindestbetrag besteht also nicht auch für die Dokumentenpauschale nach VV 7000. II ist eine allgemeine Vorschrift. Sie bestimmt den Mindestbetrag jeder einzelnen im Gesetz selbständig genannten Gebühr, FG Bln EFG 86, 624 (zu § 3 StBGebV), also nicht etwa nur der Gesamtgebühr. II nennt also den Mindestbetrag einer jeden Gebühr, auch des Bruchteils einer vollen Gebühr.

Allerdings darf man *nicht* schon *jede bloße Erhöhung* mit dem Betrag von mindestens 10 EUR ansetzen, AG Mü DGVZ 78, 414, also zB nicht eine solche nach I 2. Andererseits macht auch jede einzelne Bruchteilsgebühr mindestens 10 EUR aus.

5 Die *Mindestgebühr* kommt auch in dem theoretischen Fall eines Werts von 0 EUR in Anwendung, LG Kiel SchlHA 90, 12. In Wahrheit kommt ein solcher „Wert" gar nicht vor.

6 **B. Hebegebühr.** Nach VV 1009 beträgt die Mindestgebühr einer Hebegebühr nur 1 EUR. Das ist eine vorrangige Ausnahme gegenüber § 13 II.

7 **5) Nur begrenzte Auf- oder Abrundung einer Gebühr.** Man darf und muß nach § 2 II 2 nur noch den Bruchteil eines Cents je einzelner Gebühr ab- oder aufrunden, also ab 0,5 Cent auf den nächsthöheren vollen Cent, sonst auf den nächstniedrigeren. Nicht etwa darf man 5 Cent auf 10 Cent aufrunden.

Rahmengebühren

14 $^{I\ 1}$Bei Rahmengebühren bestimmt der Rechtsanwalt die Gebühr im Einzelfall unter Berücksichtigung aller Umstände, vor allem des Umfangs und der Schwierigkeit der anwaltlichen Tätigkeit, der Bedeutung der Angelegenheit sowie der Einkommens- und Vermögensverhältnisse des Auftraggebers, nach billigem Ermessen. ^{2}Ein besonderes Haftungsrisiko des Rechtsanwalts kann bei der Bemessung herangezogen werden. ^{3}Bei Rahmengebühren, die sich nicht nach dem Gegenstandswert richten, ist das Haftungsrisiko zu berücksichtigen. ^{4}Ist die Gebühr von einem Dritten zu ersetzen, ist die von dem Rechtsanwalt getroffene Bestimmung nicht verbindlich, wenn sie unbillig ist.

$^{II\ 1}$Im Rechtsstreit hat das Gericht ein Gutachten des Vorstands der Rechtsanwaltskammer einzuholen, soweit die Höhe der Gebühr streitig ist; dies gilt auch im Verfahren nach § 495 a der Zivilprozessordnung. ^{2}Das Gutachten ist kostenlos zu erstatten.

Schrifttum: *Bohnenkamp,* Die Gutachtertätigkeit des Vorstandes der Rechtsanwaltskammer, Festschrift *125 Jahre Rechtsanwaltskammer für den OLG Bezirk Hamm* (2004) 359.

Gliederung

1) Systematik, I, II	1
2) Regelungszweck: Berücksichtigung aller Umstände, I, II	2
3) Abwägungsmerkmale, I 1–3	3–22
A. Umfang und Schwierigkeit der anwaltlichen Tätigkeit, I 1	3
B. Beispiele zur Frage von Umfang und Schwierigkeit, I 1	4
C. Bedeutung der Angelegenheit, I 1	5
D. Beispiele zur Frage einer Bedeutung der Angelegenheit, I 1	6
E. Einkommensverhältnisse des Auftraggebers, I 1	7–9

Abschnitt 2. Gebührenvorschriften § 14 RVG

F. Vermögensverhältnisse des Auftraggebers, I 1 .... 10, 11
G. Billiges Ermessen, I 1 12
H. Haftungsrisiko, I 2, 3 13
I. Mittelgebühr, I 1–3 14
J. Höchstgebühr, I 1–3 15
K. Abgrenzung zum Durchschnitt 16
L. Mindestgebühr, I 1–3 17
4) **Gesamtabwägung, I 1–3** 18–22
   A. Beachtung des Innen- und Außenverhältnisses 19
   B. Unanwendbarkeit beim Streit 20
   C. Weites Anwaltsermessen 21
   D. Maßgeblichkeit des Anwalts 22
5) **Unbilligkeit, I 4** 23–26
   A. Ermessensbegrenzung 23
   B. Maßstabe: Prozentsatz der Überschreitung 24
   C. Beweislast 25
   D. Einzelfragen 26
6) **Gutachten, II** 27–43
   A. Notwendigkeit 28
   B. Beispiele zur Frage einer Notwendigkeit, II 29–31
   C. Verfahren 32
   D. Beispiele zur Frage des Verfahrens, II 33–42
   E. Verstoß 43

1) Systematik, I, II. § 14 erfaßt diejenigen Fälle, in denen keine vorrangige Ho- **1**
norarvereinbarung nach § 3 a vorliegt und in denen das RVG für die Tätigkeit des
Anwalts eine Rahmengebühr vorsieht. Das kann ein Betragsrahmen sein, Einl II
A 12, also eine in EUR bezifferte Mindest- und Höchstgebühr, zB VV 1005–1007
usw. Es kann auch ein Gebührensatzrahmen sein, Einl II A 13. Bei ihm richtet sich
die Gebühr zwar nach dem Gegenstandswert. Die ihm entsprechende Gebühr entsteht aber je nach der Lage des Einzelfalls nur zu einem Bruchteil bis zur vollen Gebühr. Das gilt etwa bei VV 2100, 2201 usw. Die Vorschrift gilt auch beim Vorschuß
nach § 9, BGH AGS **04**, 145. Sie gilt ferner beim Nebenklägervertreter, Düss MDR
96, 1190. Sie gilt ferner im FamFG-Verfahren für den bei einer Verfahrenskostenhilfe
beigeordneten Anwalt, Düss AnwBl **82**, 254.

Unanwendbar ist § 14 bei der Bestimmung eines Gegenstandswerts. Er ist vielmehr
bei einer Satzrahmengebühr gerade eine Voraussetzung der Anwendbarkeit des Ermessens innerhalb des Rahmens.

2) Regelungszweck: Berücksichtigung aller Umstände, I, II. Der Anwalt **2**
und kein anderer darf abwägen, also nicht etwa der Rechtsschutzversicherer. Der Anwalt darf und muß die im Einzelfall richtige Gebühr unter einer Berücksichtigung
sämtlicher Umstände dieses konkreten Einzelfalls ermitteln. Er muß also einen bestimmten Währungsbetrag bestimmen. Diese Bestimmung ist für den Auftraggeber
grundsätzlich verbindlich. Er muß notfalls wegen einer Unbilligkeit nach § 315 III
BGB und darf nicht nach dem nur einem Dritten eröffneten Weg des I 4, Rn 23 ff,
vorgehen. Die Vorschrift nennt nur die wichtigsten dieser Umstände, LSG Erfurt
MDR **02**, 607. Die Worte „vor allem" verdeutlichen, daß es sich um eine nicht abschließende und daher weit auslegbare Aufzählung handelt. Es bestehen weitgehende
Übereinstimmungen mit § 48 II 1 GKG. Die dortigen Regeln sind daher auch bei
§ 14 RVG zur Auslegung mit heranziehbar. Das alles muß auch die Anwaltskammer
bei II beachten.

Absprachen im Strafverfahren verdienen eine großzügige Handhabung des § 14 und
eine auch rechtspolitische Beachtung, Sinnen ZRP **00**, 71.

3) Abwägungsmerkmale, I 1–3. Der Anwalt hat ein weites „billiges" Ermessen, **3**
Rn 12. Die gesetzliche Aufzählung nennt nur die „vor allem" wichtigen Merkmale.
Sie ist also keineswegs abschließend. Die Merkmale sind zahlreich. Sie gelten sowohl
für eine Betrags- als auch für eine Satzrahmengebühr, aber auch für andere Gebüh-
renarten mit einem Spielraum. Man muß stets den Einzelfall zugrundelegen, Rn 18.
Es empfiehlt sich die folgende Prüfreihe.

   A. Umfang und Schwierigkeit der anwaltlichen Tätigkeit, I 1, dazu *Enders*
JB **04**, 459 (Üb zum Umfang): Berücksichtigen darf und muß man teilweise abweichend von § 48 II 1 GKG vor allem den zeitlichen Umfang und den Schwierigkeits-

1441

grad der Sache für den Anwalt, also den Zeitaufwand, Otto NJW **06**, 1477 (nennt 3 Stunden als Mittelmaß), und die Intensität seiner Arbeit zur Betreuung der Sache. Das ergibt sich schon daraus, daß I 1 ausdrücklich nicht den Umfang und die Schwierigkeit „der Sache" oder „der Angelegenheit", sondern „der anwaltlichen Tätigkeit" nennt. Man muß sowohl den tatsächlichen Umfang der anwaltlichen Tätigkeit wie auch den Grad der rechtlichen Probleme berücksichtigen und dabei vom Leitbild der zugehörigen Verfahrensordnung vom Ablauf eines Verfahrens und nicht nur von Leerformeln ausgehen. Der höhere Zeitaufwand des „Dummen" darf nicht zu einer besonderen „Dummengebühr" führen, Fischer NZA **04**, 1186. Ein objektiv überflüssiger Aufwand kann aber durchaus mitbeachtlich sein, wenn er auf dem Wunsch des Auftraggebers beruhte.

4 **B. Beispiele zur Frage von Umfang und Schwierigkeit, I 1**

Aktenumfang: Er ist beachtbar. Das gilt zur Hauptakte wie zu Beiakten.
Art des Delikts: Sie ist beachtbar, AG Kelheim AnwBl **05**, 240 (mittlerer Unfall).
Ausführungslänge: Ihre Kürze oder Länge ist beachtbar, Köln JB **98**, 540 (freilich kann in der Kürze die Würze liegen!).
Behinderung: Beachtbar ist eine Behinderung zB des Auftraggebers.
Beschwerdeverfahren: Beachtbar ist der Umstand, daß der Anwalt als Verteidiger auch im zugehörigen Beschwerdeverfahren tätig war, LG Flensb JB **85**, 1348.
Besichtigung: Ihre Zahl und Dauer ist beachtbar, Düss AnwBl **80**, 468, LG Flensb JB **83**, 560, LG Lübeck DAR **90**, 357.
Besprechung: Ihre Zahl und Dauer ist beachtbar einschließlich Fahrtzeiten usw.
Bürokosten: Die allgemeinen des Anwalts sind *nicht* beachtbar.
Dauer des Verfahrens usw: S „Verfahrensdauer", „Verhandlungsdauer".
Doppelfunktion: Eine solche Stellung des Anwalts ist beachtbar, LG Kref MDR **78**, 1046.
Durchsetzbarkeit: Beachtbar ist die Auswirkung der Anwaltstätigkeit auf die Durchsetzbarkeit des Anspruchs, Düss AnwBl **89**, 293, Mü MDR **92**, 83, LG Wuppert AnwBl **85**, 338.
Fachanwalt: S „Rechtliche Schwierigkeit", „Rechtsprechung, Lehre".
Grad der Mühe: Er ist beachtbar, etwa beim Plädoyer, LG Wuppert AnwBl **85**, 160, oder zur Erzielung einer Kostenentscheidung, LG Köln JB **01**, 195.
S auch „Rechtsprechung, Lehre".
Grad der Streitigkeit: Sie ist beachtbar.
Haft: Beachtbar sind ihre Verhängung wie ihre Dauer, Kblz Rpfleger **03**, 468, nebst einer zugehörigen Beschwerde usw, LG Flensb JB **83**, 569, LG Köln JB **01**, 195, LG Lübeck DAR **90**, 357.
Kostenfestsetzung: Der Umfang des Festsetzungsverfahrens ist beachtbar, SG Düss AnwBl **83**, 40.
Lebenshaltung: Die allgemeinen derartigen Kosten des Anwalts sind *nicht* beachtbar.
Lebenskostensteigerung: Die allgemeine ist *nicht* beachtbar.
Ortsrecht: Die Schwierigkeit seiner Klärung ist beachtbar, Fischer NZA **04**, 1186.
Persönlichkeit: Eine Schwierigkeit der Persönlichkeit zB des Auftraggebers ist beachtbar, LG Karlsr AnwBl **80**, 121, AG Kref AnwBl **80**, 303, Fischer NZA **04**, 1187, aM Düss AnwBl **89**, 704.
Rechtliche Schwierigkeit: Sie ist beachtbar, BVerwG NJW **83**, 607, AG Ffm AnwBl **03**, 373 (Mietrecht), AG Lüneb JB **03**, 250 (dort aber zu großzügig), Fischer NZA **04**, 1186 (Arbeitsrecht), SG Marbg JB **08**, 365 (Arztrecht). Das gilt auch zugunsten eines Spezialisten, also eines Fachanwalts, LG Karlsr AnwBl **80**, 121, AG Köln AnwBl **78**, 63, VGH Kassel MDR **92**, 910. Das letztere hat aber in einem einfachen Durchschnittsfall *keine* Bedeutung, LG Mü JB **08**, 249 (Tempoverstoß).
S auch „Rechtsprechung, Lehre".
Rechtsprechung, Lehre: Beachtbar ist die Notwendigkeit, eine umfangreiche und/oder streitige Rechtsprechung oder Lehre zu prüfen oder Fachgutachten auf einem Spezialgebiet zu würdigen, BVerwG NVwZ **83**, 607, Düss OLGR **98**, 87, LG Kiel JB **92**, 602.

Rechtszug: Es kommt auf die Situation im jeweiligen Rechtszug an. Das gilt aber nur beim dortigen erstmaligen Auftreten eines Merkmals. Es gilt also *nicht*, soweit es schon im vorigen Rechtszug klärbar war oder sich erledigt hatte.
S auch „Verhandlungsdauer".
Rente: Es kann eine Mittelgebühr angemessen sein, SG Dresd JB **08**, 417.
Sachverhaltsklärung: Die Schwierigkeit seiner Klärung ist beachtbar.
Sachverständiger: Beachtbar ist der Umstand, daß ein Sachverständiger notwendig wird, LG Bochum AnwBl **85**, 151 (Ladung eines Psychiaters).
Spezialrecht: S „Rechtliche Schwierigkeit", „Rechtsprechung, Lehre".
Tarifvereinbarung: Die Schwierigkeit ihrer Klärung ist beachtbar, Fischer NZA **04**, 1186.
Verfahrensdauer: Sie ist beachtbar, soweit man sie auf das Verhalten der Parteien oder ihrer Anwälte oder der übrigen Beteiligten einschließlich des Gerichts zurückführen muß. Ein verfahrensabkürzendes Vorgespräch erhöht eine Terminsgebühr nicht, LG Hbg JB **08**, 312.
S auch „Verhandlungsdauer".
Verhandlungsdauer: Sie ist beachtbar, soweit das VV sie nicht schon selbst berücksichtigt. Es kommt auf jeden Verhandlungstag mit seiner Dauer gesondert an, Bre JB **81**, 1193, Düss Rpfleger **93**, 41, Kblz JB **99**, 247 (StPO). Eine durchschnittliche Verhandlungsdauer ist im höheren Rechtszug meist deutlich länger als zB beim Strafrichter des AG, Bre JB **81**, 1193, Düss Rpfleger **93**, 41.
Verweisung: Sie kann beachtbar sein, BVerwG AnwBl **81**, 191.
Vorarbeit: Ihre Dauer ist beachtbar, LG Freibg AnwBl **98**, 213, LG Ravensb AnwBl **85**, 160, LG Wuppert AnwBl **85**, 160. Das gilt zB bei der Vorbereitung des Plädoyers, LG Wuppert AnwBl **85**, 160.
Wartezeit: Sie ist beachtbar, zB diejenige vor dem Aufruf, Hamm AGS **98**, 136, Karlsr AGS **93**, 77, LG Ravensb AnwBl **85**, 160.
Zahl der Verfahrensgegner: Sie ist beachtbar.
Zeugenzahl: Sie ist beachtbar.

C. Bedeutung der Angelegenheit, I 1. Es kommt sowohl auf eine tatsächliche als auch auf eine ideelle, gesellschaftliche, wirtschaftliche oder eine rechtliche Bedeutung gerade für den Auftraggeber an, LG Kblz JB **10**, 33, also nicht auch oder gar nur für die Allgemeinheit (Ausnahme: Rn 6). Dabei sind auch mittelbare Auswirkungen mitbeachtlich.

D. Beispiele zur Frage einer Bedeutung der Angelegenheit, I 1
Berufliche Stellung: Sie ist beachtbar, AG Zittau RR **06**, 575.
S auch „Berufsauswirkung".
Berufsauswirkung: Sie iat beachtbar, LG Flensb JB **84**, 138, LG Limb JB **86**, 232, AG Homb ZfS **97**, 388.
S auch „Berufliche Stellung", „Wehrdienst".
Disziplinarverfahren: Beachtbar ist ein solches drohendes, LG Hanau AnwBl **82**, 388, aM LG Flensb JB **77**, 1089.
Erfolg: *Unbeachtbar* ist der vom Auftraggeber erstrebte Erfolg. Denn dieser Faktor ist vor allem in einer Strafsache als Anknüpfungspunkt wenig geeignet.
S auch „Persönliches Interesse".
Fahrerlaubnis: Beachtbar sein kann ihr Entzug, LG Flensb JB **76**, 1216.
Freispruch: *Unbeachtbar* ist ein etwaiger Erstattungsanspruch an die Staatskasse, LG Paderb MDR **90**, 1137.
Gegenstandswert: Er ist *unbeachtbar*, GSchm 11, aM LG Kiel JB **92**, 602 (aber er findet schon über die Gebührenhöhe Beachtung).
Gesellschaftliche Stellung: Sie ist beachtbar, LG Hanau AnwBl **82**, 388, AG Hann AnwBl **80**, 311.
Mitverschulden: *Unbeachtbar* ist meist ein fremdes Mitverschulden.
Name: S „Gesellschaftliche Stellung", „Öffentliche Stellung".
Öffentliche Stellung: Sie ist beachtbar, LG Hanau AnwBl **82**, 388, AG Hann AnwBl **80**, 311.
Ordnungswidrigkeit: Es gelten ähnliche Erwägungen wie bei einer Strafsache, AG Eilenburg JB **10**, 34.

Persönliches Interesse: *Unbeachtbar* ist dasjenige des Auftraggebers. Denn es kann von der Bedeutung der Sache durchaus abweichen.
S auch „Erfolg".
Schadensersatzanspruch: S „Zivilrechtlicher Anspruch".
Sexueller Mißbrauch: Beachtbar ist zumindest derjenige eines Schutzbefohlenen, Hamm JB **98**, 588.
Strafsache: In einer Strafsache muß man die Bedeutung der Angelegenheit daran messen, was es für den Beschuldigten aus der Sicht eines unbeteiligten Dritten bedeutet, nicht oder nicht so hoch bestraft zu werden, LG Flensb JB **76**, 1217 und 1504. Die subjektive Sicht des Beschuldigten ist aber mitbeachtlich, LG Kblz JB **10**, 34. AG Hamm AnwBl **80**, 311. Ein von Anfang an volles Geständnis kann sich zugunsten des Kostenschuldners auswirken, Hamm AnwBl **00**, 135 (auch bei Mord). Für die Bedeutung der Sache kann es auch wesentlich sein, ob es sich um einen Musterprozeß handelt. Eine Bedeutung hat stets die Zahl der noch möglicherweise beachtbaren Vorstrafen, LG Flensb JB **84**, 548, LG Mü JB **82**, 1182, AG Hann AnwBl **80**, 311.
S auch „Erfolg".
Vorprozeß: Er kann beachtbar sein, LG Mü AnwBl **82**, 263.
Wehrdienst: Beachtbar ist eine Einberufung des Berufstätigen zur Bundeswehr, BVerwG NVwZ **83**, 607.
Wirtschaftliche Auswirkung: Sie ist beachtbar, LG Flensb JB **84**, 1038, SG Freiberg MDR **99**, 833. Das gilt bei einem Unternehmen und auch bei einem Angehörigen.
Eine *besondere* wirtschaftliche Bedeutung findet allerdings in den Fällen eines Gebührensatzrahmens meist schon bei der Bestimmung des Gegenstandswerts eine genügende Berücksichtigung, BPatG GRUR **79**, 704, LG Kiel JB **92**, 602.
Zivilrechtlicher Anspruch: *Unbeachtbar* ist ein solcher Anspruch, aM Düss JB **89**, 961, LG Mü AnwBl **82**, 263, LG Wuppert AnwBl **85**, 160 (aber den Zivilrichter bindet das Strafurteil nur bedingt). Diese Faktoren sind allerdings für den Nebenkläger meist beachtlich, AG Hanau AnwBl **80**, 311.

7 **E. Einkommensverhältnisse des Auftraggebers, I 1.** Auch sie sind beachtbar, LSG Essen NZA-RR **08**, 606. Auch hier ist kein Schematismus zulässig. Tabellen sind kaum geeignet. Das Brutto- und das maßgebliche Nettoeinkommen können erheblich auseinanderklaffen, AG Hagen NJW **86**, 1186. Auch hier sind die Durchschnittsverhältnisse der Bevölkerung der Ausgangspunkt, AG Freibg AnwBl **82**, 264.
Beachtlich sind zB: Die Höhe der laufenden Ausgaben; Schulden und sonstige Belastungen; die Kinderzahl; Unterhalts- oder Freistellungsansprüche; eine Rechtsschutzversicherung; eine Unterhaltspflicht; eine Entnahme aus einem Gewerbebetrieb, selbst wenn er mit einem Verlust arbeitet.

8 Man darf nach der Klärung des Ausgangspunkts nach Rn 7 nun nur auf die Verhältnisse des *Auftraggebers* bei der Fälligkeit nach Rn 11 abstellen, nicht auf diejenigen eines Erstattungspflichtigen, Mü AnwBl **79**, 74, LG Nürnb-Fürth JB **85**, 869, AG Northeim AnwBl **83**, 230, aM LG Bayreuth JB **85**, 1187 (Gesamtentwicklung), LG Kref JB **76**, 64, GSchm 61 (der günstigste Zeitpunkt. Aber dann könnte sich eine Verarmung während des Mandats verhängnisvoll auswirken). Man muß aber berücksichtigen, ob der Auftraggeber von einem Unterhaltspflichtigen eine Zahlung erhalten kann, §§ 1360a, 1610 BGB, oder von einer Versicherung.

9 Die Ertragslage des *Anwalts* kann mitbeachtlich sein. Sie ist jedoch in keinem Fall ausschlaggebend. Seine Feiertagstätigkeit kann sich aber gebührenerhöhend auswirken, SG Dortm AnwBl **83**, 474, Jansen/Braun AnwBl **92**, 254. Eine allgemeine *Verteuerung* ist unerheblich. Denn sie stellt gerade keinen Umstand „des Einzelfalls" dar.

10 **F. Vermögensverhältnisse des Auftraggebers, I 1.** Dieser Faktor ist zwar wichtig, Düss JB **00**, 360. Er ist aber eben doch nur ein Einzelfaktor. Ausgangspunkt sind die Durchschnittsverhältnisse, AB Freibg AnwBl **82**, 264. Bei einem Kind ohne ein eigenes Vermögen stellt man auf die Eltern ab. Die Verhältnisse eines Dritten, der nicht Auftraggeber ist, sind unbeachtlich, LG Paderb MDR **90**, 1137. Das gilt selbst dann, wenn er erstattungspflichtig ist.

11 Wenig brauchbar ist eine Bewertung durch den Betriebsinhaber, ebensowenig ein Steuerbescheid usw. Besser brauchbar ist der *Lebenszuschnitt*. Eine Rechtsschutzversi-

Abschnitt 2. Gebührenvorschriften § 14 RVG

cherung kann beachtbar sein, aM AG Bonn JB **81**, 1051. Manche Gerichte berücksichtigen das Vermögen erst dann, wenn es den Freibetrag der Vermögenssteuer überschreitet, Köln MDR **75**, 767 (zu [jetzt] § 48 GKG), aM Oswald NJW **76**, 2254. Man darf die Erträgnisse heranziehen, etwa einen hohen Gewinn. Man darf jedoch kein Schema etwa derart bilden, daß das Vermögen 10% des Streitwerts darstelle. Ein Vermögen ist nicht schon deshalb belanglos, weil es keine Erträge abwirft oder weil es belastet ist. Unbeachtlich ist der übliche Hausrat, ein kleines Sparguthaben usw.

Maßgeblicher Zeitpunkt ist derjenige der Fälligkeit der Gebühr nach § 8, Kblz Rpfleger **95**, 83, oder auch derjenige der Abrechnung nach § 10. Denn erst dann kann man alle Umstände abschließend überblicken, LG Nürnb-Fürth JB **85**, 869, aM LG Bayreuth JB **85**, 1187, LG Kref AnwBl **76**, 136 (Auftragserteilung).

G. Billiges Ermessen, I 1. Der Anwalt darf und muß gegenüber dem Auftraggeber ein Ermessen ausüben, LG Bln JB **08**, 201, LSG Essen NZA-RR **08**, 606, Madert AnwBl **94**, 379. Wie so oft enthält auch I 1 durch das Wort „billiges" (Ermessen) einen mißverständlichen Akzent. Der Anwalt ist zur Berücksichtigung sämtlicher Umstände nicht nur berechtigt, sondern auch verpflichtet, Mü MDR **04**, 176, LG Heilbr AnwBl **78**, 29, LG Zweibr JB **08**, 311. Das gilt nur dann nicht, wenn das RVG direkt dergleichen verbietet, zB in VV 2301 amtliche Anmerkung I, VV 2401 amtliche Anmerkung I. Es gilt ferner nicht, soweit das Gesetz selbst schon ein Ehrenamt der an sich notwendigen Abwägung zum Anlaß nimmt, einen höheren Rahmen zu bestimmen, zB bei allen Zuschlagsgebühren VV 4101 usw. Dann darf er aber einen innerhalb *dieses* Rahmens besonderen Umstand beachten, BVerwG AnwBl **81**, 191.

Er muß daher in Wahrheit ein *pflichtgemäßes Ermessen* ausüben. Er muß also alle sachfremden Erwägungen unterlassen. Sein guter Ruf ist keine sachfremde Erwägung. Die Bestimmung erfolgt nach § 315 II BGB durch eine empfangsbedürftige Willenserklärung gegenüber dem Auftraggeber. Sie ist nicht absetzbar, BGH FamRZ **09**, 324 links oben. Den Anwalt bindet sie, BGH NJW **87**, 3203, Brdb JB **08**, 364, AG Kblz JB **08**, 312. Das gilt auch wegen des etwa von ihm mitermittelbaren Gegenstandswerts, § 23 II 2, Brdb JB **08**, 364. Ein Widerruf ist nur ausnahmsweise zulässig, KG JB **04**, 484, etwa beim Übersehen eines Gebührentatbestands, BGH NJW **87**, 3202, Brdb JB **08**, 364.

H. Haftungsrisiko, I 2, 3. Das auch in § 4 I 2 behandelte Haftungsrisiko des Anwalts ist ein weiteres Bemessungsmerkmal, so auch BSG NJW **10**, 109, ferner LSG Essen NZA-RR **08**, 606. Das gilt freilich nur dann, wenn es sich um ein „besonderes" derartiges Risiko handelt, also nicht schon dann, wenn es um das mit jeder Anwaltstätigkeit verbundene Risiko einer zum Schadensersatz verpflichtenden vorwerfbaren Fehlhandlung des Anwalts oder seiner Erfüllungsgehilfen geht, für die er nach § 278 BGB mithaftet. Das Gesetz schafft auch dann für ein besonderes Haftungsrisiko einen gewissen Gebührenausgleich, wenn sich der Anwalt für den Haftungsfall versichert hat. Denn ein besonderes Risiko läßt sich meist nur durch entsprechend höhere Versicherungsprämien absichern. Sie lassen sich auch nicht vollständig durch eine steuerliche Absetzung als eine Betriebsausgabe beseitigen.

Der Anwalt „kann" ein solches Risiko mitberücksichtigen. Er *muß* es bei I 3 tun, also bei einer solchen Rahmengebühr die sich nicht nach einem Gegenstandswert richtet, also bei einer Betragsrahmengebühr etwa bei VV 2102, 2103 usw, nicht aber auch bei einem Gebührensatzrahmen nach Einl II 13, also zB nicht bei VV 2100, 2300 usw.

I. Mittelgebühr, I 1–3. Man muß in der Praxis grundsätzlich von dem Mittelbetrag der einschlägigen Rahmengebühr ausgehen, um eine wenigstens einigermaßen gleichmäßige eigene Berechnungspraxis zu erzielen, BVerwG AnwBl **98**, 540, VGH Mü JB **04**, 650, VG Düss AnwBl **84**, 322. Das gilt auch bei einer schwierigen Lage, wenn das Gesetz sie schon beim Rahmen beachtet hat, AG Pankow/Weißensee FamRZ **04**, 213. Es gilt auch, wenn erhöhende und verringernde Umstände gleichgewichtig sind, LSG Jena MDR **02**, 606. Kein Rechtsgebiet erlaubt von vornherein im Ergebnis von der Mittelgebühr abzuweichen, aM Fischer NZA **04**, 1187 (Arbeitsrecht). Mittelgebühr ist nicht die Hälfte der Höchstgebühr, sondern die Mitte des Rahmens, Düss AnwBl **89**, 293, Hbg Rpfleger **99**, 413, AG Pankow/Weißensee FamRZ **04**, 213. Vgl aber auch VV 2300. Das ändert nichts an der Notwendigkeit einer Gesamtabwägung nach Rn 18 ff.

15 J. Höchstgebühr, I 1–3. Man darf den Höchstwert des Rahmens außerhalb VV 1008 keineswegs überschreiten und ihn überhaupt nur bei überdurchschnittlichen Einkommens- und Vermögensverhältnissen und einer besonderen Schwierigkeit der anwaltlichen Tätigkeit ansetzen, BKartA Rpfleger **07**, 576, nicht schon dann, wenn die Sache zwar eine erhebliche wirtschaftliche Bedeutung hat, rechtlich aber einfach gelagert ist, Mü VersR **77**, 1036, aM AG Betzdorf AnwBl **84**, 454. Bei § 34 I 3 gelten besondere Höchstgebühren.

Die Höchstgebühr ist andererseits *nicht von einem lückenlosen Zusammentreffen* sämtlicher Erhöhungsmerkmale abhängig, BayObLG JB **00**, 641, Karlsr AnwBl **00**, 133, VG Dessau NVwZ-RR **03**, 909, aM LG Bln JB **98**, 25 (aber das widerspräche der erforderlichen Gesamtabwägung, Rn 18 ff). Ein einzelnes Merkmal kann so überwiegen, daß es schon deshalb die Höchstgebühr rechtfertigt.

16 K. Abgrenzung zum Durchschnitt. Ein solches Strafverfahren wegen des Verdachts der Trunkenheit am Steuer, in dem das Gericht oder der Anwalt einen Sachverständigen zu Rate ziehen, kann noch eine Durchschnittssache sein. Das gilt auch dann, wenn der Staatsanwalt einen Freispruch beantragte, LG Osnabr AnwBl **84**, 263, aM LG Mü JB **82**, 1182. Es gilt auch bei einer Privatklage, LG Mü AnwBl **80**, 470. Es gilt schließlich bei einer Nebenklage, Düss AnwBl **96**, 590, Mü AnwBl **80**, 469, LG Dortm AnwBl **80**, 470, aM LG Karlsr DAR **82**, 19. Eine Durchschnittssache kann ferner bei einer auf das Strafmaß beschränkten Rechtsmittel vorliegen, GSchm 16, aM LG Bayreuth JB **81**, 546. Dasselbe gilt für eine Schadensersatzforderung nach einem „normalen" Verkehrsunfall, KG VersR **76**, 641, oder bei einer Ordnungswidrigkeit ohne weitere Auswirkungen, LG Magdeb JB **08**, 85.

Man muß die Notwendigkeit eines *Dolmetschers* oder einiger Sprachkenntnisse des Anwalts berücksichtigen, AG Bruchsal VersR **86**, 689, AG Ffm VersR **86**, 776, AG Köln AnwBl **88**, 76, aM Düss AnwBl **99**, 704 (aber Sprachkenntnisse können wichtigste Voraussetzungen einer erfolgreichen Tätigkeit sein). Die Rücknahme der Anklage vor der Eröffnung des Hauptverfahrens kann die Höchstgebühr auslösen. Die Ablehnung der Eröffnung kann sich erhöhend auswirken, AG Hann AnwBl **80**, 311. Reicht auch der Höchstwert nach § 14 nicht zur angemessenen Vergütung aus, kann eine Überschreitung des jeweils einschlägigen Gebührenrahmens nach gesetzlichen Sonderregeln in Betracht kommen.

17 L. Mindestgebühr, I 1–3. Die Mindestgebühr kommt nur bei einem Mindestbemittelten und dann in Betracht, wenn die Sache gleichzeitig einfach liegt, Zweibr FamRZ **04**, 1743, LG Lüb MDR **48**, 487, VG Düss AnwBl **84**, 322, und wenn sie nur einen geringen Umfang hat oder wenn ein einzelnes Merkmal so überwiegt, daß es schon deshalb nur die Mindestgebühr rechtfertigt.

18 4) Gesamtabwägung, I 1–3. Man muß sämtliche in Rn 2–17 genannten Faktoren miteinander abwägen, Mü MDR **92**, 83, LG Essen JB **98**, 24, LG Zweibr JB **08**, 311. Das Gesetz nennt keinen generell bezifferten Ausgangswert. Infolgedessen hat keiner der Einzelfaktoren von vornherein einen Vorrang, LSG Erfurt MDR **02**, 607, aM Otto NJW **06**, 1477. Jeder Einzelfaktor kann zwar ziemlich maßgeblich werden, Mü JB **79**, 227, LG Flensb JB **76**, 1504. Das ändert aber nichts an der Notwendigkeit einer Gesamtabwägung.

19 A. Beachtung des Innen- und Außenverhältnisses. Man muß bei der Ausübung des Ermessens das Rechtsverhältnis zwischen dem Anwalt und seinem Auftraggeber beachten. Man muß aber auch dasjenige zum erstattungspflichtigen Gegner des Auftraggebers oder zu einem ersatzpflichtigen Dritten bedenken. Im ersteren Rechtsverhältnis ist jedes Ermessen des Anwalts weiter als im letzteren. Dem Auftraggeber gegenüber ist jede Bestimmung des Anwalts verbindlich, die keinen Ermessensmißbrauch darstellt, LG Flensb JB **78**, 863, LG Zweibr JB **08**, 311. Den Anwalt bindet seine Bestimmung grundsätzlich, BGH AnwBl **87**, 489, Kblz AGS **00**, 88. Er muß zwar nicht, sollte aber zumindest beim Abweichen von einer Mittelgebühr eine für den Auftraggeber nachvollziehbare Begründung geben.

20 B. Unanwendbarkeit beim Streit. Bei einem Streit zwischen dem Anwalt und seinem Auftraggeber scheidet eine Festsetzung nach § 11 VIII aus, soweit der Anwalt mehr als die Mindestgebühr fordert oder wenn der Auftraggeber der Höhe der Gebühren nicht ausdrücklich zugestimmt hat. Daher kann das Gericht nur noch prüfen, ob der Anwalt die Regeln des § 315 I, III BGB verkannt hat, Schmidt AnwBl **75**, 334, ob er also in einer sachfremden, objektiv willkürlichen, nicht mehr einigermaßen vernünftigen Weise gerechnet hat. Das Gericht muß zB klären, ob er zB einen auf der Hand liegenden Faktor überhaupt nicht beachtet oder einen offensichtlich völlig abwegigen Faktor zum fast alleinigen Maßstab gemacht hat, LG Ffm AnwBl **76**, 353, LG Osnabr AnwBl **78**, 30, oder ob er überhaupt keinen erkennbaren Gebrauch seines Ermessens gemacht hat (Vorsicht!), LG Mü JB **76**, 792.

C. Weites Anwaltsermessen. Alles, worüber man streiten kann, was aber noch 21 nicht nachweisbar auf Rechen-, Denk-, Auslassungsfehlern und dergleichen beruht, bleibt im Verhältnis zwischen dem Anwalt und seinem Auftraggeber im Rahmen des anwaltlichen Ermessens. Alles, was wenigstens eine gewisse Bemühung um eine Gesamtabwägung erkennen läßt und keinen Hauptaspekt glatt übergeht, bleibt also einer gerichtlichen Abänderung im Streit zwischen dem Anwalt und seinem Auftraggeber grundsätzlich entzogen, Hamm JB **99**, 525, LG Aachen AnwBl **83**, 235, LG Flensb JB **78**, 863, strenger LG Lüb Rpfleger **78**, 327, Baumgärtel VersR **78**, 593 (für sein Punktesystem LG Hof JB **06**, 636, dagegen AG Nürnb AnwBl **85**, 322).

D. Maßgeblichkeit des Anwalts. Maßgeblich ist nicht derjenige Betrag, der aus 22 der Sicht eines unbeteiligten Dritten und damit also noch am ehesten objektiv angemessen ist, sondern derjenige Betrag, den der Anwalt bei einer pflichtgemäßen Gesamtabwägung nach seinem Standpunkt als angemessen ansehen durfte, Jena AnwBl **08**, 151, LG Kblz AnwBl **98**, 486, AG Duisb AnwBl **76**, 407. Einzelposten sind austauschbar. Der Anwalt trägt anders als bei Rn 25 die Beweislast für die Billigkeit seiner Bestimmung, BGH NJW **83**, 1178.

5) Unbilligkeit, I 4. Die Vorschrift gilt nicht gegenüber dem nach Rn 2 auf § 315 23 III BGB angewiesenen Auftraggeber. Das ergibt sich schon aus ihrem Wortlaut.

A. Ermessensbegrenzung. Soweit also ein Dritter die Gebühr ersetzen oder ein Prozeßgegner sie erstatten muß, kommt das Kostenfestsetzungsverfahren zum Zug. Dritter ist die Erstattungspflichtiger, evtl auch die Staatskasse nach § 467 II StPO, aber nicht eine Rechtsschutzversicherung. Im Festsetzungsverfahren ist die von dem Anwalt getroffene Bestimmung nach oben oder unten nur insoweit nicht verbindlich, als sie bei einer Gesamtabwägung unbillig ist, Kblz FamRZ **09**, 716, Mü MDR **04**, 176, LG Potsd JB **04**, 25. Im Verhältnis zum erstattungspflichtigen Gegner des Auftraggebers oder zu einem sachlichrechtlich ersatzpflichtigen Dritten ist also das grundsätzlich pflichtgemäße Ermessen des Anwalts lediglich ein wenig eingeschränkt. Indessen ist diese gesetzliche Nuance zwischen I 1–3 und I 4 völlig überspitzt. Daher ist praktisch auch gegenüber dem Dritten nur ein Ermessensmißbrauch schädlich, LG Bochum AnwBl **85**, 151, LG Freib AnwBl **98**, 213, VG Düss AnwBl **84**, 322. Erst ein solcher Ermessensmißbrauch macht die anwaltliche Bestimmung unverbindlich. Erst dann darf und muß das Gericht die Gebühr neu festsetzen.

B. Maßstab: Prozentsatz der Überschreitung. Manche Gerichte prüfen *demge-* 24 *genüber*, ob der Anwalt das in anderen Fällen Angemessene deutlich überschritten hat, und halten nur eine so erhebliche Abweichung für unbillig, zB LG Hagen AnwBl **83**, 46, LG Memmingen JB **77**, 513, LG Regensb JB **78**, 67. Manche halten schon eine Überschreitung von 10% für unbillig, LG Kref JB **85**, 397.

Andere Gerichte betonen, man dürfe auch bei (jetzt) I 4 keine kleinlichen Streichungen oder belanglosen Meinungsverschiedenheiten austragen, Mü AnwBl **80**, 469, LG Kaisersl AnwBl **77**, 41, Schmidt AnwBl **75**, 334.

Wieder andere halten eine Abweichung von bis zu 20% gegenüber dem Angemessenen für vertretbar, Kblz NJW **05**, 918, Mü MDR **04**, 176, AG Aachen AnwBl **05**, 233. Maßgebend sind dabei die gesamten Gebühren des Verfahrensabschnitts, Kblz NJW **05**, 918. Auch das soll aber nur bei Beachtung der Bemessungskriterien gelten, Mü Rpfleger **04**, 294. Manche sehen demgemäß eine Abweichung erst ab etwa 20% als unbillig an, Düss Rpfleger **01**, 46, Hamm JB **07**, 310, Oldb Rpfleger **99**, 566. Man liest auch von 30% als einer noch hinnehmbaren Abweichungsgröße, Kitzinger FamRZ **05**, 11. Wieder andere erlauben mangels besonderer Umstände überhaupt keine Abweichung vom Mittelwert, BVerwG Rpfleger **02**, 98.

Jedenfalls ist jeder *Schematismus* unzulässig, LG Kaisersl MDR **91**, 560. Jedes Ermessen eröffnet nämlich begrifflich irgendeinen Spielraum auch gegenüber einem weitgehend gleichen Sachverhalt.

25 **C. Beweislast.** Wer als Dritter einen Ermessensmißbrauch behauptet, trägt anders als bei Rn 22 die entsprechende Beweislast, LG Potsd JB **04**, 25, VGH Mü JB **04**, 650, aM Bln EFG **81**, 366 (der Anwalt müsse bei einer Beanstandung die für seine Bemessung maßgeblichen Erwägungen selbst darlegen und beweisen. Aber ein Ermessen eröffnet einen Spielraum, Rn 24. Daher muß derjenige die Beweislast tragen, der eine Überschreitung des Spielraums behauptet).

26 **D. Einzelfragen.** Eine Honorarvereinbarung ist, soweit sie überhaupt zulässig ist, so lange bindend, wie kein Ermessensmißbrauch feststeht. Ein Austausch von Einzelposten ist zulässig, BLAH § 104 ZPO Rn 52. Im Kostenfestsetzungsverfahren ist die Feststellung der Unbilligkeit jedenfalls bei deren Offenkundigkeit entbehrlich, LG Mü NJW **76**, 1702. Das Revisionsgericht kann eine vom Tatrichter vorgenommene Bemessung ohnehin nur auf das Vorliegen eines Rechtsirrtums, auf die Verkennung wesentlicher Umstände oder auf eine Ermessensüberschreitung prüfen. Im übrigen ist § 315 III BGB auch im Verhältnis zum erstattungspflichtigen Dritten anwendbar, Schmidt NJW **75**, 1727.

27 **6) Gutachten, II,** dazu *Schneider* MDR **02**, 1295 (Üb): Die Vorschrift lautet ähnlich wie § 3a II 2, 3. Gleichwohl sind die Voraussetzungen der Einholung des Gutachtens teilweise anders als dort. Das Gutachten soll dem Gericht vielmehr die Ansicht der Berufsvertretung mit ihrer zusätzlichen Erfahrung vermitteln. § 34 I 3 Hs 1 macht § 14 II nicht mitanwendbar.

28 **A. Notwendigkeit.** Die Notwendigkeit eines Gutachtens entsteht, soweit sich im Verhältnis gerade zwischen dem Anwalt oder einem der Anwaltskammern angehörenden Rechtsbeistand und dem Auftraggeber oder dessen Rechtsnachfolger herausstellt, daß die Frage der Angemessenheit der vom Anwalt bestimmten Gebührenhöhe oder die Frage ihrer Unbilligkeit nicht nur entscheidungserheblich ist, sondern daß sie auch wenigstens im Kern erkennbar streitig ist, II 1 Hs 1 aE, Mü MDR **05**, 1186, AG Hagen AnwBl **05**, 508. Dabei ist § 138 III, IV ZPO anwendbar. Das gilt nur im Rechtsstreit um die Vergütung, Schneider NJW **04**, 193, freilich auch bei einer Aufrechnung oder bei der Behauptung einer Überzahlung nach § 812 BGB. Es gilt auch dann, wenn das Gericht die Anwaltsforderung bisher für angemessen hält.

29 **B. Beispiele zur Frage einer Notwendigkeit, II**
Abtretung: Rn 31 „Schadensersatz".
Anspruchsgrund: *Nicht* notwendig ist ein Gutachten schon wegen II bei einem Streit zum Anspruchsgrund, Düss AnwBl **84**, 443, Hamm ZfS **92**, 119, Mümmler JB **85**, 9.
S auch „Grundurteil".
Erstattungsprozeß: *Nicht* notwendig wird ein Gutachten schon wegen II im Verfahren zwischen dem Auftraggeber und seinem Prozeßgegner wegen der Kostenerstattung zB nach §§ 91 ff ZPO, BVerwG JB **82**, 857, Düss JB **09**, 588, AG Essen AnwBl **05**, 508, AG Hagen AnwBl **05**, 508, aM Vagt DNotZ **85**, 512 (aber § 14 betrifft nur das Innenverhältnis Anwalt – Auftraggeber).
Grundurteil: *Nicht* notwendig ist ein Gutachten schon vor einem solchen Urteil nach § 304 ZPO, Düss AnwBl **84**, 444.
S auch „Anspruchsgrund".
Herabsetzung: Notwendig ist ein Gutachten dann, wenn das Gericht dazu neigt, irgendeine Herabsetzung der Vergütung vorzunehmen, etwa bei einer Honorarvereinbarung, (jetzt) § 3a II, Köln NJW **98**, 1961. Denn auch diese Situation setzt nach § 3a II 1 einen „Rechtsstreit" voraus, also eine Streitigkeit auch zur Gebührenhöhe nach II 1. Indessen kann es ratsam sein, den Sachverhalt durch Auflagen nach § 273 ZPO oder durch die Anheimgabe einer Stellungnahme zu bisher eingegangenen gegnerischen Schriftsätzen usw soweit nach §§ 138, 139 ZPO aufzuklären, daß sich die Anwaltskammer ein vollständiges Bild machen kann.

30 **Insolvenz:** *Nicht* stets notwendig ist ein Gutachten im Anfechtungsprozeß des Insolvenzverwalters, BGH NJW **80**, 1962. Das gilt auch gegenüber einer Rechtsschutzversicherung.

Kleinverfahren: Notwendig sein kann ein Gutachten auch im sog Kleinverfahren nach § 495a ZPO, Schmidt AnwBl **79**, 133.
Kostenfestsetzung: *Nicht* notwendig ist ein Gutachten stets im Festsetzungsverfahren zwischen dem Anwalt und dem früheren Auftraggeber, BVerwG NJW **06**, 248, Ffm FamRZ **92**, 711, LG Nürnb-Fürth JB **85**, 869. Freilich ist das Gericht auch dann zur Einholung eines Gutachtens berechtigt, auch im Rechtsmittelzug. S auch Rn 31 „Zeitpunkt".
Mahnverfahren: Notwendig sein kann ein Gutachten auch nach einem Mahnverfahren nach §§ 688ff ZPO von dem Übergang in das streitige Verfahren nach § 696 ZPO ab.
Mindestgebühr: *Nicht* notwendig ist ein Gutachten wegen II 1 Hs 1 aE. Denn es besteht dann kein Streit gerade über die Höhe einer Gebühr, sondern nur dazu, ob der Anwalt sie überhaupt beanspruchen kann, Düss AnwBl **85**, 239, LG Flensb JB **87**, 1515.
Mittelgebühr: *Nicht* notwendig ist ein Gutachten beim Streit darüber, wie hoch das Gesetz eine Mittelgebühr bemißt, etwa bei (jetzt) VV 2300, AG Hbg-Harbg AnwBl **05**, 589, AG Kaufbeuren AnwBl **05**, 508.
S auch Rn 31 „Unstreitigkeit".
Nichtgebührenrecht: Notwendig sein kann ein Gutachten auch dann, wenn der Auftraggeber nur einen nichtgebührenrechtlichen Einwand erhebt, aM Düss AnwBl **85**, 259. Denn das Gericht soll schon bei der Schlüssigkeitsprüfung die Ansicht der Berufsvertretung mitbeachten, großzügiger GS 106, 108 (nicht bei Säumnis oder Anerkenntnis).
Säumigkeit: Notwendig sein kann ein Gutachten bei einer Streitigkeit und Entscheidungserheblichkeit auch dann, wenn sich der frühere Auftraggeber nicht auf eine Verhandlung einläßt, wenn er also zB säumig ist, §§ 330ff ZPO. Denn das Gericht soll schon bei der Schlüssigkeitsprüfung die Ansicht der Berufsvertretung mitbeachten, aM GS 106, 108.
Nicht notwendig ist ein Gutachten natürlich bei einer Klagabweisung durch ein sog unechtes Versäumnisurteil nach § 331 II Hs 2 ZPO.
Schadensersatz: *Nicht* notwendig ist ein Gutachten dann, BVerfG JB **82**, 857. Das gilt zB dann, wenn der Anwalt nur einen an ihn abgetretenen Schadensersatzanspruch des Auftraggebers geltendmacht, AG Hameln AnwBl **05**, 589. Freilich ist es auch dann zulässig.
Unstreitigkeit: *Nicht* notwendig ist ein Gutachten bei einer Unstreitigkeit der Gebührenhöhe, großzügiger LG Flensb JB **87**, 1515 (Entbehrlichkeit sogar bei einer Mittelgebühr mangels substantiierter Bedenken).
Vergleich: *Nicht* notwendig ist ein Gutachten beim Vergleich, großzügiger LG Flensb JB **87**, 1515.
Vorfrage: *Nicht* notwendig ist ein Gutachten bei einer bloßen Vorfrage, Düss VersR **08**, 1685.
Zeitpunkt: Notwendig wird ein Gutachten wenn überhaupt, dann bereits vor der sachlichen Entscheidung über die Angemessenheit der Gebühr, Bbg OLGZ **76**, 354, nicht etwa erst im Kostenfestsetzungsverfahren.

C. Verfahren. Das Gericht holt das Gutachten von Amts wegen ohne eine Widerspruchsmöglichkeit eines Beteiligten beim Vorstand derjenigen Anwaltskammer ein, der der Anwalt jetzt angehört, so wohl auch Schneider NJW **04**, 195. Denn das ist prozeßwirtschaftlich und läßt sich ebensogut aus II in Verbindung mit § 73 Z 3 BRAO ableiten wie eine Zuständigkeit derjenigen Kammer, der der Anwalt zur Zeit der Ausführung des Auftrags oder der Berechnung nach § 10 angehörte.

D. Beispiele zur Frage des Verfahrens, II

Ablehnbarkeit: Wenn vor der Erstellung des Gutachtens eine Befangenheitsbesorgnis besteht, sollte der Vorstand ein anderes Mitglied bestellen, obwohl das Verfahren nicht auf die Person eines Einzelsachverständigen ausgerichtet ist. Tritt eine Befangenheit erst nach der Erstellung des Gutachtens zutage, muß das Gericht sie bei der Würdigung des Gutachtens mitbeachten, BGH **62**, 94.
Aktenrückgabe: Soweit der Vorstand der Anwaltskammer die Akten mit der Ansicht zurückgibt, er könne sich wegen Unklarheiten des Sachverhalts *noch nicht gutachtlich*

RVG § 14 X. Rechtsanwaltsvergütungsgesetz

äußern, muß das Gericht im Rahmen seines pflichtgemäßen Ermessens nach einer Anhörung der Parteien prüfen, ob es sich der Auffassung der Anwaltskammer anschließt. Das Gericht muß dann das Erforderliche zur weiteren Sachaufklärung veranlassen. Andernfalls mag das Gericht die Akten dem Vorstand der Anwaltskammer unter einer Mitteilung der eigenen Beurteilung der Gutachtenreife erneut übersenden oder selbst entscheiden, ohne die Akten erneut nach dort übersenden zu müssen.

Soweit der Vorstand der Anwaltskammer die Erstellung des Gutachtens *endgültig verweigert* oder die Hergabe des Gutachtens allzu lange hinauszögert, sei es auch unter der Angabe, der von ihm beauftragte Anwalt habe den Entwurf aus irgendwelchen Gründen nicht fertiggestellt, darf und muß das Gericht die Akten unverzüglich zurückfordern, § 121 I 1 BGB (allgemeiner Rechtsgedanke). Diese Maßnahme kann zu einer nun sehr raschen Beifügung des Gutachtens führen. Notfalls darf und muß das Gericht ohne ein Gutachten entscheiden. Die Ordnungsmittel gegenüber einem einzelnen Sachverständigen nach §§ 408, 409 ZPO sind aus den Gründen Rn 33 unanwendbar.

35 **Aktenüberlassung:** Der Vorstand kann die Erstellung des Gutachtens von einer Überlassung aller derjenigen Akten und Beiakten abhängig machen, die nach seinem pflichtgemäßen Ermessen zu einem brauchbaren Gutachten erforderlich sind. Das Gericht darf und muß ihm grundsätzlich die Akten im Original und vollständig übersenden. Der Vorstand darf alle ihm zugeleiteten Unterlagen demjenigen Mitglied übergeben, das er mit dem Entwurf beauftragt.

Von diesem Grundsatz können insofern *Ausnahmen* bestehen, als es dem berechtigten Interesse eines der am Gebührenstreit Beteiligten widerspricht, gerade diesem Anwalt derartige Unterlagen zugänglich zu machen. Handakten des Anwalts dürfen nur dann eine Beachtung erhalten, wenn sie derzeit ein Teil der Gerichtsakten sind. Insoweit besteht aber natürlich auch eine Auswertungspflicht des Vorstands. Handakten, die der Anwalt direkt dem Vorstand der Anwaltskammer zur Einsicht gibt und die der Gutachter ausgewertet hat, müssen auch dem Gericht und dem Gegner zugänglich sein. Andernfalls ist das Gutachten unverwertbar.

Bearbeitungszeitspanne: Wegen der allgemein bekannten Belastung aller Anwälte ist es ratsam, dem Vorstand eine mehrmonatige *Zeitspanne* zur Erstellung des Gutachtens zu überlassen oder erst nach dem Ablauf einer solchen Zeit eine Sachstandsanfrage zu halten. Das gelegentliche Argument, die – wenn auch zahlreichen – Vorstandsmitglieder seien allzu überlastet und müßten obendrein unentgeltlich tätig werden, ist aber nicht vorrangig. Jeder größere Betrieb muß die notwendigen Organisationsaufnahmen treffen. Das gilt auch für die Vertretung einer mitgliederstarken Berufsvertretung. Sie muß ihre gesetzlichen Pflichten als ein Gegenstück besonderer Rechte und einer besonderen Verantwortung auch dann unverzüglich erfüllen, wenn sie keine Vergütung mit sich bringen.

S auch Rn 39 „Frist".

36 **Bestimmung des Gutachters:** Der Vorstand der Anwaltskammer bestimmt in eigener Zuständigkeit im Rahmen seines pflichtgemäßen Ermessens in der Regel eines seiner Mitglieder zum Gutachter. Dieser Anwalt trägt natürlich eine Mitverantwortung für den Inhalt des Gutachtens. Er ist persönlich kein gerichtlich beauftragter Sachverständiger. Er erhält natürlich ebensowenig eine Vergütung wie der Vorstand der Anwaltskammer. Das gilt nach § 1 II JVEG, Teil V dieses Buchs. Denn es handelt sich nach Rn 32 gerade nicht um eine Sachverständigenleistung, sie wenn sie ihr praktisch nahesteht.

37 **Einzelsachverständiger:** Unanwendbar sind alle diejenigen Vorschriften, die auf die Einzelperson eines Sachverständigen abzielen, BGH **62**, 95, Ffm MDR **83**, 327, Pieper ZZP **84**, 22.

S auch „Erläuterung".

Ergänzung: Das Gericht darf und muß evtl die Anwaltskammer um eine Ergänzung ihres Gutachtens ersuchen, falls ihm das bisherige Gutachten unvollständig oder unklar scheint. Es ist ein nobile officium des Vorstands, unverzüglich eine entsprechende ergänzende Stellungnahme abzugeben.

Erläuterung: Eine mündliche Erläuterung nach § 411 III ZPO kommt nur unter den Voraussetzungen des § 284 S 2–4 ZPO infrage. Denn die Vorschriften zur Einzelperson sind grds unanwendbar, vgl. „Einzelsachverständiger".

Ermittlungen: Der Vorstand der Anwaltskammer sollte von sich aus keine Sachverhaltsaufklärung betreiben, ohne zumindest mit dem Gericht vorher insofern Kontakt aufzunehmen. Zwar sind die Grundsätze des Sachverständigenbeweises im Zivilprozeß teilweise entsprechend anwendbar. Indessen ist es nicht die Aufgabe des Vorstands, dem Gericht die Aufklärung des Sachverhalts über solche Fragen abzunehmen, die das Gericht ja anders als zB in einem Abstammungsverfahren oder bei einem Bauprozeß grundsätzlich ebenfalls sachverständig beurteilen kann.

Läßt sich der für eine Begutachtung benötigte Sachverhalt nicht weiter aufklären, sollte der Vorstand vom *bisher bekannten* Sachverhalt ausgehen, Schmidt AnwBl 79, 133.

Frist: S zunächst Rn 35 „Bearbeitungszeitspanne".

Das Gericht kann der Anwaltskammer eine Frist zur Hergabe des Gutachtens setzen. Es muß so verfahren, falls die Anwaltskammer die Erstellung des Gutachtens ohne ausreichende von ihr mitgeteilte Gründe unangemessen verzögert. Denn das Gericht hat im Rechtsstreit eine vorrangige Fürsorgepflicht gegenüber beiden Prozeßparteien, BLAH Einl II 27, BVerfG **52**, 144, Karlsr MDR **81**, 503. Überdies ist das Gutachten kein Sachverständigenbeweis nach §§ 402 ff ZPO, sondern als eine amtliche Auskunft ein selbständiges Erkenntnismittel, LG BadBad Rpfleger **01**, 324, AG Duisb AnwBl **82**, 318, BLAH Üb 32 vor § 373 ZPO, aM Mü MDR **89**, 923.

Kosten: Das Gutachten ist kostenlos, II 2, LG BadBad Rpfleger **01**, 324. Es entsteht also auch keine Auslagen-Ersatzpflicht.

Nichtgebührenrecht: Soweit der Streit im Gebührenprozeß in Wahrheit nur noch andere als gebührenrechtliche Fragen betrifft, etwa insolvenzrechtliche, ist kein Gutachten erforderlich und sollte sich der Vorstand der Anwaltskammer nicht äußern. Das gilt selbst dann, wenn das Gericht im Ergebnis eine Herabsetzung der vereinbarten Vergütung plant, BGH **77**, 254.

Rechtliches Gehör: Das Gericht gibt den Parteien oder Beteiligten das rechtliche Gehör zum Gutachten und läßt sie über das Gutachten mitverhandeln.

Unklarheit: Rn 37 „Ergänzung".

Unterschrift: Stets muß der Vorstand der Anwaltskammer die Endfassung des Gutachtens zumindest neben dem von ihm bestellten Gutachter unterschreiben und damit die Verantwortung übernehmen.

Unvollständigkeit: Rn 37 „Ergänzung", Rn 42 „Zitate".

Vergütung: Rn 36 „Bestimmung des Gutachters".

Verständlichkeit: Das Gutachten sollte für den Auftraggeber des am Gebührenrechtsstreit beteiligten Anwalts verständlich sein, also in der Regel für den Kläger jenes Prozesses. Man würde ihm Steine statt Brot geben, durch rechtswissenschaftlich zutreffende, aber für den Laien kaum noch verständliche Ausführungen erst recht eine Unsicherheit über die entscheidungserheblichen Fragen herbeizuführen. Überdies sollte der Vorstand der Anwaltskammer auch nur den Anschein einer Parteilichkeit vermeiden. Er hat andererseits das Recht und die Pflicht, die Stellung des Anwalts als eines unabhängigen Organs der Rechtspflege nach § 1 BRAO angemessen zu berücksichtigen.

Verweigerung: Rn 34 „Aktenrückgabe".

Würdigung: Das Gutachten bindet das Gericht wegen § 286 ZPO nicht in seiner freien Würdigung. Das Gericht sollte aber eine Abweichung ausreichend nachvollziehbar begründen.

Zitate: Es steigert die Überzeugungskraft des Gutachtens, wenn es Zitate aus der Rechtsprechung und Lehre nicht allzu „wählerisch" auf einen bloßen Teil des Einschlägigen beschränkt.

D. Verstoß. Eine pflichtwidrige Nichteinholung des Gutachtens kann als ein Verfahrensfehler zur Zurückverweisung nach (jetzt) § 538 ZPO führen, BVerfG FamRZ **02**, 532 (aber kaum Verfassungsbeschwerde), Bbg MDR **98**, 800, Ffm AnwBl **98**, 484, aM GS 130 (Berufungsgericht entscheidet selbst). Die Verwertung des Gutachtens des Vorstands einer nach Rn 32 unzuständigen Anwaltskammer ist ebenfalls ein erheblicher Verfahrensmangel. Das Gericht darf vor einem Gutachten von der Gebührenvereinbarung nach (jetzt) § 3a nicht abweichen, LG Karlsr AnwBl **83**, 179.

Abgeltungsbereich der Gebühren

15 ^I Die Gebühren entgelten, soweit dieses Gesetz nichts anderes bestimmt, die gesamte Tätigkeit des Rechtsanwalts vom Auftrag bis zur Erledigung der Angelegenheit.

^{II} ¹Der Rechtsanwalt kann die Gebühren in derselben Angelegenheit nur einmal fordern. ²In gerichtlichen Verfahren kann er die Gebühren in jedem Rechtszug fordern.

^{III} Sind für Teile des Gegenstands verschiedene Gebührensätze anzuwenden, entstehen für die Teile gesondert berechnete Gebühren, jedoch nicht mehr als die aus dem Gesamtbetrag der Wertteile nach dem höchsten Gebührensatz berechnete Gebühr.

^{IV} Auf bereits entstandene Gebühren ist es, soweit dieses Gesetz nichts anderes bestimmt, ohne Einfluss, wenn sich die Angelegenheit vorzeitig erledigt oder der Auftrag endigt, bevor die Angelegenheit erledigt ist.

^V ¹Wird der Rechtsanwalt, nachdem er in einer Angelegenheit tätig geworden ist, beauftragt, in derselben Angelegenheit weiter tätig zu werden, erhält er nicht mehr an Gebühren, als er erhalten würde, wenn er von vornherein hiermit beauftragt worden wäre. ²Ist der frühere Auftrag seit mehr als zwei Kalenderjahren erledigt, gilt die weitere Tätigkeit als neue Angelegenheit und in diesem Gesetz bestimmte Anrechnungen von Gebühren entfallen.

^{VI} Ist der Rechtsanwalt nur mit einzelnen Handlungen oder mit Tätigkeiten, die nach § 19 zum Rechtszug oder zum Verfahren gehören, beauftragt, erhält er nicht mehr an Gebühren als der mit der gesamten Angelegenheit beauftragte Rechtsanwalt für die gleiche Tätigkeit erhalten würde.

Vorbem. VI ergänzt dch Art 20 Z 1 des 2. JuMoG v 22. 12. 06, BGBl 3416, in Kraft seit 31. 12. 06, Art 28 I des 2. JuMoG, Übergangsrecht § 60 RVG.

Schrifttum: *Müller-Rabe,* Angelegenheit und Auftrag in Familiensachen, Festschrift für *Madert* (2006) 159; *Schneider* AnwBl **08**, 773 (Üb).

Gliederung

1) **Systematik, I–VI**	1–3
2) **Regelungszweck, I–VI**	4
3) **Geltungsbereich, I–VI**	5–7
4) **Dieselbe Angelegenheit, II 1**	8–51
A. Begriff der Angelegenheit	9–11
B. Abgrenzung zum Begriff des Gegenstands	12
C. Abgrenzung zum Begriff des Rechtszugs	13
D. Identitätsprüfung	14
E. Innerer Zusammenhang	15
F. Bei Gerichtsverfahren	16
G. Verfahrensmehrheit	17–19
H. Einmaligkeit der Gebühr	20, 21
I. Beispiele zur Frage derselben Angelegenheit, II 1	22–50
J. Umfang der Abgeltung	51
5) **Derselbe Rechtszug, II 2**	52–75
A. Grundsatz: Keine gesetzliche Begriffsbestimmung	52–54
B. Abgrenzung	55, 56
C. Beispiele zur Frage desselben Rechtszugs, II 2	57–75
6) **Verschiedene Gebührensätze für Teile eines Gegenstands, III**	76–80
7) **Vorzeitige Erledigung usw, IV**	81–92
A. Grundsatz: Bestehenbleiben der Vergütung	81, 82
B. Kündigung des Anwalts wegen Vertragswidrigkeit des Auftraggebers	83, 84
C. Beispiele zur Frage einer Vertragswidrigkeit des Auftraggebers	85
D. Kündigung des Anwalts ohne Vertragswidrigkeit des Auftraggebers	86
E. Kündigung des Auftraggebers wegen Vertragswidrigkeit des Anwalts	87
F. Beispiele zur Frage einer Vertragswidrigkeit des Anwalts	88
G. Kündigung des Auftraggebers ohne Vertragswidrigkeit des Anwalts	89, 90
H. Erstattungsfähigkeit	91
I. Weitere Ausnahmefälle	92
8) **Auftrag zum weiteren Tätigwerden, V**	93–97
A. Grundsatz: Keine weitere Vergütung, V 1	93
B. Keine neue Angelegenheit	94

Abschnitt 2. Gebührenvorschriften § 15 RVG

    C. Verkehrsanwalt wird Prozeßbevollmächtigter 95
    D. Ausnahme bei Werterhöhung 96
    E. Weitere Ausnahme bei 2-Jahres-Zeitablauf, V 2 97
    9) Mehrere Einzelaufträge usw, VI 98, 99

1) Systematik, I–VI. I enthält den das RVG beherrschenden Grundsatz der Verfahrenspauschgebühr. Der Anwalt erhält also nicht für jede einzelne Tätigkeit eine Vergütung (Einzelaktgebühr). Es bestehen vielmehr Pauschgebühren, die jeweils eine ganze Gruppe von Einzeltätigkeiten unabhängig vom Umfang und Grad der im einzelnen aufgewandten Mühe vergüten. Daneben gibt es auch Erfolgsgebühren, (jetzt) VV 1000 ff usw, Chemnitz Festschrift für Schmidt (1981) 6, auch zur Gesamtproblematik.   **1**

Solche *Pauschgebühren* gelten nicht nur wiederholte gleichartige Tätigkeiten derselben Tätigkeitsgruppe ab, zB die Wahrnehmung mehrerer Termine in demselben Verfahren, sondern auch solche, die sich in die besonderen Gebührentatbestände des VV nicht einreihen lassen.   **2**

Die Fälligkeit einer Pauschgebühr tritt bereits dann ein, wenn der Anwalt die zu dieser Tätigkeitsgruppe erforderlichen *Arbeiten verrichtet hat,* wenn sich also sein diesbezüglicher Auftrag erledigt hat, § 8. Das gilt selbst dann, wenn es sich für ihn um eine vorzeitige Erledigung der Angelegenheit oder Beendigung des Auftrags handelt und wenn es im Verfahren später nach IV zu einer anderen Tätigkeitsgruppe kommt, die ein anderer Anwalt wahrnimmt. Die Pauschgebühr entsteht für den zunächst beauftragten Anwalt unabhängig davon, ob der Auftraggeber gleichzeitig oder später einen weiteren Anwalt beauftragt, zusätzlich innerhalb derselben Tätigkeitsgruppe tätig zu werden.   **3**

2) Regelungszweck, I–VI. Die Vorschrift dient sowohl der Kostengerechtigkeit als auch der Vereinfachung und damit auch in diesem wirtschaftlich so wichtigen Bereich des Prozesses der Prozeßwirtschaftlichkeit, BLAH Grdz 14 vor § 128 ZPO. Dem Wesen der Pauschgebühr entsprechend kommt es grundsätzlich nicht darauf an, ob der Anwalt in derselben Angelegenheit und innerhalb derselben Tätigkeitsgruppe viel oder wenig tun mußte.   **4**

3) Geltungsbereich, I–VI. Die Vorschrift enthält in I nach ihrem Wortlaut nur eine Hilfsregelung für den Fall, daß keine vorrangigen anderen Regeln bestehen. Indessen beherrscht das Prinzip der Pauschgebühr in Wahrheit das ganze RVG, Rn 1. Daher handelt es sich bei abweichenden Vorschriften in Wahrheit um Ausnahmeregeln vom Grundsatz der Pauschgebühr. Dennoch ungeachtet sind solche Ausnahmeregeln vorrangig.   **5**

Vorrangige Sonderregeln sind zB die als besondere Angelegenheit geregelten Fälle des § 18. In allen diesen Fällen entstehen besondere Gebühren.   **6**

§ 15 gilt auch für ein Verfahren, für das man die Gebühr nach (jetzt) § 37 bestimmen muß, KG Rpfleger **79**, 435.   **7**

4) Dieselbe Angelegenheit, II 1. Der Anwalt kann die Gebühren in derselben Angelegenheit nur einmal fordern, II 1.   **8**

A. Begriff der Angelegenheit. Das RVG bestimmt den in ihm verschiedentlich genannten Begriff der Angelegenheit nicht ausdrücklich, BGH Rpfleger **78**, 370, Nürnb JB **91**, 672, VGH Mannh JB **97**, 364.   **9**

Das RVG erwähnt den Begriff zB in §§ 7 I, 14 I 1, 15 ff, 22 I. Es handelt sich um einen *gebührenrechtlichen Begriff.* Das muß man bei der Ermittlung seines Umfangs und Inhalts mitberücksichtigen. Der Begriff Angelegenheit dient gebührenrechtlich zur Abgrenzung desjenigen anwaltlichen zusammengehörenden Tätigkeitsbereichs, den eine Pauschgebühr abgelten soll. Der Begriff ist derselbe wie derjenige im BerHG, AG Leverkusen FamRZ **08**, 166.   **10**

Grundsätzlich soll die Pauschgebühr die *gesamte Tätigkeit* des Anwalts vom Erhalt des jeweiligen Auftrags bis zur Erledigung dieses Auftrags oder bis zu seinem Ausscheiden abgelten, I, BGH NJW **95**, 1431, Ffm RR **05**, 68, Enders JB **01**, 509. Daraus wird bereits deutlich, daß es wesentlich auf die Art und den Umfang des Auftrags des Anwalts ankommt, BGH NJW **95**, 1431, Düss AnwBl **09**, 70, KG AnwBl **09**, 727. Ein Auftrag kann mehrere Angelegenheiten umfassen, BGH NJW **06**, 2703.   **11**

1453

12   **B. Abgrenzung zum Begriff des Gegenstands.** Man muß vom Begriff der Angelegenheit den Begriff des Gegenstands unterscheiden, Kblz JB **09**, 249. Auch diesen Begriff bestimmt das RVG nicht unmittelbar. Man findet ihn zB in VV 1008 amtliche Anmerkung I. Es handelt sich dabei um dasjenige Recht oder Rechtsverhältnis, auf das sich die jeweilige anwaltliche Tätigkeit bezieht, BGH NJW **04**, 1045, Kblz JB **09**, 249, Meyer JB **07**, 518. Eine Angelegenheit kann mit dem Gegenstand übereinstimmen. Sie kann aber auch mehrere Gegenstände umfassen, (jetzt) § 22 I, Kblz JB **09**, 249, OVG Münst JB **09**, 252. Mehrere Gegenstände können also dieselbe Angelegenheit bilden, BVerfG RR **01**, 139, BGH AnwBl **84**, 501, OVG Münst JB **99**, 470. Das gilt zB bei dem einen Unfallopfer für den Sachschaden, bei dem anderen für ein Schmerzensgeld.

13   **C. Abgrenzung zum Begriff des Rechtszugs.** Schließlich muß man von den Begriffen Angelegenheit und Gegenstand den Begriff Rechtszug unterscheiden. Auch diesen Begriff bestimmt das Gesetz nicht ausdrücklich. Man findet ihn zB in II 2 und in § 19 I 1. Auch in derselben Angelegenheit kann der Anwalt in einem gerichtlichen Verfahren Gebühren für jeden Rechtszug besonders fordern, II 2.

14   **D. Identitätsprüfung.** Man muß die Frage, ob dieselbe Angelegenheit oder verschiedene Angelegenheiten vorliegen, im Einzelfall nach seinen gesamten Umständen prüfen, KG Rpfleger **79**, 435, LG Tüb ZMR **02**, 128, Meyer JB **08**, 239. Es muß regelmäßig ein einheitlicher Lebensvorgang vorliegen, BVerfG RR **01**, 139, Ffm RR **05**, 68, LG Mü JB **09**, 589. Maßgeblich sind die Art und der *Umfang des Auftrags*, BGH NJW **95**, 1431, Rn 11. Es kommt auf den erstrebten Erfolg gerade dieses Einzelauftrags an, nicht auf allgemeine Gewinnwünsche oder sonstige allgemeine Ziele des Auftraggebers über den konkreten Einzelauftragserfolg hinaus.

15   **E. Innerer Zusammenhang.** Allerdings muß man einen bei objektiver Betrachtung vorhandenen inneren Zusammenhang der einzelnen Tätigkeiten des Anwalts mitbeachten, Ffm RR **05**, 68, KG AnwBl **09**, 727, LG Tüb ZMR **02**, 128, aM Düss GRUR **00**, 825 (aber auch bei einer Wahrnehmung von teilweise unterschiedlichen Interessen des Auftraggebers kann im Kern ein einheitlicher Lebensvorgang bestehen), AG Leverkusen FamRZ **08**, 166. Der erforderliche innere Zusammenhang kann auch bei zeitlich aufeinander folgenden Aufträgen vorliegen, Ffm RR **05**, 68, Köln JB **95**, 470, Schlesw SchlHA **85**, 164. Ein Auftrag leitet grundsätzlich eine neue Angelegenheit ein, vgl aber auch V. Vieles ist eine Auslegungsfrage. Ein Auftrag kann sich auf mehrere Angelegenheiten beziehen, Schlesw SchlHA **85**, 164, LG Kleve AnwBl **81**, 509, Meyer JB **08**, 239, aM Klimke AnwBl **82**, 219. Sie können sich auch erst allmählich zusätzlich ergeben. Bis zur Erledigung des Auftrags erfolgt die etwa erweiterte Tätigkeit meist innerhalb dieses bisherigen Auftrags und nicht etwa auf Grund eines natürlich möglichen neuen, Ffm OLGR **95**, 107.

Es kann aber auch für dieselbe Angelegenheit eine *Mehrzahl von Aufträgen* an denselben Anwalt vorliegen, BVerfG RR **01**, 139, BGH AnwBl **84**, 501, LG Tüb ZMR **02**, 128. Erforderlich sind die Gleichzeitigkeit des Auftrags, die Gleichartigkeit des Verfahrens und auch hier ein innerer Zusammenhang, ein einheitlicher Lebensvorgang, BVerfG NJW **00**, 3126, Lindemann NJW **86**, 2299, AG Kblz FamRZ **02**, 480. Eine Mehrheit von Auftraggebern nach § 7 Rn 4ff (zur BGB-Gesellschaft dort Rn 7) ist nicht dasselbe wie eine Mehrheit von Aufträgen oder Angelegenheiten.

16   **F. Bei Gerichtsverfahren.** Für den in der Praxis häufigsten Fall, daß der Anwalt in einem gerichtlichen oder behördlichen Verfahren tätig werden soll, ist die Angelegenheit im allgemeinen mit dem Verfahren identisch, KG Rpfleger **79**, 434, Mü AnwBl **95**, 48, LG Saarbr JB **99**, 310 (je: Drittwiderklage). Das gilt auch bei einer echten Klagenverbindung, Hamm Rpfleger **89**, 170, Schlesw FamRZ **91**, 52, VGH Stgt BaWüBl **82**, 397, aM Mü MDR **86**, 329 (aber auch dann besteht ja im Ergebnis nur ein einziges Verfahren). Das gilt auch bei der Verbindung mehrerer Strafverfahren, LG Kblz Rpfleger **05**, 278. Der Anwalt darf nicht nur zwecks einer Gebührenerhöhung Verfahren vereinzeln, BGH NJW **04**, 1045.

17   **G. Verfahrensmehrheit.** Eine Prozeßverbindung liegt aber nicht schon bei einer gleichzeitigen Terminierung stets vor, Mü Rpfleger **90**, 184, Saarbr RR **89**, 1216. Mehrere Verfahren bedeuten grundsätzlich mehrere Angelegenheiten, auch bei gleich-

Abschnitt 2. Gebührenvorschriften § 15 RVG

artigen Sachverhalten, AG Köln AnwBl **88**, 357, AG Tecklenburg AnwBl **95**, 48, strenger LG Cottbus Rpfleger **01**, 569 (52 Einzelverfahren sind evtl dennoch nur *eine* Angelegenheit).

Etwas anderes kann aber zB dann gelten, wenn nach einem einheitlichen *Mahnantrag* gegen zwei Schuldner das Streitgericht erst mehrere Prozesse anordnet und sie später doch wieder verbindet, Düss AnwBl **97**, 624. **18**

Nicht leicht ist die Abgrenzung dann, wenn *verschiedene Stellen* zur Erledigung der Angelegenheit *mitwirken* müssen. Der Umfang des Auftrags ist auch bei der Beantwortung der Frage maßgeblich, ob man mehrere Gegenstände dann nach § 22 I zusammenrechnen muß, so daß der Anwalt nur eine Gebühr erhält, oder ob er jede Sache als eine besondere Angelegenheit vergütet erhält, Kblz JB **77**, 61, LG Aachen JB **78**, 230. **19**

H. Einmaligkeit der Gebühr. In derselben Angelegenheit kann der Anwalt in demselben prozessualen Rechtszug die Verfahrens-, Termins- und Einigungsgebühr sowie die Auslagenpauschale nach (jetzt) VV 7002 nur einmal fordern, LG Bonn Rpfleger **90**, 39, LG Ulm NJW **77**, 1351, Baumgärtel VersR **78**, 593, aM Hamm JB **78**, 854 wegen § 927 ZPO. Der Grundsatz der Einmaligkeit gilt auch für eine etwa anwendbare Bruchteilsgebühr. Der Anwalt verdient also die 0,5 Gebühr auch dann nur einmal, wenn er an mehreren nichtstreitigen Verhandlungsterminen teilgenommen hat, zB VV 3105. **20**

Soweit eine *höhere und eine geringere* Gebühr zusammentreffen, geht die geringe in der höheren auf. Es entsteht also nur eine volle Terminsgebühr, wenn der Anwalt in der Sache einmal streitig und einmal nichtstreitig verhandelt hat. Soweit der Anwalt für eine nichtstreitige Verhandlung die 0,5 Gebühr verdient hat, kann er nicht daneben noch eine 0,5 Gebühr für einen Vertagungsantrag nach VV 3105 verdienen. **21**

I. Beispiele zur Frage derselben Angelegenheit, II 1. Vgl vor allem die amtlichen Aufzählungen in §§ 16–18. Ergänzend gilt folgendes. **22**

Abmahn- und Abschlußschreiben: Rn 49 „Wettbewerbssache".
Abschlußschreiben: Rn 49 „Wettbewerbssache".
Abtretung: Dieselbe Angelegenheit liegt dann vor, wenn der frühere Gläubiger dem jetzigen beitritt, Nürnb MDR **08**, 352.
Abwicklung: Sie gehört mangels einer besonderen gesetzlichen Regelung zur Hauptangelegenheit, Rn 51.
Akteneinsicht: Rn 48 „Vorbereitungshandlung".
Aktenzeichen: Dieselbe Angelegenheit liegt vor, soweit es nach einem rechtskräftigen Feststellungsurteil zu einer unzulässigen Leistungsklage unter dem bisherigen Aktenzeichen statt in einem neuen Verfahren kommt, aM Kblz JB **91**, 72 (aber es bleibt nur einem Verfahren).
Anhörungsrüge: Dieselbe Angelegenheit liegt beim Verfahren nach § 321a ZPO, § 44 FamFG usw vor, § 19 I 2 Z 5. **23**
Anrechnung: Soweit das Gesetz zB in VV amtliche Vorbemerkung 3 IV 1, V, VI eine Anrechnung vorschreibt, sieht es die Angelegenheit als eine *besondere* an. Man muß also für jede Angelegenheit nach ihrem Gegenstandswert zunächst besondere Gebühren und Auslagen berechnen, aM LG Köln MDR **91**, 65 (abl Schneider). Der Anwalt erhält jedoch nur den höheren Betrag.
Anspruchsmehrheit: Rn 35 „Mehrheit von Ansprüchen".
Arbeitsrecht: Dieselbe Angelegenheit liegt vor, soweit es um die Kündigung des Arbeitgebers und um die Bemühung des Arbeitnehmers um eine einvernehmliche Lösung des Arbeitsverhältnisses geht, AG Mettmann JB **92**, 321, oder soweit mehrere Arbeitnehmer ihren Lohn einklagen, LAG Nürnb JB **02**, 363 (mehrere Gegenstände, § 22 I).
Verschiedene Angelegenheiten sind die Einholung einer Zustimmung des Integrationsamts zu der Kündigung eines Schwerbehinderten, Enders JB **08**, 396. S auch § 16 Z 9.
Arrest, einstweilige Anordnung oder Verfügung: § 16 Z 5, § 17 Z 4. Dieselbe Angelegenheit liegt ausnahmsweise vor, soweit der Anwalt denselben Auftraggeber in einem Rechtfertigungsverfahren vor dem Hauptsachegericht nach § 942 I ZPO und in einem Verfahren zwecks einer Aufhebung der einstweiligen Verfügung ge- **24**

1455

gen eine Sicherheitsleistung nach § 939 ZPO vertritt, Kblz VersR **84**, 1194. Auch eine Schutzschrift gehört zur Angelegenheit Eilverfahren.
Verschiedene Angelegenheiten liegen bei § 17 Z 4 vor.

25 **Ärztliche Schlichtungsstelle:** *Verschiedene* Angelegenheiten liegen bei der Tätigkeit vor der Schlichtungsstelle und im Prozeß vor, Enders JB **08**, 227 (ausf), aM AG Wiesb JB **09**, 191.

Asylverfahren: *Verschiedene* Angelegenheiten liegen vor, soweit es sich um mehrere Verfahren eines Bewerbers handelt, Finke JB **99**, 231 (Anerkennung und Umverteilung), oder gar mehrerer Bewerber, LG Kiel JB **96**, 544, LG Lüneb JB **88**, 1332, auch mehrerer Familienmitglieder, LG Stade JB **98**, 196, AG Aachen AnwBl **86**, 345, AG Köln AnwBl **85**, 335, aM LG Bln Rpfleger **96**, 464, LG Kblz JB **97**, 33, LG Osnabr JB **99**, 248 (abl Enders. Aber die Verfahrenszahl und die Personenzahl treffen sogar zur Mehrheit zusammen).
S auch Rn 37 „Mehrheit von Verfahren".

Aufenthaltsermittlung: Der Prozeßauftrag umfaßt sie mit.

Auftragserweiterung: Rn 15.

Auftragsinhalt: Rn 14, 15.

Auskunft: Dieselbe Angelegenheit liegt meist beim Auskunftsanspruch gegen mehrere Bekl vor, Ffm JB **02**, 139, ebenso bei einer Stufenklage.
S aber auch Rn 48 „Vorbereitungshandlung".

Außergerichtliche Regelung: Dieselbe Angelegenheit liegt dann vor, wenn es sich um einen einheitlichen Auftrag handelt, eine außergerichtliche Regelung aller Schulden durchzuführen, LG Bielef Rpfleger **89**, 375, AG Bayreuth JB **91**, 543, oder wenn es um eine Unfallschadensregulierung geht, BGH NJW **95**, 1431.

Eine regelmäßige Neuberechnung kann eine *neue* Angelegenheit bilden, LG Kleve AnwBl **82**, 219, AG Siegburg VersR **04**, 396. *Verschiedene* Angelegenheiten können auch nach (jetzt) VV amtliche Vorbemerkung 3 IV 1 vorliegen, AG Kleve AnwBl **94**, 197, zB wenn der Anwalt wegen eines Teils außergerichtlich und wegen des Rests als Verkehrsanwalt tätig wird, Bbg JB **99**, 21.

26 **Baulandsache:** *Verschiedene* Angelegenheiten können bei einer Verletzung gegenüber mehreren Anträgen auf eine Gerichtsentscheidung gegen einen Umlegungsplan bis zur Verfahrensverbindung vorliegen.

Bebauung: Dieselbe Angelegenheit liegt vor, soweit es darum geht, die Bebauungsmöglichkeit eines Grundstücks vorzubereiten und hierzu die behördlichen Genehmigungen zu beschaffen sowie mit dem Nachbarn wegen des Verzichts auf seine Grunddienstbarkeit zu verhandeln, oder wenn mehrere Eigentümer den Bebauungsplan angreifen, OVG Münst AGS **00**, 226 (mehrere Gegenstände, § 22 I).

Verschiedene Angelegenheiten liegen vor, soweit die Baubehörde die Baugenehmigung verweigert und der Auftraggeber daher die Behörde verklagen muß.

Bedingung: Dieselbe Angelegenheit liegt dann vor, wenn der Anwalt zunächst wegen einer Bedingung und dann wegen der bedingt gewesenen Hauptsache tätig wird, BGH JB **76**, 749.

Beratung: Sie gehört mangels einer besonderen gesetzlichen Regelung zB in § 34 zur Hauptangelegenheit.

Beratungshilfe: Dieselbe Angelegenheit kann bei der Aufenthaltsbestimmung dieser minderjährigen Kindes bei einem Elternteil vorliegen, AG Hann JB **06**, 138, oder bei der Beratung zum Unterhalt, Haushaltssachen und Umgang, LG Osnabr JB **07**, 586, aM Düss AnwBl **09**, 69, Köln FamRZ **09**, 1245, LG Mönchengladbach MDR **09**, 534, oder wegen einer Waschmaschine, einer Versicherung, wegen des Schornsteinfegers und wegen Schulbücher, LG Osnabr JB **08**, 600.

Verschiedene Angelegenheiten können bei einer Beratungshilfe und einem folgenden Prozeß vorliegen (Fallfrage), Düss Rpfleger **09**, 90, Stgt JB **07**, 21, AG Kassel JB **06**, 592.

S auch Rn 43 „Sozialhilfe" und bei VV 2500.

Berufung: Dieselbe Angelegenheit liegt dann vor, wenn eine Partei die Berufung zunächst beim LG und vor dessen Entscheidung vorsorglich auch beim OLG einlegt, BGH BB **07**, 72, oder wenn ein Streitgenosse die Berufung zurücknimmt und sein Anwalt nun den anderen Streitgenossen vertritt, Kblz MDR **07**, 684.

Abschnitt 2. Gebührenvorschriften § 15 RVG

Verschiedene Angelegenheiten liegen dann vor, wenn nach der unanfechtbaren Verwerfung einer früheren Berufung nun eine weitere auf andere Gründe gestützte folgt, Hbg MDR **94**, 948.
Beschwerde: § 16 Z 12.
Besoldung: *Verschiedene* Angelegenheiten sind eine Neuberechnung und eine Rückforderung.
Betreuung: *Verschiedene* Angelegenheiten liegen vor, soweit das Gericht den Anwalt im Betreuungsverfahren beiordnet und soweit er dann im Zusammenhang mit einer betreuungsgerichtlichen Genehmigung tätig wird, LG Stade AnwBl **98**, 668, AG Hanau AGS **03**, 350.
Beweismaterial: Seine Beschaffung gehört meist zur Hauptsache.
Bruchteilseigentum: Dieselbe Angelegenheit liegt bei einer Klage gegen mehrere solche Personen vor, Schlesw JB **80**, 1505 (Wertaddition, § 22 I).
Bußgeldverfahren: Rn 40 „Ordnungswidrigkeit".
Drittschuldner: *Verschiedene* Angelegenheiten liegen dann vor, wenn sich der Anwalt an mehrere unterschiedlich residierende Drittschuldner wendet, Köln Rpfleger **01**, 149.
Drittwiderspruchsklage: Dieselbe Angelegenheit liegt bei einer Klage gegen mehrere Pfändungsgläubiger wegen derselben Sache vor, auch bei unterschiedlichen Forderungen, Düss AnwBl **78**, 422, Mü AnwBl **95**, 47 (je: Wertaddition, § 22 I).
Ehelichkeitsanfechtung: Diejenige wegen mehrerer Kinder in demselben Verfahren bildet dieselbe Angelegenheit.
Ehescheidung: Dieselbe Angelegenheit liegt in folgenden Fällen vor: Es geht um den Übergang vom Aufhebungs- zum Scheidungsantrag, Mü MDR **94**, 948; es geht um einen Auftrag zur Herbeiführung einer Ehescheidung nebst einer Verfahrenskostenhilfe, selbst wenn der Anwalt zB wegen eines Umzugs des Gegners Anträge bei mehreren Familiengerichten nacheinander auf Grund derselben Vollmacht einreicht, Hamm MDR **85**, 774; es geht überhaupt bei einer gerichtlichen Tätigkeit um die Scheidung nebst ihren nicht abgetrennten Folgesachen, (jetzt) § 16 Z 4, Brdb MDR **09**, 1418, LG Kaisersl FamRZ **08**, 1970, LG Kleve Rpfleger **03**, 303, aM LG Detm Rpfleger **92**, 202, LG Münst JB **90**, 333, AG Brdb Rpfleger **06**, 200 (aber § 16 Z 4 ist eindeutig). Wegen wechselseitiger Scheidungsanträge Bbg JB **76**, 775, KG MDR **75**, 1029; es geht um die Scheidung und den Unterhalt, AG Kblz FamRZ **02**, 480. Vgl auch bei § 41. 27
S auch Rn 31 „Getrenntleben", Rn 45 „Trennung".
Einfuhrabgabe: Dieselbe Angelegenheit liegt vor, soweit der Anwalt verschiedene Eingangsabgaben für dieselbe Einfuhr anficht. 28
Einsicht: Rn 48 „Vorbereitungshandlung".
Einspruch: Dieselbe Angelegenheit liegt mit der Hauptsache vor.
Einstellung und Abgabe: Verschiedene Angelegenheiten liegen bei einer endgültigen Einstellung des Strafverfahrens und einer Abgabe an die Verwaltungsbehörde vor, AG Lemgo JB **09**, 254.
Einstweilige Anordnung oder Verfügung: § 18 I Z 1.
S auch Rn 24 „Arrest, einstweilige Anordnung oder Verfügung".
Einzeltätigkeit: *Verschiedene* Angelegenheiten liegen zwischen ihr und der Tätigkeit als ProzBev oder Verteidiger vor, Amtliche Vorbemerkung 4.3 III 1, VV 4300.
Elterngeld: Dieselbe Angelegenheit liegt bei einer Verletzung mehrerer Kinder desselben Elternteils vor, so schon LG Münst Rpfleger **00**, 220.
Enteignung: Dieselbe Angelegenheit liegt vor, soweit der Anwalt über die Zulässigkeit der Enteignung und zugleich über die Höhe einer etwaigen Enteignungsentschädigung verhandelt, oder wenn der Anwalt mehrere Eigentümer mit nahezu demselben Ziel vertritt, BGH JB **84**, 537.
Verschiedene Angelegenheiten sind freihändige Erwerbsverhandlungen einerseits, nachfolgende Besitzeinweisungs- und Enteignungsverfahren andererseits, KG JB **09**, 642.
Erbrecht: Dieselbe Angelegenheit liegt vor, soweit der Anwalt einen Auftrag hat, ein Grundstück von einer Erbengemeinschaft zu kaufen, oder wenn er mehrere Vermächtnisnehmer gegen denselben Erben vertritt, Kblz JB **82**, 1828, Mü JB **90**, 602 (je: Wertaddition), Schlesw JB **80**, 1505 (keine Addition), oder wenn er die Nach- 29

laßauseinandersetzung auch steuerlich regeln soll, Mümmler JB 87, 1326, oder wenn mehrere Erben den Erblasserprozeß fortsetzen.
  Verschiedene Angelegenheiten liegen dann vor, wenn der Anwalt zunächst einen Erbvertrag anfechten und dann wider Erwarten klagen muß oder wenn er zunächst einen Nichterben als Bekl des einen Rechtsstreits, dann den oder die Erben als Bekl eines weiteren Rechtsstreits vertritt oder wenn der Anwalt auf Grund eines umfassenden Auftrags zunächst das Erbscheinsverfahren und später die Erbauseinandersetzung betreibt (kein genügender innerer Zusammenhang), LG Hann MDR 95, 1076, oder wenn der Notar zunächst den Erbschein für den Auftraggeber beantragt und ihn dann im Antragsverfahren eines anderen Erben vertritt, Meyer JB 05, 579.
Erinnerung: Dieselbe Angelegenheit liegt vor, soweit es um den Kostenansatz und um die Kostenfestsetzung geht, § 16 Z 12.
Ermittlungsverfahren: *Verschiedene* Angelegenheiten können zwischen ihm und dem Hauptverfahren vorliegen (Fallfrage), aM LG Aachen JB 78, 230, LG Köln JB 91, 1331 (je zum alten Recht).
  S auch Rn 40 „Ordnungswidrigkeit".
Erneuter Auftrag: Rn 38 „Neuer Auftrag".
Familiensache: Vgl Müller-Rabe Festschrift für Madert (2006) 159 (zum alten Recht, ausf).
Feststellung und Anspruchshöhe: Es können eine oder *mehrere* Angelegenheiten vorliegen, großzügiger Enders JB 00, 3 (stets mehrere Angelegenheiten mangels eines einheitlichen Auftrags und eines gleichen Rahmens. Beide Merkmale lassen sich aber nur nach dem Gesamtumständen des Einzelfalls prüfen, Rn 9 ff).

30 **Flurbereinigung:** Dieselbe Angelegenheit liegt vor, soweit der Anwalt Widersprüche gegen die Wertermittlung nach § 27 FlurbG und gegen den Bereinigungsplan nach § 58 FlurbG einlegt, Wielgoss JB 99, 408.
Folgesache: Rn 27 „Ehescheidung".
Freiheitsentziehungsverfahren: *Verschiedene* Angelegenheiten liegen vor für das zivilgerichtliche Verfahren auf eine Freiheitsentziehung, auf eine Unterbringung und auf deren Aufhebung usw, VV 6300 ff.
Gebührenvereinbarung: *Verschiedene* Angelegenheiten können auf Grund einer Vereinbarung nach § 4 als vorhanden gelten, soweit sie wirksam erfolgte.
Gegendarstellung: Dieselbe Angelegenheit liegt bei mehreren Geschädigten wegen derselben unrichtigen Darstellung vor, Hbg JB 87, 1037 (mehrere Gegenstände, § 22 I).
Gehörsrüge: Rn 23 „Anhörungsrüge".
Gesamtschuldner: Dieselbe Angelegenheit liegt dann vor, soweit der Anwalt mehrere Gesamtschuldner vertritt, Düss GRUR 00, 825, Köln OLGR 99, 220.
Gesellschaft: Dieselbe Angelegenheit liegt dann vor, wenn der Anwalt den vom Ausschluß bedrohten Gesellschafter in mehreren Versammlungen vertritt, Düss OLGR 93, 160, oder wenn es um eine Klage gegen mehrere GmbH-Gesellschafter wegen einer Nichtzahlung ihrer Stammeinlagen geht, Kblz JB 92, 601 (Wertaddition, § 22 I).

31 **Gesetzliche Bezeichnung:** *Verschiedene* Angelegenheiten liegen natürlich insoweit vor, als das Gesetz die Vorgänge als besondere Angelegenheiten bezeichnet, zB in § 18, und soweit nur eine Person dem Anwalt einen Auftrag erteilt.
Getrenntleben: Dieselbe Angelegenheit liegt vor, soweit der Anwalt einen Ehegatten wegen mehrerer Gegenstände im Zusammenhang mit der Regelung des Getrenntlebens vertritt, LG Bln Rpfleger 84, 162, aM AG Köln AnwBl 86, 414.
  Verschiedene Angelegenheiten liegen vor, soweit es zunächst um einen Trennungsunterhalt, später um die Haushaltsteilung geht, LG Detm Rpfleger 92, 205, aM LG Trier Rpfleger 02, 161 (aber dann hat ein deutlicher Wechsel im Auftrag stattgefunden) oder später um die Scheidung, AG Detm FamRZ 09, 2029.
  S auch Rn 27 „Ehescheidung".
Grundbucheinsicht: Rn 48 „Vorbereitungshandlung".
Grunddienstbarkeit: Rn 26 „Bebauung".
Güteverfahren: *Verschiedene* Angelegenheiten liegen zwischen dem in § 17 Z 7 a genannten Güteverfahren und dem nachfolgenden Prozeß vor.

32 **Haushaltssache:** Rn 31 „Getrenntleben".

Abschnitt 2. Gebührenvorschriften § **15 RVG**

Hebegebühr: VV 1009 bildet eine besondere Angelegenheit.
Hilfsantrag: Dieselbe Angelegenheit bilden er und der Hauptantrag, § 45 I 2 GKG.
Hilfsaufrechnung: Sie bildet keine neue Angelegenheit, § 45 III, IV GKG (allenfalls Werterhöhung).
Hindernis: Dieselbe Angelegenheit liegt dann vor, wenn sich der Anwalt von vornherein der Zustimmung seines Auftraggebers bei einem von vornherein möglichen Hindernisses vergewissert, dessen Beseitigung mit einem gewissen Risiko verbunden ist und das dann auch eintritt.
Hinterlegung: Dieselbe Angelegenheit liegt dann vor, wenn es zunächst um eine Zahlung und dann um eine Zustimmung zur Auskehr statt um eine Zahlung des Hinterlegten geht, Hbg NZM **99**, 806, oder wenn es nur um die Rückgabe der Sicherheit nach §§ 109 I, II, 715 ZPO geht, § 19 I 2 Z 7.
Verschiedene Angelegenheiten liegen dann vor, wenn der ProzBev zwecks einer Einleitung oder Abwehr der Zwangsvollstreckung eine Sicherheit hinterlegt, Karlsr MDR **97**, 509 [jetzt] VV 2300).
Kläganderung: Sie ändert nicht den Rechtszug, Hbg JB **78**, 1807.   33
Klageerweiterung: Dieselbe Angelegenheit liegt grds vor, Schlesw JB **85**, 394.
S aber auch Rn 45 „Trennung".
Kompetenzkonflikt: Rn 50 „Zuständigkeitsbestimmung".
Kostenansatz, -festsetzung: § 16 Z 12.
Kündigung: Rn 37 „Mieterhöhung", „Mietvertrag", Rn 42 „Räumung".
Lebenspartnerschaft: § 16 Z 4.
Mahnverfahren: Dieselbe Angelegenheit liegt in folgenden Fällen vor: Es geht um   34
Mahnverfahren gegen mehrere Schuldner, Schlesw SchlHA **88**, 66, auch wenn das eine Verfahren später als das andere in das streitige Verfahren übergeht, Düss JB **92**, 799; es handelt sich um das Mahnverfahren und das nachfolgende streitige Verfahren nach einem Widerspruch, KG Rpfleger **00**, 238, LG Hann Rpfleger **01**, 620, AG Bonn Rpfleger **91**, 75, aM BGH BB **04**, 2602 rechts Mitte, Brdb Rpfleger **07**, 508, AG Salzwedel JB **08**, 88 (aber infolge des Widerspruchs gibt es im Ergebnis doch nur ein einheitliches Verfahren. Man kann auch nie sicher sein, daß der Antragsgegner weder einen Widerspruch noch einen Einspruch einlegen wird).
Verschiedene Angelegenheiten können bei einer außergerichtlichen Tätigkeit und einem nachfolgenden Mahnverfahren vorliegen, AG Alzey AnwBl **82**, 399, AG Hbg AnwBl **93**, 293, AG Kleve AnwBl **94**, 197.
Mehrheit von Ansprüchen: Dieselbe Angelegenheit liegt dann vor, wenn der An-   35
walt in demselben Schreiben oder in derselben Klage oder Klagerwiderung mehrere Ansprüche behandelt, oder wenn er zunächst wegen aller und sodann nach demselben Auftrag nochmals wegen eines einzelnen dieser Ansprüche tätig wird, Köln JB **95**, 470.
Verschiedene Angelegenheiten liegen meist bei der Beratung derselben Auftraggeber zu verschiedenen Problemen auf Grund mehrerer nacheinander erfolgender Besuche vor, AG Köln AnwBl **86**, 414, oder bei der Behandlung mit einer Erlaubnis des Auftraggebers in getrennten Vorgängen, Ffm MDR **78**, 500, LG Hagen AnwBl **78**, 67, Madert ZfS **99**, 97.
Mehrheit von Aufträgen: Dieselbe Angelegenheit liegt vor, soweit der Anwalt auf   36
Grund desselben Auftrags nacheinander mehrere Auftraggeber zunächst teilweise gleichzeitig betreut, Hamm JB **02**, 192, LG Detm JB **81**, 214, und damit bei einem Teil von ihnen scheitert.
Verschiedene Angelegenheiten liegen vor, soweit der Anwalt von vornherein mehrere Aufträge hat, OVG Lüneb NJW **07**, 395, oder soweit er zunächst nur von *einem* Interessenten einen Auftrag hatte und erst nach dessen Beendigung einen Auftrag von einem anderen Interessenten erhält, Hbg MDR **02**, 1339, Kblz JB **02**, 191.
Mehrheit von Gegnern: Dieselbe Angelegenheit kann auch dann vorliegen, wenn der Anwalt mit mehreren Gegnern des Auftraggebers verhandelt oder sie verklagt, LG Mü JB **09**, 589, oder sie abwehrt, aM BGH JB **08**, 616.
Mehrheit von Gläubigern: *Verschiedene* Angelegenheiten liegen vor, soweit es um eine Mehrheit von Gläubigern geht, Kblz NJW **78**, 2400, oder zunächst um den Mahnantrag und dann um den Antrag auf einen Vollstreckungsbescheid, VV 3305, 3308, AG Kelheim JB **00**, 368 rechts, aM LG Essen JB **02**, 246 (zustm Schneider),

1459

RVG § 15 X. Rechtsanwaltsvergütungsgesetz

AG Kblz FamRZ **01**, 512, LAG Nürnb JB **02**, 363 (aber trotz mancher Einheitlichkeit des Lebensvorgangs bleibt doch die Sache jedes Gläubigers, auch des minderjährigen, bei einer Gesamtabwägung ein in sich geschlossener Aufgabenkreis).
Verschiedene Angelegenheiten liegen ferner vor, soweit der Anwalt im Rahmen eines Sanierungsauftrags die Gläubiger einzeln ansprechen und verschieden behandeln soll, AG Stgt AnwBl **86**, 415, oder soweit es sich um eine Widerspruchsklage nach § 771 ZPO gegen mehrere Gläubiger wegen unterschiedlicher Forderungen und mehrerer Pfändungen handelt, Bbg JB **77**, 489.

Mehrheit von Schuldnern: Rn 34 „Mahnverfahren", Rn 42 „Räumung", Rn 46 „Unfallschadensregulierung".

Mehrheit von Tätigkeiten: Dieselbe Angelegenheit kann auch dann vorliegen, wenn der Anwalt dasselbe mehrfach tut, also zB ein Rechtsmittel vorsorglich noch einmal einlegt.

37 **Mehrheit von Verfahren:** Vgl zunächst Rn 16, 17. Dieselbe Angelegenheit liegt vor, sobald und solange eine Verbindung wirksam ist, VGH Mannh NVwZ-RR **06**, 855 links unten.

Verschiedene Angelegenheiten liegen bis zu einer etwaigen Verbindung grds vor, soweit es sich um mehrere Verfahren handelt, OVG Münst JB **09**, 530. Das gilt selbst bei gleichartigen Sachverhalten, Hamm FamRZ **92**, 711, Kblz JB **91**, 72, LG Neubrandenb JB **96**, 640, aM BFH **112**, 119, BVerwG NJW **00**, 2289 (Parallelverfahren. Aber sie bleiben selbständig).

Ausnahmen bestehen zB bei einer Mehrheit von Erinnerungen, § 16 Z 10, oder von Beschwerden, oder nach § 19 I 2 Z 1, 2 bei einer Mehrheit von einstweiligen Anordnungen.

S auch Rn 25 „Asylverfahren", Rn 29 „Erbrecht", Rn 30 „Folgesache", Rn 45 „Trennung".

Mehrheit von Verträgen: *Verschiedene* Angelegenheiten liegen vor, soweit es um verschiedene Verträge geht, Ffm RR **05**, 68, zB um Forderungen aus Kauf- und Werklieferungsverträgen, LG Stade AnwBl **87**, 198.

Mieterhöhung: Dieselbe Angelegenheit liegt dann vor, wenn der Anwalt sowohl in einem Mieterhöhungsverfahren als auch im Rahmen einer Wohnraumkündigung tätig wird, LG Kblz JB **95**, 201, aM GS 60 (aber zunächst liegt in beiden Fällen ein Mietvertrag vor).

Mietvertrag: Üb bei Schneider MDR **03**, 1162. Dieselbe Angelegenheit liegt dann vor, wenn der Anwalt Eheleute berät, solange die Ehe intakt ist, LG Bln JB **84**, 894, LG Gött AnwBl **84**, 516, AG Bochum AnwBl **86**, 46.

Eine Zahlungsaufforderung und eine Kündigungsandrohung sind *verschiedene* Angelegenheiten, LG Detm JB **81**, 214.

Möglichkeit mehrerer Wege: Dieselbe Angelegenheit liegt dann vor, wenn der Anwalt den Auftraggeber entscheiden läßt, welchen von mehreren möglichen Wegen er einschlagen soll, und dann weisungsgemäß weiterhandelt.

38 **Nachbarrecht:** Rn 26 „Bebauung".

Nachlaßsache: Rn 29 „Erbrecht".

Nachverfahren: *Verschiedene* Angelegenheiten liegen zwischen ihm und dem Urkunden-, Wechsel- oder Scheckprozeß vor, § 17 Z 5.

Nebenintervention: Rn 44 „Streithilfe".

Nebenkläger: Dieselbe Angelegenheit liegt vor, soweit der Anwalt mehrere Nebenkläger in demselben Verfahren vertritt, Düss JB **91**, 70.

Nebentätigkeit: Sie gehört mangels einer besonderen gesetzlichen Regelung zur Hauptangelegenheit.

Neuer Antrag: Derjenige nach einer Zurücknahme oder Abweisung des vorangegangenen begründet keine neue Angelegenheit, OVG Lüneb AGS **01**, 9.

Neuer Auftrag: *Verschiedene* Angelegenheiten liegen grds vor, soweit es sich jetzt um einen neuen Auftrag handelt, Hbg MDR **89**, 78 (auch zu einer Ausnahme), AG Itzehoe ZfS **88**, 44.

39 **Neue Situation:** *Verschiedene* Angelegenheiten liegen vor, soweit der Anwalt angesichts einer völlig unerwarteten neuen Lage den Auftrag erhält, nunmehr dieser entsprechend tätig zu werden.

Neuer Streitgegenstand: Rn 42 „Prozeßvergleich".

Abschnitt 2. Gebührenvorschriften § 15 RVG

Nichtzulassungsbeschwerde: *Verschiedene* Angelegenheiten bilden dasjenige Verfahren, in dem keine Zulassung erfolgte, und die zugehörige Beschwerde, II 2. Das auf eine Beschwerde zugelassene Rechtsmittel ist ein neuer Rechtszug nach § 17 Z 9.
Normenkontrolle: Dieselbe Angelegenheit liegt zwischen dem Verfahren nach § 47 I VwGO und demjenigen nach § 57 V VwGO vor, OVG Bre JB **88**, 865.
Ordnungswidrigkeit: Dieselbe Angelegenheit liegt oft vor, soweit der Anwalt zunächst im Verwaltungs- oder Ermittlungsverfahren und dann im Bußgeldverfahren tätig wird, LG Hbg JB **06**, 644, AG Düss JB **00**, 139, AG Hbg-St Georg JB **06**, 359, aM LG Düss AnwBl **77**, 265, AG Friedberg RR **09**, 560, AG Rheinbach JB **02**, 469 (aber das gehört im Ergebnis zusammen), oder wenn er im Ermittlungsverfahren erst den Halter, dann den Fahrer vertritt, AG Tüb JB **02**, 419. 40
Vgl aber auch § 17 Z 10.
Parteinämlichkeit: *Verschiedene* Angelegenheiten liegen bei ihrem Fehlen vor, Kblz JB **98**, 359. 41
S auch Rn 43 „Selbständiges Beweisverfahren".
Parteiwechsel: Dieselbe Angelegenheit liegt dann vor, wenn auf der Klägerseite ein Parteiwechsel eintritt, Celle MDR **99**, 1348. Das gilt auch dann, wenn der Bekl widerspricht, auch wenn er einen neuen Auftrag erteilt hat. Wegen eines Parteiwechsels des Auftraggebers vgl freilich § 7 Rn 3, 4. Dieselbe Angelegenheit liegt auch dann vor, wenn es zu einem Parteiwechsel des Prozeßgegners kommt, Celle MDR **99**, 1348, Schlesw AnwBl **87**, 338, AG St Wendel JB **06**, 374, aM Mü JB **95**, 37 (aber für den Auftraggeber bleibt es bei demselben Verfahren). Das gilt erst recht bei einem nur scheinbaren Parteiwechsel, Mü Rpfleger **91**, 175 (in Wahrheit nur anfänglich falsche Parteibezeichnung).
Verschiedene Angelegenheiten liegen dann vor, wenn der erste Auftraggeber ausscheidet, bevor der zweite den Anwalt beauftragt, Karlsr JB **01**, 89, Köln JB **06**, 249, LG Kblz JB **97**, 363. Soweit sich aber solche Phasen überschneiden, liegt nur *eine* Angelegenheit vor, Hamm JB **02**, 192, Kblz JB **02**, 191, Köln JB **06**, 249.
Persönlichkeitsrecht: Zum Problem bei mehreren getrennten Abmahnungen BGH MDR **09**, 1073.
Privatklage: Dieselbe Angelegenheit liegt evtl bei der Kombination mit einer Widerklage vor. § 16 Z 12.
Verschiedene Angelegenheiten liegen beim Sühneversuch nach § 380 StPO und beim anschließenden Gerichtsverfahren vor, aM AG Mainz AnwBl **81**, 512.
Prozeßkostenhilfe: § 16 Z 2, 3.
Prozeßvergleich: Dieselbe Angelegenheit ist das Verfahren bis zum Abschluß des Prozeßvergleichs und das Nachverfahren über dessen Wirksamkeit, Ffm AnwBl **85**, 263, Hamm JB **00**, 470, LG Bonn Rpfleger **90**, 39, aM Schmidt AnwBl **77**, 111 (aber das Verfahren sollte mit dem Vergleich gerade beendet sein). 42
Verschiedene Angelegenheiten liegen dann vor, wenn der Vergleich auch einen neuen Streitgegenstand umfaßt, BGH **87**, 231, Ffm FamRZ **84**, 408.
S auch Rn 47 „Vergleich".
Rat: *Verschiedene* Angelegenheiten liegen zwischen dem Rat und einer sonstigen Tätigkeit vor, die mit dem Rat oder der Auskunft zusammenhängt, § 34.
Räumung: Dieselbe Angelegenheit kann bei einer Mehrheit von Schuldnern für den Gläubigeranwalt vorliegen, Köln JB **92**, 318, LG Tüb ZMR **02**, 182.
Verschiedene Angelegenheiten liegen bei einer Kündigung und einem Räumungsantrag vor, Karlsr NZM **06**, 259, LG Mönchengladb NZM **06**, 174, Peter NZM **06**, 801, aM BGH NJW **07**, 2050, LG Bonn NZM **06**, 658, AG Hbg-Altona NZM **06**, 775.
S auch Rn 37 „Mieterhöhung".
Räumungsfrist: Es kommt darauf an, ob das Gericht das Verfahren mit dem Hauptprozeß verbunden hat.
Rechtsmittel: Dieselbe Angelegenheit liegt bei § 16 Z 11 vor.
Verschiedene Angelegenheiten liegen für jedes Rechtsmittel vor, auch beim Teilurteil.
Rechtsschutzversicherung: Rn 47 „Versicherung".
Rechtszug: *Verschiedene* Angelegenheiten liegen grds bei einem neuen Rechtszug vor, BAG NJW **08**, 1341. Ausnahmen bestehen zB bei § 19 I 2 Z 10.

RVG § 15 X. Rechtsanwaltsvergütungsgesetz

Registereinsicht: Rn 48 „Vorbereitungshandlung".

Rehabilitierungsverfahren: Dieselbe Angelegenheit liegt vor, soweit der Anwalt mehrere Strafentscheidungen gegen denselben Auftraggeber bekämpft und auch dann anschließend seine Rehabilitierung betreibt, Brdb JB **95**, 418, oder soweit mehrere Antragsteller ihre Rehabilitierung nach einem gegen alle gerichteten Strafurteil fordern, Naumb JB **94**, 157.

Revision: Dieselbe Angelegenheit liegt bei der Revision des Auftraggebers und derjenigen der Staatsanwaltschaft vor, Düss MDR **93**, 699, Mü JB **08**, 249.

Verschiedene Angelegenheiten sind aber eine Berufung und eine folgende Revision, II 2, oder das Nichtzulassungs- und das anschließende Revisionsverfahren, § 17 Z 9.

Ruhen des Verfahrens: Dieselbe Angelegenheit liegt grds dann vor, wenn es nach dem Ruhen zur Fortsetzung des Verfahrens kommt. Eine Ausnahme kann nach V 2 Hs 2 eintreten.

43 **Sanierung:** Rn 35 „Mehrheit von Gläubigern".

Säumnis: Rn 28 „Einspruch".

Schadensersatz: Dieselbe Angelegenheit liegt vor, auch wenn sich die Erledigung des Auftrags über mehrere Jahre hinzieht und sich auch auf die jeweils neu hinzukommenden Schadensbeträge aus derselben Ursache (Unfall) erstreckt, BGH NJW **95**, 1431, aM LG Kleve AnwBl **81**, 509, Schütt JB **99**, 72, oder wenn der Geschädigte auf Grund desselben Vorfalls einen Sachschadensersatz und ein Schmerzensgeld fordert.

Verschiedene Angelegenheiten liegen dann vor, wenn zwei Jahre nach der Schadensregulierung eine Abänderung der Unfallrente erfolgen soll, AG Siegburg VersR **04**, 396, oder wenn der Anwalt nach einem Schmerzensgeld(vergleich) nun auf Grund eines neuen Auftrags den Ersatz des materiellen Schadens fordert.

Scheckprozeß: *Verschiedene* Angelegenheiten liegen zwischen ihm und dem Nachverfahren vor, § 17 Z 5 RVG in Verbindung mit § 605a ZPO.

Scheidungssache: Rn 27 „Ehescheidung".

Schiedsrichterliches Verfahren: § 16 Z 7–9.

Schuldenregulierung: Rn 25 „Außergerichtliche Regelung".

Schutzschrift: Dieselbe Angelegenheit liegt zum Eilverfahren vor, Bbg AGS **03**, 537.

Selbständiges Beweisverfahren: Es kommt auf die Umstände an. Bei einer Nämlichkeit des Gegenstands und der Parteien liegt dieselbe Angelegenheit vor, Brdb JB **07**, 142, aM KG MDR **09**, 954. Ein bloßer Gegenstandswechsel ändert nichts an derselben Angelegenheit, Mü MDR **99**, 1347. Ein Rollenwechsel ändert nichts an der Parteinämlichkeit, Köln RR **00**, 361.

Verschiedene Angelegenheiten liegen mangels einer Gegenstands- *und* Parteinämlichkeit zum Hauptprozeß vor, Rn 41 „Parteinämlichkeit", Kblz JB **06**, 134, aM Mü MDR **00**, 603, oder dann, wenn bis zum Hauptprozeß über 2 Jahre vergingen, Rn 97, Zweibr JB **99**, 414, oder wenn der Anwalt nach dem Gutachten nun die dort ermittelten Mangelbeseitigungskosten im Hauptprozeß fordert, Mümmler JB **96**, 240 und 347.

Sicherheitsleistung: Rn 32 „Hinterlegung".

Sicherungsvollstreckung: Dieselbe Angelegenheit sind die Sicherungsvollstreckung nach § 720a ZPO und die anschließende Verwertung, LG Mü DGVZ **07**, 43.

Sorgerecht: Dieselbe Angelegenheit liegt vor, soweit es um das Sorgerecht und das Umgangsrecht geht, Ffm FamRZ **01**, 1388, Hamm FamRZ **08**, 1876, AG Kblz FamRZ **09**, 536, aM Naumb FPR **08**, 256 (Aufenthaltsbestimmung und Umgang). Auch ein Unterhalt und das Sorgerecht können dieselbe Angelegenheit darstellen, BVerfG NJW **02**, 429 (dort ausdrücklich als vertretbar bezeichnet), LG Kleve Rpfleger **03**, 304 (einschließlich Wohnungszuweisung), LG Mönchengladb FamRZ **04**, 216, aM LG Düss FamRZ **07**, 1113, LG Mönchengladb MDR **09**, 534, AG Unna FamRZ **08**, 800. Eine bloße Gegenstandsveränderung läßt dieselbe Angelegenheit bestehen, aM Köln JB **84**, 97.

Sozialhilfe: Dieselbe Angelegenheit sind eine Heimunterbringung und Gebührenfragen (Telekom, GEZ), AG Kblz Rpfleger **99**, 30. Die Anfechtung mehrerer an dieselbe Person gerichteter Sozialhilfebescheide im Rahmen der Beratung stellt dieselbe Angelegenheit dar, wenn man die Anträge gemeinsam behandeln soll, LG Gött Rpfleger **02**, 160, AG Osnabr FamRZ **99**, 392.

Abschnitt 2. Gebührenvorschriften § 15 RVG

Verschiedene Angelegenheiten können beim Anspruch auf die Heimunterbringung eines Obdachlosen und auf eine Abwehr von Schadensforderungen der Sozialbehörde aus einer früheren Vermietung vorliegen, LG Bayreuth JB **89**, 1675.
Sozialrechtliches Vorverfahren: *Verschiedene* Angelegenheiten liegen zwischen ihm und dem Hauptprozeß vor, SG Stgt AnwBl **80**, 127.
Sprungrevision: Rn 42 „Revision".
Steuerrecht: Rn 28 „Einfuhrabgabe".
Strafsache: Dieselbe Angelegenheit sind das vorgerichtliche und das gerichtliche 44 Verfahren, Saarbr Rpfleger **07**, 342, LG Aachen JB **78**, 230, LG Köln AnwBl **79**, 75. In demselben Verfahren mag der Anwalt mehrere Beteiligte mit sogar unterschiedlichen Zielen vertreten, LG Kref AnwBl **79**, 79, oder soweit er für denselben Auftraggeber in einer Doppelfunktion tätig wird, LG Freib AnwBl **82**, 390.
Streitgenossen: Dieselbe Angelegenheit liegt vor, soweit sie in demselben Rechtsstreit Bekl sind, KG JB **99**, 79, oder soweit es um getrennte Versäumnisurteile gegen Streitgenossen geht, Hamm Rpfleger **89**, 170.
Verschiedene Angelegenheiten können trotz einer Streitgenossenschaft mehrerer Kläger nach §§ 59 ff ZPO vorliegen, AG Münst VerR **08**, 1257 (unterschiedliche Prüfungen nötig).
Streithilfe: Dieselbe Angelegenheit liegt vor, soweit der Anwalt einen solchen Streithelfer vertritt, der zunächst die eine Hauptpartei und sodann deren Prozeßgegner unterstützt, Hamm Rpfleger **89**, 127, KG Rpfleger **83**, 125, Mü Rpfleger **89**, 128, oder soweit der Anwalt die Partei und ihren Streithelfer oder die zum Streithelfer gewordene frühere Partei vertritt, Stgt JB **83**, 857. Das gilt jedenfalls insoweit, als nur einer dieser Auftraggeber der wahre Schuldner des Prozeßgegners sein kann, Kblz VersR **90**, 637.
S auch Rn 41 „Parteinämlichkeit".
Streitschlichtung: Rn 31 „Güteverfahren".
Stufenklage: Grundsätzlich dieselbe Angelegenheit liegt in allen Stufen vor.
Ausnahmsweise kann nach der Zurückverweisung einer Stufe eine diesbezügliche *neue* Angelegenheit entstehen.
Sühneversuch: Rn 41 „Privatklage".
Teilforderung: Dieselbe Angelegenheit liegt dann vor, wenn der Gläubiger mehrere 45 Schuldner wegen ihrer Anteile an derselben Schuld beansprucht, Hbg JB **79**, 53.
Teilurteil: Dieselbe Angelegenheit liegt vor, soweit der Anwalt wegen des in der Instanz gebliebenen Rechts tätig wird.
Vgl auch Rn 42 „Rechtsmittel".
Trennung: *Verschiedene* Angelegenheiten liegen dann vor, wenn nach einer Klagerweiterung oder ohne sie eine Trennung in mehrere Verfahren erfolgt, LG Saarbr MDR **01**, 1442, aM Nürnb JB **78**, 708 (aber es liegen im Ergebnis mehrere selbständige Verfahren vor), oder wenn das FamG eine Folgesache abtrennt, Karlsr JB **99**, 420, Köln FamRZ **07**, 647, oder wenn es um die Scheidung einerseits und eines Trennungsunterhalts andererseits geht, Brdb MDR **09**, 1418.
Umgangsrecht: Rn 43 „Sorgerecht". 46
Unfallschadenregulierung: Die Inanspruchnahme zB von Fahrer, Halter und Versicherer desselben Kfz ist dieselbe Angelegenheit, LG Flensb JB **86**, 723, aM Hamm AnwBl **83**, 141.
Verschiedene Angelegenheiten können bei mehreren gegnerischen Kfz vorliegen, AG Herborn ABS **03**, 447.
S auch Rn 25 „Außergerichtliche Regelung".
Unterbrechung: Grundsätzlich dieselbe Angelegenheit bleibt nach der Aufnahme bestehen, Meyer JB **07**, 518. Eine Ausnahme gilt nach V 2.
Unterhalt: Rn 27 „Ehescheidung", Rn 35 „Mehrheit von Gläubigern", Rn 43 „Sorgerecht" sowie VV 3335. Dieselbe Angelegenheit liegt auf Grund eines einheitlichen Auftrags bei jährlich neuen Berechnungen vor, BGH NJW **95**, 1431, aM LG Kleve AnwBl **81**, 509, Schütt JB **99**, 72.
Unterlassung: Dieselbe Angelegenheit liegt beim Unterlassungsanspruch gegen mehrere Täter vor, Hbg JB **98**, 541, Hamm JB **96**, 312, Stgt JB **98**, 302 (mehrere Gegenstände, § 22 I), aM LG Bln JB **09**, 421 (gegen Autor und Verlag). Dasselbe gilt bei der entsprechenden Abwehr, Stgt JB **98**, 302.

1463

RVG § 15 X. Rechtsanwaltsvergütungsgesetz

Urkunde: In derselben Urkunde können *verschiedene* Angelegenheiten zusammentreffen, LG Stgt AnwBl **87**, 341.
Urkundenprozeß: *Verschiedene* Angelegenheiten liegen zwischen ihm und dem Nachverfahren vor, § 17 Z 5.

47 **Verbindung:** Vgl zunächst Rn 16, 17.
S ferner Rn 37 „Mehrheit von Verfahren", Rn 47 „Verfassungsbeschwerde".
Verbundverfahren: Rn 27 „Ehescheidung".
Vereinfachtes Verfahren: VV 3335, 3336.
Vereinzelung: Der Anwalt darf nicht nur zwecks einer Gebührenerhöhung Verfahren vereinzeln, BGH NJW **04**, 1045.
Verfassungsbeschwerde: *Verschiedene* Angelegenheiten liegen vor, soweit es sich um äußerlich verbundene Verfassungsbeschwerden handelt, BVerfG AnwBl **76**, 164.
Vergleich: Dieselbe Angelegenheit liegt vor, soweit der Anwalt zunächst am Vergleich und dann an der Klärung seiner Wirksamkeit oder sonstwie an seiner Durchführung mitwirkt, Schlesw NdsRpfl **00**, 23, LG Hbg MDR **94**, 518, oder am Streit um seine Wirksamkeit, Hamm AnwBl **80**, 155, oder bei einer Einbeziehung nicht anhängiger Ansprüche in den Prozeßvergleich, Schlesw JB **80**, 1516.
S auch Rn 42 „Prozeßvergleich".
Vergütungsfestsetzung: *Verschiedene* Angelegenheiten sind das Hauptverfahren und das Verfahren nach § 11, Köln AGS **00**, 208.
Verkehrsanwalt: Rn 48 „Wechsel der Anwaltsfunktion".
Versäumnisurteil: Rn 28 „Einspruch".
Versicherung: Dieselbe Angelegenheit liegt dann vor, wenn der ProzBev beim Rechtsschutzversicherer eine Deckungszusage einholt, LG Mü JB **93**, 163, AG Ahaus JB **76**, 57, AG Bln-Charlottenb JB **02**, 25, aM LG Mü AnwBl **09**, 238, Henke AnwBl **09**, 207.
Verschiedene Angelegenheiten können vorliegen, soweit der Anwalt zunächst den Kaskoversicherer und dann den Haftpflichtversicherer oder umgekehrt zur Zahlung auffordert oder soweit er zunächst einen Versicherer und dann den Schädiger auffordert, Schmidt AnwBl **75**, 222, aM Klimke AnwBl **75**, 220, oder wenn der Anwalt bei einer Lebensversicherung verschiedenen Beansprucher gegenüber auftritt, Mü AnwBl **80**, 504.
Vertrag: Dieselbe Angelegenheit liegt vor, soweit der Notar zunächst einen Vertrag beurkunden lassen soll und dann prüft, ob die notarielle Urkunde das von dem Auftraggeber Gewollte richtig wiedergibt, BGH AnwBl **85**, 257.

48 **Verwaltungsverfahren:** Vgl VV 2401. *Verschiedene* Angelegenheiten liegen auch vor, soweit der Anwalt zunächst die Vornahme eines Verwaltungsakts erreichen und dann den Widerruf dieses Verwaltungsakts verhindern soll oder soweit der Anwalt eine Sache vor verschiedenen Behörden durchfechten soll und soweit es auch nicht um ein der Klage voraufgehendes Nachprüfungsverfahren geht.
S auch Rn 40 „Ordnungswidrigkeit".
Verweisung: Dieselbe Angelegenheit liegt bei einer Tätigkeit in derselben Funktion vor und nach einer Verweisung nach § 20 I 1 vor, Hbg MDR **86**, 596.
Verschiedene Angelegenheiten liegen vor, soweit der bisherige Verkehrsanwalt nach einer Verweisung der ProzBev wird, Hbg MDR **89**, 78, oder soweit die Verweisung an ein niedrigeres Gericht erfolgt, § 20 I 2.
S auch Rn 50 „Zurückverweisung".
Vollstreckbarerklärung: *Verschiedene* Angelegenheiten liegen beim Hauptverfahren und demjenigen nach §§ 537, 558 ZPO vor, soweit es nicht nach § 19 I 2 Z 9 ein Teil der Hauptsache ist, Schneider AGS **96**, 85.
Vollstreckungsabwehrklage: *Verschiedene* Angelegenheiten liegen zwischen der Zwangsvollstreckung und der Abwehrklage vor.
Vorbereitungshandlung: Sie rechnet mangels einer abweichenden gesetzlichen Regelung zur Hauptangelegenheit, Rn 51.
Vorläufige Anordnung: Sie gehört meist zur Angelegenheit der Hauptsache, Celle JB **82**, 222, Ffm JB **85**, 1818.
Vorläufige Einstellung: Dieselbe Angelegenheit liegt grds mit dem Vollstreckungsverfahren vor, § 19 I 2 Z 11.

Verschiedene Angelegenheiten bestehen bei einer abgesonderten Verhandlung, VV 3328 amtliche Anmerkung S 1.

Vorläufige Vollstreckbarkeit: *Verschiedene* Angelegenheiten liegen beim derartigen Verfahren nach § 19 I 2 Z 11 bei einer besonderen mündlichen Verhandlung vor.

Vormundschaft: Dieselbe Angelegenheit liegt bei einer Vertretung mehrerer Mündel vor demselben Gericht in demselben Verfahren vor.

Verschiedene Angelegenheiten liegen meist dann vor, wenn der Anwalt zunächst die Bestellung des Vormunds fordert und wenn er dann die Genehmigung eines Rechtsgeschäfts und schließlich die Abberufung des Vormunds beantragt. Es kommt aber auf die Umstände an.

Vgl auch Rn 26 „Betreuung".

Wechsel der Anwaltsfunktion: Dieselbe Angelegenheit liegt zB beim Wechsel vom ProzBev zum Verkehrsanwalt und umgekehrt vor.

Wechsel des Auftraggebers: Dieselbe Angelegenheit liegt dann vor, wenn der Gesamt-Rechtsnachfolger an die Stelle des Vorgängers tritt.

Verschiedene Angelegenheiten entstehen grds beim Eintritt eines Einzelrechtsnachfolgers auch innerhalb desselben Rechtszugs, Stgt JB **82**, 551.

Wechsel des Gegners: Er bleibt unbeachtbar, Ffm JB **79**, 1506, Hamm JB **80**, 859, Köln JB **83**, 80.

Wechselprozeß: Dieselbe Angelegenheit liegt vor bei einer Klage aus mehreren Wechseln, Düss AGS **97**, 133 (Wertaddition, § 22 I).

Verschiedene Angelegenheiten liegen zwischen ihm und dem Nachverfahren vor, § 17 Z 5.

Weitere vollstreckbare Ausfertigung: *Verschiedene* Angelegenheiten liegen nach § 18 Z 5 zwischen diesem Verfahren und der übrigen Tätigkeit vor.

Wettbewerbssache: Dieselbe Angelegenheit liegt vor, soweit der Anwalt beim Fehlen eines Klagauftrags ein Abmahn- und dann ein Abschlußschreiben fertigt, Hbg AnwBl **82**, 397, aM BGH NJW **08**, 1744, oder soweit er gleichlautende Abmahnungen an viele Konzernunternehmer richtet, Düss AnwBl **83**, 31, oder soweit er erst eine Abmahnung oder deren Zurückweisung und dann die Arrest- oder Verfügungssache betreibt, KG JB **09**, 28 (dort als derselbe „Gegenstand" eingeordnet). Bei getrennten Abmahnungen zum Persönlichkeitsrecht nach Wort- und Bildverstößen kommt es auf die Umstände an, BGH GRUR **08**, 367.

Widerklage: Dieselbe Angelegenheit sind die Klage und eine Widerklage, Bbg JB **78**, 866.

Widerklage bei Privatklage: § 16 Z 12.

Widerruf: Dieselbe Angelegenheit liegt dann vor, wenn der Kläger mehrere Täter wegen derselben Tat verklagt, Hbg JB **90**, 855 (Wertaddition, § 22 I).

Wiederaufnahme: *Verschiedene* Angelegenheiten sind nach § 17 Z 12 das Wiederaufnahmeverfahren und das wiederaufgenommene nach VV 4100 ff, 5100 ff.

Wiedereinsetzung: Dieselbe Angelegenheit sind das Haupt- und ein Wiedereinsetzungsverfahren.

Wohnraumkündigung: Rn 37 „Mieterhöhung".

Wohnungszuweisung: Rn 43 „Sorgerecht".

Zeitablauf: Rn 97.

Zulassung eines Rechtsmittels: § 16 Z 11.

Zurückverweisung: *Verschiedene* Angelegenheiten liegen vor, soweit der Anwalt vor und nach einer Zurückverweisung tätig wird, (jetzt) § 21 I, (teilweise zum alten Recht) Düss JB **78**, 1808, Karlsr MDR **08**, 473, SG Hbg JB **93**, 219, aM RS § 15 Rn 10 (aber die Zurückverweisung leitet ein doch meist wesentlich anderes weiterlaufendes Verfahren ein). Ficht der Auftraggeber nach einer Zurückverweisung den Verwaltungsakt erneut an, entstehen vor dem Gericht erneut Gebühren.

S auch Rn 48 „Verweisung".

Zuständigkeit: Durchweg *verschiedene* Angelegenheiten liegen vor, soweit für mehrere Gegenstände auch verschiedene Gerichte zuständig sind, LG Münst Rpfleger **90**, 78.

Zuständigkeitsbestimmung: *Verschiedene* Angelegenheiten liegen vor, soweit der Anwalt auch im Verfahren auf die Bestimmung des zuständigen Gerichts nach § 36 I Z 5, 6 ZPO tätig wird. Denn dann liegt bereits eine rechtskräftige Vorentscheidung zur Zuständigkeitsfrage vor. Die auf die Bestimmung des zuständigen Gerichts gerichtete Tätigkeit gehört aber zur Instanz nach § 19 I 2 Z 3.

Zwangsversteigerung, -verwaltung: Dieselbe Angelegenheit liegt vor, soweit der Anwalt auftragsgemäß mehreren Zwangsversteigerungsverfahren beitritt, Köln AnwBl **90**, 323, oder soweit er mehrere Beteiligte in demselben Verfahren vertritt.

Zwangsvollstreckung: *Verschiedene* Angelegenheiten sind das Erkenntnis- und das Vollstreckungsverfahren, Kblz JB **99**, 328. Vgl im übrigen § 58. Jede selbständige Zwangsvollstreckungssache ist eine eigene Angelegenheit, § 18 Z 1.

S auch Rn 26 „Drittschuldner", Rn 32 „Hinterlegung".

51   **E. Umfang der Abgeltung.** Entsprechend dem Wesen der Pauschgebühr nach Rn 1, 2 gilt sie nicht nur die im Gebührentatbestand bezeichnete Tätigkeit des Anwalts ab, sondern auch die zur Vorbereitung oder zur Abwicklung erforderliche, § 19. Sie gilt also zB mit ab: Die Einsicht in ein Register; die Gestellung eines Fotokopier- oder Fotoapparats, Crämer AnwBl **77**, 51. Wegen der Sachkosten der Filme usw gilt VV 7000. Freilich muß man prüfen, ob etwa ein besonderes Verfahren erforderlich ist, § 19 I 2 Z 1, 9.

52   **5) Derselbe Rechtszug, II 2.** Die Vorschrift gilt in allen gerichtlichen Verfahrensarten. Der Anwalt kann die Gebühren (gemeint wie bei II 1) in derselben Angelegenheit) in jedem Rechtszug gesondert fordern. Der Begriff Rechtszug ist nicht ohne Schwierigkeiten bestimmbar. Vgl zunächst § 19.

A. Grundsatz: Keine gesetzliche Begriffsbestimmung. Das RVG gibt keine ausdrückliche Bestimmung des Begriffs Rechtszug. Man kann zur Klärung des gebührenrechtlichen Begriffs des Rechtszugs die verfahrensrechtlichen Begriffe etwa der ZPO nicht voll heranziehen, Schneider Rpfleger **91**, 175. Aber auch § 36 GKG, Teil I A dieses Buchs, ist nur bedingt anwendbar. Denn es ergeben sich Abweichungen zum Teil ausdrücklich aus dem RVG, zum Teil auch aus der Art der Tätigkeit des Anwalts.

Nur nach der ZPO umfaßt der Rechtszug den Zeitraum von der Klagerhebung oder der Einreichung eines Gesuchs oder Rechtsmittels bis zum Eintritt der formellen Rechtskraft des Urteils mit den Ausnahmen Rn 56 oder bis zur Einlegung eines Rechtsmittels, Schneider Rpfleger **91**, 175. Jedoch gehören nach der ZPO das Kostenfestsetzungsverfahren und das Verfahren vor einem Vollstreckungsgericht noch zum Rechtszug. Das ist nur eine der bemerkenswerten Abweichungen vom Gebührenrecht, wo zB die Tätigkeit des Anwalts in der Zwangsvollstreckung eine besondere Vergütung auslöst, § 19 I 2 Z 11, 13, 16, II, VV 3309, 3310.

53   Das Gesetz bezeichnet manche Tätigkeitsarten des Anwalts als *gebührenrechtlich zum Rechtszug gehörig,* zB in §§ 19, 20. Wegen der Verfahren vor den Verfassungs-, Verwaltungs- und Finanzgerichten zB § 37 II. Ergänzende Bestimmungen zum Umfang des Rechtszugs enthält zB § 21.

54   Eine *Beschwerde* in einer bürgerlichen Rechtsstreitigkeit gilt gebührenrechtlich als ein besonderer Rechtszug. Er löst allerdings nur eine 0,5 Gebühr aus, VV 3500. Das gilt auch in einem Verfahren vor den Verwaltungs- oder Finanzgerichten, § 37, oder vor dem EuGH, § 38.

In anderen Fällen gilt die Verteidigergebühr die Vergütung für das Beschwerdeverfahren in einer Strafsache und in den im VV Teil 4, 5 genannten Fällen ab, zB durch (jetzt) VV 4100, 4105, Düss MDR **86**, 607. Es gibt aber auch gesetzliche Sonderregeln. Danach ist die Gebühr in der Beschwerdeinstanz ebenso hoch wie im ersten Rechtszug oder noch höher, zB nach VV amtliche Vorbemerkung 3.2.1 I Z 3 (Vollstreckbarerklärung einer ausländischen Entscheidung).

55   **B. Abgrenzung.** Die gebührenrechtliche Abgrenzung mehrerer Rechtszüge voneinander folgt aus dem gebührenrechtlichen Begriff Rechtszug, Rn 52. Die Tätigkeit des Anwalts braucht aber mit dem Beginn eines gebührenrechtlichen Rechtszugs nicht zusammenzufallen. Sie kann später beginnen und früher als der gebührenrechtliche Rechtszug enden. Auch eine Kündigung beendet zB den Auftrag. §§ 627, 628 BGB sind grundsätzlich anwendbar, BGH NJW **82**, 438, § 3 Rn 54 ff.

Der Rechtszug kann auch dann *wieder aufleben,* wenn sich zB herausstellt, daß der Antrag nicht völlig erledigt war, etwa wenn die Parteien in demselben gerichtlichen Verfahren über die Wirksamkeit eines zuvor abgeschlossenen Prozeßvergleichs strei-

Abschnitt 2. Gebührenvorschriften   § **15 RVG**

ten, Hamm Rpfleger **85**, 415, Kblz NJW **78**, 2399, Stgt JB **78**, 1654. Wiederaufleben kann der Rechtszug ferner, wenn jemand den Prozeßvergleich widerruft.
Die formelle *Rechtskraft* beendet den gebührenrechtlichen Rechtszug nicht unbedingt. Es gehören zB die Streitwertfestsetzung sowie einige der in § 19 I 2 Z 9 genannten Tätigkeiten noch zum Rechtszug. Zum unteren Rechtszug gehört auch die Prüfung der Erfolgsaussicht eines Rechtsmittels durch den nur für die Vorinstanz beauftragten Anwalt, solange er dazu kein Gutachten nach § 34 erstellt, sowie ein vor dem Zeitpunkt der Einlegung des Rechtsmittels abgeschlossener Vergleich.   56

C. Beispiele zur Frage desselben Rechtszugs, II 2. Vgl zunächst § 19. Ergänzend gilt folgendes.   57

Abänderungsverfahren: Es kann einen *neuen* Rechtszug bilden.
Abgabe: Rn 71 „Verweisung".
Ablehnung: S „Befangenheit".
Abwicklungstätigkeit: Sie gehört zum Rechtszug.
Anhörungsrüge: Die Fortsetzung nach § 321a V ZPO, § 44 FamFG erfolgt in demselben Rechtszug.
Auftragsannahme: Mit ihr beginnt kostenrechtlich bereits der Rechtszug.
Auftragsumfang: Seine Erweiterung begründet nicht stets einen neuen Rechtszug.
Befangenheit: Der Antrag gehört zum Rechtszug, § 19 I 2 Z 3, Schneider MDR 01, 130.
Das Beschwerdeverfahren ist natürlich ein *neuer* Rechtszug.
Berufung: Rn 64 „Rechtsmittel".
Beschwerde: Sie begründet in Zivilsachen auch bei einer Abhilfe durch den Vorderrichter einen *neuen* Rechtszug, GS 92, aM LG Hann Rpfleger **89**, 376. Rn 64 „Rechtsmittel".
Betragsurteil: Rn 65 „Rechtsmittel".
Beweisanwalt: Seine Tätigkeit in einem weiteren Termin kann auch kostenrechtlich   58
in demselben Rechtszug erfolgt sein.
Bußgeldverfahren: Rn 63 „Ordnungswidrigkeit".
Dasselbe Gericht: Rn 71 „Verschiedene Kollegien".   59
Dauerverfahren: Rn 57 „Abänderungsverfahren".
Einspruch: Derselbe Rechtszug bleibt bestehen, schon mangels einer sog Anfallwirkung. Das gilt auch im Steuerrecht, BFH **112**, 119.
Endurteil: Rn 75 „Zwischenurteil".   60
Erbrecht: Derselbe Rechtszug liegt dann vor, wenn es sich um die Fortsetzung des Rechtsstreits für die Erben durch den ProzBev des Erblassers handelt, oder wenn im Erbscheinsverfahren das AG einer Beschwerde nicht abhilft und das LG entscheidet.
S auch Rn 69 „Unterbrechung".
Erledigung: Hatte man sie irrig angenommen, bleibt die weitere Tätigkeit solche in demselben Rechtszug.
Geschäftsverteilung: Rn 71 „Verschiedene Kollegien".
Grundurteil: Rn 65 „Rechtsmittel".   61
Information: Ihre Entgegennahme gehört zum Rechtszug.
Klagänderung: Sie gehört zum Rechtszug.
Mahnverfahren: Wegen seiner Eigenständigkeit nach BLAH Grdz 1 vor § 688 ZPO   62
kann es gegenüber dem streitigen Verfahren scheinbar einen eigenen Rechtszug darstellen, so AG Miesbach RR **97**, 1431. Indessen ist die Möglichkeit des Widerspruchs oder Einspruchs dem Mahnverfahren doch so miteigen, daß auch kostenrechtlich unabhängig von § 19 keine zwei Rechtszüge vorliegen.
Nachverfahren: Rn 65 „Rechtsmittel".
Nebentätigkeit: Sie gehört zum Rechtszug.
Ordnungswidrigkeit: Derselbe Rechtszug liegt vor, soweit der Anwalt wegen einer   63
Ordnungswidrigkeit zunächst vor der Verwaltungsbehörde und dann vor dem AG tätig wird, AB Bre AnwBl **77**, 265, aM Düss AnwBl **77**, 265.
Parteiwechsel: Derjenige beim Prozeßgegner gehört zum Rechtszug, Köln JB **83**, 80, Schlesw AnwBl **87**, 387.
Prozeßhindernde Einrede: Rn 74 „Zulässigkeitsrüge".

1467

Prozeßvergleich: Derselbe Rechtszug liegt vor, soweit das Verfahren vor demselben Gericht wegen der Unwirksamkeit eines Prozeßvergleichs seinen Fortgang nimmt.
Rechtsbehelf: Rn 59 „Einspruch".
64 **Rechtsmittel:** Es gibt zahlreiche Situationen.
– **(Anschlußberufung):** Derselbe Rechtszug besteht bei einer Anschlußberufung nach der Rücknahme einer selbständigen Berufung, (je zum alten Recht) Bbg JE **81**, 281, Mü AnwBl **78**, 108.
– **(Erneute Einlegung):** Derselbe Rechtszug besteht dann, wenn dieselbe Partei vor einer Entscheidung über ihr Rechtsmittel oder nach der Rücknahme oder Verwerfung ihres Rechtsmittels innerhalb der Rechtsmittelfrist das Rechtsmittel nochmals einlegt, BGH MDR **07**, 559 links, KG JB **89**, 1542, Pantle NJW **88**, 2775, aM Hbg JB **95**, 31, LG Bln JB **86**, 389, GSchm 134.
– **(Grund und Betrag):** *Verschiedene* Rechtszüge bestehen bei Rechtsmitteln gegen ein Grundurteil und das zughörige Betragsurteil je nach § 304 ZPO, aM Ffm Rpfleger **78**, 110.
– **(Mehrere Urteile):** *Verschiedene* Rechtszüge bestehen, soweit der Anwalt für mehrere Rechtsmittel gegen verschiedene Urteile tätig wird, Düss AnwBl **88**, 414.
– **(Nichtzulassungsbeschwerde):** *Verschiedene* Rechtszüge bestehen beim Verfahren nach dem Erfolg einer Nichtzulassungsbeschwerde, § 16 Z 11 Hs 2.
– **(Rechtsmittelgericht):** *Verschiedene* Rechtszüge bestehen, soweit das Rechtsmittelverfahren nun auch vor das Rechtsmittelgericht kommt, LG Hann Rpfleger **89**, 376.
– **(Streitgenossen):** Derselbe Rechtszug besteht dann, wenn mehrere Streitgenossen vor der Zurücknahme oder Verwerfung einer ersten Berufung nun auch ihrerseits gegen dasselbe Urteil Berufung einlegen, LG Bln MDR **88**, 329.
  S auch Rn 65.
65 – **(Teilurteile):** *Verschiedene* Rechtszüge bestehen bei Rechtsmitteln gegen mehrere Teilurteile wegen derselben Partei.
– **(Unteres Gericht):** Derselbe Rechtszug besteht, soweit das Erstgericht über ein Rechtsmittel entscheidet, LG Hann Rpfleger **89**, 376.
– **(Vorbehalt und Nachverfahren):** *Verschiedene* Rechtszüge bestehen bei Rechtsmitteln gegen ein Vorbehaltsurteil und gegen das Urteil im Nachverfahren nach §§ 302, 600 ZPO.
– **(Wechselseitige Rechtsmittel):** Derselbe Rechtszug besteht bei Rechtsmitteln beider Parteien gegen dasselbe Urteil.
– **(Zulassung):** Derselbe Rechtszug besteht beim Verfahren über die Zulassung des Rechtsmittels nach § 16 Z 11 Hs 1 (Ausnahme: § 16 Z 11 Hs 2).
  S auch „Nichtzulassungsbeschwerde".
– **(Zurückverweisung):** Rn 74.
– **(Zwischenurteil):** Rn 75.
Revision: Rn 64 „Rechtsmittel".
66 **Ruhen des Verfahrens:** Derselbe Rechtszug liegt dann vor, wenn es nach der Anordnung des Ruhens zur Fortsetzung des Verfahrens kommt.
67 **Selbständiges Beweisverfahren:** § 19 Rn 19 „Selbständiges Beweisverfahren".
Sofortige Beschwerde: Rn 64 „Rechtsmittel".
Streitgenossen: Derselbe Rechtszug liegt in folgenden Fällen vor: Der Anwalt vertritt in demselben Verfahren mehrere Streitgenossen. Es ist dann unerheblich, ob das Gericht die Klage schon sämtlichen Streitgenossen zugestellt hat. Es handelt sich um mehrere nacheinander eingelegte Rechtsmittel von Streitgenossen gegen dasselbe Urteil, selbst wenn der Anwalt des Rechtsmittelbekl vor der Verbindung gesonderte Abweisungsanträge gestellt hat, LG Bln MDR **88**, 329.
Streitverkündung: Die Tätigkeit für den zuvor als Partei Ausgeschiedenen und nun als Streithelfer Beigetretenen bildet denselben Rechtszug, Stgt JB **83**, 857.
Stufenklage: Derselbe Rechtszug liegt für die Durchführung aller Stufen (vor demselben Gericht) vor, Schlesw JB **75**, 473.
68 **Teilurteil:** Rn 65 „Rechtsmittel".
Trennung: Derselbe Rechtszug liegt dann vor, wenn es zu einer Verfahrenstrennung nach § 145 ZPO kommt.

Unterbrechung: Derselbe Rechtszug liegt dann vor, wenn der Rechtsstreit nach der 69
Urteilsverkündung, aber vor dem Eintritt der formellen Rechtskraft durch den Tod
des Rechtsvorgängers unterbrochen worden war und wenn die Parteien jetzt im
Aufnahmeverfahren über den Eintritt einer Rechtsnachfolge streiten.

Verbindung: Derselbe Rechtszug liegt vor, soweit der Anwalt vom Zeitpunkt der 70
Verbindung an im nunmehr einheitlichen Verfahren tätig wird, Bbg JB **86**, 219,
Kblz MDR **86**, 861.
Verschiedene Rechtszüge können bis zur Verkündung vorliegen, Bbg JB **89**,
1544.
S auch Rn 67 „Streitgenossen".

Verbundverfahren: Es gehört zum Rechtszug, Düss AnwBl **83**, 556.

Vergleich: Derselbe Rechtszug liegt grds beim Verfahren infolge einer Anfechtung
oder eines Widerrufs usw vor, Hamm JB **00**, 469, Saarbr JB **90**, 97, Schlesw OLGR
99, 448.
Außergerichtliche Vergleichsverhandlungen bilden nur dann einen *besonderen*
Rechtszug, wenn sie nach einem unbedingten Prozeßauftrag erfolgt sind, Hamm
VersR **93**, 95. Ein Prozeßvergleich nach dem Urteilserlaß vor einer Rechtsmitteleinlegung gehört zum ersten Rechtszug. Nach einem Vergleichswiderruf oder einer Vergleichsanfechtung wird der Anwalt nicht schon deshalb in einem neuen
Rechtszug tätig, Rn 55.

Verschiedene Kollegien: Derselbe Rechtszug liegt dann vor, wenn das Verfahren 71
nacheinander vor verschiedenen Senaten, Kammern oder Kollegien desselben Gerichts abläuft, zB zunächst vor der Zivilkammer und dann vor der Kammer für
Handelssachen.

Verwaltungsverfahren: Rn 63 „Ordnungswidrigkeit".

Verweisung: Derselbe Rechtszug liegt grds vor, soweit der Anwalt im Verfahren vor
dem verweisenden oder abgebenden Gericht und im Verfahren vor dem übernehmenden Gericht tätig wird, § 20 S 1.
Verschiedene Rechtszüge liegen ausnahmsweise vor, soweit die Verweisung an ein
Gericht eines niedrigeren Rechtszugs erfolgt, § 20 S 2.
S auch Rn 74 „Zurückverweisung".

Vollstreckungsabwehrklage: *Verschiedene* Rechtszüge liegen vor, soweit der Anwalt 72
zunächst im Erkenntnisverfahren und nun im Verfahren einer Vollstreckungsabwehrklage nach § 767 ZPO tätig wird.

Vorbehaltsurteil: Rn 65 „Rechtsmittel".

Vorbereitungsmaßnahme: Sie gehört zum Rechtszug.

Vorlage: Derselbe Rechtszug liegt vor bei einer Vorlage beim Großen oder Gemeinsamen Senat vor.
Verschiedene Rechtszüge liegen bei einer Vorlage beim EuGH, beim BVerfG oder
beim VerfGH eines Landes vor.

Wiederaufnahme: *Verschiedene* Rechtszüge liegen vor, soweit der Anwalt zunächst 73
im Erkenntnisverfahren usw und nun im Wiederaufnahmeverfahren tätig wird,
Seetzen NJW **84**, 348.

Wiedereinsetzung: Derselbe Rechtszug liegt vor, soweit es sich um eine Wiedereinsetzung in den vorigen Stand und um das anschließende Verfahren zur Hauptsache handelt.

Zulässigkeitsrüge: Derselbe Rechtszug liegt dann vor, wenn es sich um das Verfah 74
ren über eine Zulässigkeitsrüge und um dasjenige zur Hauptsache handelt, auch im
Fall eines Zwischenurteils über die Zulässigkeitsrüge.

Zurückverweisung: *Verschiedene* Rechtszüge liegen nach § 21 I grds vor, soweit es
um das weitere Verfahren vor demjenigen Gericht geht, an das die Zurückverweisung erfolgte. Dasselbe gilt, soweit es um die Einlegung eines Rechtsmittels gegen
eine Entscheidung geht, die auf Grund einer Zurückverweisung erging.
S auch Rn 65 „Rechtsmittel".

Zwangsvollstreckung: Rn 72 „Vollstreckungsabwehrklage". 75

Zwischenurteil: *Verschiedene* Rechtszüge liegen vor, soweit es zunächst um die Berufung gegen ein Zwischenurteil geht, sodann nach der Rücknahme dieses
Rechtsmittels eingelegte Berufung gegen das Endurteil, Düss MDR **88**, 508.
S auch Rn 65 „Rechtsmittel", Rn 74 „Zulässigkeitsrüge".

76 **6) Verschiedene Gebührensätze für Teile eines Gegenstands, III.** Die Vorschrift wiederholt für den gesamten Geltungsbereich des RVG den in §§ 37 GKG, 30 III FamFG, 44 II b KostO ausgesprochenen Grundsatz. Man muß für einen ausscheidbaren Teil eines gebührenrechtlichen Gegenstands bei einer gesonderten Tätigkeit des Anwalts auch eine gesonderte Gebührenberechnung vornehmen. Der Anwalt kann aber nicht mehr als die aus dem Gesamtbetrag der Teile errechnete Gebühr nach dem höchsten Gebührensatz verdienen. Dieser Grundsatz gilt nicht nur dann, wenn man verschiedene Gebührensätze anwenden muß, sondern auch bei der Anwendbarkeit gleicher Gebührensätze.

III gilt *entsprechend*, wenn für einen Teilgegenstand eine Geschäftsgebühr usw nach VV 2300, für einen anderen aber (jetzt) eine Verfahrensgebühr usw nach VV 3100 angefallen ist, Düss Rpfleger **92**, 526.

77 Wenn das Gericht also über einen *Teil des Gegenstands* gesondert verhandeln läßt, muß man die Terminsgebühr für jeden Teil besonders berechnen. Sie kann aber auch bei einer Verbindung erst nach der Verhandlung nicht mehr betragen als für den ganzen Gegenstand. Dasselbe gilt bei einem Teilvergleich.

78 Verschiedene Gebührensätze kommen zB dann in Betracht, wenn die Partei nur für einen Teil des Streitgegenstandes eine *Prozeß- oder Verfahrenskostenhilfe* erhalten hat, Mümmler JB **84**, 643, aM Zweibr Rpfleger **95**, 75, Hbg JB **95**, 426, RS 30 (der beigeordnete Anwalt erhalte die Differenz zwischen den Wahlanwaltsgebühren für den vollen Streitwert und denjenigen für den von der Bewilligung gedeckten Teil. Das ist unnötig kompliziert und nicht kostengerechter).

79 *Verschiedene Gebührensätze* kommen *ferner zB* dann in Betracht, wenn die Parteien zunächst über die Hauptsache streitig verhandeln, wenn sich die Hauptsache dann erledigt und wenn die Parteien daher nur noch über die Kostenfolge streiten. Eine Terminsgebühr kann zur Kostenfrage nicht entstehen. Denn sie ist bereits voll in der Hauptsache entstanden, KG Rpfleger **77**, 72.

Wenn ein gerichtlicher Vergleich über den Klaganspruch und gleichzeitig über einen weiteren bisher nicht anhängigen Anspruch zustande kommt, ist Höchstgrenze die Einigungsgebühr über den ganzen Gegenstand nach dem zusammengerechneten Wert, Kblz JB **97**, 633.

80 Verschiedene Gebührensätze sind diejenigen der Tabelle zu *§ 13 I 3* und der Tabelle zu *§ 49*.

81 **7) Vorzeitige Erledigung usw, IV.** Der nachfolgende Grundsatz zeigt seine Wirkung sowohl bei einer zeitlichen als auch bei einer inhaltlichen Beschränkung der ursprünglich vorgesehenen Anwaltstätigkeit, LG Bln AnwBl **82**, 122. Es gibt Auswirkungen in mehreren Fallgruppen.

A. Grundsatz: Bestehenbleiben der Vergütung. Die Vorschrift ist eine Folge des Pauschcharakters der Gebühren, LG Hbg AnwBl **85**, 261, Madert AnwBl **97**, 678. Eine einzelne Pauschgebühr ermäßigt sich grundsätzlich nicht schon deshalb, weil sich herausstellt, daß der Anwalt einen geringeren Arbeitsaufwand hatte, als man im Zeitpunkt der Auftragserteilung annehmen konnte oder mußte. Diese Erwägung gilt auch für den Einzelauftrag, auch für eine vereinbarte Vergütung in den Grenzen von §§ 3a, 4. Freilich muß die Gebühr bereits entstanden sein, zB nach VV 4200. IV ist also nicht auf eine solche Gebühr anwendbar, die erst infolge einer nicht stattgefundenen weiteren Durchführung des Auftrags entstanden wäre. Auch bei einer Rahmengebühr kann sich eine vorzeitige Erledigung ausnahmsweise gebührenringerend oder -erhöhend auswirken, freilich nur innerhalb des Rahmens.

82 Der Grundsatz, daß die bereits entstandene Gebühr bestehen bleibt, LG Bln VersR **88**, 702, gilt nur mit gesetzlichen *Ausnahmen* zB in VV 2300, 3101, 3414, 4105. Der Mindestbetrag nach § 13 II bleibt stets bestehen.

83 **B. Kündigung des Anwalts wegen Vertragswidrigkeit des Auftraggebers.** Die nach Grdz 3 vor § 1 auf das Vertragsverhältnis zwischen dem Anwalt und dem Auftraggeber anwendbaren sachlichrechtlichen Vorschriften bleiben in den Grenzen von IV unberührt. Daher gelten grundsätzlich nach Grdz 13 vor § 1 auch die sachlichrechtlichen Kündigungsfolgen nach §§ 627 ff BGB, soweit nicht IV vorrangig etwas anderes bestimmt. Nur beim Dauerberatungsvertrag mag zur fristlosen Kündigung die Begründung notwendig sein, Hamm RR **95**, 1530.

Der Auftraggeber kann eine vom Anwalt erklärte Kündigung *verschuldet* haben, §§ 276, 278 BGB. Das muß der Anwalt beweisen, BGH MDR **97**, 197, Düss AGS **93**, 74. Die Fortsetzung des Auftrags muß dem Anwalt also unzumutbar geworden sein. Dann hat der Anwalt nach § 628 I 1 BGB einen Anspruch auf den seiner bisherigen Leistung entsprechenden Vergütungsteil. Ferner behält der Anwalt nach § 628 II BGB einen Anspruch auf den Ersatz des durch die Aufhebung des Anwaltsvertrags entstehenden Schadens. Dieser besteht im Fortfall solcher Gebühren, die erst durch eine weitere Tätigkeit des Anwalts entstanden wären. Freilich würde eine deshalb freiwerdende Arbeitskraft des Anwalts schadensmindernd wirken können. 84

Eine Kündigung dieser Art kann zB dann vorliegen, wenn sich der Auftraggeber dem Anwalt gegenüber zwar evtl sogar mehr oder minder schuldlos, aber doch zumindest objektiv *vertragswidrig* verhalten hat.

C. Beispiele zur Frage einer Vertragswidrigkeit des Auftraggebers 85
Abwegigkeit: S „Rechtsansicht".
Berufsehre: Vertragswidrig ist die Forderung des Auftraggebers nach einem solchen Verhalten des Anwalts, das gegen seine Berufsehre verstoßen würde. Freilich kann eine Vertragspflicht durchweg den Vorrang vor allgemeinen Berufsregeln haben.
Ersatzanspruch: Vertragswidrig handelt der Auftraggeber bei einem völlig unbegründeten Ersatzanspruch.
Gerichtsentscheidung: *Nicht* vertragswidrig ist ein Beharren des Auftraggebers auf einer Entscheidung des Gerichts statt des Anwalts, Karlsr AnwBl **94**, 522, es sei denn, die Unsinnigkeit der Fortführung des Prozesses würde für den Anwalt als ein Organ der Rechtspflege nach § 1 BRAO zur Unzumutbarkeit führen, LG Hbg AnwBl **85**, 261, AG Köln AnwBl **89**, 624.
Hartnäckigkeit: S „Information", „Rechtsansicht".
Information: Vertragswidrig ist meist ein hartnäckiges Unterlassen der notwendigen Information des Anwalts.
S auch „Hartnäckigkeit".
Mandatswechsel: Vertragswidrig handelt der Auftraggeber dann, wenn er vor der Beendigung des Auftrags das Mandat grundlos einem anderen Anwalt überträgt.
Rechtsansicht: Vertragswidrig ist meist eine aus der Sicht des Anwalts nun wirklich völlig abwegige und daher inhaltlose Rechtsansicht, soweit der Auftraggeber sie hartnäckig aufrechterhält.
Revision: Vertragswidrig handelt der Auftraggeber bei einem Revisionsauftrag entgegen dem wohlbegründeten Rat des Anwalts, Karlsr MDR **94**, 519.
Standesehre: S „Berufsehre".
Überhöhte Anforderungen: Vertragswidrig handelt der Auftraggeber bei eindeutig zu hohen Anforderungen an den Anwalt, Hamm AGS **96**, 16.
Umformulierung: Vertragswidrig sein kann die Forderung des Auftraggebers nach unzumutbar weitgehenden Umformulierungen, LG Hbg AnwBl **85**, 261, AG Köln AnwBl **89**, 624.
Vertrauen: Vertragswidrig ist eine Zerstörung des notwendigen Vertrauensverhältnisses zwischen dem Auftraggeber und dem Anwalt durch den ersteren, Hamm AGS **96**, 16.
Vorschuß: Vertragswidrig ist die Nichtzahlung eines zulässigerweise vom Anwalt erbetenen Vorschusses trotz seines klaren Hinweises auf eine mögliche Kündigungsfolge, Düss AS **93**, 74. Einen Vorschuß muß der Anwalt nur insoweit nach §§ 628 I 2, 812 ff BGB in den Grenzen von § 818 III BGB herausgeben, als der Vorschuß die dem Anwalt nach Rn 84 zustehende Teilvergütung übersteigt.
Vorwurf: Vertragswidrig ist ein völlig unbegründeter Vorwurf des Auftraggebers.

D. Kündigung des Anwalts ohne Vertragswidrigkeit des Auftraggebers. 86
Vgl zunächst Rn 83. Soweit der Anwalt kündigt, ohne daß sich der Auftraggeber ihm gegenüber vertragswidrig verhalten hätte, hat der Anwalt nach § 628 I 2 BGB auch wegen der bereits entstandenen und daher an sich nach § 628 I 1 BGB forderbaren Gebühren keinen Anspruch, falls seine bisherigen Leistungen infolge seiner eigenen Kündigung für den Auftraggeber kein Interesse mehr haben, BGH NJW **85**, 41, Hbg MDR **81**, 768. Eine Aufrechnung usw durch den Auftraggeber ist ab einem objektiven Wegfall seines Interesses nicht nötig. Das alles gilt erst recht dann, wenn ein ob-

jektiv wichtiger Kündigungsgrund vorliegt, zB aus einem gesundheitlichen Grund, falls nicht zugleich ein vertragswidriges Verhalten des Auftraggebers vorhanden ist, für den es ja nicht auf ein etwaiges Verschulden ankommt.

Soweit daher der Auftraggeber nunmehr die Angelegenheit einem anderen Anwalt *überträgt*, hat der frühere Anwalt grundsätzlich in demjenigen Umfang keinen Gebührenanspruch, in dem der Auftraggeber dem folgenden Anwalt für die gleiche Tätigkeit gleiche Gebühren zahlen muß, BGH JB **84**, 1659, Karlsr JB **84**, 1659, es sei denn, die Leistung des bisherigen Anwalts behielte ihren Wert, Karlsr MDR **94**, 519. Das letztere kann zB dann geschehen, wenn der Auftraggeber aufbauend auf der Tätigkeit des bisherigen Anwalts nun selbst tätig wird, Pabst MDR **78**, 449. Die Honorarforderung erlischt ohne die Notwendigkeit einer Aufrechnung, BGH NJW **85**, 41. Der Auftraggeber ist für ein Verschulden des Anwalts dann beweispflichtig, BGH NJW **82**, 437. Er kann zB wegen einer Kündigung des Anwalts zur Unzeit einen Schadensersatzanspruch nach § 671 II 1, 2 BGB haben.

87 **E. Kündigung des Auftraggebers wegen Vertragswidrigkeit des Anwalts.**
Soweit der Auftraggeber infolge eines vertragswidrigen Verhaltens des Anwalts kündigt, bleibt zwar der Anspruch des Anwalts auf die bisher entstandenen Gebühren nach § 628 I 1 in Verbindung mit § 627 I BGB theoretisch bestehen, Neuhofer AnwBl **04**, 583.

Indessen *entfällt* sein Vergütungsanspruch ähnlich wie bei Rn 86 nach § 628 I 2 Hs 2 BGB, soweit seine bisherige Leistung infolge der Kündigung des Auftraggebers für diesen kein Interesse mehr hat, etwa weil dieser nun einen anderen Anwalt beauftragen und bezahlen muß, Neuhofer AnwBl **04**, 583. Außerdem muß man auch hier § 628 II 1 BGB beachten, LG Hbg AnwBl **85**, 261. Der Auftraggeber hat nach § 628 II BGB einen Anspruch auf den Ersatz des durch die Kündigung entstehenden Schadens. Er kann mit diesem Schadensersatzanspruch gegenüber dem Vergütungsanspruch des Anwalts aufrechnen, Neuhofer AnwBl **04**, 583. Freilich muß ein wirklicher Schaden entstanden sein. Er würde zB bei einer ohnehin bestehenden Zahlungsunfähigkeit des zu Unrecht beklagten Prozeßgegners fehlen, Neuhofer AnwBl **04**, 584. Dabei darf der Auftraggeber am Ende nicht besser dastehen als nach einer vertragsgemäßen Anwaltstätigkeit, Neuhofer AnwBl **04**, 584.

88 **F. Beispiele zur Frage einer Vertragswidrigkeit des Anwalts**
Beratungsfehler: Vertragswidrig sein kann ein solcher Vorgang.
Fristversäumung: Vertragswidrig sein kann ein solcher Vorgang, BGH NJW **82**, 438.
Honorarmehrforderung: Vertragswidrig ist es, unberechtigt nach der Annahme des Auftrags ein höheres Honorar nach § 3a zu fordern, LG Karlsr MDR **91**, 548.
Interessenkollision: Vertragswidrig ist eine Tätigkeit trotz einer solchen Lage ohne Zustimmung des Auftraggebers, BGH NJW **85**, 41.
Sozietätswechsel: Vertragswidrig ist sein schon bei der Auftragsannahme ihm bekannter Plan, zumindest in die gegnerische Sozietät, Düss JB **93**, 731.
Straftat: Vertragswidrig sein kann sie sogar dann, wenn der Anwalt ihretwegen Selbstmord begeht.
Tatsachenvortrag: Vertragswidrig sein kann der Vortrag einer dem Auftraggeber schädlichen Tatsache, Pabst MDR **78**, 449.
Terminsversäumung: Vertragswidrig sein kann ein solcher Vorgang.
Treuepflichtverletzung: Vertragswidrig ist der Verstoß gegen eine gesetzliche oder vertragliche Treuepflicht.
Unterlassung: Vertragswidrig sein kann es, eine Anfrage des Gerichts nicht zu beantworten oder dessen Auflage nicht zu erfüllen, BGH NJW **82**, 438 (der Auftraggeber ist beweispflichtig).
Untersuchungshaft: S „Veruntreuung".
Vertrauensverlust: Vertragswidrig sein kann es, durch einen Fehler in einem anderen Verfahren das Vertrauen des jetzigen Auftraggebers im jetzigen Fall zu zerstören.
Veruntreuung: Vertragswidrig ist ein solcher Vorgang nebst Untersuchungshaft des Anwalts, BGH VersR **96**, 99.

Weisungsverstoß: Vertragswidrig sein kann ein solcher Vorgang zB gegenüber dem Gericht oder Jugendamt bei einer Erklärung zur Unterhaltspflicht des Auftraggebers, BGH AnwBl **77,** 164.
Zulassungsverlust: Vertragswidrig ist er bei einem Verschulden des Anwalts daran, Düss MDR **79,** 147, Kblz MDR **91,** 1098.
Zulassungsverzicht: Vertragswidrig ist folgender Vorgang: Der Anwalt verschweigt bei der Annahme des Auftrags, daß er demnächst (nicht: schon ein Jahr vorher, Düss MDR **79,** 147) aus freier Entschließung auf die Rechte aus der Zulassung verzichten will, und gibt anschließend die Verzichtserklärung ab, Ffm JB **80,** 141, Hbg MDR **81,** 767.
Zuvielforderung: Vertragswidrig sein kann es, für den Auftraggeber eine zu hohe Forderung einzuklagen.

G. Kündigung des Auftraggebers ohne Vertragswidrigkeit des Anwalts. 89
Soweit der Auftraggeber kündigt, ohne durch ein vertragswidriges Verhalten des Anwalts dazu veranlaßt worden zu sein, steht dem Anwalt die bisher entstandene Vergütung zu, § 628 I 1 BGB, Düss AnwBl **85,** 259. Der Auftraggeber muß dann einer nun etwa eingeschalteten weiteren Anwalt auch entsprechend zusätzlich zum bisherigen vergüten.

Ein vertragswidriges Verhalten des Anwalts kann zB in folgenden Fällen *fehlen:* Der 90
Anwalt nimmt einen Auftrag an, obwohl er sich bereits für ein Amt im Staatsdienst beworben hat. Das gilt jedenfalls solange, wie er nicht übersehen kann, ob und wann die Behörde der Bewerbung stattgibt; er legt das Mandat wegen der Aussichtslosigkeit der Sache nieder, LG Hbg AnwBl **85,** 261; er gibt die Zulassung auf Grund eines nach der Auftragsannahme gefaßten Entschlusses wegen Alters oder Krankheit auf, Kblz JB **78,** 1068; er entschließt sich erst ein Jahr nach der Auftragsannahme zur freiwilligen Aufgabe der Zulassung, Düss MDR **79,** 147.

H. Erstattungsfähigkeit. 91
Wegen der Erstattungsfähigkeit der Kosten bei einer Tätigkeit mehrerer Anwälte in derselben Angelegenheit BLAH § 91 ZPO Rn 124 ff.

I. Weitere Ausnahmefälle. 92
Abweichend von dem Grundsatz Rn 81 gelten folgende weitere Sonderregeln neben denjenigen zur Kündigung, Rn 83–86: VV 3101, 3201 usw (vorzeitige Beendigung des Auftrags in den dort genannten Fällen).

8) Auftrag zum weiteren Tätigwerden, V. Ein Grundsatz hat eine Ausnahme. 93
A. Grundsatz: Keine weitere Vergütung, V 1. Soweit der in derselben Angelegenheit tätig geworde Anwalt nunmehr von demselben Auftraggeber den zusätzlichen Auftrag erhält, in derselben Angelegenheit weiter tätig zu werden, erhält er grundsätzlich nach V 1 nicht mehr an Gebühren, als er erhalten würde, wenn man ihn von vornherein auch mit dieser weiteren Tätigkeit beauftragt hätte. Das gilt zB dann, wenn der Anwalt zunächst einen Einzelauftrag erhalten hat, später aber einen weiteren Einzelauftrag erhielt oder gar nun der ProzBev wurde, LG Köln VersR **75,** 73 (abl Klimke VersR **75,** 291). Die ursprüngliche Angelegenheit darf aber beim Auftrag zum weiteren Tätigwerden noch nicht endgültig beendet gewesen sein, Meyer DRiZ **04,** 291.

B. Keine neue Angelegenheit. Der neue Auftrag darf im Rahmen von V 1 kei- 94
ne neue Angelegenheit begründen. Man muß die Sache vielmehr so ansehen, als wenn die Erledigung der Angelegenheit immer in denselben Händen gelegen hätte. Der schon bei einer Beweisaufnahme tätig gewordene Verkehrsanwalt erhält also nicht mehr, wenn er für die Vertretung bei einer weiteren Beweisaufnahme einen selbständigen Auftrag erhält.

C. Verkehrsanwalt wird Prozeßbevollmächtigter. Wenn der Anwalt bisher 95
nach VV 3400 Verkehrsanwalt war und infolge einer Verweisung nun der ProzBev wird, erhält er (jetzt) keine Gebühr 3100 und umgekehrt, Ffm GRUR **88,** 646, Hbg MDR **86,** 596, Kblz JB **95,** 251 (auch zur Erstattungsfrage). War der Anwalt zunächst Beweisanwalt und wird er nun ProzBev, erhält er neben der schon entstandenen Gebühr VV 3402 keine weitere Terminsgebühr, wohl aber eine Verfahrensgebühr. Denn jetzt hat sich sein Auftrag erweitert. Bei einer Betrags- oder Satzrahmengebühr darf und muß man eine Erweiterung nach § 14 mitbeachten. V ist auch dann anwendbar, wenn ein früherer Praxisabwickler in derselben Angelegenheit einen neuen Auftrag erhält, Ffm AnwBl **80,** 71, KG MDR **77,** 238, Kblz JB **79,** 1314.

96 D. Ausnahme bei Werterhöhung. Man muß aber natürlich eine etwaige spätere *Erhöhung* des Streitwerts berücksichtigen. Das gilt etwa dann, wenn sich die Vertretung des Anwalts in einem Beweistermin nur auf einen Teil des späteren Streitgegenstands bezog. Soweit sich der Gegenstandswert demgegenüber verringert, behält der Anwalt die bereits entstandene höhere Gebühr. Wegen der Anrechnung von Einzelgebühren in einer Strafsache VV amtliche Vorbemerkung 4.3 III.

97 E. Weitere Ausnahme bei 2-Jahres-Zeitablauf, V 2. Als Ausnahme vom Grundsatz des V 1, Rn 93–96, gilt eine weitere Tätigkeit als neue Angelegenheit mit der Folge einer zusätzlichen Vergütung, soweit der frühere Auftrag beim Beginn der Entgegennahme der zur weiteren Tätigkeit gehörigen Information bereits seit mehr als zwei Kalenderjahren erledigt war, Stgt JB **02**, 526, AG Siegburg MDR **03**, 1144, VG Potsd Rpfleger **09**, 700. V 2 hat den Vorrang vor (jetzt) § 21 I, Köln MDR **09**, 1365, Schneider MDR **03**, 728. Die Frist errechnet sich nach §§ 186 ff BGB. „Erledigt" ist dasselbe wie bei I, IV. Maßgeblich ist also der Fälligkeit, Karlsr JB **98**, 26, Stgt JB **02**, 526. (Jetzt) V 2 ist nicht anwendbar, soweit der Anwalt während der zwei Jahre außergerichtlich tätig blieb, BGH NJW **06**, 1525, Nürnb Rpfleger **04**, 378.

98 9) Mehrere Einzelaufträge usw, VI. Die Vorschrift gilt auch in einer Straf- oder Bußgeldsache. Wenn der Anwalt in derselben Angelegenheit beliebiger Art einen oder mehrere Aufträge zur Vornahme einer oder mehrerer einzelner Handlungen erhält, kann die Gesamtgebühr nicht mehr als dann betragen, wenn er von vornherein einen Auftrag zur umfassenden Erledigung dieser Angelegenheit erhalten hätte. Dasselbe gilt bei einem Auftrag nur zu einer solchen Tätigkeit, die nach § 19 zum Rechtszug oder zum Verfahren gehört. Die Pauschgebühr für eine bestimmte Tätigkeit begrenzt auch die Gesamtgebührenhöhe für Einzeltätigkeiten unter der Voraussetzung, daß es sich um denselben Rechtszug oder dasselbe Verfahren handelt, II 2. Eine noch so häufige Anfertigung von Schriftsätzen oder die noch so häufige Erteilung von Ratschlägen in derselben Angelegenheit kann nicht mehr als *eine* Verfahrensgebühr ergeben.

99 Derjenige Anwalt, der den Auftraggeber im Termin vertritt, kann auch für die Wahrnehmung *mehrerer* solcher Termine nicht mehr als eine Terminsgebühr verlangen. Man muß also für jede Gebührenart eine besondere Prüfung wegen der Höhe der Einzelgebühr und derjenigen Gebühr vornehmen, die sonst höchstens für die Tätigkeit entstehen kann. Dementsprechend kann zB eine Mehrzahl von Einzeltätigkeiten im Zwangsvollstreckungsverfahren immer nur insgesamt 0,3 Gebühr jeder Art bringen, VV 3309 bzw 3310.

Unanwendbar ist VI aber, soweit aus einem oder mehreren Einzelaufträgen jetzt ein Gesamtauftrag zB als ProzBev wird. Denn das ist eine bloße Auftragserweiterung, Rn 95. Unanwendbar ist VI ferner dann, wenn man nach V 2 von mehreren Angelegenheiten ausgehen muß, VG Potsd Rpfleger **09**, 700.

Anrechnung einer Gebühr

15a ^I Sieht dieses Gesetz die Anrechnung einer Gebühr auf eine andere Gebühr vor, kann der Rechtsanwalt beide Gebühren fordern, jedoch nicht mehr als die um den Anrechnungsbetrag verminderten Gesamtbetrag der beiden Gebühren.

^{II} Ein Dritter kann sich auf die Anrechnung nur berufen, soweit er den Anspruch auf eine der beiden Gebühren erfüllt hat, wegen eines dieser Ansprüche gegen ihn ein Vollstreckungstitel besteht oder beide Gebühren in demselben Verfahren gegen ihn geltend gemacht werden.

Vorbem. Eingefügt dch Art 7 IV Z 3 G v 30. 7. 09, BGBl 2449, in Kraft seit 5. 8. 09, Art 10 S 2 G, LG Bln Rpfleger **09**, 648, Übergangsrecht Art 60 RVG.

Schrifttum: *Enders* JB **09**, 393 und 449; *Fölsch* MDR **09**, 1137; *Hansens* AnwBl **09**, 535; *von König* Rpfleger **09**, 487; *Müller-Rabe* NJW **09**, 2913 (je: Üb).

1 1) Systematik, I, II. Die Vorschrift ergänzt zum Abgeltungsbereich der Gebühren § 15 auf einem seit Jahr und Tag äußerst unruhigen, umstrittenen Feld, demjenigen der Folgen der mißvergnügt unterschiedlich gehandhabten Anrechnung nach der

Abschnitt 2. Gebührenvorschriften § 15a RVG

amtlichen Vorbemerkung 3 IV. Sie behandelt in I das Innenverhältnis des Anwalts zum Auftraggeber, in II das Außenverhältnis zum Dritten, vor allem zum Prozeßgegner des Auftraggebers. § 15 a ist aber keine Gesetzesänderung nach § 60 I 3, sondern ein bloßer inhaltlicher Klarstellungsversuch, BGH (2. ZS) NJW 09, 3101, Bbg JB **10**, 25, Drsd JB **09**, 582, KG Rpfleger **09**, 647 und 648, Köln AnwBl **09**, 800, Mü AnwBl **09**, 880, Stgt Rpfleger **09**, 647, KG Bln Rpfleger **09**, 648, LG Hbg JB **09**, 641, AG Bruchsal JB **09**, 584, AG Wesel JB **09**, 584, Enders JB **09**, 563, aM BGH (10. ZS) NJW **10**, 77, Celle JB **09**, 584, Düss JB **09**, 586, OVG Lüneb AnwBl **09**, 880 (aber gerade ein gesetzgeberischer Irrtum läßt sich inhaltlich klarstellen, wie zB bei § 319 ZPO eine offensichtlich unrichtige Entscheidung). Der Große Senat des BGH hat bisher nicht entschieden, KG Rpfleger **10**, 53, Stgt Rpfleger **09**, 647.

2) Regelungszweck, I, II. Es geht um eine Klarstellung einerseits der Möglichkeiten des Anwalts, andererseits der Grenzen dieser Möglichkeiten und der Abwehrchancen der Betroffenen. Auch zB der Kostenbeamte bei der Kostenfestsetzung soll klarer berechnen können. Das alles dient der Gerechtigkeit wie der Prozeßwirtschaftlichkeit. Ob § 15 a die unnötig hochgeschossenen Auseinandersetzungen zu Anrechnungsfragen begrenzen und gar beseitigen wird, ist fraglich, aber wünschenswert. 2

3) Geltungsbereich, I, II. Die Vorschrift ist immer dann anwendbar, wenn der Anwalt zumindest dem Grunde nach in derselben Angelegenheit nach § 15 Rn 9 mehrere Gebühren verdient hat und wenn das Gesetz nun eine Anrechnung der einen auf eine andere Gebühr vorsieht. 3

4) Bei Anrechenbarkeit: Entstehung beider Gebühren, I Hs 1. Soweit das Gesetz überhaupt eine Anrechnung der Gebühr A auf eine Gebühr B vorsieht, Rn 3, kann der Anwalt an sich beide Gebühren fordern. Das gilt nicht nur dem Grunde nach, sondern zunächst rein rechnerisch auch der Höhe nach. Er hat ja die bei jeder dieser beiden Gebühren vorausgesetzte Tätigkeit erbracht. 4

Eine Folge ist ein *Wahlrecht* des Anwalts: Er mag nur die Gebühr A oder nur die Gebühr B geltendmachen. Dann erfolgt auch keine Anrechnung, soweit die geforderte Summe nicht den in I Hs 2 genannten verminderten Gesamtbetrag überschreitet. Natürlich muß der Anwalt klar mitteilen, welche der beiden Gebühren er fordert und inwiefern sie die eben genannte Obergrenze nicht überschreitet. Das müssen der Auftraggeber, dessen Gegner und der Kostenbeamte nachvollziehen können.

5) Bei Anrechnung: Verminderter Gesamtbetrag, I Hs 2. Der Anwalt darf insgesamt nur höchstens denjenigen Betrag fordern, der sich bei einer gesetzlich vorgesehenen Anrechnung ergibt. Insofern ist im Ergebnis doch stets und auch bei Rn 4 eben die gesetzliche Anrechnung zumindest rechnerisch zur Begrenzung der Gesamtforderung für diese Teile der Anwaltstätigkeit unvermeidbar. Das stellt I Hs 2 klar. 5

6) Berufung eines Dritten auf Anrechnung, II. Der zB als Prozeßverlierer nach § 91 ZPO erstattungspflichtige Prozeßgegner oder ein sonstiger kostenhaftender Dritter darf sich auf eine im Innenverhältnis zwischen dem siegenden Gegner und seinem Anwalt notwendige Anrechnung nur dann berufen, wenn die Bedingung Rn 7 und außerdem entweder die weitere Bedingung Rn 8 oder die weitere Bedingung Rn 9 erfüllt sind, BGH NJW **09**, 3101. 6

A. Stets: Erfüllung wenigstens einer der Gebühren, II Hs 1. Stets muß der Dritte zumindest den Anspruch auf die Erstattung einer der beiden im Anrechnungsverhältnis stehenden Gebühren erfüllt haben. 7

B. Außerdem: Entweder Vollstreckungstitel wegen eines der Gebührenansprüche, II Hs 2. Außer der in Rn 7 genannten Erfüllung muß entweder der Dritte der Schuldner eines solchen Erstattungsanspruchs sein, für den gegen ihn ein Vollstreckungstitel zB nach §§ 704, 794 ZPO besteht. Er muß schon und noch vorliegen. Ob es sich anfechten läßt, ist hier zunächst unbeachtbar. 8

C. Außerdem: Oder Geltendmachung beider Gebührenansprüche in demselben Verfahren, II Hs 3. Anstatt der Voraussetzungen Rn 7, 8 mag auch zusätzlich zu derjenigen Rn 7 die weitere Bedingung erfüllt sein, daß der Gläubiger beide im Anrechnungsverhältnis stehende Gebühren erstattet fordert. Dabei kann es ausreichen, daß der Gläubiger die Gebühr A nur teilweise erstattet haben will, die 9

1475

Gebühr B aber ganz oder umgekehrt oder daß er jede dieser Gebühren nur zu einem Teil geltendmacht, womöglich zu unterschiedlichen Prozentsätzen.

10 **7) Verfahren, I, II.** Vgl VV 3100 Rn 56 und zur Kostenfestsetzung zB BLAH § 103 ZPO Rn 19 „Geschäftsgebühr". Die jeweils dort vorgeschlagene weitgehende Einordnung der Geschäftsgebühr VV 2300 usw als Vorbereitungskosten nach BLAH § 91 ZPO Rn 270 ff kann dazu beitragen, einen erheblichen Teil der bisher so heftig umstrittenen Fragen zu lösen. An dieser erheblichen Möglichkeit einer Vereinfachung ändert nämlich § 15 a gar nichts. Daher bleibt insofern auch eine gesonderte Klage des Prozeßgegners wegen Fehlens eines Rechtsschutzbedürfnisses unverändert unzulässig (Vorrang von §§ 103 ff ZPO).

Abschnitt 3. Angelegenheit

Dieselbe Angelegenheit

16 *Fassung 1. 9. 2009:* **Dieselbe Angelegenheit sind**
1. das Verwaltungsverfahren auf Aussetzung oder Anordnung der sofortigen Vollziehung sowie über einstweilige Maßnahmen zur Sicherung der Rechte Dritter und jedes Verwaltungsverfahren auf Abänderung oder Aufhebung in den genannten Fällen,
2. das Verfahren über die Prozesskostenhilfe und das Verfahren, für das die Prozesskostenhilfe beantragt worden ist,
3. mehrere Verfahren über die Prozesskostenhilfe in demselben Rechtszug,
4. eine Scheidungssache oder ein Verfahren über die Aufhebung der Lebenspartnerschaft und die Folgesachen,
5. das Verfahren über einen Antrag auf Anordnung eines Arrests, einer einstweiligen Verfügung, auf Erlass einer einstweiligen Anordnung, auf Anordnung oder Wiederherstellung der aufschiebenden Wirkung, auf Aufhebung der Vollziehung oder Anordnung der sofortigen Vollziehung eines Verwaltungsakts und jedes Verfahren auf deren Abänderung oder Aufhebung,
6. das Verfahren nach § 3 Abs. 1 des Gesetzes zur Ausführung des Vertrages zwischen der Bundesrepublik Deutschland und der Republik Österreich vom 6. Juni 1959 über die gegenseitige Anerkennung und Vollstreckung von gerichtlichen Entscheidungen, Vergleichen und öffentlichen Urkunden in Zivil- und Handelssachen in der im Bundesgesetzblatt Teil III, Gliederungsnummer 319-12, veröffentlichten bereinigten Fassung, das zuletzt durch Artikel 23 des Gesetzes vom 27. Juli 2001 (BGBl. I S. 1887) geändert worden ist, und das Verfahren nach § 3 Abs. 2 des genannten Gesetzes,
7. das Verfahren über die Zulassung der Vollziehung einer vorläufigen oder sichernden Maßnahme und das Verfahren über einen Antrag auf Aufhebung oder Änderung einer Entscheidung über die Zulassung der Vollziehung (§ 1041 der Zivilprozessordnung),
8. das schiedsrichterliche Verfahren und das gerichtliche Verfahren bei der Bestellung eines Schiedsrichters oder Ersatzschiedsrichters, über die Ablehnung eines Schiedsrichters oder über die Beendigung des Schiedsrichteramts, zur Unterstützung bei der Beweisaufnahme oder bei der Vornahme sonstiger richterlicher Handlungen,
9. das Verfahren vor dem Schiedsgericht und die gerichtlichen Verfahren über die Bestimmung einer Frist (§ 102 Abs. 3 des Arbeitsgerichtsgesetzes), die Ablehnung eines Schiedsrichters (§ 103 Abs. 3 des Arbeitsgerichtsgesetzes) oder die Vornahme einer Beweisaufnahme oder einer Vereidigung (§ 106 Abs. 2 des Arbeitsgerichtsgesetzes),
10. im Kostenfestsetzungsverfahren einerseits und im Kostenansatzverfahren andererseits jeweils mehrere Verfahren über
    1. die Erinnerung,
    2. die Beschwerde in demselben Beschwerderechtszug,
11. das Rechtsmittelverfahren und das Verfahren über die Zulassung des Rechtsmittels; dies gilt nicht für das Verfahren über die Beschwerde gegen die Nichtzulassung eines Rechtsmittels,

Abschnitt 3. Angelegenheit **§ 16 RVG**

12. das Verfahren über die Privatklage und die Widerklage und zwar auch im Fall des § 388 Abs. 2 der Strafprozessordnung und
13. das erstinstanzliche Prozessverfahren und der erste Rechtszug des Musterverfahrens nach dem Kapitalanleger-Musterverfahrensgesetz.

Vorbem. Z 15 angefügt dch Art 6 Z 2 b G v 16. 8. 05, BGBl 2437, in Kraft seit 1. 11. 05, Art 9 I 2 G, außer Kraft am 1. 11. 10, Art 9 II Hs 2 G, Übergangsrecht § 60 RVG. Sodann Änderungen und Umnumerierungen durch Art 47 VI Z 5 a–e FGG-RG v 17. 12. 08, BGBl 2586, in Kraft seit 1. 9. 09, Art 112 I Hs 1 FGG-RG, Übergangsrecht Art 111 FGG-RG, Grdz 2 vor § 1 FamGKG, Teil I B dieses Buches.

Bisherige Fassung Z 4–15:
4. eine Scheidungssache und die Folgesachen (§ 621 Abs. 1 Nr. 1 bis 9, § 623 Abs. 1 bis 3, 5 der Zivilprozessordnung),
5. ein Verfahren über die Aufhebung der Lebenspartnerschaft und die Folgesachen (§ 661 Abs. 2, § 623 Abs. 1 und 5 der Zivilprozessordnung),
6. das Verfahren über einen Antrag auf Anordnung eines Arrests, einer einstweiligen Verfügung, auf Erlass einer einstweiligen oder vorläufigen Anordnung, auf Anordnung oder Wiederherstellung der aufschiebenden Wirkung, auf Aufhebung der Vollziehung oder Anordnung der sofortigen Vollziehung eines Verwaltungsakts und jedes Verfahren auf deren Abänderung oder Aufhebung,
7. das Verfahren nach § 3 Abs. 1 des Gesetzes zur Ausführung des Vertrages zwischen der Bundesrepublik Deutschland und der Republik Österreich vom 6. Juni 1959 über die gegenseitige Anerkennung und Vollstreckung von gerichtlichen Entscheidungen, Vergleichen und öffentlichen Urkunden in Zivil- und Handelssachen in der im Bundesgesetzblatt Teil III, Gliederungsnummer 319-12, veröffentlichten bereinigten Fassung, das zuletzt durch Artikel 23 des Gesetzes vom 27. Juli 2001 (BGBl. I S. 1887) geändert worden ist, und das Verfahren nach § 3 Abs. 2 des genannten Gesetzes,
8. das Aufgebotsverfahren und das Verfahren über den Antrag auf Anordnung der Zahlungssperre nach § 1020 der Zivilprozessordnung,
9. das Verfahren über die Zulassung der Vollziehung einer vorläufigen oder sichernden Maßnahme, und das Verfahren über einen Antrag auf Aufhebung oder Änderung einer Entscheidung über die Zulassung der Vollziehung (§ 1041 der Zivilprozessordnung),
10. das schiedsrichterliche Verfahren und das gerichtliche Verfahren bei der Bestellung eines Schiedsrichters oder Ersatzschiedsrichters, über die Ablehnung eines Schiedsrichters oder über die Beendigung des Schiedsrichteramts, zur Unterstützung bei der Beweisaufnahme oder bei der Vornahme sonstiger richterlicher Handlungen,
11. das Verfahren vor dem Schiedsgericht und die gerichtlichen Verfahren über die Bestimmung einer Frist (§ 102 Abs. 3 des Arbeitsgerichtsgesetzes), die Ablehnung eines Schiedsrichters (§ 103 Abs. 3 des Arbeitsgerichtsgesetzes) oder die Vornahme einer Beweisaufnahme oder einer Vereidigung (§ 106 Abs. 2 des Arbeitsgerichtsgesetzes),
12. im Kostenfestsetzungsverfahren einerseits und im Kostenansatzverfahren andererseits jeweils mehrere Verfahren über
    1. die Erinnerung,
    2. die Beschwerde in demselben Beschwerderechtszug,
13. das Rechtsmittelverfahren und das Verfahren über die Zulassung des Rechtsmittels; dies gilt nicht für das Verfahren über die Beschwerde gegen die Nichtzulassung eines Rechtsmittels,
14. das Verfahren über die Privatklage und die Widerklage und zwar auch im Fall des § 388 Abs. 2 der Strafprozessordnung und
15. das erstinstanzliche Prozessverfahren und der erste Rechtszug des Musterverfahrens nach dem Kapitalanleger-Musterverfahrensgesetz.

Schrifttum: *Schneider* AnwBl **08**, 773 (Üb).

RVG § 16
X. Rechtsanwaltsvergütungsgesetz

Gliederung

1) **Systematik, Z 1–13**	1
2) **Regelungszweck, Z 1–13**	2
3) **Sofortige Vollziehung usw, Z 1**	3
4) **Prozeßkostenhilfe, Z 2**	4
5) **Mehrheit von Prozeßkostenhilfeverfahren, Z 3**	5
6) **Scheidungssache, Lebenspartnerschaftssache und Folgesachen, Z 4**	6–8
7) **Abschnitte des Eilverfahrens untereinander, Z 5**	9–19
A. Grundsatz: Nur einmal Gebühren	9–11
B. Rechtfertigungsverfahren, § 942 ZPO	12–14
C. Berufungsinstanz	15
D. Beschwerdeinstanz	16, 17
E. Vollziehung	18
F. Einstweilige Anordnung	19
8) **Deutsch-österreichischer Vertrag, Z 6**	20
9) **Vorläufige Maßnahme usw im schiedsrichterlichen Verfahren, Z 7**	21, 22
10) **Bestellung eines Schiedsrichter usw, Z 8**	23–26
A. Bestellung, Z 8 Hs 1	23
B. Ablehnung, Z 8 Hs 2 Fall 1	24
C. Beendigung des Schiedsrichteramtes, Z 8, Hs 2 Fall 2	25
D. Unterstützung bei Beweisaufnahme, sonstige richterliche Handlung, Z 8 Hs 3	26
11) **Arbeitsrechtliches Schiedsverfahren, Z 9**	27
12) **Mehrheit von Rechtsmitteln bei Kostenansatz und -festsetzung, Z 10**	28
13) **Zulassung eines Rechtsmittels, Z 11**	29, 30
A. Zulassung und Rechtsmittelverfahren, Z 11 Hs 1	29
B. Nichtzulassungsbeschwerde und Rechtsmittelverfahren, Z 11 Hs 2	30
14) **Widerklage, Z 12**	31
15) **Kapitalanleger-Musterverfahren, Z 13**	32

1   **1) Systematik, Z 1–13.** Vgl zunächst Einf vor § 16. Die Vorschrift eröffnet als Ergänzung zu § 15 I die lange Reihe von Aufzählungen zahlreicher ziemlich verwirrend aneinandergereihter Situationen, in denen bald dieselbe Angelegenheit vorliegt, bald „verschiedene" und bald „besondere" Angelegenheiten sprachlich noch weniger klar voneinander getrennt folgen und schließlich Rechtszugszuordnungen die Unübersichtlichkeit nochmals steigern. Bei deren Aufzählung bildet dann § 19 II plötzlich eine Rückkehr zur Einordnung nach dem Begriff der Angelegenheit die „Krönung" dieses Wirrwarrs.

Nur beispielhaft sind alle diese Aufzählungen. Daher bleibt das Absuchen in §§ 16 ff ohnehin nur eine Krücke zum notwendigen Nachdenken. Das bei der eigentlichen Kernvorschrift zum Begriff der Angelegenheit in § 15 Rn 25 ff abgedruckte ABC mag eine weitere Hilfe bilden.

2   **2) Regelungszweck, Z 1–13.** Die Vorschrift dient zusammen mit §§ 17–19 der etwas bequemeren Ermittlung, ob eine oder mehrere Angelegenheiten vorliegen und damit in demselben Rechtszug nach § 15 I nur einmal die jeweilige Gebühr entsteht usw. Dabei muß man in den eben genannten Vorschriften Regelungen nicht ganz selten an ganz verschiedenen Stellen der §§ wie auch des VV suchen. Ob das Gesetz den Regelungszweck damit erreicht hat, läßt sich füglich bezweifeln. Der nur beispielhafte Charakter der Einzelvorschrift verbietet bei aller gesetzlichen Verbindlichkeit doch zudem ihre allzu strikte Auslegung. Eine behutsame Abwägung hilft im Einzelfall am ehesten. Dabei mag man mitbeachten, daß der gebührenbegrenzende Ausdruck „nur" aus zB § 1 I 1 GKG in § 1 I RVG fehlt. Im Zweifel also keinesfalls stets zulasten des Anwalts und damit nicht stets eine einzige Angelegenheit.

3   **3) Sofortige Vollziehung usw, Z 1.** Innerhalb der Verwaltungsverfahren gibt es die engeren Fälle einer Aussetzung oder Anordnung der sofortigen Vollziehung sowie einstweiliger Maßnahmen zur Sicherung der Rechte Dritter nach § 69 II FGO, § 86 III SGG, §§ 80 IV, 80a I, II VwGO und die hierzu gehörigen Abänderungs- oder Aufhebungslagen nach den vorgenannten Bestimmungen. Sie gehören nach Z 1 zu der Tätigkeit des Anwalts im Verwaltungsverfahren im weiteren Sinn, also zu derjenigen Tätigkeit, die § 17 Z 1 umschreibt. Solange also kein gerichtliches Verfahren folgt, erhält der Anwalt neben der Vergütung nach VV Teile 1 und 2 für die in § 16 Z 1 genannten engeren Fälle wegen § 15 I keine besondere Vergütung. Erst wenn ein Ge-

Abschnitt 3. Angelegenheit § 16 RVG

richtsverfahren folgt, werden aus den in § 16 Z 1 genannten Tätigkeiten gegenüber derjenigen im gerichtlichen Verfahren nach § 69 III, VI VwGO, § 86b SGG, §§ 80 V, VII, 80a III in Verbindung mit § 80 V, VII VwGO verschiedene Angelegenheiten.

4) Prozeßkostenhilfe Z 2. Das Verfahren nach §§ 114 ff ZPO einschließlich der **4** Aufhebung der Bewilligung nach § 124 ZPO ist dann dieselbe Angelegenheit nach § 15 I, wenn der im Prozeßkostenhilfeverfahren tätige Anwalt im gleichzeitig anlaufenden oder der Bewilligung erst nachfolgenden Hauptprozeß als ProzBev tätig wird. Andernfalls entsteht ein Vergütungsanspruch nach VV 3334.

Nicht hierher gehört natürlich die Gebühr für eine nach VV 1000 ff vergütbare Einigung, zB für einen nach § 118 I 3 Hs 2 ZPO im Prozeßkostenhilfeverfahren abgeschlossenen Vergleich. Ein Prozeßkostenhilfeantrag für das Rechtsmittel oder für die Verteidigung dagegen gehört zum Rechtsmittelzug auch beim erstinstanzlich tätig gewesenen ProzBev.

Z 1 gilt in derselben Weise für den Anwalt des Antrags*stellers* wie für den Anwalt seines Prozeß*gegners*. Soweit das Gericht keine Prozeßkostenhilfe bewilligt, kommt ebenfalls VV 3334 in Betracht.

5) Mehrheit von Prozeßkostenhilfeverfahren, Z 3. Hierher kann auch ein **5** neuer Prozeßkostenhilfeantrag mit einer neuen Begründung zählen, ebenso ein Antrag nun auch des Gegners oder ein Antrag auf eine Änderung oder Aufhebung der bisherigen Bewilligung im Ganzen oder etwa zur Ratenfrage. Die mehreren derartigen Verfahren bilden eine einzige Angelegenheit nach § 15 I, soweit sie zu demselben Rechtszug nach §§ 15 II 2, 19 I 1 gehören. Vgl im übrigen bei Rn 4. Das Beschwerdeverfahren nach § 127 ZPO ist eine besondere Angelegenheit, § 18 Z 3 Hs 1. Es löst die Gebühr VV 3500 aus, und zwar als Beschwerdeverfahren.

6) Scheidungssache, Lebenspartnerschaftssache und Folgesachen, Z 4. 6 Die in diesen Vorschriften genannten Fälle einschließlich zugehöriger einstweiliger Maßnahmen sind dieselbe Angelegenheit nach dem RVG, also vor allem nach (jetzt) § 15 I, Düss AnwBl **91**, 273, Mü AnwBl **00**, 58, LG Bayreuth JB **90**, 1274, aM Düss AnwBl **86**, 162, AG Brdb Rpfleger **06**, 200, AG Osnabr JB **96**, 377. Das gilt auch nach einer Abtrennung, Düss JB **00**, 413. Z 4 erfaßt nur den Verhandlungs- und Entscheidungsverbund einschließlich der an das Gericht der Ehesache übergeleiteten Verfahren. Trotzdem kommt Z 4 auch dann in Betracht, wenn das FamG über die Scheidung eher als über die Folgesache entscheidet, Düss AnwBl **83**, 556, Mü MDR **84**, 321 (man muß das weitere Verfahren wie im Restverfahren nach einem Teilurteil behandeln, [jetzt] § 15 II, III), aM Göppinger AnwBl **77**, 441. Ein Verfahren auf eine Ehetrennung nach ausländischem Recht und das Sorgerechtsverfahren sind verschiedene Angelegenheiten, Mü FamRZ **93**, 459. Auch § 15 V 2 macht nach über zwei Kalenderjahren eine Folgesache zu einer neuen Angelegenheit.

Da § 23 nur für den Gegenstandswert auf das GKG verweist, nicht auch für die **7** Abgrenzung des Begriffs Angelegenheit, sind bei mehreren Kindern die in § 15 Rn 9 ff genannten Regeln anwendbar, aM Stgt AnwBl **84**, 203 (auch bei mehreren Kindern liege stets nur eine Angelegenheit vor).

Zu einer *Honorarvereinbarung* wegen Z 4 Mümmler JB **77**, 1335. **8**

7) Abschnitte des Eilverfahrens untereinander, Z 5. Man muß fünf Aspekte **9** unterscheiden.

A. Grundsatz: Nur einmal Gebühren. Es sind sowohl ein oder mehrere Abänderungsverfahren als auch entsprechende Aufhebungsverfahren gegenüber dem vorausgegangenen Antragsverfahren dieselbe Angelegenheit. Daher erhält der Anwalt für eine Tätigkeit in diesen einzelnen Abschnitten desselben Eilverfahrens nur einmal Gebühren, Drsd JB **00**, 139, KG RR **09**, 1438, VGH Mü NJW **07**, 2715. Das gilt für alle Verfahrensarten, auch für diejenigen der freiwilligen Gerichtsbarkeit, Rn 19.

Freilich kann natürlich zB *sowohl* ein neues Arrestverfahren *als auch* ein Verfahren **10** auf den Erlaß einer einstweiligen Verfügung vorliegen, etwa beim Antrag auf die „Verlängerung" einer befristeten einstweiligen Verfügung, Hbg JB **91**, 1084. In jedem dieser Eilverfahren kann der Anwalt unabhängig vom dem anderen Eilverfahren Gebühren verdienen, außerdem Gebühren im Hauptprozeß.

Das *Widerspruchsverfahren* gilt selbst dann als dieselbe Angelegenheit wie das Anord- **11** nungsverfahren, wenn der Anwalt mehrere Widersprüche einlegt. Dasselbe gilt beim

1479

RVG § 16 X. Rechtsanwaltsvergütungsgesetz

Abänderungsverfahren unabhängig davon, ob er zB eine Erhöhung oder eine Herabsetzung der Unterhaltsrente fordert.
Nicht hierher gehört das Zusammentreffen von Eil- und Hauptverfahren. Das sind nach § 17 Z 4 verschiedene Angelegenheiten.

12 B. **Rechtfertigungsverfahren, § 942 ZPO.** Wenn dasjenige AG, in dessen Bezirk sich der Streitgegenstand befindet, in einem dringenden Fall nach § 942 I 1 ZPO eine einstweilige Verfügung unter der Bestimmung einer Frist erlassen hat, innerhalb der man die Ladung des Gegners zur mündlichen Verhandlung über die Rechtmäßigkeit der einstweiligen Verfügung beim Gericht der Hauptsache beantragen muß, bilden das Verfahren vor dem AG und das Verfahren vor dem Gericht der Hauptsache über die Rechtmäßigkeit dieselbe Angelegenheit, Schlesw JB **89**, 637. Daher entsteht die Verfahrensgebühr nur einmal, soweit derselbe Anwalt in beiden Verfahren tätig wird.

13 Soweit ein *Anwaltswechsel* erfolgt ist, liegt allerdings keine einheitliche Angelegenheit vor, (zum alten Recht) Stgt JB **76**, 192. Wenn der Antragsgegner unzulässigerweise beim unzuständigen AG einen Widerspruch erhebt, ist das weitere Verfahren vor dem AG eine besondere Angelegenheit. Dasselbe gilt, wenn der Antragsgegner ein Widerspruchsverfahren vor einem sonst unzuständigen Gericht einleitet.

14 In der Regel ist ein Verfahren vor dem *Gericht der Hauptsache* im Anschluß an dasjenige vor dem AG der Belegenheit erforderlich. Daher können die Mehrkosten grundsätzlich erstattungsfähig sein.

15 C. **Berufungsinstanz.** Z 5 gilt auch im Berufungsrechtszug, soweit das Anordnungs-, Aufhebungs- oder Abänderungsverfahren dort stattfindet, Mü JB **88**, 474. Das gilt aber auch dann, wenn derselbe Anwalt in mehreren Berufungsverfahren gegen mehrere Urteile im Hinblick auf dieselbe Anordnung tätig wird.

16 D. **Beschwerdeinstanz.** Der Beschwerderechtszug bleibt von der ersten Instanz getrennt. Soweit das Beschwerdegericht zB eine einstweilige Verfügung erläßt und soweit der Antragsgegner einen Widerspruch einlegt, gehört dieser zur betreffenden Instanz. Denn beide Verfahren beziehen sich auf die Anordnung. Wenn dagegen das Beschwerdegericht einen Arrest erlassen hat und wenn der Antragsgegner beim Erstgericht die Aufhebung des Arrests wegen veränderter Umstände betreibt, bilden das Beschwerde- und das Aufhebungsverfahren zusammen dieselbe Instanz.

17 Die Beschwerdeinstanz ist ein *besonderer Rechtszug*. In ihr entstehen Gebühren nach VV 3500.

18 E. **Vollziehung.** Die Vollziehung zB des Arrests oder der einstweiligen Verfügung ist ein Teil der Zwangsvollstreckung und nicht ein Teil des vorläufigen Erkenntnisverfahrens. Der Anwalt erhält daher für seine Tätigkeit im Vollziehungsverfahren eine besondere Vergütung nach VV 3309, 3310, soweit nicht die Vollziehung mit der unter (jetzt) § 19 I 2 Z 9 fallenden vergütungsfreien Zustellung wie meist zusammenfällt, Düss MDR **90**, 733, Hamm Rpfleger **01**, 458, Karlsr JB **97**, 193.
Die *Aufhebung* der Vollziehung ist eine Aufhebung der Zwangsvollstreckung und nicht eine Aufhebung der Anordnung des Arrests. Sie fällt daher unter VV 3309, 3310. Eine Fristsetzung nach § 926 I ZPO ist durch die Verfahrensgebühr abgegolten.

19 F. **Einstweilige Anordnung.** Z 5 gilt einheitlich im Verfahren des VG oder FG über den Antrag auf eine Wiederherstellung oder Anordnung der aufschiebenden Wirkung nach § 80 V VwGO, oder auf eine Aussetzung oder Aufhebung der Vollziehung nach § 69 III FGO, VGH Kassel DVBl **90**, 721, OVG Kblz NVwZ **85**, 354, OVG Münst NJW **01**, 843, sowie im Verfahren auf den Erlaß einer einstweiligen Anordnung nach §§ 123 VwGO, 114 FGO. Auch im Verfahren über die Wiederherstellung der hemmenden Wirkung nach § 69 IV FGO gilt Z 5. Hierher gehört auch die Klage auf eine einstweilige Einstellung nach § 258 AO, FG Hann EFG **84**, 521.

20 8) **Deutsch-österreichischer Vertrag, Z 6.** Statt des in Z 6 genannten Vertrags gelten weitgehend Artt 32 ff EuGVVO, vgl KV 1512 Vorbem vor dort Rn 1, Teil I dieses Buchs. Daher ist Z 6 von vornherein praktisch gegenstandslos.

21 9) **Vorläufige Maßnahme usw im schiedsrichterlichen Verfahren, Z 7.** Nach § 17 Z 6 sind das schiedsrichterliche Verfahren und das Zulassungs- sowie das Aufhebungs- oder Änderungsverfahren verschiedene Angelegenheiten. § 16 Z 9 betrifft demgegenüber nur das Verhältnis zwischen dem Zulassungs- und dem Änderungs-

Abschnitt 3. Angelegenheit § 16 RVG

oder Aufhebungsverfahren. Z 7 bestimmt, daß beim Zusammentreffen dieser letzteren Verfahren nach § 1041 II und III ZPO diese beiden Verfahren bei demselben Anwalt für denselben Auftraggeber nur eine einzige Angelegenheit bilden.
Ist er sowohl nach § 1041 II ZPO als auch nach § 1041 III ZPO als auch in einem 22 *anderen Zusammenhang* tätig, können zwei oder mehr Angelegenheiten vorliegen. Für die Abgeltung der nach diesen Regeln bestehenden jeweils einen Angelegenheit gilt § 15 wie sonst.

10) Bestellung eines Schiedsrichters usw, Z 8. Die Vorschrift stellt klar, daß 23 das Verfahren nach §§ 1025 ff ZPO und die in Z 8 genannten Unterverfahren dieselbe Angelegenheit nach § 15 I sind.

A. Bestellung, Z 8 Hs 1. Die Vorschrift erfaßt das Verfahren vor dem OLG nach § 1062 I Z 1 Hs 1 ZPO wegen der Bestellung eines Einzelschiedsrichters, weil sich die Parteien nicht auf ihn einigen können, § 1035 III 1 ZPO. Dasselbe gilt bei der Notwendigkeit, durch das OLG den Vorsitzenden des Schiedsgerichts bestellen zu lassen, § 1035 III 3 ZPO, oder bei der Notwendigkeit einer Maßnahme des OLG nach § 1035 IV ZPO. Denn auch sie gehört noch zum Bestellungsverfahren. Schließlich gehört hierher eine Tätigkeit des Anwalts vor dem OLG bei der Bestellung eines Ersatzschiedsrichters. Denn § 1039 I 2 ZPO verweist mangels einer abweichenden Parteivereinbarung in § 1039 II ZPO auf das Verfahren beim Schiedsrichter und damit auf § 1035 ZPO. Auf diese Vorschrift nimmt § 1062 I Z 1 Hs 1 ZPO Bezug.

B. Ablehnung, Z 8 Hs 2 Fall 1. Die Vorschrift erfaßt die Tätigkeit des Anwalts 24 im Verfahren vor dem OLG nach § 1062 I Z 1 Hs 2 ZPO zwecks einer Entscheidung über die Ablehnung eines Schiedsrichters nach § 1037 III 1 ZPO. Sie gilt auch, soweit das Schiedsgericht einschließlich des abgelehnten Schiedsrichters das schiedsrichterliche Verfahren nach § 1037 III 2 ZPO fortsetzt und einen Schiedsspruch erläßt, obwohl zugleich das staatsgerichtliche Verfahren nach § 1037 III 1 ZPO anhängig ist. Das gilt freilich nur, falls der Anwalt nicht auch in anderen staatsgerichtlichen Verfahren tätig wird, die mit dem schiedsrichterlichen Verfahren zusammenhängen.

C. Beendigung des Schiedsrichteramtes, Z 8 Hs 2 Fall 2. Die Vorschrift er- 25 faßt die Tätigkeit des Anwalts vor dem OLG nach § 1062 I Z 1 Hs 3 ZPO im Verfahren zwecks einer Entscheidung des Staatsgerichts über die Beendigung des Schiedsrichteramts nach § 1038 I 2 ZPO oder des Amts des Ersatzschiedsrichters nach § 1039 I ZPO in Verbindung mit § 1038 I 2 ZPO.

D. Unterstützung bei Beweisaufnahme, sonstige richterliche Handlung, 26 **Z 8 Hs 3.** Die Vorschrift erfaßt schließlich die Tätigkeit des Anwalts vor dem AG nach § 1062 IV ZPO im Verfahren zwecks einer staatsgerichtlichen Unterstützung bei einer schiedsrichterlichen Beweisaufnahme oder zwecks Vornahme einer solchen Handlung des Staatsgerichts, zu der das Schiedsgericht nicht befugt ist, § 1050 ZPO. Das gilt unabhängig davon, ob die Schiedsrichter nach § 1050 S 2 ZPO von ihrer Berechtigung Gebrauch machen, an einer staatsgerichtlichen Beweisaufnahme teilzunehmen und Fragen zu stellen. Denn es handelt sich auch dann nach Z 10 um eine anwaltliche Tätigkeit vor dem AG. Das gilt gerade insoweit, als der Anwalt in demselben schiedsrichterlichen Verfahren auch noch vor einem Staatsgericht anderweitig tätig wird.

11) Arbeitsrechtliches Schiedsverfahren, Z 9. Für die Tätigkeit im schieds- 27 richterlichen Verfahren nach §§ 102 ff ArbGG entstehen Gebühren nach § 36 I Z 2, II in Verbindung mit VV 3100 ff. Soweit der Anwalt in demselben Rechtszug auch eine Tätigkeit nach Z 9 ausübt, sind die Tätigkeiten dieselbe Angelegenheit im Sinn von § 15 I.

12) Mehrheit von Rechtsmitteln bei Kostenansatz und -festsetzung, Z 10. 28 Die Vorschrift macht sowohl mehrere Erinnerungen als auch mehrere Beschwerden als auch derartige Rechtsmittelkombinationen gegen einen Kostenansatz oder gegen die Kostenfestsetzung zu derselben Angelegenheit nach § 15 I. Das gilt aber nur innerhalb entweder des Kostenansatzes oder der Kostenfestsetzung und jeweils innerhalb desselben Rechtszuges nach §§ 15 II, 19 I 1.

13) Zulassung eines Rechtsmittels, Z 11. Man muß zwei Fallgruppen unter- 29 scheiden.

1481

A. Zulassung und Rechtsmittelverfahren, Z 11 Hs 1. Soweit das Verfahren über die Zulassung eines Rechtsmittels Erfolg hat, bildet dieses Zulassungsverfahren mit dem daraus folgenden weiteren Verfahren über das inzwischen ja zugelassene Rechtsmittel nach Hs 1 dieselbe Angelegenheit nach § 15 I. Der Anwalt erhält also in demselben Rechtszug die Gebühren nur einmal. Das Zulassungs- und das Rechtsmittelverfahren gelten dabei auch als derselbe Rechtszug nach (jetzt) § 15 II, VGH Kassel NVwZ-RR **00**, 19, OVG Münst AGS **00**, 147.

30 **B. Nichtzulassungsbeschwerde und Rechtsmittelverfahren Z 11 Hs 2.** Das Verfahren über die Beschwerde gegen die Nichtzulassung und das anschließende Rechtsmittelverfahren sind verschiedene Angelegenheiten, § 17 Z 9. Die Vorschrift ist als eine Auffangbestimmung weit auslegbar. Unter Hs 2 fällt also auch das Asylverfahrensrecht, (zum alten Recht) VGH Mannh NVwZ-RR **04**, 156, und derjenige Teil einer Nichtzulassungsbeschwerde usw, der eben keinen Erfolg hatte, (zum alten Recht) VGH Mannh AnwBl **00**, 374.

31 **14) Widerklage, Z 12.** Wenn nicht der Verletzte, sondern nach § 374 II StPO ein Dritter die Klage erhoben hat und wenn der Beschuldigte nach § 388 II StPO eine Widerklage gegen den Verletzten erhebt, bildet die Tätigkeit des Anwalts als Beistand oder Vertreter des Privatklägers und des Widerbekl sowie des Verteidigers des Angeklagten nach Z 12 dieselbe Angelegenheit nach § 15 I. Freilich dürfte dann wegen der Vertretung mehrerer Auftraggeber durchweg VV 1008 mit seiner Erhöhung der Gebühr anwendbar sein.

32 **15) Kapitalanleger-Musterverfahren, Z 13.** Das Verfahren nach §§ 1 ff KapMuG, abgedruckt bei BLAH SchlAnh VIII, schiebt sich als eine Art Zwischenverfahren mit freilich weit über die Rechtskraft des Musterentscheids nach § 14 KapMuG hinausgehender Wirkung in jeden betroffenen Hauptprozeß hinein. Daher liegt in erster Instanz dieselbe Angelegenheit vor, soweit der Anwalt im Hauptprozeß und im Musterverfahren tätig ist, krit Schneider BB **05**, 2258.
Unanwendbar ist Z 15 aber im zugehörigen Rechtsbeschwerdeverfahren vor dem BGH nach § 15 KapMuG.

Verschiedene Angelegenheiten

17 *Fassung 1. 9. 2009:* **Verschiedene Angelegenheiten sind**
1. jeweils das Verwaltungsverfahren, das einem gerichtlichen Verfahren vorausgehende und der Nachprüfung des Verwaltungsakts dienende weitere Verwaltungsverfahren (Vorverfahren, Einspruchsverfahren, Beschwerdeverfahren, Abhilfeverfahren), das Verfahren über die Beschwerde und die weitere Beschwerde nach der Wehrbeschwerdeordnung, das Verwaltungsverfahren auf Aussetzung oder Anordnung der sofortigen Vollziehung sowie über einstweilige Maßnahmen zur Sicherung der Rechte Dritter und ein gerichtliches Verfahren,
2. das Mahnverfahren und das streitige Verfahren,
3. das vereinfachte Verfahren über den Unterhalt Minderjähriger und das streitige Verfahren,
4. das Verfahren in der Hauptsache und ein Verfahren über einen Antrag auf
    a) Anordnung eines Arrests,
    b) Erlass einer einstweiligen Verfügung oder einer einstweiligen Anordnung,
    c) Anordnung oder Wiederherstellung der aufschiebenden Wirkung, auf Aufhebung der Vollziehung oder Anordnung der sofortigen Vollziehung eines Verwaltungsakts sowie
    d) Abänderung oder Aufhebung einer in einem Verfahren nach den Buchstaben a bis c ergangenen Entscheidung,
5. der Urkunden- oder Wechselprozess und das ordentliche Verfahren, das nach Abstandnahme vom Urkunden- oder Wechselprozess oder nach einem Vorbehaltsurteil anhängig bleibt (§§ 596, 600 der Zivilprozessordnung),
6. das Schiedsverfahren und das Verfahren über die Zulassung der Vollziehung einer vorläufigen oder sichernden Maßnahme sowie das Verfahren über

Abschnitt 3. Angelegenheit § 17 RVG

einen Antrag auf Aufhebung oder Änderung einer Entscheidung über die Zulassung der Vollziehung (§ 1041 der Zivilprozessordnung),
7. das gerichtliche Verfahren und ein vorausgegangenes
   a) Güteverfahren vor einer durch die Landesjustizverwaltung eingerichteten oder anerkannten Gütestelle (§ 794 Abs. 1 Nr. 1 der Zivilprozessordnung) oder, wenn die Parteien den Einigungsversuch einvernehmlich unternehmen, vor einer Gütestelle, die Streitbeilegung betreibt (§ 15a Abs. 3 des Einführungsgesetzes zur Zivilprozessordnung),
   b) Verfahren vor einem Ausschuss der in § 111 Abs. 2 des Arbeitsgerichtsgesetzes bezeichneten Art,
   c) Verfahren vor dem Seemannsamt zur vorläufigen Entscheidung von Arbeitssachen und
   d) Verfahren vor sonstigen gesetzlich eingerichteten Einigungsstellen, Gütestellen oder Schiedsstellen,
8. das Vermittlungsverfahren nach § 165 des Gesetzes über das Verfahren in Familiensachen und in den Angelegenheiten der freiwilligen Gerichtsbarkeit und ein sich anschließendes gerichtliches Verfahren,
9. das Verfahren über ein Rechtsmittel und das Verfahren über die Beschwerde gegen die Nichtzulassung des Rechtsmittels,
10. das strafrechtliche Ermittlungsverfahren und ein nach dessen Einstellung sich anschließendes Bußgeldverfahren,
11. das Strafverfahren und das Verfahren über die im Urteil vorbehaltene Sicherungsverwahrung und
12. das Wiederaufnahmeverfahren und das wiederaufgenommene Verfahren, wenn sich die Gebühren nach Teil 4 oder 5 des Vergütungsverzeichnisses richten.

Vorbem. Z 1 geändert durch Art 6 WehrRÄndG v 31. 7. 08, BGBl 1629, in Kraft seit 1. 2. 09, Art 18 II WehrRÄndG, Übergangsrecht § 60 RVG. Z 4b, 8 geändert dch Art 47 VI Z 6a, b FGG-RG v 17. 12. 08, BGBl 2586, in Kraft seit 1. 9. 09, Art 112 I Hs 1 FGG-RG, Übergangsrecht Art 111 FGG-RG, Grdz 2 vor § 1 FamGKG, Teil I B dieses Buchs.

Bisherige Fassung Z 4 b, 8:
4 b) Erlass einer einstweiligen Verfügung, einer einstweiligen Anordnung oder einer vorläufigen Anordnung in Verfahren der freiwilligen Gerichtsbarkeit.
8. das Vermittlungsverfahren nach § 52a des Gesetzes über die Angelegenheiten der freiwilligen Gerichtsbarkeit und ein sich anschließendes gerichtliches Verfahren,

Schrifttum: *Schneider* AnwBl **08**, 773 (Üb).

Gliederung

1) Systematik, Z 1–12	1
2) Regelungszweck, Z 1–12	2
3) Verwaltungsverfahren usw, Z 1	3
4) Mahnverfahren usw, Z 2	4–6
A. Sachlicher Zusammenhang	4
B. Zeitlicher Zusammenhang	5
C. Derselbe Anwalt	6
5) Vereinfachtes Unterhaltsverfahren, Z 3	7, 8
6) Hauptsache- und Eilverfahren, Z 4 a–d	9–14
A. Abgrenzung	9
B. Zweck	10
C. Erfaßte Verfahren	11
D. Eilverfahren: Verschiedene Angelegenheit	12, 13
E. Maßgeblichkeit des Antrags	14
7) Urkundenprozeß und ordentliches Verfahren, Z 5	15–25
A. Nach Abstandnahme, § 596 ZPO	16
B. Abstandserklärung	17
C. Erklärungsfolgen	18, 19
D. Nachverfahren nach Urkundenprozeß, § 600 ZPO	20
E. Nachverfahren nach Aufrechnung, § 302 ZPO	21
F. Verschiedene Angelegenheit	22
G. Anrechnung, VV 3100 amtliche Anmerkung II	23
H. Einzelfragen	24, 25

1483

8) Vollziehung beim einstweiligen Rechtsschutz, Z 6 26
9) Güteverfahren und weiteres Verfahren, Z 7 a–d 27–34
   A. Gütestelle, Z 7 a 28, 29
   B. Schlichtungsausschuß, Z 7 b 30
   C. Seemannsamt, Z 7 c 31
   D. Sonstige Einigungsstelle, Gütestelle oder Schiedsstelle, Z 7 d 32, 33
   E. Unanwendbarkeit, Z 7 a–d 34
10) Vermittlungsverfahren nach § 165 FamFG, Z 8 35
11) Nichtzulassungsbeschwerde und Rechtsmittelverfahren, Z 9 36
12) Ermittlungs- und Bußgeldverfahren, Z 10 37
13) Strafverfahren und vorbehaltene Sicherungsverwahrung, Z 11 38
14) Wiederaufnahme, Z 12 39–42
   A. Vergütungszweck 40
   B. Antrag; Aufhebendes Verfahren 41
   C. Ersetzendes Verfahren 42

1   **1) Systematik, Z 1–12.** Die Vorschrift bildet das Gegenstück zu § 16. Ihre Aufzählung ist abschließend wie bei § 18. Vgl im übrigen bis § 16 Rn 1.

2   **2) Regelungszweck, Z 1–12.** Es gelten dieselben Erwägungen wie bei § 16 Rn 2 mit einem natürlich umgekehrten Ergebnis.

3   **3) Verwaltungsverfahren usw, Z 1.** Im Verfahren vor einer beliebigen Verwaltungsbehörde entstehen grundsätzlich die Gebühren VV 2300. Dieses Verfahren beginnt mit den einleitenden Maßnahmen der Verwaltungsbehörde oder mit einem Antrag des einzelnen und endet mit dem Erlaß eines Verwaltungsakts. Hierher zählen auch zB: Das Verfahren vor einer Selbstverwaltungsbehörde; ein solches vor einer öffentlichrechtlichen Stiftung, Anstalt oder Körperschaft; ein Zulassungsverfahren beim Anwalt, Notar, Steuerberater, Wirtschaftsprüfer usw; eine Enteignung; eine Flurbereinigung; eine Umlegung nach dem BauGB. An dieses erste Verwaltungsverfahren kann sich ein weiteres Verfahren vor einer Verwaltungsbehörde anschließen, das der Nachprüfung des Verwaltungsakts dient. Z 1 nennt diesen Abschnitt „weiteres Verwaltungsverfahren" und bezeichnet dessen Unterarten näher.

Ferner gibt es ein Widerspruchsverfahren nach § 68 VwGO sowie zB ein Verwaltungsverfahren auf eine *Aussetzung* als gerichtliche Zulässigkeitsvoraussetzung nach § 80 VI VwGO oder auf eine Anordnung der sofortigen Vollziehung des Verwaltungsakts. Schließlich kennt das Gesetz die einstweilige Verwaltungsmaßnahme zur Sicherung der Rechte Dritter. Alle diese Verwaltungsverfahren können in ein gerichtliches Verfahren münden.

Zu Z 1 zählt ferner das Verfahren über die *Beschwerde* und die weitere Beschwerde nach der *WBO*.

Jedes der vorgenannten Verfahren ist gebührenrechtlich eine eigene Angelegenheit nach § 15 II. Daher kann der Anwalt die Gebühren jeweils nebeneinander erhalten, OVG Hbg Rpfleger 09, 416, Tysper AnwBl 04, 645. Erfolgt eine Entscheidung über mehrere Widersprüche oder Einsprüche gemeinsam, handelt es sich um mehrere Nachprüfungsverfahren, FG Bre EFG 94, 313, FG Düss EFG 90, 332. Dasselbe gilt für getrennte Entscheidungen nach einer gemeinsamen Verhandlung. Z 1 gilt auch für die Tätigkeit desjenigen Anwalts, der einen formlosen Rechtsbehelf im Verwaltungsweg einlegt.

4   **4) Mahnverfahren usw, Z 2.** Die Vorschrift gilt für jede Art von Mahnverfahren, also sowohl für dasjenige nach §§ 688 ff ZPO als auch für dasjenige nach § 46 a ArbGG oder nach § 182 a SGG. Wegen des Endes des zivilprozessualen Mahnverfahrens BLAH § 696 ZPO Rn 12. Z 2 macht das Mahnverfahren und das streitige Verfahren zu verschiedenen Angelegenheiten, BGH FamRZ 04, 1721 links oben.

A. Sachlicher Zusammenhang. Dabei kommt es nicht darauf an, daß das zugehörige streitige Verfahren dem Mahnverfahren „nachfolgt". Trotzdem muß es sich natürlich zum einen um dasjenige streitige Verfahren handeln, das auf Grund eines Widerspruchs gegen den Mahnbescheid oder auf Grund eines Einspruchs gegen den Vollstreckungsbescheid entsteht und daher zumindest zunächst den im Mahnverfahren geltend gemachten Anspruch ganz oder bei einer zulässigen Beschränkung des Widerspruchs oder Einspruchs teilweise erfaßt, Köln JB 00, 78. Es reicht auch, daß zB wegen einer nachträglichen Klärung der Unzulässigkeit eines Mahnverfahrens etwa wegen der Notwendigkeit einer Auslandszustellung eine selbständige Klage nachfolgt, Hbg MDR **92**, 1091.

B. Zeitlicher Zusammenhang. Es muß aber auch noch ein gewisser zeitlicher Zusammenhang zwischen dem Mahnverfahren und dem zugehörigen streitigen Verfahren oder der folgenden selbständigen Klage nach Rn 4 bestehen, Hamm JB **02**, 28. Zwar braucht keine „alsbaldige" Abgabe nach § 696 III ZPO erfolgt zu sein. Auch schadet ein Ruhen des Verfahrens nicht, sofern die Anordnung des Ruhens erst nach dem Beginn des streitigen Verfahrens erfolgt ist. Andererseits fehlt das streitige Verfahren nach Z 2 dann, wenn zwischen der Einlegung des Widerspruchs oder Einspruchs und der nächsten Tätigkeit des Gerichts im streitigen Verfahren aus irgendeinem Grund nichts geschehen ist, etwa eine Reihe von Monaten, Hamm JB **02**, 28 (6 Monate noch unschädlich), oder gar Jahre hindurch, Mü MDR **00**, 785.

C. Derselbe Anwalt. Sowohl im Mahnverfahren als auch im nachfolgenden Rechtsstreit muß derselbe Anwalt tätig sein. Soweit ein anderer Anwalt im streitigen Verfahren tätig wird, entstehen für ihn unter den dortigen Voraussetzungen neue selbständige Gebühren. Wegen der Kostenerstattung Rn 39 ff.

5) Vereinfachtes Unterhaltsverfahren usw, Z 3. Die Vorschrift gilt für die Erstfestsetzung nach §§ 249 ff FamFG.

Wie bei Z 2 kommt es *nicht* mehr auf ein zeitliches ausdrückliches „*Nachfolgen*" des streitigen Verfahrens an. Dennoch gelten vernünftigerweise im Kern dieselben zeitlichen Erwägungen wie bei Rn 5.

6) Hauptsache- und Eilverfahren, Z 4 a–d. Man sollte mehrere Aspekte beachten.

A. Abgrenzung. Die Vorschriften enthalten vorrangige Ausnahmeregelungen gegenüber § 15 II. Daneben gilt gleichrangig § 16 Z 5. Die Vorschriften sind daher eng auslegbar. § 16 Z 5 enthält eine Klarstellung dahin, daß nicht jeder der in § 17 Z 4 a, b, d genannten Abschnitte des Eilverfahrens nun auch noch für sich als eine besondere Angelegenheit gilt, sondern daß das Eilverfahren in sich wiederum nur als eine Angelegenheit gilt.

B. Zweck. Die Vorschriften bezwecken eine angemessene Beachtung der besonderen Anforderungen, die ein Eilverfahren erfahrungsgemäß an den Anwalt stellt. Das muß man bei der Auslegung mitbeachten.

C. Erfaßte Verfahren. Die Regelungen gelten für den Zivilprozeß, das arbeitsgerichtliche, finanzgerichtliche, sozialgerichtliche Verfahren, Klier NZS **04**, 470. Sie gelten ferner für das verwaltungsgerichtliche Verfahren sowie das streitige Verfahren der freiwilligen Gerichtsbarkeit, zB nach § 39 LwVG, Teil IV dieses Buchs. Sie gelten aber nicht für das Strafverfahren. Eine einstweilige Anordnung nach § 21 V 5 ArbGG gehört nicht hierher, Hamm NZA **93**, 960.

D. Eilverfahren: Verschiedene Angelegenheit. Das jeweilige Eilverfahren gilt gegenüber dem Hauptprozeß als eine „verschiedene" Angelegenheit, BGH NJW **09**, 2068, Köln JB **75**, 186. Das gilt auch dann, wenn das Eilverfahren und der Hauptprozeß zeitlich zusammenfallen oder miteinander verbunden sind, Abramenko AnwBl **06**, 273. Die Einstufung als verschiedene Angelegenheit gilt auch dann, wenn der Anwalt Anträge zum Hauptprozeß und zum Eilverfahren gleichzeitig oder im Verhältnis von Haupt- und Hilfsantrag stellt. Voraussetzung ist natürlich, daß der Anwalt Aufträge sowohl zum Haupt- als auch zum Eilverfahren hat, Köln JB **75**, 185.

Infolge der Einstufung des Eilverfahrens als *verschiedene Angelegenheit* findet keine Zusammenrechnung nach § 22 I und keine Anrechnung einer Gebühr auf eine andere statt. Lediglich beim Abschluß einer Einigung erhält der Anwalt nur eine einheitliche Einigungsgebühr, sofern die Beteiligten Gegenstände des Eilverfahrens und des Hauptprozesses in die Einigung einbezogen haben, freilich nach den zusammengerechneten Gegenstandswerten, Karlsr FamRZ **07**, 1114, Kblz MDR **08**, 1068.

E. Maßgeblichkeit des Antrags. Maßgeblich dafür, ob mehrere Verfahrensgebühren entstehen, sind die Anträge. Sofern der Anwalt nur einen einheitlichen Antrag stellt, ist es unerheblich, ob das Gericht diesem Antrag erst nach und nach in mehreren Entscheidungen stattgibt. Sofern der Anwalt aber einen Antrag nach seiner Abweisung wiederholt, kann eine neue Angelegenheit vorliegen. Demgegenüber bleibt es bei derselben Angelegenheit dann, wenn der Anwalt eine Aufhebung des Arrests oder der einstweiligen Verfügung mehrfach beantragt. Das gilt selbst dann, wenn zwischen diesen Anträgen ein erheblicher zeitlicher Abstand liegt und wenn das frühere Aufhebungs- oder Widerspruchsverfahren im Zeitpunkt des erneuten Aufhebungsantrags bereits formell rechtskräftig geendet hatte.

15 **7) Urkundenprozeß und ordentliches Verfahren, Z 5.** Die Vorschrift gilt als eine gegenüber § 15 vorrangige Sonderregel wegen der Wesensverschiedenheit des Urkunden- und des Nachverfahrens und der im letzteren sowie nach einer Abstandnahme vom Urkundenprozeß oft notwendigen gesteigerten Tätigkeit des Anwalts, Schlesw SchlHA **87**, 190. Sie erfaßt nur die beiden Situationen Rn 16–20, nicht aber die einfachere Lage Rn 21.

Die Vorschrift *dient* sowohl der Kostengerechtigkeit als auch der Rechtssicherheit durch eine Klarstellung des auch gebührenrechtlichen Eigenlebens des Nachverfahrens. Sie dient wegen des Abstellens auf den Begriff der Angelegenheit in VV 7000, 7002 zugleich auch der Klärung im Auslagenbereich. Zwar muß man vorrangige Sonderregeln grundsätzlich eng auslegen. Der Sinn von Z 5 ist aber gerade die Verhütung einer zu geringen Vergütung. Das sollte man bei seiner Anwendung mitbedenken.

16 **A. Nach Abstandnahme, § 596 ZPO.** Der Kläger des Urkunden-, Wechsel- oder Scheckprozesses kann auch ohne eine Einwilligung des Bekl bis zum Schluß der mündlichen Verhandlung nach §§ 136 IV, 296 a ZPO von dem besonderen Prozeß in der Weise Abstand nehmen, daß der Rechtsstreit im ordentlichen Verfahren anhängig bleibt, Köln VersR **93**, 902. Er kann also den Antrag auf eine Verhandlung in dem besonderen Prozeß zurücknehmen, ohne die Klage zurückzunehmen, Vollkommer NJW **00**, 1685. Er kann dadurch unter anderem eine Prozeßabweisung vermeiden, BGH BB **81**, 638 (abl Zeiss JR **81**, 333). Ein Abstand für einen zum Teilurteil geeigneten Teil des Anspruchs ist zulässig.

17 **B. Abstandserklärung.** Sie erfolgt entweder in der mündlichen Verhandlung bis zu deren Schluß oder noch nach einer Erledigung der Hauptsache oder schriftlich im schriftlichen Verfahren oder im Aktenlageverfahren. Der Kläger kann seine Erklärung auch bei einer Säumnis des Bekl nach § 331 ZPO abgeben. Die Erklärung muß unbedingt und vorbehaltlos sein. Sie kann auch durch eine schlüssige Handlung erfolgen. Die Erklärung ist eine unwiderrufliche und unanfechtbare Parteiprozeßhandlung, BLAH Grdz 47 vor § 128 ZPO, Naumb NZM **99**, 1008. Sie bewirkt einen tatsächlichen Stillstand des Verfahrens bis zu einer neuen Ladung, sofern das Gericht nicht im Einverständnis mit den Parteien sofort im ordentlichen Verfahren weiterverhandeln läßt.

18 **C. Erklärungsfolgen.** Die Abstandserklärung läßt die Rechtshängigkeit mit ihren prozessualen und sachlichrechtlichen Wirkungen fortdauern. Alle bisherigen Prozeßhandlungen bleiben voll wirksam. Das gilt auch für alle bisherigen Entscheidungen. Z 5 erfaßt das Verfahrensstadium nach der wirksamen Abstandserklärung bis zur Beendigung des nun bestehenbleibenden Rechtsstreits im ordentlichen Verfahren dieser Instanz.

19 Die Vorschrift gilt auch für den *Scheckprozeß*. Ihn erwähnt sie infolge eines erneuten offensichtlichen Redaktionsversehens des Gesetzgebers nicht besonders. Er enthält aber nach § 605 a ZPO durch die Verweisung auf die Regeln des Wechselprozesses keine andere gebührenrechtliche Situation.

20 **D. Nachverfahren nach Urkundenprozeß, § 600 ZPO.** Soweit der Bekl des Urkunden-, Wechsel- oder Scheckprozesses dem geltend gemachten Anspruch widersprochen hat, muß das Gericht ihm bei seiner Verurteilung die Ausführung seiner Rechte von Amts wegen vorbehalten, § 599 I ZPO. Soweit das Urteil keinen Vorbehalt enthält, kann der Bekl die Ergänzung des Urteils beantragen, § 599 II ZPO, Hamm BB **92**, 236. Infolge des Vorbehalts bleibt der Rechtsstreit im ordentlichen Verfahren kraft Gesetzes anhängig, § 600 I ZPO. Z 5 erfaßt auch dieses Verfahrensstadium. Wegen des Scheckprozesses Rn 19.

21 **E. Nachverfahren nach Aufrechnung, § 302 ZPO.** In diesem Verfahren ist (jetzt) Z 5 unanwendbar, Schlesw SchlHA **87**, 190.

Abschnitt 3. Angelegenheit **§ 17 RVG**

F. Verschiedene Angelegenheit. Das Nachverfahren gilt bei Rn 16–20 als eine 22
„verschiedene" Angelegenheit. Es können also in diesem Verfahren Gebühren unabhängig von denjenigen entstehen, die der Anwalt im Urkunden-, Wechsel- oder Scheckprozeß verdient hatte.
G. Anrechnung, VV 3100 amtliche Anmerkung II. Die Verfahrensgebühr des 23
Urkunden-, Wechsel- oder Scheckprozesses ist aber auf dieselbe Gebührenart des nachfolgenden ordentlichen Verfahrens anrechenbar. Das gilt auch für die Verkehrsgebühr nach VV 3400 als einer Unterart der Verfahrensgebühr.
H. Einzelfragen. Soweit der Gegenstandswert im Urkundenprozeß usw und im 24
Nachverfahren übereinstimmt, entsteht im Nachverfahren keine neue Verfahrensoder Verkehrsgebühr. Soweit der Wert im Nachverfahren geringer ist, gilt dasselbe. Soweit der Wert im Nachverfahren höher ist, muß man die Verfahrensgebühr nach dem höheren Wert berechnen und um die im Urkundenprozeß usw verdiente Verfahrensgebühr kürzen. Beim Gegenstandswert des späteren Verfahrens bleiben die Kosten des Urkundenprozesses und die Rückzahlung auf Grund des dort ergangenen Urteils außer Betracht.

Im übrigen bleiben die im Urkundenprozeß usw entstandenen Gebühren von den 25
im *Nachverfahren* entstehenden unberührt. Soweit der ProzBev des Klägers nach der Stellung der eigenen Anträge erklärt hat, daß er vom Urkundenprozeß usw Abstand nehme, hat in jenem Prozeß keine Verhandlung stattgefunden. Soweit sich der Bekl lediglich die Ausführung seiner Rechte vorbehalten, im übrigen aber nichtstreitig verhandelt hat, liegt eine nichtstreitige Verhandlung vor.

8) Vollziehung beim einstweiligen Rechtsschutz, Z 6. Die Vorschrift enthält 26
eine vorrangige Sonderregelung für den Fall, daß der Anwalt im Rahmen eines Verfahrens vor dem OLG nach § 1062 I Z 3 ZPO wegen der Zulassung der Vollziehung einer vorläufigen oder sichernden Maßnahme des Schiedsgerichts nach § 1041 I, II ZPO oder wegen der Aufhebung des OLG-Zulassungsbeschlusses oder seiner Änderung nach § 1041 III ZPO tätig wird. Z 6 stellt klar, daß das Verfahren nach § 1041 II ZPO gegenüber sonstigen Tätigkeiten des Anwalts im Zusammenhang mit einem schiedsrichterlichen Verfahren grundsätzlich als eine „verschiedene" Angelegenheit nach § 15 gilt und daß man das Verfahren nach § 1041 III ZPO ebenso beurteilen muß. Demgegenüber betrifft § 16 Z 9 nur das Verhältnis zwischen dem Zulassungs- und dem Änderungs- oder Aufhebungsverfahren.

9) Güteverfahren und weiteres Verfahren, Z 7 a–d. Die Vorschrift bezieht 27
sich grundsätzlich auf jedes bundes- oder landesrechtliche Einigungs-, Güte- oder Schiedsverfahren. Das ergibt sich aus Z 7 d. Dazu zählen Z 7 a–c einige dieser Verfahrensarten beispielhaft und nicht abschließend auf. Gemeinsam ist: Das Güteverfahren usw und das anschließende weitere gerichtliche Verfahren sind „verschiedene" Angelegenheiten. Sie können also gesondert Gebühren entstehen lassen.

A. Gütestelle, Z 7 a. Es geht um das Verfahren vor einer vor einem deutschen 28
Gericht oder vor einer durch die Landesjustizverwaltung eingerichteten oder anerkannten Gütestelle nach § 794 I Z 1 ZPO oder nach § 15a EGZPO, dazu Fricke VersR **00**, 1199, Hartmann NJW **99**, 3748, Rüssel NJW **00**, 2800, Schneider AnwBl **01**, 327, Zietsch/Roschmann NJW **01**, Beilage zu Heft 51 S 3 (je: Üb). Gütestellen sind derzeit nur durch die Landesjustizverwaltungen eingerichtet, und zwar bei der Sozialverwaltung Hamburg (Öffentliche Rechtsauskunfts- und Vergleichsstelle), VO vom 4. 2. 46, Hbg VOBl 13, BGH **123**, 340, Hbg FamRZ **84**, 69, GebO vom 2. 1. 50, VOBl 82, ferner für Lübeck, AV LJM vom 4. 8. 49, SchlHA 276, und 17. 12. 52, SchlHA **53**, 9, ferner für München, Traunstein, Würzburg, Bek vom 31. 7. 84, BayJMBl 146, dazu Bethke DRiZ **94**, 16, BLAH Anh nach § 307 ZPO Rn 17, § 794 ZPO Rn 4, § 797a ZPO Rn 1.

Für das *obligatorische Güteverfahren* nach § 15a EGZPO haben die Länder folgende 29
Regelungen getroffen:

Baden-Württemberg: G vom 28. 6. 00, GVBl 470, geändert am 20. 11. 01, GBl 605; dazu LG BadBad WoM **01**, 560, Heck AnwBl **00**, 596, Kothe, SchlichtungsG Baden-Württemberg (Kommentar), 2001, Wolfram-Korn/Schmarsli, Außergerichtliche Streitschlichtung in Deutschland, dargestellt anhand des Schlichtungsgesetzes Baden-Württemberg, 2001;

RVG § 17 X. Rechtsanwaltsvergütungsgesetz

Bayern: G vom 24. 5. 00, GVBl 268, berichtigt GVBl 02, 39, zuletzt geändert am 24. 12. 05, GVBl 655, dazu AG Nürnb NJW **01**, 3489, *Ott,* Außergerichtliche Konfliktbeilegung in Zivilsachen, 2000;
Berlin:
Brandenburg: G vom 5. 10. 00, GVBl 134, und 24. 11. 00, GVBl 158, zuletzt geändert am 18. 12. 06, GVBl 186;
Bremen:
Hamburg:
Hessen: G vom 6. 2. 01, GVBl 98, zuletzt geändert am 1. 12. 05, GVBl 782;
Mecklenburg-Vorpommern:
Niedersachsen:
Nordrhein-Westfalen: G vom 9. 5. 00, GVBl 476, zuletzt geändert am 3. 5. 05, GVBl 498, dazu Böhm AnwBl **00**, 596, Dieckmann NJW **00**, 2802, Serwe, Gütestellen- und Schlichtungsgesetz NRW, 2002;
Rheinland-Pfalz:
Saarland: G vom 21. 2. 01, ABl 532, zuletzt geändert am 13. 12. 05, ABl 2055;
Sachsen:
Sachsen-Anhalt: G vom 22. 6. 01, GVBl 214;
Schleswig-Holstein: G vom 11. 12. 01, GVBl 361, berichtigt **02**, 218, geändert am 9. 12. 05, GVBl 538;
Thüringen:

30 **B. Schlichtungsausschuß, Z 7 b.** Es handelt sich um das Verfahren vor dem zur Beilegung von Streitigkeiten zwischen Ausbildenden und Auszubildenden aus einem bestehenden Berufsausbildungsverhältnis von den Handwerksinnungen und im übrigen von den zuständigen Stellen nach dem Berufsbildungsgesetz gebildeten Ausschüssen, § 111 II ArbGG, LAG Hamm MDR **89**, 186.

31 **C. Seemannsamt, Z 7 c.** Es handelt sich um das Verfahren vor dem Seemannsamt, soweit es zur vorläufigen Entscheidung einer Arbeitssache zuständig ist, § 111 I 2 ArbGG in Verbindung mit § 69 SeemannsG vom 26. 7. 57, BGBl 713, zuletzt geändert am 29. 10. 01, BGBl 2785.

32 **D. Sonstige Einigungsstelle, Gütestelle oder Schiedsstelle, Z 7 d.** Hierher gehören alle weiteren bundes- oder landesrechtlich eingerichteten Stellen dieser Art. In Betracht kommt zunächst das Verfahren vor einer Einigungsstelle nach § 40 I BetrVG, BAG DB **96**, 1613, bzw nach § 76 BetrVG, BAG DB **96**, 1613, Mümmler JB **81**, 1148, oder nach § 15 UWG. Für die Mitglieder einer Einigungsstelle gelten an sich §§ 612, 315, 316 BGB, soweit keine besondere Vereinbarung besteht, BAG NJW **91**, 1846. Für die Mitglieder einer Einigungsstelle nach dem BetrVG gilt

BetrVG § 76a. Einigungsstelle. [I] Die Kosten der Einigungsstelle trägt der Arbeitgeber.

[II] [1] Die Beisitzer der Einigungsstelle, die dem Betrieb angehören, erhalten für ihre Tätigkeit keine Vergütung; § 37 Abs. 2 und 3 gilt entsprechend. [2] Ist die Einigungsstelle zur Beilegung von Meinungsverschiedenheiten zwischen Arbeitgeber und Gesamtbetriebsrat oder Konzernbetriebsrat zu bilden, so gilt Satz 1 für die einem Betrieb des Unternehmens oder eines Konzernunternehmens angehörenden Beisitzer entsprechend.

[III] [1] Der Vorsitzende und die Beisitzer der Einigungsstelle, die nicht zu den in Absatz 2 genannten Personen zählen, haben gegenüber dem Arbeitgeber Anspruch auf Vergütung ihrer Tätigkeit. [2] Die Höhe der Vergütung richtet sich nach den Grundsätzen des Absatzes 4 Satz 3 bis 5.

[IV] [1] Der Bundesminister für Arbeit und Sozialordnung kann durch Rechtsverordnung die Vergütung nach Absatz 3 regeln. [2] In der Vergütungsordnung sind Höchstsätze festzusetzen. [3] Dabei sind insbesondere der erforderliche Zeitaufwand, die Schwierigkeit der Streitigkeit sowie ein Verdienstausfall zu berücksichtigen. [4] Die Vergütung der Beisitzer ist niedriger zu bemessen als die des Vorsitzenden. [5] Bei der Festsetzung der Höchstsätze ist den berechtigten Interessen der Mitglieder der Einigungsstelle und des Arbeitgebers Rechnung zu tragen.

Abschnitt 3. Angelegenheit §17 RVG

V Von Absatz 3 und einer Vergütungsordnung nach Absatz 4 kann durch Tarifvertrag oder in einer Betriebsvereinbarung, wenn ein Tarifvertrag dies zulässt oder eine tarifliche Regelung nicht besteht, abgewichen werden.

Soweit der Anwalt nicht als Beisitzer tätig wird, sondern als *Parteivertreter*, bleibt (jetzt) Z 7 d anwendbar, Bauer/Röder DB **89**, 224. 33

Weiter kommen in Betracht: Das Verfahren vor dem Schiedsmann nach der preußischen SchiedsmannO; das Verfahren vor der bei der Industrie- und Handelskammer eingerichteten Einigungsstelle, § 15 UWG; das Verfahren vor der beim Patentamt eingerichteten Schiedsstelle, §§ 28 ff ArbNEG; das Verfahren vor einer Schiedsstelle nach § 14 des G über die Wahrnehmung von Urheberrechten und verwandten Schutzrechten, Mü Rpfleger **94**, 316. Im Verfahren nach § 15 dieses Gesetzes gilt allerdings (jetzt) VV 3302 Z 1 als vorrangige Sondervorschrift, Mü Rpfleger **94**, 316; das Verfahren vor der Schiedsstelle wegen eines Anspruchs gegenüber dem Entschädigungsfonds nach § 14 Z 3 a des G vom 5. 4. 65, BGBl 213; das Verfahren vor der Einigungsstelle nach §§ 39 ff des Gesetzes über die Erstreckung von gewerblichen Schutzrechten (Erstreckungsgesetz – ErstrG) vom 23. 4. 92, BGBl 938; das Verfahren vor einer Schiedsstelle nach § 17 BPflegesatzVO; das Verfahren vor einer bayerischen Schlichtungsstelle, BayJMBl **84**, 146.

Auch *weitere Verfahren* vor sonstigen gesetzlich eingerichteten Einigungsstellen oder Schiedsstellen oder Gütestellen könne hierher zählen. Das setzt nicht voraus, daß ein solches Verfahren einen bürgerlichen Rechtsstreit durch die Betätigung jener Stelle verhindern soll. Denn § 17 steht im Abschnitt 3 „Angelegenheit", der für alle Teile des VV gilt.

E. Unanwendbarkeit, Z 7 a–d. Nicht hierher gehören: Die gerichtliche Güte- 34
verhandlung nach § 54 ArbGG. Denn mit ihr beginnt bereits die mündliche Verhandlung. Insofern gelten VV 3100 ff; ein Verfahren vor einer der zahlreichen privat eingerichteten Schieds- und Schlichtungsstellen, etwa vor der Gutachterkommission der Ärztekammer, Madert AGS **01**, 50. Insofern gelten § 34, VV 2100 ff, 3403.

10) Vermittlungsverfahren nach § 165 FamFG Z 8. Die Vorschrift erfaßt das 35
gerichtliche Verfahren zur Vermittlung beim Streit der Eltern darüber, ob der eine dem anderen die Durchführung einer gerichtlichen Verfügung über den Umgang mit einem gemeinschaftlichen Kind vereitelt oder erschwert, § 165 FamFG. Dieses Vermittlungsverfahren gilt als „verschiedene" Angelegenheit gegenüber allen anderen Verfahren. Es können also gesondert Gebühren entstehen.

11) Nichtzulassungsbeschwerde und Rechtsmittelverfahren, Z 9. Vgl bei 36
§ 16 Rn 30.

12) Ermittlungs- und Bußgeldverfahren, Z 10. Die Vorschrift erfaßt die Fälle, 37
daß die Staatsanwaltschaft ihr Verfahren nur wegen einer Straftat einstellt oder die Verfolgung nicht übernimmt, daß sich aber nach § 43 I OWiG ein Bußgeldverfahren anschließt, oder daß die Staatsanwaltschaft zwar zunächst die Verfolgung übernommen hatte, die Sache dann aber an die Verwaltungsbehörde nach § 43 II OWiG abgegeben hat und daß dort nun ein Bußgeldverfahrens beginnt. In beiden Fällen bilden das Verfahren der Staatsanwaltschaft und dasjenige der Verwaltungsbehörde „verschiedene" Angelegenheiten.

13) Strafverfahren und vorbehaltene Sicherungsverwahrung, Z 11. Die 38
Vorschrift erfaßt die Tätigkeit des Anwalts für den Auftraggeber, soweit es um die Entscheidung des erstinstanzlichen Gerichts über eine im Urteil vorzubehaltende Sicherungsverwahrung geht, § 275 a StPO in Verbindung mit §§ 66 a StGB, 246 a S 1, 267 VI 1, 268 d, 454 II 6 StPO. Beide Verfahren sind „verschiedene" Angelegenheiten. Folglich können Gebühren gesondert entstehen.

14) Wiederaufnahme, Z 12. Die Vorschrift erfaßt nur eine Tätigkeit nach VV 39
Teile 4, 5, also nicht ein zivilrechtliches Wiederaufnahmeverfahren nach §§ 578 ff ZPO. Das straf- oder bußgeldrechtliche Wiederaufnahmeverfahren beginnt mit einem neuen Zwischenrechtszug. Er ist eine von Ersetzenden Verfahren „verschiedene" Angelegenheit. Sie läßt daher nach VV 4137, 4138 gesonderte Gebühren entstehen.

Z 12 gilt auch im *Wiederaufnahmeverfahren* eines *Adhäsionsverfahrens* und dann, wenn sich das Wiederaufnahmeverfahren darauf beschränkt, eine wesentlich andere Ent-

RVG §§ 17, 18　　　　　　　　　　　　　　　　X. Rechtsanwaltsvergütungsgesetz

scheidung über den vermögensrechtlichen Anspruch herbeizuführen, § 406c I StPO. Soweit sich der Wiederaufnahmeantrag nach § 406c II StPO nur gegen den strafrechtlichen Teil des Urteils richtet, gilt Z 12 für die Vertretung im Wiederaufnahmeverfahren, soweit durch den erstrebten Erfolg auch eine Aufhebung der vermögensrechtlichen Entscheidung eintreten kann, § 406a III StPO. Eine erneute Einstellung nach § 154 II StPO zählt nicht hierher, AG Osnabr JB 08, 588.

40　**A. Vergütungszweck.** Die Vorschrift bezweckt eine angemessene Vergütung in einem solchen Verfahren, das oft ganz außerordentliche Fähigkeiten des Anwalts erfordert. Denn die zu bekämpfende Rechtskraft stellt eine schon psychologisch kaum überwindbare Barriere dar, AG Osnabr JB 08, 588. Zwar können irgendwelche formell als Wiederaufnahmeantrag aufgezogene Maßnahmen nicht schon wegen dieser Form Gewicht haben, solange nicht die vom Gesetz mit Recht verlangten streng begrenzten Umstände wenigstens einigermaßen ausreichend nachvollziehbar zutagetreten. Trotzdem sollte der Anwalt auch gebührenmäßig dann eine Unterstützung erwarten können, wenn er um die Beseitigung einer solchen Entscheidung kämpft, die nun einmal nicht mehr rechtsmittelfähig ist und doch ein schreckliches Unrecht bedeuten kann. Man sollte diese Lage bei der Auslegung stets mitbedenken.

41　**B. Antrag; Aufhebendes Verfahren.** Z 12 umfaßt das Stadium vor der Vorbereitung eines Antrags auf eine Wiederaufnahme einschließlich des etwaigen Rats, einen solchen Antrag nicht zu stellen, sowie die beiden anschließenden Verfahrensabschnitte, also zunächst die Zulässigkeitsprüfung, die mit der Entscheidung nach §§ 367, 368 StPO endet, und sodann das anschließende Aufhebende Verfahren (iudicium rescindens), die mit der Entscheidung über das Begründetsein des Antrags nach § 370 StPO endet.

42　**C. Ersetzendes Verfahren.** Eine Tätigkeit des Anwalts in dem schließlich folgenden Ersetzenden Verfahren (iudicium rescissorium), das mit einer Entscheidung nach einer erneuten Hauptverhandlung nach § 373 StPO endet, stellt demgegenüber einen anderen Verfahrensabschnitt dar, nämlich das „wiederaufgenommene" Verfahren. Für diesen können gesondert Gebühren entstehen.

Besondere Angelegenheiten

18 *Fassung 1. 9. 2009:* [1]**Besondere Angelegenheiten sind**
1. **jede Vollstreckungsmaßnahme zusammen mit den durch diese vorbereiteten weiteren Vollstreckungshandlungen bis zur Befriedigung des Gläubigers; dies gilt entsprechend im Verwaltungszwangsverfahren (Verwaltungsvollstreckungsverfahren);**
2. **jede Vollziehungsmaßnahme bei der Vollziehung eines Arrests oder einer einstweiligen Verfügung (§§ 928 bis 934 und 936 der Zivilprozessordnung), die sich nicht auf die Zustellung beschränkt;**
3. **jedes Beschwerdeverfahren und jedes Verfahren über eine Erinnerung gegen eine Entscheidung des Rechtspflegers in Angelegenheiten, in denen sich die Gebühren nach Teil 3 des Vergütungsverzeichnisses richten, soweit sich aus § 16 Nr. 10 nichts anderes ergibt;**
4. **das Verfahren über Einwendungen gegen die Erteilung der Vollstreckungsklausel, auf das § 732 der Zivilprozessordnung anzuwenden ist;**
5. **das Verfahren auf Erteilung einer weiteren vollstreckbaren Ausfertigung;**
6. **jedes Verfahren über Anträge nach den §§ 765a, 813b, 851a oder § 851b der Zivilprozessordnung und jedes Verfahren über Anträge auf Änderung oder Aufhebung der getroffenen Anordnungen sowie jedes Verfahren über Anträge nach § 1084 Abs. 1, § 1096 oder § 1109 der Zivilprozessordnung;**
7. **das Verfahren auf Zulassung der Austauschpfändung (§ 811a der Zivilprozessordnung);**
8. **das Verfahren über einen Antrag nach § 825 der Zivilprozessordnung;**
9. **die Ausführung der Zwangsvollstreckung in ein gepfändetes Vermögensrecht durch Verwaltung (§ 857 Abs. 4 der Zivilprozessordnung);**
10. **das Verteilungsverfahren (§ 858 Abs. 5, §§ 872 bis 877, 882 der Zivilprozessordnung);**

Abschnitt 3. Angelegenheit § 18 RVG

11. das Verfahren auf Eintragung einer Zwangshypothek (§§ 867, 870 a der Zivilprozessordnung);
12. die Vollstreckung der Entscheidung, durch die der Schuldner zur Vorauszahlung der Kosten, die durch die Vornahme einer Handlung entstehen, verurteilt wird (§ 887 Abs. 2 der Zivilprozessordnung);
13. das Verfahren zur Ausführung der Zwangsvollstreckung auf Vornahme einer Handlung durch Zwangsmittel (§ 888 der Zivilprozessordnung);
14. jede Verurteilung zu einem Ordnungsgeld gemäß § 890 Abs. 1 der Zivilprozessordnung;
15. die Verurteilung zur Bestellung einer Sicherheit im Fall des § 890 Abs. 3 der Zivilprozessordnung;
16. das Verfahren zur Abnahme der eidesstattlichen Versicherung (§§ 900 und 901 der Zivilprozessordnung);
17. das Verfahren auf Löschung der Eintragung im Schuldnerverzeichnis (§ 915 a der Zivilprozessordnung);
18. das Ausüben der Veröffentlichungsbefugnis;
19. das Verfahren über Anträge auf Zulassung der Zwangsvollstreckung nach § 17 Abs. 4 der Schifffahrtsrechtlichen Verteilungsordnung;
20. das Verfahren über Anträge auf Aufhebung von Vollstreckungsmaßregeln (§ 8 Abs. 5 und § 41 der Schifffahrtsrechtlichen Verteilungsordnung) und
21. das Verfahren zur Anordnung von Zwangsmaßnahmen durch Beschluss nach § 35 des Gesetzes über das Verfahren in Familiensachen und in den Angelegenheiten der freiwilligen Gerichtsbarkeit.

II Absatz 1 gilt entsprechend für
1. die Vollziehung eines Arrestes und
2. die Vollstreckung

nach den Vorschriften des Gesetzes über das Verfahren in Familiensachen und in den Angelegenheiten der freiwilligen Gerichtsbarkeit.

Vorbem. Zunächst Z 8 ergänzt dch Art 6 Z 1 G v 30. 10. 08, BGBl 2122, in Kraft seit 12. 12. 08, Art 8 I G, Übergangsrecht § 60 RVG. Sodann Änderungen, Ergänzungen und Umnumerierungen dch Art 47 VI Z 7 a, b FGG-RG v 17. 12. 08, BGBl 2586, in Kraft seit 1. 9. 09, Art 112 I Hs 1 FGG-RG, Übergangsrecht Art 111 FGG-RG, Grdz 2 vor § 1 FamGKG, Teil I B dieses Buchs. (Jetzt) I Z 6 idF Art 7 IV Z 4 G v 30. 7. 09, BGBl 2449, in Kraft seit 5. 8. 09, Art 10 S 2 G, Übergangsrecht § 60 RVG.

Bisherige Fassung: **Besondere Angelegenheiten sind**
1. jedes Verfahren über eine einstweilige Anordnung nach
   a) § 127 a der Zivilprozessordnung,
   b) den §§ 620, 620 b Abs. 1, 2 der Zivilprozessordnung, auch in Verbindung mit § 661 Abs. 2 der Zivilprozessordnung,
   c) § 621 f der Zivilprozessordnung, auch in Verbindung mit § 661 Abs. 2 der Zivilprozessordnung,
   d) § 621 g der Zivilprozessordnung, auch in Verbindung mit § 661 Abs. 2 der Zivilprozessordnung,
   e) § 641 d der Zivilprozessordnung,
   f) § 644 der Zivilprozessordnung, auch in Verbindung mit § 661 Abs. 2 der Zivilprozessordnung,
   g) § 64 b Abs. 3 des Gesetzes über die Angelegenheiten der freiwilligen Gerichtsbarkeit;
   mehrere Verfahren, die unter demselben Buchstaben genannt sind, sind jedoch eine Angelegenheit; die Gegenstandswerte sind zusammenzurechnen; dies gilt auch dann, wenn die mehreren Verfahren denselben Gegenstand betreffen;
2. nicht in Nummer 1 genannte Verfahren über eine einstweilige oder vorläufige Anordnung in Verfahren der freiwilligen Gerichtsbarkeit; mehrere Anordnungen in derselben Hauptsache sind eine Angelegenheit; die Gegenstandswerte sind zusammenzurechnen; dies gilt auch dann, wenn die mehreren Verfahren denselben Gegenstand betreffen;
3. jede Vollstreckungsmaßnahme zusammen mit den durch diese vorbereiteten weiteren Vollstreckungshandlungen bis zur Befriedigung des Gläubigers;

dies gilt entsprechend im Verwaltungszwangsverfahren (Verwaltungsvollstreckungsverfahren) und für jede Maßnahme nach § 33 des Gesetzes über die Angelegenheiten der freiwilligen Gerichtsbarkeit;
4. jede Vollziehungsmaßnahme bei der Vollziehung eines Arrests oder einer einstweiligen Verfügung (§§ 928 bis 934 und 936 der Zivilprozessordnung), die sich nicht auf die Zustellung beschränkt;
5. jedes Beschwerdeverfahren und jedes Verfahren über eine Erinnerung gegen eine Entscheidung des Rechtspflegers in Angelegenheiten, in denen sich die Gebühren nach Teil 3 des Vergütungsverzeichnisses richten, soweit sich aus § 16 Nr. 12 nichts anderes ergibt;
6. das Verfahren über Einwendungen gegen die Erteilung der Vollstreckungsklausel, auf das § 732 der Zivilprozessordnung anzuwenden ist;
7. das Verfahren auf Erteilung einer weiteren vollstreckbaren Ausfertigung;
8. jedes Verfahren über Anträge nach den §§ 765a, 813b, 851a oder § 851b der Zivilprozessordnung und jedes Verfahren über Anträge auf Änderung oder Aufhebung der getroffenen Anordnungen sowie jedes Verfahren über Anträge nach § 1084 Abs. 1 der Zivilprozessordnung auch in Verbindung mit § 1096 oder § 1109 der Zivilprozessordnung;
9. das Verfahren auf Zulassung der Austauschpfändung (§ 811a der Zivilprozessordnung);
10. das Verfahren über einen Antrag nach § 825 der Zivilprozessordnung;
11. die Ausführung der Zwangsvollstreckung in ein gepfändetes Vermögensrecht durch Verwaltung (§ 857 Abs. 4 der Zivilprozessordnung);
12. das Verteilungsverfahren (§ 858 Abs. 5, §§ 872 bis 877, 882 der Zivilprozessordnung);
13. das Verfahren auf Eintragung einer Zwangshypothek (§§ 867, 870a der Zivilprozessordnung);
14. die Vollstreckung der Entscheidung, durch die der Schuldner zur Vorauszahlung der Kosten, die durch die Vornahme einer Handlung entstehen, verurteilt wird (§ 887 Abs. 2 der Zivilprozessordnung);
15. das Verfahren zur Ausführung der Zwangsvollstreckung auf Vornahme einer Handlung durch Zwangsmittel (§ 888 der Zivilprozessordnung), das Verfahren zur Ausführung einer Verfügung des Gerichts auf Vornahme, Unterlassung oder Duldung einer Handlung durch Zwangsmittel und einer besonderen Verfügung des Gerichts zur Anwendung von Gewalt (§ 33 des Gesetzes über die Angelegenheiten der freiwilligen Gerichtsbarkeit);
16. jede Verurteilung zu einem Ordnungsgeld gemäß § 890 Abs. 1 der Zivilprozessordnung;
17. die Verurteilung zur Bestellung einer Sicherheit im Fall des § 890 Abs. 3 der Zivilprozessordnung;
18. das Verfahren zur Abnahme der eidesstattlichen Versicherung (§§ 900 und 901 der Zivilprozessordnung, § 33 Abs. 2 Satz 5 und 6 des Gesetzes über die Angelegenheiten der freiwilligen Gerichtsbarkeit);
19. das Verfahren auf Löschung der Eintragung im Schuldnerverzeichnis (§ 915a der Zivilprozessordnung);
20. das Ausüben der Veröffentlichungsbefugnis;
21. das Verfahren über Anträge auf Zulassung der Zwangsvollsteckung nach § 17 Abs. 4 der Schifffahrtsrechtlichen Verteilungsordnung und
22. das Verfahren über Anträge auf Aufhebung von Vollstreckungsmaßregeln (§ 8 Abs. 5 und § 41 der Schifffahrtsrechtlichen Verteilungsordnung).

Gliederung

1) Systematik, I, II	1
2) Regelungszweck, I, II	2
3) Vollstreckungsmaßnahme usw, I Z 1	3–5
A. Innerer Zusammenhang	4
B. Sonst: Verschiedene Maßnahmen	5
4) Vollziehung beim Arrest usw, I Z 2	6–10
A. Begriff	6
B. Besondere Angelegenheit	7, 8
C. Gebot, Verbot	9, 10

Abschnitt 3. Angelegenheit § 18 RVG

5) Beschwerde, Erinnerung, I Z 3	11–17
A. Beschwerde	11–13
B. Erinnerung gegen die Kostenfestsetzung	14, 15
C. Erinnerung gegen den Kostenansatz	16
D. Sonstige Erinnerung	17
6) **Einwendung gegen Vollstreckungsklausel, I Z 4**	18, 19
7) **Weitere vollstreckbare Ausfertigung, I Z 5**	20
8) **Vollstreckungsschutz usw, I Z 6**	21
9) **Austauschpfändung, I Z 7**	22
10) **Besondere Verwertung, I Z 8**	23
11) **Verwaltung eines gepfändeten Vermögensrechts, I Z 9**	24
12) **Verteilungsverfahren, I Z 10**	25
13) **Zwangshypothek, I Z 11**	26
14) **Vorauszahlung zur Vornahme einer Handlung, I Z 12**	27
15) **Durchführung der Handlung, I Z 13**	28–30
16) **Ordnungsgeld wegen Duldung oder Unterlassung, I Z 14**	31
17) **Bestellung einer Sicherheit, I Z 15**	32
18) **Eidesstattliche Versicherung, I Z 16**	33–38
19) **Löschung der Eintragung im Schuldnerverzeichnis, I Z 17**	39
20) **Veröffentlichungsbefugnis, I Z 18**	40
21) **Zulassung der Zwangsvollstreckung, I Z 19**	41
22) **Aufhebung einer Vollstreckungsmaßregel, I Z 20**	42
23) **Zwangsmaßnahmen nach § 35 FamFG, I Z 21**	43
24) **Arrestvollziehung, Vollstreckung nach FamFG, II**	44, 45
A. Arrestvollziehung, II Z 1	44
B. Vollstreckung, II Z 2	45

1) Systematik, I, II. Als eine gegenüber § 15 II vorrangige Sonderregelung gilt **1**
§ 18 für die in I Z 1–21 abschließend aufgezählten Verfahren, (zum alten Recht)
Düss FamRZ **92**, 1329.

2) Regelungszweck, I, II. Die Vorschrift bezweckt eine angemessene Beachtung **2**
der auch bei I Z 1–21 besonderen Anforderungen an den Anwalt. Das muß man bei
der Auslegung mitbeachten.

3) Vollstreckungsmaßnahme usw, I Z 1. Abweichend von §§ 7 I 1, 15 II ent- **3**
hält I Z 1 eine ausdrückliche vorrangige Begriffsbestimmung dahin, daß jede Vollstreckungsmaßnahme zusammen mit den durch diese vorbereiteten weiteren Vollstreckungshandlungen bis zur Befriedigung des Gläubigers in der Zwangsvollstreckung
grundsätzlich eine Angelegenheit darstellt, LG Mönchengladb Rpfleger **06**, 210.
Gleichwohl gilt auch in der Zwangsvollstreckung keinesfalls jeder einzelne Akt als
eine besondere Angelegenheit, Bbg JB **92**, 607, LG Konst Rpfleger **00**, 463. Das verdeutlichen § 16 einerseits und die abschließenden Aufzählungen in §§ 17, 18 andererseits. I Z 1 gilt im Verwaltungszwangs- oder -vollstreckungsverfahren.

A. Innerer Zusammenhang. Dieselbe Angelegenheit bilden grundsätzlich die **4**
gesamten zu einer bestimmten Vollstreckungsmaßnahme gehörenden und miteinander in einem inneren Zusammenhang stehenden Einzelmaßnahmen gleicher Art von
der Vorbereitung der Vollstreckung, AG Worms DGVZ **98**, 127, zB über das Ermittlung einer Anschrift, Lorenschat DGVZ **89**, 151, über einen Wohnungswechsel des Schuldners, Mü JB **92**, 326, AG Melsungen DGVZ **95**, 13, und über einen Auftrag zur Vollstreckung in der Wohnung nach einem vergeblichen Versuch im Geschäftslokal, AG
Schleiden DGVZ **05**, 1421, bis zur Befriedigung des Gläubigers oder bis zum sonstigen Abschluß der Zwangsvollstreckung.

B. Sonst: Verschiedene Maßnahmen. Nur diejenigen Einzelmaßnahmen ste- **5**
hen in einem inneren Zusammenhang, die die einmal eingeleitete Maßnahme mit
demselben Ziel der Befriedigung fortsetzen, LG Bonn Rpfleger **90**, 226. Bei verschiedenen Maßnahmen liegen immer besondere Angelegenheiten vor, Düss AnwBl
87, 619, Hbg JB **79**, 854. Die Vollstreckung gegen mehrere Gesamtschuldner ist nicht
stets eine Mehrheit von Angelegenheiten, BGH AnwBl **06**, 857 (zum alten Recht),
Schlesw JB **96**, 89, aM Düss OLGR **96**, 248, Hamm AnwBl **88**, 357, LG Düss JB
93, 217.

4) Vollziehung beim Arrest usw, I Z 2. Es gibt drei Aspekte. **6**
A. Begriff. Die Vollziehung entspricht einer Vollstreckung. Sie regeln §§ 928ff,
936 ZPO. Sie beginnt mit der Parteizustellung des Arrestbefehls oder der einstweili-

gen Verfügung an den Schuldner, LG Bln AnwBl **82**, 122, LG Düss RR **99**, 303, aM LG Bielef AnwBl **89**, 109 (es seien [jetzt] VV 3100 ff anwendbar. Aber die Zustellung ist der klassische Vollzugsbeginn). Freilich reicht die bloße Zustellung nach I Z 2 Hs 2 noch nicht, Brschw Rpfleger **06**, 44. Bei einer solchen einstweiligen Verfügung nach §§ 890, 935 ff ZPO, durch die das Gericht dem Schuldner etwas gebietet oder verbietet, genügt die fristgemäße Parteizustellung zur Vollziehung.

7 **B. Besondere Angelegenheit.** Da die Vollziehung einer Zwangsvollstreckung entspricht, gelten dieselben Regeln wie nach I Z 1 für eine Vollstreckungsmaßnahme mit der Abweichung, daß es sich auch nicht nur um die Zustellung nach §§ 929, 936 ZPO handeln darf. Jede neue Vollziehung ist also eine neue Angelegenheit. Das gilt zB dann, wenn die erste Vollziehung ergebnislos oder unzulässig war, aM KG MDR **09**, 892, oder wenn das Gericht auf Grund einer Erinnerung des Schuldners eine Pfändung zunächst für unzulässig erklärt hatte, wenn der Gläubiger aber im Beschwerdeverfahren die Aufhebung der Entscheidung des Erstgerichts erreicht hatte und erneut pfänden muß.

Soweit der Anwalt den Arrestbefehl oder die einstweilige Verfügung dem Schuldner nach einer Tätigkeit als ProzBev zustellen läßt, gilt nämlich (jetzt) § 19 I Z 9 die *Zustellung* mit ab, Düss VersR **88**, 861, Kblz JB **03**, 137, Schlesw SchlHA **84**, 62.

8 Soweit ein nur mit der *Vollziehung* beauftragter Anwalt die Zustellung veranlaßt, gilt die Vergütung für seine sonstige Tätigkeit in dieser Sache diese Tätigkeit mit ab. Die Entgegennahme des Pfändungsbeschlusses läßt noch keine Gebühr nach I Z 2 entstehen. Wenn der Gläubiger den Antrag auf eine Pfändung gleichzeitig mit dem Antrag auf eine Anordnung des Arrests oder einer einstweiligen Verfügung stellt, verdient der Anwalt die Vergütung nach I Z 2 nur dann, wenn das Gericht den Arrest oder die einstweilige Verfügung auch anordnet. Denn es handelt sich dann um einen durch die Anordnung bedingten Pfändungsantrag, Düss Rpfleger **84**, 161.

9 **C. Gebot, Verbot.** Bei einer solchen einstweiligen Verfügung, durch die das Gericht dem Schuldner etwas nach § 890 ZPO gebietet oder verbietet, entsteht eine Situation nach I Z 2 durch den Antrag auf die Eintragung einer Arresthypothek nach § 932 III ZPO, KG MDR **91**, 66. Dasselbe gilt bei einer Vormerkung, Ffm DB **83**, 2354, Hamm Rpfleger **02**, 541, Mü AnwBl **98**, 349. Das gilt auch bei einem Widerspruch oder einer Verfügungsbeschränkung, Ffm Rpfleger **78**, 269.

10 Wenn das Gericht das *Grundbuchamt* nach § 941 ZPO um eine Eintragung ersucht hat, erhält der dieses Ersuchen anregende Anwalt keine gesonderte Vergütung, Düss VersR **88**, 861, Ffm Rpfleger **78**, 269. Der Anwalt des Schuldners erhält nach der Aufhebung einer einstweiligen Verfügung für den Antrag auf eine Berichtigung des Grundbuchs ebenfalls keine Vergütung nach I Z 2. Denn es handelt sich insofern nicht mehr um eine Maßnahme in der Zwangsvollstreckung.

Die vorstehenden Regeln gelten entsprechend beim Antrag auf eine Eintragung in das *Handelsregister* oder auf eine Löschung eines Gebrauchsmusters oder einer Marke beim Patentamt.

11 **5) Beschwerde, Erinnerung, I Z 3.** Man sollte vier Arten von Rechtsbehelfen unterscheiden.

A. Beschwerde. Die Vorschrift erfaßt grundsätzlich jede Art von Beschwerde, also die einfache Beschwerde, die sofortige Beschwerde, etwa nach § 11 II 3 in Verbindung mit § 11 I RPflG, und auch die etwa zulässige weitere Beschwerde oder eine Rechtsbeschwerde unabhängig von ihrer Bezeichnung, also auch zB dann, wenn man sie irrtümlich als Berufung bezeichnet hat.

12 Die Vorschrift gilt grundsätzlich für jede Beschwerde im Verfahren von VV 3100–3518 und auch dann, wenn dieser Teil 3 entsprechend anwendbar ist. Ausnahmeregeln enthält § 16 Z 10 (Mehrheit solches Verfahren in demselben Rechtszug). I Z 3 ist auch im Verfahren über die Zulassung oder Nichtzulassung eines Rechtsmittels anwendbar, VV amtliche Vorbemerkung 3.2 I.

13 Das Gericht mag über die Beschwerde auf Grund einer mündlichen Verhandlung durch ein *Endurteil* entscheiden, BLAH § 922 ZPO Rn 24. Dann gelten vom Zeitpunkt der Anordnung der mündlichen Verhandlung an (jetzt) VV 3100 oder 3200 ff unmittelbar, Ffm AnwBl **78**, 313, Mü RR **96**, 447, OVG Bre AnwBl **84**, 562, aM BGH MDR **03**, 528 (abl Schneider 529), Brdb RR **00**, 512, Hbg JB **96**, 248 (je in-

Abschnitt 3. Angelegenheit **§ 18 RVG**

konsequent). Eine Beschwerde oder Erinnerung ist stets eine besondere Angelegenheit, Bischof JB **06**, 347.
Vgl bei KV 1957, Teil I A dieses Buchs. Wegen der Sonderregel im Zwangsvollstreckungsverfahren § 57 II 6.

B. Erinnerung gegen die Kostenfestsetzung. Die Vorschrift gilt im Verfahren 14 nach § 104 III ZPO, auch für die sofortige Erinnerung nach § 11 II 3 in Verbindung mit § 11 II RPflG, und zwar sowohl im dortigen Verfahren vor dem Rpfl, § 11 II 2 RPflG, als auch im Verfahren vor dem Richter, § 11 II 3 RPflG, als auch zB im verwaltungsgerichtlichen Verfahren vor dem Urkundsbeamten, BVerwG JB **07**, 534, aM VG Mü JB **05**, 595 (aber entgegen dem scheinbar klaren Wortlaut ist der Sache nach das gesamte Kostenfestsetzungsverfahren gemeint). Für den vorangegangenen Kostenfestsetzungsantrag erhält der ProzBev keine Vergütung, (jetzt) § 19 I 2 Z 14, Kblz VersR **81**, 467. Mehrere derartige Verfahren bilden wegen der Verweisung auf § 16 Z 10 nur eine und dieselbe Angelegenheit.

Soweit das Gericht des Rpfl über die nur scheinbare Erinnerung nicht selbst ab- 15 schließend entscheidet oder die Erinnerung an den Rpfl zurückverweist, sondern die Akten an das in Wahrheit zuständige Rechtsmittelgericht *abgibt*, zB bei § 11 Rn 125, wird aus dem Erinnerungsverfahren das in Wahrheit ja von Anfang an vorliegende Beschwerdeverfahren. Daher kann auch die Gebühr nach VV 3500 entstehen, und zwar insgesamt nur einmal, Bbg JB **93**, 88, SchGei 9, aM Hamm Rpfleger **90**, 409. Die Vergütung kann auch dann erstattungsfähig sein, wenn der Rpfl oder sein Gericht der Erinnerung abhelfen.

C. Erinnerung gegen den Kostenansatz. I Z 3 ist ferner für das Verfahren 16 nach §§ 66 GKG, 57 FamGKG, 14 KostO, 5 GvKostG anwendbar, Teile I, A, B, III, XI dieses Buchs, nicht aber im bloßen Erinnerungsverfahren nach § 6 II BerHG. Mehrere Verfahren bilden wegen der Verweisung auf § 16 Z 10 nur eine und dieselbe Angelegenheit.

D. Sonstige Erinnerung. I Z 3 erfaßt auch alle sonstigen Erinnerungen gegen 17 Entscheidungen des Rpfl in einer Sache mit Gebühren nach VV Teil 3.

6) Einwendungen gegen Vollstreckungsklausel, I Z 4. Es handelt sich lediglich 18 um die Einwendung gegen die Erteilung einer Vollstreckungsklausel nach § 732 ZPO, Hbg JB **95**, 547, Kblz JB **00**, 77. Die bloße Prüfung des gegnerischen Antrags reicht, Kblz JB **00**, 77. Das ist auch zB nach §§ 738, 742, 744, 749, 795 ZPO so. I Z 4 gilt ferner bei einer Einwendung gegen eine Vollstreckungsklausel auf Grund einer gerichtlichen oder notariellen Urkunde nach §§ 797 III, VI, 797a II ZPO und auf Grund des Vergleichs vor einer Gütestelle, § 747a II ZPO. Denn diese Fälle stehen der in § 732 ZPO genannten Situation rechtlich so weitgehend gleich, daß I Z 4 trotz der notwendigen engen Auslegung anwendbar ist.

Eine *einstweilige Anordnung* auf die Einstellung nach § 732 II ZPO beendet die 19 Zwangsvollstreckung nicht, selbst wenn sie auf eine Aufhebung der Zwangsvollstreckungsmaßnahme gegen eine Sicherheitsleistung lautet. Wenn der ProzBev im Zusammenhang etwa mit einem Rechtsmittel, einem Antrag auf die Wiedereinsetzung oder einem solchen auf eine Wiederaufnahme des Verfahrens eine vorläufige Einstellung der Zwangsvollstreckung beantragt, gilt die Verfahrensgebühr nach § 19 I 2 Z 1 diese Tätigkeit ab, es sei denn, daß eine abgesonderte mündliche Verhandlung darüber stattfindet. Im letzteren Fall gilt VV 3328, dort amtliche Anmerkung S 1.

7) Weitere vollstreckbare Ausfertigung, I Z 5. Die Vorschrift erfaßt das Ver- 20 fahren nach § 733 ZPO, § 95 FamFG. Es handelt sich stets um eine besondere Angelegenheit, auch für den früheren ProzBev, Hamm JB **01**, 29, Zweibr JB **99**, 160, Enders JB **01**, 29, und auch dann, wenn der Anwalt schon sonstwie in der Zwangsvollstreckung tätig war, Kblz JB **00**, 77. Soweit das Gericht den Schuldner anhört, erhält auch sein Anwalt eine Vergütung nach VV 3310. Eine zugehörige Erinnerung ist mit abgegolten.

Keine besondere Angelegenheit ist demgegenüber (nur) für den Anwalt des ursprünglichen Gläubigers eine *Umschreibung* nach § 727 ZPO, Hamm JB **01**, 29, Karlsr JB **90**, 349, Köln JB **95**, 474 (es sei denn, der Rechtsnachfolger hätte den Auftrag erteilt). Das gilt selbst dann, wenn das Gericht auch nach § 733 ZPO verfahren könnte.

RVG § 18   X. Rechtsanwaltsvergütungsgesetz

21   **8) Vollstreckungsschutz usw, I Z 6.** Die Vorschrift nennt eine Reihe von Vollstreckungsschutzmöglichkeiten und beim Europäischen Vollstreckungstitel über eine unbestrittene Forderung die Möglichkeit einer Verweigerung, Aussetzung oder Beschränkung der Zwangsvollstreckung. Ein Antrag nach jeder der in I Z 6 genannten Bestimmungen löst eine besondere Angelegenheit aus. Das gilt allerdings nur insofern, als er ein gerichtliches Verfahren verursacht, also nicht, wenn es zB nur um einen Aufschub durch den Gerichtsvollzieher nach § 765 a II ZPO oder um eine Erinnerung nach § 766 ZPO geht, Mü MDR **91**, 66. Eine Fortsetzung etwa nach einem ersten Fristablauf bildet für den bisherigen Anwalt dieselbe Angelegenheit.

      Auch jedes Verfahren auf die *Änderung* einer getroffenen Vollstreckungsschutzmaßnahme oder ihre Ablehnung gilt gegenüber dem vorangegangenen zugehörigen Verfahren als besondere Angelegenheit, etwa bei § 813 b III ZPO. Dasselbe gilt bei einer Mehrheit von Schuldnern, LG Mannh Rpfleger **82**, 238 (Räumungsschutz für Eheleute). Es können alle Gebühren nach VV 3309, 3310 entstehen.

      Wegen § 721 ZPO ist VV 3333 als eine vorrangige *Sondervorschrift* anwendbar. § 850 f zählt nicht hierher, sondern (jetzt) VV 3309, 3310, Ffm AnwBl **98**, 105.

22   **9) Austauschpfändung, I Z 7.** Es handelt sich um das Verfahren nach § 811 a ZPO. Mehrere Austauschanträge des Schuldners betreffen dieselbe Angelegenheit. Eine vorläufige Austauschpfändung nach § 811 b ZPO gehört wegen der abschließenden Aufzählung in § 18 nicht hierher.

23   **10) Besondere Verwertung, I Z 8.** Hierher zählen die Verfahren nach § 825 I oder II ZPO. Sie erfassen jede Art von besonderer Verwertung, die nach diesen Bestimmungen zulässig ist. Mehrere Maßnahmen nach § 825 I ZPO können untereinander verschiedene Angelegenheiten darstellen. Es kommt darauf an, ob sie sich auf denselben Gegenstand beziehen, ob sie vielleicht einen Teil des Gegenstands der einen Verwertungsart, einen weiteren Teil der anderen unterwerfen, jedoch gleichzeitig ergehen und daher vernünftigerweise doch nur eine Angelegenheit bilden usw. Nach dem Fehlschlagen eines ersten Verwertungsversuchs kann jeder weitere eine neue Angelegenheit bilden.

      Obwohl der Anwalt auch bei *§ 844 ZPO* dieselbe Verantwortung und Mühe hat wie bei § 825 ZPO, ist wegen der abschließenden Regelung in § 18 dessen I Z 8 auf die besondere Verwertung nach § 844 ZPO nicht anwendbar, (zum alten Recht) LG Bln Rpfleger **90**, 92. Soweit keine gerichtliche Anordnung stattfindet, kann VV 2300 anwendbar sein.

24   **11) Verwaltung eines gepfändeten Vermögensrechts, I Z 9.** Hierher gehört lediglich die in § 857 IV ZPO vorgesehene Verwaltung eines solchen gepfändeten unveräußerlichen Rechts, dessen Ausübung man einem anderen überlassen kann. Die Vorschrift umfaßt die gesamte Verwaltung bis zu ihrer Beendigung. Die besondere Angelegenheit beginnt mit der ersten Verwaltungshandlung. Sie endet mit der Befriedigung des Gläubigers. Für das der Anordnung vorangegangene Verfahren erhält der Anwalt eine weitere Gebühr nach VV 3309, 3310. Sie gilt auch die Pfändung ab.

25   **12) Verteilungsverfahren, I Z 10.** Hierher gehört das Verfahren nach §§ 858 V, 872–877, 882 ZPO.

26   **13) Zwangshypothek, I Z 11.** Die Vorschrift erfaßt nur das Verfahren der Eintragung nach §§ 867, 870 a ZPO, LG Stgt JB **97**, 106. Sie gilt auch die Verteilung der Hypothek auf mehrere Grundstücke nach § 867 II ZPO ab.

      Demgegenüber entstehen *besondere Vergütungen* für folgende Tätigkeiten: Die Erwirkung eines Erbscheins, § 792 ZPO. Denn er ist zu einem Verfahren nach §§ 867, 870 a ZPO nicht stets notwendig. Dann kann eine Vergütung nach VV 2300 entstehen; den Antrag auf eine Berichtigung des Grundbuchs, § 14 GBO; die Beschaffung einer behördlichen Genehmigung; die Erteilung eines Zeugnisses nach § 27 II ZVG; die Löschung der Zwangshypothek. Eine Grundbuchbeschwerde löst die Gebühr VV 3500 aus.

      I Z 11 ist dann *unanwendbar*, wenn es um eine Vormerkung, um einen Widerspruch oder um eine Verfügungsbeschränkung geht, Ffm Rpfleger **78**, 269, oder wenn es um die Pfändung einer Hypothek nach § 830 ZPO oder einer Reallast, Grund- oder Rentenschuld nach § 857 VI ZPO geht.

Abschnitt 3. Angelegenheit   § 18 RVG

14) Vorauszahlung zur Vornahme einer Handlung, I Z 12. Es geht nur um 27
das Verfahren nach § 887 II ZPO. Das Verfahren zur Ausführung der Zwangsvollstreckung auf die Vornahme selbst richtet sich nach I Z 13. Soweit wegen desselben Betrags mehrere Vollstreckungen erforderlich sind, können innerhalb von I Z 12 mehrere Angelegenheiten vorliegen. Keine neue Angelegenheit entsteht bei einer Vollstreckung wegen einer Nachforderung. Denn es handelt sich um dieselbe Vollstreckungsmaßnahme.
  Das Verfahren auf die *Verurteilung* zur Vorauszahlung gehört zum Ermächtigungsverfahren nach § 887 I ZPO. Es bildet mit ihm ebenfalls eine Angelegenheit. Erst mit dem Antrag oder Auftrag auf eine Vorauszahlung nach § 887 II ZPO beginnt die besondere Angelegenheit von I Z 12.
  Gegenstandswert ist bei § 887 I ZPO der vorauszahlende Kostenbetrag, bei § 887 II ZPO der Wert des geschützten Rechts.

15) Durchführung der Handlung, I Z 13. Es gibt zwei Anwendungsbereiche. 28
Die Vorschrift erfaßt das Verfahren nach § 888 ZPO und nur dieses, nicht die Durchführung einer vertretbaren Handlung nach § 887 I ZPO und auch nicht das Verfahren zur Vorauszahlung der Kosten nach § 887 II ZPO. Für das letztere gilt I Z 12. Es muß sich also um die Zwangsvollstreckung wegen einer unvertretbaren Handlung handeln. Zum Begriff der Vertretbarkeit oder Unvertretbarkeit BLAH § 887 ZPO Rn 20 ff. Die bloße Androhung genügt, (zum alten Recht) Hamm MDR **88**, 506.
  Jeder neue Antrag begründet eine neue Angelegenheit, HaRö 76, aM LG Mannh 29
Rpfleger **08**, 160. Sie endet mit der Ahndung oder Zurückweisung des Antrags. Ein Aufforderungsschreiben und das sodann durchgeführte Verfahren nach § 888 ZPO sind aber nur eine einheitliche Zwangsvollstreckungsmaßnahme, Hamm Rpfleger **84**, 117.
  Gegenstandswert ist das Interesse an der zu erzwingenden Handlung. Im Beschwer- 30
deverfahren muß man die Höhe des Zwangs- oder Ordnungsmittels beachten, § 48 GKG: Anh I Rn 144, Teil I A dieses Buchs. Da man bei der Zwangsvollstreckung auf die Leistung der sachlichrechtlichen eidesstattlichen Versicherung nach § 889 II ZPO gemäß § 888 ZPO verfahren muß, ist auch trotz der engen Auslegbarkeit I Z 13 bei § 889 II ZPO anwendbar.

16) Ordnungsgeld wegen Duldung oder Unterlassung, I Z 14. Es handelt 31
sich um das Verfahren nach § 890 I ZPO. Man muß es von der einer Verurteilung vorausgehenden Androhung eines Ordnungsgelds nach § 890 II ZPO unterscheiden. Das letztere Verfahren bildet keine besondere Angelegenheit, sondern gehört zum Rechtszug.
  Jeder neue Antrag nach § 890 I ZPO stellt eine *neue* Angelegenheit dar, LG Mannh Rpfleger **08**, 160. Sie endet mit der Ahndung oder mit der Zurückweisung des Antrags. Soweit der Anwalt wegen mehrerer selbständiger Zuwiderhandlungen mehrere Anträge stellt, liegen also mehrere Angelegenheiten vor, insbesondere bei mehreren Schuldnern, Düss JB **87**, 72, KG JB **04**, 46. Das gilt selbst dann, wenn das Gericht über die mehreren Zuwiderhandlungen in demselben Beschluß entscheidet.
  Soweit aber das Gericht mehrere in Tateinheit begangene Verstöße durch *denselben Beschluß* ahndet, liegt nur eine Angelegenheit vor, (je zum alten Recht) Bbg JB **92**, 607, Hbg JB **93**, 96, Kblz JB **00**, 325.
  Die Verfahrensgebühr entsteht mit dem *Eingang des Antrags* beim Gericht.
  Gegenstandswert ist das Interesse an der zu erzwingenden Handlung, nicht die Höhe der Verurteilung. Denn um sie geht nicht der eigentliche jetzige Streit.

17) Bestellung einer Sicherheit, I Z 15. Es handelt sich nur um das Verfahren 32
nach § 890 III ZPO. Das Verfahren nach § 890 I ZPO richtet sich nach I Z 14. Man muß zwischen der Zwangsvollstreckung zur Bewirkung der Sicherheit und dem Verfahren zur Bestellung der Sicherheit unterscheiden. Jedes dieser Verfahren stellt eine besondere Angelegenheit dar.
  Gegenstandswert ist der Wert des geschützten Rechts.

18) Eidesstattliche Versicherung, I Z 16. Das Verfahren erfaßt die eidesstatt- 33
liche Versicherung nach §§ 900, 901 ZPO in Verbindung mit § 807 I ZPO, Winterstein DGVZ **99**, 42. Sie gilt nur ab dem Vorliegen der Voraussetzungen, also zB nicht, soweit man den Schuldner nicht ermitteln kann, soweit er ganz oder nach

1497

§ 806b ZPO zulässigerweise in Raten zahlt, AG Korbach DGVZ **03**, 62, oder wenn eine Pfändung eine volle Deckung verspricht, Enders JB **99**, 2, Winterstein DGVZ **99**, 42. Demgegenüber gehört das Verfahren zur Abnahme der sachlichrechtlichen eidesstattlichen Versicherung nach I Z 13. Das *gesamte Verfahren* ist *eine* Angelegenheit vom Eingang des Antrags bis zur Abgabe der Versicherung. Es erfaßt, soweit insgesamt beantragt, auch die Verhaftung und Vorschußleistung. Ein Verfahren nach § 903 ZPO läßt eine gesonderte Gebühr entstehen, ein solches auf eine bloße Nachbesserung nicht, Enders JB **99**, 3, Winterstein DGVZ **99**, 42. Die Gebühr entsteht mit der Antragstellung. Es können sämtliche Gebühren entstehen.

34 Die *Verfahrensgebühr* entsteht auch dann, wenn der Anwalt nur eine Abschrift oder Ablichtung des Vermögensverzeichnisses beantragt, LG Darmst JB **92**, 399, Enders JB **99**, 2, Winterstein DGVZ **99**, 42 (etwas anderes gilt beim bloßen Verhaftungsauftrag, Enders JB **99**, 3), aM LG Detm Rpfleger **90**, 391, AG Kaisersl DGVZ **89**, 44 (nur, wenn beim Antrag schon ein Verzeichnis vorlag).

35 Die *Terminsgebühr* entsteht, sobald der Anwalt in einem vom Gericht anberaumten Termin den Auftraggeber vertritt, VV amtliche Vorbemerkung 3 III Hs 1. Auch der Termin vor dem Gerichtsvollzieher reicht, zumal er ja einem AG zugeordnet ist, Enders JB **99**, 3. Sie entsteht auch dann, wenn der Schuldner nicht erscheint und der Anwalt des Gläubigers den Erlaß des Haftbefehls beantragt. Bloß ergänzende Fragen können reichen. Denn es ist für die Terminsgebühr kein Sachantrag mehr nötig.

36 Unter den Voraussetzungen VV 1000 kann eine *Einigungsgebühr* in voller Höhe entstehen.

37 Die Verfahren gegenüber *mehreren Schuldners* bilden mehrere Angelegenheiten. Das gilt auch bei solchen Gesamtschuldnern, die das Gericht in demselben Urteil verurteilt hatte.

38 Für den *Gegenstandswert* ist § 25 I Z 1 maßgeblich.

39 **19) Löschung der Eintragung im Schuldnerverzeichnis, I Z 17.** Es handelt sich um das Verfahren nach § 915a III ZPO. Der Anwalt muß in diesem Verfahren tatsächlich tätig geworden sein. Die bloße Löschungsbewilligung reicht nicht. Denn erst der Löschungsantrag des Schuldners löst das Verfahren aus, Enders JB **99**, 4. Die Angelegenheit endet mit der Entscheidung. Ein neuer Antrag stellt eine neue Angelegenheit dar.

Nicht hierher gehört die bloße Einholung einer Auskunft aus dem Schuldnerverzeichnis nach §§ 915ff ZPO, AG Lahnstein DGVZ **02**, 190.

40 **20) Veröffentlichungsbefugnis, I Z 18.** Die Vorschrift erfaßt das Verfahren zur Ausübung einer Veröffentlichungsbefugnis. Auch wenn der Gläubiger die Entscheidung zB in mehreren Zeitungen veröffentlichen darf, handelt es sich nur um eine Angelegenheit.

41 **21) Zulassung der Zwangsvollstreckung, I Z 19.** Das Verteilungsgericht muß das Verfahren dann einstellen, wenn es die Haftungssumme nach der Eröffnung höher festgesetzt hat, wenn der Mehrbetrag jedoch nicht innerhalb der vom Gericht zu bestimmenden Frist nach § 5 IV SVertO eingeht oder wenn keine entsprechende Sicherheitsleistung erfolgt oder der Eröffnungsantrag nachträglich wegfällt, § 17 I Z 2 SVertO.

Bereits *vor dieser Einstellung* kann das Gericht die an sich nach § 8 IV SVertO noch unzulässige Zwangsvollstreckung auf Grund des Antrags eines am Verfahren teilnehmenden Gläubigers unter den in § 17 IV SVertO bestimmten Voraussetzungen zulassen.

Nur diesen Fall erfaßt I Z 19, also *nicht andere Anträge* wegen einer Vollstreckungsmaßnahme. VV 3322 gilt die Tätigkeit des Anwalts wegen solcher anderen Anträge ab.

42 **22) Aufhebung einer Vollstreckungsmaßregel, I Z 20.** Nach der Eröffnung des Verteilungsverfahrens ist ähnlich wie im Insolvenzverfahren eine Einzelzwangsvollstreckung bis zur Verfahrensbeendigung grundsätzlich unzulässig. Auf Grund eines Antrags können aber das Prozeßgericht und in einem dringenden Fall das Vollstreckungsgericht unter anderem die Einstellung der Zwangsvollstreckung gegen oder ohne eine Sicherheitsleistung anordnen, §§ 8 V, 41 SVertO.

Abschnitt 3. Angelegenheit §§ 18, 19 RVG

Soweit das Gericht eine solche Einstellung *angeordnet* hat, kann das Vollstreckungsgericht auf Grund des Antrags des Schuldners eine Vollstreckungsmaßregel gegen eine Sicherheitsleistung aufheben, § 8 V 1 SVertO. Solange der Schuldner die Unzulässigkeit der Zwangsvollstreckung durch eine Klage nach § 8 V 2 SVertO geltend macht, ist zu einer solchen Anordnung das Prozeßgericht zuständig, § 8 V 3 SVertO. I Z 22 erfaßt diese Aufhebungsanträge, also *nicht andere Anträge* wegen einer Vollstreckungsmaßnahme. Solche anderen Anträge gilt jeweils VV 3323 ab.

23) Zwangsmaßnahmen nach § 35 FamFG, I Z 21. Es geht um die Durchsetzung der Verpflichtung zur Vornahme oder Unterlassung einer Handlung nach § 35 I–III FamFG oder der Verpflichtung zur Herausgabe einer Sache usw nach § 35 IV FamFG. 43

24) Arrestvollziehung, Vollstreckung nach FamFG, II. Besondere Angelegenheiten sind, auch untereinander, jede Anwaltstätigkeit auf einem der beiden nachfolgenden Gebiete, dort jeweils für alle zu derselben Gruppe gehörenden Tätigkeiten. 44
A. Arrestvollziehung, II Z 1. Nach § 95 I FamFG in Verbindung mit §§ 928 ff ZPO kann es auch im FamFG-Verfahren zu einem persönlichen oder dinglichen Arrestvollzug kommen. Das gilt auch im Zusammenhang mit einer einstweiligen Anordnung nach §§ 49 ff FamFG. Diese Fälle erfaßt II Z 1.
B. Vollstreckung, II Z 2. Die Vorschrift erfaßt jede Art von Vollstreckung nach §§ 86 ff FamFG, auch diejenige nach § 95 FamFG in Verbindung mit §§ 704 ff ZPO und diejenige nach §§ 120, 216, 270, 371, 409 FamFG. 45

Rechtszug; Tätigkeiten, die mit dem Verfahren zusammenhängen

19 *Fassung 1. 9. 2009:* [1] [1] Zu dem Rechtszug oder dem Verfahren gehören auch alle Vorbereitungs-, Neben- und Abwicklungstätigkeiten und solche Verfahren, die mit dem Rechtszug oder Verfahren zusammenhängen, wenn die Tätigkeit nicht nach § 18 eine besondere Angelegenheit ist. [2] Hierzu gehören insbesondere

1. die Vorbereitung der Klage, des Antrags oder der Rechtsverteidigung, soweit kein besonderes gerichtliches oder behördliches Verfahren stattfindet;
2. außergerichtliche Verhandlungen;
3. Zwischenstreite, die Bestimmung des zuständigen Gerichts, die Bestellung von Vertretern durch das in der Hauptsache zuständige Gericht, die Ablehnung von Richtern, Rechtspflegern, Urkundsbeamten der Geschäftsstelle oder Sachverständigen, die Festsetzung des Streit- oder Geschäftswerts;
4. das Verfahren vor dem beauftragten oder ersuchten Richter;
5. das Verfahren über die Erinnerung (§ 573 der Zivilprozessordnung), das Verfahren über die Rüge wegen Verletzung des Anspruchs auf rechtliches Gehör sowie die Verfahren nach Artikel 18 der Verordnung (EG) Nr. 861/2007 des Europäischen Parlaments und des Rates vom 13. Juni 2007 zur Einführung eines europäischen Verfahrens für geringfügige Forderungen und nach Artikel 20 der Verordnung (EG) Nr. 1896/2006 des Europäischen Parlaments und des Rates vom 12. Dezember 2006 zur Einführung eines Europäischen Mahnverfahrens;
6. die Berichtigung und Ergänzung der Entscheidung oder ihres Tatbestands;
7. Verfahren wegen Rückgabe einer Sicherheit;
8. die für die Geltendmachung im Ausland vorgesehene Vervollständigung der Entscheidung und die Bezifferung eines dynamisierten Unterhaltstitels;
9. die Zustellung und Empfangnahme von Entscheidungen und Rechtsmittelschriften und ihre Mitteilung an den Auftraggeber, die Einwilligung zur Einlegung der Sprungrevision oder Sprungrechtsbeschwerde, der Antrag auf Entscheidung über die Verpflichtung, die Kosten zu tragen, die nachträgliche Vollstreckbarerklärung eines Urteils auf besonderen Antrag, die Erteilung des Notfrist- und des Rechtskraftzeugnisses, die Ausstellung einer Bescheinigung nach § 48 des Internationalen Familienrechtsverfahrensgesetzes oder § 56 des Anerkennungs- und Vollstreckungsausführungsgesetzes, die Ausstellung, die Berichtigung oder der Widerruf einer Bestätigung nach § 1079 der Zivilprozessordnung;

1499

10. die Einlegung von Rechtsmitteln bei dem Gericht desselben Rechtszugs in Verfahren, in denen sich die Gebühren nach Teil 4, 5 oder 6 des Vergütungsverzeichnisses richten; die Einlegung des Rechtsmittels durch einen neuen Verteidiger gehört zum Rechtszug des Rechtsmittels;
11. die vorläufige Einstellung, Beschränkung oder Aufhebung der Zwangsvollstreckung, wenn nicht eine abgesonderte mündliche Verhandlung hierüber stattfindet;
12. die einstweilige Einstellung oder Beschränkung der Vollstreckung und die Anordnung, dass Vollstreckungsmaßnahmen aufzuheben sind (§ 93 Abs. 1 des Gesetzes über das Verfahren in Familiensachen und in den Angelegenheiten der freiwilligen Gerichtsbarkeit), wenn nicht ein besonderer gerichtlicher Termin hierüber stattfindet;
13. die erstmalige Erteilung der Vollstreckungsklausel, wenn deswegen keine Klage erhoben wird;
14. die Kostenfestsetzung und die Einforderung der Vergütung;
15. (aufgehoben)
16. die Zustellung eines Vollstreckungstitels, der Vollstreckungsklausel und der sonstigen in § 750 der Zivilprozessordnung genannten Urkunden und
17. die Herausgabe der Handakten oder ihre Übersendung an einen anderen Rechtsanwalt.

II Zu den in § 18 Abs. 1 Nr. 1 und 2 genannten Verfahren gehören ferner insbesondere
1. gerichtliche Anordnungen nach § 758a der Zivilprozessordnung sowie Beschlüsse nach den §§ 90 und 91 Abs. 1 des Gesetzes über das Verfahren in Familiensachen und in den Angelegenheiten der freiwilligen Gerichtsbarkeit,
2. die Erinnerung nach § 766 der Zivilprozessordnung,
3. die Bestimmung eines Gerichtsvollziehers (§ 827 Abs. 1 und § 854 Abs. 1 der Zivilprozessordnung) oder eines Sequesters (§§ 848 und 855 der Zivilprozessordnung),
4. die Anzeige der Absicht, die Zwangsvollstreckung gegen eine juristische Person des öffentlichen Rechts zu betreiben,
5. die einer Verurteilung vorausgehende Androhung von Ordnungsgeld und
6. die Aufhebung einer Vollstreckungsmaßnahme.

Vorbem. Vgl die Hinweise zu Beginn der einzelnen Teile des § 19. I 2 Z 7 geändert dch Art 2 X G v 26. 1. 05, BGBl 162, I 2 Z 8, 9 erweitert dch Art 2 V Z 2a, b G v 18. 8. 05, BGBl 2477, in Kraft seit 21. 10. 05, Art 3 S 1 G. II Z 2 eingefügt, daher bisherige II Z 2–5 zu II Z 3–6 dch Art 20 Z 2a, b des 2. JuMoG v 22. 12. 06, BGBl 3416, in Kraft seit 31. 12. 06, Art 28 I des 2. JuMoG. Sodann I 2 Z 5 idF Art 6 Z 2 G v 30. 10. 08, BGBl 2122, in Kraft seit 12. 12. 08, Art 8 I G, Übergangsrecht jeweils § 60 RVG. Schließlich I 2 Z 9 geändert, Z 12 eingefügt, daher bisherige Z 12–15 zu Z 13–16, frühere Z 16 gestrichen, II geändert durch Art 47 VI Z 8a, b FGG-RG v 17. 12. 08, BGBl 2586, in Kraft seit 1. 9. 09, Art 112 I Hs 1 FGG-RG. Sodann I 2 Z 15 aufgehoben dch Art 15 VAStrRefG v 3. 4. 09, BGBl 700, in Kraft seit 1. 9. 09, Art 23 S 1 VAStrRefG, Übergangsrecht je Art 111 FGG-RG, Grdz 2 vor § 1 FamGKG, Teil I B dieses Buchs. Wegen einer etwaigen Änderung von I 2 Z 15 schon zum 1. 9. 09 vgl den Rechtspolitischen Ausblick III am Buchende.

Bisherige Fassung I 2 Z 9–II:
9. die Zustellung oder Empfangnahme von Entscheidungen oder Rechtsmittelschriften und ihre Mitteilung an den Auftraggeber, die Einwilligung zur Einlegung der Sprungrevision, der Antrag auf Entscheidung über die Verpflichtung, die Kosten zu tragen, die nachträgliche Vollstreckbarerklärung eines Urteils auf besonderen Antrag, die Erteilung des Notfrist- und des Rechtskraftzeugnisses, die Ausstellung einer Bescheinigung nach § 48 des Internationalen Familienrechtsverfahrensgesetzes oder § 56 des Anerkennungs- und Vollstreckungsausführungsgesetzes, die Ausstellung, die Berichtigung oder der Widerruf einer Bestätigung nach § 1079 der Zivilprozessordnung;
10. die Einlegung von Rechtsmitteln bei dem Gericht desselben Rechtszugs in Verfahren, in denen sich die Gebühren nach Teil 4, 5 oder 6 des Vergütungsverzeichnisses richten; die Einlegung des Rechtsmittels durch einen neuen Verteidiger gehört zum Rechtszug des Rechtsmittels;

Abschnitt 3. Angelegenheit § 19 RVG

11. die vorläufige Einstellung, Beschränkung oder Aufhebung der Zwangsvollstreckung, wenn nicht eine abgesonderte mündliche Verhandlung hierüber stattfindet;
12. die erstmalige Erteilung der Vollstreckungsklausel, wenn deswegen keine Klage erhoben wird;
13. die Kostenfestsetzung und die Einforderung der Vergütung;
14. die Festsetzung des für die Begründung von Rentenanwartschaften in einer gesetzlichen Rentenversicherung zu leistenden Betrags nach § 53e Abs. 2 des Gesetzes über die Angelegenheiten der freiwilligen Gerichtsbarkeit;
15. die Zustellung eines Vollstreckungstitels, der Vollstreckungsklausel und der sonstigen in § 750 der Zivilprozessordnung genannten Urkunden;
16. die Aussetzung der Vollziehung (§ 24 Abs. 2 und 3 des Gesetzes über die Angelegenheiten der freiwilligen Gerichtsbarkeit) und die Anordnung der sofortigen Wirksamkeit einer Entscheidung und
17. die Herausgabe der Handakten oder ihre Übersendung an einen anderen Rechtsanwalt.

II Zu den in § 18 Nr. 3 und 4 genannten Verfahren gehören ferner insbesondere
1. gerichtliche Anordnungen nach § 758a der Zivilprozessordnung,
2. die Erinnerung nach § 766 der Zivilprozessordnung,
3. die Bestimmung eines Gerichtsvollziehers (§ 827 Abs. 1 und § 854 Abs. 1 der Zivilprozessordnung) oder eines Sequesters (§§ 848 und 855 der Zivilprozessordnung),
4. die Anzeige der Absicht, die Zwangsvollstreckung gegen eine juristische Person des öffentlichen Rechts zu betreiben,
5. die einer Verurteilung vorausgehende Androhung von Ordnungsgeld und
6. die Aufhebung einer Vollstreckungsmaßnahme.

Gliederung

1) Systematik, I, II	1
2) Regelungszweck, I, II	2
3) Geltungsbereich, I, II	3–5
A. Pauschvergütung	4
B. Abgrenzung	5
4) Vorbereitung der Klage usw., I 2 Z 1	6–8
5) Außergerichtliche Verhandlung, I 2 Z 2	9
6) Zwischenstreit usw., I 2 Z 3	10–20
A. Geltungsbereich	11–13
B. Bestimmung des zuständigen Gerichts	14
C. Bestellung eines Vertreters durch das in der Hauptsache zuständige Gericht	15
D. Ablehnungsverfahren	16
E. Streit- oder Geschäftswertfestsetzung	17–19
F. Antrag zur Prozeß- oder Sachleitung	20
7) Verfahren vor dem verordneten Richter, I 2 Z 4	21
8) Erinnerung usw, I 2 Z 5	22
9) Berichtigung oder Ergänzung der Entscheidung usw, I 2 Z 6	23
10) Rückgabe einer Sicherheit, I 2 Z 7	24–26
11) Vervollständigung einer Entscheidung mit Auslandswirkung und Bezifferung beim dynamisierten Unterhalt, I 2 Z 8	27, 28
12) Zustellung und Empfangnahme von Entscheidungen usw, I 2 Z 9	29–40
A. Zustellung oder Empfangnahme einer Entscheidung oder Rechtsmittelschrift, Mitteilung an den Auftraggeber	30–33
B. Einwilligung zur Sprungrevision oder Sprungrechtsbeschwerde	34
C. Ausspruch über die Verpflichtung, die Kosten zu tragen	35, 36
D. Vollstreckbarerklärung eines Urteils	37, 38
E. Notfrist- oder Rechtskraftzeugnis	39
F. Ausstellung einer Bescheinigung nach § 48 IntFamRVG oder nach § 56 AVAG	40
13) Einlegung von Rechtsmitteln, I 2 Z 10	41, 42
A. Beratung	41
B. Einlegung beim bisherigen Gericht	42
14) Vorläufige Einstellung usw, I 2 Z 11	43
15) Einstweilige Einstellung der Vollstreckung, I 2 Z 12	44
16) Erstmalige Erteilung der Vollstreckungsklausel, I 2 Z 13	45

17) Kostenfestsetzung, Einforderung der Vergütung, I 2 Z 14	46, 47
18) Zustellung des Vollstreckungstitels usw, I 2 Z 16	48
19) Herausgabe der Handakten usw, I 2 Z 17	49, 50
20) Zwangsvollstreckungssache, II	51–57
A. Nachtzeit, Sonntag, Feiertag, Wohnungsdurchsuchung, II Z 1	52
B. Erinnerung, II Z 2	53
C. Bestimmung des Gerichtsvollziehers oder Sequesters, II Z 3	54
D. Anzeige der Vollstreckungsabsicht, II Z 4	55
E. Androhung von Ordnungsgeld, II Z 5	56
F. Aufhebung einer Vollstreckungsmaßnahme, II Z 6	57

1   **1) Systematik, I, II.** Der Begriff des Rechtszugs weicht im Kostenrecht teilweise vom Prozeßrecht ab, Schneider Rpfleger **91**, 175. Im Prozeßrecht beginnt der Rechtszug im allgemeinen mit der Einreichung eines Antrags, einer Klage, eines Rechtsmittels usw (Anhängigkeit) und endet mit der formellen Rechtskraft des Urteils nach § 705 ZPO oder mit der Einlegung eines Rechtsmittels, BLAH § 172 ZPO Rn 15. Demgegenüber gehören zum Rechtszug im gebührenrechtlichen Sinn gewisse Tätigkeiten des Anwalts ab dem Erhalt des Prozeßauftrags vor dem prozeßrechtlichen Beginn und nach dem prozeßrechtlichen Ende der Instanz, KG AnwBl **86**, 545, Karlsr RR **08**, 658. Das letzte übersieht LG Freibg VersR **91**, 689.

§ 19 umschreibt zusammen mit §§ 20, 21 den für die Vergütung des Anwalts im bürgerlichen Rechtsstreit maßgebenden Begriff des Rechtszugs nach (jetzt) § 15 II 2, Schlesw SchlHA **89**, 161. Die Aufzählung ist nur beispielhaft. Das verdeutlicht das Wort „insbesondere" in I 2. Sie ist also *nicht abschließend*, (je zum alten Recht) BGH NJW **91**, 2085, KG AnwBl **86**, 545, Karls FamRZ **09**, 2026. Man muß also nach den Umständen unter einer Abwägung des jeweiligen Schwerpunkts der anwaltlichen Tätigkeit prüfen, ob sie schon oder noch zum gebührenrechtlichen Rechtszug zählt, Karlsr Rpfleger **97**, 233.

2   **2) Regelungszweck, I, II.** Die in Rn 1 genannte Zuordnung erfolgt aus Zweckmäßigkeitsgründen, Köln JB **07**, 303, und deshalb, weil zB eine Einordnung der Tätigkeit zur Vorbereitung einer Klage unter VV 2300 dann ungerechtfertigt ist, wenn es wenigstens zur anschließenden Klageinreichung kommt, weil die für das Verfahren vor dem Gericht vorgesehenen Pauschgebühren VV 3100 ff auf solche vorbereitenden, begleitenden und nachfolgenden abschließenden Tätigkeiten mit zugeschnitten sind.

3   **3) Geltungsbereich, I, II.** Grundsätzlich ist einerseits der Beginn des Auftrags und andererseits die Erledigung dieser Angelegenheit ein wesentlicher Anhaltspunkt für den Beginn und das Ende des gebührenrechtlichen Rechtszugs. Das gilt auch bei VV 3101 ff. Sie stellen ja nur Ergänzungen oder besondere Ausgestaltungen der Grundgedanken VV 3100 dar.

4   **A. Pauschvergütung.** Aus dem Pauschcharakter der Gebühren folgt weiter, daß § 19 sinngemäß auch für diejenigen anderen Verfahren gilt, für die VV Teil 3 besondere Vorschriften enthält, also zB für das Mahnverfahren, (jetzt) VV 3305–3308, AG Bonn Rpfleger **91**, 175 (abl Schneider), für das Aufgebotsverfahren, VV 3324, für das Beschwerdeverfahren, VV 3500 ff, für das Güteverfahren, VV 3403, usw. Wegen der Zugehörigkeit des Vergleichs zum Rechtszug vgl bei VV 1000, auch wegen der Fortsetzung des Rechtsstreits wegen eines Streits über die Wirksamkeit eines Vergleichs.

5   **B. Abgrenzung.** Eine der in § 19 genannten Tätigkeiten des ProzBev ist auch dann mit der für diesen Rechtszug vorgesehenen Vergütung abgegolten, wenn der Auftraggeber ihn zu einzelnen oder mehreren der in § 19 genannten Tätigkeiten besonders beauftragt hat, § 15 V. Das gilt aber nicht, sofern eine solche Tätigkeit als eine besondere Angelegenheit gilt, etwa eine Gutachtenerstattung nach § 34 oder die Zahlung an einen Anwalt oder eine Auszahlung durch den Anwalt oder die Ablieferung von Wertpapieren und Kostbarkeiten nach VV 1009 oder eine Vertretung nur im Zwischenstreit, etwa nach § 387 ZPO, (zum alten Recht) Hbg MDR **87**, 947, oder ein Tätigkeit in der Zwangsvollstreckung nach VV 3309, 3310 oder eine solche im Beschwerdeverfahren.

6   **4) Vorbereitung der Klage usw, I 2 Z 1.** Maßgeblich ist der Auftrag. Hierher zählen: Die auftragsgemäße Entgegennahme der Information; eine Mahnung oder Zahlungsaufforderung, Hamm RR **06**, 242; eine Kündigung nebst einer Klagandro-

Abschnitt 3. Angelegenheit **§ 19 RVG**

hung; die sonstige Vorbereitung der Klage, AG Hann WoM **09**, 731; die Vorbereitung eines Antrags oder Gesuchs, Hamm RR **06**, 242, Meyer JB **09**, 182; die Vorbereitung der zugehörigen Rechtsverteidigung, vor allem die Einholung weiterer Informationen bei einem Dritten, einer Behörde, dem Auftraggeber, wie schon VV amtliche Vorbemerkung 3 II ergibt; auch die Beratung über die Art des einzuschlagenden Wegs. Man muß eine dadurch entstehende Ratsgebühr auf die Verfahrensgebühr anrechnen, VV 2100 amtliche Anmerkung II. Hierher zählt auch die Vorbereitung eines Antrags auf den Erlaß eines Arrests oder einer einstweiligen Verfügung sowie die Vorbereitung eines Rechtsmittels sowie die Vorbereitung der jeweils zugehörigen Rechtsverteidigung.

Es ist *unerheblich,* wer dem Anwalt die *Information gibt* und ob sich der Anwalt das 7 Material selbst besorgt. Es ist auch unerheblich, ob er ein am Ort der Kanzlei befindliches oder ein auswärtiges Grundbuch einsehen muß, Schlesw SchlHA **80**, 218, und ob er ähnliche Einsichtnahmen in andere Register vornehmen muß. Zur Klagevorbereitung gehören auch ein Kündigungs- oder Mahnschreiben sowie eine Aufforderung zur Anerkennung der Wirksamkeit einer einstweiligen Verfügung.

Dagegen kann eine derartige *Vorbereitungsmaßnahme* auf der Seite des Antragstellers 8 oder Klägers wie auf derjenigen des Antragsgegners oder Bekl besonders vergütbar sein, sofern ein „besonderes gerichtliches oder behördliches Verfahren stattfindet". Es muß sich aber um ein besonderes Verfahren handeln, also nicht um das ohnehin mit der Klage usw beabsichtigte.

Unanwendbar ist Z 1 schließlich bei der Einholung einer Deckungszusage der *Rechtsschutzversicherung.* Denn das betrifft das Innenverhältnis des Auftraggebers zu einem noch Dritten und damit einen anderen Gegenstand, AG Bln-Charlottenb JB **02**, 25, AG Ahaus JB **76**, 57, Enders JB **02**, 25, aM Mü JB **93**, 163.

5) Außergerichtliche Verhandlung, I 2 Z 2. Die Verfahrensgebühr gilt eine 9 außergerichtliche Verhandlung dann bereits mit ab, wenn es zur Klage oder zum Widerspruch gegen einen Mahnbescheid und damit zum streitigen Verfahren kommt oder bereits gekommen ist, Hamm JB **92**, 413, Karlsr Just **90**, 21, VGH Kassel AnwBl **84**, 52. Das übersieht LG Freibg VersR **91**, 689. Das gilt auch, wenn der Auftraggeber mit dem Klagauftrag zugleich den Auftrag zu einer außergerichtlichen Vergleichsverhandlung verbunden hat. Durch eine Einigung, zB durch einen Vergleich, kann zusätzlich die Einigungsgebühr nach (jetzt) VV 1000 entstehen, VGH Kassel AnwBl **84**, 52. Wegen eines anderen mitverglichenen Anspruchs VV 1000 Rn 84.

6) Zwischenstreit usw, I 2 Z 3. Die Vorschrift faßt eine Reihe von untereinan- 10 der mehr oder minder verschiedenen Nebenverfahren zusammen. Auch die Aufzählung in I 2 Z 3 ist in sich nur beispielhaft und keineswegs abschließend. Das Gesetz nennt im einzelnen die folgenden Situationen.

A. Geltungsbereich. Hierher gehört nur ein Zwischenstreit vor demselben Pro- 11 zeßgericht, etwa über eine einstweilige Anordnung innerhalb einer isolierten Familiensache, Düss JB **91**, 215, oder über die Zulassung eines Streithelfers nach § 71 ZPO oder über eine Streitverkündung nach §§ 72 ff ZPO, Bischof MDR **99**, 790, oder über die Rechtmäßigkeit der Aussageverweigerung eines Zeugen oder der Gutachtenverweigerung eines Sachverständigen nach §§ 387, 402, 408 ZPO, Hbg MDR **87**, 947, oder über die Verpflichtung zur Rückgabe einer dem gegnerischen Anwalt übergebenen Urkunde nach § 135 ZPO oder über eine Aussetzung nach §§ 148, 149 ZPO, Hbg MDR **02**, 479.

Das *Normenkontrollverfahren* vor dem BVerfG gehört nicht hierher, § 37. Dasselbe 12 gilt für ein Verfahren nach Art 177 EGV vor dem EuGH nach § 38 oder über ein ähnliches Verfahren vor dem VerfGH eines Landes oder vor einem VG.

Im übrigen kann eine besondere Gebühr entstehen, soweit zB nur im *Zwischenstreit* 13 eine Verhandlung stattfindet. Dann ist aber für die etwaige Terminsgebühr auch nur der Wert des Zwischenstreits maßgeblich. Ferner kommt natürlich eine besondere Vergütung für denjenigen Anwalt zur Anwendung, der nur etwa den Streithelfer, den Zeugen oder den Sachverständigen im Zwischenstreit vertritt. Seine Gebühren richten sich (jetzt) nach VV 3100 ff, Hbg MDR **87**, 948.

Der *Gegenstandswert* bemißt sich nach dem Wert des Zwischenstreits. Die Einmischungsklage nach §§ 64, 65 ZPO ist eine besondere Angelegenheit. Wegen einer Be-

1503

RVG § 19   X. Rechtsanwaltsvergütungsgesetz

rufung erst gegen das Zwischenurteil, dann nach einer Rücknahme der ersteren gegen das Endurteil § 15 Rn 57 ff.

14   **B. Bestimmung des zuständigen Gerichts.** Das Verfahren nach §§ 36, 37 ZPO, § 5 FamFG zählt grundsätzlich zum Rechtszug, Drsd Rpfleger **06**, 45, Mü FamRZ **08**, 627, Schneider NJW **03**, 2436 (auch zu Ausnahmen), aM Köln JB **07**, 302 (nicht bei einer Zurückweisung des Bestimmungsantrags).

Nicht hierher gehört die Bestellung eines gesetzlichen Vertreters im FamFG-Verfahren. Denn sie erfordert ein gesondertes Verfahren.

15   **C. Bestellung eines Vertreters durch in der Hauptsache zuständige Gericht.** In Betracht kommt eine Bestellung nach §§ 57, 58, 494 II, 779, 787 ZPO. Bei einer Anordnung durch das Vollstreckungsgericht bildet dieses Verfahren zusammen mit der Zwangsvollstreckung dieselbe Angelegenheit.

16   **D. Ablehnungsverfahren.** Hierher zählt die Ablehnung eines Richters, eines Rpfl, eines Urkundsbeamten der Geschäftsstelle oder eines Sachverständigen, §§ 42 ff, 406 ZPO, 6 FamFG, 10 RPflG. Auch das Verfahren über die Ablehnung eines Schiedsgutachters zählt hierher.

Nicht hierher gehört das Verfahren über die Ablehnung eines Schiedsrichters. Dann ist § 16 Z 10 anwendbar. Das zugehörige Beschwerdeverfahren zählt nicht zum Rechtszug, Saarbr JB **92**, 742.

17   **E. Streit- oder Geschäftswertfestsetzung.** Hierher zählt das Verfahren zur Festsetzung sowohl des Zuständigkeitsstreitwerts nach §§ 3 ff ZPO als auch des Kostenwerts nach §§ 63 GKG, 55 FamFG, 32, 33 RVG. Das gilt auch nach der Rechtskraft des Urteils.

18   Soweit allerdings das höhere Gericht den Festsetzungsbeschluß des unteren für diese *mitabändert,* zB § 63 III 1 GKG, Teil I A dieses Buchs, zählt dieses Verfahren zur höheren Instanz. Ein Beschwerdeverfahren ist ein besonderer Rechtszug, VV 3500 ff. Soweit sich der Anwalt im eigenen Namen beschwert, muß er bei einer Zurückweisung der Beschwerde die Kosten dieses Verfahrens selbst tragen. Soweit er siegt, hat er gegen die Parteien keinen Kostenerstattungsanspruch. Denn sie sind nicht seine Verfahrensgegner.

19   Eine *Gegenvorstellung* gehört schon wegen des Fehlens einer Anfallwirkung zum jeweiligen vorangegangenen Rechtszug. Soweit der Anwalt nur einen Auftrag für die Einlegung einer Gegenvorstellung erhalten hat, gilt VV 3500 Rn 2.

20   **F. Antrag zur Prozeß- oder Sachleitung.** Diesen Fall erwähnt I 2 Z 3 nicht ausdrücklich. Soweit der Anwalt einen Antrag gestellt hat, der über die Prozeß- oder Sachleitung hinausgeht, gelten allenfalls VV 3105, 3106.

21   **7) Verfahren vor dem verordneten Richter, I 2 Z 4.** Wegen des Verfahrens §§ 361, 362 ZPO. Soweit sich die Tätigkeit des Anwalts auf eines dieser Verfahren beschränkt, ist VV 3331 anwendbar. Wegen einer Erinnerung Rn 22.

22   **8) Erinnerung usw, I 2 Z 5.** Soweit es sich um eine Anrufung des Gerichts oder um eine befristete Erinnerung gegen eine Entscheidung des beauftragten oder ersuchten Richters, des Rpfl oder des Urkundsbeamten der Geschäftsstelle handelt, § 573 I ZPO, § 11 II RPflG, § 178 SGG, § 151 VwGO (Z 5 gilt dann jeweils entsprechend), oder um die Rüge der Verletzung des Anspruchs auf rechtliches Gehör nach § 12a, liegt die Zugehörigkeit zum Rechtszug nach I 2 Z 5 vor. Dasselbe gilt beim Verfahren nach §§ 1087 oder §§ 1097 ff ZPO auf Grund der jeweiligen EU-Verordnung. Soweit sich die Tätigkeit des Anwalts auf eines dieser Verfahren beschränkt, gelten VV 3330, 3331.

23   **9) Berichtigung oder Ergänzung der Entscheidung usw, I 2 Z 6.** Die Vorschrift faßt ähnlich wie I 2 Z 3 mehrere unterschiedliche Vorgänge zusammen. Auch Z 6 ist in sich ebensowenig wie Z 3 und ebensowenig wie überhaupt § 19 eng auslegbar. Wegen des Verfahrens §§ 319–321, 716 ZPO, § 120 VwGO, VGH Mü JB **10**, 29. Soweit sich die Tätigkeit des Anwalts nur auf ein solches Verfahren beschränkt, erhält er Gebühren nach VV 3309 an, Kblz AnwBl **02**, 252, und zwar auf Grund eines Gegenstandswerts nach der Höhe des Berichtigungs- oder Ergänzungsanspruchs.

24   **10) Rückgabe einer Sicherheit, I 2 Z 7.** In dieses Verfahren gehört sowohl der Antrag auf eine Fristbestimmung für die Einwilligung in die Rückgabe nach dem

Abschnitt 3. Angelegenheit § 19 RVG

Wegfall des Grundes nach § 109 I ZPO als auch der Antrag auf die Anordnung der Rückgabe, §§ 109 II, 715 ZPO. Ebenso muß man das Verfahren auf die Anordnung einer Sicherheitsleistung und die Art ihrer Erbringung behandeln, Kblz MDR **90**, 732, Stgt JB **85**, 1344, aM Düss GRUR **83**, 688, Karlsr Rpfleger **97**, 233 (aber die Situation gleicht hier derjenigen der vorangegangenen Lagen). Es entsteht also keine Gebühr nach VV 2300, auch nicht für die Ausführung der Hinterlegung, LG Mü ZMR **86**, 365, obwohl es sich um ein Verfahren vor einer Justizverwaltungsstelle handelt.

Man muß das Verfahren wie diejenigen Tätigkeiten behandeln, die erforderlich 25 sind, um ein Urteil rechtskräftig werden zu lassen oder die *Einstellung der Zwangsvollstreckung* zu erreichen, (je zum alten Recht) Ffm MDR **77**, 760, KG MDR **76**, 767, Köln JB **77**, 1397, aM KG JB **77**, 501, Karlsr Rpfleger **97**, 233 (aber die vorstehende Lösung ist eleganter).

Hierhin zählt auch das Verfahren wegen der *Rückgabe einer Bürgschaftsurkunde*. Der 26 Anwalt kann aber für eine Einzahlung oder Auszahlung eine Hebegebühr beanspruchen.

11) Vervollständigung einer Entscheidung mit Auslandswirkung und Be- 27
zifferung beim dynamisierten Unterhalt, I 2 Z 8. Eine deutsche Gerichtsentscheidung, die der Gläubiger zB in Großbritannien und Nordirland geltend machen will, muß nach § 313 V ZPO eine Begründung enthalten, um den dortigen Stellen die Nachprüfung im Rahmen des Abkommens zu ermöglichen. Das gilt auch allgemein für ein solches Versäumnis- oder Anerkenntnisurteil, das der Gläubiger im Ausland geltend machen will, § 313 b III ZPO. Soweit das Gericht seine Entscheidung nur in abgekürzter Form erlassen hat, muß es auf Grund eines Antrags den Tatbestand und die Entscheidungsgründe nachträglich anfertigen, § 9 AusfG. Dieser Antrag und die Tätigkeit des ProzBev gehören zum Rechtszug. Sie sind also durch die nach VV 3100 erhaltene Gebühr abgegolten.

Ein *Mindestbetrags-Unterhaltstitel* nach § 1612a BGB erhält vor einer Auslandsvoll- 28
streckung nach § 790 ZPO von der ausstellenden Stelle eine Bezifferung, wiederum zwecks einer Ermöglichung oder doch Erleichterung der Nachprüfung der Höhe durch die Auslandsbehörden. Auf dieses Bezifferungsverfahren bezieht sich Z 8 ebenfalls.

12) Zustellung und Empfangnahme von Entscheidungen usw, I 2 Z 9. Die 29
Vorschrift enthält ähnlich wie Z 3, 6 eine Reihe von untereinander recht unterschiedlichen Situationen. Die Vorschrift ist ebensowenig wie I 2 Z 3, 6 und wie überhaupt § 19 eng auslegbar, BGH NJW **91**, 2085, Kblz AnwBl **88**, 415, Hansens NJW **92**, 1148. Sie erfaßt auch die Zustellung zwecks einer Vollziehung nach §§ 929, 936, Ffm JB **02**, 140. Freilich kann VV 3201 anwendbar sein, dort Rn 1, KG MDR **09**, 470.

A. Zustellung oder Empfangnahme einer Entscheidung oder Rechtsmit- 30
telschrift, Mitteilung an den Auftraggeber. Hierher gehören die Zustellung und Empfangnahme vor allem eines Urteils, LAG Düss JB **92**, 467, einer einstweiligen Verfügung, auch wenn der Vollzug dadurch erfolgt, Düss MDR **90**, 733, Kblz AnwBl **88**, 415, Naumb JB **00**, 362, ferner zB eines Kostenfestsetzungsbeschlusses, einer Rechtsmittelschrift, Hbg MDR **03**, 835, Karlsr RR **08**, 658, Kblz AnwBl **88**, 415, oder einer Rechtsmittelbegründungsschrift, KG JB **98**, 20, Karlsr MDR **07**, 1226.

Hier gehört ferner die Zustellung einer Entscheidung über die Verlängerung einer 31
Berufungsbegründungsfrist, Kblz AnwBl **88**, 415, oder eines Verwerfungsbeschlusses nach § 522 I 3 ZPO, so schon Kblz AnwBl **88**, 415, oder eines Zurückweisungsbeschlusses nach § 522 II 1 ZPO. Sie müssen ja noch jeweils an den ProzBev der bisherigen Instanz erfolgen, solange der Auftraggeber für den höheren Rechtszug dafür noch keinen anderen ProzBev bestellt hat.

Hierher gehört auch die Zustellung eines Versäumnisurteils des höheren Gerichts, so- 32
lange die Partei für die höhere Instanz noch keinen anderen ProzBev bestellt hat. Der Anwalt handelt bis zur Empfangnahme regelmäßig noch als ProzBev zumindest des bisherigen Rechtszugs. Das gilt auch dann, wenn der Revisionsanwalt mit ihm korrespondiert und wenn der Berufungsanwalt den Auftraggeber noch in diesem Zusammenhang berät, KG MDR **79**, 319, aM KG AnwBl **82**, 112, oder wenn der Berufungs-

anwalt zum Antrag auf eine Verlängerung der Revisionsbegründungsfrist Stellung nimmt, KG AnwBl **86**, 545.

33 Wegen einer Erörterung der Rechtsmittelaussicht gelten VV 2200–2203, (zum alten Recht) Schneider MDR **01**, 1032 (ausf).

34 **B. Einwilligung zur Sprungrevision oder Sprungrechtsbeschwerde.** Wegen des Verfahrens § 566 I ZPO, § 75 FamFG. Das Verfahren gehört zu demjenigen Rechtszug, dessen ProzBev oder VerfBev die Einwilligung erwirkt.

35 **C. Ausspruch über die Verpflichtung, die Kosten zu tragen.** Vgl §§ 91a, 269 III 2 und 3, 346, 516 III ZPO, § 83 FamFG. Die Abgeltung der Tätigkeit des Anwalts in diesem Verfahren erfolgt durch die Verfahrensgebühr, (je zum alten Recht) Ffm Rpfleger **82**, 81, Schlesw SchlHA **89**, 131, aM Düss MDR **99**, 1155, Nürnb AnwBl **85**, 206 (es entstehe zusätzlich [jetzt] eine volle Verfahrensgebühr nach dem Kostenstreitwert. Aber Z 9 hat als eine Spezialvorschrift den Vorrang und umfaßt auch diese Tätigkeit).

36 Sofern der Anwalt einen jetzt ohnehin überflüssig gewordenen Antrag in einer mündlichen *Verhandlung* stellt, gilt die Terminsgebühr diese Tätigkeit ab.

37 **D. Vollstreckbarerklärung eines Urteils.** Es handelt sich um das Verfahren nach §§ 537, 558 ZPO, also in den Rechtsmittelinstanzen. Soweit der Rechtsmittelführer nur einen Teil des Urteils angefochten hat, erhält der ProzBev des Rechtsmittelgegners für einen derartigen Antrag 0,5 Verfahrensgebühr nach VV 3329 und 0,5 Terminsgebühr nach VV 3331 jeweils nach dessen Wert, Düss MDR **90**, 733. Denn dieser Teil bleibt für den Wert des Berufungsgegenstands unberücksichtigt. I 2 Z 9 ist also nur dann anwendbar, wenn es um ein Rechtsmittel gegen das gesamte Urteil geht und wenn der Rechtsmittelführer dieses Rechtsmittel anschließend beschränkt hat oder wenn sich im Wege einer Ausdehnung der Berufung oder durch eine Anschlußberufung das Rechtsmittel auf einen weiteren Teil oder das ganze angefochtene Urteil erstreckt. Denn nur dann ist der gesamte Anspruch in der Rechtsmittelinstanz, LG Bonn MDR **01**, 417.

38 *Hierher zählt ferner* das Verfahren auf die Zulassung einer Vollstreckung aus einem Titel gegen die öffentliche Hand, soweit dazu nach dem Landesrecht in Verbindung mit § 15 Z 3 EGZPO und mit einem Vorrang gegenüber § 882a ZPO ein besonderer Antrag notwendig ist, Kblz MDR **90**, 733.

39 **E. Notfrist- oder Rechtskraftzeugnis.** Wegen des Erteilungsverfahrens § 706 ZPO. Es ist unerheblich, ob den Antrag der ProzBev desjenigen Rechtszuges stellt, in dem das Gericht das Zeugnis erteilen muß, oder ob ein Anwalt eines anderen Rechtszugs diesen Antrag stellt. Auch für einen Antrag im Rahmen der Zwangsvollstreckung entstehen keine besonderen Gebühren.

40 **F. Ausstellung einer Bescheinigung nach § 48 IntFamRVG oder nach § 56 AVAG.** Der Urkundsbeamte der Geschäftsstelle des ersten oder höheren Rechtszugs stellt nach § 54 AVAG eine Bescheinigung nach Art 39 VO (EG) Nr 2201/2003 aus. Der Familienrichter erster Instanz und der Familiensenatsvorsitzende im Verfahren vor dem OLG und BGH stellen eine Bescheinigung nach Artt 41, 42 VO (EG) Nr 2201/2003 aus. Das für die Erteilung einer vollstreckbaren Ausfertigung des Titels im Bereich zumindest der VO (EG) Nr 44/2001 des Rates vom 22. 12. 00, ABl EG **01**, L 12 S 1 zuständige Gericht (erste oder höhere Instanz während der dortigen Anhängigkeit) stellt nach § 56 AVAG eine Bescheinigung aus. Während KV 1511, KVFam 1711, Teile I A, B dieses Buchs, die Gerichtsgebühren für diese Tätigkeiten regeln, erhält der in diesen Nebenverfahren tätige Anwalt keine besondere Vergütung, soweit sie zu demjenigen Rechtszug gehört, in dem er ohnehin tätig ist.

41 13) **Einlegung von Rechtsmitteln, I 2 Z 10.** Soweit der Anwalt in einem nach VV Teile 4–6 vergütbaren Verfahren für den Auftraggeber ein Rechtsmittel einlegen soll, gelten die folgenden Unterscheidungen.

A. Beratung. Soweit der Verteidiger den Auftraggeber dahin berät, ob dieser ein Rechtsmittel einlegen soll, gilt eine nach (jetzt) VV 4100, 4101 entstandene Gebühr diese Tätigkeit mit ab, Zweibr Rpfleger **78**, 28.

42 **B. Einlegung beim bisherigen Gericht.** Soweit der Verteidiger das Rechtsmittel des Auftraggebers bei demjenigen Gericht des bisherigen Rechtszugs einlegen darf

und einlegt, in dem er bisher tätig war, gehört diese Tätigkeit nach Hs 1 zu diesem Rechtszug. Das gilt insbesondere auch, soweit er eine Beschwerde einlegt, Köln JB **98**, 642 (auch wenn er die Beschwerde erst nach einem weiteren Verhandlungstag einlegt) oder wenn der Berufungs-Pflichtverteidiger Revision einlegt, Jena JB **06**, 365. Soweit der Verteidiger freilich in der Vorinstanz nicht als solcher tätig war, entsteht die Gebühr für die Rechtsmittelinstanz nach Hs 2 aber bereits mit der Einlegung des Rechtsmittels.

14) Vorläufige Einstellung usw, I 2 Z 11. In Betracht kommt ein Verfahren nach § 108 ZPO, Karlsr Rpfleger **97**, 233, Kblz MDR **90**, 732, ferner zB ein erstinstanzliches Verfahren nach § 570 III ZPO, VGH Kassel NJW **08**, 679, ferner nach §§ 707, 719, 769 ZPO, Kblz NZM **08**, 184, ferner nach §, 771 III ZPO, Celle JB **97**, 101, Hbg MDR **96**, 1298, Kblz Rpfleger **08**, 49 (auch außerhalb einer Klage nach § 767 ZPO), oder ein Verfahren nach §§ 785, 786, 805 IV, 810 II, 924 III ZPO. Es muß allerdings ein Verfahren *ohne* eine abgesonderte *mündliche Verhandlung* vorliegen, Hamm MDR **01**, 1441, Mü MDR **91**, 66. Andernfalls gilt grundsätzlich VV 3328, VGH Kassel NJW **08**, 679. Bei § 718 ZPO gilt allerdings wiederum (jetzt) § 19 I 2 Z 11, Hamm MDR **75**, 501.

15) Einstweilige Einstellung der Vollstreckung, I 2 Z 12. Es geht um die in § 93 I Z 1–5 FamFG abschließend aufgezählten Fälle einer Wiedereinsetzung, Wiederaufnahme, Beschwerde, Abänderung und Durchführung eines Vermittlungsverfahrens nach § 165 FamFG. Jede dieser Tätigkeitsgruppen zählt für sich. In jeder Gruppe wird die gesamte Gerichtstätigkeit nur einmal vergütet.

16) Erstmalige Erteilung der Vollstreckungsklausel, I 2 Z 13. Wegen des Verfahrens vgl § 725 ZPO. Hier gilt dasselbe wie bei Rn 39, Köln JB **95**, 474, LAG Düss JB **92**, 467. Soweit man auf die Erteilung der Klausel nach § 731 ZPO abstellen muß, handelt es sich schon nach dem Gesetzestext um eine besondere Angelegenheit. Hatte das Gericht im Unterhaltsprozeß für den Zeitraum A den Titel auf den Rechtsnachfolger umgeschrieben und eine Vollstreckungsklausel erteilt, stellt die Erteilung einer weiteren vollstreckbaren Ausfertigung für den Zeitraum B keine erstmalige Erteilung nach (jetzt) I 2 Z 13 dar, Schlesw AnwBl **91**, 656.

17) Kostenfestsetzung, Einforderung der Vergütung, I 2 Z 14. Das Verfahren nach §§ 104, 107 ZPO zählt zum Rechtszug. Hierher gehört also auch die nach dieser letzteren Bestimmung anderweitige Festsetzung wegen einer Streitwertänderung. Das Erinnerungsverfahren gegen die Kostenfestsetzung und gegen den Kostenansatz nach §§ 104 III ZPO, 66 I GKG, 57 I FamGKG läßt eine Gebühr nach VV 3500 entstehen.

Auch die *Einforderung* nach §§ 10, 55 zählt zum Rechtszug, Meyer JB **08**, 410, nicht aber das selbständige Vergütungsfestsetzungsverfahren nach § 11, dort Rn 1. Im Erinnerungs- und Beschwerdeverfahren entsteht eine Gebühr nach VV 3500.

18) Zustellung des Vollstreckungstitels usw, I 2 Z 16. Es handelt sich um die Zustellung des Urteils, des Arrests oder der einstweiligen Verfügung auch durch einen Beschluß, Hamm Rpfleger **01**, 458, der Vollstreckungsklausel und der in § 750 ZPO genannten sonstigen Urkunden zur Vorbereitung der Zwangsvollstreckung. Die Zustellung einer Bürgschaftsurkunde nach § 751 II ZPO gehört zur Zwangsvollstreckung, Düss ZB **98**, 103 (abl Schroeder). Sie stellt eine besondere Angelegenheit dar, LG Landshut AnwBl **80**, 267, aM Ffm Rpfleger **90**, 270 ([jetzt] § 19).

19) Herausgabe der Handakten usw, I 2 Z 17. Sowohl die Herausgabe der Handakten als auch ihre Übersendung an einen anderen Anwalt gehört zum Rechtszug. Hierher zählt auch die Übersendung, die nicht an den Anwalt einer anderen Instanz für denselben Rechtsstreit erfolgt.

Allerdings können *Telekommunikationsgebühren* nach VV 7001, 7002 entstehen. Für die Abgabe einer gutachtlichen Äußerung im Zusammenhang mit der Übersendung der Handakten an den Anwalt des höheren Rechtszugs kann eine Gebühr nach VV 3400 amtliche Anmerkung entstehen.

20) Zwangsvollstreckungssache, II. Die Vorschrift steht systematisch verunglückt nicht in § 18, sondern in II. Sie faßt in einer wiederum durch das Wort „insbesondere" als nicht abschließend gekennzeichneten Art einige typische Anwendungsfälle von § 18 I Z 1, 2 zusammen. Besondere Angelegenheiten sind also auch innerhalb der Gruppe von Vollstreckungs- oder Vollziehungsmaßnahmen die folgenden Vorgänge.

52 **A. Nachtzeit, Sonntag, Feiertag, Wohnungsdurchsuchung, II Z 1.** Es handelt sich um in § 758a I–V ZPO, §§ 90, 91 I FamFG vorgesehenen Maßnahmen. Die Tätigkeit des hiermit beauftragten Anwalts gilt als eine besondere Angelegenheit nach § 18 I Z 1 gemäß § 15 I. Die Verfahrensgebühr des ProzBev gilt diese Tätigkeiten also nicht ab. (Jetzt) VV 3403 ist daneben unanwendbar, AG Bad Homburg DGVZ **96**, 46.

53 **B. Erinnerung, II Z 2.** Es handelt sich um eine Erinnerung gegen die Art und Weise der Zwangsvollstreckung nach § 766, § 95 I FamFG.

54 **C. Bestimmung des Gerichtsvollziehers oder Sequesters, II Z 3.** Es handelt sich um Bestimmungen nach §§ 827 I, 848, 854 I, 855 ZPO.

Soweit der Anwalt des Drittschuldners einen derartigen Antrag stellt, erhält er eine Vergütung nach VV 3309, 3310.

55 **D. Anzeige der Vollstreckungsabsicht, II Z 4.** Es handelt sich um die nach § 882a ZPO erforderliche Anzeige der Vollstreckungsabsicht gegenüber einer juristischen Person des öffentlichen Rechts, Schlesw JB **78**, 391. Das gilt, sofern alle sonst notwendigen Voraussetzungen der Zwangsvollstreckung beim Zugang der Ankündigung vorlagen, Ffm Rpfleger **81**, 158. Die Anzeige der Vollstreckungsabsicht ist eine die Zwangsvollstreckung vorbereitende Handlung. Sie läßt bereits eine Gebühr nach (jetzt) II Z 4 entstehen, LAG Hamm AnwBl **84**, 161. Das gilt selbst dann, wenn es nicht mehr zur Zwangsvollstreckung kommt.

Soweit der Anwalt in der Zwangsvollstreckung *noch weiter tätig* wird, ist die Tätigkeit im Zusammenhang mit der Anzeige der Vollstreckungsabsicht jetzt ebenfalls nach II Z 4 in Verbindung mit § 18 I Z 1 wegen § 15 I besonders vergütbar.

Eine entsprechende Regelung gilt für den Antrag an das Gericht, nach *§ 152 II FGO* zu verfahren. Düss Rpfleger **86**, 109 stellt einen Antrag nach § 114 GemO NRW gleich. Ffm Rpfleger **74**, 448 wendet bei einem Antrag auf die Zulassung der Zwangsvollstreckung nach § 146 Hessische GemO § 31 an.

56 **E. Androhung von Ordnungsgeld, II Z 5.** Wenn das Prozeßgericht in demjenigen Urteil, das die Verpflichtung zu einer Duldung oder Unterlassung ausspricht, noch keine Androhung für den Fall der Zuwiderhandlung vorgenommen hatte, muß es auf Grund eines Antrags des Gläubigers die Androhung nach § 890 II Hs 2 ZPO durch einen besonderen Beschluß nachholen. Nur den letzteren Fall erfaßt II Z 5. Die Verfahrensgebühr des ProzBev gilt eine bereits im Urteil ausgesprochene Androhung ab, BGH MDR **79**, 116. Die besondere Androhung rechnet zur Zwangsvollstreckung. Soweit sich die Tätigkeit des Anwalts darauf beschränkt, diese besondere Androhung zu beantragen, erhält er unabhängig davon eine Gebühr nach VV 3309, ob er ProzBev war oder nicht.

Soweit der Anwalt aber auch im anschließenden *Ahndungsverfahren* nach § 890 I, III ZPO tätig wird, regelt § 18 I Z 14 seine Vergütung als eine ebenfalls besondere Angelegenheit. Daher gilt § 15 I die Tätigkeit für die Androhung mit ab.

57 **F. Aufhebung einer Vollstreckungsmaßnahme, II Z 6.** Eine solche Tätigkeit gibt ebenfalls nach § 18 I Z 1 in Verbindung mit § 15 I keine besondere Gebühr. Das gilt sowohl dann, wenn der Anwalt nicht etwa nur insofern tätig wird, als auch dann, wenn er nur wegen dieser Aufhebung tätig wird, etwa als Anwalt des Schuldners, (zum alten Recht) BGH **69**, 148.

Hierhin gehört auch eine *außergerichtliche Auseinandersetzung* wegen einer Zwangsvollstreckung in einen schuldnerfremden Wert. Hierher gehört auch das Ersuchen an den Gerichtsvollzieher um eine Freigabe sowie die Rücknahme des Pfändungsantrags oder das Ersuchen, den Pfändungsbeschluß aufzuheben, ferner auch eine Erinnerung, etwa des Drittschuldners, BGH **69**, 148.

Verweisung, Abgabe

20 [1] Soweit eine Sache an ein anderes Gericht verwiesen oder abgegeben wird, sind die Verfahren vor dem verweisenden oder abgebenden und vor dem übernehmenden Gericht ein Rechtszug. [2] Wird eine Sache an ein Gericht eines

Abschnitt 3. Angelegenheit § 20 RVG

niedrigeren Rechtszugs verwiesen oder abgegeben, ist das weitere Verfahren vor diesem Gericht ein neuer Rechtszug.

Gliederung

1) Systematik, S 1, 2	1
2) Regelungszweck, S 1, 2	2
3) Geltungsbereich, S 1, 2	3
4) Abhängigkeit von der Verweisungsebene, S 1, 2	4–17
A. Grundsatz	4
B. Beispiele zur Frage einer Anwendbarkeit von S 1 oder S 2	5–15
C. Gebührenfolgen	16, 17
5) Kostenerstattung, S 1, 2	18

1) Systematik, S 1, 2. Die Vorschrift ist ebenso wie § 21 eine Ergänzung zu § 15 II 2. Sie gibt den Umfang und die Abgrenzung des Rechtszugs bei einer Verweisung oder einer Abgabe an. Demgegenüber enthält § 21 die Regelung bei einer Zurückverweisung. Soweit nach S 1 derselbe Rechtszug vorliegt, entstehen neue Gebühren. Das gilt aber zwecks der Kostengerechtigkeit dann nicht, wenn derselbe Anwalt tätig werden kann, sei es auch in veränderter Eigenschaft, etwa vorher als Proz-Bev, jetzt als Verkehrsanwalt. Für ihn ist dann natürlich nicht VV 3100 anwendbar, sondern VV 3400. Andernfalls richtet sich die Erstattungsfähigkeit der Mehrkosten nach § 91 II 3 ZPO, BLAH § 91 ZPO Rn 124 ff. 1

Wenn das Gericht eine Klage wegen des Fehlens eines notwendigen Verweisungsantrags *als unzulässig abweist*, wenn der Kläger dann aber vor dem in Wahrheit zuständigen Gericht neu klagt, handelt es sich um eine neue Angelegenheit, nicht etwa um eine Fortsetzung des Rechtszugs.

2) Regelungszweck, S 1, 2. Er ist einerseits die Vermeidung einer zu hohen Vergütung, andererseits die Sicherstellung einer angemessenen in den im einzelnen sehr unterschiedlichen Fallgruppen von S 1, 2, bei denen der Anwalt sehr unterschiedlich schwierige Aufgaben lösen muß. Diese letzteren Gesichtspunkte sind bei der Auslegung besonders mitbeachtlich. 2

3) Geltungsbereich, S 1, 2. § 20 gilt für ein gerichtliches Verfahren jeder Art. Der bisherige und der neue Gerichtszweig sind also unerheblich. Es ist für die gebührenrechtliche Beurteilung unerheblich, ob das Gericht prozessual zulässigerweise verwiesen hat. 3

§ 20 gilt *nicht* bei einer Verweisung oder Abgabe an eine andere *Verwaltungsbehörde* oder von dieser an eine weitere. Es kommt dann darauf an, ob es sich um dieselben Angelegenheit handelt, ob also § 15 I, II 1 anwendbar sind.

4) Abhängigkeit von der Verweisungsebene, S 1, 2. Es gibt einen breiten Anwendungsbereich. Es kommt nicht darauf an, ob die Abgabe oder Verweisung mit Recht erfolgte. 4

A. Grundsatz. Die Verfahren vor dem verweisenden oder abgebenden und vor dem übernehmenden Gericht bilden nach S 1 für denselben Anwalt nur dann denselben Rechtszug nach § 15 II 2 und damit dieselbe Angelegenheit nach § 15 I, wenn die Sache in derselben prozessualen Instanz und damit als sog Horizontalverweisung auf derselben Ebene bleibt. Demgegenüber liegen nach S 2 mehrere Rechtszüge vor, soweit eine Abgabe oder Verweisung und damit auch etwa eine Zurückverweisung nach § 21 an ein Gericht eines niedrigeren Rechtszugs und damit eine sog vertikale oder Diagonalverweisung erfolgt, Ffm GRUR **88**, 646, LG Düss JB **83**, 1035. Das gilt auch dann, wenn zB das LG als Berufungsgericht an eine erstinstanzliche Kammer desselben LG verweist, KG JB **87**, 696, Mü MDR **92**, 523, Oldb AnwBl **85**, 262.

B. Beispiele zur Frage einer Anwendbarkeit von S 1 oder S 2 5

AG an LG: Rn 10 „Sachliche Unzuständigkeit".
Arbeitsgerichtsverfahren: Rn 9.
BSG an SG: S 2 ist anwendbar, soweit das BSG als Erstgericht an ein SG abgibt, zB nach §§ 39 II, 51, 98 SGG.
BVerwG an VG: S 1 ist anwendbar, soweit das BVerwG als Erstgericht an ein VG verweist, zB nach § 50 VwGO.

Einstweilige Verfügung: S 1 ist auf eine Verfügung nach § 942 I ZPO und das weitere Eilverfahren vor dem LG anwendbar, Kblz JB **82**, 1103.

6 **Funktionelle Unzuständigkeit:** S 1 ist anwendbar, soweit es um eine Abgabe wegen der funktionellen Zuständigkeit einer anderen Abteilung usw desselben Gerichts nach dem Geschäftsverteilungsplan geht.
Genossenschaftsrecht: Rn 10 „Sachliche Unzuständigkeit".
Gerichtsbarkeit: Rn 9.
Geschäftsverteilungsplan: S „Funktionelle Unzuständigkeit".
Handelssache: S „Funktionelle Unzuständigkeit".
Hausratssache: Rn 10 „Sachliche Unzuständigkeit".
7 **Kompetenzkonflikt:** Rn 15 „Zuständigkeitsbestimmung".
Landwirtschaftsverfahren: Rn 10 „Sachliche Unzuständigkeit".
LG an AG: Rn 10 „Sachliche Unzuständigkeit", Rn 11 „Schiffahrtssache".
Markensache: Rn 10 „Sachliche Unzuständigkeit".
8 **Örtliche Unzuständigkeit:** S 1 ist anwendbar.
S auch bei den anderen Stichwörtern.
Pflichtverteidiger: S 1 ist auch bei ihm anwendbar, Hamm Rpfleger **99**, 235.
Prozeßgericht an FamFG-Gericht: Rn 10 „Sachliche Unzuständigkeit".
OVG an BVerwG: S 1 ist anwendbar, soweit das OVG oder ein VGH als Berufungsgericht an einen Wehrdienstsenat des BVerwG verweist, BVerwG Rpfleger **82**, 310.
S auch Rn 10 „Sachliche Unzuständigkeit".
9 **Rechtswegeverweisung:** S 1 ist anwendbar, soweit eine Verweisung mit der Begründung erfolgt, es sei ein anderer Rechtsweg statthaft, zB nach §§ 17ff GVG, 48a ArbGG, 52 III SGG, 34 III FGO, 41 III VwGO, sofern die Sache auf derselben Ebene bleibt.
10 **Sachliche Unzuständigkeit:** S 1 ist anwendbar, soweit eine Verweisung wegen einer sachlichen Unzuständigkeit auf derselben Ebene erfolgt. Das gilt auch bei einer derartigen Verweisung vom AG an das erstinstanzliche LG nach §§ 281, 506, 696, 700 III ZPO, § 112 II GenG, § 270 StPO, oder vom erstinstanzlichen LG an das AG, Hamm JMBl NRW **79**, 119, zB nach §§ 281, 506, 696, 700 III ZPO, § 82 MarkenG, 112 II GenG, ferner zB nach §§ 50 II, 83 VwGO, 98 SGG, 12 LwVG (Abgabe), 209, 270 StPO, § 102 S 2 JGG.
S auch bei den anderen Stichwörtern.
11 **Schiffahrtssache:** S 1 ist anwendbar, soweit ein erstinstanzliches LG an ein Schiffahrtsgericht verweist, Nürnb JB **91**, 1636.
S auch Rn 10 „Sachliche Unzuständigkeit".
SG, VG an gleichartiges Gericht: S 1 ist anwendbar, soweit ein SG oder VG wegen örtlicher Unzuständigkeit an ein gleichartiges anderes Gericht verweist.
Sozialgerichtsverfahren: Rn 5 „BSG an SG", Rn 9 „Rechtswegeverweisung", Rn 11 „SG, VG an gleichartiges Gericht", Rn 12 „Übergang kraft Gesetzes".
Strafverfahren: S 1 ist anwendbar, auch bei § 51, soweit der Verteidiger vor dem übernehmenden Gericht ebenfalls irgendwie tätig wird, Hamm JB **99**, 194. Rn 10 „Sachliche Unzuständigkeit", Rn 12 „Übergang kraft Gesetzes".
12 **Übergang kraft Gesetzes:** S 1 ist anwendbar, soweit eine Sache kraft Gesetzes an ein anderes Gericht übergeht, zB nach §§ 215 SGG, 13a, 14, 15 StPO, 36 I Z 1–4 ZPO.
Überörtliche Sozietät: Werden vor dem verweisenden und vor dem nunmehr zuständigen Gericht Mitglieder derselben überörtlichen Sozietät tätig, fallen dieselben Gebühren nur einmal an, Ffm RR **99**, 435.
13 **Verwaltungsgerichtsverfahren:** Rn 5 „BVerwG an VG", Rn 8 „OVG an BVerwG", Rn 9 „Rechtswegeverweisung".
Vorverfahren: S 1 ist *unanwendbar,* soweit es um die ja schon endgültig verdiente Gebühr nach § 84 geht, Hamm JB **01**, 362.
14 **Wehrdienstsache:** Rn 8 „OVG an BVerwG".
15 **Zuständigkeitsbestimmung:** S 1 ist *unanwendbar,* soweit es um die Bestimmung des zuständigen Gerichts zur Behebung eines positiven oder negativen Kompetenzkonflikts geht, § 36 I Z 5, 6 ZPO, § 5 FamFG. Denn dann liegt eine neue Angelegenheit vor, weil bereits eine rechtskräftige Vorentscheidung vorhanden ist, aM

Abschnitt 3. Angelegenheit　　　　　　　　　　　　**§§ 20, 21 RVG**

GSchm 4. Die auf die Bestimmung des zuständigen Gerichts gerichtete Tätigkeit gehört zur Instanz nach § 19 I 2 Z 3.

C. Gebührenfolgen. Bei einer Verweisung oder Abgabe auf derselben Ebene **16** nach Rn 3–15 entstehen diejenigen Gebühren nicht nochmals, die vor dem zunächst angerufenen Gericht entstanden waren, BVerwG AnwBl **81**, 191, Ffm MDR **79**, 682. Das gilt freilich nur, soweit derselbe Anwalt tätig bleibt, Rn 1, und soweit der Gebührentatbestand dort bereits abgeschlossen war, Ffm GRUR **88**, 646, Hbg MDR **90**, 361, LG Kref Rpfleger **81**, 320. Wenn er an einem Termin teilgenommen hatte und wenn das Gericht anschließend verwiesen hat, ist seine volle Terminsgebühr bereits entstanden. Dasselbe gilt dann, wenn der Kläger einen Sachantrag stellt und wenn der Bekl demgegenüber eine Unzuständigkeit einwendet, selbst wenn der Kläger daraufhin hilfsweise einen Verweisungsantrag stellt.

Eine erst *nach der Verweisung* anfallende Gebühr tritt zu der bereits entstandenen Vergütung natürlich hinzu, Bbg JB **79**, 366, SG Stgt AnwBl **79**, 188. Für die einheitliche Grundgebühr usw nach VV 4100 ff ist derjenige Rahmen maßgeblich, der vor dem höchsten der beteiligten Gerichte gilt, Hbg Rpfleger **90**, 223, Hamm JB **01**, 362, Schlesw JB **84**, 867.

Wegen der *Anrechnung* der Gebühr des Verkehrsanwalts nach VV 3400 auf die Ver- **17** fahrensgebühr und umgekehrt § 15 Rn 94. Wenn das SG nach § 52 III SGG an das VG oder an das Zivilgericht verweist, muß man jede Gebühr gesondert berechnen, die Rahmengebühr für die Tätigkeit vor dem SG unter Berücksichtigung der weiteren Tätigkeit vor dem anderen Gericht, § 14.

Entsprechendes gilt bei einer Verweisung vom *VG* an ein anderes Gericht des ersten Rechtszugs, BVerwG AnwBl **81**, 191. Das gilt mit der Einschränkung, daß man die Tätigkeit des Anwalts vor dem VG höher bewerten muß als die Tätigkeit, die erforderlich gewesen wäre, wenn der Antrag unmittelbar beim anderen Gericht erfolgt worden wäre. Der Anwalt erhält die höhere Gebühr.

5) Kostenerstattung, S 1, 2. Sie richtet sich nach den allgemeinen Vorschriften, **18** zB §§ 91 ff ZPO, § 113 I 2 FamFG. Wegen eines Anwaltswechsels BLAH § 91 ZPO Rn 124 ff. Vgl ferner oben Rn 1.

Fassung 1. 9. 2009
Zurückverweisung, Fortführung einer Folgesache als selbständige Familiensache

21 I Soweit eine Sache an ein untergeordnetes Gericht zurückverwiesen wird, ist das weitere Verfahren vor diesem Gericht ein neuer Rechtszug.

II In den Fällen des § 146 des Gesetzes über das Verfahren in Familiensachen und in den Angelegenheiten der freiwilligen Gerichtsbarkeit, auch in Verbindung mit § 270 des Gesetzes über das Verfahren in Familiensachen und in den Angelegenheiten der freiwilligen Gerichtsbarkeit, bildet das weitere Verfahren vor dem Familiengericht mit dem früheren einen Rechtszug.

III Wird eine Folgesache als selbständige Familiensache fortgeführt, sind das fortgeführte Verfahren und das frühere Verfahren dieselbe Angelegenheit.

Vorbem. Überschrift, II geändert, III angefügt durch Art 47 VI Z 9 a–c FGG-RG v 17. 12. 08, BGBl 2586, in Kraft seit 1. 9. 09, Art 112 I Hs 1 FGG-RG, Übergangsrecht Art 111 FGG-RG, Grdz 2 vor § 1 FamGKG, Teil I B dieses Buchs.

Bisherige Fassung der Überschrift und von II: **Zurückverweisung**

II In den Fällen des § 629 b der Zivilprozessordnung, auch in Verbindung mit § 661 Abs. 2 der Zivilprozessordnung, bildet das weitere Verfahren vor dem Familiengericht mit dem früheren einen Rechtszug.

Gliederung

1) Systematik, I–III	1
2) Regelungszweck, I–III	2
3) Geltungsbereich, I	3–15
A. Zurückverweisung	3, 4
B. Beispiele zur Frage einer Anwendbarkeit, I	5–15

RVG § 21 X. Rechtsanwaltsvergütungsgesetz

    4) **Neuer Rechtszug, I** 16, 17
       A. Grundsatz, I 16
       B. Verfahrensgebühr 17
    5) §§ **146, 270 FamFG, II** 18, 19
    6) **Fortführung als selbständige Familiensache, III** 20

1   **1) Systematik, I–III.** Über das Verhältnis von § 21 zu §§ 15 ff vgl § 20 Rn 1. Er bildet eine Ausnahme, II bildet eine Ausnahme von der Ausnahme des I und damit eine Rückkehr zum Grundsatz des § 15 I. § 15 V 2 hat den Vorrang, dort Rn 97. § 21 gilt für jedes gerichtliche Verfahren, auch für das Strafverfahren, Düss Rpfleger **94**, 38. Das übersieht Schlesw JB **97**, 418 offenbar. Die Vorschrift gilt auch für das Verfahren nach dem FamFG, (zum alten Recht) Stgt JB **96**, 588, AG Bln-Tiergarten AnwBl **84**, 111, oder in der Finanzgerichtsbarkeit oder im SGG-Verfahren.

2   **2) Regelungszweck, I–III.** Die Vorschrift dient einer angemessenen Berücksichtigung besonders schwieriger Anwaltsaufgaben, (zum alten Recht) BGH MDR **04**, 1024. Der Anwalt muß ja gerade nach einer Zurückverweisung im allgemeinen besonders darauf achten, daß dem Fehler des Erstgerichts nicht neue andere Verfahrensfehler folgen. Sie können leider erfahrungsgemäß dem mit einer Zurückverweisung konfrontierten Richter aus Nervosität usw passieren. Der Anwalt muß ferner besonders berücksichtigen, daß überhaupt immerhin oft fast das gesamte erstinstanzliche Verfahren praktisch noch einmal beginnt. Das muß man bei der Auslegung mitbeachten, ebenso wie die Regel, daß I als eine Ausnahmevorschrift eng auslegbar ist, II als eine Rückkehr zum Grundsatz nach Rn 1 aber weit auslegbar ist.

3   **3) Geltungsbereich, I.** § 21 gilt in jedem gerichtlichen Verfahren, nicht aber bei einer Zurückverweisung vom Gericht an die Staatsanwaltschaft oder Verwaltungsbehörde. Die Vorschrift enthält auch im Bereich außerhalb von VV 3100 ff einen allgemeinen Vergütungsgrundsatz. Die Vorschrift gilt auch beim Verkehrsanwalt.

    A. Zurückverweisung. Die Vorschrift versteht unter einer Zurückverweisung nur eine solche den Rechtsmittelzug beendende Entscheidung. Sie braucht nicht ausdrücklich „Zurückverweisung" zu lauten. Sie muß zumindest teilweise statt einer an sich möglichen eigenen Sachentscheidung zur abschließenden nochmaligen Beurteilung zunächst wieder gerade nur durch ein diesem Rechtsmittelgericht untergeordnetes Gericht erfolgen, Hbg JB **83**, 1515, Oldb AnwBl **85**, 261. Dabei mag sie an einen anderen Senat, eine andere Kammer oder eine andere Abteilung dieses untergeordneten Gerichts gehen. Die Zurückverweisung darf nur nicht an ein solches Gericht eines niedrigeren Rechtszugs gehen, das einem anderen Rechtsweg angehört, § 20 Rn 18. Die Sache muß also an das zurückverweisende Gericht durch ein Rechtsmittel gelangt sein, Rn 10 „Sachentscheidung". Bei einer Beschwerde muß aber auch die Hauptsache durch das Rechtsmittel zu dem zurückverweisenden Gericht gelangt sein. Das vorgeordnete Gericht darf nicht erstinstanzlich tätig geworden sein, § 20 Rn 3 ff.

    Untergeordnetes Gericht nach § 21 ist auch ein solches oberes Bundesgericht, an das das BVerfG die Sache auf Grund einer Verfassungsbeschwerde zurückverweist. Auch dann ergibt sich die Notwendigkeit einer weiteren Verhandlung unter einer Berücksichtigung der beim BVerfG ergangenen Entscheidung.

    Keine Unterordnung liegt vor, soweit das Rechtsmittelgericht an *sein* erstinstanzliches Gremium „zurückverweist". Denn das ist in Wahrheit eine Verweisung nach § 20, dort Rn 4.

4   Es ist *nicht erforderlich,* daß die Zurückverweisung gerade an dasjenige Gericht erfolgt, gegen dessen Entscheidung sich das Rechtsmittel richtet, §§ 563 I 2 ZPO, 354 II 2, III StPO, 144 V VwGO, 170 III SGG.

5   **B. Beispiele zur Frage einer Anwendbarkeit, I**
    Abgabe: Rn 14 „Verweisung".
    Ablehnung: Rn 10 „Sachentscheidung".
    Anerkenntnisentscheidung: Eine Zurückverweisung kann mit einem (teilweisen) Anerkenntnisurteil zusammen ergehen.
    Aussetzung: Rn 6 „Grundentscheidung".

Erledigung der Hauptsache: Eine Zurückverweisung *fehlt* mangels einer Sachentscheidung des Rechtsmittelgerichts nach beiderseitigen wirksamen Erledigterklärungen.

Grundurteil: Eine Zurückverweisung liegt der Sache nach dann vor, wenn in der Rechtsmittelinstanz eine Grundentscheidung ergeht, Hamm AnwBl **02**, 112, Kblz JB **97**, 642, Oldb (2. ZS) OLGR **00**, 61, aM BGH FamRZ **04**, 1194, Bre OLGR **01**, 481, Oldb (6. ZS) JB **02**, 474 (aber auch dann können alle Merkmale Rn 3 vorliegen). **6**

Es mag das *Rechtsmittel* gegen die Grundentscheidung sachlich teilweise Erfolg gehabt haben, Schlesw JB **96**, 135, oder auch ganz zurückgewiesen worden sein, Düss JB **97**, 364, Kblz JB **97**, 643, Oldb OLGR **00**, 61, aM BGH MDR **04**, 1024, Bre MDR **02**, 298, Oldb JB **02**, 474 (aber auch dann können alle Voraussetzungen Rn 3 vorliegen). Das gilt auch bei einer Zurückverweisung durch eine Versäumnisentscheidung, Düss JB **78**, 1808.

Weiteres Beispiel: Der BGH nimmt eine Revision gegen ein Grundurteil nicht an, Ffm AnwBl **84**, 98, Kblz JB **97**, 643, aM Hbg JB **87**, 233.

Eine Zurückverweisung *fehlt* in folgenden Fällen: Ein Grundurteil ist ohne die Einlegung eines Rechtsmittels rechtskräftig geworden; es ist keine Sachentscheidung des Rechtsmittelgerichts ergangen, etwa wegen einer Rechtsmittelrücknahme, Rn 9 „Rechtsmittelrücknahme", oder wegen einer Verwerfung als unzulässig, Rn 13 „Unzulässigkeit des Rechtsmittels"; die Parteien haben einen Zwischenvergleich geschlossen. Denn das getrennte Verfahren über den Grund und den Betrag in derselben Instanz ohne eine Entscheidung des Rechtsmittelgerichts begründet keinen neuen Rechtszug. Das gilt selbst dann, wenn die Parteien über den Betrag weiter verhandeln, ohne die Entscheidung des Rechtsmittelgerichts im Verfahren über das Grundurteil abzuwarten. **7**

Eine andere Beurteilung kann dann gelten, wenn die Parteien zwar in der eben genannten Situation zunächst weiterverhandeln, wenn das Gericht aber das *Betragsverfahren* wegen der Einlegung eines Rechtsmittels gegen das Grundurteil aussetzt. **8**

S auch Rn 11 „Stillschweigende Entscheidung".

Nebenentscheidung: Rn 10 „Sachentscheidung".

Prozeßhindernde Einrede: Rn 15 „Zwischenentscheidung". **9**

Prozeßkostenhilfe: Rn 10 „Sachentscheidung".

Rechnungslegung: Rn 12 „Teilentscheidung".

Rechtsmittelrücknahme: Eine Zurückverweisung *fehlt* mangels einer Sachentscheidung des Rechtsmittelgerichts wegen einer Rechtsmittelrücknahme.

Rechtsmittelverwerfung: Rn 10 „Sachentscheidung".

Rest der Klageforderung: Rn 12 „Teilurteil", Rn 13 „Übernahme einer Rechtsansicht".

Revision: Rn 6 „Grundentscheidung".

Ruhen des Verfahrens: Eine Zurückverweisung *fehlt* mangels einer Sachentscheidung des Rechtsmittelgerichts nach einem Ruhen.

Sachentscheidung: Eine Zurückverweisung *fehlt*, soweit die Sache ohne eine Sachentscheidung durch ein Urteil oder Beschluß des übergeordneten Gerichts an das Erstgericht zurückfällt, Rn 3. Eine solche Lage kann zB nach einem Ablehnungs-, Prozeß- oder Verfahrenskostenhilfe- oder sonstigen Neben- oder Zwischenverfahren vorliegen, ferner nach einer Rechtsmittelrücknahme oder -verwerfung, Rn 9. **10**

Scheidung: Nach ihrem erstinstanzlichen Ausspruch gilt vor dem Beschwerdegericht I.

Unanwendbar ist I nach einer erstinstanzlichen Abweisung. Dann gilt vielmehr II, Rn 18.

Sprungrevision: Eine Zurückverweisung liegt auch dann vor, wenn zB der BGH die vorher beim LG anhängig gewesene Sache an das OLG zurückverweist.

Stillschweigende Entscheidung: Eine Zurückverweisung kann auch dann vorliegen, wenn das Gericht sie zwar nicht ausdrücklich ausspricht, wenn sie sich aber verfahrensrechtlich ergibt, Kblz JB **97**, 642). Ein Verzicht auf die Notwendigkeit einer Sachentscheidung bei einer Zurückverweisung wäre allerdings unrichtig. **11**

S auch Rn 6 „Grundentscheidung".

Stufenklage: Eine Zurückverweisung liegt dann vor, wenn das Berufungsgericht die Berufung gegen ein Auskunftsurteil zurückweist und wenn das Erstgericht nun zur Höhe entscheiden muß, Kblz JB **75**, 474, Schlesw JB **75**, 473, Rn 12 „Teilurteil".

12 **Teilentscheidung:** Eine Zurückverweisung liegt vor, soweit das Rechtsmittelgericht über ein Rechtsmittel gegen eine Teilentscheidung entscheidet, während das Erstgericht über den Rest der Forderung weiter verhandeln läßt, Düss MDR **93**, 1021, aM Mü JB **81**, 1677, BJCMU 20, GSchm 8, 25 (aber auch dann können alle Merkmale Rn 3 vorliegen). Diese Situation kann auch dann eine Zurückverweisung nach § 21 dann darstellen, wenn das Teilurteil des Rechtsmittelgerichts nur die erste Stufe einer Stufenklage, also nur die Auskunft und Rechnungslegung betrifft und wenn der Kläger anschließend die Leistungsklage weiter betreibt, Hamm AnwBl **02**, 112, Schlesw JB **75**, 473, aM Mü MDR **98**, 1501, LG Bln Rpfleger **99**, 239, oder wenn das Berufungsgericht den nach einem erstinstanzlichen Teilurteil über § 538 I ZPO nun in die Berufung gelangten Anspruch dort dem Grunde nach mitbeurteilt, so schon Mü AnwBl **85**, 589, oder wenn das Berufungsverfahren gegen das Teilurteil zur ersten Stufe durch einen Vergleich endet und der Rest in der ersten Instanz bleibt, Hamm JB **00**, 302, Schlesw JB **75**, 473.

13 **Übernahme einer Rechtsansicht:** Eine Zurückverweisung *fehlt* dann, wenn sich das Erstgericht wegen eines bei ihm anhängig gebliebenen Teils der Klageforderung der Auffassung des Rechtsmittelgerichts zum dort entschiedenen weiteren Teil anschließt, Mü Rpfleger **81**, 456.

Unzulässigkeit des Rechtsmittels: Eine Zurückverweisung *fehlt*, soweit das Rechtsmittelgericht ein Rechtsmittel als unzulässig verwirft, Rn 10 „Sachentscheidung".

Vergleich: Eine Zurückverweisung *fehlt* grds mangels einer Sachentscheidung des Rechtsmittelgerichts, soweit sich die Parteien in der Rechtsmittelinstanz vergleichen, auch nur über den Grund, Rn 7.

Versäumnisentscheidung: Eine Zurückverweisung liegt auch beim bloßen Versäumnisentscheid des Rechtsmittelgerichts unter den übrigen Voraussetzungen vor. Denn auch das ist eine Sachentscheidung, Düss JB **78**, 1808.

Verwaltungsbehörde: Eine Zurückverweisung *fehlt,* soweit das Gericht an diese Behörde abgibt. Denn sie ist kein untergeordnetes „Gericht" nach I. Nach einer solchen Abgabe liegt eine neue Angelegenheit vor, § 15 Rn 50 „Zurückverweisung".

14 **Verweisung:** An der Zurückverweisung ändert sich nichts dadurch, daß das Erstgericht die Sache anschließend wirksam an ein anderes, auch an das vorgeordnete, Gericht verweist oder „abgibt", Hamm JB **79**, 54. Natürlich muß man die Tätigkeit ab einer solchen Verweisung wie sonst evtl zusätzlich vergüten.

Verwerfung: Rn 13 „Unzulässigkeit des Rechtsmittels".

15 **Zulässigkeitsrüge:** Eine Zurückverweisung liegt vor, soweit das Rechtsmittelgericht die Verwerfung einer Zulässigkeitsrüge bestätigt, s „Zwischenentscheidung". S auch Rn 13 „Unzulässigkeit des Rechtsmittels".

Zurückfallen der Sache: Rn 10 „Sachentscheidung".

Zurücknahme des Rechtsmittels: Eine Zurückverweisung *fehlt*, soweit der Rechtsmittelführer ein Rechtsmittel zurücknimmt.

Zwischenentscheidung: Soweit auf ein Zwischenurteil des LG nur das OLG die Berufung verworfen oder zurückgewiesen hat und der Prozeß vor dem LG weiterläuft, entsteht eine Gebühr nach (jetzt) § 21, Hbg JB **83**, 1515, Kblz JB **97**, 642, aM Mü JB **84**, 1177 (aber auch dann liegen alle Merkmale Rn 3 vor). Das gilt selbst dann, wenn das OLG keine ausdrückliche Zurückverweisung ausgesprochen hatte, Kblz JB **97**, 642.

Zwischenverfahren: Rn 10 „Sachentscheidung".

16 **4) Neuer Rechtszug, I.** Es stehen sich ein Grundsatz und eine Ausnahme gegenüber.

A. Grundsatz, I. Der schon vor der Zurückverweisung in dieser Angelegenheit tätig gewesene Anwalt erhält eine Gebühr für seine weitere Tätigkeit außerhalb Rn 17 unabhängig von derjenigen Gebühr, die er im früheren erstinstanzlichen Verfahren und/oder in der Rechtsmittelinstanz vor dem Rechtsmittelgericht verdient hat. Das gilt auch für die Geschäftsgebühr. Denn sie steht der in Rn 17 genannten Verfahrensgebühr nicht gleich, (zum alten Recht) LG Aachen MDR **88**, 593, aM Düss JB **83**, 697.

Das gilt aber natürlich nur insoweit, als durch seine Tätigkeit im Verfahren nach der Zurückverweisung *neue Gebühren* entstehen, etwa nach (jetzt) VV 4105, Düss Rpfleger **94**, 38. Er erhält für diese weitere Tätigkeit eine Gebühr natürlich nur nach dem jetzigen Gegenstandswert. Wenn also das Rechtsmittelgericht eine Entscheidung des Erstgerichts zum Teil bestätigt, bleibt dieser Wert außer Betracht, Köln JB **79**, 697. Soweit sich der Gegenstandswert nach der Zurückverweisung erhöht, ist er für diejenige Gebühr maßgeblich, die erst jetzt entsteht. Dabei kommt es zB für die Terminsgebühr darauf an, wann das Gericht den jetzt erheblichen Termin durchgeführt hat. Eine Anrechnung einer früher entstandenen Einigungsgebühr erfolgt nicht.

B. Verfahrensgebühr. Zu ihr ist als Ausnahme eine Anrechnungsvorschrift in VV 17
amtliche Vorbemerkung 3 VI vorrangig. Das setzt natürlich eine frühere gleichartige Tätigkeit desselben Anwalts im bisherigen Verfahren voraus. Das alles gilt auch bei der Verfahrensgebühr eines Verkehrsanwalts, Mü JB **92**, 167. Es gilt auch im Verfahren der freiwilligen Gerichtsbarkeit, BayObLG JB **00**, 583.

5) **§§ 146, 270 FamFG, II.** Soweit das Rechtsmittelgericht ein den Scheidungs- 18
antrag abweisenden Beschluß aufhebt, muß es die Sache nach § 146 I 1 FamFG, in einer Lebenspartnerschaftssache in Verbindung mit § 270 FamFG, dann an dasjenige Gericht zurückverweisen, das die Abweisung ausgesprochen hat, wenn bei diesem Gericht eine Folgesache zur Entscheidung ansteht. Dann bildet das weitere Verfahren vor dem FamG mit dem früheren Verfahren abweichend von I denselben Rechtszug. Die nach der Zurückverweisung bereits vorher für diesen Anwalt angefallenen Gebühren entstehen also nicht noch einmal. Das gilt auch dann, wenn nach dem Geschäftsverteilungsplan des FamG jetzt eine andere Abteilung funktionell zuständig ist, Rn 3, (zum alten Recht) Hamm OLGR **95**, 12.

Natürlich erhält der erst *nach* der Zurückverweisung tätig gewordene Anwalt, eine 19
volle Vergütung wie sonst. Der bisherige Anwalt erhält solche Gebühren, die ihm vor der Zurückverweisung noch nicht entstehen konnten, jetzt aber für ihn aus seiner weiteren Tätigkeit anfallen, etwa infolge einer erstmals jetzt über eine Folgesache anfallenden Tätigkeit, Ffm AnwBl **83**, 519 (Erhöhung des Gegenstandswerts, Rn 16, evtl unerheblich bei § 47). Eine Kostenerstattung richtet sich (jetzt) nach §§ 150 ff FamFG, Hbg MDR **75**, 852.

6) **Fortführung als selbständige Familiensache, III.** Die Vorschrift erfaßt den 20
Fall § 142 II 2, 3 FamFG. Rn 19 bleibt beachtbar.

Abschnitt 4. Gegenstandswert

Grundsatz

22 ¹ In derselben Angelegenheit werden die Werte mehrerer Gegenstände zusammengerechnet.

II ¹ Der Wert beträgt in derselben Angelegenheit höchstens 30 Millionen Euro, soweit durch Gesetz kein niedrigerer Höchstwert bestimmt ist. ² Sind in derselben Angelegenheit mehrere Personen Auftraggeber, beträgt der Wert für jede Person höchstens 30 Millionen Euro, insgesamt jedoch nicht mehr als 100 Millionen Euro.

Vorbem. II 1 geändert dch Art 20 Z 3 des 2. JuMoG v 22. 12. 06 BGBl 3416, in Kraft seit 31. 12. 06, Art 28 I des 2. JuMoG, Übergangsrecht § 60 RVG.

Gliederung

1) Zusammenrechnung, I	1, 2
2) Grundsatz: Absoluter Höchstwert, II 1 Hs 1	3
3) Abdingbarkeit, II 1 Hs 1	4
4) Vorrang anderer Bestimmungen, II 1 Hs 2	5
5) Mehrheit von Auftraggebern, II 2	6, 7

RVG § 22

1 **1) Zusammenrechnung, I.** Die den §§ 39 I GKG, 33 FamGKG ähnelnde Vorschrift ergänzt § 2 I. Wenn eine und dieselbe Angelegenheit nach § 15 Rn 9 und nach §§ 15, 16, VV 1008 Rn 3 und im gerichtlichen Verfahren in demselben Rechtszug nach § 15 II mehrere Gegenstände nach § 7 Rn 27 umfaßt, muß man die Werte für jede Gebühr schon wegen § 15 II 1 meist zusammenrechnen, BVerfG NJW **97**, 3431, Kblz JB **09**, 249, Köln NJW **09**, 3586. Vgl auch §§ 5 ZPO, 48 I GKG. Das gilt also zB auch dann, wenn mehrere Rechtsstreite oder Verfahren oder ein Rechtsstreit oder ein außergerichtlicher Vergleich die Ansprüche für oder gegen eine oder mehrere Personen regeln, Kblz **09**, 249, OVG Münst JB **09**, 252, Zweibr AnwBl **00**, 695, oder gegen mehrere Drittschuldner, LG Kblz JB **10**, 49, oder wenn ein eingeforderter Anspruch und ein noch nicht anhängiger weiterer Anspruch unter einen gemeinsamen Vergleich oder eine Einigung fallen, oder wenn ein Teilgegenstand ausscheidet und ein anderer hinzukommt, KG JB **08**, 148. Die Mehrheit von Gegenständen mag sich also erst im Verlauf derselben Angelegenheit ergeben. Die Folge dieser Zusammenrechnung ist der Umstand, daß die Gebühr wegen der Degression der Gebührentabelle meist niedriger ausfällt als zwei Einzelgebühren auf Grund der Einzelwerte. Das darf der Anwalt nicht durch eine Vereinzelung der Angelegenheiten unterlaufen, BGH NJW **04**, 1045.

2 Die Zusammenrechnung nach I ist aber rechtssystematisch die *Ausnahme*. Man muß die Vorschrift also eng auslegen, Hbg MDR **84**, 166, Schneider Rpfleger **82**, 370. Das gilt insbesondere im Verfahren nach der KostO, Teil III dieses Buchs, etwa beim Kauf nebst einer Belastungsvollmacht, LG Duisb JB **07**, 428. Es gibt viele Zusammenrechnungsverbote. Eine Zusammenrechnung findet zB nicht statt bei VV 1009 amtliche Anmerkung III und auch nicht bei § 28, ferner nicht bei (jetzt) § 44 GKG, Schlesw JB **75**, 473, und nicht bei §§ 45, 48 II–IV GKG. Wegen des Begriffs derselben Angelegenheit § 15 Rn 9 ff. Nach I kann man verfahren müssen, wenn der Anwalt nach einer Tätigkeit im Erkenntnisverfahren nun im Kostenfestsetzungsverfahren tätig wird, LG Bln JB **99**, 33. Führt I nicht zu einer Erhöhung der Vergütung, kann (jetzt) VV 1008 entsprechend anwendbar sein, BGH **81**, 40, aM Köln Rpfleger **87**, 263.

Unanwendbar sind I, II bei verschiedenen Angelegenheiten.

3 **2) Grundsatz: Absoluter Höchstwert, II 1 Hs 1.** Die Vorschrift ist verfassungsgemäß, BVerfG NJW **07**, 2098. Vgl freilich DAV AnwBl **06**, 532, Henke AnwBl **06**, 55. Sie gilt bei einem einzigen Auftraggeber. Bei mehreren gilt II 2. II 1 Hs 1 entspricht §§ 39 II Hs 1 GKG, 33 II Hs 1 FamGKG, Teile I A, B dieses Buchs. Sie gilt allgemein, aber nur für den gesetzlich ermittelten Gegenstandswert. Sie gilt auch bei mehreren Gegenständen innerhalb derselben Angelegenheit als die Obergrenze des Gesamtwerts. Sie gilt sogar bei unterschiedlichen Parteirollen desselben Auftraggebers innerhalb derselben Angelegenheit. Sie gilt also nicht etwa auch für den nach § 3 a Rn 25 zulässig vereinbarten höheren Wert. Denn § 3 a hat den Vorrang. Andernfalls würde einer der Grundsätze des RVG an dieser Stelle seine Grenze finden. Das ist zwar vielleicht der Wunschtraum mancher Politiker, aber nicht der erkennbare Text und nicht der allein erkennbare Sinn und Zweck des RVG.

Das gilt umso mehr seit der erheblich weiteren Liberalisierung der Vereinbarkeit zB im Bereich des § 34 RVG (Beratung, Gutachten und Mediation). Denn jetzt *darf* der Anwalt die ganze Honorarfrage nicht nur aushandeln, sondern *soll* das sogar tun. II soll sogar dann keine unabdingbare absolute Grenze ziehen.

4 **3) Abdingbarkeit, II 1 Hs 1.** Sie ist also die wahre Geltungsgrenze von II. Die Partner des Anwaltsvertrags müssen lediglich die Bedingungen des § 3 a einhalten und mögen eine Erstattung nur in den Grenzen von II herbeiführen können. Das paßt auch allein zur unveränderten Grundhaltung des RVG, den Anwalt evtl für nur sehr wenig Geld erheblich arbeiten zu lassen, und umgekehrt.

5 **4) Vorrang anderer Bestimmungen, II 1 Hs 2.** Wie bei §§ 39 II Hs 2 GKG, 33 II Hs 2 FamGKG, Teile I A, B dieses Buchs, stellt auch § 22 II 1 in Hs 2 klar, daß eine andere gesetzliche Bestimmung vor Hs 1 den Vorrang hat. Das gilt zB bei § 23 III 2 lt Hs (Höchstwert dort nur 500 000 EUR) usw. Auch diese geringeren Höchstwerte gelten wie bei Hs 1 aber nicht bei einer wirksamen Vereinbarung höherer Werte nach § 4, Rn 3, 4.

5) Mehrheit von Auftraggebern, II 2. Die Vorschrift gibt bei jedem Auftragge- 6
ber je Angelegenheit unter Mitbeachtung von § 7 I zunächst rein rechnerisch einen
Höchstwert von 30 Millionen EUR. Drei Auftraggeber würden also einen Höchstwert von 90 Millionen EUR ausmachen. Den vierten könnte man aber nur noch mit
weiteren 10 Millionen EUR bewerten. Denn auch bei einer Mehrheit von Auftraggebern lautet der gesetzliche Höchstwert je Angelegenheit auf 100 Millionen EUR.
Auf die Zahl der Gegenstände kommt es innerhalb derselben Angelegenheit nicht an,
Maier-Reimer NJW 09, 3552.

Abdingbarkeit nach Rn 4 gilt natürlich auch hier. Es kommt dabei auf jeden einzel- 7
nen Auftraggeber an. Hat der Anwalt mit dem Mandanten A nichts nach § 4 zum
Wert vereinbart, darf er für ihn höchstens 30 Millionen EUR als Wert ansetzen. Hat
er mit B eine wirksame Wertvereinbarung getroffen, mag er ihm gegenüber entsprechend mehr ansetzen dürfen, usw. Das gilt umso mehr, als die evtl nach VV 7007 zu
beanspruchende Erstattung der etwaigen Prämie einer Haftpflichtversicherung beim
Haftungsbetrag von über 30 Millionen keinen vollen Haftungsausgleich garantieren
kann.

Allgemeine Wertvorschrift

23 *Fassung 1. 9. 2009:* [1] [1]Soweit sich die Gerichtsgebühren nach dem Wert richten, bestimmt sich der Gegenstandswert im gerichtlichen Verfahren nach
den für die Gerichtsgebühren geltenden Wertvorschriften. [2]In Verfahren, in denen Kosten nach dem Gerichtskostengesetz oder dem Gesetz über Gerichtskosten in Familiensachen erhoben werden, sind die Wertvorschriften des jeweiligen
Kostengesetzes entsprechend anzuwenden, wenn für das Verfahren keine Gerichtsgebühr oder eine Festgebühr bestimmt ist. [3]Diese Wertvorschriften gelten
auch entsprechend für die Tätigkeit außerhalb eines gerichtlichen Verfahrens,
wenn der Gegenstand der Tätigkeit auch Gegenstand eines gerichtlichen Verfahrens sein könnte. [4] § 22 Abs. 2 Satz 2 bleibt unberührt.

II [1]In Beschwerdeverfahren, in denen Gerichtsgebühren unabhängig vom
Ausgang des Verfahrens nicht erhoben werden oder sich nicht nach dem Wert
richten, ist der Wert unter Berücksichtigung des Interesses des Beschwerdeführers nach Absatz 3 Satz 2 zu bestimmen, soweit sich aus diesem Gesetz nichts
anderes ergibt. [2]Der Gegenstandswert ist durch den Wert des zugrunde liegenden Verfahrens begrenzt. [3]In Verfahren über eine Erinnerung oder eine Rüge
wegen Verletzung des rechtlichen Gehörs richtet sich der Wert nach den für Beschwerdeverfahren geltenden Vorschriften.

III [1]Soweit sich aus diesem Gesetz nichts anderes ergibt, gelten in anderen
Angelegenheiten für den Gegenstandswert § 18 Abs. 2, §§ 19 bis 23, 24 Abs. 1,
2, 4 und 5, §§ 25, 39 Abs. 2 und 3 sowie § 46 Abs. 4 der Kostenordnung entsprechend. [2]Soweit sich der Gegenstandswert aus diesen Vorschriften nicht ergibt und auch sonst nicht feststeht, ist er nach billigem Ermessen zu bestimmen; in Ermangelung genügender tatsächlicher Anhaltspunkte für eine Schätzung und bei nichtvermögensrechtlichen Gegenständen ist der Gegenstandswert
mit 4000 Euro, nach Lage des Falles niedriger oder höher, jedoch nicht über
500 000 Euro anzunehmen.

Vorbem. I 2, III 1 geändert durch Art 47 VI Z 10 a, b FGG-RG v 17. 12. 08, BGBl
2586, in Kraft seit 1. 9. 09, Art 112 I Hs 1 FGG-RG, Übergangsrecht Art 111 FGG-RG,
Grdz 2 vor § 1 FamGKG, Teil I B dieses Buchs.

Bisherige Fassung I 2, III 1: [1] [2]In Verfahren, in denen im Gerichtskostengesetz
Festgebühren bestimmt sind, sind die Wertvorschriften des Gerichtskostengesetzes entsprechend anzuwenden.

III [1]Soweit sich aus diesem Gesetz nichts anderes ergibt, gelten in anderen
Angelegenheiten für den Gegenstandswert § 18 Abs. 2, §§ 19 bis 23, 24 Abs. 1,
2, 4, 5 und 6, §§ 25, 39 Abs. 2 und 3 sowie § 46 Abs. 4 der Kostenordnung entsprechend.

Schrifttum: *Bertelsmann*, Gegenstandswerte in arbeitsgerichtlichen Beschlußverfahren,
2000.

RVG § 23

X. Rechtsanwaltsvergütungsgesetz

Gliederung

1) **Systematik, I–III**	1
2) **Regelungszweck, I–III**	2
3) **Gerichtliches Verfahren, I, II**	3–11
A. Begriff, I 1	3, 4
B. Beispiele zur Frage einer Anwendbarkeit von I 1	5
C. Festgebühr nach GKG oder FamGKG, I 2	6
D. Außergerichtliche prozeßbezogene Tätigkeit usw, I 3	7–9
E. Beispiele zur Frage einer außergerichtlichen prozeßbezogenen Tätigkeit, I 3 ...	10
F. Maßgebliche Wertvorschriften, I 1–4	11
4) **Beschwerdeverfahren, II**	12
5) **Andere Angelegenheit, III**	13–20
A. Begriff, III 1	13
B. Beispiele zur Frage einer anderen Angelegenheit, III 1	14
C. Maßgebliche Wertvorschriften, III 1	15–17
D. Fehlen von Wertvorschriften, III 2	18
E. Beispiele zur Frage einer Anwendbarkeit von III 2	19
F. Ausgangswert: 4000 EUR, III 2	20
G. Wertabweichung, III 2	21
H. Beispiele zur Frage einer Wertabweichung, III 2	22

1   **1) Systematik, I–III.** Die Vorschrift bestimmt zunächst allgemein die Regeln zur Ermittlung desjenigen Gegenstandswerts des Gegenstands, nach dem sich die Gebühren des Anwalts richten. Ergänzend gelten §§ 24 ff für die dort genannten Tätigkeitsbereiche als vorrangige Sondervorschriften. Für das Wertfestsetzungsverfahren gelten §§ 32, 33. Man muß grundsätzlich unterscheiden, und zwar zwischen einem gerichtlichen Verfahren, einer Tätigkeit, deren Gegenstand auch derjenige eines gerichtlichen Verfahrens sein könnte, und einer anderen Angelegenheit. Wegen der Hinweispflicht auf Wertgebühren Grdz 17 vor § 1.

2   **2) Regelungszweck, I–III.** I, II dienen der Vereinfachung und Vereinheitlichung bei der Wertermittlung vor Gericht. Man muß die Vorschrift daher so weit wie irgend vertretbar in diesem Sinn auslegen. III bezweckt im Bereich der Notwendigkeit einer solchen selbständigen Wertbemessung eine Abwägung zwischen einem Ermessens und festen Ermessensgrenzen. Letztere sind natürlich auch schon bei der Ermessensausübung mitbeachtlich. Man darf zB keinen Durchschnittsfall hart an der festen Obergrenze bewerten.

3   **3) Gerichtliches Verfahren, I, II.** Bei diesem Tätigkeitsbereich bestimmt der Streit- oder Geschäftswert für die Gerichtsgebühren grundsätzlich auch den Gegenstandswert für die Anwaltsgebühren. Man muß vier Aspekte beachten.

    A. Begriff, I 1. Gerichtliches Verfahren ist jedes Verfahren vor einem Gericht irgendwelcher Art mit einem oder mehreren unabhängigen staatlichen Richtern, Artt 92, 97 GG, zur Herbeiführung einer Entscheidung, auch dasjenige der freiwilligen Gerichtsbarkeit, Enders JB 09, 281 (Üb). Es ist nur die Anwaltstätigkeit „in" dem Verfahren nötig, nicht eine solche direkt vor dem Gericht. Es reicht daher zB die Tätigkeit eines Verkehrsanwalts. Es kommt nicht darauf an, ob das Verfahren vor dem Urkundsbeamten der Geschäftsstelle, dem Rpfl, dem Richter oder dem Gerichtsvollzieher bei einer Zwangsvollstreckung stattfindet. Das übersehen Ahlemeier/Pautz DGVZ **90**, 39.

4   *„Verfahren"* ist dabei jeder durch Prozeßregeln geordnete Ablauf zwecks einer gerichtlichen Entscheidung oder Rechtsgestaltung oder Entscheidungsdurchsetzung. Jedes Verfahren hat seinen eigenen Wert, Hbg AnwBl **03**, 114.

    Mangels einer Gerichtsgebühr oder deren Wertabhängigkeit gilt III, Rn 13.

5   **B. Beispiel zur Frage einer Anwendbarkeit von I 1**

    Arbeitssache: Anwendbar ist I 1 in einem solchen Verfahren, (jetzt) § 1 Z 5 GKG (vgl freilich auch § 2 II GKG), Teil I A dieses Buchs, BAG DB **00**, 2436, LAG Bln MDR **03**, 1021, LAG Mainz NZA-RR **07**, 542. Wegen eines Ausschlusses eines Betriebsratsmitglieds LAG Hamm BB **85**, 994 (zum alten Recht).

    Betragsrahmengebühr: *Unanwendbar* ist I 1 bei einer solchen Gebühr nach Einl II A 12, etwa einer in Strafsache oder Sozialgerichtssache, aM BSG BB **78**, 663 (aber das ist eine gänzlich andere Bewertungsmethode).

    Betreuungssache: Anwendbar ist I 1 in einem solchen Verfahren.

Abschnitt 4. Gegenstandswert § 23 **RVG**

Betriebsrat: S „Arbeitssache".
Bürgerlicher Streit: Anwendbar ist I 1 in jedem solchen Prozeß.
Festgebühr: *Unanwendbar* ist I 1 hier. Es gilt Rn 6.
Finanzgericht: Anwendbar ist I 1 in einem solchen Verfahren.
Freiwillige Versteigerung: *Unanwendbar* ist I 1 außerhalb der Zwangsvollstreckung.
Gutachterausschuß: S „Verwaltungsbehörde".
Insolvenz: *Vorrang* hat § 28.
Landwirtschaftsgericht: Anwendbar ist I 1 in einem solchen Verfahren.
Mahnverfahren: Anwendbar ist I 1 bei §§ 688 ff ZPO, Karlsr JB **07**, 428.
Nachlaßsache: Anwendbar ist I 1 in einem solchen Verfahren.
Räumung: S „Zwangsvollstreckung".
Registersache: Anwendbar sein kann I 1 in einer solchen Sache.
Schiffahrtsrechtliches Verteilungsverfahren: *Vorrang* hat § 29.
Sozialgericht: Anwendbar sein kann I 1 auch in einem solchen Verfahren.
   Vgl aber „Betragsrahmengebühr", „FestGebühr".
Spruchstelle: S „Verwaltungsbehörde".
Unterbringung: Anwendbar ist I 1 in einem solchen Verfahren, LG Mü AnwBl **83**, 31.
Verfassungsgericht: Anwendbar ist I 1 in einem solchen Verfahren, OVG Münst FamRZ **08**, 800.
Verwaltungsbehörde: *Unanwendbar* ist I 1 grds bei einer Tätigkeit des Anwalts vor einer Verwaltungsbehörde oder vor einer Spruchstelle oder einem Gutachterausschuß und einem ähnlichen nichtgerichtlichen Spruchkörper, aM BayObLG AnwBl **03**, 182, auch nicht seine Mitwirkung bei einer Beurkundung oder Beglaubigung. Denn die letzteren Vorgänge stellen kein gerichtliches Verfahren dar.
   Die Vorschrift *gilt aber* insoweit, als das Gesetz für eine anwaltige Tätigkeit vor einer nicht staatlichen Stelle ausdrücklich auf Gebührenvorschriften für gerichtliche Verfahren *verweist*, etwa in § 36 oder in VV amtliche Vorbemerkung 6.2 III. Denn dann muß man auch die zugehörige Bewertung ebenso wie bei einem gerichtlichen Verfahren vornehmen. Ferner mag ein Verwaltungsverfahren die notwendige Vorstufe eines Gerichtsverfahrens sein. Insoweit kann I 3 anwendbar sein.
   S auch Rn 7 ff.
Verwaltungsgericht: Anwendbar ist I 1 in einem solchen Verfahren, OVG Münst FamRZ **08**, 800.
Zwangsversteigerung, Zwangsverwaltung: Anwendbar sein kann I 1 auch in einem solchen Verfahren. Es gibt aber eigene vorrangige Wertvorschriften. §§ 26, 27, LG Bonn JB **80**, 887.
Zwangsvollstreckung: Anwendbar ist I 1 grds im Verfahren nach §§ 704 ff ZPO einschließlich einer Räumung nach § 885 ZPO, aM Ahlemeier/Pautz DGVZ **90**, 39.
   Vorrang hat aber § 25.

C. Festgebühr nach GKG oder FamGKG, I 2. Oft nennt das GKG eine 6
Festgebühr, zB in KV 1121, 1123, 1510. Dasselbe gilt beim FamGKG, Teil I B dieses Buchs, zB in KVFam 1311, 1312, 1600–1603, 1710 ff. Der Grundsatz der Anknüpfung an einen Streitwert würde dann unbrauchbar sein. Deshalb macht I 2 dann die Wertvorschriften des GKG oder FamGKG wenigstens entsprechend anwendbar.

D. Außergerichtliche prozeßbezogene Tätigkeit usw, I 3. Die Vorschrift gilt, 7
soweit der Anwalt zB im Hinblick auf eine gerade in dieser und nicht nur in irgendeiner anderen Angelegenheit bevorstehendes oder bereits stattfindendes gerichtliches Verfahren und damit in einem inneren Zusammenhang mit ihm nach Rn 2–6 tätig wird, jedoch nicht gerade *in* ihm. Es kommt also nur darauf an, ob der Gegenstand seiner Tätigkeit erfahrungsgemäß und im allgemeinen auch der Gegenstand eines gerichtlichen Verfahrens sein könnte. Das ist so, soweit es um einen sachlichrechtlichen Anspruch geht. Dann richtet sich der Gegenstandswert ebenfalls nach den für das gerichtliche Verfahren voraussichtlich geltenden Vorschriften. Das gilt natürlich nur, soweit der Streitwert und der Gegenstandswert übereinstimmen, Bbg JB **81**, 923, Saarbr JB **91**, 835. Das Hauptanwendungsgebiet ist die Tätigkeit in dem ein gericht-

RVG § 23 X. Rechtsanwaltsvergütungsgesetz

liches Verfahren vorbereitenden Abschnitt sowie diejenige, die ein gerichtliches Verfahren vermeiden soll. Dabei ist eine weite Auslegung notwendig.

8   Eine Gebühr entsteht für eine solche Tätigkeit allerdings nur dann, wenn der Anwalt *keinen Prozeßauftrag* erhält, sei es, daß sich die Angelegenheit ohne ein gerichtliches Verfahren erledigt, sei es, daß der Anwalt in dem anschließenden gerichtlichen Verfahren nicht tätig werden soll und auch nicht tätig wird. Soweit er im gerichtlichen Verfahren tätig wird, muß man die Gebühr für die vorangehende oder gleichzeitige außergerichtliche Tätigkeit unter Umständen auf die Verfahrensgebühr für das gerichtliche Verfahren anrechnen, VV amtliche Vorbemerkung 3 IV 1.

9   Soweit eine Klageeinreichung nach § 42 V GKG *fehlt*, kann man auf die erste Geltendmachung des Anspruchs oder auf die Erledigung abstellen.

10 **E. Beispiele zur Frage einer außergerichtlichen prozeßbezogenen Tätigkeit, I 3**
Allgemeine Geschäftsbedingungen: *Nicht* hierher gehört ihr Entwurf mangels ausreichenden Zusammenhangs mit einem konkreten Verfahren.
Aufhebungsvertrag: Hierher gehört ein solcher die Kündigung des Arbeitgebers vermeidender Vorgang, BAG DB 00, 2436.
Auskunft: Hierher gehört eine Auskunft wegen eines bevorstehenden Verfahrens, BGH NJW 07, 2051 (Räumung).
Nicht hierher gehört dergleichen außerhalb eines Gerichtsverfahren(splans).
Aussöhnungsversuch: Hierher gehört eine solche Bemühung.
Einigungsversuch: Hierher gehört der Versuch einer gütlichen Einigung.
Erbteilung: Hierher gehört wegen § 2042 BGB ein Erbteilungsvorschlag.
Folgesache: Hierher gehört die Verhandlung in einer beliebigen Scheidungsfolgesache nach §§ 137 ff FamFG.
Kündigung: Hierher gehört ein solcher Vorgang beliebigen Ursprungs, GSchm 25, RS 11, differenzierend GS 24, aM Schneider MDR 00, 685 (aber es kann zB die Wirksamkeit einer Kündigung ein tragender rechtskraftfähiger Bestandteil eines Räumungsurteils sein und beim Feststellungsurteil auf eine Beendigung des Mietverhältnisses ebenso wirken).
Mahnung: Hierher gehört ein solcher Vorgang beliebigen Ursprungs.
Rat: Es gilt dasselbe wie bei einer „Auskunft".
Rechtsmittel: Hierher gehört das Abraten von einem Rechtsmittel.
Sanierungsversuch: Hierher gehört eine solche Bemühung.
Vergleich: Hierher gehört ein außergerichtlicher Vergleich nach § 779 BGB.
Vertragsentwurf: *Nicht* hierher gehört eine solche Tätigkeit, VV 2300.
Vorbereitung: Hierher gehört die Vorbereitung zB einer Klage oder einer Rechtsverteidigung.
Vorverfahren: Hierher gehört ein Einspruchs-, Widerspruchs- oder Beschwerdeverfahren als Vorstufe für ein auch nur evtl nachfolgendes verwaltungs- oder finanzgerichtliches Verfahren, OVG Bln NJW 82, 2517.
Zwangsvollstreckung: Hierher gehört die Vorankündigung eines solchen Verfahrens gegen den Fiskus nach § 882a ZPO.
Zahlungsaufforderung: Hierher gehört eine solche Aufforderung, und zwar selbst dann, wenn der Anwalt derzeit noch nicht klagen soll.

11 **F. Maßgebliche Wertvorschriften, I 1–4.** Vgl im einzelnen §§ 39 ff GKG, 33 ff FamGKG und die in den Anh nach §§ 48, 51, 52 GKG kommentierten weiteren Vorschriften der ZPO, der InsO usw, alle Teile dieses Buchs, ferner §§ 18 ff KostO, Teil III dieses Buchs, LG Mü AnwBl 83, 31 auch in Verbindung mit §§ 33, 35 LwVG, Teil IV dieses Buchs. Die Regelung ist verfassungsgemäß. Das gilt insbesondere insoweit, als er auch auf die Einkommens- und Vermögensverhältnisse der Parteien oder Beteiligten abstellt, BVerfG BGBl 89, 1301 = BVerfG 80, 106. I 4 verweist überflüssigerweise auf den ohnehin geltenden § 22 II 2. Das bedeutet nicht etwa, daß § 22 II 1 unanwendbar wäre. Denn auch diese Vorschrift gilt außerhalb einer wirksamen Wertvereinbarung allgemein.

12 **4) Beschwerdeverfahren, II.** Es handelt sich um Klarstellungen dahin, daß der Anwalt auch dann Wertgebühren fordern kann, wenn seine Tätigkeit in einem solchen Verfahrensabschnitt erfolgt, für den es entweder keine Gerichtsgebühr oder nur

Abschnitt 4. Gegenstandswert § 23 RVG

eine wertunabhängige Gerichtsgebühr gibt oder für die eine gerichtliche Festgebühr entsteht. Es gilt dann nach II 1 grundsätzlich die Verweisung auf III 2 mit einer Berücksichtigung des Interesses des Beschwerdeführers und mit der in II 2 genannten Begrenzung. II 3 verweist für den Wert einer Erinnerung oder der Rüge der Verletzung des rechtlichen Gehörs nach § 12a GKG, § 44 FamFG auf die Regeln zum Beschwerdeverfahren. Maßgeblich sind nicht die vom Beschwerdeführer behaupteten Verhältnisse, sondern die evtl vom Sachverständigen ermittelten tatsächlichen, BGH MDR **05**, 1194.

5) Andere Angelegenheit, III. Soweit es für die Gerichtsgebühren des gericht- 13 lichen Verfahrens keine Wertvorschriften gibt, muß man den Gegenstandswert nach (jetzt) III bestimmen, BayObLG FamRZ **99**, 604 (zu [jetzt] § 107 FamFG). Das gilt vor allem dann, wenn das Verfahren gerichtsgebührenfrei ist, Düss JB **93**, 554, Brdb FamRZ **06**, 1860 links, LG Hann JB **87**, 231, aM LAG Bre MDR **86**, 260, VGH Mü BayVBl **82**, 60. Es gilt auch dann, wenn sich die Gerichtsgebühr nicht nach einem Streitwert, Geschäftswert usw richtet, sondern wenn sie zB eine Rahmengebühr darstellt. Insofern gelten jedoch vielfach Sonderregeln. Ratsam ist eine Honorarvereinbarung nach § 3a. Mangels einer solchen Vereinbarung sollte man in drei Prüfschritten vorgehen.

A. Begriff, III 1. III ist eine Auffangvorschrift, LAG Bre AnwBl **84**, 165, LAG Kiel JB **07**, 258 links Mitte. Das wird schon durch die Formulierung „soweit sich aus diesem Gesetz nichts anderes ergibt" und durch das Wort „andere" deutlich. Man muß also zunächst prüfen, ob ein gerichtliches Verfahren mit wertabhängigen Gebühren vorliegt, Rn 2, 11, oder ob es sich um eine der Tätigkeiten Rn 7–10 handelt. Erst wenn beides nicht so ist, liegt eine andere Angelegenheit nach III 1 vor.

Man muß also auch darauf achten, daß diejenige Tätigkeit des Anwalts, die einem gerichtlichen Verfahren *vorausgeht* oder die sich lediglich in einer außergerichtlichen Förderung eines gerichtlichen Verfahrens erstreckt, evtl gemäß I 3 nach den für das gerichtliche Verfahren geltenden Wertvorschriften und nicht etwa nach III bewertbar ist. Es kommt also nicht nur darauf an, ob der Anwalt auch unmittelbar vor einem Gericht tätig geworden ist.

B. Beispiele zur Frage einer anderen Angelegenheit, III 1 14
Aufhebungsverhandlung: Nach III gehört eine Verhandlung zwecks Aufhebung eines Arbeitsverhältnisses, LAG Köln MDR **97**, 600, AG Hbg AnwBl **89**, 241.
Außerlicher Streit: Nach III gehört die Vertretung eines Beteiligten bei einer solchen Auseinandersetzung, Stecher FamRZ **89**, 1038.
Beratung: Nach III gehört eine außergerichtliche Beratung.
Betriebsratsanfechtung: Nach III gehört die Anfechtung einer Wahl eines Betriebsrats, LAG Hamm NZA-RR **05**, 435 links.
Betriebsratsauflösung: Nach III gehört der Streit um die Auflösung eines Betriebsrats, LAG Köln JB **98**, 366.
Betriebsratsbüro: Nach III gehört der Streit um ein Büro für den Betriebsrat, ArbG Stralsund JB **01**, 594.
Betriebsratsfreistellung: Nach III gehört der Streit um die weitere Freistellung eines Betriebsratsmitglieds, LAG Düss JB **92**, 94, oder eine Freistellung an einem bestimmten Einzeltag, LAG Köln NZA-RR **07**, 605.
Betriebsratskündigung: Nach III gehört der Streit um die Ersetzung der Zustimmung zur Kündigung eines Mitglieds des Betriebsrats, LAG Nürnb JB **01**, 595.
Erbvertrag: Nach III gehört seine Anfechtung.
Kooperationsvertrag: Nach III gehört eine Mitwirkung an ihm, BGH VersR **89**, 103 (abl Madert AnwBl **90**, 223).
Personalvertretungs-Beschlußverfahren: Nach III gehört der Streit um ein Beschlußverfahren zur Personalvertretung OVG Greifsw NVwZ-RR **04**, 159, OVG Magdeb JB **07**, 427.
Sozialplan: Nach III gehört der Streit um die Anfechtung eines Sozialplans, BAG NZA **05**, 1136, LAG Düss JB **02**, 314.
Streitbeendigung: Es gilt dasselbe wie beim „Vergleich".
Testamentsentwurf: Nach III gehört eine solche Tätigkeit.

Umgruppierung: Nach III gehört der Streit um eine Umgruppierung, LAG Hamm NZA-RR **05**, 435 rechts.
Vergleich: *Nicht* nach III, sondern nach I 3 gehört ein solcher streitbeendender Vorgang.
Vertragsentwurf: Nach III gehört der Entwurf oder die Verhandlung über einen Vertrag, Stecher FamRZ **89**, 1038.

15 C. **Maßgebliche Wertvorschriften, III 1.** Man vergleiche die dort genannten Vorschriften der KostO, Teil III dieses Buchs. § 18 I, III KostO fehlt in der Aufzählung. Denn der maßgebende Zeitpunkt für die Bewertung ist derjenige, in dem der Anwalt die Gebühren verdient, nicht derjenige der Fälligkeit nach § 8. Das Gericht prüft im Rahmen eines pflichtgemäßen Ermessens, ob man Verbindlichkeiten abziehen muß. Ein Abzug ist insoweit berechtigt, als die Beteiligten eine Verbindlichkeit bei der Beratungstätigkeit usw als feststehend angesehen hatten. Das ist regelmäßig bei einer öffentlichen Last so. Wenn die Verbindlichkeit aber ein Gegenstand der beratenden Tätigkeit des Anwalts war, darf man sie nicht abziehen. Eine rückwirkende nachträgliche Änderung des Einheitswerts kann sich auch hier auswirken, Karlsr JB **82**, 112. „Bei" der Bestellung nach § 21 KostO wird der Anwalt auch dann tätig, wenn es nicht zu ihr kommt.

16 Während bei der Bewertung in einem *gerichtlichen* Verfahren oder der nach I 3 wertmäßig gleichstehenden Tätigkeit sämtliche Wertvorschriften der KostO anwendbar sind, darf man in einer *anderen Angelegenheit* nach III nur die in III 1 genannten abschließend aufgezählten Wertvorschriften der KostO heranziehen. Das gilt etwa bei einer Mietvertragsaufhebung für § 25 I KostO, LG Köln JB **01**, 643 (sehr hoch bewertend), AG Bln-Charlottenb JB **03**, 424. Andernfalls muß man eine Schätzung nach III 2 vornehmen. Bei § 39 II KostO kann man jede Anwaltstätigkeit zwecks des Abschlusses eines Austauschvertrags einbeziehen.

17 Manche gehen bei einer Veräußerung eines *Geschäftsanteils* von seinem objektiven Wert aus und errechnen diesen im allgemeinen aus dem Endpreis, aM Schmidt NJW **75**, 1418. Bei der Neufassung eines Gesellschaftsvertrags muß man alle Einlagen und den Firmenwert zusammenziehen, auch wenn der Anwalt nur einen einzelnen Gesellschafter vertritt, Stgt AnwBl **76**, 440, aM BGH MDR **95**, 319 (aber der Anwalt hat eine Mitverantwortung an der Neugestaltung des gesamten Rechtsverhältnisses). Bei der Mitwirkung an einer Kooperationsvereinbarung ist ein Bruchteil des Umsatzes angemessen, BGH VersR **89**, 103.

18 D. **Fehlen von Wertvorschriften, III 2.** Soweit sich der Gegenstandswert nicht aus den in III 1 genannten Vorschriften ergibt und soweit er auch nicht sonst feststeht, gilt III 2 als eine Auffangvorschrift, LAG Bre NZA **07**, 1390, LAG Mainz NZA-RR **07**, 658, VG Hann NVwZ-RR **09**, 224. Das Gericht muß den Wert dann nach seinem „billigen" und in Wahrheit pflichtgemäßen Ermessen durch eine Schätzung bestimmen, BayObLG RR **01**, 306, LG Siegen FamRZ **06**, 354, LAG Köln NZA-RR **07**, 381. Soweit es sich eindeutig um eine bestimmte Summe handelt, etwa bei einem Darlehen, einer Schenkung oder einer Steuererklärung, steht der Gegenstandswert fest, LAG Bre AnwBl **84**, 165, aM Mümmler JB **90**, 949, Schall AnwBl **91**, 614 (aber bei einer selbst nur schwierig erkennbaren eindeutigen Summe bleibt kein Platz für eine andere Bewertung). Eine Ausnahme mag bei einem weit übersetzten Scheinantrag vorliegen.

Oft liegen *keine genügenden* tatsächlichen *Anhaltspunkte* für eine pflichtgemäße Schätzung vor oder es handelt sich um eine nichtvermögensrechtliche Angelegenheit, § 30 KostO Rn 59 ff, Teil III dieses Buchs, LAG Köln NZA-RR **08**, 541, LAG Nürnb NZA-RR **06**, 491, LAG Stgt JB **92**, 601. Dann richtet sich der Wert nach dem Schwierigkeitsgrad und dem Umfang der Anwaltstätigkeit, LAG Bre NZA **07**, 1390. Er beträgt der Gegenstandswert grundsätzlich 4000 EUR, (jetzt) III 2 Hs 2, BGH JB **07**, 315, OVG Saarlouis NZA-RR **07**, 392, VG Hann NVwZ-RR **09**, 224.19

E. **Beispiele zur Frage einer Anwendbarkeit von III 2**
Arbeitgebervertreter: III 2 gilt bei der Beleidigung eines solchen Funktionärs, LAG Stgt NZA-RR **08**, 93.
Bebauungsplan: Meist nicht gilt III 2 in einem solchen Streit.

Abschnitt 4. Gegenstandswert § 23 RVG

Beschlußverfahren des Arbeitsgerichts: Vgl zB auch BAG BB 00, 516, LAG Hbg NZA-RR **05**, 210, LAG Nürnb NZA-RR **06**, 491, ferner § 30 KostO Rn 59 ff, Teil III dieses Buchs.
Betriebsratsgröße: Sie ist unbeachtbar, VGH Mü JB **00**, 534, aM LAG Köln MDR **05**, 342.
Betriebsratsvorsitzender: III 2 gilt beim Streit um ein Zutrittsrecht dieses Funktionärs, LAG Hamm NZA-RR **07**, 153.
BetrVG: III 2 gilt zB in einem Verfahren nach
 § 5 III, IV BetrVG, LAG Hamm NZA-RR **07**, 96 links;
 § 9 BetrVG, LAG Köln NZA-RR **08**, 541;
 § 38 BetrVG, LAG Kiel NZA-RR **08**, 93;
 § 76 II BetrVG, LAG Bln NZA-RR **04**, 342, LAG Erfurt JB **97**, 421, LAG Mü DB **83**, 2044;
 § 77 VI BetrVG, LAG Hamm NZA-RR **06**, 154;
 § 78 IV Z 2 BetrVG, LAG Hbg NZA-RR **07**, 154;
 § 87 I Z 1 BetrVG, LAG Hamm NZA-RR **06**, 96;
 § 87 I Z 2 BetrVG, LAG Köln NZA-RR **07**, 152;
 § 87 I Z 3 BetrVG, LAG Mainz NZA-RR **08**, 376;
 § 87 I Z 10, 11 BetrVG, LAG Mainz NZA-RR **07**, 658;
 § 99 IV BetrVG, LAG Hamm NZA-RR **07**, 97 links, LAG Köln NZA-RR **08**, 44, LAG Mainz NZA-RR **10**, 50, aM LAG Hbg NZA-RR **07**, 441 (§ 33, Monatsgehalt);
 § 100 II 3 BetrVG: wie bei § 99 IV BetrVG,
 §§ 111 ff BetrVG, LAG Düss NZA-RR **09**, 276.
Einigungsstelle: III 2 gilt bei einer Anfechtung des Spruchs einer solchen Stelle, LAG Düss JB **02**, 314, LAG Hbg MDR **04**, 338, LAG Mainz NZA-RR **07**, 380 (2–3facher Ausgangswert).
FamFG: III 2 gilt bei § 107 FamFG, (zum alten Recht) BayObLG FamRZ **99**, 604. Im Vermittlungsverfahren nach (jetzt) § 165 FamFG mag § 30 II KostO entsprechend anwendbar sein, Nürnb JB **06**, 200 (3000 EUR), Brdb FamRZ **06**, 1860 links (1000 EUR).
Lizenzgebühr: III 2 gilt bei einer umsatzabhängigen solchen Gebühr.
Rundfunkgebühren: III 2 gilt im Streit um eine Befreiung von ihr, OVG Lüneb JB **09**, 539.
VwGO: III 2 gilt im gerichtskostenfreien verwaltungsgerichtlichen Verfahren, VG Hann NVwZ-RR **09**, 224 (kein Rückgriff auf § 52 II GKG).

F. Ausgangswert: 4000 EUR, III 2. Der Wert von 4000 EUR ist kein Regelwert, sondern ein bloßer Ausgangs- oder Hilfswert, Brdb FamRZ **06**, 1860 links, LAG Hamm NZA-RR **07**, 153, LAG Köln NZA-RR **08**, 44, LAG Mainz NZA-RR **08**, 376, aM LAG Kiel JB **01**, 643 (aber schon der Gesetzestext zeigt den bloßen Hilfscharakter). 20

G. Wertabweichung, III 2. Er kann nach der Lage des Einzelfalls niedriger oder höher liegen. Eine Abweichung vom Ausgangswert ist aber nicht stets schon wegen einer grundsätzlichen Bedeutung der Sache nötig, LAG Bre BB **79**, 1096, LAG Mainz NZA-RR **05**, 385. Der Aufwand des Gerichts oder eines ProzBev oder VerfBev ist nicht maßgebend, sondern nur die Bedeutung der Sache, LAG Kiel JB **07**, 258 links Mitte. Beim Zusammentreffen eines vermögensrechtlichen und eines nichtvermögensrechtlichen Gegenstands muß man die Werte zusammenrechnen, § 22 I. Jeder Anspruch hat überhaupt grundsätzlich seinen eigenen Wert, LAG Köln NZA-RR **08**, 158. 21

Beispiele zur Frage einer Wertabweichung, III 2 22

1333 EUR: LAG Düss NZA-RR **07**, 265.
2000 EUR: LAG Kiel NZA-RR **07**, 659 (§ 100 BetrVG).
3000 EUR: LAG Köln NZA-RR **07**, 31.
8000 EUR: LAG Mainz NZA-RR **07**, 539.
12 000 EUR: LAG Kiel NZA-RR **06**, 660 (Eilverfahren), LAG Köln NZA-RR **07**, 152.

20 000 EUR: BPatG GRUR 07, 176 (markenrechtliches Widerspruch – Beschwerdeverfahren), LAG Köln NZA-RR 07, 381 (Unwirksamkeit einer Gesamtbetriebsratsvereinbarung).

Gegenstandswert im Musterverfahren nach dem Kapitalanleger-Musterverfahrensgesetz

23a Im Musterverfahren nach dem Kapitalanleger-Musterverfahrensgesetz bestimmt sich der Gegenstandswert nach der Höhe des von dem Auftraggeber oder gegen diesen im Prozessverfahren geltend gemachten Anspruchs, soweit dieser Gegenstand des Musterverfahrens ist.

Vorbem. Eingefügt dch Art 6 Z 3 G v 16. 8. 05, BGBl 2437, in Kraft seit 1. 11. 05, Art 9 I 2 G, außer Kraft am 1. 11. 10, Art 9 II Hs 2 G, Übergangsrecht § 60 RVG.

1 **1) Geltungsbereich.** Es geht um das Verfahren nach §§ 1 ff KapMuG, abgedruckt bei BLAH SchlAnh VIII. § 23 a gilt sowohl im erstinstanzlichen Verfahren vor dem OLG als auch im Rechtsbeschwerdeverfahren gegen den Musterentscheid vor dem BGH nach § 15 KapMuG.

2 **2) Gegenstandswert: Höhe des Klaganspruchs.** Maßgebend ist der Anspruch des Hauptprozesses, in typischem Neudeutsch „Prozessverfahren" genannt. Natürlich kommt es nur auf denjenigen Teil des Klaganspruchs an, der überhaupt einen Anlaß zu einem Musterfeststellungsantrag nach § 1 KapMuG gegeben hat. Dessen Wert muß man im einzelnen wie stets nach §§ 3 ff ZPO usw berechnen, Anh § 48 GKG, Teil I A dieses Buchs.

24 *Fassung 1. 9. 2009:* (weggefallen)

Bisherige Fassung: **Gegenstandswert für bestimmte einstweilige Anordnungen**

24 ¹Im Verfahren über eine einstweilige Anordnung der in § 620 Nr. 1, 2, 3 oder § 621 g der Zivilprozessordnung, jeweils auch in Verbindung mit § 661 Abs. 2 der Zivilprozessordnung, bezeichneten Art ist von einem Wert von 500 Euro auszugehen. ²Wenn die einstweilige Anordnung nach § 621 g der Zivilprozessordnung eine Familiensache nach § 621 Abs. 1 Nr. 7 der Zivilprozessordnung, auch in Verbindung mit § 661 Abs. 2 der Zivilprozessordnung, betrifft, ist jedoch § 53 Abs. 2 Satz 2 des Gerichtskostengesetzes entsprechend anzuwenden. ³Betrifft die Tätigkeit eine einstweilige Anordnung nach § 64 b des Gesetzes über die Angelegenheiten der freiwilligen Gerichtsbarkeit, gelten die Sätze 1 und 2 entsprechend.

FGG § 64 b. (Verfahren nach dem Gewaltschutzgesetz) ¹ Soweit Verfahren nach den §§ 1 und 2 des Gewaltschutzgesetzes den Familiengerichten zugewiesen sind, gelten die §§ 12 bis 16, 32 und 35 der Zivilprozessordnung entsprechend; zuständig ist darüber hinaus das Familiengericht, in dessen Bezirk sich die gemeinsame Wohnung der Beteiligten befindet.

II ¹Entscheidungen des Familiengerichts in Verfahren nach den §§ 1 und 2 des Gewaltschutzgesetzes werden erst mit der Rechtskraft wirksam. ²Das Gericht kann jedoch die sofortige Wirksamkeit und die Zulässigkeit der Vollstreckung vor der Zustellung an den Antragsgegner anordnen. ³In diesem Falle werden die Entscheidungen auch in dem Zeitpunkt wirksam, in dem sie der Geschäftsstelle des Gerichts zur Bekanntmachung übergeben werden; dieser Zeitpunkt ist auf der Entscheidung zu vermerken. ⁴In Verfahren nach § 2 des Gewaltschutzgesetzes gelten § 13 Abs. 1, 3 und 4, §§ 15, 17 Abs. 1 Satz 1 und Abs. 2 der Verordnung über die Behandlung der Ehewohnung und des Hausrats entsprechend.

III ¹Ist ein Verfahren nach den §§ 1 und 2 des Gewaltschutzgesetzes anhängig oder ist ein Antrag auf Bewilligung von Prozesskostenhilfe für ein solches Verfahren eingereicht, kann das Familiengericht auf Antrag im Wege einer einstweiligen Anordnung vorläufige Regelungen erlassen. ²Die §§ 620 a bis 620 g der Zivilprozessordnung gelten entsprechend. ³Das Gericht kann anordnen, dass die Vollziehung der einstweiligen Anordnung vor ihrer Zustellung an den Antragsgegner zulässig ist. ⁴Im Falle des Erlasses der einstweiligen Anordnung ohne mündliche Verhandlung wird die Anordnung auch mit Übergabe an die Geschäftsstelle zum Zwecke der Bekanntmachung wirksam. ⁵Das Gericht hat den Zeitpunkt der Übergabe auf der Entscheidung zu vermerken. ⁶Der Antrag auf Erlass der einstweiligen Anordnung gilt im Falle des Erlasses ohne mündliche Verhandlung als Auftrag zur Zustellung durch den Gerichtsvollzieher unter Vermittlung der Geschäftsstelle und zur Vollziehung; auf Verlangen des Antragstellers darf die Zustellung nicht vor der Vollziehung erfolgen.

IV Aus rechtskräftigen Entscheidungen nach Absatz 2 Satz 1, für sofort wirksam erklärten Entscheidungen nach Absatz 2 Satz 2, gerichtlichen Vergleichen und einstweiligen Anordnungen findet die Zwangsvollstreckung nach den Vorschriften der Zivilprozessordnung, insbesondere nach §§ 885, 890, 891 und 892a der Zivilprozessordnung statt.

Gegenstandswert in der Zwangsvollstreckung

25 *Fassung 1. 9. 2009:* ¹ In der Zwangsvollstreckung bestimmt sich der Gegenstandswert
1. nach dem Betrag der zu vollstreckenden Geldforderung einschließlich der Nebenforderungen; soll ein bestimmter Gegenstand gepfändet werden und hat dieser einen geringeren Wert, ist der geringere Wert maßgebend; wird künftig fällig werdendes Arbeitseinkommen nach § 850d Abs. 3 der Zivilprozessordnung gepfändet, sind die noch nicht fälligen Ansprüche nach § 51 Abs. 1 Satz 1 des Gesetzes über Gerichtskosten in Familiensachen und § 42 Abs. 1 des Gerichtskostengesetzes zu bewerten; im Verteilungsverfahren (§ 858 Abs. 5, §§ 872 bis 877 und 882 der Zivilprozessordnung) ist höchstens der zu verteilende Geldbetrag maßgebend;
2. nach dem Wert der herauszugebenden oder zu leistenden Sachen; der Gegenstandswert darf jedoch den Wert nicht übersteigen, mit dem der Herausgabe- oder Räumungsanspruch nach den für die Berechnung von Gerichtskosten maßgeblichen Vorschriften zu bewerten ist;
3. nach dem Wert, den die zu erwirkende Handlung, Duldung oder Unterlassung für den Gläubiger hat, und
4. in Verfahren über den Antrag auf Abnahme der eidesstattlichen Versicherung nach § 807 der Zivilprozessordnung nach dem Betrag, der einschließlich der Nebenforderungen aus dem Vollstreckungstitel noch geschuldet wird; der Wert beträgt jedoch höchstens 1500 Euro.

II In Verfahren über Anträge des Schuldners ist der Wert nach dem Interesse des Antragstellers nach billigem Ermessen zu bestimmen.

Vorbem. I Z 1 erweitert durch Art 47 VI Z 12 FGG-RG v 17. 12. 08, BGBl 2586, in Kraft seit 1. 9. 09, Art 112 I Hs 1 FGG-RG, Übergangsrecht Art 111 FGG-RG, Grdz 2 vor § 1 FamGKG, Teil I B dieses Buchs.

Bisherige Fassung I Z 1: ¹ In der Zwangsvollstreckung bestimmt sich der Gegenstandswert
1. nach dem Betrag der zu vollstreckenden Geldforderung einschließlich der Nebenforderungen; soll ein bestimmter Gegenstand gepfändet werden und hat dieser einen geringeren Wert, ist der geringere Wert maßgebend; wird künftig fällig werdendes Arbeitseinkommen nach § 850d Abs. 3 der Zivilprozessordnung gepfändet, sind die noch nicht fälligen Ansprüche nach § 42 Abs. 1 und 2 des Gerichtskostengesetzes zu bewerten; im Verteilungsverfahren (§ 858 Abs. 5, §§ 872 bis 877 und 882 der Zivilprozessordnung) ist höchstens der zu verteilende Geldbetrag maßgebend;

Gliederung

1) Systematik, I, II	1
2) Regelungszweck, I, II	2
3) Geltungsbereich: Zwangsvollstreckung, I, II	3
4) Gegenstandswert I, II	4–14
A. Forderung, bestimmter Gegenstand, I Z 1 Hs 1, 2	5, 6

RVG § 25   X. Rechtsanwaltsvergütungsgesetz

    B. Künftiges Arbeitseinkommen, I Z 1 Hs 3 7
    C. Zwangsversteigerung, Verteilungsverfahren, I Z 1 Hs 4 8
    D. Herausgabe, Räumung, Sachleistung: Grundsätzlich Sachwert, I Z 2 Hs 1 9
    E. Herausgabe, Räumung: Höchstens GKG-Wert, I Z 2 Hs 2 10
    F. Handlung, Duldung, Unterlassung, I Z 3 11
    G. Eidesstattliche Versicherung: Grundsätzlich noch geschuldete Summe, I Z 4 Hs 1   12
    H. Eidesstattliche Versicherung: Höchstwert 1500 EUR, I Z 4 Hs 2 13
    I. Schuldnerantrag, II 14

1   **1) Systematik, I, II.** Die Vorschrift regelt die Bewertung, VV 3309, 3310 die Gebührenarten und -höhen in der Zwangsvollstreckung. I Z 2 hat den Vorrang vor Z 1, LG Hbg JB **01**, 110.

2   **2) Regelungszweck, I, II.** Die Vorschrift dient zusammen mit §§ 16–18 einer einigermaßen gerechten Erfassung und Bewertung der außerordentlich unterschiedlich gearteten und durchaus unterschiedlich schwierigen Tätigkeiten des Anwalts in der Zwangsvollstreckung. Im Bemühen um eine Kostengerechtigkeit ist eine auch in diesem Abwicklungsstadium zwecks Prozeßwirtschaftlichkeit wünschenswerte wie problematische Fallaufzählung entstanden. Sie verwirrt oft. Man sollte diese Unklarheiten nicht auf dem Rücken des Anwalts austragen.

3   **3) Geltungsbereich: Zwangsvollstreckung, I, II.** Es gilt dasselbe wie bei VV 3309. Die Vorschrift gilt auch beim Vollzug eines Arrests oder einer einstweiligen Verfügung mit einer Wertobergrenze Anordnungsverfahren, KG Rpfleger **91**, 126, Karlsr Rpfleger **99**, 509.

4   **4) Gegenstandswert, I, II.** Vgl zunächst Anh I nach § 48 GKG: § 3 ZPO Rn 12 „Arrest", Rn 132 „Vollstreckbarerklärung", Rn 133 „Vollstreckungsabwehrklage", Rn 134 „Vollstreckungsschutz", Rn 135 „Vormerkung", Rn 144 „Zwangsvollstreckung", je Teil I dieses Buchs.

Soweit es um die *Zwangsvollstreckung* geht, enthalten I, II vorrangige Wertvorschriften.

5   **A. Forderung, bestimmter Gegenstand, I Z 1 Hs 1, 2.** Nach diesen Vorschriften bestimmt sich unabhängig vom Erfolg grundsätzlich der Gegenstandswert je Vollstreckungsverfahren (Angelegenheit) nach dem Betrag der zu vollstreckenden Geldforderung, LG Hbg AnwBl **06**, 499, und zwar abweichend von § 43 I GKG und von § 18 II KostO einschließlich der Nebenforderungen, also einschließlich der bis zur Einziehung laufenden Zinsen, Mümmler JB **75**, 395, RS 4, aM BJBCMU 6 (aber man darf und muß evtl schätzen, wie zB bei Rn 12). Bei mehreren Drittschuldnern muß man addieren, AG Bln-Mitte JB **09**, 606. Hierher gehören ferner die Kosten des Erkenntnisverfahrens und der früheren Zwangsvollstreckung, nicht der jetzigen, aM Köln MDR **76**, 323. „Gegenstand" ist auch ein Recht oder eine Forderung, LG Hbg JB **01**, 110, LG Kiel JB **91**, 1198, aM AG Chemnitz AGS **95**, 92. Maßgebend ist ihre objektive Höhe.

„*Zu vollstrecken*" ist derjenige Anspruch, dessentwegen die Vollstreckung jetzt erfolgen soll, nicht etwa derjenige, über den der Vollstreckungstitel lautet, LG Kiel JB **91**, 1199. Deshalb kommt auch bei einer ins Leere gehenden Pfändung keineswegs ein Wert von 0 EUR und daher auch keineswegs nur die Mindestgebühr nach (jetzt) § 13 II in Betracht, aM Köln Rpfleger **01**, 152, LG Hbg JB **01**, 110, LG Kiel Schl-HA **90**, 12. Soweit der Gläubiger zulässigerweise nur wegen eines Teils des Titels vollstrecken läßt, ist auch nur dieser Teil der Gegenstand der Vollstreckung.

Eventuell muß man den *Wert schätzen*. Dann kann eine höhere Endforderung unbeachtlich sein, AG Donaueschingen Rpfleger **90**, 390.

6   Zum Begriff der *Nebenforderung* § 43 GKG. Soll jedoch der Gerichtsvollzieher einen bestimmten Gegenstand pfänden und hat dieser im Zeitpunkt der Anwaltstätigkeit einen solchen Wert, der unter dem Betrag der zu vollstreckenden Forderung liegt, ist nur der Wert des Gegenstands maßgebend, *I Z 1 Hs 2*. Was der Gerichtsvollzieher oder der Rpfl pfänden soll, bestimmt der Gläubiger. Man darf grundsätzlich keine Bestimmung annehmen, solange er sie nicht ausdrücklich getroffen hat.

Bei einem Verfahren auf eine *Durchsuchungsanordnung* nach § 758a ZPO ist ein Bruchteil des sonst maßgeblichen Werts ansetzbar, Köln MDR **88**, 329.

B. Künftiges Arbeitseinkommen, I Z 1 Hs 3. Bei einer Pfändung nach 7
§ 850d III ZPO und nicht etwa derjenigen nach § 832 ZPO muß man den Wert der
noch nicht fälligen Ansprüche nach § 51 I 1 FamGKG und § 42 I GKG bestimmen,
I Z 1 Hs 3, (zum alten Recht) LG Kiel JB **91**, 1199. Es gelten also nicht etwa § 23
RVG in Verbindung mit § 24 KostO. Maßgeblich für das Jahreseinkommen ist der
Bruttobetrag abzüglich der dem Schuldner nach § 850d I 2 ZPO verbleibenden Beträge zur Zeit der Antragstellung. Evtl gilt die geringste Gebührenstufe, Köln JB **87**,
1048, LG Kiel SchlHA **90**, 12, aM LG Kiel JB **91**, 1198. Dagegen ist § 17 III GKG
(höchstens 3facher Jahresbetrag) schon nach dem eindeutigen Wortlaut von I Z 1
Hs 3 unanwendbar, GS 8, aM AG Freyung MDR **85**, 858. Bei einer einstweiligen
Anordnung mag entsprechend § 53 II 1 GKG ein Halbjahresbetrag die Obergrenze
bilden, KG JB **80**, 1198.

C. Zwangsversteigerung, Verteilungsverfahren, I Z 1 Hs 4. Bei einer Zwangs- 8
versteigerung ist grundsätzlich der Verkehrswert ansetzbar, LG Dortm Rpfleger **96**,
212. Im Verteilungsverfahren nach §§ 858 V, 872–877, 882 ZPO ist nach I Z 1 Hs 1
grundsätzlich der Betrag der zu vollstreckenden Geldforderung einschließlich der
Nebenforderungen ansetzbar. Dazu gehören Zinsen bis zum endgültigen Verteilungsplan sowie Kosten des Erkenntnisverfahrens und einer früheren Vollstreckung. Nach I
Z 1 Hs 4 darf man aber höchstens den zu verteilenden Geldbetrag berücksichtigen.
Es kommt auf den Wert am Verteilungstag an. Man muß von dem hinterlegten Betrag die gemeinsamen Kosten aller Gläubiger wegen § 874 II ZPO abziehen, aM
GS 13. Zwar nimmt auch der Staat wegen der Kosten an der Verteilung teil. Es kommt
aber nur auf den Wert für den Gläubiger dieses Verfahrens an.

D. Herausgabe, Räumung Sachleistung: Grundsätzlich Sachwert, I Z 2 9
Hs 1. Soweit es um eine Herausgabe einschließlich Räumung oder um eine zu leistende Sache geht, ist grundsätzlich der Sachwert maßgeblich (wichtige Ausnahme:
Rn 10!). Die Vorschrift ist auch dann anwendbar, wenn es um eine Sachenmehrheit
geht, etwa um die gesamte Habe, LG Hbg JB **01**, 110. „Sache" ist hier nur eine körperliche, LG Hbg JB **01**, 110. Maßgeblich ist der Zeitpunkt der gebührenauslösenden
zugehörigen Anwaltstätigkeit.

Eine *Forderung* ist *keine* „Sache" nach Hs 1, AG Chemnitz AGS **95**, 92, aM LG
Kiel JB **91**, 1198 (aber das Wort „Gegenstandswert" in Hs 2 bezieht sich nur auf
„Sache" in Hs 1).

E. Herausgabe, Räumung: Höchstens GKG-Wert, I Z 2 Hs 2. Bei einer 10
Herausgabe und insbesondere bei einer Räumung darf der Gegenstandswert nach
dem RVG grundsätzlich höchstens den Streitwert nach dem GKG erreichen, also
höchstens den Jahresmietwert. Denn § 41 II 1, 2 GKG, Teil I A dieses Buchs, stellt
unverändert auf ihn ab. Das gilt auch im Räumungsschutzverfahren nach § 765a
ZPO, LG Görlitz AGS **03**, 48. Der Gesetzgeber wollte ersichtlich nicht eine Vollstreckung evtl ungleich höher vergüten als den Prozeß. Das stellt I Z 2 Hs 2 klar.

Nur dann, wenn der Gläubiger die Herausgabe nicht zumindest auch wegen der
Beendigung eines Mietverhältnisses usw verlangt, sondern *ausschließlich aus* einem *anderen Rechtsgrund,* zB wegen Eigentum oder Besitz, kommt als Wert der Verkehrswert
in Betracht. Denn die Begrenzung in § 41 II 2 GKG erfaßt wegen seines Wortes
„auch" diesen Fall des „nur" nicht mit, Teil I A § 41 GKG Rn 26, Enders JB **99**, 60.

F. Handlung, Duldung, Unterlassung, I Z 3. Bei der Vollstreckung wegen ei- 11
ner zu erwirkenden Handlung, Duldung oder Unterlassung zB nach §§ 887, 888,
890 ZPO ist der Wert dieser Maßnahme für den Gläubiger maßgeblich. Man muß
das Gläubigerinteresse schätzen. Der nach § 887 II ZPO verlangte Vorschuß liegt
durchweg niedriger als das Gläubigerinteresse, solange es nicht nur um ihn geht. Ein
Zwangs- oder Ordnungsgeld ist unmaßgeblich. Meist ist richtiger Wert derjenige der
Hauptsache, BayObLG **88**, 444, Köln JB **92**, 251.

G. Eidesstattliche Versicherung: Grundsätzlich noch geschuldete Summe, 12
I Z 4 Hs 1. Es müssen die Voraussetzungen des Verfahrens nach §§ 807, 900 ZPO
vorliegen, AG Aalen DGVZ **06**, 124 (nicht schon beim bloßen Ratenzahlungsangebot des Schuldners). Dann richtet sich der Wert grundsätzlich (Ausnahme: Rn 13!)
nach demjenigen Betrag, den der Schuldner einschließlich der Nebenforderungen aus

dem Vollstreckungstitel noch schuldet. Beim Zusammentreffen eines Pfändungs- und eines Offenbarungsauftrags muß man die Kosten des ersteren mit einrechnen, Enders JB **99**, 3. Soweit Kosten noch nicht feststehen, muß man sie schätzen, wie zB bei Rn 5.

Unanwendbar ist I Z 4 bei einer eidesstattlichen Versicherung nach § 883 II ZPO. Dann gilt vielmehr I Z 2, LG Köln JB **77**, 404. Ebensowenig gilt I Z 4 bei einer sachlichrechtlichen eidesstattlichen Versicherung etwa nach §§ 259, 260 BGB.

13 **H. Eidesstattliche Versicherung: Höchstwert 1500 EUR, I Z 4 Hs 2.** Höchstens sind jedoch in Verfahren nach §§ 807, 900 ZPO 1500 EUR ansetzbar.

14 **I. Schuldnerantrag, II.** Im Verfahren über einen Antrag des Schuldners beliebiger Art in der Zwangsvollstreckung ist der Wert nach II nach dem Interesse des Antragstellers oder Beschwerdeführers nach einem „billigen", in Wahrheit pflichtgemäßen Ermessen (Abwägung unter Beachtung des Antrags) bestimmbar.

Bei einem auf § 765a ZPO gestützten Antrag auf einen nur kurzen Räumungsaufschub kann man als den Wert das Nutzungsentgelt für diesen Zeitraum ansetzen, Kblz NZM **05**, 360, LG Görlitz AGS **03**, 408, LG Münst Rpfleger **96**, 166. Das gilt jedoch ebenfalls nur in den Grenzen von Rn 10. Höchstwert ist bei II derjenige des zu vollstreckenden Anspruchs. Oft ist die Hälfte des Jahresnutzungswerts sinnvoll, LG Münst Rpfleger **96**, 166. Bei einer Beschwerde gegen ein Ordnungs- oder Zwangsmittel der ZPO ist meist dessen Höhe maßgeblich, § 48 GKG Anh I (§ 3 ZPO) Rn 144, Teil I A dieses Buchs, aM Düss OLGR **93**, 125, Ffm OLGR **96**, 238, OLG Köln OLGR **94**, 138.

Gegenstandswert in der Zwangsversteigerung

26 In der Zwangsversteigerung bestimmt sich der Gegenstandswert
1. bei der Vertretung des Gläubigers oder eines anderen nach § 9 Nr. 1 und 2 des Gesetzes über die Zwangsversteigerung und die Zwangsverwaltung Beteiligten nach dem Wert des dem Gläubiger oder dem Beteiligten zustehenden Rechts; wird das Verfahren wegen einer Teilforderung betrieben, ist der Teilbetrag nur maßgebend, wenn es sich um einen nach § 10 Abs. 1 Nr. 5 des Gesetzes über die Zwangsversteigerung und die Zwangsverwaltung zu befriedigenden Anspruch handelt; Nebenforderungen sind mitzurechnen; der Wert des Gegenstands der Zwangsversteigerung (§ 66 Abs. 1, § 74a Abs. 5 des Gesetzes über die Zwangsversteigerung und die Zwangsverwaltung), im Verteilungsverfahren der zur Verteilung kommende Erlös, sind maßgebend, wenn sie geringer sind;
2. bei der Vertretung eines anderen Beteiligten, insbesondere des Schuldners, nach dem Wert des Gegenstands der Zwangsversteigerung, im Verteilungsverfahren nach dem zur Verteilung kommenden Erlös; bei Miteigentümern oder sonstigen Mitberechtigten ist der Anteil maßgebend;
3. bei der Vertretung eines Bieters, der nicht Beteiligter ist, nach dem Betrag des höchsten für den Auftraggeber abgegebenen Gebots, wenn ein solches Gebot nicht abgegeben ist, nach dem Wert des Gegenstands der Zwangsversteigerung.

Gliederung

1) Systematik, Regelungszweck, Z 1–3	1
2) Geltungsbereich, Z 1–3	2
3) Gegenstandswert, Z 1–3	3–9
A. Grundsatz: Sonderregeln	3
B. Vertretung des Gläubigers, eines dinglich Berechtigten oder eines Widerspruchsberechtigten, Z 1	4
C. Grenze: Festgesetzter Wert, I	5, 6
D. Vertretung eines anderen Beteiligten, Z 2	7, 8
E. Vertretung eines nicht beteiligten Bieters, Z 3	9

1 **1) Systematik, Regelungszweck, Z 1–3.** § 26 enthält die Regelung des Gegenstandswerts, VV 3311, 3312 diejenige der Gebührenhöhen. Die Vorschriften unterscheiden zwecks Kostengerechtigkeit zwischen der Vertretung eines Beteiligten und der

Abschnitt 4. Gegenstandswert § 26 RVG

Vertretung eines solchen Bieters, der kein Beteiligter ist. § 7 ist anwendbar, dort Rn 24.

2) Geltungsbereich, Z 1–3. Die Vorschrift gilt im Verfahren nach dem ZVG. 2 Dazu zählt auch zB das Teilungsversteigerungsverfahren nach § 180 ZVG, LG Köln AnwBl **81**, 76, ferner das Verfahren nach einem anderen Gesetz, soweit es auf das ZVG verweist. Soweit eine Zwangsvollstreckung gegen den Ersteher in das Grundstück erfolgt, § 133 ZVG, handelt es sich um eine neue Angelegenheit. Sie läßt die Gebühren VV 3311, 3312 neu entstehen. Wegen der Befriedigung hinsichtlich der Kosten §§ 10 II, 12 Z 1 ZVG. Für das Rechtsmittelverfahren gelten nicht VV 3311, 3312, sondern VV 3500. Im Verfahren nach § 765a ZPO entstehen gesonderte Gebühren. Die Hebegebühr richtet sich nach VV 1009. Eine Tätigkeit des Anwalts in einem mit dem Zwangsversteigerungsverfahren zusammenhängenden Rechtsstreit läßt Gebühren nach VV 3100 ff neben den Gebühren nach VV 3311, 3312 entstehen.

Unanwendbar ist § 26 auf die Zwangsliquidation einer Bahneinheit oder auf eine freiwillige Versteigerung des Notars nach § 53 KostO, Teil III dieses Buchs, § 20 III BNotO, § 61 I Z 1 BeurkG. Dann gilt VV 2300 und für den Wert § 23 III in Verbindung mit §§ 19, 20 KostO.

3) Gegenstandswert, Z 1–3. Es lassen sich mehrere Fallgruppen bilden. 3

A. Grundsatz: Sonderregeln. Die Vorschrift setzt abweichend von §§ 43 I, 54 GKG einen Gegenstandwert nach Sonderregeln fest, Nürnb JB **76**, 916. Für die Wertfestsetzung ist daher auch nicht § 23, sondern § 33 anwendbar. (Jetzt) Z 1–3 sind auch bei einer Teilungsversteigerung anwendbar, Rn 2. Der Gegenstandswert richtet sich danach, ob es sich bei dem Auftraggeber um einen betreibenden Gläubiger handelt, einen anderen Beteiligten außer dem Schuldner, um den Schuldner oder um einen am Verfahren im übrigen nicht beteiligten Bieter.

B. Vertretung des Gläubigers, eines dinglich Berechtigten oder eines Wi- 4 **derspruchsberechtigten, Z 1.** Soweit der Anwalt den betreibenden oder den beitretenden Gläubiger oder einen nach § 9 Z 1, 2 ZVG Beteiligten vertritt, ist maßgeblich der nach § 46 ZVG festgesetzte oder nach § 3 ZPO, Anh I § 48 GKG, Teil I A dieses Buchs, zu schätzende und am tatsächlichen Wert auszurichtende Gegenstandswert des dem Gläubiger oder dem dinglich Berechtigten oder dem Widerspruchsberechtigten zustehenden Rechts einschließlich der Nebenforderungen nach Z 1 Hs 3, Schneider MDR **76**, 181. Zum Begriff der Nebenforderungen § 44 GKG Rn 1, 2, Teil I A dieses Buchs.

Soweit das Versteigerungsverfahren nur wegen einer *Teilforderung* erfolgt, bleibt grundsätzlich der volle Wert des dem Gläubiger usw zustehenden Rechts einschließlich der Nebenforderungen maßgeblich. Allerdings gilt von diesem Grundsatz eine Abweichung dann, wenn es sich bei der Teilforderung nur um einen Anspruch aus einem persönlichen Vollstreckungstitel handelt, § 10 I Z 5 ZVG. Dann ist nach Z 1 Hs 2 nur der Teilbetrag maßgeblich. Das gilt aber nur dann, wenn sich auch der Gegenstand der Anwaltstätigkeit auf diese persönliche Teilforderung beschränkt. Soweit der Anwalt einen mit mehreren Forderungen Beteiligten vertritt, muß man die Werte zusammenrechnen.

C. Grenze: Festgesetzter Wert, I. Stets begrenzen der vom Gericht nach 5 §§ 66 I, 74a V, 162 ZVG festgesetzte Grundstückswert und mangels einer solchen Festsetzung der Verkehrswert ohne eine Absetzung der Grundstückslasten und im Verteilungsverfahren der zur Verteilung kommende Erlös den Gegenstandswert für den Anwalt mangels Anwendbarkeit von § 32 II unanfechtbar nach oben, Z 1 Hs 4, § 107 I ZVG, GSchm 15, RS 8, aM Schneider MDR **76**, 182. Von diesem Wert darf man die nach § 109 I ZVG aus der Teilungsmasse vorweg entnehmbaren Verfahrenskosten nicht abziehen. Man darf sie auch zu dem bestehenbleibende Rechte nicht hinzuzählen. Unerheblich ist der nur auf den Gläubiger entfallene Erlös.

Deshalb ist eine *Gebührenvereinbarung* nach § 3a ratsam, Schneider MDR **76**, 182. 6 Bei der Versteigerung mehrerer Grundstücke in demselben Verfahren muß man die Werte zusammenrechnen, soweit der Anwalt für denselben Auftraggeber wegen mehrerer Grundstücke tätig wird. Bei mehreren Rechten verschiedener Berechtigter als Auftraggeber muß man die Werte getrennt errechnen.

7 **D. Vertretung eines anderen Beteiligten, Z 2.** Der Anwalt mag auch einen nicht in Z 1 genannten Beteiligten nach § 9 ZVG vertreten, insbesondere den Schuldner, den Insolvenz- oder Nachlaßverwalter, einen Miterben, den Testamentsvollstrecker, einen Gesamthandsberechtigten, einen Auseinandersetzungsgläubiger oder den Eigentümer oder Miteigentümer. Dann ist der ganze oder anteilige Wert des Gegenstands der Zwangsversteigerung nach §§ 66 I, 74a V, 162 ZVG und im Verteilungsverfahren der zur ganzen oder anteiligen Verteilung kommende Erlös maßgeblich. Der Einheitswert gilt nicht bei genügenden Anhaltspunkten für eine Wertfestsetzung, LG Zweibr JB **06**, 382.

8 Von diesem Grundsatz gilt bei einer *Teilungsversteigerung* nach §§ 180ff ZVG die folgende Ausnahme: Soweit der Anwalt einen Miteigentümer oder sonstigen Mitberechtigten vertritt, ist nur der Anteil dieses Auftraggebers an dem Versteigerungsobjekt maßgeblich, Z 2 Hs 2, LG Bonn JB **80**, 887, Mümmler JB **79**, 1285. Diese Ausnahme gilt aber nicht, soweit es sich um eine Pfändung und Überweisung des Rechts eines Miteigentümers oder sonstigen Mitberechtigten handelt. Dann ist vielmehr die Forderung seines Gläubigers maßgeblich.

9 **E. Vertretung eines nicht beteiligten Bieters, Z 3.** Der Anwalt mag schließlich auch einen solchen Bieter oder Ersteller oder dessen Bürgen vertreten, der im übrigen nicht am Verfahren beteiligt ist. Dann ist der Betrag des höchsten Gebots dieses Auftraggebers maßgeblich. Bei einem Einzel- oder Gruppenausgebot nach § 63 ZVG ist die Summe der Höchstgebote maßgeblich. Das Höchstgebot bleibt auch dann entscheidend, wenn es den Wert des Gegenstands der Zwangsversteigerung übersteigt. „Gebot" ist bei alledem das Bargebot nach § 49 ZVG und der Wert der bestehenbleibenden Rechte. Soweit dieser Auftraggeber kein Gebot abgegeben hat, ist der Wert des Gegenstands der Zwangsversteigerung maßgebend, §§ 66 I 1, 74a V, 162 ZVG. Ein bestehenbleibendes Recht muß man dem Bargebot hinzurechnen.

Gegenstandswert in der Zwangsverwaltung

27 [1] In der Zwangsverwaltung bestimmt sich der Gegenstandswert bei der Vertretung des Antragstellers nach dem Anspruch, wegen dessen das Verfahren beantragt ist; Nebenforderungen sind mitzurechnen; bei Ansprüchen auf wiederkehrende Leistungen ist der Wert der Leistungen eines Jahres maßgebend.
[2] Bei der Vertretung des Schuldners bestimmt sich der Gegenstandswert nach dem zusammengerechneten Wert aller Ansprüche, wegen derer das Verfahren beantragt ist, bei der Vertretung eines sonstigen Beteiligten nach § 23 Abs. 3 Satz 2.

Gliederung

1) Systematik, S 1, 2	1
2) Regelungszweck, S 1, 2	2
3) Geltungsbereich, S 1, 2	3
4) Gegenstandswert, S 1, 2	4–8
A. Vertretung des Antragstellers, S 1	5, 6
B. Vertretung des Schuldners, S 2 Hs 1	7
C. Vertretung eines sonstigen Beteiligten, S 2 Hs 2	8

1 **1) Systematik, S 1, 2.** Eine Zwangsverwaltung nach §§ 146ff ZVG kommt nicht nur bei einem Grundstück in Betracht, sondern nach § 870 ZPO auch bei einem solchen Recht, für das die Grundstücksvorschriften gelten, etwa bei einem Erbbaurecht, einem Wohnungseigentum, einem Bergwerkseigentum usw und bei einem Hochseekabel.

Der Anwalt erhält seine Tätigkeit *unterschiedlich* vergütet. § 27 bestimmt den Wert. VV 3311, 3312 bestimmen die Gebührenhöhen. Bei einer einstweiligen Einstellung oder Beschränkung der Zwangsverwaltung nach VV 3311 Z 6 gilt für den Gegenstandswert vorrangig § 25 II.

Unanwendbar ist die Vorschrift bei einem Schiff oder Schiffsbauwerk, § 870a ZPO, und bei einem in der Luftfahrzeugrolle eingetragenen Luftfahrzeug, § 99 I LuftfzRG.

2 **2) Regelungszweck, S 1, 2.** Eine Differenzierung charakterisiert ebenso wie für die Zwangsversteigerung auch für die Zwangsverwaltung bei der Anwaltstätigkeit die

Vergütung. Sie ist auch hier ein Ausdruck des Bemühens um eine Kostengerechtigkeit. Die Pauschalierungen dienen auch der Vereinfachung. Sie nehmen gewisse dadurch bedingten Vergröberungen in Kauf. Wegen des ohnehin meist hohen Gegenstandswerts sollte man § 27 nicht allzu großzügig handhaben.

3) Geltungsbereich, S 1, 2. Die Vorschrift erfaßt die Tätigkeit des Anwalts in 3 der Zwangsverwaltung nach §§ 146ff, 172 ZVG. Die gerichtliche Verwaltung eines Grundstücks für die Rechnung des Erstehers nach § 94 ZVG ist keine Zwangsverwaltung. Auch die Sequestration nach §§ 848, 855, 857 IV, 938 II ZPO, 25 ZVG ist keine Zwangsverwaltung. Das Prozeßgericht kann allerdings durch eine einstweilige Verfügung auch eine Zwangsverwaltung anordnen, obwohl die einstweilige Verfügung grundsätzlich nur der Sicherung des Gläubigers und nicht seiner endgültigen Befriedigung dient. Dann darf und muß man §§ 146ff ZVG anwenden. Daher ist § 27 dann ebenfalls anwendbar. Wegen der ergänzenden Vorschriften Einf 2, 3 vor VV 3311.

Unanwendbar ist § 27 grundsätzlich nach § 1 II wegen der Tätigkeit des Anwalts als Zwangsverwalter. Der Anwalt mag aber als Zwangsverwalter einen Prozeß führen dürfen und müssen. Insofern ist § 27 anwendbar.

4) Gegenstandswert, S 1, 2. Die Vorschrift enthält Sonderregeln gegenüber 4 § 56 GKG, Teil I A dieses Buchs. Daher ist § 24 I unanwendbar. Der Gegenstandswert ist davon abhängig, wen der Anwalt vertritt. Die Vertretung mehrerer Beteiligter ist nur eine einzige Angelegenheit. Verschiedene Gegenstände dieser Angelegenheit muß man zusammenrechnen.

A. Vertretung des Antragstellers, S 1. Bei der Vertretung des antragstellenden 5 oder beitretenden Gläubigers bestimmt sich der Gegenstandswert nach S 1 Hs 1 für beide Gebühren des VV 3311 amtliche Anmerkung Z 3, 4 nach demjenigen Anspruch oder Anspruchsteil, dessentwegen der Auftraggeber die Anordnung der Zwangsverwaltung oder die Zulassung seines Beitritts beantragt. Zur Feststellung dieses Werts gelten §§ 48ff wie sonst. Die Nebenforderungen und daher auch die Zinsen und Kosten treten anders als bei § 43 I GKG für die Gebühr VV 3311 amtliche Anmerkung Z 4 nach § 27 S 1 Hs 2 hinzu, sonst nicht, Wolicke NZM 01, 666. Soweit es sich bei seinem Anspruch um einen solchen auf eine wiederkehrende Leistung beliebiger Art handelt, also nicht nur von Miete oder Pacht und auch um der Höhe nach wechselnde Beträge, ist nach S 1 Hs 3 der Jahreswert maßgebend, einschließlich der laufenden Zinsen. Das gilt auch dann, wenn die tatsächliche Forderung geringer ist. Mehrere Ansprüche muß man nach § 22 I zusammenrechnen.

Der *Jahreswert* ist aber nicht nur ein Höchstwert. Denn S 1 enthält als eine Sonderre- 6 gel keinen dem § 42 I 1 Hs 2 GKG, Teil I A dieses Buchs, usw entsprechenden Zusatz, aM BJBCMU 8, RS 7. Ein Rückstand aus der Zeit vor der Anordnung der Zwangsverwaltung tritt nicht hinzu. Das S 2 enthält keine (jetzt) dem § 42 IV GKG entsprechende Regelung, BJBCMU 8, aM RS 7.

B. Vertretung des Schuldners, S 2 Hs 1. Hier muß man den Gegenstandswert 7 nach dem zusammengerechneten Wert aller derjenigen Ansprüche einschließlich aller Nebenforderungen zusammenrechnen, wegen derer das Verfahren läuft. Es ist bei einem von vornherein bestehenden Vertretungsauftrag unerheblich, ob das Gericht das Verfahren wegen aller dieser Ansprüche oder nur wegen einiger von ihnen angeordnet hat. Soweit der Anwalt erst nach der Rücknahme eines Anspruchs oder nach der Nichtzulassung seines Beitritts den Auftrag gegen die restlichen Ansprüche erhält, sind auch nur diese maßgeblich.

C. Vertretung eines sonstigen Beteiligten, S 2 Hs 2. Hier und daher zB bei 8 der Vertretung eines dinglich Berechtigten im Verteilungsverfahren bestimmt sich der Gegenstandswert nach § 23 III 2 und daher nach dem pflichtgemäßen Ermessen des Gerichts und dabei nach dem Interesse des Auftraggebers. Das gilt auch bei der Vertretung eines Insolvenzverwalters als des Antragstellers, GS 5, RS 8, aM GSchm 8 (aber auch der Insolvenzverwalter ist wegen seines Antrags ein Verfahrensbeteiligter unabhängig von seinem Antragsgrund). Es kann ein Wert über dem Jahresbetrag entstehen. Bei mehreren Beteiligten muß man die Werte zusammenrechnen.

RVG § 28

X. Rechtsanwaltsvergütungsgesetz

Gegenstandswert im Insolvenzverfahren

28 **I** ¹Die Gebühren der Nummern 3313, 3317 sowie im Fall der Beschwerde gegen den Beschluss über die Eröffnung des Insolvenzverfahrens der Nummern 3500 und 3513 des Vergütungsverzeichnisses werden, wenn der Auftrag vom Schuldner erteilt ist, nach dem Wert der Insolvenzmasse (§ 58 des Gerichtskostengesetzes) berechnet. ²Im Fall der Nummer 3313 des Vergütungsverzeichnisses beträgt der Gegenstandswert jedoch mindestens 4000 Euro.

II ¹Ist der Auftrag von einem Insolvenzgläubiger erteilt, werden die in Absatz 1 genannten Gebühren und die Gebühr nach Nummer 3314 nach dem Nennwert der Forderung berechnet. ²Nebenforderungen sind mitzurechnen.

III Im Übrigen ist der Gegenstandswert im Insolvenzverfahren unter Berücksichtigung des wirtschaftlichen Interesses, das der Auftraggeber im Verfahren verfolgt, nach § 23 Abs. 3 Satz 2 zu bestimmen.

Gliederung

1) **Systematik, I–III**	1
2) **Regelungszweck, I–III**	2
3) **Vertretung des Schuldners, I**	3–10
A. Insolvenzmasse	3
B. Absonderungsrecht	4
C. Schätzung	5
D. Berechnungszeitpunkt	6
E. Eröffnungsverfahren, VV 3313	7
F. Insolvenzverfahren, VV 3317	8
G. Beschwerdeverfahren gegen Eröffnung, VV 3500, 3513	9
H. Festsetzungsverfahren, I	10
4) **Vertretung des Gläubigers, II**	11–17
A. Nennwert der Forderung	12
B. Eröffnungsverfahren, VV 3314	13
C. Insolvenzverfahren, VV 3317	14
D. Bloße Forderungsanmeldung, VV 3320	15
E. Beschwerde gegen Eröffnungsbeschluß, VV 3500, 3513	16
F. Festsetzungsverfahren, II	17
5) **Weitere Fälle, III**	18

1 **1) Systematik, I–III.** Als eine Vervollständigung der Vergütungsregeln zum Insolvenzverfahren nach VV 3313 ff bringt die Vorschrift in einer Ergänzung der mitbeachtlichen §§ 2 I, 22 ff eigenständige und gegenüber den allgemeinen Wertvorschriften des RVG vorrangige Sonderbestimmungen. Sie differenzieren je nach der Verfahrensart im einzelnen. § 28 geht auch dem (jetzt) § 58 GKG trotz der Bezugnahme auf ihn in I 2 im übrigen vor, Enders JB **99**, 226 (auch zur Schuldenbereinigung, vgl aber auch VV 2300).

Dabei dient III als eine *Auffangvorschrift*. Das zeigen die Worte „Im Übrigen". III ist also neben I, II hier hilfsweise anwendbar. § 32 mit seiner Maßgeblichkeit des für Gerichtsgebühren festgesetzten Werts bleibt als ein Teil der Allgemeinen Vorschriften des Abschnitts 1 des RVG zwar theoretisch verbindlich. Jedoch zeigten I–III im Ergebnis doch solche Berechnungsgrundlagen, die § 32 weitgehend unanwendbar machen, BGH JB **03**, 253. Wegen einer Auftragsmehrheit gilt VV amtliche Vorbemerkung 3.3.5 II. Für die Wertfestsetzung gilt ergänzend § 33.

2 **2) Regelungszweck, I–III.** Die Vorschrift zeigt das deutliche Bestreben, schon beim Gegenstandswert und nicht nur bei der Gebührenhöhe die wirtschaftliche Bedeutung der jeweiligen Anwaltstätigkeit angemessen zu berücksichtigen. Das kommt in III direkt, in I, II indirekt zum Ausdruck. Insbesondere bei der in Rn 1 angesprochenen manchmal schwierigen Abgrenzung zu § 32 muß man den wirtschaftlichen Aspekt der Auslegung mit zugrundelegen.

3 **3) Vertretung des Schuldners, I.** Es gibt acht Aspekte.
A. Insolvenzmasse. Soweit der Anwalt den Schuldner vertritt, ist die Insolvenzmasse maßgeblich. Man muß sie infolge der Verweisung in I nach (jetzt) § 58 GKG berechnen, Teil I A dieses Buchs, aM Enders JB **99**, 171 (II habe Vorrang vor [jetzt] § 58 II GKG. Aber der Gesetzestext ist eindeutig). Die Insolvenzmasse umfaßt nach §§ 35, 36 InsO das gesamte dem Schuldner zur Zeit der Verfahrenseröffnung gehö-

rende pfändbare und während des Verfahrens von ihm erlangte und einer Zwangsvollstreckung unterliegende Vermögen. Sie erfaßt also auch den sog Neuerwerb. Das gilt jeweils einschließlich Früchten, Nutzungen und Zinsen zur Zeit der Verfahrensbeendigung, Rn 6, ohne einen Abzug von Massekosten und Masseschulden nach §§ 53–55 InsO.

Zur Insolvenzmasse zählen zB die Geschäftsbücher und diejenigen Sachen, die nur nach § 811 I Z 4, 9 ZPO unpfändbar sind, § 36 II InsO, sowie die in § 36 III InsO genannten Sachen.

Nicht zur Insolvenzmasse zählen diejenigen Gegenstände, die einem Aussonderungsrecht nach §§ 47, 48 InsO unterliegen, und die in § 36 InsO als unpfändbar bezeichneten Gegenstände.

B. Absonderungsrecht. Man muß diejenigen Gegenstände abziehen, die einer 4 abgesonderten Befriedigung unterliegen, §§ 49 ff InsO, und zwar in Höhe des dazu nötigen Betrags, I in Verbindung mit § 58 I 2 GKG. Die Massekosten und Masseschulden sind nicht absetzbar.

C. Schätzung. Man muß die zur Insolvenzmasse gehörenden oder sie vermindernden Gegenstände und Rechte nach ihrem objektiven Wert anhand aller möglichen Anhaltspunkte wie zB des Inventars oder der letzten Bilanz pflichtgemäß schätzen. Man kann vom Verkehrswert ausgehen, Enders JB **99**, 171. Die Einschränkungen der §§ 4–9 ZPO gelten nicht. Grundsätzlich bildet das Verzeichnis der Massegegenstände nach § 151 InsO die Grundlage der Schätzung. Bei einer Fortführung des Geschäfts durch den Insolvenzverwalter darf man der Insolvenzmasse nur den Reinerlös zuschlagen, nicht den Produktionserlös.

D. Berechnungszeitpunkt. Für die Berechnung der Insolvenzmasse entscheidet 6 der Zeitpunkt der Beendigung des Insolvenzverfahrens, I in Verbindung mit § 58 I 1 GKG, also nicht der Zeitpunkt der Antragstellung, Enders JB **99**, 171. Man muß evtl wegen der früheren Fälligkeit der Gebühr eine vorläufige Berechnung vornehmen und diese später unter Umständen richtigstellen. Soweit der Auftrag vor der Beendigung des Insolvenzverfahrens endet, ist der Zeitpunkt der Beendigung der Tätigkeit des Anwalts maßgeblich, Enders JB **99**, 171.

E. Eröffnungsverfahren, VV 3313. In diesem Verfahrensabschnitt einschließlich 7 des Schuldenbereinigungsplans nach VV 3315 ist I auch dann anwendbar, wenn sich der Gläubiger gegen die Zurückweisung des Eröffnungsantrags beschwert und wenn der Anwalt den zukünftigen Insolvenzschuldner als den Beschwerdegegner vertritt, § 34 I Hs 1 InsO, Köln JB **94**, 101. Der Mindestwert beträgt bei VV 3313 nach I 2 = 4000 EUR. Vgl auch Rn 11, 12.

F. Insolvenzverfahren, VV 3317. In diesem gesamten Abschnitt ab der Eröff- 8 nung des Verfahrens nach § 27 InsO ist I anwendbar.

G. Beschwerdeverfahren gegen Eröffnung, VV 3500, 3513. Die Wertbemes- 9 sung nach I erfolgt, soweit sich die Beschwerde gegen den Eröffnungsbeschluß nach § 27 InsO richtet, Köln JB **94**, 101. Man kann I auch im Beschwerdeverfahren gegen die Ablehnung der Verfahrenseröffnung mangels Masse nach § 26 InsO anwenden, Köln JB **94**, 101, aM Drsd MDR **94**, 1253.

H. Festsetzungsverfahren, I. Die Wertfestsetzung erfolgt nach § 33. § 23 I ist 10 nur hilfsweise anwendbar. Denn § 28 ist eine ihm gegenüber vorrangige Sonderregel.

4) Vertretung des Gläubigers, II. Hierzu zählt auch derjenige Absonderungsbe- 11 rechtigte, dem der Schuldner auch persönlich haftet. Soweit der Anwalt einen Insolvenzgläubiger vertritt, muß man die folgenden Fälle unterscheiden.

A. Nennwert der Forderung. Maßgeblich ist der Nennwert der Forderung, also 12 ihr im Eröffnungsantrag nach § 14 InsO glaubhaft gemachter tatsächlicher Betrag, Enders JB **99**, 171. Nach II 2 muß man alle Nebenforderungen hinzurechnen, insbesondere Zinsen und die etwa erstattungsfähigen Kosten bis zur Eröffnung des Insolvenzverfahrens, Enders JB **99**, 171, nur nachrangig auch die Zinsen seit der Eröffnung und die Kosten im Insolvenzverfahren, § 39 I Z 1, 2 InsO. Das gilt in den folgenden Fällen. Der Nennbetrag bleibt auch dann maßgebend, wenn die Insolvenzmasse ihn gar nicht erreicht, Enders JB **99**, 171.

RVG §§ 28, 29   X. Rechtsanwaltsvergütungsgesetz

13   **B. Eröffnungsverfahren, VV 3314.** In diesem Verfahrensabschnitt muß man den Nennwert der gesamten Forderung auch dann zugrunde legen, wenn der Insolvenzantrag nur auf einem Teilbetrag beruht, Drsd MDR **94**, 1253, Enders JB **99**, 171, RS 8, aM BJBCMU 13, GS 9.s

14   **C. Insolvenzverfahren, VV 3317.** Im gesamten Insolvenzverfahren ab seiner Eröffnung ist der Nennwert der Forderung wie oben dargestellt maßgeblich.

15   **D. Bloße Forderungsanmeldung, VV 3320.** Soweit der Anwalt lediglich eine Insolvenzforderung anmelden soll und nur diesen Auftrag durchführt, ist grundsätzlich der Nennwert der zugehörigen gesamten nach § 174 InsO angemeldeten Forderung einschließlich der Nebenansprüche und Kosten vor der Eröffnung sowie der Zinsen bis zu ihr maßgeblich. Soweit er aber nur einen Teil jener Forderung anmeldet, ist im Gegensatz zum Eröffnungsverfahren auch nur diese Teilforderung maßgeblich, Enders JB **99**, 171, RS 8, aM GS 9. Hatte er zunächst den Auftrag zur Anmeldung der gesamten Forderung und hatte auf Grund seines Rats der Gläubiger nur einen Teil anmelden lassen, kommt neben der Gebühr VV 3320 nach dem Wert der angemeldeten Teilforderung eine Ratgebühr gemäß § 34 nach dem Wert der nicht angemeldeten Teilforderung in Betracht.

Soweit ein zur Absonderung Berechtigter nach § 52 InsO den *Ausfall* anmeldet, richtet sich der Wert nach dem angeblichen Ausfall. Er richtet sich für verschiedene Verfahrensabschnitte also evtl nach verschiedenen Ausfallgebühren.

16   **E. Beschwerde gegen Eröffnungsbeschluß, VV 3500, 3513.** Auch in diesem Fall ist der Nennwert der Forderung wie oben dargestellt maßgeblich.

17   **F. Festsetzungsverfahren, II.** Die Wertfestsetzung erfolgt soweit erforderlich nach § 33, Rn 12. Das Gericht kann seinen Beschluß nach dem Eintritt der formellen Rechtskraft im Sinn von § 33 III ff nicht mehr ändern.

18   **5) Weitere Fälle, III.** Die Vorschrift gilt „im Übrigen", also in allen von I, II nicht vorrangig besonders geregelten Fällen „im" Insolvenzverfahren. Sie gilt in Wahrheit auch im Eröffnungsverfahren. Man muß dann den Gegenstandswert unter einer Berücksichtigung des wirtschaftlichen und nicht des rechtlichen Interesses des Auftraggebers und nicht eines anderen Beteiligten im Verfahren nach § 23 III 2 bestimmen, also nach einem billigen und daher wie stets pflichtgemäßen Ermessen usw, § 23 Rn 17–19. Mangels ausreichender Anhaltspunkte ist § 23 III 2 mit seinen bezifferten Werten anwendbar. Das ergibt die Verweisung in § 28 III. Die Wertfestsetzung erfolgt wie bei Rn 12, 17, vgl § 33.

Beispiele: Bei einer Vertretung anderer Personen als des Gläubigers oder des Schuldners, zB des Insolvenzverwalters; bei einer Schuldnervertretung wegen des Insolvenzplans ist der zu erhaltende Vermögensteil maßgeblich, Enders JB **99**, 171; bei einer Gläubigervertretung wegen des Insolvenzplans ist die Differenz zwischen dem Plan und einer geforderten Quote maßgeblich, Enders **99**, 171; bei der Vertretung wegen einer Restschuldbefreiung ist das wirtschaftliche Interesse des Antragstellers maßgeblich, BGH JB **03**, 253, oder die Summe derjenigen Forderungen, von denen der Schuldner seine Befreiung begehrt, Enders JB **99**, 171 (Schuldnervertretung), 172 (Gläubigervertretung).

Gegenstandswert im Verteilungsverfahren nach der Schifffahrtsrechtlichen Verteilungsordnung

29 Im Verfahren nach der Schifffahrtsrechtlichen Verteilungsordnung gilt § 28 entsprechend mit der Maßgabe, dass an die Stelle des Werts der Insolvenzmasse die festgesetzte Haftungssumme tritt.

1   **1) Geltungsbereich.** Es ist im Bereich der §§ 486 ff HGB grundsätzlich § 28 entsprechend anwendbar. An die Stelle der dort genannten Insolvenzmasse tritt bei der Vertretung des Schuldners im Eröffnungsverfahren, im Verteilungsverfahren und im Beschwerdeverfahren die gerichtlich nach § 5 SVertO festgesetzte Haftungssumme, unter Umständen die nach § 30 II SVertO erhöhte Haftungssumme und stets nach § 28 I 2 höchstens 4000 EUR. Die festgesetzte Haftungssumme ist auch dann maßgeblich, wenn man ihre Einzahlung durch eine Sicherheitsleistung ersetzen kann und wenn die letztere die Haftungssumme nicht voll deckt, § 5 III SVertO. Bei der Ver-

Abschnitt 4. Gegenstandswert　　　　　　　　　　**§§ 29, 30 RVG**

tretung eines Gläubigers ist der Nennbetrag seiner Forderung maßgeblich. Einen Nebenanspruch muß man hinzurechnen. Vgl im übrigen § 28 Rn 7 ff.

Gegenstandswert in gerichtlichen Verfahren nach dem Asylverfahrensgesetz

30 [1] In Streitigkeiten nach dem Asylverfahrensgesetz beträgt der Gegenstandswert in Klageverfahren, die die Asylanerkennung einschließlich der Feststellung der Voraussetzungen nach § 60 Abs. 1 des Aufenthaltsgesetzes und die Feststellung von Abschiebungshindernissen betreffen, 3000 Euro, in sonstigen Klageverfahren 1500 Euro. [2] In Verfahren des vorläufigen Rechtsschutzes wegen aufenthaltsbeendender Maßnahmen nach dem Asylverfahrensgesetz beträgt der Gegenstandswert 1500 Euro, im Übrigen die Hälfte des Werts der Hauptsache. [3] Sind mehrere natürliche Personen an demselben Verfahren beteiligt, erhöht sich der Wert für jede weitere Person in Klageverfahren um 900 Euro und in Verfahren des vorläufigen Rechtsschutzes um 600 Euro.

Vorbem. S 1 geänd dch Art 20 Z 4 des 2. JuMoG v 22. 12. 06, BGBl 3416, in Kraft seit 31. 12. 06, Art 28 I des 2. JuMoG, Übergangsrecht § 60 RVG.

1) Geltungsbereich, S 1–3. Die Vorschrift gilt nur im gerichtlichen Verfahren, **1** nicht im Verwaltungsverfahren. Man muß vier Situationen unterscheiden.

A. Asylanerkennung usw, S 1 Hs 1. Im Klageverfahren um die Asylanerkennung nach Art 16a GG beträgt der Gegenstandswert 3000 EUR, VG Stgt JB **07**, 427. Er umfaßt stets auch das gerichtliche Verfahren über die Feststellung von Abschiebungshindernissen nach §§ 31, 53 AsylVfG, BVerwG NVwZ **94**, 586, VGH Mü AGS **02**, 58, und § 60 I AufenthG, BVerwG NVwZ **07**, 469. Eine Abschiebungsandrohung oder -anordnung erhöht den Wert nicht, OVG Münst AGS **98**, 120, RS 2. Eine objektive Klagenhäufung ist unbeachtlich.

B. Sonstiges Klageverfahren, S 1 Hs 2. Alle nicht unter Rn 1, 3, 4 fallenden **2** gerichtlichen Klageverfahren nach dem AsylVfG haben einen Gegenstandswert von 1500 EUR, BVerwG NVwZ **94**, 586, VGH Mü NVwZ-RR **08**, 740, Zimmer NVwZ **95**, 140. Maßgeblich ist, auf welches Gesetz die Verwaltungsbehörde sich gestützt *hat,* nicht auf welches sie sich hätte stützen *können,* BVerwG NVwZ **93**, 276. Der Wert von 1500 EUR bildet also für das Klageverfahren einen Auffangwert. Er ist ebenfalls vom Umfang und von der Schwierigkeit der Sache unabhängig. Hierher gehört zB eine isolierte Klage auf einen Abschiebungsschutz nach § 53 AuslG, BVerwG DÖV **94**, 386, ferner eine Klage auf die Herausgabe eines Reisepasses nach § 65 AsylVfG, auf eine Erweiterung des Aufenthaltsbereichs nach § 58 I, V AsylVfG oder auf Aufenthaltsregelungen nach §§ 47 oder 55 AsylVfG, oder auf einen Schutz nach § 60 II, III, V oder VII AufenthG, VGH Mü NVwZ-RR **08**, 740, OVG Münst NVwZ-RR **09**, 904, ferner die Klage auf eine Einreiseerlaubnis nach §§ 18 II, IV, 18a VI AsylVfG oder gegen eine Zurückschiebung nach § 18 III AsylVfG oder gegen die Verlassenspflicht nach § 36 AuslG oder auf eine Duldung nach §§ 43, 43a III 2, IV AsylVfG.

C. Vorläufiger Rechtsschutz, S 2. In diesem Verfahren gilt bei einer den Auf- **3** enthalt beendenden Maßnahme nach S 2 Hs 1 ein Gegenstandswert von 1500 EUR, sonst nach S 2 Hs 2 ein solcher von 750 EUR. Aufenthaltsbeendende Maßnahmen sind eine Zurückschiebung nach §§ 18 III, 19 III AsylVfG, eine Abschiebung nach §§ 18a II, 34 I, 34a I, 36 III, 39 I, 71 IV, V AsylVfG und ein Einreiseverbot nach § 18a I AsylVfG.

D. Beteiligung mehrerer, S 3. Bei einer Beteiligung mehrerer Menschen an **4** demselben Klageverfahren erhöht sich der Gegenstandswert anstelle der hier unanwendbaren Regelung des VV 1008 um 900 EUR je weiterer Person unabhängig von deren Alter, Geschlecht, Nationalität, Religion usw. Auch eine Familienzugehörigkeit ist unbeachtlich. Das gilt sowohl bei der Asylanerkennung als auch bei einem sonstigen Klageverfahren nach Rn 2. Im Verfahren des vorläufigen Rechtsschutzes beträgt die entsprechende Erhöhung 600 EUR. Das gilt natürlich jeweils nur, soweit auch derselbe Anwalt diese mehreren Personen vertritt. Unerheblich ist, ob er die Personen als Kläger/Antragsteller oder als Bekl/Antragsgegner des Bundesbeauftragten nach § 6 AsylVfG vertritt. Die jeweilige Werterhöhung tritt auch bei einer Verbindung mehrerer Verfahren ein, soweit diese nicht nur vorübergehend etwa zur Verhandlung erfolgt. Die Erhöhung gilt auch dann, wenn für die mehreren Menschen mehrere Anwälte tätig sind, für jeden dieser Anwälte.

Gegenstandswert in gerichtlichen Verfahren nach dem Spruchverfahrensgesetz

31 I ¹Vertritt der Rechtsanwalt im Verfahren nach dem Spruchverfahrensgesetz einen von mehreren Antragstellern, bestimmt sich der Gegenstandswert nach dem Bruchteil des für die Gerichtsgebühren geltenden Geschäftswerts, der sich aus dem Verhältnis der Anzahl der Anteile des Auftraggebers zu der Gesamtzahl der Anteile aller Antragsteller ergibt. ²Maßgeblicher Zeitpunkt für die Bestimmung der auf die einzelnen Antragsteller entfallenden Anzahl der Anteile ist der jeweilige Zeitpunkt der Antragstellung. ³Ist die Anzahl der auf einen Antragsteller entfallenden Anteile nicht gerichtsbekannt, wird vermutet, dass er lediglich einen Anteil hält. ⁴Der Wert beträgt mindestens 5000 Euro.

II Wird der Rechtsanwalt von mehreren Antragstellern beauftragt, sind die auf die einzelnen Antragsteller entfallenden Werte zusammenzurechnen; Nummer 1008 des Vergütungsverzeichnisses ist insoweit nicht anzuwenden.

1   1) **Systematik, I, II.** Es handelt sich um eine vorrangige Spezialvorschrift. Sie ist dementsprechend eng auslegbar.

2   2) **Regelungszweck, I, II.** Er besteht in einer vernünftigen Abwägung der unterschiedlichen Interessen der Beteiligten und ihrer Vertreter.
    Unanwendbar ist § 31 bei der Vertretung eines Antragsgegners. Dann gilt § 32 I in Verbindung mit § 15 SpruchG.

3   3) **Geltungsbereich, I, II.** Man muß drei Situationen unterscheiden.
    A. **Einer von mehreren Antragstellern, I 1–3.** Soweit der Anwalt einen von mehreren vor Gericht vorhandenen Antragstellern vertritt, bestimmt dessen Anteil den Gegenstandswert, und zwar nach I 2 derjenige im Zeitpunkt der Antragstellung, also des Antragseingangs *dieses* Auftraggebers unabhängig vom weiteren Verfahrensverlauf. Er ergibt den entsprechenden Bruchteil des für die Gerichtsgebühren geltenden Geschäftswerts nach der KostO, Teil III dieses Buchs. Das Gericht setzt ihn nach § 15 I 4 SpruchG von Amts wegen fest. Es geht also nicht um denjenigen Betrag, den der Antragsteller in EUR fordert, sondern um eine rechnerische Größe nach § 15 I 2 SpruchG. Der maßgebende Bruchteil errechnet sich aus der Gesamtzahl der Anteile aller Antragsteller und nicht aller vorhandenen Anteile. Bei jedem weiteren Antragsteller ist der Zeitpunkt seines Antragseingangs maßgeblich. Die Zahl der weiteren Anteile läßt sich mangels einer Anwendbarkeit von I 3 notfalls schätzen. Der Mindestwert beträgt nach I 4 stets 5000 EUR.

4   B. **Einziger Antragsteller, I 1 entsprechend.** Wenn nur ein einziger von mehreren möglichen Antragstellern vor Gericht zieht und der Anwalt ihn vertritt, gelten die Regeln Rn 1 entsprechend.

5   C. **Mehrere Antragsteller, II.** Soweit der Anwalt mehrere auch vor Gericht vorhandene Antragsteller vertritt, findet eine Zusammenrechnung ihrer Anteile statt und ist VV 1008 unanwendbar. Das gilt unabhängig von der an sich nach § 22 I beurteilbaren Zahl der Gegenstände. § 7 bleibt aber anwendbar.

Ausschlussverfahren nach dem Wertpapiererwerbs- und Übernahmegesetz

31a ¹Vertritt der Rechtsanwalt im Ausschlussverfahren nach § 39b des Wertpapiererwerbs- und Übernahmegesetzes einen Antragsgegner, bestimmt sich der Gegenstandswert nach dem Wert der Aktien, die dem Auftraggeber im Zeitpunkt der Antragstellung gehören. ²§ 31 Abs. 1 Satz 1 bis 4 und Abs. 2 gilt entsprechend.

Vorbem. Eingefügt dch Art 3 Z 2 G v 8. 7. 06, BGBl 1426, in Kraft seit 14. 7. 06, Art 8 S 2 G, Übergangsrecht § 60 RVG.

1   1) **Systematik, Regelungszweck, S 1, 2.** Es handelt sich um eine vorrangige Spezialregelung zwecks einer Wertklärung nach deren Zeitpunkt wie Höhe.

Abschnitt 4. Gegenstandswert §§ 31a, 32 RVG

2) Geltungsbereich, S 1, 2. Die Vorschrift gilt nur bei einem Ausschlußverfahren nach § 39b WpÜG. Der dort nach dem FamFG vornehmbare Ausschluß der übrigen Aktionäre richtet sich nach § 39a WpÜG. Nach § 39b VI 1 WpÜG gilt für die Gerichtskosten des Ausschlußverfahrens die KostO, Teil III dieses Buchs. Für diese Gerichtskosten enthalten § 39a VI 5, 6 WpÜG eine eigene Wertregelung. 2

3) Gegenstandswert, S 1, 2. Maßgebend ist der Kurswert derjenigen Aktien, die dem Auftraggeber im Zeitpunkt der Antragstellung nach § 39a I 1 WpÜG gehören. Das zeigt auch die Verweisung in S 2 auf § 31 I 2. „Antragstellung" meint den Antragseingang beim LG nach § 39b I, II WpÜG. Ein Eingang bei einem unzuständigen Gericht reicht nicht. Maßgeblich ist dann erst der Eingang beim zuständigen LG (Posteinlaufstelle). Steht die dortige Uhrzeit nicht aktenkundig fest, gilt der Kurs um 12 Uhr mittags als die am ehesten sinnvolle genaue Zeit gerade bei einer starken Kursschwankung. 3

4) Einzelfragen, S 2. Ist die Anzahl der auf einen Antragsteller entfallenden Anteile nicht gerichtsbekannt, darf und muß man wegen der Verweisung in S 2 auf § 31 I 3 vermuten, daß dieser Antragsteller nur einen einzigen Anteil hält. In jedem Fall beträgt der Mindestwert wegen der Verweisung in S 2 auf § 31 I 4 5000 EUR. Bei Aufträgen mehrerer Antragsteller erfolgt eine Wertzusammenrechnung und ist VV 1008 unanwendbar, S 2 in Verbindung mit § 31 II. 4

Wertfestsetzung für die Gerichtsgebühren

32 [I] [1] Wird der für die Gerichtsgebühren maßgebende Wert gerichtlich festgesetzt, ist die Festsetzung auch für die Gebühren des Rechtsanwalts maßgebend.

[II] [1] Der Rechtsanwalt kann aus eigenem Recht die Festsetzung des Werts beantragen und Rechtsmittel gegen die Festsetzung einlegen. [2] Rechtsbehelfe, die gegeben sind, wenn die Wertfestsetzung unterblieben ist, kann er aus eigenem Recht einlegen.

Gliederung

1) Systematik, I, II	1
2) Regelungszweck, I, II	2
3) Maßgeblichkeit des Streitwerts, I	3–8
A. Grundsatz: Abhängigkeit vom gerichtlichen Wert	3
B. Beispiele zur Frage einer Anwendbarkeit von I	4–8
4) Antragsrecht des Anwalts, II 1	9–11
A. Notwendigkeit eigenen Interesses	10
B. Beispiele zur Frage eines Antragsrechts, II 1	11
5) Beschwerderecht des Anwalts, II 2	12–19
A. Beschwerdefähige Entscheidung	13
B. Beschwer	14–16
C. Entweder: Beschwerdewert	17
D. Oder: Zulassung	18
E. Weitere Voraussetzungen	19
6) Unterbleiben einer Wertfestsetzung, II 2	20, 21
7) Weiteres zum Rechtsmittelverfahren, II	22–24

1) Systematik, I, II. §§ 32, 33 beziehen sich in einer Ergänzung von § 23 I 1 nur auf die Wertfestsetzung für ein gerichtliches Verfahren vor einem beliebigen Gericht aller Gerichtsbarkeiten. Eine solche Wertfestsetzung gilt dann auch für diejenige Tätigkeit des Anwalts, die das gerichtliche Verfahren in diesem Gebührenrechtszug vorbereitet oder außergerichtlich begleitet, § 23 I 3, etwa bei einem Verkehrsanwalt oder bei einer außergerichtlichen Einigung. Die Vorschrift gilt auch für einen Unterbevollmächtigten, Terminsanwalt, Beweisanwalt oder Beistand. Zum gerichtlichen Verfahren gehört natürlich auch das Mahnverfahren. Es reicht also aus, daß die Sache anhängig ist. Eine Rechtshängigkeit nach §§ 253 I, 261 I ZPO ist nicht erforderlich. § 32 erfaßt auch denjenigen Anwalt, der keinen Antrag stellt, OVG Greifsw NJW 08, 2936 links. Beim *Abweichen* des Streitwerts vom Gegenstandswert gilt § 33, Rn 4. 1

Soweit es wegen des gesamten oder eines teilweisen Anspruchs des Auftraggebers *überhaupt nicht* zu einer *gerichtlichen* Anhängigkeit kommt, findet natürlich keine Festsetzung des Streitwerts für Gerichtsgebühren statt. §§ 32, 33 sind ferner dann unanwendbar, wenn es sich um eine solche Anwaltstätigkeit handelt, die ein etwa vorhandenes gerichtliches Verfahren nicht betrifft, etwa um eine Beratung im Zusammenhang mit dem Abschluß eines solchen Vertrags, um den die Partner anschließend vor Gericht streiten. Dann muß der Anwalt den Gegenstandswert selbst ansetzen. Soweit der Wert streitig ist, muß ihn das Gericht im Zusammenhang mit einer etwaigen Gebührenklage festsetzen.

2 **2) Regelungszweck, I, II.** Die Vorschrift dient in I, II unterschiedlichen Zwekken. I bezweckt wie §§ 22, 23 eine Vereinheitlichung und Vereinfachung beim wesentlichen Anknüpfungspunkt der Vergütung dem Grunde nach im gerichtlichen Verfahren. Man muß die Vorschrift daher als eine Zweckmäßigkeitsvorschrift ebenso großzügig auslegen wie den der Gerechtigkeit dienenden II mit einer notwendigen Ergänzung des Rechtsmittelsystems. Denn sonst könnte dem Anwalt wegen des Fehlens einer eigenen Beschwerdemöglichkeit nach § 66 II GKG (er ist nicht Partei) oder nach § 57 II FamGKG (er ist kein Beteiligter) die Möglichkeit fehlen, eine angemessene Vergütung auch gegen die „Billigkeits"-Interessen des Auftraggebers und gar des etwa erstattungspflichtigen Gegners durchzusetzen, soweit der richtige Wert streitig ist, KG JB **84**, 578, Mü JB **85**, 1085.

3 **3) Maßgeblichkeit des Streitwerts, I.** Der nachfolgende Grundsatz hat mancherlei Auswirkungen.

A. Grundsatz: Abhängigkeit vom gerichtlichen Wert. Soweit das Gericht einen Streitwert für seine Gebühren nach § 63 I 1 GKG, § 55 I 1 FamGKG, Teile I A, B dieses Buchs, vorläufig oder nach § 63 II 1 GKG, § 55 II FamGKG endgültig festsetzt, gilt die Festsetzung grundsätzlich auch für die Gebühren des Anwalts wegen einer Tätigkeit in diesem gerichtlichen Verfahren und wegen desselben Gegenstands, Hbg AnwBl **03**, 114. Das gilt natürlich nur für ein solches gerichtliches Verfahren, in dem eine Festsetzung des Streitwerts kraft Gesetzes in Betracht kommt, Karlsr MDR **09**, 588, sei es durch einen Beschluß oder im Urteil. Auf eine Anfechtbarkeit einer solchen Festsetzung kommt es für I nicht an. Eine persönliche Gebührenfreiheit ändert an der Anwendbarkeit von I nichts. Vgl §§ 63–66 GKG, §§ 55 ff FamGKG, 31 KostO, 61 I ArbGG, 114 PatG, 142 MarkenG, auch in Verbindung mit § 8 II 3 MarkenG, ferner §§ 26 GebrMG, 54 II GeschmG, 12 UWG, 247 AktG, 182 InsO, 34 II LwVG.

Mangels einer Wertabhängigkeit ist I unanwendbar, Karlsr MDR **09**, 588, und § 33 anwendbar.

4 **B. Beispiele zur Frage einer Anwendbarkeit von I**
Änderung: Soweit das Gericht den Streitwert ändert, ist der neue Wert maßgebend. Falls bereits eine Festsetzung der Anwaltsgebühren erfolgt war, muß man auch sie entsprechend auf einen Antrag ändern, solange keine Verjährung vorliegt, § 11 II 3 RVG, § 17 ZPO, § 85 FamFG.
Auftraggeber: Der gerichtlich festgesetzte Streitwert ist auch für den Auftraggeber maßgebend.
Außergerichtliche Einigung: Soweit ein gerichtliches Verfahren schwebt, kann die Streitwertfestsetzung auch eine außergerichtliche Einigung umfassen.
Aussetzung: Bei einem Rechtsmittel des Anwalts muß das Gericht die anderen Verfahren bis zur Klärung der Streitfrage über den Wert aussetzen, § 11 IV RVG, § 148 ZPO, § 21 FamFG usw.

5 **Bindung:** Die Festsetzung bindet das Gericht im Gebührenrechtsstreit. Wenn der Anwalt in diesem Verfahren oder im Festsetzungsverfahren gegen den Streitwert eine Einwendung erheben will, muß er im Festsetzungsverfahren das zulässige Rechtsmittel einlegen, II 1, BBg JB **76**, 186. Eine Streitwertfestsetzung durch das Gericht bindet den Anwalt im übrigen nur insoweit, als sich seine Tätigkeit mit dem für die Streitwertfestsetzung maßgebenden Gegenstand deckt, BayObLG Rpfleger **79**, 434. Sie bindet nicht, soweit die Partner des Anwaltsvertrags eine nach § 4 wirksame Einigung über einen höheren bezifferten und nicht nur „angemessenen" Gegenstandswert als den gerichtlich festgesetzten Streitwert getroffen haben. Das gilt aber nur für die an dieser Vereinbarung schon und noch Beteiligten, Ffm JB **80**, 579. Soweit der Urkundsbeamte der Geschäftsstelle einen Streitwert angenommen hat, bindet dieser Vorgang den Anwalt nicht.

Abschnitt 4. Gegenstandswert § 32 RVG

Erledigung: *Unanwendbar* ist I dann, wenn sich der Auftrag vor der Klagerhebung nach §§ 253, 261 ZPO oder vor der Einlegung eines Rechtsmittels teilweise oder vor einer Festsetzung des Streitwerts ganz erledigt, etwa infolge des Tods oder einer Kündigung, und wenn der Streitwert danach höher geworden ist.

Erstattungsfähigkeit: Sie richtet sich stets nach dem gesetzlichen Gegenstandswert in Verbindung mit §§ 91 ff ZPO usw, Ffm JB **80**, 579, Hamm AnwBl **75**, 95.

Gegenstand: Wenn der Gegenstand einer Anwaltstätigkeit über denjenigen des gerichtlichen Verfahrens hinausgeht oder hinter ihm zurückbleibt, ist I evtl *unanwendbar* und stattdessen (jetzt) § 33 anwendbar, BayObLG AnwBl **92**, 331, LAG Hamm JB **87**, 231, LAG Köln MDR **99**, 121.

Kündigung: S „Erledigung".

Miterbe: *Unanwendbar* ist I, soweit der Anwalt im Erbscheinserteilungsverfahren nur einen Miterben vertritt, BayObLG JB **78**, 1374.

Mithaftung: Der gerichtlich festgesetzte Streitwert ist auch für einen Mithaftenden maßgebend.

Nach dem Prozeß: Es gilt dasselbe wie bei Rn 8 „Vor dem Prozeß". 7

Rechtsmittel: Rn 4 „Aussetzung", „Bindung".

Rechtsnachfolger: Der gerichtlich festgesetzte Streitwert ist auch für einen Rechtsnachfolger maßgebend.

Rechtspfleger: Solange er ein gerichtliches Verfahren bearbeitet, ist er auch für die Wertfestsetzung zuständig, § 4 RPflG.

Staatskasse: Der gerichtlich festgesetzte Streitwert ist auch für die Staatskasse maßgebend.

Streitgenosse: *Unanwendbar* ist I, soweit der Anwalt nur einen von mehreren Streitgenossen vertritt, während die übrigen andere Ansprüche oder solche in anderer Höhe geltendmachen oder auf die Zahlung abweichender Beträge verklagt worden sind, wenn das Gericht also zusammengerechnet hat, (zum alten Recht) BGH Rpfleger **77**, 60.

Tod: Rn 4 „Erledigung". 8

Verwaltungsbehörde: Wegen des Widerspruchsverfahren vor ihr VG Augsb AnwBl **84**, 319.

Vor dem Prozeß: Die gerichtliche Streitwertfesetzung kann eine solche Tätigkeit miterfassen, die dem Prozeß vorausgeht und die nach § 19 I 2 Z 3 zum Gebührenrechtszug gehört.

4) Antragsrecht des Anwalts, II 1. Der Anwalt hat schon wegen seiner grundsätzlichen Bindung an die gerichtliche Wertfestsetzung ein eigenes Recht, eine noch nicht erfolgte Wertfestsetzung zu beantragen. Dieses Recht besteht für sämtliche gerichtlichen Verfahren. Das gilt auch dann, wenn das Gericht den Streitwert von Amts wegen festsetzen soll oder soweit das Gericht den Wert schon ohne einen Widerspruch des Auftraggebers festgesetzt hat, soweit der Anwalt aber beschwert ist, Rn 14, LAG Nürnb JB **93**, 172, aM Köln GRUR **88**, 724 (aber eine Beschwer ist stets ein ausreichender Grund). 9

A. Notwendigkeit eigenen Interesses. Da nach § 32 aber nur die Festsetzung des Werts für die Gebühren des Gerichts in Betracht kommt, besteht ein Antragsrecht des Anwalts nur, soweit er ein eigenes rechtliches Interesse an der Festsetzung hat, falls also die Wertfestsetzung für seine Gebühr maßgebend ist, BayObLG AnwBl **92**, 331. 10

Es ist immerhin auch denkbar, ein eigenes rechtliches Interesse des Anwalts an einer *niedrigeren* Wertfestsetzung dann zu bejahen, wenn er etwa fürchtet, auf Grund eigener früherer Angaben mit einer geringeren Werteinschätzung jetzt einem Schadensersatzanspruch des Auftraggebers ausgesetzt zu werden oder dessen Vertrauen und damit angekündigte Folgeaufträge mit vielleicht hohen Gegenstandswerten zu verlieren usw. Dergleichen könnte auch über ein „nur" wirtschaftliches und als solches nicht ausreichendes Interesse durchaus hinausgehen.

B. Beispiele zur Frage eines Antragsrechts, II 1 11

Abgrenzung: Man muß einen Antrag nach II 1 von einem solchen nach § 33 I unterscheiden.

S auch „Auslegung".

1539

Anhörung: Wenn sich der Anwalt durch einen Antrag oder auch ohne einen förmlichen Antrag der Sache nach in ein anhängiges Wertsetzungsverfahren einschaltet, muß das Gericht ihm als einem von jetzt an auch persönlich Beteiligten im weiteren Verfahrensgang vor einer ihm nachteiligen Wertänderung das rechtliche Gehör geben, Art 103 I GG. Das Gericht muß dann auch der von diesem Anwalt vertretenen Partei selbst das rechtliche Gehör geben. Denn sie mag zB an einer dem Anwalt günstigeren Wertfestsetzung aus berechtigten Gründen nicht interessiert sein. Soweit allerdings das Gericht gar nicht weiß, daß der Anwalt ein gerichtliches Verfahren mit seiner Tätigkeit begleitet, wenn sich etwa seine Mitwirkung auf eine außergerichtliche Beratung beschränkt, kann das Gericht den Anwalt solange nicht anhören, bis er sich wenigstens wegen der Wertfestsetzung beim Gericht meldet.

Antragsfrist: II 1 schreibt *keine* solche Frist vor.
S aber auch „Verwirkung".

Arbeitsgerichtliches Verfahren: Ein Antragsrecht besteht auch in diesem Verfahren, LAG Bre MDR **86**, 261, LAG Kiel AnwBl **02**, 186, LAG Nürnb JB **93**, 172.

Auslegung: Man darf und muß evtl den Antrag wie jede Prozeßhandlung nach BLAH Grdz 52 vor § 128 ZPO auslegen, Natter NZA **04**, 689.

Instanz: S „Rechtszug".

Rechtsschutzbedürfnis: Vgl zunächst Rn 10. Für den Antrag muß also wie für jede Prozeßhandlung ein Rechtsschutzbedürfnis bestehen, zB BLAH Grdz 33 vor § 253 ZPO. Dieses Rechtsschutzbedürfnis kann aber auch nach der formellen Rechtskraft der Sachentscheidung vorliegen. Freilich kann das Rechtsschutzinteresse auch dann bestehen, wenn der Anwalt dem Auftraggeber die Gebühren nicht voll in Rechnung stellen will, Karlsr AnwBl **85**, 41.

Rechtszug: Zum Antrag ist der Anwalt desjenigen *Rechtszugs* berechtigt, für den das Gericht den Wert festsetzen soll. Innerhalb dieses Rechtszugs ist jeder Anwalt antragsberechtigt, für den die Wertfestsetzung auch nach seinem Ausscheiden maßgebend ist, § 11 I.

Sozius: Antragsberechtigt ist auch der diese Sache an sich nicht bearbeitende Sozius, VGH Kassel AnwBl **82**, 309. Auch der erst nachträglich eingetretene Sozius ist antragsberechtigt, VGH Kassel AnwBl **82**, 309, ferner der nur außergerichtlich mitwirkende Anwalt, soweit zB ein Vertretungsverbot vorliegt.

Unterbleiben einer Wertfestsetzung: Ein Antragsrecht besteht auch in solcher Lage, falls ein für die Gerichtsgebühren nach § 23 maßgebender Wert an sich vorhanden ist und falls auch die Anwaltsgebühr nach diesem Wert richten soll.

Vertretungsverbot: S „Sozius".

Verwirkung: Eine Verwirkung kann beim Zusammentreffen des sog Zeitmoments und des sog Umstandsmoments nach § 242 BGB eintreten.

Wertvereinbarung: Eine beabsichtigte oder erfolgte solche Vereinbarung nach (jetzt) § 3a beseitigt das Antragsrecht grds *nicht*, BFH NJW **76**, 208, Karlsr AnwBl **85**, 41, aM VGH Mannh NVwZ-RR **95**, 126.

12 **5) Beschwerderecht des Anwalts, II 2.** Der Anwalt hat in jedem gerichtlichen Verfahren ein eigenes Beschwerderecht, LAG Bre NZA **04**, 1180, LAG Kiel AnwBl **02**, 186, und zwar in demselben Rahmen, in dem sein Auftraggeber nach den einzelnen Verfahrensordnungen dasselbe Recht hat, Rn 19. Eine Beschwerde kann auch hinter dem Wort „Erinnerung" stecken. Es müssen die folgenden Voraussetzungen zusammentreffen:

13 **A. Beschwerdefähige Entscheidung.** Zunächst muß eine beschwerdefähige Entscheidung vorliegen. Sie besteht auch dann, wenn das Gericht etwa nur in seinen Entscheidungsgründen „ Wert × EUR" formuliert hat, OVG Saarlouis JB **97**, 198. Auch eine vorläufige Festsetzung nach § 62 S 1 GKG, Teil I A dieses Buchs, ist beschwerdefähig, Bre AnwBl **88**, 71, aM Karlsr MDR **08**, 1368. Dasselbe gilt für eine vorläufige Festsetzung nach § 63 I 1 GKG, GS 77, Schneider MDR **00**, 381, aM Ffm OLGR **99**, 43.

Keine solche Entscheidung ist aber die bloße Annahme eines Werts durch den Urkundsbeamten der Geschäftsstelle. Es mag auch nur eine Entscheidung zum Zuständigkeitswert vorliegen, Mü MDR **98**, 1242. Im Zweifel liegt aber nicht nur sie vor, aM

Mü MDR **98**, 1242. Eine Urteilsaufhebung durch das Rechtsmittelgericht umfaßt den Satz „Wert X EUR" der Entscheidungsgründe meist mit. Eine Fälligkeit der Anwaltsvergütung nach § 8 braucht hier anders als bei § 33 II 1 noch nicht vorzuliegen. Es genügt ein Vorschußanspruch nach § 9, Bre AnwBl **88**, 71, aM Ffm OLGR **99**, 43.

B. Beschwer. Der Anwalt muß selbst beschwert sein, Saarbr FamRZ **09**, 1172. Das gilt beim „bloßen" ProzBev, der sich nicht selbst vertritt, nur dann so, wenn das Gericht den Wert zumindest indirekt auch ihm gegenüber zu niedrig festgesetzt hat, Bbg JB **86**, 1516, BayObLG **03**, 87, LAG Hamm NZA-RR **06**, 268. Eine Beschwer besteht aber auch dann, wenn das Gericht den Wert ohne einen Widerspruch des Auftraggebers festgesetzt hat, aM Köln GRUR **88**, 724 (aber hier geht es ja gerade um das eigene Recht eines unabhängigen Organs der Rechtspflege, § 1 BRAO). Soweit der Anwalt die Beschwerde mit einer zu hohen Wertfestsetzung begründet, muß man im Zweifel davon ausgehen, daß er die Beschwerde in Wahrheit nur für den Auftraggeber und nicht persönlich eingelegt hat, BayObLG ZMR **01**, 296, Brdb FamRZ **07**, 71, LAG Bre NZA **04**, 1180. Eine nur auf Anweisung des Rechtsschutzversicherers erhobene Herabsetzungsbeschwerde ist unzulässig, LAG Düss MDR **95**, 1074.

Soweit der Anwalt seine Beschwerde damit begründet, das Gericht habe den Wert *zu niedrig* festgesetzt, ist seine Formulierung „namens und im Auftrag des Mandanten" dennoch auslegungsbedürftig, LAG Hamm MDR **01**, 1442. Es kommt auf das prozessual Vernünftige an, Drsd RR **01**, 792. Stets muß eine Verbesserung der Lage des Anwalts erhoffbar sein, Köln VersR **97**, 601. Man muß im Zweifel davon ausgehen, daß er die Beschwerde nur im eigenen Namen und nicht auch in demjenigen der Partei, eingelegt hat, Brdb FamRZ **07**, 2000, Karlsr FamRZ **04**, 1303, LAG Bre NZA **04**, 1180. Im Zweifel empfiehlt sich aber doch zunächst nach § 139 ZPO, § 113 I 2 FamFG eine Rückfrage beim Anwalt dazu, was er gemeint hat.

Bei einer *Honorarvereinbarung* mit einer wertunabhängigen Gebühr kann eine Beschwer darin liegen, daß der Anwalt einer Herabsetzung nach § 3a II vorbeugen will, BFH NJW **76**, 268. Sie kann auch sonst trotz § 3a vorliegen, GS 87, aM VGH Mannh NVwZ-RR **95**, 126.

Soweit der Anwalt *selbst Partei* ist, kommt es zwar theoretisch darauf an, ob er sich selbst zum ProzBev bestellt hat. Im Ergebnis ist dann aber die Frage unerheblich, in welcher Eigenschaft er das Rechtsmittel einlegt.

Zur Beschwerde ist der Anwalt der ersten *Instanz* auch gegen eine Festsetzung durch das Berufungsgericht dann berechtigt, wenn diese Festsetzung den Wert der ersten Instanz mit einbezieht. Wenn der Anwalt während einer Instanz wechselt, ist der neue Anwalt selbständig beschwerdeberechtigt, soweit es sich um seine Gebühren handelt. Er ist aber nicht beschwerdeberechtigt, soweit nur die Gebühren des bisherigen Anwalts infrage stehen. Soweit der Anwalt die Partei gar nicht vor diesem Gericht vertreten hat, hat er auch kein Beschwerderecht, Brdb FamRZ **97**, 37.

C. Entweder: Beschwerdewert. Der Wert des Beschwerdegegenstands muß entweder nach II 1 in Verbindung mit § 68 I 1 GKG, § 59 I 1 FamGKG, Teile I A, B dieses Buchs, auch ohne eine solche ausdrückliche Verweisung der Sache nach grundsätzlich 200 EUR übersteigen. Eine Ausnahme gilt nach Rn 18. Beschwerdewert ist der Unterschiedsbetrag zwischen derjenigen entstandenen und voraussichtlich noch entstehenden Gesamtvergütung (Gebühren und Auslagen), die sich auf Grund der bisherigen Festsetzung gerade für diesen Anwalt als Beschwerdeführer ergibt, und derjenigen entstandenen und voraussichtlichen Gesamtvergütung, die sich nach dem behaupteten und vom Anwalt mit seiner Beschwerde auch jetzt erstrebten Wert ergibt, Hbg AnwBl **81**, 501, Naumb NZA-RR **08**, 206, Chemnitz AnwBl **82**, 438, aM LG Stade AnwBl **82**, 438 (aber es kommt auf das Ergebnis an). Das gilt etwa bei §§ 567 II ZPO, § 68 I GKG, § 59 I FamGKG, §§ 14, 31 II KostO, 34 II LwVG, 146 III VwGO, 128 III FGO. Dabei ist die Gebühren eine Wahlanwaltsvergütung und nicht nur die Vergütung aus der Staatskasse, Celle FamRZ **06**, 1690. Auch in einer Prozeß- oder Verfahrenskostenhilfesache muß man den Beschwerdewert wegen § 126 ZPO, §§ 76 ff FamFG nach dem vollen Gebührenbetrag berechnen. Nach einer teilweisen Abhilfe durch das Erstgericht ist nur noch der restliche Beschwerdewert maßgeblich, Hamm JB **82**, 582, Kblz JB **86**, 893.

Man muß die *Umsatzsteuer* einrechnen, VV 7008. Denn sie stellt einen Teil der Gesamtvergütung dar, OVG Hbg AnwBl **81**, 501 (zustm Schmidt). Die Gerichtskosten bleiben hier unbeachtet.
Es erfolgt *keine* Zusammenrechnung der Werte der etwaigen Beschwerden der Anwälte beider Parteien, aM VGH Stgt MDR **76**, 609 (aber jeder Anwalt hat seine eigenen Rechte mit deren Grenzen). Es gibt auch keine Zusammenrechnung der Werte der Beschwerden des ProzBev und des Verkehrsanwalts.

18 **D. Oder: Zulassung.** Statt der Voraussetzung Rn 17 genügt nach § 68 I 2 GKG, § 59 I 2 FamGKG, Teile I A, B dieses Buchs, auch eine Zulassung der Beschwerde durch das Erstgericht wegen einer grundsätzlichen Bedeutung der zur Entscheidung stehenden Rechtsfragen. Die Zulassung muß aber bereits im Festsetzungsbeschluß erfolgt sein und läßt sich nicht nachholen.

19 **E. Weitere Voraussetzungen.** Der Anwalt hat ein Antragsrecht nur im Umfang eines sonst am Wertfestsetzungsverfahren Beteiligten. Soweit also die Wertfestsetzung unanfechtbar ist oder nur zusammen mit der Entscheidung in der Hauptsache anfechtbar ist, ist der Anwalt nicht persönlich zur Beschwerde berechtigt, soweit die Festsetzung nicht auch für seine Gebühren maßgebend ist, Bre AnwBl **88**, 71, Hamm FamRZ **05**, 1767, aM Köln OLGR **00**, 323. Das gilt auch nach 61 I ArbGG. Der Anwalt kann auf ein Beschwerderecht verzichten. Ein Verzicht auf die Begründung der Festsetzung ist kein Rechtsmittelverzicht.
„*Abänderungsantrag*" oder „Erinnerung" reichen zur Einleitung eines Beschwerdeverfahrens aus, Drsd RR **01**, 792, Ffm JB **79**, 1873.
In einem bürgerlichen Rechtsstreit oder in einem solchen Verfahren, das auf die Wertfestsetzungsvorschriften des bürgerlichen Rechtsstreits für die Gerichtsgebühren verweist, ist der persönlich beschwerdeführende Anwalt grundsätzlich auch an die in §§ 63 III 2, 68 I 3 Hs 1 GKG in Verbindung mit § 63 III 2 GKG und in §§ 55 III 2, 59 I 3 Hs 1 FamGKG in Verbindung mit § 55 III 2 FamGKG genannte *Beschwerdefrist* seit der formellen Rechtskraft der Hauptsacheentscheidung oder seit einer anderweitigen Erledigung des Hauptverfahrens gebunden. Ausnahmsweise läuft die Beschwerdefrist nach II, § 68 I 3 GKG, § 59 I 3 Hs 2 FamGKG dann, wenn das Gericht den Streitwert später als einen Monat vor dem Ablauf der vorgenannten Sechsmonatsfrist festgesetzt hatte, erst einen Monat nach der Zustellung oder formlosen Mitteilung des Festsetzungsbeschlusses ab. Eine Wiedereinsetzung ist möglich, § 68 II GKG, § 59 II FamGKG. Soweit für einen der Beteiligten die Frist noch läuft, läuft sie allerdings auch zugunsten des Anwalts. Ist sie zwar abgelaufen, hat das Gericht aber über die Beschwerde noch nicht entschieden, kann der Anwalt sich noch unselbständig anschließen.

20 **6) Unterbleiben einer Wertfestsetzung, II 2.** Soweit das Gericht eine nach dem Gesetz notwendige Wertfestsetzung unterlassen hat, kann der Anwalt den zulässigen Rechtsbehelf aus eigenem Recht ergreifen, BVerfG FamRZ **01**, 753, Saarbr RR **99**, 1280, Schneider MDR **99**, 1397. Das kommt zB dann in Betracht, wenn das ArbG die Wertfestsetzung in seinem Urteil unterlassen hat, § 61 I ArbGG. Zwar hat die Wertfestsetzung keine Bedeutung mehr für die Rechtsmittelfähigkeit. Trotzdem ist § 61 I ArbGG nicht wegen eines bloßen Redaktionsversehens bestehengeblieben, aM LAG Hamm AnwBl **79**, 431. Die Vorschrift hat vielmehr ihren Sinn behalten. Denn es handelt sich um eine Zusatzvorschrift zu § 63 GKG, § 55 FamGKG.

21 Der Anwalt kann also eine Ergänzung nach *§ 321 ZPO* oder evtl eine Abhilfe nach § 12a GKG, § 44 FamGKG oder nach § 321a ZPO oder auch eine Berichtigung nach *§ 319 ZPO* beantragen. Das Gericht muß ihn als einen Beteiligten aus eigenem Recht auch bei einer von Amts wegen oder von einem anderen Beteiligten beantragten Änderung oder Berichtigung anhören, soweit es den Anwalt durch seine geplante Entscheidung benachteiligen würde. Es muß ihm auch seine Entscheidung mitteilen. Eine Berichtigung kann aber nicht zu einer anderen Festsetzung führen. Eine Anfechtung der Wertfestsetzung durch den Anwalt kommt nicht in Betracht. Das arbeitsgerichtliche Beschlußverfahren nach § 2a I ArbGG ist nach § 2 II GKG gebührenfrei. Infolgedessen erfolgt in einem solchen Verfahren eine Wertfestsetzung nach § 33.

Abschnitt 4. Gegenstandswert §§ 32, 33 RVG

7) Weiteres zum Rechtsmittelverfahren, II. Vgl § 68 GKG, Brdb FamRZ **07**, 22
2000, Saarbr FamRZ **09**, 1172, Schlesw MDR **09**, 1355, § 59 FamGKG sowie aus
§§ 14, 31 III KostO, 567 ZPO, 34 II LwVG, 146, 165 VwGO. Der Einzelrichter des
§ 568 I 1 ZPO ist funktionell auch hier zuständig. Es besteht kein Anwaltszwang. Es
gibt kein Verschlechterungsverbot, § 68 GKG Rn 19, Teil I A dieses Buchs. Der auf
die einfache oder sofortige Beschwerde ergehende Beschluß bindet alle Beteiligten,
nicht nur den Anwalt. Soweit der Rpfl den Wert festgesetzt hat, ist je nach einem
Erreichen oder Nichterreichen des Beschwerdewert die sofortige Beschwerde wie
nach einer Entscheidung des Richters nach § 11 I RPflG oder die sofortige Erinnerung statthaft, § 11 II 1 RPflG, § 11 Rn 82–126 zum jeweiligen Verfahren, das
hier entsprechend abläuft.

Soweit der Anwalt unterliegt, braucht er nur seine *Auslagen* zu tragen. Denn § 68 23
III 1 GKG, § 59 III 1 FamGKG sind gegenüber KV 1811 vorrangig. Soweit der Anwalt im Beschwerdeverfahren siegt, entstehen keine Kosten. Denn es handelt sich um
einen Streit ohne einen Gegner. Zwischen dem Anwalt und der Gegenpartei besteht
nämlich kein Prozeßverhältnis. Die Gegenpartei unterliegt daher nicht, § 91 ZPO.

Daran ändert sich auch dann nichts, wenn sie im Beschwerdeverfahren *Stellung* ge- 24
nommen und dem Beschwerdeantrag widersprochen hat. Die Unhaltbarkeit einer gelegentlichen früheren Gegenmeinung, die eine Parallele zum Zwischenstreit zog, ergibt sich zB dann, wenn beide Anwälte eine Erhöhung des Streitwerts erstreben,
beide Parteien aber wegen einer Kostenteilung daran interessiert sind, den Streitwert
niedrig zu halten.

Wertfestsetzung für die Rechtsanwaltsgebühren

33 *Fassung 1. 9. 2009:* [1] **Berechnen sich die Gebühren in einem gerichtlichen Verfahren nicht nach dem für die Gerichtsgebühren maßgebenden Wert oder fehlt es an einem solchen Wert, setzt das Gericht des Rechtszugs den Wert des Gegenstands der anwaltlichen Tätigkeit auf Antrag durch Beschluss selbständig fest.**

[II] [1] Der Antrag ist erst zulässig, wenn die Vergütung fällig ist. [2] Antragsberechtigt sind der Rechtsanwalt, der Auftraggeber, ein erstattungspflichtiger Gegner und in den Fällen des § 45 die Staatskasse.

[III] [1] Gegen den Beschluss nach Absatz 1 können die Antragsberechtigten Beschwerde einlegen, wenn der Wert des Beschwerdegegenstands 200 Euro übersteigt. [2] Die Beschwerde ist auch zulässig, wenn sie das Gericht, das die angefochtene Entscheidung erlassen hat, wegen der grundsätzlichen Bedeutung der zur Entscheidung stehenden Frage in dem Beschluß zulässt. [3] Die Beschwerde ist nur zulässig, wenn sie innerhalb von zwei Wochen nach Zustellung der Entscheidung eingelegt wird.

[IV] [1] Soweit das Gericht die Beschwerde für zulässig und begründet hält, hat es ihr abzuhelfen; im Übrigen ist die Beschwerde unverzüglich dem Beschwerdegericht vorzulegen. [2] Beschwerdegericht ist das nächsthöhere Gericht, in Zivilsachen der in § 119 Abs. 1 Nr. 1 des Gerichtsverfassungsgesetzes bezeichneten Art jedoch das Oberlandesgericht. [3] Eine Beschwerde an einen obersten Gerichtshof des Bundes findet nicht statt. [4] Das Beschwerdegericht ist an die Zulassung der Beschwerde gebunden; die Nichtzulassung ist unanfechtbar.

[V] [1] War der Beschwerdeführer ohne sein Verschulden verhindert, die Frist einzuhalten, ist ihm auf Antrag von dem Gericht, das über die Beschwerde zu entscheiden hat, Wiedereinsetzung in den vorigen Stand zu gewähren, wenn er die Beschwerde binnen zwei Wochen nach der Beseitigung des Hindernisses einlegt und die Tatsachen, welche die Wiedereinsetzung begründen, glaubhaft macht. [2] Nach Ablauf eines Jahres, von dem Ende der versäumten Frist an gerechnet, kann die Wiedereinsetzung nicht mehr beantragt werden. [3] Gegen die Ablehnung der Wiedereinsetzung findet die Beschwerde statt. [4] Sie ist nur zulässig, wenn sie innerhalb von zwei Wochen eingelegt wird. [5] Die Frist beginnt mit der Zustellung der Entscheidung. [6] Absatz 4 Satz 1 bis 3 gilt entsprechend.

[VI] [1] Die weitere Beschwerde ist nur zulässig, wenn das Landgericht als Beschwerdegericht entschieden und sie wegen der grundsätzlichen Bedeutung der zur Entscheidung stehenden Frage in dem Beschluß zugelassen hat. [2] Sie kann nur darauf gestützt werden, dass die Entscheidung auf einer Verletzung des Rechts beruht; die §§ 546 und 547 der Zivilprozessordnung gelten entsprechend. ³Über die weitere Beschwerde entscheidet das Oberlandesgericht. ⁴Absatz 3 Satz 3, Absatz 4 Satz 1 und 4 und Absatz 5 gelten entsprechend.

VII ¹Anträge und Erklärungen können ohne Mitwirkung eines Bevollmächtigten schriftlich eingereicht oder zu Protokoll der Geschäftsstelle abgegeben werden; § 129a der Zivilprozessordnung gilt entsprechend. ²Für die Bevollmächtigung gelten die Regelungen der für das zugrunde liegende Verfahren geltenden Verfahrensordnung entsprechend. ³Die Beschwerde ist bei dem Gericht einzulegen, dessen Entscheidung angefochten wird.

VIII ¹Das Gericht entscheidet über den Antrag durch eines seiner Mitglieder als Einzelrichter; dies gilt auch für die Beschwerde, wenn die angefochtene Entscheidung von einem Einzelrichter oder einem Rechtspfleger erlassen wurde. ²Der Einzelrichter überträgt das Verfahren der Kammer oder dem Senat, wenn die Sache besondere Schwierigkeiten tatsächlicher oder rechtlicher Art aufweist oder die Rechtssache grundsätzliche Bedeutung hat. ³Das Gericht entscheidet jedoch immer ohne Mitwirkung ehrenamtlicher Richter. ⁴Auf eine erfolgte oder unterlassene Übertragung kann ein Rechtsmittel nicht gestützt werden.

IX ¹Das Verfahren über den Antrag ist gebührenfrei. ²Kosten werden nicht erstattet; dies gilt auch im Verfahren über die Beschwerde.

Vorbem. VII 1 geändert durch Art 14 VI Z 4 JKomG v 22. 3. 05, BGBl 837, in Kraft seit 1. 4. 05, Art 16 I JKomG. VII 2 eingefügt, da dch bisherige VII 2 zu VII 3 dch Art 18 V Z 3 G v 12. 12. 07, BGBl 2840, in Kraft seit 1. 7. 08, Art 20 S 3 G, Übergangsrecht jeweils § 60 RVG. Sodann IV 2 geändert durch Art 47 VI Z 13 FGG-RG v 17. 12. 08, BGBl 2586, in Kraft seit 1. 9. 09, Art 112 I Hs 1 FGG-RG, Übergangsrecht Art 111 FGG-RG, Grdz 2 vor § 1 FamGKG, Teil I B dieses Buchs. VII 1 idF Art 7 IV Z 5 G v 30. 7. 09, BGBl 2449, in Kraft seit 5. 8. 09, Art 10 S 2 G, Übergangsrecht § 60 RVG, und IV 2 idF Art 8 Z 6c des vorgenannten G, in Kraft seit 5. 8. 09, Art 10 S 2 G, Übergangsrecht insofern Art 111 FGG-RG, Grdz 2 vor § 1 FamGKG, Teil I B dieses Buchs.

Bisherige Fassung IV 2 bis 4. 8. 09: ²**Beschwerdegericht ist das nächsthöhere Gericht, in bürgerlichen Rechtsstreitigkeiten der in § 119 Abs. 1 Nr. 1, Abs. 2 und 3 des Gerichtsverfassungsgesetzes bezeichneten Art jedoch das Oberlandesgericht.**

Gliederung

1) Systematik, I–IX	1
2) Regelungszweck, I–IX	2
3) Geltungsbereich, I	3–6
A. Gerichtliches Verfahren	3, 4
B. Streitwert unmaßgeblich	5
C. Fehlen eines Streitwerts	6
4) Festsetzungsantrag, I, II, VII	7–14
A. Rechtsanwalt	8
B. Verkehrsanwalt	9
C. Auftraggeber	10
D. Erstattungspflichtiger Gegner	11
E. Staatskasse	12
F. Frist, II 1	13
G. Form, VII	14
5) Zuständigkeit, I	15
6) **Weiteres Verfahren, II, VII 1, VIII**	16
7) **Entscheidung, I, VIII**	17, 18
8) **Gegen Entscheidung des Richters: Befristete Beschwerde, III–IX**	19–26
A. Entweder: Beschwerdewert, III 1	20
B. Oder: Zulassung wegen grundsätzlicher Bedeutung, III 2	21
C. Keine Beschwerde an Obersten Gerichtshof des Bundes, IV 3	22
D. Frist, III 3, V, VII 3	23
E. Form, VII 1–3	24
F. Weiteres Verfahren, IV 1, 2, VIII	25
G. Entscheidung, IV–IX	26
9) Gegen Entscheidung des Rechtspflegers: Beschwerde oder sofortige Erinnerung, III 1–4, IV, § 11 I, II RPflG	27
10) **Weitere Beschwerde, VI**	28–32
A. Zulässigkeit	28

Abschnitt 4. Gegenstandswert **§ 33 RVG**

  B. Frist, Form 29
  C. Zuständigkeit 30
  D. Weiteres Verfahren 31
  E. Entscheidung 32
 11) **Gegenvorstellung, I–IX** 33

1) Systematik, I–IX. Die Vorschrift gibt in einer Ergänzung zu § 32 und zur **1** Schließung dortiger Lücken im Interesse einer klaren Berechnungsgrundlage die Möglichkeit einer Wertfestsetzung dann, wenn die Voraussetzung Rn 3, 4 und außerdem mindestens eine der beiden Voraussetzungen Rn 5 oder Rn 6 vorliegen. Es ist nur entweder § 32 oder lediglich hilfsweise § 33 anwendbar, soweit die Gegenstände übereinstimmen, Rn 4. Ein Antragsrecht nach § 33 nimmt einem Antrag nach § 32 das Rechtsschutzbedürfnis, BayObLG AnwBl **92**, 331.

2) Regelungszweck, I–IX. Als eine Ergänzung zu §§ 22 ff enthält § 33 die Vor- **2** schriften zum Wertfestsetzungsverfahren, soweit es nicht schon zur Festsetzung der Gerichtsgebühren nach dem GKG oder FamGKG stattfindet, BayObLG JB **79**, 1505. Wie jede Verfahrensregel bezweckt auch § 33 eine abgewogene Berücksichtigung der Interessen des Anwalts, seines Auftraggebers wie auch indirekt eines etwa erstattungspflichtigen Gegners des Auftraggebers. Man sollte die Vorschrift dementsprechend weder zu großzügig noch zu eng auslegen. Das gilt insbesondere bei III–V.

3) Geltungsbereich, I. Die Vorschrift gilt in jeder Gerichtsbarkeit. Sie gilt nur **3** hilfsweise. Sie gilt nur für diejenigen Anwaltsgebühren, die sich nicht nach dem für die Gerichtsgebühren maßgeblichen Wert richten. Die Festsetzung ist für jeden Rechtszug neu erforderlich. Es empfehlen sich die folgenden Unterscheidungen.

A. Gerichtliches Verfahren. Der Anwalt muß für einen beliebigen Beteiligten wegen des hier vorhandenen Gegenstands in einem gerichtlichen Verfahren tätig geworden sein. Die bloße Möglichkeit eines gerichtlichen Verfahrens nach § 23 I 3 genügt nicht. Der Anwalt braucht in dem gerichtlichen Verfahren aber nicht auch vor dem Gericht aufgetreten zu sein, LG Dessau-Roßlau JB **08**, 89. Er mag zB lediglich eine beratende Tätigkeit ausgeübt haben; er mag Verkehrsanwalt oder Beweisanwalt oder Terminsanwalt gewesen sein; sein Auftrag mag vor dem Beginn des gerichtlichen Termins geendet haben; ein anderer Anwalt mag den Auftraggeber vor dem Gericht vertreten haben; es mag während des gerichtlichen Verfahrens zu einer außergerichtlichen Einigung gekommen sein.

Wenn es *nicht* zu einem gerichtlichen Verfahren kommt, ist § 33 unanwendbar, AG Bln-Tempelhof-Kreuzberg FamRZ **08**, 1102. Es reicht auch kein Auftrag erst nach dem Ende eines Gerichtsverfahrens, LG Dessau-Roßlau JB **08**, 89. Das alles gilt auch dann, wenn zB die Verwaltungsbehörde den angefochtenen Verwaltungsakt auf Grund des Widerspruchs aufhebt und wenn es daher nicht zu einer Klage vor dem VG kommt. Dann bleibt nur eine Gebührenklage übrig. Dann muß das Prozeßgericht den Gegenstandswert klären. Eine Wertfestsetzung zB durch das Patentamt ist unstatthaft, BPatG GRUR **09**, 704.

Ein Antrag nach § 33 ist aber auch dann jedenfalls nicht direkt zulässig, wenn sich **4** die Wertfestsetzung nach *§ 32* erreichen läßt und wenn diese Festsetzung für die anwaltliche Tätigkeit auch maßgebend ist. Dann ist § 33 allenfalls hilfsweise und keineswegs unmittelbar anwendbar, LAG Kiel AnwBl **02**, 186. Die Vorschrift gilt andererseits für eine anwaltliche Tätigkeit in einem gerichtlichen Verfahren jeder Art, sofern überhaupt § 22 anwendbar ist. Auch das Prozeß- oder Verfahrenskostenhilfeverfahren reicht aus. Freilich müssen die Gegenstände übereinstimmen, LAG Köln AnwBl **02**, 185.

Wenn eine Festsetzung nach § 33 möglich ist, aber bisher nicht erfolgte und wenn der Gegenstandswert bei der Festsetzung der Vergütung des Anwalts streitig wird, muß eine *Aussetzung* erfolgen, bis der Wert formell rechtskräftig feststeht, § 11 IV.

B. Streitwert unmaßgeblich. Der für die Gerichtsgebühren maßgebende Wert **5** darf für die anwaltliche Tätigkeit in dem gerichtlichen Verfahren wegen § 2 I nicht maßgebend sein, BayObLG AnwBl **92**, 331. Der Streitwert und der Gegenstandswert dürfen sich also nicht decken.

Beispiele: Wenn der Gegenstand der anwaltlichen Tätigkeit nach § 15 Rn 12 von demjenigen der gerichtlichen Tätigkeit abweicht, BayObLG **01**, 346, Düss WoM **97**, 2477; wenn der Anwalt nur einen Streitgenossen vertritt und wenn die übrigen

Streitgenossen entweder Ansprüche anderer Art oder anderer Höhe geltend machen, Ffm JB **80**, 1661; wenn es um eine Hilfswiderklage oder um eine Hilfsaufrechnung oder um eine Hauptaufrechnung geht, LAG Hamm MDR **89**, 852, aM Hamm JB **07**, 205, KG JB **07**, 488; wenn es um eine wirkungslos gewordene Anschlußrevision geht, BGH JB **79**, 358; wenn der Anwalt des Bekl den Vertretungsauftrag erst nach der Wirksamkeit einer teilweisen Klagerücknahme erhält, Kblz Rpfleger **88**, 161; wenn mehrere Auftraggeber mit unterschiedlichen Interessen beteiligt sind, BayObLG JB **01**, 644 rechts unten; wenn der Streitwert mehrerer Ansprüche sich nur nach dem höheren Anspruch richtet, etwa bei § 48 IV GKG, der Anwalt aber wegen beider tätig wird; wenn der Auftraggeber im Verfahren auf die Einziehung und andersartige Neuerteilung eines Erbscheins nur einen Erbanteil beansprucht, BayObLG **01**, 346; wenn es um eine Vereinbarung wegen einer Freistellung von der Arbeitspflicht bei einem vollen Lohn geht, LAG Mainz DB **02**, 1460; wenn es für die Anwaltstätigkeit eine besondere Wertvorschrift gibt.

Eine solche Situation fehlt beim unbeschiedenen *Hilfsantrag* wegen § 32 I in Verbindung mit (jetzt) § 45 I 2 GKG, aM LAG Düss JB **94**, 359, LAG Hamm MDR **89**, 852. Auch ein Zurückbehaltungsrecht gehört nicht hierher.

6   **C. Fehlen eines Streitwerts.** Es mag ein Streitwert wegen des Fehlens einer Gerichtsgebührenpflicht unbeachtbar sein. Es mag auch an einem für vorhandene Gerichtsgebühren maßgebenden Wert fehlen, BayObLG FamRZ **99**, 604 (zu [jetzt] § 107 FamFG).

Beispiele: Weil für das Gericht eine Festgebühr gilt; weil sich die Gerichtsgebühren nach einem Gebührenrahmen richten, wenn es um ein Beschlußverfahren mit dem Betriebsrat geht, BAG MDR **00**, 588; weil das Verfahren gerichtsgebührenfrei ist, BSG JB **05**, 543 (Vertragsarzt), Rostock JB **09**, 540, LAG Mü AnwBl **87**, 287. Vgl auch wegen § 188 S 2 VwGO § 2 GKG Rn 16, Teil I A dieses Buchs.

7   **4) Festsetzungsantrag, I, II, VII.** Die Festsetzung erfolgt nur auf Grund eines Antrags, also nicht von Amts wegen, BAG BB **00**, 516. Die Festsetzung erfolgt nur für den jeweiligen Antragsteller. Man muß einen Antrag nach I und einen solchen nach § 32 II 1 unterscheiden. Dazu darf und muß das Gericht den Antrag auslegen, Natter NZA **04**, 689. Für einen Antrag nach II ist eine nachvollziehbare Begründung erforderlich. Der Anwalt muß zwar an sich keinen bezifferten Wertvorschlag machen, insbesondere nicht bei einem klar bezifferten oder bezifferbaren Gegenstandswert, BayObLG JB **92**, 341. Es ist aber wegen Rn 20 doch evtl ein bestimmter Antrag nötig. Das Gericht muß imstande sein, nach seinem pflichtgemäßen Ermessen eine Schätzung vorzunehmen. Es müssen die folgenden Anforderungen vorliegen.

8   **A. Rechtsanwalt.** Natürlich ist derjenige Anwalt antragsberechtigt, der für die Berechnung seiner Gebühren die Festsetzung des Werts benötigt, BAG BB **00**, 516, BayObLG FamRZ **04**, 1302, LAG Bre AnwBl **84**, 165. Das gilt auch für den Terminsanwalt nach VV 3301 und für den nur mit einer Einzeltätigkeit nach VV 3304 beauftragten Anwalt. Der sich selbst vertretende Anwalt kann die Festsetzung nicht gegen sich selbst betreiben, soweit ein erstattungspflichtiger Gegner fehlt, LAG Mü AnwBl **88**, 72.

9   **B. Verkehrsanwalt.** Auch der Verkehrsanwalt ist wegen seiner Gebühr VV 3400 beschwerdeberechtigt. Für einen weitergehenden Antrag würde grundsätzlich bei ihm das Rechtsschutzbedürfnis fehlen.

10   **C. Auftraggeber.** Auch der Auftraggeber ist berechtigt, von sich aus eine Wertfestsetzung zu beantragen. Denn auch er mag an einem amtlich ermittelten korrekten Ausgangspunkt für die Berechnung der Anwaltsgebühren selbst dann interessiert sein, wenn es wegen der letzteren noch nicht zu Meinungsverschiedenheiten gekommen ist. Auch der nach § 40 I BetrVG unter Umständen zahlungspflichtige Auftraggeber hat ein eigenes Antragsrecht, LAG Stgt BB **80**, 1695. Auch eine erstattungsberechtigte juristische Person des öffentlichen Rechts kann antragsberechtigt sein, VG Mü NVwZ-RR **03**, 907 (II 2 entsprechend). Auch ein Anwalt kann der Auftraggeber eines Kollegen sein, auch als eines im Namen nur des ProzBev beauftragten Unterbevollmächtigten.

11   **D. Erstattungspflichtiger Gegner.** Der Prozeßgegner ist insofern zum Antrag berechtigt, als er Anwaltsgebühren erstatten soll. Auch der nach § 40 I BetrVG unter Umständen zahlungspflichtige Auftraggeber ist antragsberechtigt, LAG Stgt BB **80**, 1695.

Abschnitt 4. Gegenstandswert　　　　　　　　　　　　　　　§ 33 RVG

E. Staatskasse. Soweit das Gericht den Anwalt bei einer Prozeß- oder Verfahrenskostenhilfe nach § 45 beigeordnet hatte, ist auch die Bundes- oder Landeskasse zur Antragstellung berechtigt. 12

F. Frist, II 1. Der Antrag ist erst dann zulässig, wenn die Vergütung nicht nur entstanden, sondern auch nach § 8 fällig ist, LAG Kiel NZA-RR **06**, 321. Er ist also nicht schon zum Zweck der Zahlung eines Vorschusses nach § 9 zulässig, LAG Kiel NZA-RR **06**, 321. Ein unzulässig früh eingereichter Antrag gibt dem Gericht in der Regel die Pflicht zur Rückfrage nach § 139 ZPO, ob es den Antrag bis zur Fälligkeit der Gebühr unbearbeitet liegen lassen soll. Man kann den Antrag evtl auch ohne eine Rückfrage in diesem Sinn auslegen. Nach der Fälligkeit braucht man keinen Antrag zu wiederholen, aM BJBCMU 32 (aber das wäre förmelnd). Ein Antrag ist auch noch nach dem Erhalt einer Vergütung zulässig, etwa wegen gegnerischer Wertbedenken nach § 107 ZPO oder wegen einer angeblichen Überzahlung. Er ist solange zulässig, wie ein Rechtsschutzbedürfnis besteht. 13

G. Form, VII. Der Antrag ist zum Protokoll des Urkundsbeamten der Geschäftsstelle oder schriftlich oder in elektronischer Form zulässig, § 12b. Ein unzuständiges Gericht ist nach VII 1 ebenfalls zur Entgegennahme berechtigt und zur unverzüglichen Weiterleitung nach § 129a ZPO verpflichtet. Es besteht kein Bevollmächtigten- oder gar Anwaltszwang, VII 1 Hs 1, (zum alten Recht) Wenzel DB **77**, 722. 14

5) Zuständigkeit, I. Die Vorschrift hat den Vorrang vor § 68 GKG, § 59 FamGKG. Zur Festsetzung ist das Gericht der Hauptsache desjenigen Rechtszugs zuständig, für den der Anwalt tätig geworden ist. Der Rpfl entscheidet, soweit er das zugrunde liegende Geschäft bearbeitet hat, § 4 I RPflG. Die Festsetzung erfolgt auch nur für diesen Rechtszug. Sie erfolgt also abweichend von § 32 nicht durch das obere Gericht für die untere Instanz, sondern für jeden Rechtszug gesondert. Das höhere Gericht darf auch anders als bei § 63 III 1 GKG, § 55 III 1 FamGKG nicht die Festsetzung des unteren von Amts wegen ändern. 15

6) Weiteres Verfahren, II, VII 1, VIII. Es besteht keine Amtsermittlung, sondern der Beibringungsgrundsatz. Das Gericht muß vor einer Entscheidung alle von ihr evtl benachteiligten Beteiligten anhören, Artt 2 I, 20 III GG (Rpfl), BVerfG **101**, 404, Art 103 I GG (Richter). Beteiligte sind alle Antragsberechtigten. Der Arbeitgeber ist auch dann ein Beteiligter, wenn der VerfBev des Betriebsrats die Festsetzung gegen diesen betreibt, LAG Mü DB **83**, 2044. Ein solcher Anwalt, der nicht vor dem Gericht aufgetreten ist, ist aber nur insoweit beteiligt, als sich eingeschaltet hat oder als seine Beteiligung aus den Akten ersichtlich ist. Der Umfang der Anhörungspflicht ergibt sich aus dem Streitstoff, BVerfG **89**, 35, 392. Freilich muß der Beteiligte sich auch selbst Gehör verschaffen, BVerfG **21**, 137. Die Anhörung erstreckt sich auch auf eine Rechtsfrage, BVerfG WoM **99**, 383. Lückenhafte Antragsangaben rechtfertigen keineswegs stets eine Zurückweisung, LAG Hamm MDR **82**, 876. Der Anwalt eines erstattungspflichtigen Prozeßgegners ist mangels eines eigenen Antrags nicht selbst beteiligt. Eine mündliche Verhandlung ist zulässig, aber nicht notwendig. 16

7) Entscheidung, I, VIII. Das Gericht entscheidet nach I durch einen Beschluß. Es entscheidet nach VIII 1 Hs 1 grundsätzlich durch eines seiner Mitglieder als Einzelrichter, OVG Magdeb JB **07**, 427. Er *überträgt* nach VIII 2 das Verfahren dem Kollegium dann, wenn die Sache besondere Schwierigkeiten tatsächlicher oder rechtlicher Art aufweist oder wenn die Rechtssache eine grundsätzliche Bedeutung hat. Ein ehrenamtlicher Richter wirkt nie mit, VIII 3. Die Übertragung oder ihre Unterlassung sind unanfechtbar, VIII 4. Diese ganze Regelung stimmt – hier sogar schon erstinstanzlich – mit derjenigen für eine Erinnerung oder Beschwerde nach § 66 VI GKG, § 57 V FamGKG überein, Teile I A, B dieses Buchs. Das Gericht muß seinen Beschluß grundsätzlich begründen, BVerfG **58**, 357, BLAH § 329 ZPO Rn 4. Das gilt auch zur Zulassung oder Nichtzulassung nach Rn 21, §§ 547, 576 III ZPO, BGH WoM **04**, 162. Die Nichtbehandlung eines wesentlichen Tatsachenvortrags läßt auf eine Nichtbeachtung schließen, BVerfG **86**, 146. Eine Kostenentscheidung erfolgt wegen IX 2 nicht, Rn 26. 17

Das Gericht muß seinen Beschluß zumindest allen von der Entscheidung auch nur evtl benachteiligten Beteiligten und daher auch den Parteien persönlich nach der 18

1547

in Betracht kommenden Verfahrensordnung *bekannt machen.* Es muß ihn im bürgerlichen Rechtsstreit also von Amts wegen zustellen, §§ 329 II 2, 569 I 2 ZPO, LAG Köln JB **91**, 1678. Denn der Beschluß setzt die Beschwerdefrist nach III 3 in Lauf. Er wirkt nur für die Gebühren dieses Antragstellers, nicht anderer Beteiligter, also nicht als ein sog Vorratsbeschluß, Natter NZA **04**, 689. Vielmehr muß ein anderer Beteiligter entweder einen eigenen Antrag nach § 33 stellen oder eine Honorarklage erheben.

19 **8) Gegen Entscheidung des Richters: Befristete Beschwerde, III–IX.** Gegen den Festsetzungsbeschluß des Richters ist die Beschwerde zulässig, soweit eine Beschwer vorliegt, LAG Mü AnwBl **97**, 679 und soweit entweder die Voraussetzungen Rn 20, 23 ff oder diejenigen Rn 21, 23 ff zusammentreffen.

Eine *Beschwer* ist stets erforderlich, LAG Köln NZA-RR **06**, 598 (sie fehlt, wenn der Anwalt nur im Namen der Partei eine Werterhöhung fordert).

20 **A. Entweder: Beschwerdewert, III 1.** Entweder muß der Wert des Beschwerdegegenstands und damit der die Höhe der vom Anwalt jetzt erstrebten Vergütung bei der Einlegung der Beschwerde (jetzt) 200 EUR übersteigen, LG Kblz FamRZ **07**, 232, LAG Köln NZA-RR **07**, 660, LAG Mainz NZA-RR **08**, 270 links. Man muß die Umsatzsteuer miteinrechnen, OVG Hbg AnwBl **81**, 501. Wegen der Berechnung § 32 Rn 17. Aus diesem Grund ist ein in EUR bezifferter Antrag des Beschwerdeführers erforderlich, LAG Bre NZA **04**, 1180. Bei einer teilweisen Abhilfe bleibt der restliche Beschwerdewert maßgeblich, Düss JB **87**, 1260, Ffm Rpfleger **88**, 30. Soweit das Erstgericht allerdings eine Wertfestsetzung aus verfahrensrechtlichen Gründen abgelehnt hatte, ist eine Beschwerdesumme nicht erforderlich. Nach einer bloßen Teilabhilfe des Erstgerichts bleibt die Beschwerde nach einem anfänglichen Beschwerdewert von über 200 EUR zulässig, IV 1 Hs 2. Ein erst jetzt durch einen Vergleich in das Verfahren hineingenommener Wert kann erhöhend wirken, LAG Mainz NZA-RR **08**, 271.

21 **B. Oder: Zulassung wegen grundsätzlicher Bedeutung, III 2.** Statt der Voraussetzung Rn 20 kann es auch ausreichen, daß das Gericht der angefochtenen Entscheidung die Beschwerde wegen einer grundsätzlichen Bedeutung der zur Entscheidung stehenden Frage bereits in seinem Beschluß zugelassen hat, BGH FamRZ **04**, 530, LG Kblz FamRZ **07**, 232. Dazu besteht unter den Voraussetzungen von III 2 auch eine Pflicht zwecks Wahrung der Rechtseinheit. Das ist dieselbe Regelung wie bei § 66 II GKG, § 57 II 2 FamGKG, Teile I A, B dieses Buchs, wie bei § 14 III KostO, Teil III dieses Buchs. Eine Nichtzulassung ist unanfechtbar, IV 4. Eine nachträgliche Zulassung ist unstatthaft, KG Rpfleger **07**, 554. Eine Berichtigung entsprechend § 319 ZPO ist möglich. Eine Nichterwähnung der Zulassungsfrage kann aber eine Nichtzulassung bedeuten, Saarbr RR **99**, 214.

22 **C. Keine Beschwerde an Obersten Gerichtshof des Bundes, IV 3.** Eine Beschwerde an einen Obersten Gerichtshof des Bundes nach Art 95 I GG ist grundsätzlich unzulässig. Schon deshalb ist auch eine Beschwerde an den BFH unzulässig, BGH VersR **94**, 1089 (Ausnahme allenfalls bei greifbarer Gesetzwidrigkeit). Eine Entscheidung des BPatG nach § 144 PatG ist nicht mit der Beschwerde an den BGH anfechtbar, BGH GRUR **82**, 672.

23 **D. Frist, III 3, V, VII 3.** Die Beschwerdefrist beträgt 2 Wochen seit der ordnungsgemäß förmlichen Zustellung der Entscheidung. Das gilt unabhängig davon, ob für das Hauptverfahren andere Beschwerdefristen gelten, LSG Essen AnwBl **95**, 203. Eine formlose Mitteilung setzt die Frist des III 3 nicht in Lauf, wohl aber die Fünfmonatsfrist des § 569 I 2 ZPO, Kblz FamRZ **04**, 208. Eine Verkündung reicht für den Fristbeginn nur dann aus, wenn sie auch für eine Entscheidung in der Hauptsache ausreicht. Es handelt sich nicht um eine Notfrist. Denn § 33 bezeichnet sie nicht als solche, § 224 I 2 ZPO, § 113 I 2 FamFG.

Eine unselbständige *Anschlußbeschwerde* ist unzulässig, BayObLG **82**, 24, aM GSchm 39. Man muß ihre Begründung aber von Amts wegen mitbeachten, BayObLG **82**, 26. Zur Fristwahrung ist nach VII 3 der Eingang bei demjenigen Gericht notwendig, das die angefochtene Entscheidung erlassen hat.

Wiedereinsetzung ist nach V in einer Anlehnung an §§ 233ff ZPO und entsprechend § 68 II GKG möglich, Teil I A dieses Buchs.

E. Form, VII 1–3. Es ist ein Beschwerdeantrag erforderlich, LAG Mainz MDR 24
07, 370. Die Beschwerde ist zulässig schriftlich oder in elektronischer Form nach
§ 12b oder zum Protokoll des Urkundsbeamten der Geschäftsstelle des Gerichts, dessen Wertfestsetzungsbeschluß der Beschwerdeführer anficht, Rn 23. Ein Bevollmächtigten- oder gar Anwaltszwang besteht dafür nicht, VII 1 Hs 1. Wegen einer erfolgten Bevollmächtigung gelten die Regeln der jeweils zugrundeliegenden Verfahrensordnung entsprechend, VII 2, zB §§ 79, 80 ZPO.

F. Weiteres Verfahren, IV 1, 2, VIII. Es gelten dieselben Regeln wie bei § 66 III 25
1, 2, VI GKG, § 57 FamGKG, Teile I A, B dieses Buchs, und bei § 14 IV 1, 2, VII
KostO, Teil III dieses Buchs. Es gelten also ergänzend die Regeln des jeweiligen
Beschwerdeverfahrens, im Zivilprozeß also §§ 567 ff ZPO.

Zuständig ist als Beschwerdegericht gegen eine Wertfestsetzung des AG das LG, gegen eine solche des FamG das OLG, § 119 I Z 1a GVG. Wegen eines neuen Vorbringens gilt dort auch im Abhilfeverfahren § 571 II 1 ZPO, Brdb FamRZ **04**, 653. Eine Änderung im Beschwerdeverfahren ist auch bei dem etwa abhelfenden Erstgericht statthaft, (zum alten Recht) LAG Halle MDR **98**, 741.

Das Erstgericht darf bis zur Vorlage beim Beschwerdegericht der Beschwerde *abhelfen* und muß das evtl auch tun. Ein Verstoß führt zur Zurückverweisung, Hbg MDR **04**, 412, Mü MDR **04**, 291, Nürnb MDR **04**, 169. Das Erstgericht muß seinen Nichtabhilfebeschluß begründen, BLAH § 329 Rn 4. Auch ein solcher Verstoß kann zur Zurückverweisung führen, Hbg MDR **04**, 412, Mü MDR **04**, 291, Nürnb MDR **04**, 169. Das Erstgericht muß seine Nichtabhilfeentscheidung den Beteiligten bekanntgeben. Das kann formlos geschehen, § 329 II ZPO. Ab einer Nichtabhilfe muß das Erstgericht die Beschwerde unverzüglich dem Beschwerdegericht vorlegen, also nach § 121 I 1 BGB ohne ein schuldhaftes Zögern, Hamm Rpfleger **86**, 483. Es gibt kein sog Verschlechterungsverbot und keine Bindung an § 308 I ZPO, BayObLG JB **93**, 309, GS 68, 69, aM LAG Mainz NZA-RR **07**, 543, LAG Köln MDR **00**, 670.

G. Entscheidung, IV–IX. Auch das im Rechtszug nächsthöhere Gericht als Be- 26
schwerdegericht entscheidet durch einen Beschluß, LAG Mainz NZA-RR **07**, 543.
Es muß ihn grundsätzlich begründen, BLAH § 329 ZPO Rn 4. Es muß ihn insoweit
förmlich zustellen, als eine weitere Beschwerde in Betracht kommen muß und nach der einschlägigen Verfahrensordnung nur binnen einer gesetzlichen Frist zulässig ist oder als die Frist des § 107 I 1 ZPO in Betracht kommt.

Es entstehen im Antragsverfahren erster Instanz keine *Gerichtsgebühren*, IX 1. Im Beschwerdeverfahren können Gebühren entstehen, zB nach KV 1811, (je zum alten Recht) LAG Hamm JB **88**, 998, aM BayObLG Rpfleger **87**, 37, KG JB **88**, 327, oder nach KV 8613, Natter NZA **04**, 689. Stets können Auslagen nach KV 9000 ff entstehen, Teil I A dieses Buchs. Eine Kostenentscheidung erfolgt nicht. Außergerichtliche Kosten werden nach IX 2 weder erstinstanzlich noch in der höheren Instanz erstattet.

9) Gegen Entscheidung des Rechtspflegers: Beschwerde oder sofortige 27
Erinnerung, III 1–4, IV, § 11 I, II RPflG. Soweit der Rpfl nach Rn 15 entschieden hat, ist je nachdem, ob gegen eine richterliche Entscheidung die Beschwerde nach Rn 20–24 statthaft wäre, je nach der Verfahrensart die einfache oder eine sofortige Beschwerde auch hier nach § 11 I RPflG oder die sofortige Erinnerung nach § 11 II 1 RPflG statthaft. Zum Verfahren dort Rn 82–126.

10) Weitere Beschwerde, VI. Sie ist eine Rechtsbeschwerde nach § 574 ZPO. 28
Man sollte die folgenden Prüfschritte vornehmen.

A. Zulässigkeit. Die weitere Beschwerde ist gegen eine Beschwerdeentscheidung des LG statthaft, soweit das Beschwerdegericht sie wegen der grundsätzlichen Bedeutung der zur Entscheidung stehenden Frage zuläßt, VI 1. Die Zulassung muß schon in dem Beschluß mit der Beschwerdeentscheidung im Tenor oder in den Gründen erfolgen, BGH FamRZ **04**, 530. Die Nichterwähnung der Zulassungsfrage kann aber eine Nichtzulassung bedeuten, Saarbr RR **99**, 214. Eine Zulassung ist nicht nachträglich statthaft, Köln JB **97**, 474 links und rechts. Daher ist eine Ergänzung entsprechend § 321 ZPO nicht (mehr) statthaft, BGH MDR **81**, 571, Köln VersR **97**, 1509. Indessen ist eine Berichtigung entsprechend § 319 ZPO sinnvollerweise zulässig. Es kommt bei der weiteren Beschwerde nicht auf einen Beschwerdewert an, sondern

RVG §§ 33, 34 X. Rechtsanwaltsvergütungsgesetz

eben nur auf die Zulassung wegen einer grundsätzlichen Bedeutung wie bei Rn 21 und natürlich auf eine Beschwer, also auf eine Benachteiligung durch die Vorentscheidung. Die Zulassung bindet das OLG, VI 4 in Verbindung mit IV 4 Hs 1. Es darf aber zur Sache frei entscheiden.
Eine weitere Beschwerde an einen *Obersten Gerichtshof des Bundes* ist ebenso wie eine Erstbeschwerde nach IV 3 unzulässig, auch wenn VI 4 den IV 3 nicht mitnennt. Eine Nichtzulassungsbeschwerde ist unzulässig, (jetzt) VI 4 in Verbindung mit IV 4 Hs 2, (zum alten Recht) Köln JB **97**, 474 rechts.

29 **B. Frist, Form.** Maßgeblich sind die einschlägigen Verfahrensvorschriften, VI 4 in Verbindung mit III 3. Eine Wiedereinsetzung ist möglich, VI 4 in Verbindung mit V. Man kann die weitere Beschwerde zum Protokoll der Geschäftsstelle einlegen, VII 1, § 129a ZPO. Daher besteht kein Anwaltszwang, § 78 III Hs 2 ZPO, Wenzel DB **77**, 722. Eine elektronische Einreichung ist statthaft, § 12b.

30 **C. Zuständigkeit.** Zur Entscheidung über die weitere Beschwerde ist nach der Beendigung des nach VI 4 in Verbindung mit IV 1 notwendigen Abhilfeprüfungsverfahrens das OLG zuständig. Soweit ein Bundesland mehrere OLG hat, ist nach § 30a III EGGVG Teil XII B dieses Buchs, die Übertragung der Zuständigkeit auf eines der OLG durch den Landesgesetzgeber zulässig.

31 **D. Weiteres Verfahren.** Man kann die weitere Beschwerde nur darauf stützen, daß die Entscheidung auf einer Verletzung des Rechts beruhe. §§ 546, 547 ZPO gelten entsprechend. Im übrigen ist eine Begründung nicht notwendig. Ein neuer Tatsachenvortrag ist nicht zulässig. Das OLG prüft nur Rechtsfragen.

32 **E. Entscheidung.** Auch das Gericht der weiteren Beschwerde entscheidet durch einen Beschluß. Es ist zwar an die Zulassung der weiteren Beschwerde gebunden, nicht aber auf die Prüfung der Frage beschränkt, deretwegen die Zulassung erfolgte. Das Beschwerdegericht sollte ihn unabhängig von seiner grundsätzlichen Unanfechtbarkeit im allgemeinen wenigstens stichwortartig begründen. Das Gericht teilt seine Entscheidung wegen ihrer grundsätzlichen Unanfechtbarkeit den Beteiligten formlos mit. Kosten: KV 1812, Teil I A dieses Buchs, nicht § 33 IX (bezieht sich hier auf den Antrag nach I), LAG Hamm NZA-RR **07**, 491.

33 **11) Gegenvorstellung, I–IX.** Sie ist allenfalls innerhalb der Frist des III 3 statthaft, BPatG GRUR **80**, 331. Zur Problematik § 12a Rn 63. Im übrigen gelten die für die Beschwerde genannten Regeln entsprechend.

Abschnitt 5. Außergerichtliche Beratung und Vertretung

Beratung, Gutachten und Mediation

34 I ¹Für einen mündlichen oder schriftlichen Rat oder eine Auskunft (Beratung), die nicht mit einer anderen gebührenpflichtigen Tätigkeit zusammenhängen, für die Ausarbeitung eines schriftlichen Gutachtens und für die Tätigkeit als Mediator soll der Rechtsanwalt auf eine Gebührenvereinbarung hinwirken, soweit in Teil 2 Abschnitt 1 des Vergütungsverzeichnisses keine Gebühren bestimmt sind. ²Wenn keine Vereinbarung getroffen worden ist, erhält der Rechtsanwalt Gebühren nach den Vorschriften des bürgerlichen Rechts. ³Ist im Fall des Satzes 2 der Auftraggeber Verbraucher, beträgt die Gebühr für die Beratung oder für die Ausarbeitung eines schriftlichen Gutachtens jedoch jeweils höchstens 250 Euro, § 14 Abs. 1 gilt entsprechend; für ein erstes Beratungsgespräch beträgt die Gebühr jedoch höchstens 190 Euro.

II Wenn nichts anderes vereinbart ist, ist die Gebühr für die Beratung auf eine Gebühr für eine sonstige Tätigkeit, die mit der Beratung zusammenhängt, anzurechnen.

Vorbem. Neufassg durch Art 5 I Z 3 KostRMoG, in Kraft insoweit seit 1. 7. 06, Art 8 S 2 KostRMoG. Übergangsrecht § 61 RVG.

Schrifttum: *Ebert,* Anwaltsvergütung in der Mediation, Festschrift für *Madert* (2006) 67.

Abschnitt 5. Außergerichtliche Beratung und Vertretung § 34 RVG

Gliederung

1) **Systematik, I, II**	1–3
A. Rat, Auskunft (Beratung)	1
B. Gutachten	2
C. Mediation	3
2) **Regelungszweck, I, II**	4–6
A. Rat, Auskunft (Beratung)	4
B. Gutachten	5
C. Mediation	6
3) **Geltungsbereich, I, II**	7–9
A. Rat, Auskunft (Beratung)	7
B. Gutachten	8
C. Mediation	9
4) **Rat, Auskunft, I, II**	10–14
A. Begriffe	10
B. Kein Zusammenhang mit anderer gebührenpflichtiger Tätigkeit	11–13
C. Persönliche Erteilung	14
5) **Schriftliches Gutachten, I**	15–25
A. Schriftlichkeit	15
B. Bezeichnung	16
C. Rang	17
D. Unerheblichkeit einer Überzeugungskraft	18
E. Bedeutung von Fundstellen	19
F. Unabhängigkeit	20–22
G. Verständlichkeit	23
H. Auftrag	24, 25
6) **Tätigkeit als Mediator, I**	26
7) **Gebührenvereinbarungsziel, I 1**	27
8) **Mangels Vereinbarung: Grundsatz: Bürgerliches Recht, I 2**	28, 29
9) **Mangels Vereinbarung: Sonderregeln beim Verbraucher, I 3**	30–38
A. Auftraggeber ist Verbraucher, I 3 Hs 1, 2	31
B. Rahmengebühr, I 3 Hs 1	32
C. Höchstgebühr außerhalb Erstberatung, I 3 Hs 1	33
D. Höchstgebühr für Erstberatung, I 3 Hs 2	34
E. Mehr als Erstberatung	35, 36
F. Weitere Besprechung	37
G. Keine Untergrenze	38
10) **Kostenerstattung bei Rat, Auskunft (Beratung), I, II**	39–42
11) **Kostenerstattung beim Gutachten, I**	43–48

1) Systematik, I, II. Auch (jetzt) § 34 erfordert einen Auftrag, Karlsr JB **01**, 473. **1**

A. Rat, Auskunft (Beratung). Soweit sich die Tätigkeit des Anwalts auf einen Rat oder eine Auskunft (Beratung) nach I 1 beschränken, entsteht nur die dortige Gebühr, VG Mü JB **01**, 90. Dabei ist I 1, 2 der Grundsatz und I 3 die vorrangige Ausnahme (nur) wegen der Obergrenze der Gebühr, AG Jena AnwBl **98**, 539, AG Karlsr AnwBl **97**, 500. Freilich kann auch für eine über I 1 hinausgehende Tätigkeit im bloßen Innenverhältnis eine Gebühr nach VV 2300 mit oder ohne Außenwirkung entstehen, Engels AnwBl **08**, 361. Soweit der Anwalt im Zusammenhang mit einer Tätigkeit nach I 1, 2 auch nach außen tätig wird, ist bei einer Mediation I 1 anwendbar, amtliche Vorbemerkung 2 I. Im übrigen gilt schon für eine einfache diesbezügliche Tätigkeit des Anwalts VV 2302 und für weitergehende Tätigkeiten außergerichtlicher Art (jetzt) VV 2300, AG Brschw AnwBl **84**, 517 und VV 3101, LG Stade AnwBl **82**, 539. Das gilt also bei einer Tätigkeit gegenüber dem Gegner des Auftraggebers, mag dieser eine natürliche Person oder eine juristische Person oder Behörde sein.

VV 1000 bleibt anwendbar.

B. Gutachten. Die Vorschrift schafft ferner eine besondere Regelung der Vergü- **2** tung eines Gutachters. Man muß die Begriffe Gutachten, Schriftsatz, Rat, Auskunft unterscheiden. Das Gutachten wendet sich an den Auftraggeber und gibt diesem auf einem beliebigen Gebiet des in- oder ausländischen Rechts eine Entscheidungshilfe, Köln JB **78**, 870. Das tun allerdings auch ein Rat oder eine Auskunft. Zwischen dem Gutachten einerseits, dem Rat oder einer Auskunft andererseits bestehen aber graduelle und evtl auch formelle Unterschiede. In einem Gutachten spricht der Anwalt als Wissenschafter, bei einem Rat oder einer Auskunft spricht er zwar als Volljurist, vorwiegend aber als Praktiker. Anders ausgedrückt: In einem Gutachten übernimmt der Anwalt die Verantwortung dafür, daß seine Überlegungen und deren Ergebnisse auch einer wissenschaftlichen Prüfung standhalten, Mü MDR **92**, 194.

Bei einem *Rat* oder einer *Auskunft* mögen taktische, psychologische und andere Elemente der Berufserfahrung zu solchen Erwägungen und Ergebnissen führen, die zwar den Stand von Rechtsprechung und Lehre nicht unbeachtet lassen dürfen, die wissenschaftliche Haltbarkeit aber nicht in den Vordergrund zu stellen brauchen.

Demgegenüber wendet sich ein Schriftsatz *an den Gegner* des Auftraggebers und/oder an ein Gericht oder an eine Behörde und kündigt überdies in der Regel einen mündlichen Vortrag an.

I 1 regelt das „Normalgutachten". Den Spezialfall eines Gutachtens über die Erfolgsaussichten eines Rechtsmittels erfassen vorrangig VV 2101, 2103.

3 **C. Mediation.** Die Vorschrift bringt schließlich eine vorrangige Spezialregelung der Vergütung in einem noch nicht gesetzlich genau bestimmten Bereich anwaltlicher Tätigkeit, AG Lübeck NJW **07**, 3792. Das gilt ungeachtet von dessen noch nicht ganz geklärter Vereinbarkeit mit den bisherigen Grenzen anwaltlicher Befugnisse. Insoweit ist die Brauchbarkeit des § 34 von Vorfragen mitabhängig, die das RVG bewußt unbeantwortet läßt. Vielmehr gilt das BGB, AG Lübeck NJW **07**, 3792.

2) Regelungszweck I, II. Es sind drei Erscheinensformen vorhanden.

4 **A. Rat, Auskunft (Beratung).** Die Vorschrift soll in den sehr unterschiedlichen Fällen ihres Geltungsbereiches jeweils eine zwar angemessene, aber auch weder zu geringe noch zu großzügige Vergütung bereitstellen. Sie sollte zugleich sichern, daß der Anwalt auch in einem Grenzfall nicht umsonst arbeiten muß. Das ist gerade wegen der vielfältigen Abgrenzungsprobleme ein bei der Auslegung stets mitbeachtlicher Gesichtspunkt. Er darf freilich nicht zu einer grundsätzlichen Abweichung von den bei einer Rahmengebühr maßgebenden Merkmalen des § 14 zugunsten des Anwalts führen. Das übersehen manche.

5 **B. Gutachten.** Die Vorschrift stellt für ihren Geltungsbereich die denkbar weitestmögliche Breite bei der Berechnung der Vergütung sicher. Das ist wegen des enorm weitgespannten Begriffs „Gutachten" auch kaum anders regelbar. Durch die amtliche Anmerkung II mit ihrer Verweisung auf § 14 wird immerhin klar, daß der Anwalt innerhalb seines weiten Ermessens nicht beliebig ansetzen darf. Er ist vielmehr zu einer nachprüfbaren Beachtung der zu § 14 entwickelten feingestuften Berechnungsregeln verpflichtet. Man muß ihre Einhaltung daher auch bei VV 2103 sorgfältig bei der Auslegung mitbeachten.

6 **C. Mediation.** Die bewußte Unterlassung einer amtlichen Definition des auch sonst bundesgesetzlich nicht bestimmten Begriffs Mediation auch in der Neufassung seit 1. 7. 06 zeigt, daß der Gesetzgeber offenbar noch die Entwicklung der Praxis abwarten will. Demgemäß hat die Praxis die Aufgabe, diesen Begriff mit Leben auszufüllen. Das sollte in einer ruhiger Abwägung und unter einer Besinnung auf den Umstand erfolgen, daß jedenfalls im Bereich der gerichtlichen Anwaltstätigkeit eine auch an den Prozeßordnungen orientierte Auslegung notwendig und durchaus sinnvoll und hilfreich bleibt.

3) Geltungsbereich, I, II. Es gibt drei Bereiche.

7 **A. Rat, Auskunft (Beratung).** Die Vorschrift gilt grundsätzlich für Angelegenheiten jeder Art auf jedem sachlichrechtlichen oder prozeßrechtlichen Gebiet jeder Gerichtsbarkeit. Es kann sich auch um eine familienrechtliche Angelegenheit handeln, Kitzinger FamRZ **05**, 11. Es muß sich aber stets um eine Angelegenheit handeln, für die überhaupt das RVG gilt. Daher ist § 34 nicht anwendbar, soweit es sich nur um eine Tätigkeit nach § 1 II handelt, Stgt AnwBl **07**, 230 (zustm Henke).

Soweit der Anwalt den Rat oder die Auskunft im Rahmen einer *Beratungshilfe* nach dem BerHG erteilt, gilt VV 2501 als eine vorrangige Sondervorschrift.

Soweit der Anwalt in derselben Angelegenheit dem Auftraggeber *mehrere Ratschläge* erteilt, entsteht nur eine Gebühr, § 15 II 1. Das gilt auch dann, wenn sich die mehreren Ratschläge auf verschiedene Rechtsfragen beziehen. Soweit der Anwalt mehrere Ratschläge für verschiedene *Gegenstände* erteilt, muß man eine Zusammenrechnung nach § 22 I vornehmen. Soweit der Anwalt in verschiedenen *Angelegenheiten* mehrere Ratschläge erteilt, entsteht für jede Angelegenheit eine Ratgebühr.

Abschnitt 5. Außergerichtliche Beratung und Vertretung　　　　　§ 34 RVG

B. Gutachten. Die Vorschrift erfaßt nur ein schriftliches Gutachten, Mü MDR **8**
92, 194 (aber Wortlaut und Sinn waren und sind eindeutig, BLAH Einl III 39). Dieses kann auf jedem beliebigen gerichtlichen oder außergerichtlichen Rechtsgebiet erfolgen, auch zB im ausländischen oder internationalen oder supranationalen Recht.

C. Mediation. Die Vorschrift erfaßt jede Art von Mediation innerhalb oder au- **9**
ßerhalb eines gerichtlichen Verfahrens, vor, gleichzeitig mit oder nach ihm. Sie gilt auch bei einer solchen Tätigkeit ohne ein zugehöriges Gerichtsverfahren. Sie gilt ebenso innerhalb oder außerhalb eines schiedsrichterlichen Verfahrens. Sie gilt aber nur, soweit der Anwalt gerade „als Mediator" und nicht als ein weisungsgebundener Bevollmächtigter nur eines der Beteiligten tätig wird, Brschw AnwBl **07**, 89.

4) Rat, Auskunft, I, II. Man muß drei Aspekte beachten. **10**

A. Begriffe. Rat ist die gerade anwaltliche juristische Empfehlung eines Verhaltens im Hinblick auf eine bestimmte Lage, AG Brühl AnwBl **08**, 888, Schall BB **89**, 956. Sie bezieht sich auf eine für die Angelegenheit erhebliche Frage. Auch ein Abraten kann ein Rat sein, zB wegen einer Rechtsmittelzulassung, KG JB **98**, 21. Beim Rat soll der Anwalt in einer bestimmten Situation eine Empfehlung oder einen Vorschlag machen. Er soll dazu auch im Kern ein Ergebnis nennen, mit oder ohne eine mehr oder weniger knappe Begründung. Er soll aber keine wissenschaftlich fundierte abschließend begründete gutachterliche Äußerung von sich geben. Der Rat kann in derselben Angelegenheit eine oder mehrere tatsächliche oder rechtliche Fragen betreffen. Dann gilt § 15 I.

Auskunft ist die Beantwortung einer genauen tatsächlichen oder rechtlichen Frage allgemeiner Art ohne eine Beziehung auf einen bestimmten Einzelfall, AG Brühl AnwBl **08**, 888, Schall BB **89**, 956, zB die Mitteilung eines Aktenzeichens, AG Saarbr AnwBl **78**, 192. Ein Rat und eine Auskunft können auf Grund eines ausdrücklichen oder stillschweigenden Auftrags erfolgen. Sie können mündlich, fernmündlich, elektronisch, per Telefax oder schriftlich geschehen. Eine einmalige oder wiederholte Besprechung kann zu einem Rat oder mehreren auch unterschiedlichen Ratschlägen führen. Sie kann sich aber auch auf eine bloße Erörterung beschränken. Sie ist also der weitere wie unklarere Begriff. Die Geschäftsgebühr nach VV 2300 schließt eine Ratsgebühr nach I 1 aus. Eine bloße Weiterleitung von Schriftsätzen ist kein Rat, Hamm AnwBl **01**, 371.

B. Kein Zusammenhang mit anderer gebührenpflichtiger Tätigkeit. I 1 **11**
kommt nach seinem klaren Wortlaut nur dann in Betracht, wenn der Rat oder die Auskunft des Anwalts nicht mit einer anderen gebührenpflichtigen Tätigkeit zusammenhängen. Die Ratsgebühr entsteht nur dann, wenn der Anwalt in derselben Angelegenheit nicht eine Gebühr für eine sonstige Tätigkeit verdient, Düss AnwBl **99**, 287, Schlesw JB **81**, 1347, AG Hbg AnwBl **80**, 80. Andernfalls erfolgt eine Anrechnung der Ratgebühr auf die sonstige Gebühr, II. Das gilt auch dann, wenn zum Rat- oder Auskunftsauftrag nachträglich ein weitergehender Auftrag hinzutritt. Zum Anrechnungsbegriff LG Stade AnwBl **82**, 540.

Grundsätzlich ist *jede* anwaltliche Tätigkeit mit einer Raterteilung verknüpft. Daher **12**
macht an sich jede beliebige andere Gebühr des RVG die Ratsgebühr hinfällig, sofern eine solche weitere Tätigkeit mit der Raterteilung im Zusammenhang steht, Kblz VersR **82**, 1011. Das kann zB gelten: Für die Verkehrsgebühr VV 3400; für die Gebühr des Beweisanwalts, VV 3401; für eine Gebühr nach (jetzt) VV 2300, Schlesw SchlHA **81**, 207, Engels AnwBl **08**, 361; für eine Gebühr nach (jetzt) VV 2501, Düss MDR **86**, 158; für einen Rat des bisherigen ProzBev zur Frage der Aussichten eines Rechtsmittels nach (jetzt) VV 2100 ff, BGH NJW **91**, 2084, aM Düss JB **92**, 39, Hamm AnwBl **92**, 286, Enders JB **97**, 115 (aber das gehört noch zur Prüfung der instanzabschließenden Entscheidung).

Bestehen bleibt die Ratsgebühr aber natürlich, soweit der Rat oder die Auskunft **13**
über dasjenige hinausgeht, was im Rahmen der weiteren Tätigkeit notwendig ist, zB wenn sich der Rat auf einen solchen Anspruchsteil erstreckt, den der Anwalt nicht mit einklagen soll. Es kann freilich auch für diese weitergehende Tätigkeit VV 3101 anwendbar sein. Maßgebend ist dafür der Umfang des Hauptauftrags.

C. Persönliche Erteilung. Die Gebühr nach § 34 entsteht nur, soweit gerade der **14**
Anwalt und kein anderer den mündlichen oder schriftlichen Rat oder die Auskunft

erteilen. Auch bei § 34 gilt § 5. Man muß nach den dortigen Regeln prüfen, ob die Auskunft oder der Rat eines Mitarbeiters des Anwalts seiner persönlichen Tätigkeit gleichstehen. Danach genügt ein Rat oder eine Auskunft des Büropersonals selbst dann grundsätzlich nicht, wenn der Anwalt von dieser Tätigkeit wußte und sie billigte. Das gilt sogar dann, wenn der Anwalt für ein solches Verhalten seines Personals haftet, KG JB **98**, 20, AG Essen AnwBl **98**, 214. Wenn freilich ein Mitarbeiter den vom Anwalt erarbeiteten Rat nur als sein Erklärungsbote weitergibt, liegt rechtlich doch eine persönliche Erteilung durch den Anwalt vor.

15 **5) Schriftliches Gutachten, I.** Man sollte sechs Aspekte beachten.
   A. Schriftlichkeit. Eine nur mündliche oder fernmündliche Äußerung ist auch dann kein schriftliches Gutachten, wenn sie höchsten wissenschaftlichen Ansprüchen genügt und das Ergebnis wochenlanger Überlegungen oder Prüfungen ist. Natürlich kann eine stichwortartige oder jedenfalls knappe schriftliche Bestätigung einer umfassenden bereits zuvor mündlich erteilten gutachterlichen Äußerung nun ihrerseits ein schriftliches Gutachten sein. Aus der schriftlichen Fassung muß aber wenigstens im Kern zusammenhängend der Gedankengang und das Ergebnis des Anwalts erkennbar werden.

16 **B. Bezeichnung.** Die bloße Bezeichnung eines Schriftstücks als „Gutachten" reicht ebensowenig zur Annahme eines Gutachtens nach I 1 aus wie eine äußerliche Aufmachung in der bei Gutachten üblichen Form, wie sie sich gerade bei inhaltlich dürftigen derartigen Stellungnahmen leider nicht ganz selten findet, Mü MDR **92**, 194.

17 **C. Rang.** Andererseits erfordert I 1 keine eingehende Auseinandersetzung mit der wissenschaftlichen Lehre, ebensowenig wie das JVEG, Teil V dieses Buchs. Vielmehr genügt ein Gutachten gewöhnlicher Art. Allerdings muß der Anwalt auch bei einem solchen Gutachten eine gesonderte Darstellung des Sachverhalts und eine wenigstens wissenschaftliche Ausrichtung von dessen Beurteilung liefern. Dazu muß er wenigstens im Kern den Meinungsstand der Rechtsprechung und Lehre nennen und sodann eine gewisse Auseinandersetzung mit vorhandenen Gegenmeinungen und vor allem natürlich eine Begründung der eigenen Stellungnahme abgeben, Karlsr BB **76**, 334, Mü JB **99**, 298.

18 **D. Unerheblichkeit einer Überzeugungskraft.** Für das Vorliegen eines Gutachtens ist es unerheblich, ob der Gedankengang des Anwalts oder gar sein Ergebnis überzeugt. Andererseits genügt nicht irgendeine krause Aneinanderreihung verworrener Gedanken. Es muß ein immerhin im Prinzip einer wissenschaftlichen Arbeitsweise entsprechender Aufbau vorhanden sein, der die Gesetze der Logik einhält. Ein Gutachten darf auch nicht zu einseitig ausfallen, ungeachtet aller Entschlossenheit zur Herausstellung einer für den Auftraggeber günstigen Standpunkts. Der Stil ist unerheblich. Ein Gutachten mag einen reinen Urteilsstil („Denn"-Stil) aufweisen. Die Kürze oder Länge eines gutachtlichen Gedankengangs kann, sie muß aber keineswegs ein Anhaltspunkt für das Vorliegen eines Gutachtens im Sinn von I 1 sein.

19 **E. Bedeutung von Fundstellen.** Die Anführung von Fundstellen usw kann zwar ein Anhaltspunkt dafür sein, daß der Anwalt überhaupt eine Auseinandersetzung mit dem Stand der Meinungen vorgenommen hat. Sie ist aber für sich allein betrachtet kein Anscheinsbeweis für das Vorliegen eines Gutachtens. Das Fehlen solcher Belege besagt nur sehr bedingt etwas gegen die Qualität als Gutachten. Gerade bei der Ausfüllung von Gesetzeslücken oder auf einem bisher wissenschaftlich noch kaum erarbeiteten Gebiet und daher beim Fehlen von anderen Meinungen kann eine Äußerung ein hochrangiges Gutachten darstellen.

20 **F. Unabhängigkeit.** Problematisch ist das sog „Gefälligkeitsgutachten". Bei ihm wird für den außenstehenden Dritten während der Lektüre nur zu rasch deutlich, daß der Verfasser in Wahrheit nur irgendeine Untermauerung des vom Auftraggeber gewünschten oder von ihm selbst für ratsam gehaltenen Ergebnisses versucht hat, ohne den Stand der Meinungen einigermaßen zuverlässig zu ermitteln oder gar zu verarbeiten, Naumb NJW **09**, 1679 (wendet daher I unrichtig an). Zwar muß der Anwalt grundsätzlich lediglich die rechtlich haltbaren Interessen seines Auftraggebers vertreten. Wenn er aber ein schriftliches Gutachten erstatten soll, trägt er als ein unabhängiges Organ der Rechtspflege nach § 1 BRAO auch eine wissenschaftliche Verantwortung.

Das gilt sowohl dann, wenn er damit rechnen kann, daß der Auftraggeber das Gut- 21
achten nur *zur eigenen Information* verwenden will, als auch dann, wenn der Auftraggeber wie so oft das Gutachten in erster Linie zur Stärkung seiner Verhandlungsführung einem Gegner oder dem Gericht zusenden will. Zwar ist ein vom Gericht direkt beauftragter Sachverständiger natürlich beiden Parteien gegenüber unabhängig. Der Anwalt ist aber auftragsgemäß gebunden.

Der Anwalt muß andererseits schon aus *Berufsgründen* die Anfertigung eines sol- 22
chen Gutachtens *ablehnen*, dessen Gedankengang und/oder Ergebnisse seiner Überzeugung und wissenschaftlichen Mindestanforderungen nicht entsprechen, mögen sie dem Auftraggeber auch scheinbar noch so nützen. Er darf und muß sich in einem solchen Konflikt auf die Erteilung eines Rats oder einer Auskunft oder auf die Anfertigung eines Schriftsatzes beschränken. Auch hier werden die Unterschiede zwischen diesen Begriffen deutlich.

G. Verständlichkeit. Der Auftraggeber oder die von ihm betreute Person muß 23
auf Grund des schriftlichen Gutachtens stets, die rechtlichen Probleme des Sachverhalts einigermaßen übersehen und deren Beurteilung mit ihrem Für und Wider nachprüfen können. Freilich braucht der Anwalt ein Gutachten nicht unbedingt so zu formulieren, daß sein Auftraggeber es in allen Einzelheiten ohne zusätzliche Erläuterungen verstehen kann. Das Gutachten muß in erster Linie wissenschaftlichen Mindestanforderungen genügen. Erst in diesem Rahmen muß es für den Auftraggeber verständlich sein.

H. Auftrag. Der Anwalt muß einen Auftrag gerade zur Ausarbeitung eines 24
schriftlichen Gutachtens mit juristischer Begründung erhalten haben. Im Zweifel erstreckt sich der Auftrag nur auf die Erteilung eines Rats oder einer Auskunft, insbesondere im Fall VV 2100. Es kommt darauf an, ob der Auftraggeber ersichtlich eine ausgearbeitete juristische Begründung wünschte und auch zusätzlich vergüten wollte. Das gilt besonders dann, wenn der Anwalt zugleich in derselben Angelegenheit der ProzBev ist, Karlsr MDR **76**, 670, Köln JB **78**, 870, Mümmler JB **78**, 496. Das gilt, obwohl I 1 nicht ausdrücklich dergleichen wünscht. Denn eine ausgearbeitete juristische Begründung ist ein selbstverständlicher Bestandteil einer solchen Arbeit, die den Begriff Gutachten verdient. Ein Gutachtenvertrag ist grundsätzlich kein Dienst-, sondern ein Werkvertrag nach §§ 631 ff BGB, LG Hbg AnwBl **75**, 237. Er stellt stets eine eigene Angelegenheit ohne eine Anrechnung auf andere Gebühren dar, Karlsr MDR **76**, 670, Mümmler JB **78**, 496.

Soweit der Auftraggeber ein schriftliches Gutachten über die *Aussichten einer Beru-* 25
fung oder einer Revision wünschte, gilt VV 2103 als eine vorrangige Sondervorschrift.

6) Tätigkeit als Mediator, I, dazu *Enders* JB **06**, 505 (Üb): Das Gesetz vermeidet 26
eine Begriffsbestimmung. Grundgedanke ist die gleichzeitige Tätigkeit für mehrere oder alle Beteiligten über Interessengegensätze hinweg zwecks einer eigenverantwortlichen freiwilligen Einigung, BGH NJW **02**, 2948, ähnlich wie zB § 278 VI ZPO beim richterlichen Vergleichsvorschlag. Diesen letzteren soll ein Mediator aber möglichst ganz oder doch möglichst lange zurückhalten. Vgl zB Haft/Schlieffen, Handbuch Mediation, 2. Aufl 2008. Mediator ist der Anwalt nur, soweit und solange er die bisher „eigentlich" strikt verbotene Vertretung gegensätzlicher Interessen vornimmt. Soweit er in einem Mediationsverfahren nur im Auftrag eines einzelnen Beteiligten oder mehrerer auf derselben Interessenseite auftritt, ist er dessen oder deren Bevollmächtigter und ist § 34 unanwendbar. Vielmehr ist dann das übrige RVG anwendbar.

7) Gebührenvereinbarungsziel, I 1, dazu *Streck* AnwBl **06**, 149 (Üb): Der An- 27
walt „soll" auf eine Gebührenvereinbarung nach § 3a oder nach § 4 hinwirken. Er ist aber zur Erwirkung oder auch nur zum Versuch der Erwirkung einer solchen Gebührenvereinbarung keineswegs stets verpflichtet, aM Enders JB **06**, 1, Graf von Westphalen AnwBl **06**, 47 (aber mangels einer Vereinbarung gelten nach I 2 die Vorschriften des bürgerlichen Rechts nach Rn 28 als *dann* sehr wohl gesetzliche Gebührentatbestände, wenn auch nicht so bequem bereits in EUR lautende). Seine Tätigkeit bleibt keineswegs insoweit völlig unvergütet, als er keine wirksame Gebührenvereinbarung erzielt, I 2. „Hinwirken" bedeutet auch nicht: drängen, gar einen Verbraucher „verkaufen", Schons AnwBl **06**, 566, oder nötigen oder gar erpressen. I 1 gibt bei einer Gesetzmäßigkeit einer Mediation zwar ein Recht und auch eine gesetzliche

Aufforderung, aber weder eine Pflicht noch auch nur eine Obliegenheit. Denn die letztere zieht beim Verstoß immerhin Rechtsnachteile nach sich. I 2 regelt das Fehlen einer Gebührenvereinbarung aber gänzlich anders. Ein Formzwang besteht aber nur, soweit es zu einer Vereinbarung nach § 3a kommt, Toussaint AnwBl **07**, 68.

28   **8) Mangels Vereinbarung: Grundsatz: Bürgerliches Recht, I 2.** Soweit es nicht für gerade diesen Anwalt nach I 1 zu einer wirksamen Gebührenvereinbarung kommt, bleibt das bürgerliche Recht nach I 2 maßgeblich, Mü RR **09**, 479, Naumb NJW **09**, 1679, praktisch also §§ 612 II, 632 II, ferner 662 ff, 675 ff BGB, Grdz 12 ff vor § 1. Vgl dazu die Kommentare zum BGB und zur „üblichen" Vergütung AG Emmerich JB **09**, 303 (0,75 Gebühr), Kilian MDR **08**, 780 (Üb). Gestaltungsanregungen zB bei Enders JB **06**, 225. § 14 II ist nicht anwendbar. Denn der ganze § 14 gilt nach seiner Überschrift und seinem I 1 nur bei Rahmengebühren nach Einl II A 12. Dazu zählen die nach §§ 662 ff BGB anwendbaren §§ 612 II und vor allem 632 II BGB keineswegs.

29   *Keine Vereinbarung* liegt erst dann vor, wenn auch keine nach § 3a II 1 mögliche Herabsetzung erfolgt ist. Das setzt natürlich voraus, daß es zuvor überhaupt zu einer eben nur unangemessen hohen Vereinbarung gekommen war. Scheitert das Hinwirken nach I 1 schon vorher, braucht man natürlich nicht nach § 3a II 1 vorzugehen.

30   **9) Mangels Vereinbarung: Sonderregeln beim Verbraucher, I 3.** In einer Abweichung vom Grundsatz Rn 28, 29 gelten nach I 3 vorrangige Sonderregeln mit geringeren Höchstbeträgen unter den folgenden Voraussetzungen.

31   **A. Auftraggeber ist Verbraucher. I 3 Hs 1, 2.** Der Auftraggeber muß in allen Fällen des I 3 jeweils nach § 13 BGB Verbraucher sein. Das gilt trotz des dortigen Begriffswirrwarrs, Fischer NZA **04**, 1188 (ausf zum Arbeitsrecht).

BGB § 13. Verbraucher. **Verbraucher ist jede natürliche Person, die ein Rechtsgeschäft zu einem Zweck abschließt, der weder ihrer gewerblichen noch ihrer selbständigen beruflichen Tätigkeit zugerechnet werden kann.**

Es muß sich also um ein Verbrauchergeschäft handeln, Enders JB **05**, 58. Dazu zählt keineswegs nur der Anwaltsvertrag, aM Hümmerich/Brieske AnwBl **06**, 749 (aber I 3 verweist ganz allgemein auf § 13 BGB). Maßgeblich ist der objektive Inhalt des Vorgangs. Auch eine Rücksendung unbestellter Ware zählt hierher, ebenso eine Beratung im Arbeitsrecht, AG Hbg-St Georg JB **05**, 645, oder im Erbrecht, AG Einbeck JB **05**, 646.

32   **B. Rahmengebühr, I 3 Hs 1.** Unter der Voraussetzung Rn 31 ergibt sich bei einer Beratung nach Rn 10 oder bei einem schriftlichen Gutachten nach Rn 15–25 eine Rahmengebühr nach § 14 I, der nach § 34 I 3 Hs 1 ausdrücklich anwendbar ist. Vgl daher im einzelnen § 14 Rn 1–26.

33   **C. Höchstgebühr außerhalb Erstberatung, I 3 Hs 1.** Soweit es um die Anwaltstätigkeit außerhalb eines ersten Beratungsgesprächs nach §§ 34 ff geht, entsteht die in Rn 33 genannte Gebühr höchstens mit 250 EUR.

34   **D. Höchstgebühr für Erstberatung, I 3 Hs 2.** Soweit es um ein bloßes erstes Beratungsgespräch geht, entsteht die in Rn 33 genannte Gebühr höchstens mit 190 EUR.

Es muß sich also um eine erste *mündliche oder telefonische* Beratung dieses Anwalts oder dieser Sozietät in dieser Angelegenheit auf einem beliebigen Rechtsgebiet nach § 15 Rn 8 ff handeln. Eine schriftliche oder elektronische Tätigkeit ist kein Beratungs„gespräch", Fischer NZA **04**, 1188. Freilich darf sie nicht kostenträchtig unerwartbar erfolgen. Der Begriff Erstberatung ergibt sich bei einer erlaubten und nur bei Willkür angreifbaren Auslegung, BayVerfGH RR **98**, 1778.

35   **E. Mehr als Erstberatung.** Sobald die Tätigkeit des Anwalts *über* die bloße meist nur überschlägige und oft notgedrungen vorbehaltliche Raterteilung hinausgeht, sei es auch nur durch ein Telefonat sowie, ist der das als eine Sonderregel eng auslegbare I 3 Hs 2 unanwendbar, (zum alten Recht) KG AnwBl **02**, 305. Das darf natürlich nicht zu einer Umgehung und Unterwanderung durch irgendwelche in Wahrheit keineswegs angezeigte Aktivitäten führen. Man sollte den Verstoß gegen eine derart notwendige Zurückhaltung allerdings auch nicht durch eine systematisch unhaltbare Ausweitung des Begriffs der bloßen Beratung ahnden.

Soweit erhebliche Anhaltspunkte dafür bestehen, daß bereits eine *frühere* Beratung 36
stattfand, ist der Auftraggeber für (jetzt) I 3 Hs 2 beweispflichtig, AG Karlsr AnwBl
97, 500. Der Rat des vorinstanzlichen ProzBev, im Rechtsmittelverfahren etwas zu
tun oder zu unterlassen, ist keine Erstberatung, KG JB **98**, 21, AG Essen AnwBl **98**,
214, Schneider MDR **01**, 1032.

F. Weitere Besprechung. Sie tritt in derselben Angelegenheit nach dem Ende, 37
dem Abbruch oder nach einer nicht nur technisch bedingten und nicht nur ganz kurzen echten Unterbrechung der ersten Besprechung ein, KG AnwBl **02**, 305, Mü RR
00, 655, AG Brühl JB **98**, 136. Sie ist auch dann keine Erstberatung, wenn sie auf jener aufbaut, KG AnwBl **02**, 305. Sie kann auch dann eine echte weitere und nicht
nur die fortgesetzte Erstberatung sein, wenn der Anwalt zuvor noch nicht abschließend Stellung nehmen konnte oder sollte. Denn dann hatte er zuvor nicht etwa nur
teilweise erfüllt, sondern den Auftrag der Erstberatung zu *ihren* Bedingungen sehr
wohl erfüllt gehabt. Grundsätzlich muß der Anwalt beweisen, daß mehr als eine Erstberatung erfolgte. Dafür kann er aber einen Anscheinsbeweis mit einer Beweislastumkehr geben, AG Karls AnwBl **97**, 500.

G. Keine Untergrenze. Die Anwaltstätigkeit muß sich auf die erste mündliche 38
Beratung beschränken. Eine Begrenzung nach unten ist im RVG nicht mehr enthalten, Stgt AnwBl **07**, 230 (zustm Henke mit an nordamerikanische Warenhausbräuche
– Rechtsrat im Kaufhaus für 5 Dollar – erinnernden Erwägungen zum Einführungsangebot einer Erstberatung gegen Kaffee, Kuchen und 5 EUR Draufgeld für den
Kunden).

10) Kostenerstattung bei Rat, Auskunft (Beratung), I, II, dazu *Dittmar* NJW 39
86, 2091 (ausf): Die Kosten der Beratung durch einen Anwalt dazu, welches auswärtige Gericht zuständig und welcher Anwalt empfehlenswert ist, sind zumindest in der
Höhe einer Beratungsgebühr erstattungsfähig, Bbg JB **91**, 959, Düss DB **94**, 1517,
Karlsr MDR **82**, 1024. Die Kosten der Beratung dazu, ob sich der Bekl auf den bevorstehenden Prozeß einlassen soll, sind erstattungsfähig, Ffm JB **85**, 1410, Hbg JB
85, 297, KG JB **89**, 1114. Auch beim Parteiprozeß kann eine Erstattungsfähigkeit
vorliegen, LG Bln MDR **82**, 499.

Die Erstattungsfähigkeit besteht allerdings nur insoweit, als der zugrundeliegende 40
Anspruch auch *begründet* ist. Es kommt nicht stets darauf an, daß die Voraussetzungen
für die Bestellung eines Verkehrsanwalts vorlagen, Karlsr Just **92**, 126 (Vertrauensanwalt), aM Oldb JB **78**, 1811 (aber § 91 ZPO stellt allgemeiner auf die Notwendigkeit
ab). Erstattungsfähig können auch die Kosten der Beratung im verwaltungsgerichtlichen Vorverfahren sein, OVG Bln AnwBl **85**, 53, VGH Mü JB **06**, 77 (auch zu den
Grenzen).

Erstattungsfähig kann auch eine Ratgebühr des erstinstanzlichen oder auch eines
sonstigen Anwalts wegen der Aussichten eines *gegnerischen Rechtsmittels* sein, Düss JB
92, 39, Mü Rpfleger **81**, 32, aM KG JB **98**, 20, Zweibr JB **98**, 22 (vgl aber Rn 20).

Soweit jemand die Aufforderung erhalten hat, zu einem *bereits anhängigen* Verfahren 41
eine *Stellungnahme* abzugeben, sich dann den Rat eines Anwalts geholt und unter
Umständen auch die erbetene Stellungnahme abgegeben hat, dem Verfahren aber
nicht förmlich beigetreten ist, kommt für oder gegen ihn im Verfahren grundsätzlich
auch keine Kostenentscheidung in Betracht. Dann ist diejenige Gebühr, die der Auftraggeber seinem Anwalt zahlen muß, nicht nach den prozessualen Grundsätzen erstattungsfähig. Aus dem sachlichen Recht mag sich aber eine Ersatzpflicht desjenigen
ergeben, der die Aufforderung zur Stellungnahme ausgesprochen hat. Eine solche
Pflicht besteht freilich nicht, soweit die „Aufforderung" in Wahrheit nur eine „Anheimgabe" war.

Anwaltskosten für *vorprozessuale* Verhandlungen sind aber nicht automatisch erstat- 42
tungsfähig, BGH RR **88**, 1199, Düss Rpfleger **96**, 526, Kblz AnwBl **85**, 214. Dasselbe gilt für Kosten eines solchen Rats, der mit einer anderen gebührenpflichtigen
Handlung zusammenhängt, Düss AnwBl **99**, 290.

11) Kostenerstattung beim Gutachten, I. Auch die Beibringung eines Gut- 43
achtens nach I 1 kann zur zweckentsprechenden Rechtsverfolgung oder Rechtsverteidigung als sog Vorbereitungskosten nach §§ 91 ff ZPO usw notwendig sein. Im übrigen muß man die folgende Unterscheidung treffen.

44 In diesem Zusammenhang muß man den Grundsatz der *Waffengleichheit* für beide Parteien beachten. Er kann es erforderlich machen, die Erstattungsfähigkeit dann zu bejahen, wenn der Gegner auf dem betreffenden Sachgebiet kundig ist.

45 Für eine Erstattbarkeit als *Vorbereitungskosten* nach § 91 ZPO muß ein gewisser Bezug zum bevorstehenden Prozeß bestehen, BGH NJW **08**, 1598 links, Ffm RR **09**, 1076, Kblz MDR **08**, 472. Das kann auch und gerade dann gelten, wenn man den Prozeß eigentlich vermeiden möchte, wie wohl fast stets, aM Brdb JB **09**, 145. Es kommt darauf an, ob die Partei ohne ein Gutachten ausreichend vortragen kann, BGH NJW **06**, 2415, Hamm RR **96**, 830, Nürnb RR **05**, 1664. Die Kosten von Arbeiten der Partei zur Vorbereitung einer vom Gericht anzuordnenden Begutachtung, etwa vom Aufbau eines Baugerüsts oder von Abschlepparbeiten am Unfallwagen oder von Arbeiten zur Freilegung eines Mauerwerks, sind grds erstattungsfähig, Düss RR **97**, 1360, Hbg MDR **93**, 87, Kblz MDR **04**, 1025. Erstattungsfähig sind auch die Kosten der Beseitigung von solchen Schäden, die der Sachverständige nicht verhindern konnte, Kblz JB **78**, 120, aM Düss MDR **97**, 886, KG JB **78**, 1247 (aber sie sind die unvermeidbare Folge seines korrekten Einsatzes). Erstattbar sind die Beträge jeweils in Höhe der üblichen Vergütung, soweit sie zum Geschäftsbereich der Partei zählen und deren gewöhnlichen zumutbaren Prozeßaufwand übersteigen, Schlesw SchlHA **84**, 132, aM KG Rpfleger **81**, 203, oder soweit sie die Kosten eines gerichtlich bestellten Sachverständigen übersteigen, Kblz AnwBl **88**, 298. Die Stundensätze (jetzt) des JVEG sind nur Anhaltspunkte, Kblz VersR **88**, 702.

46 Auslandsrecht: Beim ausländischen Recht muß man § 293 ZPO beachten, Mankowski MDR **01**, 199.

Eilverfahren: Die Regeln „Erforderlichkeit" gelten auch im Verfahren nach §§ 916 ff, 935 ff ZPO zur Glaubhaftmachung nach §§ 920 II, 936 ZPO, KG AnwBl **87**, 239, Schlesw JB **79**, 1518.

Einflußlosigkeit: Rn 47 „Prozeßausgang".

Erfolgsaussicht: Erstattbar sein können solche Kosten, die man zur Beurteilung der Prozeßaussicht hat, BGH **153**, 235 (Üb), Bre VersR **82**, 362, aM Hamm JB **76**, 94, Kblz JB **95**, 87, Köln JB **03**, 313.

Erforderlichkeit: Erstattbar sind die aus der Sicht einer vernünftigen Partei erforderlichen Kosten, BGH MDR **03**, 413, Karlsr JB **05**, 544 rechts, Nürnb RR **05**, 1664.

Sachliche Fundierung: Eine Erstattbarkeit kann dann vorliegen, wenn die Partei sonst gar nicht sachlich fundiert vortragen konnte, BGH NJW **06**, 2415, Düss RR **96**, 572, Hbg JB **90**, 1476.

Mieterhöhung: *Nicht* erstattbar sind die Kosten eines nach § 558 BGB vor einer Mieterhöhung eingeholten Privatgutachtens, LG Köln WoM **97**, 269, LG Mainz NZM **05**, 15, LG Saarbr AnwBl **85**, 210. Das gilt erst recht für die Kosten eines weiteren derartigen Gutachtens, aM AG Lehrte WoM **83**, 320 (abl Röchling).

Privatgutachten: Erstattbar sein können die Kosten eines solchen Privatgutachtens, das man zur Beurteilung der konkreten Prozeßaussichten einholt, BGH **153**, 235 (Üb), Bre VersR **82**, 362, Nürnb FamRZ **02**, 1719, strenger Kblz JB **95**, 87 (direkte Prozeßabsicht. Aber das ist praktisch nicht kontrollierbar), Köln JB **03**, 313. Das gilt auch beim Verdacht gegnerischen Betrugsversuchs, BGH Rpfleger **09**, 117, Ffm RR **09**, 1076, und auch zwecks Vorbereitung eines Rechtsmittels, Hamm JB **78**, 1079, Kblz AnwBl **88**, 298.

S auch Rn 81: „Versicherung".

47 Prozeßausgang: Eine Erstattbarkeit besteht auch dann, wenn das Gutachten den Prozeßausgang nicht beeinflußt hat, Düss RR **96**, 572, Hamm OLGR **99**, 11, Saarbr JB **90**, 623, aM Hamm RR **96**, 830, Mü RR **95**, 1470, LG Bln JB **85**, 126 (aber auch andere Beweiskosten sind unabhängig vom Ausgang der Beweisaufnahme erstattbar). Natürlich besteht ein Anzeichen für eine Erstattbarkeit bei einer Verwendung des Gutachtens durch das Gericht, Stgt VersR **79**, 849, oder bei seiner Ursächlichkeit für eine Einigung, Nürnb Rpfleger **02**, 482, LG Brschw MDR **79**, 320.

Rechtsfrage: Nicht erstattbar sind Kosten eines Gutachtens über nur innerdeutsche Rechtsfragen, Düss OLGR **95**, 102, Ffm Rpfleger **78**, 385, Kblz Rpfleger **86**, 107,

Abschnitt 5. Außergerichtliche Beratung und Vertretung §§ 34, 35 RVG

es sei denn, man braucht es zB zum Nachweis eines Verstoßes des Berufungsgerichts gegen Denkgesetze usw zwecks Revision, Hamm JB **78**, 1079.
S auch Rn 46 „Auslandsrecht".

Sachkundigkeit: Eine Erstattungsfähigkeit kann dann vorliegen, wenn die Partei sonst gar nicht sachlich fundiert vortragen kann, BGH NJW **06**, 2415, Düss RR **96**, 572, Hbg JB **90**, 1476, oder wenn der Gegner auf dem betreffenden Sachgebiet kundig ist, Karlsr JB **05**, 544 links, Mü NJW **72**, 2273. Das alles übersieht BVerfG NJW **93**, 2793, das die Regeln der Erstattungsfähigkeit eines vorprozessualen Gutachtens mit denjenigen eines (dort gar nicht erfolgten) im Prozeß eingeholten Gutachtens verwechselt.

Sachlichrechtlicher Ersatzanspruch: Eine Erstattbarkeit besteht unabhängig von einem gleichartigen sachlichrechtlichen Ersatzanspruch nach BLAH Üb 43 vor § 91 ZPO, etwa nach § 2314 I 2 BGB, Mü Rpfleger **83**, 486.

Selbständiges Beweisverfahren: Eine Erstattbarkeit besteht unabhängig davon, ob ein solches Verfahren nach §§ 485 ff ZPO möglich gewesen wäre, Stgt Just **80**, 328.

Ursächlichkeit: S „Prozeßausgang".

Versicherung: Die Küsten eines Privatgutachtens können insbesondere dann erstattungsfähig sein, wenn die Versicherung es vor dem Prozeß eingeholt hat, BGH MDR **09**, 231 rechts, Brdb VersR **06**, 287, Kblz MDR **08**, 472 (je: jedenfalls nach einem angeblichen Versicherungsbetrug), strenger Celle JB **00**, 205, Karlsr VersR **04**, 931 (zustm Otto), Kblz VersR **04**, 803 (aber die Grundregeln Rn 45 bleiben auch zugunsten einer Versicherungsgesellschaft bestehen). 48

Eine Erstattungsfähigkeit besteht auch dann, wenn die *gegnerische* Versicherungsgesellschaft nunmehr ihrerseits ein Privatgutachten eingeholt hat, Bre VersR **82**, 362, Ffm VersR **81**, 69, LG Mü VersR **86**, 1246, aM KG VersR **80**, 387, Karlsr VersR **80**, 337. Eine Erstattungsfähigkeit besteht ferner dann, wenn die Versicherungsgesellschaft das Gutachten während eines Strafverfahrens mit Rücksicht auf einen bestimmt gegen den Versicherten bevorstehenden Schadensersatzprozeß eingeholt hat. Dann gelten zur Höhe des erstattungsfähigen Betrags die Regeln (jetzt) des JVEG als Richtsätze, Kblz VersR **76**, 1051. Wenn man im Zeitpunkt der Einholung des Privatgutachtens noch keineswegs an einen Prozeß denken konnte, kann man die Kosten dieses Gutachtens unter Umständen zusammen mit der Klageforderung geltend machen. Man darf die Erledigung eines Strafverfahrens gegen sich abwarten, Hbg JB **90**, 1469.

Waffengleichheit: Stets muß man den Grundsatz einer Waffengleichheit der Parteien nach BLAH Einl III 21 beachten, LG Mü VersR **86**, 1246, FG Hann EFG **86**, 303.

Hilfeleistung in Steuersachen

35 Für die Hilfeleistung bei der Erfüllung allgemeiner Steuerpflichten und bei der Erfüllung steuerlicher Buchführungs- und Aufzeichnungspflichten gelten die §§ 23 bis 39 der Steuerberatergebührenverordnung in Verbindung mit den §§ 10 und 13 der Steuerberatergebührenverordnung entsprechend.

StBGebV § 10. Wertgebühren. [I] [1] Die Wertgebühren bestimmen sich nach den der Verordnung als Anlage beigefügten Tabellen A bis E. [2] Sie werden nach dem Wert berechnet, den der Gegenstand der beruflichen Tätigkeit hat. [3] Maßgebend ist, soweit diese Verordnung nichts anderes bestimmt, der Wert des Interesses.

[II] In derselben Angelegenheit werden die Werte mehrerer Gegenstände zusammengerechnet; dies gilt nicht für die in den §§ 24 bis 27, 30, 35 und 37 bezeichneten Tätigkeiten.

StBGebV § 13. Zeitgebühr. [1] Die Zeitgebühr ist zu berechnen
1. in den Fällen, in denen diese Verordnung dies vorsieht,
2. wenn keine genügenden Anhaltspunkte für eine Schätzung des Gegenstandswerts vorliegen; dies gilt nicht für Tätigkeiten nach § 23 sowie für die

RVG § 35 X. Rechtsanwaltsvergütungsgesetz

Vertretung im außergerichtlichen Rechtsbehelfsverfahren (§ 40), im Verwaltungsvollstreckungsverfahren (§ 44) und in gerichtlichen und anderen Verfahren (§§ 45, 46).
[2] Sie beträgt 19 bis 46 Euro je angefangene halbe Stunde.

StBGebV § 23. Sonstige Einzeltätigkeiten. [1] Die Gebühr beträgt für

1. die Berichtigung einer Erklärung	$2/_{10}$ bis $10/_{10}$
2. einen Antrag auf Stundung	$2/_{10}$ bis $8/_{10}$
3. einen Antrag auf Anpassung der Vorauszahlungen	$2/_{10}$ bis $8/_{10}$
4. einen Antrag auf abweichende Steuerfestsetzung aus Billigkeitsgründen	$2/_{10}$ bis $8/_{10}$
5. einen Antrag auf Erlaß von Ansprüchen aus dem Steuerschuldverhältnis oder aus zollrechtlichen Bestimmungen	$2/_{10}$ bis $8/_{10}$
6. einen Antrag auf Erstattung (§ 37 Abs. 2 der Abgabenordnung)	$2/_{10}$ bis $8/_{10}$
7. einen Antrag auf Aufhebung oder Änderung eines Steuerbescheides oder auf Aufhebung einer Steueranmeldung	$2/_{10}$ bis $10/_{10}$
8. einen Antrag auf volle oder teilweise Rücknahme oder auf vollen oder teilweisen Widerruf eines Verwaltungsaktes	$4/_{10}$ bis $10/_{10}$
9. einen Antrag auf Wiedereinsetzung in den vorigen Stand außerhalb eines Rechtsbehelfsverfahrens	$4/_{10}$ bis $10/_{10}$
10. sonstige Anträge, soweit sie nicht in Steuererklärungen gestellt werden	$2/_{10}$ bis $10/_{10}$

einer vollen Gebühr nach Tabelle A (Anlage 1). [2] Soweit Tätigkeiten nach den Nummern 1 bis 10 denselben Gegenstand betreffen, ist nur eine Tätigkeit maßgebend, und zwar die mit dem höchsten oberen Gebührenrahmen.

StBGebV § 24. Steuererklärungen. [1] [1] Der Steuerberater erhält für die Anfertigung

1. der Einkommensteuererklärung ohne Ermittlung der einzelnen Einkünfte	$1/_{10}$ bis $6/_{10}$
einer vollen Gebühr nach Tabelle A (Anlage 1); Gegenstandswert ist die Summe der positiven Einkünfte, jedoch mindestens 6000 Euro;	
2. der Erklärung zur gesonderten Feststellung der Einkünfte ohne Ermittlung der Einkünfte	$1/_{10}$ bis $5/_{10}$
einer vollen Gebühr nach Tabelle A (Anlage 1); Gegenstandswert ist die Summe der positiven Einkünfte, jedoch mindestens 6000 Euro;	
3. der Körperschaftsteuererklärung ohne die Erklärung zur gesonderten Feststellung nach den §§ 27, 28, 37 und 38 des Körperschaftsteuergesetzes	$2/_{10}$ bis $8/_{10}$
einer vollen Gebühr nach Tabelle A (Anlage 1); Gegenstandswert ist das Einkommen vor Berücksichtigung eines Verlustabzugs, jedoch mindestens 12 500 Euro; bei der Anfertigung einer Körperschaftsteuererklärung für eine Organgesellschaft ist das Einkommen der Organgesellschaft vor Zurechnung maßgebend; das entsprechende Einkommen ist bei der Gegenstandsberechnung des Organträgers zu kürzen;	
4. der Erklärung zur gesonderten Feststellung nach den §§ 27, 28, 37 und 38 des Körperschaftsteuergesetzes	$1/_{10}$ bis $5/_{10}$
einer vollen Gebühr nach Tabelle A (Anlage 1); Gegenstandswert ist die Summe	
a) des steuerlichen Einlagenkontos (§ 27 Abs. 2 Satz 1 des Körperschaftsteuergesetzes),	
b) des durch Umwandlung von Rücklagen entstandenen Nennkapitals (§ 28 Abs. 1 Satz 3 des Körperschaftsteuergesetzes),	

c) des Körperschaftsteuerguthabens (§ 37 Abs. 2 Satz 4 des Körperschaftsteuergesetzes) und
d) des Endbetrags/fortgeschriebenen Endbetrags im Sinne des § 36 Abs. 7 des Körperschaftsteuergesetzes aus dem Teilbetrag im Sinne des § 30 Abs. 2 Nr. 2 des Körperschaftsteuergesetzes in der Fassung des Artikels 4 des Gesetzes vom 14. Juli 2000 (BGBl. I S. 1034) – (§ 38 Abs. 1 Satz 1 und 2 des Körperschftsteuergesetzes), jedoch mindestens 12 500 Euro;

5. der Erklärung zur Gewerbesteuer $1/10$ bis $6/10$
einer vollen Gebühr nach Tabelle A (Anlage 1); Gegenstandswert ist der Gewerbeertrag vor Berücksichtigung des Freibetrags und eines Gewerbeverlustes, jedoch mindestens 6000 Euro,

6. der Gewerbesteuerzerlegungserklärung $1/10$ bis $6/10$
einer vollen Gebühr nach Tabelle A (Anlage 1); Gegenstandswert sind 10 Prozent der als Zerlegungsmaßstab erklärten Arbeitslöhne und Betriebseinnahmen, jedoch mindestens 4000 Euro;

7. der Umsatzsteuer-Voranmeldung $1/10$ bis $6/10$
einer vollen Gebühr nach Tabelle A (Anlage 1); Gegenstandswert sind 10 Prozent der Summe aus dem Gesamtbetrag der Entgelte und der Entgelte, für die der Leistungsempfänger Steuerschuldner ist, jedoch mindestens 500 Euro;

8. der Umsatzsteuererklärung für das Kalenderjahr einschließlich ergänzender Anträge und Meldungen $1/10$ bis $8/10$
einer vollen Gebühr nach Tabelle A (Anlage 1); Gegenstandswert sind 10 Prozent der Summe aus dem Gesamtbetrag der Entgelte und der Entgelte, für die der Leistungsempfänger Steuerschuldner ist, jedoch mindestens 6000 Euro;

9. der Vermögensaufstellung zur Ermittlung des Einheitswertes des Betriebsvermögens $1/20$ bis $14/20$
einer vollen Gebühr nach Tabelle A (Anlage 1); Gegenstandswert ist das Rohbetriebsvermögen, jedoch mindestens 12 500 Euro;

10. der Vermögensteuererklärung oder der Erklärung zur gesonderten Feststellung des Vermögens von Gemeinschaften $1/20$ bis $18/20$
einer vollen Gebühr nach Tabelle A (Anlage 1); Gegenstandswert ist das Rohvermögen, jedoch bei natürlichen Personen mindestens 12 500 Euro und bei Körperschaften, Personenvereinigungen und Vermögensmassen mindestens 25 000 Euro;

11. der Erklärung zur gesonderten Feststellung des gemeinen Wertes nicht notierter Anteile an Kapitalgesellschaften $1/20$ bis $18/20$
einer vollen Gebühr nach Tabelle A (Anlage 1); Gegenstandswert ist die Summe der Anteilswerte, jedoch mindestens 25 000 Euro;

12. der Erbschaftsteuererklärung ohne Ermittlung der Zugewinnausgleichsforderung nach § 5 des Erbschaftsteuergesetzes $2/10$ bis $10/10$
einer vollen Gebühr nach Tabelle A (Anlage 1); Gegenstandswert ist der Wert des Erwerbs von Todes wegen vor Abzug der Schulden und Lasten, jedoch mindestens 12 500 Euro;

13. der Schenkungsteuererklärung $2/10$ bis $10/10$
einer vollen Gebühr nach Tabelle A (Anlage 1); Gegenstandswert ist der Rohwert der Schenkung, jedoch mindestens 12 500 Euro;

14. der Kapitalertragsteuererklärung $1/20$ bis $6/20$
einer vollen Gebühr nach Tabelle A (Anlage 1); Gegenstandswert ist die Summe der kapitalertragsteuerpflichtigen Kapitalerträge, jedoch mindestens 3000 Euro;

15. der Lohnsteuer-Anmeldung $1/_{20}$ bis $6/_{20}$
    einer vollen Gebühr nach Tabelle A (Anlage 1); Gegenstandswert sind 20 Prozent der Arbeitslöhne einschließlich sonstiger Bezüge, jedoch mindestens 1000 Euro;
16. von Steuererklärungen auf dem Gebiet der Einfuhr- und Ausfuhrabgaben und der Verbrauchsteuern, die als Einfuhrabgaben erhoben werden, $1/_{10}$ bis $3/_{10}$
    einer vollen Gebühr nach Tabelle A (Anlage 1); Gegenstandswert ist der Betrag, der sich bei Anwendung der höchsten in Betracht kommenden Abgabensätze auf die den Gegenstand der Erklärung bildenden Waren ergibt, jedoch mindestens 1000 Euro;
17. von Anmeldungen oder Erklärungen auf dem Gebiete der Verbrauchsteuern, die nicht als Einführungsabgaben erhoben werden, $1/_{10}$ bis $3/_{10}$
    einer vollen Gebühr nach Tabelle A (Anlage 1); Gegenstandswert ist für eine Steueranmeldung der angemeldete Betrag und für eine Steuererklärung der festgesetzte Betrag, jedoch mindestens 1000 Euro;
18. von Anträgen auf Gewährung einer Verbrauchsteuervergütung oder einer einzelgesetzlich geregelten Verbrauchsteuererstattung, sofern letztere nicht in der monatlichen Steuererklärung oder Steueranmeldung geltend zu machen ist, $1/_{10}$ bis $3/_{10}$
    einer vollen Gebühr nach Tabelle A (Anlage 1); Gegenstandswert ist die beantragte Vergütung oder Erstattung, jedoch mindestens 1000 Euro;
19. von Anträgen auf Gewährung einer Investitionszulage $1/_{10}$ bis $6/_{10}$
    einer vollen Gebühr nach Tabelle A (Anlage 1); Gegenstandswert ist die Bemessungsgrundlage;
20. von Anträgen auf Steuervergütung nach § 4a des Umsatzsteuergesetzes $1/_{10}$ bis $6/_{10}$
    einer vollen Gebühr nach Tabelle A (Anlage 1); Gegenstandswert ist die beantragte Vergütung;
21. von Anträgen auf Vergütung der abziehbaren Vorsteuerbeträge an im Ausland ansässige Unternehmer $1/_{10}$ bis $6/_{10}$
    einer vollen Gebühr nach Tabelle A (Anlage 1); Gegenstandswert ist die beantragte Vergütung, jedoch mindestens 1000 Euro;
22. von Anträgen auf Erstattung von Kapitalertragsteuer und Vergütung der anrechenbaren Körperschaftsteuer $1/_{10}$ bis $6/_{10}$
    einer vollen Gebühr nach Tabelle A (Anlage 1); Gegenstandswert ist die beantragte Erstattung, jedoch mindestens 1000 Euro;
23. von Anträgen nach Abschnitt X des Einkommensteuergesetzes $2/_{10}$ bis $10/_{10}$
    einer vollen Gebühr nach Tabelle A (Anlage 1); Gegenstandswert ist das beantragte Jahreskindergeld;
24. von Anträgen nach dem Eigenheimzulagengesetz $2/_{10}$ bis $10/_{10}$
    einer vollen Gebühr nach Tabelle A (Anlage 1); Gegenstandswert ist die beantragte Eigenheimzulage;
25. der Anmeldung über den Steuerabzug von Bauleistungen $2/_{10}$ bis $10/_{10}$
    einer vollen Gebühr nach Tabelle A (Anlage 1); Gegenstandswert ist der angemeldete Steuerabzugsbetrag (§§ 48 ff. des Einkommensteuergesetzes), jedoch mindestens 1000 Euro.

II Für die Ermittlung der Zugewinnausgleichsforderung nach § 5 des Erbschaftsteuergesetzes erhält der Steuerberater 5 Zehntel bis 15 Zehntel einer vollen Gebühr nach Tabelle A (Anlage 1). Gegenstandswert ist der ermittelte Betrag, jedoch mindestens 12 500 Euro.

III Für einen Antrag auf Lohnsteuer-Ermäßigung (Antrag auf Eintragung von Freibeträgen) erhält der Steuerberater $1/_{20}$ bis $4/_{20}$ einer vollen Gebühr

Abschnitt 5. Außergerichtliche Beratung und Vertretung § 35 RVG

nach Tabelle A (Anlage 1); Gegenstandswert ist der voraussichtliche Jahresarbeitslohn; er beträgt mindestens 4500 Euro.

IV Der Steuerberater erhält die Zeitgebühr

1. für die Anfertigung einer Erklärung zur Hauptfeststellung, Fortschreibung oder Nachfeststellung der Einheitswerte für Grundbesitz oder einer Feststellungserklärung nach § 138 des Bewertungsgesetzes;
2. für Arbeiten zur Feststellung des verrechenbaren Verlustes gemäß § 15 a des Einkommensteuergesetzes;
3. für die Anfertigung einer Meldung über die Beteiligung an ausländischen Körperschaften, Vermögensmassen und Personenvereinigungen und an ausländischen Personengesellschaften;
4. für die Anfertigung eines Erstattungsantrages nach § 50 Abs. 5 Satz 2 Nr. 3 des Einkommensteuergesetzes;
5. für die Anfertigung einer Anmeldung nach § 50 a Abs. 5 des Einkommensteuergesetzes, § 73 e der Einkommensteuer-Durchführungsverordnung;
6. für die Anfertigung eines Antrags auf Erteilung einer Freistellungsbescheinigung nach § 48 b des Einkommensteuergesetzes;
7. für die Anfertigung eines Antrags auf Altersversorgungszulage nach § 89 des Einkommensteuergesetzes;
8. für die Anfertigung eines Antrags auf Festsetzung der Zulage nach § 90 Abs. 4 des Einkommensteuergesetzes,
9. für die Anfertigung eines Antrags auf Verwendung für eine eigenen Wohnzwecken dienende Wohnung im eigenen Haus nach den §§ 92 a, 92 b Abs. 1 des Einkommensteuergesetzes;
10. für die Anfertigung eines Antrags auf Festsetzung des Rückzahlungsbetrags nach § 94 Abs. 2 des Einkommensteuergesetzes;
11. für die Anfertigung eines Antrags auf Stundung nach § 95 Abs. 2 des Einkommensteuergesetzes;
12. für die Anfertigung eines Antrags auf Gewährung der Zulage nach Neubegründung der unbeschränkten Steuerpflicht nach § 95 Abs. 3 des Einkommensteuergesetzes.

StBGebV § 25. Ermittlung des Überschusses der Betriebseinnahmen über die Betriebsausgaben. I ¹Die Gebühr für die Ermittlung des Überschusses der Betriebseinnahmen über die Betriebsausgaben bei den Einkünften aus Land- und Forstwirtschaft, Gewerbebetrieb oder selbständiger Arbeit beträgt 5 Zehntel bis 20 Zehntel einer vollen Gebühr nach Tabelle B (Anlage 2). ²Gegenstandswert ist der jeweils höhere Betrag, der sich aus der Summe der Betriebseinnahmen oder der Summe der Betriebsausgaben ergibt, jedoch mindestens 12 500 Euro.

II Für Vorarbeiten, die über das übliche Maß erheblich hinausgehen, erhält der Steuerberater die Zeitgebühr.

III Sind bei mehreren Einkünften aus derselben Einkunftsart die Überschüsse getrennt zu ermitteln, so erhält der Steuerberater die Gebühr nach Absatz 1 für jede Überschußrechnung.

IV ¹Für die Aufstellung eines schriftlichen Erläuterungsberichts zur Ermittlung des Überschusses der Betriebseinnahmen über die Betriebsausgaben erhält der Steuerberater $2/10$ bis $12/10$ einer vollen Gebühr nach Tabelle B (Anlage 2). ²Der Gegenstandswert bemisst sich nach Absatz 1 Satz 2.

StBGebV § 26. Ermittlung des Gewinns aus Land- und Forstwirtschaft nach Durchschnittssätzen. I ¹Die Gebühr für die Ermittlung des Gewinns nach Durchschnittssätzen beträgt 5 Zehntel bis 20 Zehntel einer vollen Gebühr nach Tabelle B (Anlage 2). ²Gegenstandswert ist der Durchschnittssatzgewinn nach § 13 a Abs. 3 Satz 1 des Einkommensteuergesetzes.

II Sind für mehrere land- und forstwirtschaftliche Betriebe desselben Auftraggebers die Gewinne nach Durchschnittssätzen getrennt zu ermitteln, so erhält der Steuerberater die Gebühr nach Absatz 1 für jede Gewinnermittlung.

1563

StBGebV § 27. Ermittlung des Überschusses der Einnahmen über die Werbungskosten.
¹ ¹Die Gebühr für die Ermittlung des Überschusses der Einnahmen über die Werbungskosten bei den Einkünften aus nichtselbständiger Arbeit, Kapitalvermögen, Vermietung und Verpachtung oder sonstigen Einkünften beträgt 1 Zwanzigstel bis 12 Zwanzigstel einer vollen Gebühr nach Tabelle A (Anlage 1). ²Gegenstandswert ist der jeweils höhere Betrag, der sich aus der Summe der Einnahmen oder der Summe der Werbungskosten ergibt, jedoch mindestens 6000 Euro.

ΙΙ ¹Beziehen sich die Einkünfte aus Vermietung und Verpachtung auf mehrere Grundstücke oder sonstige Wirtschaftsgüter und ist der Überschuß der Einnahmen über die Werbungskosten jeweils getrennt zu ermitteln, so erhält der Steuerberater die Gebühr nach Absatz 1 für jede Überschußrechnung.

StBGebV § 28. Prüfung von Steuerbescheiden. Für die Prüfung eines Steuerbescheids erhält der Steuerberater die Zeitgebühr.

StBGebV § 29. Teilnahme an Prüfungen. Der Steuerberater erhält
1. für die Teilnahme an einer Prüfung, insbesondere an einer Außen- oder Zollprüfung (§ 193 der Abgabenordnung, Artikel 78 der Verodnung (EWG) Nr. 2913/92 des Rates vom 12. Oktober 1992 zur Festlegung des Zollkodex der Gemeinschaften (ABl. EG Nr. L 302 S. 1, 1993 Nr. L 79 S. 84, 1996 Nr. L 97 S. 38), die zuletzt durch die Verordnung (EG) Nr. 648/2005 des Europäischen Parlaments und des Rates vom 13. April 2005 (ABl. EU Nr. L 117 S. 13) geändert worden ist, in der jeweils geltenden Fassung) einschließlich der Schlußbesprechung und der Prüfung des Prüfungsberichts, an einer Ermittlung der Besteuerungsgrundlagen (§ 208 der Abgabenordnung) oder an einer Maßnahme der Steueraufsicht (§§ 209 bis 217 der Abgabenordnung) die Zeitgebühr;
2. für schriftliche Einwendungen gegen den Prüfungsbericht 5 Zehntel bis 10 Zehntel einer vollen Gebühr nach Tabelle A (Anlage 1).

StBGebV § 30. Selbstanzeige. Für die Tätigkeit im Verfahren der Selbstanzeige (§§ 371 und 378 Abs. 3 der Abgabenordnung) einschließlich der Ermittlungen zur Berichtigung, Ergänzung oder Nachholung der Angaben erhält der Steuerberater 10 Zehntel bis 30 Zehntel einer vollen Gebühr nach Tabelle A (Anlage 1).

StBGebV § 31. Besprechungen. Für Besprechungen mit Behörden oder mit Dritten in abgabenrechtlichen Sachen erhält der Steuerberater $^5/_{10}$ bis $^{10}/_{10}$ einer vollen Gebühr nach Tabelle A (Anlage 1).

ΙΙ ¹Die Besprechungsgebühr entsteht, wenn der Steuerberater an einer Besprechung über tatsächliche oder rechtliche Fragen mitwirkt, die von der Behörde angeordnet ist oder im Einverständnis mit dem Auftraggeber mit der Behörde oder einem Dritten geführt wird. ²Der Steuerberater erhält diese Gebühr nicht für die Beantwortung einer mündlichen oder fernmündlichen Nachfrage der Behörde.

StBGebV § 32. Einrichtung einer Buchführung. Für die Hilfeleistung bei der Einrichtung einer Buchführung erhält der Steuerberater die Zeitgebühr.

StBGebV § 33. Buchführung. ¹ Für die Buchführung einschließlich des Kontierens der Belege beträgt die Monatsgebühr einer vollen Gebühr nach Tabelle C (Anlage 3). $^2/_{10}$ bis $^{12}/_{10}$

ΙΙ Für das Kontieren der Belege beträgt die Monatsgebühr einer vollen Gebühr nach Tabelle C (Anlage 3). $^1/_{10}$ bis $^6/_{10}$

ΙΙΙ Für die Buchführung nach vom Auftraggeber kontierten Belegen oder erstellten Kontierungsunterlagen beträgt die Monatsgebühr einer vollen Gebühr nach Tabelle C (Anlage 3). $^1/_{10}$ bis $^6/_{10}$

ΙV Für die Buchführung nach vom Auftraggeber erstellten Eingaben für die Datenverarbeitung und mit beim Auftraggeber eingesetzten Datenverarbeitungsprogrammen des Steuerberaters erhält der Steuerberater neben der Vergütung für die

Abschnitt 5. Außergerichtliche Beratung und Vertretung   § 35 RVG

Datenverarbeitung und für den Einsatz der Datenverarbeitungsprogramme eine Monatsgebühr von einer vollen Gebühr nach Tabelle C (Anlage 3). $1/_{20}$ bis $10/_{20}$

^V Für die laufende Überwachung der Buchführung des Auftraggebers beträgt die Monatsgebühr einer vollen Gebühr nach Tabelle C (Anlage 3). $1/_{10}$ bis $6/_{10}$

^{VI} Gegenstandswert ist der jeweils höchste Betrag, der sich aus dem Jahresumsatz oder aus der Summe des Aufwandes ergibt.

^{VII} Für die Hilfeleistung bei sonstigen Tätigkeiten im Zusammenhang mit der Buchführung erhält der Steuerberater die Zeitgebühr.

^{VIII} Mit der Gebühr nach den Absätzen 1, 3 und 4 sind die Gebühren für die Umsatzsteuervoranmeldung (§ 24 Abs. 1 Nr. 7) abgegolten.

StBGebV § 34. Lohnbuchführung. ^I Für die erstmalige Einrichtung von Lohnkonten und die Aufnahme der Stammdaten erhält der Steuerberater eine Gebühr von 2,60 bis 9 Euro je Arbeitnehmer.

^{II} Für die Führung von Lohnkonten und die Anfertigung der Lohnabrechnung erhält der Steuerberater eine Gebühr von 2,60 bis 15 Euro je Arbeitnehmer und Abrechnungszeitraum.

^{III} Für die Führung von Lohnkonten und die Anfertigung der Lohnabrechnung nach vom Auftraggeber erstellten Buchungsunterlagen erhält der Steuerberater eine Gebühr von 1 bis 5 Euro je Arbeitnehmer und Abrechnungszeitraum.

^{IV} Für die Führung von Lohnkonten und die Anfertigung der Lohnabrechnung nach vom Auftraggeber erstellten Eingaben für die Datenverarbeitung und mit beim Auftraggeber eingesetzten Datenverarbeitungsprogrammen des Steuerberaters erhält der Steuerberater neben der Vergütung für die Datenverarbeitung und für den Einsatz der Datenverarbeitungsprogramme eine Gebühr von 0,50 bis 2,60 Euro je Arbeitnehmer und Abrechnungszeitraum.

^V Für die Hilfeleistung bei sonstigen Tätigkeiten im Zusammenhang mit dem Lohnsteuerabzug und der Lohnbuchführung erhält der Steuerberater die Zeitgebühr.

^{VI} Mit der Gebühr nach den Absätzen 2 bis 4 sind die Gebühren für die Lohnsteueranmeldung (§ 24 Abs. 1 Nr. 15) abgegolten.

StBGebV § 35. Abschlußarbeiten. ^I Die Gebühr beträgt für
1. a) die Aufstellung eines Jahresabschlusses (Bilanz und Gewinn- und Verlustrechnung) $10/_{10}$ bis $40/_{10}$
   b) die Erstellung eines Anhangs $2/_{10}$ bis $12/_{10}$
   c) die Erstellung eines Lageberichts $2/_{10}$ bis $12/_{10}$
2. die Aufstellung eines Zwischenabschlusses oder eines vorläufigen Abschlusses (Bilanz und Gewinn- und Verlustrechnung) $5/_{10}$ bis $12/_{10}$
3. a) die Ableitung des steuerlichen Ergebnisses aus dem Handelsbilanzergebnis $2/_{10}$ bis $10/_{10}$
   b) die Entwicklung einer Steuerbilanz aus der Handelsbilanz $5/_{10}$ bis $12/_{10}$
4. die Aufstellung einer Eröffnungsbilanz $5/_{10}$ bis $12/_{10}$
5. die Aufstellung einer Auseinandersetzungsbilanz $5/_{10}$ bis $20/_{10}$
6. den schriftlichen Erläuterungsbericht zu Tätigkeiten nach den Nummern 1 bis 5 $2/_{10}$ bis $12/_{10}$
7. a) die beratende Mitwirkung bei der Aufstellung eines Jahresabschlusses (Bilanz und Gewinn- und Verlustrechnung) $2/_{10}$ bis $10/_{10}$
   b) die beratende Mitwirkung bei der Erstellung eines Anhangs $2/_{10}$ bis $4/_{10}$
   c) die beratende Mitwirkung bei der Erstellung eines Lageberichts $2/_{10}$ bis $4/_{10}$
8. die Zusammenstellung eines Jahresabschlusses (Bilanz und Gewinn- und Verlustrechnung) aus übergebenen Endzahlen (ohne Vornahme von Prüfungsarbeiten) $2/_{10}$ bis $6/_{10}$

einer vollen Gebühr nach Tabelle B (Anlage 2).

RVG § 35   X. Rechtsanwaltsvergütungsgesetz

II ¹Gegenstandswert ist
1. in den Fällen des Absatzes 1 Nr. 1 bis 3, 7 und 8 das Mittel zwischen der berichtigten Bilanzsumme und der betrieblichen Jahresleistung;
2. in den Fällen des Absatzes 1 Nr. 4 und 5 die berichtigte Bilanzsumme;
3. in den Fällen des Absatzes 1 Nr. 6 der Gegenstandswert, der für die dem Erläuterungsbericht zugrunde liegenden Abschlußarbeiten maßgeblich ist.

²Die berichtigte Bilanzsumme ergibt sich aus der Summe der Posten der Aktivseite der Bilanz zuzüglich Privatentnahmen und offener Ausschüttungen, abzüglich Privateinlagen, Kapitalerhöhungen durch Einlagen und Wertberichtigungen. ³Die betriebliche Jahresleistung umfaßt Umsatzerlöse, sonstige betriebliche Erträge, Erträge aus Beteiligungen, Erträge aus anderen Wertpapieren und Ausleihungen des Finanzanlagevermögens, sonstige Zinsen und ähnliche Erträge, Veränderungen des Bestands an fertigen und unfertigen Erzeugnissen, andere aktivierte Eigenleistungen sowie außerordentliche Erträge. ⁴Ist der betriebliche Jahresaufwand höher als die betriebliche Jahresleistung, so ist dieser der Berechnung des Gegenstandswerts zugrunde zu legen. ⁵Betrieblicher Jahresaufwand ist die Summe der Betriebsausgaben einschließlich der Abschreibungen. ⁶Bei der Berechnung des Gegenstandswerts ist eine negative berichtigte Bilanzsumme als positiver Wert anzusetzen. ⁷Übersteigen die betriebliche Jahresleistung oder der höhere betriebliche Jahresaufwand das 5fache der berichtigten Bilanzsumme, so bleibt der übersteigende Betrag bei der Ermittlung des Gegenstandswerts außer Ansatz. ⁸Der Gegenstandswert besteht nur aus der berichtigten Bilanzsumme, wenn die betriebliche Jahresleistung geringer als 3000 Euro ist. ⁹Der Gegenstandswert besteht nur aus der betrieblichen Jahresleistung, wenn die berichtigte Bilanzsumme geringer als 3000 Euro ist.

III Für die Anfertigung oder Berichtigung von Inventurunterlagen und für sonstige Abschlußvorarbeiten bis zur abgestimmten Saldenbilanz erhält der Steuerberater die Zeitgebühr.

StBGebV § 36. Steuerliches Revisionswesen. I Der Steuerberater erhält für die Prüfung einer Buchführung, einzelner Konten, einzelner Posten des Jahresabschlusses, eines Invenbtars, einer Überschussrechnung oder von Bescheinigungen für steuerliche Zwecke und für die Berichterstattung hierüber die Zeitgebühr.

II Der Steuerberater erhält
1. für die Prüfung einer Bilanz, einer Gewinn- und Verlustrechnung, eines Anhangs, eines Lageberichts oder einer sonstigen Vermögensrechnung für steuerliche Zwecke   ²/₁₀ bis ¹⁰/₁₀
einer vollen Gebühr nach Tabelle B (Anlage 2) sowie die Zeitgebühr;
2. für die Berichterstattung über eine Tätigkeit nach Nummer 1 die Zeitgebühr. Der Gegenstandswert bemißt sich nach § 35 Abs. 2.

StBGebV § 37. Vermögensstatus, Finanzstatus für steuerliche Zwecke. ¹Die Gebühr beträgt für
1. die Erstellung eines Vermögensstatus oder Finanzstatus   ⁵/₁₀ bis ¹⁵/₁₀
2. die Erstellung eines Vermögensstatus oder Finanzstatus aus übergebenen Endzahlen (ohne Vornahme von Prüfungsarbeiten)   ²/₁₀ bis ⁶/₁₀
3. den schriftlichen Erläuterungsbericht zu den Tätigkeiten nach Nummer 1   ²/₁₀ bis ⁶/₁₀
einer vollen Gebühr nach Tabelle B (Anlage 2). ²Gegenstandswert ist für die Erstellung eines Vermögensstatus die Summe der Vermögenswerte, für die Erstellung eines Finanzstatus die Summe der Finanzwerte.

StBGebV § 38. Erteilung von Bescheinigungen. I ¹Der Steuerberater erhält für die Erteilung einer Bescheinigung über die Beachtung steuerrechtlicher Vorschriften in Vermögensübersichten und Erfolgsrechnungen 1 Zehntel bis 6 Zehntel einer vollen Gebühr nach Tabelle B (Anlage 2). ²Der Gegenstandswert bemißt sich nach § 35 Abs. 2.

ᴵᴵ Der Steuerberater erhält für die Mitwirkung an der Erteilung von Steuerbescheinigungen die Zeitgebühr.

StBGebV § 39. Buchführungs- und Abschlußarbeiten für land- und forstwirtschaftliche Betriebe. ¹ Für Angelegenheiten, die sich auf land- und forstwirtschaftliche Betriebe beziehen, gelten abweichend von den §§ 32, 33, 35 und 36 die Absätze 2 bis 7.

ᴵᴵ Die Gebühr beträgt für

1. laufende Buchführungsarbeiten einschließlich Kontieren der Belege jährlich $3/_{10}$ bis $20/_{10}$
2. die Buchführung nach vom Auftraggeber kontierten Belegen oder erstellten Kontierungsunterlagen jährlich $3/_{10}$ bis $20/_{10}$
3. die Buchführung nach vom Auftraggeber erstellten Datenträgern oder anderen Eingabemitteln für die Datenverarbeitung neben der Vergütung für die Datenverarbeitung und für den Einsatz der Datenverarbeitungsprogramme jährlich $1/_{20}$ bis $16/_{20}$
4. die laufende Überwachung der Buchführung jährlich $1/_{10}$ bis $6/_{10}$

einer vollen Gebühr nach Tabelle D (Anlage 4). Die volle Gebühr ist die Summe der Gebühren nach Tabelle D Teil a und Tabelle D Teil b.

ᴵᴵᴵ ¹Die Gebühr beträgt für

1. die Abschlußvorarbeiten $1/_{10}$ bis $5/_{10}$
2. die Aufstellung eines Abschlusses $3/_{10}$ bis $10/_{10}$
3. die Entwicklung eines steuerlichen Abschlusses aus dem betriebswirtschaftlichen Abschluß oder aus der Handelsbilanz oder die Ableitung des steuerlichen Ergebnisses vom Ergebnis des betriebswirtschaftlichen Abschlusses oder der Handelsbilanz $3/_{20}$ bis $10/_{20}$
4. die beratende Mitwirkung bei der Erstellung eines Abschlusses $1/_{20}$ bis $10/_{20}$
5. die Prüfung eines Abschlusses für steuerliche Zwecke $1/_{10}$ bis $8/_{10}$
6. den schriftlichen Erläuterungsbericht zum Abschluß $1/_{10}$ bis $8/_{10}$

einer vollen Gebühr nach Tabelle D (Anlage 4). ²Die volle Gebühr ist die Summe der Gebühren nach Tabelle D Teil a und Tabelle D Teil b.

ᴵⱽ Die Gebühr beträgt für

1. die Hilfeleistung bei der Einrichtung einer Buchführung $1/_{10}$ bis $6/_{10}$
2. die Erfassung der Anfangswerte bei Buchführungsbeginn $3/_{10}$ bis $15/_{10}$

einer vollen Gebühr nach Tabelle D Teil a (Anlage 4).

ⱽ ¹Gegenstandswert ist für die Anwendung der Tabelle D Teil a die Betriebsfläche. ²Gegenstandswert für die Anwendung der Tabelle D Teil b ist der Jahresumsatz zuzüglich der Privateinlagen, mindestens jedoch die Höhe der Aufwendungen zuzüglich der Privatentnahmen. ³Im Falle des Absatzes 3 vermindert sich der 100 000 Euro übersteigende Betrag auf die Hälfte.

ⱽᴵ Bei der Errechnung der Betriebsfläche (Absatz 5) ist

1. bei einem Jahresumsatz bis zu 1000 Euro je Hektar das Einfache,
2. bei einem Jahresumsatz über 1000 Euro je Hektar das Vielfache, das sich aus dem durch 1000 geteilten Betrag des Jahresumsatzes je Hektar ergibt,
3. bei forstwirtschaftlich genutzten Flächen die Hälfte,
4. bei Flächen mit bewirtschafteten Teichen die Hälfte,
5. bei durch Verpachtung genutzten Flächen ein Viertel

der tatsächlich genutzten Flächen anzusetzen.

ⱽᴵᴵ Mit der Gebühr nach Absatz 2 Nr. 1, 2 und 3 ist die Gebühr für die Umsatzsteuervoranmeldungen (§ 24 Abs. 1 Nr. 7) abgegolten.

1) Systematik. Der Anwalt darf unbeschränkt in einer Steuersache helfen, § 3 Z 1 StBerG. § 35 RVG macht diejenigen Teile der zugehörigen StBGebV entsprechend anwendbar, die solche Tätigkeiten erfassen, für die es im RVG sonst keine genauen Vorschriften gäbe. Im restlichen Gesamtbereich einer steuerlichen Anwaltstätigkeit gilt das RVG direkt. Das gilt auch insoweit, als auch die StBGebV ähnliche Regelungen enthält. Man prüft also zunächst, ob §§ 10–13, 23–39 StBGebV anwendbar sind, und man prüft mangels deren Anwendbarkeit nicht anhand der restlichen StBGebV weiter, sondern wendet dann das RVG an, etwa bei Auslagen.

2 2) **Regelungszweck.** Die Vorschrift bezweckt die gebührenrechtliche Gleichstellung des Anwalts mit dem Steuerberater. In diesem Sinn ist § 35 auslegbar.

3 3) **Geltungsbereich.** Vgl bei den in § 35 genannten Vorschriften der StBGebV. Die Vorschrift gilt auch für einen zum Betreuer bestellten solchen Anwalt, der zu den von § 3 StBerG erfaßten Personen zählt, LG Düss RR **08**, 1606.

4 4) **Gegenstandswert.** Er ergibt sich aus dem Interesse des Auftraggebers.

Schiedsrichterliche Verfahren und Verfahren vor dem Schiedsgericht

36 [I] Teil 3 Abschnitt 1 und 2 des Vergütungsverzeichnisses ist auf die folgenden außergerichtlichen Verfahren entsprechend anzuwenden:
1. schiedsrichterliche Verfahren nach dem Buch 10 der Zivilprozessordnung und
2. Verfahren vor dem Schiedsgericht (§ 104 des Arbeitsgerichtsgesetzes).

[II] Im Verfahren nach Absatz 1 Nr. 1 erhält der Rechtsanwalt die Terminsgebühr auch, wenn der Schiedsspruch ohne mündliche Verhandlung erlassen wird.

Vorbem. I Z 1 sprachlich klargestellt dch Art 20 Z 5 des 2. JuMoG v 22. 12. 06, BGBl 3416, in Kraft seit 31. 12. 06, Art 28 I des 2. JuMoG.

Schrifttum: *Enders* JB **98**, 169, 281 (Üb); *Schwab/Walter*, Schiedsgerichtsbarkeit, 7. Aufl 2005.

Gliederung

1) Systematik, I, II	1
2) Regelungszweck, I, II	2
3) Geltungsbereich, I, II	3, 4
A. Anwendbarkeit	3
B. Unanwendbarkeit	4
4) Gebühren, I, II	5–12
A. Grundsatz: Möglichkeit mehrerer Gebühren, I	5
B. Verfahrensgebühr, I	6
C. Terminsgebühr, I, II	7–9
D. Einigungsgebühr, I	10
E. Berufung, Revision, I, II	11
F. Weitere Einzelfragen, I, II	12
5) Gegenstandswert, I, II	13
6) Kostenerstattung, I, II	14

1 1) **Systematik, I, II.** Die Vorschrift enthält formell vor § 34, VV 2100ff vorrangige Sonderregeln, VV amtliche Vorbemerkung 2 I. Infolge der weitgehenden Verweisungen handelt es sich sachlich aber um bloße Klarstellungen. Das gilt freilich nicht für die den Anwalt besonders begünstigende Regelung in II. Bei einer bloßen Einzeltätigkeit gilt VV 3326. § 11 ist unanwendbar, KG JB **98**, 307.

2 2) **Regelungszweck, I, II.** Ob man das schiedsrichterliche Verfahren dem staatlichen Zivilprozeß vergütungsmäßig grundsätzlich gleichstellen sollte, läßt sich keineswegs stets einfach beantworten. Die Aufgaben des Anwalts von dem Schiedsgericht dürften durchweg diffiziler sein. Das gilt schon im Hinblick auf verborgene Befangenheitsgefahren. Sie dürften im schiedsrichterlichen Verfahren noch stärker als im Zivilprozeß eintreten.

Der *Gegenstandswert* läßt sich zwar großzügig festlegen. Er ist aber auch kein legitimes Steuerungsmittel für die ihm ja formell erst folgenden Gebührenhöhen. Andererseits darf man die Parteien eines schiedsrichterlichen Verfahrens nun auch nicht für eine solche Verfahrenswahl kostenmäßig überbelasten. Alles das sollte man bei der Auslegung insbesondere der in Bezug genommenen Vorschriften etwa über die Tätigkeit im Beweisverfahren oder bei einer rechtlichen Erörterung mitbedenken.

3) Geltungsbereich, I, II. Es lassen sich zwei Fallgruppen unterscheiden. 3
A. Anwendbarkeit. Die Vorschrift bezieht sich zunächst nach I Z 1 auf das schiedsrichterliche Verfahren nach §§ 1025 ff ZPO vor dem nach § 1029 ZPO vereinbarten oder durch eine letztwillige Verfügung oder Satzung nach § 1066 ZPO bestimmten Schiedsgericht von der Auftragserteilung bis zur Verfahrensbeendigung nach § 1056 ZPO. Sie gilt darüber hinaus auch für ein Verfahren vor einem gesetzlich eingesetzten Schiedsgericht, auf das §§ 1025 ff ZPO anwendbar sind, etwa nach § 8 G über die Verbände der gesetzlichen Krankenkassen vom 17. 8. 55, BGBl 524, geändert am 20. 12. 88, BGBl 2477/2572. Sie gilt schließlich nach I Z 2 für das Verfahren vor dem Schiedsgericht der §§ 104 ff ArbGG.

B. Unanwendbarkeit. In einem Verfahren wegen des Schiedsrichtervertrags gelten für eine außergerichtliche Tätigkeit des Anwalts §§ 1029 ff ZPO sowie § 34, VV 2100 ff (hilfsweise, Rn 1) und im Rechtsstreit vor dem Staatsgericht nach § 1032 II, 1040 II, III, 1041, 1059, 1060, 1061 III, 1065 ZPO über die Schiedsvereinbarung oder den Schiedsrichtervertrag VV 3100–3213 infolge der Verweisung auf sie in I unmittelbar. Im Verfahren über die Vollstreckbarerklärung eines Schiedsspruchs oder eines Anwaltsvergleichs nach §§ 796 a–c ZPO gilt VV 3327 als eine gegenüber § 36 vorrangige Sonderregelung. Bei einem bloßen Schiedsgutachten gilt VV 2300. Das gilt auch bei einem internationalen Schiedsgericht. 4

Soweit der Anwalt lediglich im Verfahren auf eine gerichtliche Entscheidung über die *Bestellung oder Ablehnung* eines Schiedsrichters oder Ersatzschiedsrichters nach §§ 1034 II, 1035 III, IV, 1037, 1039 ZPO oder über die Beendigung des Schiedsrichteramts nach § 1038 I ZPO oder zur Unterstützung bei der Beweisaufnahme durch das Staatsgericht oder bei der Vornahme einer sonstigen Handlung des Staatsgerichts nach § 1050 ZPO tätig wird, enthalten VV 3327, 3332 ebenfalls eine gegenüber § 36 vorrangige Sonderregelung. Soweit der Anwalt allerdings ein ProzBev ist und in diesem Zusammenhang auch nach VV 3327, 3332 tätig wird, sind teilweise (jetzt) §§ 16, 17 anwendbar, Ffm AnwBl *79*, 116, Karlsr JB *75*, 481.

4) Gebühren, I, II. Der folgende Grundsatz wirkt sich bei allen Gebührenarten aus. 5

A. Grundsatz: Möglichkeit mehrerer Gebühren, I. VV 3100–3213 ff gelten entsprechend. Es können grundsätzlich alle dort genannten Gebühren entstehen. Die Gebühren entstehen grundsätzlich in voller Höhe.

B. Verfahrensgebühr, I. Die Verfahrensgebühr entsteht mit jeder auftragsgemäßen Tätigkeit des Anwalts im schiedsrichterlichen Verfahren, auch vor dem Staatsgericht, § 16 Z 8. Dazu gehört bereits die Entgegennahme der Information. Das Verfahren beginnt mit dem Antrag auf die Einberufung des Schiedsgerichts. Der Verfahrensauftrag kann also schon vorher erfolgen. Der Rechtszug endet mit der Übersendung des Schiedsspruchs, § 1054 IV ZPO, oder des Beschlusses der Feststellung der Beendigung des Verfahrens nach § 1056 ZPO. § 19 ist beachtlich. Bei einer vorzeitigen Auftragsbeendigung ist VV 3101 anwendbar. 6

C. Terminsgebühr, I, II. Die Terminsgebühr entsteht nach I Z 1, II nicht nur dann, wenn das Schiedsgericht eine mündliche Verhandlung durchführt, sondern als eine Ausnahme von VV 3104 I auch ohne eine solche, falls nur das Schiedsgericht überhaupt anschließend einen Schiedsspruch erläßt. Das beruht darauf, daß das Schiedsgericht sein Verfahren grundsätzlich gemäß §§ 1042 III, IV, 1047 ZPO nach seinem freien Ermessen bestimmen kann, daß es also grundsätzlich keine mündliche Verhandlung vornehmen muß, sondern das erforderliche rechtliche Gehör nach §§ 1042 I 2, 1047 I ZPO auch schriftlich gewähren kann. 7

Nach *§ 105 ArbGG* ist allerdings eine mündliche Verhandlung notwendig. Daher gilt II nicht im Fall I Z 2.

Ein *Termin* liegt schon dann vor, wenn eine Erörterung des Streitstoffs erfolgt, VV amtliche Vorbemerkung 3 III Hs 1 Fall 1. Das kann schon zwecks einer Vermeidung des Antrags auf eine Einberufung des Schiedsgerichts geschehen. Im übrigen braucht der Anwalt nur im Termin verhandlungsbereit zu erscheinen, auch bei einer gegnerischen Säumnis. Ein Sachantrag ist nicht erforderlich. Vielmehr genügt die bloße Terminswahrnehmung. VV 3105 ist anwendbar.

8 Eine Terminsgebühr entsteht nach VV amtliche Vorbemerkung 3 III Hs 1 Fall 3 auch, sobald der Anwalt als ProzBev den Antraggeber in einem *Beweis*aufnahmeverfahren vor dem Schiedsgericht vertritt. Es kann sich um eine Beweisaufnahme mit gesetzlichen Beweismitteln handeln. Wegen der weitgehenden Gestaltungsfreiheit des Schiedsgerichts bei seinem Verfahren darf man an die Entstehung der Terminsgebühr dann erst recht nur geringe Anforderungen stellen. Wegen einer staatsrichterlichen Unterstützung der schiedsrichterlichen Beweisaufnahme usw Rn 3.

9 Auch eine *Erörterung* oder Besprechung mit zumindest auch einem Verfahrensbeteiligten außer dem Auftraggeber ohne eine Beteiligung des Schiedsgerichts zwecks einer Vermeidung oder Erledigung des schiedsrichterlichen Verfahrens kann nach VV amtliche Vorbemerkung 3 III Hs 1 Fall 2, Hs 2 eine Terminsgebühr entstehen lassen. Man darf sie nicht schon kraft Gesetzes auf die Verfahrensgebühr anrechnen.

Eine Terminsgebühr entsteht für den im schiedsrichterlichen Verfahren tätigen Anwalt schon dann, wenn das *Staatsgericht* nach § 1050 ZPO in einem Termin tätig wird. Denn nach § 15 II kommt dieselbe Gebührenart je Angelegenheit nur einmal in Betracht, und nach § 16 Z 8 bildet das schiedsrichterliche Verfahren mit dem staatsgerichtlichen nach § 1050 ZPO dieselbe Angelegenheit.

Mehr als ein bloßes Betreiben des Geschäfts ist freilich auch bei II notwendig. Sonst würde eine Terminsgebühr automatisch neben jeder Verfahrensgebühr entstehen. Das kann nicht der Sinn von II sein.

10 **D. Einigungsgebühr, I.** Eine solche Gebühr kann unter den Voraussetzungen VV 1000 wegen einer gerichtlichen oder außergerichtlichen Einigung entstehen. Dann kann eine Ermäßigung entsprechend VV 1003 bei einer außerschiedsgerichtlichen Einigung eintreten, Hilger JB **08**, 287, aM BJBCMU 23, RS 12 (aber Teil 1 und daher auch VV 1003 gilt nach seiner amtlichen Vorbemerkung 1 *neben* den in § 36 I genannten Teilen 3 Abschnitt 1, 2 des VV. Daher ist unerheblich, daß kein staatsgerichtliches Verfahren vorliegt, aM GS 14).

11 **E. Berufung, Revision, I, II.** Soweit die Schiedsvereinbarung oder das gesetzliche schiedsrichterliche Verfahren mehrere Rechtszüge vorsieht, erhöhen sich nach I die Gebühren im Berufungs- und Revisionsverfahren nach VV 3200–3213. Im Verfahren auf die Zulassung der Sprungrevision sind VV 3206ff nach der amtlichen Vorbemerkung 3.2 I ebenfalls anwendbar. II gilt auch in der Rechtsmittelinstanz.

12 **F. Weitere Einzelfragen, I, II.** Auch im schiedsrichterlichen Verfahren können für den lediglich mit Einzeltätigkeiten beauftragten Anwalt zB VV 3330, 3401, 3402–3405 anwendbar sein.

13 5) **Gegenstandswert, I, II.** Das Schiedsgericht darf den Wert nicht selbst festsetzen, BGH NJW **85**, 1903 (§ 41 ZPO). Es ist aber im allseitigen Einverständnis eine Wertvereinbarung möglich, Enders JB **98**, 172. Andernfalls muß das Staatsgericht tätig werden. Zur Bemessung des Werts durch das Staatsgericht § 48 GKG Anh I Rn 96ff (§ 3 ZPO) „Schiedsrichterliches Verfahren", Teil I A dieses Buchs.

14 6) **Kostenerstattung, I, II.** Mangels einer abweichenden Regelung in der Schiedsvereinbarung kann das Schiedsgericht ohne eine Bindung an §§ 91ff ZPO über die Kostenverteilung nach § 1057 ZPO nach seinem pflichtgemäßen Ermessen unter einer Berücksichtigung der Umstände und insbesondere des Verfahrensausgangs entscheiden. Es kann zB vermeidbare Kosten auferlegen und erstattungsfähige streichen, BLAH § 1057 ZPO Rn 2, 3. Dazu kommt auch nach § 1057 II 2 ZPO eine Ergänzung des Schiedsspruchs infrage, BGH JZ **57**, 185. Ist die Kostenfestsetzung unterblieben oder erst nach der Beendigung des schiedsrichterlichen Verfahrens möglich, ergeht hierüber nach § 1057 II 2 ZPO eine gesonderte Entscheidung.

Abschnitt 6. Gerichtliche Verfahren

Verfahren vor den Verfassungsgerichten

37 [1] Die Vorschriften für die Revision in Teil 4 Abschnitt 1 Unterabschnitt 3 des Vergütungsverzeichnisses gelten entsprechend in folgenden Verfahren vor dem Bundesverfassungsgericht oder dem Verfassungsgericht (Verfassungsgerichtshof, Staatsgerichtshof) eines Landes:

Abschnitt 6. Gerichtliche Verfahren   **§ 37 RVG**

1. **Verfahren über die Verwirkung von Grundrechten, den Verlust des Stimmrechts, den Ausschluss von Wahlen und Abstimmungen,**
2. **Verfahren über die Verfassungswidrigkeit von Parteien,**
3. **Verfahren über Anklagen gegen den Bundespräsidenten, gegen ein Regierungsmitglied eines Landes oder gegen einen Abgeordneten oder Richter und**
4. **Verfahren über sonstige Gegenstände, die in einem dem Strafprozess ähnlichen Verfahren behandelt werden.**

II ¹In sonstigen Verfahren vor dem Bundesverfassungsgericht oder dem Verfassungsgericht eines Landes gelten die Vorschriften in Teil 3 Abschnitt 2 Unterabschnitt 2 des Vergütungsverzeichnisses entsprechend. ²Der Gegenstandswert ist unter Berücksichtigung der in § 14 Abs. 1 genannten Umstände nach billigem Ermessen zu bestimmen; er beträgt mindestens 4000 Euro.

Schrifttum: *Dörr*, Die Verfassungsbeschwerde in der Prozeßpraxis, 2. Aufl 1997; *Gusy*, Die Verfassungsbeschwerde, 1988, Rn 253–259; *Zuck*, Das Recht der Verfassungsbeschwerde, 2. Aufl 1988, Rn 997–1036.

Gliederung

1) Systematik, I, II	1
2) Regelungszweck, I, II	2
3) Strafprozeßähnliches Verfahren, I	3
4) Sonstiges Verfahren, II 1	4–6
5) Gegenstandswert, II 2	7–9
A. Ermessen	8
B. Wertfestsetzung	9
6) Kostenerstattung, I, II	10

1) Systematik, I, II. Die Vorschrift regelt die Vergütung des Anwalts für jede Tätigkeit in allen Verfahren vor dem BVerfG oder vor dem Staats- oder Verfassungsgerichtshof eines Landes, auch nach VV amtliche Vorbemerkung 4 I als ein Beistand oder Vertreter eines Beteiligten, eines Verletzten, eines Zeugen oder Sachverständigen. Ein Äußerungsberechtigter ist ein Beteiligter, BVerfG NJW **97**, 233. Daneben gelten die sonstigen Vorschriften des RVG, soweit die Besonderheiten des Verfahrens vor dem VerfG es zulassen. Jedes Verfahren ist eine selbständige Gebührenangelegenheit nach § 15 II 1, BVerfG **53**, 334. Das gilt auch für das Normenkontrollverfahren auf Grund einer Vorlage nach Art 100 I GG (§ 13 Z 11 BVerfGG), BVerfG **53**, 332. Vertritt der Anwalt mehrere Beschwerdeführer in einer gegen eine Rechtsnorm gerichteten Verfassungsbeschwerde, fällt keine erhöhte Verfahrensgebühr an, (zum alten Recht) BVerfG RR **01**, 139. Für die Erstattung von Dokumentenauslagen gilt (jetzt) VV 7000, BVerfG NJW **97**, 2669. § 3 a ist anwendbar.

Wegen der *Gerichtskosten* gelten § 34 I BVerfGG (grundsätzliche Kostenfreiheit), § 34 II, III BVerfGG (Mißbrauchsgebühr), § 38 GKG Anh, Teil I A dieses Buchs. Vgl auch Rn 10.

2) Regelungszweck, I, II. Die Vorschrift bezweckt eine angemessene Vergütung 2 des Anwalts für eine solche Tätigkeit, die oft in ihrer Reichweite über den bestimmten Einzelfall ganz erheblich hinaus geht und schon deshalb eine ganz ungewöhnliche Leistung erfordert. Das muß man bei der Auslegung erheblich mitbeachten.

3) Strafprozeßähnliches Verfahren. I. Das ist ein solches Verfahren, in dem 3 insgesamt oder für einzelne Maßnahmen die StPO anwendbar ist, etwa bei § 13 Z 1, 2, 4, 9, § 28 I BVerfG. Die Aufzählung ist nicht erschöpfend, I Z 4. Die Regelung in I gilt zB für „ähnliche" Verfahren etwa auf eine Erzwingung der Strafverfolgung wegen eines Verfassungsverstoßes (§ 38 Hess StGHG) und für Anklagen gegen ein Mitglied des Rechnungshofes (§ 14 Z 6 Hbg VerfGG). Maßgebend sind die Gebührenvorschriften für die Revision in Strafsachen, VV 4100, 4101, 4104, 4105, 4130–4135 entsprechend. Wenn das Gericht einen Verteidiger beiordnet (nicht im Normenkontrollverfahren auf Antrag eines Strafgerichts, BVerfG **1**, 108), gelten auch §§ 45 ff. Wegen der Einzelheiten vgl die Erläuterungen zu diesen Vorschriften. Die Gebühren sind Pauschgebühren. Ihre Bemessung richtet sich nach § 48. Vgl aber auch Rn 2. Bei einer Vertretung mehrerer Auftraggeber ist (jetzt) § 7 anwendbar, VGH Mü AnwBl **92**, 499. VV 1008 ist also anwendbar, Rn 5.

RVG § 37   X. Rechtsanwaltsvergütungsgesetz

4   **4) Sonstiges Verfahren, II 1.** Das ist jedes nicht unter Rn 3 fallende. Die Gebührenregelung entspricht VV 3206–3213, weil diese Verfahren den Verfahren vor den Verwaltungsgerichten ähneln. Dazu gehören Verfahren wegen Wahlprüfungen nach § 13 Z 3 BVerfGG, Organstreitigkeiten nach § 13 Z 5 BVerfGG, abstrakte und konkrete Normenkontrollverfahren gemäß Art 100 GG nach § 13 Z 6 und 11 BVerfGG, öffentlichrechtliche Streitigkeiten zwischen dem Bund und den Ländern nach § 13 Z 7 und 8 BVerfGG oder zwischen den Ländern oder innerhalb desselben Landes und Verfassungsbeschwerden nach § 90 BVerfGG. VV 3206–3213 sind auch dann anwendbar, wenn für das Ausgangsverfahren Rahmengebühren gelten, Wilm SozVers **93**, 113.

5   Wegen der *Einzelheiten* vgl die Erläuterungen zu VV 3206–3213. Eine Terminsgebühr kann auch ohne eine mündliche Verhandlung entstehen. Denn II 1 verweist auch auf VV 3210, 3213 und wegen der dortigen amtlichen Anmerkungen auf VV 3104, 3106. Das gilt freilich bei einer Verfassungsbeschwerde nicht, weil dort eine Verhandlung nicht stets notwendig, sondern nur nach dem Gerichtsermessen möglich ist, BVerfG **41**, 228. VV 3208 ist auch auf den nicht beim BGH zugelassenen Anwalt anwendbar, RS 10, aM HRS 8 (aber es gibt keine besondere Zulassung nur vor dem BVerfG oder dem Verfassungsgericht eines Landes). Im Verfahren über eine Verfassungsbeschwerde kann ohne eine mündliche Verhandlung keine Terminsgebühr entstehen, (zum alten Recht) BVerfG **41**, 228. VV 1008 ist grundsätzlich anwendbar, (zum alten Recht) BVerfG RR **01**, 139, VGH Mü AnwBl **92**, 499, nicht aber bei derselben Verfassungsbeschwerde, BVerfG Rpfleger **98**, 82.

6   Wenn das Gericht den Anwalt im Weg der *Prozeß- oder Verfahrenskostenhilfe* beigeordnet hat, BVerfG **79**, 252, entstehen Gebühren nach §§ 45 ff. Für Auslagen gilt (jetzt) § 46, BVerfG **36**, 308 (Wahrnehmung eines Verkündungstermins).

     Es gibt *keine Anrechnung*. Vielmehr stellt das Verfahren vor einem Verfassungsgericht stets eine besondere Angelegenheit dar, Rn 7.

7   **5) Gegenstandswert, II 2,** dazu *Kakeldey* AnwBl **96**, 229: Jedes Verfahren bildet eine eigene gebührenrechtliche Angelegenheit nach § 15 II 1, Rn 1. Die Gebühren VV 3206–3213 bestimmen sich nach dem Gegenstandswert, § 22. Da aber ein Verfassungsgericht in der Regel, zB § 34 I BVerfGG, keine Gerichtsgebühren erhebt, schafft II 2 eine Sondervorschrift für die Bemessung des Gegenstandswertes, krit zum Ansatz des Mindeststreitwerts Kakeldey AnwBl **96**, 229. Die Vorschrift gilt im Verfahren der konkreten Normenkontrolle nach Art 100 I GG auch für den Anwalt eines Äußerungsberechtigten, BVerfGG **53**, 334, mag auch der Gegenstandswert (Streitwert) des ausgesetzten Prozesses wesentlich geringer sein.

8   **A. Ermessen.** Die Bemessungsgrundsätze entsprechen denjenigen des § 14 I. Das BVerfG bestimmt den Gegenstandswert nach II 2 durch sein „billiges", in Wahrheit wie stets pflichtgemäßes Ermessen, BVerfG NJW **80**, 1566, VerfGH Potsd NVwZ-RR **09**, 662. Es geht dabei teilweise eigene Wege, BVerfG **79**, 369, Kakeldey AnwBl **96**, 229, Zuck (vor Rn 1) 1006 ff. Gegen sie bestehen in folgender Hinsicht Bedenken: Ob die Verfassungsbeschwerde erfolgreich oder erfolglos war und ob der Senat oder die Kammer die Entscheidung getroffen hat, muß bei der Bemessung des Gegenstandswerts außer Betracht bleiben. Denn die „Bedeutung der Angelegenheit" hängt nicht allein von diesen Umständen ab, aM GS 22. Ein „Erfolgshonorar" ist dem Kostenrecht fremd, aM BVerfG NVwZ-RR **01**, 281, Kakeldey AnwBl **96**, 229.

     Eine *einstweilige Anordnung* mag 10%–50% der Hauptsache wert sein.

     Ferner ist der *Mindestbetrag* von 4000 Euro lediglich eine *Untergrenze*, BVerfG AnwBl **80**, 358, VerfGH Brdb NVwZ-RR **04**, 154. Man sollte sie auch bei einer bloßen Geringfügigkeit der Sache nicht unterschreiten, BVerfG AnwBl **80**, 358, Zuck AnwBl **78**, 333. Die Untergrenze gilt auch bei der Nichtannahme einer Verfassungsbeschwerde, BVerfG NJW **00**, 1399. Sie ist aber auch kein Regelwert für eine nicht zur Entscheidung angenommene Verfassungsbeschwerde. Auch dann können die Bedeutung der Sache und der Umfang und die Schwierigkeit der anwaltlichen Tätigkeit zu einer höheren Bewertung führen, BVerfG NJW **95**, 1737, VerfGH Brdb NVwZ-RR **04**, 154, Kakeldey AnwBl **96**, 229. Bei einer Stattgabe sind meist ca 8000 EUR angemessen, evtl mehr, soweit die Verfassungsrechtsfrage über den Rechtskreis des Beschwerdeführers weit hinausreicht, BVerfG NJW **06**, 2249. Zum Sonderfall der kommunalen Verfassungsbeschwerde NWVerfGH NVwZ-RR **98**, 151.

Bei der *Bedeutung* der Sache muß man auch die Auswirkungen auf die wirtschaftlichen Verhältnisse und auf die Stellung und das Ansehen mitbeachten, BVerfG NJW **89**, 2047. Beachtbar sind auch etwaige Auswirkungen über das Interesse des Antragstellers hinaus, BVerfG NJW **00**, 1399, etwa die Gesetzeskraft der Entscheidung nach § 31 II BVerfGG.

Beim *Umfang und der Schwierigkeit* der Sache kommt es auch darauf an, ob der Anwalt ausreichend gründlich gearbeitet hat, BVerfG NJW **89**, 2047.

B. Wertfestsetzung. Die Festsetzung des Gegenstandswerts der Tätigkeit des Anwalts erfolgt wegen der Gerichtskostenfreiheit, Rn 1, nach § 33 I, II, VI durch das Verfassungsgericht, BVerfG **53**, 332. Das gilt auch bei einer Honorarvereinbarung, BVerfG **21**, 190. Nur wenn der Kostenrechnung ein höherer Gegenstandswert als der Mindestwert zugrunde liegt, ist ein entsprechender Festsetzungsantrag zulässig, BVerfG NJW **00**, 1399. Zu den Antragsberechtigten nach (jetzt) § 33 II 2 gehören der Anwalt in einer eigenen Sache, BVerfG **53**, 212, und im Verfahren nach Art 100 I GG auch der im Ausgangsverfahren beauftragte Anwalt, BVerfG **53**, 332, evtl auch der bevollmächtigte Hochschullehrer. Dieser hat aber in einer eigenen Sache kein Rechtsschutzbedürfnis für die Festsetzung, BVerfG **70**, 410.

Zuständig für die Festsetzung sind auch die Kammern, § 15a BVerfGG, BVerfG NJW **86**, 2305. Funktionell wird jeweils der Rpfl des Verfassungsgerichts zuständig, § 21 Z 2 RPflG, BVerfG NJW **99**, 778 (zu § 11).

6) Kostenerstattung, I, II. Das Verfahren ist von dem Ausgangsverfahren unabhängig, Mü VersR **79**, 90. Es ist grundsätzlich nach § 34 I BVerfGG kostenfrei. Das Gericht kann aber nach § 34 II BVerfGG eine Mißbrauchsgebühr verhängen, BVerfG NJW **01**, 120. Nach § 34a BVerfGG kommt eine gänzliche oder teilweise Kostenerstattung in Betracht, teils kraft Gesetzes, BVerfG NJW **90**, 2124, teils kraft richterlicher Anordnung, BVerfG NJW **97**, 46 (selten). Erstattungspflichtig ist derjenige, dem man die Rechtsverletzung zuordnen muß, BVerfG NJW **79**, 95. Das Verfassungsgericht kann seine Kostenentscheidung nachträglich klarstellen, BVerfG RR **96**, 138. Mangels einer Entscheidung über eine Erstattung von Auslagen gehören diese zu den Kosten des zugrundeliegenden Verfahrens. Ein bloß zur Äußerung Berechtigter erhält keine Auslagenerstattung, BVerfG NJW **99**, 203. Anwaltskosten sind Auslagen, BVerfG NJW **97**, 2668. Es können mehrere Anwälte notwendig sein, BVerfG NJW **99**, 133.

Verfahren vor dem Gerichtshof der Europäischen Gemeinschaften

38 I ¹In Vorabentscheidungsverfahren vor dem Gerichtshof der Europäischen Gemeinschaften gelten die Vorschriften in Teil 3 Abschnitt 2 des Vergütungsverzeichnisses entsprechend. ²Der Gegenstandswert bestimmt sich nach den Wertvorschriften, die für die Gerichtsgebühren des Verfahrens gelten, in dem vorgelegt wird. ³Das vorlegende Gericht setzt den Gegenstandswert auf Antrag durch Beschluss fest. ⁴§ 33 Abs. 2 bis 9 gilt entsprechend.

II Ist in einem Verfahren, in dem sich die Gebühren nach Teil 4, 5 oder 6 des Vergütungsverzeichnisses richten, vorgelegt worden, sind in dem Vorabentscheidungsverfahren die Nummern 4130 und 4132 des Vergütungsverzeichnisses entsprechend anzuwenden.

III Die Verfahrensgebühr des Verfahrens, in dem vorgelegt worden ist, wird auf die Verfahrensgebühr des Verfahrens vor dem Gerichtshof der Europäischen Gemeinschaften angerechnet, wenn nicht eine im Verfahrensrecht vorgesehene schriftliche Stellungnahme gegenüber dem Gerichtshof der Europäischen Gemeinschaften abgegeben wird.

Gliederung

1) Systematik, I–III	1
2) Regelungszweck, I–III	2
3) Vorabentscheidungsverfahren, I	3–5
A. Gebühren nach dem Gegenstandswert, I 1–3	4
B. Gegenstandswert, I 2, 3	5

    4) **Betragsrahmengebühr, II** 6
    5) **Anrechnung, III** 7
    6) **Kostenerstattung, I–III** 8

1   **1) Systematik, I–III.** Der EuGH gewährt unter anderem einen Rechtsschutz auf Grund von Nichtigkeits-, Untätigkeits- und Amtshaftungsklagen. Er übt Funktionen der Verfassungsgerichtsbarkeit wegen des Verhältnisses zwischen den Gemeinschaften, ihren Mitgliedern und ihren Organen aus. Für die gerichtliche Praxis hat vor allem die in Art 234 EGV und in weiteren Übereinkommen geregelte Zuständigkeit für Vorabentscheidungen eine Bedeutung.

Für das *einzelstaatliche Gericht* hat eine Bedeutung die Auslegung des EG-Vertrags und die Gültigkeit oder Auslegung der Handlungen von Gemeinschaftsorganen oder die Auslegung von Satzungen der Gemeinschaftseinrichtungen. Seine Entscheidung kann innerstaatlich unanfechtbar sein. Dann hat es die Möglichkeit und evtl vor der Nichtanwendung von EU-Recht nach Artt 225 I 1, 234 II, III EGV die Pflicht, die Frage dem EuGH zur Vorabentscheidung vorzulegen, EuGH NJW **88**, 1451, BLAH Anh § 1 GVG Rn 1–15. Das gilt nur dann nicht, wenn der EuGH schon entschieden hat oder wenn die Auslegung keinen vernünftigen Zweifel mehr erlaubt, EuGH NJW **83**, 1257.

Die *Parteien* haben *kein* Vorlagerecht, sondern können nur eine Vorlage anregen. Sie erhalten eine Gelegenheit zur Stellungnahme. Auch ein Schiedsgericht hat keine Vorlagebefugnis. Über die Höhe und Erstattungsfähigkeit der Kosten des Ausgangsverfahrens und des Vorabentscheidungsverfahrens entscheidet der EuGH nicht, weil das die Aufgabe des innerstaatlichen Rechts ist. Die Höhe regelt § 38 in Verbindung mir VV 3200–3213 für das Vorabentscheidungsverfahren, nicht für andere Verfahren (die amtliche Überschrift ist mißverständlich). In ihnen entstehen Gebühren nach dem sinngemäß anwendbaren § 37 II 1 auf Grund eines nach § 37 II 2 bemeßbaren Gegenstandswerts.

2   **2) Regelungszweck, I–III.** Die Vorschrift bezweckt eine angemessene Vergütung für eine Tätigkeit, die ganz außergewöhnlich hohe Anforderungen auch an den mit solchen Fragen häufiger befaßten Anwalt stellt. Das muß man durch eine entsprechend großzügige Handhabung der im VV infrage kommenden Gebührenspannen wie des jeweils maßgeblichen Gegenstandswerts zum Ausdruck bringen.

3   **3) Vorabentscheidungsverfahren, I.** Die Regelung unterscheidet danach, ob im Ausgangsverfahren Gebühren nach dem Gegenstandswert entstehen, I, oder ob Rahmengebühren gelten, II. In beiden Fällen ist das Verfahren vor dem EuGH eine besondere Angelegenheit nach § 15 II 1, Bischof AGS **98**, 49. In ihm entstehen daher neu Gebühren. Die amtliche Vorbemerkung 3 III ist anwendbar.

4   **A. Gebühren nach dem Gegenstandswert, I 1–3.** Es kann um ein Ausgangsverfahren in einen Zivilprozeß oder in der Finanz- oder Verwaltungsgerichtsbarkeit gehen. Für die Gebühren gelten dann VV 3200–3213 entsprechend, I 1. Das gilt unabhängig davon, ob der Anwalt auch im Ausgangsverfahren tätig war oder ist. Es gilt zB dann, wenn der EuGH nur über Fragen zu einem bloßen Teilgegenstand des Ausgangsverfahrens entscheidet, BFH **119**, 397, jedoch wegen der Verfahrensgebühr unter einer Anrechnung der im Ausgangsverfahren entstandenen Verfahrensgebühr, Rn 7. Die Terminsgebühr VV 3210 erfordert keine Antragstellung im Termin. Sie entsteht nach VV amtliche Vorbemerkung B III auch für die Vertretung in einem Verhandlungs-, Erörterungs- oder Beweistermin oder für die Wahrnehmung eines vom gerichtlichen Sachverständigen anberaumten Termins oder für die Mitwirkung an einer Besprechung mit mindestens einem weiteren Beteiligten als dem Auftraggeber zwecks einer Vermeidung oder Erledigung des Verfahrens ohne eine Beteiligung des Gerichts. Sie entsteht nach VV 3104 amtliche Anmerkung auch dann, wenn es keine mündliche Verhandlung gibt. Wegen einer Honorarvereinbarung Plagemann NJW **90**, 2207.

Unanwendbar ist I auf ein direktes Klageverfahren vor dem EuGH etwa nach Artt 226 ff EGV mit dem Ziel einer echten Sach-Endentscheidung, aM Bischof AGS **92**, 50, GS 4 (I entsprechend. Das gelte auch bei einer zugehörigen einstweiligen Anordnung).

Abschnitt 6. Gerichtliche Verfahren §§ 38, 39 RVG

B. Gegenstandswert, I 2, 3. Er bestimmt sich nach den Wertvorschriften für das 5
Ausgangsverfahrens, I 2. Daher sind meist §§ 48 ff GKG, §§ 33 ff FamGKG maßgeblich, (zum alten Recht) BFH BStBl **76** II 714. Dabei kommt es nicht auf die Bedeutung der Entscheidung für die Allgemeinheit an, sondern auf das Interesse des Klägers, BFH **119**, 397. Es kann dabei zu einem Wert unterhalb desjenigen des Ausgangsverfahrens kommen. VV 3208 ist anwendbar wie nach § 37 Rn 5 vor dem BVerfG usw. Soweit das Vorlageverfahren nur einen Teil des Ausgangsverfahrens erfaßt, ist auch nur dieser Teil für den Wert maßgeblich, BFH **119**, 398. Eine den Hauptsachewert übersteigende Bedeutung des Vorlageverfahrens ist aber unerheblich, BFH **119**, 398. Das vorlegende Gericht setzt den Wert. entsprechend § 33 II–IX durch einen Beschluß fest, I 3. Eine entsprechende Anwendung auf andere Vorlageverfahren ist unzulässig, BVerwG BayVBl **89**, 285.

4) Betragsrahmengebühr, II. Im Ausgangsverfahren mag die Gebühr nach VV 6
Teilen 4–6 oder vor einem Sozialgericht als eine sog Betragsrahmengebühr nach Einl II A 12 nur dem Mindest- und Höchstbetrag nach bestimmt sein, also vor allem in Strafsachen, Bußgeld oder bestimmten Sozialgerichtssachen. Dann erhält der Anwalt unabhängig von seiner etwaigen Tätigkeit auch im Ausgangsverfahren für das Vorabentscheidungsverfahren eine Gebühr nach VV 4130, 4132, II. Die Bemessung im Einzelfall richtet sich nach §§ 14, 33 unter einer Beachtung von Rn 2. Eine Festsetzung gegen den Auftraggeber ist nicht möglich, § 11 VIII.

5) Anrechnung, III. Man muß nach III 1 die Verfahrensgebühr des Ausgangsver- 7
fahrens auf diejenige des Verfahrens vor dem EuGH anrechnen, wenn nicht nach III Hs 2 vor dem EuGH eine schriftliche Stellungnahme nach Artt 20, 23 II, 24 EuGH-Satzung und nach ihrem Protokoll erfolgt, Art 103 EuGH-VerfO, FG Mü EFG **89**, 254 (nötig ist die Einhaltung der Zweimonatsfrist seit der Zustellung der Vorlagebeschlusses). Dabei kann sich ergeben, daß der Anwalt für das Vorabentscheidungsverfahren keine weitere Verfahrensgebühr als für das Ausgangsverfahren erhält.

6) Kostenerstattung, I–III. Die Kosten des Vorabentscheidungsverfahrens gehö- 8
ren wie diejenigen anderer Zwischenverfahren zu denjenigen des Ausgangsverfahren. Daher richtet sich die Kostenerstattung nach den Bestimmungen für das Ausgangsverfahren, §§ 61 I 2 ArbGG, 139 ff FGO, 193 SGG, 464a II, 467 StPO, 162 ff VwGO, 91 ff ZPO.

In Scheidungs- und Lebenspartnerschaftssachen beigeordneter Rechtsanwalt

39 *Fassung 1. 9. 2009:* Der Rechtsanwalt, der nach § 138 des Gesetzes über das Verfahren in Familiensachen und in den Angelegenheiten der freiwilligen Gerichtsbarkeit, auch in Verbindung mit § 270 des Gesetzes über das Verfahren in Familiensachen und in den Angelegenheiten der freiwilligen Gerichtsbarkeit, dem Antragsgegner beigeordnet ist, kann von diesem die Vergütung eines zum Prozessbevollmächtigten bestellten Rechtsanwalts und einen Vorschuss verlangen.

Vorbem. Früherer S 1 geändert, früherer S 2 aufgehoben durch Art 47 VI Z 14 a, b FGG-RG v 17. 12. 08, BGBl 2586, in Kraft seit 1. 9. 09, Art 112 I Hs 1 FGG-RG, Übergangsrecht Art 111 FGG-RG, Grdz 2 vor § 1 FamGKG, Teil I B dieses Buchs.

Bisherige Fassung: ¹Der Rechtsanwalt, der nach § 625 der Zivilprozessordnung dem Antragsgegner beigeordnet ist, kann von diesem die Vergütung eines zum Prozessbevollmächtigten bestellten Rechtsanwalts und einen Vorschuss verlangen. ²Die für einen in einer Scheidungssache beigeordneten Rechtsanwalt geltenden Vorschriften sind für einen in einer Lebenspartnerschaftssache beigeordneten Rechtsanwalt entsprechend anzuwenden.

Gliederung

1) Systematik	1
2) Regelungszweck	2
3) Geltungsbereich: Beiordnung	3–5
A. Grundsatz: Gerichtliche Anordnung	3

RVG § 39   X. Rechtsanwaltsvergütungsgesetz

    B. Beiordnungsfolgen 4
    C. Vorschuß 5
    4) **Kostenerstattung** 6

1   **1) Systematik.** Die Vorschrift enthält vorrangige Sonderregeln für den nach § 138 FamFG beigeordneten Anwalt. Sie eröffnet aber auch dem Grunde nach einen Vorschußanspruch. Auf ihn ist im einzelnen § 9 anwendbar. Das gilt auch ohne eine ausdrückliche Verweisung auf die letztere Vorschrift.

2   **2) Regelungszweck.** Die Vorschrift dient im wesentlichen der Klarstellung und Begrenzung, also der Rechtssicherheit. In Verbindung mit der allgemeinen Erkenntnis, daß vorrangige Sonderregeln eng auslegbar sind, sollte man § 39 nicht zu großzügig handhaben. Freilich hat die Bezugnahme in S 1 auf die allgemeinen Vorschriften zugunsten eines ProzBev auch zur Folge, daß die Auslegung der insoweit mitanwendbaren VV 3100 wie sonst erfolgen muß.

3   **3) Geltungsbereich: Beiordnung.** Die Regelung ähnelt derjenigen bei einer Prozeß- oder Verfahrenskostenhilfe nach § 119 ZPO, §§ 76 ff FamFG, § 48 RVG. Man sollte zwei Gesichtspunkte beachten.

    A. Grundsatz: Gerichtliche Anordnung. Wenn in einer Scheidungs- oder Lebenspartnerschaftssache der Antragsgegner keinen Anwalt als seinen Bevollmächtigten bestellt hat, muß das FamG ihm wegen des Anwaltszwangs des § 78 ZPO von Amts wegen zur Wahrnehmung seiner Rechte im ersten Rechtszug wegen des eigenen Antrags und wegen der Regelung der elterlichen Sorge für ein gemeinschaftliches Kind usw einen Anwalt beiordnen, soweit diese Maßnahme nach der freien Überzeugung des Gerichts zum Schutz des Antragsgegners als unabweisbar erscheint, § 138 FamFG, auch in Verbindung mit § 270 FamFG. Der beigeordnete Anwalt hat die Stellung eines Beistands nach §§ 90 ZPO, 138, 270 FamFG, solange ihm der Auftraggeber keine Prozeß- oder Verfahrensvollmacht erteilt hat.

4   **B. Beiordnungsfolgen.** Durch die Beiordnung entsteht unabhängig von einer solchen Vollmacht ein Rechtsverhältnis zwischen dem Staat und dem beigeordneten Anwalt mit einem Vergütungsanspruch nach §§ 45 II, 47 I. Es entsteht freilich nur im Umfang der Beiordnung. Durch die Erteilung der Vollmacht entsteht ein Vertragsverhältnis zwischen dem Begünstigten und dem beigeordneten Anwalt. Es entsteht evtl auch über den Beiordnungsumfang hinaus. Beide Situationen sind mit derjenigen eines bei einer Prozeß- oder Verfahrenskostenhilfe beigeordneten Anwalts weitgehend vergleichbar. Sie weisen auch viele Ähnlichkeiten mit der Beiordnung eines Notarwalts nach § 78 b ZPO auf. Allerdings gilt § 39 nicht bei einer Beiordnung nach §§ 78 b, c ZPO.

    Der beigeordnete Anwalt kann von demjenigen Antragsgegner, dem er beigeordnet ist, dieselbe *gesetzliche Vergütung* nach VV 1000 ff, 3100 ff wie ein solcher Anwalt verlangen, den der Antragsgegner zum ProzBev bestellt hätte, solange der Antragsgegner den beigeordneten Anwalt nicht gerade wegen der Beiordnung auch mit einer Vollmacht versehen hat usw. Er kann dann zB eine Terminsgebühr fordern, soweit er die Rechte des Antragsgegners in dessen Abwesenheit ausübt, Bbg JB **79**, 246, Mümmler JB **81**, 1459. Vom Zeitpunkt einer Vollmacht an kann der beigeordnete Anwalt ohnehin wie jeder privat beauftragte Anwalt vom Auftraggeber die gesetzliche oder die etwa vereinbarte vertragliche Vergütung fordern. Der beigeordnete Anwalt muß sich zunächst stets an den Antragsgegner wenden. Erst beim Zahlungsverzug des Antragsgegners kann der beigeordnete Anwalt seine Vergütung nach § 45 II einschließlich eines Vorschusses von der Landeskasse fordern. Der Anwalt muß den vorgenannten Verzug darlegen und evtl beweisen.

    Keinen Vergütungsanspruch hat der beigeordnete Anwalt gegen den Antrag*steller*. Denn § 126 ZPO ist nicht entsprechend anwendbar.

5   **C. Vorschuß.** Der beigeordnete Anwalt kann auch einen Vorschuß zunächst vom Antragsgegner fordern. Das gilt unabhängig davon, ob er auch schon eine Prozeßvollmacht hat. Diese Sonderregelung findet in § 9 ihre Ergänzung, Rn 1. Als eine Sondervorschrift ist sie eng auslegbar. Das bedeutet: Das Vorschußrecht besteht, soweit das Gericht den Anwalt nach §§ 138, 270 FamFG beigeordnet hat und soweit der Anwalt gerade deshalb tätig wird, also als ein Beistand. Die Fälligkeit richtet sich

nach § 8. Beim nachweisbaren Zahlungsverzug des Antragsgegners kann der beigeordnete Anwalt den Vorschuß auch nach §§ 45 II, 47 I 2 von der Landeskasse fordern.

Soweit der Antragsgegner auch nur auf Grund der Beiordnung des Anwalts diesem einen Antrag zur Vertretung in einer der in §§ *138, 270 FamFG* genannten Sachen erteilt, wird der Anwalt nicht mehr wegen der Beiordnung tätig, sondern auf Grund des nun bestehenden normalen Auftragsverhältnisses. Er kann daher einen Vorschuß nach § 9 fordern.

4) Kostenerstattung. Sie kommt auf Grund einer gerichtlichen Kostenverteilung in Betracht, ferner bei einer Abweisung des Scheidungsantrags. 6

Als gemeinsamer Vertreter bestellter Rechtsanwalt

40 Der Rechtsanwalt kann von den Personen, für die er nach § 67a Abs. 1 Satz 2 der Verwaltungsgerichtsordnung bestellt ist, die Vergütung eines von mehreren Auftraggebern zum Prozessbevollmächtigten bestellten Rechtsanwalts und einen Vorschuss verlangen.

1) Systematik. Sind an einem Rechtsstreit mehr als 20 Personen im gleichen Interesse beteiligt, ohne einen ProzBev zu haben, kann das Gericht ihnen durch einen unanfechtbaren Beschluß aufgeben, innerhalb einer angemessenen Frist einen gemeinsamen Bevollmächtigten zu bestellen, wenn sonst die ordnungsgemäße Durchführung des Rechtsstreits beeinträchtigt wäre, § 67a I 1 VwGO. Wenn sie dieser Anordnung nicht nachkommen, kann das Gericht durch einen weiteren ebenfalls unanfechtbaren Beschluß einen Anwalt als ihren gemeinsamen Vertreter bestellen, § 67a I 2 VwGO. Er oder sein Vertreter ist dann allein befugt, für sie Verfahrenshandlungen vorzunehmen, § 67a I 3, II VwGO, bis die Bestellung eines dann an seine Stelle tretenden anderen Bevollmächtigten erfolgt, § 67a II 2 VwGO. 1

Seine *Vergütung* regelt § 40 als eine vorrangige Spezialvorschrift ähnlich wie §§ 39, 41. Danach muß sich der bestellte Anwalt wegen seiner Vergütung einschließlich eines Vorschusses zunächst an den oder die Vertretenen wenden. Sie sind seine gesetzlichen Kostenschuldner, auch wenn sie mit seiner Bestellung nicht einverstanden sind. Erst beim Verzug auch nur eines von ihnen kann er nach § 45 II die Staatskasse in Anspruch nehmen, Rn 4. Ein Verzug tritt bei einer Nichtzahlung trotz Fälligkeit und Mahnung oder ab der Zustellung eines Vergütungsfestsetzungsbeschlusses ein.

2) Regelungszweck. Die Vorschrift dient der Klärung der Honorarfragen in demjenigen Teil des durch die Bestellung entstandenen Rechtsverhältnisses, der sich zwischen dem bestellten Anwalt und den begünstigten Personen entwickelt. 2

3) Geltungsbereich. Sachlich muß eine Bestellung gerade nach Rn 1, persönlich eine Bestellung gerade eines Anwalts nach § 1 vorliegen. 3

4) Vergütung wie bei mehreren Auftraggebern. Die Gebühren und Auslagen des nach § 67a VwGO bestellten Anwalts richten sich unabhängig von einem Einverständnis der Beteiligten nach § 7, VV 1008, 3100 ff, 7000 ff. Beim Zahlungsverzug auch nur eines der Vertretenen kann der bestellte Anwalt seine Vergütung nach § 45 II von der Landeskasse fordern, GS 8, aM Hansens NJW **91**, 1140 (erst beim Verzug aller. Vgl aber § 7 II), jedoch nur wie ein bei einer Prozeßkostenhilfe beigeordneter Anwalt. Den Rest kann er von den Vertretenen fordern. 4

5) Fälligkeit. Sie ergibt sich aus § 8. 5

6) Vorschuß. Er ist nach §§ 9, 40, 47 I 2 möglich. 6

Prozesspfleger

41 [1]Der Rechtsanwalt, der nach § 57 oder § 58 der Zivilprozessordnung dem Beklagten als Vertreter bestellt ist, kann von diesem die Vergütung eines zum Prozessbevollmächtigten bestellten Rechtsanwalts verlangen. [2]Er kann von diesem keinen Vorschuss fordern. [3]§ 126 der Zivilprozessordnung ist entsprechend anzuwenden.

RVG §§ 41, 42   X. Rechtsanwaltsvergütungsgesetz

1   **1) Systematik, S 1–3.** Die Vorschrift schafft in ihrem Geltungsbereich eine vorrangige Spezialregelung für den sog Prozeßpfleger. Sie steht in einer Anlehnung an §§ 39, 40 neben diesen. S 2 schließt § 9 aus. Die Verweisung auf § 126 ZPO in S 3 bringt dem bestellten Anwalt ein eigenes Beitreibungsrecht.

2   **2) Regelungszweck, S 1–3.** Es gilt im wesentlichen dasselbe wie bei § 39 Rn 2. S 3 dient einer gewissen Entlastung der Staatskasse, BLAH § 126 ZPO Rn 2. Das sollte man bei der Auslegung mitbeachten.

3   **3) Geltungsbereich, S 1–3.** Sachlich muß eine Bestellung nach § 57 oder nach § 58 ZPO vorliegen. Das Prozeßgericht muß also den Anwalt einer nicht prozeßfähigen Partei als einer Bekl ohne einen gesetzlichen Vertreter wegen einer Gefahr im Verzug bis zum Eintritt des gesetzlichen Vertreters bestellt haben. Zu diesen als eine Ausnahme streng handhabbaren Bedingungen BLAH § 57 ZPO Rn 3 ff. Persönlich muß es sich gerade um einen Anwalt nach § 1 handeln. Bei § 58 ZPO muß es sich um einen Prozeß wegen des Rechts an einem herrenlosen Grundstück oder Schiff handeln.

4   **4) Vergütung eines Prozeßbevollmächtigten, S 1.** Es entsteht wie bei § 39 Rn 3 ein Rechtsverhältnis einerseits zwischen dem Staat und dem bestellten Anwalt, andererseits zwischen ihm und der durch die Bestellung begünstigten Partei. Im ersteren hat der Anwalt nach § 45 I Fall 2 einen Vergütungsanspruch gegen die Staatskasse, auch ohne eine Beiordnung durch eine Prozeßkostenhilfe und selbst nach einer Bevollmächtigung durch den mit der Beiordnung Begünstigten. Diesem letzteren gegenüber kann der Anwalt dieselbe gesetzliche Vergütung wie ein solcher Anwalt verlangen, den der Begünstigte zum ProzBev bestellt hätte.

5   **5) Kein Vorschuß, S 2.** Unter einem Ausschluß des § 9 und in einer Abweichung von § 39 S 1, § 40 kann der nach §§ 57 oder 58 ZPO bestellte Anwalt bis zum Erhalt einer etwaigen Prozeßvollmacht keinen Vorschuß fordern. Er handelt ja in einer Situation der Gefahr im Verzug. Dann darf er sein Handeln als ein Organ der Rechtspflege nicht von einem Vorschuß abhängig machen.

6   **6) Beitreibungsrecht, S 3.** Die Vorschrift verweist voll auf § 126 ZPO. Der bestellte Anwalt ist daher berechtigt, seine Gebühren und Auslagen von dem in die Prozeßkosten verurteilten Prozeßgegner des Begünstigten im eigenen Namen beizutreiben, § 126 I ZPO. Die Kostenfestsetzung erfolgt nach §§ 103 ff ZPO. Eine Einrede aus der Person der Partei ist unzulässig, § 126 II ZPO. Der Gegner kann aber nach § 126 II 2 ZPO mit solchen Kosten aufrechnen, die die Partei nach der in demselben Rechtsstreit ergangenen Kostengrundentscheidung erstatten muß. Zu diesen Fragen BLAH §§ 91, 126 ZPO je Rn 3 ff.

Abschnitt 7. Straf- und Bußgeldsachen

Feststellung einer Pauschgebühr

42 I ¹In Strafsachen, gerichtlichen Bußgeldsachen, Verfahren nach dem Gesetz über die internationale Rechtshilfe in Strafsachen und in Verfahren nach dem IStGH-Gesetz stellt das Oberlandesgericht, zu dessen Bezirk das Gericht des ersten Rechtszugs gehört, auf Antrag des Rechtsanwalts eine Pauschgebühr für das ganze Verfahren oder für die einzelnen Verfahrensabschnitte durch unanfechtbaren Beschluss fest, wenn die in den Teilen 4 bis 6 des Vergütungsverzeichnisses bestimmten Gebühren eines Wahlanwalts wegen des besonderen Umfangs oder der besonderen Schwierigkeit nicht zumutbar sind. ²Dies gilt nicht, soweit Wertgebühren entstehen. ³Beschränkt sich die Feststellung auf einzelne Verfahrensabschnitte, sind die Gebühren nach dem Vergütungsverzeichnis, an deren Stelle die Pauschgebühr treten soll, zu bezeichnen. ⁴Die Pauschgebühr darf das Doppelte der für die Gebühren des Wahlanwalts geltenden Höchstbeträge nach den Teilen 4 bis 6 des Vergütungsverzeichnisses nicht übersteigen. ⁵Für den Rechtszug, in dem der Bundesgerichtshof für diese Verfahren zuständig ist, ist er auch für die Entscheidung über den Antrag zuständig.

II ¹Der Antrag ist zulässig, wenn die Entscheidung über die Kosten des Verfahrens rechtskräftig ist. ²Der gerichtlich bestellte oder beigeordnete Rechtsan-

Abschnitt 7. Straf- und Bußgeldsachen § 42 RVG

walt kann den Antrag nur unter den Voraussetzungen des § 52 Abs. 1 Satz 1, Abs. 2, auch in Verbindung mit § 53 Abs. 1, stellen. ³Der Auftraggeber, in den Fällen des § 52 Abs. 1 Satz 1 der Beschuldigte, ferner die Staatskasse und andere Beteiligte, wenn ihnen die Kosten des Verfahrens ganz oder zum Teil auferlegt worden sind, sind zu hören.

III ¹Der Strafsenat des Oberlandesgerichts ist mit einem Richter besetzt. ²Der Richter überträgt die Sache dem Senat in der Besetzung mit drei Richtern, wenn es zur Sicherung einer einheitlichen Rechtsprechung geboten ist.

IV Die Feststellung ist für das Kostenfestsetzungsverfahren, das Vergütungsfestsetzungsverfahren (§ 11) und für einen Rechtsstreit des Rechtsanwalts auf Zahlung der Vergütung bindend.

V ¹Die Absätze 1 bis 4 gelten im Bußgeldverfahren vor der Verwaltungsbehörde entsprechend. ²Über den Antrag entscheidet die Verwaltungsbehörde. ³Gegen die Entscheidung kann gerichtliche Entscheidung beantragt werden. ⁴Für das Verfahren gilt § 62 des Gesetzes über Ordnungswidrigkeiten.

Gliederung

1) Systematik, I–V	1
2) Regelungszweck, I–V	2
3) Persönlicher Geltungsbereich, I–V	3
4) Sachlicher Geltungsbereich: Besonders umfangreiche oder schwierige Straf- oder Bußgeldsache usw., I–V	4–10
A. Grundsatz: Unzumutbarkeit der Normalgebühren	5
B. Beispiele zur Anwendbarkeit von I 1	6–10
5) Unanwendbarkeit bei Wertgebühr, I 2	11
6) Obergrenze der Pauschgebühr, I 4	12
7) Verfahren, I–III	13–22
A. Antrag	14
B. Zuständigkeit des OLG	15
C. Zuständigkeit des BGH	16
D. Zuständigkeit eines sonstigen Gerichts	17
E. Keine Zuständigkeit wegen Vorschusses	18
F. Anhörung	19
G. Prüfungsumfang	20
H. Auslagen	21
I. Entscheidung	22
8) Bindung der Feststellung, IV	23
9) Bußgeldverfahren vor Verwaltungsbehörde, V	24
10) Erstattungstätigkeit, I–V	25

1) Systematik, I–V. Die Vorschrift gilt ebenso wie § 43 nur für den Wahlanwalt. Demgegenüber gilt § 51 nur für den gerichtlich bestellten oder beigeordneten Anwalt. Beide Vorschriften stehen also nebeneinander. Sie haben weitgehend übereinstimmende Inhalte. § 42 ist dem § 51 weitgehend nachgebildet. Im folgenden sind zur Vermeidung von Wiederholungen grundsätzlich nur diejenigen Teile des § 42 näher dargestellt, die von § 51 abweichen. Diese Abweichungen haben freilich teilweise eine grundsätzliche Bedeutung. 1

2) Regelungszweck, I–V. Die Vorschrift dient ähnlichen Zwecken wie § 51 Rn 2. Sie soll auch die Erstattbarkeit einer über den gesetzlichen einfachen Vergütungsmaßstab hinausgehenden vereinbarten Vergütung erleichtern. Denn auch § 42 schafft ja eine gesetzliche und erstattungsfähige Vergütung. 2

Es gibt freilich einen *erheblichen Unterschied*. Der bestellte oder beigeordnete Anwalt erhält nach VV 4100 ff, 5100 ff fast stets eine Festgebühr. Der Wahlanwalt erhält nach denselben Vorschriften durchweg eine Betragsrahmengebühr. Sie erlaubt es schon nach diesen „Normalregeln", die in I 1 genannten Umstände schon weitgehend mitzuberücksichtigen. Daher verbleibt für die Anwendbarkeit bei § 42 von vornherein ein wesentlich engerer Bereich als bei § 51. Das darf und muß man bei der Auslegung ganz wesentlich mitbedenken. Anders ausgedrückt: Unzumutbarkeit nach I 1 liegt bei § 42 wesentlich seltener vor als bei § 51, BGH JB **07**, 531.

Angemessene kostendeckende Vergütung ist trotzdem das Ziel auch beim Wahlanwalt, BVerfG NJW **01**, 1269. Auch das darf und muß man bei der Auslegung stets mitbeachten.

1579

3 3) Persönlicher Geltungsbereich, I–V. Abgesehen von dem in Rn 1 genannten wesentlichen Unterschied zwischen dem hier allein geregelten Wahlanwalt und dem allein in § 51 geregelten gerichtlich bestellten oder beigeordneten Anwalt gilt dasselbe wie bei § 51 Rn 3. § 42 gilt also für: Den Verteidiger; den nur mit einer Einzeltätigkeit beauftragten Anwalt; den Beistand; den Anwalt als den Vertreter eines Privat- oder Nebenklägers oder eines Einziehungsberechtigten oder sonstigen Nebenbeteiligten; den bestellten oder beigeordneten Anwalt nach §§ 52, 53.

4 4) Sachlicher Geltungsbereich: Besonders umfangreiche oder schwierige Straf- oder Bußgeldsache usw, I–V. Es muß eines der in I 1, V aufgezählten Verfahren vorliegen, also: Eine Strafsache; ein gerichtliches Bußgeldverfahren; ein Bußgeldverfahren vor der Verwaltungsbehörde; ein Gnadenverfahren; ein Verfahren nach dem Gesetz über die internationale Rechtshilfe in Strafsachen; ein Verfahren nach dem IStGH-Gesetz. Dabei mag es um das gesamte Verfahren gehen oder nur um einen einzelnen Verfahrensabschnitt.

Besonders umfangreich oder schwierig ist etwas erst dann, wenn es über „normalen" Umfang oder „normale" Schwierigkeiten eindeutig hinausgeht. Denn die „normalen" Grade fallen schon unter VV 4100 ff ohne § 42. Es gelten beim Wahlanwalt praktisch dieselben Erwägungen wie beim nach § 51 geregelten bestellten oder beigeordneten Anwalt, dort Rn 4–23. Man muß eben nur stets mitbedenken, daß schon die Begriffe des besonderen Umfangs und/oder der besonderen Schwierigkeit wegen der durchweg anwendbaren Betragsrahmengebühren enger auslegbar sind als bei § 51.

5 A. Grundsatz: Unzumutbarkeit der Normalgebühren. Es gelten verstärkt die Erwägungen bei § 51 Rn 4–8. Man darf also die Unzumutbarkeit der „Normal"-Gebühren des VV noch weniger rasch feststellen als beim gerichtlich bestellten oder beigeordneten Anwalt. Das gilt umso mehr, als der Wahlanwalt innerhalb eines Rahmens bestimmen kann, wieviel er an Vergütung fordert. Andererseits soll die Zubilligung einer Pauschgebühr auch beim Wahlanwalt nicht praktisch unmöglich sein. Vielmehr muß man unter einer Abwägung der Umstände des § 14 vorgehen, Jena NJW 06, 933. Man muß dann wegen des besonderen Umfangs und/oder der besonderen Schwierigkeit der Tätigkeit hier des Wahlanwalts im fraglichen Verfahrensabschnitt oder gar im gesamten Verfahren klären, ob sogar die Obergrenze der einschlägigen Gebühr(en) des VV doch nur zu einer unzumutbaren Unterbezahlung führt. Würde man praktisch alles mithilfe der Höchstgebühr des VV vergüten können, wäre § 42 überflüssig. So darf man die Vorschrift also eindeutig nicht verstehen. Es bleibt sehr wohl ein Bereich, in dem eine Zubilligung durchaus erforderlich ist.

6–10 B. Beispiele zur Anwendbarkeit von I 1. Die bei § 51 Rn 9–23 genannten Beispiele nebst Fundstellen beziehen sich weitgehend noch auf § 99 I BRAGO. Man muß jetzt bei § 42 außerdem bedenken, daß eben nach Rn 5 der verbleibende Bereich beim Wahlanwalt noch kleiner ist als beim gerichtlich bestellten oder beigeordneten Anwalt. Mit diesen Einschränkungen gelten ähnliche Erwägungen wie bei § 51 Rn 9–23. Auch hier mag es sich um tatsächliche oder rechtliche Umstände handeln. Umfang und Schwierigkeit sind zwei gleichwertige Merkmale. Eines von beiden reicht aus und ist nötig. Nicht ausreichend wäre es, wenn erst bei einer Gesamtbewertung beider Merkmale der erforderliche „besondere" Grad vorliegen würde.

11 5) Unanwendbarkeit bei Wertgebühr, I 2. Eine Pauschgebühr kommt auch bei § 42 selbst unter den Voraussetzungen Rn 1–10 nicht in Betracht, soweit nach dem VV Wertgebühren entstehen. Dieser Begriff gilt nur nach Einl II A 10, 11, also nicht bei einer sog Betragsrahmengebühr nach Einl II A 12. Das würde nämlich zur Folge haben, daß alle solchen Fälle einer Betragsrahmengebühr für eine Pauschgebühr nach § 42 ausfielen. Das ist nicht der Sinn der Vorschrift. Sie soll ja gerade in den für die Tätigkeit des Wahlanwalts fast ausschließlich nach Betragsrahmen „normal" vergütbaren Fällen die wenigen verbleibenden Unzumutbarkeiten verhindern. § 42 gilt also gerade bei einer Betragsrahmengebühr nach VV 4100 ff, 5100 ff. Die Pauschgebühr bleibt dem Wahlanwalt daher nur in den wenigen Fällen VV 4142–4145, 5116 von vornherein versagt.

12 6) Obergrenze der Pauschgebühr, I 4. In einer Abweichung von § 51 bestimmt I 4 beim Wahlanwalt eine absolute Höchstgrenze einer etwaigen überhaupt zulässigen Pauschgebühr. Sie beträgt das Doppelte der für die Gebühren des Wahlanwalts geltenden Höchstbeträge nach VV Teile 4–6. Die Pauschgebühr darf also zB im Fall VV 4112 (Verfahrengebühr im ersten Rechtszug vor der Strafkammer) wegen des dortigen „Normalrahmens" von 40 bis 270 EUR den Betrag von 540 EUR nicht übersteigen. War ein Angeklagter nicht auf freiem Fuß, beträgt demgemäß nach VV 4113 die „Normalgebühr" 40,00 bis 337,50 EUR, die Pauschale also höchstens 675 EUR. Jede Pauschgebühr läßt sich auf diese Weise *gesondert* errechnen. Treffen also zB die zuletzt genannte Verfahrensgebühr und die Terminsgebühr des Wahlanwalts nach VV 4115 für zwei Hauptverhandlungstage zusammen, tritt zu den eben errechneten 675 EUR höchstens für jeden Tag das Doppelte von 587,50 EUR = 1175 EUR hinzu, für zwei Tage also = 2350 EUR, mithin insgesamt 675 + 2350 = 3025 EUR und außerdem bei der Grundgebühr VV 4101 das Doppelte von 375 = 750 EUR. Das alles sind dann die absoluten Höchstwerte einer gesetzlichen, gerichtlich festgestellten Pauschale. Ein darüber hinausgehendes Honorar braucht eine Vereinbarung nach § 4.

7) Verfahren, I–III. Es gelten grundsätzlich dieselben Regeln wie bei § 51 Rn 25–40.   **13**

A. Antrag. Ein Antrag hier des Wahlanwalts ist nach I 1 wie bei § 51 Rn 25 notwendig. Es erfolgt also keine Feststellung einer Pauschgebühr von Amts wegen ohne einen Antrag. Abweichend von § 51 ist der Antrag aber nach II 1 erst dann zulässig, wenn die Kostengrundentscheidung bereits rechtskräftig ist. Denn erst dann kennt das Gericht die Beteiligten und ihre Verhältnisse endgültig oder kann sie nach Rn 19 anhören. Außerdem kann der gerichtlich bestellte oder beigeordnete Anwalt nach II 2 einen Antrag nur unter den Voraussetzungen des § 52 I 1, II stellen, auch in Verbindung mit § 53 I. Er muß dazu also die Gebühren eines Wahlverteidigers vom Begünstigten fordern können, weil dieser entweder aus der Staatskasse eine Erstattung fordern kann oder zur Zahlung mit oder ohne Raten imstande ist. Das ist eine wohl irrig in § 42 aufgenommene Überflüssigkeit. Denn § 42 gilt gerade für den Wahlanwalt, und für den gerichtlich beigeordneten oder bestellten besagt bereits § 51 zumindest scheinbar abschließend, welche Voraussetzungen dort nötig sind. Immerhin bedeutet die nun einmal verwirrend nach § 42 geratene Vorschrift mit ihren Verweisungen eine Beschränkung der Antragsmöglichkeiten im Rahmen des § 51. Der Antrag hemmt die dreijährige Verjährung des § 195 BGB. § 193 BGB gilt entsprechend, Hamm AnwBl **96**, 478.   **14**

Inhaltlich muß der Antrag natürlich ergeben, für welchen Umfang des Verfahrens die Pauschgebühr gelten soll und worin der gerade besonderen Grad der Leistung bestanden hat, den I 1 voraussetzt. Der Antragsteller muß daher auch die Unzumutbarkeit sogar eines Normal-Höchstbetrags nach Rn 5 darlegen und im Zweifel zumindest nach dem entsprechend anwendbaren § 294 ZPO glaubhaft machen. Eine Bezifferung ist zwar nicht formell notwendig. Sie ist aber erlaubt und oft ratsam.

B. Zuständigkeit des OLG. Es gelten nach I 1 dieselben Regeln wie bei § 51 II 1 Hs 1, dort Rn 26.   **15**

C. Zuständigkeit des BGH. Es gelten nach I 5 dieselben Regeln wie bei § 51 Rn 27, in Wahrheit auch Hamm JB **07**, 529. Wegen der Ähnlichkeit von § 51 mit § 42 und der Verweisung in § 51 II 4 auf § 42 III insgesamt kann man III 1 entgegen dem nur scheinbar auf das OLG beschränkten Wortlaut auch auf den BGH beziehen. Daher ist der Einzelrichter auch des BGH zuständig. Er kann die Sache aber nach III 2 dem Senat übertragen.   **16**

D. Zuständigkeit eines sonstigen Gerichts. Es gelten dieselben Regeln wie bei § 51 Rn 28.   **17**

E. Keine Zuständigkeit wegen Vorschusses. Das zur Feststellung der Pauschgebühr zuständige Gericht darf dem Wahlanwalt anders als bei § 51 dem beigeordneten oder bestellten Anwalt keinen Vorschuß bewilligen. Denn § 42 enthält keine dem § 51 I 5 entsprechenden Vorschuß, und der Wahlanwalt kann auch nicht nach § 47 vom Gericht einen Vorschuß fordern. Denn diese Vorschrift steht im Abschnitt 8 „Beigeordneter oder bestellter Rechtsanwalt ...". Der Wahlanwalt kann also allenfalls nach § 9 einen Vorschuß von seinem Auftraggeber fordern. Das ist umso mißlicher, als der Wahlanwalt ja schon mit der bloßen Feststellung einer dann freilich allseits nach IV bindenden Pauschgebühr bis zur Rechtskraft der Kostengrundentscheidung warten muß, Rn 14.   **18**

RVG §§ 42, 43　　　　　　　　　　　　　X. Rechtsanwaltsvergütungsgesetz

19　**F. Anhörung.** Es gelten nach II 3 fast dieselben Regeln wie bei § 51 Rn 30. Das Gericht muß alle in II 3 genannten Beteiligten schon wegen der Bindungswirkung nach Rn 23 anhören. Das gilt zumindest zusätzlich vor einer dem Beteiligten sonstwie nachteiligen Entscheidung.

20　**G. Prüfungsumfang.** Es gelten praktisch fast dieselben Regeln wie bei § 51 Rn 31–35. Auch bei § 42 liegt bei einer Erfüllung der Voraussetzungen dem Grunde nach ein Rechtsanspruch vor. Die Höhe der Pauschgebühr steht aber im pflichtgemäßen Ermessen des Gerichts. Es muß dabei alle Umstände nachvollziehbar abwägen. *Nach oben* begrenzt I 4 das Ermessen, Rn 12. *Nach unten* gilt dasselbe wie bei § 51 Rn 34. Freilich ist eben der Bereich einer bloßen Feststellungsmöglichkeit aus den Gründen Rn 2, 4 enger als bei § 51. Das Gericht prüft zB keine Einwendung zum Grund der Vergütungsforderung, Jena Rpfleger **08**, 98. Soweit das Gericht die Feststellung einer Pauschgebühr auf einen oder mehrere Verfahrensabschnitte beschränkt, darf und muß es nach I 3 diejenigen Gebühren des VV bezeichnen, an deren Stelle die Pauschgebühr tritt. Dabei ist „Verfahrensabschnitt" jeder Teil, für den das VV mindestens eine selbständige Gebühr bringt.

21　**H. Auslagen.** Es gilt dasselbe wie bei § 51 Rn 36.

22　**I. Entscheidung.** Es gilt dasselbe wie bei § 51 Rn 38–40. § 42 gibt aber im Gegensatz zu § 51 keine „Bewilligung" und damit keinen Vollstreckungstitel im engeren Sinn, sondern nur der Höhe nach eine formell bloße „Feststellung". Es bleibt daher eine Festsetzung nach § 11 oder ein Kostenfestsetzungsverfahren oder ein Honorarprozeß notwendig. Vgl freilich Rn 23. Nach I 3 muß das Gericht bei einer Feststellung nur für einzelne „Verfahrensabschnitte" diejenigen Gebühren nach dem VV bezeichnen, an deren Stelle die Pauschgebühr tritt. Verfahrensabschnitt ist jeder Teil, für den das VV eine besondere Gebühr nennt. Die Entscheidung ist nach I 1 unanfechtbar. Das Gericht muß ihn wegen § 304 IV StPO trotzdem begründen. Eine Gegenvorstellung ist statthaft.

23　**8) Bindung der Feststellung, IV.** Die Feststellung nach Rn 22 bindet nach IV für das Kostenfestsetzungsverfahren gegenüber dem Gegner oder der Staatskasse, für das Vergütungsfestsetzungsverfahren nach § 11 und für einen Rechtsstreit des Anwalts auf die Zahlung der Vergütung der Höhe nach, Jena Rpfleger **08**, 98. Deshalb ist auch kein Gutachten wie nach § 11 II erforderlich. Damit stellt die Feststellung einen inhaltlichen Hauptteil des formell zusätzlich erforderlichen Vollstreckungstitels dar.

Sachlichrechtliche Einwendungen zum Grund der Vergütungsforderung etwa wegen einer angeblichen Schlechterfüllung oder Verjährung unterliegen aber *nicht* der Bindung nach IV.

24　**9) Bußgeldverfahren vor Verwaltungsbehörde, V.** Die Vorschrift enthält in S 1, 2 praktisch dieselben Regeln wie bei § 51 Rn 41. S 3, 4 gibt zusätzlich eine Möglichkeit, die Feststellung der Verwaltungsbehörde gerichtlich anzufechten, und zwar im Verfahren nach § 62 OWiG, also mit einer Entscheidungszuständigkeit des nach § 68 OWiG berufenen AG.

25　**10) Erstattungsfähigkeit, I–V.** Nach § 464a I 1, II Z 2 StPO hängt eine Erstattungsfähigkeit unter anderem davon ab, ob eine Anwaltsvergütung nach § 91 II ZPO erstattbar wäre. Nach I–V kann eine höhere vereinbarte Vergütung auch beim Wahlanwalt als eine gesetzliche Vergütung anfallen. Daran ändert die Notwendigkeit einer gerichtlichen Feststellung nach I 1 nichts. Infolgedessen kann auch sie erstattungsfähig sein.

Abtretung des Kostenerstattungsanspruchs

43　[1] Tritt der Beschuldigte oder der Betroffene den Anspruch gegen die Staatskasse auf Erstattung von Anwaltskosten als notwendige Auslagen an den Rechtsanwalt ab, ist eine von der Staatskasse gegenüber dem Beschuldigten oder dem Betroffenen erklärte Aufrechnung insoweit unwirksam, als sie den Anspruch des Rechtsanwalts vereiteln oder beeinträchtigen würde. [2] Dies gilt jedoch nur, wenn zum Zeitpunkt der Aufrechnung eine Urkunde über die Abtretung oder eine Anzeige des Beschuldigten oder des Betroffenen über die Abtretung in den Akten vorliegt.

Abschnitt 7. Straf- und Bußgeldsachen § 43 RVG

Gliederung

1) **Systematik,** S 1, 2	1
2) **Regelungszweck,** S 1, 2	2
3) **Persönlicher Geltungsbereich,** S 1, 2	3
4) **Sachliche Voraussetzungen,** S 1, 2	4–12
A. Anspruch der Staatskasse	4
B. Erstattungs- oder Honoraranspruch	5
C. Abtretung	6
D. Abtretungszeitpunkt	7
E. Abtretungsgleicher Vorgang	8
F. Aufrechnungserklärung	9
G. Vereitelung oder Beeinträchtigung	10–12
5) **Verfahren,** S 1, 2	13
6) **Rechtsmittel,** S 1, 2	14

1) Systematik, S 1, 2. Der Beschuldigte oder Betroffene kann einen gesetzlichen **1** Anspruch auf die Erstattung von Anwaltskosten als notwendigen Auslagen nach §§ 464b, 464a II Z 2 StPO evtl in Verbindung mit §§ 105 ff OWiG in den Grenzen der §§ 134, 138 BGB und unter einer Beachtung der §§ 398 ff BGB grundsätzlich an den Verteidiger abtreten, um seine Verpflichtungen gegenüber dem Verteidiger ganz oder teilweise zu erfüllen. Ohne § 43 könnte die Staatskasse infolgedessen nach §§ 404 ff BGB auch dem Verteidiger gegenüber unbegrenzt aufrechnen, soweit überhaupt eine Aufrechnung zulässig ist, § 30a EGGVG, Teil XII B dieses Buchs.

2) Regelungszweck, S 1, 2. § 43 soll verhindern, daß eine derartige Aufrech- **2** nung der Staatskasse den Honoraranspruch des Verteidigers gefährdet oder vereitelt. Ohne die Vorschrift würde der Verteidiger infolge einer gesetzlich zulässigen Maßnahme des Auftraggebers im Ergebnis aus vom Verteidiger nicht vertretbaren Gründen sein bereits verdientes Honorar ganz oder teilweise gefährden können. Das ist nicht im Interesse einer geordneten Rechtspflege.

3) Persönlicher Geltungsbereich, S 1, 2. Diese Regelung gilt nach dem Wort- **3** laut der Vorschrift freilich nur zugunsten eines als Verteidiger oder mit einer Einzeltätigkeit beauftragten Anwalts oder eines nach § 138 II StPO als Verteidiger zugelassenen Rechtsbeistands. Sie gilt also nicht für einen anderen Verteidiger, etwa einen Hochschullehrer. Sie gilt auch nicht für Auslagen des Angeklagten, LG Bbg JB **76**, 1353.

4) Sachliche Voraussetzungen, S 1, 2. Es müssen die folgenden sachlichen **4** Voraussetzungen zusammentreffen, damit eine von der Staatskasse gegenüber dem Beschuldigten oder Betroffenen erklärte Aufrechnung dem Anwalt gegenüber unwirksam ist.

A. Anspruch der Staatskasse. Sie muß aus demselben oder einem anderen Verfahren einen fälligen Anspruch haben, Nürnb JB **90**, 1167. Er mag sich auf eine Geldstrafe und/oder nur auf Kosten beziehen.

B. Erstattungs- oder Honoraranspruch. Der Beschuldigte oder Betroffene **5** muß einen Anspruch gegen die Staatskasse aus diesem oder auch aus einem anderen Verfahren auf die Erstattung gerade von Anwaltskosten nach dem RVG oder BGB oder GKG als eines Teils der notwendigen Auslagen nach §§ 464b, 464a II Z 2 StPO haben, evtl in Verbindung mit §§ 105 ff OWiG. Der Anspruch muß im Zeitpunkt des Zugangs der Abtretungsanzeige beim Gericht oder der Verwaltungsbehörde nach Rn 6 schon und noch bestehen. Er muß fällig sein. Er darf auch bei einer Vereinbarung nach § 3a die gesetzliche Vergütung nicht übersteigen, KG Rpfleger **92**, 38, Mü AnwBl **79**, 71. Er muß bezifferbar sein.

Unanwendbar ist S 1 auf einen Anspruch aus § 464a II Z 1 StPO. Dann bleibt die Aufrechnung also voll möglich, AG Bbg JB **76**, 257 und 764.

Der *Anwalt* muß gegen den Beschuldigten oder Betroffenen einen Anspruch auf die Zahlung von Gebühren und/oder Auslagen haben, BVerfG NJW **09**, 2735, LG Bbg JB **76**, 1353, AG Bonn AnwBl **76**, 312. Der Anspruch muß auch durch eine Tätigkeit gerade in diesem Verfahren entstanden sein. Das setzt S 1 als selbstverständlich voraus, aM Nürnb JB **90**, 1533. Es muß sich um einen gesetzlichen Anspruch handeln. Ein vereinbartes höheres Honorar reicht nicht aus, KG Rpfleger **92**, 38 (zustm

1583

Hansens), Mü Rpfleger **79**, 76 (abl Chemnitz). Ein Anspruch des Beschuldigten oder Betroffenen auf die Erstattung eigener Auslagen gehört nicht hierher, LG Bbg JB **76**, 1353, AG Bbg AnwBl **76**, 257.

6 **C. Abtretung.** Der Beschuldigte oder Betroffene muß seinen Erstattungsanspruch nach Rn 4 an den Anwalt formwirksam nach § 398 BGB ganz oder teilweise abgetreten haben, Rn 1. Die Abtretung muß sachlichrechtlich wirksam sein, Rn 1, 2. Der Erstattungsanspruch des Auftraggebers muß gerade aus denjenigen Forderungen des Anwalts hervorgehen, die der Anwalt gegen den Auftraggeber hat, LG Bbg JB **76**, 1353.

Unzureichend ist eine bloße Befugnis zur Entgegennahme oder Einziehung auf Grund eines Erstattungsanspruchs oder gar eine solche in der Vollmachtsurkunde, Brschw NdsRpfl **85**, 147, KG AnwBl **80**, 379, LG Hann NdsRpfl **83**, 79.

7 **D. Abtretungszeitpunkt.** Die Abtretung muß nach S 2 vor dem Zugang der Aufrechnungserklärung der Staatskasse erfolgt sein, so schon (je zum alten Recht). Düss JB **93**, 730, Schlesw JB **97**, 313, LG Mainz JB **01**, 93 (abl Wedel). Damit ist eine frühere Streitfrage geklärt. Das Wort „Urkunde" in S 2 belegt klar die Notwendigkeit der Schriftform. Die Urkunde mit der Anzeige des Beschuldigten oder Betroffenen von der Abtretung muß gerade von diesen Personen stammen. Eine Abtretungsmitteilung des Anwalts reicht also nicht. Die ausreichende Anzeige muß im Zeitpunkt der Aufrechnung (Zugang nach § 130 BGB und nicht schon bloße Aufrechenbarkeit nach § 389 BGB) bereits in den Akten vorliegen. Der bloße Eingang beim Aufrechnenden reicht noch nicht. Es empfiehlt sich daher für den Anwalt, die Abtretungsanzeige sogleich bei oder nach dem Auftragserhalt vorsorglich einzureichen.

Die *Beweislast* für eine solche Rechtzeitigkeit liegt beim Anwalt oder Auftraggeber. Der Anwalt muß die Abtretungsurkunde auch dann einreichen, wenn seine Prozeßvollmacht eine Ermächtigung zum Geldempfang umfaßt, KG Rpfleger **80**, 402. Freilich ist auch eine einwandfrei mit dem Original ersichtlich übereinstimmende Kopie „eine" Urkunde nach S 2, der nicht „die" Urkunde fordert. „In *den* Akten" meint aber nicht nur irgendwelche (Parallel-)Akten, sondern die Akten des betreffenden Verfahrens. Sonst würde sich S 2 mit „in Akten" begnügen, aM GS 28, 29. Zu spät wäre danach eine Abtretung erst nach der Aufrechnung.

8 **E. Abtretungsgleicher Vorgang.** LG Bln Rpfleger **80**, 119 setzt der Abtretung einen Auftrag zur Einziehung nebst einer Vollmacht zur freien Verfügung gleich. Ein solcher Vorgang läßt sich aber nur nach einer Prüfung der Umstände einer Abtretung gleichsetzen, KG AnwBl **80**, 379.

9 **F. Aufrechnungserklärung.** Die Staatskasse muß gegenüber dem Beschuldigten oder Betroffenen wegen eines Anspruchs aus demselben oder einem anderen Verfahren eine Aufrechnung erklärt haben. Zum Zeitpunkt Rn 7. Die Aufrechnung muß den Anforderungen der §§ 387 ff BGB entsprechen. Soweit der Aufrechnungsbetrag gegenüber dem Honoraranspruch höher ist, bleibt die Aufrechnung natürlich wirksam.

10 **G. Vereitelung oder Beeinträchtigung.** Die Aufrechnung nach Rn 9 muß gerade einen in diesem Verfahren schon und noch bestehenden Honoraranspruch des Anwalts nach Rn 5 und nicht etwa den an den Anwalt abgetretenen Erstattungsanspruch des Beschuldigten oder Betroffenen ganz oder teilweise vereiteln oder beeinträchtigen. Es genügt jede nicht ganz unerhebliche Art einer objektiven solchen Störung, um die Aufrechnung unwirksam zu machen, also jede Verschlechterung der Vermögenslage des Anwalts, BVerfG NJW **09**, 2735, KG NJW **79**, 2255, LG Bbg JB **76**, 1353. Es genügt zB eine bloße Verzögerung des Zahlungseingangs oder die Notwendigkeit einer Vollstreckung, KG NJW **79**, 2255, oder ein bloßes Ratenzahlungsangebot des Auftraggebers oder dessen Stundungsbitte. Denn auch durch sie kann es zumindest unsicher werden, ob der Anwalt unter diesen Umständen den Auftraggeber trotz seiner Abtretung dennoch in Anspruch nehmen könnte. Die Lage muß nicht für den Anwalt unzumutbar geworden sein.

11 Der Anwalt muß die Höhe seiner noch offenen Honorarforderung gerade aus diesem Verfahren und daher auch einen erhaltenen Vorschuß sowie die Vereitelung oder Beeinträchtigung seines Anspruchs beim Streit darlegen und *beweisen,* Bbg JB **77**,

1251 und 1576 (er müsse sie zumindest glaubhaft machen, § 294 ZPO), aM GS 44 (Glaubhaftmachung genüge stets), GSEMMR 10 (die bloße Angabe genüge. Aber es gelten sinnvollerweise die üblichen zivilprozessualen Beweislastregeln für diesen im Grunde vermögensrechtlichen Anspruch zumindest entsprechend).

Eine *Vereitelung oder Beeinträchtigung fehlt,* soweit der Auftraggeber und der Anwalt in einer nach § 3a zulässigen Honorarvereinbarung festgelegt haben, daß sich der Anwalt bei einer etwaigen Aufrechnung der Staatskasse stets an den Auftraggeber halten kann, und soweit der Auftraggeber dann auch zahlungsfähig und zahlungswillig ist oder soweit der Auftraggeber und der Anwalt einen Vorschuß vereinbart haben und soweit dieser beitreibbar ist, Mümmler JB **76**, 713, aM, Schmidt AnwBl **75**, 336 (vgl aber Rn 2) oder soweit der Anwalt bereits befriedigt worden ist. Der Anwalt braucht sich aber nicht auf Ratenzahlungen einzulassen, AG Bbg AnwBl **76**, 257. 12

5) Verfahren, S 1, 2. Über eine Verweigerung der Zahlung der Staatskasse entscheidet einem Zivilverfahren das Gericht, Ffm JB **83**, 89, im Verfahren nach dem in Rn 1 genannten § 30a EGGVG das AG im Bezirk der zur Kosteneinziehung oder Anspruchsbefriedigung zuständigen Kasse, also nicht der Aufrechnungsstelle. Es entscheidet ohne die Notwendigkeit einer mündlichen Verhandlung durch einen zu begründenden Beschluß, den es den Beteiligten mitteilt. Vgl ferner § 462a StPO, BGH Rpfleger **98**, 304. 13

6) Rechtsmittel, S 1, 2. Gegen den Beschluß nach Rn 13 ist die Beschwerde und evtl die weitere Beschwerde nach § 14 III–V KostO statthaft, Teil III dieses Buchs, Hbg AnwBl **86**, 42, KG NJW **79**, 225, Nürnb AnwBl **90**, 49. 14

Abschnitt 8. Beigeordneter oder bestellter Rechtsanwalt, Beratungshilfe

Vergütungsanspruch bei Beratungshilfe

44 ¹Für die Tätigkeit im Rahmen der Beratungshilfe erhält der Rechtsanwalt eine Vergütung nach diesem Gesetz aus der Landeskasse, soweit nicht für die Tätigkeit in Beratungsstellen nach § 3 Abs. 1 des Beratungshilfegesetzes besondere Vereinbarungen getroffen sind. ²Die Beratungshilfegebühr (Nummer 2500 des Vergütungsverzeichnisses) schuldet nur der Rechtsuchende.

Vorbem. S 2 berichtigt dch Art 20 Z 6 des 2. JuMoG v 22. 12. 06, BGBl 3416, in Kraft seit 31. 12. 06, Art 28 I des 2. JuMoG.

Schrifttum: *Dörndorfer,* Prozeßkostenhilfe und Beratungshilfe für Anfänger, 5. Aufl 2009; *Greissinger,* Beratungshilfegesetz, 1990; *Greißinger* AnwBl **89**, 573; *Hellstab* Rpfleger **08**, 181 (je: Rspr-Üb); *Hundt,* Prozeßkosten- und Beratungshilfe, 2008; *Kalthoener/Büttner/ Wrobel-Sachs,* Prozess- und Verfahrenskostenhilfe, Beratungshilfe, 5. Aufl 2009; *Kammeier* Rpfleger **98**, 503 (Üb); *Künzl/Koller,* Prozeßkostenhilfe usw, 2. Aufl 2003; *Lissner* Rpfleger **07**, 448 (Üb); *Schoreit/Groß,* Beratungshilfegesetz, Prozeßkostenhilfe, 9. Aufl 2007; *Vallender,* Beratungshilfe, 1990; *Walters,* Leitfaden der Beratungs- und Prozeßkostenhilfe im Europäischen Wirtschaftsraum, 1997.

Gliederung

1) Systematik, S 1, 2	1
2) Regelungszweck, S 1, 2	2
3) Sachlicher Geltungsbereich, S 1, 2	3, 4
4) Persönlicher Geltungsbereich, S 1, 2	5–8
A. Grundsatz: Vergütung ohne Beiordnung	6
B. Festgebühr gegen Auftraggeber	7
C. Sonstiger Vergütungsanspruch gegen Landeskasse	8
5) Kostenschuldner, S 1, 2	9, 10
A. Landeskasse, S 1	9
B. Rechtsuchender, S 2	10
6) Erstattungspflicht des Gegners, S 1, 2	11, 12
7) Vordruck und -zwang, S 1, 2	13

RVG § 44 X. Rechtsanwaltsvergütungsgesetz

1 **1) Systematik, S 1, 2.** Für die Fälle einer Beiordnung des Anwalts im Weg einer Prozeßkostenhilfe im Zivilprozeß und den ihm gebührenrechtlich gleichgestellten anderen gerichtlichen Verfahren kann man die Anwaltsvergütung den Vorschriften der §§ 45 ff entnehmen. Demgegenüber enthalten § 44, VV 2500 eine Regelung der Vergütung des Anwalts oder desjenigen Rechtsbeistands, der Mitglied einer Anwaltskammer ist, LG Münst Rpfleger **90**, 27, der im Rahmen einer außergerichtlichen Beratungshilfe tätig wird. Sie gilt freilich nicht abschließend. Vgl zB wegen einer Angelegenheit des Arbeits- oder Sozialrechts in Niedersachsen die VO vom 5. 1. 83, NdsRpfl 6, abgedruckt AnwBl **83**, 117. Sie hat nach § 44 S 1 Hs 2 Vorrang. Ihr § 7 lautet:

VO § 7. ^I Die Beratungshilfe ist für den Rechtsuchenden unentgeltlich.

^{II} **Der Rechtsanwalt wird seinen Anspruch auf die gesetzliche Vergütung nur dann gegenüber dem Rechtsuchenden geltend machen, wenn dieser von seinem Gegner auf einen etwaigen Kostenerstattungsanspruch die angefallenen Rechtsanwaltsgebühren bereits erhalten hat, oder dem Rechtsuchenden aufgrund der anwaltlichen Tätigkeit ein so erheblicher Vermögenswert zugeflossen ist, daß die Voraussetzungen des § 1 Abs. 1 Nr. 1 nicht mehr vorliegen.**

^{III} ¹Rechtsanwälte die sich an der Beratungshilfe beteiligen, werden für ihre Tätigkeit eine Vergütung aus Mitteln der Justizverwaltung erhalten, sobald die haushaltsrechtlichen Voraussetzungen dafür gegeben sind. ²Die Höhe der Vergütung und das Verfahren bei ihrer Auszahlung werden dann gesondert geregelt.

2 **2) Regelungszweck, S 1, 2.** §§ 45 ff bezwecken eine angemessene, differenzierte und doch nicht zu komplizierte Vergütung des Anwalts auf dem Gebiet der Beratungshilfe, das ähnlich der Prozeßkostenhilfe als eine Folge staatlicher Fürsorgeaufgaben dem freiberuflichen Anwalt eine Fülle teils schwieriger und oft undankbarer Aufgaben gegenüber einer Gruppe solcher Menschen auferlegt, die sich nicht leicht behandeln lassen. Das alles muß man bei der Auslegung mitbeachten.

3 **3) Sachlicher Geltungsbereich, S 1, 2.** Bundesrechtliche Grundlage ist das BerHG. Es basiert unter anderem auf der Sozialstaatsverpflichtung des Art 20 I GG. Es gilt auch für Ausländer, Deumeland JB **93**, 707. Es hat als ein Bundesgesetz auf dem Gebiet der konkurrierenden Gesetzgebung nach Art 74 Z 1 GG den Vorrang vor Länderregelungen, Art 72 GG. § 2 II 1 Z 1 BerHG ermöglicht auch eine Beratungshilfe in Angelegenheiten, für deren Entscheidung die Gerichte für Arbeitssachen zuständig sind. Es besteht in § 14 für die Länder, Berlin, Bremen und Hamburg folgende Sonderregelung:

BerHG § 14. Sonderregelung für Bremen, Hamburg und Berlin. ^I **In den Ländern Bremen und Hamburg tritt die eingeführte öffentliche Rechtsberatung an die Stelle der Beratungshilfe nach diesem Gesetz, wenn und soweit das Landesrecht nichts anderes bestimmt.**

^{II} **Im Land Berlin hat der Rechtsuchende die Wahl zwischen der Inanspruchnahme der dort eingeführten öffentlichen Rechtsberatung und anwaltlicher Beratungshilfe nach diesem Gesetz, wenn und soweit das Landesrecht nichts anders bestimmt.**

^{III} ...

4 Das Gesetz enthält mit dieser Regelung *kein Verbot Öffentlicher Rechtsauskunfts- oder Beratungsstellen* usw auf Grund von Landes- oder Gemeinderecht, etwa der Lübecker Stelle, AV vom 4. 8. 49, SchlHA 276, und vom 17. 12. 52, SchlHA **53**, 9. Solche Institutionen unterfallen aber nicht dem BerHG. Der vor ihnen tätige Anwalt erhält Gebühren jedenfalls nicht nach § 44, VV 2500 ff, sondern evtl zB nach VV 2302 oder nach VV 2300.

5 **4) Persönlicher Geltungsbereich, S 1, 2.** Die Vorschrift gilt für den Anwalt und für seinen Vertreter nach § 5, aber evtl nicht für den Rechtsbeistand, (je zum alten Recht) LG Bielef Rpfleger **89**, 202 (abl Feuerich), aM EGH Mü AnwBl **82**, 447, LG Münst Rpfleger **90**, 24, GS 2. Der folgende Grundsatz hat zwei Hauptauswirkungen.

Abschn. 8. Beigeordneter oder bestellter RA, Beratungshilfe §§ 44, 45 RVG

A. Grundsatz: Vergütung ohne Beiordnung. Das Vergütungssystem nach dem 6
BerHG weicht sowohl von demjenigen für die Prozeß- oder Verfahrenskostenhilfe als
auch von demjenigen des sonstigen RVG ab. Das muß man beachten, um den vollen
Vergütungsanspruch zu erfassen, der dem Anwalt im Rahmen seiner Tätigkeit nach
dem BerHG zusteht.
Der Anwalt wird *nicht beigeordnet*. Dennoch bestehen nach § 16 I BORA eine Berufspflicht, bei einem begründeten Anlaß auf die Möglichkeit einer Beratungshilfe
hinzuweisen, und nach § 49a S 1 BRAO eine grundsätzliche Pflicht zur Übernahme
der Beratungshilfe. Derjenige Anwalt, an den sich eine Partei mit oder ohne einen
Berechtigungsschein wendet, darf seine Tätigkeit nur aus einem wichtigen Grund ablehnen, § 49a S 2 BRAO.

B. Festgebühr gegen Auftraggeber. Vgl VV 2500. § 11 ist unanwendbar, AG 7
Mainz Rpfleger **85**, 342 (zum alten Recht).

C. Sonstiger Vergütungsanspruch gegen Landeskasse. VV 2501 ff geben 8
weitere Vergütungsansprüche des Anwalts, und zwar nicht gegenüber dem Auftraggeber, sondern gegenüber der Landeskasse. Voraussetzung ist ein Berechtigungsschein
zugunsten des Auftraggebers, Stgt FamRZ **09**, 1243. Diese Vergütungsansprüche bestehen also auch, soweit der Auftraggeber diejenige Festgebühr nach VV 2500 schuldet oder gezahlt hat, die der Anwalt ihm nicht erlassen durfte, oder soweit eine Vollstreckung wegen dieser Festgebühr erfolglos war oder sein dürfte.

5) Kostenschuldner, S 1, 2. Es gelten zwei gegensätzliche Prinzipien. 9
A. Landeskasse, S 1. Grundsätzlich ist Kostenschuldner nach S 1 Hs 1 die Landeskasse, soweit nicht nach Hs 2 andere Stellen vorrangig haften.
B. Rechtssuchender, S 2. Für die Gebühr VV 2500 haftet nur der Rechts- 10
suchende. Der Anwalt kann sie erlassen, Klier NZS **04**, 470.

6) Erstattungspflicht des Gegners, S 1, 2. Hierzu bestimmt 11

BerHG § 9. Kostenersatz durch Gegner. ¹Ist der Gegner verpflichtet, dem
Rechtsuchenden die Kosten der Wahrnehmung seiner Rechte zu ersetzen, hat
er die gesetzliche Vergütung für die Tätigkeit des Rechtsanwalts zu zahlen.
²Der Anspruch geht auf den Rechtsanwalt über. ³Der Übergang kann nicht
zum Nachteil des Rechtsuchenden geltend gemacht werden.

Bem. Der Anwalt kann im Rahmen einer Beratungshilfe Ansprüche *gegen drei* 12
Schuldner erhalten: Gegen den Auftraggeber; gegen die Landeskasse; gegen den Prozeßgegner des Auftraggebers.

7) Vordruck und -zwang, S 1, 2. Hierzu bestimmt 13

BerHG § 13. Vordrucke. Der Bundesminister der Justiz wird ermächtigt, zur
Vereinfachung und Vereinheitlichung des Verfahrens durch Rechtsverordnung
mit Zustimmung des Bundesrates Vordrucke für den Antrag auf Gewährung
von Beratungshilfe und auf Zahlung der Vergütung des Rechtsanwalts nach
Abschluß der Beratungshilfe einzuführen und über deren Verwendung vorzuschreiben.

Vgl die BerHVV.

Vergütungsanspruch des beigeordneten oder bestellten Rechtsanwalts

45 *Fassung 1. 9. 2009:* ¹ Der im Wege der Prozesskostenhilfe beigeordnete oder
nach § 57 oder § 58 der Zivilprozessordnung zum Prozesspfleger bestellte
Rechtsanwalt erhält, soweit in diesem Abschnitt nichts anderes bestimmt ist,
die gesetzliche Vergütung in Verfahren vor Gerichten des Bundes aus der Bundeskasse, in Verfahren vor Gerichten eines Landes aus der Landeskasse.

II Der Rechtsanwalt, der nach § 138 des Gesetzes über das Verfahren in Familiensachen und in den Angelegenheiten der freiwilligen Gerichtsbarkeit, auch in
Verbindung mit § 270 des Gesetzes über das Verfahren in Familiensachen und
in den Angelegenheiten der freiwilligen Gerichtsbarkeit, beigeordnet oder nach
§ 67a Abs. 1 Satz 2 der Verwaltungsgerichtsordnung bestellt ist, kann eine Ver-

gütung aus der Landeskasse verlangen, wenn der zur Zahlung Verpflichtete (§ 39 oder § 40) mit der Zahlung der Vergütung im Verzug ist.

III ¹Ist der Rechtsanwalt sonst gerichtlich bestellt oder beigeordnet worden, erhält er die Vergütung aus der Landeskasse, wenn ein Gericht des Landes den Rechtsanwalt bestellt oder beigeordnet hat, im Übrigen aus der Bundeskasse. ²Hat zuerst ein Gericht des Bundes und sodann ein Gericht des Landes den Rechtsanwalt bestellt oder beigeordnet, zahlt die Bundeskasse die Vergütung, die der Rechtsanwalt während der Dauer der Bestellung oder Beiordnung durch das Gericht des Bundes verdient hat, die Landeskasse die dem Rechtsanwalt darüber hinaus zustehende Vergütung. ³Dies gilt entsprechend, wenn zuerst ein Gericht des Landes und sodann ein Gericht des Bundes den Rechtsanwalt bestellt oder beigeordnet hat.

IV ¹Wenn der Verteidiger von der Stellung eines Wiederaufnahmeantrags abrät, hat er einen Anspruch gegen die Staatskasse nur dann, wenn er nach § 364b Abs. 1 Satz 1 der Strafprozessordnung bestellt worden ist oder das Gericht die Feststellung nach § 364b Abs. 1 Satz 2 der Strafprozessordnung getroffen hat. ²Dies gilt auch im gerichtlichen Bußgeldverfahren (§ 85 Abs. 1 des Gesetzes über Ordnungswidrigkeiten).

V ¹Absatz 3 ist im Bußgeldverfahren vor der Verwaltungsbehörde entsprechend anzuwenden. ²An die Stelle des Gerichts tritt die Verwaltungsbehörde.

Vorbem. II geändert durch Art 47 VI Z 15 FGG-RG v 17. 12. 08, BGBl 2586, in Kraft seit 1. 9. 09, Art 112 I Hs 1 FGG-RG, Übergangsrecht, Art 111 FGG-RG, Grdz 2 vor § 1 FamGKG, Teil I B dieses Buchs.

Bisherige Fassung II: II **Der Rechtsanwalt, der nach § 625 der Zivilprozessordnung beigeordnet oder nach § 67a Abs. 1 Satz 2 der Verwaltungsgerichtsordnung bestellt ist, kann eine Vergütung aus der Landeskasse verlangen, wenn der zur Zahlung Verpflichtete (§ 39 oder § 40) mit der Zahlung der Vergütung im Verzug ist.**

Schrifttum: *Herget* MDR **85,** 617 (Rspr-Üb).

Gliederung

1) **Systematik, I–V**	1
2) **Regelungszweck, I–V**	2
3) **Persönlicher Geltungsbereich, I–V**	3–12
A. Rechtsanwalt	3
B. Nichtanwalt	4
C. Patentanwalt	5, 6
D. Beiordnung	7
E. Beispiele zur Frage einer Beiordnung	8
F. Bestellung	9
G. Beispiele zur Frage einer Bestellung	10
H. Vollmacht	11
I. Fehlen einer Vollmacht	12
4) **Sachlicher Geltungsbereich, I–V**	13–19
A. Tätigkeit innerhalb der Beiordnung oder Bestellung	13
B. Beispiele zur Frage einer Tätigkeit innerhalb der Beiordnung oder Bestellung	14–19
5) **Schuldner, I–V**	20–22
A. Staatskasse	20
B. Gegner	21
C. Mittelloser	22
6) **Vergütungshöhe, I–V**	23–26
7) **Fälligkeit, I–V**	27, 28
8) **Verjährung, I–V**	29
9) **Zurückzahlung, I–V**	30–32
10) **Anspruch gegen die Staatskasse, II**	33–37
A. Beiordnung oder Bestellung	33
B. Verzug	34–36
C. Verfahren	37
11) **Sonstige Bestellung oder Beiordnung, III**	38–43
A. Staatskasse, III 1	40
B. Bestellung oder Beiordnung durch mehrere Gerichte, III 2, 3	41–43
12) **Abraten von Wiederaufnahme, IV**	44, 45
13) **Bußgeldverfahren vor Verwaltungsbehörde, V**	46

Abschn. 8. Beigeordneter oder bestellter RA, Beratungshilfe   **§ 45 RVG**

1) Systematik, I–V. Der Anspruch des im Weg der Prozeß- oder Verfahrenskostenhilfe nach §§ 114 ff ZPO, §§ 76 ff FamFG oder nach § 12 in Verbindung mit § 11a ArbGG oder mit § 4a II InsO oder der nach §§ 57, 58 ZPO oder §§ 138, 270 FamFG oder nach § 67a I 2 VwGO oder sonstwie gerichtlich bestellten oder beigeordneten Anwalts gegen die Staatskasse ist öffentlichrechtlich, Ffm FamRZ **88**, 1184, KG Rpfleger **88**, 122. Ihn regeln teils § 45, teils § 47 und wegen des Umfangs einer Beiordnung § 48, wegen der Höhe §§ 49, 50. Die Festsetzung regelt § 55. §§ 56, 57 regeln Rechtsmittel. Eine Anrechenbarkeit kann sich aus § 58 ergeben. Einen Anspruchsübergang regelt § 59.
Zur Ungenauigkeit des *Begriffs Vergütung* Chemnitz AnwBl **85**, 597. Er richtet sich direkt gegen die Staatskasse. Er hat seine Grundlage nur in § 45. Der ordentliche Rechtsweg ist unstatthaft, § 55. Das gilt auch für den Rechtsnachfolger des beigeordneten Anwalts. 1

2) Regelungszweck, I–V. Die Vorschrift wirkt bei der Durchführung der ähnlich wie bei der Prozeßkostenhilfe stattfindenden Fürsorge des Staats, LAG Hamm MDR **97**, 405. Sie bezweckt eine Klarstellung, wer dem bestellten oder beigeordneten Anwalt haftet. Sie dient also der Klärung des Kostenschuldners. 2

3) Persönlicher Geltungsbereich, I–V. Es müssen die folgenden Voraussetzungen zusammentreffen. 3

A. Rechtsanwalt. Der Vergütungsanspruch steht nur einem Anwalt zu. Er muß also zur Anwaltschaft zugelassen sein. Er kann sich durch seinen allgemeinen Vertreter nach § 5 vertreten lassen. Soweit das geschieht, entsteht der Vergütungsanspruch grundsätzlich für den bestellten oder beigeordneten Anwalt nach § 5 Rn 9 und nicht für seinen Vertreter. Von dieser Regel gilt für denjenigen Anwalt eine Ausnahme, den das Gericht nach § 121 III ZPO, § 76 FamFG zur Wahrnehmung eines Termins zur Beweisaufnahme vor dem ersuchten Richter oder zur Vermittlung des Verkehrs mit dem ProzBev beigeordnet hat. Im übrigen kann sich der bestellte oder beigeordnete Anwalt auf Grund einer Vollmacht des Auftraggebers vertreten lassen, soweit nicht ein gesetzlicher Anwaltszwang engere Grenzen setzt. Er muß dann den Vertreter aus eigenen Mitteln vergüten.

B. Nichtanwalt. Das Gericht kann einen Prozeßagenten oder einen Rechtsbeistand nicht als einen Vertreter des Mittellosen beiordnen. Denn § 121 II ZPO, § 76 FamFG lassen nur die Beiordnung eines Anwalts zu. Daher entsteht für denjenigen Parteivertreter vor dem ArbG, der kein Anwalt ist, jedenfalls grundsätzlich kein Vergütungsanspruch nach §§ 45 ff. Davon kann auf Grund einer fälschlichen Beiordnung wegen ihrer Wirkung als ein Staatshoheitsakt eine Ausnahme gelten, Rn 8, Düss JB **83**, 715. Auch ein Nur-Notar, Hochschullehrer oder ausländischer Anwalt ist wie ein Rechtsbeistand nicht geeignet, ein beigeordneter Anwalt zu werden. Über einen Patentanwalt Rn 5, 6 und BLAH Einf 7 vor § 121 ZPO. Der durch die Prozeß- oder Verfahrenskostenhilfe unterstützte Mittellose erlangt keinen Anspruch nach §§ 45 ff. 4

C. Patentanwalt. Man muß drei Fallgruppen unterscheiden. 5
– *Patentsache.* Im Verfahren vor dem Patentamt, dem Patentgericht und dem BGH kann ein Beteiligter eine Verfahrenskostenhilfe nach §§ 129–142 PatG, § 12 II GebrMG, § 36 SortenschutzG erhalten. Die Vorschriften sehen vielfach eine entsprechende Anwendung der §§ 114 ff ZPO vor.
– *Patentstreitsache.* Für den Patentanwalt bestimmt in einer Patentstreitsache vor einem ordentlichen Gericht das Gesetz über die Beiordnung von Patentanwälten bei Prozeßkostenhilfe: 6

G § 1. ¹ Wird in einem Rechtsstreit, in dem ein Anspruch aus einem der im Patentgesetz, im Gebrauchsmustergesetz, im Halbleiterschutzgesetz, im Markengesetz, im Gesetz über Arbeitnehmererfindungen, im Geschmacksmustergesetz oder im *Gesetz über Sortenschutz und Saatgut von Kulturpflanzen (Saatgutgesetz)* geregelten Rechtsverhältnisse geltend gemacht wird, einer Partei Prozeßkostenhilfe bewilligt, so kann ihr auf Antrag zu ihrer Beratung und zur Unterstützung des Rechtsanwalts ein Patentanwalt beigeordnet werden, wenn und soweit es zur sachgemäßen Rechtsverfolgung oder Rechtsverteidigung erforderlich erscheint.

RVG § 45

II Das gleiche gilt für sonstige Rechtsstreitigkeiten, soweit für die Entscheidung eine Frage von Bedeutung ist, die ein Patent, ein Gebrauchsmuster, eine Marke oder ein sonstiges nach dem Markengesetz geschütztes Kennzeichen, den Schutz einer Topographie, eine nicht geschützte Erfindung oder eine sonstige die Technik bereichernde Leistung, ein Sortenschutzrecht oder eine nicht geschützte, den Pflanzenbau bereichernde Leistung auf dem Gebiet der Pflanzenzüchtung betrifft, oder soweit für die Entscheidung eine mit einer solchen Frage unmittelbar zusammenhängende Rechtsfrage von Bedeutung ist.

III Die Vorschriften des § 117 Abs. 1, des § 119 Abs. 1 Satz 1, des § 121 Abs. 2 und 3, des § 122 Abs. 1 Nr. 1 Buchstabe b und Nr. 3 und des §§ 124, 126 und 127 der Zivilprozeßordnung gelten entsprechend.

G § 2. Auf die Erstattung der Gebühren und Auslagen des beigeordneten Patentanwalts sind die Vorschriften des Rechtsanwaltsvergütungsgesetzes, die für die Vergütung bei Prozesskostenhilfe gelten, sinngemäß mit folgenden Maßgaben anzuwenden:

1. Der Patentanwalt erhält eine Gebühr mit einem Gebührensatz von 1,0 und, wenn er eine mündliche Verhandlung oder einen Beweistermin wahrgenommen hat, eine Gebühr mit einem Gebührensatz von 2,0 nach § 49 des Rechtsanwaltsvergütungsgesetzes,
2. Reisekosten für die Wahrnehmung einer mündlichen Verhandlung oder eines Beweistermins werden nur ersetzt, wenn das Prozessgericht vor dem Termin die Teilnahme des Patentanwalts für geboten erklärt hat.

– *Beigeordneter Vertreter.* Nach § 2 G vom 7. 9. 66, BGBl 557, 585, zuletzt geändert dch Art 4 XXXXVIII KostRMoG, sind die für Prozeßkostenhilfe geltenden Vorschriften des RVG auf den beigeordneten Patentanwalt mit den Einschränkungen Z 1, 2 entsprechend anwendbar.

7   D. **Beiordnung.** Den Anwalt mag nach I–IV das Gericht oder bei V eine Verwaltungsbehörde aus wirtschaftlichen Erwägungen beigeordnet haben, Karlsr FamRZ **96**, 1448. Das ist zwar begrifflich etwas anderes als eine „Bestellung" nach Rn 9. Der Sache nach gibt es aber kaum Unterschiede. Eine Beiordnung kann erfolgt sein auch nach §§ 121 ff ZPO, § 12 in Verbindung mit § 4 a II InsO, LG Hann AnwBl **85**, 596, nach § 11 a ArbGG, nach § 48 I Z 1 BRAO oder nach entsprechenden Vorschriften anderer Verfahrensordnungen, etwa nach (jetzt) §§ 138, 270 FamFG, Bbg JB **85**, 1419, Hamm AnwBl **83**, 34, Zweibr Rpfleger **85**, 505, oder nach § 142 FGO oder nach § 73a SGG oder nach §§ 67 a I 2, 166 VwGO.

8   E. **Beispiele zur Frage einer Beiordnung**

Antrag: Der bloße Beiordnungsantrag einer Partei führt natürlich noch nicht automatisch zu einer Beiordnung, und zwar auch dann nicht, wenn das Gericht den Antrag übersehen hatte.

Aufhebung der Prozeßkostenhilfe: S „Bewilligung", „Rückwirkung".

Bedingung: Eine Bedingung der Beiordnung ist grds unstatthaft und unwirksam, aM RS 21. Davon muß man eine Ausnahme bei einer Beschränkung der Beiordnung auf die Bedingungen eines im Bezirk des Prozeßgerichts Niedergelassenen machen, BLAH § 121 ZPO Rn 62.

Beweisanwalt: Es gelten dieselben Regeln wie beim ProzBev. Der Beweisanwalt braucht für eine Vergütung aus der Staatskasse wegen eines Vergleichs eine entsprechend ausgeweitete Beiordnung, KG JB **95**, 420, aM Düss AnwBl **83**, 187.

Bewilligung: Ein Beschluß mit der Bewilligung einer Prozeß- oder Verfahrenskostenhilfe ist weder stets erforderlich noch anstelle der allein maßgebenden Beiordnung ausreichend. Das gilt trotz der praktischen Verknüpfung beider Maßnahmen. Selbst eine Aufhebung der Bewilligung nach § 124 ZPO, § 76 FamFG beendet nicht stets die Beiordnung. Das gilt wiederum trotz der praktischen Verbindung auch dieser beiden Maßnahmen.

Eigene Sache: Eine Beiordnung kann theoretisch auch in einer eigenen Sache des Anwalts erfolgen, Mü AnwBl **81**, 507, praktisch aber kaum, aM KG NJW **09**, 2754 (läßt offen, ob fehlerhaft).

Fehler: Auch eine fehlerhafte Beiordnung etwa ohne die vorherige Bewilligung einer Prozeßkostenhilfe kann einen Anspruch nach (jetzt) § 56 auslösen, Rn 4, Mü

MDR **86**, 242, Schlesw JB **91**, 227. Unschädlich ist zB die Beiordnung durch den Rpfl statt durch den Richter oder ohne einen Antrag, Zweibr Rpfleger **02**, 627, oder ohne eine Notwendigkeit, Zweibr Rpfleger **95**, 364.
Das gilt freilich *nicht* bei einem so schweren Verstoß daß der Staatsakt der Beiordnung nichtig ist, BLAH Üb 14 vor § 300 ZPO.
Form: Die Beiordnung erfordert einen Beschluß. Ihn kann auch das Beschwerdegericht treffen, Köln Rpfleger **83**, 124, LSG Erfurt JB **00**, 669. Die Beiordnung kann nicht stillschweigend erfolgen, vgl § 48 IV, Hamm JB **98**, 643, Kblz AnwBl **98**, 218.
S auch „Mitteilung".
Gesetzlicher Vertreter: Ihn darf das Gericht beiordnen, soweit er eben ein Anwalt ist.
Mitteilung: Die bloße Mitteilung des erforderlichen ausdrücklichen Beiordnungsbeschlusses kann dann formlos erfolgen, Zweibr JB **80**, 1204, auch telefonisch oder durch ein Telefax, sogar durch eine Überlassung der Akte zur Einsicht.
Nicht genügt zur Mitteilung eine bloße Ladung.
Notanwalt: Den Notanwalt nach § 78b, c ZPO ordnet das Gericht nach III 1 bei. Daran ändert sich nichts durch sein Vorschußrecht nach § 78c II ZPO. Denn I ist eindeutig.
Rechtsmittel: Gegen die Beiordnung hat der Anwalt grds kein Rechtsmittel, Düss JB **86**, 298.
Rückwirkung: Die Beiordnung kann rückwirkend erfolgen, BGH **82**, 446, wie bei § 119 ZPO, BLAH dort Rn 10ff, strenger Köln FamRZ **97**, 683. Das darf freilich nur mit dem Einverständnis des beigeordneten Anwalts geschehen. Eine Beiordnung gilt mangels einer klaren Rückwirkung erst ab der Bekanntgabe an den Beigeordneten.
Eine *Aufhebung* der Prozeßkostenhilfe beendet zwar auch die Beiordnung, aber *nicht* rückwirkend, Düss AnwBl **83**, 94.
Sozius: Nur der nach § 121 ZPO beigeordnete Sozius kann die Vergütung fordern. Das gilt auch dann, wenn er einen anderen Sozius unterbeauftragt hatte, Düss AnwBl **91**, 223.
Umfang: Über den Umfang einer Beiordnung § 48.
Unterauftrag: S „Sozius".
Verkehrsanwalt: Es gelten dieselben Regeln wie beim ProzBev. Der Verkehrsanwalt braucht für eine Vergütung aus der Staatskasse wegen eines Vergleichs keine entsprechend ausgeweitete Beiordnung, KG JB **95**, 420, aM Düss AnwBl **83**, 187.
Verstoß: S „Fehler".
Wirkung: Die Beiordnung bewirkt grds kein besonderes Gewaltverhältnis zwischen der Justizverwaltung und dem beigeordneten Anwalt, Karlsr FamRZ **96**, 1428. Sie bewirkt daher auch keine Weisungsgebundenheit des letzteren, Kleinwegener FamRZ **90**, 1065. Deshalb berührt sie auch nicht die Freiheit der Ausübung des Anwaltsberufs, Hamm AnwBl **75**, 95. Sie verpflichtet den Anwalt nur dann zur Tätigkeit, wenn die Partei keinen zur Vertretung bereiten Anwalt findet, BLAH § 121 ZPO Rn 79.
S auch „Rückwirkung".

F. Bestellung. Das Gericht mag statt einer Beiordnung eine Bestellung des Anwalts vorgenommen haben, §§ 57, 58 ZPO, §§ 140ff StPO, Düss AnwBl **91**, 410, §§ 138, 270 FamFG, § 67a I 2 VwGO.

G. Beispiele zur Frage einer Bestellung

Von Amts wegen: Es ist unerheblich, ob das Gericht den Anwalt von Amts wegen oder auf einen Antrag bestellt hat.
Antrag: Es ist unerheblich, ob das Gericht den Anwalt von Amts wegen oder auf einen Antrag bestellt hat.
Anwaltstätigkeit: Die Bestellung muß sich gerade auf die Tätigkeit als Anwalt richten. Es ist dann unerheblich, ob die Bestellung auch noch einen anderen Zweck als die Verteidigung erfaßt.
Bedingung: Das Gericht kann den Anspruch nach III nicht durch solche Bedingungen, die es der Bestellung beifügt, wirksam einschränken oder ausschließen, Düss

AnwBl **85**, 152, Ffm NJW **80**, 1704, Hamm AnwBl **82**, 214. Es kann also zB nicht einen zweiten Pflichtverteidiger mit der Maßgabe beiordnen, daß insgesamt nur eine Gebühr erstattet werde. Wenn der Verteidiger allerdings überraschend mitteilt, der Angeklagte habe ihn damit beauftragt, einen Rechtsmittelverzicht zu erklären, werden etwa abweichende vorangegangene Ausführungen des Verteidigers unerheblich.
S auch „Beschränkung".

Beschränkung: Das Gericht kann eine Bestellung zB auf einen Anhörtermin wegen eines Widerrufs der Bewährungsfrist oder auf eine ähnliche Einzeltätigkeit beschränken.
S auch „Rechtsmittelinstanz".

Einzeltätigkeit: S „Beschränkung".

Form: Die Bestellung kann anders als eine Beiordnung auch durch ein schlüssiges Verhalten des Gerichts erfolgen, (zum alten Recht) LG Kblz NJW **04**, 962.

Gerichtsfehler: Es ist unerheblich, ob die Nachricht von der Bestellung auf einem Gerichtsfehler beruht, solange der Bestellte gutgläubig bleibt.

Niederlegung: Wegen einer Niederlegung des Mandats erst während der Hauptverhandlung LG Ffm Rpfleger **82**, 238.

Prozeßpfleger: I gilt auch für den nach §§ 57, 58 ZPO bestellten Prozeßpfleger.

Rechtsgrund: Der Rechtsgrund der Bestellung ist unerheblich. Maßgebend ist allein die Tatsache einer Bestellung.
S auch „Gerichtsfehler".

Rechtsmittelinstanz: Die Bestellung gilt über die Instanz hinaus, auch für die Beschwerde, die Rechtsbeschwerde, die Berufung und die Revision. Das ist auch dann so, wenn eine Revision unzulässig wäre, wenn das Gericht aber über diese Frage noch entscheiden muß. Sie gilt ferner für die Anfertigung der Revisionsbegründung oder der Revisionsbeantwortung. Denn auch diese Maßnahmen gehören zur notwendigen Verteidigung. Sie gilt weiter für eine Tätigkeit im Haftprüfungstermin des Revisionsverfahrens.

Das Gericht kann die Bestellung auch für die mündliche *Verhandlung* im Revisionsverfahren vornehmen. Es kann die Bestellung dann auf den ersten Rechtszug beschränken, falls es sich nicht um eine notwendige Verteidigung handelt.
S auch „Revisionsverhandlung".

Revisionsverhandlung: Die Bestellung gilt grds *nicht* für die mündliche Verhandlung im Revisionsverfahren, § 350 III StPO, weil es dort keine notwendige Verteidigung gibt. Freilich kann das Gericht die Bestellung gerade auch auf diese Verhandlung erstrecken.

Rückwirkung: Die Bestellung gilt *grds ab* ihrer Vornahme. Sie gilt jedoch ausnahmsweise ohne Rücksicht auf den Zeitpunkt ihres Erlasses auch für ein Vorverfahren, III, § 141 III StPO, Kblz Rpfleger **81**, 246, Stgt JB **99**, 415 (Berufungsinstanz), vgl Rn 1 (stillschweigende Bestellung) und Rn 51, 52, oder wegen der Anreisekosten, Kblz JB **93**, 675, oder wegen einer Wahlverteidigertätigkeit vor einer Bestellung und Verbindung, Hamm JB **02**, 302.

Überflüssigkeit: *Unanwendbar* ist III soweit der Anwalt zwar formell innerhalb der Bestellung tätig wird, jedoch überflüssige oder wertlose Handlungen vornimmt.

Umfang: Die Bestellung ergibt grds, in welchem Umfang das Gericht den Anwalt bestellt. Sofern es keine Einschränkungen gemacht hat, gilt die Bestellung für die gesamte Verteidigung in ihrem gesetzlichen Umfang bis zur Rechtskraft der Entscheidung. Sie gilt evtl sogar für das Wiederaufnahmeverfahren bis zur Entscheidung über den Antrag. Die Bestellung hat denselben Umfang, soweit das Gericht den Anwalt nur für die Hauptverhandlung bestellt hat. Denn die StPO läßt eine Bestellung nur für einen einzelnen Prozeßabschnitt grds nicht zu.

Vermögensrechtlicher Anspruch: Die Bestellung gilt auch für einen im Strafverfahren erhobenen solchen Anspruch, Schlesw JB **98**, 22.

Verordneter Richter: Die Bestellung gilt auch für einen Termin vor dem zB nach §§ 361, 362 ZPO beauftragten oder ersuchten Richter.

Vollmacht: Es ist unerheblich, ob der Beschuldigte eine Vollmacht erteilt.

Wahlverteidiger: *Unanwendbar* ist III auf den bloßen Wahlverteidiger Hbg MDR **76**, 952.

Abschn. 8. Beigeordneter oder bestellter RA, Beratungshilfe § 45 RVG

H. Vollmacht. Zur Anwaltseigenschaft und zur Beiordnung oder Bestellung muß grundsätzlich eine Vollmacht hinzutreten, um einen Vergütungsanspruch entstehen zu lassen, BGH **60**, 258, Zweibr JB **94**, 749. Denn die Partei hat die Freiheit der Wahl desjenigen Anwalts, den das Gericht ihr beiordnen soll, § 121 I–III ZPO, § 76 FamFG. Nur dann, wenn die Partei keinen zur Vertretung bereiten Anwalt findet, erfolgt die Beiordnung oder Bestellung eines vom Gericht ausgewählten Anwalts. Auch das ändert aber nichts an der Notwendigkeit einer Vollmacht. 11

Die Vollmacht braucht *nicht schriftlich* zu erfolgen. Man kann sie auch stillschweigend erteilen. Sie liegt meist schon im eigenen Prozeß- oder Verfahrenskostenhilfeantrag. Der Antragsteller kann im eigenen Auftreten im Termin neben dem Anwalt liegen. Sie kann sich auch aus einer aktenkundigen Tätigkeit des Anwalts ergeben, LG Bln Rpfleger **78**, 270. Sie kann nachträglich erfolgen. Allerdings ergibt sie sich noch nicht aus einer allgemeinen Prozeßförderung durch den Anwalt oder stets aus einer auftraglosen Geschäftsführung, aM KG Rpfleger **85**, 39 (aber ein bestenfalls vermutbares Einverständnis ist noch keine erteilte Vollmacht). Eine Tätigkeit gegen den Willen des Nicht-Auftraggebers verhindert eine Vergütung. Das gilt unabhängig vom Beweggrund des Nicht-Auftraggebers und davon, ob seine Haltung nur einem Dritten bekannt war, BGH **138**, 287, es sei denn, der Anwalt handelte im übergeordneten öffentlichen Interesse, § 679 BGB. Auch muß man Treu und Glauben mitbeachten, BGH NJW **90**, 2542.

I. Fehlen einer Vollmacht. Ohne eine Vollmacht liegt kein Vertragsverhältnis zB zum Mittellosen vor, BGH **60**, 258, Bbg JB **78**, 887. Der beigeordnete oder bestellte Anwalt hat dann einen Vergütungsanspruch gegen die Staatskasse noch nicht stets wegen seiner Bemühung um einen Auftrag und um eine Vollmacht, Bbg JB **78**, 886. Er hat einen Vergütungsanspruch damit vielmehr nur insoweit, als er auf Grund seiner Fürsorgepflicht für die begünstigte Partei eine unaufschiebbare Handlung vornimmt, KG Rpfleger **85**, 39. Er muß gewissenhaft prüfen, ob die Handlung unaufschiebbar ist. Unter dieser Voraussetzung handelt er als ein Geschäftsführer ohne Auftrag. Er erhält daher gegenüber der begünstigten Partei einen Vergütungsanspruch nach §§ 677 ff, 812 ff BGB, BGH **140**, 355, BAG BB **80**, 1428, KG Rpfleger **85**, 218, auch schon nach § 674 BGB, Düss AnwBl **83**, 94, Kblz AnwBl **97**, 240, Zweibr Rpfleger **84**, 115. Das kann zB dann eintreten, wenn der Anwalt im Verhandlungstermin einen Sachantrag stellt, um den Erlaß eines Versäumnisurteils zu verhüten. 12

4) Sachlicher Geltungsbereich, I–V. Ein einfacher Grundsatz wirft viele Fragen auf. 13

A. Grundsatz: Tätigkeit innerhalb der Beiordnung oder Bestellung. Zur Anwaltseigenschaft, zur Beiordnung oder Bestellung und zur Vollmacht muß eine nach dem RVG gebührenpflichtige Tätigkeit nur oder zumindest auch gerade personell und sachlich im Rahmen der Beiordnung oder Bestellung und der Vollmacht hinzutreten, LG Mü AnwBl **84**, 508. Sie mag auch durch einen Vertreter nach § 5 erfolgen. Ausnahmsweise mag sogar die Tätigkeit eines nicht zu § 5 gehörenden Vertreters reichen, Stgt Rpfleger **96**, 83, LG Mainz MDR **97**, 406, LAG Halle AnwBl **95**, 561 und 562. Natürlich reicht erst recht die Tätigkeit eines anderen Mitglieds einer als solcher bevollmächtigten Sozietät, Düss JB **91**, 970, Ffm MDR **88**, 874. Auch die Tätigkeit eines Praxisabwicklers nach §§ 53 IX, 55 III BRAO reicht.

B. Beispiele zur Frage einer Tätigkeit innerhalb der Beiordnung oder Bestellung 14

Ablehnung der Tätigkeit: Dann entsteht *kein* Anspruch nach § 45, aM GSchm 39 (aber eine Tätigkeit ist die erste Anspruchsvoraussetzung).
Abtretung: Bei einer Abtretung des Vergütungsanspruchs muß man die Angabe derjenigen einzelnen Rechtsstreitigkeit fordern, für die ein Vergütungsanspruch entstanden sein soll. Man muß auch die Auszahlungsbehörde angeben. Bei einem künftigen Vergütungsanspruch ist wenigstens eine bereits wirksam erfolgte Beiordnung oder Bestellung erforderlich. Daher ist eine Pfändung jedenfalls nicht zB für einen Anspruch „auf Auszahlung von Prozeß- oder Verfahrenskostenhilfekosten" oder „aus einer künftigen Beiordnung oder Bestellung" zulässig. Ein Pfändungsgläubiger kann nach § 55 vorgehen.

15 **Anwaltsfehler:** Der Anspruch ist zwar grds nicht von einem Erfolg der Tätigkeit des beigeordneten oder bestellten Anwalts abhängig, Karlsr MDR **92**, 619. Wenn dieser aber wegen eines vertragswidrigen Verhaltens gegen seinen Auftraggeber auch beim Fehlen zB einer Prozeß- oder Verfahrenskostenhilfe keinen Anspruch hätte, erhält er auch keine Vergütung aus der Staatskasse, BVerwG Rpfleger **95**, 75, Karlsr MDR **92**, 619.
Aufrechnung: Den Anspruch nach (jetzt) § 45 berührt eine Aufrechnung des Kostenschuldners gegenüber dem Kostengläubiger (Prozeßgegner) nicht, AG Nürnb AnwBl **86**, 455.
Erfolg: S „Anwaltsfehler".
Erledigung der Hauptsache: Es entsteht dann *kein* Anspruch nach § 45, wenn der Anwalt eine schon vor der Bewilligung der Prozeß- oder Verfahrenskostenhilfe eingetretene Erledigung der Hauptsache dem Gericht nicht nach § 121 I 1 BGB unverzüglich angezeigt hat.

16 **Erstattungsanspruch des Anwalts:** Derjenige Anspruch des beigeordneten oder bestellten Anwalts auf eine Erstattung seiner Vergütung durch den in die Kosten verurteilten Gegner, den sich der Anwalt zB nach § 126 I ZPO, § 76 FamFG auch auf den eigenen Namen festsetzen lassen kann, bleibt durch den Anspruch gegenüber der Staatskasse nach §§ 45 ff unberührt.
Mehrheit von Schuldnern: Es besteht zwischen den Schuldnern solcher mehreren Ansprüche auch kein Gesamtschuldverhältnis. Der Anwalt kann jeden Schuldner in Anspruch nehmen. Wegen der Anrechnung der Zahlungen § 58 II.

17 **Pfändung:** Es gilt dasselbe wie bei Rn 14 „Abtretung".
Rückwirkung: Die Tätigkeit muß grds der Beiordnung oder Bestellung *zeitlich nachfolgen*, Schlesw JB **91**, 228, Zweibr JB **94**, 352, LG Nürnb-Fürth AnwBl **87**, 55. Sofern das Gericht den Anwalt allerdings mit einer Rückwirkung beigeordnet oder bestellt hat, kann auch die vor der Beiordnung oder Bestellung liegende Tätigkeit ausreichen. Eine Tätigkeit, die erst dem Zustandekommen des Auftrags dient, begründet grundsätzlich keinen Anspruch nach §§ 45 ff. Von dieser Regel gilt eine Ausnahme dann, wenn die Partei nach der Beiordnung oder Bestellung zunächst die Vollmacht erteilt hatte und daß der Anwalt sie erst anschließend zur Erteilung der Information usw aufgefordert hat.
Im übrigen kann eine Tätigkeit nach der Beiordnung oder Bestellung, aber *vor der Vollmachtserteilung* ausreichen, Rn 10–12.

18 **Verzicht:** Ein Verzicht des beigeordneten oder bestellten Anwalts auf eine Zahlung gegenüber dem Auftraggeber führt nicht seinen Anspruch gegen die Staatskasse, KG Rpfleger **82**, 396. Er kann aber auch ihr gegenüber zumindest wegen einer noch nicht angefallener Vergütung wirksam verzichten, KG Rpfleger **82**, 396, Stgt FamRZ **02**, 1505, OVG Ffo NVwZ-RR **03**, 906.

19 **Zahlungsunfähigkeit:** Der Anspruch des beigeordneten oder bestellten Anwalts gegen einen später zahlungsfähigen Auftraggeber bleibt vom Anspruch nach § 45 unberührt. Diesen Anspruch kann der Anwalt allerdings erst nach einer Aufhebung zB der Bewilligung der Prozeßkostenhilfe geltend machen, § 124 ZPO, § 76 FamFG, Hbg MDR **85**, 941. Das gilt nur bei einer Erschleichung der Prozeß- oder Verfahrenskostenhilfe oder der Beiordnung nicht.

20 **5) Schuldner, I–V.** Man muß drei Beteiligte unterscheiden. Der Anwalt kann die Reihenfolge einer Inanspruchnahme selbst bestimmen, aM Celle JB **84**, 1248 (aber das Gesetz enthält keine Rangfolge, auch nicht in § 59).
A. Staatskasse. Zur Zahlung der Vergütung nach §§ 45 ff ist die Staatskasse unmittelbar als Kostenschuldnerin (Erstschuldnerin) verpflichtet, Mü FamRZ **06**, 1461. Sie ist daher auch nicht ein bloßer Dritter nach § 14 I 4. Soweit es sich um ein Verfahren vor einem Bundesgericht handelt, ist die Bundeskasse Schuldnerin. Im übrigen ist die Landeskasse Schuldnerin. Im einzelnen ist diejenige Kasse zuständig, die für den Bezirk des beiordnenden Gerichts tätig wird, vgl auch § 6 II KostVfg, Teil VII A dieses Buchs. Die zuständige Staatskasse kann eine Einwendung nur aus § 54 erheben, nicht aus dem Recht des zB durch die Prozeß- oder Verfahrenskostenhilfe Begünstigten. Der Anspruch des beigeordneten Anwalt bleibt auch dann bestehen, wenn der Anwalt auch einen Streitgenossen vertritt, und zwar als Wahlanwalt, Düss MDR

Abschn. 8. Beigeordneter oder bestellter RA, Beratungshilfe § **45 RVG**

97, 1071, LG Frankenth MDR **97**, 208, RS 45, aM BGH NJW **93**, 1715, LG Bln RR **97**, 382 (aber dann liegen zwei selbständige Rechtsverhältnisse des Anwalts vor). Freilich erhöht sich dann der Anspruch gegen die Staatskasse auch nicht. Eine solche Erhöhung nach VV 1008 erfolgt erst bei einer Beiordnung für mehrere Begünstigte.

B. Gegner. Der beigeordnete oder bestellte Anwalt kann einen Vergütungsanspruch gegenüber dem nach §§ 91 ff ZPO, §§ 80 ff, 113 I 2 FamFG oder auf Grund eines Vergleichs auch wegen der Anwaltskosten erstattungspflichtigen Prozeßgegner des Auftraggebers haben, zB nach § 126 I ZPO. Das gilt, soweit der Vergütungsanspruch nicht schon nach § 59 auf die Staatskasse übergegangen ist. Eine Einrede aus der Person der Partei ist nicht zulässig, § 126 II 1 ZPO. Der Prozeßgegner kann mit solchen Kosten aufrechnen, die die Partei nach der in demselben Rechtsstreit über die Kosten erlassenen Entscheidung erstatten muß, § 126 II 2 ZPO. 21

C. Mittelloser. Der beigeordnete Anwalt kann auch gegen den durch die Prozeß- oder Verfahrenskostenhilfe Begünstigten einen Anspruch haben, sei es auf Grund des Anwaltsvertrags vor oder nach der Beiordnung oder Bestellung mit einer Vollmacht nach Rn 10, 11, sei es auch ohne eine Vollmacht nach §§ 677 ff BGB, Rn 12. Das übersieht Mü FamRZ **06**, 1461. Freilich schränken § 122 I Z 3 ZPO, § 76 FamFG die Geltendmachung ein. Soweit der Anwalt auch einen Streitgenossen oder Streithelfer des Mittellosen vertreten hat, können diese ihm natürlich ebenfalls haften. 22

6) Vergütungshöhe, I–V. Der Anspruch nach §§ 45 ff umfaßt die „gesetzliche Vergütung" für dasjenige Verfahren und dort für denjenigen Umfang, für den das Gericht den Anwalt nach § 48 beigeordnet oder bestellt hat. Die gesetzliche Vergütung umfaßt Gebühren und Auslagen, AG Aachen JB **05**, 475. Sie findet freilich nach § 49 Grenzen. Sie läßt sich ohne eine Zustimmung des beigeordneten oder bestellten Anwalts nicht beschränken, Oldb JB **95**, 138. Eine Beschränkung läßt sich nicht einseitig nachholen, Fischer JB **99**, 344. Auch der anstelle eines anderen Anwalts Beigeordnete oder Bestellte hat den vollen Vergütungsanspruch, Celle NJW **08**, 2511. Soweit es nach VV nicht auf den Umfang oder Schwierigkeitsgrad der Tätigkeit des Wahlanwalts ankommt, gilt dasselbe auch beim beigeordneten oder bestellten Anwalt. Seine Beiordnung kann nicht wirksam zu einem nur eingeschränkten Vergütungsanspruch erfolgen, Karlsr JB **91**, 80. Umsatzsteuer kommt wie sonst infrage, KG NJW **09**, 2754 rechts oben. 23

Dazu kann (jetzt) auch eine *Einigungsgebühr* zählen, BGH JB **88**, 1376, Düss (3. ZS) AnwBl **92**, 48, Ffm MDR **98**, 740, aM Düss (6. FamS) AnwBl **83**, 320 (abl Chemnitz). Die Beiordnung kann sinnvollerweise gerade auch für eine Einigung erfolgen). 24

Bei den Gebühren darf der Festsetzungsbeamte *nicht prüfen, ob der Anwalt sachgemäß gehandelt* hat. Andernfalls würde der Festsetzungsbeamte den Anwalt in seiner Entschlußfreiheit beeinträchtigen können, aM Düss (10. FamS) MDR **93**, 1132 und (11. ZS) MDR **93**, 584, Saarbr AnwBl **88**, 420 (vgl aber § 55).

Allerdings hat der beigeordnete oder bestellte Anwalt keinen Anspruch auf die Bezahlung solcher Gebühren, die er wegen einer offensichtlich *zwecklosen* oder gar unzulässigen Handlung entstehen ließ, Karlsr RR **87**, 63, Saarbr JB **05**, 484 (Treu und Glauben beachten), insbesondere etwa nur zur Erzielung von Einkünften, LAG Stgt BB **89**, 296 (aber Vorsicht! Grundsätzlich ist der Beiordnungs- oder Bestellungsumfang maßgebend, Düss MDR **89**, 827). (Jetzt) § 14 I ist anwendbar, Düss AnwBl **82**, 254, aM Mü Rpfleger **91**, 465 (nur eingeschränkt anwendbar. Aber man muß sich auf die Beiordnung oder Bestellung auch insofern verlassen können). 25

Bei *Auslagen* ist dagegen eine Prüfung der Sachdienlichkeit erforderlich, § 46 I. Eine *Gebührenvereinbarung* der später begünstigten Partei mit dem damaligen Wahlanwalt vor dem Zeitpunkt seiner Beiordnung ist unerheblich, § 3a III 1. 26

7) Fälligkeit, I–V. Sie richtet sich (jetzt) nach § 8, dabei nach den frühesten von mehreren Fälligkeitsterminen, BGH RR **92**, 254, Köln JB **93**, 345, Mü AnwBl **85**, 597 (zustm Chemnitz). Zu den dort erörterten Gründen der Beendigung der Angelegenheit treten: Ein Vertretungsverbot; die Aufhebung der Beiordnung nach § 48 II BRAO und nicht erst das Instanzende, aM Hbg JB **91**, 233, oder gar die Rechtskraft, aM Bbg JB **90**, 1281, Hamm AnwBl **96**, 478. 27

RVG § 45

Weiter zählen hierzu: Die Aufhebung der Bewilligung der Prozeß- oder Verfahrenskostenhilfe nach § 124 ZPO, § 76 FamFG; beim Beweisanwalt die Beendigung der dortigen Beweisaufnahme. Allerdings kann der Anwalt für eine solche Einigung noch eine Vergütung nach §§ 45 ff fordern, an der er mitgewirkt hat und die erst nach dem Zeitpunkt der Verweisung abgeschlossen oder wirksam wurde.

28   *Weiterer Beendigungsgrund:* Der Tod der begünstigten Partei. Das gilt freilich nur mit der Einschränkung, daß der beigeordnete oder bestellte Anwalt entsprechend § 674 BGB eine Vergütung für eine solche Tätigkeit erhält, bei deren Vornahme er vom Tod noch keine Kenntnis hatte und auch nicht zu haben brauchte. Soweit er allerdings als ein Wahlanwalt des Rechtsnachfolgers der Partei von diesem eine Gebühr erhalten kann, kann er für die Tätigkeit nach dem Tod des Rechtsvorgängers keine Vergütung nach §§ 45 ff beanspruchen.

Ein *Vorschuß* kommt nach § 47 schon vor der Fälligkeit infrage.

29   **8) Verjährung, I–V.** Der Anspruch des beigeordneten oder bestellten Anwalts verjährt nach § 8 II, LAG Mü AnwBl **94**, 424, aM RS 39 (30 Jahre), evtl erst nach einer dortigen Hemmung. Eine Verjährung berechnet sich je Angelegenheit, Düss AnwBl **90**, 324, Ffm JB **88**, 1010, Mü AnwBl **99**, 78. Sie beginnt dann nach derselben Zeit wie gegenüber dem Auftraggeber auch gegenüber der Staatskasse, Stgt JB **02**, 538, also (jetzt) nach drei Jahren, § 195 BGB, BGH RR **92**, 254, Brschw JB **01**, 308, Stgt JB **02**, 538 (je zum alten Recht). Die Frist beginnt nach § 201 Z 1 BGB mit dem Ablauf desjenigen Kalenderjahrs, in dem der Anspruch entstanden ist und in dem der Anwalt von den anspruchsbegründenden Umständen und der Person des Schuldners Kenntnis erlangt oder ohne grobe Fahrlässigkeit erlangen müßte, § 199 I BGB, BGH RR **92**, 254, KG Rpfleger **88**, 122, LAG Mü MDR **94**, 738.

Die *Staatskasse* hat die Einrede der Verjährung aus einem eigenem Recht. Der Lauf der Frist ist also von einer Verjährungsfrist für einen Anspruch des beigeordneten oder bestellten Anwalts gegen die begünstigte Partei unabhängig. Die Berufung auf eine Verjährung kann ausnahmsweise wegen eines Rechtsmißbrauchs unbeachtlich sein, Ffm FamRZ **88**, 1185. Der rechtskräftig festgestellte Vergütungsanspruch verjährt nach 30 Jahren, § 197 I Z 3 BGB.

30   **9) Zurückzahlung, I–V.** Der beigeordnete oder bestellte Anwalt muß einen zuviel erhaltenen Betrag an die Staatskasse zurückzahlen. Das gilt auch bei einer grob fahrlässigen Vereitelung des Übergangs der Forderung auf die Landeskasse, LG Bln VersR **85**, 460. Denn er ist insofern ungerechtfertigt bereichert. Der Rückzahlungsanspruch der Staatskasse ist aber öffentlichrechtlich, LG Ulm AnwBl **78**, 264, Krämer AnwBl **79**, 168. Die Staatskasse kann diesen Rückzahlungsanspruch nach § 1 Z 8 JustBeitrO geltend machen, Teil IX A dieses Buchs. Der Anwalt kann nicht einwenden, er sei nicht mehr bereichert.

31   Er hat aber den Einwand, er habe *darauf vertrauen können,* den erhaltenen Betrag behalten zu dürfen, Ffm NJW **75**, 706, LG Bochum AnwBl **84**, 106, aM LG Ulm AnwBl **78**, 246.

32   Das Recht der *Nachforderung* nach (jetzt) § 20 GKG, § 19 FamGKG gilt auch hier, LG Ulm AnwBl **78**, 264. Die dort genannte Frist beginnt nicht vor der formellen Rechtskraft des Abschlusses des Hauptverfahrens oder vor der Kenntnis von der erstmaligen Festsetzung, KG Rpfleger **76**, 110. Der beigeordnete oder bestellte Anwalt kann nicht auf die Feststellung klagen, daß der Staatskasse ein Rückzahlungsanspruch nicht zustehe. Denn darin würde eine Umgehung des Ausschlusses des ordentlichen Rechtswegs liegen.

33   **10) Anspruch gegen die Staatskasse, II.** Man muß die Voraussetzungen und das Verfahren beachten.

A. Beiordnung oder Bestellung. Das Gericht muß den Anwalt entweder nach § 138, § 270 FamFG beigeordnet haben, § 39 Rn 3 ff, § 47 I 2, oder es muß ihn nach § 67 a I 2 VwGO bestellt haben, § 40.

34   **B. Verzug.** Der Antragsgegner muß für denjenigen Zeitraum mit der Zahlung der Vergütung im Verzug sein, in dem das Gericht den Anwalt bereits nach §§ 138, 270 FamFG beigeordnet oder nach § 67 a I 2 VwGO bestellt hat und soweit auch nicht ein nachfolgender Vertrag zwischen dem Antragsgegner und dem Anwalt und eine

vertragsgemäße Zahlung des Auftraggebers diese Beiordnung oder Bestellung überholt hat. Erst dann hat der Anwalt im Anschluß an ein vorher bloßes Anwartschaftsrecht einen nicht mehr aufschiebend bedingten, sondern endgültigen Vergütungsanspruch gegenüber der Staatskasse. Das folgt aus dem mit der Beiordnung oder Bestellung entstehenden Rechtsverhältnis zwischen dem Anwalt und dem beiordnenden oder bestellenden Staat, Rn 2.

Der Antragsgegner muß sich gerade mit der Zahlung der gesetzlichen Vergütung 35 eines bestellten oder beigeordneten Anwalts gänzlich oder mit einem nicht völlig unbedeutenden Teilbetrag im *Verzug* befinden, also nicht etwa mit einer Zahlung auf Grund des inzwischen zustandegekommenen Vertragsverhältnisses mit dem Anwalt.

Man muß den Verzug nach §§ *286ff BGB* beurteilen, großzügiger BGH NJW **98**, 36 1870 (Glaubhaftmachung nach § *294 ZPO* reiche). Es muß also zunächst die Vergütungsforderung fällig geworden sein, § 8 I. Sodann muß der Anwalt dem Antragsgegner eine dem § 10 entsprechende Rechnung zugesandt haben. Schließlich muß der Antragsgegner binnen 30 Tagen seit der Fälligkeit und dem Rechnungszugang nicht geleistet haben, § 286 III 1 BGB. Der Anwalt muß den Verzug beweisen.

Einen *Vorschuß* kann der beigeordnete oder bestellte Anwalt aus der Staatskasse unter den Voraussetzungen des § 47 I 2 fordern.

C. Verfahren. Man muß zunächst den Umfang der Beiordnung nach (jetzt) § 48 37 ermitteln, Kblz FamRZ **85**, 619. Der Vergütungsanspruch geht nur auf denjenigen Betrag, den ein im Prozeßkostenhilfeverfahren beigeordneter Anwalt hat. Der Anspruch unterliegt den von Amts wegen beachtbaren, wenn auch nicht von Amts wegen ermittelbaren allgemeinen rechtshindernden oder -vernichtenden Umständen wie zB der Erfüllung oder einem Rechtsmißbrauch. Er kann auch bei einem sonstigen Verschulden des beigeordneten oder bestellten Anwalts nach § 54 entfallen, etwa bei der vorwerfbaren Verursachung einer zu teuren Tätigkeit, also bei einer Schlechterfüllung, Mü JB **04**, 37, LG Köln Rpfleger **90**, 371, LAG Stgt JB **92**, 401, auch bei der Versäumung einer Wiedereinsetzung, BVerwG Rpfleger **95**, 75, Karlsr MDR **92**, 619. Die bloße Tätigkeit innerhalb der Beiordnung ist aber natürlich nicht vorwerfbar, Düss MDR **89**, 827, aM Düss JB **94**, 547, Mü JB **93**, 617.

Der beigeordnete oder bestellte Anwalt erhält seine *Auslagen* entsprechend § 46 erstattet. Ein Auslagenverzicht ist widerrufbar, Hamm AnwBl **80**, 39. Die aus der Staatskasse zahlbare Vergütung wird im Verfahren nach (jetzt) § 55 *festgesetzt*, Kblz FamRZ **85**, 619. Eine Anrechnung solcher Vorschüsse oder Zahlungen, die der beigeordnete oder bestellte Anwalt von dem Antragsgegner oder von einem Dritten vor oder nach der Beiordnung oder Bestellung erhalten hat, richtet sich nach § 58 II.

Soweit dem beigeordneten oder bestellten Anwalt wegen seiner Vergütung ein Anspruch gegen den Antragsgegner oder den ersatzpflichtigen Prozeßgegner des Antragsgegners zusteht, *geht der Anspruch* entsprechend § 59 mit der Befriedigung des Anwalts durch die Staatskasse auf diese *über*.

11) Sonstige Bestellung oder Beiordnung, III. Die Vorschrift regelt in einem 38 Auffangtatbestand, welche Kasse dem außerhalb Rn 33–37 auf einen Antrag oder von Amts wegen wirksam ausdrücklich oder eindeutig stillschweigend gerichtlich oder bei V verwaltungsbehördlich bestellten oder beigeordneten Anwalt Gebühren und Auslagen zahlen muß. Das kann etwa nach §§ 118a II 3, 140 I–III, 141, 350 III StPO, § 68 JGG geschehen sein. III gilt auch beim anstelle eines Pflichtverteidigers bestellten Verteidiger, Karlsr NJW **08**, 2935. Es ist eine unbeschränkte Bestellung möglich. Die Kasse braucht keineswegs demselben Gericht zuzugehören, dessen Urkundsbeamter die Vergütung festgesetzt hat, § 55 I.

III nennt auch diejenige Kasse, an die der Anwalt nach § 58 III 2, 3 eine *Rückzahlung* leisten oder eine Mitteilung richten muß.

Die Vorschrift *dient* der Klarstellung der Zuständigkeiten und damit der Rechts- 39 sicherheit. Deshalb muß man sie streng auslegen, freilich nicht nur zulasten, sondern auch zugunsten des Anwalts. Sein Anspruch hängt nicht von einer Zahlungsfähigkeit des Beschuldigten ab.

A. Staatskasse, III 1. Es kommt für die Zuständigkeit darauf an, welches Gericht 40 den Anwalt bestellt oder beigeordnet hat, also nicht darauf, vor welchen Gerichten der Bestellte oder Beigeordnete tätig geworden ist. Soweit ein Bundesgericht tätig wurde, ist die Bundeskasse zuständig, im übrigen die Landeskasse.

Wahlweise gegen die Staatskasse oder nach § 52 gegen den Beschuldigten kann der Anwalt vorgehen. Er muß sich aber nach § 58 III eine Zahlung des Beschuldigten auf den Anspruch gegen die Staatskasse anrechnen lassen.

41 **B. Bestellung oder Beiordnung durch mehrere Gerichte, III 2, 3.** Soweit zunächst ein Gericht des Bundes und anschließend ein Gericht des Landes den Anwalt bestellt oder beigeordnet hat, kommen unterschiedliche Zahlstellen in Betracht. Maßgeblich ist, welche Vergütung der Anwalt bereits durch die Tätigkeit bei demjenigen Gericht verdient hatte, das ihn bestellt oder beigeordnet hat. Es kommt also darauf an, welche Gebühren bereits durch jene Tätigkeit des Anwalts entstanden sind und welchen Umfang der Tätigkeit sie abgelten.

42 Diese Gebühren trägt diejenige Kasse, deren Gericht beigeordnet hat. Das nach einer *Verweisung* entstandene Mehr an Gebühren zahlt diejenige Kasse, an deren Gericht die Sache nunmehr gekommen ist. Bei Auslagen entscheidet der Zeitpunkt der Entstehung. III 3 schafft die entsprechende Regelung für den Fall, daß zunächst ein Gericht eines Landes und sodann ein Gericht des Bundes eine Bestellung oder Beiordnung vorgenommen hatten.

Soweit zunächst ein Gericht des *einen* Bundeslandes, sodann ein Gericht eines *anderen* Bundeslandes die Bestellung oder Beiordnung vorgenommen hatten, ist III entsprechend anwendbar.

43 Nach *V* tritt in der Lage Rn 38–43 im Bußgeldverfahren die Verwaltungsbehörde an die Stelle des Gerichts.

44 **12) Abraten von Wiederaufnahme, IV.** Für die Vorbereitung des Antrags auf die Wiederaufnahme, die Stellung eines solchen Antrags und die Vertretung im Verfahren bis zur Entscheidung über den Antrag, erhält der Anwalt Gebühren nach VV 4137–4141 und im Bußgeldverfahren solche nach allenfalls VV 5200. Denn dort fehlt eine den VV 4137–4141 entsprechende direkte Regelung. Nach VV 4137 amtliche Anmerkung entsteht nach IV 1 eine Geschäftsgebühr grundsätzlich auch dann, wenn der Anwalt dem Auftraggeber davon abrät, einen Wiederaufnahmeantrag zu stellen. Das gilt nach IV 2 auch entsprechend im Wiederaufnahmeverfahren nach § 85 OWiG.

45 Falls der Anwalt aber als ein *gerichtlich bestellter oder beigeordneter* Verteidiger tätig wird, ist diese Regelung nur anwendbar, sofern das Gericht ihn bereits vor diesem Abraten nach § 364b I 1 Z 1 oder 2 oder 3 StPO bestellt hatte oder falls das Gericht in demjenigen Zeitpunkt, in dem der Verteidiger dem Auftraggeber vom Wiederaufnahmeantrag abriet, nach § 364b I 2 StPO durch einen Beschluß festgestellt hatte, daß die Voraussetzungen einer Bestellung nach § 364b I 1 Z 1–3 StPO vorlagen. Auf eine Vollmacht des Verurteilten kommt es dann nicht an.

46 **13) Bußgeldverfahren vor Verwaltungsbehörde, V.** Infolge der Verweisung in V 1 gilt III entsprechend, Rn 38 ff. Die Zuständigkeit ergibt sich aus V 2. Maßgebend ist, welches Verfahren tatsächlich stattfindet.

Auslagen und Aufwendungen

46 [I] Auslagen, insbesondere Reisekosten, werden nicht vergütet, wenn sie zur sachgemäßen Durchführung der Angelegenheit nicht erforderlich waren.

[II] [1] Wenn das Gericht des Rechtszugs auf Antrag des Rechtsanwalts vor Antritt der Reise feststellt, dass eine Reise erforderlich ist, ist diese Feststellung für das Festsetzungsverfahren (§ 55) bindend. [2] Im Bußgeldverfahren vor der Verwaltungsbehörde tritt an die Stelle des Gerichts die Verwaltungsbehörde. [3] Für Aufwendungen (§ 670 des Bürgerlichen Gesetzbuchs) gelten Absatz 1 und die Sätze 1 und 2 entsprechend; die Höhe zu ersetzender Kosten für die Zuziehung eines Dolmetschers oder Übersetzers ist auf die nach dem Justizvergütungs- und -entschädigungsgesetz zu zahlenden Beträge beschränkt.

[III] [1] Auslagen, die durch Nachforschungen zur Vorbereitung eines Wiederaufnahmeverfahrens entstehen, für das die Vorschriften der Strafprozessordnung gelten, werden nur vergütet, wenn der Rechtsanwalt nach § 364b Abs. 1 Satz 1

Abschn. 8. Beigeordneter oder bestellter RA, Beratungshilfe § 46 RVG

der Strafprozessordnung bestellt worden ist oder wenn das Gericht die Feststellung nach § 364b Abs. 1 Satz 2 der Strafprozessordnung getroffen hat. ²Dies gilt auch im gerichtlichen Bußgeldverfahren (§ 85 Abs. 1 des Gesetzes über Ordnungswidrigkeiten).

Gliederung

1) Systematik, I–III	1
2) Regelungszweck, I–III	2
3) Geltungsbereich, I–III	3–8
A. Auslagenarten	4, 5
B. Beiordnungsarten	6
C. Anwendungsgrenzen	7, 8
4) Nicht erforderliche Auslagen, I	9–31
A. Grundsatz: Beweislast der Staatskasse	9–11
B. Auslagenbegriff	12
C. Sachgemäße Durchführung der Angelegenheit	13
D. Kostensparsamkeit	14
E. Abwägung	15, 16
F. Zweckmäßigkeit	17
G. Beispiele zur Frage einer Erforderlichkeit, I	18–31
5) Mehrkosten des auswärtigen Anwalts, I	32–38
A. Grundsatz: Notwendigkeit eines Kostenvergleichs	32–34
B. Zulassungsfragen	35–38
6) Sonstige Reisekosten und Aufwendungen, I, II	39–42
7) Feststellungsverfahren, II	43–50
A. Antrag	43
B. Zuständigkeit	44
C. Verfahren	45
D. Entscheidung	46, 47
E. Unanfechtbarkeit	48
F. Bindungswirkung	49, 50
8) Auslagen bei Wiederaufnahmeprüfung, III	51–53

1) Systematik, I–III. Zu der in § 45 genannten gesetzlichen Vergütung, auf die der beigeordnete oder bestellte Anwalt einen Anspruch hat, zählen nach § 1 I auch die Auslagen für seine Berufstätigkeit nach VV 7000ff. Von diesem Grundsatz enthält § 46 Ausnahmen. **1**

2) Regelungszweck, I–III. Die Vorschrift bezweckt eine Eingrenzung der Möglichkeit des beigeordneten oder bestellten Anwalts, Auslagen geltend zu machen. Das dient der Kostendämpfung. Als eine Ausnahmevorschrift gegenüber der in Rn 1 genannten Regelung ist § 46 ungeachtet des vorgenannten Zwecks grundsätzlich einschränkend auslegbar. Andererseits darf die Auslegung nicht zu einer nach Art 12 GG unzumutbaren Unterstützung führen, BVerfG NJW **01**, 1270. II dient einer Erleichterung des beigeordneten oder bestellten Anwalts bei der Prüfung, ob eine Auslage als erforderlich bewertbar sein wird, und einer Erleichterung seiner Partei bei der Prüfung, ob sie solche Auslagen selbst bezahlen will. Auch das muß man bei der Auslegung mitbeachten. **2**

3) Geltungsbereich, I–III. *I 1* erfaßt alle gerade durch die Beiordnung oder Bestellung verursachten und dazu erforderlichen Arten von Auslagen des beigeordneten oder bestellten Anwalts der Wirksamkeit seiner Beiordnung oder Bestellung und nicht nur Reisekosten nach § 91 ZPO, Rn 5. Das ergibt sich aus dem Wort „insbesondere". I 1 erfaßt auch den örtlich zugelassenen Anwalt, AG Büdingen FamRZ **08**, 1461. **3**

A. Auslagenarten. Hierher zählen auch zB die Auslagen für einen Dolmetscher, den der beigeordnete oder bestellte Anwalt zuzieht, um überhaupt eine brauchbare Information zu erlangen, Hamm FamRZ **08**, 1463, LG Kblz JB **01**, 642 (Grenzen beim auswärtigen „Vertrauensdolmetscher"), LG Bochum JB **02**, 147, AG Wermelskirchen Rpfleger **01**, 504 (je zur Beratungshilfe), aM LAG Hamm BB **85**, 530 (aber solche Dolmetscherhilfe ist oft unentbehrlich und darum eine typische Auslage). **4**

Weitere Beispiele: Solche Auslagen, für die der beigeordnete oder bestellte Anwalt nach den §§ 670, 675 I BGB vom Auftraggeber eine Erstattung fordern könnte, LG Lübeck MDR **78**, 1033; Kosten aus Anlaß der Teilnahme an demjenigen Ortstermin, **5**

1599

RVG § 46

den ein Sachverständiger zur Vorbereitung eines Gutachtens anberaumt hat; die Umsatzsteuer, VV 7008; die Auslagen für einen wegen eigener schuldloser Verhinderung notwendigen Terminsvertreter, LAG Hamm NZA-RR **06**, 598.

Nicht hierher zählen allgemeine Geschäftsunkosten, (jetzt) VV amtliche Vorbemerkung 7 I, VG Oldb/Osnabr Rpfleger **91**, 160, etwa der Kaufpreis oder die Miete für eine Schreibmaschine oder die Kosten der in jedem Anwaltsbüro erforderlichen Fachliteratur; eine in Wahrheit nur der Partei entstehende solche Aufwendung, die der Anwalt ihr lediglich aus eigenen Mitteln vorschießt; eine Aufwendung vor der Wirksamkeit der Beiordnung oder Bestellung, auch einer evtl rückwirkenden, Düss VersR **78**, 965, aM LG Bielef AnwBl **79**, 185.

II 1, 2 erfaßt nur Reisekosten. *II 3* erfaßt auch „andere Auslagen" nach VV 7000 ff.

6   **B. Beiordnungsarten.** § 46 gilt grundsätzlich auch für den in einer Strafsache beigeordneten oder in einem Bußgeldverfahren bestellten Anwalt, Kblz JB **93**, 675 (auch wegen Anreisekosten vor der Bestellung im Ausnahmefall), oder für den in einem Auslieferungsverfahren beigeordneten Anwalt oder für den im gerichtlichen Verfahren auf eine Freiheitsentziehung beigeordneten Anwalt, VV 6300–6303. § 46 gilt auch im Rahmen einer Beratungshilfe. Wegen des beigeordneten Vertreters im Patentanmeldeverfahren BPatG GRUR **91**, 130.

7   **C. Anwendungsgrenzen.** Soweit wegen § 46 kein Anspruch auf einen Auslagenersatz gegenüber der Staatskasse besteht, kann ein entsprechender Anspruch gegenüber dem Auftraggeber bestehen bleiben, § 58 II. Wegen des Vorschusses vgl § 47.

8   Wegen der eventuellen Zuständigkeit des *EuGH* BSG NJW **84**, 576.

9   **4) Nicht erforderliche Auslagen, I.** Der folgende Grundsatz hat zahlreiche Auswirkungen.

A. Grundsatz: Beweislast der Staatskasse. Vgl zunächst Rn 1–6. Ein Anspruch auf einen Auslagenersatz entfällt nur insofern, als die Auslagen nicht erforderlich waren. Aus der Fassung folgt, daß die Staatskasse beweisen muß, daß die Auslagen nicht erforderlich waren. Im Zweifel bleibt also der Ersatzanspruch bestehen, anders als beim Erstattungsanspruch gegenüber dem unterliegenden Prozeßgegner des Auftraggebers nach §§ 91 ff ZPO usw.

10 Daran *ändert* auch die Fassung von (jetzt) *II nichts,* BPatG GRUR **91**, 130, Düss MDR **84**, 426, KG Rpfleger **95**, 226, aM KG JB **09**, 31 links Mitte.

11 Unzulässig ist die Erstattung der Kosten von objektiv *nicht notwendigen Fotokopien.* Das gilt auch dann, wenn die Kosten 3% der Gesamtkosten nicht übersteigen, aM Düss MDR **84**, 426 (aber kein Anwalt darf schludrig arbeiten).

12 **B. Auslagenbegriff.** Vgl zunächst Rn 1–6 und VV 7000 ff. Es kommen grundsätzlich nur solche Auslagen in Betracht, die der Anwalt für eine Tätigkeit nach der Beiordnung oder Bestellung tatsächlich gemacht hatte. Solche Auslagen, die vor dem Zeitpunkt der Beiordnung oder Bestellung entstanden sind, zählen jedenfalls insoweit nicht hierher, als die Beiordnung oder Bestellung nicht rückwirkend erfolgte, Düss VersR **78**, 965, Kblz Rpfleger **81**, 246, aM LG Bielef AnwBl **79**, 185 (inkonsequent).

13 **C. Sachgemäße Durchführung der Angelegenheit.** Für die Frage, ob die Auslagen nicht erforderlich waren, kommt es darauf an, ob der beigeordnete oder bestellte Anwalt die Angelegenheit auch ohne diese Auslagen sachgemäß durchführen konnte. Auch insofern trägt die Staatskasse die Beweislast, Rn 9, KG Rpfleger **95**, 226. Im Zweifel zugunsten des Anwalts, Schlesw OLGR **98**, 307, Mümmler JB **95**, 249. Maßgebend ist dabei der Entstehungs- und nicht der spätere Festsetzungszeitpunkt.

14 **D. Kostensparsamkeit.** Man muß allerdings in diesem Zusammenhang den allgemeinen Kostengrundsatz berücksichtigen, daß jede Partei und daher auch jeder für sie tätige Anwalt die Kosten und damit auch die Auslagen möglichst niedrig halten müssen, Naumb JB **01**, 482, Stgt JB **08**, 262, LAG Mü JB **96**, 535. Im übrigen kann ein Anscheinsbeweis gegen die Erforderlichkeit sprechen und die Beweislast umkehren.

15 **E. Abwägung.** Man muß die Prüfung, ob die Erforderlichkeit fehlte, vor allem aus der Sicht des Anwalts und nicht nur des Gerichts und unter einer Berücksichtigung aller Umstände vornehmen, Naumb JB **01**, 482, VG Oldb/Osnabr Rpfleger **91**, 160. Es kommt auf den Sachverhalt an, auf die Prozeßlage, LAG Hamm AnwBl **84**,

316, auf einen etwaigen Zeitdruck infolge einer kurzen gerichtlichen Frist ebenso wie auf die Entfernungen zum Wohnsitz eines Zeugen oder Sachverständigen, zum Unfallort oder auf die Schriftgewandtheit des Auftraggebers. Es kann darauf ankommen, ob eine entlegene Rechtsmaterie vorliegt, ob eine Berührung mit einem Auslandsrecht stattfindet, ob die Entscheidung für den Auftraggeber eine besondere wirtschaftliche oder immaterielle Bedeutung hat usw.

Der beigeordnete oder bestellte Anwalt darf trotz des Umstands, daß ihn in erster Linie die Staatskasse bezahlen soll, *keineswegs fiskalische Interessen* dem Interesse des Auftraggebers an einer sachgerechten Bearbeitung vorziehen. Er hat freilich oft einen etwas geringeren finanziellen Spielraum als ein Wahlanwalt. Er muß den Kostengesichtspunkt und die übrigen Aspekte sorgfältig abwägen. **16**

F. Zweckmäßigkeit. Was bei dieser Abwägung nachträglich betrachtet zumindest zweckmäßig oder ratsam war, das braucht zwar nicht unbedingt erforderlich zu sein. Wegen der nötigen engen Auslegung von I reicht eine objektive Zweckmäßigkeit aber durchweg doch aus, um den Anspruch bestehen zu lassen. **17**

Nicht erforderlich ist aber dasjenige, was nur auf einer objektiv unnötige Kosten auslösenden Anweisung des Auftraggebers beruht. Mag er dem Anwalt solche Zusatzauslagen bezahlen müssen. Das kann jedoch die Staatskasse nicht schon deshalb ebenfalls binden.

G. Beispiele zur Frage einer Erforderlichkeit, I 18

Ablichtung: Kosten einer Ablichtung (zB Fotokopie) statt einer Abschrift sind bei einem weder zu strengen noch zu großzügigen Maßstab meist (jetzt) grds erforderliche Auslagen, BVerfG WoM **70**, 1280, Stgt JB **83**, 577, AG Bonn AnwBl **98**, 217, aM Schlesw SchlHA **85**, 78, VG Oldb/Osnabr Rpfleger **91**, 160 (aber VV 7000 Z 1 usw erwähnen angesichts der heutigen Verhältnisse die Abschrift schon gar nicht mehr).

Ablichtungskosten können *entbehrlich* sein, soweit der beigeordnete oder bestellte Anwalt die Akten ungesichtet Blatt für Blatt abgelichtet hat, BFH BB **74**, 1351, oder soweit der Anwalt einen Anspruch auf eine unentgeltliche Anfertigung und Überlassung durch das Gericht hat. **19**

S auch Rn 20, 21 „Abschrift".

Abschrift: Die Kosten einer zusätzlichen Abschrift können erforderliche Auslagen sein, zB bei § 23 BVerfGG, BVerfG AnwBl **61**, 21. Das gilt, obwohl VV 7000 Z 1 usw die Abschrift neben der Ablichtung schon gar nicht mehr erwähnt. Denn das kann verständigerweise nicht einfach bedeuten, daß der Anwalt überhaupt keine Abschrift mehr auf fremde Kosten machen dürfte. **20**

Eine *Entbehrlichkeit* kann vorliegen, soweit eine Abschrift nur deshalb notwendig wurde, weil der Auftraggeber sich durch ein eigenes Verschulden die Möglichkeit genommen hatte, seinem Anwalt die Unterlagen zu beschaffen, oder soweit es sich um solche zusätzliche Abschriften handelt, die nicht unter Sondervorschriften fallen. In solchen Normalfällen kommt es auch nicht auf das Einverständnis zB des durch die Prozeßkostenhilfe begünstigten Auftraggebers an. Daher kann die Erforderlichkeit zB dann fehlen, wenn der Bekl zur Begründung seiner Einwendungen eine Berechnung beigefügt hat. **21**

S auch Rn 18 „Ablichtung".

Aktenauszug: Kosten von Abschriften oder Ablichtungen einer Akte können in folgenden Fällen erforderliche Auslagen sein: Es geht um die erstinstanzliche Akte, und der etwa mit Recht gesondert beauftragte zweitinstanzliche Anwalt benötigt diese, es sei denn, der erstinstanzliche Anwalt hätte diese Teile aus seiner Handakte entfernt; der Anwalt braucht einen Auszug aus der Strafakte zur Durchführung der Verteidigung, AG Brilon Rpfleger **93**, 206, AG Kassel AnwBl **88**, 126. **22**

Alles das gilt, soweit man dem Auftraggeber die Beschaffung der Unterlagen *nicht zumuten* kann.

Aktenversendung: Es gelten dieselben Maßstäbe wie bei KV 9003, Teil I A dieses Buchs, KG JB **80**, 1198. **23**

Anschrift: Kosten der Anschriftenermittlung etwa wegen eines dringend erforderlichen Zeugen können erforderlich sein.

Auskunft: Ihre Kosten können erforderlich sein.

24 **Beiordnung, Bestellung:** Unkosten können *entbehrlich* sein, soweit sie vor der Beiordnung oder Bestellung des Anwalts entstanden sind, Düss VersR **78**, 965, Kblz Rpfleger **81**, 246, aM LG Bielef AnwBl **79**, 185 (aber dann würden die Grenzen verschwimmen). Eine Entbehrlichkeit kann ferner vorliegen, soweit der beigeordnete oder bestellte Anwalt dem Auftraggeber einen Betrag vorgeschossen hat, Karlsr JB **75**, 487.

25 **Dokumentenpauschale:** Rn 18–21.

Dolmetscher: Kosten eines Dolmetschers können zB dann erforderliche Aufwendungen nach I 3 sein, wenn ihn der Anwalt zur Verständigung mit dem Auftraggeber usw wirklich benötigt, (je zu altem Recht) BVerfG Rpfleger **04**, 179, Brdb Rpfleger **02**, 367, AG Wermelskirchen Rpfleger **01**, 504. Der Höhe nach begrenzen §§ 8 ff JVEG, Teil V dieses Buchs, die Erstattung.

S auch Rn 31 „Übersetzung".

26 **Eigenes Interesse:** Unkosten können *entbehrlich* sein, soweit der Anwalt sie nur im eigenen Interesse entstehen läßt, etwa zur Durchsetzung seines Vergütungsanspruchs gegenüber der Staatskasse oder zur Ergänzung einer Fallsammlung usw.

Einverständnis des Auftraggebers: Es ist anders als bei VV 7000 weder erforderlich noch ausreichend.

Fotokopie: Rn 18 „Ablichtung".

27 **Gutachten:** Kosten eines Arztgutachtens zur Vorklärung eines Kunstfehlers können erforderliche Auslagen sein, AG Hanau AnwBl **89**, 63 (zustm Greissinger).

Hilfskraft: Die Kosten einer qualifizierten Hilfskraft können zB in einem umfangreichen Strafverfahren erforderlich sein, Brdb NStZ-RR **97**, 64.

28 **Information durch Auftraggeber:** Unkosten können *entbehrlich* sein, soweit der Auftraggeber sie hat, um dem Anwalt die notwendige Information zu erteilen. Insofern kann der Auftraggeber allerdings gegenüber dem unterliegenden Prozeßgegner einen Erstattungsanspruch nach § 91 I ZPO haben.

29 **Informationsreise:** Kosten einer Informationsreise des *Anwalts* können im Rahmen von VV 7003 ff erforderliche Auslagen sein, zB wenn er dasjenige Material beschaffen will, dessen Besorgung man wegen der Schwierigkeit der zu behandelnden Frage der Partei nicht zumuten kann, oder wenn er einen Bau oder eine Unfallstelle usw besichtigt.

Kosten einer Reise des *Auftraggebers* können *entbehrlich* sein, soweit man ihm zB diese Beschaffung von Beweismaterial auch selbst zumuten kann, Düss MDR **90**, 947 (noch nicht bekannter Alibizeuge im Ausland), Karlsr JB **75**, 487, aM Düss VersR **81**, 1131, Stgt VersR **79**, 427 (Auftraggeber zur Bezahlung nicht imstande, Aufwendung für den Erfolg des Prozesses wichtig), oder soweit man sich Unterlagen schriftlich beschaffen kann, AG Kblz JB **00**, 415. Die Erstattung erfolgt höchstens bis zur Höhe der Kosten eines Verkehrsanwalts nach § 121 IV ZPO, § 76 FamFG, Hamm MDR **05**, 538.

Kopie: Rn 18 „Ablichtung".

30 **Luftpost:** Luftpostporto kann zu den erforderlichen Auslagen gehören, soweit dieser Weg aus Zeitnot oder aus anderen vernünftigen Gründen notwendig oder doch dringend ratsam ist. Wegen der Möglichkeit, den Postgebührenpauschsatz zu fordern, VV 7001, 7002.

Terminswahrnehmung: Mangels einer rechtzeitigen Abladung sind ihre Kosten grds erforderlich, Nürnb JB **94**, 32. Das gilt unabhängig vom Wohn- oder Kanzleisitz des beigeordneten oder bestellten Anwalts. Es gilt auch bei einem Termin vor dem beauftragten oder ersuchten Richter, jedenfalls durch den beigeordneten oder bestellten Anwalt oder seinen Vertreter nach § 5.

S auch Rn 31 „Vorschuß".

31 **Übersetzung:** Kosten einer Übersetzung können erforderliche Auslagen sein, KG JB **09**, 31 links Mitte. Das gilt auch dann, wenn der Anwalt die Übersetzung selbst anfertigt, Hamm JB **01**, 248 rechts (ziemlich streng), KG Rpfleger **95**, 226, Mü NJW **82**, 2740. Freilich muß die Partei die deutsche Sprache nicht beherrschen können, Celle FamRZ **91**, 215, KG Rpfleger **95**, 226, Oldb JB **96**, 255. Sie mag auch zumutbar selbst eine Übersetzung beschaffen können.

S auch Rn 25 „Dolmetscher".

Abschn. 8. Beigeordneter oder bestellter RA, Beratungshilfe § **46 RVG**

Unterbevollmächtigter: Seine Terminsgebühr ist nach § 46 erstattbar, Brdb AnwBl **07**, 726.
Vergleichsverhandlung: Reisekosten zu ihrem Ort können erforderlich sein.
Vorschuß: Er kann erforderlich sein, um eine Information zu erhalten oder dem Auftraggeber eine Informationsreise zu ermöglichen, soweit dafür eine Reiseentschädigung anfallen kann, § 25 JVEG Anh I, II, Teil V dieses Buchs.

5) Mehrkosten des auswärtigen Anwalts, I. Es gibt keine direkte Regelung. 32
Man darf und muß daher I auch hier anwenden und dabei die zB zu § 91 ZPO entwickelten Regeln mitbeachten. Dann sind vor allem zwei Aspekte beachtlich. § 121 III ZPO bleibt bestehen, ist aber großzügig auslegbar geworden, Nürnb NJW **05**, 687.

A. Grundsatz: Notwendigkeit eines Kostenvergleichs. Soweit Mehrkosten dadurch entstehen, daß der beigeordnete oder bestellte Anwalt seinen Wohnsitz oder seine Kanzlei sich nicht im Bezirk des Prozeßgerichts niedergelassen hat, gilt dasselbe wie bei § 91 II 2 ZPO. Der Grundgedanke lautet: Die Staatskasse soll nicht mehr als denjenigen Betrag zahlen müssen, den sie zahlen müßte, wenn der Anwalt im Bezirk des Prozeßgerichts oder dessen auswärtige Abteilung residiert hätte.

Man muß diejenigen Kosten, die dem beigeordneten Anwalt *tatsächlich* entstan- 33
den sind, mit denjenigen *vergleichen*, die bei einer Kanzlei im Gerichtsbezirk entstanden wären, Nürnb JB **02**, 589. Das gilt unabhängig von einer Feststellung der Erforderlichkeit der Reisekosten, Mü MDR **98**, 439, Stgt Rpfleger **87**, 265. Das gilt auch für die Reisekosten des beigeordneten Anwalts zu einem auswärtigen Beweistermin.

Man darf aber dann die Kosten einer *Informationsreise* des Auftraggebers usw *nicht* 34
berücksichtigen. Denn der Auftraggeber muß diese Kosten grundsätzlich selbst tragen, Schlesw JB **75**, 1346, Stgt Rpfleger **87**, 265, LAG Mü MDR **02**, 1278. Es ist aber zulässig, im Umfang von § 121 II 1 ZPO, § 76 FamFG einen auswärtigen Anwalt nur unter der Bedingung beizuordnen, daß er auf einen Anspruch auf den Ersatz der Mehrkosten verzichtet, LAG Bre MDR **88**, 698, aM Celle AnwBl **81**, 196. Wenn das Gericht dann einen Termin am Wohnort des Anwalts und nicht am Gerichtssitz abhält, darf man die Reisekosten zum Terminsort nicht berücksichtigen.

B. Zulassungsfragen. Die Vorschrift stellt wegen § 78 ZPO nur noch auf die 35
Zulassung zur Anwaltschaft infolge des Wegfalls des sog Lokalisierungsgebots in den meisten Fällen ab.

Der beigeordnete oder bestelle Anwalt darf zB bei § 121 II 2 ZPO, § 76 FamFG nur dahin ergehen, daß der Beigeordnete gegenüber dem Bezirksansässigen keine weiteren Kosten verursacht. Nur soweit solche Beschränkungen nicht erfolgt sind, muß die Staatskasse dem Anwalt die durch seine Niederlassung außerhalb des Gerichtsbezirks entstehenden Mehrkosten vergüten, (je zum alten Recht) Mü Rpfleger **02**, 159, Oldb JB **04**, 324, Schlesw Rpfleger **02**, 85.

Diese Vorschrift ist als eine *Ausnahme von einer Ausnahme* und mithin als eine Rückkehr zum Grundsatz der Ersatzfähigkeit weit auslegbar, BGH NJW **03**, 893, Bre JB **01**, 532, Düss MDR **02**, 151. Daher kommen dann auch die Kosten des Unterbevollmächtigten als erstattungsfähig in Betracht, soweit sie Reisekosten des bestellten oder beigeordneten Hauptbevollmächtigten erübrigen, Brdb JB **97**, 592, KG Rpfleger **05**, 200.

Das gilt auch zB bei einem im Weg der Verfahrenskostenhilfe für eine *Familiensache* 36
beigeordneten Anwalt, Rostock FamRZ **01**, 510, aM (je zum alten) § 78 ZPO) Brdb JB **97**, 591, LAG Köln MDR **99**, 1469 (wohl überholt). Es gilt im übrigen dann, wenn ein zweiter geeigneter Anwalt fehlt oder wenn dieser verhindert ist oder wenn die Reise erforderlich war. Es gilt auch für ein Verfahren außerhalb der ordentlichen Gerichtsbarkeit. Denn es ist auch dann oft notwendig, einen Anwalt am Wohnsitz des Auftraggebers beizuordnen, etwa für die Wahrnehmung eines Verkündungstermins vor dem BVerfG, BVerfG **36**, 308, oder vor einem ArbG, aM ArbG Hbg MDR **88**, 434 (aM das Gericht liegt zu Unrecht eng aus).

In einer *Ehesache* ist ein Anwalt allerdings grundsätzlich bei allen Gerichten postu- 37
lationsfähig. Er hat keinen Ersatzanspruch wegen der Kosten der Wahrnehmung eines Termins bei einem auswärtigen FamG, (je zum alten Recht) Drsd JB **98**, 268, Naumb MDR **02**, 177, aM Brschw AnwBl **83**, 570, Celle AnwBl **81**, 196. Dasselbe

1603

gilt beim sog Außenbezirksanwalt nach § 105 V UrhG, (zum alten Recht) Karlsr GRUR **83**, 606.

38 Freilich bekommt derjenige beigeordnete oder bestellte auswärtige Anwalt, der in einem nach *nicht dem Anwaltszwang unterliegenden* Verfahren außerhalb des Gerichtsbezirks seiner Niederlassung tätig wird, seine notwendigen Reisekosten erstattet, (zum alten Recht) Mü AnwBl **84**, 210 (zustm Schmidt).

39 **6) Sonstige Reisekosten und Aufwendungen, I, II.** I stellt ausdrücklich klar, daß auch Reisekosten zu den grundsätzlich ersatzfähigen Auslagen zählen und daß daher auch der Ersatz von Reisekosten nur dann entfällt, wenn sie nicht erforderlich waren. Man darf die Regelung in II nur in diesem Zusammenhang sehen. Man darf aus der Fassung von II nicht etwa bei einer isolierten Betrachtung folgern, daß Reisekosten nur dann ersatzfähig wären, wenn der beigeordnete oder bestellte Anwalt nachweisen könnte, daß die Reise erforderlich gewesen sei.

40 Vielmehr stellt *II* nur eine *zusätzliche Sicherungsmöglichkeit* des beigeordneten oder bestellten Anwalts bei den Reisekosten dar. Er kann nach II 1 beantragen, die Erforderlichkeit der Reise vor deren Antritt festzustellen. Soweit das Gericht diese Feststellung trifft, bindet diese Entscheidung für die Feststellung der Ersatzfähigkeit der Reisekosten dem Grunde nach, II 1. Im Festsetzungsverfahren nach § 55 ist dann nur noch eine Prüfung der Höhe dieser Kosten zulässig.

41 Der Anwalt ist aber zu einem Antrag nach II 1 *keineswegs stets verpflichtet,* Schlesw Rpfleger **02**, 85. Soweit er ihn nicht stellt oder soweit keine Entscheidung nach II erfolgt oder das Gericht die Erforderlichkeit nach II verneint, bleibt es bei dem Grundsatz nach I. Freilich enthält eine die Erforderlichkeit verneinende Entscheidung nach II eine erhebliche Beweiserleichterung für die Staatskasse dahin, daß die Reisekosten auch wirklich nicht erforderlich waren.

42 Die Regelung ist nach II 1, 2 grundsätzlich auf *Reisekosten* anwendbar. Nach II 3 gelten II 1, 2 aber für Aufwendungen des Anwalts nach § 670 BGB entsprechend.

43 **7) Feststellungsverfahren, II.** Man sollte fünf Abschnitte prüfen. Das Verfahren kommt nach II 3 auch für andere Auslagen als Reisekosten infrage.

A. Antrag. Es ist ein Antrag erforderlich. Antragsberechtigt sind sowohl der beigeordnete oder bestellte Anwalt als auch der Bezirksrevisor als der Vertreter der Staatskasse, aM RS 30 (aber auch sie kann erheblich an der Dämpfung von Auslagen aus ihren Mitteln interessiert sein). Der Auftraggeber des Anwalts oder dessen Prozeßgegner sind nicht antragsberechtigt. Der Antrag ist nur „vor Antritt der Reise" zulässig, II 1. Denn später fehlt das Rechtsschutzinteresse für eine Entscheidung. Es hat ja gerade den Sinn, die Erforderlichkeit vor dem Entstehen der Reisekosten zu prüfen. Eine Feststellung nach II bezieht sich nur auf eine bestimmte Aufwendung und ist keine Beiordnung, Hamm FamRZ **08**, 1463 (Dolmetscher).

44 **B. Zuständigkeit.** Zur Entscheidung ist dasjenige Gericht zuständig, das den Anwalt beigeordnet oder bestellt hat. Im Bußgeldverfahren ist die Verwaltungsbehörde nach II 1 zuständig. Das Gericht oder die Behörde entscheiden in voller Besetzung. Das gilt auch dann, wenn sein Vorsitzender die Beiordnung nach § 121 IV ZPO, § 76 FamFG angeordnet hatte. Beim Gericht ist keineswegs der Rpfl oder der Urkundsbeamte der Geschäftsstelle zur Feststellung zuständig. Denn es geht um solche Fragen, die nur das erkennende Gericht aus seiner Beurteilung der sachlichrechtlichen und prozessualen Gesamtsituation beantworten kann. Das übersieht BVerwG NJW **94**, 3243 (Urkundsbeamter).

Das gilt unabhängig davon, ob der Urkundsbeamte wegen seiner Zuständigkeit nach § 55 im allgemeinen eine größere Erfahrung mit Reisekosten hat. Denn das Verfahren nach II bezweckt nicht die Festsetzung der Höhe der Reisekosten, sondern die Feststellung ihrer *Notwendigkeit* dem Grunde nach.

Die *Verwaltungsbehörde* ist nach II 2 im Bußgeldverfahren zuständig.

45 **C. Verfahren.** Das Gericht muß bei einem Antrag des beigeordneten oder bestellten Anwalts den Bezirksrevisor schon wegen Rn 43 anhören, Art 103 I GG, insoweit auch RS 30 (inkonsequent gegenüber seiner Meinung Rn 43), und umgekehrt. Eine mündliche Verhandlung ist zulässig. Eine Anhörung des Auftraggebers des beigeordneten Anwalts oder des Prozeßgegners ist nicht erforderlich, aber zulässig. Eine Bei-

ordnung nur zu den Bedingungen eines Ortsansässigen nach § 121 III ZPO, § 76 FamFG bindet auch für das Feststellungsverfahren nach II, Mü MDR 00, 1456.

D. Entscheidung. Das Gericht oder bei II 2 die Verwaltungsbehörde entscheidet 46 durch einen Beschluß. Es muß ihn grundsätzlich begründen, BLAH § 329 ZPO Rn 4.

Das Gericht oder bei II 2 die Verwaltungsbehörde kann feststellen, daß die Reise *erforderlich* ist. Es muß dann die Reise in ihrem voraussichtlichen Umfang auf der Grundlage des Antrags so genau wie möglich bestimmen. Freilich deckt ein die Erforderlichkeit feststellender Beschluß oft auch spätere tatsächliche Abweichungen von der zunächst geplanten Reiseroute oder ihrer Dauer. Es empfiehlt sich, in dem Beschluß vorbeugend wenigstens stichwortartig klarzustellen, daß und in welchem ungefähren Umfang solche etwaigen Abweichungen zulässig sein sollen.

Soweit eine solche Erläuterung fehlt, muß man den Beschluß auf der Grundlage des Feststellungsverfahrens nach II *auslegen*. Eine Feststellung zum Protokoll, daß die Gegenwart des ProzBev notwendig ist, dürfte meist ausreichen, strenger Naumb JB **99**, 370. Im Zweifel ist eine solche Abweichung zulässig, die den im Antrag genannten Reisezweck fördert oder zu seiner Erreichung notwendig ist. Auch hier ist kein allzu enger Maßstab erlaubt, LG Karlsr AnwBl **86**, 46.

Das Gericht oder bei II 2 die Verwaltungsbehörde kann auch den Antrag als unzu- 47 lässig oder unbegründet *zurückweisen*. Im letzteren Fall hat es zugleich festgestellt, daß die ihm zur Entscheidung unterbreitete Reise nicht erforderlich ist. Freilich entsteht dadurch keine Bindungswirkung, Rn 49, 50.

Die Entscheidung ist auch dahin möglich, daß die Reise zu einem möglichst genau zu bezeichnenden *Teil* erforderlich sei und im übrigen nicht erforderlich sei. Die Entscheidung des Gerichts ist als solche auch dann wirksam, wenn das Gericht erst nach dem Antritt der Reise entscheidet. Wegen der Bindungswirkung in diesem Fall Rn 49, 50. Die Entscheidung enthält keinen Kostenausspruch.

E. Unanfechtbarkeit. Die zurückweisende oder auch die stattgebende Entschei- 48 dung sind grundsätzlich unanfechtbar. Denn es liegt kein Fall des § 55 vor, und es fehlen auch die Voraussetzungen des § 567 ZPO, Düss Rpfleger **94**, 226, KG MDR **86**, 505, Mü MDR **89**, 481, aM LG Hbg AnwBl **80**, 307 ([jetzt] § 56 sei entsprechend anwendbar. Diese Vorschrift bezieht sich aber nur auf § 55).

Eine *weitere Beschwerde* ist *unstatthaft*, so schon KG MDR **86**, 505. Im Verwaltungsprozeß muß man aber § 146 III VwGO beachten, VGH Kassel NJW **85**, 218. Auch eine außerordentliche Beschwerde ist unstatthaft.

F. Bindungswirkung. Soweit das Gericht die Notwendigkeit der Reise feststellt, 49 bindet diese Feststellung für das Festsetzungsverfahren nach § 55 zwischen dem beigeordneten oder bestellten Anwalt und der Staatskasse dem Grunde nach, II 1. Sie erlaubt nur noch eine Prüfung der Höhe der Reisekosten. Soweit das Gericht die Notwendigkeit verneint oder den Antrag als unzulässig verwirft oder erst nach dem Antritt der Reise eine Entscheidung getroffen hat, sind der Urkundsbeamte der Geschäftsstelle und im Erinnerungsverfahren das zuständige Gericht in der Beurteilung der Erforderlichkeitsfrage nach § 55 grundsätzlich frei. Denn die Feststellung der Erforderlichkeit durch das Gericht vor dem Antritt der Reise ist keine Voraussetzung der Ersatzfähigkeit.

Freilich bietet eine Entscheidung, die die Erforderlichkeit der Reise verneint, in 50 der Regel einen *Anscheinsbeweis* dafür, daß die dann stattgefundene Reise auch wirklich nicht erforderlich war. Man muß aber bedenken, daß das Gericht im Verfahren nach II ja durchweg vor dem Antritt der Reise entschieden hat und daß sich während der Reise etwa im Verlauf eines auswärtigen Beweistermins oder rückwirkend im weiteren Verfahrensablauf zeigen kann, daß die Reise doch sehr wohl erforderlich war.

Keine Bindung tritt für ein Vergütungsfestsetzungsverfahren nach § 11 oder für die Kostenfestsetzung nach §§ 103 ff ZPO ein.

8) Auslagen bei Wiederaufnahmeprüfung, III. Die Vergütung derjenigen 51 Auslagen, die im Zusammenhang mit der Vorbereitung eines Wiederaufnahmeantrags entstehen, ist nach III 1 im Strafverfahren nur insoweit möglich, als das Gericht entweder den Verteidiger schon vor der Entstehung dieser Auslagen nach § 364b I 1

StPO bestellt hatte oder als es eine Feststellung nach § 364b I 2 StPO getroffen hat. Unter diesen Voraussetzungen entsteht der Anspruch auf den Auslagenersatz allerdings unabhängig davon, ob der Anwalt dem Auftraggeber davon abgeraten hat, den Wiederaufnahmeantrag zu stellen.

52 Das Gericht darf auch nicht prüfen, ob die Nachforschungen des Anwalts notwendig waren. Es darf und muß nur prüfen, ob seine Auslagen *notwendig* waren, Krägeloh NJW 75, 140. Das Gericht darf in diesem Zusammenhang nicht zu engherzig vorgehen, Krägeloh NJW 75, 140.

53 Im *bußgeldrechtlichen* Wiederaufnahmeverfahren nach § 85 I OWiG gelten die Regeln Rn 51, 52 nach III 2 entsprechend.

Vorschuss

47 *Fassung 1. 9. 2009:* [I] [1]Wenn dem Rechtsanwalt wegen seiner Vergütung ein Anspruch gegen die Staatskasse zusteht, kann er für die entstandenen Gebühren und die entstandenen und voraussichtlich entstehenden Auslagen aus der Staatskasse einen angemessenen Vorschuss fordern. [2]Der Rechtsanwalt, der nach § 138 des Gesetzes über das Verfahren in Familiensachen und in den Angelegenheiten der freiwilligen Gerichtsbarkeit, auch in Verbindung mit § 270 des Gesetzes über das Verfahren in Familiensachen und in den Angelegenheiten der freiwilligen Gerichtsbarkeit, beigeordnet oder nach § 67a Abs. 1 Satz 2 der Verwaltungsgerichtsordnung bestellt ist, kann einen Vorschuss nur verlangen, wenn der zur Zahlung Verpflichtete (§§ 39 oder 40) mit der Zahlung des Vorschusses im Verzug ist.

[II] Bei Beratungshilfe kann der Rechtsanwalt keinen Vorschuss fordern.

Vorbem. I 2 geändert durch Art 47 VI Z 16 FGG-RG v 17. 12. 08, BGBl 2586, in Kraft seit 1. 9. 09, Art 112 I Hs 1 FGG-RG, Übergangsrecht Art 111 FGG-RG, Grdz 2 vor § 1 FamGKG, Teil I B dieses Buchs.

Bisherige Fassung I 2: [2]Der Rechtsanwalt, der nach § 625 der Zivilprozessordnung beigeordnet oder nach § 67a Abs. 1 Satz 2 der Verwaltungsgerichtsordnung bestellt ist, kann einen Vorschuss nur verlangen, wenn der zur Zahlung Verpflichtete (§§ 39 oder 40) mit der Zahlung des Vorschusses im Verzug ist.

Gliederung

1) Systematik, Regelungszweck, I, II	1
2) Geltungsbereich, I, II	2
3) Vorschuß, I	3–8
A. Rechtsnatur	3
B. Gebührenvorschuß	4
C. Auslagenvorschuß	5
D. Angemessenheit	6
E. Verzug, I 2	7
F. Rückforderung	8
4) Rechtsmittel, I, II	9

1 **1) Systematik, Regelungszweck, I, II.** § 9 enthält den Grundgedanken. § 47 enthält die im Bereich der §§ 45ff spezielle Auswirkung einer zwecks Kostengerechtigkeit auch hier erforderlichen Vorschußpflicht diesmal der Staatskasse. Der beigeordnete oder bestellte Anwalt soll nicht zu lange auf seine Vergütung warten müssen.

2 **2) Geltungsbereich, I, II.** § 47 enthält die Regelung der Vorschußpflicht der Staatskasse gegenüber dem beigeordneten oder bestellten Anwalt. Die Vorschrift gilt auch zugunsten eines nach §§ 57, 58 ZPO zum Prozeßpfleger bestellten Anwalts. Er kann auch gegenüber dem Auftraggeber einen Vergütungsanspruch haben. Insofern ist § 9 dann trotz des Umstands anwendbar, daß er auch als beigeordneter oder bestellter Anwalt tätig wird. § 47 gilt grundsätzlich auch für den gerichtlich bestellten Verteidiger und den bei einer Privatklage usw beigeordneten Anwalt. In einer Straf- oder Bußgeldsache gilt aber § 51 I 5 bei einer Pauschgebühr wegen eines Vorschusses vorrangig. § 47 gilt ferner in einer Auslieferungssache und im gerichtlichen Verfahren auf eine Freiheitsentziehung.

Abschn. 8. Beigeordneter oder bestellter RA, Beratungshilfe **§§ 47, 48 RVG**

Für das *Festsetzungsverfahren* nach § 55 erhält der beigeordnete oder bestellte Anwalt keine Gebühr und daher auch insofern keinen Vorschuß. II stellt klar, daß der Anwalt auch bei einer Beratungshilfe keinen Vorschuß fordern kann.

3) Vorschuß, I. Es gibt fünf Aspekte. 3

A. Rechtsnatur. Soweit § 47 dem beigeordneten oder bestellten Anwalt ein Vorschußrecht gibt, hat er einen Rechtsanspruch. Der ordentliche Rechtsweg ist aber unstatthaft. Vielmehr muß der Anwalt den Anspruch im Verfahren nach § 55 geltend machen. Gegen eine Ablehnung sind die Erinnerung und dann die Beschwerde nach § 56 statthaft.

B. Gebührenvorschuß. Ein Anspruch auf einen Gebührenvorschuß besteht natürlich nur insoweit, als Gebühren auch wirklich schon „entstanden" sind, anders als nach § 9 und anders als bei den Auslagen nach Rn 5, aM BJBCMU 3. Ein Gebührenanspruch entsteht, sobald eine gebührenpflichtige Tätigkeit vorgenommen hat. Er entsteht auch bei einer Rahmengebühr, LSG Stgt JB **90**, 883. Er entsteht meist in Höhe der Mittelgebühr. Der Eintritt der Fälligkeit nach (jetzt) § 8 ist nicht erforderlich, Mümmler JB **75**, 1001. 4

C. Auslagenvorschuß. Ein solcher Anspruch besteht sowohl wegen der bereits tatsächlich entstandenen Auslagen als auch wegen der „voraussichtlich entstehenden" und auch nach § 46 I erforderlichen Auslagen. Man muß diese letztere Voraussetzung bei einem objektiven Maßstab unter einer Berücksichtigung aller Umstände bei einer weder zu engen noch zu weiten Auslegung prüfen. Man muß beim vorbehaltlos beigeordneten Auswärtigen auch dessen Reisekosten mitbevorschussen, LG Bautzen JB **07**, 655. Eine Fälligkeit des Anspruchs auf einen Auslagenersatz ist nicht erforderlich. Ein Zurückhaltungsrecht mangels eines Vorschusses besteht nicht. 5

D. Angemessenheit. Der Anspruch erstreckt sich auf einen „angemessenen" Vorschuß, I 1. Vgl § 9 Rn 13 ff. Der beigeordnete oder bestellte Anwalt kann also für die vollen entstandenen Gebühren und die vollen voraussichtlich entstehenden Auslagen einen Vorschuß fordern, BSG MDR **91**, 680, Bbg JB **90**, 725, Schmidt AnwBl **81**, 114, aM AG Alzey AnwBl **81**, 113 (angemessen seien nur 80% der entstandenen Vergütung. Das findet im Gesetz keine Stütze). Die Vorschußhöhe hängt von davon ab, bei welchem Gericht eine Anklage erfolgt oder erfolgen kann, im Zweifel beim niedrigeren, LG Hbg AnwBl **88**, 358. Wegen des Feststellungsverfahrens gelten § 46 Rn 43 ff. Eine Nachforderung bleibt statthaft. 6

E. Verzug, I 2. Soweit das Gericht den Anwalt nach §§ 138, 270 FamFG beigeordnet oder nach § 67a I 2 VwGO bestellt hat, kann er aus der Staatskasse nach I 2 einen Vorschuß nur bei einem mindestens glaubhaften Verzug des nach §§ 39, 40 Zahlungspflichtigen fordern. Der Verzug eines der Vertretenen genügt, v Eicken AnwBl **91**, 190, aM Hansens NJW **91**, 1140 (aber auch dann liegt ein Verzug „des" einen Zahlungspflichtigen vor. Er ist durchweg ohnehin ein Gesamtschuldner). Ein Verzug ist nach §§ 286 ff BGB prüfbar. Er setzt die Fälligkeit nach § 8, die ordnungsgemäße Berechnung nebst einer angemessenen Zahlungsfrist nach § 10 und die vorwerfbare Nichteinhaltung der Frist voraus. 7

F. Rückforderung. Die Staatskasse darf und muß einen überhöhten Vorschuß im Kostenfestsetzungsverfahren zurückfordern, OVG Lüneb JB **91**, 1348. Das gilt auch ohne einen solchen Vorbehalt. In Betracht kommt eine Rückforderung auch zB bei einer Herabsetzung des Gegenstandswerts, OVG Lüneb JB **91**, 1348. Nach Jahr und Tag besteht aber auch hier ein Vertrauensschutz des Anwalts, aM OVG Lüneb JB **91**, 1349 (aber § 242 BGB und der Verwirkungsgedanke gelten auch hier, wie stets). Freilich muß auch das Festsetzungsverfahren längst beendet sein. 8

4) Rechtsmittel, I, II. Es gilt § 56. 9

Umfang des Anspruchs und der Beiordnung

48 *Fassung 1. 9. 2009:* [I] **Der Vergütungsanspruch bestimmt sich nach den Beschlüssen, durch die die Prozesskostenhilfe bewilligt und der Rechtsanwalt beigeordnet oder bestellt worden ist.**

RVG § 48

X. Rechtsanwaltsvergütungsgesetz

II ¹In Angelegenheiten, in denen sich die Gebühren nach Teil 3 des Vergütungsverzeichnisses bestimmen und die Beiordnung eine Berufung oder Revision betrifft, wird eine Vergütung aus der Staatskasse auch für die Rechtsverteidigung gegen eine Anschlussberufung oder eine Anschlussrevision und, wenn der Rechtsanwalt für die Erwirkung eines Arrests, einer einstweiligen Verfügung oder einer einstweiligen Anordnung beigeordnet ist, auch für deren Vollziehung oder Vollstreckung gewährt. ²Dies gilt nicht, wenn der Beiordnungsbeschluss ausdrücklich etwas anderes bestimmt.

III ¹Die Beiordnung in einer Ehesache erstreckt sich auf den Abschluss eines Vertrags im Sinne der Nummer 1000 des Vergütungsverzeichnisses, der den gegenseitigen Unterhalt der Ehegatten, den Unterhalt gegenüber den Kindern im Verhältnis der Ehegatten zueinander, die Sorge für die Person der gemeinschaftlichen minderjährigen Kinder, die Regelung des Umgangs mit einem Kind, die Rechtsverhältnisse an der Ehewohnung und den Haushaltsgegenständen und die Ansprüche aus dem ehelichen Güterrecht betrifft. ²Satz 1 gilt im Fall der Beiordnung in Lebenspartnerschaftssachen nach § 269 Abs. 1 Nr. 1 und 2 des Gesetzes über das Verfahren in Familiensachen und in den Angelegenheiten der freiwilligen Gerichtsbarkeit entsprechend.

IV ¹In anderen Angelegenheiten, die mit dem Hauptverfahren nur zusammenhängen, erhält der für das Hauptverfahren beigeordnete Rechtsanwalt eine Vergütung aus der Staatskasse nur dann, wenn er ausdrücklich auch hierfür beigeordnet ist. ²Dies gilt insbesondere für

1. die Zwangsvollstreckung, die Vollstreckung und den Verwaltungszwang;
2. das Verfahren über den Arrest, die einstweilige Verfügung und die einstweilige Anordnung;
3. das selbstständige Beweisverfahren;
4. das Verfahren über die Widerklage, ausgenommen die Rechtsverteidigung gegen den Widerklageantrag in Ehesachen und in Lebenspartnerschaftssachen nach § 269 Abs. 1 Nr. 1 und 2 des Gesetzes über das Verfahren in Familiensachen und in den Angelegenheiten der freiwilligen Gerichtsbarkeit.

V ¹Wird der Rechtsanwalt in Angelegenheiten nach den Teilen 4 bis 6 des Vergütungsverzeichnisses im ersten Rechtszug bestellt oder beigeordnet, erhält er die Vergütung auch für seine Tätigkeit vor dem Zeitpunkt seiner Bestellung, in Strafsachen einschließlich seiner Tätigkeit vor Erhebung der öffentlichen Klage und in Bußgeldsachen einschließlich der Tätigkeit vor der Verwaltungsbehörde. ²Wird der Rechtsanwalt in einem späteren Rechtszug beigeordnet, erhält er seine Vergütung in diesem Rechtszug auch für seine Tätigkeit vor dem Zeitpunkt seiner Bestellung. ³Werden Verfahren verbunden, kann das Gericht die Wirkungen des Satzes 1 auch auf diejenigen Verfahren erstrecken, in denen vor der Verbindung keine Beiordnung oder Bestellung erfolgt war.

Vorbem. II 1, III 2, IV 2 Z 1, 2, 4 geändert durch Art 47 VI Z 17a–c FGG-RG v 17. 12. 08, BGBl 2586. Sodann III 1 geändert durch Art 5 G v 6. 7. 09, BGBl 1696. Beide Änderungen in Kraft seit 1. 9. 09, Art 112 I Hs 1 FGG-RG, Art 13 G v 6. 7. 09, Übergangsrecht jeweils Art 111 FGG-RG, Grdz 2 vor § 1 FamGKG, Teil I B dieses Buchs.

Bisherige Fassung II 1, III 2, IV 2 Z 1, 2, 4: II ¹In Angelegenheiten, in denen sich die Gebühren nach Teil 3 des Vergütungsverzeichnisses bestimmen und die Beiordnung eine Berufung oder Revision betrifft, wird eine Vergütung aus der Staatskasse auch für die Rechtsverteidigung gegen eine Anschlussberufung oder eine Anschlussrevision und, wenn der Rechtsanwalt für die Erwirkung eines Arrests, einer einstweiligen Verfügung, einer einstweiligen oder vorläufigen Anordnung beigeordnet ist, auch für deren Vollziehung oder Vollstreckung gewährt.

III ²Satz 1 gilt im Fall der Beiordnung in Lebenspartnerschaftssachen nach § 661 Abs. 1 Nr. 1 bis 3 der Zivilprozessordnung entsprechend.

IV ²Dies gilt insbesondere für

1. die Zwangsvollstreckung und den Verwaltungszwang;
2. das Verfahren über den Arrest, die einstweilige Verfügung und die einstweilige sowie die vorläufige Anordnung;

Abschn. 8. Beigeordneter oder bestellter RA, Beratungshilfe **§ 48 RVG**

4. das Verfahren über die Widerklage, ausgenommen die Rechtsverteidigung gegen die Widerklage in Ehesachen und in Verfahren über Lebenspartnerschaftssachen nach § 661 Abs. 1 Nr. 1 bis 3 der Zivilprozessordnung.

Gliederung

1) **Systematik, I–V**	1
2) **Regelungszweck, I–V**	2
3) **Geltungsbereich, I–V**	3, 4
4) **Umfang der Beiordnung oder Bestellung, I**	5–13
A. Grundsatz: Maßgeblichkeit der Beiordnung oder Bestellung	5–8
B. Form	9, 10
C. Wirksamkeit	11–13
5) **Bewilligungszeitpunkt, § 119 I 1, 2 ZPO**	14–24
A. Ausdrückliche Festsetzung im Bewilligungsbeschluß	15, 16
B. Mangels ausdrücklicher Festsetzung: Bewilligungsreife	17
C. Begriff	18
D. Unentbehrlichkeit	19, 20
E. Folge: Evtl Rückwirkung	21
F. Entsprechende Auslegbarkeit der Bewilligung	22–24
6) **Rückwirkung der Bewilligung, § 119 I 1, 2 ZPO**	25–52
A. Grundsätzlich keine Rückwirkung vor Antragseingang	25
B. Ausnahmsweise Rückwirkung ab Antragseingang	26–28
C. Rückwirkung erst nach Prüfung	29
D. Rückwirkung erst nach Unterlagenvorlage	30
E. Sonstige Rückwirkung vor Instanzende	31–34
F. Rückwirkung bei Antrag vor Instanzende	35–37
G. Unzulässigkeit bei Antrag nach Instanzende	38, 39
H. Zulässigkeit bei Beschwerde gegen Ablehnung von Prozeßkostenhilfe	40, 41
I. Zulässigkeit während Vergleichs-Widerrufsfrist	42
J. Zulässigkeit nach Rechtskraft einer günstigen Entscheidung	43
K. Unzulässigkeit nach Rechtskraft einer ungünstigen Entscheidung usw	44, 45
L. Zulässigkeit bei Erledigung der Hauptsache	46
M. Schädlichkeit von Verschulden des Antragstellers	47, 48
N. Keine Rückwirkung bei Tod, Erlöschen, Ausscheiden usw	49–52
7) **Vergütbare Tätigkeiten, I–V**	53–88
A. Grundsatz: Maßgeblichkeit der Beiordnung oder Bestellung	53, 54
B. Erste Instanz: Umfassende Beiordnung oder Bestellung, I	55
C. Beispiele zur Frage des Umfangs einer Beiordnung oder Bestellung, I	56–70
D. Beschwerdeverfahren	71
E. Berufung, Revision: Umfassende Beiordnung, II	72
F. Anschlußberufung, Anschlußrevision, Anschlußbeschwerde, II	73
G. Arrest, einstweilige Verfügung, einstweilige Anordnung: Notwendigkeit der Beiordnung, II, IV	74, 75
H. Vollziehung, II, IV	76
I. Ehesache: Geltungsbereich, III 1	77
J. Ehesache: Einzelfragen, III 1	78, 79
K. Lebenspartnerschaftssache, III 2	80
L. Mit dem Hauptprozeß zusammenhängende Angelegenheit: Notwendigkeit der Beiordnung, IV 1	81
M. Zwangsvollstreckung, Vollstreckung, Verwaltungszwang, IV 2 Z 1	82, 83
N. Arrest, einstweilige Verfügung, einstweilige Anordnung, IV 2 Z 2	84
O. Selbständiges Beweisverfahren, IV 2 Z 3	85
P. Widerklage, IV 2 Z 4	86–88
8) **Vergütungshöhe I–III**	89–97
A. Grundsatz: Möglichkeit mehrerer Gebühren	89, 90
B. Verfahrensgebühr	91
C. Terminsgebühr	92
D. Einigungsgebühr	93–97
9) **Vor Bestellung, V**	98–101
A. Erster Rechtszug, V 1	98, 99
B. Berufungsverfahren, Revisionsverfahren, V 2	100
C. Verfahrensverbindung, V 3	101

1) Systematik, I–V. Man muß zwischen der Bewilligung der Prozeß- oder Verfahrenskostenhilfe, der Beiordnung oder Bestellung eines Anwalts zB nach § 67a I 2 VwGO und dem Vertrag zwischen dem beigeordneten oder bestellten Anwalt und des Begünstigten unterscheiden, Düss MDR **89**, 827, LG Ulm AnwBl **96**, 63. Die Bewilligung erfolgt nach §§ 119, 120 ZPO, §§ 76 ff FamFG für das Erkenntnisverfah-

RVG § 48

ren durch das Prozeßgericht (Familiengericht) des Rechtszugs und für die Zwangsvollstreckung oder den Verwaltungszwang durch das Vollstreckungsgericht. Soweit das Prozeßgericht statt des Vollstreckungsgerichts entschieden hat, bleibt seine Entscheidung als ein Staatshoheitsakt bis zu einer Aufhebung wirksam. Die Beiordnung erfolgt zwar im Anwaltsprozeß stets, § 121 I ZPO. Sie erfolgt im Parteiprozeß jedoch nur auf Grund eines Antrags der Partei und nur insoweit, als eine Vertretung durch einen Anwalt erforderlich erscheint oder als den Gegner ein Anwalt vertritt, § 121 II ZPO.

Die Beiordnung oder Bestellung eines Anwalts nur zur Wahrnehmung eines *Beweisaufnahmetermins* vor dem ersuchten Richter oder eines Verkehrsanwalts erfolgt sowohl im Anwaltsprozeß als auch im Parteiprozeß nur beim Vorliegen besonderer Umstände, zB § 121 III ZPO. In allen diesen Fällen muß der Anwalt zur Übernahme der Tätigkeit bereit sein. Nur dann, wenn die Partei keinen derartigen Anwalt findet, kommt eine Beiordnung oder Bestellung von Amts wegen in Betracht, zB nach § 121 IV ZPO.

2 **2) Regelungszweck, I–V.** § 122 I Z 3 ZPO stellt klar, daß der beigeordnete Anwalt einen Vergütungsanspruch gegen die Partei nicht geltend machen kann. Der beigeordnete Anwalt braucht aber natürlich nicht ohne jede Vergütung tätig zu werden. Er hat einen Vergütungsanspruch gegenüber der Staatskasse. Den Umfang dieses Anspruchs regeln (jetzt) §§ 48 ff, Celle Rpfleger 90, 27, Mü AnwBl 82, 443. Entsprechendes gilt für den nach § 67a I 2 VwGO bestellten Anwalt.

3 **3) Geltungsbereich, I–V.** Neben dem in Rn 2 genannten Anspruch, den § 48 regelt, kann der Anwalt evtl einen Vergütungsanspruch gegenüber der begünstigten Partei haben. Das gilt etwa insoweit, als das Gericht die Bewilligung der Prozeßkostenhilfe aufhebt. Denn diese Aufhebung hat stets eine Rückwirkung, BLAH § 124 ZPO Rn 25. Ein solcher Vergütungsanspruch gegenüber der Partei errechnet sich nicht nach § 48, sondern nach den in Betracht kommenden sachlichrechtlichen Vorschriften, also meist nach § 675 I BGB. Soweit er besteht, kann der Vergütungsanspruch nach § 48 grundsätzlich bestehen bleiben. Man muß jedoch §§ 58, 59 beachten.

4 Für den Anspruch auf einen *Auslagenersatz* gilt § 46.

5 **4) Umfang der Beiordnung oder Bestellung, I.** Die Beiordnung erfolgt nur für den jeweiligen Rechtszug, § 119 I 1 ZPO. Zum Begriff des Rechtszugs § 15 Rn 52 ff und § 19. Man muß drei Aspekte beachten.

A. Grundsatz: Maßgeblichkeit der Beiordnung oder Bestellung. Der Vergütungsanspruch des beigeordneten oder bestellten Anwalts gegen die Staatskasse ist nach seinem Grund und seiner Höhe von dem Umfang der Beiordnung oder Bestellung abhängig, Bbg FamRZ 08, 2143, Celle Rpfleger 07, 402, Oldb MDR 09, 1315. Zwar macht I nach seinem Wortlaut auch den Bewilligungsbeschluß zur Grundlage des Vergütungsanspruchs. Die Bewilligung und die Beiordnung müssen aber nicht unbedingt inhaltlich übereinstimmen, Rn 1. Gerade deshalb kommt es in Wahrheit bei einer Prozeßkostenhilfe nur auf den Umfang der Beiordnung und nur hilfsweise auf den Umfang der Bewilligung an, Bbg FamRZ 08, 2143, Christl MDR 83, 539, aM Hbg AnwBl 83, 572, LG Bln MDR 89, 366, GS 10 (aber auch eine von der Bewilligung abweichende Beiordnung bleibt gebührenrechtlich maßgeblich, Rn 7). Erst ganz hilfsweise ist der Beiordnungsantrag maßgeblich.

6 Wenn der Anwalt zwar im Rahmen des Bewilligungsbeschlusses, aber *über den Rahmen des Beiordnungsbeschlusses hinaus* tätig wurde, mag ein Anspruch auf die zugehörige Vergütung infolge einer nachträglichen Erweiterung der Beiordnung entstehen. Solange das nicht geschieht, hat der Anwalt wegen der von der Beiordnung nicht gedeckten Tätigkeit jedenfalls keinen Anspruch nach (jetzt) §§ 48 ff, Düss JB 05, 363, Mü AnwBl 87, 101.

7 Soweit der Anwalt auf Grund einer solchen Beiordnung tätig wurde, die *über den* Rahmen der *Bewilligung hinausging*, mag das Gericht fehlerhaft gehandelt haben. In der Regel wird es infolgedessen die Bewilligung nachträglich erweitern. Soweit das nicht geschieht, bleibt der Vergütungsanspruch im gesamten Umfang der Beiordnung bestehen. Eine Auslegung durch das beiordnende Gericht kann eine bei einer Einwil-

ligung des Anwalts sogar rückwirkend zulässige Erweiterung der Beiordnung oder Bestellung bedeuten.

Ein etwaiger *Kostenniederschlagungsbeschluß* nach § 21 GKG, § 20 FamGKG, Teile I A, B dieses Buchs, beeinträchtigt einen Anspruch nach dem RVG ohnehin nicht. Denn diese Vorschriften gelten nur für die Gerichtskosten. **8**

B. Form. Die Beiordnung erfolgt bei einer Prozeßkostenhilfe nach § 121 ZPO bei I–III 1, 2 durch das gesamte Prozeßgericht, bei III 3, 4 durch den Vorsitzenden. Sie geschieht durch einen Beschluß. Das Gericht muß seinen Beschluß zumindest insoweit stichwortartig begründen, als es die Beiordnung etwa teilweise ablehnt, BLAH § 127 ZPO Rn 14, § 329 ZPO Rn 4. **9**

Eine *stillschweigende* Beiordnung ist nicht wirksam. Denn es gibt keinen stillschweigenden Beschluß. Daher ist auch eine stillschweigende Ausdehnung der Bewilligung der Prozeßkostenhilfe unzulässig. Soweit das Gericht zwar ausdrücklich eine Beiordnung ausspricht, jedoch nicht ausdrücklich eine Bewilligung erklärt, kann man freilich davon ausgehen, daß im Umfang der Beiordnung auch eine Bewilligung erfolgt ist. Diese Möglichkeit besteht nur dann nicht, wenn es sich um eine Beiordnung nach § 121 IV ZPO handelt. Denn der Vorsitzende darf eine Prozeßkostenhilfe nicht allein bewilligen. **10**

C. Wirksamkeit. Die Beiordnung wird bei einer Prozeßkostenhilfe mit der Mitteilung wirksam. Sie erfolgt an den Antragsteller, seinen Prozeßgegner oder einen sonst am Verfahren Beteiligten, natürlich auch an den beigeordneten Anwalt. Eine formlose Mitteilung genügt sowohl, soweit das Gericht die Beiordnung ausspricht, als auch insoweit, als es eine Beiordnung ablehnt, § 329 II 1 ZPO in Verbindung mit § 127 II 1 ZPO. **11**

Die *erste gesetzmäßige Mitteilung* macht den Beschluß gegenüber allen Beteiligten wirksam. In anderen Verfahren gelten die eben genannten Regeln entsprechend. Für die Mitteilung ist ausreichend: Die Verkündung; die Übersendung durch die Post; die Aushändigung durch einen Gerichtsboten; der Einwurf in einen Briefkasten; ein Telefonat; ein Telefax; eine elektronische Nachricht nach § 130a ZPO; eine mündliche Mitteilung des Urkundsbeamten der Geschäftsstelle.

Ein als *unzustellbar* zurückkommender Brief ist nicht mitgeteilt worden. § 184 II 1 ZPO ist unanwendbar. Denn es handelt sich nicht um eine Zustellung durch eine Aufgabe zur Post. Ein Aktenvermerk über die Mitteilung ist nicht notwendig. Er ist aber ratsam. Eine förmliche Zustellung statt einer formlosen Mitteilung genügt immer. **12**

Für die Wirksamkeit der Beiordnung ist es *unerheblich*, ob das Gericht sie überhaupt oder in diesem Rahmen *anordnen durfte*. Die Zulässigkeit der Beiordnung ist jedenfalls in der Kosteninstanz nicht nachprüfbar. Für den Kostenbeamten und das Beschwerdegericht ist auch die gesetzwidrige Beiordnung eines auswärtigen Anwalts außerhalb von § 121 III, IV ZPO bindend. Auch eine Beiordnung durch einen Einzelrichter oder durch den ersuchten Richter ist für die Kosteninstanz bindend. Bei einer Abweichung der Urschrift von der dem Anwalt zugestellten Ausfertigung gilt zu seinen Gunsten die letztere, Rn 53. **13**

5) Bewilligungszeitpunkt, § 119 I 1, 2 ZPO. Man muß unterscheiden zwischen demjenigen Zeitpunkt, zu dem die Bewilligung erfolgen soll und muß, und demjenigen Zeitpunkt, zu dem sie tatsächlich erfolgt *ist*. **14**

A. Ausdrückliche Festsetzung im Bewilligungsbeschluß. Maßgeblich ist zunächst derjenige Zeitpunkt, von dem das Gericht die Prozeßkostenhilfe ausdrücklich festsetzt, Mü RR **04**, 65, Stgt Rpfleger **03**, 200, LAG Hamm NZA-RR **07**, 602. Das gilt unabhängig davon, ob die Festsetzung zu einem früheren oder späteren Zeitpunkt hätte erfolgen müssen oder gar nicht hätte erfolgen dürfen, Düss JB **94**, 176, Köln FamRZ **97**, 1545, LAG Hamm NZA-RR **07**, 602, aM Nürnb MDR **00**, 657 (aber es liegt ein wirksamer Staatsakt vor, BLAH Üb 10 vor § 300 ZPO). Im letzteren Fall mag der Beschluß anfechtbar sein. Er ist aber zunächst einmal nicht schon wegen einer fehlerhaften Festsetzung des Bewilligungsbeginns etwa unwirksam. Er bleibt vielmehr bis zu seiner Abänderung oder Aufhebung ebenso gültig wie andere gerichtliche Entscheidungen, BLAH Üb 19, 20 vor § 300 ZPO (zum Urteil). Es liegt auch keineswegs stets schon wegen einer fehlerhaften Rückwirkung eine greifbare Gesetz- **15**

widrigkeit vor, zum problematischen Begriff BLAH § 567 ZPO Rn 10, Ffm Rpfleger **93**, 251.

16 Zur *Bindungswirkung* BLAH § 329 ZPO Rn 16 „§ 318". Das Gericht bestimmt zweckmäßigerweise in seinem Bewilligungsbeschluß ausdrücklich den Anfangstag seiner Wirkung, Kblz AnwBl **78**, 316.

17 **B. Mangels ausdrücklicher Festsetzung: Bewilligungsreife.** Soweit das Gericht den Anfangstag der Prozeßkostenhilfe-Bewilligung nicht nach Rn 15 im Beschluß ausdrücklich festgesetzt hat, nehmen zwar manche an, daß die Bewilligung grundsätzlich nur für die Zukunft gelte, also für die Zeit seit der formlosen Mitteilung der Bewilligung an den Antragsteller, BGH NJW **85**, 921, Karlsr RR **89**, 1465, Köln JB **06**, 657 rechts. Es kann aber nicht einfach der Wunsch des Antragstellers allein maßgeblich sein. Er kann ja nicht einfach mit einem sofortigen Gehorsam des Gerichts rechnen.

18 **C. Begriff.** In Wahrheit gilt vielmehr die Regel: Maßgeblich ist stets der Zeitpunkt der Bewilligungsreife. Das ist derjenige Zeitpunkt, zu dem das Gericht die Prozeßkostenhilfe bei einem ordnungsgemäßen unverzüglichen Geschäftsgang bewilligen muß oder mußte, BGH BB **98**, 665, Brdb JB **08**, 487, VGH Mü NJW **05**, 1677, aM BGH NJW **82**, 1104, Düss FamRZ **00**, 1224, Zweibr FamRZ **97**, 683 (wegen Bedürftigkeit stets nur der aktuelle Stand), Brdb JB **07**, 656, LSG Erfurt Rpfleger **00**, 166 (je: Antragseingang), OVG Lüneb FamRZ **05**, 463 (tatsächlicher Entscheidungszeitpunkt. Aber auch ein Urteil gehört in den Zeitpunkt der Entscheidungsreife, nicht vorher und nicht später).

19 **D. Unentbehrlichkeit.** Diese Regel ist praktisch unentbehrlich, um grobe Unbilligkeiten zu verhüten, evtl sogar einen Verstoß gegen Artt 2 I, 20 III GG (Rpfl), BVerfG **101**, 404, Art 103 I GG (Richter), Düss FamRZ **89**, 81. Sie ist auch deshalb unentbehrlich, um den Antragsteller vor denjenigen Nachteilen zu schützen, die eine für ihn unverschuldete Verzögerung des Verfahrens bringen würde, Düss FamRZ **97**, 1088, aM Hamm FamRZ **97**, 1018, Köln RR **00**, 1606 (aber der Antragsteller hat einen Anspruch auf eine unverzügliche Entscheidung). Der Zeitpunkt der Bewilligungsreife entspricht dem Regelungszweck der gesamten Prozeßkostenhilfe, BLAH Üb 1 vor § 114 ZPO, und der gerichtlichen Fürsorgepflicht im gesamten Bewilligungsverfahren, BLAH Üb 5 vor § 114 ZPO.

20 Er schließt einerseits die Notwendigkeit einer *sorgfältigen* Prüfung der Bewilligungsvoraussetzungen ein, BLAH Üb 8 vor § 114 ZPO, andererseits das Gebot der *Zügigkeit* des Verfahrens, BLAH § 118 ZPO Rn 2. Die Bewilligungsreife setzt eine Kenntnis des beabsichtigten Sachantrags voraus. Der Bewilligungsantrag muß vollständig belegt vorliegen, Köln FamRZ **01**, 232.

21 **E. Folge: Evtl Rückwirkung.** Aus dem Grundsatz der Bewilligungsreife kann sich die Notwendigkeit einer Rückwirkung der Bewilligung ergeben, Rn 25, BGH BB **98**, 665, KG FamRZ **00**, 838 und 839, Zweibr FamRZ **04**, 1500, aM BGH NJW **87**, 2379, Düss FamRZ **89**, 81, Stgt MDR **87**, 329 (grundsätzlich nur für die Zukunft. Aber das ist nicht konsequent. Alle Beteiligten können und müssen sich auf eine Wirkung ab der Bewilligungsreife einstellen. Auch ein Urteil kann und muß evtl rückwirkend ergehen).

Ebenso ergibt sich ein *Verbot* der Rückwirkung vor der Bewilligungsreife. Daher gibt es keine Bewilligung für einen vom Antragsteller zu vertretenden Verzögerungszeitraum, Karlsr FamRZ **96**, 1287, VGH Mannh JB **91**, 1115.

In der *Beschwerdeinstanz* tritt die Bewilligungsreife für das Beschwerdegericht erst mit der Vorlage des etwa notwendigen Nichtabhilfebeschlusses des Erstgerichts ein, VGH Kassel Anwbl **98**, 55.

22 **F. Entsprechende Auslegbarkeit der Bewilligung.** Nach dem Grundsatz der Bewilligungsreife nach Rn 17 darf und muß man eine solche Entscheidung auslegen, die über den Zeitpunkt des Beginns der Prozeßkostenhilfe keine ausdrückliche nach Rn 15, 16 bindende abweichende Festsetzung enthält. Denn man muß dem Gericht seinen Willen zu einer sachgemäßen Entscheidung unterstellen. Deshalb kann eine Bewilligung auch ohne eine ausdrückliche rückwirkende Festsetzung rückwirkend gemeint sein und erfolgt sein, Bbg FamRZ **88**, 1081, Celle JB **78**, 125, OVG Bln JB **94**, 350.

Freilich muß die Absicht der Rückwirkung doch einigermaßen *eindeutig erkennbar* 23
sein, BGH NJW **82**, 446, Hamm Rpfleger **84**, 448. Man kann nicht aus der Erkenntnis, daß eine Prozeßkostenhilfe ab der Bewilligungsreife erfolgen soll, stets darauf schließen, daß das Gericht auch den richtigen Zeitpunkt gewählt hat, Christl
MDR **83**, 628, aM Düss Rpfleger **86**, 108, Mü Rpfleger **86**, 108, LAG Bre AnwBl
82, 443 (im Zweifel wirke der Beschluß stets auf den Tag der Antragstellung zurück.
Aber das ist ohnehin nur ausnahmsweise möglich).

Man darf also *keine gewaltsame* Auslegung im Sinn des Gesollten statt des Gewollten 24
vornehmen.

6) Rückwirkung der Bewilligung, § 119 I 1, 2 ZPO. Es gelten wegen des 25
Grundsatzes der Bewilligungsreife nach Rn 17 zur Rückwirkung ziemlich komplizierte oft verkannte Regeln.

A. Grundsätzlich keine Rückwirkung vor Antragseingang. Eine rückwirkende Bewilligung auf einen Zeitpunkt vor dem Eingang des Rechtskostenhilfe-Antrags ist grundsätzlich unzulässig, BGH JB **93**, 51, Celle JB **07**, 96, Karlsr FamRZ
04, 122. Man beantragt sie infolgedessen bei einer vernünftigen Auslegung nach
Rn 22 auch nicht, Karlsr FamRZ **93**, 216, LG Landau Rpfleger **85**, 375, LAG Ffm
MDR **01**, 2017. Soweit unklar bleibt, ob der rechtzeitig gefertigte Antrag auch vor
dem Instanzende eingegangen ist, muß das Gericht den Antrag jedenfalls dann zurückweisen, wenn sich der Antragsteller nicht im Verfahren nach seinem Schicksal
erkundigt hat, Brdb AnwBl **98**, 670, Celle JB **96**, 141.

Allerdings muß das Gericht ausnahmsweise im *Amtsprüfungsverfahren* nach BLAH
Grdz 38 vor § 128 ZPO auch einen Prozeßkostenhilfe-Antrag anregen und beim eigenen Verstoß rückwirkend auf einem möglichen Auftragseingang entscheiden, Brdb
FamRZ **97**, 1542, Karlsr FamRZ **01**, 1156.

B. Ausnahmsweise Rückwirkung ab Antragseingang. Das Gericht kann zu 26
Recht oder zu Unrecht nach Rn 15 bindend die Bewilligung rückwirkend auf den
Zeitraum seit dem Antragseingang festgesetzt haben, KG FamRZ **80**, 580. Andernfalls kommt eine Rückwirkung auf diesen frühestmöglichen Bewilligungszeitpunkt
nur ausnahmsweise in Betracht, Stgt Rpfleger **03**, 200, OVG Bln-Brdb NVwZ-RR
08, 288.

Das kann zB dann erfolgen, wenn das Gericht den *Prozeßgegner nicht* nach § 118 I 1 27
ZPO *hört*, weil das „aus besonderen Gründen als unzweckmäßig erscheint", BLAH
§ 118 ZPO Rn 8. Die Bewilligungsreife nach Rn 17 kann etwa dann bereits im
Zeitpunkt des Antragseingangs eintreten, wenn der Antrag erst während einer mündlichen Verhandlung im Hauptprozeß erfolgt und wenn die Klagerwiderung usw schon
vorliegt oder wenn schon eine Beweisaufnahme erfolgt ist oder wenn der Antragsteller
zwar eine Frist voll ausnutzt, das Gericht aber eben deshalb nicht mehr vor dem Fristablauf entscheiden kann, KG JR **88**, 436, ArbG Regensb JB **91**, 1230. Es reicht kaum aus,
den Antrag erst am Schluß der letzten Verhandlung zu stellen, §§ 136 IV, 296a ZPO.
Denn dann braucht man kaum noch Hilfe, Karlsr FamRZ **96**, 1288.

Der Antrag muß natürlich *vollständig* vorliegen, BGH JB **92**, 823 (StPO), LG Re- 28
gensb JB **02**, 8, LAG Halle AnwBl **00**, 62. Der Antragsteller muß insbesondere die
persönlichen Voraussetzungen nach § 117 ZPO ausreichend dargetan und etwa belegt
haben, BGH JB **92**, 823, BVerwG JB **95**, 304, LG Regensb JB **02**, 84, aM Oldb JB
92, 248, LAG Hamm MDR **93**, 91 (aber eine Bewilligungsreife nach Rn 17 liegt
dann doch erst ab dem Eingang des zuvor Fehlenden vor. Das gilt auch dann, wenn
das Gericht das Fehlende pflichtgemäß nachfordert). Eine unrichtige Namensschreibweise kann bei einer Eindeutigkeit der Nämlichkeit und bei einer formell ordnungsgemäßen Zustellung unschädlich sein, Bbg FamRZ **01**, 291.

C. Rückwirkung erst nach Prüfung. Der Zeitpunkt des Antragseingangs kann 29
also eigentlich niemals mit demjenigen der Bewilligungsreife zusammenfallen. Dazwischen muß immer die ordnungsgemäße Prüfung des Gesuchs liegen. Sie mag aber
ja nur wenige Sekunden dauern müssen, BGH NJW **82**, 446, Düss FamRZ **89**, 81,
Karlsr RR **89**, 1466, aM Düss Rpfleger **86**, 108, Ffm AnwBl **86**, 255, Hbg JB **85**,
655 (Rückbeziehung für den Bekl schon vom Zeitpunkt des Klageingangs beim Gericht ab. Aber dann liegt grundsätzlich noch gar kein Prozeßverhältnis vor, BLAH
Grdz 4 vor § 128 ZPO).

30   D. Rückwirkung erst nach Unterlagenvorlage. Man darf die Bewilligung auch nicht etwa schon dann auf den Zeitpunkt des Antragseingangs zurückbeziehen, wenn der Antragsteller die erforderlichen Unterlagen zwar nicht schon vollständig oder gar nicht vorgelegt hatte, wenn das Gericht aber eine angemessene Frist zur Nachreichung eingehalten hat, Karlsr FamRZ **96**, 1288. Denn die Bewilligungsreife nach Rn 17 ist dann eben erst mit dem Eingang des noch Fehlenden und nach seiner anschließenden unverzüglichen Prüfung eingetreten, Karlsr FamRZ **96**, 1288, AG Regensb Rpfleger **92**, 29, aM Ffm Rpfleger **93**, 251, Nürnb MDR **01**, 1435, Oldb JB **92**, 248 (aber die fristgemäße Nachreichung ändert nichts am anfänglichen Fehlen des für eine Prozeßkostenhilfe Entscheidungserheblichen). Eine Rückwirkung kann aber dann notwendig sein, wenn das Gericht das Fehlen der Unterlagen weder gerügt noch ihre Nachreichung befristet hatte, Karlsr FamRZ **99**, 305, oder wenn es einen sonstigen Verfahrensfehler gemacht hatte, Naumb AnwBl **00**, 456 (nur zur Erfolgsaussicht).

31   E. Sonstige Rückwirkung vor Instanzende. Soweit das Gericht nicht zu Recht oder zu Unrecht nach Rn 15 bindend den Beginn der Prozeßkostenhilfe im Bewilligungsbeschluß ausdrücklich festgesetzt hatte, kommt nach dem Grundsatz der Bewilligungsreife nach Rn 26 eine sonstige Rückwirkung eines vor dem Ende dieser Instanz ergangenen oder zu erlassenden Bewilligungsbeschlusses auf einen Zeitpunkt nach dem Antragseingang in Betracht.

32   Maßgebend ist also auch hier wiederum, ob der Gericht bei einer *einerseits gründlichen, andererseits zügigen* Behandlung über den Bewilligungsantrag früher hätte entscheiden können und müssen, Karlsr FamRZ **90**, 81, oder ob es einen Vertrauenstatbestand geschaffen hatte, wie oft durch Güteverhandlungen usw, etwa nach § 278 II–VI ZPO oder im Arbeitsgerichtsverfahren, LAG Halle AnwBl **00**, 62.

33   *Beispiele:* Das Gericht hat den Antrag zunächst übersehen; es hat das Formular nach § 117 ZPO vermeidbar verspätet geprüft; es hätte eine Frist zur Nachreichung von Belegen oder zur Glaubhaftmachung früher setzen müssen; es hat einen Beweisbeschluß erlassen und damit die Erfolgsaussicht bejaht, BLAH § 114 ZPO Rn 86, gleichwohl noch ergänzende Angaben zur Erfolgsaussicht gefordert und erst nach deren Eingang entschieden; es hat die Bezugnahme auf ein bei ihm schwebendes Parallelverfahren zunächst als ausreichend erachtet und dann jene Akten versandt, Köln FamRZ **88**, 1297.

34   Freilich darf *kein Verschulden* des Antragstellers mitwirken, Köln FamRZ **99**, 1143, aM Karlsr FamRZ **06**, 1852 (aber die Pflicht nach § 117 II ZPO gilt uneingeschränkt).

35   F. Rückwirkung bei Antrag vor Instanzende. Soweit der Antrag vor dem Abschluß der Instanz eingegangen war, kommt es mangels einer abweichenden ausdrücklichen Festsetzung im Bewilligungsbeschluß nach Rn 15 zunächst darauf an, ob schon vor dem Instanzende eine Bewilligungsreife nach Rn 17 eingetreten war, Karlsr FamRZ **06**, 874. Nur soweit das so war, ist die Rückwirkung zulässig und notwendig, BGH NJW **85**, 922, Hamm FamRZ **05**, 463, LAG Köln MDR **05**, 1138, aM OVG Bre JB **90**, 1191 (nicht mehr nach einer Erledigung. Aber es kommt für die „Beabsichtigung" eben auf die Bewilligungsreife an).

36   *Beispiele:* Das Gericht hatte vor dem Ablauf einer von ihm gesetzten Frist zur Stellungnahme des Prozeßgegners bereits zur Hauptsache entschieden, Düss MDR **87**, 941 (zum gegenteiligen Fall); es war dem Antragsteller nicht zuzumuten, den Bewilligungsantrag vor dem Sachantrag der Hauptsache zu stellen, Karlsr FamRZ **87**, 1167 (Vorsicht!); der Antragsteller konnte die erforderlichen Unterlagen erst nach dem Abschluß der Instanz nachreichen, BGH VersR **84**, 600, Bbg JB **85**, 141, Zweibr FamRZ **04**, 1500; die Widerrufsfrist eines Vergleichs war noch nicht abgelaufen, LG Hbg FamRZ **99**, 600; das Gericht hatte die Partei durch eine unrichtige Belehrung von einem rechtzeitigen Antrag abgehalten, Brdb FamRZ **97**, 1542; es hatte nicht rechtzeitig einen Anwalt von Amts wegen beigeordnet, Karlsr FamRZ **01**, 1155, Mü FamRZ **02**, 1196; erst nach dem Instanzende konnte das Beschwerdegericht zurückverweisen, Kblz FamRZ **96**, 44.

37   Freilich muß der Wahlanwalt auch *bereit* gewesen sein, sich beiordnen zu lassen, Christl MDR **83**, 538 und 624.

G. Unzulässigkeit bei Antrag nach Instanzende. Soweit das Gericht nicht 38 fälschlich, aber nach Rn 15 bindend eine rückwirkende Prozeßkostenhilfe im Bewilligungsbeschluß ausdrücklich festgesetzt hat, Bbg FamRZ **89**, 884, ist eine Rückwirkung grundsätzlich unzulässig, soweit der Bewilligungsantrag erst nach dem Ende dieser Instanz nach § 119 I 1 ZPO beim Gericht vollständig eingegangen war, BGH JB **91**, 1116, Düss AnwBl **05**, 656, LAG Kiel AnwBl **03**, 375, OVG Münst NJW **07**, 1485. Dasselbe gilt, wenn die Erklärung nach § 117 II–IV ZPO erst nach dem Instanzende eingeht, ohne daß das Gericht eine so lange Frist gesetzt hatte, Bbg FamRZ **01**, 628, KG FamRZ **00**, 839, OVG Münst NJW **07**, 1485. Eine Ausnahme kann im FamFG-Verfahren vor einer Kostenentscheidung bestehen, Mü FamRZ **01**, 1309. Das Gericht dieser Instanz kann den erst nach ihrem Ende eingegangenen Antrag unbearbeitet zu den Akten nehmen. Es kann aber die rückwirkende Bewilligung auch zur Klarstellung ausdrücklich ablehnen, BGH (St) AnwBl **87**, 55, BVerwG JB **92**, 346, Hbg WoM **93**, 462.

Eine *rückwirkende* Bewilligung kommt nur ausnahmsweise bei einer Schuldlosigkeit des Antragstellers infrage, ArbG Regensb Rpfleger **02**, 319. Dem Antragsteller bleibt evtl ein neuer Antrag ohne eine Rückwirkung offen. Ein Anwaltsverschulden gilt auch hier als ein solches der Partei, BLAH § 85 ZPO Rn 8, OVG Hbg FamRZ **92**, 79.

Es kommt dann allenfalls eine Entscheidung der *Justizverwaltung* in Betracht, und 39 zwar nicht nach § 23 EGGVG, sondern nach § 30a EGGVG, Teil XII B dieses Buchs. Man kann sie auch nach dieser Vorschrift anfechten, (zum alten Recht) Hbg MDR **83**, 234.

H. Zulässigkeit bei Beschwerde gegen Ablehnung von Prozeßkostenhilfe. 40 Soweit nicht das Gericht nach Rn 22 bindend im Bewilligungsbeschluß einen abweichenden Zeitpunkt bestimmt hat, kommt eine Rückwirkung auch bei einer Entscheidung erst nach dem Abschluß dieser Instanz nach § 119 I 1 ZPO auch dann in Betracht, wenn der Antragsteller gegen einen die Prozeßkostenhilfe-Bewilligung ablehnenden Beschluß eine mit Gründen versehene sofortige Beschwerde eingelegt hat, LG Dortm AnwBl **84**, 222 (abl Chemnitz).

Das gilt zunächst dann, wenn das Erstgericht den dortigen Prozeßkostenhilfeantrag 41 verzögerlich behandelt hatte, Schlesw JB **02**, 85. Es gilt ferner auch dann, wenn die Beschwerde gegen die Prozeßkostenhilfe-Ablehnung vor dem Ende der Instanz der Hauptsache einging. Es gilt schließlich auch dann, wenn der Antragsteller seine sofortige Beschwerde schuldlos erst *später eingelegt* hatte, etwa deshalb, weil das Gericht die ablehnende Entscheidung dem Antragsgegner nicht vor dem Instanzende der Hauptsache mitgeteilt hatte, BFH DB **84**, 2495, Bbg FamRZ **90**, 181, Karlsr FamRZ **90**, 82, aM KG FamRZ **86**, 825, Schlesw SchlHA **84**, 175, Zweibr FamRZ **80**, 909 (aber das würde auf einen Verstoß zumindest gegen Art 103 I GG hinauslaufen). *Unstatthaft* ist eine Rückwirkung jedoch, soweit erstinstanzlich kein Bedürfnis für die Beiordnung eines Anwalts bestand, VGH Mannh NVwZ-RR **05**, 367.

I. Zulässigkeit während Vergleichs-Widerrufsfrist. Soweit das Gericht nicht 42 in seinem Beschluß nach Rn 15 bindend einen abweichenden Zeitpunkt des Beginns der Prozeßkostenhilfe festgesetzt hat, ist eine rückwirkende Bewilligung auch dann statthaft, wenn der Antragsteller das Bewilligungsgesuch erst nach dem Abschluß eines widerruflichen Prozeßvergleichs nach BLAH Anh § 307 ZPO Rn 42 vor dem Ablauf der Widerrufsfrist eingereicht hatte, LG Hbg FamRZ **99**, 600, AG Groß Gerau MDR **81**, 853.

J. Zulässigkeit nach Rechtskraft einer günstigen Entscheidung. Soweit das 43 Gericht den Bewilligungsbeginn nicht nach Rn 15 bindend ausdrücklich abweichend festgesetzt hat, steht die Rechtskraft eines dem Antragsteller günstigen Urteils einer Rückwirkung der Bewilligung grundsätzlich nicht entgegen, Ffm MDR **83**, 137, Hbg FamRZ **83**, 1230, Karlsr RR **98**, 1086, aM Ffm AnwBl **82**, 533 (zu einer Feststellungsklage. Aber auch dann ist die Bewilligungsreife der richtige Zeitpunkt). Der günstigen Entscheidung steht die Rücknahme des gegnerischen Rechtsmittels gleich, BGH AnwBl **88**, 420 (wegen [jetzt] § 516 III ZPO).

K. Unzulässigkeit nach Rechtskraft einer ungünstigen Entscheidung usw. 44 Soweit das Gericht nicht nach Rn 15 bindend den Bewilligungsbeginn ausdrücklich abweichend festgesetzt hatte, kommt eine Rückwirkung jedenfalls insoweit nicht mehr in Betracht, als im Zeitpunkt der Entscheidung über das Bewilligungsgesuch bereits ein dem Antragsteller ungünstiges Urteil rechtskräftig geworden ist, Ffm MDR **86**, 857, Hamm FamRZ **85**, 825, OVG Lüneb NVwZ **05**, 470, aM VGH Mannh FamRZ **88**, 857 (aber auch dann ist die Bewilligungsreife der richtige Zeitpunkt).

45 Der dem Antragsteller ungünstigen Entscheidung steht seine *Klagerücknahme* in der Regel gleich, LAG Bln DB **89**, 2440, aM Köln MDR **97**, 690 (aber wer die Klage zurücknimmt, gibt zumindest zunächst den Kampf auf, wie es nicht einmal der Verlierer stets tut).

46 **L. Zulässigkeit bei Erledigung der Hauptsache.** Soweit das Gericht nicht nach Rn 15 bindend den Bewilligungszeitpunkt ausdrücklich abweichend festgesetzt hat, kommt nach einer wirksamen Erledigung der Hauptsache eine rückwirkende Bewilligung jedenfalls nicht mehr für den früheren Hauptantrag in Betracht, BFH BB **86**, 187, LAG Hamm NZA **04**, 102, Pentz NJW **85**, 1820, aM ThP § 119 ZPO Rn 4 (auch dann könne das Gericht unter den übrigen Voraussetzungen rückwirkend bewilligen. Aber inzwischen ist die Rechtshängigkeit entfallen, BLAH § 91a ZPO Rn 110). Freilich kommt eine rückwirkende Bewilligung wenigstens noch im Umfang der inzwischen stattgefundenen Erledigterklärung in Betracht, Köln FamRZ **81**, 486.

47 **M. Schädlichkeit von Verschulden des Antragstellers.** Sofern nicht das Gericht nach Rn 15 bindend den Beginn der Prozeßkostenhilfe im Bewilligungsbeschluß ausdrücklich abweichend festgesetzt hatte, schadet bei Rn 38–46 ein Verschulden des Antragstellers wie sonst. Er muß sich das Verschulden eines gesetzlichen Vertreters nach § 51 II ZPO wie dasjenige eines ProzBev nach § 85 II ZPO anrechnen lassen, BLAH § 85 ZPO Rn 8.

48 Ein solches Verschulden *fehlt,* soweit der Antragsteller die Entscheidung *abwartet,* statt das Gericht zu mahnen, Düss AnwBl **78**, 418. Dagegen kann man nicht nur deshalb ein Verschulden verneinen, weil ein stillschweigender Antrag vorliege. Denn er reicht nicht aus, BLAH § 117 ZPO Rn 4, aM AG Stgt AnwBl **82**, 254.

49 **N. Keine Rückwirkung bei Tod, Erlöschen, Ausscheiden usw.** Durch den Tod des Antragstellers würde eine Prozeßkostenhilfe ohnehin enden, Ffm JB **96**, 141, Kblz FamRZ **96**, 809. Mit ihm erledigt sich das bisherige Bewilligungsverfahren. Daher kommt jetzt auch keine rückwirkende oder sonstige Bewilligung mehr in Betracht, BSG MDR **88**, 611, Hamm MDR **77**, 409, aM LSG Darmst Rpfleger **97**, 392 (aber es liegt kein Rechtsschutzbedürfnis mehr vor).

50 Das scheint *nicht selbstverständlich* zu sein. Der Erbe rückt ja sachlichrechtlich in die Position des Erblassers ein. Er kann und muß indessen für seine Person eine Prozeßkostenhilfe und die Beiordnung eines Anwalts neu beantragen, OVG Lüneb NJW **07**, 1224 (Ende des Insolvenzverfahrens). Eine Anrechnung der vom Erblasser erbrachten Zahlungen ist übrigens nur in demselben Prozeß denkbar, aM KG Rpfleger **86**, 281, LG Bielef Rpfleger **89**, 113 (wegen der vor dem Erbfall entstandenen Kosten. Aber man sollte prozeßwirtschaftlich bewerten, BLAH Grdz 14 vor § 128 ZPO).

51 Entsprechendes gilt beim *Erlöschen* der antragstellenden *juristischen* Person oder beim Ausscheiden und ähnlichen endgültigen Vorgängen der Beendigung der Parteistellung nach § 114 S 1 ZPO.

52 Mit dem Ausscheiden usw desjenigen, dem das Gericht eine Prozeßkostenhilfe bewilligt hatte, erlischt sie nämlich. Das gilt unabhängig davon, daß eine Prozeßvollmacht nicht automatisch erlischt, § 86 ZPO. Daher kann der Ausgeschiedene evtl entsprechend § 674 BGB gegen die Staatskasse vorgehen. Dem Erlöschen steht auch die Beendigung der *Liquidation* gleich, BLAH § 50 ZPO Rn 20–23.

53 **7) Vergütbare Tätigkeiten, I–V.** Der folgende Grundsatz hat zahlreiche Auswirkungen.

A. Grundsatz: Maßgeblichkeit der Beiordnung oder Bestellung. Ihren Umfang ergibt der Beiordnungs- oder Bestellungsbeschluß, Brdb MDR **09**, 175 rechts, Kblz JB **04**, 384 links, Christl MDR **83**, 539. Er muß einen oder mehrere Ansprüche bestimmt erfassen, sei es auch durch eine unmißverständliche Verweisung oder Bezugnahme etwa auf die Klageschrift. Soweit die Ausfertigung von der Urschrift abweicht, ist grundsätzlich die Ausfertigung maßgebend. Denn nur sie ist nach außen in Erscheinung getreten, und der Anwalt konnte und mußte sich auf sie verlassen, Rn 13.

Etwas anderes gilt dann, wenn der Irrtum aus der Ausfertigung ersichtlich war oder wenn sie ernste Zweifel an ihrer Richtigkeit aufkommen ließ. Dann hat der Anwalt eine Erkundigungspflicht. Der Umfang der Beiordnung oder Bestellung ist auch dann maßgeblich, wenn er zB vom Umfang der Bewilligung der Prozeßkostenhilfe etwa abweicht, Rn 1 ff. Eine Beiordnung kann stillschweigend erfolgen. Eine Auslegung des Beiordnungsbeschlusses ist statthaft und oft notwendig.

Soweit der *Umfang der Beiordnung oder Bestellung unklar* ist, ist grundsätzlich kein **54** Vergütungsanspruch nach §§ 48 ff entstanden. Eine Ausnahme gilt dann, wenn die in II 2 vorgesehene Einschränkung der Beiordnung nicht eindeutig ist. Im übrigen bildet der Umfang der Bewilligung den meist maßgeblichen Anhaltspunkt für den Umfang der Beiordnung. In diesem Zusammenhang muß man § 119 I 1 ZPO beachten. Nach dieser Vorschrift erfolgt die Bewilligung der Prozeßkostenhilfe für jeden Rechtszug besonders. „Rechtszug" ist hier dasselbe wie „Instanz" nach § 27. Denn es handelt sich auch bei § 119 I 1 ZPO um eine Kostenvorschrift.

B. Erste Instanz: Umfassende Beiordnung oder Bestellung, I. Der beigeord- **55** nete oder bestellte Anwalt darf in der Instanz umfassend tätig werden, also auch in einem Beweistermin vor einem beauftragten oder ersuchten Richter. Vgl freilich § 46 II. Für einen Beweisaufnahmetermin vor dem ersuchten Richter usw enthält § 121 III ZPO die Möglichkeit der zusätzlichen Beiordnung eines Verkehrsanwalts.

Die *Zwangsvollstreckung* stellt ein neues Verfahren dar. Dafür kann und muß man unter den Voraussetzungen der §§ 114ff ZPO gesondert eine Prozeßkostenhilfe beantragen. Das ergibt sich auch aus IV 2 Z 1 und aus § 20 Z 5 RPflG, BLAH § 119 ZPO Rn 50. Entsprechendes gilt für die Beiordnung. Für eine Ehesache enthält III vorrangige Sonderregeln.

C. Beispiele zur Frage des Umfangs einer Beiordnung oder Bestellung, I Anspruchsbestimmtheit: Rn 53. **56**

Anwaltszwang: Eine Beiordnung oder Bestellung erfaßt auch die Tätigkeit in einem solchen Verfahrensabschnitt, der zwar nicht dem Anwaltszwang unterliegt, den der beigeordnete oder bestellte Anwalt aber im Rahmen seiner Vertragspflichten wahrnehmen muß. Das kann etwa für die Teilnahme an einer Beweisaufnahme vor dem ersuchten oder beauftragten Richter gelten.

Aufhebung der Prozeßkostenhilfe: Eine Beiordnung erfaßt auch die Verhandlung **57** über die Aufhebung der Bewilligung der Prozeßkostenhilfe zugunsten der eigenen Partei oder des Prozeßgegners. Diese Tätigkeit ist freilich wohl stets durch die Gebühren im Hauptverfahren mitabgegolten.

Keine Erfassung tritt ein, soweit das Gericht die Bewilligung nach § 124 ZPO rückwirkend aufhebt, etwa wegen einer Erschleichung, Düss MDR **89**, 365. Ein bereits entstandener Vergütungsanspruch des Anwalts bleibt aber auch dann bestehen, Düss JB **86**, 298, Kblz FamRZ **97**, 755, Zweibr Rpfleger **84**, 115.

Außergerichtliche Tätigkeit: Trotz § 19 I Z 2 erfaßt eine Beiordnung im Zwei- **58** fel (bei einer eindeutigen Beiordnung gilt Rn 96) *nicht* auch eine außergerichtliche Tätigkeit, zB eine Vergleichsverhandlung. Denn das Gericht darf den Anwalt nur für das gerichtliche Verfahren beiordnen, Bbg FamRZ **08**, 2143, Brdb Rpfleger **01**, 140, Düss FamRZ **06**, 628, aM BGH NJW **88**, 494, Brdb FamRZ **05**, 1264, Mü FamRZ **04**, 966 (aber das ganze Prozeßkostenhilfeverfahren darf sich eben nur auf eine Hilfe im engeren „Prozeß" beschränken).

Beratung, Besprechung usw (VV 2300): Die Beiordnung erfaßt grds *keine* Tätig- **59** keit des Anwalts nach (jetzt) VV 2300, Düss FamRZ **98**, 1036.

Etwas anderes gilt nur dann, wenn die außergerichtliche Tätigkeit des Anwalts auf den Abschluß eines Vertrags im Sinn von III 1 abzielt, Düss VersR **82**, 882.

S auch Rn 64 „Prozeßvergleich".

Beweisaufnahme: Rn 58 „Anwaltszwang", Rn 69 „Verkehrsanwalt".

Drittwiderspruchsklage: Rn 83.

Einigung: Rn 58 „Außergerichtlicher Vergleich", Rn 64 „Prozeßvergleich".

Familiensache: Die Beiordnung kann sich auf eine Folgesache nach § 137 FamFG **60** auswirken, Bbg JB **09**, 591.

Bei einer Trennung einer Folgesache aus dem Verbund wirkt die Bewilligung *nicht* mehr fort, Brschw AGS **03**, 167.
Feststellungsklage: Rn 66 „Übergang zur Leistungsklage".
Güteverhandlung: Eine Beiordnung für die erste Instanz erfaßt eine Güteverhandlung vor dem ArbG, § 62 II ArbGG.

61 **Hilfsaufrechnung:** Eine Beiordnung oder Bestellung erfaßt auch die Tätigkeit im Rahmen einer Hilfsaufrechnung, LG Bln AnwBl **79**, 273.

62 **Klagänderung, -erweiterung:** Eine Beiordnung oder Bestellung erfaßt im Zweifel *nicht* auch eine Klagänderung oder -erweiterung.
S auch Rn 66 „Übergang zur Leistungsklage".
Leistungsklage: Rn 66 „Übergang zur Leistungsklage".
Mahnverfahren: Die Beendigung für das Mahnverfahren umfaßt *nicht* auch das folgende streitige Verfahren. Der Rpfl oder der etwa landesrechtlich zuständige Urkundsbeamte darf eine solche Erstreckung wegen § 8 IV RPflG auch gar nicht vornehmen.

63 **Nachverfahren:** Eine Beiordnung erfaßt auch die Tätigkeit im Nachverfahren nach einem solchen Urkundenprozeß, für den das Gericht den Anwalt beigeordnet hatte, Düss Rpfleger **87**, 263.

64 **Prozeßvergleich:** Eine Beiordnung kann einen außergerichtlichen und auch einen Prozeßvergleich umfassen, Karlsr MDR **09**, 1253, Köln FamRZ **08**, 707, Mü AnwBl **08**, 74. Sie tut das meist, Düss VersR **82**, 882, Rostock FamRZ **08**, 708. Freilich kann sich die Beiordnung auf den Prozeßvergleich beschränken, Rn 58. Eine nachträgliche Bewilligung kann auch zugehörige Verhandlungen und Erörterungen nach dem Antrag auf eine Prozeßkostenhilfe umfassen, Düss JB **09**, 250.
S auch Rn 59 „Beratung, Besprechung usw (VV 2300)".
Reisekosten: Eine ohne örtliche Begrenzung nach § 121 III ZPO erfolgte Beiordnung umfaßt die Reisekosten, Brdb MDR **09**, 175 rechts, Nürnb MDR **08**, 113.
Sammelklage: Sie kann zwecks einer Kostenersparnis bei gleichartigen Sachverhalten notwendig sein, LAG Bln NJW **06**, 1998.

65 **Streitgenosse:** Der Vergütungsanspruch des beigeordneten oder bestellten Anwalts verringert sich nicht dadurch, daß er einen anderen Streitgenossen als Wahlanwalt vertritt, Hamm Rpfleger **03**, 447, Köln RR **99**, 725, Zweibr Rpfleger **09**, 88, aM BGH MDR **93**, 913, Kblz JB **04**, 384 (aber der Anwalt hat bei solcher „Misch"-Vertretung keineswegs nur Vorteile). Eine Erhöhung nach (jetzt) § 7 steht ihm nur zu, soweit er mehrere Streitgenossen als beigeordneter Anwalt vertritt, LAG Mainz MDR **97**, 1167. Dabei kommt es auf den Umfang der Beiordnung oder Bestellung an, Stgt JB **97**, 200.
Soweit das Gericht den Anwalt für einen Rechtsstreit gegen *mehrere Streitgenossen* beigeordnet hat, hat er einen Vergütungsanspruch nur einmal, falls er die Streitgenossen in getrennten Prozessen verklagt. Etwas anderes gilt dann, wenn das Gericht den Rechtsstreit gegen einen Streitgenossen abtrennt.
Stufenklage: Mangels einer ausdrücklichen Beschränkung gilt die Beiordnung für alle Stufen, Hamm OLGR **96**, 114, Mü FamRZ **94**, 1184, Saarbr JB **84**, 1250.
Teilanspruch: Bei einer Beschränkung der Prozeßkostenhilfe und der Beiordnung erhält der beigeordnete Anwalt die Vergütung nach § 48 aus dem Teilwert, insoweit aber uneingeschränkt, Mü MDR **95**, 209.
Tod: Die Bewilligung endet mit dem Tod der begünstigten Partei, Düss MDR **99**, 830, Ffm NJW **85**, 751. Das gilt freilich nicht etwa rückwirkend, Düss MDR **99**, 830, KG Rpfleger **86**, 281, aM Ffm JB **96**, 141.
Trennung: Eine Beiordnung bleibt auch nach einer Verfahrenstrennung nach § 145 ZPO bestehen.

66 **Übergang zur Leistungsklage:** Eine Beiordnung erfaßt im Zweifel *nicht* auch den Übergang von einer Feststellungsklage zu einer höher bewertbaren Leistungsklage, es sei denn, daß das Gericht von vornherein die Beiordnung oder Bestellung wegen des gesamten noch etwa entstehenden Schadens ausgesprochen hatte.

67 **Übersetzung:** Eine Beiordnung oder Bestellung erfaßt im Zweifel *nicht* auch eine eigene Übersetzertätigkeit. Der Anwalt müßte sich insofern aus Anlaß der Protokollierung beiordnen lassen.
Urkundenprozeß: Rn 63 „Nachverfahren".

Verbindung: Maßgeblich ist der Beiordnungszeitpunkt, Enders JB 09, 116. Denn sie wirkt sonst nicht zurück, Hamm JB 79, 865, KG JB 09, 532. 68
Vergleich: Rn 58 „Außergerichtlicher Vergleich", Rn 64 „Prozeßvergleich".
Verkehrsanwalt: Der nur als Verkehrsanwalt beigeordnete Anwalt kann die Vergütung zur Wahrnehmung eines auswärtigen Beweistermins nur insoweit fordern, als das Gericht ihn auch nach § 121 III ZPO beigeordnet hatte, Mü AnwBl 89, 58. Der Verkehrsanwalt ist *nicht* stets auch zur Mitwirkung am Vergleichsabschluß beigeordnet, KG JB 95, 420. 69
Verweisung: Eine Beiordnung oder Bestellung erfaßt im Zweifel *jetzt* auch die Tätigkeit nach einer Verweisung an ein anderes Gericht. Das gilt auch nach einer *Zurückverweisung*, (zum alten Recht) Düss AnwBl 88, 422, OVG Münst JB 94, 176. 70
Vollstreckbarerklärung: Diejenige nach § 537 ZPO unterfällt der ersten Instanz.
Vollstreckungsabwehrklage: Rn 83.
Vollziehung: Rn 76.
Widerklage: Rn 86–88.
Zurückverweisung: S „Verweisung".
Zwangsvollstreckung: Rn 82, 83.

D. Beschwerdeverfahren. Es ist ein besonderer Rechtszug. Das gilt auch in der Zwangsvollstreckung, Rn 83. Zum Beschwerdeverfahren gehört schon die Beschwerdeschrift oder ihre Begründung auch dann, wenn der Anwalt sie bei demjenigen Erstgericht einlegt, das ihn beigeordnet oder bestellt hatte. Das gilt selbst dann, wenn dieses Gebiet der Beschwerde abhilft, Hamm Rpfleger 81, 322, aM Karlsr AnwBl 80, 198. Demgemäß kann der Anwalt auf Grund derjenigen Bewilligung, die das Beschwerdegericht „für die erste Instanz" erteilt, für die Tätigkeit im Beschwerdeverfahren keine Vergütung nach (jetzt) § 48 fordern, Kblz VersR 85, 273. Er muß vielmehr für das Beschwerdeverfahren eine gesonderte Beiordnung haben. Vgl aber auch wegen einer Anschlußbeschwerde Rn 73. 71

E. Berufung, Revision: Umfassende Beiordnung, II. Im Berufungs- oder Revisionsverfahren gelten grundsätzlich dieselben Regeln wie in der 1. Instanz, Rn 55 ff. Jedes selbständige Rechtsmittelverfahren erfordert eine gesonderte Beiordnung, etwa gegen ein Zwischenurteil und gegen den Hauptsacheteil. Die Beiordnung des Anwalts des Rechtsmittelbekl umfaßt den Antrag, den Gegner nach dessen Rechtsmittelrücknahme des Rechtsmittels für verlustig zu erklären. 72

F. Anschlußberufung, Anschlußrevision, Anschlußbeschwerde, II. Die Vorschrift erweitert die Beiordnung grundsätzlich ausdrücklich auch auf den Fall, daß der Prozeßgegner der begünstigten Partei eine Anschlußberufung mit oder ohne eine Klagerweiterung oder eine Anschlußrevision einlegt. Das Gericht kann freilich die Beiordnung für eine Anschlußberufung oder Anschlußrevision ausschließen. II 2 macht die Wirksamkeit eines solchen Ausschlusses davon abhängig, daß das Gericht den Ausschluß ausdrücklich bestimmt. Im Zweifel liegt also kein derartiger Ausschluß der Beiordnung vor. II gilt ferner für eine Anschlußberufung oder Anschlußrevision gerade des Prozeßgegners. 73

Für ihre Einlegung durch den Mittellosen ist demgegenüber stets eine besondere Beiordnung *seines* Anwalts notwendig.

Eine *Anschlußbeschwerde* macht wegen gleicher Interessenlage II entsprechend anwendbar.

G. Arrest, einstweilige Verfügung, einstweilige Anordnung: Notwendigkeit der Beiordnung, II, IV. Für ein Verfahren über einen Arrest, eine einstweilige Verfügung oder eine einstweilige Anordnung, die mit dem Hauptprozeß nur zusammenhängt, ist eine besondere ausdrückliche Beiordnung erforderlich, (jetzt) IV 2 Z 2, Bbg FamRZ 86, 701. Das gilt auch bei einer Beiordnung nach (jetzt) § 138 FamFG, Kblz FamRZ 85, 619. Zum Verfahren über den Arrest und über die einstweilige Verfügung gehören das Anordnungsverfahren und das Widerspruchsverfahren, §§ 924 ff ZPO. Für das Aufhebungsverfahren nach §§ 926 ff ZPO ist nochmals eine besondere ausdrückliche Beiordnung erforderlich. 74

Das in IV 2 Z 2 genannte Verfahren auf eine einstweilige Anordnung umfaßt diejenige in einer *Ehesache* nach §§ 49 ff FamFG mit den sich aus III 1 ergebenden Abweichungen, ferner das übrige FamFG-Verfahren oder das Verfahren eines FG oder 75 eines VG. Das Abänderungsverfahren zählt zum Anordnungsverfahren, Hamm MDR 83, 847.

76 **H. Vollziehung, II, IV.** Soweit das Gericht den Anwalt zur Erwirkung eines Arrests oder einer einstweiligen Verfügung oder einstweiligen Anordnung nach IV 2 Z 2 ausdrücklich beigeordnet hat, gilt diese Beiordnung nach II 1 auch für die Vollziehung des Arrests oder der einstweiligen Verfügung, es sei denn, daß das Gericht ausdrücklich bestimmt hat, daß die Beiordnung nicht für die Vollziehung erfolgt, II 2. Das gilt nicht, soweit ein Anwaltszwang besteht, BGH NJW 02, 2179. Im Zweifel liegt kein solcher Ausschluß vor.

77 **I. Ehesache: Geltungsbereich, III 1.** Nach der Neuregelung durch §§ 76ff FamFG hat III 1 eine Bedeutung insoweit nur dann, wenn das Gericht die Folgesache ausdrücklich ausgenommen hat, (zum alten Recht) KG AnwBl **81**, 302, Göppinger FamRZ **78**, 326.

Im übrigen hat III 1 eine Bedeutung für einen solchen Vertrag der dort genannten Art, der *nicht im Rahmen einer Scheidungssache* beabsichtigt ist oder zustande kommt. Freilich tritt dieser Fall nur theoretisch ein.

78 **J. Ehesache: Einzelfragen, III 1.** Eine Anwaltstätigkeit vor der Beiordnung fällt nicht unter § 48. Freilich kann eine Beiordnung nach Rn 25ff rückwirkend erfolgt sein. Die Beiordnung des Anwalts erstreckt sich auf den Abschluß eines Vertrags der in III 1 genannten Art, Saarbr NJW **08**, 3150. Man muß die Frage, ob ein solcher Vertrag vorliegt, großzügig beantworten. Denn III 1 stellt nicht etwa eine Ausnahme von IV 1 dar. Außerdem soll III 1 aus rechtspolitischen Erwägungen den Abschluß eines Vertrags in einer Ehesache auch gebührenrechtlich erleichtern. Freilich muß der Vertrag zumindest auch einen der in III 1 genannten Punkte mitregeln, Düss AnwBl **82**, 378, Mü MDR **86**, 770, Zweibr FamRZ **84**, 74, aM Düss JB **81**, 563, KG Rpfleger **80**, 78, Mü JB **83**, 716. Die Beiordnung für das isolierte Sorgerechtsverfahren erfaßt wegen des oben genannten Regelungszwecks die mitgetroffene Umgangsvereinbarung, aM Kblz JB **01**, 311, Mü MDR **99**, 1328, Zweibr Rpfleger **01**, 557 (aber auch letzteres dient dem ersteren mit). Die Einigung mag auch nur für die Dauer des Scheidungsverfahrens bestehen, Karlsr JB **90**, 231, Stgt Rpfleger **80**, 120. Eine Wirksamkeit des Einigungsvertrags ist in den Grenzen von Rn 79 nicht notwendig.

79 Soweit ein solcher Vertrag vorliegt, erstreckt sich die Beiordnung auf seinen *gesamten Inhalt*. Sie erstreckt sich also auch auf eine vom Urteil abweichende Vereinbarung der Parteien über die Kosten, Schlesw JB **76**, 1229, oder auf eine nicht mit anhängige Sache, Karlsr JB **96**, 638. Der in einer Ehesache beigeordnete Anwalt ist auch für die Aussöhnung beigeordnet. Denn die Aussöhnung betrifft die Hauptsache. Der Verkehrsanwalt hat keinen Anspruch gegen die Staatskasse nach III 1, Mü JB **03**, 469, Zweibr JB **86**, 223, aM Düss JB **81**, 563, Oldb JB **92**, 100, Stgt Just **79**, 865.

Eine *nur außergerichtliche Verhandlung* ohne jede Absicht zum Abschluß einer Einigung läßt sich auch nicht durch III 1 erfassen. Das gilt selbst dann, wenn sie zum außergerichtlichen Vertrag führt, (je zum alten Recht) Brdb Rpfleger **01**, 140, Düss AnwBl **83**, 321, Hamm Rpfleger **87**, 82, aM RS 12, SchGei 6 (vgl aber Rn 58).

Unanwendbar ist (jetzt) III 1 auf eine Einigung über die Regelung ehegemeinschaftlicher Schulden, Kblz FamRZ **04**, 1805.

80 **K. Lebenspartnerschaftssache, III 2.** Soweit das Gericht den Anwalt in einem Verfahren nach § 269 I Z 1, 2 FamFG beigeordnet hat, gelten die Regeln Rn 77–79 sinngemäß. Infrage kommen nur: Die Aufhebung der Lebenspartnerschaft nach §§ 14–19 LPartG (§ 661 I Z 1 ZPO); die Feststellung des Bestehens oder Nichtbestehens der Lebenspartnerschaft nach § 1 LPartG; die Verpflichtung zur Fürsorge und Unterstützung in der partnerschaftlichen Lebensgemeinschaft nach § 2 LPartG.

81 **L. Mit dem Hauptprozeß zusammenhängende Angelegenheit: Notwendigkeit der Beiordnung, IV 1.** In einer solchen Angelegenheit, die mit dem Hauptprozeß nicht zusammenhängt und ihn nicht selbst darstellt, erhält der für den Hauptprozeß beigeordnete Anwalt eine Vergütung nur insoweit, als das Gericht ihn ausdrücklich auch für die andere Angelegenheit beigeordnet hat. Im Zweifel liegt keine solche Erstreckung der Beiordnung vor, großzügiger Karlsr FamRZ **84**, 920. Eine stillschweigende Beiordnung reicht wegen des Worts „ausdrücklich" in IV 1 nicht, aM RS 37.

Abschn. 8. Beigeordneter oder bestellter RA, Beratungshilfe § 48 RVG

IV 2 nennt in Z 1–4 einige *Beispiele ohne eine abschließende Aufzählung.* Das ergibt sich schon aus dem Wort „insbesondere" in IV 2. Zu IV 1 zählen ferner zB: Das Kostenfestsetzungsverfahren; eine Genehmigung etwa der Baubehörde oder des Vormundschaftsgerichts; ein Verfahren vor der Hinterlegungsstelle.

M. Zwangsvollstreckung, Vollstreckung, Verwaltungszwang, IV 2 Z 1. Vgl 82 zunächst Rn 55 ff. Es ist also eine ausdrückliche Beiordnung gerade für die Zwangsvollstreckung oder Vollstreckung (FamFG) oder für einen Verwaltungszwang durch das Vollstreckungsgericht nach § 119 II ZPO im dort genannten jeweiligen Umfang erforderlich, BGH NJW **79**, 1048. Eine solche Beiordnung umfaßt dann alle notwendigen Vollstreckungshandlungen bis zur Befriedigung des Gläubigers, also auch die Abwehr einer Beschwerde des Schuldners, LG Detm AnwBl **83**, 34. Man darf auch nicht etwa für jede Vollstreckungsmaßnahme zwischen der Beiordnung für die Zwangsvollstreckung „ganz allgemein" und derjenigen für die Instanz unterscheiden. Damit würde man nämlich dem beigeordneten Anwalt unzumutbare Schwierigkeiten machen, erst recht der Partei. Der Schuldner braucht zur Abwehr einer Zwangsvollstreckungsmaßnahme wie zur Aufhebung aller Zwangsvollstreckungsmaßnahmen ebenfalls einen ausdrücklichen Beiordnungsbeschluß.

Eine Beiordnung für die Zwangsvollstreckung deckt aber *nicht* die Tätigkeit des 83 Anwalts in einem Prozeß auf Grund einer Vollstreckungsabwehrklage nach § 767 ZPO oder einer Widerspruchsklage nach §§ 771 ff ZPO. Das Beschwerdeverfahren beurteilt sich auch in der Zwangsvollstreckung nach Rn 71. Wegen einer Teilungsversteigerung LG Saarbr Rpfleger **86**, 72.

N. Arrest, einstweilige Verfügung, einstweilige Anordnung, IV 2 Z 2. 84 Rn 74–76.

O. Selbständiges Beweisverfahren, IV 2 Z 3. Für das selbständige Beweisver- 85 fahren ist eine besondere Beiordnung sowohl dann erforderlich, wenn es nach § 486 II 1, III ZPO vor der Anhängigkeit des zugehörigen Hauptprozesses stattfinden soll, als auch dann, wenn es nach § 486 I, III ZPO im Rahmen des Hauptprozesses stattfinden soll. Denn auch dann hängt das selbständige Beweisverfahren mit dem Hauptprozeß nur nach IV 1 zusammen und stellt eine andere Angelegenheit dar.

Soweit das selbständige Beweisverfahren nach der *Anhängigkeit eines Hauptprozesses* anläuft, wird die Tätigkeit des Anwalts grundsätzlich durch seine Vergütung für den Hauptprozeß mit abgegolten, § 19 I iS.

P. Widerklage, IV 2 Z 4. Zur Tätigkeit im Verfahren über eine Widerklage für 86 den Widerkläger oder für den Widerbekl ist grundsätzlich eine ausdrückliche besondere Beiordnung erforderlich. Das gilt auch in einer Ehe- oder Lebenspartnerschaftssache. Denn Hs 2 gilt nur für eine Rechtsverteidigung nach Rn 88. Eine Beiordnung liegt im Zweifel nicht vor. Mit einer Klagerücknahme erlischt eine Beiordnung für die Verteidigung gegen die bisherige Widerklage. Denn dann ist auch gebührenrechtlich die Instanz beendet. Das alles gilt auch bei einer Wider-Widerklage.

Die *Hilfsaufrechnung* zählt nicht hierher. 87

Soweit es sich um die Rechtsverteidigung gegenüber einem Gegenantrag in einer 88 *Ehesache* handelt, ist *ausnahmsweise keine* besondere ausdrückliche Beiordnung erforderlich. Denn dann wird die Ehe in ihrem ganzen Bestand angegriffen und läßt sich daher nur einheitlich beurteilen. Dasselbe gilt bei der Rechtsverteidigung gegenüber einem Gegenantrag in einem Verfahren über eine Lebenspartnerschaft nach § 269 I Z 1, 2 FamFG, also über die Aufhebung der Lebenspartnerschaft nach §§ 14–19 LPartG (Z 1), über die Feststellung des Bestehens oder Nichtbestehens einer Lebenspartnerschaft nach § 1 LPartG (Z 2) oder über die Verpflichtung zur Fürsorge und Unterstützung in der partnerschaftlichen Lebensgemeinschaft nach § 2 LPartG (Z 3). Wegen einer Antragsrücknahme Rn 86, 87.

8) Vergütungshöhe, I–III. Der folgende Grundsatz wirkt sich auf alle Gebüh- 89 renarten aus.

A. Grundsatz: Möglichkeit mehrerer Gebühren. Der beigeordnete Anwalt kann sämtliche Gebühren und Auslagen beanspruchen, die sich aus seiner Tätigkeit ab der Wirksamkeit seiner Beiordnung und unter der Voraussetzung einer wirksamen Vollmacht der begünstigten Partei ergeben, Mü Rpfleger **75**, 107, Oldb RR **07**, 792,

1621

Schlesw SchlHA **82**, 48. Man muß seine Tätigkeit so beurteilen, als sei er mit der Beiordnung in den Rechtsstreit eingetreten, selbst wenn er vorher als Wahlanwalt tätig war. Der beigeordnete Anwalt erhält also alle diejenigen Gebühren, die seit seiner Beiordnung erstmals oder wiederholt entstehen, aM Köln JB **78**, 869 (inkonsequent). Soweit sich im Beiordnungszeitpunkt bereits seine Tätigkeit *erledigt* hatte, etwa durch den Tod der begünstigen Partei, entsteht kein Anspruch gegen die Staatskasse.

90 Soweit das Gericht den Anwalt dem zum *Verstorbenen* beigeordnet hatte und die Beiordnung auch zugunsten des Rechtsnachfolgers wiederholt, entstehen dem Anwalt die bereits zu Lebzeiten des Verstorbenen verdienten Gebühren nicht schon infolge des Wechsels der Person nochmals.

91 **B. Verfahrensgebühr.** Der beigeordnete Anwalt erhält die Verfahrensgebühr in einem anhängigen Rechtsstreit ab seiner Beiordnung vor, Rn 89, und daher auch schon für die Einholung seiner auftragsgemäßen Erstinformation. Eine Tätigkeit vor der Beiordnung geht in derjenigen nach der Beiordnung auf, Bbg JB **90**, 204. Nur die letztere zählt also, BGH AnwBl **92**, 191. Der Anwalt erhält die Verfahrensgebühr nach dem Streitwert im Zeitpunkt des Wirksamwerdens seiner Beiordnung. Eine Herabsetzung des Streitwerts etwa nach § 144 PatG oder nach § 12 UWG oder nach § 247 AktG, alle kommentiert in § 51 GKG Anh I, Teil I A dieses Buchs, erfolgt lediglich im Interesse der wirtschaftlich schwächeren Partei. Sie bewirkt nicht, daß der beigeordnete Anwalt seine Vergütung nur nach diesem herabgesetzten Wert erhält.

92 **C. Terminsgebühr.** Der beigeordnete Anwalt erhält die Terminsgebühr, soweit das Gericht ihn vor dem Beginn des Termins wirksam beigeordnet hatte oder soweit es die spätere Beiordnung rückwirkend angeordnet hat, Hbg MRD **86**, 65, Saarbr NJW **08**, 3150. Er erhält dann keine Terminsgebühr, soweit das Gericht ihn nur (jetzt) zu einem Vertrag nach VV 1000 beigeordnet hat, Celle Rpfleger **89**, 333, Mü FamRZ **09**, 1780. Eine Beiordnung für die „Vereinbarung zum Umgangsrecht" umfaßt nach einem Termin dazu zB nach § 118 I 3, II 2, 3 ZPO auch die zugehörige Termingebühr nach VV 3104, aM Düss FamRZ **09**, 714.

93 **D. Einigungsgebühr.** Der eindeutig beigeordnete Anwalt (andernfalls Rn 56–70) kann eine Einigungsgebühr auch dann erhalten, wenn die Parteien den Vertrag zwar nach dem Erlaß des Urteils schließen, aber noch vor dem Eintritt der Rechtskraft, und wenn der Vertrag in demjenigen Rechtszug zustande kommt, für den das Gericht ihn beigeordnet hatte, und sofern er nach der Beiordnung am Vertragsabschluß mitgewirkt hat, Düss AnwBl **82**, 378, Schlesw SchlHA **82**, 48. Das gilt auch bei einem außergerichtlichen Vertrag, (je zum alten Recht) BGH VersR **88**, 941, Düss MDR **03**, 415, Mü JB **04**, 37, aM BGH NJW **02**, 3713, Kblz RR **95**, 1339, LAG Köln JB **94**, 481 (aber der Vertrag diente dann der Beendigung auch des Rechtsstreits). Zur Frage des Zusammentreffens der Gebühren Rn 91–93 Nickel FamRZ **09**, 1643 (ausf).

94 Soweit der Vertrag erst *nach der Rechtskraft* zustande kommt, entsteht selbst dann keine Einigungsgebühr nach § 48 in Verbindung mit VV 1000, wenn die Vertragsverhandlungen schon vor dem Eintritt der Rechtskraft begonnen hatten, Schlesw SchlHA **87**, 48.

95 Der beigeordnete Anwalt kann aus der Staatskasse eine Einigungsgebühr stets nur nach dem *Wert* desjenigen Anspruchs verlangen, für den das Gericht ihn beigeordnet hatte.

96 Soweit die Parteien in den Vertrag *weitere Punkte* einbeziehen, erhält der beigeordnete Anwalt eine Einigungsgebühr nach dem Gesamtwert nur dann, wenn das Gericht ihn vor dem Vertragsabschluß auch im weitergehenden Umfang beigeordnet hat, Kblz JB **97**, 81, Mü AnwBl **87**, 101, AG Kblz JB **97**, 82. Eine solche Beiordnung kann nicht stillschweigend wirksam erfolgen, LG Bln MDR **89**, 366. Man muß freilich zwischen einer Beiordnung und einer Prozeßkostenhilfebewilligung unterscheiden.

97 Der bloß als *Verkehrsanwalt* beigeordnete Anwalt erhält mangels einer eindeutigen Erstreckung auf einen Vertrag *keine* Einigungsgebühr, Bbg MDR **99**, 569, Düss MDR **91**, 258, KG JB **95**, 420.

98 **9) Vor Bestellung, V.** Die Vorschrift gilt für jede Tätigkeit nach VV Teile 4–6. Man muß jede Instanz gesondert beurteilen.

A. **Erster Rechtszug, V 1.** Eine Bestellung des Verteidigers mit einer Rückwirkung ist grundsätzlich unzulässig, Hamm AnwBl **95**, 562, Jena Rpfleger **09**, 171, Köln NJW **03**, 2038, aM Düss MDR **88**, 989 (wegen der Auslagen), GSchm 5. Das gilt auch bei einer Verbindung mehrerer Verfahren, Kblz Rpfleger **01**, 514.

V macht von diesem Grundsatz insofern eine *Ausnahme,* als es auf den Zeitpunkt der Bestellung für die erste Instanz (und nur für sie!) nicht ankommt, Jena JB **06**, 424, Kblz JB **07**, 645, Köln NJW **03**, 2038. Das mag so sein, wenn der Anwalt also schon vor der Anklageerhebung gerade als Wahlverteidiger tätig war, LG Kiel JB **96**, 469, oder wenn er am ersten Verhandlungstag noch Wahlverteidiger war, KG JB **97**, 361. V ist zwingend, Köln NJW **03**, 2038. Der Verteidiger erhält die Vergütung nach V 1 auch dann, wenn das Gericht ihn erst während des Hauptverfahrens bestellt, zB am zweiten Verhandlungstag. Bei einer Beiordnung erst nach einer Zurückverweisung gilt (jetzt) V 1 nicht rückwirkend, LG Köln JB **96**, 532.   99

B. **Berufungsverfahren, Revisionsverfahren, V 2.** Soweit der Verteidiger in diesen Abschnitten tätig wird, erhält er nach V 2 seine Vergütung in diesem Rechtszug auch für seine Tätigkeit vor seiner Bestellung.   100

C. **Verfahrensverbindung, V 3.** Hier kann das Gericht nach seinem pflichtgemäßen Ermessen die Wirkungen Rn 98, 99 auch auf diejenigen Verfahren erstrecken, in denen vor der Verbindung keine Beiordnung oder Bestellung erfolgt war. Das gilt aber nur dann, wenn es den Anwalt in einem der Verfahren schon vor der Verbindung beigeordnet hatte, nicht auch in einem der dann durch die Verbindung hinzugekommenen, Hamm JB **05**, 535, Jena Rpfleger **09**, 171.   101

Wertgebühren aus der Staatskasse

49 Bestimmen sich die Gebühren nach dem Gegenstandswert, werden bei einem Gegenstandswert von mehr als 3000 Euro anstelle der Gebühr nach § 13 Abs. 1 folgende Gebühren vergütet:

Gegenstandswert bis ... Euro	Gebühr Euro	Gegenstandswert bis ... Euro	Gebühr Euro
3 500	195	13 000	246
4 000	204	16 000	257
4 500	212	19 000	272
5 000	219	22 000	293
6 000	225	25 000	318
7 000	230	30 000	354
8 000	234	über	
9 000	238	30 000	391
10 000	242		

Gliederung

1) Systematik	1
2) Regelungszweck	2
3) Geltungsbereich	3, 4
4) Berechnung	5
5) Mindestgebühr	6
6) Rechtsmittelverfahren	7

1) **Systematik.** Auch für den im Weg der Prozeß- oder Verfahrenskostenhilfe beigeordneten Anwalt gilt an sich die Tabelle nach § 13 I. Der beigeordnete Anwalt erhält die dort vorgesehenen Gebühren bei einem Gegenstandswert bis zu 3000 EUR. In diesem Bereich ist seine gesetzliche Gebühr also ebenso hoch wie diejenige des Wahlanwalts. § 49 schafft als eine vorrangige Sonderregel wegen seiner Tätigkeit während der Beiordnung nur für den Bereich von mehr als 3000 EUR Gebühren, die gegenüber denjenigen nach § 13 I geringer sind. Die Vorschrift gilt nur für den Anspruch gegenüber der Staatskasse. Das ergibt sich aus der amtlichen Überschrift.   1

Diese Regelung ist *verfassungsmäßig,* (je zum alten Recht) BVerfG NJW **08**, 1063, aM Benkelberg FuR **98**, 339. Denn ein Organ der Rechtspflege nach § 1 BRAO hat manchmal erhöhte soziale Pflichten und zumindest *einen* stets zahlungsfähigen

Schuldner, die Staatskasse. Freilich ist die Beibehaltung der Gebührenhöhen trotz der sonst im Gesamtbereich des RVG kräftig angestiegenen Kosten problematisch.

2 **2) Regelungszweck.** Die Vorschrift dient der Kostendämpfung. Sie läßt zu einer Auslegung kaum Raum. Soweit eine Auslegung dennoch erforderlich werden sollte, muß man sie zwecks Rechtssicherheit beim Rechenwerk strikt vornehmen.

3 **3) Geltungsbereich.** Die Tabelle gilt zunächst dann, wenn der Anwalt eine Wertgebühr beanspruchen kann, Einl II 10, 11 dieses Buchs. Das gilt also dann, wenn sich der Betrag unmittelbar aus dem Streitwert, Geschäftswert, Gegenstandswert oder aus dem Ausmaß der rechtskräftig erkannten Strafe ergibt.

Die Tabelle gilt ferner dann, wenn ein *Gebührensatzrahmen* anwendbar ist, Einl II 12 dieses Buchs. Das gilt also dann, wenn man also den Gegenstandswert usw ermitteln und dann innerhalb eines gesetzlichen Rahmens den passenden Bruchteil ermitteln muß.

4 Dagegen bleibt die Tabelle des § 49 theoretisch unbeachtlich, soweit das Gesetz als Vergütung eine *Betragsrahmengebühr* vorsieht, Einl II 12 dieses Buchs, also zB im sozialgerichtlichen Angelegenheiten nach § 3 I 1, Klier NZS **04**, 471. Das gilt also, soweit das Gesetz für die fragliche Tätigkeit unmittelbar und unabhängig von einem Gegenstandswert usw einen Rahmen zwischen einer in EUR bezifferten Mindest- und Höchstgebühr vorsieht. Der beigeordnete Anwalt erhält aber nach dem VV praktisch nur eine jeweilige Festgebühr. Daher hat sich die theoretisch fortbestehende Frage praktisch derzeit erledigt.

5 **4) Berechnung.** § 49 nennt volle 1,0 Gebühren. Soweit der Anwalt eine Bruchteilsgebühr verdient, etwa eine 0,5 Gebühr, muß man den entsprechenden Bruchteil der in § 49 genannten Gebühr ansetzen, Bbg JB **09**, 305. Man muß also zB bei einer 0,5 Gebühr und bei einem Gegenstandswert von 9000 bis 10 000 EUR statt der vollen Gebühr von 242 EUR eine Gebühr von 121 EUR einsetzen. Eine etwaige Herabsetzung des Streitwerts nach § 144 PatG, § 142 MarkenG, § 26 GebrMG, § 12 UWG, § 51 GKG Anh I, II, Teil I A dieses Buchs, bleibt bei § 49 unbeachtlich. Man muß auch dann den vollen Streitwert zugrunde legen. § 15 III bleibt anwendbar. Liegt der Gebührensatz über 1,0, muß man ihn entsprechend anwenden und zB bei einer 1,3 Gebühr und einem Gegenstandswert über 30 000 EUR das 1,3fache von 391 EUR = 508,30 EUR errechnen. Das gilt auch zB nach VV 1008, Hamm MDR **80**, 152, VGH Mannh JB **09**, 490, und zwar entsprechend auch bei verschiedenen Gegenständen, (zum alten Recht) BGH NJW **81**, 2757. Es gilt auch im höheren Rechtszug, Rn 7.

6 **5) Mindestgebühr.** Der Mindestbetrag ist auch bei § 49 = 10 EUR, § 13 II. Eine Aufrundung findet nicht mehr statt. Das erstere ergibt sich daraus, daß § 45 I mit den Worten „gesetzliche Vergütung" grundsätzlich auf § 13 verweist. § 49 enthält weder zum Mindestbetrag noch zur Aufrundung abweichende Sonderregeln.

7 **6) Rechtsmittelverfahren.** Im Beschwerdeverfahren, Berufungsverfahren oder Revisionsverfahren muß man die Gebühren aus § 49 nach VV 3200ff erhöhen. Denn auch die letzteren Vorschriften gehören zu der „gesetzlichen Vergütung" nach § 13 I, auf die § 49 alle Instanzen verweist.

Auch (jetzt) § 7 *I* ist anwendbar, Hamm MDR **80**, 152.

Weitere Vergütung bei Prozesskostenhilfe

50 [I] [1]Nach Deckung der in § 122 Abs. 1 Nr. 1 der Zivilprozessordnung bezeichneten Kosten und Ansprüche hat die Staatskasse über die Gebühren des § 49 hinaus weitere Beträge bis zur Höhe der Gebühren nach § 13 einzuziehen, wenn dies nach den Vorschriften der Zivilprozessordnung und nach den Bestimmungen, die das Gericht getroffen hat, zulässig ist. [2]Die weitere Vergütung ist festzusetzen, wenn das Verfahren durch rechtskräftige Entscheidung oder in sonstiger Weise beendet ist und die von der Partei zu zahlenden Beträge beglichen sind oder wegen dieser Beträge in das Zwangsvollstreckung in das bewegliche Vermögen der Partei erfolglos geblieben ist oder aussichtslos erscheint.

[II] Der beigeordnete Rechtsanwalt soll eine Berechnung seiner Regelvergütung unverzüglich zu den Prozessakten mitteilen.

III Waren mehrere Rechtsanwälte beigeordnet, bemessen sich die auf die einzelnen Rechtsanwälte entfallenden Beträge nach dem Verhältnis der jeweiligen Unterschiedsbeträge zwischen den Gebühren nach § 49 und den Regelgebühren; dabei sind Zahlungen, die nach § 58 auf den Unterschiedsbetrag anzurechnen sind, von diesem abzuziehen.

Gliederung

1) Systematik, I–III	1
2) Regelungszweck, I–III	2–4
3) Weitere Vergütung, I 1	5–9
A. Grundsatz: Kein Vorteil der Staatskasse	5
B. Einstellung von Raten	6
C. Überschuß	7
D. Verrechnung	8
E. Auslagen	9
4) Zuständigkeit, I 1	10
5) Festsetzungszeitpunkt, I 2	11
6) Berechnung der Vergütung, II	12–16
A. Abgrenzung zu § 55	13
B. Obliegenheit	14
C. Unverzüglichkeit	15
D. Mitteilung	16
7) Beiordnung mehrerer Anwälte, III	17, 18
8) Beweislast, I–III	19

1) Systematik, I–III. Der im Weg der Prozeß- oder Verfahrenskostenhilfe beigeordnete Anwalt erhält nach § 122 I Z 3 ZPO, § 76 FamFG keinen Vergütungsanspruch gegenüber dem Auftraggeber, seiner Partei. Er erhält vielmehr nach § 45 einen Vergütungsanspruch gegenüber der Staatskasse. § 59 ist anwendbar. Die Höhe der Gebühr richtet sich zunächst nach § 13 I 1, 2, jedoch im Bereich des § 49 nur nach dieser Vorschrift. Die Gebühren nach § 49 sind deutlich niedriger als die Regelgebühren. Falls nicht infolge der Aufhebung der Bewilligung der Prozeßkostenhilfe eine Verbesserung der Gebührenansprüche des beigeordnet gewesenen Anwalts entsteht, verdient er also grundsätzlich im Rahmen der Prozeßkostenhilfe unter Umständen weniger als ein nicht beigeordneter Wahlanwalt außerhalb einer Prozeßkostenhilfe. Eine Wertabsenkung kommt nicht zusätzlich infrage, BVerfG Rpfleger 07, 429.

2) Regelungszweck, I–III. Diese Schlechterstellung soll § 50 unter bestimmten Voraussetzungen beseitigen oder doch mildern, Düss AnwBl **84**, 445, Hamm MDR **85**, 149. I 1 gibt dem beigeordneten Anwalt einen Anspruch auf eine zusätzliche Zahlung aus der Staatskasse. Das Gesetz nennt sie eine „weitere Vergütung".

Sie kann so viel ausmachen, daß der beigeordnete Anwalt auch im Geltungsbereich von § 49 die „Regelgebühren" des § 13 I 1, 2 verdient. Anders ausgedrückt: Der beigeordnete Anwalt steht unter Umständen finanziell ebenso gut da, wie wenn der Auftraggeber ihn *außerhalb einer Prozeßkostenhilfe* eingeschaltet hätte. Er steht unter Umständen sogar noch besser als ein nicht beigeordneter Wahlanwalt da. Denn Gebührenschuldner des beigeordneten Anwalts ist die Staatskasse. Sie ist stets zahlungsfähig und meist auch sogleich zahlungswillig. Er braucht auch nicht auf etwaige Zahlungen eines erstattungspflichtigen Gegners des Auftraggebers zu warten.

Diese gewisse gebührenrechtliche in Rn 5 ff näher dargestellte Besserstellung eines beigeordneten Anwalts gegenüber einem ohne eine Prozeßkostenhilfe tätigen Wahlanwalt ist um so überraschender, als sie *zulasten der Staatskasse* entstehen kann. Die Verfassungsmäßigkeit der Vorschrift ist zweifelhaft, (je zum alten Recht) Düss Rpfleger **89**, 31, LAG Hamm MDR **87**, 258 (abl Klüsener Rpfleger **87**, 475, Theisen AnwBl **88**, 280), aM Bbg FamRZ **87**, 193, Mü AnwBl **87**, 102, Zweibr FamRZ **87**, 403.

3) Weitere Vergütung, I 1. Man muß vier Gesichtspunkte beachten.
A. Grundsatz: Kein Vorteil der Staatskasse. Der beigeordnete Anwalt kann die Differenz zwischen den nach § 49 errechneten Gebühren und denjenigen nach § 13 I 1, 2 beanspruchen, soweit die Staatskasse von einem oder mehreren Gebührenschuldnern insgesamt mehr als diejenige Summe eingezogen hat, die zur Bezahlung der nach § 122 I Z 1 ZPO entstandenen Kosten und der Ansprüche nach § 59 I er-

forderlich geworden ist, also bis zu den Regelgebühren. Diese Regelung ist zulässig, Hamm MDR **85**, 149, Enders JB **02**, 184, aM Ffm MDR **86**, 1054. *Gerichtskosten* darf man dabei nicht in Rechnung zu stellen, soweit man (jetzt) § 31 II Hs 1 GKG, § 26 II Hs 1 FamGKG, Teile I A, B dieses Buchs, beachten muß, Düss Rpfleger **88**, 164. Es gibt eine weitere Vergütung nach I 1 auch dann, wenn aus einer ratenlosen Prozeßkostenhilfe in derselben Instanz eine solche mit Raten wird, Mü Rpfleger **95**, 365 (anders also, wenn die Vorinstanz ratenlos bewilligt hatte), LG Nürnb-Fürth Rpfleger **94**, 259.

6   **B. Einstellung von Raten.** Eine Einstellung von Ratenzahlungspflichten nach § 120 III Z 1 ZPO kommt also erst nach einer vollen instanzübergreifenden Deckung der Regelgebühren des beigeordneten Anwalts (sog *Differenzgebühren*) in Betracht, Köln Rpfleger **97**, 313, LG Mainz AnwBl **03**, 374, BLAH § 120 ZPO Rn 16, aM Hamm Rpfleger **94**, 469, LAG Hbg AnwBl **95**, 204, LAG Kiel AnwBl **02**, 62 (vgl aber Rn 5).

7   **C. Überschuß.** Es müssen Zahlungen der Gebührenschuldner die rückständigen und die entstehenden Gerichtskosten und Gerichtsvollzieherkosten (je: Gebühren und Auslagen) sowie die auf die Staatskasse übergegangenen Ansprüche beigeordneter Anwälte gegen die begünstigte Partei in demjenigen Umfang decken, in dem die Staatskasse von der begünstigten Partei Zahlungen fordern durfte, § 120 ZPO. Es muß außerdem ein Überschuß vorliegen. Es ist unerheblich, ob nur auf eine bestimmte Kostenart Überzahlungen eingingen. Es genügt für den Ausgleichsanspruch des beigeordneten Anwalts, daß der Saldo einen Überschuß der vorgenannten Art ausweist.

8   **D. Verrechnung.** Diesen Überschuß muß die Staatskasse also zunächst zur Verbesserung der Vergütung des beigeordneten Anwalts verwenden. Soweit er zur vollen Vergütung nach § 13 nicht ausreicht, erhält der beigeordnete Anwalt den Überschuß voll, Düss MDR **88**, 243. Er geht aber wegen der verbleibenden Differenz leer aus, Düss JB **91**, 236, Saarbr JB **88**, 368. Soweit der Überschuß Vergütungen nach § 13 I ermöglicht, darf die Staatskasse unter den weiteren Voraussetzungen des § 50 den Überschuß nur an den beigeordneten Anwalt auskehren. Erst wenn der Überschuß so groß ist, daß trotz einer weiteren Vergütung bis zur Höhe der Beträge nach § 13 I 1, 2 noch ein Überschußrest in der Staatskasse verbleibt, kommt eine Rückzahlungspflicht an den Gebührenschuldner und ein entsprechender Rückzahlungsanspruch des letzteren in Betracht. Hat die Staatskasse eine objektiv nicht gerechtfertigte Rückzahlung an den Begünstigten verfügt, bleibt der Anspruch des beigeordneten Anwalts auf eine weitere Vergütung nach § 50 bestehen, Mü AnwBl **84**, 105.

9   **E. Auslagen.** I 1 erwähnt zwar nur „Gebühren", also keine Auslagen. Die amtliche Überschrift des § 50 und sein weiterer Text sprechen aber von weiterer „Vergütung" als dem amtlichen Oberbegriff für Gebühren und Auslagen nach § 1 I 1. Wegen VV 7001, 7002 (Pauschalen) kann § 50 auch einen Anspruch auf eine weitere Auslagenerstattung gegen die Staatskasse bedeuten, aM Nürnb JB **10**, 41. Daher muß sie den beigeordneten Anwalt unter Umständen auch wegen seiner Auslagen so befriedigen, als ob er außerhalb einer Prozeßkostenhilfe tätig geworden wäre.

10 **4) Zuständigkeit, I 1.** Zur Zahlung einer weiteren Vergütung ist diejenige Staatskasse verpflichtet, die die Beträge nach I 1 fordern konnte, also nach § 120 II ZPO oder nach § 59 I 1 RVG. Es kommt nicht darauf an, ob auch diese Staatskasse alle ihr zustehenden Beträge erhalten hat. Es reicht vielmehr aus, daß irgendeine Staatskasse insgesamt solche Beträge erhalten oder eingezogen hat, die die Gesamtschuld nach § 122 I Z 1 a–b ZPO übersteigen.

11 **5) Festsetzungszeitpunkt, I 2.** Durchweg ist erst am Ende eines gerichtlichen Verfahrens übersehbar, ob ein Überschuß nach Rn 7 entstanden ist, Düss MDR **91**, 550. Daher sieht I 2 eine Festsetzungspflicht des Gerichts mit der Folge der Fälligkeit eines etwaigen Zahlungsanspruchs erst nach der Rechtskraft oder sonstigen Beendigung des Verfahrens etwa durch einen Vergleich oder infolge beiderseitiger wirksamer Vollerledigterklärungen vor, Düss MDR **91**, 550 (also zB nicht beim bloßen Ruhen), Oldb JB **95**, 536. Das gilt auch beim abgetrennten Verfahren über einen Versorgungsausgleich, selbst wenn das Gericht es erst nach langer Zeit abschließen kann, Kblz MDR **00**, 851. Die Festsetzung macht die weitere Vergütung gegenüber der Staatskasse fällig, § 8 Rn 1.

Eine zusätzliche Voraussetzung der Festsetzungspflicht besteht natürlich darin, daß der Schuldner sämtliche nach § 122 I Z 1a–b ZPO geschuldeten Beträge entweder *freiwillig* beglichen hat, auch nach einer irrtümlichen Rückzahlung, Kblz AnwBl **89**, 243, oder daß die Staatskasse sie nicht mehr weiter beitreiben kann, Oldb JB **95**, 536.

6) Berechnung der Vergütung, II. Damit die Staatskasse prüfen kann, ob und 12 in welcher Höhe der beigeordnete Anwalt einen Anspruch auf die Zahlung einer weiteren Vergütung nach I 1 haben kann, benötigt sie eine entsprechende Berechnung, Hamm MDR **85**, 149. Das gilt allerdings nur, soweit der beigeordnete Anwalt überhaupt eine weitere Vergütung nach Rn 5 ff gerade aus der Staatskasse erhalten möchte, also zB mangels seiner Befriedigung durch den Gegner nach § 126 ZPO oder durch den Auftraggeber oder durch einen Dritten, etwa durch den Rechtsschutzversicherer. Diese Berechnung muß natürlich auf eine Wahlanwaltsvergütung nach § 13 I 1, 2 abstellen. Denn nur so läßt sich die fragliche Differenz zwischen den mindestens nach § 49 vergütbaren Beträgen und der evtl nach § 50 darüber hinaus entstehenden Summe klären.

A. Abgrenzung zu § 55. Demgemäß unterscheidet der ergänzend beachtbare 13 § 55 zwischen der „aus der Staatskasse zu gewährenden Vergütung" nach § 55 I 1, also derjenigen nach § 49, und den „Vergütungen, für die ihm (gemeint: dem beigeordneten Anwalt) *noch* Ansprüche gegen die Staatskasse zustehen", § 55 VI 1. Das sind solche nach § 50.

B. Obliegenheit. Der beigeordnete Anwalt ist zu einer so verstandenen Berech- 14 nung einer „Idealvergütung" zwar nicht verpflichtet. Es handelt sich aber um eine berufsrechtliche und gebührenrechtliche Obliegenheit. Er „soll" so handeln. Das ergibt sich auch aus § 55 VI 2. Kommt nämlich der Anwalt einer Aufforderung des Gerichts zu einer fristgerechten Einreichung eines Kostenfestsetzungsantrags nach § 55 I, VI 1 nicht nach, erlöschen seine Ansprüche auf eine weitere Vergütung nach § 55 VI 2.

C. Unverzüglichkeit. Ein Formularzwang kann wegen der weiteren Vergütung 15 nicht entstehen, anders als zB bei § 13 BerHG. Unabhängig von § 55 VI 2 soll der beigeordnete Anwalt seine Vergütungsberechnung unverzüglich zu den Prozeßakten mitteilen. Diese bloße Sollvorschrift hat wegen der Regelung des § 55 kaum Bedeutung. „Unverzüglich" in II bedeutet: ohne vorwerfbares Zögern, § 121 I 1 BGB, also alsbald nach der Fälligkeit einer Wahlanwaltsvergütung nach § 8.

D. Mitteilung. Der beigeordnete Anwalt muß seine Berechnung dem Gericht 16 mitteilen, II. Er hält die Frist des § 55 VI nur dann ein, wenn der eigentliche Kostenfestsetzungsantrag rechtzeitig bei demjenigen Gericht eingeht, dessen Urkundsbeamter den beigeordneten Anwalt zur Antragstellung aufgefordert hat. Ein solcher Antrag darf eine Bezugnahme auf eine bereits zu den Prozeßakten eingereichte Berechung nach II enthalten.

7) Beiordnung mehrerer Anwälte, III. Die Vorschrift enthält Sonderregeln für 17 den Fall, daß das Gericht mehrere Anwälte beigeordnet hatte, sei es gleichzeitig, zeitlich überlappend oder für mehrere zeitlich nicht überlappende Verfahrensabschnitte derselben Instanz oder auch anderer Rechtszüge, Hamm Rpfleger **94**, 469, aM Mü OLGR **95**, 156. Der etwaige Gesamtüberschuß in der Staatskasse nach Rn 2 ff errechnet sich nach dem Verhältnis der Ausgleichsansprüche eines jeden beigeordneten Anwalts. Dabei spielen natürlich die Art und der Umfang der Auftragserteilung der Partei an die verschiedenen beigeordneten Anwälte sowie die Art und der Umfang ihrer vertragsgemäßen Tätigkeit eine erhebliche Rolle. Man darf die nach § 58 anrechenbaren Vorschüsse und Zahlungen nicht abziehen, III Hs 2.

Für den *Zeitpunkt* der Einreichung der Vergütungsberechnung und die etwaige ge- 18 richtliche Frist sind für jeden beigeordneten Anwalt die in Rn 11–15 erörterten Gesichtspunkte maßgeblich.

8) Beweislast, I–III. Jeder beigeordnete Anwalt ist dafür beweispflichtig, daß 19 seine weitere Vergütung nach I 1 in dem von ihm behaupteten Umfang aus der Staatskasse erstattbar und daß die Zahlung nach § 8 Rn 1 fällig ist. Die Staatskasse ist dafür beweispflichtig, daß ein solcher Anspruch im von ihr behaupteten Umfang nach § 55 VI 2 erloschen ist.

Festsetzung einer Pauschgebühr in Straf- und Bußgeldsachen

51 I ¹In Straf- und Bußgeldsachen, Verfahren nach dem Gesetz über die internationale Rechtshilfe in Strafsachen und in Verfahren nach dem IStGH-Gesetz ist dem gerichtlich bestellten oder beigeordneten Rechtsanwalt für das ganze Verfahren oder für einzelne Verfahrensabschnitte auf Antrag eine Pauschgebühr zu bewilligen, die über die Gebühren nach dem Vergütungsverzeichnis hinausgeht, wenn die in den Teilen 4 bis 6 des Vergütungsverzeichnisses bestimmten Gebühren wegen des besonderen Umfangs oder der besonderen Schwierigkeit nicht zumutbar sind. ²Dies gilt nicht, soweit Wertgebühren entstehen. ³Beschränkt sich die Bewilligung auf einzelne Verfahrensabschnitte, sind die Gebühren nach dem Vergütungsverzeichnis, an deren Stelle die Pauschgebühr treten soll, zu bezeichnen. ⁴Eine Pauschgebühr kann auch für solche Tätigkeiten gewährt werden, für die ein Anspruch nach § 48 Abs. 5 besteht. ⁵Auf Antrag ist dem Rechtsanwalt ein angemessener Vorschuss zu bewilligen, wenn ihm insbesondere wegen der langen Dauer des Verfahrens und der Höhe der zu erwartenden Pauschgebühr nicht zugemutet werden kann, die Festsetzung der Pauschgebühr abzuwarten.

II ¹Über die Anträge entscheidet das Oberlandesgericht, zu dessen Bezirk das Gericht des ersten Rechtszugs gehört, und im Fall der Beiordnung einer Kontaktperson (§ 34 a des Einführungsgesetzes zum Gerichtsverfassungsgesetz) das Oberlandesgericht, in dessen Bezirk die Justizvollzugsanstalt liegt, durch unanfechtbaren Beschluss. ²Der Bundesgerichtshof ist für die Entscheidung zuständig, soweit er den Rechtsanwalt bestellt hat. ³In dem Verfahren ist die Staatskasse zu hören. ⁴§ 42 Abs. 3 ist entsprechend anzuwenden.

III ¹Absatz 1 gilt im Bußgeldverfahren vor der Verwaltungsbehörde entsprechend. ²Über den Antrag nach Absatz 1 Satz 1 bis 3 entscheidet die Verwaltungsbehörde gleichzeitig mit der Festsetzung der Vergütung.

Gliederung

1) Systematik, I–III	1
2) Regelungszweck, I–III	2
3) Persönlicher Geltungsbereich, I–III	3
4) Sachlicher Geltungsbereich: Besonders umfangreiche oder schwierige Straf- oder Bußgeldsache usw, I 1	4–23
A. Grundsatz: Unzumutbarkeit „normaler" Festgebühren	5
B. Zeitraum seit Bestellung	6
C. Erhebliche Abweichung vom Durchschnitt	7
D. Rechtsanspruch	8
E. Beispiele zur Frage einer Anwendbarkeit von I 1	9–23
5) Unanwendbarkeit bei Wertgebühr, I 2	24
6) Verfahren, I, II	25–40
A. Antrag	25
B. Zuständigkeit des OLG	26
C. Zuständigkeit des BGH	27
D. Zuständigkeit eines sonstigen Gerichts	28
E. Zuständigkeit wegen Vorschusses	29
F. Anhörung	30
G. Prüfungsumfang	31
H. Zum Grund: Rechtsanspruch	32
I. Zur Höhe: Ermessen	33
J. Mindestgebühr	34
K. Nach Wahlverteidigung	35
L. Auslagen	36
M. Vorschuß	37
N. Entscheidung	38–40
7) Bußgeldverfahren vor Verwaltungsbehörde, III	41

1 **1) Systematik, I–III.** Die Vorschrift ist aus Art 12 I GG ableitbar, BVerfG NJW 07, 1445. Sie gilt im Gegensatz zu § 42 nur für einen gerichtlich bestellten oder beigeordneten Anwalt. Es schafft inhaltlich ähnlich wie beim Wahlverteidiger der für ihn und bei § 52 III auch für den Pflichtverteidiger anwendbar bleibende § 42 einen Rechtsanspruch auf einen festen Pauschbetrag für die gesamte Tätigkeit, Hamm AnwBl **85**, 155. Er hat theoretisch einen Vorrang vor (jetzt) VV 4100 ff, 5100 ff, Hamm AnwBl **96**, 479, Kblz JB **00**, 251 (daher Anrechnung bereits erfolgter Gebührenzahlung). Indessen

Abschn. 8. Beigeordneter oder bestellter RA, Beratungshilfe § 51 RVG

schränken die vielen Spezialregeln der VV 4100ff, 5100ff praktisch den verbleibenden Regelungsbedarf nach § 51 doch auch wieder erheblich ein. (Jetzt) § 20 bleibt anwendbar, Hamm JB **99**, 194.

2) Regelungszweck, I–III. Die Vorschrift soll verhindern, daß der bestellte oder beigeordnete Verteidiger im Verhältnis zu seiner Vergütung unzumutbare Nachteile hat, BVerfG NJW **07**, 3420, Düss JB **99**, 134, Schlesw SchlHA **87**, 14. Die sonst maßgebliche Gebühr muß unzumutbar sein, also augenfällig unzureichend und unbillig, Kblz Rpfleger **76**, 331. Dabei hat das Gericht einen weiten Beurteilungsspielraum, Hamm JB **02**, 143. Man kann ihn als eine nahezu bestehende Blankovollmacht bezeichnen, Eisenberg/Classen NJW **90**, 1023.   2

Diese Situation tritt *keineswegs* schon *bei jeder* solchen Straf- oder Bußgeldsache ein, deren Umfang oder Schwierigkeit das Normale übersteigt. Das gilt seit der Einführung des VV mit seiner Fülle von Spezialgebühren bei einem größeren Aufwand des Anwalts an Zeit und Mühe erst recht. Die Gebühr nach I soll dem Verteidiger auch keinen zusätzlichen Gewinn bringen. Sie soll eben nur eine unzumutbare Benachteiligung verhindern. Deshalb ist grundsätzlich keine Pauschalierung der Beurteilung erlaubt, sondern es ist eine sorgfältige Einzelfallabwägung erforderlich, Rn 1, großzügiger im Ausnahmefall Jena Rpfleger **05**, 277.

3) Persönlicher Geltungsbereich, I–III. Die Vorschrift gilt nur für den gerichtlich bestellten oder beigeordneten Anwalt, meist also den Pflichtverteidiger, Bbg JB **77**, 1103. Ihm steht derjenige Anwalt gleich, den das Gericht dem Privatkläger, dem Nebenkläger oder im Anklageerzwingungsverfahren beigeordnet hat, (jetzt) § 53, Hamm JB **01**, 530, 531. Ferner gilt I für den in einer Auslieferungssache beigeordneten Anwalt sowie dann, wenn die gerichtliche Bestellung oder Beiordnung eines Anwalts nach VV Teilen 4–6 sonstwie in Betracht kommt. Sie gilt ferner in einer vor einem Verfassungsgericht anhängigen Sache, soweit sie einen strafrechtlichen Charakter hat, § 37. Auch der nach § 68b StPO beigeordnete Zeugenbeistand kann hierher gehören, Düss JB **01**, 27, Hamm JB **01**, 134, Köln Rpfleger **02**, 96. Wegen des Vertreters § 5.   3

Der *frei gewählte* Anwalt eines Privatklägers, Nebenklägers oder im Anklageerzwingungsverfahren und anderer Personen gehören nicht hierher, Hbg AnwBl **79**, 236, Hamm JB **01**, 530, Kblz Rpfleger **85**, 169. Der Wahlverteidiger kann eine Gebührenvereinbarung nach § 3a treffen. Er hat aber einen Erstattungsanspruch nur in Höhe der gesetzlichen Gebühren. Zu ihnen zählen diejenigen nach (jetzt) § 51 nicht, Kblz Rpfleger **85**, 169, aM Bbg JB **82**, 90.

4) Sachlicher Geltungsbereich: Besonders umfangreiche oder schwierige Straf- oder Bußgeldsache usw, I 1. Die Vorschrift gilt für jede Tätigkeit, für die das Gericht oder die Verwaltungsbehörde den Anwalt beigeordnet oder bestellt hat, zB in einer Vollstreckungssache, Hamm AnwBl **91**, 1206. Sie gilt auch im Verfahren nach dem Gesetz über die internationale Rechtshilfe in Strafsachen und im Verfahren nach dem IStGH-Gesetz. Bei einem Freiheitsentziehungsverfahren gilt § 51 nicht (mehr), Celle RR **08**, 1599. Dabei kommt eine Pauschgebühr für das ganze Verfahren in Betracht, BGH NJW **06**, 1536, oder auch nur für einen oder mehrere einzelne Verfahrensabschnitte, also für jeden Teil, der eine gesonderte Festgebühr entstehen läßt, I 3. Der folgende Grundsatz hat zahlreiche Auswirkungen.   4

A. Grundsatz: Unzumutbarkeit „normaler" Festgebühren. Wegen der erheblichen Anhebung der Gebühren im Jahr 1975 (vorher mußte eine „außergewöhnlich" umfangreiche oder schwierige Strafsache vorliegen) darf man § 51 nicht mehr nur auf ganz seltene Ausnahmen anwenden. Man darf also nicht mehr so strenge Anforderungen wie nach dem ganz früheren Recht stellen, Hamm JB **06**, 255 rechts unten, Gerken Rpfleger **90**, 480, strenger Kblz JB **00**, 415.   5

Dennoch bleibt eine gewisse *Zurückhaltung* ratsam (je zum Recht bis Juni 2004) Bbg JB **75**, 203 (zustm Mümmler), Düss JB **99**, 134, Mü AnwBl **77**, 118. Das gilt aus den Gründen Rn 2 erst recht seit der Einführung des VV. Denn es bringt für manche Sondertätigkeit bereits eine besondere gesetzliche Normalgebühr, BVerfG NJW **07**, 3420. Eine solche Tätigkeit reicht daher für § 51 trotz seiner Ausweitung von einer „außergewöhnlichen" Tätigkeit auf eine „besonders" umfangreiche oder schwierige nicht mehr aus.

6   **B. Zeitraum seit Bestellung.** Für die Prüfung, ob eine Gebühr nach I erforderlich wird, ist grundsätzlich nur der Zeitraum seit der Bestellung des Verteidigers maßgeblich, Düss AnwBl **92**, 402, Karlsr Rpfleger **97**, 451 (auch bei einer nicht alsbaldigen Entscheidung und beim Ausbleiben einer Erinnerung), Stgt Rpfleger **99**, 412, aM Hamm Rpfleger **01**, 450 (aber das widerspricht dem Regelungszweck). Von dieser Regel gilt an sich nur bei (jetzt) § 16 Z 4, 5 eine Ausnahme, Jena JB **99**, 133, Saarbr JB **97**, 361. Aber auch eine gerichtlich verursachte vermeidbare Verzögerung der Beiordnung darf nicht zum Nachteil des Beigeordneten führen, Hamm JB **97**, 362.

7   **C. Erhebliche Abweichung vom Durchschnitt.** Insgesamt muß die Tätigkeit des Verteidigers das *Durchschnittsmaß* (jetzt) der infrage kommenden Gebührenvorschrift des VV *erheblich überschritten* haben, Hamm JB **05**, 650, Karlsr AnwBl **79**, 279. Sie muß das Mittelmaß zumindest *deutlich überschritten* haben, Mü AnwBl **76**, 178. Eine nur etwas überdurchschnittliche Schwierigkeit usw reicht also nach wie vor nicht aus.

Allerdings stellt das Wort „*oder*" in I 1 klar, daß sowohl ein besonderer Umfang als auch eine besondere Schwierigkeit ausreichen. Sie brauchen also nicht zusammenzutreffen. Beim Zusammentreffen von Umfangs- und Schwierigkeitsmerkmalen liegt durchweg eine Unzumutbarkeit vor, Hamm NJW **07**, 858. Es mögen dann insgesamt bei diesen Einzelfaktoren etwas geringere Anforderungen als dann ausreichen, wenn nur der Umfang oder nur die Schwierigkeit bei einer *Gesamtbewertung* überdurchschnittliche Anforderungen stellen, Hamm JB **07**, 308, (zum alten Recht) Mü AnwBl **76**, 178. Es kommt auf die Umstände für den fraglichen Gebührenabschnitt an, Jena JB **05**, 476. Jeder Schematismus ist unzulässig, Hbg MDR **87**, 607, Hamm Rpfleger **01**, 146. Daher sind Leitlinien etwa von Schlesw JB **86**, 197 jedenfalls nicht verbindlich. Es ist unerheblich, ob die besondere Schwierigkeit oder der besondere Umfang tatsächlicher oder rechtlicher Art ist.

Maßgeblich ist eine objektive *Unzumutbarkeit* der „normalen" gesetzlichen Festgebühren gerade wegen des besonderen Umfangs oder der besondere tatsächlichen und/oder rechtlichen Schwierigkeit, BVerfG NJW **07**, 3420, Hbg MDR **88**, 254, Hamm JB **02**, 251. Es soll kein Sonderopfer des Anwalts entstehen, so schon BVerfG **68**, 237. Eine Unzumutbarkeit entsteht aber nicht schon wegen einer allgemeinen „Unbilligkeit" oder „Ungerechtigkeit", Köln AnwBl **02**, 113, oder „Unwirtschaftlichkeit", Kblz JB **08**, 313 links oben. Einen auswärtigen Wohnsitz des Verteidigers darf man nicht bei § 51 berücksichtigen, sondern man darf ihn nur bei der Auslagenberechnung beachten, BayObLG MDR **87**, 870. Die Ansicht der Vorsitzenden ist stets beachtlich, aber nicht stets bindend, Hamm JB **99**, 194.

8   **D. Rechtsanspruch.** Soweit die gesetzlichen Voraussetzungen vorliegen, besteht ein Rechtsanspruch auf die erhöhte Pauschgebühr unabhängig von den Haushaltsmitteln, GS 17, aM Düss AGS **99**, 71, Hbg MDR **90**, 272 (aber I 1 spricht von „ist ... zu bewilligen").

9   **E. Beispiele zur Frage einer Anwendbarkeit von I 1.** Fundstellen bezeichnen sich weitgehend noch auf § 99 I BRAGO. Vgl daher zunächst Rn 5–8.
Abfallbeseitigung: I kann anwendbar sein, Hamm JB **00**, 250 rechts.
Aktenumfang: Er ist natürlich ein gewichtiges Anzeichen für den Umfangsgrad der Sachen, Drsd AGS **00**, 109, Stgt AnwBl **92**, 89, Marberth-Kubicki AnwBl **04**, 574. Hierher gehören meist auch notwendige Vor- und Beiakten.
Allgemeine Bedeutung: Sie allein macht I *nicht* anwendbar. Es muß auch eine besondere Bedeutung gerade für den Auftraggeber vorliegen.
Aufmerksamkeit: Man kann ausnahmsweise die allgemeine Aufmerksamkeit mitbeachten, die der Prozeß fand, Hamm Rpfleger **02**, 480.
Ausländer: I kann anwendbar sein, soweit der Angeklagte deutsch nicht sprechen oder nicht verstehen kann, Bbg JB **88**, 1178, Hamm AnwBl **98**, 416, aM Karlsr Rpfleger **87**, 176 (Fallfrage). I kann ferner anwendbar sein, soweit der Verteidiger sogar einen Dolmetscher ersetzt, aM Düss Rpfleger **09**, 644, Hamm JB **97**, 195. Es kommt aber auch hier auf die Umstände an, Kblz JB **08**, 313 links oben.
Auslandsrecht: Seine Erörterung kann mitbeachtlich sein, BayObLG MDR **87**, 870.
Auslandsreise: Die Teilnahme an ihr kann beachtlich sein, Hamm JB **02**, 143.

Aussage gegen Aussage: I kann anwendbar sein, Hamm JB **03**, 365.
Außenwirtschaftsrecht: Seine Erörterung kann mitbeachtlich sein, Hamm AnwBl **98**, 612.
Aussetzung: Die anschließende Neueinarbeitung kann mitbeachtlich sein.
Auswärtiger Termin: Besonders ein solcher Beweistermin spricht für einen besonderen Umfang. Freilich muß das gesetzlich schon differenzierende Vergütungsmaß zur angemessenen Vergütung nicht ausreichen.
Baader-Meinhoff-Prozesse: Wegen der Anwendbarkeit von I in solcher Art von Verfahren usw Ffm NJW **75**, 948.
Beiordnung: I kann bei § 140 II StPO anwendbar sein, Hamm AnwBl **98**, 416.
Besprechung: I kann dann anwendbar sein, soweit zahlreiche langwierige Besprechungen erforderlich waren, Hamm JB **01**, 248 links oben, Nürnb JB **00**, 476. Das gilt auch für eine vor der Hauptverhandlung stattfindende verfahrensverkürzende Besprechung, Kblz Rpfleger **05**, 627. 16 Stunden können reichen, Hamm JB **05**, 649.
Beweisantrag: Seine Gesamtzahl und/oder sein Schwierigkeitsgrad sind mitbeachtlich.
Beweiswürdigung: I kann dann anwendbar sein, wenn der Verteidiger Beweis würdigen muß, zu dessen Beurteilung das Gericht 70 Seiten brauchen wird, Hamm JB **02**, 78 rechts.
S auch: „Aussage gegen Aussage".
Dauer: Rn 17 „Verfahrensdauer".
Dolmetscher: Rn 9 „Ausländer".
Eigenermittlung: Sie kann mitbeachtlich sein.
Einarbeitungszeit: Rn 21 „Vorbereitungszeit".
Einkommensverlust: Man darf und muß ihn im Rahmen der Zumutbarkeitsprüfung nach Rn 7 mitbeachten, BVerfG **68**, 255.
Einstellung: I kann auch dann anwendbar sein, wenn es erst nach der Anwaltstätigkeit zur Einstellung des Verfahrens kommt.
Unanwendbar ist I aber auf eine Tätigkeit *nach* der Verfahrenseinstellung, Hamm AnwBl **98**, 614.
Einzelne Teile des Verfahrens: Das Gericht darf und muß sie theoretisch mitbeachten. Das bestimmt I ausdrücklich.
Innerhalb der Hauptverhandlung ist aber die gesonderte Bewilligung einer Pauschvergütung für einzelne Verhandlungs*tage* wegen der Berücksichtigung der Gesamtdauer bereits bei den „Normalgebühren" des VV praktisch *nicht* zulässig, (zum alten Recht) Kblz JB **93**, 607.
Einziehungsverfahren: Eine dortige Zusatzarbeit kann mitbeachtlich sein.
Fahrtzeit: Sie hat grds keine Bedeutung, aM Hamm NJW **07**, 311 (aber sie kann auch bei einer einfachen Lage auftreten).
S aber auch Rn 9 „Besprechung".
Federführung: Sie bedeutet *keine* „besondere Schwierigkeit", Hamm AnwBl **98**, 612.
Grundsatzfrage: Sie kann zB bei einer erstmaligen Klärung eine Pauschale rechtfertigen, BGH NJW **06**, 1536.
Haft: Sie findet im sog Zuschlag schon grds eine ausreichende Beachtung, Kblz JB **08**, 313 links oben. Die Zahl der Besuche oder ihre Begleitumstände bleiben aber mitbeachtlich.
Vgl auch Rn 23 „Zeitaufwand".
Haftprüfungstermin: I ist bei einer Teilnahme des Anwalts wegen VV 4102 Z 3 nur noch ausnahmsweise anwendbar.
Hauptverhandlungsdauer: Rn 17 „Verfahrensdauer".
Hilfskraft: I kann anwendbar sein, soweit der Verteidiger eine oder gar mehrere besondere Hilfskräfte einstellen mußte.
Höchstgebühr: Grundsätzlich bildet die Höchstgebühr eines Wahlverteidigers auch im Rahmen von I die Obergrenze, Hamm JB **03**, 138 und 139, KG JB **92**, 742, Kblz Rpfleger **92**, 268. Diese Grenze kann aber durchaus erreichbar sein, Hamm JB **02**, 78. Sie kann sogar ausnahmsweise überschreitbar sein, Düss AnwBl **82**, 265, Hamm JB **02**, 251, Kblz Rpfleger **92**, 268.
Das gilt etwa: Bis zum Doppelten der Höchstgebühr des Wahlanwalts, Köln JB **03**, 81, Mü AnwBl **82**, 213, Nürnb AnwBl **00**, 56; darüber hinaus, Karlsr AnwBl

89, 113; bis zum Dreifachen, Hamm JB **97**, 84 (nur, wenn die Arbeitskraft des Verteidigers lange Zeit hindurch ganz oder fast ganz notwendig wurde); bis zum Vierfachen, Mü AnwBl **77**, 118; bis zum Fünffachen, Bbg JB **80**, 1043, Kblz Rpfleger **92**, 268; bis zum Sechsfachen, Hamm NStZ **00**, 555; über das Sechsfache hinaus, Hamm JB **94**, 102.
Justizvollzugsanstalt: Rn 10 „Haft".
Kostensteigerung: Sie reicht *nicht* aus.
Mehrzahl von Pflichtverteidigern: Sie kann den Umfang oder die Schwierigkeit beim einzelnen verringern, Hbg JB **90**, 354.

12 **Öffentlichkeit:** Ihre besondere Aufmerksamkeit reicht für I erst bei einem entsprechenden Mehraufwand des Anwalts, Hamm JB **02**, 420.
Patentrecht: Rn 14 „Spezialrecht".
Pause: Man darf und muß eine nicht zu lange Pause jeweils mitrechnen, Jena JB **97**, 86, eine kurze unter einer Stunde *nicht stets,* Karlsr AGS **93**, 77.
Persönlichkeit: I kann anwendbar sein, soweit man einen Beteiligten in seiner Persönlichkeit nur besonders schwer beurteilen kann, Hamm JB **01**, 641, etwa weil er besonders uneinsichtig ist oder weil er die Verteidigung sehr behindert, Mü AnwBl **81**, 462, Nürnb JB **00**, 476.
Psychiater: Seine Hinzuziehung reicht für I *nicht stets* aus, wohl aber bei vielen Fachfragen, Brdb AGS **99**, 41.
S aber auch „Persönlichkeit".
Reisezeit: Rn 23 „Zeitaufwand".
Revision: Das RVG vergütet die zugehörige Tätigkeit bereits gesondert.
Sachverständigengutachten: Seine Begleitung und Bewertung können mitbeachtlich sein, besonders bei mehreren widersprüchlichen Gutachten.

13 **Sachverständigenzahl:** Sie ist meist ein erhebliches Merkmal.
Schwierig, aber nicht umfangreich: I kann dann anwendbar sein, wenn die Sache zwar besonders schwierig, nicht aber besonders umfangreich ist, Rn 7, Karlsr AnwBl **78**, 358, Mü AnwBl **81**, 462, Oswald AnwBl **75**, 434.
Sicherungsverwahrung: I kann anwendbar sein, soweit dem Angeklagten eine Sicherungsverwahrung droht, Mü JB **75**, 1475.

14 **Spezialrecht:** I kann anwendbar sein, soweit sich der Verteidiger in ein deutsches Spezialrecht einarbeiten mußte, BayObLG AnwBl **87**, 619, Kblz Rpfleger **85**, 508, oder in ausländisches Recht, Rn 9 „Auslandsrecht".
Sprachprobleme: Rn 9 „Ausländer".
Steuerrecht: Seine Erörterung kann mitbeachtlich sein.

15 **Termine außerhalb der Hauptverhandlung:** I kann trotz VV 4102 ganz ausnahmsweise dann anwendbar sein, wenn mehrere Termine außerhalb der Hauptverhandlung stattfinden. Man muß aber mitbeachten, daß VV 4102 jetzt bis zu drei Terminsgebühren je Rechtszug ermöglicht und damit den Anwendungsbereich von § 51 verkleinert.
Die Wahrnehmung eines einzelnen Beweistermins außerhalb der Hauptverhandlung reicht aber noch *nicht* aus.
Terminsdauer: Rn 17 „Verfahrensdauer".

16 **Umfangreich, aber nicht schwierig:** I kann dann anwendbar sein, wenn die Sache zwar besonders umfangreich, nicht aber besonders schwierig ist, Rn 7, Hamm MDR **91**, 1206.
S auch Rn 19 „Vielzahl von Schriftsätzen", Rn 20 „Vielzahl von Taten".
Uneinsichtigkeit: Rn 12 „Persönlichkeit".
Ungerechtigkeit: Rn 7.
Unnötige Maßnahme: Sie bleibt grds unberücksichtigt, Hbg JB **88**, 598, Karlsr JB **85**, 353, Schlesw AGS **98**, 7. Man sollte aber nicht zu streng sein.
Unterbrechung: Die anschließende Neueinarbeitung kann mitbeachtlich sein.
Unterbringungssache: Schon die Notwendigkeit der Prüfung eines psychiatrischen und psychologischen Gutachtens kann I anwendbar machen, Düss Rpfleger **01**, 371, Kblz JB **00**, 415.
Untersuchungshaft: I kann dann anwendbar sein, wenn der Angeklagte in einer Untersuchungshaft einsitzt, Mü JB **75**, 1475. Freilich gibt das VV dann ja ohnehin erhöhte „Normalgebühren", nämlich nach der amtlichen Vorbemerkung 4 IV sol-

che „mit Zuschlag", etwa in VV 4101 usw. I kommt aber bei besonders vielen oder schwierigen Besuchen in der Untersuchungshaft infrage.
Veränderung des rechtlichen Gesichtspunkts: Ein Hinweis nach § 265 StPO 17
reicht für I *nicht stets* aus.
Verbindung: Man muß bei ihr eine Mehrzahl von Gebühren mitbeachten, Jena Rpfleger **09**, 171.
Verfahrensdauer: I kann wegen der im VV eingeführten Berücksichtigung längerer Verhandlungsdauern bei den „Normalgebühren" etwa in VV 4110, 4111 usw *grds nicht mehr* nur wegen einer solchen Verhandlungsdauer gelten. Die Vorschrift kann vielmehr insoweit nur dann in Betracht kommen, wenn zum reinen Zeitablauf eine von VV 4110, 4111 usw gerichtlich nicht schon mitbedachte wirklich unzumutbare Belastung hinzutritt, Hamm NJW **06**, 75 rechts. Nur insoweit darf man die bisherigen Fundstellen noch mitbeachten.

Danach kann I mit der vorgenannten *Einschränkung* anwendbar sein, soweit es sich um eine besonders lange Verfahrensdauer handelt, Hamm AnwBl **00**, 378 (4,5 Stunden beim Jugendschöffengericht), Mü JB **75**, 1475 (13 Stunden Terminsdauer mit nur 2 Stunden Pause), Mü AnwBl **76**, 179 (9,25 Stunden Terminsdauer, Vernehmung von 14 Zeugen und einem Sachverständigen usw), aM Bbg JB **79**, 71 (bei der Strafkammer ist eine Verhandlungsdauer von 8 Stunden noch normal). Die Vorschriften des VV mit einer Erwähnung der Verhandlungsdauer können auch nicht stets die jeweils zugehörige Vor- und Nacharbeit voll berücksichtigen, Bbg JB **88**, 1350.

Unter solchen Voraussetzungen ist es dagegen unbeachtet VV 4111, 4112 usw *unbeachtlich*, welche Dauer einzelne Verhandlungen haben, Hamm JB **00**, 249, aM Hbg Rpfleger **90**, 479 (abl Gerken), Hamm (2. StS) AnwBl **02**, 433 (aber man muß eine Gesamtabwägung vornehmen, Rn 2), Bbg JB **92**, 327.

S auch Rn 10 „Einzelne Teile des Verfahrens", Rn 12 „Pause", Rn 23 „Zeitaufwand".
Vermögensrechtlicher Anspruch: Das RVG vergütet die zugehörige Tätigkeit bereits gesondert.
Vernehmung: I ist bei einer Teilnahme des Anwalts an einer Vernehmung wegen VV 4102 Z 1, 2 nur noch ausnahmsweise anwendbar, etwa bei einer ganz besonders langen oder mühsamen Vernehmung.
Verteuerung: Rn 11 „Kostensteigerung".
Verzögerndes Verhalten: Man darf ein das Verfahren verzögerndes Verhalten des 18
Verteidigers keineswegs außer Betracht lassen, soweit es nur gesetzlich zulässig war, aM Hbg MDR **88**, 254, Karlsr JB **85**, 353, Schlesw NStZ **96**, 443 (aber dann würden die Grenzen des Erlaubten rasch unklar).
Vielzahl von Schriftsätzen: I kann anwendbar sein, soweit viele sehr umfangreiche 19
Schriftsätze erforderlich waren.
S auch Rn 16 „Umfangreich, aber nicht schwierig".
Vielzahl von Taten: I kann anwendbar sein, soweit es sich um eine große Zahl von 20
Einzeltaten handelt.
S auch Rn 16 „Umfangreich, aber nicht schwierig".
Vorbereitungszeit: I kann anwendbar sein, soweit die Vorbereitungszeit ungewöhn- 21
lich kurz war, Hamm JB **06**, 591 (Wochenende), aber auch, soweit sie ungewöhnlich lang oder schwierig sein mußte, Bbg JB **84**, 1191, Hbg JB **06**, 535 (13 Besuche in der Haftanstalt), Hamm JB **97**, 85, aM BGH Rpfleger **96**, 169 (aber eine überlange Verfahrensdauer nebst der zugehörigen Vorbereitungszeit des Verteidigers sollten hier stets reichen).
Vorfrage: Ihre Klärung zB bei Vorstrafen kann beim „Zeitaufwand" nach Rn 23 durchaus mitbeachtlich sein.
Vorzeitige Beendigung der Verteidigung: Soweit der bestellte Verteidiger eine vorzeitige Beendigung seiner Tätigkeit verschuldet hat, kann eine entsprechende *Verringerung* der nach I sonst zu bemessenden Vergütung notwendig sein, KG JR **79**, 43.
S auch Rn 22 „Wartezeit".
Wahlverteidiger: Seine zusätzliche Tätigkeit wirkt nicht stets dahin, den Umfang oder die Schwierigkeit für den bestellten oder beigeordneten Anwalt zu vermindern, Düss JB **01**, 247, Hamm AGS **98**, 138, aM Stgt Rpfleger **99**, 412.

22 **Wartezeit:** I kann anwendbar sein, soweit der Verteidiger sehr lange warten mußte, etwa deswegen, weil das Gericht eine andere Strafsache zwischengeschaltet hatte oder weil durch einen vorangegangenen anderen Termin eine Verzögerung eingetreten war, Hamm MDR **82**, 263.

23 **Wiederaufnahmeverfahren:** Die Tätigkeit des Verteidigers in diesem Stadium ist mitbeachtlich, Hamm AnwBl **01**, 246.

Wirtschaftsstrafsache: I ist *nicht* schon deshalb anwendbar, weil es sich um eine Wirtschaftsstrafsache handelt, Kblz Rpfleger **85**, 508, aM Hamm JB **06**, 137. Wohl aber muß man eine etwaige besondere rechtliche Schwierigkeit berücksichtigen, Bbg JB **77**, 951, Hamm NJW **06**, 74.

Zeitaufwand: I kann seinetwegen anwendbar sein, BVerfG NJW **01**, 1269, Hamm JB **02**, 78 (50 Stunden) Karlsr Rpfleger **05**, 694 (10 Stunden Haftbesuch), Köln JB **09**, 255 (zu § 42: 3½ Stunden Ermittlungen) aM Bbg JB **89**, 965, BayObLG AnwBl **87**, 610. Es kommt auf die objektive Dauer der Anwaltstätigkeit an, Hbg Rpfleger **90**, 479. Maßgeblich ist das Verhältnis zu vergleichbaren anderen gleichartigen Straftaten. Man darf nur gleichrangige Sachen vergleichen. Eine Überspannung der Anforderungen sollte unterbleiben, BGH Rpfleger **96**, 169, Hamm Rpfleger **99**, 235, Kblz NStZ **88**, 371. Vgl aber auch Rn 5 mit den Sondervorschriften für längere Terminsdauern. Daher ist I nur noch ausnahmsweise anwendbar. Eine durch den Anwalt erreichte erhebliche Abkürzung läßt sich zu seinen Gunsten mitbeachten, Hamm JB **06**, 138 links unten Mitte.

S auch Rn 17 „Verfahrensdauer".

Zeugenzahl: Sie kann ein erhebliches Merkmal sein, soweit es nicht nur um jeweils eine kurze Alltagsfrage geht.

24 **5) Unanwendbarkeit bei Wertgebühr, I 2.** Eine Pauschgebühr kommt selbst unter den Voraussetzungen Rn 1–23 nicht in Betracht, soweit nach dem VV Wertgebühren entstehen, Einl II A 10, 11. I 1 gilt also nur, soweit das VV eine Festgebühr vorsieht, Einl II A 14. Das ist freilich beim gerichtlich bestellten oder beigeordneten Anwalt ganz die Regel. I 2 hat also eine Bedeutung nur in verhältnismäßig wenigen Fällen, VV 4142–4146, 5116, Fromm JB **08**, 509, also dort, wo schon die „Normalgebühr" eine Berücksichtigung schwieriger Umstände usw erlaubt.

25 **6) Verfahren, I, II.** Es empfiehlt sich, in der folgenden Reihe zu prüfen.

A. Antrag. Eine Pauschvergütung nach I erfolgt nur auf Grund eines möglichst, aber nicht zwingend schriftlichen Antrags. Antragsberechtigt ist der gerichtlich bestellte oder beigeordnete Anwalt, Rn 1. Ihm steht der amtlich bestellte Vertreter oder derjenige Anwalt gleich, den er bevollmächtigt. Der Erhalt der gesetzlichen „Normal"-Vergütung ist kein Antragshindernis. Man kann den Antrag nach I 1 für das ganze Verfahren oder für nur einen oder mehrere einzelne Verfahrensabschnitte stellen. Man kann den Antrag ungeachtet der Zuständigkeiten Rn 26, 27 beim erstinstanzlichen Gericht einreichen.

Antragsinhalt ist eine aus sich heraus nachvollziehbare Darlegung und evtl eine Glaubhaftmachung nach § 294 ZPO aller derjenigen Umstände, die eine besondere Pauschgebühr nach Rn 4–23 rechtfertigen. Eine Bezifferung ist nicht notwendig. Eine Ergänzung der Angaben ist bis zur Entscheidung statthaft.

Der Antrag ist ab der Fälligkeit nach § 8 *bis zum Ende des* gesamten *Straf- oder Bußgeldverfahrens zulässig.* Eine zu lange Verzögerung des Antrags kann als ein vorheriger Verzicht gelten. Nach dem Verjährungseintritt ist der Antrag unzulässig, KG JB **99**, 26. Die Verjährungsfrist beträgt (jetzt) 3 Jahre, und zwar grundsätzlich seit dem Schluß desjenigen Jahres, in dem der Anspruch entstand, §§ 195, 199 I Z 1 BGB, (je zum alten Recht) Ffm JB **88**, 1010, Hamm Rpfleger **98**, 38, Mü JB **84**, 1830. Der Lauf der Verjährungsfrist ist nicht während eines Festsetzungsverfahrens der allgemeinen Pflichtverteidigergebühren gehemmt, Hamm Rpfleger **98**, 38. Wegen eines Gebührenvorschusses Rn 37.

Eine *Antragsbeschränkung* ergibt sich gerade für den bestellten oder beigeordneten Anwalt aus dem systematisch verfehlt angesiedelten § 42 II 2 mit seinen Verweisungen auf § 52 I 1, II, auch in Verbindung mit § 53 I, aM Hamm MDR **87**, 608. Vgl dazu dort.

B. Zuständigkeit des OLG. Über den Antrag entscheidet grundsätzlich nach 26
§§ 42 III, 51 II 1 der Strafsenat desjenigen OLG, zu dessen Bezirk dasjenige Gericht
gehört, bei dem die Sache im ersten Rechtszug anhängig ist oder war, II 1 Hs 1.
Nach einer Verweisung ist das neue Gericht zuständig. Bei der Beiordnung einer
Kontaktperson nach § 34 a EGGVG ist dasjenige OLG zuständig, in dessen Bezirk die
Justizvollzugsanstalt liegt, II 1 Hs 2. Das OLG entscheidet nach dem in II 4 für entsprechend anwendbar erklärten § 42 III 1 grundsätzlich durch einen Einzelrichter.
Dieser überträgt die Sache entsprechend § 42 III 2 bindend und unanfechtbar auf den
dreiköpfig besetzten Senat, wenn es zur Sicherung einer einheitlichen Rechtspre-
chung notwendig ist.

C. Zuständigkeit des BGH. Soweit der BGH den Anwalt bestellt hat, ist sein 27
Strafsenat zur Entscheidung über den Antrag zuständig, II 2. Die Vorschrift meint die
seltenen Fälle, in denen der BGH auch für die Hauptverhandlung in der Revisionsinstanz einen Anwalt bestellt, § 350 III StPO. Sie erfaßt also nicht schon diejenigen Fälle, in denen der BGH im Vorverfahren oder vor einer Abgabe an das OLG einen
Anwalt bestellt hatte, BGH NJW 77, 1644 (auch nicht für einen Antrag). Dann ist
evtl das für das Hauptverfahren zuständige OLG zuständig). Die Entscheidung des
BGH erfaßt nur die Pauschale für die Vorbereitung und Wahrnehmung der Revisionsverhandlung. Sie erfaßt nicht schon die Tätigkeit des Verteidigers für die Einlegung der Revision und für deren Begründung. Für diese letztere Tätigkeit bleibt das
OLG zuständig, selbst wenn sich dann eine Hauptverhandlung vor dem BGH mit dafür dessen Zuständigkeit anschließt. Das OLG ist auch dann für das ganze Verfahren
nach § 120 GVG zuständig, wenn der BGH im Vorverfahren einen Verteidiger bestellt hatte.

D. Zuständigkeit eines sonstigen Gerichts. In einem Disziplinarverfahren ist 28
im ersten Rechtszug das Truppendienstgericht zuständig, nicht das Bundesdisziplinar-
gericht oder das BVerwG, BVerwG JB **91**, 1619. Im ehrengerichtlichen Verfahren
ist der Ehrengerichtshof zuständig. Es kann ein Landesberufsgericht zuständig sein,
LBerG Mü AnwBl **02**, 434.

E. Zuständigkeit wegen Vorschusses. Das zur Bewilligung zuständige Gericht 29
ist auch zur Entscheidung über einen aus der Staatskasse erbetenen Vorschuß zustän-
dig, Rn 37. Das gilt etwa wegen einer überlangen Wartezeit nach einer vorläufigen
Einstellung, Düss Rpfleger **95**, 39, oder dann, wenn nach über 50 erstinstanzlichen
Verhandlungstage die Dauer des Revisionsverfahrens noch nicht absehbar ist, Hamm
AnwBl **01**, 245 links.

F. Anhörung. Das Gericht entscheidet im Rahmen eines selbständigen Verfahrens. 30
Es muß den Gegner vor einer ihm nachteiligen Entscheidung anhören, Art 103 I GG,
BVerfG Rpfleger **64**, 210. Es muß auch stets den Bezirksrevisor als den Vertreter der
Staatskasse anhören, II 3, anschließend also evtl den Antragsteller zur ihm anzurate-
den Stellungnahme zur Äußerung des Bezirksrevisors, BVerfG **18**, 49.

G. Prüfungsumfang. Das Gericht prüft den Zeitraum seit dem Eingang des An- 31
trags, Hamm JB **97**, 362, und evtl den davor gelegenen nach § 48 V. Es prüft nur, ob
die Voraussetzungen nach I für alle Verfahrensabschnitte oder wenigstens für einzelne
Verfahrensabschnitte oder für einzelne Gebührenanteile zutreffen oder nicht, Jena
Rpfleger **05**, 277.

H. Zum Grund: Rechtsanspruch. Es besteht dem Grunde nach beim Vorliegen 32
der Voraussetzungen ein Rechtsanspruch. Soweit sich diese Frage nicht übersehen läßt,
muß das Gericht eine vorläufige Entscheidung treffen und diese unter Umständen später
abändern, Düss MDR **91**, 1000. Das gilt etwa nach einer vorläufigen Einstellung oder
dann, wenn man im Anschluß an eine erstinstanzliche Entscheidung nach der Fälligkeit
einer Vergütung nach § 8 I 2 ein Rechtsmittel erwarten muß, ohne daß schon der
weitere Umfang der Sache feststeht.

Das *Gericht prüft* grundsätzlich die Berechtigung eines Verhaltens des Verteidigers
nicht nach, Hamm JB **01**, 194 (Ausnahme: ersichtlicher Mißbrauch der Verteidiger-
rechte). Es berücksichtigt alle Umstände, Hamm JB **01**, 413. Es ermittelt den Umfang und die sonstigen Umstände der Tätigkeit des Anwalts aber nicht von Amts wegen. Es darf und muß vielmehr eine aus sich heraus nachvollziehbare Begründung

abwarten, insbesondere zu nicht aktenkundigen Vorgängen wie einem Anstaltsbesuch, einer Erörterung mit der Polizei usw, Hamm JB 02, 195.

Es ist auch möglich, daß der Anwalt *nach dem Erhalt der Regelgebühr* und auch/oder nach der Erwirkung eines Beschlusses nach § 52 ohne eine besondere Verzögerung einen Anspruch nach I geltend macht. Er kann einen Antrag auch dann begründen, wenn das Gericht nach sehr umfangreichen Bemühungen des Verteidigers das Verfahren einstellt. Das Gericht muß bedenken, daß im Gegensatz zur früheren Fassung von I, der die Zubilligung der Pauschvergütung in das Ermessen des Präsidenten stellte, jetzt ein Rechtsanspruch besteht.

33   **I. Zur Höhe: Ermessen.** Der Höhe nach hat das Gericht ein pflichtgemäßes Ermessen in den Grenzen nach unten von Rn 34. Keineswegs muß die Pauschale lediglich kostendeckend sein. Daher kann die Pauschgebühr die Gebühr eines Wahlverteidigers überschreiten. Das gilt freilich nur bis zur Obergrenze des § 42 I 4. Die Pauschvergütung soll die gesamte Tätigkeit des Anwalts für das ganze Verfahren oder für den der Bewilligung zugrunde gelegten einzelnen Verfahrensabschnitt abgelten, Kblz AnwBl 00, 760, Schlesw SchlHA 87, 14.

Es läßt sich die Vergütung auch *für jede Instanz gesondert* und dabei unterschiedlich hoch ansetzen. Daher muß das Gericht den unterschiedlichen Ablauf des Verfahrens zB mit unterschiedlichen Schwierigkeitsgraden je Instanz berücksichtigen, Hamm JB 05, 538, Karlsr JB 75, 487. Es kann zB eine Pauschale oberhalb des Antrags bewilligen, Hamm JB 01, 413. Man kann zB das Doppelte einer Wahlverteidigergebühr ansetzen, Stgt Rpfleger 08, 442. Es kann aber auch etwa wegen einer vorübergehenden Vertretung des Anwalts trotz § 5 eine entsprechend niedrigere Pauschale zubilligen. Etwas anderes gilt, wenn der Vertreter für den vertretenen Anwalt tätig wurde und wenn die notwendige Fortdauer der Information des letzteren teurer würde. § 20 ist anwendbar, dort Rn 8 „Pflichtverteidiger". Das Urkundenerlesungsverfahren nach § 249 II StPO wirkt evtl nicht als ein Erhöhungsgrund, Düss JB 03, 23.

Nach I 1, 3 ist eine Bewilligung für nur *einzelne Verfahrensabschnitte* zulässig, Bbg JB 88, 1347, aM Hbg JB 89, 1556. Sie ist freilich nicht stets ratsam, Düss MDR 93, 1133, Hbg JB 89, 1556, Kblz JB 93, 607. Jedenfalls muß das Gericht in seinem Beschluß den behandelten Verfahrensabschnitt angeben und diejenigen Gebühren nach dem VV kennzeichnen, an deren Stelle die Pauschgebühr treten soll, I 3. Eine Anrechnung schon erhaltener Vorschüsse und sonstiger Zahlungen nach § 52 findet erst im Festsetzungsverfahren des § 55 statt. Dasselbe gilt von der Prüfung der Verjährung, aM KG JB 99, 26.

34   **J. Mindestgebühr.** Nach unten ist das Ermessen zur Höhe durch den Betrag derjenigen Gebühr begrenzt, die dem Anwalt nach dem VV zustehen würde und die sie überschreiten muß. Eine vorherige Festsetzung nach (jetzt) § 45 ist nicht erforderlich, Hamm Rpfleger 98, 39. Im übrigen tritt die Gebühr des § 51 zwar evtl neben den Anspruch nach § 52, Hamm AnwBl 88, 358. Vgl freilich § 52 I 2. Sie tritt aber nicht neben, sondern an die Stelle der Gebühr des § 45. Deshalb muß das Gericht die letztere, etwa ausgezahlte Gebühr anrechnen.

Man muß die *Umsatzsteuer* zusätzlich zur erhöhten Gebühr ansetzen. Denn sie entsteht auf die „Vergütung" insgesamt, VV 7008, Kblz JB 85, 417. Sie ist erstattungsfähig, LAG Mainz JB 97, 29. Eine Verzinsung ist nicht statthaft.

35   **K. Nach Wahlverteidigung.** (Jetzt) Beachtung findet auch nach dem in I 4 für entsprechend anwendbar erklärten § 48 V, was der Verteidiger etwa als vorher beauftragter *Wahlanwalt* schon erhalten hatte, Düss JB 01, 247, Jena JB 99, 132, Saarbr JB 97, 361, aM Karlsr AnwBl 97, 571.

36   **L. Auslagen.** Wegen der Umsatzsteuer vgl Rn 34. Die restlichen Auslagen fallen nicht unter die Pauschgebühr des § 51. Der Urkundsbeamte setzt sie gesondert fest.

37   **M. Vorschuß.** Grundsätzlich ist ein Vorschuß aus der Staatskasse nicht zulässig. Wegen des Vorschusses vom Beschuldigten § 52 Rn 6. Man muß dem Anwalt einen Vorschuß aus der Staatskasse aber auf seinen Antrag nach I 5 unabhängig von § 46 zubilligen. Das geschieht ausnahmsweise zur Vermeidung einer unzumutbaren wirtschaftlichen Notlage des Anwalts und aus anderen Billigkeitsgründen wenigstens auf eine erbrachte Teilleistung wegen der mit Sicherheit zu erwartenden Pauschale, (je

zum alten Recht) Bbg JB **82**, 94, Hamm JB **00**, 586 (nach über 50 Verhandlungstagen), Jena JB **02**, 643 (ausf).

Das gilt *„insbesondere"* dann, wenn man dem Anwalt wegen einer langen Verfahrensdauer und wegen der Höhe der voraussichtlichen Pauschgebühr nicht zumuten kann, die Festsetzung der Pauschgebühr abzuwarten, BVerfG NJW **05**, 3699. Das kann auch nach einer längeren vorläufigen Einstellung nach § 205 StPO geschehen, Düss JB **95**, 93. Es ist auch ein weiterer Vorschuß möglich, Hamm AGS **98**, 141. Ein Vorschuß ist auch mangels einer alsbaldigen Entscheidungsreife nach der Rechtskraft des Hauptverfahrens zulässig, Hamm JB **99**, 639. Man muß aber auch die Möglichkeit mitbeachten, die § 47 I bietet, BVerfG NJW **05**, 3699. Der Anwalt muß seine Einnahmen und Ausgaben im einzelnen darstellen, BVerfG NJW **07**, 1445.

N. **Entscheidung.** Das Gericht entscheidet, sobald die vergütbare Tätigkeit beendet ist, Düss JB **06**, 315, meist also nach dem Abschluß der Instanz, in der Revisionsinstanz nach dem Vorliegen der Revisionsbegründung, Düss Rpfleger **93**, 305, aM Bbg JB **90**, 1282, Düss MDR **93**, 1133 (grundsätzlich müsse man die Rechtskraft abwarten). 38

Das Gericht entscheidet *in voller Besetzung*. Das OLG entscheidet freilich grundsätzlich durch den Einzelrichter, Rn 26. Die Entscheidung ergeht durch einen Beschluß. Das Gericht muß ihn trotz seiner in II 1 betonten Unanfechtbarkeit nach § 304 IV StPO grundsätzlich begründen, BLAH § 329 ZPO Rn 4. Die Pauschvergütung wird nicht verzinst, Rn 34. Das darf das Gericht mitbedenken. Das Gericht teilt die Entscheidung den Beteiligten formlos mit. 39

Eine *Gegenvorstellung* ist denkbar, Nürnb JB **75**, 201. Sie kann zu einer Änderung des Beschlusses führen. Sie hat aber nicht schon wegen einer Änderung der Rechtsprechung stets Erfolg, Hamm Rpfleger **02**, 45. 40

Auszahlung erfordert im Anschluß an die Entscheidung Rn 38, 39 eine Festsetzung nach § 55.

7) Bußgeldverfahren vor Verwaltungsbehörde, III. I gilt auch dort, und zwar nach III 1 entsprechend. Nach III 2 ist die Verwaltungsbehörde statt des Gerichts zuständig. Sie darf und muß gleichzeitig mit der Festsetzung der Vergütung auch über einen Pauschgebührenantrag mitentscheiden. Nach dem Übergang des Bußgeldverfahrens in ein gerichtliches Verfahren, gelten I, II direkt. 41

§ 57 bleibt anwendbar. Für den dortigen Antrag auf eine gerichtliche Entscheidung gilt nach § 57 S 2 nun § 62 OWiG.

Anspruch gegen den Beschuldigten oder den Betroffenen

52 I ¹Der gerichtlich bestellte Rechtsanwalt kann von dem Beschuldigten die Zahlung der Gebühren eines gewählten Verteidigers verlangen; er kann jedoch keinen Vorschuss fordern. ²Der Anspruch gegen den Beschuldigten entfällt insoweit, als die Staatskasse Gebühren gezahlt hat.

II ¹Der Anspruch kann nur insoweit geltend gemacht werden, als dem Beschuldigten ein Erstattungsanspruch gegen die Staatskasse zusteht oder das Gericht des ersten Rechtszugs auf Antrag des Verteidigers feststellt, dass der Beschuldigte ohne Beeinträchtigung des für ihn und seine Familie notwendigen Unterhalts zur Zahlung oder zur Leistung von Raten in der Lage ist. ²Ist das Verfahren nicht gerichtlich anhängig geworden, entscheidet das Gericht, das den Verteidiger bestellt hat.

III ¹Wird ein Antrag nach Absatz 2 Satz 1 gestellt, setzt das Gericht dem Beschuldigten eine Frist zur Darlegung seiner persönlichen und wirtschaftlichen Verhältnisse; § 117 Abs. 2 bis 4 der Zivilprozessordnung gilt entsprechend. ²Gibt der Beschuldigte innerhalb der Frist keine Erklärung ab, wird vermutet, dass er leistungsfähig im Sinne des Absatzes 2 Satz 1 ist.

IV Gegen den Beschluss nach Absatz 2 ist die sofortige Beschwerde nach den Vorschriften der §§ 304 bis 311a der Strafprozessordnung zulässig.

V ¹Der für den Beginn der Verjährung maßgebende Zeitpunkt tritt mit der Rechtskraft der das Verfahren abschließenden gerichtlichen Entscheidung, in Ermangelung einer solchen mit der Beendigung des Verfahrens ein. ²Ein An-

RVG § 52

X. Rechtsanwaltsvergütungsgesetz

trag des Verteidigers hemmt den Lauf der Verjährungsfrist. ³Die Hemmung endet sechs Monate nach der Rechtskraft der Entscheidung des Gerichts über den Antrag.

VI ¹Die Absätze 1 bis 3 und 5 gelten im Bußgeldverfahren entsprechend. ²Im Bußgeldverfahren vor der Verwaltungsbehörde tritt an die Stelle des Gerichts die Verwaltungsbehörde.

Gliederung

1) Systematik, I–VI	1
2) Regelungszweck, I–VI	2
3) Persönlicher Geltungsbereich, I–VI	3–5
A. Direkte Anwendbarkeit	3
B. Entsprechende Anwendbarkeit	4
C. Unanwendbarkeit	5
4) Anspruchsentstehung, I 1	6–9
5) Anspruchswegfall, I 2	10, 11
6) Vorschuß, I 1 Hs 2	12, 13
7) Auslagen, I	14
8) Grundregeln zur Geltendmachung, II	15
9) Erstattungsanspruch, II 1 Hs 1	16–18
A. Freispruch	17
B. Härtefall	18
10) Zahlungsfähigkeit, II 1 Hs 2, III	19–35
A. Antrag	20, 21
B. Fälligkeit	22
C. Zuständigkeit, II 1, 2	23, 24
D. Anhörung	25
E. Prüfungsmaßstab	26
F. Ermittlungspflicht	27
G. Prüfungsgrenzen	28
H. Leistungsfähigkeit	29
I. Unterhaltsfragen	30
J. Pfändbarkeitsfragen	31
K. Sonstige Fragen	32
L. Entscheidung	33, 34
M. Mitteilung	35
11) Sofortige Beschwerde, IV	36–48
A. Beschwerdeberechtigte	37, 38
B. Beschwerdewert	39, 40
C. Form, Frist	41, 42
D. Zuständigkeit	43, 44
E. Prüfungsumfang	45
F. Entscheidung	46
G. Nachträgliche Erweiterung	47
H. Unzulässigkeit weiterer Beschwerde	48
12) Änderung der Verhältnisse, II 1, 2 IV	49
13) Verjährung, V	50–52
A. Frist	50
B. Hemmung	51
C. Unanwendbarkeit	52
14) Bußgeldverfahren, VI	53

1 **1) Systematik, I–VI.** Die Vorschrift regelt die Einzelheiten des gesetzlichen an sich öffentlichrechtlichen Vergütungsanspruchs des gerichtlich bestellten Verteidigers gegen den Beschuldigten nach der Person des Berechtigten, der Anspruchentstehung und der Durchsetzbarkeit. Sie steht neben (jetzt) §§ 51, 55, 56, Rostock JB **97**, 37.

2 **2) Regelungszweck, I–VI.** Rechtsgrund der Vorschrift ist die Erwägung, daß der Pflichtverteidiger einerseits keinen Vertrag mit dem Beschuldigten erzwingen kann, daß er aber auch nicht „nur" einen Anspruch gegen die Staatskasse haben soll, soweit der Beschuldigte zahlungsfähig ist. Andererseits soll der Beschuldigte an einen bestellten Verteidiger auch nicht mehr als an einen Wahlverteidiger zahlen müssen, Düss Rpfleger **78**, 233.

3 **3) Persönlicher Geltungsbereich, I–VI.** Man kann drei Fallgruppen erkennen.

A. Direkte Anwendbarkeit. Nur der gerichtlich bestellte Anwalt kann neben dem Vergütungsanspruch an die Staatskasse und allenfalls in dessen Höhe auch einen

Abschn. 8. Beigeordneter oder bestellter RA, Beratungshilfe   **§ 52 RVG**

Anspruch auf eine Vergütung im Umfang seiner Bestellung und für die Dauer seiner Tätigkeit als Pflichtverteidiger wie ein Wahlanwalt gegenüber dem Beschuldigten haben, BGH **86**, 99.

B. Entsprechende Anwendbarkeit. I ist entsprechend anwendbar auf denjenigen Anwalt, den das Gericht dem Privatkläger oder Nebenkläger oder im Anklageerzwingungsverfahren beigeordnet hat, § 53, ferner auf den im Disziplinarverfahren beigeordneten Verteidiger, ferner auf den im Verfahren auf eine Freiheitsentziehung beigeordneten Verteidiger und schließlich in dem Verfahren vor einem Verfassungsgericht, soweit es sich um ein strafrechtsähnliches Verfahren handelt, § 37 Rn 3. **4**

C. Unanwendbarkeit. Dagegen ist die Vorschrift unanwendbar, soweit der Anwalt aus einem zusätzlich mit dem Beschuldigten geschlossenen Anwaltsvertrag und dann insbesondere aus einer ganz freiwilligen Honorarvereinbarung nach § 3a eine Forderung erhebt, BGH NJW **80**, 1394, Düss AnwBl **84**, 265. Das gilt sowohl für eine *vor* der Bestellung zum Pflichtverteidiger zustande gekommene Vereinbarung als auch für eine der Bestellung *nach*folgende, BGH **86**, 100. Auch ein denkbarer Anspruch auf Grund einer Geschäftsbesorgung usw entsteht jedenfalls nicht nach § 52, sondern allenfalls zB nach dem BGB. Der Beschuldigte mag den Anwalt auch über dessen Bestellung oder Beiordnung hinaus beauftragt haben. **5**

Auch bei einer *Kündigung* des Anwaltsvertrags über eine Wahlverteidigung ist (jetzt) § 52 bis zum Zeitpunkt einer Bestellung zum Pflichtverteidiger unanwendbar, BGH **86**, 100. § 52 gilt ferner nicht im Verfahren nach dem Gesetz über die internationale Rechtshilfe in Strafsachen. Die Vorschrift gilt allerdings auch, soweit der bestellte Verteidiger gegenüber dem Beschuldigten auf eine Vergütung von diesem verzichtet. Denn das wäre nach Rn 20 unzulässig.

4) Anspruchsentstehung, I 1. Der Anspruch nach § 52 entsteht kraft Gesetzes mit der Wirksamkeit der gerichtlichen Bestellung des Anwalts und in ihrem Umfang, Düss AnwBl **97**, 682. Er entsteht also zB nicht schon nach § 52 in einer Gnadensache. Er ist von einem Auftrag des Beschuldigten ebenso unabhängig wie überhaupt vom Willen des Beschuldigten, BGH **86**, 100. Er kann also sogar bei einer Bestellung gegen den Willen des Beschuldigten entstehen. Es ist unerheblich, ob es sich um ein Verfahren nach der StPO oder nach dem JGG handelt. Die Bestellung kann und muß ja unter Umständen auch dann erfolgen, wenn der Beschuldigte sie ablehnt. Der Anspruch entsteht für den gerichtlich bestellten Verteidiger auch dann, wenn der Beschuldigte einen Wahlverteidiger hat, Düss AnwBl **78**, 358. Er entsteht in der vollen Höhe der Gebühren eines Wahlverteidigers. **6**

Der Anspruch entsteht *unabhängig davon, ob* das Gericht den Angeklagten *verurteilt oder freispricht* oder ob es das Verfahren einstellt. Denn der bestellte Verteidiger soll beim Freispruch usw nicht weniger erhalten als bei einer Verurteilung. Der Anspruch entsteht sogar dann, wenn die Sache überhaupt nicht gerichtlich anhängig wurde, II 2. Da die Entstehung des Anspruchs von der Bestellung abhängt, geht der Anspruch nicht über die in VV 4100ff genannten Fälle hinaus. **7**

Der Anspruch nach § 52 ist *unabhängig von* dem etwaigen *Anspruch nach* §§ 42, 51, solange die Staatskasse nicht zahlt und der Anspruch gegen den Beschuldigten nicht deshalb nach I 2 wegfällt. **8**

Die Ansprüche gegenüber der Staatskasse und gegenüber dem Beschuldigten können also nebeneinander bestehen, Düss AnwBl **84**, 264 (zustm Chemnitz), Hamm MDR **87**, 608, Saarbr Rpfleger **99**, 507. Freilich hängt ihre Durchsetzbarkeit von unterschiedlichen gesetzlichen Voraussetzungen ab. Soweit der Beschuldigte dem Pflichtverteidiger einen Auftrag erteilt, gelten die Regeln zugunsten eines *Wahlverteidigers*. Man muß aber auch insoweit I 2 beachten. **9**

5) Anspruchswegfall, I 2. Der Anspruch nach I 1 entfällt insoweit, als die Staatskasse den gerichtlich bestellten Anwalt nach §§ 42, 51 insgesamt vergütet hat, I 2, Hbg Rpfleger **99**, 413, Karlsr Rpfleger **77**, 335. Andernfalls könnte der vom Gericht bestellte Verteidiger mehr Vergütung als vom Beschuldigten gewählter Verteidiger erhalten. Das ist nicht der Sinn der Regelung, Düss Rpfleger **78**, 233. Denn § 52 stellt nur eine Folgeregelung des Umstands dar, daß das Gericht unter bestimmten Voraussetzungen einen Verteidiger schon wegen der Art des Vorwurfs bestellen muß, also unabhängig von den Vermögensverhältnissen des Beschuldigten, vielmehr **10**

vor allem im Interesse eines geordneten Verfahrensablaufs, im Interesse der Wahrheitsfindung und der Herbeiführung eines gerechten Urteils.

11 Der bestellte Verteidiger muß sich auch eine Zusatzgebühr nach (jetzt) § 48 V 1 auf eine Wahlverteidigergebühr nach (jetzt) § 52 *anrechnen* lassen, aM Düss AnwBl **84**, 264 (zustm Chemnitz. Vgl aber Rn 10). Die Zusatzgebühr für ihn entfällt aber dann, wenn er die Wahlverteidigergebühr voll erhält. Beim Teilfreispruch sind gezahlte Pflichtverteidigergebühren nur im anteiligen Verhältnis von Freispruch und Verurteilung anrechenbar, Düss JB **99**, 83, aM Saarbr Rpfleger **00**, 564 (aber „insoweit" in I 2 ist gerade ein Differenzierungsgebot).

12 **6) Vorschuß, I 1 Hs 2.** Der gerichtlich bestellte Verteidiger kann wegen eines Anspruchs nach § 52 grundsätzlich keinen Vorschuß fordern. Vgl aber § 51 Rn 37. Der Anwalt kann zwar eine wirklich ganz freiwillig vom Beschuldigten geleistete Zahlung annehmen, BGH NJW **80**, 1394. Er muß aber aus berufsrechtlichen Gründen den Beschuldigten darüber aufklären, daß dieser zu einer Zahlung nicht verpflichtet ist. Der bestellte Verteidiger darf seine Tätigkeit nicht von einer Zahlung abhängig machen.

13 Eine erfolgte *Zahlung* ist auf die von der Staatskasse zu zahlenden Gebühren *anrechenbar*. Das gilt auch für eine solche Zahlung, die der Anwalt vor seiner gerichtlichen Bestellung für seine Tätigkeit in dieser Strafsache erhalten hat. Es gilt auch unabhängig davon, ob der Anwalt diese Zahlung in Höhe der gesetzlichen Gebühren eines Wahlverteidigers oder auf Grund einer Honorarvereinbarung nach § 3 a erhalten hat. Soweit der Beschuldigte bereits gezahlt hat, muß der Anwalt die von der Staatskasse erhaltenen Beträge in einer entsprechenden Höhe an diese zurückzahlen, § 58 III 1. Soweit der Beschuldigte den Anwalt auch von sich aus über den Rahmen des Pflichtverteidigers hinaus beauftragt hat, gilt § 9, etwa in einem Gnadenverfahren.

14 **7) Auslagen, I.** § 52 gibt dem gerichtlich bestellten Anwalt grundsätzlich keine Befugnis, vom Beschuldigten die Erstattung von Auslagen zu fordern, Düss Rpfleger **01**, 46, Kblz MDR **80**, 163, Stgt MDR **85**, 959. Ein solcher Anspruch ist auch nicht erforderlich. Denn der bestellte Verteidiger erhält seine notwendigen Auslagen aus der Staatskasse ersetzt, §§ 45 I, 46. Nicht erforderliche Auslagen mag der Anwalt nach § 3 a verlangen können.

Mehrwertsteuer ist zwar nach VV 7008 eine Auslage. Sie läßt sich aber ersetzt fordern, Düss AnwBl **87**, 339, Stgt MDR **85**, 959.

15 **8) Grundregeln zur Geltendmachung, II.** Man muß zwischen der Entstehung des sachlichrechtlichen Vergütungsanspruchs nach I und der Möglichkeit seiner Geltendmachung nach II unterscheiden. Während die Entstehung nur von der Bestellung zum Verteidiger und von einer überhaupt kostenpflichtigen Tätigkeit abhängt, Rn 4–7, ist die Möglichkeit der einer Einforderung nach § 20 I ähnlichen gerichtlichen oder außergerichtlichen Geltendmachung davon abhängig, daß entweder die Voraussetzungen Rn 16–18 oder die Voraussetzungen Rn 19–35 vorliegen, aM BGH NJW **83**, 1047 (aber der Wortlaut und Sinn von II ist eindeutig).

16 **9) Erstattungsanspruch, II 1 Hs 1.** Es reicht aus, daß dem Beschuldigten ein Erstattungsanspruch gegen die Staatskasse zusteht, Düss Rpfleger **91**, 475, oder gegen einen Dritten, etwa nach §§ 1360 a IV, 1610 BGB, auch gegen eine Rechtsschutzversicherung, aM GS 26. Dann findet auch anders als bei Rn 19 im Umfang eines solchen Erstattungsanspruchs kein gerichtliches Feststellungsverfahren statt.

17 **A. Freispruch.** Ein Erstattungsanspruch kann sich aus §§ 467, 467a StPO zugunsten des Freigesprochenen ergeben. Seine Existenz soll dem Freigesprochenen ja keinen Gewinn bringen. Er soll nur so stehen, wie er vor dem Beginn des Verfahrens wirtschaftlich dastand. Da andererseits die Bestellung des Verteidigers nicht von der Vermögenslage abhängt, sondern von der Art und Schwere des Vorwurfs, kann man es grundsätzlich nicht verantworten, die Staatskasse zum Vorteil des Beschuldigten zu belasten. Es kommt auch ein Erstattungsanspruch nach § 473 II 1 StPO (erfolgloses Rechtsmittel der Staatsanwaltschaft) oder nach § 473 III StPO in Betracht (erfolgreich beschränktes Rechtsmittel). Bei der Rücknahme eines Rechtsmittels des Nebenklägers ist (jetzt) § 52 anwendbar, Celle JB **95**, 365.

18 **B. Härtefall.** Auch ein Härtefall rechtfertigt es nicht, den Erstattungsanspruch unberücksichtigt zu lassen. Unter der Voraussetzung, daß ein etwaiger Erstattungsan-

spruch gegenüber einem Privatkläger mit einiger Sicherheit durchsetzbar wäre, gelten diese Erwägungen auch bei einem solchen Anspruch. Sie gelten auch bei einem Teilfreispruch, LG Mainz MDR **81**, 428. Die Geltendmachung des Anspruchs aus I ist von der Höhe des durchsetzbaren Erstattungsanspruchs abhängig. Das ergibt sich aus den Worten „nur insoweit" in II 1 Hs 1. Natürlich muß sich der bestellte Verteidiger die etwa aus der Staatskasse schon erhaltene Vergütung anrechnen lassen.

10) Zahlungsfähigkeit, II 1 Hs 2, III. Es reicht auch statt Rn 16–18 aus, daß **19** der Beschuldigte nach Rn 29–32 ohne eine Beeinträchtigung des für ihn und seine Familie notwendigen Unterhalts zur Zahlung oder wenigstens zu solcher in Raten an den bestellten Verteidiger imstande. Dann findet anders als bei Rn 16–18 ein gerichtliches Feststellungsverfahren statt. Im einzelnen müssen die folgenden Voraussetzungen zusammentreffen.

A. Antrag. Der bestellte Verteidiger muß einen Antrag auf die Feststellung der **20** Zahlungsfähigkeit des Beschuldigten stellen. Ein Anspruchsverzicht ist nach § 49b I 1 BRAO ja unzulässig. Der Antrag kann zum Protokoll des Urkundsbeamten der Geschäftsstelle, entsprechend § 12b elektronisch oder schriftlich erfolgen. Es besteht kein Anwaltszwang, § 33 VI 1. Es gibt keine Antragsfrist. Der Antrag braucht nicht diejenige Summe zu enthalten, die der Anwalt von dem Beschuldigten fordern will. Denn es geht zunächst nur um die Klärung, ob und inwieweit der Beschuldigte überhaupt zahlen kann, aM RS 19. Deshalb stellt auch eine bezifferte Forderung noch keine Einforderung nach § 10 I 1 dar.

Der Anwalt muß aber trotz der Pflicht zur Amtsermittlung nach Rn 23–34 wenigstens in Umrissen *darlegen,* auf Grund welcher Tatsachen er den Beschuldigten für zahlungsfähig hält, Düss JB **85**, 725, strenger Kblz Rpfleger **93**, 506 (es fordert genaue Angaben zur Leistungsfähigkeit).

Der Antragsteller muß den Anspruch *im einzelnen begründen.* Man kann die Angabe **21** des Wohnorts oder Aufenthaltsorts und der Tatsachen verlangen, aus denen sich die nach II maßgeblichen Vermögensverhältnisse ergeben. Düss JB **85**, 725.

B. Fälligkeit. Die Gebühr muß fällig sein, § 8, aM GS 31 (Fälligkeit evtl wegen **22** V 1 erst ab Rechtskraft. Aber V I regelt nur die Verjährung). Denn es besteht keine Möglichkeit, einen Vorschuß zu fordern, Rn 11–13. Das Gericht prüft noch nicht im Verfahren nach Rn 23–34, freilich im etwa folgenden Gebührenprozeß, ob eine Verjährung eingetreten ist. Deshalb ist ein Antrag auch nach dem Verjährungseintritt zulässig. Der Anwalt kann abwarten, ob sich der Beschuldigte auf die Verjährung beruft und ob die Verjährung nach V abweichend von § 8 eingetreten ist, Rn 50–52.

C. Zuständigkeit, II 1, 2. Soweit das Verfahren bereits vor einem Gericht an- **23** hängig wurde, ist das Gericht des ersten Rechtszuges zuständig, II 1. Das gilt auch dann, wenn das Gericht den Verteidiger erst in einer höheren Instanz bestellt hatte. Nach einer Abgabe oder Verweisung wird dasjenige Gericht zuständig, an das die Abgabe oder Verweisung erfolgte.

Soweit das Verfahren zB nach § 81 II StPO *nicht* gerichtlich *anhängig* geworden ist, **24** ist dasjenige Gericht zuständig, das den Verteidiger bestellt hat, II 2.

D. Anhörung. Das zuständige Gericht muß den Beschuldigten anhören, Art **25** 103 I GG, III 1. Zu diesem Zweck muß es ihm eine nach den Umständen ausreichende Frist zur Stellungnahme auf den gleichzeitig übersandten oder nachgereichten Antrag nebst dessen Begründung geben. Die Frist sollte mindestens etwa 2 Wochen und grundsätzlich nicht mehr als etwa 1 Monat betragen. Der Beschuldigte muß nichts darlegen. Erfüllt er aber eine solche Obliegenheit nicht, darf und muß das Gericht seine Leistungsfähigkeit nach Rn 29–32 nach III 2 vermuten, Rn 27.

E. Prüfungsmaßstab. Das Gericht muß trotz der gewissen Darlegungslast des **26** Anwalts nach Rn 20, 21 von Amts wegen prüfen, ob die Voraussetzungen II 1 Hs 2 vorliegen, LG Lübeck JB **78**, 547. Maßgeblich ist der Zeitraum zwischen der gerichtlichen Bestellung des Anwalts und der Erledigung der Angelegenheit, Hbg MDR **78**, 164 (abl Schmidt MDR **78**, 425), Kblz Rpfleger **95**, 83, AG Freibg AnwBl **82**, 266, aM AG Aachen JB **02**, 308 (Antragszeitpunkt), Bbg JB **90**, 482, Düss Rpfleger **85**, 327, AG Aachen JB **02**, 308, GSchm 9 (je: maßgeblich sei der Zeitpunkt der Entscheidung nach II. Die Folge wäre aber unter anderem, daß das Gericht nach dem Tod des Beschuldigten den Anspruch nicht mehr versagen könnte).

RVG § 52

27 **F. Ermittlungspflicht.** Das Gericht muß die ihm zugänglichen Ermittlungsmöglichkeiten ausschöpfen. Es kann auch ein Ersuchen an die Polizei oder an die Staatsanwaltschaft richten. Es erfolgen aber keine Fahndungsmaßnahmen. III 1 fordert eine Fristsetzung des Gerichts an den Beschuldigten zur Darlegung seiner persönlichen und wirtschaftlichen Verhältnisse wie bei § 117 II–IV ZPO. Der Beschuldigte muß also auch das nach § 117 IV ZPO notwendige Formular benutzen. Vgl im einzelnen bei BLAH § 117 ZPO Rn 24–34. Eine Fristüberschreitung führt unabhängig von einem Verschulden nach III 2 zur gesetzlichen Vermutung der Leistungsfähigkeit nach II 1. Mangels einer ausdrücklich vorgeschriebenen Unwiderleglichkeit der Vermutung läßt sich nach dem Grundgedanken des § 292 ZPO ein Beweis des Gegenteils theoretisch konstruieren. Indessen könnte man damit den Fristablauf fast völlig unterlaufen. Das ist ersichtlich nicht der Sinn von III 2. Daher sollte das Gericht grundsätzlich wie stets bei einer Frist streng sein. Maßgeblich sind die Verhältnisse des Beschuldigten, nicht diejenigen der Staatskasse, LG Kref AnwBl **80**, 38.

28 **G. Prüfungsgrenzen.** Das Gericht prüft nicht, ob die Forderung des Anwalts dem § 14 entspricht. Es prüft vielmehr nur, bis zu welcher Summe der Beschuldigte leistungsfähig ist, GS 39, aM KG JR **77**, 172. Manche halten das Verfahren nach Hs 2 nur bei einem Teilfreispruch für sinnvoll, Matzen AnwBl **76**, 287. Ein Rechtsschutzbedürfnis ist wie stets erforderlich. Es kann zB bei einem Freispruch fehlen, II 1 Hs 1. Eine Verjährungsprüfung findet jetzt noch nicht statt, Düss Rpfleger **81**, 368, Mü AnwBl **82**, 389.

29 **H. Leistungsfähigkeit.** Der Beschuldigte muß imstande sein, den Anspruch auf eine Vergütung nach I ohne eine Beeinträchtigung des für sich selbst oder seine Familie notwendigen Unterhalts zumindest in Raten zu zahlen. Diese Anforderungen erinnern an die umgekehrten Regeln zur Bedürftigkeit bei einer Prozeßkostenhilfe nach §§ 114 ff ZPO. Diese Regeln sind insofern bedingt mitverwendbar.

30 **I. Unterhaltsfragen.** Eine Zahlungsfähigkeit läßt sich bejahen, soweit zwar eine gewisse Beeinträchtigung des Unterhalts stattfinden würde, nicht aber auch das notwendige Mindestmaß des Unterhalts gefährdet ist, wenn der Beschuldigte zB den Höchstsatz der gesetzlichen Ausbildungsförderung erhält, Düss MDR **84**, 1043. Andererseits darf der Beschuldigte im notwendigen Umfang einen Unterhalt auch für seine Familie vorgehen lassen. Zur Familie zählen diejenigen Personen, die mit ihm in einer ständigen häuslichen Gemeinschaft zusammenleben und mit ihm verwandt oder verschwägert sind oder als solche gelten, zumindest: Der Ehegatte; der eingetragene Lebenspartner; die Kinder; die Eltern; die Enkel; die Großeltern; ein Stiefangehöriger nahen Grades; auch Tante oder Onkel, soweit sie im Haushalt leben; nicht aber der Bruder oder die Schwester. Denn diese sind überhaupt nicht unterhaltsberechtigt.

31 **J. Pfändbarkeitsfragen.** Auch die Lohnpfändungsbestimmungen nach §§ 850 c ff ZPO geben einen gewissen, wenn auch nicht allein maßgeblichen Anhalt, aM KG JR **77**, 173. Dasselbe gilt für die Anwendbarkeit der Maßstäbe des § 115, Celle NdsRpfl **82**, 224. Man kann auch vom Mindestbetrag des Doppelten der Sozialhilfe ausgehen, LG Mainz MDR **81**, 428. Soweit der Beschuldigte ein Darlehen aufgenommen hat, steht seine Zahlungsfähigkeit erst dann fest, wenn unter anderem auch die Fähigkeit feststeht, das Darlehen zurückzuzahlen. Mitbeachtlich sein kann ein durchsetzbarer Anspruch gegen einen Dritten oder nach dem StrEG, LG Hbg AnwBl **85**, 594.

32 **K. Sonstige Fragen.** Ein etwaiges Schuldanerkenntnis oder Schuldversprechen des Beschuldigten vor der Wirksamkeit der gerichtlichen Feststellung seiner Leistungsfähigkeit ist unbeachtlich. Einen Verzug und eine etwaige Aufrechnungsmöglichkeit muß man nach dem BGB beurteilen.

33 **L. Entscheidung.** Das Gericht entscheidet durch einen Beschluß. Es muß ihn grundsätzlich begründen, BLAH § 329 ZPO Rn 4. Er enthält nur die Feststellung der Zahlungsfähigkeit nach II 1 Hs 2. Das Gericht setzt also nicht etwa die Vergütungsforderung nach I fest, LG Lahn-Gießen MDR **78**, 249 (zustm Schmidt). Vielmehr stellt das Gericht ohne eine Verurteilung zu einer Zahlung und damit ohne den Erlaß eines Vollstreckungstitels nur fest, daß der Beschuldigte die Gebührenforderung in der beanspruchten Höhe oder bis zu einem darunter liegenden Betrage auf einmal

oder wenigstens in vom Gericht bestimmbaren Raten zu zahlen imstande ist. Das Gericht mag auch feststellen, daß überhaupt keine Zahlungsfähigkeit besteht. Dann weist es den Antrag ab.

Eine Anordnung von *Ratenzahlungen* einschließlich festsetzbarer Zahlungstermine 34 ist also zulässig. Das ergibt sich aus II 1 lt Hs. Sie ist oft die Voraussetzung dafür, die Zahlungsfähigkeit überhaupt zu bejahen. Das Gericht muß die Ratenhöhe, -zahl und -zeit im Beschluß festsetzen. Der Beschluß enthält keine Verurteilung zu einer in EUR bestimmten Zahlung. Er ist auch nicht wegen der Raten ein Vollstreckungstitel. Er klärt nur die Leistungsfähigkeit. Daher muß der Anwalt notfalls mangels einer Festsetzbarkeit nach § 11 V, VIII auf eine Zahlung klagen, HRS 44, aM GS 37.

Es besteht erstinstanzlich eine *Gerichtskostenfreiheit*, § 1 I 1 GKG, Teil I A dieses Buchs. Außergerichtliche Kosten sind nicht erstattbar.

M. Mitteilung. Das Gericht muß den Beschluß dem Antragsteller und dem Be- 35 schuldigten förmlich zustellen. Denn gegen die Entscheidung ist die sofortige Beschwerde und damit ein fristgebundenes Rechtsmittel zulässig ist, IV in Verbindung mit § 311 II StPO. Da § 311 II StPO nicht auf § 35 a StPO verweist, ist eine Rechtsmittelbelehrung nicht erforderlich. Sie ist zur Vermeidung etwaiger Fehler daher auch nicht ratsam. Bei einer unrichtigen Rechtsmittelbelehrung kann eine Haftung nach Art 34 GG, § 839 BGB eintreten.

11) Sofortige Beschwerde, IV. Gegen den Feststellungsbeschluß nach Rn 33, 34 36 ist die sofortige Beschwerde nach §§ 304 ff StPO statthaft, sofern nicht das OLG oder der BGH entschieden hat, § 304 IV 2 Hs 1 StPO.

A. Beschwerdeberechtigte. Zur sofortigen Beschwerde sind der Beschuldigte 37 sowie der gerichtlich bestellte Anwalt berechtigt, Düss Rpfleger **79**, 393. Auch der Freigesprochene ist beschwerdeberechtigt, soweit das Gericht fälschlich gegen ihn einen Beschluß erlassen hat.

Die *Staatskasse* ist selbst dann *nicht* beschwerdeberechtigt, wenn das Gericht ihr die 38 notwendigen Auslagen des Angeklagten auferlegt hat, Düss JMBlNRW **79**, 67, LG Würzb JB **81**, 1836, GSchm 14, aM Düss MDR **79**, 1045, Hbg MDR **84**, 251. Auch ein erstattungspflichtiger Dritter ist nicht beschwerdeberechtigt.

B. Beschwerdewert. Der Beschwerdewert muß 200 EUR übersteigen, IV in 39 Verbindung mit §§ 35 II 1, 304 III StPO. Denn es handelt sich um eine „Entscheidung über Kosten" nach § 304 III StPO, aM Mü AnwBl **78**, 265, GSchm 14 (aber auch die Klärung der Leistungsfähigkeit ist ein Teil der Kostentragungsfrage). Wert ist hier auch der Unterschiedsbetrag zwischen dem in der angefochtenen Entscheidung zugebilligten und dem in der Beschwerdeinstanz beantragten Betrag, also die Differenz, um die sich der Beschwerdeführer verbessern will.

Maßgeblich ist der Wert im *Zeitpunkt der Einlegung* der sofortigen Beschwerde. Da- 40 her bleibt eine spätere Verminderung außer Betracht, soweit sie nicht auf einer willkürlichen Beschränkung des Beschwerdeantrags beruht. Man muß die Umsatzsteuer berücksichtigen. Der Beschwerdeführer muß den Beschwerdewert glaubhaft machen, § 294 ZPO.

C. Form, Frist. Die sofortige Beschwerde kann zum Protokoll des Urkundsbe- 41 amten der Geschäftsstelle, entsprechend § 12b elektronisch oder schriftlich erfolgen. Ein Anwaltszwang besteht nicht, IV in Verbindung mit § 306 I StPO. Die Einlegung beim Beschwerdegericht genügt zur Fristwahrung nicht.

Die *Einlegungsfrist* beträgt eine Woche seit der Bekanntmachung der Entscheidung, 42 IV in Verbindung mit §§ 35 II 1, 311 II StPO. Infolge der Verweisung von § 311 II StPO auf § 35 StPO liegt bei einer in der Anwesenheit der Beteiligten auf Grund einer mündlichen Verhandlung ergangenen Entscheidung die Bekanntmachung in der Verkündung, andernfalls in der Zustellung. Maßgeblich ist die Zustellung an den jeweiligen Beschwerdeführer.

D. Zuständigkeit. Zur Entscheidung über die sofortige Beschwerde ist das Be- 43 schwerdegericht zuständig. Dasjenige Gericht, das nach II 1 Hs 2 oder nach II 2 entschieden hat, ist grundsätzlich zu einer Änderung seiner durch die sofortige Beschwerde angefochtenen Feststellungen nicht befugt. Es hilft jedoch der Beschwerde dann ab, wenn es zum Nachteil des Beschwerdeführers solche Tatsachen oder Beweisergebnisse verwertet hat, zu denen es ihn noch nicht gehört hatte, und soweit es auf Grund des nachträglichen Vorbringens die Beschwerde für begründet hält, IV in Verbindung mit § 311 III StPO.

44   Bei einer *Abhilfeentscheidung* erläßt das Gericht einen erneuten Beschluß nebst einer nachprüfbaren Begründung nach Rn 46. Es stellt ihn den Beteiligten förmlich zu. Gegen diesen Beschluß ist wiederum eine sofortige Beschwerde zulässig, IV in Verbindung mit §§ 304 ff StPO.

45   **E. Prüfungsumfang.** Das Beschwerdegericht prüft in den Grenzen der Beschwerdeanträge die Angelegenheit von Amts wegen im vollen Umfang und nach allen Richtungen. Die sofortige Beschwerde läßt eine Aussetzung der Vollziehung der angefochtenen Entscheidung zu, § 307 StPO.

46   **F. Entscheidung.** Das Beschwerdegericht entscheidet bei einer Stattgabe durch einen Beschluß. Es muß ihn grundsätzlich begründen, auch wenn eine weitere Beschwerde nicht zulässig ist, Rn 48, BLAH § 329 ZPO Rn 4, 6 (dort auch zu Ausnahmen). Die Entscheidung ergeht wegen des Fehlens einer Gebührenvorschrift gebührenfrei, soweit das Gericht der sofortigen Beschwerde stattgibt, § 1 I 1 GKG. Soweit eine Verwerfung oder Zurückweisung erfolgt, entsteht eine Gebühr von 30 EUR, KV 4401. Eine Erstattung außergerichtlicher Kosten findet nicht statt. Das Beschwerdegericht teilt seine Entscheidung den Beteiligten formlos mit.

47   **G. Nachträgliche Änderung.** Es gelten dieselben Regeln wie bei Rn 37–46.

48   **H. Unzulässigkeit weiterer Beschwerde.** Eine weitere Beschwerde gegen eine Stattgabe ist nicht statthaft, IV in Verbindung mit § 310 II StPO, Hamm MDR **98**, 185.

49   **12) Änderung der Verhältnisse, II 1, 2, IV.** Soweit nicht das Beschwerdegericht gemäß IV in Verbindung mit § 311 a StPO nach Rn 47 eine nachträgliche Entscheidung treffen muß, ist bei einer Verbesserung der Vermögenslage des Beschuldigten nach der Beendigung der Tätigkeit des bestellten Anwalts kein neuer Antrag nach II 1 Hs 2 und daher auch keine abweichende Entscheidung zulässig, GS 72, 74, aM RS 27.

Der Beschuldigte ist bei einer *Verschlechterung seiner Vermögensverhältnisse* gegenüber einem vom Anwalt wegen der Feststellung nach II 1 Hs 2 im Gebührenprozeß erwirkten rechtskräftigen Urteil auf den dortigen Vollstreckungsschutz angewiesen, SchGei 19, aM RS 24 (§ 323 ZPO entsprechend).

50   **13) Verjährung, V.** Vgl zunächst Rn 22 ff.

A. Frist. Es gilt die dreijährige Verjährungsfrist nach § 195 BGB. Sie beginnt abweichend von § 8 erst mit dem Schluß desjenigen Jahres, in dem die das Verfahren abschließende Entscheidung rechtskräftig wurde oder in dem beim Fehlen einer solchen Entscheidung das Verfahren aus irgendeinem Grund endete, wenn auch nur faktisch, V 1. Die Verjährungsfrist beginnt also nicht schon mit der Beendigung des Rechtszugs. V 1 ist auch dann anwendbar, wenn sich der Auftrag schon im Lauf des Verfahrens erledigt. Das alles gilt unabhängig davon, ob der Pflichtverteidiger vor dem Eintritt der Rechtskraft ausscheidet.

51   **B. Hemmung.** Eine Hemmung tritt nicht dadurch ein, daß der Anwalt keinen Antrag stellt oder daß das Gericht über den Antrag noch nicht entschieden hat. Der Anwalt muß also den Antrag rechtzeitig stellen, V 2. Das gilt insbesondere dann, wenn noch Ermittlungen notwendig sind. Der Antrag hemmt die Verjährung, V 2. Die Hemmung endet 6 Monate nach der Rechtskraft der Entscheidung des Gerichts über den Antrag, V 3, oder nach einer Antragsrücknahme. Der rechtskräftig festgestellte Vergütungsanspruch verjährt nach 30 Jahren, § 197 I Z 3 BGB.

52   **C. Unanwendbarkeit.** (Jetzt) V ist bei einer Wahlverteidigung unanwendbar, BGH **86**, 102.

53   **14) Bußgeldverfahren, VI.** Im gesamten Bußgeldverfahren, auch dem gerichtlichen, gelten I–III, V entsprechend, VI 1. Im Verfahren vor der Verwaltungsbehörde tritt nach VI 2 an die Stelle des Gerichts natürlich die Verwaltungsbehörde.

Anspruch gegen den Auftraggeber, Anspruch des zum Beistand bestellten Rechtsanwalts gegen den Verurteilten

53 I Für den Anspruch des dem Privatkläger, dem Nebenkläger, dem Antragsteller im Klageerzwingungsverfahren oder des sonst in Angelegenheiten, in denen sich die Gebühren nach Teil 4, 5 oder 6 des Vergütungsverzeichnisses bestimmen, beigeordneten Rechtsanwalts gegen seinen Auftraggeber gilt § 52 entsprechend.

II ¹Der dem Nebenkläger, dem nebenklageberechtigten Verletzten oder dem Zeugen als Beistand bestellte Rechtsanwalt kann die Gebühren eines gewählten Beistands nur von dem Verurteilten verlangen. ²Der Anspruch entfällt insoweit, als die Staatskasse die Gebühren bezahlt hat.

III ¹Der in Absatz 2 Satz 1 genannte Rechtsanwalt kann einen Anspruch aus einer Vergütungsvereinbarung nur geltend machen, wenn das Gericht des ersten Rechtszugs auf seinen Antrag feststellt, dass der Nebenkläger, der nebenklageberechtigte Verletzte oder der Zeuge zum Zeitpunkt des Abschlusses der Vereinbarung allein auf Grund seiner persönlichen und wirtschaftlichen Verhältnisse die Voraussetzungen für die Bewilligung von Prozesskostenhilfe in bürgerlichen Rechtsstreitigkeiten nicht erfüllt hätte. ²Ist das Verfahren nicht gerichtlich anhängig geworden, entscheidet das Gericht, das den Rechtsanwalt als Beistand bestellt hat. ³§ 52 Absatz 3 bis 5 gilt entsprechend.

Vorbem. II 1 geändert, III angefügt dch Art 5 Z 1, 2 G v 29. 7. 09, BGBl. 2280, in Kraft seit 1. 10. 09, Art 8 G, Übergangsrecht § 60 RVG.

Gliederung

1) Systematik, I–III	1
2) Regelungszweck, I–III	2
3) Beiordnung, I	3
4) Anwendbare Vorschriften, I	4–9
5) Bestellung als Beistand, II	10
6) Vergütungsvereinbarung, III	11–16
A. Bestellung nach II 1	11
B. Vergütungsvereinbarung, III 1	12
C. Keine Bedürftigkeit des Auftraggebers, III 1	13
D. Antrag, III 1	14
E. Zuständigkeit, III 1, 2	15
F. Weiteres Verfahren, III 3	16

1) Systematik, I–III. Die Vorschrift enthält vorrangige Sonderregeln für die beiden in I, II etwas unterschiedlich behandelten Fälle einer Beiordnung einerseits, einer Bestellung als Beistand andererseits. Die jeweiligen Verweisungen stellen die weitgehende Gleichbehandlung mit einem Verteidiger sicher und dienen damit der Kostengerechtigkeit. Das muß man bei der Auslegung mitbeachten. **1**

2) Regelungszweck, I–III. Es gelten die zu den Regelungszwecken bei VV 4100–6404 ff jeweils in Rn 2 genannten Erwägungen entsprechend. Im wesentlichen ist also eine großzügige Handhabung ratsam, vgl auch Rn 5. **2**

3) Beiordnung, I. Die Beiordnung erfolgt nur im Weg der Prozeßkostenhilfe, §§ 114 ff ZPO entsprechend, Bbg AnwBl **85**, 319, Düss JB **86**, 74, Nürnb AnwBl **83**, 466. Anwendbar ist auch § 117 II–IV ZPO, Schlesw JB **94**, 673, LG Duisb AnwBl **80**, 124, nicht aber § 121 II 1 Hs 2 ZPO, BVerfG NJW **83**, 1599, Düss JB **86**, 47, Hbg AnwBl **85**, 319. Die Beiordnung erfolgt für den Privatkläger nach § 379 III StPO, Jacobs, Molketin AnwBl **81**, 483, Kaster MDR **94**, 1073, für den Nebenkläger nach §§ 397a I, 406g III Z 1 StPO, Schwab MDR **83**, 810, im Klageerzwingungsverfahren nach § 172 III 2 Hs 2 StPO. Der Privatkläger und der Nebenkläger können einen Revisionsantrag oder einen Antrag auf die Wiederaufnahme des Verfahrens wirksam nur durch einen Anwalt stellen, § 390 II StPO, Ruppert MDR **95**, 556. Der Verletzte kann ein Klageerzwingungsverfahren wirksam nur durch einen Anwalt beantragen, § 172 III 2 Hs 1 StPO. **3**

Die Beiordnung erfolgt *für jede Instanz besonders*, Hbg AnwBl **86**, 455. Über einen Antrag auf eine Beiordnung zum Zweck der Einlegung und Rechtfertigung einer

Revision entscheidet das Revisionsgericht, BGH AnwBl **87**, 55. Nach dem Instanzende besteht für diese Instanz kein Beiordnungsbedürfnis mehr, BGH AnwBl **87**, 55.

Soweit der Beschuldigte ein *Widerkläger* ist, kann das Gericht auch ihm einen Anwalt beiordnen, allerdings nur wegen der Widerklage. Im übrigen kommt nur eine Bestellung nach § 140 StPO in Betracht. Eine sonstige Beiordnung ist zB für den Einziehungsbeteiligten statthaft, § 434 II StPO.

Da der beigeordnete Anwalt ProzBev ist, genügt dann nicht die bloße Beiordnung. Vielmehr muß ein wirksamer *Auftrag* des Privatklägers, Nebenklägers oder Verletzten *hinzukommen,* Grdz 16 vor § 1. Soweit ein solcher Auftrag fehlt, kommen als Anspruchsgrundlage freilich auch eine Geschäftsführung ohne Auftrag nach §§ 677 ff BGB oder eine ungerechtfertigte Bereicherung §§ 812 ff BGB in Betracht.

4 **4) Anwendbare Vorschriften, I.** Obwohl es sich um eine Beiordnung im Weg der Prozeßkostenhilfe handelt, Rn 1, gelten nicht §§ 45 ff voll, sondern es gilt § 52 entsprechend. Folglich gelten für einen in § 52 I 1 Hs 1 ja in Bezug genommenen Wahlverteidiger VV 4100 ff. § 126 ZPO ist anwendbar, Hbg Rpfleger **75**, 319.

5 Auch der beigeordnete Anwalt erhält unter anderem die *Vorverfahrensgebühr,* (jetzt) VV 4105, 4106, Düss Rpfleger **01**, 199, Kblz JB **07**, 645, allerdings wegen der Zeitschranken des § 395 I StPO aF, soweit sie noch gilt, BGBl **87**, 1132 FN, nicht als Vertreter der ja erst zukünftigen Nebenklägers, Oldb JB **91**, 943, aM Hamm AnwBl **85**, 321, Schlesw SchlHA **86**, 16, LG Duisb AnwBl **94**, 248.

6 Der beigeordnete Anwalt erhält ferner die Gebühr eines Wahlanwalts für *jeden weiteren Verhandlungstag,* VV 4109, 4110 usw. Ferner ist eine besondere Gebühr bei einer Strafsache besonderen Umfangs nach § 51 möglich. Soweit der beigeordnete Anwalt mehrere Auftraggeber vertritt, ist § 7 anwendbar. Soweit er von einem in die Kosten verurteilten Beschuldigten eine Zahlung erhält, muß er sie sich anrechnen lassen, § 58 III.

7 Der beigeordnete Anwalt erhält auch eine Gebühr für eine *Einziehung* nach VV 4143 und für die Geltendmachung eines vermögensrechtlichen Anspruchs nach VV 4144. Denn auch diese Vorschriften gehören zu den von I erfaßten. Ein Anspruch für eine zurückliegende Tätigkeit setzt eine rückwirkende Beiordnung voraus, Zweibr Rpfleger **84**, 203.

8 Der dem Nebenkläger beigeordnete Anwalt kann *Wahlanwaltskosten* nur insoweit festgesetzt erhalten, als sie die Pflichtanwaltskosten übersteigen.

9 Über eine *Erinnerung* des beigeordneten Anwalts gegen die Gebührenfestsetzung durch den Urkundsbeamten der Geschäftsstelle entscheidet nach § 56 I nicht der Vorsitzende des Gerichts desjenigen Rechtszugs, bei dem die Festsetzung erfolgt ist, sondern sein Kollegium.

10 **5) Bestellung als Beistand, II.** Für den Sonderfall der Bestellung als ein bloßer Beistand gibt II 1 eine Verweisung auf die Gebühren eines Wahlverteidigers. Vgl bei den in Bezug genommenen Vorschriften, zB §§ 42, 45–48, 51, 55–57. II 1, 2 stellen einen Gebührenerstattungsanspruch klar und begrenzen ihn. § 52 ist bei II nicht entsprechend anwendbar. Dabei muß man den vorrangigen III mitbeachten.

11 **6) Vergütungsvereinbarung, III.** Man prüft am besten in folgender Weise.

A. Bestellung nach II 1. Die Bestellung des Anwalts muß gerade nach II 1 erfolgt sein. Es darf also keine Beiordnung nach I vorliegen. Vgl also zunächst Rn 10.

12 **B. Vergütungsvereinbarung, III 1.** Der bestellte Anwalt muß mit seinem Auftraggeber eine Vereinbarung nach §§ 3 a ff wirksam geschlossen haben. Vgl insofern also dort.

13 **C. Keine Bedürftigkeit des Auftraggebers, III 1.** Der Auftraggeber darf nicht nach § 114 ZPO nach seinen persönlichen und wirtschaftlichen Verhältnissen zur Zeit der Vergütungsvereinbarung außerstande gewesen sein, die Kosten des Verfahrens auch nur zum Teil oder in Raten aufzubringen. Vgl zB BLAH § 114 ZPO Rn 46 ff (ausf) zu den dort freilich umgekehrt prüfbaren Voraussetzungen.

14 **D. Antrag, III 1.** Der bestellte Anwalt muß die Feststellung nach Rn 13 beim Gericht beantragen. Der Antrag ist nicht fristabhängig. Er braucht das Fehlen einer Bedürftigkeit des Auftraggebers nicht schlüssig wie bei § 253 II 2 ZPO darzulegen. Er sollte aber insofern auch keine offensichtlich haltlosen Floskeln enthalten.

Abschn. 8. Beigeordneter oder bestellter RA, Beratungshilfe §§ 53, 54 RVG

E. Zuständigkeit, III 1, 2. Während einer gerichtlichen Anhängigkeit desjenigen Verfahrens, für das die Bestellung erfolgte, ist nach *III 1* das Gericht des ersten Rechtszugs zuständig. Andernfalls ist nach *III 2* dasjenige Gericht zuständig, das den Anwalt bestellt hat. 15

F. Weiteres Verfahren, III 3. Es gelten § 52 III–V entsprechend. Vgl also § 52 Rn 25 ff zur Fristsetzung, Entscheidung und Anfechtbarkeit usw. 16

Verschulden eines beigeordneten oder bestellten Rechtsanwalts

54 Hat der beigeordnete oder bestellte Rechtsanwalt durch schuldhaftes Verhalten die Beiordnung oder Bestellung eines anderen Rechtsanwalts veranlasst, kann er Gebühren, die auch für den anderen Rechtsanwalt entstehen, nicht fordern.

Gliederung

1) Systematik	1
2) Regelungszweck	2
3) Geltungsbereich	3–5
4) Schuldhaftes Verhalten	6–8
5) Beispiele zur Frage eines schuldhaften Verhaltens	9–11
6) Umfang des Gebührenverlusts	12, 13
7) Umfang des Auslagenverlusts	14

1) Systematik. Die Vorschrift regelt anders als § 15 IV nur den öffentlichrechtlichen Vergütungsanspruch gegenüber der Staatskasse. Sie nennt nur einen der Gründe, aus denen ein beigeordneter oder bestellter Anwalt einen Vergütungsanspruch verlieren kann. Der Vergütungsanspruch hängt nicht nur vom Umfang der Beiordnung oder Bestellung ab, sondern auch von dem Umfang einer wirksamen Vollmacht der begünstigten Partei. Deshalb kann der Vergütungsanspruch zB für eine Tätigkeit des Anwalts nach der Beendigung des Auftragsverhältnisses entfallen. Man muß den Vergütungsanspruch des bisher beigeordneten oder bestellten Anwalts auch unabhängig vom Vergütungsanspruch eines anderen Anwalts jedenfalls insoweit kürzen, als der bisher beigeordnete oder bestellte Anwalt objektiv unzulässige oder völlig zwecklose Maßnahmen getroffen hat. 1

§ 54 behandelt dabei nur den Fall, daß gerade ein *schuldhaftes* Verhalten des Anwalts A die Beiordnung oder Bestellung eines Anwalts B veranlaßt hat. Es darf also kein solcher Anwaltswechsel stattgefunden haben, der ohne ein Anwaltsverschulden notwendig wurde, etwa wegen einer Erkrankung des bisherigen Anwalts, LG Landshut JB **04**, 145, LG Regensb FamRZ **05**, 1189, BLAH § 91 ZPO Rn 124 ff.

§ 54 erfaßt nur *Gebühren,* nicht Auslagen, Jena Rpfleger **06**, 435.

2) Regelungszweck. Es kann sich aus vielen Gründen im Lauf eines Verfahrens die Notwendigkeit ergeben, einen anderen als den bisher beigeordneten oder bestellten Anwalt derart zu behandeln. Eine bloße Zweckmäßigkeit würde dazu freilich nicht ausreichen. Dieser andere nun einmal vom Gericht beigeordnete oder bestellte Anwalt hat natürlich einen öffentlichrechtlichen Vergütungsanspruch nach § 45 auch in Verbindung mit § 67 a I 2 VwGO. Die Staatskasse kann ihm seine Vergütung nicht mit der Begründung kürzen oder gar verweigern, sie habe dem Vorgänger etwas gezahlt, Hamm FamRZ **95**, 748, Karlsr JB **91**, 80, LG Mönchengladb AnwBl **78**, 358. 2

Würde der *bisher* beigeordnete oder bestellte Anwalt seinen Vergütungsanspruch *daneben* ungeschmälert behalten, könnte es zu einer mehrfachen Belastung der Staatskasse kommen. Diese Mehrbelastung ist insoweit unzumutbar, als die weitere Beiordnung oder Bestellung auf einem Verschulden des bisher beigeordneten oder bestellten Anwalts beruht. Deshalb sieht § 54 vor, daß der bisherige Anwalt dann die Gebühren eines nun anderen Anwalts nicht fordern kann.

3) Geltungsbereich. Man darf im Festsetzungsverfahren nach § 55 keineswegs umfassend prüfen, ob die Tätigkeit des beigeordneten oder bestellten Anwalts zweckentsprechend war und ob eine andere Handhabung kostengünstiger zu demselben Erfolg für den Auftraggeber geführt hätte. Die Staatskasse kann keineswegs jede etwaige Pflichtwidrigkeit des beigeordneten oder bestellten Anwalts einwenden. Das wäre ein Einwand aus einem fremden Recht, aM BVerwG Rpfleger **95**, 75. Er würde die Ent- 3

scheidungsfreiheit des Anwalts als eines selbständigen Organs der Rechtspflege nach § 1 BRAO beeinträchtigen.
Im übrigen bestehen der Anspruch gegenüber der Staatskasse und der etwaige Anspruch gegenüber dem Auftraggeber grundsätzlich *unabhängig voneinander*. Außerdem kann der Festsetzungsbeamte die Zweckmäßigkeit der Handlungsweise des beigeordneten oder bestellten Anwalts schon nach seiner Ausbildung und seinen Kenntnissen unter Umständen nicht ausreichend beurteilen.

4 Vgl wegen der zum Teil weitergehenden *Einwendungsmöglichkeiten des Auftraggebers* § 15 Rn 82 ff. Allerdings können sich die Einwendungen der Staatskasse mit den Einwendungen des Auftraggebers decken. Ein Anspruch gegenüber der Staatskasse entfällt ferner dann, wenn der gesamte Vergütungsanspruch in einer nach § 13 I bezifferbaren Höhe getilgt ist oder wenn der Anwalt die gesamte Tätigkeit seinem Referendar überläßt. Ferner kann ein Anspruch entfallen, soweit der Anwalt arglistig handelte, § 59 Rn 12 ff.

5 Die Staatskasse kann sich aber nicht auf eine etwaige *Vereinbarung* zwischen dem Anwalt und seinem Auftraggeber über eine Unentgeltlichkeit der Tätigkeit des Anwalts berufen. Es kommt auch nicht darauf an, ob die Staatskasse einen Erstattungsanspruch gegenüber dem Prozeßgegner der durch die Beiordnung oder Bestellung begünstigten Partei hat oder haben könnte.
§ 54 gilt im Rahmen einer *Beratungshilfe*. Zum Verhältnis zu (jetzt) VV 3330 Schmidt AnwBl **84**, 496.

6 **4) Schuldhaftes Verhalten.** Ein schuldhaftes Verhalten des zunächst beigeordneten oder bestellten Anwalts kann sowohl bei einem direkten oder bedingten Vorsatz als auch bei einer bewußten oder unbewußten Fahrlässigkeit vorliegen, Ffm JB **75**, 1612. Ein grobes Verschulden ist nach dem Gesetzeswortlaut wie nach dem Sinn der Regelung nicht erforderlich. Es genügt also schon eine leichte Fahrlässigkeit. Das Verschulden eines Erfüllungsgehilfen reicht wie stets nach § 278 BGB.

7 Der zunächst beigeordnete oder bestellte Anwalt handelt nur insofern vorwerfbar, als er gegen dasjenige Sorgfaltsmaß verstößt, das man von ihm unter einer Berücksichtigung der gesamten *Umstände* und bei einer Zugrundelegung durchschnittlicher rechtlicher Kenntnisse und bei einer Beachtung der Berufserfahrung dieses Anwalts erwarten konnte. Es ist weder ein zu strenger noch ein zu großzügiger Maßstab ratsam.

8 Ein Verschulden kann *schon alsbald nach der Beiordnung oder Bestellung* eingetreten sein. Ein Verschulden kann auch in einem späteren Zeitpunkt eingetreten sein, vor allem wegen einer vorwerfbaren Zerstörung des Vertrauensverhältnisses, Zweibr RR **99**, 436.

9 **5) Beispiele zur Frage eines schuldhaften Verhaltens**
Abrechnung: Schuldhaft sein kann eine objektiv überhöhte Kostenabrechnung, Kblz JB **03**, 470.
Kein Aufhebungsantrag: Schuldhaft ist es, daß der Anwalt nach einem vorwerfbaren Verhalten der Partei nicht die Aufhebung der Beiordnung oder Bestellung beantragt hat.
Beweislast: Die Beweislast für ein Verschulden oder für ein entscheidungserhebliches Mitverschulden des bisher beigeordneten oder bestellten Anwalts liegt in den Grenzen der Amtsermittlung grundsätzlich bei der Staatskasse. Denn IV gibt ihr eine Einwendung. Er muß aber einen Entpflichtungsantrag wegen Schuldlosigkeit darlegen.
Bewerbung: S „Hindernis".
Ehrengericht: Schuldhaft ist die Erschleichung oder sonstwie unredliche Erwerbung der Zulassung mit der Folge ihres Entzugs durch ein Ehrengericht. Schuldhaft ist die Aufgabe der Zulassung zur Vermeidung eines Ehrengerichtsverfahrens.
Entlassung: Schuldhaft ist die Entlassung infolge eines dem Anwalt vorwerfbaren Verhaltens gegenüber dem Auftraggeber oder sonst durch eine vorwerfbare Sachbehandlung.
Schuldlos sein kann das Anwaltsverhalten dann, wenn der Auftraggeber durch eigene Schuld die Entlassung veranlaßt hat, § 15 Rn 90, etwa durch einen grundlosen Vollmachtsentzug.
Vor Erledigung: Schuldhaft ist eine freiwillige Aufgabe der Zulassung vor der Erledigung der Aufgabe aus der Beiordnung oder Bestellung.

Abschn. 8. Beigeordneter oder bestellter RA, Beratungshilfe § 54 RVG

Fehler: Schuldhaft ist natürlich ein vermeidbarer Fehler.
Hindernis: Schuldhaft ist die Unterlassung des Hinweises auf einen solchen Umstand, der den Anwalt voraussichtlich daran hindert, die Angelegenheit zu übernehmen oder zu Ende zu führen, Bbg JB **84**, 1562, Ffm AnwBl **84**, 205. Das mag zB dann gelten, wenn er eine frühere Tätigkeit in derselben Angelegenheit evtl sogar unter einem Verstoß gegen § 356 StGB unterdrückt oder wenn er einen Zulassungsmangel nicht erwähnt oder wenn er verschwiegen hat, daß er seine Zulassung höchstwahrscheinlich demnächst aufgeben wollte, Ffm AnwBl **84**, 205.

Er braucht aber eine etwaige Bewerbung um eine Einstellung in den Staatsdienst oder um ein politisches Mandat jedenfalls solange *nicht* anzugeben, wie er noch nicht übersehen kann, ob und wann seine Bewerbung einen Erfolg haben wird, Bbg JB **84**, 1562, Ffm AnwBl **84**, 205.

Krankheit: *Schuldlos* sein kann die Aufgabe der Zulassung wegen einer dauernden **10** erheblichen Erkrankung.
Kritik: *Schuldlos* sein kann die Aufgabe der Beiordnung (Antrag auf Aufhebung) wegen einer völlig grundlosen Kritik des Auftraggebers nach § 48 II BRAO.
   S auch Rn 11 „Wichtiger Grund".
Kündigung: Schuldhaft ist eine objektiv grundlose Kündigung des Anwalts.
   Schuldlos sein kann eine wirksame Kündigung des Anwalts.
Mitverschulden des Gerichts: Ein gerichtliches Mitverschulden läßt sich am besten nach den zu § 254 BGB entwickelten Regeln beurteilen. Es kann etwa im Amtsermittlungsverfahren bei der Unterlassung einer Aktivität vorliegen, die zumindest auch das Gericht hätte vornehmen müssen. Ob im Prozeß mit einer Parteiherrschaft nach BLAH Grdz 18 vor § 128 ZPO etwa schon ein objektiver Verstoß gegen § 139 ZPO als ein den Anwalt auch nur teilweise entlastendes gerichtliches Mitverschulden beurteilbar wäre, läßt sich nur bei einer sehr zurückhaltenden Abwägung der Gesamtumstände klären.
Nachteilszufügung: Schuldhaft ist ein solches Verhalten, das dem Auftraggeber erhebliche vermeidbare Rechtsnachteile drohen, Ffm JB **75**, 1614.
Niveau des Berufsstands: Ein Absinken des allgemeinen Niveaus des Berufsstands darf zwar nicht völlig unbeachtet bleiben. Es darf aber auch nicht zum Vorwand für eine allzu eilfertige Verneinung jeglicher Schuld des Anwalts dienen. Es ist nicht die Aufgabe der Justiz, derartige Verfallserscheinungen auch nur indirekt zu unterstützen, schon gar nicht zulasten des Steuerzahlers. Man muß die Berufsrichtlinien nach § 177 II Z 2 BRAO mitbeachten. Sie sind aber nicht verbindlich für die Beurteilung der Frage, ob der beigeordnete oder bestellte Anwalt schuldhaft handelt.
Notlage: *Schuldlos* sein kann die Aufgabe der Zulassung wegen einer unverschuldeten wirtschaftlichen Notlage.
Pflichtwidrigkeit: Schuldhaft ist die Aufgabe der Zulassung wegen einer eigenen Pflichtwidrigkeit.
Politisches Mandat: Rn 9 „Hindernis".
Selbstmord: *Schuldlos* sein kann ein vom Auftraggeber etwa durch haltlose Kritik **11** ausgelöster Selbstmord des Anwalts.
Sozietät: *Schuldlos* sein kann ein zunächst unvorhersehbar gewesener Eintritt in die gegnerische Sozietät, Düss JB **93**, 731.
Staatsdienst: Rn 9 „Hindernis".
Straftat: Schuldhaft ist die Aufgabe der Zulassung wegen einer eigenen Straftat.
Verkehrsunfall: *Schuldlos* sein kann natürlich ein solcher Vorgang.
Vertretungsverbot: Schuldhaft ist meist ein solches Verhalten, das zu einem gerichtlichen Vertretungsverbot führt.
Vollmachtsentzug: Rn 9 „Entlassung".
Weisung des Auftraggebers: *Schuldlos* ist die Nichtbefolgung einer objektiv unhaltbaren Weisung des Auftraggebers. Denn der Anwalt ist ein Organ der Rechtspflege und daher nach § 1 BRAO auch unabhängig.
Wichtiger Grund: *Schuldlos* sein kann die Aufgabe der Beiordnung (Aufhebungsauftrag) aus einem wichtigen Grund nach § 48 II BRAO.
   S auch Rn 10 „Notlage".
Zulassungsmangel: Rn 9 „Hindernis".

12 **6) Umfang des Gebührenverlusts.** Eine Verringerung des Gebührenanspruchs tritt nur ein, wenn das Gericht infolge eines schuldhaften Verhaltens des bisher beigeordneten oder bestellten Anwalts nach Rn 6 ff nach dessen Anhörung gemäß Art 103 I GG einen anderen Anwalt wirksam beiordnet oder bestellt. Auch dann behält der bisherige Anwalt seinen Gebührenanspruch grundsätzlich. Dieser verringert sich nur um diejenigen gleichartigen Gebühren, die der nunmehrige Anwalt von der Staatskasse fordern kann. Eine solche letztere Forderung besteht durchweg zumindest in einer Verfahrens- oder Grundgebühr, Zweibr NJW **99**, 436, aber auch zB in einer auch beim neuen Anwalt angefallenen Terminsgebühr, Hbg JB **85**, 1655. Auch das gilt aber nur bis zur Höhe der Gebühren des bisherigen Anwalts.

13 Bis zur Klärung der Frage, welche Gebühren der nunmehr beigeordnete oder bestellte Anwalt beanspruchen darf, kann das Gericht das Festsetzungsverfahren für den bisherigen Anwalt *aussetzen*, Ffm JB **75**, 1613, Nürnb AnwBl **03**, 375. § 125 ist bei einem unverschuldeten Anwaltswechsel unanwendbar, Nürnb AnwBl **03**, 374. Daher darf das Gericht die neue Beiordnung oder Bestellung nicht etwa unter der Bedingung vornehmen, daß es dem nun beigeordneten oder bestellten Anwalt Gebühren nur in derjenigen Höhe zubilligen würde, in der sie dem bisherige Anwalt entstanden oder nicht entstanden wären, KG JB **81**, 706, Naumb NJW **03**, 2921 (keine Bindung des Urkundsbeamten), aM Köln FamRZ **04**, 124. Freilich kann der neue Anwalt in den Grenzen einer Berufswidrigkeit auf Gebühren verzichten, KG Rpfleger **82**, 396, Zweibr JB **94**, 749.

14 **7) Umfang des Auslagenverlusts.** Obwohl § 54 nur von Gebühren und nicht von Auslagen spricht, gelten seine Regeln auch für Auslagen, nach § 46, Hbg Rpfleger **77**, 420, aM RS 10.

Festsetzung der aus der Staatskasse zu zahlenden Vergütungen und Vorschüsse

55 ^I ^1 Die aus der Staatskasse zu gewährende Vergütung und der Vorschuss hierauf werden auf Antrag des Rechtsanwalts von dem Urkundsbeamten der Geschäftsstelle des Gerichts des ersten Rechtszugs festgesetzt. ²Ist das Verfahren nicht gerichtlich anhängig geworden, erfolgt die Festsetzung durch den Urkundsbeamten der Geschäftsstelle des Gerichts, das den Verteidiger bestellt hat.

^II In Angelegenheiten, in denen sich die Gebühren nach Teil 3 des Vergütungsverzeichnisses bestimmen, erfolgt die Festsetzung durch den Urkundsbeamten des Gerichts des Rechtszugs, solange das Verfahren nicht durch rechtskräftige Entscheidung oder in sonstiger Weise beendet ist.

^III Im Fall der Beiordnung einer Kontaktperson (§ 34a des Einführungsgesetzes zum Gerichtsverfassungsgesetz) erfolgt die Festsetzung durch den Urkundsbeamten der Geschäftsstelle des Landgerichts, in dessen Bezirk die Justizvollzugsanstalt liegt.

^IV Im Fall der Beratungshilfe wird die Vergütung von dem Urkundsbeamten der Geschäftsstelle des in § 4 Abs. 1 des Beratungshilfegesetzes bestimmten Gerichts festgesetzt.

^V ^1 § 104 Abs. 2 der Zivilprozessordnung gilt entsprechend. ²Der Antrag hat die Erklärung zu enthalten, ob und welche Zahlungen der Rechtsanwalt bis zum Tag der Antragstellung erhalten hat. ³Bei Zahlungen auf eine anzurechnende Gebühr sind diese Zahlungen, der Satz oder der Betrag der Gebühr und bei Wertgebühren auch der zugrunde gelegte Wert anzugeben. ⁴Zahlungen, die der Rechtsanwalt nach der Antragstellung erhalten hat, hat er unverzüglich anzuzeigen.

^VI ^1 Der Urkundsbeamte kann vor einer Festsetzung der weiteren Vergütung (§ 50) den Rechtsanwalt auffordern, innerhalb einer Frist von einem Monat bei der Geschäftsstelle des Gerichts, dem der Urkundsbeamte angehört, Anträge auf Festsetzung der Vergütungen, für die ihm noch Ansprüche gegen die Staatskasse zustehen, einzureichen oder sich zu den empfangenen Zahlungen (Absatz 5 Satz 2) zu erklären. ²Kommt der Rechtsanwalt der Aufforderung nicht nach, erlöschen seine Ansprüche gegen die Staatskasse.

Abschn. 8. Beigeordneter oder bestellter RA, Beratungshilfe § **55 RVG**

VII [1] Die Absätze 1 und 5 gelten im Bußgeldverfahren vor der Verwaltungsbehörde entsprechend. [2] An die Stelle des Urkundsbeamten der Geschäftsstelle tritt die Verwaltungsbehörde.

Vorbem. V 2–4 idF Art 7 IV Z 6 G v 30. 7. 09, BGBl 2449, in Kraft seit 5. 8. 09, Art 10 S 2 G, Übergangsrecht § 60 RVG.

Gliederung

1) **Systematik,** I–VII	1
2) **Regelungszweck,** I–VII	2
3) **Geltungsbereich,** I–VII	3
4) **Antrag,** I, V, VI	4–14
A. Rechtsanwalt, I 1	5
B. Beiordnung oder Bestellung, I 1	6
C. Form, I 1	7
D. Frist, I 1, V, VI	8, 9
E. Inhalt, V 2, 3	10, 11
F. Kein Anwaltszwang, I 1	12
G. Glaubhaftmachung, V 1	13
H. Bloße Versicherung, V 1	14
5) **Weiteres Festsetzungsverfahren,** I–VII	15–26
A. Zuständigkeit bei gerichtlicher Abhängigkeit, I 1	15–18
B. Zuständigkeit ohne gerichtliche Anhängigkeit, I 2	19
C. Zuständigkeit bei Tätigkeit nach VV Teil 3, II	20
D. Zuständigkeit bei Beiordnung nach § 34a EGGVG, III	21
E. Zuständigkeit bei Beratungshilfe, IV	22
F. Zuständigkeit im Bußgeld-Verwaltungsverfahren, VII	23
G. Prüfungsumfang, VI	24
H. Aufforderung, VI	25
I. Verstoß, VI	26
6) **Entscheidung,** VI	27–33
A. Beschluß oder Verfügung	27
B. Notwendigkeit einer Begründung	28
C. Entbehrlichkeit einer Begründung	29
D. Keine Zinsen, Kosten	30
E. Mitteilung	31
F. Wirkung	32
G. Änderung, Nachforderung	33

1) Systematik, I–VII. Das Festsetzungsverfahren nach § 55 hat zwar eine gewisse Ähnlichkeit mit der Kostenfestsetzung nach §§ 103 ff ZPO. Während aber dort die Klärung einer Erstattungspflicht der einen Prozeßpartei gegenüber der anderen erfolgt, Zweibr FamRZ **00**, 756, hat § 55 die Erstattungspflicht der Staatskasse gegenüber dem beigeordneten Anwalt zum Gegenstand, Mü FamRZ **06**, 1461. Das gilt unabhängig von dem Ausgang des zugrunde liegenden Rechtsstreits. Das Verfahren nach § 55 ist damit von einem Kostenfestsetzungsverfahren nach §§ 103 ff ZPO grundsätzlich unabhängig, AG Lübeck Rpfleger **84**, 75, Bratfisch Rpfleger **89**, 308. Deshalb ist zB § 104 I 2 ZPO (Verzinsung) mangels einer Miterwähnung in (jetzt) § 55 unanwendbar, AG Bln-Schöneb JB **02**, 375. Es ist auch anders als im Kostenfestsetzungsverfahren grundsätzlich kein Vollstreckungstitel erforderlich. Das Abrechnungsverbot gegenüber dem Prozeßgegner des Auftraggebers nach § 126 ZPO bleibt.

Man muß die in § 56 genannte Erst-„Erinnerung" gegen die Festsetzung von der dort behandelten befristeten *Zweiterinnerung* unterscheiden, ähnlich wie bei § 66 GKG, Teil I A dieses Buchs. Die Festsetzung erfolgt in einem justizförmigen Verwaltungsverfahren, Düss Rpfleger **08**, 317, OVG Lüneb JB **88**, 1501. Sie ist aber kein Justizverwaltungsakt nach § 23 EGGVG, Naumb NJW **03**, 2921, aM AG Lübeck Rpfleger **84**, 175 (zustm Lappe). Ergänzend regeln §§ 56, 57 die Anfechtbarkeit einer Entscheidung nach § 55. Eine Feststellungsklage beim FG, SG oder VG ist wegen der Spezialregelung des § 55 unstatthaft, vgl auch § 1 I Z 8 und § 8 I JBeitrO, Teil IX A dieses Buchs. Das gilt zumindest mangels einer unzumutbaren Verzögerung der Entscheidung nach § 55. § 464b StPO tritt zurück, Jena Rpfleger **06**, 435.

2) Regelungszweck, I–VII. Die Vorschrift dient der Klarstellung und Vereinfachung, indem sie insbesondere das Rechtsbehelfsverfahren in einer wohltuenden Form vom zivilrechtlichen Kostenfestsetzungsverfahren unabhängig sowie zügiger und

RVG § 55

einfacher gestaltet, Nürnb MDR **06**, 235. Diese Zweckmäßigkeit sollte auch der Auslegung stets mit zugrundeliegen. Es bleiben ja leider genug Zweifelsfragen, wie die folgende Kommentierung zeigt.

3   **3) Geltungsbereich, I–VII.** Die Vorschrift gilt für die gesamte Vergütung aus der Staatskasse, I 1. Diese umfaßt nach § 1 I 1 die Gebühren und die Auslagen und auch einen Vorschuß. Die Vorschrift gilt für den vom Gericht bestellten oder beigeordneten Anwalt.
Die Vorschrift gilt *nicht für den Wahlverteidiger.* Eine Entscheidung über seine Gebühr ist nach § 11 VIII abgesehen von der Mindestgebühr oder einer Zustimmung des Auftraggebers nur im Klageweg möglich. Die Vorschrift gilt auch nicht für diejenigen Kosten, die ein Beteiligter dem anderen erstatten muß. Für die Festsetzung dieser letzten Kosten gilt § 464 II StPO. Die Vorschrift gilt ferner nicht für Parteiauslagen, AG Kblz JB **09**, 329.

4   **4) Antrag, I, V, VI.** Zum Antrag ist nur der vom Gericht oder von einer Verwaltungsbehörde in einem beliebigen Verfahren einer Gerichtsbarkeit beigeordnete oder bestellte Anwalt und nicht etwa eine Partei oder deren Prozeßgegner berechtigt. Die letzteren sind auf die Rechtsbehelfe gegen die Zulassungsforderung der Staatskasse angewiesen. Es müssen die folgenden Voraussetzungen zusammentreffen. Die Vergütungsfestsetzung erfolgt also nicht von Amts wegen. Das weitere Verfahren erfolgt aber von Amts wegen, Rn 24.

5   **A. Rechtsanwalt, I 1.** Zum Antrag ist nur eine zur Anwaltschaft zugelassene Person berechtigt. Die Antragsberechtigung bleibt auch nach dem Ausscheiden aus der Anwaltschaft bestehen. Auch der Kanzleiabwickler nach § 55 BRAO ist antragsberechtigt. Nach dem Tod des beigeordneten oder bestellten Anwalts sind seine Erben und sein Sozius berechtigt. Auch ein Abtretungs- oder Pfändungsgläubiger ist berechtigt. Ein Rechtsbeistand ist ab eine rechtmäßigen oder rechtswidrigen Beiordnung oder Bestellung als einem wirksamen Staatshoheitsakt antragsberechtigt, LG Bielef JB **89**, 1256. Wegen der Beiordnung als eine Kontaktperson Rn 21.
Die von der Beiordnung oder Bestellung *begünstigte Prozeßpartei* oder gar deren Prozeßgegner sind nicht antragsberechtigt, BGH MDR **78**, 214. Denn im Verfahren nach § 55 handelt es sich nur um die Feststellung der Vergütungsforderung des Anwalts gegenüber der Staatskasse, Zweibr JB **99**, 590. Diese Feststellung ist für die von der Beiordnung oder Bestellung begünstigte Partei nicht bindend. Sie kann sich dann, wenn ein Anspruch des beigeordneten oder bestellten Anwalts gegen seinen Auftraggeber infolge der Befriedigung des Anwalts durch die Staatskasse auf diese nach § 59 übergegangen ist, nach § 66 GKG, Teil I A dieses Buchs, gegen einen solchen ihr etwa nach KV 9007 in Rechnung gestellten Betrag wenden, BGH MDR **78**, 214.

6   **B. Beiordnung oder Bestellung, I 1.** Das Gericht muß den Anwalt beigeordnet oder bestellt haben. Das kann auch für eine Vereinbarung über einen zunächst nicht mit rechtshängig gewesenen Anspruch geschehen sein, Stgt MDR **08**, 1067. Es genügt eine solche Maßnahme für einen Beweis- oder Termins- oder Verkehrsanwalt. Einzelheiten §§ 45 ff. Die Tätigkeit darf also auch außerhalb der Beiordnung oder Bestellung erfolgt sein, Zweibr JB **99**, 590, LG Osnabr JB **08**, 247. Die Beiordnung oder Bestellung bindet unabhängig von deren formeller oder inhaltlicher Zulässigkeit und Begründetheit den Urkundsbeamten, Düss Rpfleger **08**, 206, Mü Rpfleger **86**, 108. Jede Beiordnung führt zu einem eigenständigen Verfahren, Düss JB **08**, 592; aM LAG Mü JB **10**, 26 (abl Enders).

7   **C. Form, I 1.** Der Antrag unterliegt keiner gesetzlichen Form. Man kann ihn zum Protokoll des Urkundsbeamten der Geschäftsstelle oder auch nach § 12b elektronisch und ohne einen Anwaltszwang einreichen, § 78 III Hs 2, auch VI ZPO. Entgegen der VO des JustMin Nordrhein-Westfalen vom 23. 5. 58, JMBl NRW 145 (zum alten Recht) ist keineswegs ein Formular notwendig, Ffm JB **92**, 683, Hamm AnwBl **75**, 95, LAG Hamm AnwBl **85**, 106. Dieses kann aber hilfreich sein.

8   **D. Frist, I V, VI.** Der Antrag ist grundsätzlich schon vor der Fälligkeit einer Vergütung nach § 8 zulässig, aM RS 17. Denn der beigeordnete oder bestellte Anwalt hat einen Anspruch auf einen Vorschuß nach § 47. Im übrigen ist der Antrag grundsätzlich nicht fristabhängig. Die Verjährung richtet sich nach §§ 195 ff BGB. Sie be-

ginnt nach § 199 I BGB mit dem Schluß desjenigen Jahres, in dem der Anspruch entstanden ist und der Anwalt von den anspruchsbegründenden Umständen und der Person seines Kostenschuldners eine Kenntnis erhalten hatte oder sie ohne eine grobe Fahrlässigkeit hätte erhalten müssen. Eine Verwirkung ist denkbar, aber nur unter strengen Voraussetzungen annehmbar, Hamm JB **82**, 877, LAG Hamm AnwBl **94**, 97.

Sofern der Urkundsbeamte der Geschäftsstelle den Anwalt vor einer Festsetzung 9 nach § 50 auffordert, einen Antrag auf die Festsetzung einer *weiteren Vergütung* zu stellen, muß der Anwalt freilich ausnahmsweise nach VI 1 eine Ausschlußfrist von einem Monat seit dem Zugang der Aufforderung einhalten, um das Erlöschen seines Anspruchs zu verhindern. Zur Wirksamkeit der Frist ist eine volle Namensunterzeichnung des Urkundsbeamten erforderlich, BGH NJW **80**, 1168, Bbg JB **93**, 89, Düss MDR **89**, 556. Auch ein Ausfertigungsvermerk muß die volle Unterschrift tragen, BGH NJW **87**, 2868.

Ein *Fristverstoß* unterliegt der Darlegungs- und Beweislast der Staatskasse. Er hat die Rechtsfolgen Rn 26. Eine Wiedereinsetzung findet nicht statt, Bbg JB **93**, 89, KG JB **84**, 1652, Köln RR **99**, 1583.

E. Inhalt, V 2, 3, dazu *Enders* JB **09**, 397 (Üb): Der Antrag muß das Verlangen 10 auf die Festsetzung der Vergütung und/oder eines Vorschusses enthalten. Der Anwalt muß eindeutig klären, daß er gerade nach § 55 vorgeht. Der Antrag muß eine Berechnung nach § 10 enthalten. Der Anwalt muß sie unterzeichnen, Kblz FamRZ **02**, 1506. Der Antragsteller muß wegen § 58 außerdem erklären, ob und welche Zahlungen er im Zusammenhang mit dieser Angelegenheit von dem Auftraggeber, von der Staatskasse oder von einem Dritten bis zum Tag der Antragstellung erhalten hat, also bis zur Unterzeichnung des Antrags oder seiner Erklärung zum Protokoll des Urkundsbeamten. Er kann natürlich in diesem Zeitpunkt nur solche Zahlungen angeben, die er bereits bis dahin kennt. Zahlungen, die er erst nach diesem Zeitpunkt objektiv erhält oder die er erst nach diesem Zeitpunkt etwa infolge des Zugangs einer Gutschriftsanzeige erfährt, muß er unverzüglich und daher entsprechend § 121 I 1 BGB ohne sein schuldhaftes Zögern nachträglich angeben.

Einer Zahlung steht eine *gleichwertige Art der Leistung* gleich, etwa der Empfang eines Verrechnungsschecks, sofern der Anwalt ihn nach seinem Inhalt bereits einlösen 11 kann. Der Anwalt muß auch solche Leistungen angeben, von denen er noch nicht sicher ist, ob sie tatsächlich erfolgen werden. Er muß also zB auch einen solchen Wechsel nennen, den er zwar zur Einlösung vorlegen könnte, bei dem er sich aber über die Deckung nicht sicher ist. Er darf auf solche Zweifel natürlich hinweisen. Im übrigen braucht er nur solche Angaben zu machen, die nicht schon aktenkundig sind. Mangels eines ausreichenden Vortrags ist die Bestimmung des Anwalts nach § 14 nicht bindend, Düss Rpfleger **02**, 271, Köln JB **96**, 357.

Bei einer *ausrechenbaren* Gebühr muß der Anwalt auch die Angaben nach V 3 machen, um dem Urkundsbeamten alle nach § 58 I, II nötigen Daten zu nennen.

F. Kein Anwaltszwang, I 1. Der Antrag unterliegt keinem Anwaltszwang. Das 12 ergibt sich auch schon daraus, daß man ihn zum Protokoll des Urkundsbeamten der Geschäftsstelle stellen kann, Rn 7.

G. Glaubhaftmachung, V 1. Der Antragsteller muß die Vergütungsforderung 13 nach Grund und Höhe mangels Offenkundigkeit nach § 291 ZPO glaubhaft machen, LG Aachen AnwBl **99**, 59, AG Kblz FamRZ **07**, 233 links, AG Mannh AnwBl **83**, 239 (zustm Haß). Eine Glaubhaftmachung erfolgt stets wie bei § 294 ZPO, LAG Mainz FamRZ **97**, 947. Eine Glaubhaftmachung ist auch ausreichend, aM KG FamRZ **09**, 1781. Beides ergibt sich aus V 1 in Verbindung mit § 104 II 1 ZPO, Düss JB **09**, 370, AG Magdeb JB **05**, 651 (je: Beratungshilfe).

Eine Glaubhaftmachung muß *schriftlich oder* entsprechend § 12b *elektronisch oder zum Protokoll* der Geschäftsstelle erfolgen. Denn sonst fehlt der Beleg. Glaubhaftmachung ist überwiegende Wahrscheinlichkeit, BVerfG **38**, 39, BGH NJW **98**, 1870 Zweibr MDR **01**, 413. Eine vollständige Gewißheit ist also nicht erforderlich. Bei ungewöhnlich hohen Auslagen entstehen entsprechend hohe Anforderungen an die Darlegung und auch an die Glaubhaftmachung, KG NJW **76**, 1272. Aus der Stellung der Verweisungsvorschrift V 1 vor V 2 läßt sich ableiten, daß der Anwalt die Erklärung darüber nicht glaubhaft zu machen braucht, ob und welche Zahlungen er bis zur Antragstellung vom Auftraggeber oder von einem Dritten erhalten hat. Zur Glaubhaftmachung kann ausnahmsweise eine anwaltliche Versicherung oder/und die Vorlage der Handakten trotz des BDSG ratsam oder sogar notwendig sein, LG Gött JB **86**, 242, aM LG Hann Rpfleger **86**, 72, AG Brschw AnwBl **85**, 538 und 539 (aber auch der Urkundsbeamte ist schweigepflichtig). Die Dokumentenpauschale nach VV 7000 erfordert eine Glaubhaftmachung nicht nur zum Ob, sondern auch zum Umfang.

14 **H. Bloße Versicherung, V 1.** Nach § 104 II 2 ZPO genügt es zur Berücksichtigung eines Ansatzes, daß der Anwalt wegen der Auslagen an Post- und sonstige Telekommunikationsgebühren versichert, daß diese Auslagen auch tatsächlich entstanden sind, Köln MDR **86**, 152, Mü MDR **92**, 1005, LG Aachen AnwBl **99**, 59, aM Ffm AnwBl **82**, 202. Es kann eine stichwortartige Angabe der Tatsachen ausreichen, LG Köln AnwBl **82**, 84. Allerdings darf man die Anforderungen nicht zu gering bemessen, Kblz VersR **87**, 914, strenger Hbg JB **81**, 454 (Einzelnachweis), großzügiger Mü AnwBl **83**, 569. Soweit ein Streit über die Notwendigkeit der Porto- und Telefonauslagen usw besteht, genügt jetzt die Versicherung des Anwalts, aM AG Kblz FamRZ **07**, 233 links. Freilich bleiben unrichtige Angaben strafbar, § 263 StGB.

Bei der *Umsatzsteuer* genügt nach V 1 in Verbindung mit § 104 II 3 ZPO die Erklärung des Antragstellers, daß er die Beträge nicht als Vorsteuer abziehen könne, BGH NJW **03**, 1534, Saarbr MDR **99**, 61, Schlesw JB **96**, 260, aM LAG Mainz FamRZ **97**, 947. Der Anwalt braucht diese Erklärung also weder nach § 294 ZPO glaubhaft zu machen noch sonstwie zu bekräftigen, LG Hann JB **99**, 29. Die bloße Erklärung genügt aber nur, wenn sie wenigstens dem Sinn nach eindeutig ist, Saarbr MDR **99**, 61. Die Erklärung muß auch unmißverständlich sein, KG MDR **95**, 321. Man darf eine stillschweigende Erklärung nur ausnahmsweise unter einer Berücksichtigung aller Umstände annehmen, LG Karlsr JB **96**, 428, AG Bln-Charlottenb JB **96**, 425. Sie liegt nicht schon im bloßen Ansatz der Umsatzsteuer, Karlsr JB **00**, 477, LAG Ffm DB **89**, 2272. Der Urkundsbeamte braucht insofern nicht nachzufragen, Düss JB **02**, 590, Schlesw RR **04**, 356, VGH Mannh NVwZ-RR **04**, 311.

15 **5) Weiteres Festsetzungsverfahren, I–VII.** Man muß sechs Abschnitte beachten.

A. Zuständigkeit bei gerichtlicher Anhängigkeit, I 1. Sobald das Beiordnungs- oder Bestellungsverfahren gerichtlich anhängig ist, wird der Urkundsbeamte der Geschäftsstelle des Gerichts des ersten Rechtszugs zuständig, I 1. Das gilt bis zum Ende dieser Instanz. Es gilt auch dann, wenn die Beiordnung oder Bestellung erst in einem höheren Rechtszug erfolgt ist. Eine Anhängigkeit gegenüber der Rechtshängigkeit meist der weitere Begriff, BLAH § 261 ZPO Rn 1. Die Anhängigkeit beginnt mit dem Antragseingang auf der Posteinlaufstelle.

16 Dasjenige Gericht, *an das* der Prozeß *verwiesen wurde*, ist für den ganzen Rechtszug zuständig, soweit der Anwalt auch nach der Verweisung beigeordnet oder bestellt geblieben ist. Das gilt auch bei einer Verweisung in ein anderes Bundesland für die erst jetzt fällige Vergütung. Wegen der Zuständigkeit bei einer Verweisung an das Gericht eines anderen Landes vgl die Ländervereinbarung der Anlage 2 zur KostVfg, Teil VII A dieses Buchs (dort am Ende abgedruckt).

17 Der *Rechtspfleger ist als solcher in keinem Fall zuständig.* Denn § 21 Z 1–3 RPflG nennt im Gegensatz zu §§ 103 ff ZPO, 11 RVG den (jetzt) § 55 nicht, Drsd FamRZ **97**, 951, Hamm Rpfleger **89**, 319, LG Bln AnwBl **83**, 573.

18 Wenn das Beiordnungsverfahren im Zeitpunkt der Entscheidung über den Vergütungsantrag bereits durch eine rechtskräftige Entscheidung oder in sonstiger Weise insgesamt *beendet ist,* bleibt der Urkundsbeamte der Geschäftsstelle des Gerichts des ersten Rechtszugs zuständig, (je zum alten Recht) LSG Celle JB **99**, 590, OVG Saarlouis JB **92**, 31. Das gilt auch für die infolge einer Beiordnung für die Zwangsvollstreckung entstandenen Kosten, Schlesw SchlHA **82**, 112, aM Mü JB **85**, 1841 (Zuständigkeit des Vollstreckungsgerichts). Denn die Akten befinden sich dann wieder beim Gericht des ersten Rechtszugs oder sollen sich jedenfalls dann wieder dort befinden.

19 **B. Zuständigkeit ohne gerichtliche Anhängigkeit, I 2.** Wenn das Verfahren etwa bei § 81 II StPO mit der Tätigkeit des Anwalts überhaupt nicht nach Rn 15 anhängig geworden ist, erfolgt die Festsetzung der Vergütung durch den Urkundsbeamten der Geschäftsstelle desjenigen Gerichts, das den Verteidiger bestellt hat. Das ist dann nicht so, wenn das gerichtliche Verfahren auch nur vorübergehend anhängig war. Eine irrige Einreichung macht dennoch anhängig. Dasselbe gilt von einer Einreichung bei einem sachlich, örtlich oder funktionell unzuständigen Gericht der Hauptsache.

C. Zuständigkeit bei Tätigkeit nach VV Teil 3, II. Soweit man die Vergütung 20 des Anwalts nach VV 3100–3518 errechnen muß, erfolgt die Festsetzung durch den Urkundsbeamten der Geschäftsstelle des Gerichts des jeweiligen Rechtszugs der Beiordnung, solange das Verfahren nicht durch eine rechtskräftige Entscheidung oder in sonstiger Weise beendet ist. Hier ist also evtl der Urkundsbeamte eines höheren Rechtszugs zuständig. Das alles gilt auch bei einer Abgabe oder Verweisung, auch bei einer Rechtswegverweisung. Nach der Rechtskraft oder sonstigen Verfahrensbeendigung gelten wieder Rn 18, 19.

D. Zuständigkeit bei Beiordnung nach § 34a EGGVG, III. Bei der Beiord- 21 nung einer Kontaktperson erfolgt die Festsetzung durch den Urkundsbeamten der Geschäftsstelle desjenigen LG, in dessen Bezirk diejenige Justizvollzugsanstalt liegt, in der sich der Inhaftierte im Zeitpunkt des Eingangs des Festsetzungsantrags oder nach einer Verlegung im Zeitpunkt der Fälligkeit nach § 8 jetzt aufhält. Denn das ist im Zusammenhang mit dem allgemeinen Grundgedanken der möglichsten Sach- und Personennähe der sinnvollste Anknüpfungsort wie bei Rn 22. Eine ausreichende Glaubhaftmachung bindet den Urkundsbeamten, § 14 Rn 23 ff, Düss JB **82**, 871, Saarbr JB **82**, 714.

E. Zuständigkeit bei Beratungshilfe, IV. In diesem Fall setzt der Urkundsbe- 22 amte der Geschäftsstelle des in § 4 I BerHG bestimmten Gerichts die Vergütung fest. Das gilt auch dann, wenn der Rechtssuchende den Anwalt vor einem Antrag auf einen Berechtigungsschein nach § 6 BerGH beauftragt hat.

> *BerHG § 4. Entscheidung über den Antrag.* [1] [1]Über den Antrag auf Beratungshilfe entscheidet das Amtsgericht, in dessen Bezirk der Rechtssuchende seinen allgemeinen Gerichtsstand hat. [2]Hat der Rechtssuchende im Inland keinen allgemeinen Gerichtsstand, so ist das Amtsgericht zuständig, in dessen Bezirk ein Bedürfnis für Beratungshilfe auftritt.

Der *allgemeine Gerichtsstand* ergibt sich aus §§ 12 ff ZPO, BayObLG JB **95**, 366. Maßgebend ist auch hier wie bei Rn 21 die Zeit des Antragseingangs, Hamm FamZR **08**, 2294, Zweibr JB **98**, 197. Wegen des Verfahrens bei einem Zuständigkeitsstreit BayObLG Rpfleger **88**, 470.

F. Zuständigkeit im Bußgeld-Verwaltungsverfahren, VII. Die Vorschrift ver- 23 weist in S 1 auf I, V und macht in S 2 statt des Urkundsbeamten der Geschäftsstelle die Verwaltungsbehörde zur Festsetzung zuständig. VI gilt nicht auch nur entsprechend mit.

G. Prüfungsumfang, VI. Der Urkundsbeamte prüft die Voraussetzungen Rn 4 ff. 24 Er wird als ein unabhängiges Gerichtsorgan tätig. Er kann eine Schlechterfüllung, zB vermeidbar hohe Kosten getrennter Verfahren, vergütungsmindernd beachten, Hamm MDR **09**, 295. Er ist also nicht weisungsgebunden, Kblz MDR **75**, 75. Er beachtet die DB-PKHG/DB-InsO, Teil VII 5 dieses Buchs, und die Vereinbarung über die Festsetzung der aus der Staatskasse zu zahlenden Vergütung der Rechtsanwälte und Steuerberater, Teil VII 6 dieses Buchs. Die Antragsforderung bindet wegen des Antragszwangs nach Rn 4 auch ähnlich wie bei § 308 I ZPO das Gericht nach oben. Das gilt selbst dann, wenn nach der Akte ein höherer Anspruch möglich scheint, aM RS 21. Der Urkundsbeamte darf aber einen höheren Antrag anregen. Er prüft auch in den Antragsrenzen Einzelposten austauschen, KG AnwBl **77**, 510. Er prüft in diesen Grenzen von Amts wegen. Er berücksichtigt nur tatsächlich erfolgte Zahlungen, OVG Lüneb NJW **09**, 1226. Er ist bis zu einer gerichtlichen Festsetzung des Werts zur eigenen Wertannahme dann befugt und verpflichtet, wenn das Gericht nicht auf Grund einer Anregung festsetzt und wenn er nicht bis zur gerichtlichen Wertfestsetzung aussetzt.

Er prüft zB *nicht*, ob das Gericht eine Prozeßkostenhilfe und Beiordnung hätte einschränken müssen, Naumb MDR **09**, 234, oder ob es hätte versagen müssen, Düss Rpfleger **08**, 317, Schlesw FamRZ **09**, 537, LAG Kiel NZA-RR **06**, 97, aM Düss JB **90**, 612, Ffm AnwBl **82**, 381, Mü JB **87**, 442 (aber es handelt sich um ein bloßes

RVG § 55 X. Rechtsanwaltsvergütungsgesetz

justizförmiges Verwaltungsverfahren, Rn 1). Auch eine Aufhebung der Prozeßkostenhilfe nach § 124 ZPO läßt einen vorher entstandenen Anspruch des beigeordneten Anwalts gegen die Staatskasse nicht wegfallen, Kblz AnwBl **97**, 240, ebensowenig ein Verzicht des Anwalts auf Gebühren und/oder auf Auslagen gegenüber dem Auftraggeber oder ein Insolvenzverfahren gegen den Prozeßgegner des Auftraggebers des beigeordneten Anwalts. Denn eine solche Insolvenz kann erst nach einem Forderungsübergang auf die Staatskasse nach § 59 I 1 zu ihrem Nachteil erheblich werden, und die Staatskasse kann das wegen § 59 I 2 nicht dem beigeordneten Anwalt anlasten, § 59 Rn 17.

Der Urkundsbeamte kann sich auf eine *Anrechnung* nach der amtlichen Vorbemerkung 3 IV erst nach einer Tilgung einer anrechenbaren Geschäftsgebühr durch den Begünstigten an den beigeordneten Anwalt berufen, Stgt Rpfleger **08**, 208.

Der Urkundsbeamte prüft auch *nicht* das *weitere Verfahren* vor dem Prozeßgericht, Bbg JB **86**, 219. Sofern er einen seiner Überprüfung zugänglichen und behebbaren Mangel vorfindet, setzt er dem Antragsteller eine angemessene Frist zur Behebung, Artt 2 I, 20 III GG, BVerfG **101**, 404 (gilt hier entsprechend). Eine mündliche Verhandlung findet nicht statt. Der Urkundsbeamte ist unabhängig von der Staatskasse. Er unterliegt daher keiner Weisung des Bezirksrevisors zur Sachbehandlung. Er ist folglich auch nicht befugt, bei Zweifelsfragen die Akten dem Rpfl oder dem Richter vorzulegen. § 5 RPflG gilt für ihn nicht. Er ist nicht von einer Kostengrundentscheidung abhängig. Sie bindet ihn nicht. Er darf sie nur nicht unterlaufen, AG Saarlouis AnwBl **82**, 262. Ihn bindet auch kein über den Antrag hinausgehendes Vorbringen des beigeordneten Anwalts. Er kann Auskünfte einholen, auch eine Amtshilfe beanspruchen, Art 35 I GG. Ihn bindet kein Kostenfestsetzungsbeschluß, Rn 1.

Auch eine *Rahmengebühr* ist festsetzbar, auch oberhalb ihres Mindestbetrags. Das gilt, zumal die Staatskasse kein Dritter nach § 14 I 4 ist. Der Urkundsbeamte darf und muß nur ganz ausnahmsweise wegen einer Unbilligkeit kürzen, Düss AnwBl **82**, 254, Köln JB **96**, 357. § 59 ist in diesem Verfahrensstadium unbeachtlich.

25 **H. Aufforderung, VI.** Soweit eine weitere Vergütung nach § 50 in Betracht kommt, kann und muß der Urkundsbeamte vor einer Festsetzung den Antragsteller auffordern, einen Antrag auf die Festsetzung derjenigen Vergütungen einzureichen, für die ihm noch Ansprüche gegen die Staatskasse zustehen, oder sich zu den empfangenen Zahlungen nach V 2 zu erklären. Eine solche Aufforderung kommt natürlich nur insoweit in Betracht, als die beigeordnete Anwalt noch keine nach § 50 I, II ausreichende Berechnung nach § 10 eingereicht hat.

Das Wort „*kann*" in VI 1 legt nur die Zuständigkeit des Urkundsbeamten zu dieser Aufforderung fest. Es gibt ihm kein Ermessen, aM RS 29 (aber der Urkundsbeamte kann evtl gar nicht anders seine Schlußkostenrechnung erstellen). Der Urkundsbeamte muß also vor einer für den beigeordneten Anwalt nachteiligen Entscheidung die in VI 1 zwingend genannte Ausschlußfrist von mindestens einem Monat setzen, Rn 23, Artt 2 I, 20 III GG, BVerfG **101**, 404 (gilt hier entsprechend). Sie ist keine Notfrist, Bbg JB **93**, 89, Köln RR **99**, 1583, LSG Celle JB **99**, 589. Daher gibt es gegen die Versäumung auch keine Wiedereinsetzung, Bbg JB **93**, 89, Köln RR **99**, 1583. Die Aufforderung braucht keinen Hinweis auf die Wirkung eines ergebnislosen Fristablaufs zu enthalten. Sie sollte aber wenigstens einen Hinweis auf die Existenz der Vorschrift VI 1 geben. Das ist eine Anstandspflicht. In einem besonders umfangreichen oder aus anderem Grund schwierigen Fall kann eine Frist von über einem Monat erforderlich sein, aM RS 32 (aber dann könnte eine bloße Monatsfrist einen Verstoß gegen das Verfassungsgebot eines fairen Verfahren bedeuten, BLAH Einl III 23. Daher ist eine teleologische Handhabung der Monatsfrist dann statthaft, BLAH Einl III 40).

Der Urkundsbeamte muß diejenige Verfügung oder denjenigen Beschluß, durch den er die Frist setzt, mit seinem vollen Namen *unterzeichnen*, Bbg JB **93**, 89, Düss JB **07**, 42. Vgl zur Unterschrift VV 3403 Rn 9 ff (ausführliches ABC). Eine bloße Abkürzung (Paraphe) genügt also nicht, BGH VersR **90**, 673, Brdb Rpfleger **98**, 208, Düss JB **07**, 42. Denn es handelt sich um eine fristschaffende Maßnahme. Der Urkundsbeamte muß die Aufforderung dem beigeordneten Anwalt förmlich zustellen lassen, § 329 II 2 Hs 2 ZPO. Eine Zustellung durch ein Empfangsbekenntnis genügt, § 174 ZPO. Zur Fristwahrung muß der Antrag beim fristsetzenden Gericht eingehen.

Abschn. 8. Beigeordneter oder bestellter RA, Beratungshilfe § 55 RVG

I. Verstoß, VI. Man muß zwei Fallgruppen unterscheiden. 26
Beim *Verstoß des Anwalts* gegen die Frist *erlöschen* seine Ansprüche nur gegen die Staatskasse auf eine weitere Vergütung nach § 50, nicht aber auch diejenigen gegen den Begünstigten oder dessen Prozeßgegner nach § 126 ZPO, VI 2. Es erlöschen die Ansprüche nach § 49 wie auch diejenigen nach (jetzt) § 50, Kblz RR **04**, 67, Köln RR **99**, 1583, AG Andernach JB **03**, 536. Der Urkundsbeamte kann dieses Erlöschen durch einen gesonderten Beschluß feststellen, KG JB **84**, 1692.
Ein *Verstoß des Gerichts* hat die Unbeachtlichkeit der Aufforderung nach VI zur Folge. Die Ausschlußwirkung tritt mangels einer wirksamen Festsetzung nicht ein, Zweibr Rpfleger **05**, 445 (zum alten Recht).

6) **Entscheidung, VI.** Es gelten die folgenden Regeln. 27
A. Beschluß oder Verfügung. Der Urkundsbeamte der Geschäftsstelle lehnt eine Festsetzung ganz oder teilweise als derzeit überhaupt unzulässig oder unbegründet ab, Ffm JB **75**, 1612, oder er setzt die Vergütung ganz oder teilweise in einer bestimmten Höhe fest. Das erfolgt durch einen Beschluß oder eine Verfügung oder durch eine Auszahlungsanordnung. Beides ist kein Verwaltungsakt nach § 23 EGGVG, Rn 1. Die Entscheidung ist nach § 56 anfechtbar.
Der Urkundsbeamte muß *unverzüglich* entscheiden, § 121 I 1 BGB, wie jeder Beamte, BLAH § 104 ZPO Rn 15, Schneider MDR **91**, 124 (auch zum Verstoß. Bei ihm muß man neben §§ 839 I, III BGB die vorrangigen §§ 23 ff EGGVG sowie die Möglichkeit einer Dienstaufsichtsbeschwerde beachten, insbesondere auch bei einer bloßen Untätigkeit). Das gilt in allen Gerichtsbarkeiten.

B. Notwendigkeit einer Begründung. Der Urkundsbeamte muß den Beschluß 28 grundsätzlich mit einer wenigstens stichwortartigen Begründung versehen, BLAH § 329 ZPO Rn 4, Bbg JB **77**, 381. Denn sonst würden die Grundlagen der Nachprüfbarkeit durch den beigeordneten Anwalt wie durch das Gericht fehlen, BVerfG **6**, 44, Bbg JB **78**, 1360. Der Urkundsbeamte muß eine zunächst fehlende Begründung spätestens dann nachholen, wenn er einer Erinnerung gegen seinen Beschluß nicht abhilft, KG **75**, 109, LG Bln JB **76**, 1542.

C. Entbehrlichkeit einer Begründung. Soweit allerdings der Beschluß in kei- 29 nerlei Rechte eines Beteiligten eingreift, darf eine Begründung ausnahmsweise fehlen, BVerfG NJW **57**, 289. Das gilt zB dann, wenn der Urkundsbeamte in seinem Beschluß dem Antrag voll stattgegeben hat und wenn bereits erkennbar ist, daß die Staatskasse keinerlei Bedenken hat. Denn dann wäre eine Beschwerde unzulässig, Bbg JB **75**, 1463. Eine Begründung ist auch dann entbehrlich, wenn alle Beteiligten die Erwägungen des Urkundsbeamten einwandfrei kennen, etwa aus einer mündlichen Erörterung. Es empfiehlt sich dann aber, in die Akten einen Vermerk darüber aufzunehmen. Eine Begründung ist schließlich dann entbehrlich, wenn alle Beteiligten einen Rechtsmittelverzicht wirksam erklärt haben.

D. Keine Zinsen, Kosten. Eine Kostenentscheidung findet nicht statt. Denn das 30 Verfahren vor dem Urkundsbeamten ist kostenfrei. Es gibt auch keine Verzinsung wie bei § 104 I 2 ZPO, Rn 1.

E. Mitteilung. Der Urkundsbeamte muß seine Entscheidung förmlich zustellen. 31 Denn sie unterliegt zwar keinem befristeten Rechtsmittel. Sie ist aber ein Vollstreckungstitel nach §§ 329 III Hs 1, 794 I Z 2 ZPO, aM RS 46 (je unnötig prozeßunwirtschaftlich). Das gilt auch dann, wenn der Urkundsbeamte im Verfahren eine Aufforderung nach VI 1 erlassen hatte. Es genügt also keine formlose Mitteilung von Amts wegen. Eine bloße Verfügung ohne mindestens inhaltlich abschließende Entscheidung ist keine Feststellung, LG Karlsr NJW **76**, 1274.

F. Wirkung. Die Festsetzung macht die weitere Vergütung des § 50 gegenüber der 32 Staatskasse fällig, § 8 Rn 1. Sie wirkt für und gegen alle an diesem Festsetzungsverfahren Beteiligten. Sie wirkt mangels eines Antragsrechts nach Rn 4 also nicht auch gegenüber dem Prozeßgegner. Sie bindet die Staatskasse solange, bis das Gericht den Beschluß auf Grund einer Erinnerung ändert oder aufhebt, § 56. Die Entscheidung erwächst allerdings nicht in eine formelle Rechtskraft. Eine endgültige falsche Berechnung der Vergütung kann eine Amtshaftung auslösen, Rn 27, Matzen AnwBl **76**, 333.

RVG §§ 55, 56 X. Rechtsanwaltsvergütungsgesetz

33 **G. Änderung, Nachforderung.** Abweichend von § 63 III GKG, Teil I A dieses Buchs, sieht § 55 keine Änderungsbefugnis vom Amts wegen mehr vor, (je zum alten Recht) Ffm FamRZ **91**, 1462 (Heilung infolge zulässiger Erinnerung), Mü Rpfleger **81**, 412, Schmidt MDR **83**, 637, Kraemer AnwBl **79**, 168, aM KG Rpfleger **78**, 312, Stgt AnwBl **78**, 463 (aber der Wortlaut und Sinn sind eindeutig). Eine Nachforderung etwa wegen eines irrig zunächst zu niedrigen Antrags ist statthaft, Schlesw FamRZ **09**, 452. Wegen eines Rechtsbehelfs der Staatskasse § 56.

Erinnerung und Beschwerde

56 I ¹Über Erinnerungen des Rechtsanwalts und der Staatskasse gegen die Festsetzung nach § 55 entscheidet das Gericht des Rechtszugs, bei dem die Festsetzung erfolgt ist, durch Beschluss. ²Im Fall des § 55 Abs. 3 entscheidet die Strafkammer des Landgerichts. ³Im Fall der Beratungshilfe entscheidet das nach § 4 Abs. 1 des Beratungshilfegesetzes zuständige Gericht.

II ¹Im Verfahren über die Erinnerung gilt § 33 Abs. 4 Satz 1, Abs. 7 und 8 und im Verfahren über die Beschwerde gegen die Entscheidung über die Erinnerung § 33 Abs. 3 bis 8 entsprechend. ²Das Verfahren über die Erinnerung und über die Beschwerde ist gebührenfrei. ³Kosten werden nicht erstattet.

Vorbem. II 1 geändert dch Art 14 VI Z 4 a JKomG v 22. 3. 05, BGBl 837, in Kraft seit 1. 4. 05, Art 16 I JKomG, Übergangsrecht § 60 RVG.

Gliederung

1) Systematik, Regelungszweck, I, II	1
2) (Erst-)Erinnerung, I 1	2–7
A. Berechtigung des Rechtsanwalts	2
B. Berechtigung der Staatskasse	3
C. Keine Berechtigung anderer Personen	4
D. Gegenstand der Erinnerung	5
E. Form, Frist	6
F. Beschwer	7
3) Weiteres (Erst-)Erinnerungsverfahren, I, II	8, 9
A. Zuständigkeit	8
B. Prüfungsumfang	9
4) Entscheidung über die (Erst-)Erinnerung, I	10–12
A. Beschluß	10
B. Begründung, Kosten	11
C. Mitteilung	12
5) Befristete Beschwerde, II	13–20
A. Zulässigkeit	13
B. Entweder: Beschwerdewert über 200 EZR, II 1, § 33 III 1	14
C. Oder: Zulassung wegen grundsätzlicher Bedeutung, II 1, § 33 III 2	15
D. Keine Beschwerde an Obersten Gerichtshof des Bundes	16
E. Form, Frist	17
F. Weiteres Verfahren	18, 19
G. Beschluß	20
6) Gegen Rechtspfleger mangels Beschwerdewerts: Befristete Zweiterinnerung, I, II, § 11 II 1 RPflG	21
7) Weitere Beschwerde, II 1, § 33 VI	22
8) Gegenvorstellung, Verfassungsbeschwerde, I, II	23

1 **1) Systematik, Regelungszweck, I, II.** Es gelten dieselben Erwägungen wie bei § 55 Rn 1, 2.

2 **2) (Erst-)Erinnerung, I 1.** Die Vorschrift geht § 30 a EGGVG vor, Teil XII B dieses Buchs, Köln RR **03**, 575. (Jetzt) I 1 geht auch § 27 EGGVG vor, Naumb NJW **03**, 2921. Es gelten für die (Erst-)Erinnerung die folgenden Regeln.

   A. Berechtigung des Rechtsanwalts. Der nach §§ 45 ff usw beigeordnete oder bestellte Anwalt ist zur (Erst-)Erinnerung berechtigt. Das gilt natürlich auch zugunsten seines Rechtsnachfolgers, auch infolge einer Abtretung, Düss FamRZ **97**, 532.

3   **B. Berechtigung der Staatskasse.** Auch die Staatskasse ist zur (Erst-)Erinnerung berechtigt, Düss Rpfleger **95**, 421, KG JB **09**, 32. Der Bezirksrevisor oder der Leiter des Rechnungsamts vertritt sie. Die Staatskasse kann auch eine Verjährung des Anspruchs geltend machen. Sie soll allerdings nur bei einer grundsätzlichen Streitfrage eine (Erst-)Erinnerung einlegen, soweit es ihr als angemessen erscheint, eine gerichtliche Entscheidung herbeizuführen. In anderen Fällen soll die Staatskasse den Weg der Anweisung zur Berichtigung im Verwaltungsverfahren wählen.

Die Staatskasse kann sowohl dann die (Erst-)Erinnerung einlegen, wenn ihr die Vergütung als *zu niedrig* erscheint, KG FamRZ **87**, 727, als auch dann, wenn sie ihr als *zu hoch* erscheint, KG Rpfleger **77**, 227. Im letzteren Fall ist die (Erst-)Erinnerung keineswegs eine solche zugunsten einer der Parteien des Hauptverfahrens, sondern zugunsten der Staatskasse.

Die (Erst-)Erinnerung ist *nach der Auszahlung* der festgesetzten Vergütung nicht mehr zulässig, Hbg AnwBl **82**, 256 (zustm Schmidt MDR **83**, 637), aM BVerfG NdsRpfl **83**, 160, KG JB **09**, 32, Schlesw FamRZ **09**, 452 (aber der Vertrauensschutz sollte im öffentlichen Recht stets eine überzeugende Miterörterung finden, bevor man ihn ablehnt).

C. Keine Berechtigung anderer Personen. Andere als die in Rn 1–3 genannten Personen sind zur (Erst-)Erinnerung nicht berechtigt. Das gilt insbesondere für die durch die Prozeßkostenhilfe begünstigte Partei und ihren Prozeßgegner oder für den Beschuldigten. Er kann nur nach § 66 GKG vorgehen, Teil I A dieses Buchs. **4**

D. Gegenstand der Erinnerung. Die (Erst-)Erinnerung richtet sich gegen die Entscheidung über die Festsetzung der Vergütung insgesamt. Die Unrichtigkeit eines einzelnen Postens begründet die (Erst-)Erinnerung nicht, soweit das Gesamtergebnis richtig ist. Freilich gilt das nur in rechnerischer Hinsicht. **5**

E. Form, Frist. Die (Erst-)Erinnerung ist nicht an eine Form gebunden. Es ist kein bestimmter Antrag erforderlich. Das ergibt sich aus II 1 Hs 1 in Verbindung mit § 33 VII 1. Man kann die (Erst-)Erinnerung nach diesen Vorschriften schriftlich oder nach § 12b elektronisch ohne einen Anwaltszwang und auch zum Protokoll der Geschäftsstelle einlegen, §§ 78 III Hs 2, 129a ZPO. **6**

Man muß *keine Frist* einhalten. Das ergibt sich (jetzt) aus II 1 Hs 1 in Verbindung mit § 33 III 3, Jena Rpfleger **06**, 435, RS 5. Daher ist die frühere Frage einer etwaigen Verwirkung überholt. § 20 GKG ist nicht entsprechend anwendbar, KG FamRZ **04**, 1805, aM Düss JB **81**, 1847, Ffm JB **91**, 1649, Hamm JB **82**, 877.

F. Beschwer. Für das Erinnerungsverfahren verweist II Hs 1 nicht auf § 33 III insgesamt. Auch paßt ein Beschwerdewert nach § 33 III 1 oder die Notwendigkeit einer Zulassung nach § 33 III 2 nicht schon zum Erinnerungsverfahren. Daher darf man diese Voraussetzungen in diesem Rechtsbehelfstadium vernünftigerweise nicht mitfordern. Es ist keine bezifferte Mindestbeschwer erforderlich. Natürlich muß aber irgendeine meßbare Beschwer vorliegen. Sonst würde ein Rechtsschutzbedürfnis fehlen. Eine Beschwer kann sich auch aus einer vorwerfbaren erheblichen Verzögerung des Festsetzungsverfahrens ergeben, Naumb NJW **03**, 2921. **7**

Mit der (Erst-)Erinnerung kann man die *Unrichtigkeit* der Festsetzung insgesamt oder in einzelnen für das Ergebnis maßgeblichen Punkten rügen. Man kann auch als ein beigeordneter oder bestellter Anwalt weitere Kosten nachschieben, Saarbr AnwBl **77**, 510. Eine (Erst-)Erinnerung der Staatskasse kann sich gegen die Notwendigkeit oder gegen die Höhe auch von Auslagen richten.

3) Weiteres (Erst-)Erinnerungsverfahren, I, II. Der Urkundsbeamte darf und muß evtl nach seiner pflichtgemäßen Erkenntnis die Gegenseite anhören, BVerfG NJW **00**, 1709. Er kann dann ohne einen Kostenausspruch der Erinnerung abhelfen, Ffm JB **91**, 1694, Hbg MDR **79**, 413, Naumb FamRZ **07**, 1115. Er muß andernfalls die Akten wegen des Charakters der Erinnerung als eines bloßen Rechtsbehelfs unverzüglich dem Gericht seiner Instanz zur Entscheidung über die Erinnerung vorlegen, Naumb FamRZ **07**, 1115. Er muß das in einem Vermerk nicht nur floskelhaft begründen (andernfalls Rückgabe an ihn, aM Düss JB **79**, 48). Für das weitere Erinnerungsverfahren ergeben sich zwei Aspekte. **8**

A. Zuständigkeit. Zur Entscheidung über die (Erst-)Erinnerung mangels einer Abhilfe durch den Urkundsbeamten ist stets das Gericht desjenigen Rechtszugs zuständig, dessen Beamter die angefochtene Vergütung festgesetzt hat, also zB der Familienrichter, KG FamRZ **87**, 727. Das kann also bei § 55 II das Erstgericht sein, Naumb FamRZ **07**, 1115. Das gilt auch dann, wenn das Hauptverfahren in einem anderen Rechtszug endete. Bei § 55 III (Beiordnung einer Kontaktperson nach § 34 a EGGVG) entscheidet die Strafkammer desjenigen LG, in dessen Bezirk im Zeitpunkt des Eingangs der Erinnerung oder nach einer Verlegung jetzt die Justizvollzugsanstalt liegt, I 2. Bei einer Beratungshilfe entscheidet das nach § 4 I BerHG, abgedruckt in § 55 Rn 22, zuständige Gericht, I 3.

Das Gericht entscheidet nach II 1 in Verbindung mit § 33 VIII 1 grundsätzlich durch den Einzelrichter, BVerwG JB **06**, 198. Er kann freilich nach II 1 in Verbindung mit § 33 VIII 2 die Sache dem Kollegium unanfechtbar und bindend übertragen. Soweit das Gesetz das zugrunde liegende Geschäft nach § 4 RPflG dem Rpfl übertragen hatte, entscheidet der Rpfl, AG Lübeck Rpfleger **84**, 75. Beim ArbG entscheidet der Vorsitzende ohne eine Mitwirkung der Arbeitsrichter. Wegen der gegen seine (Erst-)Entscheidung evtl statthaften befristeten Zweiterinnerung Rn 21.

Soweit statt des Urkundsbeamten fälschlich der *Rechtspfleger* entschieden hat, ist sein Richter zuständig, Hamm Rpfleger **89**, 319. § 11 RPflG ist unanwendbar. Denn diese Vorschrift erfaßt nur eine gesetzmäßige Erstentscheidung des Rpfl, und I, II sind ohnehin als Spezialregeln vorrangig. Es liegt erst recht keine Durchgriffserinnerung vor, Bbg JB **91**, 696, Kblz AnwBl **89**, 243. Deshalb ist ein bloßer Nichtabhilfebeschluß des Richters nebst einer Vorlage beim höheren Gericht unzulässig. Es müßte ihn unter einer Zurückverweisung aufheben, Bbg JB **91**, 696.

9 **B. Prüfungsumfang.** Das Gericht prüft die gesamte Festsetzung, Rn 5, LAG Bln MDR **06**, 1438. Es darf aber keine Änderung zum Nachteil des Erinnerungsführers vornehmen, Düss AnwBl **80**, 463, RS 7, aM Mümmler JB **75**, 1626. Das Gericht kann auf Grund einer freigestellten mündlichen Verhandlung entscheiden. Sie kommt aber praktisch kaum vor.

10 **4) Entscheidung über die (Erst-)Erinnerung, I.** Man muß drei Gesichtspunkte beachten.

A. Beschluß. Das Gericht entscheidet durch einen Beschluß. Das ergibt sich aus I 1. Er bindet weder für das Verfahren nach §§ 103 ff, 126 ZPO noch für dasjenige nach § 11, und umgekehrt.

11 **B. Begründung, Kosten.** Der Beschluß braucht grundsätzlich eine Begründung, BLAH § 329 ZPO Rn 4. Der Beschluß enthält keine Kostenentscheidung. Denn das (Erst-)Erinnerungsverfahren ist gebührenfrei, II 2, ebenso wie übrigens das Zweiterinnerungsverfahren. Es findet keine Kostenerstattung statt, II 3. Das Gericht kann den (Erst-)Erinnerungsführer auch schlechter stellen.

12 **C. Mitteilung.** Das Gericht stellt den Beschluß dem (Erst-)Erinnerungsführer förmlich zu. Denn gegen die Entscheidung ist eine fristgebundene Beschwerde zulässig, Rn 13. Das Gericht stellt auf Grund einer (Erst-)Erinnerung des Anwalts auch der Staatskasse, auf Grund einer (Erst-)Erinnerung der Staatskasse auch dem Anwalt seine Entscheidung förmlich zu. Denn auch er ist befristet beschwerdeberechtigt, Rn 13.

13 **5) Befristete Beschwerde, II.** Man muß sieben Punkte klären.

A. Zulässigkeit. Erst gegen den Beschluß des Gerichts über die (Erst-)Erinnerung ist die befristete Beschwerde zulässig, II 1 in Verbindung mit § 33 III 1. Soweit der Rpfl über die (Erst-)Erinnerung entschieden hat, Rn 38, ist die befristete Zweiterinnerung nach Rn 21 statthaft. Beschwerdeberechtigt ist auch die Staatskasse, also der Bezirksrevisor, Kblz FamRZ **85**, 619.

Im *Asylrechtsstreit* ist eine Beschwerde *unzulässig*, § 80 AsylVfG, OVG Hbg JB **94**, 103.

14 **B. Entweder: Beschwerdewert über 200 EUR, II 1, § 33 III 1.** Die Beschwerde ist zulässig, wenn der Beschwerdewert über 200 EUR liegt, II 1 in Verbindung mit § 33 III 1, dort zu den Einzelheiten. Es muß also der Beschluß im (Erst-)Erinnerungsverfahren, nicht etwa der ursprünglich vom Urkundsbeamten festgesetzte Betrag, den Beschwerdeführer um mehr als 200 EUR beschweren, (zum alten Recht) KG FamRZ **87**, 727, (zum neuen Recht) LG Kblz FamRZ **07**, 232. Maßgebend ist die Beschwer beim aus der Staatskasse zahlbaren Betrag, nicht die Wahlanwaltsvergütung.

Man muß die *Umsatzsteuer* in die Rechnung des Beschwerdewerts einbeziehen. Denn sie stellt einen Teil des Gesamtanspruchs des beigeordneten Anwalts dar, (jetzt) VV 9008, KG AnwBl **80**, 467, LSG Schlesw AnwBl **89**, 114. Soweit es sich um die Nachprüfung der Richtigkeit der Gesamtforderung auf Grund einer Beschwerde der Staatskasse handelt, darf man nur prüfen, ob die tatsächlich vorhandene Gesamtforderung den festgesetzten Betrag nicht übersteigt.

C. Oder: Zulassung wegen grundsätzlicher Bedeutung, II 1, § 33 III 2. 15
Die Beschwerde ist auch dann zulässig, wenn das Gericht der angefochtenen Entscheidung die Beschwerde wegen einer grundsätzlichen Bedeutung der zur Entscheidung stehenden Frage nach dem eindeutigen Gesetzestext bereits in seinem Beschluß zugelassen hat, II 2 in Verbindung mit § 33 III 2, dort zu den Einzelheiten, LG Kblz FamRZ **07**, 232. Eine nachträgliche Zulassung ist also unstatthaft und daher unwirksam, BGH NJW **04**, 779, LG Kblz FamRZ **05**, 741. Die Zulassung bindet das Beschwerdegericht nach II 2 in Verbindung mit § 33 IV 4 Hs 1. Mangels einer ausdrücklichen Zulassung hat keine Zulassung stattgefunden. Die Nichtzulassung ist nach II 2 in Verbindung mit § 33 IV 4 Hs 2 unanfechtbar.

D. Keine Beschwerde an Obersten Gerichtshof des Bundes. Eine Beschwer- 16
de an einen Obersten Gerichtshof des Bundes ist nicht zulässig, II 1 in Verbindung mit § 33 IV 3.

E. Form, Frist. Die Beschwerde ist ohne die Einhaltung einer besonderen Form 17
zulässig. Dasselbe gilt für alle weiteren Anträge oder Erklärungen beliebiger Art im Beschwerdeverfahren, II 1 in Verbindung mit § 33 VII 1. Man kann sie schriftlich, auch nach § 129a ZPO, oder nach § 12b elektronisch auch nach einem dem Anwaltszwang unterliegenden Hauptverfahren doch in diesem Beschwerdeverfahren ohne einen Anwaltszwang, OVG Hbg Rpfleger **08**, 46, und auch zum Protokoll des Urkundsbeamten der Geschäftsstelle des Gerichts der angefochtenen Entscheidung einlegen, II 1 in Verbindung mit § 33 VII 1, 2. Danach ist eine Einlegung beim Beschwerdegericht unstatthaft. Erfolgt sie trotzdem dort, leitet das Beschwerdegericht sie unverzüglich an das Erinnerungsgericht weiter, ohne dazu alles andere stehen und liegen lassen zu müssen. Zur Fristwahrung ist der Eingang beim Erinnerungsgericht notwendig. Man muß (jetzt) eine Zweiwochenfrist seit der Zustellung der angefochtenen Entscheidung einhalten, II 1 in Verbindung mit § 33 III 3.
Eine *Wiedereinsetzung* ist möglich, II 1 in Verbindung mit § 33 V 1, 2. Sie wird aber meist am Verschulden des Anwalts nach § 33 VII 2 scheitern. Gegen die Ablehnung einer Wiedereinsetzung ist nach II 1 in Verbindung mit § 33 V 3–6 eine befristete Beschwerde statthaft.

F. Weiteres Verfahren. Das Erinnerungsgericht darf und muß evtl der Beschwer- 18
de abhelfen, II 1 in Verbindung mit § 33 IV 1 Hs 1, Hamm Rpfleger **86**, 483 (zu § 572 ZPO). Gegen den Abhilfebeschluß ist eine sofortige Beschwerde des Gegners statthaft. Andernfalls muß das Erinnerungsgericht die Sache mit einem nicht nur floskelhaft begründeten Nichtabhilfevermerk dem Beschwerdegericht unverzüglich vorlegen, II 1 in Verbindung mit § 33 IV 1 Hs 2. Beschwerdegericht ist das nächsthöhere Gericht, also zB das LG oder das OLG, nicht aber der BGH, Rn 16. Bei § 119 I Z 1, II, III GVG ist das OLG das Beschwerdegericht.
Von der Vorlage an gilt: Soweit infolge einer teilweisen Nichtabhilfe der Beschwerdewert nach Rn 14 unter 200 EUR gesunken ist und auch keine Zulassung nach Rn 15 erfolgt ist, ist die Beschwerde unzulässig, Stgt JB **88**, 1509, Bischof MDR **75**, 633. Im übrigen: Funktionell zuständig ist abgesehen von Rn 16 die Zivilkammer des LG, nicht der Familiensenat des OLG, (je zum alten Recht) BGH FamRZ **84**, 775, aM Brschw AnwBl **84**, 514, Schlesw SchlHA **83**, 55, LG Köln MDR **85**, 945. Es entscheidet grundsätzlich der Einzelrichter. Es kann aber wegen einer grundsätzlichen Bedeutung die Sache dem Kollegium übertragen. Dieses entscheidet stets ohne seine ehrenamtlichen Mitglieder, II 1 in Verbindung mit § 33 VIII.
Das *Beschwerdegericht* entscheidet ebenfalls grundsätzlich durch den 19
Einzelrichter, II 1 in Verbindung mit § 33 VIII 1. Er kann das Verfahren nach § 33 VIII 2 dem Kollegium übertragen. Dieses entscheidet nach § 33 VIII 3 stets ohne seine ehrenamtlichen Richter. Das Beschwerdegericht entscheidet auf Grund einer freigestellten mündlichen Verhandlung, BLAH § 128 ZPO Rn 10. Es muß wegen

RVG §§ 56, 57 X. Rechtsanwaltsvergütungsgesetz

Art 103 I GG den Beschwerdegegner vor einer ihm nachteiligen Entscheidung anhören, BVerfG **34**, 346. Es verweist eine nicht ordnungsgemäß vorgelegte Beschwerde zurück, Ffm Rpfleger **90**, 276, Hamm MDR **88**, 871. Es kann auch nach § 319 ZPO von Amts wegen berichtigen.

20   G. Beschluß. Das Gericht entscheidet durch einen Beschluß. Das Gericht muß bei einer begründeten Erinnerung die Vergütung festsetzen, Brdb JB **07**, 656. Der Beschluß braucht grundsätzlich eine Begründung, BLAH § 329 ZPO Rn 4. Es ergeht keine Kostenentscheidung. Denn das Beschwerdeverfahren ist gerichtsgebührenfrei, (jetzt) II 2, Schlesw JB **77**, 1581, und es findet keine Kostenerstattung statt, (jetzt) II 3, Zweibr JB **99**, 591. Das Beschwerdegericht prüft auch nicht den Umfang der Bewilligung der Prozeßkostenhilfe durch das Prozeßgericht.

21   **6) Gegen Rechtspfleger mangels Beschwerdewerts: Befristete Zweiterinnerung, I, II, § 11 II 1 RPflG.** Soweit der Rpfl über die (Erst-)Erinnerung nach Rn 8 entschieden hat und soweit eine Beschwerdemöglichkeit wegen des Nichterreichens des Beschwerdewerts nach Rn 14 oder aus anderen Gründen entfällt, muß man wie in den vergleichbaren Fällen beachten: § 66 GKG Rn 37, Teil I A dieses Buchs, § 4 JVEG, Teil V dieses Buchs, § 11 II 1 RPflG. Nach dieser letzteren Vorschrift findet dann aus den in § 11 RVG Rn 88 erläuterten verfassungsrechtlichen Gründen eine befristete Erinnerung in dem dort Rn 106–126 erläuterten besonderen Verfahren statt. Über sie entscheidet zunächst der Rpfl, AG Kiel Rpfleger **09**, 249, und mangels dessen Abhilfe sein Richter abschließend. Sie ist also in Wahrheit auch hier eine Zweiterinnerung.

22   **7) Weitere Beschwerde, II 1, § 33 VI.** Eine weitere Beschwerde ist als eine Rechtsbeschwerde (jetzt) nach II 1 in Verbindung mit § 33 VI 2 nach ihrer Zulassung durch das LG wegen einer grundsätzlichen Bedeutung bereits in seiner Erstbeschwerdeentscheidung und in voller Besetzung statthaft, BGH NJW **04**, 223. Sie kommt auch dann in Betracht, wenn das LG als das Erstbeschwerdegericht ohne eine vorherige Entscheidung des Vorderrichters entschieden hat. Eine Rechtsbeschwerde zum BGH ist unzulässig. Denn II 1 in Verbindung mit § 33 VII 1, 2 enthalten eine vorrangige Sonderregelung gegenüber § 574 ZPO. Sie ist ihm inhaltlich ohnehin so ähnlich, daß eine zusätzliche Anwendung nun wirklich eine Überspitzung der Anfechtungsmöglichkeiten auf diesem ohnehin bis zum Äußersten ausgebauten Nebenschauplatz wäre. Das gilt auch beim beigeordneten Vertreter in einer Patentsache, BGH GRUR **88**, 116.

Zum *weiteren Verfahren* der befristeten weiteren Beschwerde § 33 Rn 28 ff. Eine Zulassung bindet das OLG, § 33 VI 4 in Verbindung mit IV 4. Auch das Verfahren über die weitere Beschwerde ist nach II 2 gerichtsgebührenfrei und kennt nach II 3 keine Kostenerstattung.

23   **8) Gegenvorstellung, Verfassungsbeschwerde, I, II.** Sie kommt wie sonst infrage. Zu ihren Voraussetzungen BLAH Grdz 6 vor § 567 ZPO. Eine Verfassungsbeschwerde des nach § 55 IV zurückgewiesenen Anwalts im eigenen Namen ist mangels einer Beschwer unzulässig, BVerfG NJW **06**, 1504.

Rechtsbehelf in Bußgeldsachen vor der Verwaltungsbehörde

57 [1] Gegen Entscheidungen der Verwaltungsbehörde im Bußgeldverfahren nach den Vorschriften dieses Abschnitts kann gerichtliche Entscheidung beantragt werden. [2] Für das Verfahren gilt § 62 des Gesetzes über Ordnungswidrigkeiten.

OWiG § 62. Rechtsbehelf gegen Maßnahmen der Verwaltungsbehörde. I [1] Gegen Anordnungen, Verfügungen und sonstige Maßnahmen, die von der Verwaltungsbehörde im Bußgeldverfahren getroffen werden, können der Betroffene und andere Personen, gegen die sich die Maßnahme richtet, gerichtliche Entscheidung beantragen. [2] Dies gilt nicht für Maßnahmen, die nur zur Vorbereitung der Entscheidung, ob ein Bußgeldverfahren erlassen oder das Verfahren eingestellt wird, getroffen werden und keine selbständige Bedeutung haben.

II [1] Über den Antrag entscheidet das nach § 68 zuständige Gericht. [2] Die §§ 297 bis 300, 302, 306 bis 309 und 311a der Strafprozeßordnung sowie die

Abschn. 8. Beigeordneter oder bestellter RA, Beratungshilfe §§ 57, 58 RVG

Vorschriften der Strafprozeßordnung über die Auferlegung der Kosten des Beschwerdeverfahrens gelten sinngemäß. ³Die Entscheidung des Gerichts ist nicht anfechtbar, soweit das Gesetz nichts anderes bestimmt.

1) Geltungsbereich, S 1. Diese vorrangige Spezialvorschrift ist als solche eng auslegbar. Sie gilt nach S 1 für das Bußgeldverfahren gerade und nur vor der Verwaltungsbehörde gegen jede ihrer Entscheidungen. Demgegenüber gilt ab einer Abgabe an das AG § 55. § 57 gilt auch dann, wenn es sich objektiv um eine Straftat handelte, wenn die Behörde sie aber als eine bloße Ordnungswidrigkeit behandelt hat. 1

2) Verfahren, S 2. Vgl bei den in § 62 I, II OWiG genannten Vorschriften. 2

Zuständig ist nach § 68 I OWiG dasjenige AG, in dessen Bezirk die Verwaltungsbehörde ihren Sitz hat, deren Maßnahme der Antragsteller anficht. Der Antrag ist zum Protokoll der Geschäftsstelle möglich, § 62 II 2 OWiG in Verbindung mit § 306 I StPO. Man kann ihn auf einzelne Teile des Verwaltungsakts beschränken. Man sollte ihn nachvollziehbar begründen. Eine Frist besteht nicht. Eine Verwirkung ist wie sonst denkbar, Kblz FamRZ 99, 1362 (nach 3 Monaten), LSG Celle JB 94, 590 (nach 1 Jahr). Eine Beschwer ist wie stets erforderlich. Es gibt keinen Mindestwert. Die Verwaltungsbehörde darf und muß evtl abhelfen, §§ 62 II OWiG, 306 II StPO. Es besteht ein Verschlechterungsverbot. Mangels einer Abhilfe legt sie binnen 3 Tagen dem Gericht vor.

Das Gericht muß den Gegner vor einer ihm nachteiligen Entscheidung nach S 2 in Verbindung mit §§ 62 II 2 OWiG in Verbindung mit § 308 I 1 StPO *anhören* und kann das nach § 311a StPO nachholen. Eine mündliche Verhandlung ist statthaft.

3) Entscheidung. Das AG verwirft einen unzulässigen Antrag und weist einen unbegründeten ab. Einen zulässigen und begründeten Antrag bescheidet es durch die Aufhebung der angefochtenen Maßnahme und durch eine eigene Entscheidung zur Sache, S 2 in Verbindung mit §§ 62 II 2 OWiG, 309 II StPO. Diese Sachentscheidung kann auch zulasten des Antragstellers ausfallen. Eine Zurückverweisung kann bei einem erheblichen Verfahrensfehler der Verwaltungsbehörde erfolgen. Die Entscheidung erfolgt durch einen Beschluß nach S 2 in Verbindung mit §§ 62 II OWiG, 309 I. Wegen seiner Unanfechtbarkeit nach S 2 in Verbindung mit § 62 II 3 OWiG braucht das AG ihn nicht zu begründen, soweit es den Antrag nicht verwirft. Das Gericht kann den Beschluß deshalb auch formlos mitteilen. 3

4) Kosten. Bei einer Antragsrücknahme, Verwerfung oder Abweisung trägt der Antragsteller die Kosten einschließlich der Auslagen nach S 2 in Verbindung mit §§ 62 II 2 Hs 2 OWiG, 473 I StPO. Beim Antragserfolg trägt nach S 2 in Verbindung mit §§ 62 II 2 Hs 2 OWiG, 467 StPO die Staatskasse die gesamten Kosten. 4

Anrechnung von Vorschüssen und Zahlungen

58 ¹Zahlungen, die der Rechtsanwalt nach § 9 des Beratungshilfegesetzes erhalten hat, werden auf die aus der Landeskasse zu zahlende Vergütung angerechnet.

II In Angelegenheiten, in denen sich die Gebühren nach Teil 3 des Vergütungsverzeichnisses bestimmen, sind Vorschüsse und Zahlungen, die der Rechtsanwalt vor oder nach der Beiordnung erhalten hat, zunächst auf die Vergütungen anzurechnen, für die ein Anspruch gegen die Staatskasse nicht oder nur unter den Voraussetzungen des § 50 besteht.

III ¹In Angelegenheiten, in denen sich die Gebühren nach den Teilen 4 bis 6 des Vergütungsverzeichnisses bestimmen, sind Vorschüsse und Zahlungen, die der Rechtsanwalt vor oder nach der gerichtlichen Bestellung oder Beiordnung für seine Tätigkeit für bestimmte Verfahrensabschnitte erhalten hat, auf die von der Staatskasse für diese Verfahrensabschnitte zu zahlenden Gebühren anzurechnen. ²Hat der Rechtsanwalt Zahlungen empfangen, nachdem er Gebühren aus der Staatskasse erhalten hat, ist er zur Rückzahlung an die Staatskasse verpflichtet. ³Die Anrechnung oder Rückzahlung erfolgt nur, soweit der Rechtsanwalt durch die Zahlungen insgesamt mehr als den doppelten Betrag der ihm ohne Berücksichtigung des § 51 aus der Staatskasse zustehenden Gebühren erhalten würde.

1663

RVG § 58

Gliederung

1) Systematik, I–III	1–3
2) Regelungszweck, I–III	4, 5
3) Geltungsbereich, I–III	6
4) Anrechnung nach II	7–15
A. Grundsatz: Anrechnungspflicht	7, 8
B. Gesetzlicher Betrag	9
C. Vereinbarte Höhe	10, 11
D. Rückzahlungsvereinbarung	12
E. Vorschuß	13
F. Weitere Einzelfragen	14
G. Mitteilungspflicht	15
5) Anrechnung, Rückzahlung nach III	16–23
A. Vorschuß, Zahlung	16
B. Vom Beschuldigten oder Dritten	17
C. Vor oder nach der Bestellung	18
D. Tätigkeit in der Strafsache	19–21
E. Anrechnung, III 1	22
F. Rückzahlung, III 2	23
6) Grenzen der Anrechnung oder Rückzahlung, III 3	24–26
A. Grundsatz	24
B. Berechnung	25, 26

1   **1) Systematik, I–III.** Die Vorschrift enthält zwecks Kostengerechtigkeit zwingende Regeln. Der Anwalt kann sie nicht durch eine Sondervereinbarung ausschließen, Düss Rpfleger **96**, 368, Hamm AnwBl **96**, 176. Daher ist auch eine Vereinbarung unwirksam, nach der der Anwalt einen ihm vom Beschuldigten oder von einem Dritten gezahlten Betrag an diesen zurückzahlen müsse, soweit die Staatskasse eine Zahlung an den Anwalt leistet.

2   Der beigeordnete Anwalt hat zwar einen *Anspruch* gegen die begünstigte Partei, seinen Auftraggeber. Er kann diesen Anspruch aber nur insoweit geltend machen, als das Prozeßgericht zB die Bewilligung der Prozeßkostenhilfe aufgehoben hat, § 122 I Z 3 ZPO in Verbindung mit § 124 ZPO. Deshalb geben §§ 45 ff dem beigeordneten Anwalt den Anspruch auf eine gesetzliche Vergütung aus der Staatskasse. Der Anwalt kann auch gegen den in die Prozeßkosten verurteilten Gegner seines Auftraggebers einen Vergütungsanspruch haben, § 126 ZPO.

3   Soweit nun die Staatskasse nach §§ 45 ff an den beigeordneten Anwalt eine Vergütung gezahlt hat, kann sie unter den Voraussetzungen des § 59 zur *Minderung* der Belastung des Staats die auf sie kraft Gesetzes übergegangenen Ansprüche des beigeordneten Anwalts gegenüber dem Auftraggeber oder gegenüber dem in die Prozeßkosten verurteilten Gegner grundsätzlich erstattet fordern. Von diesem Grundsatz macht II für die dort genannten Fälle eine Einschränkung.

Von II weichen wiederum die *Sonderregelungen* in III ab.

4   **2) Regelungszweck, I–III.** Die Vorschrift dient der Verminderung von Überzahlungen. Sie dient damit der Kostendämpfung. Das darf aber nicht zu einer formalistischen Anwendung führen. Natürlich soll es keine problematische Bereicherung des Anwalts geben. Ebensowenig soll aber die Staatskasse bei Zweifeln oder Unklarheiten einen Vorteil haben. Das muß man bei der Auslegung mitbedenken.

5   *II* entspricht auch dem Grundgedanken des § 366 II BGB. Danach soll unter anderem mangels einer abweichenden Bestimmung des Schuldners durch seine nicht völlig ausreichende Zahlung zunächst diejenige Forderungstilgung eintreten, die dem Gläubiger eine geringere Sicherheit bietet. Das gilt auch dann, wenn das Gericht den Anwalt rückwirkend beigeordnet hat. Das alles stellt eine gewisse Begünstigung des beigeordneten Anwalts dar. Diesen Zweck muß man bei der Auslegung mitbeachten.

III zeigt die Bemühung des Gesetzes um einen Ausgleich der Interessen einerseits der Staatskasse, andererseits des beigeordneten oder bestellten Anwalts. Auch das hat für die Auslegung seine Bedeutung.

6   **3) Geltungsbereich, I–III.** *I* gilt im Bereich der Beratungshilfe, § 44, VV 2501, 2502. § 9 BerGH ist abgedruckt oben § 44 Rn 11. Die Beratungshilfegebühr VV 2500 schuldet aber nach § 44 S 2 hier der Rechtsuchende. Insofern ist daher § 9 BerHG und damit § 58 I unanwendbar.

II gilt für den beigeordneten Anwalt im Gesamtbereich der Gebühren nach VV 3100–3518.

I gilt *nicht* für eine solche Zahlung, die der Auftraggeber oder dessen Gegner oder ein Dritter dem beigeordneten Anwalt mit der eindeutigen, wenn auch vielleicht nur stillschweigenden Bestimmung zur Weiterleitung an einen Verkehrsanwalt oder zur Weiterleitung an das Gericht als einen Kostenvorschuß gezahlt haben und die der Anwalt auch entsprechend behandelt hat. Die Staatskasse gehört nicht zu (jetzt) II, LG Bln AnwBl **83**, 478.

III gilt für den beigeordneten oder bestellen Anwalt im Gesamtbereich nach VV 4100–6404.

4) Anrechnung nach II, dazu *Al-Jumaili* JB **00**, 565 (Üb): Man muß drei Aspekte beachten.

A. Grundsatz: Anrechnungspflicht. Grundsätzlich muß die Staatskasse jede Zahlung und jeden Vorschuß anrechnen, den ein Auftraggeber oder dessen Gegner oder ein Dritter dem beigeordneten Anwalt in derselben kostenrechtlichen Angelegenheit gerade aus dem Bereich VV 3100–3518 vor oder nach der Beiordnung nicht nur zahlen soll, will oder muß, sondern auch tatsächlich gezahlt hat. Eine Zahlung nur an die Landeskasse nach § 120 II ZPO ohne deren Weiterleitung nach § 50 an den Anwalt reicht für eine Anrechnung noch nicht aus. Dasselbe gilt für eine nur bedingt erfolgte Zahlung oder für nur durchlaufende Gelder. Die Anrechnung erfolgt zunächst auf diejenige Vergütung, für die der beigeordnete Anwalt einen Anspruch gegen die Staatskasse nicht oder nur unter den Voraussetzungen des § 50 hat (sog Differenzbetrag), Ffm JB **07**, 149. Davon nimmt nur eine solche Zahlung aus, die der Auftraggeber mithilfe eines ihm erteilten Darlehens geleistet hat, LSG Essen AnwBl **92**, 46.

Man muß also *wie folgt rechnen*: Zunächst muß man die volle gesetzliche Vergütung ermitteln, die dem beigeordneten Anwalt als einem Wahlanwalt gegen seinen Auftraggeber zustehen würde. Sodann muß man diejenige Vergütung errechnen, die ihm infolge der Beiordnung gegenüber der Staatskasse zusteht. Dabei ergibt sich meist eine Differenz wegen der geringeren Höhe des letzteren Betrags gegenüber dem ersteren.

Einen etwa an den beigeordneten Anwalt vom Auftraggeber oder dessen Gegner oder einem Dritten gezahlten *Vorschuß* usw muß man zunächst auf diese Differenz verrechnen, so auch Schlesw MDR **08**, 947. Erst wenn der an den beigeordneten Anwalt geleistete Betrag höher ist als diese Differenz, muß der Anwalt den entsprechenden Restbetrag des erhaltenen Vorschusses usw nunmehr an die Staatskasse zahlen.

Keineswegs ist mangels einer Verrechnungsanweisung des Kostenschuldners einfach eine *anteilige Verrechnung* auf außergerichtliche und gerichtliche Kosten mit dem Wortlaut und dem Regelungszweck vereinbar, Rn 3, aM Stgt FamRZ **99**, 390.

B. Gesetzlicher Betrag. Soweit der Auftraggeber oder dessen Gegner oder ein Dritter einen Vorschuß oder eine sonstige Zahlung nur in derjenigen Höhe geleistet haben, für die der beigeordnete Anwalt als Wahlanwalt eine gesetzliche Vergütung hätte, findet die Anrechnung voll statt. Es kommt insoweit nicht darauf an, wer die Zahlung erbringt. Es reicht also aus, daß ein Streitgenosse des Auftraggebers oder daß der Prozeßgegner des Auftraggebers zahlen oder daß der Anwalt von ihnen entsprechende Beträge beitreibt. Auch eine vom Auftraggeber gezahlte Rate ist anrechenbar.

C. Vereinbarte Höhe. Soweit der beigeordnete Anwalt mit dem Auftraggeber für dieselbe kostenrechtliche Angelegenheit eine Vergütungsvereinbarung zulässig getroffen hat, kommt eine Anrechnung der daraufhin an ihn gezahlten Beträge doch nur bis zur Höhe der ihm als einem Wahlanwalt zustehenden gesetzlichen Vergütung in Betracht. Im übrigen ist die Honorarvereinbarung im Verhältnis zur Staatskasse unwirksam, soweit sie diese benachteiligen würde. Eine Vergütungsvereinbarung kann also die Staatskasse nicht benachteiligen.

Soweit der Auftraggeber und der Anwalt für mehrere kostenrechtlich selbständige Angelegenheiten eine einheitliche *Sondervergütung* oberhalb der gesetzlichen Vergütung vereinbart haben und soweit das Gericht der Partei zB eine Prozeßkostenhilfe nur für eine dieser Angelegenheiten bewilligt hat, muß man die an den Anwalt geleisteten Zahlungen usw zunächst im Verhältnis des Werts der mehreren Angelegenheiten aufspalten und dann die Anrechnung desjenigen Teils, der auf die Prozeßkostenhilfesache entfällt, nach den obigen anderen Grundsätzen vornehmen.

12 **D. Rückzahlungsvereinbarung.** Eine vor der Beiordnung getroffene Vereinbarung dahin, daß der Anwalt einen solchen Betrag an den Auftraggeber oder dessen Gegner oder einen Dritten zurückzahlen soll, der nach seiner etwaigen Beiordnung auf den durch die Staatskasse gedeckten Teil entfällt, ist allerdings wirksam.

13 **E. Vorschuß.** Ein Vorschuß deckt nicht die volle gesetzliche Verfahrensgebühr des Wahlanwalts ab, sondern nur den nach § 49 nicht gedeckten Teil. Soweit die Zahlung für einen bestimmten Rechtszug erfolgt, ist eine Anrechnung nur auf die Gebühren dieses Rechtszugs zulässig.

14 **F. Weitere Einzelfragen.** Man muß eine Zahlung wegen der gesetzlichen Vergütung des Wahlanwalts für eine kostenrechtlich andere Angelegenheit unberücksichtigt lassen. Dasselbe gilt für eine solche Zahlung, die ein Anwalt vor einer Zurückverweisung erhalten hat, wenn die Beiordnung ohne eine Rückwirkung erst nach der Zurückverweisung erfolgt ist. Bei einer Beiordnung nur für einen Anspruchsteil darf die Anrechnung nur wegen der gerade auf diesen Teil geleisteten Zahlungen erfolgen. Dasselbe gilt bei einer Beiordnung nur für die Klage oder Widerklage. Über die Anrechenbarkeit eines Teils eines einheitlichen Sonderhonorars für mehrere Angelegenheiten s oben.

Wegen einer *rückwirkenden* Beiordnung Bbg JB **85**, 730, Düss AnwBl **82**, 382.

15 **G. Mitteilungspflicht.** Wegen der Notwendigkeit einerseits und der Begrenztheit einer Anrechnung andererseits besteht für den beigeordneten Anwalt nach § 55 V 2 Hs 1 eine Pflicht zur Erklärung darüber, ob und welche Zahlungen er von der Partei oder von dem Gegner oder von einem Dritten bis zum Antrag auf eine Vergütung erhalten hat. Nach Hs 2 jener Bestimmung besteht ferner eine Pflicht zur Anzeige solcher Zahlungen, die der Anwalt nach jenem Zeitpunkt erhalten hat. Das gilt auch beim Fehlen einer Abführungspflicht. Denn der Urkundsbeamte muß eine Möglichkeit zur Überprüfung behalten. Der Anwalt muß seine jeweilige Mitteilung genau beziffern.

16 **5) Anrechnung, Rückzahlung nach III.** Es gibt sechs Aspekte. Der Anwalt muß sie in seiner Berechnung nach § 10 so genau beziffern beachten, daß die Staatskasse ihre Lage nach Rn 16–26 prüfen kann. Auch der Auftraggeber hat ein Recht darauf, die Frage der Anrechenbarkeit überprüfen zu können.

A. Vorschuß, Zahlung. III umfaßt jede Art von Vorschuß oder Zahlung, die der Anwalt nach VV 4100–6404 erhalten hat, Düss MDR **93**, 808. Der Barzahlung steht die Überweisung, die Hergabe eines Schecks usw gleich.

17 **B. Vom Beschuldigten oder Dritten.** In Betracht kommt jede Leistung einer dieser Personen in dieser Angelegenheit aus irgendeinem Rechtsgrund und in einem beliebigen Rechtszug. Es reicht zB aus, daß Angehörige des Auftraggebers oder daß der Ehegatte des Beschuldigten für diesen oder daß ein Mitbeschuldigter oder daß ein erstattungspflichtiger Dritter als eine natürliche oder juristische Person etwa als ein Rechtsschutzversicherer oder daß der Gegner des Beschuldigten in einer Privatklagesache gezahlt hat. Wegen einer Selbstverteidigung des Anwalts § 1 Rn 35.

18 **C. Vor oder nach der Bestellung.** Es ist für die Anrechenbarkeit oder die Rückzahlungspflicht unerheblich, ob der Anwalt den Vorschuß oder die Zahlung vor oder nach seiner gerichtlichen Bestellung erhalten hat, Stgt Rpfleger **07**, 682. Es ist hier auch unerheblich, ob die Leistung auf Grund einer Gebührenvereinbarung nach § 3a oder wegen der gesetzlichen Zahlungspflicht erfolgt ist, Düss MDR **93**, 808. Anrechenbar und rückzahlbar ist auch ein solcher Betrag, den der Beschuldigte oder ein Dritter nach einer Feststellung seiner Leistungsfähigkeit nach § 52 II gezahlt hat.

19 **D. Tätigkeit in der Strafsache.** Der Vorschuß oder die Zahlung müssen wegen der Tätigkeit gerade als beigeordneter oder bestellter Anwalt gerade in dieser Strafsache von dem vorbereitenden Verfahren, Oldb JB **07**, 415, bis zur Rechtskraft oder sonstigen endgültigen Beendigung erfolgt sein. Es findet also eine Anrechnung solcher Gebühren statt, die der Anwalt für eine solche Tätigkeit erhalten hat, die eine Gebühr nach §§ 45 ff nicht abgilt, etwa als Wahlverteidiger vor der Beiordnung oder Bestellung als Pflichtverteidiger, Düss JB **87**, 1800, Mü Rpfleger **79**, 354, aM Stgt

Rpfleger **07**, 682. Es erfolgt eine Anrechnung auch nur solcher Zahlungen, die die Staatskasse schuldet, Bbg JB **91**, 1347.

Anrechenbar sind zB: Ein solcher Vorschuß, den der Anwalt für seine Reiseunkosten als Verteidiger erhalten hat, (je zum alten Recht) Düss Rpfleger **96**, 368, GSEMMR 35, aM Stgt Rpfleger **79**, 78 (aber auch eine Reise ist eine Tätigkeit in der Strafsache); eine Zahlung des Auftraggebers für einen Antrag auf eine Wiederaufnahme. Denn die Bestellung zum Verteidiger umfaßt das Verfahren zur Entscheidung über die Begründetheit des Wiederaufnahmegesuchs nach § 370 StPO mit; die Zahlung eines Dritten an den Pflichtverteidiger, auch wenn er keine Festsetzung für das Ermittlungsverfahren beantragt hat, Oldb JB **07**, 415.

Nicht anrechenbar sind zB: Eine solche Zahlung, die der Auftraggeber dem Anwalt für dessen Tätigkeit in einer anderen Instanz oder für eine Tätigkeit leistet, die (jetzt) §§ 45ff nicht abgelten, Düss MDR **93**, 808, Enders JB **96**, 449, Stgt Rpfleger **07**, 682, etwa für die Geltendmachung eines vermögensrechtlichen Anspruchs oder für ein Gnadengesuch, Mü JB **79**, 860; eine Zahlung auf Auslagen.

Der zunächst als *Wahlverteidiger* und anschließend in derselben Sache als Pflichtverteidiger tätige Anwalt kann für dieselbe Instanz höchstens denjenigen Betrag beanspruchen, den er als Wahlverteidiger verlangen könnte, aM (zum alten Recht) Hamm JB **79**, 71. 21

E. Anrechnung, III 1. Soweit die Staatskasse noch nicht gezahlt hat, verringert sich ihre Zahlungspflicht um denjenigen Vorschuß oder diejenige Zahlung, die der Anwalt erhalten hat. Anrechenbar sind nur echte Gebühren, diese allerdings ohne Umsatzsteuer, Hamm AnwBl **96**, 176, Stgt JB **96**, 134, und keine tatsächlichen bloßen Auslagen, Hamm AnwBl **96**, 176. 22

F. Rückzahlung, III 2. Soweit die Staatskasse in demjenigen Zeitpunkt bereits gezahlt hatte, in dem der Vorschuß oder die Zahlung des Beschuldigten oder des Dritten beim Anwalt eingingen, ist der Anwalt grundsätzlich zur Rückzahlung an die Staatskasse verpflichtet. Diese Pflicht läßt sich nicht irgendwie abbedingen. Maßgeblich ist bei einer Überweisung usw die Gutschrift auf dem Konto des Anwalts. 23

6) Grenzen der Anrechnung oder Rückzahlung, III 3. Es gibt zwei Gesichtspunkte. 24

A. Grundsatz. III 3 weicht von der Regelung des II ab. Nach II ist ein solcher Vorschuß oder eine Zahlung, die der beigeordnete Anwalt von seinem Auftraggeber oder einem Dritten vor oder nach der Beiordnung erhalten hat, zunächst auf diejenige Vergütung anrechenbar, für die der Anwalt einen Anspruch gegen die Staatskasse nicht oder nur unter den Voraussetzungen des § 50 hat. Demgegenüber erfolgt eine Anrechnung nach III 1 auf jede von der Staatskasse geschuldete oder geleistete Zahlung.

III 3 beläßt dem Anwalt aber in dem dort bestimmten Umfang den *Vorteil* der besonderen Zahlung des Beschuldigten oder eines Dritten. Das gilt auch bei einer Pauschvergütung, Zweibr JB **98**, 75.

B. Berechnung. Die Anrechnung erfolgt nur insoweit, als der Anwalt durch eine Zahlungen mehr als den doppelten Betrag nach § 51 einschließlich aller Auslagen erhalten würde, Stgt JB **96**, 134. 25

Beispiel: Der gerichtlich bestellte Verteidiger hat einen Anspruch in Höhe von 600 EUR. Der Auftraggeber hat ihm 1500 EUR gezahlt. Von diesen 1500 EUR braucht sich der Anwalt auf seinen Zahlungsanspruch gegen die Staatskasse nur 300 EUR anrechnen zu lassen. Denn es bleiben ihm zweimal 600 = 1200 EUR anrechnungsfrei. 26

Übergang von Ansprüchen auf die Staatskasse

59 *Fassung 1. 9. 2009:* [I] [1]Soweit dem im Wege der Prozesskostenhilfe oder nach § 138 des Gesetzes über das Verfahren in Familiensachen und in den Angelegenheiten der freiwilligen Gerichtsbarkeit, auch in Verbindung mit § 270 des Gesetzes über das Verfahren in Familiensachen und in den Angelegenheiten der freiwilligen Gerichtsbarkeit, beigeordneten oder nach § 67a Abs. 1 Satz 2

RVG § 59   X. Rechtsanwaltsvergütungsgesetz

der Verwaltungsgerichtsordnung bestellten Rechtsanwalt wegen seiner Vergütung ein Anspruch gegen die Partei oder einen ersatzpflichtigen Gegner zusteht, geht der Anspruch mit der Befriedigung des Rechtsanwalts durch die Staatskasse auf diese über. ²Der Übergang kann nicht zum Nachteil des Rechtsanwalts geltend gemacht werden.

II ¹Für die Geltendmachung des Anspruchs gelten die Vorschriften über die Einziehung der Kosten des gerichtlichen Verfahrens entsprechend. ²Ansprüche der Staatskasse werden bei dem Gericht des ersten Rechtszugs angesetzt. ³Ist das Gericht des ersten Rechtszugs ein Gericht des Landes und ist der Anspruch auf die Bundeskasse übergegangen, wird er insoweit bei dem jeweiligen obersten Gerichtshof des Bundes angesetzt. ⁴Für die Entscheidung über eine gegen den Ansatz gerichtete Erinnerung und über die Beschwerde gilt § 66 des Gerichtskostengesetzes entsprechend.

III Absatz 1 gilt entsprechend bei Beratungshilfe.

Vorbem. I 1 geändert durch Art 47 VI Z 18 FGG-RG v 17. 12. 08, BGBl 2586, in Kraft seit 1. 9. 09, Art 112 I Hs 1 FGG-RG, Übergangsrecht Art 111 FGG-RG, Grdz 2 vor § 1 FamGKG, Teil I B dieses Buchs.

Bisherige Fassung I 1: ¹ ¹Soweit dem im Wege der Prozeßkostenhilfe oder nach § 625 der Zivilprozessordnung beigeordneten oder nach § 67a Abs. 1 Satz 2 der Verwaltungsgerichtsordnung bestellten Rechtsanwalt wegen seiner Vergütung ein Anspruch gegen die Partei oder einen ersatzpflichtigen Gegner zusteht, geht der Anspruch mit der Befriedigung des Rechtsanwalts durch die Staatskasse auf diese über.

Gliederung

1) Systematik, I–III	1
2) Regelungszweck, I–III	2
3) Geltungsbereich, I–III	3
4) Forderungsübergang, I 1	4–16
A. Grundsatz: Übergang kraft Gesetzes	4
B. Umfang	5
C. Anwendbarkeit des Gerichtskostenrechts	6
D. Verhältnis zur Staatskasse	7
E. Wahlrecht des Anwalts	8
F. Kostenverteilung nach Bruchteilen	9–11
G. Kostenvergleich	12–14
H. Arglistfolgen	15, 16
5) Kein Übergang zum Nachteil des Anwalts, I 2	17, 18
6) Verfahren, II	19, 20

1   **1) Systematik, I–III.** Der bei einer Prozeßkostenhilfe oder nach § 138 oder § 270 FamFG beigeordnete oder nach § 67a I 2 VwGO bestellte Anwalt hat auf Grund dieser Tätigkeit einen Vergütungsanspruch nach § 45 I, II. Er kann diesen gegenüber seinem Auftraggeber allerdings nach §§ 122 I Z 3, 124 ZPO nur nach der etwaigen Aufhebung der Bewilligung der Prozeßkostenhilfe geltend machen. Gegenüber dem zur Zahlung der Prozeßkosten verurteilten Prozeßgegner des Auftraggebers kann der beigeordnete Anwalt seinen Vergütungsanspruch im Umfang seiner Beiordnung und in den Grenzen der §§ 91 ff ZPO nach § 126 ZPO geltend machen. Unabhängig davon hat der beigeordnete Anwalt aber eben schon auf Grund der Beiordnung und längst vor einer etwaigen Kostenentscheidung des Prozesses den gesetzlichen Vergütungsanspruch gegenüber der Staatskasse nach §§ 45 ff. § 59 gibt der Staatskasse gegen die vorgenannten Personen einen Rückgriffsanspruch. Das geschieht mithilfe eines gesetzlichen Forderungsübergangs.

2   **2) Regelungszweck, I–III.** Selbst unter einer Berücksichtigung etwaiger anrechnungsfähiger Vorschüsse oder Zahlungen des Auftraggebers oder eines Dritten an den beigeordneten Anwalt nach § 58 II hat die Staatskasse im Umfang der Befriedigung des beigeordneten Anwalts nach §§ 45 ff ein Interesse daran, von den sonstigen Kostenschuldnern einen Ersatz zu erlangen, damit sie die Staatsmittel im Ergebnis möglichst geringfügig in Anspruch nehmen muß.

Deshalb enthält I ähnlich wie §§ 412, 774 BGB einen gesetzlichen Forderungsübergang auf die Staatskasse, LG Bln Rpfleger **92**, 258, soweit diese leistet. Diese Konstruktion entspricht vielen vergleichbaren Vorschriften. Damit wird also eine sonst etwa notwendige Abtretung nach §§ 398 ff BGB überflüssig.

3) Geltungsbereich, I–III. Die Vorschrift gilt direkt im Verfahren der Prozeßkostenhilfe und bei dem nach § 138 oder § 270 FamFG beigeordneten oder nach § 67a I 2 VwGO bestellten Anwalt. I gilt nach III entsprechend im Rahmen einer Beratungshilfe nach dem BerHG. 3

4) Forderungsübergang, I 1. Es sind vier Fragenkreise vorhanden. 4
A. Grundsatz: Übergang kraft Gesetzes. Vgl zunächst Rn 1, 2. Der Forderungsübergang tritt kraft Gesetzes ein. Maßgeblicher Zeitpunkt ist nicht etwa derjenige der Entstehung des Vergütungsanspruchs gegenüber dem Auftraggeber oder dem ersatzpflichtigen Prozeßgegner oder auch nicht derjenige der Festsetzung nach § 55 II, sondern erst der Zeitpunkt der „Befriedigung des Rechtsanwalts", also der tatsächlichen Leistung der Staatskasse an ihn, BGH MDR **98**, 1248, Mü FamRZ **06**, 1461, LG Bln Rpfleger **92**, 258.

B. Umfang. Der Anspruch geht so über, wie er im Zeitpunkt der Befriedigung 5 nach Rn 4 rechtlich bestand. Er ändert ja seinen Rechtscharakter überhaupt nicht, Düss FER **00**, 42, KG MDR **88**, 420, Karlsr JB **99**, 370, aM LG Frankenth JB **86**, 1383. Die gesetzliche Stundung nach § 122 I Z 3 ZPO bleibt bestehen. Das gilt auch zugunsten eines nicht bedürftigen Erben des Auftraggebers, aM RS 13. Die Staatskasse kann daher erst nach einer Änderung oder Aufhebung der Prozeßkostenhilfe gemäß §§ 120 IV oder 124 ZPO und auch nur in den Grenzen Rn 17 ff gegen die begünstigte Partei vorgehen, KG Rpfleger **06**, 662. Sie kann aber auch in diesen Grenzen den Beitreibungsanspruch nach § 126 ZPO nun kraft Übergangs auf sie selbst geltend machen. Dasselbe gilt für einen Zinsanspruch und für ein Sicherungsrecht des Anwalts. Die Kosten bleiben außergerichtliche Parteikosten, KG MDR **88**, 420. § 123 ZPO gilt nach dem Forderungsübergang auch zugunsten der Staatskasse, BGH JB **97**, 648, Kblz MDR **08**, 172, LG Mönchengladb AnwBl **03**, 595, aM Mü JB **01**, 310 (aber die Entstehungsgeschichte interessiert gegenüber dem Wortlaut und Sinn nur begrenzt, BLAH Einl III 42). Freilich muß die Staatskasse dann §§ 122 I Z 1, 125 I ZPO beachten.

C. Anwendbarkeit des Gerichtskostenrechts. Deshalb sind auch die Vorschrif- 6 ten für die Gerichtskosten grundsätzlich unanwendbar, vor allem §§ 22, 29, 32 GKG. Eine Prozeßkostenhilfe für den erstattungspflichtigen Prozeßgegner ist hier unbeachtlich, BGH MDR **97**, 887, Düss JB **88**, 747, Karlsr FamRZ **05**, 2002, aM Zweibr Rpfleger **89**, 114. Auch eine etwaige Gerichtskostenfreiheit ist unbeachtlich, Düss FER **00**, 42. Beachtlich bleibt aber § 6 GKG, auf den II 4 verweist. Beachtlich bleibt ferner zB § 9 S 2 AUG, abgedruckt in Üb 8 vor § 22 GKG, Teil I A dieses Buchs. Denn dort findet eine „endgültige" Kostenbefreiung statt, soweit nicht das Gericht die Bewilligung der Prozeßkostenhilfe nach § 124 Z 1 ZPO aufhebt.
Der Verlierer *haftet* also nicht etwa als Antragsteller für die Kosten des durch eine Prozeßkostenhilfe begünstigten Siegers, Karlsr JB **99**, 370. Allerdings kann seine Haftung bei einer Übernahme der Kosten gegenüber dem Gericht nach § 29 Z 2 GKG, § 24 Z 2 FamGKG eintreten. Dann liegt aber kein Forderungsübergang vor, sondern ein selbständiger Rechtsgrund.

D. Verhältnis zur Staatskasse. Soweit das Gericht die Kosten nach § 92 ZPO, 7 § 81 FamFG gegeneinander aufhebt, entsteht keine Kostenpflicht gegenüber der Staatskasse. Zwischen dem beigeordneten oder bestellten Anwalt und der Staatskasse besteht ein bürgschaftsähnliches Verhältnis. Darum gehen alle Nebenrechte des beigeordneten oder bestellten Anwalts entsprechend §§ 401, 406, 407 I, II, 412 BGB über, auch ein Pfandrecht an einer vom verurteilten Prozeßgegner geleisteten Ausländersicherheit. Sie haftet der Staatskasse in Höhe der ersetzten Kosten, dem beigeordneten oder bestellten Anwalt in Höhe des überschießenden Betrags.

E. Wahlrecht des Anwalts. Der beigeordnete oder bestellte Anwalt kann wäh- 8 len, ob er die Staatskasse oder den in die Prozeßkosten verurteilten Prozeßgegner des Auftraggebers in Anspruch nimmt, Rn 18, Dörndorfer Rpfleger **87**, 448, oder ob er jeden dieser Kostenschuldner zu einem Teil seiner Vergütung beansprucht. Das gilt auch bei der Vertretung mehrerer Streitgenossen. Ein Forderungsübergang nach Rn 4 erfolgt natürlich nur, soweit das Gericht den Anwalt auch einem Streitgenossen beigeordnet hat. Der beigeordnete Wahlanwalt kann also zB nach § 126 ZPO vorgehen. Das muß die Staatskasse bis zu seiner auf solchem Weg erfolgten gänzlichen oder teilweisen Befriedigung wegen Rn 4, 5 abwarten.

9   F. **Kostenverteilung nach Bruchteilen.** Soweit das Gericht die Kosten nach Bruchteilen verteilt hat, darf man die dem beigeordneten oder bestellten Anwalt aus der Staatskasse ersetzten Kosten bei einer Ausgleichung nach § 106 ZPO nicht abziehen. Vielmehr erfolgt zunächst eine Festsetzung so, als ob das Gericht zB überhaupt keine Prozeßkostenhilfe bewilligt hätte, Mü Rpfleger **82**, 119, Oldb JB **80**, 1052 (krit Mümmler). Man muß die Anwaltskosten gesondert von den etwa zu erstattenden Gerichtskosten ausgleichen. Soweit sich für die mittellose Partei oder für den beigeordneten oder bestellten Anwalt ein solcher Erstattungsanspruch ergibt, der zuzüglich der von der Staatskasse erstatteten Gebühren und Auslagen denjenigen Betrag nicht übersteigt, den der Anwalt ohne eine Beiordnung oder Bestellung von seiner Partei als Wahlanwalt verlangen könnte, bleibt es bei der errechneten Erstattung.

10 Soweit der Erstattungsbetrag höher ist als diese Summe, steht der *Mehrbetrag* der Staatskasse zu. Man kann ihn also nicht für die begünstigte Partei oder ihren Anwalt festsetzen. Denn in dieser Höhe hat ein Übergang auf die Staatskasse stattgefunden. Infolgedessen bleiben bei der Kostenausgleichung die dem beigeordneten oder bestellten Anwalt aus der Staatskasse bezahlten Beträge insoweit unberücksichtigt, als sie zusammen mit den festgesetzten Kosten nicht mehr ergeben, als dem beigeordneten oder bestellten Anwalt gegenüber seinem Auftraggeber zustehen würde, wenn er ihn nicht im Rahmen der Beiordnung oder Bestellung vertreten hätte, Brdb JB **99**, 419.

11 Soweit der Urkundsbeamte der Geschäftsstelle bei der Kostenausgleichung *keine Auskunft* der Parteien erhält, muß er so gut wie möglich auf Grund der Akten ausgleichen. Der Anwalt kann dann die Unrichtigkeit im Weg einer Erinnerung nach § 56 geltend machen.

12 G. **Kostenvergleich.** Ein Vergleich über die Prozeßkosten ist trotz I zulässig, soweit die Kostenpflicht noch nicht rechtskräftig feststeht, Stgt MDR **89**, 744, LG Köln AnwBl **84**, 624. Er kann auch dahin gehen, daß die Beteiligten die außergerichtlichen Kosten gegeneinander aufheben, Stgt MDR **89**, 744. Er ist auch dahin zulässig, daß eine Partei auf die Erstattung der außergerichtlichen Kosten verzichtet. In diesen Fällen ist kein Übergang auf die Staatskasse möglich, Stgt MDR **89**, 744, LG Köln Rpfleger **90**, 372.

13 Soweit die Staatskasse im Anschluß an einen solchen Kostenvergleich *gezahlt* hat, ist ebenfalls nichts auf sie übergegangen. Soweit die Staatskasse den erstattungspflichtigen Prozeßgegner der begünstigten Partei in Anspruch genommen hat, muß sie an ihn zurückzahlen.

14 Soweit die Staatskasse den Kostenvergleich *vor der Rechtskraft* zur Kenntnis erhalten hat, kann sie sich auf den Übergang nicht berufen, Düss Rpfleger **01**, 88. Wenn eine Partei nach der formellen Rechtskraft des Urteils einwendet, man habe vor dem Eintritt der Rechtskraft den Kostenvergleich geschlossen, kommt eine Geltendmachung nur nach § 767 ZPO in Betracht.

15 H. **Arglistfolgen.** Soweit eine Partei durch den Einwand des Kostenvergleichs die Staatskasse arglistig schädigen würde, ist dieser Einwand unzulässig, LG Köln Rpfleger **90**, 372. Dafür genügt das Bewußtsein, die Staatskasse ohne einen zwingenden Grund sachlich zu beeinträchtigen. Das gilt zB dann, wenn die Parteien im Kostenvergleich gerade nur den von der Staatskasse erstatteten Kostenbetrag aus der Erstattungspflicht der unterlegenen, nicht von einer Prozeßkostenhilfe begünstigten Partei ausgenommen hatten. Eine grobe Fahrlässigkeit genügt.

Sie liegt allerdings *noch nicht dann* vor, wenn der beigeordnete oder bestellte Anwalt eine Festsetzung auf den Namen des Auftraggebers vornehmen läßt und damit die Aufrechnung ermöglicht, aM Mü MDR **97**, 786 (aber man kann dem Anwalt nicht zumuten, auf seine gesetzlichen Möglichkeiten zu verzichten).

16 Nur bei einer *wirklich arglistigen* Schädigung der Staatskasse hat diese gegenüber dem Anspruch des beigeordneten oder bestellten Anwalts den Einwand der Arglist und nach einer etwaigen Zahlung ein Rückforderungsrecht.

Abschnitt 9. Übergangs- und Schlussvorschriften §§ 59, 60 RVG

5) Kein Übergang zum Nachteil des Anwalts, I 2. Der Forderungsübergang 17
nach Rn 3 läßt sich nicht zum Nachteil des beigeordneten oder bestellten Anwalts
geltend machen. Er behält mit seinem Anspruch den Vorrang, LAG Nürnb AnwBl
88, 182. Das gilt auch bei der Zwangsvollstreckung oder bei einer Insolvenz des Prozeßgegners des Auftraggebers des beigeordneten Anwalts, § 55 Rn 24. Soweit der
Anwalt seine Vergütung nur zum Teil erhalten hat, darf er sich aus dem auf ihn übergegangenen Erstattungsanspruch gegenüber dem Prozeßgegner des Auftraggebers zB
nach § 126 ZPO befriedigen, bevor die Staatskasse den Forderungsübergang nach I
geltend machen darf, LAG Nürnb AnwBl **88**, 182, aM Schlesw AnwBl **94**, 304. Das
gilt selbst dann, wenn die Festsetzung auf den Namen der zB durch die Prozeßkostenhilfe begünstigten Partei erfolgt ist. Denn es handelt sich um einen sachlichrechtlichen Anspruch des beigeordneten oder bestellten Anwalts. Auf diesen Vorrang
des beigeordneten oder bestellten Anwalts darf sich auch der Kostenschuldner berufen.

Soweit der vom Prozeßgegner des Auftraggebers erstattbare Betrag *zur Deckung* der 18
Anwaltskosten *nicht ausreicht,* darf der beigeordnete oder bestellte Anwalt die Zahlungen der Staatskasse zunächst auf diejenigen Kosten verrechnen, für die der Gegner
nicht haftet, LAG Nürnb AnwBl **88**, 182. Das gilt auch dann, wenn der Prozeßgegner einen bezifferten Teilbetrag gezahlt hat. Der Anwalt kann zunächst die Staatskasse beanspruchen, aber auch sogleich nach § 126 ZPO vorgehen, Rn 8. Dieser
letztere Anspruch geht im Umfang der Befriedigung ebenfalls auf die Staatskasse
über, Bre JB **90**, 749, Kblz Rpfleger **94**, 423, Mü AnwBl **91**, 167, aM Zweibr JB **84**,
1044 (abl Mümmler).

6) Verfahren, II. Der Anspruch der Staatskasse ändert durch den Forderungs- 19
übergang nach I seinen rechtlichen Charakter nicht, Mü AnwBl **91**, 167. Trotzdem
gelten die Vorschriften über die Einziehung der Kosten des gerichtlichen Verfahrens
sinngemäß. Wegen der Zuständigkeit enthält II 2, 3 Einzelheiten. Man kann ihn also
in Verwaltungszwangsverfahren geltend machen, im Bereich der ordentlichen Gerichtsbarkeit nach der JBeitrO, Teil IX A dieses Buchs. Gegenüber der bisher begünstigten Partei ist die Gerichtskostenrechnung der Vollstreckungstitel. Gegenüber dem
Prozeßgegner ist das rechtskräftige Urteil der Vollstreckungstitel.

Einwendungen sind nach §§ 1 Z 4, 8 I JBeitrO im Weg von § 66 GKG, § 57 20
FamGKG statthaft, II 4. Also ist auch eine Beschwerdesumme von 200 EUR erforderlich. Eine Aufrechnung des erstattungspflichtigen Prozeßgegners ist im Rahmen
von § 126 II ZPO statthaft, Mü AnwBl **91**, 167, LG Bln AnwBl **83**, 327, aM Brdb
JB **09**, 147, Zweibr JB **84**, 1044. Sie ist ferner dann erlaubt, wenn die Gegenforderung anerkannt oder gerichtlich festgestellt worden ist, § 8 I 2 JBeitrO. Im übrigen
hat der in Anspruch Genommene gegenüber der Staatskasse dieselben Einwendungen
wie gegenüber dem beigeordneten oder bestellten Anwalt, Düss JB **85**, 99, zB nach
§ 122 I Z 1b, 3 ZPO, oder den Einwand der Erfüllung oder denjenigen der Arglist,
Mü RR **98**, 214, LG Bln JB **84**, 74, LG Würzb JB **87**, 1193, oder denjenigen einer Zuvielforderung, BGH MDR **78**, 214.

§ 269 III *(jetzt) 4 ZPO* ist für die Landeskasse unanwendbar, Düss Rpfleger **99**, 133,
Köln Rpfleger **98**, 129, Nürnb JB **89**, 803, aM LG Aschaffenb JB **90**, 1020, LG Osnabr
JB **87**, 1379. Dasselbe gilt für (jetzt) §§ 516 III 2, 565 ZPO, BGH MDR **98**, 1248.

Abschnitt 9. Übergangs- und Schlussvorschriften

Übergangsvorschrift

60 I ¹Die Vergütung ist nach bisherigem Recht zu berechnen, wenn der unbedingte Auftrag zur Erledigung derselben Angelegenheit im Sinne des
§ 15 vor dem Inkrafttreten einer Gesetzesänderung erteilt oder der Rechtsanwalt vor diesem Zeitpunkt gerichtlich bestellt oder beigeordnet worden ist. ²Ist
der Rechtsanwalt im Zeitpunkt des Inkrafttretens einer Gesetzesänderung in
derselben Angelegenheit und, wenn ein gerichtliches Verfahren anhängig ist, in
demselben Rechtszug bereits tätig, ist die Vergütung für das Verfahren über ein
Rechtsmittel, das nach diesem Zeitpunkt eingelegt worden ist, nach neuem

RVG § 60

X. Rechtsanwaltsvergütungsgesetz

Recht zu berechnen. ³Die Sätze 1 und 2 gelten auch, wenn Vorschriften geändert werden, auf die dieses Gesetz verweist.

II Sind Gebühren nach dem zusammengerechneten Wert mehrerer Gegenstände zu bemessen, gilt für die gesamte Vergütung das bisherige Recht auch dann, wenn dies nach Absatz 1 nur für einen der Gegenstände gelten würde.

Schrifttum: *Schneider* AnwBl **02**, 103 (DM/EUR-Umrechnung mit Beispielen, ausf).

Gliederung

1) Systematik, I, II	1–3
2) Regelungszweck, I, II	4
3) Geltungsbereich, I, II	5
4) **Erste Instanz, I 1**	6–11
A. Grundsatz: Maßgeblichkeit der Auftragsannahme, I 1 Hs 1	6, 7
B. Unbedingtheit des Auftrags, I 1 Hs 1	8, 9
C. Dieselbe Angelegenheit; derselbe Rechtszug, I 1 Hs 1	10
D. Bestellung, Beiordnung, I 1 Hs 2	11
5) **Einzelfragen erster Instanz, I 1**	12–27
A. Prozeß- oder Verfahrenskostenhilfe	13
B. Sonstige Beiordnung	14
C. Scheidungsfolgesache	15
D. Teilbetrag	16
E. Nachverfahren	17
F. Wahlverteidiger, Pflichtverteidiger, Beistand	18
G. Neue Angelegenheit	19
H. Streitwertfestsetzung	20
I. Fälligkeit	21
J. Mehrere Auftragszeitpunkte	22–25
K. Prozeßverbindung	26
L. Sonstige Einzelfragen	27
6) **Rechtsmittel, I 2**	28–33
A. Stichtag	28–30
B. Rücknahme und Wiederholung	31
C. Zurückverweisung	32
D. Unanwendbarkeit bei bloßem Widerspruch	33
7) **Auslagen, I 1, 2**	34
8) **Gesetzesänderung, I 1, 3**	35
9) **Wertzusammenrechnung, II**	36

1   **1) Systematik, I, II.** § 60 enthält jetzt eine teilweise mit § 71 I GKG, § 63 FamGKG übereinstimmende Fassung. Die Vorschrift gilt ohne eine Rückwirkung auf die Zeit vor ihrem Inkrafttreten, Karlsr Rpfleger **89**, 524. § 61 regelt vorrangig das Übergangsrecht aus Anlaß des Inkrafttretens des RVG. Das übersieht LG Mönchengladb AnwBl **05**, 433. Den Vorrang hat ferner der *alle* Vorschriften des FGG-RG und daher auch dessen Art 47 VI mit seinen Änderungen des RVG erfassende speziellere Art 111 FGG-RG, Grdz 2 vor § 1 FamGKG, Teil I B dieses Buchs.

§ 60 regelt die Frage, ob altes oder neues Recht anwendbar ist, grundsätzlich wieder in erster Instanz davon abhängig, wann der Anwalt den *unbedingten Auftrag* der jeweiligen Tätigkeitsfunktion erhalten hat, Hbg MDR **89**, 78, Saarbr JB **96**, 252, Madert AnwBl **94**, 307, oder wann das Gericht den Anwalt gerichtlich bestellt oder beigeordnet hat. Es kommt nicht mehr darauf an, wann der jeweilige Rechtszug oder die jeweilige Angelegenheit begann und endete. In der höheren Instanz kommt es unverändert auf den Zeitpunkt der Einlegung des Rechtsmittels an.

2   Insofern richtig BGH NJW **88**, 2671. Seine Auffassung (zum alten Recht), I 1 sei überhaupt nur im Bereich der außergerichtlichen Tätigkeit und solcher Verfahren anwendbar, die beim Inkrafttreten einer Gesetzesänderung gerichtlich noch nicht anhängig waren, ist aber eine *Überdehnung des I 2* (alter wie neuer Fassung). Jene Vorschrift bezieht sich überhaupt nur auf ein Rechtsmittel und läßt keine weiteren stets gefährlichen Umkehrschlüsse zu.

3   Die jetzige Regelung hat auch den Streit um die *Verfassungsmäßigkeit* der früheren Übergangsregelung (Rückwirkungsverbot?) beendet. Abweichend vom früheren Recht regelt § 60 die Vergütung einheitlich. Die Vorschrift enthält also keine unterschiedlichen Anknüpfungspunkte für Gebühren einerseits, Auslagen andererseits. Wegen der Auslagen Rn 34. Auch der Gegenstandswert unterliegt dem § 60. Das zeigt I 3 in

Verbindung mit § 23 und seiner Verweisung zB auf §§ 3 ff ZPO, VerfGH Brdb JB **02**, 370, Kblz Rpfleger **75**, 446, VG Freibg AnwBl **81**, 453.

2) Regelungszweck, I, II. Die Merkmale Rn 1 erschienen dem Gesetzgeber geeigneter, obwohl es bei einer Anknüpfung an den Zeitpunkt der Auftragserteilung usw schon früher zu zahlreichen Zweifelsfragen gekommen war. Freilich konnte man auch die Zeitpunkte des Beginns oder des Endes eines Rechtszugs oder einer Angelegenheit keineswegs immer ganz einfach feststellen.

3) Geltungsbereich, I, II. Die Vorschrift gilt im Gesamtbereich des RVG. Sie gilt auch bei Auslagen. Denn sie gilt für die „Vergütung" nach § 1 I 1, unten Rn 34. Das gilt auch zB für das KostREuroUG, Mü Rpfleger **02**, 380. Sie gilt nicht, soweit es um solche Fragen geht, die rechtstechnisch gerade andere Gesetze für den Anwalt zwar wegen seiner Vergütung regeln, etwa § 104 ZPO (Kostenfestsetzung) und damit wegen der Umsatzsteuer-Darlegungen § 104 II 3 ZPO, BVerfG NJW **96**, 383. Sie gilt aber zB dann, wenn sich die Höhe der Umsatzsteuer ändert. Die Vorschrift gilt auch beim Patentanwalt, Nürnb GRUR-RR **03**, 31.

4) Erste Instanz, I 1. Es empfiehlt sich, in vier Prüfschritten vorzugehen.
A. Grundsatz: Maßgeblichkeit der Auftragsannahme, I 1 Hs 1. Das Übergangsrecht soll nicht in einen laufenden Geschäftsbesorgungsvertrag eingreifen, Bbg JB **78**, 1646. Für die Höhe der Vergütung nach Rn 1–5 ist der Auftrag gerade dieses Auftraggebers maßgeblich, Bbg JB **91**, 239. Es geht nur um den Auftrag gegenüber gerade diesem Anwalt, Nürnb JB **95**, 475. Dabei ist der Zeitpunkt der unbedingten Auftragserteilung maßgeblich, Kblz MDR **95**, 1174, Nürnb JB **95**, 475, Enders JB **95**, 3. Es entscheidet also nicht schon das Auftragsangebot, sondern erst dessen Annahme und damit erst das Zustandekommen des Vertrags nach §§ 145 ff BGB, von Eicken AnwBl **75**, 339. Das gilt grundsätzlich unabhängig von der Vollmachtserteilung, Hamm AnwBl **77**, 31, Saarbr JB **96**, 790, LG Bln Rpfleger **88**, 123. Das bestätigt auch I 2 mittelbar. In einer eigenen Sache ist der Beginn der Tätigkeit maßgeblich, KG JB **76**, 762, Mü FamRZ **06**, 355, Mümmler JB **87**, 10. Es kommt nicht auf den Beginn des Gerichtsverfahrens an, Ffm FamRZ **07**, 842.

Es kommt also auf die *Anhängigkeit oder Rechtshängigkeit nur im Sonderfall I 2* an, Kblz AnwBl **89**, 628, Mü MDR **95**, 967, Saarbr JB **97**, 190, aM Düss Rpfleger **88**, 548, KG Rpfleger **88**, 548, Kblz Rpfleger **88**, 548 (vgl aber Rn 1–6). Freilich gibt eine Vertretungsanzeige einen Anhalt für eine vorangegangene Auftragsannahme, AG Bln-Tempelhof-Kreuzberg JB **05**, 196 (zu § 61).

Der Anwalt muß den für ihn günstigeren Sachverhalt darlegen und *beweisen*, BPatG GRUR **07**, 911.

B. Unbedingtheit des Auftrags, I 1 Hs 1. Der Anwalt darf den Auftrag nicht unter einer Bedingung erhalten haben, Köln JB **06**, 256 links und rechts, Oldb JB **96**, 472, Mü AnwBl **06**, 498, aM LG Bln Rpfleger **88**, 123, AG St Ingbert Rpfleger **88**, 337. Wenn der Anwalt zB den Auftraggeber zunächst nur intern beraten und erst nach einer Erlaubnis oder Deckungszusage seiner Versicherung auch nach außen vertreten soll oder wenn der Auftraggeber den Auftrag zur Verhandlung mit dem Gegner und nur bei ihrer Erfolglosigkeit zur Klagerhebung erhält, mag auch nur der Auftrag für den ersten Tätigkeitsabschnitt unbedingt vorliegen. Es kann aber auch ein insgesamt unbedingter und allenfalls wegen des Abwartens einer außergerichtlichen Frist zur Vertretung oder Klagerhebung befristeter oder betagter Auftrag bestehen. Auf ihn kann altes Recht anwendbar sein, Bbg JB **89**, 497 ff, Kblz MDR **95**, 1174, LG Bln Rpfleger **88**, 123.

Beim *Prozeßkostenhilfeantrag* mag der zugehörige Antrag zur Vertretung im Hauptverfahren von der Bewilligung abhängig sein oder nicht, Rn 13.

Ergibt sich eine *Erfolglosigkeit* des Auftrags erst nach dem Inkrafttreten einer *Gesetzesänderung,* gilt für den zweiten Abschnitt (Klage) das neue Recht, Bbg JB **89**, 497, Saarbr JB **96**, 190, AG Witzenhausen Rpfleger **88**, 337, aM AG St Ingbert Rpfleger **88**, 337 (inkonsequent). Ein Auftrag zur Tätigkeit in der Zwangsvollstreckung wird meist erst mit einem wenigstens vorläufig vollstreckbaren Titel unbedingt, von Eicken AnwBl **75**, 339.

Erteilt der Mandant den unbedingten Auftrag zur Tätigkeit als ProzBev erst *nach einer Verweisung*, gilt das Gebührenrecht für diesen Tätigkeitsbereich erst ab dieser Auftragserteilung. Das gilt selbst dann, wenn der Anwalt vorher ein Verkehrsanwalt war, Hbg MDR **89**, 78.

10 **C. Dieselbe Angelegenheit; derselbe Rechtszug, I 1 Hs 1.** Der unbedingte Auftrag muß auch dieselbe Angelegenheit nach (jetzt) § 15 umfassen, BPatG GRUR **07**, 911, von Eicken AnwBl **75**, 339, Schneider MDR **00**, 605. Soweit verschiedene Angelegenheiten vorliegen, gilt das Übergangsrecht für eine jede von ihnen gesondert, Kblz JB **06**, 134. Man darf diesen Fall nicht mit einer Mehrheit von Gegenständen verwechseln. Zur Abgrenzung vgl bei § 15. Man darf ihn auch nicht damit verwechseln, daß sich die Gebühren nach dem zusammengerechneten Wert mehrerer Gegenstände richten. Dann gilt der vorrangige II.

Verschiedene Angelegenheiten liegen zwischen einem Mahnverfahren und dem nachfolgenden streitigen Verfahren vor, Hbg MDR **97**, 597, Schlesw JB **97**, 413.

Es muß auch *derselbe Rechtszug* vorliegen. Das stellt I 1 klar. Zum Rechtszugsbegriff §§ 15, 19. Vgl unten Rn 28 ff.

11 **D. Bestellung, Beiordnung, I 1 Hs 2.** Soweit das Gericht den Anwalt bestellt oder beigeordnet hat, enthält I 1 Hs 2 abweichend von I 1 Hs 1 einen vorrangigen Bezugszeitpunkt, Celle MDR **95**, 532. Es kommt dann grundsätzlich darauf an, ob die Bestellung oder Beiordnung vor oder nach dem Inkrafttreten einer Gesetzesänderung erfolgt ist, Jena JB **05**, 538. Für die erste Instanz mag das alte Recht anwendbar sein, für die höhere das neue, Hamm JB **05**, 538.

Der Zeitpunkt der Auftragserteilung ist aber dann erheblich, wenn zur Bestellung oder Beiordnung eine Auftragserteilung *hinzutreten* muß, um den Anwaltsvertrag wirksam zu machen, wie zB bei der Prozeßkostenhilfe, Rn 13, BezG Ffo MDR **94**, 101, Oldb JB **96**, 472, LG Osnabr JB **96**, 190, aM Mümmler JB **87**, 13, oder beim Beistand des Nebenklägers, Hamm JB **06**, 30.

12 **5) Einzelfragen erster Instanz, I 1.** Man muß zahlreiche Gesichtspunkte unterscheiden.

13 **A. Prozeß- oder Verfahrenskostenhilfe.** Der Auftrag für dieses Verfahren mag unbedingt sein, während ein Auftrag für das zugehörige Hauptsacheverfahren meist von der Bewilligung der Prozeß- oder Verfahrenskostenhilfe abhängig und daher aufschiebend bedingt erteilt sein kann, Rn 8, Hamm JB **07**, 596, KG JB **06**, 80, Kblz Rpfleger **06**, 200. Maßgeblich ist für die Bewilligung wie bei Rn 18 der Zugang der Beiordnung beim Anwalt, Stgt AnwBl **80**, 114, aM Hbg JB **76**, 185 (es komme auf den Zeitpunkt des Hinausgehens des Beiordnungsbeschlusses an), Kblz Rpfleger **06**, 200 (Zeitpunkt der Antragstellung. Aber grundsätzlich erst ab einer Kenntnis von der Beiordnung darf der beigeordnete Anwalt als solcher tätig werden). Soweit nach Rn 11 auch eine Beauftragung neben der Beiordnung erforderlich ist, entscheidet der bei unbedingten Beauftragung der frühere Zeitpunkt, Schlesw SchlHA **87**, 175, LG Kblz Rpfleger **88**, 123, aM Mümmler JB **87**, 13 (es entscheide nur der Zeitpunkt der Beiordnung). Nach der Ablehnung einer Prozeß- oder Verfahrenskostenhilfe und nach einem evtl anschließenden Prozeßauftrag entscheidet der letztere Zeitpunkt, Düss AnwBl **89**, 62, von Eicken AnwBl **75**, 339, Mümmler JB **87**, 11.

14 **B. Sonstige Beiordnung.** Der Auftragserteilung muß man auch den Zeitpunkt einer Beiordnung nach § 11a ArbGG und der gerichtlichen Bestellung zum Verteidiger gleichstellen, (jetzt) §§ 45 ff, Celle MDR **95**, 532, Düss Rpfleger **96**, 150, Oldb JB **96**, 472, aM KG Rpfleger **95**, 380. Soweit neben der Beiordnung auch eine Beauftragung erforderlich ist, entscheidet auch hier der frühere Zeitpunkt, Rn 13.

15 **C. Scheidungsfolgesache.** Vgl § 63 FamGKG und (zum alten Recht) Düss JB **96**, 253.

16 **D. Teilbetrag.** Wenn sich der Auftrag darauf beschränkt, zunächst nur einen Teilbetrag der Gesamtforderung des Gläubigers gerichtlich geltend zu machen, muß man die Anforderungen Rn 8–10 beachten.

17 **E. Nachverfahren.** Das Nachverfahren zählt im allgemeinen zu dem von vornherein unbedingten Auftrag, einen Urkundenprozeß durchzuführen.

18 **F. Wahlverteidiger, Pflichtverteidiger, Beistand.** Wenn das Gericht den Anwalt vor dem Eintritt einer Gesetzesänderung zum Wahlverteidiger, nach ihrem Ein-

Abschnitt 9. Übergangs- und Schlussvorschriften **§ 60 RVG**

tritt zum Pflichtverteidiger oder zum Zeugenbeistand bestellt hatte, ist wegen der Wahlverteidigung das alte Recht und wegen der Pflichtverteidigung das neue Recht anwendbar, Celle MDR **95**, 532, KG Rpfleger **05**, 695, Oldb JB **96**, 472, aM Bbg JB **89**, 965, KG Rpfleger **95**, 380, LG Hann JB **88**, 749 (aber der Wortlaut und Sinn des § 60 verbieten diese Unterscheidung nicht). Maßgeblich ist der Zeitpunkt der Kenntnisnahme der Beiordnung durch den Anwalt wie bei Rn 13, aM Hamm JB **05**, 539 (Beiordnung). Bei mehreren Pflichtverteidigern muß man jeden unabhängig vom anderen beurteilen, Hamm JB **06**, 29 rechts Mitte. Die Grundgebühr nach VV 4100, 4101 mag nicht entstehen, wenn sich der Anwalt vor dem Stichtag eingearbeitet hatte, Hamm JB **06**, 200.

G. Neue Angelegenheit. Das nach § 60 anwendbare Recht entscheidet auch 19 darüber, inwieweit die Gebühr die Tätigkeit des Anwalts abgilt. Es entscheidet also auch darüber, ob gebührenrechtlich eine neue Angelegenheit vorliegt. Vgl aber zunächst Rn 10.

H. Streitwertfestsetzung. Wegen der Kostenfestsetzung nach § 104 ZPO vgl 20 Rn 5. Soweit das Gericht den Streitwert festgesetzt und entsprechend I altes Recht angewendet hat, gilt nur dieser Streitwert auch für die Anwaltsgebühren.

I. Fälligkeit. Es kommt nicht darauf an, wann der Anwalt auf Grund des Auftrags 21 oder der Bestellung oder Beiordnung tatsächlich tätig geworden ist und wie lange er tätig war und ob eine späte Beauftragung, Bestellung oder Beiordnung prozessual nachteilig war, Düss JB **97**, 369. Daher kommt es auch nicht darauf an, wann der Gebührenanspruch entstanden ist und wann die Gebühren fällig geworden sind. Der Zeitpunkt der Fälligkeit ist nur dann maßgeblich, wenn kein Auftrag vorliegt, etwa bei der Tätigkeit eines Anwalts in einer eigenen Sache oder bei einem Anspruch nach § 1 II 2 RVG in Verbindung mit § 1835 BGB, aM GS 20 (aber § 8 I 1 Hs 2 stellt gerade nicht auf eine Auftragserteilung ab. Jeder Anspruch kann fällig werden).

J. Mehrere Auftragszeitpunkte. Je nach dem Zeitpunkt des jeweiligen Auftrags 22 kann für den Anwalt der einen Partei das alte Recht anwendbar sein, für denjenigen der anderen Partei neues, Brdb AnwBl **95**, 150, Saarbr JB **96**, 311, VG Bln NVwZ-RR **03**, 907. Dabei kommt es wiederum nur auf den wirklichen Auftrag an, nicht darauf, ob man ihn früher oder später hatte zustandebringen können, Hamm AnwBl **88**, 359, KG JB **76**, 1195.

Dasselbe gilt ferner dann, wenn derselbe Anwalt in verschiedenen oder in dersel- 23 ben Angelegenheit *mehrere* Aufträge von demselben oder von mehreren Auftraggebern erhalten hat, Hbg JB **98**, 75, Schlesw JB **97**, 413 (erst Widerspruch, dann Auftrag für das streitige Verfahren), Hbg MDR **89**, 78, Schlesw JB **88**, 1014 (erst Verkehrsanwalt, dann ProzBev oder umgekehrt), Bbg AnwBl **89**, 627 (Widerklage nun auch gegen einen Dritten), GSchm 42 (erst Urkunds- oder Wechselprozeß, dann Nachverfahren, aM Kblz JB **90**, 54).

Dasselbe gilt schließlich beim einem *Anwaltswechsel*, Hbg JB **78**, 62, oder beim Par- 24 teiwechsel, Bbg JB **91**, 239, von Eicken AnwBl **75**, 339.

Wegen der Situation bei einem Auftrag zunächst nur zur Abwehr der Klage, dann zur Geltendmachung einer *Widerklage* Rn 8, 9. Bei der Fortführung eines Rechtsstreits durch den Erben der Partei entscheidet der Zeitpunkt der Auftragserteilung des Verstorbenen.

Wegen der Situation nach (jetzt) § 7, VV 1008 vgl Karlsr MDR **76**, 676, Mü JB 25 **78**, 1492.

K. Prozeßverbindung. Vgl Bbg FamRZ **05**, 1852. 26

L. Sonstige Einzelfragen. Beim Anwaltswechsel kommt es wie stets auf seine 27 Notwendigkeit an, LG Bln Rpfleger **88**, 123 (D), BLAH § 91 ZPO Rn 124 ff. Bei einer Aussetzung kann das Recht aus der Zeit der Auftragserteilung fortgelten, LG Bln VersR **88**, 754. Nach § 3a läßt sich eine Regelung abweichend von §§ 60, 61 treffen. Vertritt der Anwalt sich selbst, entscheidet der Beginn seiner Tätigkeit, Rn 6.

6) Rechtsmittel, I 2. Bei jeder Berufung, Revision, Beschwerde gegen eine den 28 Rechtszug beendende Entscheidung ist der Stichtag maßgebend.

A. Stichtag. Es kommt für den erstmals nach dem Stichtag mit der Einlegung oder einer Abwehr unbedingt Beauftragten auf diesen Auftragszeitpunkt an, Hbg

1675

MDR **97**, 204, LAG Mainz NZA-RR **05**, 272, OVG Kblz JB **98**, 27, aM LAG Köln JB **00**, 532 (abl Wedel). Für den schon vor dem Stichtag außergerichtlich oder in demselben Rechtszug tätig gewesenen Anwalt kommt es dagegen nur auf den Zeitpunkt der Einlegung des Rechtsmittels an, BGH NJW **88**, 2671, LAG Bre NZA **04**, 1180, VG Bln NVwZ-RR **03**, 906. Das alles gilt unabhängig von einem etwaigen Anwaltswechsel vor der nächsten Instanz.

29   *Hierher gehört auch* eine Beschwerde in einer Kostensache (nicht die Erinnerung, Rn 33). Es kommt also in diesen letzten Fällen der Rn 28 nicht auf den Zeitpunkt der Beauftragung an, BGH NJW **88**, 2671, Düss MDR **88**, 977, Schlesw (5. FamS) SchlHA **87**, 176, aM Schlesw (9. ZS) SchlHA **88**, 41, OVG Hbg AnwBl **87**, 556, LG Bln Rpfleger **88**, 123 – B – (aber eine Auslegung ist nur bei einem unklaren Gesetzeswortlaut zulässig. I 2 ist klar und dient auch der Rechtssicherheit).

30   Es kommt nicht auf den Zeitpunkt der Beauftragung mit der Einlegung eines *Anschlußrechtsmittels* an, Bbg JB **77**, 1374, oder auf denjenigen der Bestellung oder Beiordnung, BGH MDR **78**, 214, Hamm JB **06**, 138 links obere Mitte. Ähnlich wie in der ersten Instanz bei Rn 22 kann für den Rechtsmittelkläger das eine Recht gelten, für den Rechtsmittelbekl das andere, Karlsr AnwBl **88**, 255.

31   **B. Rücknahme und Wiederholung.** Bei einer Zurücknahme des Rechtsmittels und der anschließenden nochmaligen Einlegung kommt es wegen (jetzt) § 15 II freilich nur auf den Zeitpunkt der ersten Einlegung an, Hbg JB **76**, 616.

32   **C. Zurückverweisung.** Durch eine Zurückverweisung entsteht ein neuer Rechtszug, Rn 10, Stgt MDR **89**, 923, Zweibr JB **00**, 21, SG Hbg JB **93**, 219. Wegen einer Berufung gegen ein Teilurteil vor dem Inkrafttreten einer Gesetzesänderung, des Schlußurteils aber nach jenem Zeitpunkt MDR **78**, 45.
     Ein Auftrag zur Durchführung der Zwangsvollstreckung liegt im allgemeinen erst dann vor, wenn der zugrunde liegende Vollstreckungstitel wirksam besteht, Düss JB **78**, 1494.

33   **D. Unanwendbarkeit bei bloßem Rechtsbehelf.** Unanwendbar ist I 2 auf einen bloßen Rechtsbehelf wie einen Einspruch, Hbg JB **90**, 726, einen Widerspruch, eine Erinnerung oder auch eine Wiederaufnahmeklage, BLAH Grdz 1 vor § 511 ZPO. Denn diesen Rechtsbehelfen fehlt die sog Anfallwirkung beim höheren Gericht, jedenfalls zunächst, BLAH Grdz 3 vor § 511 ZPO.

34   **7) Auslagen, I 1, 2.** Vgl zunächst Rn 5. Es entscheidet also auch hier der Zeitpunkt der Auftragserteilung. Es ist also möglich, daß sich zwar die Gebühren nach dem alten Recht richten, die Auslagen aber nach dem neuen, oder umgekehrt. Es kann aber auch dahin kommen, daß der Anwalt eine Auslage auch dann nur nach dem alten Recht abrechnen darf, wenn der zugehörige Auftrag vor dem Stichtag zustande kam, die Auslage aber erst später entstand. Denn I stellt auf die Vergütung und damit nach § 1 I 1 auf den Oberbegriff von Gebühren und Auslagen ab, Kblz JB **89**, 208, aM GS VV 7001–7002 Rn 39 (aber schon der Wortlaut ist eindeutig).

35   **8) Gesetzesänderung, I 1, 3.** Die Regelung entspricht den §§ 71 I 1, 3 GKG, 161 S 1, 3 KostO, 24 S 1, 2 JVEG, 16 S 1, 2 JVerwKO, Teile I, III, V, VIII A dieses Buchs. Die Neufestsetzung der zum 1. 7. 04 aufgehobenen Ermäßigungssätze in den neuen Bundesländern stand dem Inkrafttreten einer Gesetzesänderung nach (jetzt) § 60 gleich, § 2 VO vom 15. 4. 96, BGBl 604, § 3 VO. Die Vorschrift erfaßte eine Änderung derjenigen Bestimmung, auf die die BRAGO jeweils verwies, etwa in § 8 II I BRAGO. Es kam dann auf denjenigen Zeitpunkt an, in dem diejenige Vorschrift, auf die verwiesen war, in einer geänderten Fassung in Kraft trat.
     Keine Änderung, sondern ein bloßer inhaltlicher Klarstellungsversuch ist § 15a, BGH (2. ZS) NJW **09**, 3101, Bbg JB **10**, 25, Drsd JB **09**, 582, KG Rpfleger **09**, 647 und 648, Köln AnwBl **09**, 800, Mü AnwBl **09**, 880, Stgt Rpfleger **09**, 647 und 648, LG Bln AnwBl **09**, 584, LG Hbg JB **09**, 641, AG Bruchsal JB **09**, 584, AG Wesel JB **09**, 584, Enders JB **09**, 543, aM BGH (10. ZS) NJW **10**, 77, Celle JB **09**, 584, Düss JB **09**, 586, OVG Lüneb AnwBl **09**, 880 (aber gerade ein gesetzgeberischer Irrtum läßt sich inhaltlich klarstellen, wie zB bei § 319 ZPO eine offensichtlich unrichtige Entscheidung). Der Große Senat des BGH hat bisher nicht entschieden, KG Rpfleger **10**, 53.

Abschnitt 9. Übergangs- und Schlussvorschriften   §§ 60, 61 RVG

9) Wertzusammenrechnung, I, II. Die Vorschrift klärt, wie man verfahren muß, wenn man solche Gegenstände zusammenrechnen muß, für die zum Teil altes, zum Teil neues Recht gilt, zB bei einer Klagerhebung vor einer Gesetzesänderung oder bei einer Klagerweiterung nach dieser Änderung. Unter den denkbaren Berechnungsmethoden erklärt II diejenige für verbindlich, nach der auch aus verfassungsrechtlichen Bedenken gegen eine Rückwirkung neuen Rechts allein das bisherige Recht gilt. Man muß die damit etwa verbundene wirtschaftlich Benachteiligung inkaufnehmen, BJBCMU 27, Enders JB **95**, 2, aM GS 59.

Übergangsvorschrift aus Anlass des Inkrafttretens dieses Gesetzes

61 I ¹**Die Bundesgebührenordnung für Rechtsanwälte in der im Bundesgesetzblatt Teil III, Gliederungsnummer 368-1, veröffentlichten bereinigten Fassung, zuletzt geändert durch Artikel 2 Abs. 6 des Gesetzes vom 12. März 2004 (BGBl. I S.** 390)**, und Verweisungen hierauf sind weiter anzuwenden, wenn der unbedingte Auftrag zur Erledigung derselben Angelegenheit im Sinne des § 15 vor dem 1. Juli 2004 erteilt oder der Rechtsanwalt vor diesem Zeitpunkt gerichtlich bestellt oder beigeordnet worden ist.** ²Ist der Rechtsanwalt am 1. Juli 2004 in derselben Angelegenheit und, wenn ein gerichtliches Verfahren anhängig ist, in demselben Rechtszug bereits tätig, gilt für das Verfahren über ein Rechtsmittel, das nach diesem Zeitpunkt eingelegt worden ist, dieses Gesetz. ³ § 60 Abs. 2 ist entsprechend anzuwenden.

II Auf die Vereinbarung der Vergütung sind die Vorschriften dieses Gesetzes auch dann anzuwenden, wenn nach Absatz 1 die Vorschriften der Bundesgebührenordnung für Rechtsanwälte weiterhin anzuwenden und die Willenserklärungen beider Parteien nach dem 1. Juli 2004 abgegeben worden sind.

Schrifttum: *Müller-Rabe* NJW **05**, 1609 (Üb).

1) Systematik, I, II. Es handelt sich um eine gegenüber § 60 vorrangige Spezialregelung.

2) Regelungszweck, I, II. Zwar enthält schon § 60 dieselben Grundgedanken wie § 61. Die Vorschrift hat aber einen zumindest klärenden Sinn. Sie dient damit der Rechtssicherheit. Man sollte sie entsprechend strikt handhaben.

3) Geltungsbereich: Inkrafttreten des RVG, I, II. Die Vorschrift klärt die Fortgeltung der BRAGO nach denselben Abgrenzungsmerkmalen für einen Altfall wie bei § 60. Das gilt auch für das zugehörige Festsetzungsverfahren, Jena JB **06**, 367 rechts und 368.

Es kommt zB bei *I 1* auf den Zeitpunkt der unbedingten Auftragserteilung an, Mü AnwBl **06**, 498, LSG Essen RR **08**, 87, VG Lüneb NJW **05**, 697 („Rechtsmittel" meint dasselbe wie bei § 60 Rn 28), aM LG Mönchengladb AnwBl **05**, 433 (verwechselt § 60 mit § 61 und stellt erst auf den Beginn der dem Auftrag folgenden prozeßbezogenen Tätigkeit ab, überdies irrig die Entgegennahme der Klagezustellung nicht derart einordnend). Bei einem durch eine Prozeßkostenhilfe bedingten Auftrag kommt es also auf den Bewilligungszeitpunkt an, Drsd FamRZ **07**, 1671, aM AG Bln-Tempelhof-Kreuzberg JB **05**, 365 (inkonsequent). I 1 gilt auch beim Parteiwechsel, BGH NJW **07**, 770. Bei einer Pflichtverteidigung ist ihre Anordnung maßgebend, KG NJW **05**, 3654.

I 1 lt Hs ergibt eindeutig, daß der vor dem 1. 7. 04 als Wahlverteidiger tätig gewordene Anwalt hierfür auch dann seine Vergütung nach der BRAGO erhält, wenn das Gericht ihn ab 1. 7. 04 als Pflichtverteidiger bestellt oder beigeordnet hatte, und daß er nur für die letztere Tätigkeit seine Vergütung nach dem RVG erhält, Jena JB **06**, 535, LG Bln JB **05**, 31 (abl Jungbauer) und Rpfleger **05**, 54, Ag Bln-Tiergarten JB **05**, 362 (maßgeblich ist der Zugang der Bestellung), aM Hamm JB **05**, 197, KG Rpfleger **05**, 276, Schlesw NJW **05**, 234 (aber Wortlaut und Sinn sind eindeutig). Das gilt auch zB beim Beistand eines Nebenklägers nach § 397a I StPO (vor dem 1. 7. 04 Wahlanwalt, ab oder nach 1. 7. 04 bestellter Beistand), Brdb Rpfleger **05**, 565. Es kann für das selbständige Beweisverfahren die BRAGO und für den Hauptprozeß das RVG gelten, Brdb JB **07**, 142, Kblz JB **09**, 253, Stgt JB **07**, 32, aM

Zweibr AnwBl **06**, 499. Es kann für die erste Instanz noch das alte Recht gelten, für die höhere das neue, Hamm JB **05**, 538. Für die Beiordnung ist deren Erlaß und nicht erst deren Kenntnisnahme durch den beigeordneten Anwalt maßgeblich, Hamm JB **05**, 539.

5   *I 2* gilt zB bei der Beschwerde eines beigeordneten Anwalts, Drsd JB **04**, 593. Auch eine Anrechnung findet bei einer grundsätzlichen Anwendbarkeit des RVG nach diesem und damit zB nach der amtlichen Vorbemerkung 3 IV 1 nur zur Hälfte und höchstens mit 0,75 Gebühr statt, Kitzinger FamRZ **05**, 12.

6   Auch *Anrechnungsfragen* unterfallen dem § 61 und daher nach seinen Zeitabschnitten dem alten oder neuen Recht. Zum Problem Mü RR **06**, 651, AG Stgt JB **05**, 30 (zustm Enders ausf), VGH Mannh NVwZ-RR **08**, 654.

7   *II* gilt für eine Vergütungsvereinbarung nach § 4, aber nur im Verhältnis zwischen dem Anwalt und seinem Auftraggeber, nicht gegenüber einem erstattungspflichtigen Gegner.

Anlage 1
(zu § 2 Abs. 2)

Vergütungsverzeichnis (VV)

Fassung 1. 9. 2009:

(Amtliche) Gliederung

	VV
Teil 1. Allgemeine Gebühren	1000–1009
Teil 2. Außergerichtliche Tätigkeiten einschließlich der Vertretung im Verwaltungsverfahren	2100–2508
Abschnitt 1. Prüfung der Erfolgsaussicht eines Rechtsmittels	2100–2103
Abschnitt 2. Herstellung des Einvernehmens	2200, 2201
Abschnitt 3. Vertretung	2300–2303
Abschnitt 4. Vertretung in bestimmten Angelegenheiten	2400, 2401
Abschnitt 5. Beratungshilfe	2500–2508
Teil 3. Zivilsachen, Verfahren der öffentlich-rechtlichen Gerichtsbarkeiten, Verfahren nach dem Strafvollzugsgesetz, auch in Verbindung mit § 92 des Jugendgerichtsgesetzes, und ähnliche Verfahren	3100–3518
Abschnitt 1. Erster Rechtszug	3100–3106
Abschnitt 2. Berufung, Revision, bestimmte Beschwerden und Verfahren vor dem Finanzgericht	3200–3213
Unterabschnitt 1. Berufung, bestimmte Beschwerden und Verfahren vor dem Finanzgericht	3200–3205
Unterabschnitt 2. Revision, bestimmte Beschwerden und Rechtsbeschwerden	3206–3213
Abschnitt 3. Gebühren für besondere Verfahren	3300–3336
Unterabschnitt 1. Besondere erstinstanzliche Verfahren	3300–3304
Unterabschnitt 2. Mahnverfahren	3305–3308
Unterabschnitt 3. Vollstreckung und Vollziehung	3309, 3310
Unterabschnitt 4. Zwangsversteigerung und Zwangsverwaltung	3311, 3312
Unterabschnitt 5. Insolvenzverfahren, Verteilungsverfahren nach der Schiffahrtsrechtlichen Verteilungsordnung	3313–3323
Unterabschnitt 6. Sonstige besondere Verfahren	3324–3336
Abschnitt 4. Einzeltätigkeiten	3400–3405
Abschnitt 5. Beschwerde, Nichtzulassungsbeschwerde und Erinnerung	3500–3518
Teil 4. Strafsachen	4100–4304
Abschnitt 1. Gebühren des Verteidigers	4100–4147
Unterabschnitt 1. Allgemeine Gebühren	4100–4104
Unterabschnitt 2. Vorbereitendes Verfahren	4105, 4106
Unterabschnitt 3. Gerichtliches Verfahren	4107–4136
Erster Rechtszug	4107–4124
Berufung	4125–4130
Revision	4131–4136
Unterabschnitt 4. Wiederaufnahmeverfahren	4137–4141
Unterabschnitt 5. Zusätzliche Gebühren	4142–4147
Abschnitt 2. Gebühren in der Strafvollstreckung	4200–4207
Abschnitt 3. Einzeltätigkeiten	4300–4304
Teil 5. Bußgeldsachen	5100–5200
Abschnitt 1. Gebühren des Verteidigers	5100–5116
Unterabschnitt 1. Allgemeine Gebühr	5100
Unterabschnitt 2. Verfahren vor der Verwaltungsbehörde	5101–5106
Unterabschnitt 3. Gerichtliches Verfahren im ersten Rechtszug	5107–5112
Unterabschnitt 4. Verfahren über die Rechtsbeschwerde	5113, 5114
Unterabschnitt 5. Zusätzliche Gebühren	5115, 5116
Abschnitt 2. Einzeltätigkeiten	5200
Teil 6. Sonstige Verfahren	6100–6404
Abschnitt 1. Verfahren nach dem Gesetz über die internationale Rechtshilfe in Strafsachen und Verfahren nach dem IStGH-Gesetz	6100, 6101

VV Gliederung, Vorbem 1, 1000

	VV
Abschnitt 2. Disziplinarverfahren, berufsgerichtliche Verfahren wegen der Verletzung einer Berufspflicht	6200–6216
Unterabschnitt 1. Allgemeine Gebühren	6200, 6201
Unterabschnitt 2. Außergerichtliches Verfahren	6202
Unterabschnitt 3. Gerichtliches Verfahren	6203–6215
Erster Rechtszug	6203–6206
Zweiter Rechtszug	6207–6210
Dritter Rechtszug	6211–6215
Unterabschnitt 4. Zusatzgebühr	6216
Abschnitt 3. Gerichtliche Verfahren bei Freiheitsentziehung und in Unterbringungssachen	6300–6303
Abschnitt 4. Verfahren nach der Wehrbeschwerdeordnung	6400–6405
Abschnitt 5. Einzeltätigkeiten und Verfahren auf Aufhebung einer Disziplinarmaßnahme	6500
Teil 7. Auslagen	7000–7008

Teil 1. Allgemeine Gebühren

(Amtliche) Vorbemerkung 1:
Die Gebühren dieses Teils entstehen neben den in anderen Teilen bestimmten Gebühren.

Nr.	Gebührentatbestand	Gebühr oder Satz der Gebühr nach § 13 RVG
1000	Einigungsgebühr	1,5
	Fassung 1. 9. 2009: [I] [1] Die Gebühr entsteht für die Mitwirkung beim Abschluss eines Vertrags, durch den der Streit oder die Ungewissheit über ein Rechtsverhältnis beseitigt wird, es sei denn, der Vertrag beschränkt sich ausschließlich auf ein Anerkenntnis oder Verzicht. [2] Dies gilt auch für die Mitwirkung bei einer Einigung in einem der in § 36 RVG bezeichneten Güteverfahren. [3] Im Privatklageverfahren ist Nummer 4147 anzuwenden.	
	[II] Die Gebühr entsteht auch für die Mitwirkung bei Vertragsverhandlungen, es sei denn, dass diese für den Abschluss des Vertrags im Sinne des Absatzes 1 nicht ursächlich war.	
	[III] Für die Mitwirkung bei einem unter einer aufschiebenden Bedingung oder unter dem Vorbehalt des Widerrufs geschlossenen Vertrag entsteht die Gebühr, wenn die Bedingung eingetreten ist oder der Vertrag nicht mehr widerrufen werden kann.	
	[IV] Soweit über die Ansprüche vertraglich verfügt werden kann, gelten die Absätze 1 und 2 auch bei Rechtsverhältnissen des öffentlichen Rechts.	
	[V] [1] Die Gebühr entsteht nicht in Ehesachen und in Lebenspartnerschaftssachen (§ 269 Abs. 1 Nr. 1 und 2 FamFG). [2] Wird ein Vertrag, insbesondere über den Unterhalt, im Hinblick auf die in Satz 1 genannten Verfahren geschlossen, bleibt der Wert dieser Verfahren bei der Berechnung der Gebühr außer Betracht. [3] In Kindschaftssachen ist Absatz 1 Satz 1 auch für die Mitwirkung an einer Vereinbarung, über deren Gegenstand nicht vertraglich verfügt werden kann, entsprechend anzuwenden.	

Vorbem. Amtliche Anmerkung I 3 berichtigt dch Art 2 V Z 3 a G v 18. 8. 05, BGBl 2477, in Kraft seit 21. 10. 05, Art 3 S 1 G, Übergangsrecht § 60 RVG. Sodann amtliche Anmerkung I 1, 2, V 1 geändert und V 3 angefügt dch Art 47 VI Z 19b FGG-RG v. 17. 12. 08, BGBl 2586, in Kraft seit dem 1. 9. 09, Art 112 I Hs 1 FGG-RG, Übergangsrecht Art 111 FGG-RG, Grdz 2 vor § 1 FamGKG, Teil I B dieses Buchs.

Vergütungsverzeichnis **1000 VV**

Nr.	Gebührentatbestand	Gebühr oder Satz der Gebühr nach § 13 RVG
	Bisherige Fassung amtl Anm I 1, 2, V: [1] ¹Die Gebühr entsteht für die Mitwirkung beim Abschluss eines Vertrags, durch den der Streit oder die Ungewissheit der Parteien über ein Rechtsverhältnis beseitigt wird, es sei denn, der Vertrag beschränkt sich ausschließlich auf ein Anerkenntnis oder einen Verzicht. ²Dies gilt auch für die Mitwirkung bei einer Einigung der Parteien in einem der in § 36 RVG bezeichneten Güteverfahren. V ¹Die Gebühr entsteht nicht in Ehesachen (§ 606 Abs. 1 Satz 1 ZPO) und in Lebenspartnerschaftssachen (§ 661 Abs. 1 Nr. 1 bis 3 ZPO). ²Wird ein Vertrag, insbesondere über den Unterhalt, im Hinblick auf die in Satz 1 genannten Verfahren geschlossen, bleibt der Wert dieser Verfahren bei der Berechnung der Gebühr außer Betracht.	

Schrifttum: Schneider MDR 04, 423 (Üb).

Gliederung

1) Systematik 1
2) Regelungszweck 2
3) Sachlicher Geltungsbereich 3
4) Persönlicher Geltungsbereich 4
5) Einigung 5–56
   A. Vertrag mit Streitbeseitigung, amtliche Anmerkung I 1 Hs 1 5
   B. Auch BGB-Vergleich 6
   C. Auch Prozeßvergleich 7
   D. Prozeßvergleich: Doppelnatur 8
   E. Prozeßvergleich: Parteiprozeßhandlung 9
   F. Kein gegenseitiges Nachgeben nötig 10
   G. Vollstreckbarer Anwaltsvergleich nach §§ 796 a–c ZPO, I 1 .... 11, 12
   H. Aufschiebende Bedingung, amtliche Anmerkung III 1 Fall 1 13
   I. Auflösende Bedingung oder Rücktritt oder Widerruf, amtliche Anmerkung III 1 Fall 2 .... 14, 15
   J. Weitere Voraussetzungen, amtliche Anmerkung II 16, 17
   K. Beispiele zur Frage einer streitbeendenden Einigung 18–56
6) Mitwirkung 57–80
   A. Anwaltseigenschaft 58
   B. Mitursächlichkeit 59
   C. Mitwirkung an der Verhandlung 60
   D. Mitwirkung beim Vertragsabschluß 61
   E. Bedingung, Widerruf 62
   F. Beweislast 63, 64
   G. Beispiele zur Frage einer Mitwirkung 65–80
7) Gebührenhöhe 81, 82
   A. Außergerichtliche Einigung 81
   B. Gerichtliche Einigung, VV 1003 82
8) Gegenstandswert 83–87
   A. Grundsatz: Ausgangspunkt Streitwert 83
   B. Beispiele zur Frage des Gegenstandswerts 84–87
9) Kostenerstattung 88

1) Systematik. Die Vorschrift enthält zwecks einer Förderung jeder streitbeendenden Einigung eine besondere Vergütung. Diese Regelung gilt grundsätzlich für jeden Bereich der anwaltlichen Berufstätigkeit. Sie erfaßt also nicht nur die Mitwirkung an der Beilegung eines Verfahrens, sondern auch diejenige an der Beilegung einer außergerichtlichen Auseinandersetzung. Für den Fall der Erledigung einer Rechtssache nach der Zurücknahme oder Änderung des mit einem Rechtsbehelf angefochtenen Verwaltungsakts enthält VV 1002 eine vorrangige Sondervorschrift, OVG Kblz NVwZ-RR 07, 565. Weitere vorrangige Sonderregeln enthalten VV 1003–1007. Die Einigungsgebühr ist eine Erfolgsgebühr, Rn 5. Sie tritt stets neben die Verfahrensgebühr VV 3100 usw oder neben eine Terminsgebühr nach der amtlichen Vorbemerkung 3 III 1

VV 1000 Vergütungsverzeichnis

in Verbindung mit VV 3104 usw, Mü JB **09**, 487, oder neben eine Geschäftsgebühr VV 2300. Der Anwalt kann auf sie verzichten, Hamm JB **02**, 364.

2 **2) Regelungszweck.** Eine außergerichtliche Einigung verdient insbesondere Anerkennung schon deshalb, weil sie meist einen Prozeß erübrigt. Ein Prozeßvergleich beugt wenigstens einer Fortsetzung des Streits vor. Er verhindert auch eine Rechtsmittelinstanz mit dem Risiko, daß dort auch noch eine Zurückverweisung erfolgen könnte. Die Bemühung des Anwalts um eine solche dem Rechtsfrieden, der Rechtssicherheit und zumindest meist auch der Gerechtigkeit dienende zweckmäßige Streitbeilegung verdient daher auch eine beachtliche Vergütung. Der Anwalt hat ja auch eine besondere Verantwortung für die Wahrung der Interessen des Auftraggebers und für die Brauchbarkeit und Eindeutigkeit sowie für die Vollstreckbarkeit der Einigung. Das gilt ungeachtet der bei einer näheren Betrachtung nur bedingt erzielten Verbesserung der Anwaltsvergütung bei einer außergerichtlichen Streitbeilegung, Meyer JB **04**, 575 (ausf).

Soweit freilich auch das Gericht bereits schon wegen *§ 278 ZPO* gleichartige Bemühungen anstellen muß, soll die Anwaltsvergütung trotz ihres im Einzelfall äußerst unterschiedlichen Anteils am Gelingen doch nicht so hoch ausfallen wie dann, wenn ich und auch evtl sein gegnerischer Kollege ohne das Gewicht einer richterlicher Förderung ans Vergleichswerk gehen muß. Diese Abstufung findet in VV 1003 ihren Ausdruck. Sie mag bei einem hohen Anwaltsanteil am Zustandekommen der Einigung zwar unbefriedigend bleiben. Sie ist aber ein Ausdruck von Erfahrungssätzen. Deshalb sollte man sie respektieren. Das alles sollte man bei der Auslegung mitbeachten.

3 **3) Sachlicher Geltungsbereich.** Die Vorschrift gilt grundsätzlich für jede Art einer gerichtlichen oder außergerichtlichen Einigung, Rn 5 ff, (je zum alten Recht) Breidenbach AnwBl **97**, 135, Enders JB **98**, 57, 113, Henssler AnwBl **97**, 129. Das gilt nach der amtlichen Anmerkung I 2 insbesondere in jedem Güteverfahren nach § 36. Es gilt auch in der Zwangsvollstreckung, BGH NJW **06**, 1599, und in einer sozialrechtlichen Angelegenheit, Klier NZS **04**, 471.

VV 1000 ist unanwendbar, soweit es sich um eine solche Angelegenheit handelt, die *keine wirksame Einigung* zuläßt, amtliche Anmerkung IV, Drsd FamRZ **08**, 1010, Kblz FamRZ **06**, 720, zB: In einer Ehesache oder Lebenspartnerschaftssache als solcher, amtliche Anmerkung V 1 (anders zB beim Unterhaltsvertrag, amtliche Anmerkung V 2, oder bei einer Aussöhnung, VV 1001); bei § 1666 BGB, Kblz FamRZ **06**, 720; im Beratungshilfeverfahren, amtliche Vorbemerkung 2.6; im Verfahren vor den Finanzgerichten, amtliche Anmerkung IV; im Privatklageverfahren, amtliche Anmerkung I 3 (Anwendbarkeit von VV 4147). Bei einer dortigen Einbeziehung einer nichtstrafrechtlichen Forderung kommt freilich insofern VV 1000 in Betracht.

4 **4) Persönlicher Geltungsbereich.** Die Vorschrift gilt, soweit der Anwalt als solcher auftragsgemäß tätig wird, § 1 Rn 6 ff, oder soweit der Auftraggeber die Mitwirkung wirksam genehmigt. Auch seine Tätigkeit als Mediator, Terminsanwalt, Verkehrsanwalt usw oder als Vertreter eines Streithelfers kann anwaltstypisch sein. Dennoch verweist der vorrangige § 34 auf eine Gebührenvereinbarung nach § 3a und mangels einer solchen auf das bürgerliche Recht und damit nicht auf VV 1000. Auch für einen Schiedsrichter kann eine Einigungsgebühr entstehen, Bork NJW **08**, 1921.

5 **5) Einigung.** Man muß zahlreiche Aspekte beachten.
A. Vertrag mit Streitbeseitigung, amtliche Anmerkung I 1 Hs 1. Durch diese Vorschrift wird deutlich, daß ein Vertrag nötig ist, LG Münst Rpfleger **08**, 391, und daß nur ein solcher Vertrag die Gebühr VV 1000 auslösen kann, durch den die Beteiligten die gerade zwischen ihnen nach der Entstehung oder nach dem Umfang streitigen sachlichrechtlichen und der Parteiherrschaft unterliegenden gesetzlichen oder vertraglichen privat- oder öffentlichrechtlichen Rechtsverhältnisses im weitesten Sinn den Streit oder die Ungewißheit selbst und nicht etwa erst durch einen Dritten beseitigen wollen und auch wirksam können, Meyer JB **09**, 240. Eine Ungewißheit besteht schon bei der Unsicherheit einer Durchsetzbarkeit. Es kommt auf die Sicht der beiden Parteien und nicht auf diejenige eines Dritten an, BGH **66**, 250. Theoretisch entbehrlich geworden ist lediglich das bisherige Erfordernis eines gegenseitigen Nachgebens und damit eines Vergleichs nach § 779 BGB. Ein solcher Vergleich ge-

nügt natürlich auch bei VV 1000ff. Andererseits reicht nach Hs 2 derselben Vorschrift eine Beschränkung auf entweder ein Anerkenntnis oder einen Verzicht nicht aus. Damit bleibt *außerhalb* eines Vergleichs praktisch kaum etwas übrig. Zumindest muß ja anfangs ein Streit oder eine Ungewißheit über ein Rechtsverhältnis beliebiger sachlich- oder prozeßrechtlicher Art bestanden haben. Es muß sich also mindestens ein Beteiligter eines Rechts berühmt haben, Düss AGS 03, 496. Ein bloßes erstmaliges Vertragsaushandeln genügt nicht. Scheiden ein Anerkenntnis wie ein Verzicht als Einigungsformen aus, bleibt praktisch fast nur ein Vergleich. Damit erweist sich VV 1000 als die praktische Übernahme fast aller bisheriger Bedingungen trotz des weitergehenden wie unschärferen Worts „Einigung". Auf dieser Basis läßt sich die umfangreiche Rspr und Lehre zum alten Recht weiter mitverwerten.

Sofern eine Einigung *überhaupt* derart zustande kommt, ist es unerheblich, ob dieser Erfolg im Prozeß oder außergerichtlich entsteht, Düss JB 92, 95, Ffm MDR 77, 590, VGH Kassel AnwBl 84, 52. Es ist ebenso unerheblich, ob eine Einigung dem Ziel der Verhütung eines Prozesses oder seiner Beendigung dient, Mü Rpfleger 92, 272, LG Karlsr AnwBl 75, 442. Ausreichend ist also auch eine Einigung vor der Klage- oder Antragseinreichung oder gar vor der Klagerhebung und damit vor einer Anhängigkeit oder gar Rechtshängigkeit, Stgt AnwBl 08, 303. Die Einigungsgebühr hängt von der Einigung als eine sog Erfolgsgebühr ab, Mü Rpfleger 92, 272, Schlesw SchlHA 87, 191.

B. Auch BGB-Vergleich. Wegen der rechtlichen Voraussetzungen des praktisch weiter teilweise mitbeachtlichen § 779 BGB vgl die einschlägigen Erläuterungsbücher sowie BGH 59, 69, BAG BB 99, 426. Es kommt nicht darauf an, ob die Parteien die Einigung so oder als einen Vergleich bezeichnen, KG Rpfleger 04, 64, LAG Hamm MDR 01, 654, LAG Nürnb MDR 02, 544. Andererseits deutet „Vergleich" auf eine wenigstens prozessuale und rechtsverbindliche Einigung und nicht nur auf deren bloße Absicht hin. Das gilt selbst dann, wenn objektiv kein weiteres Nachgeben erfolgt, LAG Halle MDR 00, 1034, aM GSchm 195. Es kommt auch nicht darauf an, ob die Beteiligten überhaupt erkennen, daß objektiv eine Streitbeseitigung zustande kommt, Hamm MDR 81, 63. Zu einem tatsächlichen Nachgeben dürfte auch eine stillschweigende Einigungsbereitschaft genügen, LG Stgt AnwBl 00, 375. Eine Form ist nur insoweit erforderlich, als sie sachlichrechtlich notwendig ist, etwa beim Grundstücksgeschäft nach § 311b I 1 BGB usw. Vgl aber Rn 73 „Protokoll". 6

Die Einigungsgebühr kann auch dann entstehen, wenn eine Einigung nicht zwischen dem Auftraggeber und seinem bisherigen Verhandlungs- oder Prozeßgegner zustande kommt, sondern *mit einem Dritten,* zB mit dem Haftpflichtversicherer. Es reicht auch aus, daß der Auftraggeber einem zwischen anderen Personen geschlossenen streitbeseitigenden Vertrag beitritt oder daß der Vertrag auch Beziehungen zwischen einem Streitverkündeten und einer Prozeßpartei regelt, Mü JB 92, 397.

C. Auch Prozeßvergleich. Der Prozeßvergleich ist nach der in § 794 I Z 1 ZPO steckenden teilweisen Begriffsbestimmung eine vor dem Gericht oder vor einer durch die Landesjustizverwaltung eingerichteten oder anerkannten Gütestelle abgegebene beiderseitige Parteierklärung, die den Streit ganz oder zu einem eines teilurteilsfähigen Teil beilegt. § 127 a BGB besagt nichts anderes. Die dortige Formulierung „gerichtlicher Vergleich" nötigt nicht zur Unterstellung des Prozeßvergleichs auch unter § 779 BGB. Das gilt schon wegen der Nichterwähnung dieser Vorschrift in § 127 a BGB, obwohl das nur zu nahe gelegen hätte. Ein gegenseitiges Nachgeben ist insbesondere hier unnötig, Keßler DRiZ 78, 79. 7

D. Prozeßvergleich: Doppelnatur. Nach der absolut herrschenden Meinung (zum problematischen Begriff BLAH Einl III 47, Zasius DGVZ 87, 80) hat der Prozeßvergleich nun aber ebenso wie sein Widerruf eine Doppelnatur, BGH NJW 05, 3576, BAG NJW 07, 1833, Düss Rpfleger 07, 77. Er ist einerseits ein sachlichrechtliches Geschäft nach § 779 BGB, andererseits eine Parteiprozeßhandlung nach Rn 9. Holzhammer Festschrift für Schima (1969) 217 sieht den privatrechtlichen Vergleich und einen Prozeßbeendigungsvertrag isoliert nebeneinander (Doppeltatbestand), ähnlich Tempel Festschrift für Schiedermair (1976) 543. RG 153, 67 nannte ihn plötzlich wieder hochmodern einen „bloßen Privatvertrag", ähnlich BayObLG DNotZ 88, 8

113 („Vertrag"). Es braucht kein Vollstreckungstitel zu entstehen, Ffm AnwBl **82**, 248.

Natürlich kann ein *sachlichrechtliches* Geschäft gleichzeitig erfolgen, Düss Rpfleger **07**, 77, Stgt OLGZ **89**, 416 (je: Erbvertrag), auch wenn es als solches den Prozeß nicht beenden kann. Für den Prozeßvergleich ist gerade die Mitwirkung des Gerichts eigentümlich. Das Gericht trägt die volle Verantwortung für die Form, §§ 160 III Z 1, 162 ZPO, und auch für den Inhalt zumindest insofern, daß der Vergleich nicht gegen ein gesetzliches Gebot verstoßen darf, Keßler DRiZ **78**, 80 (weitergehend). Das Gericht darf erst recht einen Vorschlag nach § 278 VI ZPO natürlich nicht mit einem gesetzwidrigen Inhalt und insbesondere nicht mit einem nicht nach §§ 704 ff ZPO vollstreckungsfähigen Inhalt machen.

9   **E. Prozeßvergleich: Parteiprozeßhandlung.** Der Prozeßvergleich ist also auch eine Prozeß- oder Verfahrenshandlung der Parteien oder Beteiligten, soweit er gegenüber dem Prozeßgericht erfolgt, BLAH Grdz 47 vor § 128 ZPO, AG Mosbach FamRZ **77**, 813. Das gilt auch bei den Annahmeerklärungen nach § 278 VI 1 ZPO. Sie müssen zur Wirksamkeit ja gerade „gegenüber dem Gericht" erfolgen. Das nicht nur einseitige, sondern gerade gegenseitige, wenn auch ganz geringe, Nachgeben ist nur theoretisch nicht mehr erforderlich. Jedenfalls genügt es, Rn 10. Es braucht sich nicht auf die Hauptsache zu beziehen. Es genügt erst recht ein ganz geringes einseitiges Nachgeben, Düss JB **92**, 96, LAG Mü JB **92**, 96. Es genügt, daß eine Partei einen Bruchteil der Kosten und der Zinsen übernimmt, LAG Köln MDR **01**, 656, oder daß der Bekl in eine Klagerücknahme nach § 269 ZPO dann einwilligt, wenn diese Einwilligung notwendig ist, aM Mü MDR **85**, 328, oder daß eine (Teil-)Klagerücknahme und dann ein gegnerisches (Teil-)Anerkenntnis erfolgen, Rn 20. Manche lassen sogar eine volle Anerkennung dann genügen, wenn der Kläger sein auf eine der inneren Rechtskraft nach § 322 ZPO usw fähige Entscheidung gerichtetes Ziel aufgibt. Erst ein Anerkenntnis ohne jede weitere Art der Streitbelegung ist ja nach der amtlichen Anmerkung I 1 Hs 2 schädlich.

10 **F. Kein gegenseitiges Nachgeben nötig.** Aus diesen Erwägungen folgt immerhin jetzt auch: Eine Einigung läßt auch dann eine Gebühr VV 1000 entstehen, wenn jedenfalls kein gegenseitiges Nachgeben erfolgt, also kein Nachgeben auch um eines gegnerischen Nachgebens willen, BGH FamRZ **09**, 44, Kblz MDR **06**, 237, LAG Drsd MDR **06**, 1438, aM Celle FamRZ **09**, 715. Es kann reichen, wenn eine Partei nur eine Klage oder ein Rechtsmittel usw ohne eine gegenseitige diesbezügliche Verpflichtung zurücknimmt, nämlich schon auf einen Hinweis des Gerichts zur Zweifelhaftigkeit der Erfolgsaussicht, Schlesw JB **01**, 307, LG Köln JB **01**, 307. Es reicht aber eben nicht, wenn der Schuldner nur seine Zahlungspflicht bestätigt, (zum alten Recht) LG Mainz JB **02**, 646.

11 **G. Vollstreckbarer Anwaltsvergleich nach §§ 796 a–c ZPO.** Die Vorschrift enthält für die Mitwirkung beim Zustandekommen eines sog Anwaltsvergleichs keine Sonderregel. Die Parteien können einen rechtshängigen Anspruch einbeziehen. Den Anwaltsvergleich nach §§ 796 a–c ZPO müssen nicht nur die Parteien und deren Anwälte unterschrieben haben, sondern er muß auch die Unterwerfungserklärung unter eine sofortige Zwangsvollstreckung enthalten und daher einen zusätzlichen Prozeß zwecks Erhalts eines Vollstreckungstitels erübrigen. Man muß die Mitwirkungsfrage wie bei einer sonstigen Einigung beurteilen.

12 Wegen der *Vollstreckbarerklärung* eines Anwaltsvergleichs gelten VV 3309, 3310, 3327, aM GSchm VV 3100 Rn 4 (VV 3100 ff). Sie ist keine gar aufschiebende Bedingung, sondern ein beanspruchbares Ziel. Natürlich kann der Anwaltsvergleich aber nach seinem Inhalt bedingt sein.

13 **H. Aufschiebende Bedingung, amtliche Anmerkung III Fall 1.** Aus dieser Vorschrift ergibt sich, daß die Einigungsgebühr unter anderem die volle Wirksamkeit (jetzt) der Einigung voraussetzt, Mü MDR **91**, 263, LG Hanau **87**, 243. Sofern die Parteien die Einigung nach § 158 I BGB ausdrücklich oder nach den Umständen stillschweigend unter einer aufschiebenden Bedingung geschlossen haben, muß die Bedingung eingetreten sein. Eine solche Bedingung kann zB dann vorliegen, wenn es um eine Scheidungsvereinbarung geht, Bbg JB **80**, 1347, Düss FamRZ **99**, 1683, Hamm JB **80**, 1518, oder wenn der Vergleich eine Genehmigung des Betreuungs-

schaftsgerichts oder einer Behörde usw braucht. Wenn das Gericht die Genehmigung nicht erteilt oder wenn es seine Genehmigung wirksam widerruft, entsteht keine Gebühr VV 1000. Ob die Mitwirkung eines Dritten eine Bedingung sein soll, ist eine Frage der Auslegung im Einzelfall.

I. Auflösende Bedingung oder Rücktritt oder Widerruf, amtliche Anmerkung III 1 Fall 2. Sofern die Parteien den Vertrag nach § 158 II BGB unter einer nur vom Willen beider oder auch nur eines Partners abhängigen auflösenden Bedingung oder unter einem vertraglichen Rücktritts- oder Widerrufsvorbehalt geschlossen haben, muß endgültig feststehen, daß die auflösende Bedingung nicht eintritt oder daß kein wirksamer Widerruf mehr möglich ist, Rn 15, GS 49. Denn auch eine auflösende Bedingung läßt eine Ungewißheit bestehen, solange der Nichteintritt nicht feststeht. Das kann zB dann so sein, wenn der Vergleich zumindest unter anderem dahin geht, daß er bei einer Nichtzahlung zu einem bestimmten Zeitpunkt hinfällig werden soll. 14

Der Hauptfall ist ein *Widerruf.* Er läßt sich freilich meist als eine aufschiebende Bedingung des Nichtwiderrufs auslegen, BGH **88**, 367, BAG DB **98**, 1924, BVerwG NJW **93**, 2193. Dann kommt es nach Rn 14 also erst dann endgültig zur Einigungsgebühr, wenn kein rechtzeitiger und auch im übrigen wirksamer Widerruf vorliegt, Ffm JB **79**, 849, LG Hbg AnwBl **99**, 488. Auch eine Verwirkungsklausel gehört hierher. 15

Nicht hierher gehört aber ein nur gesetzlich entstehendes Rücktrittsrecht. Es berührt eine vorher entstandene Gebühr nicht.

J. Weitere Voraussetzungen, amtliche Anmerkung II. Der Vertrag mit der streitbeendenden Einigung, auf die es nach der amtlichen Anmerkung II ankommt, kann auch unabhängig von einer etwaigen aufschiebenden oder auflösenden Bedingung unwirksam sein, etwa wegen der Sittenwidrigkeit oder Gesetzwidrigkeit seines Inhalts nach §§ 134, 138 BGB, Bbg JB **87**, 1796, Karlsr OLGR **99**, 332, Schlesw JB **91**, 932, aM Mü AnwBl **91**, 273. Eine Unwirksamkeit kann auch wegen eines etwaigen Formmangels eingetreten sein, LG Hanau AnwBl **87**, 243. Freilich besteht grundsätzlich eine Formfreiheit und kann ein Vertrag auch stillschweigend vorliegen, BGH BB **06**, 2780, Kblz MDR **07**, 245. Die Unwirksamkeit kann sich auch nachträglich ergeben, §§ 109, 123, 142 BGB, Mü MDR **91**, 263, Schlesw JB **91**, 933. Wegen (jetzt) § 15 IV bleibt eine zuvor bereits verdiente Einigungsgebühr trotzdem bestehen, Karlsr OLGR **99**, 332, Schlesw JB **91**, 933, aM GS 51 (aber das Kostenrecht folgt keineswegs stets dem sachlichen Recht). 16

Wenn die Parteien einen Rechtsstreit wegen eines Streits um die Wirksamkeit eines Vergleichs *fortsetzen,* entsteht für einen in der Folgezeit zustande kommenden „weiteren" Vergleich keine Einigungsgebühr, § 15 II 1, dort Rn 20, 21, es sei denn, sie würden den weiteren Vergleich in einem anderen Rechtszug schließen, § 15 II 2, Mümmler JB **85**, 1631, oder außergerichtliche Vergleichsverhandlungen und ein Prozeß wären verschiedene Angelegenheiten, § 15 Rn 8. 17

K. Beispiele zur Frage einer streitbeendenden Einigung 18
Abfindung: Wenn der Versicherer die Unterschrift einer Abfindungserklärung anfordert, liegt darin ein Anhaltspunkt für ein Vergleichsangebot. Denn das ist der erkennbare Sinn der Aufforderung. Sofern also der Adressat trotz einer Rechtspflicht zum Reden schweigt oder die Erklärung abgibt, kann ein Vergleich zustande gekommen sein, und zwar auch nach einer Teilzahlung ein Gesamtvergleich, LG Karlsr AnwBl **83**, 5.
Vgl aber auch Rn 47 ff „Teilzahlungsvergleich".

Abgabenstreit: Da eine Einigungsgebühr nach der amtlichen Anmerkung IV nur entstehen kann, soweit die Parteien bei einem Rechtsverhältnis des öffentlichen Rechts über den Anspruch vertraglich verfügen können, kommt es darauf an, ob das Gesetz ausnahmsweise einen Vertragsabschluß zuläßt. 19
Unanwendbar ist VV 1000 zB bei einer „Einigung" über einen Prozentsatz des Gewinnanteils am Umsatz, FG Düss EFG **87**, 582.

Adhäsionsverfahren: Rn 45 „Strafsache".

Anerkenntnis: Das bloße prozessuale oder vorprozessuale oder sachlichrechtliche Anerkenntnis läßt nach der amtlichen Anmerkung I 1 Hs 2 Fall 1 *keine* Gebühr VV 1000 zu, BGH BB **06**, 2780, Nürnb MDR **05**, 120, LAG Düss JB **06**, 589. 20

VV 1000

Ein *Vertrag* nach VV 1000 kann allerdings dann vorliegen, wenn zB der Gläubiger nur einen Teil der bisherigen Forderung endgültig bezahlt haben will und sich gleichzeitig und nicht etwa erst zeitlich nach einem Anerkenntnis verpflichtet, bei einer pünktlichen Ratenzahlung stillzuhalten, GS 75, aM Karlsr Just **89**, 348, AG Nürnb VersR **83**, 474. Es kann in der Formwahl eines Anerkenntnisses auch ein Verzicht auf die Erstattung von Vergleichs- oder Einigungskosten liegen, Stgt NJW **05**, 2162.

Ein Vertrag nach VV 1000 *kann ferner dann vorliegen,* wenn der Gläubiger für einen bestimmten Zeitraum auf die Vollstreckung aus dem Anerkenntnisurteil verzichtet, etwa mittels einer Stundung, Rostock MDR **08**, 1307, oder wenn der Schuldner solche Einwendungen fallen läßt, die evtl zur Notwendigkeit einer Beweisaufnahme geführt hätten, Hbg MDR **83**, 589, oder wenn einer teilweisen Klagerücknahme ein Anerkenntnis des Rests folgt, Ffm Rpfleger **90**, 91, Stgt FamRZ **01**, 693, aM Brdb Rpfleger **05**, 700, Hbg MDR **99**, 189, Zweibr FamRZ **99**, 799 (aber VV 1000 erfordert keinen Vergleich mehr). VV 1000 kann ferner dann anwendbar sein, wenn der Schuldner eine Aufhebung der Kosten gegeneinander erzielt, LAG Düss MDR **91**, 284, oder wenn gegen eine Anerkennung die Klagerücknahme und eine vom Gesetz evtl abweichende Kostenregelung zustandekommt, Nürnb JB **00**, 583, oder wenn beide Parteien etwas anerkennen, Kblz NJW **06**, 850, oder wenn eine Partei auf eine Kostenerstattung verzichtet, Rn 53.

21 **Anfechtung:** Die Anfechtbarkeit ist keine Bedingung. Es ist für (jetzt) VV 1000 zunächst unerheblich, ob der Anwalt eine Anfechtbarkeit verschuldet hat, Bbg JB **87**, 1796, Karlsr OLGR **99**, 332, Schlesw JB **91**, 932, aM Mü MDR **91**, 263 (aber VV 1000 schafft eine Erfolgsgebühr, Rn 5).

Angelegenheit: Jede Angelegenheit läßt grds nur *eine* Einigungsgebühr zu, § 15 II 1.

Anhängigkeit: Sie ist nicht erforderlich, Rn 5.

Anwaltsvergleich: Rn 11, 12.

Arbeitsrecht: Eine Vereinbarung über einen Gegenstand der Verfügungsbefugnis der Parteien nach § 83 a ArbGG ist ausreichend, zB eine solche, daß nach einer Rücknahme der Kündigung des Arbeitgebers das Arbeitsverhältnis ungekündigt fortbestehen soll, AG Köln VersR **03**, 497, LAG Düss JB **05**, 643 und 644, LAG Kiel NZA-RR **06**, 381, oder das Zusammentreffen der Rücknahme einer Kündigung und einer Kündigungsschutzklage, BAG NJW **06**, 1997. Eine Einigung kann auch natürlich im Gütetermin erfolgen.

S auch Rn 34 „Kündigungsschutz", Rn 44 „Sozialplan".

Arrest, einstweilige Verfügung: Sofern die Parteien im einstweiligen Verfahren eine Einigung erzielen, kann VV 1000 anwendbar sein, Celle MDR **08**, 713 (weitergehende Einigung). Das gilt auch dann, wenn die Vereinbarung dahin geht, daß eine schon erlassene einstweilige Verfügung bis zur Entscheidung über die Hauptsache bestehen bleiben soll. Es besteht dann in einer Einbeziehung der schon oder noch nicht anhängigen Hauptsache nur *eine* Einigungsgebühr, natürlich nach den zusammengerechneten Werten dieser beiden Angelegenheiten, aM Hamm Rpfleger **09**, 53 (nur nach dem Hauptsachewert). Im Widerspruchsverfahren kann eine Einigung vorliegen, soweit der Antragsteller auf ein Recht und der Antragsgegner auf die weitere Durchführung des Verfahrens usw verzichten.

Freilich darf sich der Vertrag nach der amtlichen Anmerkung I 1 Hs 2 *nicht* ausschließlich auf einen *Verzicht* beschränken, Celle MDR **08**, 713 (dort verneint). Unanwendbar ist VV 1000 auch beim nur objektiv übereinstimmenden, aber nicht aufeinander abgestimmten Verhalten.

S auch Rn 41 „Rechtsschutzbedürfnis".

22 **Aufbrauchsfrist:** Ihre Einräumung durch den Gläubiger kann (jetzt) die Gebühr VV 1000 auslösen, Ffm GRUR **85**, 239.

Aufenthaltserlaubnis: VV 1000 kann dann vorliegen, wenn der Antragsteller statt seit dem Antragseingang jetzt erst für die Zukunft eine Entscheidung haben will, OVG Bre AGS **01**, 7.

Außergerichtliche Einigung: Eine außergerichtliche Einigung kann ausreichen, soweit sie zumindest teilweise einen Streit oder eine Ungewißheit über ein Rechtsverhältnis beseitigen soll und kann, amtliche Anmerkung I 1 Hs 1, Hamm AnwBl

05, 76 (zum alten Recht). Dasselbe gilt für eine gerichtliche Einigung im Streit um die Wirksamkeit einer außergerichtlichen.
Bedingung: Rn 13–15.
Behörde: Auch eine Einigung mit ihr kann reichen, zB mit dem Jugendamt, aM Karlsr FamRZ **07**, 1672.
Beigeladener: Soweit überhaupt nach der amtlichen Anmerkung IV eine Einigungsgebühr in Betracht kommt, kann die Zustimmung eines notwendig Beigeladenen eine der Voraussetzungen der Wirksamkeit des Vertrags sein.
Beratung: Auch in ihrem Rahmen ist eine Einigung möglich, § 34.
Beratungshilfeverfahren: Nach der amtlichen Vorbemerkung 2.5 kommt statt einer Gebühr VV 1000 ff die Festgebühr VV 2508 infrage.
Berufsrecht: Soweit die Voraussetzungen der amtlichen Anmerkung IV vorliegen, kann auch ein das Berufsrecht betreffender Vergleich ausreichen, § 33 I Z 3 FGO.
Berufungsrücknahme: Rn 40 „Rechtsmittelrücknahme".
Beschränkung des Streitstoffs: Durch die bloße Beschränkung des Streitstoffs braucht noch *keine* Einigung entstanden zu sein.
Beschwerderücknahme: Rn 40 „Rechtsmittelrücknahme".
Bewertung: Auch bei einer Einigung über eine sachlichrechtliche oder prozessuale oder kostenrechtliche Bewertungsfrage kann (jetzt) eine Einigung nach VV 1000 vorliegen, Hamm JB **02**, 27.
Daseinsvorsorge: Bei einem Streit im Bereich der Daseinsvorsorge ist der Abschluß eines Vertrags nach der amtlichen Anmerkung IV meist zulässig.
Dritter: Eine Erklärung des Schuldners, er werde die sofortige Bezahlung seiner Schuld durch einen Dritten veranlassen, falls der Gläubiger die Forderung ermäßige, kann (jetzt) zur Gebühr VV 1000 ausreichen, LG Augsb AnwBl **84**, 516. Freilich ist Vorsicht ratsam. Es mag auch die Beauftragung eines der ProzBev zusätzlich durch einen Dritten ausreichen, LG Bonn JB **95**, 527.
Unanwendbar ist VV 1000, soweit ein Dritter nur durch einen Vertrag mit der vom Anwalt nicht vertretenen anderen Partei der Einigung beitritt, aM BGH **86**, 160.
S auch Rn 43 „Schiedsvereinbarung", Rn 45 „Streithelfer".
Durchsetzbarkeit: Ein Zweifel an ihr kann eine Ungewißheit nach Rn 5 begründen.
Ehesache: Der vom FamG genehmigte Ausschluß des Versorgungsausgleichs kann eine Einigung darstellen, Kblz FamRZ **08**, 910, Nürnb NJW **07**, 1071, Saarbr JB **91**, 379, aM Karlsr NJW **07**, 1072, Stgt NJW **07**, 1072 (aber das ist etwas anderes als ein schon nach dem eindeutigen Wortlaut von I 1 Hs 2 nicht ausreichender bloßer Verzicht, zu ihm aM Naumb FamRZ **09**, 1089, AG Viechtach FamRZ **07**, 1673). Dasselbe gilt beim Verzicht auf den Versorgungsausgleich zwecks Beseitigung einer rechtlichen Unsicherheit, Karlsr MDR **09**, 1312, Köln NJW **09**, 237, AG Wiesb FamRZ **08**, 710, und bei einem im Zusammenhang mit einer Ehesache geschlossenen vermögensrechtlichen Vertrag zB über Unterhalt oder Haushalt usw. Eine Einigung während einer fortbestehender Unsicherheit zum Ob und Wie eines Versorgungsausgleichs reicht natürlich, Zweibr MDR **09**, 1314.
Unanwendbar ist VV in der Ehesache selbst, amtliche Anmerkung V 1 (Ausnahme: Unterhalt, amtliche Anmerkung V 2). Denn die Parteien können über sie mit der Ausnahme ihrer vermögensrechtlichen Auswirkungen keine wirksame Einigung treffen, Kitzinger FamRZ **05**, 10.
S auch Rn 51 „Umgangsrecht".
Eingriffsverwaltung: Ein Vertragsabschluß ist auch in einem Enteignungsverfahren zulässig, Köln JB **76**, 190. Soweit er zulässig ist, kann man ihn auch zur Erledigung eines Verfahrens nach § 80 VwGO schließen.
Im Bereich der Eingriffsverwaltung ist ein Vertragsabschluß nach der amtlichen Anmerkung IV dagegen meist *unzulässig*, soweit es sich um zwingendes Recht handelt.
Einspruch: Der Verzicht auf seine Einlegung kann ausreichen. Freilich darf sich die Einigung nicht ausschließlich auf einen Verzicht beschränken, amtliche Anmerkung I 1 Hs 2.
Einstweilige Verfügung: Rn 21 „Arrest, einstweilige Verfügung".
Enteignung: S „Eingriffsverwaltung".

VV 1000

Erbrecht: Jede Einigung der Erben untereinander oder mit einem Nichterben kann ausreichen, aM SchGei 25 (nur bei einer Abfindung. Aber es genügt jede Art des Nachgebens).

27 **Erlaßvertrag:** Rn 53 „Verzicht".

Erledigung der Hauptsache: Übereinstimmende wirksame Erledigterklärungen beider Parteien sind als solche bloße Parteiprozeßhandlungen. Sie beenden lediglich die Rechtshängigkeit der bisher streitigen Ansprüche unmittelbar, Ffm MDR **81**, 676. Sie besagen nur, daß die Parteien an einer Sachentscheidung durch das Gericht kein Interesse mehr haben, Koenigk NJW **75**, 529. Sofern die Parteien also nicht gleichzeitig in einem sachlichrechtlichen Streitpunkt eine Einigung erzielen, liegt nach einer unstreitigen Erledigung in den bloßen übereinstimmenden Erledigterklärungen *keine Einigung* nach (jetzt) VV 1000, Düss AnwBl **83**, 320, Köln FamRZ **09**, 539, OVG Münst NJW **09**, 2840, aM Ffm JB **79**, 53. Die Erledigterklärungen können sich evtl nur auf das Rechtsmittelverfahren beziehen, BGH NJW **09**, 234.

Etwas anderes kann natürlich dann gelten, wenn *zunächst umstritten* war, ob ein erledigendes Ereignis eingetreten ist, und wenn erst anschließend übereinstimmende Erledigterklärungen wirksam zustande kommen, Köln JB **06**, 588, Stgt FamRZ **09**, 144, OVG Münst AnwBl **93**, 639. Auch dann kann aber zB bei streitigen Kosten-„Anträgen" eine Einigung nach (jetzt) VV 1000 *fehlen*, Schlesw SchlHA **83**, 199. Nach einer Teilerledigung kommt es auf die Gesamtumstände an, soweit man klären muß, ob ein anschließender Vertrag den erledigten Teil irgendwie miterfaßt (meist wohl nicht), KG JB **07**, 33.

28 **Fälligkeit:** Es reicht aus, daß die Parteien eine andere als die bisher vereinbarte oder die gesetzliche Fälligkeit vereinbaren, AG Hildesh AnwBl **76**, 301, aM AG Kblz FamRZ **09**, 1089.

Finanzgerichtliche Verfahren: Man muß die amtliche Anmerkung IV beachten, FG Düss EFG **87**, 582.

S auch Rn 19 „Abgabenstreit", Rn 23 „Berufsrecht".

Form: Soweit die Wirksamkeit eines Vertrags von einer Form abhängt, etwa nach § 311b I 1 BGB, entsteht die Einigungsgebühr erst bei einer Einhaltung der Form, LG Hanau AnwBl **87**, 244.

29 **Genehmigung:** Sofern die Wirksamkeit eines Vertrags von einer Genehmigung abhängt, etwa derjenigen des gesetzlichen Vertreters oder des Beigeladenen oder des Betreuungsgerichts oder einer Behörde, entsteht die Einigungsgebühr erst mit der wirksamen Erteilung der Genehmigung, amtliche Anmerkung III, (je zum alten Recht) Kblz VersR **83**, 567, Saarbr JB **91**, 378, aM Zweibr JB **83**, 226. Vgl auch Rn 13–15.

Gerichtsentlastung: Sie braucht nicht einzutreten, BGH NJW **09**, 234.

Gerichtsvollzieher: Seine bloße Ratenbewilligung nach § 806b ZPO oder seine bloße Aussetzung der Verwertung nach § 813a ZPO bedeutet *keine* Einigung nach VV 1000, Kassel DGVZ **04**, 179, AG Euskirchen DGVZ **05**, 29.

Sie kann aber *vorliegen,* soweit auch der Gläubiger auf die Entscheidung des Gerichtsvollzieher nachgebend eingewirkt hat, Enders JB **99**, 58.

S auch Rn 47–50 „Teilzahlungsvergleich".

Geschäftsgrundlage: Soweit sie nach § 779 I Hs 2 BGB bei einem Vergleich fehlte, kann auch eine ja an sich weitergehende Einigung nach VV 1000 wohl meist objektiv *nicht* zustandegekommen sein.

Gesellschaftsvertrag: Das bloße Aushandeln seines Abschlusses, seiner Änderung oder seiner Aufhebung genügt mangels eines Streits *nicht,* Rn 5, Düss JB **01**, 87.

30 **Gesetzliche Folge:** Soweit die Parteien nur eine ohnehin bereits eingetretene gesetzliche Folge formell bestätigen, liegt *keine Einigung* nach VV 1000 vor. Diese Situation tritt zB dann ein, wenn der Kläger bereits vor dem „Vergleichsabschluß" die Klage wirksam zurückgenommen hatte, § 269 III ZPO, Mü MDR **96**, 1194, oder wenn der Kläger eine Erklärung des Bekl mit der Verpflichtung zu einer Unterlassung annimmt, um einer Klagabweisung wegen des jetzt weggefallenen Rechtsschutzbedürfnisses zu entgehen, Hbg MDR **77**, 502.

Grund des Anspruchs: Ein Vertrag nach VV 1000 ist auch über ihn möglich, auch erst im Betragsverfahren (Auslegungsfrage).

Vergütungsverzeichnis **1000 VV**

Güteverfahren: Auch im Verfahren nach § 36 oder nach § 15a EGZPO oder VV 2303 Z 4 kann natürlich eine Einigung zustandekommen.
Gutachten: Rn 41 „Sachverständiger".
Haftungsanteil: Eine Einigung über ihn kann ausreichen, Rn 56 „Zwischeneinigung". 31
Nicht ausreichend ist die Einigung nur zur Höhe des Gesamtschadens.
Hausratsverordnung: Natürlich kann auch anläßlich eines Streits über die Zuweisung der ehelichen Wohnung ein gerichtlicher oder außergerichtlicher Vertrag mit der Gebührenfolge des (jetzt) VV 1000 zustandekommen, Düss JB **92**, 95.
Jugendamt: Rn 23 „Behörde". 32
Klagerücknahme: Soweit die Einigung dahin geht, daß der Bekl eine Leistung erbringt und der Kläger deshalb die Klage ganz oder im Rest zurücknimmt, kann ungeachtet der prozessualen Folge des § 269 III 1 ZPO kostenrechtlich doch eine Einigung nach (jetzt) VV 1000 vorliegen, zumal auch § 269 III 2 ZPO kostenmäßig vom „Rechtsstreit" spricht, Kblz MDR **07**, 245, Nürnb JB **00**, 583, LG Wuppert JB **08**, 363, aM LG Kblz JB **96**, 418, LAG Kblz MDR **99**, 445, AG Hbg VersR **03**, 387. Auch die Rücknahme des Scheidungsantrags kann ausreichen. Ausreichen kann auch eine Klagerücknahme mit einem Verzicht auf den Anspruch unter einer Übernahme der Kosten nebst einer Zustimmung des Gegners zur Rücknahme. Denn sie ist mehr als ein bloßer Anspruchsverzicht, amtliche Anmerkung I 1 Hs 2. Ausreichen kann ferner eine bloße „Bereitschaft" des Bekl zur Kostenübernahme nach § 269 III 2 ZPO bei einer Klagerücknahme, aM Karlsr JB **06**, 361, oder nebst einer Kostenübernahme durch einen Dritten. Bei einer Kostenvereinbarung erst nach der Klagerücknahme nach § 269 III 3 ZPO liegt nur ein Kostenvertrag vor, Rn 33.
Nicht ausreichend ist die bloße Zustimmung zur erfolgten Klagerücknahme, Düss Rpfleger **09**, 53 rechts unten, Kblz MDR **07**, 245, oder die bloße Vereinbarung des Ruhens des Verfahrens nebst anschließender Klagerücknahme, Bbg Rpfleger **08**, 668.
S auch Rn 20 „Anerkenntnis".
Klageerweiterung: Erfolgt sie innerhalb einer dann nicht ausgenutzten Widerrufsfrist, bleibt sie unbeachtlich.
Kosten: Es genügt eine Einigung im kleinsten Punkt, etwa bei den Kosten, (je zum 33 alten Recht) Nürnb JB **00**, 583, AG Hildesh AnwBl **76**, 301. Ausreichend ist auch der Verzicht einer Partei auf einen Kostenerstattungsanspruch, Hamm MDR **81**, 63 (Ausnahme: amtliche Anmerkung I 1 Hs 2 Fall 2) oder dessen Zusprechen zugunsten eines Streithelfers, Karlsr RR **96**, 447, oder die Übernahme von objektiv gar nicht entstandenen Kosten.
Kündigung: Ausreichend ist die Erklärung, die Kündigung sei gegenstandslos, LAG Mü JB **92**, 96, oder man nehme sie „zurück", LAG Bln MDR **05**, 1379. Ein Schlichtungsspruch hindert nicht, AG Kblz RR **06**, 1152.
Kündigungsschutz: Im arbeitsrechtlichen Kündigungsschutzverfahren kann eine Einigung nach VV 1000 auch dann vorliegen, wenn die Parteien nicht die Rechtswirksamkeit, sondern die Gegenstandslosigkeit der angegriffenen Kündigung vereinbaren, LAG Mü JB **92**, 96, oder wenn die Parteien vereinbaren, nach der Kündigungs- oder Klagerücknahme bestehe das Arbeitsverhältnis fort, Rn 21 „Arbeitsrecht". 34
Lebenspartnerschaftssache: Es gilt dasselbe wie bei Rn 26 „Ehesache".
Mahnverfahren: Natürlich kann auch in ihm eine Einigung erfolgen. 35
Mediation: Sie kann natürlich VV 1000 auslösen, Ebert Festschrift für Madert (2006) 67.
Mietvertrag: Das bloße Aushandeln seiner Entstehung, Änderung oder Aufhebung genügt mangels Streits nicht, Rn 5.
Musterprozeß: Seine Verabredung als maßgeblich reicht, Meyer JB **09**, 241.
Nach einem Urteil: Rn 39 „Rechtskraft".
Nachlaßgericht: Auch vor ihm kann eine Einigung zustande kommen.
Nebenforderung: Soweit eine Einigung über sie erfolgt, kann eine Einigung nach VV 1000 vorliegen.
Nebenintervention: Rn 45 „Streithelfer".
Nichtigkeit: Rn 16.
Öffentliches Recht: Man muß die amtliche Anmerkung IV beachten. In diesem 36 Rahmen ist eine Einigung nach VV 1000 in jedem beliebigen Verfahren wegen ei-

ner solchen öffentlichrechtlichen Streitigkeit möglich, über die die Parteien vertraglich verfügen dürfen, § 106 VwGO, § 101 I SGG. Eine solche Einigung ist zB im Umlegungsverfahren möglich, AG Ffm AnwBl **85**, 266. Sie ist auch im Verfahren vor einem Entschädigungsgericht grds zulässig, § 177 BEG, ferner im Verfahren über einen Erschließungsbeitrag, OVG Münst AnwBl **93**, 639. Ob die Parteien über den Anspruch vertraglich verfügen können, läßt sich nur unter einer Berücksichtigung der Umstände entscheiden. Im übrigen gilt VV 1002.

S auch Rn 19 „Abgabestreit", Rn 23 „Beigeladener", „Berufsrecht", Rn 25 „Daseinsvorsorge", Rn 26 „Eingriffsverwaltung".

Personensorge: Rn 43 „Sorgerecht", Rn 51 „Umgangsrecht".

Privatklage: Rn 45 „Strafsache".

Prozeßkostenhilfeverfahren: Eine Einigung ist auch im Prozeßkostenhilfeverfahren zulässig, § 118 I 3 ZPO, Hbg JB **96**, 62. Vgl im einzelnen VV 1003.

37 **Prozeßvergleich:** Rn 3 ff.

38 **Ratenzahlung:** Rn 47 „Teilzahlungsvertrag".

Räumungsfrist: Ihre Einräumung durch den Vermieter kann durch eine Einigung nach (jetzt) VV 1000 erfolgen, (zum alten Recht) AG Mü WoM **92**, 33.

Rechtsfrage: Eine Ungewißheit nach Rn 5 kann auch wegen einer Rechtsfrage vorliegen. Es muß aber insofern eine endgültige Einigung zu irgendeinem Teil des Streits in der Sache selbst erfolgen, Rn 53 „Verzicht".

Rechtshängigkeit: Sie ist nicht erforderlich, Rn 5.

39 **Rechtskraft:** Bis zu ihrem Eintritt ist eine Einigung noch möglich, wenn auch nach dem Urteil allenfalls in der höheren Instanz oder außergerichtlich, etwa zwischen den Instanzen.

Nach ihrem Eintritt ist grds *kein* Streit und keine Ungewißheit der Parteien über das betreffende Rechtsverhältnis nach der amtlichen Anmerkung I 1 Hs 1 mehr vorhanden. Indessen können neue Streitfragen auftauchen zumindest zu einer solchen Unsicherheit über die Verwirklichung eines Anspruchs führen, die der Ungewißheit eines Rechtsverhältnisses gleichsteht, etwa zur Zulässigkeit eines Wiedereinsetzungsgesuch, einer Vollsteckungsabwehrklage, einer Wiederaufnahmeklage. Auch ist ein Ratenzahlungsvertrag auch nach dem Eintritt der Rechtskraft zulässig, Rn 47 „Teilzahlungsvergleich".

S auch Rn 25 „Durchsetzbarkeit", Rn 40 „Rechtsmittelrücknahme".

40 **Rechtsmittelrücknahme:** Ausreichend ist eine Rechtsmittelrücknahme der einen Partei, Kblz JB **91**, 535, der Verzicht der anderen auf einen weitergehenden Anspruch, Ffm MDR **77**, 599, LG Tüb AnwBl **98**, 346, oder auf die Erstattung ihrer Kosten, Hamm JB **02**, 364 (es kann ein Verzicht auch auf die Vergleichsgebühren vorliegen), oder die Einigung auf eine vom Gesetz abweichende Kostenfolge, Düss AnwBl **09**, 72 links. Ausreichend ist auch eine Rechtsmittelrücknahme wegen einer inzwischen erfolgten oder versprochenen Leistung des Gegners, VGH Kassel AnwBl **84**, 52, LG Bln AnwBl **84**, 450, aM Hamm AGS **02**, 173. Ausreichend ist ferner eine Rechtsmittelübernahme wegen eines Verzichts des Rechtsmittelbekl auf die Vollstreckung für längere Zeit, LG Bln VersR **89**, 409. Ausreichend sind erst recht die Rücknahmen der wechselseitigen Rechtsmittel, Hamm JB **00**, 528. Ausreichend ist auch die bloße Einwilligung in die Rechtsmittelrücknahme des Gegners.

Rechtsmittelverzicht: Es kommt auch hier auf die Umstände der Einigung an.

41 **Rechtsschutzbedürfnis:** Es kann dann eine Einigung nach VV 1000 vorliegen, wenn der Kläger eine Erklärung des Bekl mit einer Verpflichtung zu einer Unterlassung nur deshalb annimmt, um einer Klagabweisung wegen des jetzt weggefallenen Rechtsschutzbedürfnisses zu entgehen. Denn es kommt nicht auf ein Nachgeben an, (je zum alten Recht) Ffm AnwBl **78**, 467, Schmidt AnwBl **84**, 306.

Revisionsrücknahme: Rn 40 „Rechtsmittelrücknahme".

Rücktritt: Rn 15.

Ruhen des Verfahrens: *Nicht* ausreichend ist eine bloße Einigung auf ein Ruhen nebst anschließender Klagerücknahme, Bbg Rpfleger **08**, 668.

Sachverständiger: Beim Streit über seine Eignung usw kann eine Einigung vorliegen, soweit sich die Parteien auch seiner Sachbeurteilung als Schiedsgutachter beugen wollen, KG JB **85**, 1499, Kblz JB **86**, 1526, LAG Düss JB **00**, 529, aM Stgt JB

1000 VV

84, 550 (aber der Sachverständige ist kein Richter, dem man sich auch formell beugen müßte).
Sanierung: Maßgeblich ist zunächst die amtliche Anmerkung IV. 42
Es liegt dann *keine Einigung* nach VV 1000 vor, wenn man ein im Sanierungsgebiet liegendes Grundstück vor der Aufstellung oder wenigstens vor der Auslegung des Entwurfs des Bebauungsplans an den Sanierungsträger verkauft, BGH NJW **80**, 889.
Scheidungsvereinbarung: Rn 13.
Schiedsgutachter: Rn 41 „Sachverständiger". 43
Schiedsvereinbarung: Die bloße Einigung auf ein Schiedsgericht beseitigt den Streit oder die Ungewißheit zur Hauptsache noch *nicht,* auch nicht teilweise. Sie klärt vielmehr nur, wie die Parteien den Streit usw weiter prüfen lassen wollen.
Schuldenbereinigung: Rn 22 „Außergerichtliche Einigung".
Selbständiges Beweisverfahren: Es reicht für VV 1000 (keine Ermäßigung, VV 1003).
Sittenwidrigkeit: Rn 16.
Sorgerecht: Die nach § 1671 BGB evtl das Gericht bindende Vereinbarung der Eltern genügt, Brschw FamRZ **08**, 1465, Drsd FamRZ **08**, 1010, Zweibr (2. FamS) FamRZ **06**, 637 und (5. ZS) FamRZ **06**, 219, aM Düss JB **08**, 416, Zweibr (2. ZS) JB **02**, 530 (mangels Beteiligtenherrschaft. Aber die Einigung der Eltern gibt durchweg auch für das FamG den Ausschlag). Das gilt auch bei der Notwendigkeit einer gerichtlichen Bestätigung, Bre MDR **09**, 1341. Es gilt auch im Beschwerdeverfahren, Schlesw JB **08**, 415. Es gilt auch dann, wenn Dritte sie vorbereitet hatten, Bbg FamRZ **88**, 1193.
Keine Einigungsgebühr entsteht, wenn sich die Beteiligten nur wegen eines Teils der Kinder einigen, Zweibr JB **05**, 645.
S auch Rn 51 „Umgangsrecht".
Sozialgericht: Man muß die amtliche Anmerkung IV beachten. 44
Sozialplan: Sein Abschluß stellt jedenfalls *keinen* Vergleich nach § 779 BGB dar, BAG BB **99**, 426, ArbG Bln NZA **06**, 543.
Strafsache: Eine wirksame Einigung ist sowohl nach der Entscheidung zur Geld- 45 strafe als auch vor allem bei vermögensrechtlichen Ansprüchen möglich.
Streithelfer: Eine Einigung nach VV 1000 zwischen den Parteien kann, muß aber nicht auch eine Einigung über das Rechtsverhältnis zum Streithelfer enthalten, wenn auch evtl nur zu einer Kostenfrage, Düss JB **09**, 26, Hamm JB **02**, 194, KG JB **07**, 360, Kblz MDR **02**, 296, strenger Mü JB **90**, 1619, Stgt Just **99**, 396.
S auch Rn 33 „Kosten".
Stundung: Für VV 1000 genügt eine Einigung bei der Stundung, Ffm 18 W 45/09 V 19. 2. 09, LG Osnabr DGVZ **92**, 121. Der Schuldner mag aber zB außerdem auf Einwendungsmöglichkeiten verzichten, LG Bln JB **85**, 545, LG Heidelb JB **86**, 1166, oder er mag irgendeine Sicherheit leisten, Hbg JB **83**, 1039, LG Kblz JB **90**, 1620.
Teileinigung: Man kann durch eine Einigung einen bestimmten Teil des Streitstoffs 46 erledigen, zB die Hauptsache oder einen Unterhaltsanspruch für einen bestimmten Teilzeitraum. Das gilt selbst dann, wenn die Kostenfrage offenbleibt. Ein Teilgesamtvergleich beseitigt verschiedene Streitpunkte, aber nicht alle, zB Teile mehrerer streitiger Gegenstände oder den einen ganz, den anderen zum Teil. Demgegenüber beseitigt eine Gesamteinigung die gesamte Streitigkeit. Auch in einem „Teilvergleich" kann etwa bei einer Vereinbarung seiner Regeln für den Rest eine Gesamteinigung liegen. Auch ein Teilerlaß kann ausreichen, Mü MDR **99**, 1286, Bei mehreren Teileinigungen in derselben Angelegenheit muß man § 15 II 1 und je Rechtszug § 15 II 2 beachten.
Teilzahlungsvertrag: Eine Einigungsgebühr kann zB in folgenden Situationen ent- 47 stehen
– **(Abfindung): Rn** 18.
– **(Abtretung):** Vorliegen kann eine Einigung dann, wenn der Schuldner den pfändbaren Teil seines Arbeitseinkommens an den Gläubiger abtritt, KG Rpfleger **05**, 697, LG Frankenth JB **80**, 1668, LG Fulda JB **84**, 255, aM LG Wuppert DGVZ **96**, 94, AG Birkenfeld DGVZ **85**, 175, AG Mü DGVZ **82**, 13 (aber die Abtretung ist ein Nachgeben über die Zahlungspflicht hinaus), oder wenn er ei-

VV 1000

nen Steuererstattungsanspruch abtritt, LG Heidelb Rpfleger **84**, 36, LG Osnabr DGVZ **92**, 121, aM LG Hann JB **87**, 1789.

48 – **(Bürgschaft):** Vorliegen kann eine Einigung dann, wenn der Schuldner eine Bürgschaft beibringt.

– **(Gegenforderungsverzicht):** Vorliegen kann eine Einigung dann, wenn der Schuldner zB auf Grund eines Gutachtens eine eigene Gegenforderung aufgibt und einen Teilbetrag anbietet.

– **(Gerichtsvollzieher):** Rn 29.

– **(„Kostenübernahme"):** *Fehlen* kann eine Einigung dann, wenn der Schuldner mit der „Übernahme der Kosten des Teilzahlungsvergleichs" in Wahrheit gar nichts Neues oder Zusätzliches übernimmt, Mü JB **93**, 156, LG Bln JB **97**, 367, LG Wuppert JB **88**, 260.

– **(Keine Mehrzahlungsbereitschaft):** *Fehlen* kann eine Einigung dann, wenn der Versicherer einen Teilbetrag zahlt, aber eine Mehrzahlung ablehnt, aM AG Ansbach AnwBl **78**, 70.

– **(Rechtsbehelfsverzicht):** Vorliegen kann eine Einigung dann, wenn der Schuldner zB wegen einer Bereitschaft des Gläubigers zum Stillhalten nach Rn 49, auf die Möglichkeit eines Rechtsbehelfs verzichtet, LG Heidelb JB **88**, 1166, LG Kblz JB **90**, 1620, AG Bingen DGVZ **91**, 79.

– **(Rücknahme):** Rn 50 „– (Widerspruchsrücknahme)".

49 – **(Sicherheitsleistung):** Vorliegen kann eine Einigung dann, wenn der Schuldner eine Sicherheitsleistung erbringt, KG JB **06**, 530, Enders JB **99**, 58.

– **(Stillhalten):** Vorliegen kann eine Einigung dann, wenn sich der Gläubiger unter einer Beschränkung auf einen Teil der bisherigen Forderung verpflichtet, bei einer pünktlichen Ratenzahlung stillzuhalten, LG Tüb AnwBl **98**, 347, Bräuer JB **08**, 65, aM BGH NJW **06**, 3640, AG Nürnb VersR **83**, 474.

– **(Teileinzug):** *Fehlen* kann eine Einigung dann, wenn der Gläubiger nur einem Teileinzug nach § 806 b S 2 ZPO zustimmt, LG Kblz DGVZ **05**, 170, AG Bersenbrück DGVZ **06**, 203.

– **(Teilverzicht nebst Teilzahlung):** *Fehlen* kann eine Einigung dann, wenn ein Teilverzicht und eine Teilzahlung zusammentreffen, Mü MDR **99**, 1286, LG Mü JB **99**, 81.

– **(Bloße Teilzahlungsbereitschaft):** *Fehlen* kann eine Einigung dann, wenn sich der Schuldner nur zu Teilzahlungen verpflichtet oder bereit erklärt, Hamm JB **05**, 588, AG Bad Hersfeld DGVZ **07**, 75, AG Nidda DGVZ **07**, 75.

– **(Verzicht):** Rn 48 „– (Gegenforderungsverzicht)", „– (Rechtsbehelfsverzicht)".

50 – **(Widerspruchsrücknahme):** Vorliegen kann eine Einigung dann, wenn der Schuldner seinen Widerspruch gegen einen Mahnbescheid zurücknimmt, KG Rpfleger **05**, 697.

– **(Zinsaufschlag):** *Fehlen* kann eine Einigung dann, wenn der Schuldner einem Zinsaufschlag zustimmt, KG JB **81**, 1361, LG Bln JB **85**, 545.

– **(Zwangsvollstreckung):** Vorliegen kann eine Einigung auch im Zwangsvollstreckungsverfahren, Jena JB **06**, 473, Zweibr Rpfleger **99**, 83, LG Tüb DGVZ **06**, 61, aM LG Bonn DGVZ **06**, 62, LG Kblz DGVZ **06**, 61, AG Wiesb DGVZ **07**, 159 (zu § 806 ZPO. Aber ein Nachgeben ist nicht mehr nötig).

51 **Umgangsrecht:** Bei einer Regelung kann die Einigungsgebühr entstehen, Drsd FamRZ **08**, 1970, Köln FamRZ **09**, 539, Stgt FamRZ **08**, 2140, aM LG Hann FamRZ **03**, 467 (aber auch dann ist kein gegenseitiges Nachgeben mehr nötig). Dasselbe gilt aber auch beim ehelichen Kind, Düss JB **97**, 636, Kblz JB **97**, 633, Oldb JB **01**, 587. Das gilt auch bei einer Umgangseinigung im Sorgerechtsverfahren, Stgt JB **98**, 472, und bei (jetzt) § 138 FamFG, Brdb JB **06**, 474, Zweibr JB **06**, 589.

S auch Rn 43 „Sorgerecht".

Unterhalt: VV 1000 ist anwendbar, Bbg JB **09**, 592, Ffm FamRZ **07**, 843, Kblz NJW **06**, 850, auch beim ehelichen oder nachehelichen Unterhalt, amtliche Anmerkung V 2. Dabei muß man die dortige Wertanweisung beachten.

Unterwerfung: Sie kann für eine Einigung nach VV 1000 ausreichen, LAG Düss JB **00**, 529.

S aber auch Rn 20 „Anerkenntnis".

Vergütungsverzeichnis **1000 VV**

Unwirksamkeit: Rn 26.
Verfahrensabsprache: Sie kann eine Einigung darstellen, zB für einen Musterprozeß oder für eine Nichteinlegung eines Rechtsmittels oder für eine Antragsrücknahme oder über die Vereinbarkeit eines Gutachtens, Rn 41 „Sachverständiger". 52
Vergleich mit einem Dritten: Ein solcher Vergleich kann ausreichen, Rn 6.
Verkehrsunfall: Auch seinetwegen kann VV 1000 entstehen, Enders JB **05**, 617, Jungbauer Festschrift für Madert (2006) 133 (je: ausf).
Vermögensrechtlicher Anspruch: Rn 45 „Strafsache".
Versorgungsausgleich: Rn 26 „Ehesache".
Vertrag: Eine Einigung nach VV 1000 kann im Entwurf eines dann auch geschlossenen Vertrags mit der Beseitigung (auch) einer Unsicherheit liegen, BGH FamRZ **09**, 325 links.
Verwaltungsgericht: Man muß die amtliche Anmerkung IV beachten. Eine Einigung nach VV 1000 kann einen bürgerlichrechtlichen Anspruch mitumfassen und sich auch auf die Kostenregelung beschränken.
 S auch Rn 19 „Abgabenstreit", Rn 23 „Beigeladener", „Berufsrecht", Rn 25 „Daseinsvorsorge", Rn 26 „Eingriffsverwaltung".
Verwirkung: Rn 15.
Verzicht: Eine Einigung nach VV 1000 kann auch darin liegen, daß der Gläubiger sachlichrechtlich vorprozessual oder prozessual auf einen Anspruch verzichtet, Drsd FamRZ **09**, 1782, Saarbr FamRZ **08**, 1464 (auch zu den Grenzen), AG Kassel JB **08**, 310, oder auf eine Kostenerstattung, LAG Köln NZA-RR **06**, 44. Auch ein Honorarverzicht eines ProzBev kann hierher gehören, Köln JB **06**, 589 links unten. Auch ein Teilverzicht kann ausreichen, etwa darauf, den Anspruch auch auf eine unerlaubte Handlung zu stützen. Freilich liegen die Grenzen dort, wo die Parteiherrschaft endet, amtliche Anmerkung IV, BLAH Grdz 18 vor § 128 ZPO. 53
 Im übrigen ist ein bloßer Verzicht für VV 1000 *unzureichend,* amtliche Anmerkung I 1 Hs 2 Fall 2, BGH BB **06**, 2780, Celle MDR **08**, 713, Düss JB **08**, 195 rechts oben (je: dort verneint). Das gilt zB für einen Verzicht auf die Weiterverfolgung, Stgt JB **06**, 135, oder auf die sofortige Einleitung der Zwangsvollstreckung, AG Neu-Ulm DGVZ **05**, 47. Daran ändert sich nach dem eindeutigen Sinn der letzteren Vorschrift auch nichts dadurch, daß ein sachlichrechtlicher vertraglicher Anspruchsverzicht nach dem Wortlaut von § 397 I, II Erlaßvertrag heißt.
 S auch Rn 26 „Einspruch".
Vollstreckbarer Anwaltsvergleich: Rn 11, 12.
Vollstreckungsabwehrklage: Schon ihre Möglichkeit eröffnet die Entstehung einer etwaigen Einigung.
Vollstreckungstitel: Seine Entstehung bedeutet natürlich *nicht stets* eine Einigung nach VV 1000. Andererseits ist eine solche Einigung nicht stets von seiner Vollstreckbarkeit abhängig, BGH BB **07**, 1302, Ffm JB **82**, 716.
Vollstreckungsvertrag: Er ist im Rahmen der in der Zwangsvollstreckung begrenzten Parteiherrschaft zulässig, BLAH Grdz 24 ff vor § 707 ZPO (ausf). Das gilt vor allem für einen Raten- oder Teilzahlungsvertrag, oben Rn 48.
Vorbehalt: Rn 15.
Vorgreiflichkeit: Ausreichend kann eine Vereinbarung sein, daß der Ausgang eines erst bevorstehenden Prozesses auch für weitere Streitfragen gleicher Art maßgebend sein soll. Denn damit beseitigen die Parteien ebenfalls eine Ungewißheit nach der amtlichen Anmerkung I 1 Hs 1, wenn auch erst für die Zukunft, LAG Düss JB **00**, 529.
 S auch Rn 21 „Arrest, einstweilige Verfügung".
Widerruf: Rn 15. 54
Wohnung: Rn 31 „Hausratsverordnung".
Zahlungsfähigkeit: Auch ihretwegen kann eine Ungewißheit nach der amtlichen Anmerkung I 1 Hs 1 vorliegen. 55
Zahlungswilligkeit: Für eine Einigung nach VV 1000 reicht eine nunmehr eingeräumte Zahlungsbereitschaft aus, LG Itzehoe AnwBl **00**, 696, LG Wuppert DGVZ **08**, 185.
Zinsen: Ausreichend ist eine Einigung bei den Zinsen, AG Hildesh AnwBl **76**, 301.

Zurückbehaltungsrecht: Ausreichend ist der Verzicht auf seine Ausübung. Freilich ist ein bloßer Verzicht für VV 1000 unzureichend, amtliche Anmerkung I 1 Hs 2 Fall 2.
Zuständigkeit: Man muß prüfen, ob über die Zuständigkeit ein Streit herrschte und ob die Vereinbarung eines bestimmten Gerichts wenigstens bei einem der Beteiligten ein Nachgeben darstellt, großzügiger GSchm 161.
Zwangsversteigerung: Rn 53 „Verzicht", „Vollstreckungsvertrag".
Zwangsverwaltung: Rn 53 „Verzicht", „Vollstreckungsvertrag".
Zwangsvollstreckung: Zumindest bei einer nur vorläufigen Vollstreckbarkeit kann eine Einigung eintreten. Eine vorherige Unsicherheit über die Erfolgsaussicht einer Maßnahme reicht, LG Wuppert DGVZ **08**, 185.
S auch Rn 47 „Teilzahlungsvertrag", Rn 53 „Verzicht", Vollstreckungsabwehrklage", „Vollstreckungsvertrag".
Zwingendes Recht: Man muß die amtliche Anmerkung IV beachten.

56 **Zwischeneinigung:** Soweit er nur eine solche Zwischenlösung bringt, die für sich noch keine Beilegung des Rechtsstreits oder eines Teils darstellt, sondern die zB nur eine vorläufige Lösung oder gar nur eine Verfahrensfrage betrifft, entsteht *keine* Einigungsgebühr, Brdb AGS **03**, 206, Karlsr JB **98**, 591, LAG Düss JB **00**, 529.
Etwas anderes gilt, sofern die Zwischeneinigung bereits eine praktisch dauerhafte oder gar eine endgültige Regelung eines Teils des gesamten Streits herbeiführt, Hamm JB **02**, 27, Karlsr JB **88**, 1665, Köln FamRZ **09**, 715, aM Stgt JB **84**, 550 (aber dann liegt insofern sogar ein endgültiges Nachgeben vor). Eine Einigungsgebühr kann auch dann entstehen, wenn die endgültige Regelung auch nur für eine bestimmte Zeit gelten soll, etwa in einer Ehesache für die Dauer des Verfahrens wegen des Unterhalts.

57 **6) Mitwirkung.** Eine Einigungsgebühr setzt voraus, daß eine Mitwirkung des Anwalts an der Einigung vorliegt. Im einzelnen müssen die folgenden Voraussetzungen vorliegen.

58 **A. Anwaltseigenschaft.** Der Anwalt muß gerade als solcher mitgewirkt haben. Ihm stehen nur die im § 5 genannten Personen gleich. Der Anwalt braucht nicht persönlich anwesend gewesen zu sein. Er braucht nicht persönlich verhandelt zu haben. Bei einem Prozeßvergleich braucht er auch nicht der ProzBev gewesen zu sein. Die Parteien müssen die Einigung nach VV 1000 aber in derjenigen Instanz erzielt haben, für die der Anwalt etwa bestellt worden ist, Mü Rpfleger **82**, 202, oder er muß die Verhandlungen mit dem Gegner eingeleitet oder als Verkehrsanwalt mitgewirkt haben. Letzteres genügt, Ffm JB **84**, 59, AG Hbg AnwBl **89**, 399. Auch der bloße Terminsvertreter kann ausreichen, AG Bln-Mitte JB **06**, 422, AG Köln JB **07**, 139.
Es *reicht nicht aus*, daß der Anwalt lediglich als Insolvenzverwalter oder in einer anderen der in § 1 II genannten Eigenschaften mitgewirkt hat.

59 **B. Mitursächlichkeit.** Die anwaltliche Tätigkeit muß zumindest irgendwie auch nur mitursächlich für die Einigung nach VV 1000 geworden sein, OVG Münst AnwBl **93**, 639, AG Meiningen JB **99**, 244. Es genügt jede Tätigkeit zwecks einer Einigung, BGH FamRZ **09**, 325 links, zB eine Beratung oder eine Prüfung, OVG Hbg Rpfleger **08**, 46, AG Bln-Mitte JB **06**, 422, SG Kblz MDR **02**, 607. Es genügen auch eine Stellungnahme oder eine Begutachtung, LSG Erfurt JB **01**, 474. Auch ein gewisses Abweichen des endgültigen Vertrags vom Rat des Anwalts schadet nichts, soweit doch der Vertragskern dem Rat entspricht, Rn 68. Auch die auftragsgemäße Entgegennahme der Information kann ausreichen, wie stets, aM Kessel DGVZ **04**, 180. Sogar ein bloßes Abraten vom Widerruf reicht, Rn 65.

60 **C. Mitwirkung an der Verhandlung.** Es kann ausreichen, ist aber nicht stets erforderlich, daß der Anwalt lediglich zeitweise oder auch durchgängig nur bei den Verhandlungen zwecks einer Streitbeendigung und nicht beim anschließenden Vertragsabschluß mitgewirkt hat, amtliche Anmerkung II, AG Euskirchen DGVZ **05**, 29. Dann muß aber seine Mitwirkung an der Verhandlung irgendwie ursächlich für die gerade diesen Streit beendende Einigung geworden sein, Kblz JB **92**, 603, LG Ffm Rpfleger **85**, 166, Kessel DGVZ **04**, 180. Auch das ergibt sich aus der amtlichen Anmerkung II mit ihrer Verweisung auf die amtliche Anmerkung I. Ihr Hs 2 stellt lediglich die Beweislast klar, Rn 63. Auch eine erst später mit einem anderen Anwalt

Vergütungsverzeichnis **1000 VV**

zustandegekommene Einigung mag eine ihrer Ursachen in der Tätigkeit des früheren Anwalts gehabt haben, Mü AnwBl **97**, 119.

D. Mitwirkung beim Vertragsabschluß. Sofern der Anwalt nicht oder nicht nur an den Verhandlungen mitgewirkt hat, sondern zumindest oder auch beim Abschluß des Vertrags, kommt erst recht die Einigungsgebühr in Betracht. Die Unterscheidung zwischen der bloßen Verhandlung nach der amtlichen Anmerkung II und der Einigung nach der amtlichen Anmerkung I 1 ist nur dann sinnvoll, wenn die zum Abschluß führende Verhandlung zeitlich nicht mit anderen Teilen der Gesamtverhandlungen zusammenfällt. Sachlich liegen dieselben Voraussetzungen für das Entstehen einer Verfahrensgebühr vor. Es kann eine Beratung nur des Auftraggebers ohne eine weitere Mitwirkung ausreichen. Deshalb ist auch nicht die Anwesenheit bei der Einigung notwendig. 61

Beim vollstreckbaren *Anwaltsvergleich* nach Rn 11, 12 genügt die Mitwirkung nach §§ 796 a–c ZPO.

E. Bedingung, Widerruf. Es reicht nach der amtlichen Anmerkung III aus, daß die schließlich erfolgte Einigung unter einer aufschiebenden Bedingung oder unter dem Vorbehalt des Widerrufs stand, sofern der Anwalt irgendwie an dieser Einigung mitgewirkt hat. Das gilt aber nur, sofern die aufschiebende Bedingung dann auch wirklich eingetreten ist oder der Widerruf eindeutig nicht mehr zulässig ist, Rn 13 ff. 62

F. Beweislast. Sofern der Anwalt sich auf eine Mitwirkung bei der Einigung beruht, muß er schon nach dem Wortlaut der amtlichen Anmerkung I 1 diese Mitwirkung beweisen. Sofern er sich lediglich auf die Mitwirkung an vorangegangenen Verhandlungen und auf das natürlich auch dann notwendige anschließende Zustandekommen einer Einigung beruft, muß der Auftraggeber oder sonstige Gebührenschuldner beweisen, daß die vom Anwalt zu beweisende Mitwirkung für die Einigung nicht zumindest irgendwie mitursächlich war, Rn 64, (jetzt) amtliche Anmerkung II, Düss JB **93**, 72, Karlsr AnwBl **03**, 116, aM Kblz JB **92**, 603 (aber die unstreitige Mitwirkung hat einen Anscheinsbeweis auch für deren Ursächlichkeit zur Folge). 63

Andernfalls bleibt die durch die Mitwirkung ausgelöste Einigungsgebühr bestehen. Sie ist nur dann nicht entstanden, wenn erwiesenermaßen keinerlei Ursächlichkeit der Mitwirkung des Anwalts für den Inhalt oder auch nur für den Zeitpunkt und für die Form der abschließenden Einigung vorliegt, Kblz JB **92**, 603.

Jede Mitursächlichkeit reicht zur Entstehung der Einigungsgebühr aus. Man muß nach den Umständen beurteilen, ob eine Mitursächlichkeit vorliegt. Dabei muß man das Interesse nicht nur des Auftraggebers beachten, sondern man muß auch dasjenige des Partners berücksichtigen. 64

G. Beispiele zur Frage einer Mitwirkung 65

Abraten von Einigung: Eine Anwaltstätigkeit kann beim anschließenden Durchsetzen einer günstigeren Bedingung doch mitursächlich für den Enderfolg gewesen sein.

Eine Mitwirkung liegt *nicht* vor, wenn der Anwalt nur von der Einigung abgeraten hat, wenn er also ihren Abschluß nicht gefördert, sondern eher erschwert hat, so daß sie nicht wegen, sondern trotz der Tätigkeit des Anwalts zustande gekommen ist.

Abraten vom Widerruf: Diese Tätigkeit kann die Einigungsgebühr auslösen, Ffm AnwBl **83**, 187, Schlesw SchlHA **82**, 143, Stgt AnwBl **80**, 263.

Abweichung von Einigung: Eine nicht ganz unwesentliche Abweichung ist *keine* Mitwirkung. Nur eine erlaubte Abweichung wäre ja noch auftragsgemäß. Freilich ist der Gesichtspunkt einer Geschäftsführung ohne Auftrag mitbeachtlich.

Anderer Prozeß: Soweit die Parteien in der Einigung einen anderweitig anhängigen Rechtsstreit mitbeenden, muß der Anwalt nicht an jenem anderen Rechtsstreit beteiligt gewesen sein. Er muß aber bei der Einigung mitgewirkt haben. Ein Anwalt, der in einem jener anderen Rechtsstreite tätig war, kann die für die Mitwirkung bei der jetzigen Einigung etwa verdiente Einigungsgebühr nur im vorliegenden Verfahren geltend machen. 66

Anwaltsvergleich: Rn 61.
Anwaltswechsel: Rn 72 „Mehrheit von Anwälten", Rn 78 „Verkehrsanwalt".

1695

VV 1000

Anwesenheit: Sie allein reicht *nicht* aus, LG Ffm Rpfleger **85**, 166.

67 Auftragsüberschreitung: Soweit der Anwalt über seinen Auftrag hinausgegangen ist, etwa die Einigung gegen den Willen seines Auftraggebers abgeschlossen oder ein Rechtsmittel zurückgenommen hat, liegt grds *keine* Mitwirkung nach VV 1000 vor. Man muß allerdings das evtl vorhandene Recht des Anwalts beachten, von den Weisungen des Auftraggebers dann abzuweichen, wenn er den Umständen nach annehmen darf, daß der Auftraggeber bei einer Kenntnis der Sachlage die Abweichung billigen werde, §§ 665, 675 I 1 BGB, vgl auch §§ 678 ff BGB. Insofern muß man allerdings strenge Anforderungen stellen.

68 Bemühung: Der Anwalt muß irgendwelche Bemühungen mit dem Ziel des Zustandekommens einer Einigung nach VV 1000 vorgenommen haben, Ffm VersR **81**, 138, AG Hbg AnwBl **89**, 399, OVG Hbg Rpfleger **08**, 46 („Hamburger Vergleich" bei Hochschulzulassung). Es genügt dann, daß die Einigung im großen und ganzen mit dem Vorschlag des Anwalts oder seinen Bemühungen übereinstimmt, Mü JB **09**, 487, LG Köln BB **99**, 1929. Die Bemühung kann zB durch eine Beratung erfolgt sein oder durch einen Briefwechsel, durch Telefonate, Erkundigungen bei einer Behörde usw, aM GSchm 30. Eine Anpassung oder Überarbeitung des Entwurfs der Parteien reicht, Karlsr AnwBl **03**, 116.

Die *Ursächlichkeit* der Bemühungen liegt *nicht* schon im allgemeinen Rat zur gütlichen Einigung. Sie entfällt nicht stets durch den Entschluß der Partei, die Einigung ohne den Anwalt oder mit der Unterstützung eines anderen Anwalts abzuschließen. Die Ursächlichkeit wird aber meist dann *fehlen*, wenn der Anwalt mitgeteilt hat, die Verhandlungen seien gescheitert, und wenn die Einigung dann ohne ihn doch noch zustandekommt, gar mit einem anderen Inhalt, Kblz JB **92**, 603, es sei denn, die Inhaltsänderung wäre ganz gering. Die Ursächlichkeit *fehlt* auch, soweit sich die Parteien zur entscheidenden Besprechung gerade ohne den Anwalt treffen, sei es allein, sei es vor dem Gericht, und wenn sie dann auch so ohne den Anwalt zur Einigung kommen. Eine Verhandlung mit dem Gegner des Auftraggebers ist nicht unbedingt erforderlich. Es reicht vielmehr ein interner Rat an den Auftraggeber wegen dessen Entscheidung, Enders JB **99**, 58, Meyer JB **02**, 241.

S auch Rn 65 „Abraten von Einigung", Rn 74 „Scheitern der Verhandlungen".
Beratung: Sie kann ausreichen, Rn 61.
Beweislast: Rn 63, 64.
Empfehlung: Eine nur allgemeine Empfehlung reicht *nicht* aus.

69 Genehmigung: Die Besorgung einer notwendigen Genehmigung reicht als Mitwirkung grundsätzlich aus.

70 Information: Ihre bloße Erteilung mag für eine Gebühr VV 1000 *unzureichend* sein, Ffm JB **83**, 573.
Insolvenzverwalter: Rn 58.

71 Instanz: Die Parteien müssen die Einigung grds in derjenigen Instanz abschließen, für die der Auftraggeber den Anwalt bestellt hat, Mü Rpfleger **80**, 202. Es reicht allerdings ausnahmsweise aus, daß der Anwalt die Verhandlungen mit dem Gegner eingeleitet hat oder daß der extra gesondert beauftragte gegnerische Rechtsmittelanwalt die Verhandlungen mit dem erstinstanzlichen Anwalt eingeleitet hat, Kblz JB **91**, 535, oder daß der Anwalt als Verkehrsanwalt beratend und vermittelnd mitgewirkt hat, Rn 78.
Korrespondenz: Sie kann ausreichen, also für den Verkehrsanwalt, Rn 78.
Kündigungsrücknahme: Sie kann ausreichen, LAG Bln MDR **05**, 1379.

72 Mehrheit von Anwälten: Sie ist unschädlich, mag sie gleichzeitig oder in zeitlicher Reihenfolge vorliegen (Anwaltswechsel). Jeder kann an der Einigung mitgewirkt haben, Hbg MDR **84**, 949.

S auch Rn 78 „Verkehrsanwalt".
Mitteilung: S zunächst Rn 68 „Bemühung". Die bloße Mitteilung eines Vorschlags des Gerichts oder des Gegners an den Auftraggeber ohne eine allgemeine Stellungnahme oder begrenzt auf den allgemeinen Rat einer Einigung ist *keine* Mitwirkung nach VV 1000. Die bloße Mitteilung an das Gericht, daß sich die Parteien geeinigt hätten, reicht *nicht* aus, soweit der Anwalt an dem Zustandekommen der Einigung nicht mitgewirkt hat. Das gilt selbst dann, wenn er in einer Ausführung der Einigung die Zurücknahme des Rechtsmittels erklärt. Die bloße Mittei-

lung der Teilnahme an einem bevorstehenden oder stattgefundenen Sühnetermin reicht *nicht* aus.
S aber auch Rn 73 „Protokoll".

Protokoll: Die Mitwirkung des Anwalts bei der gerichtlichen Protokollierung einer **73** Einigung reicht aus, auch wenn die Parteien den Inhalt zuvor selbst untereinander vereinbart hatten, aM Brdb FamRZ **96**, 681, Bre JB **80**, 1667, Düss JB **93**, 728 (aber die Protokollierung hat meist sogar einen wesentlichen Anteil). Ein Protokoll ist meist nötig, BGH NJW **02**, 3713, Nürnb JB **06**, 76. Das gilt auch beim Vergleich ab einer Festsetzungsgrundlage, Mü MDR **07**, 1226.

Prozeßkostenhilfe: Der im Weg der Prozeßkostenhilfe beigeordnete Anwalt kann eine Einigungsgebühr von der Staatskasse verlangen, soweit das Gericht ihn für denjenigen Rechtszug beigeordnet hat, in dem die Einigung zustande kommt, und zwar im Umfang seiner Beiordnung, dann auch für einen außergerichtlichen Vertrag, § 48 Rn 93 ff, BGH VersR **88**, 941, Bbg JB **96**, 23, Köln Rpfleger **97**, 187, aM Schneider MDR **85**, 815 (aber die Beiordnung erstreckt sich meist auch darauf).
S auch § 122 Rn 96.

Ratenzahlungsvergleich: Rn 80.

Scheitern der Verhandlungen: Das Scheitern der Verhandlungen ist für die Ent- **74** stehung der Einigungsgebühr insoweit unerheblich, als frühere Verhandlungen später doch zum Erfolg führen, wenn vielleicht auch nur mit einigen Abweichungen, vielleicht sogar erst nach dem Tod des Anwalts oder mittels eines anderen Anwalts, Mü NJW **97**, 1315. Soweit ein Rechtsnachfolger des Auftraggebers in die vom Anwalt ausgehandelten Bedingungen eintritt, ohne den Anwalt von sich aus erneut hinzuzuziehen, entsteht durch die Einigung dennoch für den Anwalt die Gebühr nach VV 1000.

Etwas anderes gilt dann, wenn eine ganz *andere* Einigung als die vom Anwalt vorgeschlagene zustande kommt oder wenn der Anwalt von der Einigung nur abgeraten hat, Rn 65 „Abraten von Einigung", oder wenn er nur die Verhandlungen für gescheitert erklärt hat, Kblz JB **90**, 603.

Sorgerecht: Die Einigungsgebühr kann auch entstehen, Stgt NJW **07**, 3218 (keine **75** Protokollierung nötig). Sie entsteht auch dann, wenn Dritte die Einigung vorbereitet hatten, wenn der Anwalt aber nach einer Beratung mit seinem Auftraggeber am Abschluß mitwirkt, Bbg FamRZ **88**, 1193.

Streithelfer: Der Anwalt des Streithelfers kann die Einigungsgebühr verdienen, so- **76** weit er an der Einigung mitgewirkt hat *und* soweit sie auch die Rechtsverhältnisse des Streithelfers mitregelt, Hamm JB **02**, 194, Karlsr RR **96**, 447.
S aber auch Rn 71 „Instanz".

Teilanerkenntnis, -verzicht: Er kann jeweils ausreichen.
Teilzahlungsvergleich: Rn 80.
Terminsanwalt: Es gilt dasselbe wie beim Verkehrsanwalt, Rn 58.
Terminsvermittlung: Die bloße Vermittlung löst *keine* Einigungsgebühr aus, Naumb JB **08**, 141.
Unterbevollmächtigter: Es kommt auf die Umstände an, ob der ProzBev oder Hauptanwalt mitgewirkt hat oder ob das auch oder nur der Unterbevollmächtigte getan hat (meist nicht bei § 4).
Untervertreter: Der vom Anwalt bestellte Untervertreter kann die Einigungsgebühr **77** für den Anwalt verdienen. Vgl auch § 5, ferner §§ 53–54.
Vergleichsangebot: Rn 72 „Mitteilung". **78**
Verkehrsanwalt: Eine über die bloße Übermittlung eines Einigungsvorschlags hinausgehende beratende oder vermittelnde oder sonst um den Abschluß einer Einigung bemühte Tätigkeit des Verkehrsanwalts kann ausreichen, Düss JB **93**, 728, KG RR **07**, 212 (sogar im Revisionsverfahren), AG Bln-Charlottenb JB **01**, 86, aM Düss MDR **83**, 327 (abl Schmidt 589).
Verzicht: Ein vollständiger Anspruchsverzicht reicht für VV 1000 ebensowenig aus wie ein vollständiges Anerkenntnis nach Rn 20. Ein Teilverzicht kann ausreichen.
Vollstreckbarer Anwaltsvergleich: Rn 11, 12.
Weitergabe: Rn 72 „Mitteilung". **79**
Widerruf: Rn 65 „Abraten vom Widerruf".

80 **Zwangsvollstreckung:** Auch für eine auf echtem gegenseitigen Nachgeben beruhende Vereinbarung im Vollstreckungsverfahren kann der mitwirkende Anwalt eine Einigungsgebühr fordern, LG Bln AnwBl **87**, 197, AG Aachen DGVZ **87**, 62, Murken/Meyer MDR **08**, 1080, aM LG Bonn DGVZ **06**, 62 (Teilzahlungsvergleich. Aber er erfolgt jedenfalls auch zur Beendigung der Zwangsvollstreckung und zumindest im Vollstreckungsverfahren).

81 **7) Gebührenhöhe,** dazu *Engels* MDR **00**, 1287 (Üb): (Jetzt) § 7 ist anwendbar, LG Bonn JB **95**, 527 (Beitritt eines Dritten). Im übrigen muß man zwei Situationen unterscheiden.

A. Außergerichtliche Einigung. Es entsteht beim außergerichtlichen Vertrag nach VV 1000 eine 1,5 Gebühr, Naumb FamRZ **08**, 1968. Das gilt auch bei einem außergerichtlichen Vergleich während einer Zwangsvollstreckung oder bei einem Vergleich in einem Verfahren nach § 80 VwGO oder nach § 69 FGO. Es gilt aber nicht im Prozeßkostenhilfeverfahren, VV 1003. Erfaßt wird auch ein Anwaltsvergleich nach §§ 796 a–c ZPO, Rn 11, 12. Man muß § 15 II, III mitbeachten. Den Vorrang hat VV 1004.

82 **B. Gerichtliche Einigung, VV 1003.** Vgl VV 1003 Rn 3 ff, VV 1004.

83 **8) Gegenstandswert.** Ein einfacher Grundsatz zeigt viele Auswirkungen.

A. Grundsatz: Ausgangspunkt Streitwert. Grundsätzlich ist nur im Umfang eines gerichtlichen Verfahrens § 23 I beachtlich (Maßgeblichkeit des Streitwerts nach dem GKG), § 32 I. Ist er unrichtig, hat der Anwalt ein Beschwerderecht, § 32 II. Für den Streit- oder Verfahrenswert gilt das ganze GKG und FamGKG, Teile I A, B dieses Buchs. Das Fehlen einer gerichtlichen Vergleichsgebühr führt natürlich nicht zur Gebührenlosigkeit des Anwalts. Dann kommt ein Antrag nach § 33 in Betracht.

84 **B. Beispiele zur Frage des Gegenstandswerts**

Arrest, einstweilige Anordnung oder Verfügung: Wenn eine Einigung gleichzeitig ein solches Eilverfahren und den Hauptprozeß beendet, handelt es sich um mehrere Gegenstände. Keineswegs steckt der Wert des Eilverfahrens im Hauptprozeß. Beide Verfahren dienen ja verschiedenen Zwecken, (jetzt) § 53 GKG, Teil I A dieses Buchs, Hbg JB **91**, 1065, Mü AnwBl **93**, 530, aM Mü FamRZ **91**, 1217.

Nur ein Gegenstand liegt aber dann vor, wenn eine solche Einigung nach VV 1000 zustande kommt, der einen Hauptprozeß und ein Verfahren nach § 80 VwGO oder nach § 69 FGO erledigt.

S auch Rn 86 „Mehrheit von Gegenständen".

Einbeziehung in höherer Instanz: Einen eigenen Wert kann die Einbeziehung eines anderen Anspruchs (erst) in der höheren Instanz haben, GS 179, aM Hbg MDR **81**, 945, Hamm JB **96**, 148 (aber auch das hat eine wirtschaftliche Auswirkung).

Einbeziehung und Rechtshängigkeit: Durch die Einbeziehung eines bisher nicht rechtshängigen Anspruchs in eine prozeßbeendende Einigung erhöht sich der Wert evtl nach den Wertangaben der Parteien, Bbg JB **89**, 494.

85 **Einbeziehung von Unstreitigem:** Bei der Einbeziehung eines bisher unstreitigen Rechtsverhältnisses muß man den Begriff „Unsicherheit" der amtlichen Anmerkung I 1 Hs 1 weit auslegen, Bbg JB **90**, 1619, Nürnb JB **85**, 1395, Bräuer JB **08**, 65 (je: Interesse an der Titulierung), aM Kblz JB **84**, 1218, LAG Mainz JB **85**, 397 (je: Bruchteil).

Man muß also unterscheiden, ob die Einbeziehung nur einen *feststellenden* (deklaratorischen) Charakter hat, Hamm JB **96**, 148 (dann muß man sie wohl oft mangels einer Streitbeendigung unberücksichtigt lassen, Stgt JB **95**, 248, LAG Stgt DB **84**, 784), oder ob die Parteien auch für den einbezogenen Anspruch einen besonderen Vollstreckungstitel schaffen wollten. Deshalb geht der Wert auch bei einer Einigung nach VV 1000 nur zwecks ihrer Vollstreckbarkeit über ein solches Protokollinteresse hinaus, Bbg JB **85**, 740, Hamm JB **86**, 745, Kblz AnwBl **84**, 204 (je: Bruchteil), Naumb FamRZ **08**, 1968, Nürnb JB **85**, 1395 (je: evtl voller Betrag), aM Hamm JB **78**, 1563.

Einigungsgegenstand: S „Einigungssumme".

Vergütungsverzeichnis **1000 VV**

Einigungssumme: Es kommt *nicht* darauf an, *worauf* sich die Parteien geeinigt haben, sondern darauf, *worüber* sie sich einigten, Anh I § 48 GKG Rn 127 „Vergleich", Teil I A dieses Buchs. Der Vergleich oder die Einigung ergreift also alle irgendwie streitigen und auch einbezogenen Ansprüche, Bbg JB **91**, 222, Schlesw SchlHA **91**, 115, Stgt JB **95**, 248.
  Die *Einigungssumme* ist also nicht immer maßgeblich, Ffm JB **80**, 242, Hbg MDR **81**, 945, KG JB **07**, 360. Die Einigungssumme kann sich zB dadurch erhöhen, daß später ein höherer Betrag als der zunächst zugrundegelegte herauskommt, AG Ffm AnwBl **85**, 267, aM Stgt JB **96**, 358, GSchm 41 (aber oft genug bewertet zB das Gericht ein Schmerzensgeld höher als die Parteien usw).
Keine Festsetzbarkeit: Soweit man den Wert nicht nach §§ 32, 33 gerichtlich festsetzen lassen kann, ist eine Klärung des Gegenstandswerts nur in einem Gebührenrechtsstreit möglich. Eine endgültige Festsetzung bindet auch dann, wenn sie unrichtig ist, Bbg FamRZ **04**, 46.
Bloße Feststellung: S „Einbeziehung von Unstreitigem".
Hilfsaufrechnung: Bei einer Einigung über die Klageforderung und über eine Hilfsaufrechnung muß man die Werte nach § 45 III, IV GKG errechnen, Teil I A dieses Buchs. 86
Kostenübernahme: Bei einer Übernahme der Kosten eines Eilverfahrens in einer Einigung im Hauptprozeß erhöht sich dessen Gegenstandswert um die Kosten, Ffm JB **81**, 818.
Mehrheit von Anspruchsteilen: Wenn die Parteien mehrere Teile desselben Anspruchs vergleichen, entsteht keine höhere Gebühr, als wenn sie die ganze Sache verglichen hätten, § 15 III. § 15 II 1 führt meist zu demselben Ergebnis.
Mehrheit von Gegenständen: Bei einer Einigung über mehrere Gegenstände muß man eine Zusammenrechnung nach (jetzt) § 22 I vornehmen, Hbg JB **91**, 1065, Mü AnwBl **93**, 530.
  S auch Rn 84 „Arrest, einstweilige Anordnung oder Verfügung".
Miete, Pacht: Rn 87 „Wiederkehrende Leistung".
Prozeßkostenhilfe – Anwalt: Der im Weg einer Prozeßkostenhilfe nach § 121 ZPO beigeordnete Anwalt bekommt immer nur die Höchstgebühr aus der Staffel des § 49. 87
Ratenbewilligung: Die nachträgliche Ratenbewilligung auf Grund eines schon titulierten Anspruchs kann einen eigenen Wert haben.
Teilermäßigung: S „Teilzahlung".
Teilzahlung: Ob eine Teil- oder Abschlagszahlung oder eine Teilermäßigung den Restwert mindern, ist eine Auslegungsfrage, strenger Mümmler JB **79**, 1136.
Vollstreckungstitelschaffung: Rn 85 „Einbeziehung von Unstreitigem".
Widerklage: Beim Zusammentreffen von Klage und Widerklage ist der Wert des erledigten Teils maßgebend, Düss AnwBl **93**, 530, Hbg JB **81**, 1518, aM Karlsr AnwBl **03**, 116 (auch dann der Gesamtbetrag. Aber für den Restvergleich gibt es nun keine höhere Verantwortung des Anwalts mehr).
Wiederkehrende Leistung: Es ist denkbar, daß bei §§ 41, 42 GKG die Einigungssumme höher als der Gegenstandswert ist.

9) Kostenerstattung. Die Einigungsgebühr ist grundsätzlich erstattungsfähig. 88
Eine Ausnahme gilt für das Verfahren vor dem ArbG, § 12a I 1 ArbGG. Man muß prüfen, ob und in welchem Umfang die Parteien in der Einigung nach VV 1000 zur Erstattungsfähigkeit ebenfalls eine Regelung getroffen haben, § 98 ZPO, BGH DGVZ **07**, 37, KG RR **07**, 212, Ffm NJW **05**, 2466, KG RR **07**, 212. Die Vorschrift ist auch auf einen außergerichtlichen Vertrag nach VV 1000 anwendbar, soweit nicht zB wegen einer rechtskräftigen Kostengrundentscheidung nach § 91a ZPO ohnehin nur § 91 ZPO anwendbar ist, LG Mü JB **98**, 85. Es kommt daher auf die Auslegung der Einigung an, Bbg AnwBl **89**, 111, Karlsr JB **91**, 89. Wegen des Verkehrsanwalts VV 3400. Zur Erstattungsfähigkeit der Gebühr beim Teilzahlungsvergleich BLAH § 788 ZPO Rn 46. Man muß den Wert bei der Kostenerstattung anders ansetzen als im Verhältnis zum Auftraggeber. Wegen des durch Prozeßkostenhilfe Beigeordneten § 48. Es kann für den ProzBev und den Terminsanwalt je eine Einigungsgebühr erstattbar sein, Mü JB **09**, 487.

1699

VV 1001

Eine Erstattung erfolgt *nicht* bei einer Mitwirkung an einer nur außergerichtlichen Vereinbarung über einen nicht gerichtlich anhängigen Gegenstand, Karlsr FamRZ 08, 802.

Nr.	Gebührentatbestand	Gebühr oder Satz der Gebühr nach § 13 RVG
1001	Aussöhnungsgebühr .... [1] Die Gebühr entsteht für die Mitwirkung bei der Aussöhnung, wenn der ernstliche Wille eines Ehegatten, eine Scheidungssache oder ein Verfahren auf Aufhebung der Ehe anhängig zu machen, hervorgetreten ist und die Ehegatten die eheliche Lebensgemeinschaft fortsetzen oder die eheliche Lebensgemeinschaft wieder aufnehmen. [2] Dies gilt entsprechend bei Lebenspartnerschaften.	1,5

Gliederung

1) Systematik	1
2) Regelungszweck	2
3) Mitwirkung an der Aussöhnung von Eheleuten	3–14
A. Ehegefährdung	3
B. Ernstlicher Gefährdungswille	4
C. „Hervortreten"	5
D. Grenzfälle	6, 7
E. Aussöhnung: Fortsetzung oder Wiederaufnahme der Lebensgemeinschaft	8
F. Beispiele zur Frage einer Aussöhnung	9, 10
G. Mitwirkung an der Aussöhnung	11
H. Beispiele zur Frage einer Mitwirkung an der Aussöhnung ...	12–14
4) Gebührenhöhe	15
5) Gegenstandswert	16
6) Mitwirkung an der Aussöhnung von Lebenspartnern	17

1 **1) Systematik.** Die Vorschrift schafft nur eine zusätzliche Erfolgsgebühr, amtliche Vorbemerkung 1. Sie enthält eine gegenüber VV 1000 vorrangige, weil speziellere Regelung. Das stellt zusätzlich VV 1000 amtliche Anmerkung V klar. Die Vorschrift gilt nach der amtlichen Anmerkung S 1 nur bei einer noch nicht gerichtlich anhängigen Ehesache. Die Anhängigkeit einer sonstigen Sache etwa über einen Unterhalt ist unerheblich. Andererseits hat VV 1003 bei einer erstinstanzlichen Anhängigkeit den Vorrang gegenüber VV 1001. Ferner gilt VV 1004 bei einer Rechtsmittelanhängigkeit sogar gegenüber VV 1003, und VV 1005 nochmals auch gegenüber VV 1001 vorrangig. Zusätzlich zu VV 1001 können Gebühren nach den Teilen 2–6 und Auslagen nach Teil 7 entstehen. Ersteres ergibt sich aus der amtlichen Vorbemerkung 1, letzteres daraus, daß die Teile 1–6 keine Auslagen mitregeln. Ohnehin anwendbar bleiben §§ 1 ff, soweit nicht VV 1001 eine Sonderregelung bringt.

2 **2) Regelungszweck.** VV 1001 zieht im Interesse der Kostengerechtigkeit die Konsequenz aus dem nach dem Gesetz besonders anerkennungswerten Mitwirken des Anwalts an der Aufrechterhaltung der Ehe, vgl auch Art 6 I GG. Denselben Zwecken dient auch die Erstreckung auf die Lebenspartnerschaft gemäß der amtlichen Anmerkung S 2 mit der Ausnahme des hier gerade nicht einschlägigen Art 6 I GG. Daher sollte man die Vorschrift großzügig auslegen. Ob die jedenfalls zunächst erzielte Aussöhnung im wohlverstandenen Interesse des Auftraggebers oder gar seines Partners liegt, darf dabei keine Rolle spielen, ebensowenig wie die Frage, ob die Aussöhnung eine Dauer verspricht.

3 **3) Mitwirkung an der Aussöhnung von Eheleuten.** Eine Gebühr VV 1001 kann entstehen, soweit die folgenden Voraussetzungen zusammentreffen.

   A. Ehegefährdung. Der Bestand oder Weiterbestand der Ehe muß gefährdet sein. Die Vorschrift nennt als typische Erkennungsmerkmale das Hervortreten des ernstlichen Willens eines Ehegatten, eine Scheidungssache oder ein Eheaufhebungsverfahren anhängig zu machen.

   Unanwendbar ist VV 1001 also vor oder nach einer Ehe. Dann mag § 34 anwendbar sein.

B. Ernstlicher Gefährdungswille. Es muß ein ernstlicher Wille zur Anhängigmachung auch schon vor der Einreichung des Scheidungsantrags usw beim Gericht „hervorgetreten" und daher nach außen erkennbar geworden sein. Insofern stellt VV 1001 eine Durchbrechung des Grundgedankens dar, daß die Tätigkeit des Anwalts vor einer gerichtlichen Anhängigkeit beim Ausbleiben eines anschließenden Gerichtsverfahrens nicht unter VV 3100 fällt, sondern unter VV 2300 ff. Insofern ist VV 1001 gegenüber VV 2300 eine vorrangige Sondervorschrift. 4

C. „Hervortreten". Das heißt nach außen deutlich werden. Dazu ist zwar eine Androhung des Scheidungs- oder Aufhebungsantrags nicht unbedingt erforderlich. Sie ist aber meist das einzig wirklich sichere Merkmal. Die bloße Beauftragung eines Anwalts, Material für ein Eheverfahren zu sammeln, reicht freilich auch schon aus. 5

Denn es kommt nicht darauf an, daß auch der andere Ehepartner oder gar dessen Anwalt oder ein Dritter die Scheidungsabsicht usw erkannte. Es reicht vielmehr aus, daß der scheidungswillige Ehegatte seine Absicht seinem eigenen Anwalt ernstlich *kundgetan* hat. Indessen ist bei der Annahme einer solchen Kundgabe eine gewisse Vorsicht ratsam. Jedenfalls muß der Anwalt beweisen, daß auch schon im Innenverhältnis zum Auftraggeber der ernstliche Wille des Ehegatten eindeutig erkennbar ist.

D. Grenzfälle. Ein Antrag auf eine Verfahrenshilfe darf nicht schon beim Gericht vorliegen. Denn dann beginnt ein nach dem vorrangigen VV 1003 vergütetes Verfahren mit Ausnahme des in der dortigen amtlichen Anmerkung Hs 2 bezeichneten Sonderfalls. Es kommt wegen des Hervortretens eines ernstlichen Willens zur Anhängigmachung auch nicht darauf an, ob der Ehepartner nun tatsächlich ein Verfahren anhängig macht und ob dieses auch Erfolg hat oder haben kann. 6

Nicht ausreichend sind zB: Der ernstliche, hervorgetretene Wille eines Ehegatten, einen behauptenden oder verneinenden Ehefeststellungsantrag oder einen Herstellungsantrag einzureichen. Denn VV 1001 nennt nicht alle Ehesachen nach § 121 FamFG, sondern aus jenem Kreis nur die Scheidungssache und das Eheaufhebungsverfahren. Ferner reicht zB die bloße Aufhebung der ehelichen Lebensgemeinschaft oder der Auszug eines Ehegatten für sich allein nicht aus. Das gilt selbst dann, wenn ein Ehepartner bereits in diesem Zusammenhang den Anwalt um eine Beratung bat. 7

Ein nur *tatsächliches Getrenntleben* kann, muß aber nicht ein „Hervortreten" nach Rn 5 bedeuten. Es kommt dann auf die Umstände an. Maßgeblich ist dabei nicht der Wille zum Getrenntleben, sondern der Scheidungs- oder Aufhebungswille. Manche Eheleute leben ganz prächtig getrennt, ohne an eine Scheidung auch nur im entferntesten zu denken. Eine bloße Bitte um eine Beratung über die Möglichkeiten, Voraussetzungen oder Rechtsfolgen eines Scheidungs- oder Aufhebungsantrags zeigt meist noch nicht den erforderlichen ernsthaften Willen, zumindest nicht nach außen, allenfalls gegenüber dem zunächst schweigepflichtigen Anwalt. Vgl beim letzteren freilich Rn 5.

E. Aussöhnung: Fortsetzung oder Wiederaufnahme der Lebensgemeinschaft. In einer Situation nach Rn 3–7 ist eine Aussöhnung eine weitere Voraussetzung. Es müssen also beide Ehegatten die eheliche Lebensgemeinschaft tatsächlich ernstlich fortgesetzt oder wieder aufgenommen haben, Kblz OLGR 00, 428. Unter der ehelichen Lebensgemeinschaft ist diejenige nach § 1353 I BGB gemeint, also die Geschlechtsgemeinschaft, die häusliche Gemeinschaft, die Pflicht zur Familienplanung usw. Man muß nach den gesamten objektiv erkennbaren Umständen des Einzelfalls prüfen, ob eine Fortsetzung oder Wiederaufnahme vorliegt. Manche halten eine gewisse Zeitdauer der Aussöhnung für erforderlich, Kblz OLGR 00, 428. Aber schon das erste „Hervortreten" reicht bei einer anschließenden überhaupt erfolgenden Fortsetzung nach der amtlichen Anmerkung S 1, selbst wenn schließlich doch alles nach ein paar Tagen scheitert, noch gar aus neuen Gründen. Der Anwalt muß beweisen, daß diese Voraussetzung eingetreten war. 8

F. Beispiele zur Frage einer Aussöhnung 9
Antragsrücknahme: Ausreichen kann die Rücknahme eines Antrags auf eine Scheidung oder Eheaufhebung.
Antragsunterlassung: *Nicht* ausreichend ist der nur vorläufige Entschluß den Scheidungsantrag zu unterlassen, soweit sich der Ehegatte anschließend doch bald zum Scheidungsverfahren entschlossen hat.

Aussagegefahr: *Nicht* ausreichend ist die bloße Absicht, eine belastende Aussage des anderen nach einer Scheidung zu verhindern.

Aussetzung: Ausreichen kann eine längere Aussetzung des Verfahrens nach § 146 FamFG.

Bedingung: Ausreichen kann ihre Erfüllung.

Eheliche Gemeinschaft: Ausreichen kann es, daß wieder eine nicht mehr akut gefährdete eheliche Gemeinschaft nach einer Aussöhnung entstanden ist, Kblz OLGR 00, 428.

Einverständnis: *Nicht* ausreichend ist es mangels einer weiteren Klärung der künftigen Lebensgemeinschaft. Das gilt selbst dann, wenn die häusliche Gemeinschaft vorläufig fortdauert, aber nicht die Geschlechtsgemeinschaft.

Finanzüberlegung: *Nicht* ausreichend ist eine nur finanzielle Beibehaltung des „Ehe"zustands.

Gesellschaftsüberlegung: *Nicht* ausreichend ist eine nur gesellschaftliche Beibehaltung des „Ehe"zustands.

Häusliche Gemeinschaft: S „Einverständnis".

10 **Rücknahme:** Rn 9 „Antragsrücknahme".

Steuerüberlegung: *Nicht* ausreichend ist eine nur steuerliche Beibehaltung des „Ehe"zustands.

Trennungsfortdauer: *Nicht* ausreichend ist das derzeitige Absehen vom Scheidungsantrag trotz fortdauernder Trennung.

Urlaubsreise: Ausreichen kann eine lange gemeinsame Urlaubsreise mit einer harmonischen Klärung der Zukunftsfragen und einer erst späteren erneuten Scheidungsüberlegung nur eines Partners.

Nicht ausreichend ist eine gemeinsame Urlaubsreise ohne eine solche Klärung.

Bloßer Versuch: *Nicht* ausreichend ist der bloße Versuch, nochmals zusammenzuziehen, unter der gleichzeitigen Abrede, bei seinem Scheitern das Scheidungsverfahren fortzusetzen.

Vorläufigkeit: Rn 9 „Antragsunterlassung", „Einverständnis".

Widerruf: „Antragsrücknahme".

Zurückname: Rn 9 „Antragsrücknahme".

Zusammenziehen: Ausreichen kann es, daß der Ehegatte wieder zum anderen gezogen ist.

11 **G. Mitwirkung an der Aussöhnung.** Soweit die Voraussetzungen Rn 3–10 vorliegen, muß der Anwalt an der auch wirklich eingetretenen Aussöhnung nachweisbar auch für sie ursächlich und damit erfolgreich mitgewirkt haben, Bbg JB 85, 233. Er muß einen Auftrag gerade auch zu einer solchen Mitwirkung gehabt haben. Freilich kann dieser Auftrag stillschweigend vorgelegen haben. Es genügt ein bloßer Mitwirkungsauftrag, soweit auch der Erfolg Rn 8, 9 vorliegt. Es ist also kein Auftrag zum direkten Hinarbeiten auf die Aussöhnung erforderlich. Eine Teilnahme am Aussöhnungsgespräch ist nicht erforderlich, Zweibr JB 00, 199.

12 **H. Beispiele zur Frage einer Mitwirkung an der Aussöhnung**

Abraten von Scheidung: *Nicht* ausreichend ist ein solches Verhalten des Anwalts.

Aussetzung des Eheverfahrens: *Nicht* ausreichend die bloße Herbeiführung einer Einigkeit der Eheleute über eine Aussetzung des Eheverfahrens.

Aussöhnungsanregung des Gerichts: Sie hindert nicht, soweit der Anwalt nicht dazu ganz passiv geblieben ist.

Aussöhnungsanzeige: *Nicht* ausreichend ist eine Anzeige der schon stattgefundenen Versöhnung an einen Dritten oder an das Gericht.

Aussöhnungsbereitschaft: Ausreichend ist ihr Wecken und Fördern, Bbg JB 85, 233, Zweibr JB 00, 199. Man kann es bei einer Anwesenheit der Partei im hier allein maßgeblichen außergerichtlichen Versöhnungsgespräch annehmen. Ausreichend ist also eine nicht völlig untergeordnete Mitursächlichkeit, Zweibr JB 00, 199.

Aussöhnungsentgegennahme: Sie ist *nicht* ausreichend.

Aussöhnungsrat: Ausreichend ist ein mit tatkräftigen Anregungsmaßnahmen verbundener Rat des Anwalts an den Auftraggeber zur Aussöhnung.

Nicht ausreichend ist ein allgemeiner Aussöhnungsrat ohne jede weitere Tätigkeit in dieser Richtung.

Erfolgschance: Ausreichend ist der Umstand, daß die Tätigkeit des Anwalts eine maßgebliche Ursache war, selbst wenn er den Erfolg nicht persönlich herbeigeführt hat.

Glaubhaftmachung: Soweit der Anwalt nach § 294 ZPO bei nicht zu hohen Anforderungen glaubhaft macht, daß er sich um eine Aussöhnung bemüht habe, die dann allerdings unstreitig ohne seine unmittelbare Mitwirkung alsbald zustande gekommen ist, kann die Vermutung für eine Ursächlichkeit seiner Bemühungen sprechen, Bbg JB **85**, 233. Der Kostenschuldner kann sie aber entkräften. 13

Protokoll: Sein Schweigen kann unschädlich sein, Bbg JB **85**, 233. 14

Ruhensantrag: Ausreichend ist ein Antrag des Anwalts auf das Ruhen des Scheidungsverfahrens wegen einer möglichen Aussöhnung.

4) Gebührenhöhe. Soweit die Voraussetzungen Rn 3–7 vorliegen, entsteht nach VV 1001 mangels einer Anwendbarkeit von VV 1003–1005 eine 1,5 Gebühr. Sie tritt zusätzlich zu den anderen Gebühren. Soweit die Aussöhnung in der Berufungs- oder Revisionsinstanz erfolgt, tritt eine Gebührenermäßigung nach VV 1004 ein. Wegen der Gebühr eines im Weg der Verfahrenskostenhilfe beigeordneten Anwalts §§ 42 ff. 15

5) Gegenstandswert. Maßgeblich ist § 23 in Verbindung mit § 48 GKG. 16

6) Mitwirkung an der Aussöhnung von Lebenspartnern. Die amtliche Anmerkung S 2 macht im Verfahren nach § 269 FamFG über die Aufhebung einer Lebenspartnerschaft nach §§ 15–19 LPartG die Regelung des S 1 entsprechend anwendbar. Vgl daher Rn 3–16. 17

Nr.	Gebührentatbestand	Gebühr oder Satz der Gebühr nach § 13 RVG
1002	Erledigungsgebühr, soweit nicht Nummer 1005 gilt .... ¹Die Gebühr entsteht, wenn sich eine Rechtssache ganz oder teilweise nach Aufhebung oder Änderung des mit einem Rechtsbehelf angefochtenen Verwaltungsakts durch die anwaltliche Mitwirkung erledigt. ²Das Gleiche gilt, wenn sich eine Rechtssache ganz oder teilweise durch Erlass eines bisher abgelehnten Verwaltungsakts erledigt.	1,5

Gliederung

1) Systematik	1
2) Regelungszweck	2
3) Rechtssache	3–6
A. Gerichtsverfahren	4
B. Verwaltungsverfahren	5
C. Einzelfragen	6
4) Erledigung	7–10
A. Begriff der Erledigung	7
B. Beispiele zur Frage einer Erledigung	8
5) Mitwirkung des Anwalts	9–15
A. Begriff der Mitwirkung	9–11
B. Beispiele zur Frage einer Mitwirkung	12–15
6) Gebührenhöhe	16
7) Gegenstandswert	17
8) Kostenerstattung	18

1) Systematik. In einer Verwaltungssache im weitesten Sinn wird der Anwalt für seine erfolgreichen Bemühungen um eine gütliche Erledigung häufig die an sich nach VV 1000 mögliche Einigungsgebühr deshalb nicht verdienen, weil die Beteiligten über den Gegenstand des Verfahrens nicht vertraglich verfügen können, VV 1000 amtliche Anmerkung IV, dann und vor allem im Verfahren der Finanzgerichte und -behörden greift (jetzt) die Tätigkeits- und Erfolgsgebühr VV 1002 ein, OVG Kblz NVwZ-RR **89**, 335, OVG Lüneb NVwZ-RR **08**, 500. Da es sich um einen Ersatz für die Einigungsgebühr handelt, erhält der Anwalt meist nur entweder nach VV 1000 oder nach VV 1002 eine Gebühr. Eine Auswechslung dieser Gebühren ist meist zulässig, OVG Münst NVwZ-RR **99**, 348. Freilich können VV 1000 und 1002 auch nebeneinander entstehen, je nach dem Gesamtvorgang. Im Verfahren der Sozialge- 1

VV 1002

richte gelten vorrangig VV 1005–1007. Die Erledigungsgebühr VV 1002 tritt nach der amtlichen Vorbemerkung 1 stets zu mindestens einer Gebühr der Teile 2 ff VV hinzu, zB zu VV 2300 oder 3100 ff.

Soweit die Anwaltstätigkeit im Rahmen einer *Beratungshilfe* nach dem BerHG zur Erledigung der Rechtssache führt, gilt der vorrangige VV 2608. Für den Steuerberater gilt VV 1002 nur im Gerichtsverfahren, § 45 StBGebV.

2   **2) Regelungszweck.** Es ist hochgradig wünschenswert, daß sich gerade ein Verwaltungsprozeß erübrigt, indem die Verwaltung wenigstens auf Grund eines Rechtsbehelfs des Bürgers nachgibt. Deshalb soll eine Mitwirkung des Anwalts an einem solchen Ergebnis eine großzügige Vergütung erhalten, OVG Lüneb NVwZ-RR **08**, 500. Das gilt selbst dann, wenn es nur teilweise gelingt, den Streit beizulegen. Der Streit mit der Öffentlichen Hand ist für den Rechtsfrieden oft besonders schädlich, OVG Lüneb NVwZ-RR **08**, 500. Das darf zwar nicht zur uferlosen Begünstigung des Anwalts führen, aber auch nicht zu einer kleinlichen Einengung des Begriffs der ursächlichen Mitwirkung, zumal man sie ja auf anderen Rechtsgebieten ohnehin meist wesentlich eher bejaht. Das sollte man bei der Auslegung mitbedenken, auch wenn es dabei eine traditionelle Zurückhaltung zu überwinden gilt. Vgl auch Rn 11.

3   **3) Rechtssache.** VV 1002 gilt in jeder Rechtssache, deren Gegenstand ein begehrter oder abgelehnter oder ein mit einem Rechtsbehelf angefochtener Verwaltungsakt ist. Das gilt außergerichtlich wie gerichtlich.

VV 1002 beschränkt sich nicht auf ein solches Anfechtungsverfahren, in dem man nur die Aufhebung oder Änderung eines belastenden Verwaltungsakts erstrebt. Auch in einem Verfahren auf den Erlaß eines begünstigenden Verwaltungsakts kann die Gebühr VV 1002 nach der amtlichen Anmerkung S 2 entstehen, (je zum alten Recht) OVG Bre AnwBl **92**, 94 OVG Münst NWBl **98**, 73, Just NVwZ **03**, 181, aM SG Freibg AGS **03**, 211. Das folgt schon daraus, daß es in der Regel zugleich um die Aufhebung des ablehnenden Verwaltungsakts geht, mag dieser Antrag auch oft keine selbständige Bedeutung haben. Fehlt es an einem ablehnenden Bescheid zB bei einer Untätigkeitsklage, ist VV 1002 entsprechend anwendbar, Schürmann SGb **93**, 364, aM FG Bln EFG **81**, 526.

4   **A. Gerichtsverfahren.** Rechtssache ist ein gerichtliches Verfahren ohne eine Rücksicht darauf, welchem Zweig der Gerichtsbarkeit das Gericht angehört (wegen der Sozialgerichte Rn 1). Eine Erledigungsgebühr kann deshalb auch im Verfahren vor einem Zivilgericht entstehen, zB nach §§ 217 ff BauGB, 23 ff EGGVG, 223 BRAO, 111 BNotO, 212 BEG, 62 GWB, 2 LwVG, ebenso nach §§ 66 GKG, 14 KostO, 6 und 8 JBeitrO, ferner im Beratungshilfeverfahren, (jetzt) VV 2508, LG Kblz JB **96**, 378, LG Osnabr JB **96**, 378. Hierin gehören auch in ein sog Aussetzungsverfahren, §§ 80 V, VI VwGO, 69 III FGO, und ein Verfahren des einstweiligen Rechtsschutzes etwa bei einer Aussetzung der Vollziehung, VG Darmst NJW **75**, 1716, aM FG Karlsr EFG **86**, 578, FG Köln EFG **90**, 268, OVG Hbg JB **99**, 361, oder eine Klage auf die Feststellung der Nichtigkeit eines Verwaltungsakts oder seiner Unwirksamkeit, OVG Kblz NVwZ-RR **89**, 336, Just NVwZ **03**, 181.

5   **B. Verwaltungsverfahren.** Rechtssache ist ferner jedes Verfahren vor einer Verwaltungsbehörde über einen begehrten oder einen mit einem Rechtsbehelf angefochtenen Verwaltungsakt einschließlich etwaiger Nebenverfahren zB nach §§ 80 IV VwGO, 69 II FGO. Die Rechtssache muß anhängig sein. Denn sonst kann sie sich schon begrifflich nicht erledigen. Eine Erledigungsgebühr entsteht nach der amtlichen Anmerkung S 2 evtl auch schon im Verwaltungsverfahren erster Stufe, das dem Erlaß eines Verwaltungsakts vorangeht. Sie entsteht aber nicht im Verwaltungsverfahren zwischen Gleichgeordneten gleich welcher Stufe. Denn hier kann kein Verwaltungsakt ergehen. Dann kann der Anwalt eine Einigungsgebühr VV 1000 verdienen, soweit diese Gebühr entstehen kann, VV 1000 amtliche Anmerkung, besonders IV.

6   **C. Einzelfragen.** Dagegen entsteht *keine* Erledigungsgebühr bei einer reinen Zwischenverfügung oder -auflage oder dann, wenn es sich um eine Feststellungs- oder eine reine Leistungsklage oder um ein entsprechendes Verwaltungsverfahren handelt. *Nicht hierher* zählt zB ein Normenkontrollverfahren nach § 47 VwGO, OVG Kblz JB **84**, 227. Dann kann der Anwalt aber eine Einigungsgebühr erhalten, sofern deren

Vergütungsverzeichnis **1002 VV**

Voraussetzungen vorliegen, VV 1000. Nicht hierher gehört auch die Beschwerde im Prozeßkostenhilfeverfahren, OVG Bre JB **86**, 1360.

4) Erledigung. Die Rechtssache muß wegen des Charakters von VV 1002 als auch einer Erfolgsgebühr nach Rn 1 erledigt sein. 7

A. Begriff der Erledigung. Eine Erledigung liegt vor, soweit keine oder keine weitere belastende Entscheidung in der Sache mehr ergehen muß. Unerheblich ist dabei, ob das Verhalten der Behörde zu einer Rücknahme der Klage oder des Rechtsbehelfs führt, OVG Bre AnwBl **92**, 94, zu einem gegenseitigen Nachgeben, zu übereinstimmenden wirksamen Erledigterklärungen, VG Münst AnwBl **81**, 163, oder zu einer Einigung der Beteiligten, VGH Mü AnwBl **81**, 162, VG Wiesb JB **01**, 250, Just NVwZ **03**, 181. Die Gebühr kann daher auch dann entstehen, wenn der Bekl die Erledigung bestreitet und wenn das Gericht sie nun durch ein Urteil feststellt, FG Neust/W EFG **89**, 33, VG Wiesb JB **01**, 250. Es muß sich aber um eine ohne streitige Entscheidung erzielte Erledigung handeln. Daher gibt eine auf die maßgebliche Rechtslage abstellende Entscheidung in der Sache niemals eine Erledigung nach (jetzt) VV 1002, BVerwG NVwZ **82**, 36 (krit Schmidt AnwBl **82**, 27), OVG Münst NWVBl **98**, 73. Bei übereinstimmenden wirksamen Erledigterklärungen zur Hauptsache ist ein verbleibender Streit über die Kosten unschädlich.

B. Beispiele zur Frage einer Erledigung 8
Abhilfe: Ausreichend ist es, daß die Behörde einen inhaltlich genügenden Änderungsbescheid erläßt, VGH Mannh AnwBl **82**, 208, noch dazu nach einer vorherigen Ablehnung, LG Bln JB **84**, 1854, VGH Mannh JB **91**, 1358, oder daß sie einen ihm entsprechenden neuen Bescheid erläßt, OVG Lüneb AnwBl **83**, 292.

Nicht ausreichend ist es, daß die Ausgangsbehörde dem Widerspruch durch eine Aufhebung ihres Bescheids abhilft, FG Saarbr EFG **95**, 226, aM Plagemann NJW **90**, 2719, oder wenn die Widerspruchsbehörde ihr das empfiehlt, BVerwG MDR **82**, 433, oder wenn sich die Behörde nur aufschiebend bedingt verpflichtet, dem früheren Antrag stattzugeben, LG Brschw JB **85**, 398.
Änderung der Auswirkungen: *Nicht* ausreichend ist es, daß sich infolge einer Übereinkunft der Beteiligten nur die Auswirkungen eines Verwaltungsakts zugunsten des Betroffenen ändern, FG Karlsr EFG **86**, 519, daß zB der Kläger seine Klage gegen einen Abgabenbescheid zurücknimmt, weil die Behörde eine Stundung oder den Erlaß auch einer anderen unstreitigen Forderung bewilligt, AG Kblz RR **06**, 1367.
Änderung des Verwaltungsakts: Die Erledigung muß nach der amtlichen Anmerkung S 1 nach der Aufnahme oder Änderung des angefochtenen Verwaltungsakts durch die Verwaltungsbehörde eingetreten sein. Sie muß also dadurch verursacht worden sein, LG Kblz JB **96**, 378. Eine Änderung von Nebenbestimmungen reicht, wenn sich dadurch der Streit erledigt, VGH Mü BayVBl **84**, 92.
Andere Behörde: *Nicht* ausreichend ist die Erteilung des beantragten Bescheids lediglich durch eine andere Behörde, OVG Hbg NVwZ-RR **94**, 621.
Anfechtung des Änderungsbescheids: Sie läßt die Erledigungsgebühr *nicht* entfallen, FG Bln EFG **85**, 41.
Aufschiebende Wirkung: Ausreichend ist es, wenn sich ein Verfahren nach § 80 V VwGO ohne eine streitige Entscheidung dadurch erledigt, daß der Anwalt die Rücknahme des Verwaltungsakts oder die Aufhebung der Vollziehbarkeit oder auch nur die Aussetzung des Vollzugs erreicht, VG Darmst NJW **75**, 1716. Dasselbe muß auch bei § 69 III FGO gelten, FG Bln EFG **81**, 526, aM FG Köln EFG **90**, 268 (aber es wäre eine Förmelei, die Gebühr nur bei der Änderung der sofortigen Vollziehung zu bewilligen).
Bedingung: Rn 8 „Abhilfe", Rn 10 „Verpflichtungsbegehren".
Dritte Behörde: Ihr Handeln reicht *nicht*. Denn es muß stets gerade die an diesem Verfahren beteiligte Behörde diejenige Maßnahme treffen, die eine Erledigung herbeiführt, OVG Hbg NVwZ-RR **94**, 621.
Forderungserlaß: Rn 8 „Änderung der Auswirkungen".
Inhaltlich gleicher Neubescheid: *Nicht* ausreichend ist sein Erlaß statt des aufgehobenen, FG Hann EFG **97**, 373.
Nachbesserung: *Nicht* ausreichend ist eine bloße Nachbesserung des Antragstellers, LG Bln MDR **89**, 923.

VV 1002

Nebenbestimmung: Rn 8 „Änderung des Verwaltungsakts".
Rechtsansicht: *Keine* Erledigungsgebühr entsteht bei einer bloßen Aufgabe der Rechtsansicht, FG Karlsr EFG **86**, 519.
Rechtskraft: Ab der formellen Rechtskraft ist *keine* Erledigung mehr möglich, BVerwG NVwZ **82**, 36, OVG Münst VBlNRW **98**, 73.
Rechtsmittelrücknahme: *Keine* Erledigung liegt vor, wenn die Behörde ihr Rechtsmittel gegen ein solches Urteil zurücknimmt, das ihren Verwaltungsakt aufgehoben hatte. Es gibt dann also keine Gebühr VV 1002 für den ProzBev des Klägers, VGH Kassel AnwBl **86**, 411, OVG Lüneb JB **91**, 1068.
Stundung: Rn 8 „Änderung der Auswirkungen".
Urteilsanerkennung: Ausreichend ist es, daß die Behörde die Geltung des Urteils in einem anderen Verfahren auch hier anerkennt, aM OVG Lüneb AnwBl **82**, 537 (abl Schmidt).
Verpflichtungsbegehren: Ausreichend ist es, daß die Behörde entweder den beantragten oder einen ähnlichen Verwaltungsakt erläßt, der den Antragsteller ebenfalls zufriedenstellt, VGH Mannh VBlBW **90**, 374, oder daß sie sich zu seinem Erlaß aufschiebend bedingt verpflichtet, LG Brschw NdsRpfl **84**, 261.
Vollstreckungsverzicht: Ausreichend ist die Erklärung der Behörde, nicht (mehr) vollstrecken zu wollen, OVG Kblz NVwZ-RR **89**, 335.
Vollziehbarkeit: Rn 8 „Aufschiebende Wirkung".
Widerspruch: Rn 8 „Abhilfe".

9 **5) Mitwirkung des Anwalts.** Wegen des Charakters von VV 1002 als auch einer Tätigkeitsgebühr nach Rn 1 ist eine erfolgsbezweckende Mitwirkung des Anwalts erforderlich und ausreichend, BSG JB **09**, 481, OVG Kblz NVwZ-RR **07**, 565. Bei der Erledigung der Rechtssache nach einer Aufhebung oder Änderung des Verwaltungsakts muß der Anwalt also nicht nur rein formell mitgewirkt haben, amtliche Anmerkung S 1, 2.

A. Begriff der Mitwirkung. Unter einer Mitwirkung muß man im Kern dasselbe wie bei VV 1000 Rn 57 ff verstehen. Es reicht keine solche Tätigkeit, für die schon eine andere Gebühr entsteht, BSG JB **09**, 481, OVG Bre JB **08**, 531 rechts (Verfahrensgebühr), VG Ffm NVwZ-RR **07**, 829 (Terminsgebühr). Eine Mitwirkung des Anwalts nur bei der Einlegung eines Rechtsbehelfs oder bei der formellen Beendigung des Verfahrens zB durch die Erklärung der Klagerücknahme oder durch einen Ruhensantrag usw genügt nicht, Rn 15 „Ruhen", OVG Lüneb NJW **09**, 460. Da die Gebühr an die Stelle der Einigungsgebühr tritt, ist vielmehr eine Mitwirkung des Anwalts an der die Erledigung verursachenden Maßnahme nötig. Ohne eine besondere auf die Beilegung der Sache ohne eine Entscheidung gerichtete Tätigkeit, die zur Erledigung nach Rn 6, 7 nicht nur ganz unwesentlich beigetragen hat, entsteht die Gebühr nicht, BSG JB **09**, 481, OVG Greifsw NVwZ-RR **08**, 501 (zum alten Recht), VG Drsd JB **09**, 482, aM FG Bln EFG **81**, 523, FG Karlsr EFG **82**, 534 (aber Mitwirkung bedeutet nun einmal bei einer vernünftigen Auslegung irgendeine Mitursächlichkeit, OVG Kblz NVwZ-RR **07**, 565). Freilich genügt eine Tätigkeit nach dem Eintritt des erledigenden Ereignisses vor der Abgabe der Erledigterklärung, BSG JB **09**, 133, VGH Mannh AnwBl **06**, 497, VG Ansbach JB **08**, 197.

10 Bei einer Erledigung der Rechtssache *ohne Zutun* des Anwalts kann weder nach VV 1000 noch nach VV 1002 eine zusätzliche *Erfolgsgebühr* entstehen. Dieses Zutun darf aber nicht nur in der Führung des Geschäfts im Rechtsstreit durch die Erhebung und Begründung der Klage oder anderer Anträge bestehen. Denn man darf einen Erfolg auf Grund dieser Tätigkeit im Verwaltungsverfahren gebührenrechtlich nicht anders als im Zivilverfahren bewerten. Vielmehr gilt eine Verfahrens-, Geschäfts- oder Terminsgebühr überall die Geltendmachung oder Abwehr eines Anspruchs ab, (je zum alten Recht) BVerwG AnwBl **86**, 41.

11 *Unzumutbare Strenge* ist aber ebensowenig erlaubt wie anderswo. Man darf vom Anwalt keine Wunder erwarten. Auch im kostenrechtlichen Bereich neigen viele Verwaltungs-, Sozial- und Finanzgerichte immer noch dazu, auf Grund einer zu weitgehenden, oft unbewußten Vermutung der völligen Korrektheit der Behörde zu harte Anforderungen an den Nachweis ihres fehlerhaften Einzelverhaltens zu stellen. Das schlägt dann auf eine ebensolche Härte vor der Bejahung einer Mitwirkung des An-

walts an der Aufdeckung solcher Fehler durch. Dergleichen paßt durchaus nicht mehr zu der Erkenntnis, daß auch der Staat irren kann und das oft genug insbesondere und leider keineswegs nur auf der unteren Sachbearbeiterebene auch tut. Auf dem Boden wohlwollender wie kritischer Distanz zur Staatsmacht braucht so manche bisherige einschlägige Entscheidung eine frische Überprüfung. Es gibt eine gewisse Vermutung dafür, daß ein Einsatz des Anwalts zumindest mitursächlich für die dann auch eingetretene Wirkung war, FG Bln EFG **85**, 517, OVG Lüneb JB **09**, 307 (auch zu den Grenzen).

B. Beispiele zur Frage einer Mitwirkung 12

Abgabenprozeß: Rn 17 „Tatsächliche Verständigung".
Abnicken: *Nicht* ausreichend ist ein bloßes Abnicken, OVG Lüneb JB **01**, 249.
Aktenkundigkeit: Die Mitwirkung des Anwalts muß nicht aktenkundig sein.
Anderes Verfahren: *Nicht* ausreichend ist das Erstreiten der für die Erledigung maßgeblichen Entscheidung in einem sonstiges Tätigwerden in einem anderen Verfahren, FG Kassel EFG **89**, 140, FG Köln EFG **03**, 124, VGH Mü NVwZ-RR **94**, 299.
    S auch Rn 17 „Ruhen".
Anfrage: Sie allein reicht *nicht,* OVG Lüneb JB **09**, 308.
Anwesenheit: Sie allein reicht *nicht,* BSG JB **07**, 584.
Außergerichtliche Einwirkung: Ausreichen kann eine erfolgreiche außergerichtliche Einwirkung auf die Behörde oder deren Aufsichtsbehörde, FG Kassel EFG **95**, 1077, FG Saarbr EFG **89**, 254, oder auf den Gegner, VG Ansbach JB **08**, 197. Diese Einwirkung muß nicht aktenkundig sein.
Aussetzung: *Nicht* ausreichend ist ein Einverständnis mit der Aussetzung des Verfahrens, BSG Breith **93**, 700.
Behördentermin: Rn 16 „Erörterungstermin". 13
Beschwerde: *Nicht* ausreichend ist eine bloße Beschwerde, OVG Bre JB **86**, 1360, VGH Mannh JB **90**, 1450, VG Schlesw SchlHA **90**, 40.
Beweismittel: Ausreichen kann ihre Beibringung, BSG JB **09**, 133.
Dritter: Ausreichen kann der Einsatz eines Dritten, FG Düss EFG **85**, 577.
Eidesstattliche Versicherung: Ausreichen kann die Vorlegung einer eidesstattlichen Versicherung auf Grund eines Hinweises der Behörde, FG Bre EFG **90**, 596.
Einigung: Beruht die Erledigterklärung auf einer unter der Mitwirkung des Anwalts erzielten Einigung, kann dadurch (jetzt) eine Einigungsgebühr VV 1000 entstehen, SG Hamm NdsRpfl **95**, 144, OVG Münst Rpfleger **94**, 127.
Einlenken der Behörde: *Nicht* ausreichend ist ihr bloßes Einlenken als eine Folge schriftlicher oder mündlicher Ausführungen des Anwalts im Verfahren, BSG MDR **96**, 642, BVerwG NVwZ **92**, 36, OVG Lüneb JB **01**, 249, aM FG Saarbr EFG **83**, 253, OVG Kblz NVwZ-RR **89**, 335, AG Delbrück AnwBl **01**, 184.
Einreichung von Unterlagen: *Nicht* ausreichend ist die bloße Einreichung von 14 Unterlagen bei der Behörde unter einer Umgehung des Gerichts, FG Kassel EFG **00**, 236.
Erledigtanzeige: *Nicht* ausreichend ist eine bloße Erledigtanzeige, auch nicht bei einer vollen Erledigung, LSG Mü AGS **97**, 67, OVG Hbg JB **99**, 361, OVG Münst NVwZ-RR **99**, 812. Das gilt selbst dann, wenn der Anwalt geraten hat, der Erledigterklärung zuzustimmen, OVG Greifsw AnwBl **98**, 346, oder von einem Antrag nach § 113 I 2 VwGO abzusehen, OVG Münst NVwZ-RR **99**, 812. Nicht ausreichend sind ferner übereinstimmende Vollerledigterklärungen in einem Zivilprozeß, FG Karlsr EFG **76** Nr 578.
    Nicht ausreichend ist ein bloßer Hinweis auf Voraussetzungen einer Erledigterklärung, OVG Lüneb NVwZ-RR **08**, 500.
Erörterungstermin: Er kann ausreichen, FG Bln EFG **89**, 537, FG Bre EFG **93**, 344, FG Münst JB **04**, 485.
Hinnahme des Verwaltungsakts: Ausreichend ist ein Einwirken des Anwalts auf seinen Auftraggeber dahin, das Verfahren durch eine wenigstens teilweise Hinnahme eines geänderten Verwaltungsakts zu beenden, FG Düss EFG **94**, 318, OVG Bre AnwBl **92**, 94, OVG Münst NVwZ-RR **99**, 348, aM OVG Münst NVwZ-RR **93**, 112.

Klagerücknahme: *Nicht* ausreichend ist eine Klagerücknahme auf den Rat des Anwalts, FG Kassel EFG **90**, 268.
Musterverfahren: Rn 17 „Ruhen".

15 **Rechtsmittelrücknahme:** *Nicht* ausreichend ist eine Rechtsmittelrücknahme auf den Rat des Anwalts, VGH Kassel AnwBl **86**, 411.
Rechtsprechungsnachweis: Ausreichen kann ein bloßer Rechtsprechungsnachweis, FG Saarbr EFG **83**, 253, SG Köln JB **93**, 606.
Ruhen: Ausreichen kann eine Bemühung während des Ruhens des Verfahrens, VGH Mannh JB **92**, 96.

Nicht ausreichend ist ein Antrag auf das Ruhen des Verfahrens wegen eines Musterverfahrens, VGH Kassel NVwZ-RR **94**, 300, OVG Lüneb NVwZ-RR **07**, 817, aM FG Karlsr EFG **82**, 534, OVG Münst MDR **83**, 872.
Schriftsatz: *Nicht* ausreichend ist seine bloße Anfertigung, VGH Mannh NVwZ-RR **08**, 654.
Tatsächliche Verständigung: Ausreichen kann eine Mitwirkung an einer „tatsächlichen Verständigung" im Abgabenprozeß, BFH BStBl **85** II 354, FG Bre EFG **93**, 344, FG Münst JB **04**, 485.
Teilerledigung: *Nicht* ausreichend ist eine volle Erledigterklärung bei einer Teilerledigung, wenn sie der eigenen Entschließung des Anwalts entspricht, OVG Münst NVwZ-RR **99**, 812.
Terminsbesprechung: Ausreichend ist eine solche Besprechung im Termin, die zur außergerichtlichen Erledigung führt, mögen auch vorher streitige Anträge erfolgt sein, FG Kassel EFG **75**, 26.
Unterzeichnung: Ausreichen kann die Veranlassung einer Unterzeichnung, VG Ansbach AnwBl **84**, 54.
Urkundenvorlegung: Ausreichen kann die unaufgeforderte Vorlegung einer Urkunde, FG Bre EFG **93**, 547.
Widerspruch: *Nicht* ausreichend ist ein bloßer Widerspruch, BSG Rpfleger **07**, 346, LG Kblz JB **97**, 639, LSG Stgt JB **06**, 422, oder seine mündliche Begründung, BVerwG AnwBl **86**, 41.

16 **6) Gebührenhöhe.** Eine Erledigungsgebühr entsteht in Höhe einer 1,5 Gebühr nach VV 1002, soweit sich nicht aus den vorrangigen VV 1003–1005 andere Höhen ergeben. Der in Prozeßkostenhilfe beigeordnete Anwalt erhält die Gebühr nach der Tabelle in § 49. Es erfolgt keine Anrechnung der Geschäftsgebühr aus dem Widerspruchsverfahren, OVG Münst NVwZ-RR **07**, 500.

17 **7) Gegenstandswert.** Vgl §§ 23 ff.
18 **8) Kostenerstattung.** Es gilt dasselbe wie bei VV 1000 Rn. 88.

Nr.	Gebührentatbestand	Gebühr oder Satz der Gebühr nach § 13 RVG
1003	Über den Gegenstand ist ein anderes gerichtliches Verfahren als ein selbstständiges Beweisverfahren anhängig: Die Gebühren 1000 bis 1002 betragen .... *Fassung 1. 9. 2009:* I ¹Dies gilt auch, wenn ein Verfahren über die Prozeßkostenhilfe anhängig ist, soweit nicht lediglich Prozeßkostenhilfe für ein selbständiges Beweisverfahren oder (für) die gerichtliche Protokollierung des Vergleichs beantragt wird oder sich die Beiordnung auf den Abschluss eines Vertrags im Sinne der Nummer 1000 erstreckt (§ 48 Abs. 3 RVG). ²Das Verfahren vor dem Gerichtsvollzieher steht einem gerichtlichen Verfahren gleich. II In Kindschaftssachen entsteht die Gebühr auch für die Mitwirkung am Abschluss eines gerichtlich gebilligten Vergleichs (§ 156 Abs. 2 FamFG) und an einer Vereinbarung, über deren Gegenstand nicht vertraglich verfügt werden kann, wenn hierdurch eine gerichtliche	1,0

Nr.	Gebührentatbestand	Gebühr oder Satz der Gebühr nach § 13 RVG
	Entscheidung entbehrlich wird oder wenn die Entscheidung der getroffenen Vereinbarung folgt.	

Vorbem. Zunächst amtliche Anmerkung S 1 ergänzt, S 2 angefügt dch Art 20 Z 7b aa, bb des 2. JuMoG v 22. 12. 06, BGBl 3416, in Kraft seit 31. 12. 06, Art 28 I der 2. JuMoG, Übergangsrecht § 60 RVG. Sodann amtliche Anmerkung II angefügt dch Art 47 VI Z 19 c FGG-RG v 17. 12. 08, BGBl 2586, in Kraft seit 1. 9. 09, Art 112 I Hs 1 FGG-RG, Übergangsrecht Art 111 FGG-RG, Grdz 2 vor § 1 FamGKG Teil I B dieses Buchs.

Nr.	Gebührentatbestand	Gebühr oder Satz der Gebühr nach § 13 RVG
	Bisherige Fassung der amtl Anm: [1] **Dies gilt auch, wenn ein Verfahren über die Prozesskostenhilfe anhängig ist, soweit nicht lediglich Prozesskostenhilfe für ein selbständiges Beweisverfahren oder (für) die gerichtliche Protokollierung des Vergleichs beantragt wird oder sich die Beiordnung auf den Abschluss eines Vertrags im Sinne der Nummer 1000 erstreckt (§ 48 Abs. 3 RVG).** [2]**Das Verfahren vor dem Gerichtsvollzieher steht einem gerichtlichen Verfahren gleich.**	

Gliederung

1) Systematik	1
2) Regelungszweck	2
3) Geltungsbereich: Anhängigkeit eines, aber nicht jedes gerichtlichen Verfahrens	3
4) Anhängigkeit	4–7
A. Schweben des Verfahrens ab Eingang	5
B. Nicht notwendig auch Rechtshängigkeit	6
C. Unabhängigkeit von Vorschuß	7
5) Gerichtliches Verfahren	8
6) Beispiele zur Frage einer Anwendbarkeit	9–14
7) Gebührenhöhe	15

1) Systematik. Es handelt sich um eine gegenüber VV 1000–1002 vorrangige **1** Sondervorschrift. Sie steht neben VV 1004, 1005. Sie erweist sich bei näherer Prüfung als ziemlich schwerverständlich gegliedert. VV 3104 kann nicht hinzutreten, dort Rn 12, aM OVG Lüneb AnwBl **07**, 156.

2) Regelungszweck. Es soll eine Überteuerung infolge einer Einigung unterblei- **2** ben. Es war dem Anwalt ja nicht gelungen, eine außergerichtliche Einigung zu erzielen. Für das gerichtliche Verfahren entstehen aber schon andere Gebühren.

3) Geltungsbereich: Anhängigkeit eines, nicht aber jedes gerichtlichen **3** **Verfahrens.** Es muß gerade auch oder nur über den Gegenstand der Einigung nach VV 1000 im Zeitpunkt dieser Einigung die Anhängigkeit eines gerichtlichen Verfahrens schon und noch vorliegen. Freilich gilt das nicht in jedem Gerichtsverfahren. Der Kreis der ausreichenden Verfahrensarten ergibt sich erst bei der Mitbeachtung der amtlichen Anmerkung I, II.

4) Anhängigkeit. Erste Voraussetzung ist eine Anhängigkeit in dem in Rn 3 ge- **4** nannten Zeitpunkt. VV 1003 bestimmt den Anhängigkeitsbegriff nicht. Man muß ihn daher den Verfahrensordnungen entnehmen. Im Bereich der ZPO und daher zB nach § 113 I 2 FamFG auch in einem der dort aufgeführten FamFG-Verfahren gilt das folgende.

   A. Schweben des Verfahrens ab Eingang. Anhängigkeit bedeutet das Vorhan- **5** densein, meist als „Schweben" bezeichnet, eines beliebigen Verfahrens und nicht nur desjenigen Verfahrens, in dem die Einigung erfolgt, vor einem Gericht ab seinem Eingang in die dortige Posteinlaufstelle, BGH NJW **87**, 3265, Nürnb Rpfleger **96**,

VV 1003

129, Saarbr MDR **96**, 1193. Es reicht also auch der Eingang bei einem örtlich und/oder sachlich unzuständigen Gericht. Es kann die Uhrzeit maßgeblich sein, Schlesw SchlH **89**, 161. Bei einer erstmals in einer Verhandlung erfolgenden Geltendmachung beginnt die Anhängigkeit mit diesem Vorgang, BGH NJW **87**, 3265. Auf die Kenntnis des Anwalts kommt es sonst für die Anhängigkeit nicht an, ebensowenig auf eine Genehmigung zum Verfahren.

6 **B. Nicht notwendig auch Rechtshängigkeit.** Nicht erforderlich ist es, daß das gerichtliche Verfahren auch schon und noch rechtshängig ist. Die Rechtshängigkeit tritt nach §§ 253, 261 I ZPO grundsätzlich erst mit der Klagerhebung ein, also nicht schon mit dem Eingang der Klageschrift beim Gericht, sondern erst mit deren amtlicher wirksamer Zustellung an den Bekl. Von diesem Grundsatz macht im Eilverfahren zB § 920 indirekt eine Ausnahme, weil im Eilverfahren eine Entscheidung evtl ohne eine vorherige Anhörung des Gegners erfolgt: Anhängigkeit bedeutet (nur) dort auch bereits Rechtshängigkeit, BGH JZ **95**, 316, Hbg RR **07**, 791, LG Brschw WoM **02**, 221.

7 **C. Unabhängigkeit von Vorschuß.** Die Zahlung eines Kostenvorschusses zB nach § 12 GKG, § 12 FamGKG ist keine Bedingung der Anhängigkeit, sondern allenfalls als Auflage eine Folge.

8 **5) Gerichtliches Verfahren.** Es muß eine Einigung gerade in einem gerichtlichen Verfahren erfolgen. Dabei scheint VV 1003 im Haupttext fast sämtliche Verfahrensarten ausreichen zu lassen und nur ein selbständiges Beweisverfahren zB nach §§ 485 ff ZPO auszunehmen. In Wahrheit bringt die amtliche Anmerkung I, II erhebliche weitere Einschränkungen.

9 **Anwaltsvergleich:** *Unanwendbar* ist VV 1003 auf ein Verfahren nur zur Vollstreckbarerklärung eines Anwaltsvergleichs nach § 796a ZPO.
Aufrechnung: Anwendbar ist VV 1003 auch bei einer Aufrechnung mit ihrem Gegenstand.
Unanwendbar ist VV 1003 bei einer bloßen Hilfsaufrechnung, BGH MDR **96**, 349, Hamm JB **99**, 470.
Ehewohnungs-, Haushaltseinigung: *Unanwendbar* ist VV 1003 auf eine solche Einigung, die die Rechtsverhältnisse an der Ehewohnung und den Haushaltsgegenständen nach §§ 200 ff FamFG erfaßt. Das ergibt sich aus der amtlichen Anmerkung I 1 Hs 4 in Verbindung mit § 48 III 1 oder (bei Lebenspartnern) § 48 III 2.
Eilverfahren: Anwendbar ist VV 1003 grds auch im Eilverfahren zB nach §§ 916 ff, 935 ff ZPO, §§ 49 ff FamFG, Hamm FamRZ **09**, 540.
Unanwendbar ist VV 1003 im Eilverfahren, soweit der Gegenstand der Einigung die Hauptsache ist, aM BJBCMU 2.1.3 (aber das sind zwei verschiedene Gegenstände).

10 **Gerichtsvollzieherverfahren:** Anwendbar ist VV 1003 auch im Verfahren vor ihm. Denn er ist bei einem AG als staatliches Organ tätig. Daher steht sein Verfahren einem gerichtlichen nach der amtlichen Anmerkung I 2 gleich.
Güterrechtseinigung: *Unanwendbar* ist VV 1003 auf eine solche Einigung, die die Ansprüche aus dem ehelichen Güterrecht nach §§ 261 ff FamFG erfaßt. Das ergibt sich aus der amtlichen Anmerkung I 1 Hs 4 in Verbindung mit § 48 III 1 oder (bei Lebenspartnern) § 48 III 2.
Hilfswiderklage: Anwendbar ist VV 1003 auch bei einer solchen Klage, BGH NJW **96**, 2307 (zur Rechtshängigkeit).
Kindschaftssache: S bei den einzelnen Einigungsgegenständen in diesem ABC.

11 **Mahnverfahren:** Anwendbar ist VV 1003 natürlich auch im Mahnverfahren nach §§ 688 ff ZPO.
Personensorgeeinigung: *Unanwendbar* ist VV 1003 auf eine solche Einigung, die die Sorge für die Person der gemeinschaftlichen minderjährigen Kinder nach §§ 151 ff FamFG erfaßt. Das ergibt sich aus der amtlichen Anmerkung I 1 Hs 4 in Verbindung mit § 48 III 1, 2.

12 **Prozeßkostenhilfeverfahren:** Anwendbar ist VV 1003 schon nach dem Haupttext auf ein solches ja gerichtliches Verfahren im Prinzip sehr wohl. Das bestätigt die amtliche Anmerkung I 1 Hs 1, (zum neuen Recht) KG Rpfleger **07**, 669, (je zum alten Recht) Kblz MDR **97**, 507, Köln Rpfleger **97**, 187, aM Brdb JB **97**, 638,

Drsd JB **97**, 637, Kblz (11. ZS) MDR **98**, 801 (aber auch dieses Verfahren ist eindeutig grundsätzlich ein gerichtliches). Das Prozeßkostenhilfeverfahren muß sich allerdings auf die Durchführung eines gerichtlichen Hauptverfahrens richten, Drsd FamRZ **99**, 391, Köln Rpfleger **98**, 294, Rostock FamRZ **99**, 387, aM LAG Düss MDR **97**, 853 (auch im letzteren Fall).

Wenn die Parteien im Rahmen eines Prozeßvergleichs *nichtanhängige* Gegenstände mitvergleichen, entsteht nach dem Wert dieser mitverglichenen nichtanhängigen Gegenstände dann nur eine 1,0 Einigungsgebühr, wenn ein Beteiligter für den streitbeendenden Vertrag eine Prozeßkostenhilfe beantragt oder erhalten hatte, (je zum alten Recht) Köln JB **98**, 139, LAG Ffm JB **99**, 359, LAG Mainz AnwBl **00**, 697, aM Kblz Rpfleger **00**, 166, Zweibr JB **05**, 539, ArbG Kaisersl JB **00**, 22.

Unanwendbar ist VV 1003 allerdings ausnahmsweise nach der amtlichen Anmerkung I 1 Hs 2 bei einem solchen Prozeßkostenhilfeverfahren, das lediglich einem selbständigen Beweisverfahren oder der gerichtlichen Protokollierung eines Prozeßvergleichs dient oder sich nur auf die Beiordnung eines Anwalts in einer Ehesache zwecks des Abschlusses eines Vertrags nach VV 1000 über einen der folgenden Gegenstände erstreckt, § 48 III: Über den gegenseitigen Unterhalt der Ehegatten; über den Unterhalt gegenüber den Kindern im Verhältnis der Ehegatten zueinander; über die Sorge für die Person der gemeinschaftlichen minderjährigen Kinder, Kblz FamRZ **06**, 720; über die Regelung des Umgangs mit einem Kind; über die Rechtsverhältnisse an der Ehewohnung und dem Hausrat; über die Ansprüche aus dem ehelichen Güterrecht.

Schiedsrichterliches Verfahren: *Unanwendbar* ist ein solches Verfahren zB nach §§ 1025 ff ZPO. Denn das Schiedsgericht ist gerade kein Staatsgericht, von dem VV 1003 unter dem nur scheinbar weiteren Begriff „anderes gerichtliches Verfahren" der Sache nach eindeutig spricht. Unanwendbar ist VV 1003 erst recht auf ein Verfahren nur zur Vollstreckbarerklärung eines Schiedsspruchs nach § 1059 ZPO.

Selbständiges Beweisverfahren: *Unanwendbar* ist VV 1003 schon nach dem Haupttext für ein solches Verfahren zB nach §§ 485 ff ZPO und nach der amtlichen Anmerkung I 1 Hs 2 für ein zugehöriges Prozeßkostenhilfeverfahren nach §§ 114 ff ZPO.

Teilklage: Anwendbar ist VV 1003 auch im Prozeß auf Grund einer bloßen Teilklage.

Umgangsrechtseinigung: *Unanwendbar* ist VV 1003 auf eine solche Einigung, die die Regelung des Umgangs mit einem Kind nach §§ 151 ff FamFG erfaßt. Das ergibt sich aus der amtlichen Anmerkung I 1 Hs 4 in Verbindung mit § 48 III 1, 2.

Unterhaltseinigung: *Unanwendbar* ist VV 1003 auf eine solche Einigung, die den gegenseitigen Unterhalt der Ehegatten oder gegenüber den Kindern im Verhältnis der Ehegatten zueinander je nach §§ 231 ff FamFG erfaßt. Das ergibt sich aus der amtlichen Anmerkung I 1 Hs 4 in Verbindung mit § 48 III 1. Bei eingetragenen Lebenspartnern gilt dasselbe in Verbindung mit § 48 III 2.

Vereinbarung trotz Verfügungsbegrenzung: Anwendbar ist VV 1003 auch dann, wenn es in einem Kindschaftsverfahren nach §§ 151 ff FamFG, zu einer solchen Vereinbarung kommt, über deren Gegenstand die Beteiligten nach § 36 I 1 FamFG jedenfalls nicht verfügen können. Freilich setzt das außerdem voraus, daß durch eine solche Einigung eine Entscheidung des FamG entbehrlich wird oder daß eine dann doch noch ergehende solche Entscheidung im Ergebnis der getroffenen Vereinbarung zumindest in allen wesentlichen Punkten voll folgt. Beides ergibt sich aus der amtlichen Anmerkung II Hs 2, 3.

Vergleichsbilligung: Anwendbar ist VV 1003 auch dann, wenn es in einem Kindschaftsverfahren nach §§ 151 ff FamFG zur Mitwirkung des Anwalts am gerichtlich gebilligten Vergleich nach § 156 II FamFG kommt. Das ergibt sich aus der amtlichen Anmerkung II Hs 1.
S aber auch „Vergleichsprotokollierung".

Vergleichsprotokollierung: *Unanwendbar* ist VV 1003 nach der amtlichen Anmerkung I 1 Hs 3 dann, wenn es nur um die gerichtliche Protokollierung eines Vergleichs zB nach § 278 VI ZPO, evtl in Verbindung mit § 113 I 2 FamFG, geht.
S aber auch „Vergleichsbilligung".

Vollstreckungsverfahren: Anwendbar ist VV 1003 grds auch im Verfahren nach §§ 704 ff ZPO usw.
S aber auch Rn 9 „Anwaltsvergleich".

15   **7) Gebührenhöhe.** Soweit der Vertrag neben anhängigen auch nichtanhängige Gegenstände regelt, tritt die etwaige Ermäßigung auf 1,0 abgesehen vom Fall Rn 7 nur nach dem Wert der anhängigen Gegenstände ein. Man muß beide Teilgebühren zusammenzählen. Sie dürfen aber 1,5 Gebühr aus dem Gesamtwert nicht übersteigen, § 15 III.
Die Einigungsgebühr gilt grundsätzlich die *gesamte* Mitwirkung des Anwalts beim Abschluß des Vertrags VV 1000 ab. Wegen desselben Gegenstands kann keine weitere Einigungsgebühr entstehen, LAG Nürnb NZA-RR 09, 558, vgl aber auch LAG Nürnb NZA-RR 09, 557, und zwar auch dann nicht, wenn der zunächst abgeschlossene Vertrag unter einer auflösenden Bedingung stand.

Nr.	Gebührentatbestand	Gebühr oder Satz der Gebühr nach § 13 RVG
1004	Über den Gegenstand ist ein Berufungs- oder Revisionsverfahren anhängig: Die Gebühren 1000 bis 1002 betragen .... *Fassung 1. 9. 2009:* [I] **Dies gilt auch in den in den Vorbemerkungen 3.2.1 und 3.2.2 genannten Beschwerde- und Rechtsbeschwerdeverfahren.** [II] **Absatz 2 der Anmerkung zu Nummer 1003 ist anzuwenden.**	1,3

Vorbem. Amtliche Anmerkung I, II angefügt dch Art 47 VI Z 19 d FGG-RG v 17. 12. 08, BGBl 2586, in Kraft seit 1. 9. 09, Art 112 I Hs 1 FGG-RG, Übergangsrecht Art 111 FGG-RG, Grdz 2 vor § 1 FamGKG, Teil I B dieses Buchs.

1   **1) Systematik.** Während VV 1003 gegenüber VV 1000–1002 eine vorrangige Sonderregelung für die erste Gerichtsinstanz trifft, schafft VV 1004 eine nochmals speziellere oder mindestens mit VV 1003 gleichrangige Sonderregelung für die Berufungs- wie Revisionsinstanz. Im Beschwerdeverfahren in einer FamFG-Sache gilt VV 1004 nach der amtlichen Anmerkung I, II mit ihren Verweisungen auf die amtlichen Vorbemerkungen 3.2.1, 3.2.2 und auf VV 1003 amtliche Anmerkung II in den dort genannten Einzelbereichen ebenfalls, Schlesw JB **08,** 415 (zum alten Recht).

2   **2) Regelungszweck.** Es gelten dieselben Erwägungen wie bei VV 1003 Rn 2. Freilich schlägt sich die Verantwortung des Anwalts im Beschwerde-, Berufungs- wie Revisionsverfahren nicht in einer Erhöhung nieder, sondern in einer Ermäßigung von 1,5 auf 1,3 Gebühr. Damit bleibt es auch in den höheren Instanzen beim Grundgedanken, daß das Gesetz die Tätigkeit des Anwalts am höchsten doch noch beim außergerichtlichen Erfolg vergütet. Ob das dem Grad von Anstrengung und Können gerecht wird, den der Beschwerde-, Berufungs- oder gar der Revisionsanwalt aufwenden muß, bleibt allerdings mehr als fraglich. Man kann das Ziel einer außergerichtlichen vorprozessualen Einigung auch überbetonen.

3   **3) Geltungsbereich: Beschwerde-, Berufungs- oder Revisionsverfahren.** Der Gegenstand muß dort anhängig sein. Das erstinstanzliche finanzgerichtliche Verfahren steht allenfalls nach der amtlichen Vorbemerkung 3.2.1 I Z 1 dem Berufungsverfahren gebührenrechtlich gleich, FG Karlsr JB **07,** 198. Daher ist dann VV 1004 nicht nur entsprechend anwendbar, Schneider AnwBl NJW **07,** 2668 (Üb). Auch die Beschwerde gegen die Nichtzulassung der Berufung oder Revision läßt sich hierher einordnen, Schneider NJW **07,** 2666. Das ist vor einer Rechtsmittelzulassung ungeachtet § 16 Z 11 und der amtlichen Vorbemerkung 3.2 I noch nicht so, Schneider NJW **07,** 2166, aM GS 131 (aber der Wortlaut ist eindeutig enger), ebensowenig im zugehörigen Beschwerdeverfahren, aM Schneider AnwBl **05,** 203 (aber schon der Wortlaut ist eindeutig), auch nicht im Verfahren auf eine Zulassung der Sprungrevision, Schneider AnwBl **05,** 203. Zur Anhängigkeit reicht der Eingang der Rechtsmittelschrift beim Rechtsmittelgericht. Die Zustellung an den Rechtsmittelgegner ist

Vergütungsverzeichnis **1004–1008 VV**

nicht zur Anhängigkeit erforderlich. Es reicht auch die Rechtsmitteleinlegung eines Streithelfers, BGH NJW **95**, 199.
Beide Instanzen stehen *gleichrangig* nebeneinander. In jeder kann die 1,3 Gebühr entstehen. Es erhält auch derjenige Anwalt der ersten Instanz die Gebühr VV 1004, der in der oberen am Vergleichsabschluß usw mitgewirkt hat, Ffm AnwBl **98**, 537, Hamm JB **98**, 584.

4) Mitvergleich. Ein Mitvergleich in erster Instanz über einen in der höheren anhängigen Anspruch führt zur Anwendung von (jetzt) VV 1004, KG JB **98**, 189, aM Bbg JB **86**, 1529, LG Bln JB **97**, 639 (Teilung nach Instanzen). 4

Wenn die Parteien *in der höheren Instanz anhängige* Ansprüche in der ersten Instanz *mitvergleichen*, gilt ein einheitlicher Gebührensatz des höheren Rechtszugs, KG JB **98**, 189, RS 42, SchGei 97, aM Bbg JB **86**, 1529, LG Bln JB **97**, 639 (Teilung nach Instanzen). 5

Bei einer Einbeziehung *nichtanhängiger* Ansprüche im Rechtsmittelverfahren bleibt es insoweit bei einer 1,5 Gebühr, (je zum alten Recht) BGH NJW **02**, 3712, aM Nürnb FamRZ **02**, 475, Schlesw MDR **02**, 421, LG Drsd Rpfleger **03**, 47 (aber das Einbezogene war noch nicht einmal erstinstanzlich anhängig gewesen. Deshalb kommt es auch nicht auf Unterschiede zwischen dem prozessualen und dem kostenrechtlichen Begriff der Instanz an).

5) Gebührenhöhe. Es entsteht in jeder Rechtsmittelinstanz eine 1,3 Gebühr. Sie tritt an die Stelle von VV 1000–1002, nicht etwa hinzu. Es handelt sich auch nicht etwa um eine zu VV 1003 hinzutretende Gebühr. Denn VV 1004 nennt VV 1003 nicht mit. 6

6) Gegenstandswert. Es gilt dasselbe wie bei VV 1000–1002. 7

7) Kostenerstattung. Es gilt dasselbe wie bei VV 1000–1002. 8

Nr.	Gebührentatbestand	Gebühr oder Satz der Gebühr nach § 13 RVG
1005	Einigung oder Erledigung in sozialrechtlichen Angelegenheiten, in denen im gerichtlichen Verfahren Betragsrahmengebühren entstehen (§ 3 RVG): Die Gebühren 1000 und 1002 betragen	40,00 bis 520,00 EUR
1006	Über den Gegenstand ist ein gerichtliches Verfahren anhängig: Die Gebühr 1005 beträgt	30,00 bis 350,00 EUR
1007	Über den Gegenstand ist ein Berufungs- oder Revisionsverfahren anhängig: Die Gebühr 1005 beträgt	40,00 bis 460,00 EUR

Zu VV 1005–1007:

1) Systematik, Regelungszweck. Vgl § 3 Rn 1, 2. 1
2) Betragsrahmengebühr. Vgl § 3 Rn 3 ff. 2
3) Gebührenhöhen. § 14 ist anwendbar. Es entstehen jeweils unter den Voraussetzungen VV 1000, 1001 oder 1002 die folgenden Mittelgebühren. 3
A. Mittelgebühr VV 1005. Sie beträgt 280 EUR.
B. Mittelgebühr VV 1006. Sie beträgt 190 EUR. 4
C. Mittelgebühr VV 1007. Sie beträgt 250 EUR. 5

Nr.	Gebührentatbestand	Gebühr oder Satz der Gebühr nach § 13 RVG
1008	Auftraggeber sind in derselben Angelegenheit mehrere Personen:	

VV 1008

Nr.	Gebührentatbestand	Gebühr oder Satz der Gebühr nach § 13 RVG
	Die Verfahrens- oder Geschäftsgebühr erhöht sich für jede weitere Person um .... ᴵ Dies gilt bei Wertgebühren nur, soweit der Gegenstand der anwaltlichen Tätigkeit derselbe ist. ᴵᴵ Die Erhöhung wird nach dem Betrag berechnet, an dem die Personen gemeinschaftlich beteiligt sind. ᴵᴵᴵ Mehrere Erhöhungen dürfen einen Gebührensatz von 2,0 nicht übersteigen; bei Festgebühren dürfen die Erhöhungen das Doppelte der Festgebühr und bei Betragstragrahmengebühren das Doppelte des Mindest- und Höchstbetrags nicht übersteigen.	0,3 oder 30% bei Festgebühren, bei Betragsrahmengebühren erhöhen sich der Mindest- und Höchstbetrag um 30%

Schrifttum: *Jungbauer*, Einigungsgebühr in Unfallsachen, Erhöhung nach Nr 1008 VV RVG usw, Festschrift für *Madert* (2006) 141.

Gliederung

1) Systematik	1
2) Regelungszweck	2
3) Geltungsbereich	3–5
A. Derselbe Gegenstand: Weite Auslegung	3, 4
B. Beispiel zur Frage erfaßter Gebührenarten	5
4) Gebührenhöhe	6–19
A. Berechnung und Begrenzung der Erhöhung ...	6–10
B. Verschiedene Gegenstände	11
C. Beispiele verschiedener Gegenstände	12
D. Gegenstandswert	13
E. Festgebühr, Betragsrahmengebühr	14–19

1 **1) Systematik.** Es handelt sich in einer Ergänzung von § 7 I und von § 15 II 1 um die Bestimmung der Gebührenhöhen im einzelnen. Die Vorschrift gilt nur bei mehreren Personen als Auftraggebern, VGH Mü NVwZ-RR **08**, 432 (Flurbereinigung), SG Duisb AnwBl **06**, 858 (Bedarfsgemeinschaft), aM Karlsr Rpfleger **07**, 684 (Bündelung von Beschaffungsbedarf). Sie gilt auch bei einer anfänglichen oder nachfolgenden Erbengemeinschaft, Brdb JB **07**, 524.

Sie gilt *nicht* zB dann, wenn der Anwalt jemanden als den Kläger und Widerbekl oder als den Angeklagten und als den Nebenkläger gegenüber einem weiteren Angeklagten vertritt, LG Kref AnwBl **79**, 79, LG Verden JB **79**, 1504, oder wenn eine juristische Person als *ein* Auftraggeber gilt, oder wenn eine BGB-Gesellschaft die Auftraggeberin ist, AG Schwalbach DGVZ **05**, 79, oder eine WEG, LG Mönchengladb JB **07**, 307, AG St Ingbert DGVZ **07**, 46 (auch nicht bei einer Einzelbenennung ihrer Mitglieder, aM BGH DGVZ **07**, 68, LG Wuppert Rpfleger **09**, 52 [je zum alten Recht]), oder wenn der Insolvenzverwalter als Partei kraft Amts und als natürliche Person Bekl ist, Köln JB **09**, 308, oder wenn der Verwalter im eigenen Namen in einer WEG-Sache der Auftraggeber ist, KG NJW **06**, 1983 (Ausnahme bis zum 30. 12. 06: WEG vor Verkündung von BGH **142**, 294, so BGH NZM **08**, 370, Brdb JB **06**, 475, Köln NJW **06**, 706, aM Kblz JB **06**, 315), Schlesw MDR **08**, 713, AG Emden DGVZ **07**, 47.

Die Vorschrift gilt auch für den *beigeordneten* oder bestellten Anwalt, VGH Mannh JB **09**, 490, und auch zB für den Verkehrsanwalt. Sie gilt im Gesamtgebiet seiner Tätigkeit für jede Geschäftsgebühr und zusätzlich auch für jede Verfahrensgebühr, LG Ulm AnwBl **08**, 73, auch bei einer bloßen Einzeltätigkeit. § 5 ist anwendbar. Sozien gelten grundsätzlich als nur *ein* Anwalt. § 7 II ist mitanwendbar.

2 **2) Regelungszweck.** Es gilt dasselbe wie bei § 7 Rn 2.

3 **3) Geltungsbereich.** Es kommt nicht darauf an, ob und in welchem Ausmaß die mehreren Auftraggeber auch im Einzelfall einen erhöhten Aufwand an Zeit, Mühe und Verantwortungsbewußtsein mit sich bringen, BGH NJW **84**, 2296, BVerwG AGS **00**, 173. Man darf vielmehr nur die folgenden Aspekte beachten.

Vergütungsverzeichnis 1008 VV

A. Derselbe Gegenstand: Weite Auslegung. Soweit eine Mehrheit von Gegenständen vorliegt, gilt § 22 I. Nur soweit der Gegenstand innerhalb derselben Angelegenheit nach § 15 für die mehreren Auftraggeber gerade dieses Anwalts in welcher Funktion nach dem RVG auch immer nach § 7 Rn 7 ff übereinstimmt, erhöht sich für jeden weiteren Auftraggeber nach dem Gesetzeswortlaut nur die Verfahrens- oder die Geschäftsgebühr zunächst nach der Gebührenspalte, BVerfG NJW 97, 3431, AG Stgt MDR 07, 1107, KG MDR 06, 177.

Man muß trotz der Verweisungen auf lediglich die jeweilige Verfahrens- oder Geschäftsgebühr eine *weite Auslegung* dieser Vorschriften vornehmen, (je zum alten Recht) BGH 81, 40, Ffm VersR 80, 144, LG Stgt NZM 02, 800, aM Köln AnwBl 87, 242, AG Traunstein FamRZ 09, 717, ebenso eine Grundgebühr nach VV 4100, 5100. Soweit jeder Mitmieter eine vom anderen unabhängige Pflicht hat, mögen mehrere Gegenstände vorliegen, Köln AnwBl 00, 375.

Durch eine Erhöhung nach VV 7008 tritt nicht etwa auch beim Anwalt der *Gegenpartei* eine entsprechende Erhöhung ein, soweit er unverändert nur einen Auftraggeber vertritt.

4

Beispiele zur Frage erfaßter Gebührenarten

5

Beratungsgebühr: *Unanwendbar* ist VV 1008 wohl bei der andersgearteten Beratungsgebühr nach § 34.
Betragsrahmengebühr: Anwendbar ist VV 1008 auch bei einer sog Betragsrahmengebühr nach Einl II A 12. Vgl auch unten Rn 7.
Erfolgsgebühr: *Unanwendbar* ist VV 1008 auf eine solche Gebühr. Sie tritt ja stets nur zu einer erhöhten Tätigkeitsgebühr hinzu.
Ermäßigte Gebühr: Auch bei VV 3101, 3105 und ähnlich ermäßigten Gebühren erhöht VV 1008 wegen der Notwendigkeit einer weiten Auslegung die volle Gebühr, (je zum alten Recht) Düss AnwBl 80, 75, LG Nürnb-Fürth AnwBl 82, 202, LG Tüb AnwBl 84, 506, aM BGH NJW 81, 1103, Hbg MDR 85, 773, Krauthausen DGVZ 84, 181 (Ausgangsgebühr sei diejenige, die für die gesamte Sache anfalle. Aber das würde dem Sinn von VV 1008 nicht entsprechen. Denn es geht dort um eine angemessene Vergütung der jeweiligen Mehrarbeit. Sie fällt auch in den eben genannten weiteren Fällen an).
Festgebühr: Anwendbar ist VV 1008 auch auf eine Festgebühr nach Einl II A 14.
Geschäftsgebühr: Anwendbar ist VV 1008 auch auf eine solche Gebühr, KG Rpfleger 07, 554, LG Düss JB 07, 480, AG Traunst FamRZ 09, 717.
Grundgebühr: Anwendbar ist VV 1008 auch auf eine sog Grundgebühr zB nach VV 4100, 5100.
Gutachtengebühr: *Unanwendbar* ist VV 1008 wohl bei der andersgearteten Gutachtengebühr nach § 34.
Hebegebühr: *Unanwendbar* ist VV 1008 bei der Hebegebühr nach VV 1009.
Höchstgebühr: S „Betragsrahmengebühr".
Kontaktgebühr: *Unanwendbar* ist VV 1008 bei einer solchen Gebühr nach VV 4304.
Mindestgebühr: S „Betragsrahmengebühr".
Mittelgebühr: S „Betragsrahmengebühr".
Satzrahmengebühr: Anwendbar ist VV 1008 auch bei einer sog Satzrahmengebühr nach Einl II A 13. Vgl auch unten Rn 7.
Wertgebühr: Anwendbar ist VV 1008 auch bei einer sog Wertgebühr nach Einl II A 10.

4) Gebührenhöhe. Es gibt mehrere Aspekte.

6

A. Berechnung und Begrenzung der Erhöhung. Die Berechnung der Erhöhung erfolgt nach der amtlichen Anmerkung II nur nach demjenigen Betrag, an dem die mehreren Auftraggeber gemeinschaftlich beteiligt sind, Hbg MDR 01, 56 (abl Engels 355), Mü MDR 98, 1439, LG Osnabr JB 08, 96. Ist das der bisherige Gegenstand der anwaltlichen Tätigkeit, muß man die Erhöhung von diesem Gegenstand berechnen. Erhöht sich der Gegenstand, muß man die Verfahrensgebühr entsprechend erhöhen, während sich die Beitrittsgebühr nur nach der gemeinschaftlichen Beteiligung richtet.
Beispiel: Der Gegenstand der anwaltlichen Tätigkeit hat zunächst einen Wert von 2000 EUR. Es erfolgt ein Beitritt wegen eines Werts von 1000 EUR, von denen aber

1715

VV 1008

nur 500 EUR in den eben erwähnten 2000 EUR stecken. Dann muß man die Verfahrensgebühr nach einem Gegenstandswert von 2500 EUR, die Beitrittsgebühr nach einem Wert von 500 EUR berechnen.

7   *0,3 Gebühr* (und nicht etwa 30% der Ausgangsgebühr, also nicht etwa nur 30% von zB 0,3) entstehen als Erhöhung je weiteren Auftraggeber, LG Düss JB **07**, 480, LG Hbg DGVZ **05**, 142, Herold/Rudy JB **09**, 567, Schneider NZM **07**, 721, aM AG Recklingh DGVZ **05**, 30 (aber der Wortlaut ist eindeutig). Es werden also zB bei zwei Auftraggebern aus 1,0 Gebühr jetzt insgesamt 1,3 Gebühr, aus 0,5 Gebühr jetzt insgesamt 0,8 Gebühr.

Bei einer nur dem Mindest- und Höchstbetrag in EUR nach gesetzlich bestimmten sog *Betragsrahmengebühr* nach Einl II A 12 etwa in einer Straf-, Bußgeld- oder Sozialgerichtssache erhöhen sich zunächst sowohl der Mindest- als auch der Höchstbetrag um 30%. § 14 bleibt innerhalb dieses erhöhten Rahmens beachtlich. Auch die Mittelgebühr erhöht sich dann also um 30% ihres vorigen Betrags. Wegen der Unterschiede zwischen den Begriffen Gegenstand und Angelegenheit § 7 Rn 27, 28. Das sollte wenigstens im Kern auch bei einer sog Satzrahmengebühr nach Einl II A 13 gelten.

8   Die amtliche Anmerkung III Hs 1 zeigt, daß nur die „Erhöhungen" insgesamt *nicht mehr 2,0 Gebühr* ausmachen dürfen. Die Ausgangsgebühr für den ersten Auftraggeber kann hinzutreten. Das ist kein Redaktionsversehen des Gesetzgebers, LG Ffm NJW **04**, 3642.

Beispiel: Der Anwalt vertritt acht Kläger. Seine Tätigkeit löst lediglich Verfahrensgebühren nach VV 3100 aus. Er erhält: 1,3 Gebühr (für den ersten Auftraggeber) + 7 × 0,3 Gebühr für die weiteren 7 Auftraggeber) = eigentlich weitere 2,1 Gebühr. Nach der amtlichen Anmerkung III Hs 1 darf schon diese Erhöhung höchstens 2,0 Gebühr ausmachen, Ffm NJW **04**, 3642. Der Anwalt erhält also insgesamt 1,3 + 2,0 = 3,3 Gebühr.

9   Dasselbe gilt bei allen anderen Ausgangsgebühren.

Man muß die Berechnung so vornehmen, als ob *alle Auftraggeber von Anfang an* beteiligt gewesen wären.

Beispiel: Für den Auftraggeber A hat der Gegenstand einen Wert von 5000 EUR, für den Auftraggeber B einen solchen von 3000 EUR, von denen 1000 EUR in den 5000 EUR stecken; es erfolgen Beitritte der Auftraggeber C–F mit einem Gegenstandswert von je 5000 EUR, die sämtlich in den 5000 EUR des A stecken. Die höchste Beitrittsgebühr macht zwei Gebühren nach einem Wert von 5000 EUR aus, obwohl der Streitgegenstand insgesamt 7000 EUR beträgt.

10 Die Verfahrensgebühr entsteht vor allem in einem Zivilprozeß oder einem FamFG-Verfahren nach VV Teil 3. Die vorstehenden Regeln gelten aber auch in einem Verfahren vor dem *Verfassungsgericht* oder in einem Verfahren vor dem *Finanzgericht* oder *Verwaltungsgericht* oder in einem Verfahren vor einem *Ehrengericht* oder einem sonstigen *Berufsgericht,* soweit nicht vorrangige Sondervorschriften gelten.

11 **B. Verschiedene Gegenstände.** Wegen der Begriffe Angelegenheit und Gegenstand § 7 Rn 27, 28. Es kommt auf die tatsächliche Tätigkeit und nicht nur auf den Auftrag an, aM Düss AnwBl **82**, 529. Bei einer Gesamtschuldnerschaft liegt meist derselbe Gegenstand vor. Aus § 5 ZPO kann man keine Abgrenzung ableiten, VGH Kassel MDR **94**, 375. Soweit die Gegenstände der jeweiligen Beteiligung der Auftraggeber nicht übereinstimmen, etwa bei unabhängig voneinander geforderten und geschuldeten Leistungen, muß man ihre Werte innerhalb derselben Angelegenheit zusammenrechnen und danach die Gebühr bemessen, (jetzt) § 22 I, Mü MDR **90**, 560, LG Saarbr JB **99**, 310, VGH Mannh Rpfleger **90**, 270, aM Köln Rpfleger **87**, 264.

12 **C. Beispiele verschiedener Gegenstände**

Asylanträge: Hierher zählen solche Anträge von zB Eltern und Kindern, LG Bln Rpfleger **94**, 454, OLG Osnabr JB **00**, 140, LG Stade JB **98**, 196.

Aufenthaltserlaubnisse: Hierher zählen Aufenthaltserlaubnisse für mehrere Ausländer, KG JB **07**, 554.

Beurteilungen: Hierher zählen Beurteilungen über mehrere Beamte.

Vergütungsverzeichnis **1008 VV**

Bruchteilseigentümer: Hierher zählen mehrere solche Personen, BGH JB **78**, 1481, LG Köln JB **90**, 857, aM Düss JB **98**, 535, LG Bonn Rpfleger **90**, 136, AG Dortm Rpfleger **94**, 117.

Drittwiderspruchsklage: Hierher zählt eine Klage nach § 771 ZPO gegen mehrere Gläubiger, Bbg JB **77**, 489, Düss AnwBl **78**, 422.

Flurbereinigung: Hierher zählt ein solches Verfahren mit mehreren Beigeladenen, VGH Mannh Rpfleger **90**, 270.

Forderungen: Hierher zählen unterschiedliche Forderungen mehrerer Gläubiger, Hbg MDR **07**, 1044.

Gegendarstellungen: Hierher zählen mehrere solche Vorgänge, OVG Hbg JB **87**, 1037.

Gesellschafter: Hierher zählt ein Streit um die Stammeinlagen mehrerer Gesellschafter, Kblz JB **02**, 601, oder überhaupt um die Klage wegen mehrerer Gesellschafter, Köln JB **06**, 248, Stgt BB **06**, 967.

Haupt- und Hilfsantrag: Hierher zählt dergleichen gegen mehrere Personen, LG Köln Rpfleger Rpfleger **90**, 477.

Kauf: Hierher zählt die Abnahme einer gemeinsam verkauften Sache, Köln JB **87**, 1354.

Rechtsfolgen: Hierher zählen verschiedene Rechtsfolgen.

Sachverhalte: Hierher zählen verschiedene Sachverhalte oder Lebensvorgänge.

Schulwegstreit: Hierher zählt ein solcher Vorgang wegen mehrerer Kinder verschiedener Eltern, OVG Bre Rpfleger **80**, 310.

Trennung von Verfahren: Hierher kann ein solcher Vorgang zB nach § 145 ZPO zählen.

Unterhalt: Hierher zählt ein Streit um Unterhalt verschiedener Gläubiger gegen verschiedene Schuldner, BGH RR **91**, 119, Düss JB **82**, 712, Köln AnwBl **00**, 375.

Unterlassung: Hierher zählt ein Anspruch auf eine Unterlassung gegen mehrere Streitgenossen, Hbg JB **90**, 855, aM Hbg MDR **00**, 727, Köln JB **94**, 157.

Verfassungsbeschwerden: Hierher zählen mehrere Verfassungsbeschwerden gegen dieselbe Vorschrift, BVerfG Rpfleger **98**, 82.

D. Gegenstandswert. Dabei kommt den Auftraggebern die *Degression der Gebührenstaffel* zugute, LG Saarbr JB **99**, 310. Wenn der Anwalt zB in demselben Rechtsstreit zwei Pflichtteilsberechtigte vertritt und wenn der eine von ihnen 3000 EUR, der andere 7000 EUR einklagt, berechnet sich eine volle Gebühr aus einem Wert von 10 000 EUR, nicht aus Einzelwerten von 3000 EUR + 7000 EUR. 13

Man kann VV 1008 auch auf den im Weg der *Prozeß- oder Verfahrenskostenhilfe* beigeordneten Anwalt mehrerer Auftraggeber bei verschiedenen Gegenständen insoweit anwenden, als sich die Zusammenrechnung der Streitwerte wegen (jetzt) § 49, VV 4144 ff nicht auswirkt, BGH **81**, 43, Hamm AnwBl **03**, 179, Schneider Rpfleger **03**, 409. Vgl auch § 7 Rn 1.

E. Festgebühr, Betragsrahmengebühr. Bei einer Festgebühr dürfen die Erhöhungen für sämtliche Auftraggeber nach der amtlichen Anmerkung III Hs 2 Fall 1 das Doppelte der einfachen Festgebühr nicht überschreiten, AG Offenbach DGVZ **05**, 47, Schneider DGVZ **05**, 92. Bei einer nur nach dem Mindest- und Höchstbetrag bestimmten sog Betragsrahmengebühr erhöht sich der Mindest- und Höchstbetrag zwar zunächst durch jeden weiteren Auftraggeber um (jetzt) 0,3 Gebühr. Mehrere Erhöhungen dürfen aber nach der amtlichen Anmerkung III Hs 2 Fall 2 insgesamt das Doppelte der einzelnen Mindest- und Höchstbetrags nicht übersteigen. Es muß sich auch hier um dieselbe Angelegenheit handeln, KG JB **91**, 533, nicht aber auch um denselben Gegenstand, Schmidt AnwBl **85**, 388, aM SG Münst AnwBl **85**, 387, Mümmler JB **86**, 360. Aus dem so erhöhten Rahmen muß man die Gebühr im Einzelfall nach § 14 bestimmen. 14

Dabei muß man die *Verhältnisse aller Auftraggeber* berücksichtigen. Bei einer Strafsache kommt wegen des Verbots der Verteidigung mehrerer Beschuldigter nach § 146 StPO eine solche Berechnung nur noch insoweit in Betracht, als der Anwalt mehrere Privatkläger oder mehrere Nebenkläger vertritt, Düss RPfleger **10**, 47, LG Hanau AnwBl **82**, 494, LG Heilbr AnwBl **80**, 213. Ferner kommt diese Berechnung im 15

VV 1008, 1009

Verfahren vor einem VerfG, im Verfahren vor dem SG und für eine Raterteilung in einer strafrechtlichen, bußrechtlichen oder sonstigen Angelegenheit in Betracht, etwa bei (jetzt) VV 2100 ff, Saarbr JB **88**, 860, LG Dortm JB **90**, 22, Köln Rpfleger **92**, 223. Das gilt auch zB im kartellrechtlichen Bußgeldverfahren, KG JB **81**, 533.

16 Die amtliche Anmerkung III erfaßt aber *nicht den sog Gebührensatzrahmen,* also eine solche Gebühr, die das Gesetz nach Bruchteilen bestimmt. Diese Vorschrift ist also zB im Fall einer Raterteilung in einer zivilrechtlichen Angelegenheit nach (jetzt) § 34 unanwendbar, Stgt AnwBl **84**, 209.

17 In einer *Auslieferungssache* muß dasselbe Auslieferungsverfahren vorliegen, nicht nur dasselbe Strafverfahren im Ausland. Es reicht auch aus, daß der Anwalt mehrere Beteiligte in dem Verfahren auf die Herausgabe eines Gegenstands vertritt.

18 Demgemäß ist VV 1008 dann *unanwendbar,* wenn derselbe Anwalt auf Grund desselben Auslandsverfahrens den einen Auftraggeber im Auslieferungsverfahren und den anderen im Durchlieferungsverfahren vertritt oder wenn er denselben Auftraggeber in einem Auslieferungsverfahren und im Durchlieferungsverfahren vertritt.

19 Eine Gebührenerhöhung nach I 3 infolge einer *Verfahrensverbindung* tritt nur für diejenigen Tätigkeiten ein, die der Anwalt nach der Verbindung vornimmt. Sie gilt also nicht für die schon vorher verdienten Gebühren.

Nr.	Gebührentatbestand	Gebühr oder Satz der Gebühr nach § 13 RVG
1009	**Hebegebühr**	
	1. bis einschließlich 2500,00 EUR................	1,0%
	2. von dem Mehrbetrag bis einschließlich 10 000,00 EUR....................	0,5%
	3. von dem Mehrbetrag über 10 000,00 EUR.............	0,25%
	¹ Die Gebühr wird für die Auszahlung oder Rückzahlung von entgegengenommenen Geldbeträgen erhoben. ᴵᴵ ¹Unbare Zahlungen stehen baren Zahlungen gleich. ²Die Gebühr kann bei der Ablieferung an den Auftraggeber entnommen werden. ᴵᴵᴵ Ist das Geld in mehreren Beträgen gesondert ausgezahlt oder zurückgezahlt, wird die Gebühr von jedem Betrag besonders erhoben. ᴵⱽ Für die Ablieferung oder Rücklieferung von Wertpapieren und Kostbarkeiten entsteht die in den Absätzen 1 bis 3 bestimmte Gebühr nach dem Wert. ⱽ Die Hebegebühr entsteht nicht, soweit Kosten an ein Gericht oder eine Behörde weitergeleitet oder eingezogene Kosten an den Auftraggeber abgeführt oder eingezogene Beträge auf die Vergütung verrechnet werden.	des aus- oder zurückgezahlten Betrags – mindestens 1,00 EUR

Schrifttum: *Hansens* JB **90**, 417 (Üb).

Gliederung

1) Systematik, Z 1–3, amtliche Anmerkung I–V	1
2) Regelungszweck, Z 1–3, amtliche Anmerkung I–V	2
3) Sachlicher Geltungsbereich, Z 1–3, amtliche Anmerkung I–V	3–8
A. Auftrag	4
B. Umfassende Abgeltung	5
C. Beispiele zur Frage des Abgeltungsbereichs	6–8
4) Persönlicher Geltungsbereich, Z 1–3, amtliche Anmerkung I–V	9
5) Gebühren, Auslagen, Z 1–3, amtliche Anmerkung I–V	10–12
6) Gegenstandswert, Z 1–3, amtliche Anmerkung I–V	13, 14
7) Fälligkeit, Z 1–3, amtliche Anmerkung I–V	15
8) Gebührenschuldner, Z 1–3, amtliche Anmerkung I–V	16
9) Entnahmewert, amtliche Anmerkung II 2	17
10) Kostenerstattung, Z 1–3, amtliche Anmerkung I–V	18–26
A. Grundsatz: Maßgeblichkeit der ZPO	18, 19
B. Beispiele zur Frage einer Erstattungsfähigkeit	20–26

1009 VV

1) Systematik, Z 1–3, amtliche Anmerkung I–V. Z 1–3 und die amtliche 1 Anmerkung I–V stimmen mit § 149 I–IV KostO, Teil III dieses Buchs, fast wörtlich überein. Die Hebegebühr oder Inkassogebühr entsteht stets besonders, also zusätzlich. Es handelt sich nicht um eine Vermögensverwaltung oder um eine Treuhänderschaft. Daher findet bei Einwendungen gegen die Kostenberechnung des Anwalts ein Verfahren nach § 11 und kein Zivilprozeß statt. Soweit VV 1009 unanwendbar ist, kommt mangels einer besonderen Abrede für eine Tätigkeit wegen einer Hingabe von Geld usw keine Hebegebühr in Betracht. Für eine solche Abrede ist der Anwalt beweispflichtig. § 3a ist anwendbar. Man muß prüfen, ob daneben VV 1009 anwendbar bleibt. VV 1008 ist unanwendbar.

2) Regelungszweck, Z 1–3, amtliche Anmerkung I–V. Wie beim Notar ist 2 auch beim Anwalt der Umgang mit fremdem Geld in bar oder unbar eine über die Rechtsberatung hinausgehende verantwortungsvolle, gefährliche und verführerische Tätigkeit. Ihre gesonderte Vergütung dient der Abgeltung der etwaigen besonderen organisatorischen, zeitlichen und personellen Mühe. VV 7000 ff gelten die etwaigen Auslagen wie sonst zusätzlich ab. Die gesonderte Vergütung dient auch im wenig der Verhütung von Übergriffen mit ihren bösen straf-, zivil- und berufsrechtlichen Gefahren. Schließlich ist der Anwalt als ein Verwalter fremder Gelder aber keine Bank. Er soll keine Geschäfte damit machen. Alles das muß man bei der Auslegung mitbeachten.

3) Sachlicher Geltungsbereich, Z 1–3, amtliche Anmerkung I–V. Das Ver- 3 wahrungsgeschäft umfaßt die Erhebung. Das ist die Empfangnahme von einem Dritten zwecks einer Ablieferung an den Auftraggeber oder vom Auftraggeber zwecks einer Weiterleitung an den Prozeßgegner oder einen sonstwie Beteiligten oder Dritten. Das Verwahrungsgeschäft ergreift auch die Ablieferung, also die Weitergabe von Schecks usw des Auftraggebers an einen Dritten. Es umfaßt auch eine zugehörige Rücklieferung. Es erstreckt sich auf deutsches wie ausländisches gültiges Geld oder eine ihm nach der amtlichen Anmerkung II 1 gleichstehende unbare Zahlung, etwa auf eine Überweisung. Es erstreckt sich ferner auf Wertpapiere, also auf Träger des verbrieften Rechts, zB auf Aktien, Wechsel, Schecks, Inhaberschuldverschreibungen, Pfandbriefe, nicht aber auf Bürgschaftsurkunden oder auf bloße Beweisurkunden oder Ausweispapiere, etwa auf einen Grundpfandrechtsbrief oder Versicherungsschein. Es erstreckt sich auch auf Kostbarkeiten, BLAH § 813 ZPO Rn 2. Es genügt, daß der Anwalt eine Mitverfügungsgewalt hat.

VV 1009 gilt aber nur, soweit der Anwalt das im Rahmen seiner Tätigkeit erhaltene Geld dann auch tatsächlich nicht nur ungeprüft weitergibt, sondern kontrolliert auszahlt, zurückzahlt, ausliefert oder zurückliefert und nicht nur zB zwecks einer Befriedigung seiner eigenen Forderung erhebt oder annimmt.

A. Auftrag. Es muß ein Auftrag zur Empfangnahme, Verwahrung oder Aus- oder 4 Rückzahlung vorliegen, BGH **70**, 251. Er kann in der Prozeßvollmacht liegen oder besonders und auch stillschweigend bestehen. Er liegt im Zweifel nicht vor, Köln JB **77**, 1399, schon gar nicht bei einer angeblich nachträglichen Vollmacht, LG Hagen AnwBl **82**, 541, LG Traunst AnwBl **77**, 261. Die Prozeßvollmacht ermächtigt mangels einer besonderen Absprache zwar zur Empfangnahme der vom Gegner oder aus der Staatskasse zu erstattenden Kosten, § 81 ZPO, Mümmler JB **01**, 295.

Sie ermächtigt aber mangels einer solchen Absprache *nicht* auch zur Entgegennahme der Streitsumme vom Prozeßgegner oder von einem Dritten, GS 6, aM AG Westerstede AGS **94**, 84. Darin, daß der Auftraggeber sich den von seinem Anwalt in Empfang genommenen Betrag auszahlen läßt, liegt nicht schon das vorangegangene Einverständnis mit der Zahlung des Schuldners an den Auftraggeber gerade durch die Hand des Anwalts. Denn der Auftraggeber legt meist Wert darauf, nicht auch noch eine Hebegebühr zahlen zu müssen. Das gilt auch deshalb, weil ihre Erstattungsfähigkeit problematisch ist, Rn 18. Jeder Auftrag begründet eine eigene Angelegenheit, Rn 10.

Wenn freilich der Auftraggeber dem Anwalt Geld zur kontrollierten *Weiterleitung an den Gegner oder einen Dritten* gibt usw, liegt darin im allgemeinen die Erteilung eines Auftrags nach VV 1009. Dasselbe gilt dann, wenn der Auftraggeber den Anwalt ausdrücklich mit der Einziehung der Streitsumme oder des Erlöses einer Zwangsvoll-

VV 1009

streckung und mit der Ablieferung an den Auftraggeber beauftragt, AG Speyer VersR **78**, 930. Es ist im Rahmen eines Auftrags unerheblich, ob ein Dritter für den Auftraggeber leistet oder ob der Auftraggeber für einen Dritten leistet, etwa zur Hinterlegung. Das folgt aus der Fassung „Werden an den Rechtsanwalt Zahlungen geleistet" in I.

5   **B. Umfassende Abgeltung.** Die Hebegebühr gilt alle mit diesem Verwahrungsauftrag zusammenhängenden Tätigkeiten ab. Es ist unerheblich, ob die Zahlung oder Leistung über ein besonderes Konto erfolgte und wie lange der Anwalt sie verwahrt, LG Traunst AnwBl **77**, 261.

6   **C. Beispiele zur Frage des Abgeltungsbereichs**
Anweisung: Anwendbar ist VV 1009 bei der Prüfung einer Anweisung des Einzahlers, auch einer vom Vertrag abweichenden.
   Unanwendbar ist VV 1009 bei der Verwahrung einer Anweisung nach §§ 783 ff BGB, selbst einer unwiderruflichen, es sei denn, daß das Geld auf dem Sparkonto in die alleinige Verfügungsgewalt des Anwalts gekommen ist oder kommen soll.
Auszahlung: Anwendbar ist VV 1009 auf die eigentliche Auszahlung.
   S aber auch Rn 7 „Hinterlegung".
Auszahlungsreife: Anwendbar ist VV 1009 auf die Prüfung der Auszahlungsreife.
Auszahlungsunterlagen: Anwendbar ist VV 1009 auf die Prüfung von Auszahlungsunterlagen.
Bote: *Unanwendbar* ist VV 1009 auf eine bloße Botentätigkeit, etwa bei einer bloß technischen und sachlich unkontrollierten Weitergabe irgendwelchen Geldes usw, amtliche Anmerkung V, BGH NJW **07**, 1536, LG Bln JB **85**, 221.
Darlehen: Anwendbar ist VV 1009 auf die Abführung des eigenen Gelds des Anwalts an den Gegner oder als eine Sicherheit (Darlehen des Anwalts), aM RS 4 (aber auch das ist ein sogar typischer Anwendungsfall).
Erlös: Anwendbar ist VV 1009 auf die Einziehung eines Erlöses.

7   **Freigabe:** *Unanwendbar* ist VV 1009 auf das bloße Einverständnis mit einer Freigabe.
Hinterlegung: Anwendbar ist VV 1009 auf eine auftragsgemäße Hinterlegung, etwa nach §§ 110, 707, 709, 710, 713, 719, 732, 769, 771, 890, 921, 923, 925, 927, 936, 939 ZPO und auf die Rücknahme und Rückleitung einer solchen Hinterlegung.
   Unanwendbar ist VV 1009 beim bloßen Antrag des Anwalts auf die Auszahlung eines hinterlegten Betrags.
Rückzahlung: Anwendbar ist VV 1009 auf die Rückzahlung zB eines Überschusses.
Schriftwechsel: Anwendbar ist VV 1009 auf einen Schriftwechsel zB wegen eines Anderkontos.
Stimmrecht: *Unanwendbar* ist VV 1009 bei der Ausübung eines Stimmrechts an einem Wertpapier.
Umtausch: *Unanwendbar* ist VV 1009 beim Umtausch von Geld oder Wertpapieren.
Unechtes Wertpapier: *Unanwendbar* ist VV 1009 bei einer Verwahrung zB einer Sparcard.

8   **Verkauf:** Unanwendbar ist VV 1009 beim Verkauf einer Sache etwa zwecks Verteilung ihres Erlöses. Dann gilt VV 2300.
Verrechnung: Anwendbar ist VV 1009 auf eine Verrechnung eines von der Staatskasse zurückgezahlten Betrags. Dasselbe gilt bei einer Verrechnung vom Anderkonto auf das Privatkonto des Anwalts, aM Zenker NJW **03**, 3461 (wendet §§ 670, 675 BGB oder §§ 137, 141 KostO an).
Verwaltung: Anwendbar ist VV 1009 auf eine Verwaltungshandlung des Anwalts, LG Traunst AnwBl **77**, 261.
Weiterleitung: Anwendbar ist VV 1009 bei einer auftragsgemäßen Weiterleitung des auf ein Anderkonto 1 des Anwalts eingezahlten Betrags auf sein Anderkonto 2.
Keine Zweckbestimmung: Anwendbar ist VV 1009 bei der Verwendung eines solchen Betrags, den der Auftraggeber ohne eine besondere Zweckbestimmung auf ein Anderkonto des Anwalts eingezahlt hat.

9   **4) Persönlicher Geltungsbereich, Z 1–3, amtliche Anmerkung I–V.** Die Vorschrift gilt nur für denjenigen Anwalt, der gerade in dieser Eigenschaft tätig wird, § 1 I. Sie gilt also nicht, soweit er in einer der in § 1 II genannten Positionen Gelder

usw erhält, verwahrt oder weiterleitet, Ffm AGS 02, 222 (dann können zB §§ 631 ff BGB gelten). Den Anwaltsnotar vergütet VV 1009 nur im Rahmen der Anwaltstätigkeit. Soweit er als Notar tätig wird, gilt § 149 KostO, Teil III dieses Buchs. Der Rechtsbeistand kann dem Anwalt gleichstehen, § 209 BRAO.

5) Gebühren, Auslagen, Z 1–3, amtliche Anmerkung I–V. Eine Hebegebühr entsteht nur, soweit ein Auftrag auf das Verwahrungsgeschäft als solches oder auf einen seiner Teile vorliegt. Jeder Auftrag läßt die zugehörige Hebegebühr entstehen, Rn 4. Es ist unter den vorstehenden Voraussetzungen nicht erforderlich, daß der Anwalt zu einer Zahlung usw an ihn selbst aufgefordert hat. Die Hebegebühr entsteht aber nach der amtlichen Anmerkung I nicht schon mit der Entgegennahme, sondern erst mit der Auszahlung oder Rückzahlung. Sie kann für jeden solchen Vorgang anfallen. Der Einzahler ist unerheblich. Eine falsche Kontobezeichnung löst nur technisch eine neue Anweisung aus, aber keine nochmalige Hebegebühr. 10

Die *Höhe* der Gebühren hängt vom auszuzahlenden oder zurückzuzahlenden Betrag oder vom Kurswert oder vom sonstigen Wert der abzuliefernden oder zurückzuliefernden Wertpapiere oder Kostbarkeiten im Zeitpunkt der Ablieferung oder Rücklieferung ab. Soweit der Anwalt die Gesamtsumme in Teilbeträgen auszahlt oder zurückzahlt, entstehen die in I genannten Gebühren nach II von jedem jeweils ausgezahlten oder zurückgezahlten Betrag besonders, amtliche Anmerkung III. Dann ist die Gesamtvergütung des Anwalts also im allgemeinen höher als bei einer einmaligen Zahlung. (Jetzt) § 15 III ist wegen seiner umfassenden Geltung anwendbar, aM Enders JB **99**, 59 (vgl aber § 15 Rn 76).

Der Anwalt muß im Kosteninteresse des Antraggebers die Auszahlung, Zurückzahlung, Ablieferung oder Zurücklieferung grundsätzlich in *einem* Arbeitsgang vornehmen. Andernfalls kann eine unrichtige Sachbehandlung vorliegen. Sie kann eine Schadensersatzpflicht des Anwalts auslösen. Bei jeder Auszahlung, Zurückzahlung, Ablieferung oder Zurücklieferung beträgt die Mindestgebühr 1 EUR, wie ja auch nach § 13 II. 11

Der Anwalt erhält die Hebegebühr *nicht,* soweit er Geld usw nach Rn 4 lediglich empfängt oder soweit er Kosten an ein Gericht oder an eine Behörde weiterleitet oder eingezogene Kosten an den Auftraggeber abführt oder eingezogene Beträge auf seine Vergütung verrechnet, amtliche Anmerkung V. Soweit er einen ausdrücklichen Einziehungsauftrag hatte, darf man die Hebegebühr nur von dem eingezogenen Betrag abzüglich der eigenen Vergütung berechnen. 12

Auslagen muß man wie sonst zusätzlich nach VV 7000 ff erstatten.

6) Gegenstandswert, Z 1–3, amtliche Anmerkung I–V. Soweit es sich um Bargeld handelt, ist der Nominalwert maßgeblich. Bei einer Zahlung in einer ausländischen Währung ist der Kurswert im Zeitpunkt der Belastung des Kontos des Anwalts maßgeblich. Zwar erlischt die Zahlungspflicht erst mit der Gutschrift beim Empfänger. Aber der Zeitraum zwischen der Belastung des Anwaltskontos und der Gutschrift beim Empfänger ist von der Tätigkeit des Anwalts bei einer pflichtgemäßen Zahlungsanweisung weitgehend unabhängig. Man darf ihn daher nicht zulasten des Kostenschuldners gebührenerhöhend berücksichtigen. Andererseits wäre es unbillig, eine Kursminderung in einem solchen Zeitraum, in dem der Anwalt über das Geld keinerlei Anweisungen mehr erteilen konnte, zu seinen Lasten gebührenmindernd zu berücksichtigen. 13

Bei einem Wertpapier ist der *Kurswert* im Zeitpunkt der Abbuchung vom Wertpapierkonto des Anwalts oder seiner Aushändigung des Wertpapiers usw maßgeblich. Soweit ein Kurswert fehlt, ist der *Verkehrswert* in dem vorgenannten Zeitpunkt maßgeblich. Das gilt auch bei einer Kostbarkeit. 14

7) Fälligkeit, Z 1–3, amtliche Anmerkung I–V. Die Fälligkeit tritt mit der Auszahlung oder Zurückzahlung oder mit der Ablieferung oder Zurücklieferung ein, § 8. Bei der Auszahlung oder Zurückzahlung eines Teilbetrags usw ist dieser Zeitpunkt maßgeblich, nicht erst derjenige der endgültigen Abrechnung, KG DNotZ **77**, 56 (zu § 149 KostO). Die Verjährung beginnt unabhängig vom Auszahlungszeitpunkt, AG Köln AnwBl **99**, 487. 15

8) Gebührenschuldner, Z 1–3, amtliche Anmerkung I–V. Grundsätzlich ist derjenige Auftraggeber der Gebührenschuldner, der den Auftrag und die Vollmacht 16

VV 1009 Vergütungsverzeichnis

zur Auszahlung usw an den Anwalt erteilt hat. Das gilt wegen § 49b I 1 BRAO unabhängig von einer Erstattungsfähigkeit nach Rn 18 ff.

17 **9) Entnahmerecht, amtliche Anmerkung II 2.** Liefert der Anwalt das Verwahrte an den Auftraggeber ab, kann er eine nach Rn 16 fällige Hebegebühr dem Betrag entnehmen. Er kann auch mit seinem Vergütungsanspruch nach dem allgemeinen Recht aufrechnen oder Geld oder Wertpapiere nach § 273 BGB zurückbehalten, soweit er einen nach §§ 8, 10 fälligen Anspruch hat. Er braucht bei einem Wertpapier oder einer Kostbarkeit nach Rn 3 nur Zug um Zug gegen die Zahlung der Hebegebühr abzuliefern, § 320 BGB.

Diese Befugnisse *bestehen aber nicht,* soweit der Anwalt eine Summe an einen Dritten auszahlen soll. Das ergibt sich aus dem klaren Wortlaut der amtlichen Anmerkung II 2 (Ablieferung „an den Auftraggeber"), aM GSchm 18. Unzulässig ist auch die Einbehaltung einer vom Auftraggeber oder Übergeber oder Einzahler zweckbestimmten Summe oder Sache. Der Anwalt darf auch nicht mit der Auszahlung usw bis zum Erhalt der Hebegebühr warten. Denn sie wird ja erst mit der Auszahlung fällig, Rn 16.

18 **10) Kostenerstattung, Z 1–3, amtliche Anmerkung I–V.** Der nachfolgende Grundsatz hat viele Auswirkungen.

A. Grundsatz: Maßgeblichkeit der ZPO. Die Hebegebühr gehört vernünftigerweise jedenfalls im Ergebnis zu den Kosten des Prozesses, aM Mü RR **98**, 1452, GSchm 19. Sie fällt daher auch unter das Kostenfestsetzungsverfahren, §§ 103 ff ZPO, BGH NJW **07**, 1536, Nürnb JB **92**, 107, Schlesw AnwBl **89**, 170.

19 Ihre Erstattungsfähigkeit richtet sich nach §§ *91, 788 ZPO* und den entsprechenden Vorschriften in anderen Verfahren. Die Erstattungsfähigkeit setzt also voraus, daß die Auszahlung oder Rückzahlung, Ablieferung oder Rücklieferung durch den Anwalt zur zweckentsprechenden Rechtsverfolgung oder Rechtsverteidigung notwendig war, Mü MDR **98**, 438, LG Mü DGVZ **07**, 43, aM AG Cloppenb DGVZ **08**, 15, AG Eisenhüttenstadt Rpfleger **05**, 384. Es ist eine strenge Prüfung dieser Voraussetzungen erforderlich, Nürnb JB **92**, 107, LG Detm Rpfleger **03**, 36, LG Münst Rpfleger **80**, 402.

20 **B. Beispiele zur Frage einer Erstattungsfähigkeit**
Abwendung der Vollstreckung: Rn 22.
Aufforderung zur Zahlung: Die Erstattungsfähigkeit kann dann *fehlen,* wenn der Anwalt den Gegner des Auftraggebers zu einer Zahlung an den Anwalt auffordert oder sich für einziehungsermächtigt erklärt, ohne den Gegner zugleich auf die Entstehung einer Hebegebühr bei diesem Zahlungsweg hinzuweisen. Denn dann muß der Gegner des Auftraggebers zur Vermeidung der Gefahr einer Zwangsvollstreckung vorsichtshalber an den Anwalt und nicht an den Gläubiger direkt zahlen, Hamm JB **75**, 1609, Mü JB **92**, 178, AG Bonn VersR **84**, 196.
S auch Rn 22 „Freiwilligkeit der Zahlung".
Auftrag zur Entgegennahme: Rn 22 „Freiwilligkeit der Zahlung".
Auslandswohnsitz: Erstattungsfähigkeit kann vorliegen, wenn der Gläubiger oder Hinterleger im Ausland wohnt(e), AG Bruchsal VersR **86**, 689.

21 **Eilbedürfnis:** Erstattungsfähigkeit kann vorliegen, soweit ein besonderes Eilbedürfnis bestand.

22 **Freiwilligkeit der Zahlung:** Erstattungsfähigkeit liegt grds vor, soweit der Schuldner „freiwillig" zwecks einer Vermeidung der Zwangsvollstreckung oder wirklich aus freien Stücken an den ProzBev statt an den Gläubiger zahlt, LG Saarbr JB **06**, 316, und soweit der Anwalt einen Auftrag zur Entgegennahme hat, Mü JB **92**, 178, Schlesw JB **99**, 137, LG Ffm AnwBl **89**, 109 (auch zu einer Ausnahme), aM Düss JB **95**, 50, AG Bln-Neukölln DGVZ **95**, 13, AG Erlangen DGVZ **95**, 15 (aber dergleichen zählt zur typischen Begleittätigkeit eines ProzBev – und ist durchaus sinnvoll).
S auch Rn 20 „Aufforderung zur Zahlung", aber auch Rn 24 „Ratenzahlung".
Gerichtsvollzieher: Die Weiterleitung von Zahlungen des Schuldners durch den Gerichtsvollzieher an den Anwalt läßt *nicht* schon als solche eine Erstattungsfähigkeit der Hebegebühr zu, LG Detm Rpfleger **03**, 36.

23 **Hinterlegung:** Rn 20 „Auslandswohnsitz", Rn 25 „Schwierigkeit der Rechtslage".

Kreditkosten: Eine Erstattungsfähigkeit kann *fehlen,* soweit es sich um Kreditkosten für die Beschaffung von Geldmitteln zur Bezahlung von Prozeßkosten handelt. Denn man muß diese gesondert einklagen, Kblz FamRZ **88**, 161.

Prozeßkosten: Rn 23 „Kreditkosten". 24

Prozeßkostenhilfe: Auch gegenüber der Staatskasse gelten für den beigeordneten Anwalt die Regeln der §§ 91, 788 ZPO auch bei der Hebegebühr (strenge Prüfung, Rn 19).

Ratenzahlung: Erstattungsfähigkeit kann vorliegen, soweit der Gläubiger den Anwalt zwecks einer Überwachung von unregelmäßigen Ratenzahlungen des Schuldners eingeschaltet hat, Düss JB **95**, 50, LG Frankenth JB **79**, 1325, LG Kblz JB **84**, 870. S aber auch Rn 22.

Rechtsschutzversicherung: Sie braucht die Hebegebühr *nicht* zu erstatten, AG Schorndorf JB **82**, 1348.

Scheck: Eine Erstattungsfähigkeit kann *fehlen,* soweit der Gläubiger einen ungedeckten Scheck des Vollstreckungsschuldners zurückgewiesen und dann einen Scheck des Schuldnervertreters angenommen hat, Nürnb JB **92**, 107.

Schutzbedürfnis: Erstattungsfähigkeit kann vorliegen, soweit der Gläubiger ein besonderes Schutzbedürfnis zur Einschaltung des Anwalts hatte, etwa wegen unregelmäßiger Ratenzahlungen oder Schwierigkeiten bei der Beitreibung. 25
S auch Rn 24 „Ratenzahlung", Rn 25 „Schwierigkeit der Rechtslage".

Schwierigkeit der Rechtslage: Erstattungsfähigkeit kann vorliegen, soweit die Rechtslage schwierig war und a, wenn der Anwalt eine Hinterlegung vorgenommen hat, aM AG Bruchsal VersR **86**, 689.

Sicherheitsleistung: Es kommt auf die Umstände an, BLAH § 788 ZPO Rn 38 (ausf).

Unterhaltspflicht: Die Erstattungsfähigkeit ist unabhängig davon, ob der Anwalt gegenüber seinem Auftraggeber unterhaltspflichtig ist, LG Bln JB **77**, 1447. 26

Vergleich: Die Erstattungsfähigkeit entsteht dadurch, daß sich der Erstattungspflichtige in einem solchen Prozeßvergleich verpflichtet, den Vergleichsbetrag an den ProzBev des Gegners zu zahlen, KG Rpfleger **81**, 410, Enders JB **99**, 60, aM BGH NJW **07**, 1536.

Sie entsteht aber *nicht* schon dadurch, daß er sich dazu nur bereiterklärte, Mü MDR **98**, 438, aM AG Bln-Charlottenb JB **96**, 607.

Weisungswidrigkeit: Die Erstattungsfähigkeit kann dann vorliegen, wenn der Schuldner sie entgegen der Weisung eines anderen zahlt, Ffm JB **95**, 321.

Zahlung: Rn 20 „Aufforderung zur Zahlung", Rn 22.

Zwangsversteigerung: Rn 22, Rn 25 „Schutzbedürfnis", strenger LG Münst JB **80**, 1687.

Zwangsvollstreckung: Rn 22, Rn 25 „Schutzbedürfnis".

Teil 2. Außergerichtliche Tätigkeiten einschließlich der Vertretung im Verwaltungsverfahren

(Amtliche) Vorbemerkung 2:

¹ Die Vorschriften dieses Teils sind nur anzuwenden, soweit nicht die §§ 34 bis 36 RVG etwas anderes bestimmen.

II ¹Für die Tätigkeit als Beistand für einen Zeugen oder Sachverständigen in einem Verwaltungsverfahren, für das sich die Gebühren nach diesem Teil bestimmen, entstehen die gleichen Gebühren wie für einen Bevollmächtigten in diesem Verfahren. ²Für die Tätigkeit als Beistand eines Zeugen oder Sachverständigen vor einem parlamentarischen Untersuchungsausschuss entstehen die gleichen Gebühren wie für die entsprechende Beistandsleistung in einem Strafverfahren des ersten Rechtszugs vor dem Oberlandesgericht.

Vorbem. Zunächst III geändert dch Art 5 I Z 4 b KostRMoG v 5. 5. 04, BGBl 718, in Kraft seit 1. 7. 06, Art 8 S 2 KostRMoG. Sodann III aufgehoben dch Art 6 Z 2b aa WehrRÄndG v 31. 7. 08, BGBl 1629, in Kraft seit 1. 2. 09, Art 18 II WehrRÄndG. Übergangsrecht jeweils § 60 RVG.

VV 2100   Vergütungsverzeichnis

Abschnitt 1. Prüfung der Erfolgsaussicht eines Rechtsmittels

Nr.	Gebührentatbestand	Gebühr oder Satz der Gebühr nach § 13 RVG
2100	Gebühr für die Prüfung der Erfolgsaussicht eines Rechtsmittels, soweit in Nummer 2102 nichts anderes bestimmt ist .... Die Gebühr ist auf eine Gebühr für das Rechtsmittelverfahren anzurechnen.	0,5 bis 1,0

Vorbem. Umnumerierg dch Art 5 I Z 1 b KostRMoG v 5. 5. 04, BGBl 718, in Kraft seit 1. 7. 06, Art 8 S 2 KostRMoG, Übergangsrecht § 61 RVG.

Gliederung

1) Systematik 1
2) Voraussetzungen 2–9
   A. Prüfungsauftrag 2
   B. Auch nach bisheriger Befassung mit der Sache 3
   C. Verhältnis zum Auftrag zur Rechtsmitteleinlegung 4
   D. Zu- oder Abraten 5
   E. Keine Rechtsmitteleinlegung 6
   F. Vorhandensein eines Gegenstandswerts 7
   G. Höhe der Gebühr 8
   H. Anrechnung, amtliche Anmerkung 9
3) Kostenerstattung 10

1   **1) Systematik.** VV 2101 hat den Vorrang. VV 2102 hat den Vorrang vor VV 2100, VV 2103 hat den Vorrang vor VV 2101.

2   **2) Voraussetzungen.** VV 2100 ist anwendbar, sofern die folgenden Voraussetzungen zusammentreffen.

A. Prüfungsauftrag. Die Belehrung über die Statthaftigkeit eines Rechtsmittels beliebiger Art löst neben der Vergütung des vorinstanzlichen ProzBev keine zusätzliche Gebühr aus. Der Anwalt muß daher für VV 2100 einen weiteren Auftrag erhalten haben, AG Lahr JB 07, 87. Dieser Auftrag muß dahin gegangen sein, neben der allgemeinen Statthaftigkeit auch die Zulässigkeit und Begründetheit in diesem Einzelfall und damit die Erfolgsaussichten einer Berufung oder Revision oder eines sonstigen Rechtsmittels genauer zu prüfen, Stgt MDR 08, 1367. Nach dem eindeutigen Wortlaut von VV 2100 reicht der Auftrag zur Prüfung der Aussichten eines jeden Rechtsmittels beliebiger Art und daher auch einer Beschwerde aus. Soweit der Anwalt den Auftrag erhält, zur Frage der Erfolgsaussichten der Berufung oder Revision oder eines sonstigen Rechtsmittels sogar ein schriftliches Gutachten auszuarbeiten, sind VV 2101 oder VV 2103 als vorrangige Sondervorschriften anwendbar, Rn 1.

3   **B. Auch nach bisheriger Befassung mit der Sache.** Der Anwalt darf bis zum Auftrag der Prüfung der Erfolgsaussichten nach Rn 2 auch schon mit derselben Angelegenheit nach § 15 bisher befaßt gewesen sein. Das ergibt sich aus der Stellung von VV 2100 im Teil 2 „Außergerichtliche Tätigkeiten". Denn auch der bisherige ProzBev mag außerhalb des Prozeßauftrags wegen des weiteren Prozeßverlaufs einen nun insofern nur noch außergerichtlichen Beratungsauftrag vor der Erteilung eines Prozeßauftrags für die höhere Instanz an ihn oder einen anderen Anwalt erhalten haben, Düss JB 05, 635. Freilich kann eine Anrechnung nach Rn 9 erforderlich werden. Das gilt auch wegen der Erfolgsaussicht eines weiteren Rechtsmittels.

4   **C. Verhältnis zum Auftrag zur Rechtsmitteleinlegung.** Der Anwalt mag im Zeitpunkt der Prüfung der Erfolgsaussichten auch schon einen Auftrag zur Einlegung einer Berufung oder Revision oder eines anderen Rechtsmittels haben, aM Hartung AnwBl 05, 206. Die Anwendung nach Rn 9 gilt dann seine Prüfungstätigkeit mit ab, Rn 6, 9.

5   **D. Zu- oder Abraten.** Der Anwalt mag dem Auftraggeber zu der Einlegung irgendeines Rechtsmittels raten oder von ihr abraten. Es reicht also aus, daß er den

Auftrag hatte, nur die Erfolgsaussichten einer Berufung oder Revision zu prüfen. Es ist nicht stets nötig, daß er zu einem klaren Ergebnis kommt, ein Rechtsmittel sei erfolgversprechend oder nicht erfolgversprechend, und daß er das dem Auftraggeber mitteilt. Vielmehr können auch Zweifel sein Ergebnis sein. VV 2100 verlangt daher erst recht weder das Zuraten noch das Abraten von der Einlegung eines Rechtsmittels.

E. Keine Rechtsmitteleinlegung. Der Anwalt darf auch nicht für diesen Auftraggeber in dieser Angelegenheit irgendein Rechtsmittel einlegen, Rn 4, Hamm MDR **96**, 424. Er darf auch kein Teilrechtsmittel einlegen, RS 22, aM Köln JB **01**, 308 (aber dann werden VV 3200 ff anwendbar). Soweit der Auftraggeber allerdings einen anderen Anwalt mit der Einlegung des Rechtsmittels beauftragt, bleibt die Gebühr VV 2100 bestehen. 6

F. Vorhandensein eines Gegenstandswerts. Die Prüfung muß sich auf eine solche Angelegenheit beziehen, für die man die Gebühren nach einem Gegenstandswert berechnen kann. Denn sonst paßt die Satzrahmengebühr nicht. Gegenstandswert ist der Rechtsmittelwert im Zeitpunkt der §§ 40 GKG, 34 FamGKG, Teile I A, B dieses Buchs. Es kommt also darauf an, in welchem Umfang der Auftraggeber ein Rechtsmittel erwägt, nicht darauf, in welchem Umfang er es dann einlegt oder nicht. Soweit ein Gegenstandswert fehlt, kommt eine Gebühr nach VV 2100 nicht in Betracht. 7

G. Höhe der Gebühr. Soweit die Voraussetzungen Rn 1–7 vorliegen, entsteht eine 0,5–1,0 Satzrahmengebühr. Auf sie ist § 14 anwendbar. Bei einer Erstberatung kommt eine Gebühr unter der Mittelgebühr infrage. Erstberatung ist eine pauschale überschlägige Einstiegsberatung, BGH AnwBl **07**, 871. Die *Mittelgebühr* beträgt 0,75. 8

H. Anrechnung, amtliche Anmerkung. Vgl zunächst Rn 4, 6. Soweit eine Tätigkeit in diesem Rechtsmittelverfahren folgt, muß man die etwa zunächst nach VV 2100 entstandene Gebühr nach der amtlichen Anmerkung voll auf jede im Rechtsmittelverfahren entstehende Gebühr anrechnen. Das kann zu einer nur noch geringen Restgebühr führen. 9

3) Kostenerstattung. Es gilt dasselbe wie bei § 34. Zur Erstattbarkeit Ffm JB **08**, 539. 10

Nr.	Gebührentatbestand	Gebühr oder Satz der Gebühr nach § 13 RVG
2101	Die Prüfung der Erfolgsaussicht eines Rechtsmittels ist mit der Ausarbeitung eines schriftlichen Gutachtens verbunden: Die Gebühr 2100 beträgt	1,3

Vorbem. Umnummerierung dch Art 5 I Z 4b KostRMoG v 5. 5. 04, BGBl 718, in Kraft seit 1. 7. 06, Art 8 S 2 KostRMoG, Übergangsrecht § 61 RVG.

Gliederung

1) Systematik, Regelungszweck	1
2) Sachlicher Geltungsbereich	2
3) Persönlicher Geltungsbereich	3
4) Aussichtengutachten	4
5) Gebührenhöhe	5
6) Gegenstandswert	6
7) Keine Anrechnung	7
8) Kostenerstattung	8

1) Systematik, Regelungszweck. Die Vorschrift hat als eine gegenüber § 34 speziellere Regelung den Vorrang. Sie stellt zwecks einer angemessenen Vergütung einer besonders verantwortungsvollen Tätigkeit eine eng auslegbare Sonderregelung dar. Zur Abgrenzung der Prüfung der Aussichten eines jeden Rechtsmittels von anderen Tätigkeiten VV 2200. VV 2203 ist vorrangig. 1

2	**2) Sachlicher Geltungsbereich.** Die Vorschrift gilt nur für eine Tätigkeit wegen eines jeden Rechtsmittels. Sie gilt vernünftigerweise trotz Rn 1 auch wegen einer zugehörigen Nichtzulassungsbeschwerde. Auf ein Gutachten über die Aussichten eines anderen Rechtsbehelfs ist VV 2101 unanwendbar.
3	**3) Persönlicher Geltungsbereich.** Die Vorschrift gilt grundsätzlich für jeden Anwalt. Er braucht nicht beim BGH zugelassen zu sein. Es kann sich zB um einen Anwalt mit besonderen technischen oder rechtlichen Kenntnissen handeln.
4	**4) Aussichtengutachten.** Zum Begriff des Gutachtens § 34 Rn 15 ff. Es ist nicht erforderlich, daß der Anwalt mit der Angelegenheit vorher noch nicht befaßt war. Es ist auch nicht erforderlich, daß ein Auftrag zur Einlegung des Rechtsmittels unterblieben ist. Es kommt auch nicht darauf an, ob der Anwalt abgeraten oder zugeraten hat. Es ist unerheblich, ob der Anwalt nun schließlich ein Rechtsmittel ganz oder teilweise eingelegt hat. Das Rechtsmittel kann, braucht aber noch keineswegs bereits eingelegt worden zu sein. Auftraggeber kann jeder Interessierte sein, auch zB der Sieger der Vorinstanz wegen etwaiger Vergleichserwägungen oder eine Versicherung.
5	**5) Gebührenhöhe.** Es entsteht stets eine 1,3 Gebühr. Es kommt also nicht zu einer Angemessenheitsprüfung etwa nach § 14.
6	**6) Gegenstandswert.** Maßgeblich ist der Wert des vorhandenen oder etwaigen Beschwerdegegenstands, soweit der Beschwerte ein Rechtsmittel einlegen will oder eingelegt hat. Maßgeblich ist derselbe Zeitpunkt wie bei VV 2100 Rn 7. In den in Rn 4 genannten anderen Fällen von Auftraggebern ist das Interesse maßgeblich. Bei einer bloßen Teilanfechtung ermäßigt sich der Wert entsprechend. Vgl ferner § 7.
7	**7) Keine Anrechnung.** Man darf die Gebühr für das Aussichtengutachten nicht auf eine solche Gebühr anrechnen, die im Rechtsmittelverfahren entsteht, Meyer JB 04, 16. Denn VV 2101 verweist zwar auf die „Gebühr 2100", und diese enthält in ihrer amtlichen Anmerkung eine Anrechnungsvorschrift. Indessen enthält VV 2101 nicht auch selbst eine entsprechende Anrechnungsklausel. „Gebühr 2100" meint jedenfalls keineswegs eindeutig mehr als den eigentlichen Gebührentatbestand und damit keineswegs eindeutig auch dessen amtliche Anmerkung. Es heißt auch nicht etwa: „VV 2100 gilt entsprechend", sondern nur: „Die Gebühr 2100". Daher gilt trotz des Fehlens des Worts „nur" in § 1 I 1 doch im Ergebnis der bei § 1 GKG Rn 15, 16, Teil I A dieses Buchs, dargelegte Grundsatz einer Kostenerhebung nur nach dem Gesetz auch hier zumindest entsprechend, § 1 RVG Rn 1.
8	**8) Kostenerstattung.** Es gelten §§ 91 ff ZPO usw.

Nr.	Gebührentatbestand	Gebühr oder Satz der Gebühr nach § 13 RVG
2102	Gebühr für die Prüfung der Erfolgsaussicht eines Rechtsmittels in sozialrechtlichen Angelegenheiten, in denen im gerichtlichen Verfahren Betragsrahmengebühren entstehen (§ 3 RVG), und in Angelegenheiten, für die nach den Teilen 4 bis 6 Betragsrahmengebühren entstehen .... Die Gebühr ist auf eine Gebühr für das Rechtsmittelverfahren anzurechnen.	10,00 bis 260,00 EUR
2103	Die Prüfung der Erfolgsaussicht eines Rechtsmittels ist mit der Ausarbeitung eines schriftlichen Gutachtens verbunden: Die Gebühr 2102 beträgt	40,00 bis 400,00 EUR

Zu VV 2102, 2103:

Vorbem. Umnumerierg dch Art 5 I Z 4b KostRMoG, in Kraft seit 1. 7. 06, Art 8 S 2 KostRMoG. Sodann Änderg von VV 2102 dch Art 20 Z 7c des 2. JuMoG v 22. 12. 06,

Vergütungsverzeichnis **2103–2201 VV**

BGBl 3416, in Kraft seit 31. 12. 06, Art 28 I des 2. JuMoG. Übergangsrecht jeweils § 60 bzw § 61 RVG.

1) Systematik. Regelungszweck. Vgl bei VV 2100, 2101.	1
2) Geltungsbereich. Es gibt mehrere Gebiete.	2
A. Sozialgerichtliches Verfahren nach § 3 RVG. Vgl dort.	
B. Tätigkeit im Straf- oder Bußgeldverfahren nach VV Teilen 4, 5. Vgl dort.	3
C. Tätigkeit im Verfahren nach VV Teil 6. Vgl dort.	4
3) Gebührenhöhen. Man muß die Regeln zur Betragrahmengebühr nach Einl II A 12 beachten. § 14 ist anwendbar.	5
Die *Mittelgebühr* beträgt bei VV 2102 = 135 EUR, bei VV 2103 = 220 EUR.	
4) Anrechnungsfragen. Es gilt dasselbe wie einerseits bei VV 2100 Rn 9, andererseits bei VV 2101 Rn 7. Die Anrechnung ist nötig, weil es sich nicht um eine Abrategebühr handelt, Klier NZS **04**, 472.	6
5) Kostenerstattung. Vgl bei VV 2100, 2101.	7

Abschnitt 2. Herstellung des Einvernehmens

Nr.	Gebührentatbestand	Gebühr oder Satz der Gebühr nach § 13 RVG
2200	Geschäftsgebühr für die Herstellung des Einvernehmens nach § 28 EuRAG	in Höhe der einem Bevollmächtigten oder Verteidiger zustehenden Verfahrensgebühr
2201	Das Einvernehmen wird nicht hergestellt: Die Gebühr 2300 beträgt	0,1 bis 0,5 oder Mindestbetrag der einem Bevollmächtigten oder Verteidiger zustehenden Verfahrensgebühr

EuRAG § 28. Vertretung und Verteidigung. [I] Der dienstleistende europäische Rechtsanwalt darf in gerichtlichen Verfahren sowie in behördlichen Verfahren wegen Straftaten, Ordnungswidrigkeiten, Dienstvergehen oder Berufspflichtverletzungen, in denen der Mandant nicht selbst den Rechtsstreit führen oder sich verteidigen kann, als Vertreter oder Verteidiger eines Mandanten nur im Einvernehmen mit einem Rechtsanwalt (Einvernehmensanwalt) handeln.

[II] [1] Der Einvernehmensanwalt muss zur Vertretung oder Verteidigung bei dem Gericht oder der Behörde befugt sein. [2] Ihm obliegt es, gegenüber dem dienstleistenden europäischen Rechtsanwalt darauf hinzuwirken, dass dieser bei der Vertretung oder Verteidigung die Erfordernisse einer geordneten Rechtspflege beachtet.

[III] Zwischen dem Einvernehmensanwalt und dem Mandanten kommt kein Vertragsverhältnis zustande, wenn die Beteiligten nichts anderes bestimmt haben.

[IV] § 52 Abs. 2 der Bundesrechtsanwaltsordnung ist auf den dienstleistenden europäischen Rechtsanwalt entsprechend anzuwenden.

VV 2201

Zu VV 2200, 2201:

Vorbem. Umnumerierg dch Art 5 I Z 4b KostRMoG, in Kraft seit 1. 7. 06, Art 8 S 2 KostRMoG. Übergangsrecht § 61 RVG.

Gliederung

1) Systematik	1–3
2) Regelungszweck	4
3) Tätigkeit zur Herstellung des Einvernehmens	5–12
A. Alle Gebührenarten	6
B. Pauschale	7
C. Strafsache	8
D. Einzelfragen	9–12
4) Keine Herstellung des Einvernehmens, VV 2201	13–17
A. Verfahren mit Gegenstandswert	14, 15
B. Verfahren ohne Gegenstandswert	16, 17
5) Fälligkeit	18
6) Gebührenschuldner	19
7) Gegenstandswert	20
8) Kostenerstattung	21

1 **1) Systematik.** Die Vorschriften schaffen eine Sonderregelung für den Fall, daß ein zum Alleinauftreten vor deutschen Gerichten oder Behörden befugter Anwalt den Auftrag erhält, prüft und annimmt, das nach § 28 EuRAG erforderliche Einvernehmen mit einem nicht derart befugten europäischen Anwalt usw nach § 1 EuRAG herzustellen, damit dieser vor den deutschen Stellen tätig werden kann. Dabei schaffen VV 2200, 2201 keine Erfolgsgebühren, sondern bloße Geschäftsgebühren, vergleichbar Verfahrensgebühren. VV 1000 kann neben VV 2200 anwendbar sein.

2 Die Vorschriften setzen *nicht* voraus, daß der Anwalt den *Auftrag* gerade von der Partei, dem Beschuldigten usw des Verfahrens mit der Herstellung dieses Einvernehmens erhalten hat. Denn nach § 28 III EuRAG kommt zwischen dem Anwalt und dem „Mandanten" kein Vertragsverhältnis zustande, sofern die Beteiligten nicht etwas anderes bestimmt haben, von Eicken AnwBl **91**, 187. Dieser Gesetzestext zeigt aber auch, daß es natürlich auch nicht schadet, daß der Auftraggeber selbst oder über seinen ausländischen Anwalt den deutschen Anwalt gebeten hat, das Einvernehmen mit dem Hauptbevollmächtigten des Auftraggebers herzustellen, von Eicken AnwBl **91**, 188, oder daß der ausländische und der inländische Anwalt jeweils neben dem anderen als Bevollmächtigte tätig werden sollen.

3 Soweit der Anwalt schon und noch einen Auftrag hat und annimmt, über die Herstellung eines solchen Einvernehmens hinaus tätig zu sein, zB als *ProzBev*, Verkehrsanwalt oder Verteidiger, treten VV 2200, 2201 nicht zurück. Denn es findet keine Anrechnung statt. VV 2200, 2201 ermöglichen also der Vergütung einer zusätzlichen oder alleinigen Tätigkeit wegen des erforderlichen Einvernehmens.

4 **2) Regelungszweck.** Man muß die Bemühung des Anwalts im Rahmen der Herstellung des Einvernehmens sachlichrechtlich nach § 28 EuRAG in Verbindung mit §§ 611, 675 BGB einstufen, wie sonst jede Anwaltstätigkeit, Grdz 12, 13 vor § 1. VV 2200, 2201 schließen zur Erfüllung der Ergänzungsfunktion des RVG nach Grdz 17, 18 vor § 1 die sonst entstehende Lücke in dem System, daß kein Anwalt grundsätzlich umsonst tätig werden muß.

5 **3) Tätigkeit zur Herstellung des Einvernehmens.** VV 2200, 2201 gelten, soweit der Anwalt den Auftrag zur Herstellung eines Einvernehmens annimmt und demgemäß anschließend tätig wird. Dabei behandelt VV 2200 das Zustandekommen, VV 2201 das Nichtzustandekommen des Einvernehmens trotz einer Tätigkeit nach VV 2200. Die Vorschriften regeln nicht den Fall, daß der Anwalt eine Bitte zu seinem Tätigwerden zwar prüft, aber dann vor dem Beginn einer entsprechenden Tätigkeit ablehnt.

6 **A. Alle Gebührenarten.** Es ist bei VV 2200 unerheblich, ob man die Gebühren nach einem Gegenstandswert berechnen müßte, zB nach VV 3100 ff, oder ob es zB beim Verteidiger um einen Betragsrahmen oder gar um eine Festgebühr geht. Man muß vielmehr zunächst klären, in welcher Höhe eine Verfahrensgebühr angefallen wäre, wenn der Anwalt selbst „Bevollmächtigter" wäre, wenn er also ProzBev oder

Verkehrsanwalt usw gewesen wäre. Dabei sind §§ 7, 14 usw anwendbar. Eine Grundgebühr wie bei VV 4100, 5100 scheidet nach der Gebührenspalte als Anknüpfungspunkt aus.

B. Pauschale. Sodann muß man grundsätzlich diese Verfahrensgebühr schon für die bloße Herstellung des erforderlichen Einvernehmens ansetzen. Sie gilt aber die gesamte Tätigkeit im Rahmen des so begrenzten Auftrags ab. Soweit der Auftrag über die Herstellung des Einvernehmens hinausging, muß man die Vergütung zusätzlich nach dieser weiteren Tätigkeit errechnen. Eine Anrechnung der Gebühren VV 2200, 2201 auf solche weiteren Gebühren findet nicht statt. 7

C. Strafsache. Beim Verteidiger oder Beistand muß man zunächst klären, in welcher Höhe eine Verfahrensgebühr dann als angemessene angefallen wäre, wenn der Anwalt als „Bevollmächtigter oder Verteidiger" tätig gewesen wäre, sei es vor Gericht, sei es vor einer solchen Behörde oder sonstigen Stelle, vor der nach § 28 EuRAG ein Einvernehmen mit ihm nötig ist. Eine Zuschlagsgebühr entsteht unter den Voraussetzungen der amtlichen Vorbemerkung 4 IV nur neben einer Verfahrensgebühr (Geschäftsgebühr). 8

D. Einzelfragen. Das gilt auch bei mehrtätigen Verhandlungen im Strafverfahren, bei der internationalen Rechtshilfe und im Disziplinarverfahren für den Verteidiger oder Beistand usw. Denn die frühere ausdrückliche Unanwendbarkeit einer Reihe von Vergütungsvorschriften für solche Lagen ist entfallen. 9

Die im *konkreten* Fall als angemessen ermittelte Gebühr wird *nicht halbiert,* sondern entsteht unverkürzt. Sie gilt die gesamte Tätigkeit im Rahmen des so begrenzten Auftrags ab. 10

Soweit der Antrag über die Herstellung des Einvernehmens *hinausging,* muß man die Vergütung zunächst nach dieser weiteren Tätigkeit errechnen. 11

Beim *Zusammentreffen* von Verfahren mit und ohne einen Gegenstandswert muß man die Gebühr für jedes Verfahren gesondert errechnen. Am Schluß muß man die ermittelten Gebühren addieren. 12

4) Keine Herstellung des Einvernehmens, VV 2201. Soweit der Anwalt einen derartigen Auftrag zwar erhält und auch in eine entsprechende Tätigkeit eintritt, dann aber doch kein Einvernehmen erzielt, ist VV 2201 anwendbar, also eine Satzrahmengebühr. Ob der Anwalt eine derartige Bemühung vorgenommen hat, läßt sich nur unter einer Abwägung der Umstände klären. Es gelten dieselben Regeln wie bei einem beliebigen anderen Auftrag, etwa auf die Übernahme einer Tätigkeit als Proz-Bev oder Verteidiger. 13

Entsprechend anwendbar ist VV 2201 dann, wenn zB VV 3101 vorliegt oder wenn der Beschuldigte vor einer Prüfung der Sache durch den Anwalt stirbt.

A. Verfahren mit Gegenstandswert, III 1. Soweit der Anwalt das Einvernehmen für ein Verfahren mit Gebühren nach einem Gegenstandswert hergestellt hätte, erhält er für die Bemühung eine Rahmengebühr. Sie errechnet sich wie folgt. 14

Zunächst muß man klären, welche Gebühr für ihn bei einer Herstellung des Einvernehmens angefallen wäre. Dabei muß man nach VV 2200 verfahren. Das gilt auch beim Zusammentreffen von Verfahrensarten mit und ohne einen Gegenstandswert. 15

Von der so ermittelten Gebühr muß man sodann den *Rahmen ablesen,* den VV 2200 gibt. Welche Endgebühr angemessen ist, muß man wie sonst bei einer Rahmengebühr ermitteln, § 14, im Prozeß des Anwalts also evtl unter einer Einschaltung seiner Anwaltskammer, § 14 II.

B. Verfahren ohne Gegenstandswert, III 2. Soweit der Anwalt das Einvernehmen für ein Verfahren mit solchen Gebühren hergestellt hätte, die nicht von einem Gegenstandswert abhängig gewesen wären, erhält er für seine Bemühung nicht eine Rahmengebühr, sondern einen festen Betrag. Er errechnet sich wie folgt. 16

Zunächst muß man klären, welche Rahmengebühr er dann erhalten hätte, wenn er eine Herstellung des Einvernehmens *erreicht* hätte. Das gilt auch beim Zusammentreffen von Verfahrensarten mit und ohne einen Gegenstandswert, Rn 14, 15. Welche Rahmengebühr angefallen wäre, muß man nach den in Rn 8–11 erläuterten Regeln klären. Von der so ermittelten Rahmengebühr nicht des Verteidigers usw, sondern des das Einvernehmen mit ihm herstellenden Anwalts ist dann ihr Mindestbetrag die- 17 jenige Summe, die sich als Vergütung ergibt. Da diese Mindestsumme nicht mehr einem Ermessen unterliegt, findet insoweit kein Verfahren nach § 14 statt.

18 5) **Fälligkeit.** Es gelten die allgemeinen Regeln.

19 6) **Gebührenschuldner.** Gebührenschuldner ist derjenige, der dem Anwalt gerade den Auftrag zur Herstellung des Einvernehmens erteilt oder hat. Das kann, muß aber keineswegs, der „Mandant" im Sinn von § 28 I, III EuRAG sein, Rn 1, 2.

20 7) **Gegenstandswert.** Soweit das zugehörige Hauptverfahren eine Gebührenberechnung nach einem Gegenstandswert erfordert, muß man ihn wie sonst ermitteln. Nicht etwa darf man den Wert der Herstellung des Einvernehmens abweichend ansetzen. Das Gesetz trägt der Art und Schwierigkeit des Auftrags zur Herstellung des Einvernehmens schon durch seine besondere Gebührenbemessung Rechnung.

21 8) **Kostenerstattung.** Die Erstattungsfähigkeit läßt sich im bürgerlichen Rechtsstreit stets nach § 91 I, II 3 ZPO beurteilen, also nach der Notwendigkeit der Einschaltung mehrerer Anwälte nebeneinander, BLAH § 91 ZPO Rn 124, 132 ff, Mü MDR **98**, 1054, aM EuGH MDR **04**, 358 (krit Kilian. In der Tat läßt sich der Notwendigkeitsgrundsatz wohl kaum schon wegen einer Grenzüberschreitung beseitigen), Bach Rpfleger **91**, 8.

Abschnitt 3. Vertretung

(Amtliche) Vorbemerkung 2.3:

I Im Verwaltungszwangsverfahren ist Teil 3 Abschnitt 3 Unterabschnitt 3 entsprechend anzuwenden.

II Dieser Abschnitt gilt nicht für die in Abschnitt 4 und in den Teilen 4 bis 6 geregelten Angelegenheiten.

III Die Geschäftsgebühr entsteht für das Betreiben des Geschäfts einschließlich der Information und für die Mitwirkung bei der Gestaltung eines Vertrags.

Vorbem. Zunächst Fassg Art 3 KostRMoG v 5. 5. 04, BGBl 718, in Kraft seit 1. 7. 04, Art 8 S 1 KostRMoG. Sodann Umnumerierung dch Art 5 I Z 4b KostRMoG, in Kraft seit 1. 7. 06, Art 8 S 2 KostRMoG. Übergangsrecht jeweils § 61 RVG. Schließlich II geändert dch Art 6 Z 2 bbb WehrRÄndG v 31. 7. 08, BGBl 1629, in Kraft seit 1. 2. 09, Art 18 II WehrRÄndG, Übergangsrecht § 60 RVG.

Nr.	Gebührentatbestand	Gebühr oder Satz der Gebühr nach § 13 RVG
2300	Geschäftsgebühr .... Eine Gebühr von mehr als 1,3 kann nur gefordert werden, wenn die Tätigkeit umfangreich oder schwierig war.	0,5 bis 2,5

Vorbem. Umnumerierg dch Art 5 II Z 4b KostRMoG, in Kraft seit 1. 7. 06, Art 8 S 2 KostRMoG. Übergangsrecht § 61 RVG.

Schrifttum: *Brieske,* Die Geschichte der Vergütung für die außergerichtliche Tätigkeit usw, Festschrift für *Madert* (2006) 57; *Enders,* Anrechnungsprobleme rund um die Geschäftsgebühren, Festschrift für *Madert* (2006) 75.

Gliederung

1) Systematik	1
2) Regelungszweck	2
3) Geltungsbereich	3
4) Pauschgebühr	4
5) Ergänzende Vorschriften	5–9
A. Grundsatz	5
B. Gebührenvereinbarung, §§ 3 a, 4	6
C. Beratung usw, § 34	7
D. Einigungsgebühr, VV 1000	8
E. Erledigungsgebühr, VV 1002	9
6) Geschäftsgebühr, amtliche Vorbemerkung 2, 3 III	10–21
A. Rechtsnatur	10

B. Betreiben des Geschäfts	11, 12
C. Anwalt und Notar	13
D. Mehrere Auftraggeber	14
E. Einfaches Schreiben	15
F. Vertragsgestaltung	16, 17
G. Abgrenzung zu bloßer Nachfrage	18–21
7) Gebührenhöhe	22–38
A. Grundsatz	23
B. Mittelgebühr	24
C. Umfangreich oder schwierig, amtliche Anmerkung	25–27
D. Beispiele zur Frage von Umfang oder Schwierigkeit	28–38
8) Gegenstandswert	39–45
A. Grundsatz	39
B. Freiwillige Gerichtsbarkeit	40
C. Allgemeine Verwaltungsbehörde	41–43
D. Finanzverwaltungsbehörde	44
E. Wertfestsetzung	45
9) Kostenerstattung	46–50
A. Grundsatz: Sachdienlichkeit	46
B. Prozeßwirtschaftlichkeit	47
C. Erforderlichkeit	48
D. Einzelfragen	49, 50

1) Systematik. Während VV 2100 ff vorrangig das Innenverhältnis zwischen dem Auftraggeber und seinem Anwalt regeln, erfassen VV 2300 ff in erster Linie die nach außen gegenüber einem Partner oder Gegner des Auftraggebers in Erscheinung tretende Anwaltstätigkeit. Die Grenzen fließen freilich. Das gilt zB beim Entwurf einer Urkunde. VV 2400, 2401 regeln Sonderfälle der Vertretung und haben den Vorrang vor VV 2300–2303. Ergänzend gelten VV 1000 ff, 1008. VV 2504 ff stellen weitere vorrangige Sondervorschriften dar. §§ 34–36 haben ebenfalls den Vorrang, amtliche Vorbemerkung 2 I. Eine Ermäßigung nach Art zB des VV 3101 tritt nur über § 14 ein.

Unanwendbar sind VV 2300 ff bei den in Abschnitt 5 des RVG genannten Tätigkeiten, also bei einer Mediation nach § 34 oder bei einer Hilfeleistung in Steuersachen nach § 35 oder im schiedsrichterlichen Verfahren usw nach § 36. Natürlich sind 2300 ff ebenso unanwendbar, soweit eine der in § 1 II genannten Tätigkeiten vorliegt. Ferner sind VV 2300 ff unanwendbar, soweit der Anwalt im Verwaltungszwangsverfahren tätig ist, amtliche Vorbemerkung 2.3 I. Dann gilt VV Teil 3 Abschnitt 3 entsprechend.

2) Regelungszweck. Die Beschränkung auf nur eine einzige Gebührenart stellt eine wesentliche Vereinfachung dar. Andererseits bildet die wesentliche Erhöhung des früheren Gebührenrahmens das notwendige Gegenstück zu dieser Vereinfachung. Die Merkmale „umfangreich oder schwierig" in der amtlichen Anmerkung haben alsbald zu neuen Abgrenzungsproblemen geführt, zumal sie ja zu den Problemen des ohnehin mitbeachtlichen § 14 hinzutreten. Eine weder zu großzügige noch zu strenge Handhabung dieser praktisch entscheidenden Merkmale kann helfen, die Vorschrift nicht zu einem neuen Tummelplatz der Meinungen werden zu lassen.

3) Geltungsbereich. Die Vorschrift gilt im fast gesamten Bereich außergerichtlicher Anwaltstätigkeit einschließlich derjenigen in einer solchen Angelegenheit, für die im gerichtlichen Verfahren das FamFG gilt, mit Ausnahme der in Rn 1 genannten vorrangig anderweit geregelten Gebiete. Maßgeblich sind stets die Art und der Umfang des Auftrags, nicht der etwaigen Vollmacht. Die Vorschrift erfaßt auch den Fall, daß einem Auftrag zu einer nur außergerichtlichen Tätigkeit etwa zwecks Vermeidung eines Prozesses erst nach deren Scheitern später dann notgedrungen doch ein Prozeßführungsauftrag folgt, LG Limburg JB **08**, 86. Die Partner müssen also auf einen außergerichtlichen Erfolg gehofft haben, Hamm MDR **08**, 1334. Dann muß man die Gebühr VV 2300 auf die Verfahrensgebühr VV 3100 usw nach den in der amtlichen Vorbemerkung 3 IV genannten Regeln anrechnen, Stgt NVwZ-RR **09**, 272.

Unanwendbar ist VV 2300, soweit der Auftrag von vornherein unbedingt auf eine Prozeßführung lautet und soweit der Anwalt nur in diesem Rahmen tätig wird, Oldb MDR **08**, 887, Steenbuck MDR **06**, 425. Das gilt selbst dann, wenn es anschließend nicht zum Prozeß kommt. Ein von vornherein bedingter Prozeßführungsauftrag steht einem unbedingten hier gleich, aM Celle JB **08**, 319. Denn auch dann dient eine außergerichtliche Tätigkeit ja zumindest auch der direkten Vorbereitung der Prozeßführung, etwa zwecks einer Klärung des Rechtsschutzbedürfnisses. Freilich kann eine Prozeßführung zu einer zusätzlichen außergerichtlichen Tätigkeit außerhalb des Prozeßauftrags führen. Dann kann VV 2300 insoweit anwendbar sein.

4   **4) Pauschgebühr.** Auch die Geschäftsgebühr VV 2300 ist eine Pauschgebühr. Sie entsteht nach § 15 II 1 in derselben Angelegenheit nur einmal, LG Bonn NJW **06**, 2641. Das gilt nach § 15 II 2 freilich je Rechtszug. Sie gilt nach der amtlichen Vorbemerkung 2.3 III die gesamte Tätigkeit des Anwalts ab, die sich auf dieselbe Angelegenheit bezieht. Das gilt einschließlich der zugehörigen Nebentätigkeit, zB der Akteneinsicht, auch in Vorakten, oder einer Registereinsicht, oder der Schriftsätze und Besprechungen oder der Entwurfstätigkeit, Schlesw SchlHA **87**, 16.

Soweit eine Entscheidung die bisherige Angelegenheit abschließt, kann durch eine *Beschwerde* eine neue Angelegenheit eintreten, § 15 II 2. Eine Gebührenerhöhung tritt aber nicht ein.

Die *Mindestgebühr* von (jetzt) 10 EUR nach § 13 II gilt auch hier, Wielgoss JB **99**, 16.

5   **5) Ergänzende Vorschriften.** Der folgende Grundsatz wirkt sich in fünf Richtungen aus.

A. Grundsatz. Die Vorschriften des Teil 1 und der amtlichen Vorbemerkungen 2 und 2.3 ergänzen VV 2300.

6   **B. Gebührenvereinbarung, §§ 3 a, 4.** Sie ist zulässig und oft ratsam. Denn man kann den Umfang der Angelegenheit meist bei der Auftragserteilung noch nicht oder nur schwer übersehen. Soweit die Parteien für ein gerichtliches Verfahren eine Vereinbarung über eine besonders hohe Anwaltsvergütung getroffen haben, kann daraus ableitbar sein, daß sie auch die Tätigkeit des Anwalts außerhalb des gerichtlichen Verfahrens mit abgelten wollten.

Unanwendbar sind §§ 3 a, 4 auf eine Vereinbarung zwischen der Versicherung des Auftraggebers und seinem Anwalt, etwa bei einer Unfallschadensregulierung, solange die Versicherung dabei im eigenen Namen handelt.

7   **C. Beratung usw, § 34.** Soweit sich eine Tätigkeit des Anwalts auf die Erteilung eines Rats oder einer Auskunft oder auf die Erstellung eines Gutachtens oder auf die Tätigkeit als ein Mediator nach § 34 erstreckt, erhält er nach jener Vorschrift eine Vergütung. Vgl freilich VV 2101 Rn 1.

Soweit es allerdings zu einer solchen Tätigkeit des Anwalts kommt, die *über* einen *Rat oder eine Auskunft hinausgeht*, entsteht eine Gebühr nach VV 2300, Ffm AnwBl **86**, 210, KG JB **98**, 21. Das mag bei einer Tätigkeit nach außen oder einer solchen nur dem Auftraggeber gegenüber eintreten. Auf die erstere muß man freilich die Gebühr nach § 34 anrechnen.

8   **D. Einigungsgebühr, VV 1000.** Neben einer Gebühr VV 2300 kann eine Einigungsgebühr entstehen.

Soweit der Auftraggeber den Anwalt *lediglich* beauftragt hat, einen außergerichtlichen *streitbeendenden Vertrag herbeizuführen*, erhält der Anwalt außer der Einigungsgebühr VV 1000 die Geschäftsgebühr VV 2300.

9   **E. Erledigungsgebühr, VV 1002.** Auch sie kann neben den Gebühren VV 2300 entstehen.

10   **6) Geschäftsgebühr, amtliche Vorbemerkung 2, 3 III.** Sie ist an die Stelle auch der früheren Besprechungs- oder Beweisgebühr getreten. Es gibt zwei Aspekte.

A. Rechtsnatur. Die Geschäftsgebühr entspricht der Verfahrensgebühr (jetzt) VV 3100, Wielgoss JB **99**, 16. Es handelt sich um eine Pauschgebühr, Rn 4. Sie gilt die gesamte Tätigkeit des Anwalts ab, Rn 4, 11 ff. Die Geschäftsgebühr entsteht nicht, soweit sich die Tätigkeit des Anwalts auf die Erteilung eines Rats oder einer Auskunft beschränkt, § 34.

11   **B. Betreiben des Geschäfts.** Eine Geschäftsgebühr kann mit jeder auf die Ausführung des Auftrags gerichteten Tätigkeit entstehen, Engels AnwBl **08**, 361. Die Tätigkeit beginnt mit der auftragsgemäßen Entgegennahme der ersten Information, selbst wenn diese zunächst nur telefonisch und lückenhaft ist. Der Umfang der Tätigkeit des Anwalts ist nicht für die Frage maßgeblich, ob eine Geschäftsgebühr entsteht,

sondern nur für die anschließende Frage, welche bestimmte Gebühr innerhalb des Gebührenrahmens angemessen ist.

Abgegolten sind zB: Die erste auftragsgemäße Unterhaltung mit dem Auftraggeber; 12 die anschließende Anlegung einer Handakte; der Entwurf eines Schreibens oder Schriftsatzes; seine Übersendung an den Auftraggeber zur Prüfung; die Durchsicht der Stellungnahme des Auftraggebers; die Reinschrift des Schriftsatzes; seine Unterzeichnung; seine Absendung und Einreichung; der Entwurf und die weitere Tätigkeit bis zur Fertigstellung einer Urkunde, etwa eines Vertrags, eines Formulars, einer Bürgschafts- oder sonstigen Erklärung, eines Testaments; eine Akteneinsicht, AG Brschw AnwBl **84**, 517, AG Nienburg AnwBl **92**, 455.

Keine Geschäftsgebühr ist ein Pauschal- oder Zeithonorar für vorgerichtliche Tätigkeiten, Mü Rpfleger **09**, 593.

C. Anwalt und Notar. Soweit der Anwalt auch Notar ist, entstehen dann Notar- 13 gebühren, wenn sein Entwurf nach dem Auftrag eine Beurkundung vorbereiten, fördern oder ausführen soll, § 24 II BNotO, Hamm MDR **76**, 152, OVG Bre MDR **80**, 873, Mümmler JB **88**, 696. Soweit er dagegen nur den Auftrag hat, den Entwurf zu fertigen, ohne eine Beurkundung vorzubereiten, kann beim Anwaltsnotar § 145 KostO anwendbar sein. Er mag aber auch nur als Anwalt beauftragt und tätig geworden sein, LG Bochum Rpfleger **80**, 313, LG Essen Rpfleger **80**, 313. Dann braucht er zunächst nicht darauf hinzuweisen, daß infolge einer Auftragserweiterung auch noch Notargebühren entstehen könnten, Düss MDR **84**, 844.

D. Mehrere Auftraggeber. Soweit der Anwalt für mehrere Auftraggeber in der- 14 selben Angelegenheit tätig wird, kommt bei demselben Gegenstand der Tätigkeit eine Erhöhung der Geschäftsgebühr durch jeden weiteren Auftraggeber nach VV 1008 in Betracht. Das gilt auch bei ihrer gleichzeitigen Beauftragung. Man muß mehrere gleichliegende selbständige Verfahren unabhängig voneinander beurteilen, FG Köln JB **01**, 191.

E. Einfaches Schreiben. Es erhält beim Fehlen eines umfassenderen Auftrags 15 auch zB in einer Angelegenheit des gewerblichen Rechtsschutzes eine Vergütung nur nach (jetzt) VV 2302, Köln GRUR **79**, 76.

F. Vertragsgestaltung. Es mag auch um die Gestaltung eines *Vertrags* beliebiger 16 Art gehen.

Für VV 2300 muß der Anwalt bei dieser Gestaltung *mitwirken.* Das bestimmt die 17 amtliche Vorbemerkung 2. 3 III ausdrücklich. Eine Mitwirkung liegt nicht schon vor, soweit der Anwalt lediglich eine mündliche oder fernmündliche Nachfrage hält. Andererseits ist aber ein Erscheinen zur mündlichen Verhandlung oder ein befugtes Mithören bei der fernmündlichen Verhandlung oder Besprechung ausreichend, (zum alten Recht) LG Gießen VersR **81**, 963 (vgl aber auch § 5 Rn 1). Freilich reichen die bloße Anwesenheit oder das Einreden auf den anderen ohne eine Besprechungs- oder Verhandlungsabsicht nicht aus, (zum alten Recht) AG Bonn VersR **84**, 196.

Soweit es um die Gestaltung eines *Gesellschaftsvertrags* usw geht, ist keine Mitwirkung an einer diesbezüglichen Verhandlung oder Besprechung notwendig. Dann reichen auch eine Beratung oder ein Urkundenentwurf oder eine bloße Vorprüfung im Büro usw aus, soweit sie eben über eine bloße Nachfrage hinausgehen.

G. Abgrenzung zu bloßer Nachfrage. Man muß die Abgrenzung zwischen einer 18 bloßen Nachfrage und einer darüber hinausgehenden Mitwirkung nach den Umständen unter einer Beachtung von Treu und Glauben nach § 242 BGB vornehmen.

Beispiele zur bloßen Nachfrage: AG Bersenbrück VersR **83**, 647, AG Gött VersR **81**, 964, AG Kandel VersR **87**, 1024.

Eine beratende oder beobachtende Teilnahme *ohne eine Wortmeldung* kann ausrei- 19 chen, KG AnwBl **84**, 452.

Wesentlich ist, daß sich der Gesprächspartner auf ein irgendwie *sachbezogenes, ver-* 20 *fahrensförderndes Gespräch* einläßt, AG Hann JB **92**, 36, AG Heidelb VersR **83**, 70, AG Saarbr AnwBl **94**, 145.

Dabei brauchen aber *keine gegensätzlichen Standpunkte* vorhanden zu sein, AG Ahaus 21 AnwBl **83**, 472. Eine direkte Eignung der Besprechung zur Beilegung des Streits ist dann nicht erforderlich, LG Köln AnwBl **87**, 294.

VV) 2300

22 7) **Gebührenhöhe,** dazu *Otto* NJW **04**, 1420 (Üb): Es entsteht eine Pauschgebühr von 0,5–2,5, Rn 4. Sie gilt also die gesamte auftragsgemäße Tätigkeit einschließlich aller Nebentätigkeiten ab. Sie entsteht bereits mit der auftragsgemäßen Informationsaufnahme, Rn 11 ff. Sie bleibt auf Grund eines Auftrags nach VV 2300 auch dann dem Grunde nach bestehen, wenn die Tätigkeit dann doch nur auf einen Rat nach § 34 hinausläuft. Diesen Umstand darf und muß man dann aber natürlich bei der Bemessung der Gebührenhöhe mitbeachten. Zur Abgrenzung von sachlichrechtlichen Schadensersatzansprüchen bei vorgerichtlichen Rechtsverfolgungskosten Ruess MDR **05**, 313 (ausf mit Rechenbeispielen). VV 1008 ist anwendbar. Eine Anrechnung erfolgt nach der amtlichen Vorbemerkung 3 IV, VV 3100 Rn 56.

23 **A. Grundsatz.** Es handelt sich um eine Satzrahmengebühr, Einl II A 13, VG Ansbach AnwBl **84**, 54. Daher muß man zur Feststellung der jeweils entstandenen Gebühr (jetzt) § 14 hinzuziehen, Mü VersR **77**, 1036, Hambloch VersR **05**, 769, Schons NJW **05**, 1025, aM Mü Rpfleger **91**, 465 (nur eingeschränkte Anwendung). Diese Vorschrift tritt freilich hinter (jetzt) VV 2300 amtliche Anmerkung zurück, Jena AnwBl **05**, 296. Spezialkenntnisse wirken innerhalb des Rahmens evtl erhöhend, Ffm DB **92**, 672, Jena JB **01**, 208. Dasselbe gilt für hohe inhaltliche Anforderungen, AG Ffm AnwBl **03**, 373. Im Gebührenrechtsstreit kann ein Gutachten des Vorstands der Anwaltskammer nach § 14 II notwendig sein, nicht aber stets im Kostenfestsetzungsverfahren, § 14 Rn 28.

24 **B. Mittelgebühr.** Sie ist bei einer Zugrundelegung nur der Gebührenspalte zwar theoretisch = 1,5 Gebühr, AG Bielef AnwBl **05**, 223 rechts Mitte, AG Hagen AnwBl **05**, 223, AG Karlsr AnwBl **05**, 223, AG Mü AnwBl **05**, 224. Nach der amtlichen Anmerkung darf der Anwalt aber eine Gebühr von mehr als 1,3 nur dann fordern, wenn die Tätigkeit „umfangreiche oder schwierig" war. Damit ist im Ergebnis Mittelgebühr oder sog Schwellengebühr oder *Regelgebühr* je Auftraggeber unter einer Beachtung von VV 1008 amtliche Anmerkung III meist nur der „Schwellen"-Betrag oder „Regelwert" einer 1,3 Gebühr, Jena AnwBl **05**, 296, LG Kassel JB **08**, 363, AG Heidelb JB **06**, 249. *Nicht* etwa entsteht ein Regel*rahmen* zwischen 0,5 und 1,3 Gebühr. VV 1008 bleibt auch dann anwendbar, Rn 14.

25 **C. Umfangreich oder schwierig, amtliche Anmerkung.** Diese Abgrenzungsmerkmale sind zu einer Quelle neuer Probleme geworden. Nötig ist eine behutsame weder zu großzügige noch zu strenge Handhabung, Rn 2.

26 Die Tätigkeit braucht *nicht* „besonders" umfangreich oder „besonders" schwierig zu sein, anders als zB bei § 51 I 1. Sogar dort darf man nicht zu streng sein, § 51 Rn 4. Andererseits ist eine gewisse *Zurückhaltung* auch vor der Annahme einer überhaupt umfangreichen oder schwierigen Tätigkeit ratsam. Sie ist sogar notwendig. Denn sonst unterläuft man im Handumdrehen das Gebot der nun einmal amtlichen Anmerkung. Daher darf man nicht einfach den Umkehrschluß ziehen, eine 1,3 Gebühr sei nur bei einer nicht schwierigen und nicht umfangreichen Angelegenheit angemessen, aM Kitzinger FamRZ **05**, 11. Noch weniger darf man die Schwellengebühr von 1,3 einfach auf Ausnahmelagen beschränken, aM HaRö VV Teil 2 Rn 56 ff. Vielmehr muß die Sache schon spürbar schwierig oder umfangreich sein. Freilich bewegen sich alle diese haarfeinen Abgrenzungsbemühungen am Rande bloßer Wortspielereien bei einem nach § 14 eben doch ziemlich weiten Ermessen.

27 Eine *durchschnittliche* Tätigkeit rechtfertigt nur die 1,3 Gebühr, AG Aachen AnwBl **05**, 223, AG Bielef AnwBl **05**, 223 rechts oben und Mitte, AG Bre AnwBl **05**, 588 rechts Mitte, AG Essen AnwBl **05**, 508, AG Hbg AnwBl **05**, 588 rechts unten und 589, AG Hbg-Harburg AnwBl **05**, 589, AG Heidelb AnwBl **05**, 589, AG Hildesh AnwBl **05**, 589, AG Jülich JB **05**, 194, AG Kelheim AnwBl **05**, 152, AG Ludwigshaven AnwBl **05**, 589, AG Lüdenscheid AnwBl **05**, 224, strenger AG Gronau JB **05**, 194 (1,0 Gebühr). Das bedeutet im Ergebnis: Nur eine überdurchschnittliche umfangreiche oder schwierige Tätigkeit erlaubt mehr als eine 1,3 Gebühr, Düss JB **09**, 588.

Eine *unterdurchschnittliche* Tätigkeit löst eine Gebühr unterhalb 1,3 aus, LG Coburg VersR **05**, 1101, AG Gütersloh RR **05**, 939 (0,8 Gebühr), AG Mainz JB **05**, 308 (1,0 Gebühr), AG Hbg AnwBl **05**, 588, AG Heidelb JB **05**, 592 (je: 1,3 Gebühr), Kitzinger FamRZ **05**, 11, aM AG Hagen AnwBl **05**, 508, AG Lörrach JB **05**, 255. Diese Handhabung löst freilich wieder die Frage aus, was durchschnittlich ist.

Vergütungsverzeichnis **2300 VV**

D. Beispiele zur Frage von Umfang oder Schwierigkeit. Es gibt dazu bereits 28 reichlich Stoff.

Abmahnung: Sie mag auch beim finanzstarken Auftraggeber nur 1,3 Gebühr recht- 29 fertigen, zB bei einer Domain-Verwendung, LG Düss RR **06**, 1149.
Aktenstudium: Es kann mehr als 1,3 Gebühr rechtfertigen, Henke AnwBl **04**, 579.
Arbeitsrecht: Eine vierseitige Forderung nach der Entfernung einer Abmahnung aus der Personalakte rechtfertigt 1,3 Gebühr, AG Stgt NJW **05**, 1956. Es kann auch ein so schwieriger Fall vorliegen, daß eine 2,1 Gebühr entsteht, AG Kblz JB **06**, 250. In einer Kündigungsschutzsache ist nicht stets 2,5 Gebühr erlaubt, aM AG Hbg-St Georg JB **06**, 309 (zustm Kitzmann). Sie ist aber möglich, AG Bln-Tempelhof-Kreuzberg JB **07**, 486.
Arztrecht: Rn 36 „Spezialrecht".
Auftraggeber: Seine Persönlichkeit kann mehr als 1,3 Gebühr rechtfertigen, Henke AnwBl **04**, 579.
Bausache: Rn 36 „Spezialrecht". 30
Bedeutung der Angelegenheit: Sie führt keineswegs stets zur Gebühr von mehr als 1,3, Kitzinger FamRZ **05**, 11.
Besprechung: Ihre Dauer und/oder Schwierigkeit kann mehr als 1,3 Gebühr rechtfertigen, Henke AnwBl **04**, 579. Das darf aber nicht zu Aushöhlung der 1,3 Gebühr führen, auch nicht von vornherein in einer Familiensache, großzügiger Kitzinger FamRZ **05**, 12.
Einkommen und Vermögen: Es führt keineswegs stets zur Gebühr von mehr als 31 1,3, Kitzinger FamRZ **05**, 11.
Fremdsprache: Sie kann mehr als 1,3 Gebühr rechtfertigen, Henke AnwBl **04**, 579. 32
Gutachten: Seine kritische Auswertung kann mehr als 1,3 Gebühr rechtfertigen, Henke AnwBl **04**, 579, oder auch 1,8 Gebühr, AG Köln AnwBl **05**, 723.
Haft: Sie kann mehr als 1,3 Gebühr rechtfertigen, Henke AnwBl **04**, 579. 33
Haftungsrisiko: Es läßt sich innerhalb § 14 mitbeachten.
Markenrecht: Ein Mahnschreiben mit einer Vielzahl von Rechtsfolgen kann eine 34 2,0 Gebühr auslösen, Ffm GRUR-RR **07**, 256.
Mietrecht: Eine Vermieterkündigung wegen eines Zahlungsverzugs rechtfertigt evtl nur 0,5 Gebühr, LG Karlsr NJW **06**, 1526.
Ortstermin: Er kann mehr als 1,3 Gebühr rechtfertigen, Henke AnwBl **04**, 579.
Rechtsprechung: Ihr Studium kann mehr als 1,3 Gebühr rechtfertigen, Henke 35 AnwBl **04**, 579.
Schadensersatz: Eine einfache Regelung kann 1,3 Gebühr entstehen lassen, Mü 36 AnwBl **06**, 768 (großzügig).
Schriftsätze: Ihr Umfang kann mehr als 1,3 Gebühr rechtfertigen, Henke AnwBl **04**, 579, aber auch bei zB vier Seiten Auseinandersetzung mit der Sach- und Rechtslage usw evtl nur 1,3 Gebühr, AG Pinneberg JB **05**, 308. Ein kurzes Schreiben mag nur 0,9 Gebühr rechtfertigen, AG Stgt JB **05**, 308.
Schrifttum: Sein Studium kann mehr als 1,3 Gebühr rechtfertigen, Henke AnwBl **04**, 579.
Spezialrecht: Es kann mehr als 1,3 Gebühr rechtfertigen, SG Marbg JB **08**, 366 (Arztrecht), Henke AnwBl **04**, 579. Baurecht ist nicht stets schwierig, VG Mainz NJW **06**, 1994.
Steuersache: S „Spezialrecht".
Vergaberecht: Es ist grds eine Überschreitung von 1,3 Gebühr statthaft, Jena AnwBl 37 **05**, 296. Im Durchschnittsfall billigt BayObLG JB **05**, 361 sogar 2,4 Gebühr zu (sehr großzügig). Bei einem einfachen Fall kann eine Unterschreitung von 1,3 Gebühr infragekommen, Jena AnwBl **05**, 296.
Verkehrsunfall, dazu *Enders* JB **05**, 590, *Onderka,* Anwaltsgebühren in Verkehrssachen, 2006; *Sonderkamp* NJW **06**, 1477 (je: Üb): Er kann mehr als 1,3 Gebühr rechtfertigen, zB 1,8 Gebühr, LG Saarbr JB **05**, 306 (schwere Verletzung eines Selbständigen), AG Ansbach AnwBl **06**, 857 (gegnerische Versicherung verlangt Gutachten), AG Lpz JB **09**, 187 (sog 130%-Fall), oder 1,6 Gebühr, AG Coburg JB **07**, 74, AG Hbg-Begedorf JB **05**, 389, oder 1,5 Gebühr, AG Hbg-Harb JB **07**,

VV 2300

139, AG Kempen JB **05**, 592, aM AG Nürnb JB **05**, 363, AG Wuppert JB **05**, 363, Landstuhl NJW **05**, 161 (aber es kommt auf die Umstände an).

Ein *Durchschnittsfall* mag 1,3 Gebühr erlauben, BGH AnwBl **07**, 155 (zustm Wendt 144), LG Fulda JB **06**, 25, AG Dortm AnwBl **06**, 679.

Ein *einfacher* Unfall mag aber auch nur 1,0 Gebühr rechtfertigen, LG Mannh RR **06**, 574, AG Düss JB **09**, 593, AG Nürnb JB **07**, 414, oder nur 0,9 Gebühr, AG Duisb-Hamborn NJW **05**, 911, AG Osnabr JB **05**, 308, oder sogar nur 0,8 Gebühr, AG Herne JB **05**, 255, großzügiger AG Coburg JB **05**, 307 (1,3 Gebühr).

Wettbewerbssache: Auch bei ihr kommt 1,3 Gebühr infrage, Hbg MDR **07**, 58.

38 **Zeitaufwand:** Er kann mehr als 1,3 Gebühr rechtfertigen, Henke AnwBl **04**, 579.

39 **8) Gegenstandswert.** Es kommt auf die Art der Gerichtsbarkeit an.

A. Grundsatz. Der Gegenstandswert richtet sich nach den für die Gerichtsgebühren geltenden Wertvorschriften, soweit ein gerichtliches Verfahren vorliegt. Das gilt dann auch für diejenige Tätigkeit des Anwalts, die dem gerichtlichen Verfahren vorausging. Der Streitwert ist auch dann maßgeblich, wenn es nicht mehr zu einem gerichtlichen Verfahren kommt oder wenn der Anwalt in ihm nicht mehr tätig wird, § 23 I. Im übrigen gilt das Interesse des Auftraggebers, Karlsr AnwBl **03**, 119. Auch gilt § 23 III. In derselben Angelegenheit nach § 15 muß man mehrere Werte zusammenrechnen, § 22 I.

Im Verhältnis *zwischen dem Auftraggeber und dem Anwalt* ist evtl ein anderer Gegenstandswert maßgeblich als im Verhältnis zwischen dem Auftraggeber und dem Verfahrensgegner, Mü VersR **77**, 1036.

40 **B. Freiwillige Gerichtsbarkeit.** Im Verfahren der freiwilligen Gerichtsbarkeit gelten in Familiensachen einschließlich der Vollstreckung durch das Familiengericht und im Verfahren vor dem OLG nach § 107 FamFG das FamGKG, Teil I B dieses Buchs, und in den übrigen Sachen die Vorschriften über den Gegenstandswert nach der KostO, Teil III dieses Buchs.

41 **C. Allgemeine Verwaltungsbehörde.** Im Verfahren vor einer Verwaltungsbehörde bemißt sich der Gegenstandswert nach § 23. Man muß ihn nach den für die Gerichtsgebühren geltenden Vorschriften ermitteln, soweit es sich um eine Tätigkeit des Anwalts im Widerspruchsverfahren, Beschwerdeverfahren oder Abhilfeverfahren handelt, § 23 I 3. Damit ist sicher, daß im Verwaltungsverfahren und im anschließenden gerichtlichen Verfahren derselbe Gegenstandswert maßgeblich ist. Demgemäß ist bei demselben Gegenstand der vom Gericht festgesetzte Streitwert auch für die im Vorverfahren entstandenen Anwaltsgebühren maßgeblich.

42 Für die Tätigkeit des Anwalts im *Verwaltungsverfahren der ersten Stufe* gilt § 23 I 2 ebenfalls. Das folgt aus der Überschrift von VV Teil 2.

43 Das *Nachprüfungsverfahren* bildet mit dem vorangehenden Verwaltungsverfahren verschiedene Angelegenheiten, § 17 Z 1. Daher darf man verschiedene Bewertungsmaßstäbe zugrunde legen.

44 **D. Finanzverwaltungsbehörde.** In dem Veranlagungsverfahren tritt an die Stelle des streitigen Steuerbetrags der gesamte steuerliche Wert des Auftrags. Man muß also etwa bei der Abfassung einer Steuererklärung denjenigen Wert zugrundelegen, der sich aus der nach der Erklärung zu zahlenden Steuer ergibt, FG Düss EFG **68**, 77.

45 **E. Wertfestsetzung.** Sie erfolgt nach § 33. Denn es genügt, daß der Anwalt zwar in einem gewöhnlichen Verfahren tätig wird, dabei aber nicht vor dem Gericht, § 33 Rn 3.

46 **9) Kostenerstattung.** Es gibt zwei Aspekte.

A. Grundsatz: Sachdienlichkeit. Die Vorbereitungskosten sind in demjenigen Umfang erstattungsfähig, der gerade der Vorbereitung dieses bestimmten Prozesses mit seinen Anträgen dient, BPatG GRUR **80**, 986, AG Hbg JB **07**, 264, Wolf Rpfleger **05**, 341, aM BGH RR **06**, 501, Köln FamRZ **06**, 1051, Naumb JB **02**, 372 (aber § 91 ZPO ist nicht so eng, Rn 100).

47 **B. Prozeßwirtschaftlichkeit.** Eine solche Sachdienlichkeit ist aus Gründen der Prozeßwirtschaftlichkeit, BLAH Grdz 14 vor § 128 ZPO, großzügig annehmbar,

BPatG GRUR **80**, 987, LG Stendal MDR **07**, 389, AG Stgt AnwBl **09**, 800, aM BGH MDR **06**, 353, Ffm JB **03**, 201, Köln MDR **07**, 119 (aber man muß von der Lage bei der Auftragserteilung ausgehen. Hinterher ist man immer klüger).
C. Erforderlichkeit. Die Maßnahme muß natürlich zur Rechtsverfolgung erforderlich sein, BPatG GRUR **80**, 987, KG MDR **76**, 670, Mü MDR **76**, 670 und 846 (Testkauf). Sie erfordert also eine gewisse Erfolgsaussicht, AG Geldern JB **05**, 363, aM AG Hbg JB **07**, 264. Die Maßnahme muß außerdem in einem vernünftigen Verhältnis zur Sache stehen, BPatG GRUR **80**, 987 (stellt auf die Angemessenheit ab). 48

D. Einzelfragen. Die Kosten der Beratung durch einen Anwalt dazu, ob sich der Bekl auf den bevorstehenden Prozeß einlassen soll, sind erstattungsfähig, KG MDR **85**, 1038. Das gilt allerdings nur insoweit, als der zugrunde liegende Anspruch auch begründet ist. Anwaltskosten für vorprozessuale Verhandlungen sind aber nicht automatisch erstattungsfähig, Kblz AnwBl **85**, 214, AG Emmerich AnwBl **93**, 641, Schneider MDR **75**, 325. Nicht erstattungsfähig ist ein nur sachlichrechtlicher Anspruch, Eulerich NJW **05**, 3099. Es muß Verzug vor der ersten Mahnung vorliegen, Oldb JB **09**, 362. 49

Zur *Erstattungsfähigkeit* BLAH § 91 ZPO Rn 255 ff, Dittmar NJW **86**, 2089, Steenbuck MDR **06**, 427. 50

Nr.	Gebührentatbestand	Gebühr oder Satz der Gebühr nach § 13 RVG
2301	Es ist eine Tätigkeit im Verwaltungsverfahren vorausgegangen: Die Gebühr 2300 für das weitere, der Nachprüfung des Verwaltungsakts dienende Verwaltungsverfahren beträgt .... ¹ Bei der Bemessung der Gebühr ist nicht zu berücksichtigen, dass der Umfang der Tätigkeit infolge der Tätigkeit im Verwaltungsverfahren geringer ist. ¹¹ Eine Gebühr von mehr als 0,7 kann nur gefordert werden, wenn die Tätigkeit umfangreich oder schwierig war.	0,5 bis 1,3

Vorbem. Umnummeriert dch Art 5 I Z 4 b KostRMoG, in Kraft seit 1. 7. 06, Art 8 S 2 KostRMoG. Übergangsrecht § 61 RVG.

1) **Systematik.** Es handelt sich um eine gegenüber VV 2300 vorrangige, weil speziellere Sondervorschrift, VGH Mannh JB **08**, 317. Ihr geht die noch speziellere Vorschrift VV 2401 vor. Die amtliche Vorbemerkung 2.3 gilt auch bei VV 2301. 1

2) **Regelungszweck.** Es gelten dieselben Erwägungen wie bei VV 2300 Rn 2. 2

3) **Geltungsbereich: Nachprüfungsverfahren.** Es gibt drei selbständige Angelegenheiten: Das Antragsverfahren; das Vor-, Widerspruchs-, Einspruchs- oder Nachprüfungsverfahren; das Gerichtsverfahren. Vgl § 17 Rn 3. In Betracht kommt also auch eine Selbstverwaltungsbehörde usw. Dem Widerspruchsverfahren und dem nach § 80 V VwGO folgenden gerichtlichen Verfahren liegt nicht derselbe Gegenstand zugrunde, VGH Mü JB **05**, 642. Infrage kommt zB eine Tätigkeit vor der Vergabekammer nach derjenigen im Vergabeverfahren, BGH AnwBl **08**, 887. 3

Unanwendbar ist VV 2301 auf ein solches Verwaltungsverfahren, das an einer anderen Stelle des RVG eine vorrangige Spezialregelung hat, zB das Güteverfahren des VV 2303 Z 1. Ist der Anwalt gar nicht im Verwaltungsverfahren tätig geworden, bleibt es bei VV 2300.

4) **Gebührenhöhe.** Es gelten im Prinzip dieselben Regeln wie bei VV 2300 Rn 22–38. § 14 ist anwendbar. Die Mittelgebühr beträgt theoretisch 0,9. Wegen der amtlichen Anmerkung II beträgt sie aber praktisch nur 0,7. Die Probleme zum Umfang und zur Schwierigkeit sind dieselben wie bei VV 2300 Rn 25–38. 4

Unbeachtlich ist nach der amtlichen Anmerkung I, daß der Umfang der Tätigkeit im Nachprüfungsverfahren natürlich wegen der zusätzlichen vorausgegangenen Tätigkeit im Verwaltungsverfahren etwa geringer war. Das gilt aber nicht für die etwaige Schwierigkeit. Sie darf und muß man bei VV 2301 voll beachten, wie bei VV 2300.

VV 2301, 2302

5 5) **Gegenstandswert.** Vgl VV 2300 Rn 39–45.
6 6) **Kostenerstattung.** Vgl VV 2300 Rn 46–50.

Nr.	Gebührentatbestand	Gebühr oder Satz der Gebühr nach § 13 RVG
2302	**Der Auftrag beschränkt sich auf ein Schreiben einfacher Art:** Die Gebühr 2300 beträgt .... Es handelt sich um ein Schreiben einfacher Art, wenn dieses weder schwierige rechtliche Ausführungen noch größere sachliche Auseinandersetzungen enthält.	0,3

Vorbem. Umnumerierg dch Art 5 I Z 4 b KostRMoG, in Kraft seit 1. 7. 06, Art 8 S 2 KostRMoG. Übergangsrecht § 61 RVG.

Gliederung

1) Systematik	1
2) Regelungszweck	2
3) Schreiben einfacher Art usw	3–8
A. Weder schwierig noch umfangreich	3
B. Durchschnitt unerheblich	4
C. Formular	5
D. Länge usw	6
E. Mehrere Schreiben	7
F. Verfahrensschreiben	8
4) Anrechnung, amtliche Vorbemerkung 3 IV	9
5) Kostenerstattung	10

1 **1) Systematik.** Die Vorschrift ergänzt im außergerichtlichen Bereich des Teils 2 die VV 2300, 2301, (je zum alten Recht) BGH NJW **83**, 2452, LG Hann AnwBl **89**, 687, LG Hildesh AnwBl **85**, 54 (krit Schmidt). Im gerichtlichen Bereich ist die fast wortgleiche Vorschrift VV 3403 anwendbar. Auch die Gebühr VV 2302 ist auf eine spätere Tätigkeit unter den Voraussetzungen der amtlichen Vorbemerkung 3 IV anrechenbar. Oft ergibt sich schon bei einem späteren Prozeßauftrag aus §§ 18 I Z 1, 19 I 2 Z 1 in Verbindung mit § 15 V, daß die Verfahrensgebühr eine Mahnung usw abgilt, soweit der Gegenstandswert für beide Tätigkeiten derselbe ist. § 34 (Rat, Gutachten) hat den Vorrang.

2 **2) Regelungszweck.** Für die hier genannten Einzeltätigkeiten kommt ein gegenüber jenen Vorschriften niedrigerer Gebührenrahmen in Betracht. Er ist nach dem klaren Wortlaut des VV 2302 nur dann anwendbar, wenn der Anwalt einen nicht über VV 2302 hinausgehenden Auftrag hatte und wenn er auch nur in diesem Rahmen tätig geworden ist. Diese Zweckbegrenzung ist bei der Auslegung mitbeachtlich.

3 **3) Schreiben einfacher Art.** Der Auftrag ist (jetzt) allein maßgeblich, nicht die wirklich ausgeführte Arbeit allein, Rn 5, BGH NJW **83**, 2451, AG Duisb JB **06**, 421. Er muß sich auf eine einfache Anfrage zB beim Einwohnermeldeamt oder auf eine einfache Mahnung oder Zahlungsaufforderung beschränken, (zum alten Recht) BGH NJW **83**, 2451, LG Bln JB **81**, 1528, LG Hann AnwBl **89**, 687, oder zB auf einen Widerruf, AG Mü AnwBl **95**, 969 (VerbrKrG), oder auf eine schlichte Kündigung, Mümmler JB **88**, 1131, Schneider MDR **00**, 685, insofern evtl auch auf eine mündliche oder fernmündliche, LG Hildesh AnwBl **85**, 54 (krit Schmidt, der diese Alternativen übersieht), oder auf ein eigenes Schreiben, § 56 Rn 5–7. Es muß zwar rechtliche oder sachliche Ausführungen darstellen.

A. Weder schwierig noch umfangreich. Das Schreiben darf nach der amtlichen Anmerkung aber weder eine schwierige rechtliche Ausführung noch eine größere sachliche Auseinandersetzung enthalten. Ob lediglich eine solche letztere Tätigkeit stattfinden soll, läßt sich nur unter einer Berücksichtigung der Umstände und unter einer Beachtung von Treu und Glauben ermitteln, § 242 BGB. Das gilt auch im gewerblichen Rechtsschutz, VV 2300 Rn 15, großzügiger Hbg MDR **09**, 1062 (0,8 Gebühr).

B. Durchschnitt unerheblich. Wegen der Maßgeblichkeit nur des Auftrags nach **4** Rn 3 kommt es nicht direkt darauf an, ob man bei einer Zugrundelegung durchschnittlicher rechtlicher Kenntnisse und durchschnittlicher taktischer Erfahrungen sowie durchschnittlicher äußerlicher Anforderungen sagen muß, daß das Schreiben nur einfacher Art ist. Auf den Empfänger kommt es kaum an. Freilich mag ein unstreitig oder erwiesenermaßen genau dem Auftrag entsprechendes Ergebnis immerhin nach seinem äußeren Bild die Abgrenzung durchaus zusätzlich klären oder doch erleichtern. Der Anwalt muß einen weitergehenden Auftrag als denjenigen nach VV 2302 darlegen und im Honorarprozeß beweisen.

Man kann keineswegs *im Zweifel* nur von einem umfangreicheren Auftrag und von einer umfangreicheren Tätigkeit ausgehen. Es kommt dabei also nicht nur darauf an, was der Anwalt getan *hat*, sondern außerdem und zunächst darauf, was er tun *sollte* und *durfte*. Das erschwert die Beurteilung erheblich.

C. Formular. Es mag selbst ein formularmäßig verfaßtes oder entworfenes **5** Schreiben über den Tätigkeitsbereich des VV 2302 deshalb hinausgehen, weil es nach seinem Inhalt unabhängig von der Herstellungsart eine auftragsgemäße weitergehende anfängliche Mühe kundgibt, BGH NJW **83**, 2451, LG Bln JB **81**, 1528, LG Hann AnwBl **89**, 687. Schon der Entwurf eines Formulars, das der Anwalt dann massenhaft benutzen kann, kann eine sehr erhebliche Mühe darstellen.

Die Verwendung des *Formulars* erfordert jeweils bei der an sich erforderlichen Sorgfalt nochmals eine Überlegung, ob das Formular überhaupt anwendbar ist usw.

D. Länge usw. Die Länge eines Schreibens gibt einen Anhaltspunkt, aber kein **6** entscheidendes Merkmal zur Abgrenzung. Die Anführung von Vorschriften, die Wiedergabe ihres Inhalts und ähnliche Merkmale sind nur bedingt Anhaltspunkte für eine Tätigkeit, die über VV 2302 hinausgeht.

E. Mehrere Schreiben. Die Abfassung mehrerer derartiger Schreiben in derselben Angelegenheit macht VV 2302 je Angelegenheit nur einmal anwendbar. Das ergibt sich zwar nicht schon aus der Fassung des Haupttextes und seiner amtlichen Anmerkung. Beide sprechen nämlich von nur „einem" Schreiben. Der Haupttext betont die „Beschränkung" auf „ein" Schreiben. Der Anwalt kann aber dennoch nur scheinbar durch 2, 3 oder 4 Mahnungen usw zweimal, dreimal oder viermal nach VV 2302 verdienen. Denn nach § 15 II, VI kann dieselbe Gebührenart je Angelegenheit unverändert nur einmal entstehen. **7**

F. Verfahrensschreiben. Ein Schreiben für den Verfahrensbetrieb hat keine geringere Vergütung als ein sonstiges Schreiben einfacher Art zur Folge. Das gilt zB bei einer Aufenthaltsermittlung, (zum alten Recht) BGH MDR **04**, 776, oder bei einer mündlichen oder fernmündlichen *Nachfrage* der genannten Art. **8**

4) Anrechnung, amtliche Vorbemerkung 3 IV. Bei demselben Gegenstand im **9** Sinn von § 7 Rn 27, 28 muß man eine Gebühr VV 2302 zur Hälfte auf eine Verfahrensgebühr des etwa folgenden gerichtlichen Verfahrens aus dem Bereich des Teils 3 des VV anrechnen, amtliche Vorbemerkung 3 IV Hs 1. Jedoch darf man nach Hs 2 dieser Vorbemerkung höchstens einen Gebührensatz von 0,75 anrechnen. Bei mehreren Gebühren ist für die Anrechnung nach der amtlichen Vorbemerkung IV 3 die zuletzt entstandene Gebühr maßgebend. Die Anrechnung erfolgt nach demjenigen Gegenstandswert, der auch der Gegenstand des gerichtlichen Verfahrens ist, amtliche Vorbemerkung IV 3. Der etwa über den späteren Prozeßauftrag hinausgehende Teil VV 2302 bleibt für den Anwalt bestehen.

5) Kostenerstattung, I, II. Eine Kostenerstattung unterliegt anderen Regeln, zB **10** den §§ 91 ff, 788 ZPO, LG Konst Rpfleger **92**, 365.

Nr.	Gebührentatbestand	Gebühr oder Satz der Gebühr nach § 34 GKG
2303	Geschäftsgebühr für 1. Güteverfahren vor einer durch die Landesjustizverwaltung eingerichteten oder anerkannten Gütestelle (§ 794 Abs. 1 Nr. 1 ZPO) oder, wenn die Parteien den Einigungsversuch einvernehmlich unterneh-	

VV 2303 Vergütungsverzeichnis

Nr.	Gebührentatbestand	Gebühr oder Satz der Gebühr nach § 34 GKG
	men, vor einer Gütestelle, die Streitbeilegung betreibt (§ 15a Abs. 3 EGZPO), 2. **Verfahren vor einem Ausschuss der in § 111 Abs. 2 des Arbeitsgerichtsgesetzes bezeichneten Art**, 3. **Verfahren vor dem Seemannsamt zur vorläufigen Entscheidung von Arbeitssachen und** 4. **Verfahren vor sonstigen gesetzlich eingerichteten Einigungsstellen, Gütestellen oder Schiedsstellen** ... Soweit wegen desselben Gegenstands eine Geschäftsgebühr nach Nummer 2300 entstanden ist, wird die Hälfte dieser Gebühr nach dem Wert des Gegenstands, der in das Verfahren übergegangen ist, jedoch höchstens mit einem Gebührensatz von 0,75, angerechnet.	1,5

Vorbem. Umnumerierg dch Art 5 I Z 4b KostRMoG, in Kraft seit 1. 7. 06, Art 8 S 2 KostRMoG. Übergangsrecht § 61 RVG.

1 1) **Systematik.** Die Vorschrift enthält vorrangige Sonderregeln. Sie sprechen auch einen teilweisen ausdrücklichen Ausschluß der allgemeinen Vergütung aus. Sie schaffen stattdessen eine systematisch wie wirtschaftlich abweichende, wenn auch im Ergebnis ähnliche Spezialvergütung. Bei einem Sühneversuch nach § 380 StPO gilt VV 4102 Z 5.

2 2) **Regelungszweck.** Die auf einen folgenden Prozeß nur bedingt anrechenbaren Sondergebühren sind in den einzelnen Geltungsbereichen zwecks einer Vereinfachung gleich hoch. Das gilt, obwohl vor allem das Güteverfahren wegen seiner rechtspolitisch oft als besonders wichtig erachteten Funktion der Entlastung der Gerichte und der Streitbeilegung eigentlich eine nochmals hervorgehobene Vergütung nahelegen würde. Die Regelung dient der Vereinfachung. Man darf sie daher nicht indirekt dadurch erschweren, daß man die zum anwendbar bleibenden VV 1000 entwickelten Überlegungen zum Begriff der Einigung nun doch wieder „hintenherum" mitbeachtet. Freilich bedeuten ein Vergleich und eine Einigung im Ergebnis nahezu dasselbe.

3 3) **Geltungsbereich.** Vgl § 17 Rn 27–34. Die Vorschrift gilt sowohl für den mit dem gesamten Verfahren beauftragten ProzBev als auch für denjenigen Anwalt, der nur einzelne Handlungen vornehmen soll, etwa als ein Beistand oder Verkehrsanwalt.

4 4) **Pauschalgebühr.** Bei Z 1–4 entsteht eine Pauschalgebühr von 1,5. Außergerichtlich entsteht also nicht eine Verfahrens- oder Terminsgebühr. Die Geschäftsgebühr gilt als eine Pauschale die gesamte auftragsgemäße Tätigkeit im Verfahren ab, Enders JB **00**, 114. Der Anwalt erhält sie auch bei einer bloßen Einzeltätigkeit. Der Anspruch entsteht mit der auftragsgemäßen Entgegennahme der Information. VV 3100, 3401, 3309, 3500 sind nicht auch nur entsprechend anwendbar. VV 1008 ist anwendbar, (zum alten Recht) Mü AnwBl **82**, 440.

5 5) **Anrechnungen.** Man muß zwei Anrechnungsarten unterscheiden.
A. **Anrechnung, amtliche Anmerkung.** Es findet unter ihren Voraussetzungen nur eine hälftige Anrechnung statt, diese nur auf eine Geschäftsgebühr nach VV 2300 und auch diese nur mit höchstens einer 0,75 Gebühr.

6 B. **Anrechnung, amtliche Vorbemerkung 3 IV.** Bei demselben Gegenstand nach § 7 Rn 27, 28 muß man eine Gebühr VV 2303 zur Hälfte auf eine Verfahrensgebühr des etwa folgenden gerichtlichen Verfahrens aus dem Bereich des Teils 3 des VV anrechnen, amtliche Vorbemerkung 3 IV Hs 1. Jedoch darf man nach Hs 2 dieser Vorbemerkung höchstens einen Gebührensatz von 0,75 anrechnen. Bei mehreren Gebühren ist für die Anrechnung nach der amtlichen Vorbemerkung 3 IV 3 die zuletzt entstandene Gebühr maßgebend. Die Anrechnung erfolgt nach demjenigen Gegenstandswert, der auch der Gegenstand des gerichtlichen Verfahrens ist, amtliche Vorbemerkung 3 IV 3. Der etwa über den späteren Prozeßauftrag hinausgehende Teil VV 2303 bleibt für den Anwalt bestehen.

Vergütungsverzeichnis **2303, Vorbem 2.4, 2400, 2401 VV**

6) **Gegenstandswert.** Es gilt § 23.   7

7) **Kostenerstattung.** Sie hängt bei den sog Vorbereitungskosten von § 91 ZPO   8
ab, BLAH dort Rn 106, 276, und sonst von einer diesbezüglichen Parteivereinbarung. Sie ist nach den einschlägigen Vorschriften der Güteverfahren freilich teilweise unstatthaft. Sie entfällt, soweit ein Güteverfahren nicht zwingend ist, Mü MDR 99, 381. Vgl. aber auch § 76 BetrVG.

Abschnitt 4. Vertretung in bestimmten Angelegenheiten

(Amtliche) Vorbemerkung 2.4:

[1 1] Gebühren nach diesem Abschnitt entstehen

1. in sozialrechtlichen Angelegenheiten, in denen im gerichtlichen Verfahren Betragsrahmengebühren entstehen (§ 3 RVG), und
2. in Verfahren nach der WBO, wenn im gerichtlichen Verfahren das Verfahren vor dem Truppendienstgericht oder vor dem Bundesverwaltungsgericht an die Stelle des Verwaltungsrechtswegs gemäß § 82 SG tritt.

[2] Im Verwaltungszwangsverfahren ist Teil 3 Abschnitt 3 Unterabschnitt 3 entsprechend anzuwenden.

[II] Vorbemerkung 2.3 Abs. 3 gilt entsprechend.

Vorbem. Zunächst Umnumerierung dch Art 5 I Z 4 b KostRMoG, in Kraft seit 1. 7. 06, Art 8 S 2 KostRMoG. Übergangsrecht § 61 RVG. Sodann Neufassg dch Art 6 Z 2 b cc WehrRÄndG v 31. 7. 08, BGBl 1629, in Kraft seit 1. 2. 09, Art 18 II WehrRÄndG, Übergangsrecht § 60 RVG.

Nr.	Gebührentatbestand	Gebühr oder Satz der Gebühr nach § 13 RVG
2400	Geschäftsgebühr	40,00 bis 520,00 EUR
	Eine Gebühr von mehr als 240,00 EUR kann nur gefordert werden, wenn die Tätigkeit umfangreich oder schwierig war.	
2401	Es ist eine Tätigkeit im Verwaltungsverfahren oder im Beschwerdeverfahren nach der WBO vorausgegangen: Die Gebühr 2400 für das weitere, der Nachprüfung des Verwaltungsakts dienende Verwaltungsverfahren oder für das Verfahren der weiteren Beschwerde nach der WBO beträgt	40,00 bis 260,00 EUR
	[I] Bei der Bemessung der Gebühr ist nicht zu berücksichtigen, dass der Umfang der Tätigkeit infolge der Tätigkeit im Verwaltungsverfahren oder im Beschwerdeverfahren nach der WBO geringer ist.	
	[II] Eine Gebühr von mehr als 120,00 EUR kann nur gefordert werden, wenn die Tätigkeit umfangreich oder schwierig war.	

Zu VV 2400, 2401:

Vorbem. Zunächst Umnumerierg dch Art 5 I Z 4 b KostRMoG, in Kraft seit 1. 7. 06, Art 8 S 2 KostRMoG. Übergangsrecht jeweils § 61 RVG. Sodann Neufassg dch Art 6 Z 2 b cc WehrRÄndG v 31. 7. 08, BGBl 1629, in Kraft seit 1. 2. 09, Art 18 II WehrRÄndG, Übergangsrecht § 60 RVG.

1) **Systematik.** VV 2400, 2401 regeln nur ihren Spezialbereich außergerichtlicher   1
Vertretungstätigkeit. Sie haben daher nur insofern den Vorrang. Sie gelten nicht, soweit der Anwalt eine anderswo geregelte Tätigkeit ausübt. Im Verwaltungszwangsverfahren gelten nach der amtlichen Vorbemerkung 2.4 I VV 3309, 3310 entsprechend.

VV 2401, Vorbem 2.5, 2500   Vergütungsverzeichnis

Vorrang vor VV 2400, 2401 haben zB: §§ 34, 36, VV 2100–2103, 2500–2508, 3400–3405, Teile 4–6.

2   **2) Regelungszweck.** Die Sonderregelung der Tätigkeit mit ihren Betragsrahmengebühren bezweckt wohl auch wegen der Schwierigkeit einer brauchbaren Ermittlung von Gegenstandswerten eine nach § 14 ausgerichtete möglichst elastisch handhabbare Vergütung auf einem äußerst breit gefächerten Gebiet äußerst unterschiedlicher Lagen und Interessen mit einer teilweise hohen Verantwortung des Anwalts schon und gerade bei der Vertretung vor der Behörde. Dem sollte man bei der Bemessung der angemessenen Gebühr aus dem Rahmen mit einer weder zu engstirnigen noch allzu großzügigen Beurteilung folgen.

3   **3) Geltungsbereich.** Es geht um die Tätigkeiten in einer außergerichtlichen Sache, in der der Anwalt nach § 3 Betragsrahmengebühren erhält.

4   **4) Gebührenhöhe.** § 14 ist anwendbar. Die Gebühren gelten als Pauschalen die gesamte auftragsgemäße Tätigkeit ab der auftragsgemäßen Einholung der Information ab, einschließlich der Nebentätigkeiten. Das ergibt sich aus den amtlichen Vorbemerkungen 2.4 II mit 2.3 III. Das gilt auch bei einem Auftrag nur zu einer Einzeltätigkeit. Es gelten im Prinzip dieselben Erwägungen wie bei VV 2300 Rn 22 ff.
Die *Mittelgebühren* betragen theoretisch bei VV 2400 = 280 EUR, bei VV 2401 = 150 EUR. Bei VV 2400 beträgt die Mittelgebühr aber wegen der amtlichen Anmerkung meist nur 240 EUR, LSG Essen RR **08**, 87, bei VV 2401 wegen der amtlichen Anmerkung II meist nur 120 EUR. Die Probleme zum Umfang und zur Schwierigkeit sind dieselben wie bei VV 2300, 2301. Es kann zB eine schriftliche Stellungnahme gegenüber der Arbeitsagentur im Anhörungsverfahren zur vorgesehenen Sperrzeit eine Gebühr von nur 240 EUR auslösen, Klier NZS **04**, 472 (Fallbeispiel auch zu [jetzt] VV 2401). Eine Herabsetzung schon wegen eines erheblich unterdurchschnittlichen Einkommens versagt LSG Essen RR **08**, 87. Vgl aber § 14.

Je *Angelegenheit* entstehen die Gebühren nur einmal. VV 1008 ist anwendbar.

Abschnitt 5. Beratungshilfe

(Amtliche) Vorbemerkung 2.5:
    Im Rahmen der Beratungshilfe entstehen Gebühren ausschließlich nach diesem Abschnitt.

Vorbem. Umnumerierung dch Art 5 I Z 4 b KostRMoG, in Kraft seit 1. 7. 06, Art 8 S 2 KostRMoG. Übergangsrecht § 61 RVG.

Nr.	Gebührentatbestand	Gebühr oder Satz der Gebühr nach § 13 RVG
2500	Beratungshilfegebühr .... ¹Neben der Gebühr werden keine Auslagen erhoben. ²Die Gebühr kann erlassen werden.	10,00 EUR

Vorbem. Umnumerierg dch Art 5 I Z 4 b KostRMoG v 5. 5. 04, BGBl 718, in Kraft seit 1. 7. 06, Art 8 S 2 KostRMoG. Übergangsrecht § 61 RVG.

Schrifttum: *Dörndorfer*, Prozesskosten- und Beratungshilfe für Anfänger, 5. Aufl 2009; *Greißinger*, Beratungshilfegesetz, 1990; *Greißinger* AnwBl **89**, 573; *Hellstab* Rpfleger **06**, 246 (je: Rspr.-Üb); *Kalthoener/Büttner/Wrobel-Sachs*, Prozeßkostenhilfe und Beratungshilfe, 4. Aufl 2005; *Kammeier* Rpfleger **98**, 501 (Üb); *Künzl/Koller*, Prozeßhilfe usw, 2. Aufl 2003; *Lindemann/Trenk-Hinterberger*, Beratungskostenhilfegesetz, Komm, 1987; *Lissner* Rpfleger **07**, 448 (Üb); *Schoreit/Dehn*, Beratungshilfegesetz, Prozeßkostenhilfegesetz, 9. Aufl 2007; *Vallender*, Beratungshilfe, 1990; *Walters*, Leitfaden der Beratungs- und Prozeßkostenhilfe im Europäischen Wirtschaftsraum, 1997.

1   **1) Festgebühr gegen Auftraggeber.** Sobald der Anwalt eine Beratungshilfe gewährt, entsteht für ihn gegen den Auftraggeber nach § 44 S 2 allenfalls ein Anspruch auf eine Festgebühr von 10 EUR nach VV 2500. Die übrigen Gebühren VV 2501–VV 2508 entstehen gegenüber der Staatskasse.

Der Anspruch nach VV 2500 ist weder von der Vorlage eines Berechtigungsscheins nach § 6 I BerHG noch überhaupt von einer vorangegangenen oder nachträglichen Antragstellung beim AG auf eine Beratungshilfe abhängig. Es reicht vielmehr aus, daß der Anwalt eine Beratungshilfe nach § 2 BerHG *tatsächlich geleistet* hat, Grunsky NJW **80**, 2048, aM LG Bln Rpfleger **82**, 239. Freilich muß sich der Auftraggeber als ein Rechtsuchender nach § 1 BerHG an den Anwalt gewandt und gerade um eine Beratungshilfe gebeten haben. Soweit der Auftrag unter anderen Voraussetzungen oder in einem weiteren Umfang erging, kommt nach §§ 60, 61 RVG eine Vergütung nach dem übrigen VV in Betracht.

2) Abgrenzung. Hier bringt das BerHG zahlreiche Abgrenzungsprobleme mit sich. Der Anwalt muß von vornherein eine Klärung darüber herbeiführen, ob sich der Auftraggeber nur im Rahmen des BerHG an ihn wendet und daher auch nur die Festgebühr VV 2500 entrichten will. Diese Pflicht entsteht sowohl aus dem vorvertraglichen Verhältnis zum Auftraggeber als auch aus dem Berufsrecht. Im Zweifel schuldet der Auftraggeber nur die Festgebühr des (jetzt) VV 2500, aM AG Minden AnwBl **84**, 516 (der Auftraggeber müsse sofort von sich aus auf seine finanziellen Verhältnisse hinweisen. Das ist eine glatte Überforderung gerade dieser Bevölkerungsgruppe). 2

3) Beweislast. Der Anwalt muß beweisen, daß er wenigstens eine Beratungshilfe geleistet hat. Ihr Umfang ist aber für die Festgebühr unerheblich. 3

4) Steuerfragen. Neben der Schutzgebühr in Höhe einer Festgebühr von 10 EUR kann der Anwalt nach der amtlichen Anmerkung S 1 keinen Auslagenersatz vom Auftraggeber fordern, also auch keine Erstattung der Umsatzsteuer, Fischer NZA **04**, 1185. Er darf und muß also die Umsatzsteuer aus der Bruttogebühr VV 2500 herausrechnen, Henke AnwBl **06**, 484. Der Anwalt darf sogar die Festgebühr nach der amtlichen Anmerkung S 2 dem Auftraggeber erlassen, und zwar nach seinem pflichtgemäßen Ermessen und ohne eine nähere Prüfung der Verhältnisse, aber natürlich nicht generell und schon gar nicht allgemein etwa aus Werbegründen. 4

5) Dieselbe Angelegenheit. Die Abgrenzung der einen Beratung von einer weiteren erfolgt im allgemeinen am ehesten entsprechend § 15 II 1 nach dem Begriff derselben Angelegenheit. Man muß stets alle Umstände beachten, LG Kleve Rpfleger **03**, 304, Enders JB **00**, 341 (Üb). Es müssen zusammentreffen: Eine Gleichzeitigkeit oder Einheitlichkeit des Auftrags, eine Gleichartigkeit oder ein gleicher Rahmen der Tätigkeit oder des Verfahrens, ein innerer Zusammenhang, Greißinger AnwBl **93**, 12. Die Zahl der Berechtigungsscheine ist nicht maßgeblich, LG Kleve Rpfleger **03**, 304, LG Münst Rpfleger **00**, 281, AG Kelheim FamRZ **00**, 1589, aM (wegen Scheidung und Folgesachen) LG Gött JB **86**, 1843. 5

§ 22 I ist wegen des Festgebührensystems nach (jetzt) VV 2501 ff jedenfalls nicht direkt anwendbar, Bln Rpfleger **84**, 162. 6

Nr.	Gebührentatbestand	Gebühr oder Satz der Gebühr nach § 13 RVG
2501	Beratungsgebühr .... ¹ Die Gebühr entsteht für eine Beratung, wenn die Beratung nicht mit einer anderen gebührenpflichtigen Tätigkeit zusammenhängt. ᴵᴵ Die Gebühr ist auf eine Gebühr für eine sonstige Tätigkeit anzurechnen, die mit der Beratung zusammenhängt.	30,00 EUR

Vorbem. Umnumerierg dch Art 5 I Z 4 b KostRMoG, v 5. 5. 04, BGBl 718, in Kraft seit 1. 7. 06, Art 8 S 2 KostRMoG. Übergangsrecht § 61 RVG.

Gliederung

1) Systematik 1
2) Regelungszweck 2
3) Geltungsbereich 3
4) Beratung 4
5) Kein Zusammenhang mit anderer Tätigkeit 5

VV 2501   Vergütungsverzeichnis

1   **1) Systematik.** Vgl zunächst § 44 Rn 1 und VV 2500 Rn 1. Die Vorschrift weist teilweise Übereinstimmungen oder Ähnlichkeiten mit anderen Vergütungstatbeständen des RVG auf. Gleichwohl geht VV 2501 als eine Spezialvorschrift vor. Hier geht VV 2502 vor. Ergänzend gelten VV 2503 ff. VV 1008 ist unanwendbar, KG Rpfleger 07, 401, AG Kblz FamRZ 08, 912 (Streitfrage, bitte nachlesen).

2   **2) Regelungszweck.** Die Vorschrift bezweckt zusammen mit VV 2503 ff eine den recht unterschiedlichen Teilbereichen einer Beratungshilfe entsprechende differenzierte und doch einigermaßen einfache Bemessung der Gebühren. Das System von Festgebühren erspart nur sehr bedingt Auseinandersetzungen über die Frage, ob es den Arbeitsumfang ausreichend abgilt. Umso eher verlagert man die Streitfragen auf die Abgrenzung der einzelnen Tätigkeitsbereiche, etwa auf die Frage, ob die Tätigkeit des Anwalts für einen Vergleich wenigstens nach III mitursächlich war. Eine weder zu strenge noch zu großzügige Auslegung hilft auch hier am ehesten. Man darf keine strengeren Anforderungen als bei einer Prozeßkostenhilfe stellen, BVerfG RR 07, 1369.

3   **3) Geltungsbereich.** Soweit also der Anwalt nur im Rahmen einer Beratungshilfe tätig wird, § 44 Rn 7, erhält er neben der vom Auftraggeber geschuldeten Festgebühr VV 2500 zusätzlich aus der Staatskasse als eine öffentlichrechtliche Vergütung oder Entschädigung die Festgebühren VV 2501 ff. Das gilt unabhängig davon, ob der Gegenstandswert nach den sonstigen Vorschriften des RVG eine höhere oder eine niedrigere Gebühr auslösen würde, Bischof NJW 81, 898. Der Anwalt ist für die Entstehung einer Gebühr VV 2501 ff beweispflichtig. Je Angelegenheit nach § 15 Rn 8 ff entsteht die Beratungsgebühr auch bei mehreren Beratungen nur einmal. Bei mehreren Asylbewerbern liegen mehrere Angelegenheiten vor, § 15 Rn 25. Zur Abgrenzung mehrerer Beratungen oder Angelegenheiten VV 2500 Rn 5.

4   **4) Beratung.** VV 2501 stimmt fast wörtlich mit § 34 I 1 überein. Beratung ist eine solche Äußerung, die für die gerade anwaltliche Beurteilung und Auffassung einer Angelegenheit und für die Art und Weise ihrer Behandlung eine Bedeutung hat, (zum alten Recht) Bischof NJW 81, 898. Dazu gehören etwa die Beratung im zugehörigen Prozeßkostenhilfeverfahren, Mü AnwBl 00, 58 (nicht auch stets die dortige Vertretung), AG Osnabr JB 98, 197. Hierher gehört auch eine Auskunft oder ein Rat, auch sogar der Rat, von einer Maßnahme abzusehen, Bischof NJW 81, 898, oder ein Rat mit Nebenfragen beschränkter Rat, Hansens JB 86, 170, RS 107, aM Mümmler JB 80, 1606, oder ein solcher Rat, den der Rpfl nach § 3 II BerHG erteilen könnte, aber eben nicht erteilen will, Hansens JB 86, 171. Die Beratung kann schriftlich, per Telefax, elektronisch, telefonisch, mündlich erfolgen. In derselben Angelegenheit fällt VV 2501 nur einmal an, § 15 II 1, dort Rn 22 ff. Bei einer nur mit dem Auftraggeber stattfindenden Erörterung liegt meist ein Rat vor. Demgegenüber erfüllt eine nach außen wirkende Tätigkeit durchweg andere Gebührentatbestände, Bischof NJW 81, 898.

Unanwendbar ist VV 2501 bei einer nicht gerade als eine Anwaltstätigkeit nach § 1 Rn 23 einstufbaren Tätigkeit, etwa bei einer Kreditvermittlung, Ffm AnwBl 81, 152.

Derjenige Anwalt, der die Beratung *im Rahmen einer Beratungshilfe* nach Rn 1, 2 erteilt, erhält statt der Vergütung des § 34 eine Festgebühr nach (jetzt) VV 2501, Forstmann AnwBl 82, 182. Daher ist der Gegenstandswert insofern unerheblich, Forstmann AnwBl 82, 182. Die amtliche Anmerkung II zwingt zur dort näher bestimmten Anrechnung, (zum alten Recht) Bischof NJW 81, 898, (zum neuen Recht) Klier NZS 04, 470. Bei der dort genannten „sonstigen" Tätigkeit kann es sich um eine gerichtliche oder außergerichtliche handeln.

5   **5) Kein Zusammenhang mit anderer Tätigkeit.** Die Festgebühr VV 2501 entsteht nur, soweit die Beratung nicht mit einer anderen gebührenpflichtigen Tätigkeit zusammenhängt, (jetzt) amtliche Anmerkung I, AG Kblz FamRZ 98, 1038. Dieser Begriff ist zwar weit auslegbar. Er erfordert aber doch eine innerliche Verknüpfung, Düss MDR 86, 158. Sie kann zB bei einer Scheidungs- und Scheidungsfolgesache fehlen, Düss MDR 86, 158. Ein solcher Zusammenhang kann bei VV 2502 bestehen. Er kann auch dann vorliegen, wenn zB eine Tätigkeit für ein gerichtliches Verfahren noch nicht oder nicht mehr erfolgt. Er kann bei VV 2503 nach einem vorsorglichen Widerspruch gegen einen Mahnbescheid bestehen, AG Regensb Rpfleger 06, 416. Er kann fehlen, obwohl der Anwalt schon oder noch auch im Bezug auf ein gerichtliches Verfahren tätig ist, LG Mainz Rpfleger **87**, 160. Er kann dann fehlen, wenn es für dieselbe Tätigkeit einen weiteren Gebührenschuldner gibt.

Nr.	Gebührentatbestand	Gebühr oder Satz der Gebühr nach § 13 RVG
2502	Beratungstätigkeit mit dem Ziel einer außergerichtlichen Einigung mit den Gläubigern über die Schuldenbereinigung auf der Grundlage eines Plans (§ 305 Abs. 1 Nr. 1 InsO): Die Gebühr 2501 beträgt	60,00 EUR

Vorbem. Umnumerierg dch Art 5 I Z 4 b KostRMoG v 5. 5. 04, BGBl 718, in Kraft seit 1. 7. 06, Art 8 S 2 KostRMoG. Übergangsrecht § 61 RVG.

1) Systematik, Regelungszweck. Vgl VV 2501. Die Verdoppelung der Gebührenhöhe gegenüber VV 2501 ist der einzige Zweck, Zweibr JB **08**, 423. Sie hat ihren Grund in der oft besonderen Mühe des Anwalts im Schuldenbereinigungsverfahren. 1

2) Geltungsbereich: Beratung zwecks Schuldenbereinigung. Mit dem Antrag auf die Eröffnung des Insolvenzverfahrens nach § 13 I InsO oder unverzüglich danach muß der Schuldner unter anderem eine Bescheinigung vorlegen, wonach man eine außergerichtliche Einigung mit dem Gläubigern über die Schuldenbereinigung auf der Grundlage eines Plans innerhalb der letzten sechs Monate vor dem Eröffnungsantrag erfolglos versucht hat, § 305 I Z 1 InsO. Für die Beratung durch den Anwalt im Rahmen einer bloßen Beratungshilfe zur Herbeiführung einer solchen außergerichtlichen Einigung gibt (jetzt) VV 2502 dem Anwalt eine Vergütung, AG Köln Rpfleger **99**, 497, Vallender MDR **99**, 529. Zum Beratungsbegriff VV 2501 Rn 4. Soweit es zu einer Tätigkeit auch nur nach VV 2503 amtliche Anmerkung I kommt, kann außerdem eine Geschäftsgebühr nach VV 2503 entstehen. 2

Zur Herbeiführung muß die Beratung dienen, nicht zur Verhinderung oder auch nur ausschließlich zur Verzögerung der Einigung, Enders JB **02**, 170. Dabei ist aber kein zu kleinlicher Maßstab zulasten des Anwalts erlaubt, Enders JB **02**, 170. Auch eine vorübergehende gewisse Verzögerung usw kann einer schließlichen Einigung förderlich und daher nach VV 2502 ausreichend sein. 3

Nr.	Gebührentatbestand	Gebühr oder Satz der Gebühr nach § 13 RVG
2503	Geschäftsgebühr .... ¹ Die Gebühr entsteht für das Betreiben des Geschäfts einschließlich der Information oder die Mitwirkung bei der Gestaltung eines Vertrags. ᴵᴵ ¹Auf die Gebühren für ein anschließendes gerichtliches oder behördliches Verfahren ist diese Gebühr zur Hälfte anzurechnen. ²Auf die Gebühren für ein Verfahren auf Vollstreckbarerklärung eines Vergleichs nach den §§ 796 a, 796 b und 796 c Abs. 2 Satz 2 ZPO ist die Gebühr zu einem Viertel anzurechnen.	70,00 EUR

Vorbem. Umnumerierg dch Art 5 I Z 4 b KostRMoG v 5. 5. 04, BGBl 718, in Kraft seit 1. 7. 06, Art 8 S 2 KostRMoG. Übergangsrecht § 61 RVG.

Gliederung

1) Systematik	1
2) Regelungszweck	2
3) Geltungsbereich, amtliche Anmerkung I	3–6
A. Betreiben des Geschäfts, Hs 1	3
B. Mitwirken bei Vertragsgestaltung, Hs 2	4
C. Ursächlichkeit der Anwaltstätigkeit, Hs 1, 2	5, 6

VV 2503

4) Anrechnung, amtliche Anmerkung II 7–23
   A. Grundsatz: Keine zu hohe Vergütung, S 1, 2 8–12
   B. Geschäftsgebühr, S 1, 2 13
   C. Zunächst außergerichtliches oder außerbehördliches Verfahren, S 1 14
   D. Anschließend gerichtliches oder behördliches Verfahren, S 1 15
   E. Dieselben Beteiligten 16
   F. Derselbe Streit 17
   G. Zeitlicher Zusammenhang 18
   H. Zunächst außergerichtliches Verfahren, anschließend Vollstreckbarkeitsverfahren nach §§ 796 a, b, c ZPO, S 2 19
   I. Tätigkeit, S 1, 2 20–23
5) Anrechnungshöhe, amtliche Anmerkung II 24

1   **1) Systematik.** VV 2503 nennt demselben Begriff wie VV 2300. Die amtliche Anmerkung I stimmt mit der amtlichen Vorbemerkung 2.3 III überein. Damit nennt das Gesetz zwei verschiedene Tätigkeitsbereiche, nämlich zum einen das Betreiben des Geschäfts und zum anderen die Mitwirkung bei einer Vertragsgestaltung. Vgl dazu bei VV 2300. Beide Bereiche ergeben aber nur einmal eine Geschäftsgebühr. Sie entsteht nur gegenüber der Landeskasse als eine öffentlichrechtliche Vergütung oder Entschädigung. Vgl auch dazu bei VV 2300. Allerdings kann sie nach VV 1008 bei mehreren Auftraggebern erhöht anfallen, Nürnb FamRZ **07**, 844, Oldb JB **07**, 140, LG Detm Rpfleger **01**, 37, aM LG Osnabr JB **00**, 141, AG Geldern JB **96**, 545, AG Kblz FamRZ **02**, 474 (aber auch mehrere Asylanten sind Streitgenossen). VV 2503 hat den Vorrang vor VV 2501.

2   **2) Regelungszweck.** Das Gesetz soll ersichtlich mit seinem System fester Gebühren eine kostenrechtliche Erleichterung bei der Abrechnung bewirken. Es nimmt in Kauf, daß die Festgebühr wie jede Gebühr solcher Art im einen Fall rasch entsteht, daß der Anwalt sie aber im anderen nur langsam und mühsam verdient.

3   **3) Geltungsbereich, amtliche Anmerkung I.** Es gelten dieselben Erwägungen wie bei VV 2300 Rn 3 ff. Maßgebend sind auch hier die Art und der Umfang des Auftrags (zum alten Recht) BGH AnwBl **83**, 512. Der Beratungshilfeantrag muß vor dem Beginn der Anwaltstätigkeit vorgelegen haben, AG Konst RR **07**, 209.

    A. Betreiben des Geschäfts, Hs 1. Die Tätigkeit beginnt mit der auftragsgemäßen Entgegennahme der Information. Der Umfang und die Schwierigkeit sowie die Zeitdauer usw sind freilich anders als bei VV 2300 hier unerheblich. Denn es entsteht eine Festgebühr.

4   **B. Mitwirkung bei Vertragsgestaltung, Hs 2.** Es gelten auch insofern dieselben Erwägungen wie bei VV 2300. Auch diese Tätigkeit beginnt mit der auftragsgemäßen Information. Auch hier sind der Umfang und die Schwierigkeit sowie die Zeitdauer usw unerheblich. Denn es entsteht ja eben eine Festgebühr.

5   **C. Ursächlichkeit der Anwaltstätigkeit, Hs 1, 2.** Die Tätigkeit des Anwalts muß für das Geschäft oder den Vertrag nach der amtlichen Anmerkung I zumindest mitursächlich gewesen sein, (zum alten Recht) LG Frankenth Rpfleger **87**, 338, Forstmann AnwBl **82**, 182. Diese Mitursächlichkeit braucht nicht so weit zu gehen wie eine Mitwirkung nach VV 1000, 1002. Eine besondere Bemühung ist nicht nötig, LG Aachen JB **99**, 20. Der Anwalt braucht also nicht noch beim Abschluß des Vertrags mitgewirkt zu haben. Er braucht aber auch nicht bei den Vertragsverhandlungen usw direkt mitgewirkt zu haben. Er braucht überhaupt nicht nach außen in Erscheinung getreten zu sein.

    Irgendeine Tätigkeit reicht aus, die dem Geschäft oder der Vertragsgestaltung förderlich war. Das gilt selbst dann, wenn die Tätigkeit diese Verfahrensbeendigung nicht oder nicht vorrangig oder nur vorübergehend bezweckte, Klinge AnwBl **81**, 167. Es muß also seine Tätigkeit nicht geradezu erforderlich gewesen sein, aM LG Kblz JB **03**, 366 (aber auch etwas nicht gerade Erforderliches kann zum Vertrag „führen"). In der Praxis sind freilich die Maßstäbe für die Ursächlichkeit bei VV 2503 einerseits und bei VV 1000, 1002 andererseits im wesentlichen dieselben.

6   Die bloße *Glaubhaftmachung* nach § 294 ZPO *reicht hier nicht aus,* LG Bielef Rpfleger **84**, 248, aM LG Dortm Rpfleger **86**, 321, AG Konst RR **07**, 211, von Bühren MDR **98**, 89 (aber das Gesetz verlangt eine klare Sicherheit). Erst recht reicht nicht eine anwaltliche Versicherung, AG Konst RR **07**, 210.

Zu den Anforderungen bei *Zweifelsfragen* im Festsetzungsverfahren Forstmann AnwBl **82**, 183.

4) Anrechnung, amtliche Anmerkung II. Sie erfolgt nicht etwa nach § 58 II, III. Denn der Anwalt wird hier nicht nach VV Teilen 3–6 tätig. Das Gericht hat ihn ja auch nicht beigeordnet. Vielmehr gilt nur die amtliche Anmerkung II. Danach muß man zwei Anrechnungsbereiche mit unterschiedlichen Anrechnungshöhen unterscheiden. Lag von Anfang an ein behördliches Verfahren vor, ist S 1 unanwendbar, SG Hann JB **99**, 78 (zustm Enders 148), aM AG Osnabr JB **99**, 148. Im übrigen findet eine Anrechnung bei S 1 nur zur Hälfte statt, Stgt MDR **09**, 113, bei S 2 nur zu 25%. Die Gebühren des Anwalts aus der Staatskasse muß man absetzen von den späteren Ansprüchen aus einer weiteren Tätigkeit in derselben Angelegenheit, Enders JB **01**, 172. Man kann auch die Pauschale VV 7002 nicht anteilig anrechnen, Rn 13. 7

A. Grundsatz: Keine zu hohe Vergütung, S 1, 2. Die Vorschriften enthalten Regelungen zur Verhinderung einer übermäßigen Vergütung des Anwalts, Meyer JB **00**, 630. Das gilt dann, wenn sich an seine Tätigkeit außerhalb eines gerichtlichen oder behördlichen Verfahrens eine Tätigkeit in derselben Angelegenheit in einem anschließenden gerichtlichen oder behördlichen Verfahren nach S 1 oder in einem Vollstreckbarkeitsverfahren nach S 2 anschließt. Dabei geht S 1 weiter als (jetzt) § 15 II, Kblz AnwBl **89**, 627 (sonst wäre S 1 überflüssig). 8

S 1 erfaßt zum einen den Fall, daß der Anwalt *zunächst nur* den *Auftrag zur* Durchführung einer *außergerichtlichen Beratungshilfe* usw erhielt und daß er erst nach dem Scheitern dieser Bemühungen den weiteren Auftrag erhält, *nun* ein gerichtliches Verfahren einzuleiten, Karlsr AnwBl **03**, 119, Meyer JB **00**, 630. Dann liegen zwar zwei Aufträge und daher auch zwei Angelegenheiten vor, KG VersR **76**, 642. Dennoch schreibt S 1 eine Anrechnung der Geschäftsgebühr und nur noch dieser vor, solange sich das gerichtliche Verfahren anschließt. Das übersieht Stgt JB **76**, 339. 9

S 1 erfaßt weiterhin den Fall, daß der Anwalt zwar zunächst eine außergerichtliche Beratungshilfe erteilen sollte, daß er jedoch *von vornherein* beim Scheitern seiner Bemühungen eine insoweit *bedingte Prozeßvollmacht* erhalten hatte, unklar BGH RR **88**, 1199. 10

S 1 erfaßt schließlich den Fall, daß der Anwalt zwar den Auftrag zur außergerichtlichen Beratungshilfe hatte, daß er aber *unabhängig* von ihrem Ergebnis *von vornherein* außerdem einen insoweit *unbedingten Prozeßauftrag* erhalten hatte. Dann würde die Verfahrensgebühr seine bisherige außergerichtliche Tätigkeit abgegolten haben, (je zum alten Recht) Mü RR **94**, 1484, AG Dortm JB **77**, 958. Daher ist insofern die Anrechnung der bisher verdienten Geschäftsgebühr angemessen. 11

Die *Praxis* rechnet entgegen dem Wortlaut von S 1 nicht so, daß sie die Gebühren VV 3100ff um die Geschäftsgebühr VV 2503 kürzt. Sie kürzt vielmehr die letztere Gebühr, (zum alten Recht) Ffm AnwBl **85**, 327, und auch sie nur zögernd, Ffm AnwBl **85**, 328. 12

Eine Anrechnung nach S 1, 2 findet statt, soweit die folgenden Voraussetzungen zusammentreffen.

B. Geschäftsgebühr, S 1, 2. Anrechenbar ist bestenfalls die Geschäftsgebühr, VV 2503, OVG Lüneb JB **08**, 311. Eine Auslagenpauschale nach (jetzt) VV 7002 gehört nicht hierher, AG Hbg AnwBl **93**, 294, AG Kleve AnwBl **94**, 197, aM LG Bln Rpfleger **88**, 42. 13

C. Zunächst außergerichtliches oder außerbehördliches Verfahren, S 1. Der Anwalt muß zunächst in einem solchen Verfahren tätig geworden sein, Enders JB **99**, 506. Es kommt nur darauf an, ob ein solches Verfahren stattfand und ob er in ihm tätig wurde, nicht darauf, ob sein Auftrag darauf beschränkt war oder weiterging, Rn 8–12. Lag schon von Anfang an ein behördliches Verfahren vor, ist S 2 unanwendbar, SG Hann JB **99**, 78. 14

D. Anschließend gerichtliches oder behördliches Verfahren, S 1. An das außergerichtliche oder außerbehördliche Verfahren muß sich ein gerichtliches oder behördliches Verfahren anschließen, aM LG Hildesh RR **01**, 56 (auch bei umgekehrter Reihenfolge, dann entsprechende Anwendung. Aber der eindeutige Text deckt sie gerade nicht). Hier gelten im einzelnen die folgenden Regeln. 15

VV 2503

16 **E. Dieselben Beteiligten.** Beide Verfahrensabschnitte müssen denselben Anwalt oder dieselbe echte Sozietät betreffen, KG RR **97**, 824. Beide Verfahren müssen auch denselben Gegner betreffen, Mü JB **95**, 86, AG Bonn AnwBl **01**, 246, Enders JB **99**, 507. Soweit der Anwalt insbesondere nur einen von zwei Schuldnern des Auftraggebers berät, findet dort keine Anrechnung der gegenüber dem nur außergerichtlich abgemahnten weiteren Schuldner entstandenen Gebühr statt, Mü MDR **89**, 273, LG Frankenth AnwBl **96**, 176, AG Nordhorn AnwBl **94**, 93, aM Mü RR **94**, 1484, LG Karlsr Rpfleger **94**, 41 (inkonsequent).

17 **F. Derselbe Streit.** Beide Verfahrensabschnitte müssen ferner denselben Streit betreffen, Düss AnwBl **90**, 629, Mü JB **95**, 86, Enders JB **99**, 507. Es reicht aus, daß nur ein Teil des Anspruchs gegen denselben Schuldner zum Rechtsstreit führt, LG Bln VersR **83**, 763, oder nur einer von mehreren Ansprüchen, LG Augsb AnwBl **82**, 318, aM Ffm GRUR **87**, 654, AG Plön ZfS **88**, 10 (grenzen eine vorprozessuale Abmahntätigkeit von der prozessual folgenden zu stark ab).

18 **G. Zeitlicher Zusammenhang.** Zwischen dem außergerichtlichen und dem gerichtlichen Verfahren muß schließlich ein gewisser zeitlicher Zusammenhang bestehen, KG VersR **76**, 642, Enders JB **99**, 508, Schmidt AnwBl **75**, 4. Soweit diese Voraussetzung vorliegt, ist es unerheblich, ob der Anwalt in demjenigen gerichtlichen oder behördlichen Verfahren tätig wird, das sich an das außergerichtliche oder außerbehördliche Verfahren unmittelbar anschließt, oder ob er erst in einem zeitlich nachfolgenden weiteren gerichtlichen oder behördlichen Folgeverfahren tätig wird, Hbg MDR **77**, 325. Nach einem außergerichtlichen Vergleich liegt bei einer Notwendigkeit, die dort vereinbarten Leistungen gerichtlich geltend zu machen, nicht mehr derselbe Streit vor, Mü JB **95**, 86.

19 **H. Zunächst außergerichtliches Verfahren, anschließend Vollstreckbarkeitsverfahren nach §§ 796 a, b, c ZPO, S 2.** Eine Anrechnung muß in einem gegenüber S 1 verringerten Umfang von nur einem Viertel auch dann stattfinden, wenn der Anwalt im Verfahren auf die Vollstreckbarerklärung eines sog vollstreckbaren Anwaltvergleichs nach §§ 796 a, b, c ZPO irgendwie mitwirkt, VV 1000.

20 **I. Tätigkeit, S 1, 2.** Der Anwalt muß im anschließenden gerichtlichen oder behördlichen Verfahren nach S 1 oder im Vollstreckbarkeitsverfahren nach S 2 tätig geworden sein, zB als Verkehrsanwalt des Widerklägers, LG Mü AnwBl **86**, 45. Zur Tätigkeit reicht irgendeine verfahrensfördernde Verhaltensweise aus, zB eine Akteneinsicht, KG Rpfleger **07**, 554. Soweit der Schuldner nach einem außergerichtlichen Verhandlung einen Teilbetrag gezahlt hat und der Auftraggeber den Rest eingeklagt hat, entstehen für den bezahlten Teil Gebühren nach VV 2300. Die Geschäftsgebühr ist auf die Gebühren für den eingeklagten Teil anrechenbar, KG VersR **76**, 642, LG Köln VersR **75**, 73. Zur Ermäßigung bei ratenweiser Prozeßkostenhilfe, Drsd FamRZ **09**, 1858.

21 Wenn dagegen der Anwalt *zunächst in einem solchen gerichtlichen oder behördlichen Verfahren* tätig wurde, in dem er zB eine gerichtliche oder behördliche Genehmigung besorgt hat, erfolgt keine Anrechnung der dort verdienten Geschäftsgebühr auf die Gebühren für ein solches anschließendes gerichtliches Klageverfahren, für das der Auftraggeber diese Genehmigung benötigt, Enders JB **99**, 506. Denn die Gebühr VV 2503 ist nur für eine Tätigkeit des Anwalts in einem gerichtlichen oder behördlichen (Vor-)Verfahren entstanden, also nicht außerhalb eines solchen Verfahrens.

22 Dasselbe gilt dann, wenn der Anwalt beim Gericht die Bestellung eines *Pflegers oder Betreuers* beantragt und sich nun ein solches streitiges gerichtliches Verfahren anschließt, in dem der Pfleger oder Betreuer den Auftraggeber vertritt. Denn es handelt sich dann jeweils um zwei getrennte Angelegenheiten. Man darf auf sie § 15 V auch dann nicht anwenden, wenn der Anwalt die Aufträge nacheinander erhielt.

23 Eine *Anrechnung* nach S 1 erfolgt aber dann, wenn der Anwalt zB in einer Mietpreisangelegenheit eine Geschäftsgebühr VV 2503 verdient hat und nun den Auftrag erhält, ein Verfahren vor einer Verwaltungsbehörde einzuleiten, sofern er diesen Auftrag anschließend erhielt, oder wenn es vorprozessual das Erfüllungsverlangen ging, prozessual um einen Verzugsschaden, Kblz AnwBl **89**, 626.

Eine solche Anrechnung erfolgt *nicht* auf die Gebühr für ein anschließendes gerichtliches Verfahren. Denn dann handelt es sich wieder um zwei verschiedene Ange-

Vergütungsverzeichnis **2503–2508 VV**

legenheiten. Das Verwaltungsverfahren und das Nachprüfungsverfahren sind verschiedene Angelegenheiten, § 17 Z 1.

5) Anrechnungshöhe, amtliche Anmerkung II. Es erfolgt keine volle Anrechnung. Vielmehr ist bei S 1 eine Anrechnung nur zur Hälfte statthaft. Bei S 2 ist sie sogar nur zu einem Viertel statthaft, beides von VV 2503. Vgl Rn 7.   24

Nr.	Gebührentatbestand	Gebühr oder Satz der Gebühr nach § 13 RVG
2504	Tätigkeit mit dem Ziel einer außergerichtlichen Einigung mit den Gläubigern über die Schuldenbereinigung auf der Grundlage eines Plans (§ 305 Abs. 1 Nr. 1 InsO): Die Gebühr 2503 beträgt bei bis zu 5 Gläubigern	224,00 EUR
2505	Es sind 6 bis 10 Gläubiger vorhanden: Die Gebühr 2503 beträgt	336,00 EUR
2506	Es sind 11 bis 15 Gläubiger vorhanden: Die Gebühr 2503 beträgt	448,00 EUR
2507	Es sind mehr als 15 Gläubiger vorhanden: Die Gebühr 2503 beträgt	560,00 EUR

Zu VV 2504–2507:

Vorbem. Umnumerierg dch Art 5 I Z 4 b KostRMoG v 5. 5. 04, BGBl 718, in Kraft seit 1. 7. 06, Art 8 S 2 KostRMoG. Übergangsrecht § 61 RVG.

1) Systematik, Regelungszweck. Es gilt dasselbe wie bei VV 2502 Rn 1, 2.   1

2) Geltungsbereich. Während VV 2502 die Beratungsgebühr regelt, bestimmt   2
die Gruppe VV 2504–2507 die Höhe einer Gebühr des VV 2503. Vgl daher zunächst die dortigen Anm. Es muß bei VV 2504 ein schriftlicher Plan vorliegen, KG Rpfleger **08**, 647. Es ergeben sich lediglich für den bei VV 2502 Rn 3 ff geschilderten besonderen Geltungsbereich, mit dem derjenige des VV 2504 übereinstimmt, eine vorrangige Staffelung nach der Zahl der Gläubiger, Ffm JB **08**, 422. Dabei ist es ausreichend, wenn in irgendeinem Zeitpunkt während der von VV 2502, 2504 genannten Tätigkeitsart die Gläubigerzahl vorhanden war, von der jeweils VV 2504–2507 sprechen. Es genügt zB, daß kurz vor dem Abschluß der Einigung 16 Gläubiger vorhanden waren, um VV 2507 anzuwenden. Maßgebend ist die Gläubigerzahl, nicht die Forderungszahl, AG Hann JB **06**, 531.

Hinzutreten kann die Einigungsgebühr des VV 2508 als eine Erfolgsgebühr gegen-   3
über den bloßen Tätigkeitsgebühren des VV 2504–2507.

Kein Plan nach § 305 I Z 1 InsO sind Einzelschreiben an die Gläubiger des Auf-   4
traggebers, LG Hann JB **07**, 251.

Nr.	Gebührentatbestand	Gebühr oder Satz der Gebühr nach § 13 RVG
2508	Einigungs- und Erledigungsgebühr .... ᴵ Die Anmerkungen zu Nummern 1000 und 1002 sind anzuwenden. ᴵᴵ Die Gebühr entsteht auch für die Mitwirkung bei einer außergerichtlichen Einigung mit den Gläubigern über die Schuldenbereinigung auf der Grundlage eines Plans (§ 305 Abs. 1 Nr. 1 InsO).	125,00 EUR

Vorbem. Umnumerierg dch Art 5 I Z 4 b KostRMoG v 5. 5. 04, BGBl 718, in Kraft seit 1. 7. 06, Art 8 S 2 KostRMoG. Übergangsrecht § 61 RVG.

1) Systematik. Es handelt sich um eine neben VV 2501–2507 mögliche zusätz-   1
liche Erfolgsgebühr. Sie ist also nicht nur neben der Geschäftsgebühr möglich, son-

VV 2508, Vorbem 3 Vergütungsverzeichnis

dern auch neben der Beratungsgebühr, AG Aachen JB **06**, 488. Letztere entsteht als eine Tätigkeitsgebühr schon mit der Bemühung um eine Einigung oder Erledigung. Die Gebühr VV 2508 entsteht aber erst durch einen solchen Erfolg, AG Kblz RR **06**, 1367. VV 1000, 1002 sind nach der amtlichen Anmerkung II ausdrücklich zur Auslegung nur in ihren amtlichen Anmerkungen heranziehbar.

2 **2) Regelungszweck.** Wie bei VV 1000, 1002 belohnt das Gesetz eine Einigung. Aber auch eine Erledigung soll eine solche Anerkennung erhalten. Das paßt zum Leitbild einer fast um jeden Preis um eine Streitbeendigung ohne ein Urteil bemühten Rechtsordnung mit allen zugehörigen Anreizen wie Problemen, VV 1000 Rn 2.

3 **3) Geltungsbereich.** Die Vorschrift gilt für alle diejenigen Gebiete, auf denen eine Beratungshilfe zulässig ist und der Anwalt auch innerhalb einer Beratungshilfe tätig wird.

4 **4) Einigung oder Erledigung der Rechtssache, amtliche Anmerkung I.** Es gilt dasselbe wie bei VV 1000, 1002, AG Hann JB **06**, 79 links, AG Kblz RR **06**, 1367. Es muß kein gegenseitiges Nachgeben erfolgen, LG Mönchengladb JB **07**, 306 links. Die Gebühr VV 2508 kann bei einer Einigung *und* Erledigung doppelt entstehen. Für die Einigung ist der Antragsteller darlegungspflichtig, AG Aachen JB **06**, 488.

5 **5) Mitwirkung bei Einigung nach InsO, amtliche Anmerkung II.** Vgl zunächst VV 2502. Gegenüber der dortigen Beratungsgebühr regelt VV 2508 amtliche Anmerkung II die Auswirkung an einer im Lauf einer solchen bloßen Beratung mit den Gebühren VV 2504–2507 dann auch noch wirklich zustande gekommenen außergerichtlichen Einigung. Es findet keine Erhöhung nach der Gläubigerzahl statt, Stgt Rpfleger **08**, 502.

Fassung 1. 9. 2009: **Teil 3. Zivilsachen, Verfahren der öffentlich-rechtlichen Gerichtsbarkeiten, Verfahren nach dem Strafvollzugsgesetz, auch in Verbindung mit § 92 des Jugendgerichtsgesetzes, und ähnliche Verfahren**

Vorbem. Überschrift idF Art 47 Z 19 e FGG-RG v 17. 12. 08, BGBl 2586, in Kraft seit 1. 9. 09, Art 112 I Hs 1 FGG-RG, Übergangsrecht Art 111 FGG-RG, Grdz 2 vor § 1 FamGKG, Teil I B dieses Buchs.

Bisherige Überschrift: **Teil 3. Bürgerliche Rechtsstreitigkeiten, Verfahren der freiwilligen Gerichtsbarkeit, der öffentlich-rechtlichen Gerichtsbarkeiten, Verfahren nach dem Strafvollzugsgesetz, auch in Verbindung mit § 92 des Jugendgerichtsgesetzes, und ähnliche Verfahren**

(Amtliche) Vorbemerkung 3:

I Für die Tätigkeit als Beistand für einen Zeugen oder Sachverständigen in einem Verfahren, für das sich Gebühren nach diesem Teil bestimmen, entstehen die gleichen Gebühren wie für einen Verfahrensbevollmächtigten in diesem Verfahren.

II Die Verfahrensgebühr entsteht für das Betreiben des Geschäfts einschließlich der Information.

III Die Terminsgebühr entsteht für die Vertretung in einem Verhandlungs-, Erörterungs- oder Beweisaufnahmetermin oder die Wahrnehmung eines von einem gerichtlich bestellten Sachverständigen anberaumten Termins oder die Mitwirkung an auf die Vermeidung oder Erledigung des Verfahrens gerichteten Besprechungen auch ohne Beteiligung des Gerichts; dies gilt nicht für Besprechungen mit dem Auftraggeber.

Vergütungsverzeichnis **Vorbem 3, 3.1, 3100 VV**

IV ¹ Soweit wegen desselben Gegenstands eine Geschäftsgebühr nach den Nummern 2300 bis 2303 entsteht, wird diese Gebühr zur Hälfte, jedoch höchstens mit einem Gebührensatz von 0,75, auf die Verfahrensgebühr des gerichtlichen Verfahrens angerechnet. ² Sind mehrere Gebühren entstanden, ist für die Anrechnung die zuletzt entstandene Gebühr maßgebend. ³ Die Anrechnung erfolgt nach dem Wert des Gegenstands, der auch Gegenstand des gerichtlichen Verfahrens ist.

V Soweit der Gegenstand eines selbstständigen Beweisverfahrens auch Gegenstand eines Rechtsstreits ist oder wird, wird die Verfahrensgebühr des selbstständigen Beweisverfahrens auf die Verfahrensgebühr des Rechtszugs angerechnet.

VI Soweit eine Sache an ein untergeordnetes Gericht zurückverwiesen wird, das mit der Sache bereits befasst war, ist die vor diesem Gericht bereits entstandene Verfahrensgebühr auf die Verfahrensgebühr für das erneute Verfahren anzurechnen.

VII Die Vorschriften dieses Teils sind nicht anzuwenden, soweit Teil 6 besondere Vorschriften enthält.

Vorbem. Zunächst IV 1 geändert dch Art 5 I Z 4 c KostRMoG v 5. 5. 04, BGBl 718, in Kraft seit 1. 7. 06, Art 8 S 2 KostRMoG. Sodann III, IV 1 geändert dch Art 20 Z 7 d aa, bb des 2. JuMoG v 22. 12. 06, BGBl 3416, in Kraft seit 31. 12. 06, Art 28 I des 2. JuMoG. Ferner Überschrift ergänzt dch Art 5 Z 2 G v 13. 12. 07, BGBl 2894, in Kraft seit 1. 1. 08, Art 7 Z. Übergangsrecht jeweils § 60 RVG.

Abschnitt 1. Erster Rechtszug

(Amtliche) Vorbemerkung 3.1:

I Die Gebühren dieses Abschnitts entstehen in allen Verfahren, für die in den folgenden Abschnitten dieses Teils keine Gebühren bestimmt sind.

II Dieser Abschnitt ist auch für das Rechtsbeschwerdeverfahren nach § 1065 ZPO anzuwenden.

Vorbem. I geändert dch Art 17 Z 4 a G v 9. 12. 04, BGBl 3200, in Kraft seit 1. 1. 05, Art 22 S 2 G, Übergangsrecht § 60 RVG.

Nr.	Gebührentatbestand	Gebühr oder Satz der Gebühr nach § 13 RVG
3100	Verfahrensgebühr, soweit in Nummer 3102 nichts anderes bestimmt ist .... *Fassung 1. 9. 2009:* ¹ **Die Verfahrensgebühr für ein vereinfachtes Verfahren über den Unterhalt Minderjähriger wird auf die Verfahrensgebühr angerechnet, die in dem nachfolgenden Rechtsstreit entsteht (§ 255 FamFG).** II **Die Verfahrensgebühr für einen Urkunden- oder Wechselprozess wird auf die Verfahrensgebühr für das ordentliche Verfahren angerechnet, wenn dieses nach Abstandnahme vom Urkunden- oder Wechselprozess oder nach einem Vorbehaltsurteil anhängig bleibt (§§ 596, 600 ZPO).** III **Die Verfahrensgebühr für ein Vermittlungsverfahren nach § 165 FamFG wird auf die Verfahrensgebühr für ein sich anschließendes Verfahren angerechnet.**	1,3

Vorbem. Amtliche Anmerkung I, III angepaßt dch Art 47 VI Z 19 f FGG-RG v 17. 12. 08, BGBl 2586, in Kraft seit 1. 9. 09, Art 112 I Hs 1 FGG-RG, Übergangsrecht Art 111 FGG-RG, Grdz 2 vor § 1 FamGKG, Teil I B dieses Buchs.

Nr.	Gebührentatbestand	Gebühr oder Satz der Gebühr nach § 13 RVG
	Bisherige Fassung der amtl Anm I, III: ¹ **Die Verfahrensgebühr für ein vereinfachtes Verfahren über den Unterhalt Minderjähriger wird auf die Verfahrensgebühr angerechnet,**	

VV 3100

Vergütungsverzeichnis

Nr.	Gebührentatbestand	Gebühr oder Satz der Gebühr nach § 13 RVG
	die in dem nachfolgenden Rechtsstreit entsteht (§§ 651 und 656 ZPO). III Die Verfahrensgebühr für ein Vermittlungsverfahren nach § 52a FGG wird auf die Verfahrensgebühr für ein sich anschließendes Verfahren angerechnet.	

Gliederung

1) Systematik	1
2) Regelungszweck	2
3) Sachlicher Geltungsbereich	3
4) Persönlicher Geltungsbereich	4–6
5) Rechtszug	7, 8
6) Derselbe Gegenstand	9, 10
7) Verfahrensgebühr	11–54
A. Grundsatz: Pauschale Gesamtabgeltung	11
B. Auftrag	12
C. Entstehung	13
D. Gebührenhöhe	14
E. Fälligkeit	15
F. Beispiele zur Frage einer Verfahrensgebühr	16–49
G. Gegenstandswert	50
H. Beispiele zur Frage des Gegenstandswert	51–54
8) Anrechnung	55–62
A. Bei einer Geschäftsgebühr, amtliche Vorbemerkung 3 IV	55
B. Beispiele zur Frage der Anrechnung bei einer Geschäftsgebühr	56
C. Beim selbständigen Beweisverfahren, amtliche Vorbemerkung 3 V	57
D. Bei Zurückverweisung, amtliche Vorbemerkung 3 VI	58
E. Nach vereinfachtem Unterhaltsverfahren, amtliche Anmerkung I	59
F. Nach Urkunden- oder Wechselprozeß, amtliche Anmerkung II	60
G. Nach Vermittlungsverfahren, amtliche Anmerkung III	61
H. Keine Anrechnung bei VV 6100 ff, amtliche Vorbemerkung 3 VII	62

1 **1) Systematik.** VV 3100 ist eine der wichtigsten Vorschriften des RVG. Sie regelt zusammen mit VV 3104 den Kernbereich der anwaltlichen Tätigkeit vor Gericht im Regelfall. VV 3101, 3105 stellen demgegenüber solche vorrangigen Sonderregeln dar, die die Regelung des VV 3100 teils erweitern, teils beschränken, teilweise die dem Prozeß vorgeordneten und zugeordneten Begleitverfahren umfassen. VV 6100–6404 haben nach der amtlichen Vorbemerkung 3 VII den Vorrang.

Die Gebühren sind Pauschgebühren. Bereits der *Beginn einer Tätigkeit* nach dem jeweiligen Gebührentatbestand löst die volle Einzelgebühr aus.

Die Gebühren sind *teilweise voneinander unabhängig*. Es entsteht stets die Verfahrensgebühr. Die Terminsgebühr kann bei einer entsprechenden Tätigkeit des Anwalts hinzukommen. Allerdings können nach der amtlichen Vorbemerkung 3 IV–VI sowie nach der amtlichen Anmerkung I–III verschiedene Anrechnungen auf die Verfahrensgebühr erfolgen.

2 **2) Regelungszweck.** Die Vorschrift bezweckt wie fast alle Regelungen des RVG einen Ausgleich zwischen den Grundsätzen einer Kostengerechtigkeit einerseits und einer Vereinfachung der Berechnung im Interesse der Prozeßwirtschaftlichkeit andererseits. Diesem Ziel dienen auch die Anrechnungsregeln in den bei Rn 1 genannten weiteren Vorschriften.

3 **3) Sachlicher Geltungsbereich.** VV 3100 gilt nach der amtlichen Vorbemerkung 3.1 I grundsätzlich für alle erstinstanzlichen von der amtlichen Überschrift des VV Teil 3 erfaßten Verfahrensarten, auch zB: In Familiensachen. Dabei kann für ein vorangegangenes isoliertes FamFG-Verfahren § 30 KostO anwendbar bleiben, Teil III dieses Buchs, Zweibr JB **06**, 425, aber auch das FamGKG anwendbar sein, Teil I B dieses Buchs; im selbständigen Beweisverfahren; im Wiederaufnahmeverfahren; im Urkundenprozeß; in der Zwangsvollstreckung; für das Arrestverfahren und für das Verfahren auf den Erlaß einer einstweiligen Verfügung oder einstweiligen Anordnung sowie der Aussetzung oder Aufhebung der Vollziehung eines Verwaltungsakts oder

Vergütungsverzeichnis **3100 VV**

der Anordnung oder Wiederherstellung einer aufschiebenden Wirkung. Soweit eine besondere Angelegenheit vorliegt, § 17 Z 4 (Haupt- und Eilverfahren), muß für jede grundsätzlich ein eigener Antrag vorliegen, Köln JB **75**, 185.
Er kann *stillschweigend* erfolgt sein, Meyer JB **08**, 16. Ein Auftrag zur sog Schutzschrift kann genügen. Freilich kann auch eine Geschäftsführung ohne Auftrag reichen, §§ 677ff BGB, VV 3100 gilt ferner zB: Für die Vollstreckbarerklärung eines Schiedsspruchs; für andere richterliche Handlungen im schiedsrichterlichen Verfahren; für die Vollstreckbarerklärung eines ausländischen Schuldtitels; für den Adhäsionsprozeß; für einen Rechtsstreit nach § 13 StrEG; für das arbeitsgerichtliche Urteils- und Beschlußverfahren nebst Schiedsverfahren und Güteverfahren; im Verfahren der freiwilligen Gerichtsbarkeit außerhalb der Familiensachen; im verwaltungsgerichtlichen Verfahren, soweit dort keine vorrangigen Sonderbestimmungen gelten, etwa § 87 I VwGO, (zum alten Recht) VG Wiesb JB **99**, 587.
Unbeachtlich ist eine Unzuständigkeit, solange das Verfahren eben noch vor einem der nach der amtlichen Überschrift des Teils 3 hierher gehörenden Gerichte anhängig ist.

4) Persönlicher Geltungsbereich. Der Anwalt verdient eine Verfahrensgebühr **4** VV 3100 nur, sofern der Auftraggeber ihn zum ProzBev oder VerfBev bestellt hat, Brdb JB **02**, 365, Bre MDR **03**, 1143, Meyer JB **08**, 16. I übernimmt insofern den Begriff der Prozeßvollmacht nach § 81 ZPO. Der Anwalt muß also für den ganzen Prozeß mindestens in dieser Instanz und daher nicht nur für einzelne Prozeßhandlungen oder -abschnitte innerhalb der Instanz einen Auftrag haben. Der Auftraggeber muß ihn zu allen den Rechtsstreit oder das sonstige Verfahren betreffenden Prozeßhandlungen zwecks Angriffs oder Verteidigung ermächtigt haben, einschließlich derjenigen, die durch eine Widerklage, eine Wiederaufnahme des Verfahrens und die Zwangsvollstreckung nötig werden. Er muß zur Bestellung eines Vertreters sowie eines Bevollmächtigten für die höheren Instanzen befugt sein. Er muß die Ermächtigung haben, das Verfahren durch einen etwa zulässigen Vergleich, eine Verzichtleistung auf den Streitgegenstand oder durch eine Anerkennung des von dem Gegner erhobenen Anspruchs zu beenden. Er muß schließlich die Erlaubnis zur Empfangnahme der vom Gegner zu erstattenden Kosten haben.
Es ist unerheblich, ob der Anwalt *vor* dem Prozeßbeginn oder erst *im Lauf des Pro-* **5** *zesses* eine Prozeßvollmacht erhalten hat. Allerdings muß sein Auftrag auf die gesamte Führung des weiteren Verfahrens mindestens in dieser Instanz lauten. Soweit der Auftrag erst nach der Erledigung des Verfahrens wegen einzelner noch nach dem Urteil erforderlicher Bescheinigungen usw ergeht, handelt es sich unabhängig von einer etwa jetzt noch formell erteilten „Prozeßvollmacht" in Wahrheit doch nur um Einzeltätigkeiten nach VV 3400ff, soweit nicht zB eine Beauftragung für die gesamte Zwangsvollstreckung vorliegt, VV 3309, 3310. Das gilt zB beim Auftrag nur auf einen Rechtsmittelzug, Brdb JB **02**, 365, Ffm OLGR **93**, 290, KG JB **86**, 1366.
ProzBev oder VerfBev ist auch der auf Grund seiner Vollmacht vom erstinstanzlichen **6** ProzBev für das Berufungs- oder Revisionsverfahren etwa gesondert beauftragte sowie der nach §§ 138, 269 FamFG beigeordnete Anwalt. Der im Weg einer Prozeß- oder Verfahrenskostenhilfe beigeordnete Anwalt sowie ein nach §§ 78 b, c ZPO beigeordneter Notanwalt erhalten auch für eine unaufschiebbare Tätigkeit vor der Erteilung der Vollmacht eine Vergütung in einer entsprechenden Anwendung des VV 3100. Darüber hinaus haben sie ohne eine Vollmacht keinen Anspruch nach VV 3100.
Der *Beistand* eines Zeugen oder Sachverständigen ist zwar kein ProzBev oder VerfBev. Er steht diesem aber im Bereich VV 3100ff nach der amtlichen Vorbemerkung 3 I gebührenmäßig gleich.
Kein ProzBev oder VerfBev ist der bloße Verkehrsanwalt oder der bloße Untervollmächtigte oder Terminsvertreter, auch nicht der bloße Zustellungsbevollmächtigte.

5) Rechtszug. Die Verfahrensgebühr VV 3100 entsteht in demselben Rechtszug **7** nur einmal. Sie gilt also die gesamte einschlägige Tätigkeit des Anwalts in diesem Rechtszug ab, §§ 15 II 2, 19.
Besondere Gebühren entstehen neben VV 3100 nur insoweit, als *Sondervorschriften* **8** das ausdrücklich anordnen. Im Höchstfall können dem Anwalt in derselben Instanz wegen desselben Gegenstands mehrere Regelgebühren entstehen, nämlich die Verfahrensgebühr VV 3100, die Terminsgebühr VV 3104 und die Einigungsgebühr VV 1000

1753

oder die Erledigungsgebühr VV 1002. Denkbar ist allerdings auch eine Erhöhung nach § 7, VV 1008. Der Umfang der Mühe sowie die Prozeßdauer bleiben bei allen diesen Gebühren grundsätzlich unberücksichtigt.

9 **6) Derselbe Gegenstand.** Wie sich aus der amtlichen Vorbemerkung 3 IV ergibt, erfolgt eine Anrechnung dort insoweit, als es unter anderem um denselben Gegenstand geht, KG JB **09**, 27. Auch unabhängig von dem Anrechnungsfall erhält der Anwalt für jeden selbständigen Gegenstand in einem Rechtszug die Verfahrensgebühr VV 3100, § 15 II 2. Das gilt unabhängig davon, ob für eine anwaltliche Tätigkeit wegen eines anderen Gegenstands in demselben Rechtszug weitere Gebühren nach einer anderen Vorschrift entstehen. Zum Begriff des Gegenstands § 7 Rn 27.

10 Der *Gegenstandswert* für die Gebühren braucht nicht jeweils derselbe zu sein, insbesondere wenn es nur um eine Teilklage oder zB um eine Beweisaufnahme nur über einen Teil des Klaganspruchs geht.

11 **7) Verfahrensgebühr.** Es gibt fünf Hauptgesichtspunkte.
A. Grundsatz: Pauschale Gesamtabgeltung. Die Verfahrensgebühr ist eine Pauschgebühr. Sie entsteht mit dem Beginn der auftragsgemäßen Tätigkeit, Rn 14. Sie gilt das Betreiben des Geschäfts und damit den gesamten Umfang der anwaltlichen Tätigkeit innerhalb dieser gebührenrechtlichen Angelegenheit nach § 15 bis zum Instanzende außerhalb eines Termins ab, amtliche Vorbemerkung 3 II, (zum alten Recht) Bre MDR **03**, 1143. Das gilt grundsätzlich einschließlich der Besprechung oder Erläuterung des Instanzergebnisses und der Möglichkeit sowie des Sinns eines etwaigen Rechtsmittels, Saarbr RR **97**, 189. Sie vergütet insbesondere auch die auftragsgemäße Beschaffung oder Entgegennahme der Information sowie die Beratung, die Schriftsätze und Anträge, die Angabe von Beweismitteln. Das stellt die amtliche Vorbemerkung 3 II ausdrücklich klar. Die Erwähnung dieses Teils der anwaltlichen Tätigkeit bedeutet nur eine beispielhafte Erwähnung. Die Verfahrensgebühr gilt auch die allgemeinen Geschäftsunkosten ab, amtliche Vorbemerkung 7 I 1.

12 **B. Auftrag.** Man muß prüfen, ob der Anwalt einen unbedingten Auftrag zum Tätigwerden als ProzBev oder VerfBev gerade in diesem Verfahren und in dieser Instanz hatte, AG Coburg JB **07**, 641, also zur grundsätzlich umfassenden Erledigung aller den Auftraggeber betreffenden Pflichten und zur Wahrnehmung aller ihn betreffenden Rechte in diesem Verfahren.
Maßgeblich ist also das *Innenverhältnis* zwischen dem Anwalt und dem Auftraggeber, Saarbr RR **97**, 189, AG Coburg JB **07**, 641, VG Dessau JB **99**, 79. Der Umfang oder der Zeitpunkt der Prozeßvollmacht haben nur insofern eine eigene Bedeutung, als die Vollmacht überhaupt vorliegen muß. Sie haben keine Bedeutung für die Frage, ob der Anwalt einen Auftrag zur Prozeßführung hatte, Hamm JB **97**, 311, Saarbr RR **97**, 189, AG Coburg JB **07**, 641. Deshalb reicht zB eine nachgereichte Vollmacht nach § 89 ZPO aus, Kblz JB **75**, 1211. Der Umfang des Auftrags ist natürlich insofern bedeutsam, als zB statt der Verfahrensgebühr VV 3100 evtl die geringere Verfahrensgebühr VV 3101 oder trotz einer nach außen umfassenden Vollmacht doch nur eine Gebühr für eine Einzeltätigkeit nach VV 3403 entstehen mag.
Auch *mündlich,* telefonisch, durch Telefax oder elektronisch kann der Auftrag erfolgen. Er kann auch stillschweigend geschehen. Er kann durch den gesetzlichen Vertreter der Partei oder durch ihren Prokuristen oder Generalbevollmächtigten erfolgen. Er kann beim sog Vertrauensanwalt wegen der ganzen Gruppe von bevorstehenden oder schon vorhandenen Verfahren oder sogar darüber hinaus für einen mehr oder weniger langen Zeitraum allgemein stattfinden. Er kann eine Erweiterung oder eine Einschränkung erfahren. Dergleichen kann mehrfach wechseln, je nach der Prozeß- oder Vertrauensentwicklung. Bei einer solchen Veränderung ist eine entsprechende Klärung des Innenverhältnisses notwendig, Kblz JB **91**, 860.
Der Auftraggeber kann ein Handeln des Anwalts auch nachträglich *genehmigen,* wiederum auch stillschweigend. Die Vollmacht kann also nachträglich erfolgen, Kblz JB **75**, 1210. Die bloße gegnerische Behauptung schafft weder einen Auftrag noch übrigens eine zB für eine Zustellung nach § 172 ZPO usw erforderliche Vollmacht.
Der Anwalt ist für das Ob und Wie usw des Auftrags beweispflichtig. Dazu ist ein Gerichtsprotokoll oder eine Erwähnung in der Gerichtsentscheidung nicht stets aus-

Vergütungsverzeichnis **3100 VV**

reichend. Es kann aber natürlich auch dazu genügen. Das dortige Schweigen mag aber am Auftrag nichts ändern.

C. Entstehung. Die Gebühr VV 3100 entsteht, sobald der ProzBev oder VerfBev **13** vor oder nach dem Prozeßbeginn irgendeine Tätigkeit zur Ausführung des prozeßbezogenen Auftrags vorgenommen hat, amtliche Vorbemerkung 3 II, (zum alten Recht) Bre MDR **03**, 1143, (zum neuen Recht) Hamm AnwBl **05**, 587, Naumb FamRZ **08**, 1968. Das gilt unabhängig vom Umfang dieser Tätigkeit und unabhängig davon, ob die Anfangstätigkeit schon vor Gericht erfolgt ist, Hamm AnwBl **05**, 587, und ob nach der Anhängigkeit auch schon die Rechtshängigkeit eingetreten ist, KG MDR **88**, 1067.

Jede Tätigkeit nach Rn 16 ff läßt an sich eine Verfahrensgebühr entstehen. Der Anwalt kann sie aber in demselben Rechtszug nach § 15 II 1, 2 in derselben Angelegenheit insgesamt nur einmal fordern.

S aber auch Rn 32 „Mahnschreiben".

D. Gebührenhöhe. Sie beträgt grundsätzlich 1,3 Gebühr. Sie kann aber nach **14** VV 3101 auf 0,8 Gebühr absinken.

E. Fälligkeit. Sie richtet sich nach § 8. **15**

F. Beispiele zur Frage einer Verfahrensgebühr **16**

Akteneinsicht: Sie kann die Verfahrensgebühr auslösen, Mü AnwBl **76**, 168.
Antrag: Er kann die Verfahrensgebühr auslösen.
Antragsrücknahme: Rn 35 „Prozeßerklärung".
Anwaltszwang: Er ist grds unerheblich.
Aufenthaltsermittlung: Die Verfahrensgebühr gilt sie meist ab, BGH BB **04**, 352, Zweibr MDR **98**, 1183.
Aufruf der Sache: Rn 44 „Terminswahrnehmung".
Auskunft: Ein auf ihre Erteilung beschränkter Auftrag kann die Verfahrensgebühr *nicht* auslösen, VV 2100 ff. Bei einer Erweiterung des Auftrags kann eine Anrechnung nach VV 2100 amtliche Anmerkung II notwendig werden.
Beitreibung der Urteilssumme: Rn 48 „Zwangsvollstreckung". **17**
Beklagter: Natürlich kann auch die Tätigkeit für ihn die Verfahrensgebühr auslösen, Hbg JB **76**, 163, KG AnwBl **03**, 182, evtl auch im Prozeßkostenhilfeverfahren, Rn 37, VG Dessau JB **99**, 79.
Belehrung: Die „Belehrung" des Auftraggebers über die Zulässigkeit und die Voraussetzungen einer Prozeßhandlung und insbesondere eines Rechtsbehelfs kann die Verfahrensgebühr auslösen.
Beratung: Rn 39 „Rat".
Berufung, Beschwerde, Revision: Soweit der Prozeßgegner des Auftraggebers das **18** Rechtsmittel eingelegt hat, entsteht für den Anwalt des Rechtsmittelgegners im allgemeinen schon dann die auch erstattungsfähige Verfahrensgebühr VV 3200 oder VV 3206, wenn er sofort einen Antrag auf die Zurückweisung des Rechtsmittels einreicht, BGH NJW **09**, 2220, Düss FamRZ **09**, 535, KG JB **09**, 261, aM BAG NJW **03**, 3796, Mü FamRZ **06**, 1695, LAG Düss MDR **06**, 659. Das gilt auch dann, wenn die Rechtsmittelbegründung noch nicht beim Gericht eingegangen ist, KG MDR **90**, 732, Kblz RR **00**, 1735, Oldb JB **92**, 682, aM Mü JB **94**, 93, Nürnb AnwBl **97**, 501, LAG Hamm MDR **87**, 963 (aber zumindest im Innenverhältnis ist also schon jetzt fast stets eine vergütungstypische Anwaltstätigkeit notwendig).

Diese Gebühr ist auch dann erstattungsfähig, wenn der Gegner das Rechtsmittel **19** nur zur *Fristwahrung* eingelegt hatte, BGH NJW **03**, 756, aM BGH NJW **03**, 1324 rechts, Bbg FamRZ **00**, 624, Karlsr JB **05**, 544 (aber auch dann erhöht sich schon durch die Einlegung des gegnerischen Rechtsmittels das Risiko des Rechtsmittelbekl).

Der Anwalt des Rechtsmittelgegners kann jedoch nur denjenigen Gegenstands- **20** wert zugrunde legen, der sich mit Rücksicht auf den in der *gegnerischen* Rechtsmittelbegründung gestellten *Antrag* ergibt, § 520 III Z 1 ZPO. Denn der Rechtsmittelführer braucht im Zeitpunkt der Einlegung des Rechtsmittels noch keinen bestimmten Antrag zu stellen, sondern er kann sich überlegen, in welchem Umfang er die Berufung anschließend durchführen will.

1755

VV 3100 Vergütungsverzeichnis

21 Soweit der Anwalt für diese Instanz keinen (Mit-)Auftrag hat, entsteht *keine* Verfahrensgebühr, Rn 12, 13, Saarbr RR **97**, 189. Soweit er lediglich vom Prozeßgegner des Auftraggebers das Ersturteil zugestellt erhält, weil der Auftraggeber noch keinen zweitinstanzlichen ProzBev bestellt hat, entsteht keine besondere Verfahrensgebühr.

22 **Besprechung:** Jede Besprechung mit dem Auftraggeber auf Grund seines Auftrags zur Tätigkeit als ProzBev oder mit dem Gegner, seinem ProzBev oder einem Dritten kann die Verfahrensgebühr auslösen. Allerdings gibt es im Fall der amtlichen Vorbemerkung 3 III bereits eine Terminsgebühr.
Bestellungsanzeige: Die Verfahrensgebühr ist von dieser Anzeige bei Gericht nicht abhängig.
Beweismittel: Ihre Angabe kann die Verfahrensgebühr auslösen.
Beweistermin: Rn 44 „Terminswahrnehmung".

23 **Eidesstattliche Versicherung:** Die Verfahrensgebühr gilt den Entwurf, die Aufnahme und die Einreichung einer eidesstattlichen Versicherung ab, Ffm JB **85**, 1029, Köln JB **82**, 399, Nürnb Rpfleger **96**, 42. Das gilt unabhängig davon, welcher der Beteiligten sie abgegeben hat. Das ergibt sich daraus, daß man diese Art der Beschaffung eines Mittels der Glaubhaftmachung nach § 294 ZPO nicht anders behandeln kann als die Herbeischaffung eines anderen Beweismittels. Die Vertretung im Verfahren der eidesstattlichen Versicherung nach §§ 260, 261 BGB vor dem Prozeßgericht kann die Verfahrensgebühr auslösen.
Neben der Verfahrensgebühr kann eine *Terminsgebühr* VV 3104 entstehen, wenn das Gericht die eidesstattliche Versicherung aufnimmt, (zum alten Recht) LG Münster JB **77**, 959.
Einsicht: Rn 43 „Urkundeneinsicht".

24 **Einspruch:** Der Einspruch gegen einen Vollstreckungsbescheid löst die Verfahrensgebühr aus, Mü MDR **92**, 617.
Einstellungsantrag: Er kann die Verfahrensgebühr auslösen.
Einwilligung: Rn 35 „Prozeßerklärung".
Einwohnermeldeamt: Rn 16 „Aufenthaltsermittlung".
Empfang der Streitsumme: Dieser Vorgang löst die Verfahrensgebühr *ebensowenig* wie eine Ablieferung der Streitsumme aus. Für eine solche Tätigkeit gilt vielmehr die Hebegebühr, § 22.
Erledigungserklärung: Rn 35 „Prozeßerklärung".

25 **Ermittlung:** Eine Ermittlungstätigkeit des Anwalts kann die Verfahrensgebühr auslösen. Neben einer bereits entstandenen Verfahrensgebühr entsteht für die Ermittlung zB der Anschrift eines Zeugen oder Sachverständigen keine zusätzliche Gebühr für denselben Anwalt.

26 **Fremdsprachenkenntnis:** Die Verfahrensgebühr gilt sie mit ab, auch wenn der Anwalt in der fremden Sprache eine Korrespondenz führt.
Eine Ausnahme von diesem Grundsatz kann gelten, wenn es sich um eine besonders genau zu übersetzende *schwierige Urkunde* usw handelt, Stgt Rpfleger **81**, 834 (abl Ott AnwBl **81**, 175), aM LG Mannh AnwBl **78**, 62.

27 **Genehmigung:** Die Verfahrensgebühr gilt die Tätigkeit des Anwalts vor einer anderen Behörde als dem Verfahrensgericht, etwa vor dem Betreuungsgericht zur Erwirkung einer Genehmigung etwa des Verfahrensvergleichs *nicht* mit ab.
Gerichtsakten: Ihre Einsicht kann bereits die Verfahrensgebühr auslösen, Rn 16.
Gutachten: Es kann auch die Verfahrensgebühr auslösen, BVerwG Rpfleger **91**, 388, Ffm RR **87**, 380.

28 **Handakten:** Die Anlage der Handakten kann bereits die Verfahrensgebühr entstehen lassen, aM Schlesw JB **78**, 384 (aber das ist bereits eine pflichtgemäße und durchaus sinnvolle Tätigkeit zwecks einer Vertragserfüllung).
Herbeischaffung eines Beweismittels: Der ein Beweismittel herbeischaffende Anwalt erhält dafür *keine* Sondergebühr. Das gilt unabhängig vom Umfang seiner Mühe. Freilich kann er entsprechende Auslagen haben und dann ersetzt fordern.
S auch Rn 23 „Eidesstattliche Versicherung".
Hinterlegung: Die Verfahrensgebühr gilt eine Verhandlung mit der Hinterlegungsstelle sowie die Hinterlegung *nicht* mit ab. Insofern kann eine Gebühr nach (jetzt) VV 2300 entstehen, KG JB **77**, 501, Karlsr JB **89**, 74, Mü JB **90**, 866, aM Düss JB **92**, 400.

Informationsaufnahme: Sie kann bereits die Verfahrensgebühr auslösen, amtliche 29
Vorbemerkung 3 II, Kblz JB **00**, 77.
Klagerücknahme: Rn 35 „Prozeßerklärung". 30
Kostenfestsetzungsverfahren: Der Antrag des Anwalts auf eine Kostenfestsetzung kann die Verfahrensgebühr auslösen. Wegen einer Erinnerung oder Beschwerde VV 3500.
Kündigung: Ein die Klage vorbereitendes Kündigungsschreiben fällt unter (jetzt) 31
§ 19 I 2 Z 1, vgl VV 2300, Mü ZMR **85**, 299.
Mahnschreiben: Ein die Klage vorbereitendes Mahnschreiben, fällt unter (jetzt) § 19 32
I 2 Z 1, vgl VV 2300, Meyer JB **09**, 182. Stellt der ProzBev des Antragsgegners wegen einer Untätigkeit des Antragstellers den Antrag auf die Durchführung des streitigen Verfahrens, erhält er die Verfahrensgebühr, Hbg JB **93**, 95.
S auch Rn 48 „Zwangsvollstreckung".
Mahnverfahren Rn 24 „Einspruch", Rn 46 „Widerspruch".
Nebenintervention: Rn 42 „Streithilfe", „Streitverkündung". 33
Niederlegung des Mandats: Soweit der Anwalt lediglich dem Gericht die Niederlegung des Mandats mitteilt, entsteht *keine* Verfahrensgebühr, Hamm Rpfleger **77**, 458.
Parteiwechsel: Der Anwalt des Prozeßgegners erhält wegen der Maßgeblichkeit des 34
Innenverhältnisses die Verfahrensgebühr nur *einmal*, Kblz AnwBl **85**, 44.
Privates Wissen: Die Verfahrensgebühr gilt das private Wissen des Anwalts und seine normalen Kenntnisse ab.
S auch Rn 26 „Fremdsprachenkenntnis".
Prozeßerklärung: Die Abgabe einer Prozeßerklärung kann die Verfahrensgebühr 35
auslösen und sich auf diese Wirkung beschränken, soweit der Anwalt nicht zugleich in eine Verhandlung eintritt. Die Verfahrensgebühr kann zB durch die folgenden Vorgänge entstehen.
- **(Einwilligung):** S „– (Klagerücknahme)". 36
- **(Erledigtklärung):** Prozeßerklärung ist eine Erledigtklärung im Anschluß an die entsprechende gegnerische, Rn 63, Ffm MDR **84**, 63, Kblz RR **96**, 182. Auch eine einseitige Erledigtklärung ist eine Prozeßhandlung. Sie ist kein bloßer Prozeßantrag. Denn nach ihr kann eine Sachentscheidung notwendig werden, BLAH § 91a ZPO Rn 170, 171.
- **(Klagerücknahme):** Prozeßerklärung ist eine Klagerücknahme, Ffm VersR **80**, 123, Kblz JB **96**, 370. Das gilt selbst dann, wenn sie nach der Verkündung des Urteils, aber vor der Einlegung eines Rechtsmittels erfolgt. Es reicht auch eine Einwilligung zur gegnerischen Klagerücknahme. Ferner reicht ein Kostenantrag nach der gegnerischen Klagerücknahme, Bbg Rpfleger **08**, 668, LG Bln RR **97**, 61 (zu § 269 III 2, IV ZPO, ausf).
- **(Kostenantrag):** S 2 „– (Klagerücknahme)".
- **(Kostenlast):** S „– (Klagerücknahme)".
- **(Rechtsmittelrücknahme):** Es gilt dasselbe wie bei einer „– (Klagerücknahme)".
- **(Rechtsmittelverzicht):** Prozeßerklärung ist ein solcher Vorgang, Schlesw SchlHA **83**, 143.
- **(Rücknahmekenntnis):** Prozeßerklärung kann die Einreichung eines Schriftsatzes auch dann sein, wenn sie bei einer schuldlosen Unkenntnis der Rücknahme eines gegnerischen Antrags usw erfolgt, Kblz AnwBl **02**, 252, Köln JB **95**, 641, Naumb JB **03**, 419, strenger Kblz JB **01**, 414.
- **(Teilrücknahme):** Prozeßerklärung ist der Antrag des Klägers nach einer teilweisen Klagerücknahme zur Zahlung des Restbetrags (Wert ist dann dieser), Ffm AnwBl **83**, 567.
- **(Teilzahlung):** Prozeßerklärung kann die Ankündigung eines Klagabweisungsantrags sein, nachdem der Auftraggeber die Klagesumme teilweise gezahlt hat, bevor der Kläger eine Teil-Klagerücknahme erklärt oder bevor beide Parteien Teil-Erledigterklärungen abgegeben haben, Ffm Rpfleger **84**, 37 (es gilt der volle ursprüngliche Wert).
- **(Zuständigkeitsrüge):** Prozeßerklärung ist die Rüge einer Unzuständigkeit, Schlesw JB **97**, 87.

VV 3100

37 **Prozeß- oder Verfahrenskostenhilfe:** Soweit der Anwalt einen Auftrag zur Durchführung des Verfahrens hat und nun einen Antrag auf die Bewilligung einer Prozeß- oder Verfahrenskostenhilfe stellt, entsteht die Verfahrensgebühr schon durch diese Antragstellung, KG Rpfleger **07**, 669, Nürnb MDR **03**, 835. Das gilt auch beim Gegner, VG Dessau JB **99**, 79. Die Verfahrensgebühr entsteht auch dann, wenn der beigeordnete Anwalt vor einer Beauftragung durch den Begünstigten schon für sie aus einer prozessualen Fürsorge tätig wird, BAG BB **80**, 1428. Mit der Bewilligung der Prozeß- oder Verfahrenskostenhilfe entsteht für die in demselben Umfang bedingt eingereichte Klage oder den entsprechenden Antrag die Verfahrensgebühr, Mü MDR **88**, 972.

38 Dagegen begründet der bloße Auftrag zum *Antrag auf* die Bewilligung einer *Prozeß- oder Verfahrenskostenhilfe* für sich noch keine Verfahrensgebühr. Vielmehr entsteht dann nur eine Gebühr aus VV 3334. Dasselbe gilt, wenn der Auftrag eine Anwaltstätigkeit zunächst nur im Prozeß- oder Verfahrenskostenhilfeverfahren erfordert, Karlsr JB **99**, 191.

39 **Rat:** Ein auf seine Erteilung beschränkter Auftrag kann die Verfahrensgebühr *nicht* auslösen, § 34. Bei einer Erweiterung des Auftrags kann eine Anrechnung nach § 34 II notwendig werden.
Rechtsgutachten: Rn 27 „Gutachten".
Rechtsmittelbelehrung: Rn 17 „Belehrung".
Rechtsmittelrücknahme: Rn 35 „Prozeßerklärung".
Revision: Rn 18 „Berufung, Beschwerde, Revision".
Rücknahme: Rn 35 „Prozeßerklärung".

40 **Säumnis:** Der ProzBev des säumigen Bekl erhält die Verfahrensgebühr auch zB bei einem unechten Versäumnisurteil gegen den Kläger, Düss JB **02**, 474.
Schriftsatz: Die Anfertigung eines Schriftsatzes kann die Verfahrensgebühr auslösen.
Schriftverkehr: Seine Durchführung oder auch nur seine Einsicht kann bereits die Verfahrensgebühr auslösen, Stgt Just **79**, 104. Natürlich muß ein Schriftsatz eine wirksame Unterschrift haben, BLAH § 129 ZPO Rn 9ff, Mü MDR **82**, 418.
Schutzschrift: Es können je nach der Art des Auftrags VV 2300 oder VV 3100ff anwendbar sein, Hbg MDR **07**, 493, Mü Rpfleger **07**, 685, BGH AnwBl **08**, 550, aM Köln Rpfleger **95**, 518. Auch VV 3101 kann aber anwendbar sein, aM Hbg MDR **07**, 493, Mü Rpfleger **07**, 685.

41 **Sicherheitsleistung:** Die Verfahrensgebühr gilt die Bestellung oder die Rückgabe einer prozessualen Sicherheit ab. Die Bestellung usw kann ihrerseits eine Verfahrensgebühr auslösen. Die Bestellung fällt allerdings immer unter die Verfahrensgebühr. Denn es handelt sich um eine zum Prozeßbetrieb gehörige Tätigkeit. Daneben kann unter Umständen eine Hebegebühr nach VV 1009 entstehen. Mit abgegolten ist auch das Verfahren nach §§ 109 oder 715 ZPO, § 19 I 2 Z 7.
Spezialkenntnis: Sie löst grds keine besondere Gebühr aus, mit Ausnahme evtl einer Sprachkenntnis, Düss Rpfleger **83**, 367, Karlsr MDR **78**, 674.

42 **Streithilfe:** Sie gehört zum Prozeß, Kblz JB **82**, 510.
Streitverkündung: Sie gehört zu demjenigen Prozeß, in dem die Streitverkündung erfolgte. Deshalb gilt die Verfahrensgebühr sie ab. Beim Beitritt ohne einen eigenen Sachantrag kann VV 3101 gelten, Nürnb JB **94**, 671 (es kommt für VV 3100 darauf an, ob der Beitretende zumindest im Kern angedeutet hat, wie das Gericht entscheiden soll).
Streitwertantrag: Der Antrag, das Gericht möge den Kostenstreitwert nach § 63 GKG, § 57 FamGKG oder den Gegenstandswert nach §§ 23, 32 RVG festsetzen, kann die Verfahrensgebühr auslösen. Das gilt auch dann, wenn das Urteil bereits im Zeitpunkt der Antragstellung rechtskräftig ist.

43 **Überschreitung des Auftrags:** Soweit der Anwalt zwar im Rahmen der Prozeßvollmacht nach § 81 ZPO handelt, aber unter einer Überschreitung des im Innenverhältnis erhaltenen Auftrags, entsteht *keine* Verfahrensgebühr.
Unterrichtung des Auftraggebers: Sie kann die Verfahrensgebühr auslösen.
Unzuständigkeit: Auch die Klageeinrichtung beim unzuständigen Gericht löst die Verfahrensgebühr aus, Hbg MDR **86**, 679.
Urkundeneinsicht: Eine solche Maßnahme kann die Verfahrensgebühr auslösen.

Vergütungsverzeichnis **3100 VV**

Terminswahrnehmung: Sie führt zur Vergütung nach VV 3104 in Verbindung mit 44
der amtlichen Vorbemerkung 3 III.
Vergleich: Wegen der Mitwirkung des Anwalts beim Abschluß eines Vergleichs über 45
einen außerhalb des Rechtsstreits anhängigen Anspruch vgl bei VV 1000. Im übrigen kann die Mitwirkung des Anwalts beim Vergleichsabschluß die Verfahrensgebühr auslösen, (zum alten Recht) Bre MDR **03**, 1143, daneben aber die Einigungsgebühr VV 1000.
Verkehr mit dem Gericht: Er kann die Verfahrensgebühr auslösen.
Verkehr mit dem Gerichtsvollzieher: Er kann die Verfahrensgebühr auslösen.
Verkehr mit der Partei: Er kann die Verfahrensgebühr auslösen.
Vormundschaftssache: Die Erwirkung einer betreuungsgerichtlichen Genehmigung eines Verfahrensvergleichs läßt die Verfahrensgebühr *nicht* entstehen.
Widerklage: Die Verfahrensgebühr für eine Widerklage entsteht für den Anwalt des 46
Widerklägers erst mit dem Auftrag zur Einlegung der Widerklage, nicht schon damit, daß der Widerkläger im Parteiprozeß die Widerklage selbst einlegt, sofern in diesem Zeitpunkt noch ein Auftrag an den Anwalt fehlt. Die Geltendmachung einer Widerklage in einem anwaltlichen Schriftsatz gilt im allgemeinen nicht als eine bloße Ankündigung, sondern als die Erhebung der Widerklage.
Widerspruch: Der Widerspruch gegen den Mahnbescheid kann für denjenigen Anwalt, der auch für das streitige Verfahren der ProzBev ist, ab dem Übergang in das streitige Verfahren die Verfahrensgebühr auslösen, Jena JB **00**, 472, Kblz JB **02**, 76, Köln JB **00**, 78. Eine Zahlung nach KV 1210, Teil I A dieses Buchs, reicht als ein stillschweigender Antrag auf ein streitiges Verfahren nur nach einer Anfrage, ob es erfolgen soll, sonst nicht, Mü MDR **97**, 890, Liebheit NJW **00**, 2240, aM LG Mü JB **05**, 540, Meyer JB **08**, 17.
Widerspruchsklage: Sie löst die Verfahrensgebühr aus. 47
Wiedereinsetzung: Es kann die Verfahrensgebühr auslösen.
Zeugenanschrift: Ihre Mitteilung kann die Verfahrensgebühr auslösen.
Zeugenermittlung: Rn 16 „Aufenthaltsermittlung".
Zustellung: Die Verfahrensgebühr kann entstehen, sobald der Anwalt im Prozeß tätig wird. Das gilt selbst dann, wenn das Gericht in diesem Zeitpunkt die Klage noch nicht zugestellt hatte, Hbg JB **76**, 193. Etwas anderes gilt nur, wenn er zB nur die Niederlegung des Mandats mitteilt, Hamm Rpfleger **77**, 458.
Zwangsvollstreckung: Diejenige anwaltliche Tätigkeit, die der Beitreibung der im 48
Urteil dem Auftraggeber zugesprochenen Leistung dient, gehört grds *nicht* zum Erkenntnisverfahren, sondern zur Vollstreckungsinstanz, einschließlich der zugehörigen Mahnschreiben und dergleichen, § 57.
Zwischenantrag: Die Geltendmachung eines Zwischenantrags in einem Schriftsatz 49
gilt im allgemeinen nicht als seine bloße Ankündigung, sondern schon als seine Erhebung. Sie kann daher die Verfahrensgebühr auslösen.

G. Gegenstandswert. Die Verfahrensgebühr richtet sich nach dem Gegenstands- 50
wert. Maßgebend ist zunächst der Zeitpunkt der Entstehung der Verfahrensgebühr. Der spätere Verlauf des Rechtsstreits ist grundsätzlich unerheblich, §§ 23ff. Vgl freilich auch Rn 51.

H. Beispiele zur Frage des Gegenstandswerts 51

Beistand: Beim Beistand nach der amtlichen Vorbemerkung 3 I entscheidet das nach § 23 II 2 ermittelbare Interesse des Zeugen oder Sachverständigen.
Erledigung der Hauptsache: Der volle Gegenstandswert gilt auch dann für den Klägeranwalt, wenn eine teilweise oder volle wirksame Erledigung der Hauptsache nach § 91a ZPO eintritt. Beim Anwalt des Bekl reicht es, daß er nur im Anschluß an eine außergerichtliche Erledigung der Hauptsache mit einem Antrag nach § 91a ZPO erstmals dem Gericht gegenüber tätig wurde, Hamm JB **77**, 663.
Hilfsaufrechnung: Man muß § 45 III GKG beachten, Teil I A dieses Buchs.
Hilfswiderklage: Rn 54 „Widerklage".
Höchstwert: Es entscheidet der höchste Gegenstandswert während der Tätigkeit. So- 52
weit nicht das Verfahren ruht, kann man vermuten, daß der Anwalt eine auf den Rechtsstreit gerichtete Tätigkeit ausübt. Wenn der Kläger ihn also mit einer Klage in Höhe von 10000 EUR beauftragt hatte und der Anwalt sie nur in Höhe von

5000 EUR einlegt, entsteht eine Verfahrensgebühr aus 10 000 EUR, aus 5000 EUR aber nur nach VV 3101. Wenn der Anwalt die Klageforderung später auf 15 000 EUR erhöht, ist der letztere Wert maßgeblich, Hamm JB **77**, 552.

53 Klagerhöhung: Rn 52 „Höchstwert".

Klagerücknahme: Der volle Gegenstandswert gilt auch nach einer Klagerücknahme nach § 269 ZPO für den Klägeranwalt. Für den Beklagtenanwalt kommt es darauf an, ob er vor der Klagerücknahme tätig wurde.

Nur Kostenpunkt: Wenn der Anwalt nur im Kostenpunkt tätig wird, entsteht die Verfahrensgebühr nur nach dem Kostenwert, BPatG GRUR **84**, 444, Köln JB **99**, 246 (bei § 924 ZPO), Oldb MDR **77**, 149, aM Mü AnwBl **05**, 795, LG Bln RR **97**, 61 (bei [jetzt] § 269 III 2, IV ZPO).

Mindestwert: Die Verfahrensgebühr kann nicht unter dem Betrag einer Terminsgebühr liegen. Für den ProzBev des Bekl ist mindestens der Wert des Klagantrags maßgebend.

54 Prozeßkostenhilfe: S „Rücknahme des Rechtsschutzgesuchs".

Prozeßvergleich: Bei der Einbeziehung eines in der Berufungsinstanz streitigen Teilbetrags in einen in der ersten Instanz nunmehr erfolgten Prozeßvergleich ist der Gesamtbetrag maßgeblich.

Rechtsmittelinstanz: Hier ist der Antrag des Rechtsmittelklägers maßgeblich. Die Beschwer ist maßgeblich, sofern kein Antrag erfolgte, § 47 I GKG, oder soweit ein Rechtsmittelantrag unzulässig war, Celle NdsRpfl **75**, 138. Eine Einschränkung des Rechtsmittelantrags in der mündlichen Verhandlung bleibt für die Verfahrensgebühr bedeutungslos, KG AnwBl **77**, 470. Bei wechselseitigen Rechtsmitteln ist die Summe der Werte dann maßgeblich, wenn die Rechtsmittel verschiedene Gegenstände haben, § 45 II GKG.

S auch „Prozeßvergleich".

Rücknahme des Rechtsschutzgesuchs: Nur der Kostenwert gilt dann, wenn es zur Rücknahme der „Klage" vor deren Zustellung an den Gegner kommt. Das gilt selbst dann, wenn das Gericht zB den Klagentwurf im Prozeßkostenhilfeverfahren dem Gegner nur zur Kenntnis oder nur zur Stellungnahme zum Gesuch auf Prozeßkostenhilfe übersandt hatte, KG MDR **90**, 935.

Trennung: Auch nach einer Prozeßtrennung nach § 145 ZPO bleiben die vor ihr verdienten Verfahrensgebühren erhalten, § 15 IV, aM Düss JB **01**, 136, RS 36 (je: Wahlrecht nach dem Verfahren vor der Trennung oder nach zwei Verfahren).

Verbindung: Bis zu einer eindeutigen Prozeßverbindung nach § 147 ZPO muß man die Verfahrensgebühren mehrerer bisher selbständiger Rechtsstreite getrennt berechnen, also auch deren Gegenstandswerte.

Verweisung: Der volle Gegenstandswert gilt auch dann, wenn der Anwalt den Auftrag erst nach einer Verweisung zB nach § 281 ZPO erhalten hatte, Ffm AnwBl **83**, 567.

Widerklage: Zumindest für den ProzBev des Widerklägers ist dieser höhere Wert maßgeblich. Bei einer Hilfswiderklage muß man § 45 I 2 GKG beachten, Teil I A dieses Buchs.

55 8) Anrechnung. Ihr Zweck ist die Vermeidung einer Doppelhonorierung, VGH Kassel NJW **06**, 1992. Sie bezieht sich auf das Innenverhältnis zwischen dem Auftraggeber und dem Anwalt, Naumb FamRZ **10**, 60, VGH Mü JB **08**, 27 (auch zu einer Ausnahme), VGH Mannh NJW **08**, 2361, OVG Münst NJW **06**, 1991. Sie kann auf die Verfahrensgebühr in vielerlei Form erfolgen. Im wesentlichen gelten die folgenden Regeln, dazu Enders JB **07**, 449 (Üb).

A. Bei einer Geschäftsgebühr, amtliche Vorbemerkung 3 IV, dazu *Schneider* NJW **07**, 2001 (ausf krit): Die Vorschrift ist wegen ihres klaren Wortlauts kaum auslegbar, VG Minden NVwZ **07**, 568. Soweit es um denselben Gegenstand nach BLAH § 2 ZPO Rn 4 geht, hatte sich der Anwalt ja schon vorprozessual eingearbeitet, VG Minden NVwZ-RR **07**, 567.

Dabei *vermindert* sich nicht die schon entstandene Geschäftsgebühr, sondern die im späteren gerichtlichen Verfahren anfallende Verfahrensgebühr, BGH NJW **10**, 77, BVerwG JB **09**, 594, LG Mannh JB **09**, 643, VGH Kassel NJW **09**, 2077, AG Vechta FamRZ **09**, 1242, krit Hbg JB **08**, 139, Oldb MDR **08**, 1185, VG Minden NVwZ-RR

07, 567 und 568, Henke AnwBl **07**, 782, Peter NJW **07**, 2299, Streppel MDR **07**, 929. Dadurch verschlechtert sich die Stellung des Prozeßsiegers auch keineswegs stets. Denn zB eine Geschäftsgebühr infolge eines Schuldnerverzugs gehört zu den Vorbereitungskosten, schon wegen der sachlichrechtlichen wie prozessualen Kostenminderungspflicht, und damit zu den erstattbaren und nach §§ 103 ff ZPO mitfestsetzbaren Prozeßkosten der §§ 91 ff ZPO, Rn 56 „Kostenfestsetzung", „Vorbereitungskosten".

B. Beispiele zur Frage der Anrechnung bei einer Geschäftsgebühr 56

Altes Recht: *Keine* Anrechnung erfolgt bei einer Geschäftsgebühr nach altem Recht, Mü Rpfleger **05**, 572.

Angelegenheit: Eine Anrechnung erfolgt je selbständige Angelegenheit nach § 15 Rn 4 ff, BGH JB **08**, 529 und NJW **08**, 3641, Bbg JB **08**, 640, KG Rpfleger **08**, 669, Oldb MDR **08**, 1006 (VV 2503), LG Bonn NJW **06**, 2641, LAG Düss Rpfleger **09**, 158, OVG Lüneb NJW-RR **08**, 655, VGH Mü (10. Sen) NJW **06**, 1990, VG Minden JB **08**, 366, aM Oldb JB **09**, 21, VGH Mü (14. Sen) NVwZ-RR **08**, 653, OVG Münst NJW **06**, 1991.

Keine Anrechnung erfolgt bei einer solchen selbständigen Angelegenheit, die eine Vergütung gar nicht nach VV 2300–2303 erhält, sondern nach VV 3100 ff.

Anrechnungshöhe: Man darf die Geschäftsgebühr höchstens mit einer 0,75 Gebühr auf die Verfahrensgebühr des gerichtlichen Verfahrens anrechnen, amtliche Vorbemerkung 3 IV 1. Das gilt auch dann, wenn die außergerichtliche Tätigkeit erst an eine gerichtliche anschließt, zB nach einer abgeschlossenen Verhandlung über einen Mehrvergleich (IV 1 sagt nicht mehr „entstanden ist", sondern „entsteht"). Das Gericht ist dabei unabhängig von einem Gutachten einer Anwaltskammer, BGH NJW **08**, 3641. Maßgeblich ist die Hälfte des Gebührensatzes, Düss JB **09**, 134.

Anwaltswechsel: *Keine* Anrechnung erfolgt nach einem Anwaltswechsel, Kblz FamRZ **09**, 1244, Mü NJW **09**, 1220. Das gilt insbesondere nach einem außerprozessualen solchen Wechsel, Kblz MDR **09**, 533.

Dritter: § 15 a II, dazu BGH NJW **09**, 3101.

Eilverfahren: Eine Anrechnung erfolgt auch im Eilverfahren, KG JB **09**, 78 (jede Verfahrensart), Schneider NJW **09**, 2017 (Üb).

Ersatzanspruch: Eine Anrechnung erfolgt unabhängig von einem etwaigen sachlichrechtlichen Ersatzanspruch, BGH VersR **08**, 1667, Jena JB **09**, 24, Oldb JB **09**, 21.

Gegenstand: S „Verschiedene Gegenstände", „Wert".

Honorarvereinbarung: *Keine* Anrechnung erfolgt bei einer Honorarvereinbarung nach § 3 a, BGH FamRZ **09**, 2082, Ffm AnwBl **09**, 310, Mü Rpfleger **09**, 593, Stgt FamRZ **09**, 1346, Hansens AnwBl **09**, 293 und FamRZ **09**, 1347.

Klagevorbereitung: *Keine* Anrechnung erfolgt bei einer bloßen Tätigkeit zur Klagevorbereitung. Denn sie gehört nach § 19 I Z 1 zum Rechtszug.

Kostenfestsetzung: Die in diesem ABC genannten Regeln gelten auch im Kostenfestsetzungsverfahren nach §§ 103 ff ZPO, OVG Kblz NVwZ-RR **09**, 312, VG Köln AnwBl **06**, 420 (krit Wendt), BLAH § 13 ZPO Rn 19 „Geschäftsgebühr" (ausf).

S auch „Vorbereitungskosten".

Mehrere Auftraggeber: Bei VV 1008 ist jede erhöhte Gebühr der Ausgangspunkt.

Mehrere Gebühren: Eine Anrechnung erfolgt auf der Basis der zuletzt für diesen Auftraggeber entstandenen Gebühr, amtliche Vorbemerkung 3 IV 2.

Pauschale: *Keine* Anrechnung erfolgt bei ihr, BGH NJW **09**, 3364.

Prozeß- oder Verfahrenskostenhilfe: Eine Anrechnung erfolgt auch bei einer solchen Lage, Bre JB **09**, 420, Ffm NJW **09**, 2964, Kblz MDR **09**, 773, AG Vechta MDR **09**, 1242. Vgl auch Lappe Rpfleger **06**, 583.

Prozeßwirtschaftlichkeit: Eine Anrechnung oder ihre Ablehnung darf nicht einfach nur auf Überlegungen zur Prozeßwirtschaftlichkeit abstellen. Vgl vielmehr „Unstreitigkeit oder Titulierung" und „Vorbereitungskosten", aM VGH Mü JB **08**, 26.

Titulierung: S „Unstreitigkeit oder Titulierung".

Unstreitigkeit oder Titulierung: Die Anrechnung erfolgt schon wegen der Möglichkeit der Einstufung von Vorbereitungskosten als Prozeßkosten, s „Vorberei-

tungskosten", unabhängig von einer Unstreitigkeit oder Tituliertung, BGH FamRZ **09**, 225 sowie VersR **99**, 236, Bbg Rpfleger **09**, 474, Düss MDR **09**, 354, Kblz JB **07**, 636, Nürnb AnwBl **08**, 150, AG Saarbr RR **08**, 1669, Ostermeier JB **08**, 10, aM BGH Rpfleger **08**, 597, Celle JB **08**, 191, Hamm JB **08**, 80 und 138, KG RR **09**, 427, Karlsr JB **07**, 636, Kblz AnwBl **08**, 149, Mü JB **09**, 473, Rostock JB **08**, 137, Saarbr JB **08**, 136, Stgt JB **08**, 24, LG Heidelb JB **07**, 638, AG Fritzlar JB **08**, 81, AG St Goar JB **08**, 26.
Verfahrensart: Eine Anrechnung erfolgt in jeder Verfahrensart, KG JB **09**, 78.
Vergabe: Eine Anrechnung kann auch in einer Sache vor der Vergabekammer erfolgen, BGH NJW **10**, 76, KG JB **09**, 78 (jede Verfahrensart), aM Ffm JB **08**, 644.
Verschiedene Gegenstände: *Keine* Anrechnung erfolgt zwischen verschiedenen Gegenständen § 15 Rn 12, LG Mönchengladb NJW **06**, 705, Peter AnwBl **07**, 143 (je: erst Kündigung, dann Räumung; krit Schneider NZM **06**, 252).
Vorbereitungskosten: Eine Anrechnung erfolgt hauptsächlich deshalb, weil die Geschäftsgebühr VV 2300 durchaus als ein Teil der Vorbereitungskosten zu den folgenden Prozeßkosten zählen kann, BLAH § 103 ZPO Rn 17, 27, BGH FamRZ **08**, 1346 rechts oben, KG JB **09**, 78, Oldb JB **07**, 35, ähnlich Junglas NJW **08**, 2378, aM BGH NJW **08**, 1324 (zustm Fölsch MDR **08**, 886, krit Schons AnwBl **08**, 136), Ffm NJW **05**, 759, AG Hbg-Altona MDR **08**, 1247, OVG Lüneb NJW **08**, 535, Streppel MDR **08**, 424.
Wert: Die Anrechnung erfolgt nach dem Wert desjenigen Gegenstands, der auch Gegenstand des gerichtlichen Verfahrens ist, amtliche Vorbemerkung 3 IV 3, Kblz FamRZ **09**, 1089, Tomson NJW **07**, 296.
Zahlung: Eine Anrechnung erfolgt unabhängig davon, ob der Auftraggeber zB die bisherige Verfahrensgebühr schon bezahlt hatte, Ffm NJW **09**, 2964, aM Mü JB **09**, 472 (aber im Gesetz steht davon gar nichts).

57 **C. Beim selbständigen Beweisverfahren, amtliche Vorbemerkung 3 V.** Soweit der Gegenstand des selbständigen Beweisverfahrens nach § 2 Rn 4 auch der Gegenstand eines Rechtsstreits ist oder wird, muß man die Verfahrensgebühr des Beweisverfahrens zunächst auf diejenige des jeweiligen Rechtszugs nach § 19 anrechnen, amtliche Vorbemerkung 3 V, BGH FamRZ **07**, 1006 (Altfall), Mü JB **09**, 475, Stgt JB **08**, 525 und 526. Das setzt für beide Verfahren die Nämlichkeit des Anwalts (auch als Verkehrsanwalt) voraus, aM Hbg MDR **07**, 559, ferner die Nämlichkeit der Parteien. Unterschiedliche Bewertungen im Beweisverfahren einerseits und im Hauptprozeß andererseits ändern nichts an der grundsätzlichen Anrechenbarkeit.
Keine Anrechnung erfolgt dann, wenn der Antragsteller des Beweisverfahrens den Anspruch im späteren Prozeß als Bekl zur Hilfsaufrechnung stellt und wenn das Gericht nicht über ihn mitentscheidet, Hbg JB **89**, 976, KG JB **82**, 441. Ein Eilverfahren ist kein Hauptprozeß, KG JB **84**, 1243, Mü RR **99**, 655, Schlesw JB **87**, 1223, aM Kblz JB **95**, 481 (aber dann gäbe es nur einen „zweiten" Hauptprozeß). Keine Anrechnung erfolgt auch bei der Terminsgebühr. Das ergibt der klare Wortlaut der amtlichen Anmerkung 3 V. Denn sie nennt nur die Verfahrensgebühr.

58 **D. Bei Zurückverweisung, amtliche Vorbemerkung 3 VI.** Soweit das übergeordnete Gericht die Sache an ein untergeordnetes zurückverweist, das sich mit der Sache schon befaßt hatte, also nicht an ein neues anderes Gericht, muß man die vor dem früheren Gericht schon entstandene Verfahrensgebühr grundsätzlich auf diejenige für das dort erneute Verfahren anrechnen, amtliche Vorbemerkung 3 VI. Das gilt auch im FamFG-Verfahren. Das gilt auch beim Verkehrsanwalt, Mü JB **92**, 167.
Unanwendbar mag diese Vorschrift freilich dann sein, wenn zwischen dem Ende des ersten Verfahrens und dem Beginn des zweiten mehr als zwei Kalenderjahre liegen, Mü AnwBl **06**, 588.

59 **E. Nach vereinfachtem Unterhaltsverfahren, amtliche Anmerkung I.** Soweit ein vereinfachtes Verfahren über den Unterhalt eines Minderjährigen nach §§ 249 ff FamFG stattgefunden hatte, muß man die dortige Verfahrensgebühr auf diejenige anrechnen, die in der nach § 17 Z 3 weiteren Angelegenheit des etwa nachfolgenden Rechtsstreits nach § 255 FamFG entsteht, amtliche Anmerkung I. Der Gegenstandswert ergibt sich in beiden Angelegenheiten aus § 42 GKG oder § 51 FamGKG, Teile I A, B

dieses Buchs. Das gilt auch für den Verkehrsanwalt. Eine im Urkundenprozeß verdiente Gebühr bleibt unberührt. Vgl aber Rn 60.

F. Nach Urkunden- oder Wechselprozeß, amtliche Anmerkung II. Man muß die im Verfahren nach §§ 592–599 ZPO entstandene Verfahrensgebühr auf diejenige für das Nachverfahren anrechnen, soweit es entweder infolge einer Abstandnahme des Klägers nach § 596 ZPO oder infolge eines Vorbehaltsurteils nach § 599 ZPO nur gemäß § 600 ZPO stattfindet, amtliche Anmerkung II. 60

G. Nach Vermittlungsverfahren, amtliche Anmerkung III. Man muß eine im Vermittlungsverfahren nach § 165 FamFG entstandene Verfahrensgebühr auf diejenige für ein sich anschließendes Gerichtsverfahren anrechnen, amtliche Anmerkung III. Das kommt praktisch nur bei einem gegenüber dem Vermittlungsverfahren höheren Gegenstandswert des anschließenden Gerichtsverfahrens in Betracht. Das letztere muß in einem gewissen sachlichen und zeitlichen Zusammenhang mit dem ersteren stehen, um noch „anschließend" zu verlaufen, RS 18. 61

H. Keine Anrechnung bei VV 6100 ff, amtliche Vorbemerkung 3 VII. Da nach dieser Vorschrift VV 3100–3518 in den sonstigen Verfahren nach VV 6100–6404 gänzlich unanwendbar sind, entfällt natürlich auch insoweit jede Anrechnung. 62

Nr.	Gebührentatbestand	Gebühr oder Satz der Gebühr nach § 34 GKG
3101	*Fassung 1. 9. 2009:* **1. Endigt der Auftrag, bevor der Rechtsanwalt die Klage, den ein Verfahren einleitenden Antrag oder einen Schriftsatz, der Sachanträge, Sachvortrag, die Zurücknahme der Klage oder die Zurücknahme des Antrags enthält, eingereicht oder bevor er einen gerichtlichen Termin wahrgenommen hat,**	
	2. soweit lediglich beantragt ist, eine Einigung der Parteien oder der Beteiligten oder mit Dritten über in diesem Verfahren nicht rechtshängige Ansprüche zu Protokoll zu nehmen oder festzustellen (§ 278 Abs. 6 ZPO) oder soweit lediglich Verhandlungen vor Gericht zur Einigung über solche Ansprüche geführt werden oder	
	3. soweit in einer Familiensache, die nur die Erteilung einer Genehmigung oder die Zustimmung des Familiengerichts zum Gegenstand hat, oder in einem Verfahren der freiwilligen Gerichtsbarkeit lediglich ein Antrag gestellt und eine Entscheidung entgegengenommen wird,	
	beträgt die Gebühr 3100	0,8
	I Soweit in den Fällen der Nummer 2 der sich nach § 15 Abs. 3 RVG ergebende Gesamtbetrag der Verfahrensgebühren die Gebühr 3100 übersteigt, wird der übersteigende Betrag auf eine Verfahrensgebühr angerechnet, die wegen desselben Gegenstands in einer anderen Angelegenheit entsteht.	
	II Nummer 3 ist in streitigen Verfahren der freiwilligen Gerichtsbarkeit, insbesondere in Verfahren nach dem Gesetz über das gerichtliche Verfahren in Landwirtschaftssachen, nicht anzuwenden.	

Vorbem. Zunächst amtliche Anmerkung II geändert dch Art 3 III Z 1 G v 26. 3. 07, BGBl 370, in Kraft seit 1. 7. 07, Art 4 S 2 G, Übergangsrecht § 60 RVG. Sodann Haupttext Z 1–3 sowie amtliche Anmerkung II geändert dch Art 47 VI Z 19g FGG-RG v 17. 12. 08, BGBl 2586, in Kraft seit 1. 9. 09, Art 112 I Hs 1 FGG-RG, Übergangsrecht Art 111 FGG-RG, Grdz 2 vor § 1 FamGKG, Teil I B dieses Buchs.

VV 3101

Nr.	Gebührentatbestand	Gebühr oder Satz der Gebühr nach § 34 GKG
3101	*Bisherige Fassung Z 1–3 und amtl Anm II:*	0,8
	1. Endigt der Auftrag, bevor der Rechtsanwalt die Klage, den ein Verfahren einleitenden Antrag oder einen Schriftsatz, der Sachanträge, Sachvortrag, die Zurücknahme der Klage oder die Zurücknahme des Antrags enthält, eingereicht oder bevor er für seine Partei einen gerichtlichen Termin wahrgenommen hat,	
	3. soweit in einem Verfahren der freiwilligen Gerichtsbarkeit lediglich ein Antrag gestellt und eine Entscheidung entgegengenommen wird,	
	beträgt die Gebühr 3100	0,8
	II Nummer 3 ist in streitigen Verfahren der freiwilligen Gerichtsbarkeit, insbesondere in Familiensachen und in Verfahren nach dem Gesetz über das gerichtliche Verfahren in Landwirtschaftssachen, nicht anzuwenden.	

Übergangsrecht jeweils § 60 RVG.

Gliederung

1) Systematik, Z 1–3	1
2) Regelungszweck, Z 1–3	2
3) Persönlicher Geltungsbereich, Z 1–3	3–5
4) Vorzeitige Beendigung des Auftrags, Z 1	6–59
A. Grundsatz: Enge Auslegung	6
B. Auftragsbeendigung	7–9
C. Beispiele zur Frage einer Auftragsbeendigung, Z 1	9
D. Vor Klage	10
E. Vor Einleitungsantrag	11
F. Vor Sachantrag	12
G. Vor Sachvortrag	13
H. Vor Klagerücknahme	14
I. Vor Antragsrücknahme	15
J. Vor Terminswahrnehmung	16
K. Terminsbeginn	17, 18
L. Verhandlungsbereitschaft	19, 20
M. Beispiele zur Frage einer vorzeitigen Beendigung, Z 1 ..	21–57
N. Gebührenhöhe, Z 1	58, 59
5) Einigung der Parteien oder Beteiligten oder mit Dritten, Z 2	60–66
A. Begriff	60
B. Geltungsbereich	61
C. Beispiele zur Frage einer Einigung usw, Z 2	62–65
D. Gebührenhöhe, Z 2	66
6) Familiensache-Antrag usw, Z 3	67
7) Kostenerstattung, Z 1–3	68–71
A. Vor Klagezustellung	69, 70
B. Nach Klagezustellung	71

1   **1) Systematik, Z 1–3.** Die Vorschrift ergänzt VV 3100 als eine vorrangige Sondervorschrift mit einer sog Differenzverfahrensgebühr. Sie bezieht sich also nur auf die Verfahrensgebühr, nicht auf die Terminsgebühr. Sie enthält zugleich eine Einschränkung des § 15 IV. Auch gegenüber jener Vorschrift ist VV 3101 vorrangig. Der vorzeitigen Beendigung des Auftrags steht auch eine vorzeitige Erledigung der Angelegenheit gleich. Denn auch sie erübrigt die weitere Durchführung des Auftrags, aM Mü NJW **80**, 106. Ähnliche Bestimmungen wie VV 3101 enthalten VV 3201, 3207, 3301 usw. VV 3101 kann zu VV 1000 hinzutreten, Stgt MDR **08**, 1067.

2   **2) Regelungszweck, Z 1–3.** Die Regelung soll eine an sich ja bereits mit der auftragsgemäßen Entgegennahme der Information entstandene Vergütung einschränken, soweit die Tätigkeit des Anwalts nicht nach außen hervortritt, Kblz JB **96**, 307, Nürnb JB **95**, 191, Buchwald NJW **94**, 639 (auch zum Schiedsrichter). Die Vorschrift gibt demgemäß die Mindesttätigkeit des Anwalts an, die zur Auftragsannahme hinzukommen muß, damit er eine 0,8 Verfahrensgebühr verdient, Nürnb JB **05**, 191. Im übrigen gilt VV 3101 unabhängig vom tatsächlichen Umfang der Tätigkeit des Anwalts.

3) Persönlicher Geltungsbereich, Z 1–3. Die Vorschrift setzt wie VV 3100 **3** voraus, daß der Anwalt ProzBev oder VerfBev ist, sei es des Klägers, des Bekl, eines Beteiligten, eines Streitgenossen oder eines Beigeladenen oder Streithelfers, Nürnb JB **94**, 671. Die Vorschrift ist auf den Verkehrsanwalt nach (jetzt) VV 3400 entsprechend anwendbar, Düss MDR **89**, 1112. Sie ist dann unanwendbar, wenn das Gericht die Verfahrensgebühr infolge eines geringeren gebührenmäßigen Gewichts des Verfahrens auf einen anderen Betrag als 1,3 Gebühr festgesetzt hat oder wenn es sich um eine feste Bruchteilsgebühr handelt.

Soweit der Anwalt nach seiner Beiordnung im Weg der *Prozeß- oder Verfahrenskosten-* **4** *hilfe* keine der in VV 3101 genannten Tätigkeiten ausübt, entscheidet der Umfang der Beiordnung, ob eine vor ihr stattgefundene Tätigkeit noch unter die Beiordnung fällt. Das gilt etwa bei einer ausdrücklichen oder stillschweigenden Beiordnung für die Instanz. Die Beiordnung wirkt für die Berechnung grundsätzlich nicht zurück, Schlesw SchlHA **87**, 142.

Es kommt also zB bei der Einreichung eines Rechtsmittels *vor der Beiordnung* unter **5** Umständen nur 0,8 Verfahrensgebühr in Betracht.

4) Vorzeitige Beendigung des Auftrags, Z 1. Der folgende Grundsatz hat **6** zahlreiche Auswirkungen.

A. Grundsatz: Enge Auslegung. Man muß beim Vorliegen einer der in VV 3101 genannten Gründe im allgemeinen davon ausgehen, daß die Tätigkeit des Anwalts wesentlich geringer ist als bei einer nicht vorzeitigen Beendigung des Auftrags usw. Daher muß der Anwalt unter den Voraussetzungen der Vorschrift eine Verringerung der eigentlichen Gebühr hinnehmen. Als eine vorrangige Sonderregel gegenüber VV 3100 muß man VV 3101 eng auslegen. Diese Vorschrift enthält also eine abschließende Aufzählung der Voraussetzungen, Kblz Rpfleger **99**, 567. Es müssen sämtliche folgenden Voraussetzungen vorliegen.

B. Auftragsbeendigung. Der Auftrag muß natürlich zunächst einmal überhaupt **7** wirksam entstanden sein. Er muß sodann geendet haben, bevor der Anwalt eine der Tätigkeiten Rn 10–20 begonnen hat. Die Art der Beendigung des Auftrags ist unerheblich. Das beendigende Ereignis muß sich zumindest auch auf diesen Verfahrensauftrag beziehen, BGH NJW **02**, 3712. Man muß je nach der Art des beendigenden Ereignisses prüfen, ob die Beendigung vor dem Beginn der Tätigkeit nach Rn 10–20 wirksam geworden ist.

Das *weitere Schicksal* des sachlichrechtlichen Anspruchs ist unerheblich. **8**
Es kann je nach der Art des beendigenden Ereignisses auch darauf ankommen, ob der Anwalt eine Kenntnis hatte oder haben mußte, §§ 674, 675 I BGB, Hbg MDR **98**, 561, Kblz JB **98**, 537, Naumb JB **03**, 419.

C. Beispiele zur Frage einer Auftragsbeendigung, Z 1 **9**
Einspruchsrücknahme: Auftragsbeendigung ist die Rücknahme eines Einspruchs zB nach §§ 346, 700 IV 1 ZPO.
Erfüllung: Auftragsbeendigung ist eine Erfüllung.
Erledigung: Auftragsbeendigung ist jeder erledigende Vorgang.
Geschäftsunfähigkeit: Auftragsbeendigung ist der Eintritt der Geschäftsunfähigkeit des Auftraggebers, § 672 BGB.
Insolvenz: Auftragsbeendigung ist eine Insolvenz des Auftraggebers, soweit der Auftrag die Insolvenzmasse betrifft.
Klagerücknahme: Auftragsbeendigung ist die Klagerücknahme nach § 269 ZPO, Hbg JB **75**, 1607.
Kündigung: Auftragsbeendigung ist natürlich auch eine wirksame Kündigung. Maßgebend ist ihr Zugang nach § 130 BGB. Es ist unerheblich, ob der Anwalt oder der Auftraggeber gekündigt haben und wer den Anlaß gegeben hat.
Rechtsmittelrücknahme: Auftragsbeendigung ist die Rücknahme eines Rechtsmittels zB nach §§ 516, 555 ZPO.

Tod: Auftragsbeendigung ist der Tod des Auftraggebers oder des Anwalts als Alleinbeauftragten.
Vergleich: Auftragsbeendigung ist ein gerichtlicher oder außergerichtlicher Vergleich.
Zahlung: Auftragsbeendigung ist eine Zahlung.
Zeitablauf: Auftragsbeendigung kann ein Zeitablauf sein.

10 **D. Vor Klage.** Der Auftrag muß geendet haben, bevor der Anwalt eine dem § 253 ZPO entsprechende Klage ordnungsgemäß eingereicht hat. Eine „Klage" ohne einen Antrag oder eine Begründung ist nicht ordnungsgemäß, AG St Wendel JB **06**, 363. Es kommt auf den Zeitpunkt des Eingangs der Klage beim Gericht an, also auf denjenigen der Anhängigkeit, nicht auf den Zeitpunkt der Klagezustellung, also nicht auf den Zeitpunkt der Rechtshängigkeit. Der Auftrag muß geendet haben, bevor die Klage bei demjenigen Gericht eingegangen ist, an das sie nach dem Willen des Anwalts gehen sollte. Das gilt unabhängig davon, ob dieses Gericht sachlich und/oder örtlich wirklich zuständig war. Ein Eingang beim Gegner ist weder erforderlich noch ausreichend. Das Gericht braucht noch nichts veranlaßt zu haben, KG JB **85**, 1030. Es braucht auch noch kein etwa erforderlicher Vorschuß eingegangen zu sein. Der bloße Sachvortrag in einer Schutzschrift läßt dennoch VV 3101 anwendbar bleiben, Hbg MDR **05**, 1196.
Die *Widerklage* unterliegt denselben vorstehenden Regeln.

11 **E. Vor Einleitungsantrag.** Der Auftrag muß geendet haben, bevor der Anwalt zB im FamFG-Verfahren den ein Verfahren einleitenden ordnungsgemäß unterschriebenen Antrag eingereicht hat, Mü MDR **82**, 118. Das gilt auch beim Eilantrag nach §§ 920, 936 ZPO oder beim Antrag auf ein streitiges Verfahren nach einem Widerspruch gegen den Mahnbescheid nach § 696 I ZPO, LG Kiel JB **98**, 360, Meyer JB **08**, 17, oder beim Antrag auf die Vollstreckbarerklärung eines Schiedsspruchs nach § 1060 ZPO. Es reicht aus, daß der Antrag gerade ein gerichtliches Verfahren in dieser Instanz einleiten sollte, BGH NJW **02**, 3712, also etwa das streitige Verfahren, Rn 43 „Mahnverfahren". Auch hier ist wie bei Rn 10 der Eingang bei demjenigen Gericht maßgeblich, an das der Antrag adressiert war. Das gilt auch hier unabhängig davon, ob dieses Gericht in Wahrheit sachlich und/oder örtlich zuständig war.

12 **F. Vor Sachantrag.** Der Auftrag muß geendet haben, bevor der Anwalt zum Beginn oder im Verlauf des Verfahrens einen ordnungsgemäß unterschriebenen Schriftsatz mit zumindest auch einem Sachantrag eingereicht oder wiederholt hat. Zum Begriff des Sachantrags BLAH § 297 ZPO Rn 4 ff. Sachantrag ist also derjenige, der den Inhalt der gewünschten Sachentscheidung bestimmt und begrenzt, § 308 I ZPO usw, Hbg JB **94**, 608, KG Rpfleger **09**, 52 rechts, LG Mönchengladb Rpfleger **06**, 169. Das kann auch stillschweigend erfolgen, BGH NJW **92**, 839, Mü JB **91**, 227. Auch hier kommt es nur auf den Eingang beim Gericht an, KG JB **85**, 1030, nicht auf eine etwaige Zustellung oder formlose Übersendung durch das Gericht an den Antragsgegner oder auf eine sonstige Maßnahme des Gerichts. Auch hier kommt es auf den Eingang bei demjenigen Gericht an, an das der Schriftsatz adressiert war. Das gilt auch hier unabhängig davon, ob dieses Gericht sachlich und/oder örtlich zuständig war. Eine Begründung des Sachantrags ist kostenrechtlich entbehrlich. Eine förmliche Zustellung ist kein zwingendes Erfordernis, aM Hbg JB **83**, 1819 (aber es kommt allein auf den Inhalt und erst dann auf dessen Übermittlungsart an).

13 **G. Vor Sachvortrag.** Der Auftrag muß geendet haben, bevor der Anwalt einen eigenen Schriftsatz mit einem Sachvortrag eingereicht hat, Hbg MDR **79**, 211, Karlsr MDR **97**, 107, Mü JB **09**, 478 (zu VV 3201). Seine Zustellung an den Gegner ist hier nicht erforderlich. Sachvortrag ist etwas anderes als der eigentliche Sachantrag nach Rn 12, Mü JB **09**, 478 (zu VV 3201). Ein Schriftsatz ohne jeden Sach*antrag* kann also dennoch einen Sach*vortrag* enthalten. Sachvortrag ist das Vorbringen eines jeden Angriffs- oder Verteidigungsmittels, BLAH Einl III 70, also jede Ausführung zur Sache selbst. Sachvortrag ist nicht auch dasjenige, was nur zur Zuständigkeit oder zu einer sonstigen Zulässigkeitsfrage oder zu einer sonstigen bloßen Verfahrensfrage erfolgt, also zB eine Bitte um eine Terminierung oder Terminsverlegung, ein Aussetzungsantrag, eine Insolvenzmitteilung, die Bestellung eines ProzBev, aM GS 35. Sie fordert zwar

Vergütungsverzeichnis **3101 VV**

nicht weniger Sorgfalt und hängt stets eng mit dem Streitgegenstand zusammen. Indessen muß man beim Vortrag ebenso wie beim Antrag eben zwischen demjenigen zur Sache und demjenigen zum Prozeßablauf unterscheiden. Hierher gehört auch die sog Schutzschrift gegen einen befürchteten gegnerischen Eilantrag, BLAH Grdz 7 ff vor § 128, Rn 27 „Arrest, einstweilige Verfügung", Düss Rpfleger **07**, 48, Nürnb MDR **05**, 1317.

Eine *Bezugnahme*, sogar in einem anderen Schriftsatz, etwa in einem Prozeß- oder Verfahrenskostenhilfegesuch, kann bei einem engen zeitlichen und sachlichen Zusammenhang ausreichen, BGH NJW **92**, 840 links oben (großzügig), vgl freilich auch BGH NJW **92**, 840 links unten.

H. Vor Klagerücknahme. Der Auftrag muß geendet haben, bevor der Anwalt eine schriftsätzliche teilweise oder gänzliche Zurücknahme der Klage oder Widerklage oder des Rechtschutzgesuchs erklärt hat, Hansens JB **86**, 495, oder bevor er die Rücknahme eines Widerspruchs gegen einen Mahnbescheid eingereicht hat, Rn 15, Mü JB **85**, 402. Der Anwalt braucht die Klagerücknahme nicht ausdrücklich als solche bezeichnet zu haben, BLAH § 269 ZPO Rn 22. Sie muß aber unbedingt sein. Im übrigen ist auch hier der Eingang beim Gericht maßgeblich. Es kommt also nicht darauf an, ob und wann das Gericht die Klagerücknahme dem Bekl zugestellt oder übersandt hat. 14

Hier kommt es wegen § 269 III 3 lt Hs ZPO befremdlicherweise evtl nicht mehr darauf an, ob der Schriftsatz bei demjenigen Gericht einging, bei dem die Klage derzeit wirklich *rechtshängig* war. Es ist unerheblich, ob dieses Gericht in jenem Zeitpunkt sachlich und/oder örtlich zuständig war. Der Eingang bei einem solchen Gericht, bei dem die Klage nicht schwebte, löst allerdings keine wirksame Klagerücknahme aus.

I. Vor Antragsrücknahme. Der Auftrag muß geendet haben, bevor der Anwalt einen Schriftsatz mit der Zurücknahme eines Antrags eingereicht hat. Auch hier kommt es lediglich auf den Eingang bei demjenigen Gericht an, an das der Anwalt seinen Schriftsatz adressiert hatte, nicht auf die Zustellung oder Übersendung durch dieses Gericht an den Antragsgegner. Sofern der Anwalt seinen Schriftsatz bei demjenigen Gericht eingereicht hat, bei dem das Verfahren bisher schwebte, kommt es nicht darauf an, ob dieses Gericht in diesem Zeitpunkt sachlich und/oder örtlich zuständig war. Eine Aussöhnungsmitteilung steht einer Rücknahme des (Scheidungs-)Antrags gleich. Auch hierher gehört die Rücknahme des Widerspruchs gegen den Mahnbescheid, Rn 14, Mü JB **85**, 402. 15

J. Vor Terminswahrnehmung. Der Auftrag muß geendet haben, bevor der Anwalt einen gerichtlichen Termin wahrgenommen hat. Die Art des Termins ist unerheblich. Es genügt ein Güte- oder Sühne- oder Beweistermin auch vor dem beauftragten oder ersuchten Richter. Auch ein Verkündungstermin reicht, aM GSchm 60 (aber VV 3100, auf das VV 3101 Bezug nimmt), schafft eine Verfahrensgebühr, und die Verkündung gehört nicht nur wegen des Anlaufs einer Frist usw zum Verfahren). Es kommt nicht darauf an, ob das Gericht den Termin in der Ladung usw richtig bezeichnet hat. Es kommt auch nicht darauf an, ob das Gericht eine Einlassungs- oder Ladungsfrist beachtet hat. Ein Termin des gerichtlich bestellten Sachverständigen ist wegen dessen Stellung als eines Gehilfen des Gerichts nach der amtlichen Vorbemerkung 3 III ausreichend. 16

K. Terminsbeginn. Der Termin beginnt mit dem Aufruf der Sache im Sitzungssaal, § 220 I ZPO. Ein vorheriger Aufruf dieser Sache vor dem Sitzungssaal ist auch dann unbeachtlich, wenn das Gericht zu dieser Terminsstunde nur diese Sache anberaumt hatte. Denn erst durch den Aufruf im Sitzungssaal gibt das Gericht durch den Vorsitzenden seine Bereitschaft und seinen Willen zu erkennen, sich jetzt dieser Sache zuzuwenden, BLAH § 220 ZPO Rn 5. 17

Wenn der Vorsitzende im Sitzungssaal gleichzeitig *mehrere* Sachen „aufrufen" läßt, liegt noch kein Aufruf dieser Sache vor. Vielmehr muß der Vorsitzende die einzelne Sache unmittelbar vor der Beschäftigung mit ihr erneut im Sitzungssaal aufrufen. 18

L. Verhandlungsbereitschaft. Dementsprechend ist es erforderlich und ausreichend, daß der Anwalt in diesem letzteren Zeitpunkt für die Partei gerade als der ProzBev und nicht nur als ein Terminsvertreter verhandlungsbereit im Sitzungssaal anwesend ist, Hamm MDR **78**, 151, Mü JB **94**, 542, oder daß er während des weite- 19 ren Verlaufs dieses Termins in einer solchen Absicht und Bereitschaft den Sitzungssaal betritt und sich als der ProzBev für die Partei dem Gericht gegenüber zu erkennen gibt. Es ist unter dieser Voraussetzung nicht erforderlich, daß der Anwalt einen Antrag stellt usw, KG MDR **88**, 787 (Vergleich). Der Anwalt des Streitverkündeten nimmt einen Termin aber erst dann für den Auftraggeber wahr, wenn dieser dem Rechtsstreit nach § 74 I ZPO beigetreten ist, Hamm MDR **75**, 943. Eine Vertagung alsbald nach einem Einzelaufruf etwa wegen der Abwesenheit eines entschuldigten Beteiligten ist unerheblich.

20 Eine Anwesenheit nur zum Zweck der *Mitteilung der Niederlegung* des Mandats oder der Absicht, keinen Sachantrag zu stellen, ist keine Termins-„Wahrnehmung", Hamm Rpfleger **77**, 458, Mü JB **94**, 542. Es reicht aber die bloße Absicht eines Vergleichsabschlusses, KG MDR **88**, 787, oder eines Teilanerkenntnisses usw, KG JB **77**, 1379. Es ist unerheblich, ob sich der Termin auch auf einen bisher nicht rechtshängigen Anspruch erstrecken sollte und erstreckt hat. Es reicht aus, daß der Anwalt den Auftrag hatte, zumindest wegen desjenigen Anspruchs am Termin teilzunehmen, den er für den Auftraggeber durchsetzen oder abwehren sollte. Das Erscheinen trotz einer vorherigen Kenntnis von der Terminsaufhebung reicht nicht. Ebensowenig reicht eine Erörterung mit dem Gericht außerhalb des Sitzungssaals oder Ortstermins, Kblz AnwBl **83**, 91, oder ein Telefonat mit dem Richter, Düss AnwBl **84**, 616, Mü Rpfleger **93**, 40. Es ist unerheblich, ob der Prozeßgegner oder dessen ProzBev erschienen ist.

21 **M. Beispiele zur Frage einer vorzeitigen Beendigung, Z 1**
Abmahnung: Sie kann dann zu Z 1 zählen, wenn auch schon ein Klagauftrag für den Fall des Scheiterns vorlag, LG Hbg GRUR-RR **09**, 199.
Akteneinsichtsantrag: Er ist *kein* Sachantrag, Hamm AnwBl **82**, 70.
Aktenlageverfahren: Ein Antrag auf eine Entscheidung nach der Aktenlage ist *kein* Sachantrag.
Anerkenntnis: Es kann zu Z 1 zählen, Celle NdsRpfl **87**, 282, Drsd JB **98**, 470.
Ankündigung: Eine bloße Ankündigung selbst eines Sachantrags ist gerade noch *kein* solcher, Düss Rpfleger **00**, 567.
Anwaltsbestellung: Die bloße Anwaltsbestellung ist *kein* Sachantrag, Kblz JB **87**, 1365. S auch Rn 54 „Verteidigungsanzeige".

22 **Antragsrücknahme:** Vgl zunächst Rn 15. Zwar spricht Z 1 in seinem Wortlaut einerseits von der Stellung eines „Sachantrags", andererseits von der Zurücknahme „des Antrags", nicht des „Sachantrags". Indessen bringt das Wort „des" (Antrags) zum Ausdruck, daß es sich um die Zurücknahme eben eines Antrags der vorgenannten Art und daher eines Sachantrags handeln muß. Es reicht also nicht aus, daß der Schriftsatz nur die Zurücknahme eines Prozeßantrags enthält.
Die *Art* desjenigen Sachantrags, den der Anwalt im Schriftsatz zurücknimmt, ist unerheblich. Ein Antrag ist insbesondere derjenige auf eine *Klagabweisung*, Kblz VersR **78**, 353. Das gilt freilich erst, wenn der Anwalt des Bekl diesen Antrag nach der Rechtshängigkeit stellt, Köln JB **95**, 81, Mü MDR **82**, 418.

23 Auch der Antrag auf die Zurückweisung oder Verwerfung des *Rechtsmittels* oder Rechtsbehelfs reicht (für VV 3201) aus, Ffm RR **86**, 1320, Karlsr JB **94**, 159, Oldb MDR **06**, 418, aM Mü Rpfleger **97**, 540, Naumb FamRZ **01**, 1392, LAG Erfurt MDR **01**, 477 (aber aus der Sicht des Rechtsmittelbekl war der Sachantrag stets vorsorglich statthaft und sinnvoll).

24 Hierher gehört auch der Antrag mit der *Rücknahme* eines Rechtsmittels, Brdb MDR **01**, 111, Jena FamRZ **04**, 47, Stgt Rpfleger **98**, 261, aM KG AnwBl **84**, 621, Nürnb MDR **00**, 415 (es bezeichnet sich als „herrschende Meinung", dazu grds BLAH Einl III 47).
Es kommt nicht darauf an, ob das Gericht den Antrag dem Gegner förmlich *zustellen* muß. Die Zurücknahme eines Sachantrags außerhalb eines Schriftsatzes fällt nicht unter Z 1. Das ergibt sich aus dem klaren Wortlaut, der „einen Schriftsatz" erfordert. Es ist unerheblich, ob der Schriftsatz eine förmliche Zustellung erfordert.
Vgl allerdings Rn 26 „Arrest, einstweilige Verfügung".

25 **Arbeitsgerichtsverfahren:** Ein Gütetermin nach § 54 ArbGG ist ebenso wie ein Verhandlungstermin im Urteils- oder Beschlußverfahren ein Termin nach Z 1.

3101 VV

Arrest, einstweilige Verfügung: Das Verfahren über einen Antrag auf die Anord- 26
nung, Abänderung oder Aufhebung eines Arrests oder einer einstweiligen Verfügung gilt zusammen mit dem Anordnungsverfahren nach § 16 Z 5 als dieselbe Angelegenheit. Daher ist ein Anordnungsantrag *kein* Einleitungsantrag nach Rn 11. Indessen ist aus der Sicht des Antragsgegners ein Abänderungs- oder Aufhebungsantrag jedenfalls dann der Beginn des Verfahrens für ihn, wenn er sich zuvor noch nicht gewehrt hatte. Das gilt unabhängig davon, ob er sich zuvor hätte wehren können.

Z 1 kann auch dann anwendbar sein, wenn der Anwalt eine *Schutzschrift* im Auf- 27
trag des Antragsgegners vor dem Eingang des gegnerischen erwarteten und vielleicht auch hochgradig wahrscheinlichen Antrags auf den Erlaß eines Arrests oder einer einstweiligen Verfügung eingereicht hat, BGH NJW **03**, 1257 (zustm Teplitzky LMK **03**, 95), Hbg MDR **02**, 1153, KG WettbR **00**, 24, aM Düss JB **91**, 942, Kblz JB **90**, 1160, oder gar vor dessen Rücknahme, BGH BB **07**, 1136. Freilich zeigen sich hier die problematischen Folgen einer Zulassung der sog Schutzschrift nach BLAH Grdz 6 vor § 128 ZPO auch kostenrechtlich. Bei ihrer Zulassung muß man aber auch insoweit konsequent bleiben. Ein Widerspruch ist grds ein Sachantrag, Mü MDR **91**, 165.

Legt der Anwalt einen *auf die Kosten beschränkten Widerspruch* gegen eine Be- 28
schlußverfügung ein, erhält er nicht etwa zusätzlich zu den nach dem Kostenwert entstehenden Gebühren (jetzt) eine erstattungsfähige 0,8 Gebühr nach dem Streitwert des Verfügungsanspruchs, BGH JB **03**, 466, Hbg JB **89**, 1737, Kblz Rpfleger **86**, 407, aM KG MDR **85**, 770, Köln JB **92**, 803 (aber es geht um einen Anspruchsverzicht).

Aussetzung: Der bloße Aussetzungsantrag ist *kein* Sachantrag, sondern ein Prozeßantrag. Dasselbe gilt beim Aufnahmeantrag, Karlsr JB **97**, 138.
Beiladung: Es gilt dasselbe wie in Rn 49 „Streitverkündung".
Drittschuldnerklage: Z 1 kann anwendbar sein, LG Bonn JB **01**, 26. 29
Ehesache: Die Zustimmung zur Scheidung ist ein Sachantrag, Ffm JB **81**, 1527, KG AnwBl **84**, 375. Der Antrag auf den Erlaß einer einstweiligen Anordnung leitet ein Verfahren ein, Rn 11, Oldb FamRZ **07**, 575. Die Ankündigung, keinen Antrag zu stellen, ist natürlich ihrerseits *kein* Sachantrag, Mü AnwBl **80**, 259.

Ein *Vergleich* im Hinblick auf eine Ehesache ist rechtlich begrenzt zulässig, § 72 EheG (wegen einer Altehe), § 1585 c BGB. In ihn können die Parteien solche Streitpunkte einbeziehen, für die weder die sachliche noch die örtliche Zuständigkeit des angerufenen Gerichts besteht, BGH **48**, 336. Man muß ihn gebührenrechtlich evtl nach (jetzt) VV 1000 beurteilen, KG MDR **86**, 861, Kblz MDR **08**, 1423, aber auch evtl nach VV 1001 oder nach Rn 65.
Einspruch: Er enthält meist einen Sachantrag, Mü AnwBl **92**, 400.
Einstweilige Anordnung: S „Ehesache".
Einstweilige Verfügung: Rn 26 „Arrest, einstweilige Verfügung".
Einzelrichter: Der Antrag auf eine Übertragung auf ihn oder zurück ist *kein* Sachantrag.
Erledigung der Hauptsache: Die Ankündigung einer Erledigterklärung in einem 30
Schriftsatz bedeutet *nicht* stets ein Ende des Auftrags, Düss JB **83**, 1334, aM Hamm JB **85**, 873. Es kann trotz einer Erledigung der Hauptsache die Kostenfrage klärungsbedürftig sein, LG Bln RR **97**, 61.
Erörterungstermin: Die Wahrnehmung eines Erörterungstermins ist eine Terminswahrnehmung, Rn 16–20.
Erscheinen der Partei: Ein solcher Schriftsatz, in dem der Anwalt lediglich mitteilt, sein Auftraggeber sei am Erscheinen in einem Termin verhindert, enthält *keinen* Sachantrag im Sinn Rn 12.
Fristverlängerung: Ein solcher Schriftsatz, in dem der Anwalt lediglich eine Frist- 31
verlängerung beantragt oder vorsorglich gegen die etwaige Verlängerung einer Frist seine Bedenken anmeldet, enthält *keinen* Sachantrag nach Rn 12, Kblz AnwBl **87**, 338.
Hausratssache: Ein Antrag dazu leitet ein Verfahren ein, Rn 11. 32
Hilfsantrag: Er kann ein Sachantrag sein, auch wenn das Gericht nicht über ihn entscheidet, BGH **132**, 397 (Hilfswiderklage), LAG Köln AnwBl **02**, 185.

1769

33 **Klagabweisung:** Vgl zunächst Rn 12. Der Klagabweisungsantrag ist ein Sachantrag, Kblz VersR **78**, 353, Mü JB **91**, 227. Das gilt freilich erst dann, wenn der Anwalt des Bekl ihn nach der Rechtshängigkeit eingereicht hat, MDR **82**, 418 (fordert die Unterschrift des Anwalts), es sei denn, es liegt eine falsche, aber rechtskräftige Kostenentscheidung nach § 269 III, IV vor, Nürnb MDR **01**, 535.

34 Soweit der Anwalt die gegnerische Klage oder das gegnerische Rechtsmittel beantwortet, ohne zu wissen oder wissen zu müssen, daß der Gegner die Klage oder sein Rechtsmittel bereits *zurückgenommen* hat, entsteht die Gebühr VV 3100. Denn der Auftrag an den Anwalt des Bekl erlischt noch nicht durch den Eingang der gegnerischen Maßnahme beim Gericht, Hbg MDR **98**, 561, Köln JB **95**, 641, Naumb JB **03**, 419, aM Hamm RR **96**, 576, KG JB **01**, 251, Nürnb JB **95**, 473 ([jetzt] 0,8 Gebühr nach dem Wert der Hauptsache, evtl zuzüglich [jetzt] einer 1,3 Gebühr nach dem Wert der Kosten).

35 Soweit allerdings der klägerische Anwalt dem Anwalt des Bekl von der Klagerücknahme oder von der Rücknahme des Rechtsmittels eine *unmittelbare Kenntnis* gegeben hat, steht diese Mitteilung einer solchen durch das Gericht gleich, Hamm JB **75**, 1609. Damit endet dann grds auch der Auftrag des Anwalts des Bekl oder des Rechtsmittelbekl.

S auch Rn 54 „Verteidigungsanzeige".

36 **Klagebeschränkung:** Derjenige Schriftsatz, in dem der Anwalt des Klägers eine „Beschränkung" der Klage vornimmt, enthält grds eine teilweise Klagerücknahme. Vgl daher Rn 11.

37 **Klageinreichung:** Vgl zunächst Rn 10. Man muß die folgenden Situationen unterscheiden.

a) Nur Klage. Mit der bloßen Einreichung der Klageschrift zur Terminsbestimmung hat der Anwalt bereits die Gebühr VV 3100 verdient. Das gilt selbst dann, wenn das Gericht noch nichts weiter veranlaßt hat. Die Einreichung ist mit der Empfangnahme durch einen zuständigen und auch zur Vornahme des Eingangsvermerks befugten Beamten bewirkt, also durch die Annahme in der Briefannahmestelle oder durch den Urkundsbeamten der Geschäftsstelle. Die Einreichung beim unzuständigen Gericht reicht aus, selbst wenn die Klage dann erst verspätet beim zuständigen Gericht eingeht, Rn 10.

Nicht ausreichend ist eine bloße Absendung der Klage. Das gilt selbst dann, wenn der Eingang ohne ein Verschulden des Absenders unterbleibt, aM GS 20 (aber Z 1 spricht mit „Einreichung" erkennbar vom Zugang).

38 **b) Klage und Prozeßkostenhilfeantrag.** Es steht dem Antragsteller frei, eine Klage zusammen mit dem Antrag auf die Bewilligung einer Prozeßkostenhilfe oder später einzureichen, BGH RR **89**, 675, Köln NJW **94**, 3361, Zweibr RR **01**, 1653, sei es während des Verfahrens über seinen Antrag, sei es erst nach der Entscheidung über ihn. Durch die Klageeinreichung beginnt grds neben dem Verfahren auf die Bewilligung der Prozeßkostenhilfe auch der Rechtsstreit als solcher, Bbg JB **76**, 1195. Das ist im Interesse der Klarheit und wegen der weittragenden Rechtsfolgen der Klagerhebung notwendig. Die Klage gilt als eingereicht, § 167 ZPO.

39 **c) Bedingte Klage.** Der Kläger mag die Klage usw auch nur für den Fall der Bewilligung einer Prozeßkostenhilfe einreichen wollen. Das ist eine Bedingung, BGH FamRZ **07**, 1727, Saarbr MDR **08**, 594, Zweibr JB **08**, 94, aM AG Lukkenwalde FamRZ **06**, 1130. Er muß diese Bedingung aber eindeutig zum Ausdruck bringen, BGH FamRZ **07**, 1727, Köln JB **05**, 546, Zweibr JB **08**, 94.

Er muß die Klageschrift zB als einen bloßen *Entwurf* kennzeichnen, BGH RR **00**, 879 (zur Berufung), Karlsr FamRZ **03**, 1935 (dann ist selbst eine unterschriebene Klageschrift nur bedingt), Köln FamRZ **80**, 1144. Er mag es auch unterlassen, die Klageschrift zu unterzeichnen. Er mag auch von einer „bedingten Klage" schreiben, BGH MDR **03**, 1314, aM AG Luckenwalde FamRZ **06**, 1130. Wenn er den Antrag auf eine Prozeßkostenhilfe und die Klageschrift in demselben Schriftsatz einreicht, genügt es im allgemeinen, daß er zum Ausdruck bringt, er beantrage die Prozeßkostenhilfe „für die beabsichtigte Klage", BGH RR **00**, 879, aM LG Saarbr FamRZ **02**, 1260, oder er übersende die Klageschrift „im Prozeßkostenhilfe(prüfungs)verfahren", oder er bitte „vorab" um eine Prozeßkostenhilfe, KG MDR **08**, 585, Kblz MDR **04**, 177, oder er bitte um eine Prozeßkostenhilfe

„und sodann" um die Klagezustellung, Karlsr FamRZ **88**, 92. Er kann auch die Durchführung eines Rechtsmittels abhängig machen, BGH FamRZ **07**, 1727. Es kann sogar die bloße Verbindung *„Klage und Prozeßkostenhilfegesuch"* reichen, Celle FamRZ **81**, 791, Düss FamRZ **87**, 1281, VGH Mannh FamRZ **97**, 681. Indes insoweit Vorsicht, Kblz FamRZ **98**, 312, Köln FamRZ **97**, 375 (ein Antrag nach [jetzt] § 14 Z 1 GKG genügt als solcher nicht), Zweibr RR **01**, 1653. Unter diesen Voraussetzungen liegt dann noch keine Klageinreichung vor.

Deren Wirkung tritt erst ein, wenn das Gericht die Prozeßkostenhilfe in dem **40** beantragten Umfang *bewilligt* hat und wenn es seine Bewilligungsentscheidung dem Antragsteller auch zumindest formlos mitgeteilt hat, § 329 II 1 ZPO. Es ist allerdings eine solche Entscheidung möglich, die eine Terminsbestimmung enthält oder eine Frist in Lauf setzt. Eine solche Entscheidung muß das Gericht dem Betroffenen förmlich zustellen, § 329 II 2 ZPO, es sei denn, daß es sich um die Ladung gerade des Klägers zum ersten Termin vor dem AG handelt, § 497 I 1 ZPO.

Klagerücknahme: Rn 14, Rn 33 ff „Klagabweisung". **41**
Klagerweiterung: Ein Schriftsatz, der die Klage erweitert, gilt als ein das Verfahren einleitender Antrag, Rn 11.
Kostenfestsetzung: Z 1 kann bei einer Beschränkung des Auftrags auf das Kostenfestsetzungsverfahren anwendbar sein, LG Bln JB **84**, 1034.
Landwirtschaftssache: Ein Antrag dazu kann ein Verfahren nach Rn 11 einleiten. **42**
Mahnverfahren: Der Antrag des Antragsgegners auf die Durchführung des streitigen **43** Verfahrens löst (jetzt) die Gebühr VV 3100 aus, Hbg MDR **94**, 520, Kblz MDR **94**, 521, LG Kiel JB **98**, 360, aM Mü MDR **01**, 296 (aber der Antragsgegner hatte das verständliche Recht, sich auf das streitige Verfahren sogleich mit dessen erster Ankündigung vorzubereiten). Dasselbe gilt beim Antrag des Antragstellers auf eine Überleitung ins streitige Verfahren, Hbg MDR **94**, 520, Schlesw JB **84**, 405, LG Kiel JB **98**, 360 und beim Klagabweisungsantrag nach vor dem Vorliegen einer Anspruchsbegründung, aM Bbg Rpfleger **08**, 668. Beim Auftrag erst nach einer Terminierung mag 0,8 Gebühr aus VV 3101 Z 1 nach dem Hauptsachewert und 1,3 Gebühr aus VV 3100 nach dem Kostenwert entstehen, AG Zwickau JB **06**, 251 (§ 15 III beachten).

S auch Rn 22 „Antragsrücknahme".
Nebenintervention: Rn 48 „Streithelfer". **44**
Niederlegung: Die bloße Mitteilung des Anwalts über die Niederlegung des Mandats ist *kein* Sachantrag, Hamm Rpfleger **77**, 458.
Patentanwalt: Nach einer Mitwirkungsanzeige kommt VV 3101 auch beim Patent- **45** anwalt in Betracht, Mü AnwBl **94**, 198.
Prozeß- oder Verfahrenskostenhilfe: Der Antrag auf die Bewilligung leitet ein Verfahren ein, Rn 11, 39, aM Saarbr JB **87**, 713. Ein nach § 118 I 3 Hs 2 ZPO im Prozeß- oder Verfahrenskostenhilfeverfahren geschlossener Vergleich fällt unter Z 2, Rn 60 ff.

S auch Rn 38, 39 „Klageinreichung".
Prozeßleitung: Ein Antrag zu ihr ist *kein* Sachantrag.
Rechtsbehelfsrücknahme: Rn 22 „Antragsrücknahme". **46**
Rechtsmittelbeantwortung: Rn 33 ff „Klagabweisung".
Rechtsmitteleinlegung: Derjenige Schriftsatz, mit dem der Anwalt ein Rechtsmittel einlegt, leitet unabhängig von einem schon etwa beigefügten Rechtsmittelantrag oder gar dessen Begründung stets schon ein Verfahren nach VV 3335 ein, Rn 11, Hamm FamRZ **97**, 947, Mü Rpfleger **87**, 389, Zweibr JB **98**, 26.

S auch Rn 37 ff „Klageinreichung".
Rechtsmittelverzicht: Soweit der Anwalt erst nach der Einreichung des Rechtsmit- **47** tels als ProzBev tätig geworden ist, erhält er für die Erklärung eines Rechtsmittelverzichts in der mündlichen Verhandlung (jetzt) die Gebühr VV 3200 oder VV 3403, Schlesw SchlHA **83**, 143, aM Zweibr Rpfleger **77**, 112 (aber dann war es schon zum vollen Rechtsmittelverfahren gekommen).
Rechtsmittelrücknahme: Rn 22 „Antragsrücknahme".
Rechtsmittelzurückweisung: Die Gebühr VV 3200 des Anwalts des Rechtsmittelgegners ermäßigt sich, soweit das Gericht das Rechtsmittel zurückweist, bevor er einen Antrag gestellt hat, VG Dessau JB **99**, 79, aM Hbg MDR **03**, 1318.

VV 3101

Ruhen des Verfahrens: Ein derartiger Antrag ist *kein* Sachantrag, Düss JB **91**, 686.
48 **Sachantrag:** Vgl zunächst Rn 12. S ferner Rn 33 „Klagabweisung", Rn 41 „Klagerweiterung".
Schriftliches Verfahren: Ein Antrag auf seine Vornahme ist *kein* Sachantrag.
Schutzschrift: Rn 26 „Arrest, einstweilige Verfügung".
Selbständiges Beweisverfahren: Z 1 ist anwendbar, Köln OLGR **00**, 162. Auch der Gegenantrag ist ein Sachantrag, Köln OLGR **00**, 162, Mü Rpfleger **00**, 425. Derjenige Anwalt, der keinen Gegenantrag stellt und keinen Termin wahrnimmt, kann die 0,8 Gebühr VV 3101 und bei § 494a II ZPO evtl auch 1,3 Gebühr aus dem Kosteninteresse verdienen, Mü Rpfleger **00**, 425.
Streithelfer: Sein Beitritt ist als solcher noch *kein* Sachantrag, Nürnb AnwBl **94**, 197. Er kann aber natürlich anschließend oder gleichzeitig einen Sachantrag stellen.
49 **Streitverkündung:** Der Anwalt vertritt den Streitverkündeten nach VV 3101 vor Gericht erst vom Zeitpunkt der Wirksamkeit des Beitritts des Streitverkündeten nach § 74 I ZPO an, Hamm MDR **75**, 943. Dazu reicht ungeachtet des § 70 ZPO eine bloße Beitrittserklärung nicht aus. Vielmehr ist kostenrechtlich auch ein Sachantrag des Streithelfers erforderlich, Nürnb AnwBl **94**, 197. Soweit er im Termin nur die Niederlegung des Mandats mitteilt, nimmt er den Termin *nicht* nach Rn 16–20 wahr, Hamm Rpfleger **77**, 458.
Streitwert: Der Festsetzungsantrag ist *kein* Sachantrag.
50 **Tatbestandsberichtigung:** Der Antrag nach § 320 ZPO leitet ein Verfahren nach Rn 11 ein.
Terminsbestimmung: Der bloße derartige Antrag ist *kein* Sachantrag, Karlsr MDR **93**, 1246.
S auch Rn 37 ff „Klageinreichung".
51 **Terminsverlegung:** Ein Antrag auf sie ist *kein* Sachantrag, Ffm AnwBl **82**, 376.
Terminswahrnehmung: Vgl zunächst Rn 16–20. Soweit der Anwalt im Termin nicht erscheint, nimmt er natürlich den Termin *nicht* wahr. Das gilt auch dann, wenn der Anwalt des Prozeßgegners lediglich eine Vertagung beantragt und erreicht.
Ein Termin bezieht sich zunächst nur auf die bisher *rechtshängigen* Ansprüche dieses Rechtsstreits. Die Einbeziehung eines anderen Anspruchs in einen in diesem Termin zustande kommenden Prozeßvergleich löst dann, wenn der Anwalt einen Prozeßauftrag hatte, auch die 0,8 Verfahrensgebühr aus.
S auch Rn 30 „Erörterungstermin", Rn 49 „Streitverkündung", Rn 53 „Vergleich".
Trennung: Ein derartiger Antrag ist *kein* Sachantrag.
52 **Unterbrechung:** Ein Antrag auf sie ist *kein* Sachantrag. Dasselbe gilt beim Aufnahmeantrag, Karlsr JB **97**, 138, aM GS 55 (aber bloße Verfahrensaufnahme zwingt noch nicht zu einem Sachantrag).
Urteilsempfang: Z 1 kann bei einer Beschränkung des Auftrags auf den Urteilsempfang anwendbar sein, LG Bln JB **84**, 1034.
Urteilsergänzung: Ein Antrag nach § 321 ZPO leitet ein Verfahren nach Rn 11 ein.
53 **Verbindung:** Ein derartiger Antrag ist *kein* Sachantrag.
Verfahrenseinleitung: Vgl zunächst Rn 11. S ferner Rn 26 „Arrest, einstweilige Verfügung", Rn 29 „Einstweilige Anordnung", Rn 32 „Hausratssache", Rn 37 „Klageinreichung", Rn 41 „Klagerweiterung", Rn 42 „Landwirtschaftssache", Rn 45 „Prozeß- oder Verfahrenskostenhilfe", Rn 46 „Rechtsmitteleinlegung", Rn 50 „Tatbestandsberichtigung", Rn 52 „Urteilsergänzung", Rn 55 „Widerklage", „Wohnungseigentumssache", Rn 57 „Zwangsvollstreckung".
Vergleich: Zur Terminswahrnehmung genügt der Abschluß eines Prozeßvergleichs ohne die Stellung eines weiteren Antrags. Vgl im übrigen Rn 60 ff.
S auch Rn 51 „Terminswahrnehmung".
Versäumnisurteil: Rn 29 „Einspruch".
Vertagung: Es ist unerheblich, wie der Termin endet, ob zB mit einer Vertagung, wenn der Anwalt nur zuvor verhandlungsbereit erschienen war.
S auch Rn 51 „Terminswahrnehmung".
54 **Verteidigungsanzeige:** Die bloße Anzeige der Verteidigungsabsicht nach § 276 I 1 ZPO stellt *keinen* Sachantrag dar, Düss Rpfleger **00**, 567, Kblz AnwBl **87**, 338, aM

GS 41 (aber die bloße Verteidigungsanzeige läßt nicht erkennen, ob der Bekl nicht nur Zeit gewinnen will).
Vertretungsanzeige: Die bloße Anzeige des Anwalts, daß er einen am Prozeß Beteiligten vertrete, enthält *keinen* Sachantrag, Düss Rpfleger **00**, 567.
Verweisungsantrag: Er kann ein Sachantrag sein, Bbg JB **87**, 1675, Schlesw AnwBl **97**, 125, aM LG Mönchengladb Rpfleger **06**, 169. Das gilt aber *nicht* bei einer bloß funktionellen Unzuständigkeit, Hbg JB **89**, 202.
Die bloße Zustimmung ist *kein* Sachauftrag, KG JB **87**, 709, Köln JB **86**, 1041.
Verwerfung des Rechtsmittels: Der Antrag auf die Verwerfung des Rechtsmittels enthält einen Sachantrag, Hamm AnwBl **78**, 138.
Vollstreckbarkeit: Der Antrag auf eine nicht schon von Amts wegen zu gewährende vorläufige Vollstreckbarkeit enthält einen Sachantrag. Das gilt auch insoweit, als das Gericht von Amts wegen entscheiden muß.
Vollstreckungsbescheid: Rn 329 „Einspruch".
Vollstreckungsschutzantrag: Derjenige nach § 712 ZPO ist ein Sachantrag, BGH FamRZ **03**, 598.
Widerklage: Der Widerklagantrag ist ein Sachantrag und darüber hinaus ein Klagantrag, Rn 10, 12. Denn die Widerklage ist eine richtige Klage, Hbg MDR **89**, 272, Gaul JZ **84**, 63, ein Angriff, nicht ein bloßes Angriffs- oder Verteidigungsmittel nach § 282 ZPO, BGH NJW **95**, 1224, Schneider MDR **77**, 796, oder nach § 296 ZPO, BGH NJW **95**, 1224, oder nach § 528 II ZPO, BGH NJW **86**, 2258. Er ist auch keine bloße Klagänderung, BGH RR **96**, 65 (zur Wider-Widerklage). Der Antrag auf die Abweisung einer Widerklage ist ein Antrag auf eine Klagabweisung, Rn 33 ff. 55

S auch Rn 32 „Hilfsantrag".
Wiedereinsetzungsantrag: Er ist ein Sachantrag. Dasselbe gilt vom zugehörigen Gegenantrag, Mü JB **94**, 303.
Zurückbehaltungsrecht: Seine Geltendmachung ist ein Sachantrag. 56
Zurücknahme: Rn 22 „Antragsrücknahme", Rn 41 „Klagerücknahme", Rn 46 „Rechtsbehelfsrücknahme".
Zustellung: Einer Zustellung von Amts wegen steht eine Zustellung von Anwalt zu Anwalt nach § 195 ZPO und im gesetzlich zulässigen Umfang eine Zustellung im Parteibetrieb nach §§ 191 ff ZPO gleich.
Zwangsvollstreckung: VV 3101 ist *unanwendbar.* Denn VV 3309 hat den Vorrang. 57

N. Gebührenhöhe, Z 1. Unter den Voraussetzungen Rn 7–57 erhält der Anwalt selbst bei einer erheblich umfangreichen derart begrenzten Tätigkeit doch (jetzt) nur eine 0,8 Verfahrensgebühr, Hamm JB **03**, 22 rechts. Sie entsteht wie jede Verfahrensgebühr mit der auftragsgemäßen Entgegennahme der Information. VV 1008 bleibt anwendbar, LG Tüb AnwBl **84**, 506. In der Berufungsinstanz tritt die Erhöhung nach VV 3201 ein. Soweit der Auftrag nur zu einem Teil endet, tritt die Ermäßigung auch nur für diesen Teil ein. Man muß also zB von den nicht erledigten 200 EUR eine 1,3 Gebühr errechnen, von den erledigten 100 EUR eine 0,8 Gebühr. 58

Manchmal kann man den nicht erledigten Teil aus dem Gegenstandswert *betragsmäßig nicht aussondern.* Das gilt etwa dann, wenn in einem Unterhaltsstreit mehr als ein Jahresbetrag streitig ist und wenn der Bekl den Unterhalt für ein Jahr bezahlt hat, während der Rest streitig bleibt, § 42 I GKG. Dann muß man eine 0,8 Gebühr vom Jahresbetrag + eine 0,8 Gebühr vom Gegenstandswert für die restlichen Monate berechnen, also die 1,3 Gebühr für den streitigen Betrag, für den überschießenden vorzeitig erledigten Betrag nur die 0,8 Gebühr, jedoch unter einer Berücksichtigung der Degression der Tabelle.

Die *Summe* der einzelnen Gebühren darf nicht die Verfahrensgebühr nach dem Gesamtbetrag übersteigen, (jetzt) § 15 III, Düss MDR **83**, 764. Soweit nur die Hauptsache erledigt ist, entsteht demgemäß eine 0,8 Gebühr nach dem Wert der Hauptsache sowie eine 1,3 Gebühr nach dem Wert der Kosten, § 15 Rn 76 ff. 59

5) Einigung der Parteien oder Beteiligten oder mit Dritten, Z 2. Möglich ist eine Einigung nur zwischen den Prozeßparteien oder Beteiligten oder zwischen einer Partei oder einem Beteiligten und einem Dritten oder jeweils mehreren derartigen Beteiligten. Es gibt zwei Prüfpunkte. 60

A. Begriff. Der Begriff Einigung geht hier ebenso wie bei VV 1000 weiter als derjenige des Vergleichs. Beim Vergleich ist ein gegenseitiges Nachgeben erforderlich, § 779 I BGB. Eine Einigung erfordert kein gegenseitiges Nachgeben, sondern nur einen streitbeendenden oder sonstigen und nicht nur bekräftigenden Vertrag ohne ein bloßes Anerkenntnis oder einen bloßen Verzicht, VV 1000 Rn 5 ff. Natürlich fällt jeder Vergleich zugleich unter den Begriff Einigung, aber eben nicht umgekehrt. Das gilt in einer Ehesache und in einer anderen Sache. Jede Art von Vergleich enthält eine Einigung, auch der nach § 118 I 3 Hs 2 ZPO zustandegekommene.

61 **B. Geltungsbereich.** Z 2 gilt, sofern es sich um die Protokollierung einer Einigung in irgendeinem „normalen" Rechtsstreit handelt, auch im zugehörigen Prozeßkostenhilfeverfahren nach § 118 I 3 Hs 2 ZPO, Rn 60. Nötig ist zwar ein Antrag auf eine Einigungsprotokollierung, nicht aber das Zustandekommen einer solchen Einigung, Düss JB **81**, 70. Es reichen ja sogar bloße Verhandlungen vor Gericht, Z 2 Hs 2. Auch ein Widerrufsvergleich reicht deshalb bei VV 3101, Düss JB **81**, 70, Ffm JB **79**, 1664, Hamm JB **80**, 1517. In jedem Fall kommt es auf den Umfang des Auftrags an den Anwalt an.

62 **C. Beispiele zur Frage einer Einigung usw, Z 2**
Anderes Verfahren: Z 2 erfaßt eine Protokollierung oder Feststellung nach § 278 VI ZPO über eine solche Einigung, die man nur in einem anderen Verfahren erzielt und dort noch nicht ausreichend protokolliert hatte.
VV 1000 erfaßt grds die Mitwirkung eines Anwalts an einer sonstigen Einigung in einem anderen Fall innerhalb des jetzigen Verfahrens, amtliche Vorbemerkung 1, (zum alten Recht) Mü JB **94**, 25. Eine Ausnahme gilt beim Zustandekommen einer Einigung in einer Ehesache, VV amtliche Anmerkung V 1 Hs 1.
Soweit das Gericht einen solchen Anspruch als *verglichen* protokolliert, der bisher in der Vorinstanz oder in einem anderen Verfahren anhängig war und für den der Anwalt dort bereits die Gebühr VV 3100 verdient hat, ist (jetzt) VV 3101 unanwendbar, Mü (11. ZS) MDR **00**, 544, Nürnb MDR **04**, 1263, Zweibr Rpfleger **03**, 323, aM KG MDR **00**, 1459, Mü (LwS) MDR **99**, 704 (aber Verbindung bleibt auch insoweit Verbindung).
Außergerichtliche Einigung: Z 2 erfaßt eine Protokollierung oder Feststellung nach § 278 VI ZPO über eine bisher nur außergerichtliche Einigung, KG MDR **88**, 787.
Dritter: Z 2 kann auch den Anspruch eines Dritten erfassen, zB eines Streithelfers oder eines Zeugen.

63 **Ehesache:** Vgl zunächst Rn 67. Soweit die Parteien einen Vergleich im Hinblick auf eine Ehesache schließen, kann (jetzt) VV 2300 anwendbar sein, Kitzinger FamRZ **05**, 12. Es kommt darauf an, ob der Anwalt zunächst lediglich außergerichtlich verhandeln sollte. Man muß dann meist davon ausgehen, daß der Auftraggeber einen Wert darauf legte, das erzielte Ergebnis gerichtlich protokollieren zu lassen, schon um einen Vollstreckungstitel nach § 794 I Z 1 ZPO, § 86 FamFG zu erhalten und diesen nach § 323 a ZPO, § 239 FamFG bei einem Bedarf abändern lassen zu können. Der Auftrag richtete also zumindest stillschweigend grundsätzlich auf die Bearbeitung einer Angelegenheit des VV Teil 3 ab.
Einbeziehung: Rn 64 „Mehrwertvergleich".
Einigung erst vor Gericht: Z 2 Hs 2 erfaßt auch einen solchen zunächst außergerichtlich erhobenen Anspruch, über den eine Einigung erst in einer Verhandlung vor diesem Gericht erfolgte.

64 **Mehrwertvergleich:** Z 2 erfaßt den sog Mehrwertvergleich. Bei ihm beziehen die Parteien einen bisher zumindest in diesem Verfahren oder überhaupt nicht rechtshängigen Anspruch in der ersten oder zweiten Instanz in einen Prozeßvergleich ein, (jetzt) Z 2 Hs 2, Hbg MDR **79**, 506, Köln MDR **01**, 453 (abl Schneider), Enders JB **95**, 115, aM Mü AnwBl **93**, 579 (zu eng).
Protokollierung: Es kommt für die außergerichtliche Tätigkeit keine Gebühr nach VV 2300 in Betracht, wohl aber diejenige nach VV 1000 und für die Protokollierung der Einigung diejenige nach (jetzt) VV 3101 Z 2, Hamm AnwBl **80**, 363, Mü AnwBl **82**, 115, Schlesw SchlHA **75**, 202 (krit Ladda SchlHA **77**, 90), aM Ffm Rpfleger **89**, 516.

Wenn sich der Auftrag demgegenüber auf eine *außergerichtliche* Verhandlung beschränkt hatte, etwa um lediglich eine privatschriftliche Festlegung zu erhalten oder eine Einigung „nur" notariell zu protokollieren, ist nicht Z 2 maßgeblich, sondern es ist VV 2300 und unter Umständen (jetzt) VV 1000 anwendbar, Kblz VersR **87**, 207. Wenn es dann doch aus irgendeinem Grund zu einer gerichtlichen Protokollierung kommt, entstehen Gebühren nach Z 2, Meyer JB **08**, 463.
S auch bei den einzelnen weiteren Stichwörtern dieses ABC.

Bisher keine Rechtshängigkeit: Z 2 erfaßt eine Protokollierung oder Feststellung 65
nach § 278 VI ZPO über einen bisher noch nicht rechtshängig gewesenen Anspruch, Hs 1, KG MDR **88**, 787.

Rechtshängigkeit vor Einigung: Soweit der Anwalt bei der Durchsetzung oder Abwehr eines solchen Anspruchs tätig geworden ist, den der Gläubiger in diesem Verfahren bereits rechtshängig gemacht hatte, bevor dann eine Einigung der Parteien erfolgte, entfällt für diesen Anwalt VV 3101. Denn er hat durch seine vorangegangene Tätigkeit (jetzt) bereits die Gebühr VV 3100 verdient, KG Rpfleger **98**, 374, LAG Nürnb MDR **01**, 1079, OVG Bln JB **00**, 303 (abl Wedel), aM Düss JB **88**, 461, Hbg MDR **97**, 203 (je systemwidrig).

Keine Rechtshängigkeit mehr: Z 2 Hs 1 erfaßt eine Protokollierung oder Feststellung nach § 278 VI ZPO über einen zuvor nicht mehr rechtshängig gebliebenen Anspruch, KG MDR **88**, 787.
Streithelfer: Rn 62 „Dritter".
Vorinstanz: Rn 62 „Anderes Verfahren".
Widerruf: Rn 61.
Zeuge: Rn 62 „Dritter".

D. Gebührenhöhe, Z. 2. Es entsteht nach dem eindeutigen Gesetzestext 0,8 Ge- 66
bühr, Enders JB **07**, 115 (ausf zur Streitfrage, ob 1,3 Gebühr). Man muß auf die Geschäftsgebühr 2300 dann die durch die Protokollierung ausgelöste 0,8 Gebühr nach Z 2 *anrechnen*, amtliche Anmerkung I. Die Gebühr VV 2300 ist auch dann schon wegen § 11 VII meist nicht nach § 11 I ff festsetzbar. Auch auf die Gebühr VV 3100 kann eine Anrechnung nötig sein, Hamm JB **07**, 200. Beim Zusammentreffen mit § 15 III rechnet man zunächst die Geschäftsgebühr auf die wegen desselben Gegenstands entstandene Verfahrensgebühr an und prüft erst dann die Obergrenze des § 15 III, Stgt JB **09**, 246.

6) Familiensache-Antrag usw, Z 3. Es reicht auch aus, daß der VerBev in einer 67
solchen Familiensache nach § 111 FamFG, die nur die Erteilung einer Genehmigung oder die Zustimmung des Familiengerichts zum Gegenstand hat, oder in einem sonstigen unstreitigen Verfahren der freiwilligen Gerichtsbarkeit nach dem FamFG auftragsgemäß lediglich einen Antrag zur Verfahrens- oder Sachlage mit oder ohne eine Begründung gestellt *und* dann die zugehörige Entscheidung entgegengenommen hat. Soweit er in einem solchen Verfahren von sich aus oder infolge einer Auftragserweiterung oder zB auf eine Veranlassung des Gerichts irgendwie darüber hinaus tätig geworden ist, ist VV 3100 anwendbar, Nürnb JB **05**, 191.
Unanwendbar ist Z 3 im streitigen FamFG-Verfahren und im Verfahren nach dem LwVG, amtliche Anmerkung II.

7) Kostenerstattung, Z 1–3. Wenn der Auftrag unter den Voraussetzungen des 68
VV 3101 endet, ist keine Kostenerstattung möglich, Hamm Rpfleger **78**, 427 (wegen einer Berufung). Man muß die folgenden Situationen unterscheiden.

A. Vor Klagezustellung. Sofern das Gericht die Klage bei der Beendigung des 69
Auftrags noch nicht nach § 253 I ZPO zugestellt hatte, mag noch keine Rechtshängigkeit nach § 261 I ZPO eingetreten sein. Infolgedessen kommt auch keine Klagänderung in Betracht. Zur Erzielung eines Erstattungsanspruchs muß der Gläubiger dann die bisherigen Anwaltskosten als die jetzige Hauptforderung in einer neuen Klage beziffert geltend machen. Er darf nicht die bisherige Klage noch zustellen lassen. Andernfalls treffen ihn mangels eines etwa möglichen günstigeren Kostenbeschlusses aus § 269 III 2, IV ZPO die Kosten jenes Rechtsstreits.

Wenn allerdings die Beendigung des Auftrags im Zeitraum *zwischen der Einreichung* 70
der Klage und deren Zustellung durch das Gericht eingetreten war und wenn der Kläger die Zustellung und damit den Eintritt der Rechtshängigkeit nicht mehr verhindern

konnte, muß man die Kostenerstattung wie bei Rn 71 beurteilen. Der Kläger kann aber auch dann die Anwaltskosten in einer besonderen weiteren Klage geltend machen.

71 B. Nach Klagezustellung. Wenn das Gericht die Klage bei der Beendigung des Auftrags bereits nach § 253 I ZPO zugestellt hatte, kann der Kläger seinen sachlichrechtlichen bezifferbaren Kostenanspruch unter den Voraussetzungen einer Klagänderung nach §§ 263, 264 ZPO an die Stelle des bisherigen Hauptanspruchs setzen. Wegen der Situation dann, wenn der Auftrag im Zeitraum zwischen der Einreichung und der Zustellung der Klage endete und wenn man die Zustellung nicht mehr verhindern konnte, gelten Rn 69, 70. Wenn ein Prozeßvergleich die Erstattung der „Kosten des Vergleichs" besonders regelt, gehört die Gebühr nach VV 3101 zu diesen Kosten, Hamm JB **03**, 22 links, Mü Rpfleger **06**, 572, aM Köln JB **01**, 192 (aber die stets zulässige und notwendige Auslegung einer Parteiprozeßhandlung nach BLAH Grdz 52 vor § 128 ZPO legt die erstere Lösung näher). Bei einer verspäteten Tätigkeit entfällt die Erstattbarkeit, Schlesw JB **90**, 1621, LG Bln JB **87**, 707.

Nr.	Gebührentatbestand	Gebühr oder Satz der Gebühr nach § 13 RVG
3102	Verfahrensgebühr für Verfahren vor den Sozialgerichten, in denen Betragsrahmengebühren entstehen (§ 3 RVG)	40,00 bis 460,00 EUR

1 **1) Systematik.** VV 3101 ist eine vorrangige Sondervorschrift gegenüber VV 3100. VV 3103 hat den Vorrang. Zur Verfahrensgebühr kann eine Terminsgebühr VV 3106 hinzutreten.

2 **2) Regelungszweck.** Es geht um eine Anpassung an den Grundsatz der Anwendbarkeit von Betragsrahmengebühren im sozialgerichtlichen Verfahren nach § 3.

3 **3) Geltungsbereich.** Vgl § 3.

4 **4) Gebührenhöhe.** § 14 ist anwendbar. Die Mittelgebühr beträgt 250 EUR im Normalfall, LSG Essen NZA-RR **08**, 606. Das Haftungsrisiko kann eine Erhöhung auf 355 EUR rechtfertigen, Klier NZS **04**, 472. Beim Streit um die Erwerbsminderungsrente kann der Höchstbetrag durchaus infrage kommen, SG Detm AnwBl **08**, 638.

5 **5) Anrechnung.** Vgl VV 3100 Rn 55–58.

6 **6) Kostenerstattung.** Über sie entscheidet das Gericht nach § 193 SGG, Teil II B dieses Buchs, im Urteil. Dabei sind die gesetzlichen Gebühren und Auslagen eines Anwalts nach § 193 III SGG stets erstattungsfähig. Nicht erstattungsfähig sind nach § 193 IV SGG die Aufwendungen der in § 184 I SGG nicht genannten Gebührenpflichtigen. Eine Kostenfestsetzung erfolgt auf einen Antrag nach § 197 SGG.

Nr.	Gebührentatbestand	Gebühr oder Satz der Gebühr nach § 13 RVG
3103	Es ist eine Tätigkeit im Verwaltungsverfahren oder im weiteren, der Nachprüfung des Verwaltungsakts dienenden Verwaltungsverfahren vorausgegangen: Die Gebühr 3102 beträgt	20,00 bis 320,00 EUR
	Bei der Bemessung der Gebühr ist nicht zu berücksichtigen, dass der Umfang der Tätigkeit infolge der Tätigkeit im Verwaltungsverfahren oder im weiteren, der Nachprüfung des Verwaltungsakts dienenden Verwaltungsverfahren geringer ist.	

1 **1) Systematik.** Es handelt sich um eine gegenüber VV 3102 vorrangige Sondervorschrift. Wegen der Abgrenzung der Angelegenheiten § 17 Z 1.

2 **2) Regelungszweck.** Es gilt dasselbe wie bei VV 3102 Rn 2.

Vergütungsverzeichnis **3103, 3104 VV**

3) Gebührenhöhe. § 14 ist anwendbar. Die Mittelgebühr beträgt 170 EUR. Das **3** Haftungsrisiko kann eine Erhöhung auf 245 EUR rechtfertigen, Klier NZS 04, 472. Ein hoher Arbeitsaufwand kann im sozialgerichtlichem Verfahren 300 EUR erbringen, SG Drsd JB 10, 31. Ein geringerer Umfang der Tätigkeit wirkt sich innerhalb des anwendbaren § 14 nach VV 3103 amtliche Anmerkung nicht gebührenermäßigend aus.

Nr.	Gebührentatbestand	Gebühr oder Satz der Gebühr nach § 13 RVG
3104	Terminsgebühr, soweit in Nummer 3106 nichts anderes bestimmt ist .... I Die Gebühr entsteht auch, wenn *Fassung 1. 9. 2009:* 1. in einem Verfahren, für das mündliche Verhandlung vorgeschrieben ist, im Einverständnis mit den Parteien oder Beteiligten oder gemäß § 307 oder § 495a ZPO ohne mündliche Verhandlung entschieden oder in einem solchen Verfahren ein schriftlicher Vergleich geschlossen wird, 2. nach § 84 Abs. 1 Satz 1 VwGO oder § 105 Abs. 1 SGG ohne mündliche Verhandlung durch Gerichtsbescheid entschieden wird oder 3. das Verfahren vor dem Sozialgericht nach angenommenen Anerkenntnis ohne mündliche Verhandlung endet. II Sind in dem Termin auch Verhandlungen zur Einigung über in diesem Verfahren nicht rechtshängige Ansprüche geführt worden, wird die Terminsgebühr, soweit sie den sich ohne Berücksichtigung der nicht rechtshängigen Ansprüche ergebenden Gebührenbetrag übersteigt, auf eine Terminsgebühr angerechnet, die wegen desselben Gegenstands in einer anderen Angelegenheit entsteht. III Die Gebühr entsteht nicht, soweit lediglich beantragt ist, eine Einigung der Parteien oder der Beteiligten oder mit Dritten über nicht rechtshängige Ansprüche zu Protokoll zu nehmen. IV Eine in einem vorausgegangenen Mahnverfahren oder vereinfachten Verfahren über den Unterhalt Minderjähriger entstandene Terminsgebühr wird auf die Terminsgebühr des nachfolgenden Rechtsstreits angerechnet.	1,2

Vorbem. Zunächst amtliche Anmerkung I 1 Z 1 redaktionell berichtigt dch Art 2 V Z 3 b G v 18. 8. 05, BGBl 2477, in Kraft seit 21. 10. 05, Art 3 S 1 G. Sodann amtliche Anmerkung I Z 2 geändert, IV angefügt dch Art 20 Z 7 e aa, bb des 2. JuMoG v 22. 12. 06, BGBl 3416, in Kraft seit 31. 12. 06, Art 28 I des 2. JuMoG. Übergangsrecht jeweils § 60 RVG. Schließlich amtliche Anmerkung I Z 1, III erweitert dch Art 47 VI Z 19h FGG-RG v 17. 12. 08, BGBl 2586, in Kraft seit 1. 9. 09, Art 112 I Hs 1 FGG-RG, Übergangsrecht Art 111 FGG-RG, Grdz 2 vor § 1 FamGKG, Teile I B dieses Buchs.

Nr.	Gebührentatbestand	Gebühr oder Satz der Gebühr nach § 13 RVG
	Bisherige Fassung der amtl Anm I Z 1, III: 1. in einem Verfahren, für das mündliche Verhandlung vorgeschrieben ist, im Einverständnis mit den Parteien oder gemäß § 307 oder § 495a ZPO ohne mündliche Verhandlung entschieden oder in einem solchen Verfahren ein schriftlicher Vergleich geschlossen wird, III Die Gebühr entsteht nicht, soweit lediglich beantragt ist, eine Einigung der Parteien oder mit Dritten über nicht rechtshängige Ansprüche zu Protokoll zu nehmen.	

VV 3104

Schrifttum: *Hansens,* Der Terminsvertreter in Zivilsachen, Festschrift für *Madert* (2006) 111; *Onderka,* Terminsgebühr nach dem RVG usw, Festschrift für *Madert* (2006) 177; *Weller,* Einzelfragen zur Terminsgebühr usw, Festschrift für *Madert* (2006) 231.

Gliederung

1) **Systematik**	1
2) **Regelungszweck**	2
3) **Geltungsbereich**	3
4) **Terminsvertretung**	4–8
A. Termin	4
B. Beispiele zur Frage einer Terminvertretung	4a
C. Verhandlungstermin	5
D. Erörterungstermin	6
E. Beweisaufnahmetermin	7
F. Sachverständigentermin	8
5) **Mitwirkung an Besprechung**	9–14
A. Vermeidung oder Erledigung des Verfahrens	10
B. Vermeidung	11
C. Erledigung	12
D. Mit oder ohne Gerichtsbeteiligung	13
E. Keine bloße Besprechung mit Auftraggeber	14
6) **An sich mündliche Verhandlung vorgeschrieben, amtliche Anmerkung I Z 1**	15–18
A. Grundsatz: Notwendigkeit	15
B. Beispiele zur Frage eigentlicher Notwendigkeit mündlicher Verhandlung, I Z 1	16–18
7) **Tatsächlich keine mündliche Verhandlung, amtliche Anmerkung I Z 1** ...	19–26
A. Einverständnis der Parteien, § 128 II ZPO, oder der Beteiligten	20
B. Beispiele zur Frage eines Einverständnisses nach Z 1	21–24
C. Schriftliches Anerkenntnisurteil, § 307 ZPO	25
D. Kleinverfahren, § 495a S 2 ZPO	26
8) **Erlaß einer Entscheidung, amtliche Anmerkung I Z 1**	27–29
9) **Schriftlicher Vergleich, amtliche Anmerkung I Z 1**	30
10) **Gerichtsbescheid, amtliche Anmerkung I Z 2**	31
11) **Angenommenes Anerkenntnis vor Sozialgericht, amtliche Anmerkung I Z 3**	32
12) **Anrechnung, amtliche Anmerkung II**	33
13) **Keine Terminsgebühr bei bloßem Protokollierungsantrag, amtliche Anmerkung III**	34
14) **Anrechnung, amtliche Anmerkung IV**	35
15) **Gebührenhöhe**	36
16) **Gegenstandswert**	37, 38
A. Zeitpunkt	37
B. Höhe	38

1   **1) Systematik.** VV 3104 gibt bereits dann eine erstinstanzliche Terminsgebühr, wenn die Voraussetzungen der amtlichen Vorbemerkung 3 III vorliegen. Diese Vorschrift verlangt keineswegs einen Sachantrag oder auch nur überhaupt einen Antrag im Termin, sondern nur die Vertretung in einem Termin, VGH Mü NVwZ-RR **08**, 504, oder gar nur die Mitwirkung an einer Besprechung ohne eine Gerichtsbeteiligung dann, wenn auch mit mindestens einem anderen als dem Auftraggeber. Es muß aber ein Gerichtsverfahren anhängig sein, LG Freibg JB **06**, 476, AG Düss JB **06**, 476. Das gilt auch zB im Mahnverfahren wegen § 12a, Brdb Rpfleger **07**, 508, Schons NJW **05**, 3123 (je zu § 321a ZPO).

Vorrang hat ausdrücklich VV 3106. Überhaupt keine Terminsgebühr entsteht im Fall der amtlichen Anmerkung III. Auch VV 3105 hat den Vorrang. Nach einem Mahnverfahren kann nach der amtlichen Vorbemerkung 3.3.2 eine Terminsgebühr theoretisch nochmals im streitigen Verfahren entstehen, (zum alten Recht) Enders JB **05**, 230, freilich nur in den Anrechnungsgrenzen der amtlichen Anmerkung IV und daher praktisch nicht, aM Brdb Rpfleger **07**, 508. Im Geltungsbereich VV Teil 6 ist VV 3104 nach der amtlichen Vorbemerkung 3 VII unanwendbar. VV 1000ff sind anwendbar.

2   **2) Regelungszweck,** dazu *Onderka* (vor Rn 1): Die Terminsgebühr bezweckt eine Vereinfachung ohne eine Verdiensteinbuße, OVG Bln-Brdb JB **09**, 426. So muß man die Vorschrift auch handhaben. Das darf freilich nicht zu einer grenzenlosen Ausdehnung ihres Geltungsbereichs führen.

3104 VV

3) Geltungsbereich. Es ist derjenige der amtlichen Überschrift von Teil 3, also: 3
Zivilsachen, arbeitsgerichtliches Urteilsverfahren, BAG NJW **06**, 3022, Verfahren der
öffentlichrechtlichen Gerichtsbarkeiten, Verfahren nach dem Strafvollzugsgesetz und
ähnliche Verfahren, VV 3100 Rn 3. VV 3104 gilt auch beim Anwalt des Streithelfers,
BGH NJW **06**, 3571, Hbg MDR **07**, 181 links oben. Wegen des finanzgerichtlichen
Verfahrens FG Karlsr JB **10**, 30.

4) Terminsvertretung. Eine Terminsgebühr entsteht nach der amtlichen Vorbe- 4
merkung 3 III für die Vertretung in einem der nachfolgenden gerichtlichen oder vom
gerichtlichen Sachverständigen anberaumten Termine.
 A. Termin. Es reicht zB ein Termin mit einer Bild- und Tonübertragung nach
§ 128 a ZPO, Enders JB **02**, 60. Es ist unerheblich, ob das Gericht eine Ladungsfrist
oder -form eingehalten hat, sofern es nun eben zum Aufruf kommt. Es ist unerheblich, ob nur der Vorsitzende oder das Kollegium auftritt. Eine Vertagung im Saal statt
eines Aufrufs gilt als eine solche nach einem Aufruf. Der Termin beginnt nach
§ 220 I ZPO mit dem ausdrücklichen oder in der Sachbehandlung liegenden stillschweigenden Aufruf im Sitzungsraum, Düss JB **89**, 70, Kblz JB **09**, 425, VGH Mü
NVwZ-RR **08**, 504.
 Maßgeblich ist zunächst der jetzt verfolgte *Terminszweck.* Er kann sich aber im
Terminsverlauf ändern. Erforderlich ist eine verhandlungsbereite Anwesenheit des
Anwalts im Termin, Karlsr FamRZ **06**, 874, Mü JB **09**, 481. Die bloße Anwesenheit
reicht nur dann, wenn sie mitdenkend erfolgt, Bbg JB **92**, 741. Deshalb muß der
Anwalt sich natürlich des Charakters des Termins bewußt sein. Denn nur dann ver-
tritt der Anwalt den Auftraggeber „im" Termin. Sein Mitdenken fehlt erst bei ein-
deutig entgegengesetzten Anzeichen. Erst bei solcherart Verdächtigkeit muß der An-
walt beweisen, daß er mitdachte und daher im Termin vertrat.
 Unerheblich ist, ob es im Termin zur Verhandlung nach Rn 5 oder zur Erörterung nach
Rn 6 oder zur Beweisaufnahme nach Rn 7 kommt oder nur zu prozessualen Punkten.

B. Beispiele zur Frage einer Terminsvertretung 4a
Abgelenktheit: *Keine* Terminsvertretung ist eine offensichtliche solche Verhaltens-
 weise für eine nicht nur ganz kurze Zeit.
Ablehnung: Terminsvertretung ist auch eine Tätigkeit im Ablehnungsverfahren nach
 §§ 42 ff oder 406 ZPO.
Antragstellung: Terminsvertretung kann auch ohne Antragstellung vorliegen, so-
 lange der Anwalt nicht erklärt, er werde gar keinen Antrag stellen.
 S auch „Vertagung", „Verweisung".
Beweisperson: *Keine* Terminsvertretung ist eine bloße Klärung der Personalien oder
 Anschrift einer Beweisperson.
Erledigung der Hauptsache: *Keine* Terminsvertretung erfolgt beim Unterbleiben
 eines Aufrufs zB wegen einer Gesamterledigung vor dem Termin, Stgt JB **05**, 303.
Ladung: *Keine* Terminsvertretung ist eine bloße Entgegennahme der Ladung.
Lärmen: *Keine* Terminsvertretung ist ein bloßes Lärmen während seiner Dauer.
Nichtauftritt: *Keine* Terminsvertretung ist die bloße Erklärung, nicht auftreten oder
 verhandeln zu wollen.
Rechtsmittelverzicht: *Keine* Terminsvertretung ist ein bloßer solcher Verzicht nach
 der Verkündung der Endentscheidung.
Sachstandsanfrage: *Keine* Terminsvertretung ist eine bloße solche Anfrage, Köln JB
 06, 251.
Schlaf: *Keine* Terminsvertretung ist die Anwesenheit des Schlafenden (Ausnahme:
 Sekundenschlaf usw).
Störer: *Keine* Terminsvertretung ist ein bloßes Stören während seiner Dauer.
Telefonat: *Keine* Terminsvertretung ist eine bloß telefonische Rücksprache usw au-
 ßerhalb eines Termins, amtliche Vorbemerkung 3 III lt Hs, Köln MDR **09**, 1365.
Terminsdauer: Terminsvertretung kann auch bei einer Tätigkeit nur während eines
 Teils der Terminsdauer vorliegen.
Terminsnachricht: *Keine* Terminsvertretung ist eine bloße Entgegennahme der Ter-
 minsnachricht oder -stunde.
Unbotmäßigkeit: *Keine* Terminsvertretung ist ein bloß stures derartiges Verhalten
 während seiner Dauer.

Verkündung: Terminsvertretung kann auch dann vorliegen, wenn sich am Schluß der mündlichen Verhandlung nach §§ 136 IV, 296a ZPO die Verkündung nach einer sofortigen Beratung oder gar ohne sie direkt anschließt, §§ 310 I 1 Hs 1, 329 ZPO, aM Mü JB **09**, 481 (aber eine Erklärung kann noch bis zum Verkündungsende beachtbar sein).
S auch „Wiedereröffnung".
Vertagung: Terminsvertretung kann auch ein bloßer Vertagungsantrag zB nach § 227 ZPO sein.
Verweisung: Terminsvertretung kann auch ein bloßer Verweisungsantrag zB nach § 281 ZPO sein.
Vorgerichtliche Prüfung: *Keine* Terminsvertretung ist eine bloße solche Prüfung oder Besprechung, AG Ffm JB **06**, 252.
Wiedereröffnung: Terminsvertretung ist auch die Tätigkeit nach einer Wiedereröffnung nach § 156 ZPO.

5   **C. Verhandlungstermin.** Ausreichend ist ein gerichtlicher Verhandlungstermin. Das gilt evtl auch bei § 522 II ZPO, Drsd 3 W 409/08 v 16. 5. 08. Dazu zählt auch ein Gütetermin nach § 54 ArbGG. Der Termin mag nur zur Verhandlung oder auch zu anderen Zwecken bestehen. Er mag einer voraussichtlich streitigen oder unstreitigen Verhandlung dienen. Es mag zur Sachverhandlung oder nur zur Erörterung von Fragen der Prozeßleitung oder der Sachleitung kommen. Er mag zum Versäumnisurteil gegen den Gegner des Anwalts führen, KG JB **06**, 135. Seine Zielrichtung mag sich bis zu seinem Beginn geändert haben. Maßgeblich ist die Ansicht weder der Partei noch des Anwalts, sondern des Gerichts oder des Sachverständigen in seinem Termin nach Rn 8. Seine Zielrichtung mag sich im Terminsverlauf ändern. Auf die Einhaltung einer vorgeschriebenen Frist kommt es ebensowenig an wie auf die Ordnungsmäßigkeit der Gerichtsbesetzung usw. Es mag eine streitige oder unstreitige, allseitige oder nur teil- oder einseitige Verhandlung geben. Bei einer Säumnis des Gegners gilt freilich vorrangig VV 3105.
Kein Verhandlungstermin ist ein bloßer Verkündungstermin. Auch ein bloßer Protokollierungstermin ist kein Verhandlungstermin, amtliche Anmerkung III. Etwa anderes gilt aber, wenn die Parteien auch nur wegen eines einzelnen Punkts zB eines angeblich schon fertig ausgehandelten Vergleichs doch noch in eine Erörterung eintreten, etwa auf einen Hinweis des Gerichts, wie in der Praxis oft genug üblich. Keine Verhandlung ist ferner ein bloßer Vergleich nach § 118 ZPO, VV 3104 Rn 16, eine bloße Parteianhörung nach § 141 ZPO oder nach § 613 aF, Düss JB **09**, 644, oder ein Telefonat des Richters oder Rpfl oder Urkundsbeamten mit dem Anwalt oder eine bloße Erklärung über die Echtheit einer Urkunde.

6   **D. Erörterungstermin.** Ausreichend ist auch ein Erörterungstermin, amtliche Vorbemerkung 3 III Hs 1. Er dient nicht einer Antragstellung, sondern deren Vorbereitung oder Verhinderung durch einen Austausch von Ansichten. Deshalb reicht auch ein Gütetermin. Denn er soll gerade auch zu einer Erörterung führen, § 278 II 2 ZPO, § 54 I 2 ArbGG, auch vor dem beauftragten oder ersuchten Richter nach § 278 V ZPO oder vor dem Vorsitzenden des ArbG nach § 54 I ArbGG. Im übrigen gelten dieselben Erwägungen wie zum Verhandlungstermin.

7   **E. Beweisaufnahmetermin.** Ausreichend ist auch ein Termin zur Beweisaufnahme. Das ist die Klärung streitiger entscheidungsbedürftiger Tatsachen mit oder vor einem beauftragten oder ersuchten Richter. Im übrigen gelten dieselben Erwägungen wie zum Verhandlungstermin. Es ist nicht erforderlich, daß das Gericht in diesem zur Beweisaufnahme (mit-)bestimmten Termin tatsächlich eine Beweisaufnahme vornimmt. Mit dem Schluß der Beweisaufnahme endet der bloße Beweistermin und bei § 370 I ZPO der erste Teil des kombinierten Termins. Die Beeidigung zählt noch zur Beweisaufnahme, nämlich zur Klärung der Überzeugungskraft der Beweisperson und damit dazu, ob sie unter einem Eid bei ihrer Darstellung bleibt, aM GSchm VV Vorbem 3 Rn 60.

8   **F. Sachverständigentermin.** Ausreichend ist schließlich ein gerade vom gerichtlich bereits wirksam bestellten Sachverständigen anberaumter und dann auch stattfindender Termin vor oder nach einem gerichtlichen Termin. Er kann unterschiedlichen Zwecken dienen, von der Klärung der Methode einer geplanten Untersuchung bis zur

Information über solche Umstände, die ein Beteiligter dem Sachverständigen vielleicht zur Erleichterung seiner Beurteilung des vorgefundenen oder ermittelten Sachverhalts liefern könnte. Im übrigen gelten dieselben Erwägungen wie zum Verhandlungstermin. Die Terminsdauer und die Anwesenheitsdauer des Anwalts sind unerheblich.

Unzureichend ist eine Ortsbesichtigung nach § 273 II Z 4 ZPO durch einen noch nicht als Beweisperson bestellten, sondern nur vorbereitend geladenen Sachkundigen oder Privatgutachter, selbst wenn das Gericht später sein Gutachten verwendet.

5) Mitwirkung an Besprechung. Eine Terminsgebühr entsteht auch für die Mitwirkung gerade des ProzBev oder VerfBev oder des Verkehrsanwalts oder Terminsanwalts. Sie entsteht also nicht schon für die Mitwirkung nur eines Dritten, etwa eines vom ProzBev beauftragten Steuerberaters, Köln JB **07**, 590. Sie entsteht für die Mitwirkung an einer notwendigen oder ratsamen und auch spontanen streitigen oder unstreitigen Besprechung beliebiger Dauer, dabei an einer mündlichen oder fernmündlichen Erörterung, BGH NJW **07**, 1214, Drsd JB **06**, 640, LAG Ffm NZA-RR **07**, 37, aM OVG Bln-Brdb JB **09**, 426 (nicht beim Telefonat), oder einer elektronischen, Kblz MDR **07**, 985, aM BGH FamRZ **10**, 27 (aber e-mail steht dem Teletext durchaus gleich). Henke AnwBl **07**, 857. Auch bei einer Abwesenheit des Gegners reicht eine Erörterung mit dem Gericht, KG MDR **08**, 1424. Das gilt aber nur unter den nachfolgenden Bedingungen. Man darf sie freilich auch nicht überspannen, BGH NJW **07**, 2858. Besprechung ist ein Erklärungsaustausch. Gegensatz ist eine Korrespondenz oder auch ein einseitiges aufdrängendes Einreden, LAG Ffm NZA-RR **07**, 37. Mitwirkung ist dasselbe wie eine Terminsvertretung bei Rn 4. 9

Jede Art von Besprechung reicht, BGH FamRZ **07**, 812, auch eine spontan beschlossene, kurze, beiläufige, aber ernsthafte. VV 1000 gilt allein, wenn eine Besprechung zur Einigung führte, Kblz JB **06**, 192. Sonst würden VV 1000 amtliche Anmerkung II und VV 3104 dasselbe vergüten. Das ist nicht der Sinn beider Vorschriften, obwohl sie nach ihrem bloßen Wortlaut zur Anwendung beider Gebühren führen könnten. Auch hier gibt es freilich einen reichlichen Auseinandersetzungsstoff, OVG Lüneb AnwBl **07**, 156. Beim Streit muß der Anwalt die Voraussetzungen im Einzelfall beweisen, Kblz NJW **05**, 2162 rechts oben.

A. Vermeidung oder Erledigung des Verfahrens. Die Besprechung muß entweder eine Vermeidung oder eine Erledigung des Verfahrens nach VV Teil 3 bezwecken, Drsd JB **06**, 640, Karlsr JB **08**, 417. Es muß also um eine Zivilsache einschließlich (jetzt) einer FamFG-Sache gehen, Naumb FPR **08**, 185, Oldb JB **07**, 199, Kitzinger FamRZ **05**, 13 (Unterhalt usw), auch um ein Mahnverfahren, LG Regensb JB **06**, 420, oder um ein Verfahren einer der öffentlichrechtlichen Gerichtsbarkeiten oder um ein Verfahren nach dem Strafvollzugsgesetz oder um ein ähnliches Verfahren, also um praktisch alle Verfahren außer denjenigen, die VV Teile 4–6 regeln. Es mag auch um die Vermeidung eines Verfahrens B anläßlich eines Verfahrens A gehen, Rostock JB **07**, 137. Die amtliche Vorbemerkung 3 III setzt einen auch nur teilweisen Einigungserfolg voraus, aber auch kein bloßes Vorgespräch, Karlsr JB **06**, 192, AG Ffm JB **06**, 252, und keinen auch nur anfänglichen Streit, sondern eine Erledigungszielsetzung, KG JB **07**, 413, Karlsr JB **06**, 192, OVG Hbg NJW **06**, 1544 (dort zu streng). 10

Der *ernsthafte Versuch* nur dieses Anwalts reicht, selbst wenn der Gegner im Verlauf keine entsprechende Zielsetzung zeigt, aM Naumb AnwBl **07**, 725 (abl Schons 726), OVG Hbg NJW **06**, 1544. So mag zB die Klärung bestimmter Rahmenbedingungen reichen, BGH NJW **07**, 2858. Der Anwalt muß gerade für dieses bevorstehende oder schon begonnene Verfahren der ProzBev oder VerfBev nach VV 3100 Rn 4 sein, Kblz JB **06**, 192. Es braucht noch keine Anhängigkeit oder Rechtshängigkeit vorzuliegen, sondern nur ein Prozeßauftrag, Bonnen MDR **05**, 1085, aM LG Hbg AnwBl **07**, 727 (abl Nieberler). Es kann aber natürlich schon die Rechtshängigkeit eingetreten sein, Köln JB **06**, 247.

B. Vermeidung. Das ist eine Tätigkeit mit engstem Bezug zu derjenigen nach VV 2300. Diese letztere Tätigkeit muß sich außergerichtlich abspielen und erfolgt durchweg vor der Anhängigkeit, BGH FamRZ **07**, 721, zustm Henke AnwBl **07**, 44 (nach einem Klagauftrag), Hamm RR **07**, 720, Nürnb JB **07**, 21 (vor einem Mahnantrag), LG Mü JB **07**, 26. Jedenfalls darf ein Verfahren noch nicht begonnen haben. Eine Klage oder Antragsschrift darf zwar fertig sein. Sie darf aber noch nicht beim 11

VV 3104

Gericht vorliegen. Wenn der Anwalt aber nach der amtlichen Vorbemerkung 3 III ein gerichtliches Verfahren vermeiden soll, wird er praktisch so gut wie stets ebenfalls außergerichtlich tätig. Man sollte die Unterscheidung daher eher danach ausrichten, ob der Anwalt seine Vermeidungsversuche gerade als der ProzBev oder VerfBev oder nur als ein außergerichtlicher Bevollmächtigter vornimmt. Ein Einigungsversuch unmittelbar vor der Klageinreichung ist ausreichend.

Schon ein Auftrag zur evtl *nachfolgenden* Tätigkeit im Prozeß oder im sonstigen Gerichtsverfahren dürfte VV 3104 anwendbar und gegenüber VV 2300 vorrangig machen. Inzwischen hat sich auch an dieser Stelle einiger Zündstoff gesammelt. Wie hier LG Memmingen NJW **06**, 1295, Bischof JB **04**, 297, Hansens JB **04**, 250, Henke AnwBl **04**, 511, Meyer DRiZ **04**, 291. Es geht ja auch um durchaus unterschiedlich hohe Vergütungen. VV 3104 steht im Teil 3, VV 2300 im Teil 2 des VV. Das sollte ein Hauptmerkmal der Abgrenzung sein.

12   **C. Erledigung.** Das ist nicht nur diejenige nach § 91a ZPO, KG JB **07**, 413, sondern jede Art von Beilegung nach der Anhängigkeit oder gar Rechtshängigkeit, KG JB **07**, 587, Nürnb JB **07**, 21, zB die bloße Anregung einer Antrag- oder Klagerücknahme, Kblz NJW **05**, 2163, Mü Rpfleger **05**, 488 links unten, oder einer Erledigterklärung oder Rechtsmittelrücknahme, Drsd RR **08**, 1667, LAG Ffm NZA-RR **07**, 38 (gegen Verzicht auf Kostenerstattung), oder im Kostenfestsetzungsverfahren, Hbg MDR **07**, 181 rechts. Es reicht sogar die Entgegennahme einer gegnerischen Erklärung zwecks Prüfung usw, BGH FamRZ **07**, 279, oder eine neue Verhandlung wegen der Einbeziehung eines rechtskräftigen Titels in einen folgenden Gesamtvergleich, Mü FamRZ **06**, 1696. Damit kommt man in die Nähe von VV 1000, einer Vorschrift, die nach der amtlichen Vorbemerkung 1 ja ausdrücklich neben auch VV 3104 gilt. Der Anwalt muß keine Ursache der späteren Entscheidung gesetzt haben, OVG Bre JB **08**, 531 rechts.

Unzureichend sind zB: Eine bloße Information, KG JB **07**, 587 (zustm Madert), oder deren Einholung, etwa zum Sach- und Streitstand; eine bloße Terminsverlegung oder Fristverlängerung oder Sicherheitsabsprache; eine rein formelle Tätigkeit, OVG Lüneb NJW **09**, 460; eine bloße Zustimmung zum Ruhen des Verfahrens, Stgt JB **09**, 250.

13   **D. Mit oder ohne Gerichtsbeteiligung.** Die Besprechung mag mit oder ohne jede Beteiligung des Gerichts stattfinden, um eine Terminsgebühr auch ohne einen Termin des Gerichts herbeizuführen, Naumb FRR **08**, 185. Das kann zB bei einer Mediation so sein, Hamm AnwBl **06**, 287. Es ergibt sich aus dem Wort „auch" (ohne Beteiligung des Gerichts). Beteiligung ist die direkte auch nur teilweise oder zeitlich begrenzte Teilnahme am Gespräch. Diese Teilnahme läge bei den heutigen Telekommunikationsmöglichkeiten auch schon dann vor, wenn eine Gerichtsperson telefonisch oder per Telefax oder per Videokonferenz irgendwie zu mehr als etwa einer bloßen Absprache eines Gerichtstermins hinzutritt. Es reicht andererseits, daß das Gericht jedenfalls nicht an dem Vermeidungs- und/oder Erledigungsziel während dieser Besprechung beteiligt ist.

14   **E. Keine bloße Besprechung mit Auftraggeber.** Die Besprechung darf schließlich nach der amtlichen Vorbemerkung 3 III Hs 2 nicht nur mit dem Auftraggeber des Anwalts stattfinden, Kblz AnwBl **05**, 794. Sie darf auch nicht nur mit dessen gesetzlichem Vertreter, Prokuristen, Geschäftsführer, sonstigem Bevollmächtigten, Boten, Verkehrsanwalt oder sonstigem Berater stattfinden. Denn dann gilt § 34 usw. Besprechungsteilnehmer darf und muß irgendein Dritter sein, sei es der Gegner oder dessen Bevollmächtigter, Angehöriger, Berater, eine Behörde, ein anderes Gericht als gerade das Prozeßgericht dieses Verfahrens, ein Zeuge, ein Sachverständiger, eine Versicherungsgesellschaft oder ein sonstiger Dritter.

Ein *Einverständnis* des Auftraggebers ist weder stets notwendig noch stets erforderlich. Der Anwalt darf aber bei einer auch von VV 3104 natürlich vorausgesetzten auftragsgemäßen Arbeit grundsätzlich nicht gegen den erklärten oder erkennbaren Willen des Auftraggebers gehandelt haben, allenfalls als ein Geschäftsführer ohne Auftrag nach dem mutmaßlichen Willen, §§ 677 ff BGB.

15   **6) An sich mündliche Verhandlung vorgeschrieben, amtliche Anmerkung, I Z 1.** Es muß sich um ein solches Verfahren handeln, für das das Gesetz grundsätz-

3104 VV

lich eine mündliche Verhandlung vorschreibt, BGH MDR **07**, 1454, BAG NJW **06**, 3022, VGH Bln-Brdb JB **09**, 426, aM Fölsch MDR **08**, 2.
A. Grundsatz: Notwendigkeit. Im bürgerlichen Rechtsstreit ist die mündliche Verhandlung im Verfahren auf den Erlaß eines Urteils nach § 128 I ZPO grundsätzlich notwendig, LG Stgt NJW **05**, 3153. Das gilt auch dann, wenn es im Rahmen des Urteilsverfahrens zunächst um eine Verweisung geht, KG AnwBl **84**, 507.
B. Beispiele zur Frage eigentlicher Notwendigkeit mündlicher Verhandlung, I Z 1 16
Arrest, einstweilige Verfügung: Anwendbar sein kann I Z 1 in einem solchen Eilverfahren, in dem das Gericht durch Urteil entscheiden will oder muß. Denn dann ist grds eine mündliche Verhandlung notwendig, §§ 922 I 1 Hs 1, 936 ZPO. Wegen einer Ausnahme vgl § 495 a S 1 (nicht S 2) ZPO.
Unanwendbar ist I Z 1 in einem derartigen Beschlußverfahren nach §§ 922 I 1 Hs 2, 936 ZPO.
S auch Rn 17 „Kostenwiderspruch".
Berufung: Rn 43 „Zulässigkeitsprüfung".
Berufungsrücknahme: *Unanwendbar* ist I Z 1 grds bei einer Berufungsrücknahme nach § 516 III ZPO, BGH MDR **07**, 1454, KG NZM **07**, 451 links oben, Stgt JB **98**, 23.
Beschlußverfahren: *Unanwendbar* ist I Z 1 grds bei einem solchen Verfahren, das nur auf einen Beschluß abzielt. Denn dann ist eine mündliche Verhandlung nach § 128 IV ZPO grds entbehrlich.
S auch „FamFG".
Beschlußverwerfung: Rn 18 „Zulässigkeitsprüfung".
Einspruch: *Unanwendbar* ist I Z 1 bei der Prüfung der Zulässigkeit eines Einspruchs gegen ein Versäumnisurteil nach § 341 II ZPO oder gegen einen Vollstreckungsbescheid nach dieser Vorschrift in Verbindung mit § 700 ZPO, Kblz JB **03**, 420, Köln Rpfleger **94**, 932, LG Marbg Rpfleger **96**, 377.
Erledigung der Hauptsache: *Unanwendbar* ist I Z 1 nach beiderseits wirksamen vollen Erledigterklärungen, § 128 III ZPO, KG NJW **07**, 2194, Karlsr Rpfleger **07**, 49, Rostock MDR **08**, 1067.
FamFG: *Unanwendbar* ist I Z 1 bei einem Verfahren nach § 38 FamFG (auch § 32 I FamFG gibt nicht stets einen Terminszwang, Oldb NJW **09**, 2965, aM Keuter NJW **09**, 2923 je zum Sorgerechtsverfahren), oder nach § 51 II 2 FamFG. Zu dieser Verfahrensart (teils nach altem Recht) BGH NJW **03**, 3133, KG FamRZ **09**, 720 (veraltet zitierend), Kblz FGPrax **08**, 178.
Freigestellte mündliche Verhandlung: *Unanwendbar* ist I Z 1 in einer solchen Lage, BLAH § 128 ZPO Rn 3, 4, VGH Mannh NJW **07**, 860. Dazu gehört jetzt grds das FamFG-Verfahren, s dort.
Klagerücknahme: *Unanwendbar* ist I Z 1 dann, wenn der Bekl nach einer Klagerücknahme beantragt, durch einen Beschluß festzustellen, daß der Rechtsstreit als nicht anhängig geworden anzusehen sei, daß ein noch nicht rechtskräftiges Urteil wirkungslos sei und daß der Kläger verpflichtet sei, die Kosten zu tragen, (jetzt) § 269 III 2, IV ZPO, Kblz JB **75**, 1083. 17
Kleinverfahren: Wegen des Verfahrens nach § 495 a ZPO vgl Rn 26.
Kostenwiderspruch: *Unanwendbar* ist I Z 1 beim bloßen Kostenwiderspruch im Eilverfahren nach §§ 916 ff, 935 ff ZPO. Denn trotz § 924 II 2 ZPO liegt dann doch wegen §§ 128 III, 307 S 2 ZPO keine Notwendigkeit einer Verhandlung vor, Ffm GRUR-RR **07**, 63, KG Rpfleger **08**, 100, BLAH § 925 ZPO Rn 4.
LwVG: *Unanwendbar* ist I Z 1 grds im dortigen ja durchweg vorliegenden Beschlußverfahren,
Mediation: Unanwendbar ist I 1 bei einer Mediation, BLAH § 278 ZPO Rn 2, selbst wenn ein „Mediationsrichter" mitwirkt oder eine „gerichtsnahe" Mediaion erfolgt (nicht gesetzliche, schillernde Begriffe), aM KG NJW **09**, 2754, Greifsw JB **07**, 136.
Normenkontrollverfahren: *Unanwendbar* ist I Z 1 in einem solchen Verfahren nach § 47 V 1 VwGO, VGH Mannh JB **95**, 421, OVG Münst Rpfleger **96**, 477, oder bei § 94 V 1 BVerfGG, BVerfG Rpfleger **73**, 243.

VV 3104

Prozeßkostenhilfeverfahren: *Unanwendbar* ist I Z 1 bei einer ja nicht stets vorgeschriebenen bloßen Erörterung nach § 118 I 3 ZPO, Brschw Rpfleger **08**, 427, Oldb Rpfleger **09**, 515, aM KG Rpfleger **07**, 669.
Revision: Rn 18 „Zulässigkeitsprüfung".
Unterhaltsverfahren: *Unanwendbar* ist I Z 1 im Vereinfachten Verfahren nach (jetzt) §§ 249 ff FamFG, Brdb FamRZ **09**, 1089.

18 **Vergleich:** *Unanwendbar* ist I Z 1 grds bei einem schriftlichen Vergleich nach § 278 VI ZPO, Rn 30.
Versäumnisverfahren: *Unanwendbar* ist I Z 1 beim sog unechten Versäumnisurteil nach § 331 III ZPO, VV 3105 Rn 7.
S auch Rn 16 „Einspruch".
Verweisung: *Unanwendbar* ist I Z 1 bei einem Verweisungsverfahren nach § 281 I 1 ZPO, Karlsr JB **05**, 596.
Vorverfahren: *Unanwendbar* ist I Z 1 im schriftlichen Vorverfahren nach § 276 ZPO.
Wiedereinsetzung: *Unanwendbar* ist I Z 1 bei einem Beschluß nach § 238 I 2 ZPO.
Zulässigkeitsprüfung: *Unanwendbar* ist I Z 1 bei der Prüfung der Zulässigkeit eines Rechtsmittels, §§ 128 III, 522 I 3, II, 552 II, 556 V 1 ZPO, Drsd AGS **03**, 203, Nürnb AGS **03**, 161, oder bei der entsprechenden Prüfung eines anderen Rechtsbehelfs, zB eines Einspruchs, Rn 16 „Einspruch".

19 **7) Tatsächlich keine mündliche Verhandlung, amtliche Anmerkung I Z 1.**
In einem Verfahren nach Rn 4–7 muß das Gericht im gesamten Verfahren tatsächlich ohne eine mündliche Verhandlung entschieden haben, LG Mönchengladb MDR **09**, 472. Insofern muß eine der folgenden abschließenden Voraussetzungen vorliegen, Kblz JB **08**, 196 links (also zB nicht bei Klagerücknahme vor Terminsbeginn), Nürnb JB **03**, 249 (also zB nicht bei § 522 II ZPO).

20 **A. Einverständnis der Parteien, § 128 II ZPO, oder der Beteiligten.** Das Gericht mag mit einer wirksamen Zustimmung der Parteien oder Beteiligten ohne eine mündliche Verhandlung entschieden haben, Hbg MDR **07**, 181 links oben, LG Düss JB **06**, 363. Im FamFG-Verfahren erfolgt eine wirksame Zustimmung, soweit die Beteiligten über den Verfahrensgegenstand verfügen können, § 36 I 1 FamFG. Z 1 meint mit den Worten „im Einverständnis" die nach § 128 II ZPO oder nach § 101 II VwGO oder nach § 124 II SGG erforderliche „Zustimmung" der Parteien. Die Zustimmung ist eine einseitige, dem Gericht gegenüber erfolgende Parteiprozeßhandlung nach BLAH Grdz 47 vor § 128 ZPO. Sie muß unzweideutig sein, BVerwG NJW **81**, 1853.

21 **B. Beispiele zur Frage eines Einverständnisses nach Z 1**
Aktenlageentscheidung: Man darf einen Antrag auf eine Entscheidung nach Lage der Akten nach § 251 a ZPO nicht als eine Zustimmung zum schriftlichen Verfahren umdeuten. Denn eine Entscheidung nach Lage der Akten ist etwas ganz anderes als eine schriftliche Entscheidung.
Anhörung: Vorliegen kann ein Einverständnis dann, wenn das Gericht in einem solchen Verfahren, für das das Gesetz an sich eine mündliche Verhandlung oder Erörterung vorschreibt, und bei einer klaren Sachlage zur Vermeidung eines Umwegs ohne eine mündliche Verhandlung nach einer Anhörung beider Parteien oder Beteiligten ohne deren erkennbaren Widerspruch entschieden hat, Düss JB **09**, 26, Ffm MDR **88**, 1068, Schlesw SchlHA **86**, 76.
Bedingung: *Kein* Einverständnis enthält eine nur bedingte Zustimmung, BAG BB **75**, 1486. Das gilt etwa „für den Fall, daß ein Beweisbeschluß ergeht".

22 **Erklärungsinhalt:** Vorliegen kann ein Einverständnis nach dem objektiven Erklärungsinhalt, Zweibr FamRZ **99**, 456.
Erledigterklärungen: Vorliegen kann ein Einverständnis bei übereinstimmenden wirksamen Erledigterklärungen nach BLAH § 91 a ZPO Rn 96 ff. Es ist dann aber auch gar nicht erforderlich, § 91 a I ZPO.

23 **Form:** Das Einverständnis muß entweder in der mündlichen Verhandlung oder schriftlich erfolgen, um wirksam zu sein.
Nächste Entscheidung: Ein Einverständnis darf sich stets nur auf die nächste Entscheidung des Gerichts beziehen, BSG MDR **78**, 348.

Schweigen: S zunächst Rn 22 „Erklärungsinhalt". Vorliegen kann ein Einverständnis ausnahmsweise zB bei einer klaren Unzuständigkeit und beim Schweigen auf eine Anfrage des Gerichts, ob gegen eine Verweisung Bedenken bestehen, BGH **102**, 341, BLAH § 128 ZPO Rn 19. Auch kann dann im Schweigen eine nachträgliche Billigung liegen, Bbg JB **86**, 1362, Ffm MDR **88**, 1067, strenger Schlesw JB **85**, 1832, Zweibr JB **82**, 84.

Grundsätzlich *fehlt* aber beim Schweigen ein Einverständnis, Zweibr JB **82**, 84, Beuermann DRiZ **78**, 312, aM Kblz AnwBl **88**, 294, Stgt FamRZ **09**, 146 links. Wenn das Gericht der Partei geschrieben hat, es werde beim Schweigen auf seine Anfrage eine Zustimmung annehmen, ist das Schweigen der Partei nicht stets als eine wirksame Zustimmungserklärung umdeutbar, LG Nürnb-Fürth NJW **81**, 2586.

Teileinverständnis: Statthaft ist ein Einverständnis wegen desjenigen Teils des Prozeßstoffs, den das Gericht durch eine selbständige Entscheidung zB nach § 301 ZPO erledigen kann.

S auch Rn 23 „Nächste Entscheidung".

Zeitgrenze: Bei einer wirksamen Zustimmung ist ein Verstoß des Gerichts gegen die Dreimonatsfrist des § 128 II 3 ZPO unschädlich, BLAH Üb 19, 20 vor § 300 ZPO.

C. Schriftliches Anerkenntnisurteil, § 307 ZPO. Das Gericht mag mit oder ohne einen Antrag des Klägers ein Anerkenntnisurteil gefällt haben, Karlsr JB **06**, 195, Stgt MDR **05**, 1259, Wielgoss JB **06**, 354. Das gilt auch beim Vorbehaltsurteil, Mü FamRZ **06**, 1474. Wegen seiner Voraussetzungen BLAH § 307 ZPO Rn 14 ff. 25

D. Kleinverfahren, § 495 a S 2 ZPO. Soweit eine mündliche Verhandlung im Ermessen des Gerichts steht (freigestellte mündliche Verhandlung), soweit also zB kein Antrag auf eine Verhandlung nach § 495 a S 2 ZPO vorliegt, ist sie zwar nicht nach Z 1 „vorgeschrieben". Dennoch ist die Vorschrift (jetzt) schon nach dem eindeutigen Wortlaut des Gesetzes insoweit grundsätzlich auch im sog Kleinverfahren nach § 495 a S 1 ZPO anwendbar, (je zum alten Recht) LG Mü JB **99**, 303, LG Stgt MDR **93**, 86. Mangels einer Verhandlung entsteht nur 0,5 Gebühr, AG Freising JB **08**, 142. 26

8) Erlaß einer Entscheidung, amtliche Anmerkung I Z 1. Das Gericht muß in einem jeden der Fälle Rn 14–25 eine Entscheidung getroffen haben. Es kommt dann nicht darauf an, ob der Anwalt beim Erlaß der Entscheidung noch ProzBev oder VerfBev war. Soweit keine Entscheidung ergeht, unterstellt Z 1 keine mündliche Verhandlung. 27

Entscheidung ist jede sachliche Vorbereitung oder Durchführung der instanzbeendenden Lösung.

Eine Entscheidung liegt *nicht* vor, sofern das Gericht eine solche Anordnung getroffen hat, die auch unabhängig von den in Z 1 genannten Voraussetzungen grundsätzlich nach § 128 IV ohne eine mündliche Verhandlung ergehen kann, Kblz Rpfleger **03**, 539, LG Mü JB **99**, 303. 28

Es ist unerheblich, ob das Gericht seine Entscheidung noch so treffen *durfte*, wie es sie eben getroffen *hat*, Ffm JB **78**, 1344, Stgt AnwBl **85**, 265. Es kommt auch nicht darauf an, ob das Gericht seine Entscheidung den Beteiligten ordnungsgemäß mitgeteilt hat. Eine Entscheidung nach Z 1 liegt zB dann nicht vor, wenn es um eine Sommersache geht oder wenn lediglich eine Vorbereitung nach § 273 ZPO erfolgt oder eine bloße Terminsladung oder wenn ein bloßer Feststellungsschluß nach § 278 VI ZPO vorliegt, Kblz JB **03**, 533. Im Verfahren nach dem Flurbereinigungsgesetz steht ein Ortstermin des beauftragten Berichterstatters einer mündlichen Verhandlung gleich. 29

9) Schriftlicher Vergleich, amtliche Anmerkung I Z 1. Die Vorschrift bezieht sich mangels einer Entscheidung nur auf einen solchen gerade mit oder ohne eine Besprechung zustandegekommenen und dann schriftlichen Vergleich, der gerade in einem Verfahren mit einer notwendigen mündlichen Verhandlung zustandekommt. Denn das meint Z 1 aE mit der Formulierung „in einem solchen Verfahren". Deshalb zählt der nach § 278 VI ZPO zustandekommende Vergleich gerade in Wahrheit *nicht* hierher. Denn § 278 erfaßt *nicht* die „mündliche" Verhandlung, BLAH § 278 ZPO Rn 5. Der Gesetzgeber hätte das bei der Abfassung von Z 1 beachten können und müssen, BGH NJW **04**, 2311, Düss RR **06**, 1583 (für Hs 2), Naumb RR **06**, 504, aM BGH AnwBl **07**, 463, BAG NJW **06**, 3022, Düss RR **06**, 1583 30

VV 3104

(für Hs 1), KG JB **08**, 29, Kblz (14. ZS) VersR **06**, 385, Mü RR **06**, 933, Nürnb (5. ZS) MDR **06**, 56, Stgt JB **06**, 22, LAG Düss JB **06**, 194, LAG Hamm MDR **06**, 717, LAG Kiel NZA-RR **06**, 268 (aber fast alle diese anderen Meinungen wirken mehr oder minder versteckt als vom gewünschten Ergebnis her sehr mitbestimmt, statt sich mit dem Kerngedanken auseinanderzusetzen, daß das Verfahren des § 278 VI ZPO der „mündlichen Verhandlung" gerade vorausgeht, um gerade sie zu ersparen). Freilich gilt die amtliche Vorbemerkung 3 III auch hier, Nürnb JB **05**, 530.

Ebensowenig reichen ein Arrestverfahren, ein Verfahren auf eine einstweilige Anordnung oder Verfügung, ein Kleinverfahren nach § 495a ZPO bis zum Antrag auf eine mündliche Verhandlung, VG Schlesw NVwZ-RR **07**, 216, oder ein Verfahren nach §§ 80, 123 VwGO.

Ein *Vergleich* und nicht nur eine Einigung nach VV 1000 müssen vorliegen. Er ist also ein irgendwie geartetes Nachgeben wie bei § 779 BGB nötig. Der Vergleich muß wirksam sein. Eine Widerrufsfrist muß also abgelaufen sein, eine Scheidung muß beim Folgenvergleich rechtskräftig sein, Bbg JB **80**, 1347. Der Vergleich kann auch einen noch nicht rechtshängigen weiteren Anspruch einbeziehen. Vgl dann freilich Rn 33.

31 **10) Gerichtsbescheid, amtliche Anmerkung I Z 2.** Ausreichend ist ferner die Zustellung der Anhörungsverfügung und sodann eine Entscheidung nach §§ 84 I 1, 2 VwGO oder nach § 105 I 1 SGG durch einen Gerichtsbescheid, also ohne eine mündliche Verhandlung.

Nicht hierher gehören die Fälle, daß ein Gerichtsbescheid nach § 84 III Hs 2 VwGO oder nach § 105 III Hs 2 SGG als nicht ergangen gilt oder daß das LSG nach § 153 IV SGG die Berufung ohne eine mündliche Verhandlung einstimmig als unbegründet durch einen Beschluß zurückweist. Nicht hierher gehört ferner ein Beschlußverfahren nach § 93a II VwGO, BVerwG JB **08**, 142.

32 **11) Angenommenes Anerkenntnis vor Sozialgericht, amtliche Anmerkung I Z 3.** Ausreichend ist schließlich diese Situation nach § 101 II SGG. Der Anwalt braucht das Anerkenntnis oder dessen Annahme nicht persönlich erklärt zu haben. Auch ein Teilanerkenntnis und dessen Annahme kommen in Betracht.

33 **12) Anrechnung, amtliche Anmerkung II.** Sie setzt eine bereits entstandene Termingebühr voraus, Stgt JB **05**, 303. Sie erfolgt zwecks einer Vermeidung doppelter Termingebühren bei einer Einbeziehung eines bisher entweder überhaupt nicht anhängigen Anspruchs, Kblz AnwBl **06**, 587, Mü AnwBl **06**, 587, oder eines doch jedenfalls nicht gerade „in diesem Verfahren" rechtshängigen Anspruchs gerade in eine „Verhandlung zur Einigung", nicht notwendig zu einem Vergleich. Sie erfolgt aber natürlich erst recht dann, wenn die Verhandlung sogar zum Mitvergleich führt, Hamm JB **07**, 482, Stgt MDR **08**, 1067. Die Verhandlung muß „geführt worden" sein. Sie muß also tatsächlich stattgefunden haben, Stgt JB **05**, 303, LG Regensb JB **05**, 647. Die Anrechnung erfaßt die nach VV 3104 entstehende Gebühr nach dem Wert des bisher nicht hier rechtshängig gewesenen Anspruchs. Sie erfolgt nur unter den in der amtlichen Anmerkung II umständlich genannten engen Voraussetzungen in einem anderen Verfahren über dieselbe Angelegenheit nach §§ 15 ff. Sie setzt die Nämlichkeit der Parteien und einen Auftrag zur Tätigkeit als ProzBev auch wegen dieser einbezogenen Ansprüche voraus.

34 **13) Keine Termingebühr bei bloßem Protokollierungsantrag, amtliche Anmerkung III.** Eine Gebühr VV 3104 entfällt, soweit der Anwalt nur eine der dort genannten Einigungsarten zu protokollieren beantragt, wenn also keine Erörterung der nicht rechtshängigen Ansprüche stattfindet. Im Umkehrschluß läßt sich eine Miterörterung statt einer bloßen Protokollierung auch beim gar nicht anhängigen Anspruch vergüten, Mü AnwBl **06**, 587. Das schließt eine Termingebühr über solche Ansprüche in einem anderen Termin nicht aus.

Unanwendbar ist die amtliche Anmerkung III beim bloßen Protokollantrag wegen einer Einigung über einen bereits in diesem Verfahren rechtshängigen Anspruch.

35 **14) Anrechnung, amtliche Anmerkung IV.** Die Vorschrift entspricht für die Termingebühr den bei der Verfahrensgebühr geltenden Regelungen VV 3305 (Mahnverfahren) und VV 3100 amtliche Anmerkung I (vereinfachtes Unterhaltsverfahren). Die Termingebühr bei einer außergerichtlichen Besprechung zwecks einer Vermei-

Vergütungsverzeichnis **3104, 3105 VV**

dung oder Erledigung des Verfahrens soll in einem nachfolgenden Rechtsstreit nicht doppelt anfallen.

15) Gebührenhöhe. Soweit die Voraussetzungen Rn 4–27 vorliegen, entsteht je Angelegenheit eine 1,2 Terminsgebühr. Sie entsteht in demselben Rechtszug nach § 15 II 1, 2 insgesamt nur einmal. § 15 III ist anwendbar. Sie verringert oder ändert sich nur nach VV 3105, 3106. Sie erhöht sich um den Wert eines einbezogenen anderen Gegenstands, Mü FamRZ **09**, 1858.
Die Gebühr wird im Zeitpunkt der Entscheidung nach § 310 ZPO oder des Vergleichsabschlusses *fällig*. Der Anwalt braucht in diesem Zeitpunkt nicht mehr ein Verfahrensbevollmächtigter zu sein. Die Ordnungsmäßigkeit der Mitteilung der Entscheidung ist keine Voraussetzung ihrer Entstehung. Der Anwalt muß die Voraussetzungen der Terminsgebühr beweisen. 36

16) Gegenstandswert. Es gibt zwei Aspekte. 37
A. Zeitpunkt. Für die Wertberechnung ist bei § 128 II ZPO der Zeitpunkt des Eingangs der letzten erforderlichen Zustimmungserklärung maßgeblich. Im übrigen kommt es auf den Zeitpunkt des Eingangs desjenigen Schriftsatzes an, den das Gericht bei der Entscheidung noch verwertet hat, sofern dadurch eine Werterhöhung eingetreten ist. Bei einer teilweisen schriftlichen Entscheidung gilt Entsprechendes. Beim schriftlichen Vergleich kommt es auf seinen Abschluß an, LAG Nürnb NZA-RR **09**, 558. Bei einer Lage nach der amtlichen Anmerkung I Z 2 kommt es auf den Entscheidungszeitpunkt an, bei der amtlichen Anmerkung I Z 3 auf den Zeitpunkt des Anerkenntnisses. Eine Werterhöhung nach der Anwaltstätigkeit erhöht seine Terminsgebühr nicht, Kblz JB **94**, 671, Köln JB **02**, 244.

B. Höhe. Der Höhe nach entscheidet der Wert desjenigen Gegenstands, zu dessen Erörterung oder Verhandlung das Gericht oder der Sachverständige den Termin anberaumt hat oder dessen höherer Betrag sich im Termin ergibt, Hamm JB **07**, 482, Mü JB **07**, 588 (Rest), Naumb FamRZ **08**, 1968. Eine Wertverringerung erst im Terminsverlauf bleibt unbeachtet, Kblz JB **09**, 425. Eine Verbindung im Verlauf des Termins läßt eine schon entstandene Gebühr unverändert, § 8 Rn 1, VGH Mü NVwZ-RR **08**, 504. Wegen einer Anrechnung vgl die amtliche Anmerkung II. Kosten bleiben unbeachtet, solange sie nicht zur restlichen Hauptsache geworden sind, BGH FamRZ **95**, 1137, Hamm RR **96**, 1279, Köln JB **92**, 115, aM Kblz JB **92**, 626. Beim Beweistermin entscheidet dasjenige, über das die Beweisaufnahme stattfinden soll. Das mag nur ein Teil des Klagegegenstands sein, Düss JB **86**, 1833, Ffm JB **83**, 1822, Mü JB **91**, 1087. Das gilt auch zB bei einer Stufenklage, Hamm JB **97**, 139. Bei einer Besprechung ohne eine Gerichtsbeteiligung entscheidet derjenige Anspruch, dessentwegen man das Verfahren von vornherein oder infolge seiner Einbeziehung in die Besprechung vermeiden oder erledigen möchte. Maßgebend ist also dasjenige, *worüber* die Besprechung stattfindet, Naumb FamRZ **08**, 1968, *nicht* dasjenige, *auf was* die etwaige Einigung erfolgt. Es ist der Hauptsachewert und nicht etwa nur der Kostenwert maßgeblich, Karlsr JB **08**, 417. 38

Nr.	Gebührentatbestand	Gebühr oder Satz der Gebühr nach § 13 RVG
3105	*Fassung 1. 9. 2009:* **Wahrnehmung nur eines Termins, in dem eine Partei oder ein Beteiligter nicht erschienen oder nicht ordnungsgemäß vertreten ist und lediglich ein Antrag auf Versäumnisurteil, Versäumnisentscheidung oder zur Prozess- oder Sachleitung gestellt wird: Die Gebühr 3104 beträgt** .... I Die Gebühr entsteht auch, wenn 1. das Gericht bei Säumnis lediglich Entscheidungen zur Prozess- oder Sachleitung von Amts wegen trifft oder 2. eine Entscheidung gemäß § 331 Abs. 3 ZPO ergeht. II Absatz 1 der Anmerkung zu Nummer 3104 gilt entsprechend. III § 333 ZPO ist nicht entsprechend anzuwenden.	0,5

1787

VV 3105 Vergütungsverzeichnis

Vorbem. Haupttext angepaßt dch Art 47 VI Z 19i FGG-RG v 17. 12. 08, BGBl 2586, in Kraft seit 1. 9. 09, Art 112 I Hs 1 FGG-RG, Übergangsrecht, Art 111 FGG-RG, Grdz 2 vor § 1 FamGKG, Teil I B dieses Buchs.

Nr.	Gebührentatbestand	Gebühr oder Satz der Gebühr nach § 13 RVG
3105	*Bisherige Fassung des Gebührentatbestands:* **Wahrnehmung nur eines Termins, in dem eine Partei nicht erschienen oder nicht ordnungsgemäß vertreten ist und lediglich ein Antrag auf Versäumnisurteil oder zur Prozess- oder Sachleitung gestellt wird: Die Gebühr 3104 beträgt**	0,5

Schrifttum: *Onderka/Schneider* AnwBl **06**, 643 und 843 (je: Üb).

Gliederung

1) Systematik	1
2) Regelungszweck	2
3) Nur eine Partei oder ein Beteiligter erschienen oder vertreten	3
4) Säumnisfolgen	4–8
A. Entweder: Bloßer Antrag auf Versäumnisurteil oder -entscheidung oder zur Prozeß- oder Sachleitung	5
B. Oder: Entscheidung nur zur Prozeß- oder Sachleistung, amtliche Anmerkung I Z 1	6
C. Oder: Schriftliches Urteil, § 331 III ZPO, amtliche Anmerkung I Z 2	7
D. Oder: Einer der Fälle VV 3104, amtliche Anmerkung II	8
5) Gebührenhöhe	9
6) Gegenstandswert	10

1   **1) Systematik.** Es handelt sich um eine gegenüber VV 3104 vorrangige Sondervorschrift. Sie gilt auch in der Güteverhandlung nach § 54 ArbGG. Ihr gegenüber ist VV 3106 wegen des dortigen Geltungsbereichs nochmals vorrangig.

2   **2) Regelungszweck.** Die im Termin nach Art des VV 3105 gegenüber der Mühe bei VV 3104 deutlich geringeren Anforderungen sollen zu einer ebenfalls deutlich verringerten Vergütung führen. Das bedeutet nicht, daß man den Geltungsbereich dieser Sondervorschrift allzu weit ausdehnen darf. Eine genaue Protokollierung der tatsächlichen Terminsvorgänge liegt im allseitigen Interesse, § 160 II, IV 1 ZPO.

3   **3) Nur eine Partei oder ein Beteiligter erschienen oder vertreten.** Voraussetzung ist zunächst, daß in einem ordnungsgemäß anberaumten und aufgerufenen gerichtlichen Termin gerade auch zu einer mündlichen Verhandlung nur die von diesem verhandlungsbereiten Anwalt vertretene Partei oder der entsprechende Beteiligte persönlich erscheint oder eben ordnungsgemäß vertreten ist, während der Gegner gar nicht erscheint oder zB im Anwaltsprozeß oder -verfahren ohne einen ProzBev oder VerfBev auftritt. Der Bev des Erschienenen muß verhandlungsbereit anwesend sein und entsprechend auftreten. Die Säumigkeit eines Streitgenossen oder Streithelfers des einen oder anderen Beteiligten ist unerheblich.

    Auch § 345 ZPO gehört hierher. Denn in VV 3105 liegt der Ton nicht auf dem Wort „*eines*" (Termins), sondern auf dem dort sinngemäß zu ergänzenden weiteren Wort „solchen", so daß man lesen muß: „nur eines *solchen* Termins". Dann aber gehört auch der zweite Termin hierher, nämlich derjenige des § 345 ZPO, Nürnb MDR **08**, 1128, Hansens JB **04**, 251, aM BGH MDR **07**, 179 links, Köln JB **06**, 589, Mü AnwBl **06**, 286, LG Aachen NJW **06**, 1528.

    Eine ordnungsgemäße Vertretung *fehlt,* soweit der ProzBev oder VerfBev von vornherein oder auch nach einem bloßen Hinweis des Gerichts auf eine etwaige Erfolglosigkeit noch vor einer Antragstellung oder wenigstens Erörterung nun lediglich sogleich natürlich als „Flucht in die Säumnis" und damit auch zwecks einer Kostenersparnis für den Auftraggeber erklärt, er „trete nicht auf" oder „stelle keine Anträge", aM Kblz NJW **05**, 1955 (zustm Henke AnwBl **05**, 433), Onderka Festschrift für Madert (2006) 179, Schneider AnwBl **04**, 138 (aber solche Äußerung ist nun wirklich keine „Wahrnehmung", sondern allenfalls eine Zuschauer-Beobachtung des Ter-

Vergütungsverzeichnis **3105 VV**

mins). Auch ein Hinweis auf § 78 ZPO ohne eine Schlüssigkeitserörterung usw läßt VV 3105 bestehen und macht nicht VV 3104 anwendbar, Köln NJW **07**, 1694.

Nicht hierher zählt, der Fall, daß beide Parteien usw erscheinen, aber nicht verhandeln, auch wenn dann ein Versäumnisurteil oder ein Versäumnisbeschluß ergeht. Nicht hierher zählt ferner nach der amtlichen Anmerkung III der Fall des § 333 ZPO, daß also eine Partei usw zwar erscheint, aber nicht verhandelt, also keinen Sachantrag zB nach § 297 ZPO stellt. Dann gilt vielmehr VV 3104. Unanwendbar ist VV 3105 ferner auf einen vom beauftragten oder ersuchten Richter oder vom Sachverständigen anberaumten Termin oder Beweistermin sowie auf ein streitiges Endurteil im Kleinverfahren nach § 495 a S 1 ZPO, Düss JB **09**, 364.

4) Säumnisfolgen. Weitere Voraussetzung ist, daß infolge der Säumnis nach Rn 3 **4** wahlweise die eine oder die andere oder mehrere der nachfolgenden Situationen eintritt. Das alles gilt auch bei bloßer Teilsäumnis usw.

A. Entweder: Bloßer Antrag auf Versäumnisurteil oder -entscheidung **5** **oder zur Prozeß- oder Sachleitung.** Es reicht, daß der Erschienene durch seinen Bev zulässigerweise nur beantragt, gegen den Gegner ein Versäumnisurteil oder einen Versäumnisbeschluß oder eine bloße Entscheidung zur Prozeß- oder Sachleitung zu erlassen, oder daß der Bev nur einen Antrag zur Sach- oder Prozeßleitung stellt, etwa nach § 143 ZPO, § 113 I 2 FamFG, Hamm AnwBl **82**, 70, oder nach §§ 227, 246, 251 ZPO. Ist der Anwalt für einen Bekl tätig, geht es um ein Versäumnisurteil nach § 330 ZPO. Ist er für den Kläger tätig, geht es um seinen Antrag nach § 331 I 1 ZPO. Dieser Antrag lautet auf ein Versäumnisurteil. Ob das Gericht es dann auch antragsgemäß nach § 331 II Hs 1 ZPO erläßt oder ob es die Klage trotz der Säumnis des Bekl nach § 331 II Hs 2 ZPO abweist, ist in diesem Antragsfall für VV 3105 unerheblich. Ein Zweites Versäumnisurteil genügt, AG Kaiserl JB **05**, 475. In einer Ehesache ist ein Versäumnisbeschluß gegen den Antragsgegner nach § 130 II FamFG unzulässig. Im Verfahren der Sozial- oder Verwaltungsgerichtsbarkeit ist ein Versäumnisurteil unstatthaft.

Zur *Prozeß- und Sachleitung* zählen Anträge zB nach §§ 227, 246 ff, 251, 299 ZPO und zugehörige Gegenanträge, Hamm AnwBl **82**, 70.

Protokoll-Lücken lassen sich auf andere Weise schließen, Düss AnwBl **93**, 353, Ffm AnwBl **80**, 508.

Nicht hierher gehören zB: Die Antrags- oder Klagerücknahme; die Einwilligung zur Klagerücknahme nach § 269 II 1 ZPO, Kblz JB **75**, 1082; der Antrag nach § 331 a ZPO auf eine Entscheidung nach Lage der Akten. Nicht hierher gehört ferner eine Erörterung nach oder eines Teils der Klagansprüche. Insoweit kann eine volle Vergütung nach einem solchen Teilwert hinzutreten, BGH NJW **07**, 1692 (zustm Schneider), LAG Ffm NZA-RR **06**, 437.

B. Oder: Entscheidung nur zur Prozeß- oder Sachleitung, amtliche An- **6** **merkung I Z 1.** Es reicht auch statt Rn 5, daß das Gericht bei der Säumnis nur eine Entscheidung zur Sach- oder Prozeßleitung erläßt, etwa auf eine Verweisung oder Vertagung oder auf das Ruhen des Verfahrens nach § 251 a III ZPO oder auf einen Beweisbeschluß usw. Es ist dann unerheblich, ob die erschienene Partei durch ihren ProzBev einen wie immer gearteten Antrag gestellt oder ob das Gericht insoweit von Amts wegen entschieden hat. Maßgeblich, wie das Gericht entschieden *hat*, nicht, wie es hätte entscheiden sollen, dürfen oder müssen, Ffm MDR **82**, 765.

Der Fall I Z 1 entsteht aber natürlich *nicht*, wenn das Gericht bei einer beiderseitigen Säumnis eine Entscheidung nur zur Prozeß- oder Sachleitung trifft oder nach Lage der Akten gemäß § 251 a I ZPO entscheidet. Denn dann entsteht ja überhaupt keine Terminsgebühr, amtliche Vorbemerkung 3 III.

C. Oder: Schriftliches Urteil, § 331 III ZPO, amtliche Anmerkung I Z 2. **7** Das Gericht mag schließlich im schriftlichen Vorverfahren wegen des Ausbleibens einer Verteidigungsanzeige des Bekl nach § 276 I 1 ZPO auf einen Antrag des Klägers die Entscheidung ohne eine mündliche Verhandlung getroffen haben, also nicht irrig ohne ihn, Düss MDR **84**, 950, Oldb MDR **08**, 887, aM Jena Rpfleger **06**, 289, Kblz WoM **97**, 1566, Mü JB **07**, 589.

Dann kann nicht nur ein *Versäumnisurteil gegen den Beklagten* ergehen, sondern auch unter den Voraussetzungen des § 331 II Hs 2 ZPO (fehlende Schlüssigkeit der Klage) ein „unechtes Versäumnisurteil", also ein streitiges Endurteil, Düss MDR **84**, 950, BLAH § 331 ZPO Rn 24. Ein zu Unrecht ergangenes Urteil ist eine Entscheidung nach I Z 2, Mü JB **07**, 589.

Es kann also auch ein solches Urteil ergehen, das teilweise ein Versäumnisurteil, *teilweise* aber ein *unechtes Versäumnisurteil* ist. Z 2 erfaßt alle diese Fälle mit. Denn die Vorschrift setzt nur voraus, daß das Gericht nach § 331 III ZPO ohne eine mündliche Verhandlung „entschieden" hat. Auch ein unechtes Versäumnisurteil ist eine Entscheidung. Deshalb liegt beim unechten Versäumnisurteil auch keine Gesetzeslücke und daher kein Fall des VV 3104 amtliche Anmerkung I Z 1 vor, aM GS VV 3104 Rn 12.

Der Anwalt ist nach dem Eingang einer gegnerischen *Verteidigungsanzeige* nicht zur Zurücknahme des Antrags nach § 331 III ZPO verpflichtet, Stgt AnwBl **85**, 265.

8   **D. Oder: Einer der Fälle VV 3104 amtliche Anmerkung II.** Es reicht schließlich statt Rn 5–7, daß eine derjenigen Folgen eintritt, die VV 3104 amtliche Anmerkung I Z 1–3 behandelt. Das ergibt sich aus der Verweisung in VV 3105 amtliche Anmerkung II, AG Cloppenb JB **07**, 79 (abl Enders 57). Vgl im einzelnen bei VV 3104 Rn 15–32.

9   **5) Gebührenhöhe.** Es entsteht eine 0,5 Gebühr. Eine Säumnis kann für den Auftraggeber kostengünstiger als ein Anerkenntnis sein, König NJW **05**, 1243. Es kann aber auch umgekehrt sein, Schroeder/Riechert NJW **05**, 2187.

10   **6) Gegenstandswert.** Er richtet sich gemäß § 23 nach dem Streitwert der Hauptsache, Ffm JB **82**, 1199, LG Düss JB **94**, 158.

Nr.	Gebührentatbestand	Gebühr oder Satz der Gebühr nach § 13 RVG
3106	Terminsgebühr in Verfahren vor den Sozialgerichten, in denen Betragsrahmengebühren entstehen (§ 3 RVG)	20,00 bis 380,00 EUR
	Die Gebühr entsteht auch, wenn 1. in einem Verfahren, für das mündliche Verhandlung vorgeschrieben ist, im Einverständnis mit den Parteien ohne mündliche Verhandlung entschieden wird, 2. nach § 105 Abs. 1 SGG ohne mündliche Verhandlung durch Gerichtsbescheid entschieden wird oder 3. das Verfahren nach angenommenem Anerkenntnis ohne mündliche Verhandlung endet.	

1   **1) Geltungsbereich.** Die an sich auch vor den Sozialgerichten nach VV 3104 geregelte Terminsvertretung erfordert in den Fällen einer Betragsrahmengebühr nach § 3 auch hier eine Sonderregelung. Wegen der amtlichen Anmerkung Z 1–3 gilt dasselbe wie bei VV 3104 amtliche Anmerkung I Z –3. Es reicht daher, daß das Gericht im Einverständnis der Parteien nach § 124 II SGG ohne einen Termin durch ein Urteil entscheidet oder daß ohne eine mündliche Verhandlung nach § 105 SGG ein Gerichtsbescheid ergeht oder daß das Verfahren nach § 101 II SGG nach einem vom Kläger angenommenen Anerkenntnis oder Teilanerkenntis des Bekl ohne eine mündliche Verhandlung endet, SG Aachen AnwBl **05**, 722 links und rechts, SG Kblz JB **09**, 311, SG Trier JB **08**, 87. Auch ein stillschweigendes Anerkenntnis reicht, SG Hildesh AnwBl **06**, 588 (Abhilfebescheid). Auch ein gerichtskostenfreies sozialgerichtliches Verfahren kann eine Terminsgebühr auslösen, SG Mannh RR **09**, 573.

Keine Terminsgebühr entsteht im Beschlußverfahren ohne mündliche Verhandlung nach § 86b IV SGG, LSG Essen JB **09**, 480.

2   **2) Gebührenhöhe.** § 14 ist anwendbar. Die Mittelgebühr beträgt 200 EUR. Das Haftungsrisiko kann eine Erhöhung auf 290 EUR rechtfertigen, Klier NZS **04**, 473.

Vergütungsverzeichnis **Vorbem 3.2 VV**

Abschnitt 2. Berufung, Revision, bestimmte Beschwerden und Verfahren vor dem Finanzgericht

(Amtliche) Vorbemerkung 3.2: Fassung 1. 9. 2009:

¹ Dieser Abschnitt ist auch in Verfahren vor dem Rechtsmittelgericht über die Zulassung des Rechtsmittels anzuwenden.

II ¹ Wenn im Verfahren über einen Antrag auf Anordnung, Abänderung oder Aufhebung eines Arrests oder einer einstweiligen Verfügung das Berufungsgericht als Gericht der Hauptsache anzusehen ist (§ 943 ZPO), bestimmen sich die Gebühren nach Abschnitt 1. ² Dies gilt entsprechend im Verfahren der einstweiligen Anordnung und im Verfahren vor den Gerichten der Verwaltungs- und Sozialgerichtsbarkeit auf Anordnung oder Wiederherstellung der aufschiebenden Wirkung, auf Aussetzung oder Aufhebung der Vollziehung oder Anordnung der sofortigen Vollziehung eines Verwaltungsakts. ³ Satz 1 gilt ferner entsprechend in Verfahren über einen Antrag nach § 115 Abs. 2 Satz 2 und 3, § 118 Abs. 1 Satz 3 oder nach § 121 GWB.

Vorbem. Zunächst II 3 angefügt dch Art 20 Z 7f des 2. JuMoG v 22. 12. 06, BGBl 3416, in Kraft seit 31. 12. 06, Art 28 I des 2. JuMoG, Übergangsrecht § 60 RVG. Sodann II 2 sprachlich umgestellt dch Art 47 VI Z 19j FGG-RG v 17. 12. 08, BGBl 2586, in Kraft seit 1. 9. 09, Art 112 I Hs 1 FGG-RG, Übergangsrecht Art 111 FGG-RG, Grdz 2 vor § 1 FamGKG, Teil I B dieses Buchs.

Bisherige Fassung II 2: ²**Dies gilt entsprechend im Verfahren vor den Gerichten der Verwaltungs- und Sozialgerichtsbarkeit auf Anordnung oder Wiederherstellung der aufschiebenden Wirkung, auf Aussetzung oder Aufhebung der Vollziehung oder Anordnung der sofortigen Vollziehung eines Verwaltungsakts und in Verfahren auf Erlass einer einstweiligen Anordnung.**

1) Geltungsbereich, I, II. Die Vorschrift erfaßt in *I* nur dasjenige Zulassungsverfahren, das von vornherein gerade beim Rechtsmittelgericht abläuft, also nach § 566 II 1, V ZPO (Sprungrevision), § 78 IV AsylVfG, § 124a VwGO.

I erfaßt *nicht* dasjenige Zulassungsverfahren, in dem zunächst noch der Vorderrichter entscheidet, also nach § 544 ZPO, § 115 III FGO, § 106a SGG, § 133 VwGO.

II 3 erfaßt die zuvor in VV 3300, 3301 geregelten vier Bereiche im gerichtlichen Eilverfahren eines Vergabeverfahrens nach §§ 107 ff GWB.

A. Wiederherstellung des Zuschlags, § 115 II 2 GWB. Im Vergabeverfahren kann das Beschwerdegericht auf einen Antrag ein Verbot des Zuschlags nach § 115 I, II 2 GWB wiederherstellen. Einen bereits erteilten Zuschlag darf das Beschwerdegericht freilich nach § 115 II 2 Hs 2 in Verbindung mit § 114 I 2 GWB nicht aufheben.

B. Gestattung sofortigen Zuschlags, § 115 II 3 GWB. Wenn die Vergabekammer den Zuschlag nicht gestattet hat, darf das Beschwerdegericht auf einen Antrag des Auftraggebers unter den Voraussetzungen des § 115 II 1 GWB (Überwiegen eines Allgemeininteresses) nach § 115 II 3 GWB den sofortigen Zuschlag gestatten.

C. Verlängerung der aufschiebenden Wirkung, § 118 I 3 GWB. Hat die Vergabekammer den Antrag auf eine Nachprüfung abgelehnt, darf das Beschwerdegericht auf einen Antrag des Beschwerdeführers die aufschiebende Wirkung bis zur Entscheidung über die sofortige Beschwerde verlängern, § 118 I 3 GWB. KG AnwBl 05, 367 kürzt (zum alten Recht) mithilfe einer sog teleologischen Reduktion von 2,3 auf 0,7 Gebühr (krit Schons).

D. Vorabentscheidung über den Zuschlag, § 121 GWB. Auf einen Antrag des Auftraggebers darf das Gericht unter einer Berücksichtigung der Erfolgsaussichten der sofortigen Beschwerde den weiteren Fortgang des Vergabeverfahrens und den Zuschlag gestatten, § 121 GWB.

1791

VV Vorbem 3.2.1

Unterabschnitt 1. Berufung, bestimmte Beschwerden und Verfahren vor dem Finanzgericht

(Amtliche) Vorbemerkung 3.2.1: Fassung 1. 9. 2009:
Dieser Unterabschnitt ist auch anzuwenden
1. in Verfahren vor dem Finanzgericht,
2. in Verfahren über Beschwerden gegen
   a) die den Rechtszug beendenden Entscheidungen in Verfahren über Anträge auf Vollstreckbarerklärung ausländischer Titel oder auf Erteilung der Vollstreckungsklausel zu ausländischen Titeln sowie Anträge auf Aufhebung oder Abänderung der Vollstreckbarerklärung oder der Vollstreckungsklausel,
   b) die Endentscheidung in Familiensachen und
   c) die Endentscheidung in Verfahren nach dem Gesetz über das gerichtliche Verfahren in Landwirtschaftssachen,
3. in Verfahren über Beschwerden oder Rechtsbeschwerden gegen die den Rechtszug beendenden Entscheidungen in Beschlussverfahren vor den Gerichten für Arbeitssachen,
4. in Beschwerde- und Rechtsbeschwerdeverfahren nach dem GWB, in Beschwerdeverfahren nach dem WpÜG, in Beschwerdeverfahren nach dem WpHG,
7. in Rechtsbeschwerdeverfahren nach dem StVollzG, auch i. V. m. § 92 JGG,
8. im Beschwerde- und Rechtsbeschwerdeverfahren nach dem EnWG,
9. in Beschwerde- und Rechtsbeschwerdeverfahren nach dem VSchDG.

Vorbem. Zunächst Z 9 angefügt dch Art 3 XXXXIV G v 7. 7. 05, BGBl 1790, in Kraft seit 13. 7. 05, Art 5 I G. Dabei hat der Gesetzgeber irrig die Anfügung als Z 8 (statt 9) bezeichnet. Sodann Z 10 angefügt durch Art 8 VSchDG v 21. 12. 06, BGBl 3367, in Kraft seit 29. 12. 06, Art 9 VSchDG. Weiterhin V I Z 2c gestrichen, dadch d, e zu c, d dch Art 3 III Z 2 G v 26. 3. 07, BGBl 370, in Kraft seit 1. 7. 07, Art 4 S 2 G. Ferner I Z 8 ergänzt dch Art 5 Z 3 G v 13. 12. 07, BGBl 2894, in Kraft seit 1. 1. 08, Art 7 G. Übergangsrecht jeweils § 60 RVG. Schließlich früherer I Z 2, 3 geändert, Z 7 aufgehoben, daher Umnumerierung der früheren Z 8–10, II aufgehoben dch Art 47 IV Z 19k FGG-RG v 17. 12. 08, BGBl 2586, in Kraft seit 1. 9. 09, Art 112 I Hs 1 FGG-RG, Übergangsrecht Art 111 FGG-RG, Grdz 2 vor § 1 FamGKG, Teil I B dieses Buchs.

Bisherige Fassung I: [1] Dieser Unterabschnitt ist auch anzuwenden
1. in Verfahren vor dem Finanzgericht,
2. in Verfahren über Beschwerden oder Rechtsbeschwerden gegen die den Rechtszug beendenden Entscheidungen
   a) in Familiensachen,
   b) in Lebenspartnerschaftssachen,
   c) in Verfahren nach dem Gesetz über das gerichtliche Verfahren in Landwirtschaftssachen und
   d) im Beschlussverfahren vor den Gerichten für Arbeitssachen,
3. in Beschwerde- und Rechtsbeschwerdeverfahren gegen den Rechtszug beendende Entscheidungen über Anträge auf Vollstreckbarerklärung ausländischer Titel oder auf Erteilung der Vollstreckungsklausel zu ausländischen Titeln sowie Anträge auf Aufhebung oder Abänderung der Vollstreckbarerklärung oder der Vollstreckungsklausel,
4. in Beschwerde- und Rechtsbeschwerdeverfahren nach dem GWB, in Beschwerdeverfahren nach dem WpÜG, in Beschwerdeverfahren nach dem WpHG,
7. in Verfahren vor dem Bundesgerichtshof über die Beschwerde oder Rechtsbeschwerde gegen Entscheidungen des Bundespatentgerichts,
8. in Rechtsbeschwerdeverfahren nach dem StVollzG, auch i. V. m. § 92 JGG,
9. im Beschwerde- und Rechtsbeschwerdeverfahren nach dem EnWG,
10. in Beschwerde- und Rechtsbeschwerdeverfahren nach dem VSchDG.

Vergütungsverzeichnis   **Vorbem 3.2.1, 3200, 3201 VV**

1) Geltungsbereich, I, II. Aus den Überschriften des Abschnitts 2 und vor der 1
amtlichen Vorbemerkung 3.2.1 ergibt sich: Z 1 erfaßt schon das erstinstanzliche Verfahren vor dem FG. Das ist eine Folge des Umstands, daß das FG einem Rechtsmittelgericht ähnlich ist und daß es im finanzgerichtlichen Verfahren nur eine einzige Tatsacheninstanz gibt.

Nr.	Gebührentatbestand	Gebühr oder Satz der Gebühr nach § 13 RVG
3200	Verfahrensgebühr, soweit in Nummer 3204 nichts anderes bestimmt ist	1,6

Schrifttum: *Schneider* MDR 05, 254 (Rechenbeispiele).

1) Systematik. Es gelten zunächst die umfangreichen Vorschriften der amtlichen 1
Vorbemerkung 3.2.1. Sodann gelten dieselben Regeln wie bei VV 3100. VV 3201 ist vorrangig. VV 3204 hat nochmals den Vorrang, VV 3500 hat einen Nachrang.

2) Regelungszweck. Es gelten dieselben Erwägungen wie bei VV 3100. Die ge- 2
genüber jener Vorschrift erhöhte Gebühr trägt der oft erhöhten Verantwortung des Anwalts im Berufungs- oder Beschwerde- oder Rechtsbeschwerdeverfahren Geltung.

3) Geltungsbereich. Neben den in der Überschrift des Unterabschnitts 1 ge- 3
nannten Verfahren gilt VV 3200 auch nach der amtlichen Vorbemerkung 3.2.1 in den zahlreichen dort aufgeführten Verfahren vorwiegend der Beschwerde oder Rechtsbeschwerde. Die Vorschrift gilt zB für den Antrag auf eine Verwerfung oder Zurückweisung des Rechtsmittels, BGH FamRZ 09, 1047, Stgt JB 05, 367. Die Aufzählung dieser Vorbemerkung zeigt aber auch einen abschließenden Charakter, Mü JB 06, 313. Das muß man mitbeachten.

4) Gebührenhöhe. Es entsteht eine 1,6 Gebühr. Sie kann sich nach VV 3201 ver- 4
ringern.

5) Gegenstandswert. Es gelten §§ 23 ff. Bei einer nachträglichen Rechtsmittelbe- 5
schränkung bleibt der Wert für eine vor ihr erfolgte Tätigkeit des Rechtsmittelgegners unverändert.

6) Kostenerstattung. Es gelten §§ 91 ff ZPO, insbesondere § 97 ZPO usw. Wen 6
der Gegner mit einem Rechtsmittel überzogen hat, der darf grundsätzlich ohne weiteres und sofort einen Anwalt mit der erstattungsfähigen Wahrnehmung seiner Interessen beauftragen, Düss FamRZ 10, 63, Karlsr FamRZ 10, 61, Naumb FamRZ 10, 63, aM BAG NJW 03, 3796, Mü RR 09, 862, LAG Düss MDR 06, 659 (aber das Prozeßrechtsverhältnis schafft auch Rechte der Verteidigung). Deshalb ist VV 3201 für den Rechtsmittelgegner selbst dann erstattungsfähig, wenn das Rechtsmittel nur zur Fristwahrung erfolgt war, BGH NJW 03, 756, Kblz JB 07, 89 rechts, Schlesw MDR 99, 381, aM Bbg JB 88, 1005, Brschw JB 98, 35, Drsd MDR 98, 1309. Auch der Antrag auf eine Rechtsmittelzurückweisung ist schon vor der Rechtsmittelbegründung erstattungsfähig, BGH (12. ZS) FamRZ 09, 1047, Stgt JB 07, 209, aM BGH (6. ZS) NJW 07, 3723, KG Rpfleger 05, 632, VG Oldb NVwZ-RR 08, 656. Die Verfahrensgebühr bleibt trotz eines Sachvortrags erst nach einer Ankündigung nach § 522 II ZPO bestehen, Kblz Rpfleger 07, 115. Erst recht besteht eine Erstattbarkeit, wenn der Gegner sein Rechtsmittel zurückgenommen hat, BGH Rpfleger 09, 591, Oldb JB 07, 209, aM Bre FamRZ 10, 62, Köln JB 09, 646. Die Erstattbarkeit besteht auch dann, wenn der Verwerfungsantrag sogleich nach dem Ablauf der Berufungsbegründungsfrist erfolgte, KG Rpfleger 08, 537.

Nr.	Gebührentatbestand	Gebühr oder Satz der Gebühr nach § 13 RVG
3201	Vorzeitige Beendigung des Auftrags: Die Gebühr 3200 beträgt	1,1

VV 3201 — Vergütungsverzeichnis

Nr.	Gebührentatbestand	Gebühr oder Satz der Gebühr nach § 13 RVG
	Fassung 1. 9. 2009: [1] Die Gebühr entsteht auch, 1. wenn der Auftrag endigt, bevor der Rechtsanwalt das Rechtsmittel eingelegt oder einen Schriftsatz, der Sachanträge, Sachvortrag, die Zurücknahme der Klage oder die Zurücknahme des Rechtsmittels enthält, eingereicht oder bevor er einen gerichtlichen Termin wahrgenommen hat, oder 2. soweit lediglich beantragt ist, eine Einigung der Parteien oder der Beteiligten oder mit Dritten über in diesem Verfahren nicht rechtshängige Ansprüche zu Protokoll zu nehmen oder festzustellen (§ 278 Abs. 6 ZPO), oder soweit lediglich Verhandlungen zur Einigung über solche Ansprüche geführt werden. [2] Soweit in den Fällen der Nummer 2 der sich nach § 15 Abs. 3 RVG ergebende Gesamtbetrag der Verfahrensgebühren die Gebühr 3200 übersteigt, wird der übersteigende Betrag auf eine Verfahrensgebühr angerechnet, die wegen desselben Gegenstands in einer anderen Angelegenheit entsteht.	

Vorbem. Amtliche Anmerkung S 1 Z 1, 2 angepaßt dch Art 47 VI Z 191 FGG-RG v 17. 12. 08, BGBl 2586, in Kraft seit 1. 9. 09, Art 112 I Hs 1 FGG-RG, Übergangsrecht Art 111 FGG-RG, Grdz 2 vor § 1 FamGKG, Teil I B dieses Buchs.

Nr.	Gebührentatbestand	Gebühr oder Satz der Gebühr nach § 13 RVG
	Bisherige Fassung der amtl Anm S 1 Z 1, 2: [1] Die Gebühr entsteht auch, 1. wenn der Auftrag endigt, bevor der Rechtsanwalt das Rechtsmittel eingelegt oder einen Schriftsatz, der Sachanträge, Sachvortrag, die Zurücknahme der Klage oder die Zurücknahme des Rechtsmittels enthält, eingereicht oder bevor er für seine Partei einen gerichtlichen Termin wahrgenommen hat, oder 2. soweit lediglich beantragt ist, eine Einigung der Parteien oder mit Dritten über in diesem Verfahren nicht rechtshängige Ansprüche zu Protokoll zu nehmen oder festzustellen (§ 278 Abs. 6 ZPO), oder soweit lediglich Verhandlungen zur Einigung über solche Ansprüche geführt werden.	

1 **1) Geltungsbereich.** Die gegenüber VV 3200 vorrangige Sondervorschrift gilt in den in ihrer amtlichen Anmerkung genannten, abschließend aufgezählten Fällen. Diese entsprechen weitgehend den in VV 3101 Z 1–3 geregelten Situationen, Bre MDR **09**, 56, KG Rpfleger **09**, 52 rechts. Es genügt eine auftragsgemäße Entgegennahme der Information ohne ein Tätigwerden nach außen, KG JB **09**, 261, Kblz FamRZ **08**, 1018 (je: der Anwalt kann den Auftrag schon erstinstanzlich erhalten haben), Mü RR **06**, 503. Erst recht reichten zB eine Prüfung, ob der Anwalt noch etwas veranlassen muß, KG JB **09**, 261, oder seine Bitte an den Anwalt des Gegners, sich noch nicht beim Rechtsmittelgericht zu bestellen, KG JB **05**, 418. Sie kann aber durch den Entschluß wegfallen, die Berufung doch noch bei einer Bewilligung von Prozeßkostenhilfe durchzuführen, Oldb FamRZ **08**, 914. Ein Zurückweisungsantrag vor der Zustellung der gegnerischen Rechtsmittelbegründung reicht, BGH FamRZ **07**, 1734. Zur Beschwerde Köln FGPrax **07**, 215. § 19 I setzt Grenzen, Karls FamRZ **09**, 2026.

2 **2) Gebührenhöhe.** Es entsteht eine 1,1 Gebühr. Sie kann nach der amtlichen Anmerkung S 2 unter deren Voraussetzungen anrechenbar sein.

Vergütungsverzeichnis **3201–3203 VV**

3) **Gegenstandswert.** Es gelten §§ 23 ff.   3

4) **Kostenerstattung.** Es gelten §§ 91 ff ZPO, KG MDR **08**, 113, Karlsr JB **08**,   4
540, Zweibr Rpfleger **07**, 227, insbesondere § 97 ZPO usw. Das setzt natürlich voraus, daß der Anwalt auftragsgemäß handelte, Kblz JB **07**, 89 links.

Nr.	Gebührentatbestand	Gebühr oder Satz der Gebühr nach § 13 RVG
3202	Terminsgebühr, soweit in Nummer 3205 nichts anderes bestimmt ist .... ¹ Die Anmerkung zu Nummer 3104 gilt entsprechend. ᴵᴵ Die Gebühr entsteht auch, wenn nach § 79a Abs. 2, §§ 90a, 94a FGO oder § 130a VwGO ohne mündliche Verhandlung entschieden wird.	1,2

Vorbem. Amtliche Anmerkung II idF Art 20 Z 7 g des 2. JuMoG v 22. 12. 06, BGBl 3416, in Kraft seit 31. 12. 06, Art 28 I des 2. JuMOG, Übergangsrecht § 60 RVG.

1) **Geltungsbereich.** Es gelten dieselben Erwägungen wie bei VV 3104 einschließlich der dortigen amtlichen Anmerkung, auf die VV 3202 amtliche Anmerkung verweist. Die Regelung gilt nach der amtlichen Anmerkung I in Verbindung mit VV 3104 amtliche Anmerkung I Z 2 auch, wenn im Sozialgerichtsverfahren nach § 105 I SGG oder im verwaltungsgerichtlichen Verfahren nach § 130a S 2 VwGO in Verbindung mit § 125 II 3 VwGO eine Zurückweisung der Berufung ohne eine mündliche Verhandlung durch einen Beschluß erfolgt. BGH NJW **07**, 2644 (abl Schons AnwBl **07**, 632) versagt die Terminsgebühr bei § 522 II ZPO.   1
Unanwendbar ist die amtliche Anmerkung I in Verbindung mit VV 3104 amtliche Anmerkung I Z 1 auf eine Beschlußverwerfung nach § 822 I, II ZPO.

2) **Gebührenhöhe.** Soweit nicht der ausdrücklich als vorrangige Regelung bezeichnete Betragsrahmen VV 3205 gilt, entsteht eine 1,2 Gebühr.   2

3) **Gegenstandswert.** Es gelten §§ 23 ff.   3

4) **Kostenerstattung.** Es gelten §§ 91 ff ZPO, insbesondere § 97 ZPO usw.   4
§§ 103 ff ZPO sind anwendbar, BGH NJW **08**, 2993.

Nr.	Gebührentatbestand	Gebühr oder Satz der Gebühr nach § 13 RVG
3203	*Fassung 1. 9. 2009:* **Wahrnehmung nur eines Termins, in dem eine Partei oder ein Beteiligter, im Berufungsverfahren der Berufungskläger, im Beschwerdeverfahren der Beschwerdeführer, nicht erschienen oder nicht ordnungsgemäß vertreten ist und lediglich ein Antrag auf Versäumnisurteil, Versäumnisentscheidung oder zur Prozess- oder Sachleitung gestellt wird:** **Die Gebühr 3202 beträgt** .... Die Anmerkung zu Nummer 3105 und Absatz 2 der Anmerkung zu Nummer 3202 gelten entsprechend.	0,5

Vorbem. Haupttext erweitert dch Art 47 VI Z 19 m FGG-RG v 17. 12. 08, BGBl 2586, in Kraft seit 1. 9. 09, Art 112 I Hs 1 FGG-RG, Übergangsrecht Art 111 FGG-RG, Grdz 2 vor § 1 FamGKG, Teil I B dieses Buchs.

Nr.	Gebührentatbestand	Gebühr oder Satz der Gebühr nach § 13 RVG
3203	*Bisherige Fassung:* **Wahrnehmung nur eines Termins, in dem eine Partei, im Berufungsverfahren der Beru-**	

VV 3203–3205, Vorbem 3.2.2   Vergütungsverzeichnis

Nr.	Gebührentatbestand	Gebühr oder Satz der Gebühr nach § 13 RVG
	fungskläger, nicht erschienen oder nicht ordnungsgemäß vertreten ist und lediglich ein Antrag auf Versäumnisurteil oder zur Prozess- oder Sachleitung gestellt wird: Die Gebühr 3202 beträgt	0,5

1   **1) Geltungsbereich.** Es gelten dieselben Erwägungen wie bei VV 3105 einschließlich dessen amtlicher Anmerkung, auf die VV 3203 amtliche Anmerkung verweist. Die Regelung gilt auch beim Anschlußrechtsmittel*kläger*: *Unanwendbar* ist VV 3203 bei einer Säumnis des Rechtsmittels*bekl*.
2   **2) Gebührenhöhe.** Es entsteht eine 0,5 Gebühr.
3   **3) Gegenstandswert.** Es gelten §§ 23 ff.
4   **4) Kostenerstattung.** Es gelten §§ 91 ff ZPO, insbesondere § 97 ZPO usw.

Nr.	Gebührentatbestand	Gebühr oder Satz der Gebühr nach § 13 RVG
3204	Verfahrensgebühr für Verfahren vor den Landessozialgerichten, in denen Betragsrahmengebühren entstehen (§ 3 RVG)	50,00 bis 570,00 EUR
3205	Terminsgebühr in Verfahren vor den Landessozialgerichten, in denen Betragsrahmengebühren entstehen (§ 3 RVG) .... Die Anmerkung zu Nummer 3106 gilt entsprechend.	20,00 bis 380,00 EUR

Zu VV 3204, 3205:

1   **1) Geltungsbereich.** Es gelten dieselben Erwägungen wie bei VV 3102, 3106. Die Verweisung in der amtlichen Anmerkung auf diejenige zu VV 3106 ist wegen deren Z 2 wegen § 153 I SGG gegenstandslos.
2   **2) Gebührenhöhe.** § 14 ist anwendbar. Im Normalfall ist die Mittelgebühr angemessen, BSG AnwBl **84**, 565, SG Augsb AnwBl **82**, 395, SG Stgt AnwBl **84**, 569. Die Mittelgebühren betragen bei VV 3204 = 310 EUR, bei VV 3205 = 200 EUR. Das jeweilige Haftungsrisiko kann eine Erhöhung bei VV 3204 auf 440 EUR und bei VV 3205 auf 290 EUR rechtfertigen, Klier NZS **04**, 473.

Fassung 1. 9. 2009: **Unterabschnitt 2. Revision, bestimmte Beschwerden und Rechtsbeschwerden**

(Amtliche) Vorbemerkung 3.2.2:
Dieser Unterabschnitt ist auch anzuwenden
1. in Verfahren über Rechtsbeschwerden
    a) in Verfahren über Anträge auf Vollstreckbarerklärung ausländischer Titel oder auf Erteilung der Vollstreckungsklausel zu ausländischen Titeln sowie Anträge auf Aufhebung oder Abänderung der Vollstreckbarerklärung oder der Vollstreckungsklausel,
    b) in Familiensachen,
    c) in Verfahren nach dem Gesetz über das gerichtliche Verfahren in Landwirtschaftssachen,
    d) nach dem WpÜG und
    e) nach § 15 KapMuG sowie

Vergütungsverzeichnis   **Vorbem 3.2.2, 3206–3209 VV**

2. in Verfahren vor dem Bundesgerichtshof über die Beschwerde oder Rechtsbeschwerde gegen Entscheidungen des Bundespatentgerichts.

Vorbem. Zunächst Fassg Art 6 Z 4 G v 16. 8. 05, BGBl 2437, in Kraft seit 1. 11. 05, Art 9 I 2 G, außer Kraft am 1. 11. 10, Art 9 II Hs 2 G, Übergangsrecht § 60 RVG. Sodann Neufassg dch Art 47 Z 19 n, o FGG-RG v 17. 12. 08, BGBl 2586, in Kraft seit 1. 9. 09, Art 112 I Hs 1 FGG-RG, Übergangsrecht Art 111 FGG-RG, Grdz 2 vor § 1 FamGKG Teil I B dieses Buchs. 1

Bisherige Fassung der Überschrift und der amtl Vorbem:
Unterabschnitt 2. Revision

(Amtliche) Vorbemerkung 3.2.2:
Dieser Unterabschnitt ist auch anzuwenden
1. in den in Vorbemerkung 3.2.1 Abs. 1 genannten Verfahren, wenn sich die Parteien nur durch einen beim Bundesgerichtshof zugelassenen Rechtsanwalt vertreten lassen können,
2. in Verfahren über die Rechtsbeschwerde nach § 15 des Kapitalanleger-Musterverfahrensgesetzes.

Nr.	Gebührentatbestand	Gebühr oder Satz der Gebühr nach § 13 RVG
3206	Verfahrensgebühr, soweit in Nummer 3212 nichts anderes bestimmt ist	1,6

1) **Geltungsbereich.** Es gelten dieselben Erwägungen wie erstinstanzlich bei VV 3100. 1

2) **Gebührenhöhe.** Zunächst muß man VV 3208 beachten. Mangels dessen Anwendbarkeit entsteht eine 1,6 Gebühr. 2

3) **Gegenstandswert.** Es gelten §§ 23 ff. Wenn eine unselbständige Anschlußrevision infolge einer Zurücknahme oder Verwerfung der Revision als unzulässig wirkungslos wird, muß man ihren Wert demjenigen der Revision hinzurechnen, BGH 72, 339. 3

4) **Kostenerstattung.** Es gelten §§ 91 ff ZPO, insbesondere § 97 ZPO usw. 4

Nr.	Gebührentatbestand	Gebühr oder Satz der Gebühr nach § 13 RVG
3207	**Vorzeitige Beendigung des Auftrags:** Die Gebühr 3206 beträgt .... Die Anmerkung zu Nummer 3201 gilt entsprechend.	1,1
3208	*Fassung 1. 9. 2009:* **Im Verfahren oder die Beteiligten können sich die Parteien oder die Beteiligten nur durch einen beim Bundesgerichtshof zugelassenen Rechtsanwalt vertreten lassen:** Die Gebühr 3206 beträgt	2,3
3209	*Fassung 1. 9. 2009:* **Vorzeitige Beendigung des Auftrags, wenn sich die Parteien oder die Beteiligten nur durch einen beim Bundesgerichtshof zugelassenen Rechtsanwalt vertreten lassen können:** Die Gebühr 3206 beträgt .... Die Anmerkung zu Nummer 3201 gilt entsprechend.	1,8

Zu VV 3207–3209:

Vorbem. VV 3208, 3209 sprachlich angepaßt dch Art 47 VI Z 19 p FGG-RG v 17. 12. 08, BGBl 2586, in Kraft seit 1. 9. 09, Art 112 I Hs 1 FGG-RG, Übergangsrecht Art 111 FGG-RG, Grdz 2 vor §1 FamGKG, Teil I B dieses Buchs.

VV 3208–3211

Nr.	Gebührentatbestand	Gebühr oder Satz der Gebühr nach § 13 RVG
3208	*Bisherige Fassungen VV 3208, 3209:* **Im Verfahren können sich die Parteien nur durch einen beim Bundesgerichtshof zugelassenen Rechtsanwalt vertreten lassen: Die Gebühr 3206 beträgt**	2,3
3209	**Vorzeitige Beendigung des Auftrags, wenn sich die Parteien nur durch einen beim Bundesgerichtshof zugelassenen Rechtsanwalt vertreten lassen können: Die Gebühr 3206 beträgt**	1,8
	Die Anmerkung zu Nummer 3201 gilt entsprechend.	

1 **1) Systematik.** Es handelt sich um vorrangige Sondervorschriften gegenüber VV 3206. Dabei haben VV 3208 den Vorrang vor VV 3206, VV 3209 einen Vorrang vor VV 3206 und 3207. Noch spezieller ist VV 3212.

2 **2) Regelungszweck.** Es gelten bei VV 3207, 3209 dieselben Erwägungen wie bei VV 3201 und bei VV 3208 dieselben Erwägungen wie bei VV 3206. Die höheren Gebühren bei einer notwendigen Vertretung durch einen BGH-Anwalt rechtfertigen sich aus der besonderen Verantwortung und dem besonderen Ansehen dieser Anwaltsgruppe, Karlsr JB **99**, 86.

3 **3) Geltungsbereich.** Die Vorschriften gelten auch im Verfahren über eine unzulässige Revision und im Verfahren auf die Zulassung einer Sprungrevision, § 16 Z 11, oder Sprungrechtsbeschwerde. Sie gelten über den Revisionsbereich hinaus auch direkt für die zahlreichen Beschwerde- oder Rechtsbeschwerdeverfahren nach der amtlichen Vorbemerkung 3.2.1 I, II. Das ergibt sich aus der Verweisung in der amtlichen Vorbemerkung 3.2.2.

Unanwendbar sind VV 3207–3209 bei einer Nichtzulassungsbeschwerde mit Ausnahme des Falls einer Sprungrevision.

4 **4) Vorzeitige Verfahrensbeendigung, VV 3207, 3209.** Es gelten entsprechend dieselben Regeln wie bei VV 3201 amtliche Anmerkung. Das ergeben die Verweisungen in VV 3207 und 3209 jeweils amtliche Anmerkung.

5 **5) Gebührenhöhen.** Es gelten die jeweils in der Gebührenspalte genannten Satzrahmengebühren.

6 **6) Gegenstandswert.** Es gelten §§ 23 ff.

7 **7) Kostenerstattung.** Es gelten §§ 91 ff, insbesondere § 97 ZPO usw.

Nr.	Gebührentatbestand	Gebühr oder Satz der Gebühr nach § 13 RVG
3210	**Terminsgebühr, soweit in Nummer 3213 nichts anderes bestimmt ist**	1,5
	Die Anmerkung zu Nummer 3104 gilt entsprechend.	
3211	*Fassung 1. 9. 2009:* **Wahrnehmung nur eines Termins, in dem der Revisionskläger oder Beschwerdeführer nicht ordnungsgemäß vertreten ist und lediglich ein Antrag auf Versäumnisurteil, Versäumnisentscheidung oder zur Prozess- oder Sachleitung gestellt wird: Die Gebühr 3210 beträgt**	0,8
	Die Anmerkung zu Nummer 3105 und Absatz 2 der Anmerkung zu Nummer 3202 gelten entsprechend.	

Zu VV 3210, 3211:

Vorbem. VV 3211 sprachlich angepaßt dch Art 47 VI Z 19q FGG-RG v 17. 12. 08, BGBl 2586, in Kraft seit 1. 9. 09, Art 112 I Hs 1 FGG-RG, Übergangsrecht Art 111 FGG-RG, Grdz 2 vor § 1 FamGKG, Teil I B dieses Buchs.

Nr.	Gebührentatbestand	Gebühr oder Satz der Gebühr nach § 13 RVG
3211	*Bisherige Fassung VV 3211:* **Wahrnehmung nur eines Termins, in dem der Revisionskläger nicht ordnungsgemäß vertreten ist und lediglich ein Antrag auf Versäumnisurteil oder zur Prozess- oder Sachleitung gestellt wird:** Die Gebühr 3210 beträgt	0,8

1) **Geltungsbereich.** Es gelten dieselben Erwägungen wie bei VV 3202, 3203 mit ihren Verweisungen auf VV 3104 amtliche Anmerkung und auf VV 3105 amtliche Anmerkung. Infolge dieser ersteren Verweisung entsteht die volle Terminsgebühr auch im Revisionsverfahren oder Rechtsbeschwerdeverfahren ohne eine mündliche Verhandlung nach §§ 128, 555 ZPO, §§ 70ff FamFG, §§ 90, 121 FGO, §§ 124 II, 153 I, 165 SGG, §§ 101 II, 125 I, 141 VwGO. Das gilt freilich nicht, soweit der BGH die Revision oder Rechtsbeschwerde durch einen Beschluß als unzulässig verwirft.

2) **Gebührenhöhe.** Es entstehen die in den Gebührenspalten genannten Satzrahmengebühren.

Nr.	Gebührentatbestand	Gebühr oder Satz der Gebühr nach § 13 RVG
3212	Verfahrensgebühr für Verfahren vor dem Bundessozialgericht, in denen Betragsrahmengebühren entstehen (§ 3 RVG)	80,00 bis 800,00 EUR
3213	Terminsgebühr in Verfahren vor dem Bundessozialgericht, in denen Betragsrahmengebühren entstehen (§ 3 RVG)	40,00 bis 700,00 EUR
	Die Anmerkung zu Nummer 3106 gilt entsprechend.	

Zu VV 3212, 3213:

1) **Geltungsbereich.** Es gelten dieselben Erwägungen wie bei VV 3204, 3205, dort nebst Verweisung auf VV 3106 amtliche Anmerkung.

2) **Gebührenhöhe.** § 14 ist anwendbar. Im Normalfall ist die Mittelgebühr angemessen, BSG AnwBl **84**, 565, SG Augsb AnwBl **82**, 395, SG Stgt AnwBl **84**, 569. Der Umfang und/oder die Schwierigkeit können eine höhere Gebühr rechtfertigen, SG Duisb AnwBl **89**, 294, SG Münst AnwBl **85**, 387, SG Reutlingen AnwBl **86**, 110. Die Mittelgebühren betragen bei VV 3212 = 440 EUR, bei VV 3213 = 370 EUR. Bei einer Rente usw kann man evtl die Höchstgebühr ansetzen, LSG Erfurt JB **99**, 473, LSG Mainz NZS **98**, 207, SG Freib MDR **99**, 832. Das Haftungsrisiko kann eine Erhöhung bei VV 3212 auf 620 EUR und bei VV 3213 auf 535 EUR rechtfertigen, Klier NZS **04**, 473.

Abschnitt 3. Gebühren für besondere Verfahren

Unterabschnitt 1. Besondere erstinstanzliche Verfahren

(Amtliche) Vorbemerkung 3.3.1:
Die Terminsgebühr bestimmt sich nach Abschnitt 1.

Nr.	Gebührentatbestand	Gebühr oder Satz der Gebühr nach § 13 RVG
3300	Verfahrensgebühr 1. für das Verfahren vor dem Oberlandesgericht nach § 16 Abs. 4 des Urheberrechtswahrnehmungsgesetzes und	

VV 3300, 3301

Nr.	Gebührentatbestand	Gebühr oder Satz der Gebühr nach § 13 RVG
	2. für das erstinstanzliche Verfahren vor dem Bundesverwaltungsgericht und dem Oberverwaltungsgericht (Verwaltungsgerichtshof)	1,6

Vorbem. Umnummerierung dch Art 20 Z 7i des 2. JuMoG v 22. 12. 06, BGBl 3416, in Kraft seit 31. 12. 06, Art 28 I des 2. JuMOG, Übergangsrecht § 60 RVG.

1   1) **Systematik, Z 1, 2.** Die Vorschrift enthält formell eine gegenüber VV 3100 ff vorrangige Sonderregel. Der Sache nach bestehen infolge der uneingeschränkten Verweisungen aber nur Klarstellungen des Gleichrangs der hier erfaßten Tätigkeit mit derjenigen im normalen Zivilprozeßverfahren. VV 3301 hat den Vorrang. Neben VV 3300, 3301 gilt VV 3304.

2   2) **Regelungszweck, Z 1, 2.** Die Tätigkeit auf einem der in Z 1, 2 genannten Gebiete erfordert meist schon wegen der erheblichen wirtschaftlichen Auswirkungen Können, Erfahrung und Sorgfalt. Das sollte man bei der Auswirkung mitbeachten.

3   3) **Geltungsbereich, Z 1, 2.** Es geht um zwei Anwendungsfälle.

   A. Gesamtvertrag, Z 1. Eine juristische Person oder Personengemeinschaft kann als eine sog Verwertungsgesellschaft Nutzungsrechte, Einwilligungsrechte oder Vergütungsansprüche aus dem Urheberrecht für eine Rechnung mehrerer Urheber oder Inhaber verwandter Schutzrechte zur gemeinsamen Auswertung wahrnehmen.

   Die Verwertungsgesellschaft ist dann nach § 12 des Gesetzes über die Wahrnehmung von Urheberrechten und verwandten Schutzrechten in bestimmten Grenzen verpflichtet, mit einer solchen Vereinigung, deren Mitglieder nach dem UrhG geschützte Werke oder Leistungen nutzen oder danach zur Zahlung von Vergütungen verpflichtet sind, einen *Gesamtvertrag* über die von ihr wahrgenommenen Rechte und Ansprüche zu angemessenen Bedingungen abzuschließen, soweit das nicht unzumutbar ist. Für Vertragsverhandlungen gilt VV 2100.

   Soweit sich die Beteiligten über den Abschluß oder die Änderung eines solchen Vertrags *nicht einigen*, entscheidet die Schiedsstelle nach § 14 G. Für die Anwaltsvergütung ist in diesem Verfahrensabschnitt (jetzt) VV 2403 Z 4 anwendbar, Mü Rpfleger **94**, 316. Nach der Beendigung des Verfahrens vor der Schiedsstelle kann man bei § 14 I Z 1 G vor dem nach § 17 zuständigen Gericht klagen. Gegen die Entscheidung der Schiedsstelle nach § 14 I Z 2 G kann der Betroffene die Entscheidung des OLG beantragen. Dieses entscheidet im Verfahren entsprechend §§ 253 ff ZPO. Es besteht ein Anwaltszwang. Für dieses Verfahren gilt (jetzt) VV 3302 Z 1, Mü Rpfleger **94**, 316.

4   **B. Erstinstanzlich BVerwG usw, Z 2.** Es kann zu einem erstinstanzlichen Verfahren vor dem OVG (VGH) oder dem BVerwG kommen, §§ 47 ff VwGO. Dort gilt Z 2. Das gilt auch im zugehörigen etwaigen Eilverfahren.

5   4) **Gebühren.** Es kam zunächst die in VV 3300 genannte Verfahrensgebühr entstehen. Unter den Voraussetzungen VV 3304 kann daneben eine Terminsgebühr entstehen. Das ergibt sich aus den amtlichen Vorbemerkungen 3 III, 3.3.1. Eine verminderte Terminsgebühr kann aus denselben Gründen nach VV 3105 entstehen. Schließlich kann es unter den Voraussetzungen VV 1000 zu einer Einigungsgebühr kommen. Es findet keine Anrechnung der vor der Schiedsstelle entstandenen Gebühren auf die Vergütung nach VV 3300 statt. Das ergibt sich aus dem Fehlen einer VV 2403 amtliche Anmerkung entsprechenden Vorschrift bei VV 3300.

6   5) **Gegenstandswert.** Maßgeblich ist § 23, GS 8, aM GSEMMR 6 (maßgeblich sei [jetzt] § 32. Aber es handelt sich um ein „gerichtliches Verfahren").

7   6) **Kostenerstattung.** Es sind §§ 91 ff ZPO entsprechend anwendbar.

Nr.	Gebührentatbestand	Gebühr oder Satz der Gebühr nach § 13 RVG
3301	**Vorzeitige Beendigung des Auftrags:** Die Gebühr 3300 beträgt	1,0

Vergütungsverzeichnis   **3301–3305 VV**

Vorbem. Umnumerierung und Neufassung dch Art 20 Z 7j des 2. JuMoG v 22. 12. 06, BGBl 3416, in Kraft seit 31. 12. 06, Art 28 I des 2. JuMOG, Übergangsrecht § 60 RVG.

1) **Systematik, Regelungszweck.** Vgl VV 3300 Rn 1, 2.	1
2) **Geltungsbereich.** Vgl VV 3300 Rn 3.	2
3) **Vorzeitige Auftragsbeendigung.** Es gelten dieselben Regeln wie bei VV 3201, auf das die amtliche Anmerkung verweist. Vgl daher dort.	3
4) **Gebühren.** Es gelten mit der Abweichung zur Höhe dieselben Erwägungen wie bei VV 3300.	4
5) **Gegenstandswert, Kostenerstattung.** Vgl VV 3300 Rn 6.	5

Nr.	Gebührentatbestand	Gebühr oder Satz der Gebühr nach § 13 RVG
3304	*(aufgehoben)*	

Unterabschnitt 2. Mahnverfahren

(Amtliche) Vorbemerkung 3.3.2:
Die Terminsgebühr bestimmt sich nach Abschnitt 1.

Vorbem. Eingefügt dch Art 17 Z 4d G v 9. 12. 04, BGBl 3320, in Kraft seit 1. 1. 05, Art 22 S 2 G, Übergangsrecht § 60 RVG.

Nr.	Gebührentatbestand	Gebühr oder Satz der Gebühr nach § 13 RVG
3305	**Verfahrensgebühr für die Vertretung des Antragstellers** .... Die Gebühr wird auf die Verfahrensgebühr für einen nachfolgenden Rechtsstreit angerechnet.	1,0

Schrifttum: *Bräuer,* Die Gebühren des Anwalts im Mahnverfahren, Festschrift für *Madert* (2006) 9.

Gliederung

1) **Systematik**	1–3
2) **Regelungszweck**	4
3) **Gebühren**	5–12
A. Begriff des Mahnverfahrens	5–8
B. Vertretung des Antragstellers	9
C. Beispiele zur Frage eines Mahnverfahrens	10–12
4) **Anrechnung, amtliche Anmerkung**	13
5) **Kostenerstattung**	14–18
6) **Beispiele zur Frage einer Erstattbarkeit**	19–28

1) **Systematik,** dazu *Hansens* Rpfleger **89**, 487: Das Mahnverfahren nach §§ 688ff ZPO hat mit einer Mahnung nur bedingt zu tun. Es soll dem Gläubiger, hier Antragsteller genannt, auf einem verhältnismäßig raschen Weg entweder sein Geld oder einen Vollstreckungstitel beschaffen, den Vollstreckungsbescheid. Es zielt darauf ab, ein streitiges Verfahren zu erübrigen. Freilich erweist sich die Hoffnung des Antragstellers in der Praxis oft genug als verfehlt, der Antragsgegner werde keinen Widerspruch und gegen den Vollstreckungsbescheid auch keinen Einspruch einlegen. 1

In den zahlreichen Fällen, in denen es zum anschließenden streitigen Verfahren kommt, entsteht für den Anwalt des Klägers nach VV 3305 wie für denjenigen des Bekl nach VV 3307 *zumindest* (jetzt) *eine Verfahrensgebühr,* Mü MDR **92**, 617. Sie gilt als eine Pauschgebühr die Tätigkeit mit einem Vorrang vor VV 3100 ab. Da die etwaige Tätigkeit im streitigen Verfahren infolge der vorausgegangenen Tätigkeit im 2

1801

VV 3305

Mahnverfahren durchweg nur noch eine meist etwas geringere Mühe und Verantwortung erfordert, rechtfertigt sich die in VV 3305 amtliche Anmerkung geregelte Anrechnung.

3 Die Gebühr VV 3305 ist der Verfahrensgebühr VV 3100 *ähnlich,* die grundsätzlich zurücktritt, Ffm AnwBl **88**, 74. Das ist der Ausgangspunkt der Regelung in VV 3306. Diese Vorschrift verhindert auch zusammen mit VV 3101, daß unter den Voraussetzungen des VV 3306 im Mahnverfahren höhere Gebühren als dann entstehen, wenn der Gläubiger von vornherein eine Klage erhoben hätte.

Eine *Terminsgebühr* kann nach der amtlichen Vorbemerkung 3.3.2 unter den Voraussetzungen des VV 3104 schon im Mahnverfahren entstehen, Henke AnwBl **05**, 569, später im streitigen Verfahren dann nochmals, VV 3104 Rn 2. VV 1000 ist anwendbar, ebenso VV 2300 ff.

4 **2) Regelungszweck.** Die Vorbereitung und Durchführung des Mahnverfahrens erfordern für den Anwalt des Antragstellers auch ohne eine gerichtliche Schlüssigkeitsprüfung fast dieselbe Mühe und auch dieselbe Verantwortung wie die Vorbereitung und Einlegung einer Klage. Das rechtfertigt die Zubilligung einer vollen Gebühr für die Tätigkeit im Verfahren über den Antrag. Darauf beruht die Regelung VV 3305.

5 **3) Gebühren.** Es entsteht eine wertabhängige Pauschale von 1,0 Gebühr. Sie bleibt auch bei einer Antragsrücknahme oder -abweisung bestehen. VV 1008 ist anwendbar, Mü JB **94**, 424, Stgt MDR **77**, 852. Eine Ermäßigung kann sich aus VV 3306 ergeben, eine Anrechnung nach der amtlichen Anmerkung. Man sollte im übrigen nach den Abschnitten des Mahnverfahrens unterscheiden.

A. Begriff des Mahnverfahrens. VV 3305 ff erfassen das Verfahren nach §§ 688–703d ZPO und dasjenige nach § 46a ArbGG, § 182a SGG. Es beginnt mit der Einreichung des Antrags auf den Erlaß eines Mahnbescheids.

Es endet: Mit der Zurücknahme des Mahnantrags; mit seiner Zurückweisung, § 691 ZPO I, II ZPO, sofern nicht eine Anfechtung der Zurückweisung nach § 691 III ZPO in Betracht kommt und erfolgt; mit der Erhebung des Widerspruchs unabhängig davon, daß bei einem alsbaldigen Widerspruch die Rechtshängigkeit nach § 696 III ZPO bereits als mit der Zustellung des Mahnbescheids eingetreten gilt; mit der Wirksamkeit des Vollstreckungsbescheids nach § 699 ZPO, sofern nicht der Antragsgegner zuvor wirksam einen Widerspruch eingelegt und diesen vor später nicht wirksam zurückgenommen hatte, § 697 IV ZPO (dann lebt das Mahnverfahren infolge der Rücknahme des Widerspruchs wieder auf); nach der Einlegung des Einspruchs gegen den Vollstreckungsbescheid mit der nächsten gerichtlichen Maßnahme, §§ 700 III, 338 ff ZPO, Köln MDR **82**, 945, BLAH § 703 ZPO Rn 1, aM Mü MDR **92**, 617 (schon mit dem Erlaß des Vollstreckungsbescheids. Aber dann steht noch nicht fest, ob und wie das Verfahren weitergehen wird).

6 Der Antrag auf die Durchführung des *streitigen Verfahrens* nach § 696 I 1 ZPO zielt nicht mehr auf das Mahnverfahren ab. Er gehört daher bereits zum folgenden streitigen Verfahren. Das gilt selbst dann, wenn der Antragsteller ihn nach § 696 I 2 ZPO bereits in den Antrag auf den Erlaß des Mahnbescheids aufgenommen hatte. Dann ist die Gebühr mit dem Eintritt der Bedingung entstanden. Dasselbe gilt von einem bedingten Antrag auf eine Verweisung und erst recht von dem mit dem Widerspruch verknüpften.

7 Dementsprechend beendet die *Rücknahme* des Antrags auch die Durchführung des streitigen Verfahrens nach § 696 IV ZPO das Mahnverfahren ebensowenig wie die Widerspruchsrücknahme nach § 697 IV ZPO. Denn in beiden Fällen endete das Mahnverfahren schon durch den Widerspruch.

8 Für das *Urkunden-, Wechsel- und Scheckmahnverfahren* gelten dieselben Abgrenzungsmerkmale. Eine Sonderregelung enthält VV 3308 lediglich für die unten zu erörternde Gebührenhöhe im Fall des § 703a II Z 4 ZPO.

9 **B. Vertretung des Antragstellers.** §§ 3305, 3306 gelten nur für den Anwalt des Antragstellers. Er erhält die 1,0 Gebühr VV 3305 schon für die Tätigkeit im Verfahren über den Antrag auf den Erlaß des Mahnbescheids ab einer auftragsgemäßen Entgegennahme der Information bis zum Vollstreckungsbescheid, vgl dazu freilich auch VV 3508. Es handelt sich also nicht um eine Aktgebühr, sondern um eine Verfah-

renspauschgebühr. Sie gilt als eine Pauschgebühr grundsätzlich die gesamte Tätigkeit im Verfahren zur Erzielung des Mahnbescheids und nach seinem Erlaß bis zum Ende des Mahnverfahrens nach Rn 5, 10 ff ab, amtliche Vorbemerkung 3 II, Kblz JB **78**, 1201. Zusätzlich können allerdings eine Einigungsgebühr VV 1000, eine Beschwerdegebühr VV 3500 und eine Vollstreckungsgebühr VV 3309 entstehen, ferner eine Terminsgebühr VV 3104 in Verbindung mit den amtlichen Vorbemerkungen 3 III und 3.3.2.

C. Beispiele zur Frage eines Mahnverfahrens 10

Abgabe: Zum Mahnverfahren gehört ein Antrag auf eine Abgabe an ein anderes Gericht, soweit dieses als Mahngericht nach §§ 689, 690, 692, 693 ZPO tätig werden soll, Ffm AnwBl **99**, 414. Das gilt für den diesen Antrag stellenden Anwalt auch dann, wenn er den Mahnantrag noch nicht selbst gestellt hatte, Ffm AnwBl **99**, 413.
S auch „Bedenken des Gerichts", Rn 11 „Streitiges Verfahren".

Aktenversendung: Zum Mahnverfahren gehört ein an sich nicht erforderlicher zusätzlicher Antrag auf die Versendung oder Abgabe der Mahnakten an das Gericht des streitigen Verfahrens.
S auch Rn 11 „Streitiges Verfahren".

Anhörung des Antragsgegners: Der Anwalt des Antragsgegners im Mahnverfahren wird im allgemeinen *nicht* vor der Einlegung des Widerspruchs dem Gericht gegenüber tätig. Er erhält aber grds für das Mahnverfahren eine Vergütung nach VV 3307. Das gilt auch, soweit das Gericht den Antragsgegner vor einer Entscheidung über den Mahnantrag zulässig oder unzulässigerweise tatsächlich anhört.

Antragsentwurf: Wenn der Anwalt nur den Antrag auf einen Mahnbescheid entwerfen oder nur das Formular ausfüllen soll und der Auftraggeber ihn selbst einreichen will, kann die Gebühr VV 3306 entstehen.

Aufenthaltsermittlung: Sie gehört zum Mahnverfahren.

Bedenken des Gerichts: Zum Mahnverfahren gehört alles, was der Anwalt auf Grund etwaiger Bedenken des Gerichts vor dem Erlaß eines Mahnbescheids tun muß, von der Beschaffung einer richtigen Anschrift des Antragsgegners über die verlangte oder abgelehnte Präzisierung des Anspruchs bis zur Klärung, ob man den Antrag an ein anderes Gericht weiterleiten muß.
S auch „Abgabe", Rn 11 „Unterlagen".

Beratung: Sie gehört natürlich zum Mahnverfahren.

Beschwerde: Rn 11 „Sofortige Erinnerung und Beschwerde".

Einreichung: Zum Mahnverfahren gehört natürlich die Einreichung des Mahnantrags nebst der Zahlung der erforderlichen Gerichtsgebühren.

Erinnerung: Rn 11 „Sofortige Erinnerung und Beschwerde".

Information: Zum Mahnverfahren gehört natürlich die auftragsgemäße Entgegennahme der Information in jeder Form und nicht nur vom Auftraggeber. 11

Nachreichung: S „Unterlagen".

Neuzustellung: Zum Mahnverfahren gehört der Antrag auf eine Zustellung nun an eine evtl erst jetzt bekanntgewordene neue Anschrift des Antragstellers.

Sofortige Erinnerung und Beschwerde: Sie gehört nicht zu VV 3305 ff, sondern zum vorrangigen VV 3500.

Stellungnahme: Eine solche zu einer Anfrage des Mahngerichts gehört zum Mahnverfahren.

Streitiges Verfahren: Zum Mahnverfahren gehört der nach § 696 I 2 ZPO bereits in den Mahnantrag aufgenommene vorsorgliche Antrag auf die Durchführung des streitigen Verfahrens nach einem Widerspruch des Antragsgegners. Eine Anspruchsbegründung für ein streitiges Verfahren fällt unter VV 3100.
Nicht zum Mahnverfahren gehört der erstmals nach dem gegnerischen Widerspruch eingereichte Antrag auf die Durchführung des streitigen Verfahrens, § 696 I 1 ZPO, Rn 6.
S auch Rn 10 „Aktenversendung".

Unterlagen: Zum Mahnverfahren gehört die freiwillige oder vom Gericht anheimgestellte Nachreichung von Unterlagen.
S auch Rn 10 „Bedenken des Gerichts".

Verweisung: *Nicht* zum Mahnverfahren gehört ein entgegen dem Wortlaut des § 696 V ZPO erforderlicher Verweisungsantrag. Denn er erfolgt erst im streitigen Verfahren.
Vollstreckungsbescheid: Zum Mahnverfahren gehört der mangels eines gegnerischen Widerspruchs gegen den Mahnbescheid oder nach einer Rücknahme des gegnerischen Widerspruchs gestellte Antrag auf einen Vollstreckungsbescheid nach § 699 I ZPO. Denn das Mahnverfahren lebt dann wieder auf. VV 3308 ist neben VV 3305 anwendbar.
Vorbereitung: Zum Mahnverfahren gehört die Vorbereitung und Abfassung des Mahnantrags einschließlich der Beschaffung der erforderlichen Formulare.

12 **Widerspruchseinlegung:** Zum Mahnverfahren gehört die Einlegung des Widerspruchs durch den Antragsgegner. Sie regelt VV 3307.
S aber auch „Widerspruchsmitteilung".
Widerspruchsmitteilung: Zum Mahnverfahren gehört die Empfangnahme der Mitteilung von einem Widerspruch und dem Zeitpunkt seines Eingangs nach § 695 S 1 ZPO sowie die Mitteilung über beides an den Auftraggeber, Rn 5. Das gilt trotz des Umstands, daß VV 3307 die Erhebung des Widerspruchs durch den Antragsgegner erfaßt. Denn VV 3305 betrifft den Anwalt des Antragstellers.
Widerspruchsrücknahme: Zum Mahnverfahren gehört die Rücknahme des Widerspruchs durch den Antragsgegner. Man muß sie entsprechend VV 3307 behandeln. Sie ist also mitabgegolten. Wegen des anschließenden Antrags auf einen Vollstreckungsbescheid Rn 11 „Vollstreckungsbescheid".
Zurücknahme, Zurückweisung. Zum Mahnverfahren gehören die Zurücknahme oder Zurückweisung des Mahnantrags. Bei einer Zurückweisung kann eine Anrechnung im etwa anschließenden Klageverfahren nach VV 3305 amtliche Anmerkung erfolgen.
Zustellungsmitteilung: Zum Mahnverfahren gehört die Empfangnahme der Mitteilung von der Zustellung des Mahnbescheids nach § 693 III ZPO und deren Weiterleitung an den Auftraggeber.

13 **4) Anrechnung, amtliche Anmerkung.** Sie erfolgt zwingend auf die Verfahrensgebühr für ein nachfolgendes zugehöriges streitiges Verfahren. Vgl im übrigen § 17 Rn 4. Hierher gehört dazu auch ein Klageverfahren nach der Zurücknahme oder Zurückweisung des Mahnantrags, Ffm JB **07**, 80, Hbg MDR **92**, 1091, aM Düss JB **07**, 81. Das gilt dort freilich nur für die erste Instanz. Dann erfolgt die Anrechnung aber auch auf die Verkehrsgebühr VV 3400 oder auf die 0,5 Verfahrensgebühr VV 3401.

14 **5) Kostenerstattung.** Der Gläubiger hat ein Wahlrecht, ob er den Anspruch zunächst im Mahnverfahren geltend machen will und dann riskiert, daß ein anderes Gericht das streitige Verfahren entscheiden muß, §§ 696ff ZPO, oder ob er sogleich im Klageweg vorgehen und damit ein solches Gericht anrufen will, das für den gesamten Rechtsstreit zuständig bleibt.
Diesen Umstand *übersehen* manche bei der Auseinandersetzung über die Erstattungsfähigkeit von Mahnkosten *zu Unrecht,* zB Düss AnwBl **88**, 652, Hbg AnwBl **88**, 297. Konsequent angewandt führt er dazu, daß eine Verweisung nach § 696 ZPO oft überhaupt nicht zulässig ist, BLAH § 696 ZPO Rn 28.

15 Das alles gilt auch trotz der nach §§ 690 I Z 5, 692 I 1 Hs 2 ZPO vorhandenen Möglichkeit, die *Abgabe* an ein zwischen den Parteien vereinbartes Gericht zu fordern. Denn an der Zwangszuständigkeit des Mahngerichts hat sich nichts geändert.

16 Selbst wenn eine *Verweisung* notwendig ist, sei es auch wegen §§ 690 I Z 5, 692 I Z 1 ZPO, ändert das nichts daran, daß zuvor im Hinblick auf die Verfahrensart sehr wohl ein *Wahlrecht* bestand und daß der Antragsteller es nicht kostenmäßig auf dem Rücken des Antragsgegners oder Bekl ausüben durfte, Düss VersR **85**, 554, aM Düss Rpfleger **92**, 131, Hamm JB **91**, 1354, LG Wiesb NJW **92**, 1634 (aber jeder Rechtsmißbrauch ist auch hier unstatthaft, BLAH Einl III 54).

17 Der allgemein anerkannte Grundsatz, daß man die Prozeßkosten *so gering wie möglich* halten muß, ist auch in diesem Zusammenhang wichtig. Er schränkt das Wahlrecht des Gläubigers ein.

Denn unabhängig von einem solchen prozessualen Wahlrecht besteht eine sach- 18
lichrechtliche *Schadensminderungspflicht* des Gläubigers nach § 254 BGB. Sie nötigt ihn
dazu, bei der Ausübung seiner prozessualen Rechte auf die Interessen des Gegners im
zumutbaren Maße Rücksicht zu nehmen. Sein Anwalt braucht aber zB Ansprüche
aus verschiedenen Sachverhalten nicht mit demselben Mahnantrag geltend zu machen,
AG Nürtingen AnwBl **87**, 193.

6) Beispiele zur Frage einer Erstattbarkeit 19
Die nachfolgenden Nachweise beziehen sich teils auf das Recht vor dem 1. 1. 2000.
Alltagsgeschäft: Erstattbar sind Mahnkosten auch aus Anlaß eines Alltagsgeschäfts.
Das gilt auch bei einer juristischen Person, aM Nürnb MDR **99**, 1407 (aber gerade für ein solches Geschäft ist das Mahnverfahren ratsam).
Antragsgegnerkosten: Erstattbar sind evtl auch Anwaltskosten des Antragsgegners,
Kblz JB **02**, 76. Das gilt selbst dann, wenn der Antragsteller nur ihm gegenüber
eine Antragsrücknahme angekündigt hatte, aM LG Augsb Rpfleger **88**, 160, oder
gar dann, wenn die Klagerücknahme erst nach der Abgabe in das streitige Verfahren erfolgte, KG JB **07**, 307. Erstattungsfähig sind die Kosten des Anwalts des Antrags*gegners* wegen eines von *ihm* gestellten Antrags auf ein streitiges Verfahren nach
einer langen Unklarheit, wie sich der Antrag*steller* verhalten wird, Kblz MDR **94**,
520, Mü MDR **92**, 909, LG Hamm JB **99**, 29.
Antragsrücknahme: S „Antragsgegnerkosten".
Anwaltswechsel: Erstattbar sind Mahnkosten, soweit trotz der Vorhersehbarkeit eines Widerspruchs nach § 694 ZPO doch ein Anwaltswechsel nach Rn 28 notwendig wurde, etwa wegen eines Umzugs des Bekl, Schlesw SchlHA **87**, 100.
S auch Rn 23 „Rechtsbeistand".
Außergerichtlicher Einwand: Nicht erstattbar sind Mahnkosten schon wegen sei- 20
nes bloßen Vorliegens unabhängig davon, ob er als begründet erscheint. Denn
dann muß man mit einem Widerspruch nach § 694 ZPO eben rechnen, Brschw
MDR **99**, 570, Mü MDR **93**, 285, Stgt AnwBl **85**, 269, solange kein Rechtsmißbrauch nach BLAH Einl III 54 besteht, Bbg JB **76**, 61.
Auswärtiger Anwalt: Rn 27 „Vertrauensanwalt".
Beweislast: Die Beweislast für die Unvorhersehbarkeit eines Widerspruchs liegt
schon wegen des Erfordernisses einer Notwendigkeit von Kosten *beim Gläubiger*,
Kblz MDR **79**, 320, Schlesw SchlHA **86**, 64, Zweibr JB **79**, 1323, aM Köln JB
79, 213 und 715, Mü JB **82**, 405, Riecke MDR **99**, 84 (aber das Mahnverfahren
darf nicht auf dem Rücken des Gegners Zusatzkosten auslösen, Rn 16). Dabei
kann der Umstand zugunsten des Gläubigers sprechen, daß der Schuldner gegen
sich ein Versäumnisurteil ergehen läßt, Bbg JB **90**, 1478, Hbg JB **96**, 38.
Derselbe Wohnsitz: *Nicht* erstattbar sind Mahnkosten dann, wenn die Parteien des 21
Mahnverfahrens denselben Wohnsitz hatten, Schlesw SchlHA **85**, 180, oder wenn
sie in demselben LG-Bezirk wohnten, Schlesw JB **90**, 1471.
Floskel: *Nicht* erstattbar sind Mahnkosten schon bei einer nur floskelhaften Beschränkung der „Begründung" auf eine angebliche Unvorhersehbarkeit eines Widerspruchs nach § 694. Das gilt zumindest nach einem vorausgegangenen gegnerischen Bestreiten, Hamm RR **00**, 211.
Keine Gerichtsmitteilung: Erstattbar können diejenigen Kosten sein, die dadurch
entstehen, daß der ProzBev nach § 81 ZPO einen Vollstreckungsbescheid nach
§ 699 ZPO beantragt, weil die Widerspruchsfrist nach § 696 I ZPO abgelaufen ist
und weil das Gericht ihn von einem inzwischen dort eingegangenen Widerspruch
entgegen § 695 ZPO noch nicht benachrichtigt hat.
Gerichtsstandsbestimmung: Rn 22 „Mehrere Wohnsitze".
Klagerücknahme: Erstattbar bleibt eine Verfahrensgebühr nach einer Klagerück- 22
nahme im Anschluß an eine antragsgemäße Abgabe an das Gericht des streitigen
Verfahrens nach § 696 ZPO und nach einer erst anschließenden Beauftragung des
Anwalts des Bekl, Düss JB **94**, 431, Stgt MDR **90**, 557, LG Bln JB **97**, 138, aM
KG MDR **02**, 1028.
S auch Rn 19 „Antragsgegnerkosten".
Mehrere Anwälte: Erstattbar sind die Kosten mehrerer Anwälte, soweit sie die Kosten eines einzelnen Anwalts nicht übersteigen oder wenn in der Person des An-

walts nach Rn 19 ein Wechsel eintreten mußte, § 91 II 3 ZPO, Hamm Rpfleger **78**, 385, Kblz JB **78**, 1032, Stgt NJW **78**, 767, aM Bre Rpfleger **79**, 221 (aber diese Regel ist ein „eiserner" Grundsatz des Kostenrechts).
S auch Rn 25 „Überörtliche Sozietät".

Mehrere Wohnsitze: Erstattbar sind Mahnkosten mehrerer Anwälte dann, wenn die Antragsgegner an verschiedenen Orten wohnen und je einen dortigen Anwalt beauftragen, selbst wenn zB der BGH das Prozeßgericht am anderen Ort nach § 36 ZPO als zuständig bestimmt, Düss AnwBl **81**, 506.

23 **Prozeßauftrag:** *Nicht* erstattbar sind Mahnkosten, soweit der Antragsgegner einen unbedingten Prozeßauftrag erteilt hat, bevor er oder der Antragsteller einen Antrag auf die Durchführung des streitigen Verfahrens nach § 696 I 1 ZPO gestellt hatten, Köln JB **00**, 77, Schlesw SchlHA **81**, 72, aM Hbg MDR **94**, 520, KG MDR **02**, 1028 (aber der Sinn des Mahnverfahrens ist unter anderem gerade die Vermeidung eines streitigen Verfahrens, BLAH Grdz 2 vor § 688 ZPO).

Rechtsbeistand: Erstattbar sind evtl unter den Voraussetzungen Rn 19 „Anwaltswechsel" auch die Kosten eines Rechtsbeistands, Karlsr JB **06**, 35 rechts oben, Kblz KTS **85**, 121.

Nicht erstattbar sind Rechtsbeistandskosten neben Anwaltskosten, Stgt Rpfleger **09**, 278.

Schweigen: Erstattbar sein können Mahnkosten, soweit und solange der Antragsgegner schweigt, Kblz JB **78**, 238, Schlesw SchlHA **83**, 59, Stgt JB **78**, 438, aM Düss VersR **87**, 1019 (aber das Schweigen kann auch die bloße Hoffnung auf einen Zeitgewinn bedeuten).

24 **Sicherheitsleistung:** Erstattbar sind Mahnkosten, soweit der Schuldner eine Sicherheit geleistet hat, Düss AnwBl **85**, 590, Mü MDR **77**, 320.
S auch Rn 26 „Urkundenmahnbescheid".

Teilwiderspruch: *Nicht* erstattbar sind Mahnkosten, soweit der Antragsteller mit einem Teilwiderspruch nach § 694 I ZPO rechnen mußte, Mü MDR **88**, 416. Eine Verweisung nach § 696 V ZPO ist dann unerheblich.

Teilzahlung: Erstattbar sind Mahnkosten, soweit der Antragsgegner eine Teilzahlung geleistet hat, Zweibr JB **79**, 222.

25 **Termin:** Erstattbar sind Mahnkosten dann, wenn das Gericht ohne einen Antrag auf ein streitiges Verfahren nach § 696 I ZPO fälschlich einen Termin anberaumt hat.

Treuhandstelle: *Nicht* erstattbar sind Kosten einer von einer Bank zugezogenen genossenschaftlichen Treuhandstelle, Kblz Rpfleger **89**, 524.

Überörtliche Sozietät: *Nicht* erstattbar sind Mahnkosten dann, wenn *ein* Sozius am Ort A residiert, der andere am Ort B (nämlich beim Prozeßgericht), KG JB **96**, 140.

26 **Unbestreitbarkeit:** Erstattbar sind Mahnkosten, soweit der Hauptanspruch ersichtlich unbestreitbar ist, aM Düss BB **77**, 268 (abl Schmidt).

Unterbevollmächtigter: Erstattbar sind die Kosten eines Unterbevollmächtigten, soweit sie Terminskosten des ProzBev nach § 81 ZPO ersparen, Oldb MDR **03**, 778.

Urkundenmahnbescheid: Die Regeln Rn 24 „Sicherheitsleistung", Rn 25 „Teilzahlung" gelten auch beim Urkundenmahnbescheid, Kblz JB **82**, 407, Mü JB **81**, 74, aM Düss VersR **86**, 921 (aber auch dann hat der Schuldner schon eingelenkt).

Etwas *anderes* gilt dann, wenn der Bekl zwar nicht den Urkundenanspruch bestreitet, wohl aber die zugrundeliegende Forderung, Mü MDR **87**, 61.
S auch Rn 19 „Außergerichtlicher Einwand".

27 **Versäumnisurteil:** Rn 20 „Beweislast".

Vertrauensanwalt: Erstattbar können auch die Kosten eines auswärtigen ständigen *Vertrauensanwalts* sein, BGH FamRZ **04**, 866, KG Rpfleger **86**, 491, Kblz JB **90**, 997, aM Nürnb NJW **98**, 389 (abl Schneider NJW **98**, 356, Schütt MDR **98**, 127. Aber es kann triftige Gründe für eine solche Vertrauenszusammenarbeit geben, BGH FamRZ **04**, 866. Diese muß der unterliegende Gegner respektieren. Er könnte ja ebenso gehandelt haben).

Freilich müssen auch solche Kosten *unvermeidbar* sein, Düss AnwBl **89**, 166, KG Rpfleger **79**, 68, Kblz Rpfleger **79**, 69, 70. Das kann auch bei einer Kapitalgesellschaft für eine Geschäftsforderung so sein, Düss Rpfleger **00**, 566. Erstattungsfähig können zB die Kosten einer notwendigen Reise zum Anwalt des Prozeßgerichts werden, Ffm JB **79**, 1666, KG JB **77**, 1732.

Widerspruch: Erstattbar sind Mahnkosten, soweit der Antragsteller *nicht* mit einem Widerspruch nach § 694 ZPO zu rechnen braucht, Hamm AnwBl **00**, 322, KG RR **01**, 59, Mü JB **02**, 428, aM Brdb MDR **01**, 1135. 28

Nicht erstattbar sind also Mahnkosten, soweit der Antragsteller mit einem Widerspruch rechnen muß, Hamm MDR **94**, 103, LG Augsb JB **99**, 942 (je: nach einer ergebnislosen Einschaltung eines Inkassobüros), Köln JB **93**, 682 (hohe Inkassokosten), Saarbr JB **91**, 248 (teilweise noch strenger), Stgt JB **91**, 1351 (Versicherung lehnt Zahlung ab), Zweibr JB **01**, 202, aM Brdb MDR **01**, 1135, Düss AnwBl **01**, 308, Hbg AnwBl **01**, 124 (je: stets Erstattungsfähigkeit), Kblz JB **04**, 143 (stellt auf die Möglichkeit einer schriftlichen Information ab), LG Mü MDR **98**, 563 (nach Inkassobüro Erstattbarkeit wegen Säumnis. Aber die war nicht zu erwarten und besagt nichts, § 342 ZPO).

Zeitgewinn: *Nicht* erstattbar sind Mahnkosten selbst dann, wenn der Antragsteller mit einem Widerspruch nach § 694 ZPO nur zu dem Zweck einer Hinauszögerung der Zahlung rechnen muß, Düss MDR **85**, 504, Schlesw SchlHA **84**, 134, LG Halle JB **00**, 365 (abl Wedel), aM Düss AnwBl **82**, 24, Hbg JB **82**, 1359, ZöHe 13 „Mahnverfahren"). Natürlich darf kein Rechtsmißbrauch nach BLAH Einl III 54 entstehen.

Nr.	Gebührentatbestand	Gebühr oder Satz der Gebühr nach § 13 RVG
3306	Beendigung des Auftrags, bevor der Rechtsanwalt den verfahrenseinleitenden Antrag oder einen Schriftsatz, der Sachanträge, Sachvortrag oder die Zurücknahme des Antrags enthält, eingereicht hat: Die Gebühr 3305 beträgt	0,5

Vorbem. Ergänzung dch Art 20 Z 7 k des 2. JuMoG v 22. 12. 06, BGBl 3416, in Kraft seit 31. 12. 06, Art 28 I des 2. JuMOG, Übergangsrecht § 60 RVG.

1) Vorzeitige Beendigung des Auftrags. Der Auftrag mag enden, bevor der Anwalt den Antrag auf den Erlaß des Mahnbescheids beim Gericht eingereicht hat, sei es, daß der Antrag ganz unterbleibt oder daß die Partei den Antrag nunmehr selbst einreicht. Ferner kann der Anwalt erst nach der vom Auftraggeber noch selbst vorgenommenen Antragstellung einen solchen Auftrag erhalten haben, der jedoch vor der Einreichung eines Schriftsatzes mit einem Sachantrag oder -vortrag oder vor der Antragsrücknahme endete. Dann entsteht jeweils nach VV 3306 in Verbindung mit VV 3305 nur eine 0,5 Gebühr. 1

Soweit freilich der Anwalt alles zur Einreichung bis zur Absendung Erforderliche getan hat, dürfte VV 3305 anwendbar bleiben. Soweit der Anwalt im übrigen den Antrag auf den Erlaß des Mahnbescheids erst nach seinem Eingang beim Gericht noch auftragsgemäß zurücknimmt oder soweit das Gericht den Antrag zurückweist, entsteht die Gebühr VV 3305 voll. Allerdings erfolgt nach VV 3305 amtliche Anmerkung dann eine Anrechnung, wenn der Anwalt anschließend den Anspruch durch eine Klage auftragsgemäß geltend macht. 2

Nr.	Gebührentatbestand	Gebühr oder Satz der Gebühr nach § 13 RVG
3307	Verfahrensgebühr für die Vertretung des Antragsgegners .... Die Gebühr wird auf die Verfahrensgebühr für einen nachfolgenden Rechtsstreit angerechnet.	0,5

VV 3307

1) Systematik, Regelungszweck. Es gilt dasselbe wie bei VV 3305 Rn 1. Eine dem VV 3306 beim Anwalt des Antragstellers entsprechende Ermäßigung entsteht nicht auch beim Anwalt des Antragsgegners. VV 1008 ist aber auch bei ihm gebührenerhöhend anwendbar.

2) Mahnverfahren. Vgl VV 3305 Rn 5–12.

3) Vertretung des Antragsgegners. Nur die Vertretung des Antragsgegners löst VV 3307 aus. Es handelt sich wie bei VV 3305 um eine Verfahrenspauschgebühr für die Vertretung des Antragsgegners insgesamt, Bräuer Festschrift für Madert (2006) 41. Sie entsteht zB bereits mit der auftragsgemäßen Entgegennahme der Information, amtliche Vorbemerkung 3 II, und dann mit der Beratung zu den Erfolgsaussichten und damit zur Rechtslage, mit der Prüfung einer etwaigen Einigung, mit der wirksamen Widerspruchserhebung oder seiner Begründung, Kblz JB **78**, 1200, Saarbr NJW **76**, 1217, auch zur bloßen Unzulässigkeit des Mahnbescheids. Sie entsteht auch dann, wenn der Auftrag erst nach der Einlegung des Widerspruchs erfolgt. Der weitere Fortgang des Mahnverfahrens oder gar des streitigen Verfahrens ändert an ihr nichts mehr, Mü OLGZ **88**, 494. Vgl freilich Rn 7.

Widerspruch ist auch der nach § 703a II Z 4 ZPO beschränkte. Erst wegen der weiteren Tätigkeit kommt eine Gebühr VV 3308 in Betracht.

4) Beispiele zur Frage einer Anwendbarkeit

Begründung: Es ist unerheblich, *ob* der Anwalt dem Widerspruch eine Begründung beifügt. Sie ist nach § 694 ZPO scheinbar entbehrlich, in Wahrheit aber ratsam, BLAH § 694 ZPO Rn 5. Die Beifügung einer Begründung läßt nicht etwa (jetzt) eine Verfahrensgebühr VV 3100 entstehen, Kblz JB **78**, 1201.

Einreichung: *Unanwendbar* ist VV 3307 bei der bloßen Einreichung eines Widerspruchs, solange das Mahngericht das Verfahren nicht alsbald an das Streitgericht abgibt. Denn bis dahin gibt es noch keine Rechtshängigkeit, Düss JB **05**, 474, aM Mü OLGZ **88**, 494.

Klagabweisungsantrag: *Unanwendbar* ist VV 3307 schon durch eine vorangegangene vorsorgliche Ankündigung eines Klagabweisungsantrags, Kblz VersR **86**, 665, oder durch einen zusätzlichen Abweisungsantrag im Widerspruchsschriftsatz. Denn die Einreichung des Widerspruchs löst noch keine Rechtshängigkeit aus, Ffm Rpfleger **80**, 118, LG Hann JB **92**, 30, AG Hann Rpfleger **92**, 175, aM Düss MDR **93**, 1247, Ffm AnwBl **84**, 94, Mü AnwBl **83**, 520 (falls der künftige Kläger keinen Antrag auf die Durchführung des streitigen Verfahrens stellt), Mü AnwBl **86**, 208 (falls der Kläger den Mahnantrag nach dem Akteneingang beim Prozeßgericht zurücknimmt). Denn die Rechtshängigkeit gilt nach § 696 III ZPO erst dann rückwirkend als schon seit der Zustellung des Mahnbescheids eingetreten, wenn das Gericht die Sache alsbald nach der Erhebung des Widerspruchs abgibt.

Mitteilung des Widerspruchs: *Unanwendbar* ist VV 3307 auf den Anwalt des Antrag*stellers* bei dessen Mitteilung des Widerspruchs an den Auftraggeber.

Verweisungsantrag: *Unanwendbar* ist VV 3307 (und stattdessen anwendbar VV 3100) dann, wenn der Anwalt des Antragsgegners zugleich mit dem Widerspruch eine Verweisung beantragt hatte, Düss MDR **75**, 326, Saarbr JB **77**, 255, LG Hbg AnwBl **83**, 521. Denn VV 3307 gilt nur die Tätigkeit im Mahnverfahren ab, also nicht weitere Tätigkeiten im streitigen Verfahren, aM Bbg JB **09**, 305 (Anrechnung auf VV 3100).

S auch „Zulässigkeitsrüge".

Zulässigkeitsrüge: *Unanwendbar* ist VV 3307 dann, wenn der Antragsteller bereits eine Verweisung beantragt hatte.

S auch „Verweisungsantrag".

5) Gegenstandswert. Maßgeblich ist derjenige Betrag, in dessen Höhe ein Widerspruch ergeht, § 694 I ZPO, evtl also nur ein Teil des Mahnbescheidsbetrags. Es ist unerheblich, ob vor oder nach der Einlegung des Widerspruchs ein Abgabeantrag nach § 696 I 1, 2 ZPO erfolgt. Er allein läßt keine besondere Gebühr entstehen.

Nr.	Gebührentatbestand	Gebühr oder Satz der Gebühr nach § 13 RVG
3308	Verfahrensgebühr für die Vertretung des Antragstellers im Verfahren über den Antrag auf Erlass eines Vollstreckungsbescheids .... ¹Die Gebühr entsteht neben der Gebühr 3305 nur, wenn innerhalb der Widerspruchsfrist kein Widerspruch erhoben oder der Widerspruch gemäß § 703a Abs. 2 Nr. 4 ZPO beschränkt worden ist. ²Nummer 1008 ist nicht anzuwenden, wenn sich bereits die Gebühr 3305 erhöht.	0,5

Gliederung

1) Systematik, Regelungszweck	1
2) Mahnverfahren	2
3) Antrag auf Vollstreckungsbescheid	3–8
A. Auftrag auf Antragseinreichung	3
B. Erst nach Widerspruchsfrist	4–6
C. Keine Umdeutbarkeit verfrühten Antrags	7
D. Unbeachtlichkeit des Antragsinhalts	8
4) Entweder: Kein rechtzeitiger Widerspruch, § 694 II ZPO	9–13
5) Oder: Beschränkter Widerspruch, § 703a II Z 4 ZPO	14
6) Einspruch; weitere Einzelfragen	15
7) Gebührenhöhe	16
8) Gegenstandswert	17

1) Systematik, Regelungszweck. Es gilt dasselbe wie bei VV 3305 Rn 1. Vgl auch Rn 4–6.   **1**

2) Mahnverfahren. Vgl VV 3305 Rn 5–12.   **2**

3) Antrag auf Vollstreckungsbescheid. Für die Tätigkeit im Verfahren über den Antrag auf den Erlaß des Vollstreckungsbescheids erhält nur der Anwalt des Antragstellers unter den Voraussetzungen der amtlichen Anmerkung eine 0,5 Gebühr. Es handelt sich wie bei VV 3305–3307 um eine Verfahrenspauschgebühr.   **3**

   A. Auftrag auf Antragseinreichung. Es genügt zu ihrer Entstehung bereits der Auftrag zur ordnungsgemäßen Einreichung des Antrags auf einen Vollstreckungsbescheid, GS 2, aM Bbg JB **80**, 721 (erst die Einreichung löse die Gebühr aus. Aber stets reicht schon eine antragsgemäße Entgegennahme der Information). Der Auftrag kann stillschweigend erfolgen. Er liegt auch in der Mitteilung des Auftraggebers, der Antragsgegner habe trotz des Mahnbescheids nicht gezahlt.

   B. Erst nach Widerspruchsfrist. Der Antrag ist ungeachtet eines frühen Auftrags nach § 699 I 2 ZPO erst nach dem Ablauf der Widerspruchsfrist des § 692 I Z 3 ZPO zulässig, also frühestens zwei Wochen nach der Zustellung desjenigen Mahnbescheids, über die der Antragsteller nach § 693 III ZPO eine Mitteilung erhalten hat. Wenn die Mitteilung falsch war, zählt die aus der Zustellungsurkunde errechenbare wahre Widerspruchsfrist. Der Sinn dieser Regelung besteht darin, daß der Antragsteller abwarten soll, ob der Antragsgegner zahlt, Hbg MDR **83**, 143. Außerdem soll die Vorschrift alle Beteiligten einschließlich des Gerichts vor einem unnötigen und ja auch durch den Vollstreckungsbescheid bedingten Einspruch schützen.   **4**

   Deshalb darf der Gläubiger den Antrag auch erst *nach* dem *Ablauf* der 2-Wochen-Frist *absenden*, Hbg MDR **83**, 143, LG Stade NJW **81**, 2366, BLAH § 699 ZPO Rn 6, aM LG Bonn JB **79**, 1719, LG Brschw Rpfleger **78**, 263, LG Ffm NJW **78**, 767 (ausreichend sei der Eingang nach dem Ablauf der Zweiwochenfrist. Aber gerade der Antragsteller soll die Frist vor seinem Entschluß abwarten. Er kann die Frist ja auch wegen § 693 II ZPO selbst bequem errechnen).   **5**

   Deshalb ist auch ein solcher Antrag unbeachtlich, den der Gläubiger *verfrüht* gestellt hat, nämlich schon *zusammen mit dem Antrag* auf den Erlaß des Mahnbescheids.   **6**

   C. Keine Umdeutbarkeit verfrühten Antrags. Man kann einen derart verfrühten Antrag auch keineswegs in einen aufschiebend bedingten Antrag auf den Erlaß des Vollstreckungsbescheids umdeuten. Denn dadurch könnte der Antragsteller § 699   **7**

I 2 ZPO glatt umgehen. Vielmehr ist eben nach dem Ablauf der 2-Wochen-Frist ein neuer oder erster vollständiger Antrag auf einen Vollstreckungsbescheid notwendig. Der Gläubiger muß ihn zumindest nach dem Fristablauf wiederholen. Er muß dabei eine zusätzliche Erklärung über eine etwaige Zahlung des Antragsgegners abgeben, LG Bielef NJW **79,** 19, LG Darmst NJW **78**, 2205, AG Duisb Rpfleger **82**, 230, strenger LG Frankenth Rpfleger **79,** 72, LG Stade NJW **81**, 2366 (maßgeblich sei der Zeitpunkt der Unterschrift). Das Gericht soll diesen Antrag keineswegs von Amts wegen anfordern oder anregen. Mangels eines Antrags ist vielmehr § 701 ZPO anwendbar.

8 **D. Unbeachtbarkeit des Antragsinhalts.** Die Entstehung einer Gebühr VV 3308 ist davon unabhängig, ob ein im zulässigen Zeitraum eingereichter Antrag inhaltlich ausreichend ist, ob das Gericht den Vollstreckungsbescheid auch erläßt und ob nach seinem Erlaß noch ein solcher Widerspruch eingeht, den man ja nach § 694 II 1 ZPO als einen Einspruch behandeln muß. Zum notwendigen Inhalt BLAH § 699 ZPO Rn 8. Wenn freilich überhaupt kein eindeutiger Antrag auf einen Vollstreckungsbescheid vorliegt, ist VV 3308 schon aus diesem Grund unanwendbar.

9 **4) Entweder: Kein rechtzeitiger Widerspruch, § 694 II ZPO.** Sofern ein ausreichender Antrag vorliegt, muß entweder die eine oder die andere der folgenden weiteren Voraussetzungen Rn 9–13 oder Rn 14 hinzutreten.

Entweder darf der Schuldner gegen den Mahnbescheid innerhalb der gesetzlichen Widerspruchsfrist keinen Widerspruch erhoben haben. Nun unterbleibt allerdings ein Vollstreckungsbescheid auch dann, wenn der Schuldner den Widerspruch zwar nach dem Ablauf der Widerspruchsfrist eingelegt hat, aber doch noch vor der „Verfügung" des Vollstreckungsbescheids durch ihre Hinausgabe, BLAH § 694 ZPO Rn 4. Man spricht dann noch nicht von einem „verspäteten" Widerspruch. Der letzte Ausdruck ist erst für denjenigen Widerspruch korrekt, der nach der Hinausgabe des Vollstreckungsbescheids beim Gericht eingeht und den es nach § 694 II 1 ZPO als einen Einspruch behandeln muß.

10 Sofern der Anwalt des Gläubigers den Antrag auf den Vollstreckungsbescheid also in einer Kenntnis eines wenn auch *nach dem Ablauf der 2-Wochen-Frist* beim Gericht eingegangenen Widerspruchs stellt, ist VV 3308 unanwendbar. Denn ein solcher Antrag ist wegen § 694 I ZPO zwecklos. Freilich hat der Anwalt keine Erkundigungspflicht. Er braucht nur die Widerspruchsfrist abzuwarten.

11 Erst recht entsteht keine Gebühr VV 3308, wenn der Anwalt des Gläubigers auf Grund eines früheren Antrags den Antrag auf den Vollstreckungsbescheid schon *vor dem Ablauf der Widerspruchsfrist* einreicht, Rn 4, amtliche Anmerkung S 1, Bbg JB **80**, 721, Hbg MDR **83**, 143.

12 Andererseits kann die Gebühr VV 3308 entstehen, wenn der Anwalt den Antrag nach dem Fristablauf eingereicht hat, BGH JB **82**, 705, und wenn der Anwalt von einem *inzwischen doch noch eingegangenen* Widerspruch keine Kenntnis hatte, Hbg MDR **00**, 356, Hamm Rpfleger **96**, 421, Karlsr Rpfleger **96**, 421, aM Hbg MDR **83**, 142, Hamm JB **75**, 1085, RS 18.

13 Die wirksame rechtzeitige *Widerspruchsrücknahme* nach § 697 IV ZPO steht der Nichteinlegung gleich, Kblz AnwBl **89**, 296, Mü AnwBl **85**, 206, BLAH § 697 ZPO Rn 24.

14 **5) Oder: Beschränkter Widerspruch, § 703a II Z 4 ZPO.** Statt der Voraussetzung Rn 9–13 reicht es auch aus, daß der Schuldner den Widerspruch im Urkunden-, Wechsel- oder Scheckmahnverfahren auf den Antrag beschränkt hat, ihm die Ausführung seiner Rechte im Nachverfahren vorzubehalten.

15 **6) Einspruch; weitere Einzelfragen.** Die Gebühr VV 3308 gilt auch die etwa nach § 699 IV 2 ZPO durchgeführte Zustellung des Vollstreckungsbescheids im Parteibetrieb sowie einen etwaigen Antrag auf eine Vollstreckungsklausel und die Tätigkeit bei der Anrufung des Richters gegen eine Entscheidung des Rpfl ab. Eine Erhöhung nach VV 1008 kommt nicht neben einer solchen nach VV 3305 in Betracht, amtliche Anmerkung S 2. Eine Tätigkeit in der Zwangsvollstreckung unterfällt VV 3309. Das gilt auch bei § 733 ZPO.

16 **7) Gebührenhöhe:** Es entsteht eine 0,5 Gebühr. VV 1008 ist grundsätzlich anwendbar. Das gilt jedoch nach der amtlichen Anmerkung S 2 nicht, wenn sich bereits

die Gebühr VV 3305 wegen derselben Mehrzahl von Antragstellern erhöht. Eine Ermäßigung tritt anders als bei VV 3306 nicht ein.

8) Gegenstandswert. Er richtet sich nach der Höhe des Antrags auf einen Voll- 17 streckungsbescheid, evtl also nur nach demjenigen Teil des Mahnbescheids, für den der Antragsteller nun einen Vollstreckungsbescheid fordert. Auch eine nachträgliche Antragsermäßigung vermindert den Wert. Bei einer vorherigen Zurücknahme des Auftrags erfolgt keine Wertherabsetzung.

Fassung 1. 9. 2009: **Unterabschnitt 3. Vollstreckung und Vollziehung**
(Amtliche) Vorbemerkung 3.3.3:
   [1] Dieser Unterabschnitt gilt für
1. die Zwangsvollstreckung,
2. die Vollstreckung,
3. Verfahren des Verwaltungszwangs und
4. die Vollziehung eines Arrestes oder einstweiligen Verfügung,

soweit nachfolgend keine besonderen Gebühren bestimmt sind. [2] Er gilt auch für Verfahren auf Eintragung einer Zwangshypothek (§§ 867 und 870a ZPO).

Vorbem. Überschrift, amtliche Vorbemerkung idF Art 47 VI Z 19r, s FGG-RG v 17. 12. 08, BGBl 2586, in Kraft seit 1. 9. 09, Art 112 I Hs 1 FGG-RG, Übergangsrecht Art 111 FGG-RG, Grdz 2 vor § 1 FamGKG, Teil I B dieses Buchs.

Bisherige Fassung: **Unterabschnitt 3.**
Zwangsvollstreckung und Vollziehung einer im Wege des einstweiligen Rechtsschutzes ergangenen Entscheidung

(Amtliche) Vorbemerkung 3.3.3:
   Dieser Unterabschnitt gilt auch für Verfahren auf Eintragung einer Zwangshypothek (§§ 867 und 870a ZPO), Verfahren nach § 33 FGG und für gerichtliche Verfahren über einen Akt der Zwangsvollstreckung (des Verwaltungszwangs).

Nr.	Gebührentatbestand	Gebühr oder Satz der Gebühr nach § 13 RVG
3309	Verfahrensgebühr	0,3
	Anmerkung: Fassung 1. 9. 2009: (aufgehoben)	
3310	Terminsgebühr	0,3
	Die Gebühr entsteht nur für die Teilnahme an einem gerichtlichen Termin oder einem Termin zur Abnahme der eidesstattlichen Versicherung.	

Vorbem. Amtliche Anmerkung zu Nr 3309 aufgehoben dch Art 47 V Z 19t FGG-RG v 17. 12. 08, BGBl 2586, in Kraft seit 1. 9. 09, Art 112 I Hs 1 FGG-RG, Übergangsrecht Art 111 FGG-RG, Grdz 2 vor § 1 FamGKG, Teil I B dieses Buchs.

Nr.	Gebührentatbestand	Gebühr oder Satz der Gebühr nach § 13 RVG
	Bisherige Fassung der amtl Anm.: **Die Gebühr entsteht für die Tätigkeit in der Zwangsvollstreckung, soweit nachfolgend keine besonderen Gebühren bestimmt sind.**	

Zu VV 3309, 3310:

Gliederung

1) Systematik	1
2) Regelungszweck	2
3) Tätigkeit in der Zwangsvollstreckung oder Vollstreckung	3–47
A. Begriffe	3, 4

VV 3310

B. Abgrenzung zum Erkenntnisverfahren 5–7
C. Beispiele zur Frage der Entstehung einer Gebühr 8–47
4) **Gebührenhöhe** 48–51
   A. Grundsatz: Möglichkeit mehrerer Gebühren 48
   B. Verfahrensgebühr, VV 3309 49
   C. Terminsgebühr, VV 3310 50
   D. Einigungsgebühr, VV 1000 51
5) **Gegenstandswert** 52
6) **Kostenerstattung** 53

1 **1) Systematik.** VV 3309, 3310 sind schwer überschaubar. Sie regeln die Vergütung des Anwalts im Zwangsvollstreckungs- und Vollstreckungsverfahren, beim gerichtlichen Verfahren über einen Verwaltungszwang sowie bei der Vollziehung eines Arrestbefehls oder einer einstweiligen Verfügung und bei §§ 867, 870a ZPO, amtliche Vorbemerkung 3.3.3. Daneben gilt zB § 7, dort Rn 1. VV 1008 ist anwendbar, LG Köln MDR **05**, 1318, AG Singen JB **06**, 329.

VV 3333 enthält eine Spezialregelung für ein *Verteilungsverfahren außerhalb der Zwangsversteigerung* und Zwangsverwaltung. Das Zwangsversteigerungs- und Zwangsverwaltungsverfahren ist in §§ 26, 27 VV 3311, 3312 besonders geregelt. Im *Erinnerungsverfahren* nach § 766 ist jetzt VV 3500 anwendbar, LG Bln-Wedding JB **00**, 545. Auch im Verfahren der sofortigen Beschwerde nach § 793 ZPO gilt VV 3500. Denn jene Vorschrift erfaßt jede Art von Beschwerdeverfahren.

2 **2) Regelungszweck.** Die Vorschriften dienen zusammen mit §§ 16–18 einer einigermaßen gerechten Erfassung und Bewertung der außerordentlich unterschiedlich gearteten und durchaus unterschiedlich schwierigen Tätigkeiten des Anwalts in den in Rn 1 genannten Verfahren. Im Bemühen um eine Kostengerechtigkeit ist eine auch in diesem Abwicklungsstadium zwecks Prozeßwirtschaftlichkeit wünschenswerte, aber problematische Fallaufzählung entstanden. Sie verwirrt oft. Man sollte diese Unklarheiten nicht auf dem Rücken des Anwalts austragen.

3 **3) Tätigkeit in der Zwangsvollstreckung oder Vollstreckung.** Abgrenzung und Anwendbarkeit erfordern große Sorgfalt.

A. Begriffe. Die Vorschrift regelt die Tätigkeit des Anwalts in jeder Art von Zwangsvollstreckungsverfahren nach §§ 704 ff ZPO, AG Singen JB **06**, 329, OVG Bautzen NVwZ-RR **09**, 702, oder Vollstreckungsverfahren nur nach §§ 86–94, 96 FamFG oder nach § 95 FamFG in Verbindung mit §§ 704 ff ZPO. Das gilt mit Ausnahme der in VV 3311–3323 genannten Sonderfälle (Zwangsversteigerung, Zwangsverwaltung, Insolvenzverfahren, schiffahrtsrechtliches Verteilungsverfahren). Es muß sich allerdings um eine solche Zwangsvollstreckung oder Vollstreckung handeln, die auf Grund eines solchen Erkenntnisverfahrens erfolgt, für das VV Teil 3 gilt oder die sich nach den vorstehenden Regeln abwickelt.

4 *Hierher gehören zB:* das arbeitsgerichtliche Vollstreckungsverfahren; das Verfahren nach §§ 62 ArbGG, 109 II GenG, 31 LwVG, 198 ff SGG, 89, 90, 201 II, 215 II 2, 257 I, II InsO, 93, 132, 162 ZVG, 124, 406b, 463, 464b S 3 StPO, 155, 157 II KostO, BLAH § 794 ZPO Rn 45–55, LG Hagen DGVZ **80**, 175 (eine Gebühr kann der Notar nicht fordern, auch nicht als ein Verkehrsanwalt). Es kann sich auch um die Zwangsvollstreckung aus einem landesrechtlichen Titel handeln, § 801 ZPO, zB aus einem Vergleich vor dem Schiedsmann.

Ebenfalls unter VV 3309, 3310 fällt nach der amtlichen Vorbemerkung 3.3.3: Das Vollziehungsverfahren nach §§ 928 ff, 936 ff ZPO; das Verwaltungszwangsverfahren.

5 **B. Abgrenzung zum Erkenntnisverfahren.** VV 3309 gilt für jede Art von Tätigkeit des Anwalts im Zwangsvollstreckungs- oder Vollstreckungsverfahren, mag er mit der Durchführung dieses Verfahrens überhaupt oder nur mit einer einzelnen Tätigkeit darin betraut sein, LG Düss JB **07**, 527, Meyer JB **03**, 75. Wenn der Anwalt jedoch schon der ProzBev oder VerfBev im Erkenntnisverfahren war, gehören gewisse Tätigkeiten in der Zwangsvollstreckung usw trotzdem noch zum Erkenntnisrechtszug, § 19 I 2 Z 11, 13, 16. Diese Vorschrift hat dann den Vorrang.

6 Andererseits gehören gewisse Tätigkeiten zur *Vorbereitung* einer Zwangsvollstreckung oder Vollstreckung schon nach der amtlichen Vorbemerkung 3 II für denjenigen Anwalt zur Zwangsvollstreckung oder Vollstreckung, der noch nicht im Erkenntnisver-

Vergütungsverzeichnis **3310 VV**

fahren als der ProzBev oder VerfBev tätig war, Hbg MDR **76**, 56, Mümmler JB **76**, 62.
Daraus ergibt sich: Der *verfahrensrechtliche* Begriff der Zwangsvollstreckung oder Vollstreckung deckt sich *nicht* völlig mit dem *gebührenrechtlichen*, Mü JB **78**, 1683. Man muß also jeweils prüfen, ob der Anwalt schon im Erkenntnisverfahren als der ProzBev oder VerfBev tätig war oder nicht. VV 3100 ff vergüten die Tätigkeit für den Schuldner in einem Prozeß nach § 767 ZPO neben derjenigen in einem solchen gesonderten Erinnerungsverfahren, für das (jetzt) VV 3500 gilt, LG Bln AnwBl **87**, 499.
Im einzelnen muß man außerdem jeweils darauf achten, ob man die jeweilige Tätigkeit gegenüber einer sonstigen Tätigkeit des Anwalts sei es als der ProzBev oder VerfBev, sei es lediglich in der Zwangsvollstreckung als eine *besondere Angelegenheit* nach § 18 ansehen muß. 7

C. Beispiele zur Frage der Entstehung einer Gebühr 8

Abschiebung: Rn 11 „Ausländergesetz".
Abstandnahme: Eine Bitte um die Abstandnahme von einer vorläufigen Vollstreckung gibt dem ProzBev eine Gebühr nach (jetzt) VV 3309, Hamm JB **96**, 249.
Androhung: Schon die bloße Androhung einer bereits und noch zulässigen Vollstreckungsmaßnahme in einem Mahnschreiben gibt dem ProzBev oder VerfBev spätestens nach einer vom BVerfG NJW **99**, 778 reichlich großzügig gewährten angemessenen Frist zur „freiwilligen" (?) Zahlung eine Gebühr nach (jetzt) VV 3309, KG JB **01**, 211, Kblz MDR **95**, 753, Schlesw AnwBl **94**, 473, aM AG Schwäbisch-Hall DGVZ **81**, 92.
Auch dann, wenn hinter dem Schuldner eine *Versicherung* steht, verlängert sich 9 die etwa notwendige Bedenkzeit keineswegs automatisch. Der Gläubiger hat schon lange genug warten müssen, und die Versicherung kann sogar rascher als mancher Versicherungsnehmer ihre Entscheidung treffen, aM Düss JB **91**, 232 (drei Wochen seien immer noch zu kurz. Wie lange soll der Gläubiger dann noch warten?).
Die Gebühr für die Erteilung des Vollstreckungsauftrags gilt eine *vorangegangene* 10 Vollstreckungsandrohung ab, (jetzt) amtliche Vorbemerkung 3 II, LG Kassel DGVZ **96**, 12, AG Bln-Charlottenb DGVZ **98**, 175, AG Münst DGVZ **06**, 31. Wegen der einer Verurteilung vorausgehenden Androhung eines Ordnungsgelds zB nach § 890 II ZPO vgl § 19 Rn 55.
Arbeitsgerichtsverfahren: Auf die Vertretung im Verfahren zur Festsetzung eines 11 Zwangs- oder Ordnungsgeldes nach § 23 BetrVG ist (jetzt) VV 3309 anwendbar, LAG Bln AnwBl **89**, 685.
Arrest, einstweilige Verfügung: § 19 Rn 24. Die Vollziehung des Arrests oder der einstweiligen Verfügung und die Zwangsvollstreckung aus der Hauptsache sind verschiedene Angelegenheiten, GSchm 157, aM Ffm JB **02**, 140, KG MDR **10**, 55, Kblz Rpfleger **03**, 269. Sie löst eine Gebühr VV 3309 aus, Hamm JB **02**, 588, Köln JB **98**, 639, Mü AnwBl **98**, 348.
Die Löschung einer Vormerkung löst *keine* Gebühr nach (jetzt) VV 3309 aus, Düss AnwBl **93**, 400, Schlesw JB **88**, 763. Es kommt dann VV 2300 in Betracht.
Die Zustellung der einstweiligen Verfügung löst keine zusätzliche Gebühr VV 3309 aus, Brschw Rpfleger **06**, 44.
Aufenthaltsermittlung: Sie kann zur Zwangsvollstreckung gehören, BGH FamRZ **04**, 536, LG Konst Rpfleger **92**, 365, Hansens JB **57**, 809, aM AG Leverkusen AnwBl **87**, 294, AG Westersede AnwBl **87**, 246.
Aufforderungsschreiben: Rn 8 „Androhung".
Aufhebung einer Vollstreckungsmaßnahme: § 19 Rn 56.
Ausländergesetz: Die Aussetzung der Abschiebung und die Erteilung einer Duldung zählen zur Zwangsvollstreckung, VGH Mannh AnwBl **00**, 138, aM OVG Bln NVwZ **98**, 992, OVG Bre NVwZ-RR **99**, 701 (je: VV 3100 ff).
Auslandsunterhaltsgesetz: VV 3309 gilt auch eine Tätigkeit des Anwalts im Rahmen der Beiordnung zwecks einer Zwangsvollstreckung nach § 6 AUG ab, AG Fürth JB **94**, 33.
Austauschpfändung: § 18 Rn 22.
Befriedigung des Gläubigers: Die Zwangsvollstreckung oder Vollstreckung endet 12 mit der völligen Befriedigung des Gläubigers. Sämtliche Tätigkeiten bis zu diesem

1813

Zeitpunkt zählen zu ihr. Die Befriedigung tritt unter den folgenden Voraussetzungen ein.

– **(Fahrnis):** Bei einer Zwangsvollstreckung usw in bewegliche Sachen tritt die Befriedigung durch die Auszahlung des Erlöses oder bei einer Ersteigerung durch den Gläubiger mit dem Zuschlag nach § 817 ZPO ein. Eine Einwendung des Schuldners nach § 766 ZPO begründet für den Anwalt des Gläubigers zwar keine neue Instanz. Denn sie betrifft ja gerade die bisherige Maßnahme. Dasselbe gilt bei einer Erinnerung gegen eine Entscheidung des Rpfl nach § 11 RPflG oder bei einer Dienstaufsichtsbeschwerde gegen den Gerichtsvollzieher. Der Anwalt des Schuldners tritt allerdings unter Umständen erst dann ins Verfahren ein. Im übrigen muß man bei einer Erinnerung stets VV 3500 beachten.

Das *Verteilungsverfahren* kann eine besondere Gebühr nach VV 3311 amtliche Anmerkung Z 2, VV 3317 amtliche Anmerkung auslösen.

13 – **(Forderung, sonstiges Recht):** Bei einer Zwangsvollstreckung usw in eine Forderung oder ein sonstiges Recht endet das Vollstreckungsverfahren mit der Überweisung an Zahlungs Statt oder bei einer Überweisung zur Einziehung mit der Zahlung des Drittschuldners, ferner mit der Ablieferung des Erlöses an den Gläubiger, § 874 ZPO.

– **(Handlung, Unterlassung):** Das Vollstreckungsverfahren endet mit der Ahndung oder mit der Zurückweisung des Antrags. Jeder Antrag begründet eine neue Angelegenheit.

– **(Herausgabe einer Sache):** Bei einer Vollstreckung nach §§ 883 ff ZPO endet das Verfahren mit der Ablieferung der Sache an den Gläubiger und bei einer Räumung nach § 885 ZPO mit der Besitzeinweisung.

14 – **(Sonstige Fälle):** Die Zwangsvollstreckung usw endet ferner mit jeder sonstigen endgültigen Erledigung der Zwangsvollstreckungsmaßnahme, etwa: Mit einer Freigabe; mit der endgültigen Einstellung der Pfändung, § 775 Z 1 ZPO.

Eine *einstweilige Anordnung* auf eine Einstellung beendet die Vollstreckung nicht, selbst wenn die einstweilige Anordnung dahin lautet, daß das Gericht die Zwangsvollstreckungsmaßnahme gegen eine Sicherheitsleistung aufhebt. Soweit der ProzBev oder VerfBev im Zusammenhang etwa mit einem Rechtsmittel, einem Antrag auf eine Wiedereinsetzung oder einem solchen auf eine Wiederaufnahme des Verfahrens die vorläufige Einstellung der Zwangsvollstreckung usw beantragt, gelten VV 3100 ff diese Tätigkeit ab, es sei denn, daß darüber eine besondere mündliche Verhandlung stattfindet, VV 3104.

S auch Rn 20 „Einstellung der Zwangsvollstreckung", Rn 44 „Weiterer Vollstreckungsversuch".

15 **Beginn:** Die Zwangsvollstreckung usw beginnt mit dem Vollstreckungsauftrag, auch vor dem Ablauf der Wartefrist nach § 798 ZPO, AG Halle AnwBl **84**, 220 (zustm Chemnitz), oder mit dem Antrag nach § 754 ZPO. Sie beginnt auch mit einer Vorpfändung oder mit einem Pfändungsauftrag.

Sie beginnt *nicht* schon mit der Erwirkung der Vollstreckungsklausel, Köln Rpfleger **93**, 373.

Berichtigung: § 19 Rn 23.
Beschlagnahme: Rn 36 „Räumung".
Besondere Verwertung: § 18 Rn 23.
Bürgschaft: Ihre Beschaffung reicht noch nicht, soweit sie vor einem Zulassungsantrag erfolgt, VV 2300, KG MDR **76**, 767. Ein Antrag auf ihre Zulassung genügt. Die Zustellung einer Bürgschaftsurkunde nach § 751 II ZPO zählt zur Zwangsvollstreckung, Köln JB **93**, 624, LG Landshut AnwBl **80**, 267.

16 **Dienstaufsichtsbeschwerde:** Eine Dienstaufsichtsbeschwerde gegen den Gerichtsvollzieher begründet für den Anwalt des Gläubigers keine neue Instanz. Denn sie betrifft gerade die bisherige Vollstreckungsmaßnahme.

Etwas anderes gilt für den Anwalt des Schuldners, der damit erst ins Verfahren tritt.

17 **Dritter:** Ausreichen kann die Tätigkeit für einen Dritten, zB für einen Schein-Schuldner, LG Düss JB **07**, 527.
Drittschuldner: Die Erklärung des Drittschuldners nach § 840 ZPO zählt zur Zwangsvollstreckung usw, Köln JB **92**, 267. Die bloße Erinnerung des Anwalts an

3310 VV

den Drittschuldner zwecks einer Auskunft ist mit der Erwirkung des Pfändungs- und Überweisungsbeschlusses abgegolten, LG Hann JB **02**, 585. Die gesonderte *Aufforderung des Gläubigers* an den Drittschuldner zur Auskunft oder Zahlung nach der Überweisung der Forderung an den Gläubiger nebst einer Klagandrohung zählt *nicht* zur Zwangsvollstreckung usw. Der Anwalt erhält für eine solche Tätigkeit eine Vergütung nach (jetzt) VV 2300, 3100 ff, Rn 34, LG Hann JB **02**, 585, AG Düss JB **00**, 601, AG Köln JB **02**, 326, aM LG Bonn JB **01**, 26 (§ 32 I).

S auch Rn 31 „Mehrheit von Schuldnern oder Drittschuldnern".

Drittwiderspruchsklage: Es sind VV 3100 ff anwendbar.

Duldung: § 18 Rn 8.

Durchsuchungsanordnung: § 19 Rn 52. Der anschließende Fortsetzungsantrag des Gläubigers begründet *keine* besondere Angelegenheit, Stgt DGVZ **86**, 26, AG Elmshorn DGVZ **83**, 175, AG Hann DGVZ **83**, 31. 18

Eidesstattliche Versicherung: § 18 Rn 28, 33. Die eidesstattliche Versicherung nach §§ 900 ff ZPO, 94 FamFG zählt zur Zwangsvollstreckung usw, auch wenn es nicht mehr zur Ladung des Schuldners kommt, LG Hanau JB **89**, 1552, LG Köln JB **89**, 207, LG Mainz JB **84**, 1534, aM LG Detm Rpfleger **90**, 391. VV 3309 gilt auch die Anträge zwecks eines Haftbefehls und dessen Durchführung ab, LG Oldb JG **91**, 1003. Die Pfändung und die eidesstattliche Versicherung können verschiedene Angelegenheiten sein, LG Paderb DGVZ **84**, 13, AG Kblz DGVZ **84**, 62, Enders JB **99**, 2. Das gilt aber nur, wenn zB neue Tatsachen einen Erfolg versprechen, AG Fritzlar DGVZ **85**, 191. 19

Einstellung der Zwangsvollstreckung: Die endgültige Einstellung beendet schlechthin die Angelegenheit. Eine Einstellung der Pfändung bedeutet ebenfalls die Beendigung der Zwangsvollstreckung, § 775 Z 1 ZPO. 20

Eine *einstweilige Anordnung* auf eine Einstellung beendet die Vollstreckungsinstanz nicht, LG Bonn Rpfleger **90**, 226, LG Hbg DGVZ **86**, 188. Die einstweilige Anordnung beendet die Vollstreckungsinstanz selbst dann nicht, wenn sie auf eine Aufhebung der Vollstreckungsmaßnahme gegen eine Sicherheitsleistung lautet.

S ferner Rn 31 „Mehrheit von Schuldnern oder Drittschuldners", Rn 45 „Wohnungsdurchsuchung, -wechsel".

Einstweilige Verfügung: Rn 11 „Arrest, einstweilige Verfügung".

Einwendung: Rn 21 „Erinnerung", Rn 41 „Vollstreckungsklausel".

Ende der Zwangsvollstreckung: Rn 12 „Befriedigung des Gläubigers".

Erinnerung: Eine Erinnerung nach § 766 ZPO begründet für den Anwalt des Gläubigers zwar *keine* besondere Angelegenheit. Denn sie betrifft gerade die bisherige Maßnahme, LG Bre JB **99**, 495. Das gilt unabhängig davon, wer die Erinnerung eingelegt hat, LG Ffm Rpfleger **84**, 478. Dasselbe gilt für eine Erinnerung gegen die Entscheidung des Rpfl nach § 11 RPflG. 21

Etwas anderes mag für denjenigen Anwalt des Schuldners gelten, der erst mit der Erinnerung in das Verfahren tritt, AG Eckernförde JB **09**, 533. Im übrigen muß man stets VV 3500 beachten.

Ermittlung: Die Ermittlung zB des Aufenthaltsorts des Schuldners kann unter (jetzt) VV 3309 fallen, aM LG Konst AnwBl **91**, 168 (§ 120 II).

Ersatzvornahme: Rn 40 „Vertretbare Handlung".

Erzwingung: Die Erzwingung einer Handlung ist gegenüber etwa der Sachpfändung oder der Forderungspfändung als eine verschiedenartige Maßnahme eine *besondere* Angelegenheit.

Familiensache: Die zugehörige Vollstreckung löst auch insoweit die Gebühr VV 3309 aus, als sie in einem FamFG-Verfahren erfolgt. 22

Feiertag: VV 3309, 3310 sind anwendbar, § 19 Rn 52.

Finanzgerichtliches Verfahren: VV 3309 gilt auch in ihm, Überschrift Teil 3.

Freigabe: Die Zwangsvollstreckung endet mit einer Freigabe. Denn es handelt sich um eine endgültige Erledigung der Zwangsvollstreckungsmaßnahme.

Gebrauchsmuster, Marke: Der Antrag auf die Löschung eines Gebrauchsmusters oder einer Marke auf Grund eines Urteils zählt *nicht* zur Zwangsvollstreckung usw. Denn das Urteil ersetzt die Einwilligung des Schuldners. Daher findet keine Zwangsvollstreckung usw mehr statt. Es gelten daher § 34, VV 2300. 23

Gegenstandswert: Rn 55 ff.

VV 3310

24 **Gerichtsvollzieher:** Man muß die folgenden Situationen unterscheiden.
– **(Auftrag):** Der Vollstreckungsauftrag nach § 754 ZPO zählt zur Zwangsvollstreckung usw, Düss VersR **81**, 737. Das gilt auch zB bei einer Sicherungsvollstreckung nach § 720a ZPO, Saarbr AnwBl **79**, 277, oder bei §§ 827 I 1, 848, 854 I 2, 855 ZPO.
– **(Bestimmung):** § 19 Rn 54.
– **(Weigerung):** Nur diejenigen Einzelmaßnahmen stehen in einem inneren Zusammenhang und bilden daher dieselbe Angelegenheit, die eine einmal eingeleitete Maßnahme mit demselben Ziel der Befriedigung fortsetzen. Das gilt zB dann, wenn das Vollstreckungsgericht eine Weigerung des Gerichtsvollziehers zur Vornahme einer Vollstreckungshandlung für unberechtigt erklärt hat und wenn der Gläubiger nun die Zwangsvollstreckung usw weiterführt.
Gesamtschuldner: Rn 31 „Mehrheit von Schuldnern oder Drittschuldnern".
25 **Grundbuch:** Man muß die folgenden Situationen unterscheiden. Für eine Beschwerde gelten VV 3500 ff.
– **(Berichtigung):** Die Berichtigung des Grundbuchs zählt *nicht* zur Zwangsvollstreckung usw. Denn sie endete bereits mit der Erteilung der vollstreckbaren Ausfertigung. Die anschließenden Maßnahmen richten sich nach dem Grundbuchrecht und fallen unter § 34, VV 2300.
26 – **(Eintragung):** Wegen der Eintragung einer Zwangshypothek § 18 Rn 44. Der Eintragungsantrag gehört zur Zwangsvollstreckung usw, ebenso entsprechende Eintragungen wie die Pfändung einer Hypothek, § 830 ZPO, einer Reallast, Grund- oder Rentenschuld, § 857 VI ZPO, und die Vorbereitungshandlungen, zB die Klausel, die Zustellung, die Forderungsverteilung nach § 867 II ZPO.

Nicht zur Zwangsvollstreckung usw gehört die Eintragung einer Vormerkung im Grundbuch auf Grund einer rechtskräftigen Entscheidung, § 894 ZPO, oder einer vorläufig vollstreckbaren Entscheidung, § 895 ZPO, oder einer einstweiligen Verfügung, § 59, aM Köln JB **98**, 639. Die Vollziehung beruht auf dem Ersuchen des AG nach § 941 ZPO. Das gilt selbst dann, wenn der Antragsteller bereits im Gesuch auf den Erlaß der einstweiligen Verfügung um ein Eintragungsersuchen nach § 941 ZPO gebeten hatte.

Die Zwangsvollstreckung usw *endet* mit der Erteilung einer vollstreckbaren Urteilsausfertigung. Was danach kommt, richtet sich nach dem Grundbuchrecht und fällt unter (jetzt) § 34, VV 2300, 3101 amtliche Anmerkung Z 3, Ffm Rpfleger **79**, 222 (wegen der Löschung einer Vormerkung), Hamm JB **00**, 494, Köln JB **87**, 763.
27 **Handelsregister:** Eine Eintragung im Handelsregister usw gehört grds *nicht* zur Zwangsvollstreckung usw. Denn sie erfolgt meist von Amts wegen.
Herausgabe: Die Zwangsvollstreckung usw auf die Herausgabe einer Sache nach §§ 883 ff ZPO endet mit der Ablieferung der Sache an den Gläubiger, bei einer Räumung nach § 885 ZPO, § 95 FamFG mit der Besitzeinweisung.
28 **Information:** Schon ihre auftragsgemäße Entgegennahme kann zur Zwangsvollstreckungstätigkeit zählen, LG Bonn JB **83**, 241.
Insolvenztabelle: Die Erwirkung der Berichtigung der Insolvenztabelle auf Grund eines Urteils, das die bestrittene Insolvenzforderung feststellt, §§ 189, 201 InsO, gehört zur Zwangsvollstreckung, fällt aber unter VV 3313 ff.
29 **Juristische Person des öffentlichen Rechts:** § 18 Rn 36.
30 **Kostenerstattung:** Rn 56 ff.
31 **Mahnschreiben:** Rn 8 „Androhung".
Marke: Rn 23 „Gebrauchsmuster, Marke".
Mehrheit von Schuldnern oder Drittschuldnern: Die Vollstreckung gegen mehrere Schuldner oder Drittschuldner, auch gegen mehrere Eheleute, stellt stets *mehrere* Angelegenheiten dar. Das gilt selbst dann, wenn sie auf Grund desselben Vollstreckungstitels erfolgt, Ffm JB **04**, 133, Köln Rpfleger **01**, 149, AG Singen JB **06**, 329, aM LG Bln (81. ZK) AnwBl **84**, 218 (abl Schmidt), oder wenn die Zustellungen zB mehrerer Zahlungsverbote gleichzeitig erfolgen, Köln Rpfleger **01**, 149.

Man muß jedoch im allgemeinen den Auftrag dahin *auslegen*, daß der Anwalt die Zwangsvollstreckung usw nur fortsetzen soll, wenn und soweit sie bei dem ersten oder den ihm folgenden Schuldnern keinen Erfolg gehabt hat. Dann entstehen nur

Vergütungsverzeichnis **3310 VV**

so viele Gebühren, wie solche Schuldner vorhanden sind, gegen die der Gläubiger bis zur vollen Befriedigung vollstrecken müßte.
Die Vertretung *mehrerer* Schuldner kann unabhängig davon sein, ob äußerlich zusammengefaßte Vollstreckungsschutzanträge vorliegen, die mehrere Angelegenheiten darstellen, Düss Rpfleger **83**, 331, LG Mannh Rpfleger **82**, 238.

Mehrheit von Vollstreckungstiteln: Es kommt auf den Auftrag an, zB darauf, ob der Anwalt schon auf Grund des zunächst vorhandenen Titels vollstrecken soll.

Nachtzeit: VV 3309, 3310 sind anwendbar. § 19 Rn 52. 32

Notfristzeugnis: Ungeachtet § 19 I 2 Z 9 kann VV 3309 anwendbar sein.

Offenbarungsversicherung: Rn 19 „Eidesstattliche Versicherung". 33

Ordnungsmittel: § 19 Rn 55. Jede Verhängung ist eine eigene Angelegenheit, § 18 Rn 31.

Pfändung: Es gibt viele Aspekte. 34
– **(Anderweitige Verwertung):** Anwendbar sind VV 3309, 3310 auf den Antrag auf eine solche Verwertung nach § 825 ZPO.
– **(Ausfallpfändung):** Rn 35 „– (Pfändungsarten)".
– **(Benachrichtigung):** Anwendbar sind VV 3309, 3310 auf eine Benachrichtigung des Auftraggebers vom Pfändungsergebnis.
– **(Drittschuldnererklärung):** Anwendbar sind VV 3309, 3310 auf eine Aufforderung nach § 840 I, II ZPO.
  Unanwendbar sind VV 3309, 3310 auf ein Verfahren gegen den nicht erklärungsbereiten Drittschuldner einschließlich der Mahnung, der Klagerhebung usw, Rn 17.
– **(Eingabe):** Anwendbar sind VV 3309, 3310 auf eine Eingabe an das Vollstreckungsgericht.
– **(Handlungserzwingung):** Rn 35 „– (Pfändungsarten)".
– **(Herausgabeanspruch):** Anwendbar sind VV 3309, 3310 bei der Pfändung eines Herausgabeanspruchs nach §§ 846 ff ZPO. Es handelt sich zusammen mit der weiteren Vollstreckung bis zur Ablieferung des Erlöses um dieselbe Angelegenheit nach § 15.
– **(Mehrere Anträge):** S „– (Mehrere Forderungen usw)".
– **(Mehrere Forderungen usw):** Bei der Pfändung mehrerer Forderungen oder anderer Rechte entscheidet die Einheit des Akts, also die Verbindung des Antrags durch den Anwalt. Es ist unerheblich, wieviele Schuldtitel vorliegen und wieviele Aufträge der Anwalt hat, § 15 V. Wenn er allerdings die Möglichkeit hatte, nur einen einzigen Antrag zu stellen, erhält er für die bloße Stellung mehrerer Anträge keine mehreren Gebühren, Düss MDR **93**, 701, Köln Rpfleger **01**, 150. Jedenfalls sind mehrere Gebühren nicht erstattungsfähig.
  Mehrere Pfändungen in *getrennten Akten* sind mehrere Angelegenheiten, selbst wenn sie wegen derselben Forderung erfolgen.
– **(Nachpfändung):** S „– (Pfändungsarten)". 35
– **(Pfändungsarten):** *Verschiedenartig* und daher besondere Angelegenheiten sind zB die Sachpfändung, die Forderungspfändung und die Erzwingung einer Handlung oder eine Ausfall-Nachpfändung, Karlsr JB **80**, 1536.
– **(Termin):** Anwendbar sind VV 3309, 3310 auf den Antrag auf eine Terminsverlegung usw.
– **(Überweisung):** Anwendbar sind VV 3309, 3310 auf einen Antrag nach § 835 ZPO.
– **(Urkundenherausgabe):** Anwendbar sind VV 3309, 3310 auf einen Antrag nach § 836 III ZPO.
– **(Versteigerung):** Anwendbar sind VV 3309, 3310 (dieselbe Angelegenheit) auf den Antrag auf eine Versteigerung zB bei der Pfändung einer beweglichen Sache oder einer Hypothek usw an einem Sonnabend, Sonntag oder Feiertag oder zur Nachtzeit oder an einem bestimmten Ort.
– **(Verzicht):** Anwendbar sind VV 3309, 3310 beim Verzicht nach § 843 ZPO, soweit der Anwalt nicht schon vorher in der Zwangsvollstreckung tätig war.
– **(Vorpfändung):** Anwendbar sind VV 3309, 3310 auf die Vorpfändung nach § 845 ZPO, Düss Rpfleger **93**, 208, Köln Rpfleger **01**, 150, Mümmler JB **87**, 1328.

36 **Ratenzahlung:** Die Mitwirkung des Anwalts zum Zweck des Abschlusses eines Ratenzahlungsvergleichs gehört zur Zwangsvollstreckung, Köln NJW **76**, 975, aM Bre JB **86**, 1203.
Räumung: Die ordnungsbehördliche Wohnungsbeschlagnahme beendet die Zwangsvollstreckung usw nicht, LG Bonn Rpfleger **90**, 226, aM LG Heilbr JB **95**, 546.
Räumungsschutz: § 18 Rn 21.
Rechtskraftzeugnis: Ungeachtet § 19 I 2 Z 9 kann VV 3309 anwendbar sein.
Rücknahme des Pfändungsantrags: § 19 Rn 56.
Schiffahrtsrechtliche Verteilungsordnung: Soweit nicht vorrangig VV 3313 ff gelten, ist VV 3309 anwendbar.
37 **Schuldneranschrift:** Rn 45 „Wohnunganfrage".
Schuldnerverzeichnis: § 18 Rn 39. Die Gebühr für die Erteilung des Vollstreckungsauftrags gilt eine Anfrage nach einer Eintragung ab, AG Dortm DGVZ **84**, 124, AG Mü DGVZ **95**, 14, AG Wesel DGVZ **90**, 77.
Sequester: § 19 Rn 53.
38 **Sicherheitsbestellung:** Ihre Kosten sind solche der Zwangsvollstreckung usw, Düss JB **07**, 525, Karlsr Rpfleger **97**, 232, LG Hanau AnwBl **83**, 47 (wegen der Sicherheitsleistung des Schuldners), AG Bln-Charlottenb AnwBl **83**, 48 (wegen einer Sicherheitsleistung des Gläubigers), aM Bbg JB **85**, 1502, Bre JB **87**, 547, Kblz JB **90**, 995. Vgl § 19 Rn 27.
Sicherungsvollstreckung: Die Sicherungsvollstreckung nach § 720a ZPO gehört zur Zwangsvollstreckung usw, Saarbr AnwBl **79**, 277. Die Aufforderung zur Sicherstellung reicht aus, eine Aufforderung zur Zahlung ist nicht erforderlich, LG Freibg Rpfleger **80**, 312. Der Titel und die Klausel müssen stets bereits zugestellt sein, Kblz AnwBl **92**, 549. Der Verwertungsauftrag löst keine weitere Auftragsgebühr aus, LG Wuppert DGVZ **86**, 121.
Sonntag: VV 3309, 3310 sind anwendbar. § 19 Rn 18.
Teilzahlungen: Rn 36 „Ratenzahlung".
39 **Umfang der Tätigkeit:** Er ist unerheblich, Ffm Rpfleger **83**, 502, Hamm JB **96**, 249.
Unkenntnis: Sie kann unschädlich sein, Kblz AnwBl **02**, 252.
Unterlassung: § 18 Rn 49, § 19 Rn 55.
Unvertretbare Handlung: § 18 Rn 28–30. Die Vorgänge gehören zur Zwangsvollstreckung usw.
Urteil: Rn 47 „Zustellung".
40 **Veröffentlichungsbefugnis:** VV 3309, 3310 sind anwendbar, § 18 Rn 40.
Verteilungsverfahren: Vgl zunächst Rn 1. Das Verteilungsverfahren erhält eine besondere Vergütung, VV 3311 amtliche Anmerkung Z 2, VV 3320 amtliche Anmerkung.
Vertretbare Handlung: Der Ermächtigungsantrag nach § 887 II ZPO zählt zur Zwangsvollstreckung usw. Vgl im übrigen § 18 Rn 27.
Verwaltung des gepfändeten Vermögensrechts: § 18 Rn 24.
Verwaltungszwangsverfahren: VV 3309 ist anwendbar, amtliche Vorbemerkung 2.4 I.
41 **Vollstreckbarerklärung:** Für diejenige eines ausländischen Titels kann VV 3309 anwendbar sein.
Vollstreckungsabwehrklage: Es gelten VV 3100 ff.
Vollstreckungsandrohung: Rn 8 „Androhung".
Vollstreckungsanzeige: Diejenige nach § 882a ZPO zählt zur Zwangsvollstreckung usw, § 19 II Z 4, Ffm Rpfleger **81**, 158. Dasselbe gilt bei einer landesrechtlichen vergleichbaren Anzeige, Düss Rpfleger **86**, 109, aM Kblz MDR **90**, 733.
Vollstreckungsaufschub: Solche Schuldnerbitte gehört grds zur Zwangsvollstreckung, Hamm RR **96**, 763.
Vollstreckungsauftrag: Der Auftrag nach § 754 ZPO zählt zur Zwangsvollstreckung, LG Bln-Wedding JB **00**, 545, AG Meldorf Rpfleger **80**, 32.
Vollstreckungsklausel: § 18 Rn 36 ff. Ungeachtet § 19 I 2 Z 13 kann VV 3309 anwendbar sein.
Vollstreckungsschutz: § 18 Rn 21.
Vollstreckungsvoraussetzungen: Ihre auftragsgemäße Prüfung zählt zur Zwangsvollstreckung. Die Voraussetzungen müssen noch nicht vorliegen, Ffm JB **88**, 786,

Vergütungsverzeichnis **3310 VV**

aM Gerauer Rpfleger **87**, 477 (aber das Kostenrecht und das Verfahrensrecht haben nicht stets dieselben Begriffe).
Vorbereitung: Wegen § 19 I 2 Z 1 gehört sie zur Zwangsvollstreckung usw, soweit kein anderes behördliches oder gerichtliches Verfahren stattfindet. Natürlich muß der Anwalt einen Auftrag auch über eine bloße Vorbereitung hinaus haben.
Vormerkung: Rn 26.
Vornahme einer Handlung: § 18 Rn 27.
Vorpfändung: Die Vorpfändung nach § 845 ZPO zählt zur Zwangsvollstreckung 42 usw. Denn sie wirkt wie ein bedingter Arrest und ist darum ein Akt der Zwangsvollstreckung. Für die nachfolgende Pfändung entsteht dann aber keine besondere Gebühr. Denn es handelt sich um dieselbe Angelegenheit, Bbg JB **78**, 243, Köln Rpfleger **01**, 150.
Allerdings können *zwei* Angelegenheiten vorliegen, wenn es sich um die Vorpfändung bei zwei Drittschuldnern handelt, AG Darmst AnwBl **76**, 301.
Mehrere Vorpfändungen stellen allerdings bei einem *einheitlichen Auftrag* nur eine 43 Angelegenheit dar, LG Kempten JB **90**, 1050 (ein einheitlicher Auftrag könne auch erzielbar sein). Andernfalls können selbst dann mehrere Angelegenheiten vorliegen, wenn nur jeweils eine Pfändung folgt, Mümmler JB **85**, 1418. Soweit eine Vorpfändung zulässig ist, kann schon eine Zahlungsaufforderung ohne eine vorherige oder gleichzeitige Zustellung des Vollstreckungstitels die Vollstreckungsgebühr auslösen, Ffm VersR **83**, 564.
Weiterer Vollstreckungsversuch: Soweit der erste Versuch zu keiner oder nur zu 44 einer teilweisen Befriedigung des Gläubigers geführt hat, ist ein späterer gleicher Versuch keine Fortsetzung des alten Verfahrens, sondern dann eine *neue* Angelegenheit, wenn kein Zusammenhang mit der früheren Vollstreckungsmaßnahme mehr besteht, Ffm Rpfleger **78**, 105, AG Obernbg DGVZ **94**, 78, Meyer JB **03**, 74. Das wird auch daraus deutlich, daß ein weiterer Vollstreckungsversuch ja in der Regel erst dann stattfindet, wenn zB der Schuldner inzwischen ein Vermögen erlangt haben soll oder wenn der Gläubiger sich aus einem anderen erst jetzt bekannt gewordenen Grund einen besseren Erfolg verspricht, Meyer JB **03**, 74.
S aber auch Rn 45 „Wohnungsdurchsuchung, -wechsel".
Wohnungsanfrage: Sie gehört zur Zwangsvollstreckung usw, BGH MDR **84**, 776. 45
Wohnungsdurchsuchung, -wechsel: Dieselbe Angelegenheit liegt nur bei einem inneren Zusammenhang von Einzelmaßnahmen gleicher Art vor. Nur solche Einzelmaßnahmen stehen im inneren Zusammenhang, die die einmal eingeleitete Maßnahme mit demselben Ziel der Befriedigung fortsetzen. Konnte ein Vollstreckungsversuch wegen eines Wohnungswechsels des Schuldners oder wegen anderer derartiger Umstände keinen Erfolg haben, bringt also ein neuer Versuch desselben Inhalts keine neue Gebühr zum Entstehen, LG Aachen DGVZ **85**, 114, LG Bbg DGVZ **99**, 93, LG Saarbr DGVZ **95**, 44. Das gilt, selbst wenn er sich auch an einem anderen (zweiten oder dritten) Gerichtsvollzieher richtet, Köln DGVZ **83**, 10, AG Ffm DGVZ **86**, 94, AG Fürth DGVZ **09**, 119, aM SchGei **76**.
Dasselbe gilt, wenn das Gericht die Zwangsvollstreckung usw *vorläufig eingestellt* 46 hat, LG Hbg DGVZ **86**, 188 (wegen Verweigerung der Durchsuchung). Hat aber der erste durchgeführte Versuch zu keiner oder nur zu einer teilweisen Befriedigung des Gläubigers geführt, ist ein späterer gleicher Versuch *keine* Fortsetzung des alten Verfahrens, Rn 44 „Weiterer Vollstreckungsversuch".
Zahlung: Für den nur mit der Zwangsvollstreckung usw beauftragten Anwalt entsteht 47 die Gebühr VV 3309. Das gilt selbst dann, wenn es infolge der Zahlung des Schuldners nicht mehr zu einer weiteren Vollstreckungshandlung kommt als zB zu einer Aufforderung zur Sicherstellung usw, LG Bln-Wedding JB **00**, 545, AG Altona DGVZ **77**, 47, Schmidt AnwBl **75**, 395. Das Abwarten ist nur für die Erstattungsfähigkeit erheblich. Denn der Auftraggeber braucht ja den Auftrag nicht sofort zu erteilen.
Zug-um-Zug-Leistung: Die Vergütung nach VV 3309 kommt dann in Betracht, wenn sich der Schuldner beim Erhalt der Zahlungsaufforderung im Verzug mit der Annahme der Gegenleistung befindet, Hamm AnwBl **92**, 550.
Zustellung: § 19 Rn 29 ff. Der hier zwecks Zwangsvollstreckung usw mit der Zustellung beauftragte Anwalt erhält die Gebühr VV 3309, Celle AnwBl **08**, 550.
S aber auch Rn 11 „Arreset, einstweilige Verfügung".

VV 3310, Einf 3311 Vergütungsverzeichnis

Zwangshypothek: VV 3309, 3310 sind auf ihre Eintragung wie auf ihre Löschung anwendbar, § 18 Rn 26.

48 **4) Gebührenhöhe.** Der nachfolgende Grundsatz wirkt sich bei allen Gebührenarten aus.

A. Grundsatz: Möglichkeit mehrerer Gebühren. Jede der in VV 3309, 3310 genannten Gebühren kann für eine Tätigkeit in der Zwangsvollstreckung usw je eine 0,3 Gebühr entstehen. Sie kann für den Anwalt des Gläubigers wie für denjenigen des Schuldners entstehen lassen. Ffm Rpfleger **83**, 502. Sie kann auch für denjenigen eines Dritten entstehen. Wegen mehrerer Auftraggeber vgl § 7 und VV 1008, Schneider DGVZ **05**, 92, aM AG Offenbach DGVZ **05**, 47, AG Recklingh DGVZ **05**, 30. Eine Herabsetzung erfolgt nicht.

Der Anwalt muß eine gewisse Tätigkeit entwickeln. Er darf sich also *nicht nur rein passiv* verhalten. Mit dieser Einschränkung ist der Tätigkeitsumfang unerheblich, Ffm Rpfleger **83**, 502. Der Gläubiger kann die Art und den Umfang der Anwaltstätigkeit auch durch das Protokoll des Gerichtsvollziehers nachweisen, LG Essen Rpfleger **84**, 203, LG Hagen Rpfleger **84**, 203.

(Jetzt) § 34 ist *unanwendbar*, soweit der Anwalt einen Auftrag zur Zwangsvollstreckung usw hat, Enders JB **99**, 57.

49 **B. Verfahrensgebühr, VV 3309.** Sie entsteht nach der amtlichen Vorbemerkung 3 II mit der auftragsgemäßen Aufnahme der Information, LG Bonn DGVZ **94**, 120. Sie entsteht auch mit einer auf die Zwangsvollstreckung usw gerichteten Handlung, etwa mit der Aufforderung zur Zahlung, und zwar auch dann in Höhe einer 0,3 Gebühr, wenn der Schuldner nunmehr zahlt und wenn es daher nicht mehr zu einer Zwangsvollstreckung kommt. Als eine Tätigkeit des Anwalts des Schuldners genügen die bloße Entgegennahme des Pfändungsbeschlusses und die Weitergabe nicht.

50 **C. Terminsgebühr, VV 3310.** Soweit in der Zwangsvollstreckung usw zu einem tatsächlich ordnungsgemäß begonnenen und noch nicht beendeten Termin nach der amtlichen Vorbemerkung 3 III vor dem Gericht zB nach §§ 765 a, 887 ff, 899 ff ZPO kommt, kann auch die Terminsgebühr VV 3310 in Höhe einer 0,3 Gebühr entstehen. Die vertretungsbereite bloße Anwesenheit des Anwalts nur im Termin zur Offenbarungsversicherung vor dem Gerichtsvollzieher kann genügen, VV 3310 amtliche Anmerkung Hs 2. Vgl im übrigen bei VV 3104. In derselben Angelegenheit entsteht die Terminsgebühr auch bei mehreren Terminen nach § 15 II 1 nur einmal.

Unanwendbar ist VV 3310 zB bei einer telefonischen oder mündlichen Besprechung oder Erörterung außerhalb eines der in der amtlichen Anmerkung genannten Termine. Das ergibt sich aus dem Wort „nur" in VV 3310 amtliche Anmerkung. Diese Vorschrift verdrängt als eine Sonderregelung die amtliche Vorbemerkung 3 III. Dann kann ja auch VV 1000 anfallen.

51 **D. Einigungsgebühr, VV 1000.** Unter den Voraussetzungen von VV 1000 kann auch bei einer in der Zwangsvollstreckung usw entstehenden Einigung eine besondere Einigungsgebühr entstehen, und zwar in voller Höhe, VV 1000 Rn 47 „Teilzahlungsvergleich", AG Traunst MDR **91**, 260. Wegen einer Zwischeneinigung VV 1000 Rn 56.

52 **5) Gegenstandswert.** Vgl § 25.
53 **6) Kostenerstattung.** Maßgeblich ist § 788. Einzelheiten BLAH dort.

Unterabschnitt 4. Zwangsversteigerung und Zwangsverwaltung
Einführung

1 **1) Systematik.** Der Unterabschnitt 4 enthält die Gebühren für die Tätigkeit des Anwalts im Zwangsversteigerungsverfahren, im Zwangsverwaltungsverfahren und im Verteilungsverfahren außerhalb eines der Zwangsversteigerung oder Zwangsverwaltung. Den *Gegenstandswert* regeln §§ 26, 27.

2 **2) Regelungszweck.** Man sollte die recht sorgfältige Differenzierung der Vergütungsmöglichkeiten und ihrer Grenzen schon wegen der ja durchweg hohen Gegenstandswerte eines solchen Verfahrens stets streng beachten, bei dem Schuldner ohnehin hohe Vermögensverluste drohen. Der Anwalt sowohl des Gläubigers als auch

Vergütungsverzeichnis **Einf 3311, 3311 VV**

des Schuldners hat zwar eine erhebliche Mitverantwortung zwecks Verhütung einer Verschleuderung von Werten. Das Gesetz hat sie aber im allgemeinen bereits mitbedacht. Man darf es daher nicht allzu großzügig auslegen.

3) Geltungsbereich. Es gibt zwei Fallgruppen. 3

A. Anwendbarkeit. VV 3311, 3312 sind zunächst im Verfahren der Zwangsversteigerung und Zwangsverwaltung anwendbar, §§ 864, 866 I ZPO. Das ZVG regelt die Einzelheiten dieser Verfahren, VV 3311, 3312 sind ferner in denjenigen besonderen Fällen anwendbar, die §§ 172 ff ZVG regeln und in denen andere gesetzliche Sondervorschriften das ZVG für anwendbar erklären.

B. Unanwendbarkeit. VV 3311, 3312 sind in folgenden Fällen unanwendbar: Es 4 handelt sich um die Vollsteckung aus dem Zuschlagsbeschluß gegen den Grundstücksbesitzer, § 93 ZVG, oder gegen den Ersteher, soweit es sich bei ihm nicht um eine Vollstreckung in das Grundstück handelt, § 132 ZVG. Denn dann liegt eine gewöhnliche Zwangsvollstreckung vor. Insofern sind VV 3309, 3310 anwendbar; es handelt sich um ein Aufgebotsverfahren nach §§ 138, 140 ZVG. Insofern ist VV 3324 anwendbar; es handelt sich um die Eintragung einer Zwangshypothek. Insofern sind VV 3309, 3310 anwendbar.

Weitere Fälle der Unanwendbarkeit: Es handelt sich um eine freiwillige Versteigerung. 5 Insofern ist VV 2300 anwendbar; der Anwalt wird als Zwangsverwalter tätig, § 1 II. Dann setzt das Gericht seine Vergütung nach § 153 ZVG in Verbindung mit der VO vom 16. 2. 70, BGBl 185, fest. Soweit der Anwalt als ein Zwangsverwalter einen Prozeß führt, können in entsprechender Anwendung von § 1835 II BGB VV 3100 ff anwendbar sein; er wird als ein Zustellungsvertreter tätig, § 7 II ZVG; er wird als ein Vertreter zur Ermittlung eines unbekannten Berechtigten tätig, § 135 ZVG.

Nr.	Gebührentatbestand	Gebühr oder Satz der Gebühr nach § 13 RVG
3311	Verfahrensgebühr .... Die Gebühr entsteht jeweils gesondert 1. für die Tätigkeit im Zwangsversteigerungsverfahren bis zur Einleitung des Verteilungsverfahrens; 2. im Zwangsversteigerungsverfahren für die Tätigkeit im Verteilungsverfahren, und zwar auch für eine Mitwirkung an einer außergerichtlichen Verteilung; 3. im Verfahren der Zwangsverwaltung für die Vertretung des Antragstellers im Verfahren über den Antrag auf Anordnung der Zwangsverwaltung oder auf Zulassung des Beitritts; 4. im Verfahren der Zwangsverwaltung für die Vertretung des Antragstellers im weiteren Verfahren einschließlich des Verteilungsverfahrens; 5. im Verfahren der Zwangsverwaltung für die Vertretung eines sonstigen Beteiligten im ganzen Verfahren einschließlich des Verteilungsverfahrens und 6. für die Tätigkeit im Verfahren über Anträge auf einstweilige Einstellung oder Beschränkung der Zwangsvollstreckung und einstweilige Einstellung des Verfahrens sowie für Verhandlungen zwischen Gläubiger und Schuldner mit dem Ziel der Aufhebung des Verfahrens.	0,4

Gliederung

1) Verfahrensgebühr, amtliche Anmerkung Z 1	1–3
2) Verteilungsgebühr, amtliche Anmerkung Z 2	4–6
3) Vertretung des Antragstellers im Anordnungsverfahren usw, amtliche Anmerkung Z 3	7–11
A. Begriff des Antragstellers	7
B. Anordnungsverfahren, Beitrittsverfahren	8–11

VV 3311

    4) Vertretung des Antragstellers im weiteren Verfahren, amtliche Anmerkung Z 4 12
    5) Vertretung eines sonstigen Beteiligten, amtliche Anmerkung Z 5 13
    6) Einstweilige Einstellung usw, amtliche Anmerkung Z 6 14
    7) Gegenstandswert, Z 1–6 15

1   **1) Verfahrensgebühr, amtliche Anmerkung Z 1.** Sie beträgt 0,4 Gebühr. Sie ermäßigt sich nicht. Sie gilt als eine einheitliche Gebühr für den Anwalt eines jeden Beteiligten, Mümmler JB **83**, 1464 aM Meyer JB **99**, 73, oder eines nicht zu den Beteiligten zählenden Besitzers nach §§ 1000, 1001, 1003 BGB oder Bieters. Sie gilt unabhängig von der Zahl der Gläubiger oder der Schuldner, LG Münst Rpfleger **80**, 401.

    A. Pauschale. Die Gebühr nach Z 1 gilt die gesamte Tätigkeit des Anwalts in demselben Verfahren ab, einschließlich eines Verfahrens nach §§ 30a ff, 180 II ZVG, unabhängig von seinem Umfang, Mümmler JB **78**, 1462. Denn Z 1 spricht nicht vom Umfang. Das gilt bis zur Einleitung des Verteilungsverfahrens, also bis zur Bestimmung des Verteilungstermins durch das Gericht, § 105 ZVG. Sie erfaßt also auch ein erfolgloses Vollstreckungsschutzverfahren.

2   **B. Beispiele zur Frage einer Anwendbarkeit von Z 1**

    Anderweitige Verwertung: S „Besondere Versteigerung".
    Anmeldung: Anwendbar ist Z 1 für die Anmeldung eines Anspruchs zB nach § 114 I 2 ZVG.
    Antragsrücknahme: Anwendbar ist Z 1 auf eine Antragsrücknahme nach § 29 ZVG.
    Besonderer Verkündungstermin: Anwendbar ist Z 1 auf die Wahrnehmung eines solchen Termins nach § 87 ZVG.
    Besondere Versteigerung: Anwendbar ist Z 1 auf einen Antrag nach § 65 I auf eine besondere Versteigerung oder anderweitige Verwertung.
    Drittschuldnerverbot: Anwendbar ist Z 1 für einen Antrag nach § 22 II ZVG, dem Drittschuldner zu verbieten, an den Schuldner zu zahlen.
    Einstellung wegen Überweisung: Anwendbar ist Z 1 auf einen Antrag nach § 75 ZVG auf eine solche Einstellung des Verfahrens.
    Gerichtliche Verwaltung: Anwendbar ist Z 1 auf einen Antrag nach § 94 I ZVG auf eine gerichtliche Verwaltung,
    Geringstes Gebot: Anwendbar ist Z 1 auf einen Antrag nach § 59 ZVG auf eine abweichende Feststellung des geringsten Gebots oder auf einen Antrag nach § 62 ZVG auf die Erörterung des geringsten Gebots.
    Information: Anwendbar ist Z 1 schon für eine auftragsgemäße Entgegennahme der Information.
    Mahnschreiben: *Unanwendbar* ist Z 1 auf ein bloßes derartiges Schreiben. Dann entsteht nur eine Gebühr 3403. Sie geht in einem anschließenden Verfahren in der Gebühr nach Z 1 auf. Wenn der Auftraggeber gleichzeitig mit dem Auftrag zur Absendung eines Mahnschreibens usw den Auftrag erteilt hatte, einen Antrag auf die Einleitung eines Zwangsversteigerungs- oder Zwangsverwaltungsverfahren zu stellen, gilt der letztere Auftrag grundsätzlich nur bedingt dann, wenn der Schuldner auf Grund des Mahnschreibens nicht zahlt.
    Miete, Pacht: Anwendbar ist Z 1 auf einen Antrag auf Zustellung nach § 57b I 2 ZVG oder auf Gerichtsermittlung nach § 57b I 4 ZVG.

3   **Neuer Versteigerungstermin:** Anwendbar ist Z 1 auf einen Antrag nach § 85 I ZVG auf einen solchen Termin.
    Notfristzeugnis: Anwendbar ist Z 1 auf die Beschaffung eines solchen Zeugnisses.
    Prozeßkostenhilfe: Anwendbar ist Z 1 auf einen solchen Antrag.
    Rechtskraftzeugnis: Anwendbar ist Z 1 auf die Beschaffung eines solchen Zeugnisses.
    Sicherungsmaßnahme: Anwendbar ist Z 1 für einen Antrag nach § 25 ZVG auf die Anordnung einer Sicherungsmaßnahme.
    Terminsnachbereitung: Anwendbar ist Z 1 auf eine Tätigkeit zwischen dem Versteigerungstermin und der Bestimmung des Verteilungstermins.
    Terminsvorbereitung: Anwendbar ist Z 1 auf eine solche Tätigkeit.

Vergütungsverzeichnis **3311 VV**

Vollstreckungsklausel: Anwendbar ist Z 1 auf die Beschaffung dieser Urkunde.
Zuständigkeit: Anwendbar ist Z 1 für den Antrag auf eine Bestellung des zuständigen Gerichts nach § 2 ZVG.
Zustellung: Anwendbar ist Z 1 auf eine Tätigkeit zur Durchführung einer erforderlichen Zustellung.

2) Verteilungsgebühr, amtliche Anmerkung Z 2. Für die Tätigkeit des Anwalts im Verteilungsverfahren nach §§ 105 ff ZVG entsteht neben der Gebühr nach Z 1 eine weitere 0,4 Gebühr. Sie entsteht für jede Tätigkeit im Auftrag eines Beteiligten nach der Bestimmung des Verteilungstermins, zB durch die Einreichung einer Anspruchsberechnung nach § 106 ZVG, für die Vorbereitung einer Terminsteilnahme oder des Verteilungsplans oder für seine Prüfung, ferner für die Erhebung eines Widerspruchs oder für eine Vereinbarung nach § 91 II ZVG zu Protokoll oder für einen Antrag nach § 138 I ZVG. Die Verteilungsgebühr gilt die Tätigkeit bis zur Ausführung des Verteilungsplans ab. Sie gilt auch eine anderweitige Verteilung nach einem Widerspruchsprozeß gemäß § 882 ZPO ab. 4

Soweit unter der Mitwirkung des Anwalts nach §§ 143 ff ZVG eine *außergerichtliche Verteilung* stattfindet, entsteht neben der 0,4 Gebühr für die allgemeine Tätigkeit im Verteilungsverfahren nach Z 2 Hs 1 evtl eine weitere 0,4 Gebühr nach Z 2 Hs 2, nicht aber nach VV 3312. Mitwirkung ist dasselbe wie bei VV 1000 Rn 57 ff. Es kann zusätzlich auch die Einigungsgebühr VV 1000 entstehen, LG Bre AnwBl **93**, 44. Ebenso kann zusätzlich die Hebegebühr VV 1009 entstehen. 5

Eine *Teilnahme am Verteilungstermin* ist für die Verteilungsgebühr keine Voraussetzung, sofern der Anwalt vorher oder nachher im Verteilungsverfahren tätig wird. Da das Verteilungsverfahren ein besonderer und für sich vergüteter Verfahrensabschnitt ist, entsteht durch die Tätigkeit des Anwalts nur in diesem Verteilungsverfahren aber auch nur eine Vergütung nach Z 2, nicht daneben die Verfahrensgebühr nach Z 1. Die Teilnahme am Verteilungstermin oder gar an mehreren solchen Terminen löst auch nicht etwa die Terminsgebühr VV 3312 aus, dort Rn 2. Die letztere entsteht also nur, soweit der Anwalt für einen Bieter auch außerhalb des Verteilungsverfahrens tätig wird. 6

3) Vertretung des Antragstellers im Anordnungsverfahren usw, amtliche Anmerkung Z 3. Es geht um die Zwangsverwaltung eines Grundstücks, eines Grundstücksbruchteils, eines Wohnungseigentums, eines grundstücksgleichen Rechts, nicht aber um diejenige eines Schiffs oder Schiffsbauwerks nach § 870a ZPO oder eines Luftfahrzeugs nach § 99 LuftFzG. 7

Keine Zwangsverwaltung sind: Eine bloße Sequestration nach § 25 ZVG, §§ 848, 855, 857 IV, 938 II ZPO; eine bloße Bewachung und Verwahrung eines Schiffs oder Luftfahrzeugs nach §§ 165, 171c II ZVG; eine bloße Sicherungsverwaltung nach § 94 ZVG; eine bloße Treuhandverwaltung nach der InsO.

A. Begriff des Antragstellers. Antragsteller ist jeder Gläubiger, der die Zwangsverwaltung nach §§ 146 ff ZVG betreibt oder der einer angeordneten Zwangsverwaltung beitritt. Antragsberechtigt ist ferner der Insolvenzverwalter, § 172 ZVG.

B. Anordnungsverfahren, Beitrittsverfahren. Für die auftragsgemäße Vertretung des Antragstellers im Verfahren über den Antrag auf die Anordnung der Zwangsverwaltung entsteht eine 0,4 Gebühr. Im Verfahren mit dem Ziel der Zulassung des Beitritts zu einer bereits angeordneten Zwangsverwaltung entsteht ebenfalls eine 0,4 Gebühr. In beiden Fällen ist der Umfang der Tätigkeit des Anwalts unerheblich, Köln JB **81**, 54, Wolicke NZM **01**, 665. 8

Die Gebühr *entsteht,* sobald der Anwalt in einer Ausführung des Auftrags etwas tut, zB die Information aufnimmt, Wolicke NZM **01**, 665, oder zunächst den Antrag beim Vollstreckungsgericht stellt, auch etwa „nur" zur Vollziehung einer einstweiligen Verfügung.

Die Gebühr entsteht *ferner dann,* wenn der Anwalt nach einer auftragsgemäßen Vertretung im Zwangsversteigerungsverfahren und nach wiederholten vergeblichen Versteigerungsversuchen des Gerichts nunmehr im Auftrag des Gläubigers den Antrag auf eine Fortsetzung des Versteigerungsverfahrens als Zwangsverwaltungsverfahren oder auf eine Zulassung seines dortigen Beitritts stellt, § 77 II ZVG. 9

Dann ist die Tätigkeit des Anwalts, die mit dem Antrag auf das Zwangsverwaltungsverfahren beginnt, auch *nicht* etwa durch die zuvor nach der amtlichen Anmer- 10 kung Z 1, 2 entstandenen Gebühren *abgegolten,* Wolicke NZM 01, 665. Denn eine Zwangsverwaltung stellt gegenüber einer Zwangsversteigerung eine andere Angelegenheit dar. Daher ist die amtliche Anmerkung Z 3 auch bei gleichzeitigen Anträgen neben Z 1, 2 anwendbar.

11 Die Gebühr nach Z 3 gilt die *gesamte Tätigkeit* des Anwalts bis zur Anordnung der Zwangsverwaltung oder bis zur Zulassung des Beitritts oder bis zur Ablehnung einer dieser Maßnahmen ab, Köln JB **81**, 54. VV 1008 ist anwendbar. Eine Ermäßigung tritt nicht ein, zB nicht dann, wenn der Auftrag vor der Antragseinreichung endet.

12 **4) Vertretung des Antragstellers im weiteren Verfahren, amtliche Anmerkung Z 4.** Für die Vertretung des Antragstellers nach der Anordnung der Zwangsverwaltung oder nach der Zulassung des Beitritts im weiteren Verfahren einschließlich des gerichtlichen oder außergerichtlichen Verteilungsverfahrens entsteht eine weitere 0,4 Gebühr und keine Mindestgebühr. Auch die 0,4 Gebühr entsteht, sobald der Anwalt irgendeine Tätigkeit zur Ausführung gerade dieses Auftrags vornimmt. Sie gilt die gesamte weitere Tätigkeit des Anwalts in diesem Verfahren unabhängig von seiner Dauer bis zu seiner Aufhebung ab, also auch die Wahrnehmung etwaiger Termine und Verteilungen zB nach §§ 156, 158 ZVG. Soweit der Anwalt nur in diesem weiteren Verfahren tätig wird, erhält er auch nur die Gebühr nach Z 4. Eine nach Z 3 entstandene Gebühr bleibt neben derjenigen nach Z 4 bestehen. VV 1008 ist anwendbar.

13 **5) Vertretung eines sonstigen Beteiligten, amtliche Anmerkung Z 5.** Soweit der Anwalt einen anderen Beteiligten als den Antragsteller vertritt, entsteht eine 0,4 Gebühr und keine Mindestgebühr für die Vertretung im gesamten Zwangsverwaltungsverfahren. Das gilt unabhängig davon, ob der Anwalt nur im Anordnungsverfahren, im Beitrittsverfahren oder nur bzw auch im weiteren Verfahren tätig war, Z 4. Diese Gebühr gilt auch die Vertretung des sonstigen Beteiligten im Verteilungsverfahren ab. Neben dieser Gebühr kann also für die Vertretung des sonstigen Beteiligten keine weitere Gebühr nach Z 3 entstehen. Sonstiger Beteiligter ist vor allem der Schuldner oder ein nach § 9 ZVG Berechtigter. VV 1008 ist anwendbar.

14 **6) Einstweilige Einstellung usw, amtliche Anmerkung Z 6.** Eine weitere 0,4 Verfahrensgebühr entsteht für jedes der in Z 6 genannten Verfahren nach §§ 28 ff ZVG oder nach § 765 a ZPO, aber grundsätzlich nicht bei einer Teilungsversteigerung nach § 180 ZVG. Denn sie findet nicht in einem Zwangsvollstreckungsverfahren im eigentlichen Sinn statt, Karlsr Rpfleger **94**, 223, LG Bln Rpfleger **93**, 297, LG Frankenth Rpfleger **84**, 375, aM Düss FamRZ **96**, 1441, KG NZM **98**, 452, LG Münst Rpfleger **02**, 639 (aber man kann nicht einfach zwei im Kern unterschiedliche und nur in den Abwicklungsformen ähnliche Verfahrensarten vermengen). Die Gebühr nach Z 6 entsteht wegen § 15 II je Instanz nur einmal.

15 **7) Gegenstandswert, Z 1–6.** Es gelten §§ 26, 27.

Nr.	Gebührentatbestand	Gebühr oder Satz der Gebühr nach § 13 RVG
3312	Terminsgebühr .... ¹**Die Gebühr entsteht nur für die Wahrnehmung eines Versteigerungstermins für einen Beteiligten.** ²**Im Übrigen entsteht im Verfahren der Zwangsversteigerung und der Zwangsverwaltung keine Terminsgebühr.**	0,4

1 **1) Versteigerungstermin.** Für die Wahrnehmung gerade und nur des Versteigerungstermins nach §§ 66 ff ZVG entsteht neben der Verfahrensgebühr VV 3311 eine weitere 0,4 Gebühr. Sie erhöht sich auch dann nicht, wenn der Anwalt in demselben Verfahren mehrere Versteigerungstermine wahrnimmt. Das ergibt sich schon aus den Worten „eines Versteigerungstermins" in der amtlichen Anmerkung S 1, ferner aus § 15 II 1. Für die Entstehung der Terminsgebühr genügt die bloße vertretungsbereite Anwesenheit des Anwalts im Versteigerungstermin für einen Beteiligten.

Er braucht also keine darüber hinausgehende Tätigkeit im Termin vorzunehmen. Er braucht insbesondere *kein Gebot* abzugeben. Gibt er es aber ab, gilt VV 3312 das mit ab. Es kann sich dadurch allerdings der Gegenstandswert nach § 26 erhöhen. Der Anwalt braucht sich auch nicht zu irgendwelchen Vorgängen im Termin zu äußern. Der Anwalt, der erstmalig im Termin für den Auftraggeber tätig wird, erhält sowohl die Verfahrensgebühr nach VV 3311 als auch die Terminsgebühr nach VV 3312.

2) Vertretung gerade eines Beteiligten, amtliche Anmerkung S 1. Der Anwalt muß den Termin gerade für einen Beteiligten wahrnehmen. Diese Eigenschaft ergibt sich aus dem Verfahrensrecht, zB aus §§ 9, 163 III, 166, 172, 175 ZVG.

Kein Beteiligter sind zB: Der bloße Bieter; sein bloßer Bürge; ein bloßer Besitzer nach §§ 1000, 1001, 1003 BGB; ein nach § 61 ZVG Zahlungspflichtiger. Dann gilt VV 3311 amtliche Anmerkung Z 1.

3) Unanwendbarkeit, amtliche Anmerkung S 2. VV 3312 ist unanwendbar, soweit der Anwalt einen anderen Termin als den oder die Versteigerungstermin(e) wahrnimmt, also etwa einen Termin bei § 30b II 2 ZVG oder einen bloßen Verkündungstermin nach § 87 ZVG oder einen Termin zur Verhandlung über einen Einstellungsantrag nach §§ 28ff ZVG oder einen Erörterungstermin nach § 62 ZVG oder einen Verteilungstermin nach §§ 105ff ZVG oder eine außergerichtliche Verteilung nach §§ 143ff ZVG. Auch eine bloße Terminsvorbereitung läßt VV 3312 nicht entstehen.

Unterabschnitt 5. Insolvenzverfahren, Verteilungsverfahren nach der Schifffahrtsrechtlichen Verteilungsordnung

(Amtliche) Vorbemerkung 3.3.5:

I Die Gebührenvorschriften gelten für die Verteilungsverfahren nach der SVertO, soweit dies ausdrücklich angeordnet ist.

II Bei der Vertretung mehrerer Gläubiger, die verschiedene Forderungen geltend machen, entstehen die Gebühren jeweils besonders.

III Für die Vertretung des ausländischen Insolvenzverwalters im Sekundärinsolvenzverfahren entstehen die gleichen Gebühren wie für die Vertretung des Schuldners.

Einführung

1) Systematik. Der Unterabschnitt 5 enthält differenzierende vorrangige Sonderregeln. Die Bestimmungen der Abschnitte 1 und 2 ergänzen sie. Bei mehreren Aufträgen geht die amtliche Vorbemerkung 3.3.5 II als eine Sonderbestimmung dem § 7 und dem VV 1008 vor. § 34, VV 1000, 2300, 7000ff sind anwendbar. VV 1009 ist unanwendbar. Der Unterabschnitt 5 regelt nur die Tätigkeit des Anwalts im Verfahren vor dem Gericht. Soweit der Anwalt auftragsgemäß eine außergerichtliche Tätigkeit ausübt, ist VV 2300 anwendbar. Das gilt selbst dann, wenn die Tätigkeit im Interesse des Insolvenzverfahrens erfolgt, zB bei einer Tätigkeit zwecks einer außergerichtlichen Schuldenbereinigung, § 305 InsO, Enders JB **99**, 225.

2) Regelungszweck. Der im Insolvenzverfahren tätige Anwalt hat eine ungewöhnlich hohe Mitverantwortung an einem rechtlich, wirtschaftlich und nicht zuletzt auch psychisch vertretbaren Verfahrensablauf mit solchen Ergebnissen, die man allseits als einigermaßen erträglich empfinden kann. Deshalb sollte man die Gebührenvorschriften nicht zu kleinlich handhaben. Man sollte sie aber auch keineswegs zulasten der Masse zu großzügig anwenden, sondern man sollte sie eben möglichst maßvoll abgewogen auslegen.

3) Geltungsbereich. Der Unterabschnitt 5 erfaßt die Vertretung des Schuldners oder nach der amtlichen Vorbemerkung 3.3.5 III des ausländischen Insolvenzverwalters. VV 3313ff gelten die gesamte Tätigkeit desjenigen Anwalts ab, der einen Auftrag für das ganze Insolvenzverfahren oder nur für eine einzelne Handlung hat. Die Vorschriften beziehen sich aber nicht auf jede anwaltliche derartige Tätigkeit.

Soweit VV 3313ff unanwendbar sind, gilt evtl die *InsVV*, SchlAnh D dieses Buchs. § 5 I InsVV verweist freilich auf das RVG, soweit ein als Anwalt zugelassener Insolvenzverwalter eine solche Tätigkeit ausübt, die ein nicht als Anwalt zugelassener Verwalter angemessenerweise einem Anwalt übertragen hätte. Das kann zB bei einem Masseprozeß oder bei einzelnen Prozeßhandlungen gelten.

Die vorgenannten Bestimmungen gelten auch, soweit der Anwalt den Schuldner oder einen Gläubiger *außerhalb* des Insolvenzverfahrens und des schiffahrtsrechtlichen Verteilungsverfahrens vertritt. Soweit der Anwalt zunächst den Schuldner, nach der Aufnahme durch den Insolvenzverwalter aber diesen vertritt, liegen zwei Angelegenheiten vor.

5 **4) Beispiele zur Frage einer Anwendbarkeit von VV 3313 ff**
Absonderung: *Unanwendbar* sind VV 3313 ff auf eine Tätigkeit für einen nach §§ 49 ff InsO Absonderungsberechtigten. soweit ihm der Schuldner nicht auch persönlich haftet.
Aussonderung: *Unanwendbar* sind VV 3313 ff auf eine Tätigkeit für einen nach § 47 InsO Aussonderungsberechtigten, soweit ihm der Schuldner nicht auch persönlich haftet.
Beratung: *Unanwendbar* sind VV 3313 ff, soweit der Anwalt den Insolvenzverwalter nur berät. Dann ist § 34 anwendbar.
Bestellung: *Unanwendbar* sind VV 3313 ff auf das Bestellungsverfahren nach § 56 InsO.
Gläubiger: Anwendbar sind VV 3313 bei der Vertretung eines anderen Insolvenzgläubigers nach § 38 InsO.
   Unanwendbar sind VV 3313 ff auf eine Tätigkeit des Anwalts als Gläubiger.
Gläubigerausschuß: *Unanwendbar* sind VV 3313 ff auf den Anwalt als Mitglied des Gläubigerausschusses nach §§ 67 ff InsO.
Gläubigerbeirat: *Unanwendbar* sind VV 3313 ff auf den Anwalt als Mitglied des Gläubigerbeirats, vgl §§ 67 ff InsO, § 1 Rn 41.
Massegläubiger: *Unanwendbar* sind VV 3313 ff auf eine Tätigkeit des Anwalts für einen Massegläubiger nach §§ 53 ff InsO. Denn § 91 II 4 ZPO ist unanwendbar.
Rechtsstreit: *Unanwendbar* sind VV 3313 ff, soweit der Insolvenzverwalter den Anwalt mit der Führung eines Prozesses beauftragt. Dann gelten § 34, VV 3100 ff.
Sachwalter: *Unanwendbar* sind VV 3313 ff auf den Sachwalter nach § 274 InsO.
Schiffahrtsrechtliches Verteilungsverfahren: *Unanwendbar* sind VV 3313 ff auf den Anwalt als Sachwalter im dortigen Verfahren.
Treuhänder: *Unanwendbar* sind VV 3313 ff auf den Treuhänder nach §§ 292, 313 InsO.
Vergütungsfestsetzung: *Unanwendbar* sind VV 3313 ff auf die Tätigkeit des Anwalts im Verfahren auf die Festsetzung seiner Vergütung durch das Insolvenzgericht nach §§ 63–65, 73 InsO.
Vorläufiger Insolvenzverwalter: *Unanwendbar* sind VV 3313 ff grds auf den Anwalt als vorläufigen Insolvenzverwalter nach § 22 InsO.
Wechsel des Auftraggebers: Wegen einer Tätigkeit zunächst im Auftrag des späteren Schuldners, dann im Auftrag des Insolvenzverwalters Mümmler JB **76**, 277.
Zwangsvollstreckungshandlung: *Unanwendbar* sind VV 3313 ff, soweit der Anwalt nur im Zusammenhang mit einzelnen Vollstreckungshandlungen tätig wird. Dann gelten VV 3309, 3310. Das gilt zB bei einer eidesstattlichen Versicherung nach § 98 InsO.

6 **5) Kostenerstattung.** Ein Gläubiger kann diejenigen Anwaltskosten, die er im Zusammenhang mit seiner Teilnahme am Insolvenzverfahren bezahlen muß, nur nachrangig in diesen Verfahren erstattet fordern, § 39 I Z 2 InsO. Er kann aber die Erstattung derjenigen Anwaltskosten fordern, die infolge eines Rechtsstreits im Zusammenhang mit der Teilnahme am schiffahrtsrechtlichen Verteilungsverfahren der Haftungssumme zur Last fallen, §§ 31 II, 32 III SVertO. Soweit der Anwalt den Schuldner vertritt, handelt es sich lediglich um eine nicht bevorrechtigte Insolvenzforderung.

Nr.	Gebührentatbestand	Gebühr oder Satz der Gebühr nach § 13 RVG
3313	Verfahrensgebühr für die Vertretung des Schuldners im Eröffnungsverfahren	1,0

Vergütungsverzeichnis **3313–3316 VV**

Nr.	Gebührentatbestand	Gebühr oder Satz der Gebühr nach § 13 RVG
	Die Gebühr entsteht auch im Verteilungsverfahren nach der SVertO.	
3314	Verfahrensgebühr für die Vertretung des Gläubigers im Eröffnungsverfahren	0,5
	Die Gebühr entsteht auch im Verteilungsverfahren nach der SVertO.	
3315	Tätigkeit auch im Verfahren über den Schuldenbereinigungsplan: Die Verfahrensgebühr 3313 beträgt	1,5
3316	Tätigkeit auch im Verfahren über den Schuldenbereinigungsplan: Die Verfahrensgebühr 3314 beträgt	1,0

Zu VV 3313–3316:

Gliederung

1) Systematik	1
2) Regelungszweck	2
3) Geltungsbereich	3, 4
4) Gebühr	5–7
A. Vertretung des Schuldners, VV 3313, 3315	5
B. Vertretung eines Gläubigers, VV 3314, 3316	6
C. Vertretung eines anderen Auftraggebers	7
5) Gegenstandswert	8

1) Systematik. § 28 ergänzt die Vorschriften. Sie regeln eigenständig neben VV **1** 3317 ff und insoweit als eine von mehreren gleichrangigen Hauptregeln den zeitlich ersten Abschnitt des Insolvenzverfahrens mit seinen beiden Gestaltungsmöglichkeiten. Sie differenzieren daher zwischen der Tätigkeit für den Schuldner und den Gläubiger.

2) Regelungszweck. Die unterschiedlichen Staffelungen entsprechen zwar kei- **2** neswegs stets den jeweiligen Verantwortungsgraden, Einf 2 vor VV 3313. Sie dienen aber erkennbar mittels einer Vereinfachung der Zweckmäßigkeit. Sie dienen im übrigen einer solchen Kostengerechtigkeit, wie sie das Gesetz nun einmal sieht. Man sollte sie auch bei der Auslegung strikt einhalten.

3) Geltungsbereich. Die Vorschriften erfassen die Tätigkeit des Anwalts im Ver- **3** fahren über einen Antrag auf die Eröffnung des Insolvenzverfahrens, §§ 11 ff InsO. Die Gebühren VV 3313–3316 stehen dem Anwalt neben einer Gebühr nach VV 3317 ff zu. Es findet auch insofern keine Anrechnung statt. Die jeweilige Verfahrensgebühr gilt als eine Pauschale für die gesamte Tätigkeit des Anwalts im Eröffnungsverfahren ab. Sie entsteht auch dann, wenn sich die Tätigkeit auftragsgemäß auf das Eröffnungsverfahren beschränkt. Die Gebühren VV 3313, 3314 entstehen nach ihren amtlichen Anmerkungen auch im Verteilungsverfahren nach der SVertO.

Das *Eröffnungsverfahren beginnt* mit der Einreichung des Antrags auf die Eröffnung, §§ 13–15 InsO. Es endet mit der Eröffnung nach § 27 I InsO, mit der Zurückweisung des Eröffnungsantrags als unzulässig oder unbegründet nach § 26 I InsO sowie mit der Rücknahme des Eröffnungsantrags nach § 13 II InsO. Zum Eröffnungsverfahren gehören sämtliche Tätigkeiten, die sich aus §§ 11 ff InsO sowie infolge der gerichtlichen Anordnung einer Sicherungsmaßnahme nach §§ 21 ff InsO ergeben.

Die Gebühr entsteht *mit jeder solchen Handlung* des Anwalts, die sich auf die Er- **4** füllung seines Auftrags richtet. Sie entsteht also zB bereits mit der Entgegennahme der Information oder mit der Anfertigung des Antrags. Infolgedessen entsteht dann keine Gebührenermäßigung, wenn es nicht zur Antragseinreichung kommt oder wenn der Anwalt im Eröffnungsverfahren auftragsgemäß nur einzelne Tätigkeiten vornimmt. Soweit der Auftraggeber allerdings lediglich im Zusammenhang mit einem erwogenen Insolvenzantrag einen Rat des Anwalts erbittet oder einen Insol-

VV 3316

venzplan nach §§ 218 I, 229, 230 InsO vorbereitet, entsteht eine Gebühr nur nach § 34. (Jetzt) VV 2302 ist vorrangig, SchGei 2, Vallender MDR **99**, 598 (empfiehlt eine Honorarvereinbarung). Man muß sie bei einem späteren Auftrag auf die Einreichung eines Insolvenzantrags anrechnen, § 34 II.

Ein *Beschwerdeverfahren* ist neben dem Eröffnungsverfahren ein besonderes Verfahren, VV 3500.

5   **4) Gebühr.** Erforderlich ist eine „Vertretung". Das ist eine schriftliche Erklärung gegenüber dem Gericht oder die Wahrnehmung eines Gerichtstermins. Man muß die folgenden Fälle unterscheiden.

A. Vertretung des Schuldners, VV 3313, 3315. Hier entsteht für das Eröffnungsverfahren 1,0 Gebühr, VV 3313. Sie entsteht auch im Verteilungsverfahren nach der SVertO, VV 3313 amtliche Anmerkung. Das gilt sowohl dann, wenn der Schuldner den Eröffnungsantrag stellt, § 13 I 2 Hs 1 InsO, als auch dann, wenn ein Gläubiger den Eröffnungsantrag stellt, § 13 I 2 Hs 2 InsO. Es reicht auch die Tätigkeit bei einer Anhörung etwa nach §§ 15 II 2, 317 II 2, III, 318 II 2, 332 III 2, 333 II 2, 357 I 2 InsO. Soweit es um das Insolvenzverfahren über das Vermögen einer juristischen Person usw nach §§ 11, 12, 15 InsO geht, tritt an die Stelle des Schuldners der gesetzliche Vertreter usw, § 15 InsO. Das gilt auch dann, wenn es um die Vertretung derjenigen Vorstandsmitglieder usw geht, die den Antrag nicht selbst gestellt haben und die das Gericht nun nach § 14 II InsO anhören muß. Der Anwalt mag auch einen ausländischen Insolvenzverwalter nach der amtlichen Vorbemerkung 3.3.5 III vertreten.

Soweit der Anwalt den Schuldner *auch* im gerichtlichen Verbraucherinsolvenzverfahren über den *Schuldenbereinigungsplan* nach §§ 305 ff InsO vertritt, erhöht sich die Verfahrensgebühr für die gesamte Tätigkeit auf eine 1,5 Gebühr, VV 3315. Bei einer Beschränkung nur auf eine Einzeltätigkeit im Verfahren über den Schuldenbereinigungsplan ist VV 3403 anwendbar. Bei einer nur außergerichtlichen Tätigkeit ist VV 2300 anwendbar. Sie ist evtl nach der amtlichen Vorbemerkung 3 IV 1 anrechenbar.

6   **B. Vertretung eines Gläubigers, VV 3314, 3316.** Hier entsteht im Eröffnungsverfahren 0,5 Gebühr, VV 3314. Auch dann kommt es nicht darauf an, ob der Schuldner oder ein Gläubiger oder gar derjenige Gläubiger den Insolvenzantrag gestellt haben, den der Anwalt vertritt. Zur Entstehung der Gebühr VV 3314 genügen eine auftragsgemäße Entgegennahme der Information, die auftragsgemäße Androhung des Insolvenzantrags, die Mitwirkung im Zulassungsverfahren und vor einer Sicherungsmaßnahme, die Entgegennahme des Eröffnungsbeschlusses oder ein Einzelauftrag etwa nach § 21 InsO. Eine Gebührenermäßigung entsteht ebensowenig wie bei Rn 4. Im Beschwerdeverfahren gelten VV 3500, 3513.

Soweit der Anwalt einen Gläubiger *auch* im gerichtlichen Verbraucherinsolvenzverfahren nach §§ 305 ff InsO vertritt, erhöht sich die Geschäftsgebühr auf 1,0, VV 3316. Bei einer nur außergerichtlichen Tätigkeit ist VV 2300 anwendbar. Sie ist evtl nach der amtlichen Vorbemerkung 3 IV 1 anrechenbar.

Für die Vertretung *mehrerer* Gläubiger, die verschiedene Forderungen erheben, entstehen die Gebühren jeweils gesondert nach dem jeweiligen aus § 28 II abgeleiteten Gegenstandswert, amtliche Vorbemerkung 3.3.5 II. Das gilt aber nicht bei der Tätigkeit für Gesamtgläubiger oder Gesamthandsgläubiger desselben Anspruchs. Dann gilt vielmehr VV 1008.

7   **C. Vertretung eines anderen Auftraggebers.** Hier gelten VV 3313–3316 nicht. Das ergibt sich bei VV 3313, 3314 aus dem Wortlaut, bei VV 3315, 3316 aus dem jeweiligen Wort „auch", das sich auf VV 3313, 3314 mitbezieht. Wegen VV 3317 dort Rn 6. Der Anwalt erhält bei der Vertretung eines anderen Antraggebers als des Gläubigers oder des Schuldners eine Vergütung wie folgt. Für einen Aussonderungsberechtigten können außergerichtlich nach VV 2300 und prozessual nach VV 3100 ff Gebühren entstehen, für einen Absonderungsberechtigten ebenso. Bei einer Ausfallforderung wird der Auftraggeber Gläubiger nach Rn 6.

8   **5) Gegenstandswert.** Es gilt (jetzt) § 28, (zum alten Recht) Enders JB **99**, 228.

Nr.	Gebührentatbestand	Gebühr oder Satz der Gebühr nach § 13 RVG
3317	Verfahrensgebühr für das Insolvenzverfahren .... Die Gebühr entsteht auch im Verteilungsverfahren nach der SVertO.	1,0

Gliederung

1) Systematik	1
2) Regelungszweck	2
3) Geltungsbereich	3–6
A. Insolvenzverfahren	3
B. Pauschale	4, 5
C. Beispiele zur Frage einer Anwendbarkeit von VV 3317	6
4) Gebühr	7
5) Gegenstandswert	8

1) Systematik. Die Vorschrift steht eigenständig neben VV 3313–3316, 3318 ff. **1** Sie unterscheidet im Gegensatz zu den eben erstgenannten Vorschriften nicht zwischen der Tätigkeit für den Gläubiger, für den Schuldner und für einen Dritten. Ergänzend gelten zB VV 1000 ff, 1009 und 2100 ff sowie 3313 oder 3314, 3318 oder 3319, 3321–3323 und für den Wert § 28.

2) Regelungszweck. Die Pauschalierung ist eine ziemlich grobe Bewertung. Sie **2** enthält nicht einmal einen Rahmen. Sie mag daher wenig mit der Kostengerechtigkeit zu tun haben. Gleichwohl muß man den erkennbaren Sinn einer möglichsten Vereinfachung respektieren. Das gilt auch bei Auslegungs- oder Abgrenzungsfragen.

3) Geltungsbereich. Die Vorschrift erfaßt die gesamte Tätigkeit des Anwalts für **3** den Schuldner oder Gläubiger im Insolvenzverfahren oder im schiffahrtsrechtlichen Verteilungsverfahren, soweit nicht VV 3313–3316, 3318, 3319, 3321–3323 vorrangige Sonderregeln bringen.
    A. Insolvenzverfahren. VV 3317 gilt von demjenigen Augenblick ab, in dem das Insolvenzgericht den Eröffnungsbeschluß nach außen wirksam erläßt. Denn erst dann beginnt ein „Insolvenzverfahren". Entsprechendes gilt nach der amtlichen Anmerkung in Verbindung mit der amtlichen Vorbemerkung 3.3.5 I für das schiffahrtsrechtliche Verteilungsverfahren. VV 3313–3316 vergüten demgegenüber die Tätigkeit bis zum Erlaß des Eröffnungsbeschlusses.
    Soweit der Anwalt bereits im *Eröffnungsverfahren* tätig wird, tritt die Verfahrensgebühr VV 3317 neben diejenige nach (jetzt) VV 3313, 3314, Enders JB **99**, 116. Soweit der Anwalt nur seit der Eröffnung des Insolvenzverfahrens tätig wird, entsteht neben der Verfahrensgebühr VV 3317 keineswegs schon deshalb die Gebühr nach VV 3313, 3314, weil ja stets ein Eröffnungsverfahren vorausgegangen war.
    B. Pauschale. Die Verfahrensgebühr entsteht, sobald der Anwalt irgendwie nach **4** der Eröffnung des Insolvenzverfahrens auftragsgemäß tätig wird. Das gilt unabhängig davon, für welchen Beteiligten und in welchem Umfang er tätig wird. Sie braucht nicht in einer „Vertretung" nach VV 3313–3316 Rn 5 bestehen. Sie kann zB mit der Entgegennahme der Information nach der Auftragserteilung wegen dieses Verfahrensabschnitts entstehen, Enders JB **99**, 116.
    Sie gilt als eine Pauschale die *gesamte Tätigkeit* ab, soweit nicht nach dem Gesetz be- **5** sondere Gebühren entstehen. Sie ähnelt also der Verfahrensgebühr VV 3100.

    C. Beispiele zur Frage einer Anwendbarkeit von VV 3317   **6**
Absonderung: Es gilt dasselbe wie bei „Aussonderung".
Antrag: Anwendbar ist VV 3317 auf eine Antragstellung.
Außergerichtlich: *Unanwendbar* ist VV 3317, soweit VV 2300 gilt, es sei denn, der Auftraggeber verzichtet auf ein Vorrecht oder ist mit ihm ausgefallen und ist daher ein einfacher Insolvenzgläubiger geworden.
Außerhalb Insolvenz: *Unanwendbar* ist VV 3317, soweit der Anwalt außerhalb des Insolvenzverfahrens tätig wird.
Aussonderung: *Unanwendbar* ist VV 3317 bei der Vertretung eines Aussonderungsberechtigten nach §§ 49 ff InsO, soweit ihm der Schuldner nicht auch persönlich

haftet. Denn der Aussonderungsberechtigte will dann am Insolvenzverfahren ja gerade nicht teilnehmen, soweit er nicht auf sein Vorrecht verzichtet oder mit ihm ausfällt.
Berichtigung: Anwendbar ist VV 3317 auf eine Berichtigung der Insolvenztabelle nach § 183 II InsO.
Besprechung: Anwendbar ist VV 3317 auf eine Besprechung.
Eidesstattliche Versicherung: Anwendbar ist VV 3317 auf die Tätigkeit anläßlich einer eidesstattlichen Versicherung nach § 98 InsO oder nach § 153 II InsO.
Ersatzaussonderung: Es gilt dasselbe wie bei „Aussonderung".
Forderungsanmeldung: Anwendbar ist VV 3317 auf die innerhalb einer weitergehenden Tätigkeit im Insolvenzverfahren erfolgende Anmeldung einer Forderung.
  Unanwendbar ist VV 3317 auf die bloße solche Anmeldung. Dann gilt VV 3320.
Forderungsprüfung: Anwendbar ist VV 3317 auf die Prüfung einer angemeldeten Forderung.
Information: Anwendbar ist VV 3317 auf die Entgegennahme der Information.
Massegläubiger: Es gilt dasselbe wie bei „Aussonderung".
Nachtragsverteilung: Anwendbar ist VV 3317 auf eine Mitwirkung an einer Nachtragsverteilung nach § 203 InsO.
Prozeß: S „Rechtsstreit".
Rechtsstreit: *Unanwendbar* ist VV 3317, soweit der Anwalt in einem Rechtsstreit tätig wird. Dann gelten VV 3100 ff.
Schriftwechsel: Anwendbar ist VV 3317 auf einen Schriftwechsel.
Termin: Anwendbar ist VV 3317 auf die Wahrnehmung eines Termins.
Urteilseinreichung: Anwendbar ist VV 3317 auf die Einreichung eines solchen Urteils, das eine bestrittene Forderung als bestehend feststellt, sofern darin nicht eine bloße isolierte Forderungsanmeldung liegt.
Verhandlung: Anwendbar ist VV 3317 auf eine Verhandlung mit dem Insolvenzverwalter oder mit einem anderen Verfahrensbeteiligten.
Verteilungsverfahren: Anwendbar ist VV 3317 auf eine Mitwirkung am Verteilungsverfahren nach §§ 187 ff InsO.
Vertragserfüllung: *Unanwendbar* ist VV 3317 dann, wenn der Anwalt für einen Vertragspartner zwecks Erfüllung nach § 103 InsO tätig wird.
Zwangsvollstreckung: *Unanwendbar* ist VV 3317 bei einer Tätigkeit in der Zwangsvollstreckung aus einem Tabellenauszug nach § 201 II InsO. Dann gelten VV 3309, 3310.

7   **4) Gebühr.** Unabhängig vom Umfang der Tätigkeit im Insolvenzverfahren erhält der Anwalt als der Beauftragte des Gläubigers wie des Schuldners gleichermaßen und ebenso wie im Eröffnungsverfahren nach VV 3313 eine 1,0 Gebühr. Sie ermäßigt sich auch nicht etwa bei einer vorzeitigen Erledigung des Auftrags, etwa vor dem Prüfungstermin, § 176 InsO. Sie ermäßigt sich ferner zB dann nicht, wenn die Tätigkeit des Anwalts erst einige Zeit nach der Eröffnung oder gar erst nach dem Prüfungstermin beginnt.
   Bei einer Tätigkeit für *mehrere* Gläubiger, die verschiedene Forderungen erheben, entstehen nach der amtlichen Vorbemerkung 3.3.5 II die Gebühren jeweils besonders aus dem jeweiligen nach § 28 II ermittelten Gegenstandswert. Das gilt aber nicht bei der Tätigkeit für Gesamtgläubiger oder Gesamthandsgläubiger desselben Anspruchs. Dann gilt vielmehr VV 1008.

8   **5) Gegenstandswert.** Der Gegenstandswert richtet sich nach § 28.

Nr.	Gebührentatbestand	Gebühr oder Satz der Gebühr nach § 13 RVG
3318	Verfahrensgebühr für das Verfahren über einen Insolvenzplan	1,0
3319	Vertretung des Schuldners, der den Plan vorgelegt hat: Die Verfahrensgebühr 3318 beträgt	3,0

Zu VV 3318, 3319:

Gliederung

1) Systematik	1
2) Regelungszweck	2
3) Geltungsbereich	3
4) Gebührenhöhe, I, II	4–6
A. Verfahren über Insolvenzplan: Tätigkeit für Gläubiger usw, VV 3318	5
B. Verfahren über Insolvenzplan: Vertretung des vorlegenden Schuldners, VV 3319	6
5) Gegenstandswert	7

1) Systematik. Es handelt sich einerseits um Ergänzungen zu VV 3313 ff, andererseits auch um eine selbständige Vorschrift für diejenigen Tätigkeiten, die auch dann anfallen können, wenn der Anwalt nicht im übrigen Insolvenzverfahren auftreten soll oder kann. Ergänzend gilt § 28 III für den Wert. Eine Einigungsgebühr VV 1000 kommt neben der spezielleren Regelung in VV 3318, 3319 nicht infrage.

2) Regelungszweck. Die Verfahren wegen des Insolvenzplans stellen insbesondere an das wirtschaftliche Einfühlungsvermögen des Anwalts einschließlich seiner Fähigkeit eines verhältnismäßig weiten Blicks in die Zukunft des Schuldners erhebliche Anforderungen. Die differenzierte Regelung in VV 3318, 3319 zeigt sowohl das Bemühen um eine angemessene Vergütung solcher Arbeit als auch in VV 3319 den Willen, ein Ausufern solcher „besonderer", „weiterer Gebühren" zu verhindern. Beides sollte man bei der Auslegung mitbedenken.

3) Geltungsbereich. Die Vorschriften gelten für das Verfahren über einen Insolvenzplan, §§ 217 ff InsO. Es ist unerheblich, ob der Insolvenzverwalter oder der Schuldner den Plan vorlegt, ob das zugleich mit, vor oder nach der Eröffnung des Insolvenzverfahrens geschieht und ob die Gläubigerversammlung den Verwalter zur Ausarbeitung beauftragt hat, § 218 I, II InsO. VV 3318, 3319 gelten vom Beginn der ersten auftragsgemäßen Tätigkeit an, zB ab der Entgegennahme der Information. Sie erfassen die Tätigkeit des Anwalts im gesamten Verfahren über den Insolvenzplan bis zur Klärung der Frage, ob eine Versagung der Bestätigung des Insolvenzplans nach § 252 I InsO rechtskräftig ist oder ob das Insolvenzgericht das Verfahren nach der Bestätigung des Insolvenzplans aufhebt oder ob ein Rechtsmittel gegen die Entscheidung nach §§ 248 ff InsO infrage kommt. Sie erfassen darüber hinaus auch das gesamte Verfahren nach §§ 254–269 InsO. Denn auch dieses zählt ja noch zum Insolvenzplan und seiner Abwicklung, aM RS 125. Der Anwalt mag für den Schuldner tätig sein oder für den Insolvenzverwalter, für einen Gläubiger oder für einen weiteren Beteiligten.

4) Gebührenhöhe. Man muß eine ganze Reihe unterschiedlicher Situationen unterscheiden. Sie sind teils direkt vorrangig in VV 3318, 3319, teils anderswo geregelt.

A. Verfahren über Insolvenzplan: Tätigkeit für Gläubiger usw, VV 3318. Soweit der Anwalt nur im Verfahren nach Rn 3 und dort nur für einen Gläubiger, für den Insolvenzverwalter oder für einen weiteren an diesem Verfahrensabschnitt Beteiligten tätig wird, also nicht für den Schuldner, erhält er bereits hierfür eine besondere 1,0 Gebühr. Sie tritt also zu etwaigen weiteren Gebühren nach VV 3313–3316, 3320 ff hinzu. Die Tätigkeit braucht nicht in einer „Vertretung" nach VV 3313–3316 Rn 5 zu bestehen. Der Tätigkeitsumfang ist unerheblich.

Bei einer Tätigkeit für *mehrere* Gläubiger, die verschiedene Forderungen erheben, entstehen die Gebühren nach der amtlichen Vorbemerkung 3.3.5 II jeweils besonders.

B. Verfahren über Insolvenzplan: Vertretung des vorlegenden Schuldners, VV 3319. Soweit der Anwalt nur im Verfahren nach Rn 3 und dort gerade denjenigen Schuldner nach VV 3313–3316 Rn 5 „vertritt", der den Insolvenzplan nach § 215 I InsO vorlegt, erhält er bereits hierfür eine 3,0 Gebühr. Es ist unerheblich, ob der Schuldner den Insolvenzplan bereits zusammen mit dem Eröffnungsantrag nach § 218 I 2 InsO oder erst später auch § 218 I 3 InsO vorlegt. Ebenso unerheblich ist, ob der Anwalt an der Erstellung des Insolvenzplans mitgewirkt hat. Es genügt, daß er im Verfahren denjenigen Schuldner irgendwie vertritt, der den Plan vorlegt, Enders JB **99**, 117. Soweit der Anwalt wegen des Insolvenzplans des Schuldners nur außerge-

VV 3319–3321 Vergütungsverzeichnis

richtlich tätig wird, ist VV 3319 unanwendbar und (jetzt) VV 2300 anwendbar, Enders JB **99**, 117. Die 3,0 Gebühr tritt zu etwaigen weiteren Gebühren nach VV 3313–3316, 3320 ff hinzu. Der Vertretungsumfang ist unerheblich.

7 **5) Gegenstandswert.** Der Gegenstandswert richtet sich nach § 28.

Nr.	Gebührentatbestand	Gebühr oder Satz der Gebühr nach § 13 RVG
3320	**Die Tätigkeit beschränkt sich auf die Anmeldung einer Insolvenzforderung:** Die Verfahrensgebühr 3317 beträgt .... Die Gebühr entsteht auch im Verteilungsverfahren nach der SVertO	0,5

1 **1) Systematik.** Die Vorschrift enthält eine gegenüber VV 3315, 3316 vorrangige Sonderregelung für eine auftragsgemäße bloße Einzeltätigkeit gerade nur der Anmeldung einer Insolvenzforderung. Sie wird ergänzt durch § 28 und durch die amtliche Vorbemerkung 3.3.5. (Jetzt) VV 3313, 3314 bleiben unberührt, Enders JB **99**, 169. Natürlich bleiben auch (jetzt) VV 3100 ff anwendbar, Enders JB **99**, 170.

2 **2) Regelungszweck.** Klar erkennbarer Zweck ist eine Kostendämpfung. Man kann ohnehin meinen, eine 0,5 Gebühr sei im ziemlich begrenzten Geltungsbereich nach Rn 3 schon recht großzügig bemessen, verglichen mit dem Arbeitsgrad und der Vergütung nach VV 3317. Das muß man bei der Auslegung deutlich mitbeachten.

3 **3) Geltungsbereich.** Die Vorschrift gilt nach der amtlichen Anmerkung auch im Verteilungsverfahren nach der SVertO. Sie gilt nur bei der Vertretung eines Gläubigers. Sie gilt nur insoweit, als der Anwalt lediglich den Auftrag zur Anmeldung der Insolvenzforderung nach § 174 I InsO oder zu ihrem Entwurf oder ihrer Unterzeichnung hatte und demgemäß auch nur diese Tätigkeit vornimmt, Enders JB **99**, 169. Unter dieser Voraussetzung gilt VV 3320 aber auch die zugehörige Beratung des Gläubigers mit ab. Ein auf eine Beratung beschränkter Auftrag löst aber nicht die Gebühr nach VV 3320 aus, sondern zB diejenige nach § 34, VV 2100 ff.

4 Eine über die gleichzeitig erfolgte Anmeldung einer Insolvenzforderung hinausgehende Vertretung fällt (jetzt) unter VV 3317, Enders JB **99**, 169. Das gilt auch dann, wenn man den zunächst bloßen Anmeldeauftrag später erweitert hat. Der Anmeldung der Insolvenzforderung steht die Einreichung eines solchen Urteils gleich, das eine bestrittene Forderung zur Tabelle feststellt, §§ 179–181 InsO. Hatte der Anwalt zunächst nur die Forderung angemeldet und dann nur noch das Urteil eingereicht, erhält er die Gebühr VV 3317 nur einmal, Enders JB **99**, 170, aM RS 4 (zweimal). Die Gebühr VV 3313, 3314 kann neben derjenigen nach VV 3317 entstehen.

5 **4) Gebühr.** Unter den Voraussetzungen Rn 1, 2 entsteht eine 0,5 Gebühr. Soweit der Anwalt mehrere solche Aufträge wegen verschiedener Forderungen erhält und durchführt, die sich jeweils auf die Anmeldung einer Insolvenzforderung beschränken, kann die 0,5 Gebühr mehrfach entstehen, amtliche Vorbemerkung 3.3.5 II.

6 **5) Gegenstandswert.** Der Gegenstandswert richtet sich nach § 28 II bzw nach § 29.

Nr.	Gebührentatbestand	Gebühr oder Satz der Gebühr nach § 13 RVG
3321	**Verfahrensgebühr für das Verfahren über einen Antrag auf Versagung oder Widerruf der Restschuldbefreiung** ^I Das Verfahren über mehrere gleichzeitig anhängige Anträge ist eine Angelegenheit. ^{II} Die Gebühr entsteht auch gesondert, wenn der Antrag bereits vor Aufhebung des Insolvenzverfahrens gestellt wird.	0,5

3321–3323 VV

1) Antrag auf Versagung oder Widerruf der Restschuldbefreiung. Die Vorschrift erfaßt das Verfahren über einen Antrag auf eine Versagung oder einen Widerruf der Restschuldbefreiung, §§ 289 I, 296–298, 300, 303 InsO. Es ist unerheblich, ob der Anwalt für den antragsberechtigten Insolvenzgläubiger oder für einen anderen an diesem Verfahrensabschnitt Beteiligten tätig wird, Enders JB **99**, 170, etwa für eine der anzuhörenden Personen (Treuhänder, Schuldner). VV 3321 erfaßt die Tätigkeit im gesamten jeweiligen Verfahren einschließlich der Prüfung, ob man gegen die Entscheidung des Insolvenzgerichts ein Rechtsmittel einlegen soll. Es ist dabei keine „Vertretung" nach VV 3313–3316 Rn 6 erforderlich. 1

2) Gebührenhöhe. Soweit der Anwalt im Verfahren über einen Antrag nach Rn 1 tätig wird, erhält er bereits hierfür eine 0,5 Gebühr. Sie entsteht beim Antrag vor der Aufhebung des Insolvenzverfahrens, aber nach dem klaren Wortlaut der amtlichen Anmerkung II auch dann gesondert, wenn der Antrag auf eine Versagung oder auf den Widerruf erst nach der Aufhebung des Insolvenzverfahrens beim Insolvenzgericht eingeht, Enders JB **99**, 170. Das Insolvenzverfahren endet rechtlich erst mit dem Eintritt der formellen Rechtskraft der entsprechenden Gerichtsentscheidung, nicht schon mit ihrer Verkündung oder sonstigen Mitteilung. Die Gebühr gilt das gesamte Verfahren einschließlich der Prüfung ab, ob man ein Rechtsmittel einlegen soll, Enders JB **99**, 170. Bei einem nach der Beendigung eines ersten Verfahrens folgenden weiteren Verfahren kann die Gebühr erneut anfallen. 2

3) Antragsmehrheit, amtliche Anmerkung I. Das Verfahren über mehrere gleichzeitig anhängige Anträge ist nur eine einzige Angelegenheit. Das stellt die amtliche Anmerkung I klar. 3

4) Gegenstandswert. Er richtet sich nach § 28 III. 4

Nr.	Gebührentatbestand	Gebühr oder Satz der Gebühr nach § 13 RVG
3322	Verfahrensgebühr für das Verfahren über Anträge auf Zulassung der Zwangsvollstreckung nach § 17 Abs. 4 SVertO	0,5
3323	Verfahrensgebühr für das Verfahren über Anträge auf Aufhebung von Vollstreckungsmaßregeln (§ 8 Abs. 5 und § 41 SVertO)	0,5

Zu VV 3322, 3323:

1) Systematik. Über das schiffahrtsrechtliche Verteilungsverfahren § 59 GKG Rn 1, 2, Teil I A dieses Buchs. VV 3313, 3314, 3317, 3320, 3322, 3323 bilden formell vorrangige Sonderregeln, amtliche Vorbemerkung 3.3.5 I. Sie sind der Sache nach keine durchweg eigenen Lösungen. Davon machen VV 3322, 3323 Ausnahmen. 1

2) Regelungszweck. Auch hier besteht natürlich die Notwendigkeit einer angemessenen Vergütung. Man darf nicht durch zu enge Auslegung zusätzliche Vergütungsprobleme schaffen. 2

3) Geltungsbereich. Die Vorschriften erfassen nur die Berufstätigkeit des Anwalts im Zusammenhang mit in ihnen genannten Verfahren nach der SVertO, sei es für den Antragsteller (Schuldner), einen Gläubiger oder einen am Verfahren beteiligten Dritten. Es ist keine „Vertretung" nach VV 3313–3316 Rn 5 erforderlich. 3

Die Vorschriften sind unanwendbar, soweit der Anwalt als *Sachwalter* nach § 9 SVertO tätig wird, § 1 Rn 46. Wegen der Tätigkeit eines Anwalts für diesen Sachwalter Einf 3 vor VV 3313.

A. Zulassung der Zwangsvollstreckung, VV 3322. Vgl § 18 Rn 59. 4
B. Antrag auf Aufhebung usw, VV 3323. Vgl § 18 Rn 60. 5

4) Gebührenhöhe. Es entsteht jeweils eine 0,5 Verfahrensgebühr. Sie entsteht für jeden Auftrag gesondert, also bei einer Vertretung mehrerer Gläubiger mit verschiedenen Forderungen mehrfach, amtliche Vorbemerkung 3.3.5 II. 6

5) Gegenstandswert. Es gilt § 29. 7

Unterabschnitt 6. Sonstige besondere Verfahren

(Amtliche) Vorbemerkung 3.3.6:
Die Terminsgebühr bestimmt sich nach Abschnitt 1, soweit in diesem Unterabschnitt nichts anderes bestimmt ist.

Nr.	Gebührentatbestand	Gebühr oder Satz der Gebühr nach § 13 RVG
3324	Verfahrensgebühr für das Aufgebotsverfahren	1,0

Gliederung

1) Systematik	1
2) Regelungszweck	2
3) Geltungsbereich	3, 4
A. Anwendbarkeit	3
B. Unanwendbarkeit	4
4) Gebührenarten	5, 6
A. Verfahrensgebühr	5
B. Terminsgebühr, amtliche Vorbemerkung 3.3.6	6
5) Gegenstandswert	7
6) Kostenerstattung	8

1   **1) Systematik.** Die Vorschrift enthält zusammen mit der Terminsgebühr VV 3332 vorrangige Sonderregeln. Für den Begriff Verfahrensgebühr ist allerdings der Sache nach die entsprechende Vorschrift VV 3100 mit maßgeblich. VV 1000, 1008 sind anwendbar.

2   **2) Regelungszweck.** Zwecks Kostengerechtigkeit stellt die Vorschrift den Anwalt wegen seiner meist schwierigen Arbeit in VV 3324 besser als in anderen Verfahrensarten des Unterabschnitts 6. Das mag zwar den tatsächlichen Problemen wenig gerecht werden. Man muß aber diese Lösung aber hinnehmen, wie oft bei Pauschalgebühren. Man darf sie auch nicht im Auslegungsweg unterlaufen.

3   **3) Geltungsbereich.** Man trifft zweckmäßig die folgende Unterscheidung.
A. Anwendbarkeit. Die Vorschrift regelt die Vergütung des Anwalts in einem Aufgebotsverfahren nach §§ 433 ff FamFG. Es ist unerheblich, ob das FamFG für dieses Verfahren nach dem Bundesrecht oder nach dem Landesrecht gilt. Es kommt auch nicht darauf an, ob der Anwalt den Antragsteller, einen Antragsgegner oder einen sonstigen Beteiligten vertritt, der ein Recht anmeldet. Die Vorschrift gilt darüber hinaus für jedes gerichtliche Aufgebotsverfahren im Bereich des Teils 3, vgl dessen amtliche Überschrift.

4   **B. Unanwendbarkeit.** Die Vorschrift ist in folgenden Fällen unanwendbar: Es handelt sich um geht um eine private Aufforderung an den Nachlaßgläubiger nach § 2061 BGB im Gegensatz zum amtlichen Aufgebot nach §§ 454 ff FamFG. Dann ist VV 2300 anwendbar; es geht um die Kraftloserklärung einer Aktie, § 72 AktG, um die Kraftloserklärung einer Vollmacht, § 176 BGB, um die Kraftloserklärung eines Erbscheins, § 2361 BGB, um das Verfahren wegen einer Todeserklärung. Dann ist VV 2300 anwendbar; es geht um eine Tätigkeit nach dem Ende des gerichtlichen Aufgebotsverfahrens.

5   **4) Gebühren.** Es gibt mehrere Gebührenarten.
A. Verfahrensgebühr. Die Vorschrift ist mit VV 3100 vergleichbar. Sie gilt den Betrieb dieses Aufgebotsverfahrens einschließlich der Zahlungssperre nach § 480 FamFG bis auf den Geltungsbereich der Terminsgebühr VV 3332 ab, amtliche Vorbemerkung 3 II. Es handelt sich auch um eine Pauschalgebühr. Sie entsteht, sobald der Anwalt eine Tätigkeit im Hinblick auf ein Aufgebotsverfahren beginnt, zB bereits mit der auftragsgemäßen Entgegennahme der Information. Der weitere Ablauf des Verfahrens ist für die Entstehung der Verfahrensgebühr grundsätzlich unerheblich. Mehrere Anträge usw innerhalb desselben Verfahrens begründen nach § 15 II 1 nur eine einzige Verfahrensgebühr. Jedes zunächst einzelne Verfahren läßt seine Gebühren

auch nach einer etwa erfolgten Verbindung bestehen. Natürlich liegt ab einer solchen Verbindung nur noch *ein* Verfahren vor. Das Aufgebotsverfahren endet mit dem Ausschließungsbeschluß nach § 439 FamFG. Eine erst anschließende Tätigkeit gehört nicht mehr zum Aufgebotsverfahren.

Vorzeitige Auftragsbeendigung führt allerdings nach VV 3337 zur Ermäßigung der Verfahrensgebühr auf 0,5 Gebühr.

B. Terminsgebühr, amtliche Vorbemerkung 3.3.6. Neben VV 3324 entsteht unter den Voraussetzungen der amtlichen Vorbemerkung 3 III und VV 3332 evtl eine Terminsgebühr. Der Anwalt braucht also nicht während der gesamten Terminsdauer mitgewirkt zu haben. Der weitere Ablauf des Verfahrens ist unerheblich. 6

Vorzeitige Auftragsbeendigung kann auch hier nach VV 3337 zur Ermäßigung der Terminsgebühr auf 0,5 Gebühr führen.

5) Gegenstandswert. Maßgebend ist das Interesse des Auftraggebers am Aufgebot. Man muß es nach § 3 ZPO ermitteln, Anh I § 48 GKG, Teil I A dieses Buchs. Denn das FamGKG ist auf das Aufgebotsverfahren unanwendbar. Es kommt auf das Objekt des Aufgebots an. Bei der Ausschließung eines Grundeigentümers ist der Wert des Grundstücks maßgeblich, beim Ausschluß eines Schiffseigners der Wert des Schiffes. Bei einem Inhaberpapier kommt es auf den Betrag der Forderung an. Bei einer Hypothek, Grundschuld oder Rentenschuld sind grundsätzlich 10–20% des Werts ansetzbar, soweit nicht der Grundstückswert usw geringer ist, LG Bln Rpfleger **88**, 549. Bei der Kraftloserklärung einer Urkunde ist der Kurswert maßgeblich sein. Bei einer Zahlungssperre kann man 20% der Hauptsache ansetzen. Man muß stets mitbeachten, daß ein Aufgebot nicht das Recht selbst geltend macht, sondern nur dessen Fortbestand sichern soll. 7

6) Kostenerstattung. Sie richtet sich nach §§ 80 ff FamFG. 8

Nr.	Gebührentatbestand	Gebühr oder Satz der Gebühr nach § 13 RVG
3325	Verfahrensgebühr für Verfahren nach § 148 Abs. 1 und 2, §§ 246a, § 319 Abs. 6 AktG, auch i. V. m. § 327e Abs. 2 AktG, oder nach § 16 Abs. 3 UmwG	0,75

Vorbem. Änderung dch Art 2 VI UMAG v 22. 9. 05, BGBl 2802, in Kraft seit 1. 11. 05, Art 3 S 2 UMAG, Übergangsrecht § 60 RVG.

1) Systematik, Regelungszweck. Es handelt sich um eine für ihren Geltungsbereich vorrangige Sonderregel. Ihre Notwendigkeit oder zumindest Zweckmäßigkeit folgt aus der besonderen Art der dort genannten Verfahrensarten und den erheblichen Anforderungen an den Anwalt in diesem Geltungsbereich. Als eine Sonderbestimmung ist VV 3325 eng auslegbar. Die Auslegungsgrundsätze zu VV 3100 bleiben freilich trotz des Fehlens einer Verweisung dem Grunde nach auf VV 3100 unberührt. 1

2) Geltungsbereich. Die Vorschrift gilt in den in § 53 GKG Rn 11, Teil I A dieses Buchs, erläuterten Fällen der §§ 148 I, II, 246a, 319 VI AktG, auch in Verbindung mit § 327e II AktG, ferner des § 16 III UmwG. Die Verfahrensgebühr entsteht bei jeder auftragsgemäßen Tätigkeit im Verfahren zur Herbeiführung eines Beschlusses über die Zulässigkeit der Eintragung einer Verschmelzung oder Eingliederung oder Übertragung in das Handelsregister usw. Die Gebühr entsteht ab einer auftragsgemäßen Entgegennahme der Information unabhängig vom Umfang der Tätigkeit. Auftraggeber kann jeder Verfahrensbeteiligte sein. Die Verfahrensgebühr gilt als eine Pauschale das ganze Verfahren ab. 2

Unanwendbar ist VV 3325 auf ein Klageverfahren oder auf ein Eintragungsverfahren. Dann gelten jeweils VV 3100 ff. Bei einer sofortigen Beschwerde nach § 319 VI 5 AktG, § 16 III 5 UmwG sind VV 3500 ff anwendbar.

3) Gebühren. Der Anwalt erhält 0,75 Gebühr. Es kann daneben eine 0,5 Terminsgebühr VV 3332 und theoretisch eine Einigungsgebühr VV 1000 entstehen, aM GSchm 6. VV 1008 ist anwendbar. Eine Anrechnung erfolgt nicht. Das Hauptsacheverfahren ist eine besondere Angelegenheit. 3

VV 3325, 3326 Vergütungsverzeichnis

Vorzeitige Beendigung des Auftrags kann nach VV 3337 zur Ermäßigung auf 0,5 Gebühr führen.

4 **4) Gegenstandswert.** Es gelten §§ 23, 53 I 1 Z 4, 5, I 2 GKG, Teil I A dieses Buchs. Man muß den Wert also nach § 3 ZPO bestimmen, Anh I § 48 GKG. Meist reichen 10% des Grund- oder Stammkapitals des übertragenden oder 10% des Vermögens, RS 144.

5 **5) Fälligkeit; Kostenschuldner.** Die Fälligkeit richtet sich nach § 8. *Kostenschuldner* ist wie stets der Auftraggeber.

6 **6) Kostenerstattung.** Die Erstattungsfähigkeit richtet sich nach §§ 91 ff ZPO.

Nr.	Gebührentatbestand	Gebühr oder Satz der Gebühr nach § 13 RVG
3326	Verfahrensgebühr für Verfahren vor den Gerichten für Arbeitssachen, wenn sich die Tätigkeit auf eine gerichtliche Entscheidung über die Bestimmung einer Frist (§ 102 Abs. 3 des Arbeitsgerichtsgesetzes), die Ablehnung eines Schiedsrichters (§ 103 Abs. 3 des Arbeitsgerichtsgesetzes) oder die Vornahme einer Beweisaufnahme oder einer Vereidigung (§ 106 Abs. 2 des Arbeitsgerichtsgesetzes) beschränkt	0,75

1 **1) Systematik. Regelungszweck.** Es handelt sich um eine vorrangige Sonderregelung. Ergänzend sind §§ 16 Z 11, 36 I Z 2 sowie VV 3100 ff, 3327 anwendbar. Bezweckt wird eine gesonderte Vergütung der abschließend genannten eng auslegbaren Tätigkeiten, falls der Anwalt in arbeitsgerichtlichen Verfahren eben nur eine dieser Tätigkeiten ausübt und nicht als VerfBev gemäß 36 I Z 2 nach VV 3100 ff und insbesondere auch nach VV 3104 tätig wird, § 16 Z 9. Als Verfahrensgebühr gilt VV 3326 auch dann nur einmal, wenn mehrere dieser letzteren Einzeltätigkeiten zusammentreffen. Wegen einer Terminsgebühr vgl VV 3332.

2 **2) Geltungsbereich.** Die Vorschrift erfaßt jede der folgenden Situationen.

A. Fristbestimmung, § 102 III 1. Alt. ArbGG. Es geht um folgendes: Nicht die Streitparteien, sondern die Parteien des Schiedsvertrags haben die Mitglieder des Schiedsgerichts zu ernennen, aber nicht ernannt. Ein Beteiligter beantragt nun beim Vorsitzenden des mangels eines Schiedsvertrags sonst zuständigen ArbG eine Fristsetzung zur Bildung des Schiedsgerichts, § 102 II Z 2, III ArbGG.

3 **B. Fristbestimmung, § 102 III 2. Alt. ArbGG.** Es kann auch um folgendes gehen: Das Schiedsgericht verzögert sein Verfahren. Ein Beteiligter beantragt nun eine dem Fall Rn 2 entsprechende Fristsetzung.

4 **C. Ablehnung eines Schiedsrichters, § 103 III ArbGG.** Es kann sich ferner um folgendes handeln: Ein Mitglied des Schiedsgerichts ist für befangen erklärt worden, § 103 II ArbGG, und nun muß das ArbG über das Ablehnungsgesuch entscheiden, § 103 III ArbGG.

5 **D. Beweisaufnahme, Vereidigung, § 106 II ArbGG.** Es kann schließlich um eine erforderliche, aber dem Schiedsgericht nicht mögliche Beweisaufnahme nach § 106 II 1 ArbGG gehen oder um eine ihm ja verwehrte Beeidigung eines Zeugen oder Sachverständigen oder um eine eidliche Parteivernehmung, § 106 II 2 ArbGG. Eine eidesgleiche Bekräftigung steht dem Eid hier gleich.

6 **3) Gebührenhöhe.** Es entsteht als Verfahrensgebühr insgesamt nur einmal eine 0,75 Gebühr, Rn 1. Sie entsteht mit der auftragsgemäßen Entgegennahme der Information. Sie gilt als eine Pauschale die gesamte auftragsgemäße Einzeltätigkeit ab. Es ist unerheblich, ob der Anwalt in diesem gerichtlichen Verfahren auch nach außen tätig wird und welcher Verfahrensbeteiligte sein Auftraggeber ist. Wegen der Terminsgebühr gilt VV 3332.
Vorzeitige Beendigung des Auftrags kann nach VV 3337 zur Ermäßigung auf 0,5 Gebühr führen.

Vergütungsverzeichnis 3326, 3327 VV

		7
4) **Fälligkeit.** Sie richtet sich nach § 8.		7
5) **Kostenschuldner.** Das ist der Auftraggeber, wie stets.		8

Nr.	Gebührentatbestand	Gebühr oder Satz der Gebühr nach § 13 RVG
3327	Verfahrensgebühr für gerichtliche Verfahren über die Bestellung eines Schiedsrichters oder Ersatzschiedsrichters, über die Ablehnung eines Schiedsrichters oder über die Beendigung des Schiedsrichteramts, zur Unterstützung bei der Beweisaufnahme oder bei der Vornahme sonstiger richterlicher Handlungen anläßlich eines schiedsrichterlichen Verfahrens	0,75

Vorbem. Sprachliche Änderung dch Art 17 Z 4 e G v 9. 12. 04, BGBl 3220, in Kraft seit 1. 1. 05, Art 22 S 2 G, Übergangsrecht § 60 RVG.

Gliederung

1) Systematik, Hs 1–4	1
2) Regelungszweck, Hs 1–4	2
3) Geltungsbereich, Hs 1–4	3, 4
4) Beschränkung auf Einzeltätigkeit, Hs 1–4	5–9
A. Bestellung eines Schiedsrichters oder Ersatzschiedsrichters, Hs 1	6
B. Ablehnung eines Schiedsrichters, Hs 2	7
C. Beendigung des Schiedsrichteramts, Hs 3	8
D. Unterstützung bei Beweisaufnahme, sonstige richterliche Handlung, Hs 4	9
5) Gebührenarten, Hs 1–4	10–13
A. Verfahrensgebühr, V 3327	11
B. Terminsgebühr, VV 3332	12
C. Einigungsgebühr, VV 1000	13
6) Gegenstandswert, Hs 1–4	14
7) Kostenerstattung, Hs 1–4	15

1) Systematik, Hs 1–4. Die Vorschrift enthält eine gegenüber § 34 vorrangige **1** Sonderregelung in ihrem Geltungsbereich. Innerhalb des Geltungsbereichs faßt sie die mit je 0,75 Gebühr vergüteten Tätigkeiten zusammen. Daneben muß man die Ermäßigung auf 0,5 Gebühr bei einer vorzeitigen Auftragsbeendigung nach VV 3336 beachten. Daneben bleiben alle allgemeinen Vorschriften des RVG anwendbar.

2) Regelungszweck, Hs 1–4. Er besteht in einer angemessen, aber auch nicht **2** ausufernden Vergütung derjenigen Tätigkeiten im Zusammenhang mit Verfahren nach §§ 796 a–c ZPO einerseits, §§ 1025 ff ZPO andererseits, die erfahrungsgemäß eine erhebliche Arbeit mit sich bringen. Vgl Vor Rn 3.

3) Geltungsbereich, Hs 1–4. VV 3327 erfaßt nur diejenige Anwaltstätigkeit, die **3** im Zusammenhang mit einem zumindest schiedsrichterlichen Verfahren nun vor dem Staatsgericht erfolgt. VV 3327 erfaßt alle Tätigkeiten im schiedsrichterlichen Verfahren. Man sollte die Vorschrift entsprechend weit auslegen.

Unanwendbar ist VV 3327 auf den für das gesamte schiedsrichterliche Verfahren gemäß § 36 I Bevollmächtigten, § 16 Z 8. Ebensowenig gilt VV 3327 bei der Vollstreckbarerklärung eines Schiedsspruchs oder Anwaltvergleichs. Dann gelten VV 3100 ff.

Es kommt *nicht* auf den Schwierigkeitsgrad und nicht auf den Erfolg an, soweit **4** nicht VV 3100 ff insoweit Besonderheiten aufweisen. Denn VV 3327 enthält keine Erfolgsgebühren, sondern Verfahrensgebühren. Mehrere Verfahren I können mehrere Gebühren(gruppen) auslösen, wie stets, aM RS 148.

4) Beschränkung auf Einzeltätigkeit, Hs 1–4. Es ergeben sich die folgenden **5** Aspekte.

A. Bestellung eines Schiedsrichters oder Ersatzschiedsrichters, Hs 1. Es **6** geht nur um eine Bestellung nach §§ 1034 II, 1035 III, IV, 1039 ZPO. Es gilt dasselbe wie bei § 16 Rn 23.

B. Ablehnung eines Schiedsrichters, Hs 2. Es geht nur um eine Ablehnung **7** nach § 1037 III ZPO. Es gilt dasselbe wie § 16 Rn 24.

VV 3327, 3328   Vergütungsverzeichnis

8   **C. Beendigung des Schiedsrichteramts, Hs 3.** Es geht nur um eine Beendigung nach § 1038 I 2 ZPO. Es gilt dasselbe wie § 16 Rn 25.

9   **D. Unterstützung bei Beweisaufnahme, sonstige richterliche Handlung, Hs 4.** Es geht nur um einen Vorgang nach § 1050 ZPO. Es gilt dasselbe wie bei § 16 Rn 26.

10   **5) Gebührenarten, Hs 1–4.** Es können nebeneinander die folgenden Gebühren entstehen.

11   **A. Verfahrensgebühr, VV 3327.** Sie entsteht mit jeder auftragsgemäßen Tätigkeit des Anwalts für einen Verfahrensbeteiligten. Sie gilt den gesamten Geschäftsbetrieb ab der auftragsgemäßen Einholung der Information für das Verfahren ab. Es ist nicht erforderlich, daß die Tätigkeit im Verfahren nach außen in Erscheinung tritt.

Soweit sich der Auftrag des Anwalts vor der Einreichung des schriftlichen Antrags oder vor seiner Formulierung in einer mündlichen Verhandlung *erledigt*, muß man die Ermäßigung nach VV 3337 beachten. Der Anwalt des Antragsgegners erhält dann die volle Verfahrensgebühr, wenn er einen solchen Schriftsatz eingereicht hat, der den in VV 3337 I genannten Merkmalen entspricht. Soweit das Gericht durch einen Beschluß entscheidet, entsteht keine weitere Gebühr.

12   **B. Terminsgebühr, VV 3332.** Sie entsteht unter den Voraussetzungen VV 3332 in jedem der in VV 3327 genannten Verfahren vor dem Staatsgericht. Das gilt zB bei der Wahrnehmung eines Termins mit der Vernehmung eines Zeugen oder Sachverständigen.

13   **C. Einigungsgebühr, VV 1000.** Schließlich kann eine Einigungsgebühr nach VV 1000 entstehen. Die Parteien müssen sich allerdings in der Sache selbst einig werden. Eine Einigung nur über die Vollstreckbarkeit ist unzulässig und unwirksam. Sie kann keine Einigungsgebühr auslösen.

Ein solcher *Schiedsspruch mit vereinbartem Wortlaut* nach § 1053 ZPO, den dort I selbst als „Vergleich" bezeichnet, zählt nur indirekt hierher. Soweit die Parteien vor dem Staatsgericht eine Einigung über den dortigen Verfahrensgegenstand hinaus erzielen, mag das Gericht sie zwar protokollieren. Sie unterfällt aber wohl meist den Vergütungsregeln der Schiedsvereinbarung.

14   **6) Gegenstandswert, Hs 1–4.** Vgl bei einer Ablehnung Anh I nach § 48 GKG: § 3 ZPO Rn 11, 97, Teil I A dieses Buchs, aM RS 150. Im übrigen ist der Gegenstandswert des schiedsrichterlichen Verfahrens und bei einer Beweisanordnung ihr nach § 3 ZPO zu schätzender Wert maßgebend.

15   **7) Kostenerstattung, Hs 1–4.** Soweit das Schiedsgericht oder beim Anwaltsvergleich die Parteien eine Kostengrundentscheidung treffen, ist diese maßgeblich und unter einer Mitbeachtung von §§ 91 ff ZPO auslegbar, insbesondere von § 98 ZPO.

Nr.	Gebührentatbestand	Gebühr oder Satz der Gebühr nach § 13 RVG
3328	*Fassung 1. 9. 2009:* **Verfahrensgebühr für Verfahren über die vorläufige Einstellung, Beschränkung oder Aufhebung der Zwangsvollstreckung oder die einstweilige Einstellung oder Beschränkung der Vollstreckung und die Anordnung, dass Vollstreckungsmaßnahmen aufzuheben sind**.. [1]Die Gebühr entsteht nur, wenn eine abgesonderte mündliche Verhandlung hierüber oder ein besonderer gerichtlicher Termin stattfindet. [2]Wird der Antrag beim Vollstreckungsgericht und beim Prozessgericht gestellt, entsteht die Gebühr nur einmal.	0,5

Vorbem. Haupttext und amtliche Anmerkung S 1 erweitert dch Art 47 VI Z 19 u FGG-RG v 17. 12. 08, BGBl 2586, in Kraft seit 1. 9. 09, Art 112 I Hs 1 FGG-RG, Übergangsrecht Art 111 FGG-RG, Grdz 2 vor § 1 FamFKG, Teil I B dieses Buchs.

Nr.	Gebührentatbestand	Gebühr oder Satz der Gebühr nach § 13 RVG
3328	*Bisherige Fassung:* **Verfahrensgebühr für Verfahren über die vorläufige Einstellung, Beschränkung oder Aufhebung der Zwangsvollstreckung** .... ¹Die Gebühr entsteht nur, wenn eine abgesonderte mündliche Verhandlung hierüber stattfindet. ²Wird der Antrag beim Vollstreckungsgericht und beim Prozessgericht gestellt, entsteht die Gebühr nur einmal.	0,5

Gliederung

1) Systematik	1
2) Regelungszweck	2
3) Geltungsbereich	3
4) Vorläufige Einstellung usw, I	4, 5
A. Abgesonderte mündliche Verhandlung oder besonderer gerichtlicher Termin	4
B. Erscheinen des Anwalts	5
5) Gebühren	6–8
A. Verfahrensgebühr, VV 3328	6
B. Terminsgebühr, VV 3332	7
C. Einigungsgebühr, VV 1000	8
6) Gegenstandswert	9
7) Kostenerstattung	10

1) Systematik. Nach § 19 I 2 Z 11 gehört die vorläufige Einstellung, Beschränkung oder Aufhebung der Zwangsvollstreckung zum Rechtszug, soweit nicht hierüber eine abgesonderte mündliche Verhandlung stattfindet, Naumb JB 02, 531, VGH Kassel NJW **08**, 679. Der ProzBev erhält also mangels einer besonderen mündlichen Verhandlung zwecks einer Kostendämpfung keine besondere Gebühr, Naumb JB 02, 531, VGH Kassel NJW **08**, 679. Das gilt auch dann, wenn sich sein Auftrag vorzeitig erledigt, VV 3101 Z 1. Demgegenüber regelt VV 3328 zusammen mit VV 3332 eine diesbezügliche besondere mündliche Verhandlung nach der ZPO oder einen besonderen gerichtlichen Termin im FamFG-Verfahren. Es handelt sich insofern um eine vorrangige Sonderregelung. Das folgt auch aus der gegenüber § 19 I 2 Z 11 klärenden amtlichen Anmerkung S 1. Die Vorschrift ist deshalb eng auslegbar, Brdb Rpfleger **95**, 383, Mü AnwBl **95**, 197.   **1**

2) Regelungszweck. Die Vorschrift bezweckt eine mit den besonderen Anforderungen an eine Verhandlung oder einen Termin mit ihren Notwendigkeiten einer raschen Reaktion verbundene angemessene Vergütung einer solchen Zusatztätigkeit.   **2**

3) Geltungsbereich. Soweit das Gericht der Hauptsache und entweder nur dieses oder zumindest auch dieses also über die vorläufige Einstellung, Beschränkung oder Aufhebung der Zwangsvollstreckung eine abgesonderte mündliche Verhandlung oder im FamFG-Verfahren einen besonderen Termin anordnet, ist VV 3328 anwendbar. Die Vorschrift bezieht sich dann auf jede Einstellung usw im Gesamtbereich VV Teil 3, zB nach §§ 707, 719, 769, 770, 771 III, 785, 786, 805 IV, 810 II, 924 III ZPO. Sie gilt auch dann, wenn eine mündliche Verhandlung dem Gericht freisteht, sofern sie dann nur eben stattfindet, zB bei §§ 570 III, 732 II, 1065 II ZPO.   **3**

Unanwendbar ist VV 3328 allerdings auf ein Verfahren nach § 718 ZPO. Vielmehr gilt dann stets (jetzt) § 19 I 2 Z 11, Hamm MDR **75**, 501, Mü AnwBl **95**, 197. Das entspricht dem Ausnahmecharakter des VV 3328, Rn 2.

4) Vorläufige Einstellung usw, I. Es müssen die folgenden Voraussetzungen zusammentreffen.   **4**

A. Abgesonderte mündliche Verhandlung oder besonderer gerichtlicher Termin. Grundsätzlich muß das Gericht über die vorläufige Einstellung, Beschränkung oder Aufhebung der Zwangsvollstreckung gerade eine abgesonderte mündliche Verhandlung oder einen besonderen Termin angeordnet haben, Rn 1. Diese abgesonderte Verhandlung oder dieser besondere Termin müssen auch tatsächlich stattgefunden haben, Naumb JB **02**, 531. Soweit *keine* abgesonderte mündliche Verhandlung oder kein besonderer Termin stattfindet, kann eine Gebühr nach VV 3328 allerdings für denjenigen Anwalt entstehen, der einen Auftrag nur wegen des Verfahrens auf die vorläufige Einstellung usw hat. Sofern er später einen Auftrag wegen der Hauptsache erhält, muß man dann allerdings § 15 V beachten.

5   B. **Erscheinen des Anwalts.** Der Anwalt muß in der vom Gericht angeordneten abgesonderten mündlichen Verhandlung oder im besonderen Termin auch tatsächlich vertretungsbereit erscheinen. Das ergibt sich aus der amtlichen Anmerkung S 1. Sofern er lediglich auftragsgemäß eine Information entgegennimmt und außerdem nur etwa auch den Antrag auf eine vorläufige Einstellung usw gefertigt und eingereicht hat, ist VV 3328 unanwendbar. Sofern sich der Auftrag vor dem Beginn der abgesonderten mündlichen Verhandlung oder des besonderen Termins erledigt hat, ist VV 3103 Z 1 nach der amtlichen Vorbemerkung 3.1 I anwendbar (keine Besonderheit im Abschnitt 4). Es reicht aus, daß der Anwalt beim Beginn der abgesonderten mündlichen Verhandlung usw anwesend und zur Mitwirkung an der Verhandlung usw bereit ist.

6   **5) Gebühren.** Es kann jede der folgenden Gebühren entstehen.

A. **Verfahrensgebühr, VV 3328.** Eine 0,5 Gebühr entsteht, sobald eine abgesonderte mündliche Verhandlung oder ein besonderer Termin stattfindet. Diese „Verfahrensgebühr" des VV 3328 ist gleichwohl keine Terminsgebühr. Sie unterliegt daher nicht den Bedingungen der amtlichen Vorbemerkung 3 III. Das tut erst die „Terminsgebühr" VV 3332. Soweit der Anwalt oder der Gegner einen Antrag beim Vollstreckungs- und beim Prozeßgericht oder Familiengericht gestellt hatte, zB nach §§ 769 II, 771 III ZPO, erhält der Anwalt die 0,5 Verfahrensgebühr nach der amtlichen Anmerkung S 2 nur einmal. Das erklärt sich daraus, daß der Anwalt für seine Tätigkeit beim Vollstreckungsgericht bereits eine Verfahrensgebühr VV 3309 verdient hat.

Er erhält diese Gebühr VV 3309 allerdings auch bei einer abgesonderten *mündlichen Verhandlung* oder einem besonderen Termin nicht nochmals. Daher entsteht dann nur die Terminsgebühr VV 3331 zusätzlich.

Im übrigen erhält der Anwalt eine besondere Gebühr für die *Einstellung* usw auch bei einer sonstigen Tätigkeit in der Vollstreckungsinstanz, § 19 I 2 Z 11. Die Verfahrensgebühr entfällt, wenn sich der Auftrag vor dem Erscheinen des Anwalts in der abgesonderten mündlichen Verhandlung oder im besonderen Termin erledigt, Rn 1, VV 3101 Z 1.

Unanwendbar ist VV 3337 mit der dortigen Ermäßigung. Denn jene Vorschrift nennt nicht auch VV 3328.

7   B. **Terminsgebühr, VV 3332.** Diese Vorschrift erfaßt auch VV 3328. Für die Terminsgebühr gilt die amtliche Vorbemerkung 3 III. Vgl im einzelnen bei VV 3332.

8   C. **Einigungsgebühr, VV 1000.** Sie kann stets hinzutreten.

9   **6) Gegenstandswert.** Vgl Anh I nach § 48 GKG: § 3 ZPO Rn 145, Teil I A dieses Buchs.

10 **7) Kostenerstattung, I.** Im Rahmen von §§ 91 ZPO, 80 ff. FamFG sind die Kosten als Teil der Prozeß- oder Verfahrenskosten erstattungsfähig, Mü Rpfleger **87**, 36.

Nr.	Gebührentatbestand	Gebühr oder Satz der Gebühr nach § 13 RVG
3329	Verfahrensgebühr für Verfahren auf Vollstreckbarerklärung der durch Rechtsmittelanträge nicht angefochtenen Teile eines Urteils (§§ 537, 558 ZPO)	0,5

1   **1) Systematik.** Das Berufungsgericht muß wegen § 705 ZPO ein nicht oder nicht unbedingt für vorläufig vollstreckbar erklärtes Ersturteil, soweit die Berufungsanträge es nicht anfechten, auf Grund eines Antrags durch einen Beschluß für vorläufig vollstreckbar erklären, § 537 I 1 ZPO, Mü MDR **92**, 1087. Entsprechendes gilt für den nicht ange-

fochtenen Teil eines Berufungsurteils, § 558 S 1 ZPO. Nur diese beiden Fälle unterfallen VV 3329, nicht eine sonstige vorläufige Vollstreckbarerklärung.
Dann ist für die Tätigkeit des Anwalts in dem Verfahren auf die Vollstreckbarerklärung des nicht angefochtenen Teils des Urteils VV 3329 anwendbar. Das gilt auch dann, wenn der Rechtsmittelkläger das zunächst nur auf einen *Teil des Ersturteils* erstreckte Rechtsmittel auf einen anderen Teil des Ersturteils ausdehnt.
Wenn er dagegen das Rechtsmittel nachträglich auf das *ganze Ersturteil* ausdehnt oder wenn die Parteien den ganzen nicht angefochtenen Urteilsteil in einen Vergleich einbeziehen, ist (jetzt) § 19 I 2 Z 9 anwendbar, Mü MDR **92**, 1087.

2) Regelungszweck. Die Vorschrift bezweckt eine ausreichende Vergütung für eine zusätzliche Tätigkeit des Rechtsmittelanwalts. Das muß man bei der an sich nötigen engen Auslegung dieser Sondervorschrift mitbeachten. 2

3) Geltungsbereich. Vgl Rn 1. Den Auftrag kann jeder Verfahrensbeteiligte erteilen. 3

4) Gebühr. Im Verfahren auf die Vollstreckbarerklärung des nicht angefochtenen Teils des Ersturteils erhält der Anwalt eine 0,5 Verfahrensgebühr. Diese Gebühr entsteht mit der ersten auftragsgemäßen Tätigkeit, meist mit der Entgegennahme der Information. Sie ist vom Umfang der Tätigkeit unabhängig. Sie gilt als eine Pauschale grundsätzlich die gesamte Tätigkeit im Verfahren auf die Vollstreckbarerklärung ab. VV 1008 ist anwendbar, Düss AnwBl **80**, 159, ebenso aber auch § 15 III. Bei einer Rechtsmittelerweiterung findet eine Anrechnung von VV 3329 auf die im Rechtsmittelverfahren zur Hauptsache nun erhöhten Gebühren nach §§ 15 II, 19 I 2 Z 9 statt. 4
Eine *Terminsgebühr* kann freilich nach VV 3332 hinzutreten. Eine *Einigungsgebühr* kann unter den Voraussetzungen VV 1000, 3101 Z 2 entstehen. Dann ist freilich VV 3329 daneben unanwendbar, Hbg MDR **82**, 945. Es tritt keine Ermäßigung ein, Mü JB **93**, 156. 5

5) Gegenstandswert. Maßgeblich ist der Wert desjenigen nicht angefochtenen Teils des Ersturteils, auf den sich der Antrag auf eine Vollstreckbarerklärung im Zeitpunkt der Entscheidung des Gerichts erstreckt, (je zum alten Recht) LG Bonn JB **01**, 252, GSchm 12, aM Ffm JB **96**, 312, Hamm FamRZ **94**, 248 (nur ein Bruchteil). 6

6) Kostenerstattung. Sie ergibt sich aus der notwendigen oder doch mindestens zulässigen und ratsamen gesonderten Kostengrundentscheidung des Beschlusses des Rechtsmittelgerichts im Verfahren nach § 537 I oder § 558 S 1 ZPO, Mü JB **93**, 156, Schlesw SchlHA **80**, 188. 7

Nr.	Gebührentatbestand	Gebühr oder Satz der Gebühr nach § 13 RVG
3330	Verfahrensgebühr für Verfahren über eine Rüge wegen Verletzung des Anspruchs auf rechtliches Gehör	0,5

Vorbem. Änderung dch Art 17 Z 4 f G v 9. 12. 04, BGBl 3220, in Kraft seit 1. 1. 05, Art 22 S 2 G, Übergangsrecht § 60 RVG.

1) Systematik. Es handelt sich um eine neben § 19 I 2 Z 5 Hs 2 stehende und in ihrem Geltungsbereich vorrangige Sondervorschrift. 1

2) Regelungszweck. Die Vorschrift dient der Kostengerechtigkeit. Auch der nur in ihrem Geltungsbereich tätige Anwalt arbeitet nicht umsonst. Das nicht gerade einfache Verfahren wegen Verletzung des Anspruchs auf rechtliches Gehör richtet sich nach den in § 12a Rn 4 aufgezählten Vorschriften. Es erfordert ein erhebliches Maß an Behutsamkeit, Vorsicht einerseits, Entschlossenheit des Anwalts andererseits gegenüber einem solchen Gericht, dem er immerhin einen schon der Rechtsnatur nach schweren Verstoß gegen prozessuale Grundpflichten (Beachtung des § 103 I GG) vorwerfen muß. Das erfordert eine angemessene Vergütung. Demgemäß muß man die Vorschrift auslegen. 2

3) Geltungsbereich. Der Anwalt darf nicht schon im bisherigen Verfahren als der ProzBev oder als ein VerfBev tätig gewesen sein oder jetzt oder anschließend tätig werden, Enders JB **02**, 58 (Ausnahme: Terminsgebühr). Denn dann würden 3

VV 3100 ff seine Tätigkeit im Verfahren des § 12a nach §§ 15 II, 19 I 2 Z 5 Hs 2 mit abgelten. Andererseits braucht der Anwalt nicht im gesamten Verfahren des § 12a tätig geworden zu sein. Es genügt vielmehr zB ein Antrag oder ein Tätigkeitsabschnitt in einem späteren Abschnitt dieses Verfahrens. Der Anwalt mag auch nur Verkehrsanwalt oder bei VV 3332 Terminsanwalt gewesen sein. Man muß dann aber § 15 VI beachten. Es ist unerheblich, ob der Anwalt den Rügeführer oder einen anderen Prozeßbeteiligten vertritt. Der Ausgang des Verfahrens ist ebenfalls unerheblich. Die Gebühr kann also auch bei einer Unstatthaftigkeit der Gehörsrüge entstehen, soweit der Anwalt nicht gesetzwidrig oder vertragswidrig handelt.

4 **4) Gebühren.** Es können zumindest die folgenden Gebühren entstehen. Eine Ermäßigung tritt nicht ein. VV 1008 ist anwendbar. Eine erneute Rüge löst erneut Gebühren aus, nicht aber eine bloße Anschlußrüge. Eine Ermäßigung nach VV 3337 findet nicht statt. Denn jene Vorschrift nennt VV 3330, 3332 nicht mit.
A. Verfahrensgebühr. Die Gebühr VV 3330 entsteht nach der amtlichen Vorbemerkung 3 II für das Betreiben des Geschäfts einschließlich einer auftragsgemäßen Einholung der Information. Das Verfahren beginnt frühestens mit dem Erlaß der angeblich beanstandungsbedürftigen Entscheidung. Es endet mit der Verwerfung oder Zurückweisung der Rüge oder mit der Anordnung der Fortführung des Prozesses oder Verfahrens. Vgl im übrigen die Anmerkungen zu VV 3100. Die Höhe beträgt 0,5 Gebühr.

5 **B. Terminsgebühr.** Nach VV 3332 entsteht zusätzlich gerade schon und noch im Rügeverfahren eine Terminsgebühr unter den Voraussetzungen VV 3104. Eine Verhandlung erst nach der Beendigung des Rügeverfahrens macht für den ProzBev oder VerfBev VV 3104 wie sonst anwendbar.

6 **C. Einigungsgebühr.** Sie kann unter den Voraussetzungen VV 1000 entstehen.

7 **5) Gegenstandswert.** Man muß grundsätzlich den Wert der Hauptsache zugrundelegen, den die angefochtene Entscheidung betrifft. Bei gegenseitigen Rügen muß man deren Wert addieren.

8 **6) Kostenerstattung.** Beim Erfolg der Rüge gibt es neben der Kostengrundentscheidung des Hauptprozesses abgesehen von evtl § 96 ZPO, § 113 I 2 FamFG keine für das Rügeverfahren gesonderte Kostengrundentscheidung und folglich grundsätzlich keine Notwendigkeit eines besonderen Gegenstandswerts. Beim Mißerfolg ist die etwa ergangene Kostengrundentscheidung maßgeblich, §§ 91 ff ZPO, §§ 80 ff FamFG. Vgl freilich § 91 II 3 ZPO.

Fassung 1. 9. 2009: **3331** (aufgehoben)

Nr.	Gebührentatbestand	Gebühr oder Satz der Gebühr nach § 13 RVG
3331	*Bisherige Fassung:* **Verfahrensgebühr für das Verfahren über einen Antrag auf Abänderung eines Vollstreckungstitels nach § 655 Abs. 1 ZPO** .... Der Wert bestimmt sich nach § 42 GKG.	0,5
3332	*Fassung 1. 9. 2009:* **Terminsgebühr in den in Nummern 3324 bis 3330 genannten Verfahren**	0,5

Vorbem. Änderg dch Art 47 VI Z 19w FGG-RG v 17. 12. 08, BGBl 2586, in Kraft seit 1. 9. 09, Art 112 I Hs 1 FGG-RG, Übergangsrecht Art 111 FGG-RG, Grdz 2 vor § 1 FamGKG, Teil I B dieses Buchs.

Nr.	Gebührentatbestand	Gebühr oder Satz der Gebühr nach § 13 RVG
3332	*Bisherige Fassung:* **Terminsgebühr in den in Nummern 3324 bis 3331 genannten Verfahren**	0,5

1 **1) Systematik.** Die Vorschrift gilt zusätzlich zu VV 3324–3330 als eine der Höhe nach vorrangige Sonderregelung. Ergänzend gilt die amtliche Vorbemerkung 3 III.

Vergütungsverzeichnis **3332, 3333 VV**

2) Regelungszweck. Die Vorschrift bezweckt eine den Verfahrensgebühren entsprechende Dämpfung der Kosten im Bereich der isolierten Anwaltstätigkeit nur auf den jeweiligen Einzelgebieten. So sollte man die Vorschrift handhaben. 2

3) Geltungsbereich. Vgl die entsprechenden Anm zu VV 3324–3330. Die Terminsgebühr entsteht also für die Wahrnehmung einer jeden Art von Aufgebotstermin als der Vertreter des Antragstellers, eines Antragsgegners oder eines sonstwie Beteiligten. Der Termin kann nach § 32 FamFG stattfinden. Die Terminsgebühr ist grundsätzlich vom verhandlungsbereiten Erscheinen im Termin abhängig. Freilich reicht auch nach der amtlichen Vorbemerkung 3 III Hs 2 die Mitwirkung an einer Besprechung zwecks einer Vermeidung oder Erledigung des Verfahrens ohne eine Beteiligung des Gerichts und mit einem anderen Beteiligten als nur dem Auftraggeber. 3

Unerheblich ist, ob es zu einer streitigen oder unstreitigen oder einseitigen Verhandlung oder Erörterung kommt und ob nur Prozeß- oder Verfahrensanträge oder auch ein Sachantrag erfolgen.

Unanwendbar ist VV 3332 also zB dann, wenn das Gericht nach § 319 VI 3 AktG, § 16 III 3 UmwG ohne eine mündliche Verhandlung nach § 128 IV ZPO entscheidet.

4) Gebührenhöhe. Aus den Erwägungen Rn 2 entsteht jeweils nur eine 0,5 Gebühr, auch wenn es in demselben Verfahren zu mehreren Terminen kommt. 4

5) Gegenstandswert. Es gelten dieselben Erwägungen wie bei den zugehörigen Verfahrensgebühren VV 3324–3330. 5

Nr.	Gebührentatbestand	Gebühr oder Satz der Gebühr nach § 13 RVG
3333	Verfahrensgebühr für ein Verteilungsverfahren außerhalb der Zwangsversteigerung und der Zwangsverwaltung .... ¹Der Wert bestimmt sich nach § 26 Nr. 1 und 2 RVG. ²Eine Terminsgebühr entsteht nicht.	0,4

1) Systematik, Regelungszweck. Es handelt sich um eine Ergänzung mit einem Auffangcharakter und derselben Zielsetzung wie §§ 26 ff, aber auch zur Vermeidung einer zu geringen Gesamtvergütung. Das muß man bei der Auslegung mitbeachten. VV 3309 ist anwendbar. Im etwa folgenden Prozeß nach § 878 ZPO sind VV 3100 ff anwendbar. 1

2) Geltungsbereich. Die Vorschrift erfaßt ein Verteilungsverfahren bei einer Enteignung nach Artt 52, 109 EGBGB, also die Festsetzung der Entschädigung des Grundstückseigentümers, falls ein am Grundstück Berechtigter einen Widerspruch gegen die Zahlung erhebt, Artt 53 I, 53a II EGBGB, und einen entsprechenden Entschädigungsanspruch des Eigentümers eines eingetragenen Schiffs- oder Schiffsbauwerks, Art 53a EGBGB. 2

Hierher gehören ferner: Ein Verteilungsverfahren nach §§ 827, 853, 854, 858 V, 872–877, 882 ZPO; ein Entschädigungsanspruch wegen der Beschädigung eines Grundstücks durch Bergbau, Art 67 I EGBGB; ein Entschädigungsanspruch zB nach § 119 III BauGB oder nach § 55 BLG; ein Verfahren nach § 75 II FlBereinigG; ein Verfahren nach § 54 III LandbeschaffungsG; ein Verfahren nach § 86 I StädtebauförderungsG; ein Vergleich nach der SVertO vorbehaltlich VV 3313 ff.

Unanwendbar ist VV 3333, soweit die vorrangigen VV 3311, 3313 ff für das Verteilungsverfahren anwendbar sind, amtliche Vorbemerkung 3.3.5 I, oder soweit es sich um eine nach VV 3100 ff vergütbare Tätigkeit in einem Widerspruchs- oder Bereicherungsprozeß nach § 878 ZPO handelt.

3) Verfahrensgebühr. Der Anwalt erhält für die Mitwirkung im gesamten Verteilungsverfahren eine 0,4 Gebühr. Sie entsteht mit der auftragsgemäßen Entgegennahme der Information, natürlich auch mit einem Antrag etwa nach Art 53 I 2 EGBGB, ferner zB mit der Entgegennahme einer Aufforderung zur Einreichung einer Berechnung nach § 873 ZPO, mit einer Terminswahrnehmung nach § 876 ZPO, mit einem Widerspruch nach § 877 ZPO oder mit einer anderweitigen Verteilung nach § 882 3

ZPO. Sie braucht aber nicht nach außen zu wirken. Eine Gebührenermäßigung tritt nicht ein. Die Gebühr gilt das Betreiben des Geschäfts einschließlich der Information ab, amtliche Vorbemerkung 3 II. Sie bleibt auch bei einer außergerichtlichen Einigung bestehen. Dann kann auch VV 1000 anwendbar sein. Eine Terminsgebühr entsteht nicht, amtliche Anmerkung S 2. Eine Gebührenverringerung nach VV 3337 erfolgt nicht. Denn jene Vorschrift nennt VV 3333 nicht mit.

4   **4) Gegenstandswert.** Der Gegenstandswert richtet sich infolge der Verweisung auf § 26 Z 1, 2 nach der Person des Vertretenen. Vgl § 26 Rn 14. § 25 ist unanwendbar, aM RS 185 (aber die Verweisung der amtlichen Anmerkung S 1 ist eindeutig und vorrangig auch bei §§ 872 ff ZPO).

5   **5) Beschwerde.** Auf das Beschwerdeverfahren ist VV 3500 anwendbar.

Nr.	Gebührentatbestand	Gebühr oder Satz der Gebühr nach § 13 RVG
3334	Verfahrensgebühr für Verfahren vor dem Prozessgericht oder dem Amtsgericht auf Bewilligung, Verlängerung oder Verkürzung einer Räumungsfrist (§§ 721, 794a ZPO), wenn das Verfahren mit dem Verfahren über die Hauptsache nicht verbunden ist	1,0

Gliederung

1) Systematik	1
2) Regelungszweck	2
3) Geltungsbereich	3, 4
A. Prozeßgericht, § 721 ZPO	3
B. Amtsgericht, § 794a ZPO	4
4) Gebührenhöhe	5–7
A. Verfahrensgebühr	5
B. Terminsgebühr	6
C. Einigungsgebühr	7
5) Gegenstandswert	8
6) Kostenerstattung	9

1   **1) Systematik.** Die Vorschrift bildet eine Ergänzung zu §§ 16 ff, VV 3100 ff. Sie stellt insoweit eine vorrangige Sonderregel dar. Neben ihr muß man bei einer vorzeitigen Auftragsbeendigung die Ermäßigung auf 0,5 Gebühr nach VV 3337 beachten.

2   **2) Regelungszweck.** Das „selbständige" Verfahren wegen einer Räumungsfrist hat praktisch oft eine ganz erhebliche Bedeutung. Denn es bietet vor der letzten Hilfsmöglichkeit nach § 765a ZPO mit ihrer Anwaltsvergütung nach VV 3309, 3310 die auch psychische, aber natürlich zunächst materiell einzige Chance, dem drohenden Umzug noch vorerst zu entgehen und damit eventuell auch Zeit zur Nachfinanzierung und deshalb zur Fortsetzung des bisherigen Wohnverhältnisses zu gewinnen. Auch für den geplagten Gläubiger haben §§ 721, 794a ZPO oft eine sehr erhebliche Bedeutung, sei es, daß er die Räume dringend für sich benötigt, sei es, daß er auf Einkünfte aus ihr angewiesen ist oder daß ihn andere Mieter drängen. Das alles muß man bei der Auslegung mitbeachten.

3   **3) Geltungsbereich.** Eine Gebühr nach VV 3334 kommt in Betracht, wenn entweder die Voraussetzungen Rn 3 oder diejenigen Rn 4 vorliegen.

A. Prozeßgericht, § 721 ZPO. Es muß sich um ein Verfahren vor dem Prozeßgericht nach dem Ende des Räumungsprozesses etwa wegen eines Räumungsanerkenntnisses und eines entsprechenden Urteils oder nach einer eindeutigen Abtrennung jetzt nur noch auf die Bewilligung, Verlängerung oder Verkürzung einer Räumungsfrist nach § 721 III 1 ZPO handeln. Das Gericht darf das Verfahren aber mit demjenigen über die Hauptsache nicht verbunden haben. Vielmehr muß das Gericht seinen Willen geäußert haben, das Räumungsfristverfahren getrennt vom etwaigen Hauptprozeß zu führen. Daher kommt dann, wenn es um die erstmalige Bewilligung der Räumungsfrist geht, nur das selbständige Verfahren nach § 721 II ZPO in

Betracht, LG Bln JB **95**, 530, nicht das unselbständige nach § 721 I 1, 2 ZPO, LG Ffm Rpfleger **84**, 287, und auch nicht dasjenige nach § 721 I 3 ZPO in Verbindung mit § 321 ZPO (Ergänzung der Entscheidung). In den letzteren Fällen sind § 19 I 2 Z 6, VV 3100 ff anwendbar, LG Ffm Rpfleger **84**, 287. Das gilt auch dann, wenn der Anwalt im verbundenen Verfahren einen Räumungsfristantrag in einem gesonderten Schriftsatz stellt und wenn das Gericht im verbundenen Verfahren nur äußerlich gesondert und nicht in einem gesonderten Verfahren entscheidet. Auch eine bloße Ergänzung des Urteils reicht nicht.

Es kommt nicht darauf an, ob der Antrag nach § 721 II 1, III 1 ZPO *rechtzeitig* vorliegt und ob bei einer Fristversäumung nach § 721 II 2, III 2 ZPO ein Wiedereinsetzungsverfahren stattfindet. Die Tätigkeit des Anwalts in einem solchen Wiedereinsetzungsverfahren verursacht keine besondere Vergütung, § 58 II. Ein etwa nach § 765 a ZPO stattfindendes Verfahren vor dem Vollstreckungsgericht fällt nicht unter VV 3334, sondern nach dem ausdrücklichen Wortlaut des § 18 I Z 6 unter jene insoweit vorrangige Sondervorschrift.

B. Amtsgericht, § 794 a ZPO. Es kann sich auch um das Verfahren im Anschluß an einen Räumungsvergleich vor dem AG der Belegenheit des Wohnraums handeln. Es kommt nicht darauf an, ob der Antrag innerhalb der Frist nach § 794 a I 2 Hs 2, II 1 ZPO vorliegt und ob bei einer Fristversäumung ein Wiedereinsetzungsverfahren nach § 794 a I 2 Hs 2, II 2 ZPO stattfindet. Die Tätigkeit des Anwalts in einem solchen Wiedereinsetzungsverfahren verursacht keine besondere Vergütung, § 19 I 1. Wegen eines Verfahrens nach § 765 a ZPO vor dem AG Rn 1, 2.

4) Gebührenhöhe. Es können Gebühren in unterschiedlicher Höhe entstehen.

A. Verfahrensgebühr. Eine 1,0 Gebühr entsteht mit der auftragsgemäßen Entgegennahme der Information, erst recht mit der Einreichung des Antrags auf die Bewilligung, Verlängerung oder Verkürzung der Räumungsfrist. Sofern der Anwalt erstmalig im zugehörigen Wiedereinsetzungsverfahren tätig wird, entsteht die Verfahrensgebühr mit der Einreichung des Wiedereinsetzungsantrags.

Wenn der Anwalt nach der Erledigung des Antrags auftragsgemäß einen *weiteren* Antrag auf eine weitere Bewilligung, Verlängerung oder Verkürzung der Räumungsfrist stellt, liegt insoweit eine besondere Angelegenheit vor. Sie kann alle Gebühren VV 3100 ff erneut auslösen, § 18 I Z 6. Bei einer vorzeitigen Auftragsbeendigung ermäßigt sich die Verfahrensgebühr nach VV 3337 auf 0,5 Gebühr.

B. Terminsgebühr. Sie kann nach der amtlichen Vorbemerkung 3.3.6 zusätzlich entstehen. Sie richtet sich nach VV 3104 ff.

C. Einigungsgebühr. Sie kann nach VV 1000 entstehen, sofern sich die Parteien im Räumungsfristverfahren einigen. Sie entsteht nicht etwa nur zu 0,5 Gebühr. Denn VV 3334 erwähnt VV 1000 nicht mit.

5) Gegenstandswert. Vgl Anh I nach § 48 GKG: § 3 ZPO Rn 93 „Räumungsfrist", Teil I A dieses Buchs, sowie § 23. Das gilt auch bei einer Urteilsergänzung.

6) Kostenerstattung. Sie ergibt sich aus der zugehörigen und stets notwendigen Kostengrundentscheidung, §§ 91 ff ZPO. § 788 ZPO ist nicht direkt anwendbar, aber bei gerichtlicher Entscheidung notgedrungen mit maßgeblich.

Nr.	Gebührentatbestand	Gebühr oder Satz der Gebühr nach § 13 RVG
3335	Verfahrensgebühr für das Verfahren über die Prozesskostenhilfe, soweit in Nummer 3336 nichts anderes bestimmt ist	in Höhe der Verfahrensgebühr für das Verfahren, für das die Prozesskostenhilfe
	[1] Im Verfahren über die Bewilligung der Prozesskostenhilfe oder die Aufhebung der Bewilligung nach § 124 Nr. 1 ZPO bestimmt sich der Gegenstandswert nach dem für die Hauptsache maßgebenden Wert; im Übrigen ist er nach dem Kosteninteresse nach billigem Ermessen zu bestimmen.	

VV 3335 Vergütungsverzeichnis

Nr.	Gebührentatbestand	Gebühr oder Satz der Gebühr nach § 13 RVG
	II Entsteht die Verfahrensgebühr auch für das Verfahren, für das die Prozesskostenhilfe beantragt worden ist, werden die Werte nicht zusammengerechnet.	beantragt wird, höchstens 1,0

Vorbem. Änderg dch Art 20 Z 71 des 2. JuMoG v 22. 12. 06, BGBl 3416, in Kraft seit 31. 12. 06, Art 28 I des 2. JuMOG, Übergangsrecht § 60 RVG.

Gliederung

1) **Systematik** 1
2) **Regelungszweck** 2–5
3) **Sachlicher Geltungsbereich** 6, 7
4) **Persönlicher Geltungsbereich** 8
5) **Gebührenhöhe** 9–17
   A. Grundsatz: Möglichkeit mehrerer Gebühren 9
   B. Verfahrensgebühr bei Vertretung des Antragstellers ... 10
   C. Verfahrensgebühr bei Vertretung des Antragsgegners ... 11–13
   D. Verfahrensgebühr im Aufhebungsverfahren 14
   E. Terminsgebühr 15
   F. Einigungs-, Aussöhnungsgebühr 16
   G. Weitere Einzelfragen 17
6) **Gegenstandswert, amtliche Anmerkung I** 18
7) **Keine Wertzusammenrechnung, amtliche Anmerkung II** ... 19
8) **Kostenerstattung** 20

1 1) **Systematik.** Um den Geltungsbereich der Vorschrift richtig erfassen zu können, muß man einerseits § 16 Z 2, 3, VV 3100 ff und andererseits das Verhältnis zwischen dem Prozeßkostenhilfeverfahren nach §§ 114 ff ZPO und dem Hauptprozeß nach §§ 253 ff ZPO berücksichtigen. Soweit das Gericht den Anwalt zum ProzBev für den Hauptprozeß bestellt hat, ist seine Tätigkeit im zugeordneten Prozeßkostenhilfeverfahren grundsätzlich nach § 16 Z 2 dieselbe Angelegenheit. Sie führt daher nach § 15 II 1 neben VV 3100 ff zu keiner besonderen Vergütung, BGH FamRZ 08, 982 links unten. Das gilt sowohl dann, wenn das Prozeßkostenhilfeverfahren dem Hauptprozeß zeitlich vorangeht, als auch dann, wenn es gleichzeitig mit der Klageinreichung oder erst später beginnt, Rn 6, Karlsr Rpfleger **99**, 213. VV 3336 hat den Vorrang. Das ergibt VV 3334 Hs 2. VV 1003, 1008 sind anwendbar.

2 2) **Regelungszweck.** Die Vorschrift ist erforderlich, um eine angemessene Vergütung dann zu sichern, wenn der Anwalt in einem Prozeßkostenhilfeverfahren tätig wird, ohne in diesem Zeitabschnitt schon oder noch der ProzBev zu sein. Das gilt zB dann, wenn der Auftraggeber zunächst abwarten will, ob und in welchem Umfang ihm das Gericht eine Prozeßkostenhilfe bewilligt, bevor er überhaupt einen Auftrag zur Klageinreichung erteilt, Bbg JB **83**, 1659, Ffm FamRZ **91**, 1218, KG JB **89**, 1551. Es ist aber auch möglich, daß der Auftraggeber dem Anwalt etwa zunächst nur für einen Teil seiner Ansprüche einen bedingten oder unbedingten Prozeßauftrag erteilt und ihn im übrigen nur mit der Einleitung eines Prozeßkostenhilfeverfahrens beauftragt.

3 Es ist auch möglich, daß zB der erstinstanzliche Anwalt den Auftrag erhält, beim OLG für die *Berufungsinstanz* nur eine Prozeßkostenhilfe zu beantragen, während der Auftraggeber für die Durchführung der Berufung oder für die Abwehr der gegnerischen Berufung einen anderen Anwalt als seinen ProzBev beauftragen muß. Auch dann kann eine Vergütung des erstinstanzlichen Anwalts nach VV 3335 in Betracht kommen.

4 Der Anwalt tritt auch dann nur im Prozeßkostenhilfeverfahren auf, wenn er zwar eine als „Klage" bezeichnete Schrift einreicht, aber zugleich eindeutig lediglich für die *„beabsichtigte Klage"* usw um eine Prozeßkostenhilfe bittet, BGH RR **00**, 879, Kblz MDR **04**, 177, Zweibr RR **01**, 1653, aM Ffm JB **91**, 1645, Karls Rpfleger **99**, 212.

Allerdings können Gebühren sowohl nach VV 3100ff als auch nach VV 3335 *ne-* 5
beneinander entstehen, (zum alten Recht) KG MDR **91**, 263 (auch zu einer Ausnahme). Das kann zB dann geschehen, wenn das Gericht lediglich im Prozeßkostenhilfeverfahren eine mündliche Verhandlung durchführt, nicht aber im Hauptprozeß. Es kann auch geschehen, daß der Anwalt einen Prozeßauftrag und gleichzeitig einen Auftrag zur Beschaffung einer Prozeßkostenhilfe hatte, Bbg JG **83**, 1659, Mü JB **79**, 1013, etwa bei einem solchen Eilverfahren, daß im letzteren Verfahren eine Verhandlung stattfand und daß das Gericht sodann die Prozeßkostenhilfe verweigert und die Partei daraufhin keine Klage erhebt. Sie mag freilich trotzdem klagen wollen, KG JB **89**, 1551.

Für die Abgrenzung zwischen einem *bedingten* und einem unbedingten Auftrag gibt die ja meist sofort unterschriebene Prozeßvollmacht kaum genug her, Ffm JB **91**, 1645. Der Anwalt ist für den weitergehenden Auftrag beweispflichtig, Ffm JB **91**, 1645, KG JB **89**, 1551.

3) Sachlicher Geltungsbereich. Vgl. zunächst Rn 1–5. VV 3335 ist grundsätz- 6
lich auf sämtliche im VV Teil 3 amtliche Überschrift geregelten Verfahren anwendbar, auch auf ein Prozeßkostenhilfeverfahren bei §§ 37, 38 auf ein solches Verfahren im Bereich der freiwilligen Gerichtsbarkeit. Allerdings gibt Hs 2 dem VV 3336 den Vorrang.

Die Bewilligung der Prozeßkostenhilfe nach § 120 ZPO und die Änderung oder 7
Aufhebung der Bewilligung nach § 124 ZPO stellen auch nach VV 3335 dieselbe Angelegenheit dar. Das gilt nach I 2 in mehreren Verfahren dieser Art, etwa im Verfahren der Bewilligung und der Aufhebung. Die Verfahrensgebühr VV 3335 entsteht in demselben Rechtszug nur einmal, § 15 II 1. Demgegenüber ist das Beschwerdeverfahren nach § 127 ZPO eine besondere Angelegenheit. Dort können Gebühren nach VV 3500, 3501 entstehen, und zwar auch für den ProzBev.

Unanwendbar ist VV 3335 in einem der in VV Teile 4ff geregelten Verfahren.

4) Persönlicher Geltungsbereich. Die Vorschrift gilt für den ProzBev. Der Ver- 8
kehrsanwalt, der Termins- und Beweisvertreter erhalten dasselbe wie der ProzBev. Stets ist der Umfang der Beiordnung maßgebend, Kblz FamRZ **06**, 1694.

5) Gebührenhöhe. Es entsteht eine Gebühr in Höhe derjenigen für ein Haupt- 9
sacheverfahren, zB bei VV 3309 0,3 Gebühr. Höchstens entsteht 1,0 Gebühr. Beides klärt (jetzt) der Gesetzestext. Natürlich kann die Ermäßigung nach VV 3337 eintreten, Rn 10.

Im übrigen hat der folgende Grundsatz sechs Auswirkungen.

A. Grundsatz: Möglichkeit mehrerer Gebühren. Soweit VV 3335 überhaupt nach Rn 1–8 anwendbar ist, kann neben der Verfahrensgebühr VV 3335 keine Terminsgebühr entstehen. Denn sie bestimmt sich nach der amtlichen Vorbemerkung 3.3.6 nach VV 3100–3106, da der Unterabschnitt 6 nichts anderes bestimmt. VV 3104, 3105, 3106 sind also anwendbar. Eine Ermäßigung bei einer vorzeitigen Beendigung des Auftrags oder einer nichtstreitigen Verhandlung entsteht nach VV 3337.

B. Verfahrensgebühr bei Vertretung des Antragstellers. Die Gebühr VV 3335 10
entsteht mit der auftragsgemäßen Entgegennahme der Information, Enders JB **97**, 450. Sie entsteht zumindest mit der Einreichung des Antrags auf die Bewilligung einer Prozeßkostenhilfe. Im Verfahren auf die Aufhebung der Bewilligung entsteht für den Anwalt der bisher begünstigten Partei dieselbe mit der Einreichung der Stellungnahme zur beabsichtigten Aufhebung. Allerdings bilden das Verfahren auf die Bewilligung und dasjenige auf die Aufhebung der Bewilligung nach § 16 Z 3 dieselbe Angelegenheit. Daher kann die Verfahrensgebühr in demselben Rechtszug insgesamt nur einmal entstehen, Rn 7. Wohl aber kann im Beschwerdeverfahren neben einer erstinstanzlichen Vergütung die Beschwerdegebühr VV 3500 entstehen.

Vorzeitige Auftragsbeendigung führt nach VV 3337 zur Ermäßigung der Verfahrensgebühr auf 0,5 Gebühr.

C. Verfahrensgebühr bei Vertretung des Antragsgegners. Vor der Bewilli- 11
gung der Prozeßkostenhilfe muß das Gericht dem Prozeßgegner des Antragstellers nach § 118 I 1 ZPO grundsätzlich eine Gelegenheit zur Stellungnahme geben. Dieser grundsätzliche Anhörungszwang scheint nicht selbstverständlich zu sein. Denn das

Verfahren auf die Bewilligung einer Prozeßkostenhilfe verläuft zwischen dem Antragsteller und dem Staat, nicht zwischen dem ersteren und dem Prozeßgegner. Das wird insbesondere dann deutlich, wenn während des Verfahrens noch keine Klage eingeht.

12 § 118 I 1 ZPO stellt indessen klar, daß grundsätzlich eine *Anhörungspflicht* besteht, wie die Worte „ist dem Gegner Gelegenheit zur Stellungnahme zu geben" zeigen, Schultz MDR **81**, 525. Im übrigen ist der Prozeßgegner insofern beteiligt, als man ihn auf Grund der Bewilligung der Prozeßkostenhilfe in ein gerichtliches Verfahren verwickeln kann, BGH **89**, 65, Köln MDR **80**, 407, ohne daß er sich sonst gegen die Bewilligung wehren könnte. Es handelt sich ja überhaupt um ein prozeßähnliches Verfahren.

13 Schon aus diesen Gründen, aber auch mit Rücksicht auf den allgemein anerkannten Grundsatz, daß *kein Anwalt umsonst tätig* zu werden braucht, erhält auch der Anwalt des Prozeßgegners des Antragstellers eine Verfahrensgebühr, soweit die Voraussetzungen Rn 1–8 vorliegen und soweit er mit oder ohne eine Aufforderung des Gerichts nach § 118 I 1 ZPO eine schriftliche oder mündliche Stellungnahme zum Prozeßkostenhilfeantrag abgibt, Kblz JB **01**, 414, aM KG MDR **90**, 935, Karlsr JB **99**, 191 (aber gerade Treu und Glauben sprechen für einen möglichst umfassenden Abwehrauftrag). Daran ändert sich auch nichts dadurch, daß noch keine wirksame Klageschrift vorliegen mag, Rn 11, Düss JB **81**, 1017, Karlsr OLGR **98**, 228. Die Verfahrensgebühr entsteht mit der auftragsgemäßen Entgegennahme der Information, Enders JB **97**, 450.

14 **D. Verfahrensgebühr im Aufhebungsverfahren.** Soweit es um die Aufhebung der Bewilligung geht, muß das Gericht unter den Voraussetzungen des § 124 ZPO trotz dieser nach ihrem Wortlaut bloßen Kannvorschrift ohne ein Ermessen von Amts wegen tätig werden. Sie ist ja in Wahrheit eine bloße Zuständigkeitsregelung. Ein „Antrag" des Prozeßgegners auf eine Aufhebung der Bewilligung ist also nur eine Anregung. Gleichwohl erhält der Anwalt für die Einreichung einer solchen Anregung unabhängig von ihrer Bezeichnung die Gebühr VV 3335. Freilich ist auch insofern die Stellungnahme zum gegnerischen Prozeßkostenhilfeantrag und die Anregung zur Aufhebung der Bewilligung dieselbe Angelegenheit. Daher entsteht auch für den Anwalt des Prozeßgegners in demselben Rechtszug die Verfahrensgebühr grundsätzlich nach §§ 15 II, 16 Z 3 nur einmal, Rn 1–4. Eine Ausnahme kann nach § 15 V 2 gelten.

15 **E. Terminsgebühr.** Sie kann für den Anwalt des Antragstellers wie für denjenigen seines Prozeßgegners nach der amtlichen Vorbemerkung 3.3.6 entstehen, (zum alten Recht) KG AnwBl **81**, 73. Das gilt, sofern das Gericht eine besondere mündliche Verhandlung über den Prozeßkostenhilfeantrag nach § 118 I 3 ZPO oder über die Aufhebung der Bewilligung angeordnet hat und sofern der Anwalt die Bedingungen der amtlichen Vorbemerkung 3 III erfüllt, soweit er also vertretungsbereit anwesend ist. Man muß genau prüfen, ob die Verhandlung zumindest auch im Bewilligungsverfahren stattfindet.

16 **F. Einigungs-, Aussöhnungsgebühr.** Sie kann bei § 118 I 3 ZPO gesondert jeweils nach VV 1000, 1001, 1003 entstehen, die ja nach der amtlichen Vorbemerkung 1 auch für VV Teil 3 gelten, Hamm Rpfleger **09**, 37. Natürlich kommt es auf den Umfang der Beiordnung an, KG MDR **91**, 263. Eine Verfahrensgebühr VV 3100 kann sich neben der Einigungsgebühr VV 1000 im Fall VV 3101 Z 2 verringern.

17 **G. Weitere Einzelfragen.** Gebührenschuldner des Anwalts ist bei VV 3335 grundsätzlich nur sein Auftraggeber, nicht etwa die Staatskasse, Bbg JB **86**, 1251. Erst im Hauptsacheverfahren muß sich der beigeordnete Anwalt wegen § 122 I Z 3 ZPO an die Staatskasse wenden, §§ 45, 49. Allerdings kann sich ausnahmsweise eine Bewilligung auf eine Einigungs- und auf die Verfahrensgebühr VV 3335 erstrecken, Mü Rpfleger **87**, 173. Das bindet dann auch die Staatskasse, Mü RR **04**, 65. Eine etwaige Differenz zwischen einer späteren Gebühr nach § 49 und derjenigen nach VV 3335 wird gegen den Mittellosen festgesetzt.

18 **6) Gegenstandswert, amtliche Anmerkung I.** Es handelt sich um eine vorrangige Spezialregelung, (je zum alten Recht) BayObLG JB **90**, 1640, Kblz JB **92**, 325,

LG Hann MDR **93**, 391. Im Bewilligungs- wie im Aufhebungsverfahren nur oder zumindest auch nach § 124 Z 1 ZPO ist als Gegenstandswert der Wert der Hauptsache für die Anwaltskosten maßgeblich, (jetzt) I Hs 1, Kblz JB **92**, 325, LG Hann MDR **93**, 391, OVG Hbg NVwZ-RR **07**, 638. Das gilt auch im dazu gehörigen Beschwerdeverfahren, BFH **87**, 691, Ffm JB **92**, 98, VGH Mü JB **06**, 596. Es gilt grundsätzlich auch bei einer Ratenzahlungsanordnung usw nach § 120 I, IV ZPO, aM Ffm JB **88**, 1375, Kblz JB **93**, 423 (aber auch dann geht es zunächst um die Gesamtbelastung und erst zweitrangig um die Art ihrer Bezahlung). Bei einer nur teilweisen Bewilligung ist natürlich auch nur dieser Hauptsacheteil maßgeblich, Enders JB **97**, 451. In allen übrigen Fällen und daher auch zB im Aufhebungsverfahren nur nach § 124 Z 2–4 ZPO oder im Beschwerdeverfahren nur wegen der Ratenhöhe ist das Kosteninteresse maßgeblich und nach einem billigen Ermessen bestimmbar, I Hs 2. In Wahrheit ist auch das „billige" Interesse ein pflichtgemäßes, wenn auch weit gespanntes. Es kommt dann also darauf an, welche Kosten die Partei bei einer Prozeßkostenhilfe sparen würde. Dabei darf und muß man natürlich diese Kosten schätzen, soweit sie noch nicht feststehen.

7) Keine Wertzusammenrechnung, amtliche Anmerkung II. Trotz unterschiedlicher Gegenstände zwischen dem Bewilligungs- und dem Hauptsacheverfahren darf man bei der jeweiligen Verfahrensgebühr keine Wertzusammenrechnung vornehmen. Etwas anderes kann bei den übrigen Gebührenarten gelten. **19**

8) Kostenerstattung. Vgl BLAH § 91 ZPO Rn 153, 154 „Prozeßkostenhilfe". Es gibt also grundsätzlich wegen § 118 I 4 ZPO keine Kostenerstattung, Ffm RR **97**, 1085, nach § 127 IV auch nicht in der Beschwerdeinstanz, Mü RR **01**, 1437. Das Gericht kann eine zu Unrecht ergangene echte Kostenentscheidung ungeachtet ihrer Anfechtungsmöglichkeiten im Kostenfestsetzungsverfahren nicht mehr überprüfen. **20**

Wenn sich aber ein Prozeß *anschließt*, sind die erstinstanzlichen Kosten des Prozeßkostenhilfeverfahrens des schließlich den Prozeß gewinnenden Antragstellers ein Teil der Prozeßkosten, Bbg JB **87**, 900, Köln FamRZ **98**, 836 (nicht über die Beiordnung hinaus), Stgt JB **86**, 936, aM Düss MDR **87**, 941, Kblz JB **86**, 1412, Zweibr VersR **87**, 493 (aber nun zählt das Prozeßkostenhilfeverfahren zum Hauptprozeß).

Nr.	Gebührentatbestand	Gebühr oder Satz der Gebühr nach § 13 RVG
3336	Verfahrensgebühr für das Verfahren über die Prozesskostenhilfe vor Gerichten der Sozialgerichtsbarkeit, wenn in dem Verfahren, für das Prozesskostenhilfe beantragt wird, Betragsrahmengebühren entstehen (§ 3 RVG)	30,00 bis 320,00 EUR

1) **Systematik, Regelungszweck.** Vgl VV 3102 Rn 1, 2. **1**
2) **Geltungsbereich.** Vgl VV 3102 Rn 3. **2**
3) **Gebührenhöhe.** § 14 ist anwendbar. Die Mittelgebühr beträgt 175 EUR. **3**

Nr.	Gebührentatbestand	Gebühr oder Satz der Gebühr nach § 13 RVG
3337	Vorzeitige Beendigung des Auftrags im Fall der Nummern 3324 bis 3327, 3334 und 3335: Die Gebühren 3324 bis 3327, 3334 und 3335 betragen *Fassung 1. 9. 2009:* Eine vorzeitige Beendigung liegt vor, 1. wenn der Auftrag endigt, bevor der Rechtsanwalt den das Verfahren einleitenden Antrag oder einen Schriftsatz, der Sachanträge, Sachvortrag oder die Zurück-	0,5

Nr.	Gebührentatbestand	Gebühr oder Satz der Gebühr nach § 13 RVG
	nahme des Antrags enthält, eingereicht oder bevor er einen gerichtlichen Termin wahrgenommen hat, oder 2. soweit lediglich beantragt ist, eine Einigung der Parteien oder der Beteiligten zu Protokoll zu nehmen oder soweit lediglich Verhandlungen vor Gericht zur Einigung geführt werden.	

Vorbem. Amtliche Anmerkung Z 1, 2 geändert dch Art 47 VI Z 19 x FGG-RG v 17. 12. 08, BGBl 2586, in Kraft seit 1. 9. 09, Art 112 I Hs 1 FGG-RG, Übergangsrecht Art 111 FGG-RG, Grdz 2 vor § 1 FamGKG, Teil I B dieses Buchs.

Nr.	Gebührentatbestand	Gebühr oder Satz der Gebühr nach § 13 RVG
	Bisherige Fassung der amtl Anm: **Eine vorzeitige Beendigung liegt vor,** 1. wenn der Auftrag endigt, bevor der Rechtsanwalt den das Verfahren einleitenden Antrag oder einen Schriftsatz, der Sachanträge, Sachvortrag oder die Zurücknahme des Antrags enthält, eingereicht oder bevor er für seine Partei einen gerichtlichen Termin wahrgenommen hat, oder 2. soweit lediglich beantragt ist, eine Einigung der Parteien zu Protokoll zu nehmen.	

1 **1) Systematik.** Die Vorschrift bringt in ihrem Geltungsbereich nach Rn 3 eine gegenüber VV 3101 formell speziellere und daher vorrangige Regelung fast desselben Inhalts wie die Grundvorschrift VV 3101. Daher werden hier nur die wenigen Abweichungen näher dargestellt. Grundsätzlich gelten alle Ausführungen zu VV 3101 hier entsprechend.

2 **2) Regelungszweck.** Er ist derselbe wie bei VV 3101, dort Rn 2.

3 **3) Geltungsbereich.** Innerhalb von VV Teil 3 mit dem aus seiner amtlichen Überschrift erkennbar riesigen Anwendungsgebiet gilt VV 3337 nur in denjenigen Bereichen, die die Vorschrift im Haupttext ausdrücklich nennt, also VV 3324–3327, 3334, 3335. VV 3101 tritt als allgemeinere Norm gegenüber VV 3337 zurück, Rn 1. VV 3337 kann zB bei einem Vergleich im bloßen Prozeßkostenhilfeverfahren gelten, Mü AnwBl 08, 74.

Abschnitt 4. Einzeltätigkeiten

(Amtliche) Vorbemerkung 3.4:

[I] Für in diesem Abschnitt genannte Tätigkeiten entsteht eine Terminsgebühr nur, wenn dies ausdrücklich bestimmt ist.

[II] [1] Im Verfahren vor den Sozialgerichten, in denen Betragsrahmengebühren entstehen (§ 3 RVG), vermindern sich die in den Nummern 3400, 3401, 3405 und 3406 bestimmten Höchstbeträge auf die Hälfte, wenn eine Tätigkeit im Verwaltungsverfahren oder im weiteren, der Nachprüfung des Verwaltungsakts dienenden Verwaltungsverfahren vorausgegangen ist. [2] Bei der Bemessung der Gebühren ist es nicht zu berücksichtigen, dass der Umfang der Tätigkeit infolge der Tätigkeit im Verwaltungsverfahren oder im weiteren, der Nachprüfung des Verwaltungsakts dienenden Verwaltungsverfahren geringer ist.

Nr.	Gebührentatbestand	Gebühr oder Satz der Gebühr nach § 13 RVG
3400	*Fassung 1. 9. 2009:* **Der Auftrag beschränkt sich auf die Führung des Verkehrs der Partei oder des Beteiligten mit dem Verfahrensbevollmächtigten:** **Verfahrensgebühr** .... Die gleiche Gebühr entsteht auch, wenn im Einverständnis mit dem Auftraggeber mit der Übersendung der Akten an den Rechtsanwalt des höheren Rechtszugs gutachterliche Äußerungen verbunden sind.	in Höhe der dem Verfahrensbevollmächtigten zustehenden Verfahrensgebühr, höchstens 1,0, bei Betragsrahmengebühren höchstens 260,00 EUR

Vorbem. Haupttext erweitert dch Art 47 VI Z 19 y FGG-RG v 17. 12. 08, BGBl 2586, in Kraft seit 1. 9. 09, Art 112 I Hs 1 FGG-RG, Übergangsrecht Art 111 FGG-RG, Grdz 2 vor § 1 FamGKG, Teil I B dieses Buchs.

Nr.	Gebührentatbestand	Gebühr oder Satz der Gebühr nach § 13 RVG
3400	*Bisherige Fassung:* **Der Auftrag beschränkt sich auf die Führung des Verkehrs der Partei mit dem Verfahrensbevollmächtigten:** **Verfahrensgebühr**	in Höhe der dem Verfahrensbevollmächtigten zustehenden Verfahrensgebühr, höchstens 1,0, bei Betragsrahmengebühren höchstens 260,00 EUR

Gliederung

1) **Systematik** 1
2) **Regelungszweck** 2
3) **Sachlicher Geltungsbereich** 3–5
4) **Persönlicher Geltungsbereich** 6–14
   A. Rechtsanwalt; Rechtsbeistand 6
   B. Auftrag 7
   C. Auftragsgrenzen 8–10
   D. Beschränkung auf bloßen Verkehr 11
   E. Abgrenzung zur Beratung 12–14
5) **Verkehrsgebühr** 15–37
   A. Grundsatz: Pauschale Gesamtabgeltung 15
   B. Auftragserweiterung 16
   C. Vergleich 17
   D. Gebührenhöhe 18–20
   E. Gegenstandswert 21
   F. Beispiele zur Frage einer Verkehrsgebühr 22–37
6) **Gutachtliche Äußerung, amtliche Anmerkung** 38–47
   A. Geltungsbereich 38, 39
   B. Aktenübersendung 40–42

VV 3400

C. Bisher kein Prozeß- oder Verfahrensbevollmächtigter 43
D. Einverständnis des Auftraggebers 44
E. Gutachtliche Äußerung 45
F. Gleichzeitigkeit von Aktenübersendung und Äußerung 46, 47
7) **Kostenerstattung im Zivilprozeß** 48–128
   A. Maßgeblichkeit der ZPO 48
   B. Zumutbarkeitsfragen 49
   C. Reisekosten 50
   D. Erstattungsgrenzen 51, 52
   E. Beispiele zur Frage einer Erstattungsfähigkeit 53–128

1   **1) Systematik.** Zum Verständnis der Vorschrift muß man die folgenden Begriffe unterscheiden: Der ProzBev oder VerfBev nach VV 3100 ff hat grundsätzlich den Auftrag, die Interessen des Auftraggebers für den ganzen Rechtsstreit dieser Instanz vor dem Prozeß- oder Verfahrensgericht wahrzunehmen. Der Verkehrsanwalt oder Korrespondenzanwalt nach VV 3400 ist weder der ProzBev oder VerfBev, LAG Nürnb JB **06**, 260, noch dessen Unterbevollmächtigter, sondern ein weiterer Bevollmächtigter, Bbg JB **94**, 544, Köln GRUR **88**, 724. Er vermittelt lediglich den Verkehr des Auftraggebers mit dem ProzBev oder VerfBev, BGH NJW **88**, 1079, Ffm AnwBl **80**, 462, LAG Düss Rpfleger **06**, 267. Bei der Auftragserteilung an den Verkehrsanwalt braucht noch kein ProzBev oder VerfBev vorhanden zu sein. Vgl dann freilich VV 3405 Z 1. VV 1000 ist anwendbar. Auch VV 1008 ist anwendbar, Düss AnwBl **81**, 240, Hbg JB **79**, 1310, Stgt JB **88**, 62. Das gilt freilich nur, soweit gerade auch oder nur der Verkehrsanwalt mehrere Auftraggeber vertritt.

Der *Terminsanwalt* nach VV 3401 nimmt die Interessen des Auftraggebers für deren ProzBev oder VerfBev oder ohne einen solchen nur in einem einzelnen Termin wahr oder übt ihre Parteirechte nur in ihm aus, ohne einen weitergehenden Auftrag zu haben und ohne daher der ProzBev oder VerfBev zu sein. Der Beweisanwalt nach VV 3401 nimmt die Interessen des Auftraggebers nur in einer Beweisaufnahme wahr. Er hat keinen weitergehenden Prozeßauftrag und ist daher ebenfalls nicht der ProzBev oder VerfBev.

Vorzeitige Auftragserledigung führt zur Ermäßigung, VV 3404.

Im Verfahren nach § 3 vor den *Sozialgerichten* muß man die Halbierung nach der amtlichen Vorbemerkung 3.4.II beachten, jedoch auch deren S 2.

2   **2) Regelungszweck.** Die Vorschrift bezweckt eine angemessene Vergütung desjenigen Anwalts, der in einer sehr schwierigen Stellung zwischen dem Auftraggeber und dem ProzBev oder VerfBev eine manchmal undankbare, meist verantwortungsvolle „stille", aber durchaus prozeßmitentscheidende Aufgabe bewältigen muß und dessen Kosten im Zusammenhang mit Erstattungsfragen nach Rn 48 ff oft erheblich umstritten sind.

3   **3) Sachlicher Geltungsbereich.** VV 3400 betrifft die Vergütung des Verkehrsanwalts in allen im VV Teil 3 geregelten Verfahren. Die Vorschrift gilt auch im Eilverfahren. Die Vergütung des bloßen Termins- oder Beweisanwalts regelt VV 3401. Die amtliche Anmerkung enthält eine vorrangige Sonderregelung bei einer gutachterlichen Äußerung in Verbindung mit der Übersendung der Handakten an den ProzBev oder VerfBev des höheren Rechtszugs. Weitere auch für den Verkehrsanwalt vorrangige Sonderregeln enthalten VV 3309, 3329, 3335, 3336, 3500.

4   Zur *Bestellung* eines Verkehrsanwalts kann es evtl sogar dann kommen, wenn sich das Prozeß- oder Verfahrensgericht an demselben Ort befindet, an dem auch der Verkehrsanwalt sein Büro hat, Düss MDR **76**, 406, aM Düss JB **95**, 643 (aber es steht einem Auftraggeber im Innenverhältnis frei, etwa ihren Vertrauensanwalt sogar an demselben Ort nur als einen Verkehrsanwalt tätig werden zu lassen, aus welchen Gründen auch immer). Zur Bestellung eines Verkehrsanwalts kommt es aber vor allem dann, wenn das Prozeß- oder Verfahrensgericht auswärts liegt. Es ist für die Eigenschaft als Verkehrsanwalt grundsätzlich unerheblich, ob derselbe Anwalt vorher für diesen Rechtsstreit ProzBev usw war. Diese Frage wird nur bei der Gebührenhöhe erheblich.

5   Es ist unerheblich, ob eine größere *Entfernung* zwischen dem Sitz des Prozeßgerichts usw und dem (Wohn-)Sitz des Auftraggebers oder ein anderer Umstand den

Vergütungsverzeichnis **3400 VV**

Anlaß zur Beauftragung des Verkehrsanwalts bildet, etwa der Umstand, daß er der ständige Vertrauensanwalt oder zB der Syndikus ist oder den Streitstoff aus einem Vorprozeß kennt, aM Düss AnwBl **97**, 569.

4) Persönlicher Geltungsbereich. Es müssen die folgenden Voraussetzungen zusammentreffen. 6

A. Rechtsanwalt; Rechtsbeistand. Es muß ein Anwalt § 1 I tätig werden. Ein Dritter reicht nicht, auch nicht ein juristisch geschulter, Hbg JB 93, 157. Soweit eine der in § 5 genannten Personen tätig wird, steht sie auch im Geltungsbereich des VV 3400 dem Anwalt grundsätzlich gleich. Freilich muß man beachten, ob nicht in Wahrheit eine „Vertretung" im Sinn von VV 3401 vorliegt.

Unanwendbar ist VV 3400, soweit der Anwalt in einer eigenen nur ihn selbst betreffenden persönlichen Angelegenheit tätig wird, Rostock JB **01**, 194, oder ob er als eine Partei kraft Amts zB als Insolvenzverwalter oder in einer der übrigen in § 1 II genannten Eigenschaften amtiert, Mü JB **94**, 546, Rostock MDR **01**, 115, Stgt JB **98**, 142. Das gilt auch beim ausländischen Anwalt, Mü AnwBl **87**, 245. Derjenige Anwalt, der zB über einen Unfall seiner Ehefrau dem ProzBev usw eine Information erteilt, handelt nicht als Anwalt, sondern als Ehemann auf Grund seiner Beistandspflicht, Hamm JB **92**, 98, Köln JB **83**, 1047, Schlesw JB **86**, 1370, aM Schlesw JB **92**, 170, GS 32. Der Verkehrsanwalt braucht nicht am Wohnsitz oder Sitz der Prozeßpartei usw oder in deren Nähe zu residieren, GS 21, aM Düss RR **97**, 190. Er kann früher der ProzBev usw gewesen sein oder es später werden.

Der *Rechtsbeistand* kann Verkehrsanwalt sein.

B. Auftrag. Der Verkehrsanwalt muß seinen diesbezüglichen Auftrag neben demjenigen des gegenwärtigen oder künftigen ProzBev oder VerfBev als ein weiterer Bevollmächtigter der Partei usw unmittelbar von ihr erhalten und muß ihn für den jeweiligen ganzen Rechtszug angenommen, also einen Vertrag geschlossen haben, BGH NJW **91**, 2085, Bauer/Fröhlich FamRZ **83**, 123. Die Partei usw kann den Auftrag allerdings auch stillschweigend erteilen, BGH NJW **91**, 2084. Das kann etwa dadurch geschehen, daß sie den Anwalt um seine Beratung oder Hilfe bei einem auswärtigen Prozeß mit einem Anwaltszwang bittet oder daß sie sich weiterhin an ihren erstinstanzlichen Anwalt wendet und ihn bittet, einen Rechtsmittelanwalt zu bestellen oder laufend zu informieren, BGH NJW **91**, 2084. Man muß aber auch dann die Umstände schon wegen des Problems des etwaigen Fehlens einer Erstattungsfähigkeit streng prüfen, BGH NJW **91**, 2084, Düss MDR **85**, 774, Kblz MDR **93**, 181 und 695. In einer eigenen Sache kann man nicht Verkehrsanwalt sein, Rn 6. 7

Die Befugnis nach § 81 ZPO, § 113 I 2 FamFG zur Bestellung eines ProzBev usw für den *höheren Rechtszug* bedeutet als solche noch keinen Auftrag, als ein Verkehrsanwalt tätig zu werden.

C. Auftragsgrenzen. Ein Anwalt ist dann nicht als ein Verkehrsanwalt beauftragt, wenn er die früher als Anwalt der Ehefrau erworbenen Kenntnisse aus seiner außergerichtlichen Tätigkeit für sie gegenüber ihrem jetzigen Prozeßgegner nun ihrem ProzBev usw mitteilt, Hamm Rpfleger **92**, 37, Kblz JB **84**, 758, Schlesw JB **86**, 884. Ein nächster Angehöriger erteilt im Zweifel dem Anwalt keinen Auftrag als einem Verkehrsanwalt, Schlesw JB **92**, 170. 8

Der im Weg der Prozeß- oder Verfahrenskostenhilfe beigeordnete *erstinstanzliche* Anwalt muß den Auftraggeber aber jedenfalls im Zweifel darauf hinweisen, daß sich seine Beiordnung grundsätzlich nicht auf eine Tätigkeit als Verkehrsanwalt erstreckt, daß also die letztere Tätigkeit einen besonderen Auftrag und besondere Kosten erfordert, BGH NJW **91**, 2084, Kblz RR **93**, 695. Von diesem Grundsatz gilt nur nach § 121 III Hs 2 ZPO, § 76 FamFG eine Ausnahme. Sie erfordert einen besonderen zusätzlichen Beiordnungsbeschluß zugunsten des Verkehrsanwalts. Sie setzt voraus, daß „besondere Umstände" seine Beiordnung erfordern. Dazu ist ein objektiver Maßstab notwendig, BLAH § 121 ZPO Rn 65. 9

Der *Unterbevollmächtigte* des ProzBev usw, der also seinen Auftrag nicht von der Prozeßpartei usw erhält, sondern nur von deren ProzBev oder VerfBev oder von deren Verkehrsanwalt, läßt sich nicht nach VV 3400 beurteilen, sondern allenfalls nach § 5 oder nach VV 3401, Ffm JB **98**, 305. 10

1853

VV 3400 Vergütungsverzeichnis

Kein Verkehrsanwalt ist auch derjenige Sozius einer überörtlichen Sozietät, der die Information aufnimmt und an das beim Prozeßgericht usw tätige Mitglied seiner Sozietät weiterleitet. Seine Tätigkeit erhält die Vergütung durch die Verfahrensgebühr der Sozietät, Brdb MDR **99**, 635, KG JB **96**, 110, Mü JB **96**, 139, aM Düss RR **95**, 376, Ffm RR **94**, 128 (aber Sozien arbeiten für*einander*).

11   D. **Beschränkung auf bloßen Verkehr.** Der Anwalt darf und muß auftragsgemäß lediglich den Verkehr der Partei usw mit dem schon bestellten oder noch zu bestellenden ProzBev usw führen, Hbg MDR **97**, 888. Zur Abgrenzung Rn 1–4. Der Sozius ist ebenfalls ProzBev, auch der überörtliche, § 6 Rn 4.

Zu der bloßen Vermittlung des Verkehrs *gehören zB*: Die etwaige Auswahl, aM BGH NJW **91**, 2084, sowie dann zumindest die Bestellung des ProzBev usw, Düss MDR **80**, 768, Stgt Just **75**, 148; die Aufnahme der möglichst umfassenden Information, Ffm JB **98**, 305; die Verarbeitung der Information; ihre Weiterleitung an den ProzBev oder VerfBev, Ffm MDR **91**, 257; die Aufrechterhaltung der Verbindung, Ffm MDR **91**, 257; eine gewisse Überwachung, BGH VersR **88**, 418, freilich nur bis zum Beginn der Tätigkeit des ProzBev usw, BGH VersR **90**, 801.

Die Vermittlung des Verkehrs mag *schriftlich, elektronisch, mündlich oder telefonisch* erfolgen, Mümmler JB **79**, 626. Sie mag auch in der Weise geschehen, daß der Verkehrsanwalt dem ProzBev usw Schriftsätze übersendet, die bis auf die Unterschrift fertig sind.

12   E. **Abgrenzung zur Beratung.** Der Verkehr muß sich immer auf den Prozeß als Ganzes beziehen. Eine Beratung der Partei usw kann und wird meist, braucht aber nicht dazugehören.

Die bloße Beratung des Auftraggebers dazu, ob er überhaupt einen Rechtsstreit usw (weiter) führen soll, oder die bloße Sammlung und Prüfung des Prozeßstoffs ist keine Führung des Verkehrs mit dem ProzBev usw, Ffm MDR **91**, 257, LAG Bre DB **03**, 2448 (Rechtsschutzversicherungsanwalt). Sie löst allenfalls eine Beratungsgebühr nach § 34 aus. Entsprechendes gilt bei einer bloßen Besprechung der im Rechtsstreit ergangenen Entscheidung mit dem Auftraggeber oder dann, wenn sich der Anwalt darauf beschränkt, den Auftraggeber über die Möglichkeit eines Rechtsmittels zu belehren oder ihr einen oder mehrere andere Anwälte als ProzBev usw vorzuschlagen, (zum alten Recht) BGH MDR **91**, 798, Schneider MDR **01**, 1032, oder sie über die Notwendigkeit der Beiziehung eines Verkehrsanwalts zu beraten, oder wenn er lediglich seine Handakten an den ProzBev usw übersendet, § 19 I 2 Z 17, oder wenn nur die Vergütung des ProzBev usw geht. Auch eine Teilnahme an einer Verhandlung oder Beweisaufnahme vor dem Prozeßgericht ist keine Aufgabe des Verkehrsanwalts, Bbg JB **88**, 1000. Auch eine Strafanzeige gehört nicht hierher, KG JB **83**, 1251. Vgl aber auch Rn 40–42, 46 ff.

13   Demgegenüber ist die *Entgegennahme der Information* zum Zweck der Beauftragung eines noch auszuwählenden ProzBev usw bereits eine Tätigkeit nach (jetzt) VV 3400, Ffm AnwBl **80**, 462.

14   Soweit der Anwalt eine Tätigkeit ausübt, die zwar *mehr* darstellt *als die bloße Vermittlung* des Verkehrs mit dem ProzBev usw, andererseits aber nicht die Tätigkeit eines ProzBev selbst ist, können nach den einschlägigen anderen Vorschriften des RVG zusätzlich zu VV 3400 weitere Gebühren entstehen.

15   **5) Verkehrsgebühr, I.** Man muß zahlreiche Aspekte beachten.
A. **Grundsatz: Pauschale Gesamtabgeltung.** Unter den Voraussetzungen Rn 5–14 kann die Verkehrsgebühr nach VV 3400 entstehen. Sie ist eine Verfahrensgebühr. Sie entspricht weitgehend einer Gebühr VV 3100. Sie gilt den gesamten Verkehr mit dem ProzBev usw während dieses Gebührenrechtszugs ab, insbesondere jede Tätigkeit, die sonst durch eine Verfahrensgebühr abgegolten würde, Düss JB **80**, 1367, zB die auftragsgemäße Informationsaufnahme, ihre Weiterleitung, eine oder mehrere Besprechungen mit dem Auftraggeber, seine Belehrung oder Beratung, Ffm JB **98**, 305, Mümmler JB **79**, 626, eine Prozeß- oder Verfahrenskostenhilfe, den Schriftwechsel, Besprechungen, eine Zeugenermittlung, eine Akteneinsicht, amtliche Vorbemerkung 3 II, eine Aktenauswertung. Sie kann in derselben Angelegenheit und in demselben Rechtszug nur einmal entstehen, § 15 II. Daher kann der Verkehrsanwalt in demselben Rechtszug nicht neben der Verkehrsgebühr eine Verfah-

1854

Vergütungsverzeichnis **3400 VV**

rensgebühr eines ProzBev usw verdienen, Ffm JB **88**, 1338. Eine etwa schon entstandene Verkehrsgebühr läßt sich auf eine etwa entstehende Verfahrensgebühr des ProzBev usw anrechnen.

B. Auftragserweiterung. Auch der Verkehrsanwalt kann dann, wenn sein *Auftrag* 16 *über* die bloße Vermittlung des Verkehrs mit dem Auftraggeber *hinausgeht,* weitere Gebühren erhalten. Das gilt trotz der amtlichen Vorbemerkung 3.4 auch für eine Terminsgebühr, VV 3402. Er wird dann freilich meist nicht als ein Verkehrsanwalt tätig, sondern zB nur als ein Terminsanwalt nach (jetzt) VV 3401, Düss VersR **85**, 743. Er kann auch für die beratende oder vermittelnde Mitwirkung an einer Einigung mit oder ohne einen Vergleichscharakter (jetzt) eine Einigungsgebühr erhalten, Düss MDR **99**, 119, Oldb JB **93**, 155, Zweibr JB **94**, 607 (zustm Mümmler), aM Ffm JB **86**, 759, LAG Düss Rpfleger **06**, 268, LAG Nürnb JB **06**, 260 (aber [jetzt] VV 1000 gilt uneingeschränkt). Für eine Einigungsgebühr reichen nicht: Die Übermittlung eines Vorschlags; allgemeine Erwägungen, Hbg JB **81**, 706, Schlesw JB **80**, 1668; eine bloße Mitanwesenheit, Ffm JB **86**, 757.

C. Vergleich. Soweit die Parteien oder Beteiligten in einen Vergleich solche An- 17 sprüche einbeziehen, die der Gegenstand eines anderen gerichtlichen Verfahrens außer eines selbständigen Beweisverfahrens waren, kann der Verkehrsanwalt eine Gebühr nach VV 1003 erhalten. Die bloße Wahrnehmung „eines", also eines jeden Termins führt zur Halbierung nach VV 3401.

D. Gebührenhöhe. § 14 ist bei einer Rahmengebühr anwendbar. Es kommt da- 18 rauf an, wie hoch die Verfahrensgebühr des schon vorhandenen oder erst noch zu bestellenden ProzBev oder VerfBev. Die Verkehrsgebühr ist grundsätzlich ebenso hoch. Sie kann aber höchstens eine 1,0 Gebühr betragen, bei einer Betragsrahmengebühr nach Einl II A 12 höchstens 260 EUR. Das gilt auch im höheren Rechtszug. Im übrigen muß man die vorrangige Sondervorschrift VV 3404 mit ihren gegenüber VV 3400 halbierten beiden Höchstbeträgen beachten. In Verfahren nach § 3 vor dem SG oder LSG muß man die Halbierung nach der amtlichen Vorbemerkung 3.4 II 1, 2 beachten. Bei einer vorzeitigen Auftragsbeendigung kann eine Gebührenverminderung nach VV 3405 Z 1 entstehen.

Soweit der Auftraggeber und der ProzBev usw nach §§ 3a, 4 eine vom Gesetz ab- 19 weichende Vergütung *vereinbart* haben, erhält der Verkehrsanwalt die gesetzliche Tabellengebühr für jene Instanz, sofern nicht auch er mit dem Auftraggeber eine Gebührenvereinbarung getroffen hat. Soweit sich der Auftrag des Verkehrsanwalts vorzeitig erledigt, entsteht die Gebühr VV 3400 nur zur Hälfte, (jetzt) VV 3404, Düss MDR **89**, 1112, Stgt JB **76**, 1667. Das gilt auch dann, wenn die Arbeit des Verkehrsanwalts umfangreich war. Dann muß man natürlich in der Rechtsmittelinstanz die Halbierung von der an sich dort geltenden Verfahrensgebühr vornehmen.

Zur Problematik von *Gebührenteilungsabreden* zwischen dem Verkehrsanwalt und 20 dem ProzBev usw Mü RR **91**, 1460 (kein Einfluß auf den Honoraranspruch gegen den Auftraggeber), Holst AnwBl **84**, 351, Wloszczynski AnwBl **84**, 352. Im Zweifel darf man nur die Gebühren zB hälftig teilen, während man die Auslagen getrennt behandeln muß, LG Stgt MDR **88**, 508.

E. Gegenstandswert. Der Gegenstandswert kann derselbe sein wie derjenige der 21 Verfahrensgebühr des ProzBev oder VerfBev. Soweit der Verkehrsanwalt im Gegensatz zum ProzBev usw nur einen oder einige der Beteiligten vertritt, ist der Anteil des Auftraggebers maßgeblich. Soweit er nur wegen eines Teils der Gegenstände tätig wird, ist auch nur dieser Teil der Gegenstandswert. Erhöht sich der Gegenstandswert, errechnet man die Verkehrs- oder Verfahrensgebühr von diesem höheren Wert unter einer Anrechnung der bisher verdienten Gebühr. Der Gegenstandswert kann beim Verkehrsanwalt auch von vornherein höher sein als beim ProzBev usw.

F. Beispiele zur Frage einer Verkehrsgebühr. Die nachfolgende Darstellung 22 betrifft nur das Innenverhältnis zwischen dem Auftraggeber und dem Verkehrsanwalt, nicht die in Rn 48 ff erörterte Frage der Erstattungsfähigkeit im Außenverhältnis zwischen dem Auftraggeber und seinem Gegner.

Abgabe: Rn 23 „Anrechnung".
Abraten vom Widerruf: Rn 34 „Vergleich".

VV 3400   Vergütungsverzeichnis

Akteneinsicht: Die Verkehrsgebühr gilt sie mit ab.

23 **Anrechnung:** Die Verkehrsgebühr kann nicht höher sein als (jetzt) die Verfahrensgebühr, Stgt JB **75**, 1472. Der Verkehrsanwalt kann auch nicht neben der Gebühr VV 3400 noch eine Verfahrensgebühr erhalten, und zwar weder eine volle noch einen Bruchteil. Infolgedessen ist eine Anrechnung erforderlich, falls der Verkehrsanwalt zum ProzBev usw wird und umgekehrt, etwa infolge einer Abgabe oder Verweisung, Bbg JB **77**, 553, Ffm MDR **88**, 869. Wegen des Mahnverfahrens Rn 30 „Mahnverfahren".

Nicht abgegolten wird neben der Tätigkeit im Zivilverfahren eine vorbereitende oder begleitende Strafanzeige, § 91 Rn 12, 13, KG AnwBl **83**, 564. Soweit sich nach der Abgabe oder Verweisung derjenige Gegenstandswert erhöht, durch den sich auch die Verfahrensgebühr erhöhen würde, kann sich die Verkehrsgebühr erhöhen.

24 **Arrest, einstweilige Verfügung:** VV 3400 gilt auch im Eilverfahren. Die Verkehrsgebühr gilt die Aufnahme einer eigenen eidesstattlichen Versicherung ab.

Außergerichtliche Tätigkeit: Es gelten § 34, VV 2300.

25 **Beratung:** Die Verkehrsgebühr gilt mit ab.

Beschwerde: Soweit der Verkehrsanwalt im Beschwerdeverfahren als ein bloßer Verkehrsanwalt tätig ist, erhält er die Gebühr VV 3400. Soweit er direkt tätig ist, erhält er die Vergütung nach VV 3500.

Beweisaufnahme: Auch denjenigen Verkehr, der sich auf die Beweisaufnahme bezieht, gilt die Verkehrsgebühr ab, Mü AnwBl **82**, 440. Das gilt zB: Für die Empfangnahme des Beweisbeschlusses; für seine Prüfung; für die Besprechung mit dem Auftraggeber über die Durchführung und Auswirkung des Beschlusses; für die Tätigkeit im Zusammenhang mit der Ermittlung und der Ladung eines Zeugen.

Demgegenüber entsteht bei einer Vertretung im Beweisaufnahmeverfahren eine Gebühr *nach* (jetzt) VV 3401 unter den dortigen Voraussetzungen, aM Schlesw JB **83**, 1527. Das Gericht muß den Verkehrsanwalt auch für die Beweisaufnahme beigeordnet haben, Düss JB **81**, 563. Freilich kann der Verkehrsanwalt dann nicht die in VV 3401 außerdem geregelte 0,5 Verfahrensgebühr erhalten. Für die Wahrnehmung mehrerer Beweistermine in demselben Rechtszug entsteht die Gebühr VV 3401 wiederholt. Denn diese Vorschrift spricht von „einem" Termin.

26 **Eidesstattliche Versicherung:** Rn 24 „Arrest, einstweilige Verfügung".

Eigene Sache: Der Anwalt kann nicht in einer eigenen Sache ein Verkehrsanwalt sein, Rn 6.

Erörterung: Unter den Voraussetzungen VV 3104–3106 kommt die Terminsgebühr auch für den Verkehrsanwalt in Betracht, Rn 34 „Vergleich".

27 **Gegenstandswert:** Rn 21.

Gesetzlicher Vertreter: Der Anwalt kann jedenfalls nicht als der alleinige gesetzliche Vertreter ein Verkehrsanwalt sein, KG MDR **76**, 761, Mü JB **82**, 1034, Stgt JB **98**, 487, aM KG MDR **87**, 679.

28 **Handakte:** Rn 12, 41, 44.
29 **Insolvenzverwalter:** Rn 6.

Kostenerstattung: Rn 48 ff.

Kostenfestsetzung: Die Verkehrsgebühr gilt den Antrag mit ab. Soweit der Verkehrsanwalt gegen den Festsetzungsbeschluß die Erinnerung einlegt, erhält er die Erinnerungsgebühr VV 3500.

S auch Rn 25 „Beschwerde".

Liquidator: Rn 27 „Gesetzlicher Vertreter", Köln JB **78**, 69 und 241, aM Düss JMBl-NRW **78**, 46.

30 **Mahnverfahren:** Die in VV 3305, 3307 bestimmten Gebühren lassen sich auf die Verfahrensgebühr und daher auch auf die Verkehrsgebühr unter den Voraussetzungen der dortigen amtlichen Anmerkungen anrechnen.

S auch Rn 23 „Anrechnung".

31 **Prozeß- oder Verfahrenskostenhilfe:** Neben der Verkehrsgebühr kann eine Gebühr für die Verschaffung einer Prozeß- oder Verfahrenskostenhilfe entstehen, VV 3334.

32 **Rechtsmittelaussicht:** Rn 12.

Vergütungsverzeichnis **3400 VV**

Schiedsrichterliches Verfahren: VV 3400 gilt nicht. Denn § 36 I verweist nur auf VV 3100–3213.
Schriftwechsel: Die Verkehrsgebühr gilt ihn ab.
Stoffsammlung: Diese bloß interne Tätigkeit ohne Vermittlung an den ProzBev usw ist kein Fall des VV 3400, Rn 12.
Sühnetermin: Für seine Wahrnehmung kann die Gebühr VV 3401 entstehen.
Termin: Die Verkehrsgebühr kann seine Wahrnehmung abgelten, Ffm AnwBl **81**, 450. Sie kann aber auch eine Terminsgebühr auslösen, Rn 16.
Überörtliche Sozietät: Übernimmt der auswärtige Sozius die Entgegennahme der Information, die Beratung und die Sammlung des Prozeßstoffs, gelten nicht VV 3400 ff, sondern (jetzt) VV 3100 ff, BGH NJW **91**, 49, Brdb AnwBl **99**, 413, Mü AnwBl **02**, 436. Das gilt auch bei einer internationalen Sozietät, KG AnwBl **01**, 301, Mü AnwBl **94**, 198. Es gilt auch bei einer Verweisung, Brdb AnwBl **99**, 413, Ffm MDR **99**, 385, Mü AnwBl **02**, 436, aM Düss MDR **94**, 1253, Ffm (6. ZS) RR **94**, 128.
Überwachung: Die Verkehrsgebühr gilt sie ab, BGH FamRZ **88**, 941.
Urkundenprozeß: Die Verfahrensgebühr und daher auch die Verkehrsgebühr im Zusammenhang mit einem Urkunden- oder Wechselprozeß läßt sich auf dieselbe Gebühr des ordentlichen Verfahrens nach einer Abstandnahme vom Urkunden- oder Wechselprozeß anrechnen, VV 3100 amtliche Anmerkung II. 33
Urteil: Die Verkehrsgebühr gilt seine Erörterung ab.
Verfassungsgericht: VV 3400 gilt vor ihm nicht. Denn § 37 verweist nicht auch auf VV Teil 3 Abschnitt 4. 34
Vergleich: Die Verkehrsgebühr gilt *nicht* diejenige Tätigkeit des Verkehrsanwalts ab, die sich auf einen Vergleich zwischen den Parteien oder Beteiligten und insbesondere auf den Vergleichsabschluß bezieht. Vielmehr kann für eine solche Tätigkeit unter den Voraussetzungen des VV 1000 neben der Verkehrsgebühr eine Einigungsgebühr entstehen, (je zum alten Recht) Oldb JB **92**, 100, Schlesw SchlHA **82**, 143. Das gilt unabhängig davon, ob auch der ProzBev usw eine Einigungsgebühr erhält.
Verweisung: Rn 23 „Anrechnung", Rn 32 „Überörtliche Sozietät". 35
Vorschuß: *Keine* Tätigkeit nach VV 3400 liegt in der bloßen Erörterung eines Vorschusses des ProzBev usw, Ffm JB **98**, 305. Dann mag VV 3403 anwendbar sein.
Vorzeitige Auftragsbeendigung: VV 3404.
Zeugenladung: Rn 25 „Beweisaufnahme".
Zurücknahme der Berufung: Der erstinstanzliche Anwalt des Berufungsbekl, der mit Erfolg den Antrag auf eine Kostenauferlegung gestellt hat, erhält die zugehörige Verfahrensgebühr nach dem Kostenwert, Ffm AnwBl **80**, 462. 36
Zurückverweisung: Bei einer Zurückverweisung nach § 21 entsteht die Verkehrsgebühr nur insoweit neu, als auch die Verfahrensgebühr des ProzBev usw neu entstehen würde, Mü JB **92**, 167. 37
Zuständigkeit: Die Verkehrsgebühr gilt ihre Bestimmung ab, Ffm AnwBl **81**, 450, Kblz AnwBl **92**, 549.
Zwangsvollstreckung: Es gilt VV 3309.

6) Gutachtliche Äußerung, amtliche Anmerkung. Es empfiehlt sich, in den folgenden Schritten vorzugehen. 38

A. Geltungsbereich. Die Vorschrift enthält eine vorrangige Sonderregelung. Das ergibt sich aus dem Umstand, daß sie sich auf eine solche Tätigkeit bezieht, die der Anwalt gerade als Verkehrsanwalt ausübt, während sich andere Vorschriften auf die Tätigkeit eines Anwalts schlechthin beziehen. Zwar spricht die amtliche Anmerkung ebensowenig wie der Haupttext von VV 3400 ausdrücklich vom „Verkehrsanwalt". Jedoch deutet der Zusammenhang darauf hin, daß auch die amtliche Anmerkung lediglich eine Tätigkeit des Anwalts als Verkehrsanwalt zB meint.

Zwar kann ein Anwalt auch dann im Einverständnis mit dem Auftraggeber die Handakten an einen anderen Anwalt zB des höheren Rechtszugs übersenden und dabei eine gutachterliche Äußerung abgeben, wenn *er nicht* Verkehrsanwalt ist, wenn zB die Partei den Verkehr mit dem ProzBev usw des höheren Rechtszugs direkt oder über einen anderen als den bisherigen erstinstanzlichen Anwalt führen will. Dann ist 39 die amtliche Anmerkung unanwendbar. Man muß dann die Frage, ob für die gutachtliche Äußerung eine Vergütung entsteht, nach § 34 entscheiden. Die amtliche Anmerkung ist anwendbar, wenn der Verkehrsanwalt nach Rn 38 die folgenden Voraussetzungen erfüllt. Sie geht VV 2101 vor.

40   **B. Aktenübersendung.** Der Verkehrsanwalt muß seine Handakten an den Proz-Bev usw des höheren Rechtszugs in diesem Rechtsstreit senden, also an denjenigen der Beschwerde-, Berufungs- oder Revisionsinstanz. Zwar spricht die amtliche Anmerkung nur von den „Akten", meint aber natürlich nur die Handakten, nicht etwa diejenigen Prozeßakten, die der erstinstanzliche Anwalt etwa noch in Händen hat. Diese muß er ja ohnehin an das Gericht übersenden.

41   Es kommt nicht darauf an, ob der Anwalt seine *gesamten* Handakten oder nur diejenigen Teile übersendet, die er und/oder der Auftraggeber und/oder der etwa gesonderte Anwalt des höheren Rechtszugs für derzeit erforderlich halten. Andererseits reicht die Übersendung einzelner weniger Blätter aus einer umfangreichen erstinstanzlichen Handakte nicht aus. Es muß schon so viel zur Versendung kommen, daß der Anwalt des höheren Rechtszugs ein einigermaßen umfassendes Bild von den Vorgängen im Innenverhältnis zwischen dem Auftraggeber und dem erstinstanzlichen Anwalt erhalten kann.

42   Die Herausgabe der Handakten *an den Auftraggeber* fällt nicht unter die amtliche Anmerkung. Unabhängig davon, daß die letztere nur die Übersendung an den beauftragten Anwalt des höheren Rechtszugs nennt, zählt die Herausgabe der Handakten an den Auftraggeber zum bisherigen Rechtszug, § 19 I 2 Z 17. Eine Aktenübersendung wegen eines *Anwaltswechsels* an einen Anwalt nicht einer höheren, sondern einer anderen Instanz zB wegen der Abgabe oder einer Verweisung oder Zurückverweisung gehört ebensowenig zu der amtlichen Anmerkung.

43   **C. Bisher kein Prozeß- oder Verfahrensbevollmächtigter.** Der die Handakten an den anderen Anwalt übersendende Anwalt darf bisher kein ProzBev gewesen sein. Denn die Übersendung durch den ProzBev etwa infolge einer Verweisung oder Abgabe an ein anderes gleichrangiges oder niedrigeres Gericht oder wegen einer entsprechenden Zurückverweisung nach § 21 I zählt zum Rechtszug, § 19 I 2 Z 17. Denn die gutachterliche Äußerung ändert nichts an § 19 I 2 Z 17, aM GSchm 124.

44   **D. Einverständnis des Auftraggebers.** Der Auftraggeber muß nicht nur mit der Übersendung der Handakten an den Anwalt des höheren Rechtszugs ausdrücklich oder eindeutig stillschweigend einverstanden sein, sondern außerdem mit der gutachtlichen Äußerung, die die amtliche Anmerkung vergüten soll. Die Notwendigkeit des Einverständnisses auch mit der gutachtlichen Äußerung ergibt sich aus dem Sinn dieser Vorschrift.

Das Einverständnis *kann dann vorliegen, wenn* der Auftraggeber von der gutachtlichen Äußerung und der Tatsache ihrer Mitübersendung an den anderen Anwalt eine Kenntnis hat, ohne ihr rechtzeitig zu widersprechen. Der bei einer Prozeßkostenhilfe beigeordnete erstinstanzliche Anwalt muß die Partei über die etwaige Vergütungspflicht einer gutachtlichen Äußerung aufklären.

Das Einverständnis liegt *nicht* schon dann vor, wenn der Auftraggeber mit der Einlegung des Rechtsmittels einverstanden ist oder gar den übersendenden Anwalt beauftragt, einen ProzBev usw für den höheren Rechtszug zu bestellen. Auch die bloße Prozeß- oder Verfahrensvollmacht auch für den höheren Rechtszug reicht nicht aus, BGH JB **91**, 1647.

45   **E. Gutachtliche Äußerung.** Der übersendende Anwalt muß unter den Voraussetzungen Rn 40–44 eine gutachtliche Äußerung mit der Übersendung der Handakten verbinden. Eine solche Äußerung ist mehr als ein bloßer Rat oder eine Auskunft nach § 34 I 1. Sie braucht andererseits nicht alle Merkmale eines schriftlichen Gutachtens nach § 34 I 1 zu erfüllen. Wenn der Anwalt allerdings nur den bisherigen Sachverhalt wiedergibt, ist das keine Äußerung nach der amtlichen Anmerkung. Am ehesten entspricht die Äußerung nach der letzteren Vorschrift der Ausarbeitung eines schriftlichen Gutachtens über die Aussichten eines Rechtsmittels nach VV 2101.

46   **F. Gleichzeitigkeit von Aktenübersendung und Äußerung.** Der Anwalt muß die gutachtliche Äußerung mit der Übersendung der Akten „verbinden". Es reicht

also nicht aus, daß er die Äußerung nur gegenüber dem Auftraggeber anfertigt und nur diesem übersendet. Es reicht auch nicht aus, daß er die Äußerung zwar an den Anwalt des höheren Rechtszugs schickt, aber erst zeitlich nach der Übersendung der Handakten. Eine auf Grund eines bloßen Versehens zeitlich rasch nachfolgende Übersendung erfüllt noch das Merkmal der Gleichzeitigkeit, wenn der Verfahrensbevollmächtigte die gutachterliche Äußerung praktisch sogleich mitverwerten kann.

Die amtliche Anmerkung ist auch dann unanwendbar, wenn der Anwalt des höhe- 47 ren Rechtszugs *später* einen Schriftwechsel zwischen dem erstinstanzlichen Anwalt und dem Auftraggeber in die Hände bekommt, in dem eine gutachtliche Äußerung des Anwalts über die Rechtsmittelaussichten liegt.

7) Kostenerstattung im Zivilprozeß. Ein Grundsatz hat zahlreiche Auswirkun- 48 gen.

A. Maßgeblichkeit der ZPO. Die Erstattungsfähigkeit der Kosten desjenigen Anwalts (nicht eines Dritten, Rn 5), der am Wohnsitz des Auftraggebers oder in dessen nächster Nähe residiert und der deshalb „nur" den Verkehr mit dem ProzBev führt, Rn 11, (zum allen Recht) Düss RR **97**, 190, richtet sich nicht nach § 91 II 1 ZPO. Denn diese Vorschrift regelt die Kosten desjenigen Anwalts, der für die Partei vor dem Prozeßgericht vertritt. Die Erstattungsfähigkeit richtet sich vielmehr nach § 91 I ZPO.

Es kommt also darauf an, ob die Kosten des Verkehrsanwalts zu einer zweckentsprechenden Rechtsverfolgung oder Rechtsverteidigung *notwendig* sind, Brdb MDR **09**,175 links. In diesem Zusammenhang muß man die allgemeine Pflicht jeder Partei beachten, die Kosten im Rahmen des Verständigen möglichst niedrig zu halten, BLAH § 91 ZPO Rn 29. Man muß alle Umstände beachten, BGH BB **05**, 294, Kblz Rpfleger **03**, 148, Mü MDR **93**, 1130, aM ThP § 91 ZPO Rn 27 (grds keine Erstattungsfähigkeit. Das ist zu streng).

B. Zumutbarkeitsfragen. Die Gerichte stellen darauf ab, ob man es der Partei 49 zumuten kann, den auswärtigen ProzBev persönlich zu unterrichten, Brdb FamRZ **02**, 254, Düss AnwBl **93**, 39 und 40, Hamm AnwBl **00**, 323. In diesem Zusammenhang prüfen die Gerichte sowohl das Alter, den Gesundheitszustand und die Persönlichkeit der Partei sowie die Art und Größe ihres Unternehmens als auch die Art, Schwierigkeit und den Umfang des Prozeßstoffs, Düss OLGR **95**, 76, Hbg JB **02**, 319. Nicht jedes Unternehmen muß eine Rechtsabteilung haben, BGH VersR **05**, 1305.

Eine *gebildete Partei* ist zu einer schriftlichen Unterrichtung des ProzBev eher in der Lage als eine ungebildete, Ffm AnwBl **85**, 211, Kblz JB **78**, 1068, LG Münst JB **02**, 372, aM LG Mü AnwBl **84**, 619 (aber im allgemeinen fördert eine Bildung die Ausdrucksfähigkeit auch in der Schriftform. Es kommt natürlich darauf an, was man unter einer Bildung verstehen will). Das gilt erst recht für eine von einem Volljuristen vertretene Partei, Kblz VersR **83**, 644. Soweit eine schriftliche oder mündliche Unterrichtung ausreicht, sind die Kosten des Verkehrsanwalts nicht erstattungsfähig.

C. Reisekosten. Unabhängig davon, ob eine schriftliche Information des ProzBev 50 möglich wäre, hat eine Partei aber grundsätzlich ein schutzwürdiges Interesse daran, den ProzBev persönlich kennenzulernen, Ffm AnwBl **85**, 211, Schlesw SchlHA **82**, 158, LG Kblz AnwBl **82**, 24. Deshalb sind die Reisekosten des Verkehrsanwalts bis zur Höhe von ersparten Reisekosten der Partei grundsätzlich erstattungsfähig, KG VersR **08**, 271, Mü JB **07**, 595 rechts unten, Stgt FamRZ **03**, 1401, aM Kblz JB **91**, 1519, Köln JB **93**, 682, Mü MDR **93**, 1130 (beim Alltagsfall. Aber gerade dann kann es sinnvoll sein, seinen Anwalt über alle bloße Routine hinaus im Gespräch zu interessieren). Der Rpfl muß die ersparten Reisekosten von Amts wegen ermitteln, Hamm AnwBl **83**, 559. Die Partei kann neben Verkehrsanwaltskosten grundsätzlich keine eigenen Reisekosten zur Information des ProzBev erstattet fordern, Mü MDR **87**, 333. Vgl im übrigen Rn 88–92.

D. Erstattungsgrenzen. Die Mehrkosten wegen eines auswärtigen Verkehrsan- 51 walts sind grundsätzlich *nicht* erstattungsfähig, Ffm Rpfleger **88**, 163. Die Kosten eines solchen Verkehrsanwalts, den die Partei einschaltet, obwohl er an demselben Ort residiert wie der ProzBev, sind nicht erstattungsfähig, Düss MDR **76**, 406.

52 Man sollte die Erstattungsfähigkeit *weder zu streng noch zu großzügig* beurteilen. Stets muß man mitbedenken, daß jetzt jeder überhaupt als Anwalt Zugelassene außer vor dem BGH vor jedem deutschen Gericht postulationsfähig ist.

53 **E. Beispiele zur Frage einer Erstattungsfähigkeit.** Im Rahmen der grundsätzlichen Regeln Rn 48–52 läßt sich die Erstattungsfähigkeit im einzelnen etwa wie folgt beurteilen.

54 **Abschreibungsgesellschaft:** Die Einschaltung eines solchen Verkehrsanwalts, der zentral die Stoffsammlung und die rechtliche Aufarbeitung usw beim Anspruch auf rückständige Einlagen vornimmt, ist *nicht* notwendig, Mü AnwBl **91**, 276.

Alter: Das hohe Lebensalter der Partei kann die Hinzuziehung eines Verkehrsanwalts zwecks einer Vermeidung von Reisen zum ProzBev eher als notwendig erscheinen lassen, Bbg JB **77**, 672, Hbg JB **90**, 888.

55 **Arbeitsgerichtsverfahren:** Die Kosten des vor der Verweisung an das ordentliche Gericht als ProzBev tätig gewesenen jetzigen Verkehrsanwalts sind erstattungsfähig, soweit sie jetzt noch erforderlich sind, Hbg JB **83**, 771.

56 **Arrest, einstweilige Anordnung oder Verfügung:** Die Kosten sind schon wegen § 945 ZPO eher als sonst erstattungsfähig, Ffm Rpfleger **88**, 163 (links und rechts), Hbg JB **88**, 1191, Stgt Just **82**, 262, aM Karlsr GRUR **90**, 223, Kblz FamRZ **88**, 471, Mü AnwBl **98**, 485 (die Erstattungsfähigkeit hänge davon ab, daß man mit einem Widerspruch nicht rechnen müsse. Aber das Eilverfahren erlaubt keine solche im Mahnverfahren eher angebrachte Unterscheidung.

Es kommt auch hier auf die *Zumutbarkeit* einer direkten Information des ProzBev an, Hbg JB **88**, 1031, Mü AnwBl **85**, 47, Schlesw JB **79**, 1668. Man kann dabei auch hier auf die Entfernung vom Gerichtsort und auf die Reisezeit der Partei abstellen, Ffm AnwBl **85**, 46 links.

57 Das Merkmal bei Zumutbarkeit gilt auch für die Kosten der *Verteidigung* gegenüber einem Antrag im vorläufigen Verfahren, aM Stgt JB **76**, 812. Erstattungsfähig sind insbesondere die Verteidigungskosten gegenüber einer solchen einstweiligen Verfügung während der Sommerzeit (1. 7.–31. 8.), § 227 III 2 1 ZPO, Karlsr JB **75**, 1470, enger Hbg JB **75**, 657. Die Kosten des zugehörigen Hauptprozesses pflegen wegen der Erstattbarkeit denjenigen des Eilverfahrens zu folgen, Köln AnwBl **80**, 76. Evtl muß das Gericht die Kosten auf die Hauptsache und das Eilverfahren verteilen, Kblz JB **92**, 470.

Erstattungsfähig sind auch die Kosten in der *Rechtsmittelinstanz*, also in der Beschwerdeinstanz, Karlsr JB **75**, 1471, und in der Berufungsinstanz. Das gilt auch für die Kosten einer Tätigkeit vor dem Eingang der gegnerischen Berufungsbegründung. Zumindest kommt im vorläufigen Verfahren die Erstattungsfähigkeit einer Ratsgebühr nach § 34 in Betracht. Keineswegs ist aber die Einschaltung von insgesamt mehr als zwei Anwaltskanzleien notwendig, auch nicht im Auslandsfall, Nürnb AnwBl **88**, 653.

S auch Rn 103 „Spezialrecht".

58 **Arzthaftung:** Es ist *nicht* schon wegen solcher Rechtsfragen stets ein Verkehrsanwalt notwendig, Kblz NJW **06**, 1072 links.

Auslandsberührung: Hier muß man zunächst das EU-Recht beachten. Im übrigen muß man die folgenden Fallgruppen unterscheiden.

A. Ausländer im Ausland. Bei dieser Gruppe muß man wiederum die folgende Unterscheidung machen.

59 **a) Ausländischer Verkehrsanwalt.** Seine Kosten sind grds erstattungsfähig, soweit seine Hinzuziehung erforderlich ist, BGH NJW **05**, 1373, Düss AnwBl **93**, 39 (nicht, soweit die Information eines inländischen ProzBev zumutbar ist), KG Rpfleger **08**, 598, großzügiger Stgt AnwBl **85**, 211, ZöHe § 91 ZPO Rn 13 „Ausländischer Anwalt".

Das gilt insbesondere dann, wenn er das deutsche Recht kennt und *deutsch spricht,* Kblz NJW **78**, 1751. Die Notwendigkeit kann auch dann vorliegen, wenn eine Informationsreise der Partei vom Ausland zum ProzBev billiger gewesen wäre, Ffm GRUR **86**, 336, Stgt JB **81**, 870, oder wenn es um schwierige Rechtsfragen geht, Karlsr JB **90**, 64, strenger Hbg OLGR **99**, 288 (Partei im Inland), oder um eine ausländische Beweisaufnahme, BGH FamRZ **05**, 1670.

3400 VV

Man muß das *Ob* der Erstattung nach dem deutschen Recht prüfen, BGH 60
FamRZ **05**, 1671, Stgt RR **04**, 1582, demgegenüber aber die *Höhe* der erstattungsfähigen Anwaltskosten nach dem ausländischen Recht, Ffm GRUR **93**, 162, Mü AnwBl **95**, 378, Mankowski AnwBl **05**, 708, aM BGH FamRZ **05**, 1671, Stgt RR **04**, 1582.

Eine *Honorarvereinbarung* zwischen dem ausländischen Verkehrsanwalt und dem Auftraggeber ist für die Kostenerstattungspflicht nicht stets maßgeblich, Hbg MDR **80**, 589, großzügiger Ffm Rpfleger **87**, 216. Man darf aber auch nicht schematisch die Erstattung auf den nach deutschem Recht erstattungsfähigen Betrag beschränken, Mankowski NJW **05**, 2349, aM BGH NJW **05**, 1373, Mü MDR **98**, 1054, LG Köln AnwBl **82**, 532. Auf das Bestehen einer Gegenseitigkeitsvereinbarung der beteiligten Staaten kommt es nicht an.

Die Kosten der *Übersetzung* in die Sprache der ausländischen Partei sind evtl *nicht* erstattungsfähig, soweit die Partei neben einem deutschen ProzBev einen ausländischen Verkehrsanwalt hat, BPatG GRUR **83**, 265, aM BPatG GRUR **92**, 689, Hbg Rpfleger **96**, 370 (aber es kommt eben von Fall zu Fall auf die Notwendigkeit an).

S auch Rn 56 „Arrest, einstweilige Anordnung oder Verfügung".

b) Inländischer Verkehrsanwalt. Auch seine Kosten sind grds erstattungsfähig, 61
Ffm JB **08**, 539, Hbg MDR **99**, 443, Jena JB **98**, 597, aM Nürnb JB **98**, 597 (zu eng). Das gilt auch für den inländischen Vertrauensanwalt, LG Detm AnwBl **09**, 149. Es gilt auch zugunsten eines EU-Ausländers, Hbg MDR **00**, 664.

Freilich setzt die Erstattungsfähigkeit auch hier die *Notwendigkeit seiner Hinzuziehung* voraus, Düss Rpfleger **97**, 188, Ffm Rpfleger **92**, 85, Kblz JB **00**, 146.

Diese Notwendigkeit besteht zumindest dann, wenn dadurch ein Dolmet- 62
scher entbehrlich wird, Düss JB **87**, 1551, oder eine Reise der Partei, Hamm AnwBl **85**, 591, Kblz JB **91**, 245, großzügiger Ffm AnwBl **86**, 406, oder wenn *mehr als* ein *bloßes Bestreiten* erforderlich ist, Hamm AnwBl **85**, 591, Kblz AnwBl **95**, 267 (Hongkong, schwieriges Recht, Übersetzung), Stgt AnwBl **85**, 211, aM Bbg JB **78**, 857 (evtl nur eine Ratsgebühr erstattbar), Celle JB **76**, 1667, Düss Rpfleger **83**, 368 (aber auch hier kommt es ganz auf den Einzelfall an).

Man muß auch hier das *Ob* der Erstattung nach dem deutschen Recht beur- 63
teilen, Stgt RR **04**, 1582, demgegenüber aber die *Höhe* der erstattungsfähigen Kosten nach dem ausländischen Recht prüfen, Ffm AnwBl **95**, 378, Mü AnwBl **95**, 378, aM Stgt RR **04**, 1582. Die Reisekosten der Partei sind hier ausnahmsweise zusätzlich erstattungsfähig, Ffm Rpfleger **88**, 163.

Die Kosten des inländischen Verkehrsanwalts sind insoweit *nicht erstattungsfä-* 64
hig, als er nur, wenn auch notwendigerweise, die Schriftsätze der ausländischen Partei übersetzt, aM Düss MDR **87**, 851 (aber das ist keine typische Anwaltsaufgabe). Eine Erstattungsfähigkeit fehlt auch, soweit die ausländische Partei sprachkundig, geschäfts- oder sogar prozeßerfahren ist und soweit sie außerdem eine solche inländische Niederlassung hat, die eine schriftliche Information des ProzBev hätte vornehmen können, Hbg MDR **86**, 61, Köln JB **86**, 1028, LG Freibg AnwBl **81**, 162, aM Kblz AnwBl **89**, 683 rechts unten (aber der Grundsatz geht auch hier dahin, die Kosten niedrig halten zu müssen).

Das gilt auch bei der Wahrnehmung einer *eigenen Angelegenheit*, Mü AnwBl 65
87, 245, oder soweit auch ein Gerichtsstand am Sitz des inländischen Anwalts infragekommt, Hbg MDR **99**, 443. Die Kosten einer Teilnahme des Verkehrsanwalts neben dem ProzBev an einem Termin im Inland sind *nicht* schon deshalb erstattungsfähig, weil die Partei ihm besonders vertraut, Bbg JB **86**, 438.

S auch Rn 56 „Arrest, einstweilige Verfügung" sowie zur Umsatzsteuer § 25 Rn 21 ff.

B. Ausländer im Inland. Er darf grds die Kosten eines inländischen oder auslän- 66
dischen Verkehrsanwalts erstattet fordern, Ffm AnwBl **84**, 619, Hbg JB **86**, 1085, Stgt AnwBl **82**, 25.

Man muß einen Ausländer dann wie einen Inländer behandeln, wenn er sich re- 67
gelmäßig in Deutschland geschäftlich aufhält oder wenn er regelmäßig mit Inländern geschäftliche Beziehungen unterhält und wie ein Inländer *am deutschen Rechts-*

verkehr teilnimmt, Düss Rpfleger **97**, 188, Karlsr JB **93**, 352, Kblz VersR **88**, 1164. Das gilt auch bei der Wahrnehmung einer eigenen Angelegenheit, Mü AnwBl **87**, 245.

68 **C. Inländerprobleme.** Man kann die Erstattungsfähigkeit der Kosten eines inländischen oder ausländischen Verkehrsanwalts dann bejahen, wenn es sich um Spezialfragen eines ausländischen Rechtsgebiets handelt. Freilich darf man auch dann die Erstattbarkeit keineswegs schematisch annehmen, Hbg RR **00**, 876 (nur bei Zeitdruck; streng). Ein vorübergehender Auslandsaufenthalt des Inländers gibt nicht stets einen Erstattungsanspruch, Ffm Rpfleger **82**, 311.

S auch Rn 86 „Hausanwalt", Rn 103 „Spezialrecht", Rn 109 „Unternehmen", Rn 114 „Urkundenprozeß".

69 **Behinderung:** Sie kann einen Verkehrsanwalt erlauben, Kblz MDR **93**, 484, Oldb AnwBl **83**, 558, Stgt AnwBl **83**, 567.

Beiderseitige Verkehrsanwälte: Ob ihre Einschaltung schon wegen der Beiderseitigkeit notwendig war, läßt sich nur von Fall zu Fall klären. Freilich ist dann eher eine gewisse Großzügigkeit ratsam.

70 **Berufung:** Im Berufungsverfahren gelten strengere Maßstäbe als in der ersten Instanz. Denn es liegt schon eine tatsächliche und rechtliche Würdigung durch ein Urteil vor, BGH BB **06**, 1656, Brdb FamRZ **02**, 254, Kblz VersR **88**, 839, aM Ffm AnwBl **81**, 506, Köln BB **00**, 277 (je: dieser Grundsatz gelte nur, falls derselbe Anwalt wie in der ersten Instanz tätig werde. Aber es kommt darauf an, daß das *Gericht* bereits sorgfältig geprüft hatte).

71 Deshalb kommt es auch nicht nur darauf an, daß die Kosten des Verkehrsanwalts nur *gering* über den sonst entstandenen Kosten einer Informationsreise der Partei und einer Parteireise zu einem Beweistermin lagen, aM LG Stgt AnwBl **85**, 214 (aber es handelt sich zunächst nur um das Ob). Auch muß man mitbedenken, daß jetzt jeder überhaupt als Anwalt Zugelassene außer vor dem BGH vor jedem deutschen Gericht postulationsfähig ist. Man darf die Anforderungen also auch nicht überspannen, Stgt AnwBl **84**, 380, Dinslage AnwBl **83**, 563. Jedenfalls können die Kosten des Verkehrsanwalts ausnahmsweise erstattungsfähig sein, Hbg MDR **02**, 542.

72 – **(Alter):** „– (Information)".

– **(Bedeutung):** Erstattbarkeit besteht bei einer besonderen Bedeutung der Sache für die Partei, Schlesw SchlHA **84**, 151.

– **(Vor Berufungsbegründung):** Erstattbarkeit kann sogar dann bestehen, wenn der Verkehrsanwalt vor dem Eingang der Berufungsbegründungsfrist nach § 520 II ZPO tätig wird, Ffm AnwBl **80**, 462, aM Hamm JB **84**, 1835 (aber auch hier gilt der Grundgedanke der Erstattbarkeit gewisser Vorbereitungskosten zumindest entsprechend).

– **(Geschäftsfähigkeit):** Erstattbarkeit besteht beim Streit um die Geschäftsfähigkeit einer Partei, Kblz JB **91**, 243.

– **(Grundbucheinsicht):** Keine Erstattbarkeit besteht, soweit der ProzBev selbst bei einer starken beruflichen Belastung ein auswärtiges Grundbuch selbst einsehen kann, soweit das (noch) nur dort möglich ist, Schlesw SchlHA **80**, 218. Das gilt entsprechend erst recht bei elektronischer Einsichtsmöglichkeit.

– **(Information):** Erstattbarkeit besteht dann, wenn die Partei ihren Anwalt nicht oder nur schlechter selbst informiert, Ffm JB **92**, 407, Hbg JB **90**, 888 (Alter, Behinderung), Kblz VersR **87**, 996 (Krankheit) und 1225 (Vorprozeß).

– **(Informationsreise):** S zunächst Rn 71, 88. Erstattbarkeit besteht bis zur Höhe der dadurch ersparten an sich zweckmäßigen Informationsreise(n) der Partei zum Berufungsanwalt, BGH BB **06**, 1656, aM Schlesw JB **80**, 1854 (aber eine Informationsreise wäre stets erstattungsfähig gewesen).

73 – **(Krankheit):** Rn 72 „– (Information)".

– **(Lebenswichtiger Prozeß):** Erstattbarkeit besteht bei einem solchen Verfahren, Kblz VersR **88**, 839.

– **(Neue Tatsache):** Erstattbarkeit besteht bei einem neuen Tatsachenvortrag, Ffm Rpfleger **99**, 463, Hbg MDR **02**, 542.

S auch „– (Schwierige Sache)".

– **(Neues Problem):** Erstattbarkeit besteht bei einem neuen Problem, Ffm WRP **92**, 312, Hbg MDR **02**, 542, Hamm JB **87**, 270.

- **(Schwierige Sache):** Erstattbarkeit besteht bei einer unübersichtlichen oder umfangreichen und daher oder ohnehin schwierigen Sache, Ffm JB **92**, 333, Hbg JB **90**, 888, Kblz VersR **87**, 1225. Das gilt auch bei einer geschäftsgewandten Partei, LG Stgt AnwBl **84**, 101, und wenn auch kein neuer Tatsachenvortrag erfolgt.
- **(Streitverkündung):** Erstattbarkeit besteht dann, wenn eine Streitverkündung nach § 72 ZPO erst während der Berufungsfrist nach § 517 ZPO erfolgt, Kblz MDR **88**, 193.
- **(Umfang):** Rn 73 „– (Schwierige Sache)". 74
- **(Unübersichtliche Sache):** Rn 73 „– (Schwierige Sache)".
- **(Vergleich):** Erstattbarkeit besteht dann, wenn erst die Einschaltung eines Verkehrsanwalts einen Vergleich ermöglicht.
- **(Vorprozeß):** Rn 70 „– (Information)".

Beschwerde: Wenn eine Partei gegen einen Kostenfestsetzungsbeschluß nur teilweise 75 eine Beschwerde eingelegt hat, tritt auch wegen des Rests evtl *keine* Bindung wegen der Erstattungsfähigkeit der Verkehrsanwaltskosten ein, KG MDR **77**, 937.

Betreuer: Seine Gebühr ist meist *nicht* erstattungsfähig, Mü RR **97**, 1286, Stgt JB **98**, 487.

Bierbezugsvertrag: Ffm MDR **92**, 193.

Dolmetscher: Die Kosten des Verkehrsanwalts sind insoweit erstattungsfähig, als sich dadurch Dolmetscherkosten vermeiden ließen, Kblz JB **00**, 145.

Dritter: Rn 116 „Vergleich".

Drittort: Auch die Kosten eines Verkehrsanwalts am dritten Ort (weder am Sitz des Prozeßgerichts noch am Wohnort der Partei) können erstattungsfähig sein, aM Hbg MDR **03**, 1019 (aber auch dann kann zB Rn 86 gelten).

Ehegatte: Es kommt auch hier auf die Umstände an. Der Ehegatte eines für ihn 76 vorprozessual tätig gewesenen Richters mag einen Verkehrsanwalt einschalten dürfen, Hbg MDR **92**, 616, strenger Kblz JB **84**, 758, Köln JB **83**, 1047, Schlesw SchlHA **86**, 144. Das gilt auch für denjenigen eines Anwalts. Auch der Ehegatte eines Richters mag einen Verkehrsanwalt haben dürfen, Hbg MDR **92**, 616.

Eigene Sache: Hier muß man die folgenden Fallgruppen unterscheiden. 77

    A. Gesetzliche Vertretung: Derjenige Anwalt, der als ein gesetzlicher Vertreter auftritt, kann die Kosten eines Verkehrsanwalts insoweit erstattet fordern, als ein nicht rechtskundiger Vertreter einen Anwalt hinzuziehen dürfte, Düss BB **77**, 1575, Kblz VersR **81**, 865, Schlesw SchlHA **79**, 60, oder soweit die Information nicht zum Aufgabenkreis des gesetzlichen Vertreters zählt, KG MDR **87**, 679. Im übrigen besteht *keine* Erstattungsfähigkeit, Düss MDR **80**, 320, Stgt JB **98**, 142. Nach diesen Grundsätzen muß man die Erstattungsfähigkeit beurteilen, wenn der Anwalt in einer der folgenden Eigenschaften auftritt:
- **als Betreuer,** Rn 75;
- **als Pfleger,** Düss BB **77**, 1575, KG Rpfleger **76**, 248, aM Stgt JB **76**, 192; 78
- **als Vereinsvorstand,** Düss MDR **80**, 320, Ffm MDR **78**, 62, KG MDR **87**, 79 679.

    Soweit die Tätigkeit des Anwalts über diejenige *hinausgeht,* die er als ein gesetzli- 80 cher Vertreter wahrnehmen muß, kann die Erstattungsfähigkeit vorliegen, Düss BB **77**, 1575.

    B. Partei kraft Amts. Derjenige Anwalt, der als eine Partei kraft Amts nach 81 BLAH Grdz 8 vor § 50 ZPO handelt, kann grds *keine* Kosten eines Verkehrsanwalts erstattet verlangen. Denn man kann die Rechtslage dann nicht anders als dann beurteilen, wenn er in einer eigenen Sache handelt, Mü OLGR **94**, 36. Es gehört ja zu den Amtspflichten, die nun einmal vorhandenen Kenntnisse und daher eben auch die Rechtskenntnisse im Interesse des Vertretenen und im Rahmen der für die Amtsführung als eine Partei kraft Amts erhaltenen generellen Vergütung wahrzunehmen.

    Demgemäß *fehlt* eine Erstattungsfähigkeit zB dann, wenn der Anwalt in folgenden Eigenschaften auftritt:
- **als Insolvenzverwalter,** Ffm GRUR **88**, 487, KG Rpfleger **81**, 411, Stgt Rpfle- 82 ger **83**, 501, aM Karlsr KTS **78**, 260;
- **als Liquidator,** Köln JB **78**, 71;

VV 3400

- **als Nachlaßverwalter,** Ffm Rpfleger **80**, 69;
- **als Testamentsvollstrecker,** Stgt AnwBl **80**, 360;
- **als sonstiger Vermögensverwalter,** aM Köln AnwBl **83**, 562.

83 **c) Persönliche Angelegenheit.** Derjenige Anwalt, der sich in einer persönlichen Angelegenheit selbst vertritt, § 91 II 3 ZPO, kann grds *nicht* die Kosten eines Verkehrsanwalts erstattet fordern. Denn er könnte einen auswärtigen ProzBev mündlich oder schriftlich informieren, Kblz MDR **87**, 852, Mü AnwBl **87**, 245, Rostock MDR **01**, 115 (billigt freilich eine Auslagenpauschale von [jetzt ca] 20 EUR zu). Das alles gilt auch bei einem ausländischen Anwalt, Mü AnwBl **87**, 245.
Einigung: Rn 16 „Vergleich".
Einstellung: Rn 121 „Vollstreckungsabwehrklage".
Einstweilige Verfügung: Rn 56 „Arrest, einstweilige Verfügung".
Entfernung: Sie ist nur *sehr bedingt* ein ausreichender Maßstab, aM Köln BB **00**, 277 (ab 40 km. Das mag praktisch so sein, vergröbert aber zu sehr).

84 **Factoring Bank:** Sie kann grds *schriftlich* informieren, Kblz VersR **89**, 929.
Finanzmakler: Er kann grds *schriftlich* informieren, Kblz VersR **89**, 929.
Fischereirecht: Rn 104 „Spezialrecht".
Gebührenvereinbarung: Höhere als die gesetzlichen Gebühren sind (noch) allenfalls bei demjenigen ausländischen Verkehrsanwalt erstattungsfähig, der keine solchen kennt und zB auf einer Stundensatzbasis abrechnen darf, Ffm AnwBl **90**, 48.
Gegnerverhalten: Eine Erstattungsfähigkeit kann vorliegen, wenn sich der Gegner direkt an den Verkehrsanwalt gewandt hat, Bbg JB **87**, 1577, Hamm JB **88**, 492, Hansens JB **89**, 145.

85 **Gerichtsstandswahl:** Man darf sie auch im an sich erlaubten Bereich *nicht* kostenmäßig ohne einen sachlich vertretbaren Grund auf dem Rücken des Gegners ausüben. Man muß also die Kosten niedrig halten, Drsd Rpfleger **06**, 44, KG Rpfleger **76**, 323, Köln MDR **76**, 496, großzügiger Hbg MDR **99**, 638, Mü JB **94**, 477 (aber Kostensparsamkeit ist ein selbstverständliches Gebot).
Geschäftsfähigkeit: Ein Streit um ihr Vorliegen kann zur Erstattungsfähigkeit führen, Kblz JB **91**, 243.
Gewerblicher Rechtsschutz: Rn 104 „Spezialrecht".

86 **Hausanwalt:** Rn 109 „Unternehmen". Die dortigen Regeln können auch zB beim langjährigen Vertrauensanwalt einer Interessengemeinschaft gelten, Hbg MDR **05**, 1317, Kblz AnwBl **92**, 548, Köln JB **02**, 591.

87 **Immobilienfirma:** Sie kann grds *schriftlich* informieren, Kblz VersR **89**, 929.

88 **Informationsreise:** Die Kosten eines Verkehrsanwalts sind grds jedenfalls bis zur Höhe derjenigen Kosten erstattungsfähig, die für *eine* Informationsreise der Partei je Instanz zu dem ProzBev notwendig sind, BGH BB **03**, 72, Düss BB **97**, 2397, Hamm AnwBl **00**, 323.

89 Es kann auch zunächst ein *geringer Betrag darüber hinaus* erstattungsfähig sein, Bbg JB **91**, 103 (Drittort), Karlsr AnwBl **82**, 248, Köln AnwBl **83**, 189. Das gilt insbesondere dann, wenn die Information des ProzBev durch die Partei nur deshalb ausreicht, weil der Verkehrsanwalt vor dem Prozeßbeginn bereits tätig war, KG JB **76**, 204, Bbg JB **77**, 1140.

90 Bei einem tatsächlich oder rechtlich *schwierigen Fall* kann man eine Erstattungsfähigkeit auch in Höhe derjenigen Beträge bejahen, die für *mehrere* Informationsreisen der Partei zum ProzBev notwendig würden, Ffm AnwBl **85**, 211, LG Wiesb AnwBl **99**, 180. Die Reisekosten sind, falls überhaupt, wie bei einem Zeugen nach dem JVEG erstattungsfähig, Düss BB **97**, 2397.

91 Man darf eine Erstattungsfähigkeit allerdings *keineswegs schematisch* annehmen, Ffm JB **88**, 486, Hamm MDR **88**, 61, etwa sobald die Partei zur Unterrichtung des ProzBev mehr als einen halben Arbeitstag brauchen würde, Kblz MDR **94**, 630, Mü AnwBl **88**, 69, aM Ffm Rpfleger **85**, 212 (aber man muß trotz aller Prozeßparteihaftlichkeit nach BLAH Grdz 14 vor § 128 ZPO doch alle Umstände mitbeachten).

92 Ebensowenig darf man die Erstattungsfähigkeit schematisch verneinen, sofern die Informationsreise zB nur *einen vollen Tag dauern* würde, aM Celle Rpfleger **84**, 287. Man darf auch keine Grenze der Erstattbarkeit bei einer starren Entfernung zählen, aM Ffm OLGR **00**, 123 (50km), Köln MDR **00**, 234 (40 km). In einer

einfachen Sache mag nicht einmal ein Betrag in Höhe einer Informationsreise erstattungsfähig sein, Ffm AnwBl **84**, 508, Schlesw SchlHA **78**, 23. Es kommt eben darauf an, ob eine telefonische oder schriftliche Information des ProzBev ausreichen würde, Düss AnwBl **99**, 288, Kblz JB **76**, 96, zB durch einen auswärtigen Sozius einer überörtlichen Anwaltsozietät, Rn 109.
S auch Rn 48 sowie Rn 95 „Niederlassung".
Inkassobüro: Es muß grds den ProzBev *schriftlich* informieren können, LG Saarbr JB **87**, 753.
Insolvenzverwalter: Rn 81.
Klagerücknahme: Die Kosten des Verkehrsanwalts können auch dann erstattungsfähig sein, wenn es wegen einer Klagerücknahme nicht mehr zur Bestellung eines ProzBev kommt, Karlsr JB **97**, 144, Mü AnwBl **78**, 110. 93
Kontakt: Mangels seiner Notwendigkeit ist er unbeachtlich, Schlesw AnwBl **96**, 477.
Krankenversicherung: Rn 119 „Versicherungsgesellschaft".
Krankheit: Eine Erkrankung kann zur Erstattungsfähigkeit führen, Kblz JB **91**, 243.
Leasing: In der Regel muß der Leasinggeber den ProzBev *schriftlich* unterweisen können, Kblz VersR **88**, 583, LG Hanau Rpfleger **91**, 173. 94
Lebensalter: Rn 54 „Alter".
Lohnsteuerverein: Er muß grds den ProzBev *schriftlich* informieren können, Bbg JB **87**, 1701.
Mahnverfahren: § 43 Rn 39 ff.
Milchwirtschaft: Rn 103 „Spezialrecht".
Nachlaßverwalter: Rn 81. 95
Niederlassung: Soweit sie nach § 21 ZPO vorliegt, kommt die Erstattung *weder* von Verkehrsanwaltskosten *noch* von fiktiven Informationsreisekosten in Betracht, Mü Rpfleger **88**, 162.
Parallelprozeß: Die Möglichkeit der Information in ihm kann die Erstattungsfähigkeit *ausschließen*, Bbg JB **91**, 705. 96
Passivlegitimation: Die Kosten ihrer vorprozessualen Klärung durch den späteren Verkehrsanwalt sind grds *nicht* erstattungsfähig, Karlsr Rpfleger **99**, 435.
Patent: Rn 103 „Spezialrecht".
Pfleger: Rn 77.
Prozeßkostenhilfe: Soweit eine Beiordnung nach § 121 III ZPO erfolgt ist, sind die Kosten des Verkehrsanwalts grds erstattungsfähig, Nürnb RR **87**, 1202, aM Hamm MDR **83**, 584, Kblz MDR **99**, 445 (aber man muß dem beigeordneten Anwalt dieselben Möglichkeiten zubilligen wie einem anderen ProzBev). Sie können darüber hinaus erstattungsfähig sein. Man muß aber ihre Notwendigkeit wie sonst prüfen, Ffm AnwBl **82**, 381, Kblz JB **90**, 733. Vgl freilich auch § 127 IV ZPO. 97
S auch Rn 76 „Ehesache".
Prozeßstandschaft: Die nur in ihr beteiligte Partei kann die Kosten des Verkehrsanwalts als des Trägers des sachlichen Rechts *nicht* erstattet fordern, Kblz Rpfleger **86**, 449.
Prozeßvergleich: Rn 116 „Vergleich".
Ratsgebühr: Manche halten sie neben den fiktiven Kosten einer Informationsreise für erstattungsfähig, Karlsr JB **96**, 39, Stgt AnwBl **82**, 439, strenger Bre JB **92**, 681, Düss JR **96**, 423, kritischer Düss JB **99**, 533. 98
S auch § 20 Rn 21.
Rechtskundigkeit: Eine Erstattungsfähigkeit kommt beim Verkehrsanwalt eines Rechtsunkundigen in Betracht, Hbg JB **91**, 1516, Karls Just **92**, 126.
Ein Referendar kann kurz vor dem Assessorexamen die Information grds *selbst* geben, Kblz VersR **87**, 914. Besitzt eine juristische Person ein rechtskundiges Organ, kann sie *schriftlich* informieren, Kblz GRUR **87**, 941.
S auch Rn 77 „Eigene Sache", Rn 109 „Unternehmen".
Reisekosten: Rn 50, 88–92.
Revision: Die Kosten eines solchen Anwalts, der für die Partei mit dem beim BGH zugelassenen ProzBev korrespondiert, sind grds *nicht* erstattungsfähig, Brdb JB **06**, 319. Denn ein neues tatsächliches Vorbringen ist grds unzulässig, und der beim 99

VV 3400   Vergütungsverzeichnis

BGH zugelassene ProzBev ist zu einer rechtlichen Beurteilung meist voll geeignet, Drsd MDR **98**, 1372, Hamm AnwBl **03**, 185, Köln BB **00**, 277.

100 – **(Äußerung gegenüber BGH):** Erstattbarkeit besteht evtl dann, wenn es um eine Äußerung gegenüber dem BGH geht, KG AnwBl **98**, 103, Mü MDR **84**, 950, aM Karlsr JB **97**, 484, Saarbr RR **97**, 198, Stgt AnwBl **82**, 199.
S auch „– (Keine BGH-Zulassung)".

– **(Aufklärungspflicht):** Erstattbarkeit besteht dann, wenn zB bei einem schwierigen Sachverhalt der Vorwurf eines Verstoßes gegen § 139 ZPO besteht, Ffm AnwBl **76**, 219, Zweibr VersR **76**, 475, aM Karlsr JB **99**, 86 (aber eine solche Situation erfordert stets eine intensive Fühlungnahme mit dem Anwalt der Vorinstanz).

– **(Keine BGH-Zulassung):** S zunächst grds Rn 99.

Erstattbarkeit besteht aber ausnahmsweise bei einer vom BGH angeforderten Stellungnahme, aM Hbg AnwBl **80**, 35, Mü AnwBl **78**, 471 (aber dann *muß* der Verkehrsanwalt reagieren).
S auch „– (Äußerung gegenüber BGH)".

– **(Nichtzulassungsbeschwerde):** Erstattbarkeit besteht bei der Prüfung einer noch nicht eingelegten Nichtzulassungsbeschwerde nach § 544 ZPO, Ffm JB **08**, 539.

101 – **(Revisionsaussichten):** Erstattbarkeit besteht bei einem schwierigen Briefwechsel des bisherigen ProzBev mit dem Revisionsanwalt über die Aussichten der Revision.

– **(Schwierige Rechtslage):** Erstattbarkeit besteht bei einer außergewöhnlich schwierigen Rechtslage.

– **(Tatsächliche Aufklärung):** Erstattbarkeit besteht bei der Notwendigkeit einer tatsächlichen Aufklärung, Hamm AnwBl **03**, 185, Nürnb AnwBl **05**, 152, LG Hanau AnwBl **80**, 166.

– **(Vergleichsverhandlung):** Erstattbarkeit besteht, soweit der BGH an frühere Vergleichsverhandlungen anknüpft.

102 Scheckprozeß: Es ist *nicht* schon wegen dieser Prozeßart ein Verkehrsanwalt nötig, Bbg JB **78**, 1022, auch nicht bei einem Scheck eines Kaufmanns, Düss JB **81**, 75 (zu einem Wechsel), Kblz AnwBl **89**, 683 rechts oben (zu einem Scheck).
S auch Rn 114 „Urkundenprozeß".

Selbständiges Beweisverfahren: Eine Kostenübernahme durch einen Vergleich nach Rn 116 umfaßt evtl auch die Kosten des selbständigen Beweisverfahrens nach §§ 485 ff ZPO, Hbg MDR **86**, 591.

Sozietät: Rn 109 „Überörtliche Sozietät".

Sparkasse: Sie kann grds *schriftlich* informieren, Kblz VersR **89**, 929.

103 Spezialrecht: Ein Allgemeinjurist kann heute oft einen Spezialisten nicht mehr entbehren. Deshalb muß man die Erstattungsfähigkeit in einem Fall mit ausgefallenen Rechtsfragen großzügig bejahen, Hamm JB **84**, 439, Kblz VersR **82**, 1173.

104 Freilich darf das auch bei rechtlichen Spezialfragen *keineswegs schematisch* geschehen, BVerfG NJW **93**, 1460, Mü AnwBl **85**, 47, Schlesw SchlHA **82**, 60.

Diese Grundsätze sind zB auf *folgende Rechtsgebiete* anwendbar:

– **(Betriebsrentenrecht):** LAG Düss AnwBl **81**, 505, und zugehöriges Insolvenzrecht, LAG Düss AnwBl **80**, 267.

– **(Europarecht):** Ffm MDR **92**, 193.

– **(Fischereirecht):** Stgt AnwBl **81**, 196.

– **(Heilmittelrecht):** Karlsr AnwBl **98**, 540.

– **(Internationales Privat- und Prozeßrecht):** Kblz VersR **82**, 1173.

– **(Internetrecht):** aM Düss AnwBl **99**, 289.

– **(Kartellrecht):** Ffm MDR **92**, 193.

– **(Lebensmittelrecht):** Karlsr AnwBl **98**, 540.

– **(Patentrecht):** Kblz GRUR **87**, 941 rechts.

Der Verzicht auf einen Patentanwalt führt aber *nicht* schon zur Erstattbarkeit der Kosten eines Verkehrsanwalts, Düss Rpfleger **86**, 278.

– **(Scheckrecht):** Köln MDR **85**, 243.

– **(Spanisches Recht):** Kblz VersR **82**, 1173.

– **(Termingeschäftsrecht):** Düss JB **96**, 538.

- **(Verfassungsrecht):** aM Karlsr MDR **90**, 159.
- **(Waffenrecht):** VGH Mannh JB **96**, 92.
- **(Waldrecht):** aM Stgt AnwBl **81**, 505 (abl Schmidt).
- **(Wettbewerbsrecht):** Kblz GRUR **87**, 941 links, Mü Rpfleger **90**, 314 (Wettbewerbsverein), aM Kblz BB **87**, 1494, Mü AnwBl **98**, 485 (je: Wettbewerbsverein).

Strafprozeß: Eine Akteneinsicht in Strafakten durch den Verkehrsanwalt kann bei deren Verwertung zur Erstattbarkeit führen, Düss JB **93**, 484.

Streitgenosse: Die Kosten des Verkehrsanwalts eines Streitgenossen nach §§ 59ff ZPO können durchaus erstattungsfähig sein, Düss AnwBl **83**, 190, Hbg MDR **84**, 588. Es kommt aber auch hier selbst bei einem gemeinsamen Verkehrsanwalt auf die Notwendigkeit seiner Einschaltung an, Bbg AnwBl **85**, 215, Düss (10. ZS) Rpfleger **84**, 32, Mü MDR **91**, 256, großzügiger Düss (21. ZS) JB **83**, 1094.

Die Kosten des Verkehrsanwalts können unter dieser Voraussetzung insoweit erstattungsfähig sein, als sie nicht diejenigen Kosten übersteigen, die dann angefallen wären, wenn *jeder Streitgenosse* einen *eigenen* ProzBev bestellt hätte, Mü MDR **91**, 256, aM Düss Rpfleger **84**, 33, Hbg MDR **84**, 588, Kblz VersR **85**, 672 (aber jeder darf seinen eigenen Prozeß führen).

Die Erstattungsfähigkeit läßt sich jedenfalls dann bejahen, wenn ein Verkehrsanwalt die Bestellung eines *gemeinsamen ProzBev* erleichtert, Celle JB **77**, 66, Düss AnwBl **83**, 190, Schlesw SchlHA **79**, 181, aM Düss (10. ZS) Rpfleger **84**, 32, Hbg JB **77**, 1005 (aber es kommt auf eine Gesamtbetrachtung an).

Streithelfer: Die notwendigen Kosten eines Verkehrsanwalts können auch zugunsten des Streithelfers nach §§ 66 ff ZPO erstattungsfähig sein, Ffm AnwBl **78**, 68.

Streitverkündung: Erfolgt sie nach § 72 ZPO erst während einer Rechtsmittelfrist, kann die Kürze der Zeit usw einen Verkehrsanwalt rechtfertigen, Kblz VersR **85**, 193.

Teilzahlungsbank: Sie muß grds den ProzBev *schriftlich* informieren können, Saarbr JB **87**, 895.

Überörtliche Sozietät, dazu *Bischof* JB **98**, 60, *Herrlein* Rpfleger **95**, 399 (je: Üb): Man muß die Frage der Notwendigkeit der Hinzuziehung eines Verkehrsanwalts unabhängig davon klären, ob der Verkehrsanwalt und der ProzBev eine überörtliche Sozietät bilden, Brdb MDR **99**, 635, strenger Hbg MDR **96**, 532, KG MDR **00**, 669, Schlesw JB **95**, 32 (aber es kommt trotz der Gesamtgläubiger- und -schuldnerschaft von Sozien doch auch auf deren tatsächliche Funktionen und deren Teilungen an).

Unternehmen: Auch hier kommt es darauf an, ob eine fernmündliche oder schriftliche Unterrichtung des ProzBev zumutbar ist, Düss AnwBl **93**, 40 (Sprachprobleme), Köln BB **00**, 277, Schlesw AnwBl **88**, 356. Dabei muß man unter anderem die Bedeutung des Rechtsstreits und seine tatsächliche oder rechtliche Problematik beachten, ferner die Größe des Unternehmens und damit unter Umständen die Tatsache, daß es über juristisch geschulte Mitarbeiter verfügt, zB in einer eigenen Rechtsabteilung, BGH BB **05**, 294, Düss Rpfleger **06**, 512, Köln BB **00**, 277.

Ein *größeres* Unternehmen kann Kosten im allgemeinen nicht erstattet fordern, Bbg JB **94**, 959, Ffm JB **93**, 292, Köln AnwBl **02**, 116. Ein *kleineres* auf die Arbeitskraft des Inhabers zugeschnittenes Unternehmen kann die Kosten eines Verkehrsanwalts oft erstattet fordern, Nürnb AnwBl **89**, 113. Das gilt allerdings *nicht* in jeder Alltagsfrage, Düss AnwBl **84**, 380, Ffm AnwBl **84**, 378, Kblz VersR **85**, 273.

- **(Auslandsberührung):** Rn 58.
- **(Bank):** *Keine* Erstattbarkeit besteht grds bei einer Bank. Sie muß meist jedenfalls beim Streit über eine Alltagsfrage ihres Arbeitsgebiets ohne einen Verkehrsanwalt auskommen, Bbg JB **77**, 1006, Köln BB **00**, 277, Schlesw AnwBl **88**, 356.
- **(Bearbeiterwechsel):** *Keine* Erstattbarkeit besteht grds schon wegen dieses Vorgangs, falls er ständig erfolgt, aM Kblz RR **96**, 315 (aber das begünstigt eine bloße Mißorganisation). Das gilt auch bei einem schwierigen Fall.
- **(GmbH):** Die Regeln „– (Bank)" gelten bei der GmbH entsprechend, Düss VersR **87**, 1019, KG JB **77**, 63 (Geschäftsführer ist Anwalt).

- **(Hausanwalt):** Erstattbarkeit kann dann bestehen, wenn er besser als die Partei den ProzBev informieren kann, Bbg JB **88**, 1362 (Fremdsprache), Celle GRUR-RR **05**, 72, Mü JB **88**, 491. Eine Erstattbarkeit besteht aber *keineswegs stets,* Celle GRUR-RR **05**, 72, Kblz JB **92**, 26, OVG Lüneb JB **87**, 607. Andernfalls würde jeder Gegner eines Unternehmens stets mit doppelten Kosten rechnen müssen, LG Bayreuth JB **76**, 1379. Auch ein Prozeß mit existentieller Bedeutung rechtfertigt nicht automatisch einen Hausanwalt, Kblz JB **92**, 26.
112 - **(Informationsreise):** Rn 88.
- **(Organisationsmangel):** Rn 111 „– (Bearbeiterwechsel)".
- **(Schwierige Sache):** Erstattbarkeit kann bei einem tatsächlich oder rechtlich schwierigen Prozeß bestehen, Düss BB **89**, 399, Ffm AnwBl **80**, 263, Hbg JB **02** 319.
  S aber auch Rn 111 „– (Bearbeiterwechsel)".
- **(Spezialrecht):** Rn 103.
113 - **(Versicherung):** Die Regeln Rn 111 „– (Bank)" gelten entsprechend für ein Versicherungsunternehmen, Hbg MDR **88**, 782, Kblz Rpfleger **75**, 99, Schlesw JB **82**, 411, aM Ffm VersR **77**, 921.
- **(Versorgungskasse):** Die Regeln Rn 111 „– (Bank)" gelten entsprechend für eine Versorgungskasse, Kblz VersR **75**, 958.
- **(Wettbewerbsverband):** Die Regeln Rn 111 „– (Bank)" gelten entsprechend für einen Wettbewerbsverband, Stgt JB **83**, 1836.
- **(Zweigniederlassung):** *Keine* Erstattbarkeit besteht dann, wenn die Zweigniederlassung am Prozeßort klagt, für den Verkehrsanwaltsaufwand mit der Kanzlei am Ort der Hauptverwaltung. Das gilt selbst dann, wenn in Wahrheit die Hauptverwaltung den Prozeß führt, Ffm JB **96**, 39, Köln JB **00**, 277, Stgt JB **92**, 688. *Keine* Erstattbarkeit besteht ferner dann, wenn man die Zweigniederlassung an ihrem Sitz verklagt, wegen der Verkehrsanwaltskosten am Ort der Hauptniederlassung oder gar an einem dritten Ort, Hbg MDR **88**, 782, Kblz VersR **86**, 171, Köln VersR **93**, 1172.
114 **Urkundenprozeß:** Es ist *nicht* schon wegen dieser Prozeßart ein Verkehrsanwalt nötig, Bbg JB **78**, 1022 (wegen eines Schecks). Die Verkehrsgebühr des auswärtigen Vertrauensanwalts des ausländischen Klägers kann zB in Höhe einer 0,2 Ratsgebühr selbst dann erstattungsfähig sein, wenn ein deutschsprachiges Schuldanerkenntnis vorliegt, Kblz VersR **84**, 545.
  S auch Rn 102 „Scheckprozeß", Rn 126 „Wechselprozeß".
115 **Verein:** Ein Verein zur Bekämpfung des unlauteren Wettbewerbs ist grds in der Lage, den ProzBev *schriftlich* zu informieren, Karlsr JB **89**, 102, Mü BB **90**, 950, Stgt JB **83**, 1836.
Vereinsvorstand: Rn 79.
Verfassungsrecht: Rn 103 „Spezialrecht".
116 **Vergleich:** Die Einigungsgebühr eines Verkehrsanwalts kann in der Übernahme „sämtlicher Kosten" stecken, Düss MDR **99**, 118, Kblz JB **00**, 477 (krit Gottwald FamRZ **01**, 843), Saarbr JB **87**, 700 (Auslegungsfrage). Sie steckt nicht in den Wörtern „dieses Vergleichs" für die Revisionsinstanz, KG RR **07**, 212. Sie ist grds nur in demjenigen Umfang erstattungsfähig, in dem der Verkehrsanwalt an der Einigung mitwirken muß, Brdb MDR **99**, 1349, Düss MDR **91**, 258, Schlesw SchlHA **88**, 146, aM Ffm AnwBl **84**, 101, Mü AnwBl **83**, 558 (abl Schmidt); LG Freibg AnwBl **84**, 98 (sie sei neben derjenigen des ProzBev nicht erstattbar. Aber das verkennt die gar nicht seltene Notwendigkeit der Mitwirkung auch gerade des Verkehrsanwalts, der „seine" Partei am besten kennt). Das gilt unabhängig davon, ob sie gegenüber dem Auftraggeber entstanden ist, Mü MDR **81**, 681, aM Ffm AnwBl **82**, 248.
117   Die Mitwirkung des Verkehrsanwalts ist zB dann notwendig, wenn sich der Prozeßgegner direkt an den Verkehrsanwalt zu *Vergleichsverhandlungen* wendet und wenn der letztere am Zustandekommen der Einigung mitwirkt, Hbg AnwBl **88**, 356, Kblz MDR **84**, 587, Schlesw SchlHA **87**, 191, aM Schlesw AnwBl **96**, 477, oder bei einer völligen Schreibungewandtheit der Partei, Hbg MDR **83**, 1034.

Vergütungsverzeichnis **3400 VV**

Eine Verhandlung des Verkehrsanwalts mit einem solchen *Dritten*, der sich an den Auswirkungen des Prozeßvergleichs wirtschaftlich beteiligen soll, kann als solche *keine* Erstattungsfähigkeit der Einigungsgebühr VV 1000 begründen.
Verkehrsunfallsache: Im Normalfall ohne besondere Umstände sind die Kosten des 118 Verkehrsanwalts *nicht* erstattungsfähig, Düss JB **91**, 88.
Vermögensverwalter: Rn 81.
Versicherungsgesellschaft: Wenn eine auswärtige Versicherungsgesellschaft für die 119 am Gerichtsort wohnende Partei einen auswärtigen Anwalt benannt hat, sind seine Kosten grds *nicht* erstattungsfähig, Kblz VersR **89**, 929, Schlesw JB **82**, 411. Davon kann bei einer ausländischen Versicherungsgesellschaft dann eine Ausnahme gelten, wenn sie eine Vielzahl von internationalen Autoverschiebungen aus Deutschland verfolgt, Kblz VersR **94**, 196. Vom vorgenannten Grundsatz kann ferner in einem tatsächlich oder rechtlich schwierigen Fall eine Ausnahme gelten, BGH RR **04**, 1724, Ffm AnwBl **80**, 263.
Rationalisierungserwägungen reichen *nicht* zur Erstattungsfähigkeit aus, Hbg MDR **88**, 782. Eine umfassende Tätigkeit in einem großen Komplex kann aber im Einzelfall zur Erstattungsfälligkeit führen, Karlsr VersR **89**, 715. Die Grenze der Erstattbarkeit liegt dort, wo eine schriftliche Information ausreicht, Celle RR **09**, 557.
S auch BLAH § 91 ZPO Rn 132 ff.
Versorgungskasse: Sie kann grds *schriftlich* informieren, Kblz VersR **89**, 929.
Vertrauensanwalt: Rn 86 „Hausanwalt". 120
Verwandtschaft: Eine nahe Verwandtschaft zum Verkehrsanwalt steht der Erstattungsfähigkeit grds nicht entgegen, Schlesw JB **92**, 170.
Verweisung: Soweit es sich nicht um Mehrkosten nach § 281 III 2 ZPO handelt, kommt eine Erstattung der Verfahrensgebühr des ersten Anwalts als Verkehrsgebühr in Betracht, aM Hbg MDR **97**, 888 (aber man muß die Umstände der Verweisung beachten).
Verwertungsgesellschaft: Sie muß sich so ausstatten, daß sie den ProzBev *selbst* informieren kann, Ffm MDR **85**, 327.
Vollstreckungsabwehrklage. Erhält ihr Bekl nur 5 Tage Zeit zur Stellungnahme 121 zum Einstellungsantrag, ist die Hinzuziehung eines Verkehrsanwalts gerechtfertigt, Kblz VersR **88**, 643.
Vormund: Rn 80.
Vorprozeß: Keine Partei ist verpflichtet, zur Ersparung sonst anfallender Kosten 122 eines Verkehrsanwalts den Anwalt des Vorprozesses stets erneut zum ProzBev zu bestellen, Hbg AnwBl **80**, 372.
– **(Akteneinsicht):** Erstattbarkeit besteht dann, wenn der Verkehrsanwalt seine 123 Kenntnis erst durch eine Einsicht in solche (Straf-)Akten usw erworben hat, die der Partei selbst nicht zugänglich waren.
– **(Auskunft):** Erstattbarkeit besteht dann, wenn der Verkehrsanwalt wegen seiner Beschäftigung mit dem Streitstoff vor dem Prozeß oder in einem anderen Prozeß eine umfassendere Auskunft geben kann als die Partei selbst, Bbg JB **80**, 285, 1369, Ffm JB **83**, 276, Kblz VersR **82**, 1173.
– **(Einfacherer Sachverhalt):** Erstattbarkeit besteht nur nach einer Abwägung 124 der Umstände zugunsten des Verkehrsanwalts, Hamm AnwBl **82**, 378.
– **(Gemeinsamer Prozeßbevollmächtigter):** Erstattbarkeit besteht dann, wenn der Verkehrsanwalt die Bestellung eines gemeinsamen ProzBev oder VerfBev erleichtert, Celle JB **77**, 66, Düss Rpfleger **76**, 105, Schlesw SchlHA **79**, 181, aM Hbg JB **77**, 1105 (aber es kommt auf eine Gesamtabwägung an).
– **(Gleiche Kostenhöhe):** Erstattbarkeit besteht, soweit vorprozessuale Kosten der Partei nahezu ebensohoch gewesen wären wie die Einschaltung des Verkehrsanwalts, Bbg JB **77**, 1140. Natürlich darf man auch dann nur nach einer Abwägung der Umstände entscheiden, Düss JB **75**, 627.
– **(Schwieriger Fall):** Erstattbarkeit besteht dann, wenn der Verkehrsanwalt den 125 ProzBev des Folgeprozesses über einen schwierigen Vorprozeß informiert, etwa bei einer Erbauseinandersetzung.
– **(Vorbereitung des Folgeprozesses):** Erstattbarkeit besteht dann, wenn der Verkehrsanwalt den Folgeprozeß maßgeblich vorbereitet hat, Düss NJW **76**,

2065, zumal oft dazu viele Rücksprachen notwendig sein mochten, KG Rpfleger **75**, 143, aM Hamm Rpfleger **76**, 106.

126 **Wahrnehmungsgesellschaft:** Rn 120 „Verwertungsgesellschaft"
127 **Wasserrecht:** Rn 103 „Spezialrecht".
Wechselprozeß: Es ist *nicht* schon wegen dieser Prozeßart ein Verkehrsanwalt nötig, Bbg JB **78**, 1022 (zu einem Scheck), auch nicht bei einem Wechsel eines Kaufmanns, Düss JB **81**, 75, Karlsr Just **90**, 362, Kblz AnwBl **89**, 683 rechts oben (zu einem Scheck).
S auch Rn 102 „Scheckprozeß", Rn 114 „Urkundenprozeß".
Widerklage: Man darf die Erstattungsfähigkeit von Kosten des Verkehrsanwalts nicht für die Klage und die Widerklage nach BLAH Anh § 253 ZPO unterschiedlich beurteilen, sofern beide Klagen denselben Sachverhalt betreffen, Stgt JB **76**, 1075.
Wirtschaftsverband: Soweit Prozesse zu seinen Aufgaben zählen, sind Verkehrsanwaltskosten für ihn grds *nicht* notwendig, Stgt JB **02**, 536.
128 **Zeitaufwand:** Rn 88 „Informationsreise".

Nr.	Gebührentatbestand	Gebühr oder Satz der Gebühr nach § 13 RVG
3401	Der Auftrag beschränkt sich auf die Vertretung in einem Termin im Sinne der Vorbemerkung 3 Abs. 3: Verfahrensgebühr	in Höhe der Hälfte der dem Verfahrensbevollmächtigten zustehenden Verfahrensgebühr

Gliederung

1) Systematik	1
2) Regelungszweck	2
3) Auftrag	3
4) Tätigkeitsumfang	4–8
A. Mündliche Verhandlung oder Erörterung	5
B. Ausführung der Partei- oder Beteiligtenrechte ..	6
C. Mündliche Verhandlung oder Erörterung und Beweisaufnahme	7
D. Unterbevollmächtigter	8
5) Gebührenhöhe	9
6) Gegenstandswert	10
7) Kostenerstattung	11, 12

1 **1) Systematik.** Die Vorschrift betrifft in jeder Instanz denjenigen sog Terminsanwalt, der weder der ProzBev oder VerfBev nach VV 3100 ff noch lediglich ein Verkehrsanwalt nach VV 3400 ist. Die Partei kann dem Anwalt aber durchaus mehr als die Vertretung in einem Termin übertragen haben, selbst wenn das erst kurz vor einem Termin geschehen ist und wenn sein an sich über diesen Termin hinausgegangener Auftrag dann aus irgendeinem Grund mit oder kurz nach dem Terminsende ebenfalls endete. Die Partei kann ihm zB auch noch weitere Geschäfte übertragen haben. Das Wort „beschränkt sich" bedeutet lediglich eine Abgrenzung gegenüber der Tätigkeit des ProzBev usw einerseits und des Verkehrsanwalts andererseits. Maßgeblich sind also die Art und der Umfang des Auftrags, aM Hbg MDR **86**, 596 (aber es kommt immer zunächst auf die Art und den Umfang eines Auftrags an).
Nur die *Verfahrensgebühr* ist der Gegenstand von VV 3401. Daneben können VV 1000 (Einigungsgebühr), VV 3402 (Terminsgebühr) anwendbar sein.

2 **2) Regelungszweck.** Diejenige Tätigkeit, deren Vergütung VV 3401 regelt, ist mit einer oft prozeßentscheidenden Hauptverantwortung verbunden. Das gilt zB dann, wenn der Anwalt in Sekunden entscheiden muß, ob er es wegen seiner Wahrhaftigkeitspflicht als ein Organ der Rechtspflege nach § 138 ZPO, § 1 BRAO dennoch

verantworten kann, ein unvermutetes, aber aus der Sicht des Gerichts für den Auftraggeber keineswegs unzumutbares gegnerisches neues Vorbringen direkt zu bestreiten und damit den Gegner zum Beweis zu nötigen, oder ob er nur mit einem „persönlichen derzeitigen" Nichtwissen reagieren und damit die für den Auftraggeber vernichtenden Wirkungen eines unzulässigen Nichtbestreitens nach § 138 III, IV ZPO riskieren kann. Dieser Verantwortung wird VV 3401 nur bedingt gerecht. Andererseits darf die Kostenlast nicht schon deshalb für den Prozeßverlierer allzu hoch werden, weil sich eine Partei eines Terminsvertreters bedient, statt den ProzBev auch vor Gericht erscheinen zu lassen. Alles das sollte man bei der Auslegung mitbeachten.

3) Auftrag. Es müssen die Voraussetzungen Rn 3–8 zusammentreffen. 3
Der Anwalt muß im *Auftrag* handeln. Der Auftrag darf sich weder auf die Tätigkeit als ein bloßer Verkehrsanwalt beschränken noch den umfassenden Prozeß- oder Verfahrensauftrag enthalten.

Den Auftrag mag die Partei persönlich oder ihr ProzBev usw erteilen, BGH NJW 01, 753. Im letzteren Fall ist aber trotz des nur nach außen maßgeblichen § 81 ZPO mit seiner Befugnis zur Bestellung eines Unterbevollmächtigten doch im Innenverhältnis das *Einverständnis* der Partei usw erforderlich, Nürnb JB 02, 476. Zu diesem Begriff VV 3400 Rn 44. Es kann stillschweigend erfolgen. Es liegt wohl meist dann nicht vor, wenn zB bei einem Streitwert von 18 000 EUR der ProzBev und das Gericht nur 135 km voneinander entfernt residieren, AG Neuruppin AnwBl **99**, 123.

Wer die Vertretung in der *mündlichen Verhandlung oder Erörterung* vom Prozeß usw übertragen erhält, ist ein Erfüllungsgehilfe des ProzBev, BGH NJW **01**, 753. Er verdient die Gebühr für den ProzBev, BGH NJW **01**, 753. Die interne Vergütungspflicht richtet sich dann ohne eine Bindung an VV 3401 nach der Gebührenabsprache zwischen dem ProzBev und dem Terminsanwalt. Sie kann ohne einen Verstoß gegen § 49b BRAO unter der (jetzt) in VV 3401 vorgesehenen Summe liegen, BGH AnwBl **06**, 673. „Kollegialiter" bedeutet aber nicht: unentgeltlich, LG Arnsb RR **01**, 1144.

Mangels einer solchen internen Absprache erhält der Terminsanwalt eine Gebühr in Höhe der Hälfte der dem ProzBev oder VerfBev zustehenden Verfahrensgebühr, BGH AnwBl **06**, 673. Soweit der Anwalt nur im Auftrag des ProzBev usw als dessen Vertreter nach § 5 tätig wird, erhält er eine Vergütung nur vom ProzBev.

4) Tätigkeitsumfang. Es ist erforderlich und ausreichend, daß sich der Auftrag 4 auf die Vertretung in einem Termin nach der amtlichen Vorbemerkung 3 III erstreckt und beschränkt. Nach dieser amtlichen Vorbemerkung 3 III Hs 1 zählt nur ein solcher Termin, den das Gericht gerade als einen Verhandlungs-, Erörterungs- oder Beweisaufnahmetermin oder den der Sachverständige anberaumt hatte. Allerdings kann man auch einen Gütetermin als einen Erörterungstermin erachten. Auch ein Termin im Beschwerdeverfahren zählt hierher, ebenso ein solcher in der Zwangsvollstreckung. Auch ein außergerichtlicher Termin zwecks einer Vermeidung oder Erledigung des Gerichtsverfahrens zählt nach der amtlichen Vorbemerkung 3 III Hs 1 hierher, Wielgoss JB **06**, 353, abgesehen von einer Besprechung mit dem Auftraggeber, Hs 2. Insbesondere gilt das folgende.

A. Mündliche Verhandlung oder Erörterung. Der Anwalt mag den Auftrag 5 haben, die Partei usw in der mündlichen Verhandlung oder Erörterung zu vertreten. Dieser Auftrag umfaßt diejenige Tätigkeit, für die der ProzBev usw eine Terminsgebühr nach VV 3402 in Verbindung mit VV 3104 erhalten würde. Sie ermächtigt also auch zu einer wirksamen Stellung von Sachanträgen. Freilich ist die Antragstellung nicht mehr notwendig. Es genügt vielmehr der Auftrag zu einer vertretungsbereiten und aufmerksamen Anwesenheit, also zur Wahrnehmung der Interessen des Auftraggebers. Ein Auftrag zur bloßen Beobachtung reicht nicht.

Nicht erforderlich ist das tatsächliche Stattfinden des Termins. Denn VV 3401 schafft eine Verfahrensgebühr. Zu ihr kann ja die Terminsgebühr VV 3402 hinzutreten. Noch weniger erforderlich ist eine Erreichung des Terminszwecks. Auch eine Vertagung im Termin reicht, auch aus rein prozessualen Gründen.

B. Ausführung der Partei- oder Beteiligtenrechte. Der Auftrag mag sich 6 auch darauf beschränken, die Parteirechte in einer mündlichen Verhandlung usw auszuführen. Der Anwalt handelt bei der bloßen Ausführung der Parteirechte derart, daß die Partei oder der ProzBev im Parteiprozeß, der letztere im Anwaltsprozeß, die Sachanträge stellt und erwirkt und daß das Gericht dem nach VV 3401 beauftragten Anwalt gestattet, zusätzlich das Wort zu nehmen. Diese Situation empfiehlt sich insbesondere dann, wenn es um sachlichrechtliche oder prozessuale *Spezialfragen* geht oder wenn die Partei ihren Vertrauens- oder Hausanwalt auch im Termin hinzuziehen möchte. Vgl auch § 53 II BRAO und BGH MDR **76**, 570, BLAH § 78 ZPO Rn 29. Einem Mitglied der *Anwaltskammer* nach § 209 BRAO kann der Anwalt den Vortrag nicht wirksam überlassen. Das alles gilt auch in der mündlichen Verhandlung vor dem BGH.

7 **C. Mündliche Verhandlung oder Erörterung und Beweisaufnahme.** Der Auftrag kann sich schließlich auf die Vertretung in der mündlichen Verhandlung oder Erörterung und in der mit ihr verbundenen Beweisaufnahme erstrecken. Das ist der Regelfall bei einer Beweisaufnahme vor dem Prozeßgericht nach § 370 I ZPO anders als bei einer Beweisaufnahme vor dem beauftragten oder ersuchten Richter nach § 370 II ZPO. Diese Art von Auftrag kennzeichnet sich dadurch, daß der Anwalt zwar weder der ProzBev noch ein bloßer Verkehrsanwalt ist, daß er aber andererseits mehr tun als nur in der Beweisaufnahme tätig werden soll.

Soweit der ProzBev oder die Partei dem Anwalt nur die Ausführung der *Parteirechte usw* übertragen und soweit der ProzBev im Verhandlungstermin selbst verhandelt hat, erhält der letztere nach VV 3402 die Terminsgebühr VV 3104 und der Vorlage wegen einer zusätzlichen „Vertretung" die Terminsgebühr VV 3401.

8 **D. Unterbevollmächtigter.** Soweit er als solcher zulässig ist, kann ihn der Hauptbevollmächtigte im Einverständnis mit der Partei bestellen. Er erhält dann eine Verfahrensgebühr oder Terminsgebühr VV 3400, 3401, KG FamRZ **04**, 1741.

9 **5) Gebührenhöhe.** § 14 ist bei einer Rahmengebühr anwendbar. Unter den Voraussetzungen Rn 2–8 entsteht die jeweilige Hälfte der einem VerfBev zustehenden Verfahrensgebühr. Zusätzlich kann nach VV 3402 in Verbindung mit VV 3401 eine Terminsgebühr entstehen, amtliche Vorbemerkung 3.4 I. Die Verfahrensgebühr entsteht mit der auftragsgemäßen Entgegennahme der Information. Sie entsteht je Angelegenheit und Rechtszug nach § 15 II nur einmal. Das gilt auch im Verhältnis zu (jetzt) VV 3400, 3403 ff, Hbg MDR **86**, 596. Eine Ermäßigung für den Fall, daß sich der Auftrag vor der mündlichen Verhandlung oder Erörterung erledigt, findet nach VV 3405 Z 2 statt. Gebührenschuldner ist auch dann der Auftraggeber, wenn der ProzBev usw in ihrem Einverständnis den Anwalt nach VV 3401 beauftragt hat. Ein ausländischer Anwalt erhält eine Vergütung nach seinem Recht.

Bei § 3 vor den Sozialgerichten muß man die Ermäßigungen von VV 3400, 3401 unter den Voraussetzungen der amtlichen Vorbemerkung 3.4 II mitbeachten.

10 **6) Gegenstandswert.** Er bestimmt sich nach dem Gegenstand des Termins. Bei einer Erhöhung oder Ermäßigung kommt es auf ihren Zeitpunkt an und ist § 15 III beachtlich.

11 **7) Kostenerstattung.** Soweit es sich um einen Parteiprozeß handelt und der nach VV 3401 tätige Anwalt der einzige Anwalt der Partei ist, gilt § 91 II 1 ZPO. Andernfalls ist (jetzt) § 91 II 2 ZPO anwendbar, BGH FamRZ **03**, 442 (zitiert falsch), LG Itzehoe Rpfleger **82**, 442. Grundsätzlich sind die Kosten des Vertreters nicht erstattungsfähig, soweit er nur in der Verhandlung vertreten hat oder dort nur die Rechte der Partei ausgeführt hat, Hamm JB **77**, 68, Mü MDR **02**, 174, LG Kleve AnwBl **80**, 513, aM Schlesw SchlHA **81**, 134 (aber dann dürfte kaum jemals eine Notwendigkeit auch dieser Zusatzkosten vorliegen).

Die *Obergrenze* der Erstattungsfähigkeit liegt im allgemeinen etwa bei den Kosten eines ProzBev, BGH NJW **03**, 898, und eines notwendigen Verkehrsanwalts, Bbg JB **82**, 121, Ffm MDR **01**, 55, Mü AnwBl **82**, 532, aM Schmel MDR **03**, 795 (aber das Gebot möglichst geringer Kosten gilt uneingeschränkt). Allerdings können auch dann diejenigen Kosten erstattungsfähig sein, die die Partei für eine sonst notwendig gewordene Reise zur Information des Anwalts erspart hat, Düss JB **01**, 256, Mü JB **93**, 485.

12 Die Kosten der Wahrnehmung eines *Beweistermins* sind auch dann grundsätzlich erstattungsfähig, wenn der Anwalt zugleich die Verhandlung geführt und/oder Parteirechte ausgeführt hat. Denn jede Partei hat das unbedingte Recht der Wahrnehmung eines Beweistermins. Ihre Mitwirkung in diesem Termin kann das ganze Ergebnis

ändern. Die Partei darf den Beweistermin grundsätzlich durch einen Anwalt wahrnehmen lassen, Schlesw SchlHA **80**, 78. Das gilt insbesondere dann, wenn es sich um einen schwierigen Stoff handelt und wenn die Partei nicht absehen kann, wie sich zB ein Zeuge verhalten wird. Soweit im Termin nur *Zuständigkeitsfragen* anstehen, entfällt die Erstattungsfähigkeit, Hbg MDR **86**, 596.

Nr.	Gebührentatbestand	Gebühr oder Satz der Gebühr nach § 13 RVG
3402	Terminsgebühr in dem in Nummer 3401 genannten Fall	in Höhe der einem Verfahrensbevollmächtigten zustehenden Terminsgebühr

1) **Systematik, Regelungszweck.** Vgl VV 3104 Rn 1, 2. **1**

2) **Geltungsbereich; Terminswahrnehmung.** Vgl zunächst VV 3401 Rn 3–8. **2**
Ergänzend gilt folgendes.
Neben einer Gebühr nach VV 3401 kann auch eine Gebühr für die Wahrnehmung eines anderen als des zur mündlichen Verhandlung oder Erörterung oder zur Beweisaufnahme bestimmten Termins entstehen.

A. Begriff. Der Begriff Terminswahrnehmung ist derselbe wie in VV 3101. **3**
Der Begriff *mündliche Verhandlung* ist derselbe wie bei VV 3104. Eine „mündliche" **4**
Verhandlung fehlt zB bei einem Gütetermin nach § 278 ZPO oder bei einem bloßen Erörterungstermin nach der ZPO. Ein Erörterungstermin nach § 32 I 1 FamFG reicht aber.

B. Gerichtstermin. Allerdings muß man zunächst prüfen, ob das Gericht den **5**
Termin überhaupt zur mündlichen Verhandlung oder ob das FamFG ihn zur Erörterung „bestimmt" hatte. Das ergibt sich zunächst aus der Original-Terminsverfügung in den Gerichtsakten. Wenn freilich die Geschäftsstelle oder Kanzlei bei der Ladung an die Partei oder den Beteiligten oder deren Anwalt den Zweck des Termins falsch angegeben hatte, wenn sie also etwa einen Beweis- und Verhandlungstermin irrig als einen bloßen Erörterungstermin bezeichnet hatte, kann diese irrige Bezeichnung zur Entstehung der Gebühr ausreichen, sofern es tatsächlich auch nur zur bloßen Erörterung kam.
Wenn andererseits die Ladung den Termin als einen *Beweis- und/oder Verhandlungstermin* angab und wenn es dann aber im Termin nur zu einer bloßen Erörterung gekommen ist, hat das Gericht im Ergebnis den Termin nur zu einem anderen Zweck als zur mündlichen Verhandlung oder zur Beweisaufnahme bestimmt. Auch dann kann eine Gebühr 3403 entstehen.
Soweit das Gericht während des Termins seine *Zweckrichtung ändert* und ihn zu einem **6**
Verhandlungs- und/oder Beweistermin ausweitet, kommt es darauf an, ob der Anwalt auch noch von dieser Zweckänderung an tätig war. Falls nicht, ist VV 3402 anwendbar.

C. Sachverständigentermin usw. Es reicht aus, daß der Anwalt einen nicht vom **7**
Gericht anberaumten Termin wahrnimmt, der aber im Hinblick auf den Rechtsstreit und daher doch „in einem gerichtlichen Verfahren" stattfindet, etwa eine vom Sachverständigen anberaumte Ortsbesichtigung oder eine Besprechung, soweit sie zu einem Verfahren der im Teil 3 genannten Art erfolgt. Wenn die Besprechung nicht zu dem Rechtsstreit erfolgt, ist VV 2100 anwendbar.

D. Abgeltungsumfang. Die Gebühr VV 3402 gilt nicht nur die Terminswahr- **8**
nehmung ab, sondern auch eine vor oder nach dem Termin stattfindende Besprechung und Beratung oder sonstige Vorbereitung, die Benachrichtigung des Termins und die Mitteilung seines Ergebnisses an die Partei oder den ProzBev oder VerfBev.

VV 3402, 3403

Man kann VV 3402 auch dann anwenden, wenn der Anwalt nach der Verkündung des Urteils einen Rechtsmittelverzicht zum Protokoll erklärt, Brdb JB **02**, 365. Die Gebühr *entsteht* mit der Beauftragung und mit dem Beginn der Tätigkeit des Anwalts im Hinblick auf den Termin oder die Besprechung. Neben der Gebühr kann auch die *Einigungsgebühr* unter den Voraussetzungen (jetzt) VV 1000 entstehen, KG MDR **86**, 861.

9   **3) Gebührenhöhe.** Vgl VV 3104.

Nr.	Gebührentatbestand	Gebühr oder Satz der Gebühr nach § 13 RVG
3403	**Verfahrensgebühr für sonstige Einzeltätigkeiten, soweit in Nummer 3406 nicht anderes bestimmt ist** ...... Die Gebühr entsteht für sonstige Tätigkeiten in einem gerichtlichen Verfahren, wenn der Rechtsanwalt nicht zum Prozess- oder Verfahrensbevollmächtigten bestellt ist, soweit in diesem Abschnitt nichts anderes bestimmt ist.	0,8

Gliederung

1) Systematik	1
2) Regelungszweck	2
3) Sachlicher Geltungsbereich	3
4) Persönlicher Geltungsbereich	4
5) Sonstige Einzeltätigkeiten im gerichtlichen Verfahren	5
6) Schriftsatzanfertigung	6–8
A. Schriftsatzbegriff	6
B. Eigene Inhaltsleistung	7
C. Anfertigung	8
7) Schriftsatzunterzeichnung	9–49
A. Grundsatz: Notwendigkeit eigenhändiger und handschriftlicher Unterzeichnung	9
B. Verantwortungsübernahme	10
C. Keine Überspannung	11
D. Zulässigkeit der Nutzung moderner Übermittlungswege	12
E. Beispiele zur Frage einer ausreichenden Unterschrift	13–49
8) Schriftsatzeinreichung	50
9) Terminswahrnehmung	51
10) Sonstige Tätigkeiten vor Gericht	52
11) Gebührenhöhe	53–55
A. Volle Durchführung des Auftrags, I	53
B. Vorzeitige Auftragsbeendigung, II	54
C. Einfaches Schreiben, III	55
12) Gegenstandswert	56
13) Kostenerstattung	57

1   **1) Systematik.** Die Vorschrift stellt eine Auffangregelung dar. Sie enthält Vergütungen für einige formell mit den Worten „sonstige Tätigkeiten" in der amtlichen Anmerkung nicht abschließend genannte Tätigkeiten. Es sind zunächst VV 3100 ff, 3305 ff, 3309 f, 3324 ff, 3400 vorrangig, Ffm AnwBl **81**, 450, Köln JB **88**, 465, aM Düss JB **85**, 93. Ferner sind VV 3401, 3402, 3404–3406 vorrangig. Vorrangig sind auch diejenigen Vorschriften, die dann anwendbar sind, wenn der Anwalt einen Auftrag für das ganze Verfahren hat, BGH NJW **06**, 2267. VV 3403 ist ferner dann unanwendbar, wenn das Revisionsgericht dem Berufungsanwalt den Schriftwechsel über den Streitwert zuleitet, Mü AnwBl **78**, 471. VV 1000, 1003, 1008 sind anwendbar.

2   **2) Regelungszweck.** Die Vorschrift soll Lücken ausfüllen. Sofern weder vorrangige andere Vorschriften noch VV 3403 anwendbar sind, muß man die Vergütung nach dem allgemein anerkannten Grundsatz bestimmen, daß der Anwalt nicht umsonst tätig werden muß.

3   **3) Sachlicher Geltungsbereich.** Die Tätigkeit muß sich auf eine Zivilsache oder ein anderes gerichtliches Verfahren des VV Teil 3 beziehen. Es ist insofern unerheb-

lich, ob ein solches Verfahren bereits anhängig ist oder ob es erst anhängig werden soll, ob der Anwalt zB erst während eines vom Gegner des Auftraggebers in Gang gesetzten Verfahrens nach (jetzt) § 11 einen Auftrag erhält, FG Kassel NJW **77**, 168. Sofern diese Voraussetzung fehlt, können § 34, VV 2300 ff anwendbar sein. Ausreichend ist zB die Tätigkeit nur im Kostenfestsetzungsverfahren zB nach §§ 103 ff ZPO, VG Potsd Rpfleger **09**, 700.

4) Persönlicher Geltungsbereich. Der Anwalt darf grundsätzlich kein ProzBev 4 oder VerfBev für diese Instanz sein, amtliche Anmerkung, BGH NJW **06**, 2267. Denn ein solcher Bevollmächtigter erhält für die in VV 3402 genannten Tätigkeiten die Vergütung nach VV 3100 ff. Eine nach VV 3403 vergütbare Einzeltätigkeit kann sich ausnahmsweise aus einem derart begrenzten und erst nach der instanzbeendenden Entscheidung ergangenen Auftrag ergeben.

5) Sonstige Einzeltätigkeit im gerichtlichen Verfahren. Es kommt jede in 5 VV 3400 ff nicht besonders geregelte und deshalb „sonstige" bloße Einzeltätigkeit gerade in einem gerichtlichen Verfahren in Betracht. Das braucht nicht direkt gegenüber dem Gericht zu geschehen. Es kann vielmehr auch eine Tätigkeit gegenüber dem Gegner ausreichen, etwa eine Einigungsbemühung, oder gegenüber einem Dritten, etwa eine Anschriftsermittlung, BGH JB **04**, 191 und 315. Die Tätigkeit beginnt mit der auftragsgemäßen Entgegennahme der Information. Das alles gilt insbesondere in den folgenden typischen Situationen.

6) Schriftsatzanfertigung. Der Anwalt mag unter den Voraussetzungen Rn 1–4 6 einen Schriftsatz angefertigt oder unterzeichnet oder eingereicht haben.
A. Schriftsatzbegriff. Schriftsatz ist jedes Schreiben, auch ein ganz einfaches Schreiben, auch ein solches, das nur dem äußeren Betrieb eines Verfahrens dient, Kblz JB **91**, 229, also auch ein Schreiben nach VV 2302. Diese Vorschrift erfaßt nämlich nur ein eigenes Schreiben des Anwalts, kein fremdes. VV 2302 läßt für ein eigenes einfaches Schreiben nur 0,3 Gebühr entstehen. Dann aber kann man nicht die Einreichung eines lediglich fremden Schriftsatzes nach VV 3403 amtliche Anmerkung mit grundsätzlich 0,8 Gebühr vergüten. Denn das wäre eine unverhältnismäßig höhere Vergütung einer gegenüber VV 2302 geringeren geistigen Tätigkeit.
B. Eigene Inhaltsleistung. Deshalb muß man über VV 2302 die Vorschrift des 7 VV 3403 amtliche Anmerkung Z 1 dahin auslegen, daß der Schriftsatz ein eigener sein muß. Diese Qualität kann er allerdings auch dann haben, wenn der Anwalt ein formularmäßig verfaßtes oder entworfenes Schreiben benutzt, unterzeichnet oder einreicht. Schon der Entwurf eines solchen Formulars, das der Anwalt dann massenhaft benutzen kann, kann ja eine sehr erhebliche Mühe darstellen. Die Verwendung des Formulars erfordert bei der an sich erforderlichen Sorgfalt nochmals die Überlegung, ob das Formular überhaupt anwendbar ist, VV 2302 Rn 3 ff. Vgl auch § 145 KostO Rn 6 ff, Teil III dieses Buchs.
Es reicht auch aus, daß ein *anderer* als der Anwalt oder seine ständigen Mitarbeiter das Schreiben entworfen haben, sofern der Anwalt sich zumindest durch seine Unterschrift und nicht nur durch die anschließende Aushändigung oder Einreichung zum Inhalt bekennt und für ihn die Verantwortung übernimmt.
Inhaltlich kann zB der Hinweis auf eine anderweitige *Rechtshängigkeit* ausreichen, Hbg JB **94**, 492.
C. Anfertigung. Es reicht aus, daß der Anwalt ein Schreiben nach Rn 5–7 ange- 8 fertigt hat. Die formularmäßige Anfertigung oder die Benutzung zuvor angefertigter Formulare reicht aus, Rn 5–7. Freilich liegt in der Benutzung eines weder vom Anwalt noch von seinen Mitarbeitern gefertigten Formulars keine Anfertigung, sondern allenfalls eine Unterzeichnung oder Einreichung.

7) Schriftsatzunterzeichnung. Es reicht auch aus, daß der Anwalt einen Schriftsatz 9 nach Rn 5–7 zwar nicht angefertigt, wohl aber wenigstens unterzeichnet hat.
A. Grundsatz: Notwendigkeit eigenhändiger und handschriftlicher Unterzeichnung. Den Schriftsatz nach Rn 5 muß grundsätzlich derjenige Anwalt eigenhändig und handschriftlich unterschreiben, der ihn nach § 130 Z 6 ZPO überhaupt einreicht, BVerfG NJW **07**, 3117 (Ausnahme: Einscannung beim Computerfax), BGH FamRZ **05**, 434, Kblz VersR **82**, 275, und zwar in deutscher Sprache, § 184

GVG, FG Saarbr NJW **89**, 3112 (auch zu einer Ausnahme). Daher reicht auch nicht eine persönliche Abgabe eines solchen Schriftsatzes auf der Geschäftsstelle aus, der keine Unterschrift hat, BGH NJW **80**, 291.

10   **B. Verantwortungsübernahme.** Es soll schon aus dem Schriftsatz selbst erkennbar sein und feststehen, daß kein bloßer Entwurf vorliegt, auch kein versehentlich etwa vom Büropersonal vor der Genehmigung durch den Verfasser usw und daher zu früh in den Postweg gegebener „auf Verdacht" abgezeichneter Text, wie es in der Praxis durchaus vorkommt, Schmidt BB **99**, 1127. Vielmehr soll feststehen, daß es sich um eine prozessual gewollte Parteiprozeßhandlung nach BLAH Grdz 47 vor § 128 ZPO oder Erklärung handelt. Es soll feststehen, daß sie vom Unterzeichner herrührt und daß er für ihren gesamten Inhalt die zivilrechtliche, strafrechtliche, berufsrechtliche und sonstige volle Verantwortung übernimmt, BGH NJW **05**, 3773 und 3775, BAG NJW **01**, 316, Köln NJW **08**, 3649, aM Ffm NJW **77**, 1246, Kuntz-Schmidt NJW **87**, 1301 (aber die in Rn 9 genannte Form ist eigentlich selbstverständlich. Daran ändert das unerfreuliche Bild Rn 13 ff ebensowenig etwas wie zB das kaum noch überblickbare Fallrecht bei § 233 ZPO einer sorgfältigen Ausformung der dortigen Voraussetzungen). Von der Übernahme der Verantwortung kann man grds bei einer einwandfreien Unterschrift ausgehen, BGH MDR **05**, 527 links, BAG NJW **90**, 2706. Eine Scannerunterschrift kann ausreichen, Rn 41.

11   **C. Keine Überspannung,** dazu *Schneider* NJW **98**, 1844: Indessen darf man die Anforderungen an das Unterschriftserfordernis auch nicht überspannen, BVerfG NJW **02**, 3534, BGH MDR **04**, 1252, Naumb MDR **05**, 1432. Das gilt etwa bei einer Verschiedenartigkeit der Unterschriften eines Anwalts, die natürlich sind, BGH VersR **02**, 590. Überhaupt ist beim Anwalt seine Sorgfaltspflicht als ein Organ der Rechtspflege auch zu seinen Gunsten mitbeachtlich, BGH NJW **01**, 2888. Das Prozeßrecht dient zwar auch der Rechtssicherheit, BLAH Einl III 43. Man muß daher oft strenge Formerfordernisse stellen. Das Prozeßrecht ist aber kein Selbstzweck, BLAH Einl III 10. Deshalb darf man es nicht so handhaben, daß sachlichrechtliche Ansprüche schlechterdings undurchsetzbar werden, BVerfG NJW **78**, 126 (es meint sogar, man solle eine „durchaus wünschenswerte Großzügigkeit" zeigen. Damit geht es sehr weit, strenger denn auch BVerfG NJW **98**, 1853), BGH NJW **97**, 285 (kein Selbstzweck), BAG NJW **76**, 1285 (eine bloße Unterschrift der rechtzeitig eingereichten Vollmacht reicht aber nicht aus), Karlsr FamRZ **88**, 82 (im Parteiprozeß kann eine solche Durchschrift reichen, auf der die Unterschrift der nicht anwaltlich vertretenen Partei durchgedruckt vorhanden ist). Im einzelnen bestehen zwischen den verschiedenen Prozeßordnungen erhebliche Unterschiede, OGB BGH **75**, 349, BAG NJW **01**, 316, BVerwG NJW **89**, 1175.

12   **D. Zulässigkeit der Nutzung moderner Übermittlungswege,** dazu *Fritzsche/Malzer* DNotZ **95**, 3 (rechtspolitisch), *Kuhn,* Rechtshandlungen mittels EDV und Telekommunikation, 1991: Ein gerichtliches Gewohnheitsrecht läßt auch bei einem fristgebundenen Schriftsatz und erst recht bei einem unbefristeten bestimmten Schriftsatz nach Rn 6 grundsätzlich diejenige Übermittlungsart zu, die sich aus dem Fortschritt der Technik und der Eilbedürftigkeit zwingend ergibt, zB beim Scanner nach Rn 41 oder beim Telefax, Rn 44, BGH RR **97**, 250. Freilich muß man je nach dem Übermittlungsweg unterschiedliche Sorgfaltsanforderungen beachten, zB beim Computerfax, BGH NJW **98**, 3649.

13   **E. Beispiele zur Frage einer ausreichenden Unterschrift**

Ablichtung, Abschrift: Zwar muß man grds eine ordnungsgemäß unterzeichnete Urschrift als Original des Schriftsatzes einreichen. Indessen kann es ausnahmsweise ausreichen, daß man eine diesen Anforderungen nicht genügende nicht oder fehlerhaft unterzeichnete Urschrift zusammen mit einer diesen Anforderungen entsprechenden ordnungsgemäß unterschriebenen Ablichtung oder Abschrift einreicht. Die Stelle der Urschrift kann insbesondere eine eigenhändig und handschriftlich beglaubigte Ablichtung oder Abschrift einnehmen, BGH VersR **93**, 459, LG Kiel SchlHA **87**, 43.

S auch Rn 15 „Begleitschreiben", „Beiheftung", Rn 28 „Kopie", Rn 38 „Prozeßvollmacht".

Absicht der Unterschrift: Man muß aus dem Schriftsatz erkennen können, daß der Unterzeichner auch die Absicht hatte, eine volle Unterschrift zu leisten und nicht nur mit einem Namenskürzel (Paraphe) nach Rn 31 abzuzeichnen, BGH NJW **05**, 3775.
S auch Rn 26, Rn 30 „Nachahmung", Rn 41.
Adelsname: Ein vor dem 14. 8. 1919 erworbener Adelstitel ist nach Art 109 III Weimarer Reichsverfassung als ein Bestandteil des Namens bestehen geblieben. Das gilt auch seit dem Inkrafttreten des GG zumindest als ein Gewohnheitsrecht. Daher darf und muß der Adlige einen Schriftsatz unter einer Hinzufügung des Adelsprädikats unterschreiben, wenn er eine ganz korrekte Unterschrift vornehmen will. Die Praxis verstößt ständig und vielfach gegen diese Anforderungen. Immerhin ist der Nichtgebrauch eines Adelsprädikats im formellen Rechtsverkehr keine bloß gesellschaftliche Attitüde, sondern ein Formverstoß. Er könnte bei streng formgebundenen Schriftsätzen durchaus erheblich sein, falls zumindest auch der verbleibende Namensbestandteil nach den übrigen Regeln einen Mangel hat.
S auch Rn 19 „Doppelname".

Amtlich bestellter Vertreter: Der Umstand, daß er nach § 53 VII BRAO dieselben anwaltliche Befugnisse wie der vertretene Anwalt hat, gibt ihm *nicht* das Recht, nur mit dem Namen des Vertretenen oder zwar unter seinem eigenen Namen, jedoch insofern nicht nach den für ein Handeln im eigenen Namen notwendigen Regeln zu unterzeichnen. Der Zusatz unter dem eigenen Namen „als amtlich bestellter Vertreter für ..." ist korrekt. **14**
Der bloße Zusatz „im Auftrag" kann *unzureichend* sein, Rn 14 „Im Auftrag".

Anderer Name: Es besteht der Grundsatz der Notwendigkeit einer eigenhändigen handschriftlichen Unterzeichnung desjenigen, der nach dem Inhalt des Schriftsatzes sein Absender sein soll oder will und der mit der Unterschrift die inhaltliche Verantwortung übernimmt. Daher ist eine Unterzeichnung zwar mit einer Genehmigung des wahren Absenders, jedoch durch einen anderen nur mit dem fremden Namen bedenklich. Das gilt unabhängig davon, ob dieser andere mit seinem eigenen Namen denselben Schriftsatz wirksam unterzeichnen könnte. Selbst bei einer Blankounterschrift nach Rn 16 handelt es sich ja immerhin um eine echte eigenhändige Unterschrift mit dem eigenen Namen. Sofern ganz ausnahmsweise im Zeitpunkt des Zugangs des Schriftsatzes oder etwa zulässig in einem späteren etwa heilenden Zeitpunkt feststeht, daß derjenige die inhaltliche Verantwortung übernahm oder übernimmt, dessen Namen der Unterzeichner benutzte, mag der Vorgang unschädlich bleiben. Zurückhaltung bleibt ratsam.

Anwaltszwang: In seinem Bereich nach § 78 ZPO genügt die Unterschrift des Anwalts. Er braucht sich nicht als ein solcher zu bezeichnen, LAG Ffm DB **97**, 938.

Arrest, einstweilige Verfügung: Rn 37 „Parallelprozeß".

Im Auftrag: Ausreichen kann die Unterschrift „für XY", etwa mit Zusatz „nach Diktat verreist", BGH NJW **03**, 2028.
Grundsätzlich *unzureichend* ist eine Unterschrift nur „im Auftrag" oder „i. A." (statt: „in Vertretung"), BGH FamRZ **07**, 1638, LG Rostock MDR **03**, 1134, LAG Ffm DB **02**, 1116 (je auch wegen einer Ausnahme), aM Späth VersR **78**, 605 (aber ob zB eine Berufung nach § 519 vorliegt, darf nicht so unklar sein, daß das Gericht erst noch dazu eine Rückfrage halten müßte).
S auch Rn 14 „Amtlich bestellter Vertreter", „Anderer Name", Rn 28 „I. V", Rn 48 „Vertreter".

Beglaubigung: Soweit überhaupt die Unterzeichnung nur einer Ablichtung oder Abschrift ausreicht, Rn 13 „Ablichtung, Abschrift", ist die Beglaubigung dieser Kopie nicht unbedingt notwendig. Immerhin ist diese Frage noch nicht vollständig geklärt. Eine eigenhändig und handschriftlich beglaubigte Ablichtung oder Abschrift kann die Stelle der Urschrift einnehmen, BGH AnwBl **08**, 546, BAG NZA **06**, 260, Naumb MDR **05**, 1432. Das gilt selbst dann, wenn die beglaubigte Ablichtung oder Abschrift bei den Akten verbleibt. Die Unterschrift des Anwalts unter einem Beglaubigungsvermerk gilt als seine Unterschrift unter der Urschrift, Naumb MDR **05**, 1432. **15**
S auch Rn 40.

Begleitschreiben: Für die Wirksamkeit zB einer Rechtsmittelbegründung nach § 520 ZPO kann die Unterzeichnung (nur) eines beigehefteten Begleitschreibens genügen, BGH FamRZ **09**, 1057 links. Indessen ist Vorsicht ratsam. Es kommt auf den Text des Begleitschreibens an. Er muß unzweideutig ergeben, daß sein Unterzeichner die eigentliche Schrift ebenfalls schon und noch einreichen will und für deren Inhalt auch die volle Verantwortung übernimmt, BGH FamRZ **06**, 1269.
S aber auch „Beiheftung", Rn 16 „Bezugnahme".
Behörde: Rn 19 „Dienstsiegel".
Beiheftung: Die bloße Beiheftung einer nichtunterschriebenen Schrift, etwa einer Rechtsmittelbegründung nach § 520 ZPO, an eine unterschriebene Schrift, etwa an die Rechtsmittelschrift nach § 519 ZPO, genügt den Anforderungen an die nur beigeheftete Eingabe nicht, Kirberger Rpfleger **76**, 238.
S aber auch „Begleitschreiben", Rn 16 „Bezugnahme".

16 **Bezugnahme:** Es kann ausreichen, daß der Unterzeichner eines Begleitschreibens in ihm eindeutig auf die nicht ordnungsgemäß unterzeichnete Eingabe Bezug nimmt, Rn 15 „Begleitschreiben". Es kann auch ausreichen, in einem weiteren Schreiben auf eine nicht unterzeichnete Anspruchsbegründung des Mahnverfahrens nach § 690 I Z 2 ZPO Bezug zu nehmen, selbst wenn sie erst nach der Abgabe an das Gericht des streitigen Verfahrens nach § 696 I ZPO eingeht, BGH **84**, 136. Es kann auch genügen, auf ein paralleles Arrest- oder Verfügungsverfahren nach §§ 916 ff, 935 ff ZPO Bezug zu nehmen, soweit man den dort unterzeichneten Schriftsatz im jetzigen Prozeß in einer Ablichtung oder Abschrift vorlegt. Ausreichend ist auch die Bezugnahme auf ein vom Anwalt selbst unterzeichnetes Prozeßkostenhilfegesuch nach § 117 I ZPO. Vgl auch § 137 III ZPO.
Nicht ausreichend ist es, daß ein ProzBev im Anwaltsprozeß nach BLAH § 78 ZPO Rn 1 auf die Unterschrift nur der Partei unter der Klageschrift nach § 253 IV ZPO oder auf diejenige eines Dritten Bezug nimmt, BGH **92**, 251. Grundsätzlich reicht auch nicht die Bezugnahme des Anwalts auf einen solchen Schriftsatz, den ein anderer Anwalt unterschrieben hat, (zum alten Recht) BGH NJW **90**, 3087. In einer solchen Bezugnahme kann aber eine Genehmigung liegen, BGH NJW **90**, 3087.
S auch Rn 15 „Begleitschreiben", „Beiheftung".
Blankounterschrift: Die Verwendung einer Blankounterschrift mit einer nachfolgenden Fertigung der eigentlichen Schrift durch einen Beauftragten ist nur in einem unvorhersehbaren Fall und nur auf Grund einer ansich auf jeden Einzelfall bezogenen Anleitung und Überwachung zulässig, BAG DB **83**, 1052, Mü NJW **89**, 1166.
Die weisungsgemäße Fertigstellung eines blanko unterschriebenen Schriftsatzes reicht aus, eine nur stichwortartige Vorgabe. reicht aber nicht, BGH NJW **05**, 2709.

17 **Bleistift:** Er ersetzt *weder* Tinte *noch* den Kugelschreiber. Denn er ist seiner Natur nach „kurzlebig". Man kann ihn zu leicht verwischen oder ausradieren und verfälschen.
Briefkopf: Selbst ein eigenhändiger ist keine Unterschrift, Düss FamRZ **02**, 547.
Buchstaben: Die Unterschrift muß zeigen, daß der Unterzeichner für den gesamten Inhalt des Schriftsatzes die volle Verantwortung übernimmt und ihn auch endgültig einreichen will. Das muß man bei der oft nicht einfachen Frage beachten, ob die etwa noch erkennbaren Buchstaben des Namens des Unterzeichners ausreichen. Es genügt freilich, daß jeder, der den Namen bereits kennt, ihn aus der Unterschrift herauslesen kann. Man muß allerdings auch herauslesen können, daß der Unterzeichner eindeutig beabsichtigte, seinen vollen Namen zu schreiben, BAG NJW **05**, 3775, und daß er nicht nur eine bloße Namensabkürzung (Paraphe) nach Rn 31 vornehmen wollte.
Es reicht *nicht* aus, nur mit dem Anfangsbuchstaben zu unterzeichnen, LAG Bln NJW **02**, 990, oder nur mit einem anderen erkennbaren einzelnen Buchstaben oder eben nur mit einer solchen Buchstabenfolge, die sich als eine bewußte und *gewollte Namensabkürzung* darstellt, BGH NJW **85**, 1227, LAG Düss BB **90**, 562. Eine Auflösung des Schriftbilds in willkürliche Striche und Linien ohne charakteristische Merkmale ist nicht ausreichend, BGH NJW **82**, 1467, BAG BB **77**, 899.

Eine ausreichende Unterschrift fehlt also auch dann, wenn man überhaupt keine Buchstaben mehr erkennen kann, BGH NJW **85**, 1227, aM BGH NJW **92**, 243 (zu großzügig), oder nur einen einzelnen, BFH NJW **87**, 343.
S auch Rn 41 „Schlangenlinie".

Büropersonal: Man muß unterscheiden. Grundsätzlich reicht die Unterschrift eines **18** Mitarbeiters des Anwalts im Anwaltsprozeß nur dann aus, wenn er seinerseits ein Anwalt ist. Er muß also überhaupt zur Anwaltschaft zugelassen sein. Soweit er dann allerdings nur „im Auftrag", statt „in Vertretung" unterzeichnet, kann selbst diese Unterschrift unzulänglich sein, Rn 14 „Im Auftrag". Dieselben Regeln gelten bei einer Übermittlung durch Telefax, Telekopie und die ihnen gleichstehenden Arten technischer Übermittlung zumindest für die Aufgabeschrift (Original beim Absender).
S auch Rn 14 „Anderer Name".

Computerfax: Eine eingescannte Unterschrift reicht, BVerfG NJW **07**, 3117, BGH FamRZ **08**, 1348 links Mitte.
S auch Rn 19 „Digitale Signatur", Rn 44 „Telefax".

Dienstsiegel: BGH (GmS) **75**, 348 hält zB im Verfahren nach dem SGG eine Revi- **19** sionsschrift einer Behörde oder einer Körperschaft oder Anstalt des öffentlichen Rechts dann für ausreichend, wenn der Verfasser nur maschinenschriftlich unterzeichnet hat und wenn ein handschriftlicher Beglaubigungsvermerk des dazu zuständigen Beamten mit der oder ohne die Beifügung eines Dienstsiegels beiliegt, LG Köln JB **91**, 1410.

Grundsätzlich dürfte ein bloßes Dienstsiegel aber *keineswegs* ausreichen, sonstige Mängel der Unterzeichnung auszugleichen. Selbst wenn feststeht, daß der Unterzeichner der alleinige Verwahrer des Dienstsiegels war, ist nicht gesichert, daß die Beidrückung ein Ausdruck gerade der Übernahme der inhaltlichen Verantwortung und des endgültigen Absendewillens war.

Digitale Signatur, dazu *Richtlinie* 1999/93/EG, ABl L 13 v 19. 1. 00: Es gilt der gegenüber § 129 vorrangige § 130a. Wegen der VwGO VG Ffm NJW **02**, 2488.
S auch Rn 44 „Telefax".

Doppelname: Es reicht aus, daß sein Träger den einen Bestandteil lesbar voll geschrieben hat, den anderen aber gar nicht, BGH NJW **96**, 997, Karlsr JB **00**, 207, oder daß er diesen letzteren nur abgekürzt hat, BAG DB **88**, 920. Denn die Unterschrift soll nur sicherstellen, daß das Schriftstück auch vom Unterzeichner stammt, BGH NJW **96**, 997. Freilich muß das gesamte Schriftbild klar ergeben, wer unterzeichnet hat. Wenn zB in einer Sozietät einer der Anwälte einen solchen Namen trägt, der in demjenigen eines anderen einen Bestandteil bildet (etwa bei Verwandten oder Eheleuten), kann zweifelhaft sein, ob die Wiedergabe nur des „gemeinsamen" Namens beim Träger des Doppelnamens ausreicht. Das gilt selbst dann, wenn er seinen weiteren Namensbestandteil andeutet. Das hätte BGH NJW **96**, 997 miterörtern sollen. Es kommt auf die Gesamtumstände an.
S auch Rn 13 „Adelsname".

Durchschrift: S zunächst „Ablichtung, Abschrift", „Beglaubigung". Im Parteiprozeß nach BLAH § 78 ZPO Rn 1 kann eine solche Durchschrift ausreichen, auf der es die Unterschrift der nicht anwaltlich vertretenen Partei durchgedruckt gibt, Karlsr FamRZ **88**, 82.
S ferner Rn 47 „Überspannung".

Eigenhändigkeit: Rn 9. S ferner Rn 49 „Willenlosigkeit". **20**

Einschreiben: Selbst dasjenige mit Rückschein ersetzt *nicht* die Unterschrift, BVerwG NJW **91**, 120.

Einstweilige Verfügung: Rn 37 „Parallelprozeß".

Elektronische Übermittlung: § 130a.

Empfangsbescheinigung: Diejenige des Gerichts kann eine Anwaltsunterschrift ersetzen, Ffm NJW **77**, 1246.

Endgültigkeit: Rn 9. Es muß stets erkennbar sein, daß es sich um eine endgültige Erklärung handelt, BAG NJW **82**, 1016. Daran kann bei einer bloßen Namensabkürzung (Paraphe) nach Rn 31 ein Zweifel bestehen, auch wenn die Übung vorherrscht, Schriftsätze nur noch recht flüchtig zu unterzeichnen. Es kommt auch dann auf die Gesamtumstände an. Derjenige Anwalt, dessen Art der „Unterzeich-

nung" der Richter kennt, mag eher zu erkennen geben, daß er den Schriftsatz endgültig einreichen will, als ein unbekannter.
Entzifferbarkeit: Rn 26.
Ergänzung: Eine nur mündliche oder telefonische reicht *nicht,* BGH NJW **97**, 3383.
Erkennbarkeit: Rn 26.
Erklärungen beider Parteien: Übereinstimmende Erklärungen beider Parteien, die Unterschrift sei ein bloßes Handzeichen nach Rn 31, binden das Gericht nicht, BGH NJW **78**, 1255. Ebensowenig können sie das Gericht dann aber durch übereinstimmende Erklärungen dahin binden, es handle sich um eine volle Unterschrift.

21 **Faksimilie:** Rn 34.
Firma: Sie reicht aus, § 17 I HGB.

22 **Fotokopie:** Rn 19 „Durchschrift", Rn 21 „Fernschreiben".
Fremder Name: Rn 14 „Anderer Name".

23 **Frist:** Soweit ein Schriftsatz fristgebundene Erklärungen enthält, muß auch seine Unterschrift innerhalb der Frist ordnungsgemäß erfolgen. Das ist selbstverständlich. Eine Nachreichung einer ordnungsgemäßen Unterschrift nach dem Fristablauf reicht also nicht. Es mag dann allenfalls ein Wiedereinsetzungsgesuch möglich sein, §§ 233 ff ZPO. Nur in diesem letzteren Zusammenhang kommt es also auf die Frage an, ob der Einreicher mit einem rechtzeitigen Eingang gerechnet hat, rechnen konnte, das ihm Zumutbare zur Fristeinhaltung getan hatte usw.

Generell gilt: Der Eingang am letzten Tag der Frist nach dem Dienstschluß reicht, BVerfG **41**, 323. Der Eingang auf einer gemeinsamen Empfangsstelle mehrerer Behörden kann ausreichen. BVerfG **69**, 385, BGH RR **88**, 894 (die Weitergabe durch Boten wahrt keine Frist), BGH NJW **90**, 990 (das Schriftstück ist nur bei demjenigen Gericht eingereicht, an das es adressiert ist). Soweit das Postamt am Gerichtsort die Telekopie aufnimmt (empfängt) und fristgerecht als eine Postsendung an das Gericht weitergibt, ist das Verfahren ordnungsgemäß, BGH **87**, 63, BAG NJW **84**, 199, BFH NJW **82**, 2520. Dasselbe gilt, soweit ein Brief usw fristgerecht in das Postfach des Gerichts kommt, BGH NJW **86**, 2646.

Unzureichend ist eine ohne jede Inhaltsprüfung erfolgende Unterschrift in letzter Minute, BGH RR **06**, 342.

S auch Rn 44 „Telefax", „Telefonische Einreichung, Übermittlung", Rn 45.

24 **„Für":** Die Unterzeichnung „für" einen anderen Anwalt kann genügen, BAG NJW **90**, 2706.
Genehmigung durch Auftraggeber: Rn 14 „Anderer Name", „Im Auftrag", Rn 16 „Blankounterschrift".

25 **Handschriftlichkeit:** Vgl zunächst Rn 9. S ferner Rn 17 „Buchstaben", Rn 21 „Faximile", Rn 41.
Handzeichen: Rn 31–33.
Heilung: Eine Nachholung der Unterschrift oder eine Vervollständigung oder Verbesserung bisher mangelhafter Schriftzüge ist grds zulässig, LSG Schlesw MDR **84**, 260, ebenso wie eine ausdrückliche Genehmigung des bisher nicht ordnungsgemäß unterschriebenen Schriftsatzes durch den Einreicher (Unterzeichner) in einer weiteren schriftlichen oder mündlichen, fernmündlichen oder sonstigen Erklärung. Man muß durch den Nachholakt klarstellen, daß man für den mangelhaften Erstvorgang die inhaltliche volle Verantwortung übernimmt und daß man ihn auch endgültig einreichen wollte, BGH AnwBl **06**, 76. Bei einem fristgebundenen Schriftsatz gelten Einschränkungen: Grundsätzlich ist nach Rn 23 keine rückwirkende Heilung möglich, BGH VersR **80**, 331, BAG NJW **88**, 210, aM List DB **83**, 1672. Das Gericht hat insofern keine Ausweis*pflicht* nach § 139, BGH NJW **82**, 1467. Es sollte aber eine rechtzeitige Nachholung ermöglichen.

26 **Herauslesenkönnen:** Vgl zunächst Rn 9 und BVerfG NJW **98**, 1853. Es genügt, daß gegen den Ursprung der Unterschrift kein begründeter Verdacht besteht, daß vielmehr jeder, den Namen kennt, ihn aus der Unterschrift auch als einen eindeutig beabsichtigten vollen Namenszug und nicht nur als eine evtl beabsichtigte bloße Namensabkürzung (Paraphe) nach Rn 31 herauslesen kann, BGH FamRZ **97**, 610 und 737, BAG NJW **01**, 316, Ffm MDR **05**, 919. Es muß immerhin ein

individuell gestalteter Namensteil vorliegen, der eine Unterscheidung gegenüber anderen Unterschriften zuläßt und der die Absicht einer vollen Unterschrift erkennen läßt, BGH FamRZ **97**, 610.
Nicht ausreichend ist eine Unterzeichnung nur mit dem Anfangsbuchstaben oder einer anderen bewußten und gewollten Namensabkürzung (Paraphe), oder gar eine Auflösung des Schriftbilds in willkürliche Striche und Linien ohne charakteristische Merkmale, so daß man keine Buchstaben mehr erkennen kann, BGH NJW **85**, 1227, aM BGH NJW **92**, 243 (zu großzügig), oder daß zB man von zehn zum Namen gehörenden Buchstaben nur einen einzigen entziffern kann, BFH NJW **87**, 343.
S auch Rn 17 „Buchstaben", Rn 31 „Namensabkürzung", Rn 41 „Schlangenlinie".

Hinnahme: Eine langjährige Hinnahme der objektiv unzureichenden Unterschrift mag bei diesem Gericht eine plötzliche Beanstandung in diesem ersten solchen Fall unzulässig machen, LAG Bln MDR **04**, 52.

„**I. A.**": Rn 14 „Im Auftrag", Rn 27 „I. V". 27
Identität: Rn 35 „Nämlichkeit".
Individualität: Vgl zunächst Rn 9. Es muß mindestens ein individuell gestalteter Namensteil vorliegen, der eine Unterscheidung gegenüber anderen Unterschriften zuläßt, der auch die Absicht einer vollen Unterschrift erkennen läßt, BGH FamRZ **97**, 610, BAG NJW **01**, 316, und der die Nachahmung durch einen beliebigen Dritten mindestens erschwert, BGH FamRZ **97**, 610, Ffm MDR **05**, 919, Nürnb NJW **89**, 235. Das gilt selbst dann, wenn der Verfasser ihn nur flüchtig geschrieben hat, BGH VersR **89**, 167 und 588. Diese Anforderung ist aber auch unerläßlich. Die lediglich bewußte und gewollte Namensabkürzung (Paraphe) nach Rn 31 reicht *nicht* aus.
S auch Rn 17 „Buchstaben", Rn 26, Rn 31 „Namensabkürzung", Rn 41 „Schlangenlinie".
„**I. V.**": Dieser Zusatz läßt die Unterschrift wirksam, BAG NJW **87**, 3279, Kblz VersR **91**, 1034 (anders als „i. A."), LAG Ffm DB **02**, 1116 (im Arbeitsrecht reicht auch „i. A.").
Kenntnis des Namenszugs: Rn 26. 28
Klagefrist: Mangels einer ausreichenden Unterschrift reicht es allenfalls dann, wenn ein in der Frist nachgereichter Schriftsatz ergibt, daß die ursprüngliche Eingabe mit dem Wissen und Wollen des Verfassers erfolgt war, Rn 23, LAG Hamm BB **90**, 1708.
Kopie: Im Parteiprozeß nach BLAH § 78 ZPO Rn 1 kann eine solche Durchschrift ausreichen, auf der die Unterschrift der nicht anwaltlich vertretenen Partei durchgedruckt vorhanden ist, Karlsr FamRZ **88**, 82.
Trotz des Verbots einer Überspannung nach Rn 11 reicht aber *nicht* jede Durchschrift (Kopie) aus. Es kommt auf die Gesamtumstände an. Ein solcher Abzug oder eine solche Fotokopie, deren Original (Matrize) eine eigenhändige Unterschrift hat, reicht meist ebenfalls *nicht* aus, Rn 34.
Kreuz: Es ist jedenfalls beim Schreibgewandten natürlich *keine* Unterschrift, Karlsr NJW **90**, 2475.
Kugelschreiber: Er ist statt Tinte ausreichend. Das gilt trotz der Möglichkeit, ihn zu „killen". Denn er beherrscht die Praxis.
Lesbarkeit: Rn 26 „Herauslesenkönnen". 29
Lichtpause: Sie reicht *nicht,* Rn 15.
Mahnverfahren: § 690 II, III Hs 2 ZPO.
Mängelheilung: Rn 25 „Heilung".
Maschinenschrift: Wegen des grundsätzlichen Erfordernisses der eigenhändigen und handschriftlichen Unterzeichnung Rn 9, 10, BFH **106**, 4. Im Parteiprozeß nach BLAH § 78 ZPO Rn 1 kann es immerhin ausreichen, daß eine solche Durchschrift vorliegt, auf der die Unterschrift der nicht anwaltlich vertretenen Partei durchgedruckt vorhanden ist, Karlsr FamRZ **88**, 82. Im Verfahren nach dem SGG ist eine Revisionsschrift einer Behörde oder Körperschaft oder Anstalt des öffentlichen Rechts dann ausreichend, wenn der Verfasser nur maschinenschriftlich unterzeichnet hat und wenn ein handschriftlicher Beglaubigungsvermerk des dazu zuständigen Beamten mit einer oder ohne eine Beifügung des Dienstsie-

gels beiliegt, BGH (GmS) **75**, 348. Bei einer bloßen „Ablichtung oder Abschrift" muß immerhin die Unterschrift wiederum ihrerseits grds handschriftlich, wenn auch nicht notwendig stets beglaubigt, vorhanden sein, BGH **92**, 255, LG Kiel SchlHA **87**, 43.
S auch Rn 13 „Abschrift", Rn 21, 22, 45, 46.

30 **Nachahmung:** Es soll schon aus dem Schriftsatz selbst erkennbar sein und feststehen, daß eine prozessual gewollte endgültige Erklärung vorliegt und daß sie auch vom Unterzeichner herrührt. Daher muß zumindest ein individuell gestalteter Namensteil vorliegen, der unter anderem die Nachahmung durch einen beliebigen Dritten mindestens erschwert, BGH FamRZ **97**, 610, Ffm NJW **93**, 3079, Nürnb NJW **89**, 235. Das gilt, selbst wenn der Verfasser ihn nur flüchtig geschrieben hat, BGH FamRZ **97**, 610.
S auch Rn 26, 31–33, 41–43.
Nachholung: Rn 25 „Heilung".

31 **Namensabkürzung (Paraphe):** Dem in Rechtsprechung und Lehre klaren Grundsatz der Notwendigkeit einer eigenhändigen und handschriftlichen Unterzeichnung mit dem vollen Namen als einer Gewähr Für die Übernahme der vollen inhaltlichen Verantwortung und der Absicht der endgültigen Einreichung nach Rn 9, 10 steht eine in der Praxis weitverbreitete Übung der Unterzeichnung mit einer bloßen mehr oder minder knappen oder klaren Namensabkürzung auch unter bestimmenden Schriftsätzen gegenüber. Dieser Mißstand ist eine Quelle erheblicher rechtlicher Fehler im folgenden Verfahren sowohl durch die Gerichte als auch durch die übrigen Prozeßbeteiligten. Viele übersehen ihn glatt oder überlesen ihn. Nun dient zwar das Prozeßrecht den Parteien und nicht umgekehrt. Der Prozeß ist kein Selbstzweck, BLAH Einl III 10. Immerhin gibt es unverzichtbare formelle Mindestanforderungen, insbesondere beim bestimmenden Schriftsatz, Rn 5. Beides muß man in die Abwägung einbeziehen. Dabei kommt es auf das äußere Erscheinungsbild an, BGH NJW **94**, 55.

32 – **(Absicht des ganzen Names):** Ausreichend ist ein paragraphenähnlicher Schriftzug, der eindeutig den ganzen Namen darstellen soll, BGH FamRZ **97**, 610, BAG NJW **01**, 316.
– **(Anfangsbuchstaben):** Nicht ausreichend ist ein Zeichen mit nur dem oder den Anfangsbuchstaben, BFH BB **96**, 520 (zust Woerner).
S auch „– (Einzelbuchstaben)".
– **(Begleitpapier):** *Nicht* ausreichend ist ein Handzeichen nur auf einem Begleitpapier, BGH VersR **01**, 915.
– **(Bewußte Abkürzung):** *Nicht* ausreichend ist eine solche Buchstabenfolge, die sich als eine bewußte und gewollte bloße Namensabkürzung darstellt, BGH RR **07**, 351, Ffm NJW **93**, 3079, LAG Düss BB **90**, 562.
– **(Echtheit):** Ausreichend ist ein solcher Schriftzug, der gegen den Ursprung der Unterschrift keinen begründeten Verdacht zuläßt.
– **(Einzelbuchstaben):** *Nicht* ausreichend ist ein Zeichen mit nur einem erkennbaren Buchstaben, BGH RR **07**, 351, Ffm NJW **93**, 3079, LAG Düss BB **90**, 562.
S auch „– (Anfangsbuchstaben)".
– **(Erkennbarkeit):** Ausreichend ist ein solcher Schriftzug, bei dem jeder Kenner des Namens ihn als hier eindeutig beabsichtigten vollen Namenszug und nicht nur als eine evtl bloße Abkürzung herauslesen kann, Rn 26.
Nicht ausreichend ist ein solches Zeichen, bei dem man keine Buchstaben mehr erkennen kann, BGH NJW **85**, 1227.
– **(Flüchtigkeit):** Rn 33 „– (Unnachahmlichkeit)".
– **(Genehmigung):** *Nicht* ausreichend ist eine nachträgliche Versicherung, man habe die unzulänglich unterzeichnete Schrift früher einreichen wollen, sofern nicht aus dieser späteren Erklärung bei ihrer Auslegung nach BLAH Grdz 52 vor § 128 ZPO eine Nachholung oder Genehmigung des gesamten Inhalts der ursprünglichen Schritt ableiten kann und muß.
S auch Rn 33 „– (Heilung)".

33 – **(Heilung):** Sie ist bei einem fristgebundenen Schriftsatz *nicht* stets rückwirkend möglich, Rn 23 „Frist", Rn 25 „Heilung".

Vergütungsverzeichnis **3403 VV**

- **(Herauslesbarkeit):** Rn 32 „– (Erkennbarkeit)".
- **(Individualität):** Ausreichend ist ein individuell gestalteter Namensteil aus Buchstaben der üblichen Schrift, BGH NJW **85**, 1227, LG Düss MDR **88**, 149, oder wenigstens aus deren Andeutungen, BGH VersR **89**, 167 (großzügig).
  Nicht ausreichend ist demgemäß ein Zeichen ohne einen individuellen Charakter, BGH VersR **84**, 142, BFH BB **84**, 1089, LG Heidelb VersR **78**, 357.
- **(Nachholung):** Rn 32 „– (Genehmigung)".
- **(Striche und Linien):** *Nicht* ausreichend ist eine Auflösung des Schriftbilds in willkürliche Striche und Linien ohne charakteristische Merkmale, BGH NJW **82**, 1467, BAG BB **77**, 899.
  S auch Rn 32 „– (Erkennbarkeit)".
- **(Unnachahmlichkeit):** Ausreichend ist ein solcher Schriftzug, der eine Nachahmung durch einen Dritten mindestens erschwert, BGH FamRZ **97**, 610, Nürnb NJW **89**, 235. Das gilt selbst bei flüchtiger Schreibweise, BGH FamRZ **97**, 610.
- **(Unterscheidbarkeit):** Ausreichend ist ein solcher Schriftzug, den man von anderen unterscheiden kann, BGH FamRZ **97**, 610, BAG NJW **01**, 316.
  S auch Rn 32 „– (Absicht des ganzen Namens)".

Namensstempel (Faksimile), dazu *Salamon* NZA **09**, 1249: Ein Namensstempel **34** reicht grds *weder* in der Form von Druckbuchstaben *noch* in der Form einer von einem Original abkopierten handschriftlichen Form des Schriftzugs aus, BGH NJW **98**, 3649, BFH DB **75**, 88 linke Spalte, VG Wiesb NJW **94**, 537 (zum Telefax). Soweit überhaupt keine Unterschrift erforderlich ist, kann freilich ein Namensstempel beliebiger Art nicht schädlich sein. Er mag vielmehr ein Anzeichen dafür sein, daß der Unterzeichner die Schrift einreichen wollte und daß er die inhaltliche Verantwortung übernimmt. Indessen kommt es auch hier auf die Gesamtumstände an.

Nämlichkeit (Identität): Man muß grds schon aus dem Schriftsatz selbst erkennen **35** können, daß die Erklärung unter anderem vom Unterzeichner herrührt und daß er für ihren gesamten hahalt die volle Verantwortung übernimmt, Rn 9. Es genügt, daß gegen den Ursprung der Unterschrift kein begründeter Verdacht besteht, daß vielmehr jeder, der den Namen kennt, ihn aus der Unterschrift auch als einen eindeutig beabsichtigten vollen Namenszug und nicht nur als eine evtl beabsichtigte bloße Namensabkürzung herauslesen kann, Rn 26.
S auch Rn 19 „Doppelname", Rn 21, 22, Rn 25 „Heilung", Rn 44 „Telefonische Einlegung, Übermittlung", Rn 45, 46.

Paraphe: Rn 31. **36**

Parallelprozeß: Grundsätzlich muß die Unterschrift unter demjenigen Schriftsatz **37** stehen, dessen Original beim Prozeßgericht vorliegt und der sich auf diesen und keinen anderen Prozeß bezieht. Das gilt jedenfalls, solange keine Verbindung mehrerer Verfahren stattgefunden hat. Ab vier Verbindung und bis zur Trennung ist es unerheblich, ob die Geschäftsstelle den Schriftsatz richtig eingeheftet hat. Maßgeblich ist, an welches Gericht und zu welchem Prozeß er sich richtete oder richten sollte. Das gilt selbst dann, wenn der Absender das derzeitige oder frühere Aktenzeichen irrig falsch angegeben hat. Es kann ausreichen, auf einen parallelen Arrest- oder Verfügungsprozeß Bezug zu nehmen, soweit der dort unterzeichnete Schriftsatz im jetzigen Verfahren in Abschrift vorliegt.

Personal: Rn 18.
Postamt: Rn 21, 22, Rn 44 „Telefonische Einlegung, Übermittlung", Rn 45, 46.
Postfach: Rn 21, 24, Rn 44 „Telefonische Einlegung, Übermittlung", Rn 45, 46.
Private Aufnahme: Die Absendung eines Telefax vom Privatanschluß eines Dritten kann genügen, BAG NJW **89**, 1822. Die Weitergabe eines solchen Schreibens durch einen privaten Boten wahrt keine Frist, BGH RR **88**, 894. Eine Übermittlung an einen privaten Teilnehmer und die Weiterleitung durch ihn können genügen, VGH Mü BB **77**, 568.
S auch Rn 23 „Frist".
Private Übermittlung: S „Private Aufnahme".
Prozeßkostenhilfe: Soweit der Anwalt seinen Schriftsatz mangelhaft unterzeichnet **38** hatte, kann es ausreichen oder heilen, daß er auf ein von ihm selbst unterzeichnetes

VV 3403   Vergütungsverzeichnis

Prozeßkostenhilfegesuch in demselben Verfahren Bezug nimmt. Freilich kann grds keine rückwirkende Heilung dadurch eintreten, Rn 23 „Frist", Rn 25 „Heilung".

Prozeßvollmacht: Die Unterschrift nur unter der gleichzeitig eingereichten Vollmacht reicht für den unzulänglich unterzeichneten Schriftsatz *nicht* aus, BAG NJW **76**, 1285.

39 **Rechtsmittelbegründung:** Für die Wirksamkeit der Rechtsmittelbegründung kann die Unterzeichnung (nur) des beigehefteten Begleitschreibens genügen, BGH NJW **86**, 1760.

Die Beiheftung einer nicht unterschriebenen Berufungsbegründung an eine unterschriebene Berufungsschrift genügt den Anforderungen an eine Berufungsbegründung *nicht*, Kirberger Rpfleger **76**, 238. Wegen der Überprüfbarkeit in der Revisionsinstanz Rn 55.

S auch Rn 13 „Abschrift", Rn 23 „Frist".

40 **Rechtsmittelschrift:** Eine Berufung ist auch dann wirksam eingelegt, wenn die Urschrift ohne eine Unterschrift und eine richtig beglaubigte Ablichtung oder Abschrift eingehen. Dasselbe gilt für eine Revisionsschrift. Es reicht auch aus, daß ein Anwalt eine nicht unterschriebene Berufungsschrift zum Berufungsgericht bringt und sich dort die Einlegung der Berufung bescheinigen läßt, Ffm NJW **77**, 1246.

Es reicht aber *nicht* aus, wenn diese Bescheinigung fehlt, BGH NJW **80**, 292. Es reicht auch nicht aus, daß lediglich eine beglaubigte Ablichtung oder Abschrift ohne eine unterschriftslose Urschrift eingeht, BAG BB **78**, 1573. Nicht ausreichend ist ferner eine Unterzeichnung durch einen Dritten „i. A.". Das gilt selbst auf einem Briefbogen der Partei, LG Rostock MDR **03**, 1134 (zur sofortigen Beschwerde).

S auch Rn 13 „Ablichtung, Abschrift", Rn 15 „Beglaubigung", Rn 23 „Frist", Rn 36, Rn 39 „Rechtsmittelbegründung".

Revision: Rn 55.

41 **Sachbearbeiter:** Rn 18, 36, Rn 43 „Sozius".

Scanner: Er kann ausreichen, BVerfG NJW **07**, 3117, OGB NJW **00**, 2340, BGH NJW **08**, 2650, aM BGH NJW **06**, 3785 (zum Faxversand), LG Ingolstadt DGVZ **03**, 39 (zu § 753. Aber dort darf es keine höheren Anforderungen geben).

S auch Rn 19 „Digitale Signatur", Rn 44 „Telefax".

Schlangenlinie usw: Es soll grds bereits aus dem Schriftsatz selbst erkennbar sein und feststehen, daß kein bloßer Entwurf vorliegt, sondern daß der Unterzeichner eine prozessual gewollte Erklärung endgültig einreichen will und für ihren gesamten Inhalt die volle Verantwortung übernimmt, Rn 9. Daher ist es trotz des Verbots einer Überspannung nach Rn 11 im allgemeinen erforderlich, daß ein individuell gestalteter Namenszug vorliegt, der eine Unterscheidung gegenüber anderen Unterschriften zuläßt und die Absicht einer vollen Unterschrift erkennen läßt, BGH NJW **05**, 3775, Köln NJW **05**, 3789 (BGB), und der die Nachahmung durch einen beliebigen Dritten mindestens erschwert, BGH FamRZ **97**, 610, Nürnb NJW **89**, 235. Das gilt selbst dann, wenn er nur flüchtig geschrieben worden ist, BGH FamRZ **97**, 610. Es genügt, daß gegen den Ursprung der Unterschrift kein begründeter Verdacht besteht, daß vielmehr jeder, der den Namen kennt, ihn aus der Unterschrift als einen eindeutig beabsichtigten vollen Namenszug und nicht nur als eine evtl beabsichtigte bloße Namensabkürzung herauslesen kann, Rn 26. Auf diesen Boden ist eine Auflösung des Schriftbilds in willkürliche Striche und Linien ohne charakteristische Merkmale *nicht* ausreichend, BGH NJW **82**, 1467, BAG BB **77**, 899.

42   Eine ausreichende Unterschrift *fehlt* also, wenn man *keine Buchstaben mehr erkennen kann*, BGH NJW **85**, 1227, oder wenn man von zehn zum Namen gehörenden Buchstaben nur einen einzigen entziffern kann, BFH NJW **87**, 343, oder wenn der Schriftzug keinen individuellen Charakter mehr hat, BGH VersR **84**, 142, BFH BB **84**, 1089, LG Heidelb VersR **78**, 357.

Aus den in Rn 31–33 zur Namensabkürzung entwickelten Erwägungen ergibt sich, daß eine bloße *Schlangenlinie* oder 2 Striche nebst Haken usw erst recht keine ausreichende Unterschrift darstellt, Köln NJW **08**, 3649. Das gilt selbst dann, wenn sie einer schlechten Gewohnheit des Anwalts wie manchen Richters entsprechen mag. Es kommt auch nicht darauf an, daß das Gericht oder der Prozeßgegner diese Unsitte des Absenders bereits kennen und daß der Briefkopf immerhin eindeutig ist. Die Art und Weise der Unterschrift soll eben mitklären, daß der Unterzeichner nicht nur einen bloßen Entwurf abzeichnen oder eine vorläufige Unterschrift vornehmen wollte, sondern daß er eine endgültige prozessual wirksame Erklärung abgeben und die volle Verantwortung in jeder Beziehung übernehmen wollte. Das läßt sich bei einer bloßen Schlangenlinie beim besten Willen nicht sagen. Es ist unter diesen Umständen unerheblich, ob die Linie mehr in „Schlangen"-Form oder in willkürlichen Ab- und Aufstrichen und dergleichen besteht.

Man muß unter einer Beachtung aller Umstände *abwägen,* auch den bisherigen **43** Prozeßverlauf und die dort 43 vorliegenden „Unterschriften" dieses Absenders. Diese Abwägung darf weder zu streng noch zu großzügig sein.

Schreibhilfe: Sie ist unschädlich, sofern es nicht um eine willenlose rein passiv bleibende Person geht, BGH NJW **81**, 1901.

Schreibmaschine: Sie reicht *nicht,* Rn 15, Rn 29 „Maschinenschrift".

Schriftliches Verfahren: Das schriftliche Verfahren nach § 128 II verlangt streng genommen bei jedem Schriftsatz die Unterschrift. Denn das Gericht darf in diesem Verfahren keine solche Parteierklärung berücksichtigen, deren Echtheit nicht feststeht. Doch kann das Fehlen der Unterschrift im schriftlichen Verfahren zweckmäßigerweise insoweit unschädlich sein, als es sich nicht um einen bestimmenden Schriftsatz handelt, Rn 5. Zur letzteren Gruppe gehört allerdings auch schon der Antrag auf ein schriftliches Verfahren. Wie das schriftliche Verfahren muß man auch das schriftliche Vorverfahren beurteilen.

Telefax, dazu *Bodendorf,* Vorab per Fax, eine zweifelhafte Methode, Festschrift für **44** Schütze (1999) 129; *Hennecke* NJW **98**, 2194; *Liwinska* MDR **00**, 500; *Maniotis* ZZP **112**, 315 (je: Üb): *Schnittmann,* Telefaxübermittlung im Zivilrecht usw, 1999: Zunächst darf man das Telefax nicht mit dem elektronischen Übermittlung nach § 130a ZPO verwechseln. Beim Telefax gelten im wesentlichen folgende Regeln. Das Telefax wahrt die Schriftform, BAG NJW **01**, 989 (für außergerichtliches Schreiben), LG Köln NJW **05**, 79, FG Hbg NJW **01**, 99 (für bestimmenden Schriftsatz). Es wahrt auch eine Frist, BVerfG MDR **00**, 836, Kblz MDR **04**, 409, LG Wiesb NJW **01**, 3636, aM LG Bln NJW **00**, 3291 (nur bei zusätzlichem rechtzeitigem Schriftsatz. Aber gerade das letztere würde die moderne Technik übergehen). Das gilt auch bei einer Textdatei mit eingescannter Unterschrift (Computerfax), OGB NJW **00**, 2340 (zustm Wirges AnwBl **02**, 88, verfassungsrechtlich krit Düwell NJW **00**, 3334), BGH FamRZ **08**, 1348 links Mitte, strenger BGH (11. ZS) NJW **05**, 2087 (aber die moderne Technik erzwingt die vorgenannte großzügigere Haltung des BGH). Diese eingescannte Unterschrift läßt sich allenfalls durch den Vermerk ersetzen, die Unterzeichnung könne wegen der gewählten Übertragungsform nicht erfolgen, Brschw NJW **04**, 2024 (reichlich großzügig). Der Absender muß die Kopiervorlage unterschreiben, BGH FamRZ **98**, 425 (dann reichen deren Übermittlung an das eigene Büro und von dort weiter an den Empfänger), Kblz MDR **04**, 409, LG Wiesb NJW **01**, 3636. Evtl reicht sogar eine maschinenschriftliche Absenderangabe, LG Köln NJW **05**, 79. Der Absender muß als ProzBev nach § 78 ZPO postulationsfähig sein, (zum alten Recht) Kblz MDR **04**, 409. Eine Paraphe nach Rn 31 reicht *nicht,* BAG BB **97**, 947, aM BGH DB **96**, 557 (vgl aber Rn 31 ff). Noch weniger reicht grds das Fehlen der Unterschrift, aM LG Köln NJW **05**, 79, AG Kerpen NJW **04**, 2761. Denn man darf im Grundgedanken Rn 10 nicht aufweichen, BGH NJW **98**, 3650. Ausnahmsweise kann der Fehlen unschädlich sein, soweit die Übernahme der Verantwortung anderswie eindeutig klar ist, BGH NJW **05**, 2087 (in dieser Frage großzügig widersprüchlich zu seiner Haltung zu demselben Urteil beim Computerfax, s oben). Zu den Einzelheiten des Zugangszeitpunkts BLAH § 233 ZPO Rn 164. Ein Telefax ist bei einem Formularzwang *unzulässig,* LG Hagen Rpfleger **92**, 167 (zu § 703c ZPO). S auch Rn 19 „Digitale Signatur", Rn 34 „Namensstempel", Rn 48 „Verstümmelung".

Telefonische Einlegung, Übermittlung: Wegen des grundsätzlichen Erfordernis- **45** ses einer eigenhändigen handschriftlichen Unterschrift nach Rn 9, 10 reicht *nicht einmal* eine persönliche Abgabe eines nicht unterzeichneten Schriftsatzes auf der

Geschäftsstelle aus, BGH NJW **80**, 291. Noch weniger reicht folglich eine nur telefonische Einreichung einer dem Inhalt nach einen bestimmten „Schriftsatz" darstellenden Erklärung. Das gilt auch dann, wenn der Empfänger eine amtliche Notiz über das Telefonat anfertigt. Von der lediglich telefonischen Einreichung muß man den Fall unterscheiden, daß man den Schriftsatz per Telefax usw einreicht oder übermittelt oder zustellt und daß man auf diesem Übermittlungsweg auch (nicht: nur!) das Telefon einschaltet. Zur grundsätzlichen Zulässigkeit dieser letzteren Übermittlungswege Rn 44 „Telefax".

46 Telekopie: Rn 20 „Elektronische Übermittlung", Rn 44 „Telefax".
Titel: Der akademische oder sonstige Titel ist kein Bestandteil des bürgerlichen Namens mit Ausnahme der früheren Adelstitel, Rn 13 „Adelsname". Daher ist seine Aufnahme in die Unterschrift überhaupt nicht erforderlich. Sofern sie erfolgt, ist daher ihre etwaige Unvollständigkeit oder sonstige Mangelhaftigkeit unerheblich, soweit die Nämlichkeit des Unterzeichners feststeht.

47 Übergabe: Selbst die persönliche ersetzt nicht die Unterschrift, BGH VersR **83**, 271, Mü NJW **79**, 2570 (Ausnahme nach Eingangsbescheinigung, Ffm NJW **77**, 1246).
Übermittlung: Rn 36 „Nicht zugelassener Anwalt", Rn 37 „Private Aufnahme, Übermittlung", Rn 44 „Telefonische Einlegung, Übermittlung".
Überspannung: Rn 11.
Untervollmacht: Sie kann ausreichen, soweit der Unterbevollmächtigte erkennbar die Verantwortung (mit)-übernimmt, BAG NJW **90**, 2706.
Urheberschaft: Es soll schon aus dem Schriftsatz selbst erkennbar sein und feststehen, daß die Erklärung vom Unterzeichner herrührt und daß er für ihren gesamten Inhalt die zivilrechtliche, strafrechtliche, berufsrechtliche Verantwortung übernimmt, Rn 9. Ein Zusatz eines nach außen als Sozius auftretenen Anwalts mit dem Hinweis auf die Eigenschaft eines anderen als des Sachbearbeiters läßt dennoch die Übernahme der Verantwortung des Unterschreibenden durchweg erkennen, BAG NJW **87**, 3297 (offen für den im Briefkopf oder der Vollmacht nicht Erwähnten). Es genügt, daß gegen den Ursprung der Unterschrift kein begründeter Verdacht besteht. Sie soll nur sicherstellen, daß das Schriftstück auch vom Unterzeichner stammt.

48 Verantwortlichkeit: Es soll schon aus dem Schriftsatz selbst erkennbar sein und feststehen, daß der Unterzeichner für den gesamten Inhalt des Schriftsatzes die zivilrechtliche, strafrechtliche, berufsrechtliche Verantwortung übernimmt, Rn 9. S auch Rn 31–33.
Verfasserschaft: Rn 47 „Urheberschaft".
Verstümmelung: Ein unlesbares oder verstümmeltes Telefax reicht nur insoweit aus, als erst der Empfänger diese Fehler verantworten muß, so schon (zum Fernschreiben) BGH FamRZ **91**, 548, BVerwG NJW **91**, 1193.
Beim Telefax bestätigt der sog Übertragungsbericht *nicht* den Inhalt und das Fehlen einer etwaigen Störung des Empfangsgeräts, Köln NJW **89**, 594. Überhaupt besteht wegen der vorhandenen Manipulationsmöglichkeiten zumindest ein Anlaß zu einer genauen Überprüfung im Einzelfall, ob dieser Übermittlungsweg ausreicht, LAG Hamm NJW **88**, 3286.
Vertreter: Rn 14 „Amtlich bestellter Vertreter", „Anderer Name", Rn 28 „I. V.", Rn 35 „Nämlichkeit", Rn 43 „Sozius", Rn 46 „Urheberschaft".
Vervielfältigung: Eine nur vervielfältigte Unterschrift reicht *nicht*, Rn 15.

49 Vorname: Er reicht *nicht* aus, BGH BB **03**, 328 (zu § 13 BeurkG), Karlsr JB **00**, 2070.
Weiterleitung: Rn 21, 22, 23, 45, 46.
Willenlosigkeit: Rn 43 „Schreibhilfe".
Zweite Unterschrift: Sie reicht aus, selbst wenn ein solches Schriftstück nach der Einreichung an den Anwalt zurückgeht, Schlesw VersR **83**, 65 (zu § 519 ZPO).

50 8) Schriftsatzeinreichung. Es reicht aus, daß der Anwalt einen ordnungsgemäßen Schriftsatz nach Rn 5–7 *einreicht*, auch wenn er ihn persönlich weder angefertigt noch unterschrieben hat. Die Einreichung muß beim Gericht erfolgen. Das ergibt sich daraus, daß VV 3403 im Teil 3 steht. Von dieser Regel gilt nur insofern eine Ausnahme, als es sich um eine solche Tätigkeit handeln mag, die sich auf ein bevorstehendes gerichtliches Verfahren bezieht und noch außergerichtlich ist. Nur insofern mag die Aushändigung an den Auftraggeber oder an einen Dritten genügen, etwa an den Verhandlungsgegner. Man muß aber sorgfältig prüfen, ob sich der Auftrag auf die außergerichtliche Tätigkeit beschränkt. Dann ist nämlich nur § 34 anwendbar.

In demselben Rechtszug entsteht die Gebühr nach VV 3403 amtliche Anmerkung auch dann *nur einmal* zu 0,8, wenn der Anwalt mehrere Schriftsätze anfertigt oder unterzeichnet oder einreicht, sofern sie dieselbe Angelegenheit behandeln, (jetzt) § 15 II, VI, BGH **93**, 16.

9) Terminswahrnehmung. Nach der amtlichen Vorbemerkung 3.4 I entsteht keine Terminsgebühr. Denn es gibt im Abschnitt 4 „Einzeltätigkeiten" eine Terminsgebühr nur bei VV 3402. 51

10) Sonstige Tätigkeit vor Gericht. Die Beispiele Rn 5–24 sind nicht abschließend, Rn 1, 2. Hierher können zB auch die folgenden Einzeltätigkeiten zählen: Eine Ablehnung des Richters, Schneider MDR **01**, 131, oder eines Sachverständigen; eine Mitwirkung an einer Einigung; die Entgegennahme einer Entscheidung; eine Gegenvorstellung; ein Hinweis an das Gericht, Hbg JB **94**, 492; ein Kostenantrag, etwa nach § 91 a, § 269 IV, § 516 III ZPO; ein Kostenfestsetzungsantrag; ein Rechtsmittelverzicht, Brdb FamRZ **02**, 1503, KG JB **86**, 1366, Mü MDR **75**, 153, aM Schlesw JB **83**, 1657; eine Schutzschrift; ein Wiedereinsetzungsgesuch; die Erwirkung eines Rechtskraftzeugnisses. 52

11) Gebührenhöhe. Man muß die folgenden Situationen unterscheiden. 53
A. Volle Durchführung des Auftrags. Soweit der Anwalt den Auftrag nach I Z 1 oder 2 voll durchführt, entsteht für jede der in Rn 5–25 genannten Tätigkeitsgruppen je 0,8 Gebühr. Nach § 15 VI liegt die Obergrenze bei der Gebühr des VerfahrensBev für eine gleiche Tätigkeit, Karlsr JB **90**, 349. Eine weitere Grenze folgt aus VV 3404 und aus Rn 27.
B. Vorzeitige Auftragsbeendigung. Soweit der Auftrag endet, bevor der Anwalt zB den Schriftsatz ausgehändigt oder eingereicht oder bevor der Termin begonnen hat, erhält er nur nach VV 3405 amtliche Anmerkung eine Gebühr. Wegen des Begriffs der vorzeitigen Auftragsbeendigung VV 3101. Unter einer Aushändigung muß man die körperliche Empfangnahme des Schriftsatzes durch den Empfänger verstehen. Bei einer Übersendung per Post kommt es also auf den Eingang beim Empfänger an. Denn erst er steht der körperlichen Übergabe gleich. Das ergibt sich auch beim Vergleich mit dem Begriff Einreichung. Denn er setzt den Eingang beim Gericht voraus. Zum Begriff des Terminsbeginns VV 3104. 54
C. Einfaches Schreiben. Vgl VV 3404. 55
12) Gegenstandswert. Es gilt dasselbe wie bei VV 3404 Rn 6 56
13) Kostenerstattung. Es gilt dasselbe wie bei VV 3404 Rn 7. 57

Nr.	Gebührentatbestand	Gebühr oder Satz der Gebühr nach § 13 RVG
3404	Der Auftrag beschränkt sich auf ein Schreiben einfacher Art: Die Gebühr 3403 beträgt .... Die Gebühr entsteht insbesondere, wenn das Schreiben weder schwierige rechtliche Ausführungen noch größere sachliche Auseinandersetzungen enthält.	0,3

1) Systematik. Während VV 2302 ein Schreiben einfacher Art im Bereich einer außergerichtlichen Tätigkeit erfaßt, behandelt VV 3404 einen gleichartigen Auftrag im Bereich gerichtlicher Verfahren nach der Überschrift von VV Teil 3. Im übrigen gelten die Erwägungen bei VV 2302 entsprechend. Insbesondere gilt wegen einer Anrechnung die amtliche Vorbemerkung 3 IV. 1

2) Regelungszweck. Es gelten die Erwägungen VV 2302 Rn 2 entsprechend. 2

VV 3404–3406

3 **3) Schreiben einfacher Art.** Es gelten die Erwägungen VV 2302 Rn 3–7 entsprechend.

4 Soweit diese Tätigkeit des Anwalts für ein Berufungs- oder Revisionsverfahren erfolgt, muß man unverändert 0,3 Gebühr nach § 13 I ansetzen. Denn die frühere Staffelung nach Instanzen ist entfallen.

5 *Schreiben für den Verfahrensbetrieb nach VV 2302,* lassen jetzt ebenfalls 0,3 Gebühr entstehen, und zwar je Angelegenheit nur einmal, § 15 II, VI. Das gilt auch dann, wenn der Anwalt insofern für ein Berufungs- oder Revisionsverfahren tätig wird. Ein Prozeßkostenhilfegesuch geht über VV 3404 hinaus.

6 **4) Gegenstandswert.** Man muß denjenigen Wert ansetzen, der sich aus dem Gegenstand des Schriftsatzes oder des Termins ergibt.

7 **5) Kostenerstattung.** Soweit der Anwalt im übrigen in diesem Rechtszug nicht tätig wurde, ergibt sich die Erstattungsfähigkeit nach den Grundsätzen § 91 II 1 ZPO. Andernfalls ist § 91 II 3 ZPO anwendbar.

Nr.	Gebührentatbestand	Gebühr oder Satz der Gebühr nach § 13 RVG
3405	Endet der Auftrag 1. im Fall der Nummer 3400, bevor der Verfahrensbevollmächtigte beauftragt oder der Rechtsanwalt gegenüber dem Verfahrensbevollmächtigten tätig geworden ist, 2. im Fall der Nummer 3401, bevor der Termin begonnen hat: Die Gebühren 3400 und 3401 betragen .... Im Fall der Nummer 3403 gilt die Vorschrift entsprechend.	höchstens 0,5, bei Betragsrahmengebühren höchstens 130,00 EUR

1 **1) Vorzeitiges Auftragsende.** Die Vorschrift nimmt den Grundgedanken VV 3101, 3201, 3301 auch für den Abschnitt 4 auf. Vgl daher bei VV 3101.

2 **2) Gebührenhöhe.** § 14 ist bei einer Rahmengebühr anwendbar. Es entsteht sowohl bei VV 3400 als auch bei VV 3401 höchstens 0,5 Gebühr und bei einer Betragsrahmengebühr nach Einl II A 12 eine Höchstgebühr von 130 EUR. Dasselbe gilt nach der amtlichen Anmerkung bei VV 3403 „entsprechend", also entsteht auch dort statt 0,8 nicht etwa 0,4, sondern 0,5 Gebühr.

Bei § 3 vor den Sozialgerichten muß man die Ermäßigung von VV 3405 unter den Voraussetzungen der amtlichen Vorbemerkung 3.4 II mitbeachten.

Nr.	Gebührentatbestand	Gebühr oder Satz der Gebühr nach § 13 RVG
3406	Verfahrensgebühr für sonstige Einzeltätigkeiten in Verfahren vor Gerichten der Sozialgerichtsbarkeit, wenn Betragsrahmengebühren entstehen (§ 3 RVG) .... Die Anmerkung zu Nummer 3403 gilt entsprechend.	10,00 bis 200,00 EUR

1 **1) Systematik.** Es handelt sich um eine gegenüber VV 3403 vorrangige Spezialvorschrift.

2 **2) Regelungszweck.** Es gilt dasselbe wie bei VV 3403.

3) Geltungsbereich: § 3 RVG. Es muß sich um eine bloße Einzeltätigkeit im Bereich eines Verfahrens der Sozialgerichtsbarkeit handeln, in dem das GKG unanwendbar ist usw, § 3 RVG. Vgl daher dort. Die amtliche Anmerkung macht diejenige zu VV 3403 entsprechend anwendbar. Der Verkehrsanwalt fällt nicht unter VV 3406, Mankowski AnwBl **05**, 708.

4) Gebührenhöhe. Es entsteht eine Verfahrensgebühr von 10–200 EUR. § 14 ist anwendbar. Die Mittelgebühr beträgt also 105 EUR. Es gibt keine Ermäßigung. Vielmehr darf und muß man eine vorzeitige Beendigung der Tätigkeit beim Rahmen nach § 14 I mitbeachten.

Abschnitt 5. Beschwerde, Nichtzulassungsbeschwerde und Erinnerung

Fassung 1. 9. 2009:
(Amtliche) Vorbemerkung 3.5:
Die Gebühren nach diesem Abschnitt entstehen nicht in den in Vorbemerkung 3.1 Abs. 2 und in den Vorbemerkungen 3.2.1 und 3.2.2 genannten Beschwerdeverfahren.

Vorbem. Erweiterg dch Art 47 VI Z 19 z FGG-RG v 17. 12. 08, BGBl 2586, in Kraft seit 1. 9. 09, Art 112 I Hs 1 FGG-RG, Übergangsrecht Art 111 FGG-RG, Grdz 2 vor § 1 FamGKG, Teil I B dieses Buchs.

Bisherige Fassung:
(Amtliche) Vorbemerkung 3.5:
Die Gebühren nach diesem Abschnitt entstehen nicht in den in Vorbemerkung 3.1 Abs. 2 und Vorbemerkung 3.2.1 genannten Beschwerdeverfahren.

Nr.	Gebührentatbestand	Gebühr oder Satz der Gebühr nach § 13 RVG
3500	Verfahrensgebühr für Verfahren über die Beschwerde und die Erinnerung, soweit in diesem Abschnitt keine besonderen Gebühren bestimmt sind	0,5

1) Systematik. Es handelt sich in Wahrheit um eine bloße Auffangvorschrift. Das deutet schon der Wortlaut an. Das ergibt sich ferner aus der umfangreichen Aufzählung in den amtlichen Vorbemerkungen 3.2.1 und 3.2.2. Sie betrifft ja wesentlich ebenfalls das Beschwerdeverfahren. Das klärt auch die Überschrift des Unterabschnitts 1. VV 1003 ist anwendbar, auch wenn die Einigung nur das Beschwerdeverfahren beendet. Auch VV 1008 ist anwendbar und erhöht von 0,5 auf 0,8 Gebühr, Drsd JB **05**, 656, Mü JB **06**, 313.

2) Regelungszweck. Die Vorschrift dient auch in ihrem Auffangbereich einer angemessenen Vergütung für eine solche Tätigkeit, die sich mit einer immerhin schon entstandenen erstinstanzlichen gerichtlichen Entscheidung auseinandersetzen muß, ob verteidigend oder bekämpfend. Im Geltungsbereich muß man eine Auffangklausel stets weit auslegen. Denn der Anwalt soll natürlich nicht umsonst arbeiten müssen.

3) Beschwerde und Erinnerung. Die Vorschrift erfaßt fast jedes zum Kreis von VV Teil 3 gehörige und im Teil 3 nicht nach der amtlichen Vorbemerkung 3.5 vorrangig anderswo geregelte Beschwerdeverfahren, Düss MDR **09**, 956, oder Erinnerungsverfahren, LG Mönchengladb Rpfleger **06**, 210. Das gilt auch zB für die Erinnerung gegen eine solche Entscheidung des Rpfl nach § 11 II 1 RPflG, die ja nach § 18 I Z 3 grundsätzlich eine besondere Angelegenheit bildet. Es gilt ferner zB beim Kostenansatz, bei der Kostenfestsetzung, im Prozeß- oder Verfahrenskostenhilfeverfahren und in der Zwangsvollstreckung für eine Erinnerung nach § 766 ZPO, § 95 FamFG, (zum alten Recht) Bischof JB **06**, 347, oder für eine Beschwerde nach §§ 72a, 78, 92a ArbGG oder nach § 15 II BNotO, KG FGPrax **09**, 235, sowie im Erbscheinerteilungsverfahren oder in einem vergleichbaren Verfahren, Mü MDR **07**, 620. Erforderlich und ausreichend ist irgendeine Tätigkeit zwecks einer Prüfung der Erfolgsaussicht, Rostock MDR **06**, 1194. Die Gebühr entsteht jeweils mit der auftragsgemäßen Entgegennahme der Information, erst recht mit der Einlegung des Rechtsbehelfs oder Rechtsmittels auch beim Erstgericht, selbst beim unzuständigen, oder mit der Prüfung des gegnerischen Rechtsbehelfs oder Rechtsmittels, Stgt JB **98**, 190, AG Meißen JB **05**, 594, OVG Lüneb NJW **10**, 103.

Ein *eigener Schriftsatz* oder ein Antrag des Rechtsmittelgegners ist also *nicht* erforderlich, Rostock MDR **06**, 1194, RS 6, aM Schlesw SchlHA **89**, 131, Stgt JB **84**, 566, VGH Mannh JB **99**, 362 (aber schon die auftragsgemäße Prüfung gehört zur Verfahrenstätigkeit). Die Beschwerdegebühr entsteht nicht nur für den mit dem gesamten Beschwerdeverfahren beauftragten Anwalt, sondern auch bei einer entsprechenden bloßen Einzeltätigkeit.

Bei einer *vorzeitigen Erledigung* des Auftrags tritt keine Ermäßigung ein.

Bei § 573 ZPO entsteht eine Gebühr VV 3500 wegen der Zugehörigkeit des Verfahrens gegen die Entscheidung des beauftragten oder ersuchten Richters oder des Urkundsbeamten der Geschäftsstelle zum Rechtszug nach § 19 I 2 Z 5 nur dann, wenn sich die Tätigkeit des Anwalts auftragsgemäß auf das Erinnerungsverfahren beschränkt. Wegen der entsprechenden Geltung von § 19 I 2 Z 5 gilt dasselbe im Erinnerungsverfahren nach § 178 SGG, § 151 VwGO.

Unanwendbar ist VV 3500 beim Anwalt des Rechtsmittelgegners, soweit er das Rechtsmittel oder gar erst die Rechtsmittelentscheidung ohne eine Prüfung nur entgegennimmt und evtl an seinen Auftraggeber weiterleitet, Kblz AnwBl **99**, 124, LG Hann JB **85**, 1503, LG Köln JB **00**, 581, oder dann, wenn der Auftraggeber gar nicht am Beschwerdeverfahren beteiligt war, Kblz MDR **06**, 1377.

4   **4) Gebührenhöhe.** Es entsteht für grundsätzlich jede Art von Beschwerdeverfahren (Ausnahme § 16 Z 10) und für jede selbständige Beschwerde auch bei einer einheitlichen Entscheidung eine 0,5 Verfahrensgebühr. Beschwerden gegen die Beschlußverwerfung der Berufung und gegen die Versagung einer Wiedereinsetzung sind aber nicht voneinander selbständig. Dasselbe gilt meist bei gegenseitigen Beschwerden, solange beide anhängig bleiben. Hinzutreten kann eine Terminsgebühr VV 3513. Die Verfahrensgebühr entsteht auch bei einer Abhilfe durch das Erstgericht oder bei einer sonstiger Erledigung, OVG Bre JB **88**, 605.

Die Beschwerde gegen eine *Abhilfe* durch das Erstgericht bildet ein neues Verfahren. Der Kostenansatz und die Kostenfestsetzung lassen eine Erinnerungsgebühr nur einmal entstehen, § 16 Z 10a, Beschwerdegebühren aber mehrmals, § 16 Z 10b. Die Beschwerdegebühr entsteht auch bei mehreren Bewertungen in derselben Angelegenheit und in diesem Erinnerungsrechtszug nach § 15 II nur einmal.

5   **5) Gegenstandswert.** Es gelten §§ 23 ff. Maßgeblich ist grundsätzlich das Interesse des Beschwerdeführers, VGH Mannh NJW **09**, 1692 links, Ausnahme VV 3335 amtliche Anmerkung I Hs 1 (50% des Hauptsachewerts).

6   **6) Kostenerstattung.** Es gelten §§ 91 ff ZPO, §§ 80 ff, 113 I 2 FamFG, insbesondere § 97 ZPO usw.

Nr.	Gebührentatbestand	Gebühr oder Satz der Gebühr nach § 13 RVG
3501	**Verfahrensgebühr für Verfahren vor den Gerichten der Sozialgerichtsbarkeit über die Beschwerde und die Erinnerung, wenn in den Verfahren Betragsrahmengebühren entstehen (§ 3 RVG), soweit in diesem Abschnitt keine besonderen Gebühren bestimmt sind**	**15,00 bis 160,00 EUR**

1   **1) Geltungsbereich.** Die an sich auch vor den Sozialgerichten geltende Regelung VV 3500 erfordert bei einer Betragsrahmengebühr nach § 3 eine Sonderregelung.

2   **2) Gebührenhöhe.** § 14 ist anwendbar. Die Mittelgebühr beträgt 87,50 EUR. Hinzutreten kann die Terminsgebühr VV 3515.

Vergütungsverzeichnis **3502, 3503 VV**

Nr.	Gebührentatbestand	Gebühr oder Satz der Gebühr nach § 13 RVG
3502	*Fassung 1. 9. 2009:* **Verfahrensgebühr für das Verfahren über die Rechtsbeschwerde**	1,0

Vorbem. Zunächst Änderg dch Art 20 Z 19 z 1 des 2. JuMoG v 22. 12. 06, BGBl 3416, in Kraft seit 31. 12. 06, Art 28 I des 2. JuMOG, Übergangsrecht § 60 RVG. Weitere Änderg dch Art 47 VI Z 19z 1 FGG-RG v 17. 12. 08, BGBl 2586, in Kraft seit 1. 9. 09, Art 112 I Hs 1 FGG-RG, Übergangsrecht Art 111 FGG-RG, Grdz 2 vor § 1 FamGKG, Teil I B dieses Buchs.

Nr.	Gebührentatbestand	Gebühr oder Satz der Gebühr nach § 13 RVG
3502	*Bisherige Fassung:* **Verfahrensgebühr für das Verfahren über die Rechtsbeschwerde (§ 574 ZPO, § 78 Satz 2 des Arbeitsgerichtsgesetzes)**	1,0

1) Systematik. Es handelt sich am eine gegenüber VV 3500, 3401 vorrangige Sondervorschrift. Ihr geht VV 3503 vor. Im Rechtsbeschwerdeverfahren nach § 1065 ZPO gelten nach der amtlichen Vorbemerkung 3.5 in Verbindung mit der amtlichen Vorbemerkung 3.1 II vorrangig VV 3100 ff. Im Rechtsbeschwerdeverfahren in einer Familiensache oder Lebenspartnerschaftssache, nach dem LwVG und im Beschlußverfahren vor den Arbeitsgerichten gelten nach der amtlichen Vorbemerkung 3.5 in Verbindung mit den amtlichen Vorbemerkungen 3.2.1 und 3.2.2 vorrangig VV 3200 ff. Dasselbe gilt in den dort genannten Fällen von Rechtsbeschwerden.

2) Regelungszweck. Die Verdoppelung der Gebühr VV 3502 gegenüber der „normalen" Beschwerdegebühr ist eine Folge derjenigen meist erheblich größeren Mühe und Sorgfalt, die der Anwalt zur Vertretung im Rechtsbeschwerdeverfahren aufwenden muß, um Erfolg zu haben. Das muß man bei der Auslegung mitbeachten.

3) Rechtsbeschwerde. Die Verfahrensgebühr VV 3502 vergütet nach der amtlichen Vorbemerkung 3 II ab der auftragsgemäßen Entgegennahme der Information unabhängig von der Statthaftigkeit, Zulässigkeit und Begründetheit der Rechtsbeschwerde die gesamte Tätigkeit in dem nun einmal beantragten Verfahren. Das gilt auch zB bei einer Beratung durch den erstmals im Rechtsbeschwerdeverfahren tätigen Anwalt. VV 3502 umfaßt auch den Schriftverkehr, die Begründung der Rechtsbeschwerde und deren Beantwortung.

4) Gebührenhöhe. Es entsteht eine 1,0 Gebühr. Sie kann bei einer vorzeitigen Auftragsbeendigung nach VV 3503 auf 0,5 Gebühr sinken. Hinzutreten kann eine Terminsgebühr unter den Voraussetzungen VV 3516.

5) Gegenstandswert. Es gilt § 23. Maßgeblich ist grundsätzlich das Interesse des Rechtsbeschwerdeführers, Ausnahme evtl (selten) VV 3335 amtliche Anmerkung I Hs 1 (50% des Hauptsachewerts).

6) Kostenerstattung. Es gelten §§ 91 ff, §§ 80 ff, 113 I 2 FamFG, insbesondere § 97 ZPO.

Nr.	Gebührentatbestand	Gebühr oder Satz der Gebühr nach § 13 RVG
3503	**Vorzeitige Beendigung des Auftrags:** Die Gebühr 3502 beträgt .... Die Anmerkung zu Nummer 3201 ist entsprechend anzuwenden.	0,5

1) Vorzeitige Auftragsbeendigung. Es gelten dieselben Regeln wie bei VV 3201 amtliche Anmerkung. Das ergibt sich aus der Verweisung in VV 3503 amtliche Anmerkung.

Nr.	Gebührentatbestand	Gebühr oder Satz der Gebühr nach § 13 RVG
3504	Verfahrensgebühr für das Verfahren über die Beschwerde gegen die Nichtzulassung der Berufung, soweit in Nummer 3511 nichts anderes bestimmt ist ...... Die Gebühr wird auf die Verfahrensgebühr für ein nachfolgendes Berufungsverfahren angerechnet.	1,6

1   1) **Geltungsbereich.** Soweit das Gericht eine Berufung nicht wie etwa erforderlich zugelassen hat, kann es unabhängig von der Statthaftigkeit eines Rechtsmittels gegen eine solche Entscheidung zu einem Beschwerdeverfahren kommen, weil eben der Beschwerdeführer versucht, doch noch eine Berufungszulassung zu erreichen. Für die Vertretung im Verfahren der Nichtzulassungsbeschwerde gilt VV 3504, freilich ausdrücklich nur hilfsweise neben VV 3511. Im Nichtzulassungsverfahren nach der amtlichen Vorbemerkung 3.5 in Verbindung mit der amtlichen Vorbemerkung 3.2.1 gelten vorrangig VV 3200 ff.

2   2) **Gebührenhöhe.** Es entsteht wegen der oft erheblichen Mühe und Sorgfalt bei einer solchen Tätigkeit eine 1,6 Gebühr. Zusätzlich kann eine Terminsgebühr unter den Voraussetzungen VV 3514 entstehen. Eine Ermäßigung kann nach VV 3505 eintreten.

3   3) **Gegenstandswert.** Es gelten §§ 23 ff.

4   4) **Anrechnung, amtliche Anmerkung.** Soweit die Nichtzulassungsbeschwerde Erfolg hat, muß man die Gebühr VV 3504 auf die im anschließenden Berufungsverfahren entstehende Verfahrensgebühr VV 3200 anrechnen, also nicht auf eine Terminsgebühr.

Nr.	Gebührentatbestand	Gebühr oder Satz der Gebühr nach § 13 RVG
3505	Vorzeitige Beendigung des Auftrags: Die Gebühr 3504 beträgt .... Die Anmerkung zu Nummer 3201 ist entsprechend anzuwenden.	1,0

1   1) **Vorzeitige Auftragsbeendigung.** Es gelten dieselben Regeln wie bei VV 3201 amtliche Anmerkung. Das ergibt sich aus der Verweisung in VV 3505 amtliche Anmerkung.

Nr.	Gebührentatbestand	Gebühr oder Satz der Gebühr nach § 13 RVG
3506	Verfahrensgebühr für das Verfahren über die Beschwerde gegen die Nichtzulassung der Revision, soweit in Nummer 3512 nichts anderes bestimmt ist ..... Die Gebühr wird auf die Verfahrensgebühr für ein nachfolgendes Revisionsverfahren angerechnet.	1,6

1   1) **Systematik.** Es handelt sich um eine Spezialvorschrift für (nur) den BGH-Anwalt, BGH FamRZ **07**, 637 links oben. Bei einer vorzeitigen Auftragsbeendigung hat aber VV 3507 mit seiner Ermäßigung den Vorrang vor VV 3506. Bei § 3 vor einem LSG hat VV 3511 den Vorrang. Vor dem BSG hat bei § 3 VV 3512 den Vorrang. VV 3506, 3516 sind in dem einer Revision gleichstehenden Rechtsbeschwerdeverfahren nach § 74 I GWB entsprechend anwendbar. VV 3508 hat den Vorrang.

2   2) **Regelungszweck.** Auch VV 3506 fußt auf der Erkenntnis, daß das hier behandelte Verfahren durchweg besondere Schwierigkeiten und demgemäß eine erhöhte Verantwortung des Anwalts mit sich bringt. Das muß man angemessen entgelten.

3) Geltungsbereich. Die Vorschrift erfaßt das Verfahren über eine Nichtzulassungsbeschwerde nach § 544 ZPO, BGH FamRZ **07**, 637 links oben. Das gilt auch vor dem BAG, LAG Ffm NZA-RR **06**, 601. Das Verfahren beginnt mit der auftragsgemäßen Entgegennahme der Information und zumindest mit der Einreichung der Beschwerdeschrift, selbst wenn sie nicht innerhalb der Notfrist nach § 544 I 2 ZPO erfolgt. Es endet mit der stattgebenden oder ablehnenden Entscheidung des BGH oder infolge der Rücknahme beiderseits wirksamer Erledigterklärungen usw. 3

4) Gebührenhöhe. Es entsteht eine 1,6 Gebühr. Sie ist als eine Verfahrensgebühr erfolgsunabhängig. Beim notwendigen BGH-Anwalt beträgt die Verfahrensgebühr nach VV 3508 2,3 Gebühr. Eine Terminsgebühr kann nach VV 3513 hinzutreten, Rn 1. Bei einer vorzeitigen Auftragsbeendigung wirkt VV 3507 ermäßigend. 4

5) Anrechnung auf das Revisionsverfahren. Nach § 544 IV 1 ZPO findet das Beschwerdeverfahren nach einer Stattgabe als Revisionsverfahren statt. Dieser letztere Abschnitt läßt weitere Gebühren entstehen, VV 3206ff. Auf einen Teil dieser Gebühren muß man die Verfahrensgebühr VV 3506 anrechnen, Kitzinger FamRZ 05, 13, nämlich auf die Verfahrensgebühr VV 3206, amtliche Anmerkung und zwar in voller Höhe, evtl freilich nur in der nach VV 3507 ermäßigten, dort vollen Höhe, dortige amtliche Anmerkung. Andere Gebühren werden nicht derart verrechnet. 5

6) Gegenstandswert. Es gelten §§ 23ff. 6

Nr.	Gebührentatbestand	Gebühr oder Satz der Gebühr nach § 13 RVG
3507	**Vorzeitige Beendigung des Auftrags:** Die Gebühr 3506 beträgt .... Die Anmerkung zu Nummer 3201 ist entsprechend anzuwenden.	1,1

1) Systematik. Die Vorschrift ergänzt VV 3506 durch eine vorrangige Sonderregelung. VV 3509 hat Vorrang. Vgl auch VV 3511, 3512. 1

2) Regelungszweck. Wie stets bei einer Ermäßigung nach Art des VV 3507 usw muß man im allgemeinen davon ausgehen, daß die Tätigkeit des Anwalts wesentlich geringer ist als bei einer nicht vorzeitigen Beendigung des Auftrags. Dieser allgemeinen Erfahrung folgt die Notwendigkeit einer geringeren Vergütung auch dann, wenn der Anwalt im Einzelfall fast denselben Grad und Umfang von Arbeit, Mühe und Können bis zur vorzeitigen Beendigung aufwenden mußte. Die Prozeßwirtschaftlichkeit nach BLAH Grdz 14 vor § 128 ZPO rechtfertigt eine solche Vergröberung des Maßstabs einigermaßen, wenn auch keineswegs stets überzeugend. Auch ein alsbaldiges vorzeitiges Ende erbringt immerhin noch 1,1 Gebühr. 2

3) Geltungsbereich. Es gelten dieselben Erwägungen wie bei jeder vorzeitigen Auftragsbeendigung, VV 3101 Z 1. Natürlich muß ein Verfahren über eine Nichtzulassungsbeschwerde nach § 544 ZPO überhaupt begonnen haben, VV 3506 Rn 3. 3

4) Gebührenhöhe. Die vorzeitige Auftragsbeendigung führt nicht zur Halbierung der nach VV 3506 entstehenden 1,6 Gebühr, sondern zur Ermäßigung auf immerhin nach 1,1 Gebühr, also zum Nachlaß von nur ca einem Drittel. Das geschieht wie bei VV 3505 erfolgsunabhängig. Eine Terminsgebühr kann nach VV 3513ff hinzutreten. 4

5) Anrechnung auf das Revisionsverfahren. Infolge der Verweisung von VV 3307 amtliche Anmerkung auf diejenige zu VV 3506 gelten die Erwägungen VV 3506 Rn 5 hier entsprechend. 5

6) Gegenstandswert. Es gelten §§ 23ff. 6

Nr.	Gebührentatbestand	Gebühr oder Satz der Gebühr nach § 13 RVG
3508	In dem Verfahren über die Beschwerde gegen die Nichtzulassung der Revision können sich die Parteien nur durch einen beim Bundesgerichtshof zugelassenen Rechtsanwalt vertreten lassen: Die Gebühr 3506 beträgt	2,3
3509	Vorzeitige Beendigung des Auftrags, wenn sich die Parteien nur durch einen beim Bundesgerichtshof zugelassenen Rechtsanwalt vertreten lassen können: Die Gebühr 3506 beträgt .... Die Anmerkung zu Nummer 3201 ist entsprechend anzuwenden.	1,8

3510	Verfahrensgebühr für Beschwerdeverfahren vor dem Bundespatentgericht
	1. nach dem Patentgesetz, wenn sich die Beschwerde gegen einen Beschluss richtet,
	  a) durch den die Vergütung bei Lizenzbereitschaftserklärung festgesetzt wird oder Zahlung der Vergütung an das Deutsche Patent- und Markenamt angeordnet wird,
	  b) durch den eine Anordnung nach § 50 Abs. 1 PatG oder die Aufhebung dieser Anordnung erlassen wird,
	  c) durch den die Anmeldung zurückgewiesen oder über die Aufrechterhaltung, den Widerruf oder die Beschränkung des Patents entschieden wird,
	2. nach dem Gebrauchsmustergesetz, wenn sich die Beschwerde gegen einen Beschluss richtet,
	  a) durch den die Anmeldung zurückgewiesen wird,
	  b) durch den über den Löschungsantrag entschieden wird,
	3. nach dem Markengesetz, wenn sich die Beschwerde gegen einen Beschluss richtet,
	  a) durch den über die Anmeldung einer Marke, einen Widerspruch oder einen Antrag auf Löschung oder über die Erinnerung gegen einen solchen Beschluss entschieden worden ist oder
	  b) durch den ein Antrag auf Eintragung einer geographischen Angabe oder einer Ursprungsbezeichnung zurückgewiesen worden ist,
	4. nach dem Halbleiterschutzgesetz, wenn sich die Beschwerde gegen einen Beschluss richtet,
	  a) durch den die Anmeldung zurückgewiesen wird,
	  b) durch den über den Löschungsantrag entschieden wird,
	5. nach dem Geschmacksmustergesetz, wenn sich die Beschwerde gegen einen Beschluss richtet, durch den die Anmeldung eines Geschmacksmusters zurückgewiesen oder durch den über einen Löschungsantrag entschieden worden ist,
	6. nach dem Sortenschutzgesetz, wenn sich die Beschwerde gegen einen Beschluss des Widerspruchsausschusses richtet ....
		1,3

Gliederung

1) Systematik, Z 1–6	1
2) Regelungszweck, Z 1–6	2
3) Geltungsbereich, Z 1–6	3, 4
A. Anwendbarkeit	3
B. Unanwendbarkeit	4
4) Gebührenarten, Z 1–6	5–8
A. Verfahrensgebühr	5
B. Terminsgebühr	6
C. Einigungsgebühr	7
D. Erledigungsgebühr	8
5) Beschwerdeverfahren, Z 1–6	9–19
A. Vergütungsfestsetzung, Zahlungsanordnung (§ 23 IV PatG), Z 1 a	10
B. Geheimpatent (§ 50 I, II PatG), Z 1 b	11
C. Zurückweisung, Aufrechterhaltung, Widerruf, Beschränkung des Patents (§ 73 PatG), Z 1 c	12
D. Zurückweisung, Löschung des Gebrauchsmusters (§ 18 GebrMG), Z 2 a, b	13
E. Anmeldung, Widerspruch, Löschungsantrag, Erinnerung (§§ 61, 64 MarkenG), Z 3 a	14
F. Zurückweisung bei geographischer Angabe oder Ursprungsbezeichnung (§ 130 IV MarkenG), Z 3 b	15
G. Zurückweisung, Löschung einer Topographie (§ 4 IV 3 Halbleitergesetz, § 18 II GebrMG), Z 4 a, b	16
H. Zurückweisung einer Anmeldung, Entscheidung über Löschungsantrag (§ 16 V 3 GeschmMG), Z 5	17
I. Entscheidung (§ 34 I SortSchG), Z 6	18
J. Weitere Einzelfragen, Z 1–6	19
6) Gebührenhöhe, Z 1–6	20
7) Kostenerstattung, Z 1–6	21
8) Verfahrenskostenhilfe, Z 1–6	22–24
A. Grundsatz: Zulässigkeit	22
B. Rechtsanwalt	23
C. Patentanwalt	24

1) Systematik, Z 1–6. Die Vorschrift enthält formell gegenüber VV 3100 ff, 3500 ff vorrangige Sonderregeln. Wegen der weitgehenden Verweisungen handelt es sich aber der Sache nach um bloße Klarstellungen. **1**

2) Regelungszweck, Z 1–6. Die gebührenrechtliche Gleichstellung der in VV 3510 erfaßten Verfahren mit dem Zivilprozeß dient trotz aller deutlichen Unterschiede beider Verfahrensarten der Vereinfachung und damit der prozessualen Zweckmäßigkeit. Man sollte die in Bezug genommenen Vorschriften so auslegen, wie bei ihnen dargelegt. **2**

3) Geltungsbereich, Z 1–6. Man kann zwei Bereiche unterscheiden. **3**

A. Anwendbarkeit. § 66 betrifft alle Beschwerdeverfahren vor dem BPatG auf den in Z 1–6 genannten Gebieten. Z 1–6 regeln alle diese Verfahren in einer Anlehnung an den Zivilprozeß.

B. Unanwendbarkeit. Folgende Verfahrensarten fallen nicht unter § 66: Der Patentverletzungsstreit ist einer Patentstreitsache, §§ 143 ff PatG. Dem in einem solchen Streit mitwirkenden Patentanwalt muß man die Gebühren nach VV 3510 und außerdem seine notwendigen Auslagen erstatten, § 143 III PatG. Es gilt also insoweit keine weitergehende Begrenzung der Erstattungsfähigkeit. Das gilt selbst bei einer Nämlichkeit des Patentanwalts und des ProzBev, BGH GRUR 03, 639. Der Anwalt erhält eine Vergütung unmittelbar nach VV 3100 ff, 3500 ff; das entsprechende Streitverfahren nach § 24 GebrMG; die markenrechtliche Löschungsklage, § 55 MarkenG; das Anmeldungsverfahren, sei es das Prüfungsverfahren, sei es das Widerspruchsverfahren, § 42 MarkenG. Für das Anmeldeverfahren ist VV 2300 anwendbar. **4**

4) Gebührenarten, Z 1–6. Grundsätzlich können sämtliche Gebühren in einer entsprechenden Anwendung der übrigen Vorschriften dieses Abschnitts 5 entstehen. **5**

A. Verfahrensgebühr. Sie entsteht nach VV 3510 bei jeder auftragsgemäßen Tätigkeit des Anwalts als ProzBev, amtliche Vorbemerkung 3 II. Sie entsteht also schon mit der auftragsgemäßen Aufnahme der Information oder der Anfertigung eines Schriftsatzes. Unabhängig davon, daß die Klage nach § 81 VI PatG prozessual als nicht erhoben gilt, falls der Kläger die Gerichtsgebühr nicht zahlt, erhält der Anwalt die Verfahrensgebühr bereits mit der Einreichung der Beschwerde.

6 **B. Terminsgebühr.** Sie entsteht nach VV 3516 wegen des nach § 73 I 1 MarkenG, § 87 I PatG geltenden Untersuchungsgrundsatzes schon dann, wenn der Anwalt in einem Verhandlungstermin Ausführungen zur Wahrung der Rechte des Auftraggebers macht. Es kommt also nicht darauf an, ob er einen Sachantrag stellt.

7 **C. Einigungsgebühr.** Unter den Voraussetzungen VV 1000 kann auch eine Einigungsgebühr entstehen.

8 **D. Erledigungsgebühr.** Sie kommt in Betracht, VV 1002, soweit die Parteien keinen wirksamen Vergleich schließen können.

9 **5) Beschwerdeverfahren, Z 1–6.** Die Gebühren können im Beschwerdeverfahren vor dem BPatG entstehen, soweit es sich um eine der in Z 1–6 abschließend genannten Situation handelt. In den sonstigen Fällen gelten VV 3500 ff.

10 **A. Vergütungsfestsetzung, Zahlungsanordnung (§ 23 IV PatG), Z 1 a.** Es handelt sich um die Beschwerde gegen die Festsetzung einer angemessenen Vergütung bei einer Lizenzbereitschaftserklärung oder um die Anordnung der Zahlung der Vergütung an das Deutsche Patent- und Markenamt.

11 **B. Geheimpatent (§ 50 I, II PatG), Z 1 b.** Es handelt sich um die Beschwerde gegen die Anordnung der Prüfungsstelle, daß die Veröffentlichung eines Patents für eine solche Erfindung unterbleibe, die ein Staatsgeheimnis ist, sowie um die Aufhebung dieser Anordnung, soweit deren Voraussetzungen entfallen sind.

12 **C. Zurückweisung, Aufrechterhaltung, Widerruf, Beschränkung des Patents (§ 73 PatG), Z 1 c.** Es handelt sich um die Beschwerde gegen einen solchen Beschluß, durch den die Prüfstelle nach § 48 PatG eine Anmeldung zurückgewiesen oder durch den die Patentabteilung nach § 61 PatG über die Aufrechterhaltung, den Widerruf oder die Beschränkung des Patents entschieden hat.

13 **D. Zurückweisung, Löschung des Gebrauchsmusters (§ 18 GebrMG), Z 2 a, b.** Es handelt sich um die Beschwerde gegen einen Beschluß der Gebrauchsmusterstelle, durch den die Anmeldung eines Gebrauchsmusters zurückgewiesen oder über einen Löschungsantrag entschieden hat.

14 **E. Anmeldung, Widerspruch, Löschungsantrag, Erinnerung (§§ 61, 64 MarkenG), Z 3 a.** Es handelt sich um die Beschwerde an das Patentgericht gegen einen Beschluß des Patentamts über die Anmeldung einer Marke, §§ 32 ff MarkenG, über einen Widerspruch, § 42 MarkenG, über einen Antrag auf eine Löschung, §§ 53 ff MarkenG oder über die Erinnerung gegen einen solchen Beschluß.

15 **F. Zurückweisung bei geographischer Angabe oder Ursprungsbezeichnung (§ 130 IV MarkenG), Z 3 b.** Es handelt sich um die Beschwerde gegen einen solchen Beschluß des Patentamts, durch den dieses einen Antrag auf Eintragung einer geographischen Angabe oder einer Ursprungsbezeichnung zurückgewiesen hat, § 130 V MarkenG.

16 **G. Zurückweisung, Löschung einer Topographie (§ 4 IV 3 Halbleitergesetz, § 18 II GebrMG), Z 4 a, b.** Es handelt sich um eine Beschwerde gegen einen solchen Beschluß der Topographiestelle des Patentamts, durch den sie die Anmeldung einer Topographie nach § 1 I Halbleiterschutzgesetz zurückgewiesen oder über einen Löschungsantrag entschieden hat.

17 **H. Zurückweisung einer Anmeldung, Entscheidung über Löschungsantrag (§ 16 V 3 GeschmMG), Z 5.** Es handelt sich um die Beschwerde an das Patentgericht nach § 23 II GeschmMG gegen die Zurückweisung der Anmeldung eines Geschmacksmusters nach §§ 16 V 3 GeschmMG oder die Beschwerde gegen die stattgebende oder abweisende Entscheidung über einen nach 36 I Z 3 GeschmMG gestellten Löschungsantrag.

18 **I. Entscheidung (§ 34 I SortSchG), Z 6.** Es handelt sich um die Beschwerde gegen einen Entschluß des Widerspruchsausschusses, § 18 III SortSchG.

19 **J. Weitere Einzelfragen, Z 1–6.** Eine Terminsgebühr kann nach VV 3516 hinzutreten.

20 **6) Gebührenhöhe, Z 1–6.** Im Verfahren vor dem BGH entstehen nach VV 3510 je 1,3 Gebühren.

Vergütungsverzeichnis **3510–3513 VV**

7) Kostenerstattung, Z 1–6. Wegen der Kostenerstattung und des Kostenfestsetzungsverfahrens §§ 80 I 2, 84 II 2, 99 I, 109 I 1 PatG, §§ 71, 90 MarkenG, vgl auch § 48 GKG: Anh III § 144 PatG Rn 17, Teil I A dieses Buchs. 21

8) Verfahrenskostenhilfe, Z 1–6. Der folgende Grundsatz gilt bei zwei Arten von Bevollmächtigten. 22

A. Grundsatz: Zulässigkeit. Auch im Verfahren vor dem Patentgericht und dem BGH kommt eine Verfahrenskostenhilfe nach §§ 129 ff PatG, § 82 I 1 MarkenG (nur betr Patentgericht) in Betracht. Nach § 133 PatG kann das Gericht nach der Wahl des Beteiligten einen Patentanwalt oder einen Rechtsanwalt beiordnen. Im Rechtsbeschwerdeverfahren vor dem BGH kommt allerdings nach § 138 III PatG nur die Beiordnung eines dort zugelassenen Anwalts in Betracht.

B. Rechtsanwalt. Für die Erstattung der Kosten eines beigeordneten Anwalts sind §§ 45 ff anwendbar. Das ergibt sich aus den inzwischen mehrfach geänderten § 1 Z 1, 2, §§ 8, 9 G vom 18. 7. 53, BGBl 654. Die Staatskasse haftet bei einer Herabsetzung des Streitwerts nach § 142 MarkenG, § 144 PatG dem Anwalt nicht nach dem herabgesetzten, sondern nach dem ursprünglichen vollen Streitwert. 23

C. Patentanwalt. Für die Erstattung der Gebühr des beigeordneten Patentanwalts in einer Patentstreitsache gilt die Regelung der §§ 45 ff entsprechend. 24

Nr.	Gebührentatbestand	Gebühr oder Satz der Gebühr nach § 13 RVG
3511	Verfahrensgebühr für das Verfahren über die Beschwerde gegen die Nichtzulassung der Berufung vor dem Landessozialgericht, wenn Betragsrahmengebühren entstehen (§ 3 RVG) .... Die Gebühr wird auf die Verfahrensgebühr für ein nachfolgendes Berufungsverfahren angerechnet.	50,00 bis 570,00 EUR

1) Gebührenhöhe. § 14 ist anwendbar. Die Mittelgebühr beträgt 310 EUR. 1
2) Anrechnung, amtliche Anmerkung: Sie erfolgt auf eine Verfahrensgebühr VV 3204. 2

Nr.	Gebührentatbestand	Gebühr oder Satz der Gebühr nach § 13 RVG
3512	Verfahrensgebühr für das Verfahren über die Beschwerde gegen die Nichtzulassung der Revision vor dem Bundessozialgericht, wenn Betragsrahmengebühren entstehen (§ 3 RVG) .... Die Gebühr wird auf die Verfahrensgebühr für ein nachfolgendes Revisionsverfahren angerechnet.	80,00 bis 800,00 EUR

1) Gebührenhöhe. § 14 ist anwendbar. Die Mittelgebühr beträgt 440 EUR. 1
2) Anrechnung, amtliche Anmerkung. Sie erfolgt auf eine Verfahrensgebühr VV 3212. 2

Nr.	Gebührentatbestand	Gebühr oder Satz der Gebühr nach § 13 RVG
3513	Terminsgebühr in den in Nummer 3500 genannten Verfahren	0,5

1) Systematik. VV 3514 hat den Vorrang. 1
2) Geltungsbereich. Die Terminsgebühr entsteht nach der amtlichen Vorbemerkung 3 III unter den dortigen Voraussetzungen. Sie entsteht auch im Abhilfeverfahren vor dem Gericht der Vorinstanz. Die Terminsgebühr kann nach der amtlichen 2

VV 3513–3518, Vorbem 4   Vergütungsverzeichnis

Vorbemerkung 3 III Hs 2 auch dann entstehen, wenn der Anwalt an einer Besprechung mit einem anderen als dem Auftraggeber zwecks einer Vermeidung oder Erledigung des Beschwerde- oder Erinnerungsverfahrens ohne eine Beteiligung des erstinstanzlichen Gerichts oder des Beschwerdegerichts mitwirkt. Das alles gilt auch im verwaltungsgerichtlichen Verfahren, OVG Hbg NVwZ-RR **94**, 300, OVG Münst JB **88**, 476. Es findet keine Herabsetzung wegen einer vorzeitigen Auftragsbeendigung statt.

Nr.	Gebührentatbestand	Gebühr oder Satz der Gebühr nach § 13 RVG
3514	Das Beschwerdegericht entscheidet über eine Beschwerde gegen die Zurückweisung des Antrags auf Anordnung eines Arrests oder Erlass einer einstweiligen Verfügung durch Urteil: Die Gebühr 3513 beträgt	1,2
3515	Terminsgebühr in den in Nummer 3501 genannten Verfahren	15,00 bis 160,00 EUR

Zu VV 3514, 3515:

1   1) **Gebührenhöhe.** Bei VV 3515 ist § 14 anwendbar. Die Mittelgebühr beträgt 87,50 EUR.

Nr.	Gebührentatbestand	Gebühr oder Satz der Gebühr nach § 13 RVG
3516	Terminsgebühr in den in Nummer 3502, 3504, 3506 und 3510 genannten Verfahren	1,2

Vorbem. Änderung dch Art 17 Z 4g G v 9. 12. 04, BGBl 3220, in Kraft seit 1. 1. 05, Art 22 S 2 G, Übergangsrecht § 60 RVG.

1   1) **Terminsnotwendigkeit.** Die Terminsgebühr entsteht nur dann, wenn ausnahmsweise eine mündliche Verhandlung über die Nichtzulassungsbeschwerde stattfindet, BGH FamRZ **07**, 637 links oben.

Nr.	Gebührentatbestand	Gebühr oder Satz der Gebühr nach § 13 RVG
3517	Terminsgebühr in den in Nummer 3511 genannten Verfahren	12,50 bis 215,00 EUR

1   1) **Gebührenhöhe.** § 14 ist anwendbar. Die Mittelgebühr beträgt 113,75 EUR.

Nr.	Gebührentatbestand	Gebühr oder Satz der Gebühr nach § 13 RVG
3518	Terminsgebühr in den in Nummer 3512 genannten Verfahren	20,00 bis 350,00 EUR

1   1) **Gebührenhöhe.** § 14 ist anwendbar. Die Mittelgebühr beträgt 185 EUR.

Teil 4. Strafsachen

(Amtliche) Vorbemerkung 4:

[1] Für die Tätigkeit als Beistand oder Vertreter eines Privatklägers, eines Nebenklägers, eines Einziehungs- oder Nebenbeteiligten, eines Verletzten, eines

Zeugen oder Sachverständigen und im Verfahren nach dem Strafrechtlichen Rehabilitierungsgesetz sind die Vorschriften entsprechend anzuwenden.

II Die Verfahrensgebühr entsteht für das Betreiben des Geschäfts einschließlich der Information.

III [1]Die Terminsgebühr entsteht für die Teilnahme an gerichtlichen Terminen, soweit nichts anderes bestimmt ist. [2]Der Rechtsanwalt erhält die Terminsgebühr auch, wenn er zu einem anberaumten Termin erscheint, dieser aber aus Gründen, die er nicht zu vertreten hat, nicht stattfindet. [3]Dies gilt nicht, wenn er rechtzeitig von der Aufhebung oder Verlegung des Termins in Kenntnis gesetzt worden ist.

IV Befindet sich der Beschuldigte nicht auf freiem Fuß, entsteht die Gebühr mit Zuschlag.

V Für folgende Tätigkeiten entstehen Gebühren nach den Vorschriften des Teils 3:

1. im Verfahren über die Erinnerung oder die Beschwerde gegen einen Kostenfestsetzungsbeschluss (§ 464b StPO) und im Verfahren über die Erinnerung gegen den Kostenansatz und im Verfahren über die Beschwerde gegen die Entscheidung über diese Erinnerung,

2. in der Zwangsvollstreckung aus Entscheidungen, die über einen aus der Straftat erwachsenen vermögensrechtlichen Anspruch oder die Erstattung von Kosten ergangen sind (§§ 406b, 464b StPO), für die Mitwirkung bei der Ausübung der Veröffentlichungsbefugnis und im Beschwerdeverfahren gegen eine dieser Entscheidungen.

Abschnitt 1. Gebühren des Verteidigers

(Amtliche) Vorbemerkung 4.1:

I Dieser Abschnitt ist auch anzuwenden auf die Tätigkeit im Verfahren über die im Urteil vorbehaltene Sicherungsverwahrung und im Verfahren über die nachträgliche Anordnung der Sicherungsverwahrung.

II [1]Durch die Gebühren wird die gesamte Tätigkeit als Verteidiger entgolten. [2]Hierzu gehören auch Tätigkeiten im Rahmen des Täter-Opfer-Ausgleichs, soweit der Gegenstand nicht vermögensrechtlich ist.

Schrifttum: *Burhoff,* RVG in Straf- und Bußgeldsachen, 2. Aufl 2007; *Madert,* Rechtsanwaltsvergütung in Straf- und Bußgeldsachen, 5. Aufl 2004.

Unterabschnitt 1. Allgemeine Gebühren

Nr.	Gebührentatbestand	Gebühr oder Satz der Gebühr nach § 13 oder § 49 RVG	
		Wahlanwalt	gerichtlich bestellter oder beigeordneter Rechtsanwalt
4100	Grundgebühr	30,00 bis 300,00 EUR	132,00 EUR
	I Die Gebühr entsteht für die erstmalige Einarbeitung in den Rechtsfall nur einmal, unabhängig davon, in welchem Verfahrensabschnitt sie erfolgt. II Eine wegen derselben Tat oder Handlung bereits entstandene Gebühr 5100 ist anzurechnen.		
4101	Gebühr 4100 mit Zuschlag	30,00 bis 375,00 EUR	162,00 EUR

VV 4100, 4101 Vergütungsverzeichnis

Zu VV 4100, 4101:

Gliederung

1) Systematik	1, 2
2) Regelungszweck	3, 4
3) Sachlicher Geltungsbereich: Ersteinarbeitung	5–7
A. Einmaligkeit	5
B. Information	6, 7
4) Gebührenhöhe ohne Zuschlag, VV 4100	8, 9
A. Wahlanwalt	8
B. Bestellter oder beigeordneter Anwalt	9
5) Zuschlag: Nicht auf freiem Fuß, VV 4101	10–12
6) Kostenerstattung	13

1 **1) Systematik.** Wie im Teil 5 (Bußgeldsachen, VV 5100) erhält der Anwalt als Verteidiger auch in Strafsachen aller Arten und Verfahrensabschnitte eine Grundgebühr zur Abgeltung der auftragsgemäß erhaltenen Information und seiner ersten Einarbeitung, amtliche Anmerkung I Hs 1.

Sie entsteht nach der amtlichen Anmerkung I nur einmal dann, wenn die auftragsgemäße Tätigkeit gerade als Vollverteidiger beginnt, Köln JB **07**, 484, AG Kblz JB **06**, 366. Das gilt grundsätzlich unabhängig davon, in welchem *Verfahrensabschnitt* die letztere erfolgt, amtliche Anmerkung I Hs 2, Ffm NJW **05**, 378 (auch zur Ausnahme beim Übergangsrecht). Es gilt auch unabhängig davon, vor welchem Gericht das Verfahren etwa schon anhängig ist oder werden kann. Die Grundgebühr entsteht ferner unabhängig davon, ob eine Verfahrensgebühr und/oder eine Terminsgebühr hinzutreten und ob die erstere für einen ganzen Verfahrensabschnitt entsteht, VV 4104, 4106 usw. Sie entsteht auch unabhängig davon, ob zusätzliche Gebühren nach VV 4140, 4141 entstehen. Denn sie ist nach der amtlichen Überschrift des Unterabschnitts 1 eine „allgemeine Gebühr". Wegen des Vorrangs des Teils 3 vgl die amtliche Vorbemerkung 4 V Z 1, 2. Im übrigen gilt Teil 1, soweit nicht Teil 4 speziellere Regeln nennt. Nach der amtlichen Vorbemerkung 4 I gilt Teil 4 auch für den Anwalt eines Zeugen, Hamm JB **08**, 84. Auch der Anwalt eines Zeugenbeistands zählt hierher, Mü JB **08**, 367.

2 *Nicht erfaßt* ist die Anwaltstätigkeit nach Abschnitt 2 (Strafvollstreckung), Schlesw JB **05**, 252, oder nach Abschnitt 3 (Einzeltätigkeiten). Denn die Grundgebühr steht nur im Abschnitt 1 und dort sogar nur im Unterabschnitt 1. Daran ändert auch dessen bei einer isolierten Betrachtung irreführende Überschrift „Allgemeine Gebühren" nichts. Abschnitte 2, 3 stehen gleichrangig neben Abschnitt 1 und nicht etwa im Rang unter diesem. Für Tätigkeiten nur nach Abschnitt 2 oder 3 erhält der Anwalt also keine Grundgebühr, ebensowenig wie in den Fällen der amtlichen Vorbemerkung 4 V Z 1, 2. Denn sie verweisen auf Teil 3. Keine Grundgebühr erhält derjenige Anwalt, den das Gericht nur den Vertreter des Verteidigers oder Beistands des Nebenklägers für einen Tag der Hauptverhandlung beigeordnet hat, Celle Rpfleger **06**, 669, KG JB **05**, 536, aM Karlsr Rpfleger **08**, 664.

3 **2) Regelungszweck.** Die Einführung einer Grundgebühr macht das Gesetz keineswegs einfacher. Indessen ist der begrüßenswerte Wille erkennbar, die Mühe des Anwalts selbst dann angemessen zu vergüten, wenn sich an die Einholung der Erstinformation sowie an die auftragsgemäße Ersteinarbeitung und an den Aufwand bis zum Mandatsende keine nennenswerte Tätigkeit mehr anschließt, Jena Rpfleger **05**, 277. Denn der Anwalt könnte sonst als Wahlanwalt vor dem Beginn der auftragsmäßen Verteidigertätigkeit oder als bestellter oder beigeordneter Anwalt vor diesen Maßnahmen des Gerichts ohne eine gesetzliche Regelung gar keine Verteidigervergütung fordern, wenn auch evtl eine Beratervergütung nach § 34. Er würde dann evtl eine erhebliche auftragsgemäße Erstarbeit umsonst leisten müssen, etwa eine erste Akteneinsicht, Marberth-Kubicki AnwBl **04**, 572.

Ob freilich eine Grundgebühr schon für die Ersteinarbeitung auch dann anfallen kann, wenn der Mandant einen Auftrag erkennbar noch nicht erteilen, sondern erst einmal zB das *Kostenrisiko* abschätzen möchte, das ist eine weitere Frage.

4 *Kostenloser Voranschlag* von Chancen und Kosten- und/oder Sach-Risiken darf ebensowenig zu einer Ausnutzung des Anwalts wie zu einer solchen des möglichen Mandanten führen. Das muß man bei der Handhabung und Auslegung der Vorschriften zur Grundgebühr unbedingt mitbeachten.

Man kann die Grenzen nur bei einer Mitanwendung auch des *Zumutbarkeitsgedankens* als eines allgemeinen Rechtsprinzips brauchbar ziehen. Kein Mandant kann vom Anwalt vor einer Auftragserteilung eine umfangreiche Arbeit ohne jede Honorarchance erwarten. Kein Anwalt kann verlangen, daß sich ein Besucher schon nach der zweiten oder fünften Minute des Erstgesprächs dazu entschließen kann, alle weiteren Minuten bereits nicht ganz unbeträchtlich bezahlen zu müssen, selbst wenn er dann unverschuldet doch keinen Auftrag erteilt. Würde und Anstand müssen helfen, die richtige Linie zur Grundgebühr zu finden. Streng genommen hängt schon das Ob einer Grundgebühr von der Beantwortung der vorstehenden Fragen ab. In der Praxis empfiehlt sich aber eine Abwägung erst bei der Gebührenhöhe, Rn 8.

3) Sachlicher Geltungsbereich: Ersteinarbeitung. Man muß mehrere Aspekte 5 beachten. Die Ersteinarbeitung muß nach dem 30. 6. 04 begonnen haben, LG Kblz JB **05**, 649.

A. Einmaligkeit. Die Grundgebühr entsteht grundsätzlich für jeden Anwalt desselben Auftraggebers je „Rechtsfall nur einmal", amtliche Anmerkung I Hs 1, Rn 1. Das gilt unabhängig davon, in welchem Verfahrensabschnitt der Anwalt tätig ist, amtliche Anmerkung I Hs 2, Rn 1. Diese Begrenzung gilt nicht etwa nur innerhalb der jeweiligen Instanz und auch nicht etwa nur innerhalb derselben Tätigkeitsart. Sie gilt vielmehr innerhalb derselben Strafsache vom Beginn des Ermittlungsverfahrens bis zum Ende der Revisionsinstanz bzw des Wiederaufnahmeverfahrens, also im gesamten Abschnitt 1 des Teils 4, mithin von VV 4100 bis VV 4146. Denn sie leitet diesen Abschnitt ein. Sie gilt daher nicht nur für den Verteidiger. Ihn nennt die amtliche Überschrift des Abschnitts 1. Sie gilt auch für den Beistand und Vertreter eines Privatklägers usw. Ihn stellt der amtliche Vorbemerkung 4 I dem Verteidiger kostenrechtlich gleich. Sie entsteht nach einer Verfahrenstrennung nicht nochmals.

B. Information. Der Anwalt erhält die Grundgebühr nur nach der Annahme des 6 Auftrags. Er erhält sie dann aber schon für die auftragsgemäße Entgegennahme oder Beschaffung der Erstinformation, Jena Rpfleger **05**, 277. Denn mit ihr beginnt die auftragsgemäße Ersteinarbeitung, amtliche Anmerkung I Hs 1. Damit ist der Arbeitsaufwand ab der Annahme des Auftrags beim Erstgespräch gemeint, Jena Rpfleger **05**, 277, auch die erste Akteneinsicht nach § 147 StPO, Jena Rpfleger **05**, 277. Demgegenüber fallen die erst nach der Auftragsannahme eingeholten oder erbetenen oder erhaltenen weiteren Informationen evtl bereits unter die Vergütung für die in VV 4102 ff genannten Tätigkeitsarten, aM Marberth-Kubicki AnwBl **04**, 572. Das ergibt sich aus der amtlichen Vorbemerkung 4 II wegen der jeweiligen Verfahrensgebühr oder aus der amtlichen Vorbemerkung 4.1 I für alle Gebühren.

Ergänzend kann in den Fällen VV 4102 eine Terminsgebühr entstehen. Über ihr 7 Verhältnis zu den übrigen Terminsgebühren VV 4108 usw vgl bei VV 4102.

4) Gebührenhöhe ohne Zuschlag, VV 4100. Die Grundgebühr entsteht unab- 8 hängig von dem Rang des Strafgerichts. Sie entsteht nach der amtlichen Anmerkung II Hs 1 je „Rechtssache", also je Ermittlungsverfahren. Sie kann daher vor einer Verbindung in jeder später verbundenen Sache entstehen, Marberth-Kubicki AnwBl **04**, 572. Bei einer Trennung entstehen aber keine neuen Grundgebühren für den schon vorher tätig gewordenen Anwalt. Eine Anrechnung erfolgt nach der amtlichen Anmerkung II mit der etwa wegen derselben Tat oder Handlung bereits nach VV 5100 entstandenen Gebühr, etwa dann, wenn zunächst nur eine Ordnungswidrigkeit vorgelegen haben. Man muß mehrere Merkmale unterscheiden.

A. Wahlanwalt. Bei ihm ist die Grundgebühr eine Betragsrahmengebühr nach Einl II A 12. Stets ist bei ihm daher § 14 mitbeachtlich. In seinem Rahmen ist die Abwägung Rn 3, 4 praktischerweise am ehesten zufriedenstellend möglich. Freilich entsteht dann bei ihm wenigstens eine Mindestgebühr. Das ist aber auch bei einem nur geringen Anwaltsaufwand vertretbar. Eine solche Mindestvergütung ist heutzutage ja z B auch bei vielen Handwerkern sogar schon im Stadium der Vertragsanbahnung üblich. Allerdings steht der Wahlanwalt bei einer bloßen Mindestgebühr wesentlich schlechter da als ein bestellter oder beigeordneter Anwalt. Das muß man im Rahmen der Abwägung nach § 14 mitbeachten.

Die *Mittelgebühr* beträgt ohne Zuschlag 165 EUR. Eine Anrechnung der Gebühr VV 5100 ist möglich, amtliche Anmerkung II.

9 **B. Bestellter oder beigeordneter Anwalt.** Er erhält eine Festgebühr. Billigt man ihm also bei der Erwägung Rn 3, 4 überhaupt eine Grundgebühr zu, entsteht sie auch ohne Zuschlag in Höhe von immerhin 132 EUR. Der Pflichtverteidiger kann auf die Grundgebühr ganz oder teilweise verzichten. § 49b I BRAO steht nicht entgegen, Bbg NJW **06**, 1536.

10 **5) Zuschlag: Nicht auf freiem Fuß, VV 4101.** Er kommt sowohl beim Wahlanwalt infrage (Erhöhung des Gebührenrahmens, Mittelgebühr beim Wahlanwalt 202,50 EUR), als auch beim bestellten oder beigeordneten Anwalt (Erhöhung der Festgebühr auf 162 EUR). Die Voraussetzungen eines Zuschlags ergeben sich aus der amtlichen Vorbemerkung 4 IV. Danach steht dem Anwalt dann ein Zuschlag ohne ein Ermessen des Gerichts dann zu, wenn sich der Auftraggeber in dem fraglichen Verfahrensabschnitt nicht auf freiem Fuß befindet. Beim Nebenklägervertreter muß gerade dessen Auftraggeber inhaftiert sein, Düss JB **06**, 535, Hamm Rpfleger **07**, 502 (andernfalls gilt § 14 allein).

11 *Auf freiem Fuß* ist auch derjenige, den eine vorläufige Festnahme erfolgt ist, KG JB **07**, 643, oder gegen den zwar ein Haftbefehl besteht, dessen Vollzug das Gericht aber ausgesetzt hat oder der sich freiwillig einer stationären Therapie außerhalb einer geschlossenen Anstalt oder mit einer jederzeit offenbleibenden Freigangsmöglichkeit unterzieht, AG Kblz JB **07**, 82, aM LG Wuppert JB **09**, 533; oder der sich im offenen Vollzug befindet, KG JB **07**, 644. Nicht auf freiem Fuß ist auch der betreuungsrechtlich gegen seinen Willen in einer geschlossenen Anstalt Untergebrachte, AG Lippstadt JB **00**, 640. Es kommt auf die Lage im Zeitpunkt noch nicht bis zur Übernahme des Auftrags an, aM Marberth-Kubicki AnwBl **04**, 572 (aber erst eine Tätigkeit löst eine Gebühr aus). Vielmehr ist maßgeblich der freilich meist unmittelbar auf die Auftragsübernahme folgende Zeitpunkt des Beginns jeder auftragsgemäßen Tätigkeit des Verteidigers an, bei VV 4101 also auch zB die Entgegennahme der Information und der Beginn der sonstigen Ersteinarbeitung.

Befindet sich der Angeklagte während der auftragsgemäßen Tätigkeit des Anwalts *zeitweise* nicht auf freiem Fuß, so ist (jetzt) VV 4101 anwendbar, (je zum alten Recht) Düss JB **99**, 193 (Haft bei Beauftragung, frei bei Verhandlung), KG JB **97**, 247. Denn es kommt auf die Gesamtabwägung an.

12 Man muß den *Zeitanteil* während der Inhaftierung angemessen berücksichtigen, großzügiger Düss JB **97**, 473 (abl Enders). Manche lassen es unerheblich, ob der Beschuldigte gerade in *dieser* Sache inhaftiert ist, (je zum alten Recht) BVerfG Rpfleger **96**, 124, Saarbr Rpfleger **97**, 275, LG Köln JB **95**, 640.

13 **6) Kostenerstattung.** Sie richtet sich nach §§ 464a ff StPO, LG Bochum JB **07**, 38, LG Kblz JB **09**, 198.

Nr.	Gebührentatbestand	Gebühr oder Satz der Gebühr nach § 13 oder § 49 RVG	
		Wahlanwalt	gerichtlich bestellter oder beigeordneter Rechtsanwalt
4102	Terminsgebühr für die Teilnahme an 1. richterlichen Vernehmungen und Augenscheinseinnahmen, 2. Vernehmungen durch die Staatsanwaltschaft oder eine andere Strafverfolgungsbehörde, 3. Terminen außerhalb der Hauptverhandlung, in denen über die Anordnung oder Fortdauer der Untersuchungshaft oder der einstweiligen Unterbringung verhandelt wird, 4. Verhandlungen im Rahmen des Täter-Opfer-Ausgleichs sowie		

Nr.	Gebührentatbestand	Gebühr oder Satz der Gebühr nach § 13 oder § 49 RVG	
		Wahlanwalt	gerichtlich bestellter oder beigeordneter Rechtsanwalt
	5. Sühneterminen nach § 380 StPO ..... ¹Mehrere Termine an einem Tag gelten als ein Termin. ²Die Gebühr entsteht im vorbereitenden Verfahren und in jedem Rechtszug für die Teilnahme an jeweils bis zu drei Terminen einmal.	30,00 bis 250,00 EUR	112,00 EUR
4103	Gebühr 4102 mit Zuschlag	30,00 bis 312,50 EUR	137,00 EUR

Zu VV 4102, 4103:

Gliederung

1) Systematik	1–4
2) Regelungszweck	5
3) Terminsarten, VV 4102 Z 1–5	6
4) Gerichtlicher Vernehmungs- oder Augenscheinstermin, Z 1	7–13
A. Vernehmung	8
B. Augenschein	9
C. Termin	10
D. Erscheinen	11
E. Teilnahme	12
F. Tag	13
5) Staatsanwaltschaftlicher Vernehmungstermin usw, Z 2	14
6) Haftermin außerhalb Hauptverhandlung, Z 3	15
7) Täter-Opferausgleich, Z 4	16
8) Sühnetermin, Z 5	17
9) Gebührenhöhe	18
10) Kostenerstattung	19

1) Systematik. Terminsgebühren sind wesentliche Bestandteile der Gesamtvergütung des Anwalts nach dem RVG. Auch Teil 4 nennt eine ganze Reihe von Terminsgebühren. Es überrascht daher zunächst, daß eine solche Gebühr zusätzlich im Abschnitt „Allgemeine Gebühren" auftaucht. Das scheint teilweise überflüssig. Die Erklärung gibt aber der Text von VV 4102. Danach entsteht die in diesem Unterabschnitt genannte Terminsgebühr in Wahrheit nur für einen der dort unter Z 1–5 abschließend aufgezählten Termine außerhalb einer Hauptverhandlung in einem beliebigen Verfahrensabschnitt.   **1**

Außerhalb heißt nicht etwa: nur vor oder nach der Hauptverhandlung. Vielmehr kann einer der bei VV 4102, 4103 genannten Termine *auch während* des Haupt*verfahrens*, außerhalb der Haupt*verhandlung* stattfinden, etwa ein besonderer Haftprüfungstermin. Indessen entsteht die Terminsgebühr VV 4102, 4103 nicht etwa zusätzlich zu derjenigen Terminsgebühr, die der Anwalt zB nach VV 4108, 4109 verdient. Denn die letztere entsteht nur während der Hauptverhandlung.   **2**

Unanwendbar sind VV 4102, 4103 auch, soweit der Anwalt nicht gerade als der Verteidiger oder als ein ihm gleichgestellter Beistand oder Vertreter tätig wird. Denn dann gilt der ganze Abschnitt 1 „Gebühren des Verteidigers" überhaupt nicht, sondern nur Abschnitt 2. Dieser Abschnitt enthält keinen Unterabschnitt 1 „Allgemeine Gebühren". Natürlich können auch dort Terminsgebühren entstehen, aber eben nur unter den dortigen Voraussetzungen VV 4202, 4203, 4206, 4207. Der Abschnitt 3 bringt überhaupt keine Terminsgebühr.   **3**

Die Hauptverhandlung läßt jedenfalls keine Gebühr VV 4102, 4103 entstehen. Denn dann gelten die spezielleren Terminsgebühren VV 4108, 4109 usw. Sie entstehen ja „je Hauptverhandlungstag."   **4**

5   **2) Regelungszweck.** Die Terminsgebühr entsteht zwar in erster Linie für die Teilnahme an einem Termin, amtliche Vorbemerkung 4 III 1. Nach ihrem S 2 entsteht sie aber auch schon für das bloße Erscheinen zu einem dann gar nicht stattfindenden Termin. Das gilt natürlich nur dann, wenn der Anwalt bis zum Erscheinen nichts von der Terminsabsetzung wissen konnte, amtliche Vorbemerkung 4 III 3. In Wahrheit liegt der Grund für solche besondere Vergütung also zumindest auch in der Mühe der Vorbereitung auf einen Termin. Erst unter einer Mitbeachtung der Verantwortung zur *Vorbereitung* und sodann der Teilnahme läßt sich der volle Regelungszweck erkennen. Demgemäß muß man die Vorschriften handhaben. Die Vorbereitung wie die Teilnahme können sich auch bei einer sorgfältigen Arbeit in einem nur geringen Aufwand mit wenig mehr Mühe als einem aufmerksamen Zuhören erschöpfen. Sie können aber auch einen ganz außergewöhnlich hohen Einsatz fordern, etwa bei demjenigen Mandanten, der unter dem frischen Haftbefehl zusammenzubrechen droht, zumal wenn man ihn in bedenklicher Weise behandelt hat.

6   **3) Terminsarten, VV 4102 Z 1–5.** Jede der amtlich abschließend genannten Terminsarten löst eine Terminsgebühr aus. Es können mehrere Terminsarten zusammentreffen. Es kann dieselbe Terminsart mehrfach stattfinden. Es kann schließlich eine Kombination dieser beiden Situationen eintreten. Das alles kann sich außerhalb oder vor oder nach einem Hauptverhandlungstermin ereignen, Rn 2. In jedem dieser Fälle kann eine gesonderte Terminsgebühr VV 4102, 4103 entstehen. Nach der amtlichen Vorbemerkung 4 III 2, 3 entsteht die Terminsgebühr evtl trotz des Wegfalls eines zunächst anberaumten Termins.

7   **4) Gerichtlicher Vernehmungs- oder Augenscheinstermin, Z 1.** Es genügt das Erscheinen zum oder die Teilnahme am richterlichen Vernehmungs- oder Augenscheinstermin außerhalb der Hauptverhandlung. Auch die Vernehmung eines Zeugen oder sonstigen Beteiligten reicht aus, etwa diejenige eines erst als Zeuge in Betracht kommenden Nachbarn.

8   **A. Vernehmung.** Das ist derselbe Begriff wie in der StPO, zB dort §§ 161a, 163a. Die Form der Vernehmung ist unerheblich, solange gerade ein Richter sie vornimmt und solange sie im Weg eines Termins stattfindet. Auch der Termin vor dem beauftragten oder ersuchten Richter zählt hierher.

9   **B. Augenschein.** Das ist die unmittelbare Sinneswahrnehmung, eine Kenntnisnahme von der äußeren Beschaffenheit einer Sache, eines Menschen oder Tieres oder eines Vorgangs. Eine Kenntnisnahme vom Inhalt eines Schriftstücks ist ein Urkundenbeweis. Eine Kenntnisnahme von der Bekundung eines Menschen ist ein Zeugenbeweis oder Sachverständigenbeweis. Der Unterschied liegt darin, daß der Augenschein im Schwerpunkt nicht einen gedanklichen Inhalt übermittelt, Redeker NJW 84, 2394. Der Augenschein kann alle Sinne beanspruchen, auch diejenigen eines blinden Richters, Ffm FGPrax **95**, 101, Schulze MDR **95**, 670.

10 **C. Termin.** Das ist ein im voraus bestimmter Zeitpunkt und Ort, mag die Bestimmung auch äußerst kurzfristig erfolgt sein, etwa nur wenige Minuten vorher. Auch eine Videovernehmung nach der Art einer Videoverhandlung nach § 130a ZPO mag ausreichen, auch eine solche per UMTS-Technik usw. Auch eine formfehlerhafte Vernehmung bleibt eine Vernehmung. Dasselbe gilt beim Augenschein. Die Dauer ist für das Entstehen der Terminsgebühr unerheblich. Die Dauer wird natürlich bei der Bemessung der Gebührenhöhe beachtlich.

11 **D. Erscheinen.** Ein solches im Sinn der amtlichen Vorbemerkung 4 III 2 zum dann nicht stattfindenden Termin ist das körperliche Eintreffen mit dem Ziel einer Teilnahme, Mü NJW **08**, 1607. Der Wegfall des Termins ohne ein Verschulden des Erschienenen beeinträchtigt die Terminsgebühr nicht, LG Bonn JB **07**, 590, LG Osnabr JB **08**, 649. Nicht ausreichend ist die ahnungslose zufällige Ortsanwesenheit aus einem anderen Anlaß. Nicht ausreichend ist der Weg zum Termin (Gericht), Mü NJW **08**, 1607. Nicht ausreichend ist ferner das körperliche Eintreffen gerade erwecks einer Nichtteilnahme oder im Fall der amtlichen Vorbemerkung 4 III 3. Das darf man freilich nicht verwechseln mit dem Eintreffen zur möglichen Verhinderung des Termins über eine bloße Feststellung der Anwesenheit usw hinaus. Bei einer Video-

konferenz und dergleichen mag der Anwalt auch ohne seine körperliche Anwesenheit teilnehmen wollen und können.

E. Teilnahme. Sie kann sich im auftragsgemäßen aufmerksamen stillen Zuhören 12 erschöpfen. Es genügt, daß der Vernehmende wenigstens einen Beteiligten zur Person oder Sache anspricht, sei es durch eine Frage, einen Vorhalt, eine Geste, das Abspielen eines Tonbands usw. Eine Gegenäußerung des Vernommenen ist ebensowenig erforderlich wie eine solche des Anwalts. Das bloße Dasitzen ohne ein auftragsgemäßes Zuhören ist keine Teilnahme. Ein unziemliches Verhalten, eine Androhung von Ordnungsmitteln und dergleichen ändern nichts an der Teilnahme. Wer sich entfernt oder entfernt wird, nimmt bis zum Wiedereintreffen und befugten Wiederzuhören nicht an der Vernehmung teil.

F. Tag. Das ist jeder Kalendertag von 0-24 Uhr, unabhängig von seinem Charak- 13 ter. Jeder derart angebrochene Tag zählt voll. Mehrere Termine an demselben Tag gelten als nur *ein* Termin, VV 4102 amtliche Anmerkung S 1. Nach der amtlichen Anmerkung S 2 entsteht die Terminsgebühr im vorbereitenden Verfahren und in jedem Rechtszug für die Teilnahme an jeweils bis zu drei Tagen einmal.

5) Staatsanwaltschaftlicher Vernehmungstermin usw, Z 2. Die Regeln Rn 7– 14 10 gelten ebenso bei einem Vernehmungstermin vor der Staatsanwaltschaft oder vor der Polizei oder vor einer anderen Strafverfolgungsbehörde, etwa vor dem Finanzamt, soweit gerade ein Straftatverdacht und nicht nur der Verdacht einer Ordnungswidrigkeit zum Termin geführt hat und soweit der Verteidiger am Termin teilnehmen darf und teilnimmt. Bei einem Straftatverdacht bleibt es unerheblich, ob sich dieser Verdacht bestätigt oder nicht.

6) Hafttermin außerhalb Hauptverhandlung, Z 3. Eine Vergütung erfolgt 15 auch für das Erscheinen zu oder für die Teilnahme an einem solchen Termin, in dem eine Verhandlung über die Anordnung oder Fortdauer der Untersuchungshaft stattfindet, soweit die außerhalb der Hauptverhandlung geschieht, Rn 2,4. Es reicht also ein zusätzlicher Haftprüfungstermin im Hauptverfahren aus, solange eben die eigentliche Hauptverhandlung noch nicht oder nicht mehr läuft. Er mag auch noch einem anderen Zweck dienen, solange er eben nicht im Rahmen der Hauptverhandlung abläuft. Untersuchungshaft ist dasselbe wie bei §§ 112 ff StPO. Wegen der Begriffe Termin Rn 8, Erscheinen Rn 9, Teilnahme, Tag Rn 10. Ein Verhandeln im Termin und nicht nur am Telefon ist erforderlich. Es reicht aber auch bei einer nur kurzen Dauer aus. Eine bloße Verkündung reicht nicht aus, Hamm JB 06, 136, wohl aber eine anschließende Erörterung der Dauer des gerade verkündeten Haftbefehls.

Unanwendbar ist Z 3 bei einem bloßen Verkündungstermin ohne jede Verhandlung auch nur zu einer Nebenfrage wie bei Rn 13, 14, oder bei einem bloßen Antrag auf eine Akteneinsicht und auf eine Aktenübergabe, Hamm JB 06, 641.

7) Täter-Opfer-Ausgleich, Z 4. Eine Vergütung erfolgt ferner für das Erschei- 16 nen zu oder für die Teilnahme an einem Termin zwecks einer Verhandlung im Rahmen des Täter-Opfer-Ausgleichs nach § 155a StPO. Wegen der Begriffe Termin Rn 8, Erscheinen Rn 9, Teilnahme, Tag Rn 10, Verhandeln Rn 12.

Unanwendbar ist Z 4 bei einem bloßen Telefongespräch oder bei einem bloßen Verkündungstermin wie bei Rn 12.

8) Sühnetermin, Z 5. Schließlich kann es um einen Sühnetermin nach § 380 17 StPO gehen. Wegen des Erscheinens Rn 9, wegen der Teilnahme Rn 10, Termin Rn 12.

Unanwendbar ist Z 5 bei einem bloßen Verkündungstermin wie bei Rn 12, 13.

9) Gebührenhöhe. Es gelten dieselben Erwägungen wie bei VV 4100, 4101, dort 18 Rn 8–12. Die Mittelgebühr beträgt beim Wahlanwalt ohne Zuschlag 140 EUR, mit Zuschlag, also unter den Voraussetzungen der amtlichen Vorbemerkung 4 IV (dazu VV 4100, 4101 Rn 10–12), 171,25 EUR. Nach VV 4102 amtliche Anmerkung S 1 gelten mehrere tatsächliche Termine derselben oder unterschiedlichen Arten an demselben Tag gebührenrechtlich als nur ein Termin. Man darf und muß dann aber den erhöhten Arbeitsaufwand im Rahmen von (jetzt) § 14 mitbeachten, Hamm JMBl-NRW 80, 116. Die Terminsgebühr entsteht nach VV 4102 amtliche Anmerkung S 2 im vorbereitenden Verfahren und in jedem Rechtszug für die Teilnahme an jeweils

VV 4102, 4103, Vorbem 4.1.2, 4104, 4105 Vergütungsverzeichnis

bis zu drei Terminen nur einmal. Sie gilt zB einen Beweisantrag mit ab, Hamm JB 06, 591 rechts Mitte.

Die *Zuschlagsgebühr* VV 4103 unterliegt ebenfalls den vorstehenden Regeln VV 4102 amtliche Anmerkung S 1, 2. Es genügt, daß der Beschuldigte an einem Teil der mehreren Termine inhaftiert war.

19 **10) Kostenerstattung.** Sie richtet sich auch hier nach §§ 464a ff StPO.

Unterabschnitt 2. Vorbereitendes Verfahren

(Amtliche) Vorbemerkung 4.1.2:
Die Vorbereitung der Privatklage steht der Tätigkeit im vorbereitenden Verfahren gleich.

Nr.	Gebührentatbestand	Gebühr oder Satz der Gebühr nach § 13 oder § 49 RVG	
		Wahlanwalt	gerichtlich bestellter oder beigeordneter Rechtsanwalt
4104	Verfahrensgebühr .... Die Gebühr entsteht für eine Tätigkeit in dem Verfahren bis zum Eingang der Anklageschrift, des Antrags auf Erlass eines Strafbefehls bei Gericht oder im beschleunigten Verfahren bis zum Vortrag der Anklage, wenn diese nur mündlich erhoben wird.	30,00 bis 250,00 EUR	112,00 EUR
4105	Gebühr 4104 mit Zuschlag	30,00 bis 312,50 EUR	137,00 EUR

Zu VV 4104, 4105:

Gliederung

1) Systematik	1, 2
2) Regelungszweck	3
3) Geltungsbereich	4–10
A. Grundsatz: Pauschale Gesamtabgeltung	5
B. Vorbereitendes Verfahren	6–10
4) Gebührenhöhe	11
5) Kostenerstattung	12

1 **1) Systematik.** Zusätzlich zur stets entstehenden Grundgebühr nach VV 4100, 4101 bringen VV 4104, 4105 im vorbereitenden Verfahren eine Verfahrensgebühr. Zu ihr kann eine einer Terminsgebühr nach VV 4102, 4103 hinzutreten. Das scheint nur bei einer oberflächlichen Prüfung unzulässig. Zwar bestimmt die amtliche Vorbemerkung 4.1 II 1, daß die „gesamte Tätigkeit" des Verteidigers entgolten wird. Eine Verfahrensgebühr scheint den gesamten Verfahrensabschnitt zu erfassen. Indessen spricht die amtliche Vorbemerkung 4.1 II 1 auch von „den Gebühren", also evtl von mehreren. Anders wäre auch gar nicht die Existenz einer Verfahrensgebühr bereits im Unterabschnitt 1 „Allgemeine Gebühren" verständlich. Es bleibt also beim möglichen Nebeneinander der drei strafrechtlichen Arten Grundgebühr, Verfahrensgebühr und Terminsgebühr schon im vorbereitenden Verfahren, KG JB 09, 311 (Hilfsgeltung).

2 *Hinzutreten* können *Zusatzgebühren* nach VV 4141 ff, auch wenn der Beschuldigte nicht während des ganzen vorbereitenden Verfahrens vorläufig festgenommen oder inhaftiert ist, sondern nur während eines Teils der anwaltlichen Tätigkeit. Hinzutreten können aber nicht Einzelgebühren nach VV 4300 ff. Denn die letzteren kommen nur insoweit infrage, als der Anwalt gerade nicht der Verteidiger oder ein ihm nach der amtlichen Vorbemerkung 4 I gleichgestellter Beistand oder Vertreter ist, wie es Abschnitt 1 mit seiner Überschrift „Gebühren des Verteidigers" voraussetzt. VV 1000

kann ebenso bei einer Einigung hinzutreten, wie es ohnehin stets die Vorschriften des Teils 1 und darüber hinaus zB beim Wahlanwalt § 14 tun.

2) Regelungszweck. Es ist eine deutliche Vereinfachung der Vergütung im vorbereitenden Verfahren vorhanden. Die frühere Differenzierung nach der voraussichtlichen späteren Gerichtsordnung ist entfallen. Jede Vereinfachung führt auch zu einer gewissen Vergröberung. Diese ist eine gesetzliche Absicht. Beim Wahlanwalt läßt sich eine ausreichende Differenzierung schon mithilfe des Gebührenrahmens des § 14 erreichen. Beim beigeordneten oder bestellten Anwalt enthält das Gesetz ja im gesamten Teil 4 nur noch Festgebühren. Auch sie sind immerhin noch durch die Einführung eines Zuschlags bei allen Gebühren unter den Voraussetzungen der amtlichen Vorbemerkung 4 IV differenziert. Man darf diese ganze Regelung wegen ihres Vereinfachungszwecks auch entsprechend handhaben und muß sie keineswegs durch zusätzliche Ziselierungen erschwerend auslegen. 3

3) Geltungsbereich. Den in der Überschrift des Unterabschnitts 2 genannten Oberbegriff des von VV 4104, 4105 erfaßten Abschnitts des Strafverfahrens umschreibt die amtliche Anmerkung zu VV 4104 verbindlich. Dabei kommt es nicht auf den Rang des bevorstehenden, drohenden oder möglichen Strafgerichts an, Rn 2. 4

A. Grundsatz: Pauschale Gesamtabgeltung. VV 4104, 4105 umfassen nach der amtlichen Vorbemerkung 4 II das Betreiben des Geschäfts einschließlich der Information. Sie entstehen also bereits mit deren auftragsgemäßer Entgegennahme. Freilich fällt die Erstinformation bei der „erstmaligen Einarbeitung" nach VV 4100 amtliche Anmerkung I Hs 1 unter die Grundgebühr VV 4100. Daher meint die amtliche Vorbemerkung II nur die nachfolgende weitere Information. 5

VV 4104, 4105 umfassen ferner nach der amtlichen Vorbemerkung 4.1 II 1: Die *gesamte* Verteidigertätigkeit, die Sammlung der Beweismittel; jede Ermittlung, Köln JB **09**, 255 (auch zu einer Ausnahme), also jede Antragstellung; ein Prozeßkostenhilfeantrag nebst dem zugehörigen Verfahren; jede Einreichung eines Schriftsatzes oder einer Erklärung; eine Besprechung mit dem Beschuldigten, LG Hanau AnwBl **84**, 263, oder mit einer Behörde; eine solche weitere Akteneinsicht, die sich an die evtl unter VV 4100 fallende erste anschließt, Marberth-Kubicki AnwBl **04**, 572; eine etwa erfolglose Bemühung um sie oder um eine außergerichtliche Einigung; einen Besuch in der Untersuchungshaftanstalt; die Tätigkeit im Haftprüfungsverfahren ohne die Vertretung im Haftprüfungstermin. Die letztere fällt unter VV 4102 Z 3.

Eine *Terminsgebühr* kann neben VV 4104, 4105 unter den Voraussetzungen VV 4102, 4103 entstehen.

B. Vorbereitendes Verfahren. Das vorbereitende Verfahren beginnt mit dem Anfang eines polizeilichen oder steuer- oder zollbehördlichen strafrechtlichen und nicht etwa zumindest zunächst nur bußgeldrechtlichen Ermittlungsverfahrens zB nach §§ 158 ff, 163 StPO, LG Essen AnwBl **76**, 308 (die Entscheidung betrifft eine Nebenklage). Es muß sich allerdings um eine solche Sache handeln, die die zunächst zuständige Ermittlungsbehörde zur abschließenden Entscheidung an die Staatsanwaltschaft weiterleiten muß, § 163 II StPO. Andernfalls kann VV Teil 5 anwendbar sein. Die Vorbereitung eines erst mit der Einreichung der Anklageschrift beginnenden gerichtlichen Privatklageverfahrens steht nach der amtlichen Vorbemerkung 4.1.2 der Tätigkeit im vorbereitenden Verfahren gleich. 6

Zum vorbereitenden Verfahren gehört ferner das *Ermittlungsverfahren* vor der Staatsanwaltschaft, §§ 160 ff StPO. Es endet mit einer Einstellung oder mit dem Eingang der Anklageschrift beim Gericht, VV 4104 amtliche Anmerkung Hs 1. 7

Im *Strafbefehlsverfahren* endet das vorbereitende Verfahren dementsprechend mit dem Eingang des Antrags auf den Erlaß des Strafbefehls beim Gericht, VV 4104 amtliche Anmerkung Hs 2, Hamm Rpfleger **02**, 172. Die Tätigkeit der Prüfung einer etwaigen Einspruchseinlegung gehört schon zum gerichtlichen Verfahren, RS 46, aM AG Wiesb AnwBl **85**, 651 (aber VV 4104 amtliche Anmerkung Hs 2 lautet eindeutig). 8

Das *beschleunigte* Verfahren nach §§ 417 ff StPO endet gebührenrechtlich mit dem Vortrag der Anklage, wenn sie nach § 418 III StPO nur mündlich erfolgt, VV 4104 amtliche Anmerkung Hs 3, sonst mit dem Eingang der Anklageschrift. 9

VV 4104–4107   Vergütungsverzeichnis

10   Endet nach einer Anklage das Strafverfahren durch ein Prozeßurteil und erhebt die Staatsanwaltschaft *erneut Anklage*, liegt dazwischen logisch zwingend ein neues vorbereitendes Verfahren, aM LG Dortm Rpfleger **92**, 131.

11   **4) Gebührenhöhe.** Man muß zwei Merkmale unterscheiden. Sie richten sich im vorbereitenden Verfahren einerseits nach der Anwaltsart, andererseits nach der Tätigkeitsart, nicht aber nach dem Rang des Gerichts, Rn 2. Die Verfahrensgebühr ist beim Wahlanwalt eine Rahmengebühr. Man muß stets bei ihm § 14 mitbeachten.

Die *Mittelgebühr* des Wahlanwalts beträgt ohne Zuschlag 140 EUR, mit Zuschlag (also unter den Voraussetzungen der amtlichen Vorbemerkung 4 IV) 171,25 EUR. Beim beigeordneten oder bestellten Anwalt entsteht eine Festgebühr. Auch sie hat ohne Zuschlag eine geringere Höhe als mit solchem.

12   **5) Kostenerstattung.** Sie richtet sich nach §§ 464 a ff StPO.

Unterabschnitt 3. Gerichtliches Verfahren

Erster Rechtszug

Nr.	Gebührentatbestand	Gebühr oder Satz der Gebühr nach § 13 oder § 49 RVG	
		Wahlanwalt	gerichtlich bestellter oder beigeordneter Rechtsanwalt
4106	Verfahrensgebühr für den ersten Rechtszug vor dem Amtsgericht	30,00 bis 250,00 EUR	112,00 EUR
4107	Gebühr 4106 mit Zuschlag	30,00 bis 312,50 EUR	137,00 EUR

Zu VV 4106, 4107:

Gliederung

1) Systematik	1
2) Regelungszweck	2
3) Sachlicher Geltungsbereich	3, 4
A. Verfahrensabschnitt	3
B. Schöffengericht, Jugendschöffengericht, Strafrichter, Jugendrichter	4
4) Persönlicher Geltungsbereich	5
5) Gebührenhöhe	6
6) Kostenerstattung	7

1   **1) Systematik.** Zusätzlich zur Grundgebühr VV 4100 oder VV 4101 entsteht für den Wahl- wie den Pflichtanwalt in der ersten Instanz vor Gericht mindestens eine Verfahrensgebühr nach VV 4106 oder VV 4107. Das gilt auch dann, wenn das Gericht den Pflichtanwalt erst während der Hauptverhandlung bestellt und wenn er nur in ihr tätig ist, aM Kblz AnwBl **05**, 587 (abl Schneider). Sie vergütet nach der amtlichen Vorbemerkung 4 II das gesamte „Betreiben des Geschäfts" gerade als Verteidiger usw außerhalb der Hauptverhandlung, AG Sinzig JB **08**, 249. Sie ist also eine Pauschgebühr. Sie gilt auch die Vorbereitung der Hauptverhandlung ab, Jena JB **05**, 476. Hinzutreten können eine Terminsgebühr nach VV 4108 ff sowie eine Vergütung nach VV 4141–4146 sowie ein Auslagenersatz nach VV 7000 ff. Dagegen sind VV 4300–4304 gerade nicht für den Verteidiger anwendbar, amtliche Anmerkung 4.3 I. Mitbeachtlich sein kann VV 1000, soweit zB im Privatklageverfahren eine Einigung zustandekommt. Denn für die Tätigkeit des Anwalts als ein Beistand oder Vertreter eines Privatklägers usw sind VV 4100 ff entsprechend anwendbar, amtliche Vorbemerkung 4 I.

2   **2) Regelungszweck.** Das ständige Nebeneinander von Grund- und Verfahrensgebühr einerseits und die Abstufung der erstinstanzlichen Verfahrensgebühr mit oder ohne Zuschlag und sodann nach der Gerichtsordnung in drei Rangstufen (VV 4106, 4112) dienen einer möglichst differenzierten und feinfühligen Vergütung. Sie

1908

schafft einen Rahmen. Ihn füllen dann die Gebührenspannen für den Wahlanwalt in Verbindung mit dem bei ihm stets mitbeachtlichen § 14 im einzelnen nach den Gesamtumständen noch feiner aus.

Bei dieser letzteren Bemessung muß man also stets auch darauf Rücksicht nehmen, daß der Anwalt ja außer der Verfahrensgebühr bereits eine *Grundgebühr* erhält. Das darf natürlich nicht dazu führen, etwa bei der Verfahrensgebühr stets innerhalb ihres Einzelrahmens weniger zuzubilligen als beim Rahmen der Grundgebühr. Andererseits zwingt das Gesetz nicht dazu, wegen etwa der Mittel-Grundgebühr auch die Mittel-Verfahrensgebühr als eine allein richtige Bemessung zu erachten.

3) Sachlicher Geltungsbereich. Man sollte zwei Merkmale unterscheiden. **3**

A. Verfahrensabschnitt. Man erkennt ihn am besten durch den Vergleich mit VV 4104 oder VV 4105. Die Gesamttätigkeit des Verteidigers im Verfahren bis zum Eingang der Anklageschrift, des Antrags auf den Erlaß eines Strafbefehls beim Gericht oder im beschleunigten Verfahren bis zum Vortrag der Anklage gehört zum dortigen Geltungsbereich, VV 4101 amtliche Anmerkung. Das gilt auch dann, wenn in jenem Verfahrensabschnitt einzelne richterliche Handlungen erfolgen, etwa eine richterliche Vernehmung im Ermittlungsverfahren. Schließlich zählt die Tätigkeit in jedem Termin zum Bereich VV 4108–4111.

B. Schöffengericht, Jugendschöffengericht, Strafrichter, Jugendrichter. **4** Hierher gehören die Verfahren vor dem Schöffengericht, § 28 GVG, vor dem erweiterten Schöffengericht, § 29 II GVG, vor dem Jugendschöffengericht, § 40 JGG, vor dem Einzelrichter in Strafsachen, § 25 GVG, und vor dem Jugendrichter, § 39 JGG.

4) Persönlicher Geltungsbereich. Der Anwalt muß wie bei VV 4100, 4101 usw **5** entweder der Verteidiger sein (direkte Anwendbarkeit, amtliche Überschrift des Abschnitts 1) oder als ein Beistand oder Vertreter eines Privatklägers, eines Nebenklägers, eines Einziehungs- oder Nebenbeteiligten, eines Verletzten, eines Zeugen oder Sachverständigen und im Verfahren nach dem StrRehaG tätig sein (entsprechende Anwendung, amtliche Vorbemerkung 4 I). Er darf also insbesondere nicht auftragsgemäß nur eine Einzeltätigkeit vornehmen sollen (Anwendung von VV 4300, es sei denn, zur Verteidigung oder Vertretung tritt eine Einzeltätigkeit hinzu: Dann Anrechnung von VV 4300 auf VV 4106 ff, amtliche Vorbemerkung 4.3 III). Eine Bestellung zum Pflichtverteidiger nach § 408 b StPO macht zum Vollverteidiger, Düss Rpfleger **08**, 595. Der Terminsvertreter kann die Terminsgebühr erhalten, nicht aber die Grundgebühr, KG JB **05**, 536.

5) Gebührenhöhe. Man muß zwei Merkmale unterscheiden. Sie richten sich einer- **6** seits nach der Anwaltsart, andererseits nach der Tätigkeitsart. Die Verfahrensgebühr ist beim Wahlanwalt eine Rahmengebühr. Stets muß man bei ihm § 14 mitbeachten.

Die *Mittelgebühr* beim Wahlanwalt beträgt ohne Zuschlag 140 EUR, mit Zuschlag (also unter den Voraussetzungen der amtlichen Vorbemerkung 4 IV) 171,25 EUR. Beim beigeordneten oder bestellten Anwalt entsteht eine Festgebühr. Auch sie hat ohne Zuschlag eine geringere Höhe als, mit solchem.

6) Kostenerstattung. Sie richtet sich nach §§ 464 a ff StPO. **7**

Nr.	Gebührentatbestand	Gebühr oder Satz der Gebühr nach § 13 oder § 49 RVG	
		Wahlanwalt	gerichtlich bestellter oder beigeordneter Rechtsanwalt
4108	Terminsgebühr je Hauptverhandlungstag in den in Nummer 4106 genannten Verfahren	60,00 bis 400,00 EUR	184,00 EUR
4109	Gebühr 4108 mit Zuschlag	60,00 bis 500,00 EUR	224,00 EUR

VV 4108, 4109 Vergütungsverzeichnis

Zu VV 4108, 4109:

Gliederung

1) **Systematik**	1
2) **Regelungszweck**	2
3) **Geltungsbereich**	3
4) **Hauptverhandlung**	4–15
A. Grundsatz: Pauschale Gesamtabgeltung	4–6
B. Hauptverhandlungsbeginn	7
C. Beispiele zur Frage eines Hauptverhandlungsbeginns	8–12
D. Ende durch Urteil	13
E. Ende durch Einstellungsbeschluß	14
F. Ende durch Verweisung	15
5) **Gebührenhöhe**	16
6) **Kostenerstattung**	17

1   1) **Systematik.** Zur Grundgebühr VV 4100, 4101 und zur Verfahrensgebühr 4106, 4107 kann eine Terminsgebühr nach 4108, 4109 hinzutreten. Diese letzteren Vorschriften beziehen sich nach ihrem klaren Wortlaut nur auf die Hauptverhandlung. Demgegenüber bezieht sich die Terminsgebühr VV 4102, 4103 nur auf die in VV 4102 Z 1–5 genannten Terminsarten. Beide Terminsgruppen schließen sich gegenseitig aus. Falls das Gericht innerhalb der Hauptverhandlung auch zB über die Anordnung oder Fortsetzung der Untersuchungshaft verhandelt, geht VV 4108, 4109 als eine in Wahrheit speziellere Vorschrift vor. Andernfalls würde der Anwalt dann sogar zweimal Terminsgebühren erhalten. Das ist nicht der Sinn des Gesetzes. Zusatzgebühren können aber nach VV 4141ff entstehen.

2   2) **Regelungszweck.** Es gelten dieselben Erwägungen wie bei der Verfahrensgebühr. Vgl daher VV 4106, 4107 Rn 2.

3   3) **Geltungsbereich.** Auch insofern gilt dasselbe wie bei der Verfahrensgebühr. Vgl daher VV 4106, 4107 Rn 3–5.

4   4) **Hauptverhandlung.** Man muß mehrere Gesichtspunkte beachten.

A. **Grundsatz: Pauschale Gesamtabgeltung.** Auch die Terminsgebühr gibt eine Pauschale für die gesamte Tätigkeit des Anwalts in diesem Verfahrensabschnitt vor dem vollbesetzten Spruchgericht, und zwar nicht nur als Verteidiger, amtliche Vorbemerkung 4.1 II, sondern auch in den ihm gebührenrechtlich gleichstehenden anderen Tätigkeitsarten der amtlichen Vorbemerkung 4 I, also im Bereich VV 4106, 4107 Rn 5. Unberührt bleibt die Möglichkeit einer oder mehrerer Zusatzgebühren nach VV 4141ff.

5   *Erscheinen zum anberaumten Termin* mit einer auftragsgemäßen Teilnahmebereitschaft reicht zur Entstehung einer Terminsgebühr selbst dann aus, wenn das Gericht den Termin zwar anberaumt hatte, wenn er nun aber doch aus nicht vom Anwalt zu vertretenden Gründen nicht stattfindet, amtliche Vorbemerkung 4 III 2. Das kann natürlich dann nicht gelten, wenn der Anwalt beim Erscheinen im Gericht bereits weiß, daß das Gericht den Termin abgesetzt hatte, amtliche Vorbemerkung 4 III 3. Selbst eine Benachrichtigung zB auf dem Weg zum Sitzungssaal etwa per Handy ist insofern schädlich, mögen auch Auslagen entstanden und erstattbar sein. Es ist unerheblich, ob es sich um den ersten oder um einen Folgetermin handelt.

6   Soweit der Verteidiger zwar während der Hauptverhandlung tätig war, aber nicht in ihr, also nur *außerhalb des Sitzungssaales* etwa zwecks einer Beratung oder Beschaffung eines Beweismittels, entsteht jedenfalls keine Gebühr VV 4108, 4109. Ein Termin vor einem beauftragten oder ersuchten Richter ist keine Hauptverhandlung, Düss AnwBl **80**, 463. Seine Vergütung erfolgt vielmehr nach VV 4102 Z 2. Auch eine Tätigkeit während einer Unterbrechung oder Aussetzung der Hauptverhandlung reicht für VV 4108, 4109 nicht aus. Die Gebühr nach diesen Vorschriften gilt auch einen Besuch in der Untersuchungshaftanstalt oder eine Akteneinsicht oder die Fertigung einer Abschrift oder Ablichtung oder eine sonstige Vorbereitung ab, Oldb JB **07**, 529. Die Wiederaufnahme des Verfahrens erbringt eine Vergütung nach VV 4136ff.

7   B. **Hauptverhandlungsbeginn.** Die Hauptverhandlung beginnt nach § 243 I StPO mit dem Aufruf der Sache, Köln AnwBl **02**, 113, LG Freibg AnwBl **95**, 626.

1910

Sobald dieser Aufruf in der Gegenwart des Verteidigers stattfindet, hat er die volle Terminsgebühr verdient. Es kommt darauf an, ob die Hauptverhandlung gerade für diesen Verteidiger erst an diesem Tag beginnt, Düss JB **03**, 535. Auch wenn der Anwalt erst am objektiv späteren Tag der Hauptverhandlung anwesend sei, verdiente er nach einer anderen Meinung an diesem Tag die Terminsgebühr, unabhängig vom Zeitpunkt seiner Bestellung, Kblz JB **90**, 1630. Die Feststellung der Anwesenheit genügt, LG Freibg AnwBl **95**, 626. Eine Verhandlung zur Sache ist nicht erforderlich.

C. Beispiele zur Frage eines Hauptverhandlungsbeginns 8

Ablehnungsantrag: Ein Antrag auf die Ablehnung eines Richters ist nur nach dem Beginn der Hauptverhandlung zulässig. Das gilt selbst dann, wenn der Ablehnungsgrund schon vor dem Beginn der Hauptverhandlung bestand und wenn infolgedessen zweifelsfrei feststeht, daß der Verteidiger wegen des Ablehnungsantrags nicht zur Sache verhandelt.

Anwesenheit: Der Nachweis der erforderlichen Anwesenheit des Verteidigers hängt nur bei einer nach § 140 StPO notwendigen Verteidigung von einem entsprechenden Protokollvermerk ab, LG Köln Rpfleger **83**, 502.

Aufhebung: Eine Terminsaufhebung nach dem Aufruf läßt eine Terminsgebühr unberührt. 9

Ausscheiden: Die Terminsgebühr des Pflichtverteidigers bleibt dann unberührt, wenn er gleich nach dem Aufruf deshalb ausscheidet, weil der Angeklagte einen Wahlverteidiger bestellt, LG Saarbr AnwBl **85**, 152.

Außerhalb der Hauptverhandlung: *Keine* Terminsgebühr entsteht für eine Tätigkeit zwar während, aber außerhalb der Hauptverhandlung, Rn 6.

Aussetzung: *Keine* Terminsgebühr entsteht für eine Tätigkeit nur während einer Aussetzung der Hauptverhandlung oder des ganzen Verfahrens.

Einspruchsrücknahme: Die Terminsgebühr bleibt unberührt, falls der Angeklagte 10 den Einspruch gegen den Strafbefehl nach dem Aufruf der Sache zurücknimmt, LG Hbg StrV **91**, 481.

Fortsetzung: Bei einer Terminsfortsetzung an demselben Tag liegt nur *ein* Terminstag vor, Hamm JMBlNRW **80**, 116.

Ladung: Eine Terminsgebühr bleibt unberührt, falls das Gericht die Hauptverhandlung vor oder nach ihrem Aufruf deshalb vertagt, weil es den anwesenden Verteidiger nicht ordnungsgemäß geladen hatte und weil er diesen Umstand auch rügt.

Nichterscheinen des Angeklagten: Die Termindgebühr bleibt unberührt, 11 wenn zwar der Verteidiger erschienen ist, nicht aber der Angeklagte.
S auch Rn 12 „Vertagung".

Nichterscheinen in späterer Verhandlung: Die Terminsgebühr bleibt dann unberührt, wenn der Verteidiger (nur) in einer späteren Verhandlung nicht mehr auftritt, LG Bln JB **83**, 1050, LG Freibg AnwBl **95**, 626, LG Saarbr AnwBl **85**, 152.

Nichterscheinen des Zeugen: Die Terminsgebühr bleibt dann unberührt, wenn zwar der Verteidiger erschienen ist, nicht aber der Zeuge, LG Bln JB **83**, 1049, LG Hbg StrV **91**, 481, LG Saarbr AnwBl **85**, 152.
S auch Rn 12 „Vertagung".

Strafbefehl: Rn 10 „Einspruchsrücknahme".

Trennung: Wenn das Gericht verbundene Sachen nach dem gemeinsamen Aufruf 12 trennt, können die Gebühren ab der Trennung mehrfach entstehen, Bre MDR **75**, 514. Dann kommt es nicht darauf an, in welchem Zeitpunkt nach dem Aufruf die Trennung stattfindet, Bre MDR **75**, 514.

Unterbrechung: *Keine* Terminsgebühr entsteht für eine Tätigkeit nur während einer Unterbrechung der Hauptverhandlung oder des ganzen Verfahrens.
Eine kurze *Pause* ist keine Unterbrechung.

Verbindung: Soweit das Gericht erst nach dem Beginn der Hauptverhandlung mit dieser Sache weitere Sachen mindestens stillschweigend verbindet, hat in jeder dieser Sachen eine Hauptverhandlung begonnen. Dabei bleiben die bis zur Verbindung in jedem Einzelverfahren entstandenen Gebühren erhalten, Köln AnwBl **02**, 113, aM Saarbr JB **99**, 471, LG Wuppert JB **75**, 1610. Erst ab einer Verbindung kann nur eine einheitliche Gebühr entstehen.

Vertagung: Wenn das Gericht schon *vor* dem Aufruf der Sache feststellt, daß die Beteiligten nicht oder nicht vollständig erschienen sind, und deshalb eine Vertagung anordnet, hat die Hauptverhandlung zwar nicht begonnen, LG Schweinfurt JB **80**, 573. Indessen kann die Terminsgebühr nach der amtlichen Vorbemerkung 4 III 2, 3 trotzdem entstehen. Eine Vertagung *nach* dem Aufruf läßt eine Terminsgebühr unberührt. S auch Rn 10 „Ladung".

Nicht ausreichend sind zB: Eine Tätigkeit während, aber außerhalb der Hauptverhandlung, Rn 6; eine solche während einer Aussetzung oder Unterbrechung der Hauptverhandlung. Ihre kurze Pause ist keine Unterbrechung. Bei einer Terminsfortsetzung an demselben Tag liegt nur *ein* Terminstag vor, Hamm JMBlNRW **80**, 116.

13 **D. Ende durch Urteil.** Die Hauptverhandlung endet gebührenrechtlich zunächst durch die vollständige Verkündung eines Urteils nebst seiner Begründung und der vorgeschriebenen Rechtsmittelbelehrung nach § 260 I StPO. Soweit kein Beteiligter gegen dieses Urteil ein Rechtsmittel einlegt, endet der Rechtszug bereits mit der Verkündung des Urteils gebührenrechtlich. Soweit ein Rechtsmittel erfolgt, endet der Rechtszug für den bisherigen Verteidiger gebührenrechtlich erst mit seiner Einlegung, § 19 I 2 Z 10 Hs 1. Die Rechtsmittelbegründung gehört zum nächsten Rechtszug, LG Kref NJW **76**, 2275.

14 **E. Ende durch Einstellungsbeschluß.** Die Hauptverhandlung endet ferner mit einem solchen Beschluß, durch den das Gericht das Verfahren einstellt, zB nach § 153 II oder nach § 153a II StPO.

15 **F. Ende durch Verweisung.** Die Hauptverhandlung endet auch mit dem wirksamen Erlaß einer solchen Entscheidung, durch die sich das Gericht für unzuständig erklärt und das Verfahren daher an ein anderes Gericht verweist, § 270 StPO, Hbg MDR **81**, 519. Vgl auch Rn 16 ff. Das Verfahren vor dem verweisenden und vor demjenigen Gericht, an das die Verweisung erfolgt, ist derselbe Rechtszug, § 20 I. Soweit der Gebührentatbestand noch nicht abgeschlossen war, kann der höhere Rahmen anwendbar sein, Hbg MDR **90**, 361. Eine Zurückverweisung führt zu einem neuen Rechtszug, § 20 I.

16 **5) Gebührenhöhe.** Man muß drei Merkmale unterscheiden. Sie richten sich einerseits nach der Terminsdauer, andererseits nach der Tätigkeitsart und schließlich nach der Anwaltsart. Je angebrochenen Terminstag (0–24 Uhr unabhängig davon, ob Werk- oder Feier- oder Sonntag) mit einer Teilnahme dieses Verteidigers als solchem entsteht diesem eine Terminsgebühr. Das gilt selbst dann, wenn die Urteilsverkündung um 24 Uhr des vorrangegangenen Terminstags noch nicht vollständig nach Rn 13 endete. Die Gebühr ist beim Wahlanwalt eine Betragsrahmengebühr. Stets muß man bei ihm § 14 mitbeachten. Wichtig ist dabei die Terminsdauer im Bereich bis zu 5 Stunden (beim längeren Termin gelten VV 4110, 4111. Das übersieht LG Kblz JB **09**, 253). Unerheblich ist, ob es sich um einen Fortsetzungstermin handelt. Man kann bei 27 Minuten noch gerade unter der Mittelgebühr bleiben, LG Kblz Rpfleger **09**, 698, und bei 30 Minuten und durchschnittlichen Merkmalen die Mittelgebühr schon anwenden, AG Trier JB **05**, 419, und sie bei 155 Minuten steigern, AG Betzdorf JB **07**, 311 (240 EUR), sie bei 115 Minuten noch beibehalten, AG Westerburg JB **07**, 310. Man kann aber auch einmal unter der Mittelgebühr bleiben, AG Kblz JB **05**, 33. Das gilt erst recht bei nur 25 Minuten, AG Westerburg JB **07**, 311, oder bei nur 20 Minuten Terminsdauer, LG Kblz **06**, 364 (140 EUR), AG Andernach JB **05**, 594, oder bei nur 16 Minuten, AG Kblz JB **05**, 594.

Die *Mittelgebühr* beim Wahlanwalt beträgt ohne Zuschlag 230 EUR, mit Zuschlag (also unter den Voraussetzungen der amtlichen Vorbemerkung 4 IV) 280 EUR.

Beim *beigeordneten* oder bestellten Anwalt entsteht eine Festgebühr. Auch sie hat ohne Zuschlag eine geringere Höhe als mit einem solchen. Je Terminstag kann eine unterschiedliche Höhe der Terminsgebühr angemessen sein. Ob ein Zuschlag entsteht, muß man für jeden Terminstag gesondert prüfen. Dabei kommt es auf den Zustand nicht beim Tagesbeginn, sondern beim Terminsbeginn und beim Terminsende an.

Die Stundendauer pro Terminstag darf man nur nach VV 4110, 4111 berücksichtigen.

Vergütungsverzeichnis **4108–4111 VV**

6) Kostenerstattung, dazu *Meyer* JB **09**, 126 (Üb): Sie richtet sich nach §§ 464a ff StPO. Nach einem unentschuldigten Ausbleiben im Termin gibt auch ein Freispruch keinen Erstattungsanspruch, AG Kblz NJW **07**, 3083.

Nr.	Gebührentatbestand	Gebühr oder Satz der Gebühr nach § 13 oder § 49 RVG	
		Wahlanwalt	gerichtlich bestellter oder beigeordneter Rechtsanwalt
4110	Der gerichtlich bestellte oder beigeordnete Rechtsanwalt nimmt mehr als 5 und bis 8 Stunden an der Hauptverhandlung teil: Zusätzliche Gebühr neben der Gebühr 4108 oder 4109		92,00 EUR
4111	Der gerichtlich bestellte oder beigeordnete Rechtsanwalt nimmt mehr als 8 Stunden an der Hauptverhandlung teil: Zusätzliche Gebühr neben der Gebühr 4108 oder 4109		184,00 EUR

Zu VV 4110, 4111:

1) Überlange Stundendauer pro Terminstag. Die Vorschriften erfassen eine überlange Stundendauer der Hauptverhandlung. Sie gelten je Terminstag neu. Das folgt daraus, daß sie auf VV 4108, 4109 verweisen und daß das Gesetz dort „je Hauptverhandlungstag" rechnet. Wenn also zB die Hauptverhandlung am Montag von 9 bis 10 Uhr dauerte, am Dienstag von 9 bis 15 Uhr, muß man die Terminsgebühr für Montag nach VV 4108, 4109 berechnen, für Dienstag nach VV 4110, nicht etwa für beide Tage zusammen nur einmal nach VV 4110. Auch hier rechnet der Terminstag ohne Rücksicht auf einen Werk- oder Feiertag von 0–24 Uhr. Innerhalb der Stundenberechnung ist der anberaumte Beginn und der gerichtlich angeordnete Schluß der Verhandlung maßgebend, Düss JB **06**, 641, Kblz NJW **06**, 1150. Daher rechnet die erste Terminsstunde bei einer Terminsanberaumung zu 9,00 Uhr auch dann von 9,00 Uhr an, wenn der Anwalt bereits dann anwesend ist und wenn das Gericht die Sache erst um 9,10 Uhr aufruft usw, Karlsr Rpfleger **05**, 627, Stgt Rpfleger **06**, 36, LG Bln JB **06**, 28.

2) Pause. Eine Pause an demselben Tag läßt grundsätzlich die „Uhr weiterlaufen", Düss JB **06**, 641, aM Hamm Rpfleger **06**, 433. Eine Verschiebung des tatsächlichen Terminsbeginns zu Beginn oder nach einer Pause läßt grundsätzlich ebenfalls die Uhr weiterlaufen. Das gilt auch zur Mittagszeit, Kblz NJW **06**, 1150, AG Betzdorf JB **09**, 427. Alles andere würde zu unfruchtbaren Streitereien führen, Kblz NJW **06**, 1149, aM Zweibr Rpfleger **06**, 669 (schon bei 90 Minuten: Verkürzung). Ob bei einer extrem langen „Pause" zB von 9.30 Uhr–15.00 Uhr an demselben Tag eine Ausnahme gerechtfertigt wäre, muß man nach den Gesamtumständen entscheiden, Stgt Rpfleger **06**, 36. Auch eine solche Unterbrechung zählt nicht mit, die der Verteidiger für eine andere Sache erhält, Kblz NJW **06**, 1150.

3) Erscheinen. Natürlich setzt die gesamte Stundenberechnung voraus, daß der Anwalt auch erschienen war, Karlsr Rpfleger **05**, 627. Es wäre verfehlt, dem erst zum Beginn der fünften Stunde erschienenen Anwalt nur deshalb die höhere Gebühr zuzubilligen, weil das Gericht sechs Stunden lang tagte. Freilich spielt das alles beim beigeordneten oder bestellten Anwalt nur theoretisch eine Rolle. Es ist ratsam, bei ihm die Uhrzeiten im Protokoll festzuhalten. Bei Zweifeln gelten die prozessualen Auslegungsregeln. Reisezeiten zählen nicht mit, LG Magdeb JB **06**, 196 (zu VV 4122).

4) Bestellter oder beigeordneter Anwalt. Nur für ihn gelten VV 4110, 4111. Der Wahlanwalt beruft sich auf § 14 und verlangt die angemessene Beachtung der Stundendauer je Terminstag innerhalb seines Rahmens oder hat ein Stundenhonorar nach § 3a wirksam vereinbart.

5) Kostenerstattung. Sie richtet sich nach §§ 464a ff StPO.

VV 4112–4114 Vergütungsverzeichnis

Nr.	Gebührentatbestand	Gebühr oder Satz der Gebühr nach § 13 oder § 49 RVG	
		Wahlanwalt	gerichtlich bestellter oder beigeordneter Rechtsanwalt
4112	Verfahrensgebühr für den ersten Rechtszug vor der Strafkammer	40,00 bis 270,00 EUR	124,00 EUR
	Die Gebühr entsteht auch für Verfahren 1. vor der Jugendkammer, soweit sich die Gebühr nicht nach Nummer 4118 bestimmt, 2. im Rehabilitierungsverfahren nach Abschnitt 2 StrRehaG.		
4113	Gebühr 4112 mit Zuschlag	40,00 bis 337,00 EUR	151,00 EUR

Zu VV 4112, 4113:

1 **1) Systematik.** Es gelten dieselben Erwägungen wie bei VV 4106 Rn 1. VV 4118, 4119 haben als Spezialregelungen den Vorrang. Zur Verfahrensgebühr kann eine Terminsgebühr VV 4114–4117 hinzutreten.

2 **2) Regelungszweck.** Auch insofern gilt dasselbe wie bei VV 4106 Rn 2.

3 **3) Sachlicher Geltungsbereich.** Auch hier muß man zwei Merkmale unterscheiden.

   A. **Verfahrensabschnitt.** Es gelten dieselben Erwägungen wie bei VV 4106 Rn 3.

4 B. **Strafkammer.** VV 4112, 4113 erfassen das Verfahren im ersten Rechtszug vor der Großen Strafkammer des LG, § 74 I GVG, mit Ausnahme desjenigen nach §§ 74a und c GVG. Diese letzteren Verfahren (Staatsschutz- und Wirtschaftsstrafkammer) gehören zu VV 4118, 4119. Dorthin zählt auch die Jugendkammer, soweit sie in einer derjenigen Sache entscheidet, die die amtliche Anmerkung zu VV 4106 aufzählt. Die restlichen Sachen der Jugendkammer gehören zu VV 4112, 4113, amtliche Anmerkung Z 1. Ferner gehört hierher ein Rehabilitierungsverfahren nach Abschnitt 2 StrRehaG, amtliche Anmerkung Z 2. Maßgeblich ist jeweils, vor welchem Gericht das Hauptverfahren tatsächlich stattfindet, Bbg JB 79, 1527, Hbg JB 99, 81.

5 **4) Persönlicher Geltungsbereich.** Es gelten dieselben Überlegungen wie bei VV 4106 Rn 5.

6 **5) Gebührenhöhe.** Beim Wahlanwalt ist § 14 anwendbar. Auch hier gilt grundsätzlich dasselbe wie bei VV 4106 Rn 6.
   Die *Mittelgebühr* beim Wahlanwalt beträgt ohne Zuschlag 155 EUR, mit Zuschlag (also unter den Voraussetzungen der amtlichen Vorbemerkung 4 IV) 188,75 EUR. Beim beigeordneten oder bestellten Anwalt entsteht auch hier eine Festgebühr. Auch sie hat ohne Zuschlag eine geringere Höhe als mit solchem.

7 **6) Kostenerstattung.** Sie richtet sich auch hier nach §§ 464a ff StPO.

Nr.	Gebührentatbestand	Gebühr oder Satz der Gebühr nach § 13 oder § 49 RVG	
		Wahlanwalt	gerichtlich bestellter oder beigeordneter Rechtsanwalt
4114	Terminsgebühr je Hauptverhandlungstag in den in Nummer 4112 genannten Verfahren	70,00 bis 470,00 EUR	216,00 EUR

Vergütungsverzeichnis 4114–4117 VV

Nr.	Gebührentatbestand	Gebühr oder Satz der Gebühr nach § 13 oder § 49 RVG	
		Wahlanwalt	gerichtlich bestellter oder beigeordneter Rechtsanwalt
4115	Gebühr 4114 mit Zuschlag	70,00 bis 587,50 EUR	263,00 EUR

Zu VV 4114, 4115:

1) **Systematik.** Es gelten dieselben Erwägungen wie bei VV 4108, 4109 Rn 1.   1
2) **Regelungszweck.** Auch hier gilt dasselbe wie bei VV 4108, 4109 Rn 2.   2
3) **Geltungsbereich.** Auch insofern gilt dasselbe wie bei VV 4108, 4109 Rn 3   3
mit seiner Verweisung auf VV 4106, 4107 Rn 3–5.
4) **Hauptverhandlung.** Es gelten dieselben Erwägungen wie bei VV 4108, 4109,   4
Rn 6–15.
5) **Gebührenhöhe.** Auch insofern gelten die Erwägungen VV 4108, 4109 Rn 16   5
grundsätzlich ebenso. Beim Wahlanwalt ist § 14 anwendbar.
Die *Mittelgebühr* beim Wahlanwalt beträgt ohne Zuschlag 270 EUR, mit Zuschlag (also unter den Voraussetzungen der amtlichen Vorbemerkung 4 IV) 328,75 EUR. Beim beigeordneten oder bestellten Anwalt entsteht auch hier eine Festgebühr. Auch sie hat ohne Zuschlag eine geringere Höhe als mit solchem. Je Terminstag kann eine unterschiedliche Höhe der Terminsgebühr angemessen sein.
6) **Kostenerstattung.** Sie richtet sich auch hier nach §§ 464 a ff StPO.   6

Nr.	Gebührentatbestand	Gebühr oder Satz der Gebühr nach § 13 oder § 49 RVG	
		Wahlanwalt	gerichtlich bestellter oder beigeordneter Rechtsanwalt
4116	Der gerichtlich bestellte oder beigeordnete Rechtsanwalt nimmt mehr als 5 und bis 8 Stunden an der Hauptverhandlung teil: Zusätzliche Gebühr neben der Gebühr 4114 oder 4115		108,00 EUR
4117	Der gerichtlich bestellte oder beigeordnete Rechtsanwalt nimmt mehr als 8 Stunden an der Hauptverhandlung teil: Zusätzliche Gebühr neben der Gebühr 4114 oder 4115		216,00 EUR

Zu VV 4116, 4117:

1) **Überlange Stundendauer pro Terminstag.** Es gelten dieselben Erwägungen   1
wie bei VV 4110, 4111 Rn 1, 2, auch zur etwaigen Pause.
2) **Bestellter oder beigeordneter Anwalt.** Hier gilt dasselbe wie bei VV 4110,   2
4111 Rn 3.
3) **Kostenerstattung.** Sie richtet sich auch hier nach §§ 464 a ff StPO.   3

Nr.	Gebührentatbestand	Gebühr oder Satz der Gebühr nach § 13 oder § 49 RVG	
		Wahlanwalt	gerichtlich bestellter oder beigeordneter Rechtsanwalt
4118	Verfahrensgebühr für den ersten Rechtszug vor dem Oberlandesgericht, dem Schwurgericht oder der Strafkammer nach den §§ 74 a und 74 c GVG	80,00 bis 580,00 EUR	264,00 EUR
	Die Gebühr entsteht auch für Verfahren vor der Jugendkammer, soweit diese in Sachen entscheidet, die nach den allgemeinen Vorschriften zur Zuständigkeit des Schwurgerichts gehören.		
4119	Gebühr 4118 mit Zuschlag	80,00 bis 725,00 EUR	322,00 EUR

Zu VV 4118, 4119:

1 1) **Systematik.** Es gelten dieselben Erwägungen wie bei VV 4106 Rn 1.
2 2) **Regelungszweck.** Auch insofern gilt dasselbe wie bei VV 4106 Rn 2.
3 3) **Sachlicher Geltungsbereich.** Auch hier muß man zwei Merkmale unterscheiden.
   A. **Verfahrensabschnitt.** Es gelten dieselben Erwägungen wie bei VV 4106 Rn 3.
4 B. **OLG, Schwurgericht, Strafkammer nach §§ 74 a, c GVG.** VV 4118, 4119 erfassen das Verfahren im ersten Rechtszug vor dem Strafsenat des früheren BayObLG, § 120 II 2 GVG, § 9 EGGVG, Art 11 BayAGGVG, vor dem Strafsenat des OLG, vor der Großen Strafkammer des LG nach §§ 74 a und 74 c GVG (Staatsschutz- und Wirtschaftsstrafkammer). Das Verfahren vor einer anderen Großen Strafkammer zählt zu VV 4112, 4113. Vgl zur Abgrenzung VV 4112, 4113 Rn 4. Ferner gehört das in VV 4118 amtliche Anmerkung genannte Verfahren vor der Jugendkammer hierher, LG Köln MDR **89**, 844.
5 4) **Persönlicher Geltungsbereich.** Es gelten dieselben Überlegungen wie bei VV 4106, 4107 Rn 5. Es reicht, daß für einen von mehreren Angeklagten die Große Strafkammer des LG zuständig ist, zumal es ja nur darauf ankommt, vor welchem Gericht das Hauptverfahren tatsächlich stattfindet, VV 4112, 4113 Rn 4.
6 5) **Gebührenhöhe.** Auch hier gilt grundsätzlich dasselbe wie bei VV 4106 Rn 6. Die *Mittelgebühr* beim Wahlanwalt beträgt ohne Zuschlag 330 EUR, mit Zuschlag (also unter den Voraussetzungen der amtlichen Vorbemerkung 4 IV) 402,50 EUR. Beim beigeordneten oder bestellten Anwalt entsteht auch hier eine Festgebühr. Auch sie hat ohne Zuschlag eine geringere Höhe als mit solchem.
7 6) **Kostenerstattung.** Sie richtet sich auch hier nach §§ 464 a ff StPO.

Nr.	Gebührentatbestand	Gebühr oder Satz der Gebühr nach § 13 oder § 49 RVG	
		Wahlanwalt	gerichtlich bestellter oder beigeordneter Rechtsanwalt
4120	Terminsgebühr je Hauptverhandlungstag in den in Nummer 4118 genannten Verfahren	100,00 bis 780,00 EUR	356,00 EUR
4121	Gebühr 4120 mit Zuschlag	100,00 bis 975,00 EUR	434,00 EUR

Vergütungsverzeichnis **4120–4125 VV**

Zu VV 4120, 4121:

1) Systematik. Es gelten dieselben Erwägungen wie bei VV 4108, 4109 Rn 1.   **1**
2) Regelungszweck. Auch hier gilt dasselbe wie bei VV 4108, 4109 Rn 2.   **2**
3) Geltungsbereich. Auch insofern gilt dasselbe wie bei VV 4108, 4109 Rn 3   **3**
mit seiner Verweisung auf VV 4106, 4107 Rn 3–5.
4) Hauptverhandlung. Es gelten dieselben Erwägungen wie bei VV 4108, 4109,   **4**
dort Rn 6–15.
5) Gebührenhöhe. Auch insofern gelten die Erwägungen VV 4108, 4109 Rn 16   **5**
grundsätzlich ebenso. Beim Wahlanwalt ist § 14 anwendbar.
    Die *Mittelgebühr* beim Wahlanwalt beträgt ohne Zuschlag 445 EUR, mit Zuschlag (also unter den Voraussetzungen der amtlichen Vorbemerkung 4 IV) 542,50 EUR. Beim beigeordneten oder bestellten Anwalt entsteht auch hier eine Festgebühr. Auch sie hat ohne Zuschlag eine geringere Höhe als mit solchem. Je Terminstag kann eine unterschiedliche Höhe der Terminsgebühr angemessen sein.
6) Kostenerstattung. Sie richtet sich auch hier nach §§ 464a ff StPO.   **6**

Nr.	Gebührentatbestand	Gebühr oder Satz der Gebühr nach § 13 oder § 49 RVG	
		Wahlanwalt	gerichtlich bestellter oder beigeordneter Rechtsanwalt
4122	Der gerichtlich bestellte oder beigeordnete Rechtsanwalt nimmt mehr als 5 und bis 8 Stunden an der Hauptverhandlung teil: Zusätzliche Gebühr neben der Gebühr 4120 oder 4121		178,00 EUR
4123	Der gerichtlich bestellte oder beigeordnete Rechtsanwalt nimmt mehr als 8 Stunden an der Hauptverhandlung teil: Zusätzliche Gebühr neben der Gebühr 4120 oder 4121		356,00 EUR

Zu VV 4122, 4123:

1) Überlange Stundendauer pro Terminstag. Es gelten dieselben Erwägungen   **1**
wie bei VV 4110, 4111 Rn 1, 2, auch zur etwaigen Pause.
2) Bestellter oder beigeordneter Anwalt. Auch hier gilt dasselbe wie bei   **2**
VV 4110, 4111 Rn 3.
3) Kostenerstattung. Sie richtet sich auch hier nach §§ 464a ff StPO.   **3**

Berufung

Nr.	Gebührentatbestand	Gebühr oder Satz der Gebühr nach § 13 oder § 49 RVG	
		Wahlanwalt	gerichtlich bestellter oder beigeordneter Rechtsanwalt
4124	Verfahrensgebühr für das Berufungsverfahren .... Die Gebühr entsteht auch für Beschwerdeverfahren nach § 13 StrRehaG.	70,00 470,00 EUR	216,00 EUR
4125	Gebühr 4124 mit Zuschlag	70,00 bis 587,50 EUR	263,00 EUR

VV 4124–4129   Vergütungsverzeichnis

Nr.	Gebührentatbestand	Gebühr oder Satz der Gebühr nach § 13 oder § 49 RVG	
		Wahlanwalt	gerichtlich bestellter oder beigeordneter Rechtsanwalt
4126	Terminsgebühr je Hauptverhandlungstag im Berufungsverfahren .... Die Gebühr entsteht auch für Beschwerdeverfahren nach § 13 StrRehaG.	70,00 bis 470,00 EUR	216,00 EUR
4127	Gebühr 4126 mit Zuschlag	70,00 bis 587,50 EUR	263,00 EUR
4128	Der gerichtlich bestellte oder beigeordnete Rechtsanwalt nimmt mehr als 5 und bis 8 Stunden an der Hauptverhandlung teil: Zusätzliche Gebühr neben der Gebühr 4126 oder 4127		108,00 EUR
4129	Der gerichtlich bestellte oder beigeordnete Rechtsanwalt nimmt mehr als 8 Stunden an der Hauptverhandlung teil: Zusätzliche Gebühr neben der Gebühr 4126 oder 4127		216,00 EUR

Zu VV 4124–4129:

Gliederung

1) Systematik	1
2) Regelungszweck	2
3) Verfahrensgebühr, VV 4124, 4125	3–7
A. Grundsatz: Pauschale Gesamtabgeltung	3, 4
B. Abgeltungsbereich im einzelnen	5–7
4) Terminsgebühr, VV 4126–4129	8, 9
A. Beginn, Ende	8
B. Abgeltungsbereich	9
5) Gebührenhöhe	10–12
A. Verfahrensgebühr	10
B. Terminsgebühr	11, 12
6) Kostenerstattung	13

1 **1) Systematik.** Die Vorschriften gelten für denjenigen gewählten Verteidiger, der die Verteidigung für das gesamte Berufungsverfahren durchführen soll, und für den dazu gerichtlich bestellten oder beigeordneten Anwalt. Es handelt sich beim Wahlanwalt um Betragsrahmen- und bei beiden Arten von Verteidigern um Pauschgebühren. Das Berufungsverfahren beginnt mit der Einlegung der Berufung und für den erstinstanzlichen Verteidiger nach § 19 I 2 Z 10 Hs 1 mit der ersten Tätigkeit nach der Berufungseinlegung, Rn 6. Die Pauschgebühren gelten die gesamte Tätigkeit im Berufungsrechtszug ab, amtliche Vorbemerkung 4.1 II 1. Der Umfang der Anfechtung des Urteils läßt sich nur bei § 14 berücksichtigen. Neben den Pauschgebühren 4124–4129 sind VV 4300 ff grundsätzlich nicht anwendbar. Die Gebühren VV 4124, 4126 gelten nach ihren amtlichen Anmerkungen auch für das Beschwerdeverfahren nach § 13 StrRehaG.

Freilich ist zB *VV 4300* ausnahmsweise dann anwendbar, wenn sich der Auftrag auf die Einlegung, Begründung oder Beantwortung der Berufung beschränkt und wenn den Anwalt insofern nicht die amtliche Vorbemerkung 4.1 II 1 beurteilt. Der jetzt erstmals in diesem Verfahren tätige Verteidiger erhält auch die Grundgebühr VV 4100.

Das Beschwerdeverfahren gehört gebührenrechtlich *nicht zur* 2. *Instanz,* sondern zur 1. Instanz.

2) Regelungszweck. Wie bei VV 4100 dienen auch bei VV 4124–4129 die **2** Rahmengebühren einerseits der Vereinfachung, andererseits der Möglichkeit und Notwendigkeit, den außerordentlich unterschiedlichen Anforderungen im Einzelfall einigermaßen gerecht zu werden. Bei der Ermittlung des richtigen Betrags muß man beim Wahlverteidiger stets § 14 mit seinen von der Rechtsprechung und Lehre entwickelten zahlreichen Aspekten voll beachten.

3) Verfahrensgebühr, VV 4124, 4125. Der folgende Grundsatz hat eine Reihe **3** von Auswirkungen.

A. Grundsatz: Pauschale Gesamtabgeltung. Wie für das erstinstanzliche Verfahren enthalten die Vorschriften für das Berufungsverfahren eine Sonderregelung für eine auftragsgemäße Tätigkeit innerhalb oder außerhalb einer Hauptverhandlung, also vor ihr oder während der Hauptverhandlung oder nach ihr. Hierher zählt ferner, daß der Verteidiger lediglich das Rechtsmittel gegen das Ersturteil einlegt. Weiterhin zählt die Berufungsbegründung hierher, ebenso die Erwiderung auf die Berufung der Staatsanwaltschaft.

Außerdem gelten VV 4124, 4125 dann, wenn *überhaupt keine Hauptverhandlung* vor **4** dem Berufungsgericht stattfindet. Diese Situation kann zB dann eintreten, wenn der Berufungsführer die Berufung vor dem Beginn der Hauptverhandlung zurücknimmt und dann auch die Zusatzgebühr VV 4141 amtliche Anmerkung I Z 3 erhalten kann. Die Situation kann ferner dann eintreten, wenn das Berufungsgericht die Berufung durch einen Beschluß als unzulässig verwirft, § 322 I 1 StPO.

B. Abgeltungsbereich im einzelnen. Die Gebühren VV 4124, 4125 entstehen **5** mit jeder Tätigkeit, die sich auf die Ausführung des Auftrags der Verteidigung in der Berufungsinstanz richtet. Soweit der Verteidiger bereits im ersten Rechtszug tätig war, gelten VV 4100ff noch die Einlegung der Berufung einschließlich der diesbezüglichen Beratung ab, § 19 I 2 Z 10 Hs 1. Die neue Gebühreninstanz beginnt für diesen Verteidiger also erst nach der Einlegung der Berufung.

Soweit der Angeklagte den Verteidiger aber erstmals für die Berufungsinstanz bestellt oder beauftragt hat, verdient er die Gebühr bereits mit der Aufnahme der auftragsgemäßen *Information* zur Einlegung der Berufung, LG Kref NJW **76**, 2275. Diese Tätigkeit fällt dann in die Berufungsinstanz, § 19 I 2 Z 10 Hs 2.

Soweit die *Staatsanwaltschaft* eine Berufung eingelegt hat, entsteht die Gebühr des **7** Verteidigers stets mit der auftragsgemäßen Aufnahme der Information zur Entgegnung. Das gilt auch dann, wenn die Staatsanwaltschaft die Berufung zurücknimmt, bevor das Gericht sie dem Angeklagten mitgeteilt hat, LG Verden AnwBl **77**, 321, oder bevor die Staatsanwaltschaft die Berufung begründet hat, LG Bln AnwBl **87**, 53, LG Düss AnwBl **83**, 461, LG Flensb JB **82**, 1363, aM Düss JB **99**, 193, LG Ansbach JB **80**, 402, LG Wuppert JB **80**, 1208 (aber auch dann hat der Verteidiger evtl schon ganz erhebliche Leistungen erbracht. Sie verdienen eine Vergütung).

4) Terminsgebühr, VV 4126–4129. Es gibt zwei Aspekte. **8**

A. Beginn, Ende. Die Hauptverhandlung beginnt wie diejenige der ersten Instanz mit dem Aufruf der Sache nach §§ 324 I 1, 243 I 1 StPO. Sie endet ebenso wie diejenige der ersten Instanz mit dem Urteil. Nach der amtlichen Vorbemerkung 4 III 2 entsteht die Terminsgebühr auch dann, wenn der Anwalt zu einem anberaumten Termin auftragsgemäß erscheint, der dann aber aus einem nicht vom Anwalt zu vertretenden Grund nicht stattfindet, es sei denn, der Anwalt habe von diesem Umstand rechtzeitig Kenntnis erhalten, sei es auch erst auf dem Weg zum Termin per Handy (dann erhält er die Fahrtkosten ersetzt).

B. Abgeltungsbereich. Eine Terminsgebühr gilt die gesamte Tätigkeit des Verteidigers ab. Hierher gehört auch die Wahrnehmung eines Termins vor einem beauftragten Richter, LG Düss MDR **81**, 1041. Eine Terminsgebühr gilt aber nicht eine solche Tätigkeit ab, die im Berufungsverfahren außerhalb der zweitinstanzlichen Hauptverhandlung stattfindet. Denn dann ist VV 4141 anwendbar.

5) Gebührenhöhe. Man muß mehrere Merkmale unterscheiden. Sie richten sich **10** teils nach der Anwaltsart, teils nach der Tätigkeitsart, teils nach der Tätigkeitsdauer.

A. Verfahrensgebühr. Sie ist beim Wahlanwalt eine Rahmengebühr. Stets muß man bei ihm § 14 mitbeachten.
Die *Mittelgebühr* beim Wahlanwalt beträgt ohne Zuschlag 270 EUR, mit Zuschlag (also unter den Voraussetzungen der amtlichen Vorbemerkung IV zu Teil 4) 328,75 EUR. Beim beigeordneten oder bestellten Anwalt entsteht eine Festgebühr. Auch sie hat ohne Zuschlag eine geringere Höhe als mit solchem.

11 **B. Terminsgebühr.** Sie ist beim Wahlanwalt ebenfalls eine zusätzliche Rahmengebühr. Auch bei ihr ist stets § 14 mitbeachtlich. $3^{1}/_{2}$ Stunden Terminsdauer können selbst bei einer Beschränkung auf das Strafmaß die Mittelgebühr rechtfertigen, LG Wiesb JB **07**, 27. Das gilt erst recht bei einer erst am Schluß der Beweisaufnahme erklärten Beschränkung, AG Kblz JB **08**, 321. Die Mittelgebühr beim Wahlanwalt beträgt ohne Zuschlag 270 EUR, mit Zuschlag 328,75 EUR, wie bei der Verfahrensgebühr.

12 Beim *beigeordneten oder bestellten* Anwalt entsteht stets eine Festgebühr. Auch sie ist ohne Zuschlag niedriger als mit Zuschlag. Die Festgebühr der so ermittelten Höhe kann sich aber zusätzlich infolge das Terminsdauer von über 5 Stunden nach VV 4128 oder sogar VV 4129 um den dort jeweils ausgewiesenen weiteren Festbetrag erhöhen. Dieser letztere Erhöhungsbetrag entsteht dann in jeweils derselben Höhe unabhängig davon, ob die Terminsgebühr des VV 4126 oder des VV 4127 entstanden ist. Längere Terminsdauer ergibt also nicht einen weiteren Zuschlag.

13 6) **Kostenerstattung.** Sie richtet sich nach §§ 464 a ff StPO. Wenn die Staatsanwaltschaft ihre Berufung vor deren Begründung zurücknimmt, erhält der Angeklagte keine Erstattung seiner Anwaltskosten des Berufungsverfahrens, LG Bochum JB **07**, 38 (abl Madert), LG Kblz JB **09**, 198.

Revision

Nr.	Gebührentatbestand	Gebühr oder Satz der Gebühr nach § 13 oder § 49 RVG	
		Wahlanwalt	gerichtlich bestellter oder beigeordneter Rechtsanwalt
4130	Verfahrensgebühr für das Revisionsverfahren	100,00 bis 930,00 EUR	412,00 EUR
4131	Gebühr 4130 mit Zuschlag	100,00 bis 1162,50 EUR	505,00 EUR
4132	Terminsgebühr je Hauptverhandlungstag im Revisionsverfahren	100,00 bis 470,00 EUR	228,00 EUR
4133	Gebühr 4132 mit Zuschlag	100,00 bis 587,50 EUR	275,00 EUR
4134	Der gerichtlich bestellte oder beigeordnete Rechtsanwalt nimmt mehr als 5 und bis 8 Stunden an der Hauptverhandlung teil: Zusätzliche Gebühr neben der Gebühr 4132 oder 4133		114,00 EUR
4135	Der gerichtlich bestellte oder beigeordnete Rechtsanwalt nimmt mehr als 8 Stunden an der Hauptverhandlung teil: Zusätzliche Gebühr neben der Gebühr 4132 oder 4133		228,00 EUR

Vergütungsverzeichnis **4130–4135 VV**

Zu VV 4130–4135:

Gliederung

1) Systematik	1
2) Regelungszweck	2
3) Verfahrensgebühr, VV 4130, 4131	3–8
A. Anwendbarkeit	3–7
B. Unanwendbarkeit	8
4) Terminsgebühr, VV 4132–4135	9–11
A. Pauschale Gesamtabspaltung	9
B. Eintägige Hauptverhandlung	10
C. Mehrtägige Hauptverhandlung	11
5) Gebührenhöhe	12–14
A. Verfahrensgebühr	12
B. Terminsgebühr	13, 14
6) Kostenerstattung	15

1) Systematik. Die Vorschriften bestimmen die Vergütung desjenigen Anwalts, **1** dem der Angeklagte die Verteidigung im gesamten Revisionsverfahren übertragen hat. Es handelt sich auch hier beim Wahlanwalt um Betragsrahmengebühren, § 14. Neben ihnen können keine Gebühren nach VV 4300 ff entstehen, wohl aber Zusatzgebühren nach VV 4141 ff, Hamm JB **07**, 30. Soweit der Anwalt schon in einem früheren Rechtszug tätig war, treten die Gebühren VV 4130 ff zu den früher entstandenen hinzu, Hamm RR **07**, 72. Dabei muß man aber § 19 I 2 Z 10 beachten, Hamm RR **07**, 72. Es kommt also bei der Einlegung der Revision darauf an, ob der Anwalt seine Verteidigertätigkeit mit ihr und der mitabgegoltenen Beratung darüber beginnt. Dann ist es unerheblich, ob er auch schon eine vollständige Revisionsbegründung fertigt oder einreicht. Er kann dann auch die Grundgebühr VV 4100 erhalten. Der Umfang der Anfechtung mit Revision ist nur im Rahmen von § 14 erheblich.

Die Beratung des Auftraggebers über die *Aussichten der gegnerischen Revision* läßt nicht etwa nur die Gebühren nach § 34 entstehen, sondern ebenfalls diejenigen VV 4130, 4131. Denn § 34 hat nach der amtlichen Vorbemerkung 2.I den Vorrang. Das gilt aber ebenfalls nur in den Grenzen von § 19 I 2 Z 10, Hamm RR **07**, 72.

2) Regelungszweck. Es gelten dieselben Erwägungen wie bei VV 4124–4129 **2** Rn 2.

3) Verfahrensgebühr, VV 4130, 4131. Es lassen sich zwei Fallgruppen bilden. **3**
A. Anwendbarkeit. Die Vorschriften sind anwendbar, soweit der Verteidiger innerhalb oder außerhalb der Hauptverhandlung tätig wird oder soweit eine Hauptverhandlung vor dem Revisionsgericht überhaupt nicht stattfindet. Das gilt zB dann, wenn das Revisionsgericht die Revision zB durch einen Beschluß nach § 349 I StPO als unzulässig oder nach § 349 II StPO als offensichtlich unbegründet verwirft oder wenn es nach § 349 IV StPO das angefochtene Urteil aufhebt. Wenn die Staatsanwaltschaft oder der Angeklagte die Revision zurücknimmt, entsteht evtl die Zusatzgebühr VV 4141, dort amtliche Anmerkung I Z 3.

Die Verfahrensgebühr entsteht bereits dann, wenn der Verteidiger die *Revisions-* **4** *schrift* der Staatsanwaltschaft *entgegennimmt*, Kblz Rpfleger **76**, 218, aM Celle Rpfleger **95**, 517 (aber dann beginnt bereits voll die Verantwortung des Verteidigers). Sie entsteht ferner bereits dann, wenn der Verteidiger die Erfolgsaussicht der gegnerischen Revision prüft, Rn 3, selbst wenn er anschließend keine Gegenerklärung einreicht, Zweibr Rpfleger **81**, 411, oder wenn er vor der Zustellung der gegnerischen Revision beantragt, diese zu verwerfen, LG Hbg AnwBl **78**, 321, oder wenn er die Revision vor der Urteilszustellung begründet, Hamm JB **07**, 30. Der Umstand, daß ein solcher Verwerfungsantrag in jenem Verfahrensstadium nicht notwendig ist, berührt nur die etwaige Erstattungsfähigkeit. Man muß sie ohnehin von Fall zu Fall prüfen, LG Cottbus JB **07**, 416 (Beratung des Nebenklägers).

Die Verfahrensgebühr entsteht ferner dann, wenn der Verteidiger die Revision *be-* **5** *gründet,* Hamm RR **07**, 72, oder wenn er den Antrag auf eine Verwerfung der gegnerischen Revision zwar nach der Zustellung der Revisionsschrift gestellt hat, aber vor dem Zugang einer Revisionsbegründung, aM (zum alten Recht) Düss JB **98**, 424 (aber die Verantwortung des Verteidigers begann bereits mit der Entgegennahme der Revisionsschrift, Rn 6).

6   Die Verfahrensgebühr entsteht auch, sofern der Verteidiger nur eine Abschrift oder Ablichtung des *Hauptverhandlungsprotokolls* anfordert, am Bbg AnwBl **83**, 44 (abl Schmidt), oder soweit er dem Angeklagten noch vor dem Eingang der gegnerischen Revisionsbegründung eine auf der Kenntnis des Ablaufs der Hauptverhandlung beruhende Beratung erteilt, Rn 5, Celle Rpfleger **85**, 376.

7   Sie entsteht schließlich auch dann, wenn der Verteidiger eine Sprungrevision einlegt und begründet, die Staatsanwaltschaft aber eine Berufung einlegt und das Gericht daher die *Revision als Berufung behandeln* muß, § 335 III StPO, LG Aachen Rpfleger **91**, 432, oder wenn der Verteidiger auf eine vor der Urteilszustellung eingereichte Revisionsbegründung der Staatsanwaltschaft zB mit einer Rüge der Verletzung des sachlichen Rechts erwidert, Stgt Rpfleger **92**, 538.

Beim *Pflichtverteidiger* entsteht die Vergütung unabhängig davon, ob ein Wahlverteidiger auf sie wirksam verzichten kann und will, Jena JB **06**, 365.

8   **B. Unanwendbarkeit.** Die Verfahrensgebühr entsteht nicht, soweit sich die Tätigkeit des Verteidigers auf eine nach VV 4302 Z 1 abgegoltene Einlegung des Rechtsmittels beschränkt, Bbg AnwBl **83**, 44.

9   **4) Terminsgebühr, VV 4132–4135.** Man muß zwei Hauptverhandlungsgruppen unterscheiden.

A. Pauschale Gesamtabgeltung. Zum Begriff der Hauptverhandlung, ihrem Beginn und ihrem Ende vgl zunächst bei VV 4114. Die Hauptverhandlung im Revisionsverfahren beginnt allerdings erst mit dem Vortrag des Berichterstatters, § 351 I StPO. Es reicht wie bei VV 4114, 4126 nach der amtlichen Vorbemerkung 4 III 2 sogar aus, daß der Verteidiger zum anberaumten Termin vertretungsbereit erscheint, selbst wenn dieser dann aus einem nicht vom Anwalt zu vertretenden Grund nicht stattfindet.

10 **B. Eintägige Hauptverhandlung, I.** Zum Begriff vgl zunächst bei VV 4114. Anders als bei VV 4106 ff (erste Instanz) hängt die Frage, welcher Gebührenrahmen anwendbar ist, nicht davon ab, vor welchem Gericht die Hauptverhandlung im Revisionsverfahren stattfindet.

11 **C. Mehrtägige Hauptverhandlung.** Je Terminstag entstehen dieselben Terminsgebühren.

12 **5) Gebührenhöhe.** Man muß wie bei VV 4124–4129 mehrere Merkmale unterscheiden. Sie richten sich wie dort teils nach der Anwaltsart, teils nach der Tätigkeitsart, teils nach der Tätigkeitsdauer.

A. Verfahrensgebühr. Sie ist beim Wahlanwalt eine Betragsrahmengebühr. Stets muß man bei ihm § 14 mitbeachten.

Die *Mittelgebühr* beim Wahlanwalt beträgt ohne Zuschlag 515 EUR, mit Zuschlag (also unter den Voraussetzungen der amtlichen Vorbemerkung 4 IV) 631,25 EUR. Beim beigeordneten oder bestellten Anwalt entsteht eine Festgebühr. Auch sie hat ohne Zuschlag eine geringere Höhe als mit solchem.

13 **B. Terminsgebühr.** Sie ist beim Wahlanwalt ebenfalls eine zusätzliche Betragsrahmengebühr. Auch bei ihr ist stets § 14 mitbeachtlich.

Die *Mittelgebühr* beim Wahlanwalt beträgt ohne Zuschlag 285 EUR, mit Zuschlag 343,75 EUR.

14 Beim *beigeordneten oder bestellten* Anwalt entsteht stets eine Festgebühr. Auch sie ist ohne Zuschlag niedriger als mit Zuschlag. Die Festgebühr der so ermittelten Höhe kann sich aber zusätzlich infolge einer Terminsdauer von über 5 Stunden nach VV 4134 oder sogar VV 4135 um den dort jeweils ausgewiesenen weiteren Festbetrag erhöhen. Dieser letztere Erhöhungsbetrag entsteht dann in jeweils derselben Höhe unabhängig davon, ob die Terminsgebühr des VV 4132 oder des VV 4133 entstanden ist. Eine längere Terminsdauer ergibt also nicht einen weiteren Zuschlag.

15 **6) Kostenerstattung.** Sie richtet sich nach §§ 464 a ff StPO. Nach einer Revisionsrücknahme der Staatsanwaltschaft vor deren Begründung ist die Verfahrensgebühr VV 4130 erstattbar, LG Zweibr JB **06**, 247, aM LG Kblz JB **08**, 155.

Vergütungsverzeichnis   Vorbem 4.1.4, 4136–4140 VV

Unterabschnitt 4. Wiederaufnahmeverfahren

(Amtliche) Vorbemerkung 4.1.4:
Eine Grundgebühr entsteht nicht.

Nr.	Gebührentatbestand	Gebühr oder Satz der Gebühr nach § 13 oder § 49 RVG	
		Wahlanwalt	gerichtlich bestellter oder beigeordneter Rechtsanwalt
4136	Geschäftsgebühr für die Vorbereitung eines Antrags	in Höhe der Verfahrensgebühr für den ersten Rechtszug	
	Die Gebühr entsteht auch, wenn von der Stellung eines Antrags abgeraten wird.		
4137	Verfahrensgebühr für das Verfahren über die Zulässigkeit des Antrags	in Höhe der Verfahrensgebühr für den ersten Rechtszug	
4138	Verfahrensgebühr für das weitere Verfahren	in Höhe der Verfahrensgebühr für den ersten Rechtszug	
4139	Verfahrensgebühr für das Beschwerdeverfahren (§ 372 StPO)	in Höhe der Verfahrensgebühr für den ersten Rechtszug	
4140	Terminsgebühr für jeden Verhandlungstag	in Höhe der Terminsgebühr für den ersten Rechtszug	

Zu VV 4136–4140:

1) Systematik, Regelungszweck. Vgl § 17 Rn 39, 40. § 4 ist anwendbar. 1

2) Geltungsbereich. Vgl § 17 Rn 41, 42. 2

3) Keine Grundgebühr, amtliche Vorbemerkung 4.1.4. Es entsteht keine 3
Grundgebühr. Denn sie war ja schon für irgendeinen etwa damals schon tätigen Anwalt im früheren Verfahren entstanden.

4) Geschäftsgebühr, VV 4136. Sie ist an sich systemfremd. Indessen wäre der 4
Begriff Verfahrensgebühr für die bloße Vorbereitung eines Wiederaufnahmeantrags verfehlt, mag eine solche Vorbereitung nun zum Antrag führen oder zum Abraten von ihm und trotzdem eine Vergütung erfordern, amtliche Anmerkung. Die Geschäftsgebühr entsteht auch beim Anwalt des Antragsgegners, also beim Verteidiger im Verfahren etwa des Privat- oder Nebenklägers oder der Staatsanwaltschaft. Sie entsteht mit der auftragsgemäßen Entgegennahme der Information, Stgt Rpfleger **06**, 337.

5) Verfahrensgebühr, VV 4137–4139. Sie entsteht gesondert zunächst für das 5
Zulässigkeitsverfahren nach § 17 Rn 41 mit der auftragsgemäßen Entgegennahme der Information oder der sonstigen zugehörigen Tätigkeit, Stgt Rpfleger **06**, 337. Sie entsteht sodann für das weitere erstinstanzliche Verfahren nach § 17 Rn 42 bis zur Entscheidung des Gerichts nach §§ 368 I, II, 370 StPO und schließlich für ein etwaiges Beschwerdeverfahren nach § 37 S 2 StPO. Auch die Verfahrensgebühr kann beim Anwalt auch des Antragsgegners wie nach Rn 4 entstehen.

6) Terminsgebühr, VV 4140. Sie entsteht zusätzlich in jedem Verfahrensab- 6
schnitt neben der Verfahrensgebühr unter den Voraussetzungen der amtlichen Vorbe-

1923

merkung 4 III. Auch eine Terminsgebühr kann beim Anwalt auch des Antragsgegners wie nach Rn 4 entstehen.

7) Gebührenhöhe, VV 4136–4140. Sie richtet sich in jeder Gebührenart nach einer erstinstanzlichen Gebühr. Die letztere ist auch dann maßgeblich, wenn das Berufungs- oder Revisionsgericht über den Wiederaufnahmeantrag entscheiden muß, § 367 StPO. Es gelten also für die Geschäftsgebühr und für die Verfahrensgebühr VV 4106, 4107, für die Terminsgebühr VV 4108, 4109 entsprechend. Beim Wahlanwalt ist § 14 anwendbar. Bei der Geschäftsgebühr erfolgt die Anknüpfung an eine Verfahrensgebühr.

8) Erneute Hauptverhandlung. Mit der Anordnung einer nochmaligen Hauptverhandlung nach § 373 StPO beginnt nach § 17 Z 12 ein neuer Gebührenrechtszug mit einer Vergütung nach den für ihn zuständigen Vorschriften der nun stattfindenden Instanz vor dem dafür nun zuständigen Gericht ohne irgendeine Anrechnung früher entstandener Gebühren, Stgt Rpfleger **06**, 337.

Unterabschnitt 5. Zusätzliche Gebühren

Nr.	Gebührentatbestand	Gebühr oder Satz der Gebühr nach § 13 oder § 49 RVG	
		Wahlanwalt	gerichtlich bestellter oder beigeordneter Rechtsanwalt
4141	Durch die anwaltliche Mitwirkung wird eine Hauptverhandlung entbehrlich: Zusätzliche Gebühr .... I Die Gebühr entsteht, wenn 1. das Verfahren nicht nur vorläufig eingestellt wird oder 2. das Gericht beschließt, das Hauptverfahren nicht zu eröffnen oder 3. sich das gerichtliche Verfahren durch Rücknahme des Einspruchs gegen den Strafbefehl, der Berufung oder der Revision des Angeklagten oder eines anderen Verfahrensbeteiligten erledigt; ist bereits ein Termin zur Hauptverhandlung bestimmt, entsteht die Gebühr nur, wenn der Einspruch, die Berufung oder die Revision früher als zwei Wochen vor Beginn des Tages, der für die Hauptverhandlung vorgesehen war, zurückgenommen wird. II Die Gebühr entsteht nicht, wenn eine auf die Förderung des Verfahrens gerichtete Tätigkeit nicht ersichtlich ist. III ¹Die Höhe der Gebühr richtet sich nach dem Rechtszug, in dem die Hauptverhandlung vermieden wurde. ²Für den Wahlanwalt bemisst sich die Gebühr nach der Rahmenmitte.	in Höhe der jeweiligen Verfahrensgebühr (ohne Zuschlag)	

Gliederung

1) Systematik 1
2) Regelungszweck 2
3) Geltungsbereich, amtliche Anmerkung I, II 3–7
   A. Nicht nur vorläufige Einstellung, I Z 1 3

Vergütungsverzeichnis **4141 VV**

B. Beispiele zur Frage einer Anwendbarkeit von I Z 1	4
C. Ablehnung der Eröffnung des Hauptverfahrens, I Z 2	5
D. Rücknahme des Einspruchs usw, I Z 3	6
E. Zeitgrenze, I Z 3	7
4) Auf Einstellung oder Erledigung gerichtete Tätigkeit, amtliche Anmerkung II	8–11
A. Ausreichen der Zielrichtung	9
B. Schweigen	10
C. Abgrenzung	11
5) Gebührenhöhe, amtliche Anmerkung III	12
6) Kostenerstattung	13

1) Systematik. Die Vorschrift schafft zur Verfahrensgebühr eine zusätzliche Erfolgsgebühr, AG Betzdorf JB **08**, 589. Sie ist daher auch neben der Grundgebühr VV 4100 anwendbar. Teil 1 ist ebenfalls anwendbar, soweit nicht VV 4141 als eine Spezialvorschrift den Vorrang hat. § 14 ist nicht mitbeachtlich, Rn 12. **1**

2) Regelungszweck. Der Tendenz des RVG folgend, einvernehmliche Lösungen zu fördern, bringt die Vorschrift einen beträchtlichen Anreiz zur fördernden Mitwirkung des Verteidigers auf breiter Front seiner Tätigkeitsmöglichkeiten, KG JB **05**, 533. Das erfordert eine großzügige Auslegung zu seinen Gunsten. Es erlaubt aber keine Maßlosigkeit und daher keine allzu ängstliche Handhabung der amtlichen Anmerkung II. **2**

3) Geltungsbereich, amtliche Anmerkung I. Man muß mehrere nebeneinander bestehende erste Voraussetzungen und stets außerdem zwei weitere Bedingungen beachten, die zusammentreffen müssen. **3**

A. Nicht nur vorläufige Einstellung, I Z 1. Eine volle jeweilige Verfahrensgebühr entsteht zusätzlich, soweit das Gericht als eine von mehreren nebeneinander möglichen ersten Voraussetzungen das Verfahren insgesamt und nicht nur wegen einzelner Vorwürfe nicht nur vorläufig, sondern ohne eine Hauptverhandlung endgültig eingestellt hat, AG Hbg-Wandsbek JB **02**, 30, AG Lemgo JB **09**, 254, AG Magdeb Rpfleger **00**, 514.

Nicht ausreichend ist demgegenüber eine Einstellung erst nach dem Beginn einer Hauptverhandlung, LG Kempten JB **03**, 365, AG Kblz JB **00**, 473, aM LG Ffo JB **02**, 524, LG Hbg JB **01**, 301, LG Saarbr JB **01**, 302 (aber VV 4141 Haupttext grenzt den Geltungsbereich eindeutig ein und ab).

Es kommt bei einer danach *rechtzeitigen* Einstellung nicht darauf an, *wer* eingestellt hat (Gericht oder Staatsanwaltschaft), sondern nur darauf, *daß* eine Einstellung vorliegt. Daher ist auch und vor allem eine Einstellung mangels eines genügenden Anlasses zur Erhebung einer Anklage ausreichend, Rn 4. Ebenso reicht aber jede solche Einstellung aus einem anderen Grund aus, die eben endgültig erfolgt, AG Magdeb Rpfleger **00**, 514 (Tod des Beschuldigten), die also nicht etwa von einer Auflage, einem Vorbehalt usw abhängt. Diese Lage kann auch nach der Anklageerhebung eintreten, Düss StrV **00**, 92, LG Aachen AGS **99**, 59, LG Darmst AGS **96**, 126. Eine endgültige Zustimmung macht eine vorher nicht endgültige Einstellung nur dann zu einer endgültigen nach Z 1, wenn keinerlei Bedingungen oder Auflagen mehr vorhanden sind.

B. Beispiele zur Frage einer Anwendbarkeit von I Z 1 **4**

§ 43 I OWiG: *Unanwendbar* ist I Z 1, soweit die Staatsanwaltschaft die Sache zwecks Ahndung als bloße Ordnungswidrigkeit an die Verwaltungsbehörde abgibt, AG Düss JB **00**, 139 (dann liegt nur *eine* Angelegenheit vor), AG Lemgo JB **09**, 254, AG Mü JB **07**, 84, aM AG Köln JB **07**, 84, AG Rheinbach JB **02**, 469 (zwei Angelegenheiten).

§ 153 I StPO: Anwendbar ist I Z 1 bei einer Einstellung wegen Geringfügigkeit vor Klagerhebung.

Unanwendbar ist I Z 1, soweit das Ermittlungsverfahren wegen einer anderen Tat weitergeht und zur Anklagereife führt.

§ 153 a I StPO: Anwendbar ist I Z 1 bei einer Einstellung gegen Auflagen und Weisungen vor Klagerhebung.

Unanwendbar ist I Z 1, soweit das Ermittlungsverfahren wegen einer anderen Tat weitergeht und zur Anklagreife führt.

§ 153 a II StPO: *Unanwendbar* ist I Z 1 bei einer Einstellung gegen Auflagen und Weisungen nach Klagerhebung.

§ 153 b I StPO: Anwendbar ist I Z 1 beim Absehen von der öffentlichen Klage.

§ 153 c I, II StPO: Anwendbar ist I Z 1 bei der Nichtverfolgung einer Auslandstat, **§ 153 d I StPO:** Anwendbar ist I Z 1 beim Absehen von der Strafverfolgung einer politischen Straftat.

§ 153 e I StPO: Anwendbar ist I Z 1 beim Absehen von der Strafverfolgung bei einer tätigen Reue.

§ 154 I StPO: Anwendbar ist I Z 1 beim Absehen von der Verfolgung einer unwesentlichen Nebenstraftat, aM AG Kblz JB **01**, 139 (mit Recht abl Schneider).

§ 154 II StPO: Anwendbar ist I Z 1 bei einer Einstellung wegen einer unwesentlichen Nebenstraftat nach Erhebung der öffentlichen Klage, LG Hbg JB **01**, 301, AG Rheinbach JB **02**, 469.

§ 154 a StPO: *Unanwendbar* ist I Z 1, soweit es um eine Beschränkung der Strafverfolgung geht.

§ 154 b I–III StPO: Anwendbar ist I Z 1 beim Absehen von einer öffentlichen Klage wegen Auslieferung und Landesverweisung.

§ 154 c StPO: Anwendbar ist I Z 1 beim Absehen von der Verfolgung des Opfers einer Nötigung oder Erpressung.

§ 154 d S 1 StPO: *Unanwendbar* ist I Z 1 bei einer Fristbestimmung zwecks Durchführung eines zugehörigen bürgerlichen oder Verwaltungsstreitverfahrens.

§ 154 d S 3 StPO: Anwendbar ist I Z 1 bei einer Einstellung wegen Fristablaufs nach einem zugehörigen anheimgestellten bürgerlichen oder Verwaltungsstreitverfahren.

§ 170 II 1 StPO: Anwendbar ist I Z 1 bei einer Einstellung mangels genügenden Anlasses zur öffentlichen Klage, Düss Rpfleger **99**, 149 links, LG Zweibr JB **02**, 307.

§ 205 StPO: *Unanwendbar* ist I Z 1 bei einer vorläufigen Einstellung wegen Abwesenheit usw des Angeschuldigten.

§ 407 StPO: Anwendbar ist I Z 1 bei der Rücknahme des Antrags auf einen Strafbefehl, LG Osnabr JB **99**, 131 (spricht irrig von einer „Rücknahme des Strafbefehls" durch den Staatsanwalt), AG Urach JB **07**, 361.

5 **C. Ablehnung der Eröffnung des Hauptverfahrens, I Z 2.** Statt der Voraussetzungen Rn 3, 4 reicht es jetzt als gleichwertige andere erste Voraussetzung der vollen zusätzlichen Gebühr auch aus, daß das Gericht beschließt, das Hauptverfahren nicht zu eröffnen, § 204 StPO. Es kommt nicht auf die Unanfechtbarkeit oder Rechtskraft an. Die Gebühr entsteht mit der Bekanntmachung des Ablehnungsbeschlusses nach § 204 II StPO oder doch mit seinem Herausgehen aus dem inneren Geschäftsbetrieb, also auch mit seiner zB telefonischen Mitteilung an den Verteidiger. Z 1 und Z 2 können zusammentreffen und dann doppelte Zusatzgebühren auslösen, (zum alten Recht) LG Offenbg Rpfleger **99**, 38.
Nicht ausreichend ist eine Tätigkeit nur von der Erhebung der Anklage, AG Betzdorf JB **08**. 589.

6 **D. Rücknahme des Einspruchs usw, I Z 3.** Statt der Voraussetzungen Rn 3–5 reicht es als eine gleichwertige andere erste Voraussetzung der vollen Zusatzgebühr auch aus, daß sich ein gerichtliches Verfahren durch die Rücknahme des Einspruchs gegen einen bereits erlassenen Strafbefehl oder durch die Rücknahme der Berufung oder Revision des Angeklagten erledigt, AG Wittlich JB **06**, 590, oder daß es sich durch die entsprechende Rücknahme eines anderen Verfahrensbeteiligten erledigt, also infolge einer Rechtsmittelrücknahme der Staatsanwaltschaft oder des Privat- oder Nebenklägers. Es ist dann nicht mehr erforderlich, daß das Gericht im Zeitpunkt der Einspruchsrücknahme usw bereits einen Hauptverhandlungstermin bestimmt hatte, Hs 1. Es müssen aber bestimmte Anhaltspunkte dafür vorliegen, daß der BGH eine Hauptverhandlung plante, Brdbg JB **07**, 484, Hamm Rpfleger **06**, 677, Stgt JB **07**, 200. Auf neue rechtliche Gesichtspunkte kommt es nach dem klaren Wortlaut der Z 3 nicht an, aM Düss JB **08**, 85.
Die Rücknahme muß strafprozessual *wirksam* erfolgt sein, um die Gebühr nach Z 3 auslösen zu können. Infolge der Rücknahme muß sich das gegen diesen Angeklagten

1926

Vergütungsverzeichnis **4141 VV**

oder anderen Verfahrensbeteiligten anhängige gerichtliche Verfahren vollständig erledigt haben. Eine Teilrücknahme reicht nicht aus. Der Verfahrensfortgang gegen andere Angeklagte oder Verfahrensbeteiligte schadet nicht. Freilich kann der Verteidiger nur wegen des rücknehmenden Beteiligten eine Gebühr nach Z 3 beanspruchen.

E. Zeitgrenze, I Z 3. War das letztere freilich schon geschehen, muß die Rück- 7
nahmeerklärung beim zuständigen Gericht vor oder nach einer Vertagung jedenfalls nun früher als zwei Wochen vor dem Beginn desjenigen Tages eingehen, den das Gericht für die Hauptverhandlung vorgesehen hatte, Hs 2. Dabei kommt es nicht darauf an, ob das Gericht den Termin vor oder versehentlich noch nach dem Eingang der Einspruchsrücknahme bestimmt hatte, AG Köln JB 97, 193. Hatte es einen Montag zur Hauptverhandlung vorgesehen, muß die Rücknahmeerklärung am Montag zwei Wochen vorher eingegangen sein. § 43 II StPO ist nämlich als Ausdruck eines allgemeinen Rechtsgedankens auch bei VV 4141 zumindest entsprechend anwendbar. Auch § 44 StPO (Wiedereinsetzung) ist aus denselben Erwägungen zumindest entsprechend anwendbar. Z 3 ist auch bei § 411 I 3 StPO entsprechend anwendbar, Schneider AnwBl 06, 275.

Unanwendbar ist Z 3 dann, wenn der Verteidiger bewirkt, dass der Verurteilte das Urteil oder den Strafbefehl hinnimmt und kein Rechtsmittel einlegt, Nürnb Rpfleger 09, 645.

4) Auf Einstellung oder Erledigung gerichtete Tätigkeit, amtliche An- 8
merkung II. Bei Rn 3–7 ist jeweils eine weitere Voraussetzung, daß der Anwalt als Verteidiger eine auf die Einstellung oder Erledigung gerichtete Tätigkeit vorgenommen hat. Allerdings ist nicht (mehr) ein Beitrag mitursächlicher Art erforderlich, aM RS 109.

A. Ausreichen der Zielsetzung. Denn VV 4141 spricht nicht von einer „Mit- 9
wirkung" und fordert auch nicht eine „Förderung", sondern begnügt sich mit einer auf eine solche Förderung lediglich „gerichteten" eigenständigen Tätigkeit in tatsächlicher oder rechtlicher Beziehung. Dazu genügt aber die bloße Förderungsabsicht, auch wenn sie keinen Erfolg hatte. Zwar wäre eine objektiv gänzlich unbrauchbare Tätigkeit wohl kaum nach der amtlichen Anmerkung II eine „ersichtlich" auf eine Förderung „gerichtete" Tätigkeit.

Dennoch bleibt praktisch jeder gut gemeinte *ernsthafte Versuch* ausreichend. Das gilt erst recht wegen der verneinenden Stilform der amtlichen Anmerkung. Sie gibt dem Auftraggeber oder der Staatskasse die Beweislast der Unersichtlichkeit einer Förderungsrichtung, (je zum alten Recht) AG Hbg-Wandsbek JB 02, 30, AG Offenbach Rpfleger 99, 38, AG Unna MDR 98, 1313. Damit wird es dem Gebührenschuldner praktisch fast nie möglich, um die Zusatzgebühr VV 4141 aus solchen Erwägungen herumzukommen.

Das gilt unabhängig davon, ob den *Hauptanstoß* zur Einstellung, zur Nichteröffnung oder zur Erledigung auch das Gericht oder die Staatsanwaltschaft gegeben hat, Düss AGS 99, 121, LG Arnsberg JB 07, 82, LG Düss JB 07, 83. Man kann eine Förderung durch den Verteidiger sogar vermuten, Düss Rpfleger 03, 41. Eine Schutzschrift kann ausreichen, AG Hbg-Wandsbek JB 02, 30, auch ein Gespräch mit dem Gericht oder dem Staatsanwalt, AG Lörrach AGS 99, 70, oder eine Aktivität zwecks einer Verjährung, LG BadBad AGS 01, 38, LG Schwerin DAR 00, 333, oder zwecks einer Verweisung, LG Mühlhausen StrV 00, 439.

Bei einer *Revisionsrücknahme* ist es unerheblich, ob sie vor oder nach einer Revisionsbegründung erging, Saarbr JB 07, 29 (abl. Madert), aM Hamm JB 07, 30, KG JB 05, 533 (erst nach der Begründung. Aber die amtliche Anmerkung I Z 3 stellt nur auf die Erledigung des gerichtlichen Verfahrens infolge der Rücknahme und nicht darauf ab, ob und weshalb diese Erledigung gerade durch den Wegfall einer Verhandlung usw erfolgt).

B. Schweigen. Gezieltes Schweigen ist oft keine auf eine Förderung gerichtete 10
Tätigkeit, so schon (zum alten Recht) AG Achern DGVZ 01, 304. Freilich kann auch ein bloßes Schweigen das Ergebnis eines intensiven Durch- und Mitdenkens sein. Beim Schweigen kommt es also auf die erkennbaren Umstände an, wie stets in einer vergleichbaren Lage. Auch eine bloße Bitte um eine Akteneinsicht mag unzureichend sein, Rn 11. Aber auch das ist eine Fallfrage.

11 C. Abgrenzung. In diesem Zusammenhang darf man natürlich vom Verteidiger *nicht* erwarten, daß er die Interessen *des Angeklagten* hinter die Förderung des gerichtlichen Verfahrens zurückdrängt. Daher ist nicht etwa schon ein zeitlich normales Zuwarten oder Ausnutzen einer gesetzlichen oder richterlichen Frist usw schädlich. Vielmehr sind erst überlange Bearbeitungszeiten schädlich, ebenso übertrieben zahlreiche Entlastungsbeweisanträge, sinnlose Ablehnungsgesuche usw. Auch lästige Anträge eines Verteidigers können aber in Wahrheit verfahrensfördernd sein. Das darf man bei der amtlichen Anmerkung II nicht zu kleinlich beurteilen. Eine Verfahrensförderung kann auch darin liegen, Rechtsfehler des Gerichts vermeiden zu helfen usw. Der bloße Rat, ein Aussageverweigerungsrecht geltend zu machen, ist freilich meist keine Förderung des Verfahrens, ebensowenig die bloße Meldung als der Verteidiger nebst einer Akteneinsichtsbitte, AG Hann JB 06, 313.

12 5) Gebührenhöhe, amtliche Anmerkung III. Es entsteht für jede Art von Verteidiger eine Zusatzgebühr für jeden der Tätigkeitsbereiche Rn 3–7. Sie hat dieselbe Höhe wie die zugehörige Verfahrensgebühr des Rechtszugs, also wie diejenige Gebühr, die für das Betreiben desjenigen Verfahrensabschnitts gilt, in dem der Anwalt die Entbehrlichkeit einer Hauptverhandlung miterreicht, amtliche Anmerkung III 1. Der Sache nach ähnelt VV 4141 also sehr einer Erfolgsgebühr. Die Gebühr entfällt freilich trotz eines derartigen Erfolgs dann, wenn die Zeitschranke der amtlichen Anmerkung I Z 3 Hs 2 überschritten ist. § 14 ist beim Wahlanwalt nicht beachtlich. Denn die amtliche Anmerkung III 2 stellt die Rahmenmitte und damit praktisch ebenfalls wie beim bestellten oder beigeordneten Anwalt eine Art Festgebühr als verbindlich an.

Es gibt *keinen Zuschlag*. Das stellt VV 4141 Gebührenspalte im Klammerzusatz klar.

13 6) Kostenerstattung. Sie richtet sich nach §§ 464 a ff StPO.

Nr.	Gebührentatbestand	Gebühr oder Satz der Gebühr nach § 13 oder § 49 RVG	
		Wahlanwalt	gerichtlich bestellter oder beigeordneter Rechtsanwalt
4142	**Verfahrensgebühr bei Einziehung und verwandten Maßnahmen** .... ^I Die Gebühr entsteht für eine Tätigkeit für den Beschuldigten, die sich auf die Einziehung, dieser gleichstehende Rechtsfolgen (§ 442 StPO), die Abführung des Mehrerlöses oder auf eine diesen Zwecken dienende Beschlagnahme bezieht. ^{II} Die Gebühr entsteht nicht, wenn der Gegenstandswert niedriger als 25,00 EUR ist. ^{III} Die Gebühr entsteht für das Verfahren des ersten Rechtszugs einschließlich des vorbereitenden Verfahrens und für jeden weiteren Rechtszug.	1,0	1,0

Gliederung

1) Systematik	1
2) Regelungszweck	2
3) Sachlicher Geltungsbereich	3–5
A. Einziehung usw	3
B. Beschlagnahme	4
C. Fahrverbot, Fahrerlaubnisentzug	5
4) Persönlicher Geltungsbereich	6, 7
A. Anwendbarkeit	6
B. Unanwendbarkeit	7
5) Gebührenhöhe	8
6) Gegenstandswert	9
7) Kostenerstattung	10

Vergütungsverzeichnis **4142 VV**

1) Systematik. Die von VV 4142 erfaßten Tätigkeiten erhalten dann eine zusätzliche Vergütung, Meyer JB **05**, 356, wenn der Anwalt „für den Beschuldigten" tätig wird. Eine solche Tätigkeit kann allerdings auch in einem objektiven Verfahren vorliegen, zB nach §§ 430 ff StPO, 7 WStrG. § 4, VV 4100 ff bleiben anwendbar.

2) Regelungszweck. Die Vorschrift soll sicherstellen, daß der Anwalt für diejenigen Tätigkeiten eine angemessene Vergütung erhält, die sich auf die dort genannten gerichtlichen Maßnahmen beziehen, wenn dergleichen also auch nur drohen kann, KG Rpfleger **09**, 50. Denn es handelt sich insofern oft um besonders teure Objekte. Deshalb bestimmt die Vorschrift, daß eine volle Zusatzgebühr als eine Verfahrensgebühr entsteht, KG JB **05**, 531, und zwar nach dem oft hohen Gegenstandswert. Denn der Anwalt setzt sich für das Eigentum des Auftraggebers ein, KG JB **05**, 532. Soweit freilich nur ein Bagatellwert infrage kommt, etwa bei einem einfachen Einbruchswerkzeug, entsteht nach der amtlichen Anmerkung II überhaupt keine Zusatzgebühr. Das dient der Vereinfachung und Kostendämpfung. Allerdings darf nicht dazu führen, den gesetzlichen Grenzwert von 25 EUR auch dann als nicht erreicht zu beurteilen, wenn der Wert in Wahrheit deutlich höher liegt, und umgekehrt.

3) Sachlicher Geltungsbereich. Man muß drei Verfahrensarten unterscheiden.

A. Einziehung usw. In Betracht kommt zunächst eine solche Tätigkeit des Anwalts für den Beschuldigten, die sich auf eine auch nur möglicherweise drohende Einziehung oder auf eine dieser gleichstehende Rechtsfolge nach § 442 StPO bezieht, Krause JB **06**, 118, also auf den Verfall oder auf die Vernichtung zB nach §§ 98, 110 UrhG oder auf die Unbrauchbarmachung oder auf die Abführung eines Mehrerlöses zB nach §§ 8, 10 WStrG (nicht nach § 9 WStrG) oder auf die Beseitigung eines sonstigen gesetzwidrigen Zustands. Es genügt eine außergerichtliche Beratung, Karlsr Rpfleger **07**, 683, etwa zwecks einer Zustimmung zur Einziehung, KG JB **05**, 532. Als Verfall kommt nur ein solcher nach §§ 73 ff StGB in Betracht, nicht der Fall, daß eine Sicherheit deswegen verfällt, weil sich der Angeschuldigte der Untersuchung oder der Verurteilte dem Antritt der erkannten Freiheitsstrafe entzieht, § 124 I StPO. In einem Verfahren der letzteren Art gelten die Gebühren VV 4100 ff die Tätigkeit des Verteidigers durch außerhalb der Hauptverhandlung ab. Ein Wertersatz etwa nach dem Landesforstrecht gehört nicht hierher.

Nicht hierher zählt eine sog Rückgewinnungshilfe, KG JB **09**, 30.

B. Beschlagnahme. Es mag sich auch um eine solche Tätigkeit des Anwalts für den Beschuldigten handeln, die sich auf eine gerade den Zwecken Rn 3 dienende vorläufige oder endgültige Beschlagnahme zB nach §§ 111b, c StPO bezieht. Das ist nicht so, soweit es sich um einen derjenigen in §§ 94 I, 99 StPO genannten Gegenstände handelt, die als Beweismittel für die Untersuchung von Bedeutung sein können, oder soweit es um eine Vermögensbeschlagnahme nach §§ 290, 443 StPO geht. Eine darauf bezügliche Tätigkeit gelten VV 4100 ff ab.

C. Fahrverbot, Fahrerlaubnisentzug. Es mag sich schließlich um eine solche Tätigkeit des Anwalts für den Beschuldigten handeln, die sich auf ein Fahrverbot nach § 44 StGB oder auf die Entziehung der Fahrerlaubnis nach §§ 69 ff StGB erstreckt. Das erwähnt die amtliche Anmerkung I zwar nicht ausdrücklich. Es fällt aber der Sache nach als eine der Einziehung verwandte Maßnahme ebenfalls unter diese Auffangvorschrift. Denn alles hat einen Kostenwert, aM Kblz JB **06**, 247. Daher reicht auch eine Drogenbeschlagnahme, aM Kblz JB **06**, 255. Hierher gehört eine solche Tätigkeit, die die Abwendung, die Verkürzung, eine sonstige Begrenzung oder eine frühere Beendigung solcher Maßnahmen anstrebt. Bei einem Fahrverbot nach § 25 StVG gilt VV 4142 ebenfalls. Es reicht aus, daß der Anwalt insoweit im vorbereitenden Verfahren bei der Polizei oder bei der Ordnungsbehörde oder bei einer anderen Verwaltungsstelle oder bei der Staatsanwaltschaft tätig wird.

4) Persönlicher Geltungsbereich. Es gibt zwei Fallgruppen.

A. Anwendbarkeit. VV 4142 gilt: Für den Wahlverteidiger (nicht im Bußgeldverfahren, denn VV 5115 ff enthalten keine vergleichbare Regelung), Karlsr Rpfleger **07**, 683; für den Beistand; für den Vertreter eines Privat- oder Nebenklägers, einer Finanzbehörde, eines Einziehungs- oder Nebenbeteiligten, eines Verletzten, eines Zeugen oder Sachverständigen, amtliche Vorbemerkung 4 I; für den Pflichtverteidiger.

1929

VV 4142–4144   Vergütungsverzeichnis

7   **B. Unanwendbarkeit.** VV 4142 gilt nicht bei einer Einzelgebühr, VV 4300 ff. Das gilt selbst dann wenn sich die dort vorrangig geregelte Einzeltätigkeit auf eines der in VV 4142 genannten Verfahren bezieht.

8   **5) Gebührenhöhe.** Der Wahlverteidiger und der bestellte oder beigeordnete Anwalt erhalten dieselben Gebühren. Es entsteht dann 1,0 Gebühr, wenn der Gegenstandswert mindestens 25 EUR beträgt, Rn 2. Unter den Voraussetzungen der amtlichen Vorbemerkung 4 IV müßte eigentlich ein Zuschlag entstehen. Diesen müßte das Gesetz aber ähnlich wie zB bei VV 4101, je Normalgebühr gesondert ausweiten. Das ist hinter VV 4142 nicht geschehen. Folglich ist im Ergebnis hier kein Zuschlag möglich. Nach der amtlichen Anmerkung III entsteht die Verfahrensgebühr für den ersten Rechtszug einschließlich des vorbereitenden Verfahrens und außerdem gesondert für jeden weiteren Rechtszug neu. Sie ist eine zusätzliche Gebühr, läßt also VV 4100 ff unberührt. Beim Wahlanwalt ist die Tabelle § 13 maßgeblich, beim bestellten oder beigeordneten Anwalt die Tabelle § 49.

9   **6) Gegenstandswert.** Er richtet sich nach §§ 2 I, 22 ff, §§ 3 ff ZPO, Anh I § 48 GKG, Teil I A dieses Buchs. Maßgebend ist also der objektive Verkehrswert, Bbg JB **07**, 201, Ffm JB **07**, 201, im Zeitpunkt der Anwaltstätigkeit, Karlsr Rpfleger **07**, 683.

10   **7) Kostenerstattung.** Sie erfolgt nach §§ 464 a ff StPO.

Nr.	Gebührentatbestand	Gebühr oder Satz der Gebühr nach § 13 oder § 49 RVG	
		Wahlanwalt	gerichtlich bestellter oder beigeordneter Rechtsanwalt
4143	Verfahrensgebühr für das erstinstanzliche Verfahren über vermögensrechtliche Ansprüche des Verletzten oder seines Erben .... I Die Gebühr entsteht auch, wenn der Anspruch erstmalig im Berufungsverfahren geltend gemacht wird. II Die Gebühr wird zu einem Drittel auf die Verfahrensgebühr, die für einen bürgerlichen Rechtsstreit wegen desselben Anspruchs entsteht, angerechnet.	2,0	2,0
4144	Verfahrensgebühr im Berufungs- und Revisionsverfahren über vermögensrechtliche Ansprüche des Verletzten oder seines Erben	2,5	2,5

Zu VV 4143, 4144:

Gliederung

1) Systematik	1–5
2) Regelungszweck	6
3) Tätigkeit im Entschädigungsverfahren	7–15
A. Voraussetzungen	7
B. Gebühr in erster Instanz, VV 4143	8, 9
C. Wiederholte Erhebung im Berufungsverfahren, VV 4144	10
D. Gebühr im Revisionsverfahren, VV 4144	11
E. Erstmalige Erhebung im Berufungsverfahren, VV 4143 amtliche Anmerkung I	12
F. Gegenstandswert	13
G. Fälligkeit	14
H. Kostenerstattung	15
4) Anrechnung, VV 4143 amtliche Anmerkung II	16–22
A. Grundsatz: Prozeßbevollmächtigter im Zivilprozeß	16, 17
B. Ausgangswert	18
C. Keine Mindestsumme	19
D. Derselbe Rechtszug	20, 21
E. Gegenstandswert	22

1) Systematik. Die Vorschriften sind neben VV 4100 ff anwendbar, sofern der Verletzte oder sein Erbe einen aus der Straftat des Beschuldigten entstehenden vermögensrechtlichen Anspruchs im sog Adhäsionsverfahren nach §§ 403 ff StPO geltend machen und sofern der Anwalt sowohl als der Verteidiger zur Abwehr einer Bestrafung usw als auch als ein Bevollmächtigter zur Abwehr dieses vermögensrechtlichen Anspruchs im Strafverfahren oder als ein Beistand oder Vertreter des Privat- oder Nebenklägers tätig wird, amtliche Vorbemerkung 4 I. Die Bestellung zum Pflichtverteidiger erfaßt nicht stets das Adhäsionsverfahren, Zweibr JB **06**, 643. Soweit der Anwalt nur zur Abwehr des vermögensrechtlichen Anspruchs im Strafverfahren tätig wird, sind VV 4143, 4144 ohnehin anwendbar. In beiden Fällen muß man daneben VV 1000 beachten.

Sofern das Strafgericht den vermögensrechtlichen Anspruch *nicht* zuerkennt und infolgedessen nach § 406 III 2 StPO ein bürgerlicher Rechtsstreit folgt und soweit der als Verteidiger tätig gewesene Anwalt auch in diesem Folgeprozeß nunmehr als ein ProzBev des dortigen Bekl tätig wird, ist VV 4143 amtliche Anmerkung II anwendbar.

Sofern der Verletzte oder sein Erbe den aus einer Straftat entstandenen vermögensrechtlichen Anspruch gegen den Beschuldigten überhaupt nicht im Verfahren nach §§ 403 ff StPO verfolgen, sondern insoweit von vornherein nur einen *bürgerlichen Rechtsstreit* beginnen, sind VV 4143, 4144 überhaupt nicht anwendbar. Vielmehr sind dann VV 3100 ff direkt und allein anwendbar.

Im Verfahren nach dem *StrEG* sind VV 4143, 4144 für die Tätigkeit des Anwalts als Verteidiger entsprechend anwendbar. Denn sonst entstünde eine Vergütungslücke.

Für das *Beschwerdeverfahren* nach §§ 8 III, 9 II StrEG entsteht nur unter den Voraussetzungen der amtlichen Vorbemerkung 4 V eine besondere Gebühr. Im Rechtsstreit nach § 13 StrEG erhält der Anwalt als ProzBev Gebühren nach VV 3100 ff unabhängig davon, ob das vorangegangene Verfahren schon geendet hat. Es findet dann allerdings eine Anrechnung nach VV 4143 amtliche Anmerkung II statt. Im Verfahren nach §§ 10–12 StrEG entstehen Gebühren nach VV 2300, 2301 ohne eine Anrechnung. Denn es handelt sich um ein behördliches Verfahren. Wegen der Kostenerstattung in diesem Verfahren BGH **68**, 88, Meyer JB **76**, 561.

2) Regelungszweck. Das in der Praxis nicht sehr oft vorkommende Zusatzverfahren ersetzt einen sonst etwa notwendigen Zivilprozeß. Schon deshalb darf man VV 4143, 4144 nicht zu eng auslegen. Zwar folgt das strafrechtliche Schadensersatzverfahren nicht ganz denselben Regeln wie das zivilrechtliche. Es erfordert aber vom Anwalt eher größere als kleinere Fähigkeiten gegenüber dem Zivilprozeß. Das gilt, zumal so mancher Strafrichter mangels einer ständigen auch zivilrechtlichen Arbeit in Wahrheit deutlich weniger sachkundig verfährt als ein erfahrener Zivilrichter. Man muß auch diese im Ergebnis höhere Verantwortung des Anwalts bei der Auslegung mitbeachten. Die Vergütung soll ein Anreiz zum Betreiben des in VV 4143, 4144 genannten Verfahrens sein. VV 3100 ff sind freilich grundsätzlich wie sonst auslegbar.

3) Tätigkeit im Entschädigungsverfahren. Es gibt zahlreiche Aspekte.

A. Voraussetzungen. VV 4143, 4144 erfassen den Fall, daß der Verletzte oder sein Erbe nach §§ 403 ff StPO gegen den Beschuldigten einen aus der Straftat entstandenen vermögensrechtlichen Anspruch vor dem Strafgericht anhängig macht und daß der Anwalt sowohl im eigentlichen Strafverfahren als auch im sog Adhäsionsverfahren tätig wird, sei es als Pflichtverteidiger, Saarbr Rpfleger **99**, 507, oder als der Wahlverteidiger, sei es als ein Vertreter oder Beistand des Privatklägers oder des Nebenklägers. Die Bestellung zum Pflichtverteidiger umfaßt nicht stets auch das Adhäsionsverfahren, Jena Rpfleger **08**, 529.

Vermögensrechtlich ist jeder Anspruch, der entweder auf einer vermögensrechtlichen Beziehung beruht oder auf Geld oder Geldeswert geht, ohne Rücksicht auf seinen Ursprung und Zweck. Es entscheidet die Natur desjenigen Rechts, dessen Schutz der Kläger verlangt. Der Anspruch kann sich also zwar auf ein nichtvermögensrechtliches Verhältnis gründen. Er ist gleichwohl dann vermögensrechtlich, wenn er eine vermögenswerte Leistung zum Gegenstand hat, § 48 GKG Rn 6 ff, Teil I A dieses Buchs, BLAH Üb 9, 10 vor § 1 ZPO.

B. Gebühr in erster Instanz, VV 4143. Der Anwalt erhält evtl neben der Verteidigergebühr VV 4100 ff und auch anstelle der in VV 3100 ff bestimmten Gebühren eine 2,0 Gebühr. Das gilt auch bei der erstmaligen Geltendmachung im strafrechtlichen Berufungsverfahren, Rn 12. Es gilt ferner dann, wenn es zu einem Wiederaufnahmeverfahren nach § 406 c StPO kommt. Die Gebühr ist eine einheitliche Pauschgebühr. Sie entsteht mit der auftragsgemäßen Entgegennahme der Information. Sie gilt seine gesamte Tätigkeit im Verfahren nach §§ 403 ff StPO ab, amtliche Vorbemerkung 4.1 II 1. Das gilt, soweit dieses Verfahren vor dem Strafgericht abläuft. Es gilt unabhängig von einer Anhängigkeit und vom Umfang des gerichtlichen Verfahrens und der Anwaltstätigkeit. Es gilt also auch dann, wenn der Antragsteller den Antrag zurücknimmt oder wenn das Gericht nach § 405 StPO von einer Entscheidung absieht. Soweit sich ein Verfahren vor dem Zivilgericht nach § 406 III 2 StPO anschließt, ist VV 4143 amtliche Anmerkung II anwendbar. VV 1008 ist anwendbar.

9   Neben der eben erwähnten Gebühr VV 4143 kann bei einer gerichtlichen oder außergerichtlichen Einigung eine *Einigungsgebühr* nach VV 1000 entstehen. Der Anwalt verdient die Gebühr VV 4143 schon mit jeder auf die Ausführung des Auftrags abzielenden Tätigkeit ab der auftragsgemäßen Entgegennahme der Information und nicht erst mit einer Tätigkeit gegenüber dem Gericht, sei es um den Anspruch abzuwehren, sei es um ihn geltend zu machen. Denn eine „Verfahrensgebühr" setzt zwar ein gerichtliches Verfahren voraus. Sie kann aber allgemein schon mit jeder verfahrensbezogenen Tätigkeit entstehen, wie zB bei VV 3100 Rn 29. Soweit der Anwalt im Zusammenhang mit dem vermögensrechtlichen Anspruch auftragsgemäß nur außergerichtlich tätig wird, können VV 2300 ff anwendbar sein.

10 **C. Wiederholte Erhebung im Berufungsverfahren, VV 4144.** Soweit der Verletzte oder sein Erbe den vermögensrechtlichen Anspruch schon im ersten Rechtszug geltend gemacht hatten und soweit sie ihn nun im Berufungsverfahren wiederholen, entsteht für die Tätigkeit des Anwalts eine 2,5 Gebühr. Dasselbe gilt dann, wenn das Rechtsmittelgericht durch einen Beschluß nach § 406 a II StPO entscheidet. Die 2,5 Gebühr entsteht selbst dann, wenn dieser Anwalt erstmalig im Berufungsverfahren tätig wird. Außerdem kann bei einer gerichtlichen oder außergerichtlichen Einigung eine Einigungsgebühr VV 1000, 1003, 1004 entstehen.

11 **D. Gebühr im Revisionsverfahren, VV 4144.** Im Revisionsverfahren kommt der Antrag kaum in Betracht. Evtl entsteht eine 2,5 Gebühr. Außerdem kann bei einer gerichtlichen oder außergerichtlichen Einigung eine Einigungsgebühr VV 1000, 1003, 1004 entstehen.

12 **E. Erstmalige Erhebung im Berufungsverfahren, VV 4143 amtliche Anmerkung I.** Soweit der Verletzte oder sein Erbe den vermögensrechtlichen Anspruch erstmals im strafrechtlichen Berufungsverfahren geltend macht, entsteht für die Tätigkeit des Anwalts in diesem Zusammenhang im Berufungsverfahren nur eine 2,0 Gebühr, VV 4143 amtliche Anmerkung I. Außerdem kann bei einer gerichtlichen oder außergerichtlichen Einigung eine Einigungsgebühr VV 1000 entstehen.

13 **F. Gegenstandswert.** Er richtet sich wie bei VV 3100 ff nach §§ 2 I, 23 in Verbindung mit §§ 3 ff ZPO, Anh I § 48 GKG, Teil I A dieses Buchs. Er richtet sich also nach dem Antrag, § 404 I StPO, und nach dem GKG, zB nach §§ 39 ff GKG, HbgJB **84**, 54.

14 **G. Fälligkeit.** Die jeweils entstehende Gebühr wird fällig, sobald der Anwalt eine der in Rn 6, 7 genannten Tätigkeiten beginnt.

15 **H. Kostenerstattung.** Vgl § 472 a StPO. Die Kostenfestsetzung erfolgt nach § 464 b StPO. Im Erinnerungsverfahren gegen einen Kostenansatz oder gegen einen Kostenfestsetzungsbeschluß muß man die amtliche Vorbemerkung 4 V Z 1 beachten. Für die Vertretung bei der Zwangsvollstreckung auf Grund eines Kostenfestsetzungsbeschlusses nach § 464 b StPO muß man die amtliche Vorbemerkung 4 V Z 2 beachten.

16 **4) Anrechnung, VV 4143 amtliche Anmerkung II.** Dem Grundsatz folgen vier Fallgruppen.
A. Grundsatz: Prozeßbevollmächtigter im Zivilprozeß. Vgl zunächst Rn 1–5. Eine Anrechnung kommt allerdings nur dann in Betracht, wenn derselbe Anwalt im Anschluß an seine Verteidiger-, Beistands- oder Vertretertätigkeit im Strafverfahren nun auch als ProzBev in dem nach § 406 III 2 StPO dem Strafverfahren erst nachfolgenden bürgerlichen Rechtsstreit tätig wird. Ein Anwaltswechsel ist nur dann unschädlich, wenn er nach § 91 ZPO notwendig war, BLAH dort Rn 124 ff. Soweit der Anwalt zwar im Strafverfahren der Verteidiger usw war, im bürgerlichen Rechtsstreit

aber nur eine Einzeltätigkeit vornehmen soll, ist er nicht ProzBev nach VV 4143 amtliche Anmerkung II.

Im übrigen muß es sich in dem nach § 406 III 2 StPO folgenden bürgerlichen 17
Rechtsstreit um *denselben Anspruch* handeln, den der Verletzte oder sein Erbe bereits im Strafverfahren nach §§ 403 ff StPO geltend gemacht hatten. Freilich mag die rechtliche Begründung des Anspruchs im nachfolgenden bürgerlichen Rechtsstreit wechseln, etwa zwischen einer Geschäftsführung ohne Auftrag und einer unerlaubten Handlung.

B. Ausgangswert. Soweit überhaupt nach Rn 16, 17 eine Anrechnung in Be- 18
tracht kommt, muß man die zur Abwehr des Anspruchs im Strafverfahren entstandene Gebühr an sich zu einem Drittel auf die im nachfolgenden bürgerlichen Rechtsstreit anfallende Verfahrensgebühr und nur auf diese anrechnen, II 1, also nicht auch auf eine Terminsgebühr VV 3104, wohl aber auf eine Erledigungsgebühr VV 3103. Denn auch sie ist eine Verfahrensgebühr. Das ergibt sich aus der Verweisung in VV 3101 auf VV 3100 a fallenden Einzelgebühren, bis die zwei Drittel verbraucht sind.

C. Keine Mindestsumme. Bei der Anrechnung nach Rn 18 muß dem Anwalt 19
nicht ein Mindestteil derjenigen Gebühren verbleiben, die ihm auf Grund seiner Tätigkeit im nachfolgenden bürgerlichen Rechtsstreit zustehen.

D. Derselbe Rechtszug. Eine Anrechnung findet nur insoweit statt, als der An- 20
walt wegen des vermögensrechtlichen Anspruchs sowohl im Strafverfahren als auch im nachfolgenden selbständigen bürgerlichen Rechtsstreit jeweils in derselben Instanz tätig wird. Soweit also der Anwalt im Adhäsionsverfahren auch in der zweiten Instanz tätig war, erfolgt in der ersten Instanz des nachfolgenden Zivilprozesses eine Anrechnung nur der in erster Instanz des Adhäsionsverfahrens entstandenen Gebühr VV 4143.

Soweit der Anwalt in beiden Verfahrensarten jeweils in *mehreren Rechtszügen* tätig war, muß man die Adhäsionsgebühr eines jeden Rechtszugs auf die Gebühr VV 3100 ff des entsprechenden Rechtszugs des Zivilprozesses anrechnen.

Soweit aber der Verletzte oder sein Erbe im Strafverfahren den vermögensrecht- 21
lichen Anspruch *erstmals in der Berufungsinstanz* geltend gemacht hatten, entspricht dieser Rechtszug beim gemäß § 406 III 2 StPO nachfolgenden selbständigen bürgerlichen Rechtsstreit dort dem ersten Rechtszug.

E. Gegenstandswert. Wenn der Gegenstandswert des im nachfolgenden bürger- 22
lichen Rechtsstreit geltend gemachten Anspruchs geringer ist als der Wert desselben Anspruchs, den der Verletzte oder sein Erbe im Strafverfahren erhoben hatten, kann man auch nur einen entsprechend geringen Gebührenbetrag aus dem Strafverfahren anrechnen. Dasselbe gilt im umgekehrten Fall.

Nr.	Gebührentatbestand	Gebühr oder Satz der Gebühr nach § 13 oder § 49 RVG	
		Wahlanwalt	gerichtlich bestellter oder beigeordneter Rechtsanwalt
4145	Verfahrensgebühr für das Verfahren über die Beschwerde gegen den Beschluss, mit dem nach § 406 Abs. 5 Satz 2 StPO von einer Entscheidung abgesehen wird	0,5	0,5

Vorbem. Eingefügt durch Art 4 Z 1 G v 24. 6. 04, BGBl 1354, in Kraft seit 1. 9. 04, Art 6 G.

1) Systematik. Die Vorschrift ergänzt für das Verfahren nach § 406 V 2 StPO die 1
Vergütungsregelung für die Beschwerdeinstanz. Nach dieser letzteren Bestimmung sieht das Gericht von einer Entscheidung über einen Antrag des Verletzten oder seines Erben auf die Zuerkennung eines vermögensrechtlichen Anspruchs infolge einer Straftat ab, sobald es nach einer Anhörung des Antragstellers die Voraussetzungen für eine Entscheidung nach §§ 403 ff StPO für nicht gegeben hält. Das Gericht erklärt

VV 4145, 4146 Vergütungsverzeichnis

ein solches Absehen durch einen Beschluß, § 406 V 2 Hs 2 StPO. Gegen diesen Beschluß ist nach § 406a I 1 StPO unter den dortigen Voraussetzungen die sofortige Beschwerde statthaft. Für dieses Beschwerdeverfahren gilt VV 4145 beim Verteidiger.

2   **2) Regelungszweck.** Es soll eine dem Beschwerdeverfahren mit seinen ja stark auch in sachlichrechtliche und prozessuale Fragen des etwaigen Entschädigungsanspruchs reichenden Anforderungen an den Verteidiger angemessene Vergütung entstehen.

3   **3) Geltungsbereich.** Vgl Rn 1.

4   **4) Gebührenhöhe.** Es entsteht für jede Art von Verteidiger eine 0,5 Festgebühr.

5   **5) Gegenstandswert.** Er richtet sich gemäß §§ 2 I, 22 ff nach den allgemeinen Regeln, also nach der Höhe des Entschädigungsanspruchs, §§ 3 ff ZPO, Anh I nach § 48 GKG, Teil I A dieses Buchs.

6   **6) Fälligkeit, Kostenschuldner.** Es gelten die allgemeinen Regeln.

Nr.	Gebührentatbestand	Gebühr oder Satz der Gebühr nach § 13 oder § 49 RVG	
		Wahlanwalt	gerichtlich bestellter oder beigeordneter Rechtsanwalt
4146	Verfahrensgebühr für das Verfahren über einen Antrag auf gerichtliche Entscheidung oder über die Beschwerde gegen eine den Rechtszug beendende Entscheidung nach § 25 Abs. 1 Satz 3 bis 5, § 13 StRehaG	1,5	1,5

Vorbem. Umnummerierung wie bei VV 4145, dort Vorbem.

Gliederung

1) Systematik	1
2) Regelungszweck	2
3) Sachlicher Geltungsbereich	3
4) Persönlicher Geltungsbereich	4, 5
5) Gebührenhöhe	6–8
A. 1,5 Gebühr	6
B. Vergütung für jede Instanz gesondert	7
C. Umfassende Abgeltung	8
6) Gegenstandswert	9, 10
7) Fälligkeit, Kostenschuldner	11

1   **1) Systematik.** Die Vorschrift ergänzt für das gerichtliche Verfahren die Regeln zur Vergütung im Verwaltungsverfahren über soziale Ausgleichsleistungen nach §§ 16 ff, 25 StRehaG.

2   **2) Regelungszweck.** VV 4146 enthält nicht eine Betragsrahmengebühr, sondern eine sog Wertgebühr. Folglich ist § 14 hier beim Wahlanwalt unanwendbar. Auch der bestellte oder beigeordnete Verteidiger erhält eine Wertgebühr. Der Zweck ist die Vereinfachung der Berechnung ohne die mit einer bloßen Festgebühr verbundene Vergröberung.

3   **3) Sachlicher Geltungsbereich.** Die Vorschrift erfaßt nur das Verfahren über den Antrag auf eine gerichtliche Entscheidung oder eine Beschwerde wegen einer oder mehrerer sozialer Ausgleichsleistungen. Das ergibt sich aus der Bezugnahme nur auf § 25 I 3–5 StRehaG. Die weitere Verweisung auch auf § 13 StRehaG meint nicht etwa, daß VV 4146 auch im Beschwerdeverfahren gegen eine Rehabilitierungsentscheidung anwendbar wäre. Vielmehr verdeutlicht der Hinweis auf § 13 StRehaG nur die sich aus der Verweisung auf § 25 I 3–5 StRehaG ohnehin ergebende Verweisung der letzteren Vorschrift auf den Abschnitt 2 des StRehaG und damit auf § 13 StRehaG.

1934

4) Persönlicher Geltungsbereich. Die Vorschrift erfaßt die Anwaltstätigkeit als Verteidiger, insofern freilich für jeden an einem gerichtlichen Verfahren nach Abschnitt 3 (§§ 16–25 StrRehaG) Beteiligten, also zB auch für einen Hinterbliebenen nach § 18 III StrRehaG (Ehegatte, Kinder, Eltern), amtliche Vorbemerkung 4 I aE. Wegen des in Wahrheit *Unberechtigten* gilt VV 4146 nicht.

5) Gebührenhöhe. VV 4146 regelt nur die Verfahrensgebühr. Eine Grund- und eine Terminsgebühr sind daneben möglich, VV 4100–4104. VV 4146 gibt je nach der amtlichen Überschrift des Unterabschnitts 5 nur eine „zusätzliche Gebühr". Man muß drei Aspekte beachten.

A. 1,5 Gebühr. Der Anwalt erhält als Wahlverteidiger wie als bestellter oder beigeordneter Anwalt eine 1,5 Gebühr. Sie gilt alle zum Betreiben des Geschäfts erforderlichen Tätigkeiten ab, amtliche Vorbemerkung 4 II.

B. Vergütung für jede Instanz gesondert. Aus dem Wort „oder" in VV 4146 ergibt sich: Die Vergütung fällt für die erste Instanz und für die Beschwerdeinstanz gesondert an. Innerhalb einer jeden Instanz muß man grundsätzlich wie sonst rechnen.

C. Umfassende Abgeltung. In jeder der vorgenannten Instanzen entsteht die 1,5 Gebühr nur einmal.

6) Gegenstandswert. Es gelten gemäß §§ 2 I, 22 ff die allgemeinen Regeln. Das gilt sowohl für die in §§ 16 ff StrRehaG genannten einzelnen Arten von sozialen Ausgleichsleistungen als auch für deren Zusammentreffen nach § 23 StrRehaG oder für eine Anrechnung, §§ 21 ff StrRehaG.

Es handelt sich um *vermögensrechtliche* Ansprüche, § 48 GKG Rn 5–8, Teil I A dieses Buchs. Daher gelten §§ 3 ff ZPO, Anh I § 48 GKG, und ist § 48 II GKG unanwendbar. VV 4145 erfaßt nicht eine vermögensrechtliche Aufhebung der DDR-Entscheidung nach §§ 1–15 StrRehaG.

7) Fälligkeit, Kostenschuldner. Es gelten die allgemeinen Regeln. Das vereinfachte Festsetzungsverfahren ist grundsätzlich statthaft, da jedenfalls keine Rahmengebühr vorliegt.

Nr.	Gebührentatbestand	Gebühr oder Satz der Gebühr nach § 13 oder § 49 RVG	
		Wahlanwalt	gerichtlich bestellter oder beigeordneter Rechtsanwalt
4147	Einigungsgebühr im Privatklageverfahren bezüglich des Strafanspruchs und des Kostenerstattungsanspruchs: Die Gebühr Nummer 1000 beträgt ...... Für einen Vertrag über sonstige Ansprüche entsteht eine weitere Einigungsgebühr nach Teil 1.	20,00 bis 150,00 EUR	68,00 EUR

Vorbem. Wegen der Umnumerierung vgl VV 4145 Vorbem.

1) Systematik. Die Vorschrift paßt nur gequält an diese Stelle des VV. Denn sie stellt systematisch eine Ergänzung des VV 1000 dar und gehört eigentlich dorthin. Sie kam nur deshalb zum Teil 4, weil der bestellte oder beigeordnete Anwalt nicht zum Teil 1 paßt. Jedenfalls bringt sie eine gegenüber VV 1000 formell vorrangige Regelung. Das ändert nichts am Charakter einer Einigungsgebühr nach jener Muttervorschrift, auf die VV 4147 ja auch ausdrücklich Bezug nimmt. Auch VV 4100–4141 bleiben unberührt.

2) Regelungszweck. Es geht praktisch nur darum, eine Regelung auch für den bestellten oder beigeordneten Anwalt zu finden, damit kein Vergütungsloch entsteht. Dieses Ziel ist der Anlaß der ganzen formell eigenständigen Regelung geworden. Sie ist aber der Sache nach ebenso auslegbar wie VV 1000, dort Rn 2. Eine bloße erfolg-

VV 4147, Vorbem 4.2, 4200–4202 Vergütungsverzeichnis

lose Bemühung des Anwalts um eine Einigung unterfällt nicht VV 4147, sondern zB VV 4102 Z 5, 4104, 4106.

3 **3) Einigung bei Privatklage wegen Strafe und Kostenerstattung.** Der Vergleich des Haupttextes und der amtlichen Anmerkung zeigt am deutlichsten den Umfang und die Grenzen des Geltungsbereichs. Es muß zunächst ein Privatklageverfahren vorliegen. Sodann muß es gerade auch oder nur um den Strafanspruch und/ oder um den Anspruch auf eine Kostenerstattung gehen. Soweit es um einen *sonstigen* Anspruch im Privatklageverfahren geht, etwa um einen mitzuvergleichenden bürgerlichrechtlichen Schadensersatzanspruch, kommt nach der amtlichen Anmerkung eine weitere Einigungsgebühr direkt nach VV 1000 infrage. Schließlich muß zumindest auch infolge der Mitwirkung des Anwalts eine *Einigung* nach VV 1000 zustandegekommen sein. Gerade der Strafanspruch oder der Anspruch auf eine Kostenerstattung muß also eine wirksame Einigung finden. Es muß also entweder eine Privatklage unterbleiben oder ein solches Verfahren enden. Es darf also noch keine Rechtskraft vorliegen. Denn die Gebühr VV 4147 ist eine Erfolgs- und keine bloße Verfahrens- oder Terminsgebühr. Sie ist ja auch stets eine zusätzliche Gebühr, amtliche Überschrift des Unterabschnitts 5.

4 **4) Gebührenhöhe.** Beim Wahlverteidiger ist stets § 14 mitbeachtlich. Im Rechtsmittelverfahren läßt sich eine höhere Vergütung innerhalb des Rahmens bewilligen. Insofern kann man VV 4147 nur bedingt mit VV 1000, 4144 vergleichen. Das übersieht Schneider AnwBl 05, 205.
Die *Mittelgebühr* beim Wahlanwalt beträgt 85 EUR. § 7 ist anwendbar.

5 **5) Kostenerstattung.** Es gelten §§ 464 ff StPO nach Maßgabe der Einigung.

Abschnitt 2. Gebühren in der Strafvollstreckung

(Amtliche) Vorbemerkung 4.2:
Im Verfahren über die Beschwerde gegen die Entscheidung in der Hauptsache entstehen die Gebühren besonders.

Nr.	Gebührentatbestand	Gebühr oder Satz der Gebühr nach § 13 oder § 49 RVG	
		Wahlanwalt	gerichtlich bestellter oder beigeordneter Rechtsanwalt

4200	Verfahrensgebühr als Verteidiger für ein Verfahren über
	1. die Erledigung oder Aussetzung der Maßregel der Unterbringung
	  a) in der Sicherungsverwahrung,
	  b) in einem psychiatrischen Krankenhaus oder
	  c) in einer Entziehungsanstalt,
	2. die Aussetzung des Restes einer zeitigen Freiheitsstrafe oder einer lebenslangen Freiheitsstrafe oder
	3. den Widerruf einer Strafaussetzung zur Bewährung oder den Widerruf der Aussetzung einer Maßregel der Besserung und Sicherung zur Bewährung ..
		50,00 bis 560,00 EUR	244,00 EUR

4201	Gebühr 4200 mit Zuschlag	50,00 bis 700,00 EUR	300,00 EUR
4202	Terminsgebühr in den in Nummer 4200 genannten Verfahren	50,00 bis 250,00 EUR	120,00 EUR

Nr.	Gebührentatbestand	Gebühr oder Satz der Gebühr nach § 13 oder § 49 RVG	
		Wahlanwalt	gerichtlich bestellter oder beigeordneter Rechtsanwalt
4203	Gebühr 4202 mit Zuschlag	50,00 bis 312,50 EUR	145,00 EUR

Zu VV 4200–4203:

Gliederung

1) Systematik, VV 4200 Z 1–3 .... 1, 2
2) Regelungszweck, VV 4200 Z 1–3 3
3) Erledigung oder Aussetzung von Unterbringung, VV 4200 Z 1 4
4) Aussetzung von Strafrest zeitlicher oder lebenslanger Freiheitsstrafe, VV 4200 Z 2 5
5) Widerruf der Aussetzung von Strafe usw, VV 4200 Z 3 6
6) Gebührenhöhe, VV 4200–4203 7
7) Kostenerstattung, VV 4200–4203 8

1) Systematik, VV 4200 Z 1–3. Im Abschnitt 2 regeln VV 4200–4203 die Tätig- **1** keiten, die VV 4200 Z 1–3 abschließend nennt. Die Auffangvorschriften VV 4204–4207 erfassen die sonstigen Verfahren in der Strafvollstreckung. Beide Gruppen gelten nur für den gerade als Verteidiger tätigen Anwalt, KG JB **05**, 251. Soweit er nicht in einer solchen Eigenschaft arbeitet, kommt im Bereich der Strafvollstreckung eine Vergütung nach VV 4301 Z 6 infrage. Stets gelten neben VV 4200 §§ 1 ff sowie die amtlichen Vorbemerkungen 4. VV 4200 entsteht nach der amtlichen Vorbemerkung 4 II für das Betreiben des Geschäfts einschließlich der Information. Diese Gebühr entsteht also mit deren auftragsgemäßer Entgegennahme.

Eine *Grundgebühr* VV 4100, 4101 fällt für den nur in der Strafvollstreckung tätigen **2** Verteidiger *nicht* an. Denn VV 4100, 4101 stehen im Abschnitt 1, nicht im gleichrangigen Abschnitt 2. Daher hilft es auch nicht, daß die amtliche Überschrift des Abschnitts 1 „Gebühren des Verteidigers" bei einer vordergründigen Prüfung nahelegen würde, die im Abschnitt 1 Unterabschnitt 1 „Allgemeine Gebühren" geregelte Grundgebühr auch dem Verteidiger in der Strafvollstreckung zuzubilligen. Natürlich erhält er die Grundgebühr, soweit er als Verteidiger auch in den im Abschnitt 1 erfaßten Verfahrensabschnitten tätig war.

2) Regelungszweck, VV 4200 Z 1–3. Die Tätigkeit in der Strafvollstreckung **3** kann außerordentlich verantwortungsbeladen sein. Das gilt schon wegen der oft eintretenden Notwendigkeit eines oder mehrerer Gutachten etwa zur Frage einer physischen und/oder einer psychischen Belastung des Verurteilten. Die Verteidigertätigkeit kann auch ihrerseits deshalb zumindest psychisch besonders anstrengend sein. Das gilt auch gegenüber Angehörigen oder Freunden des Verurteilten. Daher ist zwecks einer Kostengerechtigkeit eine ausdrückliche Regelung notwendig. Sie dient zugleich der Rechtssicherheit. Sie ist obendrein zweckmäßig. Denn sie zwingt nicht zu einer gequälten Unterordnung unter allgemeine Begriffe. Dessen ungeachtet sind VV 4200–4203 als Spezialvorschriften eng auslegbar. Was sie nicht erfassen, läßt sich immerhin nach VV 4204–4207 oder eben nach VV 4301 Z 6 vergüten.

3) Erledigung oder Aussetzung von Unterbringung, VV 4200 Z 1. Die **4** Vorschrift gilt dann, wenn es um ein Verfahren geht, in dem eine Maßnahme der Unterbringung des Verurteilten entweder in der Sicherungsverwahrung nach § 67 d II, III StGB oder in einem psychiatrischen Krankenhaus nach § 463 III StPO in Verbindung mit den dort genannten Bestimmungen des StPO und des StGB oder in einer Entziehungsanstalt nach § 67 d I, IV StGB erledigt sein oder ausgesetzt werden soll. Dabei ist es ausreichend, daß der Verteidiger irgendwie zugunsten des Verurteilten gerade in diesem Verfahrensabschnitt tätig ist. Auf seinen Erfolg oder Mißerfolg stellt das Gesetz mit seiner Verfahrensgebühr nicht ab. VV 4200 gilt auch im Verfahren nach § 67 e StGB, Jena JB **06**, 367 links, KG Rpfleger **09**, 49.

VV 4200–4207 Vergütungsverzeichnis

Befindet sich der Verurteilte in demjenigen Teil dieses Verfahrensabschnitts, in dem der Verteidiger tätig wird, *nicht auf freiem Fuß*, tritt zur Verfahrensgebühr VV 4200 die Zuschlagsgebühr VV 4201 hinzu, amtliche Vorbemerkung 4 IV. Im Verfahren über die Beschwerde gegen die Entscheidung in der Hauptsache erhält der Anwalt die vorstehenden Gebühren nach der amtlichen Vorbemerkung 4.2 besonders. Eine Terminsgebühr ohne oder mit Zuschlag kann hinzutreten. Sie entsteht unter den Voraussetzungen der amtlichen Vorbemerkung 4 III. Wegen §§ 67 d, e StGB VV 4302 Rn 15 „Unterbringung".

5 **4) Aussetzung von Strafrest zeitlicher oder lebenslanger Freiheitsstrafe, VV 4200 Z 2.** Diese Vorschrift erfaßt den Fall, daß nach §§ 57, 57 a StGB eine Aussetzung in Betracht kommt. Wie bei Z 1 handelt es sich auch hier nicht um eine Erfolgs-, sondern um eine Verfahrensgebühr und evtl dazu um eine Terminsgebühr jeweils mit oder ohne Zuschlag. Auch im übrigen gelten die Erwägungen Rn 4 hier entsprechend.

6 **5) Widerruf der Aussetzung von Strafe usw, VV 4200 Z 3.** Diese Vorschrift gilt schließlich für den Widerruf einer Strafaussetzung zur Bewährung nach § 56 f StGB oder einer zur Bewährung ausgesetzten Maßregel der Besserung und Sicherung nach § 67 g StGB. Auch in diesem Bereich handelt es sich nicht um Erfolgsgebühren. Auch hier kann zur Verfahrensgebühr mit oder ohne Zuschlag eine Terminsgebühr mit oder ohne Zuschlag hinzutreten. Rn 4 gilt auch hier entsprechend.

7 **6) Gebührenhöhe, VV 4200–4203.** Man muß zwischen der jeweiligen Festgebühr eines bestellten oder beigeordneten Anwalts und dem Rahmen unterscheiden, den die Vorschriften jeweils dem Wahlverteidiger zubilligen. Bei ihm muß man stets § 14 mitbeachten. Ein Zeitzuschlag ist bei VV 4202, 4203 nicht vorgesehen. *Mittelgebühr* beim Wahlanwalt sind die folgenden Beträge:
VV 4200: 305 EUR;
VV 4201: 375 EUR;
VV 4202: 150 EUR;
VV 4203: 181,25 EUR.
In der *Beschwerdeinstanz* entstehen alle Gebühren nach der amtlichen Vorbemerkung 4.2 gesondert in denselben Höhen, also evtl nochmals.

8 **7) Kostenerstattung, VV 4200–4203.** Sie richtet sich wie sonst nach §§ 464 ff StPO.

Nr.	Gebührentatbestand	Gebühr oder Satz der Gebühr nach § 13 oder § 49 RVG	
		Wahlanwalt	gerichtlich bestellter oder beigeordneter Rechtsanwalt
4204	Verfahrensgebühr für sonstige Verfahren in der Strafvollstreckung	20,00 bis 250,00 EUR	108,00 EUR
4205	Gebühr 4204 mit Zuschlag	20,00 bis 312,50 EUR	133,00 EUR
4206	Terminsgebühr für sonstige Verfahren ..	20,00 bis 250,00 EUR	108,00 EUR
4207	Gebühr 4206 mit Zuschlag	20,00 bis 312,50 EUR	133,00 EUR

Zu VV 4204–4207:

1 **1) Systematik.** Es handelt sich um Auffangvorschriften für alle diejenigen Tätigkeiten des Verteidigers, die einerseits bei der Strafvollstreckung erfolgen, die aber andererseits nicht zum abgeschlossenen Kreis der in VV 4200–4203 geregelten Tätigkeiten zählen.

2) Regelungszweck. Als bloße Auffangvorschriften sind VV 4204–4207 zwecks einer Vermeidung von Honorierungslücken weit auslegbar. 2

3) Sonstige Strafvollstreckung. Es geht um den weiten Tätigkeitsbereich, Rn 1. 3
Er umfaßt alle technischen Arten der Tätigkeiten, alle Orte und Zeitpunkte, alle Schwierigkeits- und Aufwandsgrade, alle beteiligten Personen vom Verurteilten über seine Angehörigen bis zum letzten oder künftigen Arbeitgeber, zum Arzt, Psychologen oder Geistlichen.

4) Gebührenhöhen. Für den Wahlanwalt muß man stets § 14 beachten. Es betragen die Mittelgebühren beim Wahlanwalt ohne Zuschlag jeweils 135 EUR, beim Zuschlag jeweils 166,25 EUR. Der Zuschlag entsteht auch hier nach der amtlichen Vorbemerkung 4 IV dann, wenn sich der Verurteilte nicht auf freiem Fuß befindet. 4

In der *Beschwerdeinstanz* entstehen alle Gebühren nach der amtlichen Vorbemerkung 4.2 gesondert in denselben Höhen, also evtl nochmals.

5) Kostenerstattung. Es gelten dieselben Erwägungen wie bei VV 4200–4203. 5

Abschnitt 3. Einzeltätigkeiten

(Amtliche) Vorbemerkung 4.3:

^I Die Gebühren entstehen für einzelne Tätigkeiten, ohne dass dem Rechtsanwalt sonst die Verteidigung oder Vertretung übertragen ist.

^{II} Beschränkt sich die Tätigkeit des Rechtsanwalts auf die Geltendmachung oder Abwehr eines aus der Straftat erwachsenen vermögensrechtlichen Anspruchs im Strafverfahren, so erhält er die Gebühren nach den Nummern 4143 bis 4145.

^{III} ¹Die Gebühr entsteht für jede der genannten Tätigkeiten gesondert, soweit nichts anderes bestimmt ist. ²§ 15 RVG bleibt unberührt. ³Das Beschwerdeverfahren gilt als besondere Angelegenheit.

^{IV} Wird dem Rechtsanwalt die Verteidigung oder die Vertretung für das Verfahren übertragen, werden die nach diesem Abschnitt entstandenen Gebühren auf die für die Verteidigung oder Vertretung entstehenden Gebühren angerechnet.

Nr.	Gebührentatbestand	Wahlanwalt	gerichtlich bestellter oder beigeordneter Rechtsanwalt
4300	**Verfahrensgebühr für die Anfertigung oder Unterzeichnung einer Schrift** 1. zur Begründung der Revision, 2. zur Erklärung auf die von dem Staatsanwalt, Privatkläger oder Nebenkläger eingelegte Revision oder 3. in Verfahren nach den §§ 57 a und 67 e StGB .... Neben der Gebühr für die Begründung der Revision entsteht für die Einlegung der Revision keine besondere Gebühr.	50,00 bis 560,00 EUR	244,00 EUR

1) Systematik, Z 1–3. Die systematisch verfehlte vorgezogene Vorschrift läßt sich ebenso wie VV 4302 Rn 1 beurteilen. § 4, VV 1008 sind anwendbar. 1

2) Regelungszweck, Z 1–3. Es gelten dieselben Erwägungen wie bei VV 4302 Rn 2. 2

3) Revisionsbegründung usw, Z 1–3. Der Anwalt darf kein Verteidiger, Beistand oder Vertreter des Privat- oder Nebenklägers sein, Vorbemerkung I, KG JB 05, 251. Soweit ein solcher Anwalt eine schriftliche Revisionsbegründung oder eine schriftliche Erklärung oder Erwiderung auf eine gegnerische Revision anfertigt und/ 3

VV 4300, 4301

oder unterzeichnet, kann eine Gebühr nach Z 1, 2 entstehen. Das gilt auch dann, wenn die gegnerische Revision vom Privatkläger oder Nebenkläger stammt. Soweit der Anwalt diese Tätigkeit als Verteidiger oder im Auftrag des Nebenklägers für das Revisionsverfahren durchführt, muß man die amtliche Vorbemerkung 4.3 III beachten. Eine ausdehnende Auslegung ist unzulässig. Denn die Vorschrift hat einen Ausnahmecharakter. Daher ist (jetzt) VV 4300 auf die Erstattung einer Ordnungswidrigkeitsanzeige nach § 121 BetrVG unanwendbar, aM LAG Kiel AnwBl **01**, 186.

Z 3 bezieht sich auf die Anfertigung und/oder Unterzeichnung einer Schrift im Verfahren über eine Aussetzung der Vollstreckung des Rests einer lebenslangen Freiheitsstrafe zur Bewährung nach § 57a StGB oder im Verfahren zur Überprüfung, ob eine weitere Vollstreckung der Unterbringung in einer Entziehungsanstalt, in einem psychiatrischen Krankenhaus oder in der Sicherungsverwahrung nach § 67e StGB erfolgen muß.

4 Soweit der Anwalt lediglich in der *vorangegangenen Instanz* Verteidiger war, für das Revisonsverfahren aber nur noch mit der Einzeltätigkeit nach VV 4300 beauftragt ist, ist VV 4300 anwendbar.

5 Sofern das Revisionsverfahren mit einem *Freispruch* des Angeklagten endet, ist die Gebühr VV 4300 erstattungsfähig.

6 Soweit der Anwalt die *Revision begründet*, gilt die Gebühr VV 4300 eine etwa vorangegangene Tätigkeit der Einlegung der Revision außerhalb der Verteidigung mit ab, amtliche Anmerkung. Soweit der Anwalt das Rechtsmittel noch als Verteidiger eingelegt hatte und erst anschließend einen auf die Revisionsbegründung oder auf die Erklärung zur gegnerischen Revision begrenzten Auftrag ausführt, gelten die in der Vorinstanz entstandenen Verteidigergebühren die Einlegung der Revision nicht ab. Denn die amtliche Vorbemerkung 4.1 II nennt die Rechtsmitteleinlegung nicht mit.

7 *Unanwendbar* ist Z 1 auf eine solche Schrift, die nicht einmal formell und äußerlich die Mindestanforderungen an eine gesetzmäßige Revisionsbegründung usw erfüllt.

8 **4) Gebührenhöhe, Z 1–3.** Es gelten dieselben Erwägungen wie bei VV 4302 Rn 17, 18. Beim Wahlanwalt ist § 14 anwendbar.
Die *Mittelgebühr* beim Wahlanwalt beträgt 305 EUR.

9 **5) Kostenerstattung, Z 1–3.** Es gelten dieselben Erwägungen wie bei VV 4302 Rn 19, 20.

Nr.	Gebührentatbestand	Gebühr oder Satz der Gebühr nach § 13 oder § 49 RVG	
		Wahlanwalt	gerichtlich bestellter oder beigeordneter Rechtsanwalt
4301	Verfahrensgebühr für 1. die Anfertigung oder Unterzeichnung einer Privatklage, 2. die Anfertigung oder Unterzeichnung einer Schrift zur Rechtfertigung der Berufung oder zur Beantwortung der von dem Staatsanwalt, Privatkläger oder Nebenkläger eingelegten Berufung, 3. die Führung des Verkehrs mit dem Verteidiger, 4. die Beistandsleistung für den Beschuldigten bei einer richterlichen Vernehmung, einer Vernehmung durch die Staatsanwaltschaft oder eine andere Strafverfolgungsbehörde oder in einer Hauptverhandlung, ei-		

Vergütungsverzeichnis 4301 VV

Nr.	Gebührentatbestand	Gebühr oder Satz der Gebühr nach § 13 oder § 49 RVG	
		Wahlanwalt	gerichtlich bestellter oder beigeordneter Rechtsanwalt
	ner mündlichen Anhörung oder bei einer Augenscheinseinnahme, 5. die Beistandsleistung im Verfahren zur gerichtlichen Erzwingung der Anklage (§ 172 Abs. 2 bis 4, § 173 StPO) oder 6. sonstige Tätigkeiten in der Strafvollstreckung .... Neben der Gebühr für die Rechtfertigung der Berufung entsteht für die Einlegung der Berufung keine besondere Gebühr.	35,00 bis 385,00 EUR	168,00 EUR

Gliederung

1) Systematik, Z 1–6 1
2) Regelungszweck, Z 1–6 2
3) Privatklage, Z 1 3
4) Berufungsbegründung usw, Z 2 .... 4, 5
5) Verkehr mit dem Verteidiger usw, Z 3 .... 6, 7
6) Beistandsleistung, Z 4 8–10
   A. Jede Beistandslast 9
   B. Beispiele zur Frage einer Anwendbarkeit von Z 4 10
7) Anklageerzwingung, Z 5 11
8) Strafvollstreckung, Z 6 12
9) Gebührenhöhe, Z 1–6 13
10) Kostenerstattung, Z 1–6 14

1) Systematik, Z 1–6. Die systematisch verfehlt vorgezogene Vorschrift läßt sich 1 ebenso wie VV 4302 Rn 1 beurteilen. Beide Vorschriften gelten nebeneinander. VV 1008 ist anwendbar. Eine Anrechnung erfolgt unter den Voraussetzungen der amtlichen Vorbemerkung 4.3 IV.

2) Regelungszweck, Z 1–6. Es gelten dieselben Erwägungen wie bei VV 4302 2 Rn 2.

3) Privatklage, Z 1. Hierher zählt die Anfertigung und/oder Unterzeichnung 3 der privaten Anklageschrift nach § 381 StPO, ohne daß der Anwalt die weitere Vertretung im Privatklageverfahren ausführen soll, amtliche Vorbemerkung 4.3 I.

Unanwendbar ist Z 1, soweit der Anwalt vor einem nach § 380 StPO notwendigen Sühneversuch tätig wurde. Hatte er einen durch das Scheitern solchen Versuchs bedingten Auftrag, mögen VV 4104 oder 4106 anwendbar sein.

4) Berufungsbegründung usw, Z 2. Soweit der nicht zum Verteidiger bestellte 4 Anwalt den Auftrag erhält und ausführt, eine schriftliche Berufungsbegründung nach § 317 StPO oder eine schriftliche Berufungserwiderung für den Angeklagten anzufertigen und/oder zu unterzeichnen, kann eine Gebühr nach Z 2 entstehen. Es muß sich um eine solche Schrift handeln, die wenigstens äußerlich den Anforderungen einer Berufungsrechtfertigung oder Berufungsbeantwortung genügt. Ein sachlicher Mangel einer solchen formell vorliegenden Schrift ist aber unerheblich. Es kann sich auch um die Beantwortung einer nur vom Staatsanwalt oder nur vom Privatkläger oder nur vom Nebenkläger eingelegten Berufung handeln. Soweit eine derartige Gebühr nach Z 2 entsteht, gilt sie die Gebühr für die Einlegung der Berufung mit ab, amtliche Anmerkung.

Die *Rechtfertigung eines Rechtsmittels* nach §§ 317, 344 StPO gehört gebührenrechtlich nicht mehr zum bisherigen Rechtszug, § 19 I 2 Z 10. Deshalb entsteht eine Ge- 5

VV 4301   Vergütungsverzeichnis

bühr nach Z 2 auch für denjenigen Anwalt, der im ersten Rechtszug Verteidiger war, der aber anschließend nur noch den Auftrag zur Rechtfertigung oder Berufungsbeantwortung erhalten hat. Andererseits muß man die Gebühr für eine solche Tätigkeit bei denjenigen Anwalt, der auch im Berufungsverfahren Verteidiger sein soll, auf die Verteidigergebühr anrechnen, amtliche Vorbemerkung 4.3 II.
Unanwendbar ist Z 2 auf die bloße Einlegung einer Berufung nach § 314 StPO. Das ergibt sich aus dem klaren Wortlaut der amtlichen Anmerkung und auch aus demjenigen von Z 2 selbst.

6   **5) Verkehr mit dem Verteidiger usw, Z 3.** Die Führung des Verkehrs mit dem Verteidiger und mit den ihm nach der amtlichen Vorbemerkung 4 I gleichstehenden Personen durch einen anderen Anwalt kann zu einer Gebühr nach Z 3 führen. Diese ähnelt der Verkehrsgebühr VV 3400. Infolge ihres Pauschcharakters nach § 15 I, II gilt sie die gesamte Tätigkeit desjenigen Anwalts, der mit dem Verteidiger im Kontakt steht, für diesen Rechtszug ab. Sie kann im nächsten Rechtszug neu entstehen.

7   Zur Führung des Verkehrs gehört nicht die *Wahrnehmung eines Termins*. Für diese Tätigkeit kann eine besondere Gebühr nach Rn 8 entstehen.

8   **6) Beistandsleistung, Z 4.** Sofern derjenige Anwalt, der nicht der Verteidiger ist, für den Beschuldigten oder wegen der amtlichen Vorbemerkung 4 I für einen Privat- oder Nebenkläger oder sonstigen Verfahrensbeteiligten bei einer Vernehmung oder Verhandlung oder bei einer Augenscheinseinnahme innerhalb oder außerhalb der Hauptverhandlung eine Beistandsleistung erbringt, kann eine Gebühr nach Z 4 entstehen.

A. Jede Beistandsart. Es ist unerheblich, ob ein Richter oder ein Beamter der Staatsanwaltschaft oder ein Polizeibeamter oder der Mitarbeiter einer anderen Strafverfolgungsbehörde die Vernehmung oder den Termin oder die Augenscheinseinnahme durchführen und ob es um die Vernehmung des Beschuldigten oder eines Zeugen geht, Oldb JB 07, 202 (zustm Lohle), oder um die Vernehmung eines Sachverständigen. Die Beistandsleistung muß freilich gerade für den Beschuldigten und nicht für eine dieser anderen Personen erfolgen.
Die Gebühr entsteht *mit jeder auftragsgemäßen Tätigkeit*, zB mit der Informationsaufnahme und mit der Terminsvorbereitung. Daher ist der anschließende etwaige Terminswegfall nur im Rahmen von § 14 beachtlich.

9   **B. Beispiele zur Frage einer Anwendbarkeit von Z 4**
10 **Augenschein:** Anwendbar ist Z 4 bei einem Augenschein nach § 225 StPO.
Beauftragter Richter: Anwendbar ist Z 4 bei einer Vernehmung vor dem beauftragten Richter nach § 223 StPO.
Bewährungsfrist: Anwendbar ist Z 4 bei einer Beistandsleistung des früheren Verteidigers in einem Anhörungstermin wegen des Widerrufs einer Bewährungsfrist, LG Kiel JB **03**, 199.
Ermittlungsrichter: Anwendbar ist Z 4 bei einer Vernehmung vor dem Ermittlungsrichter nach § 162 StPO.
Ersuchter Richter: Anwendbar ist Z 4 bei einer Vernehmung vor dem ersuchten Richter nach § 223 StPO.
Haftbefehl: Anwendbar ist Z 4 bei einer mündlichen Verhandlung über einen Haftbefehl.
Haftprüfung: Anwendbar ist Z 4 bei einem Haftprüfungstermin.
Nebenklage: Anwendbar ist Z 4 bei einer Beistandsleistung in einem Verfahren auf Grund einer Nebenklage.
Privatklage: Anwendbar ist Z 4 bei einer Beistandsleistung in einem Verfahren auf Grund einer Privatklage.
Staatsanwaltschaft: Anwendbar ist Z 4 bei einer Vernehmung vor der Staatsanwaltschaft nach § 163a III StPO.
Unterbringungsbefehl: Anwendbar ist Z 4 bei einer Prüfung oder Verhandlung wegen eines Unterbringungsbefehls nach § 126a StPO.
Zeugenbeiordnung: Anwendbar ist Z 4 bei der Beiordnung für die Vernehmung eines Zeugen nach § 68b StPO, Düss JB **09**, 255, aM Drsd NJW **09**, 455 (VV 4100 usw).

4301, 4302 VV

7) Anklageerzwingung, Z 5. Ferner kann für denjenigen Anwalt, der kein Ver- 11
teidiger ist, wegen seiner Beistandsleistung zugunsten des Antragstellers oder des Beschuldigten im Verfahren zur gerichtlichen Erzwingung der Anklage nach §§ 172 II–
IV, 173 StPO eine Pauschgebühr nach Z 5 entstehen. Auf eine Beschwerde gegen die
Einstellung des Verfahrens an den vorgesetzten Beamten der Staatsanwaltschaft nach
§ 172 I StPO ist demgegenüber VV 4302 Z 1 anwendbar. Die Gebühr nach Z 5 gilt
auch die Teilnahme des Anwalts an einer gerichtlichen Ermittlung im Rahmen von
§ 173 III StPO ab.

8) Strafvollstreckung, Z 6. Für denjenigen Anwalt, der kein Verteidiger ist, kann 12
für jede Einzeltätigkeit aus dem Gebiet, für das bei einem Verteidiger VV 4200–4207
gelten, eine Gebühr nach Z 6 entstehen.

Hierher zählen ein Antrag zB: Auf eine Strafaussetzung nach §§ 56ff StGB, §§ 21ff,
88 JGG, §§ 260 IV 2, 453 StPO; auf einen Strafaufschub nach §§ 455ff StPO; auf
eine Teilzahlung oder Stundung nach § 42 StGB, § 459a StPO; auf die Aussetzung
einer Reststrafe nach §§ 57, 58 StGB, § 454 StPO; auf die Aufhebung einer Fahrer-
laubnissperrzeit nach § 69a VII StGB.

9) Gebührenhöhe, Z 1–6. Es gelten dieselben Erwägungen wie bei VV 4302 13
Rn 17, 18. Beim Wahlanwalt ist § 14 anwendbar.
Die *Mittelgebühr* beim Wahlanwalt beträgt 210 EUR.

10) Kostenerstattung, Z 1–6. Es gelten dieselben Erwägungen wie bei VV 4302 14
Rn 19, 20.

Nr.	Gebührentatbestand	Gebühr oder Satz der Gebühr nach § 13 oder § 49 RVG	
		Wahlanwalt	gerichtlich bestellter oder beigeordneter Rechtsanwalt
4302	Verfahrensgebühr für 1. die Einlegung eines Rechtsmittels, 2. die Anfertigung oder Unterzeichnung anderer Anträge, Gesuche oder Erklärungen oder 3. eine andere nicht in Nummern 4300 oder 4301 erwähnte Beistandsleistung	20,00 bis 250,00 EUR	108,00 EUR

Gliederung

1) Systematik, Z 1–3	1–6
2) Regelungszweck, Z 1–3	7
3) Einlegung eines Rechtsmittels, Z 1	8–11
4) Anderer Antrag, Z 2, 3	12
5) Beispiele zur Frage einer Anwendbarkeit von Z 1	13–15
6) Gemeinsame Einzelfragen, Z 1–3	16
7) Gebührenhöhe, Z 1–3	17, 18
8) Erstattungsfähigkeit, Z 1–3	19, 20

1) Systematik, Z 1–3. Die Vorschrift ist nur dann anwendbar, wenn der beauf- 1
tragte Anwalt kein Verteidiger für das ganze Strafverfahren ist, AG Kblz JB **07**, 86.
Wenn der Anwalt als Verteidiger unter anderem Tätigkeiten der in VV 4302 genannten Art ausübt, sind sie nach der amtlichen Vorbemerkung 4.1 II 1 durch die nach
VV 4100ff entstandenen Gebühren mit abgegolten, (zum alten Recht) LG Flensb JB
78, 865.

Das gilt auch für eine *mit der* bisherigen *Verteidigung zusammenhängende* Tätigkeit, 2
etwa für einen Antrag auf eine bedingte Entlassung. Eine Strafvollstreckungsmaßnahme zB nach §§ 67d II, 67e StGB gehört hierher, Ffm JB **00**, 306, Hamm JB **01**,
641, ebenso eine Tätigkeit nach § 68b StPO als Zeugenbeistand, Düss JB **01**, 27.

Wenn der Beschuldigte überhaupt keinen Verteidiger für das gesamte Verfahren 3
bestellt hatte, sondern wenn ihn nur in *einzelnen Beziehungen* ein Anwalt vertritt, ist
aber VV 4302 anwendbar.

4   Die Vorschrift hat als eine *Auffangklausel* einen *Pauschcharakter,* § 15 I. Sie gilt also die gesamte auftragsgemäße Tätigkeit und daher auch eine zugehörige Nebentätigkeit mit ab, insbesondere die Aufnahme der Information, die Beratung des Auftraggebers und den etwaigen Schriftwechsel mit ihm, amtliche Vorbemerkungen 4 II, 4.1 II 1. Den Arbeitsumfang muß man nach § 14 berücksichtigen. Ein Zuschlag wegen einer Inhaftierung kommt hier nicht in Betracht. Denn VV 4302 nennt keine Zuschlagsgebühr.

5   *Ergänzende Regeln* nennt § 7 I für den Fall, daß mehrere Auftraggeber vorliegen. VV 4302 ist nach der amtlichen Vorbemerkung 4 I auch im Privatklageverfahren oder Nebenklageverfahren anwendbar. Nach VV 4300 amtliche Anmerkung entsteht neben der Gebühr VV 4300 Z 1 (Revisionsbegründung) die Gebühr VV 4302 nicht.

6   Soweit sich die Tätigkeit des Anwalts auf die Geltendmachung oder Abwehr eines aus der Straftat entstandenen *vermögensrechtlichen Anspruchs* beschränkt, sind VV 4142 ff anwendbar. Soweit sich die Tätigkeit des Anwalts auf ein Wiederaufnahmeverfahren oder auf ein Gnadengesuch oder auf seine Mitwirkung bei der Ausübung einer Veröffentlichungsbefugnis beschränkt, gelten VV 4137 ff. (Jetzt) VV 4302 ist ferner dann unanwendbar, wenn das Gericht dem Verteidiger nach § 145 IV StPO Kosten auferlegt, Stgt MDR **82**, 166.

Die Gebühr VV 4302 entsteht *mit jeder* auf die Ausführung des Auftrags gerichteten *Tätigkeit.* Es ist unerheblich, ob der Anwalt diese Tätigkeit voll beendet, Mü Rpfleger **77**, 377. VV 1008 ist anwendbar.

7   **2) Regelungszweck, Z 1–3.** Die Vorschrift dient einerseits der Kostendämpfung, andererseits wegen der Pauschalierung der Vereinfachung. Sie dient damit unterschiedlichen gleichbeachtlichen Zwecken. Man sollte beide bei der Auslegung und bei der konkreten Bezifferung innerhalb der Rahmen nach § 14 sehen.

8   **3) Einlegung eines Rechtsmittels, Z 1.** Derjenige Anwalt, der die Verteidigung insgesamt übernommen hat, erhält wegen § 19 I 2 Z 10 neben der Gebühr VV 4125 oder VV 4131 für die Einlegung des Rechtsmittels keine besondere Vergütung, amtliche Vorbemerkung 4.1 II 1. Z 1 erfaßt demgegenüber den Fall, daß der Anwalt den Auftrag zur Einlegung eines Rechtsmittels erhält, ohne zuvor zum Verteidiger geworden zu sein, LG Flensb JB **77**, 229, AG Kblz JB **07**, 86.

9   *Zu den Rechtsmitteln gehören* außer der Berufung und der Revision auch der Einspruch gegen den Strafbefehl sowie die Beschwerde, LG Bln AnwBl **86**, 161, AG Kblz JB **07**, 86. Das gilt auch für eine Beschwerde gegen einen Beschluß nach § 268a StPO, die der Anwalt nach der Rechtskraft des Urteils einlegt, AG Münsingen MDR **81**, 1041, oder für die Beschwerde eines Zeugen gegen ein Ordnungsmittel, Düss Rpfleger **82**, 442.

10   Eine Beschwerde im Verfahren der *Zwangsvollstreckung* auf Grund einer Entscheidung nach der amtlichen Vorbemerkung 4 V Z 2 Hs 1 gehört nicht hierher. Das Wiederaufnahmeverfahren ist in VV 4136–4140 geregelt. Freilich gilt Z 1 dann, wenn sich der Auftrag zB auf die Anfertigung des Wiederaufnahmeantrags beschränkt, Rn 12 ff.

11   Soweit der Anwalt eine Revision nicht nur einlegt, sondern sie auch gleichzeitig oder anschließend *begründet,* entsteht allerdings allenfalls eine Gebühr nach VV 4300 Z 1. Soweit er eine Beschwerde nicht nur einlegt, sondern sie auch sogleich oder gesondert begründet, entsteht nur die Gebühr nach Z 1.

12   **4) Anderer Antrag usw, Z 2, 3.** Soweit der Anwalt, der die gesamte Verteidigung führt, auch einen anderen Antrag als ein Rechtsmittel, ferner ein Gesuch oder eine Erklärung anfertigt oder unterzeichnet, gelten VV 4100 ff diese Tätigkeit ab. Soweit der Anwalt, der keine Vollverteidigung führt, derartige andere Anträge, Gesuche und Erklärungen sowie anfertigt oder unterzeichnet oder eine andere nicht in VV 4300, 4301 erwähnte Beistandsleistung erbringt, ist Z 1 anwendbar.

Die *Generalklausel* in (jetzt) Z 3, Düss Rpfleger **82**, 442, schließt auch andere etwaige Auffangklauseln aus.

13   **5) Beispiele zur Frage einer Anwendbarkeit von Z 1–3**

Akteneinsicht: Sie kann zu Z 1–3 zählen.

Anschlußerklärung: Zu Z 1–3 zählt die Anschlußerklärung des Nebenklägers, KG AnwBl **83**, 563, LAG Kiel AnwBl **01**, 185.

1944

Vergütungsverzeichnis 4302 VV

Anzeige: Rn 14 „Strafanzeige".
Aussetzung: S „Bewährung", „Haftvollzug", Rn 14 „Strafrest".
Beistandsleistung: Zu Z 1–3 zählt die Beistandsleistung etwa nach § 80 III JGG, Mümmler JB **84**, 505, oder bei einer Zeugenvernehmung, Düss JMBlNRW **80**, 35, aM Hamm JB **00**, 532, LG Potsd Rpfleger **03**, 469.
Berufung: Ihre Einlegung oder Rücknahme zählt zu Z 1.
Beschwerde: Ihre Einlegung oder Rücknahme zählt zu Z 1.
Beschwerdebegründung: Zu Z 1–3 zählt eine Beschwerdebegründung, Rn 9.
Besprechung: Zu Z 1–3 zählt eine mündliche Besprechung.
Bewährung: Zu Z 1–3 zählt ein Antrag auf eine Strafaussetzung zur Bewährung, § 56 StGB, Hamm JB **96**, 641 (vor der Strafvollstreckungskammer), Mü Rpfleger **77**, 377.
Beweisantrag: Zu Z 1–3 zählt ein Beweisantrag.
Bürge: Eine Maßnahme nach § 123 III StPO zählt zu Z 2. Eine solche nach § 116a StPO zählt zu *VV 2300*.
DNA-Test: Zu Z 1–3 zählt die Tätigkeit (nur) in diesem Verfahren, LG Potsd NJW **03**, 3001.
Einspruch: Seine Einlegung oder Rücknahme zählt *nicht* zu Z 1. Denn der Vorderrichter bleibt für diesen bloßen Rechtsbehelf zuständig. Daher zählt der Einspruch zu Z 2.
Entschädigung: Zu Z 1–3 zählt eine Tätigkeit im Grundverfahren nach § 9 StrEG. *Nicht hierher* rechnet eine Tätigkeit im Betragsverfahren nach § 10 StrEG, LG Bbg JB **84**, 65 (VV 2400).
Fahrerlaubnis: Zu Z 1–3 zählt eine Beschwerde gegen die vorläufige Entziehung oder ein Antrag auf vorzeitige Aufhebung der Sperre.
Fristgewährung: Rn 15 „Zahlungsfrist".
Haftentlassung: Zu Z 1–3 zählt ein Antrag auf eine Haftentlassung.
Haftvergünstigung: Zu Z 1–3 zählt ein Antrag auf eine Haftvergünstigung.
Haftvollzug: Zu Z 1–3 zählt ein Antrag nach § 123 III StPO.
Kostenfestsetzung: Zu Z 1–3 kann die Tätigkeit im Kostenfestsetzungsverfahren zählen, LG Kref AnwBl **79**, 120.
Nebenkläger: S „Anschlußerklärung".
Ordnungsmittel: Zu Z 1–3 zählt der Antrag, ein Ordnungsmittel aufzuheben, sei es gegen einen Zeugen, gegen einen Sachverständigen oder gegen einen sonstigen Beteiligten, Düss AnwBl **83**, 135, Karlsr MDR **92**, 894, LG Frankenth JB **86**, 1675. 14
Privatklage: Bei einer Beschränkung des Auftrags auf die Anfertigung oder Unterzeichnung einer Privatklage enthält *VV 4301* eine gegenüber VV 4302 vorrangige Sonderregelung.
Prozeßkostenhilfe: Zu Z 1–3 zählt ein Antrag auf die Bewilligung einer Prozeßkostenhilfe.
Rat: Er unterfällt *§ 34 I 1*.
Rechtsmittelrücknahme: Zu Z 1–3 zählt die Erklärung der Rücknahme eines Rechtsmittels.
Revision: Ihre Einlegung zählt zu Z 1.
Sachverständiger: S „Ordnungsmittel".
Sicherheitsleistung: Zu Z 1–3 zählt ein Antrag, eine Sicherheitsleistung nach § 123 StPO freizugeben, Düss AnwBl **83**, 135.
Strafantrag: Zu Z 1–3 zählt ein Strafantrag.
Strafanzeige: Zu Z 1–3 zählt eine Strafanzeige, KG AnwBl **83**, 563.
Strafaufschub: Zu Z 1–3 zählt ein Gesuch auf die Gewährung eines Strafaufschubs, §§ 455, 456 StPO.
Strafaussetzung: Rn 13 „Bewährung", Rn 14 „Strafrest".
Straferlaß: Zu Z 1–3 zählt ein Verfahren auf einen Straferlaß, § 56g StGB.
Strafrest: Zu Z 1–3 zählt ein Antrag auf eine Aussetzung des Strafrests, § 57 StGB.
Strafvollzug: S bei den einzelnen Tätigkeitsarten.
Unterbringung: Vgl zunächst VV 4200 Rn 1 (Verteidiger), VV 4300 Rn 3 (Nichtverteidiger). Nur für die letzte Gruppe gilt: Zu Z 1–3 zählt ein strafrechtliches Nebenverfahren auf eine Unterbringung nach §§ 67d, e StGB, Jena Rpfleger **04**, 15

VV 4302, 4303 Vergütungsverzeichnis

584, (je zum neuen Recht) KG JB **05**, 251, aM (je zum alten Recht) Schlesw JB **05**, 252, Düss JB **85**, 234, Stgt Rpfleger **94**, 312, LG Marbg JB **00**, 305.
Untersuchungshaft: Rn 13 „Haftvollzug".
Verwaltungsverfahren: Die Tätigkeit im Verwaltungsverfahren einschließlich einer Beschwerde, das einem gerichtlichen Verfahren nach §§ 109 ff StVollzG vorangeht, fällt unter (jetzt) VV 2300, Karlsr JB **79**, 857.
Verwarnung: Zu Z 1–3 zählt ein Antrag auf eine Verwarnung mit einem Strafvorbehalt, § 59 StGB.
Vorsprache: Zu Z 1–3 zählt eine Vorsprache im Interesse des Beschuldigten.
Widerruf: Zu Z 1–3 zählt ein Verfahren wegen des Widerrufs einer Strafaussetzung zur Bewährung oder eines Strafrests, §§ 56 f, 57 StGB, Düss JB **86**, 1674, Kblz JB **80**, 87, Mü Rpfleger **77**, 377.
Wiederaufnahme: Zu Z 1–3 zählt ein isoliert in Auftrag gegebener Wiederaufnahmeantrag, Rn 12, soweit nicht die vorrangigen VV 4136 ff anwendbar sind.
Zahlungsfrist: Zu Z 1–3 zählt ein Antrag auf die Gewährung einer Frist zur Zahlung einer Geldstrafe nach § 42 StGB, Schmidt AnwBl **77**, 500 (insofern kommt Z 1 auch dann in Betracht, wenn der Anwalt vorher als Verteidiger tätig war).
Zeuge: Rn 13 „Beistandsleistung", Rn 14 „Ordnungsmittel".

16 **6) Gemeinsame Einzelfragen, Z 1–3.** Eine Ratsgebühr nach § 34 bleibt neben einer Gebühr nach Z 1 bestehen.

17 **7) Gebührenhöhe, Z 1–3.** Bei Rn 8–16 entsteht für den Wahlanwalt der in der linken Gebührenspalte genannte Betragsrahmen. Beim Wahlanwalt ist § 14 anwendbar. Die Mittelgebühr beim Wahlanwalt beträgt 135 EUR. Der bestellte oder beigeordnete Anwalt erhält die in der rechten Spalte genannte Festgebühr. Wegen einer Mehrheit von einzelnen Tätigkeiten gilt die amtliche Vorbemerkung 4.3 III 1, 2 in Verbindung mit § 15 VI. Wegen der Anrechnung auf eine später entstehende Verteidigervergütung oder auf die späteren Gebühren der Vertretung oder Beistandsleistung zugunsten eines Privatklägers, eines Nebenklägers oder eines sonstigen Beteiligten muß man die amtliche Vorbemerkung 4.3 IV beachten.

18 Bei einer *vorzeitigen Erledigung des Auftrags* oder der Angelegenheit nach dem Beginn der jeweiligen Einzeltätigkeit des Anwalts bleibt die jeweilige Gebühr VV 4302 bestehen, § 15 IV. Denn eine Sonderregelung fehlt.

19 **8) Erstattungsfähigkeit, Z 1–3.** Man muß sie wie sonst beurteilen. Die Kosten eines nur mit einer Einzeltätigkeit beauftragten weiteren Anwalts können erstattungsfähig sein, soweit dieselbe Tätigkeit beim Verteidiger zu höheren Gebühren geführt hätte.

20 *Strafanzeigekosten* können zu den Vorbereitungskosten eines Zivilprozesses zählen, KG AnwBl **83**, 363, LG Ffm MDR **82**, 759.

Nr.	Gebührentatbestand	Gebühr oder Satz der Gebühr nach § 13 oder § 49 RVG	
		Wahlanwalt	gerichtlich bestellter oder beigeordneter Rechtsanwalt
4303	Verfahrensgebühr für die Vertretung in einer Gnadensache .... Der Rechtsanwalt erhält die Gebühr auch, wenn ihm die Verteidigung übertragen war.	25,00 bis 250,00 EUR	108,00 EUR

Gliederung

1) Systematik 1
2) Regelungszweck 2
3) Geltungsbereich 3–5
4) Gebühr 6–9

Vergütungsverzeichnis **4303 VV**

1) Systematik. Die Vorschrift regelt in einer Alleinstellung, freilich beim Verteidiger nach der amtlichen Anmerkung als eine Ergänzung zu seiner sonstigen Vergütung und unabhängig von deren Art und Höhe die Anwaltstätigkeit für jeden etwa an einer Gnadensache Beteiligten vor jeder in Betracht kommenden Stelle. VV 1008 ist anwendbar. 1

2) Regelungszweck. Zwar soll nicht schon derjenige Anwalt einen Anspruch auf eine Gebühr nach VV 4303 haben, der eine Eingabe als Gnadengesuch bezeichnet, in Wahrheit aber der Sache nach einen Antrag oder Rechtsbehelf etwa nach dem StVollzG oder nach §§ 23 ff EGGVG stellen oder ein Verfahren nach dem VerwVfG oder nach der VwGO einleiten will usw. Immerhin regelt das Gesetz das Gnadenrecht und sein Verfahren nicht derart umfassend, daß man es stets mühelos von anderen Formen der Vergünstigung abgrenzen kann. Das sollte man bei der Auslegung mitbedenken. Die amtliche Anmerkung dient der Klarstellung, daß der Anwalt beim Gnadenverfahren über seine Aufgaben als der Verteidiger hinausgeht. 2

3) Geltungsbereich. VV 4303 erfaßt nur eine solche Gnadensache, über die nach einer Gnadenordnung eine etwa bei einem Gericht bestehende Gnadenstelle oder eine Regierungsstelle des Bundes oder des Landes entscheidet, § 452 StPO. 3

Soweit es sich um eine solche Gnadensache handelt, die sich an ein *Gericht* oder eine *Vollstreckungsbehörde* oder an den Vollstreckungsleiter richtet oder über die eine solche Stelle entscheidet, handelt es sich um eine Tätigkeit nach VV 4302 Z 1. Daher kann die dortige Einzelgebühr entstehen, soweit die Verteidigergebühren die Tätigkeit nicht abgelten. Zu den also nicht nach VV 4303 behandelbaren Gnadensachen zählt eine solche nach § 57 StGB (Aussetzung des Strafrests) oder eine Sache nach §§ 453 ff StPO, 88 JGG, sofern der Anwalt nicht gerade die Entscheidung der Gnadenstelle beantragt, oder eine Tätigkeit gegenüber einer Verwaltungsstelle (Justizbehörde) zB wegen einer Anordnung beschränkter Auskunft oder wegen der Löschung einer Eintragung. Dann mag zB VV 2300 anwendbar sein. 4

Für den *Pflichtverteidiger* gilt VV 4303 ebenfalls dem Grunde nach. Denn § 49 I 1 gibt auch ihm Gebühren. Freilich enthält die rechte Gebührenspalte der Höhe nach eine vor der linken Spalte vorrangige Festgebühr. Dasselbe gilt für den sonst beigeordneten Anwalt, § 53. 5

4) Gebühr. Die Vergütung gilt die gesamte Vertretung in der Gnadensache einschließlich eines Beschwerdeverfahrens ab, auch die Beratung des Auftraggebers, einen Schriftwechsel, seine Befragung, die Einholung einer Auskunft oder einer Beschäftigungszusage, die Besuche in der Justizvollzugsanstalt. Daran ändert auch die amtliche Vorbemerkung 4.3 II 1 nichts, aM RS 31. Sie gibt dem Anwalt zwar eine gesonderte Gebühr „für jede der genannten Tätigkeiten". Sie meint aber mit den letzteren Worten die Gesamtheit der zu einer Nr des VV erforderlichen Einzelakte. 6

Die Vertretung in einer Gnadensache entsteht mit *jeder* auf die Ausführung des Auftrags gerichteten *Tätigkeit,* beginnend mit der auftragsgemäßen Informationsaufnahme. Auch derjenige Anwalt, den der Verurteilte vorher zum Verteidiger bestellt hatte, erhält die Gebühr nach VV 4303. Denn die Gnadensache ist eine besondere Angelegenheit. Das stellt die amtliche Anmerkung klar. Beim Wahlanwalt ist § 14 anwendbar.

Die *Mittelgebühr* beim Wahlanwalt ist 137,50 EUR.

Auch der vorher nur mit einer oder mehreren Einzeltätigkeiten *außerhalb der Gnadensache* beauftragte Anwalt erhält neben der Vergütung VV 4302 für die auftragsgemäße Tätigkeit in einer Gnadensache die Gebühr nach VV 4303 zusätzlich. 7

Soweit er freilich nur für eine oder mehrere *Einzeltätigkeiten in derselben Gnadensache* einen Auftrag hat, erhält er die Vergütung nach VV 4302, nicht nach VV 4303. 8

Soweit die Regierungsstelle das Gnadengesuch endgültig *ablehnt* und soweit der Anwalt anschließend im Auftrag des Verurteilten ein neues Gnadengesuch mit demselben oder einem anderen Ziel an die Regierungsstelle einreicht, entsteht die Gebühr nach VV 4303 erneut. Denn es liegt dann eine neue weitere Angelegenheit vor.

Die Tätigkeit für *mehrere Verurteilte* kann die Gebühr mehrfach entstehen lassen. Denn dann liegen mehrere Angelegenheiten vor. Daher ist § 7 I unanwendbar. 9

VV 4304, Vorbem 5 — Vergütungsverzeichnis

Nr.	Gebührentatbestand	Gebühr oder Satz der Gebühr nach § 13 oder § 49 RVG	
		Wahlanwalt	gerichtlich bestellter oder beigeordneter Rechtsanwalt
4304	Gebühr für den als Kontaktperson beigeordneten Rechtsanwalt (§ 34 a EGGVG)		3000,00 EUR

1   **1) Systematik.** Es handelt sich um eine vorrangige Sondervorschrift. Sie tritt durchweg in ihrem Geltungsbereich zu den sonstigen Vergütungen hinzu. Sie mag aber auch ohne diese anwendbar sein. Jede der im Abschnitt 3 genannten Tätigkeiten löst eine gesonderte Gebühr aus, amtliche Vorbemerkung 4.3 II 1. § 15 bleibt unberührt, amtliche Vorbemerkung 4.3 II 2.

2   **2) Regelungszweck.** Die seelische Belastung des als eine Kontaktperson beigeordneten Anwalts wird durchweg so enorm sein, daß man VV 4304 stets großzügig auslegen sollte.

3   **3) Geltungsbereich.** Das Gericht muß den Anwalt nach § 34a I, III EGGVG beigeordnet haben, also gerade als eine Kontaktperson und nicht als den Verteidiger, zumal sich beide Funktionen ausschließen, § 34a III 2 EGGVG. Eine formell als eine Beiordnung oder dergleichen gemeinte und bezeichnete Maßnahme des nach § 34a III 1, 2 EGGVG zuständigen Präsidenten des LG oder seines Vertreters ist freilich gebührenrechtlich eine Beiordnung, auch wenn er das Verbot der Doppelfunktion mißachtet hat.

4   **4) Grundsatz: Pauschale Festgebühr.** Der Anwalt erhält als eine beigeordnete Kontaktperson einen Festbetrag als Pauschgebühr von 3000 EUR aus der Staatskasse. Daher kann er die Gebühr nicht nach § 52 vom Gefangenen fordern. Dieser Betrag gilt vor allem unabhängig vom Umfang und der Schwierigkeit der Kontakttätigkeit. Er umfaßt zB auch eine solche während einer mehrtägigen Hauptverhandlung, soweit dann überhaupt eine Kontaktsperre besteht. Eine Erhöhung kommt unter den Voraussetzungen des § 51 in Betracht.

5   **5) Anrechnung.** Nach der amtlichen Vorbemerkung 4.3 II muß man die Gebühr VV 4304 auf eine Verteidigergebühr anrechnen.

6   **6) Auslagen.** Neben der normalen oder der höheren Gebühr erhält der Anwalt als eine Kontaktperson den Ersatz seiner Auslagen nach VV 7000 ff. Er erhält sie auch bei einer besonders umfangreichen Tätigkeit nur im gesetzlichen Umfang ersetzt.

7   **7) Festsetzung.** Für sie ist nach § 55 III der Urkundsbeamte der Geschäftsstelle desjenigen LG zuständig, in dessen Bezirk die Justizvollzugsanstalt liegt. Die Festsetzung auch der Normalgebühr erfolgt nur auf einen Antrag.

8   **8) Geltung des übrigen RVG.** Es gelten im übrigen die Bestimmungen des RVG, soweit nicht VV 4304 als eine Sondervorschrift den Vorrang hat. Sie gelten in Wahrheit nicht nur sinngemäß, sondern direkt. Denn auch als eine Kontaktperson wird der Anwalt als Anwalt tätig, § 1 Rn 6. Nur einen solchen darf das Gericht ja überhaupt als eine Kontaktperson beiordnen. Anwendbar sind zB: § 8 (Fälligkeit); § 51, oben Rn 4; § 55 III (Vorschuß); § 11 I–VII (Festsetzung); VV 7008 (Umsatzsteuer).

Teil 5. Bußgeldsachen

(Amtliche) Vorbemerkung 5:

I Für die Tätigkeit als Beistand oder Vertreter eines Einziehungs- oder Nebenbeteiligten, eines Zeugen oder eines Sachverständigen in einem Verfahren, für das sich die Gebühren nach diesem Teil bestimmen, entstehen die gleichen Gebühren wie für einen Verteidiger in diesem Verfahren.

II Die Verfahrensgebühr entsteht für das Betreiben des Geschäfts einschließlich der Information.

III ¹Die Terminsgebühr entsteht für die Teilnahme an gerichtlichen Terminen, soweit nichts anderes bestimmt ist. ²Der Rechtsanwalt erhält die Terminsgebühr auch, wenn er zu einem anberaumten Termin erscheint, dieser aber aus Gründen, die er nicht zu vertreten hat, nicht stattfindet. ³Dies gilt nicht, wenn er rechtzeitig von der Aufhebung oder Verlegung des Termins in Kenntnis gesetzt worden ist.

IV Für folgende Tätigkeiten entstehen Gebühren nach den Vorschriften des Teils 3:
1. für das Verfahren über die Erinnerung oder die Beschwerde gegen einen Kostenfestsetzungsbeschluss, für das Verfahren über die Erinnerung gegen den Kostenansatz, für das Verfahren über die Beschwerde gegen die Entscheidung über diese Erinnerung und für Verfahren über den Antrag auf gerichtliche Entscheidung gegen einen Kostenfestsetzungsbescheid und den Ansatz der Gebühren und Auslagen (§ 108 OWiG),
2. in der Zwangsvollstreckung aus Entscheidungen, die über die Erstattung von Kosten ergangen sind, und für das Beschwerdeverfahren gegen die gerichtliche Entscheidung nach Nummer 1.

Schrifttum: *Burhoff*, RVG in Straf- und Bußgeldsachen, 2. Aufl 2007; *Madert*, Rechtsanwaltsvergütung in Straf- und Bußgeldsachen, 5. Aufl 2004.

Gliederung

1) Systematik	1
2) Regelungszweck	2
3) Sachlicher Geltungsbereich	3
4) Persönlicher Geltungsbereich	4
5) Bußgeldverfahren	5

1) Systematik. §§ 35 ff OWiG, 121 BetrVG usw regeln das Bußgeldverfahren. **1** Ob es sich um eine Ordnungswidrigkeit oder um eine Straftat handelt, richtet sich danach, ob das Gesetz die Handlung mit einer Geldbuße oder mit einer Strafe bedroht, § 1 I OWiG. Soweit das Gesetz beide Rechtsfolgen androht, ist nur das Strafgesetz anwendbar, § 21 I OWiG. Das Strafgericht kann dann eine im OWiG angedrohte Nebenfolge anordnen. Es verfolgt die Tat als eine bloße Ordnungswidrigkeit, falls es keine Strafe verhängt, § 21 II OWiG. Trotz eines Übergangs vom Bußgeld- zum Strafverfahren nach § 81 OWiG liegt dann nur eine einzige Angelegenheit nach (jetzt) § 15 I 1 vor, Lappe NJW 76, 1251.

Teil 5 des VV ähnelt im Aufbau dem Teil 4 (Strafsachen). Daher lassen sich die Regeln zu VV 4100–4304 meist zumindest ergänzend mitverwerten.

Mitanwendbar sind zB §§ 1 ff, 4, 41–43, 45–48, VV 1008, KG JB **91**, 533, ferner zB § 34, VV 7000 ff.

2) Regelungszweck. Die von VV 5100–5200 bezweckte angemessene Vergütung **2** in einer Bußgeldsache war von Anfang an und ist bis heute ein Stein des Anstoßes. Denn der Umfang, die Bedeutung und die Schwierigkeit der Tätigkeit des Verteidigers in einem solchen oft nur vordergründig alltäglichen Verfahren lassen sich außerordentlich unterschiedlich beurteilen. Das ändert nichts an der grundsätzlichen Richtigkeit einer Sondervorschrift, mag diese auch zu allgemein verweisen.

3) Sachlicher Geltungsbereich. Es ist gebührenrechtlich maßgebend, ob die **3** Verwaltungsbehörde das Verfahren als ein Bußgeldverfahren tatsächlich *betreibt*, nicht, ob das Verhalten des Betroffenen auch in Wahrheit nach Rn 1 nur eine Ordnungswidrigkeit *ist*. Zu diesem Verfahrensabschnitt zählt trotz des irreführenden Gesetzeswortlauts offenbar nahezu das gesamte Vorverfahren der §§ 53–62, 65–66 OWiG, also auch das Verfahren der Polizei, ob sie die Sache also statt an die Staatsanwaltschaft an die Verwaltungsbehörde abgibt oder abgeben muß, §§ 53, 105 I OWiG, Lappe NJW **76**, 1251. Soweit objektiv eine Straftat *und* zugleich eine Ordnungswidrigkeit vorliegt, richtet sich die Vergütung wegen § 21 OWiG nach VV 4100 ff, nicht nach VV 5100 ff.

4) Persönlicher Geltungsbereich. VV 5100 ff gelten für denjenigen Anwalt, der **4** über eine nach VV 5200 vergütbare Einzeltätigkeit hinaus einen Auftrag für mindes-

VV Vorbem 5, 5.1, 5100   Vergütungsverzeichnis

tens einen ganzen Verfahrensabschnitt hat. Das Gesetz nennt ihn hier den Verteidiger. Die Vorschriften gelten in Verbindung mit §§ 60 OWiG, §§ 42 ff gelten auch für den von der Verwaltungsbehörde bestellten Verteidiger.

Die Tätigkeit als ein *Beistand* für einen Zeugen oder Sachverständigen oder als ein Vertreter für einen Einziehungs- oder Nebenbeteiligten steht nach der amtlichen Vorbemerkung 5 I der Verteidigertätigkeit gleich. Vorrangig gelten nach der amtlichen Vorbemerkung 5 IV in den dort Z 1, 2 genannten Fällen VV 3100 ff.

5   **5) Bußgeldsache.** VV 5100 ff umfassen das gesamte Bußgeldverfahren nach Rn 1. Sie erfassen auch die Anzeige einer Ordnungswidrigkeit nach § 121 BetrVG, aM (zum alten Recht) LAG Kiel AnwBl **01**, 185 (VV 5100 ff sind speziellere Vorschriften). Was man unter diesem Begriff verstehen muß, bestimmt das Gesetz nicht direkt. In der amtlichen Vorbemerkung 5 I findet man nur scheinbar einen indirekten Hinweis. Zum Bußgeldverfahren nach VV 5100 ff zählt in Wahrheit das gesamte Verfahren bis zu seiner wie immer gearteten und in welchem Stadium auch immer erfolgenden Beendigung. Denn Teil 5 umfaßt ja auch den gerichtlichen Teil des Gesamtverfahrens wegen einer Ordnungswidrigkeit. Es geht also keinesfalls nur um das Verfahren vor der Verwaltungsbehörde und um das anschließende Verfahren bis zum Akteneingang beim Gericht, Rn 1.

Abschnitt 1. Gebühren des Verteidigers

(Amtliche) Vorbemerkung 5.1:

I Durch die Gebühren wird die gesamte Tätigkeit als Verteidiger entgolten.

II ¹Hängt die Höhe der Gebühren von der Höhe der Geldbuße ab, ist die zum Zeitpunkt des Entstehens der Gebühr zuletzt festgesetzte Geldbuße maßgebend. ²Ist eine Geldbuße nicht festgesetzt, richtet sich die Höhe der Gebühren im Verfahren vor der Verwaltungsbehörde nach dem mittleren Betrag der in der Bußgeldvorschrift angedrohten Geldbuße. ³Sind in einer Rechtsvorschrift Regelsätze bestimmt, sind diese maßgebend. ⁴Mehrere Geldbußen sind zusammenzurechnen.

Vorbem. II 4 angefügt dch Art 17 Z 4h G v 9. 12. 04, BGBl 3220, in Kraft seit 1. 1. 05, Art 22 S 2 G, Übergangsrecht § 60 RVG.

Unterabschnitt 1. Allgemeine Gebühr

Nr.	Gebührentatbestand	Gebühr oder Satz der Gebühr nach § 13 oder § 49 RVG	
		Wahlanwalt	gerichtlich bestellter oder beigeordneter Rechtsanwalt
5100	Grundgebühr	20,00 bis 150,00 EUR	68,00 EUR
	I Die Gebühr entsteht für die erstmalige Einarbeitung in den Rechtsfall nur einmal, unabhängig davon, in welchem Verfahrensabschnitt sie erfolgt.		
	II Die Gebühr entsteht nicht, wenn in einem vorangegangenen Strafverfahren für dieselbe Handlung oder Tat die Gebühr 4100 entstanden ist.		

Gliederung

1) Systematik	1
2) Regelungszweck	2
3) Geltungsbereich	3
4) Gebührenhöhe	4–9
A. Grundsatz: Ausgangspunkt Mittelgebühr ...	5, 6
B. Ausnahmen	7–9

Vergütungsverzeichnis **5100 VV**

1) Systematik. VV 5100 gilt wie überhaupt VV 5100–5116 nur für denjenigen   1
Anwalt, der für das ganze Verfahren und daher „als Verteidiger" tätig wird, amtliche
Vorbemerkung 5.1 I. Sonst gilt VV 5200 mit dessen amtlicher Anmerkung I.
Wie im Teil 4 (Strafsachen, dort VV 4100) erhält der für das gesamte Verfahren als gewählter
oder nach §§ 137 I, 146 II StPO, §§ 46, 60 OWiG bestellter Verteidiger tätige Anwalt auch in Bußgeldsachen als „allgemeine" Gebühr nach der amtlichen Überschrift
des Unterabschnitts, eine Grundgebühr zur Abgeltung der erstmaligen Einarbeitung,
amtliche Anmerkung I. Vgl VV 4100 Rn 1. Sie vergütet also die auftragsgemäße Beschaffung und Entgegennahme der Erstinformation und das erste Aktenstudium.
Sie *entsteht je Verteidiger* je Angelegenheit nur einmal, amtliche Anmerkung I Hs 1.
Sie entsteht mit der auftragsgemäßen Entgegennahme der Information. Sie entsteht
unabhängig davon, in welchem Verfahrensabschnitt und in wie vielen sich der Anwalt
erstmalig in die Angelegenheit einarbeitet, amtliche Anmerkung I Hs 2. Sie entsteht
daher evtl auch dann, wenn der Anwalt erst vor Gericht tätig zu werden beginnt. Sie
entsteht also wegen § 17 Z 10 auch unabhängig davon, ob eine Verfahrensgebühr und/
oder eine Terminsgebühr hinzutreten und ob die erstere für einen ganzen Verfahrensabschnitt entsteht. Sie entsteht auch unabhängig davon, ob zusätzliche Gebühren
nach VV 5113, 5114 entstehen. Denn sie ist nach der Überschrift des Unterabschnitts 1 eine „allgemeine Gebühr". Wegen des Vorrangs des Teils 3 vgl die amtliche
Vorbemerkung 5 V Z 1, 2. Im übrigen gilt VV Teil 1, soweit nicht Teil 5 speziellere
Regeln nennt.

Einzeltätigkeiten unterfallen VV 5200.

Keine Grundgebühr nach VV 5100 fällt an, wenn derselbe Verteidiger für seine Tätigkeit in einem vorangegangenen Strafverfahren für dieselbe Handlung oder Tat bereits schon die Grundgebühr VV 4100 verdient hatte, amtliche Anmerkung II. Diese
Vorschrift hat den Vorrang vor § 17 Z 10.

2) Regelungszweck. Es gelten dieselben Erwägungen wie bei einer Strafsache,   2
VV 4100 Rn 2.

3) Geltungsbereich. Vgl Einf 3, 4 vor VV 5100. Die in der amtlichen Vorbe-   3
merkung 5 V Z 1, 2 genannten Tätigkeiten fallen nicht unter VV 5100 ff, sondern
unter VV 3100 ff. Die Beistandstätigkeit für einen Zeugen oder Sachverständigen fällt
nach der amtlichen Vorbemerkung 5 I unter diejenige des Verteidigers.

4) Gebührenhöhe. Es gibt keine Abhängigkeit von der Höhe der Geldbuße. Für   4
den Wahlverteidiger muß man wegen seiner Betragsrahmengebühren aber doch stets
§ 14 mitbeachten, LG Düss JB **07**, 85. Damit treten die Probleme der Abwägung
nach § 14 bereits bei der Grundgebühr in einer Bußgeldsache unverändert auf.
Beachtbar sind die amtliche Vorbemerkung 5 IV und die amtliche Vorbemerkung 5.1 II. „Zuletzt festgesetzt" nach dort II 1 meint den jeweiligen Verfahrensabschnitt.

A. Grundsatz: Ausgangspunkt Mittelgebühr. Ausgangspunkt ist beim Wahl-   5
verteidiger grundsätzlich die Mittelgebühr des jeweils in Betracht kommenden Rahmens, keineswegs grundsätzlich ein geringerer Betrag, LG Düss JB **07**, 84, AG Altenkirchen JB **00**, 638, AG Fürstenwalde JB **07**, 418. Denn die Sach- und Rechtslage ist
durch die Umwandlung der Verkehrsdelikte zu Ordnungswidrigkeiten keineswegs
einfach geworden, AG Mü AnwBl **07**, 90, aM Mümmler JB **81**, 517. Eine andersartige Ordnungswidrigkeit weist ohnehin oft einen komplizierten Tatbestand auf, zB so
manches „Umweltdelikt".

Im übrigen gibt VV 5100 eine *eigene* Gebühr. Die früheren diesbezüglichen Streit-   6
fragen sind überholt. Die Mittelgebühr beim Wahlanwalt ist 85 EUR.

B. Ausnahmen. Freilich kann auch bei einer durchschnittlichen Ordnungswid-   7
rigkeit im Ergebnis einmal ein Betrag über oder auch unter dem Mittelwert des einschlägigen Rahmens angemessen sein, LG Düss JB **07**, 85, LG Gött JB **02**, 418, LG
Kblz JB **08**, 144. Das letztere gilt aber keineswegs schon dann, wenn die Gericht
einen Zeugen oder Sachverständigen vernimmt, wie AG Hann JB **07**, 312, oder wenn das
Gericht neben einer Buße die weitere Rechtsfolge verhängt hat, aM LG Bonn
Rpfleger **03**, 42, LG Magdeb AnwBl **99**, 705 (aber das Bußgeld ist bereits die typische Hauptfolge). Eine Bedeutung haben oft die Gefahr eines Fahrverbots, LG Düss
JB **07**, 85, LG Gera JB **00**, 581, AG Lüdinghausen JB **99**, 132, aM AG Saarlouis

1951

VV 5100, Vorbem 5.1.2, 5101–5106   Vergütungsverzeichnis

AnwBl **05**, 796, oder die Eintragung in der Verkehrssünderkartei, LG Rottweil Rpfleger **93**, 368 (Parkverstoß), AG Aschaffenb JB **02**, 579, AG Eilenburg JB **10**, 35 rechts, aM AG Saarlouis AnwBl **05**, 796, oder die Notwendigkeit eines Gutachtens, AG Mü AnwBl **07**, 90. Rechenbeispiel: LG Osnabr JB **08**, 143.

8   In einer *besonders umfangreichen oder schwierigen* Bußgeldsache ist für den bestellten Verteidiger § 48 anwendbar. Wegen einer Binnenschiffahrtssache Nürnb JB **77**, 956.

9   Nach einem *vorangegangenen Strafverfahren* mit einer dort entstandenen Gebühr VV 4100 gibt es für das nach § 43 OWiG etwa nachfolgende Bußgeldverfahren *keine* (nochmalige) Grundgebühr. Das stellt die amtliche Anmerkung II klar.

Unterabschnitt 2. Verfahren vor der Verwaltungsbehörde

(Amtliche) Vorbemerkung 5.1.2:

I Zu dem Verfahren vor der Verwaltungsbehörde gehört auch das Verwarnungsverfahren und das Zwischenverfahren (§ 69 OWiG) bis zum Eingang der Akten bei Gericht.

II Die Terminsgebühr entsteht auch für die Teilnahme an Vernehmungen vor der Polizei oder der Verwaltungsbehörde.

Nr.	Gebührentatbestand	Gebühr oder Satz der Gebühr nach § 13 oder § 49 RVG	
		Wahlanwalt	gerichtlich bestellter oder beigeordneter Rechtsanwalt
5101	Verfahrensgebühr bei einer Geldbuße von weniger als 40,00 EUR	10,00 bis 100,00 EUR	44,00 EUR
5102	Terminsgebühr für jeden Tag, an dem ein Termin in den in Nummer 5101 genannten Verfahren stattfindet	10,00 bis 100,00 EUR	44,00 EUR
5103	Verfahrensgebühr bei einer Geldbuße von 40,00 EUR bis 5000,00 EUR	20,00 bis 250,00 EUR	108,00 EUR
5104	Terminsgebühr für jeden Tag, an dem ein Termin in den in Nummer 5103 genannten Verfahren stattfindet	20,00 bis 250,00 EUR	108,00 EUR
5105	Verfahrensgebühr bei einer Geldbuße von mehr als 5000,00 EUR	30,00 bis 250,00 EUR	112,00 EUR
5106	Terminsgebühr für jeden Tag, an dem ein Termin in den in Nummer 5105 genannten Verfahren stattfindet	30,00 bis 250,00 EUR	112,00 EUR

Zu VV 5101–5106:

Gliederung

1) Systematik	1
2) Regelungszweck	2
3) Geltungsbereich	3–10
A. Ermittlungsverfahren	3
B. Verwarnungsverfahren	4
C. Zwischenverfahren	5
D. Einstellung	6
E. Bußgeldbescheid	7
F. Anschließendes Verfahren bis zum Akteneingang bei Gericht	8, 9
G. Weitere Einzelfragen	10

Vergütungsverzeichnis **5101–5106 VV**

4) Gebührenhöhe	11–14
A. Abwägung, § 14	11
B. Mittelgebühren	12
C. Terminsgebühren je Tag	13
D. Höhe der Geldbuße	14
5) Tätigkeiten in mehreren Verfahrensabschnitten	15

1) Systematik. VV 5102–5106 behandeln zusätzlich zur Grundgebühr VV 5100 **1**
Vergütungen im Verfahren vor der Verwaltungsbehörde, VV 5107 ff regeln dasjenige
vor Gericht. VV 5100 gilt auch vor der Verwaltungsbehörde, amtliche Vorbemerkungen 5 und 5.1. Außerdem gilt Teil 1, soweit nicht VV 5101 ff vorrangige Spezialregelungen treffen. Man muß also sehr aufpassen, um nichts zu übersehen.

2) Regelungszweck. Vgl Einf 2 zu Teil 5. Wie der Zahlenvergleich zum Verfah- **2**
rensabschnitt vor dem AG zeigt, bewertet das RVG die Anwaltstätigkeit vor der Verwaltungsbehörde weitgehend ebenso hoch wie diejenige vor dem AG. Das entspricht der praktischen Bedeutung: Die Hauptenergie sollte sich darauf richten, es gar nicht mehr zum gerichtlichen Verfahren kommen zu lassen. Demgemäß darf man beim Wahlanwalt auch nicht vom Grundsatz der Anwendung der Mittelgebühr nach Einf 5, 6 zu Teil 5 nur deshalb gar nach unten abweichen, weil es sich „erst" um das Verfahren vor der Verwaltungsbehörde handelt.

3) Geltungsbereich. VV 5101–5106 sind in den folgenden Verfahrensabschnitten **3**
anwendbar. Die Verfahrensgebühr entsteht in derselben Instanz nur einmal. Die Terminsgebühr kann je Terminstag entstehen.

A. Ermittlungsverfahren. Das Verfahren beginnt mit dem Eingang einer Anzeige oder mit der Aufnahme von Ermittlungen von Amts wegen bei der Polizei, bei einer Verwaltungsbehörde oder bei einer Staatsanwaltschaft wegen des Anfangsverdachts einer Ordnungswidrigkeit, sofern die letztere Behörde die Sache wegen des Fehlens eines Straftatverdachts demnächst nach § 43 OWiG an die Verwaltungsbehörde abgibt.
Soweit die *Staatsanwaltschaft* aber die Verfolgung nach §§ 62, 63 OWiG übernimmt, entstehen Gebühren wie in einem strafrechtlichen Ermittlungsverfahren.

B. Verwarnungsverfahren. Zum Verfahren vor der Verwaltungsbehörde zählt **4**
auch die Tätigkeit im Verwarnungsverfahren bis zu demjenigen Zeitpunkt, in dem der Betroffene ein Verwarnungsgeld nach § 56 IV OWiG zahlt. Das folgt aus der amtlichen Anmerkung 5.1.2 I Hs 1.

C. Zwischenverfahren. Zum Verfahren vor der Verwaltungsbehörde zählt nach **5**
der amtlichen Vorbemerkung 5.1.2 I Hs 2 auch die Tätigkeit im Zwischenverfahren bis zu demjenigen Zeitpunkt, in dem die Polizei oder Verwaltungsbehörde die Sache nach § 69 OWiG an die Staatsanwaltschaft abgibt, sofern diese das Verfahren übernimmt, § 41 OWiG.

D. Einstellung. Zur Tätigkeit vor der Verwaltungsbehörde zählt ferner der Ab- **6**
schnitt bis zum Zugang einer Einstellungsnachricht wegen Geringfügigkeit nach § 47 II OWiG oder wegen des Fehlens einer Ordnungswidrigkeit mangels einer Tat, Rechtswidrigkeit, Schuld oder Verfolgbarkeit. Die Beratung des Betroffenen darüber, ob, wann und wie er ein Rechtsmittel gegen einen solchen Bescheid einlegen soll, zählt mit zum Verfahren vor der Verwaltungsbehörde. Das ergibt sich einerseits daraus, daß die Vorschriften zur Prüfung der Erfolgsaussicht eines Rechtsmittels VV 2200–2203 nach der amtlichen Vorbemerkung 2 III nicht für das in Teil 5 geregelte Bußgeldverfahren gelten, andererseits daraus, daß nach § 19 I 2 Z 10 sogar die anschließende Einlegung eines Rechtsmittels durch den bisherigen Verteidiger noch zum bisherigen Verfahrensabschnitt zählen würde.

E. Bußgeldbescheid. Zur Tätigkeit vor der Verwaltungsbehörde zählt der Ab- **7**
schnitt bis zur Zustellung eines Bußgeldbescheids, §§ 66, 67 OWiG. Das folgt aus der amtlichen Vorbemerkung 5.1.2 I Hs 2 (Grenze erst beim Akteneingang beim Gericht). VV 5101 ff gelten die Beratung des Auftraggebers darüber mit ab, ob und in welchem Umfang er einen Einspruch einlegen soll, (je zum alten Recht) LG Limburg AnwBl **77**, 277, LG Lüneb AnwBl **77**, 424, LG Regensb AnwBl **77**, 228.

F. Anschließendes Verfahren bis zum Akteneingang bei Gericht. Auch die **8**
gesamte Tätigkeit des Anwalts im sog Zwischenverfahren nach § 69 OWiG ab dem

Ende des Verfahrens vor der Verwaltungsbehörde bis zum Akteneingang beim Gericht fällt unter VV 5101–5106. Das gilt unabhängig davon, ob der Anwalt bereits im vorangegangenen Verfahrensabschnitt als Verteidiger tätig war. Das ergibt sich aus der amtlichen Vorbemerkung 5.1.2 I Hs 2. Maßgeblich ist der erste Posteingangsstempel. VV 5101–5106 gelten daher unter den genannten Voraussetzungen zB die Einlegung des Einspruchs gegen den Bußgeldbescheid nach § 67 OWiG und eben auch die Tätigkeit im Zwischenverfahren nach § 69 OWiG ab.

Soweit der Anwalt sowohl im Verfahren vor der Verwaltungsbehörde als auch im anschließenden Verfahren bis zum Akteneingang beim Gericht tätig wird, erhält er für diesen *Gesamtabschnitt* die Vergütung nach der amtlichen Vorbemerkung 5.1 I natürlich nur einmal. Die Vergütung nach VV 5107 ff kann nur für seine etwaige Tätigkeit im späteren Verfahren hinzutreten.

9 VV 5101–5106 gelten für die Einlegung des *Einspruchs* also auch dann, wenn die Tätigkeit des Anwalts als Verteidiger mit dieser Maßnahme erst beginnt. Denn der Einspruch ist kein Rechtsmittel nach § 19 I 2 Z 10, sondern ein Rechtsbehelf.

10 **G. Weitere Einzelfragen.** Jede Gebühr VV 5101–5106 ist eine Pauschgebühr. Sie entsteht jeweils mit der auftragsgemäßen Entgegennahme der Information. Sie gilt in ihrem Bereich die gesamte Tätigkeit des Anwalts ab, amtliche Vorbemerkung 5 I. Die Auslagen sind stets gesondert ansetzbar, LG Wuppert JB **78**, 1341. Es erfolgt eine gerichtliche Festsetzung beim Wahlverteidiger nur dann, wenn er lediglich die Mindestgebühr fordert, § 11 VIII 1.

11 **4) Gebührenhöhe.** Es gibt vier Aspekte.

A. Abwägung, § 14. Für den Wahlverteidiger muß man wegen seiner Betragsrahmengebühren stets § 14 mitbeachten. Es gelten daher dieselben Erwägungen wie bei VV 5100 Rn 4–9. Soweit es um eine Terminsgebühr geht, muß man zunächst nach der amtlichen Vorbemerkung 5 III beachten, daß schon die bloße auftragsgemäß zuhörende Teilnahme am Termin reichen kann. Zwar spricht diese Vorbemerkung nur von einem „gerichtlichen" Termin etwa bei einer richterlichen Zeugenvernehmung nach § 48 OWiG. Diese Vorbemerkung scheint also für das Verfahren vor der Verwaltungsbehörde gerade noch nicht zu passen. Indessen gilt der Grundgedanke einer Terminsgebühr, vgl bei VV 3104, auch hier. Im Gegensatz zur früheren Verhandlungsgebühr ist also kein Sachantrag mehr erforderlich. Natürlich muß ein etwaiges stilles Zuhören sachbezogen sein. Nach der amtlichen Vorbemerkung 5.1.2 II reicht die Teilnahme an einer Vernehmung vor der Polizei oder vor der Verwaltungsbehörde. Die Mittelgebühr, Ausnahmen und einen Zuschlag wegen eines Fahrverbots muß man wie bei VV 5100 Rn 5–9 beurteilen.

12 **B. Mittelgebühren.** Die Mittelgebühren beim Wahlverteidiger sind folgende Beträge:
bei VV 5101: 55 EUR;
5102: 55 EUR;
5103: 135 EUR;
5104: 135 EUR;
5105: 140 EUR;
5106: 140 EUR.

13 **C. Terminsgebühren je Tag.** Je Tag kann eine Terminsgebühr entstehen, und zwar in unterschiedlicher Höhe. Denn der Schwierigkeitsgrad usw kann von Tag zu Tag wechseln. Nach der amtlichen Vorbemerkung 5 III 2 entsteht eine Terminsgebühr auch dann, wenn der Anwalt zu einem anberaumten Termin erscheint, wenn dieser aber nicht stattfindet. Das gilt jedenfalls, solange der Anwalt nicht diesen Termin schuldhaft „platzen" läßt.

14 **D. Höhe der Geldbuße.** Sie ist als Ausgangspunkt der Eingruppierung ein trotz der amtlichen Vorbemerkung 5.1 II unscharfer Begriff. Denn „zuletzt festgesetzt" ist rein sprachlich mehrdeutig: Es kann ein etwa rechtskräftig festgestellter Betrag sein. Es kann aber auch um denjenigen Betrag gehen, den die Verwaltungsbehörde am Ende des Verfahrens vor ihr festgesetzt hatte, selbst wenn diese Festsetzung dann im weiteren Verlauf des Gesamtverfahrens höher oder niedriger ausgefallen sein sollte. Die Ansichten der Verfasser der amtlichen Begründungen der Entwürfe ist nicht bindend. Der Sinn und Zweck der Vorschrift deuten eher auf denjenigen Be-

Vergütungsverzeichnis 5101–5106, Vorbem 5.1.3, 5107–5112 VV

trag hin, den das Gericht am Ende des Gesamtverfahrens festgesetzt hat, falls es überhaupt noch zu einem Verfahren vor Gericht gekommen ist.

Mangels Festsetzung einer Geldbuße bei der Auftragserteilung ist nach der amtlichen Vorbemerkung 5.1 II 2, 3 im Verfahren vor der Verwaltungsbehörde der mittlere Betrag der gesetzlich angedrohten Geldbuße und beim Vorhandensein eines gesetzlichen Regelsatzes dieser maßgebend. Man darf und muß nach der amtlichen Vorbemerkung 5.1 II 4 mehrere Geldbußen zusammenrechnen.

5) Tätigkeiten in mehreren Verfahrensabschnitten. Soweit der Anwalt sowohl im Verfahren bis zum Akteneingang beim Gericht nach VV 5101–5106 als auch im anschließenden gerichtlichen nach VV 5107 ff tätig wird, können die jeweiligen Gebühren nebeneinander ohne eine Anrechnung aufeinander entstehen. Dasselbe gilt, soweit ein Strafverfahren selbständig hinzutritt. Etwas anderes gilt, soweit das Bußgeldverfahren im Strafverfahren aufgeht. 15

Unterabschnitt 3. Gerichtliches Verfahren im ersten Rechtszug

(Amtliche) Vorbemerkung 5.1.3:

I Die Terminsgebühr entsteht auch für die Teilnahme an gerichtlichen Terminen außerhalb der Hauptverhandlung.

II Die Gebühren dieses Abschnitts entstehen für das Wiederaufnahmeverfahren einschließlich seiner Vorbereitung gesondert; die Verfahrensgebühr entsteht auch, wenn von der Stellung eines Wiederaufnahmeantrags abgeraten wird.

Vorbem. Text der amtlichen Überschrift idF Art 20 Z 7 n des 2. JuMoG v 22. 12. 06, BGBl 3416, in Kraft seit 31. 12. 06, Art 28 I des 2. JuMOG, Übergangsrecht § 60 RVG.

Nr.	Gebührentatbestand	Gebühr oder Satz der Gebühr nach § 13 oder § 49 RVG	
		Wahlanwalt	gerichtlich bestellter oder beigeordneter Rechtsanwalt
5107	Verfahrensgebühr bei einer Geldbuße von weniger als 40,00 EUR	10,00 bis 100,00 EUR	44,00 EUR
5108	Terminsgebühr je Hauptverhandlungstag in den in Nummer 5107 genannten Verfahren	20,00 bis 200,00 EUR	88,00 EUR
5109	Verfahrensgebühr bei einer Geldbuße von 40,00 EUR bis 5000,00 EUR	20,00 bis 250,00 EUR	108,00 EUR
5110	Terminsgebühr je Hauptverhandlungstag in den in Nummer 5109 genannten Verfahren	30,00 bis 400,00 EUR	172,00 EUR
5111	Verfahrensgebühr bei einer Geldbuße von mehr als 5000,00 EUR	40,00 bis 300,00 EUR	136,00 EUR
5112	Terminsgebühr je Hauptverhandlungstag in den in Nummer 5111 genannten Verfahren	70,00 bis 470,00 EUR	216,00 EUR

Zu VV 5107–5112:

Gliederung

1) Systematik 1
2) Regelungszweck 2

VV 5107–5112 Vergütungsverzeichnis

3) Geltungsbereich	3
4) Gebührenhöhe	4–7
A. Abwägung, § 14	4
B. Mittelgebühren	5
C. Terminsgebühren je Tag	6
D. Höhe der Geldbuße	7
5) Tätigkeiten in mehreren Verfahrensabschnitten	8

1 **1) Systematik.** VV 5107–5112 behandeln das gerichtliche Verfahren vor dem AG sowie nach §§ 81, 83 GWB, §§ 60, 62 WpÜG, §§ 95, 98 EnWG vor dem OLG. VV 5113, 5114 umfassen demgegenüber das Verfahren vor dem Rechtsbeschwerdegericht, VV 5115–5200 geben ergänzende Regeln. Außerdem gilt auch für das Verfahren vor dem AG Teil 1, soweit nicht VV 5107–5112 vorrangige Spezialregelungen treffen. Man muß also auch in diesem Verfahrensabschnitt systematisch sehr aufpassen, zumal die amtlichen Vorbemerkungen 5, 5.1 weitere ergänzende Bestimmungen enthalten.

2 **2) Regelungszweck.** Vgl Einf 2 zu Teil 5. Das RVG behandelt die Anwaltstätigkeit vor dem AG keineswegs stets höher als diejenige vor der Verwaltungsbehörde. Beim Wahlanwalt darf man keineswegs vom Grundsatz der Anwendung der Mittelgebühr nach Einf 5, 6 zu Teil 5 nur deshalb gar nach unten abweichen, weil es sich „nur" um ein amtsgerichtliches Verfahren handelt. Das gilt auch wegen der oft ja ganz außerordentlichen wirtschaftlichen Bedeutung so mancher formell bloßen Bußgeldsache.

3 **3) Geltungsbereich.** VV 5107–5112 gelten ab dem Akteneingang beim AG nach § 69 IV 2 OWiG bis zur Beendigung dieser Instanz. Die Einlegung eines Rechtsmittels beim Vorderrichter gehört für den erstinstanzlichen Verteidiger zu dieser Vorinstanz. Die Verteidigung gegen das Rechtsmittel gehört ebenso wie dessen Begründung zur Rechtsmittelinstanz. Nach der amtlichen Vorbemerkung 5.1.3 II gelten die Vorschriften ähnlich dem Strafverfahren mit VV 4136–4140 außerdem im Wiederaufnahmeverfahren einschließlich seiner Vorbereitung einschließlich eines Rats, von einem Wiederaufnahmeantrag abzusehen, amtliche Vorbemerkung 5.1.3 II Hs 2, und natürlich auch einschließlich der Abwicklung des Wiederaufnahmeverfahrens. In den von der amtlichen Vorbemerkung 5 IV Z 1, 2 genannten Verfahrensabschnitten, die eigentlich zur ersten Instanz zählen, sind aber VV 3100ff als vorrangige Vorschriften anwendbar. Wenn im gerichtlichen Verfahren eine Hauptverhandlung entbehrlich wird, kommt nach der amtlichen Überschrift des Unterabschnitts 5 „zusätzlich" eine Vergütung nach VV 5115 in Betracht. Bloße Einzeltätigkeiten erhalten auch im Verfahren vor dem AG nur nach VV 5200 eine Vergütung.

4 **4) Gebührenhöhe.** Es gibt vier Aspekte.
A. Abwägung, § 14. Für den Wahlverteidiger muß man auch vor Gericht stets § 14 mitbeachten. Es gelten daher dieselben Erwägungen, wie bei VV 5100 Rn 4–9. Soweit es um eine Terminsgebühr geht, muß man zunächst nach der amtlichen Vorbemerkung 5 III beachten, daß schon die bloße auftragsgemäß zuhörende Teilnahme am Termin reichen kann. Im Gegensatz zur früheren Verhandlungsgebühr ist also kein Sachantrag mehr erforderlich. Außerdem entsteht eine Terminsgebühr nach der amtlichen Vorbemerkung 5.1.3 I auch für die Teilnahme an einem gerichtlichen Termin außerhalb einer Hauptverhandlung, zB bei einer Vernehmung durch den beauftragten oder ersuchten Richter oder bei einem Augenschein. Natürlich muß ein etwaiges stilles Zuhören sachbezogen sein.

Schließlich erhält der Anwalt eine Terminsgebühr nach der amtlichen Vorbemerkung 5 III 1–3 auch dann, wenn er zu einem anberaumten Termin erscheint und wenn dieser dann aus solchen Gründen *nicht stattfindet*, die der Anwalt nicht verschuldet hat, und wenn das Gericht oder die Verwaltungsbehörde ihn auch nicht rechtzeitig von der Terminsaufhebung oder -verlegung in Kenntnis gesetzt hat, sei es auch nur wenige Minuten vor dem Terminsbeginn per Handy. In diesem letzteren Fall erhält der Anwalt natürlich auch seine Auslagen erstattet. Der Anwalt darf den Termin freilich nicht unverwerfbar „platzen" lassen. Die Mittelgebühr und die Ausnahmen lassen sich wie bei VV 5100 Rn 5–9 beurteilen, LG Dessau-Roßlau JB **09**, 427. Bei nur 10 Minuten Termindauer sind zB bei VV 5112 450 EUR zuviel, LG Kblz JB **08**, 589, aber zB 135 EUR angemessen, LG Dessau-Roßlau JB **09**, 427.

Vergütungsverzeichnis   **5107–5115 VV**

B. Mittelgebühren. Die Mittelgebühren für den Wahlverteidiger sind folgende Beträge: 5
bei VV   5107:   55 EUR;
           5108:   110 EUR;
           5109:   135 EUR;
           5110:   215 EUR;
           5111:   170 EUR;
           5112:   270 EUR.

C. Terminsgebühren je Tag. Je Tag gibt es eine Terminsgebühr und kann sie unterschiedlich hoch entstehen. Denn der Schwierigkeitsgrad usw kann von Tag zu Tag wechseln.   6

D. Höhe der Geldbuße. Sie ist ein auch vor Gericht nach der amtlichen Vorbemerkung 5.1 II 1, 3 zu bestimmender Begriff.   7

5) Tätigkeiten in mehreren Verfahrensabschnitten. Es gilt dasselbe wie bei VV 5101–5106 Rn 15.   8

Unterabschnitt 4. Verfahren über die Rechtsbeschwerde

Nr.	Gebührentatbestand	Gebühr oder Satz der Gebühr nach § 13 oder § 49 RVG	
		Wahlanwalt	gerichtlich bestellter oder beigeordneter Rechtsanwalt
5113	Verfahrensgebühr	70,00 bis 470,00 EUR	216,00 EUR
5114	Terminsgebühr je Hauptverhandlungstag	70,00 bis 470,00 EUR	216,00 EUR

Zu VV 5113, 5114:

1) Systematik. Es gilt dasselbe wie bei VV 5107–5112 Rn 1.   1

2) Regelungszweck. Es gilt dasselbe wie bei VV 5107–5112 Rn 2.   2

3) Geltungsbereich. Die Vorschrift erfaßt nur das Rechtsbeschwerdeverfahren nach §§ 79 ff OWiG.   3

4) Gebührenhöhe. Es gilt grundsätzlich dasselbe wie bei VV 5107–5112 Rn 4 ff. Die Gebühren sind nicht von der Höhe der verhängten Geldbuße abhängig. Beim Wahlanwalt ist § 14 anwendbar.   4
Die *Mittelgebühren* beim Wahlanwalt sind folgende Beträge:
bei VV   5113: 270 EUR;
           5114: 270 EUR.

5) Tätigkeiten in mehreren Verfahrensabschnitten. Es gilt dasselbe wie bei VV 5101–5106 Rn 15.   5

Unterabschnitt 5. Zusätzliche Gebühren

Nr.	Gebührentatbestand	Gebühr oder Satz der Gebühr nach § 13 oder § 49 RVG	
		Wahlanwalt	gerichtlich bestellter oder beigeordneter Rechtsanwalt
5115	Durch die anwaltliche Mitwirkung wird das Verfahren vor der Verwaltungsbehörde erledigt oder die Hauptverhandlung entbehrlich: Zusätzliche Gebühr	in Höhe der jeweiligen Verfahrensgebühr	

VV 5115 Vergütungsverzeichnis

Nr.	Gebührentatbestand	Gebühr oder Satz der Gebühr nach § 13 oder § 49 RVG	
		Wahlanwalt	gerichtlich bestellter oder beigeordneter Rechtsanwalt
	I Die Gebühr entsteht, wenn 1. das Verfahren nicht nur vorläufig eingestellt wird oder 2. der Einspruch gegen den Bußgeldbescheid zurückgenommen wird oder 3. der Bußgeldbescheid nach Einspruch von der Verwaltungsbehörde zurückgenommen und gegen einen neuen Bußgeldbescheid kein Einspruch eingelegt wird oder 4. sich das gerichtliche Verfahren durch Rücknahme des Einspruchs gegen den Bußgeldbescheid oder der Rechtsbeschwerde des Betroffenen oder eines anderen Verfahrensbeteiligten erledigt; ist bereits ein Termin zur Hauptverhandlung bestimmt, entsteht die Gebühr nur, wenn der Einspruch oder die Rechtsbeschwerde früher als zwei Wochen vor Beginn des Tages, der für die Hauptverhandlung vorgesehen war, zurückgenommen wird, oder 5. das Gericht nach § 72 Abs. 1 Satz 1 OWiG durch Beschluss entscheidet. II Die Gebühr entsteht nicht, wenn eine auf die Förderung des Verfahrens gerichtete Tätigkeit nicht ersichtlich ist. III ¹Die Höhe der Gebühr richtet sich nach dem Rechtszug, in dem die Hauptverhandlung vermieden wurde. ²Für den Wahlanwalt bemisst sich die Gebühr nach der Rahmenmitte.		

Gliederung

1) Systematik 1
2) Regelungszweck 2
3) Geltungsbereich 3–10
   A. Einstellung, amtliche Anmerkung I Z 1 4
   B. Rücknahme des Einspruchs vor der Verwaltungsbehörde, amtliche Anmerkung I Z 2 5
   C. Rücknahme des Bußgeldbescheids usw., amtliche Anmerkung I Z 3 6
   D. Rücknahme des Einspruchs oder der Rechtsbeschwerde, amtliche Anmerkung I Z 4 7
   E. Zeitgrenze 8
   F. Beschlußentscheidung, amtliche Anmerkung I Z 5 9
   G. Zusammentreffen, amtliche Anmerkung I Z 1–5 10
4) Gebührenhöhe, amtliche Anmerkung III 11–14
   A. Abwägung, § 14 11
   B. Mittelgebühr 12
   C. Mindestgebühr 13
   D. Höchstgebühr 14

1 1) Systematik. Die Vorschrift ähnelt ein wenig der Erledigungsgebühr VV 1002. Sie entspricht VV 4141. Sie tritt nach der amtlichen Überschrift des Unterabschnitts 5 zusätzlich zu den Gebühren VV 5100–5114 auf, nicht etwa an deren Stelle,

Enders JB **06**, 449. Sie ist im Gegensatz zur Verfahrens- und Terminsgebühr eine Erfolgsgebühr. Der Erfolg muß auch gerade „durch die *Mitwirkung*" des Anwalts eingetreten sein, und die amtliche Anmerkung II verdeutlicht zusätzlich, daß zumindest ein „ersichtlicher Beitrag" des Anwalts zum Erfolgseintritt einer Voraussetzung der Zusatzgebühr ist. Seine Tätigkeit muß also irgendwie mitursächlich für das Ergebnis sein. Dabei mag es sich um eine Tätigkeit im Tatsächlichen oder Rechtlichen handeln. Freilich reicht ein Beitrag „zur Förderung des Verfahrens". Das ist weniger als „zur Erledigung" usw, BGH NJW **09**, 368. Damit spannt VV 5115 den Rahmen sehr weit. Die bloße Meldung als Verteidiger und die bloße Akteneinsicht mögen meist noch keine Mitwirkung sein, AG Hann JB **06**, 79 rechts. Der Rat, sich nicht zu äußern, kann aber sehr wohl ausreichen (Fallfrage), aM AG Hann JB **06**, 79 rechts.

2) Regelungszweck. Der Tendenz des RVG folgend soll eine Mithilfe zu einer 2 Vereinfachung, Verkürzung, Einigung usw belohnt werden. Das soll für den Anwalt ein Anreiz zu einer zielgerichteten derartigen Bemühung sein. Er soll auch dazu beitragen, daß weniger Termine stattfinden müssen. Die Anreize zum Rechtsmittel(verdienst) sollen geringer werden. Eine mögliche Mediation steht als Idee im Hintergrund. Ob das alles dem Rechtsfrieden wirklich nachhaltiger dient als eine sauber begründete streitige Entscheidung, ist eine andere Frage. Jedenfalls ist eine weite Auslegung ratsam. Sie darf aber nicht uferlos werden. Die Grenzen in der amtlichen Anmerkung II dürfen nicht dadurch völlig verwischen, daß man jeden winzigen Satz des Anwalts in eine bereits „ersichtlichen Beitrag zur Förderung" wertet.

3) Geltungsbereich. Die Vorschrift gilt sowohl neben VV 5101–5106 und damit 3 vor der Verwaltungsbehörde als auch vor Gericht nach VV 5107ff auch im Rechtsbeschwerdeverfahren, soweit es dort ausnahmsweise zu einer Hauptverhandlung kommen sollte. Es gibt scheinbar nur zwei Voraussetzungen, nämlich entweder die Erledigung des Verwaltungsverfahrens oder die Entbehrlichkeit einer Hauptverhandlung. In Wahrheit präzisiert aber die amtliche Anmerkung I Z 1–5 den Geltungsbereich und schränkt ihn zugleich durch diese Präzisierung ein. Die in Rn 1 angesprochene Ursächlichkeit der Anwaltstätigkeit nach der amtlichen Anmerkung II stellt auch eine weitere Einschränkung des Geltungsbereichs dar.

Nach einem *Übergang vom Ermittlungsverfahren* zum Ordnungswidrigkeitenverfahren kann neben VV 4141 auch VV 5115 anwendbar sein. Denn es liegen dann nach § 17 Z 10 zwei verschiedene Angelegenheiten vor, und VV 5100 amtliche Anmerkung II bezieht sich nur auf die Grundgebühr VV 4100, nicht auf VV 4141.

A. Einstellung, amtliche Anmerkung I Z 1. Die Zusatzgebühr entsteht dann, 4 wenn durch die Mitwirkung des Anwalts das Verfahren insgesamt und nicht nur teilweise nicht nur vorläufig, sondern endgültig eingestellt wird. Diese Einstellung mag im Verwaltungsverfahren erfolgen, VV 5101–5106 Rn 6, oder im weiteren Verlauf des Gesamtverfahrens. Die Begründung einer endgültigen Einstellung ist unerheblich, ebenso die Frage, wer die Kosten tragen soll. Die Zusatzgebühr entsteht, sobald die endgültige Einstellung wirksam verkündet oder mitgeteilt ist. Daher berührt eine Aufhebung dieser Entscheidung die schon entstandene Zusatzgebühr nicht mehr.

Unanwendbar ist I Z 1, soweit der Auftraggeber nur auf einen Anwaltsrat vom Aussagerecht Gebrauch macht, RS 341.

B. Rücknahme des Einspruchs vor der Verwaltungsbehörde, amtliche An- 5 **merkung I Z 2.** Die Zusatzgebühr entsteht auch dann, wenn der Auftraggeber infolge einer Mitwirkung des Anwalts seinen Einspruch gegen den Bußgeldbescheid bereits gegenüber der Verwaltungsbehörde wirksam zurücknimmt. Die Rücknahme muß bei Z 2 also vor dem Akteneingang beim Gericht wirksam geworden sein. Denn für eine erst spätere Rücknahme gilt Z 4.

C. Rücknahme des Bußgeldbescheids usw, amtliche Anmerkung I Z 3. 6 Die Zusatzgebühr entsteht ferner dann, wenn die Verwaltungsbehörde infolge der Mitwirkung des Anwalts den Bußgeldbescheid nach einem Einspruch zurücknimmt. Dann darf der Betroffene allerdings nicht gegen einen etwaigen neuen zugehörigen Bußgeldbescheid einen Einspruch eingelegt haben. Mit dieser Einschränkung soll unterbleiben, daß der Anwalt eine Zusatzgebühr nur wegen eines Pyrrhussiegs verdient, also zB nur deshalb, weil der erste Bußgeldbescheid formell irgendwie fehlerhaft war und die Behörde ihn nur deshalb formell aufheben mußte, wenn er anschließend aber mit einer besseren Begründung oder in einwandfreier Form sogleich doch wieder ergeht und wenn deshalb diesmal auch kein Einspruch sinnvoll ist. Schon ein unzulässiger oder unbegründeter neuer Einspruch wäre schädlich.

7   **D. Rücknahme des Einspruchs oder der Rechtsbeschwerde, amtliche Anmerkung I Z 4.** Die Zusatzgebühr entsteht ferner dann, wenn sich durch die Mitwirkung des Anwalts das gerichtliche Verfahren infolge der Rücknahme des Einspruchs oder der Rechtsbeschwerde eines Beteiligten erledigt. Dieser Verfahrensabschnitt schließt an denjenigen Z 2 an. Er beginnt mit dem Akteneingang beim Gericht. Freilich endet die Möglichkeit der Zusatzgebühr zeitlich in diesem Verfahrensabschnitt bald. Die Zusatzgebühr setzt voraus, daß der Betroffene oder Beteiligte den Einspruch oder die Rechtsbeschwerde entweder vor der Anberaumung einer Hauptverhandlung oder doch wenigstens früher als zwei Wochen vor dem Beginn desjenigen Tages zurücknimmt, den das Gericht für die Hauptverhandlung vorgesehen hatte.

E. Zeitgrenze. Für die Rücknahme ist deren *Eingang* auf der Posteingangsstelle des objektiv für die Hauptverhandlung zuständigen AG maßgeblich, nicht die Vorlage auf seiner Geschäftsstelle und erst recht nicht die Vorlage beim Richter. Immerhin kann der Zeitraum bis zur Anberaumung des Hauptverhandlungstermins monatelang sein. Eine Vertagung früher als zwei Wochen vor dem bisher vorgesehenen Termin ist unschädlich, eine spätere Vertagung ist schädlich. Das Wort „oder" am Schluß von Z 2 bedeutet nicht etwa, daß statt der rechtzeitigen Rücknahme auch ein Beschluß schon nach Z 4 ausreicht. Vielmehr steht die Situation hinter dem Schlußwort „oder" in einer neben Z 4 eigenständigen Z 5.

Die Zeitgrenze der Z 4 hat ihren Hintergrund in der beim GKG als unerquicklich erkannten und deshalb abgeschafften Erwägung, daß es dem Gericht erspart werden solle, sich vor dem Termin einzuarbeiten. Das setzt voraus, daß der Amtsrichter sich erst so spät einarbeitet. Er ist aber verpflichtet, bereits ab dem Akteneingang mitzudenken, ein „Kopfgutachten" zu erstellen, den Umfang etwaiger Zeugenladungen usw zu bedenken und sich auch im übrigen so weit einzuarbeiten, daß er bereits bei der Terminsanberaumung alles zur Beendigung der Instanz in diesem Termin voraussichtlich Notwendige veranlassen kann. Die Zeitgrenze hat also eine sowohl dogmatisch als auch praktisch zweifelhafte Berechtigung.

9   **F. Beschlußentscheidung, amtliche Anmerkung I Z 5.** Die Zusatzgebühr entsteht schließlich dann, wenn durch die Mitwirkung des Anwalts das Gericht dazu übergeht, nach § 72 I 1 OWiG durch einen Beschluß zu entscheiden, daß es also eine Hauptverhandlung für entbehrlich hält und auch tatsächlich ohne einen Widerspruch der Staatsanwaltschaft oder des Betroffenen zur Entscheidung kommt, statt doch noch zum Termin überzugehen. Hier hängt die Entstehung der Zusatzgebühr also vom Endergebnis des gerichtlichen Verfahrens dieser Instanz ab. Fallbeispiele bei Henke AnwBl **06**, 842.

10 **G. Zusammentreffen, amtliche Anmerkung I Z 1–5.** Da jede Situation Rn 4–9 für sich allein reicht, kann es auch zum Zusammentreffen kommen. Dann entsteht aber je Instanz in derselben Angelegenheit für denselben Anwalt die Zusatzgebühr doch insgesamt nur einmal, § 15 II 1.

11 **4) Gebührenhöhe, amtliche Anmerkung III.** Aus der Verweisung in beiden Gebührenspalten auf die jeweilige Verfahrensgebühr ergibt sich: Es kommt auf den Rechtszug an, III 1.

A. Abwägung, § 14. Es gelten dieselben Erwägungen wie in den Abschnitten VV 5101–5106 und VV 5107–5112 sowie theoretisch VV 5113, 5114. Die Mittelgebühren nach der amtlichen Anmerkung III 2 sind dieselben wie in den vorgenannten Abschnitten.

12 **B. Mittelgebühr.** Die Gebühr des Wahlanwalts „bemißt sich" nach der Fassung der amtlichen Anmerkung III 2 nach der Rahmenmitte. Das Wort „nur" oder „stets" fehlt im Gesetzestext. Legt man es in den Sinn der Vorschrift, ergibt sich entgegen dem klaren Wortlaut der Fassung der Gebührenspalte eine Festgebühr (eben in Höhe der jeweiligen Rahmenmitte). Das widerspricht der Systematik des VV. Sie spricht die dem Wahlanwalt durchweg auch dann Rahmengebühren zu, wenn der gerichtlich

bestellte oder beigeordnete Anwalt eine bloße Festgebühr erhält. Das legt eher eine Auslegung von III 2 dahin nahe, den Grundgedanken einer Ausgangsbewertung nach der Rahmenmitte im Sinn von § 14 Rn 14 hier als eine allerdings verstärkte Bemessungsgrundlage zu sehen. Dann aber bleibt § 14 daneben beachtlich. Man darf und muß daher zumindest zur Vermeidung einer zu starren Schematisierung auch hier den Grad der Bemühung und des Einflusses des Anwalts auf diejenige Situation beachten, die dann seine Zusatzgebühr auslöst.

C. Mindestgebühr. Es mag also zB die Mindestgebühr als Zusatzgebühr ausreichen, wenn praktisch fast nur das Gericht erreicht hatte, daß der Betroffene etwa doch noch gestand, sodaß eine Verhandlung entbehrlich wurde. Freilich sind dann die Grenzen zu derjenigen Lage fließend, in der nach der amtlichen Anmerkung II überhaupt keine Zusatzgebühr mehr entsteht. Es ist eine behutsame Abwägung dazu nötig, ob man die eine oder die andere dieser letzteren Situationen annehmen soll. 13

D. Höchstgebühr. Die Höchstgebühr des Rahmens mag angemessen sein, wenn der Anwalt dem Verwaltungsbeamten oder dem Richter wie einem lahmen Esel zureden mußte, sich schließlich dann doch zur erhofften Entscheidung durchzuringen, oder auch dann, wenn der Anwalt dieselbe Energie und Geduld gegenüber einem störrischen Mandanten aufwenden mußte. 14

Nr.	Gebührentatbestand	Gebühr oder Satz der Gebühr nach § 13 oder § 49 RVG	
		Wahlanwalt	gerichtlich bestellter oder beigeordneter Rechtsanwalt
5116	**Verfahrensgebühr bei Einziehung und verwandten Maßnahmen** .... ᴵ Die Gebühr entsteht für eine Tätigkeit für den Betroffenen, die sich auf die Einziehung oder dieser gleichstehende Rechtsfolgen (§ 46 Abs. 1 OWiG, § 442 StPO) oder auf eine diesen Zwecken dienende Beschlagnahme bezieht. ᴵᴵ Die Gebühr entsteht nicht, wenn der Gegenstandswert niedriger als 25,00 EUR ist. ᴵᴵᴵ ¹Die Gebühr entsteht nur einmal für das Verfahren vor der Verwaltungsbehörde und dem Amtsgericht. ²Im Rechtsbeschwerdeverfahren entsteht die Gebühr besonders.	1,0	1,0

1) Systematik. Die Vorschrift bringt eine dem VV 4142 für Strafsachen entsprechende weitere Zusatzgebühr. Das ergibt sich aus der amtlichen Überschrift des Unterabschnitts 5. VV 5116 hat als eine Spezialnorm formell den Vorrang. Sie verdrängt ja aber inhaltlich keine anderen Gebühren. § 15 bleibt anwendbar. 1

2) Regelungszweck. Wie bei VV 5115, dort Rn 2, soll eine oft besonders anstrengende Anwaltstätigkeit mit einer weiteren Auswirkung auf die wirtschaftliche Lage des Auftraggebers eine gebührende Vergütung finden. Der Wegfall eines Rahmens ändert nichts daran, daß man diese zumindest wirtschaftliche Bedeutung zwar nicht über § 15 beachten darf und muß, wohl aber über die Ermittlung des Gegenstandswerts nach §§ 22 ff. Dabei ist weder eine Kleinlichkeit noch eine allzu großzügige Bewertung ratsam. Beim Kleinstwert unter 25 EUR entfällt die Zusatzgebühr nach der amtlichen Anmerkung II ja ohnehin ganz. 2

3) Geltungsbereich. Ihn umschreibt die amtliche Anmerkung I näher. Es geht also wegen der Verweisung in § 46 I OWiG um eine Einziehung nach §§ 430 ff StPO, §§ 22 ff, 123 I OWiG, um einen Verfall nach § 29 a OWiG, Fromm JB 08, 3

509, um eine Unbrauchbarmachung nach § 123 II 1 Z 2 OWiG, um eine Vernichtung oder um die Beseitigung eines gesetzwidrigen Zustands nach §§ 144 IV, 145 IV MarkenG und damit um die einer Einziehung ähnlichen oder sonstwie gleichstehenden Maßnahmen nach § 442 StPO, ferner um eine der Einziehung usw dienende Beschlagnahme etwa nach § 46 I OWiG, §§ 111 b, c StPO. Ob das Verfahren schon und noch einem dieser Zwecke dient, mag man nur schwer klären können. Immerhin reicht es für die Zusatzgebühr aus, daß sich die Tätigkeit des Anwalts auf solche Möglichkeiten „bezieht".

4   *Bezugnahme* ist ein weiter Begriff. Sie mag schon dann vorliegen, wenn der Anwalt vorsorglich auftragsgemäß mitprüft, ob eine Einziehung oder eine zugehörige Beschlagnahme drohen oder gar bevorstehen könnte. Andererseits darf man nun auch nicht jede solche Erwägung schon als eine Tätigkeit nach VV 5116 einstufen, solange es noch wirklich keinen objektiven Anhaltspunkt dafür gibt, daß die Behörde oder das Gericht dergleichen auch nur halbwegs ernsthaft erwägen. Man darf also eine weder kleinliche noch allzu großzügige Beurteilung der Gefahrlage vornehmen, Rn 2.

Unanwendbar ist VV 5116 bei einer solchen Sicherstellung oder Beschlagnahme, die nur einer Beweissicherung nach § 46 I OWiG, § 94 StPO dient.

5   **4) Gebührenhöhe.** Vgl zunächst Rn 2. Es entsteht eine Wertgebühr. Beim Wahlanwalt ist die Tabelle des § 13 maßgeblich, beim bestellten oder beigeordneten Anwalt gilt die Tabelle des § 49. Nach der amtlichen Anmerkung III 1 entsteht die Zusatzgebühr nur im Verfahrens-Gesamtabschnitt Verwaltungsbehörde und Amtsgericht nur einmal. Das hat den Vorrang vor §§ 16 ff. Im Rechtsbeschwerdeverfahren entsteht die Gebühr nach der amtlichen Anmerkung III 2 gesondert.

6   **5) Gegenstandswert.** Es gelten §§ 2 I, 23. Maßgebend ist der Wert des einzuziehenden Gegenstands. Ihn muß man nach §§ 3, 6 ZPO ermitteln, Anh I § 48 GKG, Teil I A dieses Buchs. Mangels eines Gegenstandwerts entscheidet das wirtschaftliche oder sonstige Interesse des Betroffenen an der Nichtdurchführung der Einziehung oder verwandten Maßnahme.

25 EUR ist der notwendige Mindestwert, um nach der amtlichen Anmerkung II die Gebühr VV 5116 überhaupt entstehen zu lassen. Das bedeutet natürlich nicht, daß man stets mindestens 25 EUR als den Wert ansetzen dürfte. Vielmehr muß man den Wert wie sonst anhand der genannten wahren Verhältnisse ermitteln.

Abschnitt 2. Einzeltätigkeiten

Nr.	Gebührentatbestand	Gebühr oder Satz der Gebühr nach § 13 oder § 49 RVG	
		Wahlanwalt	gerichtlich bestellter oder beigeordneter Rechtsanwalt
5200	**Verfahrensgebühr** .... I Die Gebühr entsteht für einzelne Tätigkeiten, ohne dass dem Rechtsanwalt sonst die Verteidigung übertragen ist. II ¹Die Gebühr entsteht für jede Tätigkeit gesondert, soweit nichts anderes bestimmt ist. ² § 15 RVG bleibt unberührt. III Wird dem Rechtsanwalt die Verteidigung für das Verfahren übertragen, werden die nach dieser Nummer entstandenen Gebühren auf die für die Verteidigung entstehenden Gebühren angerechnet. IV Der Rechtsanwalt erhält die Gebühr für die Vertretung in der Vollstreckung und in einer Gnadensache auch, wenn ihm die Verteidigung übertragen war.	10,00 bis 100,00 EUR	44,00 EUR

Vergütungsverzeichnis **5200 VV**

Gliederung

1) Systematik	1
2) Regelungszweck	2
3) Geltungsbereich: Einzeltätigkeit	3
4) Gebührenart und -höhe	4, 5
A. Beim Wahlanwalt: Rahmengebühr	4
B. Gesonderte Gebühr je Tätigkeit	5
5) Anrechnung beim Verteidiger	6
6) Vollstreckungssache, Gnadensache	7

1) Systematik. Es handelt sich um eine den VV 4300–4302 für Strafsachen entsprechende Regelung mit einer Auffangklausel grundsätzlich (Ausnahme Rn 3) nur zugunsten desjenigen Anwalts, der nicht die Verteidigung zumindest für einen ganzen Verfahrensabschnitt durchführt, sondern nur eine oder mehrere in diesem Abschnitt anfallende Einzeltätigkeiten, amtliche Anmerkung I. VV 5200 steht also anstelle von VV 5100–5116. Grundsätzlich gilt entweder die letztere Gruppe, oder es gilt VV 5200. Ergänzend ist auch bei VV 5200 Teil 1 anwendbar.   **1**

2) Regelungszweck. Dem Grundgedanken folgend, daß kein Anwalt umsonst arbeiten soll, muß das RVG auch im Teil 5 dafür sorgen, daß der Anwalt für jede denkbare Tätigkeit eine angemessene Vergütung erhält. Je weiter man Vorbereitungs- und Abwicklungsarbeiten eines Verteidigers oder eines Beistands für Zeugen oder Sachverständige usw als von dessen Gebühren mitabgegolten ansieht, desto weniger muß man VV 5200 anwenden.   **2**

Andererseits kommt es auf *die Art und den Umfang* des Auftrags und erst dann auf die Art und der Umfang der auftragsgemäßen Arbeit an. Wer keinen Verteidigerauftrag hat, fällt unter VV 5200. Wer der Verteidiger vor der Verwaltungsbehörde oder vor Gericht war, erhält seine Vergütung grundsätzlich jedenfalls auch dann nicht nach VV 5200, wenn er tatsächlich nur Einzeltätigkeiten ausgeübt hat. Das muß man beim Verteidiger im Rahmen des § 14 mitbedenken. Es ist also im Ergebnis auch bei VV 5200 weder eine zu strenge noch eine zu großzügige Auslegung ratsam.

3) Geltungsbereich: Einzeltätigkeit. Es mag zB um eine Nachforschung gehen, um einen Beweisantrag, um einen Augenschein, um eine Besprechung oder eine Rücksprache mit einem Gegner oder der Verwaltungsbehörde, um die Einholung einer Auskunft, um einen Antrag oder um einen sonstigen Schriftsatz, auch um die Einlegung oder Rücknahme des Einspruchs, eines Rechtsmittels, zB einer Rechtsbeschwerde, eines Wiedereinsetzungs- oder Wiederaufnahmeantrags, um eine Beistandsleistung, um eine Rechtsmittelbegründung oder -erwiderung, um ein Vollstreckungs- oder Gnadengesuch usw. Im letzteren Fall bestimmt die amtliche Anmerkung IV, daß VV 5200 sogar auch dem Verteidiger zusteht.   **3**

4) Gebührenart und -höhe. Der Anwalt erhält weder eine Grundgebühr noch eine Terminsgebühr, sondern nur eine Verfahrensgebühr. Sie entsteht mit der auftragsgemäßen Entgegennahme der Information. Sie gilt als eine Pauschale diese bestimmte Einzeltätigkeit voll ab. Es gibt mehrere Aspekte.   **4**

A. Beim Wahlanwalt: Rahmengebühr. Wer nicht amtlich bestellt oder beigeordnet ist, erhält eine Betragsrahmengebühr. Bei ihrer Bemessung muß man § 14 und nach der amtlichen Anmerkung II 2 auch § 15 beachten.
Die *Mittelgebühr* beim Wahlanwalt beträgt 55 EUR. Sie kann je Tätigkeitsart unterschiedlich hoch ausfallen.

B. Gesonderte Gebühr je Tätigkeit. Nach der amtlichen Anmerkung II 1 entsteht je Einzeltätigkeit grundsätzlich eine gesonderte Gebühr, soweit das Gesetz nichts anderes bestimmt. Das gilt auch bei gleichartigen zeitlich aufeinander folgenden Tätigkeiten, anders als etwa bei VV 3403. Es kann also für den Nichtverteidiger zu einer erheblichen Summierung kommen. Daher besteht ein Anlaß zur Aufmerksamkeit, wenn ein Anwalt eine ganze Reihe solcher Einzeltätigkeiten berechnet, die beträchtlich mehr einbringen als eine Verteidigung. Jeglicher Rechtsmißbrauch ist hier wie stets unstatthaft. Man muß ihn aber grundsätzlich beweisen. Ein Anscheinsbeweis wird nicht leicht gelingen. Er läßt sich aber auch keineswegs in der einen oder anderen Richtung von vornherein ausschließen.   **5**

1963

6 5) Anrechnung beim Verteidiger. Natürlich kann es dahin kommen, daß der Anwalt zunächst nur Einzeltätigkeiten vornehmen soll, daß der Auftraggeber ihm dann aber doch noch die Verteidigung überträgt oder daß der Auftraggeber den Verteidiger vor dem Abschluß einer auftragsgemäßen Arbeit bittet, nicht mehr die Verteidigung selbst fortzuführen (etwa weil der Betroffene sich nun selbst verteidigen möchte oder damit einen anderen Anwalt beauftragt), wohl aber noch Einzeltätigkeiten auszuführen. Dann ordnet die amtliche Anmerkung III eine Anrechnung von VV 5200 auf die vorangegangene oder anschließende Verteidigervergütung an. Auslagen entstehen nur nach VV 7000 ff. Zur Ausnahme bei einer Vollstreckungs- oder Gnadensache Rn 7.

7 6) Vollstreckungssache, Gnadensache. Die amtliche Anmerkung IV trifft eine den VV 4200–4203, 4303 für Strafsachen entsprechende vorrangige Sonderregelung. Auch der Verteidiger erhält für die Vertretung in der Vollstreckungs- oder Gnadensache stets auch die Gebühr VV 5200. Es findet hier also in einer Abweichung von Rn 6 keine Anrechnung statt.

Teil 6. Sonstige Verfahren

(Amtliche) Vorbemerkung 6:

^I Für die Tätigkeit als Beistand für einen Zeugen oder Sachverständigen in einem Verfahren, für das sich die Gebühren nach diesem Teil bestimmen, entstehen die gleichen Gebühren wie für einen Verfahrensbevollmächtigten in diesem Verfahren.

^{II} Die Verfahrensgebühr entsteht für das Betreiben des Geschäfts einschließlich der Information.

^{III} ¹Die Terminsgebühr entsteht für die Teilnahme an gerichtlichen Terminen, soweit nichts anderes bestimmt ist. ²Der Rechtsanwalt erhält die Terminsgebühr auch, wenn er zu einem anberaumten Termin erscheint, dieser aber aus Gründen, die er nicht zu vertreten hat, nicht stattfindet. ³Dies gilt nicht, wenn er rechtzeitig von der Aufhebung oder Verlegung des Termins in Kenntnis gesetzt worden ist.

Abschnitt 1. Verfahren nach dem Gesetz über die internationale Rechtshilfe in Strafsachen und Verfahren nach dem IStGH-Gesetz

Nr.	Gebührentatbestand	Gebühr oder Satz der Gebühr nach § 13 oder § 49 RVG	
		Wahlanwalt	gerichtlich bestellter oder beigeordneter Rechtsanwalt
6100	Verfahrensgebühr	80,00 bis 580,00 EUR	264,00 EUR
6101	Terminsgebühr je Verhandlungstag	110,00 bis 780,00 EUR	356,00 EUR

Zu VV 6100, 6101:

Gliederung

1) Systematik	1
2) Regelungszweck	2
3) Sachlicher Geltungsbereich	3
4) Persönlicher Geltungsbereich	4
5) Verfahrensgebühr, VV 6100	5, 6
A. Pauschale	5
B. Gebührenhöhe	6
6) Terminsgebühr, VV 6101	7–10
A. Termin	8

Vergütungsverzeichnis   **6100, 6101 VV**

B. Gebührenhöhe 9
C. Unanwendbarkeit 10
7) Auslagen 11
8) Kostenerstattung 12

1) Systematik. Bei einer Auslieferungssache handelt es sich um kein eigentliches **1**
Strafverfahren, sondern um ein Verfahren eigener Art. VV 6100, 6101 beziehen sich
nur auf die Beistandsleistung bei einer Auslieferung, Weiterlieferung, Durchbeförderung, Durchlieferung, bei der Herausgabe von Gegenständen als Beweismittel usw
nach den Vorschriften des IStHG und des IStGHG. Ergänzend sind §§ 14, 15 ff beachtbar. § 4 ist anwendbar, ebenso VV 1008.

2) Regelungszweck. Die durch die amtliche Vorbemerkung 6 II als eine jeweilige **2**
Pauschale klargestellten Gebühren, im einzelnen Rahmengebühren, sollen zwecks
Ermittlung des Angemessenen wie bei einer Verteidigergebühr einen Spielraum lassen. Man muß die enormen Spannweiten beachten, die zwischen einem „unauffälligen Normalfall" und einer der manchmal nahezu weltweites Aufsehen mit scharfen
politischen Folgen verursachenden Lagen entstehen können. Auch das muß man abwägen.

3) Sachlicher Geltungsbereich. Die Vorschrift gilt nicht nur bei einer Bei- **3**
standsleistung, sondern auch bei einer anderen Tätigkeit für den Beschuldigten oder
für einen Einziehungsinteressenten, insbesondere bei einer Rechtshilfehandlung nach
§§ 48 ff IStHG, also im Auslieferungsverfahren nach § 40 IStHG, im Durchlieferungsverfahren nach § 45 IStHG, bei der Entscheidung über die Zulässigkeit der Vollstreckung einer Auslandsstrafe nach § 53 IStHG, bei einer Durchbeförderung nach § 65
IStHG und bei der Klärung eines Vollstreckungsersuchens nach § 71 IStHG. Das klärt
für Zeugen und Sachverständige die amtliche Vorbemerkung 6 I, II. VV 6100, 6101
gelten für den gewählten und für den bestellten Anwalt. Für den letzteren gelten zusätzlich §§ 45 ff. VV 6100, 6101 sind auf den zum Beistand nach § 40 IStHG gewählten Hochschullehrer nur bei einer Vereinbarung anwendbar.
Ergänzend muß man die *allgemeinen Vorschriften* heranziehen. Insbesondere ist § 7
bei einer Mehrheit von Auftraggebern nach § 7 Rn 2 ff anwendbar, sofern es sich um
ein einheitliches Verfahren handelt. Dann ist also VV 1008 anwendbar. Ein Auslieferungsverfahren und ein Durchlieferungsverfahren sind getrennte Verfahren und Angelegenheiten. Bei verschiedenen Verfahrenszielen entstehen getrennte Gebühren.
Jede Angelegenheit läßt neue Gebühren entstehen, etwa bei § 35 IStHG.

4) Persönlicher Geltungsbereich. Die Vorschriften gelten für den Wahlanwalt **4**
wie für den bestellten oder beigeordneten Anwalt. Sie gelten nach der amtlichen
Vorbemerkung 6 I auch für einen Anwalt als den nach § 31 III IStHG in Verbindung
mit § 138 StPO statthaften Beistand eines Beschuldigten oder Verfolgten oder eines
Zeugen oder Sachverständigen. Die Gebühren sind beim gewählten Anwalt Betragsrahmengebühren, § 14. Sie haben einen Pauschcharakter, Rn 2. Sie entstehen dann,
wenn der Anwalt anstelle des Verfolgten oder Beteiligten, also als sein Vertreter, oder
neben ihm auftritt. Sie entstehen als Festgebühren bei dem nach §§ 40 II, 45 VI
IStHG beigeordneten Anwalt. Sie lassen sich bei ihm nach § 51 I 1 erhöhen. Dann
kommt ein Vorschuß nach § 47 und auch eine Anrechnung nach § 58 III in Betracht.

5) Verfahrensgebühr, VV 6100. Es gibt keine Grundgebühr. Die Verfahrensge- **5**
bühr entsteht mit jeder Tätigkeit, die der Anwalt zur Ausführung des Auftrags vornimmt. Sie entsteht schon mit der auftragsgemäßen Aufnahme der Information, amtliche Vorbemerkung 6 II.
A. Pauschale. Die Verfahrensgebühr gilt die Tätigkeit im gesamten Verfahren außerhalb einer mündlichen Verhandlung von der ersten Beistandsleistung gegenüber
dem Gericht oder einer Behörde bis zu seiner Beendigung ab, amtliche Vorbemerkung 6 II. Zu ihr kann die Terminsgebühr VV 6101 hinzutreten, Rn 7.
Sie *umfaßt also auch* folgende Tätigkeiten: Die Akteneinsicht; den schriftlichen oder
mündlichen Verkehr mit dem Auftraggeber oder anderen Beteiligten, etwa mit dem
Gericht oder mit der Staatsanwaltschaft oder der ausländischen Behörde, bei einer
Herausgabe eines Gegenstands also mit jedem, der ein Recht am Gegenstand geltend

1965

macht, § 38 IV IStHG; eine Einwendung gegen den Haftbefehl; die schriftliche Verhandlung mit einer Behörde; die Beistandsleistung bei der vorläufigen oder endgültigen Auslieferungshaft; die Hilfe bei einer Vernehmung; den Beistand bei einer Einverständniserklärung nach § 41 IStHG; die Einreichung eines Schriftsatzes; die Vorbereitung einer mündlichen Verhandlung; eine Beistandsleistung gegenüber dem BGH nach § 42 IStHG; die Entgegennahme einer Rücknahme des Ersuchens oder des Ablehnungsbeschlusses; eine Abwicklungstätigkeit.

6   **B. Gebührenhöhe.** Der Anwalt verdient die Gebühr VV 6100 grundsätzlich auch dann, wenn der Verfolgte ihn nur mit einer *Einzeltätigkeit* beauftragt hat, zB mit einem Einwand gegen einen Haftbefehl, oder wenn der Anwalt lediglich die mündliche Verhandlung vor dem nach § 29 I IStHG zuständigen OLG vorbereitet hat, zu der es dann aus einem beliebigen Grund nicht kommt. Dann tritt also keine Ermäßigung ein. Wohl aber muß man den geringeren Arbeitsumfang ebenso wie natürlich einen besonders großen Umfang oder eine besondere rechtliche oder tatsächliche Schwierigkeit im Rahmen des § 14 berücksichtigen. Bei einer mündlichen Verhandlung vor dem OLG nach §§ 30ff IStHG tritt die Gebühr nach VV 6101 zu derjenigen nach VV 6100 hinzu, Rn 8.

Die *Mittelgebühr* beim Wahlanwalt ist 330 EUR.

Bei einem *bloßen Rat* oder einer bloßen Auskunft liegt *keine* Beistandsleistung nach VV 6100 vor, sondern eine Tätigkeit nach § 34 I 1 Hs 1.

7   **6) Terminsgebühr, VV 6101.** Die Gebühr nach VV 6101 tritt neben diejenige nach VV 6100. Das gilt auch dann, wenn der Verfolgte den Auftrag nur für die Vertretung in der mündlichen Verhandlung erteilt hat. Für die Beistandsleistung in der mündlichen Verhandlung vor Gericht nach §§ 28, 30 III, 31 IStHG entsteht also eine weitere Gebühr, Jena JB **08**, 82 (auch bei § 28 IStHG), aM Brdb RPfleger **10**, 48, Oldb Rpfleger **09**, 590, Rostock JB **09**, 364 (je: nicht bei § 28 II IStHG). Sie entsteht nochmals für jeden weiteren Verhandlungstag, auch wenn dort nur eine Verkündung erfolgt. Das alles gilt auch bei einer Vertagung während der Verhandlung. Dabei kann man für jeden Verhandlungstag ein anderes Ergebnis aus dem Betragsrahmen ansetzen müssen, wenn man die Verhältnisse an diesem Tag nach § 14 anders beurteilen muß. Bei einer Vertagung vor dem Beginn der Verhandlung entsteht allerdings zunächst keine Terminsgebühr. Sie entsteht dann erst mit der Beistandsleistung im neuen Verhandlungstermin. VV 6101 kommt im Gegensatz zu VV 6100 auch bei einer Anordnung einer neuen Verhandlung nach § 33 IStHG in Betracht.

8   **A. Termin.** Es reicht aus, daß der Anwalt auftragsgemäß *zu der Verhandlung erscheint,* Kblz JB **08**, 313 rechts oben, selbst wenn diese dann ohne seine Vorkenntnis nicht stattfindet, amtliche Vorbemerkung 6 III 2. Die Verhandlung beginnt mit der Erörterung der Sache. Auch ein Termin von einer Behörde reicht aus. Denn Teil 6 steht selbständig neben den Teilen 3–5. Eine Anhörung vor dem Ermittlungsrichter nach § 28 IStHG reicht aber aus, Kblz JB **08**, 313 rechts oben, Oldb Rpfleger **09**, 590.

9   **B. Gebührenhöhe.** Die Mittelgebühr für den Wahlanwalt ist 445 EUR. Ein Zuschlag erfolgt nicht. VV 1008 ist aber anwendbar. Der Anwalt braucht sich in der Verhandlung nicht zu äußern. Er muß nur auftragsgemäß verhandlungsbereit sein.

10 **C. Unanwendbarkeit.** Für die bloße Mitwirkung bei einer Vernehmung *außerhalb* der mündlichen Verhandlung oder bei einer anderen Beweiserhebung des beauftragten oder ersuchten Richters außerhalb der mündlichen Verhandlung des Spruchgerichts entsteht keine Gebühr VV 6101, Oldb JB **09**, 312. Denn die Terminsgebühr setzt einen gerade gerichtlichen Termin voraus, amtliche Vorbemerkung 6 III 1. Die Terminsgebühr entfällt unter der Voraussetzungen der amtlichen Vorbemerkung 6 III 3. Sie entsteht nicht beim bloßen Verkündungstermin, Bbg JB **07**, 484, Hamm JB **06**, 424, Oldb JB **09**, 312, aM Hufnagel JB **07**, 458.

11 **7) Auslagen.** Es gelten § 46 zum beigeordneten Anwalt und VV 7000ff für den Wahlanwalt.

12 **8) Kostenerstattung.** Eine Erstattung der notwendigen Auslagen des Verfolgten im Verfahren ist nach § 77 IStHG statthaft, BGHSt **32**, 227, Kblz MDR **83**, 691, GSEMMR 49, aM Hbg NJW **80**, 1239.

Vorbem 6.2 VV

Abschnitt 2. Disziplinarverfahren, berufsgerichtliche Verfahren wegen der Verletzung einer Berufspflicht

(Amtliche) Vorbemerkung 6.2:
I Durch die Gebühren wird die gesamte Tätigkeit im Verfahren abgegolten.
II Für die Vertretung gegenüber der Aufsichtsbehörde außerhalb eines Disziplinarverfahrens entstehen Gebühren nach Teil 2.
III Für folgende Tätigkeiten entstehen Gebühren nach Teil 3:
1. für das Verfahren über die Erinnerung oder die Beschwerde gegen einen Kostenfestsetzungsbeschluss, für das Verfahren über die Erinnerung gegen den Kostenansatz und für das Verfahren über die Beschwerde gegen die Entscheidung über diese Erinnerung,
2. in der Zwangsvollstreckung aus einer Entscheidung, die über die Erstattung von Kosten ergangen ist, und für das Beschwerdeverfahren gegen diese Entscheidung.

Schrifttum: *Hartung* NJW 05, 3093 (Üb).

Gliederung

1) Systematik, I–III	1
2) Regelungszweck, I–III	2
3) Sachlicher Geltungsbereich, I–III	3
4) Persönlicher Geltungsbereich, I–III	4
5) Anwendbare Vorschriften, I–III	5

1) Systematik, I–III. Zu den Disziplinar- oder Dienstordnungsverfahren zählen **1** die Verfahren nach dem Bundesdisziplinargesetz (BDG) vom 9. 7. 01, BGBl 1510, zuletzt geändert am 15. 12. 04, BGBl 3396, 3403, zum Teil in Verbindung mit dem DRiG und der BNotO, nach der Wehrdisziplinarordnung (WDO) idF vom 16. 8. 01, BGBl 2093, zuletzt geändert am 9. 12. 04, BGBl 3220, 3229, und die Verfahren nach den Landesdisziplinarordnungen sowie das Verfahren nach §§ 58ff ZDG vom 28. 9. 94, BGBl 2811, zuletzt geändert am 27. 9. 04, BGBl 2358.

2) Regelungszweck, I–III. Wie im artähnlichen Strafverfahren bezwecken die **2** ziemlich weitgespannten Rahmengebühren über den für den Wahlanwalt stets mitbeachtlichen § 14 auch im Disziplinarverfahren usw die Möglichkeit, je nach dem Aufsehen, der persönlichen Betroffenheit, den wirtschaftlichen Begleitmerkmalen usw die zahlreichen Umstände mitzuberücksichtigen. Sie können die Tätigkeit des Anwalts bald verhältnismäßig einfach oder auch wieder ganz außerordentlich schwierig gestalten. Das gilt, zumal im Disziplinarverfahren usw auch die zumindest wirtschaftlichen Folgen für die Angehörigen des Auftraggebers voll ins Gewicht fallen dürften. Auch sie sollten bei der Auslegung und Abwägung mitbeachtlich sein.

3) Sachlicher Geltungsbereich, I–III. Der Abschnitt regelt die Tätigkeit in den **3** mehreren einander ähnlichen Verfahrensarten nach Rn 1. Die jeweilige Gebühr gilt die gesamte auftragsgemäße Tätigkeit des Anwalts im Verfahren ab.
Nicht hierher zählen: Eine Richteranklage, Art 98 II GG. Insofern gilt § 37 I; ein akademisches oder religiöses Disziplinarverfahren. Insofern gelten VV 2300, 2301; ein Verfahren gegen einen Bundesverfassungsrichter nach § 105 BVerfGG.

4) Persönlicher Geltungsbereich, I–III. Der Abschnitt gilt sowohl für den **4** Wahlverteidiger als auch für den gerichtlich bestellten Verteidiger.

5) Anwendbare Vorschriften, I–III. Man muß zunächst prüfen, ob wegen der **5** Verweisungen in II, III vorrangig die dort genannten Teile 2 oder 3 anwendbar sind. Falls der Anwalt also nur einen Rat erteilt, ist § 34 anwendbar. Eine Gebührenvereinbarung ist zulässig, § 4. Ferner sind anwendbar zB §§ 5, 7, 14, 43, 51, VV 1000, 1002, 1008, amtliche Vorbemerkung 4.1 II 1, VV 4300–4303, 7000ff.
Bei einer *Anwendbarkeit* von VV 6200ff gilt die jeweilige Gebühr nach I die gesamte Tätigkeit im Verfahren ab der auftragsgemäßen Entgegennahme der Information ab. Nach II gelten vorrangig VV 2100ff für die Vertretung gegenüber der Aufsichtsbehörde außerhalb eines Disziplinarverfahrens. III verweist in seinen Fällen vorrangig auf VV 3100ff.

1967

Unterabschnitt 1. Allgemeine Gebühren

Nr.	Gebührentatbestand	Gebühr oder Satz der Gebühr nach § 13 oder § 49 RVG	
		Wahlanwalt	gerichtlich bestellter oder beigeordneter Rechtsanwalt
6200	**Grundgebühr** .... Die Gebühr entsteht für die erstmalige Einarbeitung in den Rechtsfall nur einmal, unabhängig davon, in welchem Verfahrensabschnitt sie erfolgt.	30,00 bis 300,00 EUR	132,00 EUR

1 **1) Systematik.** Es gelten zur Grundgebühr dieselben Erwägungen wie bei VV 4100, 5100. Die Grundgebühr entsteht in allen Fällen des Abschnitts 2. Sie kann daher auch zB dann entstehen, wenn der Anwalt den Auftrag erst für die Rechtsmittelinstanz erhält. Sie entsteht auch für eine bloße Einzeltätigkeit, Hartung NJW **05**, 3094. Sie entsteht freilich insgesamt nur einmal, amtliche Anmerkung. Die amtliche Vorbemerkung 6.2 II, III gilt vorrangig.

2 **2) Regelungszweck.** Es gelten ebenfalls dieselben Erwägungen wie bei VV 4100, 5100.

3 **3) Gebührenhöhe.** Beim Wahlanwalt ist jeweils § 14 mitbeachtlich. Die für die auftragsgemäße Informationsaufnahme geschaffene Grundgebühr kann danach zu einer von der Bemessung der Einzelfaktoren der Verfahrens- oder Terminsgebühr abweichenden Abwägung führen. Denn die Informationsaufnahme kann eine andere Mühe und Zeit kosten als die weitere Tätigkeit.

Die *Mittelgebühr* beim Wahlanwalt ist 165 EUR.

Nr.	Gebührentatbestand	Gebühr oder Satz der Gebühr nach § 13 oder § 49 RVG	
		Wahlanwalt	gerichtlich bestellter oder beigeordneter Rechtsanwalt
6201	**Terminsgebühr für jeden Tag, an dem ein Termin stattfindet** .... Die Gebühr entsteht für die Teilnahme an außergerichtlichen Anhörungsterminen und außergerichtlichen Terminen zur Beweiserhebung.	30,00 bis 312,50 EUR	137,00 EUR

1 **1) Systematik.** Zwar steht die Vorschrift im Unterabschnitt 1 mit der Überschrift „Allgemeine Gebühren". Wie aber ihre amtliche Anmerkung zeigt, gilt sie in Wahrheit keineswegs auch für alle folgenden Unterabschnitte, sondern nur für denjenigen zum außergerichtlichen Termin vor oder während oder ohne ein gerichtliches Verfahren, Hartung NJW **05**, 3095, wo sie VV 6202 ergänzt. Sie hätte besser dort Platz gefunden. Sie hat den Vorrang vor Teil 2. Denn sie regelt ein Spezialgebiet. Vorrangig gilt die amtliche Vorbemerkung 6.2 II, III.

2 **2) Regelungszweck.** Auch im außergerichtlichen Termin eines der in VV 6200ff geregelten Verfahren soll eine angemessene Vergütung schon für die bloß auftragsgemäß zuhörende und erst recht für jede weitergehende Teilnahme erfolgen. Das gilt unabhängig von der Terminsart und -dauer und für jeden Tag extra.

3 **3) Geltungsbereich.** Ihn umschreibt die amtliche Anmerkung verbindlich. Danach gilt VV 6201 nur für außergerichtliche Termine zur Anhörung oder Beweisaufnahme (Beweissicherung) im Gebiet des Abschnitts 2 und nicht dort, wo die amtliche

Vergütungsverzeichnis **6201, 6202 VV**

Vorbemerkung 6.2 II, III andere Vorschriften vorgehen läßt. VV 6101 gilt nicht für die Teilnahme an einer Anhörung nach § 28 IRG, Drsd Rpfleger 07, 341.
4) Gebührenhöhe. Beim Wahlanwalt ist § 14 anwendbar. Je Tag kann dabei ein 4 anderes Resultat herauskommen, je nach dem Schwierigkeitsgrad usw gerade an diesem Tag der Erörterung oder Beweiserhebung.
Die *Mittelgebühr* beim Wahlanwalt ist 171,25 EUR.

Unterabschnitt 2. Außergerichtliches Verfahren

Nr.	Gebührentatbestand	Gebühr oder Satz der Gebühr nach § 13 oder § 49 RVG	
		Wahlanwalt	gerichtlich bestellter oder beigeordneter Rechtsanwalt
6202	Verfahrensgebühr .... ¹ Die Gebühr entsteht gesondert für eine Tätigkeit in einem dem gerichtlichen Verfahren vorausgehenden und der Überprüfung der Verwaltungsentscheidung dienenden weiteren außergerichtlichen Verfahren. ¹¹ Die Gebühr entsteht für eine Tätigkeit in dem Verfahren bis zum Eingang des Antrags oder der Anschuldigungsschrift bei Gericht.	30,00 bis 250,00 EUR	112,00 EUR

1) Systematik. Schon für die außer- oder vorgerichtliche Tätigkeit gibt es eine 1 Gebühr zusätzlich zur Grundgebühr VV 6200. Zu beiden kann die Terminsgebühr VV 6201 hinzutreten. Die amtliche Vorbemerkung 6.2 II, III gilt vorrangig.

2) Regelungszweck. Entsprechend den Grundgedanken des RVG soll auch hier 2 die oft ja umfangreiche und schwierige Arbeit durch eine zur Grundgebühr stets hinzutretende Pauschale auch ohne eine Terminsvergütung im Verfahren ohne eine Verhandlung usw zu einer ausreichenden Gesamtvergütung führen.

3) Geltungsbereich. Ihn umschreibt die amtliche Anmerkung I, II verbindlich. 3 Auch hier muß man wieder die vorrangige anderweitige Zuweisung durch die amtliche Vorbemerkung 6.2 II, III beachten.
Das behördliche Disziplinarverfahren und das Verfahren nach der WDO beginnt mit einer *schriftlichen Verfügung* der Einleitungsbehörde, §§ 17 I BDG, 32 WDO. Ihm folgt das sog Widerspruchsverfahren, amtliche Anmerkung I, II. Es geht einem etwaigen gerichtlichen Disziplinarverfahren voraus. Der Beschuldigte kann einen Anwalt als seinen Verteidiger hinzuziehen, § 1 I, in Verbindung mit § 3 BDG und mit § 14 VwVfG. Die Gebühr entsteht mit jeder Tätigkeit zum Zweck der Ausführung des Auftrags bis zum Eingang des Antrags oder der Anschuldigungsschrift beim Gericht. Es ist für VV 6202 unerheblich, ob der Anwalt nach der Einleitung auch im gerichtlichen Verfahren tätig wird. VV 6202 gilt auch eine Tätigkeit im Verfahren vor dem Dienstvorgesetzten ab.
Hierher gehört auch ein nach § 18 I BDO von Beamten beantragtes behördliches Disziplinarverfahren.
Es ist unerheblich, ob diesem Verfahrensabschnitt ein gerichtliches Disziplinarverfahren nach § 52 BDO, § 58 WDO folgt. Die Gebühr entsteht allerdings nur dann, wenn sich die Tätigkeit des Verteidigers auf das Verfahren vor dem Dienstvorgesetzten beschränkt. Soweit es zum gerichtlichen Disziplinarverfahren kommt, sind nur VV 6203 ff anwendbar, VV 6202 amtliche Anmerkung II. Soweit es wegen des Eingangs eines Antrags oder der Anschuldigungsschrift zur Disziplinarverfügung kommt, kann zusätzlich (jetzt) VV 6215 anwendbar sein, VG Schlesw AnwBl **02**, 113.
Eine Gebühr nach VV 6202 gilt die Tätigkeit im zugehörigen Verfahren wegen einer *Beschwerde* oder einer weiteren Beschwerde mit ab.

VV 6202, Vorbem 6.2.3, 6203–6206   Vergütungsverzeichnis

4) Gebührenhöhe. Neben der Grundgebühr VV 6200 ist für den Wahlanwalt jeweils § 14 anwendbar.
Die *Mittelgebühr* beim Wahlanwalt ist 140 EUR.

5) Kostenerstattung. Die Kostengrundentscheidung des Dienstvorgesetzten nach § 37 BDG bildet die Grundlage einer Erstattungsfähigkeit.

Unterabschnitt 3. Gerichtliches Verfahren

Erster Rechtszug

(Amtliche) Vorbemerkung 6.2.3:
Die nachfolgenden Gebühren entstehen für das Wiederaufnahmeverfahren einschließlich seiner Vorbereitung gesondert.

Nr.	Gebührentatbestand	Gebühr oder Satz der Gebühr nach § 13 oder § 49 RVG	
		Wahlanwalt	gerichtlich bestellter oder beigeordneter Rechtsanwalt
6203	Verfahrensgebühr	40,00 bis 270,00 EUR	124,00 EUR
6204	Terminsgebühr je Verhandlungstag	70,00 bis 470,00 EUR	216,00 EUR
6205	Der gerichtlich bestellte Rechtsanwalt nimmt mehr als 5 und bis 8 Stunden an der Hauptverhandlung teil: Zusätzliche Gebühr neben der Gebühr 6204		108,00 EUR
6206	Der gerichtlich bestellte Rechtsanwalt nimmt mehr als 8 Stunden an der Hauptverhandlung teil: Zusätzliche Gebühr neben der Gebühr 6204		216,00 EUR

Zu VV 6203–6206:

1) Geltungsbereich. Die Vorschriften erfassen nur das justizförmige gerichtliche Verfahren vor einem Berufsgericht wegen der Verletzung einer Berufspflicht. Es beginnt erst mit dem Antrag auf eine gerichtliche Voruntersuchung, also noch nicht mit einem Einspruch gegen eine Rüge. Für das Wiederaufnahmeverfahren einschließlich seiner Vorbereitung gelten VV 6203–6215 nach der amtlichen Vorbemerkung 6.2.3 gesondert.

Berufsgericht ist zB: Das Ehrengericht der Rechtsanwälte; der Anwaltsgerichtshof; der Senat für Anwalts-, Patentanwalts- oder Notarsachen beim BGH; ein landesrechtliches Architekten-, Ärzte-, Zahnärzte-, Tierärzte- oder Apothekergericht; eine Kammer oder ein Senat nach dem StBerG oder nach der Wirtschaftsprüferordnung.

Kein Berufsgericht ist zB: Ein Studentengericht; ein Sportgericht. Dann mögen § 34, VV 2300 anwendbar sein.

Das *Disziplinarverfahren* beginnt mit einer Disziplinarklage nach § 52 BDG. Zum ersten Rechtszug gehört nicht die Einlegung eines Rechtsmittels. Denn § 19 I 2 Z 10 erfaßt nicht auch VV Teil 6.

Unanwendbar ist die Terminsgebühr VV 6204–6206 außerhalb der Verhandlung vor dem Spruchgericht, etwa bei einer Verhandlung oder Beweisaufnahme vor dem Untersuchungsführer.

Keine Berufspflicht betrifft zB ein Zulassungs-, Wahlanfechtungs- oder Verwaltungsaktanfechtungsverfahren beliebiger Art, Hartung NJW **05**, 3094.

2) Gebührenhöhe. Neben der Grundgebühr VV 6200 ist für den Wahlanwalt jeweils § 14 anwendbar.

Vergütungsverzeichnis 6203–6212 VV

Die *Mittelgebühr* beim Wahlanwalt ist bei VV 6203 = 155 EUR, bei VV 6204 = 270 EUR. Je Tag kann § 14 zu einem anderen Resultat führen.
VV 6201 ist neben VV 6204 unanwendbar (letztere Vorschrift ist Spezialnorm).
VV 6205, 6206 entsprechen VV 4111, 4112. Vgl daher dort.
Im *Wiederaufnahmeverfahren* nebst seiner Vorbereitung entstehen VV 6203–6206 nach der amtlichen Vorbemerkung 6.2.3 gesondert.

3) Kostenerstattung. Die gesetzliche Vergütung des Anwalts ist auf Grund einer 5 gerichtlichen Kostengrundentscheidung nach § 78 II, III BDG oder nach §§ 195 ff BRAO nach SchlAnh F dieses Buchs erstattungsfähig. Das gilt auch zugunsten eines sich selbst vertretenden Anwalts, EGH Kblz AnwBl **81**, 415, aM BGH BRAK-Mitt **03**, 24, EGH Stgt AnwBl **83**, 331 (aber es müssen auch hier die allgemeinen Regeln zur Selbstvertretung anwendbar sein).
Nicht erstattungsfähig ist eine nach § 4 zulässige vereinbarte höhere Vergütung.

Zweiter Rechtszug

Nr.	Gebührentatbestand	Gebühr oder Satz der Gebühr nach § 13 oder § 49 RVG	
		Wahlanwalt	gerichtlich bestellter oder beigeordneter Rechtsanwalt
6207	Verfahrensgebühr	70,00 bis 470,00 EUR	216,00 EUR
6208	Terminsgebühr je Verhandlungstag	70,00 bis 470,00 EUR	216,00 EUR
6209	Der gerichtlich bestellte Rechtsanwalt nimmt mehr als 5 und bis 8 Stunden an der Hauptverhandlung teil: Zusätzliche Gebühr neben der Gebühr 6208		108,00 EUR
6210	Der gerichtlich bestellte Rechtsanwalt nimmt mehr als 8 Stunden an der Hauptverhandlung teil: Zusätzliche Gebühr neben der Gebühr 6208		216,00 EUR

Zu VV 6207–6210:

1) Geltungsbereich. VV 6207, 6208 sind im Verfahren über ein Rechtsmittel ab 1 dessen Einlegung anwendbar.
2) Gebührenhöhe. Neben der Grundgebühr VV 6200 ist für den Wahlanwalt je- 2 weils § 14 anwendbar.
Die *Mittelgebühr* beim Wahlanwalt ist bei VV 6207 = 270 EUR, bei VV 6208 ebenfalls = 270 EUR. Je Tag kann § 14 zu einem anderen Resultat führen.
VV 6209, 6210 entsprechen VV 4111, 4112. Vgl daher dort.

Dritter Rechtszug

Nr.	Gebührentatbestand	Gebühr oder Satz der Gebühr nach § 13 oder § 49 RVG	
		Wahlanwalt	gerichtlich bestellter oder beigeordneter Rechtsanwalt
6211	Verfahrensgebühr	100,00 bis 930,00 EUR	412,00 EUR
6212	Terminsgebühr je Verhandlungstag	100,00 bis 470,00 EUR	228,00 EUR

VV 6211–6216 Vergütungsverzeichnis

Nr.	Gebührentatbestand	Gebühr oder Satz der Gebühr nach § 13 oder § 49 RVG	
		Wahlanwalt	gerichtlich bestellter oder beigeordneter Rechtsanwalt
6213	Der gerichtlich bestellte Rechtsanwalt nimmt mehr als 5 und bis 8 Stunden an der Hauptverhandlung teil: Zusätzliche Gebühr neben der Gebühr 6212		114,00 EUR
6214	Der gerichtlich bestellte Rechtsanwalt nimmt mehr als 8 Stunden an der Hauptverhandlung teil: Zusätzliche Gebühr neben der Gebühr 6212		228,00 EUR
6215	Verfahrensgebühr für das Verfahren über die Beschwerde gegen die Nichtzulassung der Revision	60,00 bis 930,00 EUR	396,00 EUR

Zu VV 6211–6215:

1 **1) Geltungsbereich.** VV 6211–6214 kommen für ein Verfahren nach § 79 III DRiG zur Anwendung. VV 6215 erfaßt ein Verfahren nach § 81 II DRiG.

2 **2) Gebührenhöhe.** Neben der Grundgebühr VV 6200 ist für den Wahlanwalt bei VV 6211, 6212 jeweils § 14 anwendbar.
Die *Mittelgebühr* beim Wahlanwalt ist bei VV 6211 = 515 EUR, bei VV 6212 = 285 EUR, bei VV 6215 = 495 EUR. Je Tag kann § 14 zu einem anderen Resultat führen.
VV 6213, 6214 entsprechen VV 4111, 4112. Vgl daher dort. VV 6215 zieht die Folgerung daraus, daß das Revisionsverfahren und das Verfahren über die Beschwerde gegen die Nichtzulassung des Rechtsmittels nach § 17 Z 9 verschiedene Angelegenheiten sind.

Unterabschnitt 4. Zusatzgebühr

Nr.	Gebührentatbestand	Gebühr oder Satz der Gebühr nach § 13 oder § 49 RVG	
		Wahlanwalt	gerichtlich bestellter oder beigeordneter Rechtsanwalt
6216	Durch die anwaltliche Mitwirkung wird die mündliche Verhandlung entbehrlich: Zusätzliche Gebühr .... I Die Gebühr entsteht, wenn eine gerichtliche Entscheidung mit Zustimmung der Beteiligten ohne mündliche Verhandlung ergeht oder einer beabsichtigten Entscheidung ohne Hauptverhandlungstermin nicht widersprochen wird. II Die Gebühr entsteht nicht, wenn eine auf die Förderung des Verfahrens gerichtete Tätigkeit nicht ersichtlich ist.		in Höhe der jeweiligen Verfahrensgebühr

Vergütungsverzeichnis **6216 VV**

Nr.	Gebührentatbestand	Gebühr oder Satz der Gebühr nach § 13 oder § 49 RVG	
		Wahlanwalt	gerichtlich bestellter oder beigeordneter Rechtsanwalt
	III ¹Die Höhe der Gebühr richtet sich nach dem Rechtszug, in dem die Hauptverhandlung vermieden wurde. ²Für den Wahlanwalt bemisst sich die Gebühr nach der Rahmenmitte.		

Gliederung

1) Systematik	1
2) Regelungszweck	2
3) Voraussetzungen, amtliche Anmerkung I, II	3–6
A. Entweder: Einverständlich Entscheidung ohne Verhandlung, I Hs 1 ...	4
B. Oder: Kein Widerspruch gegen Entscheidung ohne Hauptverhandlungstermin, I Hs 2	5
C. Stets: Förderung des Verfahrens, II	6
4) Gebührenhöhe, amtliche Anmerkung III	7

1) Systematik. Die Vorschrift belohnt die vom Anwalt zumindest irgendwie spürbar mitverursachte Entbehrlichkeit einer an sich gesetzlich notwendigen Verhandlung mit einer Gebühr in der Höhe einer weiteren Verfahrensgebühr dieses Rechtszugs. VV 6216 tritt also neben VV 6203, 6207, 6211. Das kann zB bei § 59 BDO oder bei § 112 WDO geschehen. VV 6216 ähnelt VV 4141. Vgl daher auch dort. 1

2) Regelungszweck. Er besteht in der Erhöhung der Chance, ohne eine mündliche Verhandlung zum Verfahrensende dieser Instanz zu kommen. So muß man die Vorschrift auch auslegen. 2

3) Voraussetzungen, amtliche Anmerkung I, II. Es muß die eine oder die andere der beiden folgenden Bedingungen erfüllt sein. Es darf eine dritte Bedingung nicht eingetreten sein. 3

A. Entweder: Einverständlich Entscheidung ohne Verhandlung, I Hs 1. Das Gericht muß entweder im Verfahren mit einer an sich notwendigen mündlichen Verhandlung gerade mit einer Zustimmung aller Beteiligten ohne eine Verhandlung eine Entscheidung beliebiger Art und Form getroffen haben. Die Zustimmungen müssen wirksam erfolgt sein, bevor die Entscheidung erging. Sie brauchen nicht ausdrücklich, müssen aber eindeutig erfolgt sein. 4

B. Oder: Kein Widerspruch gegen Entscheidung ohne Hauptverhandlungstermin, I Hs 2. Es reicht auch statt Rn 4 aus, daß gegen die Absicht des Gerichts, ohne einen Hauptverhandlungstermin zu entscheiden, kein Widerspruch einging. Die Absicht muß allen Widerspruchsberechtigten bekannt geworden sein, sei es auch formlos und kurzfristig. Eine Absicht nach dem Terminsbeginn reicht nicht. Denn Hs 2 spricht nicht von „Hauptverhandlung", sondern vom Hauptverhandlungs-"Termin". Das Verhalten aller Widerspruchsberechtigten muß eindeutig gewesen sein. Eine Belehrung ist zwar nicht formell, praktisch aber wohl meist eine Bedingung der Annahme einer Unterlassung des Widerspruchs. 5

C. Stets: Förderung des Verfahrens, II. Ungeachtet der sprachlich doppelten Verneinung meint die amtliche Anmerkung II der Sache nach: Nur dann entsteht eine Gebühr nach VV 6216, wenn ersichtlich irgendeine Verfahrensförderung bis zum nach I maßgeblichen Zeitpunkt durch den Anwalt erfolgte. Die Verneinungsform bedeutet nur eine Beweislast für das Fehlen solcher Förderung zu Lasten des Auftraggebers. 6

4) Gebührenhöhe, amtliche Anmerkung III. Beim Wahlanwalt ist § 14 anwendbar. Maßgeblich für die Verfahrensgebühr ist nach III 1 zunächst der jeweilige Rechtszug und in ihm nach III 2 beim Wahlanwalt die Mittelgebühr, nicht etwa die Hälfte der Höchstgebühr. 7

VV 6300–6303 Vergütungsverzeichnis

Abschnitt 3. Gerichtliche Verfahren bei Freiheitsentziehung und in Unterbringungssachen

Nr.	Gebührentatbestand	Gebühr oder Satz der Gebühr nach § 13 oder § 49 RVG	
		Wahlanwalt	gerichtlich bestellter oder beigeordneter Rechtsanwalt
6300	*Fassung 1. 9. 2009:* **Verfahrensgebühr in Freiheitsentziehungssachen nach § 415 FamFG, in Unterbringungssachen nach § 312 FamFG und bei Unterbringungsmaßnahmen nach § 151 Nr. 6 und 7 FamFG**	30,00 bis 400,00 EUR	172,00 EUR
	Die Gebühr entsteht für jeden Rechtszug.		
6301	**Terminsgebühr in den Fällen der Nummer 6300**	30,00 bis 400,00 EUR	172,00 EUR
	Die Gebühr entsteht für die Teilnahme an gerichtlichen Terminen.		
6302	**Verfahrensgebühr in sonstigen Fällen** ...	20,00 bis 250,00 EUR	108,00 EUR
	Fassung 1. 9. 2009: Die Gebühr entsteht für jeden Rechtszug des Verfahrens über die Verlängerung oder Aufhebung einer Freiheitsentziehung nach den §§ 425 und 426 FamFG oder einer Unterbringungsmaßnahme nach den §§ 329 und 330 FamFG.		
6303	**Terminsgebühr in den Fällen der Nummer 6302**	20,00 bis 250,00 EUR	108,00 EUR
	Die Gebühr entsteht für die Teilnahme an gerichtlichen Terminen.		

Zu VV 6300–6303:

Vorbem. Haupttext VV 6300, amtliche Anmerkung zu VV 6302 geändert dch Art 47 VI Z 19z 2, 3 FGG-RG v 17. 12. 08, BGBl 2586, in Kraft seit 1. 9. 09, Art 112 I Hs 1 FGG-RG, Übergangsrecht Art 111 FGG-RG, Grdz 2 vor § 1 FamGKG, Teil I B dieses Buchs.

Nr.	Gebührentatbestand	Gebühr oder Satz der Gebühr nach § 13 oder § 49 RVG	
		Wahlanwalt	gerichtlich bestellter oder beigeordneter Rechtsanwalt
6300	*Bisherige Fassung:* **Verfahrensgebühr bei erstmaliger Freiheitsentziehung nach dem Gesetz über das gerichtliche Verfahren bei Freiheitsentziehungen und bei Unterbringungsmaßnahmen nach § 70 Abs. 1 FGG**	30,00 bis 400,00 EUR	172,00 EUR
	Die Gebühr entsteht für jeden Rechtszug.		

1974

Vergütungsverzeichnis 6300–6303 VV

Nr.	Gebührentatbestand	Gebühr oder Satz der Gebühr nach § 13 oder § 49 RVG	
		Wahlanwalt	gerichtlich bestellter oder beigeordneter Rechtsanwalt
	Bisherige Fassung VV 6302 amtl Anm: Die Gebühr entsteht für jeden Rechtszug des Verfahrens über die Fortdauer der Freiheitsentziehung und über Anträge auf Aufhebung der Freiheitsentziehung sowie des Verfahrens über die Aufhebung oder Verlängerung einer Unterbringungsmaßnahme nach § 70 i FGG.		

Schrifttum: *Marschner/Volckart,* Freiheitsentziehung und Unterbringung, 4. Aufl 2001.

Gliederung

1) Systematik, VV 6300–6303	1
2) Regelungszweck, VV 6300–6303	2
3) Geltungsbereich, VV 6300–6303	3
4) Erstmalige Freiheitsentziehung, VV 6300, 6301	4–12
A. Verfahrensgebühr, VV 6300	4–7
B. Terminsgebühr, VV 6301	8–12
5) Verlängerung oder Aufhebung der Freiheitsentziehung usw, VV 6302, 6303	13, 14
6) Einzelne Tätigkeiten, VV 6300–6303	15
7) Beiordnung, VV 6300–6303	16–19
8) Unterbringungsmaßnahme, VV 6300–6303	20, 21
9) Auslagen, VV 6300–6303	22
10) Kostenerstattung, VV 6300–6303	23

1) Systematik, VV 6300–6303. Das FEVG regelt die Freiheitsentziehung bundesrechtlich in einer Ausführung des Art 104 II GG. §§ 151, 312, 415 ff FamFG regeln die Freiheitsentziehung oder Unterbringung bundeseinheitlich. Auch die Länder haben eine Reihe von Gesetzen und Verordnungen zu beiden Gebieten erlassen. Sie sind bei Marschner/Volckart (s oben) und bei Schlegelberger/Friedrich, Das Recht der Gegenwart (Loseblattsammlung), zusammengestellt, BayObLG Rpfleger **80**, 119. VV 6300–6303 enthalten eine der besonders hohen Verantwortung des Anwalts entsprechende Besoldung seiner Vergütung.

2) Regelungszweck, VV 6300–6303. Die Unterbringung eines Menschen gegen seinen Willen ohne seine Strafschuld ist für ihn, die Angehörigen und manchen weiteren Menschen ein wohl fast immer wirklich verantwortungsbewußt tätigen Anwalt seine ganze Kraft abfordernder Vorgang. Bei dieser Arbeit können eine auch nur kleine Unkonzentration, eine Gleichmütigkeit oder eine Unbedachtheit lebensbedrohliche, mindestens seelisch grausame Auswirkungen für die Beteiligten haben. Ob die in VV 6300–6303 zur Verfügung gestellten und nach § 14 ausfüllungsbedürftigen Rahmen diese Grundsituation auch nur im Ansatz ausreichend würdigen, läßt sich bezweifeln. Das muß man bei der Auslegung erheblich mitwürdigen.

3) Geltungsbereich, VV 6300–6303. Die Regelung gilt, soweit das Familien- oder Betreuungsgericht im Bereich von Teil 3 des VV entscheidet, (zum alten Recht) BayObLG Rpfleger **80**, 120, LG Marbg JB **00**, 74. Hierher zählt auch ein gerichtliches Abschiebungsverfahren einschließlich der Abschiebungshaft, BayObLG **88**, 228, Düss JB **81**, 234. Der Teil 1 ist ergänzend anwendbar, zB § 7.

Nicht hierher zählt ein Strafverfahren, (jetzt) VV 4100 ff, Köln JB **97**, 84, daher auch nicht das Verfahren nach § 81 StPO, soweit es um die strafrechtliche Beurteilung geht, auch nicht dasjenige nach § 63, 67 d II, 67 e StGB. Hier gilt VV Teil 4, Ffm AGS **00**, 71, Hamm StrV **94**, 501, Köln StrV **97**, 37, aM Düss JB **85**, 234, Stgt Rpfleger **94**, 126 (aber Teil 4 ist spezieller).

VV 6300–6303 erfassen nach der amtlichen Überschrift zum Abschnitt 3 „Gerichtliche Verfahren" auch nicht die Tätigkeit des Anwalts gegenüber der Verwaltungsbehörde, die die Freiheitsentziehung *vorbereitet,* zum Zweck eines entgegenstehenden Antrags, § 3 FEVG, oder die Tätigkeit des Anwalts gegenüber der Verwaltungsbehörde, soweit diese eine freiheitsentziehende Maßnahme vornimmt, § 13 I FEVG, zB bei einer Ersatzzwangshaft. Insofern kann eine Gebühr nach (jetzt) § 34, VV 2300, 2301 entstehen, BayObLG **88**, 229. Nur insofern kommt die Festsetzung eines Gegenstandswerts in Betracht, BayObLG **88**, 229. Sie ist auf die Gebühren VV 6300–6303 nicht anrechenbar. Denn die amtliche Vorbemerkung 2 III macht Teil 2 unanwendbar.

VV 6300–6303 sind *unanwendbar, soweit* der Anwalt zB als ein *Betreuer, Pfleger oder Verfahrenspfleger* tätig wird, § 1 Rn 38 „Betreuer", Rn 45 „Pfleger", Rn 49 „Verfahrenspfleger".

4 **4) Erstmalige Freiheitsentziehung, VV 6300, 6301.** Im gerichtlichen Verfahren über eine Freiheitsentziehung können mehrere Gebühren zusammentreffen.

A. Verfahrensgebühr, VV 6300. Es entsteht zunächst für die Tätigkeit des Anwalts im Verfahren im allgemeinen eine Gebühr. Sie setzt voraus, daß der Anwalt den Auftrag für die Vertretung im Verfahren vom Betreffenden oder von der Verwaltungsbehörde erhalten hat. Sie entsteht unabhängig vom Umfang seiner Tätigkeit für jedes Handeln zur Ausführung seines umfassenden Auftrags. Das gilt selbst dann, wenn er in einer Unkenntnis des Umstands tätig wird, daß der Auftraggeber inzwischen entlassen wurde oder verstorben ist, LG Aachen AnwBl **75**, 102.

5 Die Gebühr ist zwar *keine* Verfahrensgebühr nach *VV 3100.* Sie ist *ihr aber ähnlich,* LG Bln JB **76**, 1084. Sie gilt die Tätigkeit des Anwalts nach § 15 I für den ganzen Rechtszug mit Ausnahme der durch VV 6301 erfaßten Tätigkeit ab, amtliche Vorbemerkung 6 II. Sie erfaßt sowohl die einstweilige als auch die endgültige, wenn auch zeitlich befristete Unterbringung, LG Bln Rpfleger **86**, 197. Sie umfaßt auch einen sofortigen Vollzug, LG Kblz RR **98**, 787 (Abschiebehaft). Sie entsteht für jeden Rechtszug neu, § 15 II 2, VV 6300 amtliche Anmerkung, also auch zB für ein Beschwerdeverfahren, Rn 7, BayObLG Rpfleger **80**, 120, Düss JB **88**, 730, LG Detm Rpfleger **86**, 154, aM RS 47. (Jetzt) VV 1008 ist anwendbar, Hansens JB **89**, 903.

Hierher gehören: Das Anordnungsverfahren, §§ 3, 6 FEVG; die Informationsaufnahme ab Auftragserteilung, LG Aachen AnwBl **75**, 102; eine Nachfrage auf eine gerichtliche Entscheidung über eine Verwaltungsmaßnahme, die eine Freiheitsentziehung darstellt, § 13 FEVG; die Tätigkeit im Zusammenhang mit einer einstweiligen Anordnung der Freiheitsentziehung, § 11 FEVG usw, LG Bln Rpfleger **86**, 197, LG Mü FamRZ **98**, 1036; eine Verhandlung mit der Verwaltungsbehörde während des Gerichtsverfahrens, LG Oldb NdsRpfl **87**, 156; das Genehmigungsverfahren bei der Unterbringung eines Mündels, §§ 1631 ff, 1800 BGB. Das ergibt sich aus der weiteren Fassung, Marschner/Volckart § 16 FEVG Rn 23, aM RS 1.

Manche lassen eine Gebühr nach (jetzt) VV 6300 auch im Verfahren auf die Feststellung der Rechtswidrigkeit einer *bereits beendeten* Freiheitsentziehung entstehen, LG Bln JB **76**, 1085.

6 Die Verfahrensgebühr VV 6300 entsteht *in jedem Rechtszug* in derselben Höhe neu, VV 6300 amtliche Anmerkung. Beim Wahlanwalt ist § 14 anwendbar. Eine sofortige Beschwerde gegen eine vorläufige Unterbringung begründet einen neuen Rechtszug, LG Oldb AnwBl **76**, 404, ebenso eine weitere Beschwerde, BayObLG Rpfleger **80**, 120.

7 Die *Beschwerdegebühr* nach Rn 5 entsteht, sobald der Anwalt seine Tätigkeit im Beschwerdeverfahren beginnt, auch zB für die Besprechung über die vom Auftraggeber eingelegte Beschwerde, LG Bonn AnwBl **84**, 326. Das gilt unabhängig von dessen weiterem Verlauf, LG Aurich NdsRpfl **76**, 259, LG Kiel AnwBl **83**, 332, LG Oldb RsRpfl **82**, 85. Vgl freilich Rn 15 ff.

Die *Mittelgebühr* beim Wahlanwalt ist 215 EUR.

8 **B. Terminsgebühr, VV 6301.** Neben der Verfahrensgebühr VV 6300 kann eine Gebühr für die Teilnahme des Anwalts an jedem gerichtlichen Termin beliebiger Art entstehen, VV 6301 amtliche Anmerkung. Das gilt zB bei einer mündlichen Anhörung derjenigen Person, der die Freiheit entzogen werden soll, sowie bei der ersten oder wiederholten mündlichen Vernehmung eines Zeugen oder Sachverständigen, auch als dessen Beistand, amtliche Vorbemerkung 6 I.

VV 6301 gilt die *gesamte* Tätigkeit des Anwalts in diesem Zusammenhang mit einer Gebühr ab. Sie entsteht also auch dann nur einmal, wenn es sowohl zur Vernehmung desjenigen kommt, dem die Freiheit entzogen werden soll, als auch zur Vernehmung eines Zeugen oder Sachverständigen, oder wenn das Gericht in demselben Rechtszug mehrere Anhörungen oder Vernehmungen derselben Person vornimmt, § 15 II 2, LG Bln JB **86**, 395, großzügiger Stgt JB **94**, 602 („Rechtszug" = einzelne Überprüfung. Aber das paßt nicht zu § 15 II 2, dort Rn 52 ff).

Zur Entstehung der Terminsgebühr genügt die *auftragsgemäße teilnahmebereite Anwesenheit* im Termin, Göppinger FamRZ **79**, 92. Denn es gibt keine Verhandlungsgebühr. 9

Die Terminsgebühr *entsteht*, sobald das Gericht in Anwesenheit des Anwalts mit dem Aufruf der Sache im Saal und nicht erst mit der Anhörung oder Vernehmung beginnt, natürlich erst recht im letzteren Fall, LG Aachen AnwBl **75**, 103. Sie entsteht auch dann, wenn das Gericht den Termin vertagt. Wenn das Gericht im 2. Rechtszug eine Vernehmung wiederholt, kann die Terminsgebühr erneut entstehen. 10

Es genügt *nicht*, daß der Anwalt zB den Auftraggeber von einer bevorstehenden Vernehmung *informiert* oder daß er nach einer Vernehmung den Unterzubringenden aufsucht oder daß er nach dem Termin einen Antrag etwa auf die Vornahme einer Beeidigung stellt oder ein schriftliches Gutachten überprüft, LG Osnabr JB **82**, 1205. 11

Auch die Terminsgebühr entsteht in *jedem Rechtszug neu*, soweit es auch dort zu einer Anhörung oder Vernehmung kommt und soweit der Anwalt auftragsgemäß gerade an diesem Termin teilnimmt. Es ist dann unerheblich, ob das Gericht denselben oder einen anderen anhört oder vernimmt. Beim Wahlanwalt ist § 14 anwendbar. 12

Die *Mittelgebühr* beim Wahlanwalt ist 215 EUR.

5) Verlängerung oder Aufhebung der Freiheitsentziehung usw, VV 6302, 6303. Nach gesetzlichen Fristabläufen muß das Gericht über die Fortdauer der Freiheitsentziehung entscheiden, § 9 I FEVG. In diesem Verfahrensabschnitt entstehen dieselben Gebühren wie bei (jetzt) VV 6300, 6301, LG Kblz JB **00**, 305. Sie gelten die gesamte Tätigkeit in diesem Verfahrensabschnitt des Rechtszuges einschließlich einer einstweiligen Anordnung ab. Sie entstehen wegen § 15 II auch dann nur einmal, wenn während der Dauer der Freiheitsentziehung zugleich mit einem Verfahren über eine etwa von Amts wegen erwogene Fortdauer ein Antrag auf die Aufhebung der Freiheitsentziehung erfolgt, § 10 II FEVG, Marschner/Volckart § 10 FEVG Rn 34. Sie entstehen also auch im Verfahren über die Aufhebung oder Verlängerung einer Unterbringungsmaßnahme nach §§ 329, 330, 425, 426 FamFG, und zwar auch dann nur einmal, wenn das Gericht zugleich von Amts wegen und auf Grund eines Antrags entscheidet. Das alles bestätigt VV 6302 amtliche Anmerkung. Die Gebühr entsteht auch im Verfahren auf den Widerruf einer vorläufigen Entlassung, LG Osnabr JB **82**, 1002, und im Verfahren über einen Urlaub und dessen Widerruf nach § 10 III FEVG, Hansens JB **89**, 903. Beim Wahlanwalt ist § 14 anwendbar. 13

Die *Mittelgebühr* beim Wahlanwalt ist jeweils 135 EUR.

Die Gebühren entstehen *in jedem Rechtszug*, VV 6302 amtliche Anmerkung. Sie entstehen also auch in zugehörigen Beschwerdeverfahren sowie im Verfahren über eine etwaige weitere Beschwerde jeweils neu, LG Bonn AnwBl **84**, 326. Soweit das Verfahren über die Fortdauer oder über einen Aufhebungsantrag usw bereits abgeschlossen ist, entsteht bei jeder neuen Prüfung oder bei jedem neuen Aufhebungsantrag eine neue Gebühr. Denn insofern liegt dann nach § 15 I jeweils eine neue Angelegenheit vor. Im Überprüfungsverfahren nach § 67 e StGB sind VV 4100 ff anwendbar, Rn 2. 14

6) Einzelne Tätigkeiten, VV 6300–6303. Soweit der Anwalt einen Auftrag für die Vertretung im gesamten Verfahren erhalten hat, gelten die Gebühren nach VV 6300–6303 als Pauschgebühren grundsätzlich alle Einzeltätigkeiten mit ab. Daneben kann allerdings eine Einzelgebühr nach VV 4302 entstehen, soweit es sich um eine Tätigkeit handelt, die nicht zum Verfahren gehört. Das gilt etwa dann, wenn sich der Anwalt nur dafür einsetzt, daß der Auftraggeber einen Urlaub erhält, § 10 III FEVG, oder soweit es sich um die Weitergabe eines Aufhebungsbeschlusses handelt. 15

7) Beiordnung, VV 6300–6303. Eine Beiordnung ist zum Teil nach dem Landesrecht möglich, LG Kiel AnwBl **83**, 332. Dann erhält der Anwalt die in der rechten Gebührenspalte jeweils genannten Festgebühr. Die Gebühr entsteht mit der ersten 16

VV 6300–6303, Vorbem 6.4 Vergütungsverzeichnis

Tätigkeit nach der Beiordnung, LG Aachen AnwBl **75**, 103. Kostenschuldner ist die Staatskasse, Oldb FamRZ **96**, 1346. §§ 47, 52, 58 III sind anwendbar.

17 Der beigeordnete Anwalt erhält die Gebühr *für jeden Rechtszug neu,* VV 6300 amtliche Anmerkung, LG Oldb AnwBl **76**, 404, zB die Beschwerdegebühr auch ohne eine besondere diesbezügliche Beiordnung, Ffm AnwBl **83**, 335, LG Detm Rpfleger **86**, 154 (zustm Scharmer), LG Kiel AnwBl **84**, 332. Das gilt auch dann, wenn er im Beschwerdeverfahren tätig wird, ohne sich einer vom Betroffenen selbst eingelegten unzulässigen Beschwerde anzuschließen, LG Bonn AnwBl **84**, 326. Legt der Anwalt neben der sofortigen Beschwerde gegen die Anordnung der Abschiebehaft eine Beschwerde gegen die Anordnung der sofortigen Vollziehbarkeit ein, entsteht für die letztere keine besondere Gebühr, LG Kblz Rpfleger **98**, 130.

18 Wegen des *Betreuers* oder *Verfahrenspflegers* Rn 3.

19 Im *Festsetzungsverfahren* nach §§ 55, 56 erfolgt keine Nachprüfung der Zulässigkeit einer Beiordnung, LG Hann AnwBl **93**, 193. Soweit der Anwalt ausdrücklich eine Festsetzung nach VV 6300–6303 beantragt, ist derjenige Rpfl für die wie auch immer lautende Entscheidung zuständig, dessen Gericht den Anwalt zugezogen hat, Hamm FamRZ **95**, 486.

20 **8) Unterbringungsmaßnahme, VV 6300–6303.** Im Verfahren über die Genehmigung einer mit einer Freiheitsentziehung verbundenen Unterbringung nach § 312 FamFG sind folgende Vorschriften entsprechend anwendbar: Die Verfahrensgebühr VV 6300 entsteht, sobald der Anwalt in irgendeinem Abschnitt des Verfahrens nach § 312 FamFG tätig wird. Von dieser Regel gelten Ausnahmen nach VV 6302 in Verbindung mit der zugehörigen amtlichen Anmerkung. Die Terminsgebühr VV 6301 ist ebenfalls in allen Fällen des § 312 FamFG anwendbar. Wegen einer Strafvollstreckungsmaßnahme Rn 3.

21 Die Verfahrensgebühr VV 6302 kommt bei einer *Verlängerung* oder dann in Betracht, wenn es um die *Aufhebung* einer erstmaligen oder verlängerten Unterbringungsmaßnahme gerade nach dem jetzt allein genannten § 312 FamFG handelt. Die Terminsgebühr VV 6301 kann ebenfalls entstehen. Bei einer Bestellung des Anwalts zum Pfleger sind nicht VV 6300–6303 anwendbar, sondern § 1 II, vgl § 1 Rn 49. Vgl im übrigen Rn 1–19, 22.

22 **9) Auslagen, VV 6300–6303.** Es gelten VV 7000 ff. Das gilt auch für Reisekosten. Sie fallen meist schon deshalb an, weil sich der Anwalt nahezu ausnahmslos natürlich vom körperlichen und vor allem vom seelischen Befinden des untergebrachten Auftraggebers vor Ort einen genaueres Bild machen muß, nicht etwa nur telefonisch beim Arzt. Das gilt auch während einer Unansprechbarkeit des Auftraggebers.

23 **10) Kostenerstattung, VV 6300–6303.** Eine Kostenerstattung erfolgt durch den Urkundsbeamten der Geschäftsstelle, soweit das Gericht einen Antrag der Verwaltungsbehörde auf eine Freiheitsentziehung abgelehnt hat. Das Gericht muß dann die zur zweckentsprechenden Rechtsverfolgung notwendigen Auslagen derjenigen Gebietskörperschaft auferlegen, der die Verwaltungsbehörde angehört, soweit nach dem Ergebnis des Verfahrens kein begründeter Anlaß zur Antragstellung vorhanden gewesen war, § 16 FEVG, Ffm AnwBl **83**, 335, LG Detm Rpfleger **86**, 154, LG Kiel AnwBl **84**, 332.

Abschnitt 4. Verfahren nach der Wehrbeschwerdeordnung

(Amtliche) Vorbemerkung 6.4:
Die Gebühren nach diesem Abschnitt entstehen in Verfahren auf gerichtliche Entscheidung nach der WBO, auch i. V. m. § 42 WDO, wenn das Verfahren vor dem Truppendienstgericht oder vor dem Bundesverwaltungsgericht an die Stelle des Verwaltungsrechtswegs gemäß § 82 SG tritt.

Vorbem. Fassg Art 6 Z WehrRÄndG v 31. 7. 08, BGBl 1629, in Kraft seit 1. 2. 09, Art 18 II WehrRÄndG, Übergangsrecht § 60 RVG.

1 **1) Systematik.** Die Vorschriften stellen eine eigenständige Sonderregelung dar. Diese knüpft freilich weitgehend an verwandte Disziplinarverfahren an. Wegen der in Bezug genommenen Betragsrahmengebühr ist auch bei VV 6400–6406 stets

Vergütungsverzeichnis **Vorbem 6.4, 6400–6404 VV**

mitanwendbar. VV 6404 ist eine ergänzende Auffangklausel. Eine Grundgebühr entsteht in diesen Fällen nicht.

2) Regelungszweck. Zwar spielt sich das Verfahren VV 6400–6405 in aller Regel äußerlich unauffällig ab. Auch sind Rechtsfolgen der in einem solchen Verfahren denkbaren Art nach deutschem Verständnis in der Regel wohl nicht so „ehrenrührig" wie oft zB nach dem vergleichbaren amerikanischen Recht. Dennoch sollte man weder die psychologische noch die sonstige Bedrückung des Auftraggebers unterschätzen, wenn es um die Auslegung und Abwägung zwecks einer Angemessenheit der Vergütung geht. 2

3) Geltungsbereich. Die Gebühren VV 6400–6405 entstehen nur in einem Verfahren vor dem Truppendienstgericht oder vor dem BVerwG. Die Vorschriften erfassen auch nicht eine Petition an den Wehrbeauftragten des Deutschen Bundestags. Zuständig ist erstinstanzlich das Truppendienstgericht in Münster (Nord) oder München (Süd), ErrV v 16. 5. 06, BGBl 1262. 3

Nr.	Gebührentatbestand	Gebühr	
		Wahlverteidiger oder Verfahrensbevollmächtigter	gerichtlich bestellter oder beigeordneter Rechtsanwalt
6400	Verfahrensgebühr für das Verfahren auf gerichtliche Entscheidung nach der WBO vor dem Truppendienstgericht ...	70,00 bis 570,00 EUR	
6401	Es ist eine Tätigkeit im Verfahren über die Beschwerde oder die weitere Beschwerde vor einem Disziplinarvorgesetzten vorausgegangen: Die Gebühr 6400 beträgt	35,00 bis 405,00 EUR	
	Bei der Bemessung der Gebühr ist nicht zu berücksichtigen, dass der Umfang der Tätigkeit infolge der Tätigkeit im Verfahren über die Beschwerde oder die weitere Beschwerde vor einem Disziplinarvorgesetzten geringer ist.		
6402	Terminsgebühr je Verhandlungstag in den in Nummer 6400 genannten Verfahren	70,00 bis 570,00 EUR	
6403	Verfahrensgebühr für das Verfahren auf gerichtliche Entscheidung vor dem Bundesverwaltungsgericht oder im Verfahren über die Rechtsbeschwerde	85,00 bis 665,00 EUR	
6404	Es ist eine Tätigkeit im Verfahren über die Beschwerde oder die weitere Beschwerde vor einem Disziplinarvorgesetzten oder im Verfahren vor dem Truppendienstgericht vorausgegangen: Die Gebühr 6403 beträgt	40,00 bis 460,00 EUR	
	Bei der Bemessung der Gebühr ist nicht zu berücksichtigen, dass der Umfang der Tätigkeit infolge der Tätigkeit im Verfahren über die Beschwerde oder die weitere Beschwerde vor einem Diszipli-		

VV 6400–6500　　Vergütungsverzeichnis

Nr.	Gebührentatbestand	Gebühr	
		Wahlverteidiger oder Verfahrensbevollmächtigter	gerichtlich bestellter oder beigeordneter Rechtsanwalt
6405	narvorgesetzten oder im Verfahren vor dem Truppendienstgericht geringer ist. Terminsgebühr je Verhandlungstag in den in Nummer 6403 genannten Verfahren	85,00 bis 665,00 EUR	

Vorbem. Fassg Art 6 Z WehrRÄndG v 31. 7. 08, BGBl 1629, in Kraft seit 1. 2. 09, Art 18 II WehrRÄndG, Übergangsrecht § 60 RVG.

Zu VV 6400–6405:

1　**1) Geltungsbereich, VV 6400–6405.** Vgl amtliche Vorbemerkung 6.4 Rn 1–3. Die Vorschriften entgelten den für das gesamte Verfahren beauftragten Anwalt. Demgegenüber gilt VV 6500 für den nur mit einer oder mehreren Einzeltätigkeiten beauftragten Anwalt. § 14 ist anwendbar.

2　**2) Verfahrensgebühr, VV 6400, 6401, 6403, 6404.** Es gibt keine Grundgebühr. Eine Verfahrensgebühr entsteht jeweils schon dann, wenn das Gericht entsprechend dem für dieses Verfahren geltenden gesetzlichen Grundsatz ohne eine mündliche Verhandlung entscheidet.

Die *Mittelgebühr* beim Wahlverteidiger oder Verfahrensbevollmächtigten ist bei VV 6400 = 320 EUR, bei VV 6401 = 220 EUR, bei VV 6403 = 375 EUR, bei VV 6404 = 250 EUR.

3　**3) Terminsgebühr, VV 6403, 6405.** Sie entsteht grundsätzlich dann, wenn der Anwalt auftragsgemäß einen anberaumten Termin beliebiger Art wahrnimmt, sei es auch nur durch bloße zuhörende Anwesenheit. Sie entsteht für jeden Terminstag.

Die *Mittelgebühr* beim Wahlverteidiger oder VerfBev ist bei VV 6403 = 320 EUR, bei VV 6405 = 375 EUR.

Eine Terminsgebühr entsteht nicht in den Fällen der amtlichen Vorbemerkung 6 III 3.

Nr.	Gebührentatbestand	Gebühr	
		Wahlverteidiger oder Verfahrensbevollmächtigter	gerichtlich bestellter oder beigeordneter Rechtsanwalt
6500	Verfahrensgebühr .... [I] Für eine Einzeltätigkeit entsteht die Gebühr, wenn dem Rechtsanwalt nicht die Verteidigung oder Vertretung übertragen ist. [II] [1] Die Gebühr entsteht für jede einzelne Tätigkeit gesondert, soweit nichts anderes bestimmt ist. [2] § 15 RVG bleibt unberührt. [III] Wird dem Rechtsanwalt die Verteidigung oder Vertretung für das Verfahren übertragen, werden die nach dieser Nummer entstandenen Gebühren auf die für die Verteidigung oder Vertretung entstehenden Gebühren angerechnet. [IV] Eine Gebühr nach dieser Vorschrift entsteht jeweils auch für das Verfahren nach der WDO vor einem Disziplinarvor-	20,00 bis 250,00 EUR	108,00 EUR

Vergütungsverzeichnis **6500, Vorbem 7 VV**

Nr.	Gebührentatbestand	Gebühr	
		Wahlverteidiger oder Verfahrensbevollmächtigter	gerichtlich bestellter oder beigeordneter Rechtsanwalt
	gesetzten auf Aufhebung oder Änderung einer Disziplinarmaßnahme und im gerichtlichen Verfahren vor dem Wehrdienstgericht.		

Vorbem. Fassg Art 6 Z 2 c WehrRÄndG 2008 v 31. 7. 08, BGBl 1629, in Kraft seit 1. 2. 09, Art 18 II WehrRÄndG, Übergangsrecht § 60 RVG.

1) Systematik. Es handelt sich um eine Auffangklausel. Sie gilt neben VV 6400–6405 nur hilfsweise, nämlich bei „Einzeltätigkeiten" und in Verfahren auf die Aufhebung oder Änderung einer Disziplinarmaßnahme, also bei einer Begrenzung des Auftrags auf die letztere, amtliche Anmerkung I, II 1.   1

2) Regelungszweck. Im Geltungsbereich Rn 3 soll der Anwalt keineswegs umsonst arbeiten müssen. Deshalb ist die Auffangklausel zur Anwendbarkeit weit auslegbar. Zur Gebührenhöhe Rn 4.   2

3) Geltungsbereich. Die in der amtlichen Anmerkung I–IV genannten Tätigkeiten ändern nichts daran, daß VV 6500 nur innerhalb des in der amtlichen Überschrift des Abschnitts 5 genannten Gebiets gilt, also *nicht* etwa als eine Auffangklausel im Gesamtgebiet einer anwaltlichen Tätigkeit.   3

4) Gebührenhöhe. Auch hier ist für den Wahlverteidiger oder VerfBev § 15 anwendbar, amtliche Anmerkung II 2. Vgl im übrigen bei VV 6400–6405. VV 1008, 2101 sind anwendbar.   4

Die *Mittelgebühr* beim Wahlverteidiger oder VerfBev ist 135 EUR.

Eine *Anrechnung* richtet sich nach der amtlichen Anmerkung III.

5) Kostenerstattung. Sie richtet sich nach der Kostengrundentscheidung des Gerichts.   5

Teil 7. Auslagen

(Amtliche) Vorbemerkung 7:

[I] [1]Mit den Gebühren werden auch die allgemeinen Geschäftskosten entgolten. [2]Soweit nachfolgend nichts anderes bestimmt ist, kann der Rechtsanwalt Ersatz der entstandenen Aufwendungen (§ 675 i. V. m. § 670 BGB) verlangen.

[II] Eine Geschäftsreise liegt vor, wenn das Reiseziel außerhalb der Gemeinde liegt, in der sich die Kanzlei oder die Wohnung des Rechtsanwalts befindet.

[III] [1]Dient eine Reise mehreren Geschäften, sind die entstandenen Auslagen nach den Nummern 7003 bis 7006 nach dem Verhältnis der Kosten zu verteilen, die bei gesonderter Ausführung der einzelnen Geschäfte entstanden wären. [2]Ein Rechtsanwalt, der seine Kanzlei an einen anderen Ort verlegt, kann bei Fortführung eines ihm vorher erteilten Auftrags Auslagen nach den Nummern 7003 bis 7006 nur insoweit verlangen, als sie auch von seiner bisherigen Kanzlei aus entstanden wären.

Gliederung

1) Systematik, I–III	1, 2
2) Regelungszweck, I–III	3
3) Allgemeine Geschäftskosten, I	4, 5
A. Grundsatz: Unabhängigkeit vom Einzelauftrag	4
B. Beispiele zur Frage allgemeiner Geschäftskosten	5
4) Geschäftsreise, II	6
5) Reise für mehrere Geschäfte, III 1	7–11
A. Begriff mehrerer Geschäfte	9
B. Kostenverteilung	10
C. Mehrheit von Auftraggebern	11

6) Verlegung der Kanzlei, III 2 12–15
A. Strenge Auslegung 12–14
B. Unanwendbarkeit auf Gebühren 15

1 **1) Systematik, I–III.** Der Vertrag zwischen dem Anwalt und dem Auftraggeber stellt grundsätzlich einen Geschäftsbesorgungsvertrag, dar, § 675 I BGB, Grdz 12 vor § 1. Auf einen solchen Vertrag ist unter anderem nach der ausdrücklichen Verweisung in § 675 I BGB und nach der entsprechend lautenden klarstellenden amtlichen Vorbemerkung 7 I 2 auch § 670 BGB anwendbar, BVerfG 65, 74, OVG Münst AnwBl 91, 593, Chemnitz AnwBl 88, 406.

BGB § 670. Ersatz von Aufwendungen. **Macht der Beauftragte zum Zwecke der Ausführung des Auftrags Aufwendungen, die er den Umständen nach für erforderlich halten darf, so ist der Auftraggeber zum Ersatz verpflichtet.**

2 Das RVG regelt also den Umfang des Auslagenanspruchs *nicht abschließend*, Zweibr AnwBl 85, 162. Auch kommt bei einer Geschäftsführung ohne Auftrag ein Aufwendungsersatz nach § 683 BGB infrage. Zwar nennt VV Teil 7 lediglich in seiner amtlichen Überschrift den Begriff Auslagen, den § 1 I 1 als Teil des Oberbegriffs Vergütung anführt. Auch § 670 BGB nennt den Begriff Auslagen nicht ausdrücklich. Auslagen nach § 1 I nennt aber III mehrfach. VV 7000 ff gelten je Angelegenheit nach §§ 15 ff, BGH FamRZ 04, 1721 links oben (zu § 17 Z 2).
I 1 stellt klar, daß der Anwalt die *„allgemeinen Geschäftskosten"* nicht neben den Gebühren gesondert in Rechnung setzen darf. Die Vorschrift „vergißt" dabei aber den ebenfalls vorrangigen § 7 II zu erwähnen. VV 7008 enthält die Regelung der Frage, in welchem Umfang der Anwalt seine Umsatzsteuer vom Auftraggeber erstattet fordern kann. Insofern umfaßt VV 7008 auch die Gebühren und nicht nur eine die Auslagen betreffende Regelung.

3 **2) Regelungszweck, I–III.** Die Absätze der Vorschrift dienen unterschiedlichen Zielen. I ist zwecks Rechtssicherheit unentbehrlich. Andernfalls wären die Probleme einer gerechten Abgeltung von Unkosten bei der anwaltlichen Tätigkeit wesentlich umfangreicher. Man könnte sie praktisch kaum noch bewältigen. Deshalb darf und muß man I weit auslegen. II dient der Klarstellung des einen Hauptbegriffs von VV 7003–7006. Man darf die Vorschrift weder zu streng noch zu großzügig handhaben. III dient einer Begrenzung der Kosten. Man muß diesen Absatz daher eng auslegen.

4 **3) Allgemeine Geschäftskosten, I.** Vgl zunächst Rn 1, 2.
A. Grundsatz: Unabhängigkeit vom Einzelauftrag. Zu den allgemeinen Kosten zählen die unabhängig von einem bestimmten Einzelauftrag anfallenden Geschäftskosten.
Aufwendungen können aber auch nach §§ 670, 675 I, 683 BGB berechenbar sein, Rn 1, 2. Dabei kommt es auf die Erforderlichkeit im Zeitpunkt der Entstehung der einzelnen Auslagen an. Man muß also bei einem späteren Streit darüber eine rückschauende Betrachtung und Entscheidung vornehmen.

5 **B. Beispiele zur Frage allgemeiner Geschäftskosten, I**
Aktenversendung: *Keine* Allgemeinkosten sind die im Einzelfall notwendigen Versendungskosten, auch nicht für die Pauschale nach KV 9003, FamKV 2003, Teile I A, B dieses Buchs, AG Mü JB **95**, 544.
Beweissicherung: *Keine* Allgemeinkosten sind Fotos usw zwecks Beweissicherung für diesen Einzelauftrag, AG Hamm AnwBl **75**, 251.
Büromaterial: Allgemeinkosten sind seine Unkosten.
Ermittlung: *Keine* Allgemeinkosten sind die im Einzelfall notwendigen Ermittlungskosten etwa von Personalien oder Anschriften, LG Hann AnwBl **89**, 687, oder Detektivkosten oder Registerkosten oder Datenbankabfragekosten.
Fachliteratur: Allgemeinkosten sind die Aufwendungen der Anschaffung und des Studiums, Bbg JB **78**, 1188, Schlesw JB **79**, 373. Das gilt selbst dann, wenn der Anwalt die Fachliteratur zwar aus Anlaß eines Einzelauftrags anschafft oder studiert, sie aber auch zu weiteren Zwecken wenigstens objektiv benutzen könnte, BVerfG **41**, 230, LG Aurich ZfS **88**, 10.

1982

Freilich gilt das *kaum* bei einer voraussichtlich wirklich nur für diesen Einzelauftrag nötigen Anschaffung.
Fahrten: Allgemeinkosten sind die Fahrtkosten am Kanzleiort.
Formulare: Allgemeinkosten sind diese Kostenarten, zB für einen Antrag oder für eine Vollmacht oder bei einer Beratungshilfe, Schlesw SchlHA **81**, 159, oder bei einer Prozeßkostenhilfe nach § 117 III, IV ZPO.
Fortbildung: Allgemeinkosten sind die Aufwendungen für die Fortbildung des Anwalts und seiner Mitarbeiter.
Gehälter: Allgemeinkosten sind alle Gehälter und Löhne der Mitarbeiter. Das gilt auch dann, wenn ein Mitarbeiter zeitweise fasst oder überhaupt nur die Aufträge eines oder weniger Kunden bearbeitet. Hier kommt es aber auf die Umstände an.
Gerichtsvollzieherkosten: *Keine* Allgemeinkosten sind solche im Einzelfall verauslagten Kosten.
Juris-Datei: S „Fachliteratur", „Telekommunikation", LG Aurich ZfS **88**, 10, SG Bln AnwBl **94**, 367.
Kanzleieinrichtung: Allgemeinkosten sind die Anschaffungs- und Unterhaltungskosten der Kanzleieinrichtung wie Möbel, Maschinen usw.
Kanzleifahrzeug: Allgemeinkosten sind seine Gesamtkosten für den täglichen Normalbetrieb, also mit Ausnahme besonderer weiter Fahrten nur anläßlich des Einzelauftrags.
Kopien: *Keine* Allgemeinkosten sind die nur für diesen Einzelauftrag gefertigten Kopien, VV 1000 Rn 32 „Notwendigkeit der Anlage", aber auch Rn 33 „Notwendigkeit der Kopie".
Kreditauskunft: Allgemeinkosten sind meist solche Aufwendungen.
Maschinen: S „Kanzleieinrichtung".
Miete: Allgemeinkosten sind die Gesamtkosten der Büromiete, BPatG GRUR **91**, 130, einschließlich ihrer Nebenkosten für Strom, Wasser, Abwasser, Müll, Reinigung und der Mieterreparaturen und -renovierungen.
Möbel: S „Kanzleieinrichtung".
Papier: Allgemeinkosten sind die Papierkosten.
Personal: Allgemeinkosten sind die Personalkosten.
Porto: Allgemeinkosten sind die Normalkosten für Porto, evtl auch für einen Eilbrief usw.
Telekommunikation: Allgemeinkosten sind die generellen Aufwendungen einer Telefon-, Telefax-, EDV-, Internetanlage. Auch eine Datenbank zählt hierher.
Übersetzung: *Keine* Allgemeinkosten sind Aufwendungen für eine Übersetzung im Einzelfall.
Umschläge: Allgemeinkosten sind diese Kostenarten.
Verpackung: Allgemeinkosten sind die Verpackungsaufwendungen, selbst wenn sie ungewöhnlich aufwendig sind.
Versicherungen: Allgemeinkosten sind die Prämien der generellen und nicht nur für den Einzelauftrag abgeschlossenen Versicherungen.
Vordrucke: S „Formulare".
Vorschuß: *Keine* Allgemeinkosten sind Zahlungen als Vorschuß auf Gerichtskosten im Einzelfall.

4) Geschäftsreise, II. Vgl VV 7003–7006 Rn 3–10. 6

5) Reise für mehrere Geschäfte, III 1. Die Vorschrift klärt in einer Ergänzung 7 zu VV 7003–7006 zwecks Rechtssicherheit eine Selbstverständlichkeit. Damit dient die Vorschrift natürlich auch der Gerechtigkeit. Ihre sorgfältige Handhabung hilft gerade auf ihrem empfindlichen Anwendungsgebiet vor allem dann vor einer Schädigung des Ansehens der Anwaltschaft, wenn der Auftraggeber nicht von einem Gegner eine Erstattung fordern kann. Die Vorschrift verhindert eine sonst praktisch oft kaum durchführbare centgenaue Prüfung der Zugehörigkeit der Reisekosten zum einen oder anderen Auftrag.

Die Vorschrift bezieht sich auf *sämtliche* in VV 7003–7006 genannten Kosten. Sie 8 setzt aber voraus, daß der Anwalt in dieser Eigenschaft reist, also im Auftrag eines Vertragspartners. Auch eine Rundreise zählt hierher. Soweit ein Anwaltsnotar zur Erledigung einer anwaltlichen Aufgabe und einer notariellen Tätigkeit reist, findet die

VV Vorbem 7, 7000

Verteilung der Reisekosten unter einer Berücksichtigung der Entfernung und des Zeitaufwands statt. Die Verteilung der Tage- und Abwesenheitsgelder findet dann nach §§ 153 II 4, 137 KostO statt.

III 1 gilt nicht, soweit der Anwalt zB als ein *Zeuge oder Sachverständiger* oder in einer der in § 1 II genannten Eigenschaften oder in eigener Sache reist.

9 **A. Begriff mehrerer Geschäfte.** Der Begriff „Geschäft" ist derselbe wie der Begriff der „Angelegenheit" in § 15. Es muß sich also um dieselbe Reise zur Erledigung mehrerer Angelegenheiten für denselben Auftraggeber handeln. Wegen mehrerer Auftraggeber Rn 11.

10 **B. Kostenverteilung.** Man muß die nach III 1 ersatzfähigen Kosten zunächst insgesamt für sämtliche Geschäfte berechnen. Anschließend muß man diejenigen Kosten nach III 1 errechnen, die für jedes einzelne dieser Geschäfte entstanden sind oder wären. Der Auftraggeber muß denjenigen Anteil der Gesamtkosten der Reise des Anwalts tragen, der dem Verhältnis der Kosten für die einzelnen Geschäfte entspricht. *Beispiel:* Die Reise des Anwalts hat insgesamt 200 EUR gekostet. Zur Erledigung des Geschäfts A waren Kosten von 100 EUR notwendig. Zur Erledigung des Geschäfts B waren solche von 150 EUR notwendig. Diese Einzelkosten stehen im Verhältnis 2 : 3. Daher muß man die tatsächlich entstandenen Gesamtkosten von 200 EUR im Verhältnis 2 : 3 teilen. Auf das Geschäft A entfallen also 80 EUR, auf das Geschäft B 120 EUR. Eine *Honorarvereinbarung* mit einem der Auftraggeber nach § 3 a ändert am Verfahren nichts. Der eine Auftraggeber haftet nach seiner Honorarvereinbarung, die anderen haften nach III 1.

11 **C. Mehrheit von Auftraggebern.** Soweit der Anwalt für mehrere Auftraggeber in derselben Angelegenheit tätig wird, für sie also dasselbe Geschäft durchführt, ist nicht III 1 anwendbar, sondern (jetzt) § 7 II, RS 6, aM (zum alten Recht) SchGei 2.

12 **6) Verlegung der Kanzlei, II 2.** Die Vorschrift bringt eine Kostenentlastung des Auftraggebers wie seines evtl erstattungspflichtigen Gegners vor solchen Beträgen, die allein im Organisationsbereich seines Anwalts begründet sind.

A. Strenge Auslegung. Dabei soll es zur Vermeidung eines Streits nicht darauf ankommen, ob der Anwalt die Kanzleiverlegung schon bei der Auftragsannahme plante und ob er das dem Auftraggeber auch mitgeteilt hatte. Deshalb muß man die Vorschrift streng auslegen. Das läßt auch schon ihr Wort „nur" erkennen.

13 Es muß sich um eine solche Verlegung der Kanzlei handeln, die aus der *politischen* Gemeinde A in die politische Gemeinde B erfolgt. Der Anwalt muß schon vor dem Beginn dieser Verlegung den Auftrag angenommen haben. Er muß ihn nach dem Beginn der Verlegung fortgeführt haben.

14 Unter diesen Voraussetzungen kann er Reisekosten und Abwesenheitsgelder nur in derjenigen *Höhe* vom Auftraggeber ersetzt fordern, in der sie auch von seiner bisherigen Kanzlei aus entstanden wären. Soweit die Reisekosten und Abwesenheitsgelder infolge der Kanzleiverlegung geringer werden, kann der Anwalt nur die geringeren Endkosten ersetzt fordern.

15 **B. Unanwendbarkeit auf Gebühren.** Die Vorschrift ist auf Gebühren unanwendbar. Das ergibt sich aus dem klaren Wortlaut „Auslagen". Er läßt keine derart weite Auslegung zu, aM Brdb MDR **95**, 858. Eine Honorarvereinbarung nach § 4 ist auch im Bereich von III 2 möglich. Sie ist aber wegen etwaiger Mehrkosten bei der Kostenerstattung unbeachtlich, § 91 II 1 ZPO.

Nr.	Auslagentatbestand	Höhe

7000	Pauschale für die Herstellung und Überlassung von Dokumenten:
	 1. für Ablichtungen und Ausdrucke
	    a) aus Behörden- und Gerichtsakten, soweit deren Herstellung zur sachgemäßen Bearbeitung der Rechtssache geboten war,
	    b) zur Zustellung oder Mitteilung an Gegner oder Beteiligte und **Verfahrensbevollmächtigte** auf Grund	

Vergütungsverzeichnis　　　　　　　　　　　　　　　　　　　　7000 VV

Nr.	Auslagentatbestand	Höhe
	einer Rechtsvorschrift oder nach Aufforderung durch das Gericht, die Behörde oder die sonst das Verfahren führende Stelle, soweit hierfür mehr als 100 Seiten zu fertigen waren, c) zur notwendigen Unterrichtung des Auftraggebers, soweit hierfür mehr als 100 Seiten zu fertigen waren, d) in sonstigen Fällen nur, wenn sie im Einverständnis mit dem Auftraggeber zusätzlich, auch zur Unterrichtung Dritter, angefertigt worden sind: für die ersten 50 abzurechnenden Seiten je Seite ... für jede weitere Seite	 0,50 EUR 0,15 EUR
2.	für die Überlassung von elektronisch gespeicherten Dateien anstelle der in Nummer 1 Buchstabe d genannten Ablichtungen und Ausdrucke: je Datei	 2,50 EUR
	[1] Die Höhe der Dokumentenpauschale nach Nummer 1 ist in derselben Angelegenheit und in gerichtlichen Verfahren in demselben Rechtszug einheitlich zu berechnen. [2] Eine Übermittlung durch den Rechtsanwalt per Telefax steht der Herstellung einer Ablichtung gleich.	

Vorbem. Neufassung der ganzen Vorschrift durch Art 14 VI Z 5 JKomG v 22. 3. 05, BGBl 837, in Kraft seit 1. 4. 05, Art 16 I JKomG. Sodann amtliche Anmerkung S 2 angefügt dch Art 20 Z 7 o des 2. JuMoG v 22. 12. 06, BGBl 3416, in Kraft seit 31. 12. 06, Art 28 I des 2. JuMOG. Übergangsrecht jeweils § 60 RVG.

Gliederung

1) Systematik, Z 1, 2	1
2) Regelungszweck, Z 1, 2	2
3) Geltungsbereich, Z 1, 2	3
4) Notwendige Ablichtung und Ausdruck aus Akten, Z 1 a ...	4–23
A. Aus Behörden- oder Gerichtsakte	5
B. Gebotenheit: Objektiver Maßstab	6, 7
C. Beispiele zur Frage einer Gebotenheit, I Z 1 a	8–23
5) Zustellung usw bei mehr als 100 Seiten, Z 1 b	24–29
A. Grundlage; Rechtsvorschrift oder amtliche Aufforderung, Hs 1	24
B. Beteiligter, Hs 1	25
C. Rechtsvorschrift, Hs 1	26
D. Mehr als 100 Ablichtungen nötig, Hs 2	27
E. Ermessen, Hs 2	28
F. Maßgeblicher Zeitpunkt, Hs 2	29
6) Unterrichtung des Auftraggebers bei mehr als 100 Seiten, Z 1 c	30
7) Zusätzliche Ablichtung oder Ausdruck im Einverständnis mit dem Auftraggeber, Z 1 d	31–36
A. Zusätzliche Fertigung: Mehr als Vertragspflicht	31
B. Beispiele zur Frage einer Zusätzlichkeit, Z 1 d	32–35
C. Einverständnis des Auftraggebers	36
8) Elektronisch gespeicherte Datei, Z 2	37
9) Höhe der Dokumentenpauschale	38
10) Kostenerstattung, Z 1, 2	39–61
A. Grundsatz: Keine zu weite Großzügigkeit	39, 40
B. Beispiele zur Frage einer Erstattungsfähigkeit, Z 1, 2	41–61

1) Systematik Z 1, 2. Während § 91 ZPO die Erstattungsfähigkeit im Außenverhältnis der Parteien zueinander regelt, Rn 38 ff, erfaßt VV 7000 die Ersatzfähigkeit im Innenverhältnis zwischen dem Auftraggeber und seinem Anwalt, Rostock JB 01, 194. Zum Verhältnis zwischen den allgemeinen Geschäftsunkosten und der Dokumentenpauschale amtliche Vorbemerkung 7 Rn 1–5. VV 7000 gibt dem Anwalt nicht wegen jeder Ablichtung einen Ersatzanspruch gegen den Auftraggeber, sondern zwecks einer Vereinfachung nur, wenn die Voraussetzungen Z 1 a oder diejenigen Z 1 b, c oder diejenigen Z 1 d oder eine Kombination dieser Fälle vorliegen. Andere

Ablichtungen gelten als allgemeine Geschäftsunkosten nach der amtlichen Vorbemerkung 7 I. Das ergibt sich schon aus dem Wort „nur" in Z 1 d oder dem Wort „soweit" in (jetzt) Z 1 a, Spruth Rpfleger **89**, 383. Zeichnungen im Patentanmeldeverfahren sind keine bloßen Auslagen, BPatG GRUR **91**, 130. Indessen enthält § 7 *II 1 Hs 2* eine gegenüber VV 7000 S 1 Z 1b teilweise vorrangige *Sonderregelung*. Der Anwalt muß in seiner Kostenberechnung die Höhe der Auslagen wegen der Pauschale im einzelnen nachweisen, § 10 II 1. § 464b StPO ist mitbeachtbar, KG JB **09**, 316 (sog gemischte Berechnung).

2   2) **Regelungszweck, Z 1, 2.** Die Vorschrift stellt die Bemühung dar, einerseits die wirklich notwendige oder sonst gerechtfertigte Abgeltung echter Unkosten des Einzelfalls zu sichern, andererseits den allzu „großzügigen" Gebrauch der Kopiermöglichkeiten auf Kosten des Auftraggebers und damit evtl auf Kosten eines diesem erstattungspflichtigen Dritten zu verhindern. Diese Abwägung muß man trotz der heute vielfach unentbehrlichen und ständig in Ausweitung befindlichen Vervielfältigungsmöglichkeiten mit allen ihren geradezu segensreichen Arbeitserleichterungen stets bei der Auslegung vornehmen. Es ist daher eine weder zu strenge noch zu weite Anwendung ratsam.

3   3) **Geltungsbereich, Z 1, 2.** Die Vorschrift gilt im außergerichtlichen wie gerichtlichen Gesamtbereich anwaltlicher Tätigkeit aller Gerichtsbarkeiten, auch vor den Sozialgerichten usw. Sie gilt auch beim beigeordneten oder bestellten Anwalt und bei einer Beratungshilfe. VV 7000 ist auf Auslagen der Partei auch dann anwendbar, wenn sie eine Behörde ist, Hamm Rpfleger **82**, 439, sonst nicht, Nürnb AnwBl **75**, 68. Die Vorschrift gilt je Angelegenheit, BGH FamRZ **04**, 1721 links oben (zu § 17 Z 2). Sie kann auch beim Ausbleiben eines Auftrags gelten.

4   4) **Notwendige Ablichtung und Ausdruck aus Akten, Z 1a.** Unabhängig von den Voraussetzungen Z 1 b–d kann ein Ersatzanspruch entstehen, soweit der Anwalt die Ablichtung oder den Ausdruck der elektronischen Fassung aus einer Behörden- oder Gerichtsakte zur sachgemäßen Bearbeitung gerade dieser Rechtssache vornehmen mußte, VG Hbg JB **08**, 95 (also nicht zB für Parallelsachen). Die Herstellungsart ist unerheblich. Hierher zählt zB auch ein Telefax, amtliche Anmerkung S 2, oder ein Einscannen, Bbg NJW **06**, 3504. Ein Foto ist ebenfalls vernünftigerweise eine Ablichtung, aM GS 13 (§§ 670, 675 BGB). Das gilt auch für die Unterrichtung und den sonstigen Schriftwechsel mit dem Auftraggeber. Eine Abschrift sollte auch nach der Streichung dieses Begriffs einer Ablichtung durchaus gleichstehen, zumal sie viel mehr Mühe verursacht. Die Herstellungsart der Kopie ist also unerheblich. Auch im Empfangsgerät des Telefax entsteht eine Kopie, aM KG JB **07**, 589 (aber was denn sonst?) Auch ein sog weiterer Ausdruck zählt hierher. Eine *Urschrift* zählt natürlich *nicht* zum Begriff Ablichtung. Das gilt auch beim Schriftwechsel. Die Urschriften sind unabhängig von ihrer Zahl und ihrem Umfang mit den sonstigen Gebühren abgegolten, KG JB **75**, 346.

5   **A. Aus Behörden- oder Gerichtsakte.** Es muß sich um eine solche Ablichtung handeln, die der Anwalt gerade aus einer Behörden- oder Gerichtsakte vorgenommen hat. Es kann sich auch um ein zum Aktenbestandteil gewordenes Dokument handeln, etwa um einen Aktenvermerk oder um eine Dokumentationssammlung des Gerichts, OVG Bre AnwBl **88**, 253 (über relevante Parallelvorgänge), OVG Münst JB **89**, 973, oder ein Strafregister oder um einen Auszug aus der Verkehrssünderkartei.

Nicht ausreichend ist eine Ablichtung eines gegnerischen Schriftsatzes aus einer Handakte eines anderen Anwalts oder aus einer Handakte des Auftraggebers, LG Bln AnwBl **95**, 625, oder eines privaten Dritten. Das selbst dann, wenn es sich dabei um die Ablichtung einer solchen Urkunde handelt, die sich im Original oder in einer weiteren Ablichtung in einer Behörden- oder Gerichtsakte befindet. Es reicht also zB nicht aus, daß der Anwalt die in einer polizeilichen Ermittlungsakte im Original vorhandene Unfallskizze nicht aus jener Akte ablichtet, sondern aus der Handakte der Versicherungsgesellschaft (sog Auftraggebers oder eines Dritten).

Das gilt selbst dann, wenn diese Ablichtung zur sachgemäßen Bearbeitung der Rechtssache sehr wohl notwendig ist. Andernfalls würden auch Ablichtungen dritten oder vierten Grades noch „aus Behörden- oder Gerichtsakten" stammen. Damit würde die Ersatzfähigkeit nur noch von der Leserlichkeit der Ablichtung abhängen. Das ist aber nicht der dem Sinn von Z 1 a.

B. Gebotenheit: Objektiver Maßstab. Die Ablichtung aus der Behörden- oder 6 Gerichtsakte muß zur sachgemäßen Bearbeitung der Rechtssache erforderlich gewesen sein, Brschw JB **99**, 301, Düss VersR **86**, 770, Hbg JB **78**, 1511. Einen ähnlichen Maßstab enthält der vorrangige § 7 II 1 Hs 1. Eine bloße Erleichterung oder Bequemlichkeit reicht nicht.

Es kommt weder auf die Ansicht des Anwalts noch auf diejenige des Auftraggebers oder dessen vielleicht geringere Kosten der Ablichtungen an, sondern auf einen objektiven Maßstab, also auf den Standpunkt eines *vernünftigen,* sachkundigen *Dritten,* Düss JB **00**, 360, OVG Lüneb AnwBl **84**, 322, VG Sigmaringen NVwZ-RR **03**, 910. Dabei hat der Anwalt allerdings einen gewissen und auch nicht zu engen, sondern ihrer großzügigeren sachgemäßen Ermessensspielraum, Düss JB **00**, 360, OVG Lüneb AnwBl **84**, 322, OVG Oldb NVwZ-RR **02**, 78. Er muß ihn freilich auch pflichtgemäß handhaben, Kblz Rpfleger **03**, 469, AG Kblz JB **01**, 426, AG Besigheim JB **01**, 431. Er muß also ein gesetzliches oder gerichtliches Gebot einhalten.

Der Anwalt ist insbesondere *nicht vom Einverständnis des Auftraggebers abhängig.* Zwar 7 soll nicht schon eine bloße Bequemlichkeit oder eine auch nur eventuell künftige Arbeitserleichterung zum Ersatzanspruch führen. Andererseits hat der Anwalt aber eine ziemlich weitgehende Informationspflicht. Es kann auch gerade eine vorbeugende Maßnahme zu einer sachgemäßen Bearbeitung durchaus gehören. Freilich kann eine Vereinbarung helfen, spätere Unstimmigkeiten zB über die Ablichtung einer ganzen Akte zu vermeiden. Dabei ist die Einhaltung von § 4 ratsam.

Nicht erheblich ist die *Zahl* der Auftraggeber, soweit nur die Voraussetzungen Rn 4–7 im übrigen vorliegen, aM Stgt RR **00**, 1726 (aber auf diese Zahl kommt es gerade umgekehrt erst bei [jetzt] § 7 II 1 Hs 1 und bei VV 7000 Z 1 b an). Unerheblich ist auch eine etwaige Erstattbarkeit, Rn 1.

C. Beispiele zur Frage einer Gebotenheit, Z 1 a 8
Aktenauszug: Rn 13 „Eintritt in Rechtsstreit".
Aktenbeiziehung: Eine Kopie mag *nicht* geboten sein, soweit der Anwalt Teile sol- 9 cher Akten kopiert, deren Beiziehung er beantragt hat und erwarten kann, VG Köln AnwBl **89**, 109.
Akteneinsicht: Rn 11 „Einsichtnahme".
Beiziehung: Rn 9 „Aktenbeiziehung". 10
Beschleunigung: Eine Kopie kann geboten sein, soweit sich der Anwalt durch sie eine Beschleunigung erhofft, KG Rpfleger **75**, 107.
Beschluß: Rn 15 „Gerichtsakte".
Bußgeldakte: Es gilt dasselbe wie bei Rn 19 „Strafakte".
Einsichtnahme: Kopien können geboten sein, soweit der Anwalt eine Akte nur 11 vorübergehend behalten darf, Hbg MDR **75**, 935, oder soweit er ein Buch aus einer Akte nur vorübergehend einsehen kann.
Einsparung: Eine Kopie kann geboten sein, soweit der Anwalt hofft, durch sie spä- 12 tere Kosten einzusparen, LG Essen AnwBl **77**, 73 (wegen einer notariellen Urkunde).
Eintritt in Rechtsstreit: Kopien mögen geboten sein, soweit der Anwalt anläßlich 13 des Eintritts seines Auftraggebers in einen anhängigen Rechtsstreit einen Auszug aus der Prozeßakte anfertigt, Düss VersR **79**, 871.
Empfangsbekenntnis: Seine Kopie kann sehr sinnvoll sein, um Fristfragen vorzu- 14 beugen.
Entlegenheit der Literatur: Kopien können ausnahmsweise geboten sein, soweit es um eine nur schwer zugängliche Literatur geht, Schlesw JB **81**, 386, etwa um den Bericht eines Pressedienstes, VG Köln AnwBl **89**, 109.
   Grundsätzlich *fehlt* aber die Gebotenheit. Es handelt sich vielmehr um allgemeine Kosten, Bbg JB **78**, 1188, Schlesw JB **79**, 373.
Entscheidungserheblichkeit: Rn 23 „Wertlosigkeit".
Gerichtsakte: Eine Kopie ist *nicht* geboten, soweit der Anwalt einen Anspruch nach 15 KV 9000 II, Teil I A dieses Buchs, auf kostenfreie Kopien hat. Mag er sie anfordern, Mü AnwBl **81**, 507.

VV 7000 Vergütungsverzeichnis

Gesamte Akte: Zwar braucht der Anwalt nicht Blatt für Blatt auf seinen Kopierbedarf zu prüfen, Düss JB **00**, 360.
Kopien mögen aber *nicht* geboten sein, soweit der Anwalt einfach die gesamte Akte kopiert, ohne zu prüfen, welche ihrer Teile er überhaupt noch zur weiteren vertragsgemäßen Tätigkeit benötigt, Düss JB **00**, 360. OVG Hbg AnwBl **87**, 291.
S auch Rn 7, Rn 24 „Zweckmäßigkeit".
Gutachten: Rn 15 „Gerichtsakte".
Kenntnis des Gerichts oder des Gegners: Kopien sind grds *nicht* geboten, soweit der Adressat sie inhaltlich wie in der Form schon kennt, Brschw JB **99**, 300, Hamm JB **02**, 202, VG Arnsberg JB **81**, 858, aM Ffm AnwBl **85**, 204, Mü Rpfleger **82**, 438, LAG Hamm AnwBl **84**, 316.
16 **Protokoll:** Rn 15 „Gerichtsakte".
Prozentsatz: Man darf *nicht schematisch* die Gebotenheit von Kopien danach beurteilen, ob die Kosten dafür einen bestimmten Prozentsatz der Anwaltsgebühren überschritten.
17 **Rechtsmittelanwalt:** Es gilt dasselbe wie bei Rn 13 „Eintritt in Rechtsstreit".
Registerauszug: Man muß prüfen, ob eine Kopie oder ein Auszug aus einem Handels-, Straf-, Vereinsregister usw oder aus der Verkehrssünderkartei geboten war.
Sachaufklärung: Kopien können zu ihrem Zweck geboten sein, LG Duisb AnwBl **03**, 373.
Sachvortrag: Kopien sind dann *nicht* geboten, wenn sie den Sachvortrag nur ersetzen sollen, BVerfG NJW **97**, 2668, Brschw JB **99**, 300, Drsd JB **99**, 301.
18 **Schwierigkeit des Zugangs:** Rn 14 „Entlegenheit der Literatur".
Selbständiges Beweisverfahren: Es gilt dasselbe wie bei Rn 13 „Eintritt in Rechtsstreit".
19 **Ständiger Bedarf:** Kopien können geboten sein, soweit der Anwalt ein Gutachten ständig benötigt, LG Bln MDR **82**, 327.
Strafakte: Man darf dem Anwalt nicht verwehren, statt bloßer Notizen Ablichtungen zu fertigen, sobald es um mehr als einen ganz schlichten Vorgang geht, Ffm AnwBl **78**, 183. Das gilt auch zur Kenntnisnahme durch den Beschuldigten, Bode MDR **81**, 287, oder durch eine Versicherung. Es gilt ferner zB für die Verwendung in einem zugehörigen Zivilprozeß, Hbg MDR **75**, 935, LG Essen VersR **76**, 251.
Streithelfer: Sein ProzBev darf für sich und den Antragsgeber Kopien der vor dem Beitritt gewechselten Schriftsätze anfertigen, soweit er sie nicht von der unterstützten Partei erhält, Düss VersR **79**, 870.
Streitverkündung: Eine Kopie kann geboten sein, soweit der Anwalt durch sie eine sonst notwendige Streitverkündung vermeiden will, AG Wuppert Rpfleger **81**, 368.
S auch Rn 13 „Eintritt in Rechtsstreit".
20 **Umfang:** Kopien können geboten sein, soweit die Angelegenheit einen besonderen Umfang hat, LG Fulda AnwBl **78**, 109. Das kann zB bei einer Verteidigung gelten, Hbg Rpfleger **75**, 331, LG Bonn AnwBl **75**, 102.
Nicht geboten ist eine derartige Sammlung, auf die der Anwalt wegen ihres Umfangs nach § 131 III ZPO Bezug nehmen darf.
Unstreitigkeit: Eine Kopie ist *nicht* geboten, soweit sie nur Unstreitiges belegen soll und auch nicht zu dessen Abgrenzung oder Klarstellung dient, Mü AnwBl **83**, 569.
Urteil: Rn 15 „Gerichtsakte".
21 **Vergleich:** Rn 15 „Gerichtsakte".
Verlustgefahr: Eine Kopie kann geboten sein, soweit das Original verlorenzugehen droht, KG Rpfleger **75**, 107. Eine solche Gefahr ist freilich bei einer Behörden- oder Gerichtsakte kaum vorhanden, wohl aber zB dann, wenn die routinemäßige Vernichtung dieses Aktenteils bevorstehen könnte.
Versorgungsausgleich: Rn 23 „Wichtigkeit der Unterlage".
22 **Verteidigung:** Kopien können geboten sein, soweit es sich um eine Pflichtverteidigung handelt, Karlsr JB **75**, 618, LG Karlsr AnwBl **79**, 281.
S auch Rn 20 „Umfang".

1988

Vergütungsverzeichnis **7000 VV**

Verwaltungssache: Kopien können geboten sein, soweit es sich um einen Auszug für die Handakten handelt, OVG Bre AnwBl **88**, 253, OVG Münst JB **89**, 973, VG Sigmaringen NVwZ-RR **03**, 910.
Vorübergehender Zeitraum: Rn 11 „Einsichtnahme".
Wertlosigkeit: Eine Kopie mag dann *nicht* geboten sein, wenn sie keinen Informationswert hat oder entscheidungsunerheblich ist, VG Stade AnwBl **85**, 54. 23
Wichtigkeit der Unterlage: Eine Kopie kann geboten sein, soweit es sich um eine für den Anwalt oder den Auftraggeber besonders wichtige Unterlage handelt, Schlesw AnwBl **86**, 547, etwa im Verfahren über einen Versorgungsausgleich, Köln AnwBl **82**, 114.
Zustellungsurkunde: Es gilt dasselbe wie bei Rn 14 „Empfangsbekenntnis".
Zweckmäßigkeit: Die bloße Zweckmäßigkeit läßt es noch *nicht* als auch wirklich geboten erscheinen, Kopien herzustellen, Schlesw SchlHA **89**, 145, aM LG Düss AnwBl **83**, 42 (zustm Chemnitz. Aber etwas Zweckmäßiges ist noch nicht schon deshalb auch bereits „geboten").
S auch Rn 15 „Gesamte Akte".

5) Zustellung usw bei mehr als 100 Seiten, Z 1 b. Unabhängig von den Voraussetzungen Z 1 a, c, d kann der Anwalt auch dann den Ersatz seiner Auslagen fordern, wenn die beiden folgenden Voraussetzungen zusammentreffen. 24
A. Grundlage: Rechtsvorschrift oder amtliche Aufforderung, Hs 1. Die Dokumentenpauschale entsteht dann, wenn der Anwalt Ablichtungen beliebiger Vorlagen zur Zustellung oder Mitteilung an Gegner oder sonstige Beteiligte oder deren Bevollmächtigte gerade nur oder zumindest auch gerade auf Grund entweder einer Rechtsvorschrift, LG Memmingen Rpfleger **07**, 288, oder einer gerichtlichen oder behördlichen oder sonstigen amtlichen Aufforderung oder Anweisung oder Obliegenheit und nicht nur von sich aus oder wegen einer Anheimgabe oder Bitte des Auftraggebers oder des Gegners oder dessen ProzBev angefertigt hat. Hierher gehören zB Anlagen des eigenen Schriftsatzes, Karlsr RR **99**, 437, Kblz MDR **01**, 534, LG Wuppert AnwBl **00**, 759, aM Düss AGS **00**, 22, Karlsr MDR **00**, 1998.
B. Beteiligter, Hs 1. Beteiligt ist zB auch ein Streithelfer, ein Streitverkündeter, ein Nebenkläger, ein Äußerungsberechtigter, BVerfG AGS **96**, 68, ein Beigeladener, eine Wohnungseigentümergemeinschaft, Mü AnwBl **78**, 109, Schlesw JB **83**, 1091, es sei denn, der Verwalter vertritt sie, BGH NJW **81**, 282. 25
Nicht Beteiligter ist aber das Gericht oder eine Versicherungsgesellschaft mit Ausnahme des Haftpflichtversicherers, Mü AnwBl **87**, 97, Stgt JB **85**, 122, oder des Rechtsschutzversicherers.
Verfahrensbevollmächtigter ist natürlich derjenige jedes Beteiligten, *nicht* aber der Termins- oder Verkehrsanwalt.
C. Rechtsvorschrift, Hs 1. Das sind zB §§ 133, 253 V ZPO, §§ 64 II 1, 77 I 3 FGO, § 93 S 1 SGG, §§ 86 V, 88 II VwGO, Brdb Rpfleger **91**, 160. Auch eine nicht gerade gesetzliche Vorschrift kann eine Rechtsvorschrift sein. Es reicht nur eine solche Rechtsvorschrift, die zur Anfertigung zwingt („zu fertigen waren") und sie nicht bloß anheimgibt oder gestattet. 26
Maßgeblich ist also der gesetzliche oder amtliche Anstoß. Ihn darf man nur bei seiner Eindeutigkeit wenigstens als eine Mitursache annehmen. Liegt er vor, schadet eine Bitte des Gegners usw nichts. Im Umfang einer Notwendigkeit ist ein Einverständnis des Auftraggebers unnötig.
D. Mehr als 100 Seiten nötig, Hs 2. Die Dokumentenpauschale entsteht selbst unter der Voraussetzung Rn 24 nur dann, wenn gerade schon nach Z 1 b innerhalb derselben Angelegenheit zu ihrem Zweck über 100 Seiten „zu fertigen waren", also insgesamt je Auftraggeber oder für einen jeden weiteren Verfahrensbeteiligten notwendig wurden. Man darf hier eine Notwendigkeit nach Z 1 c nicht mitbeachten. Bis zur Gesamtzahl von 100 bleiben die Kopien für den Auftraggeber kostenfrei. Die allgemeinen Geschäftsunkosten gelten es nämlich ab, amtliche Vorbemerkung 7 I 1. 27
E. Ermessen, Hs 2. Notwendig ist die Unterrichtung nach demselben Maßstab Rn 16ff. Der Anwalt hat also auch hier ein nicht zu enges, sondern eher großzügiges Ermessen, Hbg MDR **07**, 244. Die Anfertigung muß freilich gerade zur Zustellung oder Mitteilung an die in Z 1 b Genannten und an den Auftraggeber und nicht zu 28

anderen Zwecken notwendig gewesen sein. Nach § 133 I ZPO mag wegen der gemäß § 172 ZPO notwendigen Zustellung an den ProzBev nur *eine* Ablichtung notwendig sein, Hamm JB **02**, 202, aM Mü JB **83**, 386, Enders JB **99**, 283 (aber Wortlaut und Sinn des Gesetzes sind eindeutig). Jede Angelegenheit zählt gesondert. Es müssen also bei jeder Angelegenheit mehr als 100 Ablichtungen nötig sein, also bei jedem Auftraggeber, der zahlen soll. Das gilt auch bei einer gesetzlichen Anrechenbarkeit.

29   **F. Maßgeblicher Zeitpunkt, Hs 2.** Es müssen insgesamt im *Zeitpunkt der Anfertigung* schon und noch mehr als 100 Kopien gerade zu diesem Zweck notwendig gewesen sein. Soweit die Gesamtzahl 101 oder mehr betrug, ist die Anfertigung einer jeden Ablichtung usw unter den übrigen Voraussetzungen von Z 1 vergütbar, Hbg MDR **07**, 244. Nicht etwa findet eine Vergütung nur für die 101., 102., 103. Kopie usw statt, es sei denn, daß nur sie notwendig war.

Dabei stellt § 7 II 2 Hs 2 klar, daß der Anwalt die insgesamt entstandenen Auslagen fordern kann. Die Höhe der Pauschale richtet nach VV 7000 Z 1 aE in Verbindung mit der amtlichen Anmerkung. In derselben Angelegenheit und in demselben Rechtszug darf man daher zB nicht zweimal für die ersten 50 Kopien je 0,50 EUR berechnen. Wegen der Kostenerstattung Rn 37.

30   **6) Unterrichtung des Auftraggebers bei mehr als 100 Seiten, Z 1 c.** Unabhängig von Z 1 a, b und d kann die Pauschale auch dann entstehen, wenn gerade schon nach Z 1 c zur notwendigen Unterrichtung „des" Auftraggebers mehr als 100 Seiten zu fertigen waren, also notwendig wurden. Man darf hier eine Notwendigkeit nach Z 1 b nicht mitbeachten. Auch hier bleiben die ersten 100 Exemplare kostenfrei. Die Vorschrift stellt anders als Z 1 b nur auf den einzelnen Auftraggeber ab, der zahlen soll. Das gilt hier wie bei Z 1 b auch bei gesetzlicher Anrechenbarkeit. Nach § 7 II 1 Hs 2 kann bei einer Mehrheit von Auftraggebern die Dokumentenpauschale auch insoweit entstehen, als sie nur durch die Unterrichtung mehrerer Auftraggeber entstanden ist. Das bedeutet: Der Anwalt: Z 1 c ist auch dann nur einmal anwendbar, wenn über 100 Kopien erst infolge einer notwendigen Unterrichtung mehrerer Auftraggeber entstanden.

Notwendig wird die Unterrichtung nach demselben Maßstab wie bei Z 1 b, Rn 16 ff, 25. Notwendig ist die Kenntnisgabe jedes eigenen wie gegnerischen Schriftsatzes mit seinen dem Auftraggeber noch nicht bekannten Anlagen. Soweit ein Sachverständiger nicht genug Gutachtenkopien lieferte, ist auch deren Anfertigung notwendig, Schlesw AnwBl **86**, 547, SG Hbg AnwBl **94**, 302, SG Münst AnwBl **93**, 44.

Unanwendbar ist Z 1 c bei Ablichtungen für eine hinter dem Auftraggeber tätige Person, etwa für den Termins- oder Verkehrsanwalt oder den Versicherer mit Ausnahme des Haftpflichtversicherers. Auch eine Ablichtung für die Handakten des Anwalts fällt nicht unter Z 1 c, Hamm JB **02**, 202, Stgt JB **82**, 1193, aM Mü JB **83**, 386.

31   **7) Zusätzliche Ablichtung im Einverständnis mit dem Auftraggeber, Z 1 d.** Es müssen die folgenden Voraussetzungen zusammentreffen.

A. Zusätzliche Fertigung: Mehr als Vertragspflicht. Der Anwalt muß die Ablichtung zusätzlich gefertigt haben. Eine zusätzliche Anfertigung liegt nur dann vor, wenn der Anwalt mehr getan hat als nur seine gesetzliche Pflicht erfüllt hat, BVerfG NJW **96**, 382, BGH NJW **03**, 1128, Karlsr JB **98**, 596. Allerdings kann sich die Zusätzlichkeit auch dann ergeben, wenn der Anwalt durch übertriebenen Fertigungsvorgang auch seine gesetzliche Mindestpflicht erfüllt, aM Naumb JB **94**, 218. Man kann nicht die in (jetzt) Z 1 b, c genannte Zahl von Auftraggebern einfach auf Z 1 d als weitere Bedingung übertragen, aM (zum alten Recht) Stgt JB **00**, 247 (abl Enders).

Unerheblich ist bei Z 1 d die Zahl der angefertigten Kopien.

32   **B. Beispiele zur Frage einer Zusätzlichkeit, Z 1 d**
Anlage: Rn 31 „Notwendigkeit der Anlage".
Arbeitgeber: Die Zusätzlichkeit kann bei der Unterrichtung des Arbeitgebers vorliegen.
Arrest, einstweilige Verfügung: Die Zusätzlichkeit kann zwecks einer Zustellung vorliegen, Kblz JB **91**, 823.
Auskunft: Die Zusätzlichkeit kann zwecks einer Unterrichtung zB des Auftraggebers vorliegen.

Behörde: Die Zusätzlichkeit kann bei der Unterrichtung mehrerer Dienststellen vorliegen, Nürnb AnwBl **75**, 191, Schlesw JB **89**, 632.
Beteiligter: Rn 33 „Gegner".
Dritter: Die Zusätzlichkeit kann vorliegen, soweit der Anwalt eine Kopie einem anderen als dem Auftraggeber oder dessen Verkehrsanwalt anfertigt, etwa dem Versicherer, Ffm AnwBl **78**, 144, Hbg JB **78**, 1511, LG Darmst AnwBl **82**, 217, oder im Rechtsstreit wegen einer Angelegenheit nach dem NATO-Truppenstatut zur Unterrichtung des Entsendestaates.
Durchschlagszahl: Die Zusätzlichkeit kann vorliegen, soweit ein einmaliger Schreibgang nicht ausreicht, Karlsr AnwBl **76**, 344, Mü Rpfleger **78**, 152, Schlesw SchlHA **83**, 143. Freilich hat dieses Problem im Zeitalter von Fotokopie, Telefax, Drucker usw an praktischer Bedeutung verloren.
Eigener Schriftsatz: Die Zusätzlichkeit kann *fehlen*, soweit der Anwalt seinem Auftraggeber oder dessen Verkehrsanwalt eine Kopie des eigenen Schriftsatzes gibt. Denn nur dann kann der Auftraggeber usw eine Nachprüfung vornehmen, Hamm VersR **81**, 69, aM LG Aachen AnwBl **81**, 451 (zu eng). 33
Fachliteratur: Rn 35 „Schrifttum".
Freiwilligkeit der Anfertigung: Rn 4.
Gegner: Die Zusätzlichkeit kann vorliegen, soweit der Gegner nicht genügende Abschriften oder Ablichtungen übersandt hat, deren Kosten der eigene Auftraggeber dann nach § 91 ZPO, §§ 80ff, 113 I 2 FamFG erstatten fordern kann, Karlsr AnwBl **86**, 546, Mü JB **82**, 1190, LG Aachen AnwBl **81**, 451, aM Düss JB **86**, 875, RS 5 (zu eng).
   Die Zusätzlichkeit *fehlt*, soweit der Anwalt für jeden Prozeßgegner eine Abschrift oder Ablichtung und für dessen ProzBev eine weitere beifügt.
Gericht: Die Zusätzlichkeit kann vorliegen, soweit das Gericht weitere Kopien wünscht.
Gutachten: Die Zusätzlichkeit kann vorliegen, soweit die Kopie zwecks einer Unterrichtung zB des Auftraggebers vorliegen.
Haftpflichtversicherer: Rn 32 „Dritter".
Handakte: Die Zusätzlichkeit kann *fehlen*, soweit der Anwalt eine Kopie für die eigene Handakte anfertigt, Ffm Rpfleger **80**, 399, Hbg AnwBl **78**, 431.
Mitverwendung: Rn 35 „Überdruck".
NATO-Truppenstatut: Die Zusätzlichkeit kann bei der Unterrichtung des Entsendestaats nach dem NATO-Truppenstatut vorliegen. 34
Nebenintervenient: Rn 33 „Gegner".
Notwendigkeit der Anlage: Die Zusätzlichkeit kann vorliegen, soweit der Anwalt einem Schriftsatz eine notwendige Anlage beifügt, Karlsr MDR **02**, 665, Köln MDR **87**, 678, Mü JB **99**, 300, aM Drsd JB **00**, 1629, VGH Kassel AnwBl **84**, 52 (zu eng).
   S aber auch „Notwendigkeit der Kopie".
Notwendigkeit der Kopie: Die Zusätzlichkeit kann *fehlen*, soweit der Anwalt eine solche Kopie fertigt, die er im Rahmen des Vertrages ohnehin vornehmen muß, Hbg MDR **81**, 58 und 593, LG Kblz RR **02**, 134, aM Brdb AnwBl **96**, 172, AG Lpz JB **98**, 84 (je zu großzügig), oder soweit er sie er nach der allgemeinen anwaltlichen Übung ohnehin vornimmt, Rn 4, LG Mü Rpfleger **89**, 383 (zustm Spruth).
   S aber auch „Notwendigkeit der Anlage".
Patentanwalt: Rn 32 „Dritter".
Rechtsschutzversicherer: Rn 32 „Dritter".
Sachaufklärung: Die Zusätzlichkeit kann vorliegen, soweit der Anwalt eine solche Kopie fertigt, die der weiteren Sachaufklärung dient und das Verfahren abkürzen kann, Düss GRUR **99**, 372, Kblz JB **99**, 300, LG Duisb AnwBl **03**, 373. 35
Sachzusammenhang: Die Zusätzlichkeit kann vorliegen, soweit der Anwalt eine solche Kopie fertigt, die nicht zur Sache selbst gehört.
Schrifttum: Seine Anschaffung zählt zu den allgemeinen Geschäftskosten, amtliche Vorbemerkung 7 Rn 4. Kopien aus Fachzeitschriften oder allgemein zugänglichen Datenbanken sind nur ausnahmsweise erstattbar, Kblz MDR **07**, 1347.
Steuerberater: Rn 32 „Dritter".

Strafakte: Die Zusätzlichkeit kann mit der Folge auch einer Erstattungsfähigkeit vorliegen, soweit es um Kopien für den Beschuldigten geht, Bode MDR **81**, 287.
Streitgenosse: Die Zusätzlichkeit kann vorliegen, soweit der Anwalt Kopien für die selbständig vertretenen Streitgenossen des Auftraggebers anfertigt, LAG Hamm MDR **88**, 524.
Streitverkündeter: Rn 33 „Gegner".
Terminsanwalt: Rn 32 „Dritter".
Überdruck: Die Zusätzlichkeit kann vorliegen, soweit der Anwalt ein Überstück zwar unaufgefordert anfertigt und an das Gericht übersendet, soweit das Gericht dieses Überstück dann aber doch mitverwendet, BVerfG **65**, 75.
Unterbevollmächtigter: Die Zusätzlichkeit kann je nach den Umständen vorliegen oder *fehlen,* soweit der Anwalt für einen nach VV 3401 Unterbevollmächtigten eine Abschrift oder Ablichtung herstellt, strenger Hamm VersR **81**, 69.
Verkehrsanwalt: Rn 32 „Dritter".
Versicherung: Rn 32 „Dritter".
Weitere Ablichtung für Auftraggeber: Die Zusätzlichkeit kann vorliegen, soweit der Anwalt für den Auftraggeber eine weitere Abschrift oder Ablichtung anfertigt, Ffm JB **82**, 744, Düss VersR **86**, 770.
Zahl der Auftraggeber: Rn 31.
Zweck der Ausfertigung: Er ist unerheblich.

36   **C. Einverständnis des Auftraggebers.** Zusätzlich zu der Voraussetzung Rn 32–35 muß ein Einverständnis des Auftraggebers gerade mit der zusätzlichen Fertigung der Abschrift oder Ablichtung vorgelegen haben. Das Einverständnis kann ausdrücklich oder stillschweigend vorliegen, Kblz JB **99**, 300. Es mag vor der Anfertigung oder später ergangen sein, Mü NJW **82**, 817. Man muß nach den Umständen unter einer Berücksichtigung der Zweckmäßigkeit des Vorgehens des Anwalts prüfen, ob man das Einverständnis des Auftraggebers als erteilt ansehen darf, Hamm AnwBl **78**, 320, FG Kassel AnwBl **76**, 46. Der Auftrag reicht nicht stets aus.
Man darf und muß durchweg dann ein Einverständnis *unterstellen,* wenn die Anfertigung zur sachgemäßen Bearbeitung notwendig war, Z 1 a. Denn diese Vorschrift soll nicht einengen, Kblz JB **99**, 300. Freilich reicht ein allgemeines Einverständnis mit der Prozeßführung nicht aus, schon wegen eigener Kopierer. Freilich müßte die Vorlage zu einem solchen Eigenkopierer kommen. Das kann beträchtliche Zeit und Geld kosten. Schon deshalb sollte man auch insoweit nicht zu strenge Anforderungen an das Einverständnis stellen. Man muß das Einverständnis grundsätzlich bei jedem Auftraggeber gesondert prüfen. Eine Ausnahme mag zB bei Eheleuten oder mehreren Gesellschaftern oder Gemeinschaftern gelten.
Beim *Pflichtverteidiger* mag ein „Auftraggeber" in Gestalt des Beschuldigten usw fehlen. Anstelle dieses Partners tritt aber die Staatskasse. Das übergeht Düss NJW **08**, 2058.
Eine *Unterstellung* des Einverständnisses ist *zB in folgenden Situationen* möglich: Es handelt sich um ein umfangreiches oder schwieriges Verfahren; der Auftraggeber befindet sich im Ausland; es handelt sich um eine notwendige Ablichtung für den Streitgenossen und für dessen ProzBev; der Anwalt erteilt dem Auftraggeber eine weitere Ablichtung seines Schriftsatzes; es geht um Kopien der Bußgeld- oder Strafakten zur Verwendung im Schadensersatzprozeß oder umgekehrt.

37   **8) Elektronisch gespeicherte Datei, Z 2.** Nur soweit es um die Überlassung einer elektronisch gespeicherter Datei statt Abschriften oder Ablichtungen oder Ausdrucken nach Z 1 d geht, gilt vorrangig Z 2. Die Vorschrift gilt „anstelle" von Z 1 d. Das setzt verständigerweise voraus, daß alle Bedingungen von Z 1 d bis eben auf die elektronische Speicherform vorliegen müssen, Henke AnwBl **05**, 208. Der Anwalt hat ein Wahlrecht, ob er herkömmlich oder elektronisch vorgeht. Das muß man auch bei der Kostenfestsetzung respektieren.
Nicht hierher gehört das Telefax. Nicht hierher gehört ferner der bloße Empfang einer Datei.

38   **9) Höhe der Dokumentenpauschale, Z 1, 2.** Ihre Höhe beträgt nach der amtlichen Anmerkung S 1 je Angelegenheit nach § 15 Rn 9 und je etwaigem Rechtszug nach § 15 Rn 52 bei Z 1 a–d je angefangene gewöhnliche DIN A 4-Seite und bei

Vergütungsverzeichnis **7000 VV**

Z 1 b, c erst ab solcher Seite 101 ff unabhängig von der Art der Herstellung 0,50 EUR für die ersten 50 abzurechnenden Seiten und 0,15 EUR für jede weitere Seite sowie bei Z 2 je Datei 2,50 EUR. Große Seiten zählen entsprechend mehr, zB DIN A 3 = 2 × DIN A 4. Fotokopien zählen aber nicht höher, aM GS 59 (= Vervielfältigung von Fotos. Aber das verwischt die Grenzen). Das gilt unabhängig vom Marktpreis, LG Mü JB **97**, 484. Natürlich wäre eine willkürliche Aufspaltung in mehrere Dateien als eine Arglist unbeachtlich. Ein umfangreiches Dokument kann aber bei der Herstellung mehrerer Dateien erhalten haben. Dann darf der Anwalt sie bei einer Überlassung auch alle einzeln berechnen. Gesamtschuldner gelten als nur ein einziger Schuldner. § 7 II bleibt beachtlich.

Eine *Gebührenanrechnung* gilt nicht auch bei Auslagen.

10) Kostenerstattung, Z 1, 2. Der nachfolgende Grundsatz hat vielerlei Folgen. 39
A. Grundsatz: Keine zu weite Großzügigkeit. Man muß auch bei den hier genannten Auslagen ebenso wie bei sonstigen Auslagen des Anwalts zwischen der Ersatzfähigkeit der Forderung gegenüber dem Auftraggeber im Innenverhältnis und der Erstattungsfähigkeit gegenüber dem Prozeßgegner des Auftraggebers unterscheiden, §§ 91 ff ZPO, BVerfG **65**, 74. Insgesamt ist zwar keine Kleinlichkeit erlaubt, Enders JB **99**, 281. Andererseits ist nur eine nicht allzu weitgehende Großzügigkeit ratsam, Mü Rpfleger **83**, 86, LG Hann AnwBl **83**, 462, LAG Hamm AnwBl **84**, 316, aM LG Traunstein JB **92**, 603 (großzügiger).

Insbesondere gilt eine Notwendigkeit der nicht allzu weitgehenden Großzügigkeit bei einer Ablichtung aus einer Straf- oder Bußgeldakte für den zugehörigen Schadensersatzprozeß, LG Darmst AnwBl **82**, 217, LG Essen AnwBl **75**, 441, oder bei Fotokopien des Parteischriftwechsels im Verwaltungsverfahren, SG Düss AnwBl **83**, 40. Zu großzügig bejaht Ffm AnwBl **85**, 205 allgemein die Erstattungsfähigkeit auch wegen solcher Fotokopien, deren Originale sich beim Prozeßgegner befinden (sollen). Natürlich ist auch jede Engstirnigkeit verfehlt.

B. Notwendigkeit. In diesem Zusammenhang muß man unabhängig vom Ein- 40 verständnis des Auftraggebers stets prüfen, ob die Aufwendungen nicht bloß zweckmäßig, sondern sogar *notwendig* waren, §§ 91 ff ZPO, BVerfG **61**, 209 (allgemein), Brschw JB **99**, 301, Köln NJW **08**, 1330. Das gilt natürlich jetzt nur noch, soweit die Notwendigkeit nicht schon bei der Entstehung des Anspruchs im Innenverhältnis gegenüber dem Auftraggeber zum Auslagentatbestand gehört. Soweit man sie dort bejahen mußte, ergibt sie sich grundsätzlich damit auch nach §§ 91 ff ZPO, 80 ff, 113 I 2 FamFG usw, (je zum alten Recht) Mü MDR **89**, 367, aM KG MDR **87**, 678 (aber trotz der Notwendigkeit, Kosten niedrig zu halten, gibt § 91 II 1 ZPO einen Erstattungsanspruch in Höhe „gesetzlicher" Auslagen).

Der Antragsteller muß die *danach noch verbleibende* Notwendigkeit zB bei Z 1 d (Einverständnis des Auftraggebers) nur im Außenverhältnis darlegen, Brschw JB **99**, 301, Drsd JB **99**, 301, Ffm AnwBl **83**, 186. Er muß sie auch schon bei einem allgemeinen nicht nur ganz floskelhaften Bestreiten des Prozeßgegners glaubhaft machen, § 294 ZPO, Brdb JB **99**, 300, Karlsr AnwBl **00**, 264, LAG Ffm MDR **01**, 598, aM Kblz MDR **01**, 534 (Bestreiten je Kopie nötig. Das ist eine Überforderung). Das Gericht braucht die Notwendigkeit nicht bei jedem einzelnen Dokument zu prüfen, Ffm AnwBl **85**, 204, Mü AnwBl **83**, 569, aM Ffm AnwBl **83**, 186 (aber das wäre eine fast groteske Überspannung).

Eine Notwendigkeit *fehlt* meist dann, wenn eine billigere Lösung möglich ist, Köln Rpfleger **87**, 433. Freilich kann zB ein Zeitdruck eine teurere Lösung rechtfertigen. Für die Erstattungsfähigkeit ist der Zeitpunkt der Herstellung der Kopie maßgeblich, nicht der Erstattungszeitpunkt, Hamm AnwBl **78**, 320, LG Köln AnwBl **79**, 75.

B. Beispiele zur Frage einer Erstattungsfähigkeit, Z 1, 2 41
Arrest, einstweilige Anordnung oder Verfügung: Eine Erstattungsfähigkeit kann vorliegen, soweit es sich um ein Verfahren auf den Erlaß eines Arrests oder einer einstweiligen Anordnung oder Verfügung handelt, LG Ffm JB **76**, 471.
Audiodatei: Eine Erstattungsfähigkeit *fehlt*, soweit ein Einverständnis nach VV 7000 Z 2 fehlt, Köln NJW **08**, 1330.
Auftraggeber: Eine Erstattungsfähigkeit *fehlt*, soweit es sich um eine Kopie für den Auftraggeber handelt.

VV 7000 Vergütungsverzeichnis

Auskunft: Eine Erstattungsfähigkeit *fehlt*, soweit es sich um die Kopie einer Auskunft zB einer Behörde handelt, Bbg JB **86**, 68.
Auszug: Rn 58 „Vollständige Akte".
42 **Bedeutungslosigkeit:** Eine Erstattungsfähigkeit *fehlt*, soweit es sich um eine wahllose bedeutungslose Kopie oder gar um deren Vielzahl handelt, LG Essen JMBl-NRW **79**, 104.
Beschleunigung: Eine Erstattungsfähigkeit kann vorliegen, soweit eine Abschrift oder Kopie zur Beschleunigung des Prozesses eher beitragen kann als das Original, KG Rpfleger **75**, 107.
43 **Bezugnahme des Anwalts:** Eine Erstattungsfähigkeit kann vorliegen, soweit eine Anlage wegen einer Bezugnahme auf sie in einem vorbereitenden Schriftsatz nach § 131 ZPO erforderlich ist und soweit sie nicht eine nach § 253 II Z 2 ZPO notwendige direkte Darstellung in der Klageschrift ersetzen soll, Drsd RR **99**, 148, Ffm Rpfleger **75**, 31, BLAH § 91 ZPO Rn 187, am Ffm JB **78**, 1342.
Bezugnahme des Gerichts: Eine Erstattungsfähigkeit kann vorliegen, soweit das Gericht in einer Entscheidung auf eine Antragsanlage Bezug nimmt, Ffm Rpfleger **75**, 31.
44 **Dritter:** Eine Erstattungsfähigkeit *fehlt*, soweit es sich um die Information eines nicht einmal wirtschaftlich am Prozeß beteiligten Dritten handelt.
45 **Einstweilige Verfügung:** Rn 40 „Arrest, einstweilige Verfügung".
Erste Kopie: Eine Erstattungsfähigkeit *fehlt*, soweit es sich um die erste Kopie eines eigenen Schriftsatzes an den Auftraggeber handelt.
46 **Fachliteratur:** Rn 60 „Zitiermöglichkeit".
Fotokopie: Eine Erstattungsfähigkeit kann *fehlen*, soweit es billigere Kopien gibt, Ffm MDR **01**, 773.
S aber auch Rn 48 „Herstellungart", Rn 52 „Preis".
47 **Gerichtlich bestelltes Gutachten:** Eine Erstattungsfähigkeit liegt grds vor, soweit der Anwalt das Gutachten für den Auftraggeber kopieren muß, SG Hbg AnwBl **94**, 302.
Gesamtbild: Eine Erstattungsfähigkeit kann vorliegen, soweit das Gesamtbild einer Urkunde wichtig ist, Schlesw JB **81**, 385.
S auch Rn 52 „Sachvortrag".
Grundbuchauszug: Eine Erstattungsfähigkeit kann bei ihm vorliegen, Düss Rpfleger **09**, 344.
48 **Handakte:** Eine Erstattungsfähigkeit *fehlt*, soweit es sich um eine Kopie für die eigene Handakte handelt.
Handschriftlicher Auszug: Man kann ihn grds *keineswegs* dann fordern, wenn es nicht um eine ganz kurze Partie geht.
Herstellungsart: Wegen § 91 II 1 ZPO, der auf die „gesetzlichen" Auslagen verweist, und wegen Z 1 kommt es trotz des Grundsatzes der Notwendigkeit nicht darauf an, ob zB die Partei die Auslagen hätte billiger herstellen können als der ProzBev, Düss RR **96**, 576, Mü MDR **89**, 367, aM Köln MDR **87**, 678 (aber § 91 II 1 ZPO enthält eine bewußte Vereinfachung).
S aber auch Rn 46 „Fotokopie".
49 **Kostenfreie Erteilung:** Eine Erstattungsfähigkeit kann *fehlen*, soweit der Anwalt dem Auftraggeber nach dem Vertrag ohnehin eine Ablichtung kostenfrei erteilen muß.
Kostennachteil: Rn 52 „Preis".
50 **Mehrheit von Auftraggebern:** Rn 25.
Mehrheit von Beteiligten und Gegnern: Rn 25.
51 **Nähere Befassung:** Eine Erstattungsfähigkeit kann vorliegen, soweit sich der Anwalt mit einer Unterlage näher befassen muß, etwa mit einem Gutachten, OVG Lüneb AnwBl **84**, 322.
52 **Pflichtverteidiger:** Rn 35.
Preis: Eine Erstattungsfähigkeit kann *fehlen*, soweit der Auftraggeber umfangreiche nicht notwendige Kopien billiger beschaffen könnte, zB für wenige Cent je Stück. Dann ist nur dieser Betrag erstattungsfähig, LG Mü Rpfleger **89**, 383 (zustm Spruth).
S aber auch Rn 48 „Herstellungsart".

1994

Privatgutachten: Eine Erstattungsfähigkeit kann vorliegen, soweit es sich um die Kopie eines erstattungsfähigen, eingereichten Privatgutachtens handelt, OVG Lüneb AnwBl **84**, 322.
Protokoll: Eine Erstattungsfähigkeit *fehlt*, soweit es sich um eine Protokollkopie handelt.
Prozeßgegner: Eine Erstattungsfähigkeit *fehlt*, soweit es sich um eine Kopie für den Prozeßgegner handelt.
Prozeß- oder Verfahrenskostenhilfe: § 46 Rn 18 ff.
Rechtsmittelinstanz: Eine Erstattungsfähigkeit *fehlt* grds, AG Siegburg JB **02**, 203 (anders, wenn der Auftraggeber einen Schriftsatz der ersten Instanz erst während der höheren erhielt), großzügiger Brdb AGS **03**, 497.
Sachvortrag: Eine Erstattungsfähigkeit kann vorliegen, soweit die Unterlage der Verdeutlichung des Sachvortrags dient, Karlsr RR **02**, 1002.
S auch Rn 47 „Gesamtbild".
Scheckprozeß: Rn 55 „Urkundenprozeß". 53
Schriftsatzanlage: Eine Erstattungsfähigkeit *fehlt* grds, BGH NJW **03**, 241, Ffm AGS **03**, 396, Mü AGS **03**, 300. Das trifft auch beim Verkehrsanwalt zu, AG Mü AGS **03**, 349.
Ständige Benötigung: Eine Erstattungsfähigkeit kann vorliegen, soweit der ProzBev eine Unterlage ständig benötigt, zB ein Gutachten, LG Bln MDR **82**, 327.
Strafverfahren: Auch bei ihm besteht eine Erstattungsfähigkeit nur wegen notwendiger Auslagen.
Streitgenossen: Eine Erstattungsfähigkeit kann vorliegen, soweit es sich um ungewöhnlich viele Streitgenossen handelt, Mü Rpfleger **78**, 152, Schlesw SchlHA **83**, 143, oder soweit es um eine Kopie für den selbständig vertretenen Streitgenossen des Auftraggebers geht, LAG Hamm MDR **88**, 524. 54
Unersetzbarkeit: Eine Erstattungsfähigkeit kann vorliegen, soweit das Original unersetzbar ist, Bbg JB **81**, 1679, LG Bln Rpfleger **82**, 159, LG Ffm AnwBl **82**, 319. 55
Urkundenprozeß: Eine Erstattungsfähigkeit kann vorliegen, soweit es um eine Urkundenkopie (Doppel für den Gegner) im Urkunden-, Scheck- oder Wechselprozeß geht, Kblz BB **89**, 2288.
Urschrift: Eine Erstattungsfähigkeit *fehlt*, soweit es sich um die Urschrift für das Gericht handelt.
Urteil: Eine Erstattungsfähigkeit *fehlt*, soweit es sich um eine Urteilskopie handelt.
Verhalten der Partei: Eine Erstattungsfähigkeit kann vorliegen, soweit Kopien für das Verhalten der Partei im Prozeß wichtig sind, Ffm MDR **78**, 498. 56
Veröffentlichung: Reichlich engherzig *versagt* LAG Hamm MDR **81**, 789 die Erstattungsfähigkeit der Kosten einer Kopie einer unveröffentlichten Entscheidung schlechthin.
Versicherungsgesellschaft: Eine Erstattungsfähigkeit kann unter dem Stichwort Vorbereitungskosten vorliegen, BLAH § 91 ZPO Rn 270 ff, soweit es sich um die Information einer Versicherungsgesellschaft handelt, Düss AnwBl **83**, 557, LG Flensb AnwBl **79**, 391. Das gilt jedenfalls, soweit der Auftraggeber die Prozeßführung seinem Haftpflichtversicherer überlassen mußte. Freilich darf das nicht einfach auf Kosten des Prozeßgegners geschehen. Daher mag eine Einzelfallprüfung notwendig sein. 57
Nicht erstattungsfähig ist die Anfertigung, soweit die Versicherung überhaupt nur prüfen will, ob sie den Prozeß aufnimmt, Kblz JB **81**, 136.
Vollständige Akte: Eine Erstattungsfähigkeit kann vorliegen, wenn man dem Beschuldigten zubilligen muß, sich selbst zu informieren, LG Landsh JB **04**, 26. 58
Eine Erstattungsfähigkeit *fehlt*, soweit es sich um die Kopie einer vollständigen Akte handelt, wenn ein Auszug gereicht hätte, Ffm MDR **78**, 498, Hbg JB **78**, 1511.
Vorprozeß: Eine Erstattungsfähigkeit kann vorliegen, soweit die Akten eines Vorprozesses schwer erreichbar sind, Hbg MDR **75**, 935.
Wechselprozeß: Rn 55 „Urkundenprozeß". 59
Wohnungseigentümer: Eine Erstattungsfähigkeit kann *fehlen*, soweit über den Verwalter hinaus jedem Miteigentümer einer großen Gemeinschaft alle Unterlagen erhalten hat, Kblz JB **06**, 88 recht.

VV 7000–7002   Vergütungsverzeichnis

Wortlaut: Eine Erstattungsfähigkeit kann vorliegen, soweit es auf den Wortlaut einer Urkunde ankommt, VG Arnsberg AnwBl **84**, 323.
S auch Rn 60 „Zitiermöglichkeit".

60 **Zitiermöglichkeit:** Eine Erstattungsfähigkeit *fehlt* nach noch verbreiteter Beurteilung, soweit es sich um die Kopie einer solchen Entscheidung handelt, die der Anwalt auch zitieren konnte, statt ihren Wortlaut beizufügen, Schlesw SchlHA **82**, 60, LAG Hamm MDR **81**, 789, ArbG Kblz BB **84**, 1556, aM LAG Köln JB **84**, 872 (aber dann war die Kopie nicht notwendig).
Dabei kommt es allerdings auch auf die einigermaßen normale *Erreichbarkeit* der Fundstelle an, Mümmler JB **83**, 491. Diese sinkt bei den meisten Gerichten infolge Mittelkürzungen und Überlastung ständig. Außerdem sind dort viele Zeitschriften monatelang irgendwie praktisch unerreichbar im Umlauf. Die Anforderungen an den Anwalt, sich stets auf dem neuesten Stand zu halten, werden sogar vom BGH bei sich selbst leider keineswegs mehr ebenso streng gehandhabt. Das alles läßt eine gewisse Großzügigkeit bei der Bejahung der Erstattungsfähigkeit ratsam werden. Die heutigen Bildschirmnutzungsmöglichkeiten helfen oft entscheidend.

61 **Zustellung:** Eine Erstattungsfähigkeit kann vorliegen, soweit eine Anlage zum Zweck der Zustellung eines vorbereitenden Schriftsatzes nach § 133 ZPO erforderlich ist, Karlsr AnwBl **86**, 184, Kblz JB **91**, 537, LG Mü MDR **91**, 256.
Eine Erstattungsfähigkeit kann *fehlen*, soweit es um Kopien für eine Zustellung geht, die vermeidbar ist, Mü MDR **87**, 418.

Nr.	Auslagentatbestand	Höhe
7001	Entgelte für Post- und Telekommunikationsdienstleistungen	in voller Höhe
	Für die durch die Geltendmachung der Vergütung entstehenden Entgelte kann kein Ersatz verlangt werden.	
7002	Pauschale für Entgelte für Post- und Telekommunikationsdienstleistungen .... Die Pauschale kann in jeder Angelegenheit anstelle der tatsächlichen Auslagen nach 7001 gefordert werden.	20% der Gebühren – höchstens 20,00 EUR

Zu VV 7001, 7002:

Gliederung

1) Systematik 1
2) Regelungszweck 2
3) Persönlicher Geltungsbereich 3
4) Wahlrecht 4–8
   A. Entweder tatsächliche Unkosten 4
   B. Oder Pauschale 5
   C. Je Angelegenheit 6
   D. Beispiele zur Frage des Wahlrechts 7, 8
5) Keine Ab- oder Aufrundung; keine Anrechnung ... 9
6) Kostenerstattung 10, 11

1 **1) Systematik.** Die Vorschriften gelten grundsätzlich für alle im Zusammenhang mit der Ausführung eines einzelnen Anwaltsauftrags entstandenen dort genannten Unkosten bei der gesetzlichen Vergütung. Dazu zählen auch Einschreiben, Rückscheine, Zustellungsurkunden, Päckchen, Pakete, notwendige oder doch ratsame Express- und Eilsendungen, Telefon, Telefax, Köln JB **02**, 591, e-mail, Telegrammkosten oder sog Funkbotenkosten, aM Köln JB **02**, 591 (Fahrradkurier), LG Ffm Rpfleger **84**, 433, GS 4 (aber auch Eilsendungen sind Post- oder Telekommunikationsdienstleistungen). Nicht dazu gehören nach VV 7001 amtliche Anmerkung die Entgelte für die Geltendmachung der Vergütung, also zB für das Porto der Rechnung und der Mahnungen. Natürlich würden aber diesbezügliche Prozeßkosten erstattbar sein. Juris-Recherchekosten und allgemeine Anschaffungs-, Grundgebühren oder Unterhaltungskosten gehören nicht hierher, VV amtliche Vorbemerkung 7 I, SG Bln AnwBl

94, 367. Bei einer Vergütungsvereinbarung gilt § 3a vorrangig auch wegen der sonst in VV 7001, 7002 geregelten Auslagen, LG Kblz AnwBl **84**, 206 (zustm Madert). Das gilt selbst dann, wenn ein *Einzelauftrag Anlaß* zur Anschaffung usw war, es sei denn, die Anschaffung wird nur für ihn gemacht. Fracht- oder Expreßgutkosten zählen ebenfalls nicht hierher, sondern nach §§ 670 ff BGB. Solche Aktenversendungskosen, die nicht beim Gericht entstehen (dann gilt KV 9003, Teil I dieses Buchs), sondern beim Anwalt, zB zur Rücksendung, fallen unter (jetzt) VV 7001, 7002, AG Bln-Tiergarten AnwBl **95**, 571, AG Lpz JB **05**, 547, AG Nordhorn JB **95**, 305, aM GS 6.

Im Rahmen einer *Beratungshilfe* nach dem BerHG gibt es keinen Auslagenersatz, VV 2600 amtliche Anmerkung S 1. Man muß im übrigen von den in VV 7001, 7002 genannten Unkosten die in VV amtliche Vorbemerkung 7 I genannten nicht gesondert ersatzfähigen „allgemeinen Geschäftsunkosten" unterscheiden. Zu den letzteren gehören die Stammgebühren für die Telefonanlage des Anwalts, LG Münst JB **76**, 1202.

2) Regelungszweck. VV 7001, 7002 dienen einer einigermaßen gerechten und 2 zugleich im kleineren Durchschnittsfall recht praktikablen zweckmäßigen Abgeltung typischer „besonderer" Geschäftsunkosten. Sie sollten also gerade nicht im Topf der „allgemeinen" nach der amtlichen Vorbemerkung 7 I untergehen. Vorsicht vor der Gefahr und Versuchung, Post- und Telekommunikationskosten zu nächst nach VV 7001, 7002 ersetzt zu fordern, dann aber auch noch steuerlich als Betriebskosten abzusetzen. Die Pauschsätze dienen der Vereinfachung und sind keine versteckten weiteren Gebühren. Das alles muß man bei der Auslegung mitbeachten.

3) Persönlicher Geltungsbereich. VV 7001, 7002 gelten auch für einen beige- 3 ordneten oder bestellten Anwalt, Rn 8. Sie gelten auch für einen Patentanwalt, Ffm JB **78**, 532. Sie gelten aber nicht für den gemeinsamen Vertreter nach § 306 IV 7 AktG, für den das Gericht die Vergütung festgesetzt hat, BayObLG JB **96**, 193. *Unanwendbar* sind VV 7001, 7002 bei § 1 II. Insbesondere erhält der Anwalt als Betreuer usw einen Auslagenersatz nach VV 7001, 7002 nicht zusätzlich neben demjenigen nach dem BGB, BayObLG AnwBl **96**, 346, es sei denn, dieses verweist auf das RVG, weil der Betreuer usw einen Anwalt braucht, BVerfG FamRZ **00**, 1280, BayObLG Rpfleger **02**, 441. Ferner sind VV 7001, 7002 unanwendbar, soweit der Anwalt nur für den Auftraggeber Post weiterleitet, von Eicken AGS **99**, 160 (§ 670 BGB).

4) Wahlrecht. Der Anwalt hat bei jedem Auftrag innerhalb jeder Angelegenheit 4 welcher Art auch immer ein gesondertes Wahlrecht im Rahmen eines grundsätzlich nicht überprüfbaren Ermessens, solange kein Rechtsmißbrauch vorliegt. **A. Entweder tatsächliche Unkosten.** Der Anwalt kann die tatsächlich entstandenen Unkosten nach VV 7001 fordern und muß sie dann in seiner Handakte einzeln vermerken und in seiner Kostenberechnung nach § 10 II 2 (nur) mit dem Gesamtbetrag aufführen sowie beim Bestreiten des Auftraggebers einzeln darlegen und beweisen. Er darf sie dann zu ihrer tatsächlichen Höhe ersetzt fordern, soweit er sie für notwendig halten durfte, § 10 Rn 13. Die Kosten der Geltendmachung der konkret berechneten Entgelte sind nach VV 7001 amtliche Anmerkung nicht ersetzbar.

B. Oder Pauschale. Der Anwalt kann aber auch statt dessen wegen der vor der 5 Beendigung dieser Angelegenheit irgendwie entstandenen ersatzfähigen Auslagen bei irgendeiner Art von Telekommunikation insgesamt eine Pauschsatz von 20% der normalen gesetzlichen und nicht etwa zB nach § 44 verminderten Gebühren fordern, AG Oschatz FamRZ **07**, 1671. Das gilt in den Grenzen von Arglist gerade auch dann, wenn die tatsächlichen Unkosten nicht annähernd die Pauschale erreichen, AG Aachen JB **05**, 475. Es genügt die Entstehung von einmal Porto oder Telefon, LG Bln JB **85**, 1343, AG Osnabr NdsRpfl **86**, 257.

C. Je Angelegenheit. In derselben Angelegenheit und im gerichtlichen Verfahren 6 in demselben Rechtszug kann er jedoch unabhängig von der Zahl der Gebührenschuldner den Pauschsatz *nur einmal* und mit höchstens 20 EUR fordern. Das gilt auch im Eilverfahren, KG RR **09**, 1438, und in einer Strafsache, Saarbr Rpfleger **07**, 342, oder in einem Bußgeldverfahren, LG Hbg JB **06**, 644, und innerhalb derselben Angelegenheit bei mehreren Auftraggebern. Dabei muß man § 7 II beachten. Frei-

1997

lich berechnet man dann unter einer Mitbeachtung von VV 1008 bis zu insgesamt eben 20 EUR.
Die Vorschrift erleichtert dem Anwalt die Abrechnung insbesondere dann, wenn die *tatsächlichen Postunkosten nur gering* sind, AG Magdeb JB **05**, 651. Auslagen sind *keine* Gebühren nach § 1 I 1, LG Bln JB **98**, 256, FG Greifsw JB **95**, 587, VG Dessau Rpfleger JB **95**, 314 (abl Hoffmann), aM FG Cottbus EFG **95**, 633.

7 **D. Beispiele zur Frage des Wahlrechts**
Abgabe: Nach einer Abgabe entsteht evtl nach § 20 S 2 (nicht S 1!) ein neuer Rechtszug und daher ein neues Wahlrecht.
Angelegenheit: Der Pauschsatz ist für jede gebührenrechtliche besondere Angelegenheit extra zulässig, (jetzt) VV 7002 amtliche Anmerkung, KG Rpfleger **78**, 391, Kblz JB **02**, 583, Schmidt AnwBl **84**, 438. Ob infolge einer Verbindung oder Trennung verschiedene Angelegenheiten vorliegen, muß man nach den Gesamtumständen klären, LG Bln JB **85**, 1343, aM Schlesw JB **86**, 1045.
Zum Begriff *derselben Angelegenheit* § 15 Rn 9 ff, §§ 16, 17, 20, 21, Meyer JB **06**, 414.
Anrechnung: Nach dem Gesetz können zwar *Gebühren* aufeinander anrechenbar sein. Dann errechnen sich die „gesetzlichen Gebühren" nur nach dem Ergebnis der Anrechnung.
Nicht aber erfolgt auch beim *Pauschsatz* als einer Auslagenart eine Anrechnung, KG Rpfleger **00**, 238, LG Oldb Rpfleger **02**, 49, AG Nürtingen JB **03**, 417, aM Hansens JB **87**, 1744, Schmidt AnwBl **84**, 438 (nur *eine* Pauschale), Schneider MDR **91**, 928 (*vor* Anrechnung).
Anwaltswechsel: Der Pauschsatz kann mehrfach anfallen, soweit ein Anwaltswechsel notwendig wird, Oldb JB **82**, 718, BLAH § 91 ZPO Rn 124 „Mehrheit von Prozeßbevollmächtigten. A. Anwaltswechsel".
Beiordnung, Bestellung: Rn 8 „Pflichtverteidiger".
Beratungshilfe: Auch der bei einer Beratungshilfe tätige Anwalt kann nach VV 7001, 7002 vorgehen, Bbg JB **07**, 645, Nürnb JB **07**, 210, freilich nicht bei VV 2500. Ausgangspunkt ist die Gebühr der Beratungshilfe, Hamm FamRZ **09**, 721 (§ 55), und nicht einer fiktiven Wahlanwaltstätigkeit, Bbg JB **07**, 645, AG Salzgitter JB **08**, 29, aM Nürnb JB **10**, 40. VV 2501, 2503 sind anwendbar, aM LG Bln JB **87**, 1869, AG Gronau JB **85**, 400. Ausgangsgebühr ist *seine* Gebühr und nicht diejenige eines Wahlanwalts, Drsd MDR **09**, 415, Nürnb Rpfleger **08**, 504, LG Bln Rpfleger **08**, 505.
Einforderung: Eine Rechnungslegung ist nicht notwendig, sondern nur eine schriftliche Geltendmachung, Minwegen JB **05**, 421.
S auch Rn 8 „Versicherung".
Höchstbetrag: Er liegt je Pauschale in allen Arten von Tätigkeit bei (jetzt) 20 EUR, Düss WoM **07**, 66. Er kann also je Angelegenheit und daher mehrmals anfallen. Andernfalls würde die Pauschale gerade bei einer umfangreicheren Tätigkeit ihren Sinn verfehlen.
S auch Rn 8 „Umsatzsteuer".
Instanz: Rn 8 „Rechtszug".
Nachforderung: Eine Pauschalforderung schließt auch dann eine Nachforderung für dieselbe Instanz aus, wenn sich herausstellt, daß die tatsächlichen Unkosten in jener Instanz wesentlich höher waren, aM LG Bln Rpfleger **88**, 42, GS 40 (aber der Pauschsatz soll ja gerade eine etwaige Abweichung der tatsächlichen Kosten von der Pauschale nach oben wie unten abgelten).

8 **Patentanwalt:** Auch der Patentanwalt hat ein Wahlrecht, Rn 3.
Pflichtverteidiger: Auch er hat ein Wahlrecht. Der Anwalt soll auch in einer solchen Funktion diese Abrechnungserleichterung ausnutzen dürfen. Deshalb ist § 46 nicht anwendbar. Daraus ergibt sich zugleich, daß man die 20% nicht von den Gebühren des Pflichtverteidigers oder von den gekürzten Gebühren der §§ 45, 49 errechnen darf, sondern daß man sie nach § 13 berechneten gesetzlichen Gebühren ermitteln muß, Düss JB **87**, 703, KG JB **80**, 1198.
Prozeßkostenhilfe: Es gilt dasselbe wie beim „Pflichtverteidiger".
Rahmengebühr: Das Wahlrecht besteht auch bei ihr. Dann berechnet man zunächst die nach 14 angemessene Gebühr und von ihr 20%.

Rat: Das Wahlrecht besteht auch bei einem nur mündlichen Rat, aM AG Kblz FamRZ 04, 1806, Mümmler JB **94**, 589 (aber auch dann können zB Telefonspesen entstanden sein usw, AG Kblz AGS **04**, 158).
Rechtszug: Zum Begriff § 15 Rn 52. Soweit § 19 direkt oder entsprechend anwendbar ist, kommt die Pauschale nur einmal in Betracht.
S auch Rn 7 „Abgabe", Rn 8 „Verweisung".
Trennung: Rn 7 „Angelegenheit".
Übergangsrecht: Es gilt nichts Besonderes, § 60 Rn 1, 34.
Umsatzsteuer: Sie tritt stets hinzu, auch zum Höchstbetrag.
Verbindung: Rn 7 „Angelegenheit".
Versicherung: Soweit der Anwalt nur den Pauschsatz fordert, braucht er seine Entstehung anders als bei sonstigen Auslagen nicht nach § 104 II ZPO zu versichern. Es muß aber natürlich zumindest ein einzelner Posten dieser Auslagenart entstanden sein, um solche Versicherung zu erlauben.
Verweisung: Nach einer Verweisung entsteht evtl nach § 20 S 2 (nicht S 1!) ein neuer Rechtszug und daher ein neues Wahlrecht.
Zurückverweisung: Nach ihr entsteht gemäß § 21 I ein neuer Rechtszug und daher ein neues Wahlrecht.

5) Keine Ab- oder Aufrundung; keine Anrechnung. Es gibt keine Ab- oder Aufrundung. Zwar erfaßt § 1 I 1 auch die Auslagen. Die Abschnitte 1–9 des RVG enthalten aber aus den Gründen § 13 Rn 7 keine Ab- oder Aufrundungsvorschrift mehr. Man muß also jede einzelne Auslage centgenau errechnen und dann evtl ebenso centgenau addieren. Es gibt auch anders als bei Gebühren keinen direkten Mindestbetrag einer Auslage. Er kann sich freilich bei einer Anwendung des Pauschsatzes indirekt daraus ergeben, daß sich der Pauschbetrag aus einer Gebühr errechnet. Das alles gilt sowohl dann, wenn der Anwalt die in VV 7001 genannten Unkosten in ihrer tatsächlichen Höhe ersetzt fordert, als auch dann, wenn er einen Pauschsatz nach VV 7002 geltend macht. § 13 II gilt nur für Gebühren, nicht für Auslagen und daher auch nicht für VV 7002. Bei der Hebegebühr VV 1009 handelt es sich nicht um eine Auslage, sondern um eine echte Gebühr.

Es findet mangels einer gesetzlichen Vorschrift *keine Anrechnung* statt, AG Alzey AnwBl **82**, 399, AG Hbg AnwBl **93**, 293, Meyer JB **06**, 415. Die Pauschale errechnet sich aus den Gebühren *vor* einer etwaigen dortigen Anrechenbarkeit, Köln Rpfleger **94**, 432, LG Bln JB **82**, 1351, AG Hbg AnwBl **93**, 293, aM LG Bln Rpfleger **88**, 42, LG Bonn **91**, 65, Hansens JB **87**, 1744 (aber „Gebühr" ist diejenige vor Anrechnungen).

6) Kostenerstattung. Wegen des Unterschieds zwischen dem Ersatzanspruch im Innenverhältnis zum Auftraggeber und dem Kostenerstattungsanspruch des Auftraggebers gegenüber seinem Prozeßgegner VV 7008 Rn 16 ff. Die vom Anwalt dem Auftraggeber berechneten Pauschalen sind grundsätzlich voll erstattungsfähig. Höhere Beträge hängen von der Notwendigkeit ab, wie sonst bei § 91 ZPO, §§ 80 ff, 113 I 2 FamFG. Jedoch erleichtert § 104 II 2 ZPO die Geltendmachung der Auslagen des ProzBev, auch des Beweis-, Termins- oder Verkehrsanwalts, aM GS 49 (aber § 104 II 2 ZPO spricht schlicht von „einem" Rechtsanwalt). Das gilt zum Grund und zur Höhe, aM Ffm JB **82**, 555, Hbg JB **81**, 454 (aber § 104 II 2 ZPO spricht schlicht von Entstehung „dieser … erwachsenen" Auslagen). Angemessene tatsächliche Auslagen sind erstattungsfähig, Mü MDR **92**, 1004. Man darf wohl meine Angemessenheit unterstellen, Hbg JB **81**, 454, VGH Mannh JB **90**, 1001, aM Ffm AnwBl **82**, 202. Die bloße Versicherung des Anwalts zur Entstehung reicht, es sei denn, die Notwendigkeit ist streitig. Notwendig ist die Versicherung desjenigen Anwalts, bei dem die Auslagen entstanden sind, etwa des Beweis- oder Verkehrsanwalts, Karlsr JB **75**, 206. Beim notwendigen Anwaltswechsel können die Pauschalen mehrfach erstattungsfähig sein, Oldb JB **82**, 718.

Fernsprechkosten sind grundsätzlich erstattungsfähig, (jetzt) VV 7001, Mü Rpfleger **82**, 311. Das gilt insbesondere für ein solches Telefonat, das erforderlich wird, um einen Verkehrsanwalt zu vermeiden, Karls JB **75**, 206, oder um Zeit zu gewinnen, oder das eine schnellere und genauere Information ermöglicht, Mü MDR **92**, 1004. Portokosten sind ebenfalls grundsätzlich erstattungsfähig. Das gilt jedenfalls, soweit sie zur Vorbereitung nötig waren, aber auch zB für die portopflichtige Rücksendung eines

VV 7001–7006 Vergütungsverzeichnis

Empfangsbekenntnisses, Schneider NJW 97, 1430. Für eine Mitteilung an den Rechtsschutzversicherer ist eine Auslagenpauschale nicht erstattungsfähig, AG Düss VersR 86, 1202. Die unmittelbar dem Postwesen dienenden Umsätze der Deutschen Post AG sind dabei umsatzsteuerfrei, § 4 Z 11b UStG. Auch Kurierkosten für einen Aktenrücktransport können erstattbar sein, aM VG Hbg JB 08, 153 (aber auch sie können notwendig gewesen sein).

Nr.	Auslagentatbestand	Höhe
7003	Fahrtkosten für eine Geschäftsreise bei Benutzung eines eigenen Kraftfahrzeugs für jeden gefahrenen Kilometer	0,30 EUR
	Mit den Fahrtkosten sind die Anschaffungs-, Unterhaltungs- und Betriebskosten sowie die Abnutzung des Kraftfahrzeugs abgegolten.	
7004	Fahrtkosten für eine Geschäftsreise bei Benutzung eines anderen Verkehrsmittels, soweit sie angemessen sind	in voller Höhe
7005	Tage- und Abwesenheitsgeld bei einer Geschäftsreise	
	1. von nicht mehr als 4 Stunden	20,00 EUR
	2. von mehr als 4 bis 8 Stunden	35,00 EUR
	3. von mehr als 8 Stunden	60,00 EUR
	Bei Auslandsreisen kann zu diesen Beträgen ein Zuschlag von 50% berechnet werden.	
7006	Sonstige Auslagen anlässlich einer Geschäftsreise, soweit sie angemessen sind	in voller Höhe

Zu VV 7003–7006:

Gliederung

1) Systematik, VV 7003–7006	1
2) Regelungszweck, VV 7003–7006	2
3) Sachlicher Geltungsbereich: Geschäftsreise, VV 7003–7006	3–8
A. Begriff, amtliche Vorbemerkung 7 II	3
B. Gemeindegrenzen	4
C. Kanzleiverlegung	5
D. Nur als Anwalt	6
E. Auftrag	7
F. Erforderlichkeit	8
4) Persönlicher Geltungsbereich: Anwaltseigenschaft, VV 7003–7006	9, 10
5) Kraftfahrzeug, VV 7003	11–19
A. Zulässigkeit	11
B. Eigenes Kraftfahrzeug	12
C. Halter	13
D. Gebrauch	14, 15
E. Kraftfahrzeugbegriff	16
F. Pauschale	17, 18
G. Tatsächliche Entfernung	19
6) Anderes Verkehrsmittel, VV 7004	20–26
A. Zulässigkeit	20
B. Verhältnismäßigkeit	21, 22
C. Direkte Fahrtkosten	23
D. Kein Ersatz von Allgemeinkosten	24
E. Zugang, Abgang	25, 26
7) Tage- und Abwesenheitsgeld, VV 7005	27–35
A. Ermessen	27
B. Pauschale	28, 29
C. Notwendiger Zeitaufwand	30
D. Mittag, Sonntag	31
E. Nur im Wirkungskreis	32

Vergütungsverzeichnis   7003–7006 VV

    F. Inlandsreise 33
    G. Auslandsreise, amtliche Anmerkung 34, 35
  8) **Sonstige Reisekosten, zB Übernachtungskosten, VV 7006** 36–39
    A. Zulässigkeit 36
    B. Notwendigkeit 37, 38
    C. Bequemlichkeit 39
  9) **Fälligkeit, VV 7003–7006** 40
10) **Kostenerstattung, VV 7003–7006** 41–53
    A. Grundsatz: Notwendigkeit im Außenverhältnis 41–46
    B. Prozeß- oder Verfahrenskostenhilfe 47, 48
    C. Arbeitsgerichtsverfahren 49
    D. Finanzgerichtsverfahren 50
    E. Sozialgerichtsverfahren 51
    F. Verwaltungsgerichtsverfahren 52, 53

1) Systematik, VV 7003–7006. Die Kosten einer Geschäftsreise des Anwalts oder   **1**
seines Vertreters nach § 5 sind echte Auslagen. Der Anwalt hat daher zwecks einer
Kostengerechtigkeit auch einen Anspruch gegenüber dem Auftraggeber auf ihren Ersatz.
Man muß von diesem das Innenverhältnis berührenden Ersatzanspruch den etwaigen
Erstattungsanspruch des Auftraggebers gegenüber seinem Prozeßgegner unterscheiden.
    VV 7003–7006 regeln den Fall, daß der Anwalt eine Reise nur zur Erledigung
eines *einzelnen* Geschäfts vornimmt. VV amtliche Vorbemerkung 7 III 1 regelt demgegenüber
den Ersatzanspruch wegen der Kosten einer solchen Reise, die mehreren
Geschäften dient. VV amtliche Vorbemerkung 7 III 2 enthält eine Einschränkung,
falls der Anwalt seine Kanzlei nach der Annahme eines Auftrags an einen anderen
Ort verlegt. Für den im Weg der Prozeß- oder Verfahrenskostenhilfe beigeordneten
Anwalt enthält § 46 eine vorrangige Sonderregelung des Ersatzes von Reisekosten.
VV 7003–7006 sind in manchen Einzelheiten mit § 153 KostO vergleichbar. Wegen
des Ersatzes von Reisekosten einer anderen Person als des Vertreters nach § 5 muß
der Anwalt eine nach § 3a statthafte und oft ratsame Vereinbarung mit dem Auftraggeber
treffen. Bei einer Reise für mehrere Auftraggeber gilt die amtliche Vorbemerkung 7 II 1.
Bei mehreren Angelegenheiten gilt die amtliche Vorbemerkung 7
III 1.

2) Regelungszweck, VV 7003–7006. Die Vorschriften dienen ähnlich wie bei   **2**
§ 153 KostO, Teil III dieses Buchs, einer weder zu großzügigen noch zu engstirnigen
Abwägung der Interessen der Vertragspartner und auch des evtl erstattungspflichtigen
Abwägung der Interessen der Vertragspartner und auch des evtl erstattungspflichtigen
Gegners des Auftraggebers bei der Bemessung der Entschädigung. Das geschieht auf
einem solchen Teilgebiet der Auslagen, auf dem man eine gewisse Mißbrauchsgefahr
bannen, aber auch eine dem Organ der Rechtspflege würdegemäße Handhabung
vornehmen muß. Der Anwalt soll zwar jedem Einzelauftrag seine volle Arbeitskraft
widmen. Er muß gleichzeitig aber schon wegen seiner faktisch weitgehenden Abhängigkeit
zB von der gerichtlichen Terminierung oft zum aufwendigeren, weil
schnelleren oder erträglicheren Reisemittel greifen, um seine Aufgaben auch anderen
Mandanten gegenüber erfüllen zu können. Das alles sollte man bei der Auslegung
mitbeachten.

3) Sachlicher Geltungsbereich: Geschäftsreise, VV 7003–7006. Es empfehlen   **3**
sich mangels einer vorrangigen zulässigen Vereinbarung nach § 4 drei Prüfschritte.
    A. Begriff, amtliche Vorbemerkung 7 II. Der Anwalt oder sein Vertreter nach
§ 5 muß eine Geschäftsreise ausgeführt haben. Sie liegt dann vor, wenn der Anwalt
sowohl nach außerhalb der Gemeinde seines Büros als auch nach außerhalb der politischen
Gemeinde seiner davon etwa verschiedenen Wohnung gereist ist, VV amtliche
Vorbemerkung 7 II. Das gilt unabhängig von der tatsächlichen Entfernung.
Verkehrskosten jeder Art innerhalb der Gemeinde sind allerdings allgemeine Geschäftsunkosten
nach VV amtliche Vorbemerkung 7 I, LG Bln JB **80**, 1078. Eine
Mindestentfernung ist nicht vorgeschrieben.
    B. Gemeindegrenzen. Zusammengehörige Nachbargemeinden sind nicht die-   **4**
selbe Gemeinde nach VV amtliche Vorbemerkung 7 II. Eine Gebietsneugliederung
kann aus zwei Orten einzigen machen, LG Bln JB **80**, 1078, AG Geldern JB
87, 67, aM AG Attendorf JB **78**, 537. Insbesondere ist auch die Fahrt zwischen dem

2001

Büro oder der Wohnung und dem Gericht oder der Behörde keine Geschäftsreise. Das gilt auch bei einer größeren Entfernung in einer Großstadt, LG Bln JB **78**, 1078. Es gilt dann auch bei außergewöhnlichen Umständen und daher bei besonders teuren Verkehrsmitteln. Es gilt auch beim Auseinanderfallen von Wohn- und Kanzleiort. Vgl allerdings auch § 29 BRAO, dort aber auch III. Die Nachbarortsregelungen des Reisekostenrechts für Beamte sind unanwendbar, LG Itzehoe Rpfleger **82**, 442. Es kommt innerhalb der politischen Gemeindegrenzen auf eine natürliche Betrachtungsweise an, auf die Verkehrsanschauung, Düss Rpfleger **90**, 390, AG Nürnb Anw-Bl **84**, 509.

Zwischen Orten in *verschiedenen Bundesländern* ohne eine aneinandergrenzende Bebauung findet eine Geschäftsreise statt, Hbg MDR **83**, 589. Bei einer Zweigstelle oder einem auswärtigen Sprechtag nach § 28 BRAO sind VV 7003–7006 nur insoweit anwendbar, als der Anwalt an diesem Tag dort keine Sprechstunde hat. Wohl aber kann eine Vergütung für eine Reise zu einer auswärtigen Zweigstelle des Gerichts oder zu einem Gerichtstag entstehen, Mü RR **00**, 443, Ffm MDR **99**, 958, aM LG Passau Rpfleger **84**, 202 (vgl aber Rn 2).

5   C. **Kanzleiverlegung.** Bei der Verlegung der Kanzlei an einen anderen Ort kann der Anwalt nach der amtlichen Vorbemerkung 7 III 2 zur Fortführung eines ihm vorher erteilten Auftrags Auslagen nach VV 7003–7006 nur insoweit verlangen, als sie auch von seiner bisherigen Kanzlei aus entstanden wären. Dabei kommt es nicht auf den Verlegungsgrund an.

6   D. **Nur als Anwalt.** Soweit der Anwalt als ein *Zeuge oder Sachverständiger* reist, entsteht keine Vergütung durch einen Auslagenersatz nach VV 7003–7006, sondern allenfalls eine Entschädigung oder Vergütung nach dem JVEG, Teil V dieses Buchs. Das gilt auch insoweit, als er über seine Wahrnehmungen als Anwalt aussagen soll.

7   E. **Auftrag.** Der Anwalt muß die Geschäftsreise nach § 670 BGB gerade im Auftrag des Vertragspartners oder im Rahmen seiner Bestellung oder in einer eigenen Sache unternommen haben, § 1 Rn 7, Rostock JB **01**, 194. Zwar enthalten VV 7003–7006, anders als § 153 I 1 KostO, Teil III dieses Buchs, diese Voraussetzung nicht ausdrücklich im Gesetzestext. Sie ergibt sich aber aus § 670 BGB.

8   F. **Erforderlichkeit.** Der Anwalt muß also die Reise bei deren Beginn den Umständen nach für erforderlich halten dürfen. Diese Erforderlichkeit kann der beigeordnete oder bestellte Anwalt nach § 46 II vor dem Reiseantritt gerichtlich klären lassen. Auch ein abschlägiger Bescheid kann aber in Wahrheit doch die Erforderlichkeit zumindest zu einem späteren Zeitpunkt aus freilich dann darzulegenden Gründen entstehen lassen. Ein ausdrücklicher Reiseauftrag braucht nur insoweit vorzuliegen, als sich die Notwendigkeit der Reise nicht schon aus der Art des Grundauftrags erkennbar ergeben hat. Ein Informations- oder Besprechungs- oder Einsichtszweck oder eine auswärtige Beweisaufnahme kann ausreichen, selbst bei höheren Kosten als denjenigen eines auswärtigen Untervertreters.

Im Zweifel entscheidet zwar das objektive wohlverstandene Interesse des Auftraggebers. Der Anwalt muß aber seine Tätigkeit für den Auftraggeber so kostengünstig wie möglich abwickeln. Er muß daher evtl vor dem Reiseantritt mit dem Auftraggeber besprechen, ob er diese Reise durchführen soll. Evtl sind Reisekosten nur in Höhe von geringeren unterstellten Vertreterkosten gegenüber dem Prozeßgegner des Auftraggebers erstattungsfähig, Rn 42 ff. Es kann erforderlich sein, wegen einer etwaigen Terminsaufhebung oder -verlegung bis zum Nachmittag des Vortags erreichbar zu bleiben, Stgt AGS **03**, 246, aM Mü AGS **04**, 150. Mit ist dergleichen eine Fallfrage und nur unter besonderen Umständen notwendig. Eine unvorhersehbare Unterminierung reicht nicht, GS 10, aM Köln MDR **03**, 170. In einer eigenen Sache ist § 91 II 3 ZPO beachtlich.

Es *kann zB darauf ankommen,* ob die persönliche Wahrnehmung eines auswärtigen Termins sachlich notwendig und billiger wird als die Beauftragung eines Untervertreters, LG Bayreuth JB **80**, 1348. In der Erteilung einer Prozeßvollmacht liegt noch nicht stets die Ermächtigung zur persönlichen Wahrnehmung aller Termine. Es kommt nicht darauf an, ob die Geschäftsreise Erfolg hatte. Der Anspruch gegenüber dem Auftraggeber kann auch dann bestehen, wenn der Anwalt infolge eines auswärtigen Termin schuldlos versäumte.

4) Persönlicher Geltungsbereich: Anwaltseigenschaft, VV 7003–7006. Die 9
Reise muß auch gerade durch den Anwalt und gerade bei einer anwaltlichen Tätigkeit nach § 1 Rn 22 ff und für sie stattfinden. Zum Anwaltsbegriff § 1 I. Dem Anwalt stehen die in § 5 genannten Personen für den Ersatzanspruch nach den Umständen des Einzelfalls grundsätzlich weitgehend gleich. Andere Vertreter stehen dem Anwalt nicht gleich. Daher sind VV 7003–7006 dann unanwendbar und ist eine Vereinbarung nach § 3 a notwendig.

Soweit der Anwalt in einer der in § 1 II genannten Eigenschaften reist, sind 10
VV 7003–7006 unanwendbar. Das ergibt sich aus dem eindeutigen Wortlaut des § 1 II 1 („Dieses Gesetz gilt nicht…"). Der Anwalt mag dann einen Anspruch nach §§ 670, 675 I, 1835 BGB haben, den § 1 II 2 unberührt läßt. Er kann im übrigen nach den für sein dortiges Vertragsverhältnis geltenden Vereinbarungen und den für seine dortige Eigenschaft geltenden gesetzlichen Vorschriften einen Ersatzanspruch haben.

5) Kraftfahrzeug, VV 7003. Es gibt drei Aspekte. 11

A. Zulässigkeit. Der Anwalt kann grundsätzlich nach seinem pflichtgemäßen eigenen Ermessen entscheiden, ob er eine Geschäftsreise im eigenen Kraftfahrzeug durchführen will. Er braucht also den Auftraggeber dazu nicht um dessen Billigung zu bitten. Er braucht nicht stets zu prüfen, ob die Benutzung eines anderen Verkehrsmittels billiger würde. Er kann vielmehr ein solches auch dann nehmen, wenn es teurer ist, Bbg JB **81**, 1350, Saarbr RR **09**, 1008, AG Norden JB **00**, 76. Er darf allerdings durch die Benutzung des eigenen Kraftfahrzeugs keinen Mißbrauch treiben. Er darf also keine unverhältnismäßig hohen Kosten ohne einen sachlich vertretbaren Grund entstehen lassen, Bbg JB **81**, 1350, Kblz JB **75**, 348.

Wenn er gegen diesen Grundsatz *verstößt*, hat er für die durch die Benutzung des eigenen Kraftfahrzeugs entstandenen Mehrkosten keinen Ersatzanspruch. Es reicht aber aus, daß man die bloße Zweckmäßigkeit der Reise im eigenen Kraftfahrzeug nicht leugnen kann. Das gilt selbst dann, wenn ihre Notwendigkeit zweifelhaft sein mag.

B. Eigenes Kraftfahrzeug. Ein Ersatzanspruch nach VV 7003 setzt ferner voraus, 12
daß der Anwalt gerade das eigene Kraftfahrzeug benutzt hat. Es kommt auf die Haltereigenschaft und nicht auf das sachlichrechtliche Eigentum an. Denn die Kilometerpauschale in VV 7003 ist gerade deshalb notwendig, weil eben der Halter andernfalls die wahren anteiligen Kosten gerade dieser Reise nur mit unverhältnismäßigen Schwierigkeiten darlegen könnte.

C. Halter. Halter ist nämlich derjenige, der das Kraftfahrzeug für seine eigene 13
Rechnung im Gebrauch hat und die Verfügungsgewalt darüber besitzt, die ein solcher Gebrauch voraussetzt. Halter und Eigentümer brauchen nicht identisch zu sein. Ein Leasing reicht aus.

D. Gebrauch. Ein Gebrauch für die eigene Rechnung liegt dann vor, wenn man 14
nicht nur die Vorteile, sondern auch wirtschaftlichen Nachteile einkalkulieren muß. Wenn sich mehrere Personen die Unterhaltungskosten und die Gebrauchsmöglichkeit des Kraftfahrzeugs teilen, sind sie jeder für sich Halter. Zu den Betriebskosten zählen insbesondere Steuern und Versicherungen.

Wer lediglich Benzin, Öl, darüber hinaus vielleicht Garagengeld zahlen muß, während er im übrigen ein *Angehöriger*, ein Freund oder ein Dritter des Kraftfahrzeuginhabers ist, wahrscheinlich nicht oder nur neben dem anderen ein Halter. Im einzelnen läßt sich diese Frage nur danach beurteilen, wie man die übrigen Merkmale des § 7 StVG beurteilen muß.

In keinem Fall begründet schon der *bloße Gebrauch* für die eigene Rechnung die 15
Haltereigenschaft. Hinzu kommen muß die Verfügungsgewalt über das Kraftfahrzeug. Hier ist nicht eine rechtliche, sondern eine tatsächliche Verfügungsgewalt notwendig. Sie braucht nicht unbegrenzt lange andauern, sondern kann auf wenige Tage oder Stunden begrenzt sein. Derjenige Anwalt hat die Verfügungsgewalt, der sich ein Kraftfahrzeug auch nur für einen Nachmittag gemietet hat, aM GS 15 (aber auch ein Mieter hat den Wagen derzeit meist für die eigene Rechnung im Gebrauch und besitzt die tatsächliche Verfügungsgewalt). Eine andere Frage ist die, ob der Vermieter

gleichzeitig ebenfalls noch eine tatsächliche Verfügungsgewalt behalten hat und daher Mithalter ist.

16   E. **Kraftfahrzeugbegriff.** „Kraftfahrzeug" ist ein solches von § 1 II StVG. Hierher gehören also auch ein Motorrad, ein Moped oder ein Mofa. Denn auch dann würde die Ermittlung der wahren anteiligen Fahrtkosten dieselben Schwierigkeiten bereiten wie bei einem vierrädrigen Kraftwagen. Nicht hierher zählt aber ein Fahrrad ohne einen Hilfsmotor. Dann mag VV 7004 gelten.

17   **F. Pauschale.** Unter den Voraussetzungen Rn 11–16 erhält der Anwalt für jeden tatsächlich oder üblicherweise gefahrenen km des im eigenen Kraftfahrzeug zurückgelegten Wegs derzeit 0,30 EUR. Wie VV 7003 durch das Wort „gefahren" klarstellt, muß man die Strecken des Hinwegs und des Rückwegs zusammenrechnen.

18   Es handelt sich um einen Pauschalbetrag. Er enthält unabhängig vom tatsächlichen Verbrauch und damit von der Wagengröße eine *nahezu abschließende Regelung*. Er steht im Gegensatz zu den von VV 7004 erfaßten tatsächlichen Aufwendungen. Er gilt nach VV 7003 amtliche Anmerkung unabhängig von der Wagengröße und von den tatsächlichen Aufwendungen auch die Anschaffungs-, Unterhaltungs- und Betriebskosten sowie die Abnutzung des Kraftfahrzeugs ab. Daneben kommen nach VV 7003 die gerade aus Anlaß dieser Geschäftsreise regelmäßig anfallenden baren Auslagen in Betracht, insbesondere die Parkgebühren und Mautkosten, etwa in einem Tunnel oder auf einer gebührenpflichtigen Autobahn oder Straße.

19   **G. Tatsächliche Entfernung.** Maßgeblich ist nicht etwa die Entfernung von Ortsmitte zu Ortsmitte, sondern eben die zB am Kilometerzähler abgelesene tatsächliche Wegstrecke und nicht eine fiktive, aM (zum alten Recht) Oldb JB **91**, 73. Der Anwalt braucht nicht den kürzesten Weg zu wählen. Er darf vielmehr einen zweckmäßigen, verkehrsüblichen Weg nehmen, etwa einen maßvollen Umweg über eine Autobahn, Hamm JB **81**, 1681, KG AGS **04**, 12, VG Würzb JB **00**, 77. Erst recht ist ein notwendiger Umweg einrechenbar. Maßgeblich ist die Strecke vom und zum Kanzlei- oder (Haupt-)Gerichtspunkt oder zum sonstigen Geschäftsort, nicht zur Wohnung. Einen angebrochenen km darf der Anwalt zum vollen aufrunden.

20   **6) Anderes Verkehrsmittel, VV 7004.** Auch hier gibt es drei Gesichtspunkte. Eine Kombination von verschiedenen Verkehrsmitteln ist natürlich im Grundsatz erlaubt, LG Bln JB **99**, 526.

A. Zulässigkeit. Auch bei der Benutzung eines anderen Verkehrsmittels als des eigenen Kraftfahrzeugs kommt es grundsätzlich nicht darauf an, ob der Anwalt anstelle des tatsächlich benutzten Verkehrsmittels ein anderes hätte benutzen können. Er hat also im Rahmen eines pflichtgemäßen Ermessens die Wahl, ob er zB das Flugzeug, den Zug oder das eigene Kraftfahrzeug benutzt, aM Stgt JB **05**, 367 (stellt irrig nur auf VV 7003 ab).

21   **B. Verhältnismäßigkeit.** Indessen muß er ebenso wie vor der Benutzung des eigenen Kraftfahrzeugs auch vor der Benutzung eines anderen Verkehrsmittels prüfen, ob die Benutzung unverhältnismäßig teurer würde, §§ 670, 675 I BGB, LG Lpz JB **01**, 586. Freilich braucht er die Notwendigkeit des tatsächlich gewählten Verkehrsmittels grundsätzlich nicht im Einzelfall darzulegen. Vielmehr müßte der Auftraggeber beweisen, daß der Anwalt insofern mißbräuchlich handelte. Ein Mißbrauch liegt auch dann nicht vor, wenn die Benutzung des tatsächlich gewählten Verkehrsmittels wenigstens zweckmäßig sein konnte.

22   Die Benutzung eines *Flugzeugs* ist zB jedenfalls dann gerechtfertigt, wenn der Anwalt dadurch trotz der oft langen Anfahrten und der Check-In-Dauern doch noch im Ergebnis erhebliche Zeit einsparen konnte, wenn er zB an demselben Tag hin- und zurückreisen konnte, LG Freibg NJW **03**, 3360, LG Lpz JB **01**, 586, VG Lpz JB **00**, 359. Das gilt nicht dann, wenn dieser Zeitgewinn nicht demjenigen Auftraggeber zugute kommt, für den er der Reise durchführt, sondern anderen Auftraggebern oder der Freizeit des Anwalts. Freilich muß der der Anwalt gerade dann, wenn es um einen bloßen Zeitgewinn geht, den Grundsatz der Verhältnismäßigkeit besonders beachten. Auch die Benutzung eines Schiffs kann erforderlich sein, Hansens JB **88**, 1265.

C. Direkte Fahrtkosten. Der Anwalt kann unter den Voraussetzungen Rn 20–22 23 anstelle einer Pauschale die tatsächlichen Aufwendungen ersetzt fordern, freilich nur, soweit diese angemessen sind.

„*Angemessen*" meint weder luxuriös noch schäbig, sondern den Umständen angepaßt, also auch unter einer Berücksichtigung des Gegenstandswerts, der Stellung des Anwalts, seines Auftraggebers usw. Das gilt auch dann, wenn der Anwalt bei Bahnfahrten oder bei weiten Auslandsflügen zB die 1. statt der 2. Klasse und wenn er die Businessklasse statt der Economyklasse benutzt, aM Düss RR **09**, 1423. Sein Berufsstand erlaubt ihm grundsätzlich ebenso wie zB dem Gebührennotar nach § 153 I KostO die Benutzung der 1. Klasse, VG Freibg AnwBl **96**, 589. Der Anwalt muß allerdings eine Fahrpreisermäßigung insoweit nutzen, als sie sich nicht auf den Reisekomfort nachteilig auswirkt.

Das Wahlrecht gilt jedenfalls bei Langstrecken auch im *Flugzeug*. Bei Kurzstrecken kann allerdings die Benutzung der 2. Klasse oder der Economyclass ausreichen, Ffm AnwBl **76**, 306, LG Freibg NJW **03**, 3360. Dann erhält der Anwalt die Mehrkosten der Benutzung der 1. Klasse nicht ersetzt. Der Pflichtverteidiger darf nicht schlechter dastehen als ein Wahlverteidiger, aM Ffm AnwBl **76**, 306. Er braucht keinen Billigflug zu buchen, BVerwG JB **89**, 1456.

Zu den tatsächlichen angemessenen Aufwendungen zählen *Zuschläge* für die Benutzung von besonders schnellen Zügen usw jedenfalls dann, wenn zB durch ihre Benutzung ein Zeitgewinn eintrat oder wenn etwa das Reisen in einem klimatisierten und unter anderem deshalb teureren Zug für den Anwalt angenehmer war, oder die Prämien einer Flugversicherung, Düss AnwBl **78**, 471, Mü JB **83**, 12, LG Ffm AnwBl **82**, 472, aM Bbg JB **79**, 1030, Nürnb JG **79**, 374 und 1030. Ferner zählen hierher Platzkarten, Bettkarten, Kabinenkosten, Liegegebühren usw. Ein nachträglich erhöhter Zuschlag kann nach den Umständen mangels eines Verschuldens angemessen sein, VG Freib AnwBl **96**, 589.

D. Kein Ersatz von Allgemeinkosten. Zu diesen zählt der Preis einer Bahn- 24 card, Karlsr Rpfleger **00**, 129, VG Ansbach AnwBl **01**, 185, VG Freib AnwBl **96**, 589, aM Kblz Rpfleger **94**, 85, LG WürzB AGS **99**, 53, OVG Münst NJW **06**, 1897 (Bahncard 100).

E. Zugang, Abgang. Zu den tatsächlichen angemessenen Aufwendungen zählen 25 die Kosten für den Weg zwischen der Wohnung oder dem Büro und dem Bahnhof, Flughafen sowie zwischen diesen Punkten der Reise und dem eigentlichen Reiseziel und zurück. Zu diesen Kosten zählen auch diejenigen eines tatsächlich benutzten Taxi, LG Bln JB **99**, 526, RS 30, aM Hamm AnwBl **82**, 488, LG Flensb JB **76**, 1651. Hierher zählen ferner die Kosten eines Trinkgelds oder der Aufbewahrung, Beförderung und Versicherung des Gepäcks, Düss AnwBl **78**, 471, LG Ffm AnwBl **78**, 472, aM Bbg JB **79**, 1030, RS 10.

Demgegenüber zählen die Kosten der *Verpackung des Gepäcks* zu den nicht ersatzfä- 26 higen allgemeinen Geschäftskosten, VV amtliche Vorbemerkung 7 I. Das gilt grundsätzlich auch für einen Koffer, eine Aktentasche usw. Wenn es sich um die Beförderung besonders wichtiger Dokumente handelt, mag die Anschaffung eines Koffers mit einem aufwendigen Schloß oder mit einer anderen Diebstahlssicherung im Einzelfall ausnahmsweise zu den Reiseaufwendungen zählen.

Für eine solche Strecke, die der Anwalt mit den eigenen *Fahrrad* oder gar als *Fußgänger* zurücklegt, erhält er weder im Rahmen des Zugangs oder Abgangs zur sonstigen Fahrt noch dann, wenn er die gesamte Fahrt derart durchführt, eine Entschädigung nach I.

7) Tage- und Abwesenheitsgeld, VV 7005. Es empfiehlt sich die folgende Prüf- 27 reihenfolge.

A. Ermessen. Der Anwalt hat einen pflichtgemäßen Ermessensraum. Das gilt nicht nur bei der Entscheidung, ob er überhaupt eine Geschäftsreise durchführen will, sondern auch bei der Entscheidung, wie lang diese Geschäftsreise dauern soll. Er muß allerdings auch insofern die in Rn 11, 20–22 genannten Verhältnismäßigkeitsgrundsatz berücksichtigen, §§ 670, 675 I BGB. Auch in diesem Punkt liegt die Beweislast für eine mißbräuchliche zeitliche Ausdehnung der Reise beim Auftraggeber.

Die bloße Zweckmäßigkeit der Dauer der Reise reicht aus, um den Anspruch auf ein Tage- und Abwesenheitsgeld zu begründen.

28 **B. Pauschale.** Das Tage- und Abwesenheitsgeld ist eine Pauschale. Sie dient der leichteren Abrechnung. Sie gibt eine Entschädigung dafür, daß sich der Anwalt seinem Wirkungskreis vorübergehend im Interesse dieses Auftraggebers entziehen muß, BayObLG MDR **87**, 870.

29 Soweit eine Geschäftsreise *außergewöhnlich hohe Kosten* verursacht, die der Anwalt aus dem Tage- und Übernachtungsgeld nicht bezahlen kann, muß er eine entsprechende Vereinbarung mit dem Auftraggeber nach § 4 herbeiführen. Nur in einem seltenen Ausnahmefall kann er sich auch ohne eine solche Vereinbarung auf die Grundsätze der Geschäftsführung ohne Auftrag berufen, §§ 677 ff BGB.

30 **C. Notwendiger Zeitaufwand.** Die Pauschale entsteht jeweils nur für den tatsächlich benötigten Zeitraum, nicht für einen „Fahrplan"-Zeitraum. Dabei enthält VV 7005 allerdings Stufen der Abwesenheitsdauer. Sowie die tatsächlich benötigte Dauer der Abwesenheit die nächsthöhere Stufe erreicht hat, entsteht die volle für diese Stufe vorgesehene Pauschale. Das ist eine Folge des Grundsatzes, eine solche Entschädigung überhaupt auf Grund einer Pauschale zu gewähren. Wenn der Anwalt für eine solche Geschäftsreise, für die er mehrere Tage verwenden könnte, nur einen geringeren Zeitraum benötigt, hat er auch nur für den geringeren Zeitraum einen Anspruch auf ein Tage- und Abwesenheitsgeld.

31 **D. Mittag, Sonntag.** Andererseits erhält er eine solche Entschädigung auch zB für die Dauer einer um das Mittagessen am Terminort verlängerten Zeitspanne dann, wenn der Termin bis zum Mittag dauert, VG Stgt AnwBl **84**, 323 und 562, oder für eine Ortsabwesenheit an einem Sonntag, wenn diese Abwesenheit etwa deshalb notwendig war, weil der Termin am Montagmorgen lag. Das gilt sowohl dann, wenn es sich um den ersten Termin handelt, als auch dann, wenn der Anwalt seine auswärtige Tätigkeit etwa an einem Freitag und am folgenden Montag vornehmen muß und wenn er in der Zwischenzeit nach seinem pflichtgemäßen Ermessen nicht an den eigenen Wohnort zurückkehrt.

32 **E. Nur im Wirkungskreis.** Man muß das Tage- und Abwesenheitsgeld von oder bis zu demjenigen Zeitpunkt an berechnen, in dem der Anwalt infolge der Reise seinen Wirkungskreis verlassen muß oder wieder erreichen kann. Das ist grundsätzlich der Zeitraum von demjenigen Zeitpunkt an, in dem er das Büro oder seine Wohnung verläßt, um die Reise anzutreten, bis zur Rückkehr dorthin, VG Stgt AnwBl **84**, 323 und 562. Die früher übliche Berechnung nach der Zugabfahrt usw hat sich durch die Zusammenfassung des Tage- und Abwesenheitsgelds erledigt. Das Reisemittel ist für VV 7005 unerheblich.

33 **F. Inlandsreise.** Bei einer Inlandsreise von bis zu 4 Stunden entsteht ein Tage- und Abwesenheitsgeld von 20 EUR. Bei mehr als 4 Stunden, aber höchstens 8 Stunden Abwesenheit entsteht ein solches von 35 EUR, bei einer Abwesenheit von mehr als 8 Stunden ein solches von 60 EUR. Jeder dieser Beträge ist für jeden angefangenen Kalendertag (0–24 Uhr) erneut ansetzbar, Düss Rpfleger **93**, 463. Für einen Sonnabend, einen Sonntag oder gesetzlichen Feiertag entsteht kein höheres Tage- und Abwesenheitsgeld. Übliche Essenszeiten zählen mit, VG Stgt AnwBl **84**, 562, ebenso etwaige Verspätungen der Verkehrsmittel, Autobahnstaus usw.

34 **G. Auslandsreise, amtliche Anmerkung.** Eine Auslandsreise liegt vor, sobald der Anwalt die deutschen Grenzen überschreitet.

35 Bei einer Auslandsreise tritt *keine automatische Erhöhung* des Tage- und Abwesenheitsgelds ein. Denn die amtliche Anmerkung begründet nur die Zulässigkeit eines Zuschlags bis zu 50 % auf die für die Inlandsreise anfallende Tage- und Abwesenheitsgeld. Man muß unter Berücksichtigung aller Umstände prüfen, ob und in welcher Höhe innerhalb dieses Rahmens ein Zuschlag berechtigt ist, GS 31. Denn der eindeutige Wortlaut „kann" heißt nicht „ist" und stellt eindeutig keine bloße Zuständigkeitsregelung dar. Er gilt auch zB Paßgebühren oder Visagebühren ab. Es ist weder ein zu großzügiger noch ein zu kleinlicher Maßstab erlaubt. Zwar soll der Anwalt keine unnötigen Kosten verursachen. Er darf aber auch im Ausland standesgemäß reisen. Bei voraussichtlich höheren Kosten ist, wie gesetzlich üblich, eine Honorarvereinbarung nach § 4 notwendig.

8) Sonstige Reisekosten, zB Übernachtungskosten, VV 7006. Es empfiehlt 36
sich die folgende Prüfung.
A. Zulässigkeit. Die Vorschrift schafft für alle über VV 7003–7005 hinaus anfallenden „sonstigen Auslagen" eine Auffangklausel. Solche Klauseln sind weit auslegbar. Hierher mögen zB zählen: Eine Maut; eine Autobahngebühr; Fährkosten. Es geht aber im Kern meist um die Übernachtungskosten. Der Anwalt hat im Rahmen seines pflichtgemäßen Ermessens nach Rn 11, 20, 27 einen gewissen Spielraum für die Entscheidung, ob und wie oft er auf der Geschäftsreise übernachtet, LG Flensb JB 76, 1650. Er muß auch insofern einen Mißbrauch vermeiden, §§ 670, 675 I BGB. Auch insofern hat der Auftraggeber die Beweislast. Die bloße Zweckmäßigkeit einer auswärtigen Übernachtung reicht für den Ersatzanspruch aus, erst recht ein sonst unzumutbar früher Aufstehzeitpunkt usw, KG AGS **03**, 499, Karlsr OLGR **04**, 20, Mü AGS **04**, 150, oder wenn vor dem Termin dort noch eine Besprechung nötig ist, Ffm JB **85**, 1090. Andererseits spricht VV 7006 nur von „angemessen", nicht von „erforderlich". Auch dasjenige kann noch angemessen sein, was nicht unbedingt erforderlich ist. Es kommt im Ermessensraum auf die Gesamtumstände an.

B. Notwendigkeit. Sofern die Übernachtung nach Rn 36 überhaupt zulässig war, 37
hat der Anwalt den Anspruch auf den Ersatz der tatsächlich entstandenen und auch notwendigen Übernachtungskosten, soweit auch sie angemessen sind, Karlsr AnwBl **86**, 110. Der Anwalt hat auch bei der Wahl des Hotels usw einen gewissen Ermessensspielraum, Drsd AGS **03**, 24 (Mittelklassehotel). Freilich ist die Benutzung eines Luxushotels nur ausnahmsweise berechtigt, Rn 23, Karlsr AnwBl **86**, 110.

Das kann zB dann vorliegen, wenn es sich um einen Auftrag mit einem sehr *hohen* 38
Gegenstandswert oder um eine Verhandlung mit einem in einem solchen Hotel abgestiegenen und nur dort verhandlungsbereiten Partner handelt oder wenn eben der Auftraggeber mit der Benutzung eines solchen Hotels einverstanden war oder dort ebenfalls wohnt. Eine kostenlose Übernachtung bei Freunden usw erbringt kein Übernachtungsgeld. Dasselbe gilt bei der Benutzung eines Schlafwagens. Dessen Kosten gehören ja zu VV 7004. Die grundsätzliche Befugnis des Anwalts zur Benutzung der 1. Klasse eines Beförderungsmittels ist wegen des Massenbetriebs auf jedem öffentlichen Verkehrsmittel eher gerechtfertigt als die Benutzung der obersten Kategorie von Hotels.

C. Bequemlichkeit. Andererseits darf auch ein junger noch nicht weit bekannter 39
Anwalt eine gewisse Bequemlichkeit und zB ein Zimmer mit einem eigenen Direktwahltelefon, mit Telefax und evtl mit einem Internetanschluß wählen, ein solches mit einem eigenen Fernsehgerät. Denn der ständige Information eine gewisse ungestörte Kontaktmöglichkeit zum eigenen Büro zählen zu den allgemeinen Berufsaufgaben jedes Anwalts.

Der Anwalt muß die *Nebenkosten* der Übernachtung, etwa das ihm gesondert berechnete Frühstück, vom Tagegeld bestreiten, KG Rpfleger **94**, 430, Karlsr AnwBl **86**, 110. Er kann aber die Kosten der Zimmerbestellung oder von Bettkarten oder Trinkgelder bei den Übernachtungskosten berücksichtigen. Auch Gepäck- oder Telefonkosten können zu den erlaubten Nebenkosten zählen ferner zB eine Kurtaxe, eine Reiseversicherung. Parkgebühren zählen zu den Kfz-Kosten, Rn 18.

9) Fälligkeit, VV 7003–7006. Sie richtet sich nach § 8 I. Ein Vorschuß ist nach 40
§ 9 möglich. Die Einforderbarkeit ergibt sich aus § 10.

10) Kostenerstattung, VV 7003–7006. Es gibt sechs Aspekte. 41

A. Grundsatz: Notwendigkeit im Außenverhältnis. Man muß zwischen dem Ersatzanspruch des Anwalts nach VV 7003–7006 im Innenverhältnis gegenüber seinem Auftraggeber und dem Kostenerstattungsanspruch des Auftraggebers gegenüber dem Prozeßgegner unterscheiden, den zB § 91 ZPO regelt.

In allen Verfahrensordnungen gilt der Grundsatz, daß eine Partei die Prozeßkosten 42
möglichst gering halten muß. Daher muß der Prozeßgegner der siegenden Partei auch nur solche Reisekosten ihres Anwalts erstatten, die zur zweckentsprechenden Rechtsverfolgung oder Rechtsverteidigung *notwendig* waren, BPatG Rpfleger **95**, 40, LG Kblz FamRZ **03**, 242. § 91 I 2 ZPO stellt für diesen Geltungsbereich klar, daß unter dieser Voraussetzung auch die notwendigen Reisekosten erstattungsfähig sind, Mü AGS **01**, 239, OVG Kblz Rpfleger **01**, 373. Das gilt zB bei einem auswärtigen Beweistermin.

43 Das gilt auch zugunsten desjenigen Anwalts, der am Sitz der *auswärtigen Abteilung* des Prozeßgerichts residiert, Mü MDR **99**, 1348. § 91 II 1 ZPO stellt überdies (jetzt) klar, daß auch die Reisekosten desjenigen Anwalts erstattungsfähig sind, der nicht im Bezirk des Prozeßgerichts niedergelassen ist und am Ort des Prozeßgerichts auch nicht wohnt, soweit die Zuziehung zur zweckentsprechenden Rechtsverfolgung oder Rechtsverteidigung notwendig war, (teils zum alten Recht) Naumb JB **06**, 87, Saarbr RR **09**, 1008, LG Kblz FamRZ **03**, 242 (Ausnahme: ersparte Informationsreise der Partei). Das gilt auch in einer eigenen Sache des Anwalts, BGH NJW **03**, 1534.

44 Eine *Vereinbarung* zwischen dem Auftraggeber und seinem Anwalt über die Ersatzfähigkeit von Reisekosten im Innenverhältnis ist für die Erstattungsfähigkeit im Außenverhältnis grundsätzlich unbeachtlich. Der Anwalt kann im Innenverhältnis auf die Geltendmachung der nicht erstattungsfähigen Reisekosten für Fahrten zwischen dem Wohn- oder Praxis- und dem Gerichtsort verzichten, Chemnitz AnwBl **84**, 198. Ein Widerruf des Verzichts ist möglich. Er wirkt aber nicht zurück, Zweibr JB **97**, 529.

45 Man muß prüfen, ob die Zuziehung gerade dieses Anwalts überhaupt *notwendig* war, AG Emmendingen WoM **89**, 426. Man muß ferner prüfen, ob dieser Anwalt gerade zur Erledigung dieses Auftrags diese Reise vornehmen mußte.

46 Insgesamt ist ein *großzügiger Maßstab* ratsam, aM LG Flensb JB **76**, 1651.

47 **B. Prozeß- oder Verfahrenskostenhilfe.** Das Verfahren zu ihrer Bewilligung ist kein Prozeß. Es läßt für eine Kostenentscheidung in der ersten Instanz keinen Raum, auch nicht bei einem vollen Erfolg der Beschwerdeinstanz, Köln NJW **75**, 1286, BLAH § 91 ZPO Rn 153 und § 127 ZPO Rn 20, sondern nur bei einer teilweisen oder völligen Verwerfung oder Zurückweisung der sofortigen Beschwerde, KV 1811.

48 Wenn sich aber ein Prozeß anschließt, sind die Kosten des Verfahrens zur Bewilligung der Prozeßkostenhilfe usw ein *Teil der Prozeßkosten*, Ffm Rpfleger **79**, 111, Karlsr AnwBl **78**, 462, aM Kblz Rpfleger **75**, 99 (inkonsequent). In diesem Umfang besteht auch eine grundsätzliche Erstattungspflicht.

49 **C. Arbeitsgerichtsverfahren.** Vgl Grdz 5 vor § 11a ArbGG, Teil II A dieses Buchs.

50 **D. Finanzgerichtsverfahren.** Die zum Zivilprozeß dargelegten Grundsätze gelten auch im Verfahren vor den Finanzgerichten, § 139 III FGO.

51 **E. Sozialgerichtsverfahren.** Die zum Zivilprozeß dargelegten Grundsätze gelten auch im Verfahren vor den Sozialgerichten, § 193 III SGG Rn 2, Teil II B dieses Buchs. Kosten, die ein Beteiligter nach § 109 SGG endgültig tragen muß, sind gemäß § 193 II SGG nicht erstattungsfähig, Wilde/Homann NJW **81**, 1070.

52 **F. Verwaltungsgerichtsverfahren.** In diesem Verfahren sind die Auslagen eines Anwalts ebenfalls erstattungsfähig, § 162 II VwGO, VG Karlsr AnwBl **82**, 208. Wegen der Reisekosten ist § 91 II 1 ZPO ergänzend anwendbar, § 173 VwGO. Eine Erstattung findet also nur insofern statt, als die Zuziehung eines auswärtigen Anwalts notwendig war, etwa wegen seiner Spezialkenntnisse oder Vertrautheit mit dem Stoff, OVG Lüneb AnwBl **83**, 279, VGH Mannh JB **90**, 250, VG Freibg AnwBl **82**, 29, aM BVerwG JB **89**, 1456, VG Karlsr AnwBl **82**, 208.

53 Auch in diesen Verfahren ist eine *gewisse Großzügigkeit* ratsam. Das gilt zB bei einer Reise zum BVerwG, OVG Kblz NJW **82**, 1796.

Nr.	Auslagentatbestand	Höhe
7007	Im Einzelfall gezahlte Prämie für eine Haftpflichtversicherung für Vermögensschäden, soweit die Prämie auf Haftungsbeträge von mehr als 30 Millionen EUR entfällt	in voller Höhe
	Soweit sich aus der Rechnung des Versicherers nichts anderes ergibt, ist von der Gesamtprämie der Betrag zu erstatten, der sich aus dem Verhältnis der 30 Millionen EUR übersteigenden Versicherungssumme zu der Gesamtversicherungssumme ergibt.	

1) Systematik. Eine allgemein für alle etwaigen Einzelfälle vom Anwalt abge- 1
schlossene Versicherung gehört mit ihrer Prämie zu den allgemeinen Geschäftskosten
nach der amtlichen Vorbemerkung 7 I. Von diesem Grundsatz macht VV 7007 eine
eng auslegbare Ausnahme.

2) Regelungszweck. Die Vorschrift bezweckt ein gewisses Gegengewicht zu der 2
bei einer gesetzlichen Vergütung geltenden Wertobergrenze in § 22 II, Zimmermann
AnwBl **06**, 55. Dieser Sinn leuchtet freilich nicht recht ein. Wenn der Anwalt einen
Auftrag mit einer Haftung von weit über 30 Millionen EUR übernehmen soll, wird
er vermutlich eine Vereinbarung nach § 3a abschließen, um sich nicht mit Gebühren
nach einem Haftungsbetrag von höchstens 30 Millionen EUR zufrieden geben zu
müssen. Dann aber wird er auch die etwa vorsorglich abgeschlossene Versicherung
aus dem vereinbarten Honorar ohne eine besondere Mühe mitbezahlen können.
Immerhin soll er seine Haftung wenigstens indirekt mit Hilfe von VV 7007 teilweise
auf den Auftraggeber und dieser im Erfolgsfall nach §§ 91 ff ZPO usw auf den Gegner abwälzen können. Ob es dem Gesetzgeber damit gelingt, den Anwalt bei einer
Haftung von über 30 Millionen EUR zur Tätigkeit nur gegen eine gesetzliche Vergütung zu bewegen, ist fraglich.

3) Einzelfallprämie. Es geht nur um eine im Einzelfall nicht nur zahlbare, son- 3
dern auch tatsächlich gezahlte Prämie. Der Anwalt muß ihre derartige Zahlung beweisen. Sie muß gerade eine Vermögensschaden-Haftpflichtversicherung betreffen. Es
genügt, daß sie zugunsten seiner Sozietät besteht. Sie reicht auch dann, wenn ein solcher Mitarbeiter fehlerhaft handelte, für den der Anwalt haftet.

4) Auslagenhöhe. VV 7007 erfaßt zusammen mit seiner amtlichen Anmerkung 4
sowie mit der amtlichen Vorbemerkung 7 I nur denjenigen Prämienteil, der auf eine
Haftung je Auftraggeber über mehr als 30 Millionen EUR oder über mehr als
100 Millionen EUR insgesamt bei mehr als 3 Auftraggebern entfällt, und im Zweifel
nur den entsprechenden Bruchteil der Gesamtprämie. Der Anwalt sollte sich eine
abweichende Berechnung des Versicherers also in einer für die amtliche Anmerkung
ausreichenden Klarheit ausstellen lassen. Der Versicherer dürfte im Zweifel ohne weiteres dazu fähig und deshalb auch vertraglich mitverpflichtet sein. Bei mehreren Auftraggebern gilt in den vorgenannten Grenzen § 7 II.

5) Kostenerstattung. Nach § 91 II ZPO ist die nach VV 7007 korrekt gezahlte 5
Prämie als Teil der gesetzlichen Auslagen erstattungsfähig.

Nr.	Auslagentatbestand	Höhe
7008	Umsatzsteuer auf die Vergütung	in voller Höhe
	Dies gilt nicht, wenn die Umsatzsteuer nach § 19 Abs. 1 UStG unerhoben bleibt.	

Schrifttum: *Kögler/Block/Pauly,* Die Besteuerung von Rechtsanwälten und Anwaltsge-
sellschaften, 2000.

Gliederung

1) Umsatzsteuer	1–23
A. Grundsatz	1
B. Beispiele zur Frage der Entstehung einer Umsatzsteuer	2–7
C. Ersatzfähigkeit der Umsatzsteuer	8
D. Beispiele zur Frage einer Ersatzfähigkeit von Umsatzsteuer	9–11
E. Höhe der Umsatzsteuer	12–15
F. Kostenerstattung	16, 17
G. Beispiele zur Frage einer Kostenerstattung	18–23

1) Umsatzsteuer. Es sind vier Prüfschritte ratsam. Wegen der Angabe der allge- 1
meinen Steuernummer in der Kostenrechnung § 10 Rn 17.

A. Grundsatz. Die Vorschrift gibt dem Anwalt einen gesetzlichen Anspruch auf
den Ersatz der auf seine Vergütung nach dem UStG entfallenden Umsatzsteuer

(Mehrwertsteuer). Es ist unerheblich, ob der Auftraggeber, die Staatskasse oder ein Dritter die Vergütung zahlt, etwa eine Versicherungsgesellschaft, und ob es sich um eine Pauschale handelt, LAG Mainz FamRZ 97, 14. Zur gesetzlichen Vergütung zählen nach § 1 I 1 auch die Auslagen in ihrem zu ersetzenden Umfang, BDiszG MDR 87, 467, KG AnwBl 83, 333, Hansens JB 88, 1271, evtl die auf eine nach § 12 II Z 7 c UStG ermäßigte Umsatzsteuer, etwa bei einem Gutachten nach § 34 I 1, VV 2103, Rn 13. Das gilt, sofern eine Umsatzsteuer nicht nach dem Gesetz entfällt. Bei einer *Grundstückssache* ist die Belegenheit maßgeblich, § 3 a II Z 1 UStG. *Im übrigen* kommt es auf den Sitz des Auftraggebers an. Bei einer natürlichen Person mit einem Wohnsitz in der EU entscheidet der Kanzleisitz des Anwalts und entsteht folglich eine Umsatzsteuer, Mü Rpfleger 93, 127, Schlesw OLGR 00, 146. Beim Nicht-EU-Auftraggeber entsteht keine Umsatzsteuer, Karlsr AnwBl 93, 42, LG Bln JB 88, 1497. Beim Unternehmer mit einem Betrieb in Deutschland entsteht für den Anwalt eine Umsatzsteuer, Kblz Rpfleger 89, 477, sonst keine. Das gilt unabhängig davon, ob EU oder Nicht-EU, Bbg JB 87, 67, Ffm AnwBl 83, 324, Kblz JB 91, 245. Zum gesonderten Ausweis der Umsatzsteuer gegenüber dem ausländischen Auftraggeber Hansch AnwBl 87, 527 (Üb). Zum Übergangsrecht Schneider NJW 07, 325 und 1035.

2 **B. Beispiele zur Frage der Entstehung einer Umsatzsteuer**
Abwickler: Rn 4 „Erbe".
Aktenversendungspauschale: Rn 3 „Durchlaufendes Geld".
Angestellter Anwalt: VV 7008 gilt *nicht* im Verhältnis des angestellten Anwalts zum arbeitgebenden, Düss AnwBl 87, 200.
Ausländer außerhalb EU: VV 7008 gilt *nicht* bei einem kraft Gesetzes umsatzsteuerfreien Vorgang zB bei einem Ausländer mit einem Sitz oder Wohnsitz außerhalb der EU, Karlsr AnwBl 93, 42.

3 **Berechnung:** Natürlich muß man bei der Erstellung der Berechnung nach § 10 die Umsatzsteuer von der vollen Vergütung errechnen.
Beispiel: Gebühren und Auslagen: 10 000 EUR. Erhaltener Vorschuß: 5000 EUR. Anspruch nach VV 7008: 19% von 10 000 EUR (und nicht etwa nur von restlichen 5000 EUR) = 1900 EUR.
Durchlaufendes Geld: Es ist *nicht* umsatzsteuerpflichtig, LG Mannh JB 08, 533, Strezinger NJW 08, 1257.
Kein bloß durchlaufender Posten ist die Aktenversendungspauschale, Henke AnwBl 07, 224, aM AG Dessau AnwBl 97, 239.

4 **Eigene Betriebssache:** In einer eigenen betriebsbezogenen Angelegenheit ist der Anwalt zwar ebenfalls an sich umsatzsteuerpflichtig, LG Bln Rpfleger 98, 173, AG Bielef AnwBl 84, 223. Er hat aber keinen Ersatzanspruch gegen sich selbst. Er kann also in seiner Steuererklärung keinen solchen Erstattungsanspruch konstruieren, BFH 120, 333, Mü MDR 03, 177, Zweibr MDR 98, 800 (je: keine Umsatzsteuer bei beruflicher Tätigkeit, zB bei einer Klage auf die Vergütung). Zum Begriff des Eigenverbrauchs BFH NJW 77, 408, Hbg AGS 02, 83, Zweibr MDR 98, 800. Beim Zusammentreffen einer eigenen und einer fremden Angelegenheit kann man im Zweifel eine steuerliche Aufteilung zu je 50% annehmen, LG Bln Rpfleger 98, 173.
Eigene Privatsache: Bei einer rein privaten Tätigkeit entsteht eine Umsatzsteuer, BGH AGS 276, Hbg JB 86, 873, Hamm AnwBl 86, 452.
Einigungsstelle: VV 1008 gilt *nicht* im Verhältnis des Anwalts als des Beisitzers einer Einigungsstelle, BAG DB 89, 232 (man kann ringsherum eine Erstattbarkeit vereinbaren).
Erbe: Der Erbe des Anwalts ist wegen der aus der Tätigkeit des Erblassers noch vereinnahmten Gebühren und Auslagen umsatzsteuerpflichtig, auch wenn wegen des Tods ein Abwickler bestellt ist, §§ 53 IX, 55 III 1 BRAO. Ein sonstiger Praxisabwickler zählt nicht hierher.
Ersparte Aufwendungen: Rn 5 „Fiktive Kosten".

5 **Factoring:** VV 7008 gilt *nicht* bei einem kraft Gesetzes umsatzsteuerfreien derartigen Geschäft, Düss JB 94, 114.
Fiktive Kosten: Sie sind *nicht* umsatzsteuerpflichtig, Kblz AnwBl 79, 116 (ersparte Aufwendungen).

Gesetzliche Umsatzsteuerfreiheit: VV 7008 gilt natürlich *nicht* in solcher Lage.

Honorarvereinbarung: Soweit der Anwalt eine Honorarvereinbarung nach (jetzt) § 3a getroffen hat, kann er die Umsatzsteuer vom Auftraggeber nur unter der Voraussetzung ersetzt fordern, daß er auch diese Ersatzpflicht vereinbart hat, Karlsr OLGZ **79**, 230, LG Kblz AnwBl **84**, 206, aM SwH 2 (stets [jetzt] VV 7008), RS 6 (im Zweifel [jetzt] VV 7008). In einer vereinbarten Pauschale steckt im Zweifel bereits die Umsatzsteuer, Karlsr OLGZ **90**, 230. Bei einer Vereinbarung, es sei „die gesetzliche Vergütung" als Mindestbetrag usw geschuldet, kommt die Umsatzsteuer hinzu.

Kleinunternehmer: Ein Anspruch *entfällt* nach der amtlichen Anmerkung, soweit die Umsatzsteuer beim sog nichtoptierenden Kleinunternehmer nach § 19 I UStG unerhoben bleibt, Rn 10.

Kredit: VV 7008 gilt *nicht* in einem kraft Gesetzes umsatzsteuerfreien Kreditverhältnis, Düss MDR **94**, 217, Hbg MDR **91**, 904 (Ausnahme Hbg JB **91**, 816).

Sozietät: S „Steuerschuldner".

Steuerschuldner: Der Anwalt ist Steuerschuldner, § 13 II UStG. Das gilt auch dann, wenn er gemäß § 14 UStG berechtigt und auf Grund des Verlangens des Auftraggebers verpflichtet ist, in seiner Gebührenberechnung die Umsatzsteuer gesondert auszuweisen. Das gilt auch dann, wenn er persönlich nach § 15 UStG zum Vorsteuerabzug berechtigt ist. Ohne die Regelung in VV 7008 würde der Anwalt schlechter als nach dem alten Umsatzsteuerrecht dastehen. Das soll das Gesetz verhindern. Zur Lage in einer Sozietät Sterzinger NJW **08**, 3677 (Üb).

Streitgenossen: Bei Streitgenossen wegen desselben Gegenstands ist maßgeblich, in welcher Höhe der Anwalt den einzelnen nach VV 1008 beanspruchen kann. Bei verschiedenen Gegenständen kommt es auf die Berechtigung zum Vorsteuerabzug bei jedem Streitgenossen an, LG Bln JB **97**, 428.

Vergütungsvereinbarung: Rn 5 „Honorarvereinbarung".

Versicherung: VV 7008 gilt *nicht* in einem kraft Gesetzes umsatzsteuerfreien Versicherungsverhältnis, Düss MDR **92**, 307, Hbg JB **92**, 28, Schlesw JB **92**, 682.

Verzugszinsen: Sie sind *nicht* umsatzsteuerpflichtig, EuGH NJW **83**, 505, Ffm NJW **83**, 394, Hansens JB **83**, 325.

Vorschuß: Ein nach § 9 geforderter und gezahlter Vorschuß ist zunächst evtl keine Vergütung nach VV 7008, sondern schon aus steuerrechtlichen Gründen ein zinsloses Darlehen, Lindner AnwBl **89**, 26, aM Grezesch AnwBl **89**, 660, Raisch AnwBl **89**, 659, Streck AnwBl **89**, 645 (aber es kann durchaus eine zumindest teilweise Rückzahlungspflicht entstehen). Das ändert natürlich nichts an der Notwendigkeit seiner Einbeziehung in die schließlich steuerpflichtige Gesamtvergütung, BFH BStBl II **82**, 593.

C. Ersatzfähigkeit der Umsatzsteuer, dazu *Otto* AnwBl **83**, 150: Man muß wie stets die Frage der Ersatzfähigkeit im Verhältnis zwischen dem Anwalt und seinem Auftraggeber und die Frage der Erstattungsfähigkeit im Verhältnis des Auftraggebers zu seinem Prozeßgegner unterscheiden. Zur letzteren Rn 16 ff. Der Anwalt kann die gesamte auf seine Vergütung entfallende Umsatzsteuer ersetzt fordern. Da § 1 I 1 unter Vergütung Gebühren und Auslagen versteht, muß der Auftraggeber also die auf sämtliche Gebühren und Auslagen anfallenden und vom Anwalt als Steuerschuldner zu bezahlenden Umsatzsteuern ersetzen.

D. Beispiele zur Frage einer Ersatzfähigkeit von Umsatzsteuer

Auslagen: Ersetzen muß der Auftraggeber die Umsatzsteuer auf alle Auslagen nach VV 9000 ff.

Betreuer: *Nicht* zu VV 7008 zählt diejenige Vergütung, die der Anwalt nicht als solcher erzielt hat, sondern in einer der in § 1 II genannten Eigenschaften, etwa: Als Betreuer, Pfleger oder Vormund, § 3 I VBVG, Anh § 1 JVEG, Teil V dieses Buchs (zusätzlich Umsatzsteuer nach § 1 I 3 VBVG möglich), es sei denn, daß das Gericht den Anwalt gerade wegen seiner Berufsstellung und wegen seiner Rechtskenntnis zum Vormund usw bestellt hat, BGH NJW **75**, 210, BFH **132**, 136.

Dokumentenpauschale: Rn 8 „Auslagen".

Erfolgsaussichtsprüfung: Ersetzen muß der Auftraggeber die Umsatzsteuer auf die Gebühr VV 2103.

VV 7008 — Vergütungsverzeichnis

Gebühren: Ersetzen muß der Auftraggeber die Umsatzsteuer auf alle Gebühren.
Gläubigerausschuß: *Nicht* zu VV 7008 zählt eine solche Vergütung, die der Anwalt nur als ein Mitglied dieses Gremiums erhält, soweit nicht auch ein solches einen Anwalt einschalten müßte.
Hausverwalter: *Nicht* zu VV 7008 zählt diejenige Vergütung, die der Anwalt nur als Hausverwalter erhält, FG Mü EFG **81**, 53, soweit nicht auch ein solcher einen Anwalt einschalten müßte.
Honorarvereinbarung: Ersetzen muß der Auftraggeber die Umsatzsteuer für eine nach § 3a vereinbarte Vergütung.

10 **Insolvenzverwalter:** *Nicht* zu VV 7008 zählt diejenige Vergütung, die der Anwalt nur als Insolvenzverwalter erhält, soweit nicht auch ein solcher einen Anwalt einschalten müßte.
Kleinunternehmer: Ein nicht optierender Kleinunternehmer mit einem nach § 19 I UStG errechneten Umsatz im Vorjahr von höchstens 16 620 EUR und einem voraussichtlichen diesjährigen Umsatz von grundsätzlich höchstens 50 000 EUR ist umsatzsteuerfrei, soweit er nicht dem Finanzamt gegenüber auf die Anwendung des § 19 I UStG verzichtet hat. Er kann daher vom Auftraggeber weder den Ersatz einer Umsatzsteuer noch einen Ausgleichsbetrag fordern und hat auch nicht die Möglichkeit eines Vorsteuerabzugs, Rn 6.
Nachlaßverwalter: *Nicht* zu VV 7008 zählt eine solche Vergütung, die der Anwalt nur als Nachlaßverwalter erhält, soweit nicht auch ein solcher einen Anwalt einschalten müßte.
Pfleger: Rn 8 „Betreuer", aM FG Münst EFG **81**, 53.
Reisekosten: Rn 8 „Auslagen".
Schiedsrichter: *Nicht* zu VV 7008 zählt eine solche Vergütung, die der Anwalt nur als Schiedsrichter erhält, soweit nicht auch ein solcher einen Anwalt einschalten müßte.
Schriftstellerische Tätigkeit: Ersetzen muß der Auftraggeber die Umsatzsteuer für eine auftragsgemäße anwaltliche schriftstellerische Tätigkeit.

11 **Taxi:** Ersetzen muß der Auftraggeber die Umsatzsteuer für ein Taxi und nicht nur für ein öffentliches Verkehrsmittel, LG Bln JB **99**, 526.
Telekommunikation: Rn 8 „Auslagen".
Testamentsvollstrecker: *Nicht* zu VV 7008 zählt diejenige Vergütung, die der Anwalt nur als Testamentsvollstrecker erhält, soweit nicht auch ein solcher einen Anwalt einschalten müßte.
Treuhänder: *Nicht* zu VV 7008 zählt eine solche Vergütung, die der Anwalt nur als Treuhänder erhält, soweit nicht auch ein solcher einen Anwalt einschalten müßte.
Vormund: Rn 8 „Betreuer".
Vorschuß: Ersetzen muß der Auftraggeber die auf einen Vorschuß anfallende Umsatzsteuer, soweit der Anwalt ihn nicht als fremdes Geld behandelt hat, sondern ihn mit anderen Einnahmen vermischt hat.
Zinsen: *Nicht* zu VV 7008 zählen Zinsen, Rn 7 „Verzugszinsen".
Zwangsverwalter: *Nicht* zu VV 7008 zählt eine solche Vergütung, die der Anwalt nur als Zwangsverwalter erhält, soweit nicht auch ein solcher einen Anwalt einschalten müßte.

12 **E. Höhe der Umsatzsteuer.** Die Steuer beträgt grundsätzlich seit 1. 1. 07 19%, soweit der Anwalt „nur" freiberuflich tätig ist, Stgt WoM **08**, 428.
13 Die Steuer beträgt jedoch nur 7%, soweit der Anwalt eine solche Leistung erbringt, die zumindest auch und nicht nur völlig der freiberuflichen Tätigkeit untergeordnet ein *nach dem UrhG geschütztes Werk* darstellt, und soweit der Anwalt dem Auftraggeber auch gerade ein Nutzungsrecht einräumt, § 12 II Z 7c UStG. Diese Situation kann zwar zB bei einem wissenschaftlich begründeten Gutachten nach § 34 I 1, VV 2103 vorliegen. Das gilt auch dann, wenn der Anwalt es im Auftrag des Mandanten für einen Rechtsstreit erstattet. § 45 I UrhG steht nicht entgegen. Freilich ist diese Nutzungsrechtseinräumung nicht das Üblische, Bundesfinanzminister DB **82**, 572.
14 Für den Steuersatz ist nach 13 I Z 1 UStG grundsätzlich der Zeitpunkt der *Fälligkeit* der Vergütung maßgeblich, Kblz JB **99**, 304, OVG Münst DGVZ **09**, 933, Enders JB **07**, 131, aM Düss JB **93**, 289, FG Saarbr EFG **84**, 253, Meyer MDR **93**,

10 (Zeitpunkt der Leistungsausführung). Der Zeitpunkt der Leistungsausführung fällt freilich meist mit der Fälligkeit nach § 8 zusammen, Düss MDR **83**, 142, Kblz JB **07**, 316, Stgt WoM **08**, 428. Bei einer Teilleistung kommt es im bloßen Vorschußfall auf dessen Abrechnungszeitpunkt an, Düss MDR **83**, 142, Kblz Rpfleger **83**, 175, Schlesw JB **83**, 233, aM Henke AnwBl **06**, 754 (Endabrechnung. Aber auch ein Vorschuß ist ein Leistungsentgelt).

Ein Ersatzanspruch besteht nicht wegen der auf die *Zinsen* entfallenden Umsatzsteuer, Rn 20. 15

F. Kostenerstattung. Man muß den in VV 7008 geregelten Ersatzanspruch im Innenverhältnis zwischen dem Anwalt und dem Auftraggeber nach Rn 8ff von dem etwaigen Erstattungsanspruch des Auftraggebers gegenüber seinem Prozeßgegner nach § 91 ZPO oder dem Erstattungsanspruch des beigeordneten Anwalts gegenüber dem Prozeßgegner des Auftraggebers nach § 126 ZPO unterscheiden. 16

Im *Außenverhältnis nach § 91 II ZPO* kann ein Erstattungsanspruch wegen der Umsatzsteuer grundsätzlich nur bestehen, soweit der Auftraggeber die gerade wegen dieses Streitgegenstands tatsächlich entstandene Umsatzsteuer zweifelsfrei *nicht als Vorsteuer abziehen* kann, § 104 II 3 ZPO, BVerfG NJW **96**, 383 (es meint, der Gesetzgeber habe inzwischen gegen den BFH entschieden. Das Gegenteil ist richtig), BGH NJW **03**, 1534, Düss JB **02**, 590. Es reicht nicht die bloße Angabe solcher Tatsachen, aus denen sich das Fehlen der Berechtigung zum Vorsteuerabzug ergeben soll oder kann, Brschw MDR **95**, 321, OVG Greifsw MDR **96**, 753. Ebensowenig reicht die Erklärung, der Antragsteller wolle keine Vorsteuer geltend machen, KG AnwBl **95**, 151, Mü MDR **95**, 102. Eine Ausnahme von diesem Grundsatz gilt in einer eigenen Anwaltssache, BGH GRUR **05**, 272, BFH **120**, 333, Mü MDR **03**, 177, aM LG Bln Rpfleger **77**, 220. Die Erklärung muß nachvollziehbar begründet sein. 17

G. Beispiele zur Frage einer Kostenerstattung 18

Anmeldung: *Nicht* erstattbar ist Umsatzsteuer schon auf Grund ihrer bloßen Anmeldung ohne eine nachvollziehbare Begründung, Celle NdsRpfl **95**, 105, Jena OLGR **95**, 227, aM AG Bln-Charlottenb JB **96**,428 (abl Hansens).

Auftraggeber Auslandsunternehmen: Eine solche ausländische Partei, die ein Unternehmen ist und ihren Sitz im Ausland hat, kann zu dem Kostenanspruch ihres inländischen Anwalts als ProzBev oder Verkehrsanwalt vor einem inländischen Gericht grundsätzlich nicht die Erstattung von Umsatzsteuer fordern, Kblz JB **91**, 246, LG Ffm AnwBl **86**, 406, AG Hof Rpfleger **02**, 536. Eine Ausnahme kann dann gelten, wenn die Partei im EU-Ausland wohnt und nicht als Unternehmerin auftritt, Düss RR **93**, 704, Zweibr Rpfleger **99**, 41. Zum gesonderten Ausweis der Umsatzsteuer gegenüber einem ausländischen Auftraggeber Hansch AnwBl **87**, 527 (Üb).

Gegner Ausländer: Erstattbar sein kann die Umsatzsteuer des Anwalts auch dann, wenn der Gegner des Auftraggebers als Ausländer nicht umsatzsteuerpflichtig ist, Ffm Rpfleger **84**, 116, Kblz NJW **92**, 641. 19

Auslandsbezug: Schneider MDR **06**, 374 (Üb).

Eigene Berufssache: *Nicht* erstattbar ist die Umsatzsteuer grds, soweit der Anwalt in einer eigenen beruflichen und nicht privaten Angelegenheit tätig war, BFH **120**, 133, Düss JB **94**, 299, LG Bre Rpfleger **91**, 390, aM Düss MDR **93**, 483, LG Bln Rpfleger **77**, 220. 20

Eigene Privatsache: Erstattbar ist die Umsatzsteuer beim sog Eigenverbrauch bei der Vertretung in einer eigenen Privatangelegenheit, Hamm AnwBl **86**, 452, OVG Münst AnwBl **89**, 399, aM Hamm MDR **85**, 683.

Fälligkeit: Maßgebend ist stets der Zeitpunkt der Fälligkeit. 21

Fiktive Umsatzsteuer: *Nicht* erstattbar ist eine solche Forderung, Kblz AnwBl **79**, 116.

Prozeßkostenhilfe: Im Außenverhältnis nach § 126 ZPO kann der beigeordnete Anwalt vom Prozeßgegner des Auftraggebers die Umsatzsteuer unabhängig von einer Berechtigung des Auftraggebers zum Vorsteuerabzug erstattet fordern, Düss JB **93**, 29, Kblz MDR **97**, 889. Auch die entsprechende Berechtigung des erstattungspflichtigen Prozeßgegners ist hier unerheblich, Karlsr MDR **92**, 191. 22

Steuersatz: Auch für die Erstattbarkeit der Steuersatz nach Rn 14 maßgebend.

23 Streitgenossen: Bei solchen unterliegenden Streitgenossen, von denen nur einer zum Abzug von Vorsteuer berechtigt ist, kann der Sieger in derselben Angelegenheit und bei gleichem Gegenstand wegen ihrer gesamtschuldnerischen Haftung nach seinem Belieben auch den nicht zum Abzug Berechtigten in Anspruch nehmen und insoweit die Umsatzsteuer erstattet fordern, BGH NJW **06**, 774, Hamm Rpfleger **92**, 220, LG Aachen Rpfleger **94**, 127, aM Bbg JB **93**, 89, Schlesw JB **97**, 644, Stgt Rpfleger **96**, 82 (aber man muß aus dem Wahlrecht des § 421 S 1 BGB dann auch hier die Konsequenzen ziehen). Bei unterschiedlichen Gegenständen kommt nur die Erstattung des im Innenverhältnis anfallenden Anteils in Betracht, LG Bln JB **97**, 428.

Verzugszinsen: *Nicht* erstattbar ist eine ja gar nicht entstehende Umsatzsteuer, Rn 7 „Verzugszinsen".

Keine Vorsteuer des Gegners: Erstattbar sein kann die Umsatzsteuer des Anwalts auch dann, wenn der Gegner des Auftraggebers nicht Vorsteuer abziehen kann, Karlsr MDR **92**, 191.

XI. Gesetz über Kosten der Gerichtsvollzieher (Gerichtsvollzieherkostengesetz – GvKostG)

vom 19. 4. 01, BGBl 623, zuletzt geändert durch Art 3 G v 30. 7. 09, BGBl 2474

Grundzüge

Schrifttum: (teils zum alten Recht): *Meyer,* GvKostG, (Kommentar) 2005; *Schröder-Kay,* Das Kostenwesen der Gerichtsvollzieher, 12. Aufl, bearbeitet von *Gerlach und Winter,* 2006; *Winterstein,* Gerichtsvollzieherkostenrecht, (Kommentar, Loseblattausgabe), 3. Aufl seit 1995, 15. Ergänzungslieferung 2006; *Winterstein,* Gerichtsvollzieherkostenrecht von A–Z (Loseblattkommentar), seit 1998; *Winterstein,* Das Pfändungsverfahren des Gerichtsvollziehers, 1994.

Gliederung

1) Geschichtliches; Rechtspolitik	1–7
2) Amtliche Inhaltsübersicht	8
3) Regelungszweck	9
4) Grundsatzfragen	10–18
A. Begriffe	10
B. Bundesrechtlich abschließende Regelung	11
C. Durchführungsbestimmungen der Länder (DB-GvKostG)	12
D. Staatskasse als Gläubiger	13
E. Bürokosten	14
F. Beitreibung	15
G. Vorschuß	16
H. Nichterhebung	17
I. Stundung	18

Schrifttum: *Seip* DGVZ **01**, 17, 40 und 70 (je: Üb).

1) Geschichtliches. Über die Entwicklung bis Anfang Februar 2009 unterrichtet die 39. Aufl.   1–7

Weitere Änderungen ergaben sich durch das Gesetz über die Internetversteigerung in der Zwangsvollstreckung und zur Änderung anderer Gesetze vom 30. 7. 09, BGBl 2474.

Das Gesetz zur Reform der Sachaufklärung in der Zwangsvollstreckung vom 29. 7. 09, BGBl 2258, wird in seinem hier interessierenden Teil nach Art 6 S 2 erst am 1. 1. 2013 in Kraft treten und zu diesem Zeitpunkt rechtzeitig eingearbeitet werden.

Rechtspolitisch steht die Privatisierung auch dieses Kostenbereichs staatlicher Gewalt bevor, Blaskowitz usw DGVZ **07**, 97.

2) Amtliche Inhaltsübersicht   8

Abschnitt 1. Allgemeine Vorschriften §§

Geltungsbereich	1
Kostenfreiheit	2
Auftrag	3
Vorschuss	4
Zuständigkeit für den Kostenansatz, Erinnerung, Beschwerde	5
Nachforderung	6
Nichterhebung von Kosten wegen unrichtiger Sachbehandlung	7
Verjährung, Verzinsung	8
Höhe der Kosten	9

Abschnitt 2. Gebührenvorschriften

Abgeltungsbereich der Gebühren	10
Tätigkeit zur Nachtzeit, an Sonnabenden, Sonn- und Feiertagen	11
Siegelungen, Vermögensverzeichnisse, Proteste und ähnliche Geschäfte	12

Abschnitt 3. Kostenzahlung

Kostenschuldner	13
Fälligkeit	14
Entnahmerecht	15
Verteilung der Verwertungskosten	16
Verteilung der Auslagen bei der Durchführung mehrerer Aufträge	17

2015

GvKostG Grdz vor § 1 XI. G über Kosten der GVz

Abschnitt 4. Übergangs- und Schlussvorschriften §§
Übergangsvorschrift 18
Übergangsvorschrift aus Anlass des Inkrafttretens dieses Gesetzes 19
(aufgehoben) 20

9 **3) Regelungszweck.** Infolge der eigenartigen Kombination von einem festen Grundgehalt und je nach der Arbeitskraft hinzutretenden wechselnd hohen Gebühren, soweit sie dem Gerichtsvollzieher zuflößen, läßt sich die Frage einer insgesamt angemessenen Vergütung nicht allein nach dem GvKostG beantworten. Immerhin zeigt dessen Gebührensystem die Bemühung um leistungs- und verantwortungsgerechte Sätze. Ihre Richtigkeit ist freilich im einzelnen vielfach diskutabel.

Die *Auslegung* sollte sowohl vor einer zur Oberflächlichkeit führenden Unterbezahlung als auch vor dem Gefühl bewahren, daß zunächst ein vorschußpflichtiger Gläubiger und im Ergebnis dann der Schuldner nun auch noch in der Zwangsvollstreckung übermäßig zur Kasse gebeten wird. Der Gerichtsvollzieher ist zwar wie der Anwalt ein Organ der Rechtspflege. Er ist aber kein reiner Freiberufler. Auch das sollte man bedenken.

10 **4) Grundsatzfragen.** Man muß zahlreiche Aspekte beachten.
A. Begriffe. Auch das GvKostG spricht von Kosten und versteht darunter Gebühren und Auslagen, § 1 I.

11 **B. Bundesrechtlich abschließende Regelung.** Im Gegensatz zu § 1 I RVG, aber in Übereinstimmung mit §§ 1 I 1 GKG, § 1 S 1 FamGKG und mit §§ 1 I 1 KostO, 1 I 2 JVEG Teile I A, B, III, V dieses Buchs, entsteht nach dem GvKostG ausdrücklich kein Vergütungsanspruch, soweit das Gesetz ihn nicht ausdrücklich vorsieht. Das gilt auch für Auslagen. Eine Tätigkeit des Gerichtsvollziehers ist also kostenfrei, soweit das GvKostG nicht etwas anderes vorschreibt, LG Gießen DGVZ **89**, 185. Es besteht mithin wie im gesamten Kostenrecht schon wegen des Wortes „nur" in § 1 I auch ein Analogieverbot zulasten eines etwaigen Kostenschuldners, BVerfG **34**, 366, Lappe Rpfleger **84**, 339, Schröder-Kay 3, aM Lorenz DGVZ **98**, 184 (mit rechtshistorischer Argumentation. Zu ihrer Problematik BLAH Einl III 42).

12 **C. Durchführungsbestimmungen der Länder (DB-GvKostG).** Sie sind landesrechtliche Verwaltungsbestimmungen zur Ergänzung des Gesetzes. Sie binden den Gerichtsvollzieher, VGH Mü DGVZ **04**, 25, und die mit dem Gesetz befaßten Verwaltungsstellen, Köhler DGVZ **81**, 179 (zum alten Recht). Sie binden aber nicht das Gericht, obwohl sie ihm wertvolle Dienste leisten, LG Frankenth DGVZ **04**, 187, LG Kblz DGVZ **82**, 77 (zum alten Recht). Sie sind bundeseinheitlich unter dem 1. 5. 01 eingefügt worden (Vorgänger: Gerichtsvollzieherkostengrundsätze – GvKostGr –). Sie wurden mehrfach geändert. Sie sind in den Bundesländern wie folgt veröffentlicht worden:

Baden-Württemberg: VO zuletzt v 13. 2. 04, Just 185;
Bayern: VO zuletzt v 6. 2. 04, JMBl 14;
Berlin: AV v 23. 5. 01, ABl 2622;
Brandenburg: AV v 27. 7. 01, JMBl 175;
Bremen: AV v 31. 5. 01, 5653;
Hamburg: AV v 30. 5. 01, JVBl 67;
Hessen: RdErl v 21. 6. 01, JMBl 411;
Mecklenburg-Vorpommern: AV v 21. 6. 01, ABl 835;
Niedersachsen: VO zuletzt v 27. 1. 04, NdsRpfl 40;
Nordrhein-Westfalen: VO zuletzt v 27. 1. 04, JMBl 50;
Rheinland-Pfalz: VO zuletzt v 2. 2. 04, JBl 63;
Saarland: AV v 21. 5. 01;
Sachsen: VwV v 9. 7. 01, JMBl 78;
Sachsen-Anhalt: AV v 11. 6. 01, MBl 223;
Schleswig-Holstein: VO zuletzt v 7. 2. 08, SchlHA 82;
Thüringen: VO zuletzt v 7. 4. 04, JMBl 23. Vgl ferner VO v 15. 12. 08, GVBl 603.

Sie sind im einschlägigen Stellen nachfolgend abgedruckt. Dabei ist die für Schleswig-Holstein veröffentlichte Fassung zugrundegelegt worden.

D. Staatskasse als Gläubiger. Die gesetzlichen öffentlichrechtlichen Gebühren 13
der Tätigkeit des Gerichtsvollziehers fließen in die Staatskasse. Sie ist ihr unmittelbarer
Gläubiger, BGH DGVZ **01**, 75, OVG Bln DGVZ **81**, 139, LG Konst DGVZ **02**,
139. Die Fassung des Gesetzes trägt diesem Rechtsverhältnis Rechnung. Das Gesetz
bezeichnet sich demgemäß auch nicht mehr als eine Gebührenordnung „für" die Gerichtsvollzieher. Es regelt nur die Rechtsbeziehungen zwischen der Staatskasse und
dem Kostenschuldner, nicht jedoch das Rechtsverhältnis zwischen der Staatskasse und
dem Gerichtsvollzieher, BVerwG NJW **83**, 897. Nicht der Gerichtsvollzieher „erhält" die Gebühr. Sie wird vielmehr „erhoben". Daher ist er auch weder aktiv- noch
passivlegitimiert. § 34 ZPO ist ihn betreffend gegenstandslos, BLAH dort Rn 5.

E. Bürokosten, dazu BVerwG DGVZ **82**, 151, *Götze/Füßer* DGVZ **05**, 17 (Üb, 14
krit), *Lienau* DGVZ **02**, 129, *Redaktion* DGVZ **03**, 142 (auch rechtspolitisch): Der
Bund und die Länder billigen den Gerichtsvollziehern dienst- und besoldungs-, nicht
also kostenrechtlich Anteile an den von diesen vereinnahmten Gebühren zur Abgeltung ihrer Bürokosten zu:
Bund: VO vom 8. 7. 76, BGBl 1783;
Baden-Württemberg: VO vom 18. 11. 75, GBl 832, zuletzt geändert am 31. 8. 09, GBl 475;
Bayern: VO vom 25. 11. 87, GVBl 447, zuletzt geändert am 29. 11. 07, GVBl 827; dazu BVerwG NVwZ **04**, 1337;
Berlin: VO vom 4. 12. 87, GVBl 2734, zuletzt geändert am 12. 11. 08, GVBl 404;
Brandenburg: AV vom 21. 9. 92, JMBl 154, geändert am 23. 12. 97, JMBl 200;
Bremen: VO vom 3. 11. 87, GBl 287, zuletzt geändert am 16. 2. 09, GBl 52;
Hamburg: VO vom 19. 12. 78, GVBl 425, zuletzt geändert am 6. 4. 05, GVBl 134;
Hessen: VO vom 23. 12. 86, GVBl 454, zuletzt geändert am 31. 10. 08, GVBl 935;
Mecklenburg-Vorpommern: VO vom 2. 9. 92, GVBl 557, zuletzt geändert am 31. 8. 09, GVBl 527;
Niedersachsen: VO vom 22. 3. 89, GVBl 65, zuletzt geändert am 23. 7. 08, GVBl 274; vgl auch OVG Lüneb DGVZ **05**, 155;
Nordrhein-Westfalen: VO vom 23. 12. 86, GVBl 746, zuletzt geändert am 22. 7. 09, GVBl 434;
Rheinland-Pfalz: VO vom 22. 2. 89, GVBl 59, zuletzt geändert am 10. 6. 08, GVBl 114;
Saarland: VO vom 18. 11. 88, ABl 1290, zuletzt geändert am 3. 9. 08, ABl 1546;
Sachsen: VO vom 7. 10. 92, GVBl 480, zuletzt geändert am 27. 7. 09, GVBl 479. Das ist dort verfassungsgemäß, OVG Bautzen DGVZ **06**, 8;
Sachsen-Anhalt: VO vom 17. 3. 92, GVBl 165, zuletzt geändert am 24. 10. 08, GVBl 376;
Schleswig-Holstein: VO vom 13. 5. 77, GVBl 347, zuletzt geändert am 16. 6. 09, GVBl 349;
Thüringen: VO vom 17. 6. 92, GVBl 350, geändert am 18. 8. 09, GVBl 751.

Grundlage sind die Besoldungsgesetze. Die Verordnungen geben dem Gerichtsvollzieher einen entsprechenden Anspruch nur gegenüber dem Dienstherrn, BVerwG
NJW **83**, 897, nicht gegenüber derjenigen Partei, auf deren Antrag er tätig wird,
Bach DGVZ **90**, 166, und auch nicht gegenüber deren Prozeßgegner. Zu Einzelfragen Kühn DGVZ **98**, 73.

Der Gerichtsvollzieher steht also in *keinem Auftragsverhältnis* zur Partei, sondern handelt als ein Beamter, BGH **142**, 80, BVerwG NJW **83**, 897 und 899, VG Freibg
NVwZ-RR **05**, 598 (ausf), BLAH § 753 ZPO Rn 1 ff und Üb 3 vor § 154 GVG. Deshalb darf er auch keinen sachlichrechtlichen Honorarvertrag mit der einen, der anderen
oder mit beiden Parteien schließen. Zumindest braucht er eine Genehmigung des
Dienstvorgesetzten oder des Gerichts, aM Schneider DGVZ **82**, 37. Er kann aber zB
als der Vertreter des Fiskus einen privatrechtlichen Lagervertrag mit einem Dritten abschließen, BGH **142**, 80, BLAH § 885 ZPO Rn 29. Zu seinem eigenartigen Verhältnis
zwischen der Dienstaufsicht und dem Bezirksrevisor bei der Kostenberechnung Polzius
DGVZ **02**, 33 (Üb). Eine Dienstanweisung läßt sich verwaltungsgerichtlich überprüfen, VGH Mü DGVZ **03**, 123, VG Freibg NVwZ-RR **05**, 598 (ausf), aM VGH Mü
DGVZ **04**, 25 (!?). Eine Haftung kommt nach Art 34 GG, § 839 I, III BGB in Be-

tracht, Kühn DGVZ 93, 71. Der Gerichtsvollzieher kann bei einer Überlastung nach der Dringlichkeit vorgehen und planvoll die Arbeit anwachsen lassen, muß das aber anzeigen, BVerfG NVwZ-RR 08, 505. Wegen einer Rückforderung des als Bürokostenentschädigung gewährten Gebührenanteils infolge einer rückwirkenden Schlechterstellung des Gerichtsvollziehers VG Halle DGVZ 07, 87.

15 **F. Beitreibung.** Die Beitreibung der Kosten des Gerichtsvollziehers erfolgt im Verwaltungszwangsverfahren durch die Gerichtskasse. Das gilt, soweit die Kosten selbständig oder gleichzeitig mit einem nach der JBeitrO vollstreckbaren Anspruch bei dem Auftraggeber oder bei dem Ersatzpflichtigen beigetrieben werden, § 1 I Z 7 JBeitrO, Teil IX A dieses Buchs.

Wenn der Gerichtsvollzieher auf Grund eines Vollstreckungstitels zugunsten des Auftraggebers vollstreckt, treibt er gleichzeitig die *Kosten* der Vollstreckung bei, § 788 I 1 ZPO, § 95 FamG. Soweit er Kosten der Vollstreckung einzieht, unterliegt er grundsätzlich uneingeschränkt der Dienstaufsicht, BVerwG NJW **83**, 898. Die Dienstaufsicht kann sich evtl sogar teilweise auf Richtlinien zur Rechtmäßigkeit einer Gebührenerhebung erstrecken, VGH Mü DGVZ **03**, 21. Freilich bestehen hier klare Grenzen durch das GvKostG als ein vorrangiges Bundesgesetz. Diese Grenzen muß auch der Dienstvorgesetzte selbstverständlich respektieren. Der Gerichtsvollzieher darf nicht seine Eigenverantwortlichkeit verlieren, BVerwG NJW **83**, 898. Eine rechtswidrige Anweisung kann einen Folgenbeseitigungsanspruch des Gerichtsvollziehers auslösen, VG Mü DGVZ **03**, 27.

16 **G. Vorschuß.** Eine Sicherung des Anspruchs auf die Bezahlung der Kosten des Gerichtsvollziehers liegt darin, daß er seine Amtshandlung im Rahmen des § 4 von der Zahlung eines Vorschusses in Höhe der voraussichtlichen Kosten abhängig machen darf.

17 **H. Nichterhebung.** Die Niederschlagung von Gebühren oder Auslagen ist nach § 7 möglich.

18 **I. Stundung.** Eine Stundung kann nach der VO vom 20. 3. 35 in Verbindung mit §§ 76 III, 94 JKassO durch den Behördenvorstand derjenigen Gerichtskasse erfolgen, der die Kosten zufließen. Der Gerichtsvollzieher kann eine Stundung nicht persönlich gewähren. Eine Prozeß- oder Verfahrenskostenhilfe befreit im gerichtlich festgesetzten Umfang nach § 122 I Z 1 a ZPO, §§ 76 ff FamFG den Auftraggeber nach § 3 I 1 auch von den Kosten für eine Zustellung oder für eine Vollstreckungshandlung. Dem Gerichtsvollzieher werden aber seine Barauslagen ersetzt, § 11 Z 4 GVO. Vgl auch § 16 GvKostG.

Abschnitt 1. Allgemeine Vorschriften

Geltungsbereich

1 ᴵ Für die Tätigkeit des Gerichtsvollziehers, für die er nach Bundes- oder Landesrecht sachlich zuständig ist, werden Kosten (Gebühren und Auslagen) nur nach diesem Gesetz erhoben.

ᴵᴵ Landesrechtliche Vorschriften über die Kosten der Vollstreckung im Verwaltungszwangsverfahren bleiben unberührt.

DB-GvKostG Nr. 1. Die Gerichtsvollzieherkosten (GV-Kosten) werden für die Landeskasse erhoben.

Gliederung

1) Systematik, I, II	1
2) Regelungszweck, I, II	2
3) Sachlicher Geltungsbereich, I, II	3, 4
A. Tätigkeit gerade als Gerichtsvollzieher	3
B. Sachliche Zuständigkeit	4
4) Persönlicher Geltungsbereich, I, II	5
5) **Kosten,** I	6–8
A. Pauschalen	6
B. Enge Auslegung	7
C. Einziehung, Beitreibung	8

Abschnitt 1. Allgemeine Vorschriften **§ 1 GvKostG**

1) Systematik, I, II. Zum bundesrechtlich abschließenden Charakter des Geset- 1
zes, Grdz 11 vor § 1. Der landesrechtliche Vorbehalt ändert an der bundesrechtlich
abschließenden Regelung nichts, Art 74 I Z 1 GG.

2) Regelungszweck, I, II. Schon aus dem Wortlaut von § 1 folgt die Notwendig- 2
keit einer einschränkenden Auslegung zulasten des Kostenschuldners und die Befugnis
einer weiten Auslegung zu seinen Gunsten, AG Augsb JB **02**, 94. Das entspricht auch
dem klaren Zweck der Kostendämpfung und dem Ziel der Rechtssicherheit. Das Gesetz dient nicht der Existenzsicherung des Gerichtsvollziehers, sondern ergänzt diese anderweitig geschaffene Sicherheit.
Unrichtige Sachbehandlung darf nicht auch noch auf direkte Kosten der Parteien stattfinden. Sie haben schon indirekt genug Ärger und Aufwand infolge einer sachlichen Unzuständigkeit des Vollstreckungsorgans mit seinen ja zunächst einmal trotz aller Fehlerhaftigkeit gültigen Staatsakten. Auch deshalb ist entsprechend dem ohnehin vorhandenen Grundgedanken nach Grdz 8 vor § 1 eine solche Auslegung notwendig, die beim auch nur gering begründeten Zweifel zugunsten des jeweiligen Kostenschuldners ausfällt.

3) Sachlicher Geltungsbereich, I, II. Es müssen zwei Voraussetzungen zusam- 3
mentreffen.
A. Tätigkeit gerade als Gerichtsvollzieher. Das GvKostG gilt nur, soweit der Gerichtsvollzieher als solcher kraft Gesetzes oder auf Grund einer Verwaltungsvorschrift tätig wird. Das gilt unabhängig davon, ob diese eine Gebühr vorsieht. Freilich gehört dann auch ein Nebengeschäft gerade der amtlichen Tätigkeit dazu. Mangels einer Gebühren- oder Auslagenvorschrift wird der Gerichtsvollzieher in dieser amtlichen Eigenschaft kostenlos tätig.
Das GvKostG gilt also *nicht*, soweit er als ein Treuhänder oder Sequester amtiert, also bei einer selbständigen Verwaltung und Verwahrung, BGH Rpfleger **01**, 140, LG Mönchengladb DGVZ **82**, 122, Gleußner DGVZ **96**, 33. Das gilt selbst dann, wenn diese Bestellung durch das Gesetz erfolgt, Bre JB **99**, 327. Dann gelten die Vergütungsordnung für Insolvenzverwalter, SchlAnh D dieses Buchs, und hilfsweise evtl §§ 675, 612, 632 BGB entsprechend, BLAH § 938 ZPO Rn 24. Der Antragsgegner oder die Landeskasse haften insoweit nicht, Stgt DGVZ **94**, 87, LG Offenb DGVZ **90**, 11.
Soweit der Gerichtsvollzieher allerdings bei einer Tätigkeit als Treuhänder wiederum *als Vollstreckungsorgan* tätig wird, gilt im Rahmen des § 788 ZPO und des § 95 FamFG wiederum das GvKostG, Schmidt KTS **83**, 537, aM Düss ZIP **93**, 135, LG Trier DGVZ **96**, 29, Meyer 4 (aber er wird auch bei einer „freiwilligen" Mitübernahme doch amtlich tätig). Er darf dann zB einen Vorschuß nur im Rahmen von § 4 fordern. Zur diesbezüglichen Abgrenzung §§ 177, 195 Z 2, 3 GVGA.
B. Sachliche Zuständigkeit. Das GvKostG sieht auch Kostenvorschriften für sol- 4
che Geschäfte vor, die der Gerichtsvollzieher nur in einzelnen Bundesländern vornehmen darf. Das gilt zB: Für die öffentliche Verpachtung an den Meistbietenden, KVGv 301; für das tatsächliche Angebot einer Leistung, KVGv 410; für eine Beurkundung des Leistungsangebots, KVGv 411; für eine Siegelung oder eine Entsiegelung, § 12 I; für die Aufnahme eines Vermögensverzeichnisses, § 12 I; für die Mitwirkung als Urkundsperson bei einer solchen Aufnahme, § 12 I; für die Empfangnahme einer Wechseloder Schecksumme, § 12 II.
Wenn der Gerichtsvollzieher in derartiges Geschäft in einem solchen Bundesland vornimmt, das eine solche Tätigkeit dem Gerichtsvollzieher *nicht übertragen* hat, überschreitet er seine Befugnis. Denn er muß dann nach § 28 GVO vorgehen. Es liegt dann eine unrichtige Sachbehandlung vor. I schließt aber § 7 aus, indem I dann von vornherein keine Kosten entstehen läßt, also keinen Kostenanspruch der Staatskasse zuläßt, auch keinen Auslagenanspruch der Staatskasse, sondern allenfalls einen solchen des Gerichtsvollziehers wegen der Portokosten der Rücksendung nach § 11 Z 3 GVO. Zugleich ergibt sich aus dieser Regelung, daß man auch hierdurch keine Zuständigkeitsregelung herleiten kann.

4) Persönlicher Geltungsbereich, I, II. Das GvKostG ist eine bundeseinheit- 5
liche Kodifikation des Kostenrechts für die Tätigkeit des Gerichtsvollziehers, Grdz 1
vor § 1. Das Entgelt für die Tätigkeit richtet sich also grundsätzlich nur nach I, II.

2019

GvKostG §§ 1, 2 XI. G über Kosten der GVz

Wie sich auch aus der allgemeinen Fassung und aus § 11 II JBeitrO ergibt, Teil IX A dieses Buchs, gilt II dann, wenn der Gerichtsvollzieher im Verwaltungszwangsverfahren tätig wird, also auch für andere Behörden als diejenigen der Justiz. Soweit in den Bundesländern *Vollstreckungsbeamte* der Justizverwaltung im Verwaltungszwangsverfahren für andere als die Justizbehörden tätig werden, gilt II, VG Mü DGVZ **03**, 27 (Erhebung für die Landeskasse), zB in Baden-Württemberg nach § 3 LJustKG. Vgl im übrigen auch die EBAO, Teil IX B dieses Buchs.

6 **5) Kosten, I.** Auch das GvKostG unterscheidet in § 1 I wie § 1 I 1 GKG, § 1 S 1 FamGKG usw unter dem Oberbegriff Kosten die Unterbegriffe Gebühren, KVGv 100 ff, und Auslagen, KVGv 700 ff. Dem entspricht in § 1 I 1 RVG, Teil X dieses Buchs, der Oberbegriff Vergütung mit den Unterbegriffen Gebühren und Auslagen. **A. Pauschalen.** Die Gebühren haben einen Pauschcharakter, Einl II A 6. Sie gelten also auch Vorbereitungsmaßnahmen und Nebentätigkeiten mangels einer besonderen Bestimmung, zB KVGv 430, bis auf den etwa gesetzlich zusätzlich anrechenbaren zeitlichen Mehraufwand mit ab. Das zeigt KVGv 500. Sie entstehen aber nicht für eine erfolgreiche Amtshandlung oder bei einer vorzeitigen Erledigung des Auftrags, sofern das Gesetz nichts Gegenteiliges bestimmt, KVGv 600 ff. Auslagen nach Einl II B 5 können ebenfalls einen Pauschcharakter haben.

7 **B. Enge Auslegung.** Kosten entstehen nur, soweit eine gesetzliche Vorschrift nach dem Bundes- oder Landesrecht zugrundeliegt, AG Solingen DGVZ **09**, 67, OVG Bln DGVZ **83**, 91. Das bedeutet: Man muß das Gesetz eng auslegen, soweit es Gebühren oder Auslagen entstehen läßt, dagegen weit auslegen, soweit es eine Kostenfreiheit, Ausnahmen von der Erstattungspflicht usw nennt. Denn nur so läßt sich das Kostenrisiko übersehen, wie es wegen des Rechtsstaatsprinzips erforderlich ist, BVerfG **34**, 366. Eine Analogie zulasten eines Kostenschuldners ist grundsätzlich unstatthaft, Lappe Rpfleger **84**, 337. Von einer Gebühr darf man nicht nochmals eine Gebühr erheben. Der Gerichtsvollzieher muß bei einer Wahlmöglichkeit zwischen einer kostenpflichtigen und einer kostenfreien Vorgehensweise pflichtgemäß abwägen und meist die letztere Form wählen.

8 **C. Einziehung, Beitreibung.** Für die Einziehung der Kosten des Gerichtsvollziehers entsteht im allgemeinen keine Gebühr. Allerdings ist die Hebegebühr nach KVGv 430 grundsätzlich ausgenommen. Auch soweit eine Geldstrafe, Geldbuße, ein Ordnungs- oder Zwangsgeld beigetrieben werden, gilt wegen der Kosten des Gerichtsvollziehers das GvKostG, § 11 II JBeitrO, Teil IX A dieses Buchs. Soweit statt des Gerichtsvollziehers ein Vollziehungsbeamter der Justiz eine Beitreibung vornimmt, wird er anstelle des Gerichtsvollziehers tätig, § 6 III JBeitrO. Dann gilt das GvKostG entsprechend, § 11 II JBeitrO.

Kostenfreiheit

2 I ¹Von der Zahlung der Kosten sind befreit der Bund, die Länder und die nach dem Haushaltsplan des Bundes oder eines Landes für Rechnung des Bundes oder eines Landes verwalteten öffentlichen Körperschaften oder Anstalten, bei einer Zwangsvollstreckung nach § 885 der Zivilprozessordnung wegen der Auslagen jedoch nur, soweit diese einen Betrag von 5000 Euro nicht übersteigen. ²Bei der Vollstreckung wegen öffentlich-rechtlicher Geldforderungen ist maßgebend, wer ohne Berücksichtigung des § 252 der Abgabenordnung oder entsprechender Vorschriften Gläubiger der Forderung ist.

II ¹Bei der Durchführung des Zwölften Buches Sozialgesetzbuch sind die Träger der Sozialhilfe, bei der Durchführung des Zweiten Buches Sozialgesetzbuch die nach diesem Buch zuständigen Träger der Leistungen, bei der Durchführung des Achten Buches Sozialgesetzbuch die Träger der öffentlichen Jugendhilfe und bei der Durchführung der ihnen obliegenden Aufgaben nach dem Bundesversorgungsgesetz die Träger der Kriegsopferfürsorge von den Gebühren befreit. ²Sonstige Vorschriften, die eine sachliche oder persönliche Befreiung von Kosten gewähren, gelten für Gerichtsvollzieherkosten nur insoweit, als sie ausdrücklich auch diese Kosten umfassen.

III Landesrechtliche Vorschriften, die in weiteren Fällen eine sachliche oder persönliche Befreiung von Gerichtsvollzieherkosten gewähren, bleiben unberührt.

Abschnitt 1. Allgemeine Vorschriften § 2 GvKostG

IV Die Befreiung von der Zahlung der Kosten oder der Gebühren steht der Entnahme der Kosten aus dem Erlös (§ 15) nicht entgegen.

Vorbem. II 1 erweitert durch Art 24 G v 24. 12. 03, BGBl 2854, in Kraft seit 1. 1. 05, Art 61 I G. Anschließend II 1 erneut geändert durch Art 40 G v 27. 12. 03, BGBl 3022, in Kraft ebenfalls seit 1. 1. 05, Art 70 I G. Sodann II 1 nochmals geändert durch Art 10 G v 30. 7. 04, BGBl 2014, in Kraft seit 6. 8. 04, Art 17 I 1 G. Endlich II 1 mit demselben Text als angeblicher „Änderung" dch Art 13 Z 1 G v 9. 12. 04, BGBl 3220, in Kraft seit 1. 1. 05, Art 22 S 2 G. Übergangsrecht jeweils §§ 18, 19 GvKostG. Früher § 8 GvKostG aF.

Gliederung

1) Systematik, I–IV	1
2) Regelungszweck, I–IV	2
3) Befreiung, I	3, 4
A. Grundsatz und Grenzen	3
B. Beispiele zur Frage einer Befreiung nach I	4
4) Befreiung, II, III	5, 6
5) Rechtsfolgen der Befreiung, I–IV	7

1) Systematik, I–IV. Die Kosten des Gerichtsvollziehers fließen der Staatskasse **1** wegen der Tätigkeit eines Gerichtsorgans zu, Grdz 10 vor § 1. Daher sind Vorschriften über eine Kostenbefreiung erforderlich. § 2 enthält unterschiedliche Arten von Befreiung. Teilweise gilt eine völlige Freiheit von Kosten nach § 1 I, also von Gebühren und Auslagen, teilweise gilt lediglich eine Gebührenfreiheit. Einzelheiten Krauthausen DGVZ **84**, 4.

Unanwendbar ist § 2 bei einer Prozeß- oder Verfahrenskostenhilfe. Dann gelten zB §§ 122 ff ZPO, 76 ff FamFG vorrangig. Auch eine Stundung nach §§ 4 a ff InsO zählt nicht hierher, ebensowenig ein Kostenerlaß.

2) Regelungszweck, I–IV. Ungeachtet der Notwendigkeit einer Auslegung des **2** GvKostG grundsätzlich zugunsten des jeweiligen Kostenschuldners nach Grdz 8 vor § 1, § 1 Rn 2 dient § 2 doch auch der öffentlichen Hand zwecks einer Dämpfung *ihrer* Kosten. Das darf nun aber auch nicht dazu führen, trotz des in der Zwangsvollstreckung bestehenden Gewaltmonopols gerade seinen Träger auch noch im Zweifel von Kosten zu befreien. Daher ist bei der im Ergebnis tragbaren Regelung, Mügler BB **92**, 798, eine weder zu strenge noch zu großzügige Prüfung der etwaigen Kostenfreiheit und ihrer Unterformen ratsam.

3) Befreiung, I. *I 1* stimmt inhaltlich weitgehend mit § 2 I GKG und mit § 2 **3** FamGKG überein, Teile I A, B dieses Buchs, dort insbesondere § 2 GKG Rn 8 ff (Fallaufzählung), und mit §§ 11 I, 144 I Z 1 KostO, Teil III dieses Buchs.

A. Grundsatz und Grenzen. Der Bund und die Länder sind von sämtlichen Gebühren und weitgehend auch von den Auslagen des Gerichtsvollziehers befreit, ohne daß das Gesetz das besonders hervorheben muß, BGH **89**, 85. Lediglich bei der Zwangsräumung nach § 885 ZPO endet die Auslagenfreiheit, soweit die in I 1 Hs 2 genannte Freigrenze überschritten ist. Daher darf man nur die sie überschreitenden Auslagen erheben. Die grundsätzliche Kostenfreiheit gilt unabhängig davon, ob der Befreite den Gerichtsvollzieher des eigenen oder eines anderen Landes beauftragt.

Sie gilt für *öffentlich- wie privatrechtliche* Angelegenheiten, AG Moers Rpfleger **03**, 270. Sie gilt nur, soweit der Bund oder die Länder als Partei auftreten, LG Osnabr DGVZ **07**, 40, AG Altenkirchen DGVZ **90**, 191, AG Bersenbrück DGVZ **91**, 15. Sie gilt ferner nur, soweit sämtliche und nicht nur einzelne Einnahmen und Ausgaben im Haushaltsplan des Bundes oder des Landes stehen. Soweit eine Körperschaft oder Anstalt einen eigenen Haushalt hat, die nicht im Haushaltsplan des Bundes oder eines Landes erscheint, ist sie nicht kostenbefreit. Das Bundeseisenbahnvermögen ist wie bei § 2 GKG und bei § 2 FamGKG befreit, dort Rn 7, Teile I A, B dieses Buchs.

I 2 klärt, daß bei der Vollstreckung wegen einer öffentlichen Geldforderung derjenige Kostenfreiheit hat, der ohne eine Berücksichtigung von § 252 AO usw Gläubiger ist. Danach gilt diejenige Körperschaft als Gläubigerin des zu vollstreckenden Anspruchs, der die Vollstreckungsbehörde angehört, LG Lpz DGVZ **05**, 27, LG Ulm DGVZ **05**, 28, AG Ludwigslust DGVZ **05**, 78 (Anspruchsüber-

2021

GvKostG § 2 XI. G über Kosten der GVz

gang), am AG Cottbus DGVZ **01**, 79, AG Hildesh DGVZ **04**, 191. Die Unterstellung des § 252 AO, daß die vollstreckende Behörde Gläubiger ist, bewirkt also keine Gebührenfreiheit.

4   **B. Beispiele zur Frage einer Befreiung nach I**
Allgemeine Ortskrankenkasse: S „Sozialversicherungsträger".
Amtsnotar: I befreit zB einen solchen badischen Notar *nicht,* AG Mosbach DGVZ **08**, 66.
Berlin: I 1 befreit Berlin in sämtlichen Angelegenheiten, BGH Rpfleger **55**, 157.
Bremen: I 1 befreit Bremen nur in einer Landesangelegenheit, nicht in einer städtischen Sache, BGH Rpfleger **55**, 156.
Bundesagentur für Arbeit: I befreit sie *nicht,* AG Mosbach DGVZ **76**, 158, AG Staufen DGVZ **76**, 63.
Bundesanstalt für vereinigungsbedingte Sonderaufgaben: I befreit sie *nicht,* Müller DGVZ **96**, 58, am AG Neuruppin DGVZ **96**, 78.
Bundesbank: I befreit sie und ihre Landesstellen *nicht.* Denn sie erscheinen nur bei einer Gewinnabführung im Haushalt.
Bundesversicherungsanstalt für Angestellte: I 1 befreit sie *nicht.* Denn sie hat einen eigenen Haushalt.
Deutsche Bahn AG: I 1 befreit sie *nicht.*
Deutsche Genossenschaftsbank: I befreit sie *nicht.* Denn sie hat einen eigenen Haushalt.
Deutsche Post AG: I 1 betreibt sie *nicht.*
Deutsche Postbank AG: I 1 befreit sie *nicht.*
Deutsches Rotes Kreuz: I befreit es *nicht,* AG Heidelb DGVZ **97**, 46.
Deutsche Telekom AG: I 1 befreit sie *nicht.*
Fernsehanstalt: I befreit sie *nicht.*
Gemeinde: I 1 befreit *nicht* eine Gemeinde, Rn 1 (enge Auslegung), AG Brschw DGVZ **98**, 46. Hier ist das Landesrecht maßgeblich.
Hamburg: I 1 befreit Hamburg in sämtlichen Angelegenheiten, BGH Rpfleger **55**, 156.
Hauptzollamt: Der Sozialversicherungsträger kann wegen seiner Stellung als Gläubiger einer wirklich öffentlichrechtlichen Forderung nach I 2 eine Befreiung auch dann erreichen, wenn er seine Forderung durch die Einschaltung zB des Hauptzollamts vollstreckt, so schon AG Cottbus DGVZ **01**, 79. Anders liegt es bei einer Vollstreckung durch das Hauptzollamt im Auftrag eines Landesarbeitsamtes, AG Mönchengladb DGVZ **03**, 159.
Hochschule: I 1 befreit *nicht* eine Hochschule unter den Voraussetzungen Rn 3. Der Landeshaushalt muß also nur ihr Vermögen mitverwalten, Hamm DGVZ **09**, 18, AG Dietz DGVZ **01**, 95.
Kapitalgesellschaft: I 1 befreit sie *nicht,* selbst wenn sie voll der öffentlichen Hand gehört.
Landratsamt: I 1 befreit *nicht* ein solches Amt, AG Bautzen DGVZ **09**, 19, AG Freyung DGVZ **86**, 31.
Räumung: Rn 3.
Rundfunkanstalt: I befreit sie *nicht.*
Sozialhilfeträger: I befreit ihn grds *nicht,* LG Mönchengladb JB **09**, 657.
Sozialversicherungsträger: I befreit ihn mit den Ausnahmen Rn 5, 6 grds *nicht.*
Stadtgemeinde: S „Gemeinde".
Zustellungskosten: Soweit ein siegender Kläger die Kosten für eine Zustellung *ausgelegt* hatte, muß der unterliegende Bund oder das unterliegende Land sie ihm erstatten.

5   **4) Befreiung, II, III.** Sonstige bundesrechtliche Vorschriften, die eine sachliche oder persönliche Befreiung von Kosten gewähren, gelten nach II 2 für Gerichtsvollzieherkosten nur insoweit, als sie ausdrücklich auch diese Kosten umfassen, AG Wittenberg DGVZ **09**, 19 (wegen des Deutschen Roten Kreuzes); zB nach § 9 AUG in Verbindung mit § 122 I Z 1a ZPO, Üb 5 vor § 22 GKG, Teil I A dieses Buchs. Das ist kaum je so, zB nicht bei § 64 SGB X, AG Freyung DGVZ **86**, 31. Denn die Kostenbefreiungsvorschriften des Bundes regeln nur im allgemeinen die Gerichtsvollzieherkosten nicht mit.

Abschnitt 1. Allgemeine Vorschriften §§ 2, 3 GvKostG

Europarechtliche Vorschriften stehen bundesrechtlichen gleich. Das gilt zB bei Art 11 VO (EG) Nr 1348/00 über die Zustellungskosten, dazu BLAH Einf 3 vor § 1067 ZPO.

Landesrechtliche Vorschriften, die eine sachliche oder persönliche Befreiung von Gerichtsvollzieherkosten enthalten, bleiben nach III unberührt. Die Vorschrift stimmt mit § 2 III 2 GKG und mit § 2 II FamGKG inhaltlich und mit § 11 II 2 KostO wörtlich überein. Eine landesrechtliche Kostenfreiheit wirkt nur in diesem Bundesland, LG Ulm DGVZ **05**, 28, AG Bonn DGVZ **07**, 95, AG Neu-Ulm DGVZ **08**, 67, also nicht in einem anderen oder im Bund. Vgl die Länderübersicht bei § 2 GKG Rn 15, Teil I A dieses Buchs. Auch die Kirche und ihre Körperschaften können landesrechtlich hierher zählen, AG Burgwedel DGVZ **09**, 103 (nennt irrig § 3 III statt § 2 III).

Bei der Durchführung (jetzt) des SGB XII usw und nur insoweit, nicht etwa bei einem bürgerlichrechtlichen Anspruch, sind die Träger der *Sozialhilfe* und die nach dem *SGB II* zuständigen Leistungsträger nach II 1 Hs 1 nur von den Gebühren befreit, nicht also von den Auslagen, Krauthausen DGVZ **84**, 4. Sozialhilfeträger sind die örtlichen und überörtlichen, von den Kommunen oder von den Ländern bestimmten Behörden. Nur diese Stellen sind gebührenfrei, also nicht der Empfänger der Sozialhilfe, also auch nicht der Ersatzpflichtige zB nach dem SGB XII usw.

Eine gesetzliche *Krankenkasse* wird nicht dadurch gebührenfrei, daß sie eine Ladung zum Offenbarungstermin beantragt, AG Osnabr DGVZ **89**, 31 (abl Krauthausen Rpfleger **89**, 344), ebensowenig eine Berufsgenossenschaft, aM AG Hanau DGVZ **89**, 122 (abl Schriftleitung), oder eine Kreisverwaltung wegen einer Vollstreckung im Landesauftrag, AG Spaichingen DGVZ **89**, 78, oder ein Zweckverband, AG Worms DGVZ **96**, 127. Ein nicht Befreiter wird grundsätzlich nicht selbst dadurch frei, daß er einen Befreiten einschaltet, Rn 3, AG Castrop-Rauxel DGVZ **92**, 142.

Bei der Durchführung des SGB VIII sind die Träger der öffentlichen *Jugendhilfe* nur von den Gebühren frei, II 1 Hs 2, also im wesentlichen bei einem Unterhaltsanspruch nach § 39 SGB VIII, nicht etwa bei einem bürgerlichrechtlichen Anspruch. Ferner sind die Träger der Kriegsopferfürsorge insoweit nur von solchen Gebühren frei, als sie ihre Aufgaben nach dem BVG erfüllen, II 1 Hs 3.

5) Rechtsfolgen der Befreiung, I–IV. Bei einer sachlichen Gebührenbefreiung entstehen keine Gebühren. Bei einer persönlichen Kostenfreiheit entsteht zwar ein Kostenanspruch. Der Staat kann ihn dem Kostenbefreiten gegenüber nicht geltend machen, Hbg MDR **93**, 183, LG Saarbr DGVZ **80**, 43. Der Gerichtsvollzieher darf aber wegen „Kosten" und daher also auch wegen seiner Auslagen zB nach § 15 vorgehen, der unberührt bleibt, IV, § 15 Rn 1. Die Landeskasse (Bezirksrevisor) kann durch eine sie im Ergebnis mit Kosten belastende Maßnahme zB der Zwangsvollstreckung beschwert sein. Dann darf sie entsprechend ein Rechtsmittel einlegen, Düss DGVZ **99**, 155. Wegen einer Rückzahlung § 8 IV, vgl auch § 2 GKG Rn 24, Teil I A dieses Buchs.

Auftrag

3 *Fassung 1. 9. 2009:* **I** [1]Ein Auftrag umfasst alle Amtshandlungen, die zu seiner Durchführung erforderlich sind; einem Vollstreckungsauftrag können mehrere Vollstreckungstitel zugrunde liegen. [2]Werden bei der Durchführung eines Auftrags mehrere Amtshandlungen durch verschiedene Gerichtsvollzieher erledigt, die ihren Amtssitz in verschiedenen Amtsgerichtsbezirken haben, gilt die Tätigkeit jedes Gerichtsvollziehers als Durchführung eines besonderen Auftrags. [3]Jeweils verschiedene Aufträge sind die Zustellung auf Betreiben der Parteien, die Vollstreckung einschließlich der Verwertung und besondere Geschäfte nach dem 4. Abschnitt des Kostenverzeichnisses, soweit sie nicht Nebengeschäft sind. [4]Die Vollziehung eines Haftbefehls ist ein besonderer Auftrag.

II [1]Es handelt sich jedoch um denselben Auftrag, wenn der Gerichtsvollzieher gleichzeitig beauftragt wird,

1. einen oder mehrere Vollstreckungstitel zuzustellen und hieraus gegen den Zustellungsempfänger zu vollstrecken,

GvKostG § 3   XI. G über Kosten der GVz

2. mehrere Zustellungen an denselben Zustellungsempfänger oder an Gesamtschuldner zu bewirken oder

3. mehrere Vollstreckungshandlungen gegen denselben Vollstreckungsschuldner oder Verpflichteten (Schuldner) oder Vollstreckungshandlungen gegen Gesamtschuldner auszuführen; der Gerichtsvollzieher gilt als gleichzeitig beauftragt, wenn der Auftrag zur Abnahme der eidesstattlichen Versicherung mit einem Vollstreckungsauftrag verbunden ist (§ 900 Abs. 2 Satz 1 der Zivilprozessordnung), es sei denn, der Gerichtsvollzieher nimmt die eidesstattliche Versicherung nur deshalb nicht ab, weil der Schuldner nicht anwesend ist. ²Bei allen Amtshandlungen nach § 845 Abs. 1 der Zivilprozessordnung handelt es sich um denselben Auftrag. ³Absatz 1 Satz 2 bleibt unberührt.

III ¹Ein Auftrag ist erteilt, wenn er dem Gerichtsvollzieher oder der Geschäftsstelle des Gerichts, deren Vermittlung oder Mitwirkung in Anspruch genommen wird, zugegangen ist. ²Wird der Auftrag zur Abnahme der eidesstattlichen Versicherung mit einem Vollstreckungsauftrag verbunden (§ 900 Abs. 2 Satz 1 der Zivilprozessordnung), gilt der Auftrag zur Abnahme der eidesstattlichen Versicherung als erteilt, sobald die Voraussetzungen nach § 807 Abs. 1 der Zivilprozessordnung vorliegen.

IV ¹Ein Auftrag gilt als durchgeführt, wenn er zurückgenommen worden ist oder seiner Durchführung oder weiteren Durchführung Hinderungsgründe entgegenstehen. ²Dies gilt nicht, wenn der Auftraggeber zur Fortführung des Auftrags eine richterliche Anordnung nach § 758a der Zivilprozessordnung beibringen muss und diese Anordnung dem Gerichtsvollzieher innerhalb eines Zeitraumes von drei Monaten zugeht, der mit dem ersten Tag des auf die Absendung einer entsprechenden Anforderung an den Auftraggeber folgenden Kalendermonats beginnt. ³Satz 2 ist entsprechend anzuwenden, wenn der Schuldner zu dem Termin zur Abnahme der eidesstattlichen Versicherung nicht erscheint oder die Abgabe der eidesstattlichen Versicherung ohne Grund verweigert und der Gläubiger innerhalb des in Satz 2 genannten Zeitraums einen Auftrag zur Vollziehung eines Haftbefehls erteilt. ⁴Der Zurücknahme steht es gleich, wenn der Gerichtsvollzieher dem Auftraggeber mitteilt, dass er den Auftrag als zurückgenommen betrachtet, weil damit zu rechnen ist, die Zwangsvollstreckung werde fruchtlos verlaufen, und wenn der Auftraggeber nicht bis zum Ablauf des auf die Absendung der Mitteilung folgenden Kalendermonats widerspricht. ⁵Der Zurücknahme steht es auch gleich, wenn im Falle des § 4 Abs. 1 Satz 1 und 2 der geforderte Vorschuss nicht bis zum Ablauf des auf die Absendung der Vorschussanforderung folgenden Kalendermonats beim Gerichtsvollzieher eingegangen ist.

DB-GvKostG Nr. 2. I ¹Gibt die Gerichtsvollzieherin oder der Gerichtsvollzieher einen unvollständigen oder fehlerhaften Auftrag zurück, so ist der Auftraggeber darauf hinzuweisen, dass der Auftrag als abgelehnt zu betrachten ist, wenn er nicht bis zum Ablauf des auf die Rücksendung folgenden Monats ergänzt oder berichtigt zurückgereicht wird. ²Wird der Mangel innerhalb der Frist behoben, so liegt kostenrechtlich kein neuer Auftrag vor. ³Die Sätze 1 und 2 gelten nicht, wenn die Anschrift des Schuldners unzutreffend und die zutreffende Anschrift der Gerichtsvollzieherin oder dem Gerichtsvollzieher nicht bekannt ist und der Auftrag deshalb zurückgegeben wird.

II ¹Bei bedingt erteilten Aufträgen gilt der Auftrag mit Eintritt der Bedingung als erteilt. ²§ 3 Abs. 2 Nr. 3 GvKostG bleibt unberührt.

III Es handelt sich grundsätzlich um denselben Auftrag, wenn die Gerichtsvollzieherin oder der Gerichtsvollzieher gleichzeitig beauftragt wird, einen oder mehrere Vollstreckungstitel zuzustellen, aufgrund der Titel Vollstreckungshandlungen gegen den Schuldner auszuführen und beim Vorliegen der Voraussetzungen nach § 807 Abs. 1 ZPO die eidesstattliche Versicherung abzunehmen (§ 900 Abs. 2 Satz 1 ZPO).

IV ¹Verbindet der Gläubiger den Vollstreckungsauftrag mit dem Auftrag zur Abnahme der eidesstattlichen Versicherung (§ 900 Abs. 2 Satz 1 ZPO), so liegt kostenrechtlich derselbe Auftrag auch dann vor, wenn der Schuldner der sofortigen Abnahme der eidesstattlichen Versicherung widerspricht. ²Widerspricht dagegen der Gläubiger der sofortigen Abnahme oder scheitert die so-

Abschnitt 1. Allgemeine Vorschriften **§ 3 GvKostG**

fortige Abnahme nur deshalb, weil der Schuldner abwesend ist, handelt es sich um zwei Aufträge, sobald die Voraussetzungen des § 807 Abs. 1 ZPO gegeben sind.

V ¹Bei der Zustellung eines Pfändungs- und Überweisungsbeschlusses an mehrere Drittschuldner handelt es sich um mehrere Aufträge. ²Die Zustellung an Drittschuldner und Schuldner sind ein Auftrag.

VI ¹Mehrere Aufträge liegen vor, wenn der Auftraggeber lediglich als Vertreter (z. B. als Inkassounternehmen, Hauptzollamt, Rechtsanwältin oder Rechtsanwalt) für mehrere Gläubiger tätig wird; maßgebend ist die Zahl der Gläubiger. ²Es handelt sich jedoch um denselben Auftrag, wenn mehrere Gläubiger, denen die Forderung gemeinschaftlich zusteht (z. B. Gesamtgläubiger – § 428 BGB –, Mitgläubiger – § 432 BGB –, Gesamthandsgemeinschaften), aufgrund eines gemeinschaftlich erwirkten Titels die Vollstreckung oder die Zustellung des Titels beantragen.

VII ¹Die Entgegennahme einer Zahlung im Zusammenhang mit einem Vollstreckungsauftrag oder einem sonstigen selbständigen Auftrag ist ein Nebengeschäft im Sinne des § 3 Abs. 1 Satz 3 GvKostG. ²Dies gilt auch dann, wenn im Zeitpunkt der Entgegennahme der Zahlung das Hauptgeschäft bereits abschließend erledigt ist.

Vorbem. II 1 Z 3 erweitert dch Art 47 III Z 1 FGG-RG 17. 12. 08, BGBl 2586, in Kraft seit 1. 9. 09, Art 112 I Hs 1 FGG-RG, Übergangsrecht Art 111 FGG-RG, Grdz 2 vor § 1 FamGKG, Teil I B dieses Buchs.

Bisherige Fassung II 1 Z 3:
3. mehrere Vollstreckungshandlungen gegen denselben Vollstreckungsschuldner oder Vollstreckungshandlungen gegen Gesamtschuldner auszuführen; der Gerichtsvollzieher gilt als gleichzeitig beauftragt, wenn der Auftrag zur Abnahme der eidesstattlichen Versicherung mit einem Vollstreckungsauftrag verbunden ist (§ 900 Abs. 2 Satz 1 der Zivilprozessordnung), es sei denn, der Gerichtsvollzieher nimmt die eidesstattliche Versicherung nur deshalb nicht ab, weil der Schuldner nicht anwesend ist.

Gliederung

1) Systematik, I–IV	1
2) Regelungszweck, I–IV	2
3) Auftrag, I 1	3–5
A. Veranlassung des Gläubigers	4
B. Abgrenzung zur Amtshandlung	5
4) Mehrheit von Gerichtsvollziehern, I 2	6–9
A. An sich: Durchführung (nur) eines Auftrags	6
B. Erledigung mehrerer Amtshandlungen	7
C. Verschiedene Gerichtsvollzieher verschiedener Bezirke	8
D. Rechtsfolge: Je Gerichtsvollzieher gesonderter Auftrag	9
5) Unterstellung mehrerer Aufträge, I 3, 4	10–15
A. Parteizustellung, I 3 Hs 1	11
B. Vollstreckung einschließlich Verwertung, I 3 Hs 2	12
C. Besondere Geschäfte außer Nebengeschäften, I 3 Hs 3	13, 14
D. Haftbefehlsvollziehung, I 4	15
6) Unterstellung desselben Auftrags, II 1, 2	16–24
A. Zustellung eines oder mehrerer Titel nebst Vollstreckung, II 1 Z 1	17
B. Mehrere Zustellungen an denselben Empfänger oder an Gesamtschuldner, II 1 Z 2	18
C. Ausführung mehrerer Vollstreckungshandlungen, II 1 Z 3	19
D. Mehrheit von Vollstreckungen, II 1 Z 3 Hs 1	20
E. Verbindung von Offenbarungsversicherung und Vollstreckungsauftrag, II 1 Z 3 Hs 2	21
F. Abwesenheit des Schuldners, II 1 Z 3 Hs 3	22
G. Vorpfändung, II 2	23
H. Rechtsfolge: Nur ein einziger Auftrag	24
7) Mehrheit von Gerichtsvollziehern (bei II 1), II 3	25
8) Auftragszeitpunkt, III	26–30
A. Auftragszugang, III 1	27–29
B. Offenbarungsversicherung, III 2	30
9) Unterstellung der Auftragsdurchführung, IV	31–49
A. Echte Auftragsrücknahme, IV 1 Hs 1	32

B. Rücknahmebegriff, IV 1 Hs 1 33
C. Rücknahmeform, IV 1 Hs 1 34
D. Hinderungsgründe, IV 1 Hs 2 35
E. Abwägung, IV 1 Hs 2 36
F. Kein Hinderungsgrund bei rechtzeitiger Durchsuchungsanordnung usw, IV 2 ... 37
G. Wohnungsdurchsuchung 38
H. Vollstreckung zur Nachtzeit usw, IV 2 39
I. Wartezeitraum, IV 2 40
J. Nichterscheinen, Verweigerung des Offenbarungsschuldners, IV 3 41
K. Mitteilung der Fruchtlosigkeit ohne Widerspruch, IV 4 42
L. Wahrscheinlichkeit von Fruchtlosigkeit, IV 4 43
M. Mitteilung des Gerichtsvollziehers, IV 4 44
N. Kein rechtzeitiger Widerspruch des Auftraggebers, IV 4 45
O. Vergebliche Vorschußanforderung, IV 5 .... 46, 47
P. Verstäteter Vorschußeingang 48
Q. Unterzahlung 49

1 **1) Systematik, I–IV.** Die Vorschrift enthält als eine Ergänzung zu den Anspruchsnormen Festlegungen und Umschreibungen der dort verwendeten Begriffe. Sie steht neben § 10 in einem gegenseitigen Verhältnis der inhaltlichen Bezugnahmen. Neben dem Zentralbegriff Auftrag bestimmt § 3 auch die weiteren ständig wiederkehrenden Begriffe. Beim Gebrauch dieser Begriffe herrscht im GvKostG allerdings keine völlige Einheitlichkeit. Das wirkt gelegentlich verwirrend.

Das *Rechtsverhältnis* klärt § 3 weder zwischen dem Gerichtsvollzieher und seinem Auftraggeber noch zwischen dem Gerichtsvollzieher und dem Staat abschließend. Zu diesen Fragen Grdz 10ff vor § 1 sowie BLAH § 753 ZPO Rn 1ff, § 754 ZPO Rn 3ff. § 1 regelt vielmehr nur Einzelfragen des Verhältnisses zwischen dem Auftraggeber und dem Gerichtsvollzieher, auch bei der Hinzuziehung eines auswärtigen Kollegen.

2 **2) Regelungszweck, I–IV.** Die Vorschrift bezweckt eine zentrale begriffliche Zusammenfassung und daher eine Vereinfachung und Vereinheitlichung. Sie dient also in erster Linie der Zweckmäßigkeit. Sie verdient insofern grundsätzlich eine großzügige Auslegung auch zugunsten des Gerichtsvollziehers. Freilich fordern Gesetzesbegriffe auch eine im Kern strikte strenge Handhabung. Die einzelnen Teile der Vorschrift begünstigen bald eher den Auftraggeber, bald eher den Gerichtsvollzieher oder den ja hinter ihm stehenden Staat. Das alles sollte man bei der Auslegung durch eine stets behutsame Abwägung mitbeachten. Im Zweifel ist wie stets schon wegen des Worts „nur" in § 1 I eine für den Kostenschuldner freundliche Anwendung notwendig, AG Augsb JB 02, 94.

3 **3) Auftrag, I 1.** Die Bestimmung führt zunächst den Zentralbegriff Auftrag ein, ohne ihn zu definieren. Sie setzt vielmehr eine Kenntnis des Umstands voraus, daß das Gesetz auch anderswo das Rechtsverhältnis zwischen dem Gläubiger und dem Gerichtsvollzieher als einen Auftrag bezeichnet, zB in §§ 753, 754 ZPO, obwohl dieser Begriff jedenfalls mit Blick auf §§ 662ff BGB nicht paßt, Rn 1.

4 **A. Veranlassung des Gläubigers.** Immerhin wird aus I 1 deutlich, daß der Gerichtsvollzieher nicht von Amts wegen tätig wird, sondern eben nur auf eine Veranlassung des Gläubigers, und daß auch kein bloßer Antrag erforderlich ist, sondern ein Auftrag, also eine formfreie und bei einer Schriftlichkeit wirksam unterzeichnete, bei einer elektronischen Übermittlung wirksam signierte weitergehende Willensentschließung des Gläubigers mit dem unbedingt erklärten Ziel einer oder mehrerer bestimmter Vollstreckungshandlungen des Gerichtsvollziehers, Ort DGVZ **01**, 112. Denn der Gläubiger ist in gesetzlichen Grenzen sogar Herr einer Zwangsvollstreckung, BLAH Grdz 6ff vor § 704 ZPO. Mehrere Menschen mögen nur *ein* Gläubiger sein und daher nur *einen* Auftrag erteilen, AG Gießen DGVZ **04**, 79 (WEG). Der *Auftragsumfang* ergibt sich aus §§ 753, 754 ZPO. Er unterliegt einer Auslegung, BLAH Grdz 52 vor § 128 ZPO. Eine Kostenverrechnung kann einen Beitreibungsauftrag bedeuten. LG Düss DGVZ **08**, 175.

5 **B. Abgrenzung zur Amtshandlung.** Amtshandlung nennen I 1, 2 das notwendige Mittel der „Durchführung" des Auftrags. Anderswo spricht das Gesetz dann von einer „Vollstreckungshandlung", zB in 2 I Z 3. Auch finden sich Begriffe wie „Vollstreckungsauftrag", I 1 Hs 2, III 2. Die Terminologie ist also mannigfaltig und

Abschnitt 1. Allgemeine Vorschriften § 3 GvKostG

nicht ganz einheitlich. Dabei stellt I 1 Hs 2 klar, daß auch eine Mehrheit von Vollstreckungstiteln nichts am Vorliegen nur eines einzigen Vollstreckungsauftrags ändern muß. Die frühere diesbezügliche Streitfrage ist damit beseitigt.
Oberbegriff ist aber stets der Auftrag, Unterbegriff ist die Amtshandlung im weiteren und die Vollstreckungshandlung im engeren Sinn. Demgemäß bezieht sich „Durchführung" meist auf den Oberbegriff. Natürlich kann zur Durchführung des einzelnen Auftrags bereits eine Mehrzahl von Amtshandlungen notwendig sein. Auch das stellen I 1, 2 klar. Ferner können demselben Auftrag mehrere Vollstreckungstitel zugrundeliegen. Das stellt I 1 Hs 2 klar, krit SchrKWi KVGv 205 Rn 14.

4) Mehrheit von Gerichtsvollziehern, I 2. In einer Abweichung von dem in 6 I 1 festgelegten Grundsatz, daß mehrere Amtshandlungen gleichwohl demselben Auftrag zugehören können (nicht müssen), ordnet I 2 an, daß mehrere Amtshandlungen ausnahmsweise als je ein besonderer und daher gebührenmäßig gesonderter Auftrag gelten (Fiktion), wenn drei Voraussetzungen zusammentreffen. I 2 gilt auch nach II 3 in den Fällen II 1, 2.

A. An sich: Durchführung (nur) eines Auftrags. Es muß sich, systematisch betrachtet, an sich um die Durchführung nur eines einzigen Auftrags nach Rn 1, 3, 4 handeln, also zB nicht um zeitlich deutlich in Abständen erteilte Anweisungen desselben oder gar verschiedener Gläubiger. Der Gerichtsvollzieher darf diesen Auftrag auch noch nicht vollständig durchgeführt, beendet haben, sondern es muß noch eine Situation „bei der Durchführung" vorliegen.

B. Erledigung mehrerer Amtshandlungen. Es muß jetzt wenigstens eine weitere Amtshandlung nach Rn 4 erforderlich sein, sei es in der Zwangsvollstreckung (Vollstreckungshandlung), sei es außerhalb dieser. 7

C. Verschiedene Gerichtsvollzieher verschiedener Bezirke. Es muß schließlich dahin kommen, daß verschiedene Gerichtsvollzieher mit Amtssitzen in verschiedenen Amtsgerichtsbezirken tätig werden müssen und auch tatsächlich tätig werden, aus welchen Gründen auch immer, etwa wegen eines Wegzugs des Schuldners, Drumann JB 03, 515. Es reicht also nicht aus, daß derselbe Gerichtsvollzieher seiner Amtshandlungen berechtigt oder unberechtigt außerhalb desjenigen AG-Bezirks vornimmt, in dem er seinen (Haupt-)Amtssitz hat, oder daß die verschiedenen Gerichtsvollzieher berechtigt oder unberechtigt in demselben AG-Bezirk tätig werden, in dem jeder seinen (Haupt-)Amtssitz hat. Maßgebend ist der Zeitpunkt der Erledigung der jeweiligen einzelnen Amts- oder Vollstreckungshandlung. 8

Eine *Reise* des Gerichtsvollziehers zur Erledigung einer Amtshandlung an einen Ort außerhalb seines Bezirks, kann daher auch in Anwendung von I 2 führen, wenn ein an diesem anderen Ort oder im dortigen AG-Bezirk amtierender Kollege ebenfalls tätig wird. Denn auch dann liegt im Ergebnis eine Erledigung mehrerer Amtshandlungen durch verschiedene Gerichtsvollzieher vor, die eben ihren Amtssitz in verschiedenen AG-Bezirken haben.

D. Rechtsfolge: Je Gerichtsvollzieher gesonderter Auftrag. Unter den Voraussetzungen Rn 6–8 erhält nicht etwa einer der beteiligten Gerichtsvollzieher oder gar jeder von ihnen das Recht und die Pflicht, einfach doppelte Gebühren oder Auslagen anzusetzen. Vielmehr gilt nach I 2 jeder Gerichtsvollzieher als insoweit gesondert mit dieser Amtshandlung beauftragt. Er darf und muß insoweit unabhängig vom anderen seine Gebühren wie Auslagen berechnen. 9

5) Unterstellung mehrerer Aufträge, I 3, 4. Die Vorschriften geben für vier 10 Fallgruppen verbindliche Anweisungen dahin, daß stets eine Mehrheit von Aufträgen vorliegt. Das gilt unabhängig davon, ob die Systematik des I 1, 2 solche Zuordnung zulassen würde. Als Spezialvorschriften sind I 3, 4 eng auslegbar.

A. Parteizustellung, I 3 Hs 1. Jede Zustellung durch den Gerichtsvollzieher auf 11 ein Betreiben der Partei nach §§ 192–194 ZPO gilt neben jeder weiteren Tätigkeit grundsätzlich als ein besonderer Auftrag und nicht nur als eine gesonderte weitere Amtshandlung innerhalb eines einheitlichen Auftrags. Das gilt unabhängig davon, welcher Art, Dauer, Schwierigkeit und Örtlichkeit solche weiteren Amtshandlungen wären oder sind. Ausnahmen: II 1, 2.

B. Vollstreckung einschließlich Verwertung, I 3 Hs 2. Jede Vollstreckung mit 12 einer oder ohne eine zugehörige Verwertung beliebiger Art gilt neben der weiteren

2027

Tätigkeit grundsätzlich ebenfalls als ein besonderer Auftrag und nicht nur als eine gesonderte Amtshandlung innerhalb eines einheitlichen Auftrags. Das gilt unabhängig davon, welcher Art usw solche weiteren Amtshandlungen wären oder sind. Ausnahme: II 1, 2.

13 **C. Besondere Geschäfte außer Nebengeschäften, I 3 Hs 3.** Jedes Geschäft nach KVGv 400–430, das kein bloßes Nebengeschäft ist, gilt neben jeder weiteren Tätigkeit ebenfalls als ein besonderer Auftrag und nicht nur als eine gesonderte Amtshandlung innerhalb eines einheitlichen Auftrags. Das gilt auch hier unabhängig davon, welcher Art usw solche weiteren Amtshandlungen wären oder sind.

14 *„Nebengeschäft"* ist ein im GvKostG nicht amtlich festgelegter Begriff. Er bringt eine neue Unsicherheit. Man könnte § 35 KostO entsprechend anwenden. Aber auch dort ist der Begriff nicht bestimmt. Vgl also § 35 KostO Rn 4 ff, Teil III dieses Buchs.

15 **D. Haftbefehlsvollziehung, I 4.** Schließlich gilt auch jede Vollziehung eines Haftbefehls zB nach § 909 ZPO als ein besonderer Auftrag und nicht nur als eine gesonderte Amtshandlung innerhalb eines einheitlichen Auftrags, AG Westerburg DGVZ **04**, 174. Auch das gilt unabhängig davon, welcher Art usw solche weiteren Amtshandlungen wären oder sind.

16 **6) Unterstellung desselben Auftrags, II 1, 2.** Während das Gesetz in einer Abweichung von I 1 in den von I 2–4 vorrangig erfaßten Fällen nach Rn 6–15 gesonderte Aufträge fingiert, bestimmt II 1, 2 umgekehrt, daß dann nur ein und derselbe Auftrag vorliegt. Dann entsteht dieselbe Gebührenart nur einmal. Das setzt zunächst stets voraus, daß der Gläubiger denselben Gerichtsvollzieher mit mehreren Amtshandlungen innerhalb desselben Auftrags auch gleichzeitig betraut hat, LG Kblz MDR **02**, 848. Man muß eine Gleichzeitigkeit ebenso wie in § 10 III 1 beurteilen, dort Rn 15, AG Wuppert DGVZ **07**, 159. Fehlt die Gleichzeitigkeit, ist II 1, 2 schon deshalb unanwendbar, Kessel DGVZ **03**, 11, Meyer 3, aM LG Gött DGVZ **03**, 9, LG Köln DGVZ **03**, 10. Andernfalls muß wahlweise eine der in II 1, 2 genannten folgenden Voraussetzungen vorliegen. Die Vorschrift zählt sie abschließend auf, AG Recklingh DGVZ **01**, 155, AG Witzenhausen DGVZ **01**, 173, Spring JB **02**, 9 (Üb). Auch ist der mehreren gemeinschaftlich erstrittener Titel reicht, etwa bei einer Wohnungseigentümergemeinschaft, AG Gießen DGVZ **04**, 79. Freilich können verschiedene Forderungen mehrerer Gläubiger selbst bei nur *einem* Vollstreckungstitel mehrere Aufträge zur Folge haben, AG Haßfurt DGVZ **06**, 144.

17 **A. Zustellung eines oder mehrerer Titel nebst Vollstreckung, II 1 Z 1.** Der gleichzeitig erteilte Auftrag mag dahin gehen, einen oder mehrere Vollstreckungstitel nach § 750 ZPO zuzustellen und gerade hieraus gegen denselben Zustellungsempfänger zu vollstrecken, LG Bln JB **03**, 545, LG Karlsr DGVZ **04**, 31. Zur Vollstreckung kann zB die Pfändung und die Abnahme der eidesstattlichen Offenbarungsversicherung zählen. Das gilt erst recht bei der Zustellung eines Urteils und des zugehörigen Kostenfestsetzungsbeschlusses, LG Lüneb NdsRpfl **02**, 170, LG Wuppert JB **02**, 265, AG Hbg-Blankenese MDR **02**, 56 (je zum alten Recht).

Es reicht also *nicht* aus, daß zB der Gerichtsvollzieher aus mehreren Titeln eines oder gar mehrerer Gläubiger gegen verschiedene Schuldner vollstrecken soll, AG Hann-Münden DGVZ **03**, 77. Es reicht ferner nicht aus, daß Zustellungen zwar gegenüber mehreren einfachen, nicht Gesamt-Schuldnern erfolgen können, daß aber ein Vollstreckungsauftrag derzeit noch gegenüber keinem von diesen einfachen Schuldnern erfolgt ist. Es reicht auch nicht aus, daß der Zustellungs- und ein Vollstreckungsauftrag nicht nach § 10 Rn 15 gleichzeitig erfolgen, AG Bonn DGVZ **07**, 89. Es reicht schließlich nicht aus, daß ein Zustellungsauftrag die Weisung zu einer anderen Amtshandlung als einer Vollstreckung erfolgen oder daß ein bloßer Vollstreckungsauftrag keiner Weisung zu einer anderen Amtshandlung als der Zustellung gerade des zugehörigen Vollstreckungstitels gerade an diesen Schuldner erfolgt oder daß der Gerichtsvollzieher beim einen Schuldner zustellen, beim anderen vollstrecken soll.

Unschädlich wäre dagegen, daß die Zustellung des Titels und der Beginn der eigentlichen Vollstreckung zeitlich auseinanderfallen sollen oder gar müssen, solange eben nur der Gläubiger den Auftrag zu beidem gleichzeitig erteilt hat.

18 **B. Mehrere Zustellungen an denselben Empfänger oder Gesamtschuldner, II 1 Z 2.** Der gleichzeitig erteilte Auftrag mag auch dahin gehen, mehrere Zu-

Abschnitt 1. Allgemeine Vorschriften § 3 GvKostG

stellungen an denselben Zustellungsempfänger oder an Gesamtschuldner nach § 750 ZPO zu bewirken, um gerade aus diesem Titel zu vollstrecken, LG Bln JB 03, 545, LG Karlsr DGVZ 04, 31. Ob Gesamtschuldner vorliegen, muß man wie stets nach §§ 421 ff BGB beurteilen. Es ist nicht erforderlich, daß der Auftrag auf Zustellungen an sämtliche Gesamtschuldner ergeht, wohl aber, daß Zustellungen mindestens an zwei Gesamtschuldner erfolgen soll. Ob sie dann auch tatsächlich mindestens in diesem Umfang stattfinden, kann man erst im Rahmen von KVGv 600 ff klären. Das ist aber für II 1 Z 2 unerheblich.

Eine *nicht gleichzeitig* an *mindestens zwei* Zustellungsempfänger oder an zwei Schuldner erfolgende Weisung fällt nicht unter Z 2. Unerheblich ist, ob der Gläubiger und/ oder der Gerichtsvollzieher die Gesamtschuldnerschaft erkannten, ob der Titel sie korrekt als solche bezeichnet usw. Es reicht, daß bei einer objektiven auch nachträglichen Wertung im Zeitpunkt der Auftragserteilung Gesamtschuldner vorlagen. Im Zweifel mag der Gläubiger nach § 319 ZPO vorgehen.

Keine Gesamtschuldner sind der Schuldner und sein Drittschuldner. Es liegt dann aber eine Mehrheit von Zustellungsempfängern vor, Rn 17, AG Bergheim usw DGVZ 02, 12, AG Recklingh DGVZ 01, 155, AG Witzenhausen DGVZ 01, 173, aM VG Freibg DGVZ 04, 169. Daher ist II 1 Z 2 auch dann anwendbar.

C. Ausführung mehrerer Vollstreckungshandlungen, II 1 Z 3. Der gleich- 19 zeitig erteilte Auftrag mag schließlich zu einer der von Z 3 erfaßten Arten zählen. Hier muß man wiederum im einzelnen wie folgt unterscheiden.

D. Mehrheit von Vollstreckungen, II 1 Z 3 Hs 1. Es mag sich darum han- 20 deln, auf Grund desselben Titels nach Rn 17 mehrere Vollstreckungshandlungen nach KVGv 200 ff gegen denselben Vollstreckungsschuldner oder Verpflichteten (Schuldner) oder gegen Gesamtschuldner nach §§ 421 ff BGB „auszuführen". Das ist eine sprachliche Abweichung von dem Grundbegriff „durchführen" in I 1. Sie meint aber dasselbe. Es muß nicht derselbe Vollstreckungstitel vorliegen.

E. Verbindung von Offenbarungsversicherung und Vollstreckungsauftrag, 21 **II 1 Z 3 Hs 2.** Es mag sich insbesondere darum handeln, daß der Gerichtsvollzieher sowohl eine Vollstreckung vornehmen als auch nach dem in Z 3 Hs 2 ausdrücklich genannten § 900 II 1 ZPO die eidesstattliche Offenbarungsversicherung „sofort" vornehmen soll, wenn die dort geforderten Voraussetzungen des § 807 I ZPO vorliegen. Der „Vollstrekkungsauftrag" ist eine weitere sprachliche Abweichung von den Grundbegriffen in I 1. Er mag sich seinerseits auf die Vornahme einer einzelnen, einer wiederholten, einer Mehrzahl von Vollstreckungshandlungen erstrecken. Hierher kann auch eine Ergänzung oder Nachbesserung nach §§ 807, 900 ZPO gehören, LG Ffo JB 04, 217, LG Verden JB 02, 158, AG Bre JB 04, 159. Wesentlich für Z 3 Hs 2 ist nur die Verbindung mit dem Vorgehen nach § 900 II 1 ZPO.

Dabei kommt es aber *nicht* darauf an, ob der Gerichtsvollzieher tatsächlich so vorgeht oder ob er von sich aus oder auf Grund eines berechtigten oder unberechtigten Widerspruchs des Schuldners nach § 900 II 2 ZPO von solcher Verbindung auch nur zunächst absieht, AG Dieburg DGVZ 01, 184, aM AG Bad Saulgau DGVZ 01, 185 (aber es kommst hier auf den Auftrag und nicht auf dessen Durchführung allein an). Vielmehr ist notwendig und ausreichend, daß der Gläubiger diese Verbindung von vornherein erbeten hat, Kessel DGVZ 03, 86, AG Neuwied JB 04, 386. Daraus folgt: Soweit der Gerichtsvollzieher von Amts wegen nach § 900 II 1 ZPO vorgeht, ohne zumindest auch einen entsprechenden gleichzeitigen unbedingten Mitauftrag des Gläubigers zu haben, ist Z 3 Hs 2 unanwendbar.

F. Abwesenheit des Schuldners, II 1 Z 3 Hs 3. Sie als der alleinige Grund für 22 die derzeitige Nichtabnahme der Offenbarungsversicherung hat zur Folge, daß in einer Abweichung von Hs 2 nun doch wieder *keine* Nämlichkeit des Auftrags vorliegt, Kessel DGVZ 03, 86. Ein telefonischer Widerspruch des Schuldners gehört nicht hierher, Kessel DGVZ 03, 87, ebensowenig der theoretische Umstand, daß sich ergibt, daß der Schuldner die Offenbarungsversicherung schon abgegeben hatte, AG Meißen JB 04, 669, AG Neuwied JB 04, 386, AG Saalgau DGVZ 01, 185. Dann gilt freilich KVGv 604 amtliche Anmerkung, dort Rn 22.

G. Vorpfändung, II 2. Alle Amtshandlungen des Gerichtsvollziehers nach § 845 I 23 ZPO gelten als Bestandteile desselben Auftrags. Das gilt unabhängig davon, wie, wo

2029

GvKostG § 3 XI. G über Kosten der GVz

und wann, wie oft und mit welchem Aufwand er für diesen Auftraggeber und auf Grund dieser Bitte des Auftraggebers tätig wird. Natürlich gelten spätere Bitten nicht mehr als derselbe Auftrag.

24 **H. Rechtsfolge: Nur ein einziger Auftrag.** Soweit die Voraussetzung Rn 16 und außerdem eine der wahlweisen Voraussetzungen Rn 17 oder 18 oder 19–21, 23 vorliegen, „handelt es sich um denselben Auftrag", also nicht um eine Auftragsmehrheit, AG Landsberg DGVZ **03**, 79. Wohl aber handelt es sich evtl um eine Mehrheit von Amtshandlungen oder Vollstreckungshandlungen mit den zugehörigen Auswirkungen auf die Gebühren oder Auslagen, AG Göpp DGVZ **02**, 63, AG Hann DGVZ **02**, 62. Nur bei Rn 22 bleibt es bei einer Auftragsmehrheit.

25 **7) Mehrheit von Gerichtsvollziehern (bei II 1), II 3.** Die Vorschrift stellt klar, daß unter den Voraussetzungen Rn 6–8 die in Rn 9 genannten Rechtsfolgen auch bei II 1, 2 eintreten. Es liegt also dann je Gerichtsvollzieher ein gesonderter Auftrag vor.

26 **8) Auftragszeitpunkt, III.** Diese Vorschrift hat eine Bedeutung vor allem für das in §§ 18, 19 geregelte Übergangsrecht. Sie kann aber auch bei einer Nichterledigung nach KVGv 600–604 eine Bedeutung erhalten. Für die Entstehung einer Gebühr kommt es auf den auftragsgemäßen Beginn derjenigen Tätigkeit an, für die in § 14 S 1 geregelte Gebührenfälligkeit auf die dortigen späteren Zeitpunkte, für die in § 14 S 2 geregelte Auslagenfälligkeit auf deren Entstehung und damit durchweg jedenfalls noch nicht auf den Zeitpunkt der Auftragserteilung. Denn selbst erste auftragsgemäße Auslagen folgen zumindest eine logische Sekunde nach dem Auftragserhalt.

27 **A. Auftragszugang, III 1.** Ein Auftrag nach Rn 3 ist erteilt, sobald er zugegangen ist, wie bei einer empfangsbedürftigen Willenserklärung, § 130 I 1, III BGB. Daher dürfte auch § 130 I 2 BGB entsprechend anwendbar sein. Der Auftrag wird also dann nicht wirksam, wenn vorher oder gleichzeitig sein Widerruf zugeht. Auch § 130 II BGB dürfte entsprechend beachtlich sein, soweit den Auftrag nicht der anwesende Gläubiger erteilt.

28 *Zugang* bedeutet wie bei § 130 I 1 BGB das Gelangen in den Bereich des Empfängers, sodaß dieser unter normalen Umständen vom Inhalt Kenntnis nehmen kann, BGH **83**, 930, PalH § 130 BGB Rn 50. Es reichen also auch der Einwurf in den Briefkasten, das Einlegen ins Postfach, ein Eingang beim Telefax-Empfangsgerät, das Besprechen des Anrufbeantworters usw.

29 *Richtiger Empfänger* sind nach III 1 wahlweise der Gerichtsvollzieher oder die Geschäftsstelle desjenigen Gerichts, deren Vermittlung oder Mitwirkung man in Anspruch nimmt. Das ist nicht nur die Gerichtsvollzieherverteilungsstelle desjenigen AG, in dessen Bezirk der Gerichtsvollzieher seinen (Haupt-)Amtssitz hat, sondern eben jede Geschäftsstelle eines jeden Gerichts, soweit der Auftraggeber nur ihre Vermittlung oder Mitwirkung erbittet.
Das bedeutet unter anderem in einer Abweichung von § 129a II 2 ZPO: Die Mitwirkung bei der Auftragserteilung tritt bereits dann ein, wenn das ordnungsgemäß unterschriebene oder signierte Auftragsschreiben usw bei demjenigen Gericht eingeht, das das Schreiben an den Gerichtsvollzieher oder seine Verteilungsstelle weiterleiten soll. Nach dem Wortlaut von III 1 wäre andererseits der Eingang auf der Posteingangsstelle noch nicht eindeutig ausreichend. Denn sie ist evtl keine „Geschäftsstelle". In der Praxis dürfte aber stets der Posteingangsstempel ausreichen, sei es derjenige der Posteingangsstelle, sei es derjenige der Verteilungsstelle. Der ältere derartige Stempel hat den Vorrang.

30 **B. Offenbarungssicherung, III 2.** In einer Abweichung von III 1 bestimmt III 2 als eine vorrangige und daher eng auslegbare Spezialvorschrift: Bei § 900 II 1 ZPO mit seiner Verbindung des Auftrags zur Abnahme der Offenbarungsversicherung mit einem Vollstreckungsauftrag im Weg einer weiteren Sicherung gilt als Auftragszeitpunkt die Versicherungsreife nach § 807 I ZPO. Vgl zu dieser Situation zunächst Rn 21 und wegen der Versicherungsreife BLAH § 807 ZPO Rn 4–14. Es müssen also vorliegen: Eine Zulässigkeit der Vollstreckung; die Erfolglosigkeit der Pfändung gerade nicht, aM SchrKWi KVGv 270 Rn 24; wohl aber die Sinnlosigkeit einer Pfändung; eine Wohnungsabwesenheit nach dem Einzelfall. Das bloße Nachbesserungsverfahren gehört zum Offenbarungsverfahren nach § 807 ZPO, LG Verden JB **02**, 159.

2030

Abschnitt 1. Allgemeine Vorschriften　　　　　　　　　　**§ 3 GvKostG**

Kein einheitlicher Auftrag liegt nach III 2 in Verbindung mit II 1 Z 3 Hs 2 dann vor, wenn der Schuldner abwesend ist, AG Lpz DGVZ **09**, 119.

9) Unterstellung der Auftragsdurchführung, IV. Grundsätzlich hat der Gerichtsvollzieher den Auftrag durchgeführt und sind damit die Gebühren nach § 14 S 1 dann fällig, wenn der Gerichtsvollzieher alle auf Grund dieses Auftrags notwendigen Vollstreckungshandlungen ordnungsgemäß vorgenommen hat, mag das nun zur Befriedigung des Auftraggebers geführt haben oder nicht, mag also ein weiterer Auftrag bevorstehen oder nicht.　　　　　　　　　　　　　　　　　　　　　　　　　　　31

Er *gilt* unabhängig von der vorstehend genannten Entwicklung aber nach IV unter den dortigen Voraussetzungen als durchgeführt. Daher tritt die Gebührenfälligkeit ein. Als eine vorrangige Spezialvorschrift ist IV eng auslegbar. Die Vorschrift enthält eine abschließende Aufzählung, soweit sie eine Unterstellung bringt, also in S 1, 4 und 5. Dabei stellt die Vorschrift auf zwei Umstände ab, die ihrerseits voneinander unabhängig sind und von denen der erste seinerseits wieder entweder tatsächlich vorliegen oder als eingetreten gelten muß.

A. Echte Auftragsrücknahme, IV 1 Hs 1. Soweit der Gläubiger einen Auftrag　32
zurückgenommen hat, gilt dieser Auftrag kostenrechtlich gleichwohl als durchgeführt. Andernfalls hätte es der Auftraggeber in der Hand, den Gerichtsvollzieher beliebig lange und viel umsonst arbeiten zu lassen, von KVGv 600–604 abgesehen. Das könnte nicht rechtens sein.

B. Rücknahmebegriff, IV 1 Hs 1. Rücknahme ist ein im Gesetz nicht näher　33
umschriebener Begriff. Eine Erklärung oder Handlung muß eindeutig den Willen gerade dieses Auftraggebers beinhalten, der Gerichtsvollzieher solle diesen Auftrag nicht mehr weiter bearbeiten, er solle ihn also endgültig und nicht nur vorübergehend liegen lassen. Der Rücknahmegrund ist unbeachtlich. Eine teilweise Rücknahme ist zulässig, soweit sie sich auf einen abtrennbaren Teil dieses Auftrags bezieht. Die Abtrennbarkeit ist dabei nicht kostenrechtlich, sondern prozeßrechtlich gemeint. Denn das Kostenrecht folgt dem Prozeßrecht, nicht umgekehrt. Die Rücknahme mag auch bedeuten, daß der Gerichtsvollzieher einzelne Amtshandlungen unterlassen muß, die er innerhalb eines fortbestehenden Auftrags von Amts wegen vornehmen müßte. Denn der Gläubiger bleibt im Kern der Herr der Zwangsvollstreckung, BLAH Grdz 37, 38 vor § 704 ZPO (auch zu den Grenzen der Parteiherrschaft). Hierher kann auch eine Ratenzahlungserlaubnis des Gläubigers nebst Zahlungen direkt an ihn und nicht über den Gerichtsvollzieher gehören.

C. Rücknahmeform, IV 1 Hs 1. Eine Form ist für die Wirksamkeit der Rück-　34
nahme nicht notwendig, auch keine Frist oder sonstige Bedingung. Die Rücknahme kann also ausdrücklich oder stillschweigend erfolgen. Das Gesamtverhalten ist wie bei jeder Parteiprozeßhandlung nach Treu und Glauben unter einer Beachtung von Wortlaut wie Sinn und Zweck auslegbar. Man muß es notfalls erfragen. „Widerruf" dürfte durchweg eine Rücknahme bedeuten, auch „Fallenlassen" des Auftrags oder eine Bitte um eine unerledigte Rücksendung des Auftrags, auch eine „Abstandnahme" vom Auftrag. „Derzeitiges Ruhenlassen" kann einen ganz anderen Sinn als eine Rücknahme haben, vgl zB §§ 806 b, 813 a, b ZPO. Es mag auch in Wahrheit ein bloßer Unterbrechungsantrag vorliegen.

D. Hinderungsgründe, IV 1 Hs 2. Der Auftrag gilt unabhängig von Rn 32, 33　35
auch dann als durchgeführt, wenn oder soweit seiner Durchführung von vornherein oder im Verlauf der Erledigung „Hinderungsgründe entgegenstehen". Das ist eine etwas andere Formulierung als diejenige in der amtlichen Vorbemerkung vor KVGv 600. Denn dort spricht das Gesetz von solchen „Umständen", „die weder in der Person des Gerichtsvollziehers liegen noch von seiner Entschließung abhängig sind". Der Sache nach dürfte aber jeweils dasselbe vorliegen. Es darf also kein Verschulden des Gerichtsvollziehers vorliegen, weder ein auch nur bedingter Vorsatz noch auch nur leichte unbewußte Fahrlässigkeit nach § 276 I 1 BGB.

Es darf aber auch nicht nur ein *vorübergehendes* Problem bei der weiteren Durchführung auftreten, das sich mit einem zumutbaren Aufwand in einer vertretbaren Zeit einigermaßen lösen ließe, LG Lüneb DGVZ **04**, 156. Denn andernfalls könnte der Gerichtsvollzieher seine Arbeit bereits dann als beendet ansehen, wenn zB ein Name

2031

oder ein Telefonanschluß oder ein Bankkonto oder eine Adresse auf den ersten Blick fehlen oder falsch zu sein scheinen. Das kann nicht der Sinn der Vorschrift sein.

36 **E. Abwägung, IV 1 Hs 2.** Eine vernünftige Abwägung ist notwendig, bevor man von Hinderungsgründen sprechen darf. Zwar braucht der Gerichtsvollzieher keine solchen Erforschungen durchzuführen, die eine Sache des Auftraggebers wären, AG Lpz DGVZ **04**, 46. Er braucht nicht etwa nach einem Wegzug des Schuldners alle technisch möglichen Erkundigungen nach der neuen Vorschrift anzustellen, AG Augsb DGVZ **06**, 30, AG Hbg DGVZ **02**, 47. Der Gläubiger muß dann binnen ca 1 Jahr oder binnen der vom Gerichtsvollzieher gesetzten angemessenen Frist handeln, Kessel JB **04**, 65. Aber auch der Gerichtsvollzieher darf und muß in zumutbaren Grenzen kooperativ handeln, LG Lüneb DGVZ **04**, 156. Er muß dabei auch das Ansehen seines Amts miteinsetzen, um dem Gläubiger zum Erfolg zu verhelfen. Soweit es dabei um einen zusätzlichen Zeitaufwand geht, mag KVGv 500 helfen.

Verschulden des Auftraggebers kann einen Hinderungsgrund darstellen. Denn natürlich muß auch der Auftraggeber nach Kräften zum Erfolg des Gerichtsvollziehers beizutragen helfen. Er muß zB eine Vollmachtsanforderung erfüllen oder zumindest in einer angemessenen Frist den etwaigen Hinderungsgrund angeben, LG Lüneb DGVZ 04, 156. Er muß einen vom Gerichtsvollzieher nach § 4 korrekt angeforderten Vorschuß in der gesetzten Frist und vollständig zahlen, AG Neumünster JB **03**, 549. Eine gewisse Nachlässigkeit des Auftraggebers bedeutet aber keineswegs automatisch auch schon einen Hinderungsgrund nach IV 1 Hs 2. Denn der Gerichtsvollzieher mag ein Problem leichter lösen können. Auch hier hilft eine Gesamtabwägung.

37 **F. Kein Hinderungsgrund bei rechtzeitiger Durchsuchungsanordnung, usw, IV 2.** Soweit es um eine solche Amtshandlung geht, die von einer richterlichen Anordnung nach § 758a ZPO abhängt, muß man die gegenüber IV 1 Hs 2 vorrangige Sondervorschrift des IV 2 beachten. Sie ist als solche eng auslegbar.

38 **G. Wohnungsdurchsuchung, IV 2.** Sie ist der erste der beiden Anwendungsfälle. Die richterliche Anordnung ist nach § 758a I 1 ZPO unter den von Rspr und Lehre entwickelten Voraussetzungen notwendig. Sie nach § 758a I 2 ZPO entbehrlich, soweit ihre Einholung den Durchsuchungserfolg gefährden würde. Sie kommt nicht in Betracht, soweit es um eine Räumung oder Herausgabe von Räumen oder um die Vollstreckung eines Haftbefehls geht, § 758a II ZPO. Vgl im einzelnen BLAH § 758a ZPO Rn 4–14.

39 **H. Vollstreckung zur Nachtzeit usw, IV 2.** Sie ist der zweite der beiden Anwendungsfälle. Dabei spricht § 758a IV ZPO, auf den IV 2 verweist, neben der Nachtzeit von „Sonn- und Feiertagen", nicht auch ausdrücklich vom Sonnabend, den § 11 mit seiner Gebührenverdoppelung ausdrücklich ebenfalls benennt. Andererseits steht jedenfalls bei der Berechnung prozessualer Fristen der Sonnabend nach § 222 II ZPO dem Sonn- oder Feiertag gleich. Im Ergebnis sollte daher auch die Vollstreckung an einem Sonnabend derjenigen an einem Sonn- oder Feiertag gleichstehen und daher eine richterliche Erlaubnis brauchen, BLAH § 758a ZPO Rn 17ff. Die Nachtzeit ist in § 758a IV 2 ZPO amtlich festgelegt.

40 **I. Wartezeitraum, IV 2.** Eine rechtzeitige Beibringung der danach etwa erforderlichen jeweiligen richterlichen Anordnung ist eine weitere Voraussetzung von IV 2. Maßgeblich ist der Zugang beim Gerichtsvollzieher. An dieser Stelle findet sich eine von III 1 abweichende Bestimmung. Dort genügt auch der Zugang bei der in Rn 18 geschilderten Geschäftsstelle. Hier scheint nur der Zugang beim Gerichtsvollzieher selbst zu genügen, zumal eine enge Auslegung notwendig ist, Rn 36. Das hat auch seinen Sinn. Denn nun läuft ja bereits anders als bis zur Auftragserteilung die Vollstreckung.

Drei Monate sind von IV 2 bestimmter Wartezeitraum. Er beginnt nicht mit dem Zugang der Anforderung einer richterlichen Anordnung, sondern bereits mit dem ersten Tag des auf die Absendung der Anforderung des Gerichtsvollziehers an den Auftraggeber die Beibringung einer richterlichen Anordnung folgenden Kalendermonats. Das dient der Beweiserleichterung. Es klappt aber natürlich so nur dann, wenn sich der Gerichtsvollzieher das Absendedatum notiert hat und wenn er es notfalls auch beweisen kann. Den Poststempel wird der Gläubiger meist nicht mehr aufbewahrt haben. Auf ihn käme es außerdem nur indirekt an. Denn eine Absendung

Abschnitt 1. Allgemeine Vorschriften § 3 GvKostG

meint wohl bereits den Einwurf in den Briefkasten. Die Beweisprobleme verschieben sich also in Wahrheit nur von dem Eingangs- auf den Absendezeitpunkt. Es gelten die zum Eingang von Rspr und Lehre aufgestellten Regeln der Beweislast, BLAH Anh nach § 286 ZPO Rn 151 ff „Rechtsgeschäft". *Absendung + 3 Kalendermonate* bestimmt das Gesetz. Hat die Absendung also am 2. 1. stattgefunden, endet die Frist erst mit dem Ablauf des 30. 4., falls das weder ein Sonnabend noch ein Sonntag ist, sonst frühestens mit dem Ablauf des 2. 5., weil der 1. 5. ein Feiertag ist. Das Fristende ist 24 Uhr.

J. Nichterscheinen, Verweigerung des Offenbarungsschuldners, IV 3. Der 41 Auftrag gilt entsprechend IV 2 auch dann nicht als durchgeführt, wenn der Offenbarungsschuldner zum Abgabetermin nach § 900 ZPO nicht erscheint oder wenn er zwar erscheint, aber die Abgabe der Offenbarungsversicherung grundlos verweigert *und* wenn der Gläubiger binnen des 3-Monatszeitraumes nach Rn 40 einen Auftrag zur Vollziehung des Haftbefehls nach § 909 ZPO erteilt.

K. Mitteilung der Fruchtlosigkeit ohne Widerspruch, IV 4. Die Vorschrift 42 stellt die erste von zwei Ergänzungen von IV 1 Hs 1 dar. Sie ermöglicht es dem Gerichtsvollzieher, durch ein eigenes Handeln unter bestimmten Voraussetzungen eine Auftragsdurchführung mit der Gebührenfälligkeit nach § 14 S 1 herbeizuführen. Es müssen die folgenden Bedingungen zusammentreffen.

L. Wahrscheinlichkeit von Fruchtlosigkeit, IV 4. Sie ist die erste Voraussetzung. 43 Es muß mit einem fruchtlosen Verlauf der Zwangsvollstreckung „zu rechnen sein". Das ist keine Gewißheit. Denn auch der Gerichtsvollzieher kann nicht mit letzter Sicherheit wissen, ob eine Vollstreckungshandlung einen über die Kosten hinausgehenden Erfolg haben kann. Es reicht aber natürlich auch keine floskelhafte vage Vermutung der Fruchtlosigkeit. Vielmehr muß für sie doch insoweit eine überwiegende Wahrscheinlichkeit sprechen, ähnlich wie bei § 803 II ZPO, BLAH dort Rn 13, 14. Bisherige Vollstreckungsversuche auf Grund anderer Aufträge desselben oder anderer Gläubiger können als eine Grundlage der Wahrscheinlichkeit ausreichen. Auch dann ist aber eine nachvollziehbare Begründung erforderlich.

M. Mitteilung des Gerichtsvollziehers, IV 4. Seine Mitteilung, er betrachte 44 den Auftrag wegen der Befürchtung der Fruchtlosigkeit nach Rn 43 als zurückgenommen, ist die zweite Voraussetzung. Der Gerichtsvollzieher muß in einer für den Auftraggeber nachvollziehbaren Weise seine Befürchtung darlegen, ohne jede Einzelheit darstellen zu müssen. Seine Mitteilung muß dazu geeignet sein, dem Auftraggeber dessen Entschließung zu ermöglichen, ob er der Mitteilung widersprechen soll, Rn 45. Eine bestimmte Form ist nicht notwendig. In einem klaren Fall mag zB ein Telefonanruf genügen. Immerhin muß auch dann eine Begründung erfolgen. Die bloße Mitteilung unter einer floskelhaften Beschränkung auf den Text von IV 4 reicht nicht.

N. Kein rechtzeitiger Widerspruch des Auftraggebers, IV 4. Dieser Um- 45 stand ist die letzte Voraussetzung von IV 4. Der Auftraggeber muß seinen Widerspruch nicht so bezeichnen. Es genügt die erkennbare Ansicht, der Gerichtsvollzieher solle mit seinen Vollstreckungsbemühungen fortfahren. Das Anerbieten eines weiteren Vorschusses ist jedenfalls nicht bei IV 4 erforderlich, solange der Gerichtsvollzieher ihn nicht angefordert hat.
Ein Monat ist der in IV 4 bestimmte Widerspruchszeitraum. Er beginnt mit dem Ersten des auf die Absendung der Mitteilung des Gerichtsvollziehers folgenden Kalendermonats. Insofern entspricht die Fristberechnung derjenigen des längeren Zeitraums von IV 2, Rn 40. Der Zugang des Widerspruchs ist zur Wirksamkeit notwendig.

O. Vergebliche Vorschußanforderung, IV 5. Die Vorschrift stellt eine weitere 46 Ergänzung von IV 1 Hs 1 dar. Auch sie ermöglicht es dem Gerichtsvollzieher, durch ein eigenes Handeln unter bestimmten Voraussetzungen eine Auftragsdurchführung mit der Gebührenfälligkeit nach § 14 S 1 herbeizuführen. Es müssen die folgenden Voraussetzungen zusammentreffen.

Notwendigkeit von Vorschuß nach § 4 I 1 oder 2, ist die erste Voraussetzung einer Lage, 47 die einer Auftragsrücknahme gleichsteht.

2033

48 **P. Verspäteter Vorschußeingang.** Er ist die weitere Voraussetzung. Der Gerichtsvollzieher muß eine ordnungsgemäße Vorschußanforderung abgesandt haben. Auf die Absendung muß ein voller Kalendermonat gefolgt sein. Für die Rechtzeitigkeit ist der „Eingang beim Gerichtsvollzieher" notwendig und ausreichend. Eine Überweisung ist am Tag der Gutschrift (Wertstellung) auf dem Konto eingegangen. Eine unrichtig verspätete Wertstellung seitens der Bank ist im Verhältnis zwischen dem Gerichtsvollzieher und dem Auftraggeber unschädlich. Mag sich der Gerichtsvollzieher im Innenverhältnis deshalb mit seiner Bank auseinandersetzen. Bei einer Zahlung durch einen Scheck usw gelten die im Scheckrecht üblichen Daten für den Eingang als maßgeblich.

49 **Q. Unterzahlung.** Eine völlig unerhebliche Unterzahlung schadet nach Treu und Glauben nicht, eine nicht mehr ganz unerhebliche ist schädlich. Ein minimaler Fristverstoß mag nach Treu und Glauben unschädlich sein, obwohl man Fristen an sich streng beurteilen muß. Man kann hier evtl den Tag der Aufgabe zur Überweisung usw als ausreichend ansehen, wenn er noch in der Frist lag, ähnlich wie bei den insoweit vergleichbaren Situationen des § 167.

Vorschuss

4 *Fassung 1. 9. 2009:* ᴵ ¹**Der Auftraggeber ist zur Zahlung eines Vorschusses verpflichtet, der die voraussichtlich entstehenden Kosten deckt.** ²**Die Durchführung des Auftrags kann von der Zahlung des Vorschusses abhängig gemacht werden.** ³**Die Sätze 1 und 2 gelten nicht, wenn der Auftrag vom Gericht erteilt wird oder dem Auftraggeber Prozess- oder Verfahrenskostenhilfe bewilligt ist.** ⁴**Sie gelten ferner nicht für die Erhebung von Gebührenvorschüssen, wenn aus einer Entscheidung eines Gerichts für Arbeitssachen oder aus einem vor diesem Gericht abgeschlossenen Vergleich zu vollstrecken ist.**

ᴵᴵ ¹**Reicht ein Vorschuss nicht aus, um die zur Aufrechterhaltung einer Vollstreckungsmaßnahme voraussichtlich erforderlichen Auslagen zu decken, gilt Absatz I entsprechend.** ²**In diesem Fall ist der Auftraggeber zur Leistung eines weiteren Vorschusses innerhalb einer Frist von mindestens zwei Wochen aufzufordern.** ³**Nach Ablauf der Frist kann der Gerichtsvollzieher die Vollstreckungsmaßnahme aufheben, wenn die Aufforderung verbunden mit einem Hinweis auf die Folgen der Nichtzahlung nach den Vorschriften der Zivilprozessordnung zugestellt worden ist und die geforderte Zahlung nicht bei dem Gerichtsvollzieher eingegangen ist.**

ᴵᴵᴵ **In den Fällen des § 3 Abs. 4 Satz 2 bis 5 bleibt die Verpflichtung zur Zahlung der vorzuschießenden Beträge bestehen.**

DB-GvKostG Nr. 3. ᴵ Ein Vorschuss soll regelmäßig nicht erhoben werden bei
a) Aufträgen von Behörden oder von Körperschaften, Anstalten oder Stiftungen des öffentlichen Rechts, auch soweit ihnen keine Kostenfreiheit zusteht,
b) Aufträgen, deren Verzögerung dem Auftraggeber einen unersetzlichen Nachteil bringen würde,
c) Aufträgen zur Erhebung von Wechsel- oder Scheckprotesten.

ᴵᴵ Bei der Einforderung des Vorschusses ist der Auftraggeber darauf hinzuweisen, dass der Auftrag erst durchgeführt wird, wenn der Vorschuss gezahlt ist und dass der Auftrag als zurückgenommen gilt, wenn der Vorschuss nicht bis zum Ablauf des auf die Absendung der Vorschussanforderung folgenden Kalendermonats bei der Gerichtsvollzieherin oder dem Gerichtsvollzieher eingegangen ist.

ᴵᴵᴵ Für die Einhaltung der Fristen nach § 3 Abs. 4 Satz 5 und § 4 Abs. 2 Satz 2 GvKostG ist bei einer Überweisung der Tag der Gutschrift auf dem Dienstkonto und bei der Übersendung eines Schecks der Tag des Eingangs des Schecks unter der Voraussetzung der Einlösung maßgebend.

ᴵⱽ Die Rückgabe der von dem Auftraggeber eingereichten Schriftstücke darf nicht von der vorherigen Zahlung der Kosten abhängig gemacht werden.

ⱽ Bei länger dauernden Verfahren (z. B. Ratenzahlung, Ruhen des Verfahrens) können die Gebühren bereits vor ihrer Fälligkeit (§ 14 GvKostG) vor-

Abschnitt 1. Allgemeine Vorschriften **§ 4 GvKostG**

schussweise erhoben oder den vom Schuldner gezahlten Beträgen (§ 15 Abs. 2 GvKostG) entnommen werden.

Vorbem. I 3 erweitert dch Art 47 III Z 2 FGG-RG v 17. 12. 08, BGBl 2586, in Kraft seit 1. 9. 09, Art 112 I Hs 1 FGG-RG, Übergangsrecht Art 111 FGG-RG, Grdz 2 vor § 1 FamGKG, Teil I B dieses Buchs.

Bisherige Fassung I 3: [3] **Die Sätze 1 und 2 gelten nicht, wenn der Auftrag vom Gericht erteilt wird oder dem Auftraggeber Prozesskostenhilfe bewilligt ist.**

Gliederung

1) **Systematik, I–III** 1
2) **Regelungszweck, I–III** 2
3) **Grundsatz: Schon anfängliche Pflicht zur Einforderung und Zahlung von Kostenvorschuß, I 1, 2** 3
4) **Ausnahmen: Entfallen der anfänglichen Vorschußpflicht, I 3, 4** 4–8
   A. Auftrag des Gerichts, I 3 Hs 1 4
   B. Prozeß- oder Verfahrenskostenhilfe, I 3 Hs 2 5
   C. Arbeitssache, I 4 6
   D. Weitere Fälle 7, 8
5) **Anfänglicher Kostenvorschuß, I** 9–11
   A. Maßgeblichkeit der voraussichtlichen Kosten 9
   B. Vorschuß bei Räumung 10
   C. Vorschuß im Offenbarungsverfahren 11
6) **Weiterer Auslagenvorschuß, II** 12–17
   A. Zulässigkeit, II 1 12
   B. Fristsetzung, II 2 .... 13, 14
   C. Zahlungsaufforderung, II 2, 3 15
   D. Hinweis auf Folgen der Nichtzahlung, II 2, 3 16
   E. Zustellung, II 2, 3 17
7) **Aufhebung von Vollstreckungsmaßnahme, II 3** 18, 19
8) **Fortbestehen der Vorschußpflicht, III** 20
9) **Art des Vorschusses; Einforderung, I–III** 21
10) **Rechtsbehelfe, I–III** 22–29
   A. Erinnerung nach § 5 II, III 22
   B. Erinnerung nach § 766 ZPO 23
   C. Verfahren des Erstgerichts 24
   D. Zurückverweisung 25
   E. Sofortige Beschwerde, Rechtsbeschwerde 26
   F. Antrag auf gerichtliche Entscheidung 27, 28
   G. Dienstaufsichtsbeschwerde 29

1) Systematik, I–III. § 4 gibt dem Gerichtsvollzieher in einer Abweichung von 1 § 14 das Recht, vom Auftraggeber erstmalig und evtl sogar wiederholt grundsätzlich einen Vorschuß für seine voraussichtlichen Gebühren und Auslagen zu verlangen und seine Tätigkeit von der Zahlung dieses Vorschusses abhängig zu machen, AG Coburg DGVZ **95**, 14. Der Auftraggeber muß also vorleisten, auch als Notar, LG Aschaffenb DGVZ **95**, 76. Wegen der Ausnahmen Rn 4–8.

2) Regelungszweck, I–III. Die Vorschrift dient der Sicherung des Kostenein- 2 gangs und der Wirtschaftlichkeit der Kostenüberwachung. Das muß man bei der Auslegung mitbeachten. Freilich gilt auch die Erkenntnis, daß § 4 immerhin wohl den Grundsatz einer Vorleistungspflicht des Gerichtsvollziehers aufstellt, dort Rn 2. Eine Ausnahmevorschrift ist aber im allgemeinen zurückhaltend auslegbar.

3) Grundsatz: Schon anfängliche Pflicht zur Einforderung und Zahlung 3 **von Kostenvorschuß, I 1, 2.** Die Vorschrift stellt in I 1 klar, daß für den Auftraggeber eine Vorschußpflicht besteht. Mit dem Wort „kann" gibt I 2 aber auch dem Gerichtsvollzieher nicht etwa nur ein Ermessen, sondern stellt in dessen Zuständigkeit und macht ihm grundsätzlich auch die Einforderung eines Vorschusses zur Amtspflicht, LG Frankenth DGVZ **04**, 187, LG Kassel DGVZ **03**, 25, LG Konst DGVZ **01**, 45. Denn es handelt sich um eine Sicherung solcher Gelder, die dem Staat zustehen, Rn 2. Der Gerichtsvollzieher darf und muß auch dann einen Vorschuß fordern, wenn sich der Gläubiger dazu erbietet, die Handlung auf eigene Kosten vorzunehmen, etwa eine Räumung zu veranlassen, LG Köln DGVZ **02**, 169, AG Stockach

2035

DGVZ 93, 31, Brossette NJW 89, 965. Er braucht aber zB dann keinen Vorschuß zu fordern, wenn der Kostenschuldner mit ziemlicher Sicherheit zahlen wird, SchrK-Ge 3.

Die Pflicht zur Vorschußeinforderung umfaßt das *Verbot der Fortsetzung einer Amtshandlung*, soweit der Vorschuß nicht eingeht oder verbraucht ist, II, Ffm DGVZ 82, 61, LG Aachen DGVZ 89, 23, SchrKGe 8, aM AG Villach-Schwenningen DGVZ 00, 15, Meyer 2.

4   **4) Ausnahmen: Entfallen der anfänglichen Vorschußpflicht, I 3, 4.** Der Gerichtsvollzieher erhebt keinen Vorschuß, wenn einer der folgenden Fälle eintritt.

A. Auftrag des Gerichts, I 3 Hs 1. Eine Vorschußzahlung entfällt, soweit das Gericht den Gerichtsvollzieher beauftragt, § 13 III.

5   **B. Prozeß- oder Verfahrenskostenhilfe, I 3 Hs 2.** Eine Vorschußpflicht entfällt ferner, soweit der Auftraggeber und nicht etwa nur dessen Gegner gerade für die Zwangsvollstreckung nach § 119 ZPO gegen oder ohne eine Ratenzahlung eine Prozeßkostenhilfe oder nach §§ 76 ff FamFG eine entsprechende Verfahrenskostenhilfe erhalten hat. Denn sie verpflichtet den Gerichtsvollzieher zur vorläufig unentgeltlichen Vornahme von Amtshandlungen, § 122 I Z 1 a ZPO, § 76 FamFG. Das gilt unabhängig davon, ob er eine solche Amtshandlung im Namen der mittellosen Partei oder im Namen des ihr beigeordneten Anwalts vornehmen soll und wann er von der Prozeß- oder Verfahrenskostenhilfe erfährt.

Infolgedessen darf der Gerichtsvollzieher auch dann keinen Vorschuß anfordern, wenn der beigeordnete Anwalt die über die von der Staatskasse erstatteten hinausgehenden Gebühren *(Differenzkosten)* auf Grund eines für die mittellose Partei erlassenen Kostenfestsetzungsbeschlusses beitreibt, § 50 RVG, Teil X dieses Buchs. Allerdings ist ein Vorschuß insoweit erforderlich, als der beigeordnete Anwalt die Gebühren im eigenen Namen für sich beitreibt. Das gilt auch bei einer Sequestration, § 1 Rn 3.

Irrig erhobene Vorschüsse muß der Gerichtsvollzieher dem objektiv durch die Prozeß- oder Verfahrenskostenhilfe Begünstigten zurückzahlen, AG Hann DGVZ 93, 60.

6   **C. Arbeitssache, I 4.** Ein Gebührenvorschuß entfällt für eine Vollstreckungshandlung auf Grund einer Entscheidung eines Gerichts der Arbeitsgerichtsbarkeit oder auf Grund eines vor einem solchen Gericht abgeschlossenen Prozeßvergleichs. Ein Auslagenvorschuß bleibt zulässig.

7   **D. Weitere Fälle.** Ein Vorschuß entfällt auch in folgenden weiteren Fällen: Der Gerichtsvollzieher nimmt eine solche Amtshandlung vor, die über den ihm erteilten Auftrag hinausgeht; der Gerichtsvollzieher hat den Auftrag durchgeführt, § 3; der Auftraggeber hat eine Kostenfreiheit nach § 2, BGH 89, 85 (also zB nicht bei einer Stadtgemeinde usw, § 2 Rn 3, AG Brschw DGVZ 98, 46); man kann mit Sicherheit erwarten, daß der Kostenschuldner die Kosten nach der Erledigung des Auftrags zahlen wird. Das gilt etwa dann, wenn eine Behörde oder eine Körperschaft, Anstalt oder Stiftung des öffentlichen Rechts der Auftraggeber ist, auch wenn sie insofern keine Kostenfreiheit hat.

Das gilt auch wegen der Auslagen für die Amtshandlung zugunsten eines Auftraggebers, der lediglich eine *Gebührenfreiheit* hat, § 2 GKG.

Weitere Fälle: Es handelt sich um einen Eilfall, eine Verzögerung der Amtshandlung würde dem Auftraggeber also einen unersetzlichen Nachteil bringen. Ob diese Situation vorliegt, muß der Gerichtsvollzieher von Amts wegen prüfen; es handelt sich um einen Auftrag zur Erhebung eines Scheck- oder Wechselprotests; es handelt sich um die nach § 760 ZPO beantragte Erteilung einer Protokollabschrift oder -ablichtung, AG Bln-Wedding DGVZ 86, 78, AG Eschwege DGVZ 84, 191, AG Ffm DGVZ 85, 93, aM AG Augsb DGVZ 87, 126 (der Gerichtsvollzieher muß sie kostenfrei erteilen); es geht um den Termin nach § 900 ZPO, LG Amberg DGVZ 06, 181.

8   Wenn der Gerichtsvollzieher in einem der vorgenannten Fälle erwarten muß, daß er höhere Auslagen haben wird, kann ihm die *Dienstbehörde* den erforderlichen Vorschuß darauf zahlen, § 65 Z 8 GVO. Sie entscheidet insofern nach ihrem pflichtgemäßen Ermessen. Ihre Entscheidung ist für den Schuldner unanfechtbar.

9   **5) Anfänglicher Kostenvorschuß, I.** Der Gerichtsvollzieher muß unverzüglich handeln, also ohne eine ihm vorwerfbare Verzögerung.

Abschnitt 1. Allgemeine Vorschriften **§ 4 GvKostG**

Man muß den Vorschuß *bar* oder durch eine Überweisung leisten, Rn 21. Der Gerichtsvollzieher kann eine angemessene Zahlungsfrist setzen und evtl eine Fristverlängerung bewilligen. Er muß das aber beim Erstvorschuß nicht tun. Mangels eines Vorschusses gilt ja § 3 IV 4, 5.

Die *Zahlungsfrist* beträgt nach § 3 IV 5 einen Monat. Sie beginnt mit dem auf die Absendung der Zahlungsanforderung folgenden Kalendermonat. Ihr ergebnisloser Ablauf hat die Unterstellung der Auftragsrücknahme zur zwingenden Folge, § 3 IV 5.

A. Maßgeblichkeit der voraussichtlichen Kosten. Der Gerichtsvollzieher muß den anfänglichen Vorschuß nicht etwa nach der Höhe der beizutreibenden Summe oder nach dem Auftragswert berechnen, sondern so, daß er die voraussichtlich notwendigen Kosten des gesamten Auftrags mit sämtlichen Amtshandlungen deckt, § 788 I ZPO, LG Bln DGVZ **86**, 156, AG Coburg DGVZ **95**, 14, also nur die gesetzlichen Gebühren und die Auslagen, KVGv 700 ff, Alisch DGVZ **79**, 6, auch zB für einen Dolmetscher, AG Worms DGVZ **95**, 31. Der Gerichtsvollzieher muß die im Zeitpunkt des Auftragseingangs voraussichtlichen Auslagen nach KVGv 700 ff nach seinem pflichtgemäßen Ermessen schätzen. Bei einer Räumung können zB mindestens (jetzt ca) 200 EUR nötig sein, AG Lpz DGVZ **09**, 469, oder auch 400–500 EUR, LG Ffm WoM **89**, 444, AG Bln-Wedding NZM **04**, 720 (beim Transport in eine Pfandkammer evtl wesentlich mehr). 3000 EUR sind sehr viel, LG Heidelb DGVZ **09**, 169.

Stets muß er die *kostengünstigste* Möglichkeit erwägen, soweit auch sie zum Ziel führt, LG Stgt DGVZ **90**, 172, AG Pinneb DGVZ **77**, 28.

Innerhalb *desselben Auftrags* darf der Gerichtsvollzieher den Vorschuß von allen Auftraggebern insgesamt nur einmal fordern und muß sie entsprechend informieren.

B. Vorschuß bei Räumung. Bei einer Zwangsvollstreckung aus einem Räumungstitel ist die Ausschöpfung aller geringeren Mittel nach §§ 758, 758 a ZPO nötig, AG Pinneb DGVZ **77**, 28. Daher muß der Gerichtsvollzieher auch denjenigen Betrag als Vorschuß anfordern, den er voraussichtlich benötigen wird, um das Räumungsgut zu marktüblichen Preisen zum Lagerraum *zu* überführen, § 885 III ZPO, LG Kassel DGVZ **05**, 11, LG Mannh NZM **99**, 956, LG Siegen DGVZ **94**, 76. Lagerkosten braucht er sich wegen § 885 IV ZPO aber nur für etwa zwei Monate vorschießen zu lassen. Bei Geschäftsunterlagen kann die Aufbewahrung länger notwendig sein, LG Bln DGVZ **04**, 140, LG Ffm DGVZ **02**, 76, SchrKGe 26, aM LG Kblz DGVZ **06**, 27, AG Hbg-Harbg DGVZ **04**, 173, AG Bad Schwalbach DGVZ **02**, 189.

Der Gläubiger braucht allerdings nach einer *Einstellung* der Zwangsvollstreckung keinen Vorschuß wegen der Kosten eines Rücktransports von Räumungsgut in die Schuldnerräume zu leisten, LG Flensb DGVZ **91**, 118, AG Bochum DGVZ **92**, 31, aM Schilken DGVZ **93**, 2. Er kann einen Vorschuß für den Zeitraum bis zur Übergabe an einen Sequester fordern, nicht für die Zeit danach, auch nicht, wenn er selbst der Sequester sein soll, § 1 Rn 3. Bei einer freiwilligen Teilräumung muß der Gerichtsvollzieher den Vorschuß anpassen, LG Kassel DGVZ **05**, 10.

Das gilt auch dann, wenn sich der *Gläubiger* erbietet, den Transport durchzuführen, AG Brakel DGVZ **84**, 158, AG Lörrach DGVZ **05**, 109, Brossette NJW **89**, 965, oder wenn man eine Wiedereinweisung des Schuldners durch die Obdachlosenbehörde erwarten muß, LG Waldshut-Tiengen DGVZ **90**, 93, LG Wuppert DGVZ **91**, 26, AG Schönau DGVZ **89**, 45. Der Gerichtsvollzieher muß die einem Vermieterpfandrecht unterliegenden Sachen bei einer ihm bekannten Ausübung dieses Rechts zurücklassen. Sie verursachen daher keine Kosten und keinen Vorschuß, BGH DGVZ **06**, 23, AG Bln-Wedding NZM **04**, 720, AG Philippsburg DGVZ **05**, 12 (je: erst recht nicht bei einer entsprechenden Auftragsbeschränkung). Der Gläubiger kann keine Vorschußminderung wegen eines eindeutig nicht bestehenden Vermieterpfandrechts fordern, LG BadBad DGVZ **03**, 24.

C. Vorschuß im Offenbarungsverfahren. Der Gerichtsvollzieher braucht zum Transport des nach § 909 ZPO Verhafteten nicht den eigenen Pkw zu benutzen, sondern kann eine Hilfsperson mit einem Kfz heranziehen und dafür einen Vorschuß fordern, LG Kassel DGVZ **03**, 25, AG Ffm DGVZ **98**, 15.

2037

GvKostG § 4 XI. G über Kosten der GVz

Der Gerichtsvollzieher darf die Verhaftung einer Schuldnerin, die ein *Kind versorgen* muß, nicht von einem Vorschuß für eine monatelange Haft abhängig machen, AG Friedberg DGVZ **89**, 175. Muß der Gerichtsvollzieher ein Tier des Verhafteten versorgen, muß der Gläubiger dafür einen Vorschuß leisten, LG Aachen DGVZ **89**, 23 (zustm Gilleßen), LG Stgt DGVZ **90**, 122, AG Oldb DGVZ **91**, 174.

12 **6) Weiterer Auslagenvorschuß, II.** Man muß mehrere Gesichtspunkte unterscheiden.
A. Zulässigkeit, II 1. Wenn der zunächst vom Gerichtsvollzieher erforderte Vorschuß nicht ausreicht, weil er die Auslagen (nur sie!) zu niedrig geschätzt hat oder weil er weitere als die zunächst vorausgesehenen Amtshandlungen vornehmen muß, muß der Gerichtsvollzieher unverzüglich einen weiteren Auslagenvorschuß nachfordern, LG Osnabr DGVZ **80**, 12. Vor der Zahlung darf der Gerichtsvollzieher dann nicht weiter amtieren, Ffm DGVZ **82**, 57, LG Aachen DGVZ **89**, 23.

Allerdings kommt nach II 1 ein weiterer Vorschuß eben nur insoweit in Betracht, als der bisherige die *Auslagen* nicht deckt, also nicht schon dann, wenn nur der bisherige Gebührenvorschuß nicht mehr ausreicht. In diesem letzteren Fall gilt nur I. Der weitere Auslagenbedarf muß auch über einen ganz unerheblichen Betrag voraussichtlich hinausgehen. Er muß also mindestens etwa 50 EUR übersteigen. Unter diesen Voraussetzungen kann der Gerichtsvollzieher wegen der Verweisung in II 1 auf I ebenso wie beim anfänglichen Vorschuß vorgehen und muß das auch tun, Rn 3.

Unzulässig ist allerdings auch ein weiterer Vorschuß wegen der Verweisung in II 1 auf I und damit auch auf I 3, 4 in den Fällen Rn 4–8. Der Gerichtsvollzieher muß dem Kostenschuldner dabei dieselben Hinweise wie bei der ersten Vorschußanforderung geben, Rn 14. Unzulässig ist ein weiterer Vorschuß natürlich erst recht, sobald sich ergibt, daß ein zuvor angeforderter Vorschuß gar nicht mehr oder nur noch teilweise nötig ist, AG Bln-Wedding DGVZ **04**, 158, AG Hbg-Harburg DGVZ **04**, 173.

13 **B. Fristsetzung, II 2.** (Nur) beim weiteren Vorschuß gilt die Monatsfrist des § 3 IV 5 nicht. Der Gerichtsvollzieher muß aber für einen weiteren Auslagenvorschuß dem Auftraggeber eine Frist von mindestens zwei Wochen setzen. Die Frist errechnet sich wie bei § 222 ZPO, nach dem BGB.

BGB § 187. Fristbeginn. I **Ist für den Anfang einer Frist ein Ereignis oder ein in den Lauf eines Tages fallender Zeitpunkt maßgebend, so wird bei der Berechnung der Frist der Tag nicht mitgerechnet, in welchen das Ereignis oder der Zeitpunkt fällt.**

BGB § 188. Fristende. I ...
II **Eine Frist, die nach Wochen ... bestimmt ist, endigt im Falle des § 187 Abs. 1 mit dem Ablauf desjenigen Tages der letzten Woche ..., welcher durch seine Benennung oder seine Zahl dem Tage entspricht, in den das Ereignis oder der Zeitpunkt fällt, ...**

14 Eine *Fristabkürzung* ist nur dann zulässig, wenn die Restfrist mindestens zwei Wochen beträgt. Eine Fristverlängerung ist zulässig und manchmal notwendig, Ffm DGVZ **82**, 57, Alisch DGVZ **80**, 79. Sie darf aber nicht zum Nachteil des Auftraggebers ohne dessen Anhörung und bei einem langen Verlängerungszeitraum nicht ohne dessen Einwilligung erfolgen.

15 **C. Zahlungsaufforderung, II 2, 3.** Eine klare Aufforderung zur Zahlung des genau bezifferten oder wenigstens dem Mindestbetrag nach bestimmten Auslagenvorschusses ist eine Voraussetzung der Wirksamkeit. Der Gerichtsvollzieher muß auch wenigstens im Kern nachvollziehbar darlegen, weshalb die Voraussetzungen eines weiteren Vorschusses vorliegen. Denn auch die Rechtsbehelfsinstanz muß die Gesetzmäßigkeit nachprüfen können. Nicht erforderlich ist eine bis in jede Einzelheit gehende Begründung.

16 **D. Hinweis auf Folgen der Nichtzahlung, II 2, 3.** Der Gerichtsvollzieher muß nicht schon nach II 2 auf die Folgen einer Nichtzahlung hinweisen. Er kann sich mit einer bloßen Aufforderung begnügen. Die gilt etwa dann, wenn er sicher sein kann, einen weiteren Auslagenvorschuß zu erhalten.

Vollstreckungseinstellung kommt aber nach II 3 nur dann in Betracht, wenn der Gerichtsvollzieher auf diese mögliche Rechtsfolge einer nicht vollständigen und fristge-

Abschnitt 1. Allgemeine Vorschriften § **4 GvKostG**

mäßen weiteren Vorschußzahlung hingewiesen hat. Dabei muß er die evtl einzustellende Maßnahme nachvollziehbar genau bezeichnen, wenn auch nicht unbedingt in jeder Einzelheit. Es empfiehlt sich dringend, den Wortlaut des Hinweises in einer Kopie in der Handakte zu behalten.

E. Zustellung, II 2, 3. Eine Form der Aufforderung nebst einer Fristsetzung 17 schreibt nicht schon II 2 vor. Der Gerichtsvollzieher kann beides mündlich, fernmündlich, durch Telefax, einfachen Brief oder entsprechend § 130a ZPO elektronisch bewirken. Er ist für die gesetzmäßige Vornahme sowohl der Aufforderung als auch der Mindestfristsetzung beweispflichtig.

Förmliche Zustellung ist aber jedenfalls dann notwendig, wenn die in II 3 genannte Rechtsfolge einer Aufhebung der Vollstreckungsmaßnahme eintreten soll. Das ergibt sich eben aus II 3. Die Zustellung muß „nach den Vorschriften der Zivilprozeßordnung" erfolgen, also nach §§ 166 ff ZPO. Die Zustellungsurkunde hat die Beweiskraft des § 418 ZPO. Der volle Beweis ihrer Unrichtigkeit ist zulässig, aber auch notwendig, BLAH § 418 ZPO Rn 8 ff.

7) Aufhebung von Vollstreckungsmaßnahme, II 3. Die einzige Rechtsfolge 18 einer ordnungsgemäßen vergeblichen Aufforderung zum weiteren Vorlagevorschuß ist die Befugnis, diejenige Vollstreckungsmaßnahme aufzuheben, zu deren Vornahme oder Fortführung der Gerichtsvollzieher einen weiteren Vorschuß benötigt. Der Gerichtsvollzieher „kann" so vorgehen. Das stellt nicht nur in seine Zuständigkeit, sondern in sein pflichtgemäßes Ermessen. Nur in diesem Rahmen haben der Gläubiger wie der Schuldner Einflußmöglichkeiten. Der Gerichtsvollzieher muß mitbedenken, daß er kein unvertretbares Kostenrisiko der Staatskasse herbeiführen darf. Dieses Risiko könnte bei erfahrungsgemäß oft sehr hohen Folgekosten entstehen, etwa bei der Einlagerung von Räumungsgut usw. Soweit der Auftraggeber die Fortsetzung der Vollstreckung betreibt, muß der Gerichtsvollzieher den bisher erhaltenen Vorschuß mitverwerten.

Der Gerichtsvollzieher mag die *übrige* Zwangsvollstreckung fortsetzen müssen, so- 19 weit sie eben keinen weiteren Vorschuß gerade auch auf *ihre* Auslagen erfordert. Auch eine zwar nicht ganz vollständige Zahlung eines weiteren Vorschusses mag dann eine Aufhebung verbieten, wenn der gezahlte Betrag den Auslagenrest voraussichtlich wenigstens einigermaßen deckt. Denn auch der Gerichtsvollzieher muß wie jeder Amtsträger den Verhältnismäßigkeitsgrundsatz beachten, der bei jeder Zwangsvollstreckung gilt, BLAH Grdz 34 vor § 704 ZPO.

8) Fortbestehen der Vorschußpflicht, III. Wegen § 3 IV 2–4 vgl die dortigen 20 Anmerkungen.

9) Art des Vorschusses; Einforderung, I–III. Der Kostenschuldner muß den 21 Vorschuß in bar oder durch eine Überweisung leisten, LG Frankenth DGVZ **04**, 188. Einen Scheck kann der Gerichtsvollzieher zurückweisen, ebenso eine „Zahlung" durch Kosten- oder Briefmarken usw. Eine Sicherheitsleistung ist nicht notwendig. Die Einforderung des Vorschusses erfolgt unverzüglich entweder bei der Übergabe des Auftrags mündlich oder auf Grund einer vom Gerichtsvollzieher angefertigten Kostenrechnung. Die Einforderung erfolgt schon beim anfänglichen Vorschuß mit dem Hinweis, daß der Gerichtsvollzieher den Auftrag erst nach dem Eingang des Vorschusses erledigen darf und daß er den Auftrag insoweit als zurückgenommen ansehen muß, als der Kostenschuldner den Vorschuß nicht zahlt. Eine Erhebung durch eine Postnachnahme ist unzulässig, sofern nicht der Auftraggeber sie gebeten hatte.

Bei einer *Mehrheit* von Auftraggebern muß der Gerichtsvollzieher den vollen Vorschuß von jedem fordern. Er muß zugleich verdeutlichen, daß der Eingang *eines* Gesamtbetrages genügt und daß die Auftraggeber sich insoweit untereinander verständigen können.

Soweit der Kostenschuldner einen anfänglichen Vorschuß *nicht zahlt*, muß der Gerichtsvollzieher diejenigen Unterlagen an den Auftraggeber zurücksenden, deren Rückgabe er nicht von der vorherigen Zahlung der endgültigen Kosten abhängig machen darf. Dann gilt der Auftrag als erledigt, sofern nichts weiter geschieht. Es findet nicht etwa eine Einziehung des Vorschusses statt.

10) Rechtsbehelfe, I–III. Das Bild ist verwirrend. Man muß stets Art 19 IV GG 22 mitbeachten.

2039

GvKostG § 4 XI. G über Kosten der GVz

A. Erinnerung nach § 5 II, III. § 4 enthält keinen Hinweis auf den zulässigen Rechtsbehelf. Indessen gibt § 5 III jedem Kostenschuldner die in § 5 II genannten Rechtsbehelfe oder Rechtsmittel.

23 **B. Erinnerung nach § 766 ZPO.** Zulässig ist ferner vorrangig eine Erinnerung nach § 766 ZPO, soweit es sich um eine Zwangsvollstreckung handelt, KG DGVZ 81, 153, AG Bln-Tempelhof DGVZ 84, 44, Gaul ZZP 87, 275. Auch der Bezirksrevisor kann beschwerdeberechtigt sein. Der Gerichtsvollzieher ist nicht beschwerdeberechtigt, LG Rottweil DGVZ 89, 73.

Die Erinnerung richtet sich gegen die *Art und Weise* der Vollstreckung, weil der Gerichtsvollzieher seine Amtshandlung von einem Vorschuß oder einem Vorschuß in dieser Höhe abhängig macht, AG Geilenkirchen DGVZ 97, 30. Erinnerungsberechtigt ist jeder Betroffene, evtl also auch die Staatskasse, vertreten durch den Bezirksrevisor. Der Gerichtsvollzieher hat kein eigenes Erinnerungsrecht, Rn 23.

24 **C. Verfahren des Erstgerichts.** Das Gericht muß den Erinnerungsgegner vor einer ihm nachteiligen Entscheidung anhören, Art 103 I GG. Über die Erinnerung entscheidet dasjenige AG als Vollstreckungsgericht, in dessen Bezirk die Zwangsvollstreckung stattfinden soll oder stattgefunden hat, § 764 II ZPO. Das ergibt sich auch aus der Bestätigung dieser Zuständigkeit in § 5 II 1.

Im Vollstreckungsgericht ist der *Amtsrichter* zuständig, § 20 Z 17 II a RPflG. Der Amtsrichter übersendet die Erinnerung aber zunächst an den Gerichtsvollzieher oder den sonstigen Gegner dieses Verfahrens. Der Gerichtsvollzieher ist zu einer Stellungnahme verpflichtet. Denn es handelt sich zugleich um eine dienstliche Äußerung. Da auch die Staatskasse an Erinnerungsverfahren beteiligt ist, muß der Amtsrichter auch ihre Stellungnahme einholen, Art 103 I GG, § 766 II ZPO. Er kann im übrigen eine mündliche Verhandlung anordnen. Er ist zu ihr aber nicht verpflichtet.

25 **D. Zurückverweisung.** Soweit der Amtsrichter die Erinnerung dem LG vorlegt, statt über sie selbst zu entscheiden, muß das LG die Sache an das AG zurückverweisen.

26 **E. Sofortige Beschwerde; Rechtsbeschwerde.** Gegen die Entscheidung des Amtsrichters nach § 766 ZPO ist die sofortige Beschwerde nach §§ 567 ff, 793 ZPO zulässig, LG Kassel DGVZ 03, 25. Ein Mindestbeschwerdewert braucht nicht vorzuliegen. Denn es handelt sich um einen besonderen Rechtsbehelf des Vollstreckungsverfahrens, nicht um eine Kostenbeschwerde nach § 567 II ZPO. Beschwerdeberechtigt ist auch die durch den Bezirksrevisor vertretene Staatskasse, die am Erinnerungsverfahren beteiligt ist, Art 103 I GG. Der Gerichtsvollzieher ist nicht beschwerdeberechtigt, LG Rottweil DGVZ 89, 74. Der Beschwerdeführer muß seine Notfrist nach § 224 I 2 ZPO von grundsätzlich zwei Wochen beachten, § 569 I ZPO.

Eine *Rechtsbeschwerde* ist unter den Voraussetzungen §§ 574 ff ZPO möglich, BGH NJW **06**, 848.

27 **F. Antrag auf gerichtliche Entscheidung.** In anderen Fällen als denjenigen nach Rn 18–21 kommt auch bei einer Rückforderung eines noch nicht auf fällige Kosten des Gerichtsvollziehers verrechneten Vorschusses ein Antrag auf eine gerichtliche Entscheidung in Betracht. Denn es handelt sich bei der Anforderung des Vorschusses durch den Gerichtsvollzieher um einen Verwaltungsakt im Bereich der Justizverwaltung beim Vollzug des GvKostG, § 30a EGGVG, Teil XII B dieses Buchs. Man stellt den Antrag an sich bei demjenigen AG, in dessen Bezirk die für die Einziehung des Anspruchs zuständige Kasse ihren Sitz hat. Bei § 4 gibt es eigentlich eine solche Kasse nicht. Daher ist praktisch das AG zuständig, bei dem der Gerichtsvollzieher beschäftigt ist.

28 Gegen die Entscheidung des AG ist die *Beschwerde* an das LG zulässig, soweit der erforderliche Beschwerdewert von 200 EUR überschritten ist, § 30a EGGVG in Verbindung mit § 71 I KostO. Beschwerdeberechtigt sein können der Auftraggeber des Gerichtsvollziehers und der Bezirksrevisor als Vertreter der Staatskasse.

29 **G. Dienstaufsichtsbeschwerde.** Der Kostenschuldner kann ohne die Einhaltung einer Frist eine Dienstaufsichtsbeschwerde an den Dienstvorgesetzten des Gerichtsvollziehers einlegen, also an den Präsidenten oder Direktor des AG. Denn der Gerichtsvollzieher ist ein Landesbeamter im Justizdienst. Gegen die Entscheidung ist

Abschnitt 1. Allgemeine Vorschriften §§ 4, 5 GvKostG

eine weitere Dienstaufsichtsbeschwerde an die nächsthöhere Aufsichtsbehörde statthaft usw. Die Dienstaufsicht sollte nur mit einer Zurückhaltung von einer gerichtlichen Entscheidung abweichen.

Zuständigkeit für den Kostenansatz, Erinnerung, Beschwerde

5 ᴵ ¹ Die Kosten werden von dem Gerichtsvollzieher angesetzt, der den Auftrag durchgeführt hat. ²Der Kostenansatz kann im Verwaltungswege berichtigt werden, solange nicht eine gerichtliche Entscheidung getroffen ist.

ᴵᴵ ¹Über die Erinnerung des Kostenschuldners und der Staatskasse gegen den Kostenansatz entscheidet, soweit nicht nach § 766 Abs. 2 der Zivilprozessordnung das Vollstreckungsgericht zuständig ist, das Amtsgericht, in dessen Bezirk der Gerichtsvollzieher seinen Amtssitz hat. ²Auf die Erinnerung und die Beschwerde sind die §§ 5a und 66 Abs. 2 des Gerichtskostengesetzes, auf die Rüge wegen Verletzung des Anspruchs auf rechtliches Gehör ist § 69a des Gerichtskostengesetzes entsprechend anzuwenden.

ᴵᴵᴵ Auf die Erinnerung des Kostenschuldners gegen die Anordnung des Gerichtsvollziehers, die Durchführung des Auftrags oder die Aufrechterhaltung einer Vollstreckungsmaßnahme von der Zahlung eines Vorschusses abhängig zu machen, und auf die Beschwerde ist Absatz 2 entsprechend anzuwenden.

DB-GvKostG Nr. 4. ᴵ ¹Solange eine gerichtliche Entscheidung oder eine Anordnung im Dienstaufsichtswege nicht ergangen ist, hat die Gerichtsvollzieherin oder der Gerichtsvollzieher auf Erinnerung oder auch von Amts wegen unrichtige Kostenansätze richtigzustellen (vgl. Nr. 7 Abs. 4). ²Soweit einer Erinnerung abgeholfen wird, wird sie gegenstandslos.

ᴵᴵ ¹Hilft die Gerichtsvollzieherin oder der Gerichtsvollzieher einer Erinnerung des Kostenschuldners nicht oder nicht in vollem Umfang ab, so ist sie mit den Vorgängen der Bezirksrevisorin oder dem Bezirksrevisor vorzulegen. ²Dort wird geprüft, ob der Kostenansatz im Verwaltungsweg zu ändern ist oder ob Anlass besteht, für die Landeskasse ebenfalls Erinnerung einzulegen. ³Soweit der Erinnerung nicht abgeholfen wird, veranlasst die Bezirksrevisorin oder der Bezirksrevisor, dass die Erinnerung mit den Vorgängen unverzüglich dem Gericht vorgelegt wird.

ᴵᴵᴵ Alle gerichtlichen Entscheidungen über Kostenfragen hat die Gerichtsvollzieherin oder der Gerichtsvollzieher der zuständigen Bezirksrevisorin oder dem zuständigen Bezirksrevisor mitzuteilen, sofern diese nicht nach Absatz 2 an dem Verfahren beteiligt waren.

Vorbem. II 2 erweitert dch Art 13 Z 2 G v 9. 12. 04, BGBl 3220, in Kraft seit 1. 1. 05, Art 22 S 2 G. Sodann II 2 erweitert durch Art 14 III Z 1 JKomG v 22. 3. 05, BGBl 837, in Kraft seit 1. 4. 05, Art 16 I JKomG. Übergangsrecht §§ 18, 19 GvKostG.

Gliederung

1) Systematik, I–III	1
2) Regelungszweck, I–III	2
3) Kostenansatz, I	3, 4
A. Zuständigkeit des Gerichtsvollziehers, I 1	3
B. Berichtigung im Verwaltungsweg, I 2	4
4) Erinnerung gegen Vollstreckungskosten, II 1, 2	5
5) Erinnerung gegen sonstige Gerichtsvollzieherkosten, II 1, 2	6
6) (Erst-)Erinnerungsberechtigte, II 1	7–10
A. Kostenschuldner	7
B. Staatskasse	8
C. Gerichtsvollzieher	9
D. Beigeordneter Anwalt	10
7) Gegenstand der (Erst-)Erinnerung, II 1	11–13
8) Abgrenzung zur Vollstreckungserinnerung, II	14
9) Form- und Fristfreiheit; Wert, II 1	15, 16
10) Beschwer bei (Erst-)Erinnerung im einzelnen, II 1	17–24
A. Gegen Kostenansatz	18
B. Gegen Wertfestsetzung	19
C. Gegen Auslagenhöhe	20
D. Gegen Überzahlung	21

GvKostG § 5   XI. G über Kosten der GVz

E. Gegen Zahlungspflicht 22
F. Weitere Fälle einer Beschwer 23, 24
11) **Verfahren bei (Erst-)Erinnerung, II 1, 2** 25–30
   A. Verfahren des Gerichtsvollziehers 25
   B. Zuständigkeit des Gerichts 26
   C. Einlegung 27
   D. Verhandlung 28
   E. Entscheidung 29
   F. Abänderung von Amts wegen 30
12) **Statthaftigkeit der Beschwerde, II 2** 31–35
   A. Zulässigkeit, II 2 (§ 66 II 1 GKG) 31
   B. Entweder: Beschwerdewert, II 2 (§ 66 II 1 GKG) 32
   C. Oder: Beschwerdezulassung wegen grundsätzlicher Bedeutung, II 2 (§ 66 II 2 GKG) 33
   D. Keine Beschwerde an Obersten Gerichtshof des Bundes, II 2 (§ 66 II 3 GKG) 34
   E. Keine neue Beschwerde, II 2 (§ 66 II 1, 2 GKG) 35
13) **Gegen Rechtspfleger mangels Beschwerdewert: Befristete Zweiterinnerung, II 2 (§ 11 II 1 RPflG, § 66 II 1 GKG)** 36, 37
14) **Einlegung der (Erst-)Erinnerung oder Beschwerde, II 2 (§§ 5 a, 66 V GKG)** 38–40
   A. Form: Schriftlich zu Protokoll, elektronisch usw, II 2 (§§ 5 a, 66 V 1 GKG) 38
   B. Zuständigkeit: Gericht, II 2 (§ 66 V 2 GKG) 39
   C. Keine Frist, II 2 (§ 66 II–VIII GKG) 40
15) **Entscheidung über die Beschwerde, II 2 (§ 66 III, VI, VII GKG)** 41–46
   A. Abhilfemöglichkeit durch Amtsgericht, II 2 (§ 66 III 1 GKG) 41
   B. Zuständigkeit des LG oder OLG, II 2 (§ 66 III 2 GKG) 42
   C. Grundsatz: Keine aufschiebende Wirkung, II 2 (§ 66 VII 1 GKG) 43
   D. Ausnahme: Anordnung aufschiebender Wirkung, II 2 (§ 66 VII 2 GKG) 44
   E. Weiteres Verfahren, II 4 (§ 66 VI GKG) 45
   F. Entscheidung, II 2 (§ 66 VI GKG) 46
16) **Keine Notwendigkeit eines Bevollmächtigten, II 2 (§ 66 V 1 Hs 1 GKG)** ... 47
17) **Weitere Beschwerde, II 2 (§ 66 IV GKG)** 48
18) **Anhörungsrüge, II 2** 49
19) **Kosten, II 2 (§ 66 VIII GKG)** 50
20) **Rechtsbehelfe gegen Vorschuß, III** 51

1   **1) Systematik, I–III.** Die Rechnungsaufstellung über die Gebühren und die Auslagen des Gerichtsvollziehers ist ein Kostenansatz. Eine Vorschußberechnung des Gerichtsvollziehers ist kein Kostenansatz. Bei einer Entnahme nach § 15 kann ein Kostenansatz vorliegen. I klärt die Zuständigkeit und eine etwaige Berichtigung im Verwaltungsverfahren.
Soweit ein Kostenansatz vorliegt, kommt eine *Erinnerung* in Betracht. Sie kann sich gegen die Berechtigung des Ansatzes überhaupt oder auch nur gegen eine Vorschußanordnung oder gegen die Höhe der Einzelposten richten, II, III. Soweit es nicht um den Kostenansatz geht, sondern um eine unrichtige Sachbehandlung, ist § 7 anwendbar. Eine „Erinnerung" kann als solche unzulässig, aber als eine Anregung nach § 7 auslegbar sein, BGH RR **97**, 832.

2   **2) Regelungszweck, I–III.** Die Vorschrift hat klarstellende Funktionen. Sie dient mit der Eröffnung von Rechtsbehelfsmöglichkeiten der Kostengerechtigkeit. Sie dient insofern weit auslegbar. Sie dient mit der Verfahrensregelung der Rechtssicherheit. Diese fordert aber eine strikte strenge Handhabung. Die Verweisungen auf andere Gesetze sind alles andere als sonderlich hilfreich. Man muß eben dort entwickelten Auslegungsregeln im Rahmen des Grundsatzes einer Auslegung zugunsten des Kostenschuldners mitübernehmen, Grdz 8 vor § 1, § 1 Rn 2.

3   **3) Kostenansatz, I.** Man muß zwei Umstände beachten.
A. Zuständigkeit des Gerichtsvollziehers, I 1. Der Kostenansatz ist die Erteilung der Rechnung, wie bei § 19 GKG und bei § 18 FamGKG, Teile I A, B, Teil I dieses Buchs, in Verbindung mit § 5 KostVfg, Teil VII A dieses Buchs. I 1 macht denjenigen Gerichtsvollzieher zuständig, der den Auftrag durchgeführt hat. Das ist nicht stets derjenige Gerichtsvollzieher, der einen Auftrag erhalten hat, § 3 III 1. Denn dieser erstere Gerichtsvollzieher kann örtlich unzuständig gewesen sein oder den Auftrag deshalb abgegeben haben oder andere Kollegen eingeschaltet haben müssen. Dann ist der zuletzt tätige Gerichtsvollzieher zuständig, soweit es um denselben Bezirk geht. Die Durchführung oder Erledigung nach § 3 I 1, 2 ist die auftragsgemäße

2042

Abschnitt 1. Allgemeine Vorschriften **§ 5 GvKostG**

Beendigung. Unter den Voraussetzungen des § 3 IV gilt ein Auftrag als durchgeführt. Das löst ebenfalls die Zuständigkeit dieses Gerichtsvollziehers zum Kostenansatz aus.

B. Berichtigung im Verwaltungsweg, I 2. Der Kostenansatz läßt sich im Ver- 4 waltungsweg von Amts wegen berichtigten, solange nicht eine gerichtliche Entscheidung vorliegt, I 2, und solange noch eine Nachforderung wegen eines irrigen Ansatzes nach § 6 zulässig ist. Diese Regelung entspricht dem § 19 V GKG, Teil I A dieses Buchs. Die in § 19 GKG genannten Verfahrenseinzelheiten gelten hier entsprechend. Man muß die Berichtigung dem Kostenschuldner zumindest insoweit mitteilen, als die Berichtigung ihn benachteiligt, Saarbr Rpfleger **01**, 461.

4) Erinnerung gegen Vollstreckungskosten, II 1, 2. Es kann soweit es um den 5 Ansatz von notwendigen Vollstreckungskosten des Gerichtsvollziehers nach § 788 ZPO gehen, LG Gießen DGVZ **89**, 184, BLAH § 788 ZPO Rn 4, 19ff. Dann ist nur die Erinnerung nach § 766 II ZPO statthaft. Über sie entscheidet das Vollstreckungsgericht, also dasjenige AG, in dessen Bezirk die Zwangsvollstreckung stattfinden soll oder stattgefunden hat, §§ 764 II ZPO, 62 II ArbGG, 31 LwVG. Gegen die Entscheidung des Vollstreckungsgerichts ist die sofortige Beschwerde nach § 793 ZPO an das LG statthaft. Der Beschwerdewert muß 200 EUR übersteigen, II 2 in Verbindung mit § 66 II 1 GKG. Eine Rechtsbeschwerde ist unzulässig, II 2 in Verbindung mit § 66 III 3 GKG, BGH RR **09**, 424. Der Bezirksrevisor vertritt dabei die Staatskasse, Rn 8.

5) Erinnerung gegen sonstige Gerichtsvollzieherkosten, II 1, 2. II 1 ergibt 6 schon in seinem Wortlaut, daß § 766 II ZPO den Vorrang hat. Diese letztere Vorschrift gilt also, soweit es sich um Vollstreckungskosten nach § 788 ZPO handelt, Rn 5, LG Gießen DGVZ **89**, 184, aM BGH DGVZ **08**, 187 (aber der klare Wortlaut ergibt keineswegs eine Beschränkung auf die Zuständigkeit. Bei einem klaren Wortlaut darf man nichts anderes hineindeuten, BLAH Einl III 39).

Die *Erinnerung* nach § 5 kommt demgegenüber also nur bei einem Ansatz von solchen Gerichtsvollzieherkosten in Betracht, die keine Vollstreckungskosten sind, LG Brschw DGVZ **83**, 118, OVG Lüneb DGVZ **81**, 111. Für diese Erinnerung gilt das zu § 66 II–VIII GKG Ausgeführte entsprechend. Daher entsprechen die folgenden Rn dem § 66 GKG Rn 2ff weitgehend. Auch die angegebenen Fundstellen können sich auf § 66 GKG beziehen.

Der Rechtsbehelf ist ähnlich wie bei § 55 RVG, Teil X dieses Buchs, lediglich die von der befristeten Zweiterinnerung nach Rn 37 unterschiedliche *Erst-Erinnerung,* also eine gegen den Kostenansatz erhobene Eingabe, BFH Rpfleger **92**, 365. Sie führt zu einer Nachprüfung des Ansatzes durch das Gericht, BGH NJW **84**, 871. Da es sich um eine im Rahmen des Gerichtsaufbaus erhobene Abgabe handelt, liegt insofern mittelbar doch ein beschränkter „Rechtsweg" vor. § 5 hat den Vorrang vor der bloßen Auffangbestimmung des § 30a EGGVG, Teil XII B dieses Buchs, Köln, JB **99**, 261.

6) (Erst-)Erinnerungsberechtigte, II 1. Zur Einlegung der (Erst-)Erinnerung 7 nach § 5 sind die folgenden Beteiligten berechtigt.

A. Kostenschuldner. Der Kostenschuldner kann die (Erst-)Erinnerung einlegen, BGH NJW **84**, 871, BFH Rpfleger **92**, 365, LG Wuppert JB **92**, 480. Der Kostenschuldner ergibt sich aus § 13. Den Kostenschuldner muß grundsätzlich als solchen die Kostenrechnung benennen, §§ 4 I, 7, 8, 27 I Z 4 und II, III KostVfg, Teil VII A dieses Buchs, Düss Rpfleger **85**, 355, Schlesw JB **81**, 403, aM Mü MDR **90**, 62 (aber seine Benennung sollte selbstverständlich sein).

Es ist nicht erforderlich, daß das Gericht *gerade diesen Kostenschuldner* über seine Benennung hinaus auch bereits zur Zahlung aufgefordert hat, ihm also die Kostenrechnung auch bereits übersandt hat, BayObLG JB **75**, 492, Mü MDR **90**, 62, VG Wiesb DRiZ **94**, 346, aM Düss Rpfleger **85**, 255, Schlesw JB **81**, 403 (aber Kostenschuldner ist man nicht kraft der Rechnung, sondern kraft Gesetzes oder Urteils oder kraft einer Übernahme).

Auch der *zu Unrecht* in Anspruch Genommene ist zur (Erst-)Erinnerung berechtigt, VGH Mannh JB **99**, 205. Freilich muß die Kostenrechnung nach außen wirksam geworden und daher wenigstens einem Beteiligten zugegangen sein, Mü JB **90**, 357. (Erst-)Erinnerungsberechtigt ist unter Umständen auch derjenige Versicherer, der für

GvKostG § 5 XI. G über Kosten der GVz

den Kostenschuldner unmittelbar an die Staatskasse gezahlt hat, Düss VersR **83**, 251 (er hat aber keinen eigenen sachlichrechtlichen Rückzahlungsanspruch nur wegen einer Streitwertherabsetzung), Derjenige *bemittelte Streitgenosse* eines Beteiligten, dem das Gericht eine Prozeßkostenhilfe bewilligt hat, ist nicht mit einer Kostenrechnung zur Zahlung der Kosten des dem Unterstützten beigeordneten Anwalts heranziehbar. Der bemittelte Streitgenosse kann höchstens sachlichrechtlich haften. Der Kostenschuldner kann sich zulässigerweise vertreten lassen, BGH Rpfleger **92**, 365, Stgt JB **75**, 1102. Dann muß je nach der Verfahrensart evtl eine schriftliche Vollmacht vorliegen, zB nach § 64 III 1 FGO, BFH Rpfleger **92**, 365.

Der *nicht* in der Kostenrechnung als Kostenschuldner Benannte darf grundsätzlich keine Erinnerung einlegen, BGH JB **78**, 517, Mü JB **79**, 122, aM Düss MDR **83**, 321 (Versicherer zahlt für Kostenschuldner).

8 B. **Staatskasse.** Die Staatskasse ist zur Einlegung der (Erst-)Erinnerung berechtigt, LG Gießen DGVZ **89**, 184 (auch bei § 766 II ZPO), LG Kblz MDR **78**, 584. Sie wird durch den Bezirksrevisor oder den Leiter des Rechnungsamts vertreten, LG Lüneb DGVZ **81**, 125. Die Staatskasse kann auch eine Verjährung des Anspruchs des im Verfahren der Prozeßkostenhilfe beigeordneten Anwalts geltend machen. Sie soll allerdings nur bei einer grundsätzlichen Streitfrage eine (Erst-)Erinnerung einlegen, soweit es etwa wegen einer grundsätzlichen Bedeutung der Frage als angemessen erscheint, eine gerichtliche Entscheidung herbeizuführen, KG Rpfleger **77**, 227 (zum GKG). In einfachen Fällen soll die Staatskasse den Weg der Anweisung zur Berichtigung im Verwaltungsverfahren nach § 45 KostVfg wählen, Teil VII A dieses Buchs. Das kann theoretisch auch noch bis zur Gerichtsentscheidung im Erinnerungsverfahren geschehen.

Die Staatskasse kann sowohl dann die (Erst-)Erinnerung einlegen, wenn ihr der Kostenansatz als zu *niedrig* erscheint, LG Gießen JB **90**, 114, als auch dann, wenn er ihr als *zu hoch* erscheint, KG Rpfleger **77**, 227 (zum GKG), LG Gießen JB **90**, 114. Im letzteren Fall ist die Erinnerung keineswegs eine solche zugunsten des Schuldners, sondern eine solche zugunsten der eigenen sonst mit einer Rückforderung bedrohten Kasse, LG Gießen DGVZ **89**, 184.

Eine *Abänderung* im Aufsichtsweg hat ganz andere Voraussetzungen und Folgen als eine gerichtliche Entscheidung.

Das Gericht muß dem Bezirksrevisor auch dann eine Gelegenheit zur Stellungnahme geben, wenn er keinen eigenen Antrag gestellt hat. Das gilt jedenfalls vor einer der Landeskasse nachteiligen Entscheidung, Art 103 I GG.

9 C. **Gerichtsvollzieher.** Der Gerichtsvollzieher hat ein (Erst-)Erinnerungsrecht, soweit seine eigenen Belange verletzt sind, KG DGVZ **78**, 112, LG Wetzlar DGVZ **95**, 127, Geißler DGVZ **85**, 132, aM LG Ffm DGVZ **93**, 75, AG Königstein DGVZ **93**, 74, Meyer 26, 45 (aber nur dann verdient er ungeachtet seiner Amtsstellung einen Rechtsschutz). Die persönlichen Interessen des Gerichtsvollziehers sind nicht schon dann verletzt, wenn er nur als ein Vollstreckungsorgan betroffen wird, LG Düss NJW **79**, 1990. Das Gericht muß über die dem Gerichtsvollzieher zur Prüfung vorlegen, ob er der Erinnerung *abhelfen* will. Hilft er nicht ab, muß er die Erinnerung mit den Bezirksrevisor vorlegen, Polzius/Kessel DGVZ **02**, 35. Dieser muß prüfen, ob der Kostenansatz im Verwaltungsweg ändern soll oder muß oder ob er für die Staatskasse ebenfalls eine Erinnerung einlegen muß. Soweit die Gerichtsvollzieher der Erinnerung nicht abgeholfen und der Bezirksrevisor den Kostenansatz auch nicht geändert hat, trifft dasjenige Vollstreckungsgericht die Entscheidung, in dessen Bezirk der Gerichtsvollzieher seinen Amtssitz hat, II 1. Das Vollstreckungsgericht wird durch den Amtsrichter tätig.

10 D. **Beigeordneter Anwalt.** Der im Verfahren der Prozeßkostenhilfe beigeordnete Anwalt kann ebenfalls die (Erst-)Erinnerung einlegen, § 56 I 1 RVG, Teil X dieses Buchs. Freilich handelt es sich in diesem Fall um Parteikosten. Sie stehen nur äußerlich im Kostenansatz.

11 7) **Gegenstand der (Erst-)Erinnerung, II 1.** Die (Erst-)Erinnerung richtet sich gegen den Kostenansatz. Dieser besteht in der Aufstellung der Kostenrechnung des

2044

Abschnitt 1. Allgemeine Vorschriften **§ 5 GvKostG**

Gerichtsvollziehers, die er auch zugunsten der Staatskasse aufgestellt hat. Die Kostenrechnung muß außer der Bezeichnung der Sache folgende Einzelheiten enthalten: Sie muß den Kostenansatz im einzelnen darstellen; sie muß einen etwa gezahlten Kostenvorschuß nennen, Stgt Rpfleger **81**, 163; sie muß die angewendete Vorschrift bezeichnen; sie muß den Gesamtbetrag der Kosten nennen; sie muß den Namen und die Anschrift der Kostenschuldner angeben, § 27 I, II, III KostVfg.

Der Kostenansatz ist eine *Einheit*. Deshalb begründet die Unrichtigkeit eines einzelnen Postens nicht die Erinnerung, soweit das Gesamtergebnis richtig ist. Freilich gilt das nur in rechnerischer Hinsicht. Ein offensichtlicher bloßer Rechenfehler läßt sich entsprechend § 319 ZPO berichtigen. Die (Erst-)Erinnerung kann aber auch zum Ziel haben, statt einer Rückerstattung lediglich eine Berichtigung des Kostenansatzes vorzunehmen, KG Rpfleger **83**, 326, Kblz JB **93**, 425, oder die Nichterhebung von Gerichtskosten zu erreichen, § 7. Ein Kostenansatz kann unabhängig davon vorliegen, ob auch schon eine Zahlungsaufforderung ergangen ist, Rn 7. 12

Auslagen umfassen auch die Vergütung der Zeugen und Sachverständigen, KVGv 703, BGH NJW **84**, 871. 13

8) Abgrenzung zur Vollstreckungserinnerung, II 1. Gegen die Art und Weise der Kostenerhebung in der Zwangsvollstreckung und vor allem gegen die Art der Beitreibung ist nicht die (Erst-) Erinnerung nach § 5 statthaft, sondern die Vollstreckungserinnerung nach § 6 I Z 1 JBeitrO, Teil IX A dieses Buchs, in Verbindung mit § 766 ZPO. Diese Vollstreckungserinnerung richtet sich an das Vollstreckungsgericht. Das gilt nicht bei einer bloßen Zustellung, AG Augsb JB **06**, 610. 14

Gegen seine Entscheidung ist die *sofortige Beschwerde* nach § 793 ZPO statthaft. Als *Vollstreckungsgericht* ist dasjenige nach §§ 764, 828 II ZPO zuständig. Es entscheidet durch den Richter, § 20 Z 17 a RPflG. In diesem Verfahren entstehen Kosten nach § 788 ZPO. Vgl im übrigen § 167 I 2 VwGO.

9) Form- und Fristfreiheit; Wert, II 1. Die (Erst-)Erinnerung *vor* dem Erlaß der Kostenrechnung ist als Rechtsbehelf unzulässig verfrüht, Rn 18. Man kann sie aber als eine Anregung zu einer bestimmten Art der Kostenberechnung umdeuten. Die Erinnerung ist *nach* dem Erlaß der Kostenrechnung nicht an eine Form oder an eine Frist gebunden. Sie wird nicht durch einen Zeitablauf unzulässig, auch nicht durch die Auftragserledigung. 15

Freilich ist wie stets eine *Verwirkung* beim Zusammentreffen des sog Zeitmoments und des sog Umstandsmoments möglich, Ffm JB **78**, 100. Diese kann vor oder nach einer Verjährung eintreten. Sie bewirkt im Gegensatz zum bloßen Leistungsverweigerungsrecht der Verjährung einen sachlichrechtlichen Anspruchsuntergang. Das Gericht muß ihn deshalb auch von Amts wegen beachten.

Die (Erst-)Erinnerung wird durch eine *Bezahlung* der Kosten nicht unzulässig, solange keine Verjährung eingetreten ist. Man braucht bei der (Erst-)Erinnerung auch noch keine Wertgrenze und noch keinen Mindestwert wie bei der Beschwerde zu beachten.

Die (Erst-)Erinnerung *erledigt sich* für die erinnernde Partei, soweit der Gerichtsvollzieher der (Erst-)Erinnerung stattgibt, § 35 II KostVfg. Eine Zahlungspflicht besteht trotz der (Erst-)Erinnerung weiter, solange nicht auf Grund des Antrags des Erinnerungsführers die Einziehung eingestellt worden ist. 16

10) Beschwer bei (Erst-)Erinnerung im einzelnen, II 1. Die (Erst-)Erinnerung rügt eine den Erinnerungsführer beschwerende Verletzung des Kostenrechts irgendwelcher Art bei der Aufstellung der Kosten, BGH RR **98**, 66, Düss JB **85**, 1065. Eine den Erinnerungsführer im Ergebnis begünstigende Berechnung beschwert ihn natürlich nicht, Karlsr JB **01**, 315, ebensowenig beschwert den Erstschuldner die Inanspruchnahme nur des Zweitschuldners. Die (Erst-)Erinnerung kann sich insbesondere auf die folgenden Situationen erstrecken: 17

A. Gegen Kostenansatz. Die (Erst-)Erinnerung kann sich gegen die Zuständigkeit des Kostenbeamten richten. Sie kann sich auch gegen den Kostenansatz richten, BGH NJW **92**, 1458, Kblz JB **93**, 345, Köln JB **99**, 260. Sie ist nicht schon vor der Aufstellung des Kostenansatzes zulässig, aM KG Rpfleger **77**, 227 (aber es gibt keinen Rechtsbehelf gegen eine noch gar nicht vorhandene Entscheidung). Zum Kostenansatz gehören auch die Berücksichtigung der KostVfg, Teil VII A dieses Buchs, BGH 18

2045

NJW 92, 1458, Kblz Rpfleger 88, 384, Köln JB 99, 260, am LG Paderb JB 79, 565, und der Wertansatz des Kostenbeamten sowie die Fälligkeit der Kosten. Soweit der Kostenansatz auf einer irrigen Annahme des Streitwerts beruht, kann sich die (Erst-)-Erinnerung auch auf diesen Fehler stützen. Die (Erst-)Erinnerung der Landeskasse kann zu einer Nachforderung nach § 6 führen, Düss Rpfleger 95, 421.

19 **B. Gegen Wertfestsetzung.** Soweit das Gericht den Streitwert nach § 63 GKG, Teil I A dieses Buchs, *festgesetzt* hat, muß man zunächst diesen Festsetzungsbeschluß mit der Beschwerde angreifen, Oldb JB 92, 169. Eine „(Erst-)Erinnerung" ist dann evtl als eine Beschwerde auslegbar, Oldb JB 92, 169. Erst anschließend an das Beschwerdeverfahren wird die (Erst-) Erinnerung statthaft. Man kann die Eingabe aber evtl auch als einen Antrag auf eine neue Wertfestsetzung umdeuten.

20 **C. Gegen Auslagenhöhe.** Die (Erst-)Erinnerung kann sich auch gegen die Notwendigkeit und Höhe von Auslagen richten, BGH NJW 00, 1128, Drsd RR 01, 862, aM Düss (10. ZS) RR 98, 1694, Düss (1. StrS) AnwBl 83, 462, VG Wiesb DRiZ 94, 346 (aber II 1 gilt gegen „die Kosten"). Dann darf man aber grundsätzlich (Ausnahme: § 7) nicht diejenige Anordnung, die die Auslagen verursacht hat, mit der (Erst-)Erinnerung nach § 5 bemängeln, Rn 23, Düss AnwBl 83, 462, Kblz JB 93, 425. Denn die (Erst-)Erinnerung ist grundsätzlich nicht auch oder nur gegen die Kostengrundentscheidung statthaft, BGH NJW 92, 1458. Eine „Erinnerung" ist dann umdeutbar, Rn 1.

Die (Erst-)Erinnerung ist auch zur Nachprüfung der Berechtigung einer Auslagenforderung einer am Ermittlungsverfahren beteiligten *anderen Behörde* statthaft. Denn der Kostenbeamte würde durch ein solches Verfahren evtl Art 19 IV GG verletzen, BVerfG NJW 70, 853.

21 **D. Gegen Überzahlung.** Zulässig ist auch eine (Erst-)Erinnerung zur Prüfung der Frage, ob Zeugen- oder Sachverständigengelder überzahlt worden sind, Kblz VersR 88, 297. Vgl auch § 4 JVEG, Teil V dieses Buchs. Unzulässig ist eine Einwendung aus dem Mandatsverhältnis, die eine ausgeurteilte Kostentragungspflicht betrifft, BGH RR 98, 503.

22 **E. Gegen Zahlungspflicht.** Die (Erst-)Erinnerung kann sich auch gegen eine Frage der Zahlungspflicht richten, also gegen die Notwendigkeit von Vollstreckungskosten oder auch gegen die Heranziehung einer solchen Person, die kein Kostenschuldner ist, Kblz JB 93, 425, Polzius/Kessel DGVZ 02, 34, vor allem also einer Partei kraft Amts als eines persönlichen Kostenschuldners. Die (Erst-)Erinnerung kann sich ferner gegen die Reihenfolge der Inanspruchnahme mehrerer Kostenschuldner richten.

23 **F. Weitere Fälle einer Beschwer.** Die (Erst-)Erinnerung ist ferner in folgenden Fällen denkbar: Es geht um die Verpflichtung zur Duldung einer Vollstreckung; es geht um den Anspruch selbst, etwa wegen seiner Verjährung, § 8; es geht um eine unberechtigte Nachforderung, § 6; der (Erst-)Erinnerungsführer behauptet oder hat ihm zu beweisende Bezahlung der Kostenschuld; es geht um die Aufrechnung mit einer Gegenforderung, soweit die Gegenforderung anerkannt oder gerichtlich festgestellt worden ist, § 8 I JBeitrO, Teil IX A dieses Buchs.

Dagegen kann man eine *aufschiebende Einwendung* nach §§ 781–784, 786 ZPO nur durch eine Klage geltend machen, § 8 II JBeitrO, Mü JB 94, 112. Die dem Kostenansatz zugrunde liegende gerichtliche sog Kostengrundentscheidung kann man mit der (Erst-)Erinnerung nicht anfechten, Rn 20. Sie ist die Grundlage des Verfahrens nach § 5. Sie bindet den Kostenbeamten wie das Rechtsmittelgericht, Ffm AnwBl 88, 179. Allenfalls ist § 7 anwendbar.

Ebensowenig kann man mit der (Erst-)Erinnerung nach § 5 die Notwendigkeit der Anberaumung eines *auswärtigen Termins* oder die Frage nachprüfen lassen, ob man überhaupt einen Auftrag erteilt hatte, Kblz VersR 85, 672. Eine (Erst-)Erinnerung wegen der Bewilligung der Prozeßkostenhilfe oder wegen der Aufhebung der Bewilligung ist nicht statthaft, obwohl die Vorschriften der ZPO zum Verfahren der Prozeßkostenhilfe ein Teil des Kostenrechts sind. Ein Ermessen des Gerichtsvollziehers läßt sich mit der (Erst-)Erinnerung nur auf einen etwaigen Ermessensmißbrauch überprüfen, Meyer JB 03, 462.

Abschnitt 1. Allgemeine Vorschriften § 5 GvKostG

Wegen einer *Vorschußanordnung* III. Wegen eines offensichtlichen Gesetzesverstoßes 24
oder einer völligen Unhaltbarkeit der Entscheidung § 7.

11) Verfahren bei (Erst-)Erinnerung, II 1, 2. Man muß zwei Stadien unter- 25
scheiden. **A. Verfahren des Gerichtsvollziehers.** Zunächst darf und muß der Gerichtsvollzieher prüfen, ob und wieweit er der (Erst-)Erinnerung abhelfen will. Er darf den Kostenansatz auch von Amts wegen ändern, auch zum Nachteil des Erinnerungsführers. Das letztere wäre natürlich keine Abhilfe.

Mangels einer Abhilfe muß der Gerichtsvollzieher die Akten unverzüglich mit einer begründeten Nichtabhilfeerklärung dem Gericht vorlegen. Fehlt eine solche nachprüfbare Erklärung, gibt das Gericht die Akten dem Gerichtsvollzieher zur Nachholung zurück. Liegt die ausreichende Nichtabhilfeerklärung dem Gericht vor, gelten für dessen Verfahren dann die folgenden Regeln.

B. Zuständigkeit des Gerichts. Zur Entscheidung über die (Erst-)Erinnerung 26 ist dasjenige Amtsgericht zuständig, in dessen Bezirk der Gerichtsvollzieher seinen Amtssitz hat, aM BayObLG Rpfleger **93**, 485 (aber das ist der nächstliegende Anknüpfungspunkt). Das gilt nach II 1, soweit nicht § 766 II ZPO anwendbar ist. In diesem letzteren Fall des Ansatzes von Vollstreckungskosten entscheidet das Vollstreckungsgericht der §§ 764 II, 802 ZPO, Rn 5. Bei einer Entscheidung des Einzelrichters nach §§ 348, 348 a ZPO oder des Vorsitzenden der Kammer für Handelssachen nach § 349 ZPO in der Hauptsache ist sein Gericht zuständig.

Der *Rechtspfleger* entscheidet über die (Erst-)Erinnerung (zur befristeten Zweiterinnerung Rn 37), soweit er für das zugrunde liegende Geschäft zuständig ist, § 4 RPflG, Niederée DRpflZ **84**, 45, § 14 KostO, Teil III dieses Buchs.

Soweit das Verfahren in erster Instanz bei *mehreren* Gerichten anhängig war, gilt die Sonderregelung II 2.

Es gibt *keine* ohnehin abgeschaffte *Durchgriffserinnerung*, so schon Mü Rpfleger **78**, 111. Wenn der Bezirksrevisor die (Erst-)Erinnerung einer Prozeßpartei für begründet erklärt, prüft das Gericht nur noch, ob § 7 anwendbar ist, LG Bln MDR **80**, 678.

C. Einlegung. Vgl Rn 38, 39. 27
D. Verhandlung. Das Gericht kann auf Grund einer freigestellten mündlichen 28 Verhandlung entscheiden. Sie kommt aber praktisch kaum vor. Das Gericht muß dem Betroffenen vor einer nachteiligen Entscheidung das rechtliche Gehör geben, Artt 2 I, 20 III GG (Rpfl), BVerfG **101**, 404, Art 103 I GG (Richter).

E. Entscheidung. Die Entscheidung ergeht durch einen Beschluß. Er braucht 29 grundsätzlich eine Begründung, BLAH § 329 ZPO Rn 4, § 122 II VwGO. Er ergeht gebührenfrei, II 2 (§ 66 VIII 1 Hs 1 GKG), § 11 IV RPflG. Er ist aber nicht auslagenfrei, Ffm JB **78**, 1848.

Das Gericht *teilt* den Beschluß dem (Erst-)Erinnerungsführer *formlos* mit. Ein (Erst-)-Erinnerungsgegner fehlt. Bei einer Änderung zulasten der Staatskasse macht das Gericht dem zur Vertretung der Staatskasse zuständigen Beamten eine formlose Mitteilung, § 45 II KostVfg, Teil III dieses Buchs. Eine förmliche Zustellung ist nicht erforderlich, § 329 II 1 ZPO, §§ 53 I FGO, 56 I VwGO.

Es findet *keine Kostenerstattung* statt, II 2 (§ 66 VIII 2 GKG).

F. Abänderung von Amts wegen. Eine Abänderung des Beschlusses von Amts 30 wegen ist unstatthaft. Allerdings ist eine bloße Berichtigung offenbarer Schreib- oder Rechenfehler usw entsprechend § 319 ZPO zulässig.

12) Statthaftigkeit der Beschwerde, II 2. Es gelten die folgenden Regeln. 31
A. Zulässigkeit, II 2 (§ 66 II 1 GKG). Gegen den Beschluß des Gerichts über die (Erst-)Erinnerung gibt es eine eigenständige vorrangige Regelung, BGH NJW **84**, 871. Es ist eine einfache nicht fristgebundene Beschwerde zulässig, II 2 in Verbindung mit § 67 II 1 GKG, Düss JB **95**, 45, soweit nicht in Rn 32 erörterte Beschwerdewert vorliegt. Eine Anschlußbeschwerde ist denkbar, Kirchner NJW **76**, 592.

Die Beschwerde ist auch noch statthaft, wenn sonstige Beschwerden durch ein *Spezialgesetz* entfallen, zB bei den Verwaltungsgerichten in Wehrpflicht- und Lastenausgleichssachen, aM Mü BayVBl **94**, 411. Denn II 2 in Verbindung mit § 67 II ff GKG bezieht sich nur auf das Verfahren, nicht auf die Statthaftigkeit der Beschwerde, Rn 38.

2047

Beschwerdeberechtigt sind dieselben Beteiligten wie bei der (Erst-)Erinnerung nach Rn 7–10.

32 **B. Entweder: Beschwerdewert, II 2 (§ 66 II 1 GKG).** Die Beschwerde setzt entweder voraus, daß der Wert des Beschwerdegegenstands 200 EUR übersteigt, II 2 in Verbindung mit § 66 II 1 GKG. Es muß also der abschließende Beschluß im (Erst-)Erinnerungsverfahren, nicht etwa der ursprüngliche Ansatz, den Beschwerdeführer um mehr als 200 EUR beschweren, Schneider JB 75, 1424. Man kann auch nicht durch eine nachträgliche Antragserweiterung den Mindestbeschwerdewert herbeirechnen. Das alles gilt auch bei der Anordnung eines Vorschusses und ferner bei einem Rechtsmißbrauch, Schlesw SchlHA 88, 39.

Soweit der Beschwerdewert *fehlt*, ist gegen eine vom *Richter* erlassene Entscheidung mangels einer Zulassung nach Rn 33 kein Rechtsmittel statthaft. Gegen eine vom *Rechtspfleger* erlassene Entscheidung ist aber die befristete Zweiterinnerung statthaft, Rn 37.

33 **C. Oder: Beschwerdezulassung wegen grundsätzlicher Bedeutung, II 2 (§ 66 II 2 GKG).** Die Beschwerde ist auch dann statthaft, wenn das Gericht der angefochtenen Entscheidung die Beschwerde wegen einer grundsätzlichen Bedeutung der zur Entscheidung stehenden Frage über den vorliegenden Einzelfall hinaus nach seinem pflichtgemäßen nicht anfechtbaren Ermessen in den Grenzen des Willkürverbots bereits in seinem Beschluß zugelassen hat, II 2 in Verbindung mit § 66 II 2 GKG, LG Kblz FamRZ 05, 1583. Vgl dazu auch bei § 66 GKG. Eine nachträgliche Zulassung ist wegen der klaren Worte „in dem Beschluß" in § 66 II 2 GKG nicht statthaft, SchrKGe 27. Das übersieht Meyer 41. Die erstinstanzliche Zulassung bindet das Beschwerdegericht nach II 2 in Verbindung mit § 66 III 4 GKG. Es ist keine Nichtzulassungsbeschwerde statthaft.

34 **D. Keine Beschwerde am Obersten Gerichtshof des Bundes, II 2 (§ 66 II 3 GKG).** Eine Beschwerde an einem Obersten Gerichtshof des Bundes nach Art 95 GG ist nicht statthaft, II 2 in Verbindung mit § 66 III 3 GKG, BGH 67, 346, LG Karlsr DGVZ 04, 31. Das gilt für die Erstentscheidung eines OLG, LAG, BAG DB 97, 884, oder eines FG, LSG oder OVG oder VGH. Vgl freilich auch §§ 190, 192 VwGO.

Weitere Beschwerde findet nur unter den Voraussetzungen II 2 in Verbindung mit § 66 IV GKG statt.

35 **E. Keine neue Beschwerde, II 2 (§ 66 II 1, 2 GKG).** Eine neue Beschwerde ist wegen der zugesprochenen oder aberkannten Posten der Kostenrechnung nach dem Abschluß des Beschwerdeverfahrens nicht mehr statthaft, Mü MDR 83, 585.

36 **13) Gegen Rechtspfleger mangels Beschwerdewert: Befristete Zweiterinnerung, II 2 (§ 11 II 1 RPflG, § 66 II 1 GKG).** Soweit der Rpfl über die (Erst-)-Erinnerung nach Rn 26 entschieden hat und soweit eine Beschwerdemöglichkeit wegen des Nichterreichens des Beschwerdewerts nach Rn 32 entfällt, II 2 in Verbindung mit § 66 II 1 GKG, muß man wie in den vergleichbaren Fällen § 11 RPflG beachten, also wie bei § 4 JVEG, Teil V dieses Buchs, § 55 RVG, Teil X dieses Buchs.

37 Nach dieser Vorschrift findet dann aus den bei § 11 RVG Rn 88, Teil X dieses Buchs, erläuterten verfassungsrechtlichen Gründen eine befristete Erinnerung in dem dort Rn 106–126 erläuterten besonderen Verfahren statt. Über ist entscheidet mangels einer Abhilfe durch den Rpfl sein Richter abschließend. Sie ist also in Wahrheit auch hier eine Zweiterinnerung.

38 **14) Einlegung der (Erst-)Erinnerung oder Beschwerde, II 2 (§§ 5 a, 66 V GKG).** Man muß drei Aspekte beachten.
A. Form: Schriftlich, zu Protokoll, elektronisch usw (§§ 5 a, 66 V 1 GKG). Erinnerung wie Beschwerde sowie jeder weitere Antrag und jede weitere Erklärung beliebiger Art sind schriftlich, zu Protokoll der Geschäftsstelle oder elektronisch usw einlegbar, Rn 39. Es ist also keine besondere Form notwendig. Eine korrekte Bezeichnung des Rechtsmittels ist ratsam, aber nicht notwendig. Daher ist eine unrichtige Bezeichnung als solche meist unschädlich. Es besteht kein Anwaltszwang.

Abschnitt 1. Allgemeine Vorschriften
§ 5 GvKostG

B. Zuständigkeit: Gericht, II 2 (§ 66 V 2 GKG). Zur Entgegennahme zuständig ist bei der (Erst-)Erinnerung derjenige Gerichtsvollzieher, dessen Kostenansatz man rügt, und sodann der Urkundsbeamte der Geschäftsstelle bei demjenigen Gericht, das für die Entscheidung über die (Erst-)Erinnerung nach der Nichtabhilfe des Gerichtsvollziehers nunmehr zuständig ist, Rn 25–27. Das gilt sowohl für die Einlegung der (Erst-)Erinnerung als auch für die Einlegung der Beschwerde. Man muß die letztere also stets beim „judex a quo" einlegen. §§ 129 a, 130 a ZPO gelten entsprechend, II 2 in Verbindung mit § 66 V 1 Hs 2 GKG. Örtlich ist jedes AG zur Entgegennahme und zur unverzüglichen Weiterleitung an das richtige Gericht zuständig. Mit einer Zustimmung des Erklärenden kann man ihm die Übermittlung des Protokolls überlassen.   39

C. Keine Frist, II 2 (§ 66 II–VIII GKG). (Erst-)Erinnerung wie Beschwerde sind nicht an eine Frist gebunden, II 2 in Verbindung mit § 5 III 3 GKG.   40

15) Entscheidung über die Beschwerde, II 2 (§ 66 III, VI, VII GKG). Man muß sechs Gesichtspunkte beachten.   41

A. Abhilfemöglichkeit durch Amtsgericht, II 2 (§ 66 III 1 GKG). Dasjenige Gericht, das nach Rn 25–27 über die (Erst-)Erinnerung entschieden hat, „hat" evtl der Beschwerde abzuhelfen. Es muß daher zunächst in seiner eigenen Zuständigkeit prüfen, ob es ganz oder teilweise der Beschwerde abhelfen muß. Dabei kann es notwendig werden, dem Beschwerdegegner vor einer Abhilfe ein rechtliches Gehör nach Art 103 I GG zu geben, auch um eine Anhörungsrüge nach Rn 48 zu vermeiden. Das Gericht muß daher seine Nichtabhilfe begründen. Bloße Leerfloskeln wie „aus den zutreffenden Gründen der angefochtenen Entscheidung, an denen das Beschwerdevorbringen nichts ändert" usw können zumindest dann unzureichend sein, wenn nicht eindeutig erkennbar ist, daß das AG selbst die Begründung der angefochtenen Entscheidung auch wirklich überprüft hat.

Deshalb ist wenigstens eine zusätzliche eigene *Kurzbegründung* oder zumindest eine Formulierung wie die folgende ratsam: „aus den zutreffenden Gründen der im einzelnen jetzt auch hier überprüften angefochtenen Entscheidung". Das hat mit einer vermeidbaren Schreibarbeit nichts zu tun, wohl aber mit einer vermeidbaren Zurückverweisung durch das Beschwerdegericht.

B. Zuständigkeit des LG oder OLG, II 2 (§ 66 III 2 GKG). Über die Beschwerde entscheidet mangels einer Abhilfe durch den Vorderrichter unabhängig vom Instanzenweg der Hauptsache grundsätzlich das LG und § 119 GVG das OLG, II 2 in Verbindung mit § 66 III 2 GKG. Im Beschwerdeverfahren entscheidet der Einzelrichter nach II 2 in Verbindung mit § 66 VI 1 GKG, soweit er nicht nach § 66 VI 2 GKG das Beschwerdeverfahren dem Kollegium überträgt. Beides ist nach II 2 in Verbindung mit § 66 VI 4 GKG unanfechtbar.   42

C. Grundsatz: Keine aufschiebende Wirkung, II 2 (§ 66 VII 1 GKG). (Erst-)Erinnerung und Beschwerde haben grundsätzlich keine aufschiebende Wirkung. Das ergibt sich aus II 2 in Verbindung mit § 66 VII 1 GKG. Diese Regelung ist als Grundsatz weit auslegbar. Daher ist von ihr nicht schon wegen einer „normalen" wirtschaftlichen Benachteiligung des Beschwerdeführers eine Abweichung zulässig.   43

D. Ausnahme: Anordnung aufschiebender Wirkung, II 2 (§ 66 VII 2 G KG). Ausnahmsweise ist die Anordnung der aufschiebenden Wirkung der Beschwerde (also nicht der Ersterinnerung) zulässig, soweit die Beschwerde überhaupt statthaft ist. Sie kann ganz oder teilweise geschehen, II 2 in Verbindung mit § 66 VII 2 GKG. Diese letztere Möglichkeit bedeutet ein pflichtgemäßes Ermessen, Mü MDR **85**, 333. Seine Ausübung gehört auch beim Fehlen eines Antrags zu den Amtspflichten. Deshalb sollte das Beschwerdegericht die Unterlassung einer Anordnung in den Akten wenigstens stichwortartig begründen, falls kein Antrag vorliegt. *Zuständig* ist der Vorsitzende des Erstgerichts oder des Beschwerdegerichts, soweit nicht der Einzelrichter tätig ist. Das Kollegium ist also nicht zuständig. Ein Aufschub in vollem Umfang erfordert noch triftigere Gründe als ein nur teilweiser. Der Beschluß nach II 2 in Verbindung mit § 66 VII 2 GKG ist unanfechtbar, Mü MDR **85**, 333. Die Zuständigkeit endet mit der Aktenvorlage beim nächsthöheren Gericht.   44

GvKostG § 5   XI. G über Kosten der GVz

45   **E. Weiteres Verfahren, II 2 (§ 66 VI GKG).** Das Beschwerdegericht entscheidet auf Grund einer freigestellten mündlicher Verhandlung. Es muß wegen Art 103 I GG dem Beschwerdeführer eine angemessene Frist zur etwa von ihm angekündigten, wenn auch nicht vorgeschriebenen Beschwerdebegründung setzen und darf nicht vor dem Fristablauf entscheiden, BVerfG Rpfleger **58**, 261. Es muß außerdem den Beschwerdegegner vor einer ihm nachteiligen Entscheidung anhören, BVerfG **34**, 346. Eine bisher unstatthafte Beschwerde wird freilich durch eine Gehörsverletzung nicht statthaft, BFH BStBl II **77**, 628. Vgl aber Rn 18. Man kann die Beschwerde auf neue Tatsachen stützen. Das Beschwerdegericht entscheidet grundsätzlich durch den Einzelrichter und erst nach dessen etwaiger Übertragung in voller Besetzung. Im übrigen gelten die in der jeweiligen Verfahrensordnung einschlägigen Beschwerdevorschriften, II 2 in Verbindung mit § 66 VI GKG, also zB §§ 567 ff ZPO.

46   **F. Entscheidung, II 2 (§ 66 VI GKG).** Das Gericht entscheidet stets ohne seine ehrenamtlichen Richter durch einen Beschluß. Der Beschluß verwirft die Beschwerde als unstatthaft oder unzulässig, weist sie als unbegründet zurück oder gibt ihr dadurch statt, daß er entweder das Verfahren zurückverweist oder den Gerichtsvollzieher unter einer Aufhebung der bisherigen Entscheidung(en) anweist, den Kostenansatz zu ändern oder zu berichtigen. Das Beschwerdegericht kann statt einer solchen Anweisung auch selbst den Kostenansatz entsprechend neu fassen. Die Entscheidung braucht grundsätzlich eine Begründung, BLAH § 329 ZPO Rn 4, § 122 VwGO. Das Gericht teilt den Beschluß dem Beschwerdeführer formlos mit, § 329 I 2 ZPO. Wegen der Kosten Rn 47–49.

47   **16) Keine Notwendigkeit eines Bevollmächtigten, II 2 (§ 66 V 1 Hs 1 GKG).** Im Verfahren über die (Erst-)Erinnerung und über die Beschwerde ist keine Mitwirkung eines Bevollmächtigten notwendig. Das gilt unabhängig von einem etwaigen Anwaltszwang im Hauptverfahren, OVG Bautzen JB **98**, 94. Es gilt sowohl im Nichtabhilfeverfahren als auch im Verfahren vor dem Beschwerdegericht, auch vor einem obersten Bundesgericht. Es besteht also weder ein Anwaltszwang noch ein Zwang zur Einschaltung eines sonstigen Bevollmächtigten, soweit nicht das letztere zB wegen Zweifeln an der Geschäftsfähigkeit notwendig ist. Das alles gilt nicht nur für die Einlegung der (Erst-)Erinnerung oder Beschwerde, sondern für das gesamte Verfahren, also auch für eine mündliche Verhandlung vor dem Beschwerdegericht und für eine Rücknahmeerklärung.

48   **17) Weitere Beschwerde, II 2 (§ 66 IV GKG).** Unter den Voraussetzungen II 2 in Verbindung mit § 66 IV 1–4 GKG kommt eine weitere Beschwerde als Rechtsbeschwerde wegen einer Rechtsverletzung nach §§ 546, 547 ZPO nach ihrer Zulassung durch das LG als Beschwerdegericht wegen einer grundsätzlichen Bedeutung wie bei Rn 33 in Betracht. Die Zulassung bindet. Sie kann nicht nachträglich erfolgen, II 2 in Verbindung mit § 66 IV 1. Eine Nichtzulassung ist unanfechtbar, II 2 in Verbindung mit § 66 III 4 Hs 2, IV 3 GKG.

49   **18) Anhörungsrüge, II 2.** Die Vorschrift verweist auf § 69a GKG. Vgl daher dort, Teil I dieses Buchs.

50   **19) Kosten, II 2 (§ 66 VIII GKG).** Das Verfahren über die (Erst-)Erinnerung und über die Beschwerde ist grundsätzlich gerichtsgebührenfrei, II 2 in Verbindung mit § 66 VIII 1 GKG, BGH NJW **84**, 871. Das Verfahren über eine befristete Zweiterinnerung ist ebenfalls gebührenfrei, § 11 IV RPflG. Eine Auslagenfreiheit entsteht allerdings jeweils nicht.
     Wegen der *Anhörungsrüge* vgl Rn 48.
     Eine *Kostenerstattung* findet *nicht* statt, II 2 in Verbindung mit §§ 66 VIII 2, 69a VI GKG. Diese Vorschrift soll neuen Streit verhindern helfen, BGH NJW **93**, 2542. Sie ist mit dem GG vereinbar, Mü MDR **77**, 502. Etwa zu berechnende Auslagen trägt der Zahlungspflichtige. Dahin gehören vor allem die durch eine gehörige Ermittlung verursachten Kosten. Alle Ermittlungen geschehen hier von Amts wegen.
     II 2 in Verbindung mit § 5 VIII GKG gilt *ausnahmsweise nicht* bei einer schon wegen § 66 IV GKG eindeutig unzulässigen weiteren Beschwerde gegen eine Entscheidung des LG als Beschwerdegericht über Kosten. Vielmehr gilt dann (jetzt) KV 1811, BGH NJW **03**, 70, Hamm JB **93**, 292 (zum alten Recht).

Abschnitt 1. Allgemeine Vorschriften §§ 5, 6 GvKostG

Es ergeht keine Entscheidung über eine *Kostenrückzahlung*. Eine solche Rückzahlung müssen der Kostenbeamte oder die Aufsichtsbehörde veranlassen, Kblz JB 77, 1430. Der Kassenleiter verfügt sie, § 91 JKassO. Sie ist also eine reine Verwaltungstätigkeit.

20) Rechtsbehelfe gegen Vorschuß, III. Dieser Absatz der Vorschrift enthält 51 für den Fall einer Erinnerung oder Beschwerde gegen die Anordnung des Gerichtsvollziehers auf die Zahlung eines Vorschusses nach § 4 eine Verweisung auf II.

Nachforderung

6 Wegen unrichtigen Ansatzes dürfen Kosten nur nachgefordert werden, wenn der berichtigte Ansatz vor Ablauf des nächsten Kalenderjahres nach Durchführung des Auftrags dem Zahlungspflichtigen mitgeteilt worden ist.

Gliederung

1) Systematik	1
2) Regelungszweck	2
3) Nachforderung	3
4) Unrichtiger Ansatz	4
5) Durchführung des Auftrags	5
6) Auftragsabgrenzung	6, 7
7) Mitteilung	8
8) Verstoß	9

1) Systematik. § 6 stimmt mit § 20 GKG, § 19 I FamGKG, Teile I A, B dieses 1 Buchs, inhaltlich und mit § 15 S 1 KostO, Teil III dieses Buchs, fast wörtlich überein. Vgl daher auch die dortigen Anm. Eine Hinausschiebung wie bei § 15 S 2 KostO sieht § 6 nicht vor. Die Jahresfrist des § 6 ist eine von Amts wegen beachtbare Ausschlußfrist. Sie beginnt nach einer ordnungsgemäßen Mitteilung nach Rn 8 mit dem ersten Tag desjenigen Jahres, das auf die Durchführung dieses gesamten Auftrags folgt, und endet mit dem Ablauf seines 31. 12. Nach § 6 kann man aber Kosten ohne die dort genannte zeitliche Beschränkung dann nachfordern, wenn ein Beteiligter über den Wert arglistig getäuscht hat. Eine Einwendung aus § 6 ist rechtssystematisch eine Erinnerung. Man muß das Verbot einer Nachforderung anders als eine Verjährung nach Rn 2 von Amts wegen beachten.

2) Regelungszweck. Die Vorschrift soll verhindern, daß die Staatskasse einen 2 Kostenschuldner noch eine erhebliche Zeit nach der Beendigung der Tätigkeit des Gerichtsvollziehers mit einer solchen Kostennachforderung behelligen kann, deren etwaige Verjährung nach § 8 III 1 Hs 2 das Gericht ja nicht von Amts wegen berücksichtigt. Sie dient damit dem Rechtsfrieden selbst auf Kosten der Gerechtigkeit im engeren Sinn. Das muß man bei der Auslegung mitbeachten.

3) Nachforderung. Eine Nachforderung liegt nur dann vor, wenn gerade dieser 3 Kostenschuldner schon eine solche Kostenforderung erhalten hatte, die objektiv rechtskräftig ist und die er auch subjektiv für endgültig halten durfte. Dazu zählt nicht eine bloße Vorschußforderung nach § 4 mit oder ohne eine Kostenberechnung oder -schätzung. Wer selbst zB eine Täuschung beging oder sonst unredlich war, Rn 1, erhält den Schutz des § 6 nicht.
Keine Nachforderung liegt gegenüber demjenigen von mehreren Kostenschuldnern vor, der noch keine Kostenforderung erhalten hatte. Eine Nachforderung nach § 6 fehlt auch, soweit der neue Gesamtbetrag trotz einer Auswechslung von Einzelposten nicht über den früheren hinausgeht.

4) Unrichtiger Ansatz. Ein unrichtiger Ansatz liegt wegen des begrenzten Zwecks 4 von § 6 und deshalb anders als bei § 7 im Rahmen von § 6 nur dann vor, wenn der Gerichtsvollzieher den fraglichen Betrag schon früher hätte fordern können und müssen, zB bei einem früher zu niedrigen Wert oder bei einem früher zu geringen Gebührensatz oder beim Übersehen einer Gebühr oder eines Zeitzuschlags oder von Auslagen.

5) Durchführung des Auftrags. Für die Zulässigkeit einer Nachforderung kommt 5 es auf den Zeitpunkt des Endes der Durchführung des Auftrags des Gerichtsvollzie-

GvKostG §§ 6, 7   XI. G über Kosten der GVz

hers an. Eine Auftragsdurchführung läßt sich nach §§ 3 IV 1, 14 S 1 beurteilen. Es können mehrere Aufträge vorliegen. Dann muß man die Ausschlußfrist nach Rn 1 für jeden Auftrag gesondert berechnen. Ein und derselbe Auftrag kann aber auch mehrere Amtshandlungen notwendig machen. Entscheidend ist also die endgültige Durchführung des Gesamtauftrags einschließlich aller Nebengeschäfte, also zB der Hinterlegung oder Verteilung des Erlöses. Entscheidend ist nicht die Beendigung oder Erledigung einer einzelnen von mehreren Amtshandlungen, allenfalls diejenige der letzten zum Auftrag zählenden Amtshandlung. Die Rechtzeitigkeit der Nachforderung hängt vom Ablauf desjenigen Kalenderjahres ab, das demjenigen Kalenderjahr folgt, in dem der Auftrag beendet war.

Nicht zu diesen *Nebengeschäften* gehören aber der Kostenansatz nach § 5 und die Einforderung der Gerichtsvollzieherkosten. Ebensowenig gehört die büromäßige Erledigung nach §§ 40 GVO, 111 Z 2, 112 Z 2b GVGA zur Durchführung der Nebengeschäfte im Sinn von § 6.

6 **6) Auftragsabgrenzung.** Im übrigen muß man also prüfen, ob ein einheitlicher Gesamtauftrag oder nur eine Zusammenfassung *mehrerer selbständiger* Aufträge vorliegt. Wenn zB der Gläubiger dem Gerichtsvollzieher einen Auftrag erteilt, aus einem auf die Zahlung einer Geldsumme lautenden Vollstreckungstitel die Zwangsvollstreckung zu betreiben, enthält dieser Auftrag mehrere Einzelaufträge auf die Zustellung der Vollstreckungsklausel, die Pfändung und die Pfandverwertung.

Die *Zustellung* gehört nicht zur Zwangsvollstreckung. Demgegenüber bilden die Pfändung und die Pfandverwertung eine Einheit. Ein einheitlicher Gesamtauftrag liegt auch dann vor, wenn der Gerichtsvollzieher auf Grund desselben Vollstreckungstitels eine Pfändung bei mehreren Schuldnern durchführt. Kein einheitlicher Auftrag liegt dann vor, wenn der Gerichtsvollzieher für mehrere aus demselben Vollstreckungstitel berechtigte Gläubiger eine Pfändung durchführt.

7 Man muß nach den *Umständen* entscheiden, inwieweit man nach einer zunächst erfolglosen Pfändung für deren Wiederholung einen neuen Auftrag annehmen kann.

8 **7) Mitteilung.** Maßgeblich für die Fristeinhaltung ist eine gesetzmäßige Mitteilung des berichtigten Kostenansatzes gerade an diesen Zahlungspflichtigen. Sie kann schriftlich entsprechend § 5 a GKG, Teil I A dieses Buchs, elektronisch, mündlich, telefonisch, auch durch Telefax erfolgen. Für eine rechtzeitige ordnungsgemäße Mitteilung ist die Staatskasse beweispflichtig.

Es gibt *keinen Anscheinsbeweis* des Zugangs eines einfachen Briefs, BGH NJW **78**, 886, Hamm RR **95**, 363, LAG Düss JB **04**, 389, aM BVerfG NJW **92**, 2217 (Absendung und Fehlen einer postalischen Rücksendung „als unzustellbar" = Beweisanzeichen für Zugang, also praktisch als Anscheinsbeweis, grundsätzlich problematisch, BLAH Anh § 286 ZPO Rn 153, 154), LG Hbg VersR **92**, 85 (bei einer Reihe von Schreiben in engem zeitlichen Abstand), Schneider MDR **84**, 281 (aber Vorsicht gegenüber Statistiken der dort mitgeteilten Art: Sie weisen zB nicht aus, wieviele nicht als „Verlust" gemeldete Briefe tatsächlich doch nicht oder doch „falsch" zugingen, wie leider auch manche Gerichtserfahrung beweist. Mancher Bürger hält es mit Recht für meist sinnlos, sich zu beschweren. Er erscheint schon deshalb nicht in solchen Statistiken). Eine Mitteilung an den Erblasser wirkt auch gegenüber seinen Erben.

9 **8) Verstoß.** Ein Verstoß gibt die Erinnerung nach § 5 II, III.

Nichterhebung von Kosten wegen unrichtiger Sachbehandlung

7 [I] [1] Kosten, die bei richtiger Behandlung der Sache nicht entstanden wären, werden nicht erhoben.

[II] [1] Die Entscheidung trifft der Gerichtsvollzieher. [2] § 5 Abs. 2 ist entsprechend anzuwenden. [3] Solange nicht das Gericht entschieden hat, kann eine Anordnung nach Absatz 1 im Verwaltungsweg erlassen werden. [4] Eine im Verwaltungsweg getroffene Anordnung kann nur im Verwaltungsweg geändert werden.

DB-GvKostG Nr. 5. [1] Hilft die Gerichtsvollzieherin oder der Gerichtsvollzieher einem Antrag des Kostenschuldners auf Nichterhebung von GV-Kosten

Abschnitt 1. Allgemeine Vorschriften **§ 7 GvKostG**

wegen unrichtiger Sachbehandlung nicht oder nicht in vollem Umfang ab, so ist die Entscheidung dem Kostenschuldner mitzuteilen. ²Erhebt dieser gegen die Entscheidung Einwendungen, so legt die Gerichtsvollzieherin oder der Gerichtsvollzieher die Vorgänge unverzüglich mit einer dienstlichen Äußerung der unmittelbaren Dienstvorgesetzten oder dem unmittelbaren Dienstvorgesetzten (§ 2 Nr. 2 GVO) vor. ³Von dort wird die Bezirksrevisorin oder der Bezirksrevisor beteiligt; die Nichterhebung der Kosten nach § 7 Abs. 2 Satz 3 GvKostG im Verwaltungsweg wird angeordnet, wenn die Voraussetzungen hierfür erfüllt sind. ⁴Anderenfalls wird zunächst geprüft, ob der Kostenschuldner eine Entscheidung im Verwaltungswege oder eine gerichtliche Entscheidung begehrt. ⁵Nach dem Ergebnis der Prüfung entscheidet die Dienstvorgesetzte oder der Dienstvorgesetzte entweder selbst oder legt die Vorgänge mit der Äußerung der Gerichtsvollzieherin oder des Gerichtsvollziehers dem Amtsgericht (§ 7 Abs. 2 i.V.m. § 5 Abs. 2 GvKostG) zur Entscheidung vor.

Gliederung

1) Systematik, I, II	1
2) Regelungszweck, I, II	2
3) Geltungsbereich, I, II	3
4) Unrichtige Sachbehandlung, I	4, 5
A. Grundsatz: Nur beim schweren offenbaren Fehler	4
B. Beispiele zur Frage einer unrichtigen Sachbehandlung	5
5) Entscheidung des Gerichtsvollziehers, II 1	6
6) Erinnerung usw, II 2	7
7) Verwaltungsweg, II 3, 4	8

1) Systematik, I, II. Die Vorschrift schafft als notwendiges Gegenstück zu den 1 Kostenentstehungsregeln eine Korrekturmöglichkeit bei einem fehlerhaften Amtsverhalten durch eine Vernichtung des zuvor formell stets entstandenen Kostenanspruchs. Sie ist zwingend. Sie entspricht weitgehend §§ 21 I 1 GKG, § 20 FamGKG, 16 I 1 KostO, Teile I A, B, III dieses Buchs. Sie ist ihnen gegenüber vorrangig, aM AG Bad Neuenahr DGVZ **06**, 183. Der Gerichtsvollzieher muß § 7 auch von Amts wegen beachten. II 3, 4 entspricht fast wörtlich § 21 II 2, 3 GKG, § 20 II 2 Fam-GKG, § 16 II 2 und 3 KostO. Vgl dazu daher dort, Teile I A, B, III dieses Buchs, sowie BVerwG NJW **83**, 898, Köln DGVZ **89**, 138, LG Bln DGVZ **83**, 41.

Ein *Erlaß* von Gerichtsvollzieherkosten kommt unabhängig von § 7 nach den im Teil VII D dieses Buchs dargestellten und kommentierten Landesgesetzen infrage. Der Gerichtsvollzieher leitet einen etwaigen derartigen Antrag unverzüglich entsprechend weiter.

2) Regelungszweck, I, II. Die Vorschrift erfaßt „Kosten", also Gebühren wie 2 Auslagen, § 1 I. Sie bezweckt ebenso wie die in Rn 1 genannten vergleichbaren Regelungen anderer Kostengesetze im Interesse der Kostengerechtigkeit die Befreiung des Kostenschuldners von Kosten infolge eines fehlerhaften Verhaltens des Gerichtsvollziehers. Man darf § 7 aber nicht zu weit auslegen, ebensowenig wie § 21 GKG, § 20 FamGKG, Teile I A, B dieses Buchs. Einen etwa über Kosten hinausgehenden Schaden muß man im Weg einer Amtshaftung geltend machen.

3) Geltungsbereich, I, II. Es muß sich um den Fehler einer Amtsperson han- 3 deln, also des Gerichtsvollziehers oder/und des Gerichts, AG Erfurt DGVZ **00**, 158, auch der jeweiligen Mitarbeiter, auch der Justizverwaltung. Der Gerichtsvollzieher muß nicht zu diesem Gericht gehören. Der Fehler eines sonstigen Beteiligten ist unerheblich, LG Bln DGVZ **75**, 42. Der Fehler mag sich auf das sachliche Recht oder auf das Verfahrensrecht beziehen, auch auf eine bloße Verwaltungsbestimmung, etwa der GVO oder der GVGA, LG Bln JB **00**, 376, oder der (jetzt) DB-GvKostG, LG Bln JB **00**, 549.

4) Unrichtige Sachbehandlung, I. Ein gar nicht ganz selbstverständlicher Grund- 4 satz in der praktischen Entwicklung ähnlich den in Rn 1 genannten vergleichbaren Vorschriften hat vielerlei Auswirkungen.

A. Grundsatz: Nur beim schweren offenbaren Fehler. Es muß ein schwerer Fehler vorliegen, AG Rastatt DGVZ **00**, 31. Er muß stets offensichtlich und eindeu-

2053

GvKostG § 7   XI. G über Kosten der GVz

tig sein, Köln DGVZ **88**, 139, LG Mainz RR **98**, 1294, AG Augsb DGVZ **08**, 127.
Ein offensichtliches Versehen reicht aus. Ein Verschulden ist nicht erforderlich. Eine vertretbare Handlung ist nicht „unrichtig", LG Bln DGVZ **77**, 120.
Der Fehler muß für die Kosten *ursächlich* gewesen sein, LG Bln DGVZ **91**, 142.
Nur der insoweit entstandene Mehrbetrag bleibt unerhoben, LG Bln DGVZ **91**, 142, LG Düss JB **00**, 666.

5   **B. Beispiele zur Frage einer unrichtigen Sachbehandlung, I**

Andere Verwertungsart: Unrichtig ist es, dem Gläubiger zu einem Übereignungsantrag nach § 825 ZPO zu raten und trotzdem sofort einen Versteigerungstermin anzuberaumen, LG Bln DGVZ **82**, 41.
Desinfektion: Unrichtig sein kann die Erhebung überhöhter solcher Kosten, AG Ausgsb DGVZ **08**, 141.
Ermessen: Unrichtig ist eine Sachbehandlung erst bei einer klaren Überschreitung der Ermessensgrenzen, AG Darmst DGVZ **03**, 159. Das gilt auch bei der Art einer Zustellung.
Gerichtsfehler: Unrichtig sein kann die Sachbehandlung des Gerichtsvollziehers auch nach einer ebenfalls unrichtigen Auskunft des Gerichts, AG Erfurt DGVZ **00**, 158.
Lagerkosten: S „Räumung". Ein stillschweigender Lagervertrag ist aber zulässig, LG Hann DGVZ **78**, 186.
Nachbesserung: Unrichtig sein kann die Erhebung von Kosten eines Nachbesserungsverfahrens nach einer ebenfalls unrichtigen Behandlung eines Vermögensverzeichnisses nach § 807 ZPO, AG Bln-Tiergarten DGVZ **02**, 77. Vgl auch Sturm JB **04**, 62.
Offenbarungsverfahren: S „Nachbesserung", „Vor Pfändung".
Vor Pfändung: Unrichtig ist die Einleitung eines Offenbarungsverfahrens nach §§ 807, 899 ZPO vor einer Lohnpfändung, AG Rastatt DGVZ **00**, 31, oder die Unterlassung einer Klärung vor einer Pfändung dazu, ob schon eine Offenbarungsversicherung vorliegt, AG Homburg DGVZ **00**, 94.
Räumung: Wenn es um die Notwendigkeit von Kosten eines Umzugsunternehmens zwecks einer Räumung oder zwecks einer Einlagerung von Räumungsgut geht, können schon Unklarheiten zur Nichterhebung von diesbezüglichen Kosten führen, LG Hbg DGVZ **99**, 185, AG Hann DGVZ **08**, 46 (Vorsicht!). Wußte das Büro des Gerichtsvollziehers von einem Antrag des Gläubigers auf eine Aufhebung der Räumung, mußte der Gerichtsvollzieher den Spediteur abbestellen, AG Bochum DGVZ **06**, 125. Der Gerichtsvollzieher muß die Notwendigkeit der Lagerkosten nicht nur anhand des Versteigerungserlöses bedenken, sondern auch anhand des Werts der Sachen für den Schuldner, Hbg MDR **00**, 602, LG Ffm DGVZ **89**, 92, AG Bln DGVZ **77**, 29.
Rechtsprechungsänderung: Unrichtig sein kann die Nichtbeachtung selbst einer erst kürzlichen Rechtsprechung.
Spediteurskosten: S „Räumung".
Terminierung: S „Andere Verwertungsart".
Verwaltungsverstoß: Unrichtigkeit kann *fehlen,* soweit der Gerichtsvollzieher nur gegen eine Verwaltungsanordnung und nicht gegen das Gesetz verstößt.
Weisungswidrigkeit: Unrichtig ist eine Ablehnung entgegen einer nach § 766 ZPO erhaltenen Weisung, AG Bad Neuenahr DGVZ **06**, 183.
Widersprüchlichkeit: Unrichtig sein kann natürlich ein widersprüchliches Verhalten, LG Bln JB **00**, 549.
Zustellung: S „Ermessen".

6   **5) Entscheidung des Gerichtsvollziehers, II 1.** Der Gerichtsvollzieher darf und muß selbst entscheiden, II 1. Deshalb muß man ihm einen späteren Antrag, eine spätere Anregung oder eine spätere Erwägung zunächst zu seiner Entscheidung vorlegen. Die Entscheidung ergeht durch eine Verfügung oder besser einen Beschluß. Diesen muß der Gerichtsvollzieher nachvollziehbar begründen. Denn die Entscheidung ist nach II 2 in Verbindung mit § 5 II angreifbar. Er muß seine Entscheidung dem Antragsteller mitteilen.

Abschnitt 1. Allgemeine Vorschriften §§ 7–9 GvKostG

Infolge dieser Zuständigkeit ist der Gerichtsvollzieher befugt und nach §§ 319, 329 ZPO auch wegen des nach Rn 1 zwingenden § 7 verpflichtet, einen irrigen Kostenansatz von Amts wegen zu *berichtigen*. Wenn er einen Irrtum selbst feststellt oder einen Hinweis auf ihn erhält, darf er die Kosten insoweit nicht mehr selbst erheben.

Mit der Anordnung der *Nichterhebung* verliert der Gerichtsvollzieher in ihrem Umfang seine Gebühren und bei einem Verschulden auch den Anspruch auf einen Auslagenersatz. Die Entscheidung wirkt gegen jedermann, auch gegen die Staatskasse. Der Gerichtsvollzieher muß evtl eine entsprechend berichtigte neue Kostenrechnung anfertigen und zuviel erhobene Kosten zurückzahlen.

6) Erinnerung usw, II 2. Gegen die Entscheidung ist die Erinnerung statthaft, II 2, § 5 II entsprechend, BGH DGVZ 08, 187. Zu ihr ist auch der Bezirksrevisor für die Staatskasse befugt. Der Gerichtsvollzieher braucht ihn aber nicht schon deshalb von seiner Entscheidung auch nur formlos zu benachrichtigen. 7

7) Verwaltungsweg, II 3, 4. Die Justizverwaltung „kann", das heißt: darf und muß evtl, nur solange und soweit selbst entscheiden, wie das Gericht nicht bereits nach I, II 1, 2 tätig oder befaßt ist, AG Blieskastel DGVZ **00**, 94. Soweit die Justizverwaltung eine Nichterhebung ablehnt, bleibt natürlich der Weg nach I, II 1, 2 offen. Soweit die Justizverwaltung eine Nichterhebung anordnet, ist diese Maßnahme nur im Verwaltungsweg abänderbar, II 3, 4. 8

Verjährung, Verzinsung

8 I ¹Ansprüche auf Zahlung von Kosten verjähren in vier Jahren nach Ablauf des Kalenderjahres, in dem die Kosten fällig geworden sind.

II ¹Ansprüche auf Rückerstattung von Kosten verjähren in vier Jahren nach Ablauf des Kalenderjahres, in dem die Zahlung erfolgt ist. ²Die Verjährung beginnt jedoch nicht vor dem in Absatz 1 bezeichneten Zeitpunkt. ³Durch die Einlegung eines Rechtsbehelfs mit dem Ziel der Rückerstattung wird die Verjährung wie durch Klageerhebung gehemmt.

III ¹Auf die Verjährung sind die Vorschriften des Bürgerlichen Gesetzbuchs anzuwenden; die Verjährung wird nicht von Amts wegen berücksichtigt. ²Die Verjährung der Ansprüche auf Zahlung von Kosten beginnt auch durch die Aufforderung zur Zahlung oder durch eine dem Kostenschuldner mitgeteilte Stundung erneut. ³Ist der Aufenthalt des Kostenschuldners unbekannt, so genügt die Zustellung durch Aufgabe zur Post unter seiner letzten bekannten Anschrift. ⁴Bei Kostenbeträgen unter 25 Euro beginnt die Verjährung weder erneut noch wird sie oder ihr Ablauf gehemmt.

IV Ansprüche auf Zahlung und Rückerstattung von Kosten werden nicht verzinst.

1) Systematik, Regelungszweck, I–III. § 8 stimmt fast wörtlich mit §§ 5 GKG, 7 FamGKG, 17 KostO überein, Teile I A, B, III dieses Buchs. Die Fälligkeit der Kosten nach § 14 ist in I für denjenigen Zeitpunkt entscheidend, von dem ab die Verjährungsfrist zu laufen beginnt, § 6 Rn 5–7. Auch eine Verwirkung ist denkbar, § 242 BGB. IV, der den §§ 5 IV GKG, 7 IV FamGKG, 17 IV KostO entspricht, klärt eine vorübergehend aufgetretene Streitfrage. 1

Höhe der Kosten

9 Kosten werden nach dem Kostenverzeichnis der Anlage zu diesem Gesetz erhoben, soweit nichts anderes bestimmt ist.

1) Systematik. Der den §§ 3 II GKG, 3 FamGKG nachgebildete § 9 verweist wie das GKG auf ein amtliches Kostenverzeichnis. In diesem Buch heißen das Kostenverzeichnis des GKG „KV", des FamGKG „KVFam" und dasjenige des GvKostG „KVGv". Das RVG enthält ein Vergütungsverzeichnis, dem KV und dem KVGv funktionell entspricht. Es heißt in diesem Buch „VV". 1

2055

Die *formelle Einschränkung* in Hs 2 ist auf den ersten Blick bedeutungslos. Denn das KVGv regelt sowohl die Gebühren als auch die Auslagen umfassend. Gemeint sind aber etwaige noch verbliebene landesrechtliche Besonderheiten.

2 **2) Regelungszweck.** Die Verwendung eines KVGv soll einer Vereinheitlichung der Kostengesetze dienen. Ob sie als System sonderliche Vorteile gegenüber der früheren Lösung gebracht hat, läßt sich unterschiedlich beurteilen. Wichtiger ist die im KVGv als Grundsatz vorhandene Vereinfachung durch Festgebühren. Diese dienen der Prozeßwirtschaftlichkeit wie der Rechtssicherheit, manchmal auf Kosten der Kostengerechtigkeit. Immerhin läßt sich ein solches System rasch und elegant den wirtschaftlichen Veränderungen anpassen. Auch fallen die Probleme um die richtige Bezifferung eines Werts insoweit weg.

3 **3) Kostenverzeichnis (KVGv), Anlage zu § 9.** Das KVGv ist hinter § 20 abgedruckt und erläutert.

Abschnitt 2. Gebührenvorschriften

Abgeltungsbereich der Gebühren

10 ^I ¹Bei Durchführung desselben Auftrags wird eine Gebühr nach derselben Nummer des Kostenverzeichnisses nur einmal erhoben. ²Dies gilt nicht für die nach dem 6. Abschnitt des Kostenverzeichnisses zu erhebenden Gebühren, wenn für die Erledigung mehrerer Amtshandlungen Gebühren nach verschiedenen Nummern des Kostenverzeichnisses zu erheben wären. ³Eine Gebühr nach dem genannten Abschnitt wird nicht neben der entsprechenden Gebühr für die Erledigung der Amtshandlung erhoben.

^{II} ¹Ist der Gerichtsvollzieher beauftragt, die gleiche Vollstreckungshandlung wiederholt vorzunehmen, sind die Gebühren für jede Vollstreckungshandlung gesondert zu erheben. ²Dasselbe gilt, wenn der Gerichtsvollzieher auch ohne ausdrückliche Weisung des Auftraggebers die weitere Vollstreckung betreibt, weil nach dem Ergebnis der Verwertung der Pfandstücke die Vollstreckung nicht zur vollen Befriedigung des Auftraggebers führt oder Pfandstücke bei dem Schuldner abhanden gekommen oder beschädigt worden sind. ³Gebühren nach dem 1. Abschnitt des Kostenverzeichnisses sind für jede Zustellung, die Gebühr für die Entgegennahme einer Zahlung (Nummer 430 des Kostenverzeichnisses) ist für jede Zahlung gesondert zu erheben. ⁴Das Gleiche gilt für die Gebühr nach Nummer 600 des Kostenverzeichnisses, wenn eine Zustellung nicht erledigt wird.

^{III} ¹Ist der Gerichtsvollzieher gleichzeitig beauftragt, Vollstreckungshandlungen gegen Gesamtschuldner auszuführen, sind die Gebühren nach den Nummern 200, 205, 260 und 270 des Kostenverzeichnisses für jeden Gesamtschuldner gesondert zu erheben. ²Das Gleiche gilt für die im 6. Abschnitt des Kostenverzeichnisses bestimmten Gebühren, wenn Amtshandlungen der in den Nummern 205, 260 und 270 des Kostenverzeichnisses genannten Art nicht erledigt worden sind.

Gliederung

1) Systematik, I–III 1
2) Regelungszweck, I–III 2
3) Geltungsbereich, I–III 3
4) Durchführung desselben Auftrags: Grundsätzlich nur einmal dieselbe
   Gebühr, I 1 .... 4, 5
   A. Derselbe Auftrag 4
   B. Dieselbe Nummer des Kostenverzeichnisses 5
5) Abweichung bei Nichterledigung, I 2 .... 6, 7
   A. Nichterledigte Amtshandlung 6
   B. Eigentlich verschiedene Nummern des Kostenverzeichnisses 7
6) Kein Nebeneinander von KVGv 600–604 und anderen Nummern des
   Kostenverzeichnisses, I 3 .... 8, 9
7) Wiederholung einer Vollstreckungshandlung, II 1 .... 10, 11
8) Weitere Vollstreckung, II 2 .... 12, 13
   A. Mit oder ohne ausdrückliche Weisung 12
   B. Keine Befriedigung oder Abhandenkommen oder Beschädigung 13
9) Zustellung, deren Nichterledigung, Entgegennahme einer Zahlung,
   II 3, 4 14

Abschnitt 2. Gebührenvorschriften § **10 GvKostG**

10) **Gesamtschuldner, III 1, 2** 15–17
   A. Gleichzeitigkeit des Auftrags, III 1 15
   B. Ausführung von Vollstreckungshandlungen, III 1 16
   C. Gesonderte Gebühren je Gesamtschuldner, III 1, 2 17

1) Systematik, I–III. Die Vorschrift stellt auf der Basis des § 3 und in Verbindung **1**
mit dem KVGv einem Grundsatz zahlreiche in ihrem jeweiligen Geltungsbereich und
in ihrer Rangordnung untereinander nur mühsam durchschaubare Ausnahmen gegenüber. Sie sind so mannigfaltig, daß man sogar mit gutem Grund vom Nebeneinander gleichrangiger Regeln sprechen kann. Diese Umstände zwingen dazu, immer wieder die ganze Vorschrift durchzusehen, um zu erkennen, welcher ihrer Teile im konkreten Einzelfall anwendbar ist. Keine Meisterleistung des Gesetzgebers.

2) Regelungszweck, I–III. Die Vorschrift bezweckt insgesamt natürlich eine **2**
möglichst differenzierte Abgeltung je nach dem Aufwand und Schwierigkeitsgrad dann, wenn mehr als eine einzelne Amtshandlung oder eine Handlungsart mehrfach oder für oder gegen mehrere Beteiligte vorkommt. Es wird das Bestreben deutlich, die Beteiligten weder zu günstig noch zu nachteilig zu behandeln. Diese Bemühung um eine Kostengerechtigkeit ist bei der Auslegung mitbeachtbar, auch wenn sie in der Handhabung der Vorschrift viel Mühe bedeutet. Man sollte nun aber auch keineswegs zur Vermeidung jeder etwa verbleibenden Härte nicht mehr Komplikationen aus dem Gesetzestext herausarbeiten.

3) Geltungsbereich, I–III. § 10 gilt nur für Gebühren, nicht auch für Auslagen **3**
des Gerichtsvollziehers. Freilich können das Wegegeld und die Auslagenpauschale des KVGv 713 mitbetroffen sein. Jeder Absatz dieser Vorschrift enthält einen einigermaßen in sich geschlossenen Kreis von Tätigkeiten des Gerichtsvollziehers. Dabei enthalten I 2, 3 ebenso wie II, III jeweils speziellere Formen der Tätigkeit mit einem Vorrang vor I 1. Daher sind stets mehrere Prüfungsschritte notwendig.

4) Durchführung desselben Auftrags: Grundsätzlich nur einmal dieselbe **4**
Gebühr, I 1. Grundsätzlich erhält der Gerichtsvollzieher beim Zusammentreffen der folgenden Voraussetzungen insgesamt nur *eine* Gebühr.
   A. Derselbe Auftrag. Er muß zunächst zur Durchführung desselben Auftrags tätig werden, LG Wuppert Rpfleger **02**, 88, AG Überlingen JB **03**, 385 (auch beim Übersehen einer schon erfolgten Durchführung). Wann derselbe Auftrag vorliegt, ergibt sich aus § 3 I, II. I 1 regelt nur die Kostenfolgen, Otto JB **01**, 67. Auch mehrere Vollstreckungstitel mögen zu doch nur einem einzigen Auftrag geführt haben, § 3 Rn 17, LG Kblz MDR **02**, 848. Auch eine Ergänzung oder Nachbesserung der Offenbarungsversicherung zählt noch zu demselben Auftrag, § 3 Rn 21. Wann er durchgeführt ist oder als durchgeführt gilt, ergibt sich aus § IV.
   Unanwendbar ist I 1 bei mehreren Aufträgen. Dann zählt jeder gesondert.
   B. Dieselbe Nummer des Kostenverzeichnisses. Innerhalb desselben Auftrags **5**
muß zur Durchführung dieselbe Art von Amtshandlung mehrfach erforderlich geworden sein. Es muß daher an sich jeweils eine Gebühr nach derselben Nr des KVGv entstanden sein, AG Überlingen JB **03**, 385. Das gilt auch dann, wenn diese Nr mehrere Möglichkeiten aufweist, etwa dann, wenn KVGv 221 sowohl die Wegnahme als auch die Entgegennahme erfaßt. Für I 1 ist maßgeblich nur die äußere Einordnung unter derselben Nr des KVGv.
   Unanwendbar ist I 1 bei der Anwendung verschiedener Nr des KVGv, zB beim Zusammentreffen einer Pfändung nach KVGv 205 mit einer Wegnahme nach KVGv 221. Dann gilt die Vorschrift vielmehr für jede dieser Nr. Die Anwendung mehrerer Nr kann also zu mehreren Gebühren führen.

5) Abweichung bei Nichterledigung, I 2. In einer Abweichung von Rn 4, 5 **6**
kommen auch bei der Durchführung desselben Auftrags mehrere Gebühren beim Zusammentreffen der folgenden Voraussetzungen in Betracht.
   A. Nichterledigte Amtshandlung. Es muß sich um einen derjenigen Vorgänge handeln, die KVGv 600–604 erfassen, also um eine oder mehrere Nichterledigungen infolge solcher Umstände, die weder in der Person des Gerichtsvollziehers liegen noch von seiner Entschließung abhängig sind, amtliche Vorbemerkung vor KVGv 600 S 1.

2057

7 **B. Eigentlich verschiedene Nummern des Kostenverzeichnisses.** Es muß außerdem eine solche Lage eingetreten sein, bei der im unterstellten Erledigungsfall für mehrere Amtshandlungen Gebühren nach verschiedenen Nr des KVGv außerhalb von KVGv 600–604 anfallen würden. Der Begriff der Amtshandlung richtet sich nach § 3 I 1, 2.

8 **6) Kein Nebeneinander von KVGv 600–604 und anderen Nummern des Kostenverzeichnisses, I 3.** Die Regelung Rn 7 und nur sie tritt aber dann nicht ein, wenn eine Gebühr nach KVGv 600–604 neben einer solchen Gebühr entstehen würde, die für die Erledigung der Amtshandlung anfallen würde. Diese Vorschrift ist kaum noch verständlich. Gemeint ist im Kern: Der in Rn 4, 5 dargestellte Grundsatz, daß innerhalb desselben Auftrags dieselbe Gebühr nur einmal entsteht, tritt wieder in Kraft, soweit eben innerhalb desselben Auftrags eine Nichterledigung und eine Erledigung derselben einzelnen Amtshandlung zusammentreffen, etwa zunächst ein oder mehrere vergebliche Pfändungsversuche, dann aber eine erfolgreiche Pfändung.

9 *Keine Gebührenüberhebung* ist das Ziel dieser Regelung. Ob sie dem Aufwand an Zeit und Mühe entspricht, ist fraglich. Freilich kann zumindest der Zeitaufwand über I 2 in Verbindung mit KVGv 500 oft zu einer gesonderten Vergütung führen.

10 **7) Wiederholung einer Vollstreckungshandlung, II 1.** In einer Abweichung vom Grundsatz Rn 4, 5 entstehen innerhalb desselben Auftrags sogar innerhalb derselben Nr des KVGv zwei oder mehr Gebühren, soweit der Auftrag auf die wiederholte Vornahme der gleichen Vollstreckungshandlung lautete. Vollstreckungshandlung ist zunächst jede Amtshandlung nach KVGv 200–270 (Abschnitt „Vollstreckung"), aber vernünftigerweise auch nach KVGv 300–310 (Abschnitt „Verwertung", die ja mit zur Vollstreckung gehört, weil sie ebenfalls zur Befriedigung des Gläubigers führen soll).

11 Schon ein *einziger* Auftrag nach § 3 I reicht, soweit er eben von vornherein auf eine notfalls wiederholte Vollstreckungshandlung erging. Hat der Gläubiger eine Wiederholung erst durch einen gesonderten weiteren Auftrag erbeten, ist eine weitere Gebühr schon nach § 3 I entstanden.

„*Gleiche*" Vollstreckungshandlung ist weiter gefaßt als „dieselbe", meint aber natürlich nur: dieselbe Zielrichtung, dieselbe Art des Vorgehens.

Je einzelne Vollstreckungshandlung (Amtshandlung zwecks Vollstreckung) entsteht bei ihrer Wiederholung eine Gebühr, und zwar eben aus derselben KVGv-Nr. Insoweit hat II 1 als Spezialvorschrift den Vorrang vor I.

12 **8) Weitere Vollstreckung, II 2.** Auch dann, wenn der Gerichtsvollzieher ohne eine Wiederholung der gleichen Vollstreckungshandlung nach Rn 10 die Vollstreckung auf eine andere Weise fortsetzt, können in einer Abweichung vom Grundsatz Rn 4, 5 innerhalb desselben Auftrags sogar im Bereich derselben Nr des KVGv mehrere Gebühren entstehen, soweit die folgenden Voraussetzungen zusammentreffen.

A. Mit oder ohne ausdrückliche Weisung. Es ist unerheblich, ob der Gerichtsvollzieher mit oder ohne eine ausdrückliche Weisung handelt. Das kommt schon im Wort „auch" in II 2 zum Ausdruck. Es reicht, daß derselbe Auftrag vorliegt und daß er die „weitere" Vollstreckung betreibt.

13 **B. Keine Befriedigung oder Abhandenkommen oder Beschädigung.** Bisher darf entweder noch keine volle Befriedigung des Auftraggebers erfolgt sein oder es muß beim Schuldner ein Pfandstück abhanden gekommen oder beschädigt worden sein. In einer dieser letzteren beiden Lagen ist es unerheblich, ob die ordnungsgemäße Verwertung zur vollständigen Befriedigung des Auftraggebers hätte führen können. Es reicht vielmehr aus, daß eben wegen eines Verlusts oder einer Beschädigung keine Befriedigung mehr möglich ist.

14 **9) Zustellung, deren Nichterledigung, Entgegennahme einer Zahlung, II 3, 4.** Die Gebühren KVGv 100–102, 600 sowie die Hebegebühr KVGv 430 entstehen stets für jede Zustellung oder deren Nichterledigung und für jede Zahlung gesondert. Das gilt unabhängig von der Höhe der einzelnen Zahlung und von ihrem Prozentsatz zur Gesamtforderung. Man kann eine binnen kürzester Zeit folgende Zahlung je nach den Umständen grundsätzlich als eine weitere, die Gebühr KVGv 430 erneut auslösenden Zahlung oder ausnahmsweise als einen Bestandteil der vorangegangenen Zahlung bewerten.

Dabei kommt es zB darauf an, ob der Zahlende diese sogleich nachfolgende weitere Zahlung bei der vorangehenden *angekündigt* hat, ob er etwa nur das restliche Geld aus dem Pkw oder aus einen anderem Raum holen wollte, oder ob er sich bei der Bereitstellung um einen Teilbetrag geirrt hatte und diesen nun sofort ebenfalls herbeischaffen will und herbeischafft. Ein neuer Zahlungsentschluß dürfte jedenfalls durchweg auch eine weitere Zahlung nach II 3 auslösen.

10) Gesamtschuldner, III 1, 2. Bestimmte Gebühren entstehen auch innerhalb 15 desselben Auftrags in einer Abweichung von Rn 4, 5 ff mehrfach, soweit die folgenden Voraussetzungen zusammentreffen.

A. Gleichzeitigkeit des Auftrags, III 1. Der Gerichtsvollzieher muß wegen der Gesamtschuldner den Auftrag gleichzeitig erhalten haben, also nicht nacheinander. Ob eine Gleichzeitigkeit vorliegt, muß man nach den Umständen beurteilen. Derselbe Tag bedeutet durchweg eine Gleichzeitigkeit, AG Wuppert DGVZ 07, 159. Wenige Tage dürften meist noch gleichzeitig sein, LG Gött DGVZ 03, 9 (zu § 3), Kessel DGVZ 07, 68. 6 Wochen sind zuviel Zeitabstand, AG Bonn DGVZ 07, 79. Hat der Auftraggeber den Namen eines weiteren oder mehrerer weiterer Gesamtschuldner offensichtlich zunächst mitzuteilen vergessen und holt er diese Information unverzüglich nach, dürfte oft ein gleichzeitiger Auftrag vorliegen.

Teilt er aber mit, er habe sich nun doch noch entschlossen, zusätzlich gegen einen weiteren Gesamtschuldner vorzugehen, liegt *keine* Gleichzeitigkeit mehr vor. Beschränkt er den Auftrag endgültig von vornherein auf einen Teil der objektiv vorhandenen oder möglichen Gesamtschuldner, dürfte eine Gleichzeitigkeit vorliegen. Ob Gesamtschuldner vorliegen, muß man wie stets nach §§ 421 ff BGB beurteilen. Die Verbindung einer Unbedingtheit und Bedingtheit etwa bei § 845 ZPO reicht nicht zur Gleichzeitigkeit, AG Ffm DGVZ 02, 31.

B. Ausführung von Vollstreckungshandlungen, III 1. Der gleichzeitige Auf- 16 trag muß sich auf die Ausführung einer oder mehrerer Vollstreckungshandlungen gegen die in Rn 15 genannten Gesamtschuldner richten. Es muß nicht bei jedem der betroffenen Gesamtschuldner um dieselbe Art von Vollstreckungshandlung gehen. Denn III 1 spricht nur schlechthin von Vollstreckungshandlungen. Daher kann der Auftrag auch auf die Vornahme wiederholter Vollstreckungshandlungen nach II 1 oder auf weitere solche Handlungen nach II 2 lauten. In beiden Fällen hat die Gesamtschuldnern III 1 als eine Spezialvorschrift den Vorrang vor II 1, 2.

C. Gesonderte Gebühren je Gesamtschuldner, III 1, 2. Unter den Vorausset- 17 zungen Rn 15, 16 entstehen die Gebühren KVGv 205, 260, 270 für jeden Gesamtschuldner gesondert. Das gilt nach III 1 bei einer der Durchführung und nach III 2 bei einer Nichterledigung, sofern die dann zusätzlichen Bedingungen der amtlichen Vorbemerkung vor KVGv 300 vorliegen.

Tätigkeit zur Nachtzeit, an Sonnabenden, Sonn- und Feiertagen

11 Wird der Gerichtsvollzieher auf Verlangen zur Nachtzeit (§ 758a Abs. 4 Satz 2 der Zivilprozessordnung) oder an einem Sonnabend, Sonntag oder Feiertag tätig, so werden die doppelten Gebühren erhoben.

Gliederung

1) Systematik	1
2) Regelungszweck	2
3) Geltungsbereich	3–7
A. Nachtzeit	3
B. Sonnabend, Sonn- und Feiertag	4
C. Verlangen des Beteiligten	5
D. Gerichtliche Genehmigung	6
E. Versuch	7
4) Gebührenverdoppelung	8
5) Auslagenersatz	9

1) Systematik. Die in § 11 geregelte Verdoppelung nur der Gebühren und daher 1 nicht auch der Auslagen tritt bei jeder solchen gebührenpflichtigen Hauptgeschäfts-Amtshandlung des Gerichtsvollziehers ein, die er persönlich und nicht etwa durch

GvKostG § 11   XI. G über Kosten der GVz

eine Hilfskraft in den genannten Zeiträumen vornimmt. Das gilt innerhalb wie außerhalb der Zwangsvollstreckung. Sie erfaßt nicht die vom Gerichtsvollzieher ordnungsgemäß benötigte und veranlaßte Tätigkeit seiner Hilfskräfte. Für diese gilt Rn 9.

2   **2) Regelungszweck.** Die Vorschrift berücksichtigt die oft beträchtliche Mehrarbeit oder Erschwernis, die eine Amtshandlung zu den genannten Zeiten erfahrungsgemäß verursacht.

3   **3) Geltungsbereich.** Man muß mehrere Zeiträume unterscheiden. Die Bedingungen Rn 3 oder 4 sind wahlweise ausreichend. Sie können aber natürlich auch zusammentreffen. Stets müssen außerdem beide Bedingungen Rn 5, 6 vorliegen.

A. Nachtzeit. Der Gerichtsvollzieher muß entweder zur Nachtzeit tätig geworden sein, zB nach § 758a IV ZPO. Sie läuft ganzjährig von 21^{00} bis 6^{00} Uhr, § 758a IV 2 ZPO, § 8 Z 2 GVGA. Das gilt auch außerhalb der ZPO.

4   **B. Sonnabend, Sonn- und Feiertag.** Es reicht auch aus, daß der Gerichtsvollzieher auch nur teilweise, Rn 8, an einem Sonnabend, Sonn- oder Feiertag tätig geworden ist. Ein Sonnabend ist ja wegen der Arbeitszeitverkürzung für die meisten Menschen arbeitsfrei. Daher bringt er eine dem Sonntag oder Feiertag vergleichbare Mehrarbeit für den Gerichtsvollzieher mit sich. Die folgenden Hinweise gelten auch beim Notar, § 58 KostO Rn 11, 12, Teil III dieses Buchs. Maßgebend ist der Ort der Vollstreckungshandlung, BAG NJW **89**, 1181.

In *ganz Deutschland* gelten folgende Tage als Feiertage: Neujahr; Karfreitag; Ostermontag; 1. Mai; Himmelfahrt; Pfingstmontag; 3. Oktober (Nationalfeiertag); 1. und 2. Weihnachtstag (nicht aber auch der 24. Dezember als solcher, OVG Hbg NJW **93**, 1941).

Der *Sonnabend* vor Ostern ist kein Feiertag. Ebensowenig ist derjenige durch eine etwaige Verwaltungsanordnung bestimmte Sonnabend ein Feiertag, an dem nur ein Sonntagsdienst stattfindet.

Je nach dem *Landesrecht* gelten ferner folgende Tage als Feiertage. Dabei ist maßgeblich derjenige Ort, an dem die Prozeßhandlung erfolgen soll, BAG NJW **89**, 1181, und sodann der Sitz der jeweils im Einzelfall zuständigen auswärtigen Abteilung usw, BAG NJW **89**, 1181: Heilige Drei Könige (6. 1.); Epiphanias (5. 2.); Fronleichnam; Friedensfest; Mariä Himmelfahrt (15. 8.), VGH Mü NJW **97**, 2130; Reformationstag (31. 10.); Allerheiligen (1. 11.). Hinzu kommen einige lokale Besonderheiten.

Die *Länder* haben die bei § 58 KostO Rn 12, Teil III dieses Buchs, aufgeführten und hier ebenso geltenden Feiertagsgesetze erlassen.

5   **C. Verlangen des Beteiligten.** In jedem der beiden Fälle Rn 3 oder Rn 4 oder Rn 6 muß der Gerichtsvollzieher gerade auf Grund des entsprechenden vorherigen Verlangens eines Beteiligten tätig geworden sein. Das Verlangen mag sich auf eine einzelne Amtshandlung oder auf alle zur endgültigen Erledigung des Auftrags notwendigen Maßnahmen beziehen. Es kann auch im Verlangen mehrerer Beteiligter vorliegen, LG Aachen JB **03**, 213. Dieses Verlangen muß nicht ausdrücklich, aber eindeutig sein. Es kann sich auch aus einem Verhalten des Beteiligten ergeben, etwa aus einer Zahlung an einem solchen Tag, LG Aachen JB **03**, 213. Eine besondere Form ist also nicht erforderlich. Eine spätere Genehmigung reicht nicht aus. § 11 ist also unanwendbar, soweit der Gerichtsvollzieher eine Amtshandlung an den dort genannten Zeiten *ohne ein vorheriges Verlangen* vornimmt. Wenn er nur ein Nebengeschäft zu diesen Zeiten vornimmt, löst das die Verdoppelung nicht aus. Es ist jeweils unerheblich, ob der Schuldner oder der sonstige Betroffene eine Einwendung erhebt.

Unerheblich ist, ob derjenige Einwendungen erhebt, bei dem der Gerichtsvollzieher die Amtshandlung vornimmt.

6   **D. Gerichtliche Genehmigung.** Es muß außerdem eine etwa nach dem Gesetz erforderliche gerichtliche Genehmigung etwa nach § 758a ZPO unabhängig von einer etwaigen Anregung des Gerichtsvollziehers rechtzeitig wirksam vorliegen. Andernfalls wäre die Amtshandlung des Gerichtsvollziehers insofern unwirksam. Er dürfte schon deshalb weder eine Gebühr noch gar eine doppelte Gebühr erheben, § 7 I. Das gilt grundsätzlich auch dann, wenn die persönliche Zustellung des erforder-

liche Genehmigung vorgenommen hat. Diese Zustellung kann aber nach § 758a IV 2 ZPO dennoch dann gültig geworden sein, wenn der Empfänger die Annahme nicht verweigert. Dann darf der Gerichtsvollzieher eine Gebühr und daher auch ihre Verdoppelung nach § 11 fordern. Eine Zustellung durch die Übergabe an die Post usw oder durch die Aufgabe zur Post, KVGv 101, ist von der Zeit unabhängig.

E. Versuch. Eine Verdoppelung der Gebühr zB nach KVGv 270 kommt dann 7 nicht in Betracht, wenn der Gerichtsvollzieher die Durchführung einer Maßnahme nach § 11 versucht hat, wenn der Versuch aber mißlungen ist. Dann gilt vielmehr die eigene Gebühr KVGv 604.

4) Gebührenverdoppelung. Es entsteht eine doppelte Gebühr und nicht etwa 8 zweimal eine einfache Gebühr. Das gilt für die Grundgebühr immer, auch wenn nur ein Teil der Amtshandlung in die Nachtzeit oder auf einen Sonnabend, Sonn- oder Feiertag fällt. Die Verdoppelung gilt für den Zeitzuschlag nur insoweit, als die nach KVGv 500 zusätzlich höher bewertbaren Stunden in die in § 11 genannten Zeiträume fallen, KVGv 500 Rn 7.

Wenn der Gerichtsvollzieher die Amtshandlung sowohl während der Nachtzeit als auch an einem Sonn- oder Feiertag vornimmt, darf er gleichwohl nur eine Verdoppelung der Gebühren fordern, nicht etwa ihre Vervierfachung.

5) Auslagenersatz. Der Anspruch auf den Ersatz der Auslagen nach KVGv 700ff 9 steht dem Gerichtsvollzieher unabhängig davon zu, ob die mit den Auslagen verbundene Handlung in die in § 11 genannten Zeiträume gefallen ist. Insoweit erhöht sich die Vergütung nur, falls eben Auslagen am Sonntag usw höher sind.

Siegelungen, Vermögensverzeichnisse, Proteste und ähnliche Geschäfte

12 [I] [1]Die Gebühren für Wechsel- und Scheckproteste, für Siegelungen und Entsiegelungen, für die Aufnahme von Vermögensverzeichnissen sowie für die Mitwirkung als Urkundsperson bei der Aufnahme von Vermögensverzeichnissen bestimmen sich nach den §§ 18 bis 35, 51, 52, 130 Abs. 2 bis 4 der Kostenordnung. [2]Das Wegegeld (Nummer 711 des Kostenverzeichnisses) wird auf die nach § 51 Abs. 2 Satz 1 der Kostenordnung zu erhebende Wegegebühr angerechnet.

[II] Für die Empfangnahme der Wechsel- oder Schecksumme (Artikel 84 des Wechselgesetzes, Artikel 55 Abs. 3 des Scheckgesetzes) wird die im § 149 der Kostenordnung bestimmte Gebühr erhoben.

1) Systematik, I, II. Die Vorschrift gilt grundsätzlich nur für Gebühren. Für die 1 Auslagen gelten KVGv 700ff. Freilich enthält I 2 eine Sonderregelung wegen des Wegegelds nach KVGv 711. Voraussetzung für das Entstehen einer Gebühr nach § 12 ist, daß der Gerichtsvollzieher nach der jeweiligen landesgesetzlichen Regelung sachlich und örtlich zuständig ist, § 1 I.

2) Regelungszweck, I, II. Die Vorschrift dient der Vereinfachung. Sie gelingt 2 formell mithilfe der Verweisungstechnik. Die in Bezug genommenen Bestimmungen anderer Gesetze sind so auslegbar wie zB zur KostO bei den einzelnen Vorschriften in Teil III dieses Buchs dargestellt. Der Sache nach muß man das Ziel beachten, der Vergütung der Tätigkeiten des Gerichtsvollziehers denjenigen des Gerichts oder des Notars in jenen anderen Fällen zwecks einer Kostengerechtigkeit anzugleichen.

3) Entsprechende Anwendung der KostO, I, II, dazu *Holzer* DGVZ 03, 151 3 (Üb): Die im § 12 genannten Amtsgeschäfte können auch vom Gericht oder vom Urkundsbeamten der Geschäftsstelle oder vom Notar erfolgen. § 12 gleicht die Gebühren für die Tätigkeit des Gerichtsvollziehers deshalb denjenigen Gebühren an, die für jene anderen Amtspersonen nach der KostO gelten, Teil III dieses Buchs. § 11 ist anwendbar. §§ 18–35 KostO enthalten die Vorschriften über den Geschäftswert. Soweit sie erlauben oder unanwendbar sind, darf und muß der Gerichtsvollzieher den Wert nach seinem pflichtgemäßen Ermessen ohne eine Bindung an die Wünsche des Auftraggebers ansetzen, BayObLG JB **92**, 343. Die übrigen §§ enthalten die Vorschriften über die Gebührenhöhe. Vgl da die dortigen Erläuterungen. Auch die Tabelle zu § 32 KostO ist anwendbar. Sie ist im SchlAnh B dieses Buchs abgedruckt. Die Vorbereitung einer freiwilligen Versteigerung wird nach KVGv 300 vergütet.

4 Neben den Gebühren können *Auslagen* nach KVGv 700 ff entstehen. Ein Wegegeld nach KVGv 711 läßt sich bei einem Wechsel- oder Scheckprotest auf die nach § 51 II 1 KostO anfallende Wegegebühr anrechnen, I 2. Der Gerichtsvollzieher darf allerdings nur die jeweils die andere Gebühr übersteigende Wegegebühr erheben.

5 Bei einer Empfangnahme der *Wechsel- oder Schecksumme* nach Art 84 WG, 55 III ScheckG, vgl §§ 214, 216 GVGA, entsteht neben der Gebühr nach § 149 KostO keine Hebegebühr, II in Verbindung mit KVGv 430 amtliche Anmerkung S 2, dort Rn 8. Das gilt auch, soweit bei einer Anrechnung nach § 51 III KostO nur die Annahmegebühr entsteht.

6 **4) Rechtsmittel, I, II.** Es gilt § 5.

Abschnitt 3. Kostenzahlung

Kostenschuldner

13 *Fassung 1. 9. 2009:* I Kostenschuldner sind
1. der Auftraggeber,
2. der Vollstreckungsschuldner für die notwendigen Kosten der Zwangsvollstreckung und
3. der Verpflichtete für die notwendigen Kosten der Vollstreckung.

II Mehrere Kostenschuldner haften als Gesamtschuldner.

III Wird der Auftrag vom Gericht erteilt, so gelten die Kosten als Auslagen des gerichtlichen Verfahrens.

DB-GvKostG Nr. 6. I Von Prozessbevollmächtigten oder sonstigen Vertretern des Auftraggebers sollen Kosten nur eingefordert werden, wenn sie sich zur Zahlung bereit erklärt haben.

II [1]Können die GV-Kosten wegen Bewilligung von Prozesskostenhilfe auch vom Auftraggeber nicht erhoben werden, so teilt die Gerichtsvollzieherin oder der Gerichtsvollzieher die nicht bezahlten Kosten ohne Rücksicht auf die aus der Landeskasse ersetzten Beträge dem Gericht mit, das die Sache bearbeitet hat (vgl. § 77 a GVO). [2]Das Gleiche gilt bei gerichtlichen Aufträgen.

III [1]Genießt der Auftraggeber Kostenfreiheit, so sind die nicht bezahlten Kosten nach Absatz 2 der zuständigen Gerichtskasse oder der an Stelle der Gerichtskasse zuständigen Vollstreckungsbehörde mitzuteilen; diese hat die Einziehung der Kosten zu veranlassen. [2]Die in einem Verfahren nach der Einforderungs- und Beitreibungsanordnung entstandenen Kosten sind jedoch zu den Sachakten mitzuteilen. [3]Bei Gebührenfreiheit des Auftraggebers sind etwaige Auslagen von diesem einzufordern.

IV Mitteilungen nach den Absätzen 2 oder 3 können unterbleiben, wenn die Kosten voraussichtlich auch später nicht einbezogen werden können.

V In den Sonderakten oder – bei Zustellungs- und Protestaufträgen – Spalte 8 des Dienstregisters I ist zu vermerken, dass die Kostenmitteilung abgesandt oder ihre Absendung gemäß Absatz 4 unterblieben ist.

Vorbem. I Z 3 angefügt dch Art 47 III Z 3 FGG-RG v 17. 12. 08, BGBl 2586, in Kraft seit 1. 9. 09, Art 112 I Hs 1 FGG-RG, Übergangsrecht Art 111 FGG-RG, Grdz 2 vor § 1 FamGKG, Teil I B dieses Buchs.

Bisherige Fassung I: I Kostenschuldner sind
1. der Auftraggeber und
2. der Vollstreckungsschuldner für die notwendigen Kosten der Zwangsvollstreckung.

Abschnitt 3. Kostenzahlung § 13 GvKostG

Gliederung

1) **Systematik, I–III**	1
2) **Regelungszweck, I–III**	2
3) **„Auftraggeber": Veranlassungsschuldner, I Z 1**	3–7
A. Grundsatz: Öffentlichrechtliches Verhältnis	3
B. Antragsform	4
C. Veranlassung	5
D. Beispiele zur Frage eines „Auftraggebers", I 1	6, 7
4) **Vollstreckungsschuldner, Verpflichteter, I Z 2, 3**	8–10
A. Zweitschuldner	8
B. Vollstreckungsbegriff	9
C. Haftungsaufteilung	10
5) **Mehrheit von Kostenschuldnern, II**	11
6) **Auftrag durch das Gericht, III**	12
7) **Rechtsmittel, I–III**	13

1) Systematik, I–III. § 13 bestimmt, wer dem Staat die Kosten schuldet. Denn 1 die Kostenlast entsteht zugunsten des den Staats, nicht des Gerichtsvollziehers, Grdz 10 vor § 1. Der Gerichtsvollzieher ist also kein Kostengläubiger, obwohl I Z 1 vom „Auftraggeber" spricht. Soweit III anwendbar ist, sind I, II unanwendbar.
    Eine Haftung als *Übernahmeschuldner*, wie sie in § 29 Z 2 GKG, § 24 Z 2 FamGKG, § 3 Z 2 KostO und § 6 I Z 2 JVKostO vorkommt, ist zwar nach dem GvKostG nicht direkt vorgesehen. Sie ist aber unter den Voraussetzungen eines echten Vertrages mit dem Kostengläubiger nach §§ 328 ff BGB denkbar, auch bei einer Einzugsermächtigung des Gläubigers an den Gerichtsvollzieher, AG Eschwege DGVZ 06, 141. Die Übernahmehaftung läßt eine gesetzliche Haftung des Kostenschuldners aber bestehen. Daher entsteht dann eine Haftung mehrerer Kostenschuldner nach II als Gesamtschuldner, Rn 11.

2) Regelungszweck, I–III. Ein solches Gesetz, das man durchweg kostenschuld- 2 nerfreundlich behandeln soll, Grdz 8 vor § 1, § 1 Rn 2, muß natürlich erst recht in seiner den Kreis der Kostenschuldner festlegenden Spezialvorschrift dieselbe Auslegung erhalten, und zwar in allen ihren Teilen. Freilich darf das auch nicht dazu führen, daß man für nun einmal entstandene Kosten überhaupt keinen Kostenschuldner finden kann.

3) „Auftraggeber": Veranlassungsschuldner, I Z 1. Ein Grundsatz spiegelt 3 sich in zahlreichen Einzelfragen.
    A. Grundsatz: Öffentlichrechtliches Verhältnis. Da der Staat dem „Auftraggeber" den Gerichtsvollzieher zur Durchführung der Zwangsvollstreckung zur Verfügung stellt, besteht ein öffentlichrechtliches Verhältnis, Grdz 13 vor § 1. Es besteht aber nicht ein privatrechtliches Auftragsverhältnis zwischen dem Gläubiger und dem Gerichtsvollzieher, etwa nach §§ 662 ff BGB. I Z 1 gleicht also seinem Inhalt nach dem § 22 I 1 GKG, Teil I A dieses Buchs. Der „Auftrag" ist in Wahrheit ein Antrag, LG Hbg DGVZ **83**, 124, BLAH § 733 ZPO Rn 3 ff. Die Zusammenfassung mehrerer Aufforderungen oder einer Aufforderung zu mehreren Tätigkeiten in demselben Schreiben usw macht diese Mehrheit von „Aufträgen" nicht zu einem einzelnen. Ein und derselbe „Auftrag" kann aber die Notwendigkeit mehrerer Amtshandlungen oder Maßnahmen umfassen.

    B. Antragsform. Es besteht eine Formfreiheit. Auch ein telefonischer, elektroni- 4 scher, per Telefax erteilter oder mündlicher, sogar stillschweigender Auftrag kann wirksam sein. Die Art und der Umfang des Auftrags, etwa gesetzlich zulässige Bedingungen usw lassen sich notfalls durch eine Auslegung ermitteln, § 242 BGB, soweit nach dem Gesetz überhaupt beachtlich. Natürlich darf und muß der Gerichtsvollzieher klarstellen, ob und welcher Auftrag vorliegt.
    Es hängt dabei von den *Umständen* ab, ob er eine handschriftliche Unterschrift oder elektronische Signatur fordern muß usw, Riecke DGVZ **02**, 49, und ob zB eine Niederlegung von Vollstreckungsunterlagen auf der Verteilungsstelle für Gerichtsvollzieher ausreicht. Freilich ist eine Aushändigung der vollstreckbaren Ausfertigung meist ein Auftrag. Einzelheiten BLAH zu § 754 ZPO. Der Auftrag muß die Personalien des Vollstreckungsschuldners nach § 750 ZPO so ergeben, daß der Gerichtsvollzieher damit keine besondere Mühe hat. Man kann ihm natürlich die üblichen kleineren

2063

Bemühungen zumuten, zB eine Nachfrage bei einem Nachbarn oder Mitbewohner. Eine Wohnungsermittlung über das Einwohnermeldeamt geht aber zu weit.

5   **C. Veranlassung.** Als ein Kostenschuldner kommt nur diejenige Partei selbst in Betracht, die die Veranlassung zur Tätigkeit des Gerichtsvollziehers gegeben hat und der man daher die Auftragserteilung zurechnen darf und muß, BGH DGVZ **06**, 49. Das kann natürlich auch eine Partei kraft Amts oder die öffentliche Hand sein, AG Bersenbrück DGVZ **91**, 15, AG Cloppenb DGVZ **96**, 47. Kein Auftraggeber ist ihr gesetzlicher Vertreter, auch nicht nach § 252 AO, AG Bersenbrück DGVZ **91**, 15, auch nicht ihr ProzBev, Weis AnwBl **07**, 569, sofern sich diese letzteren Personen nicht etwa persönlich zur Zahlung bereit erklärt haben, DB-GvKostG Z 6 I, Bohnenkamp JB **07**, 571.

Die Partei schuldet nur alle diejenigen Gebühren und Auslagen, die zu einer ordnungsgemäßen und zweckmäßigen Durchführung ihres Auftrags nach dem Gesetz und nicht etwa nur nach der Vorstellung des Auftraggebers *notwendigerweise* entstehen, BGH FGPrax **08**, 448, LG Bln JB **00**, 548, LG Wuppert JB **97**, 548, aM Meyer 7 (sog parteiobjektiver Maßstab, zu großzügig). Die Haftung entsteht unabhängig von einem Erfolg oder Mißerfolg des Gerichtsvollziehers, LG Kassel DGVZ **03**, 140. Notwendig sind alle innerhalb eines ordnungsgemäß ausgeübten Ermessens entstandenen Kosten, LG Brschw DGVZ **83**, 118. Man darf und muß die Regeln zur Notwendigkeit nach §§ 91, 788 ZPO mitbeachten, BGH FGPrax **08**, 448, Hamm Rpfleger **75**, 75, Köln Rpfleger **86**, 240.

6   **D. Beispiele zur Frage eines „Auftraggebers", I Z 1**
7   **Abschrift, Ablichtung:** Anwendbar ist I Z 1 auch dann, wenn der Gerichtsvollzieher dem Schuldner kraft Gesetzes eine Abschrift oder Ablichtung erteilt, § 763 II ZPO, AG Bln-Tempelhof DGVZ **84**, 45, AG Münst DGVZ **02**, 95, oder soweit ein Beteiligter eine Abschrift oder Kopie gleich welcher Herstellungsart verlangt, § 760 ZPO, AG Bln-Wedding DGVZ **86**, 78, AG Neuwied DGVZ **92**, 174, AG Wiesb DGVZ **94**, 158. Der Gerichtsvollzieher darf dabei die mit der Abschrift oder Ablichtung verfolgten Zwecke nicht prüfen.

Unanwendbar ist Z 1 auf eine solche Dokumentenpauschale usw, die dadurch entsteht, daß der Gerichtsvollzieher anderen *Personen* als denjenigen eine Ablichtung erteilt, die eine solche kraft Gesetzes fordern können, AG Bln-Wedding DGVZ **86**, 78, AG Ffm DGVZ **85**, 93, AG Neuwied DGVZ **92**, 174, aM AG Augsb DGVZ **87**, 126.

Antragsrücknahme: Für I Z 1 kommt es darauf an, ob der Antrag bisher zulässig und einigermaßen erfolgversprechend war, etwa bis zur Leistung des Schuldners oder bis zur Verjährung (ihre Einrede hing vom Schuldner ab).
Aussichtslosigkeit: *Unanwendbar* ist I Z 1 bei den Kosten eines von vornherein aussichtslosen Vollstreckungsversuchs.
Dokumentenpauschale: S „Abschrift, Ablichtung".
Einlagerung: S zunächst Rn 7 „Verwahrung".
Der Gläubiger haftet aber *nicht* für die Kosten der an einer Überführung anschließenden eigentlichen Einlagerung, BGH FGPrax **08**, 448, LG Mannh DGVZ **97**, 186, AG Ffm DGVZ **87**, 159, aM Hamm DGVZ **01**, 7, LG Duisb NZM **98**, 303, AG Erkelenz DGVZ **00**, 159.
Kostenfreiheit: Bei einer Kostenfreiheit des Auftraggebers muß der Gerichtsvollzieher § 2 beachten, ferner Nr 3.2 DB-PKHG, Teil VII B 5 dieses Buchs. Daher muß die Staatskasse oder der Gerichtsvollzieher erhaltene Kosten evtl zurückzahlen, BVerfG JB **01**, 204, AG Dortm DGVZ **96**, 79, AG Wiesb JB **91**, 1233, aM AG Leverkusen DGVZ **80**, 83, AG Bad Neuenahr-Ahrweiler DGVZ **90**, 94, AG Trier DGVZ **88**, 142 (vgl aber § 122 I ZPO).
Protokoll: S „Abschrift, Ablichtung", Rn 7 „Schuldner".
Prozeßkostenhilfe: Eine Prozeßkostenhilfe für den Auftraggeber ist nur dann beachtlich, wenn das Gericht sie nach § 119 ZPO für die Zwangsvollstreckung bewilligt hat. Diese muß der Begünstigte dem Gerichtsvollzieher auf dessen Verlangen nachweisen, § 84 Z 2 GVO, es sei denn, der ProzBev oder die Geschäftsstelle haben den Auftrag erteilt oder vermittelt. Bei ihr bleibt der Auftraggeber zwar ein Kostenschuldner. Der Gerichtsvollzieher muß aber § 15 III 2 und DB-GvKostG

Z 6 II beachten. Das gilt auch ohne eine Vorlage des Bewilligungsbeschlusses, AG Pinneb DGVZ **77**, 142. Die Landeskasse zieht die Beträge ein, soweit das Gericht die Bewilligung aufgehoben hat, § 124 ZPO. Sie verbleiben ihr dann voll, § 77 b GVO.

Hat der Gläubiger den Hinweis auf eine Prozeßkostenhilfe *unterlassen,* sie nachträglich aber nachgewiesen, muß der Gerichtsvollzieher seine vom Gläubiger erhobenen Kosten an diesen erstatten. Er kann die durch die Erhebung entstandenen Mehrkosten nicht abziehen, § 15 III 2.

Räumung: „Auftraggeber" ist auch der Räumungsgläubiger bei § 885 ZPO. Der Zwangsverwalter bleibt auch nach der Aufhebung des Zwangsverwaltungsverfahrens Kostenschuldner, AG Brühl DGVZ **09**, 171.

S dazu bei den Stichwörtern zu den Räumungs-Einzelfragen.

Schuldner: „Auftraggeber" kann auch der Schuldner sein. Das gilt zB bei seinem Antrag auf ein Protokoll nach 760 ZPO, AG Münst DGVZ **02**, 95.

Spediteur: S „Verwahrung".

Unzulässigkeit: *Unanwendbar* ist I Z 1 bei den Kosten eines von vornherein unzulässigen Vollstreckungsversuchs.

Verjährung: § 8 Rn 1.

Vernichtung: Es gilt dasselbe wie bei einer „Versteigerung".

Versteigerung: Der Gläubiger schuldet *nicht* nach I Z 1 die Gebühren oder Auslagen einer Versteigerung von Räumungsgut, § 885 IV 2 ZPO, Zweibr DGVZ **98**, 9, LG Ffm DGVZ **02**, 77, AG Leverkusen DGVZ **96**, 44, aM LG Kblz DGVZ **06**, 78, LG Mü WoM **98**, 500, AG Bre DGVZ **99**, 63 (aber vor der Entfernung aller Sachen liegt keine vollständige Besitzaufgabe = Räumung vor).

Verwahrung: „Auftraggeber" ist der Gläubiger als Antragsteller auch für die Kosten einer geeigneten Verwahrung der bei einer Räumung herausgeholten Sachen, § 885 ZPO, Jena JB **99**, 436, AG Geilenkirchen DGVZ **97**, 30 (Pkw-Unterstellkosten), LG Ffm DGVZ **06**, 115, LG Kassel DGVZ **03**, 140 (je: Spediteur). Der Gläubiger haftet auch für die Kosten der Übergabe an den Schuldner nach der Verwahrung, LG Bln JB **00**, 548, LG Kblz DGVZ **94**, 91, AG Sinzig DGVZ **92**, 58. Denn erst anschließend ist die Räumung vollendet, Brosette NJW **89**, 965.

S aber Rn 6 „Einlagerung".

Verwirkung: § 8 Rn 1.

Zwangsverwalter: S „Räumung".

4) Vollstreckungsschuldner, Verpflichteter, I Z 2, 3. Vgl zunächst §§ 29 I 4 GKG, 3 Z 4 KostO, Teile I A, III dieses Buchs. Der Schuldner ist dem Gläubiger gegenüber verpflichtet, nur die nach § 788 ZPO, § 95 FamFG notwendigen Kosten der Vollstreckung zu tragen, BLAH § 788 ZPO Rn 19ff. Der Gläubiger kann diese Kosten festsetzen lassen. Eine solche Festsetzung ist allerdings grundsätzlich nicht erforderlich. Denn nach § 788 I ZPO, § 95 FamFG sind die notwendigen Kosten der Vollstreckung zugleich mit dem zur Vollstreckung stehenden Anspruch beitreibbar, soweit die Vollstreckungskosten nach § 91 ZPO notwendige Kosten waren. Der Gerichtsvollzieher muß daher auch seine Kosten vom Schuldner beitreiben. Ein als Gesamtschuldner in der Hauptsache Verurteilter haftet auch wegen der notwendigen Vollstreckungskosten als Gesamtschuldner, LG Kassel DGVZ **02**, 172, LG Lübeck DGVZ **86**, 119, LG Stgt Rpfleger **93**, 38 (je auch zu Ausnahmen).

Kein Vollstreckungsschuldner ist der gesetzliche Vertreter, auch soweit er eine Offenbarungsversicherung für den Vertretenen abgeben muß. Das gilt auch bei einer juristischen Person und bei einer Einmanngesellschaft. Ein vorzuführender Zeuge ist ebenfalls kein Vollstreckungsschuldner. Insofern gilt III.

A. Zweitschuldner. Der Auftraggeber kommt also praktisch nur als ein Zweitschuldner in Betracht. I Z 2 stellt außerdem eine unabhängig von I Z 1 geltende unmittelbare Verpflichtung des Vollstreckungsschuldners der Staatskasse gegenüber fest. Für die Fälligkeit gilt (jetzt) § 14, Ffm DGVZ **82**, 60 (zum alten Recht). Über eine Einwendung gegen die Notwendigkeit von Vollstreckungskosten muß der Schuldner das Gericht nach § 766 II ZPO entscheiden lassen.

B. Vollstreckungsbegriff. Aus dem beigetriebenen Betrag muß man in erster Linie die Kosten der Vollstreckung decken, § 16. Zum Beginn der Vollstreckung und zu ihrem Ende BLAH Grdz 51–53 vor § 704 ZPO. Die bloße Zustellung des Vollstreckungstitels macht den Empfänger noch nicht zum Vollstreckungsschuldner. Bei einer Prozeß- oder Verfahrenskostenhilfe gilt § 15 III 2. Nach dem Ende der Vollstreckung muß der frühere Begünstigte als Veranlasser für einen weiteren Auftrag haften, AG Dortm DGVZ **89**, 79 (Protokollabschrift).

10 C. **Haftungsaufhebung.** Wenn ein Gericht den Vollstreckungstitel rückwirkend aufhebt, erlischt die Haftung des Vollstreckungsschuldners ebenfalls rückwirkend. Daher muß der Gläubiger dem Schuldner den beigetriebenen Betrag einschließlich der Kosten der Vollstreckung zurückerstatten. Das gilt allerdings nicht bei einem Verzicht des Gläubigers auf seine Rechte. Es gilt ferner nicht bei der Aufhebung einer einzelnen Vollstreckungsmaßnahme und nicht bei § 927 ZPO, sofern die einzelne Vollstreckungs- oder die Eilmaßnahme nicht von Anfang an unberechtigt war. Bei der Klage eines Dritten nach § 771 ZPO darf man die Herausgabe nicht wegen der Erstattung der Kosten des Gerichtsvollziehers verweigern, Alisch DGVZ **79**, 6.

11 5) **Mehrheit von Kostenschuldnern, II.** Vgl zunächst §§ 31 I GKG, 26 I FamGKG, 5 I 1 KostO, Teile I A, B, III dieses Buchs. Der Auftraggeber und der Vollstreckungsschuldner haften wegen derselben Kosten grundsätzlich gemeinsam, Düss DGVZ **06**, 200, und zwar als Gesamtschuldner, §§ 421, 426, 427 BGB usw. Vgl aber auch Rn 8–10. Wenn der Gerichtsvollzieher mehrere Vollstreckungsaufträge durch dieselbe Amtshandlung durchführt, liegt durchweg nach § 3 II Z 3 rechtlich doch nur *ein* Auftrag vor und kann eine gesamtschuldnerische Haftung entstehen. Natürlich haftet für Sonderwünsche nur derjenige, der sie äußert.

12 6) **Auftrag durch das Gericht, III.** Das Gericht kann dem Gerichtsvollzieher den Auftrag zur Vornahme einer ganzen Reihe von Amtshandlungen geben. Es kann zB den Auftrag erteilen, Grundstückszubehör zu versteigern, KVGv 300, an den Meistbietenden zu verpachten, KVGv 301, eine unbewegliche Sache an den Zwangsverwalter zu übergeben, KVGv 242, jemanden zu verhaften oder vorzuführen, KVGv 270, ein Schiff usw zu bewachen oder zu verwahren, KVGv 400, den Mieter oder Pächter eines Grundstücks festzustellen, KVGv 401, oder eine Amtshandlung zum Zweck der Sicherung eines Nachlasses vorzunehmen, § 12 I.

III *ergänzt* die Auslagenbestimmungen des GKG, des FamGKG und der KostO. Die Vorschrift hat den Vorrang vor I, II, Rn 1. Die Staatskasse kann also die Gebühren und Auslagen des Gerichtsvollziehers dem Kostenschuldner des gerichtlichen Verfahrens als Auslagen eben dieses Verfahrens in Rechnung stellen, obwohl die Staatskasse diese Kosten nicht verauslagt hat, § 21 KostVfg, Teil VII A dieses Buchs. Der Kostenbeamte zieht solche Kosten des Gerichtsvollziehers ein, § 27 VIII 1 KostVfg, Teil VII A dieses Buchs. Sie heißen durchlaufende Gelder, § 27 VIII 1 KostVfg. Der Gerichtsvollzieher erhält sie, § 38 KostVfg. Der Gerichtsvollzieher verfährt dann so, als ob er diese Beträge selbst eingezogen hätte.

13 7) **Rechtsmittel, I–III.** Man kann zB wegen der Frage der Notwendigkeit von Vollstreckungskosten die Erinnerung nach §§ 766, 793 ZPO einlegen.

Fälligkeit

14 [1]Gebühren werden fällig, wenn der Auftrag durchgeführt ist oder länger als zwölf Kalendermonate ruht. [2]Auslagen werden sofort nach ihrer Entstehung fällig.

DB-GvKostG Nr. 3. I [1]Die Gerichtsvollzieherin oder der Gerichtsvollzieher stellt über jeden kostenpflichtigen Auftrag alsbald nach Fälligkeit der Kosten in den Akten eine Kostenrechnung auf. [2]Darin sind die Kostenvorschriften, eine kurze Bezeichnung des jeweiligen Gebührentatbestands, die Bezeichnung der Auslagen, die Beträge der angesetzten Gebühren und Auslagen sowie etwa empfangene Vorschüsse anzugeben. [3]Sofern die Höhe der Kosten davon abhängt, sind auch der Wert des Gegenstandes (§ 12 GvKostG) und die Zeitdauer des Dienstgeschäfts, beim Wegegeld und bei Reisekosten gemäß Nr. 712 KV auch die nach Nr. 18 Abs. 1 maßgebenden Entfernungen anzugeben. [4]Die Urschrift der Kostenrechnung ist unter Angabe von Ort, Tag und Amtsbezeichnung eigenhändig zu unterschreiben. [5]Die dem Kostenschuldner

Abschnitt 3. Kostenzahlung § 14 GvKostG

zuzuleitende Reinschrift der Kostenregelung ist mit der Unterschrift oder dem Dienststempel zu versehen, die auch maschinell erzeugt werden können.

II ¹Ist über die Amtshandlung eine Urkunde aufzunehmen, so ist die Kostenrechnung auf die Urkunde zu setzen und auf alle Abschriften zu übertragen. ²Bei der Zustellung eines Pfändungs- und Überweisungsbeschlusses an einen Drittschuldner ist die Abschrift der Kostenrechnung entweder auf die beglaubigte Abschrift des Pfändungs- und Überweisungsbeschlusses oder auf die mit dieser zu verbindenden Abschrift der Zustellungsurkunde zu setzen.

III Wird dem Kostenschuldner weder die Urschrift noch die Abschrift einer Urkunde ausgehändigt, so muss die Kostenrechnung außer den in Absatz 1 genannten Angaben auch die Geschäftsnummer und eine kurze Bezeichnung der Sache enthalten; eine Abschrift der Kostenrechnung gegebenenfalls mit Zahlungsaufforderung ist dem Kostenschuldner umgehend mitzuteilen.

IV ¹Bei unrichtigem Kostenansatz stellt die Gerichtsvollzieherin oder der Gerichtsvollzieher eine berichtigte Kostenrechnung auf und zahlt den etwa überzahlten Betrag zurück. ²Dieser Betrag wird in den laufenden Geschäftsbüchern unter besonderer Nummer als Minusbuchung von den Kosten abgesetzt.

V Bei der Nachforderung von Kosten ist § 6 GvKostG, bei der Zurückzahlung von Kleinbeträgen § 82 GVO zu beachten.

DB-GvKostG Nr. 8. I ¹Kosten im Betrag von weniger als 2,50 Euro sollen nicht für sich allein eingefordert, sondern vielmehr gelegentlich kostenfrei oder zusammen mit anderen Forderungen eingezogen werden. ²Kleinbeträge, die hiernach nicht eingezogen werden können, sind durch einen Vermerk bei der Kostenrechnung in den Sonderakten zu löschen. ³Die der Gerichtsvollzieherin oder dem Gerichtsvollzieher nach den geltenden Bestimmungen (§ 11 Nr. 3 GVO) aus der Landeskasse zu ersetzenden Beträge sind in die Spalten 12 und 13 des Kassenbuchs II einzutragen. ⁴Der Buchungsvorgang ist dort in Spalte 14 durch den Buchstaben K zu kennzeichnen. ⁵Bei im Dienstregister I verzeichneten Aufträgen sind dort in Spalte 5 die Kosten durch Minusbuchung zu löschen, die aus der Landeskasse zu ersetzenden Auslagen in Spalte 7 einzutragen und der Buchungsvorgang durch den Buchstaben K in Spalte 8 zu kennzeichnen. ⁶Auch wenn Beträge gelöscht sind, können sie später nach Satz 1 eingezogen werden.

II Die GV-Kosten können insbesondere erhoben werden
a) durch Einlösung eines übersandten oder übergebenen Schecks;
b) durch Einziehung im Lastschriftverfahren;
c) durch Aufforderung an den Kostenschuldner, die Kosten innerhalb einer Frist, die regelmäßig zwei Wochen beträgt, unter Angabe der Geschäftsnummer an die Gerichtsvollzieherin oder den Gerichtsvollzieher zu zahlen;
d) ausnahmsweise durch Nachnahme, wenn dies zur Sicherung des Eingangs der Kosten angebracht erscheint.

DB-GvKostG Nr. 9. I ¹Zahlt ein Kostenschuldner die angeforderten GV-Kosten nicht fristgemäß, so soll er gemahnt werden. ²Die Mahnung kann unterbleiben, wenn damit zu rechnen ist, dass der Kostenschuldner sie unbeachtet lässt. ³War die Einziehung der Kosten durch Nachnahme versucht, so ist nach Nr. 8 Abs. 2 Buchstabe c zu verfahren; einer Mahnung bedarf es in diesem Falle nicht.

II ¹Die Gerichtsvollzieherin oder der Gerichtsvollzieher beantragt bei für den Wohnsitz oder Sitz des Kostenschuldners zuständigen Gerichtskasse oder bei der an Stelle der Gerichtskasse zuständigen Vollstreckungsbehörde die zwangsweise Einziehung der rückständigen Kosten, falls eine Mahnung nicht erforderlich ist oder der Schuldner trotz Mahnung nicht gezahlt hat (vgl. § 77 a GVO). ²Bei einem Rückstand von weniger als 25 Euro soll ein Antrag nach Satz 1 in der Regel nur gestellt werden, wenn Anhaltspunkte für die Annahme vorliegen, dass bei der Gerichtskasse oder Vollstreckungsbehörde noch weitere Forderungen gegen den Kostenschuldner bestehen; Nr. 8 Abs. 1 Satz 2 bis 6 gilt entsprechend. ³Der Kosteneinziehungsbetrag ist mit dem Abdruck des Dienststempels zu versehen. ⁴In den Sonderakten oder – bei Zustellungs- und Protestaufträgen – in Spalte 8 des Dienstregisters I ist der Tag der Absendung

2067

GvKostG § 14 XI. G über Kosten der GVz

des Antrags zu vermerken und anzugeben, warum kein Kostenvorschuss erhoben ist. ⁵ Zahlt der Kostenschuldner nachträglich oder erledigt sich der Kosteneinziehungsantrag aus anderen Gründen ganz oder teilweise, so ist dies der Gerichtskasse oder Vollstreckungsbehörde unverzüglich mitzuteilen.

III Die eingegangenen Beträge sind in folgender Reihenfolge auf die offenstehenden Kosten anzurechnen, sofern sie zu ihrer Tilgung nicht ausreichen:
a) Wegegelder und Reisekosten gemäß Nr. 712 KV,
b) Dokumentenpauschalen,
c) sonstige Auslagen,
d) Gebühren.

IV ¹Die Gerichtsvollzieherin oder der Gerichtsvollzieher löscht die rückständigen Kosten, wenn
a) die Kostenforderung nicht oder nicht in voller Höhe einziehbar ist, insbesondere die Gerichtskasse oder Vollstreckungsbehörde mitgeteilt hat, dass der Versuch der zwangsweisen Einziehung ganz oder zum Teil erfolglos verlaufen sei, und
b) nach der Mitteilung der Gerichtskasse oder Vollstreckungsbehörde oder der eigenen Kenntnis keine Anhaltspunkte dafür vorhanden sind, dass die Kosten in Zukunft einziehbar sein werden.
²Die Gerichtsvollzieherin oder der Gerichtsvollzieher löscht die Beträge durch Vermerk bei der Kostenrechnung in den Sonderakten und stellt gleichzeitig die zu erstattenden Auslagen in die Spalten 12 und 13 des Kassenbuchs II ein.
³Bei Zustellungs- und Protestaufträgen sind die Beträge durch Minusbuchung in Spalte 5 des Dienstregisters I zu löschen und die zu erstattenden Auslagen dort in Spalte 7 einzustellen.

Gliederung

1) Systematik, S 1, 2	1
2) Regelungszweck, S 1, 2	2
3) Geltungsbereich für Gebühren, S 1	3–6
A. Auftragsdurchführung, S 1 Hs 1	3, 4
B. Rücknahme, Hindernisse	5
C. Ruhen des Auftrags, S 1 Hs 2	6
4) Geltungsbereich für Auslagen: Entstehung, S 2	7

1 **1) Systematik, S 1, 2.** Man muß die Fälligkeit und damit die Einziehbarkeit und nach § 8 I den Verjährungsbeginn von der Entstehung der Kosten unterscheiden. Über die Entstehung enthält das GvKostG keine ausdrückliche Vorschrift. Die Gebühren entstehen mit der Erfüllung des gebührenrechtlichen Tatbestands des Kostenverzeichnisses, sofern nicht I 1 das Entstehen ausschließt. Die Auslagen entstehen mit der Ausgabe des entsprechenden Betrags oder zB bei KVGv 710 mit der Erfüllung des auslagenrechtlichen Tatbestands des Kostenverzeichnisses. Als Angabe gilt noch nicht der Vorgang des Telefonats auch bei einer erst nachfolgenden Rechnung, aM SchrKGe 8 (aber dann steht der Betrag meist erst mit dem Rechnungserhalt fest). Die Entstehung und die Fälligkeit können, müssen aber nicht zeitlich zusammenfallen. *Von der Fälligkeit unabhängig* sind das Entnahmerecht nach § 15 und eine Vorschußverrechnung.

2 **2) Regelungszweck, S 1, 2.** Die Vorschrift dient in einer Abgrenzung von § 4 dem Gedanken einer Vorleistungspflicht des Gerichtsvollziehers und damit des Staats als dem Gegenstück zu seinem Gewaltmonopol. Wie weit freilich in der Praxis § 4 vorherrscht, ist eine andere Frage. Jedenfalls ist auch bei § 14 eine Auslegung zugunsten des Kostenschuldners notwendig, Grdz 8 vor § 1, § 1 Rn 2.

3 **3) Geltungsbereich für Gebühren, S 1.** Man muß zwei Fallgruppen unterscheiden.
A. Auftragsdurchführung, S 1 Hs 1. Die Vorschrift bindet die Fälligkeit im Interesse der Kostenklarheit an die tatsächliche oder nach § 3 IV unterstellte Durchführung des gesamten Auftrags und nicht an die Erledigung einzelner Amtshandlungen innerhalb desselben Auftrags. Wenn der Auftrag mehrere gebührenpflichtige Amtshandlungen umfaßt, tritt die Fälligkeit der Gebühren also nicht bei jeder einzelnen Amtshandlung ein, sondern erst mit Erledigung aller zugehörigen Amtshandlungen, so schon Ffm DGVZ 82, 60.

2068

Abschnitt 3. Kostenzahlung §§ 14, 15 GvKostG

Allerdings gilt nach § 2 I 2 unter den dortigen Voraussetzungen die Tätigkeit eines 4
jeden von mehreren Gerichtsvollziehern als ein besonderer Auftrag. Demgegenüber
ergibt sich bei § 2 II 1 Z 1–3 das Vorliegen nur eines einzigen Auftrags. § 2 IV nennt
Fälle, in denen ein Auftrag als durchgeführt gilt.

Eine *büromäßige* Erledigung des Vollstreckungsauftrags nach § 40 GVO ergibt für
sich allein noch keine Durchführung nach § 14. Es kommen dann §§ 4, 15 in Betracht.

B. Rücknahme, Hindernisse. Der Auftrag kann dennoch als durchgeführt gelten, 5
§ 3 IV. Das kann auch beim Tod des Schuldners eintreten, ferner bei seinem unbekannten Aufenthalt.

C. Ruhen des Auftrags, S 1 Hs 2. Die Fälligkeit einer Gebühr tritt unabhängig 6
von der Auftragsdurchführung auch ein, soweit der Auftrag länger als zwölf Kalendermonate ruht. Das kann zB dann so sein, wenn der Gläubiger mit dem Schuldner
eine Ratenzahlungsvereinbarung getroffen und deshalb der Gerichtsvollzieher gebeten hat, die Vollstreckung vorläufig nicht fortzuführen. Darüber hinaus reicht jedes
tatsächliche Nichtbetreiben der Amtstätigkeit, gleich aus welchem Grund und ob
schuldhaft oder nicht. Ausreichen können zB die Eröffnung eines Insolvenzverfahrens
beim Schuldner oder eine Einstellung nach § 775 ZPO. Eine endgültige Unauffindbarkeit reicht, eine vorläufige nicht, Drumann JB **03**, 510, Kessel JB **04**, 65. Der
Schuldner braucht nicht gehofft zu haben, der Gerichtsvollzieher werde nicht mehr
tätig werden. Ein Vorschuß nach § 4 kommt bis zur Fälligkeit infrage.

Kein Ruhen liegt vor, soweit der Gerichtsvollzieher eine auftragsgemäße Tätigkeit
überhaupt noch nicht begonnen hat oder soweit er einen objektiv durchgeführten
Auftrag aus irgendeinem Irrtum heraus nun erneut „durchzuführen" beginnt.

Kalendermonat ist der erste bis letzte Tag. Hat das Ruhen am ersten oder vor dem
letzten Tag des Kalendermonats begonnen, tritt die Fälligkeit erst nach 12 vollen folgenden Kalendermonaten ein.

4) Geltungsbereich für Auslagen: Entstehung, S 2. Sie werden sofort nach 7
ihrer Entstehung fällig. Zur Auslagenentstehung reicht die tatsächliche Zahlung durch
den Gerichtsvollzieher, nicht aber eine Fälligkeit der bloßen Zahlungspflicht. Denn
dann würde über S 2 ein weitergehender Vorschuß fällig als nach § 4. Das ist nicht
der Sinn von S 2.

Entnahmerecht

15 *Fassung 1. 9. 2009:* [I] [1]Kosten, die im Zusammenhang mit der Versteigerung
oder dem Verkauf von beweglichen Sachen, von Früchten, die vom Boden
noch nicht getrennt sind, sowie von Forderungen oder anderen Vermögensrechten, ferner bei der öffentlichen Verpachtung an den Meistbietenden und bei der
Mitwirkung bei einer Versteigerung durch einen Dritten (§ 825 Abs. 2 der Zivilprozessordnung) entstehen, können dem Erlös vorweg entnommen werden.
[2]Dies gilt auch für die Kosten der Entfernung von Pfandstücken aus dem Gewahrsam des Schuldners, des Gläubigers oder eines Dritten, ferner für die Kosten des Transports und der Lagerung.

[II] Andere als die in Absatz 1 genannten Kosten oder ein hierauf zu zahlender
Vorschuss können bei der Ablieferung von Geld an den Auftraggeber entnommen werden.

[III] [1]Die Absätze 1 und 2 gelten nicht, soweit § 459 b der Strafprozessordnung
oder § 94 des Gesetzes über Ordnungswidrigkeiten entgegensteht. [2]Sie gelten
ferner nicht, wenn dem Auftraggeber Prozess- oder Verfahrenskostenhilfe bewilligt ist. [3]Bei mehreren Auftraggebern stehen die Sätze 1 und 2 einer Vorwegentnahme aus dem Erlös (Absatz 1) nicht entgegen, wenn deren Voraussetzungen nicht für alle Auftraggeber vorliegen. [4]Die Sätze 1 und 2 stehen einer
Entnahme aus dem Erlös auch nicht entgegen, wenn der Erlös höher ist als die
Summe der Forderungen aller Auftraggeber.

Vorbem. III 2 erweitert dch Art 47 III Z 4 FGG-RG v 17. 12. 08, BGBl 2586, in
Kraft seit 1. 9. 09, Art 112 I Hs 1 FGG-RG, Übergangsrecht Art 111 FGG-RG, Grdz 2
vor § 1 FamGKG, Teil I B dieses Buchs.

2069

GvKostG § 15   XI. G über Kosten der GVz

Bisherige Fassung III 2: [2]**Sie gelten ferner nicht, wenn dem Auftraggeber Prozeßkostenhilfe bewilligt ist.**

Gliederung

1) Systematik, I–III	1, 2
2) Regelungszweck, I–III	3
3) Geltungsbereich I, II	4–6
A. Versteigerung usw, I 1	4
B. Gewahrsamsentfernung, Transport- und Lagerkosten, I 2	5
C. Geldablieferung, II	6
4) Besonderheiten, III	7–12
A. Nebenfolge, III 1	7
B. Prozeß- oder Verfahrenskostenhilfe, III 2	8, 9
C. Mehrheit von Auftraggebern, III 3	10
D. Erlösüberschuß, III 4	11
E. Erlösunterschuß	12
5) Rechtsbehelfe, I–III	13

1 **1) Systematik, I–III.** Das Entnahmerecht bedeutet keine allgemeine Haftung des Erlöses selbst. Es ist auch nicht auf ihn beschränkt. Entscheidend bleibt immer die Haftung des Kostenschuldners. Bei mehreren Gläubigern kommt eine anteilsmäßige Kürzung des Erlöses in Betracht. Soweit der Gläubiger von den Kosten frei ist, bleibt § 15 unberührt, § 2 IV. Das gilt auch beim Einzug von eingezogenen oder dem Staat verfallenden Sachen, Otto JB **01**, 63.

2 Das Entnahmerecht ist *nicht* von der *Fälligkeit* der Kosten nach § 14 abhängig. Es genügt vielmehr deren Entstehung. Vor der Entstehung ist freilich das Einverständnis des Auftraggebers erforderlich. Die Befugnis des Gerichtsvollziehers nach § 15 zwingt ihn grundsätzlich auch zum Vorgehen nach § 15, Ffm Rpfleger **75**, 325. Eine schuldhafte Nichtausübung des Entnahmerechts und der Entnahmepflicht kann dazu führen, daß der Gerichtsvollzieher keine Auslagen aus der Staatskasse erhält, § 11 Z 3 GVO, und daß er der Staatskasse auch für ihren Ausfall haftet. Einen vorrangigen Sonderfall für die Prozeßkostenhilfe behandelt III 2.

§ 15 gibt grundsätzlich *kein Zurückbehaltungsrecht* an Urkunden usw, anders als § 10 KostO, § 7 JVKostO. Wegen einer Ausnahme beim Räumungsgut BLAH § 885 ZPO Rn 29 (Streitfrage). Bei der Zwangsvollstreckung in Sachen unter einem Eigentumsvorbehalt des kostenfreien Gläubigers bleibt § 15 ohne eine Rücksicht auf die Eigentumsfrage anwendbar, aM BGH DGVZ **84**, 39 (aber der Gerichtsvollzieher klärt grundsätzlich kein Eigentum).

§ 15 ist *unanwendbar, soweit* das Gericht dem Gerichtsvollzieher einen Auftrag erteilt hat. Denn die durch einen solchen Auftrag verursachten Kosten gelten als solche des gerichtlichen Verfahrens nach § 13 III und werden dementsprechend eingezogen, § 13 Rn 12. Der Gerichtsvollzieher muß den Erlös daher dann voll an das Gericht abführen.

3 **2) Regelungszweck, I–III.** Die Vorschrift dient der Erleichterung der Kostenerhebung und der Sicherung der Staatskasse wie der Stellung des Gerichtsvollziehers. Diese Vorrangfunktion ist nur insoweit überzeugend, als es sich immerhin um eine staatliche Hilfe zugunsten eines meist privaten Gläubigers handelt. Er ist aber auch auf das staatliche Gewaltmonopol angewiesen. Daher darf man bei der Auslegung auch unter einer Mitbeachtung der Erwägungen Grdz 8 vor § 1 keineswegs nur zugunsten des Gerichtsvollziehers vorgehen.

4 **3) Geltungsbereich, I, II.** Das Entnahmerecht beschränkt sich auf die in § 15 genannten Situationen. Es umfaßt dann alle Kosten, also alle Gebühren und Auslagen des Gerichtsvollziehers, § 1 I 1. Man muß die folgenden Fallgruppen unterscheiden.

A. Versteigerung usw, I 1. Der Gerichtsvollzieher darf nach I 1 ähnlich wie bei § 54 III KostO nur die im KVGv 300–310 bestimmten Gebühren und zugehörigen Auslagen nach KVGv 700ff dem Erlös vorweg entnehmen. Das gilt für alle solchen Kosten, zB auch solche für erfolglose oder weitere Termine. Es muß sich also um eine Versteigerung, einen Verkauf, eine Verpachtung, eine Verwertung nach § 825 ZPO usw oder eine Mitwirkung der im KVGv 300–310 genannten Art gehandelt haben. Sie muß einen solchen Gelderlös erbracht haben, den der Gerichtsvollzieher selbst erhalten muß.

2070

Abschnitt 3. Kostenzahlung § 15 GvKostG

B. Gewahrsamsentfernung, Transport- und Lagerkosten, I 2. Es muß sich 5
um ein solches Nebengeschäft handeln, für das der Gerichtsvollzieher im Rahmen
eines Hauptgeschäfts zuständig ist, § 1 I. Die Entfernung des Pfandstücks muß aus
dem Gewahrsam des Schuldners, des Gläubigers oder eines Dritten geschehen. Ferner
zählen hierher die Kosten des Transports und der Lagerung der in I 2 genannten
Pfandstücke.
C. Geldablieferung, II. Der Gerichtsvollzieher darf sonstige Gebühren und Aus- 6
lagen auch auf Grund einer Amtshandlung nach KVGv 220 sowie einen hierauf nach
§ 4 erforderlichen Vorschuß auch nach II dann entnehmen, wenn er Geld erhalten
hat und es nun eigentlich gerade an den Auftraggeber abliefern muß.
   Dem Auftraggeber steht sein *Bevollmächtigter* nach § 170 Z 1 GVGA oder ein solcher *Dritter* gleich, der für den Auftraggeber aus einem von dem Auftraggeber
abgeleiteten Recht Geld empfangen darf, etwa nach einer Abtretung oder Pfändung
und Überweisung. Ferner steht eine Hinterlegung aus einem solchen Grund gleich,
der in der Person des Auftraggebers liegt, § 196 Z 1 f GVGA, LG Saarbr DGVZ 80,
43. Eine derartige Hinterlegung steht aber einer Geldablieferung dann nicht gleich,
wenn sie erfolgt, weil die Empfangsberechtigung des Auftraggebers nicht sicher ist.
   Der Gerichtsvollzieher hat *kein Entnahmerecht,* soweit er den ihm übergebenen Betrag an einen solchen Dritten abführen soll, der nicht nach den vorstehenden Regeln
dem Auftraggeber gleichsteht, zB bei §§ 293, 294 BGB, 220 II StPO. Denn
könnte der Gerichtsvollzieher den Auftrag nicht ordnungsgemäß durchführen. Ein
Entnahmerecht fehlt ferner, soweit bei der besonderen Verwertungsart kein Gelderlös
entstanden ist, sondern soweit eine andersartige Befriedigung des Gläubigers erfolgte.
Freilich kann ein Entnahmerecht insoweit entstehen, als der Gerichtsvollzieher einen
vom Dritten nicht angenommenen Betrag nun dem Auftraggeber aushändigen müßte.
   4) Besonderheiten, III. Auch hier muß man mehrere Fallgruppen unterschei- 7
den.
A. Nebenfolge, III 1. § 459 b StPO und § 94 OWiG schränken das Entnahmerecht bei einer Einziehung einer Geldstrafe, einer Geldbuße oder einer zur Geldzahlung verpflichtenden Nebenfolge ein, III 1. I, II gelten in diesen von den eben genannten Vorschriften anderer Gesetze bereits gesondert geregelten Fällen nicht. Denn
man muß widersprüchliche Vorschriften vermeiden.
B. Prozeß- oder Verfahrenskostenhilfe, III 2. Nur soweit das Gericht dem 8
Gläubiger eine Prozeß- oder Verfahrenskostenhilfe bewilligt hat, befreit ihn das auch
von den durch die Tätigkeit des Gerichtsvollziehers verursachten Kosten, § 122 I
Z 1a ZPO, AG Dortm DGVZ 89, 79. Das gilt solange, bis das Gericht etwa die Prozeß- oder Verfahrenskostenhilfe nach § 124 ZPO, § 95 FamFG aufhebt. Aber bei einer Vollstreckung gegenüber dem Gegner ergibt sich die Möglichkeit, neben der
neben der Forderung auch die Kosten nach § 788 ZPO, § 95 FamFG beizutreiben.
   Die *Beitreibung* der Kosten des Gerichtsvollziehers kann darüber hinaus auch nach
§ 125 I ZPO in Verbindung mit § 1 I Z 7 JBeitrO erfolgen, Teil IX A dieses Buchs,
Grdz 14 vor § 1. Eine Beitreibung der Hauptforderung des Gläubigers kann natürlich
nur nach der ZPO erfolgen.
   Wenn sich ergibt, daß der *Erlös nicht ausreicht,* um die Hauptforderung und die 9
Kosten des Gerichtsvollziehers zu decken, würde man dem Entnahmerecht von
I, II den Erlös stets um die Kosten des Gerichtsvollziehers voll kürzen müssen. Ein
mittelloser Gläubiger würde also unter Umständen leer ausgehen. III 2 schränkt deshalb I, II grundsätzlich ein, soweit nicht im Ergebnis wegen III 3, 4 doch wieder ein
Entnahmerecht nach I, II besteht.
   Hat der Gläubiger *vor* der Bewilligung der Prozeß- oder Verfahrenskostenhilfe einen Auftrag zur Zwangsvollstreckung erteilt und hat er die hierdurch entstandenen
Kosten bezahlt, er auf Grund einer nachträglichen Prozeß- oder Verfahrenskostenhilfe keine Kostenrückzahlung fordern, AG Trier DGVZ 88, 142.
C. Mehrheit von Auftraggebern, III 3. Trotz des Vorliegens der Voraussetzun- 10
gen Rn 7 oder 8 darf und muß der Gerichtsvollzieher nach Rn 4, 5 vorgehen,
wenn er von mehreren Auftraggebern nicht alle nach § 459 b StPO oder nach § 94
OWiG behandeln darf oder wenn nicht alle eine Prozeßkostenhilfe erhalten. Der
Zweck der Regelung ist es, dem Gerichtsvollzieher umständliche Berechnungen zu

2071

ersparen. Das Gesetz nimmt eine gewisse Schlechterstellung der „eigentlich" Begünstigten hin. Die Entnahme darf auch nach § 2 IV auch zum *Nachteil* eines *Kostenfreien* erfolgen. Natürlich darf sie erst recht zu seinem Vorteil geschehen, nämlich dann, wenn sie zB nur zum Nachteil eines Vollstreckungsschuldners erfolgt, LG Saarbr DGVZ **80**, 43, AG Itzehoe DGVZ **94**, 126.

11 **D. Erlösüberschuß, III 4.** Trotz eines Vorliegens der Voraussetzungen Rn 7 oder 8 darf und muß der Gerichtsvollzieher auch dann nach Rn 4, 5 vorgehen, wenn der Erlös höher ist als die Summe der Forderungen aller Auftraggeber. Denn dann erleidet kein Auftraggeber einen Nachteil, soweit sich der Gerichtsvollzieher auf eine Entnahme im Bereich des Erlösüberschusses beschränkt. Genau diese gegenüber I, III engere Grenze zieht III 4 denn auch bei einer folgerichtigen Auslegung. Sie ist also notwendig.

12 **E. Erlösunterschuß. § 16.**

13 **5) Rechtsbehelfe, I–III.** Es gelten dieselben Regeln wie beim Vorschuß nach § 4, dort Rn 22–29.

Verteilung der Verwertungskosten

16 Reicht der Erlös einer Verwertung nicht aus, um die in § 15 Abs. 1 bezeichneten Kosten zu decken, oder wird ein Erlös nicht erzielt, sind diese Kosten im Verhältnis der Forderungen zu verteilen.

1 **1) Systematik.** Die Vorschrift ergänzt § 15 I. Sie hat in ihrem Geltungsbereich den Vorrang vor § 15 und vor § 13 II. Sie steht gleichberechtigt neben § 17.

2 **2) Regelungszweck.** Bei einer Mehrheit von Auftraggebern soll ein Gläubiger mit einer Kleinforderung nicht unangemessen hohe Kosten des Gerichtsvollziehers tragen müssen, wie es bei einer Gesamthaftung oder auch schon bei einer Haftung nach bloßen Kopfteilen vorkommen könnte. Zur Verhütung einer solchen Kostenungerechtigkeit nimmt das Gesetz eine gewisse Mehrarbeit des Gerichtsvollziehers als ihm zumutbar hin. So sollte man es auch auslegen.

3 **3) Geltungsbereich: § 15 I.** § 16 erfaßt nur die in § 15 I bezeichneten Gebühren und Auslagen, § 1 I. Vgl dazu § 15 Rn 4, 5. Die Vorschrift gilt für Gebühren nach KVGv 300, 301, 302, 310, 604.

Nicht hierher gehört eine Geldablieferung anderer als der in § 15 I genannter Kosten nach § 15 II. Andere Kosten als diejenigen nach § 15 I fallen unter § 17.

4 **4) Erlösunterschuß, Ausbleiben von Erlös.** Während § 15 die Fälle eines die Kosten deckenden oder übersteigenden Erlöses regelt, ist in § 16 eine Voraussetzung, daß es mehrere Auftraggeber gibt und daß entweder kein die Kosten deckender oder überhaupt kein Erlös zustandekommt. Ein völlig unzureichender Erlös gilt als sein Ausbleiben.

5 **5) Kostenverteilung.** Unter den Voraussetzungen Rn 3, 4 findet eine Kostenverteilung und keine Gesamthaftung der Kostenschuldner statt, insofern abweichend von § 13 II. Die Kostenverteilung erfolgt aber auch nicht etwa nach Kopfteilen, sondern aus den in Rn 2 genannten Gründen im Verhältnis der Forderungen. Der Gläubiger der doppelt so hohen Forderung muß auch einen doppelt so hohen Kostenanteil zahlen usw.

Verteilung der Auslagen bei der Durchführung mehrerer Aufträge

17 [1] Auslagen, die in anderen als den in § 15 Abs. 1 genannten Fällen bei der gleichzeitigen Durchführung mehrerer Aufträge entstehen, sind nach der Zahl der Aufträge zu verteilen, soweit die Auslagen nicht ausschließlich bei der Durchführung eines Auftrags entstanden sind. [2] Das Wegegeld (Nummer 711 des Kostenverzeichnisses) und die Auslagenpauschale (Nummer 713 des Kostenverzeichnisses) sind für jeden Auftrag gesondert zu erheben.

1 **1) Systematik, S 1, 2.** Als eine weitere Begrenzung zu §§ 15, 16 behandelt die Vorschrift als eine Auffangbestimmung die gerade nicht in § 15 I genannten Fälle.

Abschnitt 4. Übergangs- und Schlussvorschriften §§ 17, 18 GvKostG

Unter diesen letzteren Fällen regelt § 17 auch nur die Auslagenverteilung, behandelt also nicht Gebührenfragen. Dabei stellt S 2 klar, daß beim Wegegeld und bei einer Auslagenpauschale KVGv 711, 713 den Vorrang haben. § 17 hat den Vorrang vor § 13 II.

2) Regelungszweck, S 1, 2. Ebenso wie bei § 16 soll eine ungerechte Verteilung 2 von Unkosten bei einer Mehrheit von Aufträgen unabhängig von der Zahl der Auftraggeber unterbleiben. Der Gerichtsvollzieher soll Auslagen grundsätzlich nicht mehrfach verlangen dürfen. Deshalb findet keine Gesamthaftung der Auftrageber statt. Vielmehr bestimmt S 1 Hs 1 eine Aufteilung nach der Zahl der Auftraggeber. Das ist meist die in § 16 gerade vermiedene Kopfteilhaftung, also ein evtl wesentlich gröberer Maßstab. Um allzu grobe Ergebnisse zu verhindern, läßt S 1 Hs 2 denjenigen oder diejenigen Mit-Auftraggeber allein für die Auslagen haften, die nur bei der Durchführung seines oder ihrer Mitaufträge entstanden sind. S 2 verstärkt den Gedanken der gesonderten Haftung je nach der Mitauftragsart und dem Haftungsumfang.

Das alles bleibt wiederum nicht ohne *Probleme*. Bei der Auslegung sollte man die oben genannten Ziele wesentlich beachten. Eine Vereinfachung (Zweckmäßigkeit) und eine Differenzierung (Kostengerechtigkeit) haben in § 17 beide ihr Gewicht.

3) Geltungsbereich: Auslagen außerhalb § 15 I, S 1, 2. Vgl zu dieser Vor- 3 schrift § 15 Rn 3, 4. Es handelt sich also bei § 17 um eine Auffangbestimmung, Rn 1. Infolgedessen ist der Geltungsbereich weit auslegbar.

Gleichzeitigkeit der Ausführung mehrer Aufträge nach § 3 ist eine weitere Voraus- 4 setzung. Nicht die Erteilung muß gleichzeitig erfolgen, sondern gerade die Ausführung nach § 168 GVGA. Die Gleichzeitigkeit besteht, soweit und solange mindestens zwei Aufträge schon und noch vorliegen, sei es teilweise, von völlig unbedeutenden Schlußmaßnahmen bei einer allzu engen Auslegung abgesehen. Auch eine längere schuldlose oder schuldhafte Unterbrechung mag nichts an dem Durchführungszustand ändern. Freilich kommt es insoweit auf die Umstände an.

4) Auslagenverteilung nach Auftragszahl, S 1 Hs 1. Grundsätzlich muß der 5 Gerichtsvollzieher die Auslagenhaftung unter den Voraussetzungen Rn 3, 4 nach der Auftragszahl aufteilen, bei § 16 nach der jeweiligen Förderungshöhe. Hat jeder Gläubiger hier *einen* Auftrag erteilt, führt das zur Kopfteilhaftung. Hat ein oder haben andere Gläubiger mehrere Aufträge erteilt, ist die jeweilige Auftragszahl maßgeblich. Es kommt keineswegs auf die Art und die Höhe der einzelnen Forderungen an.

5) Einzelhaftung, S 1 Hs 2. Vom Grundsatz Rn 5 gilt eine Ausnahme, soweit 6 Auslagen ausschließlich bei nur einem von mehreren Aufträgen entstehen. Dabei kann dergleichen auch bei mehreren Aufträgen vorkommen, soweit es eben noch weitere Aufträge gleichzeitig durchzuführen gilt. Zur Ausschließlichkeit Rn 4. Derjenige, der sich auf eine Ausschließlichkeit beruft, ist in Wahrheit dafür beweispflichtig. Das ergibt sich aber einer vernünftigen Auslegung des im Wortlaut unnötig unklar geratenen Textes von S 1 Hs 2. Denn der Gerichtsvollzieher müßte hier eine Ausnahmevorschrift anwenden. Ausnahmen muß der dadurch Begünstigte beweisen.

6) Wegegeld, Auslagenpauschale, S 2. Soweit es nur um das in KVGv 711 ge- 7 regelte Wegegeld oder nur um die in KVGv 713 bestimmte Auslagenpauschale geht, findet bei einer Mehrheit von Aufträgen entgegen dem Grundsatz Rn 2 keine wie immer geartete Verteilung statt. Vielmehr muß der Gerichtsvollzieher diese Beträge für jeden Auftrag gesondert erheben. Das stellt S 2 klar. Hat derselbe Auftraggeber mehrere Aufträge nach § 3 an den Gerichtsvollzieher erteilt, darf und muß dieser schon gegenüber diesem Auftraggeber das Wegegeld oder die Auslagenpauschale entsprechend mehrfach erheben.

Abschnitt 4. Übergangs- und Schlussvorschriften

Übergangsvorschrift

18 [I] [1]Die Kosten sind nach bisherigem Recht zu erheben, wenn der Auftrag vor dem Inkrafttreten einer Gesetzesänderung erteilt worden ist, Kosten der in § 15 Abs. 1 genannten Art jedoch nur, wenn sie vor dem Inkrafttreten einer Gesetzesänderung entstanden sind. ² Wenn der Auftrag zur Abnahme der eidesstattlichen Versicherung mit einem Vollstreckungsauftrag verbunden ist, ist der Zeitpunkt maßgebend, zu dem der Vollstreckungsauftrag erteilt ist.

II Absatz 1 gilt auch, wenn Vorschriften geändert werden, auf die dieses Gesetz verweist.

Gliederung

1) Systematik, I, II	1
2) Regelungszweck, I, II	2
3) Geltungsbereich, I, II	3–7
A. Grundsatz: Maßgeblichkeit der Auftragserteilung, I 1 Hs 1	3, 4
B. Maßgeblichkeit der Kostenentstehung, I 1 Hs 2	5
C. Maßgeblichkeit des Vollstreckungsauftrags, I 2	6
D. Änderung anderer Vorschriften, II	7

1 **1) Systematik, I, II.** Die Vorschrift geht zwar § 19 in der äußeren Reihenfolge voraus. Sie ist ihm gegenüber systematisch aber nachrangig, § 19 Rn 1. Sie regelt ebenso wie die vergleichbaren Vorschriften in den anderen Kostengesetzen eine nur scheinbar rein rechtstechnische Frage. In Wahrheit ist sie ein Ausdruck schwieriger Anknüpfungsprobleme. Die jetzige Fassung mit ihrem Charakter als „Ewigkeitsnorm" ändert trotz solcher Eleganz nichts an der Tatsache, daß jeder einzelne Anknüpfungspunkt wie zB hier der Zeitpunkt der unbedingten Auftragserteilung Anlaß teilweise auch der Entstehungszeitpunkt oder der Zeitpunkt des „Vollstreckungs"-Auftrags einen Streit über die Brauchbarkeit hervorrufen kann.

2 **2) Regelungszweck, I, II.** Ausgehend von den Erwägungen in Rn 1 dient die Vorschrift der Vereinfachung und damit sowohl der Zweckmäßigkeit als auch der Rechtssicherheit. Jeder dieser Aspekte erfordert eine etwas andere Auslegung. Daher muß man sich bemühen, beide Aspekte zu verbinden und dabei auch stets den Grundsatz mitzubeachten, daß das GvKostG für den Kostenschuldner günstig sein soll, Grdz 8 vor § 1, § 1 Rn 2.

3 **3) Geltungsbereich, I, II.** Man muß drei verschiedene Fallgruppen unterscheiden.

A. Grundsatz: Maßgeblichkeit der Auftragserteilung, I 1 Hs 1. Die Vorschrift lehnt sich an § 60 I 1 RVG an, Teil X dieses Buchs. Sie weicht aber von § 161 KostO ab, der auf die Fälligkeit abstellt. I 1 Hs 1 läßt grundsätzlich dasjenige Recht maßgeblich sein, das zur Zeit einer jeden Auftragserteilung gilt. Maßgeblich ist der Eingang des einzelnen selbständigen und vollständigen ordnungsgemäß gefaßten vollziehbaren unbedingten Auftrags beim Gerichtsvollzieher oder bei derjenigen Geschäftsstelle, die den Auftrag vermittelt oder dabei mitwirkt, § 3 Rn 29, oder bei der Gerichtsvollzieherverteilungsstelle des AG nach § 3 III 1, Krauthausen DGVZ **95**, 84, Müller DGVZ **94**, 111 (ausf), großzügiger Winterstein DGVZ **95**, 24. Zum Problem auch Krauthausen DGVZ **95**, 84.

Nach dem vorstehenden Recht muß der Gerichtsvollzieher *sämtliche* Amtshandlungen dieses Auftrags und nicht nur die unmittelbaren, sondern auch die mittelbaren berechnen, SchrKWi 5, aM Müller DGVZ **94**, 112 (aber das ergäbe endlose Abgrenzungsprobleme).

Die *Person* des Auftraggebers ist unerheblich. Es kommt auf den unbedingten endgültigen Auftrag an, § 60 RVG Rn 8. Bei einer Vorpfändung gilt der Auftrag erst mit dem Bedingungseintritt als erteilt, DB-GvKostG Z 2 II. Bei mehreren Aufträgen kommt es auf die Selbständigkeit an. Bei einer Erweiterung desselben Auftrags ist maßgeblich, wann der Erweiterungsauftrag erfolgte, Winterstein DGVZ **95**, 24. Der Gerichtsvollzieher ist grundsätzlich stets zur auftragsgemäßen Tätigkeit verpflichtet. Daher ist der Eingangszeitpunkt des Auftrags maßgeblich. Da der Gläubiger seinen Auftrag nach § 62 Z 1 GVGA auch beim Gericht einreichen kann, genügt auch der dortige Eingang, Winterstein DGVZ **95**, 24. Die Nachreichung einer notwendigen Vollmacht usw mag nichts an der von Anfang an endgültigen Auftragserteilung ändern.

4 Bei *mehreren Aufträgen* entstehen insoweit keine Probleme. Denn jeder Auftrag führt zu einer gesonderten Vergütung. Vgl im übrigen § 3.

Abschnitt 4. Übergangs- und Schlussvorschriften   §§ 18, 19 GvKostG

B. Maßgeblichkeit der Kostentstehung, I 1 Hs 2. In einer Abweichung vom 5
Grundsatz Rn 3, 4 kommt es nach I 1 Hs 2 bei jedem einzelnen Auftrag auf den
Zeitpunkt der Entstehung von Gebühren oder Auslagen an, soweit es sich um Kosten
der in § 15 I genannten Art handelt, dort Rn 4, 5, also um Kosten der Versteigerung,
Gewahrsamsentfernung, des Transports oder der Lagerung.
Entstehung darf man nicht mit der in § 14 geregelten Fälligkeit verwechseln. Zu
den Begriffen § 14 Rn 1.
„*Nur*" in I 1 Hs 2 bedeutet: Hs 1 bleibt insoweit beachtlich, als man die Entstehung je Auftrag gesondert prüfen muß.
C. Maßgeblichkeit des Vollstreckungsauftrags, I 2. In einer teilweisen Ab- 6
weichung vom Grundsatz Rn 3, 4 kommt es nach I 2 auf den Zeitpunkt der Erteilung des Vollstreckungsauftrags an, soweit der Gläubiger ihn mit einem Auftrag zur
Abnahme der eidesstattlichen Versicherung nach §§ 807, 900 ZPO usw verbunden
hat. Man muß die Auftragserteilung wie bei Rn 3 beurteilen. Es kommt also anders
als bei § 3 III 2 hier vorrangig nicht auf denjenigen Zeitpunkt an, der bei einem isolierten Auftrag auf eine Abnahme der Offenbarungsversicherung als der Zeitpunkt
einer solchen isolierten Auftragserteilung gelten würde. Der Zeitpunkt der Erteilung
des Vollstreckungsauftrags mag vor oder nach demjenigen zur Offenbarungsversicherung gelegen haben. Maßgeblich ist ab einer Verbindung nur der zeitlich erste Auftrag.
Unanwendbar ist I 2 nach einer Auftragstrennung usw.
D. Änderung anderer Vorschriften, II. Die vorstehenden Regeln Rn 1 gelten 7
auch dann, wenn eine Gesetzesänderung auch oder nur eine solche Vorschrift betrifft,
die in einem anderen Gesetz als dem GvKostG steht, etwa im GKG oder FamGKG
oder in der ZPO, auf die zB § 5 II 1 GvKostG verweist.

Übergangsvorschrift aus Anlass des Inkrafttretens dieses Gesetzes

19 I ¹Die Kosten sind vorbehaltlich des Absatzes 2 nach dem Gesetz über
Kosten der Gerichtsvollzieher in der im Bundesgesetzblatt Teil III, Gliederungsnummer 362-1, veröffentlichten bereinigten Fassung, zuletzt geändert durch
Artikel 2 Abs. 5 des Gesetzes vom 17. Dezember 1997 (BGBl. I S. 3039), zu erheben, wenn der Auftrag vor dem Inkrafttreten dieses Gesetzes erteilt worden
ist; § 3 Abs. 3 Satz 1 und § 18 Abs. 1 Satz 2 sind anzuwenden. ²Werden solche
Aufträge und Aufträge, die nach dem Inkrafttreten dieses Gesetzes erteilt worden sind, durch dieselbe Amtshandlung erledigt, sind die Gebühren insoweit gesondert zu erheben.

II Kosten der in § 15 Abs. 1 genannten Art sind nach neuem Recht zu erheben, soweit sie nach dem Inkrafttreten dieses Gesetzes entstanden sind.

GvKostRNeuOG Art 4. Inkrafttreten, Außerkrafttreten. I ¹Dieses Gesetz tritt mit
Ausnahme des Artikels 2 Abs. 1 Nr. 2, 3 und 5 Buchstabe a bis l, p und s,
Abs. 2 Nr. 1 bis 3 und 5 und Abs. 3 bis 5 und 7 sowie des Artikels 3 am
1. Mai 2001 in Kraft. ²Gleichzeitig tritt das Gesetz über Kosten der Gerichtsvollzieher in der im Bundesgesetzblatt Teil III, Gliederungsnummer 362-1,
veröffentlichten bereinigten Fassung, zuletzt geändert durch Artikel 2 Abs. 5
des Gesetzes vom 17. Dezember 1997 (BGBl. I S. 3039), außer Kraft.

II ¹Artikel 3 tritt am 1. Januar 2002 in Kraft. ²Im Übrigen tritt das Gesetz
am Tag nach der Verkündung in Kraft.

DB-GvKostG II Abs. 3. Soweit Kosten aufgrund des § 19 des Gesetzes vom
19. 4. 2001 (BGBl. I S. 623) noch nach dem Gesetz über Kosten der Gerichtsvollzieher in der zuletzt geltenden Fassung zu erheben sind, ist die AV vom 1. 3.
1976, zuletzt geändert durch AV vom 26. 9. 1996, weiterhin anzuwenden.

Gliederung

1) Systematik, I, II	1
2) Regelungszweck, I, II	2, 3
3) Geltungsbereich, I, II	4–7
A. Grundsatz: Auftragszeitpunkt, I 1	4
B. Auftragsmehrheit aber dieselbe Amtshandlung, I 2	5
C. Versteigerung, Gewahrsamsentfernung usw, I 1, II	6, 7

GvKostG §§ 19, 20   XI. G über Kosten der GVz

1 **1) Systematik, I, II.** § 19 enthält eine gegenüber § 18 vorrangige Sonderregelung aus Anlaß des Inkrafttretens des GvKostG nF und des gleichzeitigen Außerkrafttretens der aF, das sich aus Art 4 I 2 GvKostRNeuOG ergibt.

§ 19 ist *notwendig*, weil § 18 als eine Dauer-Übergangsvorschrift nur bei einer *Gesetzesänderung* gilt, nicht bei einem ganz neuen Gesetz.

§ 20 enthält eine gegenüber §§ 18, 19 *eigenständige* Regelung lediglich zur Gebührenhöhe, wenn auch wahrscheinlich nur für eine weitere Übergangszeit.

2 **2) Regelungszweck, I, II.** Die Vorschrift bezweckt eine praktische und einfache Regelung aus Anlaß des Inkrafttretens der völlig umstrukturierten Neufassung des GvKostG. Sie lehnt sich freilich inhaltlich an § 18 mit seiner Dauerregelung für die weitere Zukunft an. Man könnte auch besser, aber der Reihenfolge von §§ 18, 19 nicht entsprechend sagen: § 18 übernimmt dann den Inhalt des § 19 im Grundsatz, wenn § 19 „ausgedient" hat.

3 *Auftragsteilung* ist also auch hier der wesentliche Anknüpfungspunkt. Sie richtet sich nach § 3 III 1, dort Rn 19–21. Diese Lösung entspricht den Übergangsvorschriften anderer Kostengesetze. Sie trägt daher zur Einheitlichkeit des Kostenrechts und folglich zur Rechtssicherheit bei. Das sollte man bei der Auslegung anläßlich der auch jetzt wieder vorhandenen Probleme mitbeachten.

4 **3) Geltungsbereich, I, II.** Man muß drei Fallgruppen unterscheiden.
A. Grundsatz: Auftragszeitpunkt, I 1. Es kommt zunächst darauf an, ob man den Auftrag vor oder nach dem Inkrafttreten des GvKostG nF erteilt hat. Art 4 GvKostRNeuOG, abgedruckt vor Rn 1, enthält für verschiedene Vorschriften unterschiedliche Zeitpunkte des Inkrafttretens, dort genannt. Daher muß man klären, welche Vorschrift des GvKostG nF jeweils infrage kommt.
Zur *Auftragserteilung* Rn 3. Zu §§ 3 III 2, 18 I 2 s dort.

5 **B. Auftragsmehrheit, aber dieselbe Amtshandlung, I 2.** Soweit der Gerichtsvollzieher mehrere Aufträge durch dieselbe Amtshandlung erledigt, darf und muß er die Gebühren insoweit gesondert erheben, also evtl teils nach dem alten Recht, teils nach dem neuen. Auch in diesem Zusammenhang kommt es also auf den Zeitpunkt der Auftragserteilung an, nicht auf denjenigen der Erledigung des jeweiligen Auftrags wie in Rn 3.

6 **C. Versteigerung, Gewahrsamsentfernung usw, I 1, II.** Schließlich gilt eine innerhalb von § 19 vorrangige Sonderregelung, soweit es sich um Kosten der in § 15 I genannten Art handelt, dort Rn 4, 5. Dann kommt es nicht auf die Auftragserteilung an, sondern auf die Entstehung dieser Kosten. Dabei muß man wie stets innerhalb des Oberbegriffs Kosten nach der amtlichen Definition des § 1 I zwischen Gebühren und Auslagen unterscheiden. Beide können zu unterschiedlichen Zeitpunkten entstehen. Sogar innerhalb der einen wie anderen Kategorie können mehrere erhebliche Entstehungszeitpunkte eintreten, je nach der Art und dem Umfang der zur Auftragserledigung notwendig gewordenen Schritte.

7 *Entstehung* ist kein im Gesetz bestimmter Begriff. Die Entstehung und die Fälligkeit sind zweierlei, § 14 Rn 1. § 14 S 2 nennt zwar den Begriff Entstehung, umschreibt ihn aber nicht näher. Eine vernünftige Auslegung ergibt: Auslagen entstehen mit ihrer Vornahme und nicht etwa schon mit der Verpflichtung, sie vorzunehmen. Gebühren entstehen mit dem Beginn derjenigen Tätigkeit, für die sie gelten. Eine unmittelbare Vorbereitung zählt zum Beginn, eine mittelbare nicht. Erforderlich und ausreichend ist also ein unmittelbares Ansetzen zur Tätigkeit. Ein Eintreffen an Ort und Stelle wird vom GvKostG an keiner Stelle erwähnt. Es ist aber natürlich ein Anzeichen zum Beginn und damit zur Entstehung.

In dem in Artikel 1 Abs. 1 des Einigungsvertrages genannten Gebiet anzuwendende Maßgaben

20 *(aufgehoben)*

Anlage (zu § 9)

Kostenverzeichnis
Gesetzesübersicht

	KVGv-Nr.
1. Zustellung auf Betreiben der Parteien	100–102
2. Vollstreckung	200–270
3. Verwertung	300–310
4. Besondere Geschäfte	400–430
5. Zeitzuschlag	500
6. Nicht erledigte Amtshandlung	600–604
7. Auslagen	700–713

1. Zustellung auf Betreiben der Parteien

^I Die Zustellung an den Zustellungsbevollmächtigten mehrerer Beteiligter gilt als eine Zustellung.

^{II} Die Gebühr nach Nr. 100 oder 101 wird auch erhoben, wenn der Gerichtsvollzieher die Ladung zum Termin zur Abnahme der eidesstattlichen Versicherung (§ 900 ZPO) oder den Pfändungs- und Überweisungsbeschluss an den Schuldner (§ 829 Abs. 2 Satz 2, auch i. V. m. § 835 Abs. 3 Satz 1 ZPO) zustellt.

Nr.	Gebührentatbestand	Gebührenbetrag
100	Persönliche Zustellung durch den Gerichtsvollzieher	7,50 EUR

Zu KVGv 100, 101:

DB-GvKostG Nr. 10. Für Zustellungen von Amts wegen wird keine Zustellungsgebühr erhoben.

Gliederung

1) **Systematik**	1
2) **Regelungszweck**	2
3) **Geltungsbereich**	3–5
A. Persönliche Zustellung	3
B. Wirksamkeit der Zustellung	4
C. Zustellung der Terminladung, § 900 ZPO und des Pfändungs- und Überweisungsbeschlusses, §§ 829 II 2, 835 III 1 ZPO	5
4) **Gebührenhöhe**	6–10
A. Einzelzustellung	6
B. Zustellung an mehrere Personen usw	7
C. Zustellung an einen Vertreter mehrerer Personen	8
D. Zustellung mehrerer Dokumente an eine Person	9
E. Zustellung am Sonnabend, Sonntag, Feiertag	10
5) **Nichterledigung**	11
6) **Fälligkeit**	12
7) **Kostenschuldner**	13
8) **Kostenerstattung**	14

1) Systematik. Die Vorschrift schafft eine möglichst einfache Regelung der Vergütung des wichtigen Aufgabenbereiches einer Zustellung. Sie erhält wegen der Gebühren durch KVGv 101 und wegen der Auslagen durch KVGv 701, 711 Ergänzungen. KVGv 700 gilt entsprechend für jede Zustellung durch Bedienstete der Verwaltungsbehörde im Verfahren nach dem OWiG anstelle der tatsächlichen Aufwendungen, § 107 III Z 3 OWiG. Eine Zustellung und weitere Vollstreckungs-Amtshandlungen lösen mehrere Gebühren aus.

Nur noch *auf Betreiben der Parteien* ist eine Zustellung gebührenpflichtig, Rn 3. Für eine Zustellung von Amts wegen etwa nach § 168 II ZPO durch den Gerichtsvollzieher entstehen keine Gebühren, DB-GvKostG Z 10, sondern allenfalls Auslagen, AG Heidelb JB 03, 213. Sie werden dann aber ein Teil der Gerichtskostenrechnung. Zur ersten Zustellungsart zählt eine Räumungsmitteilung, AG Köln DGVZ 04, 175,

1

Heinze DGVZ **04**, 164. Zur letzteren Zustellungsart zählt die Übergabe des Haftbefehls von Amts wegen an den Verhafteten, BLAH § 909 ZPO Rn 7, AG Westerburg DGVZ **03**, 142, Kessel DGVZ **04**, 51, aM AG Northeim DGVZ **03**, 15 (in sich widersprüchlich: Verweisung auf § 170 ZPO), Blaskowitz DGVZ **04**, 57, SchrKWi 3 (aber die Entstehungsgeschichte interessiert weniger, BLAH Einl III 42, und § 901 S 3 ZPO befreit nur vom Erfordernis einer wie immer gearteten Zustellung des Haftbefehls vor seiner Vollziehung. Das besagt nichts über die Art der zulässig bleibenden Zustellung).

2 2) **Regelungszweck.** Das System von Festgebühren dient der Vereinfachung. Ihre Höhen bezwecken Kostendämpfungen. Man sollte aber im Rahmen der wenigen Auslegungsmöglichkeiten trotz des Grundsatzes einer dem Kostenschuldner freundlichen Behandlung nach Grdz 8 vor § 1, 1 Rn 2 auch sehen, daß so manche Zustellung nur mit einer ziemlichen Mühe und mit einem nicht geringen Zeitaufwand stattfindet.

3 3) **Geltungsbereich.** Es sind mehrere Prüfschritte erforderlich.
A. **Persönliche Zustellung.** Die Vorschrift erfaßt nur diejenige Zustellung, die der Gerichtsvollzieher selbst ein Betreiben der Parteien durchführt, §§ 192 ff ZPO, AG Bernau DGVZ **01**, 136, Hornung DGVZ **07**, 60. Das gilt auch bei einem Auftrag zur Zustellung von Anwalt zu Anwalt. Alle anderen Zustellungsarten fallen unter KVGv 101. Der Gerichtsvollzieher kann zwischen mehreren in Betracht kommenden Zustellungsarten grundsätzlich nach seinem pflichtgemäßen Ermessen wählen, § 21 Z 2 GVGA, LG Bonn DGVZ **04**, 45, Hornung DGVZ **07**, 60, soweit er nicht ausnahmsweise persönlich zustellen muß, AG Meißen JB **04**, 668. Das gilt etwa bei einem besonderen Eilbedürfnis gerade dann, wenn eine persönliche Zustellung billiger wird, AG Meißen JB **04**, 668, Oestreich DGVZ **85**, 110, Seip DGVZ **85**, 139, sie nicht stört und wenn auch der Auftraggeber sie beantragt hat. Wegen der Zustellung in der Bundeswehr vgl den bei BLAH SchlAnh II abgedruckten Erlaß.

4 B. **Wirksamkeit der Zustellung.** Für das Entstehen der Zustellungsgebühr als einer Erfolgsgebühr ist grundsätzlich die Wirksamkeit der Zustellung zumindest nach § 189 ZPO eine Voraussetzung. Dazu muß der Gerichtsvollzieher das zuzustellende Schriftstück nach § 166 I ZPO bekanntgegeben und dazu grundsätzlich auch tatsächlich nach § 192 ZPO übergeben haben, Coenen DGVZ **04**, 69. Vgl aber auch Rn 3. Er hat seine Zustellungsgebühr nur dann verdient, wenn er seine Amtshandlung richtig vorgenommen hat. Denn für diese Amtshandlung sieht das Gesetz die Gebühr vor. Mangels einer Zustellbarkeit kann KVGv 600 anwendbar sein.
Die Zustellungsgebühr entsteht andererseits für die *bloße Zustellung*. Daneben entsteht natürlich für jede gesonderte Amtshandlung sogar innerhalb desselben Auftrags nach §§ 3 II Z 1, 10 I 1 die jeweilige zugehörige Gebühr zB für jede Vollstreckungshandlung. Der Gerichtsvollzieher darf ein Wegegeld freilich nur einmal verlangen, KVGv 711. Er prüft nicht, ob eine zulässige Zustellung auch zweckmäßig oder gar notwendig ist, AG Ratingen DGVZ **03**, 175.

5 C. **Zustellung der Terminsladung nach § 900 ZPO und des Pfändungs- und Überweisungsbeschlusses,** §§ 829 II 2, 835 III 1 ZPO. Die amtliche Vorbemerkung II vor KVGv 100 stellt klar, daß die Zustellungsgebühr auch dann entsteht, wenn der Gerichtsvollzieher auf Grund eines Auftrags dem Schuldner den Pfändungs- und Überweisungsbeschluß nach § 829 II 2 ZPO auch in Verbindung mit § 835 III 1 ZPO zustellt, AG Heidelb JB **03**, 213, oder wenn der Gerichtsvollzieher nach § 900 I 1 ZPO nun für das Erscheinen des Schuldners zum Offenbarungstermin nach § 900 I 2 ZPO dadurch sorgt, daß er ihm die Ladung nach § 900 I 3 Hs 1 ZPO persönlich zustellt, wie er es nach § 21 Z 2 GVGA bei einer Eilbedürftigkeit auch tun soll. Das gilt auch für den Schuldner einen ProzBev bestellt hat, § 900 I 3 Hs 2 ZPO. Wegen der Zustellung des Haftbefehls Rn 1. Der Gerichtsvollzieher braucht nicht zu klären, ob ein Auftrag zu § 845 ZPO infolge eines Auftrags nach § 829 ZPO erledigt ist, AG Ratingen DGVZ **03**, 175.

6 4) **Gebührenhöhe.** Man muß mehrere Fallgruppen unterscheiden. § 11 ist jeweils anwendbar.
A. **Einzelzustellung.** Hier entsteht die in KVGv 100 genannte Festgebühr je Zustellungsauftrag unabhängig von der Bedeutung des zugestellten Dokuments für die

gesamte Zustellungstätigkeit und unabhängig vom Gewicht oder von den Maßen des Dokuments oder seinem Wert usw einschließlich der Nebengeschäfte nur einmal. Auslagen können natürlich gesondert entstehen. Wegen des Wegegelds KVGv 711. Eine einzige Zustellung liegt auch im Fall Rn 9 vor.

B. Zustellung an mehrere Personen. Für jede Zustellung entsteht eine Gebühr. Bei Zustellungen an mehrere Personen entstehen also selbst dann mehrere Gebühren, wenn die Zustellungen auf Grund eines einheitlichen Auftrags desselben Auftraggebers erfolgen. Es ist unerheblich, ob der Gerichtsvollzieher für die mehreren Adressaten nur eine einheitliche gemeinsame Zustellungsurkunde verwendet. Wenn der Gerichtsvollzieher einem Beteiligten mehrere Schriftstücke in verschiedenen Rechtsangelegenheiten zustellt oder wenn er in derselben Rechtsangelegenheit an denselben Adressaten mehrere äußerlich getrennte und nicht verbundene Schriftstücke zu derselben Zeit zustellt, entstehen ebenfalls mehrere Gebühren. Wenn jemand einerseits persönlich und andererseits als der Vertreter eines anderen beteiligt ist, § 15 Z 3 GVGA, muß der Gerichtsvollzieher ihr in ihrer Eigenschaft als Vertreter besonders zustellen. Infolgedessen entstehen auch dann zwei Gebühren. **7**

C. Zustellung an einen Vertreter mehrerer Personen. Wenn der Gerichtsvollzieher dem Vertreter mehrerer Beteiligter für jeden Vertretenen eine Ausfertigung oder eine beglaubigte Abschrift oder Ablichtung übergibt oder übergeben läßt, zB dem gesetzlichen Vertreter oder dem ProzBev, liegen ebenfalls mehrere Zustellungen vor. Dieser Fall tritt aber nur selten ein. Denn es genügt die Übergabe eines Schriftstücks an den Vertreter, §§ 170 III, 191 ZPO, 15 Z 2 S 1 GVGA, und der Gerichtsvollzieher muß ohnehin die Kosten stets möglichst gering halten. In diesem letzteren Fall entsteht auch nur eine Zustellgebühr. **8**

Wenn der Gerichtsvollzieher einem Zustellungsbevollmächtigten mehrerer Beteiligten zustellt, bestimmt die amtliche Vorbemerkung I vor KVGv 100, daß die Gebühr *nur für eine Zustellung* entsteht. Die Dokumentenpauschale kann aber für jede der Zustellungen entstehen, KVGv 700 amtliche Anmerkung II Z 3.

D. Zustellung mehrerer Dokumente an eine Person. Nur *eine* Zustellgebühr entsteht auch dann, wenn der Gerichtsvollzieher demselben Beteiligten mehrere Dokumente zustellt oder zustellen läßt, die dieselbe Rechtsangelegenheit betreffen, §§ 750 II, 751 II ZPO. Das gilt freilich nur, falls die Schriftstücke durch eine äußere Verbindung als zusammengehörig gekennzeichnet sind oder falls der Auftraggeber eine gemeinsame Zustellung beantragt hat, § 16 Z 2 GVGA. **9**

Auslagen richten sich nach KVGv 700 ff.

E. Zustellung am Sonnabend, Sonntag, Feiertag, § 11. Im übrigen entsteht kein Zeitzuschlag. Denn KVGv 100 verweist nicht auf KVGv 500. **10**

5) Nichterledigung. KVGv 600. **11**
6) Fälligkeit. § 14 S 1. **12**
7) Kostenschuldner. § 13. **13**
8) Kostenerstattung. Der Gegner muß die notwendigen Kosten erstatten, § 91 ZPO. **14**

Nr.	Gebührentatbestand	Gebührenbetrag
101	Sonstige Zustellung	2,50 EUR

DB-*GvKostG* Nr. 10. Text bei KVGv 100.

Gliederung

1) Systematik	1
2) Regelungszweck	2
3) Geltungsbereich: Sonstige Zustellung	3, 4
4) Gebührenhöhe	5
5) Nichterledigung	6
6) Fälligkeit	7
7) Kostenschuldner	8
8) Kostenerstattung	9

KVGv 101, 102

1 **1) Systematik.** Die Vorschrift erfaßt alle Zustellungen, die nicht unter KVGv 100 fallen, die der Gerichtsvollzieher also nicht persönlich vornimmt oder nicht persönlich vornehmen darf, KVGv 100 Rn 3. Auch KVGv 101 vergütet aber nur eine Zustellung gerade auf Betreiben der Partei. Das ergibt sich aus der amtlichen Überschrift vor KVGv 100–101.
Unanwendbar sind daher beide Vorschriften auf eine solche Zustellung, die der Gerichtsvollzieher von Amts wegen vornimmt oder vornehmen läßt. Zur Abgrenzung dieser Begriffe KVGv 100 Rn 1.

2 **2) Regelungszweck.** Es gelten dieselben Erwägungen wie bei KVGv 100. Man darf KVGv 101 als eine bloße Auffangvorschrift nicht zu eng auslegen.

3 **3) Geltungsbereich: Sonstige Zustellung.** KVGv 101 erfaßt in den Grenzen Rn 1 den verbleibenden Gesamtbereich einer solchen Zustellung, die der Gerichtsvollzieher nicht persönlich bewirkt. Infrage kommen vor allem an die folgenden Zustellungsarten.
– *Aufgabe zur Post.* In Betracht kommt eine Zustellung durch die Aufgabe zur Post, § 194 ZPO.
– *Von Anwalt zu Anwalt.* In Betracht kommt auch eine Zustellung von Anwalt zu Anwalt, § 195 ZPO. Der Gerichtsvollzieher handelt dann im Auftrag eines Anwalts.

4 Bei einer Zustellung durch eine *Aufgabe zur Post* nach Rn 3 ist die Gebühr entstanden, sobald der Gerichtsvollzieher die Sendung der Post ordnungsgemäß übergeben hat. Die Gebühr entsteht also auch dann, wenn die Sendung als unzustellbar zurückkommt. Für diese Arten der Zustellung und für eine Zustellung im Auftrag eines Anwalts von Anwalt zu Anwalt nach Rn 3 entsteht die Festgebühr. Sie gilt die gesamte Zustellungstätigkeit des Gerichtsvollziehers einschließlich aller zugehörigen Nebentätigkeiten ab. Eine Verdoppelung nach § 11 kommt bei II kaum je in Betracht, allenfalls bei einer Zustellung von Anwalt zu Anwalt.
Daneben muß der Auftraggeber *Auslagen* (Porto) ersetzen, also auch die Dokumentenpauschale für etwa erforderliche Abschriften oder Ablichtungen sowie die Beglaubigungsgebühr, VII.

5 **4) Gebührenhöhe.** Es entsteht die Festgebühr. Wegen mehrer Zustellungen usw gelten dieselben Erwägungen wie bei KVGv 100 Rn 7–9. Am Sonnabend, Sonntag, Feiertag gilt auf ein Verlangen des Auftraggebers § 11. KVGv 500 ist unanwendbar. *Auslagen* richten sich nach KVGv 700 ff.

6 **5) Nichterledigung.** KVGv 600.

7 **6) Fälligkeit.** § 14 S 1.

8 **7) Kostenschuldner.** § 13.

9 **8) Kostenerstattung.** KVGv 100 Rn. 14.

Nr.	Gebührentatbestand	Gebührenbetrag
102	Beglaubigung eines Schriftstückes, das dem Gerichtsvollzieher zum Zwecke der Zustellung übergeben wurde (§ 192 Abs. 2 ZPO) je Seite .... Eine angefangene Seite wird voll berechnet.	Gebühr in Höhe der Dokumentenpauschale

DB-GvKostG Nr. 10a. Für die Beglaubigung der von der Gerichtsvollzieherin oder dem Gerichtsvollzieher selbst gefertigten Abschriften wird keine Beglaubigungsgebühr erhoben.

1 **1) Systematik, Regelungszweck.** Die Vorschrift regelt den Fall, daß der Gerichtsvollzieher eine Zustellung veranlassen soll. Die Vorschrift gilt bei jeder Zustellungsart nach KVGv 100, 101. Sie bezweckt eine angemessene Vergütung der Be-

glaubigungsarbeit des Gerichtsvollziehers wegen seiner Verantwortung für die Richtigkeit der Beglaubigung. Dabei geht es um eine echte Gebühr, Meyer JB **03**, 295. Die in Bezug genommene Vorschrift für die Dokumentenpauschale nach KVGv 700 gilt für die Gebühr KVGv 102. Wegen DB-GvKostG Nr 10a entsteht dort keine Beglaubigungsgebühr. Wohl aber entstehen bei einer erforderlichen Herstellung oder Ergänzung, Hundertmark JB **03**, 461, zusätzlich zu KVGv 102 Auslagen nach KVGv 700, Meyer JB **03**, 295 und 462, aM SchrKWi 65 (aber DB-GvKostG Nr 10a verbietet nur eine Beglaubigung-*Gebühr*).

2) Gebührenhöhe. Sie macht denselben und nach Rn 1 weiteren Betrag aus wie die Dokumentenpauschale. Vgl daher die Darstellung bei KVGv 700. Jede angefangene Seite rechnet voll, amtliche Anmerkung zu KVGv 102. 2

Auslagen richten sich nach KVGv 700ff.

3) Nichterledigung. Es gibt dazu keine besondere Regelung. Denn KVGv 600–604 erwähnen KVGv 102 nicht mit. Die unverschuldete Nichterledigung der Zustellung läßt eine korrekt entstandene Beglaubigungsgebühr bestehen. 3

4) Fälligkeit. § 14 S 1, nicht S 2. Denn es handelt sich um eine zur Auslagenregelung hinzutretende echte Gebühr, Rn 1. 4

5) Kostenschuldner. § 13. 5

2. Vollstreckung

Nr.	Gebührentatbestand	Gebührenbetrag
200	Amtshandlung nach § 845 Abs. 1 Satz 2 ZPO (Vorpfändung)	12,50 EUR

Schrifttum: *Hintzen*, Vollstreckung durch den Gerichtsvollzieher, 3. Aufl 2008.

1) Systematik, Regelungszweck. Das Gesetz vergütet zwecks einer Kostengerechtigkeit die gerade vom Gerichtsvollzieher vorgenommene Benachrichtigung und Aufforderung nach § 845 I 2 ZPO besonders, während KVGv 100, 101 die Zustellung nach § 845 I 1 ZPO abgelten. Eine ohne die auftragsgemäße Mitwirkung des Gerichtsvollziehers erfolgte Benachrichtigung ist unwirksam, LG Hechingen DGVZ **86**, 188. Sie läßt daher auch keine Gebühr nach KVGv 200 entstehen. Erforderlich ist ein Auftrag gerade zur Vorpfändung, AG Ffm DGVZ **02**, 31. Er muß nach § 845 I 2 ZPO ausdrücklich erfolgen. Der allgemeine Vollstreckungsantrag reicht nur unter besonderen Umständen (Auslegungsfrage). Der Gerichtsvollzieher darf und muß evtl dazu beim Auftraggeber nachfragen. 1

Ein *stillschweigender* Auftrag reicht also *nicht* aus, ebensowenig ein bloß angenommenes Einverständnis des Gläubigers. Gerade die Existenz des KVGv 200 gegenüber 205 zeigt aber, daß sehr wohl ein unbedingter selbständiger Auftrag vorliegen kann, Ort DGVZ **01**, 112, aM AG Ffm DGVZ **02**, 31, Meyer 1, Seip DGVZ **01**, 113. Bei einem anderen Vermögensrecht nach § 857 I ZPO ist § 845 I 2 ZPO wegen § 857 VII ZPO nach § 9 unanwendbar. Folglich ist dann auch KVGv 200 unanwendbar. § 11 ist anwendbar.

2) Gebührenhöhe. Es entsteht für die Durchführung des Auftrags und damit für die Anfertigung der Vorpfändungsbenachrichtigung die in KVGv 200 bestimmte Festgebühr. Der Gerichtsvollzieher darf sie je Auftrag unabhängig von der Zahl der Benachrichtigungen und der Aufforderungen nur einmal erheben, es sei denn, daß aus sachlichen Gründen getrennte Vorpfändungen stattfinden. Bei verschiedenen Forderungen von Gesamtschuldnern können mehrere Festgebühren entstehen, Hornung Rpfleger **79**, 284. Daneben entsteht ein Anspruch auf den Ersatz von Zustellungsgebühren nach KVGv 100, 101 und von Auslagen zwar nicht wegen des Originals, wohl aber wegen der Abschriften oder Ablichtungen von der Benachrichtigung nach KVGv 700ff. 2

Ein *auf die Zustellung* der vom Gläubiger angefertigten Benachrichtigung *beschränkter Auftrag* läßt natürlich keine Gebühr KVGv 200 entstehen, sondern nur diejenige KVGv 100, 101.

Auslagen richten sich nach KVGv 700ff.

3 3) **Nichterledigung.** KVGv 604 zählt KVGv 200 nicht mehr mit auf. Daher entsteht insoweit keine Gebühr mehr.
4 4) **Fälligkeit.** § 14 S 1.
5 5) **Kostenschuldner.** § 13.

Nr.	Gebührentatbestand	Gebührenbetrag
205	Bewirkung einer Pfändung (§ 808 Abs. 1, 2 Satz 2, §§ 809, 826 oder 831 ZPO) .... Neben dieser Gebühr wird gegebenenfalls ein Zeitzuschlag nach Nummer 500 erhoben.	20,00 EUR

DB-GvKostG Nr. 11. [I] [1]Für eine Anschlusspfändung wird dieselbe Gebühr erhoben wie für eine Erstpfändung. [2]Durch die Gebühr wird auch die Zustellung des Pfändungsprotokolls durch die nachpfändende Gerichtsvollzieherin oder den nachpfändenden Gerichtsvollzieher an die erstpfändende Gerichtsvollzieherin oder den erstpfändenden Gerichtsvollzieher (§ 826 Abs. 2 ZPO, § 167 Nr. 2 GVGA) abgegolten.

[II] Für die Hilfspfändung (§ 156 GVGA) wird die Gebühr nicht erhoben.

Schrifttum: *Winterstein,* Das Pfändungsverfahren des Gerichtsvollziehers, 1994.

Gliederung

1) Systematik 1
2) Regelungszweck 2
3) Geltungsbereich: Pfändung 3
4) **Pfändungsarten** 4–6
   A. Pfändung beweglicher Sachen 4
   B. Anschlußpfändung 5
   C. Pfändung einer Wechselforderung usw 6
5) **Gebührenhöhe** 7, 8
   A. Grundsatz: Festgebühr 7
   B. Zeitzuschlag, amtliche Anmerkung 8
6) **Durchführung mehrerer Aufträge** 9
7) **Pfändung bei Gesamtschuldnern** 10–12
   A. Volle Sicherung des Gläubigers 10
   B. Verteilung der Forderung 11
   C. Ergänzungspfändung 12
8) **Pfändung bei anderer Personenmehrheit** 13
9) **Arrestvollziehung** 14
10) Nichterledigung 15
11) **Fälligkeit** 16
12) **Kostenschuldner** 17

1 1) **Systematik.** Die Vorschrift setzt die Erfolgsgebühr für die wirksam vorgenommene Pfändung fest. Das ergibt sich jetzt endlich schon aus dem Wort „Bewirkung" im Gesetzestext.
Die Gebühr entsteht auch für eine *Doppel-* oder *Anschlußpfändung,* § 826 I ZPO, § 167 Z 2 GVGA. Sie gilt dann als die Gebühr für die Zustellung an denjenigen Gerichtsvollzieher ab, der zuerst gepfändet hat, § 826 II ZPO, § 167 Z 2 GVGA. Die Zustellung ist dann ein Nebengeschäft. Die Pfändungsgebühr gilt alle zur Pfändung gehörigen Nebengeschäfte ab. KVGv 205 erfaßt als ein Nebengeschäft etwa eine Austauschpfändung nach §§ 811a, b ZPO oder eine Entfernung des Pfandstücks nach Rn 3. Für die Abschrift oder Ablichtung des Protokolls entsteht aber die Dokumentenpauschale nach KVGv 700. Das gilt auch bei einer Anschlußpfändung durch einen anderen Gerichtsvollzieher, nicht freilich bei einer solchen durch denselben Gerichtsvollzieher. Eine sog Nach- oder Ausfallpfändung ist kostenrechtlich eine weitere selbständige Pfändung.
Unanwendbar ist KVGv 205 auf eine bloße Hilfspfändung zur Sicherstellung von Dokumenten, die eine Forderung beweisen, Rn 4.

2 2) **Regelungszweck.** Die Vorschrift bezweckt eine solche Vergütung, die einer der wichtigsten und schwierigsten Tätigkeiten des Gerichtsvollziehers einigermaßen

XI. G über Kosten der GVz   205 KVGv

gerecht wird. Angesichts der Verantwortung schon beim Beginn einer Pfändung und
erst recht bei der Prüfung des überhaupt Pfändbaren läßt sich die Angemessenheit der
Festgebühr durchaus bezweifeln. Andererseits muß man auch hier den das ganze
GvKostG durchziehenden Grundsatz einer Auslegung zugunsten des Kostenschuldners beachten, Grdz 8 vor § 1, § 1 Rn 2. Das alles erfordert eine maßvolle Abwägung, soweit für sie überhaupt Raum bleibt.

3) **Geltungsbereich: Pfändung.** Die Pfändungsgebühr entsteht durch den wirk- 3
sam erfolgten Pfändungsvorgang. Das ist bei der Pfändung einer beweglichen Sache
durchweg die Anlegung der Pfandmarke, vgl auch § 854 BGB. Es ist für die Entstehung der Pfändungsgebühr unerheblich, ob der Schuldner nach der Pfändung zahlt.
Wenn der Gerichtsvollzieher im Zusammenhang mit der Pfändung das Pfandstück
sofort wegschafft, gilt die Pfändungsgebühr das mit ab. Die Gebühr KVGv 221 entsteht dann nicht. Denn die Wegschaffung gehört dann noch zur Pfändung, § 808 I
ZPO.
Bei einer *Unpfändbarkeit* der Sache ist meist KVGv 604 in Verbindung mit der amtlichen Vorbemerkung von KVGv 600 anwendbar, nicht § 7 I.

4) **Pfändungsarten.** Im einzelnen muß man die folgenden Pfändungsarten unter- 4
scheiden.
A. **Pfändung beweglicher Sachen.** Diese Pfändung erfolgt nach §§ 808, 809
ZPO, evtl an verschiedenen Stellen im Bezirk des Gerichtsvollziehers, § 10 II 1.
Auch eine Austauschpfändung nach §§ 811 a, b ZPO, §§ 123, 124 GVGA zählt hierher (gebührenfreies Nebengeschäft).
Nicht hierher gehört die sog Hilfspfändung, BLAH § 808 ZPO Rn 4, § 156 GVGA.
Bei der Hilfspfändung nimmt der Gerichtsvollzieher ein Papier vorläufig in seinen
Besitz, das zwar den Bestand einer Forderung beweist, das aber nicht selbst der Träger
des Rechts ist. Das gilt zB: Bei einem Sparkassenbuch; bei einem Pfandschein; bei
einem Versicherungsschein; bei einem Depotschein; bei einem Hypothekenbrief; bei
einem Grund- oder Rentenschuldbrief, der nicht auf den Inhaber lautet. Dann
kommt KVGv 211 in Betracht.
Für die *Wegnahme eines solchen Papiers* entsteht eine Gebühr nicht nach KVGv 205,
sondern nach KVGv 221, soweit der Gläubiger den Pfändungsbeschluß über die dem
Papier zugrunde liegende Forderung vorlegt, bevor der Gerichtsvollzieher das Papier
an den Schuldner zurückgegeben hat. Das muß er im übrigen spätestens nach zwei
Wochen tun. Der Kostenschuldner muß dann aber die entstandenen Auslagen bezahlen.
Ein *Grundschuld- oder Rentenschuldbrief*, der auf den Inhaber lautet, ist ein Wertpapier, §§ 808, 821 ZPO. Der Gerichtsvollzieher pfändet ihn also wie eine bewegliche
Sache, §§ 156 II, 154 GVGA.
B. **Anschlußpfändung.** Diese Pfändung erfolgt nach § 826 I ZPO, § 167 Z 2 5
GVGA. Sie gilt auch die Zustellung nach § 826 II ZPO ab, DB-GvKostG Z 11 I 2.
C. **Pfändung einer Wechselforderung usw.** Hierher gehört auch die Pfändung 6
einer Forderung aus einem anderen Papier, das man durch ein Indossament übertragen kann, § 831 ZPO.

5) **Gebührenhöhe.** Man muß zwei Situationen unterscheiden. 7
A. **Grundsatz: Festgebühr.** Es entsteht eine Festgebühr. Sie ist eine Erfolgsgebühr. Sie setzt also eine wirksam vorgenommene Pfändung voraus, Rn 1, LG Kblz
RR **02**, 1365, AG Dortm pp DGVZ **01**, 171, Seip DGVZ **02**, 11. Sie ist unabhängig
vom Betrag der beizutreibenden Forderung und vom Wert der Pfandsache.
Bei einer *Anschlußpfändung* nach § 826 I ZPO, § 167 Z 2 GVGA entsteht dieselbe
Gebühr wie bei einer Erstpfändung, DB-GvKostG Z 11 I 1. Der Gerichtsvollzieher
mag eine Nachpfändung vornehmen, weil die bisherige Pfändung die Forderung des
Gläubigers nicht deckt, § 145 Z 8 GVGA, BLAH § 803 ZPO Rn 12. Dann handelt
es sich um eine neue Amtshandlung, § 10 II 2, LG Augsb DGVZ **95**, 154, LG Regensb JB **75**, 249. Sie löst demgemäß eine neue Festgebühr aus. § 7 ist anwendbar.
Wenn der Gerichtsvollzieher erklärtermaßen und eindeutig nur wegen einer *Teilforderung* des Gläubigers pfänden soll, muß das eindeutig zum Ausdruck kommen.
Dann bleibt es bei der Festgebühr, LG Augsb DGVZ **95**, 154.

2083

Die Höhe der Gebühr ändert sich auch dann nicht, wenn die *Pfändung zum Teil erfolglos* bleibt. Denn KVGv 604 ist nur bei einer völlig erfolglosen Pfändung anwendbar, Rn 1. Wenn der Gerichtsvollzieher nur einen einzelnen bestimmten Gegenstand pfänden soll, soll er auch grundsätzlich nur wegen desjenigen Teils der Forderung des Gläubigers pfänden, der dem gewöhnlichen Verkaufswert dieses Gegenstands entspricht. Das gilt freilich nur, sofern sich nicht aus dem Auftrag des Gläubigers etwas anderes ergibt.

Bei einer Pfändung am *Sonnabend, Sonn- oder Feiertag* oder nachts nach § 758a ZPO, § 65 GVGA ist § 11 anwendbar. Es entsteht also eine doppelte einheitliche Festgebühr.

8 **B. Zeitzuschlag, amtliche Anmerkung.** Unter den Voraussetzungen von KVGv 500, auf den KVGv 205 in der amtlichen Anmerkung verweist, kann zur Festgebühr ein Zeitzuschlag hinzutreten.

9 **6) Durchführung mehrerer Aufträge.** Wenn der Gerichtsvollzieher in demselben Amtsgerichtsbezirk durch dieselbe Pfändung mehrere Vollstreckungsaufträge verschiedener Gläubiger gegen denselben Schuldner nach § 827 III ZPO, § 168 GVGA durchführt, entsteht die Pfändungsgebühr mehrfach. Denn § 3 II Z 3 Hs 1 ist unanwendbar, weil nicht nur „derselbe Titel" vorliegt, und § 10 I 1 ist unanwendbar, weil nicht nur „derselbe Auftrag" vorliegt. Das setzt allerdings „gleichzeitige" Aufträge voraus.

Nur einmal entsteht dagegen die Pfändungsgebühr, wenn derselbe Gläubiger den Gerichtsvollzieher auf Grund mehrerer Vollstreckungstitel beauftragt hat, § 3 I 1 Hs 2, LG Kblz MDR 02, 848, krit SchrKWi 14.

10 **7) Pfändung bei Gesamtschuldnern.** Hier muß man die folgenden Situationen unterscheiden.

A. Volle Sicherung des Gläubigers. Der Auftrag des Gläubigers kann gleichzeitig dahin gehen, daß der Gerichtsvollzieher ihn bei jedem Schuldner durch die Pfändung voll sichern soll. Das ist nach § 421 BGB zulässig, ohne daß eine Überpfändung vorliegt, BLAH § 803 ZPO Rn 10. Dann liegen ebensoviele Pfändungen wie Gesamtschuldner vor, LG Ellwangen DGVZ **81**, 78. Für jede dieser Amtshandlungen entsteht eine Pfändungsgebühr, § 10 III 1 Hs 2. Das Wegegeld entsteht bei jedem Vollstreckungsakt.

11 **B. Verteilung der Forderung.** Der Gläubiger kann den Auftrag an den Gerichtsvollzieher gleichzeitig auch so erteilen, daß der Gläubiger die Gesamtforderung auf die einzelnen Gesamtschuldner betragsmäßig aufteilt und den Gerichtsvollzieher veranlaßt, bei jedem der Gesamtschuldner nur wegen der so verteilten einzelnen Teilforderung zu pfänden. Dann entsteht die Pfändungsgebühr ebenfalls gegenüber jedem Gesamtschuldner. Denn § 10 III 1 Hs 2 behandelt diesen Fall ebenso wie denjenigen Rn 10.

12 **C. Ergänzungspfändung.** Der Gläubiger kann schließlich den Vollstreckungsauftrag so erteilen, daß der Gerichtsvollzieher bei diesem Gesamtschuldner nur wegen desjenigen Teils der Ursprungsforderung pfänden soll, für den der Gläubiger durch vorangegangene Pfändungen bei den anderen Gesamtschuldnern noch keine Deckung erhalten hat. Dann entsteht durch die Pfändung bei dem ersten insgesamt in Anspruch genommenen Gesamtschuldner eine Gebühr nach KVGv 205. Durch die Pfändung bei jedem folgenden Gesamtschuldner entsteht die Pfändungsgebühr ebenfalls. Denn dann liegt jeweils ein neuer zeitlich nachfolgender Auftrag vor, kein einheitlicher, § 10 I 1. § 10 III 1 Hs 2, der dasselbe Ergebnis hätte, ist hier unanwendbar, soweit die Ergänzungsaufträge nicht „gleichzeitig" erfolgen.

13 **8) Pfändung bei anderer Personenmehrheit.** Wenn es sich nicht um die Pfändung bei Gesamtschuldnern handelt, liegen zwar meist innerhalb desselben Auftrags nach § 3 II Z 3 Hs 1 verschiedene Amtshandlungen vor. Aber wegen § 10 I entsteht die Pfändungsgebühr nur einfach. § 10 II 1 ist unanwendbar. Denn es erfolgt keine „wiederholte" Pfändung. Das gilt zB bei der Pfändung gegen solche Ehegatten, die im gesetzlichen Güterstand und nicht getrennt leben, § 1362 BGB, § 739 ZPO, LG Osnabr DGVZ **81**, 78. Das gilt auch bei der nichtehelichen Lebensgemeinschaft oder bei einer sonstigen Form von Hausgemeinschaft.

XI. G über Kosten der GVz 205, 206, 210 KVGv

9) Arrestvollziehung. Es gelten für die eigentliche Pfändung keine Besonderheiten, auch nicht bei Pfändung eines im Schiffsregister eingetragenen Schiffs oder eines im Schiffsbauregister eingetragenen Schiffsbauwerks, § 931 I ZPO, § 193 Z 6 GVGA, und bei der Pfändung eines solchen ausländischen Schiffs, das man registrieren müßte, wenn es ein deutsches Schiff wäre. Das gilt ferner bei der Pfändung eines nicht registrierten Schiffs. Auch bei einem ausländischen Luftfahrzeug kommt eine Arrestpfändung in Betracht, § 106 III LuftfzRG, § 193 Z 7 GVGA. Die Zwangsversteigerung eines Grundstücks usw richtet sich nach §§ 162, 171 ZVG. 14
Bei einer bloßen *Teilvollstreckung* des Arrests entsteht ebenfalls die Festgebühr.

10) Nichterledigung. KVGv 205 gilt, sobald der Gerichtsvollzieher irgend etwas wirksam gepfändet hat, Rn 1, 3, 7. Bei einer gänzlichen oder teilweisen Erfolglosigkeit gelten KVGv 604 in Verbindung mit § 10 II 2 Hs 1, III 2, AG Hbg DGVZ **02**, 47, AG Münst DGVZ **02**, 95, AG Neust/W MDR **02**, 786. Diese Vorschriften können zu einer mehrfachen Vergütung nach KVGv 604 führen. Vgl bei den eben genannten Vorschriften. 15

11) Fälligkeit. § 14 S 1. 16
12) Kostenschuldner. § 13. 17

Nr.	Gebührentatbestand	Gebührenbetrag
206	Übernahme beweglicher Sachen zum Zwecke der Verwertung in den Fällen der §§ 847 und 854 ZPO	12,50 EUR

1) Systematik. Die Übernahme ist wegen § 1 I nur in den beiden in KVGv 206 genannten Fällen gebührenpflichtig, also auch nicht bei der Übergabe an andere Person nach § 825 ZPO, AG Bre DGVZ **77**, 127, oder bei einer Abgabe des Auftrags aus Zweckmäßigkeitserwägungen. Denn ein Wechsel in der Person des Beamten kann grundsätzlich keine Gebühr veranlassen, amtliche Vorbemerkung S 2 vor KVGv 600. Denn nur der Staat erhält die Gebühr. Eine Ausnahme gilt bei KVGv 210.
Die für die Übernahme verwendete *Zeit* beeinflußt die Höhe der Gebühr nicht, ebensowenig die Zahl der übernommenen Sachen. Denn ein Zeitzuschlag nach KVGv 500 setzt seine Erwähnung in der Vorschrift der fraglichen Gebühr vor, und KVGv 206 erwähnt KVGv 500 nicht. 1

2) Regelungszweck. Die Vorschrift hat als eine vorrangige Spezialregelung auch eine klarstellende Funktion. Sie dient der Rechtssicherheit. Bei der Auslegung muß man nach dem Grundsatz einer für den Kostenschuldner günstigen Lösung verfahren, Grdz 8 vor § 1, § 1 Rn 2. 2

3) Geltungsbereich. In Betracht kommt nur die Übernahme einer beweglichen Sache durch den Gerichtsvollzieher von dem zur Herausgabe bereiten Drittschuldner, also nicht bei dessen Verweigerung der Herausgabe. Die Gebühr entsteht nur bei der Pfändung des Anspruchs auf die Herausgabe, §§ 847, 854 ZPO, § 176 GVGA, und zwar zum Zweck der Verwertung. Die Übernahmegebühr gilt auch die Entfernung der Sache ab. Daher ist für KVGv 206 anwendbar. Nicht aber ist hier KVGv 220 anwendbar. § 11 ist anwendbar.
Die *Verwertung* selbst unterfällt *nicht* dem KVGv 206. 3

4) Nichterledigung. KVGv 604. 4
5) Fälligkeit. § 14 S 1. 5
6) Kostenschuldner. § 13. 6

Nr.	Gebührentatbestand	Gebührenbetrag
210	Übernahme des Vollstreckungsauftrags von einem anderen Gerichtsvollzieher, wenn der Schuldner unter Mitnahme der Pfandstücke in einen anderen Amtsgerichtsbezirk verzogen ist	12,50 EUR

1	**1) Systematik.** Vgl zunächst KVGv 206. Auch KVGv 210 macht wegen § 1 I nur den von der ersteren Vorschrift ausdrücklich genannten Fall gebührenpflichtig. Es gibt aus demselben Gründen wie KVGv 206 Rn 1 keinen Zeitzuschlag. § 11 ist anwendbar.
2	**2) Regelungszweck.** Es gelten dieselben Erwägungen wie bei KVGv 206 Rn 2.
3	**3) Geltungsbereich.** Es müssen die folgenden Voraussetzungen zusammentreffen. **A. Umzug des Schuldners.** Der Schuldner muß unter einer Mitnahme der in seinem Gewahrsam belassenen Pfandstücke in den Zuständigkeitsbereich eines anderen Gerichtsvollziehers gerade im Bezirk eines anderen AG verzogen sein. Es kommt auch ein derartiger Weiterauszug oder ein Rückumzug in Betracht. *Unanwendbar* ist KVGv 210 also bei einem Umzug oder Rückumzug des Schuldners innerhalb desselben AG-Bezirks oder bei einem Wechsel des Gerichtsvollziehers aus einem anderen Grund innerhalb desselben AG-Bezirks.
4	**B. Übernahme des Vollstreckungsauftrags.** Der für den Bezirk des anderen AG zuständige Gerichtsvollzieher muß den Vollstreckungsauftrag übernehmen. Das erfolgt im allgemeinen mit der Annahme des Übernahmeersuchens. Es ist für die Übernahme kein Erscheinen des neuen Gerichtsvollziehers usw erforderlich. Es genügt *nicht,* daß sich der Auftrag zB dadurch erledigt, daß der Schuldner vor dem Tätigwerden des neuen Gerichtsvollziehers zahlt, sei es auch in Raten, oder daß der neue Gerichtsvollzieher die Übernahme aus irgendeinem Grund ablehnt.
5	**C. Erforderlichkeit der Vollstreckung.** Die weitere Vollstreckung muß noch erforderlich sein.
6	**D. Weitere Einzelfragen.** KVGv 210 ist auf andere Fälle nicht anwendbar. Die Vorschrift gilt also in folgenden Situationen nicht: Es findet innerhalb des Bezirks desselben AG ein Wechsel des Gerichtsvollziehers statt; es liegt ein Fall des § 825 II ZPO vor, KVGv 206 Rn 1; der Gerichtsvollzieher überführt das Pfandstück in den Bezirk eines anderen Gerichtsvollziehers, aM AG Bre DGVZ **77**, 127 (zum alten Recht). Die Gebühr *entsteht* mit der Übernahme durch den neuen Gerichtsvollzieher. Eine Inbesitznahme durch diesen ist nicht erforderlich. Die Gebühr entsteht nur für den übernehmenden Gerichtsvollzieher. Wenn er die Übernahme ablehnt, kann er keine Gebühr verlangen, weder nach KVGv 210 noch nach KVGv 604.
7	**4) Nichterledigung.** KVGv 604.
8	**5) Fälligkeit.** § 14 S 1.
9	**6) Kostenschuldner.** § 13.

Nr.	Gebührentatbestand	Gebührenbetrag
220	Entfernung von Pfandstücken, die im Gewahrsam des Schuldners, des Gläubigers oder eines Dritten belassen waren	12,50 EUR
	[1] Die Gebühr wird auch dann nur einmal erhoben, wenn die Pfandstücke aufgrund mehrerer Aufträge entfernt werden. [2] Neben dieser Gebühr wird gegebenenfalls ein Zeitzuschlag nach Nummer 500 erhoben.	

DB-GvKostG Nr. 12. [I] Die Gebühr wird ohne Rücksicht auf die Zahl der entfernten Sachen und die Zahl der Aufträge erhoben.

[II] Bei der Berechnung der Zeitdauer (vgl. Nr. 15) ist auch die Zeit zu berücksichtigen, die erforderlich ist, um die Sachen von dem bisherigen an den neuen Standort zu schaffen.

[III] [1] Werden Arbeitshilfen hinzugezogen, so genügt es, wenn die Gerichtsvollzieherin oder der Gerichtsvollzieher ihnen an Ort und Stelle die nötigen Weisungen gibt und ihnen die weitere Durchführung überläßt. [2] Dabei rechnet nur die Zeit, während welcher die Gerichtsvollzieherin oder der Gerichtsvollzieher zugegen ist.

220 KVGv

Gliederung

1) **Systematik** 1
2) **Regelungszweck** 2
3) **Geltungsbereich** 3–5
   A. Gewahrsam des Schuldners, des Gläubigers oder eines Dritten 3
   B. Nachträgliche Entfernung 4
   C. Anwesenheit des Gerichtsvollziehers 5
4) **Gebührenhöhe** 6
5) **Nichterledigung** 7
6) **Fälligkeit** 8
7) **Kostenschuldner** 9

1) Systematik. Die Vorschrift gilt die nachträgliche Entfernung des Pfandstücks ab. 1
Für einen erfolglosen Versuch gelten § 3 IV 1, KVGv 604. Das gilt auch etwa dann, wenn jemand das Pfandstück vernichtet oder weggebracht hatte. Leistet der Schuldner vor der Entfernung, kann KVGv 420 anwendbar sein.

Die Entfernungsgebühr entsteht *neben* der Pfändungsgebühr KVGv 205, neben der Übernahmegebühr KVGv 206 und neben der Verwertungsgebühr zB KVGv 300. Denn jene Bestimmung vergütet die Übernahme vom Drittschuldner und die sich anschließende Entfernung, KVGv 206 Rn 3. KVGv 220 behandelt aber die Entfernung aus dem Gewahrsam. Das ist eine andere Art des Vorgehens. Deshalb kommt es nicht darauf an, daß KVGv 220 auch den Gewahrsam des Drittschuldners wie jedes Dritten erfaßt. Allerdings ist eine Entfernung nach der Übernahme des Vollstreckungsauftrags durch den anderen Gerichtsvollzieher nach KVGv 210 denkbar. Die Gebühr KVGv 220 kann neben derjenigen für die Mitwirkung bei einer Verwertung nach § 825 ZPO entstehen, KVGv 310.

2) Regelungszweck. Auch und gerade eine nachträgliche Entfernung zu dem in 2 KVGv 220 genannten Zweck kann dem Gerichtsvollzieher eine über den Zeitaufwand usw erheblich hinausgehende Mühe verursachen. Denn sie zerstört Hoffnungen des Schuldners. Sie kann bei einer unvorhergesehenen Vornahme eine auch für die psychische Situation verheerende Wirkung auslösen. Das sollte man bei der Auslegung ebenso wie den Grundsatz beachten, daß gerade dann eine den Kostenschuldner möglichst schonende Behandlung notwendig bleibt, Grdz 8 vor § 1, § 1 Rn 2.

3) Geltungsbereich. Die Vorschrift erfaßt einen Vorgang in oder außerhalb einer 3 Zwangsvollstreckung. Die Gebühr entsteht nur, wenn die folgenden Voraussetzungen zusammentreffen.

A. Gewahrsam des Schuldners, des Gläubigers oder eines Dritten. Der Gerichtsvollzieher muß das Pfandstück bei der Pfändung zunächst für eine gewisse Zeit und nicht nur aus technischen Gründen ganz vorübergehend im Gewahrsam des Schuldners, des Gläubigers oder eines herausgabebereiten Dritten belassen haben, etwa in demjenigen des Drittschuldners, §§ 808 II, 809 ZPO.

B. Nachträgliche Entfernung. Der Gerichtsvollzieher muß das Pfandstück später 4 und nicht schon unmittelbar nach der Pfändung aus irgendeinem Grund aus dem Gewahrsam des Schuldners, des Gläubigers oder eines Dritten entfernt haben, zB wegen einer Gefährdung der Rechte des Gläubigers, § 808 II ZPO, oder eines herausgabebereiten Dritten, § 809 ZPO, §§ 132 Z 1, 139 Z 1 GVGA, oder wegen eines vorläufigen oder endgültigen Austauschpfändung, §§ 811 a, b ZPO, §§ 123, 124 GVGA, oder wegen der Anordnung einer besonderen Verwertung, § 825 ZPO.

Nicht hierher gehört die Herbeischaffung des Pfandstücks aus der eigenen Pfandkammer oder derjenigen eines anderen Gerichtsvollziehers.

C. Anwesenheit des Gerichtsvollziehers. Der Gerichtsvollzieher muß persön- 5 lich an Ort und Stelle sein. Das ergibt sich schon aus dem Wort „Entfernung". Er kann die Entfernung entweder persönlich vornehmen oder sie einer Hilfskraft überlassen. Er muß dann aber an Ort und Stelle seine Anweisungen geben, DB-GvKostG Z 12 III.

Nicht hierher gehört ein Transport durch den Schuldner ohne eine Mitwirkung des Gerichtsvollziehers zur Pfandkammer.

Die Gebühr *entsteht* mit der Entfernung aus dem Gewahrsam des Schuldners.

2087

KVGv 220, 221   XI. G über Kosten der GVz

6 **4) Gebührenhöhe.** Es entsteht grundsätzlich die in KVGv 220 genannte Festgebühr. Es kommt nicht darauf an, wie viele Aufträge desselben oder mehrerer Auftraggeber der Gerichtsvollzieher bei der Entfernung durchführt, amtliche Anmerkung S 1, wieviele Stücke der Gerichtsvollzieher entfernt und wieviel Zeit er dazu benötigt, DB-GvKostG Z 12 I. Evtl verteilt der Gerichtsvollzieher die Festgebühr auf die etwa mehreren Auftraggeber nach §§ 15, 16. Bei einer Entfernung während der Nachtzeit oder während eines Sonnabends, Sonn- oder Feiertags ist § 11 anwendbar. Neben der Festgebühr kommt nach der amtlichen Anmerkung S 2 evtl ein Zeitzuschlag nach KVGv 500 in Betracht, amtliche Anmerkung S 2. Auslagen können zB für einen Transportwagen und/oder für einen Gehilfen entstehen. Sie können als notwendige Kosten der Zwangsvollstreckung erstattungsfähig sein, § 788 ZPO.

In die *Dauer der Amtshandlung* einrechnen muß man auch die Zeit für die Verbringung der Sache vom Schuldnergewahrsam zum neuen Standort. Wenn der Gerichtsvollzieher nach Rn 4 eine Hilfskraft hinzuzieht, darf man nur diejenige Zeit ansetzen, während der sich der Gerichtsvollzieher persönlich an Ort und Stelle aufgehalten hat.

7 **5) Nichterledigung.** KVGv 604.
8 **6) Fälligkeit.** § 14 S 1.
9 **7) Kostenschuldner.** § 13.

Nr.	Gebührentatbestand	Gebührenbetrag
221	Wegnahme oder Entgegennahme beweglicher Sachen durch den zur Vollstreckung erschienenen Gerichtsvollzieher	20,00 EUR
	Neben dieser Gebühr wird gegebenenfalls ein Zeitzuschlag nach Nummer 500 erhoben.	

DB-GvKostG Nr. 13. [1] Im Fall der Hilfspfändung (§ 156 GVGA) wird die Gebühr nur erhoben, wenn der Gläubiger den Pfändungsbeschluss über die dem Papier zugrunde liegende Forderung vorlegt, bevor die Gerichtsvollzieherin oder der Gerichtsvollzieher das Papier an den Schuldner zurückgegeben hat. [2] Sonst werden nur die Auslagen erhoben.

Gliederung

1) Systematik	1
2) Regelungszweck	2
3) Wegnahme, Entgegennahme	3–5
A. Wegnahme	3
B. Entgegennahme	4
C. Weitere Einzelheiten	5
4) Gebührenhöhe	6–8
5) Nichterledigung	9
6) Fälligkeit	10
7) Kostenschuldner	11

1 **1) Systematik.** Die Vorschrift gilt bei einer Wegnahme oder Sequestration oder der Entgegennahme einer beweglichen Sache jeder Art durch den Gerichtsvollzieher oder ihres Versuchs. Sie gilt also nicht bei der Wegnahme nach der ZPO, sondern auch bei der Wegnahme auf Grund einer Einziehung, die ein Strafgericht ausgesprochen hat, § 272 GVGA, oder auf Grund des § 213 GVGA, oder auf Grund einer sonstigen bundes- oder landesgerichtlichen Vorschrift. Sie gilt aber nicht bei einer Entfernung eines Gegenstands außerhalb einer Zwangsvollstreckung. Dann gilt KVGv 420, Rn 4. KVGv 205 gilt neben KVGv 221, Rn 5.

Bei einer *Person* gilt KVGv 230, bei einem *Schiff* KVGv 241. Bei einer *unbeweglichen Sache* gilt KVGv 242.

2 **2) Regelungsweck.** Die Vorschrift bezweckt eine Berücksichtigung der besonderen Verantwortung des Gerichtsvollziehers bei einer der dort geregelten gleichwertigen Handlungen, zu denen meist eine zumindest vorübergehende Verwahrung, Bewachung usw gehört.

XI. G über Kosten der GVz 221 KVGv

3) Wegnahme, Entgegennahme. Man muß zwei Situationen unterscheiden. 3
A. Wegnahme. Die Gebühr entsteht bei der zwangsweisen Wegnahme oder Sequestration einer beweglichen Sache zwecks ihrer Herausgabe an den Gläubiger nach Rn 5, § 179 Z 1, 6 GVGA. Das ist eine körperliche Sache, auch eine Menge bestimmter beweglicher Sachen oder eine Menge vertretbarer Sachen oder von Wertpapieren, §§ 883, 884, 897 ZPO, § 179 GVGA. Bei der Hilfspfändung nach BLAH § 808 Rn 4 entsteht die Gebühr nur dann, wenn der Gläubiger den Vollstreckungstitel vorlegt, zB den Pfändungsbeschluß über die dem Papier zugrunde liegende Forderung, bevor der Gerichtsvollzieher das Papier an den Schuldner zurückgeschickt hat. Die Wegnahme kann auch beim Drittschuldner dann erfolgen, wenn ein Vollstreckungstitel gegen ihn vorliegt, § 176 Z 2, 5 GVGA.
Ist das nicht so, kann die Gebühr nach KVGv 206 entstehen. Denn der Geltungsbereich von KVGv 206 ist spezieller für die Übernahme einer beweglichen Sache von dem zur Herausgabe bereiten Drittschuldner, §§ 847, 854 ZPO. Nicht aber entsteht dann eine Gebühr aus KVGv 221.

B. Entgegennahme. Die Gebühr entsteht auch dann, wenn der Schuldner an 4 den zur Vornahme der Vollstreckungshandlung erschienenen Gerichtsvollzieher freiwillig leistet. Diesen Vorgang bezeichnet KVGv 221 als „Entgegennahme" im Gegensatz zur zwangsweisen „Wegnahme". Der Gerichtsvollzieher muß aber gerade „zur Vollstreckung" erschienen sein, also um die Sache wegzunehmen und dann zu versteigern, nach § 825 ZPO zu verkaufen oder dem Gläubiger zu übergeben. Er muß also auf demjenigen Grundstück und in demjenigen Raum eingetroffen sein, auf und in dem er die Amtshandlung vornehmen soll.
Solange er sich noch im Geschäftszimmer oder *auf dem Weg* zu diesem Grundstück oder Raum befindet, entsteht die Gebühr KVGv 221 nicht. Wenn der Schuldner bei einer anderen Gelegenheit an ihn leistet oder wenn der Schuldner leistet, bevor der Gerichtsvollzieher zur Wegnahme an Ort und Stelle erschienen ist, ist KVGv 604 anwendbar, Rn 9.
KVGv 220 und nicht KVGv 221 ist dann anwendbar, wenn der Gerichtsvollzieher ein Pfändstück aus in dem Gewahrsam des Schuldners, des Gläubigers oder eines Dritten zum *Zweck der Versteigerung* oder aus einem anderen Grunde *wegschafft*. Wenn er das Pfändstück außerhalb der Versteigerung wegschafft, gilt KVGv 420.

C. Weitere Einzelheiten. Die Wegnahme muß gerade auf Grund eines Heraus- 5 gabe- oder Einziehungstitels zum Zweck der Übergabe an den Gläubiger erfolgen. Sofern es sich um ein Einziehungsurteil handelt, geschieht sie zum Zweck der Übergabe an den Staat, §§ 883, 884, 897 ZPO. Die Gebühr gilt das gesamte Wegnahmeverfahren ab. Daher gilt sie auch die Übergabe ab. Das gilt selbst dann, wenn die Übergabe nicht direkt im Anschluß an die Wegnahme erfolgt oder wenn sie bei § 179 Z 4 GVGA an einen anderen Gläubiger erfolgt. Soweit nicht getrennt lebende Eheleute als Gesamtschuldner herausgeben müssen, liegt nur ein einziger Auftrag vor, § 3 II Z 3 Hs 1. Die Pfändung und die Wegnahme sind verschiedene Amtshandlungen. Dasselbe gilt beim Zusammentreffen einer Verhaftung, einer Räumung usw und einer Wegnahme. Bei § 883 II ZPO erfordert die Abnahme der eidesstattlichen Versicherung einen besonderen Auftrag. Er liegt nicht stets auch im Wegnahmeauftrag.

4) Gebührenhöhe. Es entsteht eine Festgebühr. Sie entsteht unabhängig von der 6 Zahl der weg- oder entgegengenommenen Sachen. Denn in KVGv 221 fehlt ein Zusatz wie im vergleichbaren KVGv 230 bei der dort amtlichen Anmerkung S 2. Die Gebühr entsteht auch unabhängig von dem Wert oder dem Umfang der weggenommenen Sache. Ein Zeitzuschlag nach KVGv 500 ist möglich, amtliche Anmerkung.
Bei einer Wegnahme mit *gerichtlicher Erlaubnis* zur Nachtzeit oder an einem Sonnabend, Sonn- oder Feiertag nach § 758a ZPO, § 65 GVGA muß man die Wegnahmegebühr verdoppeln, § 11. Dabei ist unerheblich, wann das Gericht seine Erlaubnis erteilt hat. Die Tätigkeit des Gerichtsvollziehers beginnt mit seinem Eintreffen an derjenigen Stelle, an der die Wegnahme erfolgen soll, Rn 4. Der Hinweg und der Rückweg rechnen nicht mit, amtliche Anmerkung zu KVGv 500. Dagegen rechnen der Zeitaufwand für die Aufnahme des Protokolls, für die Zuziehung einer Hilfsperson, für die Herbeiholung der Polizei und für die Übergabe mit.

7 Wenn der Gerichtsvollzieher die Wegnahme *an mehreren Stellen* innerhalb des Bezirks desselben AG durchführt, entsteht nur eine Gebühr. Die Wege zählen dann aber mit. Das gilt allerdings nicht, wenn der Gerichtsvollzieher die Wegnahme unterbricht und nicht unverzüglich fortsetzt. Dann darf er die Unterbrechungszeit nicht mitrechnen. Wenn der Gerichtsvollzieher eine solche *Hilfskraft* hinzuzieht, der er nach seinen Weisungen die Durchführung überläßt, darf man nur diejenige Zeit einrechnen, während der der Gerichtsvollzieher selbst an Ort und Stelle anwesend ist.

8 Das Geschäft ist dann *beendet,* wenn der Gerichtsvollzieher das Protokoll abgeschlossen und die Sache evtl dem Gläubiger oder einem Dritten übergeben hat.

9 **5) Nichterledigung.** Der Gerichtsvollzieher hat den Versuch unternommen, sobald er die Räumlichkeit nach der Sache durchsucht hat, ohne sie aufgefunden zu haben, § 758 ZPO. Er muß diesen Vorgang im Protokoll vermerken. Wenn er nur irgendetwas findet, mag es auch nur wenig sein, entsteht für diesen Teil die Gebühr nach KVGv 221, evtl nach KVGv 500 erhöht. Die letztere entsteht dann also auch nicht für den Rest. Bei einer völligen Nichterledigung aus anderen Gründen als den in KVGv 604 Rn 5–7 genannten gilt KVGv 604 nicht.

10 **6) Fälligkeit.** § 14 S 1.
11 **7) Kostenschuldner.** § 13.

Nr.	Gebührentatbestand	Gebührenbetrag
230	**Wegnahme oder Entgegennahme einer Person durch den zur Vollstreckung erschienenen Gerichtsvollzieher** ¹Neben dieser Gebühr wird gegebenenfalls ein Zeitzuschlag nach Nummer 500 erhoben. ²Sind mehrere Personen wegzunehmen, werden die Gebühren für jede Person gesondert erhoben.	40,00 EUR

Gliederung

```
1) Systematik ............................................................. 1
2) Regelungszweck ..................................................... 2
3) Geltungsbereich ..................................................... 3–5
   A. Wegnahme ........................................................ 3
   B. Entgegennahme ................................................. 4
   C. Einzelheiten ...................................................... 5
4) Gebührenhöhe ....................................................... 6, 7
5) Nichterledigung .................................................... 8
6) Fälligkeit ............................................................... 9
7) Kostenschuldner ................................................... 10
```

1 **1) Systematik.** Die Vorschrift ist bei der Wegnahme einer jeden Person, zB eines Kindes oder eines Mündels, anwendbar, §§ 1632, 1800 BGB. Das gilt sowohl dann, wenn ein Herausgabetitel gegenüber einem Dritten vorliegt, als auch dann, wenn ein Herausgabetitel gegen den anderen Elternteil vorliegt, § 213 GVA.

2 **2) Regelungszweck.** Die Vorschrift bezweckt die Berücksichtigung einer gegenüber der ohnehin schon verantwortungsbeladenen Wegnahme einer Sache nochmals erheblich gesteigerten Verantwortung und psychischen Belastung des Gerichtsvollziehers beim oft dramatischen Eingriff in die Freiheit eines Menschen, auch wenn das nur kurzzeitig geschieht.

Die bloße *Entgegennahme* nach Rn 4 kann allerdings geringere Belastungen des Gerichtsvollziehers mit sich bringen. Da sie sich aber evtl erst nach einem langen quälenden „Wegnahme"-Hin und Her ermöglicht, steht sie aus Gründen der Zweckmäßigkeit der Wegnahme gleich.

3 **3) Geltungsbereich.** Wie beim vergleichbare KVGv 221 müssen mehrere Voraussetzungen vorliegen.

A. Wegnahme. Die Wegnahme muß begonnen haben. Sie beginnt mit dem Eintreffen des Gerichtsvollziehers an derjenigen Stelle, an der die Wegnahme oder Entgegennahme erfolgen soll, wie bei KVGv 221 Rn 4. Die Wegnahme muß ferner

XI. G über Kosten der GVz **230, 240 KVGv**

beendet sein. Sie endet mit der Fertigung des Protokolls und der Übergabe des Weggenommenen, des Betreuten, des Kindes oder Mündels an den Berechtigten oder einen von ihm zulässig bestimmten Dritten. Wegen des Verfahrens §§ 184, 213 GVGA. Wenn die weggenommene Person entweicht, entsteht nicht die Gebühr nach KVGv 230, sondern evtl diejenige nach KVGv 601, Rn 6.

B. Entgegennahme. Erfaßt wird wie bei KVGv 221 auch die Entgegennahme 4 einer Person. Sie liegt vor, wenn der Mensch sich freiwillig dem Gerichtsvollzieher anvertraut, sei es aus seiner eigenen Entschließung, sei es aus derjenigen des Sorgeberechtigten usw. Wenn freilich der Wegzunehmende der Entscheidung des Sorgeberechtigten usw erkennbar widerspricht, liegt wohl meist keine Entgegennahme vor, sondern eine Wegnahme. Die Entgegennahme muß gerade an dem zur Vollstreckung bestimmten Ort erfolgen. Sie darf nicht zB im Geschäftszimmer des Gerichtsvollziehers geschehen. Er muß auch gerade zur Vollstreckung erschienen sein.

C. Einzelheiten. Die Wegnahme eines jeden Kindes ist eine besondere Amtshand- 5 lung. Für die Wegnahme mehrerer Personen entstehen also mehrere Gebühren, amtliche Anmerkung S 2. Beim Zusammentreffen einer Wegnahme und einer andersartigen Amtshandlung gilt dasselbe wie bei KVGv 221 Rn 5.

4) Gebührenhöhe. Es entsteht eine Festgebühr. Sie entsteht trotz einer ungleich 6 schwächeren Belastung auch bei der bloßen Entgegennahme in derselben Höhe. Bei einer völligen Nichterledigung gilt KVGv 601. Ein Zeitzuschlag nach KVGv 500 ist möglich, amtliche Anmerkung S 1. § 11 ist anwendbar.

Wenn der Gerichtsvollzieher *mehrere Personen* wegnimmt, entstehen mehrere Ge- 7 bühren, amtliche Anmerkung S 2. Auch der Zeitzuschlag kann bei mehreren Amtshandlungen mehrfach entstehen. Denn KVGv 500 knüpft nicht an den Auftrag an, sondern an die Zahl der zu seiner Erledigung vorgenommenen Amthandlungen. Das kommt aber dann nicht in Betracht, wenn sich die Wegnahme der nächsten Person unverzüglich der früheren Wegnahme anschließt. Wenn der Gerichtsvollzieher die Wegnahmehandlung für die erste Person abgeschlossen und diese Person dem Berechtigten übergeben hat, kann für die nächste mit neuem begonnene Wegnahme auch der Zeitzuschlag entstehen.

Die *Entgegennahme* nach Rn 4 ist zwar in der amtlichen Anmerkung S 2 zu KVGv 230 nicht gesondert miterwähnt. Sie ist aber nach dem Sinn und Zweck wohl mitgemeint, obwohl ja bei der Entgegennahme keine Belastung wie bei der echten Wegnahme entsteht.

5) Nichterledigung. KVGv 601. 8

6) Fälligkeit. § 14 S 1. 9

7) Kostenschuldner. § 13. 10

Nr.	Gebührentatbestand	Gebührenbetrag
240	Entsetzung aus dem Besitz unbeweglicher Sachen oder eingetragener Schiffe oder Schiffsbauwerke und die Einweisung in den Besitz (§ 885 ZPO) .... Neben dieser Gebühr wird gegebenenfalls ein Zeitzuschlag nach Nummer 500 erhoben.	75,00 EUR

1) Systematik. Die Vorschrift erfaßt gegenüber KVGv 221 einen Sonderfall der 1 Wegnahme. Sie ist also eine vorrangige Spezialvorschrift. Gleichrangig neben ihr stehen KVGv 241, 242, 250. § 11 bleibt anwendbar, ebenso KVGv 430.

2) Regelungszweck. Die Regelung bezweckt eine Berücksichtigung der meist 2 komplizierten mit erheblichen technischen Problemen verbundenen und viel Verantwortung fordernden Spezialhandlungen im Geltungsbereich dieser Vorschrift. Dem dient auch die Zulassung eines Zeitzuschlags in der amtlichen Anmerkung.

3) Geltungsbereich: Besitzentsetzung. Unter diese Vorschrift fällt eine Räu- 3 mung, die aus der Entsetzung aus dem Besitz einer unbeweglichen Sache, § 856 BGB, § 885 I ZPO, § 180 GVGA, also aus einem Grundstück oder Grundstücksteil (Wohnung oder sonstiger Raum), § 93 ZVG, ferner die Entsetzung aus dem Besitz eines eingetragenen Schiffs oder Schiffsbauwerks. Demgegenüber regelt KVGv 241 die Wegnahme eines solchen ausländischen Schiffs, das als ein deutsches Schiff eingetragen sein müßte. Der Gerichtsvollzieher schafft eine solche bewegliche Sache, die nicht Gegenstand der Zwangsvollstreckung ist, sofern es sich nicht um Zubehör nach §§ 79, 98 BGB handelt, nach § 885 II ZPO weg, falls er die Vollstreckung nicht auch insofern durchführen soll und soweit nicht ein Dritter wegen eines Pfand- oder Zurückbehaltungsrechts widerspricht.

Die Gebühr *entsteht* bereits mit der Entsetzung aus dem Besitz. Sie erfordert also nicht auch die Inbesitznahme durch den Gerichtsvollzieher und die Einweisung des Gläubigers in den Besitz. Sie entsteht auch dann voll, wenn der Schuldner den Besitz freiwillig aufgegeben hat. Denn die Gebühr gilt auch die Einweisung in den Besitz oder die Übergabe an den Gläubiger ab. Dabei zählt die Zeit zwischen der Inbesitznahme und Besitzeinweisung nicht mit (Unterbrechung). Die Amtshandlung beginnt mit der Ankunft vor Ort. Sie endet mit der Protokollunterschrift vor Ort. Vgl aber auch Rn 4.

Die Vorschrift gilt auch bei einer gleichzeitigen Entsetzung im Auftrag *mehrerer* Gläubiger.

4　4) **Gebührenhöhe.** Die Festgebühr gilt unabhängig von der Größe oder Zahl oder dem Wert der Sachen. Zur Festgebühr tritt wegen der Verweisung in der amtlichen Anmerkung unter den Voraussetzungen von KVGv 500 ein Zeitzuschlag hinzu. Dabei muß man auch den Zeitaufwand zur Wegschaffung einer solchen beweglichen Sache mitrechnen, die nicht Gegenstand der Zwangsvollstreckung ist.

5　5) **Nichterledigung.** KVGv 602 Hs 1.

6　6) **Fälligkeit.** § 14 S 1.

7　7) **Kostenschuldner.** § 13.

Nr.	Gebührentatbestand	Gebührenbetrag
241	**Wegnahme ausländischer Schiffe, die in das Schiffsregister eingetragen werden müßten, wenn sie deutsche Schiffe wären, und ihre Übergabe an den Gläubiger** .. Neben dieser Gebühr wird gegebenenfalls ein Zeitzuschlag nach Nummer 500 erhoben.	100,00 EUR

1　1) **Systematik.** Die Vorschrift erfaßt einen Sonderfall gegenüber KVGv 221 und ist daher ihm gegenüber vorrangig. Sie steht gleichrangig neben KVGv 240, 242, 250.

2　2) **Regelungszweck.** Es gelten dieselben Erwägungen wie bei KVGv 240 Rn 2.

3　3) **Geltungsbereich: Wegnahme und Übergabe bei ausländischem Schiff.** KVGv 241 erfaßt nur die Wegnahme eines solchen ausländischen Schiffs, das in das Schiffsregister eingetragen werden müßte, wenn es ein deutsches Schiff wäre, und seine Übergabe an den Gläubiger. Andernfalls ist auf das ausländische Schiff KVGv 205 anwendbar, § 134 GVGA.

4　4) **Gebührenhöhe.** Zur Festgebühr tritt wegen der Verweisung in der amtlichen Anmerkung unter den Voraussetzungen von KVGv 500 ein Zeitzuschlag hinzu. § 11 ist anwendbar, auch neben KVGv 500.

5　5) **Nichterledigung.** KVGv 602 Hs 2.

6　6) **Fälligkeit.** § 14 S 1.

7　7) **Kostenschuldner.** § 13.

Nr.	Gebührentatbestand	Gebührenbetrag
242	**Übergabe unbeweglicher Sachen an den Verwalter im Falle der Zwangsversteigerung oder Zwangsverwaltung**	75,00 EUR

Nr.	Gebührentatbestand	Gebührenbetrag
	Neben dieser Gebühr wird gegebenenfalls ein Zeitzuschlag nach Nummer 500 erhoben.	

1) Systematik. Die Vorschrift erfaßt einen Sonderfall gegenüber KVGv 221. Sie ist daher ihm gegenüber vorrangig. Sie steht gleichrangig neben KVGv 240, 242, 250. KVGv 430 bleibt anwendbar.   **1**

2) Regelungszweck. Es gelten dieselben Erwägungen wie bei KVGv 240 Rn 2.   **2**

3) Geltungsbereich: Übergabe an den Verwalter. Die Vorschrift ist dann anwendbar, wenn der Gerichtsvollzieher eine unbewegliche Sache an den Verwalter übergibt, § 182 Z 2 GVGA. Das gilt aber nur dann, wenn das Vollstreckungsgericht bei einer Zwangsversteigerung oder Zwangsverwaltung eines Grundstücks nach §§ 94 II, 150 II ZVG den Gerichtsvollzieher auch dahin beauftragt hat. Die Gebühr entsteht mit dem Vollzug der Übergabe durch die Unterschrift unter dem anschließenden Protokoll.   **3**

4) Gebührenhöhe. Zur Festgebühr tritt wegen der Verweisung in der amtlichen Anmerkung unter den Voraussetzungen von KVGv 500 ein Zeitzuschlag hinzu. § 11 ist anwendbar, auch neben KVGv 500.   **4**

5) Nichterledigung. Es entsteht keine Gebühr. Denn KVGv 600–604 enthalten keine Bezugnahme auf KVGv 242. Man muß sie als abschließende Regelung eng auslegen.   **5**

6) Fälligkeit. § 14 S 1.   **6**

7) Kostenschuldner. § 13.   **7**

Nr.	Gebührentatbestand	Gebührenbetrag
250	*Fassung 1. 9. 2009:* **Zuziehung zur Beseitigung des Widerstandes (§ 892 ZPO) oder zur Beseitigung einer andauernden Zuwiderhandlung gegen eine Anordnung nach § 1 GewSchG (§ 96 Abs. 1 FamFG) sowie Anwendung von unmittelbarem Zwang auf Anordnung des Gerichts im Fall des § 90 FamFG** .... Neben dieser Gebühr wird gegebenenfalls ein Zeitzuschlag nach Nummer 500 erhoben.	40,00 EUR

Vorbem. Haupttext geändert dch Art 47 III Z 5 a FGG-RG v 17. 12. 08, BGBl 2586, in Kraft seit 1. 9. 09, Art 112 I Hs 1 FGG-RG, Übergangsrecht Art 111 FGG-RG, Grdz 2 vor § 1 FamGKG, Teil I B dieses Buchs.

Nr.	Gebührentatbestand	Gebührenbetrag
250	*Bisherige Fassung:* **Zuziehung zur Beseitigung des Widerstandes (§ 892 ZPO) sowie zur Beseitigung von Zuwiderhandlungen gegen die Verpflichtung, eine Handlung zu unterlassen (§ 892a ZPO)** .... Neben dieser Gebühr wird gegebenenfalls ein Zeitzuschlag nach Nummer 500 erhoben.	40,00 EUR

1) Systematik. Die Vorschrift erfaßt drei Sonderfälle gegenüber KVGv 221. Sie ist daher ihm gegenüber vorrangig. Sie steht gleichrangig neben KVGv 240–242.   **1**

2) Regelungszweck. Es gelten dieselben Erwägungen wie bei KVGv 240 Rn 2.   **2**

3) Geltungsbereich: Beseitigung des Widerstands und einer andauernden Zuwiderhandlung des Schuldners usw. Die Gebühr entsteht insoweit, als der   **3**

KVGv 250, 260   XI. G über Kosten der GVz

Gerichtsvollzieher einen Widerstand des Schuldners gegen die Vornahme einer solchen Handlung beseitigen soll, die der Schuldner dulden muß, zB nach §§ 887, 890, 892 ZPO. Ferner erfaßt KVGv 250 einen Verstoß gegen § 1 GewSchG und eine Zwangsanwendung nach § 90 FamFG. Vgl aber auch KVGv 230. Eine Gebühr KVGv 250 entsteht nur insoweit, als der Gerichtsvollzieher amtiert. Die Vorschrift gilt auch, soweit der Gerichtsvollzieher aus Anlaß der Durchsuchung einer Wohnung einen Widerstand vorfindet, § 758 III ZPO. Es ist für die Entstehung der Gebühr ausreichend, daß der Gerichtsvollzieher zur Beseitigung des Widerstands *erscheint*. Es ist also unerheblich, ob er oder ein anderer den Widerstand des Schuldners auch tatsächlich brechen. *Unanwendbar* ist KVGv 250 bei § 758 I, II ZPO. Denn die im Text der ersteren Vorschrift allein genannten Vorschriften verweisen nicht auch auf § 758 I, II ZPO. Dann aber gilt das Wort „nur" in 1 I 1 GvKostG.

4   **4) Gebührenhöhe.** Zur Festgebühr tritt wegen der Verweisung in der amtlichen Anmerkung unter den Voraussetzungen von KVGv 500 ein Zeitzuschlag hinzu. § 11 ist anwendbar, auch zusätzlich zu KVGv 500.

5   **5) Nichterledigung.** KVGv 604.

6   **6) Fälligkeit.** § 14 S 1.

7   **7) Kostenschuldner.** § 13.

Nr.	Gebührentatbestand	Gebührenbetrag
260	**Abnahme der eidesstattlichen Versicherung**	30,00 EUR

Schrifttum: *Gilleßen/Polzius* DGVZ **98**, 99; *Hippler/Winterstein*, Vermögensoffenbarung, eidesstattliche Versicherung und Verhaftung, 3. Aufl 2005; *Kessel* DGVZ **98**, 136; *Winterstein* DGVZ **99**, 38 (Üb).

Gliederung

1) Systematik	1
2) Regelungszweck	2
3) Geltungsbereich	3
4) Abnahme der Versicherung	4
5) Ergänzung	5
6) Erzwingung	6
7) Festgebühr	7
8) Verbindung mit Vollstreckungsauftrag	8, 9
9) Fälligkeit	10
10) Kostenschuldner	11

1   **1) Systematik.** Infolge der Überleitung der früheren Zuständigkeit des Rpfl zur Abnahme der prozessualen eidesstattlichen Versicherung zwecks Offenbarung in die Zuständigkeit des Gerichtsvollziehers nach § 899 I ZPO regelt jetzt das GvKostG die Kostenfolge. KVGv 260 bestimmt die Gebührenhöhe. Alle weiteren Bestimmungen des GvKostG bleiben daneben voll anwendbar, zB KVGv 700 ff. KVGv 270 bleibt unberührt, Winterstein DGVZ **99**, 40.

2   **2) Regelungszweck.** Die Abnahme der eidesstattlichen Versicherung ist eine evtl außerordentlich anstrengende zeitraubende und viel Fingerspitzengefühl sowohl gegenüber dem Schuldner als auch gegenüber dem Gläubiger erfordernde Tätigkeit. Sie verlangt auch viel Kenntnis der Rspr und Lehre. Der Gerichtsvollzieher muß dabei auch mit demjenigen Gericht zusammenarbeiten, dem er angehört. Das alles vergütet KVGv 260 immer noch schmal. Soweit zu einer Auslegung der im Vereinfachungsinteresse so knapp gefaßten Vorschrift Raum bleibt, darf alle solche Mühe trotz des Grundsatzes einer dem Kostenschuldner günstigen Anwendung nach Grdz 8 vor § 1, § 1 Rn 2 nicht ganz außer acht bleiben.

Zweck ist eine möglichst einfache die Prozeßwirtschaftlichkeit wie der Rechtssicherheit dienende Fassung der Vergütung. Das muß man bei der Auslegung mitachten, ungeachtet der von Gilleßen/Kühn (zum alten Recht) DGVZ **00**, 3 beklagten praktischen Schwierigkeiten.

2094

XI. G über Kosten der GVz   **260 KVGv**

3) Geltungsbereich. Die Vorschrift erfaßt nur dasjenige Verfahren auf eine solche 3
eidesstattliche Versicherung, für deren nach § 3 III 2, 3 auftragsgemäße Abnahme gerade der Gerichtsvollzieher zuständig ist, also das in §§ 807 I, 836 III 2, 883 II, 899 ff
ZPO, § 234 AO und nach der InsO geregelte der Offenbarungsversicherung, AG
Neuruppin DGVZ **02**, 175 (wegen § 903 ZPO).

Nicht hierher gehören alle Verfahren, soweit der Rpfl oder der Richter oder ein
Vollzugsbeamter zur Abnahme zuständig sind, zB die sachlichrechtliche eidesstattliche
Versicherung, soweit das Verfahren nach § 889 ZPO stattfindet. Wegen § 1 I 1 GKG
gilt eine Gebührenfreiheit zumindest, soweit nicht andere Bestimmungen eingreifen.
Soweit ein solches Verfahren nach § 83 II FamFG stattfindet, gilt § 124 KostG,
Teil III dieses Buchs. Die insolvenzrechtliche eidesstattliche Versicherung fällt unter
das KV des GKG. Das Ersuchen eines Versicherungsträgers auf die Abnahme einer
eidesstattlichen Versicherung ist ein Ersuchen um die Vornahme einer gerichtlichen
Rechtshilfehandlung. Es ist allenfalls zB nach § 2 GKG kostenpflichtig, dort Rn 10,
Teil I A dieses Buchs.

4) Abnahme der Versicherung. Gebührenpflichtig ist nicht mehr das gesamte 4
Verfahren vor dem Gerichtsvollzieher als Ganzes unabhängig von seinem Ausgang.
Vielmehr entsteht die Gebühr nur für die eigentliche „Abnahme" der eidesstattlichen
Offenbarungsversicherung. Sie ist also eine sog Aktgebühr. Soweit ein solches Verfahren nach Rn 7 insgesamt beendet war, entsteht die Gebühr KVGv 260 nicht, AG
Meißen JB **07**, 444 (sondern allenfalls KVGv 270, 604) und nun derselbe Gläubiger
oder ein anderer gegen denselben Schuldner einen neuen Auftrag zur Abnahme der
eidesstattlichen Versicherung erteilt, entsteht die Gebühr evtl neu. § 11 ist anwendbar, nicht aber KVGv 500.

5) Ergänzung. Das bloße Ergänzungsverfahren nach § 807 ZPO fällt mit unter 5
die bisherige Pauschgebühr, soweit es vor demselben Gerichtsvollzieher stattfindet,
§ 10 I 1, AG Bre JB **07**, 498, AG Rahden JB **06**, 269. Es liegt nämlich dann keine
„Wiederholung" der ganzen Vollstreckungshandlung vor, LG Drsd JB **05**, 609, AG
Bre JB **05**, 608, Sturm JB **04**, 62. Das gilt zB beim Verdacht, daß der Schuldner bewußt unrichtige oder unvollständige Angaben gemacht hat, LG Münst DGVZ **02**,
186, AG Hadamar DGVZ **00**, 141, Winterstein DGVZ **04**, 119. Daher ist § 10 II 1
unanwendbar. Der Gerichtsvollzieher darf auch einen bloßen Nachbesserungsantrag
des Gläubigers nicht als einen echten Wiederholungsauftrag nach § 903 ZPO auslegen, LG Drsd JB **05**, 609, AG Darmst JB **06**, 331, AG Solingen DGVZ **09**, 67, aM
AG Heidelb JB **07**, 327, AG Münst DGVZ **04**, 63. Ein vom jeweils zuständigen Gerichtsvollzieher im Weg einer etwa zulässigen Amtshilfe hinzugezogener anderer Gerichtsvollzieher erhält evtl eine gesonderte Vergütung, § 3 I 2.

6) Erzwingung. Das Erzwingungsverfahren nach § 900 ff ZPO ist also miterfaßt, 6
§ 10 I 1. Eine Terminsbestimmung ist auch dann miterfaßt, wenn sie im Ergänzungsverfahren stattfindet, so schon LG Frankenth Rpfleger **84**, 194. Eine Einsicht in das
Schuldnerverzeichnis richtet sich nicht nach KVGv 260, sondern nach KV 2114,
2115, Teil I A dieses Buchs. Denn es besteht zwar beim AG des Gerichtsvollziehers,
nicht aber bei ihm selbst. Dasselbe gilt für die an sein AG weiterzuleitenden Handakten mit den Protokollen usw nach der Beendigung seines Verfahrens.

7) Festgebühr. Es entsteht eine Festgebühr. Sie entsteht auch dann nur einmal, 7
wenn derselbe Gläubiger wegen mehrerer Vollstreckungstitel die Abnahme der Offenbarungsversicherung fordert, LG Karlsr DGVZ **04**, 30, AG Ahaus JB **02**, 42. Bei
mehreren Gläubigern entstehen natürlich mehrere Festgebühren, Viertelhausen
DGVZ **02**, 53.

8) Verbindung mit Vollstreckungsauftrag. Der Gläubiger mag den nach § 900 8
I 1 ZPO erteilten Auftrag zur Abnahme der Offenbarungsversicherung mit einem
gleichzeitigen Vollstreckungsauftrag zu einer Sachpfändung nach §§ 754, 808 ZPO
verbinden. Der Gerichtsvollzieher mag sich entschließen, die Offenbarungsversicherung abweichend vom Verfahren des § 900 I ZPO nun sofort im Verfahren nach
§ 900 II 1 ZPO abzunehmen. Dann stellt § 3 II Z 3 Hs 2 klar, daß grundsätzlich nur
ein Auftrag vorliegt, und bestimmt § 3 III 2, daß der Auftrag zur Abnahme der eidesstattlichen Versicherung als erteilt gilt, sobald die Voraussetzungen nach § 807 I ZPO
vorliegen.

2095

Nicht ausreichend ist ein nur *bedingter* Auftrag des Gläubigers, etwa nur für den Fall, daß die sonstige Zwangsvollstreckung erfolglos bleibe, falls die Bedingung nicht mehr eintritt, Kessel DGVZ **03**, 86, Winterstein DGVZ **99**, 40 (anders, wenn der Gerichtsvollzieher den Auftrag nach § 900 ZPO ablehnt).

9   *Widerspruch* von Gläubiger und/oder Schuldner nach § 900 II 2 ZPO kann dazu führen, daß die bereits bis zum Widerspruchseingang entstandene Gebühr bestehen bleibt, selbst wenn der Gerichtsvollzieher nun im übrigen nach § 900 II 3–5 ZPO weiterverfahren muß. Es ist daher ratsam, auf den Widerspruchszeitpunkt zu achten und ihn auch in den Handakten zu vermerken. Auch hier ist für den Auftragsbeginn § 3 III 2 maßgeblich.

10 **9) Fälligkeit.** Die Gebühr *entsteht* bereits mit dem Auftragseingang, AG Stgt DGVZ **99**, 190. Winterstein DGVZ **99**, 38, Die Gebühr wird nach § 14 S 1 fällig, sobald der Gerichtsvollzieher den Auftrag durchgeführt hat, wenn er also die eidesstattliche Versicherung abgenommen hat oder wenn der Auftrag länger als zwölf Kalendermonate ruht. Zum Begriff der Durchführung § 3 IV 1, 3, 4.

11 **10) Kostenschuldner.** § 13.

Nr.	Gebührentatbestand	Gebührenbetrag
270	Verhaftung, Nachverhaftung, zwangsweise Vorführung	30,00 EUR

Schrifttum: *Hippler/Winterstein*, Vermögensoffenbarung, eidesstattliche Versicherung und Verhaftung, 3. Aufl 2005.

Gliederung

```
1) Systematik ........................................................... 1
2) Regelungszweck .................................................. 2, 3
3) Verhaftung, Nachverhaftung ................................ 4–8
   A. Sicherung ......................................................... 4
   B. Erzwingung der Aussage oder eidesstattlichen Versicherung ... 5
   C. Unvertretbare Handlung .................................. 6
   D. Persönlicher Arrest .......................................... 7
   E. Ordnungsmaßnahme ........................................ 8
4) Vorführung ........................................................ 9, 10
   A. Ausgebliebener Zeuge ...................................... 9
   B. Insolvenzschuldner .......................................... 10
5) Gebührenhöhe .................................................. 11–13
   A. Verhaftung, Nachverhaftung ........................... 11
   B. Beispiele zur Frage einer Verhaftung oder Nachverhaftung, KVGv 270 ... 12
   C. Vorführung ..................................................... 13
6) Nichterledigung ................................................ 14–17
   A. Voraussetzungen ............................................ 14, 15
   B. Beispiele zur Frage einer Nichterledigungsgebühr ... 16
   C. Gebührenhöhe ................................................. 17
7) Fälligkeit ........................................................... 18
8) Kostenschuldner ............................................... 19
```

1   **1) Systematik.** Die Vorschrift läßt eine Festgebühr für die Verhaftung, eine Nachverhaftung und die Vorführung in allen denjenigen Fällen entstehen, in denen der Gerichtsvollzieher als Vollstreckungsorgan tätig wird, auch nach § 11 II JBeitrO, Teil IX A dieses Buchs. Es ist insofern unerheblich, aus welchem Rechtsgrund der Gerichtsvollzieher derart vorgehen soll. Es ist ferner unerheblich, ob die Amtshandlung auf Grund eines Antrags der Partei oder im amtlichen Auftrag vornimmt. Der Gerichtsvollzieher darf aber ohne einen Auftrag keine Gebühr KVGv 270 erheben und auch nicht zB einen bloßen Ergänzungsantrag in einen weiteren Hauptauftrag umdeuten, AG Bre JB **04**, 388 rechts. Die Gebühr gilt auch die anschließende Ablieferung zur Haft ab. Das ergibt sich schon daraus, daß das Gesetz für diese Ablieferung keine besondere Gebühr festsetzt. KVGv 260 bleibt unberührt, Winterstein DGVZ **99**, 40 (zum alten Recht).

2   Für eine *andere* Vollstreckungsmaßnahme, die der Gerichtsvollzieher neben einer Verhaftung, Nachverhaftung, Vorführung oder Ablieferung vornimmt, können besondere Gebühren entstehen. Treffen ein Pfändungs- und ein Verhaftungsauftrag zu-

sammen, liegt der letztere meist nur hilfsweise vor. Daher wird KVGv 270 erst nach sinnlosen Pfändungsversuch anwendbar, § 3 Rn 30.

2) Regelungszweck. Die Regelung bezweckt eine angemessene Vergütung der 3 gerade mit einem zumindest vorübergehenden Freiheitsentzug des Schuldners verbundenen hohen Verantwortung des Gerichtsvollziehers.

3) Verhaftung, Nachverhaftung. Man muß fünf Fallgruppen unterscheiden. 4
A. Sicherung. Hierher gehört die Verhaftung des Schuldners, § 98 II InsO, vgl auch §§ 4, 21 III, 153 II InsO, §§ 186, 189a GVGA. Der Gerichtsvollzieher wird insofern im amtlichen Auftrag tätig.
B. Erzwingung der Aussage oder eidesstattlichen Versicherung. Hierher 5 gehört weiter die Verhaftung eines Zeugen zur Erzwingung seiner grundlos verweigerten Aussage, § 390 II ZPO, § 190 GVGA. Ferner gehört hierher eine Verhaftung zur Erzwingung der Abgabe der eidesstattlichen Versicherung nach §§ 807, 836, 883, 889, 900ff ZPO, § 186 Z 1 GVGA. Im letzteren Fall muß der Gerichtsvollzieher einen Haftbefehl nach § 909 ZPO dem Schuldner übergeben und ihm anheimstellen, entweder die Offenbarungsversicherung abzugeben oder eingeliefert zu werden, Blaskowitz DGVZ **04**, 55, Seip DGVZ **04**, 183. Auch die Nachverhaftung in einer Zwangshaft gehört hierher, § 188 Z 1 GVGA, Rn 11.
C. Unvertretbare Handlung. Hierher gehört ferner eine Verhaftung des Schuld- 6 ners zur Erzwingung seiner unvertretbaren Handlung, §§ 888, 890 ZPO, § 186 GVGA.
D. Persönlicher Arrest. Hierher gehört weiter eine Verhaftung des Schuldners 7 zur Vollziehung seines persönlichen Arrests, §§ 918, 933 ZPO, § 194 GVGA.
E. Ordnungsmaßnahme. Hierher gehört schließlich die Verhaftung einer Per- 8 son zur Vollstreckung eines nach §§ 380, 890 ZPO, § 178 GVG gegen sie als eine Partei oder einen Zeugen verhängten Ordnungsmittels, §§ 186, 190 GVGA. Der Gerichtsvollzieher wird hier im amtlichen Auftrag tätig.

4) Vorführung. Hier sind zwei Fallgruppen vorhanden. 9
A. Ausgebliebener Zeuge. Hierher gehört die Vorführung eines ausgebliebenen Zeugen, § 380 II ZPO, § 191 GVGA.
B. Insolvenzschuldner. Hierher gehört ferner die Vorführung eines Schuldners 10 nach § 98 II InsO.

5) Gebührenhöhe, I. Man muß zwei Aspekte beachten. 11
A. Verhaftung, Nachverhaftung. Es entsteht je Verhafteten eine Festgebühr. § 11 ist anwendbar. Der Betrag gilt die gesamte Tätigkeit des Gerichtsvollziehers unabhängig vom Umfang seiner Mühe ab, einschließlich der Vorführung vor dem Gericht und der Einlieferung in die Haftanstalt. Es gibt keinen Zeitzuschlag. Denn KVGv 270 verweist nicht auf KVGv 500, wie es nach diesem erforderlich wäre. Es kommt also auf den Zeitaufwand nicht an. Freilich ist § 11 anwendbar. KVGv 270 umfaßt auch das Aufsuchen des Schuldners. Vorgänge *nach* der Verhaftung lassen KVGv 270 unberührt.

B. Beispiele zur Frage einer Verhaftung oder Nachverhaftung, KVGv 270 12
Aufhebung des Haftbefehls: Unberührt bleibt KVGv 270 von solcher Maßnahme, § 902 III ZPO.
Auslagen: Sie entstehen gesondert nach KVGv 700ff, zB für eine Beförderung nach KVGv 707 oder als eine Dokumentenpauschale nach KVGv 700 oder als Wegegeld nach KVGv 711.
Außerkraftsetzung des Haftbefehls: Es gilt dasselbe wie bei einer „Aufhebung des Haftbefehls".
Beförderungskosten: S „Auslagen".
Bereitschaft nach Verhaftung: Unberührt bleibt KVGv 270 bei einer Bereitschaft zur Offenbarung erst nach der Verhaftung, AG Hildesh DGVZ **05**, 30, AG Strausberg DGVZ **05**, 31.
Dokumentenpauschale: S „Auslagen".
Ergänzungsauftrag: Er gehört *nicht* zu KVGv 270, Rn 1.

KVGv 270 XI. G über Kosten der GVz

Flucht: Unberührt bleibt KVGv bei einer Flucht des Verhafteten vor seiner Einlieferung, SchrKWi 11.
Freilassung: Unberührt bleibt KVGv 270 bei einer Zahlung erst nach der Verhaftung und einer Freilassung auf Wunsch des Gläubigers, Winterstein DGVZ **99**, 40.
Freiwilligkeit: Allenfalls KVGv 604 gilt beim freiwilligen Erscheinen des Schuldners und dessen sofortiger Zahlung vor dem Terminsbeginn und vor der Bekanntgabe des Haftbefehls, AG Augsb DGVZ **03**, 191, AG Bre JB **07**, 158, Meyer 46, aM Seip DGVZ **04**, 184 (aber es erfolgt kein direkter Zwang).
Mehrheit von Beteiligten: Wenn der Gerichtsvollzieher im Auftrag mehrerer Gläubiger eine einzelne Person verhaftet, liegen wegen § 3 I 4 mehrere Aufträge vor. Wenn der Gerichtsvollzieher durch dieselbe Handlung mehrere Personen verhaftet, gilt ebenfalls § 3 I 4. Es liegen also auch dann mehrere Aufträge vor. Daher ist § 10 unanwendbar. Die Gebühr entsteht also mehrfach. Soweit nur eine Person der gesetzliche Vertreter mehrerer Schuldner (Gesellschafter usw) ist, liegt nur *eine* Verhaftung vor, aM SchrKWi 20 (aber das würde zu einer unmäßigen Verteuerung zB bei einer großen Gesellschaft führen). Die gleichzeitig für mehrere Gläubiger erfolgende Verhaftung löst die Gebühr nach § 3 II Z 3 nur einmal aus, Brück DGVZ **78**, 150, Hantke DGVZ **78**, 86, aM AG Westerburg DGVZ **04**, 174, Meyer 49.
Nachverhaftung: Für eine Nachverhaftung entsteht je nach der verhafteten Person ebenfalls die Festgebühr, Rn 5. Eine Nachverhaftung liegt vor, soweit der Gerichtsvollzieher einen bereits Inhaftierten auf Grund eines anderen Haftbefehls nochmals förmlich in der Haftanstalt für verhaftet erklärt. Der Gerichtsvollzieher muß dem Verhafteten dann den weiteren Haftbefehl bekanntgeben, § 188 Z 1 GVGA.
S aber auch „Nochmalige Verhaftung".
Nochmalige Verhaftung: Von einer Nachverhaftung muß man eine nochmalige Verhaftung desselben Schuldners auf Grund desselben oder eines anderen Haftbefehls im Anschluß an eine vorherige Freilassung unterscheiden. Das gilt selbst dann, wenn die erneute Verhaftung unmittelbar nach der Freilassung erfolgt. Diese nochmalige Verhaftung läßt eine neue Gebühr entstehen. Das gilt auch im Anschluß an eine natürlich nicht unter KVGv 270 fallende Untersuchungs- oder Strafhaft, an die sich nur eine erste Verhaftung nach Rn 2–8 anschließt. Dann entsteht eine erste Verhaftungsgebühr, § 188 Z 3 GVGA.
Versuch: Ihn vergütet allenfalls KVGv 604.
Vorführung: Rn 10. Unberührt bleibt KVGv 270 bei einer Vorführung nach § 186 Z 1 b GVGA, AG Hildesh DGVZ **05**, 30.
Vorladung: Anwendbar bleibt KVGv 270 bei einer Verhaftung des zu diesem Zweck vorgeladenen und erschienenen Schuldners, AG Augsb DGVZ **03**, 191.
Wegegeld: S „Auslagen".
Zahlung: S „Freilassung".

13 **C. Vorführung.** Die Gebühr entsteht auch für die zwangsweise Vorführung, Rn 9, 10. Das kann auch dadurch geschehen, daß er dem Schuldner vertraut und sich mit ihm erst am Gericht usw trifft, um ihn dort „abzuliefern".
Wenn der Verhaftete oder der zum Zweck der Vorführung Festgenommene *entweicht*, bevor der Gerichtsvollzieher ihn zur Ablieferung bringt oder vorführt, entsteht die Gebühr KVGv 604, falls den Gerichtsvollzieher keine Schuld trifft, falls der Grund also nicht in seiner Person liegt. Andernfalls ist § 7 anwendbar. Wenn sich der Gesamtauftrag zB durch eine Erfüllung seitens des Schuldners nach dessen Verhaftung erledigt, bleibt die Gebühr KVGv 270 bestehen. Andernfalls kann KVGv 604 anwendbar sein.

14 **6) Nichterledigung.** Man muß zwei Fragen klären. § 11 ist auch hier anwendbar, nicht aber KVGv 500.

15 **A. Voraussetzungen.** Es ist KVGv 604 anwendbar, dort Rn 23. Über die Höhe der Gebühr entscheidet also der Umstand, ob der Auftrag aus einem solchen Grund unterblieben ist, der in der Person des Gerichtsvollziehers liegt oder von seiner Entschließung abhängt. Dann entsteht keine Gebühr.
Die Gebühr entsteht auch nur, falls sich der Auftrag endgültig und nicht nur vorerst erledigt.

XI. G über Kosten der GVz 270, Vorbem 300 KVGv

B. Beispiele zur Frage einer Nichterledigungsgebühr   16
Andere Amtshandlung: *Keine* Nichterledigungsgebühr KVGv 604 entsteht dann, wenn der Gerichtsvollzieher zunächst eine andere Amtshandlung vorrangig vornimmt.
Auftragsabgabe: Wenn der Gerichtsvollzieher einen Auftrag an einen anderen Gerichtsvollzieher im Bezirk desselben AG oder außerhalb des Bezirks abgibt, entstehen die Gebühren nur bei dem übernehmenden Gerichtsvollzieher.
Auftragsrücknahme: Die Nichterledigungsgebühr KVGv 604 entsteht dann, wenn der Gerichtsvollzieher erst an Ort und Stelle vor der Verhaftung usw erfährt, daß der Gläubiger den Auftrag zurückgenommen hat.
Einstellung der Vollstreckung: Die Nichterledigungsgebühr KVGv 604 entsteht dann, wenn das Gericht die Zwangsvollstreckung nach § 775 ZPO einstellt.
Erkrankung: *Keine* Nichterledigungsgebühr KVGv 604 entsteht dann, wenn der Gerichtsvollzieher erkrankt.
Haftentlassung: Die Nichterledigungsgebühr KVGv 604 entsteht dann, wenn man auf einen Gläubigerantrag den Schuldner vor der Abgabe seiner Offenbarungsversicherung nach §§ 807, 900 ZPO aus der Haft entläßt, AG Bln-Wedding DGVZ **92**, 142.
Hafthindernis: Die Nichterledigungsgebühr KVGv 604 entsteht dann, wenn sich die Unzulässigkeit der Haft nach § 904 ZPO oder die Notwendigkeit einer Haftunterbrechung nach § 905 ZPO oder eines Haftaufschubs nach § 906 ZPO ergibt.
Offenbarungsversicherung: Die Nichterledigungsgebühr KVGv 604 entsteht dann, wenn der Schuldner seine Offenbarungsversicherung nach §§ 807, 900 ZPO vor seiner Verhaftung usw doch noch ableistet, Rn 11, AG Hildesh DGVZ **05**, 30, Wiedemann DGVZ **04**, 129.
Tod: Die Nichterledigungsgebühr KVGv 604 entsteht dann, wenn der Schuldner vor der Verhaftung usw stirbt.
Unauffindbarkeit: Die Nichterledigungsgebühr KVGv 604 entsteht dann, wenn der Schuldner für den Gerichtsvollzieher trotz zumutbarer Bemühung unauffindbar ist.
   Daher kann die Gebühr *nicht* schon dann entstehen, wenn der Gerichtsvollzieher der Person nicht gleich habhaft wird, sondern nur dann, wenn diese in der Wohnung überhaupt nicht wohnt oder sie so meidet, daß der Gerichtsvollzieher sie nicht ergreifen kann, oder wenn sie an der Arbeitsstelle nicht mehr arbeitet.
Vorschuß-Nichtzahlung: Die Nichterledigungsgebühr KVGv 604 entsteht dann, wenn der Gläubiger den Vorschuß nach § 4 I 2 nicht gezahlt und der Gerichtsvollzieher daher den Auftrag zurückgibt.
Wegzug: Die Nichterledigungsgebühr KVGv 604 entsteht für den bisherigen Gerichtsvollzieher dann, wenn der Schuldner vor der Verhaftung usw aus dem Bezirk dieses Gerichtsvollziehers wegzieht.
Zahlung: Die Nichterledigungsgebühr KVGv 604 entsteht dann, wenn der Schuldner oder für ihn ein Dritter noch vor der Verhaftung des Schuldners usw zahlt. Dann kann die Hebegebühr KVGv 430 entstehen.

C. Gebührenhöhe. KVGv 604, Rn 23. Wegen der neuen Bundesländer § 20.   17
7) Fälligkeit. § 14 S 1.   18
8) Kostenschuldner. § 13.   19

3. Verwertung

[1] Die Gebühren werden bei jeder Verwertung nur einmal erhoben. [2] Dieselbe Verwertung liegt auch vor, wenn der Gesamterlös aus der Versteigerung oder dem Verkauf mehrerer Gegenstände einheitlich zu verteilen ist oder zu verteilen wäre und wenn im Falle der Versteigerung oder des Verkaufs die Verwertung in einem Termin, bei einer Versteigerung im Internet in einem Ausgebot, erfolgt.

Vorbem. Amtliche Vorbemerkung S 2 ergänzt durch Art 3 Z 1 G v 30. 7. 09, BGBl 2474, in Kraft seit 5. 8. 09, Art 9 S 2 G, Übergangsrecht § 18 GvKostG.

Nr.	Gebührentatbestand	Gebühren-betrag
300	**Versteigerung oder Verkauf von** – **beweglichen Sachen,** – **Früchten, die noch nicht vom Boden getrennt sind,** – **Forderungen oder anderen Vermögensrechten** .... [1] Neben dieser Gebühr wird gegebenenfalls ein Zeitzuschlag nach Nummer 500 erhoben. [2] Dies gilt nicht bei einer Versteigerung im Internet.	40,00 EUR

Amtliche Vorbemerkung S 2 angefügt durch Art 3 Z 2 G v 30. 7. 09, BGBl 2474 in Kraft seit 5. 8. 09, Art 9 S 2 G, Übergangsrecht § 18 GvKostG.

Gliederung

1) Systematik 1
2) Regelungszweck 2
3) Geltungsbereich: Versteigerung und Verkauf 3–7
   A. Grundsatz 3
   B. Pauschale 4
   C. Mehrere Versteigerungen 5
   D. Nur *eine* Verwertung 6
   E. Mehrere Verwertungen 7
4) Gebührenhöhe 8–11
5) Nichterledigung 12
6) Fälligkeit 13
7) Kostenschuldner 14

1 **1) Systematik.** Die Verwertungsgebühren entstehen bei einer Verwertung anläßlich einer Zwangsvollstreckung nach der ZPO oder nach dem ZVG, auch soweit ein freihändiger Verkauf stattfindet, §§ 817a, 821, 825 I ZPO, § 108 ZVG (wegen § 825 II ZPO KVGv 310). Die Verwertungsgebühren kommen ferner in Betracht, soweit das Bundes- oder Landesrecht den Gerichtsvollzieher zu einer Versteigerung außerhalb der Zwangsvollstreckung oder für den freihändigen Verkauf usw zuständig macht, § 1 I. Es reicht auch die Verwertung einer im Strafverfahren eingezogenen Sache, §§ 63, 64 StrVollstrO.

Das gilt zB: Bei der Versteigerung einer hinterlegungsunfähigen Sache, § 383 III BGB; beim Pfandverkauf, § 1235 I BGB; bei einer Auseinandersetzung unter Miterben, §§ 2042, 753 BGB; bei einer Versteigerung beim Verkauf von Waren wegen des Annahmeverzugs des Gläubigers, § 373 HGB; bei einer Versteigerung oder des Verkaufs solcher Sachen, die verpfändet waren, oder von anderen Sachen dann, wenn ihr Verderb droht oder wenn man eine wesentliche Wertminderung befürchten muß, §§ 1219 BGB, 379, 388, 391, 437 HGB; bei der Versteigerung einer Fundsache, §§ 966, 979 BGB, §§ 237ff GVGA. Die Gebühren KVGv 300–310 entstehen aber auch bei einer der Verwertung nach KVGv 300 ähnlichen öffentlichen Verpachtung an den Meistbietenden, KVGv 301.

Die *amtliche Vorbemerkung* vor KVGv 300 stellt eine gegenüber § 10 I vorrangige Sonderregelung dar. Während § 10 I je Auftrag nur einmal je KVGv vergütet, hebt KVGv 300 in der amtlichen Vormerkung auf „jede Verwertung" ab und legt das näher dar. Verwertungsgebühren sind von Auftragszahl unabhängig.

2 **2) Regelungszweck.** Die Vorschrift dient der Vereinfachung. Sie ersetzt die früheren landesrechtlichen Vorschriften, vgl auch jetzt § 30a EGGVG, Teil XII B dieses Buchs.

3 **3) Geltungsbereich: Versteigerung und Verkauf.** Man muß zwei Hauptaspekte unterscheiden.

A. Grundsatz. Über den Umfang der Anwendbarkeit von I Rn 1, 2. I stimmt mit KVGv 205 teilweise überein. KVGv 300 ist zB anwendbar: Auf die Versteigerung nach §§ 814 ff, 824, 847, 857, 885 IV, 930 III ZPO; auf diejenige außerhalb der Zwangsvollstreckung, etwa nach §§ 237, 246, 247 GVGA; auf den freihändigen Verkauf innerhalb der Zwangsvollstreckung, § 821 ZPO, § 108 ZVG, oder außerhalb der

XI. G über Kosten der GVz **300 KVGv**

Zwangsvollstreckung, §§ 237 ff GVGA; auf den Fall des § 825 I ZPO, soweit es um eine Versteigerung oder einen freihändigen Verkauf geht.

Eine *Versteigerung* ist nicht nur bei einer beweglichen Sache möglich, etwa einer Aktie oder einem anderen Wertpapier, bei Früchten auf dem Halm, sondern sie ist auch bei einer Forderung und anderen Vermögensrechten möglich, also zB: Bei einer Grundschuld; bei einer Hypothek; bei dem Anteil einer Gesellschaft mit beschränkter Haftung; bei einem Recht aus einem Patent; bei einem Verlagsrecht; bei einem Urheberrecht; bei einer Lizenz beim Bergwerksanteil (Kux); bei einer Schiffspart.

B. Pauschale. Die Festgebühr ist eine Aktgebühr. Sie umfaßt die Vorbereitung, 4 Bekanntmachung, Durchführung und Abwicklung einschließlich der Empfangnahme, der Ablieferung, der Hinterlegung, der Aufbewahrung und der Abrechnung. Das gilt freilich nur, soweit nicht zusätzliche Sonderregeln bestehen. Auslagen entstehen gesondert, Rn 10. Die Gebühr entsteht dann, wenn der Gerichtsvollzieher die Verwertung abgeschlossen hat. Für jede Verwertung entsteht eine Gebühr, amtliche Vorbemerkung vor KVGv 300, dort auch zur Abgrenzung des Begriffs Verwertung. Jeder Termin zählt also besonders. Es ist unerheblich, warum der Gerichtsvollzieher die Verwertung nicht schon im ersten Termin vorgenommen hat. Wenn es sich aber in Wahrheit um dieselbe Verwertung handelt, liegt nur eine einzige Versteigerung vor. Das gilt zB dann, wenn der Gerichtsvollzieher Sachen in verschiedenen Räumen bei derselben Gelegenheit verwertet oder wenn er Gegenstände auf dem Hof und Früchte auf dem Felde verwertet oder wenn er die Versteigerung am ersten Tag nicht beenden konnte und sie daher am nächsten Tag fortsetzt.

C. Mehrere Versteigerungen. Sie liegen dann vor, wenn der Gerichtsvollzieher 5 die Verwertung deshalb unterbrochen hat, weil die Vollstreckung eingestellt wurde oder weil er dem Schuldner den Rest der Forderung gestundet hat. Das gilt ebenso dann, wenn er einen weiteren Termin für dasselbe Pfandstück neu anberaumt hat, weil er das Stück im ersten Termin nicht verwerten konnte.

D. Nur *eine* Verwertung. Nur eine einzige Verwertung und demgemäß auch nur 6 eine Festgebühr entsteht rechtlich dann, wenn der Gerichtsvollzieher bei demselben Schuldner mehrere Sachen gemeinsam gepfändet hat, mag er das auch auf Grund mehrerer Schuldtitel für einen oder mehrere Gläubiger getan haben, § 827 III ZPO, und wenn er sie nun gleichzeitig versteigert. Das gilt auch im Fall einer Anschlußpfändung.

E. Mehrere Verwertungen. Sie liegen dann vor, wenn der Gerichtsvollzieher die 7 Versteigerung zwar an demselben Tag durchführt, das Aufgebot und den Erlös aber deshalb gesondert behandeln muß, weil er solche Gegenstände versteigert, die er in verschiedenen Sachen zu verschiedenen Zeiten gepfändet hat. Die gemeinsam vorgenommene Versteigerung ist dann nur eine zeitliche Zusammenfassung mehrerer rechtlich auseinanderzuhaltender Versteigerungen. Deshalb gilt dann nur der Grundsatz Rn 4. Allerdings ist nach der amtlichen Vorbemerkung S 2 nur eine einzige Verwertung vorhanden, soweit der Gerichtsvollzieher den Gesamterlös einheitlich verteilen muß und wenn bei der Versteigerung oder beim Verkauf die Verwertung in demselben Termin oder in demselben Internet-Ausgebot erfolgt.

4) Gebührenhöhe. Die Festgebühr gilt für jede Verwertung besonders. Ein Zeit- 8 zuschlag kann wegen der Verweisung in der amtlichen Anmerkung zu KVGv 500 S 1 eintreten, nicht aber nach deren S 2 bei einer Versteigerung im Internet. Bei einer Verwertung zur Nachtzeit oder an einem Sonnabend, Sonn- oder Feiertag auf einen Antrag eines Beteiligten gilt § 11.

Neben der Gebühr können *Auslagen* entstehen, KVGv 700 ff. Die Unkosten der 9 Beschaffung des Versteigerungsraums usw können unter KVGv 713 fallen.

Die Gebühr gilt nicht nur die Versteigerung als solche ab, sondern auch die *damit* 10 *zusammenhängenden Nebengeschäfte*, insbesondere die Vorbereitung, die öffentliche Bekanntmachung, die Empfangnahme, die Aufbewahrung, die Abrechnung und die Ablieferung des Geldes. Die letztere liegt auch dann vor, wenn der Gerichtsvollzieher auf eine Anordnung des Vollstreckungsgerichts nach § 825 II ZPO die Versteigerung durch eine andere Person durchführen läßt, die dem Gerichtsvollzieher den Erlös übergibt. Denn KVGv 430 ist deshalb unanwendbar, weil die Empfangnahme usw bei der ordnungsgemäßen Durchführung des Auftrags entsteht.

KVGv 300–302 XI. G über Kosten der GVz

11   Für die *Entfernung aus dem Gewahrsam* des Schuldners entsteht eine besondere Gebühr, KVGv 420.
     Auslagen richten sich nach KVGv 700 ff.
12   **5) Nichterledigung.** KVGv 604.
13   **6) Fälligkeit.** § 14 S 1. Maßgeblich ist noch nicht der Zuschlag, sondern erst die Übergabe an den Ersteher, SchrKWi 9.
14   **7) Kostenschuldner.** § 13.

Nr.	Gebührentatbestand	Gebührenbetrag
301	Öffentliche Verpachtung an den Meistbietenden .... Neben dieser Gebühr wird gegebenenfalls ein Zeitzuschlag nach Nummer 500 erhoben.	40,00 EUR

1   **1) Systematik.** Es gelten dieselben Erwägungen wie bei KVGv 300 Rn 1. Die Vorschriften stehen gleichberechtigt nebeneinander.
2   **2) Regelungszweck.** Auch hier gelten dieselben Erwägungen wie bei KVGv 00.
3   **3) Geltungsbereich: Öffentliche Verpachtung.** Die Vorschrift ist anwendbar, soweit der Gerichtsvollzieher nach dem Landesrecht zu einer öffentlichen Verpachtung an einen Meistbietenden befugt ist und in diesem Rahmen handelt, § 1 I.
4   **4) Gebührenhöhe.** Es gelten dieselben Erwägungen wie bei KVGv 300 Rn 8 ff. Auch ein Zeitzuschlag ist möglich. Denn die amtliche Anmerkung zu KVGv 301 verweist auf KVGv 500. KVGv 302 bleibt anwendbar.
5   **5) Nichterledigung.** KVGv 604.
6   **6) Fälligkeit.** § 14 S 1.
7   **7) Kostenschuldner.** § 13.

Nr.	Gebührentatbestand	Gebührenbetrag
302	Anberaumung eines neuen Versteigerungs- oder Verpachtungstermins oder das nochmalige Ausgebot bei einer Versteigerung im Internet .... ᴵ Die Gebühr wird für die Anberaumung eines neuen Versteigerungs- oder Verpachtungstermins nur erhoben, wenn der vorherige Termin auf Antrag des Gläubigers oder des Antragstellers oder nach den Vorschriften der §§ 765 a, 775, 813 a, 813 b ZPO nicht stattgefunden hat oder wenn der Termin infolge des Ausbleibens von Bietern oder wegen ungenügender Gebote erfolglos geblieben ist. ᴵᴵ Die Gebühr wird für das nochmalige Ausgebot bei einer Versteigerung im Internet nur erhoben, wenn das vorherige Ausgebot auf Antrag des Gläubigers oder des Antragstellers oder nach den Vorschriften der §§ 765 a, 775, 813 a, 813 b ZPO abgebrochen worden ist oder wenn das Ausgebot infolge des Ausbleibens von Geboten oder wegen ungenügender Gebote erfolglos geblieben ist.	7,50 EUR

Vorbem. Fassg Art 3 Z 3 G v 30. 7. 09, BGBl 2474, in Kraft seit 5. 8. 09, Art 9 S 2 G, Übergangsrecht § 18 GvKostG.

1   **1) Systematik.** Es gelten dieselben Erwägungen wie bei KVGv 300 Rn 1. Vgl auch Rn 7. Die amtliche Anmerkung klärt, daß KVGv 302 nur in den dort abschließend bestimmten Fällen eines neuen Termins anwendbar ist.
2   **2) Regelungszweck.** Es gelten dieselben Erwägungen wie bei KVGv 300 Rn 2. Der neue Termin oder das nochmalige Ausgebot bei einer Versteigerung im Internet nach

§ 814 II Z 2 ZPO soll dann ein zusätzliches Entgelt erbringen, wenn der ursprüngliche aus Gründen entfallen mußte, die man dem Gerichtsvollzieher nicht zurechnen kann. Wegen der abschließenden Aufzählung in der amtlichen Anmerkung muß man die gesamte Vorschrift eng auslegen, soweit eine Zahlungspflicht infrage kommt.

3) Neuer Termin oder nochmaliges Ausgebot. Die Gebühr ist ein Entgelt für die Anberaumung eines neuen Termins oder für die Herstellung eines nochmaligen Ausgebots bei einer Versteigerung im Internet. Nicht schon der Antrag, sondern erst die Anberaumung des Termins usw bringt die Gebühr zur Entstehung. Es muß eine der folgenden Voraussetzungen vorliegen. 3

A. Terminswegfall oder Ausgebotsabbruch auf Antrag. Der Gerichtsvollzieher muß den alten Versteigerungs- oder Verpachtungstermin und nicht etwa einen Termin zu einem freihändigen Verkauf auf Grund eines Antrags des Gläubigers oder des Antragstellers zwar angesetzt haben, § 141 Z 2 I 1 GVGA. Dieser frühere Termin darf aber dann doch zulässigerweise, § 141 Z 2 II, Z 3 GVGA, ebenfalls auf einen Antrag des Gläubigers oder des Antragstellers nicht stattgefunden haben. Eine andere Terminsart ist unbeachtlich. Soweit der Gerichtsvollzieher einen neuen Termin von Amts wegen anberaumt, ist KVGv 302 unanwendbar.
Bei einer *Internetversteigerung* nach § 814 II 2 ZPO entspricht dem Terminswegfall ein antragsgemäßer Abbruch des Ausgebots. 4

B. Einstellung. Oder: Der vorgenannte Termin oder das vorgenannte Ausgebot muß wegen des Nachweises eines Einstellungsgrundes nach §§ 765 a, 775, 813 a, 813 b ZPO unterblieben sein. 5

C. Kein Bieter, ungenügendes Gebot. Oder: Der vorgenannte Termin oder das vorgenannte Ausgebot muß infolge des Ausbleibens von Bietern oder Geboten oder wegen ungenügender Gebote erfolglos geblieben sein. 6

D. Gemeinsames. Nur wenn der vorgenannten Gründe und nicht ein anderer zur bisherigen Nichtverwertung geführt hat, löst die Anberaumung eines neuen Termins oder ein nochmaliges Ausgebot die Gebühr aus. Es reichen also zB nicht aus: Ein Termin zu einem freihändigen Verkauf; ein Termin wegen der Mitwirkung durch einen anderen nach § 825 II ZPO; ein erster Termin. Die Gebühr KVGv 302 kann neben den Gebühren KVGv 300, 301 entstehen. Sie setzt bei Rn 4 und Rn 5 nicht voraus, daß sich der Gerichtsvollzieher damals an Ort und Stelle begeben hatte. 7

4) Gebührenhöhe. Es entsteht eine Festgebühr. Die Gebühr entsteht unabhängig von der Zahl der Aufträge auch dann nur einmal, wenn es sich um die Versteigerung mehrerer gemeinsam gepfändeter Sachen handelt, amtliche Vorbemerkung 3 S 1. Dann ist es unerheblich, ob mehrere Gläubiger den Antrag gestellt haben. Es gibt beim Termin mangels amtlicher Erwähnung in KVGv 302 und beim Ausgebot wegen der amtlichen Anmerkung zu KVGv 300 S 2 keinen Zeitzuschlag nach KVGv 500. § 11 ist praktisch unanwendbar. 8

5) Nichterledigung. KVGv 600–604 sind unanwendbar, da sie nicht auch KVGv 302 erwähnen. 9

6) Fälligkeit. § 14 S 1. 10

7) Kostenschuldner. § 13. 11

Nr.	Gebührentatbestand	Gebührenbetrag
310	Mitwirkung bei der Versteigerung durch einen Dritten (§ 825 Abs. 2 ZPO) .... Neben dieser Gebühr wird gegebenenfalls ein Zeitzuschlag nach Nummer 500 erhoben.	12,50 EUR

1) Systematik. Es gelten dieselben Erwägungen wie bei KVGv 300 Rn 2. 1

2) Regelungszweck. Es gelten dieselben Erwägungen wie bei KVGv 300 Rn 2. 2

3) Geltungsbereich: Andere Peson als Versteigerer. Der Gerichtsvollzieher kann nach § 825 I 1 ZPO die Verwertung einer gepfändeten Sache in anderer Weise oder an einem anderen Ort als nach §§ 814 ff ZPO auf einen Antrag des Gläubigers 3

2103

oder des Schuldners bestimmen. Dann entsteht für den Gerichtsvollzieher bei seiner eigenen Mitwirkung an einer von ihm angeordneten Versteigerung nach § 816 ZPO eine Mitwirkungsgebühr nach KVGv 310. *Unanwendbar* ist KVGv 310 auf eine Verwertung nach § 825 II ZPO. Für sie kommt KVGv 300 in Betracht, dort Rn 1.

4 4) **Gebührenhöhe.** Es gelten dieselben Erwägungen wie bei KVGv 300 Rn 4. Ein Zeitzuschlag ist möglich. Denn die amtliche Anmerkung verweist auf KVGv 500. § 11 ist anwendbar.
5 5) **Nichterledigung.** KVGv 604.
6 6) **Fälligkeit.** § 14 S 1.
7 7) **Kostenschuldner.** § 13.

4. Besondere Geschäfte

Nr.	Gebührentatbestand	Gebühren-betrag
400	**Bewachung und Verwahrung eines Schiffes, eines Schiffsbauwerks oder eines Luftfahrzeugs** (§§ 165, 170, 170a, 171, 171c, 171g, 171h ZVG, § 99 Abs. 2, § 106 Abs. 1 Nr. 1 des Gesetzes über Rechte an Luftfahrzeugen) .... Neben dieser Gebühr wird gegebenenfalls ein Zeitzuschlag nach Nummer 500 erhoben.	75,00 EUR

1 1) **Systematik.** Die Vorschrift gilt nur in den dort ausdrücklich abschließend genannten Fällen im Auftrag des Vollstreckungsgerichts. Dazu zählt freilich auch die bloße Beschlagnahme nebst der Übergabe zur Bewachung und Verwahrung an eine ihm bezeichnete Person, § 183 II GVGA. Das kann auch er selbst sein. Wenn ein Schiff oder Luftfahrzeug gepfändet worden ist, gilt KVGv 205 seine Bewachung oder Verwahrung ab. Die Entsetzung aus dem Besitz eines eingetragenen Schiffs oder Schiffsbauwerks im Auftrag des Gläubigers fällt unter KVGv 240. Die Gebühr KVGv 400 entsteht also nicht etwa zusätzlich. Die Gebühren entstehen je bewachtes Schiff usw.
Unanwendbar ist KVGv 400 auf eine Tätigkeit des Gerichtsvollziehers als ein Sequester nach § 1 Rn 3 oder bei KVGv 240.

2 2) **Regelungszweck.** Zwar kann der Gerichtsvollzieher ein jedes der genannten Objekte praktisch nur mithilfe der Polizei usw „bewachen und verwahren", um den Auftrag der Sicherung zu erfüllen. Dennoch verbleibt bei ihm ein gehöriges Maß von planerischer, organisatorischer und psychischer Verantwortung. Diese entlohnt KVGv 400 immer noch nicht gerade fürstlich. Das muß man ungeachtet des Grundsatzes einer Auslegung zugunsten des Kostenschuldners nach Grdz 8 vor § 1, § 1 Rn 2 durchaus mitbeachten.

3 3) **Geltungsbereich.** Die Festgebühr entsteht für die Bewachung und Verwahrung. Man darf diese Begriffe weder zu großzügig noch zu streng auslegen. Ihr Zusammentreffen läßt doch nur eine einzige Gebühr entstehen, soweit es sich um denselben Auftrag handelt.

4 4) **Gebührenhöhe.** Die Festgebühr entsteht unabhängig von der Größe oder dem Wert des Objekts je Auftrag nur einmal, Rn 3. Mehrere Objekte bedeuten mehrere Aufträge. Ein Zeitzuschlag nach KVGv 500 ist möglich. Denn die amtliche Anmerkung verweist auf KVGv 500. § 11 ist anwendbar.
5 5) **Nichterledigung.** KVGv 604.
6 6) **Fälligkeit.** § 14 S 1.
7 7) **Kostenschuldner.** § 13.

Nr.	Gebührentatbestand	Gebühren-betrag
401	**Feststellung der Mieter oder Pächter von Grundstücken im Auftrag des Gerichts** je festgestellte Person ...	5,00 EUR

XI. G über Kosten der GVz   401, 410 KVGv

Nr.	Gebührentatbestand	Gebührenbetrag
	Die Gebühr wird auch erhoben, wenn die Ermittlungen nicht zur Feststellung eines Mieters oder Pächters führen.	

1) Systematik. Die Vorschrift bestimmt eine Festgebühr. § 3 ist anwendbar, ebenso § 11. Die amtliche Anmerkung hat den Vorrang vor KVGv 600–604.   **1**

2) Regelungszweck. Die Aufgabe an den Gerichtsvollzieher zur Feststellung eines Mieters oder Pächters, stellt sich nur dann, wenn eine solche Ermittlung mit den sonst üblichen Methoden nicht möglich war. Wer an die berüchtigten Hamburger „Hafenstraßen"-Vorgänge denkt, kann ermessen, vor welchen Problemen und auch eventuell trotz aller Polizeihilfe verbleibenden persönlichen Gefahren sich der Gerichtsvollzieher in diesem Tätigkeitsbereich sehen kann. Muß er Dutzende von Hausbesetzern identifizieren, wachsen nicht nur die Festgebühren, sondern noch eher die Gefährdungen. Das alles kann zur kräftigen Unterbezahlung führen. Auch die Suche nach dem Verbleib eines einzelnen „harmlosen" Mieters kann viel Zeit und Kraft fordern. Man sollte solche Umstände bei der Auslegung mitbeachten.   **2**

3) Geltungsbereich. Es geht darum, daß der Rpfl im Zwangsversteigerungsverfahren den Gerichtsvollzieher auf Grund des Antrags eines Gläubigers mit der Feststellung der Mieter und Pächter beauftragt, § 57b I 4 Hs 2 ZVG. Es genügt aber auch ein gerichtlicher Auftrag dieser Art außerhalb der Zwangsversteigerung.   **3**

4) Gebührenhöhe. Für die Feststellung eines jeden Mieters und eines jeden Pächters entsteht die Festgebühr. Sie entsteht unabhängig von der Zahl der Miet- oder Pachtverträge für jede festgestellte Person in derselben Höhe, unabhängig von der Gesamtzahl der Personen. Besteht eine Partei aus mehreren Personen, etwa bei Eheleuten oder Lebenspartnern als gemeinsamen Mitmietern, entsteht für die Feststellung einer jeden Person eine Gebühr. Man darf aber solche Personen nicht hinzurechnen, die ihr Benutzungsrecht lediglich von einem Mieter oder Pächter ableiten, etwa als Familienangehörigen oder Untermieter. § 11 ist anwendbar.   **4**
Nur *ein* Auftrag nach § 3 I 1 liegt dann vor, wenn es um die gleichzeitige Feststellung der Mieter auch mehrerer Grundstücke geht. Ein späterer gleichartiger Auftrag ist rechtlich neu.

5) Nichterledigung. Wenn die Ermittlungen des Gerichtsvollziehers ohne einen Erfolg geblieben sind, weil Mieter oder Pächter nicht vorhanden sind oder weil er sie nicht feststellen konnte, entsteht nach der amtlichen Anmerkung gleichwohl dieselbe Festgebühr wie im Erfolgsfall. Diese Gebühr kann nicht dann entstehen, wenn der Auftrag überhaupt ohne ein Verschulden des Gerichtsvollziehers unerledigt bleibt, sondern auch dann, wenn der Gerichtsvollzieher einen oder mehrere Mieter festgestellt hat, wenn aber dahin geht, noch weitere Mieter festzustellen. Die Gebühr kann also evtl mehrmals entstehen, aM SchrKWi 6.   **5**
Es ist allerdings stets erforderlich, daß der Gerichtsvollzieher überhaupt einen *Auftrag* zur Feststellung erhalten hat. Dann kommt es freilich auch wegen des Vorrangs der amtlichen Anmerkung zu KVGv 401 vor der amtlichen Vorbemerkung zu KVGv 600–604 nach Rn 1 nicht darauf an, ob sich der Gerichtsvollzieher schon an Ort und Stelle begeben hat. Erforderlich und ausreichend ist der Beginn von „Ermittlungen" zwecks einer Feststellung. Erledigt sich der Auftrag auf andere Weise, entsteht keine Gebühr.   **6**

6) Fälligkeit. § 14 S 1.   **7**

7) Kostenschuldner. § 13.   **8**

Nr.	Gebührentatbestand	Gebührenbetrag
410	Tatsächliches Angebot einer Leistung (§§ 293, 294 BGB) außerhalb der Zwangsvollstreckung	12,50 EUR

2105

Zu KVGv 410, 411:

DB-GvKostG Nr. 14. **I** ¹**Die in den Nrn. 410, 411 KV bestimmten Gebühren werden nur erhoben, wenn die Gerichtsvollzieherin oder der Gerichtsvollzieher mit dem Angebot der Leistung oder der Beurkundung des Leistungsangebots außerhalb eines Auftrags zur Zwangsvollstreckung besonders beauftragt war.** ²**Ein Leistungsangebot im Rahmen eines Vollstreckungsauftrags nach § 756 ZPO oder die Beurkundung eines solchen Angebots ist Nebengeschäft der Vollstreckungstätigkeit (vgl. § 77 Nr. 4, § 84 GVGA).**

II Gebühren werden nicht erhoben, wenn die Gerichtsvollzieherin oder der Gerichtsvollzieher nach Landesrecht für die Amtshandlung sachlich nicht zuständig ist.

1 **1) Systematik.** Die Gebühr kann nur dann entstehen, wenn der Gerichtsvollzieher nach der jeweiligen landesgesetzlichen Regelung sachlich und örtlich zuständig ist, § 1 I. § 11 ist anwendbar. Auslagen sind stets ersetzbar, KVGv 700ff.

2 **2) Regelungszweck.** Die von der Vorschrift vergütete Tätigkeit des Gerichtsvollziehers scheint einfach. Sie gestaltet sich aber in der Praxis manchmal doch ziemlich kompliziert. Das gilt unabhängig davon, ob und inwieweit zB eine Kontrolle von Mangelfreiheit zumindest zu Nebenpflichten dieser Angebotsart zählt. Auch wenn nach Rn 1 natürlich ein Auslagenersatz wie sonst hinzutritt, kann etwa bei einer besonders verderblichen oder zerbrechlichen wertvollen Sache viel an Begleitschutz, Sorgfalt, Pflege erforderlich sein. Im Rahmen einer Auslegung darf und muß man auch solche Umstände mitberücksichtigen.

3 **3) Geltungsbereich: Leistungsangebot.** Es muß sich um das tatsächliche Angebot einer Leistung gegenüber dem Gläubiger außerhalb der Zwangsvollstreckung handeln. §§ 293, 294 BGB. Der Schuldner muß den Gerichtsvollzieher mit diesem tatsächlichen Leistungsangebot beauftragt haben. Der Gerichtsvollzieher muß dafür nach dem Landesrecht zuständig sein.
Keine Gebühr KVGv 410 entsteht daher, wenn der Gerichtsvollzieher im Rahmen eines Vollstreckungsauftrags Zug um Zug gegen die Leistung des Schuldners eine Leistung des Gläubigers nach § 756 ZPO anbietet. Denn es handelt sich dann um ein gebührenfreies Nebengeschäft, DB-GvKostG Z 14 I 2.

4 **4) Gebührenhöhe.** Die Festgebühr ist unabhängig von der Art und dem Umfang der tatsächlich angebotenen Leistung und unabhängig von der Dauer der Amtshandlung. Denn KVGv 410 enthält nicht eine für den Zeitzuschlag erforderliche Verweisung auf KVGv 500. Daneben kann eine Hebegebühr nach KVGv 430 entstehen. Auch das gilt aber nur außerhalb der Zwangsvollstreckung. KVGv 410 gilt eine Entgegennahme zwecks tatsächlichen Angebots mit ab. § 11 ist anwendbar.

5 **5) Nichterledigung.** KVGv 604.

6 **6) Fälligkeit.** § 14 S 1.

7 **7) Kostenschuldner.** § 13.

Nr.	Gebührentatbestand	Gebührenbetrag
411	Beurkundung eines Leistungsangebots .... Die Gebühr entfällt, wenn die Gebühr nach Nummer 410 zu erheben ist.	5,00 EUR

DB-GvKostG Nr. 14. S. bei KVGv 410.

1 **1) Systematik.** Es gelten dieselben Erwägungen wie bei KVGv 410 Rn 1. Neben KVGv 410 entfällt KVGv 411, amtliche Anmerkung.

2 **2) Regelungszweck.** Auch hier gelten dieselben Erwägungen wie bei KVGv 410 Rn 2.

3 **3) Geltungsbereich: Beurkundung des Leistungsangebots.** Wenn sich der Auftrag auf die Beurkundung des Leistungsangebots außerhalb der Zwangsvollstreckung beschränkt, entsteht die Festgebühr. Wenn der Gerichtsvollzieher die Leistung

XI. G über Kosten der GVz　　　　　　　　　　　　　　　411–430 KVGv

tatsächlich anbietet und dieses Angebot beurkundet, erhält er ebenfalls die Festgebühr. Auch dann muß es sich aber um einen Auftrag außerhalb der Zwangsvollstreckung handeln und muß der Gerichtsvollzieher dafür nach dem Landesrecht zuständig sein. Denn es handelt sich sonst wie bei KVGv 410 um ein gebührenfreies Nebengeschäft.

4) Gebührenhöhe. Es gelten zunächst dieselben Erwägungen wie bei KVGv 410 Rn 4. Indessen entfällt nach der amtlichen Anmerkung die Gebühr nach KVGv 411 neben derjenigen KVGv 410. § 11 ist anwendbar.　　　　　　　　　　　　　　　4

5) Nichterledigung. KVGv 603.　　　　　　　　　　　　　　　　　　　　　　　5

6) Fälligkeit. § 14 S 1.　　　　　　　　　　　　　　　　　　　　　　　　　　6

7) Kostenschuldner. § 13.　　　　　　　　　　　　　　　　　　　　　　　　7

Nr.	Gebührentatbestand	Gebührenbetrag
420	Entfernung von Gegenständen aus dem Gewahrsam des Inhabers zum Zwecke der Versteigerung oder Verwahrung außerhalb der Zwangsvollstreckung	12,50 EUR

1) Systematik. Die Vorschrift enthält eine Ergänzung zu KVGv 220. Die dortigen 1 Erläuterungen lassen sich daher ergänzend auch hier beachten.

2) Regelungszweck. Wie bei KVGv 220 soll auch KVGv 420 die oft beträchtliche Mühe und Arbeit des Gerichtsvollziehers bei der Entfernung von Gegenständen wenigstens ansatzweise und pauschal vergüten, wenn es schon aus Zweckmäßigkeitsgründen auf die Art, den Zustand und die Zahl der Gegenstände ebensowenig ankommt wie auf die erforderliche Wegstrecke. Sie hat natürlich bei den Auslagen eine Bedeutung.　　　　　　　　　　　　　　　　　　　　　　　　　　　　　　　2

3) Geltungsbereich. Es muß sich um ein solches Nebengeschäft handeln, für das 3 der Gerichtsvollzieher im Rahmen eines Hauptgeschäfts außerhalb der Zwangsvollstreckung nach dem Landesrecht zuständig ist, etwa für eine freiwillige Versteigerung nach KVGv 300. Die Entfernung des Pfandstücks muß aus dem Gewahrsam des Gläubigers, des Schuldners oder eines Dritten geschehen. Ferner zählen hierher die Kosten des Transports und der Lagerung der Pfandstücke.

4) Gebührenhöhe. Die Festgebühr kann je Auftrag grundsätzlich nur einmal entstehen, § 10 I 1 (Ausnahme: § 10 I 2), unabhängig von der Zahl der entfernten Gegenstände. § 11 ist anwendbar. Es gibt keinen Zeitzuschlag. Die Gebühren für das Hauptgeschäft bleiben natürlich bestehen. § 10 II ist mangels „Vollstreckungshandlung" unanwendbar.　　　　　　　　　　　　　　　　　　　　　　　　　　　　4

5) Nichterledigung. KVGv 604.　　　　　　　　　　　　　　　　　　　　　5

6) Fälligkeit. § 14 S 1.　　　　　　　　　　　　　　　　　　　　　　　　　　6

7) Kostenschuldner. § 13.　　　　　　　　　　　　　　　　　　　　　　　　7

Nr.	Gebührentatbestand	Gebührenbetrag
430	Entgegennahme einer Zahlung, wenn diese nicht ausschließlich auf Kosten nach diesem Gesetz entfällt, die bei der Durchführung des Auftrags entstanden sind .... [1] Die Gebühr wird auch erhoben, wenn der Gerichtsvollzieher einen entgegengenommenen Scheck selbst einzieht oder einen Scheck aufgrund eines entsprechenden Auftrags des Auftraggebers an diesen weiterleitet. [2] Die Gebühr wird nicht im Falle des § 12 Abs. 2 GvKostG erhoben.	3,00 EUR

KVGv 430   XI. G über Kosten der GVz

Gliederung

1) **Systematik**	1
2) **Regelungszweck**	2
3) **Geltungsbereich**	3–8
A. Entgegennahme einer Zahlung, Hs 1	3
B. Unerheblichkeit der Zahlungsart	4
C. Nichterledigung	5
D. Keine Zahlung ausschließlich auf Kosten nach GvKostG, Hs 2	6, 7
E. Keine Hebegebühr bei § 12 II	8
4) **Gebührenhöhe**	9
5) **Nichterledigung**	10
6) **Fälligkeit**	11
7) **Kostenschuldner**	12

1 1) **Systematik.** Die Vorschrift gibt eine Gebühr für die Annahme, die Aufbewahrung und die Ablieferung von Geld außer Kosten nach dem GVKostG, also sowohl im Rahmen einer Zwangsvollstreckung als auch irrtümlich nach ihrem Abschluß oder überhaupt außerhalb einer solchen. Das gilt freilich nur dann, wenn der Gerichtsvollzieher für diese Maßnahmen nach dem Bundes- oder Landesrecht sachlich zuständig ist, I 1, Bratfisch Rpfleger **85**, 44. Denn das bloße Gebührenrecht kann seine sachliche Zuständigkeit nicht erweitern. Vgl auch § 24 Z 1 GVO. KVGv 205 bleibt anwendbar. Wegen des Verhältnisses zu anderen Gebühren Rn 6, 7.

2 2) **Regelungszweck.** Die mit der Annahme, Verwahrung und Weiterleitung von Geld anderer Menschen verbundene Mühe und Verantwortung löst auch beim Notar eine besondere Vergütung aus. § 149 KostO, Teil III dieses Buchs. Dasselbe gilt beim Anwalt, VV 1009, Teil X dieses Buchs. In Anlehnung an diesen Grundgedanken gibt KVGv 430 dem Gerichtsvollzieher eine Hebegebühr. Man kann die genannten vergleichbaren Vorschriften zur Auslegung mit heranziehen. Die Festgebühr soll die Möglichkeit verstärken, eine Forderung in Raten zu bezahlen, §§ 806b, 813a, 900 III ZPO.

3 3) **Geltungsbereich.** Die Hebegebühr kann im Gesamtgebiet einer Zwangsvollstreckung entstehen. Man muß drei Voraussetzungen prüfen.

   A. Entgegennahme einer Zahlung, Hs 1. Die Hebegebühr entsteht nur, soweit der Schuldner oder gerade für ihn ein Dritter freiwillig gerade an den Gerichtsvollzieher oder den von ihm Bevollmächtigten vor oder nach dessen Eintreffen an Ort und Stelle zahlt, wenn auch zwecks Abwendung der Vollstreckung, §§ 712 I, 720, 923 ZPO, § 193 Z 8 GVGA. Denn nur dann liegt eine „Entgegennahme" im Gegensatz zu einer Beitreibung, einer Entnahme, Wegnahme, Abnahme vor. Das gilt bei einer Zahlung auf die Hauptforderung, auf Zinsen oder auf Kosten des Gläubigers. Wegen der Kosten nach dem GVKostG Rn 6.
   Keine Hebegebühr entsteht, soweit der Schuldner oder gerade für ihn ein Dritter direkt an den Gläubiger zahlt. Es entsteht also auch dann keine Hebegebühr, soweit der Gerichtsvollzieher eine Beitreibung vornimmt oder Geld pfändet. Das gilt auch dann, wenn er den Erlös der Vollstreckung bei der Verwertung durch einen anderen nach § 825 ZPO von diesem erhält. Eine Hebegebühr entsteht auch nicht, soweit der Gerichtsvollzieher einen anläßlich der Zwangsvollstreckung hinterlegten Betrag rückerhebt und auszahlt.

4   **B. Unerheblichkeit der Zahlungsart.** Für die Entstehung der Hebegebühr ist unerheblich, ob die Zahlung in bar oder durch eine Kreditkarte oder per Scheck usw erfolgte. Das ergibt sich aus der amtlichen Anmerkung S 1. Eine Leistung anderer Art auch zB durch einen Wechsel steht einer Zahlung danach aber nicht gleich. Auch eine Geldpfändung steht einer Zahlung nicht gleich. Die Gebühr entsteht auch dann, wenn der Gerichtsvollzieher den Scheck der Bank persönlich mit Erfolg vorlegt, ihn also nach der amtlichen Anmerkung S 1 Hs 1 „selbst einzieht", § 106 Z II GVGA. Ferner reicht es aus, daß er einen Scheck an den Auftraggeber weiterleitet, § 106 Z 6 III GVGA, soweit gerade auch zu einer solchen Maßnahme ein Auftrag gerade des Auftraggebers vorliegt (im Zweifel: ja), amtliche Anmerkung S 1 Hs 2.
   Das *gilt nicht* schon dann, wenn der Gerichtsvollzieher die bloße Weiterleitung lediglich auf Bitten oder auf eine Anregung des Schuldners oder eines Dritten als des Scheck-

2108

inhabers oder -ausstellers vornimmt. Zur Annahme einer anderen Ersatzerfüllung benötigt der Gerichtsvollzieher die Erlaubnis des Gläubigers, § 106 Z 2 S 2 GVGA.

C. Nichterledigung. Neben der Hebegebühr können nach KVGv 600–604 Gebühren bei einer Nichterledigung entstehen. 5

D. Keine Zahlung ausschließlich auf Kosten nach GvKostG, Hs 2. Der 6 Gerichtsvollzieher darf eine Hebegebühr trotz des Vorliegens der Voraussetzungen Rn 3–5 dann nicht erheben, wenn die Zahlung oder Scheckhingabe ausschließlich auf solche Kosten einschließlich Vorschuß nach dem GvKostG erfolgt, die gerade bei der Durchführung dieses Auftrags entstanden sind.

„Ausschließlich" ist etwas anderes als „auch". Deshalb entsteht die Hebegebühr 7 dann, wenn eine Zahlung zu einem nicht völlig unerheblichen Teil auch auf die Hauptforderung oder auf eine Nebenforderung einschließlich der Kosten des Gläubigers erfolgt, Rn 3. Dabei muß der Gerichtsvollzieher eine etwaige Anweisung des Schuldners nach den Grundsätzen des § 367 BGB in dessen zumindest entsprechender Anwendung beachten.

BGB § 367. Anrechnung auf Zinsen und Kosten. **¹ Hat der Schuldner außer der Hauptleistung Zinsen und Kosten zu entrichten, so wird eine zur Tilgung der ganzen Schuld nicht ausreichende Leistung zunächst auf die Kosten, dann auf die Zinsen und zuletzt auf die Hauptleistung angerechnet.**

ᴵᴵ Bestimmt der Schuldner eine andere Anrechnung, so kann der Gläubiger die Annahme der Leistung ablehnen.

Diese BGB-Vorschrift paßt freilich *nur bedingt.* Denn der Gerichtsvollzieher ist nicht ein bloßer Vertreter des Gläubigers. Er darf auch nach der ZPO eine bedingte Leistung des Schuldners nicht so frei behandeln wie der Gläubiger selbst. Außerdem wird eine Aufspaltung wie nach § 367 BGB gerade bei KVGv 430 kaum infragekommen. Denn Hs 2 führt ja eben gerade dann nicht zum Verbot der Hebegebühr, wenn die Zahlung nicht nur zu einem ganz geringen Teil auf die Haupt- oder Nebenforderung erfolgt. Ob und was der Schuldner bestimmt hat, muß man indes wie bei § 365 HGB vermitteln.

E. Keine Hebegebühr bei § 12 II. Schließlich entsteht keine Hebegebühr bei 8 der Empfangnahme der Wechsel- oder Schecksumme (Artt 84 WG, 55 III ScheckG), also bei § 12 II GvKostG. Das ergibt sich aus der amtlichen Anmerkung S 2 zu KVGv 430. Es hat seinen Hintergrund darin, daß bei § 12 II ja eine Gebühr des Gerichtsvollziehers nach § 149 KostO entsteht.

4) Gebührenhöhe. Es entsteht eine Festgebühr. Sie entsteht nach § 10 II 3 für 9 jede einzelne Zahlung an den Gerichtsvollzieher, auch für jede gleichzeitige Teilzahlung unabhängig von der jeweiligen Höhe. Das gilt selbst dann, wenn die Zahlung geringer als die Festgebühr ist. Sie gilt für die gesamte Tätigkeit einschließlich einer Hinterlegung usw ab. Daher entsteht insofern kein Wegegeld nach KVGv 711. § 11 ist anwendbar. Es gibt keinen Zeitzuschlag.

Keine Hebegebühr entsteht bei einer Aufforderung des Drittschuldners zur Erklärung oder bei der Ladung eines Zeugen oder Sachverständigen nach § 220 StPO.

5) Nichterledigung. KVGv 600–604 sind unanwendbar. Denn sie erwähnen 10 KVGv 430 nicht mit.

6) Fälligkeit. § 14 S 1   11

7) Kostenschuldner. § 13.   12

5. Zeitzuschlag

Nr.	Gebührentatbestand	Gebührenbetrag
500	Zeitzuschlag, sofern dieser bei der Gebühr vorgesehen ist, wenn die Erledigung der Amtshandlung nach dem Inhalt des Protokolls mehr als 3 Stunden in Anspruch nimmt, für jede weitere angefangene Stunde .. Maßgebend ist die Dauer der Amtshandlung vor Ort.	15,00 EUR

DB-GvKostG Nr. 15. [I] [1]Bei der Berechnung des Zeitaufwandes für eine Amtshandlung ist auch die Zeit für die Aufnahme des Protokolls, für die Zuziehung von weiteren Personen oder für die Herbeiholung polizeilicher Unterstützung mit einzurechnen. [2]Dagegen darf weder die Zeit für Hin- und Rückweg noch die Zeit, die vor der Amtshandlung zur Herbeischaffung von Transportmitteln verwendet worden ist, in die Dauer der Amtshandlung eingerechnet werden (vgl. auch Nr. 12 Abs. 2 und 3).

[II] [1]Bei der Wegnahme von Personen oder beweglichen Sachen rechnet die für die Übergabe erforderliche Zeit mit. [2]Nr. 12 Abs. 2 und 3 gilt entsprechend.

Gliederung

1) Systematik	1
2) Regelungszweck	2
3) Geltungsbereich	3–6
A. Zeitzuschlag bei Gebühr vorgesehen	3
B. Mehr als drei Stunden	4
C. Maßgeblichkeit des Protokolls	5, 6
4) Gebührenhöhe	7
5) Nichterledigung	8
6) Fälligkeit	9
7) Gebührenschuldner	10

1 **1) Systematik.** KVGv 500 regelt die Dauer einer Amtshandlung gebührenrechtlich zentral. Diese Vorschrift tritt einerseits stets nur zu einer anderen Gebührenvorschrift hinzu. Sie ist andererseits eben auch nur dann anwendbar, wenn eine solche andere Gebührenvorschrift auf KVGv 500 verweist. Mangels einer solchen Verweisung ist also die Dauer der Amtshandlung unerheblich. Dieses System ist in sich abgeschlossen.

2 **2) Regelungszweck.** Der Hauptzweck einer Vereinfachung der Kostenregelung darf nicht dazu führen, daß die Dauer einer Amtshandlung völlig unerheblich ist. Deshalb muß zur Kostengerechtigkeit wenigstens in solchen Fällen ein Zeitzuschlag erfolgen, in denen gerade die Dauer der Amtshandlung für die Mühe des Gerichtsvollziehers erfahrungsgemäß einen erheblichen Maßstab gibt. Dabei soll der Gerichtsvollzieher allerdings nur in einer übersehbaren Reihe von Situationen und auch dann nur bei einem recht erheblichen Zeitaufwand zum Mittel der Gebührenerhöhung greifen dürfen. Das alles muß man bei der Auslegung mitbedenken.

3 **3) Geltungsbereich.** Es müssen drei Voraussetzungen zusammentreffen.
A. Zeitzuschlag bei Gebühr vorgesehen. Zunächst muß eine Vorschrift des KVGv ausdrücklich einen Zeitzuschlag als zulässig erklären. Das ergibt sich abschließend bei KVGv 205, 220, 221, 230, 240, 241, 242, 250, 300, 301, 310, 400, dort aus den jeweiligen amtlichen Anmerkungen.

4 **B. Mehr als drei Stunden.** Die jeweilige einzelne Amtshandlung muß mehr als drei Stunden bis zur Erledigung beanspruchen. Ein Auftrag kann mehrere Amtshandlungen umfassen, § 3 I 1, 2, auch mehrere Vollstreckungshandlungen, § 3 II Z 3. Maßgebend ist auch dann die Dauer der jeweiligen einzelnen Amtshandlung. Es zählt nur die Zeit vor Ort, amtliche Anmerkung.

5 **C. Maßgeblichkeit des Protokolls.** Es ist zwar erforderlich, genügt aber noch nicht, daß der Gerichtsvollzieher durch seine Amtshandlung die im Gesetz angegebene Zeitdauer tatsächlich überschritten hat. Vielmehr muß er die Überschreitung auch im Protokoll angegeben haben, und zwar zumindest wegen der Gebührenhöhe korrekt, auch bei etwaigen Unterbrechungen. Denn die amtliche Anmerkung meint natürlich die ständige Anwesenheit. Das übersieht LG Bln DGVZ 99, 119 (zum alten Recht). Eine bloße Angabe in der Kostenberechnung genügt nicht. Eine Angabe nach Stunden genügt. Jede angefangene Stunde zählt voll. Wegen der Berechnung des Zeitaufwandes DB-GvKostG Nr 15 und wegen des Protokolls § 10 Z 1 c GVGA.

6 Soweit im Protokoll eine *Zeitangabe fehlt*, muß man die Sache so behandeln, als ob eine Überschreitung der im Gesetz angegebenen Zeit nicht stattgefunden hätte. Eine Protokollberichtigung ist aber zulässig.

XI. G über Kosten der GVz   500, 600–604 KVGv

4) Gebührenhöhe. Es entsteht im Zeitraum von mehr als drei Stunden Dauer die   7
in KVGv 500 genannte Festgebühr je angefangene Protokoll-Stunde, Rn 5.
Eine zusätzliche Verdoppelung am Sonnabend, Sonn- oder Feiertag kommt für diejenigen
Amtshandlungen in Betracht, deren Dauer mit dem nach KVGv 500 berechenbaren
Teil auf einen Sonnabend usw fällt. Man errechnet dann zunächst die ohne § 11 anfallenden
Gebühren unter einer Beachtung von KVGv 500 und verdoppelt sodann
nach § 11 diesen Betrag. Denn diese Vorschrift meint „die" anderweitig, wie sonst
errechneten „Gebühren". Das gilt auch, soweit nur eine Nichtledigungsgebühr
nach KVGv 604 als Ausgangszahl infragekommt.

5) Nichterledigung. KVGv 600 ff.   8
6) Fälligkeit. § 14 S 1.   9
7) Kostenschuldner. § 13.   10

6. Nicht erledigte Amtshandlung

[1]Gebühren nach diesem Abschnitt werden erhoben, wenn eine Amtshandlung, mit deren Erledigung der Gerichtsvollzieher beauftragt worden ist, aus Rechtsgründen oder infolge von Umständen, die weder in der Person des Gerichtsvollziehers liegen noch von seiner Entschließung abhängig sind, nicht erledigt wird. [2]Dies gilt insbesondere auch, wenn nach dem Inhalt des Protokolls pfändbare Gegenstände nicht vorhanden sind oder die Pfändung nach § 803 Abs. 2, §§ 812, 851 b Abs. 2 Satz 2 ZPO zu unterbleiben hat. [3]Eine Gebühr wird nicht erhoben, wenn der Auftrag an einen anderen Gerichtsvollzieher abgegeben wird oder hätte abgegeben werden können.

Nr.	Gebührentatbestand	Gebührenbetrag
600	**Nicht erledigte** – Zustellung (Nummern 100 und 101)	2,50 EUR
601	– Wegnahme einer Person (Nummer 230)	20,00 EUR
602	– Entsetzung aus dem Besitz (Nummer 240), Wegnahme ausländischer Schiffe (Nummer 241) oder Übergabe an den Verwalter (Nummer 242)	25,00 EUR
603	– Beurkundung eines Leistungsangebots (Nummer 411)	5,00 EUR
604	– Amtshandlung der in den Nummern 205 bis 221, 250 bis 301, 310, 400, 410 und 420 genannten Art ... Die Gebühr für die nicht abgenommene eidesstattliche Versicherung wird nicht erhoben, wenn diese deshalb nicht abgenommen wird, weil der Schuldner sie innerhalb der letzten drei Jahre bereits abgegeben hat (§ 903 ZPO).	12,50 EUR

Zu KVGv 600–604:

DB-GvKostG Nr. 16. [1]Gebühren nach Nrn. 600 bis 604 KV werden nicht erhoben, wenn die Gerichtsvollzieherin oder der Gerichtsvollzieher örtlich nicht zuständig ist und Kenntnis von der vollständigen neuen Anschrift des Schuldners hat oder erlangt. [2]Auslagen sind anzusetzen, wenn der Schuldner in einen anderen Amtsgerichtsbezirk verzogen ist. [3]Ist der Schuldner innerhalb des Amtsgerichtsbezirks verzogen, so sind die entstandenen Auslagen der übernehmenden Gerichtsvollzieherin oder dem übernehmenden Gerichtsvollzieher zum Zweck des späteren Kostenansatzes (§ 5 Abs. 1 Satz 1 GvKostG) mitzuteilen.

Gliederung

1) Systematik, amtliche Vorbemerkung S 1–3 1
2) Regelungszweck, amtliche Vorbemerkung S 1–3 2
3) Geltungsbereich, amtliche Vorbemerkung S 1–3 3–9
   A. Nichterledigung, S 1 3

2111

KVGv 600–604 XI. G über Kosten der GVz

- B. Nichterledigung aus Rechtsgründen, S 1 Hs 1 4
- C. Nichterledigung aus tatsächlichen Gründen unabhängig vom Gerichtsvollzieher, S 1 Hs 2 5
- D. Beispiele zur Frage einer Nichterledigung nach S 1 Hs 2 6
- E. Nichterledigung wegen Fehlens pfändbarer Gegenstände usw, S 2 Hs 1 7
- F. Nichterledigung wegen Pfändungsverbots, S 2 Hs 2 8
- G. Keine Abgabe(-möglichkeit) an anderen Gerichtsvollzieher, S 3 9
- 4) **Gebührenhöhe, KVGv 600–604** 10–29
  - A. Zustellung, KVGv 600 11
  - B. Wegnahme einer Person, KVGv 601 12
  - C. Entsetzung aus dem Besitz, Wegnahme eines ausländischen Schiffs, Übergabe an den Verwalter, KVGv 602 13
  - D. Beurkundung eines Leistungsangebots, KVGv 603 14
  - E. Pfändung, KVGv 604 15
  - F. Übernahme beweglicher Sachen, KVGv 604 16
  - G. Übernahme des Vollstreckungsauftrags wegen Wegzugs des Schuldners, KVGv 604 17
  - H. Entfernung von Pfandstücken, KVGv 604 18
  - I. Weg-, Entgegennahme beweglicher Sachen, KVGv 604 19
  - J. Widerstandsbeseitigung, KVGv 604 20
  - K. Eidesstattliche Versicherung, KVGv 604 .... 21, 22
  - L. Verhaftung, Nachverhaftung usw, KVGv 604 23
  - M. Versteigerung, Verkauf von Sachen, KVGv 604 24
  - N. Öffentliche Verpachtung, KVGv 604 25
  - O. Mitwirkung bei Versteigerung durch Dritten, KVGv 604 26
  - P. Bewachung und Verwahrung eines Schiffs usw, KVGv 604 27
  - Q. Tatsächliches Leistungsangebot, KVGv 604 28
  - R. Entfernung von Gegenständen aus Gewahrsam usw, KVGv 604 29
- 5) **Fälligkeit, KVGv 600–604** 30
- 6) **Gebührenschuldner, KVGv 600–604** 31

1 **1) Systematik, amtliche Vorbemerkung S 1–3.** Die Vorschrift erfaßt alle Fälle einer endgültigen Nichterledigung. Damit knüpft sie an den Erledigungsbegriff des § 3 I 1 an. Die dortigen Voraussetzungen einer Erledigung gelten also auch hier. Allerdings löst nicht jede bloße Nichterledigung eine Gebühr nach KVGv 600–604 aus. Vielmehr muß eine der folgenden Voraussetzungen vorliegen. Es darf auch kein Fall nach S 3 vorliegen.

2 **2) Regelungszweck, amtliche Vorbemerkung S 1–3.** Der Zweck ist zunächst eine Zusammenfassung der Fälle einer Gebührenpflicht trotz einer Nichterledigung. Sodann bezweckt die Vorschrift auch eine konsequente Beachtung des Grundsatzes, daß bei einer Verweisung keine doppelten Gebühren anfallen, § 4 GKG, Teil I A dieses Buchs, AG Wetzlar JB **04**, 150, Drumann JB **03**, 515. Schließlich ist die Zahl der gebührenpflichtigen Fälle der Nichterledigung gering. Das dient der Kostendämpfung und führt den Grundsatz des § 1 I aus, wonach „nur" in den gesetzlich genannten Fällen eine Gebühr entstehen darf, AG Bre JB **05**, 608. Daher muß man KVGv 600–604 eher streng als zu großzügig auslegen, soweit es um eine Gebührenpflicht geht.

3 **3) Geltungsbereich, amtliche Vorbemerkung S 1–3.** Man muß den Grundbegriff der Nichterledigung beachten und dann zusätzlich prüfen, ob eine der folgenden weiteren Voraussetzungen vorliegt oder fehlt.

A. Nichterledigung, S 1. Es muß der Gerichtsvollzieher mit der Erledigung einer Amtshandlung beauftragt worden sein. Er darf sie aber eben gerade nicht erledigt haben. Das muß man bei jeder einzelnen derartigen Amtshandlung unter einer Beachtung ihrer Gesamtumstände prüfen.
Amtshandlung ist derselbe Begriff wie bei § 3 I 1. Auftrag ist wiederum derselbe Begriff wie bei § 3 I 1.
Nichterledigung ist alles zwischen dem auftragsgemäßen Beginn der Amtshandlung und der vollständigen Beendigung sämtlicher auftragsgemäß notwendig notwendigen Maßnahmen innerhalb dieser einzelnen Amtshandlung. Allerdings muß man auch § 3 IV mit seinem dort kommentierten komplizierten Geflecht derjenigen Voraussetzungen beachten, unter denen ein Auftrag und daher auch eine einzelne Amtshandlung zwar nicht „durchgeführt", also erledigt *ist,* wohl aber als durchgeführt *gilt,* etwa wegen einer Nichtzahlung des angeforderten Vorschusses, § 3 Rn 46. Was als erledigt gilt, stellt keine bloße Nichterledigung mehr dar.

2112

XI. G über Kosten der GVz   600–604 KVGv

Wann im einzelnen eine Erledigung eingetreten ist oder als eingetreten gilt, läßt sich natürlich nur von Auftrag zu Auftrag und dort von Amtshandlung zu Amtshandlung nach den jeweiligen Umständen klären. Bei einer Beachtung des Grundsatzes, daß man im Zweifel zugunsten des Kostenschuldners entscheiden muß, § 1 I („nur"), und unter einer Berücksichtigung des Umstands, daß bei einer bloßen Nichterledigung durchweg geringere oder gar keine Gebühren als bei einer Erledigung anfallen, darf man eine Nichterledigung eher annehmen als eine Erledigung.

B. Nichterledigung aus Rechtsgründen, S 1 Hs 1. Die Nichterledigung nach 4 Rn 3 muß entweder aus Rechtsgründen erfolgt sein, AG Hbg DGVZ **07**, 191, oder sie muß aus den Gründen Rn 6 eingetreten sein. Rechtsgrund oder rechtlicher Grund ist der Gegensatz zu tatsächlichen Umständen. Sie können freilich auch rechtliche Wirkungen haben. Das gilt etwa bei einer Naturkatastrophe mit der Folge des vorübergehenden Wegfalls des Funktionierens staatlicher Organe oder der Post usw. Als Rechtsgrund kommen etwa in Betracht: Eine Unzulässigkeit oder Unbegründetheit des Gläubigerauftrags, AG Verden DGVZ **03**, 77; die Unpfändbarkeit aller Sachen des Schuldners zB nach § 811 ZPO; die Zwecklosigkeit einer Pfändung nach §§ 803 II, 812 ZPO; ein Fall des § 851b II 2 ZPO; eine Maßnahme des Vollstreckungsgerichts nach § 765a ZPO; die Einleitung eines Insolvenzverfahrens beim Schuldner, §§ 21 II, 88 InsO; eine Amtsenthebung; die Auflösung eines Bezirks; eine Änderung der Gesetzgebung; eine Verfassungswidrigkeit, insbesondere ihre Feststellung durch das BVerfG. Auf ein Verschulden oder Vertretenmüssen kommt es hier nicht an. Die Rechtsgründe können objektiv von Anfang an bestanden haben oder später entstanden sein.

C. Nichterledigung aus tatsächlichen Gründen unabhängig vom Gerichts- 5
vollzieher, S 1 Hs 2. Die Nichterledigung nach Rn 3 mag zwar nicht aus Rechtsgründen nach Rn 5 eingetreten sein, aber infolge von solchen tatsächlichen Umständen, die weder in der Person des Gerichtsvollziehers lagen noch von seiner Entschließung abhängig waren. Anders ausgedrückt: Die Nichterledigung muß schon wegen des nach Rn 1 fortgeltenden § 7 unabhängig von dem Gerichtsvollzieher erfolgt sein.

D. Beispiele zur Frage einer Nichterledigung nach S 1 Hs 2   6
Auftragsrücknahme: § 3 Rn 32, 33.
Aussetzung: *Unanwendbar* sind KVGv 600 ff dann, wenn der Gerichtsvollzieher das Verfahren ohne zwingenden Grund auch nur kurzfristig aussetzt oder einstellt, ohne den Auftrag zurückzugeben, AG Fürstenwalde JB **02**, 432.
Aussichtslosigkeit: Anwendbar sind KVGv 600 ff dann, wenn der Gerichtsvollzieher eine Weiterführung der Vollstreckung für aussichtslos hält und auch halten darf und sie deshalb beendet, AG Hbg-Altona DGVZ **01**, 154.
Dritter: Anwendbar sind KVGv 600 ff dann, wenn ein Dritter eine Sache nicht herausgeben will und wenn der Gerichtsvollzieher ihn dazu auch nicht zwingen kannt, aber auch dann, wenn ein Dritter für den Schuldner geleistet hat. Dann kann auch KVGv 430 anwendbar sein.
Einstellung der Zwangsvollstreckung: Anwendbar sind KVGv 600 ff bei einer solchen Maßnahme nach § 775 ZPO.
S aber auch „Aussetzung".
Fristablauf: Anwendbar sein können KVGv 600 ff dann, wenn der Auftrag nach einem Fristablauf als erledigt gilt.
§ 3 IV GvKostG: *Unanwendbar* sind KVGv 600 ff in allen zur Vorschrift aufgeführten Lagen. Denn dann gilt der Auftrag ja gerade als bereits durchgeführt, Rn 4.
Offenbarungsverfahren: *Unanwendbar* sind KVGv 600 ff dann, wenn sich herausstellt, daß der Schuldner die eidesstattliche Versicherung, die ihm der Gerichtsvollzieher abnehmen sollte, schon in den letzten drei Jahren anderswo abgegeben hat oder daß der Antrag auf eine Offenbarungsversicherung sonstwie unberechtigt war, AG Gütersloh DGVZ **04**, 94, AG Strausberg DGVZ **05**, 131, AG Magdeb DGVZ **02**, 79, oder wenn er sie vor der Verhaftung doch noch abgibt, KVGv 270 Rn 15, oder wenn der Gerichtsvollzieher seine Unzuständigkeit hätte erkennen können, AG Wetzlar JB **04**, 151, oder wenn es um eine Nachbesserung der eidesstattlichen

2113

Offenbarungsversicherung geht, LG Drsd JB 05, 609, AG Bre JB 05, 608, AG Cloppenb JB 05, 607, (anders nach der Ablehnung eines Nachbesserungsantrags). S auch „Ruhen des Verfahrens".

Ratenzahlung: S „Ruhen des Verfahrens".

Ruhen des Verfahrens: Unanwendbar sind KVGv 600 ff dann, wenn und solange der Pfändungsauftrag wegen bisher noch nicht vollständiger Ratenzahlungen nach §§ 806 b, 813 a, 900 III ZPO nur ruht.

Schuldneradresse: Anwendbar sind KVGv 600 ff dann, wenn die vom Gläubiger angegebene Schuldneranschrift nicht (mehr) zutrifft und wenn der Gerichtsvollzieher keine neue Anschrift kennt und ja auch nach BLAH § 754 ZPO Rn 3 nicht ermitteln muß, AG Fürstenwalde JB **02**, 432, AG Hbg DGVZ **02**, 47, AG Lpz DGVZ **04**, 46.

Stundung: *Unanwendbar* sind KVGv 600 ff dann, wenn der Gerichtsvollzieher dem Schuldner ohne eine gesetzlich notwendige Erlaubnis des Gläubigers eine Stundung gewährt, sei es auch erst auf Grund einer Unterredung mit dem Schuldner an Ort und Stelle.

Tod: Anwendbar sind KVGv 600 ff dann, wenn der Schuldner verstorben ist.

Unbegründetheit: Anwendbar sind KVGv 600 ff dann, wenn der Auftrag sich nach seiner Prüfung als unbegründet erweist, AG Alfeld JB **04**, 39, AG Verden DGVZ **03**, 77, Seip JB **04**, 466, aM LG Verden JB **03**, 543 (zustm Drumann). S auch „Weigerung".

Vorschuß: Anwendbar sind KVGv 600 ff dann, wenn der Gläubiger den vom Gerichtsvollzieher nach § 4 ordnungsgemäß erforderten Vorschuß nicht zahlt.

Weigerung: Anwendbar sind KVGv 600 ff dann, wenn sich der Gerichtsvollzieher mit Recht weigert, den Auftrag auszuführen, AG Worms DGVZ **98**, 46.

Unanwendbar sind KVGv 600 ff natürlich dann, wenn der Gerichtsvollzieher den Auftrag ohne einen zwingenden Grund ablehnt, LG Ffo JB **04**, 217, AG Bottrop DGVZ **04**, 94, aM AG Bre JB **04**, 159.

S auch „Unbegründetheit".

7   **E. Nichterledigung wegen Fehlens pfändbarer Gegenstände usw, S 2 Hs 1.** Die Vorschrift ordnet die Anwendung von KVGv 600 ff auch für den Fall an, daß der Gerichtsvollzieher keine pfändbaren Gegenstände vorfindet, AG Bre JB **02**, 263, AG Weiden DGVZ **01**, 172, oder daß er eine Pfändung nach § 803 II ZPO deshalb unterlassen muß, weil kein Überschuß über die Vollstreckungskosten erkennbar ist, oder wenn man erst demnächst eine Pfändbarkeit erwarten kann, § 812 ZPO, oder weil es um eine offenkundige Unpfändbarkeit von Miet- oder Pachtzinsen geht, § 851 b II 2 ZPO, Meyer 8, aM AG Nienburg usw DGVZ **01**, 168.

8   **F. Nichterledigung wegen Pfändungsverbots, S 2 Hs 2.** Die Vorschrift ordnet die Anwendung von KVGv 600 ff auch für den Fall an, daß eine Pfändung auf Grund einer Gerichtsentscheidung nach einer der Vorschriften §§ 803 II, 812, 851 b II 2 ZPO unterbleiben muß, AG Lippstadt DGVZ **01**, 159.

9   **G. Keine Abgabe(-möglichkeit) an anderen Gerichtsvollzieher, S 3.** Auch wenn die Voraussetzungen Rn 3, 4 und entweder 5 oder 6 oder 7 vorliegen, scheitert eine Nichterledigungsgebühr doch nach S 3, wenn der erste Gerichtsvollzieher seinen Auftrag an einen anderen Gerichtsvollzieher abgibt oder hätte abgegeben können oder gar müssen. Diese Frage muß man also stets mitklären.

Abgabe ist die endgültige Weiterleitung zwecks einer weiteren oder vollständigen Durchführung durch einen anderen Kollegen. Die Gründe der Abgabe sind unerheblich. Insbesondere kommt es auf kein Verschulden oder Vertretumüssen an. Daher ist auch eine Nachlässigkeit des Auftraggebers unerheblich. Das gilt etwa bei der Auftragserteilung an einen örtlich nicht zuständigen Gerichtsvollzieher. Auch ein etwaiges Verschulden der Gerichtsvollzieher-Verteilungsstelle ist unbeachtlich. Maßgeblich ist allein, *daß* eine Abgabe erfolgt, nicht *warum*.

Abgabemöglichkeit, -pflicht steht der tatsächlich erfolgten Abgabe nach S 3 gleich. Daher muß man mangels einer bisherigen Abgabe stets auch prüfen, ob eine Abgabe wirksam in Betracht kommt oder sogar notwendig wäre, vor allem wegen einer Unzuständigkeit oder wegen einer Unzumutbarkeit, also wegen einer sog Inkompatibilität des Beamten, einer richterlichen Befangenheit vergleichbar, etwa dann, wenn der Gerichtsvollzieher gegen einen nahen Verwandten vorgehen müßte.

Unanwendbar ist S 3, wenn die Abgabe nur teilweise erfolgt oder wenn der Auftrag teilbar ist.

4) Gebührenhöhe, KVGv 600–604. Nur in den folgenden abschließend genann- 10
ten Fällen kommt eine Nichterledigungsgebühr in Betracht. Mehrere der folgenden Gebühren können mehrmals entstehen, AG Diepholz DGVZ **01**, 138, zB unter den Voraussetzungen des § 10 I 2, 3, III 2, AG Witzenhausen DGVZ **01**, 137. Ein Zeitzuschlag nach KVGv 500 ist dort möglich, wo auch die Durchführungsgebühr ihn erlaubt. § 11 ist anwendbar.

A. Zustellung, KVGv 600. Es muß entweder um den vergeblichen Versuch ei- 11
ner Zustellung durch den Gerichtsvollzieher gehen, KVGv 100, AG Lpz DGVZ **04**, 46, oder um eine sonstige Zustellung, KVGv 101. Im letzten Fall ist die Nichterledigungsgebühr ebenso hoch wie diejenige für Erledigung. Eine Zurücknahme des Auftrags fehlt rechtlich bei ihrem Eingang nach der Absendung des zuzustellenden Dokuments, § 3 III 1. AG Wuppert DGVZ **07**, 174 sieht keinen Grund für eine Unterscheidung des Gebührenanspruchs bei erfolgreichen und erfolglos versuchten Zustellungen.

B. Wegnahme einer Person, KVGv 601. Es mag auch um den vergeblichen 12
Versuch der Wegnahme einer Person gehen, KVGv 230. Hier halbiert sich die Erledigungsgebühr.

C. Entsetzung aus dem Besitz, Wegnahme eines ausländischen Schiffs, 13
Übergabe an den Verwalter, KVGv 602. Es mag weiterhin um den vergeblichen Versuch gehen, eine Person aus dem Besitz zu entsetzen, KVGv 240, oder um die Wegnahme eines ausländischen Schiffs, KVGv 241, oder um die Übergabe an den Verwalter, KVGv 242. Auch hier halbiert sich jeweils die Erledigungsgebühr.

D. Beurkundung eines Leistungsangebots, KVGv 603. Es kann ferner um 14
die unerledigte Beurkundung eines Leistungsangebots gehen, KVGv 411. Das Übersehen SchrKWi KVGv 411 Rn 11. Hier bleibt die Nichterledigungsgebühr in derselben Höhe wie diejenige bei Erledigung.

E. Pfändung, KVGv 604. Es kann um einen gescheiterten Pfändungsversuch 15
nach §§ 829 ff ZPO gehen, KVGv 205. § 7 I ist unanwendbar, KVGv 205 Rn 1. Die Nichterledigungsgebühr beträgt rd zwei Drittel der Erledigungsgebühr.

F. Übernahme beweglicher Sachen, KVGv 604. Es kann um den vergeblichen 16
Versuch der Übernahme einer beweglichen Sache zwecks ihrer Verwertung nach §§ 847, 854 ZPO gehen, KVGv 206. Die Nichterledigungsgebühr bleibt der Höhe nach dieselbe wie bei einer Erledigung.

Unanwendbar ist die Vorschrift bei der Nichterledigung einer bloßen Benachrichtigung über eine bevorstehende Pfändung, SchrKWi 37.

G. Übernahme des Vollstreckungsauftrags wegen Wegzugs des Schuldners, 17
KVGv 604. Es kann sich darum handeln, daß ein Versuch scheiterte, den Vollstreckungsauftrag von einem anderen Gerichtsvollzieher dann zu übernehmen, wenn der Schuldner unter einer Mitnahme der Pfandstücke in einen anderen Amtsgerichtsbezirk verzogen ist, KVGv 210. Dieser Fall fällt nicht unter die in der amtlichen Vorbemerkung zu KVGv 600–604 S 3 genannte Abgabe. Denn die Übernahme wegen eines Schuldnerumzugs ist etwas anderes als eine Abgabe und nicht nur die Kehrseite einer Abgabe, obwohl ihr natürlich sehr ähnlich. Andernfalls würden sich die amtliche Vorbemerkung S 3 und KVGv 604 in Verbindung mit KVGv 210 widersprechen.

H. Entfernung von Pfandstücken, KVGv 604. Es kann sich um den vergeb- 18
lichen Versuch handeln, ein Pfandstück zu entfernen, das der Gerichtsvollzieher im Gewahrsam des Schuldners, des Gläubigers oder eines Dritten belassen hatte, KVGv 220. Die Nichterledigungsgebühr bleibt der Höhe nach gegenüber einer Erledigung unverändert.

I. Weg-, Entgegennahme beweglicher Sachen, KVGv 604. Es kann sich um 19
den vergeblichen Versuch der Wegnahme oder Entgegennahme einer beweglichen Sache durch den zur Vollstreckung beauftragten, wenn auch eben evtl gerade noch nicht

an Ort und Stelle erschienenen Gerichtsvollzieher handeln, KVGv 221. Die Nichterledigung kostet 50% der Erledigung.

20 **J. Widerstandsbeseitigung, KVGv 604.** Es kann sich um den vergeblichen Versuch handeln, den Widerstand des Schuldners gegen die Vornahme einer Handlung durch eine Zuziehung des Gerichtsvollziehers zu beseitigen, § 892 ZPO, KVGv 250. Die Nichterledigungsgebühr beträgt rd 25% der Erledigungsgebühr.

21 **K. Eidesstattliche Versicherung, KVGv 604.** Es kann sich um den vergeblichen Versuch handeln, im Verfahren nach §§ 899 ff ZPO usw dem Schuldner eine eidesstattliche Versicherung abzunehmen, KVGv 260. Die Nichterledigungsgebühr beträgt rd 40% der Erledigungsgebühr. Hierher zählt auch das bloße Nachbesserungsverfahren (Ergänzungspflicht, BLAH § 807 ZPO Rn 45), AG Ffm DGVZ **03**, 13, AG Gütersloh DGVZ **04**, 94, AG Münst DGVZ **04**, 63, aM AG Bre JB **07**, 439, AG Hbg DGVZ **07**, 191, AG Syke JB **06**, 496.

22 Auch die Nichterledigungsgebühr *entfällt* dann ganz, wenn sie nur deshalb nicht zur erneuten Abgabe der Offenbarungsversicherung kommt, weil der Schuldner sie innerhalb der letzten drei Jahre bereits abgegeben hatte, § 903 ZPO, AG Alfeld JB **04**, 39, AG Osnabr DGVZ **05**, 46 (ausreichend ist ein anderes Verfahren), AG Tettnang DGVZ **01**, 159. Das ergibt sich aus KVGv 604 amtliche Anmerkung, krit SchrKWi 36 (auch rechtspolitisch). Das hätten AG Höxter DGVZ **06**, 191, AG Neuwied JB **04**, 386 mitprüfen müssen.

23 **L. Verhaftung, Nachverhaftung usw, KVGv 604.** Es kann sich um den vergeblichen Versuch einer Verhaftung, Nachverhaftung oder zwangsweisen Vorführung handeln, KVGv 270. Die Nichterledigungsgebühr beträgt rd ein Drittel der Erledigungsgebühr.

24 **M. Versteigerung, Verkauf von Sachen, KVGv 604.** Es kann sich um den vergeblichen Versuch einer Versteigerung oder eines Verkaufs von beweglichen Sachen oder solcher Früchten handeln, die noch nicht vom Boden getrennt sind, oder von Forderungen oder anderen Vermögensrechten, KVGv 300. Die Nichterledigungsgebühr beträgt rd 25% der Erledigungsgebühr.

25 **N. Öffentliche Verpachtung, KVGv 604.** Es kann sich um den vergeblichen Versuch einer öffentlichen Verpachtung an den Meistbietenden handeln, KVGv 301. Die Nichterledigungsgebühr beträgt rd 25% der Erledigungsgebühr.

26 **O. Mitwirkung bei Versteigerung durch Dritten, KVGv 604.** Es kann um den vergeblichen Versuch einer Mitwirkung bei der Versteigerung durch einen Dritten bis zu ihrem Erfolg handeln, KVGv 301. Die Nichterledigungsgebühr ist ebenso hoch wie die Erledigungsgebühr.

27 **P. Bewachung und Verwahrung eines Schiffs, usw, KVGv 604.** Es kann sich um den vergeblichen Versuch der Bewachung und Verwahrung eines Schiffs, eines Schiffsbauwerks oder eines Luftfahrzeugs nach §§ 165, 170, 170a, 171, 171c, 171g, 171h ZVG, § 99 II, § 106 I Z 1 LuftfG handeln, KVGv 400. Die Nichterledigungsgebühr beträgt rd ein Achtel der Erledigungsgebühr.

28 **Q. Tatsächliches Leistungsangebot, KVGv 604.** Es kann sich um den vergeblichen Versuch eines tatsächlichen Angebots einer Leistung nach §§ 293, 294 BGB außerhalb der Zwangsvollstreckung handeln, KVGv 410. Die Nichterledigungsgebühr ist ebenso hoch wie die Erledigungsgebühr.

29 **R. Entfernung von Gegenständen aus Gewahrsam usw, KVGv 604.** Es kann sich schließlich um den vergeblichen Versuch handeln, Gegenstände aus dem Gewahrsam des Inhabers zum Zweck der Versteigerung oder Verwertung außerhalb der Zwangsvollstreckung zu entfernen, KVGv 420. Die Nichterledigungsgebühr ist ebenso hoch wie die Erledigungsgebühr.

30 **5) Fälligkeit, KVGv 600–604.** Nach § 14 S 1 wird eine Gebühr dann fällig, wenn der Gerichtsvollzieher seinen Auftrag durchgeführt hat oder wenn der Auftrag länger als zwölf Kalendermonate ruht. Der Durchführung steht nach § 3 IV 1, 3 gleich, daß der Gerichtsvollzieher dem Auftraggeber mitteilt, daß er den Auftrag als zurückgenommen betrachte, weil er damit rechne, daß die Zwangsvollstreckung fruchtlos verlaufen werde usw. Im übrigen muß man im Geltungsbereich von KVGv 600–604 na-

XI. G über Kosten der GVz 600–604, 700 KVGv

türlich den Abbruch des vergeblichen Versuchs als den Fälligkeitszeitpunkt der Nichterledigungsgebühr annehmen.
Eine *nur vorläufige* Unterbrechung der Bemühung um eine auftragsgemäße Erledigung reicht nicht. Ein bloßer Zeitablauf reicht ohne die vorgenannte Voraussetzungen des § 3 IV ebenfalls nicht, solange man ihn nicht vernünftigerweise als ein endgültiges Scheitern der Bemühungen bewerten muß.

6) Gebührenschuldner, KVGv 600–604. § 13. 31

7. Auslagen

Nr.	Auslagenbestand	Höhe
700	Pauschale für die Herstellung und Überlassung von Dokumenten:	
	1. Ablichtungen und Ausdrucke,	
	a) die auf Antrag angefertigt oder per Telefax übermittelt werden,	
	b) die angefertigt werden, weil der Auftraggeber es unterlassen hat, die erforderliche Zahl von Mehrfertigungen beizufügen:	
	für die ersten 50 Seiten je Seite	0,50 EUR
	für jede weitere Seite	0,15 EUR
	2. Überlassung von elektronisch gespeicherten Dateien anstelle der in Nummer 1 genannten Ablichtungen und Ausdrucke:	
	je Datei	2,50 EUR
	[I] Die Höhe der Dokumentenpauschale nach Nummer 1 ist bei Durchführung eines jeden Auftrags und für jeden Kostenschuldner nach § 13 Abs. 1 Nr. 1 GvKostG gesondert zu berechnen; Gesamtschuldner gelten als ein Schuldner.	
	[II] § 191a Abs. 1 Satz 2 GVG bleibt unberührt.	
	[III] Eine Dokumentenpauschale für die erste Ablichtung oder den ersten Ausdruck eines mit eidesstattlicher Versicherung abgegebenen Vermögensverzeichnisses und der Niederschrift über die Abgabe der eidesstattlichen Versicherung werden von demjenigen Kostenschuldner nicht erhoben, von dem die Gebühr 260 zu erheben ist.	

Vorbem. Neufassung durch Art 14 III Z 2 JKomG v 22. 3. 05, BGBl 837, in Kraft seit 1. 4. 05, Art 16 I JKomG. Übergangsrecht §§ 18, 19 GvKostG.

Gliederung

1) Systematik, Z 1, 2	1, 2
2) Regelungszweck, Z 1, 2	3
3) Geltungsbereich, Z 1, 2	4–10
A. Auf Auftrag angefertigte Ablichtungen usw, Z 1a	4
B. Nicht: Ausfertigung von Amts wegen, Z 1a	5
C. Per Telefax übermittelte Ablichtungen usw, Z 1a	6
D. Fehlende Ablichtung usw, Z 1b	7
E. Elektronisch gespeicherte Dateien, Z 2	8
F. Keine Auslagen beim Blinden oder Sehbehinderten, amtliche Anmerkung II	9
G. Eventuell keine Auslagen bei Vermögensverzeichnis nebst Protokoll, amtliche Anmerkung III	10
4) Auslagenhöhe, Z 1, 2, amtliche Anmerkung I	11
5) Fälligkeit, Z 1, 2	12
6) Kostenschuldner, Z 1, 2	13

1) Systematik Z 1, 2. Die Vorschrift zählt im einzelnen diejenigen Fälle auf, in 1
denen der Gerichtsvollzieher Auslagen vom Schuldner der Gerichtsvollzieherkosten erheben darf. „Auslage" ist eine tatsächliche Aufwendung und nicht eine Mühewal-

tung, auch nicht eine Vergütung wegen ersparter Aufwendungen. Die Vergütung des Gerichtsvollziehers für die übrige Schreibarbeit richtet sich nicht nach KVGv 700, sondern nach den Verwaltungsanordnungen der Länder. Sowohl die Herstellung als auch die Überlassung lassen nach dem eindeutigen Text Auslagen entstehen. Die Aufzählung des GvKostG ist erschöpfend, BVerwG NJW **83**, 898. Sie läßt für ein Ermessen keinen Raum, BVerwG NJW **83**, 898.

2 In *allen anderen Fällen* kann der Gerichtsvollzieher also für sein Schreibwerk vom Betroffenen keine Vergütung verlangen. Es ist insoweit auch nicht etwa die Auffangvorschrift KVGv 713 anwendbar. Denn sie umfaßt nicht die Grundkosten des Gerichtsvollziehers, dort Rn 1. Auch KVGv 701 gilt insoweit nicht. Er kann also insbesondere keine Vergütung für das Ausfüllen einer Aufschrift auf einer Zustellungsurkunde oder für die Anschrift auf einem Briefumschlag oder für die Mitteilung fordern, daß der Schuldner die eidesstattliche Versicherung zu verweigern berechtigt ist, Meyer JB **99**, 408, oder für die Reinschrift einer Versteigerungsbekanntmachung oder für die gesamte durch die Amtstätigkeit veranlaßte Schreibarbeit, also für alle Urschriften und den Schriftwechsel.

Daher kann der Gerichtsvollzieher auch keine Auslage für die zu den Protestsammelakten zu nehmende beglaubigte Ablichtung oder Abschrift des Wechsel- und Scheckprotests fordern. Ebensowenig kann er eine Ablichtung oder Auslage für eine Abschrift des Zustellungsersuchens an die Post oder für eine Kopie der Bescheinigung über die Übergabe an die Post fordern.

3 **2) Regelungszweck, Z 1, 2.** Die Regelung bezweckt eine aus praktischen Gründen pauschalierte, um der Kostengerechtigkeit willen aber auch differenzierte Regelung. Mit der Arbeit des Gerichtsvollziehers entsteht eine Fülle von Schreibwerk. Es soll als Auslagen deutlich werden, um dem Kostenschuldner gegenüber auch der Bezeichnung nach als ein bloßer Aufwendungsersatz dazustehen, auch wenn es sich um zu versteuernde weitere Einnahmen des Gerichtsvollziehers handelt. Die Urschrift der Akte ist stets auslagenfrei, SchrKWi 12. Vermeidbare Auslagen können eine unrichtige Sachbehandlung nach § 7 sein, dort Rn 2.

4 **3) Geltungsbereich, Z 1, 2.** Man muß sechs Fallgruppen von Auslagen unterscheiden. Trotzdem ist wegen des Worts „nur" in § 1 I eine enge Auslegung notwendig, § 1 Rn 2, vgl auch § 104 I 3 GVGA.

A. Auf Antrag angefertigte Ablichtung usw, Z 1 a. Eine Pauschale entsteht, soweit es sich um eine solche Ablichtung oder einen solchen Ausdruck der elektronischen Fassung handelt, der der Gerichtsvollzieher persönlich oder durch einen Mitarbeiter oder durch die Geschäftsstelle nicht schon von Amts wegen angefertigt hat, sondern erst auf Grund eines jeden eindeutigen, wenn auch entgegen § 110 Z 6 GVGA nicht notwendig ausdrücklichen Antrags, AG Haßfurt DGVG **08**, 80, AG Weiden DGVZ **08**, 82, aM SchrKWi 15. Er kann die Auslage nur für denjenigen Umfang ersetzt fordern, den der Antrag nannte. Hierher gehört auch die auf einen unterstellbaren Schuldnerantrag erfolgende Abschrift oder Ablichtung eines Annahmeantrags bei der Hinterlegungsstelle nach § 193 Z 9 GVGA, SchrKWi 24. Mehrere beantragte Ablichtungen usw lassen die Pauschale mehrfach entstehen. Ein Antrag umfaßt im Zweifel auch einen erfolglosen Vollstreckungsversuch.

Eine *Abschrift oder Ablichtung* läßt sich ebenso wie die nach KV 9000 Rn 1 beurteilen, Teil I dieses Buchs.

5 **B. Nicht: Anfertigung von Amts wegen, Z 1 a.** Nicht hierher zählt zB die nur kraft Gesetzes von Amts wegen notwendige Ablichtung oder Abschrift, zB §§ 135 Z 5, 167 Z 2, 168 Z 3 II 2 GVGA, Seip DGVZ **01**, 17, oder eine freiwillige unaufgeforderte Ablichtung usw des Protokolls über eine Aufforderung oder eine Mitteilung aus Anlaß einer Vollstreckungshandlung an den Schuldner, falls er jene nicht mündlich ausführen kann, § 763 II ZPO, BVerwG DGVT **82**, 151, AG Neuwied DGVZ **93**, 175. Das Gesetz schreibt keine Zuleitung an den Gläubiger vor. Daher kann der Gläubiger nur dann zahlungspflichtig werden, wenn er die Übersendung eindeutig vorher beantragt hatte.

Eine bloße *widerspruchslose Annahme* ohne einen vorangegangenen Übersendungsauftrag reicht nicht aus, um die Zahlungspflicht des Gläubigers zu begründen, BVerwG NJW **83**, 898.

XI. G über Kosten der GVz   **700 KVGv**

Ferner gehören *nicht* hierher: Die von Amts wegen notwendige Übersendung der Protokollablichtung usw bei einer Anschlußpfändung durch einen anderen Gerichtsvollzieher, § 826 II ZPO; die von Amts wegen dem Schuldner zu übergebende beglaubigte Ablichtung usw des Haftbefehls; eine von Amts wegen erfolgende Zustellungsurkunde; eine Tätigkeit im Auftrag der Vollstreckungsbehörde nach der JBeitrO, Teil IX A dieses Buchs.

C. Per Telefax übermittelte Ablichtung usw, Z 1 a. Auslagen sind auch insoweit erstattungspflichtig, als es sich um eine nach dem pflichtgemäßen Ermessen des Gerichtsvollziehers per Telefax übermittelte Ablichtung usw handelt. Dann reicht aber nicht eine von Amts wegen übermittelte Ablichtung usw aus, KVGv 713 Rn 8 „von Amts wegen". Es ist unerheblich, wer der Adressat war. Es kommt auch nicht darauf an, ob gerade der Telefax-Weg erforderlich war. Ausreichend ist, daß der Gerichtsvollzieher eben diesen Weg gegangen ist.   6

Nicht hierher zählt die nicht als solche direkt beantragte Telefax-Übermittlung einer *Urschrift* der Urkunde. Das gilt auch dann, wenn die Kopiervorlage anschließend per Post nachfolgt. Wegen § 9 zählt auch eine e-mail nicht hierher. Nicht hierher zählt ferner der bloße Beglaubigungsvermerk, Hundertmark JB **03**, 461, Meyer JB **03**, 462.

D. Fehlende Ablichtung usw, Z 1 b. Die Vorschrift erfaßt schon eine erste Ablichtung oder einen ersten Ausdruck, die der Gläubiger dem Gerichtsvollzieher entgegen einer gesetzlichen Pflicht vollständig zu übergeben versäumt hat, zB § 192 II 2 Hs 2 ZPO. Diese darf der Gerichtsvollzieher anfertigen, zB um zB die Zustellung durchführen zu können, AG Bln-Charlottenb DGVZ **81**, 43, Kessel DGVZ **04**, 116 (Forderungsaufstellung bei Offenbarungsversicherung). In diesem Rahmen ist eine Ablichtung usw auslagenpflichtig, AG Sinzig DGVZ **00**, 142. Ein „normaler Geschäftsgang" beim Auftraggeber liefert keinen Anscheinsbeweis dafür, daß er im Einzelfall ausreichende Ablichtungen usw fertigte, LG Bonn DGVZ **04**, 45.   7

Unanwendbar ist Z 1 b auf die Herstellung des Originals.

E. Elektronisch gespeicherte Dateien, Z 2. Wenn der Gerichtsvollzieher anstelle einer der in Z 1 a–c genannten Ablichtungen oder Ausdrucke der elektronischen Fassungen eine elektronisch gespeicherte Datei überläßt, tritt vorrangig die Regelung der Z 2 ein. Bei einem zusätzlich überlassenen Ausdruck gilt Z 1 neben Z 2.   8

Unanwendbar ist Z 2 auf die Überlassung eines Datenträgers. Bei ihm gilt § 4 V, VI JVKostO, Teil VIII A dieses Buchs.

F. Keine Auslagen beim Blinden oder Sehbehinderten, amtliche Anmerkung II. Auslagen entstehen nicht, soweit es um diejenigen Kosten geht, die dadurch entstehen, daß man einem Blinden oder Sehbehinderten ein für ihn bestimmtes gerichtliches Schriftstück auch in einer für ihn wahrnehmbaren Form deshalb zugänglich macht, weil das zur Wahrnehmung seiner Rechte im Verfahren erforderlich ist, § 191a I 1, 2 GVG.   9

G. Eventuell keine Auslagen bei Vermögensverzeichnis nebst Protokoll, amtliche Anmerkung III. Nicht auslagenpflichtig ist die Erteilung der ersten Ablichtung eines mit einer eidesstattlichen Versicherung abgegebenen Vermögensverzeichnisses nach §§ 807, 900 ZPO und der Niederschrift über die Abgabe der eidesstattlichen Versicherung, §§ 159 ff ZPO entsprechend, BLAH § 900 ZPO Rn 23. Das gilt freilich nur gegenüber demjenigen Kostenschuldner nach § 13, von dem der Gerichtsvollzieher bereits die Gebühr KVGv 260 erheben muß. Weitere Ablichtungen und jede Art von Ablichtung für andere Beteiligte fallen nicht unter III.   10

4) Auslagenhöhe, Z 1, 2, amtliche Anmerkung I. Die Regelung entspricht weitgehend derjenigen des KV 9000 und der § 136 III 1 KostO, dort Rn 17, Teile I A, III dieses Buchs. Beides ergibt sich aus dem Haupttext von KVGv 700 Z 1, 2. Dabei entfallen also auf die ersten 50 Seiten die in Z 1 genannte Pauschale und für jede weitere angefangene Seite unabhängig von ihrer Herstellungsart und von ihrem Inhalt sowie vom Zeitaufwand die in Z 2 genannte Pauschale. Jede Pauschale fällt je Auftrag an. Eine Seite mit bloß internen Vermerken usw gehört nicht zur Kostenrechnung zählt nicht mit.   11

Mehrheit von Kostenschuldnern nach § 13 I 1 bedeutet eine gesonderte Auslagenerhebung gegenüber jedem, amtliche Anmerkung I 1. Gesamtschuldner nach §§ 421 ff BGB gelten aber als nur ein Kostenschuldner, amtliche Anmerkung I Hs 2.

2119

12 5) **Fälligkeit**, Z 1, 2. § 14 S 2. Einen Vorschuß kann der Gerichtsvollzieher nur vom Gläubiger als dem Auftraggeber nach § 4 fordern, nicht zB vom Schuldner, der eine Ablichtung verlangt.
13 6) **Kostenschuldner**, Z 1, 2. Vgl zunächst Rn 10 und sodann § 13.

Nr.	Auslagentatbestand	Höhe
701	Entgelte für Zustellungen mit Zustellungsurkunde	in voller Höhe

1 **1) Systematik.** Während KVGv 100, 101 die Zustellungsgebühren regeln, behandelt KVGv 701 die Auslagen, und zwar nur in seinem Geltungsbereich, Rn 3. Sonstige Zustellungsauslagen entstehen unter den Voraussetzungen von KVGv 713. Diese Auffangvorschrift gilt nur nachrangig. Sie erfaßt keine sonstigen Post- oder Telekommunikationsentgelte. Vgl insofern KVGv 713.

2 **2) Regelungszweck.** Bei der förmlichen Zustellung mit einer Zustellungsurkunde nach § 182 ZPO entstehen nicht unerhebliche Portokosten, sowohl bei der Deutschen Post AG als auch bei den etwa in diesem Bereich tätigen zulässigen anderen Zustelldiensten. Diese Kosten können sich bei mehreren Zustellungen an denselben oder an verschiedene Adressaten erheblich erhöhen. Daher entstehen sie nicht als eine schwer schätzbare Pauschale, sondern in ihrer tatsächlichen Höhe. Denn nur das dient der Kostengerechtigkeit.

3 **3) Geltungsbereich: Zustellung mit Zustellungsurkunde.** Es muß sich um eine solche förmliche Zustellung handeln, bei der eine Urkunde nach §§ 176 I, 182, 191, 194 ZPO entsteht und zum Zustellungsnachweis dient, und zwar eine Urkunde der Deutschen Post AG oder eines ihr gleichstehend betriebenen Unternehmens mit der Beweiskraft der §§ 168 I 2, 182 I 2, 418 ZPO. Auch die Ladung zur Abgabe einer Offenbarungsversicherung fällt unter KVGv 701, AG Bernau DGVZ **01**, 136. *Andere Zustellungsarten* zB durch ein Einschreiben mit oder ohne einen Rückschein muß man allenfalls nach KVGv 713 behandeln.

4 **4) Auslagenhöhe.** Es entstehen die vollen tatsächlichen und auch erforderliche Entgelte. Nicht zu den Auslagen nach KVGv 701 zählen: Das Papier, sei es der Urkunde, sei es des Umschlags oder gar des Inhalts; die Kosten des Transports zum Beförderungs-Annahmepunkt (Briefkasten, Postamt). Auch Abholkosten sollte man nicht berücksichtigen. Natürlich kommen auch Auslagen infolge einer unrichtigen Sachbehandlung nach § 7 nicht infrage.

5 **5) Fälligkeit.** § 14 S 2.
6 **6) Auslagenschuldner.** § 13.

Nr.	Auslagenbestand	Höhe
702	Auslagen für öffentliche Bekanntmachungen und Einstellung eines Ausgebots auf einer Versteigerungsplattform zur Versteigerung im Internet 1. bei Veröffentlichung in einem elektronischen Informations- und Kommunikationssystem oder Einstellung in einer Versteigerungsplattform, wenn ein Entgelt nicht zu zahlen ist oder das Entgelt nicht für den Einzelfall oder ein einzelnes Verfahren berechnet wird: je Veröffentlichung oder Einstellung pauschal	 1,00 EUR
	2. in sonstigen Fällen	in voller Höhe

Vorbem. Fassg Art 3 Z 4 G v 30. 7. 09, BGBl 2474, in Kraft seit 5. 8. 09, Art 9 S 2 G, Übergangsrecht § 18 GvKostG.

1 **1) Systematik.** In der Reihe KVGv 700ff stellt die Vorschrift eine insbesondere gegenüber KVGv 701 selbständige Regelung dar. Sie kann zu den anderen Auslagenvorschriften hinzutreten.

XI. G über Kosten der GVz   702, 703 KVGv

Soweit die Vollstreckungsbehörde nach der *JBeitrO* den Gerichtsvollzieher mit einer Versteigerung beauftragt, gelten §§ 247 ff, 272 Z 2 GVGA.

2) Regelungszweck. Z 1 soll die Auslagen dämpfen. Wie bei KVGv 701, 703 ff 2 dient die Regelung zwar in Z 2 einer vollen Entschädigung. Sie gibt sich dort aber im Gegensatz zu den Festbeträgen von KVGv 700 nicht mit einer Pauschalierung zufrieden, obwohl das technisch einfacher wäre. Damit muß der Gerichtsvollzieher bei Z 2 im Einzelfall jeden Einzelbetrag nachvollziehbar verrechnen. Das bezweckt eher eine Kostengerechtigkeit als eine Zweckmäßigkeit. So muß man Z 2 im Zweifel auch auslegen.

3) Geltungsbereich: Bekanntmachungskosten. Z 1 erfaßt alle dort abschlie- 3 ßend genannten Vorgänge einer Internetversteigerung. Z 2 vergütet alle sonstigen durch eine öffentliche Bekanntmachung innerhalb oder außerhalb einer Zwangsvollstreckung dem Gerichtsvollzieher tatsächlich entstandenen und kraft Gesetzes oder nach den pflichtgemäßen Ermessen des Gerichtsvollziehers auch erforderlichen Auslagen. Das gilt auch für diejenigen Auslagen, die dadurch entstehen, daß die Bekanntmachung über einen Anschlag oder einen Aufruf usw an einem Bekanntmachungsbrett usw erfolgt oder daß die Bekanntmachung einer Terminsverlegung oder -aufhebung in dem unvermeidbaren Umfang erfolgt, §§ 143, 239, 246, 254 GVGA.

4) Auslagenhöhe. Der Kostenschuldner muß bei Z 1 nur die dortige Pauschale 4 zahlen. Bei Z 2 muß er die vollen tatsächlichen und auch erforderlichen Auslagen ersetzen. Natürlich muß er einen ihm gewährten Rabatt dem Auftraggeber zugutehalten. § 7 bleibt beachtlich. Wegen eines Vorschusses § 4.

5) Fälligkeit. § 14 S 2.   5

6) Kostenschuldner. § 13.   6

Nr.	Auslagentatbestand	Höhe
703	Nach dem JVEG an Zeugen, Sachverständige, Dolmetscher und Übersetzer zu zahlende Beträge .... I Die Beträge werden auch erhoben, wenn aus Gründen der Gegenseitigkeit, der Verwaltungsvereinfachung oder aus vergleichbaren Gründen keine Zahlungen zu leisten sind. II Auslagen für Gebärdensprachdolmetscher (§ 186 Abs. 1 GVG) und für Übersetzer, die zur Erfüllung der Rechte blinder oder sehbehinderter Personen herangezogen werden (§ 191a Abs. 1 GVG), werden nicht erhoben.	in voller Höhe

1) Systematik. Es gelten dieselben Erwägungen wie bei KVGv 702 Rn 1. Vgl 1 auch KVGv 704 Rn 1, 3 aE.

2) Regelungszweck. Es ist selbstverständlich, daß der Gerichtsvollzieher den vol- 2 len Ersatz der von ihm verauslagten Kosten nach der ZPO oder nach dem JVEG erhalten muß, Teil V dieses Buchs, aber natürlich auch nicht mehr. Soweit die in KVGv 703 genannten Personen aus der Staatskasse oder zunächst von anderen Verfahrensbeteiligten eine Vergütung oder Entschädigung erhielten, bekommt der Gerichtsvollzieher keinen Auslagenersatz. § 13 JVEG mit seiner besonderen Vergütung ist anwendbar. Soweit gar kein Gericht im Sinn dieser Vorschrift vorhanden oder zuständig ist, tritt der Gerichtsvollzieher an dessen Stelle.

3) Geltungsbereich: Zahlung an einen Zeugen, Sachverständigen, Dol- 3 **metscher oder Übersetzer.** Die Vorschrift erfaßt die Zuziehung eines notwendigen Zeugen nach § 759 ZPO, § 108 Z 2 GVGA, auch zweier solcher Zeugen neben dem Schlosser, AG Wiesb DGVZ **88**, 14. Das JVEG gibt einen Anhalt für die Notwendigkeit, möglichst einen in der Nähe wohnenden Zeugen auszuwählen. Der Gerichtsvollzieher darf dem Zeugen eine Entschädigung nur auf dessen Verlangen zahlen. Derjenige Polizist, den der Gerichtsvollzieher nach § 758 III ZPO zur Brechung des Widerstands herangezogen hat, ist kein Zeuge, sondern leistet Amtshilfe.

2121

Entsprechendes gilt für die Zuziehung eines *Sachverständigen* nach § 813 ZPO, § 132 Z 8, § 150, § 152 Z 3, 4, § 153 Z 1, § 238 Z 4, § 251 GVGA, grundsätzlich auch eines Dolmetschers oder eines Übersetzers § 14 JVEG, Teil V dieses Buchs, § 10a GVGA, und für dessen jeweilige Vergütung, AG Leverkusen DGVZ **02**, 189 (auch zur Vorschußpflicht des Gläubigers). Die Auslagen entstehen auch in den Fällen der amtlichen Anmerkung I.

Ausnahmsweise entsteht keine Auslagenpflicht bei dem für den Blinden oder Sehbehinderten tätigen Gebärdendolmetscher oder Übersetzer im Rahmen seiner Tätigkeit nach §§ 186, 191a I GVG, amtliche Anmerkung II.

4 **4) Auslagenhöhe.** Der Kostenschuldner muß die nach dem JVEG, Teil V dieses Buchs, zahlbare und auch tatsächlich gezahlte Vergütung oder Entschädigung erstatten, Kessel DGVZ **04**, 117. Der Gerichtsvollzieher muß sie nach Grund und Höhe aktenkundig machen. Eine Vereinbarung kommt im Rahmen von § 13 JVEG infrage.

Gegen die Höhe der gewährten Vergütung oder Entschädigung ist die *Erinnerung* nach § 766 ZPO zulässig. Die Beweisperson kann die Festsetzung nach § 4 JVEG beantragen. Der Kostenschuldner kann nach § 5 vorgehen.

5 **5) Fälligkeit.** § 14 S 2.
6 **6) Kostenschuldner.** § 13.

Nr.	Auslagentatbestand	Höhe
704	An die zum Öffnen von Türen und Behältnissen sowie an die zur Durchsuchung von Schuldnern zugezogenen Personen zu zahlende Beträge	in voller Höhe

1 **1) Systematik.** Es gelten dieselben Erwägungen wie bei KVGv 702 Rn 1. Die Vorschrift steht selbständig neben KVGv 703. Sie hat im eigenen Geltungsbereich nach Rn 3 den Vorrang vor KVGv 703. Vgl aber auch Rn 3 aE.

2 **2) Regelungszweck.** Es gelten dieselben Erwägungen wie bei KVGv 702 Rn 2.

3 **3) Geltungsbereich: Zuziehung einer Person.** Die Vorschrift erfaßt den Fall, daß der Gerichtsvollzieher im Rahmen von §§ 758, 758a ZPO zur Öffnung einer Tür oder eines Behältnisses oder zur Durchsuchung eines Schuldners oder einer Schuldnerin eine Person passenden Geschlechts hinzuzieht und sie nach den ortsüblichen Handwerkersätzen vergütet. Die Anordnung muß wirksam und rechtmäßig sein. Das ist zB bei § 758 ZPO nicht schon bei einem Haftbefehl nach § 901 so, BLAH § 758 ZPO Rn 18 „Haftbefehl". Wegen der Entschädigung der bei einer körperlichen Durchsuchung hinzugezogenen Person gilt KVGv 703 entsprechend.

4 **4) Auslagenhöhe.** Der Kostenschuldner muß die vollen tatsächlichen und nach §§ 631, 632 BGB auch berechtigten Auslagen ersetzen, LG Kassel DGVZ **03**, 42 (§ 649 BGB ist anwendbar). Die Öffnung muß so schonend wie möglich gewesen sein. Der Gerichtsvollzieher muß von einer etwa möglichen Verjährungseinrede auch zugunsten des Kostenschuldners Gebrauch machen, Meyer 15. § 7 bleibt beachtlich.

5 **5) Fälligkeit.** § 14 S 2.
6 **6) Kostenschuldner.** § 13.

Nr.	Auslagentatbestand	Höhe
705	Kosten für die Umschreibung eines auf den Namen lautenden Wertpapiers oder für die Wiederinkurssetzung eines Inhaberpapiers	in voller Höhe

1 **1) Systematik.** Es gelten dieselben Erwägungen wie bei KVGv 702.
2 **2) Regelungszweck.** Es gelten dieselben Erwägungen wie bei KVGv 702 Rn 2.
3 **3) Geltungsbereich: Umschreibung.** Gemeint ist eine Umschreibung oder Wiederinkurssetzung nach den §§ 822 ff ZPO, § 155 GVGA. Eine Gebühr entsteht

XI. G über Kosten der GVz   705–707 KVGv

dann nicht, da es sich um ein Nebengeschäft des Veräußerungsgeschäfts des KVGv 300.

4) Auslagenhöhe. Der Kostenschuldner muß die vollen tatsächlichen Auslagen 4 ersetzen. § 7 bleibt anwendbar.
5) Fälligkeit. § 14 S 2.   5
6) Kostenschuldner. § 13.   6

Nr.	Auslagentatbestand	Höhe
706	*Fassung 1. 9. 2009:* **Kosten, die von einem Kreditinstitut erhoben werden, weil ein Scheck des Schuldners nicht eingelöst wird**	in voller Höhe

Vorbem. Änderung dch Art 47 III Z 5 b FGG-RG v 17. 12. 08, BGBl 2586, in Kraft seit 1. 9. 09, Art 112 I Hs 1 FGG-RG, Übergangsrecht Art 111 FGG-RG, Grdz 2 vor § 1 FamGKG, Teil I B dieses Buchs.

Nr.	Auslagentatbestand	Höhe
706	*Bisherige Fassung:* **Kosten, die von einem Kreditinstitut erhoben werden, weil ein Scheck des Vollstreckungsschuldners nicht eingelöst wird**	in voller Höhe

1) Systematik. Es gelten dieselben Erwägungen wie bei KVGv 702.   1

2) Regelungszweck. Die Vorschrift beweckt ebenso wie KVGv 701 ff eine Frei- 2 stellung des Gerichtsvollziehers von solchen Kosten der genannten Art, die man einem oder mehreren Anträgen zurechnen könnte und die man nicht zu den Gemeinkosten rechnen sollte. Als eine vorrangige Spezialvorschrift ist KVGv 706 eher eng auslegbar. Vgl aber auch Rn 3.

3) Geltungsbereich: Scheckprotest – Bankspesen. Es geht um solche Kosten 3 eines Kreditinstituts, die es gerade deshalb nach seinen Geschäftsbedingungen erheben darf und erhebt, weil der Schuldner seinen Scheck nicht eingelöst hat. Man muß den Scheck eines solchen Dritten, den der Schuldner zur Einlösung übergeben hat, dem von ihm selbst ausgestellten trotz der Notwendigkeit einer an sich strengen Auslegung nach Rn 2 doch im Ergebnis wohl gleichstellen.

Unanwendbar ist KVGv 706 auf einen anderen Scheckvorgang als den der Nichteinlösung oder auf einen Wechselvorgang. Denn der Gesetzgeber hat nicht eindeutig bloß vergessen, auch ihn mitzuerwähnen. Im Zweifel ist das Gesetz ohnehin unanwendbar. Das zeigt das Wort „nur" in § 1 I.

4) Auslagenhöhe. Der Kostenschuldner muß die vollen tatsächlichen Auslagen 4 dieses bestimmten Einzelvorgangs ersetzen, nicht aber darüber hinausgehende anteilige allgemeine Kontokosten usw. § 7 bleibt unberührt.
5) Fälligkeit. § 14 S 2.   5
6) Kostenschuldner. § 13.   6

Nr.	Auslagentatbestand	Höhe
707	**An Dritte zu zahlende Beträge für die Beförderung von Personen, Tieren und Sachen, das Verwahren von Tieren und Sachen, das Füttern von Tieren, die Beaufsichtigung von Sachen sowie das Abernten von Früchten**	in voller Höhe

1) Systematik. Es gelten dieselben Erwägungen wie bei KVGv 702 Rn 1.   1
KVGv 710 hat Vorrang.

2) Regelungszweck. Es gelten dieselben Erwägungen wie bei KVGv 702 Rn 2.   2

3) Geltungsbereich. Es gibt zwei Leistungsbereiche.   3

2123

A. **Beförderung.** Wegen der Personenbeförderung im eigenen Beförderungsmittel des Gerichtsvollziehers KVGv 710. Bei der Beförderung einer Sache kommt hauptsächlich diejenige zur Pfandkammer und von ihr weg in Betracht. Die Spediteurkosten einer solchen Beförderung stellen den Höchstsatz der möglichen Auslagen dar.

Der Gerichtsvollzieher braucht *nicht den „billigsten"* Spediteur zu beauftragen, sondern darf nach seinem pflichtgemäßen Ermessen einen ihm als zuverlässig bekannten wählen, LG Kblz DGVZ **97**, 30, LG Saarbr DGVZ **85**, 92, BLAH § 885 ZPO Rn 27 „Spediteur", strenger LG Mannh DGVZ **97**, 154 (Beamtenpflichten bei Auftragsvergabe. Aber das ist meist schon zeitlich undurchführbar). Er darf freilich auch nicht vermeidbar hohe Kosten entstehen lassen, Hbg MDR **00**, 602, Mü MDR **00**, 602, AG Ffm NZM **04**, 359. In Betracht kommen auch die Kosten eines bloßen Beförderungsversuchs, BVerwG DGVZ **82**, 156, AG Ettlingen DGVZ **98**, 15, AG Flensb DGVZ **05**, 131 (selbst wenn nur der Auftraggeber wußte, daß der Schuldner schon geräumt hatte. Dann freilich muß der Gläubiger die Kosten nach § 788 ZPO selbst zahlen). In Betracht kommen also auch evtl Ausfall-Bereitstellungskosten einschließlich der Umsatzsteuer, LG Düss DGVZ **06**, 58, LG Ffm DGVZ **06**, 115, LG Kassel DGVZ **03**, 140.

Das gilt freilich *nicht* für solche Bereitstellungskosten, die erst nach einer Auftragsrücknahme entstanden, LG Augsb DGVZ **09**, 117. Nicht hierher gehören ferner bloße Vorbereitungskosten, LG Kblz DGVZ **87**, 58, AG Itzehoe DGVZ **84**, 123.

4 B. **Verwahrung, Beaufsichtigung.** Eine Verwahrung und Beaufsichtigung, dazu §§ 134 Z 3, 138, 139, 140, 193 Z 4, 5, 268 Z 2 GVGA, wird durch die Versteigerungskosten abgegolten, soweit der Gerichtsvollzieher die Sache zum Zweck der Versteigerung verbringt. Wenn der Gerichtsvollzieher eine eigene Pfandkammer hat, kann er angemessene Kosten berechnen, auch angemessene Versicherungskosten. Hamburg erhebt 1‰ des Sachwerts für jeden Tag der Lagerung; ein angefangener Tag rechnet als volle Mindestgebühr [jetzt wohl ca] 0,50 EUR (früher 1 DM). Eine Unterstellung eines Kraftfahrzeugs (nicht auch eines Kraftrads) in der Garage des Versteigerungshauses (§ 3 VO) läßt sich ebenso berechnen. Eine Unterstellung in der nicht zur Pfandkammer gehörenden Garage des Gerichtsvollziehers darf man nicht nach KVGv 707 berechnen, LG Gießen DGVZ **89**, 185. Sonstige Abtransport- oder Lagerkosten fallen unter § 788 ZPO, nicht unter KVGv 707, Düss JB **96**, 89, Hamm JB **97**, 160, KG RR **87**, 574. Wegen eines Vorschusses § 4.

5 **4) Auslagenhöhe.** Der Kostenschuldner muß im Rahmen des nach Rn 3, 4 Notwendigen die vollen tatsächlichen Auslagen ersetzen. § 7 bleibt unberührt.

6 **5) Fälligkeit.** § 14 S 2.

7 **6) Kostenschuldner.** § 13.

Nr.	Auslagentatbestand	Höhe
708	**An Einwohnermeldestellen für Auskünfte über die Wohnung des Beteiligten zu zahlende Beträge**	in voller Höhe

1 **1) Systematik.** Es gelten dieselben Erwägungen wie bei KVGv 702 Rn 1.

2 **2) Regelungszweck.** Es gelten dieselben Erwägungen wie bei KVGv 702 Rn 2.

3 **3) Geltungsbereich: Wohnungsanfrage.** Die Vorschrift besagt nicht, daß der Gerichtsvollzieher verpflichtet wäre, eine Wohnungsanfrage zu halten. Die gerade eine Einwohnermeldestelle zu zahlende Verwaltungsgebühr fällt unter KVGv 708. Andere Aufwendungen für eine Wohnungsermittlung, etwa ein Trinkgeld an den Hauswart, gehören nicht hierher.

4 **4) Auslagenhöhe.** Der Kostenschuldner muß die vollen erforderlichen, auch tatsächlich entstandenen Auslagen ersetzen. Dazu zählen auch Verwaltungsgebühren. § 7 bleibt unberührt.

5 **5) Fälligkeit.** § 14 S 2.

6 **6) Kostenschuldner.** § 13.

Nr.	Auslagentatbestand	Höhe
709	Kosten für Arbeitshilfen	in voller Höhe

1) Systematik. Es gelten dieselben Erwägungen wie bei KVGv 702. 1

2) Regelungszweck. Es gelten dieselben Erwägungen wie bei KVGv 702. 2

3) Geltungsbereich: Arbeitshilfe. Die Zuziehung einer Arbeitshilfe muß im 3
Rahmen des Amtsgeschäfts nach dem pflichtgemäßen Ermessen des Gerichtsvollziehers nicht nur ratsam oder hilfreich, sondern auch notwendig sein. Sie muß sich also auch in angemessenen Grenzen halten. Hierher können Vergütungen für eine Hilfskraft bei einer Räumung zählen, AG Drsd JB **07**, 440, oder diejenigen bei der Wegnahme einer Sache, beim Transport einer Person oder einer Sache, bei der Versteigerung, bei der Bewachung oder Verwahrung eines Schiffs gehören.

Die Hinzuziehung einer Arbeitshilfe ist *notwendig,* soweit der Gerichtsvollzieher die Arbeit wegen ihres Umfangs oder mangels einer eigenen Fachkunde usw nicht ohne eine Beeinträchtigung seiner Aufgabe allein leisten kann.

Nicht hierher gehört die Hinzuziehung aus einem solchen Grund, der nur in der Person des Gerichtsvollziehers liegt, etwa seiner Krankheit, AG Erfurt DGVZ **97**, 47 (Notarzt) oder zwecks einer Erleichterung oder eines Zeitgewinns. Das muß man freilich von Fall klären. Der Arzt kann auch der Klärung der Vollstreckbarkeit dienen.

4) Auslagenhöhe. Der Kostenschuldner muß die vollen tatsächlichen notwendigen 4
Auslagen ersetzen. § 7 bleibt unberührt.

5) Fälligkeit. § 14 S 2. 5

6) Kostenschuldner. § 13. 6

Nr.	Auslagentatbestand	Höhe
710	Pauschale für die Benutzung von eigenen Beförderungsmitteln des Gerichtsvollziehers zur Beförderung von Personen und Sachen je Fahrt	5,00 EUR

DB-GvKostG Nr. 17. [I] **Die Pauschale nach Nr. 710 KV wird nur erhoben, wenn die Beförderung der Erledigung einer Amtshandlung dient und durch die Benutzung des eigenen Beförderungsmittels die ansonsten erforderliche Benutzung eines fremden Beförderungsmittels vermieden wird.**

[II] **Der Name einer mitgenommenen Person und der Grund für die Beförderung durch die Gerichtsvollzieherin oder den Gerichtsvollzieher sind in den Akten zu vermerken.**

1) Systematik. Es gelten dieselben Erwägungen wie bei KVGv 702 Rn 1. KVGv 1
711 hat den Vorrang, dort Rn 2. KVGv 710 kann aber neben KVGv 711, 712 entstehen.

2) Regelungszweck. Es gelten grundsätzlich dieselben Erwägungen wie bei 2
KVGv 702 Rn 2. Es besteht eine bundeseinheitliche Regelung zwecks einer Vermeidung von regionalen Zersplitterungen. Aus Vereinfachungsgründen ist aber nicht die tatsächliche Höhe der Auslagen maßgeblich.

3) Geltungsbereich: Beförderungsmittel des Gerichtsvollziehers. Der Ge- 3
richtsvollzieher darf nach seinem pflichtgemäßen Ermessen in den Grenzen von § 7 ein eigenes Beförderungsmittel zur Personen- oder Sachbeförderung benutzen. Dessen Art ist unerheblich. Er ist dazu aber nicht verpflichtet. Soweit er zB seinen Pkw benutzt, ist KVGv 710 anwendbar. Das gilt auch bei der Mitnahme einer jeden „Person", auch einer Hilfskraft oder des Schuldners auf der Fahrt zur Haftanstalt. Voraussetzung ist aber, daß die Beförderung wirklich der Durchführung eines Auftrags oder einer Amtshandlung dient und daß sonst ein fremdes Beförderungsmittel notwendig würde, DB-GvKostG Nr 17 I. Eine solche Notwendigkeit mag sich aus der Größe oder dem Umfang oder dem Wert oder der Zahl usw ergeben. Es kommt auf die Zumutbarkeit an. Dazu zählt der Rückweg nicht stets, Rn 5, 6. Die Länge der Strecke ist für die Pauschale je Fahrt unerheblich geworden. „Sache" meint jeden beför-

derungsbedürftigen Gegenstand zB nach einer Sachpfändung und auch ein Tier, nicht aber Kleingegenstände wie Schmuck, Geld usw (Ausnahme: Werttransport). Bei der Beförderung mehrerer Sachen muß man evtl den Pauschsatz verteilen. Neben dem Pauschsatz entsteht das Wegegeld nach KVGv 711.
Für die Beförderung einer Sache im *eigenen Beförderungsmittel* des Gerichtsvollziehers besteht dieselbe Regelung.
Für eine nur *versuchte* Beförderung einer Person oder einer Sache im eigenen Beförderungsmittel entstehen keine Auslagen.
Nicht *hierher* gehören diejenigen unter KVGv 711 fallenden Kosten, die keine Fahrzeugkosten sind.

4 4) **Auslagenhöhe.** Es entsteht je tatsächlich erfolgte und auch notwendige Fahrt und nicht etwa nur je Auftrag eine Festgebühr als Pauschale. Sie gilt unabhängig von der Zahl der dabei durchgeführten Aufträge, vom Fahrzeugtyp, von der Fahrtdauer und Fahrtstrecke und Fahrtlänge, von der Zahl der beförderten Personen und Sachen. Eine bloße Fahrtunterbrechung bleibt unbeachtlich, auch wenn sie länger andauert, unabhängig von ihrem Grund. Maßgeblich ist nur, ob der Gerichtsvollzieher das ursprüngliche Fahrtziel noch anstrebt. Evtl muß der Gerichtsvollzieher die Pauschale auf mehrere Aufträge verteilen.

5 KVGv 710 erwähnt die zugehörige *Rückfahrt* nicht ausdrücklich als solche mit. Man kann trefflich darüber streiten, ob sie zur „Fahrt" zählt oder nicht. Das gilt zumindest dann, wenn der Gerichtsvollzieher auch auf der Rückfahrt dieselben Personen oder Sachen so befördert, aus welchem Grund auch immer. Das dürfte aber auch dann gelten, wenn er allein oder nur mit seinen Hilfskräften zurückfährt. Natürlich muß auch die Rückfahrt eine Amtshandlung und daher notwendig sein.

6 In einer solchen nach dem Wortlaut zweifelhaften Lage kommt es wie stets auf den *Sinn* der Vorschrift an. Auch er ist nicht klar. Immerhin gehört ja eine Rückfahrt fast stets „dazu". Deshalb spricht manches dafür, die Pauschale für die Hin- und Rückfahrt innerhalb derselben Amtshandlung nur einmal zu geben, SchrKWi 3.

7 5) **Fälligkeit.** § 14 S 2.
8 6) **Kostenschuldner.** § 13.

Nr.	Auslagentatbestand	Höhe
711	**Wegegeld je Auftrag für zurückgelegte Wegstrecken**	
	– bis zu 10 Kilometer	2,50 EUR
	– von mehr als 10 Kilometern bis 20 Kilometer	5,00 EUR
	– von mehr als 20 Kilometern bis 30 Kilometer	7,50 EUR
	– von mehr als 30 Kilometern	10,00 EUR
	I Das Wegegeld wird erhoben, wenn der Gerichtsvollzieher zur Durchführung des Auftrags Wegstrecken innerhalb des Bezirks des Amtsgerichts, dem der Gerichtsvollzieher zugewiesen ist, oder innerhalb des dem Gerichtsvollzieher zugewiesenen Bezirks eines anderen Amtsgerichts zurückgelegt hat.	
	II ¹Maßgebend ist die Entfernung vom Amtsgericht zum Ort der Amtshandlung, wenn nicht die Entfernung vom Geschäftszimmer des Gerichtsvollziehers geringer ist. ²Werden mehrere Wege zurückgelegt, ist der Weg mit der weitesten Entfernung maßgebend. ³Die Entfernung ist nach der Luftlinie zu messen.	
	III Wegegeld wird nicht erhoben für 1. die sonstige Zustellung (Nummer 101), 2. die Versteigerung von Pfandstücken, die sich in der Pfandkammer befinden, und 3. im Rahmen des allgemeinen Geschäftsbetriebes zurückzulegende Wege, insbesondere zur Post und zum Amtsgericht.	

Nr.	Auslagetatbestand	Höhe
	IV ¹In den Fällen des § 10 Abs. 2 Satz 1 und 2 GvKostG wird das Wegegeld für jede Vollstreckungshandlung, im Falle der Vorpfändung für jede Zustellung an einen Drittschuldner gesondert erhoben. ²Zieht der Gerichtsvollzieher Teilbeträge ein (§§ 806 b, 813 a, 900 Abs. 3 ZPO), wird das Wegegeld für den Einzug des zweiten und jedes weiteren Teilbetrages gesondert erhoben.	

Zu KVGv 711, 712:

DB-GvKostG Nr. 18. **I** ¹Die Höhe des Wegegeldes nach Nr. 711 KV hängt davon ab, in welcher Entfernungszone der Ort der am weitesten entfernt stattfindenden Amtshandlung liegt. ²Für jede Amtshandlung kommen zwei Entfernungszonen in Betracht. ³Mittelpunkt der ersten Entfernungszone ist das Hauptgebäude des Amtsgerichts und zwar auch dann, wenn sich die Verteilungsstelle (§ 33 GVO) in einer Nebenstelle oder Zweigstelle des Amtsgerichts befindet. ⁴Mittelpunkt der zweiten Entfernungszone ist das Geschäftszimmer der Gerichtsvollzieherin oder des Gerichtsvollziehers. ⁵Maßgebend ist in beiden Fällen die (einfache) nach der Luftlinie zu messende Entfernung vom Mittelpunkt zum Ort der Amtshandlung. ⁶Die kürzere Entfernung ist entscheidend.

II Neben dem Wegegeld werden andere durch die auswärtige Tätigkeit bedingte Auslagen, insbesondere Fähr- und Brückengelder sowie Aufwendungen für eine Übernachtung oder einen Mietkraftwagen nicht angesetzt.

III Wird eine Amtshandlung von der Vertretungskraft der Gerichtsvollzieherin oder des Gerichtsvollziehers vorgenommen, so gilt Folgendes:
a) Sind die Gerichtsvollzieherin oder der Gerichtsvollzieher und die Vertretungskraft demselben Amtsgericht zugewiesen, so ist für die Berechnung des Wegegeldes in den Fällen der Nr. 711 KV das Geschäftszimmer der Vertretungskraft maßgebend.
b) ¹Sind die Gerichtsvollzieherin oder der Gerichtsvollzieher und die Vertretungskraft nicht demselben Amtsgericht zugewiesen, so liegt bei Amtshandlungen der Vertretungskraft im Bezirk der Gerichtsvollzieherin oder des Gerichtsvollziehers ein Fall der Nr. 712 KV nicht vor. ²Für die Berechnung des Wegegeldes ist in diesem Fall das Amtsgericht maßgebend, dem die vertretene Gerichtsvollzieherin oder der vertretene Gerichtsvollzieher zugewiesen ist. ³Unterhält die Vertretungskraft im Bezirk dieses Amtsgerichts ein Geschäftszimmer, so ist für die Vergleichsberechnung nach Absatz 1 von diesem auszugehen.

Gliederung

1) Systematik 1–3
2) Regelungszweck 4
3) Geltungsbereich 5–11
   A. Notwendigkeit 5
   B. Grundsatz: Je Auftrag nur einmal Wegegeld 6–8
   C. Ausnahme: Kein Wegegeld, amtliche Anmerkung III 9
   D. Weitere Ausnahmen: Je Vollstreckungshandlung oder Vorpfändungszustellung an Drittschuldner Wegegeld, amtliche Anmerkung V 1 10
   E. Weitere Ausnahme: Je Einzug von Teilbetrag Wegegeld, amtliche Anmerkung IV 2 11
4) Auslagenhöhe 12–16
   A. Luftlinie, amtliche Anmerkung I 3 12
   B. Grundsatz: Entfernung Amtsgericht – Ziel, amtliche Anmerkung II 1 Hs 1 13
   C. Ausnahme: Geringere Entfernung Gerichtsvollzieher – Ziel, amtliche Anmerkung II 1 Hs 2 14
   D. Mehrheit von Wegen: Weiteste Entfernung, amtliche Anmerkung II 2 15
   E. Auslagenerstattung 16
5) Fälligkeit 17
6) Auslagenschuldner 18

1) Systematik. Die Vorschrift regelt bundesrechtlich abschließend das sog Wegegeld. Es ist keine Gebühr und kein Einkommen, sondern ein Auslagenersatz, SchrK- **1**

KVGv 711   XI. G über Kosten der GVz

Wi 1. Davon spricht man beim pauschalen Ersatz von Auslagen für Wege *innerhalb* des Bezirks, den KVGv 711 näher umschreibt. Bei einem Weg außerhalb dieses Bezirks spricht man demgegenüber von *Reisekosten,* besser vom *Reisewegegeld.* Dieses regelt KVGv 712. Dabei geht KVGv 712 vor, sobald ein Ziel außerhalb des in KVGv 711 geregelten Bezirks liegt.
Nicht etwa sind dann KVGv 711, 712 nebeneinander anwendbar. Das wäre schon rechnerisch kaum ohne einen zu großen Aufwand möglich. Denn der Gerichtsvollzieher müßte sonst die Kosten der Fahrkarte usw von der Grenze des in KVGv 711 geregelten Bezirks an mühsam auf der Landkarte ermitteln und anteilige Kosten errechnen. Das ist gerade nicht der Sinn, Rn 2. Nur KVGv 712 mit seinem Abstellen auf die vollen tatsächlichen Kosten ist also anwendbar, sobald der Weg über die Bezirksgrenze des KVGv 711 hinausführt.
KVGv 711 hat den *Vorrang* vor KVGv 710. Denn auch bei der Benutzung des eigenen Kraftwagens findet eine „zurückgelegte Wegstrecke" ihre bei KVGv 711 eben nur anstelle der tatsächlichen Reisekosten entstehende pauschale Vergütung, aM OVG Lüneb JB **06**, 497, Meyer 30. Das Wegegeld des KVGv 711 ist im Gegensatz zu KVGv 712 eine Auslagenpauschale. Sie gilt dann, wenn der Gerichtsvollzieher zur Vornahme einer Amtshandlung nach dem Bundes- oder Landesrecht einen im Geltungsbereich liegenden Weg auf beliebige Art und Weise tatsächlich zurücklegt, Rn 5, auch als Zustellungsorgan (Ausnahme: Rn 9) oder als Vollziehungsbeamter, § 6 III JBeitrO, Teil IX A dieses Buchs.
Die Vorschrift gilt also *nicht,* soweit der Gerichtsvollzieher aus einem anderen Grund unterwegs ist, etwa als ein Zeuge, Sachverständiger, Sequester oder in einer Staatsdienstsache, zB zum Dienstantritt oder bei einer Versetzung.

2   Das Wegegeld gilt den *gesamten Wegeaufwand* ab, OVG Lüneb JB **06**, 497, Meyer 31, Winterstein JB **04**, 63, aM Krauthausen DGVZ **93**, 24 (Vorbereitungshandlung gesondert), also nicht nur das Fahrgeld, so AG Neuwied DGVZ **99**, 190 (zum alten Recht), sondern auch das Übernachtungsgeld sowie andere, durch die auswärtige Tätigkeit bedingte Auslagen, zB: Ein Bergbahn-, Fähr- oder Brückengeld, OVG Lüneb JB **06**, 497; Aufwendungen für ein öffentliches Verkehrsmittel, für ein Taxi oder für einen Mietkraftwagen; Aufwendungen für einen eigenen Kraftwagen (KVGv 710 tritt zurück); sachlich sinnvolle Vorbereitungen, etwa eine Besichtigung von einer Räumung, Krauthausen DGVZ **93**, 23, Irlbeck DGVZ 93, 72 (str); *nicht* dagegen zB eine Kaskoversicherung des Gerichtsvollziehers, VG Aachen DGVZ **93**, 79.

3   Der Gerichtsvollzieher erhält seine Entschädigung persönlich durch die Überlassung der Beträge nach der *Festsetzung durch die Dienstbehörde,* es sei denn, die Beträge waren nicht einziehbar oder die Auslagen sind in einer solchen Sache entstanden, für die das Gericht eine Prozeßkostenhilfe bewilligt hatte. Der Gerichtsvollzieher kann auch einen Reisekostenzuschuß dann erhalten, wenn die Beträge die tatsächlichen Auslagen nicht decken, § 11 Z 3 und 4, § 14, § 77 GVO.

4   **2) Regelungszweck.** Eine Pauschale hat Vor- und Nachteile. Bei im allgemeinen begrenzten Kosten wie im Geltungsbereich von KVGv 711 ist eine Pauschalierung eher vertretbar. Die Vorschrift enthält zudem in ihrer amtlichen Anmerkung eine nähere Ausgestaltung. Sie fordert bei allem Bemühen um eine Vereinfachung doch im Interesse der Kostengerechtigkeit schon wieder zahlreiche zusätzliche Prüfungen. Auch sie dienen unter anderem der Verhinderung der nach früherem Recht vielfach beobachteten Wegegeld-Zusatzeinkünfte zu hoher Art. Das alles sollte man bei der Auslegung im Weg einer bedachtsamen Abwägung mitbeachten. Man sollte im Zweifel eine eher für den Auslagenschuldner günstige Lösung suchen, wie § 1 I sie mit dem Wort „nur" auferlegt.

5   **3) Geltungsbereich.** Man muß mehrere Prüfungsschritte vornehmen.
A. Notwendigkeit. Das Wegegeld kann nur insoweit entstehen, als der Gerichtsvollzieher den Weg zur Vornahme gerade der bestimmten einzelnen auftragsgemäßen Amtshandlung tatsächlich zurückgelegt *hat,* so schon AG Lippstadt DGVZ **01**, 159, AG Tettnang DGVZ **01**, 159. Das stellt der Gesetzestext jetzt klar, auch in der amtlichen Anmerkung I, III 3.
Es *reicht also nicht* aus, daß der Auftraggeber wünscht, der Gerichtsvollzieher möge diesen Weg nehmen. Bei einer persönlichen Zustellung muß dieser Weg notwendig

gewesen sein, AG Aalen DGVZ **01**, 138, AG Altenburg DGVZ **01**, 138, AG Neuwied DGVZ **94**, 190. Der Gerichtsvollzieher kann zB eine Freigabe oder eine Terminsaufhebung auch schriftlich oder telefonisch usw erklären. Der Gerichtsvollzieher muß sich aus dem Dienstzimmer entfernt haben. Dienstzimmer kann auch zB derjenige Raum im AG sein, den dessen Vorstand diesem und etwa auch weiteren Gerichtsvollziehern zur Abnahme von Offenbarungsversicherungen zur Verfügung gestellt hat, SchrKWi 22. Er muß den Weg gerade zu dem Zweck unternommen haben, *diese Amtshandlung vorzunehmen.* Die bloße Absicht genügt. Eine nur allgemeine Wegstrecke reicht selbst dann nicht aus, wenn sie auch einer gewissen Vorbereitung auf die bestimmte einzelne auftragsgemäße Amtshandlung dienen sollte. Freilich verschwimmen die Grenzen. Der Weg zur Einsicht in das Schuldnerverzeichnis oder zur Post kann durchaus für diesen Einzelfall bestimmt und notwendig sein, aM SchrKWi 20. Auf den Erfolg kommt es nicht an Man muß die Abhebung von Raten nach der amtlichen Anmerkung IV 2 beurteilen.

Wenn sich das Geschäft *unterwegs erledigt,* darf der Gerichtsvollzieher das Wegegeld nur für denjenigen Teil des Gesamtwegs erheben, den er bis zum Erledigungszeitpunkt und für den anschließend notwendigen Rückweg antreten mußte.

B. Grundsatz: Je Auftrag nur einmal Wegegeld. Der Haupttext von KVGv 6 711 stellt den Grundsatz auf, daß die Pauschale nur einmal „je Auftrag" entsteht, OVG Lüneb JB **06**, 497, Winterstein JB **04**, 64. Erst die amtliche Anmerkung IV 1, 2 stellt auf „jede Vollstreckungshandlung" oder auf jeden „Einzug" ab. Sie gilt nur in den dortigen Ausnahmefällen.

„Auftrag" ist der in § 3 geregelte Begriff. Er kann also mehrere Amtshandlungen 7 umfassen, § 3 I 1. Trotzdem ergibt sich aus KVGv 711 innerhalb desselben Auftrags nur eine einmalige Pauschale. Das gilt insbesondere bei einer gesetzlichen Fiktion nur eines Auftrags, § 3 II mit Ausnahme von § 3 II Z 3 lt Hs, Kessel DGVZ **03**, 87. Die Mehrheit an Amtshandlungen findet nur indirekt eine Berücksichtigung, nämlich dadurch, daß dann für die gestaffelte Höhe der einmaligen Pauschale das am weitesten entfernte Ziel maßgeblich ist.

Auftragsmehrheit hat auch mehrmals eine Pauschale zur Folge. Diese muß man für 8 jeden Auftrag gesondert berechnen. Anschließend muß man die Pauschalen addieren. Nicht etwa wäre eine Addition von größten jeweiligen Entfernungen erlaubt. *Schuldnermehrheit* ist je nach Umständen einen Auftragsmehrheit oder nicht, § 3. Dasselbe gilt von Gläubigermehrheit.

C. Ausnahme: Kein Wegegeld, amtliche Anmerkung III. Ein Wegegeld darf 9 in einer Abweichung vom Grundsatz Rn 6–8 schließlich nach der amtlichen Anmerkung III überhaupt nicht entstehen, soweit es nur um einen der drei folgenden Wege geht:
– *Sonstige Zustellung,* Z 1, KVGv 101, also diejenige Zustellung gleich welcher Art, die der Gerichtsvollzieher nicht persönlich vornimmt. Hier gilt KVGv 100;
– *Versteigerung von Pfandstücken, die sich in der Pfandkammer befinden,* Z 2, also nicht nur die Versteigerung von Sachen, die anderswo lagern;
– *allgemeiner Geschäftsbetrieb,* Z 3, also insbesondere Wege zur Post oder zum Gericht. Das gilt auch im Eilfall. Denn auch er gehört zum Geschäftsalltag des Gerichtsvollziehers.

Enge Auslegung dieser weiteren Ausnahmen ist wie stets notwendig. Soweit der Weg auch einem anderen Zweck innerhalb desselben Auftrags dient, ist der übrige Teil von KVGv 711 wie sonst anwendbar.

D. Weitere Ausnahme: Je Vollstreckungshandlung oder Vorpfändungszu- 10 **stellung an Drittschuldner Wegegeld, amtliche Anmerkung IV 1.** In einer Abweichung vom Grundsatz Rn 6–8 entsteht nach der amtlichen Anmerkung IV 1 bei § 10 II 1, 2 das Wegegeld ausnahmsweise für jede gleichartige Vollstreckungshandlung unabhängig von ihrem Erfolg, AG Aschaffenburg usw DGVZ **01**, 156, sowie bei einer Vorpfändung nach § 845 ZPO für jede Zustellung an einen Drittschuldner. Damit übernimmt KVGv 711 für diesen Teil der Auslagen dieselbe Regelung, wie sie für die Gebühren gilt, soweit der Gerichtsvollzieher auftragsgemäß die gleiche Vollstreckungshandlung etwa der Kassenpfändung einmal oder mehrmals wiederholt oder soweit er auch ohne eine ausdrückliche Weisung die weitere Vollstreckung deshalb betreibt, weil er bisher keine volle Befriedigung erzielt hatte oder weil zB ein Pfandstück abhanden gekommen oder beschädigt worden war. Man muß alle diese Voraussetzungen streng prüfen, wie jede Ausnahme.

11 E. **Weitere Ausnahme: Je Einzug von Teilbetrag Wegegeld, amtliche Anmerkung IV 2.** Vgl dazu

> ZPO § 806 b. *Gütliche und zügige Einigung.* [I] [1] ... [2] Findet er pfändbare Gegenstände nicht vor, versichert der Schuldner aber glaubhaft, die Schuld kurzfristig in Teilbeträgen zu tilgen, so zieht der Gerichtsvollzieher die Teilbeträge ein, wenn der Gläubiger hiermit einverstanden ist. [3] ...
>
> ZPO § 813 a. *Aufschub der Verwertung.* [I] [1] Hat der Gläubiger eine Zahlung in Teilbeträgen nicht ausgeschlossen, kann der Gerichtsvollzieher die Verwertung gepfändeter Sachen aufschieben, wenn sich der Schuldner verpflichtet, den Betrag ... innerhalb eines Jahres zu zahlen; hierfür kann der Gerichtsvollzieher Raten nach Höhe und Zeitpunkt festsetzen. [2] ...
>
> ZPO § 900. *Verfahren zur Abnahme der eidesstattlichen Versicherung.* [III] [1] Macht der Schuldner glaubhaft, dass er die Forderung des Gläubigers binnen einer Frist von sechs Monaten tilgen werde, so setzt der Gerichtsvollzieher den Termin zur Abgabe der eidesstattlichen Versicherung abweichend von Absatz 2 unverzüglich nach Ablauf dieser Frist an oder vertagt bis zu sechs Monaten und zieht Teilbeträge ein, wenn der Gläubiger hiermit einverstanden ist. [2] ...

In einer *Abweichung vom Grundsatz* Rn 6–8 entsteht nach der amtlichen Anmerkung IV 2 als eine weitere Ausnahme das Wegegeld beim Vorgehen nach §§ 806 b, 813 a, 900 III ZPO ab dem Einzug eines zweiten Teilbetrags für ihn und jeden weiteren Einzug gesondert. Der Einzug des ersten Teilbetrags fällt auch dann nicht unter die amtliche Anmerkung IV 2, wenn der Gerichtsvollzieher dazu extra zum Schuldner gehen muß, SchrKWi 12, aM AG Augsb DGVZ **05**, 15, Meyer 32, Winterstein JB **04**, 64 (aber das Gesetz spricht eindeutig nur vom „zweiten" und jedem „weiteren" [gemeint klar: dritten oder vierten usw] Einzug, BLAH III Einl III 39).

Erst recht *kein* Wegegeld entsteht natürlich dann, wenn der Schuldner Raten im Büro des Gerichtsvollziehers abliefert oder es an ihn überweist.

12 **4) Auslagenhöhe.** Es sind mehrere Prüfschritte erforderlich. Dabei gibt es keinen Unterschied zwischen einem Orts- und einem Auswärtswegegeld nach KVGv 711, sondern nur denjenigen zwischen KVGv 711 und 712.

A. **Luftlinie, amtliche Anmerkung I 3.** Die Höhe der Pauschale hängt grundsätzlich von der Länge der einfachen Luftlinie ab, amtliche Anmerkung II 3. Dabei ist eine gewisse Schätzung praktisch unentbehrlich. Sie darf aber nicht allzu grob ausfallen. Immerhin kann man mit einem Lineal auf jeder überall erhältlichen Karte die Luftlinie ziemlich genau ermitteln. Das Gesetz hält das für zumutbar.

Unerheblich sind also: Die Straßenführung; Umleitungen; Baustellen; Einbahnstraßen; Sperrungen; die Verkehrsdichte; die Erfahrung über Staus. Ob man in krassen Einzelfällen großzügiger vorgehen darf, etwa bei Lawinen, Überschwemmungen, Ausfall von Brücken, Eisenbahnunglücken usw, ist eine andere Frage. Dabei spielt der Verhältnismäßigkeitsgrundsatz ebenso eine Rolle wie etwa der ganz ungewöhnliche Zeitaufwand, die Notwendigkeit kurzfristiger Verschiebungen ganzer umfangreicher Termine und dergleichen.

13 B. **Grundsatz: Entfernung Amtsgericht – Ziel, amtliche Anmerkung II 1 Hs 1.** Man muß zunächst die Entfernung vom AG zum weitesten Ziel des Amtshandlungsorts und nicht etwa zu einer Ortsmitte ermitteln, amtliche Anmerkung II 1 Hs 1. Befindet sich das AG in verschiedenen Gebäuden, sollte dasjenige maßgeblich sein, in dem der Präsident oder Direktor sein Dienstzimmer hat. Denn er leitet auch die Tätigkeit des Gerichtsvollziehers und läßt sich am einfachsten lokalisieren. Es ist weniger sinnvoll, etwa von der Gerichtsvollzieher-Verteilungsstelle auszugehen, zumal es bei großen Amtsgerichten davon mehrere in verschiedenen Gebäuden geben kann. Immerhin wäre auch dieser Ausgangspunkt vertretbar.

14 C. **Ausnahme: Geringere Entfernung Gerichtsvollzieher – Ziel, amtliche Anmerkung II 1 Hs 2.** Sollte sich im Vergleich ergeben, daß die Luftlinie vom Ge-

XI. G über Kosten der GVz 711, 712 KVGv

schäftszimmer des Gerichtsvollziehers zum weitesten Ziel geringer ist als diejenige nach Rn 13, dann ist nur die Entfernung vom Geschäftszimmer maßgeblich. Hat der Gerichtsvollzieher mehrere Geschäftszimmer, entscheidet seine Zentrale. Sie mag in der Wohnung oder außerhalb von ihr liegen.

D. Mehrheit von Wegen: Weiteste Entfernung, amtliche Anmerkung II 2. Wenn überhaupt ein Wegegeld anfällt, kommt es auch bei einer Mehrheit von Wegen innerhalb desselben Auftrags nach Rn 6–9 oder ausnahmsweise derselben Vollstreckungshandlung nach Rn 10 auf den Weg mit der weitesten Entfernung an, amtliche Anmerkung II 2. Der Gerichtsvollzieher muß die Entfernung nach Rn 12–14 erwähnen. 15

E. Auslagenstaffelung. Erst wenn man nach Rn 12–15 die maßgebliche Entfernung ermittelt hat, kann man die richtige der vier im Haupttext von KVGv 711 gestaffelten Pauschalen ablesen. Es handelt sich jeweils um einen Festbetrag. Es gibt *keine Ermäßigung* in den neuen Bundesländern. 16

5) Fälligkeit. § 14 S 2. 17

6) Auslagenschuldner. § 13. 18

Nr.	Auslagentatbestand	Höhe
712	Bei Geschäften außerhalb des Bezirks des Amtsgerichts, dem der Gerichtsvollzieher zugewiesen ist, oder außerhalb des dem Gerichtsvollzieher zugewiesenen Bezirks eines anderen Amtsgerichts, Reisekosten nach den für den Gerichtsvollzieher geltenden beamtenrechtlichen Vorschriften	in voller Höhe

DB-GvKostG Nr. 18. Bei KVGv 711.

1) Systematik. Es handelt sich um das sog Reisewegegeld. Dieses steht im Gegensatz zum sog Auswärtswegegeld des KVGv 711. Andere Auslagenvorschriften nach §§ 700 ff bleiben unberührt. KVGv 712 hat den Vorrang vor KVGv 711, dort Rn 11. 1

2) Regelungszweck. Da die übrigen Auslagevorschriften die Unkosten des Gerichtsvollziehers in den seltenen Fällen des KVGv 712 nicht angemessen abdecken, muß man diese Vorschrift zwecks einer Kostengerechtigkeit zwar im Geltungsbereich als Sonderregel eng deuten. Man darf sie aber bei der Bemessung der Reisekosten eher etwas großzügiger auslegen. Natürlich darf der Gerichtsvollzieher nicht auf Kosten anderer übertreuert reisen. Es empfiehlt ich eine weder laxe noch zu kleinliche Abwägung, soweit für sie ein Ermessen nach dem Reisekostenrecht bleibt. 2

3) Geltungsbereich. Vgl zunächst Rn 1, 2. „Geschäft" ist eine auftragsgemäße Amtshandlung nach § 3. Infrage kommt vor allem eine Vorführung einer Partei oder eines Zeugen von auswärts zB nach § 380 II ZPO. Es können infolge mehrerer Amtshandlungen auch mehrere „Geschäfte" vorliegen. Der Ersatz der Kosten mehrerer Reisen oder einer Reiseerweiterung hängt wie stets von der Notwendigkeit ab. „*Außerhalb*" meint das Gegenteil von „innerhalb" nach KVGv 711. 3

4) Reisekostenhöhe. Maßgeblich sind auch im Außenverhältnis Staat – Kostenschuldner die für den Gerichtsvollzieher in seinem Innenverhältnis zum Dienstherrn geltenden beamtenrechtlichen Vorschriften des BRKG oder eines etwaigen LRKG. Dazu zB bundesrechtlich das G v 26. 5. 05, BGBl 1418, ferner zB Meyer-Fricke, Reisekosten im öffentlichen Dienst (Loseblattausgabe). Bei der Amtshandlung einer Vertretungskraft des Gerichtsvollziehers gilt DB-GvKostG Nr 18 IV a, b, abgedruckt bei KVGv 711, zumindest entsprechend. 4
Die Reisekosten werden *in voller Höhe* ersetzt. Dabei kann es im Rahmen einer nach dem Reisekostenrecht etwa anzustellenden Ermessens zu einer Abwägung nach Rn 2 kommen.

5) Nichterledigung. Trotz einer Nichterledigung des Geschäfts sind die Reisekosten ansetzbar. Denn KVGv 600–604 erfassen nur Gebühren, nicht auch Auslagen. 5

2131

KVGv 712, 713 XI. G über Kosten der GVz

6 **6) Fälligkeit.** § 14 S 2.
7 **7) Kostenschuldner.** § 13.

Nr.	Auslagentatbestand	Höhe
713	Pauschale für sonstige bare Auslagen je Auftrag	20% der zu erhebenden Gebühren – mindestens 3,00 EUR, höchstens 10,00 EUR

Gliederung

1) Systematik 1
2) Regelungszweck 2
3) Geltungsbereich: Sonstige Auslagen 3–14
   A. Auslagen 3
   B. Keine Allgemeinkosten 4, 5
   C. Barauslagen 6
   D. Sonstige Auslagen 7
   E. Beispiele zur Frage einer Anwendbarkeit 8–14
4) Auslagenhöhe 15–17
   A. Berechnung je Auftrag 15
   B. Prozentsatz von Gebühren 16
   C. Mindest- und Höchstbetrag 17
5) Fälligkeit 18
6) Auslagenschuldner 19

1 **1) Systematik.** Es handelt sich um eine nur hilfsweise mangels einer Anwendbarkeit von KVGv 700–712 beachtbare Auffangvorschrift. Sie ist aber nicht unbegrenzt anwendbar. Auch bei ihr müssen „bare Auslagen" vorliegen. Das ist etwas anderes als solche Unkosten, die zum Allgemeinbetrieb des Gerichtsvollziehers gehören und bereits durch seine Gebühren mitabgegolten werden, Rn 4.

2 **2) Regelungszweck.** Die Vorschrift soll vereinfachen und damit der Prozeßwirtschaftlichkeit auch in der Endphase eines Verfahrens dienen. Sie bezweckt außerdem auch im Bereich wirklicher Barunkosten des Einzelfalls eine Kostengerechtigkeit. Der Gerichtsvollzieher darf sie aber nicht als einen bequemen Weg zur Erzielung aller möglichen Nebeneinkünfte mißbrauchen, AG Meißen JB 06, 330. Er darf Allgemeinkosten nicht als Barauslagen umdeuten. Nur in diesen Grenzen ist KVGv 713 als eine Auffangregel weit auslegbar.

3 **3) Geltungsbereich: Sonstige bare Auslagen.** Die Vorschrift hat mit ihrer Pauschale nur als eine Auffangbestimmung Bedeutung, Rn 1. Im Rahmen der zunächst beachtlichen KVGv 700–712 gelten teilweise kompliziertere Regeln. Man muß vier Prüfungsschritte vornehmen.

A. Auslagen. Den Begriff bestimmt zwar das GvKostG nirgends, auch nicht in § 1 I. Er ist aber der Sache nach eindeutig. Es muß sich um wirkliche Unkosten des Einzelfalls handeln. Sie müssen noch nicht entstanden sein, um begrifflich als Auslagen zu gelten. Denn § 4 I 1 gibt ein Vorschußrecht auch auf Auslagen, nämlich auf alle „voraussichtlich entstehenden Kosten". Es muß sich aber eben um solche Beträge handeln, die gerade der Durchführung dieses bestimmten Auftrags dienen.

4 **B. Keine Allgemeinkosten.** Es darf sich nicht um solche Unkosten handeln, die schon unabhängig vom Einzelauftrag zur Aufrechterhaltung des Betriebs des Gerichtsvollziehers mehr oder weniger regelmäßig entstehen werden oder entstanden sind. Es werden solche Aufwendungen auch nicht dadurch zu Auslagen nach KVGv 713, daß sie dann auch im Einzelfall nützlich oder notwendig sind, etwa die Hausklingel oder die Telefon-Grundgebühr.

5 *Die Abgrenzung* solcher allgemeiner Geschäftsunkosten von Barauslagen kann ähnliche Probleme mit sich bringen wie zB bei § 57 RVG, dort Rn 4 ff, VV amtliche

2132

XI. G über Kosten der GVz **713 KVGv**

Vorbemerkung 7 I, Teil X dieses Buchs. Die dortigen Erfahrungen sind auch hier mitverwertbar. Leitgedanke muß der Regelungszweck sein, Rn 2.

C. Barauslagen. Die Vorschrift ersetzt nur „bare" Auslagen. Auch die Zahlung 6
mit einer Kreditkarte ist eine Barauslage. Alle unbaren fallen jedenfalls nicht unter KVGv 713. Eine Überweisung, ein Scheck, ein Wechsel, eine Gegenleistung in Naturalien sind keine Barauslagen. Hier ist eine klare, strenge Auslegung möglich und notwendig. Die Währung ist unerheblich.

D. Sonstige Auslagen. Es muß sich schließlich um solche baren Auslagen des 7
Einzelfalls handeln, die nicht bereits unter KVGv 700–712 fallen. Denn das Wort „sonstige" klärt die bloße Hilfsfunktion der Auffangvorschrift, Rn 1, 2.

E. Beispiele zur Frage einer Anwendbarkeit 8
Ablichtung, Abschrift: Es gilt KVGv 700.

Unanwendbar ist KVGv 713 zB auf eine von Amts wegen gefertigte Kopie, auf eine Abschrift oder Ablichtung der Zustellungsurkunde nach § 829 II 2 ZPO oder nach § 845 I 2 ZPO oder nach § 909 I 2 ZPO.

Allgemeinkosten: Rn 4.

von Amts wegen: *Unanwendbar* ist die Vorschrift, soweit es um die Auslagen für eine von Amts wegen angefertigte oder übermittelte Abschrift oder Ablichtung geht. Denn KVGv 700 zeigt in seiner amtlichen Anmerkung II Z 1 durch die Beschränkung auf eine antragsgemäße Anfertigung oder Übermittlung, daß die auf Grund einer gesetzlichen Vorschrift vorgenommene Anfertigung oder Übermittlung gerade nicht auslagenpflichtig sein soll. Sonst hätte das Gesetz dort nicht die Worte „auf Antrag" benutzt, die sich sowohl auf eine Anfertigung als auch auf eine Übermittlung beziehen.

Anzeige: *Unanwendbar* ist die Vorschrift auf eine Anzeige nach §§ 827, 854, 910 ZPO.

Bankdienst: Anwendbar ist die Vorschrift auf solche Entgelte, die durch Bankdienst- 9
leistungen anfallen. Dazu gehören etwa: Überweisungskosten; Kosten der Einrichtung oder Auflösung eines Anderkontos; Abbuchungskosten; Kontoauszugskosten. Alle solche Spesen müssen aber tatsächlich entstanden sein.

Unanwendbar ist die Vorschrift, soweit es sich um generelle Kontoführungskosten oder etwa um das allgemeine Schreibwerk mit der Bank handelt, oder soweit es um die in KVGv 706 vorrangig geregelten Kosten einer Nichteinlösung eines Schecks geht.

Benachrichtigung: *Unanwendbar* ist die Vorschrift auf die zu den Allgemeinkosten zählenden Benachrichtigungen zB des Drittschuldners und des Schuldners nach § 845 I 2 ZPO oder auf die vor der Verhaftung erforderliche Anzeige an die vorgesetzte Behörde des zu Verhaftenden nach § 910 ZPO oder auf die bei einer Hinterlegung zu erstattende Anzeige an das Vollstreckungsgericht, §§ 827, 854 ZPO.

Dienstvorgesetzter: Rn 9 „Benachrichtigung". 10

Drittschuldner: *Unanwendbar* ist die Vorschrift auf die Aufnahme der von dem Drittschuldner bei der Zustellung eines Pfändungsbeschlusses oder nachträglich abgegebenen Erklärungen, § 840 ZPO.

S auch Rn 9 „Benachrichtigung".

Formular: Anwendbar ist die Vorschrift auf Auslagen für Formulare aller Art und Herstellung. Durch die bundeseinheitliche Erfassung in KVGv 713 ist die Zulässigkeit früherer landesgesetzlicher Regelungen entfallen.

Gemeinkosten: Rn 8 „Allgemeinkosten".

Haftbefehl: Rn 9 „Benachrichtigung", Rn 13 „Verhaftung".

Hinterlegungsanzeige: Rn 9 „Benachrichtigung". 11

Neuer Auftrag: Er macht KVGv 713 erneut anwendbar, AG Strausberg DGVZ **05**, 131 (unberechtigter Auftrag auf eine bloße Nachbesserung bei § 807 ZPO).

Nichterledigung: Anwendbar ist die Vorschrift unabhängig davon, ob auch Gebühren entstehen.

Pfändungsbeschluß: Rn 10 „Drittschuldner", Rn 14 „Zustellung".

Post: Rn 12 „Telekommunikation".

Schuldner: Rn 9 „Benachrichtigung". 12

Telefax: Rn 8 „von Amts wegen".

2133

Telekommunikation: Anwendbar ist die Vorschrift auf alle über die Grundgebühren hinausgehenden Einzelentgelte für Telekommunikationsleistungen, ausgenommen Zustellungen mit Zustellungsurkunde. Denn sie fallen unter KVGv 701. S aber auch Rn 8 „Allgemeinkosten".

13 **Verhaftung:** *Unanwendbar* ist die Vorschrift auf die Anzeige nach § 910 ZPO oder auf dem Schuldner zu übergebende Abschrift oder Ablichtung des Haftbefehls, § 909 I 2 ZPO. Denn sie zählt zu den in KVGv 700 nicht mitgenannten Begleit- und zu den Allgemeinkosten.
S auch Rn 9 „Benachrichtigung".
Vordruck: Rn 10 „Formular".
Vorpfändung: Rn 9 „Benachrichtigung".
14 **Zustellung:** Rn 13 „Telekommunikation".
15 **4) Auslagenhöhe.** Maßgeblich sind drei Aspekte.

A. Berechnung je Auftrag. Die Vorschrift stellt „je Auftrag" eine Auslagenpflicht klar. Für den Begriff Auftrag ist § 3 maßgeblich, AG Bergheim DGVZ **02**, 31, AG Lpz DGVZ **09**, 119, AG Witzenhausen DGVZ **01**, 136. Ein Auftrag kann also zB mehrere Amtshandlungen nach § 10 umfassen. Er braucht aber überhaupt keine gebührenpflichtige Amtshandlung zu erfordern. Dann gilt die Mindestsumme von 3,00 EUR, SchrKWi 5. Soweit jede Amtshandlung eine oder mehrere Gebühren auslöst, scheint es daher doch nur einmal einen Auslagenersatz zu geben, so LG Bln JB **03**, 545.

Das ist aber in Wahrheit ein *Irrtum*. Denn KVGv 713 gibt einen Bruchteil „der zu erhebenden Gebühren". Schon durch diese Mehrzahl kommt zum Ausdruck, daß eventuell mehrere Bruchteile eben aus mehreren Gebühren entstehen können, obwohl nur ein einziger Auftrag vorliegt. In Wahrheit erfolgt also innerhalb des Auftrags eine Berechnung je anwendbare Gebühr. Das ist eine alles andere als einfache Rechnungsweise. Das Gesetz zwingt aber dazu.

16 **B. Prozentsatz von Gebühren.** Wie in Rn 9 dargestellt, muß man zunächst diejenigen etwaigen Gebühren ermitteln, die innerhalb des Auftrag entstehen. Sodann muß man von jeder Einzelgebühr 20% errechnen. Man muß diese einzelnen Bruchteilsbeträge anschließend addieren, um die vorläufige Höhe der Auslagenpauschale zu finden. Bei der Gebührenfreiheit nur eines von mehreren Kostenschuldnern bleibt es bei der Berechnung gegenüber auch diesem Schuldner, Düss DGVZ **06**, 200.

17 **C. Mindest- und Höchstbetrag.** Nach der Erledigung des Rechenwerks nach Rn 15, 16 muß man abschließend beachten, daß KVGv 713 für das vorläufige Ergebnis einen absoluten Mindest- wie Höchstbetrag vorschreibt, AG Hbg-Harbg DGVZ **03**, 126. Dabei ist der Gesetzestext nicht eindeutig. Man könnte ihn so lesen, daß man den Mindest- wie Höchstbetrag bei einer etwaigen Mehrzahl von Gebühren für jede Einzelgebühr berücksichtigen müßte. Dem in Rn 2 dargestellten Vereinfachungszweck würde eine solche weitere Komplikation aber direkt widersprechen. Das Rechenwerk des KVGv 713 ist schon kompliziert genug geraten.

Ergebnis: Erst nach weiterer Addition der 20%-Bruchteile ergibt sich die Notwendigkeit und Befugnis, den absoluten Mindest- und Höchstbetrag zu beachten. Das allein wird auch den Grundgedanken einer für den Kostenschuldner freundlichen Auslegung gerecht.

Die *Ablehnung* eines Auftrags führt zur Mindestgebühr, AG Ffm DGVZ **03**, 13.

18 **5) Fälligkeit.** § 14 S 2.
19 **6) Auslagenschuldner.** § 13. Ist der Gläubiger ohnehin kein Kostenschuldner, hilft seine Kostenfreiheit dem Schuldner nicht, LG Wuppert DGVZ **07**, 173.

XII. A. Einführungsgesetz zum Rechtsdienstleistungsgesetz (RDGEG)

v 12. 12. 07, BGBl 2840 zuletzt geändert dch Art 110 FGG-RG v 17. 12. 08, BGBl 2586

(Auszug)

Vergütung der registrierten Personen

4 ^I ¹Das Rechtsanwaltsvergütungsgesetz gilt für die Vergütung der Rentenberaterinnen und Rentenberater (registrierte Personen nach § 10 Abs. 1 Satz 1 Nr. 2 des Rechtsdienstleistungsgesetzes) sowie der registrierten Erlaubnisinhaber mit Ausnahme der Frachtprüferinnen und Frachtprüfer entsprechend. ²Richtet sich ihre Vergütung nach dem Gegenstandswert, haben sie den Auftraggeber vor Übernahme des Auftrags hierauf hinzuweisen.

^{II} ¹Den in Absatz 1 Satz 1 genannten Personen ist es untersagt, geringere Gebühren und Auslagen zu vereinbaren oder zu fordern, als das Rechtsanwaltsvergütungsgesetz vorsieht, soweit dieses nichts anderes bestimmt ²Die Vereinbarung eines Erfolgshonorars (§ 49 b Abs. 2 Satz 1 der Bundesrechtsanwaltsordnung) ist unzulässig, soweit das Rechtsanwaltsvergütungsgesetz nichts anderes bestimmt; Verpflichtungen, die Gerichtskosten, Verwaltungskosten oder Kosten anderer Beteiligter zu tragen, sind unzulässig. ³Im Einzelfall darf besonderen Umständen in der Person des Auftraggebers, insbesondere dessen Bedürftigkeit, Rechnung getragen werden durch Ermäßigung oder Erlass von Gebühren oder Auslagen nach Erledigung des Auftrags.

^{III} Für die Erstattung der Vergütung der in Absatz 1 Satz 1 genannten Personen und der Kammerrechtsbeistände in einem gerichtlichen Verfahren gelten die Vorschriften der Verfahrensordnungen über die Erstattung der Vergütung eines Rechtsanwalts entsprechend.

^{IV} ¹Die Erstattung der Vergütung von Personen, die Inkassodienstleistungen erbringen (registrierte Personen nach § 10 Abs. 1 Satz 1 Nr. 1 des Rechtsdienstleistungsgesetzes), für die Vertretung im Zwangsvollstreckungsverfahren richtet sich nach § 788 der Zivilprozessordnung. ²Ihre Vergütung für die Vertretung im gerichtlichen Mahnverfahren ist bis zu einem Betrag von 25 Euro nach § 91 Abs. 1 der Zivilprozessordnung erstattungsfähig.

Vorbem. Zunächst eingeführt dch Art 2 G v 12. 12. 07, BGBl 2840, in Kraft seit 1. 7. 08, Art 20 S 3 G. Sodann Neufassg von II 2 durch Art 6 Z 2 a G v 12. 6. 08, BGBl. 1000, in Kraft seit 17. 6. 08, Art 7 S 1 G. Ersetzt den dch Art 20 S 4 Z 7 G gleichzeitig außer Kraft getretenen Art IX KostÄndG. Vgl ferner die Rechtsdienstleistungsverordnung – RDV v 19. 6. 08, BGBl 1069, in Kraft seit 1. 7. 08, § 10 RDV.

RDG § 10. Rechtsdienstleistungen aufgrund besonderer Sachkunde. ^I ¹Natürliche und juristische Personen sowie Gesellschaften ohne Rechtspersönlichkeit, die bei der zuständigen Behörde registriert sind (registrierte Personen), dürfen aufgrund besonderer Sachkunde Rechtsdienstleistungen in folgenden Bereichen erbringen:

1. Inkassodienstleistungen (§ 2 Abs. 2 Satz 1),
2. Rentenberatung auf dem Gebiet der gesetzlichen Renten- und Unfallversicherung, des sozialen Entschädigungsrechts, des übrigen Sozialversicherungs- und Schwerbehindertenrechts mit Bezug zu einer gesetzlichen Rente sowie der betrieblichen und berufsständischen Versorgung,
3. Rechtsdienstleistungen in einem ausländischen Recht; ist das ausländische Recht das Recht eines Mitgliedstaates der Europäischen Union oder eines anderen Vertragsstaates des Abkommens über den Europäischen Wirtschaftsraum, darf auch auf dem Gebiet des Rechts der Europäischen Union und des Rechts des Europäischen Wirtschaftsraums beraten werden.

²Das Bundesministerium der Justiz wird ermächtigt, durch Rechtsverordnung mit Zustimmung des Bundesrates Teilbereiche in der in Satz 1 genannten Bereiche zu bestimmen.

^{II, III} (hier nicht abgedruckt)

Schrifttum: *Kleine-Cosack* BB **07**, 2637 (Üb zum RDG).

Gliederung

1) Systematik, I–IV	1
2) Regelungszweck, I–IV	2
3) Sachlicher Geltungsbereich, I–IV	3
4) Persönlicher Geltungsbereich, I–IV	4–8
A. Registrierte Person oder Erlaubnisinhaber: Grundsätzlich nach RVG, I 1 Hs 1	4
B. Ausnahmen, I 1 Hs 2	5–8
5) Wertgebühren I 2	9
6) Gebührenvereinbarung, II	10
7) Kostenerstattung, III, IV	11, 12
A. Grundsatz: Anwendbarkeit der jeweiligen Verfahrensordnung, III	11
B. Inkassobüro, IV	12

1 **1) Systematik, I–IV.** § 4 enthält in I 1 den persönlichen Geltungsbereich, in I 2, II die Kostenregelung im Verhältnis zwischen dem Gläubiger und seinem Auftraggeber und in III, IV diejenige im Verhältnis zwischen dem Auftraggeber und dessen Gegner, also die Erstattungsfähigkeit der Kosten des Gläubigers.

2 **2) Regelungszweck, I–IV.** Die Vorschrift bezweckt eine angemessene Vergütung einer solchen Berufsgruppe, deren Tätigkeit ungeachtet ihrer nicht immer ganz klaren Stellung ebenso vielfältig wie verantwortungsvoll neben die anwaltliche Tätigkeit tritt. Durch die Verweisung auf das RVG soll klar werden, daß der Berater natürlich auch nicht höhere Vergütungen erhalten kann als der Volljurist. Beides muß man bei der Auslegung mitbeachten.

3 **3) Sachlicher Geltungsbereich, I–IV.** Den sachlichen Geltungsbereich grenzt § 4 nur indirekt ab, indem er auf den Umfang der jeweils erteilten Erlaubnis zur Rechtsberatung oder auf deren Geschäftsbereich mit abstellt. Insbesondere gibt es keine Sonderregelung für die Sozialgerichtsbarkeit. Soweit § 4 unanwendbar ist und auch das RVG oder sonstige Kosten-Spezialvorschriften fehlen, muß man die Kostenfragen sowohl im Innen- als auch im Außenverhältnis nach dem jeweils anwendbaren sachlichen Recht entscheiden, also zB nach §§ 611ff, 675ff BGB, begrenzt auch nach §§ 91ff ZPO (pauschale Anwaltsvergütung), KG AnwBl **91**, 349.

4 **4) Persönlicher Geltungsbereich, I–IV.** Es gibt einen Grundsatz mit Ausnahmen.

A. Registrierte Personen oder Erlaubnisinhaber: Grundsätzlich nach RVG, I 1 Hs 1. Im Verhältnis zwischen dem Rechtsberater und seinem Auftraggeber ist das RVG grundsätzlich auf jeden anwendbar, der die Rechtsberatung ausüben darf. Es ist unerheblich, ob er eine natürliche oder eine juristische Person ist, eine Einzelperson oder eine Personenmehrheit, ob die Beratung begrenzt oder unbegrenzt erteilen darf, ob sich die Begrenzung aus dem RBerG usw ergibt.

5 **B. Ausnahmen, I 1 Hs 2.** Während die Anwendbarkeit des RVG grundsätzlich dem Umfang der Rechtsberatungsbefugnis folgt, macht I 1 für eine Berufsgruppe im Verhältnis zwischen dem Berater und seinem Auftraggeber das RVG unanwendbar und läßt lediglich auch im Außenverhältnis zwischen dem Auftraggeber und dessen Gegner die jeweilige Verfahrensordnung für die Kostenerstattung gelten. I 1 Hs 2 ist als Sonderregel eng auslegbar.

6 Das RVG ist auf *Frachtprüfer* unanwendbar. Das gilt, soweit der Frachtprüfer die Prüfung von Frachtrechnungen und die Verfolgung der sich hierbei ergebenden Frachterstattungsansprüche vornimmt (beschränkter Erlaubnisbereich). Soweit er eine der in IV genannten Tätigkeiten ausübt, ist IV anwendbar.

7 Das RVG ist ferner auf ein *Inkassobüro* evtl nur unanwendbar. Denn es zählt nicht zu den in I 1 in Verbindung mit § 10 I 1 Z 2 RDG Genannten, sondern zu dort Z 1. Nur ein insoweit registrierter Erlaubnisinhaber kann nach dem RVG vorgehen. Das gilt für jeden Inkassounternehmer (außergerichtliche Einziehung von Forderungen (beschränkter Erlaubnisbereich). Soweit der Inkassounternehmer andere Tätigkeiten ausübt, ist § 4 schon deshalb unanwendbar, weil er sich nicht in dem Bereich seiner Rechtsberatung bewegt.

8 Wenn ein Erlaubnisinhaber eine *sachlich unbeschränkte Erlaubnis* hat, etwa als ein Rechtsbeistand, und nun die außergerichtliche Einziehung von Forderungen ausschließlich oder als einen Teil seiner Tätigkeit betreibt, muß man besonders sorgfältig

XII. A., B. Anfechtung von VerwAkten § 4 RDGEG, § 30a EGGVG

prüfen, ob die Rechtsberatungserlaubnis wirklich umfassend fortgilt, etwa nach dem Übergangsrecht, oder ob sie inzwischen in Wahrheit zur Unanwendbarkeit des RVG führt. Wegen der Verbreitung der Inkassobüros können auch insofern erhebliche Probleme entstehen. Im Zweifel ist das RVG unanwendbar, Rn 3.

5) Wertgebühren, I 2. Die Vorschrift entspricht § 49b V BRAO, abgedruckt bei § 4 RVG, Teil X dieses Buchs. 9

6) Gebührenvereinbarung, II. Die Vorschrift verbietet eine Gebührenvereinbarung keineswegs schlechthin. Sie verbietet vielmehr nur ein Erfolgshonorar irgendwelcher Art, soweit das RVG nichts anderes bestimmt. Vgl dazu §§ 3a–4b RVG, Teil X dieses Buchs. Im übrigen ist das RVG weitgehend anwendbar, soweit es überhaupt anwendbar ist. Eine Vereinbarung ist daher grundsätzlich nichtig, soweit sie eine Verpflichtung des Rechtsdienstleisters enthält, Gerichtskosten Verwaltungskosten oder Kosten anderer Beteiligter zu tragen, II 2 Hs 2, § 134 BGB. Alle *Umgehungsversuche* fallen unter II 1, 2. 10

7) Kostenerstattung, III, IV. Es gibt zwei Aspekte. 11
A. Grundsatz: Anwendbarkeit der jeweiligen Verfahrensordnung. III. Die Vorschrift gibt immer dann, wenn der Berater im Rahmen eines Gerichtsverfahrens tätig geworden ist, für die Erstattungsfähigkeit die sinngemäße Anwendbarkeit der jeweiligen Verfahrensordnung.
B. Inkassobüro, IV. Die Vorschrift macht in *S 1* § 788 ZPO in der Zwangsvollstreckung sind in *S 2* § 91 ZPO im Mahnverfahren bis zum Betrag von 25 EUR anwendbar, dazu Goebel MDR **08**, 542 (krit, ausf). 12

B. Anfechtung von Verwaltungsakten (§ 30a EGGVG)

Anfechtung von Verwaltungsakten

EGGVG 30a I [1] Verwaltungsakte, die im Bereich der Justizverwaltung beim Vollzug des Gerichtskostengesetzes, der Kostenordnung, des Gerichtsvollzieherkostengesetzes, des Justizvergütungs- und -entschädigungsgesetzes oder sonstiger für gerichtliche Verfahren oder Verfahren der Justizverwaltung geltender Kostenvorschriften, insbesondere hinsichtlich der Einforderung oder Zurückzahlung ergehen, können durch einen Antrag auf gerichtliche Entscheidung auch dann angefochten werden, wenn es nicht ausdrücklich bestimmt ist. [2] Der Antrag kann nur darauf gestützt werden, dass der Verwaltungsakt den Antragsteller in seinen Rechten beeinträchtige, weil er rechtswidrig sei. [3] Soweit die Verwaltungsbehörde ermächtigt ist, nach ihrem Ermessen zu befinden, kann der Antrag nur darauf gestützt werden, dass die gesetzlichen Grenzen des Ermessens überschritten seien, oder dass von dem Ermessen in einer dem Zweck der Ermächtigung nicht entsprechenden Weise Gebrauch gemacht worden sei.

II [1] Über den Antrag entscheidet das Amtsgericht, in dessen Bezirk die für die Einziehung oder Befriedigung des Anspruchs zuständige Kasse ihren Sitz hat. [2] In dem Verfahren ist die Staatskasse zu hören. [3] § 14 Abs. 3 bis 9 und § 157a der Kostenordnung gelten entsprechend.

III [1] Durch die Gesetzgebung eines Landes, in dem mehrere Oberlandesgerichte errichtet sind, kann die Entscheidung über das Rechtsmittel der weiteren Beschwerde nach Absatz 1 und 2 sowie § 14 der Kostenordnung, der Beschwerde nach § 156 des Kostenrechts, nach § 66 des Gerichtskostengesetzes, § 57 des Gesetzes über Kosten in Familiensachen und nach § 4 des Justizvergütungs- und -entschädigungsgesetzes einem der mehreren Oberlandesgerichte oder anstelle eines solchen Oberlandesgerichts einem obersten Landesgericht zugewiesen werden. [2] Dies gilt auch für die Entscheidung über das Rechtsmittel der weiteren Beschwerde nach § 33 des Rechtsanwaltsvergütungsgesetzes, soweit nach dieser Vorschrift das Oberlandesgericht zuständig ist.

IV Für die Beschwerde finden die vor dem Inkrafttreten des Kostenrechtsmodernisierungsgesetzes vom 5. Mai 2004 (BGBl. I S. 718) am 1. Juli 2004 gelten-

EGGVG § 30a   XII. B. Anfechtung von VerwAkten

den Vorschriften weiter Anwendung, wenn die anzufechtende Entscheidung vor dem 1. Juli 2004 der Geschäftsstelle übermittelt worden ist.

Vorbem. Zunächst Fassg Art 14 Z 3 G v 19. 4. 06, BGBl 866, in Kraft seit 25. 4. 06, Art 210 I G. Sodann III 1 geändert dch Art 21 Z 3 FGG-RG v 17. 12. 08, BGBl 2586, in Kraft seit 1. 9. 09, Art 112 Hs 1 FGG-RG, Übergangsrecht Art 111 FGG-RG, Grdz 2 vor § 1 FamGKG, Teil I B dieses Buchs.

Gliederung

1) **Systematik, I–IV** 1
2) **Regelungszweck, I–IV** 2
3) **Geltungsbereich, I** 3–10
   A. Verwaltungsakt der Justiz 3
   B. Beispiele zur Frage einer Anwendbarkeit von I 4–9
   C. Weitere Einzelfragen 10
4) **Verfahren auf gerichtliche Entscheidung, I, II** 11–16
   A. Antrag 11
   B. Zuständigkeit 12, 13
   C. Weiteres Verfahren 14
   D. Beschluß 15
   E. Kosten 16
5) **Weitere Beschwerde, III** 17
6) **Übergangsrecht, IV** 18

1 1) **Systematik, I–IV.** Da die Festsetzung und Einziehung der Gerichtskosten eine Verwaltungstätigkeit ist, erfolgt sie häufig durch einen Verwaltungsakt, zB beim Kostenansatz, § 66 GKG und § 14 KostO, bei der Festsetzung einer Entschädigung, § 4 JVEG, in den Fällen der JVKostO, der Vergütung eines im Weg der Prozeßkostenhilfe beigeordneten Anwalts, (jetzt) § 55 RVG, AG Lübeck Rpfleger **84**, 75 (zustm Lappe), bei einer Nichterhebung von Kosten, § 21 GKG, § 20 FamGKG und § 16 KostO usw. Nach Art 19 IV GG muß man einen solchen Verwaltungsakt gerichtlich überprüfen lassen können. Dabei hat § 30 a freilich eine bloße Auffangfunktion. Das gilt zB gegenüber dem vorrangigen (jetzt) § 66 GKG, Köln JB **99**, 261, oder gegenüber dem ebenfalls vorrangigen § 14 KostO, Hamm RR **01**, 1656, oder gegenüber dem ebenfalls vorrangigen (jetzt) § 56 I, II RVG, Köln RR **03**, 575.

Deshalb sehen die Kostengesetze oft durch besondere Bestimmungen die Möglichkeit der *Anrufung des Instanzgerichts* vor. Diese Möglichkeit heißt meist Erinnerung.

2 2) **Regelungszweck, I–IV.** Die Vorschrift soll etwaige Lücken schließen (je zum alten Recht) BVerwG Rpfleger **82**, 38, Köln RR **03**, 575, OVG Bln Rpfleger **83**, 416. Die Vorschrift enthält also eine Generalklausel für die Anfechtbarkeit von Verwaltungsakten auf dem Gebiet des Kostenrechts, LG Frankenth Rpfleger **81**, 373. Die Vorschrift eröffnet einheitlich kraft besonderer Zuweisung den Rechtsweg zum Zivilgericht. Ohne sie wären auf Grund der verwaltungsgerichtlichen Generalklausel allgemein die Verwaltungsgerichte zuständig. Die Überschneidungen der Zuständigkeit mit ihren Nachteilen schließt § 30 a aus, BVerwG Rpfleger **82**, 38, OVG Bln Rpfleger **83**, 416. Die dadurch begründete Zuständigkeit des AG wird durch die VwGO nicht berührt, § 40 I 1 VwGO. Sie ist auch nicht auf das OLG übergegangen, § 23 III EGGVG, Anh § 160 KostO, Teil III dieses Buchs.

3 3) **Geltungsbereich, I.** Es lassen sich zahlreiche Anwendungsfälle erkennen.
A. Verwaltungsakt der Justiz. Anfechtbar ist nach dieser Vorschrift ein solcher Verwaltungsakt, der im Bereich der Justizverwaltung beim Vollzug eines Kostengesetzes ergangen ist. Verwaltungsakt nach § 35 VwVfG jede Verfügung, Entscheidung oder andere hoheitliche Maßnahme, die eine Behörde zur Regelung eines Einzelfalls auf dem Gebiet des öffentlichen Rechts trifft und die auf eine unmittelbare Rechtswirkung nach außen gerichtet ist.

4 **B. Beispiele zur Frage einer Anwendbarkeit von I**
Angebot: I ist anwendbar, soweit es um den Auftrag zur Beurkundung eines Angebots geht.
Aufrechnung der Staatskasse: I ist bei ihr *unanwendbar*. Denn dann gilt zB § 14 KostO, Teil III dieses Buchs, BFH BStBl **87** II 54, BVerwG NJW **83**, 776.

2138

XII. B. Anfechtung von VerwAkten § 30a EGGVG

Auskunft: Rn 6 „Notar".
Dienstaufsicht: Rn 6 „Kostenansatz".
Einforderung, Rückzahlung: I ist anwendbar, soweit es um einen Bescheid über die Einforderung und Rückzahlung geht, LG Frankenth Rpfleger **81**, 373.
Erlaß von Kosten: I ist *unanwendbar*, soweit es um den Erlaß von Kosten eines VG geht, OVG Bln Rpfleger **83**, 415, aM BVerwG Rpfleger **82**, 37, Oldb NdsRpfl **97**, 52.
Gerichtsvollzieher: Rn 9 „Vorschuß".
Hinterlegung: I ist anwendbar, soweit es um den Auftrag zur Mitwirkung bei einer Hinterlegung geht.
Kostenansatz: I ist *unanwendbar*, soweit es um die ablehnende Verwaltungsentscheidung über einen Kostenansatz geht, § 19 III, V GKG, § 18 FamGKG, § 14 VI KostO, Teile I A, B, III dieses Buchs. Denn dann ist ohnehin die Erinnerung zulässig. I ist ferner unanwendbar, soweit es um die Anordnung der Dienstaufsichtsbehörde geht, den Kostenansatz zu ermäßigen oder erhaltene Gebühren oder Auslagen zurückzuzahlen. Denn diese Anordnung ergeht nicht „beim Vollzug", sondern sie betrifft nur das Verhältnis zwischen dem Gerichtsvollzieher und dem Dienstherrn, BVerwG NJW **83**, 897, Mü Rpfleger **76**, 336, VG Köln DGVZ **82**, 10.
Kostenvorschuß: Rn 9 „Vorschuß".
Notar: I ist anwendbar, soweit es um die Weigerung eines Notars geht, seine Auskunftspflicht zu erfüllen, § 31a KostO Rn 2, Teil III dieses Buchs.
Prozeßkostenhilfe: I ist anwendbar, soweit es um die Stundung von Raten auf Grund einer solchen Prozeßkostenhilfe geht, die der Antragsteller erst nach dem Abschluß der Instanz beantragt hat, Hbg MDR **83**, 234.
Reisekosten: I ist anwendbar, soweit es um die Festsetzung einer Reisekostenentschädigung geht, soweit diese nicht durch einen Akt der Rechtsprechung erfolgt, § 25 JVEG Anh A, Teil V dieses Buchs.
Sachzusammenhang: I ist bei ihm *unanwendbar*. Denn dann gilt zB § 14 KostO, Teil III dieses Buchs, BGH NJW **80**, 1106.
Scheckprotest: I ist anwendbar, soweit es um den Auftrag zur Vornahme eines Scheckprotests geht.
Siegelung, Entsiegelung: I ist anwendbar, soweit es um den Auftrag zu einer Siegelung oder Entsiegelung geht.
Stundung: Es gilt dasselbe wie bei Rn 5 „Erlaß von Kosten".
Unterliegensgebühr: I ist anwendbar, soweit es sich um eine Maßnahme der Justizbeitreibungsstelle des BGH im Rahmen einer Unterliegensgebühr nach § 34 II BVerfGG handelt, aM AG Karlsr Rpfleger **92**, 40 (aber das Gericht muß auch zB die Verzögerungsgebühr nach § 38 GKG besonders auferlegen).
Verfassungsgerichtsverfahren: Rn 7 „Unterliegensgebühr".
Verjährung: I ist anwendbar, soweit es um die Anfechtung der Verjährungseinrede der Staatskasse geht.
Verkaufsauftrag: I ist anwendbar, soweit es sich um einen Verkaufsauftrag außerhalb der Zwangsvollstreckung handelt.
Verpachtung: I ist anwendbar, soweit es sich um den Auftrag zu einer öffentlichen Verpachtung gegen ein Höchstgebot handelt.
Versteigerungsauftrag: I ist anwendbar, soweit es sich um einen Versteigerungsauftrag außerhalb der Zwangsvollstreckung handelt.
Vorschuß: I ist anwendbar, soweit es um die Anforderung eines Vorschusses nach § 4 GvKostG geht.
Wechselprotest: I ist anwendbar, soweit es um den Auftrag zur Vornahme eines Wechselprotests geht.
Willenserklärung: I ist anwendbar, soweit es sich um den Auftrag zur Bekanntgabe einer empfangsbedürftigen Willenserklärung handelt oder soweit es um den Auftrag zur Mitwirkung bei der Formulierung einer Willenserklärung geht.
Zustellungsauftrag: I ist anwendbar, soweit es sich um einen Zustellungsauftrag außerhalb einer Zwangsvollstreckung handelt.

C. Weitere Einzelfragen. Soweit eine Kostenvorschrift unmittelbar oder wegen einer Verweisung auch außerhalb der eigentlichen Justizverwaltung anwendbar ist, gilt die Generalklausel zugunsten des AG nicht. Dann entscheidet kraft Zusammenhangs das Erstgericht über die Anfechtung, soweit eine Sondervorschrift fehlt. Es kommt nicht darauf an, ob das Gericht der Aufsicht des Justizministers untersteht, OVG Bln Rpfleger 83, 415. „Justizverwaltung" nach § 1 ist nur die Verwaltung des ordentlichen Gerichts, OVG Bln Rpfleger 83, 415.

11 **4) Verfahren auf gerichtliche Entscheidung, I, II.** Es empfiehlt sich diese Prüfreihenfolge.
A. Antrag. Eine Anfechtung nach Rn 3 erfordert einen Antrag auf eine gerichtliche Entscheidung. Der Antrag ist der verwaltungsgerichtlichen Anfechtungsklage nachgebildet. Der Antragsteller kann jeden Antrag und jede Beschwerde schriftlich oder zum Protokoll des Urkundsbeamten der Geschäftsstelle anbringen. Es besteht daher auch beim LG und beim OLG kein Anwaltszwang, II 3 in Verbindung mit § 14 VI 1 KostO, Teil III dieses Buchs, in Verbindung mit § 78 III Hs 2 ZPO entsprechend. Auch die Staatskasse kann beschwerdeberechtigt sein.

12 **B. Zuständigkeit.** Über den Antrag entscheidet stets auch zB nach einer Strafsache das Zivilgericht, Nürnb AnwBl 90, 49, aM Bbg JB 80, 89, Mü Rpfleger 78, 338. Örtlich zuständig ist dasjenige AG, in dessen Bezirk die für die Einziehung oder Befriedigung des Anspruchs zuständige Kasse ihren Sitz hat, II 1, Nürnb AnwBl 90, 49, also nicht das VG, BVerwG Rpfleger 82, 37. Notfalls erfolgt eine Zuständigkeitsbestimmung durch das gemeinschaftliche obere Gericht, Nürnb AnwBl 90, 49. Das Gericht muß den Bezirksrevisor als den Vertreter der Staatskasse anhören, II 2. Im übrigen regelt das Gesetz das Verfahren des AG nicht näher. Da der Gesetzgeber die Anwendung der verwaltungsgerichtlichen Verfahrensvorschriften nicht angeordnet hat, muß das Gericht sein Verfahren entsprechend dem FamFG gestalten, wie es jetzt § 29 II EGGVG vorsieht.

13 Entsprechend § 14 III 1 KostO ist bei einem *Beschwerdegegenstand* von mehr als 200 EUR die unbefristete Beschwerde an das LG zulässig, eventuell die weitere Beschwerde an das OLG, II 3 in Verbindung mit § 14 V KostO. Ein Landesgesetz kann die Zulässigkeit zur Entscheidung über eine weitere Beschwerde einem einzigen OLG zuweisen, III. Eine Beschwerde an den BGH ist nicht statthaft, II 3 in Verbindung mit § 14 IV 3 KostO.

14 **C. Weiteres Verfahren.** Das Gericht muß daher den angefochtenen Verwaltungsakt auf etwaige Rechtsfehler einschließlich etwaiger Ermessensfehler (Mißbrauch oder Nichtausübung) überprüfen, I 2, 3. Als ein Rechtsfehler gilt auch die Annahme eines unrichtigen Sachverhalts. Obwohl das Gesetz schweigt, ist das AG nicht auf die Befugnis beschränkt, den angefochtenen Verwaltungsakt aufzuheben. Soweit es sich nicht um eine Ermessensentscheidung der Verwaltung handelt, darf das Gericht also im Fall der Spruchreife die beantragte Rechtsfolge selbst aussprechen, § 28 II EGGVG.

15 **D. Beschluß.** Die Entscheidung erfolgt durch einen Beschluß. Das Gericht muß ihn begründen, BLAH § 329 ZPO Rn 4. Es muß ihn verkünden oder den Parteien zustellen. Eine Anhörungsrüge ist nach II 3 entsprechend § 157a KostO möglich, Teil III dieses Buchs.

16 **E. Kosten.** Es entstehen keine Gerichtsgebühren. Für die Anwaltsgebühren gelten VV 3100ff. Wegen des Geschäftswerts gilt § 30 KostO. Falls der Geschäftswert zB bei einem Kostenbetrag nicht feststeht, muß das Gericht ihn nach seinem pflichtgemäßen Ermessen bestimmen, notfalls nach den Grundsätzen des § 30 II KostO. Es findet keine Kostenerstattung statt, II 3 in Verbindung mit § 14 IX 2 KostO.

17 **5) Weitere Beschwerde, III.** Die Vorschrift ermöglicht es den Ländern, in den genannten Kostenangelegenheiten die Zuständigkeit für die Entscheidung über eine Beschwerde oder über eine weitere Beschwerde einem von mehreren Oberlandesgerichten oder einem Obersten Landesgericht zu übertragen. Rechtspolitisch krit Bratfisch Rpfleger 88, 552 (er fordert Regelungen nach III).

18 **6) Übergangsrecht, IV.** Es gelten dieselben Regeln zum Begriff der Übermittlung wie zB bei § 331 III 1 ZPO, BLAH dort Rn 17.

Schlußanhang

Schrifttum (zum alten Recht): *Bäuerle*, Kostentabelle für Notare, 28. Aufl 2007; *Deutscher Anwaltsverlag*, Kostentabellen, 27. Aufl 2004; *Dospil/Hanhörster*, Tabellen für die Rechtspraxis, 2000; *Drummen/Perau*, Gebührentabelle für Notare, 3. Aufl 2002; Gesamtkostentabelle, 2006; *Hansens/Braun*, ZAP-Vergütungstabellen, 2004; *Höver/Bach*, Gebührentabellen, 35. Aufl 2009; *Hülsmann*, Gebührentabellen, usw, 3. Aufl 2004; Kostentafeln, 29. Aufl 2004; *Lappe*, Gebührentabellen für Rechtsanwälte, 23. Aufl 2009; *Lutje*, Gebührenrechner 2.3 (2007); *Mayer*, Gebührenkalkulator, 4. Aufl 2009; *Otto*, Gebührentabellen, 23. Aufl 2007; *Patzelt*, Schwarzwälder Gebührentabelle, 30. Aufl 2007; *Schmeckenbecher*, Kostenübersichtstabellen, 23. Aufl 2009; *Schneider*, Gebührentabellen, 2007; *Wolf*, Gesamtkostentabellen, 2004.

A. Gebührentabelle für Gerichtskosten, § 34 I 3 GKG (Anlage 2)

Streitwert bis ... EUR	Gebühr ... EUR	Streitwert bis ... EUR	Gebühr ... EUR
300	25	40 000	398
600	35	45 000	427
900	45	50 000	456
1 200	55	65 000	556
1 500	65	80 000	656
2 000	73	95 000	756
2 500	81	110 000	856
3 000	89	125 000	956
3 500	97	140 000	1056
4 000	105	155 000	1156
4 500	113	170 000	1256
5 000	121	185 000	1356
6 000	136	200 000	1456
7 000	151	230 000	1606
8 000	166	260 000	1756
9 000	181	290 000	1906
10 000	196	320 000	2056
13 000	219	350 000	2206
16 000	242	380 000	2356
19 000	265	410 000	2506
22 000	288	440 000	2656
25 000	311	470 000	2806
30 000	340	500 000	2956
35 000	369		

B. Gebührentabelle zu § 32 I 3 KostO (Anlage)

Geschäftswert bis ... Euro	Gebühr ... Euro	Geschäftswert bis ... Euro	Gebühr ... Euro	Geschäftswert ... Euro	Gebühr ... Euro
1 000	10	250 000	432	640 000	1017
2 000	18	260 000	447	650 000	1032
3 000	26	270 000	462	660 000	1047
4 000	34	280 000	477	670 000	1062
5 000	42	290 000	492	680 000	1077
8 000	48	300 000	507	690 000	1092
11 000	54	310 000	522	700 000	1107
14 000	60	320 000	537	710 000	1122
17 000	66	330 000	552	720 000	1137
20 000	72	340 000	567	730 000	1152
23 000	78	350 000	582	740 000	1167
26 000	84	360 000	597	750 000	1182
29 000	90	370 000	612	760 000	1197
32 000	96	380 000	627	770 000	1212
35 000	102	390 000	642	780 000	1227
38 000	108	400 000	657	790 000	1242
41 000	114	410 000	672	800 000	1257
44 000	120	420 000	687	810 000	1272
47 000	126	430 000	702	820 000	1287
50 000	132	440 000	717	830 000	1302
60 000	147	450 000	732	840 000	1317
70 000	162	460 000	747	850 000	1332
80 000	177	470 000	762	860 000	1347
90 000	192	480 000	777	870 000	1362
100 000	207	490 000	792	880 000	1377
110 000	222	500 000	807	890 000	1392
120 000	237	510 000	822	900 000	1407
130 000	252	520 000	837	910 000	1422
140 000	267	530 000	852	920 000	1437
150 000	282	540 000	867	930 000	1452
160 000	297	550 000	882	940 000	1467
170 000	312	560 000	897	950 000	1482
180 000	327	570 000	12	960 000	1497
190 000	342	580 000	927	970 000	1512
200 000	357	590 000	942	980 000	1527
210 000	372	600 000	957	990 000	1542
220 000	387	610 000	972	1 000 000	1557
230 000	402	620 000	987		
240 000	417	630 000	1002		

C. Tabelle für Rechtsanwaltsgebühren, Anlage zu § 13 I 3 RVG (Anlage 2)

Gegenstandswert bis ... Euro	Gebühr ... Euro	Gegenstandswert bis ... Euro	Gebühr ... Euro
300	25	40 000	902
600	45	45 000	974
900	65	50 000	1046
1 200	85	65 000	1123
1 500	105	80 000	1200
2 000	133	95 000	1277
2 500	161	110 000	1354
3 000	189	125 000	1431
3 500	217	140 000	1508
4 000	245	155 000	1585
4 500	273	170 000	1662
5 000	301	185 000	1739
6 000	338	200 000	1816
7 000	375	230 000	1934
8 000	412	260 000	2052
9 000	449	290 000	2170
10 000	486	320 000	2288
13 000	526	350 000	2406
16 000	566	380 000	2524
19 000	606	410 000	2642
22 000	646	440 000	2760
25 000	686	470 000	2878
30 000	758	500 000	2996
35 000	830		

D. Insolvenzrechtliche Vergütungsverordnung (InsVV)

Vom 19. August 1998, BGBl 2205, zuletzt geändert dch die VO v 21. 12. 06, BGBl 3389

Schrifttum: *Blersch,* Insolvenzrechtliche Vergütungsverordnung, 2000; *Eickmann,* InsO-Vergütungsrecht, 2. Aufl 2001; *Haarmeyer/Wutzke/Förster,* Insolvenzrechtliche Vergütung (InsVV), 4. Aufl 2007; *Keller,* Vergütung und Kosten im Insolvenzverfahren, 2000.

Erster Abschnitt
Vergütung des Insolvenzverwalters

Berechnungsgrundlage

1 ^{I} ^{1} Die Vergütung des Insolvenzverwalters wird nach dem Wert der Insolvenzmasse berechnet, auf die sich die Schlußrechnung bezieht. ^{2} Wird das Verfahren nach Bestätigung eines Insolvenzplans aufgehoben oder durch Einstellung vorzeitig beendet, so ist die Vergütung nach dem Schätzwert der Masse zur Zeit der Beendigung des Verfahrens zu berechnen.

^{II} Die maßgebliche Masse ist im einzelnen wie folgt zu bestimmen:

1. ^{1} Massegegenstände, die mit Absonderungsrechten belastet sind, werden berücksichtigt, wenn sie durch den Verwalter verwertet werden. ^{2} Der Mehrbetrag der Vergütung, der auf diese Gegenstände entfällt, darf jedoch 50 vom Hundert des Betrages nicht übersteigen, der für die Kosten ihrer Feststellung in die Masse geflossen ist. ^{3} Im übrigen werden die mit Absonderungsrechten belasteten Gegenstände nur insoweit berücksichtigt, als aus ihnen der Masse ein Überschuß zusteht.

2. Werden Aus- und Absonderungsrechte abgefunden, so wird die aus der Masse hierfür gewährte Leistung vom Sachwert der Gegenstände abgezogen, auf die sich diese Rechte erstrecken.

3. Steht einer Forderung eine Gegenforderung gegenüber, so wird lediglich der Überschuß berücksichtigt, der sich bei einer Verrechnung ergibt.

4. ^{1} Die Kosten des Insolvenzverfahrens und die sonstigen Masseverbindlichkeiten werden nicht abgesetzt. ^{2} Es gelten jedoch folgende Ausnahmen:
   a) Beträge, die der Verwalter nach § 5 als Vergütung für den Einsatz besonderer Sachkunde erhält, werden abgezogen.
   b) Wird das Unternehmen des Schuldners fortgeführt, so ist nur der Überschuß zu berücksichtigen, der sich nach Abzug der Ausgaben von den Einnahmen ergibt.

5. Ein Vorschuß, der von einer anderen Person als dem Schuldner zur Durchführung des Verfahrens geleistet worden ist, und ein Zuschuß, den ein Dritter zur Erfüllung eines Insolvenzplans geleistet hat, bleiben außer Betracht.

1 1) **Insolvenzmasse, I.** Eine Steuervergütung rechnet dazu, BGH Rpfleger **08,** 154.

2 2) **Mehrbetrag, II Z 1 S 2.** Die Vorschrift gilt nicht bei einem freihändigen Verkauf, LG Heilbr Rpfleger **07,** 106 (spricht irrig von I). Zur Berechnung bei II Z 4 S 2 BGH MDR **07,** 913.

3 3) **Überschuß, II Z 4 b.** Die Vorschrift gilt auch für den vorläufigen Insolvenzverwalter, BGH Rpfleger **07,** 565. Ein Kündigungslohn kann eine Ausgabe sein, BGH MDR **09,** 168.

Regelsätze

2 ^{I} Der Insolvenzverwalter erhält in der Regel
1. von der ersten 25 000 Euro
   der Insolvenzmasse   40 vom Hundert,

D. Insolvenzrechtliche Vergütungsverordnung §§ 2, 3 InsVV

2. von dem Mehrbetrag bis zu 50 000 Euro	25 vom Hundert,
3. von dem Mehrbetrag bis zu 250 000 Euro	7 vom Hundert,
4. von dem Mehrbetrag bis zu 500 000 Euro	3 vom Hundert,
5. von dem Mehrbetrag bis zu 25 000 000 Euro	2 vom Hundert,
6. von dem Mehrbetrag bis zu 500 000 000 Euro	1 vom Hundert,
7. von dem darüber hinausgehenden Betrag	0,5 vom Hundert.

II ¹Haben in dem Verfahren nicht mehr als 10 Gläubiger ihre Forderungen angemeldet, so soll die Vergütung in der Regel mindestens 1000 Euro betragen. ²Von 11 bis zu 30 Gläubigern erhöht sich die Vergütung für je angefangene 5 Gläubiger um 150 Euro. ³Ab 31 Gläubiger erhöht sich die Vergütung je angefangene 5 Gläubiger um 100 Euro.

Vorbem. II idF Art 1 Z 1 VO v 4. 10. 04, BGBl 2569, in Kraft seit 7. 10. 04, Art 2 VO, Übergangsrecht § 19 InsVV.

1) Geltungsbereich, I, II. Die Regelung ist verfassungsgemäß, BGH MDR 08, 882.

Zu- und Abschläge

3 ᴵ Eine den Regelsatz übersteigende Vergütung ist insbesondere festzusetzen, wenn
a) die Bearbeitung von Aus- und Absonderungsrechten einen erheblichen Teil der Tätigkeit des Insolvenzverwalters ausgemacht hat, ohne daß ein entsprechender Mehrbetrag nach § 1 Abs. 2 Nr. 1 angefallen ist,
b) der Verwalter das Unternehmen fortgeführt oder Häuser verwaltet hat und die Masse nicht entsprechend größer geworden ist,
c) die Masse groß war und die Regelvergütung wegen der Degression der Regelsätze keine angemessene Gegenleistung dafür darstellt, daß der Verwalter mit erheblichem Arbeitsaufwand die Masse vermehrt oder zusätzliche Masse festgestellt hat,
d) arbeitsrechtliche Fragen zum Beispiel in bezug auf das Insolvenzgeld, den Kündigungsschutz oder einen Sozialplan den Verwalter erheblich in Anspruch genommen haben oder
e) der Verwalter einen Insolvenzplan ausgearbeitet hat.

II Ein Zurückbleiben hinter dem Regelsatz ist insbesondere gerechtfertigt, wenn
a) ein vorläufiger Insolvenzverwalter im Verfahren tätig war,
b) die Masse bereits zu einem wesentlichen Teil verwertet war, als der Verwalter das Amt übernahm,
c) das Insolvenzverfahren vorzeitig beendet wird oder das Amt des Verwalters vorzeitig endet, oder
d) die Masse groß war und die Geschäftsführung geringe Anforderungen an den Verwalter stellte.

Bem. Zur Möglichkeit eines Zuschlags BGH Rpfleger **04**, 516. Zur Erheblichkeit nach Ia BGH MDR **07**, 358 und 857 sowie **08**, 106. Bei Ib ist meist mehr als eine Mobiliarverwertung nötig, BGH Rpfleger **08**, 97. Es müssen Hs 1, 2 zusammentreffen, BGH NZA-RR **07**, 373. Die Verwaltung eines Einzelobjekts kann bei Ib reichen, BGH MDR **08**, 589 links unten. Man muß bei einer Massevermehrung einen Vergleich mit/ohne sie vornehmen, BGH MDR **08**, 589 links unten. Auch die Nichterfüllung einer Mitwirkungspflicht des Schuldners kann reichen, BGH MDR **08**, 589 links unten. Zu den Möglichkeiten eines Abschlags bei IIa BGH JB **07**, 267 und Rpfleger **08**, 97, bei IIb BGH Rpfleger **06**, 429. IIa gilt nicht, soweit der Insolvenzverwalter im Eröffnungsverfahren nur ein Sachverständiger war, BGH MDR **09**,

1249. Das Beschwerdegericht darf nicht über den Beschwerdeantrag hinausgehen, BGH Rpfleger **07**, 103 rechts.

Geschäftskosten. Haftpflichtversicherung

4 I ¹Mit der Vergütung sind die allgemeinen Geschäftskosten abgegolten. ²Zu den allgemeinen Geschäftskosten gehört der Büroaufwand des Insolvenzverwalters einschließlich der Gehälter seiner Angestellten, auch soweit diese anläßlich des Insolvenzverfahrens eingestellt worden sind. ³Unberührt bleibt das Recht des Verwalters, zur Erledigung besonderer Aufgaben im Rahmen der Verwaltung für die Masse Dienst- oder Werkverträge abzuschließen und die angemessene Vergütung aus der Masse zu zahlen.

II Besondere Kosten, die dem Verwalter im Einzelfall, zum Beispiel durch Reisen, tatsächlich entstehen, sind als Auslagen zu erstatten.

III ¹Mit der Vergütung sind auch die Kosten einer Haftpflichtversicherung abgegolten. ²Ist die Verwaltung jedoch mit einem besonderen Haftungsrisiko verbunden, so sind die Kosten einer angemessenen zusätzlichen Versicherung als Auslagen zu erstatten.

1 1) **Allgemeine Geschäftskosten, I.** Zu ihnen gehören auch Kosten des eigenen Büropersonals, BGH BB **06**, 1817.

Einsatz besonderer Sachkunde

5 I Ist der Insolvenzverwalter als Rechtsanwalt zugelassen, so kann er für Tätigkeiten, die ein nicht als Rechtsanwalt zugelassener Verwalter angemessenerweise einem Rechtsanwalt übertragen hätte, nach Maßgabe des Rechtsanwaltsvergütungsgesetzes Gebühren und Auslagen gesondert aus der Insolvenzmasse entnehmen.

II Ist der Verwalter Wirtschaftsprüfer oder Steuerberater oder besitzt er eine andere besondere Qualifikation, so gilt Absatz 1 entsprechend.

1 1) **Verweisung auf RVG, I, II.** Vgl dazu BGH Rpfleger **08**, 520 rechts (nicht höher als RVG).

Nachtragsverteilung. Überwachung der Erfüllung eines Insolvenzplans

6 I ¹Für eine Nachtragsverteilung erhält der Insolvenzverwalter eine gesonderte Vergütung, die unter Berücksichtigung des Werts der nachträglich verteilten Insolvenzmasse nach billigem Ermessen festzusetzen ist. ²Satz 1 gilt nicht, wenn die Nachtragsverteilung voraussehbar war und schon bei der Festsetzung der Vergütung für das Insolvenzverfahren berücksichtigt worden ist.

II ¹Die Überwachung der Erfüllung eines Insolvenzplans nach den §§ 260 bis 269 der Insolvenzordnung wird gesondert vergütet. ²Die Vergütung ist unter Berücksichtigung des Umfangs der Tätigkeit nach billigem Ermessen festzusetzen.

1 1) **Vergütungshöhe, I.** Es gibt keinen Regelsatz, sondern eine Gesamtabwägung des Einzelfalls nach dem Wert des I 1, BGH Rpfleger **07**, 104 rechts unten.

Umsatzsteuer

7 Zusätzlich zur Vergütung und zur Erstattung der Auslagen wird ein Betrag in Höhe der vom Insolvenzverwalter zu zahlenden Umsatzsteuer festgesetzt.

Festsetzung von Vergütung und Auslagen

8 I ¹Die Vergütung und die Auslagen werden auf Antrag des Insolvenzverwalters vom Insolvenzgericht festgesetzt. ²Die Festsetzung erfolgt für Vergütung und Auslagen gesondert. ³Der Antrag soll gestellt werden, wenn die Schlußrechnung an das Gericht gesandt wird.

II In dem Antrag ist näher darzulegen, wie die nach § 1 Abs. 2 maßgebliche Insolvenzmasse berechnet worden ist und welche Dienst- oder Werkverträge für

2146

D. Insolvenzrechtliche Vergütungsverordnung §§ 8–11 InsVV

besondere Aufgaben im Rahmen der Insolvenzverwaltung abgeschlossen worden sind (§ 4 Abs. 1 Satz 3).

III ¹Der Verwalter kann nach seiner Wahl anstelle der tatsächlich entstandenen Auslagen einen Pauschsatz fordern, der im ersten Jahr 15 vom Hundert, danach 10 vom Hundert der Regelvergütung, höchstens jedoch 250 Euro je angefangenen Monat der Dauer der Tätigkeit des Verwalters beträgt. ²Der Pauschsatz darf 30 vom Hundert der Regelvergütung nicht übersteigen.

1) Gebührenhöhe, I–III. Die Mindestvergütung ist verfassungsgemäß, BGH 1 MDR 08, 884 rechts. Das Wort „danach" in III meint *jedes* Folgejahr, BGH MDR 04, 1324. Man darf und muß eine Zeitspanne verminderten Aufwands mitbeachten, BGH MDR 08, 1181.

Vorschuß

9 ¹Der Insolvenzverwalter kann aus der Insolvenzmasse einen Vorschuß auf die Vergütung und die Auslagen entnehmen, wenn das Insolvenzgericht zustimmt. ²Die Zustimmung soll erteilt werden, wenn das Insolvenzverfahren länger als sechs Monate dauert oder wenn besonders hohe Auslagen erforderlich werden. ³Sind die Kosten des Verfahrens nach § 4a der Insolvenzordnung gestundet, so bewilligt das Gericht einen Vorschuss, sofern die Voraussetzungen nach Satz 2 gegeben sind.

Zweiter Abschnitt
Vergütung des vorläufigen Insolvenzverwalters, des Sachwalters und des Treuhänders im vereinfachten Insolvenzverfahren

Grundsatz

10 Für die Vergütung des vorläufigen Insolvenzverwalters, des Sachwalters und des Treuhänders im vereinfachten Insolvenzverfahren gelten die Vorschriften des Ersten Abschnitts entsprechend, soweit in den §§ 11 bis 13 nichts anderes bestimmt ist.

Vergütung des vorläufigen Insolvenzverwalters

11 I ¹Die Tätigkeit des vorläufigen Insolvenzverwalters wird besonders vergütet. ²Er erhält in der Regel 25 vom Hundert der Vergütung nach § 2 Abs. 1 bezogen auf das Vermögen, auf das sich seine Tätigkeit während des Eröffnungsverfahrens erstreckt. ³Maßgebend für die Wertermittlung ist der Zeitpunkt der Beendigung der vorläufigen Verwaltung oder der Zeitpunkt, ab dem der Gegenstand nicht mehr der vorläufigen Verwaltung unterliegt. ⁴Vermögensgegenstände, an denen bei Verfahrenseröffnung Aus- oder Absonderungsrechte bestehen, werden dem Vermögen nach Satz 2 hinzugerechnet, sofern sich der vorläufige Insolvenzverwalter in erheblichem Umfang mit ihnen befasst. ⁵Eine Berücksichtigung erfolgt nicht, sofern der Schuldner die Gegenstände lediglich aufgrund eines Besitzüberlassungsvertrages in Besitz hat.

II ¹Wird die Festsetzung der Vergütung beantragt, bevor die von Absatz 1 Satz 2 erfassten Gegenstände veräußert wurden, ist das Insolvenzgericht spätestens mit Vorlage der Schlussrechnung auf eine Abweichung des tatsächlichen Werts von dem der Vergütung zugrunde liegenden Wert hinzuweisen, sofern die Wertdifferenz 20 vom Hundert bezogen auf die Gesamtheit dieser Gegenstände übersteigt. ²Bei einer solchen Wertdifferenz kann das Gericht den Beschluss bis zur Rechtskraft der Entscheidung über die Vergütung des Insolvenzverwalters ändern.

III Art, Dauer und Umfang der Tätigkeit des vorläufigen Insolvenzverwalters sind bei der Festsetzung der Vergütung zu berücksichtigen.

IV Hat das Insolvenzgericht den vorläufigen Insolvenzverwalter als Sachverständigen beauftragt zu prüfen, ob ein Eröffnungsgrund vorliegt und welche Aussichten für eine Fortführung des Unternehmens des Schuldners bestehen, erhält er gesondert eine Vergütung nach dem Justizvergütungs- und -entschädigungsgesetz.

InsVV §§ 11–14   Dritter Abschn. Verg. nach § 293 InsO

Vorbem. I–III idF, bisheriger II zu IV dch Art 1 Z 1 a, b VO v 21. 12. 06, BGBl 3389, in Kraft seit 29. 12. 06, Art 2 VO, Übergangsrecht § 19 InsVV.

Schrifttum: *Andres* Rpfleger **06**, 517 (Üb).

1 **Bem.** Zu I 1 BGH **175**, 49. Zu I 2 BGH Rpfleger **07**, 100. Auch der „schwache" vorläufige Insolvenzverwalter mag einen Zuschlag beanspruchen dürfen, wenn sich für ihn erhebliche Erschwernisse ergeben, BGH NJW **06**, 2701. Auch eine Forderung kann zum Vermögen zählen, BGH Rpfleger **07**, 220. Ein Gegenstand mit einem Aus- oder Absonderungsrecht zählt nur dann zum Vermögen, wenn sich der vorläufige Insolvenzverwalter mit ihm in einem erheblichen und nicht nur in „nennenswertem" Umfang befaßt hat, BGH NJW **06**, 2988 und 2992, krit Vallender NJW **06**, 2959, aM AG Gött Rpfleger **07**, 43. Erheblich ist auch eine Bemühung zur Klärung des kapitalersetzenden Charakters einer Nutzungsüberlassung, BGH Rpfleger **06**, 622. Es kann auch ein Abschlag infrage kommen, BGH Rpfleger **07**, 220.

Vergütung des Sachwalters

12 ^I Der Sachwalter erhält in der Regel 60 vom Hundert der für den Insolvenzverwalter bestimmten Vergütung.

^{II} Eine den Regelsatz übersteigende Vergütung ist insbesondere festzusetzen, wenn das Insolvenzgericht gemäß § 277 Abs. 1 der Insolvenzordnung angeordnet hat, daß bestimmte Rechtsgeschäfte des Schuldners nur mit Zustimmung des Sachwalters wirksam sind.

^{III} § 8 Abs. 3 gilt mit der Maßgabe, daß an die Stelle des Betrags von 250 Euro der Betrag von 125 Euro tritt.

1 **Bem.** III idF Art 12 Z 3 a, b des vor § 1 genannten G.

Vergütung des Treuhänders im vereinfachten Insolvenzverfahren

13 ^I ¹Der Treuhänder erhält in der Regel 15 vom Hundert der Insolvenzmasse. ²Ein Zurückbleiben hinter dem Regelsatz ist insbesondere dann gerechtfertigt, wenn das vereinfachte Insolvenzverfahren vorzeitig beendet wird. ³Haben in dem Verfahren nicht mehr als 5 Gläubiger ihre Forderungen angemeldet, so soll die Vergütung in der Regel mindestens 600 Euro betragen. ⁴Von 6 bis zu 15 Gläubigern erhöht sich die Vergütung für je angefangene 5 Gläubiger um 150 Euro. ⁵Ab 16 Gläubiger erhöht sich die Vergütung je angefangene 5 Gläubiger um 100 Euro.

^{II} §§ 2 und 3 finden keine Anwendung.

Vorbem. I 3–5 idF Art 1 Z 5 VO v 4. 10. 04, BGBl 2569, in Kraft seit 7. 10. 04, Art 2 VO, Übergangsrecht § 19 InsVV. I 2 setzt nicht eine kurze Verfahrensdauer voraus, BGH Rpfleger **07**, 102 links unten. Eine Erhöhung ist zB dann möglich, wenn eine erhebliche Abweichung vom Tätigkeitsbild eintritt, BGH Rpfleger **08**, 388.

Dritter Abschnitt
Vergütung des Treuhänders nach § 293 der Insolvenzordnung

Grundsatz

14 ^I Die Vergütung des Treuhänders nach § 293 der Insolvenzordnung wird nach der Summe der Beträge berechnet, die auf Grund der Abtretungserklärung des Schuldners (§ 287 Abs. 2 der Insolvenzordnung) oder auf andere Weise zur Befriedigung der Gläubiger des Schuldners beim Treuhänder eingehen.

^{II} Der Treuhänder erhält

1. von der ersten
   25 000 Euro   5 vom Hundert,

2. von dem Mehrbetrag
   bis 50 000 Euro   3 vom Hundert,

D. Insolvenzrechtliche Vergütungsverordnung   §§ 14–19 InsVV

3. von dem darüber hinausgehenden Betrag   1 vom Hundert.

III ¹Die Vergütung beträgt mindestens 100 Euro für jedes Jahr der Tätigkeit des Treuhänders. ²Hat er die durch Abtretung eingehenden Beträge an mehr als 5 Gläubiger verteilt, so erhöht sich diese Vergütung je 5 Gläubiger um 50 Euro.

Überwachung der Obliegenheiten des Schuldners

15 I ¹Hat der Treuhänder die Aufgabe, die Erfüllung der Obliegenheiten des Schuldners zu überwachen (§ 292 Abs. 2 der Insolvenzordnung), so erhält er eine zusätzliche Vergütung. ²Diese beträgt regelmäßig 35 Euro je Stunde.

II ¹Der Gesamtbetrag der zusätzlichen Vergütung darf den Gesamtbetrag der Vergütung nach § 14 nicht überschreiten. ²Die Gläubigerversammlung kann eine abweichende Regelung treffen.

Festsetzung der Vergütung. Vorschüsse

16 I ¹Die Höhe des Stundensatzes der Vergütung des Treuhänders, der die Erfüllung der Obliegenheiten des Schuldners überwacht, wird vom Insolvenzgericht bei der Ankündigung der Restschuldbefreiung festgesetzt. ²Im übrigen werden die Vergütung und die zu erstattenden Auslagen auf Antrag des Treuhänders bei der Beendigung seines Amtes festgesetzt. ³Auslagen sind einzeln anzuführen und zu belegen. ⁴Soweit Umsatzsteuer anfällt, gilt § 7 entsprechend.

II ¹Der Treuhänder kann aus den eingehenden Beträgen Vorschüsse auf seine Vergütung entnehmen. ²Diese dürfen den von ihm bereits verdienten Teil der Vergütung und die Mindestvergütung seiner Tätigkeit nicht überschreiten. ³Sind die Kosten des Verfahrens nach § 4 a der Insolvenzordnung gestundet, so kann das Gericht Vorschüsse bewilligen, auf die Satz 2 entsprechende Anwendung findet.

1) Geltungsbereich, I, II. Zum Verfahren AG Duisb Rpfleger 09, 520.   1

Vierter Abschnitt
Vergütung der Mitglieder des Gläubigerausschusses

Berechnung der Vergütung

17 ¹Die Vergütung der Mitglieder des Gläubigerausschusses beträgt regelmäßig zwischen 35 und 95 Euro je Stunde. ²Bei der Festsetzung des Stundensatzes ist insbesondere der Umfang der Tätigkeit zu berücksichtigen.

1) Geltungsbereich, S 1, 2. Der Anwalt und der Rechtsbeistand erhalten 1 grundsätzlich dieselbe Vergütung, BGH MDR 07, 981 rechts. Es kommt aber auch eine gegenüber einem Stundensatz niedrigere Pauschale infrage, BGH MDR 10, 49. Zum Verfahren AG Duisb Rpfleger 09, 522.

Auslagen. Umsatzsteuer

18 I Auslagen sind einzeln anzuführen und zu belegen.
II Soweit Umsatzsteuer anfällt, gilt § 7 entsprechend.

Fünfter Abschnitt
Übergangs- und Schlußvorschriften

Übergangsregelung

19 I Auf Insolvenzverfahren, die vor dem 1. Januar 2004 eröffnet wurden, sind die Vorschriften dieser Verordnung in ihrer bis zum Inkrafttreten der Verordnung vom 4. Oktober 2004 (BGBl. I S. 2569) am 7. Oktober 2004 geltenden Fassung weiter anzuwenden.

II Auf Vergütungen aus vorläufigen Insolvenzverwaltungen, die zum 29. Dezember 2006 bereits rechtskräftig abgerechnet sind, sind die bis zum Inkrafttre-

2149

ten der Zweiten Verordnung zur Änderung der Insolvenzrechtlichen Vergütungsverordnung vom 21. Dezember 2006 (BGBl. I S. 3389) geltenden Vorschriften anzuwenden.

Vorbem. II angefügt dch Art 1 Z 2a, b VO v 21. 12. 06, BGBl 3389, in Kraft seit 29. 12. 06, Art 2 VO.

Inkrafttreten

20 Diese Verordnung tritt am 1. Januar 1999 in Kraft.

E. Vergütung nach der Zwangsverwalterverordnung (ZwVwV)

Aus der Zwangsvollstreckungsverordnung (ZwVwV) vom 19. 12.

03, BGBl 2804

Schrifttum: *Empfehlungen* Arbeitsgruppen der Interessengemeinschaft Zwangsverwaltung Rpfleger **04**, 653 (ausf); *Haarmeyer/Wutzke/Förster/Hintzen,* Handbuch zur Zwangsverwaltung, 2. Aufl 2005 (Bespr *Kreft* Rpfleger **04**, 738); *Huetzen/Wolf* Rpfleger **04**, 129 (Üb).

Vergütung und Auslagenersatz

17 ^I ¹Der Verwalter hat Anspruch auf eine angemessene Vergütung für seine Geschäftsführung sowie auf Erstattung seiner Auslagen nach Maßgabe des § 21. ²Die Höhe der Vergütung ist an der Art und dem Umfang der Aufgabe sowie an der Leistung des Zwangsverwalters auszurichten.

^{II} Zusätzlich zur Vergütung und zur Erstattung der Auslagen wird ein Betrag in Höhe der vom Verwalter zu zahlenden Umsatzsteuer festgesetzt.

^{III} ¹Ist der Verwalter als Rechtsanwalt zugelassen, so kann er für Tätigkeiten, die ein nicht als Rechtsanwalt zugelassener Verwalter einem Rechtsanwalt übertragen hätte, die gesetzliche Vergütung eines Rechtsanwalts abrechnen. ²Ist der Verwalter Steuerberater oder besitzt er eine andere besondere Qualifikation, gilt Satz 1 sinngemäß.

1) Verweisung auf RVG, III. Vgl dazu BGH NZM **04**, 880. Soweit der Anwalt vom RVG Gebrauch macht, kann er keine Vergütung nach anderen Vorschriften fordern, BGH MDR **05**, 536.   1

Regelvergütung

18 ^I ¹Bei der Zwangsverwaltung von Grundstücken, die durch Vermieten oder Verpachten genutzt werden, erhält der Verwalter als Vergütung in der Regel 10 Prozent des für den Zeitraum der Verwaltung an Mieten oder Pachten eingezogenen Bruttobetrags. ²Für vertraglich geschuldete, nicht eingezogene Mieten oder Pachten erhält er 20 Prozent der Vergütung, die er erhalten hätte, wenn diese Mieten eingezogen worden wären. ³Soweit Mietrückstände eingezogen werden, für die der Verwalter bereits eine Vergütung nach Satz 2 erhalten hat, ist diese anzurechnen.

^{II} Ergibt sich im Einzelfall ein Missverhältnis zwischen der Tätigkeit des Verwalters und der Vergütung nach Absatz 1, so kann der in Absatz 1 Satz 1 genannte Prozentsatz bis auf 5 vermindert oder bis auf 15 angehoben werden.

^{III} ¹Für die Fertigstellung von Bauvorhaben erhält der Verwalter 6 Prozent der von ihm verwalteten Bausumme. ²Planungs-, Ausführungs- und Abnahmekosten sind Bestandteil der Bausumme und finden keine Anrechnung auf die Vergütung des Verwalters.

1) **Systematik, I–III.** §§ 18, 19 schließen einander aus, BGH RR **09**, 1168.   1
2) **Mißverhältnis, II.** Ein Mißverhältnis liegt bei einer Unangemessenheit vor,   2
BGH RR **08**, 464. Es zwingt zur Anpassung, BGH RR **08**, 464. Regelfall ist eine nicht gewerbliche Nutzung, LG Gera NZM **09**, 760. Beim Gewerberaum kommt eine Erhöhung der Regelvergütung nach I infrage, LG Erfurt Rpfleger **07**, 278, ebenso bei ständigen Abmahnungen, aufwendigen Abrechnungen usw, LG Erfurt Rpfleger **07**, 278. Der Zwangsverwalter muß bei II den notwendigen Zeitaufwand nachvollziehbar darlegen, BGH NZM **08**, 223. Eine Verfahrensaufhebung führt nicht zum Verlust des Vergütungsanspruchs, LG Heilbr Rpfleger **09**, 693.

Abweichende Berechnung der Vergütung

19 ^I ¹Wenn dem Verwalter eine Vergütung nach § 18 nicht zusteht, bemisst sich die Vergütung nach Zeitaufwand. ²In diesem Fall erhält er für jede Stunde der für die Verwaltung erforderlichen Zeit, die er oder einer seiner Mitarbeiter aufgewendet hat, eine Vergütung von mindestens 35 Euro und höchstens 95 Euro. ³Der Stundensatz ist für den jeweiligen Abrechnungszeitraum einheitlich zu bemessen.

II Der Verwalter kann für den Abrechnungszeitraum einheitlich nach Absatz 1 abrechnen, wenn die Vergütung nach § 18 Abs. 1 und 2 offensichtlich unangemessen ist.

1 1) **Systematik, I, II.** §§ 18, 19 schließen einander aus, BGH RR **09**, 1168.
2 2) **Zeitvergütung, I, II.** Vgl zunächst BGH Rpfleger **07**, 100. Es kommt darauf an, ob der Zeitaufwand die Regelvergütung um mindestens 25% übersteigt, BGH NZM **08**, 100, oder um 30%, LG Heilbr Rpfleger **06**, 616. Es kommt bei mehreren nicht vermieteten Eigentumswohnungen nicht schon deshalb eine Vergütung unterhalb des Mittelsatzes nach I infrage, weil sie in demselben Gebäude liegen, BGH Rpfleger **07**, 276. Der Zwangsverwalter muß bei II eine nachvollziehbare Darstellung des Zeitaufwands vorlegen, BGH NZM **08**, 223.
Unanwendbar sind I, II bei einem vom Zwangsverwalter verschuldeten Zeitaufwand, BGH NZM **08**, 143.

Mindestvergütung

20 ᴵ Ist das Zwangsverwaltungsobjekt von dem Verwalter in Besitz genommen, so beträgt die Vergütung des Verwalters mindestens 600 Euro.

ᴵᴵ Ist das Verfahren der Zwangsverwaltung aufgehoben worden, bevor der Verwalter das Grundstück in Besitz genommen hat, so erhält er eine Vergütung von 200 Euro, sofern er bereits tätig geworden ist.

1 1) **Mehrheit von Grundstücken, I, II.** Die Mindestvergütung fällt für die gesamte Tätigkeit des Verwalters während des Zwangsverwaltungsverfahrens an, BGH WoM **06**, 464. Sie fällt mehrfach an, soweit die mehreren Grundstücke keine wirtschaftliche Einheit bilden, BGH NZM **06**, 234. Das gilt auch bei Mieteinnahmen, BGH NZM **07**, 301, LG Wuppert Rpfleger **08**, 273.

Auslagen

21 ᴵ ¹Mit der Vergütung sind die allgemeinen Geschäftskosten abgegolten. ²Zu den allgemeinen Geschäftskosten gehört der Büroaufwand des Verwalters einschließlich der Gehälter seiner Angestellten.

ᴵᴵ ¹Besondere Kosten, die dem Verwalter im Einzelfall, zum Beispiel durch Reisen oder die Einstellung von Hilfskräften für bestimmte Aufgaben im Rahmen der Zwangsverwaltung, tatsächlich entstehen, sind als Auslagen zu erstatten, soweit sie angemessen sind. ²Anstelle der tatsächlich entstandenen Auslagen kann der Verwalter nach seiner Wahl für den jeweiligen Abrechnungszeitraum eine Pauschale von 10 Prozent seiner Vergütung, höchstens jedoch 40 Euro für jeden angefangenen Monat seiner Tätigkeit, fordern.

ᴵᴵᴵ ¹Mit der Vergütung sind auch die Kosten einer Haftpflichtversicherung abgegolten. ²Ist die Verwaltung jedoch mit einem besonderen Haftungsrisiko verbunden, so sind die durch eine Höherversicherung nach § 1 Abs. 4 begründeten zusätzlichen Kosten als Auslagen zu erstatten.

1 1) **Pauschale, II 2.** Der Zwangsverwalter kann sie ohne Nachweis der Entstehung tatsächlicher Auslagen fordern, LG Kassel JB **04**, 608. Anwaltskosten können Auslagen sein, BGH NJW **09**, 3104. Eine Grenze bildet freilich Arglist.

Festsetzung

22 ¹Die Vergütung und die dem Verwalter zu erstattenden Auslagen werden im Anschluss an die Rechnungslegung nach § 14 Abs. 2 oder die Schlussrechnung nach § 14 Abs. 3 für den entsprechenden Zeitraum auf seinen Antrag vom Gericht festgesetzt. ²Vor der Festsetzung kann der Verwalter mit Einwilligung des Gerichts aus den Einnahmen einen Vorschuss auf die Vergütung und die Auslagen entnehmen.

F. Gebühren nach der Bundesrechtsanwaltsordnung (BRAO)

Aus der Bundesrechtsanwaltsordnung (BRAO) v 1. 8. 59, BGBl 565, zuletzt geändert dch Art 1 G v 30. 7. 09, BGBl 2449

Gerichtskosten

193 [1] In verwaltungsrechtlichen Anwaltssachen werden Gebühren nach dem Gebührenverzeichnis der Anlage zu diesem Gesetz erhoben. [2] Im Übrigen sind die für Kosten in Verfahren vor den Gerichten der Verwaltungsgerichtsbarkeit geltenden Vorschriften des Gerichtskostengesetzes entsprechend anzuwenden, soweit in diesem Abschnitt nichts anderes bestimmt ist.

Streitwert

194 I [1] Der Streitwert bestimmt sich nach § 52 des Gerichtskostengesetzes. [2] Er wird von Amts wegen festgesetzt.

II [1] In Verfahren, die Klagen auf Zulassung zur Rechtsanwaltschaft oder deren Rücknahme oder Widerruf betreffen, ist ein Streitwert von 50 000 Euro anzunehmen. [2] Unter Berücksichtigung der Umstände des Einzelfalls, insbesondere des Umfangs und der Bedeutung der Sache sowie der Vermögens- und Einkommensverhältnisse des Klägers, kann das Gericht einen höheren oder einen niedrigeren Wert festsetzen.

III Die Festsetzung ist unanfechtbar; § 63 Abs. 3 des Gerichtskostengesetzes bleibt unberührt.

Zu §§ 193, 194:

Vorbem. Eingefügt dch Art 1 Z 58, 71 G v 30. 7. 09, BGBl 2449, in Kraft seit 1. 9. 09, Art 10 S 1 G, Übergangsrecht § 215 BRAO.

Gerichtskosten

195 [1] Im anwaltsgerichtlichen Verfahren, im Verfahren über den Antrag auf Entscheidung des Anwaltsgerichts über die Rüge (§ 74 a Abs. 1) und im Verfahren über den Antrag auf Entscheidung des Anwaltsgerichtshofs gegen die Androhung oder die Festsetzung eines Zwangsgelds (§ 57 Abs. 3) werden Gebühren nach dem Gebührenverzeichnis der Anlage zu diesem Gesetz erhoben. [2] Im Übrigen sind die für Kosten in Strafsachen geltenden Vorschriften des Gerichtskostengesetzes entsprechend anzuwenden.

Anlage
(zu § 193 Satz 1 und § 195 Satz 1)

Gebührenverzeichnis

(Amtliche) Gliederung

Teil 1. Anwaltgerichtliche Verfahren
Abschnitt 1. Verfahren vor dem Anwaltsgericht 1110–1120
   Unterabschnitt 1. Anwaltsgerichtliches Verfahren erster Instanz 1110–1112
   Unterabschnitt 2. Antrag auf gerichtliche Entscheidung über die Rüge 1120
Abschnitt 2. Verfahren vor dem Anwaltsgerichtshof 1210–1230
   Unterabschnitt 1. Berufung 1210, 1211
   Unterabschnitt 2. Beschwerde 1220
   Unterabschnitt 3. Antrag auf gerichtliche Entscheidung über die Androhung oder die Festsetzung eines Zwangsgelds 1230
Abschnitt 3. Verfahren vor dem Bundesgerichtshof 1310–1332
   Unterabschnitt 1. Revision 1310, 1311
   Unterabschnitt 2. Beschwerde 1320, 1321

BRAO GV Vorbem 1, 1110–1120   F. Gebühren nach der BNotO

Unterabschnitt 3. Verfahren wegen eines bei dem Bundesgerichtshof zugelassenen Rechtsanwalts	1330–1332
Abschnitt 4. Rüge wegen Verletzung des Anspruchs auf rechtliches Gehör	1400
Teil 2. Gerichtliche Verfahren in verwaltungsrechtlichen Anwaltssachen	
Abschnitt 1. Erster Rechtszug	2110–2121
Unterabschnitt 1. Anwaltsgerichtshof	2110, 2111
Unterabschnitt 2. Bundesgerichtshof	2120, 2121
Abschnitt 2. Zulassung und Durchführung der Berufung	2200–2204
Abschnitt 3. Vorläufiger Rechtsschutz	2310–2331
Unterabschnitt 1. Anwaltsgerichtshof	2310, 2311
Unterabschnitt 2. Bundesgerichtshof als Rechtsmittelinstanz in der Hauptsache	2320, 2321
Unterabschnitt 3. Bundesgerichtshof	2330, 2331
Abschnitt 4. Rüge wegen Verletzung des Anspruchs auf rechtliches Gehör	2400

Nr.	Gebührentatbestand	Gebührenbetrag oder Satz der jeweiligen Gebühr 1110 bis 1112

(Amtliche) Vorbemerkung 1:

I Im anwaltsgerichtlichen Verfahren bemessen sich die Gerichtsgebühren vorbehaltlich des Absatzes 2 für alle Rechtszüge nach der rechtskräftig verhängten Maßnahme.

II Wird ein Rechtsmittel oder ein Antrag auf anwaltsgerichtliche Entscheidung nur teilweise verworfen oder zurückgewiesen, so hat das Gericht die Gebühr zu ermäßigen, soweit es unbillig wäre, den Rechtsanwalt damit zu belasten.

III [1] Im Verfahren nach Wiederaufnahme werden die gleichen Gebühren wie für das wiederaufgenommene Verfahren erhoben. [2] Wird jedoch nach Anordnung der Wiederaufnahme des Verfahrens das frühere Urteil aufgehoben, gilt für die Gebührenerhebung jeder Rechtszug des neuen Verfahrens mit dem jeweiligen Rechtszug des früheren Verfahrens zusammen als ein Rechtszug. [3] Gebühren werden auch für Rechtszüge erhoben, die nur im früheren Verfahren stattgefunden haben.

Teil 1. Anwaltgerichtliche Verfahren

Abschnitt 1. Verfahren vor dem Anwaltsgericht

Unterabschnitt 1. Anwaltsgerichtliches Verfahren erster Instanz

1110	Verfahren mit Urteil bei Verhängung einer oder mehrerer der folgenden Maßnahmen: 1. einer Warnung, 2. eines Verweises, 3. einer Geldbuße	240,00 EUR
1111	Verfahren mit Urteil bei Verhängung eines Vertretungs- und Beistandsverbots nach § 114 Abs. 1 Nr. 4 des Bundesrechtsanwaltsordnung	360,00 EUR
1112	Verfahren mit Urteil bei Ausschließung aus der Rechtsanwaltschaft	480,00 EUR

Unterabschnitt 2. Antrag auf gerichtliche Entscheidung über die Rüge

1120	Verfahren über den Antrag auf gerichtliche Entscheidung über die Rüge nach § 74a Abs. 1 der Bundesrechtsanwaltsordnung: Der Antrag wird verworfen oder zurückgewiesen	160,00 EUR

F. Gebühren nach der Bundesrechtsanwaltsordnung 1210–1321 GV BRAO

Nr.	Gebührentatbestand	Gebührenbetrag oder Satz der jeweiligen Gebühr 1110 bis 1112
	Abschnitt 2. Verfahren vor dem Anwaltsgerichtshof	
	Unterabschnitt 1. Berufung	
1210	Berufungsverfahren mit Urteil	1,5
1211	Erledigung des Berufungsverfahrens ohne Urteil	0,5
	Die Gebühr entfällt bei Zurücknahme der Berufung vor Ablauf der Begründungsfrist.	
	Unterabschnitt 2. Beschwerde	
1220	Verfahren über Beschwerden im anwaltsgerichtlichen Verfahren, die nicht nach anderen Vorschriften gebührenfrei sind: Die Beschwerde wird verworfen oder zurückgewiesen	50,00 EUR
	Von dem Rechtsanwalt wird eine Gebühr nur erhoben, wenn gegen ihn rechtskräftig eine anwaltsgerichtliche Maßnahme verhängt worden ist.	
	Unterabschnitt 3. Antrag auf gerichtliche Entscheidung über die Androhung oder die Festsetzung eines Zwangsgelds	
1230	Verfahren über den Antrag auf gerichtliche Entscheidung über die Androhung oder die Festsetzung eines Zwangsgelds nach § 57 Abs. 3 der Bundesrechtsanwaltsordnung: Der Antrag wird verworfen oder zurückgewiesen	200,00 EUR
	Abschnitt 3. Verfahren vor dem Bundesgerichtshof	
	Unterabschnitt 1. Revision	
1310	Revisionsverfahren mit Urteil oder mit Beschluss nach § 146 Abs. 3 Satz 1 der Bundesrechtsanwaltsordnung i. V. m. § 349 Abs. 2 oder Abs. 4 StPO	2,0
1311	Erledigung des Revisionsverfahrens ohne Urteil und ohne Beschluss nach § 146 Abs. 3 Satz 1 der Bundesrechtsanwaltsordnung i. V. m. § 349 Abs. 2 oder Abs. 4 StPO	1,0
	Die Gebühr entfällt bei Zurücknahme der Revision vor Ablauf der Begründungsfrist.	
	Unterabschnitt 2. Beschwerde	
1320	Verfahren über die Beschwerde gegen die Nichtzulassung der Revision: Die Beschwerde wird verworfen oder zurückgewiesen	1,0
1321	Verfahren über sonstige Beschwerden im anwaltsgerichtlichen Verfahren, die nicht nach anderen Vorschriften gebührenfrei sind: Die Beschwerde wird verworfen oder zurückgewiesen	50,00 EUR
	Von dem Rechtsanwalt wird eine Gebühr nur erhoben, wenn gegen ihn rechtskräftig eine anwaltsgerichtliche Maßnahme verhängt worden ist.	

Nr.	Gebührentatbestand	Gebührenbetrag oder Satz der jeweiligen Gebühr 1110 bis 1112
	Unterabschnitt 3. Verfahren wegen eines bei dem Bundesgerichtshof zugelassenen Rechtsanwalts	
1330	Anwaltsgerichtliches Verfahren mit Urteil bei Verhängung einer Maßnahme	1,5
1331	Verfahren über den Antrag auf gerichtliche Entscheidung über die Androhung oder die Festsetzung eines Zwangsgelds nach § 57 Abs. 3 i. V. m. § 163 Satz 2 der Bundesrechtsanwaltsordnung: Der Antrag wird verworfen oder zurückgewiesen	240,00 EUR
1332	Verfahren über den Antrag auf gerichtliche Entscheidung über die Rüge nach § 74a Abs. 1 i. V. m. § 163 Satz 2 der Bundesrechtsanwaltsordnung: Der Antrag wird verworfen oder zurückgewiesen	240,00 EUR
	Abschnitt 4. Rüge wegen Verletzung des Anspruchs auf rechtliches Gehör	
1400	Verfahren über die Rüge wegen Verletzung des Anspruchs auf rechtliches Gehör: Die Rüge wird in vollem Umfang verworfen oder zurückgewiesen	50,00 EUR

Nr.	Gebührentatbestand	Gebührenbetrag oder Satz der Gebühr nach § 34 GKG
	Teil 2. Gerichtliche Verfahren in verwaltungsrechtlichen Anwaltssachen	
	Abschnitt 1. Erster Rechtszug	
	Unterabschnitt 3. Anwaltsgerichtshof	
2110	Verfahren im Allgemeinen	4,0
2111	Beendigung des gesamten Verfahrens durch 1. Zurücknahme der Klage: a) vor dem Schluss der mündlichen Verhandlung, b) wenn eine solche nicht stattfindet, vor Ablauf des Tages, an dem das Urteil, der Gerichtsbescheid oder der Beschluss in der Hauptsache der Geschäftsstelle übermittelt wird, c) im Fall des § 112c Abs. 1 Satz 1 der Bundesrechtsanwaltsordnung i. V. m. § 93a Abs. 2 VwGO vor Ablauf der Erklärungsfrist nach § 93a Abs. 2 Satz 1 VwGO, 2. Anerkenntnis- oder Verzichtsurteil, 3. gerichtlichen Vergleich oder 4. Erledigungserklärungen nach § 112c Abs. 1 Satz 1 der Bundesrechtsanwaltsordnung i. V. m. § 161 Abs. 2 VwGO, wenn keine Entscheidung über die Kosten ergeht oder die Entscheidung einer zuvor mitgeteilten Einigung der Beteiligten über die Kostentragung oder der Kostenübernahmeerklärung eines Beteiligten folgt,	

F. Gebühren nach der Bundesrechtsanwaltsordnung 2111–2203 GV BRAO

Nr.	Gebührentatbestand	Gebührenbetrag oder Satz der Gebühr nach § 34 GKG
	es sei denn, dass bereits ein anderes als eines der in Nummer 2 genannten Urteile, ein Gerichtsbescheid oder Beschluss in der Hauptsache vorausgegangen ist: Die Gebühr 2110 ermäßigt sich auf .... Die Gebühr ermäßigt sich auch, wenn mehrere Ermäßigungstatbestände erfüllt sind.	2,0
	Unterabschnitt 4. Bundesgerichtshof	
2120	Verfahren im Allgemeinen	5,0

2121	Beendigung des gesamten Verfahrens durch
	1. Zurücknahme der Klage:
	  a) vor dem Schluss der mündlichen Verhandlung,
	  b) wenn eine solche nicht stattfindet, vor Ablauf des Tages, an dem das Urteil oder der Gerichtsbescheid der Geschäftsstelle übermittelt wird,
	  c) im Fall des § 112 c Abs. 1 Satz 1 der Bundesrechtsanwaltsordnung i. V. m. § 93 a Abs. 2 VwGO vor Ablauf der Erklärungsfrist nach § 93 a Abs. 2 Satz 1 VwGO,
	2. Anerkenntnis- oder Verzichtsurteil,
	3. gerichtlichen Vergleich oder
	4. Erledigungserklärungen nach § 112 c Abs. 1 Satz 1 der Bundesrechtsanwaltsordnung i. V. m. § 161 Abs. 2 VwGO, wenn keine Entscheidung über die Kosten ergeht oder die Entscheidung einer zuvor mitgeteilten Einigung der Beteiligten über die Kostentragung oder der Kostenübernahmeerklärung eines Beteiligten folgt,
	es sei denn, dass bereits ein anderes als eines der in Nummer 2 genannten Urteile, ein Gerichtsbescheid oder Beschluss in der Hauptsache vorausgegangen ist: Die Gebühr 2120 ermäßigt sich auf ....
	Die Gebühr ermäßigt sich auch, wenn mehrere Ermäßigungstatbestände erfüllt sind.
		3,0

	Abschnitt 2. Zulassung und Durchführung der Berufung	
2200	Verfahren über die Zulassung der Berufung: Soweit der Antrag abgelehnt wird	1,0
2201	Verfahren über die Zulassung der Berufung: Soweit der Antrag zurückgenommen oder das Verfahren durch anderweitige Erledigung beendet wird .. Die Gebühr entsteht nicht, soweit die Berufung zugelassen wird.	5,0
2202	Verfahren im Allgemeinen..	5,0
2203	Beendigung des gesamten Verfahrens durch Zurücknahme der Berufung oder der Klage, bevor die Schrift zur Begründung der Berufung bei Gericht eingegangen ist: Die Gebühr 2202 ermäßigt sich auf .... Erledigungserklärungen nach § 112 c Abs. 1 Satz 1 der Bundesrechtsanwaltsordnung i. V. m. § 161 Abs. 2 VwGO	1,0

Nr.	Gebührentatbestand	Gebührenbetrag oder Satz der Gebühr nach § 34 GKG
	stehen der Zurücknahme gleich, wenn keine Entscheidung über die Kosten ergeht oder die Entscheidung einer zuvor mitgeteilten Einigung der Beteiligten über die Kostentragung oder der Kostenübernahmeerklärung eines Beteiligten folgt.	

2204	Beendigung des gesamten Verfahrens, wenn nicht Nummer 2203 erfüllt ist, durch
	1. Zurücknahme der Berufung oder der Klage
	  a) vor dem Schluss der mündlichen Verhandlung,
	  b) wenn eine solche nicht stattfindet, vor Ablauf des Tages, an dem das Urteil oder der Beschluss in der Hauptsache der Geschäftsstelle übermittelt wird, oder
	  c) im Fall des § 112 c Abs. 1 Satz 1 der Bundesrechtsanwaltsordnung i. V. m. § 93 a Abs. 2 VwGO vor Ablauf der Erklärungsfrist nach § 93 a Abs. 2 Satz 1 VwGO,
	2. Anerkenntnis- oder Verzichtsurteil,
	3. gerichtlichen Vergleich oder
	4. Erledigungserklärungen nach § 112 c Abs. 1 Satz 1 der Bundesrechtsanwaltsordnung i. V. m. § 161 Abs. 2 VwGO, wenn keine Entscheidung über die Kosten ergeht oder die Entscheidung einer zuvor mitgeteilten Einigung der Beteiligten über die Kostentragung oder der Kostenübernahmeerklärung eines Beteiligten folgt,
	es sei denn, dass bereits ein anderes als eines der in Nummer 2 genannten Urteile oder ein Beschluss in der Hauptsache vorausgegangen ist:
	Die Gebühr 2202 ermäßigt sich auf............
	Die Gebühr ermäßigt sich auch, wenn mehrere Ermäßigungstatbestände erfüllt sind.
		3,0

Abschnitt 3. Vorläufiger Rechtsschutz

(Amtliche) Vorbemerkung 2.3:

[I] Die Vorschriften dieses Abschnitts gelten für einstweilige Anordnungen und für Verfahren nach § 112 c Abs. 1 Satz 1 der Bundesrechtsanwaltsordnung i. V. m. § 80 Abs. 5 und § 80 a Abs. 3 VwGO.

[II] [1]Im Verfahren über den Antrag auf Erlass und im Verfahren über den Antrag auf Aufhebung einer einstweiligen Anordnung werden die Gebühren jeweils gesondert erhoben. [2]Mehrere Verfahren nach § 112 c Abs. 1 Satz 1 der Bundesrechtsanwaltsordnung i. V. m. § 80 Abs. 5 und 7 und § 80 a Abs. 3 VwGO gelten innerhalb eines Rechtszugs als ein Verfahren.

Unterabschnitt 1. Anwaltsgerichtshof

2310	Verfahren im Allgemeinen............	2,0
2311	Beendigung des gesamten Verfahrens durch 1. Zurücknahme des Antrags a) vor dem Schluss der mündlichen Verhandlung oder,	

Nr.	Gebührentatbestand	Gebührenbetrag oder Satz der Gebühr nach § 34 GKG
	b) wenn eine solche nicht stattfindet, vor Ablauf des Tages, an dem der Beschluss der Geschäftsstelle übermittelt wird, 2. gerichtlichen Vergleich oder 3. Erledigungserklärungen nach § 112c Abs. 1 Satz 1 der Bundesrechtsanwaltsordnung i. V. m. § 161 Abs. 2 VwGO, wenn keine Entscheidung über die Kosten ergeht oder die Entscheidung einer zuvor mitgeteilten Einigung der Beteiligten über die Kostentragung oder der Kostenübernahmeerklärung eines Beteiligten folgt, es sei denn, dass bereits ein Beschluss über den Antrag vorausgegangen ist: Die Gebühr 2310 ermäßigt sich auf .... Die Gebühr ermäßigt sich auch, wenn mehrere Ermäßigungstatbestände erfüllt sind.	0,75
	Unterabschnitt 2. Bundesgerichtshof als Rechtsmittelgericht in der Hauptsache	
2320	Verfahren im Allgemeinen.....................	1,5
2321	Beendigung des gesamten Verfahrens durch 1. Zurücknahme des Antrags a) vor dem Schluss der mündlichen Verhandlung oder, b) wenn eine solche nicht stattfindet, vor Ablauf des Tages, an dem der Beschluss der Geschäftsstelle übermittelt wird, 2. gerichtlichen Vergleich oder 3. Erledigungserklärungen nach § 112c Abs. 1 Satz 1 der Bundesrechtsanwaltsordnung i. V. m. § 161 Abs. 2 VwGO, wenn keine Entscheidung über die Kosten ergeht oder die Entscheidung einer zuvor mitgeteilten Einigung der Beteiligten über die Kostentragung oder der Kostenübernahmeerklärung eines Beteiligten folgt, es sei denn, dass bereits ein Beschluss über den Antrag vorausgegangen ist: Die Gebühr 2320 ermäßigt sich auf .... Die Gebühr ermäßigt sich auch, wenn mehrere Ermäßigungstatbestände erfüllt sind.	0,5
	Unterabschnitt 3. Bundesgerichtshof	
	(Amtliche) Vorbemerkung 2.3.3: Die Vorschriften dieses Unterabschnitts gelten, wenn der Bundesgerichtshof auch in der Hauptsache erstinstanzlich zuständig ist.	
2330	Verfahren im Allgemeinen.....................	2,5
2331	Beendigung des gesamten Verfahrens durch 1. Zurücknahme des Antrags a) vor dem Schluss der mündlichen Verhandlung oder,	

Nr.	Gebührentatbestand	Gebührenbetrag oder Satz der Gebühr nach § 34 GKG
	b) wenn eine solche nicht stattfindet, vor Ablauf des Tages, an dem der Beschluss der Geschäftsstelle übermittelt wird, 2. gerichtlichen Vergleich oder 3. Erledigungserklärungen nach § 112 c Abs. 1 Satz 1 der Bundesrechtsanwaltsordnung i. V. m. § 161 Abs. 2 VwGO, wenn keine Entscheidung über die Kosten ergeht oder die Entscheidung einer zuvor mitgeteilten Einigung der Beteiligten über die Kostentragung oder der Kostenübernahmeerklärung eines Beteiligten folgt, es sei denn, dass bereits ein Beschluss über den Antrag vorausgegangen ist: Die Gebühr 2330 ermäßigt sich auf .... Die Gebühr ermäßigt sich auch, wenn mehrere Ermäßigungstatbestände erfüllt sind.	1,0
	Abschnitt 4. Rüge wegen Verletzung des Anspruchs auf rechtliches Gehör	
2400	Verfahren über die Rüge wegen Verletzung des Anspruchs auf rechtliches Gehör: Die Rüge wird in vollem Umfang verworfen oder zurückgewiesen	50,00 EUR

G. Gebühren nach der Patentanwaltsordnung (PatAnwO)

Aus der Patentanwaltsordnung (PatAnwO) v 7. 9. 66, BGBl 557, zuletzt geändert dch Art 1 G v 14. 8. 09, BGBl 2827

Gerichtskosten

146 ¹In verwaltungsrechtlichen Patentanwaltssachen werden Gebühren nach dem Gebührenverzeichnis der Anlage zu diesem Gesetz erhoben. ²Im Übrigen sind die für Kosten in Verfahren vor den Gerichten der Verwaltungsgerichtsbarkeit geltenden Vorschriften des Gerichtskostengesetzes entsprechend anzuwenden, soweit in diesem Abschnitt nichts anderes bestimmt ist.

Streitwert

147 ᴵ ¹Der Streitwert bestimmt sich nach § 52 des Gerichtskostengesetzes. ²Er wird von Amts wegen festgesetzt.

ᴵᴵ ¹In Verfahren, die Klagen auf Zulassung zur Patentanwaltschaft oder deren Rücknahme oder Widerruf betreffen, ist ein Streitwert von 50 000 Euro anzunehmen. ²Unter Berücksichtigung der Umstände des Einzelfalls, insbesondere des Umfangs und der Bedeutung der Sache sowie der Vermögens- und Einkommensverhältnisse des Klägers, kann das Gericht einen höheren oder einen niedrigeren Wert festsetzen.

ᴵᴵᴵ Die Festsetzung ist unanfechtbar; § 63 Absatz 3 des Gerichtskostengesetzes bleibt unberührt.

Zu §§ 146, 147:

Vorbem. Eingefügt dch Art 1 Z 46 G v 18. 8. 09, BGBl 2827, in Kraft seit 1. 9. 09, Art 10 S 1 G, Übergangsrecht § 161 PatAnwO.

Gerichtskosten

148 ¹Im berufsgerichtlichen Verfahren, im Verfahren über den Antrag auf Entscheidung des Landgerichts über die Rüge (§ 70 a Abs. 1) und im Verfahren über den Antrag auf Entscheidung des Landgerichts gegen die Androhung oder die Festsetzung eines Zwangsgelds (§ 50 Abs. 3) werden Gebühren nach dem Gebührenverzeichnis der Anlage zu diesem Gesetz erhoben. ²Im Übrigen sind die für Kosten in Strafsachen geltenden Vorschriften des Gerichtskostengesetzes entsprechend anzuwenden.

Anlage
(zu § 146 Satz 1 und § 148 Satz 1)

Gebührenverzeichnis

(Amtliche) Gliederung

Teil 1. Berufsgerichtliches Verfahren
Abschnitt 1. Verfahren vor dem Landgericht 1110–1121
   Unterabschnitt 1. Berufsgerichtliches Verfahren erster Instanz 1110, 1111
   Unterabschnitt 2. Antrag auf gerichtliche Entscheidung über die Androhung oder die Festsetzung eines Zwangsgelds oder über die Rüge 1120, 1121
Abschnitt 2. Verfahren vor dem Oberlandesgericht 1210–1220
   Unterabschnitt 1. Berufung 1210, 1211
   Unterabschnitt 2. Beschwerde 1220
Abschnitt 3. Verfahren vor dem Bundesgerichtshof 1310–1321
   Unterabschnitt 1. Revision 1310, 1311
   Unterabschnitt 2. Beschwerde 1321
Abschnitt 4. Rüge wegen Verletzung des Anspruchs auf rechtliches Gehör 1400

Teil 2. Gerichtliche Verfahren in verwaltungsrechtlichen Patentanwaltssachen

Abschnitt 1. Erster Rechtszug 2110–2121
  Unterabschnitt 1. Oberlandesgericht 2110, 2111
  Unterabschnitt 2. Bundesgerichtshof 2120, 2121
Abschnitt 2. Zulassung und Durchführung der Berufung 2200–2204
Abschnitt 3. Vorläufiger Rechtsschutz 2310–2331
  Unterabschnitt 1. Oberlandesgericht 2310, 2311
  Unterabschnitt 2. Bundesgerichtshof als Rechtsmittelinstanz in der Hauptsache 2320, 2321
  Unterabschnitt 3. Bundesgerichtshof 2330, 2331
Abschnitt 4. Rüge wegen Verletzung des Anspruchs auf rechtliches Gehör 2400

Nr.	Gebührentatbestand	Gebührenbetrag oder Satz der jeweiligen Gebühr 1110 und 1111

Teil 1. Berufsgerichtliches Verfahren

(Amtliche) Vorbemerkung 1:

[I] Im berufsgerichtlichen Verfahren bemessen sich die Gerichtsgebühren vorbehaltlich des Absatzes 2 für alle Rechtszüge nach der rechtskräftig verhängten Maßnahme.

[II] Wird ein Rechtsmittel oder ein Antrag auf berufsgerichtliche Entscheidung nur teilweise verworfen oder zurückgewiesen, so hat das Gericht die Gebühr zu ermäßigen, soweit es unbillig wäre, den Patentanwalt damit zu belasten.

[III] [1] Im Verfahren nach Wiederaufnahme werden die gleichen Gebühren wie für das wiederaufgenommene Verfahren erhoben. [2] Wird jedoch nach Anordnung der Wiederaufnahme des Verfahrens das frühere Urteil aufgehoben, gilt für die Gebührenerhebung jeder Rechtszug des neuen Verfahrens mit dem jeweiligen Rechtszug des früheren Verfahrens zusammen als ein Rechtszug. [3] Gebühren werden auch für Rechtszüge erhoben, die nur im früheren Verfahren stattgefunden haben.

Abschnitt 1. Verfahren vor dem Landgericht

Unterabschnitt 1. Berufsgerichtliches Verfahren erster Instanz

Nr.		
1110	Verfahren mit Urteil bei Verhängung einer oder mehrerer der folgenden Maßnahmen: 1. einer Warnung, 2. eines Verweises, 3. einer Geldbuße	240,00 EUR
1111	Verfahren mit Urteil bei Ausschließung aus der Patentanwaltschaft	480,00 EUR

Unterabschnitt 2. Antrag auf gerichtliche Entscheidung über die Androhung oder die Festsetzung eines Zwangsgelds oder über die Rüge

1120	Verfahren über den Antrag auf gerichtliche Entscheidung über die Androhung oder die Festsetzung eines Zwangsgelds nach § 50 Abs. 3 der Patentanwaltsordnung: Der Antrag wird verworfen oder zurückgewiesen	160,00 EUR
1121	Verfahren über den Antrag auf gerichtliche Entscheidung über die Rüge nach § 70a Abs. 1 der Patentanwaltsordnung: Der Antrag wird verworfen oder zurückgewiesen	160,00 EUR

Nr.	Gebührentatbestand	Gebührenbetrag oder Satz der Gebühr nach § 34 GKG
	Teil 2. Gerichtliche Verfahren in verwaltungsrechtlichen Patentanwaltssachen	
	Abschnitt 1. Erster Rechtszug	
	Unterabschnitt 1. Oberlandesgericht	
2110	Verfahren im Allgemeinen	4,0
2111	Beendigung des gesamten Verfahrens durch 1. Zurücknahme der Klage: a) vor dem Schluss der mündlichen Verhandlung, b) wenn eine solche nicht stattfindet, vor Ablauf des Tages, an dem das Urteil, der Gerichtsbescheid oder der Beschluss in der Hauptsache der Geschäftsstelle übermittelt wird, c) im Fall des § 94b Abs. 1 Satz 1 PAO i. V. m. § 93a Abs. 2 VwGO vor Ablauf der Erklärungsfrist nach § 93a Abs. 2 Satz 1 VwGO, 2. Anerkenntnis- oder Verzichtsurteil, 3. gerichtlichen Vergleich oder 4. Erledigungserklärungen nach § 94b Abs. 1 Satz 1 PAO i. V. m. § 161 Abs. 2 VwGO, wenn keine Entscheidung über die Kosten ergeht oder die Entscheidung einer zuvor mitgeteilten Einigung der Beteiligten über die Kostentragung oder der Kostenübernahmeerklärung eines Beteiligten folgt, es sei denn, dass bereits ein anderes als eines der in Nummer 2 genannten Urteile, ein Gerichtsbescheid oder Beschluss in der Hauptsache vorausgegangen ist: Die Gebühr 2110 ermäßigt sich auf .... Die Gebühr ermäßigt sich auch, wenn mehrere Ermäßigungstatbestände erfüllt sind.	2,0
	Unterabschnitt 2. Bundesgerichtshof	
2120	Verfahren im Allgemeinen	5,0
2121	Beendigung des gesamten Verfahrens durch 1. Zurücknahme der Klage: a) vor dem Schluss der mündlichen Verhandlung, b) wenn eine solche nicht stattfindet, vor Ablauf des Tages, an dem das Urteil oder der Gerichtsbescheid der Geschäftsstelle übermittelt wird, c) im Fall des § 94b Abs. 1 Satz 1 PAO i. V. m. § 93a Abs. 2 VwGO vor Ablauf der Erklärungsfrist nach § 93a Abs. 2 Satz 1 VwGO, 2. Anerkenntnis- oder Verzichtsurteil, 3. gerichtlichen Vergleich oder 4. Erledigungserklärungen nach § 94b Abs. 1 Satz 1 PAO i. V. m. § 161 Abs. 2 VwGO, wenn keine Entscheidung über die Kosten ergeht oder die Entscheidung einer zuvor mitgeteilten Einigung der Beteiligten über die Kostentragung oder der Kostenübernahmeerklärung eines Beteiligten folgt,	

G. Gebühren nach der Patentanwaltsordnung   1210–1400 GV PatAnwO

Nr.	Gebührentatbestand	Gebührenbetrag oder Satz der jeweiligen Gebühr 1110 und 1111
	Abschnitt 2. Verfahren vor dem Oberlandesgericht	
	Unterabschnitt 1. Berufung	
1210	Berufungsverfahren mit Urteil	1,5
1211	Erledigung des Berufungsverfahrens ohne Urteil	0,5
	Die Gebühr entfällt bei Zurücknahme der Berufung vor Ablauf der Begründungsfrist.	
	Unterabschnitt 2. Beschwerde	
1220	Verfahren über Beschwerden im berufsgerichtlichen Verfahren, die nicht nach anderen Vorschriften gebührenfrei sind: Die Beschwerde wird verworfen oder zurückgewiesen	50,00 EUR
	Von dem Patentanwalt wird eine Gebühr nur erhoben, wenn gegen ihn rechtskräftig eine berufsgerichtliche Maßnahme verhängt worden ist.	
	Abschnitt 3. Verfahren vor dem Bundesgerichtshof	
	Unterabschnitt 1. Revision	
1310	Revisionsverfahren mit Urteil oder mit Beschluss nach § 128 Abs. 3 Satz 1 der Patentanwaltsordnung i. V. m. § 349 Abs. 2 oder Abs. 4 StPO	2,0
1311	Erledigung des Revisionsverfahrens ohne Urteil und ohne Beschluss nach § 128 Abs. 3 Satz 1 der Patentanwaltsordnung i. V. m. § 349 Abs. 2 oder Abs. 4 StPO	1,0
	Die Gebühr entfällt bei Zurücknahme der Revision vor Ablauf der Begründungsfrist.	
	Unterabschnitt 2. Beschwerde	
1320	Verfahren über die Beschwerde gegen die Nichtzulassung der Revision: Die Beschwerde wird verworfen oder zurückgewiesen	1,0
1321	Verfahren über sonstige Beschwerden im berufsgerichtlichen Verfahren, die nicht nach anderen Vorschriften gebührenfrei sind: Die Beschwerde wird verworfen oder zurückgewiesen	50,00 EUR
	Von dem Patentanwalt wird eine Gebühr nur erhoben, wenn gegen ihn rechtskräftig eine berufsgerichtliche Maßnahme verhängt worden ist.	
	Abschnitt 4. Rüge wegen Verletzung des Anspruchs auf rechtliches Gehör	
1400	Verfahren über die Rüge wegen Verletzung des Anspruchs auf rechtliches Gehör: Die Rüge wird in vollem Umfang verworfen oder zurückgewiesen	50,00 EUR

Nr.	Gebührentatbestand	Gebührenbetrag oder Satz der Gebühr nach § 34 GKG
	es sei denn, dass bereits ein anderes als eines der in Nummer 2 genannten Urteile, ein Gerichtsbescheid oder Beschluss in der Hauptsache vorausgegangen ist: Die Gebühr 2120 ermäßigt sich auf .... Die Gebühr ermäßigt sich auch, wenn mehrere Ermäßigungstatbestände erfüllt sind.	3,0

Abschnitt 2. Zulassung und Durchführung der Berufung

2200	Verfahren über die Zulassung der Berufung: Soweit der Antrag abgelehnt wird..........................	1,0
2201	Verfahren über die Zulassung der Berufung: Soweit der Antrag zurückgenommen oder das Verfahren durch anderweitige Erledigung beendet wird ..	0,5
	Die Gebühr entsteht nicht, soweit die Berufung zugelassen wird.	
2202	Verfahren im Allgemeinen..........................	5,0
2203	Beendigung des gesamten Verfahrens durch Zurücknahme der Berufung oder der Klage, bevor die Schrift zur Begründung der Berufung bei Gericht eingegangen ist: Die Gebühr 2202 ermäßigt sich auf	1,0
	Erledigungserklärungen nach § 94b Abs. 1 Satz 1 PAO i. V. m. § 161 Abs. 2 VwGO stehen der Zurücknahme gleich, wenn keine Entscheidung über die Kosten ergeht oder die Entscheidung einer zuvor mitgeteilten Einigung der Beteiligten über die Kostentragung oder der Kostenübernahmeerklärung eines Beteiligten folgt.	
2204	Beendigung des gesamten Verfahrens, wenn nicht Nummer 2203 erfüllt ist, durch 1. Zurücknahme der Berufung oder der Klage a) vor dem Schluss der mündlichen Verhandlung, b) wenn eine solche nicht stattfindet, vor Ablauf des Tages, an dem das Urteil oder der Beschluss in der Hauptsache der Geschäftsstelle übermittelt wird, oder c) im Fall des § 94b Abs. 1 Satz 1 PAO i. V. m. § 93a Abs. 2 VwGO vor Ablauf der Erklärungsfrist nach § 93a Abs. 2 Satz 1 VwGO, 2. Anerkenntnis- oder Verzichtsurteil, 3. gerichtlichen Vergleich oder 4. Erledigungserklärungen nach § 94b Abs. 1 Satz 1 PAO i. V. m. § 161 Abs. 2 VwGO, wenn keine Entscheidung über die Kosten ergeht oder der Entscheidung einer zuvor mitgeteilten Einigung der Beteiligten über die Kostentragung oder der Kostenübernahmeerklärung eines Beteiligten folgt, es sei denn, dass bereits ein anderes als eines der in Nummer 2 genannten Urteile oder ein Beschluss in der Hauptsache vorausgegangen ist: Die Gebühr 2202 ermäßigt sich auf.......................... Die Gebühr ermäßigt sich auch, wenn mehrere Ermäßigungstatbestände erfüllt sind.	3,0

PatAnwO GV Vorb 2.3, 2310–2321   G. Gebühren nach der PatAnwO

Nr.	Gebührentatbestand	Gebührenbetrag oder Satz der Gebühr nach § 34 GKG

Abschnitt 3. Vorläufiger Rechtsschutz

(Amtliche) Vorbemerkung 2.3:

^I Die Vorschriften dieses Abschnitts gelten für einstweilige Anordnungen und für Verfahren nach § 94 b Abs. 1 Satz 1 PAO i. V. m. § 80 Abs. 5 und § 80 a Abs. 3 VwGO.

^{II} ¹Im Verfahren über den Antrag auf Erlass und im Verfahren über den Antrag auf Aufhebung einer einstweiligen Anordnung werden die Gebühren jeweils gesondert erhoben. ²Mehrere Verfahren nach § 94 b Abs. 1 Satz 1 PAO i. V. m. § 80 Abs. 5 und 7 und § 80 a Abs. 3 VwGO gelten innerhalb eines Rechtszugs als ein Verfahren.

Unterabschnitt 1. Oberlandesgericht

2310	Verfahren im Allgemeinen	2,0
2311	Beendigung des gesamten Verfahrens durch	
	1. Zurücknahme des Antrags	
	a) vor dem Schluss der mündlichen Verhandlung oder,	
	b) wenn eine solche nicht stattfindet, vor Ablauf des Tages, an dem der Beschluss der Geschäftsstelle übermittelt wird,	
	2. gerichtlichen Vergleich oder	
	3. Erledigungserklärungen nach § 94 b Abs. 1 Satz 1 PAO i. V. m. § 161 Abs. 2 VwGO, wenn keine Entscheidung über die Kosten ergeht oder die Entscheidung einer zuvor mitgeteilten Einigung der Beteiligten über die Kostentragung oder der Kostenübernahmeerklärung eines Beteiligten folgt,	
	es sei denn, dass bereits ein Beschluss über den Antrag vorausgegangen ist:	
	Die Gebühr 2310 ermäßigt sich auf	0,75
	Die Gebühr ermäßigt sich auch, wenn mehrere Ermäßigungstatbestände erfüllt sind.	

Unterabschnitt 2. Bundesgerichtshof als Rechtsmittelgericht in der Hauptsache

2320	Verfahren im Allgemeinen	1,5
2321	Beendigung des gesamten Verfahrens durch	
	1. Zurücknahme des Antrags	
	a) vor dem Schluss der mündlichen Verhandlung oder,	
	b) wenn eine solche nicht stattfindet, vor Ablauf des Tages, an dem der Beschluss der Geschäftsstelle übermittelt wird,	
	2. gerichtlichen Vergleich oder	
	3. Erledigungserklärungen nach § 94 b Abs. 1 Satz 1 PAO i. V. m. § 161 Abs. 2 VwGO, wenn keine Entscheidung über die Kosten ergeht oder die Entscheidung einer zuvor mitgeteilten Einigung der Beteiligten über die Kostentragung oder der Kostenübernahmeerklärung eines Beteiligten folgt,	

Nr.	Gebührentatbestand	Gebührenbetrag oder Satz der Gebühr nach § 34 GKG
	es sei denn, dass bereits ein Beschluss über den Antrag vorausgegangen ist: Die Gebühr 2320 ermäßigt sich auf .... Die Gebühr ermäßigt sich auch, wenn mehrere Ermäßigungstatbestände erfüllt sind.	0,5

Unterabschnitt 3. Bundesgerichtshof

(Amtliche) Vorbemerkung 2.3.3:
Die Vorschriften dieses Unterabschnitts gelten, wenn der Bundesgerichtshof auch in der Hauptsache erstinstanzlich zuständig ist.

2330	Verfahren im Allgemeinen	2,5
2331	Beendigung des gesamten Verfahrens durch 1. Zurücknahme des Antrags a) vor dem Schluss der mündlichen Verhandlung oder, b) wenn eine solche nicht stattfindet, vor Ablauf des Tages, an dem der Beschluss der Geschäftsstelle übermittelt wird, 2. gerichtlichen Vergleich oder 3. Erledigungserklärungen nach § 94 b Abs. 1 Satz 1 PAO i. V. m. § 161 Abs. 2 VwGO, wenn keine Entscheidung über die Kosten ergeht oder die Entscheidung einer zuvor mitgeteilten Einigung der Beteiligten über die Kostentragung oder der Kostenübernahmeerklärung eines Beteiligten folgt, es sei denn, dass bereits ein Beschluss über den Antrag vorausgegangen ist: Die Gebühr 2330 ermäßigt sich auf .... Die Gebühr ermäßigt sich auch, wenn mehrere Ermäßigungstatbestände erfüllt sind.	1,0

Abschnitt 4. Rüge wegen Verletzung des Anspruchs auf rechtliches Gehör

2400	Verfahren über die Rüge wegen Verletzung des Anspruchs auf rechtliches Gehör: Die Rüge wird in vollem Umfang verworfen oder zurückgewiesen	50,00 EUR

H. Gebühren nach dem Steuerberatungsgesetz (StBerG)

Aus dem Steuerberatungsgesetz (StBG) idF v 4. 11. 75, BGBl 2735, zuletzt geändert dch Art 1 G v 8. 4. 08, BGBl 666, in Kraft seit 12. 4. 08, Art 7 G

Gerichtskosten

146 ¹Im berufsgerichtlichen Verfahren und im Verfahren über den Antrag auf Entscheidung des Landgerichts über die Rüge (§ 82 Abs. 1) werden Gebühren nach dem Gebührenverzeichnis der Anlage zu diesem Gesetz erhoben. ²Im Übrigen sind die für Kosten in Strafsachen geltenden Vorschriften des Gerichtskostengesetzes entsprechend anzuwenden.

Anlage
(zu § 146 Satz 1)

Gebührenverzeichnis

(Amtliche) Gliederung

Abschnitt 1. Verfahren vor dem Landgericht	110–120
Unterabschnitt 1. Berufsgerichtliches Verfahren erster Instanz	110–112
Unterabschnitt 2. Antrag auf gerichtliche Entscheidung über die Rüge	120
Abschnitt 2. Verfahren vor dem Oberlandesgericht	210–220
Unterabschnitt 1. Berufung	210, 211
Unterabschnitt 2. Beschwerde	220
Abschnitt 3. Verfahren vor dem Bundesgerichtshof	310–321
Unterabschnitt 1. Revision	310, 311
Unterabschnitt 2. Beschwerde	320, 321
Abschnitt 4. Rüge wegen Verletzung des Anspruchs auf rechtliches Gehör	400

Nr.	Gebührentatbestand	Gebührenbetrag oder Satz der jeweiligen Gebühr
		110 bis 112

(Amtliche) Vorbemerkung:

I Im berufsgerichtlichen Verfahren bemessen sich die Gerichtsgebühren vorbehaltlich des Absatzes 2 für alle Rechtszüge nach der rechtskräftig verhängten Maßnahme.

II Wird ein Rechtsmittel oder ein Antrag auf berufsgerichtliche Entscheidung nur teilweise verworfen oder zurückgewiesen, so hat das Gericht die Gebühr zu ermäßigen, soweit es unbillig wäre, den Steuerberater oder Steuerbevollmächtigten damit zu belasten.

III ¹Im Verfahren nach Wiederaufnahme werden die gleichen Gebühren wie für das wiederaufgenommene Verfahren erhoben. ²Wird jedoch nach Anordnung der Wiederaufnahme des Verfahrens das frühere Urteil aufgehoben, gilt für die Gebührenerhebung jeder Rechtszug des neuen Verfahrens mit dem jeweiligen Rechtszug des früheren Verfahrens zusammen als ein Rechtszug. ³Gebühren werden auch für Rechtszüge erhoben, die nur im früheren Verfahren stattgefunden haben.

Abschnitt 1. Verfahren vor dem Landgericht

Unterabschnitt 1. Berufsgerichtliches Verfahren erster Instanz

110	Verfahren mit Urteil bei Verhängung einer oder mehrerer der folgenden Maßnahmen: 1. einer Warnung,

Nr.	Gebührentatbestand	Gebührenbetrag oder Satz der jeweiligen Gebühr 110 bis 112
	2. eines Verweises,	
	3. einer Geldbuße	240,00 EUR
112	Verfahren mit Urteil bei Ausschließung aus dem Beruf	480,00 EUR

Unterabschnitt 2. Antrag auf gerichtliche Entscheidung über die Rüge

120	Verfahren über den Antrag auf gerichtliche Entscheidung über die Rüge nach § 82 Abs. 1 StBerG: Der Antrag wird verworfen oder zurückgewiesen	160,00 EUR

Abschnitt 2. Verfahren vor dem Oberlandesgericht

Unterabschnitt 1. Berufung

210	Berufungsverfahren mit Urteil	1,5
211	Erledigung des Berufungsverfahrens ohne Urteil	0,5
	Die Gebühr entfällt bei Zurücknahme der Berufung vor Ablauf der Begründungsfrist.	

Unterabschnitt 2. Beschwerde

220	Verfahren über Beschwerden im berufsgerichtlichen Verfahren, die nicht nach anderen Vorschriften gebührenfrei sind: Die Beschwerde wird verworfen oder zurückgewiesen	50,00 EUR
	Von dem Steuerberater oder Steuerbevollmächtigten wird eine Gebühr nur erhoben, wenn gegen ihn rechtskräftig eine berufsgerichtliche Maßnahme verhängt worden ist.	

Abschnitt 3. Verfahren vor dem Bundesgerichtshof

Unterabschnitt 1. Revision

310	Revisionsverfahren mit Urteil oder mit Beschluss nach § 130 Abs. 3 Satz 1 StBerG i. V. m. § 349 Abs. 2 oder Abs. 4 StPO	2,0
311	Erledigung des Revisionsverfahrens ohne Urteil und ohne Beschluss nach § 130 Abs. 3 Satz 1 StBerG i. V. m. § 349 Abs. 2 oder Abs. 4 StPO	1,0
	Die Gebühr entfällt bei Zurücknahme der Revision vor Ablauf der Begründungsfrist.	

Unterabschnitt 2. Beschwerde

320	Verfahren über die Beschwerde gegen die Nichtzulassung der Revision: Die Beschwerde wird verworfen oder zurückgewiesen	1,0
321	Verfahren über sonstige Beschwerden im berufsgerichtlichen Verfahren, die nicht nach anderen Vorschriften gebührenfrei sind: Die Beschwerde wird verworfen oder zurückgewiesen	50,00 EUR
	Von dem Steuerberater oder Steuerbevollmächtigten wird eine Gebühr nur erhoben, wenn gegen ihn rechtskräftig eine berufsgerichtliche Maßnahme verhängt worden ist.	

StBerG GV 400 H. Gebühren nach dem Steuerberatungsgesetz

Nr.	Gebührentatbestand	Gebührenbetrag oder Satz der jeweiligen Gebühr 110 bis 112
Abschnitt 4. Rüge wegen Verletzung des Anspruchs auf rechtliches Gehör		
400	Verfahren über die Rüge wegen Verletzung des Anspruchs auf rechtliches Gehör: Die Rüge wird in vollem Umfang verworfen oder zurückgewiesen	50,00 EUR

I. Gebühren nach der Wirtschaftsprüferordnung (WiPrO)

Aus der Wirtschaftsprüferordnung (WiPrO) idF v 5. 11. 75, BGBl 2803, zuletzt geändert dch Art 26 des 2. JuMoG v 22. 12. 06, BGBl 3416, in Kraft seit 31. 12. 06, Art 28 I des 2. JuMoG

Gerichtskosten

122 [1] Im berufsgerichtlichen Verfahren, im Verfahren über den Antrag auf Entscheidung des Landgerichts über die Rüge (§ 63 a Abs. 1) und im Verfahren über den Antrag auf Entscheidung des Landgerichts gegen die Androhung oder die Festsetzung eines Zwangsgelds (§ 62 a Abs. 3) werden Gebühren nach dem Gebührenverzeichnis der Anlage zu diesem Gesetz erhoben. [2] Im Übrigen sind die für Kosten in Strafsachen geltenden Vorschriften des Gerichtskostengesetzes entsprechend anzuwenden.

Anlage
(zu § 122 Satz 1)

Gebührenverzeichnis

(Amtliche) Gliederung

Abschnitt 1. Verfahren vor dem Landgericht	110–130
Unterabschnitt 1. Berufsgerichtliches Verfahren erster Instanz	110–113
Unterabschnitt 2. Antrag auf gerichtliche Entscheidung über die Rüge	120
Unterabschnitt 3. Antrag auf gerichtliche Entscheidung über die Androhung oder die Festsetzung eines Zwangsgelds	130
Abschnitt 2. Verfahren vor dem Oberlandesgericht	210–220
Unterabschnitt 1. Berufung	210, 211
Unterabschnitt 2. Beschwerde	220
Abschnitt 3. Verfahren vor dem Bundesgerichtshof	310–321
Unterabschnitt 1. Revision	310, 311
Unterabschnitt 2. Beschwerde	320, 321
Abschnitt 4. Rüge wegen Verletzung des Anspruchs auf rechtliches Gehör	400

Nr.	Gebührentatbestand	Gebührenbetrag oder Satz der jeweiligen Gebühr 110 bis 113

(Amtliche) Vorbemerkung:

[I] Im berufsgerichtlichen Verfahren bemessen sich die Gerichtsgebühren vorbehaltlich des Absatzes 2 für alle Rechtszüge nach der rechtskräftig verhängten Maßnahme.

[II] Wird ein Rechtsmittel oder ein Antrag auf berufsgerichtliche Entscheidung nur teilweise verworfen oder zurückgewiesen, so hat das Gericht die Gebühr zu ermäßigen, soweit es unbillig wäre, den Berufsangehörigen damit zu belasten.

[III] [1] Bei rechtskräftiger Anordnung einer Untersagung (§ 68 a Abs. 1 der Wirtschaftsprüferordnung) wird eine Gebühr für alle Rechtszüge gesondert erhoben. [2] Wird ein Rechtsmittel auf die Anordnung der Untersagung beschränkt, wird die Gebühr für das Rechtsmittelverfahren nur wegen der Anordnung der Untersagung erhoben. [3] Satz 2 gilt im Fall der Wiederaufnahme entsprechend.

[IV] [1] Im Verfahren nach Wiederaufnahme werden die gleichen Gebühren wie für das wiederaufgenommene Verfahren erhoben. [2] Wird jedoch nach Anordnung der Wiederaufnahme des Verfahrens das frühere Urteil aufgehoben, gilt für die Gebührenerhebung jeder Rechtszug des neuen Verfahrens mit dem jeweiligen Rechtszug des früheren Verfahrens zusammen als ein Rechtszug. [3] Gebühren werden auch für Rechtszüge erhoben, die nur im früheren Verfahren stattgefunden haben.

Nr.	Gebührentatbestand	Gebührenbetrag oder Satz der jeweiligen Gebühr 110 bis 113
	Abschnitt 1. Verfahren vor dem Landgericht	
	Unterabschnitt 1. Berufsgerichtliches Verfahren erster Instanz	
110	Verfahren mit Urteil bei Verhängung einer Geldbuße	240,00 EUR
111	Verfahren mit Urteil bei Verhängung eines Verbots nach § 68 Abs. 1 Nr. 4 der Wirtschaftsprüferordnung oder eines Berufsverbots	360,00 EUR
112	Verfahren mit Urteil bei Ausschließung aus dem Beruf	480,00 EUR
113	Untersagung der Aufrechterhaltung des pflichtwidrigen Verfahrens oder der künftigen Vornahme einer gleich gearteten Pflichtverletzung (§ 68a Abs. 1 der Wirtschaftsprüferordnung)	60,00 EUR
	Unterabschnitt 2. Antrag auf gerichtliche Entscheidung über die Rüge	
120	Verfahren über den Antrag auf gerichtliche Entscheidung über die Rüge nach § 63a Abs. 1 der Wirtschaftsprüferordnung: Der Antrag wird verworfen oder zurückgewiesen	160,00 EUR
	Unterabschnitt 3. Antrag auf gerichtliche Entscheidung über die Androhung oder die Festsetzung eines Zwangsgelds	
130	Verfahren über den Antrag auf gerichtliche Entscheidung über die Androhung oder die Festsetzung eines Zwangsgelds nach § 62a Abs. 3 der Wirtschaftsprüferordnung: Der Antrag wird verworfen oder zurückgewiesen	160,00 EUR
	Abschnitt 2. Verfahren vor dem Oberlandesgericht	
	Unterabschnitt 1. Berufung	
210	Berufungsverfahren mit Urteil	1,5
211	Erledigung des Berufungsverfahrens ohne Urteil .... Die Gebühr entfällt bei Zurücknahme der Berufung vor Ablauf der Begründungsfrist.	0,5
	Unterabschnitt 2. Beschwerde	
220	Verfahren über Beschwerden im berufsgerichtlichen Verfahren, die nicht nach anderen Vorschriften gebührenfrei sind: Die Beschwerde wird verworfen oder zurückgewiesen Von dem Berufsangehörigen wird eine Gebühr nur erhoben, wenn gegen ihn rechtskräftig eine berufsgerichtliche Maßnahme verhängt oder eine Untersagung (§ 68a Abs. 1 der Wirtschaftsprüferordnung) angeordnet worden ist.	50,00 EUR
	Abschnitt 3. Verfahren vor dem Bundesgerichtshof	
	Unterabschnitt 1. Revision	
310	Revisionsverfahren mit Urteil oder mit Beschluss nach § 107a Abs. 3 Satz 1 der Wirtschaftsprüferordnung i. V. m. § 349 Abs. 2 oder Abs. 4 StPO	2,0

Nr.	Gebührentatbestand	Gebührenbetrag oder Satz der jeweiligen Gebühr 110 bis 113
311	Erledigung des Revisionsverfahrens ohne Urteil und ohne Beschluss nach § 107a Abs. 3 Satz 1 der Wirtschaftsprüferordnung i. V. m. § 349 Abs. 2 oder Abs. 4 StPO .... Die Gebühr entfällt bei Zurücknahme der Revision vor Ablauf der Begründungsfrist.	1,0
	Unterabschnitt 2. Beschwerde	
320	Verfahren über die Beschwerde gegen die Nichtzulassung der Revision: Die Beschwerde wird verworfen oder zurückgewiesen	1,0
321	Verfahren über sonstige Beschwerden im berufsgerichtlichen Verfahren, die nicht nach anderen Vorschriften gebührenfrei sind: Die Beschwerde wird verworfen oder zurückgewiesen Von dem Berufsangehörigen wird eine Gebühr nur erhoben, wenn gegen ihn rechtskräftig eine berufsgerichtliche Maßnahme verhängt oder eine Untersagung (§ 68a Abs. 1 der Wirtschaftsprüferordnung) angeordnet worden ist.	50,00 EUR
	Abschnitt 4. Rüge wegen Verletzung des Anspruchs auf rechtliches Gehör	
400	Verfahren über die Rüge wegen Verletzung des Anspruchs auf rechtliches Gehör: Die Rüge wird in vollem Umfang verworfen oder zurückgewiesen	50,00 EUR

J. Gebühren nach der Bundesnotarordnung (BNotO)

Aus der Bundesnotarordnung (BNotO) v 24. 2. 61, BGBl 98, zuletzt geändert dch Art 3 G 30. 7. 09, BGBl 2449, in Kraft seit 1. 9. 09, Art 10 S 1 G, Übergangsrecht § 118 BNotO

Gerichtskosten

111f [1] In verwaltungsrechtlichen Notarsachen werden Gebühren nach dem Gebührenverzeichnis der Anlage zu diesem Gesetz erhoben. [2] Im Übrigen sind die für Kosten in Verfahren vor den Gerichten der Verwaltungsgerichtsbarkeit geltenden Vorschriften des Gerichtskostengesetzes entsprechend anzuwenden, soweit in diesem Gesetz nichts anderes bestimmt ist.

Streitwert

111g I [1] Der Streitwert bestimmt sich nach § 52 des Gerichtskostengesetzes. [2] Er wird von Amts wegen festgesetzt.

II [1] In Verfahren, die Klagen auf Bestellung zum Notar oder die Ernennung zum Notarassessor, die Amtsenthebung, die Entfernung aus dem Amt oder vom bisherigen Amtssitz oder die Entlassung aus dem Anwärterdienst betreffen, ist ein Streitwert von 50 000 Euro anzunehmen. [2] Unter Berücksichtigung der Umstände des Einzelfalls, insbesondere des Umfangs und der Bedeutung der Sache sowie der Vermögens- und Einkommensverhältnisse des Klägers, kann das Gericht einen höheren oder einen niedrigeren Wert festsetzen.

III Die Festsetzung ist unanfechtbar; § 63 Abs. 3 des Gerichtskostengesetzes bleibt unberührt.

Zu §§ 111f, 111g:

Vorbem. Eingefügt dch Art 3 Z 20, 24 G v 30. 7. 09, BGBl 2449, in Kraft seit 1. 9. 09, Art 10 S 1 G, Übergangsrecht § 118 BNotO.

Anlage
(zu § 111f Satz 1)

Gebührenverzeichnis

Gliederung

Abschnitt 1. Erster Rechtszug	110–121
Unterabschnitt 1. Oberlandesgericht	110, 111
Unterabschnitt 2. Bundesgerichtshof	120, 121
Abschnitt 2. Zulassung und Durchführung der Berufung	200–204
Abschnitt 3. Vorläufiger Rechtsschutz	310–331
Unterabschnitt 1. Oberlandesgericht	310, 311
Unterabschnitt 2. Bundesgerichtshof als Rechtsmittelinstanz in der Hauptsache	320, 321
Unterabschnitt 3. Bundesgerichtshof	330, 331
Abschnitt 4. Rüge wegen Verletzung des Anspruchs auf rechtliches Gehör	400

Nr.	Gebührentatbestand	Gebührenbetrag oder Satz der Gebühr nach § 34 GKG
	Abschnitt 1. Erster Rechtszug	
	Unterabschnitt 3. Oberlandesgericht	
110	Verfahren im Allgemeinen	4,0

J. Gebühren nach der Bundesnotarordnung 111–121 GV BNotO

Nr.	Gebührentatbestand	Gebührenbetrag oder Satz der Gebühr nach § 34 GKG

111	Beendigung des gesamten Verfahrens durch
	1. Zurücknahme der Klage
	   a) vor dem Schluss der mündlichen Verhandlung,
	   b) wenn eine solche nicht stattfindet, vor Ablauf des Tages, an dem das Urteil, der Gerichtsbescheid oder der Beschluss in der Hauptsache der Geschäftsstelle übermittelt wird,
	   c) im Fall des § 111b Abs. 1 Satz 1 der Bundesnotarordnung i. V. m. § 93a Abs. 2 VwGO vor Ablauf der Erklärungsfrist nach § 93a Abs. 2 Satz 1 VwGO,
	2. Anerkenntnis- oder Verzichtsurteil,
	3. gerichtlichen Vergleich oder
	4. Erledigungserklärungen nach § 111b Abs. 1 Satz 1 der Bundesnotarordnung i. V. m. § 161 Abs. 2 VwGO, wenn keine Entscheidung über die Kosten ergeht oder die Entscheidung einer zuvor mitgeteilten Einigung der Beteiligten über die Kostentragung oder der Kostenübernahmeerklärung eines Beteiligten folgt,
	es sei denn, dass bereits ein anderes als eines der in Nummer 2 genannten Urteile, ein Gerichtsbescheid oder Beschluss in der Hauptsache vorausgegangen ist:
	Die Gebühr 110 ermäßigt sich auf..........................
	Die Gebühr ermäßigt sich auch, wenn mehrere Ermäßigungstatbestände erfüllt sind.
		2,0

	Unterabschnitt 4. Bundesgerichtshof	
120	Verfahren im Allgemeinen	5,0

121	Beendigung des gesamten Verfahrens durch
	1. Zurücknahme der Klage:
	   a) vor dem Schluss der mündlichen Verhandlung,
	   b) wenn eine solche nicht stattfindet, vor Ablauf des Tages, an dem das Urteil oder der Gerichtsbescheid der Geschäftsstelle übermittelt wird,
	   c) im Fall des § 111b Abs. 1 Satz 1 der Bundesnotarordnung i. V. m. § 93a Abs. 2 VwGO vor Ablauf der Erklärungsfrist nach § 93a Abs. 2 Satz 1 VwGO,
	2. Anerkenntnis- oder Verzichtsurteil,
	3. gerichtlichen Vergleich oder
	4. Erledigungserklärungen nach § 111b Abs. 1 Satz 1 der Bundesnotarordnung i. V. m. § 161 Abs. 2 VwGO, wenn keine Entscheidung über die Kosten ergeht oder die Entscheidung einer zuvor mitgeteilten Einigung der Beteiligten über die Kostentragung oder der Kostenübernahmeerklärung eines Beteiligten folgt,
	es sei denn, dass bereits ein anderes als eines der in Nummer 2 genannten Urteile, ein Gerichtsbescheid oder Beschluss in der Hauptsache vorausgegangen ist:
	Die Gebühr 120 ermäßigt sich auf ....
		3,0

Nr.	Gebührentatbestand	Gebührenbetrag oder Satz der Gebühr nach § 34 GKG
	Die Gebühr ermäßigt sich auch, wenn mehrere Ermäßigungstatbestände erfüllt sind.	

Abschnitt 2. Zulassung und Durchführung der Berufung

200	Verfahren über die Zulassung der Berufung: Soweit der Antrag abgelehnt wird	1,0
201	Verfahren über die Zulassung der Berufung: Soweit der Antrag zurückgenommen oder das Verfahren durch anderweitige Erledigung beendet wird .. Die Gebühr entsteht nicht, soweit die Berufung zugelassen wird.	0,5
202	Verfahren im Allgemeinen.............................	5,0
203	Beendigung des gesamten Verfahrens durch Zurücknahme der Berufung oder der Klage, bevor die Schrift zur Begründung der Berufung bei Gericht eingegangen ist: Die Gebühr 202 ermäßigt sich auf .... Erledigungserklärungen nach § 111b Abs. 1 Satz 1 der Bundesnotarordnung i. V. m. § 161 Abs. 2 VwGO stehen der Zurücknahme gleich, wenn keine Entscheidung über die Kosten ergeht oder die Entscheidung einer zuvor mitgeteilten Einigung der Beteiligten über die Kostentragung oder der Kostenübernahmeerklärung eines Beteiligten folgt.	1,0
204	Beendigung des gesamten Verfahrens, wenn nicht Nummer 203 erfüllt ist, durch 1. Zurücknahme der Berufung oder der Klage a) vor dem Schluss der mündlichen Verhandlung, b) wenn eine solche nicht stattfindet, vor Ablauf des Tages, an dem das Urteil oder der Beschluss in der Hauptsache der Geschäftsstelle übermittelt wird, oder c) im Fall des § 111b Abs. 1 Satz 1 der Bundesnotarordnung i. V. m. § 93a Abs. 2 VwGO vor Ablauf der Erklärungsfrist nach § 93a Abs. 2 Satz 1 VwGO, 2. Anerkenntnis- oder Verzichtsurteil, 3. gerichtlichen Vergleich oder 4. Erledigungserklärungen nach § 111b Abs. 1 Satz 1 der Bundesnotarordnung i. V. m. § 161 Abs. 2 VwGO, wenn keine Entscheidung über die Kosten ergeht oder die Entscheidung einer zuvor mitgeteilten Einigung der Beteiligten über die Kostentragung oder der Kostenübernahmeerklärung eines Beteiligten folgt, es sei denn, dass bereits ein anderes als eines der in Nummer 2 genannten Urteile oder ein Beschluss in der Hauptsache vorausgegangen ist: Die Gebühr 202 ermäßigt sich auf......................	3,0
	Die Gebühr ermäßigt sich auch, wenn mehrere Ermäßigungstatbestände erfüllt sind.	

J. Gebühren nach der Bundesnotarordnung **Vorb 3, 310–321 GV BNotO**

Nr.	Gebührentatbestand	Gebührenbetrag oder Satz der Gebühr nach § 34 GKG
	Abschnitt 3. Vorläufiger Rechtsschutz (Amtliche) Vorbemerkung 3: ¹ Die Vorschriften dieses Abschnitts gelten für einstweilige Anordnungen und für Verfahren nach § 111b Abs. 1 Satz 1 der Bundesnotarordnung i. V. m. § 80 Abs. 5 und § 80a Abs. 3 VwGO. ᴵᴵ ¹Im Verfahren über den Antrag auf Erlass, und im Verfahren über den Antrag auf Aufhebung einer einstweiligen Anordnung werden die Gebühren jeweils gesondert erhoben. ²Mehrere Verfahren nach § 111b Abs. 1 Satz 1 der Bundesnotarordnung i. V. m. § 80 Abs. 5 und 7 und § 80a Abs. 3 VwGO gelten innerhalb eines Rechtszugs als ein Verfahren. *Unterabschnitt 1. Oberlandesgericht*	
310	Verfahren im Allgemeinen...	2,0

311	Beendigung des gesamten Verfahrens durch
	 1. Zurücknahme des Antrags
	   a) vor dem Schluss der mündlichen Verhandlung oder,
	   b) wenn eine solche nicht stattfindet, vor Ablauf des Tages, an dem der Beschluss der Geschäftsstelle übermittelt wird,
	 2. gerichtlichen Vergleich oder
	 3. Erledigungserklärungen nach § 111b Abs. 1 Satz 1 der Bundesnotarordnung i. V. m. § 161 Abs. 2 VwGO, wenn keine Entscheidung über die Kosten ergeht oder die Entscheidung einer zuvor mitgeteilten Einigung der Beteiligten über die Kostentragung oder der Kostenübernahmeerklärung eines Beteiligten folgt,
	 es sei denn, dass bereits ein Beschluss über den Antrag vorausgegangen ist:
	 Die Gebühr 310 ermäßigt sich auf..............................
	 Die Gebühr ermäßigt sich auch, wenn mehrere Ermäßigungstatbestände erfüllt sind.
		0,75

	Unterabschnitt 2. Bundesgerichtshof als Rechtsmittelgericht in der Hauptsache	
320	Verfahren im Allgemeinen...	1,5

321	Beendigung des gesamten Verfahrens durch
	 1. Zurücknahme des Antrags
	   a) vor dem Schluss der mündlichen Verhandlung oder,
	   b) wenn eine solche nicht stattfindet, vor Ablauf des Tages, an dem der Beschluss der Geschäftsstelle übermittelt wird,
	 2. gerichtlichen Vergleich oder
	 3. Erledigungserklärungen nach § 111b Abs. 1 Satz 1 der Bundesnotarordnung i. V. m. § 161 Abs. 2 VwGO, wenn keine Entscheidung über die Kosten ergeht oder die Entscheidung einer zuvor mitgeteilten Einigung der Beteiligten über die Kostentragung oder der Kostenübernahmeerklärung eines Beteiligten folgt,	

Nr.	Gebührentatbestand	Gebührenbetrag oder Satz der Gebühr nach § 34 GKG
	es sei denn, dass bereits ein Beschluss über den Antrag vorausgegangen ist: Die Gebühr 320 ermäßigt sich auf................................ Die Gebühr ermäßigt sich auch, wenn mehrere Ermäßigungstatbestände erfüllt sind.	0,50
	Unterabschnitt 3. Bundesgerichtshof	
	(Amtliche) Vorbemerkung 3.3: Die Vorschriften dieses Unterabschnitts gelten, wenn der Bundesgerichtshof auch in der Hauptsache erstinstanzlich zuständig ist.	
330	Verfahren im Allgemeinen.................................	2,5
331	Beendigung des gesamten Verfahrens durch 1. Zurücknahme des Antrags a) vor dem Schluss der mündlichen Verhandlung oder, b) wenn eine solche nicht stattfindet, vor Ablauf des Tages, an dem der Beschluss der Geschäftsstelle übermittelt wird, 2. gerichtlichen Vergleich oder 3. Erledigungserklärungen nach § 111b Abs. 1 Satz 1 der Bundesnotarordnung i. V. m. § 161 Abs. 2 VwGO, wenn keine Entscheidung über die Kosten ergeht oder die Entscheidung einer zuvor mitgeteilten Einigung der Beteiligten über die Kostentragung oder der Kostenübernahmeerklärung eines Beteiligten folgt, es sei denn, dass bereits ein Beschluss über den Antrag vorausgegangen ist: Die Gebühr 330 ermäßigt sich auf................................ Die Gebühr ermäßigt sich auch, wenn mehrere Ermäßigungstatbestände erfüllt sind.	1,0
	Abschnitt 4. Rüge wegen Verletzung des Anspruchs auf rechtliches Gehör	
400	Verfahren über die Rüge wegen Verletzung des Anspruchs auf rechtliches Gehör: Die Rüge wird in vollem Umfang verworfen oder zurückgewiesen	50,00 EUR

Sachverzeichnis

Fette römische Zahlen = Abschnitte des Buches, zB **I A** = GKG
Magere arabische ein- bis dreistellige Zahlen = §§, zB **I A** 13 = § 13 GKG
sowie in **XI**: Nr des KVGv
KV + magere arabische vierstellige Zahlen nebst **I A** = Nr des KV (GKG, ab 1110),
zB **I A** 1110 = Nr 1110 des KV zum GKG, KVFam = KV zum FamGKG
Magere vierstellige Zahlen nebst **X** = Nr. des VV (RVG, ab 1000)
zB **X** 1000 = Nr. 1000 des VV zum RVG
Anm = amtliche Anmerkung; Rn = Randnummer

Einl: Einleitung
I. A: GKG
I. B: FamGKG
II. A: ArbGG
II. B: SGG
II. C: PatKostG
III. KostO
IV. LwVG
V. JVEG

VI. GVG
VII. DVKostG
VIII. JVKostG
IX. Beitreibung
X. RVG
XI. GvKostG
XII A. RDGEG
XII B. EGGVG
SchlAnh A–J

Abänderung I A 1120, **I B** 31, **X** 3335
Abbestellung V 1 Rn 44
Abbruchverfügung I A 52 Anh I
Abfassung von Willenserklärung XI 410
Abführung des Mehrerlöses I A Vorbem 3.4, 4.2, **X** 4143
Abgabe I A 12, **I B** 6, **X** 20
Abgaberecht I A 52 Anh I
Abgeltungsbereich X 15
Abhilfeverfahren I A 66, **X** 17 Z 1
Abkömmling III 60
Ablehnung I A 48 Anh I, 52 Anh I, II, 1624, **X** 16, 19
Ablichtung I A 2114, 9000, **I B** 2000, **V** 7, **III** 136, **X** 9000, **X** 7009; s auch Auslagen
Ablieferung von Geld III 149
Abmarkung III 50
Abnahme I A 48 Anh I
Abrundung X 2
Absehen von Wertermittlung VII A 10a
Absprachen im Strafverfahren **X** 14 Rn 2
Abstammung I A 48 Anh I, **I B** 47, **V** 1 Anh II 2, 10 Anl
Abtretung von Geschäftsanteil III 38
Abtretung des Kostenerstattungsanspruchs (StPO) X 43
Abtretung des Vergütungsanspruchs X 4
Abwesenheitsentschädigung V 6, 15, 19
Abwesenheitsgeld III 153, **X** 7005 ff
Abwicklungstätigkeit X 19
Adoption III 24, 30, 38, 55 a
Akteneinsicht VIII A 2 Anl
Aktenversendung I A 28, 9003, **I B** 2003
Aktiengesellschaft III 41 a ff, 47, 53, 90 Anh I
Aktienrechtliche Klage I A 51 Anh IV
Allgemeine Geschäftsbedingungen I A 48 Anh I
Allgemeiner Vertreter X 5
Altenteil III 158
Alterssicherung I A 49
Amtlicher Ausdruck III 73, 89
Amtshandlung, Dauer XI 500
Amtshilfe VII B 2
Amtsverhältnis I A 42

Änderung einer Erklärung **III** 42; der Wertfestsetzung **I A** 63, **I B** 55
Androhung von Ordnungs- oder Zwangsgeld III 119, **X** 19
Anerkennung einer Erklärung **III** 43; im Verhältnis zu Österreich **I** 1513
Anerkenntnisurteil I A 1211 usw
Anerkennungserklärung III 55 a
Anerkennungs- und Vollstreckungsausführungsgesetz I A 1, **X** 19
Anfechtung I A 48 Anh I
Anfechtungsklage I A 52
Anfertigung einer Schrift X 4300, 4301
Angebot III 37
Angelegenheit X 15 ff
Anhörungsrüge I A 69 a, 70, 3900, 4500, 5400, 6400, 7400, 8500, **I B** 61, 1800, **III** 131 d, 157 a, **V** 4 a, **VIII A** 13, **X** 12 a, **XI** 5
Anklageerzwingung X 4301
Anmeldung III 86, **X** 3320; s Handelsregister
Annahme als Kind s Adoption
Anrechnung I A 1210 Anm usw, **I B** 1220 Anm usw, **X** 58, 2120, 2102, 2501 usw
Anrecht I 49
Anspruch gegen Beschuldigten X 52
Anspruchsübergang X 59
Antrag I 48 Anh II, 66, **III** 2, 75, **X** 4302
Antragsrücknahme I A 1221, 1222, 1231 usw, **I B** 1221 usw, **III** 57, 130, **X** 3101, 3201 usw, s auch Klagerücknahme
Anwaltsgemeinschaft X 6, 7
Anwaltsrechtliches Verfahren SchlAnh F
Anwaltsvergleich I A 2117 ff, **X** 1000, 2300; s auch „Vergleich"
Anwaltszwang I A 66, **I B** 57, **III** 14, **X** 11, 33
Anzeige des Vorerben usw III 112
Arbeitnehmererfindung I A 12
Arbeitsgericht I A 1, 2
Arbeitsgerichtsbarkeit I A 1, 2, 8100 ff, **II A**
Arbeitssache I A 1, 2, 42, **II A**, **V** 25 Anh II, **X** 23
Arrest I A 48 Anh I, 52 Anh II, 53, 1410 ff, 8310 ff, **X** 16, 17, 3309, 3310, **XI** 205

2179

Sachverzeichnis

fette röm. Zahlen = Abschn. arab. Zahlen

Arztattest V 7
Arztrecht I A 52 Anh I
Assessor X 5 Rn 7
Asylverfahrensgesetz X 30
Atomrecht I A 52 Anh I
Aufbewahrung der Handakten X 10; eines Jahres- oder Konzernabschlusses III 86
Auffangwert I A 52, I B 42, X 23
Aufgebot III 128 d
Aufgebotsverfahren III 128 d, X 16, 3324
Aufhebung der Ehe III 99; der Entscheidung I A 30; der Zwangsvollstreckung X 3328
Auflage I A 52 Anh I
Auflassung III 38, 44; Wert I A 48 Anh I
Auflösungsverfahren III 88
Aufopferung I A 48 Anh I
Aufrechnung I A 45, 48 Anh II, I B 39
Aufrundung X 2
Aufschiebende Wirkung I A 66, 5210 ff; I B 57, X 17
Aufsichtsrat III 90 Anh I
Auftrag X 8, 15, 3101 usw, XI 3
Aufwandsentschädigung V 6, 8, 15
Augenschein III 49, X 4301, 4302
Ausdruck aus Grundbuch, Register III 73, 89
Auseinandersetzung III 116, 148
Ausfertigung I A 9000 ff, I B 2000, III 136 ff
Ausgangswert I A 52
Ausgleichsanspruch I A 52 Anh II, III 106 a
Ausgleichsleistung X 4146
Auskunfterteilung I A 48 Anh I, X 34
Auskunftspflicht III 31 a
Auslagen I A 17, 27, 9000 ff, I B 2000 ff, III 136, 138, X 7000 ff
Auslagenfreiheit I A 2, I B 2
Ausländerrecht I A 52 Anh I
Ausländischer Anwalt X Grdz vor 1, 2200
Ausländische Behörde, Einrichtung oder Person I A 9014, 9015, 9016, I B 2010, 2011
Ausländische Partei I A 9005 Rn 1, I B 2005, Rn 1
Ausländischer Schuldtitel I A 1510 ff, X 19, V b 3.2.1
Ausländischer Zeuge und Sachverständiger V 8, 19
Auslandsbezug I B 1710 ff.
Auslandskostengesetz I A 9012, I B 2010
Auslandsunterhaltsgesetz I A 2 Rn 11 vor 22, X 59 Rn 5, XI 2
Auslagen, Ersatz usw I A 9000 ff, I B 16, 2000 ff, III 136 ff, X 46, 7000 ff; Fälligkeit I A 8, 9; Freiheit von I A 2, XI 2, 700 ff; Schuldner I A 27, 28, I B 22; Vorschuß I A 17
Auslieferung VIII A 1, 4, 5, 6, 10, X 6100 ff
Auslosung II 48
Ausscheidung eines Grundstücks III 67
Ausschlagung der Erbschaft III 112
Ausschließungsklage I A 48 Anh I
Ausschußsitzung V 15
Außergerichtliche Sache X 4
Außergerichtlicher Vergleich X 1000
Außergerichtliche Verhandlung X 19
Außergerichtliche Vertretung X 2300 ff
außerhalb der Hauptverhandlung X 4102, 4104, 4141 ff
Aussetzung I A 48 Anh I, 52 Anh I, II, 2112, X 11, 19
Aussichtsprüfung X 2101
Aussöhnung X 1001

Austauschpfändung X 18
Austauschvertrag III 39
Auswärtiges Geschäft III 58
Auszug von Urkunden III 147
Automatisches Grundbuch, Register III 73, 74, 89

Baden-Württemberg III 142
BAföG I A 52 Anh I
Bahneinheit I A 57, III 78
Baugesetzbuch, Kostenfreiheit III 11 Anh
Baulandsache I A 48 Anh I
Baurechtliche Angelegenheit I A 52 Anh I
Beamtenrechtliche Sache I A 49, 52 Anh I
Beauftragter Richter X 19
Bedeutung der Angelegenheit X 14
Bedingter Anspruch I A 48 Anh I
Beendigung der Angelegenheit X 8
Beendigung des Auftrags X 15, 3101 usw
Beförderung I A 9008, 9009, I B 2007, III 137, XI 707
Befreiung von Haftung I A 48 Anh I
Befund V 10 Anl
Beglaubigung I A 45, 55, 73, 89, 132, VII A 17, VIII A 2 Anl
Begleitperson V 7
Behörde I A 9013 ff, V 1
Beigeladener I A 32, 52 Anh I
Beigeordneter Rechtsanwalt X 39, 44 ff
Beigeordneter Vertreter X 45
Beisitzer V 1, 15 ff
Beistandsleistung X 4200
Beistandschaft III 92, X 4301
Beitreibung III 155, IX
Bekanntmachung von Willenserklärung XI 410
Belastung III 62
Belehrungspflicht bei Wertgebühr X Grdz 17
Benachrichtigung von einer Vorpfändung XI 200
Beobachtung I A 9011
Beratungsgebühr X 34, 2501
Beratungshilfe X 3 a, 44, 55, 2500 ff
Berechnung X 10
Berichtigung der Festsetzung V 4 Rn 20
Bergwerkseigentum III 77, 125
Berichtigung des Kostenansatzes I A 19, I B 18, VII A 35
Berufsgenossenschaft X 3, 3102, 3106 usw
Berufsgericht V 1, X 6200 ff, SchlAnh F–J
Berufsordnung X 3 a vor Rn 1
Berufsvormund V 1 Rn 29, 1 Anh
Berufszulassung I A 52 Anh I, II
Berufung bei einem Arrest usw I A 1412 ff; im bürgerlichen Rechtsstreit I A 1220 ff; und StPO I A 3120, 3200 usw, X 3200 ff; Wert I A 47, 48 Anh I
Bescheinigung III 50, 89, 150, VII A 17, VIII A 2 Anl
Beschluß von Gesellschaftsorganen III 47
Beschränkung der ZwV X 3328, 3331
Beschwerde, Anwaltsgebühr X 3200 ff, 3500 ff; im bürgerlichen Rechtsstreit I A 1200 ff, 1253 ff, 1810 ff, 3500 ff; Entschädigungsfestsetzung V 4; im Familienverfahren I B 1120 usw, freiwillige Gerichtsbarkeit III 14, 131, 156; gegen Festsetzung der Entschädigung aus Staatskasse X 56; Frist I A 68; Höfesache IV 36 Anh; Hinterlegung VIII B 25; Insolvenz I A 58, 3500; Kostenansatz I A 66, VII A 45, XI 5; Patentsache X 3510; Prozeßkosten-

2180

1–3stellig = §§ bzw. Nr. KVGv, 4stellig = Nr. KV   Sachverzeichnis

hilfe **X** 55; SVertO **I A** 2440, **X** 3500; StPO **I A** 3420, 3600, 3601; **X** 3506, 3508; Verzögerungsgebühr **I B** 60; Vorauszahlung usw **I A** 67, **I B** 58, **III** 8; Wert **I A** 48 Anh I; Wertfestsetzung **I A** 8, 63, **I B** 59, **X** 32, 33; Zwangsliquidation **I A** 2240 f
Beschwerdewert **I A** 66 ff, **I B** 57 ff
Beseitigung von Widerstand **XI** 250
Besitz **I A** 48 Anh I
Besondere Schwierigkeit **X** 51
Besondere Verrichtung **V** 10
Besonderer Umfang **X** 51
Bestellter Rechtsanwalt **X** 45, 52
Bestellung eines Schiedsrichters **I A** 1623
Betagter Anspruch **I A** 48 Anh I
Betragsrahmengebühr Einl **II A** 12
Betreuer **III** 92, **V** 1 Rn 29, 1 Anh I, II 4, **X** 1
Betriebsprüfung **I A** 52 Anh II
Betriebsrat **I A** 48 Anh I
Beurkundung **III** 36 ff, 58, 136 ff, **XI** 411
Bevollmächtigter **I A** 52 Anh II
Bewachung **I A** 9009, **I B** 2009, **XI** 400
Bewährungsfrist **X** 4200 ff
Bewegliche Sache **III** 54
Beweissicherung **I A** 7300; s auch selbständiges Beweisverfahren
Beweisterminvertreter **X** 3330
Bezugsrecht **III** 24
Blutgruppenbestimmung **V** 10 Anl
Bodenverkehrsgenehmigung **I A** 52 Anh I
Brief **III** 67, 71
Bürgerlicher Rechtsstreit, Fälligkeit **I A** 7; Gebühren **I A** 1110 ff, **X** 3100 ff; Vorauszahlung usw **I A** 12; Wert **I A** 48 ff
Bürgschaft **III** 23, 44
Bürovorsteher **X** 5 Rn 10
Bund **I A** 2, **I B** 2, **III** 11 ff, **XI** 2
Bundesagentur für Arbeit **X** 3104
Bundeseisenbahnvermögen **I A** 2, **I B** 2, **III** 11 ff, **XI** 2
Bundeskasse **X** 45
Bundespräsident **X** 37
Bundessozialhilfegesetz **XI** 2
Bundesverfassungsgericht **I A** 38 Anh, **X** 37
Bußgeld s OWiG
Bußgeldverfahren **I A** 27, **X** 17, 51, 5100 ff

Datei **V** 7, 23
Datenabruf **III** 74 Rn 2
Dauer der Amtshandlung **XI** 500
Dauernutzungsrecht **III** 62
Dauerpflegschaft **VII A** 14
Dauervertrag **I A** 48 Anh I
Dauerwohnrecht **I A** 48 Anh I, **III** 62
Deutsche Post **I A** 2, **I B** 2, **III** 11 ff, **XI** 2
Dieselbe Angelegenheit **X** 16
Dienstbarkeit **III** 62
Dienstkraftfahrzeug **I A** 9006, **I B** 2006
Dienstverhältnis **I A** 42, 49
Dienstvertrag **III** 25, **X** Grdz vor 1
Dienstvorgesetzter **X** 6400 ff
Differenzgebühr **X** 50 Rn 6
Dispache **III** 123
Disziplinargericht **X** 6800 ff
Dokumentenpauschale **I A** 19, 28, 9000, **I B** 2000, **III** 136, **X** 7, 7000, **XI** 700
Dolmetscher **I A** 9005, **I B** 2005, **III** 59, **V** 8 ff, **VIII A** 2 Anl
Doppelbuchung **III** 69
Dritter **I A** 9009, **I B** 2009, **V** 23

Duldung der Zwangsvollstreckung **I A** 48 Anh I
Durchführung des streitigen Verfahrens **I A** 1211 usw
Durchführungsvorschriften **VII A, B**
Durchlaufendes Geld **VII A** 38, **IX B** 14
Durchsuchung **I A** 52 Anh I, 9009, **XI** 250

EDV-Anlage **V** 23
Ehefähigkeitszeugnis **VIII A** GV 6
Ehegatte **III** 60, 97
Ehelichkeitserklärung **III** 38
Ehesache **I B** 43, 1110 ff, 1320 ff, **X** 18, 42, 1001, 1003 ff
Ehevertrag **III** 39, 46
Ehewohnung **I B** 48, **X** 18, 48
Ehrenamtlicher Richter **I A** 9005 Anm, **V** 1, 15 ff
Ehrengericht **X** 6400 ff
Eid **III** 49
Eidesstattliche Versicherung, Beitreibung **IX A** 7; Gebühr **I A** 2113 ff, **III** 49, 107, 124, **X** 17, 3309, **XI** 270; Vorauszahlung **I A** 12, 18; Wert **I A** 44, 48 Anh I
Eigentumseintragung **III** 60 ff
Eigentumsverzicht **III** 67
Eigentumswechsel **III** 61
Einfaches Schreiben **X** 2302, 3403
Einforderung **III** 1547, **X** 19
Einforderungs- und Beitreibungsanordnung **IX B**
Einführungstagung **VI A** 8
Eingruppierung **I A** 42 Anh
Einheitliche Feststellung von Einkünften **I A** 52 Anh II
Einheitswert, Gebühr **III** 19, 26 **VII A** 15; Wert **I A** 48 Anh I, 52 Anh II, 54; in der Zwangsversteigerung **X** A 26
Einigung zu Protokoll **X** 1000
Einigungsgebühr **X** 1000 ff, 2608
Einigungsstelle **X** 2303
Einkommensverhältnisse **X** 14
Einkommensteuer **I A** 52 Anh II
Einlegung des Rechtsmittels **X** 19
Einlieferung **VII B** 3
Einmaligkeit der Gebühr **I** 35, 42 Anh, **X** 15
Einreichung von Schriftsatz **X** 3402
Einseitige Erklärung **III** 36 ff
Einsicht **I A** 2115, **III** 74, 90, 147
Einspruch **I A** 1211 usw, **X** 17, 3305 ff, 4104, 4105, 5115
Einstellung des Verfahrens **X** 4141, 5115
Einstweilige Anordnung in einer Ehe- und Kindschaftssache s dort sowie **I B** 41, 1410 ff, **X** 18, 23; und FGO **I A** 53, 6210 ff; und Prozeßkostenhilfe **X** 17, 24, 48; und VwGO **I A** 53, 5210
Einstweiliger Rechtsschutz s Arrest, einstweilige Anordnung, Verfügung
Einstweilige Regelung **I A** 53, **I B** 41, 1410 ff
Einstweilige Unterbringung **I A** 9011, **X** 4102
Einstweilige Verfügung **I A** 53, 1410, **X** 16, 17, 48, 3309
Eintragung **III** 70, 75, 79 ff; s Handelsregister
Eintragungsschulden **III** 4
Einvernehmen mit ausländischem Anwalt 2200, 2201
Einwendung gegen Kostenberechnung **I A** 66, **I B** 57, **III** 156, **X** 11
Einwohnermeldestelle **XI** 708

2181

Sachverzeichnis

fette röm. Zahlen = Abschn. arab. Zahlen

Einzelrichter I A 66, I B 57, III 14, V 4, X 33
Einzeltätigkeit X 3402, 5200, 6400
Einziehung, Gebühr I A 3410 ff, 4210 ff, III 108, X 4142, 5116; Wert I A V b 3.1
Einzutragender Geldbetrag III 41 a, 79
Eisenbahn s. Bundeseisenbahnvermögen
Elektronische Bearbeitung I A 5 a, 28, 66, 9003, I B 8, III 1 a, V 4 a, X 11, 12 a, 7000, XI 700
Elterliche Sorge I A 1 Rn 13, I B 1320 ff
Endgültige Wertfestsetzung I A 63
Entbehrlichkeit der Hauptverhandlung X 4141
Enteignung, Gebühr III 125; Wert I A 48 Anh I, 52 Anh I
Entfernung aus Gewahrsam XI 220
Entlassung aus Mithaft III 68
Entnahmerecht XI 15
Entschädigung V 15 ff
Entschädigungsverfahren I A 3700, X 61 a Anh, 89 Rn 6
Entscheidungsschuldner I A 29, 31, I B 24, III 3
Entsetzung XI 240
Entwurf III 145
Entziehung X 51, 3334, 4200 ff
Erbauseinandersetzung III 60, 116
Erbausschlagung III 112
Erbbaurecht III 21, 38, 62, 77
Erbbiologisches Gutachten V 10 Anl
Erbe, Kostenhaftung III 6
Erbeneintragung III 60
Erbenermittlung III 105
Erbersatzanspruch III 106 a
Erbhof IV 38 a
Erbrechtlicher Anspruch I A 48 Anh I
Erbschaftsanfechtung III 112
Erbschaftsannahme III 112
Erbschaftskauf III 112
Erbschein III 49, 107 ff
Erbvertrag III 46
Erbvertragsanfechtung III 112
Erfolglose Verhandlung III 57
Erfolgshonorar X 4 a, XII IX
Erfolgsunabhängige Vergütung X 4
an Erfüllungs Statt X 4
Ergänzung einer Erklärung III 42
Erhebung von Geld usw III 149
Erinnerung I A 66, 67, I B 57, III 14, VII A 45, X 16, 18, 19, 55, 56, 3500, XI 5
Erlaß I A 52 Anh II, VII A 40, VII D
Erlaubnis VIII A 2 Anl
Erlaubnisträger XII IX
Erledigung der Angelegenheit X 15
Erledigung des Auftrags X 8, XI 600 ff
Erledigung der Hauptsache I A 48 Anh I, 63, 1211 usw
Erledigung der Rechtssache X 2502 ff
Erlöschen des Vergütungs- oder Entschädigungsanspruchs V 2
Erlöschen der Zahlungspflicht I 30
Ermäßigung I A 1211 usw, I B 1111 usw, III 144 a
Ermessen X 3 a, 4, 14
Ermittlungsverfahren X 17
Eröffnung III 102 ff, X 3313, 3314
Eröffnungsverfahren I A 2310, 2311, X 3313, 3314
Erstattung IV 45
Erstberatung X 2100 Rn 8
Ersteher I A 26

Ersuchen III 69, XI bei 1
Ersuchter Richter X 19, 3331
Erzwingung der Anklage X 4302
Europäische Gemeinschaft X 38
Europäische Gesellschaft III 41 a Rn 5
Europäischer Rechtsanwalt X 2200, 2201
Europäischer Vollstreckungstitel I A 22, 1512, 1521, 2118, 8401, III 148 a, X 18 Z 8, 19 I 2 Z 9
Fälligkeit I A 6 ff, 52 Anh II, I B 9–11, III 7, IV 43, X 8, XI 14
Fahrerlaubnis I A 19, 52 Anh I, X 4143
Fahrtenbuchauflage I A 52 Anh I
Fahrtkosten V 5, X 7003 ff
Fahrverbot X 4143
FamGKG I B
Familienregister III 127
Familiensache I A 1, 7, 46, I B 1 ff, III 91 ff, 131
Familienstreitsache I B 1120 ff
Familienstiftung III 118
Fehlerhafte Vergütungsvereinbarung X 4 b
Feiertag III 58, X 19, XI 11
Festgebühr Einl II A 14
Festsetzung der Vergütung oder Entschädigung V 4, VII B 5, X 4, 11, 55; s auch Wertfestsetzung
Feststellung von Mieter oder Pächter XI 401
Feststellungsklage I A 48 Anh I, 52
FGO I A 1, 52, 63, 1000 ff, 6110 ff, X 3100 ff
Finanzbehörde V 1
Firma III 26, 38, 79
Fiskus III 110
Flaggenzeugnis III 84
Flurbereinigung I A 52 Anh I, III 125, X 15 Rn 29
Förderung des Verfahrens X 4141, 5115
Folgesache s Ehesache, Scheidungssache
Forderung I A 48 Anh I
Forderungspfändung I A 12, 2110
Fortbildungstagung V 15
Fortdauer der Vorschußpflicht I A 18, I B 17
Fortgesetzte Gütergemeinschaft III 112
Foto V 12
Fotokopie I A 9000, I B 2000, III 136, V 7, X 7000; s auch Auslagen
Frachtprüfer XII IX
Freie Verwertung X 19
Freigabe I A 48 Anh I
Freihändige Verwertung X 18
Freiheitsentziehung III 128 c, 139, Anh, X 6300 ff
Freiheitsstrafe I A Vorbem 3.1
Freiwillige Zahlung X 4
Fremdsprachige Erklärung III 59
Früchte I A 43, 52 Anh II, I B 37, III 18 ff, XI 205

Gebrauchsmuster I A 1, 48, 51 Anh, 1250 ff, 1252 Anh, X 3350
Gebühren, Begriff Einl II A Rn 9 ff
Gebührenfreiheit I A 2, 12, 14, 63, 66, I B 2 usw, III 8, 11 ff, 55 a, 69, 87, 115, 129, IV 33 Vorbem, VII A 11, 18, X 11, 33, 55, 56, XI 2
Gebührenklage X 11
Gebührenrechnung X 10
Gebührensatzung zum Vorsorgeregister III 147 Anh

Sachverzeichnis

Gebührentabellen I A 34, I B 28, III 32, X 13, SchlAnh
Gebührenteilung X 3400
Gebührenvereinbarung III 140, X 3 a–4 b, 34, XII IX
Gebührenvorschuß s Vorschuß
Gefangener V 20
Gegenseitiger Vertrag I A 48 Anh I
Gegenstand, Begriff X 7 Rn 27, 28
Gegenständlich beschränkter Erbschein III 107 a
Gegenständlich beschränkte Gebührenfreiheit VII A 11
Gegenstandsloses Recht III 70
Gegenstandswert X 2, 22 ff; Belehrung X Grdz 17
Gegenvormund V 1 Anh II 1
Gegenvorstellung I A 63 Rn 66
Gehalt I A 42
Gehör, rechtliches s „Anhörungsrüge", „rechtliches Gehör"
Geld III 149
Geldauflage IX B 18
Geldbuße I A Vorbem 3.1, IX A 1, IX B 1 ff, s auch OWiG
Geldforderung I A 48 Anh I, I B 35
Geldrente I A 42
Geldstrafe I A Vorbem 3.1, IX A 1, B 1 ff
Geltungsbereich I A 1, I B 1, III 1, V 1, IX A 1, X 1
Gemeinkosten des Sachverständigen V 12
Gemeinschaft I A 48 Anh I, III 61
Genehmigung I B 36, VIII A 2 Anl
Genetische Abstammungsunterung III 94
Genossenschaft I A 48 Anh I, III 28, 79, VII A 14
Gerichtlich bestellter Verteidiger X 45 ff
Gerichtliche Entscheidung nach AktG III 90 Anh I; nach RVG X 57
Gerichtlicher Vergleich I A 1211 usw, 1900, I B 1221 usw, X 1000 ff
Gerichtskasse, Ersuchen VII A 33 ff
Gerichtskosten Einl II B Rn 1, I 16, VII D, IX A 1, Rechtspolitischer Ausblick II
Gerichtsstelle I A 9006, I B 2006
Gerichtstag III 160
Gerichtsvollzieher, Einl II B Rn 15, IV 49, V 1, VII A 21, IX A 1, X 19, XI
Gesamtgut III 106, 116
Gesamthaftung I A 31, 32, I B 26, 27, III 5
Gesamthand III 61
Gesamtstrafe I A Vorbem 3.1
Geschäftsanteil III 38
Geschäftsgebühr X 2200 ff, 2503
Geschäftsreise III 153, X 7005 ff
Geschäftsstelle I A 66, I B 57, III 14, V 4, X 11, 33
Geschäftsunkosten X Vorbem VV 7 Rn 4
Geschäftswert III 18 ff, 31, 39, X 19
Geschichtliches, Einl I; sowie I A Grdz vor § 1, entsprechend bei II–XII
Geschlechtszugehörigkeit, Feststellung III 128 a
Geschmacksmuster I A 1, 51, 1252 Anh
Gesellschaft I A 48 Anh I, III 26, 47
Gesellschaftsvertrag III 39
Gesetzlicher Schuldner I A 29, I B 21 ff, III 3
Gewahrsam XI 220
Gewalt X 18
Gewaltschutz I B 49

Gewerbe I A 52 Anh I
Gewerbesteuer I A 52 Anh II
Gewerblicher Rechtsschutz I A 1, 48 Anh I, 51 mit Anh
Gläubigerausschuß I A 9018, X 1, SchlAnh D
Gläubigerbeirat X 1
GmbH III 38
Gnadengesuch X 4303
Grenzüberschreitende Prozeßkostenhilfe I A 28, III 2, X 46
Grundbuchberichtigung III 60
Grundbuchblatt, Anlage III 67
Grundbuch-Datenabruf III 74 Rn 2
Grundbucheinsicht III 74, 147
Grundbuchsache III 60 ff
Grunddienstbarkeit I A 48 Anh I, III 22
Grundgebühr X 4100, 5100, 6200
Grundrecht X 37
Grundsätzliche Bedeutung I A 66 ff, I B 57 ff, III 14
Grundschuld III 62, 67, 71, s auch Hypothek
Grundschuldbrief III 71, VII A 20
Grundsteuer I A 52 Anh I, II
Grundstück III 19 ff; s auch Versteigerung
Grundstücksgleiches Recht I A 56, III 77; s auch Zwangsversteigerung
Grundstücksrecht III 62
Grundstücksveräußerung IV 36
Gutachten V, X 4, 14, 34, 2103
Gütergemeinschaft III 116
Güterrecht I B 92, X 45
Güterrechtsregister III 29, 81
Güterverfahren X 17, 2303
Gutsüberlassung III 62

Haft I A 41, 9010, 9011, I B 2008, 2009, III 137, VII A 12
Haftpflichtversicherung III 137, X 14, 7007
Haftung I A 52 Anh II, X Grdz vor 1
Haftungsrisiko X 14
Halbleitergesetz I A 1, 51, X 5510
Handakte X 10, 19
Handelsregister III 41 a, 41 c, 79, 79 a, 163
Handelsrichter VI
Handelsvertreter I A 48 Anh I
Handwerk I A 52 Anh I
Hauptverhandlung X 4108 ff usw
Hauptversammlung III 47, 121
Hausfrau V 16, 21
Haushaltssache I B 48, X 3100 ff
Haverie III 123
Hebegebühr III 149, X 1009, XI 430
Heim I A 9011
Hemmung der Verjährung X 8
Herabsetzung der Vergütung X 4
Heranziehung V 1
Herausgabe I A 1 Rn 15; 12, 22, 41, 48 Anh I
Herstellung des Einvernehmens X 2200, 2201
Hilfsanspruch I A 45, 48, I B 39
Hilfsaufrechnung I A 45
Hilfshaftung I A 31, I B 26
Hilfskraft V 12
Hinterlegung VIII B, X 1009
Hinweispflicht auf Wertgebühr X Grdz 17
Hochschullehrer X 5 Rn 11
Hochschulzulassung I A 52 Anh I
Höchstgebühr III 34, 79
Höchstwert I A 39, 48, 52, X 22
Höfesache IV 36 Anh

2183

Sachverzeichnis

fette röm. Zahlen = Abschn. arab. Zahlen

Honorar des Sachverständigen usw V 8 ff
Honorarvereinbarung X 3 a–4 b
Hotel V 5, X 7006
Hypothek III 23, 44, 62, 67, 71, VII A 20
Hypothekenbrief III 71, VII A 20

Immission I A 48 Anh I
Inkassobüro XII IX
Inländische Behörde, Einrichtung oder Person I A 9013, 9015, 9016
InsO I A 1
Insolvenz I A 48 Anh II, 52 Anh I, 58, 2310 ff, VII A 14, VII F, X 1, 28, 3313 ff, SchlAnh D
Insolvenzverwalter I A 9018, SchlAnh D
Instanz I A 35 Rn 2
Interessenschuldner III 2
Internationale Rechtshilfe VIII A 1, 4–6, 10, X 6100 ff
Internationales Familienrechtsverfahrensgesetz I B 13, III bei 1, 3 Rn 13, 8 Rn 1, 11 Rn 9, V 11 Rn 3, X 19
Internationales Privatrecht X Grdz vor 1
Internetversteigerung XI Vorbem KVGv 3, KVGv 300, 302, 702
Irriger Ansatz I A 20, I B 19

Jagdrecht I A 48 Anh I
Jahresbericht VII A 82
Jugendgerichtsgesetz I A 1, I B 1
Jugendhilfe I A 9011
Jugendkammer X 4118
Jugendstrafe I A Vorbem 3.1
Jugendwohlfahrtsgesetz I A 52 Anh I
Juristische Person X 19
Justizbeitreibungsordnung IX A
Justizvergütungs- und -entschädigungsgesetz V
Justizverwaltungsabgabe VII D, IX A 1
Justizverwaltungsakt, Nachprüfung III 161 Anh
Justizverwaltungskostenordnung VIII A
JVEG V

Kammer für Handelssachen VI
Kanzleiverlegung X Vorbem VV 7
Kapitalanleger-Musterverfahren I A 5, 9, 17, 22, 51 a, 66, 1821, 9000, 9002, 9019, V 13, X 16, 23 a
Kartellsache I A 1, 50, 1640, X 3300
Kassation s Rehabilitierung
Kauf III 20, 44
Kindesherausgabe I B 45, III 119
Kindschaftssache I B 45, 46, 1310 ff, III 55 a, X 18
Kirchenbuch III 127
Klagefeststellung I A 52 Anh I
Klagerücknahme I A 1211 usw, X 3101 usw
Klagenhäufung I A 52 Anh I, II
Klagerzwingung I A 3200, X 53
Kleinbetrag VII E
Kommanditgesellschaft s Gesellschaft
Kommanditist III 79
Kommunalrecht I A 52 Anh I
Kontaktperson X 55, 4302
Körperverletzung I A 42
Korrespondentanwalt s Unterbevollmächtigter, Verkehrsanwalt
Kostbarkeit III 149
Kosten, Begriff Einl II; Wert I A 48 Anh I
Kosten als Nebenforderung I A 43, I B 37

Kostenansatz I A 19, 66, 67, I B 18, III 14, VII A 4 ff, 13 ff, 35, B 1, X 3500, XI 5
Kostenausgleich VII B 2
Kostenbeamter VII A
Kostenerlaß VII A 40
Kostenerstattung I A 63, 66, I B 57, III 14, V 5 ff, X laufend
Kostenfestsetzung III 135, X 16, 3500
Kostenforderung, Änderung VII A 36
Kostenfreiheit I A 1, 2, I B 2, III 1, 11 ff, 144, IV 33 Vorbem, XI 2
Kostenhaftung I A 22 ff, I B 21 ff
Kostennachricht VII A 31 ff
Kostenprüfung VII A 41 ff
Kostenrechnung III 154 ff, VII A 4 ff, 27, 29, 30, 34, IX B 4
Kostenschuldner I A 22 ff, I B 21 ff, III 2 ff, 145 Anh § 102, IV 47, VII A 7 ff, XI 13
Kostensicherung VII A 22, 23
Kostenübernahme I A 29, I B 24
Kostenverfügung VII A
Kostenverteilung IV 44, XI 15
Kostenverzeichnis I A 3 nebst Anlage 1 (nach 72); I B 3 nebst Anlage 1 (nach § 63); XI Anlage (nach 20)
Kostenvorschuß s Vorschuß
Kraftfahrzeug s Fahrtkosten
Kraftfahrzeugsteuer I A 52 Anh II
Kraftloserklärung III 122
Kriegsopferfürsorge I A 52 Anh I
Kündigung X 3404
Kux I A 2210 ff, III 77

Land I A 2, I B 2, III 11 ff, XI 2
Landeskasse X 45
Landesrecht III 158
Landwirt I A 49, IV
Landwirtschaftssachen IV
Lastenausgleich I A 52 Anh 1
Leasing I A 48 Anh I
Lebenspartnerschaft I A laufend, I B laufend, III 24, 39, 44, 60, 97, 99, 100, 131a, X laufend
Lebensmitteluntersuchung V 10 Anl
Legalisation III 146
Leiche I A 9009, V 10 Anl
Leistungsangebot XI 410
Leistungsklage I A 52, 52 Anh I
Lichtbild V 12
Liquidator III 121
Lohn I A 41
Lohnsteuerhilfeverein I A 52 Anh II
Löschung I A 48 Anh I, III 38, 68, 70, 88
Löschungsanspruch III 23, 44
Löschungsvormerkung III 64
Lösung von Geldbetrag und Kosten IX B 15
Luftfahrzeug s Schiff, Zwangsversteigerung, Zwangsverwaltung
LuftfRG III 90 Anh II

Mahnung IX B 7, X 12, 2302, 3402
Mahnverfahren I A 12, 1110, 8100 ff, I B 1220, X 17, 3305 ff
Mandant s Auftraggeber
Marke I A 1, 51, 1252 Anh, X 3510
Maßregel der Besserung und Sicherung I A Vorbem 3.1, 3110 ff, 4200 ff
Mediation X 34
Mehrere Angeschuldigte I A Vorbem 3.1
Mehrere Ansprüche I A 48 Anh I

2184

Sachverzeichnis

1–3stellig = §§ bzw. Nr. KVGv, 4stellig = Nr. KV

Mehrere Aufträge **XI** 3, 10
Mehrere Auftraggeber **X** 22
Mehrere Erklärungen **III** 44
Mehrere Geschäfte **X** Vorbem VV 7
Mehrere Grundstücke **VII A** 16
Mehrere Grundstücksrechte **III** 63
Mehrere Kostenschuldner **I A** 31, **I B** 26, **III** 5
Mehrere Rechtsanwälte **X** 6
Mehrwertsteuer s Umsatzsteuer
Miete **I A** 41, **III** 25, **X** 3333
Mieter, Feststellung **XI** 401
Mietpreisrecht **I A** 52 Anh I
Milchmengengarantie **I A** 52 Anh I
Minderjähriger **I A** 1120, **X** 17
Mindestgebühr **I A** 34, **I B** 28, **III** 33, 34, 149, **X** 13, 1009
Mindestunterhalt **I A** 42, **III** 24
Mindestwert **I A** 48, 52
Mißbrauchsgebühr **I A** 38 Anh
Mitarbeiter **V** 1
Mitfahrer **V** 5
Mithaft **III** 68
Mittelloser **I A** 9008, **I B** 2007, **V** 25 Anh I, II
Mitvollstrecker **III** 112
Mitwirkung bei Aussöhnung **X** 1001; bei Einigung oder Vergleich **X** 1000
Musterprotokoll **III** 41 d
Musterregister **III** 28, 82
Musterverfahren s Kapitalanleger-Musterverfahren

Nachbarklage **I A** 52 Anh I
Nacherbfolge **III** 65
Nachforderung **I A** 20, **I B** 19, **III** 15, **XI** 6
Nachlaßgericht **III** 38
Nachlaßinventar **III** 114
Nachlaßpflegschaft **III** 106
Nachlaßsache **III** 101 ff
Nachlaßsicherung **III** 104
Nachlaßverbindlichkeit **III** 6
Nachlaßverwalter **X** 1
Nachprüfung von Anordnungen der Justiz **III** 161 Anh, **X** Vorbem VV 3.2.1
Nachträgliche Gesamtstrafe **I A** Vorbem VV 3.1
Nachverfahren **X** 17
Nachzahlung **X** 19
Nachtzeit **III** 58, **X** 19, **XI** 11
Name **I A** 48 Anh I
Nebenforderung **I A** 43, 48 Anh I, 52 Anh I, **I B** 37
Nebengeschäft **III** 35, **X** 19
Nebenklage **I A** 16, 3510 ff, **X** 53, Vorbem VV 4
Nebenkosten bei Miete usw **I** 41
Nichtehelichkeit **I A** 53
Nichterhebung **I A** 21, **I B** 20, **III** 16, **XI** 7
Nichtigkeit der Ehe **III** 99
Nichtvermögensrechtlicher Streit **I A** 48, **I B** laufend
Nichtvorlagebeschwerde **I A** 52 Anh I
Nichtzulassungsbeschwerde **I A** 52 Anh I, 1242, 1243, 7500 ff, **X** 17, 3504 ff
Niederschlagung **I A**, **I B** 20 **III** 16, **XI** 7
Niedrigere Vergütung **X** 4
Nießbrauch **I A** 48 Anh I
Normenkontrolle **I A** 52 Anh I, **X** 37
Notanwalt **I A** 48 Anh I
Notar **III** 31 a, 140 ff, **VII A** 56
Notarrechtliches Verfahren SchlAnh J

Notfristzeugnis **X** 19
Nutzungen **I A** 43, 48 Anh II, **I B** 37, **III** 18 ff
Nutzungsverhältnis **I A** 41

Obdachloser **I A** 52 Anh I
Obduktion **V** 10 Anl
Oberster Gerichtshof **I A** 66, **I B** 57
Obligatorisches Güteverfahren **X** 2403
Öffentliche Anstalt, Kasse **I A** 2
Öffentliche Bekanntmachung **I A** 24, 9004, **III** 137
Öffentliches Beförderungsmittel **V** 5
Öffentliche Klage **I A** 9015
Öffentliche Stelle **V** 1
Öffentliche Zustellung **III** 122
ohne bestimmten Geschäftswert **III** 30
ohne Tatbestand usw **I A** 1211 usw
Ordnungsgeld **III** 119, **IX A** 1, B 1 ff, **X** 18, 19
Ordnungsrecht **I A** 52 Anh I
Ordnungswidrigkeit (VwGO) **I A** 52 Anh I; s auch OWiG
Ordnungs- und Zwangsmittel **I A** 48 Anh I, **X** 18
Örtliche Zuständigkeit s Zuständigkeit
OWiG, Beitreibung **IX** 1; Fälligkeit **I A** 8, 9; Gebühren **I A** 1, 4110 ff, **X** 5100 ff; Kostenansatz bei Staatsanwaltschaft **I A** 19; Kostenschuldner **I A** 27, 29, 30; Wert **I A** 65; s auch Staatsanwaltschaft

Pacht **I A** 41, 48 Anh I, **III** 25
Pächter, Feststellung **XI** 401
Partei, politische **X** 37
Partnerschaftsregister, Gebühr **III** 79; Geschäftswert **III** 41 b
Patentanwalt, Erfolgshonorar bei **X** 4 a
Patentsache **I A** 1, 51, **I C**, **IX A**, **X** 3510
Pauschalhonorar, -vergütung **X** 4, 42, 51 Rn 91
Pauschalsystem **I A** Üb vor 48
Pauschgebühr **V** laufend
Personalkosten **V** 12
Personalvertretung **I A** 52 Anh I
Personalbeförderung **I A** 9008, **I B** 2007
Personensorge **III** 94 ff, **X** 6
Personenstandssache **III** 127
Pfandrecht, Wert **I A** 48 Anh I, **III** 23, 120
Pfändung **I A** 48, 48 Anh I, **X** 19, **XI** 205
Pfleger **III** 92, **X** 1
Pflichtteil **III** 106 a
Pflichtverteidiger **X** 45, 4100 ff
Pkw s Fahrtkosten
Polizei **I A** 52 Anh I, **V** 1
Postentgelt **X** 9001, 9002, **I B** 2002, 2003, **III** 152, **X** 7001, 7002 ff, **XI** 713
Privatklage **I A** 16, 3310 ff, **X** 53, Vorbem VV 4, 4301
Prokura **III** 26, 79
Protest **III** 50, 51
Prozeßkostenhilfe **I A** 14, Üb 2–4 vor 22, 28, 31, 48 Anh I, 52 Anh I, **II A** 11 a, **III** 2, 8, 145 Anh § 103, **VII A** 9, B 5, **IX A** 1, **X** 4, 12, 16, 45 ff, 3334, **XI** 4
Prozeßpfleger **X** 1, 41
Prozeßkostenvorschuß **I A** 1420, 1421
Prozeßverfahren **I A** 1210 ff
Prozeßvergleich **I A** 1211 usw, 1900, **X** 1000
Prüfung der Erfolgsaussicht **X** 2101 ff
Prüfungsbeamter **V A** 47
Prüfungsgebühr **IX A** 1
Prüfungsrecht **I A** 52 Anh I

Sachverzeichnis

fette röm. Zahlen = Abschn. arab. Zahlen

Prüfungstermin I A 2321 f, 2331 f, 2340, 2430
Psychiatrisches Krankenhaus X 4200 ff
Rahmengebühr, Begriff Einl II A Rn 12, III 34, X 11, 14
Rang III 44 Rn 61; 70
Rasterfahndung V 23
Rat III 147, X 34, 2500 ff
Raum I A 9009
Räumung I A 41, X 3333
Reallast III 62
Rechnung X 10
Rechnungsgebühren I A 70, I B 62, III 137, 139, VII C
Rechnungslegung I A 44, 48 Anh I
Rechtliches Gehör I A 1700, 2500, 5400, 6400, 7400, 8500, I B 61, 1800, X 19 s auch „Anhörungsrüge"
Rechtsanwaltsgesellschaft X 1 Rn 6, 5 Rn 14, 7 Rn 6, 8
Rechtsanwaltskammer X 1, 4, 14
Rechtsanwaltskosten Einl II B Rn 9; X
Rechtsanwaltsvergütung X
Rechtsberatung XII A
Rechtsbeschwerde I A 51 a, 1252 Anh, 1255, 1256 usw, 1821, I B 1130, 1213, 1225, 1316, 1325, 1720, 1920, X 3502 usw
Rechtshängigkeit I A 48 Anh I
Rechtshilfe III 137, VIII A 1, 2 Anl, 4–6, 10, X 6100 ff
Rechtskraftzeugnis III 135, X 19
Rechtsmitteleinlegung X 19, 4300
Rechtsmittelschrift X 19
Rechtsmittelverfahren, Wert I A 47, I B 40
Rechtsmittelzuständigkeit I A 62
Rechtspfleger X 11, 18, 19
Rechtszug X 15, 19
Reederei III 84
Referendar X 5
Regierungsmitglied X 37
Register III 26 ff, 38, 79 ff, 87, 90
Registraturbeamter VII A 3
Registrierte Person XII A
Rehabilitierung X 4125, 4126
Reisekosten I A 9005 ff, I B 2006 ff, III 51, 137, 153, V 5, 25 Anh I, II, VI X 46, 7008
Rente I A 41, III 24
Rentenanwartschaft X 19
Rentenschuld III 62, 67, 71, VII A 20
Rentenversicherung I A 49
Restschuldbefreiung I A 23, 2350, X 3321
Revision, im bürgerlichen Rechtsstreit I A 3206 usw, und FGO I A 6120 ff; und StPO I A 3130 ff usw, X 4130, 4300; und VwGO I A 5114 ff; Wert I A 47
Revisor III 121
Richter VIII A 2 Anl, X 19
Richterliche Vernehmung X 4102
Rötung III 79
Rückgabe X 19, XI bei 1
Rückerstattung I A 5, 48 Anh I, I B 7
Rückzahlung X 58
Ruhen des Verfahrens X 8
Ruhestand I A 52
Rundfunkgebühr I A 52 Anh I

Saarland Einl I, XII XI 9
Sache I A 9009, III 19 ff
Sachenrechtsbereinigungsgesetz III 145 Anh
Sachliche Zuständigkeit s Zuständigkeit

Sachverständiger I A 9005, I B 2005, III 49, 120, 137, V, VIII A 2 Anl, X 19
Sachverständiger Zeuge V 2 Rn 3
Sachwalter X 1, SchlAnh D
Satzrahmengebühr Einl II A 13
Satzung III 39, 47
Schadensersatz III 157
Schätzung des Werts I A 48 Anh I, 51 Anh III, 64, I B 56, III 30, 50, XI 33
Scheckprotest III 51
Scheidungsfolgesache I A 1, 12, 16, 46, 48, 1310 ff, I B 6, III 99, X 3100 ff
Schiedsgericht I A 48 Anh I, 53, 1630 ff, X 1, 16, 17, 36
Schiedsspruch I A 1330 ff, X Vorbem VV 3.1
Schiedsstelle X 2303
Schiedsvereinbarung I A 1330 ff, X Vorbem VV 3.1
Schiff I A 56, 9009, XI 17, 28, 85; s auch Zwangsversteigerung, Zwangsverwaltung
Schiffsbauwerk s Schiff
Schiffsbrief III 84
Schiffahrtsrechtliche Verteilungsordnung I A 1, 25, 59, 2410 ff, X 18, 29, 3323
Schiffshypothek s Hypothek
Schiffsregister III 28, 84
Schiffsurkunde III 84
Schiffszertifikat III 84
Schmerzensgeld I A 48 Anh I
Schöffe V 15 ff
Schreiben einfacher Art X 2402, 3403
Schreibgebühr III 152
Schriftlichkeit der Vergütungsvereinbarung X 4
Schriftsatz X laufend
Schriftzeichengesetz I A 1, 51
Schuldbereinigung X 2501 ff, 3315 ff
Schuldererklärung III 44
Schuldnerverzeichnis VII A 54, X 18
Schuldversprechen III 44
Schule I A 52 Anh I
Schutzrecht I A 128 Anh III, X 3302
Schwerbehinderter I A 52 Anh I
Schwurgericht X 4118 ff
Seemannsamt X 17, 2303
Selbständiges Beweisverfahren Geb I A 1610 usw, X Vorbem VV 5, 3100 ff; Wert I A 48 Anh I
Selbstvertretung des Anwalts X 1 Rn 35
Sequester X 19
Sicherheit I A 48 Anh I, 18
Sicherstellung I A 10, 51 Anh, IV, III 8, 23, 56
Sicherungsübereignung III 23
Sicherungsverwahrung I A Vorbem 3.1, X 17, 4200
Siegelung III 52
Sofortige Beschwerde s Beschwerde
Sofortige Vollziehung X 17
Soldat I A 52 Anh I
Sondereigentum III 38, 76
Sonnabend s Sonntag
Sonntag III 58, X 19, XI 11
Sortenschutzsache I A 1, 51, X 3510 Rn 17
Soziale Ausgleichssache X 4144, 4146
Sozialgerichtsbarkeit I A 1, 54 Anh III, IX 3, X 3, 52, 1005, 2102, 2400, 7110 ff
Sozialhilfe I A 52 Anh I
Sozialklausel I A 41
Sprechtag III 160
Spruchverfahrensgesetz X 31

2186

Sprungrechtsbeschwerde **I B** 1140, 1216, 1228, 1319, 1328, 1930
Sprungrevision **I A** 1240, **X** 19, 3200 usw
Staatsanwaltschaft **I A** 1, 66, **V** 1, **X** 4102
Staatskasse **I A** 9007, **V** 4, **X** 45, 55, 59
Standesregister **III** 127
Stationierungsschaden **I A** 48 Anh I
Statut **III** 39
Steuerberater **I A** 52 Anh II, **VII B** 6 C, **X** 1 Rn 14, bei 4 a
Steuererklärung **I A** 52, **X** 35
Steuersache **X** 35
Stiftung **III** 26 ff, 47, 118
Strafaussetzung **X** 4200 ff
Strafbefehl **I A** 3118
Strafkammer **X** 4112 usw
Strafprozeßordnung **I A** 1, 33
Strafsache **I A** 1, 3110 ff, **VII A** 14, **X** 42 ff, 4100 ff
Strafverfolgung, Entschädigung **X** 60, 65, 4144
Strafverfolgungsbehörde **X** 4102
Strafvollstreckung **X** 4200 ff
Strafvollzugsgesetz **I A** 1, 68, 3810, **IX A** 10, **X** Vb 3.2.1
Streitgenosse **I A** 32, 48 Anh I, **I B** 27, **X** 7 Rn 19
Streitiges Verfahren **X** 17
Streitwert s Wert
Streitwertbegünstigung **I A** 51
Stufenklage **I A** 44, **I B** 38
Stundensatz, einheitliche Bemessung **V** 8, 13
Stundung **I A** 21, 52 Anh II, 9018, **I B** 20, **VII F, IX A** 9
Sühnetermin **X** 4102
Sühneversuch **X** Vorbem VV 4, 4.1
SVertO **I A** 1, 25, 2410 ff, **X** 29, 3313 ff

Tagegeld **I A** 9005, 9006, **I B** 2006, 2007, **III** 153, **V** 5, 15, **VI, X** 7005 ff
Tatbestandsberichtigung **X** 19
Täter-Opfer-Ausgleich **X** 4102
Teil des Streitgegenstandes **I A** 36, **X** 15
Teileigentum **III** 76
Teilung **III** 67, 69
Telegramm **I A** 9001, **I B** 2001, **III** 137, **XI** 713
Telekommunikationsentgelt **V** 23, **X** 7001, 7002
Terminsgebühr **X** 3104 usw
Terminswahrnehmung **X** 3104 usw, 3402
Testament **III** 46, 101 ff, 112, **VII A** 39, **X** 2100, 2400
Testamentsvollstreckung **III** 65, 109, 112, 113, **X** 1
Tier **I A** 9009
Todeserklärung **III** 128
Topographie **I A** 51, **X** 3510
Tötung **I A** 42
Trennung **I A** 48 Anh I
Treuhänder **I A** 9018, **X** 1, SchlAnh D
Truppendienstgericht **X** 6400, 6401
Türöffnung **XI** 250, 704

Übergabe unbeweglicher Sache **XI** 24
Übergabevertrag **IV** 36 Anh
Übergang auf Staatskasse **I A** 9007, **X** 59
Übergangsrecht **I A** 71, 72, **I B** 63, **III** 161 ff, **V** 24, 25, **X** 60, 61, **XI** 18–20
Übernachtungsgeld **I A** 1905, **I B** 2006, 2007, **III** 69, **V** 5, **VI, X** 7002 ff

Übernahmepflicht **X** Einf vor 2500
Übernahmeschuldner **I A** 29, **III** 3
Übersetzer **I A** 9005 Rn 1 ff, **I B** 2005, **V** 8 ff, **VIII A** 2 Anl
Übertragung des Verfahrens **I A** 66, **I B** 57, **III** 14, **X** 33
Überweisung **I A** 12, 2110
Umgang mit dem Kind **I A** 1 Rn 14; 48, **I B** 1310
Umgangspflegschaft **I B** 4
Umlegung **I A** 48 Anh I
Umsatzsteuer **I A** 52 Anh II, **III** 151 a, **V** 12, **X** 7008
Umschreibung **III** 69
Umstellung **III** 64 Anh
Umwandlung **I A** 53, **III** 27, 39, 40, **X** 3325, 3331
Umweltschutz **I A** 48 Anh I, 52 Anh I
Unangemessene Höhe der Vergütungsvereinbarung **X** 3 a
Unbare Zahlweise **VII G**
Unbilligkeit **X** 14
Unbrauchbarmachung **I A** Vorbem KV 3.1, 3430, **X** 4143
Unersetzbarer Schaden **I A** 14
Unfall **I A** 48 Anh I
Unlauterer Wettbewerb **X** 51
Unrichtiger Ansatz **I A** 66, **I B** 57, **III** 15, **XI** 5, 7
Unrichtige Sachbehandlung **I A** 21, **I B** 20, **III** 16, **VII A** 44, **XI** 7
Untätigkeitsklage (FGO) **I A** 52 Anh II
Unterbevollmächtigter **X** 6 Rn 12, 7 Rn 20, 25, 1000 Rn 77, 3400
Unterbringung **I A** 9011, **III** 139 Anh, **V** Anh II 5, **X** 42, 1120, 4102, 6300 ff
Unterhalt **I B** 51, 1210 ff, **III** 55 a, **X** 48
Unterlassung **I A** 48 Anh I, 2110, **X** 18, 64
Unterschriftsbeglaubigung **III** 45
Untersuchung **V** 10 Anl
Untersuchungshaft **X** 4102
Unterwerfung unter die Zwangsvollstreckung **III** 62, 67
Unterwerfungserklärung **III** 55 a
Unterzeichnung einer Schrift **X** 4300, 4301
Unübersichtliches Grundbuch **III** 69
Unübersichtlicher Rang **III** 70
Unvermögen des Kostenschuldners **VII A** 10
Unvertretbare Handlung **I A** 2110, **X** 18
Unwahre Anzeige **I A** 3200
Unzuständigkeit s Zuständigkeit
Urheberrecht **III** 128 a Anh II, **X** 3302
Urkunde **III** 145 ff
Urkundsbeamter **X** 11, 16, 19, 55, 3331
Urkundsprozeß **X** 17
Urteil ohne Tatbestand usw **I A** 1211, 1222 usw
Urteilsberichtigung **X** 19
Urteilsverfahren **I A** 8210 ff

Vaterschaft **I B** 47, **III** 38
Veränderung eines Rechts **III** 64
Verbund **I B** 44
Verdienstausfall **V** 15, 18, 19, 22
Vereidigung **VIII A** 2 Anl
Vereinbarte Vergütung **V** 14
Vereinbarung des Honorars **V** 13, 14, **X** 3 a–4 a
Vereinfachtes Verfahren **I B** 1210 ff, **X** 17
Vereinigung **III** 47, 67
Vereinigung mehrerer Grundstücke **III** 69

2187

Sachverzeichnis

fette röm. Zahlen = Abschn. arab. Zahlen

Vereinsregister III 28, 80
Verfahren vor dem Rechtspfleger X 3331
Verfahren vor dem Urkundsbeamten X 3331
Verfahrensbeistand V 1 Anh II 1, 2, 3
Verfahrensgebühr I A 1110 usw, **I B** 1110 usw, **X** 3100 usw, 4106 usw
Verfahrenskostenhilfe I B laufend, **X** 3510 Rn 27
Verfahrenspflegschaft I A 46, 9016, **V** 1 Anh II 4, 5, **X** 1
Verfall I A Vorbem KV 3.1, 3430, **X** 4143
Verfassungsgericht X 37
Verfügung von Todes wegen III 46; s auch Testament
Verfügungsbeschränkung III 65
Vergabestreit I A 50
Vergleich I A 29, 48 Anh I, 1211 usw, 1900, 5600, 7600, **I B** 1111 usw, **X** 1000 ff; s auch „Anwaltsvergleich"
Vergütung, Festsetzung X 4, 11
Vergütung, Insolvenzverwalter usw Schl-Anh D
Vergütung, Vereinbarung V 13, 14, **X** 3a–4b
Vergütungsverzeichnis X 1000 ff
Verhaftung XI 26, 36
Verhandlungsvertreter X 3401
Verjährung I A 5, **I B** 7, **III** 17, **V** 2, **VII A** 37, **X** 8 Rn 20 ff, 11, 52, **XI** 8
Verkauf XI 21
Verkehr mit dem Verfahrensbevollmächtigten X 3400
Verkehr mit dem Verteidiger X 4200 ff
Verkehrsanwalt X 3400
S auch Unterbevollmächtigter
Verklarung III 50
Verlosung III 48
Verlustigkeitsbeschluß I A 48 Anh I
Vermerk von Grundbuchrechten III 67
Vermittlung, der Erbauseinandersetzung **III** 116; der Sachenrechtsbereinigung **III** 145 Anh
Vermittlungsverfahren X 17
Vermögensgesetz, Wert I A 52
Vermögensrechtlicher Anspruch (StPO) I A 3410, **X** 4143, **(ZPO) I A** 52
Vermögensteuer I A 52 Anh II
Vermögensverhältnisse X 14
Vermögensverzeichnis I A 44, **III** 52, **XI** 260
Vernehmung X 4102, 4301
Vernichtung I A Vorbem KV 3.1, 3430, **III** 48, **X** 4143
Veröffentlichung I A 48 Anh I, **X** 18, V b 4
Verpachtung XI 401
Verpfändungsvertrag III 126
Verpflichtungserklärung III 38
Verpflichtungsklage I A 52
Versäumnisurteil X 3101 usw
Verschiedene Angelegenheiten X 17
Verschulden des beigeordneten oder bestellten Anwalts X 54
Versicherung I A 48 Anh I
Versorgungsausgleich I B 50, **III** 124
Versteigerung III 53, 54, **XI** 300
Versteigerungstermin I A 54, **III** 53, **X** 2113, 3312
Verteidiger X 42 ff, 4100 ff; s auch Pflichtverteidiger
Verteilungsverfahren I A 13, 29, 48 Anh I, 54, 1610, 2116, 2215, **X** 18, 26, 27, 3311
Vertrag III 36, 38 ff
Vertragsstrafe III 18 ff
Vertrauensperson V 1

Vertretbare Handlung I A 2110, **X** 18
Vertreter III 122, **V** 7, **VII B** 4, **X** 5, 19
Vertriebenenausweis I A 52 Anh I
Verurteilung, Wert I A 48 Anh I
Vervollständigung X 19
Verwahrung III 120, 149, **XI** 400
Verwaltungsakt I A 52, **X** 17, 19, 1002, **XII B**
Verwaltungsbehörde X 45, 57, 5101
Verwaltungsprozeß I A 1, 52 Anh I, 5110 ff, **X** 16, 17, 3302
Verwaltungszwang X 17, 3302
Verwarnung I A Vorbem KV 3.1
Verweisung I A 4, **I B** 6, **VII A** 6, **VII B** 2, **X** 16 ff
Verwendung des Erlöses XI 4
Verwerfung einer Beschwerde s Beschwerde
Verwertung XI 300 ff
Verzicht III 67
Verzichtsurteil I A 1211 usw
Verzinsung I A 5, **I B** 7
Verzögerung I A 38, 69, 1901, 5601, 6600, 7601, 8700, **I B** 32, 60
Verzugszinsen I A 48 Anh I
Vollmacht II 38, 41
Vollstreckbare Ausfertigung III 133
Vollstreckbarerklärung I A 1512 ff, 2117, **X** 19, 3327, 3331
Vollstreckung I A 52 Anh II, **I B** 1600 ff, **IX A**
Vollstreckungsabwehrklage I A 48 Anh I
Vollstreckungsbescheid I A 12, **X** 3305 ff
Vollstreckungsbehörde IX A 2, **IX B** 2 ff
Vollstreckungshandlung III 134, **XI** 3
Vollstreckungsklausel I A 48 Anh I, **X** 18, 19
Vollstreckungsmaßnahme X 18, 19
Vollstreckungsschuldner I A 29, **III** 3, **IX A** 4, **XI** 13
Vollstreckungsschutz I A 2111, **X** 18
Vollziehung X 18, **XI** 205
Vollzugsgebühr III 146
von Amts wegen III 69, 87
Vorauszahlung I A 10, 12, 13, 67, **I B** 12 ff, **III** 8
Vorbehaltene Sicherungsverwahrung I A Vorbem KV 3.1, **X** 17
Vorbereitende Tätigkeit X 9015, **III** 147, **X** 19
Vorbereitende Verfahren X 19, 4100 ff
Vordruck II A 11 a, **VII A** 20, **XI** 713
Vorführung XI 270
Vorkaufsrecht I A 48 Anh I, 52 Anh I, **III** 20, 62, **IV** 37
Vorläufige Anordnung X 17
Vorläufige Einstellung X 19, 3328, 3331
Vorläufige Wertfestsetzung I A 63, **I B** 55
Vorläufiger Insolvenzverwalter I A 9018, SchlAnh I
Vorläufiger Rechtsschutz (FGO) I A 6210 ff; **(SGB) I A** 7210 ff; **(VwGO) I** 5210 ff
Vormerkung I A 48 Anh I, **III** 23, 44, 66
Vormund, Vergütung **V** 1 Rn 29, 1 Anh I, 91 ff, **VII A** 14, **X** 1
Vormundschaft I A 9018, **I B** laufend, **III** 91 ff, **VII A** 14, **X** 1
Vorname einer Handlung X 19
Vorname, Änderung III 128 a
Vorpfändung XI 200
Vorrang s Hypothek
Vorrecht I A 48 Anh I
Vorschuß I A 10 ff, 16, 17, 67, **I B** 12 ff, **III** 8, 9, **V** 3, **X** 9, 47, 58, **XI** 4

2188

1–3stellig = §§ bzw. Nr. KVGv, 4stellig = Nr. KV **Sachverzeichnis**

Vorsorgeregister III 147, 147 Anh
Vorstand III 121
Vorverfahren X 17, 4100 ff
Vorwegleistung I A 10, 12, I B 12, III 8
Vorzeitige Erledigung X 15, 3101, 3201 usw
VwGO I A 1, 52, 1210 usw
Waffe I A 52 Anh I
Wahlausschuß V 1
Wahlschuld I A 48 Anh I
Wahlversammlung III 48
Wahlverteidiger s Verteidiger
Wechsel XI 17, 51, X 17
Wechselprozeß X 17
Wechselseitige Rechtsmittel I A 45, I B 39
Wegegeld III 51, 137, V 5, XI 711, 712
Wehrrecht I A 52 Anh I, X 6400 ff, XI 221, 230
Weitere Beschwerde I A 66, I B 57, III 14, V 4, X 33
Weitere Vergütung X 50, 55
Weitere vollstreckbare Ausfertigung I A 2110, X 18
Werkzeug V 12
Wert I A 39 ff, I B 33 ff, III 19 ff, IV 34, X 2, 19, 22 ff, XII IX 1; s auch Geschäfts-, Streitwert
Wertabschätzung I A 64, I B 55, III 30, 31
Wertänderung I A 40, I B 34
Wertangabe I A 61, I B 53
Wertbegünstigung I A 48, 51
Wertberechnung I A 48, I B 34, III 154
Werterhöhung I A 40
Wertermittlungsverfahren III 15
Wertfestsetzung I A 61 ff, I B 54, 55, III 31, X 11, 19, 32 ff
Wertgebühr Einl I A Rn 10, I A 34, I B 28, X Grdz 17, 13, 49
Wertklassen Einl II A Rn 11
Wertpapier III 48, 149
Wertpapierhandelsgesetz I A 22, 50, Vorbem 1.2.2, 1643, X Vorbem VV 3.2.1
Wertpapiererwerbs- und Übernahmegesetz I A 1, 50, III 47 Anh, X 31 a
Wertteil I A 36
Wettbewerbsbeschränkung I A 1, 50, 1640 ff, X 3300
Widerklage I A 12, 45, 52 Anh I, I B 39, X 16, 48
Widerruf der Strafaussetzung X 4200 ff
Widerspruch I A 12, 1211 usw, III 66, 88, X 3305
Widerspruchsklage I A 48 Anh I
Widerstand XI 230, 270
Wiederaufnahme I A 3140, 3340 usw, X 17, 45, 46, 4136 ff
Wiedereinsetzung I A 68, V 2, X 32
Wiederkaufsrecht III 20
Wiederkehrende Nutzungen und Leistungen I A 42, III 24
Willenserklärung XI 410
Wirtschaftsprüfer, Erfolgshonorar bei I 4 a
Wohngeld I A 52 Anh I
Wohnraum I A 41, X 19, 3309
Wohnungsbau VII A 14
Wohnungsbindungsgesetz I A 52 Anh I
Wohnungseigentum I A 49 a, III 21, 76, X 3100 ff

Wohnungserbbaurecht III 21, 76
Wohnungsgrundbuch III 76
Zahlung an Gerichtsvollzieher XI 430
Zahlung an Rechtsanwalt X 1009
Zahlungserleichterung IX B 12
Zahlungsschwierigkeit I A 14
Zahlungssperre X 16, 3324
Zahlungsunfähigkeit VII A 10
Zeit des Kostenansatzes VII A 13 ff
Zeitpunkt der Wertberechnung I A 40, I B 34
Zeitvergütung X 4
Zeitversäumnis V 16, 20
Zentrales Vorsorgeregister s Vorsorgeregister
Zeuge I A 9005, I B 2005, III 49, 137, IV 49, V
Zeugnis I A 48 Anh I, III 49, 109, 111, IV 36, VIII A 2 Anl
Zinsen I A 5, 43, 48 Anh I, 52 Anh II, I B 37, III 17 ff, XI 8
ZPO I 1, 12
Zolltarifauskunft I A 52 Anh II
Zulassung des Rechtsmittels I A 47, 5120, 5500 usw, X 16
Zulassungsgebühr IX A 1
Zurückbehaltungsrecht III 10, VII A 25
Zurückforderung X 4
Zurücknahme I A 1211, 1221 usw, I B 1111 usw, X 3101, 3200 usw, 5115
Zurückverweisung I A 37, I B 31, X 20
Zurückweisung I A 52 Anh II, III 130; s auch Beschwerde
Zurückzahlung I A 2, 4, 30, I B 2, III 9, 157, IX B 13
Zusammenhang X 19
Zusammenrechnung I A 39, I B 33, X 22
Zusammenschreibung III 69
Zusätzliche Gebühr X 5115
Zuschlag I A 7, 26, 54, 2214 ff, III 53, X 3311, 3312, 4104 usw
Zuschreibung III 67
Zuständigkeit I A 48 Anh I, 62, 66, I B 57 ff, VII A 5 ff, XI 1
Zustellung V 19, XI 100
Zustellungsersuchen I A 3, 34
Zustellungsgebühr I A 1902, I B 2002, III 137, XI 100, 101
Zustellungsurkunde XI 701
Zustimmung III 38, 40, X 11
Zuweisung IV 36 a
Zuziehung XI bei 1
ZVG I A 1
Zwangsgeld III 119, IX A 1, B 1 ff, X 18
Zwangshaft I A 9010, I B 2008, III 137, X 18
Zwangshypothek X 18
Zwangsliquidation I A 57, 2230 ff
Zwangsversteigerung, -verwaltung I A 1, 7, 15, 26, 54, 55, 56, 2210 ff, VII A 24, X 1, 26, 27, 3311, 3312
Zwangsvollstreckung I A 12, 29, 40, 48 Anh I, 2110 ff, IX 19, 25, 3328
Zweigniederlassung III 41 c, 79
Zweiter Notar III 151
Zweitschuldner I A 31, I B 26
Zwischenstaatlicher Vertrag I A 1510 ff
Zwischenstreit I A 48 Anh I, X 19
Zwischenverfügung III 69

Rechtspolitischer Ausblick

Gesetz zur Änderung des Beratungshilferechts

(Entwurf des Bundesrats, BR-Drs 646/08)

(Auszug)

Artikel 1. ...

Artikel 2. **Änderung des Rechtsanwaltsvergütungsgesetzes**
Das Rechtsanwaltsvergütungsgesetz vom 5. Mai 2004 (BGBl. I S. 718, 788), zuletzt geändert durch ..., wird wie folgt geändert:
1. In der Inhaltsübersicht wird nach § 61 folgende Angabe eingefügt:
„§ 62 Übergangsvorschrift aus Anlass des Inkrafttretens von Artikel 2 des Gesetzes über die Änderung des Beratungshilferechts vom ... (einsetzen: Ausfertigungsdatum und Fundstelle dieses Gesetzes)"
2. § 44 wird wie folgt geändert:
a) In Satz 2 wird nach der Angabe „Nummer 2500" die Angabe „und Nummer 2501" eingefügt.
b) Satz 2 wird folgender Satz 3 angefügt:
„Die Vergütungsansprüche des Rechtsanwalts gemäß Satz 1 und 2 werden durch die Aufhebung einer Entscheidung des Amtsgerichts gemäß § 6 Absatz 1 oder 2 des Beratungshilfegesetzes nicht berührt, soweit der Rechtsanwalt zu der Zeit der Gewährung der Beratungshilfe im Hinblick auf den Bestand des Berechtigungsscheines in gutem Glauben war."
3. § 47 Abs. 2 wird wie folgt gefasst:
„(2) Bei Beratungshilfe kann der Rechtsanwalt aus der Staatskasse keinen Vorschuss fordern."
4. Nach § 61 wird folgender § 62 angefügt:
„§ 62 Übergangsvorschrift aus Anlass des Inkrafttretens von Artikel 2 des Gesetzes über die Änderung des Beratungshilferechts vom ... (einsetzen: Ausfertigungsdatum und Fundstelle dieses Gesetzes)
Ist der Antrag auf Beratungshilfe vor dem Inkrafttreten des Artikels 2 des Gesetzes vom ... (einsetzen: Ausfertigungsdatum und Fundstelle dieses Gesetzes) gestellt worden oder ist die Beratungshilfe vor dem Inkrafttreten des Artikels 2 des Gesetzes vom ... (einsetzen: Ausfertigungsdatum und Fundstelle dieses Gesetzes) gewährt worden, ist dieses Gesetz in der bis zum ... (einsetzen: Tag vor dem Inkrafttreten) geltenden Fassung anzuwenden."
5. Anlage 1 (Vergütungsverzeichnis) wird wie folgt geändert:
a) In Nummer 2500 wird der Gebührentatbestand wie folgt gefasst:
„Beratungshilfegebühr für die Gewährung von Beratungshilfe durch Beratung"
b) Nach Nummer 2500 wird folgende Nummer 2501 eingefügt:

Nr.	Gebührentatbestand	Gebührenbetrag
2501	Beratungshilfegebühr für den Fall der Gewährung von Beratungshilfe durch Vertretung .... (1) Die Gebühr wird nicht erhoben, wenn die Vertretung in einem für den Zugang zum Gericht obligatorischen Vorverfahren erfolgt. (2) Neben der Gebühr werden Auslagen nicht erhoben. (3) Die Gebühr kann erlassen werden. (4) Auf den Vergütungsanspruch gegen die Staatskasse ist die Gebühr zur Hälfte anzurechnen; dabei kann der Staatskasse ein Erlass nach Absatz 3 nicht entgegen gehalten werden.	20,00 EUR

Rechtspolitischer Ausblick

c) Die bisherigen Nummern 2501 bis 2508 werden Nummern 2502 bis 2509.

d) In der neuen Nummer 2503 wird die Angabe „2501" durch die Angabe „2502" ersetzt.

e) In den neuen Nummern 2505 bis 2508 wird jeweils die Angabe „2503" durch die Angabe „2504" ersetzt.

f) Die Anmerkung zu Nummer 7002 wird wie folgt gefasst:
    aa) Der bisherige Wortlaut wird Absatz 1.
    bb) Nach Absatz 1 wird folgender Absatz 2 angefügt:
        „(2) Bei Beratungshilfe bemisst sich die Pauschale nach den Gebühren der Nummern 2502 bis 2509."

Artikel 3. Inkrafttreten

Dieses Gesetz tritt am ersten Tag des vierten auf die Verkündung folgenden Kalendermonats in Kraft.